Krug / Rudolf / Kroiß / Bittler
Anwaltformulare Erbrecht

Krug/Rudolf/Kroiß/Bittler

# Anwaltformulare Erbrecht

Schriftsätze – Verträge
Erläuterungen

Herausgegeben von

Vorsitzender Richter am Landgericht a.D. Walter Krug,
Stuttgart

Rechtsanwalt und FAErbR Michael Rudolf,
Angelbachtal

Direktor des Amtsgerichts Dr. Ludwig Kroiß,
Traunstein

Rechtsanwalt und FAErbR Jan Bittler
Heidelberg

4. Auflage

zerb verlag

Hinweis:
Die Formulierungsbeispiele in diesem Buch wurden mit Sorgfalt und nach bestem Wissen erstellt, sie stellen jedoch lediglich Anregungen für die Lösung typischer Fallgestaltungen dar. Autoren und Verlag übernehmen keine Haftung für die Richtigkeit und Vollständigkeit der in dem Buch enthaltenen Ausführungen und Formulierungsmuster.

Zitiervorschlag: Krug/Rudolf/Kroiß/Bittler, Erbrecht, § 1 Rn 1

Die Deutsche Bibliothek – CIP Einheitsaufnahme

Krug/Rudolf/Kroiß/Bittler
Anwaltformulare Erbrecht, 4. Auflage 2010
zerb verlag, Bonn
ISBN: 978-3-941586-00-0

zerb verlag GmbH
Wachsbleiche 7
53111 Bonn

Copyright 2010 by zerb verlag

Das Werk einschließlich aller seiner Teile ist urheberrechtlich geschützt. Jede Verwertung, die nicht ausdrücklich vom Urheberrechtsgesetz zugelassen ist, bedarf der vorherigen Zustimmung des Verlages. Das gilt insbesondere für Vervielfältigungen, Bearbeitungen, Übersetzungen, Mikroverfilmungen sowie Einspeicherung und Verarbeitung in elektronischen Systemen.

Satz: Cicero Computer GmbH, Bonn
Druck: Bercker Graphischer Betrieb GmbH, Kevelaer

# Vorwort

Die vielfältigen Aktivitäten des Gesetzgebers waren ein wichtiger Grund, die Anwaltformulare Erbrecht zu überarbeiten und neu aufzulegen. Die wichtigsten Änderungen ergeben sich im nachlassgerichtlichen Verfahren durch das FGG-Reformgesetz und im materiellen Recht durch die „Erbrechtsreform 2010".

Das Gesetz über das Verfahren in Familiensachen und in den Angelegenheiten der freiwilligen Gerichtsbarkeit vom 17.12.2008 ist am 22.12.2008 im Bundesgesetzblatt verkündet worden (vgl. BGBl. I 2008, S. 2586). Es trat am 1.9.2009 in Kraft. Den Schwerpunkt der Reform bildet das FamFG mit seiner Neuordnung der familiengerichtlichen Verfahrensvorschriften und der Angelegenheiten der freiwilligen Gerichtsbarkeit. Über die Nachlasssachen, insbesondere über die Erteilung eines Erbscheins wird im Verfahren der Freiwilligen Gerichtsbarkeit entschieden. Insoweit finden sich die Verfahrensregeln künftig nicht mehr im Gesetz über die Angelegenheiten der Freiwilligen Gerichtsbarkeit (FGG) vom 17.5.1898, sondern auch im FamFG. Daneben wurden noch viele Vorschriften des Rechtspflegergesetzes, des Beurkundungsgesetzes, der Kostenordnung, der Grundbuchordnung, der Zivilprozessordnung und die §§ 2258a ff. BGB geändert.

Mit dem Gesetz zur Änderung des Erb- und Verjährungsrechts vom 24.9.2009 (BGBl. I 2009, S. 3142) wurden die Pflichtteilsentziehungsgründe modernisiert, die Pflichtteilsstundungsgründe erweitert, eine gleitende Ausschlussfrist für den Pflichtteilsergänzungsanspruch eingeführt und die Honorierung von Pflegeleistungen beim Erbausgleich neu geregelt. Darüber hinaus wurde das Verjährungsrecht an die Regelverjährung angepasst.

Auch das Dritte Gesetz zur Änderung des Betreuungsrechts, Drucksache 593/09 vom 19.6.2009, in Kraft getreten zum 1.9.2009, wurde berücksichtigt.

Das Werk erscheint nunmehr im zerb verlag, dem unser besonderer Dank für die Betreuung der Neuauflage gilt. Als neuen Mitherausgeber dürfen wir den Geschäftsführer der DVEV, Herrn Rechtsanwalt Jan Bittler, begrüßen.

Stuttgart/Angelbachtal/Traunstein/Heidelberg, im Februar 2010

*Walter Krug*        *Michael Rudolf*        *Dr. Ludwig Kroiß*        *Jan Bittler*

# Inhaltsübersicht

| | |
|---|---|
| Autorenverzeichnis | IX |
| Musterverzeichnis | XI |
| Allgemeines Literaturverzeichnis | XXIX |
| Abkürzungsverzeichnis | XXXI |
| § 1 **Zuwendungen unter Lebenden**<br>*Ursula Seiler* | 1 |
| § 2 **Vorsorgevollmacht, Betreuungsverfügung, Patientenverfügung**<br>*Jan Bittler* | 123 |
| § 3 **Testamentsgestaltung**<br>*Ursula Seiler* | 195 |
| § 4 **Der Erbvertrag**<br>*Walter Krug* | 283 |
| § 5 **Verzichtsverträge**<br>*Michael Bonefeld* | 351 |
| § 6 **Nachlasssicherung, Nachlasspflegschaft, Nachlassverwaltung und Bestattungsrecht**<br>*Dieter Trimborn v. Landenberg/Isabel Hutter-Vortisch* | 389 |
| § 7 **Nachlassgerichtliches Verfahren**<br>*Ludwig Kroiß* | 463 |
| § 8 **Erbenfeststellungsklage**<br>*Walter Krug* | 573 |
| § 9 **Erbrechtliche Auskunftsansprüche, Register- und Akteneinsichtsrechte**<br>*Walter Krug* | 689 |
| § 10 **Erbrecht und Grundbuch**<br>*Walter Krug* | 803 |
| § 11 **Erbenhaftung**<br>*Walter Krug* | 911 |
| § 12 **Erbengemeinschaft**<br>*Walter Krug* | 1073 |
| § 13 **Testamentsvollstreckung**<br>*Thomas Littig* | 1121 |
| § 14 **Vor- und Nacherbfolge**<br>*Elmar Steinbacher* | 1247 |
| § 15 **Vermächtniserfüllung**<br>*Walter Krug* | 1363 |

§ 16 Selbstständige und unselbstständige Stiftungen bei der Erb- und Nachfolgegestaltung ............................................................................ 1463
*K. Jan Schiffer*

§ 17 Geltendmachung von Pflichtteilsansprüchen ............................. 1529
*Jan Bittler*

§ 18 Einvernehmliche Erbauseinandersetzung ................................. 1613
*Wolfgang Burandt*

§ 19 Erbteilungsklage .......................................................................... 1659
*Walter Krug*

§ 20 Die Teilungsversteigerung ........................................................... 1751
*Walter Krug*

§ 21 Die Ansprüche des Erbvertrags-Erben und des Erbvertrags-Vermächtnisnehmers nach §§ 2287, 2288 BGB ............................ 1789
*Walter Krug*

§ 22 Handelsregister und Erbfolge ...................................................... 1861
*Walter Krug*

§ 23 Schiedsverfahren in Erbstreitigkeiten ......................................... 1881
*Walter Krug*

§ 24 Internationales Erbrecht .............................................................. 1901
*Ludwig Kroiß*

§ 25 Lebensversicherung im Erbfall .................................................... 1953
*Dieter Trimborn v. Landenberg*

Stichwortverzeichnis ............................................................................ 1985

Benutzerhinweise zur CD-ROM ........................................................... 2053

# Autorenverzeichnis

*Jan Bittler*
Rechtsanwalt und Fachanwalt für Erbrecht, Heidelberg

*Dr. Michael Bonefeld*
Rechtsanwalt und Fachanwalt für Erbrecht, Fachanwalt für Familienrecht, München

*Prof. Dr. Wolfgang Burandt, LL.M., M.A., MBA (Wales)*
Rechtsanwalt und Fachanwalt für Erbrecht, Fachanwalt für Familienrecht, Mediator, Hamburg; Lehrbeauftragter an der Nordakademie – Hochschule der Wirtschaft, Elmshorn

*Isabel Hutter-Vortisch*
Rechtsanwältin, Pforzheim

*Dr. Ludwig Kroiß*
Direktor des Amtsgerichts Traunstein; Lehrbeauftragter an der Universität Passau

*Walter Krug*
Vorsitzender Richter am Landgericht a.D., Stuttgart

*Thomas Littig*
Rechtsanwalt und Fachanwalt für Erbrecht, Würzburg

*Dr. K. Jan Schiffer*
Rechtsanwalt, Bonn

*Ursula Seiler*
Rechtsanwältin und Fachanwältin für Erbrecht, Angelbachtal

*Elmar Steinbacher*
Leitender Ministerialrat beim Staatsministerium Baden-Württemberg, Stuttgart

*Dieter Trimborn von Landenberg*
Rechtsanwalt und Fachanwalt für Erbrecht, Cochem und Düren

# Musterverzeichnis

**§ 1 Zuwendungen unter Lebenden**

1. Geldschenkung zwischen Eltern und Kindern zwecks Finanzierung von Anschaffungen. ... 28
2. Zuwendung einer Eigentumswohnung im Wege der Ausstattung mit Ausgleichsverpflichtung im Todesfall. ... 43
3. Zuwendung eines Baugrundstückes an die verheiratete Tochter ... 58
4. Übertragung eines Einfamilienhauses unter Nießbrauchsvorbehalt ... 66
5. Übertragung eines Einfamilienhauses durch verwitweten Elternteil an investitionsbereiten Abkömmling. ... 75
6. Übergabe eines Mehrfamilienhauses durch einen Elternteil an unverheiratetes Kind unter Absicherung des Ehegatten des Übergebers. ... 89
7. Übertragung eines Hausgrundstückes mit auf den Tod aufgeschobener Erfüllung. ... 101
8. Übergabe eines Landguts mit umfangreichen Leibgedingsleistungen ... 106
9. Teilerbauseinandersetzungsvertrag mit vorweggenommener Erbfolge ... 116

**§ 2 Vorsorgevollmacht, Betreuungsverfügung, Patientenverfügung**

10. Regelung eines Innenverhältnisses bei anwaltlicher Bevollmächtigung ... 146
11. Geschäftsbesorgungsvertrag bei anwaltlicher Kontrollbevollmächtigung ... 153
12. Vorsorgevollmacht mit anwaltlichem Bevollmächtigten und Kontrollbevollmächtigtem. ... 158
13. Vollmacht mit wechselseitiger Einsetzung der Ehegatten mit Doppelbevollmächtigung. ... 162
14. Einzelvollmacht – Transmortale Vollmacht und Schenkung ... 165
15. Einzelvollmacht – Postmortale Vollmacht zur Grundstücksauflassung ... 166
16. Betreuungsverfügung in Kombination mit einer Patientenverfügung ... 175
17. Betreuungsverfügung – Getrennter Betreuervorschlag für den vermögensrechtlichen und persönlichen Bereich ... 176
18. Patientenverfügung mit Wunsch nach Behandlungsabbruch bei infauster Prognose ... 184
19. Patientenverfügung mit Wunsch nach Maximalbehandlung bei infauster Prognose ... 185

**§ 3 Testamentsgestaltung**

20. Antrag auf Grundbuchabschrift ... 204
21. Widerruf eines gemeinschaftlichen Testaments. ... 220
22. Einseitiger notarieller Widerruf eines gemeinschaftlichen Testaments ... 221
23. Erbeinsetzung eines Alleinerben ... 224
24. Einsetzung mehrerer Erben (Erbengemeinschaft) ... 225
25. Ersatzerbenbestimmung der Abkömmlinge mit Verwirkungsklausel ... 226
26. Vor- und Nacherbschaft (befreite Vorerbschaft) ... 228
27. Bestimmung eines Ersatzvermächtnisnehmers ... 235
28. Zweckvermächtnis ... 236
29. Pflegevermächtnis ... 237
30. Nießbrauch – Einigungserklärung, Grundbucherklärung ... 238
31. Nießbrauchsvermächtnis ... 239

| | | |
|---|---|---|
| 32. | Auflage für Grabpflege | 242 |
| 33. | Familienrechtliche Anordnung | 242 |
| 34. | Abwicklungsvollstreckung | 249 |
| 35. | Vor- und Nacherbenregelung | 260 |
| 36. | Herausgabe des Immobiliennachlasses | 261 |
| 37. | Unbefreite Vorerbschaft | 262 |
| 38. | Pflichtteilsklausel | 264 |
| 39. | Einfache Pflichtteilsklausel | 264 |
| 40. | Pflichtteilsstrafklausel | 264 |
| 41. | Einzeltestament, Einsetzung einer Erbengemeinschaft mit Teilungsanordnung, Ausschluss der Ersatzerbfolge für einen bestimmten Miterben | 266 |
| 42. | Einzeltestament, Einsetzung einer Erbengemeinschaft und Anordnung einer überquotalen Teilungsanordnung | 267 |
| 43. | Einzeltestament, Einsetzung einer Erbengemeinschaft mit Vorausvermächtnissen | 268 |
| 44. | Einzeltestament, Anordnung einer Vor- und Nacherbschaft mit Nacherbentestamentsvollstreckung | 268 |
| 45. | Einzeltestament, Anordnung einer Erbengemeinschaft mit Auseinandersetzungsausschluss und Bestimmung über die Pflichtteilslastentragung | 269 |
| 46. | Einzeltestament, Anordnung eines Vermächtnisses zugunsten der Lebensgefährtin – wahlweise Geldzahlung oder Wohnungsrecht | 270 |
| 47. | Einzeltestament, Anordnung eines Rentenvermächtnisses | 271 |
| 48. | Einzeltestament, Anordnung eines Rentenvermächtnisses in Form einer dauernden Last | 272 |
| 49. | Gemeinschaftliches Testament, „Berliner Testament" mit Vermächtnisanordnung im ersten Todesfall | 273 |
| 50. | Gemeinschaftliches Testament, „Berliner Testament" mit Wiederverheiratungsklausel | 275 |
| 51. | Gemeinschaftliches Testament, Anordnung einer Vor- und Nacherbschaft (Trennungslösung) | 276 |
| 52. | Gemeinschaftliches Testament, Anordnung einer Erbengemeinschaft und Nießbrauchsvermächtnis zugunsten des überlebenden Ehegatten | 278 |
| 53. | Testament geschiedener Ehepartner | 280 |

### § 4 Der Erbvertrag

| | | |
|---|---|---|
| 54. | Einseitiger Erbvertrag – Pflegeverpflichtung – Nießbrauchsvermächtnis | 289 |
| 55. | Entbindung von der ärztlichen Schweigepflicht | 294 |
| 56. | Verfügungsunterlassungsvertrag | 299 |
| 57. | Antrag auf einstweilige Verfügung betr. Verfügungsverbot aufgrund Verfügungsunterlassungsvereinbarung | 299 |
| 58. | Ehegattenerbvertrag – Alleinerbeinsetzung – Schlusserbeneinsetzung – Vermächtnis bezüglich GmbH-Anteil | 301 |
| 59. | Ehegattenerbvertrag – Gesetzliche Erbfolge – Vermächtnis bezüglich Gesellschaftsbeteiligung – Nießbrauch – Pflichtteilsverzichtsvertrag | 304 |
| 60. | Erbvertrag unter nichtehelichen Lebenspartnern – Grundstücksvermächtnis – Vollmacht zur Vermächtniserfüllung | 306 |
| 61. | Erbvertrag unter drei Geschwistern | 307 |
| 62. | Erbvertrag zwischen in Scheidung lebenden Ehegatten – Scheidungsvereinbarung – Auseinandersetzungsausschluss – Schuldrechtliches Nutzungsrecht | 308 |

| | | |
|---|---|---|
| 63. | Ehe- und Erbvertrag – Rechtswahl Güterrechtsstatut und Ehewirkungsstatut – Modifizierte Zugewinngemeinschaft – Rechtswahl Erbrechtsstatut | 319 |
| 64. | Zustimmung des Vermächtnisnehmers zu Aufhebungstestament | 328 |
| 65. | Aufhebungstestament nach Zustimmung durch den Vermächtnisnehmer | 329 |
| 66. | Aufhebung eines Erbvertrags durch Vertrag | 330 |
| 67. | Erbvertragsaufhebung durch privatschriftliches gemeinschaftliches Testament | 331 |
| 68. | Aufhebung eines zweiseitigen Erbvertrags durch Testament nach Ausschlagung | 331 |
| 69. | Selbstanfechtung eines gegenseitigen Erbvertrags nach Hinzutreten eines Pflichtteilsberechtigten | 342 |
| 70. | Rücktritt des Erblassers vom einseitigen Erbvertrag | 345 |
| 71. | Rücktritt durch Testament | 346 |

## § 5 Verzichtsverträge

| | | |
|---|---|---|
| 72. | Erbverzichtsvertrag | 367 |
| 73. | Pflichtteilsforderungsverzicht | 373 |
| 74. | Pflichtteilsverzichtsvertrag | 375 |
| 75. | Zuwendungsverzichtsvertrag | 385 |

## § 6 Nachlasssicherung, Nachlasspflegschaft, Nachlassverwaltung und Bestattungsrecht

| | | |
|---|---|---|
| 76. | Auftrag zur Siegelung | 398 |
| 77. | Antrag auf amtliche Inverwahrnahme | 399 |
| 78. | Antrag auf Kontensperrung | 399 |
| 79. | Checklisten für Bestandsaufnahmen, getrennt nach Räumen | 401 |
| 80. | Verzeichnis des Anfangsbestandes zur Vorlage an das Nachlassgericht | 404 |
| 81. | Titelumschreibung | 406 |
| 82. | Anschreiben an Banken und Sparkassen | 407 |
| 83. | Ersuchen des Nachlasspflegers an den Bankenverein des zuständigen Bundeslandes | 408 |
| 84. | Widerruf einer Vollmacht/Kontovollmacht | 408 |
| 85. | Aufforderung zur Rechnungslegung aufgrund einer Kontovollmacht | 409 |
| 86. | Antrag des Nachlasspflegers auf Eröffnung des Nachlassinsolvenzverfahrens | 409 |
| 87. | Vermögensübersicht zum Nachlassinsolvenzantrag | 410 |
| 88. | Einwohnermeldeauskunft | 411 |
| 89. | Anschreiben Standesamt wegen Heiratsurkunde, Geburts- und Sterbeurkunde | 412 |
| 90. | Auskunft aus dem Sonderstandesamt Arolsen | 413 |
| 91. | Auskunft aus dem Kriegsgefallenenverzeichnis | 413 |
| 92. | Anfrage bei Wehrmachtauskunftsstelle | 414 |
| 93. | Anfrage an das Krankenbuchlager Berlin | 414 |
| 94. | Anfrage an den Suchdienst des Deutschen Roten Kreuzes | 415 |
| 95. | Anfrage an die Heimatortskarteien | 415 |
| 96. | Anschreiben an den Notar | 416 |
| 97. | Anschreiben an die ermittelten Erben | 416 |
| 98. | Jahresbericht | 417 |
| 99. | Herausnahme aus der Hinterlegung | 418 |
| 100. | Anschreiben an die Erben wegen Auslagenersatz und außergerichtliche Einigung über die Vergütung | 419 |

| | | |
|---|---|---|
| 101. | Antrag auf Vergütungsfestsetzung nach Stunden | 422 |
| 102. | Klage auf Erstattung von Auslagen | 422 |
| 103. | Übergabequittung | 423 |
| 104. | Anschreiben an Gläubiger wegen eventueller Nachlassverbindlichkeiten | 424 |
| 105. | Schreiben des Nachlasspflegers an das Einkommensteuerfinanzamt | 424 |
| 106. | Schreiben des Nachlasspflegers an das Erbschaftsteuerfinanzamt | 424 |
| 107. | Anschreiben an das Grundbuchamt | 426 |
| 108. | Gläubigeranschreiben des Nachlassverwalters | 426 |
| 109. | Jahresbericht | 426 |
| 110. | Abschlussbericht | 427 |
| 111. | Anschreiben an die Erben/Dritte wegen Auskunft und Herausgabe der Nachlassgegenstände | 428 |
| 112. | Ausführliches Anschreiben an die Erben wegen Herausgabe der Nachlassgegenstände | 428 |
| 113. | Antrag auf Festsetzung der Vergütung des Nachlassverwalters | 429 |
| 114. | Anzeige eines sicherungsbedürftigen Nachlasses | 431 |
| 115. | Antrag auf Bestellung eines Geschäftsführers als Nachlasssicherungsmaßnahme (ausstehende Lohnforderungen) | 432 |
| 116. | Antrag des Gläubigers auf Klagepflegschaft | 433 |
| 117. | Erinnerung gegen die Anordnung der Nachlasspflegschaft | 434 |
| 118. | Antrag eines Erben auf Anweisung des Nachlasspflegers | 434 |
| 119. | Einwendungen des Erben gegen den Festsetzungsantrag | 435 |
| 120. | Rechtsmitteleinlegung gegen Vergütungsbeschluss wegen einer Beschwer bis 600 EUR (Erinnerung) | 436 |
| 121. | Rechtsmitteleinlegung gegen Vergütungsbeschluss wegen einer Beschwer ab 600,01 EUR | 436 |
| 122. | Rechtsbeschwerde gegen den Beschwerdebeschluss des OLG | 437 |
| 123. | Beantragung der Klagepflegschaft wegen Pflichtteilsansprüchen | 438 |
| 124. | Antrag des Erben zur Durchführung des Aufgebotsverfahrens | 439 |
| 125. | Antrag des Erben auf Anordnung der Nachlassverwaltung | 441 |
| 126. | Hinweis auf Kosten bei Alleinerben | 441 |
| 127. | Sofortige Beschwerde des Erben gegen die Anordnung der Nachlassverwaltung | 442 |
| 128. | Antrag des Erben auf Aufhebung der Nachlassverwaltung | 443 |
| 129. | Antrag des Erben auf Entlassung des Nachlassverwalters | 443 |
| 130. | Anmeldung einer Forderung im Aufgebotsverfahren | 444 |
| 131. | Antrag eines Nachlassgläubigers auf Anordnung der Nachlassverwaltung | 445 |
| 132. | Antrag des Gläubigers auf Entlassung des Nachlassverwalters | 445 |
| 133. | Anwaltlicher Hinweis bei Antrag auf Nachlassverwaltungskosten für einen Pflichtteilsberechtigten | 446 |
| 134. | Beschwerde gegen die Aufhebung der Nachlassverwaltung | 447 |
| 135. | Testamentarische Auflage | 449 |
| 136. | Bestattungsvorsorgevertrag | 450 |
| 137. | Bestattungsauftrag an den Betreuer | 450 |
| 138. | Anordnung einer Seebestattung | 451 |
| 139. | Antrag auf Erlass einer einstweiligen Anordnung zur Übernahme nicht gedeckter Heimkosten ohne Berücksichtigung eines Bestattungsvorsorgevertrages | 451 |
| 140. | Klage gegen den Erben auf Übernahme der Bestattungskosten | 457 |

141. Klage gegen den Sozialhilfeträger auf Übernahme der Bestattungskosten gem. § 74 Abs. 2 SGB XII .................................................. 460

### § 7 Nachlassgerichtliches Verfahren

142. Antrag zur Bestimmung des örtlich zuständigen Gerichts nach § 5 FamFG .. 471
143. Antrag auf Verweisung an das örtlich zuständige Gericht ............... 472
144. Antrag auf Ablehnung eines kraft Gesetzes ausgeschlossenen Rechtspflegers. ................................................................ 474
145. Antrag auf Ablehnung eines Richters wegen Besorgnis der Befangenheit. ... 474
146. Antrag auf Ausschluss eines Dolmetschers............................ 475
147. Antrag auf Akteneinsicht ........................................... 480
148. Befristete Beschwerde gegen die Verweigerung der Akteneinsicht ........ 480
149. Ersuchen um Übersendung einer Protokollabschrift..................... 481
150. „Antrag" (Anregung) auf Einziehung eines Erbscheins .................. 482
151. Erbscheinsantrag .................................................. 482
152. Neues Vorbringen im Beschwerdeverfahren ........................... 484
153. Antrag auf Durchführung einer mündlichen Verhandlung................ 486
154. Antrag auf Vernehmung eines Zeugen................................ 488
155. Antrag auf Einholung eines Sachverständigengutachtens................. 488
156. Antrag auf Vernehmung eines Beteiligten............................. 490
157. Beschwerde gegen die Anordnung der Vorwegleistungspflicht ........... 491
158. Einreichung eines Testaments zur amtlichen Verwahrung ............... 497
159. Rücknahmevermerk............................................... 502
160. „Aktenkundigmachung" ........................................... 502
161. Ablieferung eines Testaments beim Nachlassgericht .................... 503
162. Antrag auf Eröffnung eines Testaments beim Nachlassgericht ........... 503
163. Ablieferung eines Testaments beim Nachlassgericht: „Antrag" (Anregung) auf Abgabe einer eidesstattlichen Versicherung nach §§ 358, 35 Abs. 4 FamFG (bislang § 83 Abs. 2 FGG) ...................................... 506
164. Beschwerde gegen die Ablieferungsanordnung......................... 506
165. Beschwerde gegen die Ablehnung einer Ablieferungsanordnung.......... 507
166. Ausschlagung der Erbschaft durch gesetzlichen Erben................... 509
167. Ausschlagung durch einen Bevollmächtigten.......................... 509
168. Erklärung der Ausschlagung zu Protokoll des Nachlassgerichts .......... 512
169. Schriftliche Ausschlagung durch den gesetzlichen Vertreter.............. 513
170. Ausschlagung durch den Erbeserben ................................. 513
171. Anfechtung der Ausschlagung ...................................... 514
172. Schriftsatz des „Anfechtungsgegners" bei Anfechtung der Erbschaftsannahme................................................................. 514
173. Anfechtung der Versäumung der Ausschlagungsfrist ................... 516
174. Anfechtung eines Testaments wegen Erklärungsirrtums ................ 518
175. Anfechtung eines Testaments wegen Inhaltsirrtums..................... 518
176. Anfechtung eines Testaments wegen Motivirrtums .................... 519
177. Schriftsatz im Erbscheinsverfahren; Hinweis auf fehlenden Motivirrtum.... 519
178. Anfechtung einer letztwilligen Verfügung wegen Drohung .............. 520
179. Anfechtung wegen Übergehung eines Pflichtteilsberechtigten............ 521
180. Anfechtung eines Erbvertrags durch den Erblasser ..................... 522
181. Anfechtung eines Erbvertrages durch Dritte........................... 522
182. Anfechtung eines gemeinschaftlichen Testaments ...................... 524
183. Erbscheinsantrag eines Nachlassgläubigers............................ 528

| | |
|---|---|
| 184. Antrag auf Erteilung einer Erbscheinsausfertigung nach § 357 Abs. 2 FamFG.................................................. | 529 |
| 185. Erbscheinsantrag bei gesetzlicher Erbfolge......................... | 530 |
| 186. Erbscheinsantrag bei testamentarischer Erbfolge.................. | 531 |
| 187. Beschwerde wegen Verstoßes gegen die Amtsermittlungspflicht bei der Auslegung eines Erbvertrages................................................ | 533 |
| 188. Beschwerde wegen Verstoßes gegen die Amtsermittlungspflicht bzgl. der Ermittlung der Testierfähigkeit.................................................. | 534 |
| 189. Antrag auf Erteilung eines Alleinerbscheins........................ | 538 |
| 190. Antrag auf Erteilung eines gemeinschaftlichen Erbscheins........ | 539 |
| 191. Antrag auf Erteilung eines Mindestteilerbscheins.................. | 540 |
| 192. Antrag auf Erteilung eines gemeinschaftlichen Teilerbscheins.... | 541 |
| 193. Antrag auf Erteilung eines Sammelerbscheins...................... | 542 |
| 194. Beschwerde gegen Festsetzung des Geschäftswerts bei Aufnahme eines Nacherbenvermerks.................................................. | 544 |
| 195. Antrag auf Verweisung an das zuständige Amtsgericht............. | 545 |
| 196. „Antrag" auf Einziehung eines Erbscheins wegen formeller Fehlerhaftigkeit.................................................................. | 547 |
| 197. „Antrag" auf Einziehung eines Erbscheins wegen materieller Unrichtigkeit.. | 548 |
| 198. „Antrag" auf Einziehung eines Erbscheins bei Vorliegen widersprechender Erbscheine.................................................. | 549 |
| 199. „Antrag" auf Kraftloserklärung eines Erbscheins.................... | 551 |
| 200. Antrag auf Erlass einer einstweiligen Anordnung § 49 FamFG.... | 552 |
| 201. Antrag auf Erlass einer einstweiligen Anordnung gemäß §§ 68 Abs. 3 S. 1, 49 FamFG.................................................. | 553 |
| 202. Antrag auf Erlass einer einstweiligen Verfügung.................... | 554 |
| 203. Beschwerde gegen die Ablehnung eines Erbscheinsantrages durch den Nachlassrichter.................................................. | 556 |
| 204. Beschwerde gegen die Ablehnung eines Erbscheinsantrages durch den Rechtspfleger.................................................. | 557 |
| 205. Weitere Beschwerde wegen Verstoßes gegen die Amtsermittlungspflicht (Muster für Fälle, in denen das erstinstanzliche Verfahren vor dem 1.9.2009 eingeleitet worden ist).................................................. | 558 |
| 206. Antragsformulierung in der weiteren Beschwerde (Muster für Fälle, in denen das erstinstanzliche Verfahren vor dem 1.9.2009 eingeleitet worden ist).. | 559 |
| 207. Schriftsatz als Reaktion auf eine weitere Beschwerde (Muster für Fälle, in denen das erstinstanzliche Verfahren vor dem 1.9.2009 eingeleitet worden ist).................................................. | 559 |
| 208. Sofortige (befristete) Beschwerde gegen einen Feststellungsbeschluss nach § 352 Abs. 2 FamFG.................................................. | 561 |
| 209. Beschwerde im Erbscheinsverfahren................................. | 563 |
| 210. Muster für eine behauptete Rechtsbeeinträchtigung................ | 565 |
| 211. Beschwerde eines Nacherben....................................... | 566 |
| 212. Beschwerde gegen die Ablehnung der Erbscheinseinziehung....... | 568 |
| 213. Beschwerde gegen Einziehungsanordnung (bei noch nicht erfolgter Einziehung eines Erbscheins).................................................. | 569 |
| 214. Schriftsatz als Stellungnahme zu einer Beschwerde................ | 570 |
| 215. Rechtsbeschwerde.................................................. | 572 |

## § 8 Erbenfeststellungsklage

216. Erbenfeststellungsklage (Problem: Testierfreiheit) .................... 588
217. Erbenfeststellungsklage (Problem: Testamentsfälschung) ............... 597
218. Antrag betreffend die Entbindung eines Notars von der Schweigepflicht innerhalb eines Prozesses ............................................. 621
219. Antrag betreffend die Entbindung eines Notars von der Schweigepflicht für eine außergerichtliche Streitschlichtung .......................... 621
220. Feststellungsklage (Beiseiteschaffen eines gemeinschaftlichen Testaments) ... 623
221. Klage auf Feststellung des Erbrechts nach erfolgter Testamentsanfechtung ... 639
222. Stufenklage gegen Erbschaftsbesitzer (Erbenfeststellung, Auskunft, eidesstattliche Versicherung und Herausgabe) ................................ 641
223. Feststellungswiderklage gegen Erbenfeststellungsklage ................. 643
224. Testamentsauslegungsvergleich ........................................ 664

## § 9 Erbrechtliche Auskunftsansprüche, Register- und Akteneinsichtsrechte

225. Antrag auf Erteilung einer Erbscheinsausfertigung ..................... 695
226. Antrag auf Erteilung einer Abschrift aus dem Familienbuch ............ 697
227. Antrag auf Grundbuchabschrift ........................................ 697
228. Antrag auf Abschrift aus den Grundakten .............................. 702
229. Beschwerde nach Verweigerung der Erteilung einer Abschrift aus den Grundakten ............................................................... 705
230. Antrag auf Handelsregisterabschrift .................................. 707
231. Antrag auf Abschrift aus den Handelsregisterakten .................... 708
232. Antrag auf Abschrift aus den Betreuungsakten ......................... 709
233. Antrag auf Abschrift aus den Nachlassakten ........................... 710
234. Antrag auf Abschrift aus den Nachlassakten (Anzeige über die Veräußerung eines Erbteils) ....................................................... 711
235. Beschwerde nach Verweigerung der Erteilung einer Abschrift aus den Nachlassakten ............................................................. 713
236. Antrag an das Nachlassgericht zur Erzwingung der Testamentsablieferungspflicht ................................................................. 728
237. Gliederung für eine Rechenschaftslegung .............................. 731
238. Klage auf Auskunft nach § 2057 BGB ................................... 763
239. Widerklage auf Auskunft gegen Erbteilungsklage ....................... 765
240. Zwangsvollstreckungsantrag ........................................... 766
241. Gliederungsschema für ein Bestandsverzeichnis ........................ 771
242. Nur Auskunftsantrag in der Auskunftsklage gegen Erbschaftsbesitzer ... 773
243. Stufenantrag gegen Erbschaftsbesitzer (Auskunft und Herausgabe) ...... 774
244. Stufenklage gegen Erbschaftsbesitzer (Erbenfeststellung, Auskunft, eidesstattliche Versicherung und Herausgabe) ................................ 774
245. Dritter Stufenantrag (eidesstattliche Versicherung) .................. 777
246. Antrag aus der letzten Stufe (Herausgabeanspruch) .................... 778
247. Zwangsvollstreckungsantrag ........................................... 779
248. Auskunftsklage gegen Hausgenossen .................................... 781
249. Auskunftsklage des (Erb-)Vertragserben gegen Beschenkten ............. 784

## § 10 Erbrecht und Grundbuch

250. Grundbuchberichtigungsantrag auf Eintragung von Erben in Erbengemeinschaft ... 813
251. Grundbuchberichtigungsantrag des vertretenden Rechtsanwalts ... 814
252. Eintragungsantrag – Grundbuchberichtigung – Alleinerbe ... 818
253. Antrag auf Eintragung der Erben des verstorbenen Erwerbers ... 821
254. Grundbuchberichtigungsantrag aufgrund neu erteilten Erbscheins nach Einziehung des ersten Erbscheins ... 824
255. Grundbuchberichtigungsantrag des Rechtsanwalts bezüglich Grundschuld ... 825
256. Antrag auf Löschung eines Nießbrauchsrechts ... 827
257. Anregung auf Einleitung eines Amtslöschungsverfahrens ... 827
258. Klageerwiderungsschriftsatz gegen Grundbuchberichtigungsklage (Geltendmachung von Verwendungen) ... 837
259. Antrag auf Eintragung eines Widerspruchs aufgrund vorläufig vollstreckbaren Urteils ... 838
260. Antrag auf Grundbuchberichtigung nach rechtskräftiger Ersetzung der Zustimmung ... 839
261. Rechtshängigkeitsbestätigung des Prozessgerichts ... 848
262. Antrag an das Grundbuchamt auf Eintragung eines Rechtshängigkeitsvermerks ... 848
263. Antrag auf Erlass einer einstweiligen Verfügung zur Eintragung eines Widerspruchs im Grundbuch ... 850
264. Klage auf Grundbuchberichtigung in Prozessstandschaft ... 853
265. Kaufvertrag und Auflassung auf Miterben in Erbengemeinschaft als Surrogationserwerb ... 862
266. Grundbuchberichtigungsbewilligung und -antrag nach Erbteilsübertragung ... 863
267. Grundbuchberichtigungsbewilligung und -antrag nach Abschichtung eines Miterben ... 865
268. Grundbuchberichtigungsantrag und -bewilligung nach Tod eines BGB-Gesellschafters und Fortsetzung unter den übrigen Gesellschaftern ... 869
269. Bewilligung und Antrag auf Eintragung eines Verpfändungsvermerks im Grundbuch (Erbteilsverpfändung) ... 870
270. Antrag auf Eintragung eines Nießbrauchsvermerks im Grundbuch (Nießbrauchsbestellung an Erbteil) ... 871
271. Grundbuchberichtigungsantrag durch Testamentsvollstrecker ... 874
272. Grundbuchberichtigungsantrag durch Erben bei bestehender Testamentsvollstreckung ... 875
273. Grundbuchberichtigungsantrag auf Eintragung des Vorerben ... 878
274. Antrag auf Grundbuchberichtigung zur Eintragung des Nacherben und Löschung des Nacherbenvermerks ... 882

## § 11 Erbenhaftung

275. Antrag auf Abschrift aus den Nachlassakten ... 926
276. Antrag des Gläubigers auf Erbscheinsausfertigung ... 926
277. Erbscheinsantrag des Gläubigers ... 927
278. Gläubigerantrag auf Abschrift aus Familienbuch ... 929
279. Beschwerde (nach Verweigerung der Ausfertigungserteilung aus Nachlassakten) ... 931
280. Antrag auf Grundbuchabschrift ... 932

281. Antrag auf Abschrift aus den Grundakten ... 933
282. Beschwerde (nach Verweigerung der Abschriftserteilung aus Grundakten) ... 935
283. Grundbuchberichtigungsantrag des Gläubigeranwalts ... 936
284. Grundbuchberichtigungsantrag des Gläubigeranwalts auf Voreintragung des Erblassers/Antrag auf Eintragung einer Zwangshypothek ... 937
285. Klageerwiderung (Dreimonatseinrede) ... 964
286. Klageerwiderung (Aufgebotseinrede) ... 967
287. Antrag in einer Vollstreckungsgegenklage bei noch nicht abgeschlossenem Nachlassgläubigeraufgebot und nach Vorbehalt im Ersturteil; Antrag auf Einstellung der Zwangsvollstreckung ... 968
288. Klageabweisungsantrag wegen Unzulässigkeit der Klage ... 972
289. Klageerwiderung (Antrag Haftungsbeschränkungsvorbehalt, § 780 ZPO) ... 976
290. Antrag auf Urteilsergänzung (Haftungsbeschränkungsvorbehalt, § 780 ZPO) ... 977
291. Antrag auf Umschreibung eines Vollstreckungstitels auf Schuldnerseite ... 978
292. Klageerwiderung (Dürftigkeitseinrede) ... 985
293. Schriftsatz des Klägers (Klageumstellung nach Dürftigkeitseinrede) ... 986
294. Vollstreckungsgegenklage gegen Zwangsvollstreckung des Nachlassgläubigers in das Eigenvermögen des Erben – Nachweis der Dürftigkeit durch Gerichtsbeschluss ... 987
295. Vollstreckungsgegenklage gegen Zwangsvollstreckung des Nachlassgläubigers in das Eigenvermögen des Erben (§§ 781, 785, 767 ZPO) – Nachweis der Dürftigkeit durch Inventar ... 989
296. Antrag auf Erlass eines Gläubigeraufgebots ... 995
297. Klageerwiderung (Verschweigungseinrede) ... 997
298. Vollstreckungsgegenklage – noch nicht abgeschlossenes Gläubigeraufgebot – nach Vorbehalt im Ersturteil gem. § 2015 BGB, § 305 ZPO ... 999
299. Klageerwiderung mit Antrag auf Aufnahme eines Haftungsbeschränkungsvorbehalts – Einrede des ungeteilten Nachlasses ... 1006
300. Vollstreckungsgegenklage – Einrede des ungeteilten Nachlasses gem. § 2059 BGB; Antrag auf Einstellung der Zwangsvollstreckung ... 1007
301. Pfändung eines Erbteils ... 1009
302. Vollstreckungsgegenklage gegen Pfändung eines Erbteils nach Anordnung der Nachlassverwaltung; Antrag auf Einstellung der Zwangsvollstreckung ... 1010
303. Antrag auf Eintragung eines Pfändungsvermerks im Grundbuch (Erbteilspfändung) ... 1012
304. Antrag auf Anordnung der Teilungsversteigerung durch den Pfändungspfandgläubiger eines Erbteils ... 1015
305. Pfändung eines Nacherbenanwartschaftsrechts ... 1017
306. Klage auf Zustimmung zur Auflassung ... 1020
307. Klageerwiderung mit Antrag auf Haftungsbeschränkungsvorbehalt (§ 780 ZPO) ... 1022
308. Klage gegen Miterben auf Gesamtschuldnerausgleich ... 1033
309. Streitverkündungsschriftsatz ... 1035
310. Aufnahme des Rechtsstreits durch den Erben auf Klägerseite mit Antrag auf Haftungsbeschränkungsvorbehalt (§ 780 ZPO) ... 1041
311. Antrag auf Bestellung eines besonderen Vollstreckungsvertreters ... 1048
312. Antrag auf Anordnung der Nachlassverwaltung ... 1051
313. Antrag des Nachlassverwalters an das Grundbuchamt auf Eintragung der Anordnung der Nachlassverwaltung ... 1055

314. Antrag auf Festsetzung der Vergütung des Nachlassverwalters . . . . . . . . . . 1057
315. Antrag auf Eröffnung des Nachlassinsolvenzverfahrens . . . . . . . . . . . . . . . 1063
316. Anmeldung zur Nachlassinsolvenztabelle beim Nachlassinsolvenzverwalter . . 1065
317. Antrag auf Inventarerrichtung . . . . . . . . . . . . . . . . . . . . . . . . . . . . . . . 1069
318. Antrag des Erben auf Übertragung der Inventarerrichtung auf einen Beamten oder Notar. . . . . . . . . . . . . . . . . . . . . . . . . . . . . . . . . . . . . . . . . . 1070

## § 12 Erbengemeinschaft

319. Klage gegen Miterben auf Zustimmung zu Verwaltungsmaßnahme . . . . . . . 1084
320. Klage gegen Miterben auf Aufwendungsersatz. . . . . . . . . . . . . . . . . . . . . 1090
321. Nießbrauchseinräumung an einem Erbteil . . . . . . . . . . . . . . . . . . . . . . . 1099
322. Bewilligung und Antrag auf Eintragung eines Verpfändungsvermerks im Grundbuch (Erbteilsverpfändung). . . . . . . . . . . . . . . . . . . . . . . . . . . . . 1100
323. Klage betreffend Darlehensrückzahlung in Prozessstandschaft . . . . . . . . . . 1103
324. Klage auf Grundbuchberichtigung in Prozessstandschaft . . . . . . . . . . . . . . 1104

## § 13 Testamentsvollstreckung

325. Bestimmung eines Testamentsvollstreckers durch einen Dritten (§ 2198 Abs. 1 BGB) . . . . . . . . . . . . . . . . . . . . . . . . . . . . . . . . . . . . . . . . . . . . . . . 1135
326. Bestimmung eines Testamentsvollstreckers durch einen Mittestamentsvollstrecker (§ 2199 Abs. 1 BGB) . . . . . . . . . . . . . . . . . . . . . . . . . . . . . . . . 1136
327. Bestimmung eines Testamentsvollstreckernachfolgers durch einen Testamentsvollstrecker bei gleichzeitiger Kündigung des Amtes (§ 2199 Abs. 2 BGB) . . . . . . . . . . . . . . . . . . . . . . . . . . . . . . . . . . . . . . . . . . . . . . . 1136
328. Stellungnahme auf Anhörung zur beabsichtigten Ernennung des Testamentsvollstreckers durch Nachlassgericht (§ 2200 Abs. 2 BGB) . . . . . . . . . . 1137
329. Antrag auf Fristsetzung zur Ausübung des Bestimmungsrechtes (§ 2198 BGB) . . . . . . . . . . . . . . . . . . . . . . . . . . . . . . . . . . . . . . . . . . . . . . . 1137
330. Notariell beurkundeter Antrag auf Erteilung eines Testamentsvollstreckerzeugnisses. . . . . . . . . . . . . . . . . . . . . . . . . . . . . . . . . . . . . . . . . . . . 1145
331. Stellungnahme zur beabsichtigten Erteilung des Testamentsvollstreckerzeugnisses (§ 2368 Abs. 2 BGB) . . . . . . . . . . . . . . . . . . . . . . . . . . . . . . 1146
332. Antrag auf Einziehung des Testamentvollstreckerzeugnisses bei Unrichtigkeit. . . . . . . . . . . . . . . . . . . . . . . . . . . . . . . . . . . . . . . . . . . . . . . . . 1147
333. „Antrag" auf Einziehung des Erbscheins wegen Fehlens des Testamentsvollstreckervermerks . . . . . . . . . . . . . . . . . . . . . . . . . . . . . . . . . . . . . 1147
334. „Antrag" auf Grundbuchberichtigung wegen Fehlens des Testamentsvollstreckervermerks. . . . . . . . . . . . . . . . . . . . . . . . . . . . . . . . . . . . . . . . 1148
335. Antrag auf Eintragung der angeordneten Testamentsvollstreckung im Handelsregister . . . . . . . . . . . . . . . . . . . . . . . . . . . . . . . . . . . . . . . . . . . . 1148
336. Annahme des Amtes . . . . . . . . . . . . . . . . . . . . . . . . . . . . . . . . . . . . . 1151
337. Ablehnung des Amtes . . . . . . . . . . . . . . . . . . . . . . . . . . . . . . . . . . . . 1152
338. Antrag des Erben auf Erklärungsfrist (§ 2202 Abs. 3 BGB) . . . . . . . . . . . . . 1152
339. Antrag eines sonstigen Beteiligten auf Erklärungsfrist (§ 2202 Abs. 3 BGB) . . 1153
340. Aufforderung des Testamentsvollstreckers an Erben zur Auskunft über den Bestand des Nachlasses. . . . . . . . . . . . . . . . . . . . . . . . . . . . . . . . . . . . 1158
341. Aufforderung des Testamentsvollstreckers an Erben zur Herausgabe der Nachlassgegenstände . . . . . . . . . . . . . . . . . . . . . . . . . . . . . . . . . . . . . 1158
342. Anschreiben des Testamentsvollstreckers an die kontoführenden Banken . . . 1159

343. Stufenklage des Testamentsvollstreckers gegen Erben zur Auskunft, eidesstattlichen Versicherung und Herausgabe des Nachlasses .............. 1160
344. Nachlassverzeichnis des Testamentsvollstreckers nach § 2215 BGB ....... 1161
345. Klage des Erben gegen Testamentsvollstrecker auf Beihilfe zur Inventarerrichtung (§ 2215 Abs. 1 BGB). . . . . . . . . . . . . . . . . . . . . . . . . . . . . . . . . 1164
346. Antrag auf Außerkraftsetzung einer Erblasseranordnung (§ 2216 Abs. 2 BGB) . . . . . . . . . . . . . . . . . . . . . . . . . . . . . . . . . . . . . . . . . . . . . . . . . . . . 1169
347. Klage des Erben gegen Testamentsvollstrecker auf Vornahme einer bestimmten Verwaltungshandlung (§ 2216 Abs. 1 BGB) . . . . . . . . . . . . . . . . . . . . 1171
348. Klage des Erben (vertreten durch Betreuer) gegen Testamentsvollstrecker auf Beachtung einer Verwaltungsanordnung des Erblassers (§ 2216 Abs. 2 S. 1 BGB) . . . . . . . . . . . . . . . . . . . . . . . . . . . . . . . . . . . . . . . . . . . . . . . . . . . . 1173
349. Klage des Testamentsvollstreckers gegen Erben auf Einwilligung zur Eingehung einer Verbindlichkeit (§ 2206 Abs. 2 BGB). . . . . . . . . . . . . . . . . . 1175
350. Antrag des Erben auf Erlass einer einstweiligen Verfügung auf Unterlassen der Eingehung einer Verbindlichkeit durch den Testamentsvollstrecker (§ 2206 Abs. 2 BGB) . . . . . . . . . . . . . . . . . . . . . . . . . . . . . . . . . . . . . . . . 1177
351. Informationsschreiben mit jährlicher Rechnungslegung durch den Testamentsvollstrecker an Erben . . . . . . . . . . . . . . . . . . . . . . . . . . . . . . . . . . . 1186
352. Verlangen des Erben nach jährlicher Rechnungslegung bei länger dauernder Verwaltung (§ 2218 Abs. 2 BGB). . . . . . . . . . . . . . . . . . . . . . . . . . . . . . 1187
353. Auskunftsverlangen des Erben über Stand der Verwaltung durch Vorlage eines Bestandsverzeichnisses. . . . . . . . . . . . . . . . . . . . . . . . . . . . . . . . . . . . . 1188
354. Klage des Erben gegen Testamentsvollstrecker auf Auskunft durch Vorlage eines Bestandsverzeichnisses nach Umschichtung des Nachlasses und jährliche Rechnungslegung (§ 2218 Abs. 1 i.V.m. §§ 260, 2218 Abs. 2 BGB) . . . . . . . 1188
355. Klage des Erben gegen Testamentsvollstrecker auf Ergänzung des Bestandsverzeichnisses und eidesstattliche Versicherung . . . . . . . . . . . . . . . . . . . . 1190
356. Freigabeverlangen des Erben bezüglich eines Nachlassgegenstandes nach § 2217 Abs. 1 BGB . . . . . . . . . . . . . . . . . . . . . . . . . . . . . . . . . . . . . . . . . 1192
357. Freigabeerklärung des Testamentsvollstreckers bei Einigung aller Miterben nach § 2217 Abs. 1 BGB . . . . . . . . . . . . . . . . . . . . . . . . . . . . . . . . . . . . 1193
358. Klage des Erben gegen Testamentsvollstrecker auf vorzeitige Überlassung eines Nachlassgegenstandes (§ 2217 Abs. 1 BGB) . . . . . . . . . . . . . . . . . . . . 1193
359. Verlangen des Erben nach Rechnungslegung bei Beendigung des Amtes (§§ 2218 Abs. 1, 666 BGB). . . . . . . . . . . . . . . . . . . . . . . . . . . . . . . . . . . 1195
360. Stufenklage des Erben auf Auskunft, eidesstattliche Versicherung und Herausgabe des Nachlasses bei Beendigung des Amtes . . . . . . . . . . . . . . . . . 1195
361. Aufnahme eines durch den Erblasser geführten Prozesses nach Unterbrechung durch Tod des Erblassers (§ 239 ZPO) durch den Testamentsvollstrecker (§ 2212 BGB) . . . . . . . . . . . . . . . . . . . . . . . . . . . . . . . . . . . . . . . . 1202
362. Genehmigung der Prozessführung des Erben durch den Testamentsvollstrecker (§ 2212 BGB) bei einem durch den Erblasser geführten Prozess nach Unterbrechung durch Tod des Erblassers (§ 239 ZPO). . . . . . . . . . . . . . . . 1203
363. Aufnahme eines gegen den Erblasser geführten Prozesses nach Unterbrechung durch Tod des Erblassers (§ 239 ZPO) gegen die Erben und den Testamentsvollstrecker (§ 2213 Abs. 1 BGB) . . . . . . . . . . . . . . . . . . . . . . . . . . 1204
364. Klage eines Nachlassgläubigers gegen Testamentsvollstrecker auf Duldung der Zwangsvollstreckung in den Nachlass aufgrund eines gegen den Erben ergangenen Urteils (§ 2213 Abs. 3 BGB) . . . . . . . . . . . . . . . . . . . . . . . . . 1205

365. Antrag auf Titelumschreibung (Erteilung einer vollstreckbaren Ausfertigung eines zugunsten des Erblassers ergangenen Urteils) gem. §§ 749, 727 ZPO ... 1207
366. Antrag auf Titelumschreibung (Erteilung einer vollstreckbaren Ausfertigung) eines gegen den Erblasser ergangenen Urteils gegen den Testamentsvollstrecker (§§ 749, 727 ZPO) .... 1207
367. Aufforderung des Testamentsvollstreckers an Erben zur Auskunft über vom Erblasser erhaltene Schenkungen .... 1211
368. Klageantrag des Testamentsvollstreckers gegen Erben auf Auskunft über Vorschenkungen i.S.d. § 14 ErbStG .... 1212
369. Auseinandersetzungsplan (§ 2204 BGB) .... 1214
370. Anhörung der Erben zum Auseinandersetzungsplan .... 1217
371. Auseinandersetzungsvereinbarung (§ 2204 BGB) .... 1217
372. Klage des Erben auf Feststellung der Unwirksamkeit eines vom Testamentsvollstrecker aufgestellten Teilungsplans .... 1218
373. Klageantrag des Erben gegen den Testamentsvollstrecker und die Miterben auf anderweitige Auseinandersetzung als in dem vom Testamentsvollstrecker aufgestellten Teilungsplan .... 1219
374. Klageantrag des Testamentsvollstreckers bei Klage zur Mitwirkung bei den Übertragungsakten entsprechend dem vom Testamentsvollstrecker aufgestellten Teilungsplan .... 1220
375. Klageantrag des Erben auf Feststellung der Beendigung der Testamentsvollstreckung insgesamt .... 1226
376. Kündigung des Amtes durch den Testamentsvollstrecker (§ 2226 BGB) .... 1226
377. Antrag auf Entlassung des Testamentsvollstreckers aus wichtigem Grund (§ 2227 BGB) .... 1227
378. Klage des Erben gegen den sich noch im Amt befindenden Testamentsvollstrecker auf Schadensersatz an die Erbengemeinschaft (§ 2219 Abs. 1 BGB) .... 1230
379. Klage des Testamentsvollstreckers gegen Erben auf Vergütungsfestsetzung mit beziffertem Klageantrag .... 1242

### § 14 Vor- und Nacherbfolge

380. Klage auf Feststellung des Erbrechts aufgrund einer Nacherbeneinsetzung .... 1255
381. Klage auf Feststellung, dass der Vorerbe die Stellung eines Vollerben erlangt hat .... 1258
382. Klage auf Feststellung des Bestehens einer befreiten Vorerbschaft .... 1261
383. Antrag auf Erteilung einer Vollstreckungsklausel .... 1266
384. Klage auf Erteilung einer Vollstreckungsklausel nach § 731 ZPO .... 1267
385. Antrag des Vorerben auf Feststellung des Zustandes der zum Nachlass gehörenden Sachen .... 1269
386. Aufforderungsschreiben zur Einwilligung in Grundstücksverfügung .... 1273
387. Klage des nicht befreiten Vorerben auf Zustimmung zur Übertragung des Eigentums an Nachlassgrundstück .... 1275
388. Klageantrag des nicht befreiten Vorerben auf Bewilligung der Herausgabe und Zustimmung zur Verfügung über hinterlegte Wertpapiere .... 1277
389. Aufforderung zur Zustimmung zu einem konkreten Wirtschaftsplan .... 1278
390. Klage auf Zustimmung zu einem konkreten Wirtschaftsplan .... 1278
391. Vertrag über Verkauf und Übertragung des Anwartschaftsrechts eines Nacherben auf Vorerben .... 1281
392. Klage des Vorerben auf Übertragung des Nacherbenanwartschaftsrechts (gesetzliches Vorkaufsrecht) .... 1282

393. Aufforderungsschreiben Vorerbe an Nacherbe wegen Duldung der Wegnahme von Einrichtungen . . . . . . . . . . . . . . . . . . . . . . . . . . . . . . 1285
394. Klage des Vorerben auf Duldung der Wegnahme von Einrichtungen . . . . . . 1286
395. Aufforderungsschreiben zur Freistellung von einer Verbindlichkeit . . . . . . . 1291
396. Klage des Vorerben auf Ersatz außergewöhnlicher Erhaltungskosten . . . . . . 1292
397. Aufforderung Nacherbe an Vorerbe auf Erstellung eines Nachlassverzeichnisses . . . . . . . . . . . . . . . . . . . . . . . . . . . . . . . . . . . . . . . . . . . . . 1297
398. Klage Nacherbe gegen Vorerbe auf Erstellung eines Nachlassverzeichnisses . . 1298
399. Aufforderung Nacherbe an Vorerbe zur Feststellung des Zustandes zum Nachlass gehörender Sachen. . . . . . . . . . . . . . . . . . . . . . . . . . . . . . . 1300
400. Antrag des Nacherben auf Feststellung des Zustandes zum Nachlass gehörender Gegenstände. . . . . . . . . . . . . . . . . . . . . . . . . . . . . . . . . . . . 1301
401. Aufforderung zur Erstellung eines Wirtschaftsplanes. . . . . . . . . . . . . . . . 1302
402. Klage auf Zustimmung zu einem konkreten Wirtschaftsplan . . . . . . . . . . 1303
403. Aufforderung zur Hinterlegung von Inhaberaktien. . . . . . . . . . . . . . . . . 1306
404. Antrag auf einstweilige Verfügung: Verpflichtung des Vorerben zur Hinterlegung von Wertpapieren. . . . . . . . . . . . . . . . . . . . . . . . . . . . . . . . 1307
405. Antrag auf einstweilige Verfügung: Eintragung eines Sperrvermerks in das Schuldbuch. . . . . . . . . . . . . . . . . . . . . . . . . . . . . . . . . . . . . . . . . 1309
406. Aufforderung zur mündelsicheren Anlage von Geld . . . . . . . . . . . . . . . . 1310
407. Klage des Nacherben auf mündelsichere Anlage von Geld . . . . . . . . . . . . 1311
408. Aufforderung zur Auskunftserteilung bei Gefährdung des Nachlasses . . . . . 1315
409. Aufforderung zur Sicherheitsleistung . . . . . . . . . . . . . . . . . . . . . . . . . 1317
410. Klage Nacherbe auf Auskunft über aktuellen Nachlassbestand (eidesstattliche Versicherung, Sicherheitsleistung) . . . . . . . . . . . . . . . . . . . . . . . . 1319
411. Antrag des Nacherben auf einstweilige Verfügung gegen befreiten Vorerben, Sicherheitsleistung. . . . . . . . . . . . . . . . . . . . . . . . . . . . . . . . . . . . 1321
412. Klage auf Feststellung einer Pflichtverletzung des Vorerben. . . . . . . . . . . . 1323
413. Antrag Nacherbe auf Anordnung der gerichtlichen Verwaltung . . . . . . . . . 1326
414. Antrag Nacherbe auf Erlass eines Ergänzungsbeschlusses . . . . . . . . . . . . . 1327
415. Antrag auf Eintragung der gerichtlichen Verwaltung in das Grundbuch . . . . 1328
416. Antrag auf Aufhebung der gerichtlichen Verwaltung. . . . . . . . . . . . . . . . 1328
417. Antrag Nacherbe auf einstweilige Verfügung, vorläufige Entziehung der Verwaltungsbefugnis . . . . . . . . . . . . . . . . . . . . . . . . . . . . . . . . . . . 1329
418. Drittwiderspruchsklage des Nacherben gegen Verfügungen in der Zwangsvollstreckung. . . . . . . . . . . . . . . . . . . . . . . . . . . . . . . . . . . . . . . . 1333
419. Rechenschaftslegung über die Verwaltung eines Unternehmens . . . . . . . . . 1339
420. Aufforderungsschreiben an nicht befreiten Vorerben: Rechenschaftslegung, Herausgabe der Erbschaft und Zustimmung zur Grundbuchberichtigung . . . 1341
421. Stufenklage gegen nicht befreiten Vorerben: Rechenschaftslegung, eidesstattliche Versicherung, Herausgabe der Erbschaft, Zustimmung zur Grundbuchberichtigung . . . . . . . . . . . . . . . . . . . . . . . . . . . . . . . . . . . . . . . . . 1342
422. Aufforderungsschreiben an den befreiten Vorerben: Auskunftserteilung, Herausgabe der Erbschaft, Zustimmung zur Grundbuchberichtigung . . . . . . . 1343
423. Stufenklage gegen befreiten Vorerben: Auskunftserteilung, eidesstattliche Versicherung, Herausgabe der Erbschaft, Zustimmung zur Grundbuchberichtigung. . . . . . . . . . . . . . . . . . . . . . . . . . . . . . . . . . . . . . . . . . . . 1344
424. Klage gegen nicht befreiten Vorerben wegen Verstoßes gegen Grundsätze ordnungsgemäßer Verwaltung. . . . . . . . . . . . . . . . . . . . . . . . . . . . . 1347

425. Antrag auf dinglichen Arrest zur Sicherung des Schadensersatzanspruchs wegen unentgeltlicher Verfügungen des Vorerben .................... 1352
426. Aufforderungsschreiben an den vom Vorerben Beschenkten: Auskunftserteilung, Herausgabe, Zustimmung zur Grundbuchberichtigung ......... 1358
427. Stufenklage gegen den vom Vorerben Beschenkten: Auskunft, eidesstattliche Versicherung, Herausgabe, Zustimmung zur Grundbuchberichtigung...... 1359

## § 15 Vermächtniserfüllung

428. Aufforderung zur Anerkennung der Unwirksamkeit eines Vermächtnisses (Erbfall vor dem 1.1.2010).................................. 1379
429. Annahme eines Vermächtnisses................................. 1387
430. Ausschlagung eines Vermächtnisses.............................. 1387
431. Fristsetzung zur Annahme eines Vermächtnisses.................... 1389
432. Auflassung eines Vermächtnisgrundstücks......................... 1393
433. Vermächtniserfüllung durch den Vermächtnisnehmer als Bevollmächtigten... 1394
434. Bewilligung einer Eigentumsübertragungsvormerkung................. 1397
435. Antrag des vertretenden Rechtsanwalts auf Eintragung einer Eigentumsübertragungsvormerkung................................... 1398
436. Klage auf Zustimmung zur Auflassung............................ 1399
437. Auflassungserklärung des Klägers................................ 1402
438. Grundstücksübertragung gegen Zahlung des Übernahmepreises (Übernahmerecht als Vorausvermächtnis)............................. 1403
439. Klage auf Zustimmung zur Auflassung Zug-um-Zug gegen Erbringung einer Gegenleistung............................................ 1405
440. Vermächtniserfüllung gegen Vermächtniskürzung.................... 1407
441. Klageerwiderung gegen Grundstücksübertragungsklage (Vermächtniskürzung)................................................... 1411
442. Antrag auf Erlass einer einstweiligen Verfügung (Sicherung der Eigentumsübertragung).............................................. 1419
443. Antrag auf Eintragung einer Eigentumsübertragungsvormerkung........ 1421
444. Nießbrauchseinräumung (Untervermächtnis) an einem Grundstück...... 1423
445. Bewilligung der Eintragung eines Grundstücksnießbrauchs............. 1423
446. Antrag des vertretenden Rechtsanwalts auf Eintragung eines Grundstücksnießbrauchs................................................ 1424
447. Klage auf Nießbrauchsbestellung und Herausgabe................... 1425
448. Nießbrauchseinräumung an einem Erbteil......................... 1428
449. Klage auf Nießbrauchsbestellung an einem Erbteil und Einräumung des Mitbesitzes am Nachlass........................................ 1429
450. Vereinbarung zur Bestellung eines dinglichen Wohnungsrechts.......... 1431
451. Testamentarisch erklärte Einigung zur Bestellung eines Wohnungsrechts... 1432
452. Antrag auf Erlass einer einstweiligen Verfügung zur Herausgabe beweglicher Sachen................................................. 1441
453. Vereinbarung über die Verlängerung der Verjährungsfrist von Pflichtteilsansprüchen................................................ 1449
454. Wohnungsrecht, teilweise als Verschaffungsvermächtnis............... 1452
455. Vertrag zur Begründung eines Wohnungsrechts, teilweise als Verschaffungsvermächtnis............................................... 1452

## § 16 Selbstständige und unselbstständige Stiftungen bei der Erb- und Nachfolgegestaltung

456. Stiftungsgeschäft unter Lebenden ... 1515
457. Testament zur Errichtung einer rechtsfähigen Stiftung ... 1515
458. Testament zur Einsetzung einer Stiftung als Erbin ... 1515
459. Testament mit Vermächtnis für eine Stiftung ... 1516
460. Testament zur Einsetzung einer Stiftung als Nacherbin ... 1516
461. Satzung einer selbstständigen steuerbegünstigten Stiftung (einfach) ... 1516
462. Mustersatzung nach Anlage 1 zu § 60 AO ... 1517
463. Satzung einer selbstständigen steuerbegünstigten Stiftung (ausführlich) ... 1519
464. Verfassung einer unternehmensverbundenen Familienstiftung (Stiftung & Co. KG) ... 1524
465. Satzung und Organisationsvertrag einer unselbstständigen Stiftung ... 1526

## § 17 Geltendmachung von Pflichtteilsansprüchen

466. Beratungsschreiben an den Erben in einer Pflichtteilssache nach eingetretenem Erbfall ... 1532
467. Anschreiben an die Rechtsschutzversicherung (Erstes Beratungsgespräch mit Auslagenpauschale) ... 1536
468. Haftungsbeschränkung zur Begrenzung von Ersatzansprüchen ... 1538
469. Anrechnung auf den Pflichtteil ... 1540
470. Ausgleichung unter Abkömmlingen ... 1540
471. Nachträgliche Anordnung einer Anrechnungs- und Ausgleichungsbestimmung ... 1541
472. Entziehung des Pflichtteils eines Abkömmlings durch Verfügung von Todes wegen gem. § 2333 BGB ... 1545
473. Pflichtteilsbeschränkung in guter Absicht ... 1546
474. Ausschlagung des Vermächtnisnehmers nach § 2307 BGB ... 1552
475. Ausschlagung der Erbschaft des Nacherben bei zweifelhaftem „Berliner Testament" ... 1553
476. Pfändung eines Pflichtteilsanspruchs ... 1558
477. Pfändung eines noch nicht geltend gemachten Pflichtteilsanspruchs ... 1558
478. Nachlassverzeichnis ... 1566
479. Auskunftsbegehren des Erben gegen den Miterben über Vorempfänge nach §§ 2316, 2057 BGB ... 1589
480. Außergerichtliches Auskunftsbegehren ... 1594
481. Außergerichtliches Anschreiben bezüglich Wertermittlung gegenüber dem Erben ... 1596
482. Außergerichtliches Anschreiben wegen Wertermittlung gegenüber dem Beschenkten ... 1597
483. Aufforderung zur Abgabe der eidesstattlichen Versicherung ... 1599
484. Auskunftsklage des Pflichtteilsberechtigten gegen die Erben ... 1601
485. Stufenklage auf Auskunft, Wertermittlung, Abgabe der eidesstattlichen Versicherung und Pflichtteilszahlung ... 1603
486. Stufenklage auf Auskunft, Wertermittlung, Abgabe der eidesstattlichen Versicherung und Pflichtteilszahlung bei Erbengemeinschaft auf Beklagtenseite ... 1604
487. Klage auf Pflichtteilsergänzung gegen den Beschenkten (Miterben) nach § 2329 BGB bei Grundstücksschenkung ... 1606
488. Klage auf Pflichtteilsergänzung gegen den Beschenkten (Miterben) nach § 2329 BGB bei Schenkung einer Eigentumswohnung ... 1607

489. Stundung des Pflichtteils nach § 2331a BGB n.F. .................. 1609
490. Außergerichtlicher Vergleich über einen Pflichtteilsanspruch .......... 1611

## § 18 Einvernehmliche Erbauseinandersetzung

491. Erbschaftskauf ......................................... 1616
492. Anzeige an das Nachlassgericht ............................. 1619
493. Kauf und Übertragung eines Erbteils ......................... 1620
494. Verpfändung eines Erbteils ................................. 1626
495. Sicherungsübertragung eines Erbteils ........................ 1629
496. Nießbrauchbestellung am Erbteil ............................ 1630
497. Abschichtungsvertrag ..................................... 1633
498. Mitteilungsschreiben an die Miterben ........................ 1636
499. Verzichtserklärung ....................................... 1637
500. Ausübung des Vorkaufsrechts gegenüber dem Miterben ......... 1638
501. Ausübung des Vorkaufsrechts gegenüber dem Käufer ........... 1639
502. Erbteilsübertragung an den vorkaufsberechtigten Miterben ...... 1640
503. Erbschaftsschenkungsvertrag ............................... 1643
504. Außergerichtlicher Vergleich ............................... 1644
505. Verkauf und Übertragung der Anwartschaft des Nacherben an den Vorerben ............................................. 1645
506. Erbschaftsvertrag ........................................ 1648
507. Erbauseinandersetzungsvertrag (Vollständige Auseinandersetzung) ..... 1651
508. Erbauseinandersetzungs- und Erbteilsübertragungsvertrag bei angeordneter Vor- und Nacherbschaft sowie Testamentsvollstreckung ................ 1656

## § 19 Erbteilungsklage

509. Klage auf Zustimmung zum Teilungsplan (mit Teilungsanordnung bezüglich Grundstück) .......................................... 1728
510. Feststellungsklage zur Vorbereitung der Teilung ................ 1731
511. Auflassungserklärung des Klägers ............................ 1734
512. Antrag auf Eintragung einer Eigentumsübertragungsvormerkung des Klägers aufgrund vorläufig vollstreckbaren Urteils ...................... 1736
513. Klageerwiderungsschriftsatz gegen Erbteilungsklage (Geltendmachung von Verwendungen durch einen Miterben) .......................... 1737
514. Widerklage auf Auskunft gegen Erbteilungsklage ................ 1738

## § 20 Die Teilungsversteigerung

515. Antrag auf Anordnung der Teilungsversteigerung ................ 1758
516. Klage auf Unzulässigerklärung der Teilungsversteigerung wegen fehlender Zustimmung nach § 1365 BGB ................................ 1762
517. Antrag auf einstweilige Einstellung nach Erhebung der Widerspruchsklage ... 1763
518. Antrag auf einstweilige Einstellung ........................... 1769
519. Beitritt zum Verfahren der Teilungsversteigerung ................ 1775

## § 21 Die Ansprüche des Erbvertrags-Erben und des Erbvertrags-Vermächtnisnehmers nach §§ 2287, 2288 BGB

520. Klage des Erbvertrags-Erben auf Grundstücksherausgabe ......... 1811
521. Klageerwiderung (Geltendmachung von Verwendungen) ......... 1813
522. Antrag auf Erteilung einer Abschrift aus den Grundakten ........ 1819
523. Antrag auf Erteilung einer Abschrift von einer notariellen Urkunde ..... 1819

524. Klage des Vertragserben auf Aufhebung und Löschung eines Nießbrauchsrechts sowie Herausgabe eines Gebäudegrundstücks Zug um Zug gegen Zahlung des Pflichtteils und des Zugewinnausgleichs. . . . . . . . . . . . . . . 1820
525. Auskunftsklage des Erbvertrags-Erben gegen Beschenkten . . . . . . . . . . 1825
526. Stufenklage: Auskunfts- und Herausgabeklage. . . . . . . . . . . . . . . . . . 1826
527. Klage auf Übertragung eines Grundstücksbruchteils . . . . . . . . . . . . . . 1830
528. Antrag auf Eintragung einer Eigentumsübertragungsvormerkung . . . . 1833
529. Auflassungserklärung des Klägers . . . . . . . . . . . . . . . . . . . . . . . . . . . 1835
530. Antrag einstweilige Verfügung (Vormerkung) . . . . . . . . . . . . . . . . . . 1845
531. Antrag einstweilige Verfügung (Vormerkung Aufhebung einer Grundschuld). . . . . . . . . . . . . . . . . . . . . . . . . . . . . . . . . . . . . . . . . . . . . . 1847
532. Antrag auf Erteilung einer Abschrift aus den Grundakten (Grundschuldbestellungsurkunde) . . . . . . . . . . . . . . . . . . . . . . . . . . . . . . . . . . . . . 1850
533. Antrag auf einstweilige Verfügung (Herausgabe beweglicher Sachen) . . . . . . 1851
534. Klage des Erbvertrags-Vermächtnisnehmers auf Beseitigung einer Grundschuld . . . . . . . . . . . . . . . . . . . . . . . . . . . . . . . . . . . . . . . . . . . . . . . 1858

### § 22 Handelsregister und Erbfolge

535. Anmeldung der Unternehmensnachfolge durch Alleinerben . . . . . . . . . . 1866
536. Anmeldung der Unternehmensnachfolge durch Erbenmehrheit . . . . . . . 1868
537. Anmeldung der Unternehmensnachfolge durch einen Miterben nach Zuweisung des Unternehmens in der Erbteilung mit Haftungsausschluss . . . . . 1870
538. Anmeldung des Ausscheidens des verstorbenen Gesellschafters zum Handelsregister . . . . . . . . . . . . . . . . . . . . . . . . . . . . . . . . . . . . . . . . . . . 1871
539. Anmeldung des Eintritts der Miterben in die Gesellschaft zum Handelsregister . . . . . . . . . . . . . . . . . . . . . . . . . . . . . . . . . . . . . . . . . . . . . . 1872
540. Anmeldung des Ausscheidens des verstorbenen Gesellschafters und des Eintritts der Erben als Kommanditisten zum Handelsregister. . . . . . . . . . . 1874
541. Anmeldung des Ausscheidens des verstorbenen Kommanditisten und Eintritt seiner Erben zum Handelsregister . . . . . . . . . . . . . . . . . . . . . . . . . . 1876

### § 23 Schiedsverfahren in Erbstreitigkeiten

542. Schiedsklausel der DSE e.V. . . . . . . . . . . . . . . . . . . . . . . . . . . . . . . 1900

### § 24 Internationales Erbrecht

543. Anregung auf Einholung eines Rechtsgutachtens im Erbscheinsverfahren . . . 1910
544. Antrag auf Anhörung eines ausländischen Gutachters . . . . . . . . . . . . . 1911
545. Rechtswahl betreffend das Güterrechtsstatut. . . . . . . . . . . . . . . . . . . 1931
546. Stufenklage eines Pflichtteilsberechtigten auf Auskunft und Zahlung gegen den Erben bei amerikanischer Staatsangehörigkeit der Erblasserin. . . . . . . 1936
547. Antrag auf einen gegenständlich beschränkten Erbschein, § 2369 BGB, bei italienischem Erblasser . . . . . . . . . . . . . . . . . . . . . . . . . . . . . . . . . . 1941
548. Gegenständlich beschränkter Erbschein, § 2369 BGB, bei spanischem Erblasser . . . . . . . . . . . . . . . . . . . . . . . . . . . . . . . . . . . . . . . . . . . . . . . 1941
549. Antrag auf Erteilung eines Eigenrechtserbscheins, § 2353 BGB, bei französischem Erblasser . . . . . . . . . . . . . . . . . . . . . . . . . . . . . . . . . . . . . . 1943
550. Antrag auf Erteilung eines gegenständlich beschränkten Erbscheins (österreichisches Erbrecht). . . . . . . . . . . . . . . . . . . . . . . . . . . . . . . . . . . . . 1945

551. Antrag auf Erteilung eines gemischten Erbscheins bei französischem Erblasser (teilweise Eigenrechtserbschein, teilweise gegenständlich beschränkter Erbschein) .......................................................... 1946
552. Klage auf Feststellung der Anerkennung eines ausländischen Urteils ...... 1948

§ 25 Lebensversicherung im Erbfall

553. Statusanfrage bei der Versicherung................................... 1956
554. Anfrage über das Bestehen einer Lebensversicherung ................ 1957
555. Todesanzeige an die Lebensversicherung ............................ 1959
556. Anforderung von Bankbelegen ...................................... 1960
557. Anforderung einer Sterbeurkunde ................................... 1961
558. Anforderung eines ärztlichen Attestes über die Todesursache......... 1961
559. Anforderung eines amtlichen Zeugnisses über die Todesursache ..... 1962
560. Anspruchschreiben an den Versicherer .............................. 1965
561. Mitteilung über den Verlust des Versicherungsscheins ............... 1966
562. Antrag auf Kraftloserklärung eines Versicherungsscheins ............ 1967
563. Zahlungsklage gegen die Lebensversicherung ....................... 1971
564. Widerruf des Auftrags gegenüber der Lebensversicherung .......... 1976
565. Widerruf des Schenkungsangebots gegenüber dem Bezugsberechtigten..... 1977
566. Aufforderungsschreiben an den Bezugsberechtigten ................. 1978
567. Klage auf Rückzahlung............................................. 1979
568. Nachabfindungsklausel.............................................. 1983

# Allgemeines Literaturverzeichnis

Ausführliche Literaturhinweise befinden sich vor den jeweiligen Kapiteln

**Kommentare:**

*Bamberger/Roth*, Kommentar zum Bürgerlichen Gesetzbuch, 2. Auflage 2008

*Baumbach/Lauterbach/Albers/Hartmann*, Zivilprozessordnung, 68. Auflage 2010

*BGB-RGRK*, 12. Auflage 1975–1999

*Demharter*, Grundbuchordnung, 27. Auflage 2010

*Erman*, Handkommentar zum Bürgerlichen Gesetzbuch, 11. Auflage 2004

*Münchener Kommentar zum Bürgerlichen Gesetzbuch*, 4. Auflage 2000 ff. (zit. MüKo-*Bearbeiter*)

*Musielak*, Zivilprozessordnung, 7. Auflage 2009

*Palandt*, Bürgerliches Gesetzbuch, 69. Auflage 2010

*Saenger*, Zivilprozessordnung: ZPO, Handkommentar, 3. Auflage 2009 (zit. Hk-ZPO/*Bearbeiter*)

*Soergel/Siebert*, Bürgerliches Gesetzbuch mit Einführungsgesetz und Nebengesetzen, 13. Auflage 2000 f.

*Staudinger*, Kommentar zum Bürgerlichen Gesetzbuch, Buch 5: Erbrecht, Neubearb. 2008

*Stein/Jonas*, Kommentar zur Zivilprozessordnung, 22. Auflage 2002 ff.

*Thomas/Putzo*, Zivilprozessordnung, 30. Auflage 2009

*Zöller*, Zivilprozessordnung, 28. Auflage 2010

**Lehrbücher, Handbücher, Formularbücher:**

*Baumgärtel/Laumen/Prütting*, Handbuch der Beweislast im Privatrecht, Band 2, 3. Auflage 2007

*Bonefeld/Wachter*, Der Fachanwalt für Erbrecht, 2. Auflage 2010

*Bonefeld/Kroiß/Tanck*, Der Erbprozess, 3. Auflage 2008

*Brox/Walker*, Erbrecht, 23. Auflage 2009

*Burandt*, Erbrechtliche Unternehmensnachfolge, 2002

*Burandt/Eberhardt*, Beratung im Erbrecht, Vor und nach dem Erbfall, 2. Auflage 2006

*Burandt/Franke*, Unternehmertestament, 2003

*Burandt/Leplow*, Immobilien in Erbschaft und Schenkung, 2001

*Damrau*, Erbrecht, 2004

*Reimann/Bengel/Mayer*, Testament und Erbvertrag, 5. Auflage 2006

*Ebenroth*, Erbrecht, 1992

*Firsching/Graf*, Nachlassrecht, 9. Auflage 2008

*Frieser*, Anwaltliche Strategien im Erbschaftsstreit, 2. Auflage 2004

*Frieser/Sarres/Stückemann/Tschichoflos* (Hrsg.), Handbuch des Fachanwalts: Erbrecht, 3. Auflage 2009

*Kerscher/Riedel/Lenz*, Pflichtteilsrecht in der anwaltlichen Praxis, 3. Auflage 2002

*Kerscher/Krug*, Das erbrechtliche Mandat, 4. Auflage 2007

*Kipp/Coing*, Erbrecht, 14. Auflage 1990

*Kroiß*, Internationales Erbrecht, 1999

*Kroiß*, Klauselbuch Schuldrecht, 2003

*Krug*, Erbrecht – Examenskurs für Rechtsreferendare, 4. Auflage 2009

*Krug*, Schuldrechtsmodernisierungsgesetz und Erbrecht, 2002

*Krug/Zwißler*, Erbrecht und Familienrecht – Schnittstellen in der anwaltlichen und notariellen Praxis, 2002

*Lange/Kuchinke*, Lehrbuch des Erbrechts, 5. Auflage 2001

*Langenfeld*, Testamentsgestaltung, 4. Auflage 2010

*Mayer/Süß/Tanck/Bittler/Wälzholz*, Handbuch Pflichtteilsrecht, 2. Auflage 2010

*Mayer/Bonefeld/Wälzholz/Weidlich/Vassel-Knauf*, Testamentsvollstreckung, 2. Auflage 2005

*Nieder/Kössinger*, Handbuch der Testamentsgestaltung, 3. Auflage 2008

*Rohlfing*, Erbrecht in der anwaltlichen Praxis, 2. Auflage 1999

*Tanck/Krug/Daragan*, Testamente in der anwaltlichen und notariellen Praxis, 3. Auflage 2005

*Wachenhausen*, Das neue Erbschaft- und Schenkungsteuerrecht, 1997

*Weirich*, Erben und Vererben – Handbuch des Erbrechts und der vorweggenommenen Vermögensnachfolge, 5. Auflage 2004

# Abkürzungsverzeichnis

| | | | |
|---|---|---|---|
| a.A. | anderer Auffassung | AnwBl | Anwaltsblatt (Zeitschrift) |
| a.a.O. | am angegebenen Ort | | |
| a.E. | am Ende | AO | Abgabenordnung |
| a.F. | alte Fassung | ARB | Allgemeine Rechtsschutzbedingungen |
| AfA | Absetzung bzw. Abschreibung für Abnutzungen | | |
| | | Art. | Artikel |
| | | Ast. | Antragsteller/in |
| a.M. | anderer Meinung | AStG | Außensteuergesetz |
| ABGB | Allgemeines Bürgerliches Gesetzbuch für Österreich | AT | Allgemeiner Teil |
| | | ausf. | ausführlich |
| | | AV | Ausführungsverordnung |
| AblEG | Amtsblatt der Europäischen Gemeinschaften | | |
| | | AVO | Ausführungsverordnung |
| Abs. | Absatz | | |
| Abschn. | Abschnitt | Az. | Aktenzeichen |
| AcP | Archiv für die civilistische Praxis (Zeitschrift) | BB | Betriebs Berater (Zeitschrift) |
| AEAO | Anwendungserlass zur Abgabenordnung | b.b. | bereits benannt |
| | | BÄO | Bundesärzteordnung |
| AfA | Absetzung für Abnutzungen | BAnz | Bundesanzeiger |
| | | BAT | Bundesangestelltentarif |
| AFG | Arbeitsförderungsgesetz | BauGB | Baugesetzbuch |
| | | BayGVBl | Bayerisches Gesetz- und Verordnungsblatt |
| AG | Amtsgericht | | |
| Ag. | Antragsgegner/in | BayJMBl | Justizministerialblatt für Bayern |
| AGB | Allgemeine Geschäftsbedingungen | | |
| | | BayObLG | Bayerisches Oberstes Landesgericht |
| AGBG | Gesetz zur Regelung des Rechts der Allgemeinen Geschäftsbedingungen | BayObLGZ | Entscheidungen des Bayerischen Obersten Landesgerichts in Zivilsachen |
| AGBGB | Ausführungsgesetz zum Bürgerlichen Gesetzbuch | | |
| | | BayZ | Zeitschrift für Rechtspflege in Bayern |
| AGGVG | Gesetz zur Ausführung des Gerichtsverfassungsgesetzes und von Verfahrensgesetzen der ordentlichen Gerichtsbarkeit | BBergG | Bundesberggesetz |
| | | BBG | Bundesbeamtengesetz |
| | | Bd. | Band |
| | | Beschl. | Beschluss |
| | | BetrAVG | Gesetz zur Verbesserung der betrieblichen Altersversorgung |
| AgrarR | Agrarrecht (Zeitschrift) | | |
| Alt. | Alternative | BeurkG | Beurkundungsgesetz |
| Amtl. Anz. | Amtlicher Anzeiger | BewG | Bewertungsgesetz |
| AnfG | Anfechtungsgesetz | BFH | Bundesfinanzhof |
| Anh. | Anhang | BGB | Bürgerliches Gesetzbuch |
| Anm. | Anmerkung | | |

| | | | |
|---|---|---|---|
| BGBB | Bundesgesetz über das bäuerliche Bodenrecht (Schweiz) | DAV | Deutscher Anwaltverein |
| BGBl. I, II, III | Bundesgesetzblatt, mit oder ohne Ziffer = Teil I; II = Teil II; III = Teil III | DB | Der Betrieb (Zeitschrift) |
| | | DBA | Doppelbesteuerungsabkommen |
| | | ders. | derselbe |
| BGH | Bundesgerichtshof | DJ | Deutsche Justiz (Zeitschrift) |
| BGHR | BGH-Rechtsprechung | DJT | Deutscher Juristentag |
| BGHZ | Entscheidungen des Bundesgerichtshofs in Zivilsachen | DJZ | Deutsche Juristenzeitung |
| BNotO | Bundesnotarordnung | DNotI | Deutsches Notarinstitut |
| BörsenG | Börsengesetz | | |
| BRAO | Bundesrechtsanwaltordnung | DNotV | Zeitschrift des Deutschen Notarvereins (1.1901–33.1933,5; dann Deutsche Notar-Zeitschrift) |
| BR-Drucks. | Bundesrats-Drucksache | | |
| BRRG | Beamtenrechtsrahmengesetz | | |
| | | DNotZ | Deutsche Notar-Zeitschrift |
| bspw. | beispielsweise | | |
| BStBl | Bundessteuerblatt | DONot | Dienstordnung für Notare |
| BT | Besonderer Teil | | |
| BT-Drucks. | Bundestags-Drucksache | DR | Deutsches Recht (Zeitschrift) |
| BtPrax | Betreuungsrechtliche Praxis(Zeitschrift) | DStR | Deutsches Steuerrecht (Zeitschrift) |
| BV | Bestandsverzeichnis | DStZ | Deutsche Steuer-Zeitung, Ausgabe A und B |
| BVerfG | Bundesverfassungsgericht | | |
| BVerfGE | Entscheidungen des Bundesverfassungsgerichts | DV | Durchführungsverordnung |
| | | DVEV | Deutsche Vereinigung für Erbrecht und Vermögensnachfolge e.V. |
| BW | Baden-Württemberg | | |
| BWNotZ | Zeitschrift für das Notariat in Baden-Württemberg | | |
| | | ebd. | ebenda |
| | | EG | Einführungsgesetz, Europäische Gemeinschaft |
| bzgl. | bezüglich | | |
| bzw. | beziehungsweise | | |
| c.i.c. | culpa in contrahendo | EGBGB | Einführungsgesetz zum Bürgerlichen Gesetzbuch |
| ca. | circa | | |
| CC | Code Civil (Frankreich); Codigo Civil (Spanien) | EGMR | Europäischer Gerichtshof für Menschenrechte |
| CISG | Wiener UN-Übereinkommen über Verträge über den internationalen Warenkauf | EGZPO | Einführungsgesetz zur Zivilprozessordnung |
| | | EF | Ehefrau |
| d.h. | das heißt | Einf. | Einführung |
| | | Einl. | Einleitung |

| | | | |
|---|---|---|---|
| Einl. ALR | Einleitung zum Preußischen Allgemeinen Landrecht | europ. | europäisch |
| | | EWG | Europäische Wirtschaftsgemeinschaft |
| einschl. | einschließlich | EWIV | Europäische Wirtschaftliche Interessenvereinigung |
| EM | Ehemann | | |
| Entsch. | Entscheidung | | |
| entspr. | entsprechend | e.V. | eingetragener Verein |
| Entw. | Entwurf | evt. | eventuell |
| ErbbauV | Verordnung über das Erbbaurecht | f. | folgende |
| | | FA | Finanzamt |
| ErbGleichG | Erbrechtsgleichstellungsgesetz | Fa. | Firma |
| | | FamFG | Gesetz über das Verfahren in Familiensachen und in den Angelegenheiten der freiwilligen Gerichtsbarkeit |
| ErbSt | Erbschaftsteuer | | |
| ErbStDV | Erbschaftsteuer-Durchführungsverordnung | | |
| ErbStG | Erbschaft- und Schenkungsteuergesetz | FamRÄndG | Familienrechtsänderungsgesetz |
| ErbStR | Erbschaftsteuer-Richtlinien | FamRZ | Zeitschrift für das gesamte Familienrecht |
| Erg. | Ergänzung | FAO | Fachanwaltsordnung |
| Erkl. | Erklärung | FF | Forum Familien- und Erbrecht (Zeitschrift) |
| Erl. | Erlass, Erläuterung | | |
| ESt. | Einkommensteuer | ff. | fortfolgende |
| EStDV | Einkommensteuer-Durchführungsverordnung | FGG | Gesetz betr. die Angelegenheiten der freiwilligen Gerichtsbarkeit (a.Kr.) |
| EStG | Einkommensteuergesetz | | |
| EStR | Einkommensteuer-Richtlinien | FGPrax | Praxis der Freiwilligen Gerichtsbarkeit (Zeitschrift) |
| etc. | et cetera | Flst. | Flurstück |
| EuGH | Europäischer Gerichtshof | Fn | Fußnote |
| | | FS | Festschrift |
| EUGVÜ | Brüsseler EWG-Übereinkommen über die gerichtliche Zuständigkeit und die Vollstreckung gerichtlicher Entscheidungen in Zivil- und Handelssachen | FuR | Familie und Recht (Zeitschrift) |
| | | GaststättenG | Gaststättengesetz |
| | | GBA | Grundbuchamt |
| | | GBAbVfV | Grundbuchabrufverfahrensgebühr |
| | | GBG | Grundbuchgesetz (Österreich) |
| EuGVVO | EG-Verordnung über die gerichtliche Zuständigkeit und die Anerkennung und Vollstreckung von Entscheidungen in Zivil- und Handelssachen | GBl. | Gesetzblatt |
| | | GBO | Grundbuchordnung |
| | | GbR | Gesellschaft des bürgerlichen Rechts |
| | | GBV | Grundbuchverfügung |
| | | GdB | Grad der Behinderung |
| EuroEG | Euro-Einführungsgesetz | geänd. | geändert |
| | | gem. | gemäß |

| | | | |
|---|---|---|---|
| GewO | Gewerbeordnung | HRR | Höchstrichterliche Rechtsprechung (Zeitschrift) |
| GG | Grundgesetz | | |
| ggf. | gegebenenfalls | | |
| GKG | Gerichtskostengesetz | Hrsg. | Herausgeber |
| GKV | Gesetzliche Krankenversicherung | hrsg. | herausgegeben |
| | | Hs. | Halbsatz |
| GmbH | Gesellschaft mit beschränkter Haftung | i.A. | im Auftrag |
| | | i.d.F.v. | in der Fassung vom |
| GmbHG | GmbH-Gesetz | i.d.R. | in der Regel |
| GmbHR | GmbH-Rundschau (Zeitschrift) | i.d.S. | in diesem Sinne |
| | | i.E. | im Ergebnis |
| GmS | Gemeinsamer Senat der obersten Gerichtshöfe des Bundes | i.e.S. | im engeren Sinne |
| | | i.H.v. | in Höhe von |
| | | i.S.d. | im Sinne des |
| GoA | Geschäftsführung ohne Auftrag | i.S.v. | im Sinne von |
| | | i.V. | in Vertretung |
| grds. | grundsätzlich | i.V.m. | in Verbindung mit |
| GrdstVG | Grundstückverkehrsgesetz | i.w.S. | im weiteren Sinne |
| | | IBR | Immobilien & Baurecht (Zeitschrift) |
| GrESt | Grunderwerbsteuer | | |
| GrEStG | Grunderwerbsteuergesetz | IDW | Institut der Wirtschaftsprüfer in Deutschland |
| GrSt | Grundsteuer | | |
| GrStG | Grundsteuergesetz | IGH | Internationaler Gerichtshof |
| GrSZ | Großer Senat in Zivilsachen | | |
| | | inkl. | inklusive |
| GRUR | Gewerblicher Rechtsschutz und Urheberrecht (Zeitschrift) | insb. | insbesondere |
| | | insg. | insgesamt |
| | | InsO | Insolvenzordnung |
| GVBl. | Gesetz- und Verordnungsblatt | IPR | Internationales Privatrecht |
| GVG | Gerichtsverfassungsgesetz | IPRax | Praxis des Internationalen Privat- und Verfahrensrechts (Zeitschrift) |
| GüKG | Güterkraftverkehrsgesetz | | |
| | | IPRG | Gesetz zur Neuregelung des Internationalen Privatrechts |
| h.L. | herrschende Lehre | | |
| h.M. | herrschende Meinung | | |
| HandwO | Handwerksordnung | JA | Juristische Arbeitsblätter |
| HausrVO | Hausratsverordnung | | |
| Hdb. | Handbuch | JFG | Jahrbuch für Entscheidungen in Angelegenheiten der freiwilligen Gerichtsbarkeit und des Grundbuchrechts |
| HGB | Handelsgesetzbuch | | |
| HintO | Hinterlegungsordnung | | |
| Hinw. | Hinweis(e) | | |
| HöfeO | Höfeordnung | | |
| HöfeVfO | Verfahrensordnung für Höfesachen | Jg. | Jahrgang |
| | | JMBl. NW | Justizministerialblatt für Nordrhein-Westfalen |
| HRefG | Handelsrechtsreformgesetz | | |
| | | JR | Juristische Rundschau |
| | | JuMiG | Justizmitteilungsgesetz |

| | | | |
|---|---|---|---|
| Jura | Juristische Ausbildung (Zeitschrift) | LVA | Landesversicherungsanstalt |
| JurBüro | Juristisches Büro (Zeitschrift) | LZ | Leipziger Zeitschrift |
| | | m.E. | meines Erachtens |
| JuS | Juristische Schulung (Zeitschrift) | m.w.H. | mit weiteren Hinweisen |
| JW | Juristische Wochenschrift | m.w.N. | mit weiteren Nachweisen |
| JZ | Juristenzeitung | m.W.v. | mit Wirkung vom |
| KG | Kommanditgesellschaft, Kammergericht | MDK | Medizinischer Dienst der Krankenversicherung |
| KGaA | Kommanditgesellschaft auf Aktien | MDR | Monatsschrift für Deutsches Recht |
| KGJ | Jahrbuch der Entscheidungen des KG | MedR | Medizinrecht (Zeitschrift) |
| KG-Rp | Rechtsprechungsreport des Kammergerichts Berlin | MHbeG | Minderjährigenhaftungsbeschränkungsgesetz |
| Kind-Prax | Kindschaftsrechtliche Praxis (Zeitschrift) | Mio. | Million |
| Kl. | Kläger(in) | Mitt. | Mitteilungen |
| KO | Konkursordnung | MittBayNot | Mitteilungen des Bayerischen Notarvereins, der Notarkasse und der Landesnotarkasse Bayern |
| KonTraG | Gesetz zur Kontrolle und Transparenz im Unternehmensbereich | | |
| KostG | Kostengesetz | | |
| KostO | Kostenordnung | MittRhNotK | Mitteilungen der Rheinischen Notarkammer |
| krit. | kritisch | | |
| KTS | Konkurs-, Treuhand- und Schiedsgerichtswesen (Zeitschrift) | n.F. | neue Fassung |
| | | n.r. | nicht rechtskräftig |
| | | n.v. | nicht veröffentlicht |
| KV | Kostenverzeichnis | Nds | Niedersächsisch |
| KWG | Kreditwesengesetz | NdsRpfl | Niedersächsische Rechtspflege (Zeitschrift) |
| LandPVerkG | Landpachtverkehrsgesetz | | |
| LFGG | Landesgesetz über die freiwillige Gerichtsbarkeit | NDV | Nachrichtendienst des Deutschen Vereins für öffentliche und private Fürsorge |
| LG | Landgericht | | |
| lit. | litera (Buchstabe) | ne. | nichtehelich |
| Lit. | Literatur | Neuf. | Neufassung |
| LM | Lindenmaier-Möhring, Nachschlagewerk des Bundesgerichtshofs | NJW | Neue Juristische Wochenschrift |
| | | NJWE | NJW-Entscheidungsdienst |
| LPartG | Lebenspartnerschaftsgesetz | | |
| LPK | Lehr- und Praxiskommentar | NJWE-FER | NJW-Entscheidungsdienst-Familien- und Erbrecht (Zeitschrift) |
| Ls. | Leitsatz | | |
| LSA | Land Sachsen-Anhalt | | |

| | | | |
|---|---|---|---|
| NJW-RR | NJW-Rechtsprechungsreport | Recht | Das Recht (Zeitschrift) |
| | | Reg. | Regierung, Register |
| NotBZ | Zeitschrift für die notarielle Beratungs- und Beurkundungspraxis | RegE | Regierungsentwurf |
| | | RG | Reichsgericht |
| | | RGBl. | Reichsgesetzblatt |
| Nr. | Nummer | RGRK | Kommentar zum BGB, herausgegeben von Reichsgerichtsräten und Bundesrichtern |
| NW | Nordrhein-Westfalen | | |
| o.a. | oben angegeben bzw. angeführt | | |
| o.Ä. | oder Ähnliches | RGZ | Entscheidungen des RG in Zivilsachen |
| o.g. | oben genannt | | |
| OGH | Oberster Gerichtshof (Österreich) | Rn | Randnummer |
| | | Rp | Report |
| OHG | Offene Handelsgesellschaft | Rpfl. | Rechtspfleger |
| | | Rpfleger | Der Deutsche Rechtspfleger (Zeitschrift) |
| OLG | Oberlandesgericht | | |
| OLGE | Entscheidungssammlung der Oberlandesgerichte | RPflG | Rechtspflegergesetz |
| | | RR | Rechtsprechungsreport |
| | | Rs. | Rechtsstreit |
| OLGVertÄndG | OLG-Vertretungsänderungsgesetz | Rspr. | Rechtsprechung |
| | | RÜ | Rechtsprechungsübersicht (Zeitschrift) |
| OLGZ | Entscheidungen der Oberlandesgerichte in Zivilsachen | rus | Recht und Schaden (Zeitschrift) |
| | | RVG | Rechtsanwaltsvergütungsgesetz |
| p.a. | per anno | | |
| PaPkG | Preisangaben- und Preisklauselgesetz | RVG-VV | Rechtsanwaltsvergütungsgesetz – Vergütungsverzeichnis |
| PartGG | Partnerschaftsgesellschaftsgesetz | | |
| | | S. | Satz/Seite |
| PBefG | Personenbeförderungsgesetz | s. | siehe |
| | | s.o. | siehe oben |
| PflegeVG | Pflegeversicherungsgesetz | s.u. | siehe unten |
| | | SächsGO | Sächsische Gemeindeordnung |
| PflVG | Pflichtversicherungsgesetz | | |
| | | ScheckG | Scheckgesetz |
| PKH | Prozesskostenhilfe | SchRegO | Schiffsregisterordnung |
| PrKV | Preisklauselverordnung | SchSt. | Schenkungsteuer |
| PrOLG | Präsident am Oberlandesgericht | SchuldRAnpG | Schuldrechtsanpassungsgesetz |
| ProstG | Gesetz zur Regelung der Rechtsverhältnisse der Prostituierten | SDÜ | Übereinkommen zur Durchführung des Übereinkommens von Schengen |
| PStG | Personenstandsgesetz | | |
| pVV | positive Vertragsverletzung | SeuffArch | Seufferts Archiv für Entscheidungen der obersten Gerichte in den deutschen Staaten |
| RBerG | Rechtsberatungsgesetz | | |
| RdL | Recht der Landwirtschaft (Zeitschrift) | | |
| Rdschr. | Rundschreiben | SG | Sozialgericht; Soldatengesetz |

| | | | |
|---|---|---|---|
| SGB | Sozialgesetzbuch | VAHRG | Gesetz zur Regelung von Härten im Versorgungsausgleich |
| SGG | Sozialgerichtsgesetz | | |
| Slg. | Sammlung | | |
| sog. | sogenannte/r/s | Vbg. | Vereinbarung |
| Sp. | Spalte | VBL | Versorgungsanstalt des Bundes und der Länder |
| st.Rspr. | ständige Rechtsprechung | | |
| StA | Staatsanwaltschaft | verb. | verbunden |
| StAG | Staatsangehörigkeitsgesetz | VerbrKrG | Verbraucherkreditgesetz |
| StAZ | Standesamts-Zeitschrift | Verf. | Verfassung |
| StB | Der Steuerberater (Zeitschrift) | VerfGH | Verfassungsgerichtshof |
| | | VerfO | Verfahrensordnung |
| StBerG | Steuerberatungsgesetz | VermG | Vermögensgesetz |
| StbJb | Steuerberater-Jahrbuch | Veröff. | Veröffentlichung |
| StGB | Strafgesetzbuch | VerschÄndG | Gesetz zur Änderung von Vorschriften des Verschollenheitsrechts |
| StiftG | Stiftungsgesetz | | |
| StPO | Strafprozessordnung | | |
| StR | Strafrecht | VerschG | Verschollenheitsgesetz |
| str. | streitig | Verz. | Verzeichnis |
| StuB | Steuern und Bilanzen (Zeitschrift) | VGH | Verwaltungsgerichtshof, Verfassungsgerichtshof |
| StV | Strafverteidiger | | |
| SZR | Sonderziehungsrechte | vgl. | vergleiche |
| TestG | Gesetz über die Errichtung von Testamenten und Erbverträgen | VO | Verordnung |
| | | VOBl. | Verordnungsblatt |
| | | vorl. | vorläufig |
| TV | Testamentsvollstrecker | VormG | Vormundschaftsgericht |
| TVöD | Tarifvertrag für den öffentlichen Dienst | VRG | Vorruhestandsgesetz |
| | | VStG | Vermögensteuergesetz |
| u.a. | unter anderem | VStR | Vermögensteuer-Richtlinien |
| u.Ä. | und Ähnliches | | |
| u.E. | unseres Erachtens | VVG | Versicherungsvertragsgesetz |
| u.U. | unter Umständen | | |
| UA | Urteilsabdruck | VVO | Verfahrensverordnung |
| UÄndG | Unterhaltsänderungsgesetz | WechselG | Wechselgesetz |
| | | WEG | Wohnungseigentumsgesetz |
| umstr. | umstritten | | |
| unstr. | unstreitig | WertErmVO | Wertermittlungsverordnung |
| unv. | unveröffentlicht | | |
| UR | Urkundenrolle | WGG | Wohnungsgemeinnützigkeitsgesetz |
| UrhG | Urhebergesetz | | |
| Urt. | Urteil | WKSchG | Wohnraumkündigungsschutzgesetz |
| usw. | und so weiter | | |
| UVG | Unterhaltsvorschussgesetz | WM | Wertpapiermitteilungen (Zeitschrift) |
| v.H. | von Hundert | WPg | Die Wirtschaftsprüfung (Zeitung) |
| VA | Versorgungsausgleich, Verwaltungsakt | WRV | Weimarer Reichsverfassung |

| | | | |
|---|---|---|---|
| WuM | Wohnungswirtschaft und Mietrecht (Zeitschrift) | zit. | zitiert |
| | | ZMR | Zeitschrift für Miet- und Raumrecht |
| z.B. | zum Beispiel | ZNotP | Zeitschrift für die Notarpraxis |
| z.T. | zum Teil | | |
| zzt. | zurzeit | ZPO | Zivilprozessordnung |
| ZDG | Zivildienstgesetz | ZRHO | Rechtshilfeordnung für Zivilsachen |
| ZErb | Zeitschrift für die Steuer- und Erbrechtspraxis | | |
| | | ZRP | Zeitschrift für Rechtspolitik, Beilage zur NJW |
| ZEV | Zeitschrift für Erbrecht und Vermögensnachfolge | | |
| | | ZS | Zivilsenat |
| | | ZVG | Zwangsversteigerungsgesetz |
| ZFIR | Zeitschrift für Immobilienrecht | | |
| | | ZVK | Zusatzversorgungskassen |
| zfs | Zeitschrift für Schadensrecht | | |
| | | zzgl. | zuzüglich |
| ZGB | Schweizer Zivilgesetzbuch | ZZP | Zeitschrift für Zivilprozess |
| Ziff. | Ziffer | | |
| ZIP | Zeitschrift für Wirtschaftsrecht und Insolvenzpraxis | | |

# § 1 Zuwendungen unter Lebenden

*Ursula Seiler*

## Literatur

**Kommentare:**

*Balz/Landfermann*, Die neuen Insolvenzgesetze, 2. Auflage 1999; *Troll/Gebel/Jülicher*, Erbschaftsteuer- und Schenkungsteuergesetz, Loseblattkommentar, Stand März 2009.

**Lehrbücher, Formularbücher:**

*Brambring/Jerschke* (Hrsg.), Beck'sches Notar-Handbuch, 5. Auflage 2009; *Kerscher/Riedel/Lenz*, Pflichtteilsrecht in der anwaltlichen Praxis, 3. Auflage 2002; *Kerscher/Krug*, Das erbrechtliche Mandat, 4. Auflage 2007; *Langenfeld* (Hrsg.), Münchener Vertragshandbuch, Band 6, 5. Auflage 2003; *Langenfeld/Günther*, Grundstückszuwendungen zur lebzeitigen Vermögensnachfolge, 5. Auflage 2004; *J. Mayer*, Der Übergabevertrag in der anwaltlichen und notariellen Praxis, 2. Auflage 2001; *Schöner/Stöber*, Grundbuchrecht, 14. Auflage 2008.

**Aufsätze:**

*Amann*, Das gemeinschaftliche Recht, das dem überlebenden Berechtigten allein zusteht, MittBayNot 1990, 225, 226; *Becker*, Zur Änderung der nordwestdeutschen Höfeordnung und zur neuen deutschen Verfahrensordnung für Höfesachen, AgrarR 1976, 209; *Dubischar*, Vorsicht bei Belastungsvorbehalten, NJW 1984, 2440; *Ebeling*, Ablösung zinslos gestundeter Schenkungsteuern, ZEV 2004, 501; *Ellenbeck*, Die Vereinbarung von Rückforderungsrechten in Grundstücksübertragungsverträgen, MittRhNotK 1997, 41 ff.; *Everts*, Wohnungsrecht und Heimaufnahme, ZEV 2004, 495; *Gebel*, Steuerminderung durch Nießbrauchslasten: Grenzen des Abzugsverbots nach § 25 Abs. 1 ErbStG, ZEV 2004, 98; *Halaczinsky*, Übertragung von betrieblichen Einheiten und Immobilien u.a. gegen Verpflichtung zur Pflege im Bedarfsfall im Erbschaft- und Grunderwerbsteuerrecht, Zerb 2003, 130; *Heinrich*, Die Gestaltung von Übertragungsverträgen im Schatten des Pflichtteilsergänzungsrechts, MittRhNotK 1995, 157; *Hipler*, Aktuelle Entwicklungen zum Stuttgarter Modell, MittRhNotK 2004, 110; *Hipler*, Stuttgarter Modell nach Auffassung des BFH grundsätzlich kein Gestaltungsmissbrauch, ZEV 2004, 194; *Jülicher*, Spannungsverhältnis von Rückforderungsrechten und Weiterleitungsklauseln in Schenkungsverträgen zu einzelnen Rechtsgebieten des Zivilrechts, ZEV 1998, 285 ff.; *Jülicher*, Vertraglichen Rückfallklauseln, Widerrufsvorbehalte, auflösende Bedingung und Weiterleitungsklauseln in Schenkungsverträgen, ZEV 1998, 201; *Karpen*, Die Bedeutung der Vorschriften des Sozialhilferechts für die notarielle Vertragsgestaltung, MittRhNotK 1988, 131 ff.; *Kohler*, Vormerkbarkeit eines durch abredewidrige Veräußerung bedingten Rückerwerbsanspruchs, DNotZ 1989, 339 ff.; *Kollhosser*, Verfügbarkeit und Vererblichkeit der Rückforderungsansprüche aus § 528 Abs. 1 S. 1 BGB, ZEV 1995, 391; *Korezkij*, Besteuerung des Erwerbs unter Nutzungsvorbehalt nach § 25 ErbStG – Analyse der neuen Auffassung der Finanzverwaltung, ZEV 2005, 242; *Langenfeld*, Ehebedingte Zuwendungen unter dem Gesichtspunkt der Gläubigeranfechtung und der Pfändung von Rückforderungsansprüchen, ZEV 2000, 391; *Link*, Nießbrauchsvorbehalt und Pflichtteilsergänzung, ZEV 2005, 283; *J. Mayer*, Die Rückforderung der vorweggenommenen Erbfolge, DNotZ 1996, 604; *N. Mayer*, Fragen der Pflichtteilsergänzung bei vorweggenommener Erbfolge – Gestaltungsmöglichkeiten nach der neuesten Rechtsprechung, ZEV 1994, 325; *Meyding*, Schenkungsteuerliche Anerkennung von Grundstücksschenkungen unter Rücknahmevorbehalt, ZEV 1995, 397; *Moench*, Erbschaftsteuer in der Schwebe – zur aktuellen Situation der Erbschaftsteuer, ZErb 2003, 98; *Rastätter*, Vertragliche Pflegeleistungen im Kontext der Pflegeversicherung und des Sozialhilferechts – Gestaltungsvorschläge, ZEV 1996, 286; *Rosendorfer*, Überleitung von Ansprüchen aus Überlassungsverträgen auf den Sozialhilfeträger, MittBayNot 2005, 1; *Ruby*, Sozialhilferegress: Der Anspruch auf Herausgabe der Schenkung bei Verarmung des Schenkers als sozialrechtlicher Überleitungsgegenstand, ZEV 2005, 102; *Schmid*, Ausstattung und Schenkung, BWNotZ 1971, 29, 30; *Schneider/Winkler*, Das Leibgedinge und die Ersatzrente nach baden-württembergischem Recht, zfs 1986, 195; *Sostmann*, Grundstücksübertragungen an Abkömmlinge und ihrer Auswirkung auf das Pflichtteilsrecht, MittRhNotK 1976, 518; *Schwarz*, Privatrechtliche Versorgungsansprüche und sozialhilferechtliches Subsidiaritätsprinzip, ZEV 1997, 309, 311; *Weser*, Rücknahmevorbehalt bei Grundstücksschenkungen im Wege der vorweggenommenen Erbfolge aus zivilrechtlicher Sicht, ZEV 1995, 353, 356; *Wüllenkemper*, Zur Abtretbarkeit des Rückforderungsanspruchs des verarmten Schenkers, JR 1988, 353.

A. Einleitung .......................... 1
  I. Begrifflichkeiten und Motivation ....... 1
  II. Versuch einer Typisierung ............ 9
  III. Rechtliche Einordnung lebzeitiger Vermögensübertragungen ................ 17
    1. Zivilrechtliche Fragen ............. 17
      a) Lebzeitige Übertragungen als Schenkung? ................... 18
      b) Schenkung unter Auflage ........ 22
      c) Gemischte Schenkung .......... 26
        aa) Grundsätzliches ............ 26
        bb) Prinzip der subjektiven Äquivalenz ................... 28
      d) Entgeltlichkeit aufgrund Gegenleistung ....................... 30
        aa) Entgeltlichkeit durch synallagmatische/konditionale/kausale Verknüpfung mit einer Gegenleistung ................... 30
        bb) Entgeltlichkeit durch nachträgliche Erbringung einer Gegenleistung/nachträgliche Umwandlung ................... 35
    2. Fazit ........................... 38
  IV. Übergabevertrag und vorweggenommene Erbfolge ....................... 40
    1. Leibgedingvertrag ................ 42
      a) Voraussetzungen nach materiellem Recht ....................... 42
      b) Leibgeding und Grundbuch ...... 48
      c) Leibgeding und Vollstreckungsschutz/Zwangsversteigerung ...... 49
    2. Leistungsstörungen ............... 50
      a) Allgemeine Leistungsstörungen ... 50
      b) Vorsorge im Übergabevertrag .... 53
  V. Sozialrechtliche Bezüge .............. 55
    1. Überleitung von Ansprüchen nach dem Sozialgesetzbuch XII .......... 55
      a) Allgemeines .................. 55
      b) Überleitung von Ansprüchen bei Anwendung der landesrechtlichen Vorschriften .................. 56
      c) Überleitung von Ansprüchen beim „einfachen" Versorgungsvertrag bzw. bei Abbedingung der landesrechtlichen Vorschriften ........ 59
      d) Ausschluss der Überleitung bei Ruhen der Übernehmerpflichten? ........................ 60
      e) Überleitung vertraglich vereinbarter Rückforderungsrechte ........ 61
    2. Übergabevertrag und Kürzung sozialrechtlicher Bezüge ............. 62
  VI. Schwäche des unentgeltlichen Erwerbs .. 64
    1. Allgemeines ..................... 64
    2. Vertragsgestaltung und Unentgeltlichkeit ........................... 66
      a) Allgemeines .................. 66
      b) Bezeichnung als „Schenkung" .... 68
    3. Bezeichnung als „Ausstattung" ...... 70
    4. Bezeichnung als „Anstandsschenkung" ............. 71
  VII. Steuerrechtliche Aspekte ............. 73
    1. Allgemeines ..................... 73
    2. Einkommensteuerrecht ............ 74
    3. Erbschafts- und Schenkungssteuerrecht, Grunderwerbsteuerrecht ...... 82
      a) Erbschaft- und Schenkungssteuer .. 82
      b) Grunderwerbsteuer ............ 86
B. Formularteil ........................ 88
  I. Geldschenkung zwischen Eltern und Abkömmlingen ...................... 88
    1. Typischer Sachverhalt ............. 88
    2. Muster: Geldschenkung zwischen Eltern und Kindern zwecks Finanzierung von Anschaffungen (Bauplatz, Eigentumswohnung, Umbau, Wohnungseinrichtung etc.), Ausschluss der Ausgleichung unter Abkömmlingen ..... 89
    3. Hinweise zum Muster ............. 95
  II. Übertragung einer Eigentumswohnung an Abkömmling durch geschiedenen Elternteil ........................... 122
    1. Typischer Sachverhalt ............. 122
    2. Muster: Zuwendung einer Eigentumswohnung im Wege der Ausstattung mit Ausgleichsverpflichtung im Todesfall, Vereinbarung von Rückforderungsrechten im Spekulations- und Scheidungsfall, Gleichstellung von Geschwistern, umfassende Pflichtteils- und Ausgleichungsregeln ........... 123
    3. Hinweise zum Muster ............. 140
  III. Zuwendung eines Bauplatzes an Abkömmling und dessen Ehegatten ....... 158
    1. Typischer Sachverhalt ............. 158
    2. Muster: Zuwendung eines Baugrundstückes an die verheiratete Tochter, die ihrem Ehegatten ehebedingt Miteigentum zu 1/2 einräumt; Pflichtteilsverzicht, Ausschluss der Ausgleichung unter Abkömmlingen; Umfassende Absicherung des Übernehmers gegenüber seinem Ehegatten bei Tod, Scheidung und Insolvenz .................. 159
    3. Hinweise zum Muster ............. 177
  IV. Übertragung eines Einfamilienhauses an Abkömmling ....................... 188
    1. Typischer Sachverhalt ............. 188
    2. Muster: Übertragung eines Einfamilienhauses unter Nießbrauchsvorbehalt mit weit reichenden Verpflichtungen des Übergebers, Schuldübernahme, Pflichtteilsverzichte ............... 189
    3. Hinweise zum Muster ............. 206
  V. Grundstücksübergabe gegen Wohnungsrecht und Pflege .............. 220
    1. Typischer Sachverhalt ............. 220
    2. Muster: Übertragung eines Einfamilienhauses durch verwitweten Elternteil an investitionsbereiten Abkömmling (Anbau, Ausbau, Umbau, Aufstockung); Vorbehalt eines Wohnungsrechtes mit geregelter Lastentragung, Vereinbarung

einer Pflegeverpflichtung, umfassende Rückforderungsansprüche sowie Verzicht der Geschwister auf Pflichtteilsergänzungsansprüche, Anrechnung auf den Pflichtteil ................ 221
3. Hinweise zum Muster ............ 241
VI. Übertragung eines Mehrfamilienhauses unter Rentenvorbehalt ............. 263
1. Typischer Sachverhalt ............ 263
2. Muster: Übergabe eines Mehrfamilienhauses durch einen Elternteil an unverheiratetes Kind unter Absicherung des Ehegatten des Übergebers; Rentenvorbehalt, Grundschuldbestellungsvorbehalt, Vereinbarung von Rückforderungsansprüchen mit Auflassungsvormerkung und Rückauflassungsvollmacht; Verzicht des nichtübergebenden Elternteils auf Pflichtteilsergänzungsansprüche ................ 264
3. Hinweise zum Muster ............ 282
VII. Grundstücksübergabe mit auf den Tod aufgeschobener Erfüllung ............. 295
1. Typischer Sachverhalt ............ 295
2. Muster: Übertragung eines Hausgrundstückes mit auf den Tod aufgeschobener Erfüllung, Vereinbarung von Pflege, Geschwistergleichstellung, Auflassungsvormerkung, unwiderrufliche postmortale Vollmacht .............. 296
3. Hinweise zum Muster ............ 310
VIII. Übergabe eines Landgutes gegen Leibgeding ............................... 315
1. Typischer Sachverhalt ............ 315
2. Muster: Übergabe eines Landguts mit umfangreichen Leibgedingsleistungen, Geschwistergleichstellung, Übernahme des Betriebsprüfungsrisikos, Verfügungsunterlassung sowie umfassende Pflichtteilsregelungen ......... 316
3. Hinweise zum Muster ............ 339
IX. Teilerbauseinandersetzung mit vorweggenommener Erbfolge ................ 350
1. Typischer Sachverhalt ............ 350
2. Muster: Teilerbauseinandersetzungsvertrag mit vorweggenommener Erbfolge durch den überlebenden Elternteil unter Nießbrauchsvorbehalt, Gleichstellung und Anrechnung auf den Pflichtteil ........................... 351
3. Hinweise zum Muster ............ 366

## A. Einleitung

### I. Begrifflichkeiten und Motivation

Die Übergabe unter Lebenden löste im Jahre 1995 durch das am 1.1.1996 in Kraft getretene neue Schenkung- und Erbschaftsteuerrecht eine wahre Welle von Vermögensübergaben unter Lebenden aus. Durch die Abschaffung des Einheitswerts als steuerlicher Bemessungsgrundlage für die Schenkung und Vererbung von Grundvermögen drohte die Steuerlast insbesondere bei künftigen Erbfällen exorbitant zu steigen. In diesem Zusammenhang erlebte der Übergabevertrag als Instrumentarium der vorweggenommenen Erbfolge eine ungeahnte Renaissance.

Das Bundesverfassungsgericht hat mit Beschluss vom 7.11.2006[1] entschieden, dass die durch § 19 Abs. 1 ErbStG angeordnete Erhebung der Erbschaftsteuer mit einheitlichen Steuersätzen auf den Wert des Erwerbs mit dem Grundgesetz nicht vereinbar ist, da diese Erhebung an Werte anknüpfe, deren Ermittlung bei wesentlichen Gruppen von Vermögensgegenständen (Betriebsvermögen, Grundvermögen, Anteilen an Kapitalgesellschaften sowie land- und forstwirtschaftlichen Betrieben) den Anforderungen des Gleichheitssatzes nicht genüge. Der Gesetzgeber sei daher verpflichtet, spätestens bis zum 31.12.2008 eine Neuregelung zu treffen.

Der Gesetzgeber ist dieser Verpflichtung nachgekommen. Bewertungsmaßstab für das Grundvermögen ist danach der gemeine Wert. Der Wert unbebauter Grundstücke ist wie nach bisher geltendem Recht nach der Fläche und den jeweils aktuellen Bodenrichtwerten zu ermitteln. Der bisher geltende 20 %ige Abschlag entfällt. Die Bewertung bebauter Grundstücke erfolgt nach dem Vergleichswertverfahren, dem Ertragswertverfahren oder dem Sachwertverfahren. Die Wertermittlungsverfahren werden in Anlehnung an die Wertermittlungsverordnung durch Rechtsverordnung geregelt. Handelt es sich um Grundstücke,

---

1 BVerfG WM 2007, 316; MittBayNot 2007, 161 m.w.N.

*Seiler*

die mit weitgehend gleichartigen Gebäuden bebaut sind und bei denen sich der Grundstücksmarkt an Vergleichswerten orientiert, wird der gemeine Wert im Wege des Vergleichswertverfahrens ermittelt. Die Wertbestimmung erfolgt dann aus tatsächlich realisierten Kaufpreisen von anderen Grundstücken, die nach Nutzung und Lage sowie sonstiger Beschaffenheit mit dem Grundstück übereinstimmen, welches zu bewerten ist. Das vorgenannte Verfahren ist daher regelmäßig bei Wohnungseigentum, Teileigentum sowie Ein- und Zweifamilienhäusern anzuwenden.

Bei bebauten Grundstücken, bei denen der nachhaltig erzielbare Ertrag für die Werteinschätzung am Grundstücksmarkt im Vordergrund steht, kommt das Ertragswertverfahren in Betracht. Das Ertragswertverfahren findet daher regelmäßig bei Mietwohngrundstücken, des weiteren bei Geschäftsgrundstücken und gemischt genutzten Grundstücken Anwendung, für die eine übliche Miete ermittelt werden kann.

Kommt es für die Werteinschätzung in erster Linie nicht auf den Ertrag an, sondern sind hingegen die Herstellungskosten wertbestimmend, findet das Sachwertverfahren Anwendung. Das Sachwertverfahren ist somit für Wohnungs- und Teileigentum bzw. Ein- und Zweifamilienhäuser, bei denen ein Vergleichswert nicht vorliegt sowie auf Mietwohngrundstücke, Geschäftsgrundstücke und gemischt genutzte Grundstücke anzuwenden, für die sich eine übliche Miete nicht ermitteln lässt. Der Wert bebauter Grundstücke wird beim Sachwertverfahren auf der Grundlage des Substanzwertes ermittelt. Dieser ist die Summe aus Herstellungswert der auf dem Grundstück vorhandenen baulichen und nicht baulichen Anlagen sowie dem Bodenwert.

Daneben gibt es einen Abschlag in Höhe von 10 % für Grundstücke und Grundstücksteile, die zu Wohnzwecken vermietet sind.

Die vorstehenden Regelungen führen demgemäß dazu, dass das Immobilienvermögen nunmehr deutlich höher bewertet wird. Je wertvoller der Immobilienbestand ist, desto weniger wird sich die Erhöhung der Freibeträge bei der Übertragung an nahe Verwandte auswirken.

3 Das Erbschaftsteuer- und Schenkungsteuergesetz (ErbStG) in der Neufassung findet auf Erwerbe Anwendung, für die die Steuer nach dem Inkrafttreten des Gesetzes entsteht. In Erbfällen, die vor dem Inkrafttreten eingetreten sind, und für Schenkungen, die vor diesem Zeitpunkt ausgeführt wurden, ist weiterhin § 25 Abs. 1 S. 3 und Abs. 2 ErbStG in der Fassung der Bekanntmachung vom 27.2.1997 anzuwenden.

4 Eine klassische Definition für den Übergabevertrag findet sich im BGB nicht. Lediglich § 17 HöfeO für die ehemals britische Zone erwähnt diesen Begriff:

*„Bei der Übergabe des Hofes an den Hoferben im Wege der vorweggenommenen Erbfolge finden die Vorschriften des § 16 HöfeO[2] entsprechende Anwendung".*

---

2 § 16 HöfeO lautet: „(1) Der Eigentümer kann die Erbfolge kraft Höferechts (§ 4) durch Verfügung von Todes wegen nicht ausschließen. Er kann sie jedoch beschränken; soweit nach den Vorschriften des Grundstücksverkehrsgesetzes v. 28.7.1961 für ein Rechtsgeschäft unter Lebenden gleichen Inhalts eine Genehmigung erforderlich wäre, ist die Zustimmung des Gerichts zu der Verfügung von Todes wegen erforderlich. (2) Für die Berechnung des Pflichtteils des Hoferben ist der nach dem allgemeinen Recht, für die Berechnung des Pflichtteils der übrigen Erben der nach diesem Gesetz zu ermittelnde gesetzliche Erbteil maßgebend. Dabei ist der Hof in jedem Falle nach dem in § 12 II bestimmten Wert anzusetzen." § 4 HöfeO lautet: „Der Hof fällt als Teil der Erbschaft kraft Gesetzes nur einem der Erben (dem Hoferben) zu. An seine Stelle tritt im Verhältnis der Miterben untereinander der Hofeswert."

Aus der zitierten Norm ergibt sich, dass der Begriff des Übergabevertrags nicht klar umrissen ist, sondern weitestgehend offen. Eine Definition liegt nicht vor, es wird also lediglich ein Vertragstypus charakterisiert. Dieser bezieht sich denknotwendig nur auf die Übergabe im Zusammenhang mit landwirtschaftlichen Anwesen, der Regelungsmaterie der HöfeO,[3] kann also schon aufgrund dessen nur im Bereich der Hofübergabe im engeren Sinne als Auslegungsbasis und Grundlage dienen. Nichtsdestotrotz wird im Allgemeinen für die grundsätzliche Charakterisierung des Übergabevertrags auch über § 17 HöfeO hinaus durch eben diese Norm dessen Konnexität zur vorweggenommenen Erbfolge hergestellt. Die vorbezeichnete Norm wird also quasi zu einer Allgemeinaussage dort umfunktioniert, wo das Gesetz eine Lücke gelassen hat.

Dieser Vorwegnahme der Erbfolge ist immanent, dass eben gerade kein Austauschverhältnis im Sinne eines gleichwertigen Gebens und Nehmens vorliegt, sondern Leistung und Gegenleistung mitunter durchaus in einem krassen Missverhältnis stehen können. In der Übergabe bilden sich die klassischen interfamiliären Beziehungen und Ziele, damit das klassische, althergebrachte Familienbild ab, das gekennzeichnet ist durch:
– Weitergabe des Familienbesitzes i.S. einer **Generationennachfolge**, so dass in der Regel die Kinder als neue Generation in die meist existenzbegründenden Vermögenswerte der Eltern, naher Verwandter oder möglicherweise auch Familienfremder einrücken,
– **Sicherheit des Übernehmers**, d.h., dass für den Fall des Vorhandenseins mehrerer Nachfolger der Übernehmer die Sicherheit hat, dass er das Übergabeobjekt erhält und auch behalten darf
– **Versorgung der Übergeber und Entlastung der Übergeber,** die Erhaltungskosten nicht mehr tragen zu müssen bzw. sich nicht mehr um die Verwaltung kümmern zu müssen,
– Harmonisierung der Geschwisterinteressen durch Schaffung von Regelungen zum **finanziellen Ausgleich**.

Während gerade auch aus althergebrachtem Verständnis der Schwerpunkt des Übergabevertrags in der Alterssicherung des Übergebers gesehen wird, nehmen in der neueren Literatur die Bestrebungen zu, auch den Interessen des Übernehmers mehr Bedeutung zuzumessen. Dem ist zuzustimmen, wenn man bedenkt, dass der Übernehmer in vielen Fällen seine Lebensplanung sowie weit reichende, insbesondere finanzielle und berufliche Entscheidungen auf das Übergabeobjekt ausrichtet und es so häufig unterlässt, eine eigene, vom Übergabeobjekt unabhängige Existenz aufzubauen.

Motivation zum Abschluss eines Übergabevertrags ist neben den steuerlichen und vielen anderen Gründen auch die Tatsache, dass der Vertrag im Gegensatz zu einer Verfügung von Todes wegen unmittelbar Rechte und Pflichten für die Beteiligten begründet. Hierdurch wird die Möglichkeit eröffnet, dass sich die Generationen gegenseitig und besitzübergreifend bei der Fortführung des Familienvermögens unterstützen können, der Übernehmer somit von der Erfahrung und dem Wissen des Übergebers profitiert und weiterhin eine Starthilfe für die Begründung einer eigenen Existenz bzw. den Ausbau des Familienvermögens erhält.[4] Dadurch wird für den Übergeber gleichzeitig ein Rückhalt für dessen Altenteil geschaffen im Sinne enger Familienbindung.

Allerdings sollte das Für und Wider einer lebzeitigen Übergabe gegenübergestellt werden. Gründe der Steuerersparnis dürfen nie ausschlaggebend sein, wenn man nicht böse Überra-

---

3 *Lüdtke-Handjerry*, DNotZ 1985, 332.
4 Faustformel nach *Jerschke*, Beck'sches Notar-Handbuch, A V Rn 76: Wunsch nach erbrechtlicher Klarheit, Versorgungssicherheit für den Übergeber und unter Umständen Schaffung einer Existenzhilfe für den Übernehmer.

schungen bezüglich der Entwicklung der persönlichen Beziehungen zwischen Übergeber und Übernehmer bzw. der Familie des Übernehmers erleben will. Für den Übergeber müssen immer die Vorteile der lebzeitigen Übertragung dessen Nachteile überwiegen.

## II. Versuch einer Typisierung

9   Innerhalb des Oberbegriffs „Übergabevertrag" lassen sich verschiedene Typen einteilen.[5] Diese von der Kautelarjurisprudenz entwickelten Vertragstypen spiegeln die rechtliche und tatsächliche Realität bestimmter Lebenssituationen wider. Für die juristische Vertragspraxis ergeben sich somit Standards für die Vertragsgestaltung.[6] Statt einer Kategorisierung nach Leistung und Gegenleistung erscheint es sinnvoll, Fallgruppen danach zu bilden, wie weit die Beteiligung des Übernehmers am Übergabeobjekt „reichen soll".

10  – **Klassische Hof- oder Betriebsübergabe**
Eine solche klassische Hof- oder Betriebsübergabe stellt die **stärkste Beteiligung** des Übernehmers am Übergebervermögen dar. Im Rahmen einer solchen Überlassung wird die zentrale Wirtschafts- und Betriebseinheit übergeben. Übernehmer ist in der Regel ein sehr naher Verwandter, regelmäßig ein Abkömmling des Übergebers. Geprägt ist diese Form der Übergabe durch hohes Vertrauen des Übergebers in den Übernehmer, engste Familienbande und die schon im Zeitpunkt der Übergabe ohnehin bestehende und danach verstärkte Abhängigkeit zwischen Übergeber und Übernehmer; der Übergeber legt quasi sein „Schicksal in die Hand des Nachfolgers".

11  – **Grundstücksübergaben mit Versorgungscharakter im privaten Bereich**
Bei diesem Vertragstypus geht es nicht um die Übertragung einer die Existenz des Übernehmers sichernden Wirtschaftseinheit. Der Übergeber überträgt vielmehr sein Wohngrundstück, um sich **Pflege und Versorgung im Alter** zu sichern. Der Übernehmer, in der Regel ein Abkömmling oder naher Verwandter, wohnt hierbei regelmäßig neben dem Übergeber im Übergabeobjekt, an dem dieser sich in den meisten Fällen ein Wohnungsrecht vorbehält.
Kennzeichnend für diesen Typus ist häufig auch der Umstand, dass der Übernehmer nicht unerhebliche Investitionen vornimmt, um die übergebene Immobilie für eigene Wohnzwecke herzurichten oder seinen Vorstellungen anzupassen. Ähnlich der klassischen Hofübergabe ist diese Form der vorweggenommenen Erbfolge geprägt von gegenseitigem, uneingeschränktem Vertrauen und engster familiärer Bindung. Auch hier ist der Übergeber dem Übernehmer mit zunehmendem Alter auf „Gedeih und Verderb" ausgeliefert, weshalb die Rechtsstellung des Übergebers umfassend abgesichert sein sollte.

12  – **Qualifizierte Zuwendung von Grund- oder Geldvermögen (Existenzgründung)**
**Abgeschwächt** in der Konsequenz ist die Übergabe bzw. Zuwendung von Grund- oder Geldvermögen unter einer gewissen Zweckbindung, die häufig auch als Ausstattung erfolgt. Es handelt sich hierbei um den typischen Vorempfang, der ausschließlich im **Interesse des Übernehmers** liegt. Häufig ist damit die Hoffnung des Übergebers verbunden, zur Existenzbegründung des Übernehmers beitragen zu können. Diese Hoffnung wird i.d.R. durch eine Zweckschenkung unter Vereinbarung entsprechend weiter Rück-

---

5   *Langenfeld*, ZEV 1995, 348 ff.; *J. Mayer*, § 1 Rn 5.
6   Nachzulesen bei *J. Mayer*, § 1 Rn 5; *Langenfeld*, ZEV 1995, 348 ff., der im Wesentlichen unterteilt nach Wohnhausübergabe im Wege der vorweggenommenen Erbfolge gegen Wohnungsrechts- oder Nießbrauchsvorbehalt, Betriebsübergabe, Hausübergabe mit Wohnungsrecht und Pflegeverpflichtung, Hausübergabe gegen Rente (evtl. weiteren Betreuungsleistungen) und Hausübergabe mit auf den Tod hinausgeschobener Erfüllung.

forderungsrechte umgesetzt bzw. gesichert. Typisches Beispiel für eine Zuwendung innerhalb dieser Gruppe ist die Zuwendung eines Bauplatzes an einen Abkömmling oder die Zuwendung von Geld zum Erwerb einer Eigentumswohnung oder zu Umbauzwecken oder Ähnlichem.

- **Einfache Zuwendung von Grund- oder Geldvermögen**
Ein **Weniger** hierzu wiederum stellt die bloße Übergabe von Grund oder Geld dar, ohne dass als Zielsetzung die Begründung einer Existenz des Übernehmers im Vordergrund steht. Der Übernehmer erhält den Übergabegegenstand ohne eigentliche Zweckbindung, lediglich vor dem Hintergrund weiterer sinnvoller Verwendung. Auch spielen bei dieser Variante häufig steuerliche Hintergründe eine große Rolle. Die Ausgliederung von Vermögensteilen zu einem frühen Zeitpunkt führt regelmäßig zu einer späteren erheblichen Erbschaftsteuerersparnis.

- **Anlassbedingte Zuwendungen**
Anlassbedingte Zuwendungen sind solche, die zum Geburtstag, Weihnachten oder sonstigen Anlässen getätigt werden. In der Regel liegen diese vom Wert her unter den vorgenannten qualifizierten bzw. einfachen Zuwendungen. Die steuerliche Motivation steht regelmäßig im Hintergrund, der Steuerspareffekt ist allenfalls ein willkommener Nebenaspekt.

Als **Vorstufe** der klassischen Hof- oder Betriebsübergabe kann **die Verpachtung von Hof oder Betrieb** an den vorgesehenen Nachfolger angesehen werden. Gerade ein Übergeber, der sich noch nicht entschließen kann, seinen Hof oder Betrieb zu übergeben, gleichzeitig aber den Übernehmer an seinem Lebenswerk schon zu seinen Lebzeiten beteiligen will, wird versuchen, den Mittelweg zu gehen. Über diesen Mittelweg eröffnet sich ihm neben der Ausnutzung steuerlicher Aspekte auch die Möglichkeit, den Übernehmer nach seinen Fähigkeiten um die Fortführung des Betriebes bzw. Hofes zu testen, um so später in der Entscheidung hinsichtlich der klassischen Hof- oder Betriebsübergabe gefestigt zu sein.

Vorstufe für die Hof- bzw. Betriebsübergabe ist neben der Verpachtung auch die Integration des zukünftigen Übernehmers über eine arbeits- oder gesellschaftsrechtliche Beziehung.

Motivation des Übergebers ist auch hier, den Übernehmer in sein Lebenswerk einzubinden, sei es rein arbeitsrechtlich, sei es durch Beteiligung über Geschäftsanteile usw. Auch hier kann der Übergeber seine spätere Entscheidung, den Betrieb bzw. den Hof in klassischer Form zu übergeben, vorbereiten, indem der Übernehmer in eine „Testphase" eintritt.

## III. Rechtliche Einordnung lebzeitiger Vermögensübertragungen

### 1. Zivilrechtliche Fragen

Unter dem Aspekt, dass die typischen Gegenleistungen bei Übergabeverträgen oft in krassem Missverhältnis zum Wert des Übergabegegenstandes stehen, stellt sich die Frage, wie die Übergabe zivilrechtlich einzuordnen ist und insbesondere, ob es sich hierbei um eine Form der Schenkung handelt.

#### a) Lebzeitige Übertragungen als Schenkung?

Der Begriff der Schenkung setzt sich zivilrechtlich grundsätzlich aus einer objektiven und einer subjektiven Komponente zusammen.

**Objektiv** ist die Unentgeltlichkeit des Rechtsgeschäfts erforderlich. Unentgeltlich ist die Zuwendung, wenn sie unabhängig von einer Gegenleistung (auch von oder an einen Dritten) geschieht.⁷ Dies ist dem jeweiligen Inhalt des Rechtsgeschäfts zu entnehmen. Die Zuwendung des Schenkungsgegenstandes muss aus dem Vermögen des Schenkers erfolgen und darf nicht nur ideellen Wert haben.⁸ Durch die Zuwendung muss eine Entreicherung des Schenkers eintreten, also eine Verminderung seiner gegenwärtigen Vermögenssubstanz, ohne dass der Beschenkte hierauf bezogen gleichzeitig eine Bereicherungsabsicht haben muss. Altruistische Motive sind möglich, ebenso „egoistische Wünsche", die der Verfolgung einer Vermögensvermehrung auf Seiten des Beschenkten als Endergebnis der eigentlich unentgeltlichen Leistung dienen.⁹ Unentgeltlichkeit bedeutet im Übrigen nicht kostenlos.¹⁰ Die Gegenleistung muss nicht geldwert oder vermögensrechtlicher Natur sein.¹¹

20 **Subjektiv** müssen die Parteien eine Schenkungsabrede getroffen haben, d.h. sie müssen sich über die Unentgeltlichkeit der Zuwendung einig sein. Eine solche Schenkungsabrede ist erforderlich und kann auch stillschweigend getroffen werden. Für das Vorliegen einer Schenkung ist allein die objektive Sachlage maßgebend, so dass eine objektiv unentgeltliche Gegenleistung durch den Parteiwillen nicht zu einer entgeltlichen gemacht werden kann (so genannte verschleierte Schenkung).¹² Umgekehrt kann eine (vollständig) unentgeltliche Zuwendung gem. §§ 516 ff. BGB nicht angenommen werden,¹³ wenn der Übernehmer (u.U. auch geringfügige) Gegenleistungen zu erbringen hat. In der Regel werden zumindest Versorgungsleistungen zugunsten des bisherigen Eigentümers vereinbart, so dass insoweit eine reine Schenkung nicht vorliegt.

21 Gemäß § 518 Abs. 1 BGB bedarf das Schenkungsversprechen der notariellen Beurkundung. Ist Gegenstand der Zuwendung ein Grundstück ist § 311b BGB zu beachten.

### b) Schenkung unter Auflage

22 Auch eine Schenkung unter einer Auflage¹⁴ entspricht dem gesetzlichen Leitbild der §§ 516 ff. BGB, stellt also eine echte Schenkung i.S.d. Gesetzes dar. Der unentgeltlichen Zuwendung ist lediglich eine Bestimmung beigefügt, nach der der Empfänger der Schenkung zu einer Leistung, d.h. einem Tun oder Unterlassen, verpflichtet ist, die aus dem Wert des zugewandten Gegenstandes erbracht werden kann.¹⁵ Der Beschenkte übernimmt eine eigene obligatorische Leistungspflicht. Im Schenkungsrecht nicht vorgesehen ist eine Auflage mit dinglicher Wirkung.¹⁶ Muss der Beschenkte lediglich bereits bestehende gesetzliche oder rechtsgeschäftliche Einschränkungen des Schenkungsgegenstandes weiterhin dulden bzw. übernehmen, liegt hierin keine Auflage.¹⁷ Wird beispielsweise ein Grundstück, welches mit einem beschränkt dinglichen Recht belastet ist, übertragen, ist diese Übertragung als reine Schenkung und nicht als Schenkung unter Auflage anzusehen.¹⁸ Von einer Auflagenschenkung ist dann auszugehen, wenn sich der Beschenkte selbst verpflichtet, dem Schenker

---

7 BGH NJW 1982, 436.
8 MüKo-*J. Koch*, § 516 BGB Rn 5; Prot. II, 1, 3 ff.
9 MüKo-*J. Koch*, § 516 BGB Rn 6; Prot. II, 25; RGZ 120, 253, 255; Palandt/*Weidenkaff*, § 516 Rn 6.
10 RG (GrZS) 163, 355.
11 Palandt/*Weidenkaff*, § 516 BGB Rn 8.
12 Palandt/*Weidenkaff*, § 516 BGB Rn 11.
13 So auch *J. Mayer*, § 1 Rn 6.
14 Die steuerliche Behandlung der Schenkung unter Auflage richtet sich nach § 7 ErbStG; steuerrechtlich wird unterschieden zwischen Nutzungs- oder Duldungsauflagen und so genannten Leistungsauflagen, MüKo-*Kollhosser*, § 7 ErbStG Rn 6 ff.; ausführlich hierzu *Troll/Gebel/Jülicher*, ErbStG, § 7 Rn 294 ff.
15 Palandt/*Weidenkaff*, § 525 BGB Rn 1; MüKo-*J. Koch*, § 525 BGB Rn 1, 2.
16 MüKo-*J. Koch*, § 525 Rn 2.
17 MüKo-*J. Koch*, § 525 Rn 2
18 BGHZ 107, 156, 159 = NJW 1989, 2122; BGH WM 1990, 1790, 1791.

oder auch einem Dritten, ein Nießbrauchsrecht oder ein lebtägliches unentgeltliches Wohnungsrecht einzuräumen.[19]

Die Auflage kann durchaus das Leitmotiv der Schenkung wiedergeben.[20] Seinen Charakter als Schenkung verliert das Rechtsgeschäft selbst dann nicht, wenn die Leistung des Schenkers und der Wert der zu erbringenden Auflage objektiv gleichwertig sind, soweit nur die Parteien subjektiv davon ausgehen, dass das vom Schenker geleistete mehr wert ist.[21] Soweit der Empfänger die Auflage nicht vollzieht, steht dem Schenker gem. § 527 BGB ein Anspruch auf Herausgabe des Geschenks zu, wobei sich dieser Herausgabeanspruch auf das, was zum Vollzug der Auflage zu verwenden war, beschränkt.

Soweit das Schenkungsobjekt tatsächlich nicht teilbar ist, besteht von Anfang an nur ein Geldanspruch, der auf den Wert der Aufwendungen begrenzt ist, die zur Erfüllung der Auflage erforderlich waren.[22] Demgemäß ist die Rückforderung des gesamten Schenkungsgegenstandes ausgeschlossen, es sei denn, der Schenker hat sich ein vertragliches Rückerwerbsrecht vorbehalten.

In der Rechtsprechung wurde der Übergabevertrag gegen Pflegeverpflichtung zumindest vereinzelt als Schenkung unter Auflage betrachtet,[23] wobei dies nicht ohne Kritik geblieben ist.[24]

c) Gemischte Schenkung

aa) Grundsätzliches

Eine gemischte Schenkung ist ein einheitlicher Vertrag, bei dem der Wert der Leistung des einen dem Wert der Leistung des anderen Vertragsteils nur zum Teil entspricht und die Vertragsteile dies wissen und übereinstimmend wollen, dass der überschießende Wert unentgeltlich zugewendet wird.[25]

Die Unentgeltlichkeit der Leistung an sich ist stets nach der objektiven Sachlage zu beurteilen,[26] allerdings muss die Bewertung der Vertragspartner anerkannt werden, wenn sie bspw. unter Berücksichtigung eines Verwandtschaftsverhältnisses noch in einem vernünftigen Rahmen bleibt.[27] Das Widerrufsrecht des Schenkers nach § 530 BGB bezieht sich grundsätzlich nur auf den unentgeltlichen Teil, auf den ganzen Gegenstand jedoch dann, wenn der Schenkungscharakter (Unentgeltlichkeit) des Geschäfts überwiegt.[28] In diesem Falle ist das

---

19 MüKo-*J. Koch*, § 525 Rn 2 m.w.N.
20 RGZ 60, 238, 240.
21 RGZ 60, 288, 240; RGZ 62, 386, 390; MüKo-*J. Koch*, § 525 BGB Rn 4, 5, wo davon ausgegangen wird, dass selbst dann, wenn beide Parteien auch subjektiv von Gleichwertigkeit ausgehen, ein immaterieller Vorteil des Beschenkten ausreicht, damit das Rechtsgeschäft seinen Charakter als Schenkung nicht verliert. Ein immaterieller Vorteil wird auch darin gesehen, dass die Auflagenleistung den eigenen Interessen des Beschenkten dient oder er wenigstens einen zeitlichen Vorteil in Form einer zeitweiligen Nutzungsmöglichkeit hat.
22 MüKo-*J. Koch*, § 525 BGB Rn 3.
23 OLG Bamberg NJW 1949, 788; BGH NJW 1989, 2122.
24 LG Passau RdL 1975, 70; *Kerscher/Riedel/Lenz*, § 9 Rn 25 ff.; *Weyland*, MittRhNotk 1997, 55/67.
25 Palandt/*Weidenkaff*, § 516 BGB Rn 13; BGH NJW-RR 1996, 754; BGH NJW-RR 2002, 3165.
26 Palandt/*Weidenkaff*, § 516 BGB Rn 8; OLG Hamm NJW-RR 1993, 1412.
27 BGH NJW 1961, 604.
28 Palandt/*Weidenkaff*, § 516 BGB Rn 16; BGHZ 30, 21; BayObLGZ 1996, 20; BGH NJW 1972, 247.

Schenkungsobjekt nur Zug um Zug gegen Wertausgleich hinsichtlich des entgeltlichen Teils zurückzugeben.[29]

### bb) Prinzip der subjektiven Äquivalenz

28 Zur Beurteilung, ob eine gemischte Schenkung vorliegt, ist das so genannte Prinzip der subjektiven Äquivalenz heranzuziehen. Inwieweit eine teilweise unentgeltliche Zuwendung vorliegt, hängt demnach vom Wert der auszutauschenden Leistungen ab, den die Vertragsparteien im Rahmen der Vertragsfreiheit selbst bestimmen.[30] Leistung und Gegenleistung zu bewerten, ist somit zunächst Sache der Parteien. Deren Bewertungen in einem Übergabevertrag müssen also anerkannt werden, wenn sie sich auch unter Berücksichtigung eines Verwandtschaftsverhältnisses noch in einem vernünftigen Rahmen bewegen.[31] Erst bei auffallend grobem Missverhältnis zwischen den wirklichen Werten von Leistung und Gegenleistung ist von teilweise unentgeltlicher Zuwendung auszugehen,[32] was im Hinblick auf die Beweislast eine tatsächliche Vermutung zugunsten einer Schenkung auslöst.[33] Nach bisheriger Rechtsprechung spricht nur bei diesem auffallend groben Missverhältnis eine tatsächliche Vermutung für eine gewollte unentgeltliche Zuwendung.[34] In jüngerer Zeit ist die Rechtsprechung dazu übergegangen, eine Anwendung der Beweislastregelung bereits dann zu ermöglichen, wenn das Mehr der Zuwendung „über ein geringes Maß deutlich hinausgeht".[35] Wurden Gegenleistungen vertraglich vereinbart, können diese nachträglich noch erhöht werden.[36] Es besteht für den Schenker sogar die Möglichkeit, das zunächst unentgeltliche Geschäft durch einseitige Erklärung nachträglich in ein voll entgeltliches umzugestalten.

29 Den Vertragsparteien steht demgemäß ein gewisser Spielraum zu, wobei dieser bislang nicht in Prozentangaben dargestellt wurde. Es wird in Anlehnung an das Schenkungsteuerrecht vertreten, dass bei einem objektiven Wertunterschied von etwa 20 bis 25 Prozent die subjektive Annahme der Vertragsteile über die Gleichwertigkeit der ausgetauschten Leistungen zu akzeptieren ist.[37] Wertangaben in notariellen Verträgen, die oftmals zum Zwecke der Kostenersparnis weit unter den tatsächlichen Werten liegen, können ein grobes Missverhältnis weder herstellen noch verhindern. Sie sind unbeachtlich.[38]

---

29 BGH NJW 1989, 2122.
30 BGHZ 59, 132; BGH NJW 1964, 1323; NJW 1995, 1349; NJW-RR 1996, 754; Brandenburgisches OLG, Beck RS 2008, 12813; Palandt/*Edenhofer*, § 2325 BGB Rn 19.
31 BGHZ 59, 132, 135; BGH WM 1990, 1790, 1791.
32 BGHZ 59, 132.
33 BGH NJW 1961, 604, 605; BGH NJW 1995, 1349; BGH ZEV 1996, 197 zur Vermutung über die Einigung über teilweise Unentgeltlichkeit; für das Pflichtteilsrecht siehe auch *Kerscher/Riedel/Lenz*, § 9 Rn 23.
34 Palandt/*Weidenkaff*, § 516 Rn 13.
35 BGHZ 87, 980; BGH NJW 1995, 1349.
36 RGZ 72, 188; RGZ94, 157.
37 *Felix*, DStR 1970, 7; *Kerscher/Riedel/Lenz*, § 9 Rn 24.
38 OLG Oldenburg NJW-RR 1992, 778.

d) Entgeltlichkeit aufgrund Gegenleistung

aa) Entgeltlichkeit durch synallagmatische/konditionale/kausale Verknüpfung mit einer Gegenleistung

Ist die Zuwendung mit einer Gegenleistung verknüpft, so liegt in Ermangelung des Tatbestandsmerkmals der Unentgeltlichkeit keine Schenkung gem. § 516 BGB vor. Diese Verknüpfung mit einer Gegenleistungspflicht kann auf verschiedene Art und Weise erfolgen.[39]

Am häufigsten ist wohl die **synallagmatische Verknüpfung** anzutreffen.[40] Eine solche liegt regelmäßig dann vor, wenn sich die Vertragsparteien gegenseitig im Sinne eines „do ut des" zu Leistung und Gegenleistung verpflichten.

Praktisch sehr selten ist die **konditionale Verknüpfung** von Leistung und Gegenleistung. Zu beachten ist allerdings, dass eine solche konditionale Verknüpfung nicht schon dann vorliegt, wenn die Zuwendung des Schenkers unter der Bedingung steht, dass der Zuwendungsempfänger seinerseits leistet. Konditional ist die Verknüpfung vielmehr dann, wenn mit der eigenen Leistung die Erbringung der Gegenleistung bezweckt werden soll. Die eigene Leistung muss also zielgerichtet auf die Gegenleistung (= final) sein. Der Unterschied zum Synallagma besteht darin, dass kein Anspruch des Leistenden auf die Leistung des anderen besteht, sondern diese lediglich zur Wirksamkeitsbedingung für die eigene Leistung gemacht wurde. Bei Rechtsgeschäften mit konditionaler Verknüpfung ist bei Nichterbringung der Gegenleistung gem. § 812 Abs. 1 S. 1 Alt. 1 oder S. 2 Alt. 1 BGB rückabzuwickeln.[41]

Die **kausale** Verknüpfung mit der Gegenleistung hat die gleichen Voraussetzungen wie die konditionale. Im Unterschied zur konditionalen Verknüpfung und der damit verbundenen Folge, dass die Gegenleistung Wirksamkeitsbedingung für die Leistung des Schenkers ist, ist bei der kausalen Verknüpfung die Bindung der Leistung an die Gegenleistung schwächer.

Die Gegenleistung ist in diesem Fall nur Geschäftsgrundlage für die eigene Leistung, lässt die Wirksamkeit des Rechtsgeschäfts also unberührt. Dies wiederum heißt, dass das Geschäft eben nicht ohne weiteres Zutun der Parteien rückabzuwickeln ist, sondern es vielmehr den Vertragschließenden überlassen bleibt, ob sie an dem Rechtsgeschäft festhalten wollen oder nicht.

Typischerweise werden hierunter die so genannten Vorleistungs- und Veranlassungsfälle, d.h. diejenigen Fälle verstanden, in denen ohne rechtliche Verpflichtung oder ohne rechtlich verbindliche Rechtsgrundabrede geleistet wurde, bevor der Leistungsempfänger seine eigene, nicht geschuldete Leistung erbracht hat. Die Rückgängigmachung bei Leistungsstörungen erfolgt hier über § 812 Abs. 1 S. 1 Alt. 2 BGB.[42] Im Einzelfall kann die Abgrenzung schwierig sein. Dies fällt allerdings nicht zu sehr ins Gewicht, da die Einordnung nur für die Wahl des Rückabwicklungstatbestandes bei einer Zweckverfehlung von Bedeutung ist. Eine Schenkung liegt unter keinen Umständen vor.

Im Unterschied zur kausalen Verknüpfung erwartet der Schenker bei einer so genannten echten Zweckschenkung die Gegenleistung nicht als solche für seine eigene Zuwendung.[43]

---

39 Zum Ganzen siehe *J. Mayer*, § 1 Rn 37.
40 MüKo-*J. Koch*, § 516 BGB Rn 27; dort ist das Beispiel gebildet, dass eine synallagmatisch Verknüpfung dann vorliegt, wenn zwei Personen sich gem. § 328 BGB zur Unterstützung eines Dritten verpflichten.
41 MüKo-*J. Koch*, § 516 BGB Rn 27.
42 MüKo-*J. Koch*, § 516 BGB Rn 28.
43 BGH NJW 1984, 233.

Vielmehr soll die Zuwendung zweckgebunden erfolgen. Dies ist in der Theorie sicherlich leicht gesagt, in der Praxis ist einziges Kriterium der Parteiwille. Je größer das Interesse des Zuwendenden an der Gegenleistung ist, umso mehr spricht für die kausale Verknüpfung der Zuwendung.[44] Als Gegenleistungen, die insoweit den Schenkungstatbestand ausschließen, sind vor allem die Verpflichtungen und Leistungen des Empfängers anzusehen, die über geringfügige und nur kurzzeitig zu erbringende Gefälligkeiten deutlich hinausgehen.[45]

bb) Entgeltlichkeit durch nachträgliche Erbringung einer Gegenleistung/nachträgliche Umwandlung

35 Ein entgeltliches Rechtsgeschäft liegt auch dann vor, wenn eine Leistung erkennbar in der Absicht erbracht ist, dass sie später vergütet wird.[46] Mit Erbringung der als Vergütung erwarteten (Gegen-) Leistung kommt der Vertrag zustande.[47]

36 Hiervon abzugrenzen ist die so genannte remuneratorische Schenkung. Eine solche liegt immer dann vor, wenn die nachträglich versprochene oder vollzogene Zuwendung kein Entgelt, sondern ausschließlich Belohnung darstellen soll.[48] Eine Abgrenzung erfolgt hier wieder nur über den Parteiwillen, insbesondere nach dem Willen dessen, der die Zuwendung macht. Bei der **belohnenden Schenkung** will der Zuwendende den Rechtscharakter der Zuwendung nicht ändern, vielmehr soll die Zuwendung erfolgen, um sich dem Empfänger gegenüber für dessen Freigiebigkeit oder für ein sonstiges Verhalten erkenntlich zu zeigen.[49]

37 Bei einer **nachträglichen Umwandlung** eines unentgeltlichen in ein entgeltliches Rechtsgeschäft hat die eigene Leistung zunächst Schenkungscharakter. Im Wege der Vertragsänderung (§ 311 Abs. 1 BGB) kann der bislang schenkweise erfolgten Leistung der Charakter eines entgeltlichen Rechtsgeschäfts mit der Verpflichtung zur Erbringung von Gegenleistungen gegeben werden, soweit nicht im Einzelfall zwingende Normen und schützenswerte Interessen dagegen stehen.[50]

## 2. Fazit

38 Es stellt sich die Frage, wie der Übergabevertrag im weitesten Sinne in die oben dargestellten Tatbestände einzuordnen ist. Hierüber besteht in Literatur und Rechtsprechung keine vollständige Einigkeit, vielmehr haben sich zwei „Lager" gebildet.

So wird zum Teil vertreten, dass es sich bei einer Übergabe, die als „Gegenüber" im Vertrag eine Pflegeverpflichtung hat, um eine im Synallagma zur Übergabe stehende Hauptleistung handelt und damit regelmäßig eine gemischte Schenkung anzunehmen ist.[51]

Auch wenn die Abgrenzung zwischen einer Schenkung unter einer Auflage einerseits und einer gemischten Schenkung andererseits schwierig ist,[52] tendiert insbesondere die Rechtsprechung des BGH dazu, den Übergabevertrag im Zweifel als eine Auflagenschenkung

---

44 MüKo-*J. Koch*, § 516 BGB Rn 29 mit Beispielen für eine kausale Verknüpfung.
45 MüKo-*J.Koch*, § 516 Rn 29.
46 MüKo-*J. Koch*, § 516 BGB Rn 30.
47 BGH NJW 1992, 2566, 2567.
48 BGHZ 116, 167, 171; BGH NJW 2005, 1718, 1719; RGZ 94, 322, 324.
49 MüKo-*J. Koch*, § 516 BGB Rn 31.
50 RGZ 72, 188, 191; RGZ 94, 157, 159; a.A. BFH BStBl III 1987, 449, 450; a maiore ad minus muss dann auch eine Ergänzung der Gegenleistung zulässig sein.
51 *Gerke*, ZRP 1991, 426, 430.
52 BGH ZEV 1996, 186.

und nicht als gemischte Schenkung anzusehen, da es sich bspw. bei den Verpflichtungen eines Hofübernehmers nicht um Entgelt, sondern um die Übernahme von Leistungen handeln soll, die aus dem zugewandten Wert zu erfüllen sind.[53]

Beide Auffassungen führen aber zum gleichen wirtschaftlichen Ergebnis.[54]

## IV. Übergabevertrag und vorweggenommene Erbfolge

Der Begriff der vorweggenommenen Erbfolge ist nicht eindeutig definiert. Die Vorschrift des § 593a BGB setzt deren Existenz voraus. Ein Übergabevertrag stellt in der Regel eine solche vorweggenommene Erbfolge dar, da der Inhalt des Vertrags darauf ausgerichtet ist, den Übergeber zu versorgen, ihm die Last der Vermögensverwaltung abzunehmen und ihn in seinen täglichen Verrichtungen zu unterstützen, während der Übernehmer bei seiner Existenzgründung oder -fortführung gefördert werden soll.

Steuerlich relevant[55] ist der Begriff der vorweggenommenen Erbfolge bei
– Buchwertfortführung nach § 6 Abs. 3 EStG,
– Anwendung des Erlasses zur ertragsteuerlichen Behandlung der vorweggenommenen Erbfolge[56] vom 16.9.2004
– AfA-Befugnis des Rechtsnachfolgers nach § 11d EStDV und
– Verschonungsregelungen beim Betriebsvermögen (§§ 13a ff. ErbStG)
Danach sollen Betriebsvermögen, land- und forstwirtschaftliches Vermögen sowie Anteile an Kapitalgesellschaften bei der Ermittlung des steuerpflichtigen Erwerbs in Höhe von 85 % außer Ansatz bleiben (Verschonungsabschlag; § 13a Abs. 1 S. 1 ErbStG), allerdings unter folgenden Voraussetzungen:
  – dass die maßgebliche jährliche Lohnsumme eines Betriebes, einer Personengesellschaft oder einer Kapitalgesellschaft
  – innerhalb von fünf Jahren nach dem Erwerb insgesamt 4000 % der Ausgangslohnsumme („Mindestlohnsumme") nicht unterschreitet

Die Lohnsumme wird allerdings nicht jährlich überprüft, sondern insgesamt für die gesamte Periode „nach dem Erwerb". Die Lohnsummenvergleichsberechnung ist allerdings dann nicht anzuwenden, wenn die Ausgangslohnsumme 0 EUR beträgt oder der Betrieb nicht mehr als 20 Beschäftigte hat.

### 1. Leibgedingvertrag

#### a) Voraussetzungen nach materiellem Recht

Auch dieser Begriff ist explizit nicht im Gesetz definiert. Allerdings wird das Leibgeding, auch **Altenteil** genannt, in verschiedenen Vorschriften vorausgesetzt, so in Art. 96 EGBGB,

---

53 MüKo-*J. Koch*, § 525 BGB Rn 10; BGHZ 107, 1 56, 160; BGHZ 3, 206, 211.
54 Unabhängig davon, welchem dogmatischen Ansatz man folgt, wird es bei der Bewertung im Allgemeinen nicht angebracht sein, eine Differenzierung zwischen Auflage und Gegenleistung (im Rahmen einer gemischten Schenkung) vorzunehmen. Der BGH hat in ZEV 1996, 186 jedenfalls keinen Unterschied zwischen der Bewertung von Auflage und Gegenleistung im Rahmen einer gemischten Schenkung gemacht; bei dieser Entscheidung stand jedoch die Bewertungsfrage im Rahmen eines Pflichtteilsergänzungsanspruchs im Mittelpunkt. Dort wurde die Einräumung eines Wohnrechts zwar nicht als Gegenleistung, sondern als Schenkung unter Auflage nach § 525 BGB angesehen, bei der Ermittlung des Werts für den Pflichtteilsergänzungsanspruch das Nutzungsrecht jedoch voll in Abzug gebracht.
55 *J. Mayer*, Übergabevertrag, § 1 Rn 12.
56 BStBl I 1993, 80.

§ 49 GBO, § 9 EGZVG, § 850b ZPO, § 23 Nr. 2g GVG. Besonders zu erwähnen ist in diesem Zusammenhang Art. 96 EGBGB,[57] der einen landesrechtlichen Vorbehalt für alle alten Bundesländer (außer Hamburg) enthält. Somit ist dem Landesgesetzgeber die nähere Ausgestaltung der mit der Erbringung der typischen Leibgedingleistungen verbundenen Rechtsfragen, insbesondere der Leistungsstörungen sowie der besonderen Leistungserbringung vorbehalten.[58] Die landesrechtlichen Vorschriften beinhalten in der Regel auch Rücktrittsrechte wegen Nichterfüllung oder auch wegen Verzuges mit einer Leistungspflicht. Auch wird in der Regel das Rückforderungsrecht gem. § 527 BGB wegen Nichterfüllung einer Auflage ausgeschlossen.

43 Nach ständiger Rechtsprechung des BGH liegt ein Leibgedingvertrag i.S.v. Art. 96 EGBGB dann vor, wenn durch Vertrag[59] ein Inbegriff von Nutzungen und Leistungen an einen Berechtigten (der nicht Vertragspartei sein muss)[60] in Verbindung mit einem Nachrücken des Verpflichteten durch Grundstücksübernahme in eine die Existenz zumindest teilweise begründende und die Gewinnung der dem Berechtigten geschuldeten Leistungen ermöglichende Wirtschaftseinheit[61] zugewandt wird, wobei eine einzige Nutzung/Leistung ausreichen kann.[62] Erfolgt die Grundstücksübertragung gegen Einräumung eines Wohnungsrechtes sowie unter Vereinbarung einer Pflege- bzw. Versorgungsverpflichtung im Bedarfsfall, so ist dies dann nicht ausreichend, wenn das Grundstück für den Übernehmer keine die Existenz zumindest teilweise begründende Wirtschaftseinheit darstellt[63] oder er nicht in eine bereits vom Übergeber geschaffene Existenzgrundlage eintritt[64] Der Charakter eines gegenseitigen Vertrags mit beidseitig gleichwertigen Leistungen steht hierbei nicht zwingend im Vordergrund.[65] Vielmehr handelt es sich bei einem echten Leibgedingvertrag um einen so genannten **sozialmotivierten Versorgungsvertrag**.[66] Sind die von beiden Seiten vereinbarten Leistungen gleichwertig, liegt ein Altenteilsvertrag nicht vor.[67] Die Vereinbarung eines Nießbrauchsrechts an den zu übertragenden Grundstücken, die Vereinbarung von Grunddienstbarkeiten sowie reine Geldleistungspflichten können nicht Bestandteil eines Altenteilsrechts sein.

44 Wie oben ausgeführt, haben die meisten Landesgesetzgeber von ihrer Ermächtigung gem. Art. 96 EGBGB zur Regelung von Leistungsstörungen Gebrauch gemacht. Die insoweit

---

57 Art. 96 EGBGB lautet: „Unberührt bleiben die landesgesetzlichen Vorschriften über einen mit der Überlassung eines Grundstücks in Verbindung stehenden Leibgedings-, Leibzuchts-, Altenteils- oder Auszugsvertrag, soweit sie das sich aus dem Vertrag ergebende Schuldverhältnis für den Fall regeln, dass nicht besondere Vereinbarungen getroffen werden"; Überblick bei Palandt/*Bassenge*, Art. 96 EGBGB.
58 Die einzelnen landesrechtlichen Vorschriften sind in Baden-Württemberg Art. 6–17 AGBGB, in Bayern Art. 7–23 AGBGB, in Berlin Art. 15 PrAGBGB, in Bremen Art. 27 AGBGB, in Hamburg: keine Vorschrift, in Hessen Art. 4–18 AGBGB, in Niedersachsen Art. 5–17 AGBGB, in Nordrhein-Westfalen Art. 15 PrAGBGB, in Rheinland-Pfalz Art. 2–18 AGBGB, in Saarland Art. 15 PrAGBGB, in Bayern Art. 18–21, 32–48 BayAGBGB und in Schleswig Holstein Art. 1–12 AGBGB. Siehe auch Palandt/*Bassenge*, Art. 96 EGBGB, Rn 6. Auch die neuen Bundesländer, mit Ausnahme des Landes Thüringen, haben von dem vorgenannten Vorbehalt Gebrauch gemacht.
59 RG JW 35, 3040.
60 BGH NJW 1962, 2249.
61 BGH NJW-RR 1980, 451; BGH NJW 2003, 1126, 1325; OLG Zweibrücken NJW-RR 1994, 209.
62 OLG Hamm Rpfleger 1986, 2 170; LG Frankenthal Rpfleger 1989, 324.
63 BGH NJW 2003, 1126.
64 BGH NJW 2003, 1325.
65 BGHZ 53, 41.
66 BayObLGZ 1975, 132, 135.
67 BGH NJW-RR 1989, 451.

bestehenden gesetzlichen Vorschriften tragen regelmäßig den besonderen Belangen von Versorgungsverträgen Rechnung, indem sie von den allgemeinen Regeln des Schuldrechts teilweise nicht unerheblich abweichen.

Bei gewöhnlichen Versorgungsverträgen, die die vorstehend genannten materiellen Voraussetzungen für das Bestehen eines Leibgedings nicht erfüllen, gelten hingegen nur die allgemeinen Vorschriften des Schuldrechts des BGB, wobei auch hier aufgrund der herrschenden Vertragsfreiheit die Anwendung der landesrechtlichen Vorschriften für das Leibgeding vereinbart werden kann.[68]

Die Verwirklichung des **Ruhesitzgedankens** ist nach allgemeiner Ansicht mit Art. 96 EGBGB untrennbar verbunden.[69] Hieraus folgt, dass ein Leibgedingsvertrag dann nicht vorliegt, wenn der Übergeber vom Hof oder aus dem Haus in ein Altenheim zieht und somit die räumliche Beziehung zum Grundstück ganz aufgibt.

Der Altenteilsvertrag und als Bestandteil das Altenteil im Sinne des Art. 96 EGBGB sind durch verschiedene gesetzliche Vorschriften[70] privilegiert. Neben den oben bereits genannten ist insbesondere noch § 9 EGZVG relevant, in dem der Landesgesetzgeber die Möglichkeit hat, das Bestehenbleiben eines Leibgedings, Altenteils oder sonstiger im Grundbuch eingetragener Dienstbarkeiten oder Reallasten in der Zwangsversteigerung anzuordnen, auch wenn das Recht im geringsten Gebot nicht berücksichtigt ist. Nahezu alle Bundesländer haben hiervon Gebrauch gemacht.[71] Hier hat der Berechtigte des Altenteils die Chance, dass nach Zuschlag das Altenteil bestehen bleibt. Dies gilt auch dann, wenn ein vorrangiger Gläubiger die Zwangsversteigerung betreibt.

b) Leibgeding und Grundbuch

Um eine aufwendige Prüfung bei der Eintragung eines Leibgedings hinsichtlich der Gegebenheit der materiellen Voraussetzungen zu vermeiden, erleichtert § 49 GBO die Eintragung eines Leibgedings dahin gehend, dass insoweit eine Sammelbezeichnung der Leibgedingsleistungen eingetragen werden kann. Erforderlich ist jedoch die Bezugnahme auf die insoweit hinreichend bestimmte Eintragungsbewilligung.[72] Die Eintragungsbewilligung muss die einzelnen Rechte, und zwar nach den für diese geltenden sachenrechtlichen Vorschriften, genau bezeichnen. Der BGH hat in diesem Zusammenhang entschieden, dass im Rahmen der grundbuchrechtlichen Anforderungen für die Eintragungsfähigkeit als „Leibgeding" die Voraussetzungen der landesrechtlichen Ausführungsbestimmungen über den Leibge-

---

68 *J. Mayer*, § 1 Rn 15 ff.
69 *Langenfeld/Günther*, 6. Kap. § 3 Rn 550.
70 § 49 GBO (siehe unten Rn 48); § 851 ZPO, nach dem Altenteilsrechte unpfändbar sind, weil sie wegen des durch die persönlichen Beziehungen der Beteiligten bestimmten Inhalts (§ 399 Alt. 1 BGB) und wegen ihres Versorgungszwecks (§ 399 Alt. 2 BGB) nicht übertragbar sind. Fortlaufende Einkünfte aus einem Altenteil genießen Pfändungsschutz nach § 850b Abs. 1 Nr. 3 ZPO; insbesondere das Wohnungsrecht ist wegen seiner Unübertragbarkeit unpfändbar, §§ 1092, 1274 Abs. 2 BGB, ausnahmsweise ist die Pfändbarkeit gem. § 857 Abs. 3 ZPO gegeben, wenn ausdrücklich die Überlassung der Ausübung des Wohnungsrechts an Dritte vereinbart wurde und die Gestattung nach Eintragung im Grundbuch zum Inhalt des Rechtsgeschäfts gemacht wurde, *Haegele*, DNotZ 1976, 8. Nach § 273 Abs. 1 BGB ist ein Zurückbehaltungsrecht des Verpflichteten ausgeschlossen; siehe zum Ganzen auch *Schwarz*, ZEV 1997, 309.
71 *Langenfeld/Günther*, 6. Kap. § 3 Rn 544 ff.
72 OLG Zweibrücken MittBayNot 1996, 211.

dingvertrag wegen des unterschiedlichen Normzwecks der Regelungen nicht erfüllt sein müssen.[73]

Erfolgt im Grundbuch eine Eintragung als Altenteil, hat dies eine Kostenersparnis gegenüber mehreren Einzeleintragungen zur Folge, § 63 Abs. 2 S. 2 KostO.

c) Leibgeding und Vollstreckungsschutz/Zwangsversteigerung

49  Eine Sicherung der dem Übergeber vorbehaltenen Rechte in Form eines Altenteils ist schon aus Gründen des Vollstreckungsschutzes sinnvoll. Es ist nämlich unzulässig, das Altenteil einheitlich zu pfänden. Vielmehr sind nur die einzelnen übertragbaren künftigen Leistungen pfändbar.[74] Die fortlaufenden Einkünfte aufgrund eines Altenteils sind gem. § 850 Abs. 1 Nr. 3, Abs. 2 ZPO nur pfändbar, wenn zum einen die Vollstreckung in das sonstige Vermögen nicht zu einer vollständigen Befriedigung führt bzw. führen wird und zum anderen die Pfändung der Billigkeit entspricht. Ansonsten sind sie unpfändbar.

Im Rahmen eines **Zwangsversteigerungsverfahrens** gilt § 9 Abs. 1 EGZVG i.V.m. den Ausführungsgesetzen der Länder. Dieses Vollstreckungsprivileg wurde in allen Bundesländern bis auf Bremen, Hamburg und den fünf neuen Ländern umgesetzt. Danach soll eine Dienstbarkeit oder eine Reallast, sollte sie als Altenteil eingetragen sein, auch dann bestehen bleiben, wenn das Altenteil dem Rang des die Zwangsversteigerung betreibenden Gläubigers nachgeht. Dies kann jedoch vom beeinträchtigten Gläubiger mit einem Antrag nach § 9 Abs. 2 EGZVG konterkariert werden. Der Gläubiger kann beantragen, dass das Erlöschen des Altenteils als Versteigerungsbedingung festgelegt wird. Dies ist dann möglich, wenn durch das Fortbestehen des Altenteils ein dem Altenteil vorgehendes oder auch gleichgestelltes Recht beeinträchtigt wird. Dies ist beispielsweise dann der Fall, wenn aufgrund eines bestehen bleibenden Altenteils geringere Gebote abgegeben werden und aufgrund deren Baranteils vorgehende Rechte nicht bzw. nicht vollständig befriedigt werden. Diese dann benachteiligten Gläubiger werden demgemäß regelmäßig einen Antrag nach § 9 Abs. 2 ZVG stellen, was dann zu einem Doppelausgebot führt. Doppelausgebot heißt, dass das Grundstück sowohl unter der Bedingung des Bestehenbleibens des Altenteils als auch unter der Bedingung, dass es erlischt, ausgeboten wird. Interessenten können auf beide Ausgebote bieten. Wenn der Antragsteller durch das Gebot, das unter der Bedingung steht, dass das Altenteil erlischt, eine bessere Deckung seines Rechts erzielt, ist diesem der Zuschlag zu erteilen. Führen jedoch beide Gebote dazu, dass die Rechte des Antragstellers voll abgedeckt werden, ist dem Gebot unter der Bedingung des Bestehenbleibens des Altenteils der Zuschlag zu erteilen.

2. Leistungsstörungen

a) Allgemeine Leistungsstörungen

50  Wie bei jedem Vertrag ist zu bedenken, dass der Vertragszweck aufgrund Fehlverhaltens eines Vertragspartners, insbesondere des Übernehmers, nicht erreicht werden kann. Das Interesse des Übergebers erfordert in diesen Fällen entweder eine Korrektur des Übergabevertrags oder gar dessen Rückgängigmachung.

51  Soweit Schenkungsrecht anwendbar ist, kann eine Korrektur in den engen Grenzen des § 530 BGB (Widerruf der Schenkung wegen Verfehlungen) erfolgen. Soweit eine Zweckschenkung vorliegt und der Zweck nicht erreicht wird, sieht die überwiegende Rechtspre-

---

73 BGH NJW 1994, 1158, so genannter „gespaltener Leibgedingbegriff".
74 KG JW 1932, 1564.

chung mit Zustimmung der Literatur § 812 Abs. 1 Alt. 2 BGB als Korrekturnorm an.[75] Gegenstimmen lösen das Problem über die Störung der Geschäftsgrundlage (§ 313 BGB).[76]

Es bleibt somit nur auf die allgemeinen Vorschriften des Schuldrechts zurückzugreifen (Ausnahme: Sondervorschriften der einzelnen Landesgesetzgeber). Die Praxis zeigt, dass dem Übergeber mit dem zur Verfügung stehenden gesetzlichen Instrumentarium häufig nicht wirksam geholfen werden kann. Es empfiehlt sich daher in jedem Falle, die Rechtsfolgen denkbarer Leistungsstörungen im Vorfeld einzelvertraglich zu regeln.

### b) Vorsorge im Übergabevertrag

Da der Typus des Übergabevertrags gesetzlich nicht geregelt ist, passen insbesondere die allgemeinen Vorschriften des Schuldrechts nicht auf jeden Fall der Leistungsstörung. Insbesondere ist es häufig schwierig festzustellen, welche Leistungen im Rahmen eines Übergabevertrags im Verhältnis synallagmatischer Verknüpfung stehen und welche nur einseitig sind. Es ist daher unbedingt anzuraten, für jeden Fall der Leistungsstörung eine entsprechende Korrektur vorzusehen.

Die Kautelarpraxis hilft sich überwiegend mit der Vereinbarung von enumerativen Rücktrittsrechten oder Rückforderungsansprüchen. Will der Übergeber allerdings „auf Nummer sicher" gehen, dann wird er bei der Vertragsgestaltung auf Regelungen bestehen, die ihm die Rückgängigmachung des Vertrags ermöglichen, ohne dass besondere Voraussetzungen hierfür vorliegen müssen. In der Praxis dürften derartige „Freibriefe" für den Übergeber allerdings eher die Ausnahme sein, da sich ein Übernehmer nur selten auf eine derart schwache Rechtsposition einlassen wird und zudem einkommensteuerrechtliche Probleme, insbesondere bei der Unternehmensnachfolge, entstehen können. Verbreitet ist demgemäß die Vereinbarung sog. enumerativer Rücktritts- bzw. Rückforderungsrechte. Diese werden häufig in folgenden Fällen vereinbart:
– Tod des Übernehmers vor dem Tod des Übergebers, wobei eine Ergänzung dahin gehend erfolgen kann, dass das Rückforderungsrecht nur dann bestehen soll, wenn der Übernehmer ohne Hinterlassung von Abkömmlingen verstirbt.
– Scheidung bzw. Wiederverheiratung des Übernehmers, es sei denn, zwischen dem Übernehmer und seinem Ehegatten besteht ein Ehevertrag, aus dem sich ergibt, dass das Übergabeobjekt bei einem etwaigen Zugewinnausgleich unberücksichtigt bleibt.
– Verfügungen des Übernehmers über das Vertragsobjekt.
– Einbringung des Übergabeobjekts in eine Gütergemeinschaft, es sei den das Übergabeobjekt wurde zum Vorbehaltsgut erklärt.
– Überlassung des ganzen oder teilweisen Gebrauchs des Übergabeobjekts an Dritte ohne vorherige schriftliche Zustimmung.
– Zwangsvollstreckungsmaßnahmen in das Übergabeobjekt oder Insolvenz des Übernehmers.
– Verletzung einzelvertraglicher Pflichten.
– Vorliegen von Verfehlungen oder Pflichtteilsentziehungsgründen.

---

75 BGH FamRZ 1994, 503; BGH NJW-RR 1991, 54; OLG Karlsruhe NJW 1988, 3023; *Ehmann*, NJW 1973, 1035.
76 OLG Oldenburg NJW 1994, 1539; OLG Oldenburg NJW 1992, 1461; ausführliche Darstellung bei MüKo-*J. Koch*, § 525 BGB Rn 8.

## V. Sozialrechtliche Bezüge[77]

### 1. Überleitung von Ansprüchen nach dem Sozialgesetzbuch XII

#### a) Allgemeines

55 Das Bundessozialhilfegesetz wurde geändert und in das SGB XII überführt. Die Überleitung von Ansprüchen nach dem Sozialgesetzbuch XII (bis 31.12.2004: Bundessozialhilfegesetz) ist brisant und kann sich bei der Gestaltung von Übergabeverträgen als „Beraterfalle" entpuppen. Der Grundsatz des Nachrangs der Sozialhilfe, § 2 Abs. 1 SGB XII[78] sollte im Hinblick auf §§ 93, 94 SGB XII stets im Auge behalten werden. Überleitungsfähig (innerhalb der 10-Jahresfrist des § 529 Abs. 1 BGB) ist insbesondere der **Rückforderungsanspruch wegen Verarmung des Schenkers**, § 528 BGB. Hierbei ist es unerheblich, ob eine reine Schenkung, eine gemischte Schenkung oder eine Schenkung unter einer Auflage vorliegt.[79] Um zu prüfen, ob ein Anspruch auf Herausgabe wegen Notbedarfs gegeben ist, sei auf das Prüfungsschema in ZEV 2005, 102, 103 verwiesen.[80] Es ist daher bei der Vertragsgestaltung darauf zu achten, dass möglichst viele Gegenleistungen vereinbart werden, die den Schenkungswert mindern. Ein derartiger Rückforderungsanspruch wegen Verarmung des Schenkers besteht nach Überleitung auf den Sozialhilfeträger grundsätzlich auch dann, wenn der geschenkte Gegenstand, wäre er beim Schenker verblieben, Schonvermögen gewesen wäre.[81] Nach einer Entscheidung des BGH ist es ebenfalls möglich, einen Anspruch nach § 528 BGB auch noch nach dem Tod des Übergebers überzuleiten.[82]

#### b) Überleitung von Ansprüchen bei Anwendung der landesrechtlichen Vorschriften

56 Die schon zitierten besonderen landesrechtlichen Vorschriften (Art. 96 EGBGB) sehen u.a. vor, dass bei Wegfall von Dienstleistungen oder Nutzungsrechten, die zugunsten des Übergebers vereinbart waren, finanzielle Ersatzansprüche treten, die grundsätzlich übergeleitet werden können, §§ 93, 94 SGB XII in Verbindung mit den jeweiligen landesrechtlichen Vorschriften. Dies gilt bspw. dann, wenn der Übergeber das ihm vorbehaltene Wohnungsrecht aus besonderen Gründen nicht mehr ausüben kann.[83] Hier tritt an die Stelle des Wohnungsrechts bzw. sonstiger Dienstleistungen ein Anspruch auf Gewährung einer Geldrente, der nunmehr überleitungsfähig ist.[84]

---

[77] Es würde den Rahmen dieser Darstellung sprengen, an dieser Stelle einen umfassenden Überblick über die sozialrechtlichen Folgen einer Übergabe zu geben. Die nachfolgenden Ausführungen stellen lediglich einen Problemabriss dar, um das Problembewusstsein zu schärfen. Einen Anspruch auf Vollständigkeit erhebt die Darstellung nicht.

[78] *Gitter*, DNotZ 1984, 595, 602.

[79] *J. Mayer*, Der Übergabevertrag, § 1 Rn 33.

[80] *Ruby*, ZEV 2005, 102.

[81] BGH ZEV 2005, 121.

[82] BGH NJW 1995, 2287.

[83] Anerkannt sind hier die Krankheit und daraus folgende Aufnahme in ein Heim oder eine Pflegeanstalt, *Karpen*, MittRhNotK 1988, 131, 144.

[84] Art. 18 BayAGBGBG lautet:
„Muss der Berechtigte aus besonderen Gründen das Grundstück auf Dauer verlassen, so hat der Verpflichtete ihm für die Befreiung von der Pflicht zur Gewährung der Wohnung und zu Dienstleistungen eine Geldrente zu zahlen, die dem Wert der Befreiung nach billigem Ermessen entspricht. Für andere Leistungen, die für den Berechtigten wegen seiner Abwesenheit vom Grundstück ohne Interesse sind, hat der Verpflichtete den Wert zu vergüten, den sie für den Berechtigten auf dem Grundstück haben."
Die Ausführungsgesetze der anderen Länder enthalten zumeist vergleichbare Bestimmungen; *Schwarz*, ZEV 1997, 309.

Die sozialhilferechtliche Literatur geht, ohne dies näher zu problematisieren, davon aus, dass sich die Ansprüche auf Dienst- und Sachleistungen bei einer Überleitung auf den Sozialhilfeträger nach § 93 SGB XII ohne weiteres in einen Geldzahlungsanspruch umwandeln.[85] Diese so genannte **Geldersatzrente** soll sich in ihrer Höhe zunächst nach dem Wert der Befreiung, den der Übernehmer durch das Erlöschen der Primärleistungspflicht erlangt, bestimmen.[86] Die Bedarfsdeckung des Übergebers ist hier also nicht das entscheidende Kriterium, vielmehr bleibt es grundsätzlich bei dem Satz „pacta sunt servanda", auch für den Sozialhilfeträger.

Im Rahmen der Überleitung stellt das „billige Ermessen"[87] für den Träger der Sozialhilfe allerdings ein mögliches Korrektiv im Zusammenhang mit der Geltendmachung einer Geldersatzrente dar. Der Übergeber bzw. nach Überleitung der Träger der Sozialhilfe kann also nicht grundsätzlich und zwingend die durch die Heimunterbringung, Versorgung und stationäre Pflege anfallenden Kosten ersetzt verlangen.[88] Haben die Parteien die Verpflichtung zur Zahlung einer Geldrente **vertraglich ausgeschlossen**, dann scheitert nach Ansicht der Literatur die Überleitung.[89]

### c) Überleitung von Ansprüchen beim „einfachen" Versorgungsvertrag bzw. bei Abbedingung der landesrechtlichen Vorschriften

Beim „einfachen" Versorgungsvertrag, bei dem die Rechtsfolgen von Leistungsstörungen nicht durch die besonderen landesrechtlichen Vorschriften bestimmt werden, weil die Übergabe mit einer dauerhaften Existenzsicherung nicht verbunden ist, bleibt es ohne die vorbezeichneten Spezialregelungen regelmäßig bei der Anwendung der §§ 93, 94 SGB XII in Verbindung mit den Grundsätzen der Störung der Geschäftsgrundlage (§ 313 BGB) und § 242 BGB, durch welchen eine Anpassung der vertraglich zugesagten Versorgungsrechte an die geänderten Umstände möglich ist.[90] An die Stelle von Nutzungsrechten oder Dienstleistungen tritt demgemäß eine Geldrente. Die Rechtsprechung greift hier zur Vereinfachung mitunter auf die landesrechtlichen Leibgedingvorschriften zurück, so dass die dort niedergelegten Grundsätze Maßstab dafür sein sollen, wann eine wesentliche Veränderung der Leistungspflichten eintritt und welche Rechtsfolgen hieraus entstehen.[91] Hierüber wird eine gewisse Angleichung erreicht.

---

85 *Germer*, BWNotZ 1983, 73, 76. Hiergegen mit beachtlichen Gründen *Krauß*, MittBayNot 1992, 77, 101.
86 *Büllesbach*, zfs/SBG 1987, 344, 346 f.; BGH NJW 1995, 2790.
87 Wegen der Modifikation des objektiven Verkehrswerts durch billiges Ermessen können allgemein gültige Bewertungskriterien kaum erstellt werden, *Karpen*, MittRhNotK 1988, 131, 144 mit weiteren Einzelheiten zur Berechnung und *Schwarz*, ZEV 1997, 309, 315. Die Gerichte stellen für das entfallene Wohnungsrecht auf die erzielbare Nettomiete und für die Pflegeverpflichtung auf den täglichen Zeitaufwand bei einem Stundensatz von ca. 8 bis 10 DM ab, LG Duisburg NJW-RR 1987, 1349 (dies entspricht ca. 4,09 EUR bis 5,11 EUR sowie *Karpen*, MittRhNotK 1988, 131, 144 mit weiteren Rechtsprechungsnachweisen.
88 BayObLGZ 1974, 386, 392.
89 *Schwarz*, ZEV 1997, 309, 315.
90 BGH NJW-RR 1989, 451; OLG Düsseldorf NJW-RR 1988, 326; *Schwarz*, ZEV 1997, 309, 315; BGH ZEV 2001, 30.
91 OLG Düsseldorf NJW-RR 1988, 326, 327; OLG Düsseldorf NJW-RR 1994, 201; nicht unbestritten. Die Literatur (z.B. *Weyland*, MittRhNotK 1997, 55, 68 f.) will bei Nichterfüllung der Pflegeverpflichtungen infolge einer Heimunterbringung des Altenteilers die Vorschriften der §§ 323, 325, 326 BGB anwenden.

### d) Ausschluss der Überleitung bei Ruhen der Übernehmerpflichten?

60 Wie sich die Vereinbarung eines Ruhens der Verpflichtungen aus dem Versorgungsvertrag, z.B. bei Heimunterbringung, auf die Leistungspflicht des Sozialhilfeträgers auswirkt, ist höchstrichterlich noch nicht endgültig geklärt. Demgemäß ist es nicht sicher, ob der Subsidiaritätsgrundsatz des SGB XII in diesen Fällen zurücktritt und (ergänzend) der Träger der Sozialhilfe für überschießende Kosten aufkommen muss. Eine solche unstreitig im Verhältnis zwischen den Parteien mögliche Klausel dürfte in der Regel (zumindest auch) dem Zweck dienen, die Überleitung eines Zahlungsanspruchs nach § 93 SGB XII auszuschließen und könnte, da dies ausschließlich zu Lasten der Allgemeinheit gehen würde, gegen § 138 BGB verstoßen.[92] Ausschlussklauseln, die einzig und allein darauf abzielen, dass die Leistungspflicht dann ausgeschlossen sein soll, wenn der Übergeber Leistungen durch den Sozialhilfeträger bezieht oder sich in einem Alten- und Pflegeheim befindet, verstoßen in jedem Falle gegen das Nachrangprinzip der Sozialhilfe.[93]

Es empfiehlt sich daher, um im Einzelfall die nahe liegende Vermutung einer Schädigungsabsicht zu entkräften, dass bereits im Versorgungsvertrag selbst die Gründe aufgenommen werden, die im konkreten Einzelfall das anerkennenswerte Interesse der Beteiligten an der getroffenen Regelung zum Ausdruck bringen.[94]

### e) Überleitung vertraglich vereinbarter Rückforderungsrechte

61 Wie vorstehend bereits dargelegt, werden zur Absicherung des Übergebers sehr häufig Rückforderungsrechte vertraglich eingeräumt. Hierbei handelt es sich in der Regel nicht um höchstpersönliche Ansprüche. Sie können daher, da sie nicht höchstpersönlicher Natur sind, gepfändet werden.[95]

## 2. Übergabevertrag und Kürzung sozialrechtlicher Bezüge

62 Aufgrund der unüberschaubaren Gesetzesmaterie und der ständigen Änderungen kann hier nur ein Problemabriss gegeben werden, um das Problembewusstsein zu schärfen.[96] Den Anspruch einer vollständigen Darstellung erhebt Nachfolgendes nicht.

63 Haben der Übergeber und sein Ehegatte Versorgungsrechte/Gegenleistungen durch Übergabevertrag vereinbart, drohen unter Umständen folgende Leistungseinschränkungen:
– Der Anspruch auf Leistungen nach dem SGB XII in Bezug auf die **Hilfe zur Pflege**, §§ 61 ff. GB XII ist gegenüber den im Einzelfall betroffenen vertraglichen Vereinbarungen nachrangig, so dass es hier zum Wegfall oder zu einer umfangreichen Kürzung von Sozialhilfeleistungen kommen kann, Subsidiaritätsprinzip, § 2 Abs. 1 SGB XII.[97]
– Wegfall der **unentgeltlichen Mitversicherung** des Ehegatten in der gesetzlichen Krankenversicherung, wenn für diesen größere Versorgungsleistungen in der Übergabe vereinbart werden (§ 10 Abs. 1 Nr. 5 SGB V; sein monatliches regelmäßiges Gesamteinkommen darf 1/7 der jeweiligen monatlichen Bezugsgröße nicht übersteigen).
– Evtl. Auswirkungen auf die Befreiung von der Rezeptgebühr.

---

92 *Schwarz*, ZEV 1997, 309 zum Ganzen, insbesondere zum Meinungsstand in der Literatur.
93 *Krauß*, MittBayNot 1992, 77, 101.
94 *Krauß*, MittBayNot 1992, 77, 101.
95 BGH NJW 03, 1858.
96 Sehr ausführlich hierzu *Gitter*, DNotZ 1984, 595; *J. Mayer*, ZEV 1997, 176; ZEV 1995, 269.
97 Näheres hierzu bei *J. Mayer*, § 2 Rn 190 ff.

– Bei Kriegsbeschädigten kommt eine Anrechnung der vertraglich vereinbarten Gegenleistung bei Bezug der höheren Ausgleichsrente in Betracht, nicht aber bei der einfachen Grundrente. Gleiches gilt bei der Witwenrente.

## VI. Schwäche des unentgeltlichen Erwerbs

### 1. Allgemeines

Vertragliche Regelungen im Rahmen der vorweggenommenen Erbfolge haben häufig Schenkungscharakter. Je nach Art und Umfang der vom Übernehmer geschuldeten Gegenleistungen überwiegt der unentgeltliche oder der entgeltliche Teil des Geschäfts. Liegt demgemäß eine Schenkung, gemischte Schenkung oder Schenkung unter einer Auflage vor, so haften dem Erwerb des Übernehmers die typischen Schwächen der Unentgeltlichkeit an.

Bei Verarmung des Schenkers ist er dem Schenkungswiderruf ausgesetzt, § 528 BGB. Weiterhin haftet er beim Tode des Übergebers unter Umständen auf Pflichtteilsergänzung (§§ 2325, 2329 BGB). Pflichtteilsergänzungsansprüche spielen, bei der Gestaltung von Übergabeverträgen immer noch eine wichtige Rolle. Die §§ 2325 ff. BGB korrigieren nach dem Tod des Übergebers zugunsten der übergangenen Pflichtteilsberechtigten Vermögensverschiebungen, indem sie über die Bildung eines so genannten fiktiven Nachlasses die verschenkten Vermögenswerte als nach wie vor zum Nachlass zugehörig betrachten, soweit die Schenkung innerhalb der regelmäßig (nicht bei Ehegatten; § 2325 Abs. 3 BGB) zu beachtenden Zehnjahresfrist des § 2325 Abs. 3 BGB getätigt wurde.[98] Hierbei ist jedoch zu beachten, dass die Schenkung lediglich dann, wenn sie innerhalb des ersten Jahres vor dem Erbfall erfolgt ist, in vollem Umfang zu berücksichtigen ist, und innerhalb jedes weiteren Jahres um jeweils ein Zehntel weniger Berücksichtigung findet. Auch gemischte Schenkungen und Schenkungen unter Auflage sind dem fiktiven Nachlass hinzuzurechnen, wobei Gegenleistungen wertmäßig regelmäßig entgegengesetzt werden können. Auch die so genannten ehebedingten Zuwendungen sind erbrechtlich (im Gegensatz zum Familienrecht) grundsätzlich als Schenkungen zu betrachten, so dass auch sie Pflichtteilsergänzungsansprüche auslösen können.[99] Will der Übergeber sichergehen, dass Pflichtteilsergänzungsansprüche nicht eingefordert werden können, bleibt ihm nur die Abforderung eines Pflichtteilsverzichts von den übrigen Pflichtteilsberechtigten (vgl. zum Pflichtteilsrecht § 17).

Schließlich sind hier auch die Vorschriften der §§ 2287, 2288 BGB zu nennen, die bei beeinträchtigenden Schenkungen dem Vertragserben oder dem Vermächtnisnehmer (analoge Anwendung beim gemeinschaftlichen Testament)[100] einen Herausgabe-, Verschaffungs- und Wertersatzanspruch hinsichtlich des unentgeltlich Zugewandten gewähren.

### 2. Vertragsgestaltung und Unentgeltlichkeit

#### a) Allgemeines

Bei der Gestaltung von Übergabeverträgen steht die **Versorgung des Übergebers** durch den Übernehmer häufig im Vordergrund. Durch die Vereinbarung von Gegenleistungen, die die Versorgung des Übergebers sicherstellen sollen, wird der Wert der Übergabeleistung

---

98 Für den Fristbeginn sind im Übrigen die Entscheidungen des BGH in BGHZ 102, 289 und BGH NJW 1994, 1791 relevant.
99 BGHZ 116, 167; Darstellung der Ausnahmen bei *Kerscher/Riedel/Lenz*, § 9 Rn 43 ff.
100 BGHZ 280, 274; Palandt/*Edenhofer*, § 2287 BGB Rn 3.

in aller Regel reduziert.[101] Allerdings ist nicht jede Gegenleistung des Übernehmers geeignet, den Übergabewert herabzusetzen, um die häufig unerwünschten Folgen des unentgeltlichen Erwerbs, wie beispielsweise das Rückforderungsrecht des Schenkers im Falle seiner Verarmung, zu umgehen. Eine solche Minderung können jedoch Leistungen erreichen, die demselben Interesse wie der Rückforderungsgrund des § 528 BGB dienen, so z.B. die Verhinderung des Notbedarfs des Schenkers.[102] So kann also ein Pflichtteilsverzicht des Übernehmers den Wert der Zuwendung nicht mindern, während z.B. Dienst- und Pflegeleistungen dazu im Stande sind.[103] Solche Gegenleistungen sind, schon zum Zwecke des Nachweises, in der notariellen Urkunde mitaufzunehmen, um sicherzustellen, dass eine Reduzierung tatsächlich durchsetzbar, die Motivation der Gegenleistung sichtbar wird.

67 Dennoch wird es für die Parteien des Übergabevertrags häufig schwer bleiben, den tatsächlichen Wert des Übergabegegenstandes und der Gegenleistung zu bestimmen, um definitiv zu überblicken, ob dem Vertrag ein unentgeltliches Element innewohnt. Es ist daher unter Umständen anzuraten, den Wert von Betrieben, landwirtschaftlichen Anwesen und auch bloßen Grundstücken vorab durch einen Gutachter schätzen zu lassen, um eine abschließende Willensbildung im Hinblick auf die Entgeltlichkeit, Unentgeltlichkeit oder vor allem Teilentgeltlichkeit zu erreichen. Gerade bei der Entwicklung von Vermeidungsstrategien, d.h. bei der gestalterischen Vorsorge zur Vermeidung der Inanspruchnahme des Übernehmers aufgrund der Vorschriften der §§ 2325, 2329, 2287, 2288 BGB ist es häufig unabdingbar, von einer sicheren Werteinschätzung des Übergabeobjekts auszugehen, um durch die gezielte Vereinbarung von (entgeltlichen) Gegenleistungen wie Rente, Abstands-/Gleichstellungsgeld, Pflege, Dienstleistungen sowie Nutzungsvorbehalten den Übergabewert zu reduzieren.

b) Bezeichnung als „Schenkung"

68 Man sollte sich davor hüten, vorschnell eine Übergabe als „Schenkung" zu bezeichnen. Zwar kann die Bezeichnung als solche grundsätzlich an den Wertverhältnissen nichts ändern. Jedoch kann in Grenz- und Zweifelsfällen unter Umständen allein die Bezeichnung Indizcharakter haben und möglicherweise die Einordnung des Rechtsgeschäfts entscheidend beeinflussen, so dass beispielsweise dem Sozialhilfeträger die Argumentation für eine Überleitung von Ansprüchen geradezu in die Hand gespielt wird.[104] Denn mit einer ungeschickten Formulierung dürfte zumindest eine Beweislastumkehr verbunden sein.[105]

69 Dies gilt nach der Rechtsprechung des Bayerischen Obersten Landesgerichts ganz besonders für bäuerliche Hofübergaben. Hier ist nämlich per se mit der Annahme einer Schenkung Zurückhaltung geboten. Entschieden wurde dies für die Fälle des Schenkungswiderrufs wegen groben Undanks, der nur dann in Betracht kommen soll, wenn unter Berücksichtigung des von den Vertragsteilen gewollten Zwecks bei einem Vergleich des Wertes des übergebenen Anwesens mit dem Wert der Gegenleistungen das Merkmal der Unentgeltlichkeit „überwiegt".[106]

---

101 Bei der Schenkung unter Auflage vertritt eine Meinung in der Literatur, dass sich die Auflage nicht wertmindernd auswirkt, Staudinger/Olshausen, § 2325 BGB Rn 18.
102 Kerscher/Krug, § 8 Rn 738; J. Mayer, DNotZ 1996, 604, 616.
103 LG Münster NJW 1984, 1188, 1189.
104 J. Mayer, DNotZ 1996, 604, 616.
105 J. Mayer, § 1 Rn 68.
106 BayObLGZ 1995, 186; BayObLGZ 1996, 20.

## 3. Bezeichnung als „Ausstattung"

Bei der Ausstattung handelt es sich um eine objektiv unentgeltliche Zuwendung. Nach dem Wortlaut des § 1624 Abs. 1 BGB ist eine Ausstattung immer dann Schenkung, soweit sie das den Umständen, insbesondere den Vermögensverhältnissen der Eltern, entsprechende Maß übersteigt. Die Ausstattung dient sowohl der Existenzgründung als auch der Existenzsicherung des bzw. der Abkömmlinge.[107] Weiteres Kennzeichen, dass eine Ausstattung vorliegt ist die Tatsache, dass die Verheiratung oder die Erlangung einer selbstständigen Lebensstellung in Aussicht steht. Im Übrigen muss die Zuwendung in Ausstattungsabsicht erfolgen. Handelt es sich um eine Übermaßausstattung und damit eine Schenkung, hat dies zur Folge, dass sie gem. § 528 BGB zurückgefordert werden kann. Dies bedeutet jedoch nicht, dass bei jeder Übermaßausstattung zwingend eine Schenkung vorliegt; vielmehr müssen die allgemeinen Voraussetzungen für eine Schenkung in objektiver und subjektiver Hinsicht vorliegen.[108]

## 4. Bezeichnung als „Anstandsschenkung"

Auch die Titulierung der Zuwendung als „Anstandsschenkung" bringt in der Sache nicht weiter. Ob eine solche vorliegt, beurteilt sich immer nach materiellem Recht. Nur dann ist auch ein Widerruf der Schenkung bei Verarmung des Schenkers gem. § 528 BGB ausgeschlossen; damit auch eine Überleitung von Rückforderungsansprüchen. Anstandschenkungen sind kleinere Zuwendungen wie übliche Gelegenheitsgaben zu bestimmten Anlässen, wobei die örtliche und gesellschaftliche Verkehrssitte eine Rolle spielt.[109] Umfasst sind hiervon Weihnachts- und Geburtstagsgeschenke in angemessenem Rahmen, wobei Letzterer durch eine normative Einzelfallbetrachtung zu bestimmen ist.[110]

Als Anstandsschenkungen gelten auch solche Schenkungen, die einer sittlichen Pflicht entsprechen. Diese sind mit der Folge, dass sie nicht zurückgefordert werden können, dann geboten, wenn ihr Unterlassen dem Schenkenden als Verletzung der für ihn bestehenden sittlichen Pflicht zur Last zu legen wäre;[111] gerade in diesem Zusammenhang ist zu beachten, dass wiederum auch eine sittliche Pflicht dagegen stehen kann, wie z.B. diejenige, den Pflichtteil eines Abkömmlings nicht durch rechtlich noch zulässige Maßnahmen auszuhöhlen, mit der Folge, dass die Zuwendung nicht als sittlich geboten anzusehen ist. Es ist also eine Interessenabwägung im Einzelfall vorzunehmen.[112] Grundsätzlich ist festzuhalten, dass sich der BGH bei der Annahme von Anstandsschenkungen sehr bedeckt hält,[113] sodass generell zur Vorsicht zu raten ist.

## VII. Steuerrechtliche Aspekte

### 1. Allgemeines

Es würde den Rahmen dieser Darstellung sprengen, an dieser Stelle einen umfassenden Überblick über die steuerrechtlichen Folgen einer Übergabe zu geben. Die hauptsächliche

---

107 Staudinger/*Coester* § 1624 BGB Rn 1.
108 *Schwarz*, JZ 1997, 545, 547.
109 BGH NJW 81, 111.
110 MüKo-*J. Koch*, § 534 BGB Rn 4.
111 BGH NJW 1984, 2939.
112 BGHZ 88, 102.
113 So z.B. BGH NJW 1986, 1926, 1927.

Verzahnung zwischen Zivil- und Steuerrecht liegt hier auf den Gebieten der **Einkommensteuer**, der **Erbschafts- und Schenkungssteuer** sowie der **Grunderwerbsteuer**. Die nachfolgenden Ausführungen stellen einen Problemabriss dar, um das Problembewusstsein zu schärfen. Den Anspruch einer vollständigen Darstellung erhebt Nachfolgendes nicht.

### 2. Einkommensteuerrecht

74 Im Hinblick auf eine Vermögensübergabe gegen Versorgungsleistungen hat der Bundesminister der Finanzen zur Frage der einkommensteuerrechtlichen Behandlung zunächst zwei Steuererlasse herausgegeben:
- BMF-Schreiben vom 13.1.1993 betreffend die ertragsteuerliche Behandlung der vorweggenommenen Erbfolge,[114]
- BMF-Schreiben vom 23.12.1996 betreffend die einkommensteuerrechtliche Behandlung von wiederkehrenden Leistungen im Zusammenhang mit der Übertragung von Privat- und Betriebsvermögen (Rentenerlass).[115]

Für die Behandlung der vorweggenommenen Erbfolge ist zunächst das Schreiben des Bundesministeriums der Finanzen vom 13.1.1993 in einkommensteuerrechtlicher Hinsicht zu beachten. Hiernach ist grundsätzlich zwischen Übertragung von Privat- und Betriebsvermögen zu unterscheiden, wobei bei letzterem insbesondere zwischen unentgeltlicher bzw. teilentgeltlicher Übertragung unterschieden wird.[116]

Die Kehrseite des Versuchs, Pflichtteilsergänzungsansprüche ebenso wie übergeleitete Ansprüche des Sozialhilfeträgers bspw. nach § 528 BGB durch entgeltliche Gestaltungen zu vermeiden, kann dazu führen, dass die Entgeltlichkeit zu Anschaffungskosten bzw. Veräußerungserlösen führt, was bei der Übergabe von Betriebsvermögen zur Folge hat, dass stille Reserven aufgedeckt werden und somit hohe steuerliche Belastungen entstehen können. Vorsicht ist in diesem Zusammenhang auch bei so genannten Gleichstellungsgeldern zur Abfindung weichender Erben geboten.[117] Die Gleichstellungsgelder werden als Veräußerungsentgelte angesehen, so dass es hier u.U. einer weit reichenden vorausschauenden Vermögens- und Nachlassplanung bedarf. Lediglich bei typischen Leibgedingleistungen kann die einkommensteuerliche Seite als grundsätzlich risikoarm bezeichnet werden.

75 Die **Zurückbehaltung von Betriebsvermögen** oder Teilen hiervon ist als Entnahme zu qualifizieren, so dass gem. § 34 EStG keine Tarifvergünstigung gegeben ist. Gleiches kann u.U. gelten, wenn für den Übergeber ein Nießbrauch an einzelnen Teilen des Betriebsvermögens bestellt wird. Meistens wird es sich in diesen Fällen aber nur um eine Entnahme der laufenden Nutzungen handeln. Bei derartigen Konstruktionen ist demgemäß Vorsicht geboten.[118]

76 Bei der **Betriebsaufgabe im Ganzen** besteht ein einmalig zu nutzender Freibetrag in Höhe von 51.200 EUR, wobei eine Herabsetzung bei Aufgabegewinnen von mehr als 154.000 EUR vorgesehen ist. Aufgabegewinne, die über den Freibetrag hinausgehen und 5 Mio. EUR nicht übersteigen, werden mit dem halben Steuersatz besteuert, sofern der Unternehmer das 55. Lebensjahr vollendet hat oder dauernd berufsunfähig ist und die vorbezeichnete Vergünstigung noch nicht in Anspruch genommen hat.

---

114 BStBl I 1993, 80.
115 BStBl II 1996, 847.
116 BStBl I 1993, 80.
117 *J. Mayer*, § 1 Rn 51.
118 *Spiegelberger*, Vermögensnachfolge, Rn 113 ff.

Zu beachten ist im Übrigen eine evt. Einkommensteuerschuld aus einem **Spekulationsgeschäft**, § 23 Abs. 1 Nr. 1 EStG.

77

Die Spekulationsfrist wurde durch das Steuerentlastungsgesetz 1999/2000/2002 von zwei auf zehn Jahre verlängert. § 23 Abs. 1 Nr. 3 EStG ordnet eine Rechtsnachfolge bei unentgeltlichen Rechtsgeschäften an, was bedeutet, dass dem Übernehmer die Anschaffung durch den Rechtsvorgänger zugerechnet wird, wenn diese innerhalb der Zehn-Jahres-Frist liegt. Allerdings sei auf die in § 23 Abs. 1 Nr. 3 EStG geregelten Ausnahmen hingewiesen. Danach kann eine Steuerpflicht vermieden werden, wenn der Steuerpflichtige das Objekt im Jahr der Veräußerung und in den beiden vorangegangenen Jahren zu eigenen Wohnzwecken nutzt.

Die **Übertragung eines Privatgrundstücks** im Wege der vorweggenommenen Erbfolge führt hinsichtlich zu leistender Ausgleichs- und Abstandszahlungen sowie in Bezug auf zu übernehmende Verbindlichkeiten zu einem entgeltlichen Übertragungsvorgang. Dem Grundstücksübernehmer entstehen insoweit **Anschaffungskosten**, die im Bereich der Vermietung zur AfA führen.[119] Dagegen führen private Versorgungsleistungen, d.h. dauernde Lasten oder Versorgungsrenten, da es sich nicht um Veräußerungsentgelte handelt, nicht zu Anschaffungskosten.[120]

78

Erfolgt die Vermögensübergabe gegen Versorgungsleistungen, so findet sich nunmehr durch das Jahressteuergesetz 2008 eine gesetzliche Regelung. Demgemäß können dauernde Lasten als Aufwendungen in Abzug gebracht werden, wenn folgende Voraussetzungen vorliegen:
– Es handelt sich überhaupt um Versorgungsleistungen. Handelt es sich um ein vollentgeltliches Geschäft ist dieses ohnehin nicht erfasst.[121]
– Vereinbart wurden lebenslange und wiederkehrende Leistungen.[122]
– Es besteht ein besonderer Verpflichtungsgrund.
– Es besteht kein Zusammenhang mit Einkünften, die bei der Veranlagung außer Betracht bleiben.
– Es besteht eine unbeschränkte Einkommensteuerpflicht des Empfängers. Das Vorliegen dieser Voraussetzung sichert die Korrespondenz zwischen Sonderausgabenabzug beim Leistenden und Versteuerung beim Leistungsempfänger gemäß der Vorschrift des § 22 Nr. 1b EStG.

79

Gemäß den gesetzlichen Bestimmungen können Gegenstand einer Vermögensübergabe gegen Versorgungsleistungen nur folgende Wirtschaftseinheiten sein:
– Mitunternehmeranteile an land-/forstwirtschaftlich, gewerblich oder selbstständig i.S.d. § 18 EStG tätigen Personengesellschaften
– Betriebe und Teilbetriebe
– GmbH-Anteile in Höhe von mindestens 50 % unter der Voraussetzung, dass der Übergeber als Geschäftsführer tätig war und der Übernehmer diese Tätigkeit nach der Übertragung übernimmt.

Dies bedeutet, dass andere Wirtschaftseinheiten, d.h. Immobilien oder Wertpapiervermögen nunmehr nicht mehr begünstigt sind. Werden diese gegen Zahlung einer Rente übertragen, können die geleisteten Rentenzahlungen somit nicht mehr als Sonderausgaben in Abzug gebracht werden.

---

119 *Langenfeld/Günther*, 2. Kap. § 2 Rn 159.
120 BMF-Schreiben v. 13.1.1993, Tz. 4,25.
121 BMF-Schreiben vom 16.9.2004, Rn 4, 5.
122 BMF Schreiben vom 16.9.2004, Rn 34.

Handelt es sich um begünstigtes Vermögen (Mitunternehmeranteile etc.), kann der Übernehmer die Versorgungsleistungen stets in voller Höhe als Sonderausgaben abziehen. Aus Vereinfachungsgründen wurde die Unterscheidung zwischen Renten und dauernden Lasten aufgehoben.

Die vorstehende Neuregelung ist gemäß § 52 Abs. 23a EStG auf alle Versorgungsleistungen anzuwenden, die auf einer Vermögensübertragung ab dem Jahre 2008 beruhen.

Für Altverträge gilt die bisherige Rechtslage zeitlich unbeschränkt. Danach gilt:

Nach dem BMF-Schreiben vom 23.12.1996[123] konnte es sich bei **wiederkehrenden Leistungen**, die im Zusammenhang mit einer Vermögensübertragung vereinbart werden, um Versorgungsleistungen, Unterhaltsleistungen oder wiederkehrende Leistungen im Austausch mit einer Gegenleistung handeln.[124]

Gestalterisch besonders interessant waren **Versorgungsleistungen**, die der Übernehmer gegenüber dem Übergeber zu erbringen hatte, insbesondere die Vereinbarung einer **Leibrente** oder einer **dauernden Last**. Beim Übernehmer waren sie mit dem Ertragsanteil (Leibrente) beziehungsweise in vollem Umfang (dauernde Last) als Sonderausgaben, § 10 Abs. 1 Nr. 1a EStG, abziehbar.[125] Ein Abzug als Sonderausgabe, unabhängig davon, ob es sich um eine dauernde Last oder um eine Leibrente handelte, war dann nicht möglich, wenn Abweichungen vom Vereinbarten bei der tatsächlichen Durchführung des Übergabevertrags auf ein Fehlen des erforderlichen Rechtsbindungswillens schließen ließ.[126] Wurde im Übergabevertrag eine Wertsicherungsklausel vereinbart und machten die Parteien von dieser keinen Gebrauch, hieß dies nicht zwingend, dass ein Rechtsbindungswille fehlte.[127] Der Empfänger (Übergeber) hatte die Versorgungsleistungen allerdings als sonstige Einkünfte gem. § 22 Nr. 1 EStG mit dem Ertragsanteil bzw. in vollem Umfang zu versteuern. Die Vereinbarung einer dauernden Last bot sich an, wenn der Übergeber eine geringe oder keine Steuerbelastung, der Übernehmer hingegen eine sehr hohe Steuerbelastung hatte. Umgekehrt war die Vereinbarung einer (Leib-)Rente sinnvoll, wenn der Übergeber ein hohes Einkommen hatte. Hier führte die Versteuerung lediglich des Ertragsanteiles zu außerordentlich günstigen einkommensteuerlichen Konstellationen. Wurde zunächst eine Leibrente vereinbart, konnte im Nachhinein mit Wirkung für die Zukunft die Abänderbarkeit der Leistungen, und damit eine dauernde Last vereinbart werden.[128]

Versorgungsleistungen im betrieblichen Bereich werden als privat veranlasste, jedoch als Sonderausgaben nach § 10 Abs. 1 Nr. 1a EStG abziehbare bzw. vom Empfänger als sonstige Einkünfte, § 22 Nr. 1 EStG, zu versteuernde wiederkehrende Leistungen behandelt.[129]

---

123 Es sei darauf hingewiesen, dass sich die Verwaltungsauffassung durch den zweiten Rentenerlass v. 26.8.2002 bzw. durch den dritten Rentenerlass v. 16.9.2004 teilweise überholt hat. Da jedoch der 3. Rentenerlass v. 16.9.2004 u.a. auf „Typus 1" und „Typus 2" Bezug nimmt, wurde auch der Inhalt der beiden vorhergehenden Rentenerlasse kurz dargestellt.
124 Tz. 1 des BMF-Schreibens v. 23.12.1996, BStBl I 1996, 847.
125 BFH, Beschluss des großen Senats v. 5.7.1990, BStBl II 1990, 847; *Geck*, ZEV 2000, 136 ff.
126 BFH ZEV 2004, 250.
127 BFH ZEV 2004, 250.
128 BFH Zerb 2004, 326.
129 *Langenfeld/Günther*, 2. Kap. § 2 Rn 176; *Lieber/Steffens*, ZEV 2000, 132 ff.; siehe hierzu auch FG Düsseldorf DStR 2000, 230 ff.

## 3. Erbschafts- und Schenkungssteuerrecht, Grunderwerbsteuerrecht

### a) Erbschaft- und Schenkungssteuer

Im Erbschaft- und Schenkungsteuerrecht kommt, ebenso wie beim Grunderwerbsteuerrecht,[130] dem Verwandtschaftsgrad besondere Bedeutung zu. Von dem Verwandtschaftsverhältnis hängt es ab, wie hoch letztlich die Steuerbelastung ist.

Demgemäß stellt die Einbeziehung der verwandtschaftlichen Beziehung, ggf. auch deren Herstellung durch Adoption,[131] ein Instrument zur Steuerersparnis dar.

Wie bereits dargestellt, sind schenkungsteuerpflichtig u.a. **Schenkungen unter Lebenden**. Hierunter fallen insbesondere freigiebige Zuwendungen unter Lebenden, soweit bei dem Bedachten eine Bereicherung eintritt, § 7 Abs. 1 ErbStG. Während die Parteien sich materiellrechtlich subjektiv über den Schenkungscharakter einig sein müssen, reicht es im Steuerrecht, dass der Übergeber einen **Bereicherungswillen** zugunsten des Übernehmers hat, wobei bereits das entsprechende Bewusstsein genügt.[132]

Auch **ehebedingte Zuwendungen** sieht der BFH[133] grundsätzlich als schenkungsteuerrechtlich relevant an. Im Einzelnen ist die Steuerpflicht nach den allgemeinen Voraussetzungen des § 7 Abs. 1 Nr. 1 ErbStG zu beurteilen. Für die Steuerpflicht ist die objektive Unentgeltlichkeit der Leistung erforderlich. Diese ist nicht allein deswegen abzulehnen, weil der Zuwendung besondere ehebezogene Motive zugrunde liegen. Die vorbezeichnete Rechtsprechung wird seitens der Finanzverwaltung mit der Maßgabe angewandt, dass unbenannte Zuwendungen, die mit dem Erwerb eines Familienwohnheims im Zusammenhang stehen, nicht steuerbar sind. Voraussetzung ist jedoch, dass die Zuwendung vor dem 31.5.1994 erfolgte. Der Gesetzgeber wiederum hat die alte Rechtslage wieder hergestellt, in dem er Zuwendungen unter Ehegatten im Zusammenhang mit einem Familienwohnheim steuerfrei gestellt hat (§ 13 Abs. 1 Nr. 4a ErbStG). Diese Steuerbefreiung gilt für Erwerbe, für die eine Steuer nach dem 30.5.1994 entstanden ist.

Die Schenkungsteuer entsteht nach § 9 Abs. 1 Nr. 2 ErbStG mit dem Zeitpunkt der Ausführung der Zuwendung. Ausführung der Schenkung eines Grundstücks bedeutet Einigung über den Eigentumsübergang und Bewilligung der Eintragung der Rechtsänderung im Grundbuch. Der Antrag auf Eintragung im Grundbuch braucht seitens des Beschenkten noch nicht gestellt zu sein. Die Umschreibung im Grundbuch muss jedoch zwingend nachfolgen. Grundbesitz ist, wie sich aus den vorstehenden Ausführungen ergibt, mit dem gemeinen Wert anzusetzen, der auf den Zeitpunkt der Entstehung der Steuer festgestellt wird, § 12 Abs. 3 ErbStG.

Die Vorschrift des § 25 ErbStG ist im Rahmen der Erbschaftsteuerreform in Wegfall geraten. Dies bedeutet, dass sowohl Leistungsauflagen (Rentenleistungen) als auch Nutzungs- oder Duldungsauflagen (Wohnungsrecht, Nießbrauch) nunmehr vom Steuerwert direkt in Abzug zu bringen sind und nicht mehr lediglich zu einer Stundung der zu zahlenden Schenkungsteuer führen, sofern es sich um eine Nutzungsauflage zugunsten des Schenkers oder seines Ehegatten handelt. Somit wird nicht mehr unterschieden, ob eine Schenkung unter einer Nutzungsauflage zugunsten des Schenkers, seines Ehegatten oder eines Dritten erfolgt.

---

130 Ausführliche Zusammenstellung aller steuerrechtlichen Fragen in *Langenfeld/Günther*, 2. Kap. § 1 Rn 38 ff.
131 *J. Mayer*, § 1 Rn 53, der jedoch darauf hinweist, dass bei Aufdeckung der Motivation das Vormundschaftsgericht eine Adoption ablehnen wird.
132 *Langenfeld/Günther*, 2. Kap. § 1 Rn 38.
133 BStBl II 1994, 366.

Auch Rentenleistungen sind sofort in Abzug zu bringen. Die Grundsätze, die für die gemischte Schenkung entwickelt worden sind, sind nicht mehr anzuwenden.[134]

### b) Grunderwerbsteuer

86 Die Schenkung eines Grundstücks unter Lebenden ist ebenso grunderwerbsteuerfrei wie der Grundstückserwerb von Todes wegen, § 3 Nr. 2 GrEStG. Allerdings unterliegen Schenkungen unter einer Auflage insoweit der Grunderwerbsteuer, als der Wert der Auflage bei der Schenkungsteuer abziehbar ist, § 3 Nr. 2 S. 2 GrEStG.

87 Gemäß § 3 Nr. 4 und 6 GrEStG ist der Erwerb eines Grundstücks durch den Ehegatten oder Verwandte in gerader Linie, Stiefkinder, sowie deren Ehegatten grundsätzlich grunderwerbsteuerfrei.

## B. Formularteil

### I. Geldschenkung zwischen Eltern und Abkömmlingen

#### 1. Typischer Sachverhalt

88 Die Schenker sind verheiratet und haben mehrere Kinder. Unter Ausschluss jeglicher Ausgleichung zwischen den Abkömmlingen verschenken sie an einen Abkömmling einen bestimmten Geldbetrag zwecks Finanzierung von Anschaffungen (Bauplatz, Eigentumswohnung, Umbau, Wohnungseinrichtung etc.).

#### 2. Muster: Geldschenkung zwischen Eltern und Kindern zwecks Finanzierung von Anschaffungen (Bauplatz, Eigentumswohnung, Umbau, Wohnungseinrichtung etc.), Ausschluss der Ausgleichung unter Abkömmlingen

*Vereinbarung*

89 Zwischen
1. Herrn
2. Frau                , nachstehend „die Schenker" genannt
3. deren Sohn           , nachstehend „Beschenkter" genannt

90 **§ 1 Schenkung**

Die Schenker wenden hiermit unter wechselseitiger Zustimmung, auch nach § 1375 Abs. 3 BGB, dem Beschenkten einen Geldbetrag in Höhe von         EUR (in Worten         EUR) zu. Die Parteien sind sich darüber einig, dass die Zuwendung unentgeltlich erfolgt.[135]

Der Beschenkte bestätigt[136] hiermit, den vorbezeichneten Betrag (in bar/durch Überweisung auf Konto Nr.       der        Bank) erhalten zu haben.

91 **§ 2 Zuwendungszweck**[137]

Die Parteien sind sich darüber einig, dass der geschenkte Betrag ausschließlich zur Finanzierung von         verwendet werden darf. Die Verwendung hat binnen sechs Monaten ab Vertragsschluss zu erfolgen.

---

134 *Lieber/Steffens*, ZEV 2000, 132.
135 Vgl. Rn 95 ff.
136 Vgl. Rn 98.
137 Vgl. Rn 97 ff.

Der Beschenkte hat durch Vorlage geeigneter Unterlagen[138] zu belegen, dass der Verwendungszweck erfüllt wurde.

### § 3 Rückforderung
1. Für den Fall, dass der Beschenkte den vorbezeichneten Geldbetrag entgegen der in § 2 näher bezeichneten Zweckbestimmung verwendet, haben die Schenker als Gesamtberechtigte gem. § 428 BGB das Recht, den geschenkten Geldbetrag zurückzufordern.[139] Der Betrag ist auf den Rückgabezeitpunkt zu indexieren, wobei der Index Basis 2000 = 100 zugrunde zu legen ist.[140] Eventuelle Kapitalnutzungen verbleiben bei dem Beschenkten.[141]
Verwendungsersatzansprüche stehen den Schenkern nicht zu.
Die Leistung ist bei Rückforderung an die Schenker, bei Vorversterben eines Schenkers an den Überlebenden allein, zurückzuerstatten.[142]
2. Das Rückforderungsrecht erlischt, wenn es nicht innerhalb von drei Monaten seit Kenntnis der Schenker vom Eintritt der Zweckverfehlung[143] ausgeübt wird.
3. Das Rückforderungsrecht ist in schriftlicher Form[144] geltend zu machen.
4. Das Recht, den geschenkten Gegenstand zurückzufordern, erlischt mit dem Tode der Schenker.[145]
5. Das Rückforderungsrecht ist nicht übertragbar.[146]

### § 4 Vertraglicher Rückforderungsanspruch[147]
1. Die Parteien sind sich darüber einig, dass der vorbezeichnete Rückforderungsanspruch der Schenker nicht dem Recht des Widerrufs, insbesondere nicht dem Bereicherungsrecht, desgleichen nicht den allgemeinen Rücktrittsvorschriften des BGB unterliegt, sondern als eigenständiger vertraglicher Leistungsanspruch ohne die Möglichkeit der Berufung auf den Wegfall der Bereicherung ausgestaltet ist.
2. Die gesetzlichen Widerrufsrechte der Schenker, insbesondere gem. §§ 528, 530 BGB, bleiben unberührt.

### § 5 Ausgleichung unter Abkömmlingen[148]
Die vorbezeichnete Zuwendung ist im Falle des Todes der Schenker nicht auszugleichen. Die Anwendung der §§ 2050 ff. BGB wird hiermit ausgeschlossen.[149] Ausdrücklich wird weiterhin klargestellt, dass keine Anrechnung nach § 2315 BGB stattfinden hat.[150]

### 3. Hinweise zum Muster

#### ▪ Vorweggenommene Erbfolge in Form der Schenkung

Als reine Schenkung kommt ein solcher Vertrag zustande, wenn die Parteien sich über die Unentgeltlichkeit der Zuwendung einig sind, wobei hier von der Leihe, dem Auftrag oder der unentgeltlichen Verwahrung abzugrenzen ist. Die Schenkung beinhaltet eine **objektive** und eine **subjektive Komponente**. Objektiv muss gem. § 516 Abs. 1 BGB eine Zuwendung aus dem Vermögen in Form der Hingabe eines Vermögensbestandteils von einer Person zugunsten einer anderen vorliegen. Eine Schenkung liegt nicht nur dann vor, wenn, wie im

---

138 Vgl. Rn 110
139 Vgl. Rn 102–110.
140 Vgl. Rn 104.
141 Vgl. Rn 104.
142 Vgl. Rn 106.
143 Vgl. Rn 110.
144 Vgl. Rn 111.
145 Vgl. Rn 110.
146 Vgl. Rn 111.
147 Vgl. Rn 102, 103, 107, 108.
148 Vgl. Rn 112.
149 Vgl. Rn 115.
150 Vgl. Rn 120.

Beispiel, Geld übergeben wird, sondern auch bei der Übertragung oder Belastung von Sachen und Rechten, dem Erlass einer Forderung, der Hingabe eines konstitutiven Schuldanerkenntnisses[151] und Ähnlichem.[152]

Voraussetzung einer **Zuwendung** im Sinne des Schenkungsrechts ist jedoch jedenfalls, dass auf Seiten des Zuwendenden eine objektive Vermögensverminderung eintritt.[153] Demgemäß muss der Schenker ärmer werden. Der Verzicht auf einen möglichen Vermögenserwerb reicht nicht aus. Das Gegenstück zu dieser Vermögensminderung auf Seiten des Schenkers ist die **Bereicherung des Beschenkten**, die auch eine Verminderung seiner Passiva[154] sein kann und ebenfalls rein objektiv zu beurteilen ist. Diese objektive Vermögensmehrung ist durch einen sorgfältigen Vermögensvergleich vor und nach der Schenkung festzustellen.

Diese Unentgeltlichkeit ist nicht gleichzusetzen mit Kostenlosigkeit. Dem Beschenkten können sogar erhebliche Kosten wie Beurkundungsgebühren, Reisekosten etc. entstehen, ohne dass sein Erwerb den Charakter der Unentgeltlichkeit verlöre.[155] Ob eine objektive Vermögensmehrung vorliegt, ist aufgrund einer wirtschaftlichen Betrachtungsweise festzustellen,[156] wobei diese nicht nur vorübergehend, rein formal oder fiduziarisch sein darf.[157]

Die Bereicherung des Beschenkten muss **unentgeltlich** erfolgen. Unentgeltlich ist eine Zuwendung, wenn sie unabhängig von einer Gegenleistung (auch von oder an einen Dritten) geschieht[158] und auch sonst nicht zur Tilgung einer Verbindlichkeit bestimmt ist.[159] Hinzukommen muss eine so genannte Schenkungsabrede, in der sich die Einigung der Vertragsparteien über die Unentgeltlichkeit der Zuwendung widerspiegelt. Die irrige Annahme einer Partei, es bestehe eine Pflicht zur Zuwendung, schließt die erforderliche Einigung aus.[160] Bei Schenkungen, die einer sittlichen Pflicht entsprechen, tritt kraft positiv-rechtlicher Entscheidung die Schenkungswirkung ein (früher so genannte remuneratorische Schenkungen).[161]

Im Zusammenhang mit der Schenkung einer bestimmten Geldsumme zum Erwerb bzw. Finanzierung einer Eigentumswohnung oder Ähnlichem wurde häufig der Begriff „**mittelbare Grundstücksschenkung**" diskutiert. Hierbei stellte sich die Frage, ob es sich um eine mit dem Nominalwert anzusetzende Geldschenkung oder um eine mit dem Grundstückswert anzusetzende Grundstücksschenkung handelt. Eine so genannte mittelbare Grundstücksschenkung lag vor, wenn bspw. Eltern (Schenker) ihren Kindern (Beschenkten) Mittel zur Errichtung eines vom Schenker bestimmten Gebäudes oder zum Erwerb eines vom Schenker bestimmten Grundstücks zur Verfügung stellten und damit dem Bedachten nach dem Willen des Zuwendenden das Haus selbst, nicht nur der Geldbetrag verschafft werden sollte.[162] Einkommensteuerrechtlich war eine mittelbare Grundstücksschenkung eher nach-

---

151 BGH NJW 1980, 1158.
152 BGH NJW 1992, 558; auch die Begründung eines Güterstandes durch Ehegatten kann ausnahmsweise Schenkung sein.
153 MüKo-*J. Koch*, § 516 BGB Rn 6.
154 MüKo-*J. Koch*, § 516 BGB Rn 11.
155 RGZ (GS) 163, 148, 153; RGZ 163, 348, 355.
156 RGZ 62, 386, 390; RGZ 105, 305, 308; MüKo-*J. Koch*, § 516 BGB Rn 11.
157 RGZ 62, 386, 390; OLG Kiel OLGE 38, 114.
158 BGH NJW 1982, 436.
159 BGHZ 5, 302, 305; RGZ 125, 380, 383.
160 Palandt/*Weidenkaff*, § 516 BGB Rn 11.
161 MüKo-*J. Koch*, § 516 BGB Rn 31.
162 BFH BStBl II 1988, 1025; *Langenfeld/Günther*, 2. Kap. § 1 Rn 53.

teilig,[163] während sie im Hinblick auf die Schenkungsteuer durchaus Vorteile mit sich brachte, da in diesen Fällen der regelmäßig günstigere Steuerwert der Immobilie anzusetzen war. Das Institut der mittelbaren Grundstücksschenkung ist jedoch nach Änderung des Erbschaftsteuergesetzes grundsätzlich obsolet. Da jetzt ohnehin für die Zuwendung der gemeine Wert in Ansatz zu bringen ist, ist es unerheblich, ob der Nennwert der Zuwendung oder der Verkehrswert des Grundstückes zugrunde gelegt werden, es sei denn, aufgrund zu gewährender Abschläge (10%iger Abschlag bei zu Wohnzwecken vermieteten Grundstücken) wäre der Grundstückswert niedriger als der Nennwert der Zuwendung.

Für den Fall jedoch, dass das Kind von seinen Eltern einen bestimmten Geldbetrag zur Anschaffung einer Immobilie erhält, und auch selbst einen Teil des Kaufpreises trägt, kann dies zu einem Vorteil führen. Zum einen handelt es sich, wie vorstehend dargelegt, ggf. um eine mittelbare Grundstücksschenkung. Zum anderen hat das Kind dadurch, dass es einen Teil des Kaufpreises trägt, Anschaffungskosten, die jedoch nur dann zum Tragen kommen, wenn das Anschaffungsobjekt vermietet oder teilvermietet wird.

Damit von einer mittelbaren Grundstücksschenkung ausgegangen werden kann und es sich nicht lediglich um einen Geldzuschuss handelt, muss der Schenker mindestens 10 % des vom Beschenkten aufzubringenden Kaufpreises tragen (R 16 Abs. 3, ErbStR). Handelt es sich um eine Schenkung beispielsweise durch beide Elternteile, ist es ausreichend, wenn insgesamt 10 % des Kaufpreises zugewandt werden.

### ▪ Schenkung und Formbedürftigkeit

96

Im Gegensatz zum Formular ist ein reines **Schenkungsversprechen** gem. § 518 Abs. 1 S. 1 BGB notariell zu beurkunden. Dieses notariell wirksam beurkundete Schenkungsversprechen stellt bereits den Schenkungsvertrag dar, weil dadurch das Recht des Beschenkten, die versprochene Leistung zu fordern, begründet wird. Dem Beschenkten ist ein Recht/Anspruch zugewendet, das/der durch den Vollzug, die Leistung des versprochenen Gegenstands, nur noch erfüllt wird.[164] Zweck der Formvorschrift des § 518 BGB ist neben der Verhütung übereilter Schenkungsversprechen auch die Klarstellung der Ernstlichkeit, die Verhinderung der Umgehung der Formvorschriften für letztwillige Verfügungen und die Schaffung eines Beweismittels für den Schenkungstatbestand.[165] Die Beweislast für den Vollzug eines formnichtigen Schenkungsversprechens trägt der Beschenkte, sofern er vom Konto des Vollmachtgebers Beträge mit Vollmacht abgehoben hat.[166]

Abzugrenzen hiervon ist die so genannte **Hand- oder Realschenkung**, die vorliegt, wenn ohne ein vorangegangenes Schenkungsversprechen der Gegenstand dem Beschenkten sofort verschafft wird, insbesondere durch Übereignung oder Abtretung und dabei die Einigkeit über die Unentgeltlichkeit besteht. Bei der formfreien Hand- oder Realschenkung liegt der Rechtsgrund zugleich im Rechtsgeschäft oder Realakt, durch das/den der Vermögensgegenstand auf den Beschenkten übergeht.

Hiervon zu unterscheiden ist die **Heilung** nach § 518 Abs. 2 BGB.

---

163 Siehe hierzu ausführlich *Langenfeld/Günther*, 2. Kap. § 1 Rn 54.
164 BGH NJW 1992, 2566.
165 Palandt/*Weidenkaff*, § 518 BGB Rn 1a.
166 Palandt/*Weidenkaff*, § 518 BGB Rn 1b.

97 ■ **Handschenkung als formloses Rechtsgeschäft**

Vorliegendes Schenkungsmodell bedarf **keiner notariellen Beurkundung,** da der Gegenstand der Zuwendung dem Beschenkten ohne ein vorangehendes Schenkungsversprechen sofort übertragen wird, insbesondere durch Übereignung, auch gemäß § 929 S. 2 BGB[167] bzw. wurde und dabei die Einigung über die Unentgeltlichkeit nach § 516 Abs. 1 BGB besteht.[168] Vorliegendes Modell eignet sich also für die bereits vorangegangene oder im Zuge des Vertragsschlusses erfolgende Übertragung des Schenkungsgegenstandes.

98 ■ **Bestätigung des Erhalts der Gegenleistung zu Beweiszwecken**

Eine Bestätigung des Erhalts der Zuwendung ist aus Beweiszwecken sinnvoll. Der Einfachheit halber kann diese Bestätigung in den Vertrag aufgenommen werden, wenn die Übertragung erst zu diesem Zeitpunkt, quasi Zug um Zug erfolgen soll. Selbstverständlich kann der Erhalt auch getrennt in Form einer **Quittung** erfolgen.

99 ■ **Zweckabrede**

Der jeweilige Geldbetrag wird den Abkömmlingen vor **einem bestimmten Verwendungshintergrund** zugewandt. Je nachdem, wie die Motivation der Schenker bei Abgabe des Schenkungsversprechens gelagert ist, ergibt sich die Weichenstellung nach entgeltlicher oder unentgeltlicher Leistung. Entscheidend für die Klassifizierung ist in diesem Zusammenhang der **Parteiwille bei Abgabe der Willenserklärung.**

100 ■ **Gestaltungsvarianten**

Hinsichtlich der möglichen Gestaltungsvarianten und einzelnen abzugrenzenden Tatbestände nebst Rechtsfolgen wird auf Rn 30 ff., verwiesen.[169]

101 ■ **Zweckschenkung**

Bezweckt der Schenker lediglich, den Beschenkten zu einer Leistung oder jedenfalls zu einem Verhalten zu bestimmen, liegt keine Gegenleistung im engeren Sinne vor. Es handelt sich hierbei dann um eine so genannte **Zweckschenkung**[170] (schwächere Bindung als bei synallagmatischer oder konditionaler Verknüpfung). Anders als bei der Auflagenschenkung, § 527 BGB, wird hier aber keine vertragliche Einigung über eine einklagbare Verpflichtung getroffen, die Zweckerreichung bleibt vielmehr **nur Geschäftsgrundlage** der Schenkungsabrede. Hier reicht eine tatsächliche Willensübereinstimmung der Beteiligten über den verfolgten Zweck aus.[171] Wenn bei der Zweckschenkung der Zweck nicht erreicht wird, gibt die überwiegende Rechtsprechung dem Schenker ein Rückforderungsrecht nach § 812 Abs. 1 Alt. 2 BGB, Bereicherung wegen Zweckverfehlung.[172]

---

167 BGH NJW 2007, 2844.
168 Palandt/*Weidenkaff*, § 518 BGB Rn 4.
169 Innovativ hierzu MüKo-*Kollhosser*, § 525 Rn 1 bis 4 (4. Auflage); MüKo-*J. Koch*, § 525 Rn 8.
170 BGH NJW 1984, 233.
171 BGH NJW 1984, 233.
172 BGH NJW-RR 1991, 1154; BGH NJW 1984, 233; RGZ 105, 305, 308; OLG Köln 1994, 1540, 1542; OLG Karlsruhe NJW 1988, 3023; z.T. werden auch die Regeln über die „Störung der Geschäftsgrundlage" gemäß § 313 BGB mit der Rechtsfolge der Anpassung, als ultima ratio auch der Rückgabepflicht angewendet, wobei im Ergebnis kaum ein Unterschied sein dürfte.

## B. Formularteil

### ■ Rückforderung[173] (siehe auch Rn 142–150)

102

Will sich der Schenker nicht auf Treu und Glauben sowie auf die wenigen gesetzlich normierten Rückerwerbstatbestände (§§ 528, 530 BGB) verlassen, bietet sich die Vereinbarung vertraglicher Rückforderungsrechte an. Die Vereinbarung derartiger **vertraglicher Rückforderungsrechte** erleichtert nicht nur den Entschluss, lebzeitig zuzuwenden,[174] sondern sichert auch die Erreichung des mit der Schenkung verfolgten Zwecks ab, sie geben ihm insbesondere auch die Möglichkeit, Druck auf den Beschenkten auszuüben.

Je jünger der Schenker bzw. der Beschenkte ist, desto eher möchte sich der Schenker ein Rückforderungsrecht für bestimmte unerwünschte Entwicklungen und Ereignisse vorbehalten oder den Schenkungsgegenstand an einen Dritten weitergegeben sehen.[175] Die Vereinbarung einer Rückforderungsklausel entspricht daher dem **lebzeitigen Sicherungsinteresse des Schenkers**. Je nach Willen des Schenkers kann ein freies oder, wie hier, ein enumeratives Rückforderungsrecht festgelegt werden. Die Rückforderungsgründe können beliebig, je nach der Motivation des Schenkers, ausgestaltet werden. Auch kann die Rückforderung nicht nur an sich selbst, sondern auch an einen beliebigen Dritten vereinbart werden.

### ■ Vertraglicher Rückforderungsanspruch/Alternative Gestaltungen

103

Die Vereinbarung vertraglicher Rückforderungsansprüche eröffnet der Kautelarpraxis ein weites Feld von Gestaltungsmöglichkeiten. In der Praxis am häufigsten dürfte die Konstruktion eines von den gesetzlichen Regelungen der §§ 346 ff. BGB losgelösten Rückforderungsrecht sein.[176] Es handelt sich hierbei um einen vertraglichen Anspruch, dessen inhaltliche Regelung selbst die Eckdaten der Rückforderung, deren Voraussetzungen, Abwicklung und Rechtsfolgen festlegt. Für Verträge, die über die bloße Hingabe eines Geldbetrags hinausgehen, ist zu beachten, dass auch Regelungen über Nutzungs- und Verwendungsersatz, über Rückzahlung möglicher als Gegenleistung aufgewandter Renten, Rückabwicklung möglicher Zins- und Tilgungsleistungen, erbrachter Pflege- und Dienstleistungen etc. getroffen werden sollten. Der Gestalter muss sowohl im Zusammenhang mit einer bloßen Geldschenkung als auch bei komplexen Grundstücksübergaben, mangels Anwendbarkeit der §§ 346 ff. BGB, darauf bedacht sein, keine Regelungslücken stehen zu lassen. Hierin liegt das konstruktive Risiko dieser Lösung.

### ■ Vertragliches Rücktrittsrecht/Auflösende Bedingung

104

Der Rückerwerb lässt sich auch durch die Vereinbarung eines vertraglichen Rücktrittsrechtes erreichen, wobei sich die Rechtsfolgen nach den gesetzlichen Rücktrittsvorschriften richten und sich zunächst auf das schuldrechtliche Geschäft beschränken. **Dingliche Wirkung** lässt sich mittelbar dadurch erreichen, dass der Rücktritt vom Grundgeschäft der Schenkung zur auflösenden Bedingung der Übereignung gemacht wird.[177] Gemäß §§ 346 ff. BGB ist das Geschäft rückabzuwickeln, insbesondere auch die bereits erbrachten Gegenleistungen. Um eine solche Rückabwicklung sinnvoll zu ermöglichen, sind also alle Leistungen, die bereits ausgetauscht worden sind, zu bewerten. Diese Bewertung ist oft mit ganz

---

[173] Siehe auch *Jülicher*, ZEV 1998, 285 zu weiteren Problemen im Zusammenhang mit Rückforderungsrechten.
[174] *J. Mayer*, § 2 Rn 228.
[175] *Jülicher*, ZEV 1998, 201.
[176] Vgl. etwa *Langenfeld/Günther*, 3. Kap. § 3 Rn 246.
[177] *Jülicher*, ZEV 1998, 201; RGZ 54, 341.

erheblichen Schwierigkeiten verbunden, die in der Praxis gegen eine Verwendung dieses Modells sprechen können.[178]

Wird dennoch an der Vereinbarung eines vertraglichen Rücktrittsrechts festgehalten, bietet es sich ggf. an, bereits im Vertrag selbst die Maßstäbe festzulegen, nach denen die Leistungen bis zum Rücktrittszeitpunkt für alle Beteiligten verbindlich zu bewerten sind.[179] Auch ist zu regeln, inwieweit geleistete Geldbeträge bei Rückforderung zu indizieren sind, und ggf. ist der maßgebliche Index anzugeben. Diese, in Ergänzung der gesetzlichen Regelung getroffenen Vereinbarungen rücken das Rücktrittsrecht wieder in die Richtung eines vertraglichen Rückforderungsrechts, so dass eine exakte Unterscheidung sehr schwer werden kann. Mitunter ist jedoch eine solche gerade vonnöten, da im Hinblick auf die Überleitung und Pfändbarkeit des jeweiligen Anspruchs unterschiedliche Meinungen vertreten werden.[180]

Weiterhin kann ein Rückforderungsrecht umgesetzt werden durch Vereinbarung einer **auflösenden Bedingung im schuldrechtlichen Vertrag**, wobei hier zu beachten ist, dass eine solche Regelung in bedingungsfeindlichen Verträgen, z.B. Grundstücksübertragungen, nicht möglich ist;[181] ggf. kann bei der Übertragung beweglicher Sachen vereinbart werden, dass sich diese auflösende Bedingung auf die Übereignung erstreckt, so dass das Eigentum am Schenkungsgegenstand per se an den Schenker zurückfällt und dieser den Besitz u.a. gem. § 985 BGB zurückverlangen kann.[182] Bei dieser Konstruktion ist jedoch zu bedenken, dass die auflösende Bedingung auch unabhängig von dem tatsächlichen, evt. auch entgegenstehenden Willen der Vertragsparteien eintritt und diese somit **keine Einflussmöglichkeiten auf diesen Automatismus haben**.[183] Regelmäßig möchte sich der Übergeber die Entscheidung vorbehalten, die Rückforderung geltend zu machen oder nicht.

Um auch hier das schwierige tatsächliche Problem der Bewertung bereits getätigter Leistungen zu umgehen, bietet sich an, eine Klausel zu vereinbaren, die dem Beschenkten die zwischenzeitlich gezogenen Nutzungen belässt, umgekehrt ihm aber für den Fall, dass bspw. Immobilien zugewandt wurden, keine Verwendungsansprüche gewährt.

**105** ▪ **Widerrufsvorbehalt**

Eine weitere Möglichkeit der Konstruktion stellt die Aufnahme eines **Widerrufsvorbehalts** in den schuldrechtlichen Vertrag dar. Da der Widerrufsvorbehalt zu einer Rückabwicklung mit Wirkung „ex tunc" führt, schließt sich zwangsläufig die Frage an, wie mit bereits erbrachten Leistungen zu verfahren ist.[184] Es stellen sich auch hier die üblichen Probleme

---

178 *Weser*, ZEV 1995, 353, 356.
179 Hierbei ist ggf., je nach Leistungsart, auch darauf Augenmerk zu legen, dass eine Anpassung der Bewertung im Hinblick auf den Kaufkraftschwund und die gesellschaftliche Entwicklung etc. vorzunehmen ist.
180 So wird z.B. vertreten, dass im Rahmen des vertraglichen Rücktrittsrechts der Erwerbsanspruch erst mit Ausübung des Gestaltungsrechts selbst entsteht und deshalb sowohl die Pfändbarkeit als auch die Überleitung nach SGB XII ausgeschlossen ist; *Ellenbeck*, MittRhNotK 1997, 44; a.A. *Kollhosser*, ZEV 1995, 391; *Langenfeld*, Münchener Vertragshandbuch, Band 6/VI 9.3; s.a. *Wüllenkemper*, JR 1988, 353; *J. Mayer*, § 2 Rn 232 und § 2 Rn 266 mit anderer Ansicht.
181 *Jülicher*, ZEV 1998, 201, 203.
182 Einschränkungen gelten hierbei der Geldhingabe im Hinblick auf die Geldvindikation, Staudinger/*Gursky*, § 985 BGB Rn 90 ff.; vgl. zum Ganzen *Jülicher*, ZEV 1998, 201.
183 *J. Mayer*, § 2 Rn 229.
184 *J. Mayer*, § 2 Rn 230; *Langenfeld/Günther*, 3. Kap. § 3 Rn 244.

im Rahmen der §§ 812 ff. BGB und der hier vertretenen Saldotheorie,[185] insbesondere das auch bei der Frage der verschärften Haftung diskutierte Problem des Zeitpunkts.[186]

- **Sukzessiv- bzw. Alternativberechtigung der Rückforderung**
- Es stellt sich regelmäßig die Frage, ob noch weitere Personen neben dem Schenker/Übergeber **Berechtigte des Rückforderungsrechts** sein sollen („Sukzessiv- und Alternativberechtigung"). Zum einen kann vereinbart werden, dass ein vertragliches Rückforderungsrecht auch anderen Personen als dem Schenker/Übergeber zustehen soll. So kann z.B. das Rückforderungsrecht über den Tod des Schenkers hinaus bestehen, um so seinen Erben (die Vererblichkeit ist ausdrücklich festzulegen) oder z.B. seiner Ehefrau die Möglichkeit der Rückforderung zu geben. Soweit mehrere Übergeber/Schenker vorhanden sind, kann ein gemeinsames Rückforderungsrecht, das z.B. auf die Erben des Erstversterbenden oder auf den letztversterbenden Übergeber/Schenker übergeht, festgelegt werden.

  Unproblematisch ist der Übergang des Anspruchs zwischen Ehegatten, wenn das Rückforderungsrecht für diese als Gesamtgläubiger nach § 428 BGB begründet wurde, da jeder Berechtigte von Anfang an einen eigenen Übereignungsanspruch hat.[187] Problematisch ist die Frage, wie der Erwerbsanspruch zu handhaben ist, wenn er ehemals einer Bruchteilsgemeinschaft zustand. Hier kommt eine Abtretung an den Überlebenden in Betracht.[188] Eine Alternative, die vor allen das Bayerische Oberste Landesgericht „abgesegnet" hat, ist, bei Rückerwerbsvereinbarungen durch entsprechende Formulierung eindeutig zum Ausdruck zu bringen, dass nach dem Tod des erstversterbenden Berechtigten der Rückübertragungsanspruch dem Längerlebenden allein zustehen soll.[189]

- Eine besondere Form der Rückfallklausel ist die sog. „**Weiterleitungsklausel**". Hier kann der Schenker verfügen, dass bei Eintritt bestimmter Ereignisse der Gegenstand der Zuwendung nicht mehr an ihn zurückfallen soll, sondern Begünstigter eine dritte Person ist. Hinsichtlich des rechtlichen Charakters dieser Klausel wird gerade im Zusammenhang mit dem Schenkungssteuerrecht diskutiert, ob es sich um eine Schenkung unter Auflage oder um einen Vertrag zugunsten Dritter gem. § 328 BGB handelt, wobei Letzteres dogmatisch auf Bedenken stößt.[190] Auch findet der Begriff „**Schenkung mit Weiterschenkungsklausel**" Verwendung.[191] Einigkeit dürfte nur darin bestehen, dass eine Zuwendung, die quasi nur für eine logische Sekunde bei dem „Beschenkten" verbleibt, mit der sofortigen Verpflichtung, diese weiterzugeben, keine Schenkung darstellt, da es an einer Bereicherung des „Zwischenbeschenkten" fehlt.[192] Verbleibt sie hingegen eine gewisse Zeit, nämlich bis zur berechtigten Ausübung des Rückforderungsrechts, ist die Übergabe im Verhältnis zwischen Schenker und Beschenktem als Schenkung zu qualifizieren. Dies dürfte dazu führen, dass eine Schenkung mit Weiterleitungsklausel einen Unterfall der Schenkung unter einer Auflage darstellen dürfte.[193] Auch hier sollte insbe-

---

185 *J. Mayer*, § 2 Rn 230.
186 MüKo-*Kollhosser*, § 531 BGB Rn 9 ff.
187 *J. Mayer*, § 2 Rn 259.
188 *Amann*, MittBayNot 1990, 225, 226.
189 BayObLGZ 1995, 149; andere Lösungsvorschläge bei *J. Mayer*, § 2 Rn 255; *Schöner/Stöber*, Rn 261g; BayObLGZ 1993, 1.
190 BFH BStBl II 1993, 523, 524; *Jülicher*, ZEV 1998, 201, 205.
191 *Jülicher*, ZEV 1995, 201, 205 m.w.N.
192 RGZ 105, 305.
193 *Jülicher*, ZEV 1998, 201, 205.

sondere die Problematik des Aufwendungsersatzes des „Zwischenbeschenkten" vertraglich geregelt werden.

**107** ■ **Rückforderungsgründe/Modalitäten**

Die einzelnen Rückforderungsgründe sind von den Parteien vertraglich festzulegen. Auch hier besteht nahezu absolute Freiheit, der Schenker bzw. Übergeber kann sogar, eine entsprechende Vereinbarung vorausgesetzt, im Wege eines so genannten freien Rückforderungsvorbehalts,[194] also ohne Angabe von Gründen, die Rückübertragung des Zuwendungsgegenstands verlangen. Allerdings lässt dieses freie Rückforderungsrecht den Vertrag letztendlich soweit offen, dass dieser Zustand für den Beschenkten kaum zumutbar ist.[195] Dies insbesondere vor dem Hintergrund, dass der Beschenkte seine Lebensplanung häufig insbesondere bei Grundstücksübergaben an dem Schenkungs-/Übergabegegenstand ausrichtet.

**108** Als Alternative hierzu bietet sich an, das Feld der Rückforderungsgründe auf gewünschte und wahrscheinliche, **enumerativ benannte Gründe** zu begrenzen. Beispielhaft sind hier die häufigsten zu nennen:
– Vorversterben des Übernehmers,
– Scheidung des Übernehmers,
– Wiederverheiratung des Übernehmers
– Eröffnung eines Insolvenz-[196] oder Zwangsversteigerungs-/Zwangsverwaltungsverfahrens,
– Belastung des Übergabeobjektes
– Verstoß gegen vertraglich vereinbarte Pflichten
– vereinbarungswidrige Verfügung über den Übergabegegenstand etc.[197]

Die Eröffnung des **Insolvenzverfahrens** als Rückauflassungsgrund stellt keine unzulässige Gläubigerbenachteiligung dar. Das Grundstück ging bereits bei der Übertragung mit dem vorgesehenen Vollstreckungsschutz in das Eigentum des Übernehmers über. Es stand dem-

---

[194] Auch steuerrechtlich kann diese Konstruktion erhebliche Probleme aufwerfen. Zwar sieht der BFH im Hinblick auf Schenkungssteuer derzeit keine Bedenken. Dies kann sich jedoch ändern. Gewisse Bestrebungen dahin gehend sind bereits in Steuererlassen der Länder, ZEV 1995, 407, zur Übertragung unter Nießbrauchsvorbehalt mit Rückforderungsrecht zu sehen; siehe auch *Meyding*, ZEV 1995, 397 sowie den Erlass des bayerischen Staatsministeriums für Finanzen v. 11.10.1995, ZEV 1995, 407. Einkommensteuerrechtlich stellt sich latent bereits jetzt, wie im Zusammenhang mit ähnlichen Problemen (Nießbrauch etc.) auch, auch hier die Frage, inwieweit tatsächlich der Übernehmer wirtschaftlich Eigentümer geworden ist, BFH BB 1989, 22036 sowie BFH NJW 1990, 1751. Sofern sich der Übergeber die Nutzung des Vertragsgegenstandes unter Vereinbarung eines umfangreichen Widerrufsrechts, gesichert durch Rückauflassungsvormerkung und Einräumung unwiderruflicher Vollmachten zur Rückabwicklung, vorbehält, kann das wirtschaftliche Eigentum beim Übergeber bleiben. Dies hat dann zur Folge, dass einkommensteuerrechtlich der Vertragsgegenstand weiterhin dem Übergeber zugerechnet wird.
[195] *J. Mayer*, § 2 Rn 233.
[196] Hier war bislang streitig, ob die Vorschrift des § 26 S. 1 KO einem solchen Rückforderungsrecht im Fall der Insolvenz entgegenstand. Mit § 105 InsO hat sich das Problem nun dahin gehend gelöst, dass eine Einmalschenkung ohnehin nicht mehr in den Anwendungsbereich der Norm fällt, denn die Vorschrift verneint nur bei teilbaren Leistungen eine Rückgabepflicht des Insolvenzverwalters für in das Vermögen des Schenkers übergegangene Teilleistungen des Vertragspartners, Begr. des Regierungsentwurfs bei *Balz/Landfermann*, § 105 InsO.
[197] Weitere Rückforderungstatbestände in *Langenfeld/Günther*, 3. Kap. § 3 Rn 247 ff.; siehe auch *Kerscher/Krug*, § 8 Rn 678; *Jülicher*, ZEV 1998, 201.

gemäß zu keinem Zeitpunkt als volle Haftungsmasse zur Verfügung. Diese Beschränkung ist im Übrigen von Anfang an aus dem Grundbuch ersichtlich.[198]

Wie oben ausgeführt, empfiehlt es sich, auch die exakte Durchführung der Rückabwicklung vertraglich festzulegen.

### ▪ Vollmacht

109

In diesem Zusammenhang kann es je nach Fallkonstellation hilfreich sein, dem Übergeber eine **Vollmacht zur Rückabwicklung des Geschäfts** unter Befreiung von den Beschränkungen des § 181 BGB einzuräumen, sofern die tatbestandlichen Voraussetzungen hierfür vorliegen. Die Einräumung einer derartigen Vollmacht ist, neben der Bestellung einer Vormerkung, insbesondere bei Grundstücksübergabeverträgen für den Fall des Vorversterbens des Zuwendungsempfängers sinnvoll.

Evtl. kommt die Einräumung der Vollmacht mit der Maßgabe in Betracht, dass hiervon nur bei einem bestimmten Notar Gebrauch gemacht werden kann und nur dann, wenn der Rückerwerbsgrund in bestimmter Form nachgewiesen ist.[199] Bei der Formulierung der einzelnen Rückforderungstatbestände ist der jeweilige Zweck, den der Schenker/Übergeber mit der vereinbarten Rückgabeklausel verfolgt, zu beachten. So kann z.B. die Rückforderung **Strafcharakter** haben oder **vor Gläubigerzugriff schützen** sollen.[200]

Bei Vorversterben des Erwerbers, also bei einem Rückforderungstatbestand, dessen Eintritt der Erwerber nicht zu vertreten hat, sollte bei der Erstattung differenziert werden.[201]

### ▪ Rückforderungsfrist

110

Um einen für beide Seiten dauerhaft unerträglichen Schwebezustand nach Zweckverfehlung zu verhindern, bietet es sich an, das Rückforderungsrecht zu **befristen**. Problematisch bleibt jedoch der Beginn des Fristlaufs ab Kenntnis, da der Einwand des Beschenkten, der Schenker habe bereits früher Kenntnis von der Zweckverfehlung erlangt, im Raume steht. Es kann hier mit Vorlagepflichten (Kaufvertrag, Werkvertrag, Belege für die Anschaffung etc.) gearbeitet werden, so dass bei Verstreichen einer Frist und Nichtvorlage der zu fordernden Unterlagen der Fristbeginn fingiert wird. Diese Klausel könnte auch dahin gehend formuliert werden, dass der Rückforderungsanspruch ohne weiteres entsteht, wenn bis zu einem bestimmten Zeitpunkt die Belege nicht beigebracht sind, oder dass die Nichtvorlage von Belegen automatisch zur Rückforderung führt. Derartige Formulierungen sind allerdings

---

198 BayObLG NJW 1978, 700; OLG Düsseldorf OLGZ 1984, 90; BGH NJW 1983, 1738.
199 Allerdings arbeitet diese Konstruktion aufgrund der Nachweisschwierigkeiten zuverlässig nur mit dem Rückerwerbsgrund des Vorversterbens des Erwerbers oder der Scheidung des Übernehmers; *J. Mayer*, § 2 Rn 248.
200 Dann bietet sich an, eine Klausel zu vereinbaren, die die Aufwendungen des Übernehmers für den Übergeber unbeachtlich lässt, der Übernehmer also keinen Ersatz erhält; siehe auch *J. Mayer*, § 2 Rn 249.
201 Aus Beweisgründen sollte festgelegt werden, dass das Rückforderungsrecht nur schriftlich, ggf. durch Einschreiben/Rückschein, ausgeübt werden kann; mitunter bietet es sich auch an, eine so genannte Zustelladresse zu vereinbaren mit der Folge, dass die Erklärung auf jeden Fall als zugegangen zu werten ist, wenn sie unter Beachtung des Formerfordernisses an die angegebene Zustelladresse versandt wird, ganz unabhängig davon, ob sie den Empfänger dort auch tatsächlich erreicht. Diese Gestaltung ist bekannt aus Mietverträgen. Auch sollte eine Ausübungsfrist für das Rückerwerbsrecht festgelegt werden, um keinen unnötig langen Schwebezustand des Vertrags zu haben, wobei die Frist nicht übermäßig lange bemessen sein sollte; die Ausübungsfrist sollte sich jedoch in ihrer Angemessenheit nach dem konkreten Inhalt des Vertrags richten; näher siehe *J. Mayer*, § 1 Rn 249.

nicht unproblematisch, da es häufig sein kann, dass die Parteien einen derartigen Automatismus tatsächlich nicht wünschen.

111 ■ **Form der Rückforderung, Übertragbarkeit und Vererblichkeit des Rückforderungsanspruchs**

Aus Gründen der Rechtsklarheit sowie zur Schaffung von Beweismitteln empfiehlt sich die Festlegung des Erfordernisses einer schriftlichen Erklärung der Ausübung des Rückforderungsanspruches.

Auch durch den Ausschluss der Übertragbarkeit bzw. Vererblichkeit des Rückforderungsanspruchs wird ein möglicher Schwebezustand begrenzt. Eine Rückforderung ist damit ab dem Tod des Schenkers/Übergebers ausgeschlossen. Ist keine Regelung bezüglich der Vererblichkeit getroffen, ist von Unvererblichkeit auszugehen.[202] Schenken mehrere Personen, sollte an dieser Stelle noch festgelegt werden, ob das Rückforderungsrecht nach dem Tod des einen Schenkers/Übergebers dem anderen Schenker/Übergeber allein zusteht, er also berechtigt sein soll, das gesamte Übergabeobjekt/den ganzen Schenkungsgegenstand zurückzufordern (vgl. dazu Rn 106).

112 ■ **Ausgleichung unter Abkömmlingen (siehe auch Rn 140, 153)**

Bei der gesetzlichen Erbfolge sind bestimmte Zuwendungen (vgl. § 2050 BGB), die ein Abkömmling des Erblassers bereits zu dessen Lebzeiten erhalten hat, bei der Erbauseinandersetzung zu berücksichtigen, §§ 2050 ff. BGB. Hintergrund dieser Ausgleichspflicht ist die Vorstellung des Gesetzgebers, dass ein Erblasser seine Abkömmlinge in der Regel gleichmäßig an seinem Nachlass teilhaben lassen will. Es wird also grundsätzlich, aber widerleglich, angenommen, dass Vorempfänge i.S.d. § 2050 BGB als auf den künftigen Erbteil geleistet gelten sollen.[203]

113 ■ **Ausgleichungsschuldner**

Die Ausgleichung findet nur unter den **Abkömmlingen** statt, die gesetzliche Erben sind.[204] Soweit ein Testament vorliegt, hat gem. § 2052 BGB eine Ausgleichung nur zu erfolgen, wenn die Erbteile den gesetzlichen entsprechen oder doch in einem solchen Verhältnis zueinander stehen. Gerät ein Abkömmling in Wegfall, so sind an seine Stelle tretende Abkömmlinge zur Ausgleichung verpflichtet.[205] Gemäß § 2372 BGB hat eine Ausgleichung auch zugunsten eines Erbteilserwerbers und Erbteilskäufers sowie des Pfandgläubigers zu erfolgen.[206] Der Erblasser kann die Ausgleichung bei der Zuwendung ganz oder teilweise ausschließen. Desgleichen kann er einen bestimmten (auch einen niedrigeren) als den tatsächlichen Wert festlegen. Die abweichende Anordnung ist entweder vor oder bei der Zuwendung zu treffen. Dies ist auch stillschweigend möglich. Nachträglich kann die Ausgleichung nur noch durch letztwillige Verfügung erfolgen, in der Regel durch Anordnung eines Vorausvermächtnisses zugunsten der anderen Abkömmlinge. Eine gesetzliche Regelung dahingehend, dass der Erblasser generell nachträgliche Anordnungen über die Ausgleichung oder den Ausschluss der Ausgleichung durch Verfügung von Todes wegen treffen kann, ist bisher gescheitert.

---

202 *Langenfeld/Günther*, 3. Kap. § 3 Rn 286.
203 *Kerscher/Krug*, § 13 Rn 349.
204 MüKo-*Heldrich*, § 2050 BGB Rn 3.
205 *Kerscher/Krug*, § 13 Rn 351.
206 MüKo-*Heldrich*, § 2050 BGB Rn 4.

## ■ Gegenstand der Ausgleichung

Gemäß § 2050 BGB kommen als Gegenstand der Ausgleichung Ausstattungen, Zuschüsse zu den Einkünften, Aufwendungen für die Berufsausbildung und andere Zuwendungen unter Lebenden in Betracht.

Das Gesetz unterscheidet zwischen Zuwendungen, die nach dem Willen des Gesetzgebers auszugleichen sind, und solchen, für die der Erblasser eine Ausgleichsverpflichtung gesondert angeordnet hat.

## ■ Ausstattung

Ausgleichspflichtige **Ausstattungen** gem. § 2050 Abs. 1 S. 1 BGB sind Zuwendungen des Erblassers, die er seinem Abkömmling zur Verheiratung oder Begründung einer Lebensstellung oder zu anderen Zwecken des § 1624 BGB[207] gemacht hat, wobei die Zuwendung nicht nur aus reiner Freigiebigkeit erfolgen darf.[208] Als Ausstattung können insbesondere einmalige Geldzuwendungen oder die Zuwendung anderer Vermögensgegenstände (bebaute, unbebaute Grundstücke, Kraftfahrzeuge, Geschäftsausstattungen etc.) angesehen werden.[209] Grundsätzlich sind Eltern ihren Kindern gegenüber verpflichtet, zu deren Existenzgründung dadurch beizutragen, dass ihnen Unterhalt zur Erlangung einer Berufsbildung gewährt wird, § 1610 Abs. 2 BGB. Alles darüber Hinausgehende ist als Ausstattung anzusehen.

Die Ausstattung stellt eine **Form der Existenzhilfe** dar und unterscheidet sich von der Schenkung insoweit, wie die Ausstattung die Vermögensverhältnisse des Zuwendenden nicht übersteigt. Liegt der zugewendete Betrag oder Gegenstand über dieser Angemessenheitsgrenze (**Übermaß**), ist gem. § 1624 Abs. 1 BGB Schenkungsrecht anwendbar.[210] Es liegen dann zwei Rechtsgeschäfte vor, unterhalb des Übermaßes eine Ausstattung und darüber eine Schenkung, jedes zu einem bestimmten Betrag und mit eigenen rechtlichen Wirkungen. Aufgrund der Freiheit der Parteien, vertraglich anderes zu vereinbaren, kann durch Vertrag, allerdings nur im Innenverhältnis zwischen den Parteien, nicht jedoch im Hinblick auf § 2325 BGB gegenüber dem Pflichtteilsergänzungsberechtigten, das Übermaß als Ausstattung „umgewidmet" werden.[211]

Soweit es sich um eine Ausstattung im eigentlichen Sinne handelt, ist Schenkungsrecht grundsätzlich nicht anwendbar. Die Formvorschrift des § 518 BGB sowie die Privilegierungen nach den §§ 521, 522, desgleichen die Rückforderungsrechte gem. §§ 528 ff. BGB finden demgemäß keine Anwendung. Nur im Hinblick auf die Gewährleistung gelten gem. § 1624 Abs. 2 BGB die Bestimmungen des Schenkungsrechts, §§ 523 und 524 BGB. Auf § 1625 BGB ist zu achten. Nach dessen widerlegbarer Vermutung liegt im Zweifel keine Ausstattung aus dem Vermögen der Eltern an das Kind vor, solange das Kindesvermögen kraft elterlicher Sorge etc. deren Verwaltung unterliegt. Sollen Nutzungsrechte vorbehalten bleiben, verträgt sich eine derartige Vertragsgestaltung nicht mit dem Vertragstyp der Ausstattung. Auch die Vereinbarung von Rückforderungsrechten ist bei Ausstattungen nicht ty-

---

[207] Beispiele bei Palandt/*Edenhofer*, § 2050 BGB Rn 10 und bei Langenfeld/*Nieder*, Münchener Vertragshandbuch, Band 6, XVI 27.
[208] RG WARN 38 Nr. 22; BGH NJW 1965, 2056; OLG Stuttgart BWNotZ 1977, 150.
[209] RGZ 79, 266, 267.
[210] *Schmid*, BWNotZ 1971, 29, 30.
[211] RG JW 1908, 71; *Schmid*, BWNotZ 1971, 29, 30; Langenfeld/*Nieder*, Münchener Vertragshandbuch, Band 6, XVI 27.

pisch. Wenn die Eltern ihrem Sohn oder ihrer Tochter eine Zuwendung in Form einer Ausstattung zuwenden, soll dem Kind dies zur freien Verfügung stehen.

116 ■ **Aufwendungen für die Berufsausbildung/Zuschüsse**

Besonders zu erwähnen sind Aufwendungen für die Berufsausbildung. Berufsausbildungskosten sind z.B. Studien-, Promotions- oder Fachhochschulkosten, nicht aber die Kosten für die allgemeine Schulbildung.[212] Diese Aufwendungen sind nur dann ausgleichspflichtig, wenn ihre Gewährung neben einer Berufsausbildung erfolgt oder die Kosten einer angemessenen Ausbildung übersteigen. Eine Ausgleichspflicht besteht jedoch dann nicht, wenn sie anstelle der dem Abkömmling zustehenden Ausbildung gegeben wird, weil sie dann wie die Ausbildung lediglich als Auswirkung der normalen gesetzlichen Unterhaltspflicht der Eltern anzusehen ist.[213]

Ohne gesonderte Anordnung sind **Zuschüsse**, die zu dem Zwecke gegeben sind, als Einkünfte verwendet zu werden, nicht auszugleichen; das gilt auch, wenn sie unter den Begriff der Ausstattung fallen, es sei denn, dass die Vermögensverhältnisse des Erblassers das entsprechende Maß übersteigen. Zuschüsse zu Einkunftszwecken sind jedoch nur dann anzunehmen, wenn sie von gewisser Dauer und Regelmäßigkeit sind.[214]

117 ■ **Sonstige Zuwendungen des Erblassers unter Lebenden**

Sonstige Zuwendungen des Erblassers unter Lebenden sind gem. § 2050 Abs. 3 BGB dann ausgleichspflichtig, wenn der Erblasser dies bei der Zuwendung **angeordnet** hat.[215]

Auch die **Anordnung einer Ausgleichung** gem. § 2050 Abs. 3 BGB muss spätestens bei der Zuwendung erfolgen, kann jedoch auch schon vorher getroffen werden. Auch stillschweigend ist eine solche Anordnung möglich, weil die Anordnung selbst keiner besonderen Form bedarf, wobei dies regelmäßig Beweisschwierigkeiten mit sich bringt. Die Anordnung muss dem Beschenkten spätestens gleichzeitig mit der Zuwendung so zur Kenntnis gebracht werden, dass es ihm möglich ist, diese (auch mit ihren negativen Auswirkungen) abzulehnen.[216] Von diesem Grundsatz macht die herrschende Meinung jedoch dann eine Ausnahme, wenn die nachträgliche Anordnung der Ausgleichung in die Form eines Erb- oder Pflichtteilsverzichtvertrags gekleidet ist. Dies setzt zwingend die Mitwirkung des betroffenen Abkömmlings voraus.[217] Nach der Zuwendung[218] können die Abkömmlinge eine gesetzlich nicht gegebene Ausgleichspflicht vertraglich begründen.[219]

Wie oben schon dargestellt, kommen nachträgliche Bestimmungen in Verfügungen von Todes wegen insoweit in Betracht, wie der Erblasser eine Beschränkung der übrigen Miterben durch ein Vorausvermächtnis, den betreffenden Abkömmling von der Ausgleichung freizustellen,[220] oder eine Befreiung durch Erbvertrag mit dem Abkömmling[221] vornehmen kann. Bei der Anordnung der Ausgleichspflicht ist zu beachten, dass diese sich bei den

---

212 *Kerscher/Krug*, § 13 Rn 356.
213 BGH NJW 1982, 575, 577; OLG Hamburg NJW 1953, 1353; OLG Celle FamRZ 1965, 390.
214 Langenfeld/*Nieder*, Münchener Vertragshandbuch, Band 6, XVI 27.
215 Streitig ist, ob auch Leistungen, mit denen einer gesetzlichen Pflicht genügt wird, unter Abs. 3 fallen, vgl. hierzu Palandt/*Edenhofer*, § 2050 BGB Rn 11.
216 RGZ 67, 308.
217 MüKo-*Lange*, § 2316 BGB Rn 8.
218 Palandt/*Edenhofer*, § 2050 BGB Rn 3; RGZ 149, 129, 131; RG Recht 1920 Nr. 927.
219 MüKo-*Heldrich*, § 2050 BGB Rn 22; RG Recht 1920 Nr. 927.
220 MüKo-*Heldrich*, § 2050 BGB Rn 21.
221 RGZ 90, 419, 423.

hiervon Betroffenen gem. § 2316 Abs. 1 BGB pflichtteilsmindernd auswirkt, während sich der Pflichtteil der übrigen beteiligten Abkömmlinge erhöht.[222]

Die Ausgleichung kann vom Erblasser ganz oder teilweise, bedingt oder unbedingt ausgeschlossen oder geändert werden. Ferner kann er für die Ausgleichung einen niedrigeren Wert als den tatsächlichen festlegen.[223] Dies gilt wiederum insoweit nicht, als damit das Pflichtteilsrecht anderer Miterben beeinträchtigt würde (vgl. § 2316 Abs. 3 BGB).

### ▪ Durchführung der Ausgleichung

118

Die Ausgleichung erfolgt dergestalt, dass zunächst die Werte der Erbteile aller nicht ausgleichspflichtigen oder ausgleichsberechtigten Erben vom Nachlasswert abgezogen werden. Diese haben mit der Ausgleichung nichts zu tun. Sodann werden dem Nachlasswert alle Zuwendungen, die der Ausgleichung unterliegen, hinzugerechnet. Nach dem sich dann ergebenden Gesamtwert werden die einzelnen Erbteilswerte errechnet. Von diesem ermittelten Erbteilswert wird der jeweilige Vorempfang wieder in Abzug gebracht.

Gemäß § 2056 BGB ist ein Miterbe, der durch den Vorempfang mehr erhalten hat, als ihm bei der Auseinandersetzung zukommen würde, zur Herauszahlung des Mehrbetrags nicht verpflichtet. In diesem Falle führt der Vorempfang dazu, dass er Zuwendungsempfänger bei der Verteilung des Nachlasses nicht mehr berücksichtigt wird.

### ▪ Wertfestlegung

119

Der maßgebliche Wert[224] für die Berechnung der Ausgleichung gem. § 2055 Abs. 2 BGB ist, wenn nichts anderes bestimmt wird, der Wert zur Zeit der Zuwendung (bei Grundstücken ist dies der Tag der Eintragung im Grundbuch). Spätere Wertänderungen und Erträge bleiben grundsätzlich ohne Ansatz;[225] lediglich der Kaufkraftschwund ist zu berücksichtigen, indem der Wert im Zeitpunkt der Zuwendung mit dem Lebenshaltungskostenindex im Zeitpunkt der Teilung multipliziert und das erhaltene Ergebnis durch den Lebenshaltungskostenindex im Zeitpunkt der Zuwendung dividiert wird.[226] Der Erblasser kann den Ausgleichswert jedoch auch festlegen.[227] Diese Festlegung ist dann vorrangig.

Übergibt der Erblasser zu seinen Lebzeiten ein Landgut, so ist eine entsprechende Anwendung der Vorschrift des § 2312 BGB möglich. Demgemäß ist der Erblasser berechtigt, die Übergabe zum Ertragswert vorzunehmen. Dieser ist dann auch für die Berechnung von Pflichtteilsergänzungsansprüchen maßgeblich.[228] Besonderheiten ergeben sich auch aus § 12 Abs. 9 HöfeO.[229]

### ▪ Ausgleichung und Pflichtteil

120

Bei der Gestaltung von Schenkungs- und Übergabeverträgen ist nicht nur die Ausgleichung unter Abkömmlingen gem. §§ 2050 ff. BGB, sondern auch die Ausgleichspflicht unter Pflichtteilsberechtigten, § 2316 BGB, im Auge zu behalten. § 2316 Abs. 1 BGB legt eine

---

222 *Schramm*, BWNotZ 1971, 29, 35.
223 Palandt/*Edenhofer*, § 2050 BGB Rn 3; *Frischknecht*, BWNotZ 1960, 270.
224 MüKo-*Heldrich*, § 2055 Rn 12 ff.
225 BGHZ 65, 75.
226 *Kerscher/Krug*, Das erbrechtliche Mandat, § 13 Rn 367, 368; Langenfeld/*Nieder*, Münchener Vertragshandbuch, Band 6, XVI 27; BGH NJW 1945, 1831; *Löbbecke*, NJW 1985, 1193.
227 MüKo-*Heldrich*, § 2055 BGB Rn 16.
228 Siehe hierzu ausführlich *Goller*, BWNotZ 1959, 18; Palandt-*Edenhofer*, § 2312 BGB Rn 7.
229 BT-Drucks VII/1443, 25 f. und 4545, 17; *Becker*, AgrarR 1976, 209.

**unbedingte Ausgleichung** im Rahmen der Pflichtteilsberechnung unter pflichtteilsberechtigten Abkömmlingen fest. Neben der Tatsache, dass dem Erblasser jegliche Manipulation hinsichtlich der gesetzlichen Erbquoten und damit der Einstellung in die Ansprüche der pflichtteilsberechtigten Abkömmlinge gem. § 2316 BGB durch diese unbedingte Ausgleichung versagt ist, kann der Erblasser auch die Ausgleichung von Ausstattungen und Übermaßzuschüssen i.S.v. § 2050 Abs. 1 und 2 BGB nicht verhindern.

121 ■ **Anrechnung auf den Pflichtteil (siehe auch Rn 256)**

Im Rahmen der Gestaltung lebzeitiger Vorempfänge ist die Anrechnungsbestimmung des § 2315 BGB (Anrechnung der Zuwendung auf den Pflichtteil) ein weit reichendes und effektives Instrument der Nachlassplanung. Gemäß § 2315 Abs. 1 BGB muss sich der Pflichtteilsberechtigte Zuwendungen des Erblassers auf seinen Pflichtteil anrechnen lassen, wenn eine **dementsprechende Bestimmung** des Erblassers im Zeitpunkt der Zuwendung vorliegt. In Bezug auf die Modalitäten der Anrechnungsbestimmung gilt das zur Ausgleichung Gesagte.

Will der Erblasser nachträglich eine Anrechnung auf den Pflichtteil erreichen, so ist dies nur in der Form eines **Pflichtteilsverzichtsvertrags** möglich.[230] Im Gegensatz zur nachträglichen Anordnung der Ausgleichung von Vorempfängen verbietet das Pflichtteilsrecht eine nachträgliche, einseitige Anrechnungsbestimmung.

Der Anwendungsbereich des § 2315 BGB trifft nicht nur Abkömmlinge, sondern alle nach dem Gesetz pflichtteilsberechtigten Personen, also insbesondere auch den Ehegatten oder die Eltern des Erblassers.

Jeder Pflichtteilsberechtigte muss sich nur das anrechnen lassen, was gerade ihm unter **Anrechnungsbestimmung** zugewendet wurde, so dass für jeden einzelnen Pflichtteilsberechtigten im Gegensatz zu der Berechnung der Ausgleichung (**kollektive Ausgleichung**) eine gesonderte Berechnung aufgestellt wird (so genannte **individuelle Anrechnung**). Wichtig und entscheidend ist also, dass nur seine eigenen anrechnungspflichtigen Zuwendungen fiktiv dem möglichen Nachlass zugerechnet werden; danach wird aus diesem fiktiven Gesamtnachlass der rein rechnerische Pflichtteilsanspruch des betreffenden Anrechnungspflichtigen berechnet und von dem so berechneten Pflichtteil die zuvor dem Nachlass hinzugezählte Zuwendung abgezogen.[231] Diese unterschiedliche Berechnungsmethode zwischen § 2315 BGB und § 2316 BGB ist von einschneidender Bedeutung. Die Anrechnungsbestimmung des § 2315 BGB schlägt sich demgemäß wesentlich stärker nieder als die Regelung des § 2316 BGB. Die Rechtsfolgen ähneln sich nur insofern, als sich dann derselbe Pflichtteil des Zuwendungsempfängers ergibt, wenn ausschließlich Abkömmlinge pflichtteilsberechtigt sind und nur einer von ihnen eine ausgleichspflichtige Zuwendung erhalten hat.[232] Die Vorschrift des § 2316 IV BGB[233] greift ein, wenn sowohl Ausgleichung als auch Anrechnung angeordnet sind. Dies hat zur Folge, dass nur der halbe Vorempfang abzuziehen ist, da die andere Hälfte bereits bei der Ausgleichung berücksichtigt wurde.

---

230 Langenfeld/*Nieder*, Münchener Vertragshandbuch, Band 6, XVI 27.
231 Langenfeld/*Nieder*, Münchener Vertragshandbuch, Band 6, XVI 27; genauer zur Berechnung *Kerscher/ Riedel/Lenz*, § 8 Rn 47 ff.
232 *Sostmann*, MittRHNotK 1976, 479, 491, 494.
233 Vertieft und mit ausführlichen Rechenbeispielen *Kerscher/Riedel/Lenz*, § 8 Rn 52 ff.

## II. Übertragung einer Eigentumswohnung an Abkömmling durch geschiedenen Elternteil

### 1. Typischer Sachverhalt

Der geschiedene Übergeber hat drei Abkömmlinge. Einem dieser Abkömmlinge wendet er eine Eigentumswohnung im Wege der Ausstattung zu. Ein weiterer Abkömmling, der ebenfalls bereits eine Ausstattung erhalten hat, ist am Vertrag beteiligt. Beim Tode des Übernehmers, desgleichen bei dessen Scheidung und bei Verfügung des Übernehmers über den Vertragsgegenstand, behält sich der Übergeber ein Rückforderungsrecht vor. Dieses soll beim Tode auch dem am Vertragsschluss beteiligten anderen Abkömmling zustehen, sofern der Übernehmer keine leiblichen Kinder hinterlässt.

Sowohl der Übernehmer als auch der am Vertragsschluss beteiligte Bruder des Übernehmers, Letzterer gegenständlich beschränkt auf die an den Übernehmer gemachte Zuwendung, verzichten auf Pflichtteilsrechte. Die Ausgleichung wird ausgeschlossen, und zwar auch für den Vorempfang des am Vertrag beteiligten Bruders des Übernehmers. Weiterhin wird ein Gleichstellungsgeld vereinbart, und zwar sowohl zugunsten des Bruders als auch zugunsten der nicht erschienenen Schwester des Übernehmers. Der Pflichtteilsverzicht sowie der Verzicht auf Ausgleichung sollen durch die Zahlung des Gleichstellungsgeldes bedingt sein.

### 2. Muster: Zuwendung einer Eigentumswohnung im Wege der Ausstattung mit Ausgleichsverpflichtung im Todesfall, Vereinbarung von Rückforderungsrechten im Spekulations- und Scheidungsfall, Gleichstellung von Geschwistern, umfassende Pflichtteils- und Ausgleichungsregeln

Verhandelt am          in

Vor dem unterzeichneten Notar          sind erschienen, ausgewiesen durch          , unbedenklich geschäftsfähig:

1.          , nachstehend Übergeber genannt
2. Dessen Sohn          , geb.          , nachstehend Übernehmer genannt
3. Dessen Bruder          , geb.

Der Notar fragte nach einer Vorbefassung im Sinne von § 3 Abs. 1 Nr. 7 BeurkG. Sie wurde von den Beteiligten verneint.

Die Erschienenen ersuchten mich um die Beurkundung nachstehender Vertragserklärungen:

### § 1 Vertragsobjekt

1. Der Übergeber ist im Wohnungsgrundbuch von          , Band          , Heft/Blatt          , als Alleineigentümer des nachfolgenden Wohnungsgrundbesitzes eingetragen:

         /1000 Miteigentumsanteil an dem Grundstück, Gemarkung          , Grundbuch von          , Nr.          , Flst. Nr.          , Gebäude- und Freifläche          , Straße Nr.          ,          m², verbunden mit dem Sondereigentum an der im Aufteilungsplan mit Nr.          bezeichneten Wohnung, dem Kellerraum Nr.          und dem Pkw-Abstellplatz Nr.

2. Das Vertragsobjekt ist nach dem Grundbuch lastenfrei.

*(Alternativ:)*

Das Vertragsobjekt ist wie folgt belastet:

Abteilung II:

Die vorgenannten Rechte werden vom Übernehmer zur weiteren dinglichen Duldung übernommen. Die Rechte sind ihm bekannt.

Abteilung III:

Die Pfandlast Abteilung III lfd. Nr. . wird vom Übernehmer zur weiteren dinglichen Duldung übernommen. Der Inhalt der Belastung ist dem Übernehmer bekannt.

125 **§ 2 Übertragung**

Der Übergeber überträgt hiermit im Wege der Ausstattung[234] den vorstehenden Grundbesitz nebst allen Rechten und Pflichten, den wesentlichen Bestandteilen und dem Zubehör sowie allen etwaigen bestehenden und künftigen Eigentümerrechten, Rückgewähr- und Löschungsansprüchen an den Übernehmer zu Alleineigentum.

Der Übernehmer nimmt die Übertragung hiermit an.

Der Übernehmer übernimmt alle Verpflichtungen aus dem Wohnungseigentum, wie sie insbesondere enthalten sind in der Teilungserklärung vom des Notars , Notariat , UR.Nr. . Die vorgenannte Teilungserklärung wurde dem Übernehmer bereits ausgehändigt.

Der Notar hat die Beteiligten darauf hingewiesen, dass die Teilungserklärung vom und die Beschlüsse der Eigentümer sowie etwaige gerichtliche Entscheidungen maßgeblich sind für die anteilig zu tragenden Kosten für Instandhaltung und Instandsetzung des gemeinschaftlichen Eigentums, sowie Versicherungen, Betriebskosten, Heizkosten usw.

Das Vertragsobjekt ist/ist nicht vermietet.

126 **§ 3 Auflassung**

Die Vertragsteile sind über den Eigentumsübergang einig. Der Übergeber bewilligt und der Übernehmer beantragt die Eintragung der Rechtsänderung im Grundbuch. Auf die Bestellung einer Auflassungsvormerkung wird nach Belehrung verzichtet.[235]

127 **§ 4 Besitz, Nutzungen und Lasten**

Der unmittelbare Besitz, die Nutzungen und Lasten sowie die Gefahr des zufälligen Untergangs und der zufälligen Verschlechterung gehen mit sofortiger Wirkung auf den Übernehmer über.

Alle Erschließungs- und Anliegerkosten für die Vergangenheit, auch sofern sie noch nicht in Rechnung gestellt sind, gehen zu Lasten des Übergebers. Alle Erschließungs- und Anliegerkosten, deren Entstehungsgrund in der Zukunft liegt, gehen zu Lasten des Übernehmers.

128 **§ 5 Mängelhaftung**

Alle Ansprüche und Rechte des Übernehmers wegen eines Sachmangels des Grundstücks, des Gebäudes und der eventuell mitveräußerten beweglichen Sachen sind ausgeschlossen. Es sind auch alle Ansprüche auf Schadenersatz ausgeschlossen, es sei denn, der Übergeber handelt vorsätzlich.

In Kenntnis seiner insoweit gegebenen Aufklärungspflicht versichert der Übergeber, dass ihm versteckte Sachmängel des Vertragsgegenstandes nicht bekannt sind. Der Vertragsgegenstand wurde vom Übernehmer besichtigt; er wird im gegenwärtigen, altersbedingten Zustand vom Übergeber übergeben.

Soweit sie vom Übernehmer nicht übernommen wurden, ist der Übergeber verpflichtet, dem Übernehmer den übergebenen Grundbesitz frei von im Grundbuch eingetragenen Belastungen und Beschränkungen zu verschaffen.

Vom Übernehmer werden eventuelle Baulasten, eintragungslos wirksame Rechte sowie im Grundbuch nicht eingetragene Dienstbarkeiten übernommen; das Bestehen derartiger Belastungen ist dem Übergeber

---

234 Vgl. Rn 140.
235 Vgl. Rn 141.

allerdings nicht bekannt. Der Übergeber versichert, dass er Eintragungen in das Baulastenverzeichnis bzw. die Bestellung eintragungslos wirksamer Rechte nicht veranlasst hat. Auf die Möglichkeit, das Baulastenverzeichnis selbst einzusehen, wurden die Beteiligten hingewiesen.

### § 6 Rückforderung[236]

1. Der Übergeber hat Anspruch auf Rückübertragung des gem. § 2 übertragenen Vertragsobjekts in folgenden Fällen:
a) Im Falle, dass der Übernehmer vor dem Übergeber verstirbt.
b) Im Falle, dass der Übernehmer oder dessen Ehegatte Scheidungsantrag stellt; dem gleichgestellt ist der Umstand, dass der Übernehmer oder dessen Ehegatte vorzeitigen Ausgleich des Zugewinns verlangt, es sei denn, es ist durch Ehevertrag zwischen dem Übernehmer und dessen Ehegatten sichergestellt, dass das Übergabeobjekt bei der Durchführung eines etwaigen Zugewinnausgleichs unberücksichtigt bleibt.
c) Jedwede Verfügung (insbesondere Übertragung, Belastung oder inhaltliche Veränderung) sowie *wesentliche* bauliche Veränderung bezüglich des Vertragsobjekts ohne Zustimmung des Übergebers.

2. Der Anspruch auf Rückübertragung schließt den Anspruch auf Abtretung aller evt. Eigentümerrechte, Rückgewähr- und Löschungsansprüche hiermit ein.

Der Anspruch auf Rückübertragung kann nur innerhalb von drei Monaten ab Kenntnis des Übergebers von einem Rückforderungsgrund gem. § 6 Ziff. 1a bis c ausgeübt werden.

Die Geltendmachung der Rückforderung bedarf der Schriftform.

Im Falle, dass der Übernehmer nach dem Tode des Übergebers und ohne Hinterlassung leiblicher Abkömmlinge versterben sollte, steht das gem. § 6 Ziff. 1a) vereinbarte Rückforderungsrecht dem Bruder des Übernehmers, dem Erschienenen zu Ziff. 3 zu.

§ 6 Ziff. 2 bis 6 findet entsprechende Anwendung.

3. Das Rückforderungsrecht erlischt, abgesehen von der Regelung zugunsten des Erschienenen zu Ziff. 3, mit dem Tode des Übergebers. Es ist nicht übertragbar, es sei denn, es wurde zu Lebzeiten des Übergebers bzw. zu Lebzeiten des Erschienenen zu Ziff. 3 ausgeübt.

4. Der Übergeber ist zum Ersatz von Investitionen verpflichtet, die der Übernehmer in Bezug auf das Übergabeobjekt mit seinem Einverständnis vorgenommen hat. Die Höhe der Ersatzansprüche richtet sich nach dem Zeitwert der vorgenommenen Investitionsmaßnahme im Zeitpunkt der Rückforderung. Nach dem Tod des Übergebers hängt die Ersatzpflicht von einem Einverständnis des Erschienenen zu Ziff. 3 nicht ab.

5. Nutzungen sind vom Übernehmer nicht herauszugeben. Er hat für die Benutzung des Vertragsobjekts keine Vergütung zu zahlen.

6. Die Kosten der Rückübertragung gehen zu Lasten des Übernehmers. Im Falle, dass der Übergeber aufgrund Vorversterbens des Übernehmers zurückfordert, fallen die Kosten dem Übergeber allein zur Last.

### § 7 Rückauflassungsvormerkung, Löschungsvollmacht[237]

Zur Sicherung des sich aus § 6 dieses Vertrags ergebenden Rückauflassungsanspruches wird zugunsten des Übergebers eine Auflassungsvormerkung gem. § 883 BGB an dem Vertragsgegenstand bestellt.

Die Eintragung im Grundbuch wird hiermit bewilligt und beantragt.

Die Parteien schließen die Vormerkungsfähigkeit des dem Erschienenen zu Ziff. 3 zustehenden, aufschiebend bedingten Rückauflassungsanspruches bis zum Tode des Übergebers und des Übernehmers aus. Der Über-

---

236 Vgl. Rn 142–147.
237 Vgl. Rn 148.

nehmer bewilligt jedoch unwiderruflich die Eintragung einer Auflassungsvormerkung. Ein Eintragungsantrag kann nach dem Tode des Übernehmers und des Übergebers jederzeit gestellt werden.

Der Übergeber bevollmächtigt hiermit für seinen Todesfall den Übernehmer, die Löschung der zu seinen Gunsten eingetragenen Vormerkung unter Vorlage der Sterbeurkunde zu bewilligen.

**131** **§ 8 Vollmacht**[238]

Der Übernehmer erteilt hiermit dem Übergeber für den Fall, dass der Übergeber die Rückübertragung des Vertragsobjekts aufgrund Vorversterbens des Übernehmers verlangen kann, unwiderrufliche Vollmacht zur Vornahme aller zur Rückübertragung erforderlichen Rechtshandlungen. Der Bevollmächtigte ist von den Beschränkungen des § 181 BGB befreit.

**132** **§ 9 Geschwistergleichstellung**[239]

1. Der Übernehmer verpflichtet sich, an den Erschienenen zu Ziff. 3, ▬▬▬▬, im Wege der Gleichstellung einen Betrag in Höhe von ▬▬▬▬ EUR zu zahlen. Das Gleichstellungsgeld ist spätestens bis zum 1. des auf die Beurkundung folgenden Monats zur Zahlung fällig.

2. Weiterhin verpflichtet sich der Übernehmer im Wege des Vertrags zugunsten Dritter, an seine nicht erschienene Schwester, Frau ▬▬▬▬, ebenfalls im Wege der Gleichstellung beim Tode des Übergebers einen Betrag in Höhe von ▬▬▬▬ EUR zu zahlen. Frau ▬▬▬▬ soll aufgrund dieser Urkunde einen eigenständigen Zahlungsanspruch erhalten. Die Befugnis der Vertragschließenden, den zugunsten von Frau ▬▬▬▬ begründeten Zahlungsanspruch ohne deren Zustimmung aufzuheben oder zu ändern, wird hiermit ausgeschlossen.

3. Bis zum Eintritt der Fälligkeit des gem. § 9 Ziff. 2 geschuldeten Gleichstellungsgeldes sind Zinsen in Höhe von ▬▬▬▬ % p.a. geschuldet.

Nach Eintritt der Fälligkeit ist der vorgenannte Betrag mit 5 % über dem Basiszinssatz der Deutschen Bundesbank zu verzinsen.

4. Auf die hiermit verbundenen Risiken hingewiesen, verzichten die Parteien auf dingliche Sicherung des Gleichstellungsgeldes.

**133** **§ 10 Pflichtteilsregelungen**[240]

*1. Pflichtteilsverzicht des Übernehmers*

Im Hinblick auf die in dieser Urkunde vereinbarte Übertragung des Wohnungsgrundbesitzes verzichtet der Übernehmer gegenüber dem Übergeber auf sein gesetzliches Pflichtteilsrecht beim Tode des Übergebers einschließlich etwaiger Pflichtteilsergänzungsansprüche. Desgleichen verzichtet er auf Ausgleichs- und Zusatzpflichtteile.

Der vorbezeichnete Pflichtteilsverzicht erstreckt sich auch auf vorhandene und zukünftige Abkömmlinge des Verzichtenden.

Der vorbezeichnete Pflichtteilsverzicht erfolgt unabhängig von der konkreten Höhe der Pflichtteilsquote, die sich jederzeit durch Hinzutreten oder Wegfallen von gesetzlichen Erben und damit Pflichtteilsberechtigten in beide Richtungen verändern kann.

Der Verzicht steht unter keiner Bedingung, insbesondere wird er nicht in Erwartung zukünftigen erbrechtlichen Erwerbs abgegeben und ist unabhängig vom jetzigen Bestand des Vermögens des Übergebers bzw. vom Bestand und der Zusammensetzung des künftigen Nachlasses des Übergebers.

Der Übergeber nimmt diesen Pflichtteilsverzicht hiermit an.

---

238 Vgl. Rn 150.
239 Vgl. Rn 151.
240 Vgl. Rn 152.

Der Pflichtteilsverzicht entfällt, wenn das Vertragsobjekt aufgrund des vorstehend vereinbarten Rückforderungsrechtes zurückübertragen wurde.

*2. Verzicht des Erschienenen zu Ziff. 3 auf Pflichtteilsergänzungsansprüche*

Der Erschienene zu Ziff. 3 verzichtet im Hinblick auf die heutige Zuwendung des Erschienenen zu Ziff. 1 an den Erschienenen zu Ziff. 2 und gegenständlich beschränkt hierauf auf sein gesetzliches Pflichtteilsrecht einschließlich etwaiger Pflichtteilsergänzungsansprüche und eines etwaigen Ausgleichspflichtteils beim Tode des Übergebers für sich und seine Abkömmlinge. Dieser Pflichtteilsverzicht ist allerdings aufschiebend bedingt durch die Erfüllung des gem. § 9 geschuldeten Gleichstellungsgeldes wirksam.

Der Verzicht wird gegenüber dem Übergeber abgegeben und von diesem angenommen.

### § 11 Ausgleichung unter Abkömmlingen[241]
1. Die Vertragschließenden sind sich darüber einig, dass die heutige Zuwendung an den Übernehmer beim Tode des Übergebers der Ausgleichung unter Abkömmlingen gem. §§ 2050 ff. BGB nicht unterliegen soll.
2. Der Erschienene zu Ziff. 3 hat vom Übergeber zur Einrichtung seines Gewerbebetriebes im Jahre 1997 einen Geldbetrag in Höhe von ▬▬▬▬ EUR erhalten. Die Parteien vereinbaren hiermit, dass diese Zuwendung beim Tode des Übergebers ebenfalls nicht der Ausgleichung unter Abkömmlingen unterliegen soll.

Der Verzicht auf Ausgleichung ist gem. § 11 Ziff. 1 aufschiebend bedingt durch die Erfüllung des gem. § 9 geschuldeten Gleichstellungsgeldes wirksam.

### § 12 Salvatorische Klausel

Sollte eine Bestimmung dieses Vertrags unwirksam sein oder unwirksam werden, so wird die Wirksamkeit der übrigen Vertragsbestimmungen hierdurch nicht berührt. Dies gilt sinngemäß auch bei der Unwirksamkeit von Vertragsteilen. Die Parteien verpflichten sich schon jetzt, die unwirksame Bestimmung durch eine wirksame Vertragsklausel zu ersetzen, die dem wirtschaftlichen Zweck der unwirksamen Bestimmung am nächsten kommt.

### § 13 Hinweise, Belehrungen[242]

Der Notar hat die Beteiligten insbesondere auf Folgendes hingewiesen:
1. Beide Vertragsteile haften kraft Gesetzes als Gesamtschuldner für die Kosten dieser Urkunde, desgleichen für die Kosten des grundbuchamtlichen Vollzuges sowie für etwaige Steuern, auch für den Fall, dass eine Partei sich vertraglich zur Übernahme verpflichtet hat.
2. Der schuldrechtliche Vertrag ist solange schwebend unwirksam, bis erforderliche Genehmigungen erteilt sind.
3. Das Eigentum am Vertragsobjekt geht erst mit Eintragung im Grundbuch auf den Übernehmer über.
4. Der übertragene Vertragsgrundbesitz haftet weiterhin für Rückstände an öffentlichen Lasten und Abgaben, insbesondere für Erschließungsbeiträge sowie für etwaige im Grundbuch eingetragene Belastungen bis zur Freistellung.
5. Auf die eventuelle Nichtigkeit des Vertrags für den Fall, dass nicht alle Vereinbarungen vollständig beurkundet sind.
6. Trotz der Tatsache, dass der Vermögensgegenstand unentgeltlich aus der Vermögensmasse des Übergebers ausgegliedert ist, können Pflichtteilsergänzungsansprüche gem. §§ 2325 ff. BGB für Abkömmlinge, die nicht mindestens mit der Hälfte des gesetzlichen Erbteils bedacht sind, entstehen.

---

241 Vgl. Rn 153.
242 Vgl. Rn 154.

137 **§ 14 Kosten und Steuern**[243]

Die Kosten dieser Urkunde sowie die Kosten des Vollzuges im Grundbuch, desgleichen etwaige Schenkungssteuern, sind vom Übernehmer zu tragen.

138 **§ 15 Ausfertigungen, Abschriften**

Von dieser Urkunde erhalten die Vertragsteile je eine beglaubigte Abschrift; das Grundbuchamt eine Ausfertigung, das Finanzamt (Schenkungssteuerstelle) sowie das Finanzamt (Grunderwerbsteuerstelle) erhalten jeweils einfache Abschriften.

139 **§ 16 Notarielle Durchführungsvollmacht**

Die Erschienenen beauftragen und bevollmächtigen unter Befreiung von § 181 BGB unwiderruflich den Notar, sie im Grundbuchverfahren uneingeschränkt zu vertreten und in ihrem Namen alle zur Wirksamkeit und zum Vollzug der Urkunde erforderlichen Genehmigungen und Erklärungen einzuholen, entgegenzunehmen und zu verwenden.

Soweit dies rechtlich zulässig ist, ist der Notar darüber hinaus beauftragt und bevollmächtigt, durch notarielle Eigenurkunde in formeller und materieller Hinsicht Anträge und Erklärungen aller Art zu stellen bzw. abzugeben, zu berichtigen, abzuändern, zu ergänzen, zurückzunehmen oder grundbuchrechtlichen Erfordernissen inhaltlich anzupassen.

### 3. Hinweise zum Muster

140 ■ **Allgemeines zur Ausstattung (siehe auch Rn 115)**

Zwischen den Begriffen „vorweggenommene Erbfolge" und **Ausstattung** wird in der Regel differenziert. Bei der vorweggenommenen Erbfolge steht der Ausstattungszweck nicht im Vordergrund, die Zuwendung verfolgt auch andere Motive, liegt insbesondere häufig über der Angemessenheitsgrenze der Ausstattung, die das Gesetz in § 1624 BGB vorsieht.[244]

Gemäß § 1624 BGB ist Ausstattung, was einem Kinde mit Rücksicht auf seine Verheiratung oder auf die Erlangung einer selbstständigen Lebensstellung **zur Begründung oder zur Erhaltung der Wirtschaft oder Lebensstellung** vom Vater oder der Mutter zugewendet wird. Über den „normalen Unterhalt" des § 1610 BGB hinaus soll dem Kind **Existenzgründungshilfe** gewährt werden. Der Charakter einer Ausstattung ist nicht auf eine bestimmte Zuwendung, d.h. auf eine bestimmte Art bzw. einen bestimmten Gegenstand der Zuwendung, beschränkt, sondern kann sowohl in einer Geldzuwendung als auch in einer Grundstückszuwendung liegen. Trotz dieser nicht festgelegten Typisierung haben sich in der Praxis bestimmte Fallgruppen herausgebildet. Ausstattungen im Rahmen von Grundstückszuwendungen sind häufig die Zuwendung eines Bauplatzes, die Zuwendung einer Eigentumswohnung oder eines Wohnhauses.

Aufgrund der Tatsache, dass die Ausstattung weitgehend vom Gesetz aus dem Schenkungsrecht herausgenommen ist, insbesondere die **§§ 518, 521, 522 und 528 ff. BGB nicht anwendbar** sind (zu bedenken ist allerdings, dass für das Übermaß Schenkungsrecht gilt; siehe auch im Folgenden unter Rn 115), hat die Ausstattung im Vergleich zur Schenkung einige nicht unerhebliche **Vorteile**, jedoch auch **Nachteile**. Insbesondere entfällt das Recht des Schenkers/Übergebers zur Rückforderung bei grobem Undank, was für diesen ein Nachteil sein kann, da ihm dieses Regulativ für Verfehlungen des Beschenkten genommen wird; als Kehrseite entsteht hierdurch jedoch ein Vorteil, nämlich, dass bereits abstrakt keine Ansprüche bestehen, die der Sozialhilfeträger nach SGB XII überleiten könnte.

---

243 Vgl. Rn 155.
244 So auch *Langenfeld/Günther*, 7. Kap. § 4 Rn 621, § 7 Rn 631.

- **Auflassungsvormerkung** (siehe Rn 207, 311)

- **Rückauflassung** (siehe auch Rn 102 ff., 110 f.)

Grundsätzlich kann zugunsten des Übergebers ein **freies Rückforderungsrecht** vereinbart werden, sodass dieser jederzeit, und zwar ohne Angaben von Gründen, die Rückübertragung des Vertragsgrundbesitzes verlangen kann. Im Zivilrecht wird ein derartiges freies Rückforderungsrecht als zulässig erachtet.[245] Die Vereinbarung eines solchen freien Rückforderungsrechtes ist in der Praxis häufig, hat jedoch **nicht nur Vorteile**, nämlich den umfassenden Schutz des Übergebers, sondern **auch Nachteile**, die häufig dazu führen, dass der Übernehmer, der nicht selten seine Lebensplanung an dem Übergabegegenstand ausrichtet und seine Finanzplanung auf diesen einstellt, nahezu schutzlos ist.[246] Das Gesetz räumt dem Beschenkten zwar generell eine schwächere Stellung ein. Tatsächlich muss jedoch bedacht werden, dass mit einer Übergabe insbesondere von Grundstücken weit reichende Entscheidungen des Übernehmers verbunden sein können. Er kann sich bei freiem Rückforderungsrecht niemals darauf verlassen, dass der Übergabegegenstand bei ihm verbleibt. Er kann dann also **niemals Vertrauen in die Dauerhaftigkeit der Zuwendung** entwickeln. Soweit geht selbst das Schenkungsrecht nicht, das enumerativ Rückforderungstatbestände (z.B. Rückforderung bei grobem Undank) gegenüber dem Beschenkten statuiert. Im Übrigen wurde seitens der Rechtsprechung die Pfändbarkeit eines jederzeit ausübbaren Rückforderungsrechtes bejaht.[247]

Des Weiteren führt ein derartiges freies Rückforderungsrecht auch zu steuerlichen Nachteilen. Im Hinblick auf die Schenkungsteuer gilt die Schenkung als vollzogen. Diesbezüglich bestehen keine Bedenken.[248] Im Hinblick auf die Einkommensteuer kann ein freies Rückforderungsrecht dazu führen, dass das wirtschaftliche Eigentum entweder beim Übergeber verbleibt oder aber keine Einkunftsquelle auf den Übernehmer übergeht.[249]

Es wird vertreten, dass bei dem besonderen Vertragstyp der Ausstattung nach § 1624 BGB Rückforderungsrechte zumindest untypisch, wenn nicht kontraindiziert sind, weil die Ausstattung aus nicht existenzwichtigem Vermögen des Übergebers erfolgt und der Ausstattungszweck die Beständigkeit der Zuwendung impliziert.[250]

- **Rückauflassungsgründe** (siehe auch Rn 107 f.)

Vorliegend wurde ein **enumeratives Rückforderungsrecht** gewählt. Es bietet auch dem Beschenkten eine gewisse Sicherheit und die Möglichkeit, dafür zu sorgen, dass der Schenkungsgegenstand nicht zurückgefordert werden kann; dies zumindest soweit, als dass für die Rückforderung Voraussetzung ist, dass der Beschenkte ein bestimmtes Tun unterlässt bzw. eine bestimmte Handlung vornimmt.

Das Rückforderungsrecht ist zweistufig ausgestaltet. Es entsteht, wenn einer der Rückforderungsgründe vorliegt. Zusätzlich hierzu muss der Übergeber jedoch die Rückforderung geltend machen. Dies führt dazu, dass nicht bereits das Vorliegen eines Rückauflassungsgrundes zur Verwirklichung des Rückerwerbsanspruchs führt. Dem Übergeber soll es vielmehr überlassen werden, ob er den übertragenen Gegenstand tatsächlich zurückfordert.

---

245 BayObLG NJW-RR 1991, 662; Rpfleger 1990, 61 (str.).
246 So auch *J. Mayer*, § 2 Rn 233.
247 BGHZ 154, 64.
248 BFH NJW 1990, 1759.
249 BFH ZEV 1998, 445; BFHE 139, 36 und 157, 508.
250 *Langenfeld/Günther*, 7. Kap. § 7 Rn 632.

Wird der Vertrag so ausgestaltet, dass dem Übergeber keine Entscheidungsbefugnis eingeräumt wird, sondern vielmehr das Vorliegen eines Grundes ausreichend ist, um den Anspruch auszulösen, hat dies zur Konsequenz, dass der Rückerwerbsanspruch vererblich, übertragbar und pfändbar wäre. Dies ist jedoch sehr häufig nicht gewollt.

Die Rückforderungsrechte lassen sich im Wesentlichen in drei Gruppen aufteilen:
– Rückforderung zur Verstärkung oder näheren Ausgestaltung der Absicherung des Übergebers,
– Rückforderungsrechte zur Sicherstellung gegenüber familienfremden Dritten und
– Rückforderungsrechte im Hinblick auf eine etwaige Scheidung.

§ 6 lit. a) sowie lit. c) im Muster (siehe Rn 129) sind grundsätzlich der ersten Gruppe zuzuordnen, wobei lit. c) eine gewisse Zwitterstellung inne hat. Lit. b) gehört der letzten Gruppe an.

Lit. a) statuiert ein Rückerwerbsrecht für den Fall, dass der Erwerber vor dem Übergeber verstirbt. Gegebenenfalls kann die Klausel dahin gehend eingeschränkt werden, dass das Rückerwerbsrecht nicht ausgeübt werden kann, solange der Vertragsbesitz nicht an eigentlich Familienfremde fällt.

Eine Einschränkung könnte wie folgt formuliert werden:

> **Formulierungsbeispiel**
> Im Falle, dass der Übernehmer vor dem Übergeber verstirbt, es sei denn, dass das übertragene Vertragsobjekt im Wege der Alleinerbeneinsetzung, der Einsetzung zum Nacherben bei unbefreiter Vorerbschaft oder der Zuwendung eines Vermächtnisses, auch unter Nutzungsvorbehalten dritter Personen, auf leibliche Abkömmlinge des Übernehmers übergeht.

Lit. c) legt ein Rückerwerbsrecht fest, das dann greift, wenn der Übernehmer ohne Zustimmung des Übergebers über den Vertragsbesitz verfügt. § 137 S. 1 BGB ist hier nicht verletzt, da nicht die Verfügung selbst untersagt ist, sondern lediglich der Verstoß gegen das Verfügungsverbot zu Konsequenzen führt.[251] Als zweiter Rückerwerbstatbestand innerhalb dieser Klausel ist die Vornahme von wesentlichen Veränderungen ohne Zustimmung des Übergebers aufgeführt. Der Übergeber hat nicht zuletzt wegen einer etwaigen späteren Rückforderung ein Interesse daran, dass der überlassene Vertragsgrundbesitz im Wesentlichen unverändert bleibt.

Lit. b) gehört der dritten Gruppe an. Eine mittelbare Teilhabe des „abgelegten" Ehepartners des Beschenkten/Übernehmers an der Zuwendung soll verhindert werden. Zum Ausschluss weiterer Risikofaktoren kann bereits die **Änderung des Güterstandes in Gütergemeinschaft** (beachte § 1418 Abs. 2 Nr. 2 BGB) zum Rückforderungsgrund erklärt werden.

Im Rahmen der Festlegung und Formulierung des Rückforderungsrechts ist zunächst darauf zu achten, dass das Rückforderungsrecht auch die Übertragung etwaiger Eigentümerrechte, Rückgewähr- und Löschungsansprüche beinhalten sollte. Bei der Formulierung sollte im Übrigen vermieden werden, mehrere Übergeber, soweit vorhanden, im Rubrum des Vertrags unter einer Kurzbezeichnung („der Übergeber") zusammenzufassen. Dies hat dann bei unterbleibender Differenzierung im weiteren Vertragstext häufig Unklarheiten zur Folge, z.B., was mit dem Rückforderungsrecht geschieht, wenn einer der Übergeber verstirbt oder wenn sich die Übergeber in Bezug auf die Ausübung des Rückforderungsrechtes zu Lebzeiten nicht einig sind. In der Praxis bieten solche Formulierungen immer wieder

---

251 BayObLG NJW 1978, 700; *Kohler,* DNotZ 1989, 343 m.w.N.

vermeidbares Streitpotential. Auch die Frage der Übertragbarkeit und Vererblichkeit des vereinbarten Rückforderungsrechtes ist sinnvollerweise zu regeln.

Zunächst einmal ist klarzustellen, dass die sich aus der schon erfolgten Geltendmachung des Rückforderungsrechts ergebende Rechtsposition übertragbar und vererblich ist. Im Übrigen kann es angemessen sein, dass der Übergeber das Rückforderungsrecht durch Übertragung oder Tod an seinen Ehegatten oder einen anderen Abkömmling weiterleitet. Eine derartige Weiterleitung kann in den Fällen sinnvoll sein, in denen der Übernehmer bei seinem Tod keine Abkömmlinge hinterlässt. Eine generelle Übertragbarkeit bzw. eine generelle Vererblichkeit des Rückforderungsrechtes dürfte regelmäßig nicht den Parteiinteressen entsprechen, da zum einen der Erwerb durch Familienfremde regelmäßig nicht gewünscht ist, zum anderen die Verfügungsmöglichkeit des Übernehmers durch ein Fortbestehen des Rückforderungsanspruches nach dem Tode des Übergebers unzumutbar beschränkt sein kann (siehe auch Rn 142).[252]

Des Weiteren besteht die Möglichkeit, die Ausübung des Rückforderungsrechts zeitlich zu begrenzen, um auch hierdurch einen unnötig langen Schwebezustand und die hiermit verbundene Rechtsunsicherheit für den Übernehmer zu vermeiden. Zu Lasten des Übergebers sollte daher eine Ausübungsfrist für den Rückforderungsanspruch binnen eines bestimmten Zeitraums ab Kenntnis von den das Rückforderungsrecht auslösenden Umständen vereinbart werden.

Im Übrigen empfiehlt es sich, eine Regelung über einen etwaigen Nutzungsersatz des Übernehmers zu regeln und eine Kostenregelung in die Vereinbarung aufzunehmen. Nach dem Formular schuldet der Übernehmer keinen Nutzungsersatz, er haftet jedoch für die Kosten der Rückübertragung, es sei denn, dass die Rückübertragung aufgrund Vorversterbens des Übernehmers in Frage kommt.

### ■ Ersatz werterhöhender Investitionen (siehe auch Rn 184)

144

Soweit die Rückforderung keinen Strafcharakter haben soll, ist es auf den ersten Blick, wie auch häufig in der Literatur vorgeschlagen, aus Gründen der Fairness innerhalb der Familie und damit im Sinne des Familienfriedens sinnvoll, anzuordnen, dass getätigte Investitionen im Falle der Rückforderung durch den Übergeber zu ersetzen sind.

Auf den zweiten Blick zeigt sich jedoch, dass eine **differenzierende Betrachtungsweise** angebracht ist. Im Falle der Rückforderung wegen **Insolvenz** des Übernehmers partizipieren von dem zu ersetzenden Betrag die Gläubiger, da der Rückforderungsanspruch in die Insolvenzmasse fällt. Im Falle der **Inanspruchnahme von Sozialhilfe** ist der Ersatzanspruch des Übernehmers von diesem einzusetzen bzw. erfolgt die Überleitung des Anspruches auf den Sozialhilfeträger selbst, § 93 SGB XII.

Auch im Falle einer **Scheidung** erweist sich eine Aufwendungsersatzverpflichtung als eher nachteilig, da ein derartiger Aufwendungsersatzanspruch dem Endvermögen des Übernehmers zuzurechnen ist und im Rahmen des Zugewinnausgleichs durchaus negative Auswirkungen für diesen haben kann. Die Frage der Vereinbarung eines Ersatzanspruches für werterhöhende Investitionen sollte aus den vorbezeichneten Gründen gut bedacht und mit den Beteiligten ausführlich erörtert werden; u.U. bietet sich der Ausschluss für die vorbezeichneten Fallkonstellationen an.

Im Falle des Vorversterbens des Übernehmers sollte eine Regelung im Hinblick auf die Erstattung von Gegenleistungen getroffen werden. Die Gegenleistungen sollen hier aus

---

252 Im Einzelnen hierzu auch *J. Mayer*, § 2 Rn 261; ähnliche Problematik bei freiem Rückforderungsrecht.

Gründen der Gerechtigkeit den Erben zugute kommen. Im Übrigen sollte bei der Vereinbarung eines Wertersatzanspruches wenigstens festgelegt werden, welche Investitionen zu ersetzen sind. Desgleichen, nach welchem Bewertungsmaßstab bei der Festlegung der Höhe eines etwaigen Wertersatzanspruchs vorzugehen ist. Der Anspruch kann im Übrigen wie im vorliegenden Formular an weitere Voraussetzungen, insbesondere an die vorherige Zustimmung des Übergebers, geknüpft werden. Eine weitere Differenzierung kann erfolgen, wenn einzelnen Rückforderungstatbeständen Strafcharakter beigemessen werden soll. Im letzteren Falle würde dann eine Ersatzpflicht ausscheiden.

Wurden seitens des Übernehmers Gegenleistungen an den Übergeber erbracht, sollte hierüber ebenfalls eine Regelung getroffen werden, insbesondere bei solchen Gegenleistungen, die in Geld erbracht wurden. Auch hinsichtlich der Leistungen, die gegenüber Dritten erbracht worden sind, z.B. Gleichstellungsgelder, sollte eine Regelung getroffen werden, und zwar deshalb, weil etwaige Pflichtteilsverzichte im Zweifel bestehen bleiben.

Seitens des zurückfordernden Übergebers sind die notwendigen Verwendungen, die zur Erhaltung des Grundbesitzes erforderlich sind sowie die gewöhnlichen öffentlichen und privaten Lasten nicht zu erstatten. Versorgungsleistungen sind ebenfalls nicht zu erstatten. Wurden seitens des Übernehmers Tilgungsleistungen erbracht, sollten diese zurückerstattet werden.[253]

Wurden seitens des Übernehmers erhebliche Gegenleistungen erbracht, sollte auf das Rückforderungsrecht dann verzichtet werden, wenn es sich bei dem Übergabeobjekt um das wesentliche Vermögen des Übergebers gehandelt hat und dieser die getätigten Gegenleistungen demgemäß nicht zurückzahlen kann.

**145** ▪ **Alternative zum Rückforderungsrecht**

Für den Fall, dass der Übergeber, wie vorstehend ausgeführt, ggf. die vom Übernehmer getätigten Gegenleistungen nicht zurückzahlen kann, könnte anstelle des Rückforderungsrechtes auch ein Abstandsgeld oder eine Rentenzahlung vereinbart werden. In diesem Falle hätte der Übergeber die Wahl, entweder den Rückforderungsanspruch oder einen Zahlungsanspruch geltend zu machen.

Eine Formulierung für ein Abstandsgeld könnte wie folgt lauten:

> **Formulierungsbeispiel**
> Für den Fall, dass die Voraussetzungen gemäß B. § 1 vorliegen und ein Rückforderungsanspruch grundsätzlich besteht, hat der Übergeber wahlweise das Recht, anstelle der Geltendmachung des Rückforderungsanspruches die Zahlung eines Abstandsgeldes zu verlangen. Der vorbezeichnete Zahlungsanspruch entsteht, wenn innerhalb der zur Geltendmachung des Rückforderungsanspruchs bestehenden Frist, maßgeblich ist der Zugang beim Übernehmer, seitens des Übergebers durch eingeschriebenen Brief gegenüber dem Übernehmer erklärt wird, dass der Übergeber auf die Geltendmachung des Rückforderungsanspruches verzichten und das gemäß § _____ vereinbarte vertragliche Abstandsgeld einfordern will.
> Liegen die vorbezeichneten Voraussetzungen vor, so ist der Übernehmer verpflichtet, an den Übergeber ein Abstandsgeld in Höhe des Wertes des Grundstückes zum Zeitpunkt des Eintritts der diesen Anspruch auslösenden tatsächlichen Umstände zu bezahlen.

---

253 *Langenfeld/Günther*, 3. Kap. § 3 Rn 261.

> Zur Ermittlung des Verkehrswertes ist auf Kosten des Übergebers ein Verkehrswertgutachten für das Übergabeobjekt einzuholen, und zwar über den örtlichen Gutachterausschuss.
> Das Gutachten ist verbindlich, wenn es nicht grob unbillig ist.

### ▪ Mehrere Berechtigte

Für den Fall, dass sich auf Übernehmer- oder Übergeberseite mehrere Berechtigte gegenüberstehen, ist in jedem Fall zu regeln, in welchem Verhältnis die Rückübertragung bzw. ob und wie eine Absicherung im Grundbuch erfolgen soll. Übergeben mehrere Berechtigte, sollte geregelt werden, welche Anteile an wen zu Lebzeiten zurück zu übertragen sind bzw. ob der überlebende Berechtigte die Möglichkeit haben soll, allein zurückzufordern. Handelt es sich um Ehegatten, ist eine **Gesamtberechtigung** nach § 428 BGB sinnvoll.

> **Formulierungsbeispiel**
> Die Übergeber sind als Gesamtgläubiger gem. § 428 BGB berechtigt, in folgenden Fällen die Rückübertragung des Vertragsobjekts zu verlangen:
> (Nennung der Rückforderungsgründe)
> Das Rückforderungsrecht kann zu Lebzeiten beider Übergeber nur zum Erwerb von je hälftigem Miteigentum der Übergeber ausgeübt werden. Demgemäß wird vereinbart, dass jeder der Übergeber berechtigt ist, den Rückforderungsanspruch für den Fall, dass ein entsprechender Grund vorliegt, für den anderen Übergeber auszuüben.
> Das Rückforderungsrecht steht nach dem Tod des Erstversterbenden der Übergeber dem Überlebenden zum Erwerb des Alleineigentums zu, so als wenn er das Grundstück als alleiniger Eigentümer übertragen hätte. Ohne Zustimmung des jeweiligen anderen Übergebers kann dieser Anspruch nicht mehr aufgehoben oder geändert werden.

Erfolgt eine Übertragung an mehrere Übernehmer, ist zu regeln, ob für den Fall, dass ein Rückforderungsgrund nur bei einem der Übernehmer vorliegt, der gesamte Grundbesitz zurück zu übertragen ist oder nur der jeweilige übertragene Anteil. Im Regelfall wird sich die Rückforderung auf den jeweiligen übertragenen Miteigentumsanteil beschränken. Im Übrigen kann sich der Übernehmer auch mit Wirkung für seine Erben verpflichten, den übertragenen Vertragsgegenstand, der ohne Zustimmung des Übergebers belastet oder veräußert werden soll, zurück zu übertragen.[254]

### ▪ Pfändbarkeit des Rückforderungsrechts

Ob das Rückforderungsrecht pfändbar ist, ist umstritten.[255] Insoweit, als das Rückforderungsrecht vertraglich so ausgestaltet ist, dass eine Ausübungserklärung abzugeben ist, geht die überwiegende Literatur davon aus, dass eine Pfändbarkeit zu verneinen ist.[256] Dies entspricht der h.M. in Bezug auf das gesetzliche Widerrufsrecht nach § 530 BGB, das als höchstpersönliches Gestaltungsrecht nicht pfändbar sein soll.[257] Nach a.A. wird eine Pfändbarkeit des freien Widerrufsrechts bejaht.[258] Die Frage der Pfändbarkeit des Rückforderungsanspruchs ist demgemäß als offen zu bezeichnen.[259] Unstreitig gepfändet werden kann jedoch der künftige Rückübertragungsanspruch als bedingter Anspruch.[260] Mit einer

---

254 *Langenfeld/Günther*, 3. Kap. § 3 Rn 263.
255 *Langenfeld/Günther*, 3. Kap. § 3 Rn 300; *Langenfeld*, ZEV 2000, 391; *J. Mayer*, § 2 Rn 266 ff.
256 *Langenfeld/Günther*, 3. Kap. § 3 Rn 300 ff.
257 Palandt/*Weidenkaff*, § 530 Rn 1.
258 BGH DNotZ 2004, 298; *Weser*, ZEV 1995, 353.
259 *J. Mayer*, § 2 Rn 275.
260 BGHZ 130, 314; *J. Mayer*, § 2 Rn 276 m.w.N.

derartigen Pfändung verliert der Übernehmer seine Verfügungsfreiheit. Wurde das Rückforderungsrecht bereits ausgeübt, ist es ohnehin pfändbar.

### ■ Rückauflassungsvormerkung

Es empfiehlt sich, zur Absicherung des Rückauflassungsanspruchs des Übergebers bei Vertragsschluss die Eintragung einer Rückauflassungsvormerkung zu bewilligen und zu beantragen.[261] Eine Rückauflassungsvormerkung stellt sicherlich ein starkes Sicherungsmittel zugunsten des Übergebers dar. Gleichzeitig ist jedoch zu bedenken, dass die Belastung mit einer Rückauflassungsvormerkung die Verwendbarkeit des Grundbesitzes für den Übernehmer stark einschränkt. Vor diesem Hintergrund sollte bei Erlöschen des Rückerwerbsrechts sichergestellt sein, dass die Rückauflassungsvormerkung möglichst schnell aus dem Grundbuch gelöscht wird.

Nach der Rechtsprechung[262] ist die Eintragung einer Löschungserleichterung i.S.v. § 23 Abs. 2 GBO nicht möglich. Demgemäß kann der Übernehmer die Löschung der Vormerkung nur herbeiführen, wenn er einen entsprechenden Unrichtigkeitsnachweis gem. § 22 GBO führen kann. Evtl. kann die Vereinbarung einer Löschungsvollmacht zugunsten des Übernehmers hilfreich sein.

Um eine **Beleihbarkeit** des Grundbesitzes zu ermöglichen, kann ein Rangvorbehalt aufgenommen werden. Dieser sollte im Sinne des Schutzes des Übergebers schuldrechtlich nur ausgeübt werden dürfen für solche Grundpfandrechte, deren Kapital in den Übergabegegenstand selbst fließt. Entsprechendes sollte insbesondere auch für den Fall der Revalutierung bestehender Grundpfandrechte gelten. Eine entsprechende Einschränkung sollte auch für neue zu valutierende Grundpfandrechte getroffen werden.[263]

Ein Rangvorbehalt könnte wie folgt lauten:

> **Formulierungsbeispiel**
> Für den Fall, dass die Eintragung vorrangiger Grundpfandrechte zur Finanzierung von Aufwendungen, die das Übergabeobjekt betreffen, erforderlich ist, ist der Übergeber zum Rangrücktritt verpflichtet.

Im vorliegenden Formular wurde die Vormerkungsfähigkeit für den Rückübertragungsanspruch des Bruders bis zum Tode von Übergeber und Übernehmer ausgeschlossen, insbesondere um die Verkehrsfähigkeit des Grundstücks nach dem Tode des Übergebers nicht zu beeinträchtigen.

Haben mehrere Berechtigte das Grundstück übertragen, so wäre zu formulieren:

> **Formulierungsbeispiel**
> Zur Sicherung des sich aus § 6 dieses Vertrags ergebenden Rückauflassungsanspruchs wird zugunsten der Übergeber als Gesamtgläubiger gem. § 428 BGB, eine Auflassungsvormerkung gem. § 883 BGB an dem Vertragsgegenstand bestellt.

---

261 Eine Eigentumsvormerkung kann auch für einen aufschiebend bedingten Anspruch eingetragen werden, der erst nach dem Tod des Übernehmers verwirklicht werden kann, BGH ZEV 1997, 77.
262 BGH NJW 1992, 1683, vgl. auch BGH NJW 1996, 59, wonach bei vererblichem Rückübertragungsanspruch, der zu Lebzeiten des Berechtigten geltend gemacht wird, eine Löschungserleichterung nicht eintragungsfähig ist; Alternativvorschlag bei *Wulfka*, MittBayNot 1996, 56, 58; zur Gesamtproblematik s.a. *J. Mayer*, § 2 Rn 264.
263 Weitere Formulierungsvorschläge auch bei *J. Mayer*, § 2 Rn 286; *Langenfeld/Günther*, 3. Kap. § 3 Rn 290 ff.

■ **Rückauflassungsvormerkung und Zwangsversteigerung**

Droht die **Zwangsversteigerung** des Übergabeobjekts, so hindert eine Auflassungsvormerkung, die gegenüber den Rechten, aus denen die Zwangsversteigerung betrieben wird, vorrangig ist, die Versteigerung nicht.[264] Die Rückauflassungsvormerkung ist jedoch bei der Feststellung des geringsten Gebots nach § 48 ZVG zu berücksichtigen.[265] Die somit in das geringste Gebot aufgenommene Auflassungsvormerkung bleibt beim Zuschlag bestehen. Dies führt dazu, dass der Übergeber sie dem Ersteher gegenüber nach der Vorschrift des § 888 Abs. 1 BGB geltend machen kann. Voraussetzung für die Geltendmachung ist allerdings das Vorliegen eines Rückforderungsgrundes. Ist diese Voraussetzung erfüllt, muss der Ersteher der Auflassung des Grundstücks vom Übernehmer an den Übergeber zustimmen und unter Umständen an den Übergeber herausgeben.[266] In den Fällen, in denen die Auflassungsvormerkung den Rechten des die Zwangsversteigerung betreibenden Gläubigers nachgeht, erlischt sie mit dem Zuschlag.

■ **Rückübertragungsvollmacht**

Zur Stärkung der Rechtsstellung des Übergebers kann zu seinen Gunsten eine Rückauflassungsvollmacht unter Befreiung von den Beschränkungen des § 181 BGB vereinbart werden. Problematisch bleibt hierbei immer der Nachweis des Eintritts der Voraussetzungen für das Rückübertragungsrecht. Dieser Nachweis gestaltet sich ganz besonders schwierig bei Rückerwerbsgründen, die „nicht fassbar" sind, wie bspw. die Vornahme von wesentlichen baulichen Veränderungen oder der Verstoß gegen vertragliche Verpflichtungen bzw. das Vorliegen von Verfehlungen. Aus den vorbezeichneten Gründen wurde die Rückübertragungsvollmacht vorliegend lediglich für den Fall des Todes des Übernehmers ausgestellt. In diesem Falle ist der Nachweis für den Übergeber leicht zu führen.

■ **Geschwistergleichstellung (siehe auch Rn 347)**

Die Abfindung weichender Abkömmlinge bzw. die Gleichstellung von Geschwistern entspricht nicht nur dem Wunsch des Übergebers, seine Abkömmlinge gleich zu behandeln, sondern dient regelmäßig auch dazu, die Abgabe von Pflichtteilsverzichten zu erleichtern. Bei Abfindungszahlungen, deren Fälligkeit auf lange Zeit hinausgeschoben ist, empfiehlt sich u.U. die Vereinbarung einer dinglichen Sicherung zugunsten des gleichzustellenden Geschwisterteils.

Erfolgt die Gleichstellung von Geschwistern im Wege des Vertrags zugunsten Dritter, so ist stets die **Möglichkeit einer nachträglichen Abänderung** der zugunsten eines Dritten vereinbarten Abfindung **gem. § 328 Abs. 2 BGB** zu bedenken. Dementsprechend empfiehlt sich in derartigen Fällen eine Klarstellung, ob die Vertragschließenden berechtigt sein sollen, das zugunsten eines dritten Abkömmlings vereinbarte Gleichstellungsgeld aufzuheben oder dessen Höhe zu ändern.

Die Vereinbarung von Gleichstellungszahlungen, die auf den Todesfall des Übergebers erfolgen, ist steuerrechtlich nicht unproblematisch, da es beim Empfänger zu einer Aufteilung in Kapital- und Ertragsanteil führen kann. Letzterer ist regelmäßig der Einkommensteuer zu unterwerfen. Aus diesen Gründen ist eine geringfügige Verzinsung anzuraten bzw. eine sofortige Fälligstellung des Gleichstellungsgeldes sinnvoll.

---

264 BGHZ 46, 124, 126; BGH NJW 1983, 1738, 1739.
265 Staudinger/*Gursky*, § 883, Rn 294.
266 Staudinger/*Gursky*, § 883, Rn 299.

**152** ■ **Pflichtteilsregelungen (siehe auch Rn 179, 216)**

Es entspricht einer sinnvollen Nachlassplanung, den übergebenden Eltern in Zukunft freie Hand bei Verfügungen unter Lebenden und auf den Todesfall zu geben; Pflichtteilsrechte des Übernehmers können dann nicht mehr berührt werden.

Bezüglich des Verzichts des Bruders des Übernehmers gegenüber dem Übergeber auf die Geltendmachung von Pflichtteilsergänzungsansprüchen, gegenständlich beschränkt auf das Übergabeobjekt kann sich der Übernehmer – zumindest was den verzichtenden Bruder anbelangt – der (Nicht-)Geltendmachung späterer Pflichtteilsergänzungsansprüche sicher sein. Der Verzicht ist aufschiebend bedingt wirksam durch die Zahlung des gem. § 9 vereinbarten Gleichstellungsgeldes. Dies schützt die Interessen des verzichtenden Geschwisterteils.

Neben dem verzichtenden Bruder hat der Übernehmer noch eine Schwester, die am Vertragsschluss nicht beteiligt ist. Zu ihren Gunsten ist ebenfalls ein Gleichstellungsgeld, fällig beim Tode des Übergebers, vereinbart, und zwar im Wege eines Vertrags zugunsten Dritter.

Um eine Doppelbelastung des Übernehmers durch die Zahlung des Gleichstellungsgeldes einerseits bzw. durch die zusätzliche Geltendmachung von Ergänzungsansprüchen andererseits zu vermeiden, kann vereinbart werden, dass das Gleichstellungsgeld entfällt, wenn Pflichtteilsergänzungsansprüche geltend gemacht werden. In diesem Falle steht dem Übernehmer, sofern er das Gleichstellungsgeld schon bezahlt hat, ein Bereicherungsanspruch zu. Mit diesem kann er gegen etwaige Pflichtteilsergänzungsansprüche aufrechnen. Eine Gestaltungsvariante wäre die, das Gleichstellungsgeld erst fällig zu stellen, wenn die Schwester nach dem Erbfall (Zug um Zug) auf die Geltendmachung von Ergänzungsansprüchen verzichtet.

**153** ■ **Ausgleichung unter Abkömmlingen (siehe auch Rn 112 ff., 140)**

Die Ausgleichung unter Abkömmlingen ist vorliegend ausgeschlossen. Wenn andere Geschwister beteiligt sind, können auch andere Vorempfänge, wie hier geschehen, in den Ausschluss der Ausgleichung mit einbezogen werden. Voraussetzung für den Ausschluss der Ausgleichung ist im Formulierungsbeispiel wiederum die Zahlung des Gleichstellungsgeldes.

**154** | **Hinweis**
| Neben den allgemeinen notariellen Hinweisen, die hier vernachlässigt werden sollen, sei lediglich der Hinweis auf § 2325 BGB gesondert erwähnt.

**155** ■ **Schenkungssteuer**

Schenkungssteuerlich wird der dem Übernehmer zugewendete Grundbesitz mit dem Verkehrswert besteuert. Im Falle einer **gemischten Schenkung** ist lediglich der anteilige Verkehrswert für den unentgeltlichen Teil steuerlich relevant. Die Steuerschuld entsteht nach § 9 Abs. 1 Nr. 2 ErbStG bei Zuwendungen unter Lebenden mit der Ausführung der Zuwendung. Vorbehaltene Rückforderungs- und Rücktrittsrechte, desgleichen die Vereinbarung von auflösender Bedingung und Veräußerungsverbot, verhindern nicht die Entstehung der Steuer. Allerdings entfällt die Steuer mit Wirkung für die Vergangenheit, wenn aufgrund vorbehaltener vertraglicher Rechte (Rückforderung, Rücktritt etc.) der Übergabegegenstand herausgegeben werden musste, § 29 Abs. 1 Nr. 1 ErbStG.

## ▪ Einkommensteuer

Einkommensteuerlich[267] ist zu differenzieren, inwieweit das übergebene Grundstück zum **Betriebsvermögen** oder zum **Privatvermögen** gehört.

Gehört der Übergabegegenstand zum betrieblichen Vermögen, ist in der Regel eine steuerpflichtige Aufdeckung **stiller Reserven** infolge der Entnahme anzunehmen,[268] und zwar unabhängig davon, ob der Übergabegegenstand zum notwendigen oder zum gewillkürten Betriebsvermögen gehört.[269]

Besonderheiten gelten für **eigengenutzte Wohnungen**, die bis 1986 in zulässiger Weise in das Betriebsvermögen eingestellt waren.[270]

Auch die teilentgeltliche Übertragung zieht in aller Regel die Aufdeckung stiller Reserven nach sich. Zur **Teilentgeltlichkeit** führen insbesondere **Gleichstellungsgelder** an Angehörige oder Dritte sowie **Abstandszahlungen** an den Übergeber, während der Versorgungscharakter von Rente und dauernder Last in aller Regel weder zu Anschaffungskosten noch zu einem Veräußerungsentgelt führen. Vielmehr handelt es sich um abzugsfähige Sonderausgaben beim Verpflichteten und um sonstige Einkünfte beim Berechtigten, § 10 Abs. 1 Nr. 1a sowie § 22 Nr. 1 EStG.[271] Bei Übernahme von Verbindlichkeiten bei Übertragung von Betriebsvermögen ist nach dem **Charakter der Verbindlichkeiten** zu differenzieren.[272]

Soweit sich der Übergabegegenstand im Privatvermögen befindet, sind mit der Übertragung **keine steuerlichen Auswirkungen** verbunden. Allerdings sollte im Rahmen der Gestaltung § 23 EStG beachtet werden, der zum 1.1.1999 in seinen Voraussetzungen wesentlich verschärft wurde. Die bis dahin statuierte zweijährige **Spekulationsfrist** wurde auf zehn Jahre ausgedehnt. Auswirkungen hat insbesondere der neu eingeführte Absatz 3 Satz 3, nach dem dem Einzelrechtsnachfolger die Anschaffung durch den Rechtsvorgänger vom Anschaffungszeitraum her zuzurechnen ist. Hierüber kann es zumindest dann zu einem steuerpflichtigen Veräußerungsgeschäft kommen, wenn der Steuerpflichtige das Objekt im Jahre der Veräußerung und in den zwei Jahren zuvor nicht zu eigenen Wohnzwecken genutzt hat, § 23 Abs. 1 Nr. 1 S. 3 EStG.[273]

Die steuerlichen Folgen bei **teilentgeltlicher Übertragung** richten sich nach dem BMF-Schreiben vom 13.1.1993.[274]

## ▪ Grunderwerbsteuer

Die Schenkung eines Grundstücks unter Lebenden ist ebenso grunderwerbsteuerfrei wie der Grundstückserwerb von Todes wegen, § 3 Nr. 2 GrEStG. Bei Schenkungen unter Auflage ist der Wert der Auflage allerdings grunderwerbsteuerauslösend, § 3 Nr. 2 S. 2 GrEStG.[275]

---

267 Instruktiv und ausführlich hierzu *Langenfeld/Günther*, 2. Kap. § 2 Rn 62 ff.
268 *Langenfeld/Günther*, 2. Kap. § 2 Rn 171 ff.
269 Eine steuerwirksame Realisierung der stillen Reserven wird vermieden, wenn statt der Entnahme eine unentgeltliche Übertragung eines Betriebs oder Teilbetriebs in Form des Grundstücks vorgenommen wird. Gemäß § 6 Abs. 3 EStG hat der Betriebsübernehmer lediglich die Buchwerte des Übergebers fortzuführen; siehe hierzu *Langenfeld/Günther*, 2. Kap. § 2 Rn 172.
270 *Langenfeld/Günther*, 2. Kap. § 2 Rn 175.
271 *Langenfeld/Günther*, 2. Kap. § 2 Rn 176.
272 *Langenfeld/Günther*, 2. Kap. § 2 Rn 176.
273 *Langenfeld/Günther*, 2. Kap. § 2 Rn 143.
274 BStBl I 1993, 80; ausführliche Darstellung des gesamten Komplexes bei *Langenfeld/Günther*, 2. Kap. § 2 Rn 150 ff.
275 BFH BStBl II 1992, 420.

## III. Zuwendung eines Bauplatzes an Abkömmling und dessen Ehegatten

### 1. Typischer Sachverhalt

158 Die Schenker sind im Güterstand der Zugewinngemeinschaft verheiratet und haben mehrere Abkömmlinge. Sie wenden ihrer ebenfalls im Güterstand der Zugewinngemeinschaft verheirateten Tochter ein Baugrundstück zu, das diese als ehebedingte Zuwendung ihrem Ehegatten zu $^1/_2$ Miteigentum überträgt. Gleichzeitig wird ein Pflichtteilsverzichtsvertrag zwischen den Übergebern und dem Übernehmer abgeschlossen.

### 2. Muster: Zuwendung eines Baugrundstückes an die verheiratete Tochter, die ihrem Ehegatten ehebedingt Miteigentum zu 1/2 einräumt; Pflichtteilsverzicht, Ausschluss der Ausgleichung unter Abkömmlingen; Umfassende Absicherung des Übernehmers gegenüber seinem Ehegatten bei Tod, Scheidung und Insolvenz

Verhandelt am          in

159 Vor dem unterzeichneten Notar          erschienen:
1. Herr
2. Dessen Ehefrau
3. Deren Tochter Frau          , geb.
4. Deren Ehemann Herr

Der Notar fragte nach einer Vorbefassung im Sinne von § 3 Abs. 1 Nr. 7 BeurkG. Sie wurde von den Beteiligten verneint.

Die Erschienenen ersuchten mich um die Beurkundung nachstehender Vertragserklärungen:

A. Übergabevertrag

160 § 1 Vertragsobjekt
1. Die Erschienenen zu Ziff. 1 und 2, die Eheleute          , sind im Grundbuch von          , Band          , Heft/Blatt          , als Miteigentümer zu          des folgenden Vertragsobjekts eingetragen:
Flst. Nr.          , Bauplatz,          m²
2. Das Vertragsobjekt ist nach dem Grundbuch lastenfrei.

161 § 2 Übertragung

Die Erschienenen zu Ziff. 1 und 2, nachstehend Übergeber genannt, übertragen[276] hiermit unter wechselseitiger Zustimmung den vorbezeichneten Grundbesitz mit allen Rechten und Pflichten, den wesentlichen Bestandteilen und dem gesetzlichen Zubehör, weiterhin mit allen etwaigen Eigentümerrechten, Rückgewähr- und Löschungsansprüchen an die Erschienene zu Ziff. 3, Frau          , nachstehend Übernehmer genannt, zu Alleineigentum.

Der Übernehmer nimmt die Übertragung hiermit an.

162 § 3 Auflassung

Die Vertragschließenden sind über den Eigentumsübergang einig. Die Eintragung der Rechtsänderung im Grundbuch wird von den Übergebern bewilligt und vom Übernehmer beantragt.

Nach Belehrung wird auf die Bestellung einer Auflassungsvormerkung verzichtet.

163 § 4 Besitz, Nutzungen und Lasten

Der Besitz, die Nutzungen und die Lasten aller Art, einschließlich der Steuern und Abgaben, sowie die Gefahr des zufälligen Untergangs oder einer zufälligen Verschlechterung gehen ab dem auf die Beurkun-

---

276 Vgl. Rn 177.

dung folgenden Monatsersten auf den Übernehmer über. Die Übergeber versichern, dass etwaige ihnen in Rechnung gestellte Erschließungs- und Anliegerkosten bezahlt sind. Alle übrigen Erschließungs- und Anliegerkosten, auch für bereits ganz oder teilweise fertig gestellte, aber noch nicht abgerechnete Anlagen hat der Übernehmer zu tragen und die Übergeber von jeglicher Inanspruchnahme freizustellen.

§ 5 Mängelhaftung

Alle Ansprüche und Rechte des Übernehmers wegen eines Sachmangels des Grundstücks sind ausgeschlossen. Es sind auch alle Ansprüche auf Schadenersatz ausgeschlossen, es sei denn, die Übergeber handeln vorsätzlich.

In Kenntnis ihrer insoweit gegebenen Aufklärungspflicht versichern die Übergeber, dass ihnen versteckte Sachmängel des Vertragsgegenstandes nicht bekannt sind. Der Vertragsgegenstand wurde vom Übernehmer besichtigt; er wird im gegenwärtigen Zustand von den Übergebern übergeben.

Soweit sie vom Übernehmer nicht übernommen wurden, sind die Übergeber verpflichtet, dem Übernehmer den übergebenen Grundbesitz frei von im Grundbuch eingetragenen Belastungen und Beschränkungen zu verschaffen.

Vom Übernehmer werden eventuelle Baulasten, eintragungslos wirksame Rechte sowie im Grundbuch nicht eingetragene Dienstbarkeiten übernommen; das Bestehen derartiger Belastungen ist den Übergebern allerdings nicht bekannt. Die Übergeber versichern, dass sie Eintragungen in das Baulastenverzeichnis bzw. die Bestellung eintragungslos wirksamer Rechte nicht veranlasst haben. Auf die Möglichkeit, das Baulastenverzeichnis selbst einzusehen, wurden die Beteiligten hingewiesen.

§ 6 Ausgleichspflicht[277]

Die Erschienenen zu Ziff. 1 bis 3 sind sich darüber einig, dass die heutigen Zuwendungen im Falle des Todes der Übergeber der Ausgleichung unter Abkömmlingen gem. §§ 2050 ff. BGB nicht unterliegen sollen.

§ 7 Pflichtteilsverzicht des Übernehmers[278]

Mit Rücksicht auf die heutige Grundstücksübertragung verzichtet der Übernehmer gegenüber den Übergebern auf sein gesetzliches Pflichtteilsrecht sowohl beim Tode des Erstversterbenden als auch beim Tode des Längstlebenden der Übergeber einschließlich etwaiger Pflichtteilsergänzungsansprüche, desgleichen auf Ausgleichs- und Zusatzpflichtteile.

Der vorbezeichnete Pflichtteilsverzicht erstreckt sich auch auf vorhandene und zukünftige Abkömmlinge des Verzichtenden.

Der vorbezeichnete Pflichtteilsverzicht erfolgt unabhängig von der konkreten Höhe der Pflichtteilsquote, die sich jederzeit durch Hinzutreten oder Wegfallen von gesetzlichen Erben und damit Pflichtteilsberechtigten in beide Richtungen verändern kann.

Der Verzicht steht unter keiner Bedingung, insbesondere wird er nicht in Erwartung zukünftigen erbrechtlichen Erwerbs abgegeben und ist unabhängig vom jetzigen Bestand des Vermögens der Übergeber bzw. vom Bestand und der Zusammensetzung des künftigen Nachlasses der Übergeber.

Die Übergeber nehmen diesen Pflichtteilsverzicht hiermit an.

B. Ehebedingte Zuwendung

§ 1 Übertragung[279]

Der Übernehmer überträgt unter Verzicht auf Zwischeneintragung und unter Zustimmung der Übergeber hiermit ihrem Ehemann, dem Erschienenen zu Ziff. 4, im Wege der ehebedingten Zuwendung einen $^1/_2$-

---

277 Vgl. Rn 178.
278 Vgl. Rn 179.
279 Vgl. Rn 180 f.

Miteigentumsanteil des in A. § 1 näher bezeichneten Vertragsobjekts. Mitübertragen zu hälftiger Berechtigung sind alle Bestandteile, das Zubehör sowie alle etwaigen Eigentümerrechte, Rückgewähr- und Löschungsansprüche. Der Erschienene zu Ziff. 4 nimmt die Übertragung hiermit an.

168 **§ 2 Auflassung**

Der Übernehmer und der Erschienene zu Ziff. 4 sind über den Eigentumsübergang einig. Die Eintragung der Rechtsänderung im Grundbuch wird vom Übernehmer bewilligt und vom Erschienenen zu Ziff. 4 beantragt.

Nach Belehrung wird auf die Bestellung einer Auflassungsvormerkung verzichtet.

169 **§ 3 Rückauflassungsanspruch**[280]
a) Der Übernehmer hat Anspruch auf Rückauflassung des heute zugewendeten Miteigentumsanteiles im Falle, dass der Übernehmer oder der Erschienene zu Ziff. 4 Scheidungsantrag stellt.
b) Im Falle des Todes des Erschienenen zu Ziff. 4 vor dem Tode des Übernehmers.
c) Im Falle jedweder Verfügung des Erschienenen zu Ziff. 4 über den übertragenen Miteigentumsanteil ohne Zustimmung des Übernehmers.
d) Bei Überschuldung des Erschienenen zu Ziff. 4 im Sinne der Insolvenzordnung bzw. bei Ablehnung der Eröffnung eines Insolvenzverfahrens mangels kostendeckender Masse oder für den Fall, dass in den Vertragsgrundbesitz Zwangsvollstreckungsmaßnahmen eingeleitet und nicht binnen vier Wochen wieder aufgehoben werden; desgleichen im Falle der Inanspruchnahme von Sozialhilfe durch den Erschienenen zu Ziff. 4.

Der Rückforderungsanspruch ist binnen einer Frist von sechs Monaten ab Kenntnis von den den Rückforderungsanspruch auslösenden Umständen geltend zu machen. Bei nicht fristgerechter Ausübung erlischt der Anspruch. Die Rückforderung hat in schriftlicher Form zu erfolgen. Der Rückforderungsanspruch ist weder vererblich noch übertragbar; es sei denn, er wurde zu Lebzeiten des Übernehmers ausgeübt.[281]

Hat der Erschienene zu Ziff. 4 auf den an ihn übertragenen Miteigentumsanteil aus seinem Vermögen Verwendungen gemacht, so ist der Übernehmer zur Erstattung verpflichtet. Verwendungen im vorstehenden Sinne sind Aufwendungen für Erschließungsmaßnahmen, Errichtung und Erhaltung von Gebäuden und Anlagen sowie Tilgungsleistungen aufgrund Pfanddarlehen.

Soweit die Verwendungen für die Errichtung und Erhaltung von Gebäuden und Anlagen gemacht wurden, ist die Erstattungspflicht auf den Zeitwert im Zeitpunkt der Rückübertragung begrenzt. Der Anspruch ist ausgeschlossen, wenn die Verwendungen ohne Zustimmung des Übernehmers erfolgt sind.

Ist der Erschienene zu Ziff. 4 Darlehensverpflichtungen in Bezug auf das Vertragsobjekt eingegangen, die mit der Errichtung des auf dem Übergabeobjekt geplanten Eigenheims zusammenhängen, so ist der Übernehmer Zug um Zug gegen Rückübertragung verpflichtet, den Erschienenen zu Ziff. 4 im Innenverhältnis sofort von jeglicher Haftung für die eingegangenen Verbindlichkeiten freizustellen sowie diese bei Gläubigereinverständnis mit schuldbefreiender Wirkung zu übernehmen.[282]

Nutzungen hat der Erschienene zu Ziff. 4 nicht herauszugeben, insbesondere schuldet er keine Vergütung für die Nutzung von Grundstück und Gebäude.

Der Anspruch auf Rückauflassung schließt den Anspruch auf Übertragung/Abtretung sämtlicher Eigentümerrechte, Rückgewähr- und Löschungsansprüche hiermit ein.

Die Kosten der Rückauflassung tragen die Parteien jeweils hälftig. Wenn der Übernehmer aufgrund Vorversterbens des Erschienenen zu Ziff. 4 zurückfordert, fallen dem Übernehmer die Kosten allein zur Last.

---

280 Vgl. Rn 182.
281 Vgl. Rn 183.
282 Vgl. Rn 184.

## § 4 Rückauflassungsvormerkung[283]

Zur Sicherung des Rückauflassungsanspruches des Übernehmers ist zu seinen Gunsten eine Vormerkung zum Rückerwerb des hälftigen Miteigentums einzutragen.

Die Eintragung im Grundbuch wird hiermit bewilligt und beantragt.

## § 5 Vollmacht[284]

Der Erschienene zu Ziff. 4 erteilt hiermit für den Fall, dass die Rückforderung aufgrund seines Todes verlangt werden kann, dem Übernehmer unwiderrufliche Vollmacht zur Vornahme aller zur Rückübertragung erforderlichen Rechtshandlungen, wenn die Voraussetzungen hierfür eingetreten sind. Der Bevollmächtigte ist von den Beschränkungen des § 181 BGB befreit.

## C. Schlussbestimmungen

### § 1 Salvatorische Klausel

Sollte eine Bestimmung dieses Vertrags unwirksam sein oder unwirksam werden, so wird die Wirksamkeit der übrigen Vertragsbestimmungen hierdurch nicht berührt. Dies gilt sinngemäß auch bei der Unwirksamkeit von Vertragsteilen. Die Parteien verpflichten sich schon jetzt, die unwirksame Bestimmung durch eine wirksame Vertragsklausel zu ersetzen, die dem wirtschaftlichen Zweck der unwirksamen Bestimmung am nächsten kommt.

### § 2 Hinweise, Belehrungen

Der Notar hat die Beteiligten insbesondere auf Folgendes hingewiesen:
1. Beide Vertragsteile haften kraft Gesetzes als Gesamtschuldner für die Kosten dieser Urkunde, desgleichen für die Kosten des grundbuchamtlichen Vollzuges sowie für etwaige Steuern, auch für den Fall, dass eine Partei sich vertraglich zur Übernahme bereit erklärt hat.
2. Der schuldrechtliche Vertrag ist solange schwebend unwirksam, bis erforderliche Genehmigungen erteilt sind.
3. Das Eigentum am Vertragsobjekt geht erst mit Eintragung im Grundbuch auf den Übernehmer über.
4. Der übertragene Vertragsgrundbesitz haftet weiterhin für Rückstände an öffentlichen Lasten und Abgaben, insbesondere für Erschließungsbeiträge sowie für etwaige im Grundbuch eingetragene Belastungen bis zur Freistellung.
5. Auf die eventuelle Nichtigkeit des Vertrags für den Fall, dass nicht alle Vereinbarungen vollständig beurkundet sind.
6. Trotz der Tatsache, dass der Vermögensgegenstand unentgeltlich aus der Vermögensmasse des Übergebers ausgegliedert ist, können Pflichtteilsergänzungsansprüche gem. §§ 2325 ff. BGB für Abkömmlinge, die nicht mindestens mit der Hälfte des gesetzlichen Erbteils bedacht sind, entstehen.

### § 3 Kosten und Steuern

Die Kosten dieser Urkunde sowie die Kosten des Vollzuges im Grundbuch, desgleichen etwaige Schenkungssteuern, sind vom Übernehmer bzw., soweit es den Erschienenen zu Ziff. 4 betrifft, von diesem zu tragen.

### § 4 Ausfertigungen, Abschriften

Von dieser Urkunde erhalten die Vertragsteile je eine beglaubigte Abschrift; das Grundbuchamt eine Ausfertigung, das Finanzamt (Schenkungssteuerstelle) sowie das Finanzamt (Grunderwerbsteuerstelle) erhalten jeweils einfache Abschriften.

### § 5 Notarielle Durchführungsvollmacht

Die Erschienenen beauftragen und bevollmächtigen unter Befreiung von den Beschränkungen des § 181 BGB den Notar unwiderruflich, sie im Grundbuchverfahren uneingeschränkt zu vertreten und in ihrem

---

283 Vgl. Rn 185.
284 Vgl. Rn 186.

Namen alle zur Wirksamkeit und zum Vollzug der Urkunde erforderlichen Genehmigungen und Erklärungen einzuholen, entgegenzunehmen und zu verwenden.

Soweit dies rechtlich zulässig ist, ist der Notar darüber hinaus beauftragt und bevollmächtigt, durch notarielle Eigenurkunde in formeller und materieller Hinsicht Anträge und Erklärungen aller Art zu stellen bzw. abzugeben, zu berichtigen, abzuändern, zu ergänzen, zurückzunehmen oder grundbuchrechtlichen Erfordernissen inhaltlich anzupassen.

### 3. Hinweise zum Muster

177  ■ **Übertragung (siehe auch Rn 95 f., 140, 141)**

Auch hier sollte sorgfältig überdacht werden, ob die Übertragung an den Abkömmling als **vorweggenommene Erbfolge**, damit als dem Schenkungsrecht in Gänze unterstellt, oder als Ausstattung oder ggf. gesplittet in Ausstattung und Übermaß beurkundet werden sollte.

Nochmals sei an dieser Stelle darauf hingewiesen, dass die Bezeichnung der Zuwendung deren wahren rechtlichen Charakter sowie die hieran geknüpften Rechtsfolgen nicht ändern kann. Die Bezeichnung des Vertrags führt lediglich zu einer Art Beweislastumkehr mit der Folge, dass derjenige, der behauptet, in Wahrheit liege eine „andere" Zuwendung als die bezeichnete vor, dies zu beweisen hat.

178  ■ **Ausgleichungspflicht (siehe auch Rn 112–120, 140, 153)**

Die Vorschriften über die Ausgleichung sind nicht zwingender Natur; insoweit ist eine abweichende Anordnung des Erblassers grundsätzlich mit Ausnahme der Regelung in § 2316 Abs. 3 BGB[285] möglich.[286] Der Erblasser kann zum einen die Ausgleichung gänzlich ausschließen, es ist allerdings auch ein nur teilweiser oder bedingter Ausschluss möglich. Ferner kann er die Ausgleichung zu einem niedrigeren Wert als dem tatsächlichen festsetzen.[287]

Mit der Modifikation der Ausgleichsvorschriften weicht der Erblasser von dem gesetzlich vorgesehenen Modell der Gleichbehandlung aller Abkömmlinge, die regelmäßig als Wunsch des Erblassers vermutet wird,[288] ab.

179  ■ **Pflichtteilsverzicht des Übernehmers/gegenständlich beschränkter Pflichtteilsverzicht weiterer Abkömmlinge (siehe auch Rn 152, 216)**

Bei der Zuwendung an einen Abkömmling ist immer auch dessen späteres Erb- und Pflichtteilsrecht sowie dasjenige der von der Zuwendung nicht betroffenen anderen Abkömmlinge im Auge zu behalten. Der vereinbarte Pflichtteilsverzicht des Übernehmers gibt den Übergebern die Möglichkeit, über ihr Restvermögen letztwillige Verfügungen treffen zu können, ohne dass hierbei Pflichtteilsrechte des Übernehmers zukünftig tangiert werden. Desgleichen sind die Übergeber bzw. der Längstlebende von ihnen in der Lage, weitere lebzeitige Verfügungen zugunsten der übrigen Abkömmlinge zu treffen, ohne dass mit der Geltendmachung späterer Pflichtteilsergänzungsansprüche durch den Übernehmer zu rechnen ist.

---

285 Gemäß § 2316 Abs. 3 BGB kann der Erblasser eine kraft Gesetzes als ausgleichspflichtig angesehene „Ausstattung" als nichtausgleichspflichtig anordnen, wobei dies aber nicht zu Lasten eines Pflichtteilsberechtigten gilt, BGHZ 65, 75.
286 *Kerscher/Riedel/Lenz*, § 5 Rn 3.
287 *Frischknecht*, BWNotZ 1960, 270.
288 BGHZ 65, 75.

Der vorstehende Pflichtteilsverzicht ist demgemäß also ein empfehlenswertes Mittel zur Planung der Vermögensnachfolge.

Es empfiehlt sich im Übrigen, sofern möglich, die von der Zuwendung nicht betroffenen Abkömmlinge am Vertragsschluss dergestalt zu beteiligen, dass diese, zumindest gegenständlich beschränkt, auf die Zuwendung an den Übernehmer auf die Geltendmachung von Pflichtteilsergänzungsansprüchen für sich und ihre Abkömmlinge am Nachlass beider übergebender Elternteile, und zwar gegenüber den Übergebern verzichten (gegenständlich beschränkter Pflichtteilsverzicht, vgl. § 2346 Abs. 2 BGB).[289] Der Verzicht kann auch einen etwaigen Ausgleichspflichtteil gem. § 2316 BGB erfassen, der sich aus der Zuwendung ergeben könnte.[290] Der Pflichtteilsverzicht bedarf der notariellen Beurkundung. Hierbei ist die persönliche Anwesenheit des Erblassers erforderlich. Vertretung ist demgemäß ausgeschlossen.

Es sei noch darauf hingewiesen, dass eine Schenkung bei der Pflichtteilsergänzung gem. § 2325 Abs. 3 BGB dann unberücksichtigt bleibt, wenn im Zeitpunkt des Erbfalls zehn Jahre seit dem Zeitpunkt der Zuwendung vergangen sind. Gem. § 2325 Abs. 3 BGB hat jedoch eine gestaffelte Berücksichtigung zu erfolgen. Innerhalb des ersten Jahres vor dem Erbfall ist die Schenkung in vollem Umfange zu berücksichtigen, innerhalb jedes weiteren Jahres vor dem Erbfall wird diese um jeweils $^1/_{10}$ weniger berücksichtigt. Handelt es sich um eine Schenkung an den Ehegatten beginnt die Frist nicht vor der Auflösung der Ehe. Wurde ein Grundstück geschenkt, ist als Beginn der Frist die Umschreibung im Grundbuch maßgeblich. Hat sich der Übergeber jedoch den Nießbrauch vorbehalten, beginnt die Frist des § 2325 BGB nicht zu laufen.

### ■ Teilweise Weiterübertragung des Zuwendungsgegenstandes an den Ehepartner des Übernehmers als ehebedingte Zuwendung

180

Regelmäßig erfolgen Vermögensübertragungen unter Ehegatten im Wege der so genannten ehebedingten Zuwendung. Selbstverständlich bleibt es den Ehegatten unbenommen, dem Vertrag auch den Charakter einer echten Schenkung zu verleihen.[291] Dies sollte, sofern dies ausnahmsweise gewünscht ist, ausdrücklich klargestellt werden.

### ■ Ehebedingte, unbenannte Zuwendung als Vertragstypus

181

Seit geraumer Zeit sieht der BGH in gefestigter Rechtsprechung die unbenannte bzw. ehebedingte Zuwendung als eigenen vollwertigen Vertragstypus an. Im Wesentlichen haben sich folgende Typen herausgebildet:[292]
– Verwirklichung des Zugewinnausgleichs,
– Zuwendungen aus dem Anfangsvermögen,

---

289 Palandt/*Edenhofer*, § 2346 BGB Rn 15; Beschränkungen des Pflichtteilsverzichts sind beispielsweise auf einen Bruchteil des Pflichtteilsrechts, auf eine feste Summe, eine betragsmäßige Obergrenze, einen bestimmten Gegenstand oder generell auf den Ergänzungsanspruch möglich.
290 *J. Mayer*, § 2 Rn 288 ff.
291 Nach BGH FamRZ 1990, 600 ist die Frage nach dem Vorliegen einer unentgeltlichen Zuwendung unter Berücksichtigung des Geschäftszwecks und der Vertragsgrundlage, also nach inhaltlichen Kriterien vorzunehmen. Vor diesem Hintergrund ergibt sich regelmäßig, dass eine Zuwendung unter Ehegatten, der die Vorstellung oder Erwartung zugrunde liegt, dass die eheliche Lebensgemeinschaft Bestand haben werde, oder diese sonst um der Ehe willen und als Beitrag zur Verwirklichung oder Ausgestaltung, Erhaltung oder Sicherung der ehelichen Lebensgemeinschaft erbracht wird und darin ihre Geschäftsgrundlage hat, keine Schenkung sein soll.
292 Ausführliche Darstellung hierzu bei *Langenfeld/Günther*, 8. Kap. § 1 Rn 645 ff., 655 ff.

- Zuwendungen zur Haftungsvermeidung und
- Zuwendungen zur Versorgung oder aus Steuergründen.

Wesentlich für die Annahme solcher Zuwendungen ist, dass der Zweck des Vertrags nicht allein objektiv ermittelt werden kann, vielmehr sind immer die gemeinsamen, subjektiven Wertvorstellungen der Vertragsparteien maßgeblich.[293] Vertragszweck ist die Verwirklichung der ehelichen Lebensgemeinschaft. Hiermit will jeder Vertragspartner im Hinblick auf das Bestehen der Ehe seinen Beitrag zum gemeinsamen Zusammenleben leisten.[294] Dieses Bestehen ist jedoch lediglich Geschäftsgrundlage, nicht jedoch Rechtsgrund, was nach der Rechtsprechung zur Folge hat, dass mit der Ehescheidung nicht der Wegfall des Rechtsgrundes, sondern § 313 BGB, „Störung der Geschäftsgrundlage", zur Regulierung der gegenseitigen Ansprüche heranzuziehen ist.

Beim gesetzlichen Güterstand der Zugewinngemeinschaft gehen die Vorschriften über den Ausgleich des Zugewinns den Regeln über die Anwendung des § 313 BGB, Störung der Geschäftsgrundlage, vor. Eine Korrektur über die Störung der Geschäftsgrundlage kann nur in extrem gelagerten Ausnahmefällen ungerechter Vermögensverteilung erfolgen. In diesen Fällen wird der Zugewinnausgleich erst nach dieser korrigierten Vermögensverteilung vorgenommen. Im Übrigen verbleibt es bei der Vorschrift des § 1380 BGB, die eine Anrechnung ehebedingter Zuwendungen auf die Ausgleichsforderung vorsieht.[295]

Das Formular sieht für den Fall des Scheidungsantrages die Rückgabepflicht der ehebedingten Zuwendung vor. Hierdurch werden Streitigkeiten über eventuelle Korrekturen gem. § 242 BGB vermieden.

182 ■ **Rückforderungsanspruch (siehe auch Rn 102 ff., 110 f., 142 ff.)**

Der Übernehmer behält sich bei Scheidung, Verfügung und Insolvenz seines Ehegatten die Rückforderung vor. Die Rückforderung für den Fall der Scheidung ist aufgrund der in § 1 Rn 5 erörterten Überlegungen sinnvoll. Eine weitere Absicherung des übergebenden Ehegatten ist darüber hinaus auch in den Fällen zustimmungswidriger Verfügung oder Insolvenz anzuraten.

183 ■ **Rückerwerbsmodalitäten (siehe Rn 102 ff., 142 ff.)**

184 ■ **Ersatz von Verwendungen (siehe auch Rn 144)**

Es ist anzuraten, eine Regelung über den Verwendungsersatz zu treffen. Unter Umständen kann in diesem Zusammenhang auch festgelegt werden, dass die Bewertung der vorgenommenen Verwendungen verbindlich durch einen bestimmten Gutachter bzw. nach bestimmten Methoden festgelegt wird. Die Ersatzpflicht setzt die Zustimmung des Übernehmers, also des zuwendenden Ehegatten, voraus.

Neben dem Verwendungsersatz hat der rückgabepflichtige Ehegatte Anspruch auf Freistellung in Bezug auf eingegangene Darlehensverbindlichkeiten, die das Objekt betreffen, bzw. bei Gläubigerzustimmung darauf, dass die eingegangenen Verbindlichkeiten schuldbefreiend übernommen werden.

Es empfiehlt sich klarzustellen, dass im Falle der Rückforderung die Herausgabe von Nutzungen nicht geschuldet ist.

---

293 BGH FamRZ 1982, 910; BGH FamRZ 1990, 855.
294 BGH NJW-RR 1990, 386.
295 Ausführliche Rechenbeispiele ebenfalls bei *Langenfeld/Günther*, 8. Kap. § 2 Rn 663 ff.

- **Sicherung des Rückauflassungsanspruchs gegenüber dem Ehegatten (siehe auch Rn 148)**

Zur dinglichen Sicherung des Übernehmers für den Fall der Scheidung ist auf dem zugewandten hälftigen Miteigentumsanteil zugunsten des Übernehmers eine Auflassungsvormerkung für den Fall des Rückerwerbs einzutragen.

- **Vollmacht (siehe Rn 150)**

- **Steuerrecht**

Vorliegend handelt es sich um eine sog. „Kettenschenkung". Die Übergeber wenden das vertragsgegenständliche Grundstück zunächst ihrer Tochter zu. Diese gibt dann einen Teil der Zuwendung (Miteigentumshälfte) an ihren Ehemann weiter. Durch die vorgenannte „Veräußerungskette" soll erreicht werden, dass die hohen Freibeträge, die jeweils im Verhältnis Eltern-Kind und im Verhältnis der Ehegatten zueinander bestehen, für den Bereich des Schenkungsteuerrechts ausgenutzt werden. Zivil- und steuerrechtlich ist die Kettenschenkung anerkannt und grundsätzlich unbedenklich.[296] Zu beachten ist jedoch § 42 AO, wonach unter Umständen ein Gestaltungsmissbrauch vorliegen kann. Nach einem Urteil des Hess. FG vom 24.10.2007 liegt eine Kettenschenkung vor, wenn sich aus dem Abschluss zweier Schenkungsverträge in einem Zuge, der inhaltlichen Abstimmung der Verträge aufeinander sowie aus den sonstigen Umständen ergibt, dass die zunächst beschenkte Person das Erhaltene nach dem vom Willen aller Beteiligten getragenen Gesamtplan als bloße Durchgangs- oder Mittelsperson ohne eigene Dispositionsmöglichkeit an einen Dritten weitergegeben hat.[297]

Will der Gestalter „auf Nummer sicher" gehen, wird er den Rat geben, einen Zeitraum von einigen Monaten zwischen der Zuwendung im Eltern-Kind-Verhältnis und der Weiterleitung eines Teils des Zugewendeten an den Ehegatten verstreichen zu lassen. Bei einem Zeitraum von zwölf und mehr Monaten dürfte man insoweit sicherlich auf der „sicheren Seite" stehen. Der sicherste Weg ist eine konkrete steuerliche Beratung im Einzelfall.

Ertragssteuerlich sei im Übrigen auf § 23 Abs. 1 Nr. 1 EStG hingewiesen, wonach die spätere Weiterveräußerung des Grundstückes durch die erwerbenden Ehegatten Spekulationssteuern auslösen kann.

## IV. Übertragung eines Einfamilienhauses an Abkömmling

### 1. Typischer Sachverhalt

Der Übergeber ist im gesetzlichen Güterstand verheiratet und hat mehrere Abkömmlinge. Einem seiner Abkömmlinge überträgt er ein Grundstück nebst von ihm bewohntem Einfamilienhaus, wobei er sich den Nießbrauch im gesetzlichen Umfange vorbehält. Nach dem Tode des Übergebers soll das Nießbrauchsrecht seinem Ehegatten zustehen. Der Übernehmer übernimmt anstelle des Übergebers die auf dem Grundstück lastenden Verbindlichkeiten in persönlicher und dinglicher Haftung. Der Ehegatte des Übergebers erklärt einen umfassenden, gegenständlich beschränkten Pflichtteilsverzicht. Desgleichen verzichtet der Übernehmer auf Pflichtteilsrechte beim Ableben seiner Eltern.

---

[296] BFH BStBl III 1962, 206.
[297] Hess. FG ZErb 2008, 174.

## 2. Muster: Übertragung eines Einfamilienhauses unter Nießbrauchsvorbehalt mit weit reichenden Verpflichtungen des Übergebers, Schuldübernahme, Pflichtteilsverzichte

Verhandelt am          in

Vor dem unterzeichneten Notar          erschienen:
1. Herr          , geb.          , nachstehend Übergeber genannt
2. Dessen Ehefrau          , geb.
3. Deren Sohn/Tochter Herr/Frau          , geb.          , nachstehend Übernehmer genannt

Der Notar fragte nach einer Vorbefassung im Sinne von § 3 Abs. 1 Nr. 7 BeurkG. Sie wurde von den Beteiligten verneint.

Die Erschienenen ersuchten mich um die Beurkundung nachstehender Vertragserklärungen:

*Übergabevertrag*

### § 1 Vertragsobjekt

1. Der Erschienene zu Ziff. 1,          , ist im Grundbuch von          , Band          Heft/Blatt          , als Eigentümer des folgenden Vertragsobjekts eingetragen:
   Flst. Nr.          , Gebäude- und Freifläche,          m²
2. Das Vertragsobjekt ist wie folgt belastet:

Abteilung II: keine Eintragung

Abteilung III: Briefgrundschuld über          EUR zugunsten der          Bank. Die Grundschuld ist voll valutiert.

Die in Abteilung III, lfd. Nr.          eingetragene Pfandlast wird vom Übernehmer zur weiteren dinglichen Duldung übernommen. Dem Übernehmer ist der Inhalt der Belastung bekannt.

### § 2 Übertragung

Der Erschienene zu Ziff. 1, nachstehend Übergeber genannt, überträgt hiermit unter Zustimmung seines Ehegatten, des Erschienenen zu Ziff. 2, den vorbezeichneten Grundbesitz mit allen Rechten und Pflichten, den wesentlichen Bestandteilen und dem gesetzlichen Zubehör sowie allen etwaigen Eigentümerrechten, Rückgewähr- und Löschungsansprüchen an den Erschienenen zu Ziff. 3, nachstehend Übernehmer genannt, zu Alleineigentum.[298] Der Übernehmer nimmt die Übertragung hiermit an.

### § 3 Auflassung

Die Vertragschließenden sind über den Eigentumsübergang einig. Die Eintragung der Rechtsänderung im Grundbuch wird vom Übergeber bewilligt und vom Übernehmer beantragt.

Nach Belehrung wird auf die Bestellung einer Auflassungsvormerkung verzichtet.[299]

### § 4 Besitz, Nutzungen und Lasten

Der Übergang von Besitz, Nutzungen und Lasten auf den Übernehmer erfolgt sofort.

Hinsichtlich des vom Übergeber vorbehaltenen Nießbrauches gehen unmittelbarer Besitz und Nutzungen jedoch erst mit Beendigung des zugunsten des Übergebers bzw. des zugunsten der Erschienenen zu Ziff. 2 bestellten Nießbrauchsrechtes über.[300]

Alle Erschließungs- und Anliegerkosten für Vergangenheit und Zukunft, auch sofern sie noch nicht in Rechnung gestellt sind, gehen zulasten des Übergebers.

---

298 Vgl. Rn 206.
299 Vgl. Rn 207.
300 Vgl. Rn 208.

## § 5 Mängelhaftung

Alle Ansprüche und Rechte des Übernehmers wegen eines Sachmangels des Grundstücks sind ausgeschlossen. Es sind auch alle Ansprüche auf Schadenersatz ausgeschlossen, es sei denn, der Übergeber handelt vorsätzlich.

In Kenntnis seiner insoweit gegebenen Aufklärungspflicht versichert der Übergeber, dass ihm versteckte Sachmängel des Vertragsgegenstandes nicht bekannt sind. Der Vertragsgegenstand wurde vom Übernehmer besichtigt; er wird im gegenwärtigen Zustand vom Übergeber übergeben.

Soweit sie vom Übernehmer nicht übernommen wurden, ist der Übergeber verpflichtet, dem Übernehmer den übergebenen Grundbesitz frei von im Grundbuch eingetragenen Belastungen und Beschränkungen zu verschaffen.

Vom Übernehmer werden eventuelle Baulasten, eintragungslos wirksame Rechte sowie im Grundbuch nicht eingetragene Dienstbarkeiten übernommen; das Bestehen derartiger Belastungen ist dem Übergeber allerdings nicht bekannt. Der Übergeber versichert, dass er Eintragungen in das Baulastenverzeichnis bzw. die Bestellung eintragungslos wirksamer Rechte nicht veranlasst hat. Auf die Möglichkeit, das Baulastenverzeichnis selbst einzusehen, wurden die Beteiligten hingewiesen.

## § 6 Nießbrauch[301]

Der Übergeber behält sich an dem Vertragsobjekt den lebenslangen unentgeltlichen Nießbrauch vor. Demgemäß hat der Übergeber das Recht, den Vertragsgegenstand umfassend zu nutzen. Dem Nießbraucher obliegt die gewöhnliche Unterhaltung der Sache. Zu außergewöhnlichen Ausbesserungen und Erneuerungen ist er nicht verpflichtet. Der Nießbraucher trägt für die Dauer des Nießbrauchs die privaten Lasten, welche schon zur Zeit der Bestellung des Nießbrauchs auf der Sache ruhten sowie die öffentlichen Lasten mit Ausnahme der außerordentlichen öffentlichen Lasten. Ferner obliegt dem Nießbraucher die Versicherungspflicht.

Nach dem Tode des Übergebers wird das Nießbrauchsrecht dessen Ehegatten mit demselben Inhalt auf dessen Lebensdauer eingeräumt.

Die Eintragung des Nießbrauchsrechts zugunsten des Übergebers sowie des aufschiebend bedingten Nießbrauchsrechts zugunsten des Erschienenen zu Ziff. 2 im Rang nach der bestehen bleibenden Grundschuld über ▬▬▬ EUR im Gleichrang untereinander im Grundbuch wird mit der Maßgabe bewilligt und beantragt, dass zur Löschung eines jeden Rechts der Todesnachweis genügen soll. Die Berechtigten stimmen dieser Löschungserleichterung ausdrücklich zu.

## § 7 Schuldübernahme[302]

Die in Abt. III laufende Nr. 1 des Grundbuchs näher bezeichnete Grundschuld zugunsten der ▬▬▬ Bank wird vom Übernehmer in dinglicher Haftung übernommen. Weiterhin wird die der vorbezeichneten Grundschuld zugrunde liegende persönliche Schuldverpflichtung in Höhe von zzt. ▬▬▬ EUR vom Übernehmer zur ferneren Verzinsung und Rückzahlung anstelle des Übergebers und mit allen sich aus der Bestellungsurkunde und dem Darlehensvertrag ergebenden Verpflichtungen übernommen. Für die übernommene Schuld ist der Stand der Darlehensverbindlichkeit zum gegenwärtigen Zeitpunkt maßgeblich. Die befreiende Schuldübernahme erfolgt mit sofortiger Wirkung zu den dem Übernehmer bekannten Zins- und Zahlungsbestimmungen.

Die Vertragschließenden ersuchen den Notar, die befreiende Schuldübernahme dem Gläubiger durch Übersendung einer beglaubigten Abschrift dieser Urkunde mitzuteilen. Der Notar hat die Beteiligten auf die Änderung der Zweckbestimmungserklärung hingewiesen. Die nach den Vorschriften der §§ 415 ff. BGB erforderliche Genehmigung des Gläubigers werden die Parteien selbst einholen. Der Übernehmer ist verpflichtet, alle Maßnahmen zu ergreifen, die zur Wirksamkeit der Schuldübernahme erforderlich sind,

---

[301] Vgl. Rn 209.
[302] Vgl. Rn 213.

insbesondere alles zu tun und zu bewirken, damit der Übergeber aus jeglicher Mithaft für die vorbezeichnete Verbindlichkeit durch den Gläubiger entlassen wird.

**§ 8 Vormerkung für Löschung**[303]

Der Übernehmer verpflichtet sich gegenüber dem Übergeber, und bei dessen Vorversterben gegenüber der Erschienenen zu Ziff. 2, die in Abteilung III zugunsten der ▬▬▬▬ Bank eingetragene Briefgrundschuld löschen zu lassen, wenn sie sich mit dem Eigentum in einer Person vereinigt. Gleichzeitig bewilligt und beantragt er die Eintragung je einer Löschungsvormerkung zugunsten des Übergebers und seiner Ehefrau, der Erschienenen zu Ziff. 2. Eigentümerrechte, Rückgewähr- und Löschungsansprüche in Bezug auf die vorbezeichnete Grundschuld werden an den Übergeber und dessen Ehefrau als Gesamtberechtigte gem. § 428 BGB abgetreten, und zwar auflösend bedingt durch die Beendigung des Nießbrauchs.

**§ 9 Pflichtteilsverzicht der Erschienenen zu Ziff. 2**[304]

Die Erschienene zu Ziff. 2 verzichtet hiermit gegenüber den Erschienenen zu Ziff. 1 und 3 auf Pflichtteilsergänzungsansprüche beim Ableben ihres Ehemannes, des Erschienenen zu Ziff. 1, und zwar gegenständlich beschränkt auf das heute an den Übernehmer übertragene Vertragsobjekt.

Der Pflichtteilsverzicht wird vom Übergeber und vom Übernehmer hiermit angenommen.

**§ 10 Pflichtteilsverzicht des Übernehmers**[305]

Im Hinblick auf die in dieser Urkunde vereinbarte Grundstücksübertragung verzichtet der Übernehmer gegenüber dem Übergeber und der Erschienenen zu Ziff. 2 auf sein gesetzliches Pflichtteilsrecht beim Tod beider Elternteile einschließlich etwaiger Pflichtteilsergänzungsansprüche sowie auf Ausgleichs- und Zusatzpflichtteile.

Der vorbezeichnete Pflichtteilsverzicht erstreckt sich auch auf vorhandene und zukünftige Abkömmlinge des Verzichtenden.

Der vorbezeichnete Pflichtteilsverzicht erfolgt unabhängig von der konkreten Höhe der Pflichtteilsquote, die sich jederzeit durch Hinzutreten oder Wegfallen von gesetzlichen Erben und damit Pflichtteilsberechtigten in beide Richtungen verändern kann.

Der Verzicht steht unter keiner Bedingung, insbesondere wird er nicht in Erwartung zukünftigen erbrechtlichen Erwerbs abgegeben und ist unabhängig vom jetzigen Bestand des Vermögens des Übergebers und der Erschienenen zu Ziff. 2 bzw. vom Bestand und der Zusammensetzung des künftigen Nachlasses des Übergebers und der Erschienenen zu Ziffer 2.

Der Übergeber und die Erschienene zu Ziff. 2 nehmen diesen Pflichtteilsverzicht hiermit an.

**§ 11 Ausgleichungspflicht**[306]

Die Parteien sind sich darüber einig, dass die heutige Zuwendung im Todesfall des Übergebers der Ausgleichung unter Abkömmlingen gem. §§ 2050 ff. BGB unterliegt.

**§ 12 Salvatorische Klausel**

Sollte eine Bestimmung dieses Vertrags unwirksam sein oder unwirksam werden, so wird die Wirksamkeit der übrigen Vertragsbestimmungen hierdurch nicht berührt. Dies gilt sinngemäß auch bei der Unwirksamkeit von Vertragsteilen. Die Parteien verpflichten sich schon jetzt, die unwirksame Bestimmung durch eine wirksame Vertragsklausel zu ersetzen, die dem wirtschaftlichen Zweck der unwirksamen Bestimmung am nächsten kommt.

---

303 Vgl. Rn 214.
304 Vgl. Rn 215.
305 Vgl. Rn 216.
306 Vgl. Rn 217.

### § 13 Hinweise, Belehrungen

Der Notar hat die Beteiligten insbesondere auf Folgendes hingewiesen:
1. Beide Vertragsteile haften kraft Gesetzes als Gesamtschuldner für die Kosten dieser Urkunde, desgleichen für die Kosten des grundbuchamtlichen Vollzuges sowie für etwaige Steuern, auch für den Fall, dass eine Partei sich vertraglich zur Übernahme bereit erklärt hat.
2. Der schuldrechtliche Vertrag ist solange schwebend unwirksam, bis erforderliche Genehmigungen erteilt sind.
3. Das Eigentum am Vertragsobjekt geht erst mit Eintragung im Grundbuch auf den Übernehmer über.
4. Der übertragene Vertragsgrundbesitz haftet weiterhin bis zur Freistellung für Rückstände an öffentlichen Lasten und Abgaben, insbesondere für Erschließungsbeiträge sowie für etwaige im Grundbuch eingetragene Belastungen.
5. Auf die eventuelle Nichtigkeit des Vertrags für den Fall, dass nicht alle Vereinbarungen vollständig beurkundet sind.
6. Auf die Bestimmungen des Verbraucherkreditgesetzes in Bezug auf die Schuldübernahme gem. § 7 dieses Vertrags.

### § 14 Kosten und Steuern[307]

Die Kosten dieser Urkunde sowie die Kosten des Vollzuges im Grundbuch, desgleichen etwaige Schenkungssteuern, sind vom Übernehmer zu tragen.

### § 15 Ausfertigungen, Abschriften

Von dieser Urkunde erhalten die Vertragsteile je eine beglaubigte Abschrift; das Grundbuchamt eine Ausfertigung, das Finanzamt (Schenkungsteuerstelle) sowie das Finanzamt (Grunderwerbsteuerstelle) erhalten jeweils einfache Abschriften.

### § 16 Notarielle Durchführungsvollmacht

Die Erschienenen beauftragen und bevollmächtigen den Notar unter Befreiung von den Beschränkungen des § 181 BGB unwiderruflich, sie im Grundbuchverfahren uneingeschränkt zu vertreten und in ihrem Namen alle zur Wirksamkeit und zum Vollzug der Urkunde erforderlichen Genehmigungen und Erklärungen einzuholen, entgegenzunehmen und zu verwenden.

Soweit dies rechtlich zulässig ist, ist der Notar darüber hinaus beauftragt und bevollmächtigt, durch notarielle Eigenurkunde in formeller und materieller Hinsicht Anträge und Erklärungen aller Art zu stellen bzw. abzugeben, zu berichten, abzuändern, zu ergänzen, zurückzunehmen oder grundbuchrechtlichen Erfordernissen inhaltlich anzupassen.

### 3. Hinweise zum Muster

#### ▪ Ehegattenzustimmung (siehe auch Rn 282)

Gemäß § 1365 BGB empfiehlt sich generell, die Zustimmung des Ehegatten im Übergabevertrag vorzusehen. Die Zustimmung kann auch gem. § 1375 Abs. 2 S. 3 BGB von Bedeutung sein.

#### ▪ Auflassungsvormerkung

Bei Übergabeverträgen ist zwar auf die Möglichkeit einer Auflassungsvormerkung für den Übernehmer hinzuweisen. In aller Regel werden die Vertragsbeteiligten jedoch auf die – auch kostenauslösende – Eintragung einer Auflassungsvormerkung verzichten.

---

307 Vgl. Rn 218 f.

## 208 ■ Besitz, Nutzungen und Lasten

Entsprechend dem Inhalt des bestellten Nießbrauchs erhält der Übernehmer Besitz, Nutzungen und Lasten erst mit der Beendigung des zugunsten des Übergebers bzw. seines Ehegatten bestellten Nießbrauchsrechtes.

## 209 ■ Nießbrauch (siehe auch Rn 368)

Die Übertragung von Grundvermögen gegen Vorbehalt des Nießbrauches für den Übergeber bzw. seinen Ehegatten kann als **klassische Form der Grundstücksübergabe** zwischen Eltern und deren Abkömmlingen bezeichnet werden. Bei dem Vorbehalt eines Nießbrauches handelt es sich um eine einfache und sichere Gestaltung, da sie selbst bei der Veräußerung bzw. im Falle der Zwangsversteigerung die Rechtsposition des Übergebers absichert. Da dem Übergeber alle Früchte und Nutzungen verbleiben, bleibt für diesen also „alles beim Alten". Die vorbezeichneten Umstände erleichtern den Entschluss des Übergebers, lebzeitig zu verfügen. Der Nießbrauch ist nicht übertragbar und auch nicht vererblich, die Ausübung kann jedoch einem Dritten überlassen werden (§ 1059 S. 2 BGB). Die Befugnis zur **Ausübungsüberlassung** kann jedoch durch Vereinbarung mit dinglicher Wirkung ausgeschlossen werden. Hierfür ist eine Eintragung im Grundbuch erforderlich.[308]

Gemäß § 1030 Abs. 1 BGB stehen dem Nießbraucher grundsätzlich sämtliche Nutzungen zu. Die Parteien können jedoch vereinbaren, dass einzelne Nutzungen ausgenommen sein sollen. Es handelt sich dann um einen sog. **Quotennießbrauch**, wonach dem Nießbraucher lediglich ein Bruchteil der Nutzungen zustehen soll. Im Gegenzug hat er auch nur einen Bruchteil der Lasten zu tragen.[309] Belastungsobjekt ist jedoch das Gesamtobjekt.

> **Formulierungsbeispiel**
> Der Übergeber behält sich an dem Vertragsobjekt den lebtäglichen unentgeltlichen Nießbrauch zur hälftigen Nutzung vor. Die Eintragung im Grundbuch (…) (weiter siehe Muster Rn 195).

Es besteht auch die Möglichkeit, den Nießbrauch nur am ideellen Anteil eines Miteigentümers zu bestellen (sog. **Bruchteilsnießbrauch**).

> **Formulierungsbeispiel**
> Der Übergeber behält sich an einem ideellen hälftigen Miteigentumsanteil den lebtäglichen unentgeltlichen Nießbrauch vor. Die Eintragung im Grundbuch (…) (weiter siehe Muster Rn 195).

Die Belastung von Gebäuden oder Gebäudeteilen mit einem Nießbrauch ist ohne Belastung des dazugehörigen Grundstücksteils ausgeschlossen. Somit ist die Nießbrauchsbestellung an einzelnen Räumen nicht möglich, obwohl der Mandant dies häufig wünscht.

Das Gesetz geht vom **Nettonießbrauch** aus. Dies bedeutet, dass der Nießbraucher einerseits berechtigt ist, sämtliche Nutzungen zu ziehen, andererseits aber die Pflicht hat, alle gewöhnlichen Erhaltungskosten zu tragen, § 1041 BGB. Dies bedeutet, dass der Nießbraucher beispielsweise verpflichtet ist, schadhafte Dachziegel zu erneuern, nicht hingegen das Dach neu einzudecken. Die Notwendigkeit einer Neueindeckung, d.h. die Durchführung außergewöhnlicher Ausbesserungen ist dem Eigentümer seitens des Nießbrauchers anzuzeigen. Die Vornahme derselben hat der Nießbraucher insoweit zu dulden. Einen Anspruch auf Vornahme hat der Nießbraucher jedoch nicht. Hierzu sollten daher in jedem Falle

---

308 BGH DNotZ 1986, 23; 1990, 502.
309 BGH DNotZ 2004, 140; *Schöner/Stöber*, Rn 1366.

Regelungen getroffen werden (vgl. § 1 Rn 368). Weiterhin trifft den Nießbraucher die Verpflichtung zur Tragung der ordentlichen und außerordentlichen öffentlichen Lasten, desgleichen zur Tragung der privatrechtlichen Lasten. Hierbei handelt es sich insbesondere um Zinsen für Grundpfandrechte, die im Zeitpunkt der Nießbrauchsbestellung schon bestanden. Für den Fall, dass der Eigentümer alle öffentlichen und privaten Lasten tragen soll, ist dies ausdrücklich zu vereinbaren. Bei dieser Konstellation verbleiben dem Nießbraucher die Bruttoeinnahmen ohne jeglichen Abzug. Es handelt sich demgemäß um den so genannten **Bruttonießbrauch**.

Soll der Nießbraucher, abweichend von der gesetzlichen Lastenverteilung, auch die außerordentlichen öffentlichen Lasten sowie die außergewöhnlichen Ausbesserungen und Erneuerungen tragen, so ist dies ebenfalls ausdrücklich zu vereinbaren. Hierzu ist regelmäßig dann zu raten, wenn Gegenstand der Übertragung ein Mietobjekt ist. In diesem Falle bleibt der Übergeber wirtschaftlicher Eigentümer und er behält demgemäß die **AfA-Befugnis** sowie die Möglichkeit der Absetzung künftiger Kosten für bauliche Maßnahmen.

Je nach Sachlage unterscheidet man den **Vorbehalts- und Zuwendungsnießbrauch**. Im Formular liegt ein Vorbehalts- und ein (aufschiebend bedingter) Zuwendungsnießbrauch vor. Der Übergeber (Eigentümer) behält sich bei der Übergabe den Nießbrauch vor und wendet diesen, aufschiebend bedingt durch seinen Tod, seinem Ehegatten zu (Zuwendungsnießbrauch). Steuerrechtlich unterscheiden sich die beiden Arten des Nießbrauchs in der AfA-Befugnis. Nach der Übergabe steht dem Vorbehaltsnießbraucher nach wie vor die Befugnis zu, die Abnutzung steuerlich abzusetzen.[310] Handelt es sich hingegen um einen Zuwendungsnießbrauch kann weder der Eigentümer noch der Nießbraucher die AfA geltend machen. Der Nießbraucher erleidet nämlich keinen Wertverzehr, der Eigentümer hat keinerlei Einnahmen.[311]

Grundsätzlich unterliegt der Nießbraucher dem Sorgfaltsmaßstab des § 276 Abs. 1 und 2 BGB. Dies kann jedoch abbedungen werden. Es besteht die Möglichkeit, den Sorgfaltsmaßstab des § 277 BGB zu vereinbaren (**„Sorgfalt in eigenen Angelegenheiten"**) Es ist im Übrigen sinnvoll klarzustellen, dass der Nießbraucher berechtigt ist, neu zu vermieten und in diesem Falle die Vorschrift des § 1056 BGB gilt. In diesem Falle wäre ergänzend zu formulieren:

> **Formulierungsbeispiel**
> Eine etwaige Vermietung des Vertragsgegenstandes über die Dauer des Nießbrauchs hinaus ist vom Übernehmer im Rahmen der gesetzlichen Bestimmungen hinzunehmen.

Der Nießbrauch an einem Grundstück entsteht zwingend erst durch die dingliche Einigung der Parteien sowie der Eintragung im Grundbuch. Für den Fall, dass die Parteien auf eine Eintragung im Grundbuch verzichten, entsteht lediglich ein sog. „nießbrauchsähnliches, obligatorisches Nutzungsrecht". Die Rechtsprechung wendet auf derartige Nutzungsverhältnisse die Vorschriften der Leihe an. Dies birgt aufgrund des Kündigungsrechtes nach § 605 BGB erhebliche Risiken für den „Nießbraucher".

### ■ Nießbrauch/mehrere Berechtigte

Haben mehrere Berechtigte den Grundbesitz übertragen, sollte bei der Nießbrauchsregelung etwas zum Beteiligungsverhältnis gesagt werden. Übergebende Ehegatten sind in der Regel **Gesamtberechtigte**. Weiterhin sollten Ausübungsvereinbarungen getroffen werden.

---

310 BFH BStBl II 1995, 291.
311 BFH BStBl II 1990, 888.

Zusätzlich ist zu formulieren:

> **Formulierungsbeispiel**
> Die Übergeber behalten sich an dem Vertragsobjekt als Gesamtberechtigte gem. § 428 BGB, der Längstlebende ungeschmälert, an dem Vertragsobjekt den lebenslangen unentgeltlichen Nießbrauch vor. Auch wenn die Nutzung gleichzeitig oder nebeneinander durch die Übergeber erfolgt, hat der Eigentümer diese in vollem Umfang zu dulden. Dies gilt auch für eine Nutzung durch den längstlebenden Übergeber. Der Nießbrauch kann von einem Übergeber nicht ohne Mitwirkung des anderen aufgehoben, abgeändert oder Dritten zur Ausübung überlassen werden. Auch kann ein Ehegatte nicht den anderen Ehegatten von der Ausübung des Nießbrauchs ausschließen oder sonst über den Nießbrauch verfügen.
> Die Eintragung des Nießbrauchsrechts – mit dem vorstehend näher bezeichneten Inhalt zugunsten der Übergeber an nächst offener Rangstelle im Gleichrang untereinander – im Grundbuch mit dem Vermerk, dass zur Löschung eines jeden Rechts der Nachweis des Todes des jeweiligen Berechtigten genügt, wird seitens der Vertragsteile bewilligt und beantragt.

211 ▪ **Pfändung des Nießbrauchs/Zwangsversteigerung**

Wie vorstehend dargelegt, kann die Ausübung des Nießbrauchs einem Dritten überlassen werden. Dies führt dazu, dass der Nießbrauch auch pfändbar ist, § 857 Abs. 3 ZPO. Der Nießbrauch als dingliches Recht ist Gegenstand der Pfändung, nicht lediglich der Anspruch auf Ausübung.[312] Nach geltender Rechtsprechung ist ein Pfändungsvermerk im Grundbuch möglich.[313] Ein derartiger Vermerk ist zu empfehlen, um einen gutgläubigen Erwerb auszuschließen. Wurde die Ausübungsüberlassung ausgeschlossen, spielt dies für die Pfändbarkeit keine Rolle. Pfändungsschutz ist daher nicht gegeben.[314] Fällt der Nießbrauch nicht in das geringste Gebot (§§ 52 Abs. 1, 91 Abs. 1 ZVG), erlischt er mit dem Zuschlag. Der Nießbrauchsberechtigte hat Anspruch auf **Wertersatz** aus dem Versteigerungserlös. Der Wertersatz richtet sich nach § 92 Abs. 2 ZVG. Der Wertersatz ist durch Zahlung einer Geldrente zu erfüllen. Diese entspricht dem Jahreswert des Nießbrauchs. Eine derartige Rente ist jeweils drei Monate im Voraus zu zahlen. Gemäß § 121 ZVG ist der Gesamtwert des Nießbrauchs in den Teilungsplan aufzunehmen. Der Wert des Nießbrauchs wird anhand der Sterbetafeln ermittelt, höchstens jedoch für 25 Jahre.[315]

Mit zunehmendem Alter kann es für den Übergeber lästig oder ihm sogar unmöglich sein, die Verwaltung des Übergabeobjekts weiterhin durchzuführen bzw. die Lasten weiterhin zu tragen. Hier besteht die Möglichkeit, ihm ein **Rentenwahlrecht** einzuräumen.[316]

212 ▪ **Nießbrauch und Wohnungseigentum**

Wird ein Nießbrauchsrecht an Wohnungs- oder Teileigentum bestellt, so steht dem Nießbraucher in der Eigentümerversammlung kein Stimmrecht zu. Im Übrigen hat er kein Antragsrecht zur Anfechtung von Eigentümerbeschlüssen.[317] Für den Fall, dass die Rechte durch den oder die Nießbraucher wahrgenommen werden sollen, ist dem Nießbraucher,

---

312 *Schöner/Stöber*, Rn 1389 m.w.N.
313 OLG Köln NJW 1962, 1621.
314 BGH NJW 1974, 796.
315 Näher hierzu *Langenfeld/Günther*, 3. Kap. § 2 Rn 216.
316 Formulierung hierfür siehe *Langenfeld/Günther*, 3. Kap. § 2 Rn 221.
317 BGH NJW 2002, 1647.

und zwar unabhängig vom Übergabevertrag, eine Ladungs-, Stimmrecht-und Anfechtungsvollmacht zu erteilen.

■ **Schuldübernahme**

Bis zur Genehmigung des Gläubigers, die regelmäßig nur gegen die Abgabe eines abstrakten Schuldversprechens gem. § 780 BGB verbunden mit einer Zwangsvollstreckungsunterwerfung des Übernehmers erteilt wird, liegt eine **Erfüllungsübernahme** vor.

■ **Vormerkung zur Löschung**

Sowohl die Abtretung der Eigentümerrechte, Rückgewähr- und Löschungsansprüche in Bezug auf die eingetragene Grundschuld als auch die Bestellung einer Löschungsvormerkung dienen der Absicherung des Übergebers bzw. seiner Ehefrau. Für den Fall, dass die Grundschuldgläubigerin dies bewilligt, kann zusätzlich die Eintragung einer Vormerkung zur Sicherung des abgetretenen Rückgewähranspruches erfolgen.[318] Um zu verhindern, dass die Eigentümerrechte, Rückgewähr- und Löschungsansprüche in den Nachlass des längstlebenden Elternteils fallen, empfiehlt sich die Vereinbarung einer auflösenden Bedingung für die Abtretung.

■ **Pflichtteilsverzicht des Ehegatten (siehe auch Rn 291)**

Im Falle des Todes des Übergebers könnte dessen Ehegatte Pflichtteilsergänzungsansprüche gegen den Übernehmer geltend machen, §§ 2325, 2329 BGB. Hier empfiehlt sich fürsorglich ein Verzicht des Ehegatten auf Pflichtteilsergänzungsansprüche beim Ableben des Übergebers, gegenständlich beschränkt auf das Übergabeobjekt (vgl. im Übrigen die Hinweise unter Rn 291).

■ **Pflichtteilsverzicht des Übernehmers/Pflichtteilsrecht von Geschwistern des Übernehmers (siehe auch Rn 151, 178)**

Aus Gründen einer vorausschauenden Nachlassplanung kann es häufig sinnvoll sein, dass der Übernehmer gegenüber seinen Eltern einen umfassenden Pflichtteilsverzicht abgibt. Dies gibt den übergebenden Eltern zukünftig einen freien Gestaltungsspielraum für lebzeitige und letztwillige Verfügungen; das Pflichtteilsrecht des Übernehmers kann nicht mehr tangiert werden.

Sofern dies im Einzelfall möglich ist, sollten die nicht bedachten Abkömmlinge bei der Beurkundung des Vertrags dergestalt mitwirken, dass sie – u.U. gegen Abfindung – auf Pflichtteilsergänzungsansprüche am künftigen Nachlass des Übergebers und gegenständlich beschränkt auf die Zuwendung an den Übernehmer verzichten. Ein derartiger Verzicht ist umso eher angebracht, als die gem. § 2325 Abs. 3 BGB vorgesehene zeitliche Begrenzung für die Einbeziehung von Zuwendungen des Erblassers in die Pflichtteilsberechnung bei vorbehaltenem Nießbrauch nicht zu laufen beginnt.[319] Um diese Folge, dass die Frist des § 2325 Abs. 3 BGB nicht zu laufen beginnt, zu vermeiden, werden diverse Möglichkeiten der Gestaltung diskutiert.[320]

Aber auch in den Fällen, in denen die vorstehende Frist nicht zu laufen beginnt und ein Verzicht auf Pflichtteilsergänzungsansprüche nicht vereinbart worden ist, kann die Höhe

---

318 OLG Saarbrücken DNotZ 1980, 504.
319 BGH NJW 1994, 1791; Palandt/*Edenhofer*, § 2325 BGB Rn 23.
320 Nachzulesen bei *N. Mayer*, ZEV 1994, 325; *Heinrich*, MittRhNotK 1995, 157 m.w.N.

eines Pflichtteilsergänzungsanspruchs durch die Vereinbarung eines Nießbrauchs erheblich reduziert werden. Nach geltender Rechtsprechung ist der Nießbrauchswert vom Wert der Schenkung in Abzug zu bringen, wenn für die Berechnung des Ergänzungsanspruchs der Zeitpunkt der Schenkung maßgeblich ist (**Niederstwertprinzip**).[321] Um daher festzustellen, ob der Wert des Grundbesitzes im Zeitpunkt der Schenkung oder im Zeitpunkt des Erbfalls zugrunde zu legen ist, sind beide Werte durch Gutachten festzustellen. Damit Vergleichbarkeit herstellt wird, werden zunächst beide Werte ohne Abzug des Nutzungsrechts ermittelt. Im übrigen ist dann der Wert zum Zeitpunkt der Schenkung noch zu indexieren. Das OLG Celle und auch ein Teil der Literatur hingegen vertritt die Ansicht, dass der Wert des Nießbrauchs stets abzuziehen ist.[322] Der Wert des Nießbrauchs ist zu kapitalisieren.

217 ■ **Ausgleichung (siehe Rn 112–120, 140, 153)**

218 ■ **Einkommensteuer**

Ist Gegenstand der Übergabe (anders als im Formular) ein Mietobjekt, so kann der Übernehmer bei Nießbrauchsvorbehalt des Übergebers i.d.R. **weder AfA noch Werbungskosten** geltend machen. Hierzu bleibt der Nießbraucher berechtigt. Zu beachten ist jedoch, dass die Geltendmachung von Werbungskosten (insbesondere für Ausbesserungen und Erneuerungen) nur dann möglich ist, wenn diese vom Nießbraucher vertraglich übernommen wurden.

Demgemäß empfiehlt es sich in derartigen Fällen, von der gesetzlichen Lastenverteilungsregelung abzuweichen und dem Nießbraucher auch die Verpflichtung zur Tragung aller außerordentlichen Lasten sowie sämtlicher Reparaturen und Erneuerungen aufzubürden.

Wird das selbstgenutzte Eigenheim gegen Vereinbarung von Rentenleistungen übertragen, kann der Übernehmer die geleisteten Rentenzahlungen nicht mehr als Sonderausgaben abziehen.

219 ■ **Schenkungssteuer**

Nachdem § 25 ErbStG in Wegfall geraten ist, ist der Nießbrauch, nunmehr steuerlich abzugsfähig. Es findet demgemäß nicht mehr lediglich eine Stundung des auf den Kapitalwert des vorbehaltenen/zugewendeten Rechts entfallenden Steueranteils bis zur Beendigung desselben statt.

Verzichtet der Übergeber nachträglich auf den vorbehaltenen Nießbrauch, wird eine Steuer für den Verzicht veranlagt.

### V. Grundstücksübergabe gegen Wohnungsrecht und Pflege

#### 1. Typischer Sachverhalt

220 Der Übergeber ist verwitwet und hat drei Kinder. Einem dieser Kinder überträgt er ein Grundstück mit Einfamilienhaus. Der Übernehmer ist investitionsfreudig und will dieses Einfamilienhaus aufstocken bzw. daran anbauen. Der Übergeber möchte sicherstellen, dass er einen Teil des Gebäudes lebzeitig dauerhaft und unentgeltlich bewohnen kann und im Alter von dem übernehmenden Abkömmling als Gegenleistung für die Übertragung gepflegt wird. Für bestimmte Fälle möchte er die Rückforderung gesichert haben. Die anderen

---

321 BGHZ 118, 49; BGHZ 125, 395; BGH ZEV 2003, 416.
322 OLG Celle ZErb 2003, 383; *Link*, ZEV 2005, 283.

Abkömmlinge sollen im Zusammenhang mit der Übertragung keine Pflichtteilsergänzungsansprüche geltend machen können, die Ausgleichung soll ausgeschlossen sein. Gleichzeitig soll allerdings eine Anrechnung auf den Pflichtteil erfolgen.

**2. Muster: Übertragung eines Einfamilienhauses durch verwitweten Elternteil an investitionsbereiten Abkömmling (Anbau, Ausbau, Umbau, Aufstockung); Vorbehalt eines Wohnungsrechtes mit geregelter Lastentragung, Vereinbarung einer Pflegeverpflichtung, umfassende Rückforderungsansprüche sowie Verzicht der Geschwister auf Pflichtteilsergänzungsansprüche, Anrechnung auf den Pflichtteil**

Verhandelt am           in

Vor dem unterzeichneten Notar           erschienen:
1.           , geb.           , nachstehend Übergeber genannt
2. Dessen Sohn, Herr           , geb.           , nachstehend Übernehmer genannt
3. Dessen Schwester, Frau           , geb.
4. Deren Bruder, Herr           , geb.

Der Notar fragte nach einer Vorbefassung im Sinne von § 3 Abs. 1 Nr. 7 BeurkG. Sie wurde von den Beteiligten verneint.

Die Erschienenen ersuchten mich um die Beurkundung nachstehender Vertragserklärungen:

*Übergabevertrag*

**§ 1 Vertragsobjekt**
1. Der Erschienene zu Ziff. 1, Herr           , ist im Grundbuch von           , Band           , Heft/Blatt           , als Eigentümer des nachstehenden Grundbesitzes eingetragen:
Flst. Nr.           , Hof- und Gebäudefläche,           m², Straße Nr.
2. Das Vertragsobjekt ist im Grundbuch unbelastet vorgetragen.

**§ 2 Übertragung**[323]

Der Übergeber überträgt hiermit den vorbezeichneten Grundbesitz mit allen Rechten und Pflichten, den wesentlichen Bestandteilen und dem Zubehör sowie allen etwaigen bestehenden und künftigen Eigentümerrechten, Rückgewähr- und Löschungsansprüchen an den Übernehmer zu Alleineigentum.

Der Übernehmer nimmt die Übertragung hiermit an.

**§ 3 Auflassung**

Die Vertragschließenden sind über den Eigentumsübergang einig. Die Eintragung der Rechtsänderung im Grundbuch wird vom Übergeber bewilligt und vom Übernehmer beantragt.

Nach Belehrung wird auf die Bestellung einer Auflassungsvormerkung verzichtet.

**§ 4 Besitz, Nutzungen und Lasten**

Der Übergang von Besitz, Nutzungen und Lasten auf den Übernehmer erfolgt vorbehaltlich des in § 6 dieses Vertrags zugunsten des Übergebers bestellten Wohnungsrechtes mit sofortiger Wirkung.

Alle Erschließungs- und Anliegerkosten für die Vergangenheit, auch sofern sie noch nicht in Rechnung gestellt sind, gehen zu Lasten des Übergebers. Diejenigen Erschließungs- und Anliegerkosten, deren Entstehungsgrund in der Zukunft liegt, gehen zu Lasten des Übernehmers.

---

323 Vgl. Rn 241.

226 **§ 5 Mängelhaftung**

Alle Ansprüche und Rechte des Übernehmers wegen eines Sachmangels des Grundstücks sind ausgeschlossen. Es sind auch alle Ansprüche auf Schadenersatz ausgeschlossen, es sei denn, der Übergeber handelt vorsätzlich.

In Kenntnis seiner insoweit gegebenen Aufklärungspflicht versichert der Übergeber, dass ihm versteckte Sachmängel des Vertragsgegenstandes nicht bekannt sind. Der Vertragsgegenstand wurde vom Übernehmer besichtigt; er wird im gegenwärtigen Zustand vom Übergeber übergeben.

Soweit sie vom Übernehmer nicht übernommen wurden, ist der Übergeber verpflichtet, dem Übernehmer den übergebenen Grundbesitz frei von im Grundbuch eingetragenen Belastungen und Beschränkungen zu verschaffen.

Vom Übernehmer werden eventuelle Baulasten, eintragungslos wirksame Rechte sowie im Grundbuch nicht eingetragene Dienstbarkeiten übernommen; das Bestehen derartiger Belastungen ist dem Übergeber allerdings nicht bekannt. Der Übergeber versichert, dass er Eintragungen in das Baulastenverzeichnis bzw. die Bestellung eintragungslos wirksamer Rechte nicht veranlasst hat. Auf die Möglichkeit, das Baulastenverzeichnis selbst einzusehen, wurden die Beteiligten hingewiesen.

227 **§ 6 Wohnungsrecht**[324]

Der Übergeber behält sich an der gesamten Erdgeschosswohnung des Vertragsobjekts, bestehend aus ▓▓▓▓▓, verbunden mit dem Recht auf Mitbenutzung der zum gemeinschaftlichen Gebrauch der Hausbewohner bestimmten Anlagen und Einrichtungen, insbesondere des Kellers und des Speichers sowie von Hof und Garten, das in der Ausübung unentgeltliche und ausschließliche Wohnungsrecht vor.

Der Übergeber ist befugt, seine Familie (auch dauernde Lebenspartner) sowie die zur standesgemäßen Bedienung und Pflege erforderlichen Personen mit in die Wohnung aufzunehmen (§ 1093 Abs. 2 BGB). Darüber hinaus darf die Ausübung des Wohnungsrechtes Dritten nicht überlassen werden.

Die Parteien bewilligen und beantragen zugunsten des Übergebers die Eintragung des vorstehend bestellten Wohnungsrechtes als beschränkte persönliche Dienstbarkeit (§ 1093 BGB) auf dem Grundstück Flst. Nr. ▓▓▓▓▓ mit der Maßgabe, dass zur Löschung des Rechts der Todesnachweis genügen soll. Der Berechtigte stimmt dieser Löschungserleichterung ausdrücklich zu.

Der jährliche Wert des Rechts beträgt ▓▓▓▓▓ EUR.

228 **§ 7 Lastentragung**[325]

Der Übernehmer übernimmt die Verpflichtung, die Erdgeschosswohnung in bewohnbarem Zustand zu erhalten und im Falle der Zerstörung wiederherzustellen. Der Übernehmer verpflichtet sich weiterhin, die auf die Erdgeschosswohnung entfallenden laufenden Kosten für Strom, Wasser, Heizung, Müllabfuhr, Kanal, Kaminreinigung sowie die sonstigen Nebenkosten zu tragen und den Übergeber von jeder Inanspruchnahme freizustellen. Desgleichen verpflichtet sich der Übernehmer zur Tragung der Kosten für notwendige Schönheits- oder sonstige Reparaturen. Er ist demgemäß zur umfassenden Instandhaltung der wohnungsrechtsgegenständlichen Wohnung sowie sämtlicher der Mitbenutzung unterliegender Anlagen verpflichtet, wobei hierzu nicht nur substanzerhaltende Maßnahmen gehören, sondern auch alle Sanierungs- und Modernisierungsmaßnahmen.

Zur Sicherung dieser Ansprüche bestellt der Übernehmer zugunsten des Übergebers eine Reallast an dem Grundstück, Flst. Nr. ▓▓▓▓▓. Die Eintragung im Grundbuch wird bewilligt und beantragt, und zwar mit der Maßgabe, dass zur Löschung des Rechts der Todesnachweis genügen soll.

---

324 Vgl. Rn 242–249.
325 Vgl. Rn 247.

## § 8 Pflegeverpflichtung[326]

Für den Fall, dass der Übergeber aufgrund körperlicher Gebrechen, Krankheit oder sonstiger Bedürftigkeit hierzu nicht mehr in der Lage sein sollte, verpflichtet sich der Übernehmer, den Übergeber in der vorbehaltenen Wohnung zu pflegen und ihn bei der Besorgung aller Alltagsangelegenheiten umfassend zu unterstützen. Hierzu zählen u.a. die Zubereitung der täglichen Kost sowie das Verbringen derselben in die Wohnung des Übergebers, die Säuberung der Wohnung sowie die Pflege der Wäsche etc.

Materielle Aufwendungen, die mit der Wartung und Pflege zusammenhängen, sind vom Übergeber zu tragen.

Sofern im Zusammenhang mit der Pflege des Übergebers Pflegegeld nach dem PflegeVG gezahlt wird, gebühren diese Zahlungen dem pflegenden Übernehmer.

Die Pflegeverpflichtung ruht, wenn
a) dem Verpflichteten die Erbringung der vorbezeichneten Pflegeleistungen aufgrund persönlicher, insbesondere beruflicher oder gesundheitlicher Umstände nicht bzw. nicht mehr zumutbar ist
b) der Berechtigte sich in einem Krankenhaus, Pflegeheim oder Altersheim aufhält. Die Entscheidung, in das Krankenhaus, Pflegeheim oder Altenheim zu gehen, trifft der Berechtigte und sollte dieser hierzu nicht in der Lage sein, der behandelnde Hausarzt.

*Alternativ:*[327]

Die obige Pflegeverpflichtung besteht nur insoweit (Zumutbarkeitsvorbehalt), als die Pflege dem Übernehmer unter Berücksichtigung seiner beruflichen und familiären Verhältnisse, insbesondere unter Rücksichtnahme auf die Betreuung eventueller Kinder des Übernehmers sowie nach seinen körperlichen Fähigkeiten und Kenntnissen zumutbar ist.

## § 9 Pflichtteilsanrechnung[328]

Der Übernehmer hat sich die heutige Zuwendung abzügl. des Werts der von ihm übernommenen Gegenleistungen bzw. der von dem Übergeber vorbehaltenen Rechte auf sein gesetzliches Pflichtteilsrecht beim Tode des Übergebers anrechnen zu lassen.

## § 10 Pflichtteilsrechte der Geschwister[329]

Die hier Erschienenen zu Ziff. 3 und 4 verzichten hiermit bezüglich der heutigen Grundstückszuwendung an den Übernehmer und gegenständlich beschränkt auf dieselbe auf ihr gesetzliches Pflichtteilsrecht einschließlich etwaiger Pflichtteilsergänzungsansprüche und Ausgleichspflichtteile für sich und ihre Abkömmlinge beim Tode des Übergebers. Der Verzicht wird gegenüber dem Übergeber ausgesprochen und von diesem hiermit angenommen.

## § 11 Rückforderung[330]

Der Übergeber ist berechtigt, in folgenden Fällen die Rückübertragung des Vertragsgegenstandes zu verlangen:
1. Tod des Übernehmers vor dem Tod des Übergebers.
2. Im Fall, dass der Übernehmer oder dessen Ehegatte Scheidungsantrag stellt; dem gleichgestellt ist der Umstand, dass der Übernehmer oder dessen Ehegatte vorzeitigen Ausgleich des Zugewinns verlangt, es sei denn, es ist durch Ehevertrag zwischen dem Übernehmer und dessen Ehegatten sichergestellt, dass das Übergabeobjekt bei der Durchführung eines etwaigen Zugewinnausgleichs unberücksichtigt bleibt.

---

326 Vgl. Rn 250–255.
327 Vgl. Rn 253.
328 Vgl. Rn 256.
329 Vgl. Rn 257.
330 Vgl. Rn 258.

3. Verheiratung bzw. Wiederverheiratung des Übernehmers, es sei denn, der Übernehmer hat mit dem Ehegatten einen Ehevertrag, wie unter vorstehender Ziff. 2 gefordert, abgeschlossen.
4. Jedwede Verfügung (insbesondere Übertragung, Belastung oder inhaltliche Veränderung) sowie bauliche Veränderung bezüglich des Vertragsobjekts ohne Zustimmung des Übergebers. Der Verfügung steht die Einbringung der Übergabeobjekte in eine Gütergemeinschaft durch Ehevertrag gleich. Zustimmung ist die vorherige schriftliche Einwilligung, die für die vom Übernehmer beabsichtigten Baumaßnahmen ▬▬▬ hiermit erteilt wird.
5. Überlassung des ganzen oder teilweisen Gebrauchs des Vertragsobjekts an Dritte ohne vorherige schriftliche Zustimmung des Übergebers, wobei es unerheblich ist, ob die Gebrauchsüberlassung entgeltlich oder unentgeltlich erfolgt oder ob das gesamte Vertragsobjekt oder nur Teile von diesem zum Gebrauch überlassen sind. Dem steht gleich ein sonstiger, für den Übergeber unzumutbarer Gebrauch des Grundstückes oder von Teilen des Vertragsobjekts.
6. Überschuldung sowie die Beantragung von Einzel- oder Gesamtvollstreckungsmaßnahmen gegen den Übernehmer und in das Übergabeobjekt, ferner die Ablehnung der Eröffnung des Insolvenzverfahrens mangels kostendeckender Masse.
Dem gleichgestellt ist der Fall, dass an den Übernehmer Sozialhilfe geleistet wird oder die Inanspruchnahme von Sozialhilfe durch den Übernehmer zu erwarten ist.
7. Schuldhafte und schwerwiegende Verletzung einer sich aus diesem Vertrag ergebenden Verpflichtung.
8. Bei Vorliegen eines Pflichtteilsentziehungs- oder Erbunwürdigkeitsgrundes oder im Falle einer erheblichen Verfehlung des Übernehmers oder seines Ehegatten gegenüber dem Übergeber.

Der Übergeber ist bei der Geltendmachung des Rückübertragungsanspruches an eine Frist von drei Monaten ab Kenntnis von den diesen Anspruch auslösenden tatsächlichen Umständen gebunden.

Wird das Rückforderungsrecht seitens des Übergebers in einem Fall nicht geltend gemacht, so schließt dies eine Geltendmachung in einem später eintretenden Fall nicht aus.

Es wird ausdrücklich klargestellt, dass sich das Rückforderungsrecht für den Fall, dass es beim Tod des Übernehmers nicht geltend gemacht wird, auch gegen dessen Rechtsnachfolger richtet. Dies gilt für den Fall, dass die Vorrausetzungen gem. Ziff. 1 bis 8 in der Person des Rechtsnachfolgers vorliegen.

Die Geltendmachung der Rückforderung bedarf der Schriftform.

Dem Übergeber steht im Hinblick auf die Rückforderungstatbestände ein umfassendes Auskunftsrecht gegen den Übernehmer zu.

Der Übergeber ist zum Ersatz von Investitionen verpflichtet, die der Übernehmer in Bezug auf das Übergabeobjekt mit seinem Einverständnis vorgenommen hat. Die Höhe der Ersatzansprüche richtet sich nach dem Zeitwert der vorgenommenen Investitionsmaßnahmen im Zeitpunkt der Rückforderung.

Im Zeitpunkt der Rückgabe bestehende Grundpfandrechte sind vom Übergeber dinglich und persönlich zu übernehmen, soweit es sich um die Absicherung für persönliche Verbindlichkeiten des Übergebers handelt, die bei der Übergabe schon bestanden haben und die seitens des Übergebers auch nach der Übergabe bedient worden sind. Für den Fall, dass der Übernehmer Grundpfandrechte bestellen sollte, hat er die Verpflichtung, dafür Sorge zu tragen, dass die von ihm bestellten dem Übergeber von Seiten des Gläubigers zu freier Verfügung zurückgewährt werden.

In jedem Falle ist der Übernehmer verpflichtet, die den Grundpfandrechten zu Grunde liegenden Verbindlichkeiten zu tilgen bzw. den Übergeber von einer eventuellen persönlichen Inanspruchnahme durch die finanzierende Bank umfassend freizustellen.

Die durch die Rückübertragung entstehenden Kosten gehen zu Lasten des Übernehmers. Wenn der Übergeber aufgrund Vorversterbens des Übernehmers zurückfordert, fallen die Kosten dem Übergeber allein zur Last.

Nutzungen sind vom Übernehmer nicht herauszugeben; für die Benutzung des Vertragsobjekts ist eine Vergütung nicht zu zahlen.

Der Rückübertragungsanspruch ist weder vererblich noch übertragbar, es sei denn, er wurde zu Lebzeiten des Übergebers ausgeübt.

Das Rückforderungsrecht umfasst die Abtretung aller Eigentümerrechte, Rückgewähr- und Löschungsansprüche.

### § 12 Rückauflassungsvormerkung, Löschungsvollmacht

Zur Sicherung des sich aus § 11 dieses Vertrags ergebenden Rückauflassungsanspruches wird zugunsten des Übergebers eine Auflassungsvormerkung gem. § 883 BGB an dem Vertragsobjekt bestellt. Die Eintragung im Grundbuch wird hiermit bewilligt und beantragt. Im Rang ist die vorbezeichnete Auflassungsvormerkung nach allen bestehenden und in dieser Urkunde bestellten Rechten einzutragen. Der Übergeber bevollmächtigt hiermit für seinen Todesfall den Übernehmer, die Löschung der zu seinen Gunsten eingetragenen Vormerkung unter Vorlage der Sterbeurkunde zu bewilligen.

### § 13 Vollmacht

Der Übernehmer erteilt hiermit dem Übergeber für den Fall, dass der Übergeber die Rückübertragung des Vertragsobjekts aufgrund Vorversterbens des Übernehmers verlangen kann, unwiderrufliche Vollmacht zur Vornahme aller zur Rückübertragung erforderlichen Rechtshandlungen. Der Bevollmächtigte ist von den Beschränkungen des § 181 BGB befreit.

### § 14 Ausgleichung unter Abkömmlingen[331]

Die Parteien vereinbaren hiermit, dass eine Ausgleichung unter Abkömmlingen gem. §§ 2050 ff. BGB ausgeschlossen sein soll.

### § 15 Salvatorische Klausel

Sollte eine Bestimmung dieses Vertrags unwirksam sein oder unwirksam werden, so wird die Wirksamkeit der übrigen Vertragsbestimmungen hierdurch nicht berührt.

Dies gilt sinngemäß auch bei der Unwirksamkeit von Vertragsteilen.

Die Parteien verpflichten sich schon jetzt, die unwirksame Bestimmung durch eine wirksame Vertragsklausel zu ersetzen, die dem wirtschaftlichen Zweck der unwirksamen Bestimmung am nächsten kommt.

### § 16 Hinweise, Belehrungen

Der Notar hat die Beteiligten insbesondere auf Folgendes hingewiesen:
1. Beide Vertragsteile haften kraft Gesetzes als Gesamtschuldner für die Kosten dieser Urkunde, desgleichen für die Kosten des grundbuchlichen Vollzuges sowie für etwaige Steuern, auch für den Fall, dass eine Partei sich vertraglich zur Übernahme bereit erklärt hat.
2. Der schuldrechtliche Vertrag ist solange schwebend unwirksam, bis erforderliche Genehmigungen erteilt sind.
3. Das Eigentum am Vertragsobjekt geht erst mit Eintragung im Grundbuch auf den Übernehmer über.
4. Auf die eventuelle Nichtigkeit des Vertrags für den Fall, dass nicht alle Vereinbarungen vollständig beurkundet sind.

### § 17 Kosten und Steuern

Die Kosten dieser Urkunde sowie die Kosten des Vollzuges im Grundbuch, desgleichen etwaige Schenkungssteuern, sind vom Übernehmer zu tragen.

### § 18 Ausfertigungen, Abschriften

Von dieser Urkunde erhalten die Vertragsteile je eine beglaubigte Abschrift; das Grundbuchamt eine Ausfertigung, das Finanzamt (Schenkungsteuerstelle) sowie das Finanzamt (Grunderwerbsteuerstelle) erhalten jeweils einfache Abschriften.

---

331 Vgl. Rn 259.

240

**§ 19 Notarielle Durchführungsvollmacht**

Die Erschienenen beauftragen und bevollmächtigen unter Befreiung von § 181 BGB den Notar unwiderruflich, sie im Grundbuchverfahren uneingeschränkt zu vertreten und in ihrem Namen alle zur Wirksamkeit und zum Vollzug der Urkunde erforderlichen Genehmigungen und Erklärungen einzuholen, entgegenzunehmen und zu verwenden.

Soweit dies rechtlich zulässig ist, ist der Notar darüber hinaus beauftragt und bevollmächtigt, durch notarielle Eigenurkunde in formeller und materieller Hinsicht Anträge und Erklärungen aller Art zu stellen bzw. abzugeben, zu berichtigen, abzuändern, zu ergänzen, zurückzunehmen oder grundbuchrechtlichen Erfordernissen inhaltlich anzupassen.

### 3. Hinweise zum Muster

241 ■ **Übertragung (siehe auch Rn 9 ff., 50 ff.)**

Vorliegend handelt es sich um einen klassischen Regelungsgegenstand, nämlich eine Grundstücksübergabe mit z.T. **höchstpersönlichen Gegenleistungen**.

Vorliegender Übergabevertrag ist im Gegensatz zur Hofübergabe kein typischer Leibgedingvertrag, also kein Vertrag, auf den die landesrechtlichen Regelungen über Art. 96 EGBGB ohne weiteres anwendbar sind. Voraussetzung für das Vorliegen eines Leibgedings ist die Übergabe eines Inbegriffs von Nutzungen und Leistungen an einen Berechtigten in der Verbindung mit einem Nachrücken des Verpflichteten durch Grundstücksübernahme in eine die Existenz zumindest teilweise begründende Wirtschaftseinheit. Bei der Übergabe eines Grundstückes mit aufstehendem Haus ist diese Voraussetzung der Übergabe einer Wirtschaftseinheit sicherlich nicht erfüllt, so dass eine Anwendbarkeit der Sonderregelungen über den Altenteil nach Art. 96 EGBGB nur dadurch erreicht werden kann, dass dies gesondert, im Vertrag also explizit, zu vereinbaren ist. Wird eine solche Vereinbarung nicht getroffen, sind die Privilegien und Sonderregelungen nicht anwendbar.

Die Übergabe soll nicht unentgeltlich erfolgen, vielmehr soll der Übernehmer durch Pflegeleistungen etc. eine Gegenleistung für den zugewendeten Gegenstand erbringen. Soweit die vereinbarten Gegenleistungen dem Wert des Übergabegegenstandes entsprechen, ist das Geschäft vollständig entgeltlich, Schenkungsrecht ist nicht anwendbar. Übertrifft der Wert des Übergabegegenstands, wie häufig, den Wert der Gegenleistungen, ist grundsätzlich für diesen überschießenden Anteil Schenkungsrecht anwendbar, es sei denn, dieser unentgeltliche Anteil wurde als Ausstattung übergeben.

242 ■ **Wohnungsrecht**

Eine häufig anzutreffende Gegenleistung bei der Übergabe von Grundstücken mit aufstehenden Immobilien ist die Einräumung eines dinglich gesicherten Wohnungsrechts zugunsten des Übergebers auf dessen Lebenszeit. Ziel ist, dem Übergeber die Nutzung an den Wohnräumen, allerdings weder vererblich noch übertragbar, zu sichern. Das dingliche Wohnungsrecht ist in § 1093 BGB geregelt und stellt eine besondere Form der Dienstbarkeit dar.[332] Diese besteht in dem Recht, ein Gebäude oder einen Gebäudeteil allein und ausschließlich zu Wohnzwecken zu nutzen. Hauptnutzung muss das Wohnen sein; weiterer Gegenstand, allerdings als Nebenzweck, können andere Nutzungen sein, so z.B. die Mitbenutzung der Garage, des Gartens, des Hofs, des Treppenhauses, der Waschküche, von Freiflächen etc. Soweit einem Nebenzweck im Rahmen des Rechts erhebliches Gewicht zukommt, so dass dieser den Hauptzweck zurückdrängt, kann eine beschränkte persönliche

---

[332] *J. Mayer*, § 2 Rn 152.

Dienstbarkeit nach § 1090 BGB bestellt werden,[333] desgleichen für die Nutzung zu anderen Zwecken.[334] Der Inhalt eines Mietvertrags kann nicht Inhalt eines Wohnungsrechts sein. Grundsätzlich ist das Wohnungsrecht weder entgeltlich noch unentgeltlich. Eine Vereinbarung, wonach ein unentgeltliches Wohnungsrecht zugewandt wird, kann daher nicht Gegenstand des dinglichen Rechts sein.[335] Es besteht jedoch die Möglichkeit, die Ausübung des Wohnungsrechts mit der Bezahlung eines Entgelts zu verknüpfen.

### ■ Bestellung an konkreten Räumen/Abgrenzung zur Wohnungsrechtsreallast

Nutzungsobjekt kann das ganze Gebäude oder ein Gebäudeteil sein.[336] Ein ideeller Miteigentumsanteil hingegen kann nicht Belastungsobjekt sein. Denn es kommt im Gegensatz zum Nießbrauch auf die tatsächliche Nutzung an. Der Nießbrauch wiederum kann sich nicht auf einzelne Zimmer oder Gebäudeteile beschränken. In diesem Fall wäre ein umfassendes Nutzungsrecht nicht mehr vorhanden, da diese wesentliche Bestandteile des Gebäudes sind.[337]

Klarzustellen ist bei einem Gebäudeteil als Nutzungsobjekt nur, auf welches sich das Wohnungsrecht beziehen soll, da der Bestimmtheitsgrundsatz zu wahren ist. Ist nicht bestimmt, dass konkrete Räume dem Wohnungsrecht unterliegen sollen, liegt lediglich eine Wohnungsrechtsreallast nach § 1105 BGB,[338] die sich auf das gesamte Gebäude bezieht,[339] vor. Eine solche **Wohnungsrechtsreallast** nämlich sichert nur ganz allgemein die Verpflichtung des Übernehmers, Wohnraum zu gewähren, ohne hier einzelne Räume zuzuweisen.[340] Die Eintragung einer Wohnungsrechtsreallast allein ist i.d.R. im Hinblick auf ein störungsfreies Zusammenleben von Übergeber und Übernehmer nicht sinnvoll, da eine rechtliche Absicherung in Bezug auf die Benutzung bestimmter Räume nicht gegeben ist.[341]

Da die Zerstörung des Gebäudes nach der Rechtsprechung des BGH zum Erlöschen des Wohnungsrechts führt und dieses auch bei Wiederaufbau des Gebäudes nicht mehr auflebt, ist es durchaus sinnvoll, neben der Eintragung eines dinglichen Wohnungsrechts für den Fall der Zerstörung des Gebäudes zugunsten des Übergebers eine Wohnungsrechtsreallast zu bestellen.[342] Alternativ hierzu kann zur Absicherung der Wiedereinräumung eines Wohnungsrechts an die aufgebauten Gebäude eine so genannte **Brandvormerkung** im Grundbuch eingetragen werden.[343] Allerdings kann eine Leistungspflicht des Übergebers nicht zum Inhalt einer Dienstbarkeit gemacht werden, sodass auch eine Wiederaufbauverpflichtung des Übernehmers nach Zerstörung des Gebäudes nicht Inhalt eines Wohnungsrechts

---

333 BayObLGZ 1985, 31.
334 BayObLG DNotZ 1986, 148.
335 *J. Mayer*, § 2 Rn 166 (str.).
336 Die Mitbenutzung von Grundstücksflächen wie etwa dem Hausgarten und Nebengebäuden sowie von Ställen und Garagen kann nach § 1093 Abs. Abs. 3 BGB möglicher Inhalt eines Wohnungsrechts sein; *Langenfeld/Günther*, 4. Kap. § 2 Rn 366.
337 Palandt/*Bassenge*, § 1030 Rn 6.
338 Langenfeld/*Spiegelberger*, Münchener Vertragshandbuch, Band 6, VI 3.
339 BayObLGZ 1964, 1; BGHZ 58, 57.
340 BayObLGZ 1964, 1; BGHZ 58, 57; *Langenfeld/Günther*, 4. Kap. § 2 Rn 380 mit Formulierungsbeispiel.
341 *J. Mayer*, § 2 Rn 157.
342 *J. Mayer*, § 2 Rn 157.
343 *Langenfeld/Günther*, 4. Kap. § 2 Rn 381 mit Formulierungsbeispiel.

sein kann. Eine solche Wiederherstellungspflicht kann allenfalls zum Inhalt einer besonderen Reallast gemacht werden.[344]

**244** ■ **Ausschluss des Übernehmers von der Benutzung**

Wesensnotwendig für die Annahme eines Wohnungsrechts ist weiterhin der Ausschluss des Eigentümers/Übernehmers von der Benutzung wenigstens des Teils, den der Übergeber sich zur Wohnnutzung vorbehält.[345] Ist die Mitbenutzung zum Wohnen gemeinsam mit dem Eigentümer vereinbart, liegt eine beschränkte persönliche Dienstbarkeit nach § 1090 BGB vor.[346]

**245** ■ **Mitbenutzungsrecht**

Zur Mitbenutzung dürfen ohne besondere Gestattung Familienangehörige, insbesondere auch der Lebensgefährte,[347] ein gleichgeschlechtlicher Lebenspartner nach dem LPartG und Hauspersonal aufgenommen werden, § 1093 Abs. 2 BGB. Durch Vereinbarung kann der Kreis derjenigen, denen der eigentlich Nutzungsberechtigte die Nutzung überlassen kann, eingeschränkt werden.[348] Gemäß § 1092 Abs. 1 S. 2 BGB darf sonstigen Dritten die Allein- oder Mitbenutzung nur aufgrund ausdrücklicher Gestattung gewährt werden.[349]

**246** ■ **Erlöschen/Umwandlung des Wohnungsrechts**

Gemäß § 875 BGB erlischt das Wohnungsrecht durch Aufhebung. Ebenfalls erlischt es durch den Tod des Berechtigten. Der Umstand, dass der Übergeber das Wohnungsrecht subjektiv nicht mehr ausüben kann, da er aufgrund seines Gesundheitszustands z.B. im Heim unterzubringen ist, soll nach der Rechtsprechung nicht zum Erlöschen führen.[350] Hier wird wahlweise vertreten,[351] dass zur Begleichung der Pflegeheimkosten bei Existenzgefährdung des Übergebers der Vertrag dahin gehend angepasst wird, dass das Wohnungsrecht sich in einen Anspruch des Übergebers auf Auszahlung der durch die Vermietung der Wohnrechtsräume erzielbaren Erträge umwandelt oder von einer Unmöglichkeit der Wohnungsgewährung auszugehen ist und ein Anspruch über § 326 Abs. 2 S. 2 BGB hierauf entsteht.[352] Es kommt zwar grundsätzlich auf den Einzelfall an, jedoch wird seitens einzelner Obergerichte die Ansicht vertreten, eine Beteiligung an den Heimkosten zu bejahen. Nach einer Entscheidung des OLG Oldenburg vom 11.10.2007 hat der Berechtigte eines vertraglich eingeräumten lebenslänglichen freien Wohnungsrechts, der in einem Pflegeheim unter-

---

344 *Langenfeld/Günther*, 4. Kap. § 2 Rn 381; LG Freiburg BWNotZ 1974, 85; *J. Mayer*, § 2 Rn 179, vertritt hierzu, dass man auch ohne eine entsprechende schuldrechtliche Vereinbarung eine Verpflichtung zum Wiederaufbau dann annehmen muss, wenn der Eigentümer schuldhaft das Gebäude zerstört hat oder das alte Wohnhaus aufgrund eines eigenständigen Entschlusses abreißt, da er dadurch die Pflichten des schuldrechtlichen Grundgeschäfts, das dem Wohnungsrecht zugrunde liegt, verletzt und daher Naturalrestitution schuldet.
345 BayObLGZ 1991, 431, 433.
346 BayObLG DNotZ 1976, 230.
347 BGHZ 84, 36.
348 *Langenfeld/Günther*, 4. Kap. § 2 Rn 367; hinsichtlich der übrigen Punkte, die im Rahmen der Bestellung eines Wohnrechts zu klären sind, siehe die Checkliste bei *J. Mayer*, § 2 Rn 150.
349 Zum Teil enthalten die landesrechtlichen Bestimmungen über den Leibgedingvertrag hierfür Sonderregelungen, wobei das genaue Verhältnis zu den Regelungen des BGB häufig als unklar betrachtet wird; siehe auch *J. Mayer*, § 2 Rn 175.
350 BGH NJW 2007, 1884.
351 OLG Köln NJW-RR 1995, 1358.
352 OLG Hamm MittRhNotK 1997, 80, 81.

gebracht wird, keinen Anspruch auf Zahlung einer monatlichen Geldrente unabhängig von den tatsächlich erzielten Erträgen. Derjenige, dem das Wohnungsrecht eingeräumt wird, d.h. der Wohnungsberechtigte, kann nicht gezwungen werden, die Wohnung zu vermieten.[353] In der Literatur wird die Ansicht vertreten, dass in einen Vertrag mit vorbehaltenem Wohnungsrecht eine Klausel dahin gehend aufgenommen werden sollte, dass, solange keine Ersatzansprüche entstehen, der Wohnungsberechtigte nicht die Aufgabe des Wohnungsrechts erklärt.[354]

Es entspricht der allgemeinen Praxis der Sozialämter in Baden-Württemberg, dass bei vorbehaltenem Wohnungsrecht eine Überleitung nach SGB XII erfolgen kann. Vom Übernehmer wird regelmäßig ein Geldbetrag gefordert, der dem Mietwert bzw. dem Nutzungswert des vorbehaltenen Objekts entspricht.

Das Sozialamt geht allerdings häufig von einem Altenteilsvertrag aus und wendet somit die landesrechtlichen Vorschriften an, obwohl ein Altenteilsvertrag überhaupt nicht vorliegt. Es sollte daher stets geprüft werden, ob tatsächlich ein Altenteilsvertrag vorliegt. Ist dies nicht der Fall, kommt eine Umwandlung in eine Geldrente nicht ohne weiteres in Betracht.

Eine Überleitung nach SGB XII kann nur dann erfolgen, wenn sich aus dem Übertragungsvertrag ergibt, dass die Ausübung des Wohnungsrechts Dritten überlassen werden kann.[355] Ansonsten scheitert die Überleitungsfähigkeit.

Nach geltender Rechtsprechung jedoch kann der Wohnungsrechtsinhaber ausnahmsweise verlangen, dass die dem Wohnungsrecht unterliegenden Räume an Dritte vermietet werden, auch wenn keine Ausübungsüberlassung vereinbart worden ist. Die Vermietung muss allerdings dem Eigentümer zumutbar sein. Handelt es sich um eine abgeschlossene Wohnung, die vermietbar ist, ist die Zumutbarkeit zu bejahen.[356] Allerdings steht dem Sozialamt kein Anspruch auf die Mieteinnahmen zu.[357] Zusammenfassend ist daher zu sagen, dass, auch wenn das Wohnungsrecht als solches nicht überleitbar und die Überlassung zur Ausübung nicht gestattet ist, u.U. – sofern die Voraussetzungen vorliegen – der im Wohnungsrecht enthaltende versteckte Geldanspruch übergeleitet werden kann. Somit wird seitens des Sozialamtes geprüft, ob die dem Wohnungsrecht unterliegenden Räume vermietbar sind. Wird dies bejaht, erfolgt eine Überleitung. Einige Sozialämter gehen auch davon aus, dass für den Fall, dass das Wohnungsrecht bis zum Auszug des Übergebers zu gewähren ist, eine Überleitung nicht möglich sei.

Der Übernehmer hat auch häufig die Möglichkeit, das Wohnungsrecht gegen Abfindung „abzulösen". In diesem Falle wird der Jahresnutzungswert ermittelt. Dieser wird mit dem Faktor gemäß der Sterbetabelle entsprechend der Lebenserwartung des Übergebers multipliziert.

Um die Praxis des zuständigen Sozialamtes zu ermitteln bzw. um den Übergeber auf die Risiken der Überleitung entsprechend hinweisen zu können, sollte eine Anfrage beim zuständigen Sozialamt erfolgen.

---

[353] OLG Oldenburg ErbR 2008, 27.
[354] *Everts*, ZEV 2004, 495, 498.
[355] *Everts*, ZEV 2004, 495 m.w.N.
[356] OLG Celle NJW-RR 1999, 10; OLG Köln NJW-RR 1995, 1358; OLG Koblenz MDR 2004, 452 (Die Vermietbarkeit, auch wenn eine Ausübungsüberlassung nicht vereinbart wurde, schließt auch eine Rückforderung wegen Verarmung des Schenkers aus.).
[357] OLG Oldenburg NJW-RR 1994, 1041.

Hat der Sozialhilfeträger somit ein Wohnungsrecht zu Recht auf sich übergeleitet, werden die vom Übernehmer gewährten Naturalleistungen häufig unterschiedlich bewertet. Die Regierung von Niederbayern gibt beispielsweise folgende Anhaltspunkte:[358]

Für ein Wohnungsrecht, das die Nutzung des gesamten Hausanwesens vorsieht, ist die ortsübliche Miete anzusetzen. Für den Fall, dass nur einzelne Zimmer vom Wohnungsrecht umfasst sind, wird ein Wert von mindestens 25 EUR pro Zimmer angesetzt. Für Nebenkosten geht man bei Strom von 7,50 EUR pro Monat, für Wasser 1,50 EUR pro Monat und für Heizung von 40 EUR pro Monat aus. Hat sich der Übernehmer zur Tragung der Instandhaltungskosten verpflichtet, ist diese Verpflichtung mit einem Betrag zwischen 25 und 100 EUR pro Monat anzusetzen. Um ganz sicher zu gehen, sollte auch hier beim zuständigen Sozialamt nachgefragt werden (vgl. zur parallelen Problematik der Überleitung eines Schenkungsrückforderungsanspruchs auf den Sozialhilfeträger Rn 55 ff.)

247 ■ **Unterhaltungspflichten/laufende Betriebskosten**

Gemäß § 1041 Abs. 1 BGB hat der Übergeber als Wohnungsrechtsberechtigter nur die gewöhnlichen Ausbesserungs- und Erneuerungsaufwendungen, somit im Normalfall die Schönheitsreparaturen innerhalb der Wohnung zu tragen. Kommt es hingegen zu Veränderungen oder Verschlechterungen, die im Rahmen einer ordnungsgemäßen Nutzung entstehen (Abwohnen), gehen diese nicht zu Lasten des Wohnungsberechtigten. Hinzu kommen die privaten Kosten und öffentlichen Abgaben für Wasser, Müll, Beleuchtung, Heizung usw.[359] Öffentliche (Grundsteuer, Erschließungskosten) und private Lasten (Zinsen von Grundpfandrechten) trägt nach dem Gesetz der Eigentümer; diese können jedoch durch Vereinbarung, allerdings nicht mit dinglicher Wirkung, auf den Wohnungsberechtigten abgewälzt werden.[360]

Eine Verpflichtung des Eigentümers gegenüber dem Übergeber, die Räume in einem gebrauchsfähigen Zustand zu halten, kann nach überwiegender Auffassung nicht angenommen werden.[361] Der Eigentümer kann aber durch Vereinbarung mit dem Wohnungsberechtigten mit dinglicher Wirkung verpflichtet werden, das Gebäude einschließlich der Wohnung des Wohnungsberechtigten instand zu halten, da das Gebäude eine Anlage i.S.d. § 1021 Abs. 1 S. 1 BGB ist.[362] Es ist in jedem Fall zu empfehlen, zu regeln, wer die außergewöhnlichen Ausbesserungen und Erneuerungen zu tragen hat, da zur Tragung weder der Eigentümer[363] noch der Wohnungsberechtigte[364] verpflichtet sind.

248 ■ **Übertragung/Belastung/Pfändung/Überleitung des Wohnungsrechts**

Als höchstpersönliches subjektiv-persönliches Recht ist das dingliche Wohnungsrecht grundsätzlich weder übertragbar noch belastbar. Eine Zwangsvollstreckung in das Stammrecht ist unzulässig. Nur dann, wenn die Überlassung des Rechts gem. § 1092 Abs. 1 S. 2 BGB an einen Dritten vertraglich gestattet ist, kann diese Überlassung nach § 857 Abs. 3

---

358 *Rosendorfer*, MittBayNot 2005, 1.
359 *Langenfeld/Günther*, 4. Kap. § 2 Rn 368; eine davon abweichende dingliche Lastenverteilungsregelung kann analog § 1047 BGB i.V.m. § 1093 Abs. 1 S. 2 BGB nicht getroffen werden, Langenfeld/*Spiegelberger*, Münchener Vertragshandbuch, VI 3; BayObLG MittBayNot 1980, 154.
360 BayObLG NJW-RR 1989, 15; *Langenfeld/Günther*, 4. Kap. § 2 Rn 372.
361 BGH DNotZ 1970, 31.
362 *Langenfeld/Günther*, 4. Kap. § 2 Rn 369; *Kraiß*, BWNotZ 1972, 10.
363 BayObLGZ 1985, 414.
364 *Schöner/Stöber*, Rn 1250.

ZPO gepfändet werden.³⁶⁵ Eine Überleitung nach § 93 SGB XII soll, wie bereits vorstehend dargelegt, nach den gleichen Grundsätzen möglich sein (näher hierzu siehe auch Rn 246).³⁶⁶

Das Wohnungsrecht erlischt bei der Zwangsversteigerung mit dem Zuschlag, wenn es nicht nach den Versteigerungsbedingungen bestehen bleibt (§ 91 Abs. 1 ZVG). Seitens des Berechtigten besteht ein Anspruch auf Ersatz des Werts aus dem Versteigerungserlös durch Zahlung einer Geldrente. Diese kommt dem Jahreswert des Rechts gleich. Deckungskapital: § 121 ZVG.

### ▪ Wohnungsrecht/mehrere Berechtigte

249

Wird der Grundbesitz von mehreren Berechtigten übertragen, die sich das Wohnungsrecht vorbehalten, sollte eine Regelung bezüglich des Beteiligungsverhältnisses getroffen werden. Ehegatten sind in der Regel Gesamtberechtigte. Wegen der Unteilbarkeit der Leistung ist eine Bestellung für mehrere Personen nach Bruchteilen nicht möglich.

#### Formulierungsbeispiel
Die Übergeber behalten sich, als Gesamtberechtigte gem. § 428 BGB, der Längstlebende ungeschmälert, an der gesamten Erdgeschosswohnung des Vertragsobjekts, verbunden mit          , Wohnungsrecht vor.

### ▪ Pflegeverpflichtung³⁶⁷ (siehe auch Rn 56 ff.)

250

Ziel der Vereinbarung einer Pflegeverpflichtung ist die Sicherung der häuslichen Pflege des Übergebers im Alters- bzw. Krankheitsfall zur Vermeidung eines Pflegeheimaufenthalts, sei es aus persönlichen Gründen, sei es um Pflegeheimkosten³⁶⁸ einzusparen. Selbst dann, wenn der Übernehmer aufgrund intakter Familienstrukturen ohne weiteres seine Bereitschaft bekundet, die Pflege des Übergebers zu übernehmen, sollte die Pflegeverpflichtung auf jeden Fall in die notarielle Urkunde aufgenommen werden. Dies empfiehlt sich zum einen zu Beweiszwecken, zum anderen im Hinblick auf die Reduzierung der Unentgeltlichkeit des Geschäfts aus Gründen einer evt. Inanspruchnahme nach den Vorschriften der § 528 BGB, §§ 93 und 94 SGB XII, §§ 2325 und 2329 BGB.³⁶⁹

Der Inhalt der Pflegeverpflichtung sollte möglichst genau beschrieben werden, d.h. die einzelnen Leistungsinhalte sind genau zu bezeichnen. Relevant sind hier i.d.R. der Pflegeverpflichtete, der Pflegeanlass, der Pflegeort, der Pflegeumfang und die zeitliche Beschränkung der Pflege, Zumutbarkeitskriterien und Regelungen zu den Rechtsfolgen.³⁷⁰ Weiterhin dient eine genaue Festlegung der Streitvermeidung und der Vereinfachung der Bewertung der zu erbringenden Pflegeleistung.³⁷¹

Wichtiger Aspekt ist eine Leistungsbestimmung dahin gehend, ob die Leistungen nur im Krankheitsfall oder auch dann, wenn der Übergeber noch rüstig und gesund ist, zu erbringen sind.³⁷²

---

365 *J. Mayer*, § 2 Rn 176; BGH NJW 1999, 643.
366 *J. Mayer*, § 2 Rn 176; *Karpen*, MittRhNotK 1988, 131, 146; das OLG Braunschweig in MittRhNotK 1996, 22, schließt weiter gehend eine Übertragung grundsätzlich aus.
367 Siehe Checkliste bei *J. Mayer*, § 2 Rn 186.
368 *J. Mayer*, § 2 Rn 185.
369 *Langenfeld/Günther*, 4. Kap. § 4 Rn 389.
370 *J. Mayer*, § 2 Rn 186.
371 *J. Mayer*, § 2 Rn 197.
372 *Langenfeld/Günther*, 4. Kapitel § 4 Rn 386.

251 ■ **Verhältnis zu sozialrechtlichen Ansprüchen**

Vertragliche Versorgungsrechte stehen in keiner Konkurrenz zu den Leistungen nach dem Pflegeversicherungsgesetz, die durch die geleisteten Beiträge bezahlt sind.[373] Hinsichtlich der sozialhilferechtlichen Pflegeleistungen, §§ 61 ff. SGB II, gilt das Nachrangprinzip (sog. Subsidiaritätsprinzip) nach § 2 Abs. 1 SGB XII. Dieses konkurriert zu den vertraglichen Ansprüchen:
- Ist der Übergeber in keine der Pflegestufen des Pflegeversicherungsgesetzes einzustufen, da die Pflegebedürftigkeit unterhalb der Pflegestufe I liegt (Pflegestufe 0), erhält er nach dem Pflegeversicherungsgesetz keine Leistungen. Im Falle der Erforderlichkeit erhält der Übergeber nunmehr Leistungen nach dem SGB XII (§ 65 SGB XII). Bestehen jedoch übergabevertragliche Pflegeansprüche, so greift wiederum das Nachrangprinzip, so dass die u.U. erforderliche Sozialhilfeleistung verweigert wird. Nur wenn der vertraglich geschuldete Pflegeaufwand geringer ist als die Leistungen nach § 65 SGB XII, muss der Sozialhilfeträger einspringen.[374]
- Soweit die Leistungen der Pflegeversicherung nicht ausreichen, hat der Sozialhilfeträger durch sog. „aufstockende Sozialhilfe" den überschießenden Aufwand abzudecken. Sind allerdings vertragliche Pflegeansprüche vorhanden, gehen diese dem Anspruch auf „Aufstockung" vor.

Kautelarjuristisch wurde häufig versucht, das Nachrangprinzip zu durchbrechen. Allerdings werden Klauseln, die einen Nachrang der vertraglichen Verpflichtungen statuieren, von der Sozialhilfeverwaltung regelmäßig als unwirksam, weil sittenwidrig, angesehen.[375]

Regelmäßig können Ansprüche auf Dienst- und Sachleistungen, unter die auch die Pflegeleistungen fallen, auf den Sozialhilfeträger gem. § 93 SGB XII übergeleitet werden (vgl. auch Rn 55 ff.). In diesem Falle wandelt sich der Anspruch auf Pflegeleistungen in eine Geldersatzrente um.

Hat sich der Übernehmer zur Verrichtung der Hausarbeiten, Zubereitung der Mahlzeiten etc. verpflichtet, so ist als Geldersatzrente ein Betrag von mindestens 15 EUR anzusetzen. In den Fällen, in denen sich der Übernehmer zu sorgsamer Wart und Pflege bei Gebrechlichkeit verpflichtet hat, wird häufig die Hälfte des Pflegegelds für Pflegestufe I angesetzt. Dies sind derzeit 107,50 EUR. Verpflichtet sich der Übernehmer, bei Bedarf eine Pflegekraft zur Verfügung zu stellen, so sind bis zu 215 EUR überleitbar. Hierbei handelt es sich um das volle Pflegegeld der Pflegestufe I (§ 37 Abs. 1 S. 3 Nr. 1 SGB XI).[376] Hierbei handelt es sich jedoch nicht um feststehende Beträge. Je nach Sozialhilfeverwaltung bzw. je nach entscheidendem Gericht können die Beträge erheblich schwanken.[377] Aufgrund der Befreiung von der Pflegeleistung gewinnt der Übernehmer in gewissem Maße seine Freizeit zurück. Diese zurück gewonnene Freizeit soll mit der Wertersatzrente abgegolten werden.

Nach geltender Rechtsprechung ist der Übernehmer in keinem Falle verpflichtet, sämtliche Pflegekosten zu tragen. Wurde im Übergabevertrag die Pflegeverpflichtung dahin gehend eingeschränkt, dass Pflegeleistungen nur im Übergabeobjekt zu erbringen sind, so ist der Übernehmer lediglich verpflichtet, zu den Heimkosten den Betrag zuzusteuern, der den

---

[373] *Rastätter*, ZEV 1996, 286.
[374] *J. Mayer*, § 2 Rn 191.
[375] *J. Mayer*, § 2 Rn 192; *Schwarz*, ZEV 1997, 309, 311.
[376] *Rosendorfer*, MittBayNot 2005, 1.
[377] Nachweise in DNotI-Report 1999, 45, 48; *Littig/Mayer*, Sozialhilferegreß gegenüber Erben und Beschenkten, 1999, Rn 274 ff; VGH Mannheim NJW 2000, 376, 377.

eigenen ersparten Aufwendungen entspricht.[378] Die Höhe der ersparten Aufwendungen wurde seitens des BGH jedoch nicht festgelegt.

### ■ Beschränkung auf häusliche Pflege

252

Regelmäßig wird die Pflegeverpflichtung auf den häuslichen Bereich beschränkt.[379] Bei der Vereinbarung einer solchen Beschränkung ist nach zutreffender Auffassung die Überleitung nach § 93 SGB XII ausgeschlossen.[380] Dies gilt zumindest dann, wenn die „Deckelung" der vertraglich geschuldeten Pflegeleistung bereits bei Vertragsschluss und ohne Bezug zu einer späteren Inanspruchnahme von Leistungen nach dem SGB XII erfolgt ist.[381] Es handelt sich hierbei um eine zulässige Konkretisierung der Vertragspflichten, nicht hingegen um eine unzulässige Nachrangvereinbarung.

### ■ Gestaltungsalternative

253

Neben oder zusätzlich zu der Begrenzung auf die häusliche Pflege ist es gebräuchlich, den Leistungsumfang unabhängig vom Pflegeort genauer festzulegen. Solche Klauseln, die sich im weitesten Sinne an der Zumutbarkeit orientieren, hier als Alternativlösung vorgeschlagen, sind nicht unumstritten, da kaum eine Formulierung gefunden werden kann, die keine Basis für spätere Auseinandersetzungen bietet. Entscheidet man sich für die Aufnahme einer solchen Klausel, sollte der Umfang entweder durch zeitliche Begrenzung des Pflegeaufwands,[382] durch Bezugnahme auf die Pflegestufen des Pflegeversicherungsgesetzes[383] oder durch einen Zumutbarkeitsvorbehalt[384] beschränkt werden.

### ▌ Hinweis

254

Je weiter die Überleitungsmöglichkeit für den Sozialhilfeträger beschränkt ist, desto eher besteht allerdings die Gefahr, dass der Sozialhilfeträger Ansprüche aus § 528 BGB überleitet oder aber die nach Unterhaltsrecht Unterhaltspflichtigen zur Tragung der Aufwendungen heranzieht.[385]

### ■ Pflegereallast

255

Die Pflegeverpflichtung kann dinglich abgesichert werden, allerdings nur gem. § 1105 BGB, wenn die den Inhalt der Reallast bildenden Leistungen bestimmt oder zumindest bestimmbar sind; ein Abstellen auf die Zumutbarkeit für den Übernehmer schließt die Eintragung einer Reallast nicht aus.[386]

Wird das Übergabeobjekt versteigert, erlischt die Reallast mit dem Zuschlag. Der Gläubiger erhält lediglich Wertersatz aus dem Versteigerungserlös.

---

378 BGH NJW 2002, 440; BGH ZEV 2003, 211.
379 *Langenfeld/Günther*, 4. Kap. § 4 Rn 406.
380 *J. Mayer*, § 2 Rn 194; diese vertragliche Verpflichtung führt dann aber zu einer Überleitung des Anspruchs aus § 528 BGB oder zu einer Heranziehung der gesetzlich Unterhaltspflichtigen für die außerhäuslichen Pflegekosten, *Langenfeld/Günther*, 4. Kap. § 4 Rn 406.
381 *J. Mayer*, § 2 Rn 193 ff.; *Schwarz*, ZEV 1997, 309, 311, der einen guten Überblick über den Meinungsstand bietet.
382 Eine solche wird bei *Langenfeld/Günther*, 4. Kap. § 4 Rn 392 ff. als untauglich abgelehnt.
383 Hierzu ausführlich *J. Mayer*, § 2 Rn 202 ff.
384 *Langenfeld/Günther*, 4. Kap. § 4 Rn 397, der diese insbesondere im Zusammenhang mit einer Schiedsgutachterklausel für praktikabel hält.
385 *Schneider/Winkler*, zfs 1986, 195.
386 BGH NJW 1995, 2780.

256 ■ **Anrechnung auf den Pflichtteil (siehe auch Rn 121)**

Gemäß § 2315 BGB kann bestimmt werden, dass der Übernehmer sich den unentgeltlichen Teil der von ihm erhaltenen Zuwendung auf seinen Pflichtteil am künftigen Nachlass des Übergebers anrechnen lassen muss. Eine solche Bestimmung ist überflüssig und greift auch nicht, wenn bestimmt oder durch Auslegung zu ermitteln ist, dass dieser unentgeltlich überlassene Teil Ausstattung ist, da dann keine ergänzungspflichtige Schenkung vorliegt.

257 ■ **Pflichtteilsverzicht (siehe auch Rn 152, 179, 216)**

Ob beim vorbehaltenen Wohnungsrecht in Anlehnung an die Rechtsprechung zum vorbehaltenen Nießbrauch die Frist des § 2325 Abs. 3 BGB zu laufen beginnt, ist höchstrichterlich noch nicht entschieden. Es dürfte jedoch im Wesentlichen dem Nießbrauch gleichgestellt sein. Der Fristbeginn wird nach der Rechtsprechung der Instanzgerichte nicht gehemmt, wenn das Wohnungsrecht entweder an einer von zwei übergebenen Wohnungen vorbehalten wird oder aber, wenn sich das Wohnungsrecht lediglich auf einzelne Zimmer bezieht.[387]

258 ■ **Rückforderungsrechte (siehe Rn 102ff., 110 f., 142 ff.)**

259 ■ **Ausgleichung (siehe Rn 112 ff., 140, 153)**

260 ■ **Steuerrecht**

Im Zusammenhang mit der Übertragung von Grundbesitz, an dem sich der Übergeber ein Wohnungsrecht vorbehalten hat und der Übernehmer gleichzeitig eine Pflegeverpflichtung übernommen hat, sind die verschiedenen steuerlichen Auswirkungen zu beleuchten.

261 ■ **Schenkungssteuer**

Im Hinblick auf das neue Schenkungssteuerrecht kann das Wohnungsrecht nunmehr steuermindernd in Abzug gebracht werden. Eine Stundung, wie bisher, entfällt. Demgemäß entfällt auch die Unterscheidung dahingehend, ob das Wohnungsrecht zugunsten des Übergebers bzw. seines Ehegatten oder zugunsten eines Dritten bestellt wird.

Hat der Übernehmer eine Pflegeverpflichtung übernommen, handelt es sich um eine aufschiebend bedingte Last, die erst zum Tragen kommt, wenn der Pflegefall tatsächlich eintritt. Dies führt zu einer Berichtigung der Schenkungssteuer. Die Bewertung richtet sich nach der in der gesetzlichen Pflegeversicherung niedergelegten Vergütung, die zu kapitalisieren ist.[388] Demgemäß ist als Jahreswert das 12-fache der gemäß Pflegeversicherung vorgesehenen Pauschalvergütung anzusetzen. Die Sätze liegen derzeit für Pflegestufe I bei 420 EUR, für Pflegestufe II bei 980 EUR und für Pflegestufe III bei 1.470 EUR. Erhält jedoch die pflegebedürftige Person Pflegegeld und gibt dieses an die pflegende Person weiter, so ist der vorstehende Betrag entsprechend zu kürzen.

Es ist noch auf Folgendes hinzuweisen:

Wird im Übergabevertrag vereinbart, dass auch Dienstleistungen, die in der Vergangenheit erbracht worden sind, mit der Übertragung abgegolten werden sollen, so können diese Leistungen grundsätzlich als Gegenleistung zu werten sein. Es ist allerdings nicht ausreichend, dass eine Entlohnung nachträglich vereinbart wird. Abzugsfähig sind Dienst- und

---

387 OLG Düsseldorf FamRZ 1999, 1546; LG Münster MittBayNot 1997, 113.
388 Näher hierzu *Moench*, ZErb 2003, 98; *Halaczinsky*, ZErb 2003, 130.

Pflegeleistungen nur dann, wenn im Vorfeld eine Vereinbarung geschlossen und die Zahlung eines Entgelts auch nachgewiesen wird.[389]

### ■ Einkommensteuer

262

Bei einer Grundstücksübertragung unter Vorbehalt eines Wohnungsrechts ergibt sich häufig die Problematik, dass ein nur teilweise mit einem Nutzungsrecht belastetes Grundstück auf den Übernehmer übergeht, der nunmehr in der Lage ist, das Grundstück, soweit es unbelastet ist, zur Erzielung von Einkünften zu nutzen. Wird das Grundstück entgeltlich übertragen, sind bei dem Übernehmer Abschreibungen auf das entgeltlich erworbene Gebäude nur insoweit möglich, als sie auf den unbelasteten Teil entfallen.[390]

Wird im Übergabevertrag vereinbart, dass Pflegeleistungen, die in der Vergangenheit in Erwartung der Übertragung erbracht wurden, mit der Übertragung abgegolten sein sollen, kann dies zu einer Einkommensteuerlast beim Übernehmer führen. Lediglich bis zur Höhe des dem Pflegebedürftigen gewährten Pflegegeldes sind diese steuerfrei. Dies bedeutet gleichzeitig, dass der Übergeber auch in eine Pflegestufe eingestuft sein muss.

## VI. Übertragung eines Mehrfamilienhauses unter Rentenvorbehalt

### 1. Typischer Sachverhalt

Der Übergeber ist in Zugewinngemeinschaft verheiratet und hat ein unverheiratetes Kind. Er übergibt ein Grundstück mit aufstehendem Mehrfamilienhaus und fordert als Gegenleistung entweder eine Leibrente oder eine dauernde Last ein, die im Grundbuch gesichert wird. Gleichzeitig soll der Ehegatte abgesichert werden. Die Übertragung erfolgt im Übrigen unter Grundschuldbestellungsvorbehalt sowie mit umfangreichen Rückforderungsrechten, die durch Vormerkung und Rückauflassungsvollmacht gesichert sind. Gleichzeitig verzichtet der Ehegatte des Übergebers auf Pflichtteilsergänzungsansprüche bezüglich des Übergabeobjekts, fürsorglich erklärt auch der Übernehmer einen Pflichtteilsverzicht gegenüber beiden Elternteilen.

263

### 2. Muster: Übergabe eines Mehrfamilienhauses durch einen Elternteil an unverheiratetes Kind unter Absicherung des Ehegatten des Übergebers; Rentenvorbehalt, Grundschuldbestellungsvorbehalt, Vereinbarung von Rückforderungsansprüchen mit Auflassungsvormerkung und Rückauflassungsvollmacht; Verzicht des nichtübergebenden Elternteils auf Pflichtteilsergänzungsansprüche

Verhandelt am ▇▇▇ in ▇▇▇

Vor dem unterzeichneten Notar ▇▇▇ erschienen:
1. Herr ▇▇▇, geb. ▇▇▇, nachstehend Übergeber genannt
2. Frau ▇▇▇, geb. ▇▇▇, Ehefrau des Übergebers
3. deren Kind ▇▇▇, geb. ▇▇▇, nachstehend Übernehmer genannt

Der Notar fragte nach einer Vorbefassung im Sinne von § 3 Abs. 1 Nr. 7 BeurkG. Sie wurde von den Beteiligten verneint.

264

---

[389] FG Rheinland-Pfalz ZEV 2003, 237.
[390] *Langenfeld/Günther*, 4. Kap. § 10 Rn 450.

Die Erschienenen ersuchten mich um die Beurkundung nachstehender Vertragserklärungen:

## A. Übergabevertrag

265 **§ 1 Vertragsobjekt**
1. Der Erschienene zu Ziff. 1 ist im Grundbuch von ▇▇▇▇, Band ▇▇▇▇, Heft/Blatt ▇▇▇▇, als Eigentümer des folgenden Vertragsobjekts eingetragen:
Flst. Nr. ▇▇▇▇, Hof- und Gebäudefläche, ▇▇▇▇ m².
2. Das Vertragsobjekt ist im Grundbuch unbelastet vorgetragen.

266 **§ 2 Übertragung**[391]

Der Übergeber überträgt unter Zustimmung seiner Ehefrau, der Erschienenen zu Ziff. 2, den vorbezeichneten Grundbesitz mit allen Rechten und Pflichten, den Bestandteilen sowie dem gesetzlichen Zubehör an den Übernehmer zu Alleineigentum. Mitübertragen sind etwaige bestehende Eigentümerrechte, Rückgewähr- und Löschungsansprüche.

Der Übernehmer nimmt die Übertragung hiermit an.

267 **§ 3 Auflassung**

Die Vertragschließenden sind über den Eigentumsübergang einig. Die Eintragung der Rechtsänderung im Grundbuch wird vom Übergeber bewilligt und vom Übernehmer beantragt.

Nach Belehrung wird auf die Bestellung einer Auflassungsvormerkung verzichtet.[392]

268 **§ 4 Besitz, Nutzungen und Lasten**

Der Übergang von Besitz, Nutzungen und Lasten auf den Übernehmer erfolgt sofort, vorbehaltlich der bekannten und nachstehend bestellten Übergeberrechte.

Alle Erschließungs- und Anliegerkosten für die Vergangenheit, auch sofern sie noch nicht in Rechnung gestellt sind, gehen zu Lasten des Übergebers. Diejenigen Erschließungs- und Anliegerkosten, deren Entstehungsgrund in der Zukunft liegt, gehen zu Lasten des Übernehmers.

269 **§ 5 Mängelhaftung**

Alle Ansprüche und Rechte des Übernehmers wegen eines Sachmangels des Grundstücks sind ausgeschlossen. Es sind auch alle Ansprüche auf Schadenersatz ausgeschlossen, es sei denn, der Übergeber handelt vorsätzlich.

In Kenntnis seiner insoweit gegebenen Aufklärungspflicht versichert der Übergeber, dass ihm versteckte Sachmängel des Vertragsgegenstandes nicht bekannt sind. Der Vertragsgegenstand wurde vom Übernehmer besichtigt; er wird im gegenwärtigen Zustand vom Übergeber übergeben.

Soweit sie vom Übernehmer nicht übernommen wurden, ist der Übergeber verpflichtet, dem Übernehmer den übergebenen Grundbesitz frei von im Grundbuch eingetragenen Belastungen und Beschränkungen zu verschaffen.

Vom Übernehmer werden eventuelle Baulasten, eintragungslos wirksame Rechte sowie im Grundbuch nicht eingetragene Dienstbarkeiten übernommen; das Bestehen derartiger Belastungen ist dem Übergeber allerdings nicht bekannt. Der Übergeber versichert, dass er Eintragungen in das Baulastenverzeichnis bzw. die Bestellung eintragungslos wirksamer Rechte nicht veranlasst hat. Auf die Möglichkeit, das Baulastenverzeichnis selbst einzusehen, wurden die Beteiligten hingewiesen.

Der Vertragsgegenstand ist vermietet.

---

391 Vgl. Rn 282.
392 Vgl. Rn 283.

## § 6 Belastungsvollmacht[393]

Der Übernehmer erteilt hiermit dem Übergeber unwiderruflich die Vollmacht, zugunsten eines im Inland zugelassenen Kreditinstituts Grundschulden für eine evt. Kreditaufnahme des Übergebers an bereiter Rangstelle und bis zu einem Höchstbetrag in Höhe von _____ EUR zzgl. _____ % Zinsen zu bestellen. Die Vollmacht berechtigt zur Abgabe aller nach materiellem Recht und Grundbuchrecht erforderlichen Erklärungen. Der Bevollmächtigte ist von den Beschränkungen des § 181 BGB befreit. Die Vollmacht ist im Außenverhältnis unbeschränkt wirksam.

Schuldrechtlich verpflichtet sich der Übergeber, von dieser Vollmacht nur Gebrauch zu machen, wenn _____.

Die Vollmacht ist nicht übertragbar. Sie erlischt mit dem Tode des Übergebers.

## § 7 Rentenvorbehalt

*(Alternative 1:)*

### 1. Dauernde Last[394]

Der Übernehmer ist verpflichtet, dem Übergeber eine lebenslange Rente monatlich im Voraus, und zwar in einer Höhe von _____ EUR (in Worten: _____ EUR) zu zahlen. Die Rente ist jeweils bis zum Dritten eines Monats, erstmals auf den auf die Beurkundung folgenden Monat zur Zahlung fällig. Nach dem Tode des Übergebers ist die dauernde Last in der zuletzt geschuldeten Höhe an den Erschienenen zu Ziff. 2, den Ehegatten des Übergebers, auf dessen Lebensdauer unter Fortgeltung der vereinbarten Anpassungs- und Wertsicherungsklausel weiter zu zahlen.

### 2. Anpassung[395]

Sofern der standesgemäße Unterhalt des Übernehmers oder des Übergebers aufgrund einer Änderung der wirtschaftlichen Verhältnisse nicht mehr gewährleistet ist, kann jeder Vertragsteil Abänderung in Entsprechung des § 323 ZPO verlangen, jedoch nur mit der Maßgabe, dass sich die Leistungen nur um maximal _____ %/ _____ EUR erhöhen oder ermäßigen dürfen.

Ergibt sich der Mehrbedarf des Übergebers daraus, dass der Übergeber in ein Alten- oder Pflegeheim aufgenommen wurde, so ist ein Abänderungsverlangen ausgeschlossen.

Erreichen die vom Übernehmer geleisteten Rentenzahlungen den Verkehrswert des Übergabeobjekts im Zeitpunkt der Übergabe, so erlischt die Rentenzahlungspflicht des Übernehmers.

Für weiter gehende Zahlungsverpflichtungen sollen ausschließlich die gesetzlichen Bestimmungen, insbesondere die unterhaltsrechtlichen Bestimmungen des BGB, Geltung haben.

### 3. Wertsicherungsklausel[396]

Die Parteien vereinbaren, dass der als dauernde Last im Sinne des Steuerrechts monatlich zu zahlende Betrag wertbeständig sein soll.

Die Parteien haben ab dem Zeitpunkt der jeweiligen Geltendmachung Anspruch auf Erhöhung oder Verminderung des als dauernde Last zu zahlenden Betrags in demselben prozentualen Verhältnis, in dem sich der vom Statistischen Bundesamt Wiesbaden für jeden Monat festgestellte und veröffentlichte Preisindex für die Lebenshaltung aller privaten Haushalte in Deutschland auf der Basis 2000 = 100 gegenüber dem für den auf die Beurkundung folgenden Monat festzustellenden Index erhöht oder vermindert.

---

393 Vgl. Rn 284.
394 Vgl. Rn 285.
395 Vgl. Rn 285.
396 Vgl. Rn 285.

Eine Erhöhung oder Verminderung des jeweils zu zahlenden Betrags kann jedoch erst dann verlangt werden, wenn die Indexveränderung zu einer Erhöhung oder Verminderung des jeweils zu zahlenden Betrags um mindestens 10 % – zehn vom Hundert – führt und die Berechtigten eine Anpassung verlangen.

Diese Wertsicherungsklausel findet entsprechende Anwendung, wenn sich der Lebenshaltungskostenindex seit der letzten Anpassung um weitere 10 % – zehn vom Hundert – nach oben oder unten verändert und die Berechtigten eine Anpassung verlangen.

Sollte der obige in Bezug genommene Index vom Statistischen Bundesamt nicht mehr herausgegeben werden, tritt an seine Stelle der vom Statistischen Bundesamt oder ggf. dessen Nachfolgeorganisation herausgegebene entsprechende Index.

### 4. Reallast[397]

Der Übernehmer bestellt zugunsten des Übergebers sowie seines Ehegatten, dem Miterschienenen zu Ziff. 2, jeweils eine Reallast am vertragsgegenständlichen Grundbesitz, wobei die Reallast zugunsten des Erschienenen zu Ziff. 2 durch das Vorversterben des Übergebers aufschiebend bedingt bestellt ist. Die vorstehende Reallast dient zur Sicherung aller Ansprüche auf Zahlung der vorstehend vereinbarten, als dauernde Last monatlich wiederkehrenden Rente in der vereinbarten wertgesicherten Form nach vorstehender Ziff. 3, jedoch ohne Berücksichtigung der vereinbarten Anpassungsmöglichkeit entsprechend § 323 ZPO.

Auf eine Sicherung der Erhöhungsbeträge der dauernden Last aufgrund der vereinbarten Anpassungsmöglichkeit entsprechend § 323 ZPO durch Eintragung eines Grundpfandrechts wird nach Belehrung auf die hiermit verbundenen Risiken allseits verzichtet.

Die Parteien bewilligen und beantragen die Eintragung der Reallasten im Gleichrang untereinander in das Grundbuch an nächst offener Rangstelle mit dem Vermerk, dass zur Löschung der Nachweis des Todes des jeweiligen Berechtigten genügen soll. Die Erschienenen zu Ziff. 1 und 2 stimmen dieser Löschungserleichterung ausdrücklich zu.

### 5. Unterwerfung unter die sofortige Zwangsvollstreckung

Wegen der Zahlung des vorbezeichneten, als dauernde Last geschuldeten Rentenbetrags sowie wegen des dinglichen und persönlichen Anspruchs aus den Reallasten unterwirft sich der Übernehmer der sofortigen Zwangsvollstreckung aus dieser Urkunde in sein gesamtes Vermögen.

Der Übernehmer verpflichtet sich, auf jederzeitiges Verlangen des Übergebers sich wegen etwaiger Erhöhungen des als dauernde Last zu zahlenden Betrags aufgrund der gem. § 7 Ziff. 2 und 3 vereinbarten Anpassungklauseln der sofortigen Zwangsvollstreckung in sein gesamtes Vermögen zu unterwerfen.

*(Alternative 2:)*

### 1. Leibrente[398]

Der Übernehmer ist verpflichtet, dem Übergeber eine Leibrente monatlich im Voraus, und zwar in einer Höhe von ▬▬▬ EUR (in Worten: ▬▬▬ EUR) zu zahlen. Die Rente ist jeweils bis zum Dritten eines Monats, erstmals auf den auf die Beurkundung folgenden Monat zur Zahlung fällig.

Nach dem Tod des Übergebers steht die vorbezeichnete Leibrente in der zuletzt geschuldeten Höhe dem Erschienenen zu Ziff. 2, dem Ehegatten des Übergebers, auf dessen Lebensdauer unter Fortgeltung der unten vereinbarten Wertsicherungsklausel zu.

Die Parteien haben ab dem Zeitpunkt der jeweiligen Geltendmachung Anspruch auf Erhöhung oder Verminderung des als Leibrente zu zahlenden Betrags in demselben prozentualen Verhältnis, in dem sich der vom Statistischen Bundesamt Wiesbaden für jeden Monat festgestellte und veröffentlichte Preisindex für die

---

397 Vgl. Rn 288.
398 Vgl. Rn 286.

Lebenshaltung aller privaten Haushalte in Deutschland auf der Basis 2000 = 100 gegenüber dem für den auf die Beurkundung folgenden Monat festzustellenden Index erhöht oder vermindert.

Eine Erhöhung oder Verminderung des jeweils zu zahlenden Betrags kann jedoch erst dann verlangt werden, wenn die Indexveränderung zu einer Erhöhung oder Verminderung des jeweils zu zahlenden Betrags um mindestens 10 % – zehn vom Hundert – führt und die Berechtigten eine Anpassung verlangen. Diese Wertsicherungsklausel findet entsprechende Anwendung, wenn sich der Lebenshaltungskostenindex seit der letzten Anpassung um weitere 10 % – zehn vom Hundert – nach oben oder unten verändert und die Berechtigten eine Anpassung verlangen.

Ein weiter gehender Anpassungsanspruch ist ausgeschlossen, insbesondere wird ein Anspruch auf Abänderung entsprechend § 323 ZPO ausgeschlossen.

Sollte der obige in Bezug genommene Index vom Statistischen Bundesamt nicht mehr herausgegeben werden, tritt an seine Stelle der vom Statistischen Bundesamt oder ggf. dessen Nachfolgeorganisation herausgegebene entsprechende Index.

### 2. Reallast[399]

Zur Sicherung aller Ansprüche bestellt der Übernehmer zugunsten des Übergebers sowie seines Ehegatten, des Miterschienenen zu Ziff. 2, je eine Reallast am vertragsgegenständlichen Grundbesitz, wobei die Reallast zugunsten des Miterschienenen zu Ziff. 2 aufschiebend bedingt durch das Vorversterben des Übergebers ist.

Die Vertragsteile bewilligen und beantragen die Eintragung der Reallasten im Gleichrang untereinander in das Grundbuch an nächstoffener Rangstelle mit dem Vermerk, dass zur Löschung der Nachweis des Todes des jeweiligen Berechtigten genügen soll. Die Berechtigten stimmen dieser Löschungserleichterung ausdrücklich zu.

### 3. Unterwerfung unter die sofortige Zwangsvollstreckung

Wegen der Zahlung des vorbezeichneten, als Leibrente geschuldeten Rentenbetrags sowie wegen des dinglichen und persönlichen Anspruches aus den Reallasten unterwirft sich der Übernehmer der sofortigen Zwangsvollstreckung aus dieser Urkunde in sein gesamtes Vermögen.

Der Übernehmer verpflichtet sich, auf jederzeitiges Verlangen des Übergebers sich bezüglich etwaiger gem. § 7 Ziff. 1 dieser Urkunde geschuldeter Erhöhungen des als Leibrente zu zahlenden Betrags der sofortigen Zwangsvollstreckung in sein gesamtes Vermögen zu unterwerfen.

### § 8 Rückforderung[400]

Der Übergeber ist berechtigt, in folgenden Fällen die Rückübertragung des Vertragsgegenstandes zu verlangen:
1. Tod des Übernehmers vor dem Tode des Übergebers.
2. Im Falle, dass der Übernehmer oder dessen Ehegatte Scheidungsantrag stellt; dem gleichgestellt ist der Umstand, dass der Übernehmer oder dessen Ehegatte vorzeitigen Ausgleich des Zugewinns verlangt, es sei denn, es ist durch Ehevertrag zwischen dem Übernehmer und dessen Ehegatten sichergestellt, dass das Übergabeobjekt bei der Durchführung eines etwaigen Zugewinnausgleichs unberücksichtigt bleibt.
3. Verheiratung bzw. Wiederverheiratung des Übernehmers, es sei denn, der Übernehmer hat mit dem Ehegatten einen Ehevertrag, wie unter vorstehender Ziff. 2. gefordert, abgeschlossen.
4. Jedwede Verfügung (insbesondere Übertragung, Belastung oder inhaltliche Veränderung) sowie bauliche Veränderung bezüglich des Vertragsobjekts ohne Zustimmung des Übergebers. Der Verfügung steht die Einbringung des Übergabeobjekts in eine Gütergemeinschaft durch Ehevertrag gleich. Zustimmung ist eine vorherige schriftliche Einwilligung.

---

399  Vgl. Rn 288.
400  Vgl. Rn 289.

5. Überschuldung sowie die Beantragung von Einzel- oder Gesamtvollstreckungsmaßnahmen gegen den Übernehmer und in das Übergabeobjekt, ferner die Ablehnung der Eröffnung des Insolvenzverfahrens mangels kostendeckender Masse. Dem gleichgestellt ist der Fall, dass an den Übernehmer Sozialhilfe geleistet wird oder die Inanspruchnahme von Sozialhilfe durch den Übernehmer zu erwarten ist.
6. Schuldhafte und schwerwiegende Verletzung einer sich aus diesem Vertrag ergebenden Verpflichtung.
7. Bei Vorliegen eines Pflichtteilsentziehungs- oder Erbunwürdigkeitsgrundes oder im Falle einer erheblichen Verfehlung des Übernehmers oder des Ehegatten des Übernehmers gegenüber dem Übergeber oder dessen Ehegatten, dem Erschienenen zu Ziff. 2.

Der Übergeber ist bei der Geltendmachung des Rückübertragungsanspruches an eine Frist von drei Monaten ab Kenntnis von den diesen Anspruch auslösenden tatsächlichen Umständen gebunden.

Die Geltendmachung der Rückforderung bedarf der Schriftform.

Wird das Rückforderungsrecht seitens des Übergebers in einem Falle nicht geltend gemacht, so schließt dies eine Geltendmachung in einem später eintretenden Falle nicht aus.

Es wird ausdrücklich klargestellt, dass sich das Rückforderungsrecht für den Fall, dass es beim Tode des Übernehmers nicht geltend gemacht wird, auch gegen dessen Rechtsnachfolger richtet. Dies gilt für den Fall, dass die Voraussetzungen gem. Ziff. 1 bis 7 in der Person des Rechtsnachfolgers vorliegen.

Dem Übergeber bzw. dessen Ehegatten steht im Hinblick auf die Rückforderungstatbestände ein umfassendes Auskunftsrecht gegen den Übernehmer zu.

Nach dem Tode des Übergebers steht der Rückforderungsanspruch im gleichen Umfange dem Ehegatten des Übergebers zu, so als wenn er das Grundstück als Alleineigentümer übertragen hätte. Dieser Anspruch kann ohne Zustimmung des Ehegatten nicht mehr aufgehoben oder geändert werden. Dem Ehegatten des Übergebers wird der Rückauflassungsanspruch hiermit durch die vorstehenden Umstände aufschiebend bedingt zugewandt. Die Zuwendung wird vom Ehegatten des Übergebers hiermit angenommen.

Der Übergeber bzw. dessen Ehegatte ist zum Ersatz von Investitionen verpflichtet, die der Übernehmer in Bezug auf das Übergabeobjekt mit seinem Einverständnis vorgenommen hat. Die Höhe der Ersatzansprüche richtet sich nach dem Zeitwert der vorgenommenen Investitionsmaßnahme im Zeitpunkt der Rückforderung.

Im Zeitpunkt der Rückgabe bestehende Grundpfandrechte sind vom Übergeber bzw. seinem Ehegatten dinglich und persönlich zu übernehmen, soweit es sich um die Absicherung für persönliche Verbindlichkeiten des Übergebers bzw. seines Ehegatten handelt, die bei der Übergabe schon bestanden haben und die seitens des Übergebers bzw. seines Ehegatten auch nach der Übergabe bedient worden sind bzw. wenn es sich um solche Grundpfandrechte handelt, die aufgrund der vereinbarten Belastungsvollmacht durch den Übergeber bestellt worden sind. Für den Fall, dass der Übernehmer Grundpfandrechte bestellen sollte, hat er die Verpflichtung, dafür Sorge zu tragen, dass die von ihm bestellten dem Übergeber bzw. seinem Ehegatten von Seiten des Gläubigers zu freier Verfügung zurückgewährt werden.

In jedem Falle ist der Übernehmer verpflichtet, die den Grundpfandrechten zu Grunde liegenden Verbindlichkeiten zu tilgen bzw. den Übergeber bzw. seinen Ehegatten von einer eventuellen persönlichen Inanspruchnahme durch die finanzierende Bank umfassend freizustellen.

Durch den Übernehmer erbrachte Rentenzahlungen sind nicht zurückzuerstatten.

Die durch die Rückübertragung entstehenden Kosten gehen zu Lasten des Übergebers. Wenn der Übergeber oder dessen Ehegatte aufgrund Vorversterbens des Übernehmers zurückfordert, fallen die Kosten dem Übergeber bzw. seinem Ehegatten zur Last.

Der Rückübertragungsanspruch ist, abgesehen von der Regelung zugunsten des Ehegatten des Übergebers, weder vererblich noch übertragbar, es sei denn, dass er zu Lebzeiten des Übergebers oder seines Ehegatten ausgeübt wurde.

*Seiler*

Nutzungen sind vom Übernehmer nicht herauszugeben. Eine Vergütung für die Benutzung des Vertragsobjekts ist nicht zu zahlen. Der Anspruch auf Rückübertragung schließt den Anspruch auf Übertragung/Abtretung sämtlicher Eigentümer-, Rückgewähr- und Löschungsansprüche hiermit ein.

### § 9 Rückauflassungsvormerkung, Löschungsvollmacht[401]

Zur Sicherung des Rückauflassungsanspruches des Übergebers bzw. des nach Ableben des Übergebers bestehenden, aufschiebend bedingten Rückübertragungsanspruches werden zugunsten des Übergebers zu Ziff. 1 und dessen Ehegatten jeweils Auflassungsvormerkungen gem. § 883 BGB an dem Vertragsobjekt im Gleichrang untereinander bestellt.

Die Eintragung im Grundbuch wird hiermit bewilligt und beantragt.

Der Übergeber sowie der Erschienene zu Ziff. 2 bevollmächtigen hiermit für den jeweiligen Todesfall den Übernehmer, die Löschung der jeweils zu seinen Gunsten eingetragenen Vormerkung unter Vorlage der jeweiligen Sterbeurkunde zu bewilligen.

### § 10 Vollmacht

Der Übernehmer erteilt hiermit für den Fall seines Todes dem Übergeber und aufschiebend bedingt durch den Tod desselben dem Erschienenen zu Ziff. 2 unwiderrufliche Vollmacht zur Vornahme aller zur Rückübertragung erforderlichen Rechtshandlungen. Die Bevollmächtigten sind von den Beschränkungen des § 181 BGB befreit.

### § 11 Pflichtteilsverzicht[402]

Die Erschienene zu Ziff. 2 verzichtet bezüglich der heutigen Zuwendung an den Übernehmer und gegenständlich beschränkt auf dieselbe sowohl gegenüber dem Übergeber als auch gegenüber dem Übernehmer auf die Geltendmachung von Pflichtteilsergänzungsansprüchen beim Tode ihres Ehemanns, des Übergebers.

Der Pflichtteilsverzicht wird vom Übergeber und vom Übernehmer hiermit angenommen.

### § 12 Pflichtteilsverzicht des Übernehmers[403]

Unter Berücksichtigung der in dieser Urkunde erfolgten Grundstücksübertragung verzichtet der Übernehmer gegenüber dem Übergeber sowie gegenüber dem Erschienenen zu Ziff. 2 auf sein gesetzliches Pflichtteilsrecht beim Tode beider Elternteile einschließlich etwaiger Pflichtteilsergänzungsansprüche sowie auf Ausgleichs- und Zusatzpflichtteile.

Der vorbezeichnete Pflichtteilsverzicht erstreckt sich auch auf vorhandene und zukünftige Abkömmlinge des Verzichtenden.

Der vorbezeichnete Pflichtteilsverzicht erfolgt unabhängig von der konkreten Höhe der Pflichtteilsquote, die sich jederzeit durch Hinzutreten oder Wegfallen von gesetzlichen Erben und damit Pflichtteilsberechtigten in beide Richtungen verändern kann.

Der Verzicht steht unter keiner Bedingung, insbesondere wird er nicht in Erwartung zukünftigen erbrechtlichen Erwerbs abgegeben und ist unabhängig vom jetzigen Bestand des Vermögens des Übergebers und des Erschienenen zu Ziff. 2 bzw. vom Bestand und der Zusammensetzung des künftigen Nachlasses des Übergebers und des Erschienenen zu Ziff. 2.

Die Erschienenen zu Ziff. 1 und 2 nehmen diesen Pflichtteilsverzicht hiermit an.

Der Pflichtteilsverzicht entfällt, wenn der Vertragsgegenstand aufgrund der vorstehend vereinbarten Rückforderungsrechte zurückübertragen wird.

---

401 Vgl. Rn 290.
402 Vgl. Rn 291.
403 Vgl. Rn 292.

## B. Schlussvorschriften

**277** **§ 1 Salvatorische Klausel**

Sollte eine Bestimmung dieses Vertrags unwirksam sein oder unwirksam werden, so wird die Wirksamkeit der übrigen Vertragsbestimmungen hierdurch nicht berührt.

Dies gilt sinngemäß auch bei der Unwirksamkeit von Vertragsteilen.

Die Parteien verpflichten sich schon jetzt, die unwirksame Bestimmung durch eine wirksame Vertragsklausel zu ersetzen, die dem wirtschaftlichen Zweck der unwirksamen Bestimmung am nächsten kommt.

**278** **§ 2 Hinweise und Belehrungen**

Der Notar hat die Vertragsparteien belehrt,
– dass alle getroffenen Vereinbarungen vollständig beurkundet sein müssen;
– über die mögliche Schenkungsteuerpflicht;
– dass der Eigentumserwerb am Übergabeobjekt erst mit dem Vollzug im Grundbuch erfolgt;
– dass das Übergabeobjekt für öffentliche Lasten und Abgaben haftet;
– dass alle Beteiligten kraft Gesetzes für Kosten und Steuern haften, auch wenn Letztere vertraglich zu Lasten einer Vertragspartei gehen.

**279** **§ 3 Kosten**

Die Kosten dieser Urkunde sowie etwaige Schenkungssteuern trägt der Übernehmer.

**280** **§ 4 Ausfertigungen, Abschriften**

Von dieser Urkunde erhalten die Vertragsteile je eine beglaubigte Abschrift; das Grundbuchamt eine Ausfertigung, das Finanzamt (Schenkungsteuerstelle) sowie das Finanzamt (Grunderwerbsteuerstelle) erhalten jeweils einfache Abschriften.

**281** **§ 5 Notarielle Durchführungsvollmacht**

Die Erschienenen beauftragen und bevollmächtigen den Notar unter Befreiung von den Beschränkungen des § 181 BGB unwiderruflich, sie im Grundbuchverfahren uneingeschränkt zu vertreten und in ihrem Namen alle zur Wirksamkeit und zum Vollzug der Urkunde erforderlichen Genehmigungen und Erklärungen einzuholen, entgegenzunehmen und zu verwenden.

Soweit dies rechtlich zulässig ist, ist der Notar darüber hinaus beauftragt und bevollmächtigt, durch notarielle Eigenurkunde in formeller und materieller Hinsicht Anträge und Erklärungen aller Art zu stellen bzw. abzugeben, zu berichtigen, abzuändern, zu ergänzen, zurückzunehmen oder grundbuchrechtlichen Erfordernissen inhaltlich anzupassen.

### 3. Hinweise zum Muster

**282** ■ **Zustimmung bei Übertragung (siehe auch Rn 206)**

Ist der Übergeber zum Übertragungszeitpunkt in Zugewinngemeinschaft verheiratet, sind die Vorschriften der §§ 1365 und 1375 BGB zu beachten.

Gemäß § 1365 BGB ist eine Zustimmung des Ehegatten zur Übertragung dann erforderlich, wenn der Übergeber über sein Vermögen im Ganzen verfügt, wobei hier der objektive Wert maßgeblich ist.[404] § 1365 BGB ist nicht nur auf Rechtsgeschäfte anwendbar, die das Vermögen als Gesamtheit zum Gegenstand haben, sondern auch bei Rechtsgeschäften über einzelne Vermögensgegenstände, wenn sie das ganze oder nahezu das ganze Vermögen ausmachen.[405] Es genügt also, wenn die Verpflichtung im Wesentlichen das ganze Vermögen des

---

404 BGHZ 77, 293.
405 BGHZ 35, 135; BGH NJW 1984, 609.

Ehegatten betrifft, also nur Vermögen von verhältnismäßig untergeordneter Bedeutung übrig bleibt.[406] Bei einem kleinen Vermögen bleibt das Geschäft zustimmungsbedürftig, wenn dem Ehegatten 15 % verbleiben; macht bei einem größeren Vermögen das verbleibende Vermögen 10 % des ursprünglichen Gesamtvermögens aus, greift § 1365 BGB i.d.R. nicht ein.[407] Künftiges Arbeits- und Renteneinkommen ist in den Wertausgleich nicht einzubeziehen; ebenso wenig das Stammrecht aus einer laufenden Rente.[408] Auch die Überlassung eines Anwesens gegen Altenteilsrente unterfällt der Zustimmungsbedürftigkeit, soweit über das ganze Vermögen verfügt wird.[409]

Gemäß § 1375 Abs. 2 Nr. 3 BGB bleiben in Benachteiligungsabsicht vorgenommene Verfügungen im Hinblick auf das Endvermögen außer Betracht, d.h. der verschenkte Gegenstand wird so behandelt, als befände er sich nach wie vor noch im Vermögen des verfügenden Ehegatten.[410] Benachteiligungsabsicht dürfte jedenfalls dann nicht anzunehmen sein, wenn der Ehegatte dem Rechtsgeschäft bei Vertragsschluss zustimmt.

- **Auflassungsvormerkung (siehe Rn 207)** 283

- **Grundschuldbestellungsvorbehalt/Belastungsvollmacht** 284

Bei Grundstücksübertragungen werden nicht selten Vorbehalte ausbedungen, die dem Übergeber den Wert des Eigentums als Sicherungsmittel für Kreditaufnahmen reservieren. Der Übergeber will damit sicherstellen, dass er, obwohl er das Eigentum, z.B. aus steuerlichen, familiären oder haftungsrechtlichen Gründen, weggegeben hat, zur Sicherung eines Kreditbedarfs Grundpfandrechte eintragen lassen kann.[411] Es ist im Zusammenhang mit einem solchen Belastungsvorbehalt darauf zu achten, dass die vertragliche Klausel inhaltlich das zu bestellende dingliche Recht möglichst genau beschreibt. Insbesondere hinsichtlich der Höhe muss ein Höchstbetrag erkennbar sein.

Kautelarjuristischer Vorsorge entsprechend sollte dem Übernehmer auch gleich eine unwiderrufliche Vollmacht abverlangt werden, wonach der Übergeber die zur Belastung erforderlichen rechtsgeschäftlichen Erklärungen selbst abgeben kann.

Der Belastungsvorbehalt kann durch Vormerkung grundbuchrechtlich gesichert werden.

- **Dauernde Last** 285

Dauernde Lasten unterscheiden sich von der im Folgenden noch zu behandelnden Leibrente (2. Alternative) dadurch, dass keine gleichmäßigen Leistungen vereinbart werden, sondern sich die Leistungen an bestimmten Kriterien, z.B. den wirtschaftlichen Verhältnissen des Verpflichteten oder Berechtigten,[412] orientieren (anders als bei der Leibrente nicht nur am Lebenshaltungskostenindex oder ähnlichen Kriterien).

Nach einer Entscheidung des Großen Senats des BFH, der die bisherige Rechtsprechung bestätigt, ist für das Vorliegen einer dauernden Last im Gegensatz zur Leibrente entschei-

---

406 RGZ 137, 349.
407 BGH NJW 1991, 739.
408 BGHZ 101, 205; BGH NJW 1990, 112.
409 Palandt/*Brudermüller*, § 1365 BGB Rn 6.
410 Palandt/*Brudermüller*, § 1375 BGB Rn 28, 29.
411 *Dubischar*, NJW 1984, 2440, der auch die übrigen Probleme im Zusammenhang mit einen Belastungsvorbehalt behandelt.
412 BFH BStBl III 1965, 161.

dendes Kriterium die Abänderbarkeit der Rentenleistung, sei es in entsprechender Anwendung des § 323 ZPO, sei es in anderer, sich aus dem Vertrag ergebender Weise.[413]

Vorliegend wurde der standesgemäße Unterhalt des Übernehmers bzw. des Übergebers als entscheidendes Kriterium gewählt. Soweit dieser nicht mehr gewährleistet ist, kann von beiden Seiten Abänderung in entsprechender Anwendung des § 323 ZPO verlangt werden.

Im Formular sind im Übrigen Kriterien aufgestellt, die ein mögliches Abänderungsverlangen näher beschreiben, insbesondere einschränken. Auch ist ein Höchstbetrag festgelegt, nämlich der Verkehrswert des Übergabeanwesens im Zeitpunkt der Übergabe.

Die Parteien können neben der vorbezeichneten Anpassungsmöglichkeit (nach bestimmten Kriterien) zusätzlich vereinbaren, dass eine Anpassung entsprechend der Änderung des Lebenshaltungskostenindexes verlangt werden kann.

286 ■ **Leibrente**[414]

Die Leibrente ist in §§ 759 ff. BGB geregelt. Eine Leibrente ist demnach ein einheitlich nutzbares Recht (Grund- oder Stammrecht), das auf die Lebenszeit des Berechtigten oder eines Dritten eingeräumt wird und dessen Erträge aus regelmäßig wiederkehrenden gleichmäßigen Leistungen von Geld bestehen.[415] Die Verpflichtung zur Bestellung einer Leibrente kann durch entgeltlichen oder unentgeltlichen Vertrag, in dem eine Zusicherung lebenslänglicher Versorgung erfolgt, begründet werden, z.B. durch Schenkungsversprechen oder als Gegenleistung im Zusammenhang mit der Veräußerung eines Grundstücks,[416] auch neben anderen vom Rentenschuldner vertraglich übernommenen Leistungen.[417] Die Verpflichtung zur Bestellung wird erfüllt durch die Bestellung des Grundrechts selbst. Die Form des Vertrags richtet sich nach § 761 BGB (Schriftform). Erst das durch seine Bestellung geschaffene Leibrentengrundrecht gibt dem Berechtigten das Recht auf den Erwerb der einzelnen Rentenleistungen.

Die geschuldeten Leistungen müssen regelmäßig wiederkehrend und gleichmäßig sein, was aber nicht gleichzeitig auch heißt, dass die Höhe der wiederkehrenden Leistungen während der gesamten Laufzeit unverändert bleiben muss.[418] Auch hier kann eine Wertsicherungsklausel eine notwendige Anpassung an die finanziellen Entwicklungen schaffen, ohne dass der Charakter der Leibrente als regelmäßig wiederkehrende und gleichmäßige Leistung beseitigt wird.[419]

Unter bestimmten Voraussetzungen kann eine Leibrente auch außerhalb einer Wertsicherungsklausel über die Grundsätze der Störung der Geschäftsgrundlage (§ 313 BGB) angepasst werden. Ob die Geschäftsgrundlage sich verändert hat, ist anhand aller Umstände, insbesondere unter Berücksichtigung der Entstehung der Leibrentenverpflichtung und ihres Zwecks, zu prüfen.[420]

287 In den Fällen, in denen der Übergeber selbst in dem Übergabeobjekt wohnt, ist zu seiner Absicherung, nachdem weder ein Nießbrauch noch ein Wohnungsrecht vereinbart wurde,

---

413 Vgl. Langenfeld/*Spiegelberger*, Münchener Vertragshandbuch, Band 6, VI 1.
414 Zur steuerlichen Lage vgl. Langenfeld/*Spiegelberger*, Münchener Vertragshandbuch, Band 6, VI 1.
415 BGH BB 1966, 305.
416 BGH WM 1980, 593.
417 BGH BB 1966, 305.
418 BGH WM 1980, 593.
419 BFH BStBl 1986, 261.
420 Vgl. Palandt/*Sprau*, § 759 BGB Rn 6.

zusätzlich ein Mietvertrag zu schließen. Hier ist jedoch § 42 AO (Gestaltungsmissbrauch) zu beachten. Vom BFH wurde ein Gestaltungsmissbrauch bisher dann bejaht, wenn ein im Rahmen einer Grundstücksübertragung eingeräumtes unentgeltliches Wohnungsrecht gegen Zahlung einer dauernden Last aufgehoben wurde, gleichzeitig jedoch ein Mietverhältnis vereinbart wird, dessen Mietzins in Höhe der dauernden Last vereinbart wird.[421] Gestaltungsmissbrauch liegt hingegen nicht vor, wenn bei der Übertragung ein unentgeltliches Wohnungsrecht vorbehalten wurde, auf dessen Ausübung jedoch verzichtet und stattdessen ein Mietvertrag geschlossen wird. Ein Nebeneinander von Mietvertrag und Wohnungsrecht stehe der steuerrechtlichen Berücksichtigung des Mietvertrags nicht entgegen.[422]

## ▪ Reallast

Bei der Reallast ist das Grundstück mit dem dinglichen Stammrecht auf Entrichtung wiederkehrender Leistungen aus dem Grundstück, § 1105 Abs. 1 BGB, und mit dem dinglichen Recht auf Entrichtung jeder Einzelleistung, § 1107 BGB, belastet.

Gemäß § 1108 BGB haftet der Eigentümer für Einzelleistungen auch persönlich.[423] Die Reallast ist ein reines Verwertungsrecht.[424] Praktische Bedeutung hat sie im Altenteilsrecht, Art. 96 EGBGB, und als dingliches Sicherungsmittel.[425] Über Art. 113–115 EGBGB gilt Landesrecht für die Ablösung, die Umwandlung und Inhaltsbeschränkung.

Bei der Reallast ist Leistungsgegenstand ein aktives Handeln wie z.B. die Zahlung einer Rente, nicht jedoch ein bloßes Unterlassen.[426] Die Leistung muss ihrer Natur nach nicht aus dem Grundstück erfolgen, aber in eine Geldforderung umwandelbar sein.[427] Die Leistungen nach § 1105 BGB müssen dauernd oder für bestimmte Zeit und nicht nur einmal zu entrichten sein, wobei regelmäßige Wiederkehr und gleiche Art und Höhe nicht notwendig sind.[428]

§ 1107 BGB umfasst Einzelleistungen, die ihrerseits wiederum durch Reallast abgesichert werden können. Nach zutreffender Ansicht können im Rahmen eines Altenteils auch einmalige Leistungen einbezogen werden, wenn sie in einer Gesamtheit von wiederkehrenden Leistungen eingebettet sind, innerlich zu einem Altenteil gehören und dieses ergänzen und ihrer Natur nach einmalig sind.[429]

Der Leistungsumfang muss hinreichend bestimmbar sein, so dass die höchstmögliche Belastung aufgrund der Eintragung erkennbar und der Haftungsumfang zu einem bestimmten Zeitpunkt aufgrund bestimmter Lebensumstände, die auch außerhalb des Grundbuchs liegen können, bestimmt werden kann.[430] Durch Indexklauseln kann ein gleitender Leistungsumfang erreicht werden, § 1105 Abs. 1 S. 2 BGB.

Durch die Reallast erhält der Berechtigte die Befugnis, das Grundstück im Wege der Zwangsvollstreckung zu verwerten und sich aus dem Erlös in Geld zu befriedigen.[431]

---

421 BFH v. 17.12.2003 – XI R 56/03, BStBl II, 2004, 648; vgl. zum Gestaltungsmissbrauch BFH BStBl II 2004, 643; 2004, 646.
422 BFH v. 17.12.2003 – IC R 60/98, BStBl II 2004, 646.
423 BGH NJW 1972, 814.
424 BayObLG NJW-RR 1993, 530.
425 Palandt/*Bassenge*, vor § 1105 BGB Rn 1.
426 BayObLGZ 67, 480.
427 BayObLGZ 59, 301.
428 RGZ 131, 175; BGH Rpfleger 1975, 56.
429 BayObLG Rpfleger 1988, 98; BayObLG Rpfleger 1970, 202, 203 m.w.N.; nicht unumstritten.
430 BGH NJW 1995, 2780.
431 MüKo-*Westermann*, § 1105 BGB Rn 6.

*Seiler*

289 ■ **Rückforderungsrecht (siehe auch Rn 102 ff., 110 f., 143 ff.)**

Die Vereinbarung eines umfassenden Rückforderungsrechts, insbesondere für den überlebenden Ehegatten des Übergebers, erhält in vorliegender Konstellation besondere Bedeutung. Da der überlebende Ehegatte vorliegend einen gegenständlich beschränkten Pflichtteilsverzicht abgibt, muss er andererseits auch weit reichende Einflussmöglichkeiten auf den Übergabegegenstand, insbesondere nach dem Tod des Übergebers, haben. Es muss ihm also die jederzeitige Reaktionsmöglichkeit auf Fehlverhalten des Übernehmers offen gelassen werden, indem ein enumeratives beschränktes oder gänzlich freies Rückforderungsrecht vereinbart wird.

290 ■ **Rückauflassungsvormerkung (siehe auch Rn 148)**

Die Absicherung durch Eintragung einer Auflassungsvormerkung für den Fall der Rückforderung des Schenkungsgegenstandes korrespondiert mit dem Rückforderungsrecht des Übergebers bzw. des überlebenden Ehegatten.

291 ■ **Gegenständlich beschränkter Pflichtteilsverzicht (siehe auch Rn 215)**

Der Ehegatte des Übergebers zählt gem. § 2303 BGB zum Kreis derjenigen Personen, die bei dessen Tode Pflichtteils- bzw. Pflichtteilsergänzungsansprüche geltend machen können. Gerade bei größeren Zuwendungen an Kinder kann die Geltendmachung derartiger Ansprüche dazu führen, dass der Übernehmer das Übergabeobjekt veräußert oder zumindest nicht unerheblich belasten muss. Da dies in der Regel nicht den Interessen der Vertragsparteien entspricht, sollte ein gegenständlich beschränkter Pflichtteilsverzicht des Ehegatten des Übergebers vereinbart werden. Der verzichtende Ehegatte ist dadurch, dass ihm alle Übergeberrechte aufschiebend bedingt durch dessen Tod eingeräumt werden, ausreichend abgesichert.

292 ■ **Pflichtteilsverzicht des Übernehmers (siehe Rn 152, 179, 216)**

293 ■ **Einkommensteuer**

Die Besteuerung von Versorgungsleistungen erfährt eine unterschiedliche steuerrechtliche Behandlung (zur steuerrechtlichen Behandlung vgl. auch die Hinweise in der Einleitung Rn 74 ff.).

Reine Unterhaltsrenten sind einkommensteuerrechtlich nicht abzugsfähig, § 12 Nr. 2 EStG. Eine Unterhaltsrente liegt vor, wenn der Barwert der vereinbarten Unterhaltsleistung doppelt so hoch ist wie der Wert des übertragenen Vermögens.

Die im Rahmen der vorweggenommenen Erbfolge regelmäßig vereinbarten Versorgungsleistungen in der Form der Leibrente oder dauernden Last führen nur noch zum Sonderausgabenabzug in den in § 10 Abs. 1 Nr. 1a EStG genannten Fällen. Bei Übertragung von Immobilien ist ein Sonderausgabenabzug nicht mehr möglich. Gegenstand der Vermögensübergabe können demgemäß nur Mitunternehmeranteile, Betriebe und Teilbetriebe bzw. unter bestimmten Voraussetzungen GmbH-Anteile sein. Immobilien sind nicht mehr begünstigt. Handelt es sich um begünstigtes Vermögen ist der Rentenbetrag voll abzugsfähig. Steuerlich wird nicht mehr unterschieden zwischen der Leibrente und der dauernden Last. Diese Unterscheidung ist nur noch zivilrechtlich von Bedeutung. Leibrenten werden auf die Lebensdauer des Bezugsberechtigten gewährt und entspringen einem einheitlichen Rentenstammrecht. Wertsicherungen sind unschädlich. Bei der dauernden Last ist charakteristisch die Vereinbarung von wiederkehrenden Leistungen, deren Höhe nicht gleichmäßig ist, sondern beispielsweise von Umsatz, Gewinn oder wirtschaftlichen Verhältnissen der Beteiligten abhängt.

Für das Vorliegen einer dauernden Last ist insbesondere die Vereinbarung einer Anpassungsmöglichkeit entsprechend der Vorschrift des § 323 ZPO charakteristisch.

■ **Schenkungsteuer**

Leibrenten und dauernde Lasten sind schenkungsteuerlich abzugsfähig (für nähere Ausführungen vgl. Rn 82 ff.).

## VII. Grundstücksübergabe mit auf den Tod aufgeschobener Erfüllung

### 1. Typischer Sachverhalt

Der Übergeber ist alleiniger Eigentümer eines Grundstücks mit aufstehendem Wohnhaus. Die Ehefrau ist vorverstorben. Aus der Ehe gingen zwei Abkömmlinge hervor, wobei das Grundstück nur an einen der beiden Abkömmlinge übergeben werden soll. Die Erfüllung der Schenkung soll auf den Tod des Übergebers hinausgeschoben werden. Gleichzeitig soll sichergestellt sein, dass der andere Geschwisterteil beim Tode des Übergebers finanziell gleichgestellt wird. Der Anspruch des Übernehmers auf Zuwendung des Grundstücks soll durch Auflassungsvormerkung gesichert werden. Die Auflassung und Eintragung des Übernehmers als Eigentümer kann durch das Gebrauchmachen von einer unwiderruflichen, postmortalen Vollmacht nach dem Tode des Übergebers durch den Übernehmer selbst veranlasst werden.

### 2. Muster: Übertragung eines Hausgrundstückes mit auf den Tod aufgeschobener Erfüllung, Vereinbarung von Pflege, Geschwistergleichstellung, Auflassungsvormerkung, unwiderrufliche postmortale Vollmacht

Verhandelt am          in

Vor dem unterzeichneten Notar          erschienen:
1. Herr          , geb.          , nachstehend Übergeber genannt
2. Frau, geborene          , geb.          , Tochter des Erschienenen zu Ziff. 1, nachstehend Übernehmer genannt
3. Herr          , geb.          , Bruder der Erschienenen zu Ziff. 2

Der Notar fragte nach einer Vorbefassung im Sinne von § 3 Abs. Nr. 7 BeurkG. Sie wurde von den Beteiligten verneint.

Die Erschienenen ersuchten mich um die Beurkundung nachstehender Vertragserklärungen:

*Übergabevertrag*

**A. Zuwendung**

**§ 1 Vertragsobjekt**
1. Der Erschienene zu Ziff. 1, Herr          , ist im Grundbuch von          , Band          , Heft/Blatt          , als Eigentümer des nachfolgenden Grundbesitzes eingetragen:
   Flst. Nr.          , Hof- und Gebäudefläche,          m².
2. Der Vertragsgrundbesitz ist im Grundbuch unbelastet vorgetragen.

298 **§ 2 Übertragung**[432]

Der Übergeber überträgt hiermit den in § 1 Ziff. 1 näher bezeichneten Grundbesitz mit allen Rechten und Pflichten an den Übernehmer.

Die Übertragung erfolgt unbedingt, d.h. insbesondere ohne die Bedingung, dass der Übergeber den Übernehmer überlebt. Der Anspruch des Übernehmers ist vererblich und übertragbar.

Der Übernehmer nimmt die Übertragung hiermit an.

Die Parteien sind sich darüber einig, dass die vorbezeichnete Übertragung unentgeltlich mit Ausnahme der in B. näher bezeichneten Gegenleistungen erfolgt.

Die Vertragsteile vereinbaren hiermit, dass die Erfüllung der vorbezeichneten Zuwendung durch Auflassung und Grundbucheintragung erst mit dem Tod des Übergebers erfolgen soll. Beim Tode des Übergebers ist der Übernehmer berechtigt, das Grundstück aufgrund der nachstehend unter B. § 4 erteilten Vollmacht an sich aufzulassen und den Vollzug des Eigentumswechsels im Grundbuch zu bewilligen.

Bis zum Tod des Übergebers ist der Anspruch des Übernehmers auf Eigentumserwerb durch Auflassungsvormerkung zu sichern.

299 **§ 3 Übergabe, Übergang von Besitz, Nutzungen und Lasten**

Die Übergabe des Vertragsobjekts erfolgt mit allen Rechten und Pflichten am Todestage des Übergebers. An diesem Tage gehen auch Besitz, Gefahr, Nutzungen und Lasten auf den Übernehmer über.

300 **§ 4 Auflassungsvormerkung**[433]

Zur Sicherung des Anspruchs des Übernehmers auf Eigentumserwerb an dem unter A. § 1 Ziff. 1 näher bezeichneten Grundbesitz nach dem Tod des Übergebers aufgrund der vorstehenden Vereinbarungen wird zugunsten des Übernehmers, des Erschienenen zu Ziff. 2, eine Auflassungsvormerkung an dem Vertragsobjekt an bereiter Rangstelle bestellt.

Die Eintragung im Grundbuch wird hiermit bewilligt und beantragt.

301 **§ 5 Mängelhaftung**

Alle Ansprüche und Rechte des Übernehmers wegen eines Sachmangels des Grundstücks sind ausgeschlossen. Es sind auch alle Ansprüche auf Schadenersatz ausgeschlossen, es sei denn, der Übergeber handelt vorsätzlich.

In Kenntnis seiner insoweit gegebenen Aufklärungspflicht versichert der Übergeber, dass ihm versteckte Sachmängel des Vertragsgegenstandes nicht bekannt sind. Der Vertragsgegenstand wurde vom Übernehmer besichtigt; er wird im gegenwärtigen Zustand vom Übergeber übergeben.

Soweit sie vom Übernehmer nicht übernommen wurden, ist der Übergeber verpflichtet, dem Übernehmer den übergebenen Grundbesitz frei von im Grundbuch eingetragenen Belastungen und Beschränkungen zu verschaffen.

Vom Übernehmer werden eventuelle Baulasten, eintragungslos wirksame Rechte sowie im Grundbuch nicht eingetragene Dienstbarkeiten übernommen; das Bestehen derartiger Belastungen ist dem Übergeber allerdings nicht bekannt. Der Übergeber versichert, dass er Eintragungen in das Baulastenverzeichnis bzw. die Bestellung eintragungslos wirksamer Rechte nicht veranlasst hat. Auf die Möglichkeit, das Baulastenverzeichnis selbst einzusehen, wurden die Beteiligten hingewiesen.

---

432 Vgl. Rn 310.
433 Vgl. Rn 311.

## B. Gegenleistungen
### § 1 Pflege[434]

Für den Fall, dass der Übergeber aufgrund körperlicher Gebrechen, Krankheit oder sonstiger Bedürftigkeit hierzu nicht mehr in der Lage sein sollte, verpflichtet sich der Übernehmer, den Übergeber in dessen Wohnung in           zu pflegen und ihn bei der Besorgung aller Alltagsangelegenheiten umfassend zu unterstützen. Hierzu zählen insbesondere die Zubereitung der täglichen Kost und das Verbringen der Mahlzeit in die Wohnung des Übergebers. Des gleichen die Säuberung der Wohnung, Pflege der Wäsche etc.

Alle materiellen Aufwendungen, die mit der Wartung und Pflege zusammenhängen, sind vom Übergeber zu tragen. Diesem steht auch das Pflegegeld zu, sofern Leistungen nach dem PflegeVG erbracht werden sollten.

Die Pflegeverpflichtung ruht, wenn
a) dem Verpflichteten die Erbringung der vorbezeichneten Pflegeleistungen aufgrund persönlicher, insbesondere beruflicher oder gesundheitlicher Umstände nicht bzw. nicht mehr zumutbar ist
b) der Berechtigte sich in einem Krankenhaus, Pflegeheim oder Altersheim aufhält. Die Entscheidung, in das Krankenhaus, Pflegeheim oder Altenheim zu gehen, trifft der Berechtigte und sollte dieser hierzu nicht in der Lage sein, der behandelnde Hausarzt.

### § 2 Gleichstellung[435]

Der Übernehmer verpflichtet sich im Wege der Geschwistergleichstellung an den Erschienenen zu Ziff. 3 einen Betrag in Höhe von           EUR (in Worten:           EUR) zu zahlen.

Dieser Betrag ist fällig am           und bis dahin unverzinslich. Ab Fälligkeit ist er mit           % verzinslich.

Auf die hiermit verbundenen Risiken hingewiesen, verzichten die Parteien auf dingliche Sicherung des Gleichstellungsgeldes.

### § 3 Vollmacht[436]

Der Übergeber bevollmächtigt hiermit den Übernehmer und seine Erben unwiderruflich und unter Befreiung von den Beschränkungen des § 181 BGB, das vertragsgegenständliche Grundstück nach seinem Tode an sich selbst aufzulassen und die Eintragung des Übernehmers als Eigentümer im Grundbuch zu bewilligen.

Die vorbezeichnete Vollmacht ist aufschiebend bedingt durch den Tod des Übergebers wirksam. Von ihr darf nur nach Vorlage der Sterbeurkunde des Übergebers Gebrauch gemacht werden.

### § 4 Pflichtteilsverzicht[437]

Der Erschienene zu Ziff. 3 verzichtet bezüglich der heutigen Zuwendung an den Übernehmer und gegenständlich beschränkt auf dieselbe gegenüber dem Übergeber auf die Geltendmachung von Pflichtteilsergänzungsansprüchen und eines etwaigen Ausgleichspflichtteils beim Tode des Übergebers, des Erschienenen zu Ziff. 1. Der Verzicht wird allseits angenommen.

## C. Schlussvorschriften
### § 1 Salvatorische Klausel

Sollte eine Bestimmung dieses Vertrags unwirksam sein oder unwirksam werden, so wird die Wirksamkeit der übrigen Vertragsbestimmungen hierdurch nicht berührt.

---

434 Vgl. Rn 312
435 Vgl. Rn 313
436 Vgl. Rn 310
437 Vgl. Rn 314

Dies gilt sinngemäß auch bei der Unwirksamkeit von Vertragsteilen.

Die Parteien verpflichten sich schon jetzt, die unwirksame Bestimmung durch eine wirksame Vertragsklausel zu ersetzen, die dem wirtschaftlichen Zweck der unwirksamen Bestimmung am nächsten kommt.

### § 2 Hinweise und Belehrungen

Die Parteien wurden vom Notar darauf hingewiesen, dass der Übernehmer aufgrund des vorstehenden Vertrags einen Anspruch auf Erwerb des Vertragsobjekts erwirbt, der veräußerlich und vererblich ist.

Der Notar hat die Vertragsparteien belehrt,
- dass alle getroffenen Vereinbarungen vollständig beurkundet sein müssen;
- über die mögliche Schenkungsteuerpflicht;
- dass der Eigentumserwerb am Übergabeobjekt erst mit dem Vollzug im Grundbuch erfolgt;
- dass das Übergabeobjekt für öffentliche Lasten und Abgaben haftet;
- dass alle Beteiligten kraft Gesetzes für Kosten und Steuern haften, auch wenn Letztere vertraglich zu Lasten einer Vertragspartei gehen.

### § 3 Kosten

Die Kosten dieser Urkunde trägt der Übergeber, eine etwaige Schenkungssteuer geht zu Lasten des Übernehmers.

### § 4 Ausfertigungen, Abschriften

Von dieser Urkunde erhalten die Vertragsteile je eine beglaubigte Abschrift; das Grundbuchamt eine Ausfertigung, das Finanzamt (Schenkungsteuerstelle) sowie das Finanzamt (Grunderwerbsteuerstelle) erhalten jeweils einfache Abschriften.

### 3. Hinweise zum Muster

#### ▪ Zuwendung

Es empfiehlt sich in Abgrenzung zu einer Schenkung nach § 2301 BGB der Hinweis, dass es sich vorliegend um eine unbedingte Zuwendung handelt, also die Zuwendung nicht von dem Umstand abhängig ist, dass der Übernehmer den Übergeber überlebt. Lediglich die Erfüllung der (gemischten) Schenkung und damit der Vollzug des schuldrechtlichen Vertrags durch Auflassung und Grundbucheintragung soll erst mit dem Tod des Übergebers erfolgen. Der dingliche Vollzug durch den Übernehmer ist durch die Erteilung einer postmortalen unwiderruflichen Vollmacht sichergestellt; somit kann auch der Erbe dem Übernehmer nicht mehr die Möglichkeit des Vollzugs der Schenkung in grundbuchrechtlicher Hinsicht nehmen.

Zivilrechtlich schließt sich die Frage an, ob ein Vollzug der (gemischten) Schenkung bereits in dem Abschluss des schuldrechtlichen Vertrags und der Erteilung einer unwiderruflichen postmortalen Vollmacht liegt.[438] In der Regel wird wohl davon auszugehen sein, dass ein Vollzug noch nicht vorliegt, § 518 Abs. 2 BGB. Letztlich wird es aber immer auf den Einzelfall ankommen.

Auch steuerrechtlich ist von der überlebensbedingten Schenkung auf den Todesfall die unbedingte Schenkung, bei der lediglich der (endgültige) Vollzug bis zum Tod des Schenkers/Übergebers hinausgeschoben ist, zu unterscheiden. Der Unterschied zwischen den überlebensbedingten und den auf den Tod befristeten Schenkungen zeigt sich beim Vorversterben des Übernehmers: Während bei der Schenkung auf den Todesfall der Erfüllungsan-

---

[438] MüKo-*Koch*, § 518 BGB Rn 24, wo ausführlich zum gesamten Problemkomplex des Vollzugs nach §§ 518 Abs. 2 und 2301 Abs. 2 BGB Stellung genommen wird.

spruch gar nicht erst entsteht, weil die aufschiebende Bedingung ausfällt, fällt dieser bei der befristeten Schenkung grundsätzlich, vorbehaltlich einer anderen Regelung, in den Nachlass des vorverstorbenen Übernehmers, so dass dessen Erben mit dem Ableben des Schenkers den Zuwendungsgegenstand erwerben. Obwohl auch in diesem Fall die Steuer erst mit dem Tod des Schenkers/Übergebers entsteht, weil erst dann die Schenkung ausgeführt ist, § 9 Abs. 1 Nr. 2 ErbStG, handelt es sich nicht um einen Erwerb von Todes wegen, sondern um eine Schenkung unter Lebenden i.S.d. § 7 Abs. 1 Nr. 1 ErbStG.[439]

■ **Auflassungsvormerkung (siehe auch Rn 207)**

311

Mit der Eintragung einer Auflassungsvormerkung wird der Übernehmer in seiner Anwartschaft auf Erhalt des Eigentums am Grundstück bis zum Tod des Übergebers abgesichert. Bei dieser Konstellation ist die Eintragung einer Auflassungsvormerkung besonders wichtig, da doch erhebliche Zeit bis zum Tod des Übergebers verstreichen kann, mit der Folge, dass dieser ohne weiteres abweichende Verfügungen zu Lasten des Übernehmers treffen könnte.

■ **Pflegeverpflichtung (siehe Rn 250)**

312

■ **Gleichstellung (siehe Rn 151, 347)**

313

Eine andere Möglichkeit, die Gleichstellung von zwei Abkömmlingen zu erreichen, ist neben der Anordnung von Ausgleichung und Anrechnung die Vereinbarung eines so genannten Gleichstellungsgeldes. Die Zahlung des Gleichstellungsgeldes kann bei Vertragsabschluss, zu einem späteren Zeitpunkt oder, was häufig vereinbart wird, beim Tode des Übergebers fällig sein.

Es empfiehlt sich, um späteren Auseinandersetzungen vorzubeugen, entweder feste Beträge festzulegen oder aber die Durchführung der Gleichstellung auf der Basis eines Verkehrswertgutachtens im Zeitpunkt des Todes des Schenkers/Übergebers vorzusehen. Der gleichzustellende Geschwisterteil hat in diesen Fällen einen Anspruch auf Zahlung eines Geldbetrags, der einem bestimmten vorher festgelegten prozentualen Anteil des Schätzwertes entspricht.

■ **Pflichtteilsverzicht (siehe auch Rn 152, 179, 348)**

314

Korrespondierend zum Gleichstellungsgeld muss hier, zumindest beschränkt auf den Übergabegegenstand, ein Pflichtteilsverzicht des nicht beschenkten Geschwisterteils abgegeben werden.

## VIII. Übergabe eines Landgutes gegen Leibgeding

### 1. Typischer Sachverhalt

Die Übergeber sind im Güterstand der Zugewinngemeinschaft verheiratet, aus der Ehe gingen zwei Kinder hervor. Die Übergeber überlassen einem ihrer Abkömmlinge ihren landwirtschaftlichen Betrieb, wobei sie ihr Auskommen im Alter durch umfangreiche Leibgedingsleistungen absichern. Sie wünschen sich dabei eine Gleichstellung des weichenden Geschwisterteils. Gleichzeitig soll der Übergeber das Risiko etwaiger betrieblich bedingter Steuerrückstände tragen. Um einer späteren Inanspruchnahme im Hinblick auf mögliche Pflichtteilsansprüche vorzubeugen, werden umfassende Pflichtteilsregelungen getroffen.

315

---

439 *Troll/Gebel/Jülicher*, Erbschaftsteuergesetz, § 3 Rn 252.

## 2. Muster: Übergabe eines Landguts mit umfangreichen Leibgedingsleistungen, Geschwistergleichstellung, Übernahme des Betriebsprüfungsrisikos, Verfügungsunterlassung sowie umfassende Pflichtteilsregelungen

Verhandelt am              in

Vor dem unterzeichneten Notar              sind erschienen, ausgewiesen durch              , unbedenklich geschäftsfähig:
1. Herr              , geb.
2. Frau              , geb.
3. Deren Sohn, Herr              , geb.
4. Dessen Schwester, Frau              , geb.

Der Notar fragte nach einer Vorbefassung im Sinne von § 3 Abs. 1 Nr. 7 BeurkG. Sie wurde von den Beteiligten verneint.

Die Erschienenen ersuchten mich um die Beurkundung nachstehender Vertragserklärungen:

### A. Zuwendung

### § 1 Grundbuchstand

Im Grundbuch von              sind die Erschienenen zu Ziff. 1 und 2, die Eheleute              , nachstehend Übergeber genannt, als Miteigentümer nachstehenden Grundbesitzes eingetragen:

Grundbuch von              , Heft/Blatt              , Flst. Nr.

Der Grundbesitz ist in den Abteilungen II und III des Grundbuches unbelastet vorgetragen.

Vertragsgegenstand ist das oben näher bezeichnete landwirtschaftliche Anwesen einschließlich aller vorbezeichneten Grundstücke und der hierauf errichteten Gebäulichkeiten.

Vertragsobjekt ist weiterhin der landwirtschaftliche Betrieb mit allen Aktiva und Passiva einschließlich der vorhandenen Lebensmittel, Futter und Erntevorräte sowie des gesamten lebenden und toten landwirtschaftlichen Inventars.[440]

### § 2 Übergabe[441]

Die Übergeber, die Erschienenen zu Ziff. 1 und 2, übertragen hiermit unter wechselseitiger Zustimmung den vorbezeichneten Vertragsgegenstand mit allen Rechten und Pflichten, allen Bestandteilen und dem Zubehör an den Erschienenen zu Ziff. 3, nachstehend Übernehmer genannt, zu Alleineigentum.

### § 3 Auflassung[442]

Die Vertragschließenden sind über den Eigentumsübergang einig. Sie bewilligen und beantragen die Eintragung der Rechtsänderung im Grundbuch.

Nach Belehrung wird auf die Eintragung einer Auflassungsvormerkung gem. § 883 BGB verzichtet.[443]

### § 4 Fahrnis, Forderungen, Dauerschuldverhältnisse

Die Vertragsteile sind auch über den Übergang des Eigentums auf den Übernehmer in Bezug auf diejenigen beweglichen Gegenstände einig, bezüglich derer das Eigentum nicht durch die Auflassung der vorbezeichneten Grundstücke mit übergeht.

---

440 Vgl. Rn 339–341.
441 Vgl. Rn 339–341.
442 Vgl. Rn 342.
443 Vgl. Rn 342.

Gegenstand der Übergabe sind im Übrigen alle auf den landwirtschaftlichen Betrieb bezogenen Rechte und Forderungen. Diese werden hiermit an den zustimmenden Übernehmer mit Wirkung zum Tag der Besitzübergabe abgetreten.

Der Übernehmer übernimmt im Übrigen ab dem Tag der Besitzübergabe alle im landwirtschaftlichen Betrieb begründeten Dauerschuldverhältnisse, betrieblichen Rechte und Pflichten und tritt anstelle der Übergeber in diese ein.

### § 5 Weitere Grundstücke und Rechte

Mitübertragen sind auch diejenigen Betriebsgrundstücke, Grundstücksanteile sowie den landwirtschaftlichen Betrieb betreffenden Sachen und Rechte, die in dieser Urkunde nicht ausdrücklich aufgeführt sind und seitens der Übergeber auch nicht ausdrücklich zurückbehalten werden.

Dem Übernehmer wird unter Befreiung von den Beschränkungen des § 181 BGB hiermit Vollmacht erteilt, alle zum Eigentumsübergang auf ihn selbst erforderlichen und zweckdienlichen Erklärungen abzugeben, wobei sich diese Vollmacht nicht auf das persönliche Eigentum der Übergeber (Hausrat, Wohnungseigentum und sonstige persönliche bewegliche Sachen) erstreckt.

### § 6 Besitz, Nutzungen, Lasten und Gefahr

Der Besitz, die Nutzungen und Lasten sowie die Gefahr des zufälligen Untergangs und der zufälligen Verschlechterung des Vertragsgegenstandes gehen mit Wirkung zum ▬▬▬▬▬ und vorbehaltlich der vereinbarten Übergeberrechte auf den Übernehmer über.

### § 7 Mängelhaftung[444]

Alle Ansprüche und Rechte des Übernehmers wegen eines Sachmangels des Grundstücks sind ausgeschlossen. Es sind auch alle Ansprüche auf Schadenersatz ausgeschlossen, es sei denn, die Übergeber handeln vorsätzlich.

In Kenntnis ihrer insoweit gegebenen Aufklärungspflicht versichern die Übergeber, dass ihnen versteckte Sachmängel des Vertragsgegenstandes nicht bekannt sind. Der Vertragsgegenstand wurde vom Übernehmer besichtigt; er wird im gegenwärtigen Zustand von den Übergebern übergeben.

Soweit sie vom Übernehmer nicht übernommen wurden, sind die Übergeber verpflichtet, dem Übernehmer den übergebenen Grundbesitz frei von im Grundbuch eingetragenen Belastungen und Beschränkungen zu verschaffen.

Vom Übernehmer werden eventuelle Baulasten, eintragungslos wirksame Rechte sowie im Grundbuch nicht eingetragene Dienstbarkeiten übernommen; das Bestehen derartiger Belastungen ist den Übergebern allerdings nicht bekannt. Die Übergeber versichern, dass sie Eintragungen in das Baulastenverzeichnis bzw. die Bestellung eintragungslos wirksamer Rechte nicht veranlasst haben. Auf die Möglichkeit, das Baulastenverzeichnis selbst einzusehen, wurden die Beteiligten hingewiesen.

Die Haftung der Übergeber beschränkt sich darauf, dass Rückstände an Grundsteuern und sonstigen Steuern und öffentlichen Abgaben nicht bestehen. Eine Haftung für das Nichtbestehen altrechtlicher Dienstbarkeiten ist ausgeschlossen.

Der Übernehmer ist verpflichtet, alle ab dem Beurkundungstag fällig werdenden Erschließungs- und Anliegerkosten zu tragen. Dies gilt auch für bereits ganz oder teilweise fertig gestellte, aber noch nicht abgerechnete Anlagen. Seitens der Übergeber wird versichert, dass Erschließungs- und Anliegerkosten, soweit sie bisher in Rechnung gestellt wurden, ausgeglichen sind.

---

444 Vgl. Rn 343.

## B. Übergabebedingungen

**§ 1 Leibgeding**[445]

Der Übernehmer räumt den Übergebern hiermit als Gesamtberechtigten nach § 428 BGB, dem Längstlebenden ungeschmälert ein lebtägliches, unentgeltliches Leibgeding wie folgt ein:

### 1. Wohnungsrecht

Hiernach sind die Übergeber berechtigt, die Wohnung im 1. Obergeschoss des Wohnhauses (Hofstelle, Flst. Nr.              ), bestehend aus einer Wohnküche, einem Schlafzimmer, einem Arbeitszimmer, Bad und WC, unter Ausschluss des Eigentümers zu benutzen.

Die Übergeber sind befugt, ihre Familie (der Längstlebende auch einen dauernden Lebenspartner) sowie die zur standesgemäßen Bedienung und Pflege erforderlichen Personen mit in die Wohnung aufzunehmen (§ 1093 Abs. 2 BGB). Darüber hinaus darf die Ausübung des Wohnungsrechtes Dritten nicht überlassen werden. Das Wohnungsrecht schließt die Mitbenutzung aller gemeinschaftlichen Anlagen und Einrichtungen insbesondere des Speichers, des Kellers sowie von Hof und Garten mit ein.

Im Falle der Zerstörung des wohnungsrechtsgegenständlichen Gebäudes verpflichtet sich der Übernehmer, dafür Sorge zu tragen, dass die Übergeber auf dem Anwesen gleichwertigen standesgemäßen Wohnraum haben.

### 2. Lastentragung

Im Falle der Zerstörung des Wohnhauses ist der Übernehmer verpflichtet, dieses wieder aufzubauen oder den Übergebern anderen angemessenen Wohnraum auf dem übergebenen Vertragsobjekt zu gewähren.

Weiterhin ist der Übernehmer umfassend zur Instandhaltung der wohnrechtsgegenständlichen Räume verpflichtet. Hiervon ausgenommen sind Schönheitsreparaturen.

Alle mit der Benutzung zusammenhängenden Kosten, insbesondere Strom, Wasser, Heizung, Kaminkehrer, Müllabfuhr, Kanalbenutzung und sonstige Gebühren gehen zu Lasten des Übernehmers.

### 3. Verköstigung

Der Übernehmer ist verpflichtet, den Übergebern Verköstigung zu allen Mahlzeiten zu gewähren. Die Übergeber sind im Übrigen berechtigt, Speisen und Getränke nach Belieben zum eigenen Verbrauch an sich zu nehmen.

### 4. Pflege und Dienstleistungen

Für den Fall, dass die Übergeber aufgrund körperlicher Gebrechen, Krankheit oder sonstiger Bedürftigkeit hierzu nicht mehr in der Lage sein sollten, verpflichtet sich der Übernehmer, die Übergeber auf der Hofstelle zu pflegen und sie bei der Besorgung aller Alltagsangelegenheiten umfassend zu unterstützen. Hierzu zählt insbesondere das Verbringen der Kost in die Wohnung der Übergeber bzw. an das Krankenbett.

Des Weiteren schuldet der Übernehmer die Säuberung der Wohnung, Pflege der Wäsche, die Vornahme von Besorgungen etc.

Alle materiellen Aufwendungen, die mit der Wartung und Pflege zusammenhängen, sind von den Übergebern zu tragen.

Die Pflegeverpflichtung ruht, wenn
a) dem Verpflichteten die Erbringung der vorbezeichneten Pflegeleistungen aufgrund persönlicher, insbesondere beruflicher oder gesundheitlicher Umstände nicht bzw. nicht mehr zumutbar ist
b) der Berechtigte sich in einem Krankenhaus, Pflegeheim oder Altersheim aufhält. Die Entscheidung, in das Krankenhaus, Pflegeheim oder Altenheim zu gehen, trifft der Berechtigte und sollte dieser hierzu nicht in der Lage sein, der behandelnde Hausarzt.

---

445 Vgl. Rn 344.

Etwaige Zahlungen aus der Pflegeversicherung gebühren dem Übernehmer.

### 5. Versorgungszahlungen

Der Übernehmer ist zur Zahlung einer Versorgungsrente in Höhe von           EUR monatlich verpflichtet. Die Rente ist jeweils bis zum 3. eines Monats, erstmals an dem auf die Übergabe folgenden Monat zur Zahlung fällig.

Übergeber und Übernehmer haben Anspruch auf Erhöhung bzw. auf Ermäßigung der Versorgungszahlung in dem Fall, in dem sich der Lebenshaltungskostenindex für alle privaten Haushalte in Deutschland auf der Basis 2000=100 gegenüber dem ersten Fälligkeitsmonat verändert, erstmals bei einer Indexänderung um 10 % und jeweils erneut, wenn der Index sich wiederum um 10 % geändert hat.

Sofern durch eine Veränderung der wirtschaftlichen Verhältnisse der standesgemäße Unterhalt des Übernehmers bzw. der Übergeber nicht mehr gewährleistet ist, kann jeder Vertragsteil Abänderung entsprechend der Vorschrift des § 323 ZPO verlangen, jedoch mit der Maßgabe, dass eine Erhöhung oder Ermäßigung nur max.         %/         EUR des Ausgangsbetrags betragen darf. Wegen eines Mehrbedarfs der Übergeber, der sich infolge der Aufnahme in ein Alten- oder Pflegeheim ergibt, kann eine derartige Abänderung nicht verlangt werden.

### 6. Beerdigungskosten, Grabpflege

Der Übernehmer verpflichtet sich, die Kosten einer standesgemäßen und ortsüblichen Beerdigung der Übergeber einschließlich der Errichtung eines Grabmales sowie der Grabpflege zu übernehmen, wobei Zahlungen durch Sterbegeldversicherungen dem Übernehmer gebühren.

Die gem. § 1 Ziff. 1–6 vereinbarten Leistungen erfahren durch den Tod eines der Übergeber keinerlei Einschränkung.

Die Vertragsteile bewilligen und beantragen bzgl. des Wohnungsrechts an Flst. Nr.           die Eintragung einer beschränkten persönlichen Dienstbarkeit im Grundbuch und bzgl. der Absicherung der zu Ziff. 2–5 bestellten Rechte am gesamten übergebenen Grundbesitz die Eintragung je einer

*Reallast*

gem. § 49 GBO zusammengefasst als

*Leibgeding*

zugunsten der Übergeber mit dem Vermerk, dass zur Löschung der Nachweis des Todes der berechtigten Übergeber genügt.

### § 2 Übernahme des Betriebsprüfungsrisikos[446]

Sollte sich aufgrund einer Betriebsprüfung für einen Wirtschaftszeitraum, der vor der Hofübergabe liegt, eine nachträgliche Steuerbelastung ergeben, so vereinbaren die Parteien, dass diese Steuerbelastung vom Übernehmer im Innenverhältnis allein zu tragen ist. Dies gilt nicht, sofern es sich um Steuern handelt, die ausschließlich die Übergeber als Privatpersonen betreffen.

### § 3 Verfügungsunterlassung, Auflassungsvormerkung, Löschungsvollmacht[447]

Der Übernehmer verpflichtet sich den Übergebern als Gesamtberechtigten gem. § 428 BGB gegenüber, zu deren Lebzeiten jedwede Verfügung über den heute erworbenen Grundbesitz zu unterlassen. Die Verfügungsunterlassungsverpflichtung bezieht sich nur auf den übergebenen Grundbesitz, nicht jedoch auf sonstige mit übergebenen Gegenständen (bewegliche Sachen, Lieferungsrechte, sonstige Forderungen etc.).

Bei einer Zuwiderhandlung ist der Übernehmer zur Rückauflassung des heute erhaltenen Grundbesitzes an die Übergeber und im Falle, dass einer der Übergeber vorverstorben ist, an den Längstlebenden allein

---

446  Vgl. Rn 345.
447  Vgl. Rn 346.

verpflichtet. Die Verpflichtung entfällt, wenn die Übergeber bzw. der Längstlebende der Übergeber der Verfügung zustimmen.

Zur Absicherung des bedingten Rückübertragungsanspruches der Übergeber wird für die Übergeber als Gesamtgläubiger gem. § 428 BGB bedingt für jeden Übergeberteil allein im Rang nach den übrigen in dieser Urkunde für die Übergeber bestellten Rechte gem. § 883 BGB an dem Vertragsobjekt eine Auflassungsvormerkung bestellt. Die Eintragung im Grundbuch wird hiermit bewilligt und beantragt.

Die Übergeber bevollmächtigen hiermit für ihren Todesfall den Übernehmer, die Löschung der zu ihren Gunsten eingetragenen Vormerkung unter Vorlage der Sterbeurkunden zu bewilligen.

## § 4 Gleichstellung[448]

Die Übergabe des Vertragsobjekts erfolgt gem. § 2312 BGB zum Ertragswert.

Der Übernehmer verpflichtet sich, an die Erschienene zu Ziff. 4 einen Betrag in Höhe von          EUR (in Worten:         EUR) als Gleichstellungsgeld für die Zuteilung des vorbezeichneten landwirtschaftlichen Grundbesitzes zu bezahlen. Der Auszahlungsbetrag ist spätestens sechs Monate nach Betriebsübergabe zur Zahlung fällig. Bei Verzug schuldet der Übernehmer 2 % Zinsen über dem Basiszinssatz der Deutschen Bundesbank.

Nach Belehrung über die hiermit verbundenen Risiken wird allseits auf dingliche Sicherung des Gleichstellungsgeldes verzichtet.

## § 5 Unterwerfung unter die sofortige Zwangsvollstreckung

Der Übernehmer unterwirft sich wegen der in dieser Vertragsurkunde eingegangenen Zahlungsverpflichtungen der sofortigen Zwangsvollstreckung aus dieser Urkunde in sein gesamtes Vermögen. Die Übergeber bzw. der Längstlebende von ihnen allein, sind berechtigt, sich jederzeit eine vollstreckbare Ausfertigung dieser Urkunde ohne Fälligkeitsnachweis auf Kosten des Übernehmers erteilen zu lassen und den Übernehmer aus der persönlichen Haftung schon vor der Vollstreckung in den Pfandbesitz in Anspruch zu nehmen.

## C. Pflichtteilsregelungen, Ausgleichung unter Abkömmlingen[449]

## § 1 Pflichtteilsverzicht des Übernehmers

Im Hinblick auf die in dieser Urkunde vereinbarte Grundstücksübertragung verzichtet der Übernehmer gegenüber den Übergebern auf sein gesetzliches Pflichtteilsrecht beim Tode der Übergeber einschließlich etwaiger Pflichtteilsergänzungsansprüche sowie auf Ausgleichs- und Zusatzpflichtteile.

Der vorbezeichnete Pflichtteilsverzicht erstreckt sich auch auf vorhandene und zukünftige Abkömmlinge des Verzichtenden.

Der vorbezeichnete Pflichtteilsverzicht erfolgt unabhängig von der konkreten Höhe der Pflichtteilsquote, die sich jederzeit durch Hinzutreten oder Wegfallen von gesetzlichen Erben und damit Pflichtteilsberechtigten in beide Richtungen verändern kann.

Der Verzicht steht unter keiner Bedingung, insbesondere wird er nicht in Erwartung zukünftigen erbrechtlichen Erwerbs abgegeben und ist unabhängig vom jetzigen Bestand des Vermögens der Übergeber bzw. vom Bestand und der Zusammensetzung des künftigen Nachlasses der Übergeber.

Die Übergeber nehmen diesen Pflichtteilsverzicht hiermit an.

## § 2 Pflichtteilsverzicht der Erschienenen zu Ziff. 4

Die hier Erschienene zu Ziff. 4 verzichtet im Hinblick auf die heutige Zuwendung der Erschienenen zu Ziff. 1 und 2 an den Erschienenen zu Ziff. 3 und gegenständlich beschränkt auf dieselbe auf ihr gesetzliches

---

448 Vgl. Rn 347.
449 Vgl. Rn 348.

Pflichtteilsrecht sowie auf evt. Pflichtteilsergänzungsansprüche und Ausgleichspflichtteile beim Tode beider übergebender Elternteile für sich und ihre Abkömmlinge.

Dieser Pflichtteilsverzicht ist allerdings aufschiebend bedingt durch die Erfüllung des gem. § 4 geschuldeten Gleichstellungsgeldes.

Der Verzicht wird gegenüber den Übergebern abgegeben und von diesen angenommen.

### § 3 Wechselseitiger Verzicht der Übergeber

Die Übergeber verzichten bezüglich der heutigen Zuwendung an den Übernehmer und gegenständlich beschränkt auf dieselbe wechselseitig sowie gegenüber dem Übernehmer auf die Geltendmachung von Pflichtteilsergänzungsansprüchen beim Tode des erstversterbenden Übergebers. Der Verzicht wird allseits angenommen.

### § 4 Ausgleichung unter Abkömmlingen

Die Vertragsschließenden sind sich darüber einig, dass die heutige Zuwendung an den Übernehmer der Ausgleichung unter Abkömmlingen gem. § 2050 nicht unterliegt. Voraussetzung ist allerdings, dass der Übernehmer die gem. B. § 4 dieses Vertrags geschuldete Gleichstellungszahlung erbracht hat (aufschiebende Bedingung).

## D. Schlussvorschriften

### § 1 Salvatorische Klausel

Sollte eine Bestimmung dieses Vertrags unwirksam sein oder unwirksam werden, so wird die Wirksamkeit der übrigen Vertragsbestimmungen hierdurch nicht berührt.

Dies gilt sinngemäß auch bei der Unwirksamkeit von Vertragsteilen.

Die Parteien verpflichten sich schon jetzt, die unwirksame Bestimmung durch eine wirksame Vertragsklausel zu ersetzen, die dem wirtschaftlichen Zweck der unwirksamen Bestimmung am nächsten kommt.

### § 2 Hinweise

Die Vertragsteile wurden vom Notar hingewiesen auf:
- den Zeitpunkt und die Voraussetzungen des Eigentumsüberganges,
- das Erfordernis der vollständigen Beurkundung der getroffenen Vereinbarung,
- die mögliche Schenkungsteuerpflicht,
- die Haftung des Grundbesitzes für öffentliche Lasten und Abgaben,
- die gesamtschuldnerische Haftung der Beteiligten für Kosten und Steuern

unbeschadet der im Innenverhältnis getroffenen Vereinbarungen.

### § 3 Kosten und Steuern[450]

Die Kosten dieser Urkunde tragen die Erschienenen zu Ziff. 1 und 2 je zur Hälfte. Eine evt. Einkommensteuer (Veräußerungsgewinn, Betriebsentnahme) trägt der Übernehmer.

Etwaige Schenkungsteuern trägt jeder Zuwendungsempfänger für seinen Erwerb.

### § 4 Ausfertigung und Abschriften

Von dieser Urkunde erhalten die Vertragsteile je eine beglaubigte Abschrift; das Grundbuchamt eine Ausfertigung, das Finanzamt (Schenkungsteuerstelle) sowie das Finanzamt (Grunderwerbsteuerstelle) erhalten jeweils einfache Abschriften.

### § 5 Notarielle Durchführungsvollmacht

Die Erschienenen beauftragen und bevollmächtigen den Notar unter Befreiung von den Beschränkungen des § 181 BGB unwiderruflich, sie im Grundbuchverfahren uneingeschränkt zu vertreten und in ihrem

---

450 Vgl. Rn 349.

Namen alle zur Wirksamkeit und zum Vollzug der Urkunde erforderlichen Genehmigungen und Erklärungen einzuholen, entgegenzunehmen und zu verwenden.

Soweit dies rechtlich zulässig ist, ist der Notar darüber hinaus beauftragt und bevollmächtigt, durch notarielle Eigenurkunde in formeller und materieller Hinsicht Anträge und Erklärungen aller Art zu stellen bzw. abzugeben, zu berichtigen, abzuändern, zu ergänzen, zurückzunehmen oder grundbuchrechtlichen Erfordernissen inhaltlich anzupassen.

### 3. Hinweise zum Muster

339 ■ **Übergabe**

Zur Erhaltung landwirtschaftlicher Betriebe einerseits und zur Erlangung der landwirtschaftlichen Altersrente andererseits ist die vorweggenommene Erbfolge das regelmäßige Gestaltungsmittel der Nachfolgeplanung. Gleichzeitig werden umfangreiche Versorgungsleistungen (Wohnungsrecht mit geregelter Lastentragung, Pflege- und Dienstleistungen, Verköstigung, Versorgungszahlungen sowie die Übernahme der Beerdigungskosten und der Grabpflege) zugunsten der Übergeber vereinbart. Diese Versorgungsleistungen enden mit dem Tode des längstlebenden Übergebers.

Besonderheiten für die Übergabe land- und forstwirtschaftlicher Betriebe ergeben sich im Geltungsbereich der Höfeordnung, also in den Ländern Hamburg, Niedersachsen, Nordrhein-Westfalen und Schleswig-Holstein.[451] Sonderbestimmungen ergeben sich auch in Rheinland-Pfalz (Gesetz über die Höfeordnung) sowie in Bremen (Höfegesetz), desgleichen in Baden-Württemberg (Badisches Höfegütergesetz) sowie in Hessen (Hessische Landgüterordnung). In den Ländern Bayern, Berlin, Brandenburg, Mecklenburg-Vorpommern, Saarland, Sachsen, Sachsen-Anhalt und Thüringen bestehen keine landesrechtlichen Sonderregelungen, so dass ausschließlich die Bestimmungen des BGB, insbesondere die §§ 2049 und 2312 BGB zur Anwendung gelangen.

340 ■ **Vertragsobjekt**

Vertragsobjekt ist nicht nur der landwirtschaftliche Grundbesitz im engeren Sinne, sondern darüber hinaus alle für den Betrieb der Landwirtschaft erforderlichen beweglichen und unbeweglichen Sachen einschließlich des Inventars, der Vorräte und Lebensmittel. Auch die mit dem Betrieb verbundenen Rechte (Kontingente, Genossenschaftsanteile, Mitgliedschaftsrechte) sind hiervon betroffen.

Für die Übergeber empfiehlt es sich keinesfalls, Teile des landwirtschaftlichen Betriebes zurückzuhalten. Dies kann zum einen Auswirkungen auf die Altersrente der Übergeber haben, zum anderen kann die Zurückbehaltung von Gegenständen des Betriebsvermögens zu erheblichen Entnahmegewinnen führen.

Um im Vorfeld derartige Risiken auszuschließen, ist es empfehlenswert, dem Übernehmer eine transmortale Vollmacht, unter Befreiung von den Beschränkungen des § 181 BGB, zu erteilen, damit etwaige „vergessene" Gegenstände des Betriebsvermögens (Grundstücke, Rechte, bewegliche Sachen) noch im Nachhinein durch Übertragung zum landwirtschaftlichen Betrieb gezogen werden können.

---

451 Vgl. hierzu Langenfeld/*Spiegelberger*, Münchener Vertragshandbuch, Band 6, VI 4.

■ **Rechtsnatur des Vertrags**  341

Nach der Rechtsprechung ist bei einer typischen Hofübergabe im Rahmen eines Leibgedingsvertrags mit der Annahme einer „bloßen" Schenkung Vorsicht geboten. So hat beispielsweise das BayObLG entschieden, dass, im Zusammenhang mit einem Schenkungswiderruf wegen groben Undanks, nur dann eine Schenkung anzunehmen ist, wenn unter Berücksichtigung des von den Vertragsteilen gewollten Zwecks bei einem Vergleich des Wertes des übergebenen Anwesens mit dem Wert der Gegenleistung das Merkmal der Unentgeltlichkeit überwiegt.[452]

■ **Auflassungsvormerkung (siehe Rn 207)**  342

■ **Mängelhaftung**  343

Es empfiehlt sich, eine Haftung für das Nichtbestehen altrechtlicher Dienstbarkeiten auszuschließen. Desgleichen soll der Übernehmer nicht für rückständige Grundsteuern und öffentliche Abgaben einstehen müssen. Einer Klarstellung bedarf stets die Frage der Tragung der Erschließungs- und Anliegerkosten, und zwar auch insoweit, als es sich um noch nicht abgerechnete Anlagen handelt. Die Regelung im Vertrag vermeidet späteren Streit.

■ **Leibgeding (siehe auch Rn 42 ff.)**  344

Vorliegend handelt es sich um einen typischen Leibgedingvertrag, der sich aus der ehemals klassischen Familienstruktur der ländlichen Großfamilie und ihren üblichen Versorgungsstrukturen herausgebildet hat. Hinzuweisen ist auf die im Rahmen von Art. 96 EGBGB geschaffenen landesrechtlichen Vorschriften, die spezielle Regeln, insbesondere bei Leistungsstörungen, aufgestellt haben (vgl. hierzu die Ausführungen unter Rn 50 ff.)

Das Wesen des Leibgedings ist die Zusammenfassung verschiedener typischer Übergeberrechte (Inbegriff dinglich gesicherter Nutzungen sowie Sach- und Dienstleistungen). Aus Gründen der Ökonomie kann dieses „Bündel" von typischen Versorgungsleistungen gem. § 49 GBO zusammengefasst als „Altenteil" oder „Leibgeding" eingetragen und insoweit auf die Eintragungsbewilligung Bezug genommen werden. In der Eintragungsbewilligung selbst müssen die einzelnen Rechte konkretisiert sein.

Typischer Bestandteil eines Leibgedings ist die Verpflichtung zur Gewährung von Wohnung. In Betracht kommt das Wohnungsrecht als beschränkte persönliche Dienstbarkeit gem. § 1039 BGB.

Wenn die Parteien regeln wollen, dass die Übergeber andere, rechtlich selbstständige Grundstücke mitbenutzen dürfen, ist die Eintragung eines Wohnungsrechtes nicht möglich.[453] Für derartige Mitbenutzungsrechte können beschränkte persönliche Dienstbarkeiten gem. § 1090 BGB bestellt werden.

Neben der Vereinbarung eines dinglichen Wohnungsrechtes empfiehlt sich die zusätzliche Festlegung einer Wohnungsrechtsreallast, die beispielsweise im Falle der Zerstörung eines Gebäudes die generelle Verpflichtung zur Gewährung von Wohnraum beinhaltet (vgl. im Übrigen Rn 242 ff.).

Entsprechend der umfassenden Absicherung der Übergeber hat der Übernehmer im Formular alle im Zusammenhang mit dem Wohnen der Übergeber anfallenden Kosten und Repara-

---

452 BayObLG BayObLGZ 1995, 186; 1996, 20; *J. Mayer*, Übergabevertrag, § 1 Rn 70.
453 BayObLG DNotZ 1996, 227.

turen, mit Ausnahme der Schönheitsreparaturen, zu übernehmen. Diese umfassenden Übernehmerleistungen gleichen die häufig schmale landwirtschaftliche Altersrente aus. Die Übergeber wären unter Umständen sonst finanziell nicht in der Lage, alle mit dem Wohnen zusammenhängenden Kosten aus „eigener Tasche" zu finanzieren.

Denselben Hintergrund hat die vom Übernehmer geschuldete Verköstigung der Übergeber. Die im Bereich der Landwirtschaft, ähnlich wie in anderen Bereichen, einhergehende Spezialisierung lässt allerdings Zweifel aufkommen, ob die Vereinbarung derartiger Naturalleistungen heute noch sinnvoll ist.

Klassisch ist die Vereinbarung von Pflege- und persönlichen Dienstleistungen (vgl. hierzu Formular unter Rn 221 ff.). Ebenso entspricht es dem Vertragstypus, dass der Übernehmer die Beerdigungs- und Grabpflegekosten übernimmt. Letztere können ebenfalls durch Reallast abgesichert werden.[454] Um die Möglichkeit der Löschungserleichterung gemäß § 23 Abs. 2 GBO nicht zu verlieren, wird empfohlen, eine Absicherung insoweit nicht vorzunehmen.[455]

Klassisches Element des Altenteilvertrags ist die Gewährung von Taschengeld in Form einer Leibrente oder dauernden Last und deren Absicherung im Grundbuch als Reallast (vgl. zur dauernden Last und Leibrente Rn 285 f.).

In Bezug auf die Eintragung im Grundbuch ist die Gesamtgläubigerschaft der Übergeber gem. § 428 BGB sinnvoll.

Gemäß § 23 GBO ist eine Löschungsklausel gegen Todesnachweis möglich.

345 ■ **Betriebsprüfungsrisiko**

Da die Übergeber keine Einkünfte mehr aus dem fortlaufenden Betrieb haben und die landwirtschaftliche Altersrente zusammen mit dem vertraglich zugesagten Taschengeld regelmäßig nicht hoch ausfallen wird, entspricht es der Vorsorge für den Liquiditätserhalt der Übergeber, das Risiko von betrieblich veranlassten Steuernachzahlungen auf den in der Regel liquideren Übernehmer abzuwälzen. Im Einzelfall ist steuerliche Beratung angezeigt.

346 ■ **Verfügungsunterlassung**

Es liegt im vitalen Interesse der Übergeber, dass der Hof zu ihren Lebzeiten in den Händen des Übernehmers verbleibt. Aus diesem Grunde ist zugunsten der Übergeber ein Rückauflassungsanspruch mit Absicherung über eine Auflassungsvormerkung vereinbart.

347 ■ **Gleichstellung (siehe auch Rn 151)**

Die Vereinbarung eines Gleichstellungsgeldes entspricht nicht nur dem Wunsch der Übergeber nach Gleichbehandlung. So wird auch dem „weichenden" Geschwisterteil der Entschluss erleichtert, einen Verzicht auf Pflichtteilsergänzungsansprüche wie im Formular vorgesehen abzugeben. Sollte sich im konkreten Fall eine Einigung mit den anderen Abkömmlingen nicht erzielen lassen, so empfiehlt es sich in jedem Falle, so wie hier fürsorglich geschehen, eine Ertragswertklausel gem. § 2312 BGB vorzusehen.

Je nach Sachlage kann die Vereinbarung von Nachabfindungsklauseln zugunsten des anderen Geschwisterteils sinnvoll sein. Eine derartige Nachabfindung kommt insbesondere dann in Betracht, wenn die Gefahr besteht, dass der Übernehmer Grundstücke, die zum landwirt-

---

454 BayObLG DNotZ 1970, 415.
455 BayObLG MittBayNot 1983, 170.

schaftlichen Betriebsvermögen gehören und Bau- oder Bauerwartungsland geworden sind, veräußert.

Anzuraten ist in diesem Zusammenhang die Vereinbarung eines bestimmten Zeitraumes, innerhalb dessen Nachabfindung verlangt werden kann.

■ **Pflichtteilsregelungen, Ausgleichung unter Abkömmlingen (siehe auch Rn 152 f., 179, 216)** 348

Der Pflichtteilsverzicht des Übernehmers bietet sich als Instrument der Nachlassplanung an. Die Übergeber sind in ihrer weiteren Verfügungsfreiheit unter Lebenden sowie auf den Todesfall nicht durch spätere Pflichtteilsansprüche des Übernehmers gehindert. Der Pflichtteilsverzicht des weichenden Geschwisterteils erspart dem Übernehmer spätere Auseinandersetzungen im Rahmen der Geltendmachung von Pflichtteilsergänzungsansprüchen.

Der wechselseitige Verzicht der Übergeber dient ebenfalls der Vorsorge gegen die spätere Geltendmachung von Pflichtteilsergänzungsansprüchen durch den überlebenden Elternteil.

Die Ausgleichung unter Abkömmlingen steht ebenso wie der Pflichtteilsverzicht der weichenden Schwester des Übernehmers unter dem Vorbehalt der Zahlung des gem. § 4 des Formulars geschuldeten Gleichstellungsgeldes.

■ **Einkommensteuer** 349

Gemäß § 6 Abs. 3 EStG führt die Betriebsübergabe im Wege der vorweggenommenen Erbfolge zu keiner Gewinnrealisierung; es handelt sich hierbei grundsätzlich um einen unentgeltlichen Vorgang.

Vorsicht ist allerdings geboten, wenn der bzw. die Übergeber sich Gegenstände des Betriebsvermögens zurückbehalten. Je nachdem, ob es sich hierbei um eine Wesentliche oder nicht wesentliche Betriebsgrundlage handelt, ist zu differenzieren:

Bei der Zurückbehaltung einer wesentlichen Betriebsgrundlage kann dies zu einer Betriebsaufgabe im Ganzen führen. In diesem Falle ist die Anwendung des § 6 Abs. 3 EStG ausgeschlossen.

Bei der Zurückbehaltung einer nicht wesentlichen Betriebsgrundlage liegt ein Entnahmetatbestand vor. Dies bedeutet, dass Gewinn unter Aufdeckung stiller Reserven realisiert wird.

Die Betriebsübergabe bleibt auch dann unentgeltlich, wenn sich der Übergeber typische Versorgungsleistungen in Form von Natural-, Sach- und Geldleistungen gewähren lässt. Diese in der Regel als Leibgeding geschuldeten Gegenleistungen führen also nicht zu einer Gewinnrealisierung. Der Übernehmer kann diese baren oder unbaren Altenteilsleistungen als Sonderausgaben gem. § 10 Abs. 1 Nr. 1a EStG unter den dort genannten Voraussetzungen abziehen. Dementsprechend korrespondiert die Steuerpflicht des Übergebers.

Die Vereinbarung von Gleichstellungsgeldern führt regelmäßig zur Teilentgeltlichkeit des Geschäfts und unter Umständen zu einer Gewinnrealisierung für den Übergeber. Ob dies der Fall ist, muss im Einzelfall entschieden werden. Nähere steuerliche Überprüfung ist angeraten.

■ **Schenkungsteuer**

Die Ermittlung des Steuerwertes erfolgt nach den Vorschriften der §§ 158 ff. BewG.

## IX. Teilerbauseinandersetzung mit vorweggenommener Erbfolge

### 1. Typischer Sachverhalt

350 Der Übergeber hat zwei erwachsene Kinder. Sein Ehegatte ist ohne Hinterlassung einer letztwilligen Verfügung verstorben. Der Übergeber und sein Ehegatte waren Miteigentümer eines Zwei-Familien-Hauses. Dieses wird vom Übergeber und vom Übernehmer – seiner Tochter – und deren Familie bewohnt. Die Tochter möchte dieses Wohnhaus übernehmen und ihren Bruder gleichstellen. Der Übergeber ist weiterhin auf die Mieteinnahmen durch die Vermietung der Wohnung an den Übernehmer angewiesen. Im Nachlass befinden sich noch weitere, unbebaute Grundstücke, vorab sollen eine Teilerbauseinandersetzung und eine vorweggenommene Erbfolge in Bezug auf das Wohnhaus erfolgen. Eine Pflege ist nicht gewünscht.

### 2. Muster: Teilerbauseinandersetzungsvertrag mit vorweggenommener Erbfolge durch den überlebenden Elternteil unter Nießbrauchsvorbehalt, Gleichstellung und Anrechnung auf den Pflichtteil

Verhandelt am ▮▮▮ in ▮▮▮

351 Vor dem unterzeichneten Notar ▮▮▮ sind erschienen, ausgewiesen durch ▮▮▮, unbedenklich geschäftsfähig:
1. Frau ▮▮▮, geb. ▮▮▮
2. Deren Tochter, Frau ▮▮▮, geb. ▮▮▮
3. Deren Bruder, Herr ▮▮▮, geb. ▮▮▮

Der Notar fragte nach einer Vorbefassung im Sinne von § 3 Abs. 1 Nr. 7 BeurkG. Sie wurde von den Beteiligten verneint.

Die Erschienenen ersuchten mich um die Beurkundung des nachstehenden

*Übergabe- und Teilerbauseinandersetzungsvertrags*

### I. Vorbemerkung

352 Herr ▮▮▮, geb. ▮▮▮, ist am ▮▮▮ in ▮▮▮ verstorben. Er war mit der Erschienenen zu Ziff. 1 im gesetzlichen Güterstand verheiratet. Die Erschienenen zu Ziff. 2 und 3 sind seine leiblichen Kinder.

Gemäß Erbschein des ▮▮▮ vom ▮▮▮, Geschäftszeichen Nr. ▮▮▮, GRN ▮▮▮, wurde Herr ▮▮▮ von den Erschienenen zu Ziff. 1 bis 3 wie folgt beerbt:

Erbquote zugunsten der Erschienenen zu Ziff. 1 — $1/2$ Erbanteil
Erbquote zugunsten der Erschienenen zu Ziff. 2 und 3 je — $1/4$ Erbanteil

Auf den Erbschein des ▮▮▮, GRN ▮▮▮, wird hiermit Bezug genommen.

Der Erblasser war unter anderem Miteigentümer zu $1/2$ Miteigentumsanteil des Grundstücks mit folgendem Grundbuchbeschrieb: Grundbuch von ▮▮▮, Nr. ▮▮▮, Bestandsblatt Nr. ▮▮▮, Flst. Nr. ▮▮▮, Hof- und Gebäudefläche ▮▮▮, Straße Nr. ▮▮▮, ▮▮▮ m².

Die andere Miteigentumshälfte des vorbezeichneten Grundbesitzes steht im Eigentum der Erschienenen zu Ziff. 1.

Bezüglich der Miteigentumshälfte des Erblassers ist nunmehr die Erbengemeinschaft, bestehend aus den erschienen drei Vertragsparteien, und im Verhältnis der obigen, aufgeführten Berechtigung als Miteigentümer eingetragen.

Das Vertragsobjekt ist in den Abteilungen II und III unbelastet vorgetragen.

Im Nachfolgenden wollen sich die Parteien bezüglich des in I. näher beschriebenen Grundstücks, Grundbuch von            , Nr.            , Bestandsblatt Nr.            , Flst. Nr.            , Hof- und Gebäudefläche            , Straße Nr.            ,            m² auseinander setzen. Gleichzeitig möchte die Erschienene zu Ziff. 1, Frau            , ihren originären Miteigentumsanteil im Wege der vorweggenommenen Erbfolge auf die Erschienene zu Ziff. 2 übertragen.

Dies vorausgeschickt, schließen die Parteien den nachstehenden Teilerbauseinandersetzungs- und Übergabevertrag:

## II. A. Teilerbauseinandersetzung, vorweggenommene Erbfolge

### § 1 Teilerbauseinandersetzung[456]

Die Erschienenen zu Ziff. 1 bis 3 setzen die Erbengemeinschaft auf Ableben des Herrn            dergestalt auseinander, dass die Erschienene zu Ziff. 2 die sich im Nachlass befindliche Miteigentumshälfte an dem unter I. näher bezeichneten Grundstück, Grundbuch von            , Nr.            , Bestandsblatt Nr.            , Flst. Nr.            , Hof- und Gebäudefläche            , Straße Nr.            ,            m², mit allen Rechten und Pflichten, den Bestandteilen und dem gesetzlichen Zubehör zu Alleineigentum erhält.

Gleichzeitig überträgt die Erschienene zu Ziff. 1, Frau            , nachstehend Übergeber genannt, die in ihrem originären Eigentum stehende Miteigentumshälfte an dem vorbezeichneten Grundbesitz im Wege der vorweggenommenen Erbfolge an die Erschienene zu Ziff. 2, Frau            , nachstehend Übernehmer genannt, zu Alleineigentum.

Die Übertragung erfolgt mit allen Rechten und Pflichten, den Bestandteilen und dem gesetzlichen Zubehör.

Der Übernehmer nimmt die Übertragung hiermit an.

### § 2 Auflassung[457]

Die Vertragsteile sind über den Eigentumsübergang einig. Die Eintragung des Übernehmers als Alleineigentümer im Grundbuch wird hiermit bewilligt und beantragt.

Auf die Bestellung einer Auflassungsvormerkung wird nach Belehrung verzichtet.

### § 3 Mängelhaftung

Alle Ansprüche und Rechte des Übernehmers wegen eines Sachmangels des Grundstücks sind ausgeschlossen. Es sind auch alle Ansprüche auf Schadenersatz ausgeschlossen, es sei denn, die Erschienenen zu Ziff. 1, 2 und 3 handeln vorsätzlich.

In Kenntnis ihrer insoweit gegebenen Aufklärungspflicht versichern die Erschienenen zu Ziff. 1, 2 und 3, dass ihnen versteckte Sachmängel des Vertragsgegenstandes nicht bekannt sind. Der Vertragsgegenstand wurde vom Übernehmer besichtigt; er wird im gegenwärtigen Zustand von den Erschienenen zu Ziff. 1, 2 und 3 übergeben.

Soweit sie vom Übernehmer nicht übernommen wurden, sind die Erschienenen zu Ziff. 1, 2 und 3 verpflichtet, dem Übernehmer den übergebenen Grundbesitz frei von im Grundbuch eingetragenen Belastungen und Beschränkungen zu verschaffen.

Vom Übernehmer werden eventuelle Baulasten, eintragungslos wirksame Rechte sowie im Grundbuch nicht eingetragene Dienstbarkeiten übernommen; das Bestehen derartiger Belastungen ist den Erschienenen zu Ziff. 1, 2 und 3 allerdings nicht bekannt. Die Erschienenen zu Ziff. 1, 2 und 3 versichern, dass sie Eintragungen in das Baulastenverzeichnis bzw. die Bestellung eintragungslos wirksamer Rechte nicht veranlasst haben. Auf die Möglichkeit, das Baulastenverzeichnis selbst einzusehen, wurden die Beteiligten hingewiesen.

---

456  Vgl. Rn 366.
457  Vgl. Rn 367.

### § 4 Besitz, Nutzungen und Lasten

Der unmittelbare Besitz, die Nutzungen und Lasten sowie die Gefahr des zufälligen Untergangs und der zufälligen Verschlechterung gehen vorbehaltlich der bekannten und nachstehend bestellten Übergeberrechte mit sofortiger Wirkung auf den Übernehmer über.

### B. Übergabebedingungen, Vorbehalte, Gegenleistungen

### § 1 Nießbrauch[458]

1. Dem Übergeber wird hiermit an dem gesamten Vertragsobjekt der lebenslange, unentgeltliche Nießbrauch eingeräumt. Soweit die originäre Miteigentumshälfte des Übergebers betroffen ist, handelt es sich um einen lebenslangen, unentgeltlichen Nießbrauchsvorbehalt.
Demgemäß hat der Übergeber das Recht, den gesamten Vertragsgegenstand umfassend zu nutzen. Dem Nießbraucher obliegt die gewöhnliche Unterhaltung der Sache. Zu außergewöhnlichen Ausbesserungen und Erneuerungen ist er nicht verpflichtet. Der Nießbraucher trägt für die Dauer des Nießbrauchs die privaten Lasten, welche schon zur Zeit der Bestellung des Nießbrauchs auf der Sache ruhten, sowie die öffentlichen Lasten mit Ausnahme der außerordentlichen öffentlichen Lasten. Ferner obliegt dem Nießbraucher die Versicherungspflicht.
2. Die Eintragung des Nießbrauchsrechts mit diesem Inhalt an nächst offener Rangstelle im Grundbuch wird mit der Maßgabe bewilligt und beantragt, dass zu seiner Löschung der Todesnachweis des Übergebers genügen soll.
3. Schuldrechtlich verpflichtet sich der Übernehmer gegenüber dem Nießbraucher zur Tragung aller außerordentlichen privaten Lasten, insbesondere zur Durchführung aller außerordentlichen Reparaturen und Sanierungsmaßnahmen auf seine Kosten.

### § 2 Abfindung und Gleichstellung[459]

Der Übernehmer verpflichtet sich, für die vorbezeichnete Zuteilung aus der Erbengemeinschaft bzw. als Gleichstellung für die im Wege der vorweggenommenen Erbfolge erhaltene Miteigentumshälfte an den Erschienenen zu Ziff. 3 einen Geldbetrag in Höhe von _____ EUR (in Worten: _____ EUR) zu bezahlen. Der Auszahlungsbetrag ist zum 1. des auf die Beurkundung folgenden Monats zur Zahlung fällig und bis dahin unverzinslich. Bei Verzug schuldet der Übernehmer Zinsen in Höhe von _____ %. Nach Belehrung über die hiermit verbundenen Risiken wird allseits auf dingliche Sicherung der vorbezeichneten Zahlungsverpflichtung verzichtet.

Zur Klarstellung wird darauf hingewiesen, dass der Übernehmer an den Übergeber keine Abfindungszahlungen schuldet. Gleichfalls schuldet der Übergeber für die Einräumung des Nießbrauchsrechtes, soweit dieser Erwerb aus der Erbengemeinschaft herrührt (Zuwendungsnießbrauch), keine Gegenleistung.

Im Übrigen sind die Vertragsparteien darüber einig, dass mit dem Abschluss des heutigen Teilerbauseinandersetzungsvertrags bezüglich des Vertragsobjekts keine wechselseitigen Ansprüche mehr bestehen. Vorbehaltlich der Erfüllung der sich aus diesem Vertrag ergebenden Verpflichtungen wird auf etwaige, darüber hinausgehende Ansprüche ausdrücklich gegenseitig verzichtet und der Verzicht allseits angenommen.

### § 3 Pflichtteilsregelungen[460]

#### 1. Pflichtteilsverzicht des Übernehmers

Unter Berücksichtigung der in dieser Urkunde vereinbarten Grundstücksübertragung verzichtet der Übernehmer gegenüber dem Übergeber auf sein gesetzliches Pflichtteilsrecht beim Tode des Übergebers einschließlich etwaiger Pflichtteilsergänzungsansprüche sowie auf Ausgleichs- und Zusatzpflichtteile.

Der vorbezeichnete Pflichtteilsverzicht erstreckt sich auch auf vorhandene und zukünftige Abkömmlinge des Verzichtenden.

---

[458] Vgl. Rn 368.
[459] Vgl. Rn 369.
[460] Vgl. Rn 370.

Der vorbezeichnete Pflichtteilsverzicht erfolgt unabhängig von der konkreten Höhe der Pflichtteilsquote, die sich jederzeit durch Hinzutreten oder Wegfallen von gesetzlichen Erben und damit Pflichtteilsberechtigten in beide Richtungen verändern kann.

Der Verzicht steht unter keiner Bedingung, insbesondere wird er nicht in Erwartung zukünftigen erbrechtlichen Erwerbs abgegeben und ist unabhängig vom jetzigen Bestand des Vermögens des Übergebers bzw. vom Bestand und der Zusammensetzung des künftigen Nachlasses des Übergebers.

Der Übergeber nimmt diesen Pflichtteilsverzicht hiermit an.

## 2. Pflichtteilsverzicht des Erschienenen zu Ziff. 3

Der Erschienene zu Ziff. 3 verzichtet hiermit gegenüber dem Übergeber bezüglich der in diesem Vertrag erfolgten Zuwendungen des Übergebers an den Übernehmer und gegenständlich beschränkt auf dieselben auf die Geltendmachung etwaiger Pflichtteilsergänzungsansprüche beim Tode des Übergebers.

Der Verzicht wird auch für die Abkömmlinge des Erschienenen zu Ziff. 3 abgegeben und steht unter der aufschiebenden Bedingung der Erfüllung des gem. § 2 dieses Vertrags geschuldeten Gleichstellungsgeldes.

Der Übergeber nimmt den Verzicht hiermit an.

## § 4 Ausgleichung unter Abkömmlingen[461]

Die Vertragsschließenden sind sich darüber einig, dass die heutige Zuwendung an den Übernehmer der Ausgleichung unter Abkömmlingen nicht unterliegt.

Der Ausschluss der Ausgleichung ist aufschiebend bedingt wirksam durch die Zahlung des gem. § 2 dieses Vertrags geschuldeten Gleichstellungsgeldes.

## III. Schlussvorschriften

### § 1 Salvatorische Klausel

Sollte eine Bestimmung dieses Vertrags unwirksam sein oder unwirksam werden, so wird die Wirksamkeit der übrigen Vertragsbestimmungen hierdurch nicht berührt.

Dies gilt sinngemäß auch bei der Unwirksamkeit von Vertragsteilen.

Die Parteien verpflichten sich schon jetzt, die unwirksame Bestimmung durch eine wirksame Vertragsklausel zu ersetzen, die dem wirtschaftlichen Zweck der unwirksamen Bestimmung am nächsten kommt.

### § 2 Hinweise

Der Notar hat die Vertragsparteien darüber belehrt,
- dass alle getroffenen Vereinbarungen vollständig beurkundet sein müssen,
- die mögliche Schenkungssteuerpflicht,
- dass der Eigentumserwerb am Übergabeobjekt erst mit dem Vollzug im Grundbuch erfolgt,
- dass das Übergabeobjekt für öffentliche Lasten und Abgaben haftet,
- dass alle Beteiligten kraft Gesetzes für Kosten und Steuern haften, auch wenn Letztere vertraglich zu Lasten einer Vertragspartei gehen,
- dass lediglich das vertragsgegenständliche Objekt von der Erbauseinandersetzung erfasst ist, nicht jedoch die übrigen verbleibenden Nachlassgrundstücke und sonstigen Nachlassgegenstände.

Über Pflichtteilsrechte und die Bedeutung der Pflichtteilsverzichte wurde umfassend Belehrung erteilt.

### § 3 Kosten

Die Kosten dieser Vereinbarung trägt die Erschienene zu Ziff. 1.

---

461 Vgl. Rn 371.

## § 4 Ausfertigungen, Abschriften

Von dieser Urkunde erhalten die Vertragsteile je eine beglaubigte Abschrift; das Grundbuchamt eine Ausfertigung, das Finanzamt (Schenkungsteuerstelle) sowie das Finanzamt (Grunderwerbsteuerstelle) erhalten jeweils einfache Abschriften.

## § 5 Notarielle Durchführungsvollmacht

Die Erschienenen beauftragen und bevollmächtigen den Notar unter Befreiung von den Beschränkungen des § 181 BGB unwiderruflich, sie im Grundbuchverfahren uneingeschränkt zu vertreten und in ihrem Namen alle zur Wirksamkeit und zum Vollzug der Urkunde erforderlichen Genehmigungen und Erklärungen einzuholen, entgegenzunehmen und zu verwenden.

Soweit dies rechtlich zulässig ist, ist der Notar darüber hinaus beauftragt und bevollmächtigt, durch notarielle Eigenurkunde in formeller und materieller Hinsicht Anträge und Erklärungen aller Art zu stellen bzw. abzugeben, zu berichtigen, abzuändern, zu ergänzen, zurückzunehmen oder grundbuchrechtlichen Erfordernissen inhaltlich anzupassen.

### 3. Hinweise zum Muster

#### ■ Teilerbauseinandersetzung

Der Übergeber und seine beiden Kinder sind auf Ableben des Vaters Miterben im Sinne der §§ 2032 ff. BGB geworden. Vorliegend hat der Erblasser keine Anordnungen für die Auseinandersetzung verfügt (§ 2048 BGB). Dementsprechend haben die Miterben gem. §§ 2042 ff. BGB einen Anspruch auf Auseinandersetzung. Das Gesetz sieht vor, dass nach Berichtigung der Nachlassverbindlichkeiten eine **Umsetzung des Nachlasses in Geld** erfolgt (§ 2046 BGB). Für den Fall, dass nach Begleichung der Nachlassverbindlichkeiten ein Überschuss verbleibt, erfolgt eine Verteilung unter den Erben nach dem Verhältnis ihrer Erbteile.

Gemäß § 2042 BGB sind für die Erbteilung die allgemeinen Vorschriften der §§ 752 ff. BGB anzuwenden. Dem entspricht, dass die Teilung grundsätzlich in Natur zu erfolgen hat. Voraussetzung ist allerdings, dass gleichartige, den Erbteilen entsprechende Teile gebildet werden, § 752 BGB. Ist dies nicht möglich, muss der Nachlassgegenstand verkauft und sodann der Erlös aufgeteilt werden. Dies erfolgt bei beweglichen Sachen nach den Vorschriften über den Pfandverkauf, bei Grundstücken durch Zwangsversteigerung (§§ 753, 1253 f. BGB, §§ 180 ff. ZVG).

Die vorbezeichneten gesetzlichen Teilungsregeln greifen bei fehlender Anordnung des Erblassers bzw. in Ermangelung einer gütlichen Einigung unter den Miterben ein.

Durch Erbauseinandersetzungsvertrag können die Erben beliebig von den gesetzlichen Teilungsvorschriften abweichen und, sofern der Erblasser Anordnungen für die Auseinandersetzung getroffen hat, auch diese einstimmig außer Kraft setzen. Der Vollzug des schuldrechtlichen Auseinandersetzungsvertrags erfolgt durch dingliche Übertragung der einzelnen Nachlassgegenstände entsprechend der getroffenen Vereinbarung. Der Erbauseinandersetzungsvertrag ist grundsätzlich formlos gültig, es sei denn, dass, wie im Formular, die Übertragung eines Grundstücks erforderlich ist.

Die Miterben können durch Vertrag selbstverständlich auch von dem Grundsatz abweichen, dass ein Auseinandersetzungsanspruch nur insoweit besteht, als die Auseinandersetzung des ganzen Nachlasses verlangt werden kann. Grundsätzlich ist ein Anspruch auf Teilauseinandersetzung des Nachlasses ausgeschlossen. Ausnahmsweise kann Letzterer dann verlangt werden, wenn dies durch besondere Gründe gerechtfertigt ist und die Belange der

Erbengemeinschaft sowie der einzelnen Miterben nicht über Gebühr beeinträchtigt werden.[462]

Vorliegend haben sich die Miterben auf eine Teilauseinandersetzung des Nachlasses geeinigt. In der Praxis kommt es nicht selten vor, dass eine Erbengemeinschaft in Bezug auf weitere im Nachlass vorhandene unbebaute Grundstücke zusammenbleiben möchte. Dies hängt, abgesehen von persönlichen Umständen, insbesondere damit zusammen, dass häufig Unsicherheit über die spätere Baulandqualität des einen oder anderen Nachlassgrundstückes besteht.

- **Auflassungsvormerkung (siehe Rn 207)** 367

- **Nießbrauch (siehe Rn 209)** 368

Der Übergeber ist hier laut Sachverhalt auf Mieteinnahmen angewiesen. Er soll jedoch nicht, wie beim „eigentümerähnlichen" Nießbrauch, zur Tragung aller privaten, also auch der außerordentlichen Lasten sowie außergewöhnlichen Reparaturen verpflichtet sein. Hierzu hat sich der Übernehmer schuldrechtlich verpflichtet. Gemäß § 1041 S. 2 BGB hat der Nießbraucher nur die gewöhnlichen Unterhaltungskosten zu tragen. Da der Eigentümer lediglich zur Duldung verpflichtet ist, besteht keine Verpflichtung desselben zur Ausführung außerordentlicher Reparaturen, wie beispielsweise einer Dachsanierung. Der Nießbraucher kann die Durchführung derartiger Sanierungsarbeiten vielmehr nur dann verlangen, wenn eine besondere schuldrechtliche Vereinbarung getroffen ist.[463] Im vorliegenden Formular hat sich daher der Übernehmer zur Durchführung derartiger Reparaturen verpflichtet. Diese Vereinbarung ist besonders dann sinnvoll, wenn der Übergeber langfristig nicht die notwendigen Mittel hat, derartige Reparaturmaßnahmen durchzuführen.

Steuerrechtlich ist die vorbezeichnete Vereinbarung nicht unbedenklich, da weder Übergeber noch Übernehmer etwaige Reparaturkosten als Werbungskosten (auch nicht anteilig) geltend machen können. Hat der Übernehmer ein entsprechendes Einkommen und stehen derartige Reparaturen mittel- und langfristig im Raum, dann empfiehlt sich aus einkommensteuerrechtlichen Gründen über eine Renten-/Mietvertragslösung nachzudenken. Wenn der Übernehmer dem Übergeber eine Rente zahlt (Leibrente oder dauernde Last), dann hat er zumindest die Möglichkeit, die durchgeführten Reparaturen steuerlich anteilig als Werbungskosten geltend zu machen.

- **Abfindung und Gleichstellung (siehe auch Rn 151, 347)** 369

Der Übernehmer zahlt für die Zuteilung der Miteigentumshälfte einen Geldbetrag an seinen Bruder. Fälligkeit und Verzug sind geregelt. Gleichzeitig ist klargestellt, dass die Zuwendung des Nießbrauchs an die übergebende Mutter nicht zu vergüten ist. Bezüglich des Übergabeobjekts sollen insgesamt keine wechselseitigen Ansprüche (Nutzungen, Verwendungsersatz etc.) mehr bestehen.

- **Pflichtteilsregelungen (siehe Rn 152, 179, 216)** 370

- **Ausgleichung unter Abkömmlingen (siehe Rn 112, 140, 153)** 371

---

462 Palandt/*Edenhofer*, § 2042 BGB Rn 8; BGH MDR 1963, 578.
463 BGHZ 113, 179.

# § 2 Vorsorgevollmacht, Betreuungsverfügung, Patientenverfügung

*Jan Bittler*

## Literatur

**Kommentare:**

*Bienwald/Sonnenfeld/Hoffmann*, Betreuungsrecht, 4. Auflage 2005; *Damrau/Zimmermann*, Betreuungsrecht, 3. Auflage 2001; *Schmidt/Böcker/Bayerlein*, Betreuungsrecht, 3. Auflage 1999; *Scholz/Glade*, Betreuungsrecht, 2. Auflage 2001.

**Lehrbücher, Formularbücher:**

*Bengel/Reimann*, Handbuch der Testamentsvollstreckung, 3. Auflage 2001; *Eisenbart*, Patienten-Testament und Stellvertretung in Gesundheitsangelegenheiten, 2. Auflage 2000; *Kerscher/Krug*, Das erbrechtliche Mandat, 4. Auflage 2007; *Kierig/Kretz*, Formularbuch Betreuungsrecht, 2. Auflage 2004; *Koch*, Der medizinisch assistierte Tod, in: Holderegger (Hrsg.), Das medizinisch assistierte Sterben, 2. Auflage 2000; *Langenfeld*, Vorsorgevollmacht, Betreuungsverfügung und Patiententestament nach dem neuen Betreuungsrecht, 1994; *Müller/Renner*, Betreuungsrecht und Vorsorgeverfügungen in der Praxis, 2. Auflage 2007; *Nieder/Kössinger*, Handbuch der Testamentsgestaltung, 3. Auflage 2008; *Walter*, Die Vorsorgevollmacht, 1997.

**Aufsätze:**

*Bertram*, Beweislastfragen am Lebensende, NJW 2004, 988; *Bienwald*, Weiteres zur Unvollkommenheit der Vorsorgevollmacht gegenüber der Betreuung, BtPrax 1999, 92; *Langenfeld*, Vorsorgevollmacht und Patientenverfügung: Weniger Freiheit, mehr Rechtssicherheit, ZEV 2003, 449; *Limmer*, Die Vorsorgevollmacht unter Berücksichtigung des Betreuungsrechtsänderungsgesetzes, ZNotP 1998, 322; *Müller*, Auswirkungen des Betreuungsrechtsänderungsgesetzes auf die Vorsorgevollmacht in Angelegenheiten der Personensorge, DNotZ 1999, 107; *Perau*, Betreuungsverfügung und Vorsorgevollmacht, MittRhNotK 1996, 297; *Rehdorn*, Passive Sterbehilfe und Patiententestament, MDR 1998, 1464; *Reymann*, Vorsorgevollmachten von Berufsträgern: Gestaltungsoptimierung im Außenverhältnis, ZEV 2005, 457; *Schmidl*, Die Bindungswirkung der Patientenverfügung für Verfahrenspfleger und Verfahrensbevollmächtigte, ZErb 2005, 82; *Schwab*, Probleme des materiellen Betreuungsrecht, FamRZ 1992, 493; *Stolz*, Betreuung ist gut, Vorsorge ist besser (?), BWNotZ 1998, 75; *Taupitz*, Empfehlen sich zivilrechtliche Regelungen zur Absicherung der Patientenautonomie am Ende des Lebens?, Gutachten zum 63. Deutschen Juristentag 2000; *Trapp*, Die post- und transmortale Vollmacht zum Vollzug lebzeitiger Zuwendungen, ZEV 1995, 314; *Uhlenbruck*, Patientenverfügungen, ZAP 1999, 232 (Fach 12, Seite 75); *Waldner/Mehler*, Probleme des § 172 BGB, insbesondere bei der Vorsorgevollmacht, MittBayNot 1999, 261; *Walter*, Das Betreuungsrechtsänderungsgesetz und das Rechtsinstitut der Vorsorgevollmacht, FamRZ 1999, 685.

A. Vorsorgevollmacht .................... 1
  I. Betreuungsrechtsänderungsgesetze ...... 1
  II. Sinn und Zweck der Vorsorgevollmacht .................... 6
    1. Vollmachten für vermögensrechtliche Angelegenheiten – postmortale und transmortale Vollmacht ............ 6
    2. Vorsorgevollmacht für persönliche Angelegenheiten .................. 7
  III. Wirksamkeitsvoraussetzungen der Vollmacht .................... 10
    1. Vollmachten für vermögensrechtliche Angelegenheiten .................. 10
      a) Gesetzliche Formvorschriften und Geschäftsfähigkeit ............. 10
      b) Geschäftsfähigkeit des Vollmachtgebers .................... 15
      c) Zeitpunkt des Wirksamwerdens ... 16
      d) Dauer der Wirksamkeit .......... 17
      e) Rechtsscheinswirkung der Vollmachtsurkunde .................... 19
      f) Zweifel an der Wirksamkeit bei Vorsorgevollmachten ........... 20
    2. Vorsorgevollmacht für persönliche Angelegenheiten .................. 22
      a) Gesetzliche Formvorschriften ..... 22
      b) Wirksamkeit .................... 23
      c) Besonderheit: Vollmacht mit Entscheidungsbefugnissen für ärztliche Maßnahmen und Unterbringung nach §§ 1904, 1906 BGB ......... 24

IV. Inhaltliche Gestaltung der Vorsorgevollmacht ............................. 29
 1. Auswahl des Bevollmächtigten ...... 29
  a) Auswahl des Bevollmächtigten unter dem Aspekt des Erforderlichkeitsgrundsatzes nach § 1896 Abs. 2 S. 2 BGB ..................... 29
   aa) Ungeeignete Personen ....... 29
   bb) Gesetzlicher Ausschluss bestimmter Personen nach §§ 1896 Abs. 2 i.V.m. 1897 Abs. 3 BGB .............. 31
  b) Auswahl des Bevollmächtigten unter dem Aspekt der Missbrauchsvermeidung ................... 35
  c) Anwaltlicher Vorsorgebevollmächtigte ....................... 38
 2. Vollmachtstypen zur Regelung des Umfangs der Vertretungsmacht ...... 39
  a) General- und Spezialvollmacht .... 40
  b) Doppelbevollmächtigung ........ 41
  c) Ersatzbevollmächtigung und Unterbevollmächtigung ............ 46
  d) Vollmacht mit wechselseitiger Einsetzung der Ehegatten .......... 48
 3. Befugnisse des Bevollmächtigten bei rechtsgeschäftlichen Angelegenheiten ............................ 49
  a) Post- und transmortale Vollmacht ...................... 49
  b) Sonderfall: Post- und transmortale Kontovollmacht ............... 51
  c) Vollmacht und Testamentsvollstreckung ..................... 57
  d) Schenkungsvollzug zu Lasten des Nachlasses durch Vollmacht ...... 62
  e) Besonderheiten bei Vor- und Nacherbschaft ..................... 66
 4. Befugnisse des Bevollmächtigten bei persönlichen Angelegenheiten ....... 67
  a) Rechtliche Grundlagen .......... 67
  b) Einwilligung und Nichteinwilligung von Heilbehandlungen § 1904 BGB ........................ 70
  c) Einwilligung in den Abbruch von Heilbehandlung bei infauster Prognose nach § 1904 BGB analog .... 71
   aa) Bei noch nicht eingesetztem Sterbevorgang ............ 71
   bb) Bei eingesetztem Sterbevorgang .................... 75
  d) Entscheidungen über die Unterbringung § 1906 Abs. 1 BGB ..... 76
  e) Entscheidungen über freiheitsentziehende oder -beschränkende Maßnahmen § 1906 Abs. 4 BGB ... 77
  f) Aufenthalts- und Umgangsbestimmung ...................... 79
  g) Sonstige Wünsche des Vollmachtgebers ...................... 80
V. Vollmachtsmissbrauch und Abwehr ..... 81
 1. Rechtliche Grundlagen ............. 81
 2. Ausgestaltung des Innenverhältnisses ............................ 85
 3. Widerruf der Vollmacht ............ 90
  a) Rechtliche Grundlagen .......... 90
  b) Widerruf und Rechtsscheinswirkung der Vollmacht gem. § 172 BGB ........................ 95
 4. Kontrollbetreuer nach § 1896 Abs. 3 BGB ........................... 97
 5. Rechtsgeschäftliche Beschränkung .... 99
 6. Kontrollbevollmächtigung .......... 101
 7. Muster: Geschäftsbesorgungsvertrag bei anwaltlicher Kontrollbevollmächtigung ........................ 102
VI. Grenzen der Vollmachten ............. 103
 1. Grundsätzliches .................. 103
 2. Vollmachtswiderruf im vermögensrechtlichen Bereich ................ 104
 3. Grenzen von Vollmachten im persönlichen Bereich .................... 105
VII. Haftung des Bevollmächtigten und des Vollmachtgebers ..................... 106
VIII. Gestaltungsformen .................. 110
 1. Gestaltungsgrundsätze ............ 110
 2. Muster: ........................ 111
  a) Muster: Vorsorgevollmacht mit anwaltlichem Bevollmächtigten und Kontrollbevollmächtigtem ....... 111
  b) Muster: Vollmacht mit wechselseitiger Einsetzung der Ehegatten mit Doppelbevollmächtigung bezüglich eines Abkömmlings und anwaltlichem Kontrollbevollmächtigten ......................... 112
  c) Muster: Einzelvollmacht – Transmortale Vollmacht und Schenkung ...................... 113
  d) Muster: Einzelvollmacht – Postmortale Vollmacht zur Grundstücksauflassung ............. 114
B. **Betreuungsverfügung** .................. 115
 I. Rechtliche Grundlagen der Betreuungsverfügung ......................... 115
 1. Aufgabenbereich der Betreuungsverfügung ........................ 115
 2. Formvorschriften und Aufbewahrung ........................... 118
 3. Bindungswirkung einer Betreuungsverfügung ........................ 123
  a) Selbstbindung des Betreuten und Widerrufsmöglichkeit ........... 123
  b) Bindung des Betreuungsgerichts ... 125
   aa) Bindung an den Betreuervorschlag .................... 125
   bb) Bindung an Wünsche zur Ausgestaltung des Betreuungsverhältnisses ............... 131
  c) Bindung des Betreuers .......... 132
 4. Ende der Betreuerbestellung ....... 138
 5. Kontrolle und Genehmigungsvorbehalte des Betreuungsgerichts ...... 139
  a) Kontrolle .................... 139
  b) Genehmigungsvorbehalte ....... 144
   aa) Genehmigungsvorbehalt nach § 1904 Abs. 1 BGB bei ärztlichen Maßnahmen ........... 144
   bb) Genehmigungsvorbehalt nach § 1904 Abs. 2 BGB bei Nichteinwilligung oder Widerruf ... 145
   cc) Genehmigungsvorbehalt nach § 1906 Abs. 2, 4 BGB bei Unterbringung, freiheitsentziehen-

den oder -beschränkenden
Maßnahmen .............. 148
dd) Genehmigungsvorbehalt nach
§ 1907 Abs. 1, 3 BGB bei Miet-
und Pachtverträgen ......... 149
ee) Genehmigungsvorbehalt nach
§ 1908 BGB bei Ausstattung .. 152
ff) Genehmigungsvorbehalt nach
§ 1908i Abs. 2, 1804 BGB bei
Schenkung ............... 153
II. Gestaltungshinweise und Muster ....... 154
1. Gestaltungsgrundsätze ............. 154
2. Auswahl des Betreuers ............. 155
3. Art und Weise der Betreuung ....... 158
4. Befugnisse des Betreuers ........... 161
a) Rechtliche Grundlagen .......... 161
b) Befugnisse bei gleichzeitiger Geschäftsfähigkeit des Betreuten ..... 162
5. Muster: Betreuungsverfügung in
Kombination mit einer Patientenverfügung .......................... 164
6. Muster: Betreuungsverfügung – Getrennter Betreuervorschlag für den
vermögensrechtlichen und persönlichen Bereich ..................... 165
C. Patientenverfügung .................... 166
I. Sinn und Zweck einer Patientenverfügung ................................ 166
II. Voraussetzungen der Patientenverfügung ................................ 173
III. Form und Aufbewahrung der Patientenverfügung ........................... 174
1. Form ........................... 174
2. Aufbewahrung ................... 175
IV. Bindungswirkung der Patientenverfügung ................................ 177
V. Betreuungsgerichtliche Genehmigungspflicht ............................... 181
VI. Widerruf der Patientenverfügung ....... 183
VII. Beweislastfragen ..................... 184
VIII. Inhalt .............................. 185
1. Grundsätze ...................... 185
2. Wunsch nach Behandlungsabbruch ... 187
a) Verlangen nach aktiver Sterbehilfe ........................ 188

b) Hilfe im Sterben durch Schmerztherapie ohne lebensverkürzendes
Risiko ....................... 189
c) Indirekte Sterbehilfe – Schmerztherapie mit ggf. lebensverkürzender
Auswirkung .................. 190
d) Passive Sterbehilfe durch Verzicht
auf lebensverlängernde Maßnahmen ........................ 191
e) Muster: Patientenverfügung mit
Wunsch nach Behandlungsabbruch
bei infauster Prognose .......... 193
f) Muster: Patientenverfügung mit
Wunsch nach Maximalbehandlung
bei infauster Prognose .......... 194
IX. Patientenverfügung in Kombination mit
Betreuungsverfügung oder Vorsorgevollmacht .............................. 195
D. Honorar im Vorsorge- und Betreuungsrecht .................................. 196
I. Allgemeines ......................... 196
II. Gebühren bei Gestaltung von Vorsorgeregelungen .......................... 197
1. Anwaltliche Gebühren ............. 197
2. Wertermittlung der anwaltlichen Ge-
bühren .......................... 198
3. Checkliste: Ermittlung des Gegen-
standswerts bei Vorsorgeregelung .... 200
4. Notarielle Gebühren .............. 201
III. Übernahme von Bevollmächtigungen ... 202
IV. Vertretung in Betreuungsverfahren ..... 203
V. Übernahme von Betreuungen ......... 204
E. Hinterlegung .......................... 207
I. Einführung .......................... 207
II. Verfahren der Hinterlegung ........... 208
III. Gebühren der Hinterlegung ........... 209
IV. Durchführung der Registrierung ....... 210
V. Registrierung von Personen oder Einrich-
tungen als institutionelle Stelle zur Über-
mittlung von Vorsorgeverfügungen .... 212
VI. Besonderheiten bei Patientenverfügun-
gen ................................. 214
VII. Ablieferungs- und Vorlagepflicht ....... 217

## A. Vorsorgevollmacht

### I. Betreuungsrechtsänderungsgesetze

Mit dem am 1.1.1992 in Kraft getretenen Betreuungsgesetz ist insbesondere die für die kautelarjuristische Praxis bedeutende Vorschrift des § 1896 Abs. 2 S. 2 BGB in den Blickpunkt geraten:

§ 1896 Abs. 2 S. 2 BGB gab fortan die Möglichkeit, für den zukünftigen Fall eigener Geschäftsunfähigkeit oder auch bloßer Hilfsbedürftigkeit eine dritte Person auf rechtsgeschäftlicher Grundlage zur Wahrnehmung seiner eigenen Angelegenheiten zu bevollmächtigen.

Dieses Vollmachtsinstitut wird als Vorsorgevollmacht bezeichnet. Durch eine solche Vollmacht wird das Selbstbestimmungsrecht des Betroffenen gestärkt, die Bestellung eines Betreuers oder auch Kontrollbetreuers kann verhindert werden.

Das Betreuungsgesetz ermöglicht dem Betreuten somit die Erhaltung seiner Privatautonomie und gibt ihm ein Instrument zur Regelung seiner Wünsche vorrangig vor einem staatlichen Eingreifen durch eine Betreuerbestellung.

2   Zuvor war lange Zeit streitig, ob eine Vorsorgevollmacht auch für den Bereich der persönlichen Angelegenheiten und Gesundheitsangelegenheiten rechtliche Wirkung entfaltet.

Durch das am 1.1.1999 in Kraft getretene Erste Betreuungsrechtsänderungsgesetz wurde diesbezüglich Rechtsklarheit und -sicherheit geschaffen. Der Gesetzgeber hat hier durch die Neuregelung der §§ 1904, 1906 BGB im Hinblick auf die Vorsorgevollmacht diese Frage zugunsten der Vorsorgevollmacht entschieden.

Allerdings ist zu beachten, dass anstelle der autonomen Gestaltungsmöglichkeit in Gesundheitsfragen durch eine Vorsorgevollmacht Maßnahmen nach §§ 1904 und 1906 BGB der vormals vormundschaftgerichtlichen, jetzt betreuungsgerichtlichen Genehmigungbedürfen. Dies dürfte die Vorsorgevollmacht in Fällen unattraktiv machen, in denen sich der Vollmachtgeber zur Erteilung einer umfassenden Vollmacht gerade mit dem Ziel entschlossen hat, sich jeglicher Einmischung des Staates im Falle seiner späteren Betreuungsbedürftigkeit zu entziehen.[1] Denn dies ist mit Neuregelung der §§ 1904, 1906 BGB nicht ermöglicht worden.

3   Am 1.7.2005 ist sodann das Zweite Betreuungsrechtsänderungsgesetz in Kraft getreten. Dieses war im Hinblick auf den Anstieg der Betreuungen von ca. 419.000 Fällen im Jahre 1992 auf über 1.100.000 Fälle im Zeitpunkt des Inkrafttretens auch erforderlich. Zumindest für die Haushalte der Länder, um deren Entlastung es in dem Gesetz vornehmlich ging. Umgesetzt wurde dies durch das Vormünder- und Betreuervergütungsgesetz. Vergütet wird seit dem nicht mehr nach dem tatsächlich geleisteten Zeitaufwand bzw. den tatsächlich angefallenen Auslagen, sondern pauschaliert.

4   Für die Anwaltschaft bedeutet dies: Es muss ein grundlegender Denkprozess stattfinden, ob an einer Tätigkeit als Berufsbetreuer unter Kostengesichtspunkten überhaupt noch festgehalten werden kann. Zu befürchten ist, dass über eine Erhöhung der Anzahl der Betreuungen versucht wird, entgegenzuwirken. Ob dies sinnvoll ist, sei dahingestellt. Unbestritten ist jedoch, dass ein gewaltiger Beratungsbedarf besteht, der sich aufgrund der demoskopischen Entwicklung noch erheblich steigern wird. Es wäre falsch, würde sich die Anwaltschaft aus diesem Betätigungsfeld zurückziehen. Gerade die Kollegin und der Kollege, die sich durch eine dauerhafte Tätigkeit als Berufsbetreuer hier bereits qualifiziert haben, sollten über neue Modelle ihrer Tätigkeit im Rahmen des Vorsorge- und Betreuungsrechts nachdenken. Die erfolgreiche Tätigkeit ist hier eine Frage der Positionierung der anwaltlichen Dienstleistung, deren Merkmal neben Fachkompetenz, auch die standesrechtliche Verpflichtung zu Verschwiegenheit und Unabhängigkeit ist. Auf dieser Grundlage sollte es der Anwaltschaft möglich sein, sich ihr Tätigkeitsfeld im Vorsorge- und Betreuungsrecht zu sichern, sei es direkt als Vorsorge- oder Kontrollbevollmächtigter oder als Berater, der entsprechend den Beteiligten nicht nur bei der Gestaltung der Vorsorgeverfügungen, sondern auch bei der Um- und Durchsetzung derselben beratend zur Seite steht.

5   Das dritte Gesetz zur Änderung des Betreuungsrechts ist am 1.9.2009 in Kraft getreten und hat der Patientenverfügung eine gesetzliche Grundlage im neu geschaffenen § 1901a BGB gegeben. Anknüpfend an die aufgrund richterlicher Rechtsfortbildung geltenden Rechtslage haben Patientenverfügungen nun eine hohe rechtliche Verbindlichkeit und müssen unabhängig von Art und Stadium einer Erkrankung beachtet werden. Das Betreuungsgericht, zuvor

---

1 Vgl. hierzu *Müller*, DNotZ 1999, 107 ff.

Vormundschaftsgericht genannt, soll nur im Konfliktfall zwischen Arzt einerseits und Betreuer bzw. Bevollmächtigtem andererseits eingeschaltet werden. Kodifiziert wurden diese Vorschriften zivilrechtlich in den §§ 1901a, 1901b und 1904 BGB.

## II. Sinn und Zweck der Vorsorgevollmacht

### 1. Vollmachten für vermögensrechtliche Angelegenheiten – postmortale und transmortale Vollmacht

Originär dienen Vorsorgevollmachten der lebzeitigen Absicherung der eigenen, auch vorübergehenden, Handlungsunfähigkeit.[2] Sinnvoll ist eine Erweiterung auch auf eine trans- und postmortale Wirkung, da mit der Testamentserrichtung im Weiteren nur selten alle erforderlichen Vorsorgemaßnahmen für den Todesfall getroffen sind. Die Überlastung der Gerichte und Streitigkeiten unter den Erben führen nicht selten dazu, dass über den Nachlass bis zu einem halben Jahr oder länger nach dem Erbfall nicht verfügt werden kann. Wenngleich auch die Möglichkeit besteht, per letztwilliger Verfügung auch einen Testamentsvollstrecker einzusetzen, besteht ein Vakuum bis zur Erteilung des Testamentsvollstreckerzeugnisses.

Die Problemlösung liegt in der Erteilung entweder einer postmortalen Vollmacht, d.h. einer Vollmacht, die erst mit dem Tod wirksam wird, oder der Erweiterung des Wirkungsbereichs einer Vorsorgevollmacht im Sinne einer transmortalen Vollmacht über den Tod hinaus. So kann der Bevollmächtigte sofort mit Eintritt des Erbfalls handeln. Dies sichert die kontinuierliche Vermögensverwaltung bis zu der Erteilung des Erbscheins oder der Erteilung eines Testamentsvollstreckerzeugnisses. Es ist gewährleistet, dass Verbindlichkeiten in Zusammenhang mit der Beerdigung vom Nachlass beglichen werden können und auch die Verwaltung von Wertpapierdepots und anderen Vermögensteilen des Erblassers effektiv weiterbetrieben werden kann.

### 2. Vorsorgevollmacht für persönliche Angelegenheiten

Ist der Einzelne aufgrund einer psychischen Krankheit oder Behinderung oder aufgrund von Altersverwirrtheit nicht mehr in der Lage, über seine persönlichen Angelegenheiten zu entscheiden, wird ihm hierfür als gesetzlicher Vertreter ein Betreuer bestellt. Wurde keine Vorsorgevollmacht vorab verfasst, ggf. in Verbindung mit einer Patienten- und einer Betreuungsverfügung, besteht somit die Gefahr, dass zukünftig Behörden, Gerichte und Berufsbetreuer anstelle eines persönlichen Vertrauten über die Lebensgestaltung des Betroffenen entscheiden.

Demgegenüber ermöglicht die Vorsorgevollmacht dem Einzelnen ein weiteres Stück privater Autonomie und Selbstbestimmung, da er mit diesem Instrument durch die Bestimmung einer Vertrauensperson als Bevollmächtigtem bereits im Vorfeld einer etwaigen Betreuungsbedürftigkeit alle erforderlichen Angelegenheiten und insbesondere seine persönliche Lebensgestaltung selbst regeln kann.

Zudem kommt es durch das Instrument der Vorsorgevollmacht zu einer Entlastung der Betreuungsgerichte, da die Zahl der erforderlich werdenden Betreuerbestellungen eingeschränkt wird. Allerdings nur partiell, da nach § 1904 Abs. 2 BGB und § 1906 Abs. 5 BGB das Erfordernis einer betreuungsgerichtlichen Genehmigung für die hier geregelten Maßnahmen auch für den Bevollmächtigten besteht.

---

2 Vgl. OLG Hamm FamRZ 2003, 324 ff.

## III. Wirksamkeitsvoraussetzungen der Vollmacht

### 1. Vollmachten für vermögensrechtliche Angelegenheiten

#### a) Gesetzliche Formvorschriften und Geschäftsfähigkeit

10 Die Vollmacht kann **grundsätzlich formfrei** erteilt werden, §§ 167, 168 BGB. Bei Geschäften des alltäglichen Lebens ist die Erteilung einer schriftlichen Vollmacht auch entbehrlich, da der Bevollmächtigte in aller Regel nach außen hin in eigenem Namen auftritt.

Dennoch wird eine **notarielle Beurkundung** oft empfohlen und als Argument hierfür meist der höhere Beweiswert angeführt, da der, im engeren Sinne des Wortes, beurkundete Vollmachtstext Dritten signalisiert, dass es sich hier um eine Erklärung handelt, die in einem mehrstufigen Verfahren nach Beratung und Erörterung zustande gekommen ist.[3] Demgegenüber sei bei nur unterschriftsbeglaubigten Texten oft nur schwer erkennbar, ob sie von einem Notar oder sonstigen Rechtsberater nach einem vorherigen Gespräch gefertigt oder vom Betreffenden irgendwo abgeschrieben wurden.[4]

Dieser Argumentation kann so nicht gefolgt werden, da durch eine ausführliche anwaltliche Beratung mit einem entsprechenden deutlichen Hinweis wie z.B. „Nach ausführlicher und eingehender Beratung durch Rechtsanwältin/Rechtsanwalt (...) erteile ich folgende anwaltlich ausgearbeitete und formulierte Vorsorgevollmacht: (...)", solche Bedenken einfach ausgeräumt werden können.

11 Die Vollmacht zum Abschluss eines nach § 311b Abs. 1 BGB formbedürftigen **Vertrags über Grundstücke** ist gem. § 167 Abs. 2 BGB grundsätzlich formfrei, bedarf aber gegenüber dem Grundbuchamt der Form des § 29 GBO, also der öffentlichen Beurkundung oder Beglaubigung. Zu beachten ist aber, dass die Vollmacht für die Abwicklung von Grundstücksgeschäften dann formbedürftig nach § 311b Abs. 1 BGB ist, wenn diese unwiderruflich erteilt wurde,[5] da sie bereits eine bindende Verpflichtung zum Erwerb oder der Veräußerung eines Grundstücks darstellt. Gleiches gilt für eine widerrufliche Vollmacht dann, wenn sie eine rechtliche oder tatsächliche Bindung des Vollmachtgebers zu einem Grundstücksgeschäft begründet.[6]

12 Bei **Bank- und Kontovollmachten** ist zu beachten, dass viele Banken nur Vollmachten, die unter Verwendung der bankeigenen Vollmachtsformulare erstellt werden, akzeptieren. Dies sollte vorab vom Vollmachtgeber in Erfahrung gebracht werden, da selbst öffentlich beurkundete Vollmachten von Banken zurückgewiesen werden. Empfehlenswert kann daher bei einer bereits erstellten Vorsorgevollmacht sein, sich diese auch von Banken bestätigen zu lassen.

13 War die **Beglaubigung einer Vorsorgevollmacht** bislang Notaren vorbehalten, wurde im Rahmen des Zweiten Betreuungsrechtsänderungsgesetz mit § 6 BetreuungsbehördenG die Möglichkeit einer Beglaubigung von Unterschriften und Handzeichen auf Vorsorgevollmachten durch die Urkundsperson bei der Betreuungsbehörde geschaffen. Mit entsprechend wirksam beglaubigten Vollmachten können auch Eintragungen in das Grundbuch nach § 29 GBO und in das Handelsregister nach § 12 HGB veranlasst werden.[7]

---

3 *Renner*, in: Müller/Renner, Rn 462..
4 *Renner*, in: Müller/Renner, Rn 462..
5 Palandt/*Grüneberg*, § 311b Rn 20.
6 Palandt/*Grüneberg*, § 311b Rn 21.
7 Vgl. auch *Renner*, in: Müller/Renner, Rn 454.

Stets zu beachten sind bei Vollmachtserteilung zu gesellschaftsrechtlichem Handeln die Formvorschriften der §§ 134 Abs. 3, 135 AktG, § 2 Abs. 2 GmbHG und § 12 HGB.[8]

> **Praxistipp**
> Letztlich ist je nach Umfang der Vollmacht zu überprüfen, ob eine öffentliche Beurkundung oder Beurkundung angezeigt ist oder nicht. Derzeit ist wegen der verstärkten Akzeptanz einer öffentlich beurkundeten Vollmacht im Rechtsverkehr diese zu empfehlen.

### b) Geschäftsfähigkeit des Vollmachtgebers

Der Vollmachtgeber muss im **Zeitpunkt der Abfassung** der Vollmacht geschäftsfähig sein. Mangels Formerfordernis nicht erforderlich – aber im Hinblick auf zukünftigen Streit um die Geschäftsfähigkeit des Vollmachtgebers sinnvoll – ist das Mitunterzeichnen der Vollmacht durch einen Zeugen bzw. die notarielle Beurkundung oder Beglaubigung.

Im Hinblick auf eine **notarielle Beurkundung** ist aber Folgendes zu beachten: Gemäß § 11 BeurkG ist der Notar verpflichtet, die Geschäftsfähigkeit zu prüfen und bei fehlender Geschäftsfähigkeit die Beurkundung abzulehnen bzw. bei Zweifeln dies in der Niederschrift zu vermerken. Die Feststellung zur Geschäftsfähigkeit trifft der Notar jedoch nicht als Sachverständiger, sondern lediglich als „Zeuge des Geschehens". Dies steht in einem späteren Streit über die Geschäftsfähigkeit als Beweismittel zur Verfügung. Die rechtliche Schlussfolgerung die der Notar aus der Wahrnehmung zur Geschäftsfähigkeit zieht, ist nicht Teil der Beweiskraft der öffentlichen Urkunde nach § 418 ZPO. Diese Beurteilung obliegt vielmehr dem entscheidenden Gericht. Und dabei ist die Feststellung des Notars nur ein Indiz und reicht für sich allein nicht aus, um aufgrund konkreter Umstände begründete Zweifel zu entkräften.[9] Auch das Grundbuchamt ist nicht an die Beurteilung der Geschäftsfähigkeit durch den Notar gebunden. Im Zweifel kann hier nach § 18 GBO im Wege einer Zwischenverfügung die Vorlage eines fachärztlichen Gutachtens verlangt werden.

Bei einer **Unterschriftsbeglaubigung** hat der Notar gem. § 40 Abs. 2 BeurkG nur zu prüfen, ob Gründe zur Versagung seiner Amtstätigkeit vorliegen. Nur wenn er dabei von der mangelnden Geschäftsfähigkeit überzeugt ist, hat er die Beglaubigung zu versagen. Bei Zweifeln muss der Notar im Beglaubigungsvermerk nicht darauf hinweisen, er kann dies aber.

### c) Zeitpunkt des Wirksamwerdens

Grundsätzlich wird eine Vollmacht mit **Erstellung und Zugang** wirksam.

Da eine Vorsorgevollmacht an sich erst eine in der Zukunft eintretende Versorgungsbedürftigkeit regeln will, ist zu überlegen, ob die Vollmacht erst mit Eintritt einer **aufschiebenden Bedingung** Wirksamkeit erlangen soll.[10]

Verschiedene Modelle sind denkbar:
- Wirksamkeit erst mit Vorlage eines ärztlichen Attests über Handlungs-, Versorgungs-, oder Geschäftsunfähigkeit bzw. Betreuungsbedürftigkeit des Vollmachtgebers.

---

8 Vgl. speziell zur Thematik von Vorsorgevollmachten bei Unternehmern: *Reymann*, ZEV 2005, 457 ff.
9 BayObLG FamRZ 2005, 658 ff. zur Feststellung der Testierfähigkeit.
10 Vgl. *Limmer*, ZNotP 1998, 322 ff.

– Bei notarieller Vorsorgevollmacht wird der Notar angewiesen, Ausfertigungen erst nach Vorlage eines oder mehrerer Atteste über die Handlungs-, Versorgungs-, oder Geschäftsunfähigkeit bzw. Betreuungsbedürftigkeit des Vollmachtgebers zu erteilen.[11]

Nachteil dieser Modelle ist, dass im **Außenverhältnis** eventuell unklar bleibt, ob die Vollmacht wirksam ist.[12] Es tritt ein Vakuum in der Versorgung des Vollmachtgebers ein, bis der Bevollmächtigte über die Vollmacht verfügen kann. Denn die Schwierigkeit besteht in der Praxis gerade auch darin, die Bedingung festzustellen, von deren Eintritt die Wirksamkeit der Vollmacht abhängt. Somit ist von der Erteilung einer Vollmacht unter einer der vorgenannten Bedingungen abzuraten.[13]

Will der Vollmachtgeber aus Sicherungsgründen dennoch erreichen, dass der Bevollmächtigte nicht über die Vollmacht verfügt, solange er als Vollmachtgeber selbst noch handlungsfähig ist, bleibt ihm die Möglichkeit einer Regelung der Bedingung über das Innenverhältnis. Dabei liegt der Vorteil darin, dass eine im Außenverhältnis unbedingt erteilte Vollmacht von einer etwaigen Überprüfung des Bedingungseintritts befreit ist und im Verhältnis gegenüber Dritten unbedingt wirkt. Sicherungsmittel und Sanktionen werden im Innenverhältnis zwischen Vollmachtgeber und Bevollmächtigtem geregelt und treten nach außen nicht hemmend in Erscheinung. Zu beachten ist dabei, dass der Bevollmächtigte auch schon vor Eintritt der Handlungs-, Versorgungs-, oder Geschäftsunfähigkeit bzw. Betreuungsbedürftigkeit missbräuchlich von der Vollmacht Gebrauch machen kann. Weitere Sicherungsinstrumente wie z.B. eine Doppelbevollmächtigung bzw. eine Zustimmungspflicht des Kontrollbevollmächtigten zu bestimmten Geschäften können daher sinnvoll sein (vgl. weitere Sicherungsmittel gegen einen Vollmachtsmissbrauch Rn 81 ff.).

### d) Dauer der Wirksamkeit

17 Eine Vollmacht gilt grundsätzlich weiter, wenn der Bevollmächtigte geschäftsunfähig wird oder verstirbt. Da dies gerade im Hinblick auf das Versterben des Bevollmächtigten nicht ausnahmslos gilt, muss dies im Rahmen einer Vorsorgevollmacht ausdrücklich klargestellt werden. Die §§ 168 Abs. 1, 672 Abs. 1, 675 BGB begründen insoweit nur eine **Zweifelsfallregelung**. Die Vorsorgevollmacht, deren zugrunde liegendes Auftragsverhältnis darauf zugeschnitten ist, dem Bevollmächtigten für den Fall der Betreuungsbedürftigkeit des Vollmachtgebers eine rechtsgeschäftliche Vertretungsmacht einzuräumen, die der gesetzlichen Vertretungsmacht eines vormundschaftsgerichtlich bestellten Betreuers entspricht, kann ebenso wie dessen gesetzliche Vertretungsmacht im Bereich der Vermögensverwaltung mit dem Tod des Vollmachtgebers erlöschen.[14]

18 **Praxistipp**
Soll also eine Vermögensverwaltung **auch über den Tod hinaus** sichergestellt sein empfiehlt es sich ein solche Regelung ausdrücklich in die Vollmacht mit aufzunehmen. Auch sollte klargestellt werden, dass die Vollmacht weder bei Handlungs-, Versorgungs-, oder Geschäftsunfähigkeit bzw. Betreuungsbedürftigkeit erlöschen soll.

---

11 Vgl. hierzu *Perau*, MittRhNotK 1996, 297.
12 *Walter*, S. 685 f.
13 Vgl. *Limmer*, ZNotP 1998, 322 ff.; *Wolfsteiner*, NJW 1996, 2417 f.
14 OLG Hamm FamRZ 2003, 324 ff.

### e) Rechtsscheinswirkung der Vollmachtsurkunde

Nach § 172 Abs. 1 BGB entfaltet eine dem Bevollmächtigten schriftlich erteilte Vollmacht ihre Wirkung mit Vorlage gegenüber dem Geschäftspartner. Dieser darf auf den Inhalt der Vollmacht vertrauen, unabhängig vom wahren Bestand derselben. Es handelt sich hier um eine gesetzliche **Rechtsscheinshaftung**, die an das bewusste In-Verkehr-Bringen der Vollmachtsurkunde durch den Vollmachtgeber anknüpft.[15]

Voraussetzung ist nach ständiger Rechtsprechung,[16] dass die den Rechtsschein erzeugende Vollmachtsurkunde selbst, also in Urschrift oder – bei notariell beurkundeter Vollmacht wegen §§ 45, 47 BeurkG[17] – in Ausfertigung dem Vertreter ausgehändigt und dem Dritten vorgelegt wird.[18] Fotokopien, einfache und selbst beglaubigte Abschriften genügen nicht, da sie in unbeschränkter Zahl gefertigt werden können, nach h.M.[19] nicht der Rückgabepflicht nach § 175 BGB unterliegen und nichts über den Verbleib der Urschrift und den Fortbestand der Vollmacht besagen.[20]

### f) Zweifel an der Wirksamkeit bei Vorsorgevollmachten

Bestehen Zweifel an der Wirksamkeit einer Vollmacht und sind diese trotz weiterer Aufklärung durch das Gericht nicht behebbar, ist die Anordnung einer Betreuung möglich und geboten.[21] Müssen Eilmaßnahmen getroffen werden, genügen aber bereits konkrete Zweifel an der Wirksamkeit der Vollmacht.[22]

> **Beispiel**
> Die Betroffene hat zunächst ihrem Sohn eine notariell beurkundete, dann ihrer Tochter eine notariell beglaubigte Vorsorgevollmacht in Form einer Generalvollmacht erteilt. Sodann widerrief sie die dem Sohn erteilte Vollmacht und bestätigte die der Tochter erteilte Vollmacht. Die Betroffene litt an einem dementiellen Syndrom. Der Sohn regte eine Betreuung an. Dies wurde vom Amts- und Landgericht abgelehnt.
> Liegen mehrere, verschiedenen Personen erteilte Vollmachten vor, ist aber zweifelhaft, welche davon wirksam ist, so ist diese Frage im Verfahren über die Anordnung einer Betreuung aufzuklären.[23] Ein bereits eingeleitetes Verfahren darf nicht eingestellt werden, ohne dass zuvor geklärt ist, wer von den in Frage kommenden Bevollmächtigten vertretungsbefugt ist. Andernfalls bliebe diese Frage zu Lasten des Wohls des Betroffenen offen, welches im Betreuungsrecht die oberste Richtschnur für das Handeln aller Beteiligten und damit auch des Vormundschaftsgerichts sei.

---

15 MüKo-*Schramm*, § 172 BGB Rn 4.
16 BGH NJW 1980, 698; BGH NJW 1988, 697; BGH NJW 1997, 312.
17 Zu Problemen der Ausfertigung notarieller Vorsorgevollmachten vgl. *Waldner/Mehler*, MittBayNot 1999, 261 ff.
18 MüKo-*Schramm*, § 172 BGB Rn 8.
19 BGH NJW 1988, 679.
20 Vgl. hierzu auch *Waldner/Mehler*, MittBayNot 1999, 261 ff.
21 BayObLG FamRZ 1994, 720; OLG Stuttgart FamRZ 1994, 1417.
22 BayObLG OLGReport 2004, 435 f.
23 BayObLG DNotIReport 2003, 198 f.

## 2. Vorsorgevollmacht für persönliche Angelegenheiten

### a) Gesetzliche Formvorschriften

22 Zunächst gilt auch hier, dass die Vorsorgevollmacht formlos erteilt werden kann.[24] Das Gesetz verlangt keine spezifische Form für die Vollmacht. Grundsätzlich würde danach jede Vollmacht genügen, die erkennen lässt, dass die persönlichen Angelegenheiten des Vollmachtgebers durch den Bevollmächtigten besorgt werden sollen. Gemäß § 1896 Abs. 2 S. 2 BGB ist eine Betreuerbestellung dann subsidiär.

### b) Wirksamkeit

23 Erforderlich für eine wirksame Vollmachtserteilung ist die Geschäftsfähigkeit des Vollmachtgebers bei Erteilung der Vollmacht.[25] Begründet wird dies damit, dass die Vollmacht auf zeitlich unüberschaubare Dauer wirkt und daher Einsichtsfähigkeit in die Zukunft voraussetzt, die dem Urteilsvermögen der rechtlichen Geschäftsfähigkeit gleichkommt. Anderes kann aber bei der Einwilligung in einzelne freiheitsbeschränkenden Maßnahmen bzw. sonstigen nichtvermögensrechtlichen Angelegenheiten gelten.[26] Hier kann es ausreichen, wenn eine natürliche Einsichtsfähigkeit vorliegt. Daraus wird z.T. hergeleitet, dass die natürliche Einsichtsfähigkeit ausreicht, um eine wirksame Vorsorgevollmacht, die sich lediglich auf die Einwilligung in Rechtsgutverletzungen und auf nichtvermögensrechtlichen Angelegenheiten beschränkt, erteilen zu können.[27]

Soll die Bevollmächtigung der Vermeidung einer Betreuerbestellung dienen, darf sie im Bedarfsfall nicht wieder erloschen sein.[28] Ihre Wirksamkeit verliert die Vollmacht nicht dadurch, dass der Vollmachtgeber zu einem späteren Zeitpunkt nicht mehr geschäftsfähig ist.[29]

### c) Besonderheit: Vollmacht mit Entscheidungsbefugnissen für ärztliche Maßnahmen und Unterbringung nach §§ 1904, 1906 BGB

24 Umfasst die Vollmacht aber auch die Entscheidungsbefugnis zur Einwilligung des Bevollmächtigten in **Untersuchungen des Gesundheitszustandes**, eine Heilbehandlung oder einen ärztlichen Eingriff mit der begründeten Gefahr, dass der Vollmachtgeber aufgrund der Maßnahme stirbt oder einen schweren und länger dauernden gesundheitlichen Schaden erleidet oder auch in Unterbringung verbunden mit Freiheitsentziehung, so bedarf nach § 1904 Abs. 5 BGB und § 1906 Abs. 5 BGB die Bevollmächtigung der schriftlichen Form.[30] Mit dieser Regelung im Rahmen des Ersten Betreuungsrechtsänderungsgesetzes soll erreicht werden, dass Vorsorgevollmachten in Angelegenheiten der Personensorge i.e.S. nicht voreilig erteilt werden.[31]

Mit dem 3. Betreuungsrechtsänderungsgesetz[32] wurde zudem nach § 1904 Abs. 2 BGB eingeführt, dass auch die Nichteinwilligung oder der Widerruf der Einwilligung des Betreu-

---

24 MüKo-*Schramm*, § 167 BGB Rn 25: „*Wenn die Bevollmächtigung keiner Form bedarf, kann sie auch durch schlüssiges Handeln erfolgen.*"
25 OLG Stuttgart FamRZ 1994, 1417, 1418, Palandt/*Diedrichsen*, vor § 1896 Rn 7.
26 Palandt/*Diedrichsen*, vor § 1896 Rn 7.
27 MüKo-*Schwab*, § 1896 BGB Rn 7.
28 BayObLG FamRZ 1993, 1249.
29 Palandt/*Diedrichsen*, vor § 1896 Rn 7.
30 Vgl. auch *Limmer*, ZNotP 1998, 322 ff.; *Müller*, DNotZ 1999, 107 ff.
31 BT-Drucks 13/7158, 34.
32 V. 29.7.2009, BGBl I, 2286.

ers in eine Untersuchung des Gesundheitszustands, einer Heilbehandlung oder einen ärztlichen Eingriff dann der Genehmigung des Betreuungsgerichts bedarf, wenn die Maßnahme medizinisch angezeigt ist und die begründete Gefahr besteht, dass der Betreute aufgrund des Unterbleibens oder des Abbruchs der Maßnahme stirbt oder einen schweren und länger dauernden gesundheitlichen Schaden erleidet.

Allerdings ist die Genehmigung nach § 1904 Abs. 4 BGB dann nicht erforderlich, wenn zwischen Betreuer und dem behandelnden Arzt ein Einvernehmen darüber besteht, dass die Erteilung, die Nichterteilung oder der Widerruf der Einwilligung dem nach § 1900a BGB festgestellten Willen des Betreuten im Rahmen einer Patientenverfügung entspricht.

Bei der Feststellung, ob die Vollmacht auch die Übertragung der Entscheidungsbefugnisse über **freiheitsbeschränkende Maßnahmen** und Maßnahmen der Gesundheitssorge umfasst, ist nach Ansicht vieler Gerichte ein enger Maßstab zu Grunde zu legen, der keinen Zweifel an der Reichweite der Vollmacht lässt.[33] Hinreichend sicher, dass der Betroffene die Vollmacht gerade auch diesbezüglich erteilen wollte, ist es nur, wenn sich der Entschluss spezifisch aus der Vollmacht ergibt. Bei einem allgemeinen Vollmachttext lässt sich dabei nicht ausschließen, dass der Betroffene an diese Tragweite und Folge der Vollmacht nicht gedacht und diese Entscheidung daher nicht bewusst so getroffen hat.[34]

Auch eine notariell beurkundete Vollmacht, die es dem Vertreter gestattet, den Vollmachtgeber „in allen persönlichen und vermögensrechtlichen Angelegenheiten zu vertreten", ist in der Aussage zu pauschal und zeigt nicht, ob sich der Betroffene bei Abgabe der Erklärung bewusst war, welche weit reichenden Maßnahmen der Vertreter für ihn treffen kann. Aufgrund ihrer Unbestimmtheit ist die Vollmacht unwirksam. Dies führt dazu, dass in einem solchen Fall die Anordnung einer Betreuung erforderlich wird.

Daher ist es dringend geboten, nicht bloß eine abstrakte Formulierung zu wählen, sondern die einzelnen Bereiche so gegenständlich wie möglich zu beschreiben.[35] Dabei empfiehlt sich eine enge Anlehnung an die gesetzliche Wortwahl bzw. die wörtliche Übernahme, um in aller Deutlichkeit sicherzustellen, dass der Betroffene bewusst und gewollt gerade auch in diesem Punkt Vollmacht geben wollte.[36] Nicht ausreichend ist demgegenüber, lediglich auf die §§ 1904, 1906 BGB in der Vollmachturkunde zu verweisen. Hier besteht ansonsten die Gefahr, dass die Vollmacht nicht als hinreichende Grundlage dient, in Maßnahmen nach §§ 1904, 1906 BGB einzuwilligen bzw. nicht einzuwilligen, so dass hier dann die Bestellung eines Betreuers erforderlich wird.[37] Ebenfalls nicht ausreichend ist eine Ermächtigung zu allen Handlungen, die einem Betreuer nach §§ 1896 ff. BGB obliegen[38] oder die Ermächtigung zu freiheitsbeschränkenden Maßnahmen (§ 1906 Abs. 4 BGB), wenn es um eine freiheitsentziehende Maßnahme geht (§ 1906 Abs. 1 BGB).[39]

Insbesondere ist zu beachten, dass selbst eine umfassende Bevollmächtigung zur Vornahme von Rechtsgeschäften den Bevollmächtigten gerade nicht zur Vertretung des Vollmachtgebers in den Bereichen Gesundheitssorge und Bestimmung des Aufenthalts berechtigt.[40]

---

33 Vgl. LG Hamburg DNotZ 2000, 220 f.
34 Vgl. LG Krefeld MittRhNotK 1998, 17; OLG Stuttgart FamRZ 1994, 1417 f.
35 Ausführlich zu diesem Problemkreis: *Müller*, DNotZ 1999, 107 ff.
36 BayObLG OLGReport 2002, 167 f.; *Müller*, DNotZ 1999, 107 ff.; *Limmer*, ZNotP 1998, 322 ff.
37 OLG Stuttgart FamRZ 1994, 1417 f., mit Anmerkung von *Bühler*, BWNotZ 3/94, 68 f.
38 OLG Zweibrücken FamRZ 2003, 113.
39 LG Düsseldorf FamRZ 2000, 1315 f.
40 OLG Düsseldorf MittRhNotK 1998, 16.

## IV. Inhaltliche Gestaltung der Vorsorgevollmacht

### 1. Auswahl des Bevollmächtigten

a) Auswahl des Bevollmächtigten unter dem Aspekt des Erforderlichkeitsgrundsatzes nach § 1896 Abs. 2 S. 2 BGB

aa) Ungeeignete Personen

29 Der Bevollmächtigte muss als solcher geeignet sein, den Vollmachtgeber zu vertreten. Denn nach § 1896 Abs. 2 S. 2 BGB ist die Betreuung nur dann subsidiär, soweit die Angelegenheiten durch einen Bevollmächtigten ebenso gut besorgt werden können. Ist der Bevollmächtigte zu einer Regelung der Angelegenheiten ungeeignet, kann eine Betreuung aus diesem Grund erforderlich werden.[41] Ungeeignet ist ein Bevollmächtigter, wenn er geschäftsunfähig ist. Dann wird eine Betreuung erforderlich.

30 Dem Betreuungsgericht stehen bei der Überprüfung, ob eine Betreuung erforderlich ist, nur **objektive Kriterien** zur Verfügung.[42] Die Interessen des Vollmachtgebers müssen konkret verletzt sein. Bloße Zweifel am Charakter oder den intellektuellen Kapazitäten der Fürsorgeperson, auch wenn sie nach ihrem bisherigen Lebenslauf berechtigt sein mögen, können nicht zur Erforderlichkeit der Betreuung führen. Der Bevollmächtigte wurde schließlich vom Vollmachtgeber freiwillig und persönlich ausgesucht.

Es genügt nicht, dass aus der objektivierten Sicht eines Richters die **Interessen des Betroffenen** eher oder besser durch einen professionellen Betreuer als durch den Bevollmächtigten wahrgenommen werden können.[43] Auch genügt es nicht, dass die Wertvorstellungen des Bevollmächtigten, nach denen er die Vollmacht ausübt, in Teilbereichen allgemeinen Wertvorstellungen zuwiderlaufen.[44] Auch Spannungen zwischen dem Bevollmächtigten einerseits und dem Pflegepersonal oder behandelnden Ärzten andererseits genügen nicht, die Vollmacht ungeachtet zu lassen und eine Betreuung einzurichten.[45]

Die Angelegenheiten des Betroffenen können aber dann durch den Bevollmächtigten nicht mehr ebenso gut wie durch einen Betreuer besorgt werden, wenn die Wahrnehmung der Interessen des Betroffenen durch den Bevollmächtigten eine **konkrete Gefahr für das Wohl des Betroffenen** begründet.[46] Dies ist dann der Fall, wenn der Bevollmächtigte ungeeignet ist, die Interessen des Betroffenen sachgerecht wahrzunehmen und er aus in seiner Person liegenden Gründen zurzeit nicht in der Lage ist, professionelle Hilfsangebote bei der Betreuung wahrzunehmen. Denn die Nachrangigkeit einer Betreuung darf sich nicht gegen den Betreuten selbst wenden.[47]

bb) Gesetzlicher Ausschluss bestimmter Personen nach §§ 1896 Abs. 2 i.V.m. 1897 Abs. 3 BGB

31 Strittig ist, ob gem. § 1896 Abs. 2 i.V.m. § 1897 Abs. 3 BGB als Bevollmächtigte alle Personen ausscheiden, die zu einer Anstalt, einem Heim oder einer sonstigen Einrichtung, in welcher der Vollmachtgeber untergebracht ist oder wohnt, in einem Abhängigkeitsverhältnis oder in einer engen Beziehung stehen.

---

41 Vgl. zur fehlenden Eignung des Vorsorgebevollmächtigten: OLG Brandenburg NotBZ 2005, 362 ff.
42 *Walter*, FamRZ 1999, 688.
43 Palandt/*Diedrichsen*, § 1897 Rn 20.
44 LG Frankfurt/M. FamRZ 2003, 632.
45 OLG Oldenburg Recht und Praxis 2003, 102.
46 BayObLG FamRZ 2003, 704.
47 BayObLG OLGReport 2004, 285.

§ 1896 Abs. 2 BGB normiert den grundsätzlichen **Vorrang der Bevollmächtigung** vor der Betreuerbestellung auf die Fälle, in denen die in § 1897 Abs. 3 BGB genannten Personen nicht Bevollmächtigte werden. Anders als in § 1897 Abs. 3 BGB, der ausdrücklich formuliert, dass die dort genannten Personen nicht zum Betreuer bestellt werden dürfen, wurde in § 1896 Abs. 2 BGB nicht formuliert, dieser Personenkreis dürfe nicht zum Bevollmächtigten ernannt werden. Somit kann nicht davon ausgegangen werden, der in § 1897 Abs. 3 BGB genannte Personenkreis sei absolut davon ausgeschlossen, zum Bevollmächtigten ernannt zu werden bzw. eine solche Vollmacht sei generell unwirksam.

Ist eine Person aus dem in § 1897 Abs. 3 BGB genannten Personenkreis Bevollmächtigter des Volljährigen, muss das Vormundschaftsgericht nicht zwingend einen Betreuer bestellen, vielmehr kann es auch hier die Erforderlichkeit der Betreuerbestellung verneinen.[48] Ob von der Bestellung eines Betreuers abgesehen werden kann, ist im Zeitpunkt der Betreuungsbedürftigkeit zu überprüfen. Kommt das Gericht zu dem Ergebnis, dass die Bevollmächtigung den Interessen des Vollmachtgebers nicht zuwiderläuft, wird eine Betreuerbestellung nicht erforderlich sein.[49] Grundsätzlich kann daher auch eine in § 1897 Abs. 3 BGB genannte Person zum Bevollmächtigten ernannt werden.

Im Einzelfall kann die **Vollmacht** dann **nichtig** sein, wenn sich die Heimleitung routinemäßig und in einem größeren Umfang als mit den Interessen des Heims zu vereinbaren wäre, Vollmachten erteilen ließe und noch dazu die Aufnahme in das Heim von der Erteilung der Vollmacht abhängig machten und diesbezüglichen Druck ausüben würde.

Gleiches muss für den Fall der Erteilung einer unwiderruflichen Vollmacht, insbesondere einer Generalvollmacht gelten oder wenn jegliche Kontrollen ausgeschlossen sind.[50]

b) Auswahl des Bevollmächtigten unter dem Aspekt der Missbrauchsvermeidung

Dem Missbrauch der Vollmacht wird am besten durch eine **sorgfältige Auswahl** des Bevollmächtigten vorgebeugt.

Der Bevollmächtigte muss eine absolute Vertrauensperson sein, damit die Erfüllung des Willens des Vollmachtgebers gewährleistet ist.

**Grundvoraussetzungen** für einen geeigneten Bevollmächtigten sind:
- ein gegenseitiges und schon über einen längeren Zeitraum bestehendes Vertrauensverhältnis zwischen Vollmachtgeber und Bevollmächtigtem,
- insbesondere bei Vollmachten im persönlichen Bereich: Kenntnis und Verständnis der Grundeinstellung und der Wünsche des Vollmachtgebers,
- insbesondere bei Vollmachten im persönlichen Bereich: Fähigkeit und Zeit, die Wünsche des Vollmachtgebers gegenüber Dritten, insbesondere gegenüber Ärzten und Vormundschaftsgericht vertreten zu können,
- Kenntnisse und Sachverstand hinsichtlich aller vermögensrechtlich anfallenden Aufgaben.

---

48  G. *Müller*, in: Bamberger/Roth, § 1896 Rn 13; *Bienwald/Sonnenfeld/Hoffmann*, § 1896 Rn 82 ff., unter Berufung auf Regierungsentwurf BT-Drucks. 13/7158, 33; vgl. hierzu auch *Walter*, FamRZ 1999, 688, 689, wonach eine Betreuung dann erforderlich ist, wenn sich der Vollmachtgeber unkontrolliert in die Hände institutionell, sozial und psychologisch Überlegener begeben würde.
49  *Bienwald/Sonnenfeld/Hoffmann*, § 1896 Rn 84.
50  *Bienwald/Sonnenfeld/Hoffmann*, § 1896 Rn 83; vgl. hierzu auch *Walter*, FamRZ 1999, 688.

36 **Praxistipp**
> Dabei ist aber auch zu beachten, dass es bei einem Bevollmächtigten, der verwandtschaftliche oder freundschaftliche Bindung zum Vollmachtgeber hat, in gewissen Entscheidungssituationen unter Umständen zu Konflikten mit eigenen Bedürfnissen und Interessen kommen kann. Sollten hier bereits Probleme dahin gehend auftauchen, dass im eigenen Umfeld des Vollmachtgebers keine geeignete Person gefunden werden kann, sollte von einer Bevollmächtigung im Zweifel abgeraten werden.

37 Ist eine Vollmacht zunächst wirksam erteilt, missbraucht der Bevollmächtigte diese dann jedoch zum Nachteil des Vollmachtgebers kann eine Betreuung angeordnet werden, wenn konkrete Anhaltspunkte für das Betreuungsgericht erkennbar sind.[51]

### c) Anwaltlicher Vorsorgebevollmächtigte

38 Findet sich im näheren Umfeld keine geeignete Vertrauensperson zu Ausübung der Vorsorgevollmacht, kann ein anwaltlicher Vorsorgebevollmächtigter[52] gewählt werden. Dieser ist berufsrechtlich zur Unabhängigkeit und Verschwiegenheit verpflichtet, darf nur die Interessen seines Mandanten und damit des Vollmachtgebers wahrnehmen. Von Gesetzes wegen darf er sich in keinen Interessenkonflikt begeben. Wenngleich bei einer anwaltlichen Bevollmächtigung ein Vertrauensverhältnis im Rahmen des Mandats zunächst aufgebaut werden muss, sind alle weiteren Kriterien, die ein Bevollmächtigter besitzen muss, hier mehr als erfüllt.

## 2. Vollmachtstypen zur Regelung des Umfangs der Vertretungsmacht

39 Der Umfang der Vertretungsmacht richtet sich nach den Anordnungen des Vollmachtgebers. Die Vertretungsmacht kann nicht mehr Angelegenheiten als bei einer entsprechenden Betreuerbestellung umfassen. Höchstpersönliche Rechtsgeschäfte wie Eheschließung, Testamentserrichtung und Wahlrecht sind auf einen Vertreter nicht übertragbar. In der Grundstruktur sind die folgenden Vollmachtsregelungen zu unterscheiden:

### a) General- und Spezialvollmacht

40 Eine Vollmacht kann nur für bestimmte Rechtsgeschäfte aber auch als Generalvollmacht erteilt werden.

Lediglich im Rahmen der rechtsgeschäftlichen Vollmachten erscheint eine Einzelvollmacht beispielsweise als Kontovollmacht sinnvoll. Wird dagegen eine Vorsorge dahin gehend angestrebt, eine Betreuerbestellung zu vermeiden, erscheint allein eine Generalvollmacht hierzu geeignet.[53] Andernfalls besteht die Gefahr, dass seitens des Betreuungsgerichts ein Betreuer bestellt wird, wenn Maßnahmen erforderlich werden, die von der Vollmacht nicht erfasst sind.

---

51 BayObLG RamRZ 2003, 1219.
52 „Ramstettersches Modell", wonach insbesondere Rechtsanwälte/Rechtsanwältinnen als Bevollmächtigte bzw. Kontrollbevollmächtigte selbst tätig werden. Weitere Informationen bei: dvvb-Deutschen Vereinigung für Vorsorge- und Betreuungsrecht e.V., Ifflandstraße 11, 68161 Mannheim, www.dvvb.de.
53 *Perau*, MittRhNotK 1996, 297.

## b) Doppelbevollmächtigung

Im Fall der Verhinderung des Bevollmächtigten ist die **Kontinuität der Versorgung** des Betreuungsbedürftigen in Frage gestellt, möglicherweise wird sogar die Bestellung eines Betreuers erforderlich.

Als mögliche Lösung bietet sich für diesen Fall an, im Außenverhältnis eine Doppelvollmacht (vgl. hierzu „Kontrollbevollmächtigung" Rn 101) derart zu erteilen, dass beiden Vertretern dieselben Aufgaben übertragen werden.[54] Dann können beide Bevollmächtigte jeweils unabhängig von einander handeln. In der Vollmacht ist dabei die Anordnung möglich, dass bei Meinungsverschiedenheiten die Entscheidung einem bestimmten Vertreter obliegt. Bei Erteilung einer Generalvollmacht zugunsten zweier Vertreter ist zu bedenken, dass die Vertreter sich gegenseitig die Vollmacht entziehen können. Daher sollte das Recht zum Widerruf der Vollmacht in der Vollmachtsurkunde bzw. im zugrunde liegenden Innenverhältnis geregelt und gegebenenfalls ausgeschlossen sein.

Die **Doppelvollmacht mit wechselseitiger Kontrolle** im Innenverhältnis ist, soweit zwei geeignete Vertreter vorhanden sind, grundsätzlich zu empfehlen. Dabei sind die Details der Vollmachtserteilung nach dem jeweiligen Einzelfall abzustimmen. Als Grundmodell empfiehlt sich eine umfassende Bevollmächtigung beider Vertreter im Außenverhältnis, um bei Verhinderung eines Vertreters eine hinreichende Betreuung, auch ohne Unterbevollmächtigung, sicherzustellen. Im Innenverhältnis sollten allerdings zur Vermeidung von Konflikten die jeweiligen Zuständigkeiten geregelt sein.

Dabei hat die Doppelbevollmächtigung neben dem Vorteil der Kontinuität der Vertretung des Vollmachtgebers als weiteren Vorteil die dadurch mögliche **Arbeitsteilung der Bevollmächtigten** sowie der gegenseitigen Kontrolle der Vertreter. Durch ein Vier-Augen-Prinzip wird hier eine gegenseitige Überwachung gewährleistet, da jeder Bevollmächtigte die Rechte aus dem Grundverhältnis gegenüber dem anderen ausübt. Diese Gestaltung entspricht somit einer **Überwachungsbetreuung**, ohne dass jedoch ein gegebenenfalls anonymer Überwachungsbetreuer von Seiten des Vormundschaftsgerichts bestellt werden muss.

Eine stärkere gegenseitige Kontrolle wird durch eine Gesamtvollmacht ermöglicht, bei der ein Handeln der Vertreter nur gemeinsam möglich ist. Diese ist für viele Rechtsgeschäfte wenig praktikabel, da die Bevollmächtigten übermäßig gebunden sind, so dass hier letztlich die wechsel- oder einseitige Erteilung von Untervollmachten für bestimmte Rechtsgeschäfte im Einzelfall oder auch generell möglich sein sollte.

## c) Ersatzbevollmächtigung und Unterbevollmächtigung

Für den Fall, dass der Bevollmächtigte beispielsweise aus gesundheitlichen Gründen ausfällt, sollte der Vollmachtgeber einen Ersatzbevollmächtigten bestellen oder den Hauptbevollmächtigten ermächtigen, seinerseits einen Ersatzbevollmächtigten oder Unterbevollmächtigten zu benennen. Die Benennung eines Ersatzbevollmächtigten durch den Vollmachtgeber ist sinnvoll, wenn hierfür eine geeignete Person zur Verfügung steht. Zumindest sollte der Hauptbevollmächtigte ermächtigt sein, im Notfall seinerseits einen Ersatzbevollmächtigten oder Unterbevollmächtigten zu benennen.

> **Hinweis**
> Die Ersatzbevollmächtigung darf jedoch im Hinblick auf eine Kontinuität nicht an den Eintritt einer Bedingung geknüpft sein, deren Nachweis nur erschwert beigebracht werden kann. In der Regel sinnvoller sind daher eine Doppelbevollmächtigung zweier

---

54 *Spanke*, in: Kerscher/Krug, § 8 Rn 708.

Bevollmächtigter nach Außen hin und eine Regelung im Innenverhältnis, in welchem Rangverhältnis zueinander die Bevollmächtigten die Vertretung wahrnehmen sollen.

### d) Vollmacht mit wechselseitiger Einsetzung der Ehegatten

48  Im Hinblick auf den besonderen Vertrauenscharakter einer Vorsorgevollmacht wird die Wahl des Bevollmächtigten meist auf einen nahen Angehörigen, bei Eheleuten insbesondere auch auf den Ehepartner fallen. Die Praxis zeigt, dass sich gerade Eheleute oft wechselseitig bevollmächtigen. Dabei erfolgt die Bevollmächtigung des jeweils anderen oftmals nur im Hinblick auf die eigene Bevollmächtigung und ist Ausdruck eines gegenseitigen Vertrauensbeweises. Zur Dokumentation dieser wechselseitigen Abhängigkeit, sowie zur Sicherstellung der inhaltlichen Identität der gegenseitigen Bevollmächtigung können beide Vorsorgevollmachten in nur einer Urkunde zusammengefasst werden. Damit wird jeder Ehegatte sowohl Vollmachtgeber als auch gleichzeitig Bevollmächtigter des jeweils anderen Ehegatten.

Bei dieser Gestaltung muss die **Kontinuität der Bevollmächtigung** sichergestellt werden. Es ist empfehlenswert, hier im Rahmen einer Doppelbevollmächtigung neben dem jeweiligen Ehegatten auch einen weiteren Mitbevollmächtigten zu benennen.

### 3. Befugnisse des Bevollmächtigten bei rechtsgeschäftlichen Angelegenheiten

### a) Post- und transmortale Vollmacht

49  Die post- und transmortale Vollmacht ermöglicht es dem Bevollmächtigten, auch nach Versterben des Vollmachtgebers unabhängig von Ermittlung und Willen der Erben und unabhängig von der Vorlage eines Erbscheins oder eines Testaments mit Eröffnungsvermerk rechtsgeschäftlich tätig zu werden. Aufgrund von ihm geschlossener Verträge scheiden Nachlassgegenstände aus dem Nachlass aus, während die Gegenleistungen in den Nachlass fallen. Darüber hinaus kann der Bevollmächtigte im Rahmen der ihm erteilten Vollmacht über Nachlassgegenstände auch unentgeltlich verfügen. Der Bevollmächtigte kann mithin alle Rechtsgeschäfte vornehmen, wie ursprünglich der Erblasser in eigener Person.[55]

50  Bei seinem rechtsgeschäftlichen Handeln bedarf der Bevollmächtigte auch dann, wenn zu den Erben Minderjährige gehören, nicht der vormundschaftsgerichtlichen Genehmigung, selbst wenn dies bei eigenem Handeln der Erben erforderlich wäre.[56]

Die postmortale Vollmacht bezieht sich nur auf den Nachlass und erstreckt sich nicht auf das Privatvermögen des Erben, da insoweit nur der Erbe selbst wirksam Vollmacht erteilen kann.[57]

### b) Sonderfall: Post- und transmortale Kontovollmacht

51  Grundsätzlich hat die Bank, wenn von einer post- oder transmortalen Kontovollmacht Gebrauch gemacht wird, die Ihr erteilten Weisungen unverzüglich und vorbehaltlos zu erfüllen. Insbesondere ist die Bank nicht berechtigt oder verpflichtet, die Zustimmung des Erben abzuwarten oder durch Zuwarten den Widerruf der Vollmacht zu ermöglichen.[58] Bei

---

55  OLG Hamburg DNotZ 1967, 31.
56  RGZ 88, 345; RGZ 106, 185; *Bengel/Reimann*, 1. Kapitel Rn 50.
57  BGH FamRZ 1983, 477.
58  BGH NJW 1995, 250.

einer zögerlichen Ausführung läuft die Bank sogar Gefahr, sich schadensersatzpflichtig zu machen.

Ist die Verfügungsbefugnis des Bevollmächtigten nicht bereits im Vollmachtsformular geregelt und lässt sich daher eine Einschränkung nicht erkennen, so ist der Umfang der Vertretungsmacht durch Auslegung zu ermitteln.[59]

Im Grundsatz anerkannt ist, dass die Verfügungsbefugnis nur die üblichen Kontovorgänge umfasst. Bei verständiger Auslegung einer Vollmacht kann nicht davon ausgegangen werden, dass diese auch zu einer Kontoauflösung oder Umwandlung in ein Einzelkonto berechtigt.

Eine Ausnahme kann jedoch bei gegenseitiger Bevollmächtigung von Ehegatten bestehen. Hier liegt der Zweck der Bevollmächtigung auch darin, dass der Bevollmächtigte nach dem Tod des Kontoinhabers abgesichert sein soll. Da es aber keinen Unterschied macht, ob der Bevollmächtigte eine Überweisung auf sein Konto veranlasst oder das Konto nach dem Tod des Inhabers auf seinen Namen umschreiben lässt, ist eine transmortale Vollmacht zwischen Eheleuten dahin auszulegen, dass der überlebende Teil zu seiner Absicherung berechtigt ist, ein gemeinsames Konto, zu welchem er die Alleinzeichnungsbefugnis besitzt, in ein Einzelkonto umzuwandeln.

Eine zu Zwecken der Vermögensverwaltung erteilte Kontovollmacht berechtigt den Bevollmächtigten grundsätzlich nicht dazu, das Vermögen des Vollmachtgebers zu verschenken, erst Recht nicht, dabei selbst als Schenker aufzutreten.[60] Im Hinblick auf die Pflichten, in die der Bevollmächtigte im Innenverhältnis zum Vollmachtgeber eingebunden ist, kann regelmäßig keine Rede davon sein, dass der Vollmachtgeber allein schon durch die Erteilung einer solchen Vollmacht den betreffenden Vermögensgegenstand „aus der Hand geben" will.

**Praxistipp**
Um im Zusammenhang mit einer Kontovollmacht zukünftigen Streit zu vermeiden, sollte das Innenverhältnis in der Vollmacht geregelt sein. Wurde ein bankeigenes Vollmachtformular verwendet, das keinen Raum für eine Regelung des Innenverhältnisses lässt, sollte dieses zusätzlich geregelt werden.

c) Vollmacht und Testamentsvollstreckung

Sofern Vollmacht für den späteren Testamentsvollstrecker erteilt wird, kann die Kopplung von Testamentsvollstreckeramt und Generalvollmacht dazu verwendet werden, die Rechte des Testamentsvollstreckers zu erweitern.[61] So kann der Testamentsvollstrecker schon vor Amtsbeginn aufgrund einer erteilten Vollmacht über den Nachlass verfügen, nach Amtsbeginn kann die erteilte Vollmacht die Befugnisse des Testamentsvollstreckers erweitern.

Die Aufgabenkreise und Befugnisse von Testamentsvollstrecker und Bevollmächtigtem können sich vielfach überschneiden und somit zu Kollisionen führen. Umstritten ist, ob die Anordnung einer Testamentsvollstreckung die Vollmacht in ihrer Wirkung einschränkt. Bedeutsam für einen Vertragspartner ist hier somit, ob er sich auf den Bestand einer erteilten Vollmacht verlassen darf, auch wenn er von der Testamentsvollstreckung Kenntnis erlangt hat.

---

59 OLG Hamm NJW RR 1995, 564.
60 BGH NJW 1999, 435 ff.
61 BGH NJW 1962, 1718.

59 Trotz einer kontrovers geführten Diskussion[62] kann nach h.M. und Rspr. ein durch postmortale Vollmacht Bevollmächtigter nicht durch die Anordnung einer Testamentsvollstreckung in seiner Verfügungsberechtigung beschränkt werden.[63] Beide Befugnisse bestehen isoliert nebeneinander. Erlangt ein Vertragspartner Kenntnis von der Testamentsvollstreckung, so besteht grundsätzlich kein Anlass für diesen anzunehmen, der Erblasser habe auch die postmortale Vollmacht widerrufen wollen. Die Rechtsstellung als Bevollmächtigter geht also durch die Ernennung zum Testamentsvollstrecker nicht verloren.

60 Die postmortale Vollmacht kann allerdings jederzeit durch den Alleinerben bzw. bei einer Erbengemeinschaft durch jeden Miterben für sich widerrufen werden. Gegen einen Widerruf der Vollmacht kann der Testamentsvollstrecker dadurch geschützt werden, dass die Beibehaltung derselben den Erben zur Auflage gemacht und deren Einhaltung durch den Testamentsvollstrecker überwacht wird. Auch kann die Erfüllung dieser Anordnung zur Bedingung für die Beibehaltung der Erbenstellung gemacht werden.[64]

61 Wurde der Testamentsvollstrecker gleichzeitig auch Generalbevollmächtigter aufgrund postmortaler Vollmacht, so unterliegt er bezüglich seines Tätigwerdens im Rahmen der Vollmacht nicht den Beschränkungen eines Testamentsvollstreckers. So kann er aufgrund einer Vollmacht bspw. dazu ermächtigt sein, unentgeltliche Verfügungen zu treffen oder vom Verbot des Selbstkontrahierens befreit werden.

d) Schenkungsvollzug zu Lasten des Nachlasses durch Vollmacht

62 Problematisch und streitig sind Fälle, bei denen durch eine post- oder transmortale Vollmacht eine Schenkung zu Lasten des Nachlasses vollzogen werden soll. Kritisch ist hier insbesondere der Bereich, in dem der Erblasser zu Lebzeiten ein Schenkungsversprechen entgegen der Form des § 518 Abs. 1 BGB getätigt hat und der Bevollmächtigte nach dem Tod des Erblassers die Schenkung vollzieht, so dass eine Heilung des Formmangels nach § 518 Abs. 2 BGB eintritt.

63 Nach ständiger Rechtsprechung kann eine vom Schenker zu Lebzeiten formlos versprochene Leistung mit den Folgen des § 518 Abs. 2 BGB auch noch nach seinem Tod mit Hilfe einer trans- oder postmortalen Vollmacht des Schenkers bewirkt werden.[65] Zu beachten ist hier, dass die Bevollmächtigung als solche, auch wenn sie unwiderruflich ist, einen Schenkungsvollzug noch nicht bewirken kann.

Selbstverständlich setzt die Heilung einer formnichtigen Versprechensschenkung unter Lebenden nach § 518 Abs. 2 BGB immer voraus, dass die Einigung über die versprochene Schenkung bei Bewirkung der Leistung noch fortbesteht, also kein diesbezüglicher Widerruf erfolgte.

64 Demgegenüber tritt bei einem Schenkungsversprechen von Todes wegen kein Schenkungsvollzug im Sinn des § 2301 Abs. 2 BGB ein, wenn das Schenkungsversprechen ebenso erst nach dem Tod des Schenkers erfüllt wird. Eine nicht vollzogene Schenkung von Todes wegen kann ebenso wenig wie eine formnichtige Verfügung von Todes wegen nach dem Erbfall durch Handlungen einer vom Erblasser bevollmächtigten Person in Kraft gesetzt werden.[66]

---

62 *Bengel/Reimann*, 1. Kapitel Rn 36 ff.
63 BGH NJW 1962, 1718; MüKo-*Schramm*, § 168 Rn 24; Soergel/*Damrau*, § 2205, Rn 1001, 1003.
64 *Kössinger*, in: Nieder/Kössinger, § 15 Rn 99.
65 BGH WM 1988, 984 ff.; BGHZ 99, 97 ff.; MüKo-*Musielak*, § 2301 Rn 28.
66 BGH ZEV 1995, 187 ff.; BGH WM 1988, 984 ff.; BGHZ 99, 97 ff.; BGH NJW 1986, 2107 ff.; anders: *Kuchinke*, FamRZ 1984, 109 ff.

Die Frage, ob ein formunwirksames aber heilbares Schenkungsversprechen unter Lebenden oder eine nicht der Heilung zugängliche Schenkung von Todes wegen vorliegt, hängt vom individuellen Willen der Vertragsparteien ab. Dabei ist einerseits der Rechtsgedanke des § 2084 BGB im Rahmen einer Auslegung gem. § 133 BGB heranzuziehen,[67] andererseits darf aber auch die Anwendung der Vorschriften über die Verfügungen von Todes wegen nicht zu weit zurückgedrängt werden.[68] Letztlich mangelt es von Seiten der Rechtsprechung aber an sicheren Kriterien zu einer Abgrenzung, so dass gerade auch im Rahmen der Vollmachtgestaltung in diesem Bereich Unsicherheiten bestehen. Diese können letztlich nur durch die Einhaltung der Formvorschrift des § 518 BGB für die der Vollmachtserteilung zugrunde liegende Schenkung beseitigt werden.

### e) Besonderheiten bei Vor- und Nacherbschaft

Eine im Rahmen einer Vor- und Nacherbschaft über den Tod hinaus erteilten Vollmacht des Erblassers an einen Dritten berechtigt während der Vorerbschaft nur zur Vertretung des Vorerben. Die Beschränkungen des Vorerben gelten dabei auch für den Bevollmächtigten. Dem Vorerben steht das Widerrufsrecht zu. Widerruft der Vorerbe die Vollmacht nicht, berechtigt die Vollmacht erst mit dem Eintritt des Nacherbfalles zur Vertretung der Nacherben.

## 4. Befugnisse des Bevollmächtigten bei persönlichen Angelegenheiten

### a) Rechtliche Grundlagen

Durch das am 1.1.1999 in Kraft getretene Betreuungsrechtsänderungsgesetz wurde klargestellt, dass ein Bevollmächtigter für alle Angelegenheiten der Personensorge bestellt werden kann, die bei fehlender Vollmacht durch einen zu bestellenden Betreuer besorgt werden müssten. Somit kann grundsätzlich ein Vertreter für alle Aufgabenbereiche bestellt werden, für die auch eine Betreuung möglich ist. Die Entscheidung des Bevollmächtigten ist dabei verbindlich.

Ist eine Person selbst noch entscheidungsfähig, kommt eine Stellvertretung durch Vollmacht im persönlichen Bereich nicht in Betracht. Die Vollmacht hat in diesem Fall noch keine Bedeutung, weil der Vollmachtgeber jeder einzelnen beeinträchtigenden Maßnahme widersprechen kann und sein Widerspruch vor der Entscheidung des Bevollmächtigten Vorrang hat.[69] Das Bedürfnis für eine Stellvertretung besteht nur für den Fall, dass der Vollmachtgeber zu einer eigenen Entscheidung nicht mehr in der Lage ist. Erst dann kann und soll der Bevollmächtigte im Rahmen einen Personensorge im engeren Sinn tätig werden.

Eine exakte Differenzierung zwischen Befugnissen für den vermögensrechtlichen und persönlichen Bereich wird vielfach nicht möglich sein. Dies liegt insbesondere an den vielen Mischangelegenheiten, die beide Bereiche umschließen. So umfasst beispielsweise der Abschluss eines Behandlungsvertrags sowohl die Person des Vollmachtgebers als auch dessen Vermögen.

---

67 BGH WM 1988, 984 ff.; wonach u.a. das Vorliegen einer Schenkung unter Lebenden dann wohl anzunehmen ist, wenn der Bevollmächtigte zu eigenen Gunsten bereits zu Lebzeiten verfügen konnte und die Vollmacht nicht übertragbar ist.
68 BGHZ 99, 97 ff.; wonach eine Schenkung von Todes wegen erfahrungsgemäß vielfach auch dann gewollt ist, wenn der Erblasser nicht ausdrücklich eine Überlebensbedingung im Sinne von § 2301 Abs. 1 BGB erklärt.
69 OLG Stuttgart FamRZ 2003, 113.

b) Einwilligung und Nichteinwilligung von Heilbehandlungen § 1904 BGB

70 Der Bevollmächtigte kann entscheiden, ob ärztliche Untersuchungen und Behandlungen vorgenommen werden sollen oder nicht. Die Vollmachturkunde muss dabei die Maßnahmen nach § 1904 Abs. 1 und Abs. 2 BGB ausdrücklich mit umfassen.

Zu beachten ist insoweit, dass trotz einer wirksamen Bevollmächtigung die Genehmigung des Betreuungsgerichts einzuholen ist, wenn die begründete Gefahr besteht, dass der Vollmachtgeber aufgrund der Maßnahme stirbt oder einen schweren und länger dauernden gesundheitlichen Schaden erleidet.

Solche gefährlichen Maßnahmen können, abhängig vom Allgemeinzustand des Patienten, sein:
– Untersuchungen, wie z.B. Bronchoskopie, Herzkatheterisierung, ERC (P)
– operative Behandlungsmaßnahmen, wie z.B. Herzoperationen, Transplantationen, neurochirurgische Eingriffe und alle großen chirurgischen Eingriffe in den unterschiedlichen chirurgischen Fachgebieten
– nichtoperative Behandlungsmaßnahmen, wie z.B. Chemotherapie, Dauerbehandlung mit Psychopharmaka.

Ohne Genehmigung des Betreuungsgerichts sind diese Maßnahmen nur zulässig, wenn mit dem Aufschub Gefahr verbunden ist. Auf alle Fälle ist aber zuvor eine ärztliche Aufklärung erforderlich.

Eine Patientenverfügung des Vollmachtgebers ist in diesem Zusammenhang von dem Bevollmächtigten immer zu berücksichtigen. Denn nach § 1904 Abs. 4 BGB ist eine Genehmigung immer dann nicht erforderlich, wenn zwischen Betreuer und behandelndem Arzt Einvernehmen darüber besteht, dass die Erteilung, die Nichterteilung oder der Widerruf der Einwilligung dem nach § 1900a BGB festgestellten Willen des Betreuten entspricht, also den Anordnungen des Betreuten im Rahmen seiner Patientenverfügung.

c) Einwilligung in den Abbruch von Heilbehandlung bei infauster Prognose nach § 1904 BGB analog

aa) Bei noch nicht eingesetztem Sterbevorgang

71 Grundsätzlich kann ein Dritter auch dazu bevollmächtigt werden, darüber zu entscheiden, ob bei noch nicht eingesetztem Sterbevorgang und einer infausten Prognose lebenserhaltende Maßnahmen am betroffenen Vollmachtgeber, wie z.B. künstliche Ernährung oder Beatmung, beendet werden sollen. Liegt keine Bevollmächtigung vor, muss bei einem einwilligungsunfähigen Patienten ein Betreuer bestellt werden, der hierzu entscheidet.

72 Fraglich war insoweit lange Zeit, ob trotz einer wirksamen Bevollmächtigung bzw. Betreuerbestellung die Genehmigung des Betreuungssgerichts in entsprechender Anwendung des

§ 1904 BGB einzuholen ist.[70] Dies wurde zunächst entschieden durch Beschluss des BGH[71] und im Rahmen des dritten Betreuungsrechts Änderungsgesetzes kodifiziert.

Divergiert die Auffassung der behandelnden Ärzte bezüglich der Einstellung lebenserhaltender Maßnahmen von denen des Betreuers oder Bevollmächtigten, muss eine betreuungsgerichtliche Genehmigung nach § 1904 Abs. 2 BGB eingeholt werden.

Bei der Abfassung von Vorsorgevollmachten ist also zu beachten:

Neben der ausdrücklichen Bevollmächtigung zur Einwilligung in den Abbruch von Heilbehandlung bei infauster Prognose ist gleichzeitig auch eine Patientenverfügung, die einen diesbezüglichen Willen des Verfügenden manifestiert und auch den Bevollmächtigten in seiner Entscheidung bindet, zu erstellen. Damit wird der Wunsch des Betroffenen nach einem Behandlungsabbruch oder auch einem Weiterführen der Behandlung in aller Deutlichkeit festgehalten und bildet damit die Entscheidungsgrundlage bei divergierenden Auffassungen zwischen behandelnden Ärzten und Angehörigen, Bevollmächtigten oder Betreuern. Wenn nicht schon bei diesen, dann zumindest für das Betreuungsgericht.

Denn nach § 1904 Abs. 3 BGB ist die Genehmigung immer dann zu erteilen, wenn die Einwilligung bzw. die Nichteinwilligung dem Willen des Betreuten entspricht, der sich wiederum nach § 1900a BGB richtet. Der wiederum stellt in § 1901a Abs. 3 BGB klar, dass eine Patientenverfügung und der Wille des Patienten unabhängig von Art und Stadium einer Erkrankung des Betreuten gelten.

bb) Bei eingesetztem Sterbevorgang

Die Einwilligung des Bevollmächtigten in die Beendigung lebenserhaltender Maßnahmen nach dem Eintritt des Sterbevorgangs bedarf keiner betreuungsgerichtlichen Genehmigung.

d) Entscheidungen über die Unterbringung § 1906 Abs. 1 BGB

Dem Bevollmächtigten kann die Entscheidung übertragen werden, im Falle einer krankheitsbedingten konkreten Eigengefährdung den Vollmachtgeber in einer geschlossenen Einrichtung oder in einer geschlossenen Station unterzubringen. Dies gilt jedoch nur dann, wenn die Vollmachtsurkunde die Maßnahmen nach § 1906 Abs. 1 BGB ausdrücklich mit umfasst (vgl. Rn 23 ff.).

Zu beachten ist insoweit, dass trotz einer wirksamen Bevollmächtigung die Genehmigung des Betreuungsgerichts einzuholen ist. Ohne diese Genehmigung sind die Maßnahmen nur zulässig, wenn mit dem Aufschub Gefahr verbunden ist.

---

70 Bejahend: OLG Frankfurt FamRZ 1998, 1137; OLG Frankfurt FamRZ 2002, 575; OLG Karlsruhe FamRZ 2002, 488; ablehnend: Schleswig-Holsteinisches Oberlandesgericht (Vorlage zum BGH); LG München NJW 1999, 1788; AG Hanau BtPrax 1997, 82 und die Stellungnahme des Vormundschaftsgerichtstages e.V. zum Beschluss des OLG Frankfurt BtPrax 5/1998. Die Argumentation gegen eine direkte oder entsprechende Anwendung des § 1904 BGB führt u.a. an, dass der Gesetzgeber bei Änderung des § 1904 BGB diesen nicht verändert, weil er die Fälle des Abbruchs von Heilbehandlungen bewusst nicht erfassen wollte. Zudem ist ein ärztlicher Heileingriff mit dem Risiko des Todes etwas anderes ist, als ein Eingriff mit dem Ziel des Todes.
71 BGH v. 17.3.2003 – XII ZB 2/03, BGHZ 154, 205–230 = ZErb 2003, 222–226 = NJW 2003, 1588–1594. Volltext des Beschlusses auf beiliegender CD-ROM, zu finden unter dem Inhaltsverzeichnis zu § 2.

### e) Entscheidungen über freiheitsentziehende oder -beschränkende Maßnahmen § 1906 Abs. 4 BGB

77 Dem Bevollmächtigten kann die Entscheidung übertragen werden, in freiheitsentziehende Maßnahmen einzuwilligen, um den Vollmachtgeber vor einer konkreten Eigengefährdung zu schützen. Dabei kann der Bevollmächtigte auch dazu ermächtigt werden zu überprüfen, ob eine ärztlich vorgeschlagene Schutzmaßnahme zur Verhinderung einer konkreten Eigengefährdung auch tatsächlich erforderlich und unumgänglich ist.

Insbesondere fallen hierunter Entscheidungen über das Anbringen von Bettgittern, das Fixieren mit einem Gurt oder anderen mechanischen Vorrichtungen, der Verabreichung von Schlafmitteln und Psychopharmaka sowie alle sonstigen Maßnahmen, die den Vollmachtgeber daran hindern sollen, sich frei zu bewegen.

78 Dies gilt jedoch nur dann, wenn die Vollmachturkunde die Maßnahmen nach § 1906 Abs. 4 BGB ausdrücklich mit umfasst. Zu beachten ist insoweit auch, dass trotz einer wirksamen Bevollmächtigung die Genehmigung des Betreuungsgerichts einzuholen ist. Ohne diese Genehmigung sind die Maßnahmen nur zulässig, wenn mit dem Aufschub Gefahr verbunden ist.[72]

Die Pflicht der betreuungsgerichtlichen Genehmigung gem. § 1906 Abs. 2 BGB i.V.m. § 1906 Abs. 4 BGB greift dann nicht ein, wenn der Betroffene in einer Familie lebt und die genannten Maßnahmen dort getroffen werden müssen.[73] Eine betreuungsgerichtliche Genehmigung kann aber erforderlich sein, wenn der Betroffene, der von dritter Seite betreut wird, in seiner eigenen Wohnung regelmäßig eingesperrt werden soll.[74]

### f) Aufenthalts- und Umgangsbestimmung

79 Dem Bevollmächtigten kann die Bestimmung darüber übertragen werden, wo sich der Vollmachtgeber aufhalten und mit wem dieser Kontakt haben darf.

Unter Entscheidungen über den Aufenthalt fallen Fragen über die Aufnahme in ein Pflegeheim, Hospiz, Krankenhaus und ähnliche Einrichtungen sowie die Auflösung der bisherigen Wohnung.

Im Hinblick auf den Umgang kann der Bevollmächtigte entscheiden, welche Pflegedienste, spezielle Therapeuten, welcher geistliche Beistand und welche sonstigen Personen dem Vollmachtgeber beistehen sollen.

### g) Sonstige Wünsche des Vollmachtgebers

80 Letztlich kann der Vollmachtgeber in der Vorsorgevollmacht sicherstellen, dass er alle seine bisherigen Lebensgewohnheiten im Rahmen des tatsächlich Möglichen auch in Zukunft so beibehalten kann.[75]

---

72 Sofern es sich um eine länger dauernde (längstens drei Tage) oder um eine regelmäßige Schutzmaßnahme handelt, muss der Bevollmächtigte die Genehmigung des Vormundschaftsgerichts einholen.
73 *Damrau/Zimmermann*, § 1906 Rn 72.
74 LG Hamburg FamRZ 1994, 1619.
75 So z.B. auch die Pflege von Haustieren.

## V. Vollmachtsmissbrauch und Abwehr

### 1. Rechtliche Grundlagen

Präventiv kommt es bei der Abwehr eines Missbrauchs schon bei der Auswahl des Bevollmächtigten darauf an, eine vertrauenswürdige und geeignete Person aus dem nächsten familiären und persönlichen Umfeld mit der Aufgabe zu betreuen (vgl. dazu § 1 Rn 35 ff.).

Für den Missbrauch einer Vorsorgevollmacht gelten die allgemeinen Grundsätze zum Missbrauch der Vollmacht.[76] Das Risiko des Vollmachtsmissbrauchs trägt also der Vertretene. Eine Prüfungspflicht des Vertragspartners besteht nur bei objektiver Evidenz des Missbrauchs, wobei aber massive Verdachtsmomente vorliegen müssen.

Darüber hinaus wird bei der postmortalen Vollmacht für einen Missbrauch vorausgesetzt, dass das Handeln des Vertreters sich ausnahmsweise als eine unzulässige Rechtsausübung darstellt – § 242 BGB – oder gegen die guten Sitten verstößt – § 138 BGB. Ob ein solcher Ausnahmetatbestand vorliegt, lasse sich nur anhand sämtlicher Umstände des Einzelfalles beantworten. Dabei könne nicht auf die Interessen der Erben abgestellt werden, vielmehr wirkten die Interessen des Erblassers fort und seien deshalb zu berücksichtigen.[77]

Zur Abwendung eines Vollmachtsmissbrauchs besteht die Möglichkeit des Widerrufs der Vollmacht (vgl. dazu Rn 104). Dass das Widerrufsrecht häufig keinen Schutz gewährt, weil der Widerruf zu spät erklärt wird, ist im Hinblick auf den Zweck einer Vollmachtserteilung, den Bevollmächtigten unabhängig vom Willen des Vollmachtgebers tätig werden zu lassen, nicht auszuschließen.

### 2. Ausgestaltung des Innenverhältnisses

Um seine Interessen optimal berücksichtigt zu wissen und um der Gefahr des Missbrauchs der Vollmacht entgegenzuwirken, bedarf auch das zu Grunde liegende Innenverhältnis bzw. das so genannte Grundverhältnis einer sorgfältigen Regelung. Wenngleich Vollmacht und Grundverhältnis voneinander unabhängig sind, bestimmen sich alle Rechte und Pflichten wegen Ausübung der Vollmacht aber auch die Frage des Erlöschens nach dem Grundverhältnis.

Fragen der Vergütung des Bevollmächtigten, Beschränkungen im Innenverhältnis, Anordnungen des Vollmachtgebers zur Ausübung, Haftungsbeschränkungen des Bevollmächtigten und eine eventuelle Abbedingungen von Pflichten des Bevollmächtigten wegen Auskunfts-, Herausgabe- und Rechnungslegungspflichten die im Rahmen der §§ 666, 667 BGB bestehen können müssen hier detailliert geregelt werden. Dies gilt insbesondere auch im Hinblick auf Schenkungen die im Namen des Bevollmächtigten getätigt werden dürfen oder nicht, auch nach § 181 BGB an den Bevollmächtigten selbst. Ein ausführlich geregeltes Innenverhältnis dient nicht nur der Rechtssicherheit zwischen Vollmachtgeber und Bevollmächtigtem. Gleichzeitig kann ein vorgesehener Kontrollbevollmächtigter bzw. ein vormundschaftsgerichtlich bestellter Überwachungsbetreuer oder auch ein Rechtsnachfolger des Vollmachtgebers so die getätigten Rechtsgeschäfte des Bevollmächtigten nachvollziehen. Der Bevollmächtigte wird abgesichert, denn er kommt bei einer umfassend geregelten Vollmacht nicht in Beweisnot über die von ihm getätigten Rechtsgeschäfte.

---

76 BGH NJW 1995, 250, 251.
77 BGH NJW 1969, 1246; Palandt/*Edenhofer*, vor § 2197 Rn 18; *Trapp*, ZEV 1995, 314, 317.

**87** In der Praxis bieten sich zwei Möglichkeiten an, das der Vollmacht zugrunde liegende Grundverhältnis zu regeln.

Es kann mit in die Vollmachtsurkunde aufgenommen werden, zum anderen aber auch in einem gesonderten Vertrag niedergelegt werden. Wenngleich für beide Möglichkeiten gilt, dass im Außenverhältnis die Vollmacht durch die Regelung im Innenverhältnis nicht beschränkt wird, bietet die erste Variante einen größeren Schutz vor einem Missbrauch. Denn ein gewissenhafter Geschäftspartner wird, wenn möglich, zumindest Rückfrage beim Vollmachtgeber oder ggf. bei dessen Erben nehmen, wenn ein Rechtsgeschäft offensichtlich unter Überschreitung der im Innenverhältnis geregelten Beschränkung vom Bevollmächtigten vorgenommen werden soll. Andernfalls würde er sich nach den Grundsätzen des kollusiven Zusammenwirkens selbst regresspflichtig machen. Andererseits kann ein Dritten gegenüber offen gelegtes Grundverhältnis die Praktikabilität der Vollmacht hemmen, wenn hier Bedingungen für die Verwendung der Vollmacht geregelt sind, deren Eintritt vom Bevollmächtigten nur erschwert oder unter erheblicher Verzögerung nachgewiesen werden können.

**88** **Praxistipp**
Im Interesse des Vollmachtgebers, aber auch des Bevollmächtigten, sollte eine detaillierte Regelung des Innenverhältnisses zwischen Vollmachtgeber und Bevollmächtigtem in jede Vollmachtsurkunde mit aufgenommen werden oder in einer getrennten Vereinbarung schriftlich festgehalten werden.
So wird einerseits das Rechtsverhältnis zwischen Bevollmächtigten und Vollmachtgeber bzw. Kontrollinstanzen und auch Rechtsnachfolgern klar festgehalten. Eine Missbrauchskontrolle ist so schnell zu erkennen. Andererseits kann der Bevollmächtigte so sofort den Nachweis erbringen, dass ein womöglich von Dritten angezweifeltes Rechtsgeschäft im Innenverhältnis von der Vertretungsmacht mit umfasst war.

**Muster: Regelung eines Innenverhältnisses bei anwaltlicher Bevollmächtigung**[78]

**89**
*Geschäftsbesorgungsvertrag*

*-Bevollmächtigung-*

zwischen

Herrn/Frau

geb. am          in

wohnhaft

-nachstehend Auftraggeber genannt-

und

Herrn Rechtsanwalt/Frau Rechtsanwältin

geb. am          in

kanzleiansässig

-nachstehend Beauftragter genannt-

---

[78] Empfehlung der dvvb, der Deutschen Vereinigung für Vorsorge- und Betreuungsrecht e.V., Ifflandstraße 11, 68161 Mannheim auf Grundlage des „Ramstetterschen Modells", wonach insbesondere Rechtsanwälte/innen als Bevollmächtigte bzw. Kontrollbevollmächtigte selbst tätig werden. Informationen auch unter www.dvvb.de.

wird nachfolgender Vertrag geschlossen, der das Innenverhältnis für die am          vor dem Notar
mit dem Amtssitz in          unter der Urkundenrolle-Nr.          beurkundeten Vorsorgevollmacht des
Auftraggebers regelt, ohne den Beauftragten im Außenverhältnis zu beschränken. Die nachfolgenden
Regelungen des Innenverhältnisses gelten auch für einen eventuellen Rechtsnachfolger des Beauftragten.

### § 1 Präambel

Der Beauftragte hat sicherzustellen, dass der Auftraggeber sein Leben bei größtmöglicher Eigenständigkeit und Selbstständigkeit möglichst bis zuletzt nach seinen eigenen Wünschen und Vorstellungen realisieren kann. Er hat die bei dem Auftraggeber entstehenden Defizite auszugleichen und seine Tätigkeit dabei an den Grundsätzen und Werten zu orientieren, die der Auftraggeber in der Vergangenheit selbst für sich herangezogen hat. Er hat die Angelegenheiten des Auftraggebers nach bestem Wissen und Gewissen so zu besorgen, dass sie dem Wohl des Auftraggebers entsprechen. Im Übrigen ist der Beauftragte zur sorgfältigen und gewissenhaften Ausführung aller Angelegenheiten des Auftraggebers unter Einhaltung der Gesetze und der sonstigen Rechtsvorschriften verpflichtet.

### § 2 Geschäftsbesorgung in persönlichen Angelegenheiten

Der Beauftragte verpflichtet sich insbesondere, die rechtliche Organisation der persönlichen Betreuung des Auftraggebers durchzuführen, wie z.B. die Beauftragung häuslicher Pflege- und Versorgungsdienste, die aus Gesundheitsgründen notwendige Zuführung zur ärztlichen Behandlung oder die Organisation einer notwendig werdenden Aufnahme in ein Krankenhaus oder eine Pflegeeinrichtung (Betreutes Wohnen, Alten- oder Pflegeheim, Reha-Einrichtung etc.) sowie den Abschluss und die Überwachung der hierfür erforderlichen Verträge.

Die Aufenthaltswahl hat sich an dem Gesundheitszustand des Auftraggebers und insbesondere dem Grad seiner Pflegebedürftigkeit zu orientieren, wobei ärztliche Empfehlungen vom Beauftragten zu beachten sind.

Der Auftraggeber wünscht seine bisherigen Lebensgewohnheiten in der ihm vertrauten Umgebung so lange wie möglich beizubehalten. Allgemeine Gefahren im eigenen Haushalt für die Gesundheit und das Leben des Auftraggebers (Stürze, Verletzungen, Gefahr einer hilflosen Lage etc.) sollen nach dem ausdrücklichen Wunsch des Auftraggebers kein Grund für eine Unterbringung in einer Pflegeeinrichtung (Betreutes Wohnen, Alten- oder Pflegeheim etc.) sein.

Der Auftraggeber wünscht nach Möglichkeit zu Hause oder in einem Hospiz zu sterben bzw. von einem ambulanten Hospizdienst betreut zu werden.

### § 3 Geschäftsbesorgung in Vermögensangelegenheiten

Der Auftraggeber verpflichtet sich, solange es ihm möglich ist, bei der Vermögensverwaltung mitzuwirken und dem Beauftragten die notwendigen Auskünfte und Unterlagen zur Verfügung zu stellen.

Die Geschäftsbesorgung in Vermögensangelegenheiten umfasst insbesondere den Geschäftsverkehr mit Banken und Behörden, auch Steuerbehörden, die Antragstellung für Leistungen nach dem Pflegeversicherungsgesetz und die Vertretung gegenüber Sozialversicherungsanstalten, Kranken-, Renten-, Pensionskassen und Versorgungswerken sowie gegenüber Krankenversicherungen und Beihilfestellen.

Die Vermögensverwaltung durch den Beauftragten beginnt mit der ersten Vermögensverfügung des Beauftragten.

Der Beauftragte verpflichtet sich zur Erstellung eines Vermögensverzeichnisses über das bei Aufnahme der Vermögensverwaltung vorhandene Vermögen innerhalb von drei Monaten nach Aufnahme der Vermögensverwaltung. Wertgegenstände sind in das Vermögensverzeichnis nur aufzunehmen, soweit sie im Einzelfall *einen Wert von 100 EUR* (in Worten: einhundert Euro) überschreiten.

Der Beauftragte verpflichtet sich zur ordnungsgemäßen Verwaltung des Vermögens des Auftraggebers unter Einhaltung der geltenden Rechts- und Steuervorschriften. Das Vermögen des Auftraggebers ist getrennt von dem Vermögen des Beauftragten oder von ihm verwalteter Vermögen Dritter zu verwalten. Die Führung von Sammelkonten ist unzulässig.

Das Vermögen des Auftraggebers ist nach vernünftigen wirtschaftlichen Grundsätzen rentierlich anzulegen. Bei der Anlagestrategie hat Sicherheit grundsätzlich Vorrang gegenüber Wachstum.

Sollte die Unterbringung des Auftraggeber in einer Pflegeeinrichtung (Betreutes Wohnen, Alten- oder Pflegeheim etc.) erforderlich sein, so ist die Wohnung des Auftraggebers zu verkaufen/zu kündigen und der Haushalt des Auftraggebers aufzulösen.

Das Einkommen und das Vermögen des Auftraggebers sollen für das Wohl und die Versorgung des Auftraggebers eingesetzt werden.

### § 4 Aufgabenübertragung

Der Beauftragte kann den Auftrag nicht im Ganzen auf Dritte übertragen oder die Erledigung aller Angelegenheiten einem Dritten überlassen. Der Beauftragte kann seinen anwaltlichen Vertreter oder Kanzleimitarbeiter mit der Erledigung einzelner Angelegenheiten betrauen. Entscheidungen, die die Zustimmung oder Verweigerung zu einer medizinischen Behandlung oder deren Abbruch oder zu einem medizinischen Eingriff, zu einer Unterbringung oder unterbringungsähnlichen Maßnahme oder die die Aufhebung oder Begründung des Wohnsitzes betreffen, hat der Beauftragte oder sein anwaltlicher Vertreter immer persönlich zu treffen; eine Beauftragung von Kanzleimitarbeitern ist insoweit nicht möglich. Kanzleimitarbeiter sind sorgfältig anzuleiten und zu überwachen. Der Beauftragte haftet ohne Ausnahme für die Tätigkeit von Kanzleimitarbeitern wie für seine eigene Tätigkeit.

Der Beauftragte ist darüber hinaus berechtigt, auf Kosten des Auftraggebers einzelne Angelegenheiten durch einen von ihm mit der üblichen Sorgfalt ausgewählten Dritten (z.B. Rechtsanwalt, Steuer- oder Rentenberater) erledigen zu lassen. Der Beauftragte haftet nicht für die durch diese Personen verursachten Schäden oder Fehler; Schadenersatzansprüche gegen diese Personen sind im Namen des Auftraggebers durch den Beauftragten geltend zu machen.

### § 5 Rechnungslegung und Auskunft

In Abweichung zu § 666 BGB ist der Beauftrage nur zu einer jährlichen Rechnungslegung über die Vermögensverwaltung in Form einer geordneten Zusammenstellung der Einnahmen und Ausgaben, versehen mit den entsprechenden Belegen, soweit diese erteilt zu werden pflegen und den Betrag von 10 EUR überschreiten und zu einer jährlichen Vermögensaufstellung, die über den Ab- und Zugang des Vermögens Auskunft gibt verpflichtet und hat darüber Auskunft zu erteilen. Das erste Rechnungslegungsjahr beginnt mit der ersten Vermögensverfügung des Beauftragten. Übernimmt der Auftraggeber danach seine Vermögenssorge wieder selbst, erfolgt die Rechnungslegung des Beauftragten nur bis zu diesem Zeitpunkt.

Über Buchungen, denen Abhebungen, Zahlungen oder Überweisungen durch EC-, Master- oder Kreditkarten etc. des Auftraggebers zugrunde liegen, besteht keine Abrechnungspflicht des Beauftragten. Diese Buchungen sind in der Rechungslegung als von dem Auftraggeber veranlasste Buchungen zu kennzeichnen. Der Beauftragte hat die EC-, Master- und Kreditkarten etc. des Auftraggebers einziehen zu lassen, sobald er erkennt, dass eine Missbrauchsgefahr für die EC-, Master- und Kreditkarten etc. des Auftraggebers besteht.

Über quittierte Barbeträge zur Bestreitung der gewöhnlichen Lebenshaltungskosten des Auftraggebers besteht bis zu einem Betrag von 200 EUR (in Worten: zweihundert EUR) pro Woche keine Abrechnungspflicht des Beauftragten. Empfangszeichnungsberechtigt sind insoweit auch Mitarbeiter beauftragter Haus- und Pflegedienste oder von Alten- und Pflegeheimen.

Der Beauftragte hat die Rechnungslegung dem Auftraggeber spätestens drei Monaten nach Ablauf des Rechnungslegungszeitraums vorzulegen.

Der Auftraggeber hat, sofern er keine Beanstandungen hat, innerhalb eines Monats nach Rechungslegung dem Beauftragten mit befreiender Wirkung Entlastung zu erteilen.

Sofern der Auftraggeber die Vermögensverwaltung beanstandet und keine Entlastung erteilt oder nicht mehr in der Lage ist, eine Entlastung zu erteilen, ist die Rechnungslegung unverzüglich dem Kontrollbevollmächtigten vorzulegen.

Die Darlegungs- und Beweislast für die Unrichtigkeit der Zusammenstellung der Einnahmen und Ausgaben und hierbei insbesondere für den Verbleib der Einnahmen und dafür, dass über nicht mehr vorhandene Vermögenswerte nicht nach den Weisungen oder im Interesse des Auftragebers verfügt worden ist, trifft in Abweichung zu § 666 BGB denjenigen, der sich darauf beruft.

### § 6 Vergütung und Auslagenersatz

Der Beauftragte erhält für seine Tätigkeit und die Tätigkeit seines anwaltlichen Vertreters sowie für die Tätigkeit seiner Kanzleimitarbeiter eine Vergütung in Höhe von 25 EUR (in Worten: fünfundzwanzig Euro) je angefangener 15 Minuten. In dieser Vergütung sind die Auslagen für Post- und Telekommunikationsdienstleistungen sowie für Büromaterialien enthalten. Im Übrigen gelten für den Ersatz von Auslagen die einschlägigen Vorschriften des Rechtsanwaltsvergütungsgesetzes (RVG). Vergütung und Auslagenersatz sind monatlich nachträglich zu zahlen; der Beauftragte kann diese bei Fälligkeit dem Vermögen des Auftraggebers entnehmen.

Auf die Vergütung und den Auslagenersatz ist zusätzlich die jeweils geltende gesetzliche Umsatzsteuer zu entrichten.

Ändert sich der vom Statistischen Bundesamt festgestellte Verbraucherpreisindex aller privaten Haushalte in Deutschland (Basis 2.000 = 100 %) gegenüber dem Stand bei Vertragsbeginn oder gegenüber der letzten Anpassung um mehr als 5 Prozentpunkte, so ändert sich die vereinbarte Vergütung prozentual entsprechend, wobei stets auf den nächst vollen Eurobetrag aufzurunden ist. Die Anpassung erfolgt, ohne dass es einer gesonderten Aufforderung durch den Beauftragten bedarf.

Der Beauftragte hat die Art seiner Tätigkeit und den dafür benötigten Zeitaufwand sowie seine Auslagen, soweit diese nicht in der Vergütung beinhaltet sind, zu dokumentieren. Soweit üblich sind für Auslagen Belege vorzulegen, wenn der Betrag im Einzelfall 10 EUR (in Worten: zehn Euro) übersteigt.

Soweit der Beauftragte spezifisch anwaltliche Dienste leistet, können diese nach den Vorschriften des Rechtsanwaltsvergütungsgesetzes (RVG) abgerechnet werden.

### § 7 Beginn, Dauer und Beendigung der Geschäftsbesorgung

Die Geschäftsbesorgung beginnt mit der Unterzeichnung dieses Geschäftsbesorgungsvertrags.

Der Geschäftsbesorgungsauftrag erlischt nicht mit dem Eintritt der Geschäftsunfähigkeit oder durch den Tod des Auftraggebers.

Die Kündigung durch den geschäftsfähigen Auftraggeber ist jederzeit und ohne Angabe von Gründen zulässig, sie bedarf der Schriftform.

Die Kündigung durch den Beauftragten ist mit einer Frist von 1 Monat bei Vorliegen eines wichtigen Grundes möglich. Sie bedarf der Schriftform. Ein wichtiger Grund liegt auch vor, wenn Umstände eintreten, aufgrund derer dem Beauftragten die Geschäftsbesorgung nicht mehr zugemutet werden kann, beispielsweise wenn die Vollmacht keiner Kontrolle mehr unterliegt oder wenn der Auftraggeber vermögenslos wird.

Im Fall seiner Kündigung hat der Beauftragte für den Auftraggeber, soweit keine anderweitige Bevollmächtigung mehr vorliegt, unverzüglich beim zuständigen Vormundschaftsgericht eine Betreuung anzuregen, falls der Auftraggeber zu diesem Zeitpunkt aufgrund einer psychischen Krankheit oder einer körperlichen, geistigen oder seelischen Behinderung seine Angelegenheiten ganz oder teilweise nicht besorgen kann. In diesem Fall hat der Beauftragte seine Tätigkeit fortzuführen, bis ein gesetzlicher Betreuer bestellt worden ist oder von der Einrichtung einer Betreuung abgesehen wurde.

### § 8 Pflichten beim Tod des Auftraggebers

Information der Erben und des Bestattungsdienstes und Sichern der Wohnung.

### § 9 Kontrolle des Beauftragten

Der Beauftragte unterliegt der Kontrolle durch den in der Vorsorgevollmacht des Auftraggebers vom ▇▇▇ benannten Kontrollbevollmächtigten.

### § 10 Schlussbestimmungen

Zusatzvereinbarungen zu diesem Vertrag bedürfen der Schriftform.

Die durch die Erteilung der Vollmacht und die durch diesen Vertrag entstehenden Kosten trägt der Auftraggeber.

Der Gerichtsstand ist ▇▇▇.

### § 11 Salvatorische Klausel

Sollte eine Bestimmung dieses Vertrages ungültig sein oder werden oder eine Lücke aufweisen, wird die Gültigkeit des Vertrags im Übrigen dadurch nicht berührt. Anstelle der unwirksamen Regelung gilt die Regelung als vereinbart, die dem Willen der Vertragsparteien am nächsten kommt. Entsprechendes gilt für die Ausfüllung einer Lücke.

▇▇▇ , den ▇▇▇

(Auftraggeber) (Beauftragter)

### 3. Widerruf der Vollmacht

#### a) Rechtliche Grundlagen

90 Vor Eintritt der Geschäftsunfähigkeit kann der Vollmachtgeber den Bevollmächtigten wirksam selbst überwachen und einem etwaigen Missbrauch der Vollmacht entgegentreten, indem er die Vollmacht widerruft. Dies ist nach Eintritt der Geschäftsunfähigkeit nicht mehr möglich.

Nach dem Tod des Vollmachtgebers kann eine trans- bzw. postmortale Vollmacht jederzeit von den Erben widerrufen werden. Jeder Miterbe hat mit Wirkung für sich das Recht, die Vollmacht zu widerrufen. Dies gilt auch während einer bestehenden Erbengemeinschaft und trotz angeordneter Testamentsvollstreckung.

Voraussetzung für den Widerruf ist, dass der Widerrufende sich erbrechtlich z.B. durch Vorlage des Erbscheins oder Testaments mit Eröffnungsprotokoll legitimieren kann. Gelingt ihm dies nicht, kann kein wirksamer Widerruf erfolgen.

Das Widerrufsrecht steht auch dem Nachlassverwalter und dem Nachlasspfleger zu.

91 Strittig ist, ob auch ein Testamentsvollstrecker eine postmortale Vollmacht widerrufen kann. Während dies in der Literatur durchgehend bejaht wird, verneint es die Rechtsprechung.[79]

92 Wurde der Widerruf vom Vollmachtgeber ausgeschlossen, kann die Vollmacht von den Erben immer noch aus einem wichtigen Grund widerrufen werden.

93 Dass das auf den Erben übergegangene Widerrufsrecht häufig keinen Schutz bietet, weil sein Widerruf zu spät erklärt wird, ist im Hinblick auf den Zweck einer postmortalen Vollmacht hinzunehmen. Sie soll es dem Bevollmächtigten gerade ermöglichen, unabhängig vom Willen der Erben und auch vor ihrer Ermittlung tätig werden zu können. Der Bevollmächtigte handelt nämlich, obwohl er nun die Erben vertritt, aufgrund einer Vollmacht des Erblassers. Dieser hat Zeitdauer und Umfang festgelegt. Sein Wille bleibt bis zum Widerruf

---

[79] Hanseatisches Reichsgericht HANS RGZ 33 B 325.

durch die Erben maßgeblich, so dass es auf die Zustimmung der Erben zu dem Handeln des Bevollmächtigten nicht ankommt. Deshalb kann die Bank auch nicht gehalten sein, eine solche Zustimmung abzuwarten oder ihre Erteilung oder Versagung durch Zuwarten zu ermöglichen.[80]

> **Praxistipp**
> Vom Rechtsanwalt sollte bei Missbrauchsgefahr zu Lasten des Mandanten der sofortige Widerruf unter Nachweis der erbrechtlichen Legitimation schriftlich erklärt werden. Kann sich der Mandant erbrechtlich nicht legitimieren, muss eine Kontensperrung beantragt werden, wenn dargestellt werden kann, dass die Erben noch unbekannt sind.

### b) Widerruf und Rechtsscheinswirkung der Vollmacht gem. § 172 BGB

Selbst wenn die Vollmacht wirksam widerrufen wurde, ist zu beachten, dass die einmalige Vorlage der Vollmachtsurkunde beim ersten Rechtsgeschäft mit dem Dritten genügt, auf die dann bei jedem weiteren Vertretergeschäft Bezug genommen werden kann.[81] Vorausgesetzt ist dabei jedoch, dass die Urkunde dem Vollmachtgeber nicht inzwischen zurückgegeben worden ist und auch inhaltlich das neue Rechtsgeschäft deckt. Zwar trägt in diesen Fällen der Bezugnahme der Dritte das alleinige Risiko, dass die Vollmachtsurkunde inzwischen dem Vollmachtgeber zurückgegeben worden ist.[82] Jedoch sind Streitigkeiten über den genauen Zeitpunkt des Geschäftsabschlusses wie der Urkundenrückgabe vorprogrammiert.[83]

> **Praxistipp**
> Es empfiehlt sich daher, eine Wirksamkeitsklausel in die Vollmacht mit aufzunehmen, die besagt, dass die Vollmacht nur wirksam ist, soweit und solange der Bevollmächtigte bei der Vornahme einer jeden Vertreterhandlung auch im unmittelbaren Besitz der Vollmacht ist. Wurde eine solche oder ähnliche Klausel in die Vollmacht mit aufgenommen, lassen sich Streitigkeiten über den genauen Geschäftsabschluss und die Urkundenrückgabe vermeiden. Denn der Geschäftspartner hat zu beweisen, dass der Vertreter zum Zeitpunkt des Abschlusses eines jeden Vertretergeschäfts im unmittelbaren Besitz einer Vollmacht war.

### 4. Kontrollbetreuer nach § 1896 Abs. 3 BGB

Der Vollmachtgeber überwacht zunächst selbst die ordnungsgemäße Ausübung der Vollmacht. Erst wenn er hierzu nicht mehr in der Lage ist und eine Überwachung erforderlich wird, ist ein Kontroll- oder Vollmachtsbetreuer zu bestellen.

Voraussetzung für die Bestellung eines Kontroll- oder Vollmachtsbetreuers ist zunächst die Feststellung, dass eine Vollmacht wirksam erteilt war und dass sie nicht wieder, z.B. durch Widerruf, erloschen ist.[84]

Liegen dann konkrete Umstände vor, die darauf hindeuten, dass der Vertreter mit seinem Verhalten bewusst zum Nachteil des Vertretenen handelt, kann nach § 1896 Abs. 3 BGB für den dann vorliegenden Fall des konkreten Überwachungsbedarfs ein Betreuer durch

---

80 Vgl. BGH NJW 1995, 250 f.
81 Staudinger/*Schilken*, § 172 Rn 5 m.w.N., *Waldner/Mehler*, MittBayNot 1999, 261 ff.
82 Vgl. Soergel/*Leptien*, § 172 Rn 4.
83 *Waldner/Mehler*, MittBayNot 1999, 261 ff.
84 BayObLG FamRZ 1993, 1249.

das Betreuungsgericht bestellt werden.[85] Diesem obliegt als Aufgabenkreis dann das Geltendmachen von Rechten des Betreuten gegenüber seinem Bevollmächtigten. Er wird nicht gesetzlicher Vertreter des Betreuten, sondern überwacht lediglich die ordnungsgemäße Vollmachtsausübung. Bei Missbräuchen kann er die Vollmacht nach §§ 1896 Abs. 2 S. 1, 1902 BGB[86] widerrufen und etwaige Schadensersatzansprüche aus dem Grundverhältnis zwischen Vollmachtgeber und Bevollmächtigtem durchsetzen.[87]

98 Zu unterscheiden ist davon der Fall, dass das Vormundschaftsgericht einen Betreuer mit demselben Aufgabenbereich wie der des Bevollmächtigten bestellt.[88] In diesem Fall sind nur noch die Weisungen des Betreuers maßgeblich. Die Vollmacht selbst bleibt von der Bestellung eines Betreuers aber unberührt, es gelten jedoch die Grundsätze über den Vollmachtsmissbrauch.[89]

### 5. Rechtsgeschäftliche Beschränkung

99 Da ein Kontrollbetreuer nur bei konkretem Anlass zu bestellen ist, kann zusätzlich eine rechtsgeschäftliche Beschränkung sinnvoll sein. Zum einen bietet sich, wie bereits ausgeführt, an, besondere Vorstellungen des Vollmachtgebers durch verbindliche Weisungen in das der Vollmacht zugrunde liegende Grundverhältnis aufzunehmen.

100 Zusätzlich kann eine Beschränkung durch Benennung der nicht vorzunehmenden Tätigkeiten in der Vollmacht selbst vorgenommen werden. Für diese durch die Vollmacht ausgenommenen Ausgaben ist gegebenenfalls ein Betreuer zu bestellen, der seinerseits den gesetzlichen Genehmigungsvorbehalten unterliegt. Dabei ist zu beachten, dass eine Beschränkung der Vollmacht hinreichend und konkret gestaltet wird. Um nicht Gefahr zu laufen, dass wegen unzureichender Bevollmächtigung insgesamt ein Betreuer seitens des Vormundschaftsgerichtes bestellt werden muss, sollte eine Reduzierung der Aufgaben des Bevollmächtigten nur in wenigen Ausnahmefällen vorgenommen werden.

Die Beschränkung ist dabei auf Ausnahmen zu erstrecken, wie bspw. Verfügungen über bestimmte, wichtige Gegenstände, Verfügungen über Forderungen und Wertpapiere, Verfügungen über das Vermögen im Ganzen, Annahme und Ausschlagung von Erbschaften, Aufnahme von Krediten, Eingehung von Bürgschaften und andere Verbindlichkeiten größeren Umfangs, Grundstücksgeschäfte und Schenkungen. Je nach Umfang des zu verwaltenden Vermögens sind entsprechende Grenzen zu setzen. Dabei muss beachtet werden, dass durch die getroffenen Beschränkungen eine sinnvolle Verwaltung insgesamt nicht gefährdet wird.

---

85 Vgl. hierzu BT-Drucks 11/4528, 123: Dies (die Vollmachtsbetreuung) wird insbesondere dann der Fall sein, wenn der Umfang und die Schwere der Geschäfte oder ein vorangegangenes Verhalten des Bevollmächtigten eine Überwachung angezeigt erscheinen lassen. Wo z.B. nahe Verwandte aufgrund der Vollmacht die Alltagsgeschäfte erledigen, wird vielfach auch die Bestellung eines Betreuers entbehrlich sein.
86 Palandt/*Diedrichsen*, vor § 1896 Rn 11.
87 BayObLG FamRZ 1994, 1550 f.
88 Dies kommt in Betracht, wenn die Vollmacht z.B. nicht wirksam erteilt wurde oder der Regelungsinhalt der Vollmacht unklar ist.
89 MüKo-*Schramm*, § 168 Rn 13.

## 6. Kontrollbevollmächtigung

Der Vollmachtgeber kann im Versorgungsfall seine Vertretung durch den Bevollmächtigten i.d.R. nicht mehr überwachen. Dies allein kann die Notwendigkeit einer Betreuung begründen.[90] Im Übrigen besteht auch ein Vakuum in der Kontrolle, bis das Betreuungsgericht einen konkreten Überwachungsbedarf bei Missbrauchsverdacht feststellt, tätig wird und einen Kontrollbetreuer einsetzt. War Zielsetzung bei Vollmachtserstellung, einen staatlichen Eingriff über das Vormundschaftsgericht zu verhindern, wird dieser nun „durch die Hintertür" möglich. Über die Benennung eines Kontrollbevollmächtigten wird sowohl ein Vakuum in der Kontrolle des Bevollmächtigten geschlossen, als auch die Privatautonomie des Vollmachtgebers gestärkt.

Der Aufgabenkreis des Kontrollbevollmächtigten kann sich insbesondere darauf erstrecken, alle Rechte des Vollmachtgebers gegenüber dem Bevollmächtigten wahrzunehmen, die auch dem Vollmachtgeber zustehen. Dies sind insbesondere die Kontroll- und Herausgaberechte aus Auftragsverhältnis nach §§ 665 ff. BGB. Erweitert werden kann dies auch auf die Kündigung des Grundverhältnisses und Widerruf der Vollmacht. Darüber hinaus sollten dem Kontrollbevollmächtigten alle Rechte zugewiesen werden, die auch einem Kontrollbetreuer nach § 1896 Abs. 3 BGB übertragen werden können.

Findet sich im näheren Umfeld keine geeignete Vertrauensperson zu Ausübung der Kontrollbevollmächtigung, kann ein anwaltlicher Vorsorgebevollmächtigter gewählt werden. Dieser ist berufsrechtlich zur Unabhängigkeit und Verschwiegenheit verpflichtet, darf nur die Interessen seines Mandanten und damit des Vollmachtgebers wahrnehmen. Von Gesetzes wegen darf er sich in keinen Interessenkonflikt begeben.

Auch bei der Kontrollbevollmächtigung ist das zugrunde liegende Rechtsverhältnis zwischen Vollmachtgeber und Kontrollbevollmächtigten zu regeln.

## 7. Muster: Geschäftsbesorgungsvertrag bei anwaltlicher Kontrollbevollmächtigung[91]

*Geschäftsbesorgungsvertrag*

zwischen

Herrn/Frau ▓▓▓▓▓

geb. am ▓▓▓▓▓ in ▓▓▓▓▓

wohnhaft ▓▓▓▓▓

-nachstehend Auftraggeber genannt-

und

Rechtsanwalt/Rechtsanwältin ▓▓▓▓▓

geb. am ▓▓▓▓▓ in ▓▓▓▓▓

kanzleiansässig ▓▓▓▓▓

-nachstehend Beauftragter genannt-

---

90 Vgl. OLG Hamm FamRZ 2001, 870.
91 Empfehlung der dvvb, der Deutschen Vereinigung für Vorsorge- und Betreuungsrecht e.V., Ifflandstraße 11, 68161 Mannheim auf Grundlage des „Ramstetterschen Modells", wonach Rechtsanwälte/innen als Berufsbevollmächtigte bzw. Berufskontrollbevollmächtigte tätig werden. Informationen auch unter www.dvvb.de.

wird nachfolgender Vertrag geschlossen, der die Kontrolle über die am      vor dem Notar
mit dem Amtssitz in      unter der Urkundenrolle-Nr.      beurkundeten Vorsorgevollmacht des
Auftraggebers regelt. Die nachfolgenden Regelungen gelten auch für einen Vertreter und einen eventuellen
Rechtsnachfolger des Beauftragten.

### § 1 Rechte des Kontrollbevollmächtigten

Die Rechte des Beauftragten als Kontrollbevollmächtigter richten sich nach der Vorsorgevollmacht des
Auftraggebers und sind dort abschließend benannt. Weitere als die dort genannten Rechte stehen dem
Beauftragten als Kontrollbevollmächtigter nicht zu. Der Beauftragte hat seine Rechte als Kontrollbevollmächtigter gegenüber dem Bevollmächtigten des Auftraggebers, Rechtsanwältin/Rechtsanwalt
nach eigenem pflichtgemäßem Ermessen auszuüben.

### § 2 Vergütung und Auslagenersatz

Der Beauftragte erhält für seine Tätigkeit und die Tätigkeit seiner Kanzleimitarbeiter eine Vergütung in
Höhe von      EUR je angefangener 15 Minuten. In dieser Vergütung sind alle Auslagen für Post- und
Telekommunikationsdienstleistungen sowie für Büromaterialien enthalten. Im Übrigen gelten für den Ersatz
von Auslagen die einschlägigen Vorschriften des Rechtsanwaltsvergütungsgesetzes (RVG). Vergütung und
Auslagenersatz sind monatlich nachträglich zu zahlen; der Beauftragte erhält diese durch den Bevollmächtigten des Auftraggebers aus dem Vermögen des Auftraggebers.

Auf die Vergütung und den Auslagenersatz ist zusätzlich die jeweils geltende gesetzliche Umsatzsteuer zu
entrichten.

Ändert sich der vom Statistischen Bundesamt festgestellte Verbraucherpreisindex aller privaten Haushalte
in Deutschland (Basis 2.000 = 100 %) gegenüber dem Stand bei Vertragsbeginn oder gegenüber der
letzten Anpassung um mehr als 5 Prozentpunkte, so ändert sich die vereinbarte Vergütung prozentual
entsprechend, wobei stets auf den nächst vollen Eurobetrag aufzurunden ist. Die Anpassung erfolgt, ohne
dass es einer gesonderten Aufforderung durch den Beauftragten bedarf.

Der Beauftragte hat die Art seiner Tätigkeit und den dafür benötigten Zeitaufwand, sowie seine Auslagen,
soweit diese nicht in der Vergütung beinhaltet sind, zu dokumentieren. Soweit üblich sind für Auslagen
Belege vorzulegen, wenn der Betrag im Einzelfall      EUR übersteigt.

### § 3 Beginn, Dauer und Beendigung der Geschäftsbesorgung

Die Geschäftsbesorgung beginnt mit der zuverlässigen Kenntnis des Beauftragten von einem Verlust der
Kontrollfähigkeit des Auftraggebers über seinen Bevollmächtigten sowie im Fall von Unstimmigkeiten
zwischen dem Auftraggeber und seinem Bevollmächtigten oder zwischen diesen und dritten Personen oder
im Fall eines Zustimmungserfordernisses oder des Missbrauch der Vollmacht durch den Bevollmächtigten
des Auftraggebers.

Der Geschäftsbesorgungsauftrag erlischt nicht mit dem Eintritt der Geschäftsunfähigkeit oder durch den
Tod des Auftraggebers.

Die Kündigung durch den Auftraggeber ist jederzeit und ohne Angabe von Gründen zulässig, sie bedarf
der Schriftform. In diesem Fall hat der Beauftragte unverzüglich den Bevollmächtigten des Auftraggebers
von der Kündigung des Vertrages mit dem Kontrollbevollmächtigten in Kenntnis zu setzen.

Die Kündigung durch den Beauftragten ist mit einer Frist von 1 Monat bei Vorliegen eines wichtigen
Grundes möglich. Sie bedarf der Schriftform. Ein wichtiger Grund liegt auch dann vor, wenn Umstände
eintreten, aufgrund derer dem Beauftragten die Geschäftsbesorgung nicht mehr zugemutet werden kann,
z.B. wenn der Auftraggeber vermögenslos wird.

Im Fall seiner Kündigung hat der Beauftragte für den Auftraggeber unverzüglich beim zuständigen Vormundschaftsgericht eine Kontrollbetreuung anzuregen, falls der Auftraggeber zu diesem Zeitpunkt aufgrund einer psychischen Krankheit oder einer körperlichen, geistigen oder seelischen Behinderung seinen
Bevollmächtigten nicht mehr überwachen kann und der Vorstand der Deutschen Vereinigung für Vorsorge-

und Betreuungsrecht e.V. (dvvb) keinen neuen Kontrollbevollmächtigten bestellt. In diesem Fall hat der Beauftragte seine Tätigkeit fortzuführen, bis das Vormundschaftsgericht über die Notwendigkeit der Bestellung eines gesetzlichen Kontrollbetreuers eine Entscheidung getroffen hat.

### § 4 Schlussbestimmungen

Zusatzvereinbarungen zu diesem Vertrag bedürfen der Schriftform.

Die durch die Erteilung der Vollmacht und die durch diesen Vertrag entstehenden Kosten trägt der Auftraggeber.

Der Gerichtsstand ist ▬▬▬.

### § 5 Salvatorische Klausel

Sollte eine Bestimmung dieses Vertrages ungültig sein oder werden oder eine Lücke aufweisen, wird die Gültigkeit des Vertrages im Übrigen dadurch nicht berührt. Anstelle der unwirksamen Regelung gilt die Regelung als vereinbart, die dem Willen der Vertragsparteien am nächsten kommt. Entsprechendes gilt für die Ausfüllung einer Lücke.

▬▬▬, den ▬▬▬

(Auftraggeber)　　　　　　　　　　　　　　(Beauftragter)

## VI. Grenzen der Vollmachten

### 1. Grundsätzliches

Da der Bevollmächtigte nicht die Stellung eines gesetzlichen Vertreters erlangt, ist im Rechtsverkehr niemand verpflichtet, sich auf eine Bevollmächtigung einzulassen.[92] Es gelten die Prinzipien der Vertragsfreiheit. Gleichwohl lässt sich das Wirtschaftsleben weitgehend auf Geschäfte, die über Bevollmächtigte abgewickelt werden, ein.[93] Bei Bedenken kann schließlich jederzeit Rückfrage beim Bevollmächtigenden eingeholt werden. Ist dies nicht möglich, weil der Bevollmächtigende hierzu aus tatsächlichen oder rechtlichen Gründen nicht in der Lage ist, muss im Einzelfall trotz wirksamer Vollmachtserteilung nach § 1896 Abs. 1 und 2 BGB ein Betreuer mit dem entsprechenden Aufgabenkreis gerichtlich bestellt werden.

103

### 2. Vollmachtswiderruf im vermögensrechtlichen Bereich

Ein Widerruf ist hier durch den Vollmachtgeber nur möglich, solange er geschäftsfähig ist.[94] Er kann das Recht zum Widerruf aber z.B. auf seinen Kontrollbevollmächtigten übertragen.[95] Zwar können Vollmachten grundsätzlich unwiderruflich gestaltet werden, dabei ist jedoch Folgendes zu beachten: Generalvollmachten sind regelmäßig widerruflich, da die Privatautonomie sonst übermäßig eingeschränkt würde.[96] Auch Vollmachten die im aus-

104

---

92 *Bienwald/Sonnenfeld/Hoffmann*, § 1896 Rn 75.
93 Stets Vorsicht geboten ist jedoch bei handschriftlichen Kontovollmachten. Diese werden von vielen Banken nicht akzeptiert.
94 BayObLG OLGReport 2002, 333 f. = FamRZ 2002, 1220 f.
95 Eingehende Diskussion zur Sinnhaftigkeit der Übertragung des Widerrufsrechts: *Renner* in: Müller/Renner, Rn 404 ff. Allerdings wird dort die Möglichkeit übersehen, einem anwaltlichen Kontrollbevollmächtigten den Widerruf einer Vollmacht einzuräumen, was zahlreiche der dort diskutierten Probleme obsolet werden lässt.
96 Palandt/*Heinrichs*, § 168 Rn 6.

schließlichen Interesse des Vollmachtgebers stehen, können nicht unwiderruflich ausgestaltet werden.[97] Damit sind auch Vorsorgevollmachten widerruflich, denn sie dienen i.d.R. nur dem Interesse des Vollmachtgebers und haben den Charakter von Generalvollmachten.

Zwar kann es im Missbrauchsfall hilfreich sein, eine Vollmacht widerrufen zu können, gerade im Bereich der rechtsgeschäftlichen transmortalen Vollmachten kann der Vollmachtgeber aber ein erbrechtliches Interesse an der Unwiderruflichkeit der Vollmacht haben. Der Nachteil der post- bzw. transmortalen Vollmacht ist, dass sie seitens der Erben und hier von jedem Einzelnen jederzeit widerrufen werden kann (vgl. auch Rn 103). Gleiches gilt für den Nachlassverwalter und den Nachlasspfleger. Strittig ist, ob auch ein Testamentsvollstrecker eine postmortale Vollmacht widerrufen kann. Während dies in der Literatur durchgehend bejaht wird, verneint es die Rechtsprechung.[98] Jeder Miterbe hat mit Wirkung für sich das Recht, die Vollmacht zu widerrufen. Dies gilt auch während einer bestehenden Erbengemeinschaft und trotz angeordneter Testamentsvollstreckung. Die Erteilung einer abstrakten, unwiderruflichen Generalvollmacht über den Tod hinaus wird wegen der nicht zu billigenden Knebelung der Erben und der damit verbundenen Umgehung der Testamentsvollstreckung als sittenwidrig angesehen.[99] Sie gilt als widerruflich fort, wenn der Erblasser sie auch ohne Verzicht auf das Widerrufsrecht erteilt hätte.[100]

Ein Widerruf der Vollmacht kann nur durch entsprechende erbrechtliche Strafklauseln und Auflagen verhindert werden.[101] So kann beispielsweise ein den Erben belastendes aufschiebend bedingtes Vermächtnis für den Fall, dass dieser die Vollmacht widerruft, seitens des Erblassers ausgesetzt werden.

### 3. Grenzen von Vollmachten im persönlichen Bereich

105   Wie auch sonst im Rechtsverkehr gilt bei Abschluss eines Arzt- und Behandlungsvertrags sowie bei anderen die Personensorge betreffenden Verträgen der Grundsatz der Vertragsfreiheit.

Nach § 1 Abs. 7 S. 1 BÄO kann der Arzt abgesehen von Notfällen, eine Behandlung, die an bestimmte Wünsche und Vorstellungen gebunden sein soll, ablehnen.[102]

Daher braucht sich ein Arzt nicht auf eine Behandlung einzulassen, bei der er Willen und Wünsche nicht vom Patienten, sondern nur über einen Bevollmächtigten erfährt. Dies gilt umso mehr, wenn der Bevollmächtigte ärztliche Maßnahmen herbeiführen will, von denen ein Arzt im Interesse des Patienten abrät.

Hier kann somit im Einzelfall eine Betreuerbestellung nach § 1896 Abs. 1 und 2 BGB erforderlich werden.

### VII. Haftung des Bevollmächtigten und des Vollmachtgebers

106   Bei der Frage der Haftung eines Bevollmächtigten muss zwischen der Haftung gegenüber dem Vollmachtgeber und gegenüber einem Dritten unterschieden werden.

---

97   BGH DNotZ 1972, 229.
98   Hanseatisches Reichsgericht HANS RGZ 33 B 325.
99   BGH DNotZ 1997, 229; Palandt/*Edenhofer*, vor § 2197 Rn 8, 11.
100  Palandt/*Edenhofer*, vor § 2197 Rn 20.
101  BayObLG FamRZ 1986, 34; *Kössinger*, in: Nieder/Kössinger, § 15 Rn 99.
102  *Bienwald/Sonnenfeld/Hoffmann*, § 1896 Rn 76.

Gegenüber dem Vollmachtgeber haftet der Bevollmächtigte nach Maßgabe des der Vollmacht zugrunde liegenden Vertrags. Arbeitet der Vertreter entgeltlich, so liegt ein Geschäftsversorgungsvertrag im Sinne des § 675 BGB vor. Übernimmt der Bevollmächtigte die Vertretung unentgeltlich, so liegt im Grundverhältnis ein Auftrag gem. § 662 BGB vor. In beiden Fällen haftet der Bevollmächtigte dem Vollmachtgeber für jede fahrlässige oder vorsätzliche Verletzung seiner Pflichten aus dem Grundverhältnis.

**Praxistipp** 107
Angesichts dieser weit reichenden Haftung des Bevollmächtigten ist bei Errichtung der Vorsorgevollmacht zu bedenken, ob eine Haftung gegenüber dem Vollmachtgeber vertraglich auf Vorsatz und grobe Fahrlässigkeit zu beschränken ist. Auch sollte überlegt werden, ob nicht die umfangreichen Rechnungslegungspflichten und Herausgabepflichten von Quittungen und Belegen ganz oder teilweise abbedungen werden sollen (vgl. Muster zum Grundverhältnis Rn 89).

Gegenüber Dritten haftet nach § 278 BGB der Vollmachtgeber, wenn der Bevollmächtigte bei rechtsgeschäftlichem Handeln im Rahmen seiner Tätigkeit einem Dritten schuldhaft, das heißt fahrlässig oder vorsätzlich, einen Schaden zugefügt hat. Im Innenverhältnis ist allerdings der Bevollmächtigte nach den oben genannten Grundsätzen dem Vollmachtgeber für den Schaden verantwortlich. Der Bevollmächtigte haftet dem Dritten selbst für eigenes Verschulden. 108

Dagegen haftet der Bevollmächtigte grundsätzlich nicht für Schäden, die der Vollmachtgeber Dritten zufügt. Eine Haftung des Bevollmächtigten für solche Schäden kann nur dann angenommen werden, wenn der Vertreter die Aufsicht über den Vollmachtgeber vertraglich ausdrücklich übernommen hat und die Schädigung des Dritten auf eine Verletzung der Aufsichtspflicht zurückzuführen ist.[103] 109

## VIII. Gestaltungsformen

### 1. Gestaltungsgrundsätze

Bei der Gestaltung des Umfangs einer Vollmacht ist Folgendes zu bedenken: 110

Ist die Vollmacht zu weit gefasst, besteht eine erhöhte Missbrauchsgefahr, während bei zu eng gefassten Einzelfallvollmachten die Autonomie des Vollmachtgebers nicht gewahrt sein kann und für nicht geregelte Lücken der Vollmacht ein Betreuer bestellt wird.

Gleichzeitig ist diese Gradwanderung aber auch ein kreatives Mittel für den Vollmachtgeber, einzelne Teilbereiche autonom durch Vollmachtserteilung zu regeln aber andere, bei denen ggf. eine erhöhte Missbrauchsgefahr besteht, durch einen gerichtlich überwachten Betreuer erledigen zu lassen.

---

103 Vgl. § 832 Abs. 2 BGB.

## 2. Muster

### a) Muster: Vorsorgevollmacht mit anwaltlichem Bevollmächtigten und Kontrollbevollmächtigtem[104]

*Vorsorgevollmacht*

Nach eingehender Beratung über die verschiedenen Möglichkeiten der rechtlichen Vorsorge für ein selbstbestimmtes Leben und deren Tragweite und nach eingehender Belehrung über die mit der Erteilung einer Vorsorgevollmacht verbundenen Risiken

bevollmächtige ich, _____, geb. am _____, in _____, wohnhaft: _____,

im Vollbesitz meiner geistigen Kräfte und in Kenntnis der Tragweite meiner Anordnungen zur Vermeidung einer rechtlichen Betreuung gem. §§ 1896 Abs. 2 S. 2, 185, 164 ff. BGB

Herrn Rechtsanwalt/Frau Rechtsanwältin _____

geb. am _____ in _____

kanzleiansässig _____

-nachstehend Bevollmächtigter genannt-

mich in allen meinen persönlichen und vermögensrechtlichen Angelegenheiten, soweit eine Stellvertretung gesetzlich zulässig ist, gerichtlich und außergerichtlich zu vertreten und meine Rechte zu wahren. Seine Rechtshandlungen sollen dieselbe Wirksamkeit haben, wie wenn ich sie selbst ausführen würde.

Das Innenverhältnis dieser Vollmacht ist in gesonderten, dieser Vollmacht zugrunde liegenden Verträgen geregelt.

Insbesondere ist mein Bevollmächtigter berechtigt, mich bei den nachfolgenden Tätigkeiten zu vertreten, ohne dass mit dieser exemplarischen Aufzählung ein Ausschluss nicht genannter Aufgaben verbunden ist:

*Vermögensangelegenheiten*

Zur Verwaltung meines gesamten beweglichen und unbeweglichen Vermögens.

Zur Geltendmachung von Ansprüchen und Rechten jeder Art, zum Rechts- und Vermögenserwerb, zum Inkasso.

Zur Verfügung über Rechte und Vermögen jeder Art, auch über meinen Grundbesitz und über meine Konten, Depots und Schließfächer bei Banken und Sparkassen, zum Eingehen von Verbindlichkeiten in beliebiger Art und Höhe, einschließlich einer Zwangsvollstreckungsunterwerfung.

Dingliche Rechte jeder Art an Grundstücken (Hypotheken, Grundschulden, Reallasten usw.) sowie an anderen Gegenständen zu bestellen, zu kündigen und aufgeben.

Zur Ausübung von Gesellschafterrechten, insbesondere zur Teilnahme an Veranstaltungen und zur Stimmrechtsausübung.

Verfügungen von Todes wegen anzuerkennen oder anzufechten, Erbschaften anzunehmen oder auszuschlagen, mich als Erben, Pflichtteilsberechtigten, Vermächtnisnehmer, Schenker oder Beschenkten in jeder Weise, auch bei Vermögens- und Gemeinschaftsauseinandersetzungen zu vertreten und Erklärungen für mich abzugeben und alles zu tun, was zur vollständigen Regelung von Nachlässen und zu deren Teilung notwendig ist.

---

[104] Empfehlung der dvvb, der Deutschen Vereinigung für Vorsorge- und Betreuungsrecht e.V., Ifflandstraße 11, 68161 Mannheim auf Grundlage des „Ramstetterschen Modells", wonach insbesondere Rechtsanwälte/innen als Bevollmächtigte bzw. Kontrollbevollmächtigte selbst tätig werden.

### Verträge, Erklärungen, Anträge

Verträge jeglicher Art unter beliebigen Bedingungen abzuschließen, Vergleiche jeder Art einzugehen sowie Schenkungen im Rahmen von Anstands- und Pflichtschenkungen zu machen.

Vereinbarungen mit Kliniken, Alters- und/oder Pflegeheimen abzuschließen und zum Zwecke hierfür Sicherungshypotheken auch für den Sozialhilfeträger zu bestellen.

Erklärungen jeder Art (Einwilligungen, Anfechtungen, Kündigungen, Austritte, Rücktritte, Widerrufe, Verzichte etc.) abzugeben und entgegenzunehmen.

Zur Vertretung in Renten-, Versorgungs-, Beihilfe-, Steuer-, Pflegeversicherungs-, Versicherungs- und sonstigen Angelegenheiten und zur Beantragung von Leistungen jeder Art wie Renten, Versorgungsbezüge, Pflegeversicherungsleistungen, Grundsicherung oder Sozialhilfe.

Zu geschäftsähnlichen Handlungen (Mahnungen, Fristsetzungen, Anträgen, Mitteilungen etc.) und zu allen Verfahrenshandlungen.

Rechtsstreitigkeiten für mich als Kläger oder Beklagter durch alle Rechtszüge zu führen und hierbei die Rechte eines Prozessbevollmächtigten im vollem Umfange der §§ 51, 79, 81 ZPO auszuüben, Bevollmächtigte zu bestellen, Vergleiche abzuschließen, Verzichte zu erklären und Ansprüche anzuerkennen, Wiedereinsetzung in den vorigen Stand, einstweilige Verfügungen und Arreste zu erwirken, und mich in allen gerichtlichen und außergerichtlichen Verfahren als Gläubiger oder Schuldner, Kläger oder Beklagter oder in jeder sonst wie in Frage kommenden Eigenschaft zu vertreten.

Diese Vollmacht erstreckt sich auch auf meine Vertretung gegenüber Gerichten, Behörden, öffentlichen Registern und Amtspersonen sowie gegenüber allen natürlichen und juristischen Personen.

### Persönliche Angelegenheiten

Die Vollmacht umfasst das Recht, die Herausgabe meiner Person von jedem zu verlangen, der mich meinem Bevollmächtigten gegenüber widerrechtlich vorenthält.

Die Vollmacht umfasst das Recht, meinen Umgang auch mit Wirkung für und gegen Dritte zu bestimmen.

Die Vollmacht berechtigt, über meinen Fernmeldeverkehr zu entscheiden, zur Weiterleitung, Entgegennahme, zum Anhalten und Öffnen meiner Post und zur Entgegennahme von Wahlunterlagen.

Die Vollmacht berechtigt meinen Bevollmächtigten, Strafanzeigen und oder Strafanträge bei den zuständigen Stellen in meinem Namen zu stellen.

Die Vollmacht berechtigt zu meiner Totensorge und über Art und Umfang meiner Beerdigung zu entscheiden.

### Aufenthalt, Wohnungsangelegenheiten und Heimaufnahme

Die Vollmacht berechtigt zur Bestimmung meines Aufenthaltsortes und zur Aufhebung und Begründung meines Wohnsitzes, auch in einem Alters- oder Pflegeheim sowie zur Auflösung meines Haushaltes und zur Verfügung über das Inventar.

### Gesundheits- und Behandlungsvorsorge

Mein Bevollmächtigter darf in eine Untersuchung meines Gesundheitszustandes, eine medizinische Behandlung oder einen medizinischen Eingriff, auch mit risikoreichen oder neuen, noch nicht zugelassenen Medikamenten und Behandlungsmethoden einwilligen, auch wenn diese erhebliche unerwünschte Nebenwirkungen haben oder haben können, oder diese Einwilligung verweigern, auch wenn die Gefahr besteht, dass ich dabei sterbe oder einen schweren, länger dauernden gesundheitlichen Schaden erleide.

Mein Bevollmächtigter darf darüber hinaus die Nichteinwilligung oder den Widerruf der Einwilligung in eine Untersuchung meines Gesundheitszustandes einer an mir vorzunehmenden Heilbehandlung oder einem sonstigen ärztlichen Eingriff erteilen, auch dann, wenn diese Maßnahme medizinisch angezeigt ist und die begründete Gefahr besteht, dass ich aufgrund des Unterbleibens oder des Abbruchs der Maßnahme sterbe oder einen schweren oder länger dauernden gesundheitlichen Schaden erleide.

### Wahrnehmung meiner Patientenrechte

Mein Bevollmächtigter soll kontrollieren und durchsetzen, dass mein in meiner Patientenverfügung erklärter Wille berücksichtigt wird. Er darf dazu meine Krankenunterlagen einsehen und entscheiden, ob erhobene Daten und Untersuchungsergebnisse Dritten zugänglich gemacht werden. Mein Bevollmächtigter darf auch darüber entscheiden, ob eine Obduktion meines Leichnams erfolgen soll.

### Freiheitsentziehende Maßnahmen, Unterbringung

Mein Bevollmächtigter kann über Handlungsweisen, die meine Bewegungsfreiheit einschränken oder aufheben (Verschließen der Zimmer- und/oder der Wohnungstüre, Anbringen von Bettgittern, Bauchgurten oder anderen Fixierungsmitteln, Verabreichen von Psychopharmaka etc.) und auch über eine Unterbringung in einem Pflegeheim, einer geschlossenen Anstalt oder einem Krankenhaus entscheiden, die mit Freiheitsentziehung verbunden sind, solange dies zu meinem Wohl erforderlich ist, weil aufgrund einer psychischen Krankheit oder geistigen oder seelischen Behinderung die Gefahr besteht, dass ich mich selbst töte, oder mir erheblichen gesundheitlichen Schaden zufüge, oder eine Untersuchung meines Gesundheitszustandes, eine Heilbehandlung oder ein ärztlicher Eingriff notwendig ist und ohne meine Unterbringung nicht durchgeführt werden kann, weil ich aufgrund einer psychischen Krankheit oder geistigen oder seelischen Behinderung die Notwendigkeit der Unterbringung nicht erkennen und nicht nach dieser Einsicht handeln kann.

### Entbindung von Schweigepflichten

Alle Stellen und Personen, die einer Schweigepflicht unterliegen (Ärzte, Rechtsanwälte, Steuerberater, Krankenkassen usw.) sind hiermit gegenüber meinem Bevollmächtigten und meinem Kontrollbevollmächtigten von ihrer Schweigepflicht entbunden und zur Erteilung von Auskünften und zur Ermöglichung der Einsichtnahme meines Bevollmächtigten und Kontrollbevollmächtigten in Akten und Unterlagen verpflichtet.

### Beginn, Umfang und Dauer der Vollmacht

Die Vollmacht wird mit der Unterzeichnung dieser Urkunde wirksam; sie gilt im In- und Ausland und berechtigt meinen Bevollmächtigten und meinen Kontrollbevollmächtigten zum sofortigen Handeln. Im Außenverhältnis ist die Vollmacht unbeschränkt gültig. Damit ist insbesondere der Nachweis gegenüber dritten Personen, denen diese Vollmacht vorgelegt wird, dass ich aufgrund einer psychischen Krankheit oder einer körperlichen, geistigen oder seelischen Behinderung meine Angelegenheiten ganz oder teilweise nicht mehr besorgen kann oder will, oder dass ich geschäftsunfähig bin oder dass Zweifel an meiner Geschäftsfähigkeit bestehen, nicht erforderlich. Im Innenverhältnis sind meine Bevollmächtigten jedoch angewiesen, die Vollmacht nur nach meinen Anweisungen oder entsprechend den dieser Vollmacht zugrunde liegenden Verträgen zu gebrauchen.

Die Vollmacht ist nur wirksam, solange der Bevollmächtigte oder Kontrollbevollmächtigte eine Ausfertigung dieser Vollmachtsurkunde besitzt und bei Vornahme einer Handlung im Original vorlegen kann.

Untervollmacht darf im Rahmen der meinem Bevollmächtigten und meinem Kontrollbevollmächtigten zuteil gewordenen Vertretungsmacht erteilt werden. Bei Entscheidungen, die die Zustimmung oder Verweigerung zu einer medizinischen Behandlung oder deren Abbruch oder zu einem medizinischen Eingriff, zu einer Unterbringung oder unterbringungsähnlichen Maßnahme oder die die Aufhebung oder Begründung meines Wohnsitzes betreffen, ist eine Unterbevollmächtigung nur auf eine Rechtsanwältin oder einen Rechtsanwalt möglich.

Auf Antrag sind meinem Bevollmächtigten und meinem Kontrollbevollmächtigten jederzeit weitere Ausfertigungen und beglaubigte Abschriften dieser Urkunde in der von ihnen benötigten Anzahl zu erteilen.

Die Vollmacht und der ihr zugrunde liegende Geschäftsbesorgungsvertrag bleiben in Kraft, auch wenn ich geschäftsunfähig werde oder sterbe. Mein Bevollmächtigten ist berechtigt, meinen Nachlass bis zur amtlichen Feststellung meiner Erben in Besitz zu nehmen und zu verwalten.

Die Vollmacht ist für mich, und nach meinem Tod durch meine Erben, jederzeit einseitig frei widerruflich, auch gesondert gegenüber meinem Bevollmächtigten und Kontrollbevollmächtigten. Ein Widerruf der Vollmacht durch den Bevollmächtigten gegenüber dem Kontrollbevollmächtigten ist nicht möglich.

### *Kontrollbevollmächtigter*

Zum Kontrollbevollmächtigten über diese Vollmacht bestimme ich Herrn Rechtsanwalt/Frau Rechtsanwältin
, geb. am        in        , kanzleiansässig        .

Mein Kontrollbevollmächtigter kann die mir meinen Bevollmächtigten gegenüber zustehenden Rechte ebenso geltend machen wie ein vom Vormundschaftsgericht nach § 1896 Abs. 3 BGB bestellter Betreuer.

Hierzu zählen insbesondere:
- Verlangen nach Auskunft und Rechnungslegung wie der Auftraggeber,
- jährliche Prüfung der Rechungslegung und Entlastung des Beauftragten für seine Tätigkeit mit befreiender Wirkung gegenüber dem Auftraggeber und seinen Rechtsnachfolgern,
- Entscheidung über das Abweichen vom Auftrag, § 665 S. 2 BGB,
- Erheben von Schadensersatzansprüchen zugunsten des Auftraggebers,
- Herausverlangen des zur Auftragsführung Erhaltenen für den Auftraggeber,
- Geltendmachung des durch die Geschäftsführung Erhaltenen für den Auftraggeber,
- Widerrufen der Vollmacht.

Er soll bei allen im Zusammenhang mit der Vollmacht zwischen mir und meinen Bevollmächtigten auftretenden Schwierigkeiten vermitteln und auf eine gütliche Einigung hinwirken.

### *Ersatzbevollmächtigter/Ersatzkontrollbevollmächtigter*

Für den Fall, dass die Vorsorgevollmacht meines Bevollmächtigten oder Kontrollbevollmächtigten, gleich aus welchen Rechtsgrund, nicht mehr besteht oder mein Bevollmächtigter oder Kontrollbevollmächtigter dauerhaft nicht in der Lage ist, seine Tätigkeit ordnungsgemäß auszuüben und ich selbst nicht mehr in der Lage bin, einen anderen Bevollmächtigten oder Kontrollbevollmächtigten zu bestellen, bestimme ich Folgendes:

Der Vorstand der Deutschen Vereinigung für Vorsorge- und Betreuungsrecht e.V. (dvvb) ist in diesem Fall ermächtigt, ein Mitglied der Deutschen Vereinigung für Vorsorge- und Betreuungsrecht e.V. (dvvb) zu meinem neuen Bevollmächtigten oder Kontrollbevollmächtigten zu bestellen, dem hiermit Vollmacht in dem Umfang erteilt wird, in dem mit dieser Vorsorgevollmacht der Bevollmächtigte und der Kontrollbevollmächtigte ausgestattet sind.

Der Vorstand der Deutschen Vereinigung für Vorsorge- und Betreuungsrecht e.V. (dvvb) soll die Bestellung unverzüglich vornehmen, wenn er zuverlässige Kenntnis von einem solchen Sachverhalt erlangt.

### *Betreuungsverfügung*

Sollte trotz meiner Vorsorgevollmacht die Einrichtung einer rechtlichen Betreuung einmal zwingend erforderlich werden, so soll dies diese Vollmacht nicht berühren. Die Betreuung ist auf das unbedingt erforderliche Maß zu beschränken und sobald als möglich wieder aufzuheben. Zu meinem Betreuer ist in diesem Fall nach Möglichkeit mein Bevollmächtigter zu bestellen. Soweit ich nicht mittellos bin, erhält mein Bevollmächtigter als Betreuer die gleiche Vergütung wie als Bevollmächtigter.

### *Salvatorische Klausel*

Sollten einzelne Bestimmungen dieser Vorsorgevollmacht unwirksam sein oder werden, so soll das nicht die Wirksamkeit meiner Vorsorgevollmacht im Übrigen berühren. Unwirksame Bestimmungen sollen entsprechend ihrem Sinn ausgelegt und durch wirksame ersetzt werden.

*Bittler*

*Erklärung der Bevollmächtigten*

Wir haben die vorstehende Vorsorgevollmacht zur Kenntnis genommen und erklären uns im Bewusstsein der von uns übernommenen Verantwortung mit der Übernahme der Bevollmächtigung bzw. der Kontrollbevollmächtigung bereit.


(Ort, Datum)


(Unterschrift des Bevollmächtigten)          (Unterschrift des Kontrollbevollmächtigten)

Der Vollmachtgeber ist damit einverstanden, dass die Vollmacht dem elektronischen Register der Bundesnotarkammer für Vorsorgevollmachten und Betreuungsverfügungen mitgeteilt wird.

**Vorgelesen, genehmigt und eigenhändig unterschrieben:**

b) Muster: Vollmacht mit wechselseitiger Einsetzung der Ehegatten mit Doppelbevollmächtigung bezüglich eines Abkömmlings und anwaltlichem Kontrollbevollmächtigten

*Wechselseitige Vorsorgevollmacht*

der Eheleute

, geb.         in        ,

und

, geb.         in        ,

wohnhaft        .

Nach eingehender Beratung durch Herrn Rechtsanwalt/Frau Rechtsanwältin        , Kanzleisitz derzeit        , über die verschiedenen Möglichkeiten einer rechtlichen Vorsorge für ein selbstbestimmtes Leben und deren Tragweite sowie nach eingehender Belehrung über die mit der Erteilung einer Vorsorgevollmacht verbundenen Risiken bevollmächtigen wir, die Eheleute, uns

*wechselseitig*

sowie unseren Abkömmling        , geb. am        derzeit wohnhaft

im Vollbesitz unserer geistigen Kräfte und in Kenntnis der Tragweite unserer Anordnungen soweit gesetzlich möglich, uns in allen Angelegenheiten, auch in Gesundheitsangelegenheiten und bei der Aufenthaltsbestimmung sowie in allen Post-, Vermögens-, Steuer- und sonstigen Rechtsangelegenheiten in jeder denkbaren Richtung zu vertreten. Diese Verfügung soll insbesondere der Vermeidung einer rechtlichen Betreuung nach § 1896 Abs. 2 S 2 BGB dienen.

*§ 1 Vermögensangelegenheiten*

Die Vollmacht gilt für **alle** vermögensrechtlichen Angelegenheiten, insbesondere auch für die nachfolgend aufgezählten Tätigkeiten:
- Vermögenserwerbungen und -veräußerungen sowie Belastungen jeder Art vorzunehmen und Verbindlichkeiten beliebiger Art und Höhe – auch in vollstreckbarer Form – einzugehen;
- Vermögenswerte beliebiger Art, namentlich Geld, Sachen, Wertpapiere und Schriftstücke in Empfang zu nehmen;
- über vorhandene Konten und Schließfächer bei Banken beliebig zu verfügen, neue zu eröffnen, zu unterhalten und zu schließen, Wertpapiere und Wertsachen zu hinterlegen, zu entnehmen, zu erwerben und zu verkaufen. Eine separate Kontovollmacht wurde bei        bereits bestellt;
- Verträge sonstiger Art unter beliebigen Bestimmungen abzuschließen, Vergleiche einzugehen, Verzichte zu erklären und Nachlässe zu bewilligen;

- uns als Erben, Pflichtteilsberechtigte, Vermächtnisnehmer, Schenker oder Beschenkte in jeder Weise, namentlich auch bei Vermögens- und Gemeinschaftsauseinandersetzungen jeder Art, zu vertreten und auch Ausschlagungserklärungen abzugeben;
- Versorgungsangelegenheiten (Pension, Rente usw.) zu regeln;
- Prozesse als Kläger oder Beklagter zu führen und hierbei die Rechte eines Prozessbevollmächtigten in vollem Umfang der §§ 51, 79, 81 ZPO auszuüben und in allen gerichtlichen und außergerichtlichen Verfahren als Gläubiger oder Schuldner, Kläger oder Beklagten oder in jeder sonst wie in Frage kommenden Eigenschaft ohne jede Einschränkung zu vertreten;
- die Vertretung zu allen Verfahrenshandlungen, auch i.S.v. § 13 SGB X;
- den Haushalt aufzulösen und über das Inventar zu verfügen;
- Vereinbarungen mit Kliniken, Alters- und Pflegeheimen abzuschließen und zum Zwecke hierfür Sicherungshypotheken auch für den Sozialhilfeträger zu bestellen;
- über Art und Umfang der Beerdigung zu entscheiden und Sterbegelder in Empfang zu nehmen und darüber zu quittieren;
- den Nachlass bis zur amtlichen Feststellung der Erben in Besitz zu nehmen und zu verwalten;
- Immobilienbesitz bzw. Miteigentumsanteile hieran zu veräußern sowie dingliche Rechte hieran zu bestellen, zu kündigen oder aufzugeben.

Diese Aufzählung ist exemplarisch und nicht abschließend zu verstehen.

### § 2 Gesundheitssorge und Selbstbestimmungsrecht

Im Bereich der Gesundheitssorge und des Selbstbestimmungsrechts umfasst diese Vollmacht eine generelle Vertretung, insbesondere aber auch die Vertretung bei folgenden Maßnahmen und Entscheidungen:
- Bei Fragen der Aufenthaltsbestimmung, vor allem bei der Entscheidung über Unterbringung in einem Pflegeheim oder Hospiz, in einer geschlossenen Anstalt, über die Aufnahme in ein Krankenhaus oder einer ähnlichen Einrichtung.
- Bei einer Maßnahme nach § 1906 Abs. 1 BGB, also einer Unterbringung, die zum eigenen Wohle erforderlich ist, weil aufgrund einer psychischen Krankheit oder geistigen oder seelischen Behinderung die Gefahr besteht, sich selbst zu töten, oder erhebliche Gefahr besteht, sich selbst gesundheitlichen Schaden zuzufügen, oder eine Untersuchung des Gesundheitszustandes, eine Heilbehandlung oder ein ärztlicher Eingriff notwendig ist, die ohne Unterbringung nicht durchgeführt werden kann, und aufgrund einer psychischen Krankheit oder geistigen oder seelischen Behinderung die Notwendigkeit einer solchen Unterbringung nicht erkannt werden kann oder nicht nach dieser Einsicht gehandelt werden kann.
- Bei einer Maßnahme nach § 1906 Abs. 4 BGB, bei der also bereits ein Aufenthalt in einer Anstalt, einem Heim oder einer sonstigen Einrichtung besteht, ohne dort untergebracht zu sein, und die Freiheit über einen längeren Zeitraum oder regelmäßig durch Bettgitter, Bauchgurt oder andere mechanische Vorrichtungen, Medikamente oder auf andere Weise entzogen werden soll.
- Bei der Entscheidung über die Durchführung einer Untersuchung des Gesundheitszustandes, einer Heilbehandlung oder eines ärztlichen Eingriffs.

Dies gilt auch bei der Entscheidung über Maßnahmen nach § 1904 Abs. 1 BGB, bei denen also die Einwilligung in eine Untersuchung des Gesundheitszustandes, eine Heilbehandlung oder einen ärztlichen Eingriff zu erteilen ist, auch wenn die begründete Gefahr besteht, dass aufgrund dieser Maßnahme der Tod oder einen schwerer und länger andauernder gesundheitlicher Schaden eintritt bzw. bei einer Entscheidung über eine Maßnahme nach § 1904 Abs. 2 BGB, also bei einer Nichteinwilligung oder eines Widerrufs der Einwilligung in eine Untersuchung des Gesundheitszustands, einer Heilbehandlung oder einen ärztlichen Eingriff, die medizinisch angezeigt ist, und bei der die begründete Gefahr besteht, dass aufgrund des Unterbleibens oder des Abbruchs der Maßnahme der Tod eintritt oder ein schwerer oder länger dauernder gesundheitlicher Schaden erlitten wird.

Bezüglich der Entscheidung, ob nach unserem Tod zu Transplantationszwecken Organe entnommen werden dürfen, erklären wir ausdrücklich, dass der Bevollmächtigte zu einer solchen Entscheidung nicht befugt ist. Wir wünschen keine Entnahme unserer Organe zu Transplantationszwecken.

### § 3 Krankenunterlagen, ärztliche Schweigepflicht

Ein jeder Bevollmächtigter ist ausdrücklich ermächtigt in Krankenunterlagen einzusehen und alle Auskünfte und Informationen von den behandelnden Ärzten und dem Krankenhaus zu verlangen; die behandelnden Ärzte werden von der Schweigepflicht entbunden.

### § 4 Kontrolle der Ärzte und des Pflegepersonals

Auch soll der jeweilige Bevollmächtigte die Kontrolle darüber ausüben, ob die Klinik, die Ärzte und das Pflegepersonal trotz Bewusstlosigkeit oder Entscheidungsunfähigkeit eine angemessene ärztliche und pflegerische Betreuung zuteil werden lassen, die zugleich auch eine menschenwürdige Unterbringung umfasst. Die Kontrolle bezieht sich auch auf eine Sterbebegleitung und die Leithilfe, die Ärzte und Pflegepersonal zu verpflichten, Schmerz, Atemnot, unstillbaren Brechreiz, Erstickungsangst oder vergleichbar schweren Angstzuständen entgegenzuwirken. Selbst wenn mit diesen palliativen Maßnahmen das Risiko einer Lebensverkürzung nicht ausgeschlossen werden kann.

Insbesondere ist der jeweilige Bevollmächtigte auch an eine eventuelle Patientenverfügung gebunden und soll diese gegenüber Dritten befolgen und durchsetzen.

Ein Bevollmächtigter darf in unserem Namen auch bereits erteilte Einwilligungen zurücknehmen oder Einwilligungen verweigern, Krankenunterlagen einsehen und deren Herausgabe an Dritte bewilligen.

### § 5 Betreuungsverfügung

Sollte das Vormundschaftsgericht eine Betreuung für erforderlich halten, so ordnen wir an, dass hier zunächst der jeweilige Ehegatte Betreuer werden soll, hilfsweise unser Abkömmling            .

Im Falle einer Anordnung einer Betreuung gelten alle hier in dieser Vollmacht getroffenen Anweisungen gleichzeitig dann als Betreuungsverfügung.

### § 6 Wirksamkeit und Widerruf

Die Vollmacht wird mit der Unterzeichnung durch uns bzw. Beurkundung durch den Notar wirksam und gilt nach außen uneingeschränkt.

Im Innenverhältnis wird der jeweilige Bevollmächtigte jedoch angewiesen, die Vollmacht nur nach vorheriger Weisung zu gebrauchen.

Die Vollmacht ist nur wirksam, soweit und solange der jeweilige Bevollmächtigter bei einer Vornahme einer jeden Vertreterhandlung im unmittelbaren Besitz der Vollmachtsurkunde ist.

Die Vollmacht erlischt nicht, wenn wir geschäftsunfähig werden sollten; sie erlischt auch nicht durch unseren Tod.

Die Vollmacht kann durch den jeweiligen Vollmachtgeber und bei dessen Geschäftsunfähigkeit auch durch den Kontrollbevollmächtigten jederzeit mit sofortiger Wirkung widerrufen werden.

### § 7 Stellvertretung

Der jeweilige Bevollmächtigte kann diese Vollmacht ganz oder teilweise auf andere übertragen und eine solche Übertragung widerrufen.

### § 8 Beschränkungen des § 181 BGB

Von den Beschränkungen des § 181 BGB sind wir im Rahmen einer wechselseitigen Bevollmächtigung befreit, nicht jedoch eine dritte Person, die als Ersatz- oder Kontrollbevollmächtigter tätig wird.

Unser Abkömmling            ist jedoch von den Beschränkungen des § 181 BGB nicht befreit.

### § 9 Kontrollbevollmächtigung

Zum Kontrollbevollmächtigten über diese Vollmacht bestimme ich Herrn Rechtsanwalt/Frau Rechtsanwältin            , geb. am            in            , kanzleiansässig            .

*Bittler*

Mein Kontrollbevollmächtigter kann die mir meinem Bevollmächtigten gegenüber zustehenden Rechte ebenso geltend machen wie ein vom Vormundschaftsgericht nach § 1896 Abs. 3 BGB bestellter Betreuer.

Hierzu zählen insbesondere:
- Verlangen nach Auskunft und Rechnungslegung wie der Auftraggeber
- Jährliche Prüfung der Rechungslegung und Entlastung des Beauftragten für seine Tätigkeit mit befreiender Wirkung gegenüber dem Auftraggeber und seinen Rechtsnachfolgern
- Entscheidung über das Abweichen vom Auftrag, § 665 S. 2 BGB
- Erheben von Schadensersatzansprüchen zugunsten des Auftraggebers
- Herausverlangen des zur Auftragsführung Erhaltenen für den Auftraggeber
- Geltendmachung des durch die Geschäftsführung Erhaltenen für den Auftraggeber
- Widerrufen der Vollmacht

Er soll bei allen im Zusammenhang mit der Vollmacht zwischen mir und meinen Bevollmächtigten auftretenden Schwierigkeiten vermitteln und auf eine gütliche Einigung hinwirken.

c) Muster: Einzelvollmacht – Transmortale Vollmacht und Schenkung

Ohne Zwang und aus freiem Willen bevollmächtige ich

Name:

Vorname:

Geburtsdatum:

Straße:

PLZ/Wohnort:

Telefon:

die nachfolgend genannte Person

Frau/Herrn

Name:

Vorname:

Geburtsdatum:

Straße:

PLZ/Wohnort:

Telefon:

über mein Bankguthaben[105] bei der Bank, gerade auch zu eigenen Gunsten, zu verfügen. Diese Vollmacht ist nicht auf Dritte übertragbar und soll auch nach meinem Tod fortbestehen.

Grundverhältnis:

Meiner Vollmachtserteilung liegt zu meinen Lebzeiten eine Leibrente mit dem Bevollmächtigten als Begünstigtem zugrunde. Der Bevollmächtigte wird insoweit beauftragt, diese Leibrente zu erfüllen.

Der Bevollmächtigte ist zu Verfügungen über das Bankguthaben zu meinen Lebzeiten wie folgt berechtigt:

---

105 Da im Grundverhältnis eine Schenkung bzw. ein Schenkungsversprechen vorliegt, ist eine notarielle Beurkundung zu empfehlen. Im Bereich der Kontovollmachten akzeptieren viele Banken nur Vollmachten, die unter Verwendung der bankeigenen Vollmachtsformulare erstellt werden. Dies sollte vorab vom Vollmachtgeber in Erfahrung gebracht und ggf. berücksichtigt werden.

Nach meinem Versterben ist der Bevollmächtigte in seiner Verfügungsbefugnis unbeschränkt. Bei dem dann noch auf dem Konto befindlichen Betrag handelt es sich um eine lebzeitige Schenkung, die mit meinem Versterben durch den Bevollmächtigten selbst zu erfüllen ist.

(Ort, Datum)                  (Unterschrift des Vollmachtgebers)

(Unterschrift des Bevollmächtigten)

d) Muster: Einzelvollmacht – Postmortale Vollmacht zur Grundstücksauflassung[106]

114 Ich ▓▓▓ bevollmächtige ▓▓▓ das Grundstück ▓▓▓ auf sich selbst aufzulassen und alle in diesem Zusammenhang erforderlichen Erklärungen auch im Namen aller Erben abzugeben. Der Bevollmächtigte ist von der Beschränkung des § 181 BGB befreit. Die Vollmachtserteilung erfolgt unwiderruflich.

(Ort, Datum)                  (Unterschrift des Vollmachtgebers)

(Unterschrift des Bevollmächtigten)

## B. Betreuungsverfügung

### I. Rechtliche Grundlagen der Betreuungsverfügung

#### 1. Aufgabenbereich der Betreuungsverfügung

115 Kann ein Volljähriger aufgrund einer psychischen Krankheit oder einer körperlichen oder seelischen Behinderung seine Angelegenheiten ganz oder teilweise nicht besorgen, so bestellt nach § 1896 Abs. 1 S. 1 BGB das Betreuungsgericht auf seinen Antrag oder von Amts wegen für ihn einen Betreuer.

116 Schlägt der Volljährige eine Person vor, die zum Betreuer bestellt werden kann, so hat das Betreuungsgericht gem. § 1897 Abs. 4 S. 1 BGB diesem Vorschlag zu entsprechen, wenn es dem Wohl des Volljährigen nicht zuwiderläuft.[107] Der Betreute wird in aller Regel jedoch bei Eintritt des Betreuungsbedarfs außerstande sein, Vorschläge zu unterbreiten.[108] Das Gesetz verschafft dem Verfügenden die Möglichkeit, vor dem Betreuungsverfahren zu der

---

106 Das der Vollmachtserteilung zugrunde liegende Rechtsverhältnis kann durch Testament geregelt werden. Dabei kann der Bevollmächtigte die Stellung eines Vermächtnisnehmers innehaben aber auch Erbe sein und das Grundstück aufgrund einer Teilungsanordnung seitens des Erblassers zugewandt bekommen haben. Sofern ein Schenkungsversprechen im Grundverhältnis gewollt ist, ist hier unbedingt auf eine notarielle Beurkundung desselben zu achten, um vorgenannte Probleme bei Vollzug eines formunwirksam erteilten Schenkungsversprechens unter Lebenden durch eine Vollmacht zu vermeiden.
107 Das Vormundschaftsgericht muss dem Personalwunsch des Betreuten nicht entsprechen, wenn der Vorgeschlagene beispielsweise für das Amt eines Betreuers ungeeignet ist, vgl. insoweit BayObLG FamRZ 1991, 1353.
108 Vgl. insoweit Palandt/*Diederichsen*, § 1901 Rn 7: „*Wünsche sind unabhängig von der Geschäftsfähigkeit zu berücksichtigen. Auch Geschäftsunfähige können im Einzelfall sinnvolle Wünsche äußern. Umgekehrt ist nicht jeder Wunsch eines Geschäftsunfähigen zu berücksichtigen.*"

Auswahl eines etwaig zu bestellenden Betreuers (§ 1897 Abs. 4 S. 3 BGB) und zu der Ausgestaltung des Betreuungsverhältnisses (§ 1901 Abs. 2 S. 2 BGB) Wünsche zu äußern.

Auch im Rahmen einer gerichtlichen angeordneten Betreuung wird somit dem Selbstbestimmungsrecht und der Autonomie des Verfügenden Rechnung getragen, und seinen Wünschen grundsätzlich Vorrang vor der gerichtlichen Entscheidung eingeräumt, gleichwohl nicht in demselben Umfang, wie dies durch eine Vorsorgevollmacht gewährleistet ist. Denn letztlich ist die Betreuungsverfügung nur dann verbindlich, wenn sie seinem Wohl nicht zuwiderläuft. Sowohl das Betreuungsgericht als auch der Betreuer sind daher nicht für alle Fälle an die Betreuungsverfügung gebunden (vgl. Rn 125 ff.).

### 2. Formvorschriften und Aufbewahrung

Eine Betreuungsverfügung ist an keine Formvorschrift gebunden. Im Hinblick auf § 1901a BGB (Ablieferungspflicht schriftlicher Betreuungswünsche) ist aus Beweisgründen die Einhaltung der schriftlichen Form aber zweckmäßig.

Geschäftsfähigkeit des Verfügenden bei Abfassung der Betreuungsverfügung ist nicht zwingend erforderlich, da Wünsche und Vorschläge keine Willenserklärungen sind. Auch Wünsche eines Geschäftsunfähigen sind daher gegebenenfalls zu berücksichtigen.[109]

Ebenso wenig notwendig wie die notarielle Beurkundung oder die Unterschriftsbeglaubigung durch den Notar ist die Hinzuziehung von Zeugen bei der Errichtung der Betreuungsverfügung. Die Hinzuziehung von Zeugen, die notarielle Unterschriftsbeglaubigung oder die notarielle Beurkundung sind jedoch im Hinblick auf den Nachweis der vollen Geschäftsfähigkeit ebenso sinnvoll wie im Hinblick darauf, dass die Entscheidungsfähigkeit des Verfügenden hinsichtlich der Ausübung, der Bedeutung und der Tragweite seines Selbstbestimmungsrechts dann kaum angezweifelt werden dürfte.

Sinnvoll ist es, alle Unterschriften in nicht allzu langen Zeitabständen zu erneuern, um dadurch zu dokumentieren, dass der ursprünglich gefasste Wille nach wie vor aufrechterhalten wird. Dabei sollte bei einer absehbaren Verschlechterung des Gesundheitszustandes das Intervall der Unterschriftserneuerung deutlich verkürzt werden, um der Annahme eines eventuellen Meinungsumschwungs durch Dritte entgegenzuwirken.

Die Betreuungsverfügung ist so aufzubewahren, dass diese unverzüglich bei Eintritt des Betreuungsfalles dem Vormundschaftsgericht zugeleitet wird (vgl. Rn 207 ff.).

### 3. Bindungswirkung einer Betreuungsverfügung

#### a) Selbstbindung des Betreuten und Widerrufsmöglichkeit

Nach § 1897 Abs. 4 S. 3 BGB ist der Betreute (bzw. der Betreuungsbedürftige) an früher geäußerte Wünsche nicht gebunden. Er kann diese jederzeit widerrufen. Insoweit besteht also keine Selbstbindung des Verfügenden. Sowohl in Hinblick auf die Auswahl des Betreuers als auch im Hinblick auf die sonstigen Wünsche gilt also der jeweils aktuelle Wille des Betreuten. Wegen der leichten Beeinflussbarkeit vieler Betreuungsbedürftiger muss jedoch besonders darauf geachtet werden, ob eine wirkliche Willensänderung vorliegt oder der

---

[109] BayObLG FamRZ 1994, 530; MüKo-*Schwab*, § 1901 BGB Rn 6; Palandt/*Diederichsen*, § 1901 Rn 7; anders bei Rechtsgeschäften, die der Betreuer für den Verfügenden tätigen soll und die außerhalb des Aufgabenkreises der Betreuung liegen; hier ist eine wirksame Bevollmächtigung und damit auch Geschäftsfähigkeit erforderlich.

Betreute nicht vielmehr dem Willen anderer nachgibt. So reichen bloße Zweifel, ob der Betreute an seinen in der Betreuungsverfügung festgelegten Wünschen festhalten will, nicht aus. In der Situation der Betreuung muss feststehen, dass die geänderten Vorstellungen des Betreuten keiner momentanen Stimmungsschwankung entsprungen, sondern ernsthaft gewollt sind.[110]

124 Liegt somit keine wirkliche Willensänderung des Betreuten vor, muss von einer Selbstbindung der Betreuungsverfügung ausgegangen werden. Gleiches gilt für den Fall der Bewusstlosigkeit des Betreuten.

### b) Bindung des Betreuungsgerichts

#### aa) Bindung an den Betreuervorschlag

125 Das Betreuungsgericht ist entsprechend den gesetzlichen Bestimmungen an die Wünsche des Verfügenden bezüglich des Vorschlags zum Betreuer nur gebunden, sofern der vorgeschlagene Betreuer geeignet ist, der Vorschlag gem. § 1897 Abs. 4 S. 1 BGB dem Wohl des Betreuten nicht zuwider läuft, die Unvereinbarkeitsregelung des § 1897 Abs. 3 BGB nicht entgegensteht und der Vorgeschlagene die Übernahme der Betreuung nicht nach § 1898 BGB ablehnt.

126 Für das Gericht besteht kein Auswahlermessen.[111] Der Vorgeschlagene ist zu bestellen, wenn keine gesetzliche Vorschrift entgegensteht.

Gemäß § 1897 Abs. 1 S. 1 BGB muss der Betreuer geeignet sein, die ihm obliegenden Aufgaben zu erledigen. Die Eignung ist ein unbestimmter Rechtsbegriff und unterliegt der vollen Nachprüfung in der Rechtsbeschwerde.[112] Das Gesetz stellt dabei auf zwei Merkmale entscheidend ab: Die notwendigen intellektuellen und emotionalen Kenntnisse und Fähigkeiten zur Besorgung des Aufgabenkreises müssen ebenso wie die Möglichkeit der persönlichen Betreuung vorhanden sein.[113] Welche Anforderungen konkret zu erfüllen sind, hängt von den Umständen des Einzelfalls ab, insbesondere von den zu erledigenden Aufgaben.

127 Der Vorschlag des Verfügenden läuft dem eigenen Wohl beispielsweise zuwider, wenn ein gefährliches Abhängigkeitsverhältnis, ein erkennbares Desinteresse, Unvermögen oder eigene Gebrechlichkeit des Vorgeschlagenen besteht. Steht eine weitaus geeignetere Person als Betreuer zu Verfügung, ist der Vorgeschlagene aber nicht ungeeignet, hat der Wille des Verfügenden Vorrang.[114]

128 Will der in einer Betreuungsverfügung als Betreuer Vorgeschlagene die Betreuungsaufgabe nicht übernehmen, beseitigt dies für sich gesehen nicht die Bindungswirkung des Gerichts an den Vorschlag.[115] Der Vorgeschlagene ist in der Regel auch wider Willen verpflichtet, die Betreuung zu übernehmen. Die Ausnahmen hierzu regelt § 1898 BGB. Doch ist zu bedenken, dass ein unwilliger Betreuer häufig kein guter Sachwalter sein wird und dass der Unwillige nicht zur Übernahme des Amtes gezwungen werden kann. Die in § 1896 BGB begründete Rechtspflicht ist insoweit sanktionslos.[116] Als Sanktion für die unbegründete

---

110 *Eisenbart*, S. 190.
111 *Schwab*, FamRZ 1992, 493, 501.
112 BayObLG FamRZ 1996, 244 f. Allerdings kann die Beurteilung der persönlichen Eigenschaften und deren Anwendung vom Beschwerdegericht nur beschränkt nachgeprüft werden.
113 Staudinger/*Bienwald*, § 1897 Rn 12.
114 *Eisenbart*, S. 191.
115 *Schwab*, FamRZ 1992, 493, 502.
116 Palandt/*Diederichsen*, § 1898 Rn 1.

Weigerung bleibt letztlich nur die Schadensersatzpflicht nach § 1787 Abs. 1 i.V.m. § 1909i Abs. 1 S. 1 BGB.

Wird ein Vereins- oder Behördenbetreuer vorgeschlagen, wird das Prinzip des Vorrangs privater Einzelbetreuer vor Vereins- und Behördenbetreuern nach § 1900 BGB überwunden.[117]

129

Grundsätzlich kann der Verfügende verbindlich seinen Betreuer in der Betreuungsverfügung festlegen. Eine absolute Garantie, dass das Vormundschaftsgericht dem Vorschlag folgt, gibt es jedoch nicht.

130

bb) Bindung an Wünsche zur Ausgestaltung des Betreuungsverhältnisses

Bei der Ausgestaltung des Betreuungsverhältnisses kommt dem Betreuungsgericht eine Kontrollfunktion zu. Das Betreuungsgericht kann gem. § 1837 Abs. 2 und 3 BGB i.V.m. § 1908i Abs. 1 S. 1 BGB gegen ein unbegründetes Beiseiteschieben der Wünsche des Betreuten vorgehen.

131

Wünsche des Betreuten, die in einer Betreuungsverfügung oder auch in einer isoliert abgefassten Patientenverfügung festgehalten sind, sind daher vom Betreuungsgericht zumindest im Rahmen der Feststellung des mutmaßlichen Willens des nicht einwilligungsfähigen Verfügenden zu berücksichtigen.[118]

c) Bindung des Betreuers

Der Betreuer hat nach § 1901 Abs. 3 BGB den in einer Betreuungsverfügung geäußerten Wünschen des Verfügenden zu entsprechen.

132

Eine Bindung besteht an die Wünsche nur bei Angelegenheiten innerhalb eines festgelegten Aufgabenkreises. Gehen die Wünsche darüber hinaus, so geschieht die Erfüllung freiwillig.[119]

Eine Bindung besteht auch nur insoweit, als der Wunsch nicht dem Wohl des Betreuten zuwiderläuft und dem Betreuer auch zumutbar ist. Hilfe zu einer klaren Selbstschädigung muss der Betreuer jedoch nicht leisten.[120] Ob die Erfüllung des Wunsches dem Wohl des Betreuten zuwiderläuft, beurteilt der Betreuer.[121] Der Begriff des Wohls des Betreuten orientiert sich nicht nur an objektiven Kriterien, denn der Gesetzgeber hat die subjektive Komponente entscheidend gestärkt. Die Möglichkeit des Betreuten, sein Leben nach eigenen Wünschen und Vorstellungen zu gestalten, wird als Teil seines Wohles verstanden, § 1901 Abs. 2 S. 2 BGB.[122] Der Wunsch des Betreuten widerspricht vor allem dann seinem Wohl, wenn dessen Verwirklichung Rechtsgüter des Betreuten gefährden, die im Rang über den vom Wunsch verfolgten Interessen stehen. Ferner sind solche Wünsche nicht bindend, die die gesamte Lebens- und Versorgungssituation des Betreuten merklich verschlechtern würden.[123]

133

---

117 Vgl. *Perau*, MittRhNotK 1996, 286.
118 Vgl. dazu auch *Perau*, MittRhNotK 1996, 289.
119 *Langenfeld*, S. 160.
120 Palandt/*Diederichsen*, § 1901 Rn 9.
121 MüKo-*Schwab*, § 1901 BGB Rn 9.
122 *Perau*, MittRhNotK 1996, 288.
123 Vgl. dazu *Schwab*, FamRZ 1992, 493, 503; MüKo-*Schwab*, § 1901 BGB Rn 4–8.

Ist die Befolgung eines Wunschs dem Betreuer nicht zuzumuten, beispielsweise weil dessen Erfüllung einen unangemessen hohen Zeitaufwand erfordert, braucht dieser einen solchen nicht zu befolgen.

134 Bezüglich Heilbehandlungen bzw. deren Abbruch gilt, dass der Betreuer an einen im Rahmen der Betreuungsverfügung manifestierten Wunsch gebunden ist, sofern keine widersprechende aktuellere Äußerung des Betreuten vorliegt. Unter dem Gesichtspunkt der Zumutbarkeit, die sich aus der Sicht des Betreuers bestimmt, kann die Bindungswirkung bzgl. des Wunsches auf Behandlungsabbruch jedoch entfallen.[124]

135 Wurde eine Anweisung an einen Betreuer im Rahmen einer isoliert abgefassten Patientenverfügung erteilt, so ist dieser entsprechend der für die Bindungswirkung für Patientenverfügungen geltenden Grundsätze zur Wunschbefolgung verpflichtet (vgl. Rn 178 ff.). Eine Patientenverfügung an den behandelnden Arzt ist gleichzeitig eine Betreuungsverfügung, die den Betreuer verpflichtet, anhand der vorgegebenen Leitlinien zu entscheiden.[125]

136 Die Befolgung der Wünsche des Betreuten ist eine Rechtspflicht für den Betreuer. Verstöße dagegen betreffen zunächst jedoch nur das Innenverhältnis zwischen Betreuer und Betreutem, da die vom Wunsch des Betreuten abweichenden Entscheidungen des Betreuers im Außenverhältnis wirksam sind. Insoweit unterliegt er aber der Kontrolle des Betreuungsgerichts nach § 1837 Abs. 2 und 3 BGB i.V.m. § 1908i Abs. 1 S. 1 BGB. Bei wiederholter Vernachlässigung der Wünsche des Betreuten kann Zweifel an der Eignung des Betreuers bestehen.

137 Insgesamt ist daher davon auszugehen, dass eine grundsätzliche Bindung des Betreuers an Wünsche des Betreuten besteht. Allerdings kann nicht ausgeschlossen werden, dass in Einzelfällen ein Betreuer sich über die Wünsche des Betreuten hinwegsetzt, auch wenn diese sehr wohl in Einklang mit dem Wohl des Betreuten stehen und dem Betreuer auch zumutbar sind.

### 4. Ende der Betreuerbestellung

138 Die Befugnisse des Betreuers enden mit Aufhebung der Betreuung bzw. der Entlassung des Betreuers nach § 1908b BGB. Dem Betreuten steht kein Widerrufsrecht zu entsprechend dem Widerruf einer Vorsorgevollmacht. Nach § 1908d Abs. 2 BGB ist die Betreuung auf Antrag des Betreuten jedoch aufzuheben, wenn er nicht mehr betreuungsbedürftig ist.

### 5. Kontrolle und Genehmigungsvorbehalte des Betreuungsgerichts

#### a) Kontrolle

139 Im Gegensatz zum Bevollmächtigten im Rahmen einer Vorsorgevollmacht ist der Betreuer über die Verweisung des § 1908i Abs. 1 S. 1 BGB an die Genehmigungsvorbehalte des Vormunds nach §§ 1819–1821 BGB gebunden.

140 Der Betreuer unterliegt der Kontrolle des Betreuungsgerichts nach § 1837 Abs. 2 und 3 BGB i.V.m. § 1908i Abs. 1 S. 1 BGB. Dabei ist es gleichgültig, welche Form der Betreuung und welcher Betreuertyp vorliegen. Das Betreuungsgericht überprüft die Maßnahmen des Betreuers im Hinblick auf Pflichtwidrigkeiten oder Missbrauch. Allerdings rechtfertigt nicht jeder Konflikt zwischen Betreuer und Betreuten ein vormundschaftliches Eingreifen

---

124 *Bienwald/Sonnenfeld/Hoffmann*, § 1904 BGB Rn 41.
125 Palandt/*Diederichsen*, § 1904 Rn 1; *Perau*, MittRhNotK 1996, 290.

im Rahmen der Aufsichtspflicht.¹²⁶ Überprüft wird die Rechtmäßigkeit, nicht aber die Zweckmäßigkeit der Entscheidung des Betreuers. Ausgeschlossen ist, dass das Betreuungsgericht anstelle des Betreuten tätig wird.¹²⁷

Als Pflichtwidrigkeit kommen dabei in Betracht:
- Betreiben der Entlassung des gemeingefährlichen Betreuten,
- unangemessene Umgangsregelung mit den leiblichen Eltern,
- Verhinderung des Kontakts zu Verwandten ohne vernünftigen Grund,
- Verweigerung der Bereitstellung von finanziellen Mitteln zur Behebung einer erheblichen Krankheit,
- verschwenderischer Unterhalt,
- dauernde Verstöße gegen die Pflicht zur mündelsicheren Vermögensanlage,
- aussichtslose Prozessführung,
- unsachliche Rechthaberei und Starrköpfigkeit.

Gegen Pflichtwidrigkeiten hat das Gericht durch geeignete Gebote und Verbote einzuschreiten und auch ein Zwangsgeld festzusetzen. Letzteres ist allerdings nicht möglich gegenüber dem Jugendamt, einer Behörde sowie gem. § 1908g BGB gegenüber dem Behördenbetreuer.

Des Weiteren äußert sich die gerichtliche Aufsicht in der Pflicht des Betreuers zur Auskunft gegenüber dem Gericht nach § 1839 BGB und Rechnungslegung gem. §§ 1840, 1841, 1843 BGB.

b) Genehmigungsvorbehalte

aa) Genehmigungsvorbehalt nach § 1904 Abs. 1 BGB bei ärztlichen Maßnahmen

Nach § 1904 Abs. 1 BGB bedarf der in einer Betreuungsverfügung vorgeschlagene und vom Vormundschaftsgericht bestellte Betreuer zu allen ärztlichen Maßnahmen, bei denen Gefahr besteht, dass der Betreute aufgrund der Maßnahme stirbt, oder einen schweren, und länger dauernden gesundheitlichen Schaden erleidet, der Genehmigung des Vormundschaftsgerichts.

bb) Genehmigungsvorbehalt nach § 1904 Abs. 2 BGB bei Nichteinwilligung oder Widerruf

Die Nichteinwilligung oder der Widerruf der Einwilligung des Betreuers in eine Untersuchung des Gesundheitszustandes, einer Heilbehandlung oder einen ärztlichen Eingriff bedarf der Genehmigung des Betreuungsgerichts, wenn die Maßnahme medizinisch angezeigt ist und die begründete Gefahr besteht, dass der Betreute aufgrund des Unterbleibens oder des Abbruchs der Maßnahme stirbt oder einen schweren oder länger dauernden gesundheitlichen Schaden erleidet.

Diese Genehmigung ist lediglich dann nicht erforderlich, wenn zwischen Betreuer und dem behandelnden Arzt Einvernehmen darüber besteht, dass die Erteilung, die Nichterteilung oder der Widerruf der Einwilligung dem nach § 1900a BGB festgestellten Willen des Betreuten entspricht.

> **Hinweis**
> Nach § 1900a Abs. 1 BGB hat der Betreuer zu prüfen, ob die Festlegung in einer Patientenverfügung auf die aktuelle Lebens- und Behandlungssituation zutreffend ist. Ist dies

---

126 Palandt/*Diederichsen*, § 1837 Rn 15.
127 Anderes gilt z.B. nur bei § 1846 BGB.

der Fall, hat der Betreuer dem Willen des Betreuten Ausdruck und Geltung zu verschaffen. Daher ist mit Abfassung einer Betreuungsverfügung zugleich eine Patientenverfügung anzufertigen, um dem Betreuer die notwendigen Anknüpfungspunkte zu geben, um dem Willen des Betreuten Geltung zu verschaffen.

### cc) Genehmigungsvorbehalt nach § 1906 Abs. 2, 4 BGB bei Unterbringung, freiheitsentziehenden oder -beschränkenden Maßnahmen

148 Bei einer Entscheidung über eine Unterbringung bzw. freiheitsentziehende oder -beschränkende Maßnahmen § 1906 Abs. 2, 4 BGB ist die Genehmigung des Betreuungsgerichts einzuholen. Ohne diese Genehmigung sind die Maßnahmen nur zulässig, wenn mit dem Aufschub Gefahr verbunden ist.[128]

### dd) Genehmigungsvorbehalt nach § 1907 Abs. 1, 3 BGB bei Miet- und Pachtverträgen

149 Nach § 1907 Abs. 1 BGB unterliegt dem Genehmigungsvorbehalt die Kündigung eines Mietverhältnisses über Wohnraum, den der Betreute gemietet hat. Dies gilt auch, wenn der Betreute die Räume nicht mehr bewohnt oder lediglich in eine andere Mietwohnung umziehen möchte.

150 § 1907 Abs. 3 BGB sieht des Weiteren einen Genehmigungsvorbehalt bei Miet- oder Pachtverträgen sowie bei Verträgen vor, durch die der Betreute zu wiederkehrenden Leistungen verpflichtet wird, sofern der Vertrag mit einer Dauer von mehr als vier Jahren abgeschlossen werden soll.[129] Unabhängig von der Vertragsdauer ist die Vermietung von Wohnraum durch den Betreuer stets genehmigungspflichtig. Hierdurch soll sichergestellt werden, dass der Betreuer den Wohnungsschutz zugunsten des Betreuten nicht durch Weitervermieten der Wohnung des Betreuten unterläuft.[130] Für die Vermietung von nicht selbst durch den Betreuten genutzten Wohnraum soll die Vorschrift jedoch nicht gelten.[131] Aus dem Wortlaut ist diese Einschränkung jedoch nicht zu entnehmen.

151 **Hinweis**
Um eine sinnvolle Vermögensverwaltung nicht zu erschweren, sollte bei entsprechender Sachlage unbedingt neben einer Betreuungsverfügung eine Vollmacht zum Abschluss von Mietverträgen verfasst werden.

### ee) Genehmigungsvorbehalt nach § 1908 BGB bei Ausstattung

152 Genehmigungspflichtig ist nach § 1908 BGB auch die Ausstattung aus dem Vermögen des Betreuten.[132]

---

128 Sofern es sich um eine länger dauernde (längstens drei Tage) oder um eine regelmäßige Schutzmaßnahme handelt, muss der Bevollmächtigte die Genehmigung des Vormundschaftsgerichts einholen.
129 MüKo-*Schwab*, § 1907 BGB Rn 10.
130 Palandt/*Diederichsen*, § 1907 Rn 8.
131 LG Münster MDR 1994, 276; Palandt/*Diederichsen*, § 1907 Rn 8; a.A. MüKo-*Schwab*, § 1907 BGB Rn 10, wonach jegliche Vermietung von Wohnraum genehmigungspflichtig sein soll mit der Folge, dass eine sinnvolle Vermögensverwaltung erheblich erschwert wird.
132 Die Ausstattung ist in § 1624 Abs. 1 BGB definiert.

### ff) Genehmigungsvorbehalt nach § 1908i Abs. 2, 1804 BGB bei Schenkung

Genehmigungspflichtig sind trotz eines entsprechenden Wunsches des Betreuten Schenkungen, die über Gelegenheitsgeschenke hinausgehen, die nach den Lebensverhältnissen des Betreuten üblich sind.

## II. Gestaltungshinweise und Muster

### 1. Gestaltungsgrundsätze

Die Betreuungsverfügung kann Willensäußerungen sowohl für die Auswahl eines bestimmten Betreuers als auch für dessen gesamtes Tätigkeitsfeld enthalten. Soweit die gesetzlich zulässige Tätigkeit des Betreuers reicht, ist auch eine Anweisung an ihn möglich.[133]

Beschränkt wird die inhaltliche Gestaltungsmöglichkeit der Betreuungsverfügung letztlich durch ihre Möglichkeit, eine Bindungswirkung zu erzielen, sowie durch die bestehenden Genehmigungsvorbehalte.

### 2. Auswahl des Betreuers

Bei der Auswahl des Betreuers kann der Betroffene verschiedene Personen für jeweils unterschiedliche Aufgabenbereiche benennen, so beispielsweise eine Person für die Besorgung der vermögensrechtlichen Angelegenheiten und eine weitere Person für die Erledigung der Gesundheitssorge. Des Weiteren ist es genauso möglich, mehrere Alternativvorschläge bezüglich einer Betreuerbestellung zu machen, wie auch die Benennung eines Ersatzbetreuers für den Fall, dass der vorrangig Benannte die Betreuung nicht übernehmen will oder kann, möglich ist. Wenngleich grundsätzlich nur eine natürliche Person vorgeschlagen werden kann,[134] wird in der Benennung einer juristischen Person der Wunsch liegen, einen Mitarbeiter dieser Institution als Vereins- oder Behördenbetreuer bestellt zu bekommen.

Die Staatsangehörigkeit ist bei einer Betreuerauswahl unerheblich. Auch Nicht-Deutsche können zu Betreuern bestellt werden und sind gem. § 1898 BGB zur Übernahme verpflichtet.

So wie der Verfügende eine Person zum Betreuer bestimmen kann, kann er umgekehrt nach § 1897 Abs. 4 S. 2 BGB auch bestimmen, dass eine bestimmte Person nicht zum Betreuer zu bestellen ist. Einzig gesetzlich normierter Ausschlussgrund für die Bestellung zum Betreuer ist das Abhängigkeitsverhältnis oder eine andere enge Beziehung zu der Anstalt, dem Heim oder sonstigen Einrichtung, in der der Betreuungsbedürftige untergebracht ist, § 1897 Abs. 3 BGB. Eine solche Person darf wegen des gesetzlich unwiderlegbar vermuteten Interessenkonfliktes nicht zum Betreuer bestellt werden, da bei einer Unterbringung die Aufgabe der Betreuung in erster Linie in der Interessenwahrung gegenüber der Unterbringungsanstalt und dessen Personal liegt. Verlässt der Betreute das Heim oder wechselt der Mitarbeiter seinen Arbeitsplatz, entfällt das Hindernis. Unproblematisch kann aber beispielsweise ein behandelnder Arzt oder auch ein Hausarzt zum Betreuer bestellt werden, sofern er nicht in einem engen Verhältnis zur Unterbringungsanstalt des Betreuten steht.[135]

---

[133] *Perau*, MittRhNotK 1996, 285 ff. mit ausführlicher Darstellung zu den Regelungsinhalten einer Betreuungsverfügung.

[134] Vgl. § 1900 BGB, der das Prinzip des Vorrangs privater Einzelbetreuer vor Vereins- und Behördenbetreuer manifestiert.

[135] Nach §§ 181, 1908i, 1795 Abs. 2 BGB kann dieser jedoch bei Entscheidungen im Einzelfall ausgeschlossen sein; vgl. Staudinger/*Bienwald*, § 1897 Rn 26.

157 Die Gefahr einer Interessenkollision besteht bei der Bestellung naher Angehöriger zu Betreuern, da diese für den Fall der gesetzlichen Erbfolge auch Erben sind. Ein diesbezüglicher Ausschlussgrund ist gesetzlich jedoch nicht normiert. Die bloße Erbberechtigung ist damit kein Fall, der zur Ablehnung der Betreuerbestellung führt. Ansonsten könnten nahe Verwandten nie zu Betreuern bestellt werden. Vielmehr müssen konkrete Anhaltspunkte vorliegen, die eine Gefahr einer Interessenkollision begründen.[136]

Ist der Betreuer geschäftsunfähig, fehlt es an dessen Eignung zur Betreuerbestellung. Ein beschränkt Geschäftsfähiger kann grundsätzlich Betreuer sein.[137]

### 3. Art und Weise der Betreuung

158 Die individuellen Wünsche zur Ausgestaltung des Betreuungsverhältnisses können sich auf alle der Betreuung unterliegende Lebensbereiche beziehen. Inhaltlich wird der Verfügende hier insbesondere anstreben, seine bisherigen Lebensgewohnheiten auch für den Fall einer erforderlich werdenden Betreuung soweit als möglich weiterführen zu können. Da aber weder Eintritt, Umfang und Dauer der Betreuung sowie die tatsächlichen Verhältnisse vorhersehbar sind, sind konkrete Ausgestaltungen einer Betreuungsverfügung im Einzelfall schwierig. Wurden einzelne Regelungen zu eng gefasst, stellt sich bei geänderten Umständen die Frage, ob der Betreute auch für diese Situation eine Anweisung an den Betreuer erteilen wollte. Bleiben die geäußerten Wünsche vage und allgemein gehalten, so ist der konkrete Wille zu ermitteln.[138]

159 Neben Regelungen über die Vermögensverwaltung kommen hier insbesondere auch Regelungen zu der Einwilligung und dem Versagen von Heilbehandlungen nach § 1904 BGB, Entscheidungen über die Unterbringung nach § 1906 Abs. 1 BGB, Entscheidungen über freiheitsentziehende oder -beschränkende Maßnahmen nach § 1906 Abs. 4 BGB sowie auch Regelungen zur Aufenthalts- und Umgangsbestimmung in Betracht.

160 Eine Befreiung des Betreuers von den gesetzlichen Beschränkungen, insbesondere von der Kontrolle durch das Vormundschaftsgericht, sowie von der Genehmigungsbedürftigkeit bestimmter Angelegenheiten ist nicht möglich. Insoweit handelt es sich um zwingendes Recht.

### 4. Befugnisse des Betreuers

#### a) Rechtliche Grundlagen

161 Gemäß § 1902 BGB vertritt der Betreuer den Betreuten gerichtlich und außergerichtlich. Er hat dabei die Stellung eines gesetzlichen Vertreters.[139] Die Vertretungsmacht besteht für den gesamten zugewiesenen Aufgabenkreis.[140] Erachtet das Betreuungsgericht die Betreuung nur für bestimmte Aufgabenbereiche für notwendig, kann eine Erweiterung der Befugnisse des Betreuers durch eine Vollmachtserteilung erfolgen. Ist der Betreuungsfall jedoch bereits eingetreten, scheitert eine Vollmachtserteilung in der Regel an der mangelnden Geschäftsfähigkeit des Betreuten.

---

136 Vgl. insoweit § 1897 Abs. 5 BGB, wonach die Gefahr von Interessenkollisionen bei einer Betreuerauswahl ohne entsprechenden Vorschlag des Betroffenen berücksichtigt werden muss.
137 Vgl. Staudinger/*Bienwald*, § 1897 BGB Rn 20.
138 *Perau*, MittRhNotK 1996, 288; *Epple*, BWNotZ 1992, 27 f.
139 Die Unterscheidung zwischen gesetzlichem Vertreter und staatlich bestelltem Bevollmächtigten findet nicht statt, vgl. insoweit BT-Drucks 11/4528, 135.
140 Zu den verschiedenen Funktionstypen vgl. *Schwab*, FamRZ 1992, 499.

### b) Befugnisse bei gleichzeitiger Geschäftsfähigkeit des Betreuten

Die Vertretungsmacht des Betreuers lässt die Geschäftsfähigkeit des Betreuten unberührt. Sofern der Betreute also nicht nach § 104 Nr. 2 BGB geschäftsunfähig ist oder für den betreffenden Geschäftsbereich kein Einwilligungsvorbehalt nach § 1903 BGB angeordnet wurde, bleibt er selbstständig handlungsfähig. Daher kann es zu widersprechenden Rechtsgeschäften und Prozesshandlungen zwischen Betreutem und Betreuer kommen. Die allgemeinen Grundsätze des Vertretungsrechts sind dann anwendbar mit der Folge, dass letztlich nur bei einem kollusiven Zusammenwirken zwischen Betreuer und Drittem von einer Unwirksamkeit des Rechtsgeschäfts ausgegangen werden kann. Bei rechtlich widersprechenden Rechtsgeschäften wie beispielsweise der Verfügung über denselben Gegenstand gilt das Prinzip der zeitlichen Priorität. Rechtlich nicht kollidierende, aber wirtschaftlich sinnlose Rechtsgeschäfte können nur nach allgemeinem Zivilrecht rückabgewickelt werden. Das Betreuungsrecht sieht kein besonderes Widerrufsrecht vor.

Für nicht rechtsgeschäftliche Bestimmungsbefugnisse gelten die dargestellten Grundsätze entsprechend. Eine Aufenthalts- und Umgangsbestimmung des Betreuers ist beispielsweise unwirksam, wenn der Betreuer die Wünsche des Betreuten pflichtwidrig übergeht und dies für den Dritten evident ist.[141]

### 5. Muster: Betreuungsverfügung in Kombination mit einer Patientenverfügung

*Betreuungsverfügung*

Ich, ▬, geborene/r ▬, geb. am ▬, derzeit wohnhaft ▬, schlage für den Fall, dass für mich ein gesetzlicher Betreuer bestellt werden muss, gem. § 1897 Abs. 4 BGB hierfür die folgende Person als Betreuer für alle erforderlichen Angelegenheiten vor:

▬, geborene/r ▬, geb. am ▬, derzeit wohnhaft ▬, Telefon ▬

Falls die vorbezeichnete Person die Betreuung nicht übernehmen will oder kann, schlage ich als Ersatzperson die folgende Person vor:

▬, geborene/r ▬, geb. am ▬, derzeit wohnhaft ▬, Telefon ▬

Auf keinen Fall wünsche ich, dass die folgende Person zum Betreuer bestellt wird:

▬, geborene/r ▬, geb. am ▬, derzeit wohnhaft ▬, Telefon ▬

Die Betreuung soll meinen folgenden Wünschen entsprechend geführt werden:
- Mein Vermögen soll mündelsicher verwaltet werden. Der Betrag von ▬ EUR darf jedoch auch spekulativ verwaltet werden.
- Über mein Einkommen sowie über mein bewegliches und unbewegliches Vermögen soll wie folgt verfügt werden: ▬
- Meine bisherigen Lebensgewohnheiten bei Freizeitgestaltung und Urlaub wie ▬ möchte ich beibehalten.
- Die in meiner Patientenverfügung geäußerten Wünsche sind von meinem Betreuer zu befolgen. Insbesondere obliegt es meinem Betreuer auch, die in meiner Patientenverfügung von mir niedergelegten Wünsche gegenüber Ärzten und Pflegepersonal, aber ggf. auch gegenüber dem Betreuungsgericht durchzusetzen.
- Falls Pflegebedürftigkeit eintritt, soll die häusliche Pflege durch ▬ erfolgen, der sich hierzu bereit erklärt hat. ▬ soll für meine Pflege ein Entgelt in Höhe von ▬ EUR erhalten.

Sofern die persönliche Pflege durch die vorbezeichnete Person nicht mehr möglich sein sollte, soll meine häusliche Pflege durch den Pflegedienst ▬ sichergestellt werden.

---

141 MüKo-*Schwab*, § 1901 BGB Rn 13.

- Sollte eine stationäre Pflege erforderlich werden, möchte ich in folgendem Pflegeheim/Krankenhaus untergebracht werden: ▆▆▆. Sollte eine Unterbringung dort nicht möglich sein, möchte ich in einem Pflegeheim/Krankenhaus mit entsprechendem Standard untergebracht werden.
- Sollte eine Finanzierung meiner Pflege und auch sonstiger Ausgaben aus meinem laufenden Einkommen nicht möglich sein, so soll folgendes Grundstück, Eigentumswohnung, Sammlung, Mobiliar, Wertpapier zur Finanzierung meiner Pflege verkauft werden: ▆▆▆.

(Ort, Datum)

(Unterschrift des Verfügenden)

Die nachfolgend aufgeführten Zeugen bestätigen, dass ich die Betreuungsverfügung im Vollbesitz der geistigen Kräfte verfasst habe:

1. Zeuge:

▆▆▆, geb. am ▆▆▆, derzeitig wohnhaft ▆▆▆, Telefon ▆▆▆

▆▆▆ (Ort, Datum)

▆▆▆ (Unterschrift des 1. Zeugen)

2. Zeuge:

▆▆▆, geb. am ▆▆▆, derzeitig wohnhaft ▆▆▆, Telefon ▆▆▆

▆▆▆ (Ort, Datum)

▆▆▆ (Unterschrift des 2. Zeugen)

### 6. Muster: Betreuungsverfügung – Getrennter Betreuervorschlag für den vermögensrechtlichen und persönlichen Bereich

*Betreuungsverfügung*

Ich, ▆▆▆, geborene/r ▆▆▆, geb. am ▆▆▆, derzeit wohnhaft ▆▆▆, schlage für den Fall, dass für mich ein gesetzlicher Betreuer bestellt werden muss gem. § 1897 Abs. 4 BGB hierfür die folgende Person als Betreuer für alle persönlichen Angelegenheiten, die meine Gesundheitssorge und mein Selbstbestimmungsrecht einschließlich der Aufenthaltsbestimmung betreffen, vor:

▆▆▆, geborene/r ▆▆▆, geb. am ▆▆▆, derzeit wohnhaft ▆▆▆, Telefon ▆▆▆

Falls die vorbezeichnete Person die Betreuung nicht übernehmen will oder kann, schlage ich als Ersatzperson die folgende Person vor:

▆▆▆, geborene/r ▆▆▆, geb. am ▆▆▆, derzeit wohnhaft ▆▆▆, Telefon ▆▆▆

Auf keinen Fall wünsche ich, dass die folgende Person zum Betreuer bestellt wird:

▆▆▆, geborene/r ▆▆▆, geb. am ▆▆▆, derzeit wohnhaft ▆▆▆, Telefon ▆▆▆

Die Betreuung im Hinblick auf alle persönlichen Angelegenheiten soll meinen folgenden Wünschen entsprechend geführt werden:
- Meine bisherigen Lebensgewohnheiten bei Freizeitgestaltung und Urlaub wie ▆▆▆ möchte ich beibehalten.
- Die in meiner Patientenverfügung geäußerten Wünsche sind von meinem Betreuer zu befolgen. Insbesondere obliegt es meinem Betreuer auch, die in meiner Patientenverfügung von mir niedergelegten Wünsche gegenüber Ärzten und Pflegepersonal aber ggf. auch gegenüber dem Betreuungsgericht durchzusetzen.
- Falls Pflegebedürftigkeit eintritt, soll die häusliche Pflege durch ▆▆▆ erfolgen, der sich hierzu bereit erklärt hat. ▆▆▆ soll für meine Pflege ein Entgelt in Höhe von ▆▆▆ EUR erhalten.

Sofern die persönliche Pflege durch die vorbezeichnete Person nicht mehr möglich sein sollte, soll meine häusliche Pflege durch den Pflegedienst ▓▓▓▓ sichergestellt werden.
- Sollte eine stationäre Pflege erforderlich werden, möchte ich in folgendem Pflegeheim/Krankenhaus untergebracht werden: ▓▓▓▓. Sollte eine Unterbringung dort nicht möglich sein, möchte ich in einem Pflegeheim/Krankenhaus mit entsprechendem Standard untergebracht werden.

Als Betreuer für alle vermögensrechtlichen Fragen schlage ich vor:

▓▓▓▓, geborene/r ▓▓▓▓, geb. am ▓▓▓▓, derzeit wohnhaft ▓▓▓▓, Telefon ▓▓▓▓

Falls die vorbezeichnete Person die Betreuung nicht übernehmen will oder kann, schlage ich als Ersatzperson die folgende Person vor:

▓▓▓▓, geborene/r ▓▓▓▓, geb. am ▓▓▓▓, derzeit wohnhaft ▓▓▓▓, Telefon ▓▓▓▓

Auf keinen Fall wünsche ich, dass die folgende Person zum Betreuer für vermögensrechtliche Angelegenheiten bestellt wird:

▓▓▓▓, geborene/r ▓▓▓▓, geb. am ▓▓▓▓, derzeit wohnhaft ▓▓▓▓, Telefon ▓▓▓▓

Die Betreuung bei allen vermögensrechtlichen Angelegenheiten soll meinen folgenden Wünschen entsprechend geführt werden:
- Mein Vermögen soll mündelsicher verwaltet werden. Der Betrag von ▓▓▓▓ EUR darf jedoch auch spekulativ verwaltet werden.
- Über mein Einkommen sowie über mein bewegliches und unbewegliches Vermögen soll wie folgt verfügt werden: ▓▓▓▓
- Gelder, damit meine bisherigen Lebensgewohnheiten bei Freizeitgestaltung und Urlaub wie oben beschrieben beibehalten werden können, müssen zur Verfügung gestellt werden.
- Gelder für meine häusliche bzw. stationäre Pflege müssen bereitgestellt werden.
- Sollte eine Finanzierung meiner Pflege und auch sonstiger Ausgaben aus meinem laufenden Einkommen nicht möglich sein, so soll folgendes Grundstück, Eigentumswohnung, Sammlung, Mobiliar, Wertpapier zur Finanzierung meiner Pflege verkauft werden: ▓▓▓▓.

Falls sich die Betreuer in einer Frage, die beide Bereiche tangiert, nicht einigen können, soll der Betreuer mit dem Aufgabenbereich der persönlichen Angelegenheiten entscheiden.

▓▓▓▓ (Ort, Datum)

▓▓▓▓ (Unterschrift des Verfügenden)

Die nachfolgend aufgeführten Zeugen bestätigen, dass ich die Betreuungsverfügung im Vollbesitz der geistigen Kräfte verfasst habe:

1. Zeuge:

▓▓▓▓, geb. am ▓▓▓▓, derzeitig wohnhaft ▓▓▓▓, Telefon ▓▓▓▓

▓▓▓▓ (Ort, Datum)

▓▓▓▓ (Unterschrift des 1. Zeugen)

2. Zeuge:

▓▓▓▓, geb. am ▓▓▓▓, derzeitig wohnhaft ▓▓▓▓, Telefon ▓▓▓▓

▓▓▓▓ (Ort, Datum)

▓▓▓▓ (Unterschrift des 2. Zeugen)

## C. Patientenverfügung

### I. Sinn und Zweck einer Patientenverfügung

166 Eine Patientenverfügung soll den Willen des Verfügenden im Hinblick auf eine medizinische Behandlung oder Nichtbehandlung für den Fall Ausdruck verleihen, dass der Verfügende seine Behandlungswünsche aufgrund seiner physischen und psychischen Situation nicht mehr äußern kann. Sie ist ebenso wie die Vorsorgevollmacht Ausdruck des Selbstbestimmungsrechts.

167 Mit dem am 1.9.2009 in Kraft getretenen 3. Gesetz zur Änderung des Betreuungsrechts[142] wurde die Patientenverfügung in § 1901a BGB kodifiziert. Anknüpfend an die schon bisher geltende, durch richterliche Rechtsfortbildung geprägte Rechtslage haben Patientenverfügungen in Deutschland künftig eine hohe rechtliche Verbindlichkeit und müssen unabhängig von Art und Stadium einer Erkrankung beachtet werden. Betreuungsgerichte sollen nur im Konfliktfall zwischen dem Arzt einerseits und dem Betreuer bzw. dem Bevollmächtigten andererseits eingeschaltet werden.

168 Im Gegensatz zu einer Vorsorgevollmacht oder Betreuungsverfügung wendet sich die Patientenverfügung direkt an den behandelnden Arzt und das Pflegepersonal. Sie muss aber auch für den Fall, dass ein Betreuer bestellt wurde oder eine Vorsorgevollmacht auch für Gesundheitsangelegenheiten verfasst wurde, von einem Betreuer oder Bevollmächtigten im Rahmen der von diesem zu treffenden Entscheidung berücksichtigt werden müssen. Eine Kombination mit einer Betreuungsverfügung oder einer Vorsorgevollmacht ist daher sinnvoll.

169 Sinn und Zweck einer Patientenverfügung ist es, den Patientenwillen ausdrücklich zu erklären, damit dieser für Adressaten immer dann dokumentiert vorliegt, wenn der Patient selbst zu einer Äußerung außer Stande ist.

170 Stark in die Diskussionen gerückt ist die Frage nach einem Gesetzesentwurf über eine zulässige Form der Sterbehilfe und die damit für die Abfassung der Patientenverfügung wichtige Frage, welche dahin gehenden Anweisungen und Wünsche des Patienten zulässig sind.[143]

171 Eine Patientenverfügung unterliegt immer einer obersten Grenze: Eine Anweisung zu einer gezielten Lebensverkürzung, also zu einer aktiven Sterbehilfe hätte strafrechtliche Konsequenzen für diejenigen, die diese befolgen. Es versteht sich daher von selbst, eine dahin lautende Anweisung nicht zu erteilen (vgl. Rn 188).

172 Der Hintergrund für den Wunsch eines Mandanten eine Patientenverfügung zu erstellen, dürfte aber weniger vor der Extremsituation „lebensbeendende Maßnahmen" zu sehen sein. Vielmehr steckt hinter dem Wunsch nach einer Patientenverfügung oftmals die Angst vor einer nicht mehr überschaubaren Apparatemedizin und die Angst davor, allein in der Anonymität eines Krankenhauses sterben zu müssen. Hier kann die Palliativmedizin helfen, also eine psychosoziale Betreuung des Patienten in Kombination mit einer Schmerztherapie.

---

142 BGBl I 2009, 2286.
143 Vgl. hierzu: Bericht der Enquete Kommission des Deutschen Bundestages „Ethik und Recht der modernen Medizin" bei *Riedel*, BtPrax 2005, 45 ff.; Zusammenfassung des Berichts der Arbeitsgruppe „Patientenautonomie am Lebensende" der Justizministerin bei *May*, BtPrax 2004, 234; Entwurf des Dritten Gesetzes zur Änderung des Betreuungsrecht, zurückgenommen im Februar 2005, vgl. hierzu Presseinformation des BMJ in FamRZ 2004, 1941 f.; Stellungnahme des nationalen Ethikrats als pdf abrufbar unter *www.ethikrat.org/stellungnahmen*.

Denn kann sich der Patient dahin gehend versichern, in einem menschenwürdigen Umfeld behandelt und betreut zu werden, wird sich sein Patientenwunsch darauf auch beziehen und nicht auf die Frage einer zulässigen Sterbehilfe fokussieren.

## II. Voraussetzungen der Patientenverfügung

Testierfähigkeit i.S.d. § 2229 BGB ist nicht erforderlich, wie die z.T. auch gebräuchliche Bezeichnung der Patientenverfügung als „Patiententestament" irrtümlich vorspiegeln könnte.

Der volljährige Verfügende muss aber bei Abfassung der Patientenverfügung nach § 1901a Abs. BGB einsichtsfähig gewesen sein. Er muss also über die geistige und sittliche Reife verfügt haben, sein Selbstbestimmungsrecht in Gesundheitsangelegenheiten eigenverantwortlich auszuüben.

Entscheidend ist dabei, ob der Patient um Art und Schwere seiner möglichen Erkrankung weiß und ob er das Wesen, die Bedeutung und die Tragweite des ärztlichen Eingriffs bzw. der Behandlung ebenso zu erkennen vermag wie die Folgen einer Verweigerung medizinisch indizierter Maßnahmen bzw. eines Behandlungsabbruchs.[144]

## III. Form und Aufbewahrung der Patientenverfügung

### 1. Form

Die Patientenverfügung eines einwilligungsfähigen Volljährigen muss nach § 1900a Abs. 1 BGB schriftlich festgelegt sein. Um hier im Zweifel auch der gesetzlichen Schriftform nach § 126 BGB zu genügen, sollte sie mit einer Unterschrift versehen sein. Im Weiteren ist weder Handschriftlichkeit gesetzlich vorgeschrieben noch eine notarielle Beglaubigung oder Beurkundung. Auch eine Hinzuziehung von Zeugen ist bei der Errichtung nicht erforderlich, unter Umständen aber sinnvoll, da im Zweifel gegebenenfalls der mutmaßliche Wille des Verfügenden ermittelt werden muss. Die Zeugen einer Patientenverfügung dürften hierüber Auskunft geben können.

### 2. Aufbewahrung

Bezüglich der Aufbewahrung gilt: Es muss auf jeden Fall sichergestellt sein, dass die Verfügung im Original auch aufgefunden wird und die behandelnden Ärzte auch davon Kenntnis erlangen können. Um eine Akzeptanz zu erhöhen ist die Aufgabe der Durchsetzung der Patientenverfügung einem Vorsorgebevollmächtigten zu übertragen. Dementsprechend ist es also von besonderer Bedeutung, dass der Vorsorgebevollmächtigte nicht nur weiß, wo eine Patientenverfügung aufbewahrt ist. Vielmehr sollte der Vorsorgebevollmächtigte in den der Patientenverfügung zugrunde liegenden Entscheidungsprozess auch eingebunden sein.

> **Hinweis**
> Empfehlenswert insoweit ist, einen Vermerk auf die Existenz der Patientenverfügung bei den Ausweispapieren mitzutragen. Die Verfügung im Original sollte bei den sonstigen persönlichen Unterlagen sicher verwahrt sein. Gegebenenfalls können Familienangehörigen, Freunden, dem Hausarzt oder auch der Heimleitung Kopien übergeben werden mit dem Hinweis darauf, wo das Original aufbewahrt wird.

---

144 *Uhlenbruck*, ZAP 1999, 223, 224 (Fach 12, S. 75).

## IV. Bindungswirkung der Patientenverfügung

177 Fraglich war lange Zeit die Bindungswirkung von Patientenverfügungen. Hierzu wurden die folgenden Meinungen vertreten:
1. Teilweise wurde der Patientenverfügung jegliche Bindungswirkung abgesprochen. Hauptargument hierfür: Die Patientenverfügung wird oft noch zu Zeiten abgefasst, in denen der Verfasser gesund ist. Der Patient ändert seine Einstellung aber häufig dann, wenn er in die konkrete Behandlungssituation kommt.[145] Letztlich sei die Patientenverfügung auch frei widerruflich.
2. Nach vielfach vertretener Ansicht ist die Patientenverfügung ein wichtiges Indiz zur Bestimmung des mutmaßlichen Patientenwillens.
3. Teilweise wurde die Patientenverfügung als für den Arzt bindend angesehen. Folge: Setzt sich der Arzt über den erklärten Willen des Patienten hinweg, macht er sich strafbar.[146]
4. Der BGH hat klargestellt, dass eine Willensäußerung in Form einer sog. „Patientverfügung" als Ausdruck des fortwirkenden Selbstbestimmungsrechts bindend wirkt; denn schon die Würde des Betroffenen verlangt, dass eine von ihm eigenverantwortlich getroffene Entscheidung auch dann noch respektiert wird, wenn er die Fähigkeit zu eigenverantwortlichem Entscheiden inzwischen verloren hat (vgl. Rn 72). Zwar kommt der BGH hier zunächst zu dem Ergebnis, Patientenverfügungen seien strikt verbindlich, unterwirft sie dann aber dennoch einer Kontrolle des Vormundschaftsgerichts bei Fragen der Einstellung der künstlichen Ernährung.

178 Mit dem 3. Gesetz zur Änderung des Betreuungsrechts hat der Gesetzgeber deutlich gemacht, dass der gerichtlich nachprüfbare Patientenwille absolute Verbindlichkeit erhält, auch gegen die Indikationsstellung des Arztes. Der durch den Verfügenden im Voraus geäußerte Wille für die konkrete Situation ist sowohl für behandelnde Ärzte, Pfleger und Heime wie auch Bevollmächtigte und Betreuer bindend. Keiner der Beteiligten darf eine Entscheidung gegen den in der Patientenverfügung getroffenen Willen treffen. D.h., eine situationsgenaue Patientenverfügung ist absolut verbindlich.

179 Ist eine Patientenverfügung nicht vorhanden bzw. treffen die Festlegungen in der Patientenverfügung nicht auf die aktuelle Lebens- und Behandlungssituation zu, so ist nach § 1901a Abs. 2 BGB der Behandlungswunsch und der mutmaßliche Wille des Betreuten festzustellen. Auf dieser Grundlage ist sodann zu entscheiden, ob eine ärztliche Maßnahme durchgeführt werden soll oder nicht. Da der mutmaßliche Wille insbesondere aufgrund früherer mündlicher oder schriftlicher Äußerungen sowie ethischen und religiösen Überzeugungen sowie sonstigen persönlichen Wertvorstellungen des Betreuten zu ermitteln ist, kommt hier auch einer nicht formgerecht erklärten Patientenverfügung sowie vormals mündlich geäußerten Wünschen des Betroffenen erhöhte Bedeutung zu. Diesen Willen hat wiederum nach § 1900a Abs. 2 i.V.m. Abs. 5 BGB der Betreuer bzw. der Bevollmächtigte zu ermitteln, keinesfalls der behandelnde Arzt. Da hierbei eine allgemeine Wertanamnese vorzunehmen ist, ist bei der Erstellung einer Patientenverfügung dringend anzuraten, diese auch im Rahmen der Patientenverfügung schriftlich festzuhalten.

180 Keine Regelung hat der Gesetzgeber für den Fall getroffen, dass weder eine Patientenverfügung vorhanden ist noch sich der mutmaßliche Wille des Patienten ermitteln lässt. In dieser Konstellation dürfte letztlich der Grundsatz gelten: in dubio pro vita – im Zweifel für das Leben.

---

145 *Spann*, MedR 1983, 13.
146 *Uhlenbruck*, ZAP 1999, 223 (Fach 12, S. 75) m.w.N. zum Meinungsstreit.

## V. Betreuungsgerichtliche Genehmigungspflicht

Mit dem 3. Betreuungsrechtsänderungsgesetz wurde nach § 1904 Abs. 2 BGB eingeführt, dass die Nichteinwilligung oder der Widerruf der Einwilligung des Betreuers in eine Untersuchung des Gesundheitszustands, einer Heilbehandlung oder einen ärztlichen Eingriff dann der Genehmigung des Betreuungsgerichts bedarf, wenn die Maßnahme medizinisch angezeigt ist und die begründete Gefahr besteht, dass der Betreute aufgrund des Unterbleibens oder des Abbruchs der Maßnahme stirbt oder einen schweren und länger dauernden gesundheitlichen Schaden erleidet.

Allerdings ist die Genehmigung nach § 1904 Abs. 4 BGB dann nicht erforderlich, wenn zwischen Betreuer und dem behandelnden Arzt ein Einvernehmen darüber besteht, dass die Erteilung, die Nichterteilung oder der Widerruf der Einwilligung dem nach § 1900a BGB festgestellten Willen des Betreuten im Rahmen einer Patientenverfügung entspricht.

## VI. Widerruf der Patientenverfügung

Die Patientenverfügung ist frei widerruflich, § 1901a Abs. 1 S. 3 BGB. Insbesondere braucht der Widerruf nicht schriftlich oder sprachlich artikuliert zu werden. Vielmehr genügt ein Zeichen mit den Augen oder ein Kopfnicken auf die entsprechende Frage des Arztes oder Pflegepersonals.[147]

Erfolgt kein Widerruf, ist die Patientenverfügung wirksam. Insbesondere kann ein lange zurückliegender Zeitpunkt der Abfassung der Patientenverfügung nicht deren Unwirksamkeit begründen.

## VII. Beweislastfragen

Soll eine lebensverlängernde oder lebenserhaltende Maßnahme abgebrochen werden, so muss zur Überzeugung des entscheidenden Gerichts der volle Beweis erbracht werden, dass seitens des entscheidungsunfähigen Patienten ein Beendigungsverlangen besteht.[148]

Eine starke Gegenmeinung sieht es hingegen als angezeigt, die Behandlung irreversibel bewusstloser Patienten dann einzustellen, sofern sich für deren Fortsetzung keine überwiegenden Anhaltspunkte finden lassen. Was also im Zweifel des Beweises bedarf, ist die Zustimmung des Patienten zur Fortsetzung einer lebenserhaltenden bzw. lebensverlängernden Maßnahme, nicht aber Wunsch und Wille diese zu beenden.[149] Denn nicht nur der erstmalige ärztliche Eingriff, z.B. das Legen einer PEG-Sonde bedarf der Einwilligung des Patienten, sondern auch der gesamte fortlaufende Prozess, wie beispielsweise die Sondenbedienung und künstliche Nahrungszufuhr. Ist nämlich eine so evidente Grenze und hoffnungslose Lage erreicht wie in einem dauerhaften Wachkoma, lässt sich die Normalität fortdauernden Lebenswillens als Vermutungsgrund nicht mehr heranziehen. Ist die Vermu-

---

147 *Uhlenbruck*, Patientenverfügung, ZAP 1999, 223, 224 (Fach 12, S. 75).
148 LG Heilbronn NJW 2003, 3785. Diese kommt letztlich zum Ergebnis, dass die künstliche Ernährung der Wachkomapatienten durch die PEG-Sonde einzustellen sei, da diese ohne künstliche Ernährung dem Tode geweiht seien. M.E. so auch zutreffend, denn das Grundleiden hat damit letztlich den vom BGH im Beschluss vom 13.3.2003 geforderten irreversiblen tödlichen Verlauf genommen: Die massiven Hirnblutungen und Schlaganfälle der Patienten würden für sich allein genommen zum Tode führen, lediglich die PEG-Sonde verändert dies.
149 *Taupitz*, „Empfehlen sich zivilrechtliche Regelungen zur Absicherung der Patientenautonomie am Ende des Lebens?", S. 13, 18 f.; *Bertram*, NJW 2004, 988 f. m.w.N.

tung für den Lebenswillen erschüttert, tritt die zunächst verdeckte Beweislage wieder voll zu Tage, die im Zweifel Rechtfertigungsgründe des positiven Tuns – des Eingriffs durch PEG-Sonde – verlangt, nicht aber Beweise für den Patientenwillen, es solle ein Behandlungsabbruch erfolgen.[150]

## VIII. Inhalt

### 1. Grundsätze

185 Grundsätzlich ist der Verfügende hinsichtlich des Inhalts seiner Patientenverfügung frei. Dringend angeraten ist es, bei einer wesentlichen Änderung der gesundheitlichen Situation die Fortgeltung der Verfügung ausdrücklich zu vermerken bzw. diese inhaltlich anzupassen.[151] Inhaltlich zu unterscheiden sind letztlich zwei Konstellationen: Die defensive Patientenverfügung mit dem Wunsch des Verfügenden im Hinblick auf das Unterlassen einer bestimmten Behandlung wie z.B. einer Bluttransfusion oder Organverpflanzung bis hin zum Behandlungsabbruch bei infauster Prognose einerseits und die Patientenverfügung mit Wunsch auf Fortführung einer Behandlung und medizinische Maximalbehandlung.

186 Um möglichst eine Bindungswirkung der Patientenverfügung zu erzielen, muss diese sich auf die eingetretene Lebens- und Behandlungssituation beziehen. Ist diese vorhersehbar, dann muss die Patientenverfügung auch ganz gezielt darauf abgestimmt sein. Dies ist nur nach Rücksprache und Aufklärung durch den behandelnden Arzt möglich.

### 2. Wunsch nach Behandlungsabbruch

187 Verpflichtender Inhalt einer Patientenverfügung kann nur rechtlich erlaubtes Handeln sein, das – weiter gehend – schützenswerten Belangen des Adressaten nicht zuwiderläuft. Letztlich wird kein Adressat sich der Gefahr einer Strafverfolgung aussetzen.

Daher stellt sich unter strafrechtlichen Gesichtspunkten die Frage, inwieweit ein Sterbewunsch in einer Patientenverfügung Berücksichtigung finden kann, ohne dass sich der Handelnde in Gefahr einer strafbaren Handlung bringt.

#### a) Verlangen nach aktiver Sterbehilfe

188 Aktive Sterbehilfe, also die Verkürzung des verlöschenden Lebens durch eine aktive Einflussnahme auf den Krankheits- und Sterbeprozess, ist auch durch eine dahinlautende Patientenverfügung vor Eintritt des Hirntodes nicht gerechtfertigt. Auch das Verlangen nach aktiver Tötung als Mittel zur Schmerzbeseitigung ist unabhängig vom Vorliegen einer dahin gehend lautenden Patientenverfügung strafbar nach § 216 StGB. Ein diesbezüglich geäußerter Wunsch wird vom Adressaten der Patientenverfügung daher schwerlich befolgt werden können.

#### b) Hilfe im Sterben durch Schmerztherapie ohne lebensverkürzendes Risiko

189 Eine Schmerztherapie ohne lebensverkürzendes Risiko ist selbst dann zulässig, wenn dies zu einer Bewusstseinstrübung führt. Ein dahin gehender Wunsch in der Patientenverfügung kann daher unter strafrechtlichen Gesichtspunkten nicht zurückgewiesen werden. Im Übri-

---

150 *Bertram*, NJW 2004, 988 f. m.w.N.
151 *Koch*, Der medizinisch assistierte Tod, in: Holderegger, Das medizinisch assistierte Sterben, 1999, S. 297, 318.

gen ist eine palliativmedizinische Behandlung gerade auch ärztliche Pflicht bei der Behandlung sterbender Patienten.

### c) Indirekte Sterbehilfe – Schmerztherapie mit ggf. lebensverkürzender Auswirkung

Auch eine Schmerztherapie, die mit einer lebensverkürzenden Auswirkung als unbeabsichtigter Nebenfolge einhergeht, wird für straflos erachtet und kann unproblematisch in einer Patientenverfügung angeordnet werden. Ein behandelnder Arzt darf in Übereinstimmung mit einem entsprechenden Patientenwillen schmerzstillende Medikamente selbst dann verabreichen, wenn diese als unbeabsichtigte, aber in Kauf genommene unvermeidbare Nebenfolge den Todeseintritt beschleunigen. Diese sog. indirekte Sterbehilfe soll einen Tod in Würde und Schmerzfreiheit gemäß dem erklärten oder mutmaßlichen Patientenwillen ermöglichen. Dieses Rechtsgut ist als höherwertiger einzustufen als die Aussicht, unter schwersten, insbesondere sog. Vernichtungsschmerzen noch kurze Zeit länger leben zu müssen.

### d) Passive Sterbehilfe durch Verzicht auf lebensverlängernde Maßnahmen

Hat der Sterbevorgang bereits eingesetzt, ist dem Arzt der Verzicht auf lebensverlängernde Maßnahmen wie Beatmung, Bluttransfusion oder künstliche Ernährung erlaubt.[152] Denn nach § 1901a Abs. 3 BGB gelten die Anordnungen in der Patientenverfügung unabhängig von Art und Stadium der Erkrankung. Stellt der Arzt eine lebensverlängernde Maßnahme ein, ist dies eine passive Sterbehilfe, bei der es darum geht, einen natürlichen Krankheitsverlauf seinen Fortgang nehmen zu lassen. Es liegt ein Unterlassen lebensverlängernder Maßnahmen vor und nicht eine aktive Lebensverkürzung in dem Sinne, den Tod schneller herbeizuführen als bei einem natürlichen Verlauf.

Nach Rechtsprechung des BGH wurde aber nicht allein darauf abgestellt, ob ein Sterbevorgang bereits eingesetzt hat. Bei einem unheilbar erkrankten, nicht mehr entscheidungsfähigen Patienten, kann der Abbruch einer ärztlichen Behandlung oder Maßnahme ausnahmsweise auch dann zulässig sein, wenn der Sterbevorgang noch nicht eingesetzt hat, das Leiden aber einen unumkehrbaren tödlichen Verlauf angenommen hat und der Tod in kurzer Zeit eintreten wird.[153] Ein solcher Behandlungsabbruch ist bei entsprechendem Patientenwillen als Ausdruck seiner allgemeinen Handlungsfreiheit und des Rechts auf körperliche Unversehrtheit – Art. 2 Abs. 2 GG – grundsätzlich anzuerkennen. In § 1901a Abs. 3 BGB wurde nunmehr ausdrücklich gesetzlich geregelt, dass es auf die Voraussetzung des Eintritts oder Nichteintritts des Sterbevorgangs nicht ankommt, die Anordnungen in der Patientenverfügung gelten unabhängig von Art und Stadium der Erkrankung.

---

152 BGH NJW 1995, 204 ff.
153 BGH NJW 1995, 204 ff.; OLG Frankfurt/M. FamRZ 1998, 1137 ff.; vgl. MDR 1998, 1464 ff.; *Rehborn*, Passive Sterbehilfe und Patiententestament, mit einer Zusammenstellung der Rechtsprechung zur passiven Sterbehilfe.

e) Muster: Patientenverfügung mit Wunsch nach Behandlungsabbruch bei infauster Prognose

Sofern die Patientenverfügung zu einem Zeitpunkt abgefasst wird, in der der Verfügende kein spezifisches Krankheitsbild aufweist, empfiehlt sich folgende Formulierung:[154]

*Patientenverfügung*

*des* ▮

Ich, ▮, geb. am ▮, derzeit wohnhaft ▮, verfüge für den Fall, dass ich nicht mehr in der Lage sein sollte, meine Angelegenheiten selbst zu regeln, im jetzigen Vollbesitz meiner geistigen Kräfte und in voller Kenntnis von Inhalt und Tragweite meines hier geäußerten Willens als Anweisung an die mich behandelnden Ärzte wie folgt:

Vorbemerkung

Ich errichte diese Patientenverfügung vor dem Hintergrund der folgenden ethischen, religiösen und persönlichen Werteinstellung sowie meiner folgenden Erfahrungen:

▮

Wenn bei schwersten Gehirnschäden die überwiegende Wahrscheinlichkeit des Verlusts der Fähigkeit, Einsichten zu gewinnen, Entscheidungen zu treffen und mit anderen Menschen zu kommunizieren, verbunden ist, wenn ich mich in einem Zustand der Dauerbewusstlosigkeit bzw. im Zustand eines Wachkomas befinde oder im Falle eines schleichenden Gehirnabbauprozesses, aufgrund dessen es mir nicht mehr möglich ist, selbst oder mit Hilfe Dritter Flüssigkeit oder Nahrung auf natürliche Weise zu mir zu nehmen – ausdrücklich umfasst sein sollen hier auch alle Formen der Demenzerkrankungen, auch bei einem noch nicht absehbaren Todeszeitpunkt und vor Eintritt des direkten Sterbeprozesses,

- sollen an mir keine lebenserhaltenden Maßnahmen (z.B. Beatmung, Dialyse, Bluttransfusion, Medikamente) vorgenommen werden bzw. bereits begonnene abgebrochen werden, insbesondere wünsche ich auch das Unterlassen des Versuchs einer Wiederbelebung
- wünsche ich die Durchführung fachgerechter Pflege von Mund- und Schleimhäuten sowie Körperpflege und das Lindern von Atemnot, Übelkeit, Angst, Unruhe und anderen belastenden Symptomen
- wünsche ich keine künstliche Ernährung, unabhängig von der Form der Zuführung der Nahrung und bestimme im weiteren, dass eine bereits erfolgte künstliche Ernährung eingestellt wird
- wünsche ich eine Reduzierung der künstlichen Flüssigkeitszufuhr nach ärztlichem Ermessen
- wünsche ich die Gabe von Antibiotika nur zur Linderung meiner Beschwerden, nicht zur Lebensverlängerung und nicht zur Behandlung von Begleitinfekten
- wünsche ich weitestgehende Beseitigung von Begleitsymptomen, insbesondere von Schmerzen. Dabei dürfen auch bewusstseinsdämpfende Mittel zur Beschwerdelinderung eingesetzt werden. Eine damit unter Umständen verbundene Lebensverkürzung nehme ich in Kauf
- wünsche ich, dass mein Hausarzt ▮, sowie ▮, geb. am 23.11.1950, derzeit wohnhaft ▮ verständigt werden, um mir persönlichen Beistand zu leisten. Des Weiteren bitte ich um Beistand eines evangelischen Geistlichen.
  Bei Auftreten rechtlicher Komplikationen ist Herr Rechtsanwalt ▮ umgehend zu verständigen.
- bin ich mit einer Obduktion zur Befunderklärung einverstanden
- bin ich mit einer Organentnahme nicht einverstanden

Die in dieser Verfügung getroffenen Entscheidungen erfolgten nach eingehender und reiflicher Überlegung und stellen meine generelle ethische Grundeinstellung zu Fragen eines Behandlungsabbruchs dar. In einer konkreten Situation, in der über einen Behandlungsabbruch der an mir vorgenommenen Heilmaßnahmen zu entscheiden ist, bitte ich meine behandelnden Ärzte, diese Patientenverfügung als verbindlich anzuneh-

---

154 Sobald ein medizinischer Befund über eine Erkrankung vorliegt, sollte nach umfassender ärztlicher Aufklärung eine individuelle, auf das Krankheitsbild und deren Verlauf bezogene Patientenverfügung abgefasst werden.

men und entsprechend meinem Willen zu verfahren. Eine andere Entscheidung als die hier zum Ausdruck gebrachte kommt für mich nicht in Frage.

Für den Fall, dass für mich trotz der von mir erstellten Generalvollmacht ein Betreuer bestellt wird, ist dieser ebenfalls an diese Erklärung ebenso gebunden wie an die in meiner Generalvollmacht getroffenen Verfügungen. Meine in dieser Patientenverfügung abgegebenen Erklärungen gelten dann als Betreuungsverfügung.

Über die rechtlichen Konsequenzen dieser Patientenverfügung wurde ich durch **Herrn Rechtsanwalt** ▓▓▓ aufgeklärt, in medizinischer Hinsicht erfolgte dies durch meinen Hausarzt, ▓▓▓.

▓▓▓                                              ▓▓▓
(Ort, Datum)                                     (Unterschrift)

Die nachfolgend aufgeführten Zeugen bestätigen, dass ich die Patientenverfügung im Vollbesitz meiner geistigen Kräfte verfasst habe und stehen als Ansprechpartner für eine Äußerung nach § 1901b Abs. 2 BGB zur Verfügung:

1.

Name/Vorname/Geburtsdatum:
Straße PLZ/Wohnort:
Datum, Unterschrift:

2.

Name/Vorname/Geburtsdatum:
Straße PLZ/Wohnort:
Datum, Unterschrift:

### f) Muster: Patientenverfügung mit Wunsch nach Maximalbehandlung bei infauster Prognose

Bindend kann ein solcher Behandlungswunsch nur im Rahmen des generellen Heil- und Pflegeauftrags des Adressaten sein. Insbesondere zu Maßnahmen, die nicht mehr als medizinisch indiziert anzusehen sind, kann der Arzt auch auf diesem Weg nicht gezwungen werden.

*Patientenverfügung*

*von*

Name: ▓▓▓

Vorname: ▓▓▓

Geburtsdatum: ▓▓▓

Straße: ▓▓▓

PLZ/Wohnort: ▓▓▓

Für den Fall, dass ich nicht mehr in der Lage sein sollte, meine Angelegenheiten selbst zu regeln, verfüge ich im jetzigen Vollbesitz meiner geistigen Kräfte und in voller Kenntnis von Inhalt und Tragweite meines hier geäußerten Willens wie folgt:
– In der Hoffnung und im Vertrauen auf den medizinischen Fortschritt und die damit verbundene Hoffnung auf zukünftige Heilung derzeit unheilbar erscheinender Krankheiten und Verletzungen wünsche ich in jedem Stadium einer möglichen Erkrankung oder Verletzung, auch bei einer infausten Prognose, oder einem bereits eingetretenen Sterbevorgang, dass mir eine optimale medizinische Maximalbehandlung gewährt wird.

*Bittler*

Des Weiteren
- wünsche ich mir geistlichen Beistand durch:
  Name/Vorname:
  Adresse:
  Telefonnummer:
- wünsche ich, dass mein Hausarzt:
  Name/Vorname:
  Adresse:
  Telefonnummer:
  sowie folgende Person:
  Name/Vorname:
  Adresse:
  Telefonnummer:
  verständigt werden, um mir persönlichen Beistand zu leisten;
- bin ich mit einer Obduktion zur Befunderklärung einverstanden;
- bin ich mit einer Organentnahme zur Organspende ausdrücklich nicht einverstanden.

Die in dieser Verfügung getroffenen Entscheidungen erfolgten nach eingehender und reiflicher Überlegung und stellen meine generelle ethische Grundeinstellung zu Fragen eines Behandlungsabbruchs dar, die nochmals wie folgt zusammenfassen möchte:

Für den Fall, dass für mich ein Betreuer bestellt wird, ist dieser ebenfalls an diese Erklärung gebunden. Meine in dieser Patientenverfügung abgegebenen Erklärungen gelten dann als Betreuungsverfügung. Zum Betreuer schlage ich vor:

Name/Vorname:

Adresse:

Telefonnummer:

(Ort, Datum) (Unterschrift)

Die nachfolgend aufgeführten Zeugen bestätigen, dass der/die Verfügende die Patientenverfügung im Vollbesitz der geistigen Kräfte verfasst hat und stehen als Ansprechpartner für eine Äußerung nach § 1901b Abs. 2 BGB zur Verfügung:

Name:

Vorname:

Geburtsdatum:

Straße:

PLZ/Wohnort:

(Ort, Datum) (Unterschrift)

Name,

Vorname:

Geburtsdatum:

Straße:

PLZ/Wohnort:

(Ort, Datum) (Unterschrift)

## IX. Patientenverfügung in Kombination mit Betreuungsverfügung oder Vorsorgevollmacht

Eine Patientenverfügung muss sinnvollerweise mit einer Vorsorgevollmacht oder Betreuungsverfügung kombiniert werden. Zur wirksamen Durchsetzung der in einer Patientenverfügung niedergelegten Wünsche gegenüber den behandelnden Ärzten und dem Pflegepersonal ist ein Bevollmächtigter bzw. Betreuer immer dann erforderlich, wenn diese sich nicht an die in der Patientenverfügung erklärten Wünsche gebunden sehen, beispielsweise weil sie statt eines Behandlungsabbruchs eine lebensverlängernde Behandlung für geboten erachten. Damit eine Patientenverfügung wirkungsvoll umgesetzt werden kann, ist diese bereits bei Erstellung mit dem Bevollmächtigten abzustimmen und zu besprechen. Nur so kann letztlich gewährleistet werden, dass der erklärte Wille in der Patientenverfügung auch tatsächlich umgesetzt wird.

## D. Honorar im Vorsorge- und Betreuungsrecht

### I. Allgemeines

Die anwaltlichen Gebühren sollten für den Mandanten immer transparent sein, dies gilt auch im Vorsorge- und Betreuungsrecht. Der Mandant sollte schon im Rahmen des ersten Beratungsgesprächs und bevor er dem Anwalt das Mandat erteilt, über die Höhe der zu erwartenden Anwaltskosten informiert werden.

Bei den Anwaltsgebühren im Vorsorge- und Betreuungsrecht sind folgende anwaltliche Tätigkeiten zu unterscheiden:
– Gestaltung von Vorsorgeregelungen
– Übernahme von Bevollmächtigungen
– Vertretung in Betreuungsverfahren
– Übernahme von Betreuungen

### II. Gebühren bei Gestaltung von Vorsorgeregelungen

#### 1. Anwaltliche Gebühren

Bei einem Rechtsanwalt bestimmt sich der Gegenstandswert für eine Vorsorgevollmacht in Ermangelung für die Gerichtsgebühren geltenden Wertvorschriften nach § 23 Abs. 3 RVG nach freiem Ermessen. Mangels Verweis des § 23 Abs. 3 RVG auf § 41 KostO gilt dabei ein absoluter Höchstwert von 500.000 EUR nicht. Als Gebühr kommt für den Rechtsanwalt bei der Gestaltung einer Vorsorgevollmacht nebst Besprechung mit Mandanten und Vorsorgebevollmächtigten der Ansatz einer Geschäftsgebühr nach Nr. 2400 RVG-VV in Betracht.

#### 2. Wertermittlung der anwaltlichen Gebühren

Anhaltspunkte für die Wertbestimmung der Vorsorgevollmacht im Bereich der Vermögenssorge ist das Aktivvermögen, wobei zu berücksichtigen ist, dass die Vorsorgevollmacht im Innenverhältnis auf die Zeit der Handlungsunfähigkeit des Vollmachtgebers beschränkt ist, sodass im Gegensatz zur sofort einzusetzenden Generalvollmacht ein Wertabzug vorzunehmen ist. Die Höhe des Wertabzugs kann je nach den Umständen des Einzelfalls zwischen 10 % und 50 % betragen.[155]

Bei der Wertbestimmung einer Vorsorgevollmacht sind auch die Werte für die nicht vermögensrechtlichen Gegenstände wie die Regelung der Gesundheitssorge und die Aufenthaltsbestimmung zu bewerten und zusammenzurechnen, § 22 Abs. 1 RVG.

199 Der Wert der Regelung der nicht vermögensrechtlichen Gegenstände Gesundheitssorge und der Aufenthaltsbestimmung im Rahmen der Vorsorgevollmacht aber auch bei einer Patientenverfügung ist nach § 22 Abs. 3 S. 2 RVG zu bestimmen. Da der Wert der Gesundheit und der persönlichen Freiheit des Mandanten im Einzelfall schwer zu bestimmen ist, sollte für diese Bereiche der Vorsorgeregelung jeweils auf den Regelgegenstandswert von 4.000 EUR zurückgegriffen werden. Damit wird zum einen vermieden, dass die persönliche Freiheit und die Gesundheit der jeweiligen Mandanten unterschiedlich bewertet wird, zum anderen werden so die Kosten einer Vorsorgeregelung auch für nicht vermögende Mandanten tragbar.

Wird neben dem Außenverhältnisses der Vorsorgevollmacht auch das Innenverhältnis mitgeregelt, erhöht diese Regelung nach § 22 Abs. 1 RVG den Gegenstandswert der Vorsorgeregelung. Bei umfassender vertraglicher Regelung des Innenverhältnisses kann derselbe Wert wie bei der Gestaltung des Außenverhältnisses wiederum unter Wertabschlag der Honorarrechnung zugrunde gelegt werden. Bei einer vollständigen Vorsorgeregelung, Vollmachtsgestaltung und Gestaltung des Auftrags bzw. Geschäftsbesorgungsvertrages und einem Abschlag von jeweils 50 % vom Aktivvermögen für die Regelung des Innen- und Außenverhältnisses wird bei der Berechnung der Anwaltsgebühren für die gesamte Vorsorgeregelung das Aktivvermögen des Mandanten letztlich zu 100 % zugrunde gelegt.

Zum Festlegen der Geschäftsgebühr nach freiem Ermessen im Rahmen von 0,5 bis 2,5 muss nach § 14 Abs. 1 RVG berücksichtigt werden: Umfang und Schwierigkeit der anwaltlichen Tätigkeit, Bedeutung der Angelegenheit, Einkommens- und Vermögensverhältnisse des Auftraggebers und die besonderen Haftungsrisiken. Eine Gebühr über dem 1,3-fachen kann nur gefordert werden, wenn die Tätigkeit umfangreich oder schwierig war. Insbesondere wenn die Fragen der Ausübung der Vollmacht nicht nur mit dem Vollmachtgeber, sondern auch mit dem Bevollmächtigten und/oder Kontrollbevollmächtigten eingehend besprochen und sowohl Innen- als auch Außenverhältnis vertraglich geregelt werden, wird man grundsätzlich zumindest von einer umfangreichen und nach Einzelfall auch schwierigen Tätigkeit und damit einer Erhöhung der Gebühr bis zum 2,5-fachen ausgehen können.

Wenngleich die anwaltliche Tätigkeit im Rahmen der Erstellung von Vorsorgeregelungen und der weiteren Betreuung des Mandanten mit der bloßen notariellen Beurkundung entsprechender Urkunden nicht vergleichbar sind, wird der Mandant regelmäßig einen entsprechenden Vergleich anstellen. Dabei muss für den Mandanten der Unterschied und der Wert zwischen einer Vorsorgevollmacht beim Notar und der Vorsorgeregelung bei einem Anwalt klar erkennbar werden. Der Anwalt muss somit, um seinen Honoraranspruch transparent und nachvollziehbar dem Mandanten darzulegen, schon bei der Gestaltung der Vorsorgevollmacht deutlich machen, dass er mehr Leistungen als ein nur beurkundender Notar erbringen kann.

So sollte der Anwalt bei der Gestaltung der Vorsorgevollmacht den Mandanten vor der Gefahr der Einrichtung einer Kontrollbetreuung durch das Vormundschaftsgericht und

---

155 Vgl. *Bengel*, in: Korintenberg/Lappe, Kostenordnung, § 38 Rn 35 und OLG Stuttgart BWNotZ 2000, 141 m. Anm. *Bühler* = ZNotP 2001, 37 m. Anm. *Tiedtke*.

damit die staatliche Kontrolle durch die Hintertür informieren. Der Anwalt sollte seine Dienste über die Erstellung der Vorsorgeregelungen hinaus deutlich herausarbeiten, so z.B. als anwaltlicher Vorsorgebevollmächtigter oder Kontrollbevollmächtigter. Der anwaltliche Berater muss zudem seine Kompetenz in betreuungsrechtlichen Fragen ebenso herausstellen wie seine tatsächliche Kompetenz bei der Auswahl von Pflegedienstleistern, Alten- und Pflegeheimen etc. Insoweit kann eine dauerhafte Beraterfunktion dem Mandanten und seinen Angehörigen angeboten werden. Bei der Regelung des Grundverhältnisses der Vollmacht müssen die Wünsche des Mandanten für den Fall seiner Handlungsunfähigkeit eingehend besprochen und vertraglich festgehalten werden. In regelmäßigen Zeitabständen sollten diese Regelungen dann auf ihre Aktualität überprüft werden.

### 3. Checkliste: Ermittlung des Gegenstandswerts bei Vorsorgeregelung

- Gesamtvermögen des Mandanten:
- Gegenstandswert jeweils:
- Vorsorgevollmacht/Außenverhältnis:
- Vermögenssorge:
- Gesundheitssorge:
- Aufenthaltsbestimmung:
- Innenverhältnis:
- Vermögenssorge:
- Gesundheitssorge:
- Aufenthaltsbestimmung:
- Patientenverfügung:
- Gesamtgegenstandswert nach § 22 Abs. 1 RVG:

### 4. Notarielle Gebühren

Ausgangspunkt ist § 41 KostO, wonach gemäß Abs. 1 es bei Vollmachten zum Abschluss eines bestimmten Rechtsgeschäfts auf den jeweils maßgebenden Wert ankommt.[156] Bei allgemeinen Vollmachten ist nach Abs. 2 der Wert nach freiem Ermessen zu bestimmen. Dabei ist der vermögensrechtliche Teil regelmäßig mit 50 % des Aktivvermögens anzusetzen.[157] Nichtvermögensrechtliche Angelegenheiten sind nach § 41 Abs. 2 i.V.m. § 30 Abs. 3 S. 2 und Abs. 2 KostO auf 3.000 EUR festzusetzen. Der Gegenstandswert für eine Vorsorgevollmacht nach § 41 Abs. 4 KostO bei einer halben Beurkundungsgebühr, § 38 Abs. 2 Nr. 4 KostO, ist auf 500.000 EUR begrenzt. Die Gebühr für die eine Vorsorgevollmacht beträgt daher maximal 403,50 EUR.

Patientenverfügungen als nichtvermögensrechtliche Angelegenheiten sind nach § 30 Abs. 3 S. 2 und Abs. 2 KostO auf 3.000 EUR festzusetzen.

---

156 Vgl. hierzu im Weiteren: *Renner*, in: Müller/Renner, Rn 504 ff.
157 *Renner*, in: Müller/Renner, Rn 515.

## III. Übernahme von Bevollmächtigungen

202 Sofern der Anwalt zur Vermeidung einer rechtlichen Betreuung des Mandanten sich bereit erklärt, seine private Vorsorgebevollmächtigung zu übernehmen, kommt in aller Regel die Vereinbarung eines Stundensatzes in Betracht.[158]

Im Hinblick darauf, dass im Rahmen einer Tätigkeit als anwaltlicher Bevollmächtigter oder auch Kontrollbevollmächtigter nicht nur anwaltspezifische Leistungen abgerechnet werden, sondern auch Fahrzeiten etc. in Rechnung gestellt werden, dürfte ein Stundensatz für einen Anwalt als Vorsorgebevollmächtigten von 100 EUR angemessen sein. Anwaltsspezifische weitere Leistungen wie beispielsweise Vertretung des Vollmachtgebers in gerichtlichen Angelegenheiten können darüber hinaus nach Rechtsanwaltsvergütungsgesetz gesondert abgerechnet werden.

Die Frage der Vergütung als Vorsorgebevollmächtigter ist in einem der Vorsorgevollmacht zugrunde liegenden Geschäftsbesorgungsvertrag zu regeln. Hier ist auch festzulegen, inwieweit und zu welchen Konditionen Tätigkeiten im Rahmen einer Vorsorgebevollmächtigung delegiert werden können (vgl. hierzu die Muster Rn 89, 111 ff.).

## IV. Vertretung in Betreuungsverfahren

203 Bei der Vertretung des Mandanten im Betreuungsverfahren besteht die Gefahr, dass der Gegenstandswert des Verfahrens gering bemessen wird und die Leistung des Anwalts in diesem Verfahren somit durch die Gebühren des Rechtsanwaltsvergütungsgesetzes nicht hinreichend honoriert werden.[159] Es ist daher in jedem Fall empfehlenswert gem. § 4 RVG eine schriftliche Gebührenvereinbarung mit dem Mandanten zu treffen. Um einer Gebührenüberhöhung aus dem Weg zu gehen, sollte ein Stundensatz mit dem Mandanten vereinbart werden. Die Höhe des Stundensatzes kann bei einem Betreuungsrechtsspezialisten je nach den Vermögensverhältnissen des Mandanten zwischen 150 und 300 EUR betragen.

Die Gefahr bei einer Gebührenvereinbarung im Betreuungsverfahren ist, dass die Geschäftsfähigkeit des Mandanten in Frage gestellt wird, was dann zur Nichtigkeit der Gebührenvereinbarung führen kann. Da der Betroffene in diesem Verfahren in jedem Fall verfahrenfähig ist, kann er nach allg. Meinung auch einen Anwalt wirksam bevollmächtigen. Bei einem Geschäftsunfähigen muss man dann für dieses Verfahren eine Teilgeschäftsfähigkeit des Geschäftsunfähigen annehmen und den Anwaltsvertrag einschließlich der Honorarvereinbarung für wirksam erachten.[160]

Im Zweifelsfall kann zusätzlich eine Schuldübernahme der Gebühren aus der Gebührenvereinbarung mit einer dritten, unzweifelhaft geschäftsfähigen Person vereinbart werden.

---

158 Nach den Berechnungen von *Franzen*, NJW 1993, 348, 439, auch *Franzen*, NJW 1988, 1059–1068 müsste ein Zivilprozessanwalt mit einer mittelgroßen Kanzlei je Leistungsstunde ca. 300 DM (= 153,39 EUR) einnehmen, wenn er wirtschaftlich den Status eines Richters am Landgericht einnehmen will. Demzufolge wurden in der Vergangenheit bis zum Inkrafttreten des zweiten Betreuungsrechtsänderungsgesetzes für anwaltliche Betreuer bei vermögenden Betreuten auch Stundensätze bis zu 300 DM bezahlt.
159 Vgl. BayObLG NJW-RR 2001, 1301 f.
160 Vgl. *Damrau/Zimmermann*, § 66 FGG Rn 5.

## V. Übernahme von Betreuungen

Grundsätzlich werden Betreuungen unentgeltlich geführt. Ausnahmsweise ist die Betreuertätigkeit zu vergüten, sofern das Gericht anlässlich der Betreuerbestellung die berufsmäßige Führung der Betreuung feststellt, § 1836 Abs. 1 S. 2 BGB. Dies erfolgt in aller Regel, wenn der Betreuer mehr als zehn Betreuungen führt oder die für die Führung der Betreuungen erforderliche Zeit voraussichtlich zwanzig Wochenstunden nicht unterschreitet. Dies gilt auch dann, wenn der Betreuer dies z.B. als Berufsanfänger in Zukunft erst beabsichtigt.

204

Nach dem Vormünder- und Betreuervergütungsgesetz (BVormVB) erhalten Berufsbetreuer Stundensätze, die nach der für die Führung der Betreuung nutzbaren Qualifikation differenziert sind. In der unteren Vergütungsstufe beträgt der Stundensatz 27 EUR, in der mittleren 33,50 EUR und in der höchsten 44 EUR, jeweils inklusive pauschalisiertem Aufwendungsersatz und inklusive Umsatzsteuer.

205

Abgerechnet werden pauschale Stundensätze, nicht der tatsächlich entstandene Zeitaufwand. Die festgesetzten Stundensätze werden nach folgenden Kriterien differenziert:
– Betreuter ist bemittelt oder mittellos
– Betreuter lebt innerhalb oder außerhalb eines Heimes
– Dauer der Betreuung seit Bestellung des Berufsbetreuers

206

Demnach ergeben sich abrechenbare monatliche Stundensätze von zwei Stunden pro Monat für einen mittellosen Betreuten, der in einem Heim lebt ab dem 13. Monat der Betreuung bis hin zu achteinhalb Stunden pro Monat für die ersten drei Monate der Betreuung eines vermögenden Betreuten, der außerhalb eines Heims lebt.

Sofern der Anwalt innerhalb einer Betreuung jedoch für den Betroffenen spezifische anwaltliche Dienste erbringt, für die ein nichtanwaltlicher Betreuer einen Anwalt beauftragt hätte, steht es dem Anwalt frei, diese anwaltliche Leistung im Rahmen des Aufwendungsersatzes nach § 1835 BGB gemäß dem Rechtsanwaltvergütungsgesetz abzurechnen.

## E. Hinterlegung

### I. Einführung

Am 31.7.2004 trat das Gesetz vom 23.4.2004 zur Registrierung von Vorsorgeverfügungen und zur Einführung von Vordrucken für die Vergütung von Berufsbetreuern in Kraft.[161] Nach § 78a Abs. 3 BNotO besteht eine Verordnungsermächtigung zugunsten des Bundesministeriums der Justiz, die näheren Bestimmungen über die Errichtung und Führung des Registers, die Auskunft aus dem Register und über Anmeldung, Änderung, Eintragung, Widerruf und Löschung von Eintragungen zu treffen. Auf dieser Grundlage wurde die Vorsorgeregister-Verordnung (VRegV) erlassen. Im Weiteren hält § 78b Abs. 2 BNotO eine Satzungsermächtigung zugunsten der Bundesnotarkammer, um die Einzelheiten der Erhebung kostendeckender Gebühren zu regeln. Mit der Vorsorgeregister-Gebührensatzung (VRegGebS) vom 2.2.2005 wurde eine entsprechende Regelung getroffen.

207

---

161 BGBl I 2004, 598 ff.

## II. Verfahren der Hinterlegung

208 Den Vormundschaftsgerichten ist somit ermöglicht, online auf den Datenbestand des Zentralen Registers für Vorsorgevollmachten und Betreuungsverfügungen (Zentrales Vorsorgeregister) zuzugreifen. Dort können öffentlich beurkundete, öffentlich beglaubigte und privatschriftliche Vorsorgevollmachten und Betreuungsverfügungen hinterlegt werden. Die Eintragung in das Vorsorgeregister erfolgt dabei auf schriftlichen Antrag des Vollmachtgebers gem. § 2 Abs. 1 VRegV bzw. auf dem Weg der Datenfernübertragung gem. § 2 Abs. 2 S. 1 VRegV. Dabei sollen jeweils Angaben zum Vollmachtinhalt gemacht werden, insbesondere zu den Aufgabenkreisen des Bevollmächtigten bzw. Betreuers. Zu beachten ist, dass eine Identitätsprüfung des Antragstellers nur bei begründeten Zweifeln im Sinne von § 2 Abs. 3 VRegV erfolgt.

Wenngleich der Bevollmächtigte in die Eintragung grundsätzlich einwilligen sollte, kann eine Eintragung auch ohne dieses Kriterium erfolgen. Jedoch wird gem. § 4 VRegV jeder Bevollmächtigte von der Bundesnotarkammer über die ihn betreffende Eintragung unterrichtet. Dieser hat sodann die Möglichkeit, die Löschung seiner Daten gem. § 1 Nr. 2 VRegV zu verlangen. Eine weiter gehende Datenlöschung darf nur auf Antrag des Vollmachtgebers vorgenommen werden.

Das Auskunftsersuchen eines Betreuungsgerichts sowie die Auskunftserteilung durch die Bundesnotarkammer erfolgt gem. § 6 Abs. 2 VRegV schriftlich bzw. elektronisch, in einzelnen Fällen auch fernmündlich. Eine Zulässigkeitsprüfung des Auskunftsersuchens erfolgt nur, wenn im Einzelfall dazu Anlass besteht. Gemäß § 7 VRegV wird die elektronische Auskunftserteilung protokolliert. Vollmachtgeber und Bevollmächtigter können sich über erteilte Auskünfte informieren.

## III. Gebühren der Hinterlegung

209 Die Höhe der Gebühren für die Registrierung richtet sich gem. § 5 VRegGebS und hängt zum einen von dem gewählten Meldeweg (online, schriftlich, Direktmeldung oder Meldung über institutionelle Stelle), von der gewählten Abrechnungsart (Lastschrift oder Überweisung nach Rechnung) sowie von der Zahl der gemeldeten Bevollmächtigten ab. Bei einer Direktmeldung durch den Vollmachtgeber und einem Bevollmächtigten beträgt die Grundgebühr 18,50 EUR. Sie erhöht sich für jeden weiteren Bevollmächtigten um 3 EUR bei schriftlicher Meldung und 2,50 EUR bei Onlineübermittlung.

Bei einer Onlineübermittlung ermäßigt sich die Grundgebühr von 18,50 EUR um 3 EUR, bei elektronischer Übermittlung und bei Zahlung durch Lastschrifteinzug um weitere 2,50 EUR.

Wird die Vorsorgevollmacht bei einem Bevollmächtigten durch einen registrierten Nutzer übermittelt, beträgt die Grundgebühr 16 EUR. Für jeden weiter benannten Bevollmächtigten erhöht sich die Gebühr um 3 EUR, bei elektronischer Übermittlung um 2,50 EUR. Bei Zahlung durch Lastschrifteinzug reduzieren sich die Gebühren um 2,50 EUR, bei Onlinemeldung um 5 EUR.

Die beim Vorsorgeregister registrierten Stellen, die die Zahlung der Gebühr für den Vollmachtgeber übernehmen, können die gezahlte Gebühr dem Vollmachtgeber als durchlaufenden Posten in Rechnung stellen.

## IV. Durchführung der Registrierung

Für die Registrierung selbst gibt es keinen Formzwang, die Bundesnotarkammer hat aber für die verschiedenen Gruppen registrierter Nutzer Formularangebote entwickelt. Eine Vorsorgevollmacht, die durch institutionelle Nutzer – außer Notaren – registriert wird, soll folgende Angaben enthalten:
- Daten der registrierten Person oder Einrichtung:
  Name/Bezeichnung, Straße, Hausnummer, PLZ, Ort.
- Daten der Vorsorgevollmacht:
  Vollmachtdatum, Vollmacht zur Erledigung von Vermögensangelegenheiten, Angelegenheiten der Gesundheitssorge, Maßnahmen nach § 1904 Abs. 1 S. 1 BGB ausdrücklich umfasst, Angelegenheiten der Aufenthaltsbestimmung, Maßnahmen nach § 1906 Abs. 1 und 4 BGB ausdrücklich umfasst, sonstige persönliche Angelegenheiten.
- Vollmacht enthält Anordnungen oder Wünsche:
  Für den Fall, dass das Gericht einen Betreuer bestellt (Betreuungsverfügung), hinsichtlich Art und Umfang medizinischer Versorgung (Patientenverfügung).
- Weitere Angaben, wie z.B. Aufbewahrungsort der Vollmacht.
- Daten des Vollmachtgebers:
  Anrede, Akademischer Grad, Familienname, Vorname, Geburtsname, Geburtsort, Straße, Hausnummer, PLZ, Ort, Geburtsdatum.
- Ort, Datum, Unterschrift des registrierten Nutzers.

**Praxistipp**
Anmeldeformulare können direkt per Post von der Bundesnotarkammer, Zentrales Vorsorgeregister, Postfach 080151, 10001 Berlin angefordert werden bzw. stehen auch unter *www.zvr-online.de* und *www.vorsorgeregister.de* zum Download zur Verfügung. An die vorgenannten Adressen erfolgt dann auch die Anmeldung der Registrierung der Vorsorgeverfügung.

## V. Registrierung von Personen oder Einrichtungen als institutionelle Stelle zur Übermittlung von Vorsorgeverfügungen

Eine Registrierung im Vorsorgeregister kann gem. § 4 Abs. 3 VRegGebS durch Anmeldung bei der Bundesnotarkammer erfolgen. Mit der Anmeldung müssen die Voraussetzungen des § 4 Abs. 2 VRegGebS erfüllt sein. Demnach können sich nur Personen oder Einrichtungen, zu deren beruflicher, satzungsgemäßer oder gesetzlicher Tätigkeit es gehört, entsprechende Anträge für Vollmachtgeber zu übermitteln oder im Namen des Vollmachtgebers zu stellen, eine Registrierung beantragen. Dies sind insbesondere Notare, Rechtsanwälte, Betreuungsvereine und Betreuungsbehörden. Der Anmelder hat dabei seine Identität und die Erfüllung der Voraussetzung des § 4 Abs. 2 VRegGebS nachzuweisen und darüber hinaus zu erklären, dass er die Gebührenzahlung für die Vollmachtgeber, für die er Anträge übermitteln oder in deren Namen er Anträge stellen, auf deren Rechnung besorgt.

**Praxistipp**
Zu beachten ist insbesondere, dass die Bundesnotarkammer die Registrierung aufheben kann, wenn die registrierte Person oder Einrichtung länger als sechs Monate keinen Antrag für einen Vollmachtgeber übermittelt oder im Namen eines Vollmachtgebers gestellt hat.

## VI. Besonderheiten bei Patientenverfügungen

214 Patientenverfügungen selbst können im Zentralen Vorsorgeregister der Bundesnotarkammer nicht eigenständig hinterlegt werden. Eine Hinterlegung ist jedoch dann möglich, wenn in einer Vorsorgevollmacht selbst auch Angaben enthalten sind, die üblicherweise in einer Patientenverfügung geregelt werden (vgl. insoweit oben Angaben auf Eintragung einer Vorsorgevollmacht Rn 210). Da Patientenverfügungen sinnvollerweise mit einem Bevollmächtigten bzw. zukünftigen Betreuer, der durch Betreuungsverfügung bestimmt wird, abgestimmt sein sollten, ist die Hinterlegung einer Patientenverfügung bei einer Hinterlegungsstelle nicht zwingend. Wichtig ist, dass der Bevollmächtigte bzw. zukünftige Betreuer sowohl Kenntnis vom Inhalt als auch vom Ort der Verwahrung der Patientenverfügung hat. Denn letztlich obliegt es einem Vorsorgebevollmächtigten oder Betreuer, den Willen des Bevollmächtigten gegenüber Ärzten und Pflegepersonal im Zweifelsfalle durchzusetzen. Insbesondere bei der Frage nach lebensverlängernden oder lebensbeendenden Maßnahmen werden behandelnde Ärzte im Zweifel immer das Vormundschaftsgericht anrufen. Spätestens auf diesem Wege wird der Patientenwille, wie in einer Patientenverfügung geregelt, dann über den Vorsorgebevollmächtigten bzw. Betreuer zur Geltung gebracht.

215 **Praxistipp**
Ungeachtet dessen ist es sinnvoll, den Hinweis auf die Existenz einer Patientenverfügung zu dokumentieren, und einen entsprechenden Hinweis auf diese stets mit sich zu führen.

216 Patientenverfügungen können des Weiteren hinterlegt werden bei der Deutschen Verfügungszentrale AG,[162] im Bundeszentralregister Willenserklärung bei der Deutschen Hospiz Stiftung,[163] beim Humanistischen Verband Deutschlands,[164] dem Zentralarchiv des Deutschen Roten Kreuzes[165] sowie bei weiteren lokalen und regionalen Betreuungsstellen und Betreuungsvereinen. Die Registrierung bzw. Hinterlegung ist in der Regel kostenpflichtig bzw. von einer Mitgliedschaft und damit Mitgliedsgebühren in den jeweiligen Vereinigungen abhängig.

## VII. Ablieferungs- und Vorlagepflicht

217 Gemäß § 1901c BGB besteht eine Ablieferungspflicht für Betreuungsverfügungen. Hinsichtlich Vorsorgevollmachten besteht eine Unterrichtungspflicht des Betreuungsgerichts durch den unmittelbaren Besitzer nach § 1901c S. 2, 3 BGB. Dabei kann das Betreuungsgericht eine Vorlage einer Abschrift verlangen.

---

[162] Infos unter: *www.dvzag.de*.
[163] Europaplatz 7, 44269 Dortmund, Infos unter: *www.hospize.de*.
[164] Wallstraße 61–65, 10179 Berlin, Infos unter: *www.humanismus.de*.
[165] Altenauergasse 1, 55116 Mainz, Infos unter: *www.drk-mainz.org*.

# § 3 Testamentsgestaltung

*Ursula Seiler*

## Literatur

**Kommentare/Lehrbücher/Formularbücher:**

*Damrau* (Hrsg.), Praxiskommentar Erbrecht, 2004; *Langenfeld*, Testamentsgestaltung, 3. Auflage 2002; *Nieder/Kössinger*, Handbuch der Testamentsgestaltung, 3. Auflage 2008; *Reimann/Bengel/ J. Mayer*, Testament und Erbvertrag, 5. Auflage 2006; *Tanck/Krug/Daragan*, Testamente in der anwaltlichen und notariellen Praxis, 3. Auflage 2006.

**Aufsätze:**

*Battes*, Zur Wirksamkeit von Testamenten und Erbverträgen nach der Ehescheidung, JZ 1978, 733; *Baumann*, Zur Bindungswirkung wechselbezüglicher Verfügungen bei gemäß § 2069 BGB ermittelten Ersatzerben, ZEV 1994, 351; *Bengel*, Zum Begriff „nahestehende Person" in § 2270 Abs. 2 BGB, DNotZ 1977, 5; *Bengel*, Zum Verzicht des Erblassers auf Anfechtung bei Verfügung von Todes wegen, DNotZ 1984, 132; *Bengel*, Rechtsfragen zum Vor- und Nachvermächtnis, NJW 1990, 1828; *Bengel*, Zur Rechtsnatur des vom Erblasser verfügten Erbteilungsverbots, ZEV 1995, 178; *Buchholz*, Gestaltungsprobleme des Ehegattenerbrechts. Teilungsprinzip oder Nutzungsprinzip, MDR 1990, 375; *Bühler*, Zur Eröffnung eines gemeinschaftlichen Testaments, BWNotZ 1980, 34; *Damrau*, Der Zeitpunkt des Nacherbfalls, wenn der Vorerbe wegfällt und der Nacherbe noch nicht geboren ist, ZEV 2004, 19; *Damrau/Bittler*, Widerruf eines gemeinschaftlichen Testamentes gegenüber dem Betreuer, ZErb 2004, 77; *Flik*, Gemeinschaftliches Testament bei überschuldetem Ehegatten, BWNotZ 1979, 53; *Gipp*, Verjährung von Pflichtteilsansprüchen –Auswirkungen einer Klage zur Feststellung der nichtehelichen Vaterschaft nach § 1600d Abs. 1 BGB auf die Verjährung gemäß § 2332 BGB, ZErb 2001, 169; *Haegele*, Testamentarische Wiederverheiratungsklauseln, JurBüro 1968, 87; *Haegele*, Wiederverheiratungsklauseln, Rpfleger 1976, 73; *Iversen*, Die Selbstanfechtung beim gemeinschaftlichen Testament, ZEV 2001, 55; *Jünemann*, Rechtsstellung und Bindung des überlebenden Ehegatten bei vereinbarter Wiederheiratungsklausel im gemeinschaftlichen Testament, ZEV 2000, 81; *Kanzleiter*, Die Aufrechterhaltung der Bestimmungen in unwirksamen gemeinschaftlichen Testamenten als einseitige letztwillige Verfügungen, DNotZ 1973, 133; *Kanzleiter*, Bestimmungsrecht des Bedachten bei Zweckvermächtnis, DNotZ 1992, 511; *Keller*, Überlegungen zum Ehegattentestament, BWNotZ 1970, 49; *Kohler*, Letztwillige Schiedsklauseln, DNotZ 1992, 125; *Langenfeld*, Freiheit oder Bindung beim gemeinschaftlichen Testament oder Erbvertrag von Ehegatten, NJW 1987, 1577; *Leipold*, Die Wirkungen testamentarischer Wiederverheiratungsklauseln – Dogmatik oder Erblasserwille?, FamRZ 1988, 352; *Lutter*, Zur Umdeutung nichtiger gemeinschaftlicher Testamente von Nicht-Ehegatten, FamRZ 1959, 273; *J. Mayer*, Ja zu Jastrow? – Pflichtteilsklausel auf Prüfstand, ZEV 1995, 136; *Mayer*, Die Sicherung des Vermächtnisnehmers –Darstellung und Vergleich der verschiedenen Möglichkeiten, BWNotZ 1997, 62; *Mayer*, Der Fortbestand letztwilliger Verfügungen bei Scheitern von Ehe, Verlöbnis und Partnerschaft, ZEV 1997, 280; *J. Mayer*, Berliner Testament ade? – Ein Auslaufmodell wegen zu hoher Erbschaftsteuerbelastung?, ZEV 1998, 50; *Meincke*, Vorteile und Nachteile von Ehegattentestamenten und Erbverträgen, DStR 1981, 523; *Muscheler*, Der Einfluss der Eheauflösung auf das gemeinschaftliche Testament, DNotZ 1994, 733; *Nieder*, Die Feststellung der Wechselbezüglichkeit beim gemeinschaftlichen Testament, ZErb 2001, 120; *Olshausen v.*, Die Sicherung gleichmäßiger Vermögensteilhabe bei Berliner Testamenten mit nicht-gemeinsamen Kindern als Schlusserben, DNotZ 1979, 707; *Otte*, Anmerkung zu Beschluß des OLG Frankfurt vom 10.12.1999, 20 W 224/97, ZEV 2001, 319; *Sarres*, Auskunftsverlangen, Wertermittlung und Pflichtteilsverwirkungsklausel, ZEV 2004, 407; *Scheuren/ Brandes*, Wiederverheiratungsklausel nach der Hohenzollern-Entscheidung – Handlungsbedarf für die Gestaltungspraxis?, ZEV 2005, 185; *Spanke*, Den Vertragserben beeinträchtigende Schenkungen in der Beratungspraxis, ZEV 2006, 484; *Ripfel*, Das Testament für den Fall des gemeinschaftlichen Unfalltodes von Ehegatten, BB 1961, 583; *Schiffer*, BB Beilage Nr. 5 vom 27.4.1995; *Skibbe*, Anmerkung zu BGH-Urteil vom 7.12.1994, IV ZR 281/93, Testamentsauslegung –Abgrenzung Vermächtnis-Teilungsanordnung, ZEV 1995, 145; *Strecker*, Pflichtteilsansprüche bei Wiederverheiratungsvermächtnissen im Berliner Testament, ZEV 1996, 450; *Strobel,* Nochmals: Pflichtteilsstrafklausel im Ehegattentestament, MDR 1980, 363; *Süß,* Das Verbot gemeinschaftlicher Testamente im Internationalen Erbrecht, IPrax 2002, 22; *Wacker,* Gemeinschaftliche Testamente von Verlobten, FamRZ 2001, 457; *Wacker,* Rechtsfolgen testamentarischer Verwirkungsklauseln, DNotZ 1990, 403; *Walter,* Schiedsverträge und Schiedsklauseln in der notariellen Praxis, insbesondere bei letztwilligen Verfügungen, MittRhNotK 1984, 69; *Watzek,* Vor- und Nachvermächtnis, MittRhNotK 1000, 37; *Weiss,* Pflichtteilsstrafklausel im Ehegattentestament, MDR 1979, 812; *Wilhelm,* Wiederverheiratungsklauel, bedingte Erbeinsetzung und Vor- und Nacherbfolge, NJW 1990, 2857; *Zawar,* Der auflösend bedingte Vollerbe, NJW 1988, 16.

| | |
|---|---|
| **A. Rechtliche Grundlagen** .............. 1 | a) Erbrechtlicher Typenzwang ..... 112 |
|   I. Testamentsgestaltung als Teil des „Estate-Planning" ................. 1 | b) Heimgesetz .................. 113 |
|  II. Ermittlung der Ausgangslage ......... 3 | 5. Erbeinsetzung .................. 116 |
|     1. Personen und Güterstände ........ 5 |    a) Grundsatz der höchstpersönlichen Errichtung (§ 2064 BGB) ...... 116 |
|     2. Vermögen als Ist-Vermögen ........ 14 |    b) Grundsatz der Universalsukzession ................... 121 |
|     3. Nachlassverzeichnis ............. 26 |    c) Muster: Erbeinsetzung eines Alleinerben ...................... 122 |
|        a) Grundlagen ................. 26 |    d) Erbengemeinschaft ............. 123 |
|        b) Muster: Antrag auf Grundbuchabschrift ..................... 31 |    e) Muster: Einsetzung mehrerer Erben (Erbengemeinschaft) ....... 126 |
|     4. Vorempfänge als fiktives Vermögen .. 32 |    f) Anwachsung ................. 127 |
|     5. Bisherige erbrechtliche Verfügungen ....................... 41 | 6. Bestimmung eines Ersatzerben ..... 128 |
|     6. Besonderheiten ................ 46 |    a) Rechtliche Grundlagen ......... 128 |
|     7. Wünsche des Erblassers ............ 48 |    b) Muster: Ersatzerbenbestimmung der Abkömmlinge mit Verwirkungsklausel ................. 130 |
| III. Testamentsgestaltung ................. 49 | 7. Anordnung einer Vor- und Nacherbschaft ....................... 131 |
|     1. Allgemeines zur Testamentsgestaltung ....................... 49 |    a) Rechtliche Grundlagen ......... 131 |
|        a) Allgemeines .................. 49 |    b) Muster: Vor- und Nacherbschaft (befreite Vorerbschaft) ........ 142 |
|        b) Pflichtteilsrecht als Grenze der Verfügungsfreiheit ............ 52 | 8. Anordnungen für die Auseinandersetzung der Erbengemeinschaft ..... 143 |
|           aa) Allgemeines ............. 52 |    a) Allgemeines .................. 143 |
|           bb) Kreis der pflichtteilsberechtigten Personen und Voraussetzungen des Anspruchs ..... 55 |    b) Teilungsanordnung ............ 145 |
|           cc) Höhe des Pflichtteilsanspruchs .................. 63 |    c) Vorausvermächtnis ............ 146 |
|        c) Gesetzliche Beschränkung bei der Anordnung einzelner Verfügungen (§ 2306 Abs. 1 BGB n.F.) .... 69 |    d) Übernahmerecht .............. 147 |
|        d) Gemeinschaftliches Testament oder Einzeltestament ......... 70 |    e) Auseinandersetzungsverbot ..... 148 |
|        e) Formalien des eigenhändigen Testaments ................... 74 | 9. Vermächtnis .................... 149 |
|           aa) Testamentsniederschrift ..... 74 |    a) Allgemeines .................. 149 |
|           bb) Unterschrift .............. 81 |    b) Ersatzvermächtnisnehmer; Muster ...................... 158 |
|           cc) Zeit- und Ortsangabe ...... 88 |    c) Verschaffungsvermächtnis ....... 160 |
|           dd) Testierwille .............. 89 |    d) Gattungsvermächtnis .......... 161 |
|           ee) Gemeinschaftliches Testament ..................... 90 |    e) Stückvermächtnis ............. 162 |
|           ff) Verwahrung des eigenhändigen Testaments ........... 92 |    f) Zweckvermächtnis ............ 163 |
|     2. Testierfähigkeit nach §§ 2229, 2275 BGB ........................ 93 |    g) Bestimmungsvermächtnis ....... 165 |
|     3. Mangelnde Testierfreiheit aufgrund Erbvertrags oder bindenden Ehegattentestaments .................. 98 |    h) Pflegevermächtnis ............. 168 |
|        a) Rechtliche Grundlagen ......... 98 |    i) Wahlvermächtnis .............. 170 |
|        b) Muster ...................... 110 |    j) Nießbrauchsvermächtnis ....... 171 |
|           aa) Muster: Widerruf eines gemeinschaftlichen Testaments ................... 110 |    k) Rentenvermächtnis ............ 178 |
|           bb) Muster: Einseitiger notarieller Widerruf eines gemeinschaftlichen Testaments .......... 111 |    l) Wohnungsrecht ............... 183 |
|     4. Einschränkung der Testierfreiheit ... 112 | 10. Auflage ........................ 185 |
| |    a) Rechtliche Grundlagen ......... 185 |
| |    b) Muster: Auflage für Grabpflege .. 189 |
| | 11. Familienrechtliche Anordnungen; Muster ........................ 190 |
| | 12. Schiedsklausel .................. 194 |
| |    a) Zulässigkeit einer Schiedsklausel ...................... 194 |
| |    b) Rechtsnatur .................. 195 |
| |    c) Person des Schiedsrichters ...... 196 |
| |    d) Form der Schiedsklausel ........ 197 |

e) Sonderproblem Pflichtteilsansprüche ... 198
13. Testamentsvollstreckung ... 199
   a) Allgemeines ... 199
   b) Arten der Testamentsvollstreckung ... 201
   c) Sinn und Zweck der Testamentsvollstreckung ... 205
   d) Befreiung des Testamentsvollstreckers von den Beschränkungen des § 181 BGB ... 207
   e) Übergangszeit zwischen Erbfall und Amtsantritt ... 208
   f) Kosten der Testamentsvollstreckung ... 209
      aa) Anspruch des Testamentsvollstreckers für eigene Tätigkeiten ... 210
      bb) Kostenersatz für fremde Tätigkeit ... 215
      cc) Kostenschuldner, Fälligkeit der Vergütung ... 218
      dd) In der Praxis vorwiegend angewandte Tabellen ... 219
   g) Grenzen der Testamentsvollstreckung ... 224
   h) Muster: Abwicklungsvollstreckung ... 227
14. Enterbung ... 228
   a) Allgemeines ... 228
   b) Einsetzung zum Nacherben ... 234
   c) Erbeinsetzung auf den Pflichtteil ... 235
15. Pflichtteilsentziehung (§§ 2333 ff. BGB) ... 239
   a) Pflichtteilsentziehung bei Abkömmlingen ... 239
      aa) Allgemeines ... 239
      bb) Entziehung wegen versuchter Tötung ... 240
      cc) Entziehung, weil sich ein Abkömmling eines Verbrechens oder eines schweren vorsätzlichen Vergehens gegen eine in § 2333 Nr. 1 BGB bezeichnete Person schuldig gemacht hat ... 241
      dd) Entziehung wegen böswilliger Verletzung der Unterhaltspflicht ... 242
      ee) Entziehung wegen Verurteilung wegen einer vorsätzlichen Straftat ... 243
   b) Pflichtteilsentziehung gegenüber den Eltern und dem Ehegatten ... 244
   c) Form der Entziehung ... 245
16. Pflichtteilsbeschränkung in guter Absicht, § 2338 BGB ... 248
   a) Allgemeines ... 248
   b) Gestaltung der Beschränkung ... 251
   c) Grund/Form/Wirkung der Pflichtteilsbeschränkung ... 254
   d) Wegfall der Beschränkung ... 258
IV. Erstellung eines Ehegattentestaments ... 259
1. Allgemeines ... 259
2. Verfügungen für den ersten Todesfall ... 264
3. Verfügungen für den zweiten Todesfall ... 271
4. Katastrophenklausel ... 273
5. Bindungswirkung, Wechselbezüglichkeit und Abänderungsmöglichkeit ... 274
6. Wiederverheiratungsklausel ... 278
   a) Allgemeines ... 278
   b) Gestaltung der Wiederverheiratungsklausel bei der Einheitslösung ... 279
      aa) Vor- und Nacherbenregelung ... 280
      bb) Vermächtnislösung ... 282
   c) Gestaltung der Wiederverheiratungsklausel bei der Trennungslösung ... 284
      aa) Unbefreite Vorerbschaft ... 285
      bb) Nacherbentestamentsvollstreckung ... 287
      cc) Eintritt des Nacherbfalls ... 288
   d) Gestaltung der Wiederverheiratungsklausel bei der Nießbrauchslösung ... 289
   e) Rechtsfolgen der Wiederverheiratung ... 290
7. Pflichtteilsklausel ... 291
   a) Muster: Pflichtteilsklausel ... 297
   b) Muster: Einfache Pflichtteilsklausel ... 298
   c) Muster: Pflichtteilsstrafklausel ... 299
8. Anfechtungsverzicht ... 300
9. Fortbestand der gemeinschaftlichen Verfügung trotz Scheiterns der Ehe ... 304
V. Testament geschiedener Ehegatten ... 306
B. Muster ... 307
I. Muster: Einzeltestament, Einsetzung einer Erbengemeinschaft mit Teilungsanordnung, Ausschluss der Ersatzerbfolge für einen bestimmten Miterben ... 307
II. Muster: Einzeltestament, Einsetzung einer Erbengemeinschaft und Anordnung einer überquotalen Teilungsanordnung ... 308
III. Muster: Einzeltestament, Einsetzung einer Erbengemeinschaft mit Vorausvermächtnissen ... 309
IV. Muster: Einzeltestament, Anordnung einer Vor- und Nacherbschaft mit Nacherbentestamentsvollstreckung ... 310
V. Muster: Einzeltestament, Anordnung einer Erbengemeinschaft mit Auseinandersetzungsausschluss und Bestimmung über die Pflichtteilslastentragung ... 311
VI. Muster: Einzeltestament, Anordnung eines Vermächtnisses zugunsten der Lebensgefährtin – wahlweise Geldzahlung oder Wohnungsrecht ... 312
VII. Muster: Einzeltestament, Anordnung eines Rentenvermächtnisses ... 313
VIII. Muster: Einzeltestament, Anordnung eines Rentenvermächtnisses in Form einer dauernden Last ... 314
IX. Muster: Gemeinschaftliches Testament, „Berliner Testament" mit Vermächtnisanordnung im ersten Todesfall ... 315
X. Muster: Gemeinschaftliches Testament, „Berliner Testament" mit Wiederverheiratungsklausel ... 316

XI. Muster: Gemeinschaftliches Testament, Anordnung einer Vor- und Nacherbschaft (Trennungslösung) ............. 317
XII. Muster: Gemeinschaftliches Testament, Anordnung einer Erbengemeinschaft und Nießbrauchsvermächtnis zugunsten des überlebenden Ehegatten .............. 318
XIII. Muster: Testament geschiedener Ehepartner ............................ 319

## A. Rechtliche Grundlagen

### I. Testamentsgestaltung als Teil des „Estate-Planning"

1   Nach Mitteilungen der Deutschen Bundesbank ist das jährliche Erbvolumen mittlerweile auf einen Betrag von 200 bis 250 Milliarden Euro angestiegen, der Höchststand aber noch lange nicht erreicht. Ein Grund, das Thema der Vermögensnachfolge verstärkt ins Gespräch zu bringen. Gerade im Hinblick auf die genannten Zahlen und die dahinter stehenden Vermögenswerte sollte sich ein jeder, der etwas zu vererben hat, mit der Nachfolgeproblematik beschäftigen. Denn der unvorhergesehene Todesfall bringt neben dem persönlichen Verlust eine Reihe schwieriger, insbesondere rechtlicher und steuerlicher Probleme mit sich. Hierfür sollte eine hinreichende erbrechtliche Vorsorgeregelung vorhanden sein, insbesondere auch dann, wenn sich im Vermögen ein Unternehmen befindet. Der Anwalt tut gut daran, seinen Mandanten in diesem Bereich regelmäßig und umfassend zu informieren und zu beraten.

2   Was in den USA seit Jahren unter dem Stichwort „Estate Planning" als ein alltäglicher Beratungsvorgang im Hinblick auf die vermögensmäßige Nachfolge gilt, wird hierzulande sowohl seitens der Berater als auch seitens der Mandanten eher stiefmütterlich gehandhabt. „Estate Planning", zu Deutsch Nachlassplanung, beinhaltet die Beratung und Regelung der Vermögensnachfolge im Hinblick auf den Todesfall.[1] Hierdurch soll der Vermögenstransfer – zumeist in die nächste Generation – geregelt und abgesichert werden. Zur Absicherung der lebzeitigen Vermögensnachfolge dient insbesondere die Verfügung von Todes wegen, mit der sich das nachfolgende Kapitel beschäftigt.

### II. Ermittlung der Ausgangslage

3   Jede Bearbeitung eines erbrechtlichen Mandats, ob im gestalterischen oder im prozessualen Bereich, setzt eine genaue Kenntnis des Sachverhalts voraus. Je umfangreicher und genauer die Informationen sind, desto größer sind die Chancen einer erfolgreichen Mandatsführung. Der Anwalt kann seine Rechtskenntnisse und die in der Praxis erlernten Kunstgriffe nur dann anwenden, wenn er die dazugehörige Information hat. Zeichnet es sich im Mandantengespräch ab, dass es nicht bei einem ersten Beratungsgespräch (§ 34 Abs. 1 S. 3 RVG) bleiben wird, dann sollte er sich die nötige Zeit nehmen, um alle nur denkbaren Informationen zu erhalten. Man kann sagen, dass die Sachverhaltserfassung gut und gerne ein Drittel des gesamten Zeitaufwandes des Mandats ausmachen kann.

4   Die Ermittlung der Ausgangslage, d.h. die **Sachverhaltserfassung**, wird im Folgenden abgehandelt. Es hat sich durchaus bewährt, bei jedem Mandat checklistenartig folgende Punkte zu erfragen:

---

[1] Vgl. *Reimann*, WPK-Mitteilungen Dezember 1998, Sonderheft Nachlassplanung.

## 1. Personen und Güterstände

Um sich in jeder Phase der Bearbeitung des Mandats einen schnellen Überblick über die an dem Verfahren beteiligten Personen machen zu können, sollte man sich zunächst bei der Personenerfassung eine Art **Familienstammbaum** des Mandanten bzw. des Erblassers zeichnen. Anhand eines solchen Stammbaums lassen sich schnell die einzelnen Erbenordnungen und somit die Ansprüche der Beteiligten feststellen. Nicht zuletzt heißt es, dass der Stammbaum die Grundlage der Berechnung aller erbrechtlichen Ansprüche ist. Es sollten sowohl die Familienangehörigen als auch sonstige Bedachte aufgeführt werden.

Im Testament sollten sowohl beim Erblasser als auch bei den bedachten Personen neben dem Namen und Vornamen auch das Geburtsdatum und der derzeitige Wohnsitz angegeben werden. Die Angabe des Wohnsitzes bei den Bedachten ist deshalb von Bedeutung, weil dieser im Erbfall erst ermittelt werden muss, unabhängig davon, ob es sich um den Erben, Vermächtnisnehmer oder Auflagenbegünstigten handelt.[2] Des Weiteren sollte der Berater auch die persönliche Situation der Bedachten ermitteln, beispielsweise, ob diese verheiratet oder verschwenderisch sind, um entsprechende Vorsorge im Testament treffen zu können (z.B. Testamentsvollstreckung, Vor- und Nacherbfolge etc.).

Bestehen im Rahmen der Beratung nach dem Erbfall Unklarheiten über die Familien- und Verwandtschaftsverhältnisse des Erblassers, wird man zunächst mit den zuständigen Standesämtern Kontakt aufnehmen oder nötigenfalls einen Erbenermittler[3] einschalten.[4]

Neben der Aufzählung der einzelnen Personen sind auch die **Güterstände** zu erfassen, da diese aus zivilrechtlicher Sicht erheblichen Einfluss auf die Höhe der Erbquoten haben und auch steuerlich zu besonderen „Freibeträgen" im Erbschaftsteuerrecht führen (§ 5 ErbStG).[5] Davor ist als Vorfrage die Staatsangehörigkeit zu klären, weil das Güterrechtsstatut der Staatsangehörigkeit[6] folgen kann (Art. 17, 14 EGBGB).

Hier gilt ebenso wie in den folgenden Punkten, dass sich der Berater immer sämtliche **Urkunden** vorlegen lässt. Sind sich Eheleute nicht im Klaren, in welchem Güterstand sie leben, dann hilft oftmals die Frage weiter, ob man früher bei einem Notar gewesen ist. Hatten die Eheleute keine notarielle Vereinbarung getroffen, dann kann davon ausgegangen

---

2 *Tanck/Krug/Daragan*, § 1 Rn 9.
3 Über die Deutsche Vereinigung für Erbrecht und Vermögensnachfolge e.V. (DVEV) oder die Nachlassgerichte finden Sie einen geeigneten Erbenermittler.
4 Hilfestellung zur Erbenermittlung bietet auch der Aufsatz von *Bonefeld*, ZErb 2003, 47.
5 Der güterrechtliche Erwerb ist kein erbrechtlicher Erwerb, mithin stellt der güterrechtliche Erwerb keinen steuerbaren Vorgang i.S.d. ErbStG dar. Allerdings ist in jedem Zugewinnehegattenerbfall der Zugewinnausgleich konkret zu berechnen, um den güterrechtlichen Vermögenserwerb zu ermitteln ohne Rücksicht darauf, ob der Zugewinn-Ehegatte als Erbe einen pauschalierten Zugewinn oder nach Ausschlagung und Enterbung den konkreten Zugewinnausgleichsbetrag erhalten hat.
6 Da das Erbstatut der Staatsangehörigkeit folgt, kann es passieren, dass bspw. ein Ägypter, der nach ägyptischem Recht rechtmäßig zwei Ehen eingegangen ist und dann nach Deutschland übergesiedelt ist und die deutsche Staatsangehörigkeit angenommen hat, von zwei Frauen beerbt wird. In einem solchen Fall haben sich die beiden Ehefrauen den Ehegattenerbteil zu teilen; MüKo-*Leipold*, § 1931 BGB Rn 11; Palandt/*Edenhofer*, § 1931 Rn 5.

werden, dass sie im gesetzlichen Güterstand leben.[7] Fürsorglich empfiehlt sich eine Anfrage beim Güterrechtsregister.

10 Im Rahmen der Frage nach den Güterständen ist darauf zu achten, dass die Ehegatten, die am 31.3.1953[8] im damaligen gesetzlichen Güterstand der Verwaltung und Nutznießung des Mannes gelebt hatten, in den neuen gesetzlichen Güterstand der Zugewinngemeinschaft überführt wurden, es sei denn, dass bis zum 30.6.1958 von einem der Ehegatten gegenüber dem Amtsgericht erklärt wurde, dass für die Ehe weiter Gütertrennung gelten solle. Einer Zustimmung seitens des anderen Ehegatten bedurfte es dazu nicht.

11 Der Güterstand der **Errungenschaftsgemeinschaft** konnte gem. Art. 8 Abschnitt 1 Nr. 7 des Gleichberechtigungsgesetzes vom 18.6.1957 vertraglich vereinbart werden. Hierbei handelt es sich um eine spezielle Art der allgemeinen Gütergemeinschaft für das während der Ehe erworbene Vermögen. Im Kern läuft die Errungenschaftsgemeinschaft auf eine Verwaltung des Gesamtgutes durch den Ehemann hinaus.[9]

12 Insgesamt kommen als Güterstände in Betracht:
- der gesetzlicher Güterstand der Zugewinngemeinschaft
- die Zugewinngemeinschaft in notariell modifizierter Form
- die Gütertrennung
- die Gütergemeinschaft
- die fortgesetzte Gütergemeinschaft
- die Eigentums- und Vermögensgemeinschaft
- die Errungenschaftsgemeinschaft
- ausländische Güterstände[10]

13 **Zeitübersicht gesetzlicher Güterstand**

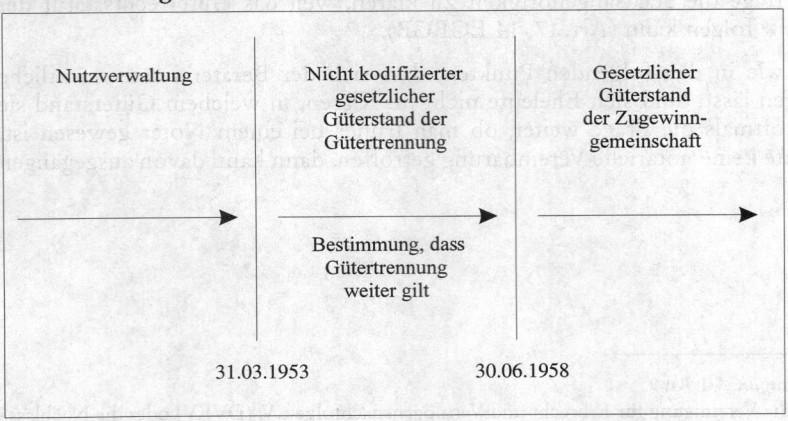

---

[7] In diesem Zusammenhang ist für die neuen Bundesländer Art. 234 § 4 EGBGB zu beachten, dessen Abs. 1 wie folgt lautet: „Haben die Ehegatten am Tag des Wirksamwerdens des Beitritts im gesetzlichen Güterstand der Eigentums- und Vermögensgemeinschaft des Familiengesetzbuches der Deutschen Demokratischen Republik gelebt, so gelten, soweit die Ehegatten nichts anderes vereinbart haben, von diesem Zeitpunkt an die Vorschriften über den gesetzlichen Güterstand der Zugewinngemeinschaft." Die Fortgeltung des alten DDR-Güterstandes wurde von ca. 1200 Ehen gewählt. Fürsorglich sollten daher Ex-DDR-Eheleute ausdrücklich nach der Geltendmachung dieser Option befragt werden.
[8] Es galt also vom 1.4.1953 bis 30.6.1958 ein nicht kodifizierter Güterstand der Gütertrennung.
[9] Vgl. *Hardt*, FamRZ 1989, 1147.
[10] Güterrechtsstatut und Erbrechtsstatut laufen oft nicht konform.

## 2. Vermögen als Ist-Vermögen

Unter dem Ist-Vermögen ist das derzeitige Vermögen und das zum Zeitpunkt des Erbfalls vorhandene Vermögen gemeint. Es ist ratsam, ein Vermögensverzeichnis zu erstellen, in dem alle Vermögensgegenstände des Mandanten oder Erblassers aufgelistet sind. Sodann sind die verschiedenen Vermögensarten zu erfassen (Immobilie, Mobilie, Forderungen usw.) und deren **Vererblichkeit** festzustellen.

Der Erblasser kann über sein Vermögen grundsätzlich frei verfügen. Handelt es sich bei Vermögensteilen jedoch beispielsweise nur um **Vorerbenvermögen**, dann kann der Erblasser selbst hierüber nicht verfügen bzw. dieses vererben, da das diesbezügliche Vermögen nicht zu seinem Nachlass zählt. Das Vorerbenvermögen stellt Sondervermögen dar und ist im Falle des Eintritts des Nacherbfalls an den Nacherben herauszugeben. Bei Eheleuten ist zu klären, wer im Grundbuch als Eigentümer eingetragen ist, und/oder auf welchen Namen vorhandene Bankkonten laufen. Bestehen Unklarheiten über die Eigentumspositionen, dann ist bei Grundvermögen unbedingt eine **Grundbuchanfrage** vorzunehmen. Bei Zweifeln über das Vorhandensein etwaiger weiterer Grundstücke sollten auch die benachbarten Grundbuchämter zur Sicherheit angeschrieben werden.

Bezüglich der Bankkonten von Ehegatten sollte unbedingt geklärt werden, auf wessen Namen diese lauten. Im übrigen sollte ermittelt werden, ob und ggf. welche weiteren Vereinbarungen über die Guthaben bestehen. Das Bestehen von Gemeinschaftskonten ist ebenfalls zu prüfen. Bei derartigen Gemeinschaftskonten unterscheidet man zwischen UND- und ODER-Konten. Die Unterschiede liegen vor allem in der Verfügungsbefugnis und der Zuordnung des Vermögens zu den jeweiligen Kontoinhabern.

In einem weiteren Schritt ist festzustellen, ob einer der Vermögensgegenstände des Nachlasses eine erbrechtliche Besonderheit auslöst. Dies kann bspw. dann der Fall sein, wenn zum Nachlass eine **Auslandsimmobilie** gehört. Hier spricht viel dafür, dass es zu einer **Nachlassspaltung** kommt, wenn das konkrete ausländische Erbrecht als Recht das „Recht des Lageortes"[11] vorsieht.[12]

Ein besonderes **Erbstatut** und damit gleichfalls eine Nachlassspaltung bewirkt auch die Zugehörigkeit eines Hofes im Sinne einer Höfeordnung zum Nachlass.[13] Ist der Hof nicht in die Höferolle eingetragen oder befindet sich die landwirtschaftliche Besitzung außerhalb eines Bundeslandes, in dem es ein **Anerbenrecht** gibt, so in Bayern, dem Saarland, Berlin und den neuen Bundesländern, gilt so genanntes Landgutrecht (§§ 2049, 2312 BGB, §§ 13ff. GrdstVG). Danach erlangt der zur Fortführung des Landgutes berufene Erbe nur über das besondere Zuweisungsverfahren gem. §§ 13 ff. des Grundstückverkehrsgesetzes das Eigentum am Landgut. Insoweit gibt es also keinen erbrechtlichen Vonselbsterwerb. Derjenige, der das Landgut weiterführen will, muss sich also mit den Miterben einigen, dass er im Rahmen der Erbauseinandersetzung das Landgut erhält. Gelingt ihm dies nicht, so ist er darauf angewiesen, das Zuweisungsverfahren gem. §§ 13 ff. GrdstVG einzuleiten. Dies kann zu einer unerträglich langen Zeit der Ungewissheit mit erheblichen wirtschaftlichen Verlusten führen. Daher sollte im Bereich des Landgutrechtes stets darauf geachtet werden, dass der ausersehene Nachfolger das Landgut wenn nicht als Erbe, so doch als Vermächtnisnehmer erhält.

---

11 Die sog. „lex rei sitae".
12 So beispielsweise für Großbritannien, Frankreich, Belgien, USA usw.; vgl. Palandt/*Thorn*, Art. 25 EGBGB Rn 2.
13 Palandt/*Edenhofer*, § 1922 BGB Rn 12.

*Seiler*

19  Befindet sich im Nachlass ein **Gesellschaftsanteil** an einer **Personengesellschaft**, so gilt der Grundsatz: Gesellschaftsrecht geht vor Erbrecht (§ 2 EGHGB). Auch bei einer OHG oder KG ist Voraussetzung für die Vererblichkeit des Anteils eines persönlich haftenden Gesellschafters, dass der Gesellschaftsvertrag bestimmt, dass eine Nachfolge in der Gesellschaft möglich ist (Nachfolgeklausel).

20  Nach dem HRefG gilt, sofern eine vertragliche Nachfolgeklausel fehlt, seit 1.7.1998 hinsichtlich der Vererbung von Anteilen an Personengesellschaften Folgendes: Bei der **Gesellschaft bürgerlichen Rechts** verbleibt es bei der bisherigen Regelung, dass die Gesellschaft durch den Tod eines Gesellschafters gem. § 727 Abs. 1 BGB aufgelöst wird, sofern sich aus dem Gesellschaftsvertrag nichts anderes ergibt.[14]

21  Für die **OHG** galt bis 1998, dass die Gesellschaft mit dem Tod eines Gesellschafters aufgelöst wird (§ 131 HGB a.F.). Gemäß der geänderten Vorschrift des § 131 Abs. 2 Nr. 1 HGB führt der Tod eines Gesellschafters nun nicht mehr zur Auflösung, sondern zu dessen Ausscheiden aus der Gesellschaft, sofern der Gesellschaftsvertrag nichts anderes vorsieht.[15] Die Gesellschaft wird dann grundsätzlich unter den verbleibenden Gesellschaftern fortgesetzt. Gleiches gilt auch für die Vererbung eines **Komplementäranteils** einer KG (§§ 161 Abs. 2, 131 Abs. 2 Nr. 1 HGB). Mit der Neuregelung hat der Gesetzgeber eine Regelung in das Gesetz aufgenommen, die ihrem Inhalt nach der in der Praxis verwendeten Fortsetzungsklausel entspricht. Es ist allerdings darauf hinzuweisen, dass es sich bei der gesetzlichen Regelung um eine dispositive Vorschrift handelt, die es ermöglicht, jederzeit abweichende Regelungen zu treffen. Bezüglich des Anteils eines **Kommanditisten** bestimmt die Neufassung des § 171 HGB, dass mit dessen Tod mangels abweichender Anordnungen die Gesellschaft mit den Erben fortgesetzt wird.[16]

22  Sogenannte Nachfolgeklauseln sind weit verbreitet. Bei diesen wird zwischen der einfachen und der qualifizierten Nachfolgeklausel unterschieden. Sieht der Gesellschaftsvertrag eine einfache Nachfolgeklausel vor, so bedeutet dies, dass die Gesellschaft mit sämtlichen Erben oder ggf. auch Vermächtnisnehmern des verstorbenen Gesellschafters fortgesetzt wird. Enthält der Gesellschaftsvertrag eine qualifizierte Nachfolgeklausel, so kann die Gesellschaft nur mit einem bestimmten Nachfolger fortgeführt werden. Zu dieser gesellschaftsrechtlichen Berufung muss die erbrechtliche Berufung als Erbe oder Vermächtnisnehmer hinzutreten (sog. doppelte Berufung). Es ist daher stets darauf zu achten, dass eine etwaige Regelung im Gesellschaftsvertrag mit der Verfügung von Todes wegen korrespondiert.

Bei der Befragung des Mandanten sollte daher stets ein besonderer Augenmerk darauf gelegt werden, ob sich im Nachlass
– Auslandsgrundbesitz
– ein Hof im Sinne der Höfeordnung
– ein Personengesellschaftsanteil
befindet.

23  Für den jeweiligen Vermögensgegenstand ist dann der **steuerliche Status** festzustellen, wobei hier vorrangig die Frage der Zugehörigkeit des Vermögensgegenstandes zum Betriebs- oder Privatvermögen ist. Dies ist nicht nur für die Berechnung der Erbschaft- und Schenkungsteuer relevant, sondern auch für die erbrechtliche Gestaltung.

---

14  BGBl I 1998, 1474; *Schmidt*, NJW 1998, 2161, 2166.
15  BGBl I 1998, 1474, 1476; *Schmidt*, NJW 1998, 2161, 2166.
16  BGBl I 1998, 1474, 1477.

Bei einer Unternehmensnachfolge werden die Erben dann vollständig von der Erbschaftsteuer freigestellt, wenn sie Arbeitsplätze über 7 Jahre langfristig sichern, d.h. der Betrieb 7 Jahre lang fortgeführt wird und dabei die Lohnsumme 700 % umfasst. In dem 7-Jahres-Zeitraum kann die Lohnsumme jährlich schwanken. Grundlage der Bemessung ist die Durchschnittssumme der letzten fünf Jahre vor dem Erbfall. Wird der Betrieb hingegen 5 Jahre lang gehalten, ist das Betriebsvermögen mit 15 % zu versteuern, wobei die Lohnsumme in den gesamten 5-Jahres-Zeitraum 400 % betragen muss. Dies entspricht einer pauschalen Steuerbefreiung von 85 %. Erfolgt ein Verkauf von Teilen des Betriebes zur Schuldentilgung oder zur Erhöhung des Eigenkapitals ist die steuerunschädlich, wenn am Ende die Lohnsumme eingehalten wird. Mit dieser Regelung soll sichergestellt sein, dass durch Auswahl neuer Geschäftsfelder die Arbeitsplätze erhalten bleiben.

Im Rahmen der Übertragung von **Privatvermögen** ist darauf zu achten, dass das zu übertragende Vermögen nicht einem erhöhten Abschreibungsstatus, der an die Person des Eigentümers gebunden ist, unterliegt, da dieser vorteilhafte Abschreibungsstatus ansonsten verloren geht. In einem solchen Fall sollten die Übertragungen bis zum Ablauf des Begünstigungszeitraumes zurückgestellt werden.

### 3. Nachlassverzeichnis

#### a) Grundlagen

Im Rahmen der Beratung des Mandanten nach dem Erbfall ist der **Vermögensbestand** mit allen Aktiva und Passiva aufzunehmen und ein Nachlassverzeichnis zu erstellen (vgl. zum Muster für ein Nachlassverzeichnis § 17 Rn 140). Dies ist zum einen für die Frage, ob die Erbschaft überhaupt angenommen werden sollte, und zum anderen für die Berechnung von Pflichtteilsansprüchen bedeutsam. Darüber hinaus muss für die Kosten einer Testamentseröffnung ein Nachlassverzeichnis aufgestellt werden.

Oftmals ist es jedoch schwierig, innerhalb der kurzen Ausschlagungsfrist von sechs Wochen zu zuverlässigen Vermögensfeststellungen zu gelangen. Dies gilt insbesondere für die Frage der Überschuldung und der Bewertung eines Nachlasses. Oftmals kann nicht guten Gewissens zur Ausschlagung geraten werden. Ratsamer kann beispielsweise die Ergreifung entsprechender Haftungsbeschränkungsmaßnahmen sein (Dürftigkeitseinrede, Nachlassverwaltung, Nachlassinsolvenz etc.) sein.

Bei tatsächlichen Fehleinschätzungen hilft hier allerdings die Möglichkeit der Anfechtung der Annahme der Erbschaft. Insoweit liegt ein Eigenschaftsirrtum (§ 119 Abs. 2 BGB) vor. Bei der Überschuldung handelt es sich um eine verkehrswesentliche Eigenschaft, so dass die kausale und objektiv erhebliche Fehlvorstellung die Anfechtung begründet.[17] Unter der Eigenschaft des Nachlasses ist ferner seine Zusammensetzung zu verstehen, d.h. die Frage der Zugehörigkeit bestimmter Rechte oder Vermögenswerte oder auch Verbindlichkeiten zum Nachlass,[18] nicht aber die Bewertung an sich. Ein Irrtum über die Zusammensetzung berechtigt demgemäß dann zur Anfechtung, wenn er zur Vorstellung einer tatsächlich nicht bestehenden Überschuldung führte.[19]

Für die Frage, ob der Erbe die Erbschaft annehmen soll, kommt es nicht nur auf die **tatsächliche** Überschuldung des Nachlasses an, sondern bspw. auch auf eine „**rechtliche**"

---

17 RGZ 158, 50; BayObLG NJW-RR 1999, 590.
18 H.M. Palandt/*Edenhofer*, § 1954 BGB Rn 6; MüKo-*Leipold*, § 1954 BGB Rn 10; BayObLG NJW-RR 1999, 590; OLG Düsseldorf NJWE-FER 1999, 242.
19 BGHZ 106, 359; KG FamRZ 2004, 1900.

Überschuldung durch Vermächtnisse und Auflagen. Hinterlässt der Erblasser ein Testament, in dem er seine Kinder als Alleinerben einsetzt, der Ehefrau aber im Wege des Vermächtnisses das Wohnhaus zuwendet, und sind sonst keine größeren Vermögensgegenstände im Nachlass, so sind die Kinder verpflichtet, das Vermächtnis zu erfüllen. Dies gilt auch dann, wenn ihnen selbst weniger als der Pflichtteil verbleibt (§ 2318 Abs. 3 BGB). In einem solchen Fall hätte die Erbschaft seitens der Kinder nach § 2306 Abs. 1 BGB ausgeschlagen werden müssen, um den Pflichtteil zu sichern.[20]

30 In Bezug auf **Grundstücke** ist seitens des Anwalts zumindest beim Grundbuchamt und möglicherweise bei dem für den Erblasser zuständigen Finanzamt Auskunft über den vorhandenen Grundbesitz einzuholen, wenn hier keine genaue Kenntnis seitens des Mandanten vorliegt.

### b) Muster: Antrag auf Grundbuchabschrift

An das

31 Amtsgericht
– Grundbuchamt – (In Baden-Württemberg die Gemeinden oder das Notariat)

*Nachlass des am*           *verstorbenen Erblassers*

Schriftliche Vollmacht vorlegend zeigen wir an, dass wir           ,

wohnhaft         , in der Nachlasssache         , verstorben am         in         , anwaltlich vertreten.

Um den Gesamtwert des Nachlasses abschließend beurteilen zu können, ist es für uns notwendig, in Erfahrung zu bringen, welche Grundstücke im dortigen Amtsbezirk         im Zeitpunkt des Erbfalls im Allein- oder Miteigentum des Erblassers gestanden haben.

Wir bitten Sie daher um entsprechende Mitteilungen bzw. eine beglaubigte/unbeglaubigte Kopie der betreffenden Grundbuchblätter.

Anfallende Kosten bitten wir uns in Rechnung zu stellen.

(Rechtsanwalt)

### 4. Vorempfänge als fiktives Vermögen

32 Unter dem Stichwort „Vorempfänge" hat der Anwalt zu erfragen, welche lebzeitigen Zuwendungen der Mandant bzw. der Erblasser und sein evtl. vorverstorbener Ehegatte an seine Abkömmlinge, an seinen Ehegatten oder an Dritte vorgenommen hat. Für die erbrechtliche Beratung sind diese einerseits im Rahmen von Pflichtteilsergänzungsansprüchen relevant, wenn es sich um **Schenkungen** handelte, andererseits spielen die Vorempfänge bei der **Ausgleichung**[21] unter Abkömmlingen eine Rolle, wenn sie kraft Gesetzes oder durch ausdrückliche Anordnung des Erblassers ausgleichspflichtig sind.[22] Schließlich ist bei der

---

20 *Kerscher/Riedel/Lenz*, § 6 Rn 111; *Tanck*, ZEV 1998, 132.
21 MüKo-*Heldrich*, § 2050 BGB Rn 5 ff.; Palandt/*Edenhofer*, § 2050 Rn 6 ff.
22 Bei den Zuwendungen gem. § 2050 Abs. 1 und 2 BGB spricht man von „geborenen" Ausgleichungen, da diese von ihrem Wesen her auszugleichen sind, es sei denn, dass eine anders lautende Anordnung vorliegt. Bei den „sonstigen Zuwendungen" i.S.d. § 2050 Abs. 3 BGB spricht man von einer „gekorenen" Ausgleichung, da die Ausgleichung nur dann vorzunehmen ist, wenn diese ausdrücklich angeordnet wurde.

Ermittlung von Pflichtteilsansprüchen ein Vorempfang nach den §§ 2315, 2316 BGB zu berücksichtigen.

Für die einzelnen Rechtsfolgen ist insoweit die **Art** des **Vorempfangs** festzustellen, ob es sich beispielsweise um eine Ausstattung[23] oder eine sonstige nach §§ 2050 ff. BGB ausgleichspflichtige Zuwendung handelt, oder ob gar eine Schenkung, eine gemischte Schenkung oder ob eine insgesamt entgeltliche Zuwendung vorliegt.

Darüber hinaus ist auch festzustellen, von wem der Vorempfang stammt. Grundsätzlich sind immer nur die Vorempfänge des direkten Erblassers zur Ausgleichung zu bringen. Haben die Ehegatten jedoch ein **Berliner Testament** gehabt und ihre Kinder zu Schlusserben berufen, so gilt im Rahmen der Ausgleichung nach §§ 2050 ff. BGB der sog. „erweiterte Erblasserbegriff".[24] Danach sind auch diejenigen Vorempfänge auszugleichen, die der jeweilige Abkömmling vom Erstverstorbenen erhalten hat. Zu beachten ist, dass der erweiterte Erblasserbegriff nicht bei der Berechnung des Pflichtteils nach §§ 2315 und 2316 BGB gilt.

Für die Ermittlung der Vorempfänge ist im Einzelnen nach folgendem Schema vorzugehen:

**Schema der Vorempfänge**

**Art des Empfangs**
- Ausstattung §§ 1624, 2050 Abs. 1 BGB
  - in angemessenem Maß
  - im Übermaß
- Aufwendungen zur Ausbildung/Beruf im Übermaß § 2050 Abs. 2 BGB
- Sonstige Zuwendungen § 2050 Abs. 3 BGB
- Leistungen i.S.d. § 2057a BGB

**Vorliegen einer Ausgleichsanordnung**
- schriftlich
- mündlich
- Zeitpunkt

**Vorliegen einer Anrechnungsanordnung auf den Pflichtteil**
- schriftlich
- mündlich
- Zeitpunkt

**Ist der Vorempfang ergänzungspflichtig i.S.d. § 2325 BGB**
- objektive und subjektive Bewertung
- vorbehaltene Rechte
- Zeitpunkt der Schenkung

Damit die Abkömmlinge des Erblassers die Möglichkeit haben, das ihnen zustehende Recht der Ausgleichung auch geltend machen zu können, steht ihnen ein besonderer Auskunftsanspruch nach § 2057 BGB zu (vgl. Muster zum Auskunftsbegehren § 17 Rn 246).

Gemäß § 2057 BGB ist jeder der Beteiligten verpflichtet, Auskunft über Zuwendungen zu geben, die nach den §§ 2050 ff. BGB ausgleichspflichtig sein könnten. Auskunftsberechtigt sind nur Abkömmlinge, die gesetzliche Erben sind oder die im Sinne von § 2052 BGB testamentarisch auf ihre gesetzliche Erbquote eingesetzt wurden.[25]

---

23  *Kerscher/Tanck*, ZEV 1997, 354 ff.
24  BGHZ 88, 102.
25  *Sarres*, ZEV 1996, 300.

38  Der Auskunftsanspruch steht aber auch demjenigen **pflichtteilsberechtigten** Abkömmling zu, der nicht Erbe geworden ist, da dieser für die Berechnung seines Pflichtteilsanspruchs nach § 2316 BGB ebenso auf die Kenntnis von Vorempfängen angewiesen ist.[26] Darüber hinaus hat auch der **Testamentsvollstrecker**, der mit der Auseinandersetzung beauftragt ist, Anspruch auf Auskunftserteilung gem. § 2057 BGB.[27] Desgleichen der Nachlass- und Insolvenzverwalter bei Vorliegen eines besonderen Interesses zur Klarstellung des Erbteilswertes, um darauf lastende Verbindlichkeiten erfüllen zu können.[28]

39  Jeder Miterbe, der zu den ausgleichspflichtigen Personen gehört und jeder pflichtteilsberechtigte Abkömmling[29] ist auskunftspflichtig hinsichtlich aller möglicherweise unter § 2050 BGB fallenden Zuwendungen. Der Anspruch umfasst auch die Angabe des Wertes des empfangenen Gegenstandes,[30] den Zeitpunkt der Zuwendung und die möglichen Anordnungen des Erblassers, die im Zusammenhang mit der Zuwendung erfolgten.

40  Für die Erteilung der Auskunft ist eine bestimmte Form nicht vorgeschrieben. Ein **Bestandsverzeichnis** ist nur dann vorzulegen, wenn die Voraussetzungen des § 260 Abs. 1 BGB vorliegen. Kommt ein Verpflichteter dem Verlangen auf Auskunftserteilung nicht nach, so kann **Auskunftsklage** erhoben werden.

### 5. Bisherige erbrechtliche Verfügungen

41  Hier sind lückenlos alle bisherigen erbrechtlichen Verfügungen aufzuführen, auch alle in der Vergangenheit zurückliegenden Verfügungen. Dies, um zum einen die Testierfreiheit des Testators und zum anderen den maßgeblichen letzten Willen des Erblassers feststellen zu können. Dies gilt selbst dann, wenn der Mandant bzw. derjenige, der ein Testament errichten will, davon ausgeht, dass die Verfügungen bereits durch ein jüngeres Testament aufgehoben oder ersetzt worden sind. Im Übrigen kann sich aus einem früheren Testament oder Erbvertrag auch ergeben, dass der Erblasser in seiner Testierfreiheit eingeschränkt ist, so dass jüngere Verfügungen nicht wirksam werden können.

42  Hat der Mandant beispielsweise bereits ein **gemeinschaftliches Testament** errichtet, welches wechselbezüglich und bindend ist, so ist vor der Errichtung einer neuen Verfügung von Todes wegen dieses einseitig durch notariellen **Widerruf**[31] oder gemeinsam durch ein gemeinschaftliches **Aufhebungstestament** zu beseitigen.

43  Hat sich der Mandant bereits in einem Erbvertrag gebunden, so kann dieser i.d.R. nicht mehr einseitig aufgehoben werden.[32] Gleiches gilt für den Fall, dass bei einem bindenden gemeinschaftlichen Testament der erste Todesfall bereits eingetreten ist. Sieht der Erbvertrag oder das gemeinschaftliche Testament allerdings einen **Änderungsvorbehalt** vor, so ist eine Verfügungsmöglichkeit innerhalb des Änderungsvorbehaltes möglich.

44  Ist die Möglichkeit einer **Anfechtung** (§§ 2078, 2079 BGB) gegeben, dann kann die Verfügungsfreiheit durch Geltendmachung des Anfechtungsrechts wiedererlangt werden.[33] Zu

---

26  RGZ 73, 372; Staudinger/*Werner*, § 2057 BGB Rn 3.
27  Staudinger/*Werner*, § 2057 BGB Rn 3.
28  MüKo-*Heldrich*, § 2057 BGB Rn 4.
29  OLG Nürnberg NJW 1957, 1482.
30  BayObLG OLGE 37, 253.
31  Palandt/*Edenhofer*, § 2253 Rn 1 ff.; MüKo-*Hagena*, § 2253 Rn 1 ff.
32  Wenn ein Rücktrittsrecht nicht vorbehalten wurde.
33  MüKo-*Leipold*, § 2078 BGB Rn 1 ff.

Lebzeiten kann der Erblasser ein einseitiges Testament nicht anfechten, da er es jederzeit widerrufen kann.

Hat ein Erblasser **mehrere** Testamente hinterlassen, ohne jeweils das vorangehende aufzuheben, so besteht die Schwierigkeit, den letzten endgültigen Willen zu ermitteln. Im Einzelnen sind hier die §§ 2253 ff. BGB zu berücksichtigen. Es liegt auf der Hand, dass hierbei vorab die einzelnen Verfügungen mit ihrem jeweiligen Inhalt in einer zeitlichen Reihenfolge aufgelistet werden sollten. Dies insbesondere im Hinblick auf § 2258 BGB, wonach ein früheres Testament insoweit aufgehoben wird, als es dem späteren widerspricht.

### 6. Besonderheiten

Unter dem Stichwort „Besonderheiten" sind im Mandantengespräch besondere familiäre Umstände festzuhalten. Gemeint sind damit im Einzelnen besondere gesellschaftliche Randgruppen, wie bspw. **behinderte** oder **drogenabhängige** Kinder und Lebenspartner, aber auch ein in der Vergangenheit zurückliegendes schwieriges Eltern-Kind-Verhältnis.

Auch wenn es im tatsächlichen Leben nicht mehr als Besonderheit angesehen wird, so ist die Tatsache, dass der Mandant öfter verheiratet war und Kinder aus **erster** oder **zweiter Ehe** hat, in erbrechtlicher Sicht als Besonderheit zu werten. Gerade die Gestaltung von Testamenten beim Vorhandensein behinderter Kinder oder die Berücksichtigung von Kindern aus früheren Ehen ist eine spürbar zunehmende Aufgabenstellung des Anwalts.

### 7. Wünsche des Erblassers

Bei der Vermögensnachfolgeplanung sind sodann die Wünsche des Erblassers zu ermitteln. Der Wille des Mandanten ist maßgeblich für die spätere Gestaltung, sowohl bei einer Vermögensübergabe unter Lebenden als auch bei der Gestaltung einer Verfügung von Todes wegen. In der Regel steht bei einer Verfügung von Todes wegen zum einen die Familienbindung im Vordergrund und zum anderen die Absicherung des überlebenden Ehepartners.

## III. Testamentsgestaltung

### 1. Allgemeines zur Testamentsgestaltung

#### a) Allgemeines

Bei der Errichtung eines Testaments sind neben den materiellen Gestaltungsmöglichkeiten eine Reihe objektiver und subjektiver Kriterien zu beachten. So ist bei der Errichtung einer letztwilligen Verfügung zu bedenken, dass die getroffene Regelung möglicherweise erst Jahre später oder gar Jahrzehnte nach ihrer Errichtung zum Tragen kommt. D.h., dass der Berater bereits jetzt „unvorhersehbare" Entwicklungen soweit als möglich berücksichtigen muss. Als Beispiel hierfür sei genannt, dass der Erblasser seine Ehefrau zur Alleinerbin beruft, jedoch zugunsten der Kinder Vermächtnisse in Höhe von jeweils 20.000 EUR aussetzt. Bei Testamentserrichtung lag das Vermögen bei 500.000 EUR. Die Vermächtnisse konnten daher problemlos zu diesem Zeitpunkt erfüllt werden. Im Zeitpunkt seines Todes ist lediglich noch ein Vermögen in Höhe von 40.000 EUR vorhanden. Im Nachhinein stellt sich die Frage, wie die Vermächtnisse zu qualifizieren sind. Sollen sie im Verhältnis Wert damals zu Wert heute angepasst werden oder soll die Ehefrau Alleinerbin werden und diese erfüllen, was möglich wäre.

Werden in einem Testament z.B. **konkrete** Beträge aufgenommen, so macht es durchaus Sinn, eine Regelung dahin gehend zu treffen, was passieren soll, wenn sich der Wert des

Nachlasses verringert. Dies kann in der Form geschehen, dass man den Wert des Nachlasses angibt und eine entsprechende Verringerung oder Erhöhung des Wertes des Vermächtnisses anordnet. Geht es um ein reines Geldvermächtnis, hilft z.B. ein sog. Quotenvermächtnis.

51 Weiterhin sollte bei der Abfassung von letztwilligen Verfügungen von Todes wegen beachtet werden, dass das BGB-Erbrecht eine Vielzahl von gesetzlichen **Auslegungsregeln** kennt.[34] Ist der Wille des Erblassers bzw. des Testierenden nicht eindeutig, so greifen diese Auslegungsregeln ein. Um hier keine Überraschungen zu erleben, sollte der Berater sich keinesfalls auf die Auslegungsregeln verlassen, er ist vielmehr verpflichtet, die jeweiligen Problempunkte ausdrücklich anzusprechen.

Ein Beispiel für eine derartige Auslegungsregel ist die Vorschrift des § 2069 BGB. Wurden seitens des Erblassers keine Ersatzerben berufen, greift § 2069 BGB ein. Danach sind die Abkömmlinge des Erben zu Ersatzerben berufen. Der Rechtsgedanke des § 2069 BGB wurde von der Rechtsprechung auch entsprechend, und zwar in ergänzender Auslegung, auf alle nahe stehenden Verwandten angewandt.[35]

Es ist daher stets darauf zu achten, dass die korrekten juristischen Fachbegriffe eingesetzt werden. Wird z.B. ein Vermächtnis angeordnet, so ist daher zu formulieren „erhält im Wege des Vermächtnisses". Handelt es sich um ein Vorausvermächtnis, ist klarzustellen, dass die Zuwendung ohne Anrechnung auf den Erbteil erfolgt. Ein Testament sollte dahin gehend lückenlos sein, dass auch Ersatzpersonen benannt werden (Ersatzvermächtnisnehmer, Ersatzerbe etc.). Ist dies nicht gewünscht, sollte eine ausdrückliche Klarstellung erfolgen.

### b) Pflichtteilsrecht als Grenze der Verfügungsfreiheit

#### aa) Allgemeines

52 Da der Erblasser aufgrund seiner Testierfreiheit die Möglichkeit hat, alle seine nächsten Angehörigen zu enterben, sieht das Gesetz in den §§ 2303 ff. BGB für diesen Personenkreis ein Pflichtteilsrecht vor (vgl. hierzu insgesamt § 17). Der Aufnahme eines solchen **Pflichtteilsrechts** lag letztlich der Gedanke zugrunde, dass dem Erblasser eine über seinen Tod hinausgehende Sorgfaltspflicht gegenüber dem genannten Personenkreis zukommt. Das Pflichtteilsrecht hat seine verfassungsrechtlichen Wurzeln in der **Erbrechtsgarantie** des Art. 14 GG.

53 Damit der Erblasser das Pflichtteilsrecht zu Lebzeiten nicht umgehen kann, steht dem Pflichtteilsberechtigten ein so genannter Pflichtteilsergänzungsanspruch zu, wenn der Erblasser zu Lebzeiten (innerhalb von zehn Jahren vor seinem Tod) Schenkungen gemacht hat. Schenkungen werden jedoch gemäß § 2325 Abs. 3 BGB lediglich gestaffelt erfasst. Innerhalb des ersten Jahres vor dem Erbfall werden sie demgemäß in vollem Umfang, innerhalb jeden weiteren Jahres vor dem Erbfall um jeweils $1/10$ weniger berücksichtigt.

54 Einen weiteren Schutz des Pflichtteils bieten die Vorschriften der Anrechnung und Ausgleichung nach §§ 2315, 2316 BGB, wenn Erbe oder Pflichtteilsberechtigter bereits einen anrechnungspflichtigen Vorempfang erhalten haben. Für den Fall, dass der Pflichtteilsberechtigte einen zu geringen Erbteil (oder Vermächtnis) erhalten hat, gewähren ihm die Vorschriften der §§ 2305–2308 BGB zusätzliche Rechte.

---

[34] Vgl. die Übersicht zu den erbrechtlichen Auslegungsregeln in *Bonefeld/Daragan/Tanck*, Arbeitshilfen im Erbrecht, Kapitel Übersichten, S. 4 ff.
[35] BGH FamRZ 1973, 133; OLG München ZErb 2006, 315.

### bb) Kreis der pflichtteilsberechtigten Personen und Voraussetzungen des Anspruchs

Vor der Berechnung des Pflichtteilsanspruchs ist zunächst zu prüfen, ob die jeweilige Person überhaupt zum Kreis der pflichtteilsberechtigten Personen gehört. Wer pflichtteilsberechtigt ist, bestimmt § 2303 BGB und die oftmals missverstandene Vorschrift des § 2309 BGB.

Zu den pflichtteilsberechtigten Personen gehören zunächst die **Abkömmlinge** des Erblassers und seine **Ehefrau** und nur, wenn keine Abkömmlinge vorhanden sind, seine **Eltern**. Dabei steht den Eltern des Erblassers und entfernteren Abkömmlingen (Enkeln) nur dann ein Pflichtteil zu, wenn nähere Abkömmlinge (Kinder) nicht mehr vorhanden sind (§§ 2303, 2309 BGB). Zu den Pflichtteilsberechtigten gehören auch das **adoptierte** Kind und das **nichteheliche Kind**. Ist im Zeitpunkt des Erbfalls die Vaterschaft ungeklärt, so muss der Pflichtteilsberechtigte die Vaterschaft gemäß § 1600d BGB feststellen lassen.[36] Für den Fall, dass der Erblasser mehrere Abkömmlinge hinterlassen hat, ist es möglich, die Vaterschaft durch ein Abstammungsgutachten anhand genetischer Materialien der (Stief-)Geschwister festzustellen. Weigern sich die Geschwister, an der Feststellung mitzuwirken, muss eine Exhumierung erfolgen. Hierbei ist zu beachten, dass das Recht auf Feststellung dem Recht der Totenfürsorge vorgeht.[37]

Ebenso pflichtteilsberechtigt ist der Partner einer gleichgeschlechtlichen eingetragenen Partnerschaft (vgl. hierzu § 17 Rn 118).

Ein Pflichtteilsanspruch ist gegeben, wenn die Berechtigten nach der gesetzlichen Erbfolge Erben geworden wären, sie aber im konkreten Fall durch eine Verfügung von Todes wegen **enterbt** wurden. Handlungen des Berechtigten selbst, die zum Verlust des gesetzlichen Erbrechts führen, führen auch in der Regel zum Verlust des Pflichtteilsrechts (z.B. der Erbverzicht, Erbausschlagung etc.).

Einen Pflichtteilsanspruch hat somit grundsätzlich nur derjenige, der enterbt ist. Hiervon gibt es jedoch auch einige Ausnahmen. Es handelt sich um die Fälle der sog. „taktischen Ausschlagung".[38]

Entfernte Abkömmlinge (Enkel) und die Eltern des Erblassers sind nur dann pflichtteilsberechtigt, wenn sie bei Eintritt der gesetzlichen Erbfolge Erben werden würden. Voraussetzung ist zum einen, dass die Abkömmlinge nicht durch nähere Abkömmlinge und dass die Eltern nicht durch Abkömmlinge von der gesetzlichen Erbfolge ausgeschlossen sind und dass sie zum anderen ebenfalls durch den Erblasser enterbt wurden.

Ein näherer Pflichtteilsberechtigter entfällt also gem. § 2309 BGB nur dann, wenn er vor dem Erbfall **verstorben** ist, er nach § 1953 BGB **ausgeschlagen** hat, oder er für **erbunwürdig** erklärt wurde.[39] Gleiches gilt für den Fall, dass ihm der Pflichtteil vom Erblasser wirksam **entzogen** wurde oder er einen **Erb-** und **Pflichtteilsverzicht** abgegeben hat, der sich nicht auf die Abkömmlinge erstreckt.

Nicht pflichtteilsberechtigt sind entferntere Abkömmlinge und Eltern also dann, wenn der nähere Abkömmling den Pflichtteil verlangen kann, wobei er hierzu nicht verpflichtet ist, oder er nach §§ 2306, 2307 BGB **ausgeschlagen** hat und letztlich auch dann, wenn er das ihm Zugewandte annimmt. Ziel und Zweck des § 2309 BGB ist es, dass es letztlich nicht zu einer Doppelbegünstigung desselben Stammes kommt, indem ihm mehrere Pflichtteilsrechte zustehen.

---

36 *Gipp*, ZErb 2001, 169.
37 OLG München, FamRZ 2001, 126.
38 *Kerscher/Riedel/Lenz*, § 6 Rn 28 ff.
39 *Nieder/Kössinger*, § 2 Rn 6.

62  Des Weiteren ist § 2305 BGB zu beachten. Ist einem Pflichtteilsberechtigten ein Erbteil hinterlassen, der geringer ist als die Hälfte seines gesetzlichen Erbteils, ist er demgemäß nicht vollständig enterbt, so kann er von den Miterben als Pflichtteil den Wert des an der Hälfte fehlenden Teils verlangen.

### cc) Höhe des Pflichtteilsanspruchs

63  Die Höhe des Pflichtteilsanspruchs wird von zwei Faktoren bestimmt, nämlich erstens von der Höhe der gesetzlichen **Erbquote** und zweitens von dem **Wert** und dem **Bestand** des Nachlasses zum Zeitpunkt des Erbfalls (§§ 2303 Abs. 1 S. 2, 2311 BGB). Der Pflichtteil beträgt die Hälfte der gesetzlichen Erbquote (vgl. zur Pflichtteilsquote eines Partners einer eingetragenen Lebenspartnerschaft § 17 Rn 124).

64  Für die konkrete Ermittlung des **Nachlasswertes** ist so vorzugehen, dass in einem ersten Schritt der Bestand des Nachlasses festzustellen ist, das heißt, dass diejenigen Vermögenspositionen vom Nachlass auszusondern sind, die für die Berechnung des Pflichtteilsanspruchs nicht berücksichtigt werden dürfen, so beispielsweise Verträge zugunsten Dritter auf den Todesfall (Lebensversicherungen).

65  Nachdem der Bestand des Nachlasses feststeht, ist der Wert der Nachlassgegenstände (Aktiva) zu ermitteln. Von den Aktiva des Nachlasses sind dann die Passiva, welche die Erblasserschulden und die Erbfallkosten darstellen, abzuziehen. Aus diesem Vergleich zwischen **Aktiva** und **Passiva**, nach Ermittlung des Nachlassbestandes, ist dann der Pflichtteil entsprechend der Quote zu berechnen.

66  Die Erbquote bestimmt sich nach der Zahl der „gesetzlichen Miterben". Auch die enterbten Personen, diejenigen, die für erbunwürdig erklärt wurden sowie die diejenigen, die ausgeschlagen haben, werden mitgezählt. Berücksichtigt wird auch das nichteheliche Kind, da seit dem 1.4.1998 kein Unterschied mehr besteht zwischen ehelichem und nichtehelichem Kind. Diejenigen, die auf ihren Erbteil verzichtet haben sowie diejenigen Personen, die vorverstorben sind, werden nicht mitgezählt. Ein Erbverzicht wirkt sich somit pflichtteilserhöhend aus. Es ist daher vor dem Abschluss eines Erbverzichtsvertrages zu warnen. Ein Pflichtteilsverzichtsvertrag reicht in der Regel aus.

67  Beim gesetzlichen Güterstand der Zugewinngemeinschaft kann es ebenfalls zu einer Verschiebung der Erbquote des Ehegatten und somit zu einer Veränderung der Pflichtteilsquoten kommen. In den Fällen, in denen der überlebende Ehegatte nicht Erbe oder Vermächtnisnehmer wird, weil er enterbt ist oder ausschlägt, so bestimmt sich sein Pflichtteil nach der nicht erhöhten Erbquote nach den Vorschriften gemäß §§ 1931, 1371 Abs. 2 BGB. Der Ehegatte hat somit neben Verwandten der ersten Ordnung einen Pflichtteil von $1/8$. In einem solchen Fall, erhöhen sich auch die Pflichtteilsquoten der anderen Pflichtteilsberechtigten (§ 1371 Abs. 2 S. 2 BGB).

68  **Hinweis**
Mit Beschluss vom 19.4.2005 hat das Bundesverfassungsgericht entschieden, dass das Grundgesetz eine Mindestbeteiligung der Kinder des Erblassers an dessen Nachlass gewährleiste. Die grundsätzlich unentziehbare und bedarfsunabhängige wirtschaftliche Mindestbeteiligung der Kinder werde durch die Erbrechtsgarantie des Art. 14 Abs. 1 S. 1 i.V.m. Art. 6 Abs. 1 GG gewährleistet. Die Normen des Pflichtteilsrechts der Kinder bzw. die Normen über die Pflichtteilsentziehungsgründe des § 2333 Nr. 1 und 2 BGB sind mit dem Grundgesetz vereinbar.[40]

---

40  BVerfG Beschluss vom 19.4.2005 – 1 BvR 1644/00 und 1 BvR 188/03.

## c) Gesetzliche Beschränkung bei der Anordnung einzelner Verfügungen (§ 2306 Abs. 1 BGB n.F.)

Gemäß Erbrechtsreformgesetz lautet § 2306 Abs. 1 BGB ab dem 1.1.2010 wie folgt:

*„Ist ein als Erbe berufener Pflichtteilsberechtigter durch die Einsetzung eines Nacherben, die Ernennung eines Testamentsvollstreckers oder eine Teilungsanordnung beschränkt oder ist er mit einem Vermächtnis oder einer Auflage beschwert, so kann er den Pflichtteil verlangen, wenn er den Erbteil ausschlägt; die Ausschlagungsfrist beginnt erst, wenn der Pflichtteilsberechtigte von der Beschränkung oder Beschwerung Kenntnis erlangt."*

Die Möglichkeit, sich von Beschränkungen und Beschwerungen durch Ausschlagung zu befreien und gleichzeitig den Pflichtteil zu verlangen, hängt nicht mehr davon ab, dass der hinterlassene Erbteil größer ist als der Pflichtteil. Demgemäß kann der pflichtteilsberechtigte Erbe in jedem Falle den Erbteil ausschlagen und den Pflichtteil verlangen. Aber er muss auch ausschlagen. Ansonsten unterliegt er den angeordneten Beschränkungen und Beschwerungen.

Die Unterscheidung zwischen § 2306 Abs. 1 S. 1 und 2 BGB a.F. entfällt demgemäß gänzlich ab 1.1.2010. Sie gilt nur noch für Altfälle.

## d) Gemeinschaftliches Testament oder Einzeltestament

Bei Ehegatten stellt sich grundsätzlich die Frage, ob ein gemeinschaftliches Testament oder ein Einzeltestament errichtet werden soll. Hierbei sind nicht nur materielle Dinge, sondern auch die persönlichen Verhältnisse der Mandanten zu berücksichtigen. Die Gründe, die für ein **Einzeltestament** sprechen, sind z.B.:
- ein einseitiges Vermögen bei nur einem Ehegatten;
- der überwiegende Teil des Nachlasses besteht aus einem Unternehmen;
- die Parteien wollen sich weiterhin ihre freie Verfügungsmacht vorbehalten, ohne dies den anderen wissen zu lassen.

Gründe, die für ein **gemeinschaftliches** Testament sprechen, sind z.B.:
- Ehegatten mit gleichem durchschnittlichem Vermögen;
- Ehegatten in jungem Alter, wenn Kinder noch nicht als Erben in Frage kommen;
- um eine Bindungswirkung zu erzeugen und die Erbfolge der Abkömmlinge zu sichern;

Gerade die Frage der Bindungswirkung wird in gemeinschaftlichen Testamenten in der Praxis viel zu wenig erörtert, obwohl es sich dabei um eine der wesentlichen Fragen des gemeinschaftlichen Testaments handelt und die Auswirkungen im Hinblick auf die Abänderungsmöglichkeit nach dem Eintritt des ersten Erbfalls und einen späteren Herausgabeanspruch nach § 2287 BGB von großer Bedeutung sind (vgl. hierzu § 21).

Testieren Ehegatten in getrennten Urkunden am selben Tag und Ort und sind die Verfügungen auch inhaltsgleich, ist dies für die Annahme, dass ein gemeinschaftliches Testament vorliegt, nicht ausreichend. Im Einzelfall kann dann ein gemeinschaftliches Testament vorliegen, wenn die Ehegatten sich in getrennten Urkunden jeweils zum Alleinerben einsetzen und in gemeinschaftlich abgefassten Testament mit „Zusatz zum Testament" und „Nachtrag zum Testament" bezeichneten Urkunden weitere Verfügungen treffen.[41]

---

41 OLG München ErbR 2008, 332.

e) Formalien des eigenhändigen Testaments

aa) Testamentsniederschrift

74 Zwingend ist für das eigenhändige Testament die eigenhändig geschriebene und unterschriebene Erklärung, § 2247 Abs. 1 BGB. Ein Verstoß dagegen führt zur Formnichtigkeit gem. § 125 BGB. Diese strenge Form dient der Sicherung vor Fälschung und dem Anliegen, dass sich der Erblasser auch inhaltlich so intensiv wie möglich mit der von ihm abgegebenen Erklärung befasst. Entscheidend ist, dass die eigenhändig niedergelegte Erklärung auf einem ernstlichen Testierwillen beruht. Der Erblasser muss die von ihm erstellte Urkunde als rechtsverbindliche letztwillige Verfügung ansehen. Zumindest muss er das Bewusstsein haben, dass das von ihm erstellte Schriftstück als Testament angesehen werden kann.[42] Ist das Testament formgerecht abgefasst und inhaltlich vollständig, ist dies in der Regel unproblematisch.[43]

75 Es reicht nicht, dass der Erblasser selbst ein **mechanisches Schreibwerkzeug** einsetzt wie bspw. eine Schreibmaschine oder eine Druckeinrichtung, weil damit die individuellen Merkmale einer Handschrift nicht erkennbar wären. Deshalb ist auch eine mit der Blindenschreibmaschine hergestellte Niederschrift keine eigenhändige. Der Erblasser muss die Schriftzeichen eigenhändig geschrieben haben. Auch die verwendete Sprache muss ihm bekannt sein. Es kann sich hierbei auch um eine tote Sprache handeln.[44] Die Errichtung eines Testamentes in Blindenschrift ist nicht möglich.[45] Derjenige, der im Zeitpunkt der Testamentserrichtung vollständig erblindet ist, kann kein eigenhändiges Testament errichten. Es handelt sich hierbei um einen Fall der Leseunfähigkeit.[46] Des Weiteren reicht die inhaltliche Bezugnahme eines eigenhändigen Textteils, der seinem Inhalt nach lediglich der Feststellung der Urheberschaft des Erblassers dient, eine letztwillige Verfügung jedoch nicht enthält, auf einen maschinengeschriebenen Textteil, der vorangestellt wird, nicht aus.[47]

76 Ein mit **Blaupause** oder **Kohlepapier** niedergeschriebenes Testament erfüllt dagegen die Anforderungen des § 2247 Abs. 1 BGB, weil hierbei die charakteristischen Züge einer Handschrift erhalten sind.[48] Auf die Wahl des Schreibmaterials kommt es nicht an.[49]

77 Eigenhändig ist die Niederschrift auch dann, wenn sie mit dem Fuß, dem Mund oder einer Prothese geschrieben wurde.

78 Ob der Erblasser in Schreibschrift schreibt oder in Druckbuchstaben ist unerheblich, obwohl im letzteren Fall die Charakteristik einer Handschrift nicht ohne weiteres erkennbar ist. Gleichgültig ist auch, in welcher Sprache das Testament verfasst wird. Entscheidend ist, dass der Erblasser den Text und seinen Sinn versteht und dass später der Inhalt – notfalls mit Hilfe eines Sachverständigen – den beteiligten Dritten verständlich gemacht werden kann.

79 Der Erblasser kann bei Testamentserrichtung auch von einem Dritten unterstützt werden, der ihm beispielsweise den Arm oder die Hand hält. Unwirksam ist das Testament jedoch,

---

42 BayObLG Rpfleger 1980, 189; Palandt/*Edenhofer*, § 2247 Rn 4.
43 Palandt/*Edenhofer*, § 2247 Rn 4.
44 *Nieder/Kössinger*, § 17 Rn 47.
45 Palandt/*Edenhofer*, § 2247 Rn 7, *Nieder/Kössinger*, § 17 Rn 47; OLG Koblenz NJW 1985, 1784.
46 BayObLG FamRZ 2000, 322.
47 OLG Hamm ZErb 2006, 352.
48 BGHZ 47, 68.
49 Aus Beweisgründen sollte aber kein Bleistift, aber auch kein Filzstift verwendet werden, da er keine Drucklinien hinterlässt.

wenn es durch den Dritten durch Führen der Hand ohne Willen des Erblassers errichtet wird.[50] Die unterstützende Schreibhilfe ist hingegen zulässig (z.B. Abstützen des Arms, Halten der geschwächten Hand).[51] Fügt ein Dritter etwas hinzu, gilt dies als nicht geschrieben. Diese Zusätze machen jedoch nicht das gesamte Testament nichtig.[52] Hätte jedoch der Erblasser den übrigen Testamentsinhalt nicht ohne die unwirksame Verfügung geschrieben, gilt etwas anderes.[53] Ist das Testament teilweise unlesbar, ist es dennoch formgültig, sofern festgestellt werden kann, dass das nicht mehr Lesbare ursprünglich lesbar war.[54] Lag jedoch bereits bei Testamentserrichtung Unlesbarkeit vor, ist das Testament nichtig.[55]

Das LG München hat nunmehr den Begriff des zusammenhängenden Schriftstücks definiert: „Ein aus mehreren Blättern bestehendes, auf einem Blatt unterschriebenes Testament ist nur dann gültig, wenn zwischen den einzelnen Blättern durch Nummerierung ein fortlaufenden Text ein Zusammenhang erkennbar ist."[56]

80

bb) Unterschrift

Die **eigenhändige Unterschrift** soll die Identifizierung des Erblassers sicherstellen. Sie soll auch klarstellen, dass das Schriftstück kein unverbindlicher Entwurf und der darin zum Ausdruck gebrachte Wille ernsthaft ist. Da § 2247 Abs. 3 BGB das Unterschreiben mit Vor- und Familiennamen nur als Sollvorschrift anordnet, kann auch mit anderen eindeutigen Kennzeichnungen unterschrieben werden, z.B. „Euer Vater". Eine eindeutige Identifizierung muss aber immer möglich sein. Der BGH hat eine Abkürzung mit „E.M." nicht als Unterschrift ausreichen lassen.[57]

81

Briefe, die den Formerfordernissen entsprechen, können als Testamente qualifiziert werden, wenn darin eine ernsthafte Willensäußerung enthalten ist und der Erblasser ernstlichen Testierwillen hatte. Wollte er lediglich eine unverbindliche, informatorische Mitteilung machen, ist diese nicht als Testament zu qualifizieren.[58] Ob Testierwille gegeben ist, ist Tatfrage und im Wege der Auslegung zu ermitteln. An die Feststellung, dass ein ernstlicher Testierwille vorliegt, sind hohe Anforderungen zu stellen.[59]

82

Auch bei einem Schriftstück, das als Vollmacht bezeichnet ist, kann es sich um ein Testament handeln. Aber auch hier ist zu prüfen, ob ein Testierwille vorliegt.[60]

83

Die Unterschrift darf keine „Oberschrift" sein, d.h. sie muss am Ende des Schriftstückes angebracht sein, um damit zum Ausdruck zu bringen, dass die Niederschrift abgeschlossen ist; andernfalls ist das Testament formunwirksam.[61] In aller Regel wird die Unterschrift unter der letzten Zeile des Textes stehen. Das Unterschreiben auf der Höhe der untersten Zeile oder – weil das Blatt voll geschrieben ist – quer am Rand ist unschädlich, wenn klar ist, dass die Unterschrift den Text abdeckt und gegen spätere Veränderung durch Hinzufügungen schützt. Eine „Oberschrift" genügt für den Fall, dass unter oder neben

84

---

50  BGHZ 47, 71; BGH NJW 1981, 1900; Palandt/*Edenhofer*, § 2247 Rn 7.
51  Palandt/*Edenhofer*, § 2247 Rn 7.
52  Palandt/*Edenhofer*, § 2247 Rn 7.
53  BayObLG FamRZ 1986, 726.
54  Palandt/*Edenhofer*, § 2247 Rn 9.
55  OLG Hamm FamRZ 1992, 356; KG FGPrax 1998, 111.
56  LG München I FamRZ 2004, 1905.
57  BGH NJW 1967, 2310; a.M. OLG Celle NJW 1977, 1690.
58  BayObLG Rpfleger 1980, 189.
59  KG FamRZ 2004, 736 = ZEV 2004, 380.
60  BayObLG NJW-RR 1999, 88.
61  BGHZ 113, 48.

*Seiler*

dem Text der privatschriftlichen Verfügung nicht genug Raum zur Verfügung stand, der Form des § 2247 BGB.[62]

85 Besteht die Niederschrift aus mehreren Blättern, so genügt eine Unterschrift am Schluss – nicht jedes einzelne Blatt muss unterschrieben werden. Allerdings muss durch Seitenzahlen, gleichartige Schreibmaterialien u. dergl. erkennbar sein, dass es sich um fortlaufenden Text handelt. Zur Sicherheit ist zu empfehlen, jedes Blatt vom Erblasser unterzeichnen zu lassen.

86 Fehlt die Unterschrift auf der Niederschrift, hat der Erblasser aber auf dem Umschlag unterschrieben, in dem sich das Schriftstück befindet, so ist dies ausreichend, sofern der Umschlag verschlossen ist, weil damit eine räumliche Nähe hergestellt und der Text gegen Veränderung gesichert ist.[63] Im Einzelfall ist dies eine Frage der Auslegung.[64] Ist der Umschlag allerdings unverschlossen, so reicht die Unterschrift darauf nicht aus, weil eine Sicherung gegen Veränderungen nicht gewährleistet ist.[65]

87 Für die Frage, ob nachträgliche Änderungen unterschrieben sein müssen, ist zu differenzieren:

Durchstreichungen oder Radierungen brauchen nicht gesondert unterschrieben zu werden.[66] Trotzdem ist aus Beweissicherungsgründen zu empfehlen, entsprechende Randvermerke mit Datum und Unterschrift anzubringen. Wird das Testament aber ergänzt, dann ist eine neue Unterschrift anzubringen, möglichst mit Ort und Datum versehen und einem entsprechenden Ergänzungszusatz.[67]

Generell ist für die Formgültigkeit späterer Zusätze entscheidend, dass die Urkunde eine Unterschrift aufweist, die die gesamten Erklärungen abdeckt. Handelt es sich um Nachträge, die auf demselben Blatt oberhalb der Unterschrift angebracht werden, bedürfen diese dann keiner gesonderten Unterschrift, wenn sich aufgrund der Auslegung der Wille des Erblassers ergibt, dass die Zusätze von der bereits getätigten Unterschrift umfasst sein sollen und auch das äußere Erscheinungsbild der Testamentsurkunde dem nicht entgegensteht.[68] Nachträge unterhalb der Unterschrift sowie Nachträge auf einem gesonderten Blatt sind durch den Erblasser zu unterzeichnen.[69] Hat der Erblasser von der handschriftlich errichteten Verfügung eine Kopie gefertigt und nimmt er hierauf Änderungen, Streichungen oder Ergänzungen vor, wobei die Originalverfügung nicht vernichtet wurde, und wird seitens des Erblassers auf der Kopie handschriftlich erklärt, dass er die Verfügung bestätigen will und unterschreibt er sodann den gesamten Text, d.h. Kopie und neue Erklärungen, so kann die Auslegung dazu führen, von einem einheitlichen Ganzen auszugehen.[70]

cc) Zeit- und Ortsangabe

88 Insofern begnügt sich das Gesetz mit einer Sollvorschrift in § 2247 Abs. 2 BGB. Ihre Angabe ist aus Beweisgründen aber dringend zu empfehlen. Außerdem können Zweifel über die Wirksamkeit entstehen, wenn die Zeitangabe fehlt, weil bei Vorhandensein mehrerer Testa-

---

62 OLG Köln Rpfleger 2000, 163; OLG Celle NJW 1996, 2938.
63 BayObLG FamRZ 1988, 1211 m.w.N.; BayObLG ZEV 2003, 26.
64 *Nieder/Kössinger*, § 17 Rn 53; Palandt/*Edenhofer*, § 2247 Rn 12; BayObLG ZEV 2003, 26.
65 OLG Hamm OLGZ 1986, 292.
66 BGH NJW 1974, 1083.
67 OLG Köln NJW-RR 1994, 74.
68 BGH NJW 1974, 1083; BayObLGZ 1984, 194.
69 Palandt/*Edenhofer*, § 2247 Rn 16; *Nieder/Kössinger*, § 17 Rn 55; BGH NJW 1974, 1083; OLG Hamm NJW 1983, 689; BayObLG FamRZ 1984, 1269.
70 OLG München ZEV 2006, 33 ff.

*Seiler*

mente fraglich sein kann, welches das letzte ist und bei einander widersprechendem Inhalt gelten soll. Liegen mehrere Testamente mit gleichem Datum vor, wird davon ausgegangen, dass diese gleichzeitig errichtet wurden, es sei denn, es kann geklärt werden, in welcher Reihenfolge sie errichtet wurden. Soweit sich die getroffenen Verfügungen widersprechen, heben sie sich gegenseitig auf.[71] Die Ortsangabe kann für die Formwirksamkeit entscheidend sein, wenn das Testament nicht den Formerfordernissen des für den Erbfall maßgebenden Erbstatuts nach Art. 25 Abs. 1 EGBGB entspricht. Insofern bestimmt Art. 26 EGBGB, dass auch die Ortsform maßgebend sein kann, wenn dem Testament damit zur Formwirksamkeit verholfen werden kann.

### dd) Testierwille

Neben den Formerfordernissen ist erforderlich, dass der Erblasser den ernstlichen Willen hatte, eine letztwillige Verfügung zu errichten und rechtsverbindliche Anordnungen zu treffen.[72] Der Erblasser muss das errichtete Testament als rechtsverbindlich angesehen haben. Dies muss zweifelsfrei feststehen.[73] Auch wenn die Formerfordernisse erfüllt sind, ist gesondert festzustellen, dass es sich nicht lediglich um einen Entwurf gehandelt hat. Der ernstliche Wille ergibt sich demgemäß nicht per se aus der Erfüllung der Formerfordernisse. Der Wille des Erblassers ist im Wege der Auslegung unter Heranziehung aller erheblichen, auch außerhalb der Urkunde liegenden Umstände zu beurteilen.

89

### ee) Gemeinschaftliches Testament

Nach § 2267 BGB kann unter Ehegatten ein gemeinschaftliches Testament (§ 2265 BGB) in der Weise handschriftlich errichtet werden, dass ein Ehegatte den Text eigenhändig niederschreibt, unterschreibt und der andere mit unterschreibt. Damit ist für den Mitunterschreibenden eine Ausnahme von dem Erfordernis der Eigenhändigkeit des Testamentstextes gemacht.

90

Aus Beweisgründen ist zu empfehlen, den zweiten Ehegatten nicht nur mit unterzeichnen zu lassen, vielmehr sollte er einen kurzen handschriftlichen Text hinzufügen, etwa "Dieses Testament ist auch mein Testament", oder „Dies ist auch mein letzter Wille.", Ort und Datum hinzufügen und darunter unterschreiben. So ist wenigstens eine kleine Schriftprobe vorhanden.

91

Wird ein von einem Ehegatten vollständig geschriebenes und unterschriebenes Testament von dem anderen Ehegatten nicht unterzeichnet, liegt nur ein Entwurf vor. Eine Umdeutung in ein Einzeltestament kann u.U. in Betracht kommen.[74]

Unterschreibt ein Ehegatte vorab blanko und setzt der andere Ehegatte danach den Text räumlich darüber, ist die Form des § 2267 BGB nicht gewahrt.[75] Umstritten ist, ob die abwechselnde Niederschrift und die gemeinsame Unterzeichnung, sofern sämtliche Verfügungen von den Unterschriften beider Ehegatten gedeckt sind, formgerecht ist.[76]

Auch gleichgeschlechtliche Partner, die eine Lebenspartnerschaft begründen, können gem. § 10 Abs. 4 S. 1 LPartG ein gemeinschaftliches Testament errichten, die §§ 2266–2273 BGB gelten entsprechend.

---

71 BayObLG ZErb 2005, 27.
72 BGH NJW 1993, 2100.
73 BayObLG FamRZ 1989, 1124.
74 Damrau/*Seiler*/*Rudolf*, § 2084 Rn 73.
75 Palandt/*Edenhofer*, § 2267 Rn 2 m.w.N.
76 Palandt/*Edenhofer*, § 2267 Rn 2 m.w.N.

ff) Verwahrung des eigenhändigen Testaments

92 Auch das eigenhändige Testament kann in die besondere amtliche Verwahrung des Amtsgerichts – in Baden-Württemberg des Staatlichen Notariats – verbracht werden, § 2248 BGB. Der/die Erblasser kann/können das Testament wieder aus der Verwahrung nehmen. Beim privatschriftlichen Testament hat die Rücknahme aus der amtlichen Verwahrung aber keine Widerrufswirkung – im Gegensatz zum beurkundeten Testament, § 2256 BGB.

## 2. Testierfähigkeit nach §§ 2229, 2275 BGB

93 Bevor im Einzelnen mit der Gestaltung einer Verfügung von Todes wegen begonnen wird, ist zu prüfen, ob der Erblasser zum einen **testierfähig** und zum anderen in seiner Testierfreiheit nicht eingeschränkt ist.

94 Die Frage der **Testierfähigkeit** ist in den §§ 2229 ff. BGB geregelt. Grundsätzlich kann ein Testament errichten, wer das 16. Lebensjahr vollendet hat (§ 2229 Abs. 1 BGB). Zum Abschluss eines Erbvertrags ist allerdings eine unbeschränkte Geschäftsfähigkeit, somit die Vollendung des 18. Lebensjahres notwendig (§ 2275 Abs. 1 BGB). Hierbei ist die Ausnahme zu beachten, dass ein **Minderjähriger** mit Zustimmung seines gesetzlichen Vertreters mit seinem Ehegatten einen Erbvertrag abschließen kann (§ 2275 Abs. 2 BGB). Nicht testierfähig sind Personen, die infolge krankhafter Störung der Geistestätigkeit, Geistesschwäche oder Bewusstseinsstörungen (§ 2229 Abs. 4 BGB) nicht in der Lage sind, die Bedeutung einer von ihnen abgegebenen Erklärung zu erkennen.[77] Bei der Testierfähigkeit handelt es sich insoweit um einen Unterfall der Geschäftsfähigkeit.[78] Der Erblasser ist dann testierfähig, wenn er die allgemeinen Vorstellungen über die Errichtung einer Verfügung von Todes wegen hat. Daneben muss er sich auch über die Tragweite und die Auswirkungen auf die Verhältnisse des Betroffenen sowohl in persönlicher als auch in wirtschaftlicher Hinsicht im Klaren sein.[79] Stand der Erblasser unter Betreuung, sagt dies nichts über seine Testierfähigkeit aus.[80] In den Fällen, in denen der unter Betreuung stehende Erblasser sog. „lichte Momente" hat, kann er ohne weiteres während einer solchen Phase ein wirksames Testament errichten. Problematisch in diesen Fällen ist allerdings in der Regel die Beweislage.

95 Problematisch ist in der Praxis in der Regel die **altersbedingte Einschränkung** bzw. der altersbedingte Wegfall der Testierfähigkeit, da dessen Feststellung schwierig und mit vielen Zweifeln behaftet ist, und zwar u.a. deshalb, weil es sich hinsichtlich einer Demenzerkrankung um einen oftmals langwierigen Prozess handelt. Für den Berater liegt in zweierlei Hinsicht eine schwierige Situation vor. Zum einen muss er darauf achten, dass er, wenn er Anhaltspunkte für eine mangelnde Testierfähigkeit hat, diese feststellen bzw. durch ein ärztliches Gutachten absichern lässt, und zum anderen, dass er seinem Mandanten in diesem Fall mit seinem Handeln persönlich sehr nahe kommt, was dazu führen kann, dass der Mandant sich bevormundet fühlt und die weitere Beratung abbricht. Trotzdem sollte der Berater es nicht scheuen, bei Anhaltspunkten für einen geistigen Abbau Gegenmaßnahmen zu ergreifen. Hierfür genügt in der Regel eine Bestätigung, dass aus medizinischer Sicht keinerlei Bedenken gegen die Testierfähigkeit des Mandanten bestehen.[81] Die Bestätigung eines Facharztes wäre diesbezüglich sinnvoll. Jedoch ist ein hausärztliches Attest immer noch besser als überhaupt keine Bestätigung. Der Erblasser gilt solange als testierfähig,

---

77 Vgl. *Tanck/Krug/Daragan*, § 9 Rn 3.
78 Palandt/*Edenhofer*, § 2229 Rn 1.
79 OLG Hamm MittBayNot 1997, 180; OLGZ 1989, 271.
80 BayObLG FamRZ 1994, 593.
81 Vgl. aber hierzu BayObLG ZEV 1994, 303; BayObLG FamRZ 1998, 514.

als nicht bewiesen werden kann, dass er testierunfähig ist. Derjenige, der sich auf die Testierunfähigkeit beruft, trägt die Feststellungslast hierfür.[82] Die Testierfähigkeit beider Ehegatten ist erforderlich, damit das gemeinschaftliche Testament wirksam ist. In den Fällen, in denen einer der Ehegatten testierunfähig ist, führt dies dazu, dass eine Bindungswirkung gem. § 2270 Abs. 1 BGB ausscheidet. Es ist eine Frage der Auslegung, ob die Verfügung des anderen Ehegatten aufrechterhalten werden kann.[83]

Da die Zustände, die zur Testierunfähigkeit führen, grundsätzlich die Ausnahme bilden, ist der Erblasser bis zum Beweis des Gegenteils als testierfähig anzusehen. Im Rahmen des **Erbscheinserteilungsverfahrens** hat das Nachlassgericht von **Amts wegen** zu ermitteln, ob eine Testierfähigkeit vorlag. Dies geschieht in der Regel durch die Einvernahme von Zeugen und der behandelnden Ärzte. Des Weiteren können im Rahmen der Anordnung der Betreuung entstandene Gutachten mit herangezogen werden. Im Rahmen eines Rechtsstreits über das Erbrecht hat derjenige, der die mangelnde Testierfähigkeit behauptet, diese zu beweisen.[84] Es bietet sich insoweit auch an, dass der Erblasser die ihn behandelnden Ärzte in seiner Verfügung von Todes wegen von der Schweigepflicht entbindet (vgl. Muster in § 4 Rn 30).

96

> **Hinweis**
> Vgl. zur Testierfähigkeit von mehrfach Behinderten aufgrund der Neuregelung durch das OLG-Vertretungsänderungsgesetz vom 23.7.2002 (BGBl I 2002, 2850), welches zum 1.8.2002 in Kraft getreten ist, Krug in: *Kerscher/Krug*, Das erbrechtliche Mandat, § 25 Rn 85 ff. (siehe auch § 8 Rn 90)

97

### 3. Mangelnde Testierfreiheit aufgrund Erbvertrags oder bindenden Ehegattentestaments

#### a) Rechtliche Grundlagen

Von der Testierfähigkeit zu unterscheiden ist die **Testierfreiheit** des Erblassers. Nach der Rechtsprechung des Bundesverfassungsgerichts ist die Testierfreiheit das bestimmende Element der Erbrechtsgarantie (Art. 14 Abs. 1 S. 1 GG).[85] Aufgrund der Testierfreiheit ist es dem Erblasser möglich, beliebig über sein Vermögen zu verfügen. Hierdurch hat er die Möglichkeit, auch von der gesetzlichen Erbfolge abzuweichen. Durch Art. 14 Abs. 1 S. 1 GG ist jedoch nicht garantiert, dass der Erblasser sein vorhandenes Vermögen ungeschmälert auf Dritte übertragen kann. Zum einen wird die Testierfreiheit durch das Pflichtteilsrecht (siehe Rn 52 ff.) eingeschränkt. Weiterhin erfolgt eine Einschränkung der Testierfreiheit durch den erbrechtlichen Typenzwang (siehe Rn 112) sowie durch die Vorschrift des § 138 BGB. Weitere gesetzliche Einschränkungen finden sich auch im Heimgesetz (siehe hierzu Rn 113). Die Testierfreiheit erfährt ihren Schutz in § 2302 BGB. Danach ist ein Vertrag, durch den sich jemand verpflichtet, eine Verfügung von Todes wegen zu errichten oder nicht zu errichten, aufzuheben oder nicht aufzuheben, nichtig.

98

Die Testierfreiheit kann des Weiteren dadurch eingeschränkt sein, dass der Erblasser sich bereits durch einen Erbvertrag oder ein bindend gewordenes Ehegattentestament verpflichtet hat. Beim Vorliegen einer solchen **bindenden** Verfügung von Todes wegen sind alle späteren Verfügungen nichtig, wenn sie der älteren widersprechen. Für den Erbvertrag wird

---

82 KG NJW 2001, 903.
83 BayObLGZ 1995, 70.
84 BGH FamRZ 1958, 127.
85 BVerfG ZEV 1995, 184; ZEV 1999, 147; ZEV 2000, 399.

dies in § 2289 Abs. 1 S. 2 BGB geregelt, für das gemeinschaftliche Testament in §§ 2270, 2271 Abs. 1 S. 2 BGB.[86]

99 Bei einem **Ehegattentestament** ist eine Bindungswirkung dann anzunehmen, wenn es sich um eine wechselbezügliche Verfügung handelt und der erste Todesfall eingetreten ist. Eine Wechselbezüglichkeit liegt vor, wenn die Verfügung des einen Ehegatten nicht ohne die des anderen getroffen worden wäre. Anders gesagt: Der eine Ehegatte hat seine Verfügung im Hinblick auf die Verfügung des anderen so bestimmt. Voraussetzung ist somit eine gegenseitige innere Abhängigkeit beider Verfügungen.[87] Gemäß § 2270 Abs. 3 BGB können jedoch in einem gemeinschaftlichen Testament nur die Erbeinsetzung, das Vermächtnis oder die Auflage **wechselbezüglich** und bindend sein. Nicht wechselbezüglich sind demgemäß die Enterbung, die Anordnung der Testamentsvollstreckung, eine Teilungsanordnung, der Entzug des Pflichtteils, ein Auseinandersetzungsverbot, die Errichtung einer Stiftung oder familienrechtliche Anordnungen.

100 Ist in einem gemeinschaftlichen Testament die Wechselbezüglichkeit einzelner Verfügungen nicht ausdrücklich genannt, ist diese anhand des Wortlauts und Inhalts der letztwilligen Verfügung zu ermitteln. Die Auslegung richtet sich nach den allgemeinen Grundsätzen. Eine ergänzende Auslegung kommt ebenfalls in Betracht. Die Wechselbezüglichkeit hängt demgemäß vom Willen der Ehegatten im Zeitpunkt der Testamentserrichtung ab. Wurden gleich lautende Verfügungen getroffen, spricht dies nach OLG Hamm für eine Wechselbezüglichkeit.[88] Nach Meinung des BayObLG ist der Grad der Verwandtschaft eines Schlusserben zum Erblasser allein noch kein Indiz für eine Wechselbezüglichkeit.[89] Das BayObLG geht sogar soweit, dass für den Fall, dass sich die Ehegatten gegenseitig bedenken und der Nachlass im Falle des Todes des Längstlebenden den gemeinsamen Kindern zufallen soll, die Schlusserbeneinsetzung nicht ohne weiteres wechselbezüglich sein muss.[90] Derjenige, der sein Erbrecht auf die Wechselbezüglichkeit stützt, hat die Feststellungslast für solche Tatsachen, die die Wechselbezüglichkeit begründen. Verbleiben Zweifel, gehen diese zu seinen Lasten.[91]

Führt die individuelle Auslegung nicht zu einem klaren Ergebnis, so greift die Vermutungsregelung des § 2270 Abs. 2 BGB ein. Demgemäß ist Wechselbezüglichkeit anzunehmen, wenn sich die Ehegatten gegenseitig bedenken oder wenn dem einen Ehegatten eine Zuwendung gemacht und für den Fall des Überlebens des Bedachten eine Verfügung zugunsten einer Person getroffen wird, die mit dem anderen Ehegatten verwandt ist oder ihm sonst nahe steht. An die Vermutungsregel des § 2270 Abs. 2 BGB sind jedoch hohe Anforderungen zu stellen, da ansonsten die Gefahr besteht, dass sie zur gesetzlichen Regel wird. Eine enge persönliche und innere Bindung des betroffenen Ehegatten ist stets erforderlich. Dies ist z.B. bei Stief- und Pflegekindern zu bejahen oder auch bei engen Freunden.

Gerät die in einem gemeinschaftlichen Testament zum Schlusserben berufene Person in Wegfall und tritt Ersatzerbfolge ein, findet die Vorschrift des § 2270 Abs. 2 BGB nur dann Anwendung, wenn die Einsetzung zum Ersatzerben nicht allein auf § 2069 BGB beruht. Vielmehr müssen Anhaltspunkte vorliegen, die auf einen dementsprechenden Willen der Eheleute schließen lassen, den Ersatzerben einzusetzen.[92]

---

86 BGHZ 82, 274.
87 KG FamRZ 77, 485; *Pfeiffer*, FamRZ 1993, 1266.
88 OLG Hamm FamRZ 1994, 1210.
89 BayObLG FamRZ 1992, 1102.
90 BayObLG FamRZ 1986, 392; FamRZ 1985, 1287.
91 BayObLG FamRZ 1986, 392.
92 BGH DNotZ 2002, 661 mit Anm. *Schmucker*, ZEV 2002, 150.

> **Tipp**
> In einem Testament sollte stets klargestellt werden, welche Verfügungen wechselbezüglich sind.

Die Wechselbezüglichkeit einer letztwilligen Verfügung hat zweierlei Wirkung: Zunächst gilt § 2270 Abs. 1 BGB. Danach führt die Nichtigkeit einer Verfügung oder deren Widerruf zur Unwirksamkeit der anderen Verfügung.

Die Bindungswirkung tritt erst mit dem Tode des Erstversterbenden ein. Mit dem Tod des Erstversterbenden verliert der Längstlebende ein Recht zum Widerruf. Somit führt der Tod des Erstversterbenden zu einer Beschränkung der Testierfreiheit des längstlebenden Ehegatten. Es besteht grundsätzlich keine Möglichkeit mehr, abweichend zu verfügen, es sei denn es wurde ein Abänderungsvorbehalt vorgesehen.

Stellt der Berater bei der Prüfung eine Bindungswirkung fest, ist daher in einem weiteren Schritt zu prüfen, ob die Bindungswirkung zum einen aufgehoben werden könnte, oder ob diese möglicherweise lückenhaft ist. Sieht das gemeinschaftliche Testament eine **Abänderungsbefugnis** des überlebenden Ehegatten vor, dann ist dies eine Einschränkung der Bindungswirkung, welche es dem Erblasser erlaubt, in diesem Rahmen auch neu zu testieren bzw. das vorhandene gemeinschaftliche Testament abzuändern.

Darüber hinaus stellt sich die Frage, inwieweit eine **Bindungswirkung nachträglich beseitigt** werden kann. Zunächst ist festzuhalten, dass die Bindungswirkung eines gemeinschaftlichen Testaments erst mit dem Tod des Erstversterbenden eintritt. Vor dem Tod ist jeder Ehegatte berechtigt, durch einseitigen notariellen Widerruf und Erklärung gegenüber dem anderen Ehegatten gem. §§ 2271 Abs. 1, 2296 BGB das Testament und somit seine Beschränkung der Testierfreiheit aufzuheben.[93] Es ist erforderlich, dass die Widerrufserklärung dem Ehegatten im Original zugeht. Der Zugang einer beglaubigten Abschrift ist nicht ausreichend. Für den Fall, dass ein Ehegatte unter Betreuung steht, ist die Widerrufserklärung dem Betreuer zuzustellen.[94]

Sind sich die Ehegatten einig und wollen sie in Zukunft einzeln testieren, dann können sie auch in einem gemeinschaftlichen **Widerrufstestament** die Ehegattenverfügung beseitigen. Vorsicht ist hier aber bei der Frage geboten, ob es reicht, wenn die Ehegatten ihr gemeinschaftliches Testament zerreißen. Auch wenn die Meinung in der Literatur dies für ausreichend erachtet, sollte sich der Berater hierauf besser nicht einlassen.[95] Es lässt sich später möglicherweise nur schwer beweisen, dass das Testament mit dem Willen beider Ehegatten zerrissen wurde. Der Ehegatte, der sich auf den gemeinsamen Widerruf durch Vernichtung des Testamentes beruft, trägt hierfür die Beweislast.[96] Ein gemeinschaftlicher Widerruf in einem gemeinschaftlichen Testament ist daher durchaus sinnvoll und dem Mandanten unbedingt anzuraten.

Generell erfolgt der Widerruf zu Lebzeiten beider Ehegatten neben einem gemeinschaftlichen Widerrufstestament durch die Errichtung eines widersprechenden gemeinschaftlichen Testamentes, die gemeinschaftliche Vernichtung des eigenhändigen Testamentes oder durch die gemeinschaftliche Rücknahme eines öffentlichen Testamentes aus der besonderen amtlichen Verwahrung. Ein zwischen Ehegatten oder Lebenspartnern geschlossener Erbvertrag kann durch die Errichtung eines gemeinschaftlichen Testamentes aufgehoben werden.

---

93 Damrau/*Klessinger*, § 2271 Rn 4 ff.
94 Palandt/*Edenhofer*, § 2271 Rn 6; a.A. Damrau/*Bittler*, ZErb 2004, 77.
95 Palandt/*Edenhofer*, § 2271 Rn 8 und § 2255 Rn 8.
96 Palandt/*Edenhofer*, § 2255 a.E. i.V.m. Rn 9.

106 Mit dem Tod des vorversterbenden Ehegatten tritt grundsätzlich die Bindungswirkung ein. Ab diesem Zeitpunkt hat der überlebende Ehegatte nicht mehr das Recht bzw. die Möglichkeit, durch einseitige Verfügung die Wechselbezüglichkeit zu beseitigen. Der überlebende Ehegatte kann sich von der Bindungswirkung nur dann lösen, wenn beispielsweise bei einem Erbvertrag ein **Rücktrittsrecht** nach § 2293 BGB eingeräumt wurde, wenn er, wie in § 2271 Abs. 3 BGB vorgesehen, die ihm zugedachte Erbeinsetzung **ausschlägt** oder wenn er im Rahmen einer **Selbstanfechtung** gemäß den §§ 2078, 2079 BGB die Unwirksamkeit der Verfügung herbeizuführen versucht.[97]

107 Handelt der überlebende Ehegatte mit Zustimmung des Vertragserben, dann beseitigt dies ebenfalls die Bindungswirkung.[98] Hierbei ist aber zu beachten, dass dem Vertragserben der Anspruch aus § 2287 BGB nur dann genommen wird, wenn er in notarieller Form seine Einwilligung erklärt hat.[99] Darüber hinaus bedarf es bei einem Minderjährigen einer vormundschaftlichen Genehmigung bzw. einer familiengerichtlichen Genehmigung.[100]

108 Eine teilweise Beseitigung der Wechselbezüglichkeit ist dann gegeben, wenn im Ehegattentestament ein **Abänderungsvorbehalt** vorhanden ist. Die Testierfreiheit bzw. die Beseitigung der Bindungswirkung hängt in diesem Falle stets von dem Umfang der Abänderungsklausel ab. In der Regel ist bei Ehegattentestamenten jedoch lediglich eine Abänderung innerhalb der ehegemeinschaftlichen Kinder vorgesehen. Dies würde beispielsweise dazu führen, dass die Wechselbezüglichkeit nur dann nicht eingreift, wenn der überlebende Ehegatte einem als Schlusserben eingesetzten gemeinsamen Kind eine Schenkung macht. Ist ein allgemeiner Abänderungsvorbehalt ohne jegliche Einschränkung vorgesehen, so ist hierin in der Regel wohl eine Aufhebung der Wechselbezüglichkeit und somit keine Bindungswirkung zu sehen.

109 Trotz eingetretener Bindungswirkung hat der Überlebende weiterhin die Möglichkeit, Rechtsgeschäfte unter Lebenden vorzunehmen. Die Vorschrift des § 2286 BGB ist auf wechselbezügliche Verfügungen in einem gemeinschaftlichen Testament entsprechend anwendbar.[101] Allerdings sind die Vorschriften gem. §§ 2287, 2288 BGB zu beachten.

b) Muster

aa) Muster: Widerruf eines gemeinschaftlichen Testaments

Gemeinschaftliches Testament

110 Wir, die Eheleute _____, geboren am _____ in _____,

und _____, geborene _____, geboren am _____ in _____,

heben hiermit einzeln und gemeinsam alle bisherigen Verfügungen von Todes wegen in vollem Umfang auf.

(Ort, Datum, Unterschrift)

---

97 *Nieder/Kössinger*, § 14 Rn 67.
98 *Mayer*, ZEV 1996, 127.
99 BGHZ 108, 252 (str.) zum Meinungsstand *Spanke*, ZEV 2006, 484, 487 f.
100 BGHZ 83, 44, 49.
101 BGH DNotZ 1965, 357.

Das ist auch mein letzter Wille.

(Ort, Datum, Unterschrift)

bb) Muster: Einseitiger notarieller Widerruf eines gemeinschaftlichen Testaments

Notarielle Urkundenformalien
1. Ich, _____, bin deutscher Staatsangehöriger und seit _____ mit meiner Ehefrau _____ im gesetzlichen Güterstand verheiratet.
   Mit meiner Ehefrau habe ich eine handschriftliche gemeinschaftliche Verfügung von Todes wegen am _____ errichtet. In dieser letztwilligen Verfügung haben wir uns wechselbezüglich zu Alleinerben und unsere gemeinschaftlichen Kinder _____ und _____ zu Schlusserben bestimmt.
2. Hiermit widerrufe ich alle im Testament vom _____ getroffenen letztwilligen Verfügungen in vollem Umfang.
3. Eine Ausfertigung dieser notariell beurkundeten Widerrufserklärung wird meiner Ehefrau entsprechend den Formerfordernissen der §§ 2296 Abs. 2, 130, 132 BGB zugestellt. Der beurkundende Notar bzw. sein Vertreter im Amt wird hiermit beauftragt.
4. Der Notar hat darüber belehrt, dass die notarielle Widerrufserklärung dem Ehepartner zugehen muss und dass für die Erbfolge das gesetzliche Erbrecht maßgebend ist, solange keine neue letztwillige Verfügung errichtet wird.

(Ort, Datum, Unterschrift)

### 4. Einschränkung der Testierfreiheit

a) Erbrechtlicher Typenzwang

Die Testierfreiheit wird u.a. aufgrund des erbrechtlichen Typenzwangs eingeschränkt. In den §§ 1937 bis 1940 BGB zählt das Gesetz nur die wichtigsten Inhalte letztwilliger Verfügungen auf. Diese Regelungen haben jedoch keinen abschließenden Charakter.[102] Daneben werden auch im 4. Buch des BGB (Familienrecht) zahlreiche weitere Anordnungen genannt. Diese können ebenfalls durch letztwillige Verfügungen getroffen werden. Die Einzelaufzählung führt jedoch dazu, dass Verfügungen, die einen beliebigen Inhalt haben, nicht getroffen werden können. Es können lediglich solche Verfügungen getroffen werden, die entweder ihrer Art nach ausdrücklich im Gesetz geregelt sind oder aber solche, die aufgrund Auslegung oder Analogie dem Gesetz als zulässig zu entnehmen sind.[103] Es handelt sich daher um den sog. Typenzwang.[104] Der Typenzwang führt dazu, dass es beispielsweise lediglich möglich ist, dem oder den Erben einen Gegenstand mit dinglicher Wirkung zuzuwenden. Einer anderen Person hingegen kann ein Gegenstand nicht mit dinglicher Wirkung zugewandt werden.

b) Heimgesetz

Grundsätzlich kann jede natürliche Person als Erbe benannt werden. Es gibt jedoch Personen, die aufgrund ihrer Position gegenüber dem Erblasser nicht zu Erben bestimmt werden können. Nach § 14 HeimG ist eine Verfügung von Heimbewohnern zugunsten von **Heim-**

---

102 OLG Frankfurt NJW 1950, 607; Palandt/*Edenhofer*, § 1937 Rn 6.
103 Damrau/*Seiler*, § 1937 Rn 10.
104 Damrau/*Seiler*, § 1937 Rn 10.

mitarbeitern[105] oder des Heimträgers unwirksam.[106] Das Gleiche gilt auch, wenn beispielsweise Verwandte des Heimmitarbeiters als Nacherben eingesetzt werden.[107] Durch die Regelung des § 14 HeimG soll die Ausnutzung der Arg- und Wehrlosigkeit alter und pflegebedürftiger Personen verhindert werden.[108] Sofern jedoch seitens des Heimbewohners eine Verfügung des ausgeschlossenen Personenkreises ausdrücklich gewollt ist, hat der Erblasser die Möglichkeit, eine Ausnahmegenehmigung nach § 14 Abs. 6 HeimG zu beantragen. Eine etwaige Ausnahmegenehmigung wird durch die Heimaufsichtsbehörde erteilt.

114 Ähnliches gilt im Hinblick auf die Genehmigungserfordernisse der § 70 BBG, § 19 SG und § 10 BAT für die Erbeinsetzung[109] von **Beamten, Dienstverpflichteten** und Angestellten des **öffentlichen Dienstes**.[110]

115 Nach Ansicht des BayObLG[111] ist die Vorschrift des § 14 HeimG aber nicht (analog) auf ein **Betreuungsverhältnis** anwendbar. Ist der Betreute testierfähig, dann kann er grundsätzlich zugunsten des Betreuers wirksam verfügen.[112] Eine wirksame Verfügung ist auch zugunsten dessen, dem umfassende Vorsorgevollmacht erteilt wurde, möglich.[113]

### 5. Erbeinsetzung

#### a) Grundsatz der höchstpersönlichen Errichtung (§ 2064 BGB)

116 Bei der Errichtung einer Verfügung von Todes wegen ist im Rahmen der Bestimmung des Erben der Grundsatz der **höchstpersönlichen Errichtung** (§§ 2064, 2274 BGB) zu beachten. Der Erblasser hat daher weder die Möglichkeit, sich im Willen oder in der Erklärung vertreten zu lassen (formelle Höchstpersönlichkeit), noch kann er die Bestimmung des Erben einem **Dritten** auferlegen (materielle Höchstpersönlichkeit). Gemäß § 2065 Abs. 1 BGB kann der Erblasser eine letztwillige Verfügung auch nicht in der Weise treffen, dass ein anderer zu bestimmen hat, ob sie gelten soll oder nicht. Dieser Grundsatz der Höchstpersönlichkeit ist Folge der durch das Erbrecht gewährleisteten Testierfreiheit.

117 Da in der Praxis jedoch häufig der Bedarf besteht, aus einem bestimmten **Personenkreis** den geeigneten Erben und Vermögensnachfolger zu bestimmen, ist seitens der Rechtsprechung des BGH[114] der Grundsatz des persönlichen Handelns aufgelockert worden. So wird es als ausreichend angesehen, dass der Inhalt des Testaments so genau bestimmt ist, dass die Festlegung des Erben von jedem erfolgen kann, der mit genügender Sachkunde ausgestattet ist. Dabei ist jedoch nach Ansicht des BGH einem willkürlichen Handeln des Dritten vorzubeugen. Es wird als zulässig erachtet, dass der Erblasser einen eng begrenzten Personenkreis bestimmt, aus dem ein Dritter den Erben nach sachlichen Kriterien auszuwählen hat. Wichtig ist, dass der Erblasser Angaben bzw. handfeste sachliche Kriterien dafür, wie die Auswahl letztendlich zu erfolgen hat, in seiner letztwilligen Verfügung angibt. Dem

---

105 Vgl. zur Einsetzung des Pförtners OLG Frankfurt ZErb 2001, 106.
106 OLG Düsseldorf FamRZ 1998, 192; *Rossak*, ZEV 1996, 41; *Kieser*, ZErb 2002, 33.
107 OLG Düsseldorf FamRZ 1998, 192.
108 BGHZ 110, 235.
109 Zur Frage der rechtlichen Begründung und der zivilrechtlichen Folgen der Genehmigungsbedürftigkeit und ihrer Auswirkungen bei Nichterteilung auf die testamentarische Verfügung siehe *Koos*, ZEV 1997, 435.
110 BVerwG ZEV 1996, 343.
111 BayObLG ZEV 1998, 232.
112 Vgl. zu den Ausnahmen *Müller*, ZEV 1998, 219.
113 BayObLG DNotZ 2003, 439.
114 BGHZ 15, 199.

Bestimmenden darf insoweit kein eigener Ermessensspielraum verbleiben. Der Erblasser muss selbst seinen Willen bekunden, er muss sich selbst über die wesentlichen Teile seines Willens klar werden.

**Hinweis** 118
Das OLG Frankfurt/Main[115] hat zwischenzeitlich die so genannte Dieterle-Klausel für unwirksam erklärt. Bei der so genannten Dieterle-Klausel[116] hat der Erblasser diejenige Person als Nacherben eingesetzt, die ein anderer (in der Regel dann der Vorerbe) zu seinem eigenen Erben bestimmt hat. Die überwiegende Meinung im Schrifttum hat eine solche Klausel als zulässig erachtet.[117] Da § 2075 BGB es grundsätzlich zulässt, dass der Erblasser die Zuwendung an eine auflösende Bedingung knüpft und diese Bedingung auch vom Willen des Bedachten abhängen darf (Potestativbedingung)[118] gilt es, die Grenze zwischen dem Verbot der Drittbestimmung nach § 2065 BGB und der Zulässigkeit einer Potestativbedingung im Sinne des § 2075 BGB entsprechend auszuloten. Weiterhin zulässig dürfte daher sein, dass der Erblasser eine auflösend bedingte Nacherbfolge dergestalt anordnet, dass die Nacherbschaft insgesamt entfällt, falls der Vorerbe eine letztwillige Verfügung zugunsten anderer Personen oder eines bestimmten Personenkreises trifft. Der Vorerbe hat es danach selbst in der Hand, ob er die Nacherbfolge insgesamt beseitigt.[119] Als weitere Alternative bietet sich bis zum Vorliegen weiterer gerichtlicher Entscheidungen an, auf das so genannte Herausgabevermächtnis zurückzugreifen.[120] Abzuraten ist aber in jedem Fall künftig von der Gestaltung, dass die Person des Nacherben mit demjenigen identisch sein soll, den der Vorerbe in seiner eigenen letztwilligen Verfügung zum Erben bestimmt.

Anders als bei der Erbeinsetzung gilt bei einem **Vermächtnis** der Grundsatz der höchstpersönlichen Errichtung nicht. Hier kann vielmehr die Bestimmung des Vermächtnisnehmers im Rahmen des § 2151 BGB auch einem Dritten überlassen werden.[121] Der Grundsatz des § 2065 Abs. 2 BGB findet auch keine Anwendung bei der Auflage nach § 2193 BGB, bei der Auswahl eines Testamentsvollstreckers nach §§ 2198 ff. BGB und bei der Auseinandersetzung nach § 2048 S. 2 BGB. 119

Gerade im Bereich der **Unternehmensnachfolge** spielt das Bestimmungsrecht eine große Rolle, dann nämlich, wenn der Erblasser noch nicht weiß, welche seiner Kinder Nachfolger im Unternehmen werden sollen. Oftmals lässt sich aufgrund des Alters der Kinder noch nicht absehen, welches davon denn die Fähigkeit zur Unternehmensnachfolge mitbringt. In einem solchen Fall ist die vermächtnisweise Zuwendung sinnvoll, die es ermöglicht, dass ein Dritter, der insoweit das Vertrauen des Erblassers genießt, die Bestimmung vornehmen kann. Es ist hier aber streng darauf zu achten, dass der jeweilige Gesellschaftsvertrag eine solche Möglichkeit überhaupt zulässt. 120

---

115 OLG Frankfurt/Main ZEV 2001, 316.
116 *Dieterle*, BWNotZ 1971, 15.
117 *Schäfer*, BWNotZ 1962, 203; *Dieterle*, BWNotZ 1971, 15; *Gaberdiel*, Rpfleger 1966, 265; Palandt/*Edenhofer*, § 2065 Rn 7; a.A. Soergel/*Loritz*, § 2065 BGB Rn 14; a.A. *Otte*, ZEV 2001, 319.
118 Palandt/*Edenhofer*, § 2074 Rn 1.
119 *Kanzleiter*, DNotZ 2001, 149.
120 Vgl. hierzu *Kanzleiter*, DNotZ 2001, 149; *Reimann*, MittBayNot 2002, 4 ff.
121 Aber auch im Rahmen der §§ 2151, 2152 BGB kann die Bestimmung eines Vermächtnisnehmers nicht willkürlich einem Dritten überlassen werden. Vielmehr muss der Erblasser einen überschaubaren Personenkreis bestimmen, aus dem der Dritte den Vermächtnisnehmer auswählen kann.

## b) Grundsatz der Universalsukzession

**121** Der in § 1922 BGB verankerte Grundsatz der Universalsukzession bestimmt, dass der Nachlass des Erblassers in seiner Gesamtheit auf den oder die Erben übergeht. Folge dieses Grundsatzes ist es, dass lediglich eine dingliche Beteiligung an sämtlichen Nachlassgegenständen nach Anteilen bei mehren Erben möglich ist. Diese Gesamtrechtsnachfolge erlaubt es dem Erblasser nicht, eine Erbfolge auf einzelne Nachlassgegenstände zu beschränken bzw. anzuordnen. Will der Erblasser einzelne Nachlassgegenstände bestimmten Personen zukommen lassen, dann kann er dies durch Anordnung einer Teilungsanordnung, eines Vermächtnisses oder einer Auflage tun. Lediglich ausnahmsweise kann es z.B. zu einer zulässigen Nachlassspaltung im Rahmen der Hoferbfolge nach der HöfeO oder zu einer Sondererbfolge beim Übergang von Anteilen an Personengesellschaften kommen.[122] Eine Sonderrechtsnachfolge von Todes wegen gibt es auch außerhalb des Erbrechts. Hierunter fällt beispielsweise der Übergang eines Wohnraum-Mietverhältnisses auf den Ehegatten oder Lebenspartner gem. § 563 BGB, des Weiteren der Übergang von Lebensversicherungsverträgen auf den Bezugsberechtigten.[123]

Nach der Vorschrift des § 1967 BGB haftet der Erbe für die Nachlassverbindlichkeiten mit seinem gesamten Vermögen. Er hat allerdings diverse Beschränkungsmöglichkeiten (Nachlassverwaltung, Nachlassinsolvenz, Einrede der Dürftigkeit).

## c) Muster: Erbeinsetzung eines Alleinerben

**122** Ich, _____, geb. am _____ in _____, setzte meinen einzigen Sohn, _____, geb. am _____ in _____, derzeit wohnhaft in _____, _____-Straße _____, zu meinem alleinigen Vollerben meines gesamten Vermögens ein.

## d) Erbengemeinschaft

**123** Zu einer Erbengemeinschaft kann es grundsätzlich kraft gesetzlicher Erbfolge oder durch letztwillige Verfügung kommen, wenn der Erblasser mehrere Erben bestimmt. Im Rahmen einer Beratung über die Errichtung einer letztwilligen Verfügung sollte der Anwalt den Mandanten über die Schwierigkeiten und Risiken einer Erbengemeinschaft hinreichend aufklären. Es sollten dem Mandanten insbesondere die Probleme der Nachlassverwaltung und -auseinandersetzung, der Teilungsversteigerung und nicht zuletzt der Erbenhaftung[124] dargelegt werden. Darüber hinaus ist darauf hinzuwirken, dass nach Möglichkeit eine **Erbengemeinschaft** vermieden wird – dies gilt nicht nur bei der Errichtung eines Ehegattentestaments für die Verfügung im ersten Todesfall, sondern auch vielmehr beim Einzeltestament und insbesondere dann, wenn sich ein Unternehmen im Nachlass befindet.[125]

**124** Um eine spätere, möglicherweise komplizierte und für alle Beteiligten unerfreuliche Auseinandersetzung zu vermeiden, sollte der Erblasser lieber einen seiner Nachkommen zum Alleinerben einsetzen und den übrigen in Betracht kommenden Personen entsprechend hohe Vermächtnisse zuwenden. Um dem Vermächtnisnehmer eine stärkere Stellung zu geben, kann dieser zusätzlich zum Testamentsvollstrecker ernannt werden, damit er sich sein Vermächtnis selbst erfüllen kann.

**125** Des Weiteren ist bei Vorhandensein von Betriebsvermögen zu beachten, dass die Erbengemeinschaft durch die Auseinandersetzung zu einer Aufdeckung der **stillen Reserven** und

---

122 Palandt/*Edenhofer*, § 1922 Rn 8 ff.
123 Palandt/*Edenhofer*, § 1922 Rn 39.
124 Vgl. hierzu z.B. *Krug*, ZErb 1999, 1.
125 Vgl. zum Unternehmertestament *Tanck/Krug/Daragan*, § 21 Rn 18 ff.

somit zu einer zu versteuernden Entnahme gezwungen sein kann. Im Unternehmensbereich sollte deshalb nach Möglichkeit die Alleinerbenlösung bestimmt werden.[126]

### e) Muster: Einsetzung mehrerer Erben (Erbengemeinschaft)

Ich,         , geb. am         in         , bestimme zu meinen Erben folgende Personen:
a)  Meinen Sohn         geb. am         in         , derzeit wohnhaft         mit einer Erbquote von $1/2$.
b)  Meine Tochter         geb. am         in         , derzeit wohnhaft         mit einer Erbquote von $1/2$.

Meine Erben sind Vollerben, eine Nacherbfolge möchte ich ausdrücklich nicht anordnen.

Es folgen Anordnungen für die Auseinandersetzung des Nachlasses (vgl. Rn 143).

### f) Anwachsung

Fällt einer der eingesetzten Erben vor oder nach dem Erbfall weg, so regelt § 2094 BGB die Anwachsung unter den übrigen Erben. Vor dem Erbfall kann der eingesetzte Erbe durch Tod oder Zuwendungsverzicht in Wegfall geraten. Nach dem Erbfall kann er durch Ausschlagung oder Erbunwürdigkeitserklärung wegfallen. Desgleichen dann, wenn er eine aufschiebende Bedingung nach § 2074 BGB nicht erlebt oder eine Anfechtung der letztwilligen Verfügung erfolgt. Die Einsetzung eines Ersatzerben geht den Anwachsungsregeln nach §§ 2094, 2095 BGB vor (§ 2099 BGB). Es ist zu beachten, dass dies sowohl für eine ausdrückliche Ersatzerbeneinsetzung als auch für eine stillschweigende, vor allem gem. § 2069 BGB, gilt.[127] Daraus folgt, dass in den Fällen, in denen ein Abkömmling des Erblassers in Wegfall gerät, dessen Abkömmlinge (d.h. die Enkel des Erblassers), zu unter sich gleichen Teilen zur Erbfolge gelangen. Eine Anwachsung an die weiteren Kinder des Erblassers scheidet insoweit aus. Es empfiehlt sich daher in jedem Falle, in der letztwilligen Verfügung klare Ersatzerbenregelungen sowie klare Anwachsungsregelungen zu treffen.

## 6. Bestimmung eines Ersatzerben

### a) Rechtliche Grundlagen

Der Erblasser kann für den Fall, dass der Erbe vor oder nach dem Eintritt des Erbfalls wegfällt, einen anderen als Erben einsetzen (Ersatzerbe). Ein Wegfall vor Eintritt des Erbfalls erfolgt beispielsweise durch den Tod des zunächst eingesetzten Erben vor dem Tod des Erblassers, durch die Erklärung eines Erbverzichts oder den Eintritt einer auflösenden Bedingung vor Eintritt des Erbfalls,[128] ein Wegfall vor Eintritt des Erbfalls liegt auch vor, wenn der Erblasser die Erbeinsetzung widerruft bzw. die Erbeinsetzung von Anfang an nichtig oder unwirksam war. Ein Wegfall nach Eintritt des Erbfalls erfolgt durch Ausschlagung, Erbunwürdigkeitserklärung oder Anfechtung.[129] Die Einsetzung eines Ersatzerben verhindert vorwiegend den Eintritt der gesetzlichen Erbfolge bei Wegfall eines Erben. Dies entspricht dem Eintrittsrecht gem. § 1924 Abs. 3 BGB bei der gesetzlichen Erbfolge.

Ist eine Ersatzerbenregelung nicht getroffen, so kommt es zur Anwendung der gesetzlichen **Auslegungsvorschriften** (§§ 2067, 2068, 2069 BGB). Hat der Erblasser z.B. einen seiner

---

126  Vgl. hierzu *Tanck/Krug/Daragan*, § 21 Rn 18 ff.
127  Palandt-*Edenhofer*, § 2099 Rn 1.
128  *Nieder/Kössinger*, § 8 Rn 47.
129  *Nieder/Kössinger*, § 8 Rn 49.

*Seiler*

Abkömmlinge bedacht und fällt dieser nach der Errichtung des Testaments weg, so ist im Zweifel anzunehmen, dass dessen Abkömmlinge insoweit bedacht sind, als sie bei der gesetzlichen Erbfolge an dessen Stelle treten würden (§ 2069 BGB). Darüber hinaus wird § 2069 BGB seitens der Rechtsprechung im Rahmen einer ergänzenden Testamentsauslegung auch auf andere Bedachte ausgedehnt, die nicht Abkömmlinge im Sinne dieser Vorschrift sind.[130] Allerdings kann § 2270 Abs. 2 BGB nach Ansicht des BGH nicht auf die nach § 2069 BGB vermutete Ersatzerbenbestimmung angewendet werden.[131]

In jedem Falle ist darauf zu achten, dass die Ersatzerbenbestimmung so ausgestaltet ist, dass weder auf gesetzliche Vermutungsregeln noch auf die ergänzende Auslegung zurückgegriffen werden muss. In diesem Zusammenhang ist auf die Vermutungsregel des § 2102 Abs. 1 BGB hinzuweisen. Diese gilt im Rahmen der Nacherbfolge. Danach enthält eine Einsetzung zum Nacherben im Zweifel auch eine Einsetzung zum Ersatzerben. Umgekehrt gilt diese Regelung allerdings nicht.[132]

### b) Muster: Ersatzerbenbestimmung der Abkömmlinge mit Verwirkungsklausel

Für den Fall, dass einer der Erben vor oder nach dem Erbfall wegfällt, bestimme ich dessen Abkömmlinge zu Ersatzerben. Hinterlässt einer der Erben keine Abkömmlinge, so soll unter den übrigen Erben Anwachsung eintreten. Schlägt einer der Erben das ihm Zugewandte aus, macht er seinen Pflichtteilsanspruch geltend und erhält er ihn auch, so ist er mit seinem ganzen Stamm von der Erbfolge ausgeschlossen.

### 7. Anordnung einer Vor- und Nacherbschaft

#### a) Rechtliche Grundlagen

Im Gegensatz zur Vollerbschaft steht die **Vor-** und **Nacherbschaft** (vgl. hierzu insgesamt § 14). Der Erblasser kann gem. § 2100 BGB einen Erben in der Weise einsetzen, dass dieser erst Erbe wird, nachdem zunächst ein anderer Erbe geworden ist. Das bedeutet, dass der Vorerbe den ererbten Nachlass an den als Nacherben bestimmten Erben herauszugeben hat. Die Vor- und Nacherbschaft führt zu einer mehrfachen Beerbung, d.h. zunächst wird der Vorerbe, dann wird der Nacherbe Erbe des Erblassers. Insoweit spricht man auch davon, dass der Vorerbe nur „**Erbe auf Zeit**" ist.[133] Die Vorerbschaft wird durch den Tod des Erblassers ausgelöst. Zu einem späteren Zeitpunkt, der durch den Erblasser bestimmt wird, tritt der Nacherbfall[134] ein. Für den Fall, dass der Erblasser insoweit keine Verfügungen trifft, tritt der Nacherbfall mit dem Tode des Vorerben ein (§ 2106 BGB). Es ist zu beachten, dass die Einsetzung eines Nacherben gem. § 2109 Abs. 1 S. 1 BGB nach Ablauf von 30 Jahren nach dem Erbfall regelmäßig unwirksam wird.

Sinn und Zweck des Instituts der Vor- und Nacherbschaft ist die Steuerungsmöglichkeit des Vermögensflusses über mehrere Erbfälle (Generationen) hinweg. Der Erblasser kann so selbst bestimmen, wer nach dem zuerst Bedachten das Vermögen als nächster erhält. Man spricht auch von einer zukünftigen Vermögensbindung bzw. von der Möglichkeit einer **Familienbindung** des Nachlasses.[135]

---

130 Vgl. *Tanck/Krug/Daragan*, § 11 Rn 69 ff.
131 BGH ZErb 2002, 128.
132 Palandt/*Edenhofer*, § 2102 Rn 1.
133 *Langenfeld*, Rn 197.
134 Zu den möglicherweise auftretenden Problemen: *Damrau*, ZEV 2004, 19.
135 *Weirich*, Rn 597 ff.

## A. Rechtliche Grundlagen

Die Anordnung der Vorerbschaft führt dazu, dass sich bei dem als Vorerbe bestimmten Erben zwei verschiedene Vermögensgruppen bilden. Zum einen das **Eigenvermögen** des Vorerben und zum anderen das ererbte Vorerbenvermögen als **Sondervermögen**.[136] Mit Eintritt des Nacherbfalls ist das Sondervermögen an den oder die Nacherben herauszugeben. Ist als Nacherbfall der Tod des Vorerben bestimmt (§ 2106 Abs. 1 BGB), so vererbt sich das Eigenvermögen des Vorerben an die von ihm benannten Bedachten, während das Sondervermögen an die Nacherben fließt. Der Vorerbe hat die Erbschaft ordnungsgemäß zu verwalten, desgleichen die gewöhnlichen Erhaltungsaufwendungen, wie Zinsen, Versicherungen oder Grundsteuer, zu tragen. Die Nutzungen stehen dem Vorerben zu. Die außerordentlichen Lasten darf er aus der Erbschaft bestreiten.

Durch die Trennung des Vorerbenvermögens vom Eigenvermögen bietet sich die Vor- und Nacherbschaft zur **Vermeidung** von **Pflichtteilsansprüchen** naher Verwandter an. Haben Eheleute z.B. Kinder aus erster Ehe und will der jeweilige Ehepartner nicht, dass die Kinder des anderen Ehepartners an seinem Nachlass partizipieren, dann können sie anordnen, dass sich die Eheleute jeweils nur zu Vorerben und die Kinder aus der vorangegangenen Ehe als Nacherben einsetzen. Dies gilt gewissermaßen auch für die Pflichtteilsansprüche gemeinsamer Kinder.

Darüber hinaus kann durch das Institut der Vor- und Nacherbschaft der Nachlass für eine gewisse Dauer einem Vorerben und dann dem eigentlichen Bedachten zugewandt werden, was sich insbesondere dann anbietet, wenn es darum geht, bestimmte Zeiträume zu überbrücken (z.B. weil die Kinder noch minderjährig sind). Gleichfalls dient die Einsetzung eines Nacherben auch dem Schutz vor dem Zugriff von **Gläubigern** des **Vorerben**, da diesem zwar grundsätzlich die **Nutzungen**, nicht aber die Substanz zustehen.[137]

Der Nachteil der Vor- und Nacherbschaft ist allerdings ihre rechtliche Kompliziertheit, insbesondere aufgrund der diversen Beschränkungen, denen der Vorerbe unterliegt, so dass Konflikte und Streitigkeiten unter den Erben quasi „vorprogrammiert" sind. Auch aus erbschaftsteuerlicher Sicht kann die Vor- und Nacherbschaft erhebliche Nachteile mit sich bringen, da sie zu zwei Besteuerungsvorgängen führt, § 6 ErbStG.[138]

Der Schwierigkeit einer Abgrenzung zwischen **Vollerbschaft** und **Vorerbschaft** bzw. zwischen Vorerbschaft und **Nießbrauch** ist durch eine exakte testamentarische Formulierung Rechnung zu tragen.[139] Die Auslegungsregel des § 2269 BGB lässt erkennen, dass das Gesetz eine Vor- und Nacherbschaft möglichst vermeiden will.

Grundsätzlich können ein oder mehrere Vorerben benannt werden. Letzteres führt zur Entstehung einer sog. **Vorerbengemeinschaft**.[140] Diese kann sich als Miterbengemeinschaft jederzeit gem. § 2042 BGB auseinander setzen. Einer Mitwirkung des Nacherben bedarf es hierfür nur, wenn zum Vollzug der Auseinandersetzung Verfügungen notwendig sind, die unter die §§ 2113 Abs. 1, 2114 BGB fallen.[141] Der Nacherbe hat aber nicht die Möglichkeit,

---

136 Palandt/*Edenhofer*, § 2100 Rn 2.
137 Vgl. zum Zweck der Vor- und Nacherbschaft MüKo-*Grunsky*, § 2100 BGB Rn 11 ff.
138 Vgl. zu den Steuerfolgen der Vor- und Nacherbschaft *Riedel*, ZErb 2002, 316.
139 *Weirich*, Rn 644.
140 Zu der Frage Auseinandersetzung der Vorerbengemeinschaft und Teilungsanordnung vgl. Staudinger/*Behrends/Avenarius*, § 2110 BGB Rn 11.
141 Staudinger/*Behrends/Avenarius*, § 2112 BGB Rn 15; OLG Hamm ZEV 1995, 336.

die Auseinandersetzung der Vorerbengemeinschaft zu verhindern.[142] Er ist grds. zur Zustimmung hinsichtlich der Erbauseinandersetzung der Vorerbengemeinschaft verpflichtet.[143]

139 § 2142 Abs. 1 BGB regelt, dass der Nacherbe die Erbschaft bereits vom Zeitpunkt des Erbfalls an ausschlagen kann. Die Ausschlagungsfrist beginnt jedoch erst mit dem Eintritt des Nacherbfalls. Hat der Erblasser keinen Ersatznacherben bestimmt, verbleibt die Erbschaft im Falle der Ausschlagung durch den Nacherben dem Vorerben. Der Nacherbe wird zwar erst im Falle des Eintritts des Nacherbfalls Erbe, erwirbt jedoch bereits mit Eintritt des Erbfalls ein Anwartschaftsrecht.[144] Nach allgemeiner Ansicht ist dieses Nacherbenanwartschaftsrecht auch veräußerlich.[145] Wenn der Erblasser die Übertragbarkeit des Anwartschaftsrechts nicht wünscht, ist dies testamentarisch auszuschließen.[146] Ebenso kann die Vererblichkeit des Anwartschaftsrechts ausgeschlossen werden.[147]

140 Die zum Vorerben eingesetzte Person kann grundsätzlich über die Erbschaftsgegenstände verfügen. Die Befugnisse des Vorerben werden jedoch von Gesetzes wegen in den §§ 2113 ff. BGB beschränkt. Von einigen der Beschränkungen und Verpflichtungen kann der Erblasser den Vorerben jedoch befreien. In diesem Falle ist die eingesetzte Person befreiter Vorerbe. Vom Verbot unentgeltlicher Verfügungen kann generell keine Befreiung erteilt werden, gleiches gilt für die §§ 2115, 2121, 2122 und 2111 BGB.

Im Übrigen gilt der Grundsatz der Surrogation. Demgemäß gehört zur Erbschaft auch das, was der Vorerbe aufgrund eines zur Erbschaft gehörenden Rechts oder als Ersatz für einen Erbschaftsgegenstand erwirbt, es sei denn, der Erwerb gebührt ihm als Nutzung (§ 2111 BGB). Der vorgenannte Grundsatz gilt sowohl bei befreiter als auch bei unbefreiter Vorerbschaft.

141 **Hinweis**
Anders als bei einzelnen Nachlassgegenständen kann innerhalb einer Erbengemeinschaft der eine Miterbe als Vollerbe, der andere nur als Vorerbe bestimmt oder aber auch auf Bruchteile beschränkt werden.[148]

b) Muster: Vor- und Nacherbschaft (befreite Vorerbschaft)

142 Ich, _____, geb. am _____ in _____, setze meine Ehefrau _____, geb. am _____, zu meiner alleinigen Erbin meines gesamten Vermögens ein. Die Alleinerbin ist jedoch nur Vorerbin. Soweit gesetzlich zulässig, befreie ich sie jedoch von allen Verpflichtungen, von denen nach dem Gesetz Befreiung erteilt werden kann. Ich ordne demgemäß befreite Vorerbschaft an. Meine Ehefrau kann somit über den Nachlass im Sinne von Veräußerungen und Belastungen verfügen und den Nachlass auch für sich verzehren und verbrauchen.

Zu Nacherben bestimme ich meine Kinder _____, geb. am _____ und _____, geb. am _____, zu jeweils gleichen Teilen, ersatzweise deren Abkömmlinge nach den Regeln gesetzlicher Erbfolge. Der Nacherbfall tritt mit dem Tod der Vorerbin ein, das Nacherbenanwartschaftsrecht ist weder vererblich noch übertragbar. Der Vorerbschaft unterliegen auch diejenigen Gegenstände, die aus den Mitteln der Vorerbschaft erworben werden.

---

142 Vgl. zur Grundstücksversteigerung bei Vor- und Nacherbschaft *Klawikowski*, Rpfleger 1998, 100 ff.
143 Damrau/*Hennicke*, § 2112 Rn 3.
144 BGHZ 37, 367.
145 BGHZ 87, 367; Palandt/*Edenhofer*, § 2100 Rn 13.
146 *Nieder*/*Kössinger*, § 10 Rn 82.
147 Palandt/*Edenhofer*, § 2108 Rn 4; BGH FamRZ 2000, 63.
148 Staudinger/*Avenarius*, § 2100 BGB Rn 7.

Schlägt einer der Nacherben seinen Erbteil aus, macht er seinen Pflichtteil geltend und erhält er ihn auch, dann ist er mit seinem ganzen Stamm von der Erbfolge ausgeschlossen. Gleiches gilt, wenn einer der Nacherben einen Zuwendungsverzicht abgegeben hat.

## 8. Anordnungen für die Auseinandersetzung der Erbengemeinschaft

### a) Allgemeines

Im Falle einer **Erbengemeinschaft** ist daran zu denken, dass Anordnungen für die Auseinandersetzung unter den Miterben getroffen werden. Dies ist, wenn sich die Erbengemeinschaft nicht vermeiden lässt, notwendig, um z.B. einzelne Gegenstände zuordnen zu können und um die spätere Erbauseinandersetzung zu erleichtern. Für die Bestimmung der Auseinandersetzung ist eine gewisse Systematik zu beachten. So kann die Zuordnung der einzelnen Gegenstände grundsätzlich auf verschiedene Weisen erfolgen, nämlich durch
– eine Teilungsanordnung (mit Wertausgleich),
– ein Vorausvermächtnis (ohne Wertausgleich) oder
– ein Übernahmerecht (mit vollem oder teilweisem Wertersatz).

143

Zu beachten gilt, dass alle Auseinandersetzungsanordnungen einer unterschiedlichen Abwicklungssystematik unterliegen. So ist das Vorausvermächtnis grundsätzlich vor der Auseinandersetzung des Nachlasses zu erfüllen, während die Teilungsanordnung erst später im Rahmen des Auseinandersetzungsplanes Berücksichtigung findet.

144

### b) Teilungsanordnung

Eine Teilungsanordnung liegt dann vor, wenn der Erblasser einem Miterben zwar einen bestimmten Nachlassgegenstand zuordnen will, es aber dennoch bei der gesetzlichen oder testamentarischen Erbquote und deren wertmäßigen Zuwendung verbleiben soll (vgl. Muster zur Teilungsanordnung Rn 308).[149] Die Teilungsanordnung konkretisiert den Erbteil nur, führt aber wertmäßig zu keiner über den Erbteil hinausgehenden Zuwendung. Eine **Teilungsanordnung** führt also grundsätzlich nicht zu einer Wertverschiebung, wenn der zugewandte Gegenstand mehr oder weniger als die Erbquote wert ist. Vielmehr hat der Miterbe im Falle eines wertmäßigen Überschusses einen entsprechenden Ausgleich in den Nachlass zu zahlen.[150] Im Gegensatz zum Vorausvermächtnis ist die Teilungsanordnung stets frei widerruflich (§§ 2253, 2299 BGB). Sie kann weder vertraglich noch wechselbezüglich angeordnet werden. Die Miterben können sich allerdings einstimmig über eine Teilungsanordnung hinwegsetzen, da diese nur schuldrechtlich wirkt.[151] Dies kann jedoch dadurch verhindert werden, dass Testamentsvollstreckung angeordnet wird. Wird dem Erben daher durch die Teilungsanordnung mehr zugewandt als es seinem Erbteil entspricht, hat er diesen Wert auszugleichen. Die Wertbestimmung führt jedoch häufig zu Streitigkeiten. Daher sollte in jedem Falle Testamentsvollstreckung angeordnet werden, um derartige Streitigkeiten zu vermeiden. Die Teilungsanordnung begründet kein Erbrecht an dem zugewandten Gegenstand. Die Erbengemeinschaft ist nur schuldrechtlich zu ihrer Durchführung verpflichtet.

145

---

149 BGH FamRZ 1985, 62.
150 *Tanck/Krug/Daragan*, § 13 Rn 13 ff.
151 Palandt/*Edenhofer*, § 2048 Rn 4; BGHZ 40, 115.

### c) Vorausvermächtnis

146 Unter einem **Vorausvermächtnis** versteht man ein Vermächtnis, das dem oder den Miterben selbst zugewandt wird. Es handelt sich hierbei um eine Gestaltungsmöglichkeit, mit der einem der Miterben ein bestimmter Gegenstand zugewandt werden kann, ohne dass diesbezüglich eine Anrechnung auf seinen Erbteil erfolgt (vgl. Muster zum Vorausvermächtnis Rn 308). Der Vorausvermächtnisnehmer hat grundsätzlich bereits vor der Nachlassteilung einen Anspruch gegenüber den übrigen Miterben auf Übertragung des vermachten Gegenstands. Bei der Teilung des Restnachlasses erhält der Vermächtnisnehmer dann zusätzlich den ungekürzten Anteil am Nachlass entsprechend seiner Erbquote. Bei der Anordnung eines Vorausvermächtnisses ist zu regeln, wer Ersatzvermächtnisnehmer werden soll. Eine im Testament angeordnete Teilungsanordnung gilt gleichsam auch für etwaige Ersatzerben. Für ein angeordnetes Vorausvermächtnis muss dies allerdings nicht gelten. Es ist durchaus möglich, dass der Erblasser einem seiner Kinder eine bestimmte Zuwendung machen wollte, dies aber nicht gelten soll, wenn anstelle des Kindes Enkel zum Zuge kommen.

Vorteil des Vorausvermächtnisses ist, dass es grundsätzlich nicht der Vor-/Nacherbenbindung unterliegt, § 2110 Abs. 2 BGB. Ein Gegenstand, der dem Vorerben im Wege des Vorausvermächtnisses zugewandt wurde, fällt dem Nacherben nicht mehr an.[152] Wird zugunsten des Alleinerben, der zum Vorerben berufen wurde, ein Vorausvermächtnis angeordnet, so fällt der zugewandte Gegenstand mit dem Erbfall automatisch in das freie Vermögen des Vorerben. Somit tritt hier ausnahmsweise eine dingliche Wirkung des Vermächtnisses ein. Auch beim Erbschaftskauf bleibt das Vorausvermächtnis unberücksichtigt.

Der einem Miterben im Wege der Teilungsanordnung zugewiesene Gegenstand muss von diesem grundsätzlich übernommen werden, es sei denn, er ist in seinem Pflichtteilsrecht beeinträchtigt. Ein Vorausvermächtnis hingegen kann ausgeschlagen werden. Schlägt eine zum Erben berufene Person die Erbschaft aus, ist damit auch eine angeordnete Teilungsanordnung gegenstandslos. Wurde daneben zusätzlich ein Vorausvermächtnis angeordnet, bleibt dieses zunächst bestehen, es sei denn, es wird ebenfalls ausgeschlagen. Eine Teilungsanordnung gibt keinen Anspruch auf eine vorgezogene Teilauseinandersetzung. Sie kann vielmehr nur im Rahmen der allgemeinen Auseinandersetzung geltend gemacht werden. Im Gegensatz hierzu gibt das Vorausvermächtnis einen sofortigen Erfüllungsanspruch. Bereits vor dem Erbfall genießt derjenige, dem ein Vorausvermächtnis zugewandt wurde, den Schutz des § 2288 BGB. Gemäß § 1973 BGB gehört das Vorausvermächtnis nach seinem Vollzug nicht mehr zum haftenden Nachlass bei der beschränkten Erbenhaftung. Es ist lediglich noch eine Anfechtung durch die Nachlassgläubiger gemäß § 134 InsO möglich. Demgemäß genießt der Vorausvermächtnisnehmer somit einen stärkeren Schutz als der durch die Teilungsanordnung Begünstigte.

Ob ein Vorausvermächtnis vorliegt oder eine Teilungsanordnung ist, sofern es an einer klaren Regelung fehlt, im Wege der Auslegung zu ermitteln. Die Rechtsprechung stellt darauf ab, ob ein Begünstigungswille des Erblassers vorliegt, d.h. ob er dem Zuwendungsempfänger einen Vermögensvorteil zuwenden wollte.[153] In diesem Falle ist von einem Vorausvermächtnis auszugehen. Im Übrigen kann der Erblasser auch andere Gründe dafür haben, dass die begünstigte Person, auch wenn sie die Erbschaft ausschlägt, einen bestimm-

---

152 Tanck/Krug/Daragan, § 13 Rn 21.
153 BGH NJW-RR 1990, 1220.

ten Gegenstand behalten soll.[154] Daraus folgt, dass der Begünstigungswille zwar Indiz für das Vorliegen eines Vorausvermächtnisses ist, jedoch keine zwingende Voraussetzung.[155]

Typische Vorausvermächtnisse sind beispielsweise das Hausratsvermächtnis oder das Vorausvermächtnis an den Vorerben.[156] Das Hausratsvermächtnis sollte in der Regel diejenigen Gegenstände umfassen, die der Erbe, in der Regel der überlebende Ehegatte für sein tägliches Leben benötigt und die auch für den täglichen Gebrauch angeschafft worden sind. Dieses Hausratsvermächtnis sollte zumindest dem gesetzlichen Voraus entsprechen. Sinnvoll wäre es jedoch, wenn auch persönliche Gegenstände des Erblassers dem Erben zugewandt werden.

Es besteht auch die Möglichkeit, eine Teilungsanordnung mit einem Vorausvermächtnis zu kombinieren. In diesem Falle nimmt der Erblasser im Wege der Teilungsanordnung eine gegenständliche Verteilung seines Nachlasses vor, ordnet jedoch an, dass eine etwaige Wertdifferenz nicht auszugleichen ist. Demjenigen Erben, der einen Mehrwert erhalten hat, wird dieser als nicht ausgleichspflichtiges Vorausvermächtnis zugewandt.

### d) Übernahmerecht

Als weiteres „Aufteilungswerkzeug" kann neben dem Vorausvermächtnis und der Teilungsanordnung auch ein so genanntes **Übernahmerecht** bestimmt werden. Unter einem Übernahmerecht versteht man die Zuweisung eines bestimmten Nachlassgegenstandes an einen Miterben mit der Bestimmung, dass dieser das Recht haben soll, den betreffenden Gegenstand zum Verkehrswert oder zu einem vom Erblasser festgesetzten Übernahmepreis aus dem Nachlass zu entnehmen. Mit der Anordnung eines Übernahmerechts kann der Erblasser die Entscheidung eines Miterben, ob er den für ihn bestimmten Gegenstand erhalten will, dem Bedachten selbst überlassen. Das Übernahmerecht kann grundsätzlich sowohl eine **Teilungsanordnung** als auch ein **Vermächtnis** sein.[157] Der BGH geht davon aus, dass Schweigen im Testament regelmäßig für einen Wertausgleich spricht, d.h. also für eine Teilungsanordnung.[158] Um jeglichen Zweifel auszuräumen, sollten im Testament diesbezüglich klare Regelungen getroffen werden.

Handelt es sich beim Übernahmerecht um ein Vorausvermächtnis, wird der Zuwendungsgegenstand unter der aufschiebenden Bedingung vermacht, dass das Übernahmerecht ausgeübt wird.[159] Es wird sich dann um die Anordnung eines Vorausvermächtnisses handeln, sofern seitens des Erblassers ein Begünstigungswille besteht, wobei seitens der Rechtsprechung der Vermögensvorteil in der Wahlmöglichkeit gesehen wird, den Gegenstand anzunehmen oder nicht.[160] Von der reinen Teilungsanordnung unterscheidet sich das Übernahmerecht dadurch, dass eine Verpflichtung zur Übernahme nicht besteht, sondern der Miterbe frei hinsichtlich der Übernahme entscheiden kann. Zum Vermächtnis an sich besteht der Unterschied darin, dass der zur Übernahme Berechtigte in der Regel einen Wertausgleich in den Nachlass zu leisten hat, was allerdings nicht zwingend ist.

Im Übrigen sollte im Testament auch der Zeitpunkt festgelegt werden, bis zu welchem das Übernahmerecht ausgeübt werden kann, da andernfalls die Gefahr besteht, dass die Erfül-

---

154 BGH ZEV 1995, 144.
155 *Skibbe*, ZEV 1995, 145.
156 Vgl. hierzu *Tanck/Krug/Daragan*, § 13 Rn 19 ff.
157 Vgl. hierzu *Tanck/Krug/Daragan*, § 13 Rn 23 ff.
158 BGH FamRZ 1990, 396.
159 BGH NJW 1959, 2252.
160 BGH NJW 1962, 322.

lung des Vermächtnisses nach Auseinandersetzung der Erbengemeinschaft verlangt werden kann.

### e) Auseinandersetzungsverbot

**148** Der Erblasser hat im Falle der Anordnung oder des Eintritts einer Erbengemeinschaft die Möglichkeit, die Auseinandersetzung der Erbengemeinschaft auszuschließen (vgl. Muster zum Auseinandersetzungsausschluss Rn 311). Die Auseinandersetzung kann auf eine bestimmte Zeit oder auf Dauer ausgeschlossen werden. Das Auseinandersetzungsverbot wird jedoch grundsätzlich in dem Zeitpunkt, in dem 30 Jahre seit Eintritts des Erbfalls verstrichen sind, unwirksam (§ 2044 Abs. 2 S. 1 BGB). Der Erblasser kann jedoch abweichend hiervon testieren (§ 2044 Abs. 2 S. 2 BGB). Der **Auseinandersetzungsausschluss** beinhaltet eine Untersagung der Auseinandersetzung unabhängig vom Willen der Erben. Da der Auseinandersetzungsausschluss den Rechtscharakter einer Auflage gem. §§ 1940, 2190 ff. BGB hat, entfaltet er nur schuldrechtliche Wirkung, so dass die Erben sich einvernehmlich darüber hinwegsetzen können. Dem kann nur dadurch abgeholfen werden, dass der Erblasser einen Testamentsvollstrecker mit der Überwachung und Durchsetzung betraut. Eine Auseinandersetzung aus wichtigem Grund bleibt zu jeder Zeit möglich. Ob ein wichtiger Grund vorliegt, ist durch Würdigung aller Umstände zu ermitteln. Um einen wichtigen Grund kann es sich handeln, wenn einem Teilhaber/Miterben der ihm zustehende Gebrauch des gemeinsamen Gegenstandes unmöglich gemacht wird oder aber, wenn die Verwaltung des Gegenstandes nicht mehr möglich ist, weil das Vertrauensverhältnis zerstört ist. Wie sich aus § 750 BGB ergibt, wird mit dem Tod eines Miterben das Auseinandersetzungsverbot außer Kraft gesetzt. Gegenüber dem Gläubiger, der den Erbteil gepfändet hat, wirkt das Auseinandersetzungsverbot ohnehin nicht (§ 751 S. 2 BGB). Dies gilt auch für die Insolvenz eines Miterben, § 84 Abs. 2 InsO. Soll lediglich der Anspruch einzelner Miterben gegen die anderen auf Auseinandersetzung ausgeschlossen werden, stellt eine derartige Anordnung ein Vermächtnis dar.[161] Da der Auseinandersetzungsausschluss sowohl Vermächtnis als auch Auflage sein kann, sollte der Erblasser im Testament seine Rechtsnatur eindeutig klarstellen.[162]

Grundsätzlich bezieht sich ein Auseinandersetzungsverbot auf den gesamten Nachlass. Es kann allerdings auf einzelne Vermögensgegenstände beschränkt werden.

### 9. Vermächtnis

#### a) Allgemeines

**149** Unter einem Vermächtnis versteht man die Zuwendung eines **Vermögensvorteils** im Gegensatz zur Erbeinsetzung in der Weise, dass der Vermächtnisnehmer nicht in die Rechtsstellung des Erblassers, d.h. in alle Rechte und Pflichten (Von-Selbst-Erwerb) einrückt, sondern lediglich einen **schuldrechtlichen** Anspruch gegenüber dem/den Beschwerten auf Übertragung des Zugewandten erhält. Beschwert werden kann sowohl der Erbe als auch ein Vermächtnisnehmer (§ 2147 S. 1 BGB). Miterben sind im Zweifel als Gesamtschuldner beschwert und haften demgemäß sowohl mit dem Nachlass als auch mit dem Privatvermögen, wobei die Haftung auf den Nachlass beschränkt werden kann. Da die bedachte Person

---

[161] Palandt/*Edenhofer*, § 2044 Rn 3 m.w.N.; *Langenfeld*, Rn 399; (str.); a.A. *Bengel*, ZEV 1995, 178, der von einer negativen Teilungsanordnung ausgeht; Bedeutung hat dies lediglich im Hinblick auf eine Bindungswirkung, da nur ein Vermächtnis mit Bindungswirkung getroffen werden kann, nicht hingegen eine Teilungsanordnung.
[162] Vgl. hierzu *Bengel*, ZEV 1995, 178.

nicht Mitglied der Erbengemeinschaft wird, können hierdurch Konflikte innerhalb der Erbengemeinschaft vermieden werden. Vermächtnisnehmer kann jede natürliche oder juristische Person sein. Das Vermächtnis fällt in der Regel mit dem Erbfall an, kann jedoch durch aufschiebende **Bedingung** bzw. **Befristung** auch auf einen späteren Zeitpunkt hinausgeschoben werden (§ 2177 BGB). In der Zwischenzeit besteht zugunsten des Bedachten ein **Anwartschaftsrecht**.[163]

Die Übertragung der Zuwendung erfolgt durch ein selbstständiges Erfüllungsgeschäft unter Lebenden.[164]

> **Hinweis**
> Da nach dem Eintritt des Erbfalls in den meisten Fällen bis zur Erteilung des Erbscheins einige Monate vergehen, bietet es sich an, die Fälligkeit der Vermächtnisse zinslos auf 3–6 Monate hinauszuschieben.

150

Sollte sich der im Wege des Vermächtnisses zugewandte Gegenstand nicht mehr im Nachlass befinden, stellt sich zwangsläufig die Frage, welche Rechtsposition der Vermächtnisnehmer haben soll. In diesem Falle kann im Wege ergänzender Testamentsauslegung der letztwilligen Verfügung u.U. der Erblasserwille entnommen werden, dass der Vermächtnisnehmer das sich noch im Nachlass befindliche Surrogat (Kaufpreis, Ersatzimmobilie) erhalten soll. Um Streitfragen zu vermeiden, sollte das Problem der Surrogation in jedem Falle geregelt werden. In den Fällen, in denen das Vermächtnis nach Eintritt des Erbfalls in Wegfall gerät, der Anspruch jedoch bereits entstanden ist, gilt die Vorschrift des § 280 Abs. 1 BGB.

151

Mit dem Anfall des Vermächtnisses erwirbt der Vermächtnisnehmer einen Anspruch gegen den/die beschwerten Erben, die Leistung des vermachten Gegenstandes zu fordern. Grundsätzlich fällt das Vermächtnis mit dem Erbfall an (§ 2176 BGB), es sei denn, es handelt sich um ein aufschiebend bedingtes oder befristetes Vermächtnis. Dieses fällt erst mit Eintritt der Bedingung oder des Termins an. Handelt es sich um ein Grundstücksvermächtnis ist vor dem Anfall desselben eine dingliche Sicherung durch Eintragung einer Vormerkung nicht möglich, da zugunsten des Bedachten kein Anwartschaftsrecht besteht. Er hat lediglich die Hoffnung, etwas zu erhalten.[165] Lediglich der Anfall ist grundsätzlich vormerkungsfähig.

152

Der Anfall des Vermächtnisses ist jedoch von der Fälligkeit desselben zu unterscheiden. Hat der Erblasser nichts anderes bestimmt, ist das Vermächtnis mit dem Anfall auch fällig. Der Erblasser hat aber die Möglichkeit, die Zeit der Erfüllung in das Belieben des Beschwerten zu stellen. Gemäß § 2181 BGB tritt Fälligkeit dann im Zweifel mit dem Tod des Beschwerten ein.

In den Fällen, in denen der Zeitpunkt des Anfalls und der Fälligkeit auseinander fallen, sollte eine Regelung dahin gehend getroffen werden, ob der Vermächtnisnehmer nach Anfall des Vermächtnisses Anspruch auf dingliche Sicherung, z.B. durch Eintragung einer Auflassungsvormerkung, verlangen kann. Dieser Anspruch ist vormerkungsfähig, der Vermächtnisnehmer hat einen solchen Anspruch jedoch nur, wenn er mitvermacht ist.

Da der Beschwerte häufig nur widerwillig bereit ist, das angeordnete Vermächtnis zu erfüllen, besteht die Möglichkeit, dem Vermächtnisnehmer in der Verfügung von Todes wegen Vollmacht dahin gehend zu erteilen, dass er sich den Gegenstand selbst übertragen kann.[166] Des weiteren kann Testamentsvollstreckung angeordnet und der Vermächtnisnehmer zum

---

163 Palandt/*Edenhofer*, § 2179 Rn 1.
164 Palandt/*Edenhofer*, § 2174 Rn 4.
165 BGHZ 12, 115.
166 OLG Köln Rpfleger 1992, 299; Palandt/*Edenhofer*, vor § 2197 Rn 9.

Testamentsvollstrecker bestimmt werden. Ausschließliche Aufgabe des Testamentsvollstreckers ist die Erfüllung des Vermächtnisses.[167] Ein Verstoß gegen § 181 BGB liegt hierbei nicht vor, da es sich lediglich um die Erfüllung einer Verbindlichkeit handelt.

153 Gegenstand des Vermächtnisses kann alles sein, was Inhalt einer Leistung sein kann. Der in § 1939 BGB verwendete Begriff des Vermögensvorteils ist sehr weit auszulegen. Neben der Zuwendung von Gegenständen fällt hierunter auch beispielsweise der Erlass einer Forderung oder die Einräumung eines Nießbrauchs. Als Vermögensvorteil reicht eine sonstige Begünstigung des Bedachten aus, eine Bereicherung im Sinne einer Vermögensmehrung ist nicht erforderlich.[168] Beim Vermächtnis handelt es sich um eine unentgeltliche Zuwendung. Dem Vermächtnisnehmer fällt der Anspruch auf die Leistung ohne Gegenleistung an.

154 Das Vermächtnis muss seitens des Vermächtnisnehmers nicht angenommen werden. Er hat vielmehr auch die Möglichkeit, dieses auszuschlagen. Der Vermächtnisnehmer hat die Ausschlagung gem. § 2180 Abs. 2 gegenüber dem Beschwerten zu erklären. Das Gesetz sieht eine Ausschlagungsfrist nicht vor. Somit kann der Bedachte den Beschwerten beliebig lange hinhalten, da dieser auch keine Erklärungsfrist entsprechend der Vorschrift des § 2307 Abs. 2 BGB setzen kann.[169] Es besteht allerdings die Möglichkeit, dass der Erblasser selbst eine Frist setzt, binnen derer das Vermächtnis anzunehmen ist. Wird es innerhalb der Frist nicht angenommen, entfällt es.

155 Sofern es sich bei dem Vermächtnisgegenstand um ein Grundstück handelt und dieses mit Grundpfandrechten belastet ist, deren zugrunde liegende Verbindlichkeiten noch valutieren, sollte im Testament geregelt werden, ob diese Belastungen vom Vermächtnisnehmer zu übernehmen sind oder ob der Beschwerte die Belastungen zu beseitigen hat.

156 **Hinweis**
Im Rahmen der Anordnung von Vermächtnissen sollte mit dem Mandanten auch die Frage der Lastentragung im Hinblick auf eventuelle Pflichtteilsansprüche besprochen werden. Nach § 2318 Abs. 1 BGB hat der Vermächtnisnehmer sich verhältnismäßig an den Pflichtteilslasten zu beteiligen, wobei gem. § 2324 BGB hiervon eine abweichende Regelung getroffen werden kann. Im Übrigen sollte geregelt werden, wer die Kosten der Vermächtniserfüllung zu tragen hat. Fehlt eine ausdrückliche Regelung, fallen die Kosten regelmäßig dem Beschwerten zur Last.[170]

157 Wird ein Grundstück im Vermächtniswege zugewandt, kann die Auflassungserklärung bereits in die letztwillige Verfügung aufgenommen werden. Dies setzt allerdings voraus, dass der Vermächtnisnehmer bei der Errichtung der letztwilligen Verfügung mitwirkt. § 925 Abs. 1 S. 1 BGB setzt insoweit die gleichzeitige Anwesenheit beider Parteien bei Erklärung der Auflassung voraus. Es ist jedoch ratsam, in der Urkunde selbst auszuschließen, dass dem Begünstigen eine Ausfertigung der Urkunde erteilt werden kann, da ansonsten die Gefahr besteht, dass der Begünstigte bereits zu Lebzeiten den Vollzug der Auflassung im Grundbuch betreibt. Im Übrigen besteht bei einer derartigen Gestaltung die Gefahr, dass der Begünstigte das Grundbuch umschreiben lässt, obwohl das zu seinen Gunsten angeordnete Vermächtnis seitens des Erblassers widerrufen wurde.

---

167 *Nieder/Kössinger*, § 9 Rn 25.
168 Palandt/*Edenhofer*, § 1939 Rn 4.
169 *Nieder/Kössinger*, § 9 Rn 16.
170 BGH NJW 1963, 1602.

## b) Ersatzvermächtnisnehmer; Muster

Nach § 2160 BGB ist ein Vermächtnis unwirksam, wenn der Bedachte zum Zeitpunkt des Erbfalls nicht mehr lebt und keinen Ersatzvermächtnisnehmer bestimmt hat.[171] Für den Fall des Wegfalls des Vermächtnisnehmers – der auch durch nicht Annahme des Vermächtnisses erfolgen kann – kann der Erblasser ausdrücklich einen **Ersatzvermächtnisnehmer** bestimmen. Ebenso wie bei der Ersatzerbenbestimmung gelten auch hier die §§ 2068, 2069 BGB für den Vermächtnisnehmer. Eine Ersatzvermächtnisregelung kann aber auch durch stillschweigende Erklärung angenommen werden. Auch § 2158 BGB enthält mit der Anwachsungsregelung eine solche Zweifelsregelung, wobei die ausdrückliche Ersatzberufung dem Anwachsungsrecht vorgeht. Zu empfehlen ist deshalb, entweder ausdrücklich ein Ersatzvermächtnisnehmer zu berufen, oder aber die Ersatznachfolge ausdrücklich auszuschließen.

■ **Muster: Bestimmung eines Ersatzvermächtnisnehmers**

Im Wege des Vermächtnisses erhält          , geb. am          in          , derzeit wohnhaft in          ,          Str., meine Eigentumswohnung in          ,          Str.          , eingetragen im Grundbuch von          , Band          , Flst.Nr.          . Für den Fall, dass der Vermächtnisnehmer vor oder nach dem Erbfall wegfällt, gleich aus welchem Grunde, bestimme ich entgegen jeder anders lautenden gesetzlichen oder richterlichen Vermutungs- und Auslegungsregel meinen Freund          , geb. am          in          , derzeit wohnhaft in          ,          Str.          , zum Ersatzvermächtnisnehmer.

## c) Verschaffungsvermächtnis

Im Gegensatz zu einem Gegenstandsvermächtnis besteht beim **Verschaffungsvermächtnis** die Besonderheit, dass ein nicht zum Nachlass gehörender bestimmter Gegenstand vermacht wird, in dem der Beschwerte verpflichtet wird, dem Bedachten den entsprechenden Gegenstand zu verschaffen (§ 2170 BGB). Ein Verschaffungsvermächtnis ist dann gegeben, wenn der Erblasser dem Bedachten den vermachten Gegenstand unbedingt zukommen lassen wollte bzw. er wirtschaftlich im Nachlass enthalten ist.[172] In den Fällen, in denen der Beschwerte außerstande ist, das Verschaffungsvermächtnis zu erfüllen oder eine Verschaffung nur mit unverhältnismäßigen Aufwendungen möglich ist, ist der Beschwerte gem. § 2170 Abs. 2 BGB verpflichtet, den Wert zu entrichten.

Verschaffungsvermächtnisse kommen in der Praxis bei Gesamthandseigentum, Miteigentum oder bei Herausgabevermächtnissen vor. Gegenstand eines Verschaffungsvermächtnisses kann auch ein Wohnungsrecht sein.[173] Dem Verschaffungsvermächtnis sind jedoch Grenzen gesetzt. Der Wert des zu verschaffenden Gegenstandes muss wirtschaftlich im Nachlass enthalten sein, da die Erben für Verbindlichkeiten nur in Höhe des Nachlasswertes haften.

Befindet sich der im Wege des Vermächtnisses zugewandte Gegenstand im Zeitpunkt des Erbfalls nicht mehr im Nachlass, wird grundsätzlich vermutet, die Vermächtnisanordnung sei unwirksam (§ 2169 Abs. 1 BGB). Der Bedachte trägt daher die Beweislast dafür, dass es der Wille des Erblassers war, ihm den nachlassfremden Gegenstand zuzuwenden und es sich daher um ein Verschaffungsvermächtnis handelt. Ein Indiz dafür, dass ein Verschaffungsvermächtnis vorliegt ist u.a. darin zu sehen, dass der Erblasser bei seiner testamentarischen Anordnung gewusst hat, dass sich der Gegenstand nicht in seinem Nachlass befinden würde. Ist das Vermächtnis testamentarisch bindend angeordnet, ist die Vorschrift des § 2288 BGB zu beachten.

---

171 Palandt/*Edenhofer*, § 2160 Rn 2.
172 BGH NJW 1983, 937.
173 OLG Bremen ZEV 2001, 401.

### d) Gattungsvermächtnis

**161** Geregelt ist das Gattungsvermächtnis in § 2155 BGB. Der Erblasser hat hier den Vermächtnisgegenstand nur der **Gattung** nach bestimmt. Geschuldet wird nicht etwa eine Sache mittlerer Art und Güte i.S.d. § 243 Abs. 1 BGB, sondern eine den Verhältnissen des Bedachten entsprechende Sache. Grundsätzlich erfolgt die Bestimmung der konkret geschuldeten Sache insoweit durch den Beschwerten, falls nicht der Erblasser die Bestimmung dem Bedachten selbst oder einem Dritten übertragen hat. § 2169 BGB gilt nur für das Stückvermächtnis. Es kommt mithin nicht darauf an, ob sich die zu übertragenden Gegenstände bei Eintritt des Erbfalls im Nachlass befinden.[174] § 2155 BGB ist entgegen seinem Wortlaut nicht nur auf Sachen anwendbar, sondern auch auf Rechte und Dienstleistungen.[175]

### e) Stückvermächtnis

**162** Wurde ein bestimmter Gegenstand vermacht, liegt kein Gattungsvermächtnis, sondern ein Stückvermächtnis vor.

### f) Zweckvermächtnis

**163** Gemäß § 2156 S. 1 BGB kann sich der Erblasser darauf beschränken, den Zweck eines Vermächtnisses zu bestimmen. Die Bestimmung der Leistung kann er jedoch dem billigen Ermessen des Beschwerten oder eines Dritten überlassen. Das Bestimmungsrecht kann hierbei nicht auf den Vermächtnisnehmer übertragen werden.[176] Lediglich auf den Gegenstand, die Bedingungen der Leistung sowie deren Zeit kann sich das Bestimmungsrecht beziehen.[177] Das Bestimmungsrecht kann hingegen nicht in das freie Belieben des Bestimmungsberechtigten gestellt werden. Im Übrigen kann sich das Bestimmungsrecht nicht auf die Person des Bedachten beziehen.[178]

■ **Muster: Zweckvermächtnis**

**164** Hiermit vermache ich meinem Enkel ▬▬▬ eine Urlaubsreise über einen Zeitraum von zwei Wochen nach Griechenland. Hinsichtlich der Einzelheiten hat mein Sohn ▬▬▬, der Vater von ▬▬▬, zu entscheiden.

### g) Bestimmungsvermächtnis

**165** Gemäß § 2151 BGB kann der Beschwerte oder der **Dritte** den Bedachten aus mehreren vom Erblasser Benannten **auswählen**. Im Gegensatz dazu ist dies bei § 2065 BGB wegen des Grundsatzes der materiellen Höchstpersönlichkeit nicht möglich, da insoweit eine Stellvertretung des Erblassers im Willen oder der Erklärung nicht möglich ist. § 2151 BGB lockert dieses Prinzip insoweit auf, als der Erblasser bei der Einsetzung eines bestimmten Vermächtnisnehmers lediglich einen bestimmten **Personenkreis** anzugeben braucht, aus dem dann der Bedachte durch formlose, empfangsbedürftige und unwiderrufliche Willenserklärung auszuwählen ist. Der Personenkreis muss jedoch hinreichend bestimmt sein.

**166** Diese Bestimmung kann nach freiem **Ermessen** oder Belieben vorgenommen werden, sofern keine Arglist vorliegt,[179] wobei aber Auswahlkriterien, die nicht missachtet werden dürfen,

---

174 *Tanck/Krug/Daragan*, § 15 Rn 41.
175 *Tanck/Krug/Daragan*, § 15 Rn 41 m.w.N.
176 BGH NJW 1991, 1885; *Kanzleiter*, DNotZ 1992, 511.
177 *Palandt/Edenhofer*, § 2156 Rn 1.
178 *Nieder/Kössinger*, § 9 Rn 60.
179 *MüKo-Schlichting*, § 2151 BGB Rn 12.

vom Erblasser getroffen werden können. Eine **Nachprüfung** der Ermessensentscheidung beschränkt sich darauf, ob eine Auswahl aus dem Personenkreis getroffen und seitens des Bestimmungsberechtigten hierbei nicht arglistig oder sittenwidrig vorgegangen wurde.[180]

Ist der Bestimmungsberechtigte geschäftsunfähig oder verstorben, erlischt das Bestimmungsrecht.

Falls der Erblasser sonst niemanden genannt hat, ist gem. § 2152 BGB der Beschwerte selbst bestimmungsberechtigt. Falls eine Auswahl nicht oder nicht fristgemäß möglich ist, steht gem. § 2151 Abs. 3 BGB das Vermächtnis allen Bedachten als Gesamtgläubigern zu. Gleiches gilt auch für den Fall, dass der Bestimmungsberechtigte nach Aufforderung durch das Nachlassgericht sein Bestimmungsrecht nicht ausgeübt hat (§ 2151 Abs. 3 S. 2 BGB).

Der Bestimmungsberechtigte kann auch seitens des Erblassers verpflichtet werden, den Vermächtnisgegenstand summen- bzw. bruchteilsmäßig innerhalb eines bestimmten Kreises von Personen zu verteilen.[181]

### h) Pflegevermächtnis

Wird der Erblasser von einem seiner Kinder, seinem Ehegatten oder auch von dritten Personen gepflegt, kann er zugunsten der pflegenden Person ein Pflegevermächtnis anordnen. Inhalt eines derartigen Pflegevermächtnisses kann die Zahlung eines Geldbetrages sein. Es handelt sich beim Pflegevermächtnis um eine besondere Form des Bestimmungsvermächtnisses.

▪ **Muster: Pflegevermächtnis**

Meine Erben beschwere ich mit nachfolgendem Geldvermächtnis:

Diejenige Person/diejenigen Personen, die mich gepflegt hat/haben, hat/haben einen Anspruch auf Geldzahlung, der von Art und Umfang her demjenigen zu entsprechen hat, was ich für eine gleichwertige Pflege am freien Markt hätte bezahlen müssen. Die Höhe der Geldzahlung sowie der Vermächtnisnehmer sind vom Testamentsvollstrecker zu bestimmen.

Lebzeitige Zuwendungen, die im Zusammenhang mit der Pflege stehen, sowie Zahlungen aus der Pflegeversicherung, die die pflegende Person/die pflegenden Personen erhalten hat/haben, sind anzurechnen.

Ersatzvermächtnisnehmer der pflegenden Person/der pflegenden Personen sind jeweils deren leiblichen Abkömmlinge nach den Regeln der gesetzlichen Erbfolge.

### i) Wahlvermächtnis

Gemäß § 2154 BGB kann der Erblasser mehrere Vermächtnisgegenstände bestimmen, von denen der Bedachte jedoch nur den einen oder Einzelne erhalten soll (vgl. Muster zum Wahlvermächtnis Rn 312). Neben § 2154 BGB finden hier die Vorschriften über die Wahlschuld gem. §§ 262–265 BGB ergänzend Anwendung.[182] § 2154 BGB ist nach h.M. auch auf Fälle anwendbar, in denen der Erblasser zwar nur einen bestimmten Gegenstand zuwenden wollte, diesen jedoch so unklar bezeichnet hat, dass die Bezeichnung auf mehrere im Nachlass befindliche Gegenstände zutrifft.[183] Die Anordnung eines Wahlvermächtnisses ist dann sinnvoll, wenn dem Bedachten die Auswahl des Gegenstandes selbst überlassen sein soll. Die Vorschrift des § 2154 BGB lockert demgemäß den Grundsatz des § 2065 BGB.

---

180 MüKo-*Schlichting*, § 2151 BGB Rn 12.
181 *Nieder/Kössinger*, § 3 Rn 51.
182 Damrau/*Linnartz*, § 2154 BGB Rn 2.
183 *Nieder/Kössinger*, § 3 Rn 52 (str.).

### j) Nießbrauchsvermächtnis

171 Aus den §§ 1030 Abs. 1, 1036, 1059, 1061 BGB ergibt sich der **Nießbrauch** als grundsätzlich unvererbliches und unübertragbares dingliches Recht, eine Sache in Besitz zu nehmen, zu verwalten, zu bewirtschaften und sämtliche Nutzungen, d.h. Früchte (Erträge) und Gebrauchsvorteile, an ihr zu ziehen, wobei die Pflicht des jeweiligen Eigentümers des belasteten Gegenstandes lediglich darin besteht, diese Nutzungen zu dulden. Berechtigter eines Nießbrauchs kann sowohl eine natürliche als auch eine juristische Person sein.

Es ist zu unterscheiden zwischen dem dinglichen Nießbrauchsrecht und dem lediglich schuldrechtlich wirkenden Nießbrauch, bei dem es sich lediglich um ein schuldrechtliches Nutzungsrecht handelt.

172 Der Nießbrauch schließt grundsätzlich Verfügungen über den betreffenden Gegenstand aus. Er ist grundsätzlich möglich an **Sachen** (§§ 1030–1067 BGB), an **Rechten** (§§ 1068–1084 BGB), an **Vermögen** (§§ 1085–1088 BGB) sowie an einer **Erbschaft** als Sachgesamtheit (§ 1089 BGB). Die Stellung eines Nießbrauchers ist wirtschaftlich gesehen mit der eines nicht befreiten Vorerben zu vergleichen.[184]

173 Bei größeren Erbengemeinschaften besteht häufig das Problem, dass sich einzelne Erben weigern, die notwendige Einigungserklärung gem. § 873 BGB sowie die erforderlichen Grundbucherklärungen abzugeben. Um dies auszuschließen, kann der Erblasser die erforderlichen Erklärungen bereits in seiner letztwilligen Verfügung abgeben.[185] In diesem Falle ist die letztwillige Verfügung notariell zu beurkunden. Es ist nicht erforderlich, dass die Einigungserklärungen beider Teile gleichzeitig abgegeben werden. Die dingliche Einigungserklärung des Vermächtnisnehmers kann von diesem auch noch später, nämlich nach Eintritt des Erbfalls abgegeben werden. Sofern die Formalien gemäß § 873 Abs. 2 BGB erfüllt sind, bleiben die Erben an die vom Erblasser abgegebene Einigungserklärung gebunden.

■ **Muster: Nießbrauch – Einigungserklärung, Grundbucherklärung**

174 Meiner Lebensgefährtin wende ich hiermit den lebtäglichen unentgeltlichen Nießbrauch an meiner Immobilie _____ zu. Die gem. § 873 BGB erforderliche dingliche Einigungserklärung gebe ich hiermit ab. Desgleichen wird die Eintragung des Nießbrauchs im Grundbuch hiermit durch mich bewilligt (§ 873 Abs. 2 BGB, § 19 GBO).

175 Weiterhin ist es zur Sicherung des Erfüllungsanspruchs denkbar, dass dem Vermächtnisnehmer eine postmortale Vollmacht erteilt wird. In der Regel ist beim Grundbuchamt die Vorlage einer Ausfertigung der Vollmachtsurkunde erforderlich (§ 29 GBO). Das Nachlassgericht erteilt jedoch nur eine beglaubigte Abschrift der Verfügung von Todes wegen sowie des Eröffnungsprotokolls. Da dies jedoch zum Nachweis des Erbrechts ausreichend ist, ist dies auch für den Nachweis der erteilten Vollmacht ausreichend, sofern diese in der letztwilligen Verfügung erklärt worden ist.[186]

176 Das Testament sollte eine Regelung dahin gehend enthalten, wer welche Lasten zu tragen hat. Das Gesetz geht vom **Nettonießbrauch** aus. Dies bedeutet, dass der Nießbraucher einerseits berechtigt ist, sämtliche Nutzungen zu ziehen, andererseits aber die Pflicht hat, alle gewöhnlichen Erhaltungskosten zu tragen, § 1041 BGB. Dies bedeutet, dass der Nießbraucher beispielsweise verpflichtet ist, schadhafte Dachziegel zu erneuern, nicht hingegen das Dach neu einzudecken. Die Notwendigkeit einer Neueindeckung, d.h. die Durchfüh-

---

184 Vgl. zum Nießbrauchsvermächtnis *Tanck/Krug/Daragan*, § 15 Rn 103 ff.
185 *Mayer*, BWNotZ 1997, 62.
186 *Tanck/Krug/Daragan*, § 15 Rn 116.

rung außergewöhnlicher Ausbesserungen, ist dem Eigentümer seitens des Nießbrauchers anzuzeigen. Die Vornahme derselben hat der Nießbraucher insoweit zu dulden. Einen Anspruch auf Vornahme hat der Nießbraucher jedoch nicht. Weiterhin trifft den Nießbraucher die Verpflichtung zur Tragung der ordentlichen und außerordentlichen öffentlichen Lasten, desgleichen zur Tragung der privatrechtlichen Lasten. Hierbei handelt es sich insbesondere um Zinsen für Grundpfandrechte, die im Zeitpunkt der Nießbrauchsbestellung schon bestanden. Für den Fall, dass der Eigentümer alle öffentlichen und privaten Lasten tragen soll, ist dies ausdrücklich zu regeln. Soll der Nießbraucher, abweichend von der gesetzlichen Lastenverteilung, auch die außerordentlichen öffentlichen Lasten sowie die außergewöhnlichen Ausbesserungen und Erneuerungen tragen, so ist dies ebenfalls ausdrücklich zu regeln.

■ **Muster: Nießbrauchsvermächtnis**

▬▬▬ hat im Wege des Vermächtnisses Anspruch auf Einräumung des unentgeltlichen, lebtäglichen Nießbrauchs einschließlich dinglicher Sicherung in Bezug auf das Grundstück ▬▬▬ ▬▬▬.

▬▬▬ hat hierbei sowohl die ordentlichen als auch die außerordentlichen privaten und öffentlichen Lasten zu tragen, desgleichen die gewöhnlichen und außergewöhnlichen Ausbesserungen und Erneuerungen.

▬▬▬ wird schon jetzt eine auf den Todesfall wirksam werdende und unwiderrufliche Vollmacht eingeräumt alle Erklärungen abzugeben, die erforderlich sind, um das Nießbrauchsrecht im Grundbuch einzutragen. Hierbei ist ▬▬▬ von den Beschränkungen des § 181 BGB befreit.

(Vgl. weiteres Muster zum Nießbrauchsvermächtnis Rn 318).

k) Rentenvermächtnis

Bei der Anordnung eines **Rentenvermächtnisses** ist vorab die grundlegende Unterscheidung zwischen einer Leibrente und einer dauernden Last zu treffen.

Eine **dauernde Last** liegt dann vor, wenn die Leistungen zwar auf Lebenszeit erbracht werden sollen, aber nicht gleichmäßig, sondern abänderbar. Die Rente in Form einer dauernden Last besitzt kein Rentenstammrecht und ist grundsätzlich von der sich ändernden Leistungsfähigkeit des Verpflichteten bzw. der Bedürftigkeit des Berechtigten abhängig. Sie ist einkommens-, gewinn- oder umsatzabhängig und unterliegt der Anpassung nach § 323 ZPO.

Anders dagegen die **Leibrente** (§ 759 BGB). Sie wird dadurch charakterisiert, dass die einzelnen Rentenzahlungen auf einem **Rentenstammrecht** beruhen, welches grundsätzlich unvererblich ist. Aus diesem Rentenstammrecht erwachsen die einzelnen Rentenleistungen. Geschuldet ist also grundsätzlich nur der jeweils fällige Betrag. Die Leibrente ist demnach nicht abänderbar und sichert dem Berechtigten einen fortwährend konstanten Rentenanspruch.

Steuerlich wird nicht mehr unterschieden zwischen der Leibrente und der dauernden Last. Diese Unterscheidung ist nur noch zivilrechtlich von Bedeutung.

Die Verpflichtung zur Zahlung einer Rente kann durch die Eintragung einer Reallast im Grundbuch abgesichert werden. Ein gesetzlicher Anspruch hierauf besteht allerdings nicht. Ist es der Wunsch des Erblassers, dass eine Absicherung durch Bestellung einer Reallast erfolgen soll, so ist der Anspruch auf dingliche Sicherung zusätzlich im Wege des Vermächtnisses zuzuwenden (vgl. Muster zum Rentenvermächtnis Rn 313). Dies führt dazu, dass dem Vermächtnisnehmer zum einen ein schuldrechtlicher Anspruch auf Zahlung der Rente und zum anderen ein dinglicher Anspruch auf Duldung der Zwangsvollstreckung in das jeweils belastete Grundstück zusteht.

### l) Wohnungsrecht

183 Der wesentliche Inhalt eines Wohnungsrechts besteht in der Befugnis, ein ganzes Gebäude oder Teile davon unter Ausschluss des Eigentümers als Wohnung zu benützen.

184 Bei dem durch Vermächtnis zugewandten Wohnungsrecht besteht zum einen die Möglichkeit, ein dingliches Wohnungsrecht (§ 1093 BGB) zu vereinbaren, auf der anderen Seite kann ein Wohnrecht aber auch schuldrechtlich vereinbart und durch Wohnungsreallast gesichert werden (vgl. Muster zum Wohnungsrechtsvermächtnis Rn 312). Das Vermächtnis dinglicher Wohnungsrechte nach § 1093 BGB bzw. als Wohnungsreallast bietet, da diese Rechte grundsätzlich unveräußerlich und nicht vererbbar sind, die Möglichkeit, einer Generation die wirtschaftliche Nutzung des Grundstücks zuzuwenden und gleichzeitig der nächsten den Erhalt seiner Substanz zu gewährleisten. Der Nachteil eines dinglichen Wohnungsrechts besteht darin, dass dieses bei einer Zerstörung des Gebäudes erlischt.[187] Eine Wiederaufbaupflicht trifft den Eigentümer insoweit nicht. Diese Pflicht besteht nur dann, sofern er sich bei der Bestellung des Wohnungsrechtes hierzu schuldrechtlich verpflichtet hat. Gleichzeitig besteht der Vorteil eines dinglichen Wohnungsrechtes darin, dass dieses nicht pfändbar ist, es sei denn die Befugnis zu seiner Ausübung ist auch Dritten gestattet. Die Wohnungsrechtsreallast hingegen ist pfändbar.

Zur Sicherung des Erfüllungsanspruchs kann dem Vermächtnisnehmer, dem das Wohnungsrecht zustehen soll, eine Vollmacht unter Befreiung von den Beschränkungen des § 181 BGB erteilt werden. Er ist dann in der Lage, die Einigung zu erklären sowie die erforderlichen Grundbucherklärungen abzugeben. Es besteht auch die Möglichkeit, den Vermächtnisnehmer zum Testamentsvollstrecker zu bestimmen, wobei sich sein Aufgabebereich auf die Erfüllung des Vermächtnisses beschränkt.

Das Testament sollte auch Regelungen bezüglich der Lastentragung enthalten. Nach den gesetzlichen Vorschriften hat der Wohnungsberechtigte für die Erhaltung der Wohnung zu sorgen. Dies bedeutet dass er die gewöhnlichen Reparaturen sowie die Abgaben für Wasser, Strom etc. zu tragen hat. Der Eigentümer ist, wie beim Nießbrauch, nicht verpflichtet, außergewöhnliche Ausbesserungen vorzunehmen, es kann jedoch eine Regelung im Testament vorgesehen werden, wonach der Eigentümer zur Instandhaltung der Wohnung verpflichtet ist.

### 10. Auflage

#### a) Rechtliche Grundlagen

185 Anders als das Vermächtnis beinhaltet die Auflage nicht notwendig die Zuwendung eines Vermögensvorteils. Es genügt vielmehr jedes Tun und Unterlassen zugunsten eines anderen oder zur Verwirklichung eines objektiven Zwecks. Insoweit gewährt eine Auflage einem eventuell Begünstigten auch keinen Anspruch auf die Leistung gem. § 1940 BGB. Wer Vollziehungsberechtigter einer Auflage ist, ist in § 2194 BGB geregelt. Darüber hinaus kann der Erblasser den Kreis der Vollziehungsberechtigten auch erweitern.[188] In der Praxis wird ihre Erzwingung auf einen **Testamentsvollstrecker** oder eine ähnliche Person übertragen. Dies führt dann, ebenso wie bei einem Vermächtnis dazu, dass der oder die Beschwerten

---

187 BGHZ 7, 268.
188 Palandt/*Edenhofer*, § 2194 Rn 2; Staudinger/*Otte*, § 2194 Rn 6.

die Anordnung erfüllen müssen.[189] Der Vollziehungsberechtigte hat Anspruch auf Vollzug der Auflage durch den Beschwerten, der gerichtlich durchsetzbar ist.[190] Eine Drittbestimmung ist bei der Auflage möglich, § 2193 BGB.

Es besteht auch die Möglichkeit, eine Sanktion für den Fall anzuordnen, dass die Auflage nicht erfüllt wird. Beispielsweise kann eine Erbeinsetzung unter der auflösenden Bedingung angeordnet werden, dass eine Auflage erfüllt wird. Dies kann wirkungsvoller sein als die Erzwingung derselben durch den Testamentsvollstrecker.

Da bei der Anordnung einer Auflage kein echter Begünstigter vorhanden sein muss, bietet sich die Möglichkeit, **nicht rechtsfähigen** Personengemeinschaften oder aber auch Tieren etwas zukommen zu lassen. Da die Auflage auch einen bestimmten Zweck verfolgen kann, ohne jemanden direkt zu begünstigen, bietet sie die „Zufluchtsstätte" für alle Leistungen, die nicht in das Vermächtnis aufgenommen werden können,[191] z.B. ein bestimmtes Haustier in Obhut zu nehmen und zu versorgen, Anordnungen hinsichtlich der Bestattung und der Grabpflege zu treffen.

186

Mit einer Auflage kann ein Erbe oder Vermächtnisnehmer beschwert werden, wobei im Zweifel der Erbe gem. §§ 2147, 2192 BGB als beschwert gilt. Mehrere Erben gelten im Zweifel im Verhältnis ihrer Erbteile als beschwert. Bei Wegfall des zunächst Beschwerten gilt § 2161 BGB.[192] Beschwert ist derjenige, dem der Wegfall des zunächst Beschwerten unmittelbar zustatten kommt. Auch die Auflage fällt grundsätzlich mit dem Erbfall an, vgl. § 2176 BGB. Der Begünstigte wird Inhaber einer schuldrechtlichen Anwartschaft, wenn er auch kein Forderungsrecht hat.[193]

187

Im Rahmen der Testamentsgestaltung sollte auch die Frage des Totenfürsorgerechts angesprochen werden. Dieses beinhaltet die Bestattungsart, den Bestattungsort, die Grabgestaltung sowie die Grabpflege (vgl. zur Totenfürsorge/Bestattungsrecht § 6 Rn 162 ff.). Nach h.M. steht dieses Totenfürsorgerecht den nahen Angehörigen zu, nicht hingegen den Erben.[194] Hinterlässt der Erblasser mehrere Angehörige steht das Totenfürsorgerecht zunächst dem Ehegatten bzw. dem eingetragenen Lebenspartner, sodann den Kindern und schließlich den Eltern bzw. den Geschwistern zu.[195] Es ist allerdings umstritten, ob den nahen Angehörigen das vorgenannte Recht nur im Falle der gesetzlichen Erbfolge zusteht. Die h.M. geht jedoch davon aus, dass der Erblasser das Recht der Totenfürsorge auch anderen Personen zuwenden kann,[196] worauf der Mandant im Rahmen der Testamentsberatung auch hingewiesen werden sollte. Häufig wünscht er, dass die Bestattungsmodalitäten im Wege der Auflage ebenfalls in seinem Testament geregelt werden. Hiervon ist allerdings abzuraten, da der Beschwerte erst nach Eröffnung der Verfügung von Todes wegen von der Auflage erfährt und diese Eröffnung durch das Nachlassgericht im Regelfall erst nach der Beisetzung des Erblassers erfolgt.

188

---

189 *Lange/Kuchinke*, § 30 I 1.
190 *Langenfeld*, Rn 285.
191 *Lange/Kuchinke*, § 30 II 3.
192 *Damrau/Daragan*, § 2192 Rn 8.
193 *Lange/Kuchinke*, § 30 III 2.
194 BGH FamRZ 1978, 15; BGHZ 61, 238.
195 RGZ 154, 269.
196 BGH FamRZ 1992, 657.

b) Muster: Auflage für Grabpflege

189
Ich _____, belaste meine Erben _____, mit der Auflage, für eine standesgemäße Beerdigung zu sorgen und hierzu meine Bekannten und Verwandten zu laden sowie meine Grabstätte für die Dauer der ortsüblichen vollen Ruhezeit für Kaufgräber zu pflegen. Zu diesem Zwecke ist ein Grabpflegevertrag mit der Genossenschaft der Berufsgärtner in _____ zu schließen. Ich ordne Testamentsvollstreckung an und ernenne meinen Freund _____, geb. am _____, derzeit wohnhaft in _____, _____ Str. _____, zu meinem Testamentsvollstrecker mit der Aufgabe, die von mir angeordneten Auflagen zu überwachen und durchzusetzen. Sollte er vor deren Geltendmachung wegfallen oder das Amt nicht annehmen, so hat das Nachlassgericht einen geeigneten Testamentsvollstrecker zu benennen.

### 11. Familienrechtliche Anordnungen; Muster

190
Nach § 1626 Abs. 1 BGB stehen das Recht und die Pflicht der elterlichen Vermögenssorge für das eheliche Kind beiden Eltern zu. Daraus folgt gem. § 1629 Abs. 1 BGB ein Gesamtvertretungsrecht beider Eltern nach außen. Nach dem Tod eines Elternteils steht die elterliche Sorge dem Überlebenden allein zu. Bei Kindern, deren Eltern nicht miteinander verheiratet sind, steht gem. § 1626a Abs. 2 BGB das Vermögenssorgerecht der Mutter allein zu, es sei denn, die Eltern erklären, dass sie die Sorge gemeinsam übernehmen wollen – sie also eine Sorgeerklärung nach den §§ 1626a Abs. 1 Nr. 1, 1626b ff. BGB in beurkundeter Form abgeben. Diese Möglichkeit wurde durch das Kindschaftsrechtsreformgesetz vom 16.12.1997, welches seit 1.7.1998 in Kraft ist, eröffnet. Wurde eine solche Sorgeerklärung abgegeben, so steht beim Tod eines Elternteils die elterliche Sorge dem Überlebenden zu (§ 1680 Abs. 1 BGB).

191
Gemäß § 1638 BGB kann der Erblasser das elterliche Vermögenssorgerecht für Vermögensteile, die aus seinem Nachlass stammen, ausschließen, ohne dass es hierfür einer Begründung bedarf. Ist das Vermögenssorgerecht nur für einen Elternteil ausgeschlossen, so wird das betreffende Vermögen vom anderen Elternteil verwaltet. Ist beiden Eltern, bzw. wenn der Erblasser ein Elternteil war dem überlebenden Elternteil, das Verwaltungsrecht entzogen worden, so hat das Kind insofern keinen gesetzlichen Vertreter mehr und braucht für diese Aufgabe einen Ergänzungspfleger nach § 1909 BGB, welcher vom Familiengericht bestellt wird. Der Erblasser hat hierbei die Möglichkeit, den Pfleger gem. § 1917 Abs. 1 BGB in seiner letztwilligen Verfügung zu bestimmen.

192
Für den Fall, dass minderjährige Kinder nach dem Tod der Eltern eines Vormunds bedürfen, steht den Eltern das Recht zu, in der Verfügung von Todes wegen diejenige Person zu benennen, die Vormund werden soll (§§ 1776, 1777 Abs. 3 BGB). Insoweit darf auch nur unter den Voraussetzungen des § 1778 BGB von der Benennung dieser letztwillig bestimmten Person abgewichen werden.

■ **Muster: Familienrechtliche Anordnung**

193
Dem Vater meines zum Erben bestimmten Kindes _____ entziehe ich hiermit gem. § 1638 BGB die Vermögenssorge hinsichtlich aller Vermögensgegenstände, die mein Kind von mir von Todes wegen erwirbt.

Zur Verwaltung des aus meinem Nachlass stammenden Vermögens soll Herr _____ als Pfleger bestellt werden, ersatzweise Herr _____.

Herr _____ wird als Pfleger von der Rechnungslegung gegenüber dem Familiengericht befreit.

Darüber hinaus entziehe ich meinem geschiedenen Ehemann das Recht, Einkünfte meines Kindes aus dem ererbten Vermögen nach § 1649 Abs. 2 S. 1 BGB zu eigenem Unterhalt zu verwenden.

## 12. Schiedsklausel

### a) Zulässigkeit einer Schiedsklausel

Die Schiedsklausel in einem Testament wird sowohl in der Rechtsprechung als auch in der Literatur für zulässig erachtet.[197] Die h.M. begründet dies damit, dass § 1066 ZPO dies seinem Wortlaut nach voraussetze.[198] Nach der Gegenansicht lege der Wortlaut des § 1066 ZPO gerade den gegenteiligen Schluss nahe.[199] Gemäß § 1066 ZPO werde eine Anordnung in gesetzlich statthafter Weise verlangt. Das BGB enthält keine Regelung zur Schiedsgerichtsklausel, so dass dies den Schluss zulassen könnte, § 1066 ZPO gehe ins Leere. Zur Begründung, dass eine Schiedsgerichtsklausel zulässig ist, wird angeführt, dass § 1066 ZPO auf die Testierfähigkeit und die Form der letztwilligen Verfügung, d.h. deren Wirksamkeitsvoraussetzungen, Bezug nimmt.

### b) Rechtsnatur

Über die Rechtsnatur einer Schiedsklausel schweigt sich das Gesetz aus. Das Reichsgericht hat seinerzeit zwar entschieden, dass eine Schiedsklausel zulässig sei, über die Rechtsnatur wurde hingegen keine Entscheidung getroffen.[200] Nach einer Ansicht handelt es sich bei der Schiedsgerichtsklausel um eine **Auflage**.[201] Die Gegenansicht sieht hierin eine Verfügung „sonstigen Inhalts".[202] Nur die Auflage kann mit bindender Wirkung gem. § 2278 Abs. 2 BGB angeordnet werden. Andernfalls bleibt nur eine bedingte Erbeinsetzung.[203]

### c) Person des Schiedsrichters

Eine Partei kann nicht zugleich Schiedsrichter sein. Handelt es sich um Streitigkeiten, bei denen der Testamentsvollstrecker als **Partei kraft Amtes**, tätig werden muss oder wenn seine Rechtsstellung (z.B. die wirksame Ernennung) streitig ist, scheidet der Testamentsvollstrecker als Schiedsrichter aus.[204]

### d) Form der Schiedsklausel

Die Anordnung einer Schiedsklausel bedarf grundsätzlich der Form der letztwilligen Verfügung von Todes wegen.[205]

### e) Sonderproblem Pflichtteilsansprüche

Pflichtteilsansprüche sind nach h.M. der Schiedsgerichtsbarkeit entzogen, es sei denn der Pflichtteilsberechtigte unterwirft sich dem Schiedsgericht. Eine Zustimmung sei deshalb erforderlich, da der Erblasser den Pflichtteil außerhalb der gesetzlichen Möglichkeiten nicht entziehen oder beschränken könne. Es gilt der Grundsatz, dass dem Schiedsgericht nur

---

197 RGZ 100, 76, 77; OLG Hamm NJW-RR 1991, 455, 456; *Kohler*, DNotZ 1962, 125; MüKo-*Leipold*, § 1937 BGB Rn 29 ff. m.w.N.
198 MüKo-*Leipold*, § 1937 BGB Rn 29 ff.; Soergel/*Stein*, § 1937 BGB Rn 9.
199 MüKo-*Leipold*, § 1937 BGB Rn 29 ff.
200 RGZ 100, 76.
201 *Schiffer*, BB Beilage Nr. 5 vom 27.4.1995, 3; *Kohler*, DNotZ 1962, 125.
202 *Walter*, MittRhNotK 1984, 69.
203 *Walter*, MittRhNotK 1984, 69.
204 Näher hierzu BGHZ 41, 23; BayObLGZ 1956, 186, 189.
205 *Tanck/Krug/Daragan*, § 19 Rn 30.

solche Rechtsbeziehungen unterworfen werden können, die der Entscheidungskompetenz des Erblassers selbst unterliegen bzw. über die er frei bestimmen kann.

Nach a.A. hingegen können auch Pflichtteilsstreitigkeiten der Entscheidung durch ein Schiedsgericht unterworfen werden. Diese Ansicht wird damit begründet, dass § 1066 ZPO keinerlei Einschränkung enthalte. Dass der Pflichtteilsanspruch der Disposition des Erblassers entzogen ist, stehe dem nicht entgegen, da es sich nicht um eine materiell-rechtliche Frage handele, sondern um eine reine Verfahrensfrage.

### 13. Testamentsvollstreckung

#### a) Allgemeines

199 Durch die Anordnung einer **Testamentsvollstreckung**[206] hat der Erblasser die Möglichkeit, die Abwicklung seines Nachlasses in die Hände eines Dritten zu legen und darüber hinaus auch auf den Verbleib des Nachlasses nach seinem Tod Einfluss zu nehmen.

200 Die Testamentsvollstreckung gibt dem Testamentsvollstrecker im Außenverhältnis eine fast unbeschränkte Verfügungsbefugnis über den Nachlass, ohne dass hierzu eine Mitwirkung der Erben erforderlich wäre. Im Innenverhältnis besteht zu den Erben keine Weisungsgebundenheit, diese ist vielmehr nur im Verhältnis zum Willen des Erblassers gegeben. Die Ernennung des Testamentsvollstreckers kann sowohl im Testament als auch in einem Erbvertrag erfolgen; der Testamentsvollstrecker kann zum Allein- oder Gesamtvollstrecker gem. § 2224 BGB ernannt werden. Als Testamentsvollstrecker kann jede natürliche oder juristische Person fungieren, auch einer der Miterben, nicht aber der Alleinerbe.[207] Der Testamentsvollstrecker ist weder Vertreter des Nachlasses noch Vertreter der Erben.[208] Er ist vielmehr Träger eines privaten Amtes und als solcher zur Prozessführung über Nachlassgegenstände allein aktiv bzw. passiv legitimiert. Da die Anordnung der Testamentsvollstreckung dazu führt, dass der Nachlass zum Sondervermögen wird, hat dies zur Folge, dass Gläubigern des Erben ein Zugriff auf den Nachlass verwehrt ist.

#### b) Arten der Testamentsvollstreckung

201 Bei der Anordnung einer Testamentsvollstreckung ist zwischen einer Abwicklungs- und einer Dauervollstreckung zu unterscheiden.[209] Gemäß den §§ 2203, 2204 BGB beinhaltet die **Abwicklungsvollstreckung** die Ausführung der letztwilligen Verfügungen des Erblassers sowie die Bewirkung der Auseinandersetzung des Nachlasses und der Erfüllung der Nachlassverbindlichkeiten. Es handelt sich hierbei um den Regelfall der Testamentsvollstreckung.

202 Bei der **Verwaltungsvollstreckung** besteht die einzige Aufgabe des Testamentvollstreckers in der reinen Verwaltung des Nachlasses. Die Anordnung der Verwaltungsvollstreckung bietet sich z.B. bei Minderjährigkeit eines Miterben an oder zum Schutz eines überschuldeten Erben vor dessen Eigengläubigern.

203 Gemäß § 2222 BGB kann der Erblasser einen Testamentsvollstrecker auch zu dem Zwecke ernennen, dass dieser bis zu dem Eintritt einer angeordneten Nachfolge die Rechte des **Nacherben** ausfüllt und dessen Pflichten erfüllt.

---

206 Vgl. hierzu insgesamt § 13.
207 Palandt/*Edenhofer*, § 2197 Rn 5.
208 Palandt/*Edenhofer*, vor § 2197 Rn 2.
209 Damrau/*Bonefeld*, § 2197 Rn 3, 4.

Gemäß § 2223 BGB kann der Testamentsvollstrecker auch zu dem Zwecke ernannt werden, dass dieser für die Ausführung der einem Vermächtnisnehmer auferlegten Beschwerungen sorgt.

### c) Sinn und Zweck der Testamentsvollstreckung

Die Testamentsvollstreckung ist dort sinnvoll, wo der Erblasser befürchten muss, dass seine Erben sich im Erbfall nicht einigen können und die von ihm angeordnete Nachlassverteilung nicht reibungslos funktionieren wird. Auch in den Fällen, in denen einzelne Erben nicht die zur Verwaltung eines größeren Vermögens, wie etwa eines **Unternehmens** oder einer Unternehmensbeteiligung, erforderliche Sachkenntnis besitzen, ist dringend zur Anordnung der Testamentsvollstreckung zu raten. Gleiches gilt bei Vorhandensein von Minderjährigen.

Die Testamentsvollstreckung erfüllt **friedenssichernde** Funktionen. Der Testamentsvollstrecker übt als „fremdnütziger und unparteiischer Sachverwalter" die tatsächliche und rechtliche Herrschaft über den Nachlass aus.[210] In das Verhältnis zu **Sinn** und **Zweck** der Anordnung der Testamentsvollstreckung im konkreten Fall sind natürlich immer die dadurch entstehenden **Kosten** zu setzen.

### d) Befreiung des Testamentsvollstreckers von den Beschränkungen des § 181 BGB

Die Vorschrift des § 181 BGB findet auf den Testamentsvollstrecker entsprechende Anwendung. Wegen § 181 S. 2 BGB greift das Selbstkontrahierungsverbot zwar häufig nicht ein, dennoch kann es sinnvoll sein, den Testamentsvollstrecker von den Beschränkungen des § 181 BGB zu befreien. Dies ist jedoch für den Einzelfall zu prüfen.

Geht es lediglich darum, dass der Testamentsvollstrecker die ihm zustehende Vergütung entnehmen kann, ist eine Befreiung von § 181 BGB ohnehin nicht erforderlich, da hier ebenfalls § 181 S. 2 BGB eingreift. Die Entnahme der Testamentsvollstreckervergütung stellt die Erfüllung einer Nachlassverbindlichkeit dar.

### e) Übergangszeit zwischen Erbfall und Amtsantritt

Das Amt des Testamentsvollstreckers beginnt gem. § 2202 Abs. 1 BGB mit der Erklärung der Annahme des Amtes gegenüber dem Nachlassgericht. Somit entsteht zwischen dem Tod des Erblassers und dem Beginn der Testamentsvollstreckung eine Lücke. Dies kann durch die Erteilung einer transmortalen Vollmacht geschlossen werden. Der Bevollmächtigte hat demgemäß das Recht, auch nach dem Tode des Vollmachtgebers Verpflichtungen zu Lasten von dessen Vermögen einzugehen bzw. er kann auch nach dem Tode Verfügungen treffen. Wurde dem Bevollmächtigten vom Vollmachtgeber lediglich eine Vollmacht aufschiebend bedingt durch dessen Tod erteilt, handelt es sich um eine postmortale Vollmacht. Soll diese Vollmacht lediglich für die Übergangszeit bis zur Annahme des Testamentsvollstreckeramtes gelten, sollte diese zeitlich begrenzt werden. Damit ist ein gesonderter Widerruf nicht erforderlich.

### f) Kosten der Testamentsvollstreckung[211]

Im Rahmen einer Tätigkeit als Testamentsvollstrecker kommt es oftmals zum Streit mit den Erben über die **Kosten** der Testamentsvollstreckung. Dies liegt zum einen daran, dass sich

---

210 *Mayer/Bonefeld/Wälzholz/Weidlich*, Rn 6.
211 Vgl. hierzu *Bonefeld/Daragan/Tanck*, Arbeitshilfen im Erbrecht, Kapitel Kosten, S. 15.

die Erben durch die Anordnung der Testamentsvollstreckung bereits bevormundet fühlen, und zum anderen an der ungünstigen gesetzlichen Regelung und den verschiedenen in der Praxis angewandten Tabellen und Methoden.

#### aa) Anspruch des Testamentsvollstreckers für eigene Tätigkeiten

210 Nach § 2221 Hs. 2 BGB kann der Erblasser in der Verfügung von Todes wegen eine bestimmte Vergütung **anordnen**. Ist eine Regelung über die Vergütung nicht getroffen worden, so kann der Testamentsvollstrecker für seine Tätigkeit eine angemessene Vergütung verlangen (§ 2221 BGB). Der Testamentsvollstrecker ist berechtigt, diese aus dem Nachlass zu entnehmen, ohne dass die Erben hieran mitwirken müssen.[212]

211 Die Frage der Angemessenheit ist je nach Einzelfall an dem Umfang der Tätigkeit, an den Pflichten und an der den Testamentsvollstrecker treffenden Verantwortung zu bemessen.[213] In der Regel wird die Gebühr nach einem bestimmten Prozentsatz am Bruttonachlass bemessen. D.h., dass der Vergütung lediglich der Aktivnachlassbestand zugrunde zu legen ist, da im Falle der Überschuldung des Nachlasses eine Vergütung ausscheidet. Der Zeitpunkt für die Bestimmung ist grundsätzlich der Erbfall.[214] Neben der Gebühr nach § 2221 BGB kann der Testamentsvollstrecker in besonderen Fällen auch eine Verwaltungs- und eine Konstituierungsgebühr erhalten.[215]

212 Mit der so genannten **Konstituierungsgebühr** wird die Tätigkeit des Testamentsvollstreckers von der Übernahme des Amtes bis zur Konstituierung des Nachlasses vergütet. Hierzu gehören die Ermittlung und Inbesitznahme der Nachlassgegenstände, die Aufstellung des Nachlassverzeichnisses, die Bezahlung der Kosten der Beerdigung, die Regelung der Erbschaftsteuer sowie der Forderungen und Schulden des Erblassers. Die Konstituierungsgebühr steht dem Testamentsvollstrecker zu, wenn er von Beginn an eine arbeitsintensive und verantwortungsvolle Tätigkeit entfalten musste.[216]

213 Daneben kann eine **Verwaltungsgebühr** anfallen, wenn eine Verwaltung des Nachlasses über einen längeren Zeitraum hinweg letztwillig angeordnet wurde und der Testamentsvollstrecker dahin gehend tätig wird.[217] Die Verwaltungsgebühr kann auch alternativ aus dem jährlichen Gewinn oder den Bruttoeinnahmen errechnet werden.

214 Der Testamentsvollstrecker kann jedoch seinen Anspruch auf Vergütung **verwirken**, wenn er in besonders schwerer Weise gegen seine Amtspflicht verstoßen hat.[218]

#### bb) Kostenersatz für fremde Tätigkeit

215 Grundsätzlich kann, wie eingangs erwähnt, jede natürliche und juristische Person als Testamentsvollstrecker benannt werden bzw. das Amt ausführen. Gleiches gilt für einen Rechtsanwalt, Steuerberater oder Notar oder einen sonstigen Angehörigen eines rechts- oder steuerberatenden Berufs. Ihnen steht auch im Falle der berufsmäßigen Ausübung des Amtes des Testamentsvollstreckers nur eine Vergütung nach den vorbezeichneten Grundsätzen zu.

---

212 OLG Köln NJW-RR 1987, 1097, 1098.
213 Palandt/*Edenhofer*, § 2221 Rn 3.
214 BGH NJW 1963, 1615.
215 Palandt/*Edenhofer*, § 2221 Rn 7 ff.
216 BGH NJW 1963, 1615.
217 Vgl. § 2209 BGB.
218 BGH DNotZ 1980, 164.

Der Rechtsanwalt hat beispielsweise keinen Anspruch darauf, dass er für seine Tätigkeit als Testamentsvollstrecker nach RVG abrechnen kann.[219]

Des Weiteren stellt sich die Frage, ob bzw. inwieweit der Testamentsvollstrecker für die Hinzuziehung anderer Personen eine gesonderte Vergütung aus dem Nachlass erhält bzw. inwieweit die **Hinzuziehung** dazu führt, dass seine eigenen Kosten reduziert werden. Hier gilt beispielsweise der Grundsatz, dass die Hinzuziehung von nicht notwendigen **Hilfspersonen**, die lediglich den Testamentsvollstrecker in seinen Aufgaben entlasten, zu einer Minderung seiner eigenen Vergütung führt.[220]

Bei der Hinzuziehung von Hilfspersonen, bspw. eines Anwaltes, handelt es sich jedoch um notwendige Kosten, so bspw. wenn der Testamentsvollstrecker juristisch nicht gebildet ist. Wenn ein nicht geschulter Testamentsvollstrecker die Zuziehung eines Anwalts für erforderlich halten durfte, dann stehen diese Kosten dem Testamentsvollstrecker als zusätzlicher Anspruch gegenüber dem Nachlass zu. Der Aufwendungsersatz richtet sich in solchen Fällen nach §§ 2218, 670 BGB. Dieser Anspruch steht dem Testamentsvollstrecker neben seiner Vergütung nach § 2221 BGB zu und ist sofort fällig.

### cc) Kostenschuldner, Fälligkeit der Vergütung

Nach Ansicht des BGH[221] haben alle Miterben einer Erbengemeinschaft die Kosten einer Testamentsvollstreckung zu tragen, und zwar auch dann, wenn nur ein Teil des Nachlasses der Vollstreckung unterliegt. Denn solange die Erbengemeinschaft nicht auseinander gesetzt ist, besteht zwischen allen Erben und dem Testamentsvollstrecker ein gesetzliches Schuldverhältnis, wovon auch der vollstreckungsfreie Teil erfasst wird. Dies ergibt sich nicht zuletzt daraus, dass die Miterben bei Verfügungen über Nachlassgegenstände der Mitwirkung des Testamentsvollstreckers bedürfen, § 2040 Abs. 1 BGB.[222] Wurde bezüglich eines Erbteils Dauervollstreckung angeordnet, so berechnet sich die Vergütung des Testamentsvollstreckers grundsätzlich aus dem gesamten Nachlasswert.[223]

Die Testamentsvollstreckervergütung ist grundsätzlich bei Beendigung des Amtes fällig. Im Falle einer Dauervollstreckung ist dies jedoch häufig unbillig, so dass in derartigen Fällen auch periodische Zahlungen verlangt werden können.[224]

### dd) In der Praxis vorwiegend angewandte Tabellen

Im Jahre 1925 wurde durch den Verein für das Notariat in Rheinpreußen die sog. „**Rheinische Tabelle**" entwickelt. Sie ist die, welche von der Rechtsprechung und Teilen der Literatur überwiegend bevorzugt wurde.[225] Die in dieser Tabelle mit RM angegebenen Beträge wurden früher in DM angenommen. Sie können im Verhältnis 2:1 in EUR umgerechnet werden.[226] Man ist sich jedoch uneinig darüber, ob durch diese auch eine Konstituierungs- und Verwaltungsgebühr erfasst wird oder ob die Tabelle lediglich den „Normalfall" einer

---

219 Vgl. zu der Möglichkeit, dass der Testamentsvollstrecker sich selbst als Rechtsanwalt beauftragt: *Mayer/Bonefeld/Wälzholz/Weidlich*, Testamentsvollstreckung, Rn 530.
220 *Mayer/Bonefeld/Wälzholz/Weidlich*, Testamentsvollstreckung, Rn 525, 526.
221 BGH, Urt. v. 22.1.1997 – IV ZR 283/95.
222 *Muscheler*, ZEV 1996, 185.
223 BGH ZEV 2005, 22 mit Anm. *Haas/Lieb*.
224 BGH WM 1964, 950.
225 OLG Köln FamRZ 1994, 328; OLG Düsseldorf MittRhNotK 1996, 172; Palandt-*Edenhofer*, § 2221 Rn 4.
226 *Mayer/Bonefeld/Wälzholz/Weidlich*, Testamentsvollstreckung Rn 483.

Testamentsvollstreckung erfasst.[227] Aufgrund des Kaufkraftschwundes und der Veränderung der wirtschaftlichen Verhältnisse ist nach Ansicht von Teilen in der Literatur ein Aufschlag auf die sich durch die Tabelle ergebenden Gebühren in Höhe von 20 % bis 40 % oder sogar 50 % notwendig, um den heutigen wirtschaftlichen Verhältnissen gerecht zu werden.[228] Der BGH[229] vertritt dagegen die Auffassung, dass eine wesentliche Erhöhung der „Richtsätze" nicht notwendig ist.

220 Die vorgenannte Diskussion führte zu den „**Vergütungsempfehlungen des Deutschen Notarvereins**".[230] Diese Tabelle gilt als Nachfolgemodell der „Rheinischen Tabelle". Die vorstehenden Vergütungsempfehlungen gehen jedoch über die Rheinische Tabelle hinaus. Es werden nicht nur Vergütungssätze genannt, sondern auch weiter reichende Empfehlungen aufgestellt.[231]

221 Als im Vordringen begriffen und der Praxis weitgehend bewährt hat sich die „**Möhring'sche Tabelle**". Diese wurde von *Möhring/Beisswingert/Klingelhöffer* entwickelt.[232] Die Möhring'sche Tabelle wurde von *Klingelhöffer* nunmehr weiterentwickelt, und zwar dahin gehend, dass die Aktivmasse entsprechend der Geldentwertung geringfügig korrigiert worden ist.[233] Maßgeblich für die Vergütung ist der Aktivnachlass. Diese Tabelle sieht eine Vergütung zwischen 7,5 % des Aktivwertes bei kleinen und 3 % bei Großnachlässen vor. Die vorgenannte Tabelle wird teilweise auch gerichtlich akzeptiert.[234]

222 Daneben gibt es noch die Eckelskemper'sche Tabelle,[235] die Tabelle von Tschischgale[236] sowie die Berliner Praxis.[237]

223 Die vorgenannten Tabellen führen zu sehr unterschiedlichen Werten, da sie auf unterschiedlichen Bezugsgrößen beruhen. So führt beispielsweise die Möhring'sche Tabelle bei niedrigeren und mittleren Nachlasswerten zu einer vergleichsweise hohen Vergütung. Bei einem größeren Nachlass liegt sie dagegen im mittleren Bereich.[238]

Letztlich ist im Einzelfall immer die Frage der **Angemessenheit** der jeweiligen Tätigkeit zu prüfen. Die Angewohnheit von Juristen, alles zu verkomplizieren, führt nicht zu einer friedlichen, sondern immer zu einer streitigen Auseinandersetzung. Dies entspricht auch nicht dem Willen des Erblassers, der einen Testamentsvollstrecker gerade deshalb einsetzt, um Streitigkeiten unter den Miterben zu vermeiden.[239]

---

227 *Mayer/Bonefeld/Wälzholz/Weidlich*, Testamentsvollstreckung Rn 484.
228 Zum Streitstand *Mayer/Bonefeld/Wälzholz/Weidlich*, Testamentsvollstreckung Rn 484.
229 BGH NJW 1967, 2402.
230 Notar 2000, 2 ff. = ZEV 2000, 181.
231 *Mayer/Bonefeld/Wälzholz/Weidlich*, Testamentsvollstreckung, Rn 485 ff.
232 *Möhring/Beisswingert/Klingelhöffer*, Vermögensverwaltung in Vormundschafts- und Nachlasssachen, 7. Auflage 1992, S. 224 ff.
233 *Klingelhöffer*, Vermögensverwaltung in Nachlasssachen, Rn 323.
234 OLG Köln NJW-RR 1987, 1415; OLG Karlsruhe ZEV 2001, 286.
235 *Mayer/Bonefeld/Wälzholz/Weidlich*, Testamentsvollstreckung, Rn 489 m.w.N.; *Weirich*, Erben und Vererben, Rn 857 – dieser hatte ursprünglich eine eigene Tabelle entwickelt, hat sich mittlerweile jedoch *Eckelkemper* angeschlossen.
236 JurBüro 1965, 89.
237 *Gerold/Madert*, BRAGO, 14. Auflage 1999, § 1 Rn 25.
238 Tabellenvergleich bei *Mayer/Bonefeld/Wälzhold/Weidlich*, Testamentsvollstreckung, Rn 494.
239 Vgl. zu den Empfehlungen des Deutschen Notarvereins *Mayer/Bonefeld/Wälzholz/Weidlich*, Testamentsvollstreckung, Rn 485, 486.

## g) Grenzen der Testamentsvollstreckung

Bei einer Testamentsvollstreckung im **Unternehmensbereich** geht es insbesondere um die Führung des Unternehmens in der Zeit zwischen dem Erbfall bis zur Altersreife der möglichen Nachfolger. Die praktische Bedeutung einer Testamentsvollstreckung an Einzelunternehmen und Personengesellschaften ist dementsprechend groß. Die Differenzen zwischen Erb- und Gesellschaftsrecht, insbesondere bei persönlich haftenden Gesellschaftern, wirkt sich auch auf das Amt des Testamentsvollstreckers aus. Während mittlerweile die **Fremdverwaltung** von **Kommanditanteilen** durch einen Testamentsvollstrecker möglich ist,[240] besteht bei einer persönlich haftenden Gesellschafterposition die Schwierigkeit, dass diese nicht durch einen Testamentsvollstrecker übernommen werden kann.

Eine Testamentsvollstreckung an einem ererbten **Anteil** einer **Personengesellschaft** ist aber nach Ansicht des BGH[241] nicht insgesamt ausgeschlossen. Sie beschränkt sich vielmehr nur auf die „Außenseite" des Gesellschaftsanteils. Ähnliches gilt auch für die Fortführung eines **Einzelunternehmens**. Würde der Testamentsvollstrecker als solcher ein einzelkaufmännisches Unternehmen fortführen, so hätte dies zur Folge, dass er selbst nicht persönlich für die von ihm neu begründeten Verbindlichkeiten haften würde und die Erben als Unternehmensträger nur auf den Nachlass beschränkt haftäten. Dies würde dann zu einer „Zulassung eines einzelkaufmännischen Unternehmens mit beschränkter Haftung" führen. Ebenso ist eine Eintragung der Testamentsvollstreckung im **Handelsregister** nicht vorgesehen.

Für die Lösung des Problems ist auf die in der Literatur diskutierten Ersatzmöglichkeiten der „Vollmachtslösung" oder „Treuhandlösung" zurückzugreifen.[242]

## h) Muster: Abwicklungsvollstreckung

Im Falle meines Todes ordne ich Testamentsvollstreckung an. Der Testamentsvollstrecker hat die Aufgabe, die Abwicklung des Nachlasses vorzunehmen, insbesondere die von mir angeordneten Vermächtnisse sowie die Verbindlichkeiten zu erfüllen und alle notwendigen Grundbuchumschreibungen vorzunehmen bzw. vornehmen zu lassen. Der Testamentsvollstrecker hat alle Rechte, die einem Testamentsvollstrecker nach dem Gesetz zugewandt werden können. Von den Beschränkungen des § 181 BGB ist er befreit. Zum Testamentsvollstrecker mit dem genannten Aufgabenkreis bestimme ich ▇▇▇, geboren am ▇▇▇ in ▇▇▇, ersatzweise ▇▇▇, wiederum ersatzweise, für den Fall, dass der Testamentsvollstrecker vor oder nach Annahme des Amtes entfällt, soll das Nachlassgericht einen geeigneten Testamentsvollstrecker bestimmen. Der Testamentsvollstrecker erhält für seine Tätigkeit eine Vergütung in Höhe von ▇▇▇ EUR. Eine etwaige Umsatzsteuer ist in der Vergütung nicht enthalten und ist dem Testamentsvollstrecker ggf. gesondert zu erstatten.

## 14. Enterbung

### a) Allgemeines

Unter Enterbung versteht man den Ausschluss eines gesetzlichen Erben durch Verfügung von Todes wegen von der Erbfolge. Die **Enterbung** kann grundsätzlich durch ein so genanntes Negativ-Testament (§ 1938 BGB) oder durch ein Positiv-Testament (§ 1937 BGB) erreicht werden.

Ein **negatives** Testament beinhaltet den ausdrücklichen Erbausschluss gesetzlicher Erben mit der Folge, dass zwar grundsätzlich die gesetzliche Erbfolge eintritt, die ausdrücklich

---

240 BGHZ 108, 187.
241 BGH ZEV 1996, 110.
242 *Mayer/Bonefeld//Wälzholz/Weidlich*, Testamentsvollstreckung, Rn 374 ff. m.w.N.

Enterbten aber so behandelt werden, als wenn sie nicht vorhanden wären. Wird der Ehegatte oder der Lebenspartner ausgeschlossen, so führt dies zur Erhöhung der Erbteile der Verwandten.

230 Das **positive** Testament stellt dagegen lediglich eine **konkludente** Enterbung dar. Dadurch, dass bestimmte Personen als Erben eingesetzt werden und der volle Nachlass vergeben wird, bleibt kein Raum mehr für den Eintritt der gesetzlichen Erbfolge. Die Enterbung gesetzlicher Erben ergibt sich in einem solchen Fall zwangsläufig. Die so genannte positive Erbeinsetzung führt daher ohne ausdrückliche Enterbung zum Ausschluss der gesetzlichen Erbfolge. Beim positiven Testament besteht das Problem, ob bei **Nichtigkeit** der **Erbeinsetzungen** die enterbende Wirkung der Verfügung erhalten bleibt. Die h.M. verneint dies.[243] Etwas anderes gilt nur, wenn die Verfügung von Todes wegen einen anderen Willen des Erblassers erkennen lässt.

231 Die Enterbung eines gesetzlichen Erben erfolgt grundsätzlich nur in seiner Person und hindert das Eintrittsrecht seiner Abkömmlinge gem. § 1924 Abs. 3 BGB nicht.[244] Soll sich die Enterbung auch auf die Abkömmlinge erstrecken, dann sollte dies in der Verfügung ausdrücklich erklärt werden.[245] Nicht enterbt werden kann der Fiskus.[246]

232 Ein Ausschluss von der Erbfolge und mithin eine Enterbung liegt auch dann vor, wenn der Pflichtteilsberechtigte nur als Ersatzerbe nach § 2096 BGB eingesetzt ist.[247]

233 Will der Erblasser sicher gehen, dass eine bestimmte Person nicht Erbe wird, dann bietet sich an, ihn ausdrücklich von der Erbfolge auszuschließen – andernfalls bestünde die Gefahr, dass der zunächst nicht Bedachte über eine Ersatzerbenregelung oder den Eintritt einer gesetzlichen Erbfolge bei Ausschlagung doch noch Erbe wird. In der Regel soll hierbei auch der ganze Stamm von der Erbfolge ausgeschlossen werden.

b) Einsetzung zum Nacherben

234 Keine Enterbung ist die Einsetzung als **Nacherbe** nach § 2100 BGB. Der Nacherbe ist zwar rechtlich nicht von der Erbfolge ausgeschlossen, wird aber beim Erbfall nicht sofort Erbe, sondern erst, nachdem zuvor ein anderer Erbe geworden ist, wobei er ggf. auch noch die Nachteile einer befreiten Vorerbschaft erleidet. Der Nacherbe wird insoweit gem. § 2306 Abs. 2 BGB wie ein pflichtteilsberechtigter Vorerbe behandelt.

c) Erbeinsetzung auf den Pflichtteil

235 Zu Schwierigkeiten kann in der Praxis die häufig in Laientestamenten enthaltene Formulierung führen, dass eine bestimmte Person nur ihren **Pflichtteil** erhält. Es stellt sich dann konkret die Frage, ob eine solche Anordnung lediglich eine Feststellung, eine Enterbung, eine Erbeinsetzung in Höhe des Pflichtteils oder gar eine Vermächtniszuweisung in Höhe des Pflichtteilsbetrages ist.[248]

236 § 2304 BGB enthält für diesen Fall eine Auslegungsregel dahin gehend, dass die Zuwendung des Pflichtteils im Zweifel nicht als Erbeinsetzung anzusehen sei. Es besteht dann aber noch

---

243 OLG Stuttgart BWNotZ 1981, 144; OLG Darmstadt OLGE 14, 314.
244 Vgl. hierzu Palandt/*Edenhofer*, § 1938 Rn 3.
245 BGH DNotZ 1990, 425.
246 Palandt/*Edenhofer*, § 1938 Rn 1.
247 *Klingelhöffer*, Rn 51.
248 Palandt/*Edenhofer*, § 2087 Rn 10; vgl. hierzu auch die Entscheidung des OLG Nürnberg ZErb 2003, 161.

die Möglichkeit, dass die Zuwendung des Pflichtteils als **Vermächtnis** angeordnet ist mit der Folge, dass der Bedachte den Pflichtteil durch letztwillige Verfügung und nicht kraft Gesetzes erhält.[249]

Beim Ehegatten, der mit dem Erblasser im gesetzlichen Güterstand der **Zugewinngemeinschaft** lebt, ist im Falle der vermächtnisweisen Zuwendung des Pflichtteils durch Auslegung zu ermitteln, ob der kleine oder der große Pflichtteil zugewandt wurde. Eine Regelvermutung lässt sich insoweit schwerlich aufstellen.[250]

**Hinweis**
Gemäß § 17 BeurkG obliegt dem Notar eine Belehrungspflicht dahin gehend, den Erblasser auf die Pflichtteilsrechte und deren Bedeutung im Erbfall hinzuweisen.

### 15. Pflichtteilsentziehung (§§ 2333 ff. BGB)

#### a) Pflichtteilsentziehung bei Abkömmlingen

##### aa) Allgemeines

Grundsätzlich ist es dem Erblasser nicht möglich, seine pflichtteilsberechtigten Verwandten zu übergehen. Der Schutz des Pflichtteilsrechts steht dem Abkömmling jedoch nicht uneingeschränkt zu (vgl. zur Frage der Verfassungsmäßigkeit des Pflichtteilsrechts § 17 Rn 34 f.).[251]

##### bb) Entziehung wegen versuchter Tötung

Der Erblasser kann einem **Abkömmling** den **Pflichtteil entziehen**, wenn der Abkömmling dem Erblasser, dem Ehegatten des Erblassers, einem anderen Abkömmling des Erblassers oder einer dem Erblasser ähnlich nahe stehenden Person nach dem Leben trachtet. Dies ist dann der Fall, wenn der ernsthafte Wille betätigt wird, den **Tod** des anderen herbeizuführen, wobei ein einmaliger Versuch genügt. Beharrlichkeit ist nicht erforderlich. Hierbei genügt auch Mittäterschaft, Beihilfe oder Anstiftung, § 2333 Nr. 1 BGB.[252]

##### cc) Entziehung, weil sich ein Abkömmling eines Verbrechens oder eines schweren vorsätzlichen Vergehens gegen eine in § 2333 Nr. 1 BGB bezeichnete Person schuldig gemacht hat

Das Gleiche gilt, wenn sich der Abkömmling eines Verbrechens oder eines schweren vorsätzlichen Vergehens gegen eine der in § 2333 Nr. 1 BGB bezeichneten Personen schuldig gemacht hat.

##### dd) Entziehung wegen böswilliger Verletzung der Unterhaltspflicht

Als weiteren Entziehungsgrund nennt § 2333 Nr. 3 BGB die böswillige **Verletzung** der dem Abkömmling dem Erblasser gegenüber gesetzlich obliegenden **Unterhaltspflicht**, wozu auch die Unterlassung der Pflege im Krankheitsfall gehört. Eine tatsächliche Pflege ist nicht erforderlich, solange die Abkömmlinge dem Erblasser finanzielle Unterstützung

---

249 Palandt/*Edenhofer*, § 2304 Rn 2.
250 Palandt/*Edenhofer*, § 2304 Rn 3.
251 OLG Dresden NJWE-FER 1999, 275 zu der Frage des Wirksamwerdens einer Pflichtteilsentziehung nach Beitritt der DDR.
252 Palandt/*Edenhofer*, § 2333 Rn 3.

leisten. Nach h.M. wird weiterhin verlangt, dass der Abkömmling **verwerflich** gehandelt hat.[253]

#### ee) Entziehung wegen Verurteilung wegen einer vorsätzlichen Straftat

243 Eine Entziehung des Pflichtteils ist auch dann möglich, wenn der Abkömmling wegen einer vorsätzlichen Straftat zu einer Freiheitsstrafe von mindestens einem Jahr ohne Bewährung rechtskräftig verurteilt wird und die Teilhabe des Abkömmlings am Nachlass deshalb für den Erblasser unzumutbar ist. Dem gleichgestellt ist der Fall, wenn die Unterbringung des Abkömmlings in einem psychiatrischen Krankenhaus oder in einer Entziehungsanstalt wegen einer ähnlich schwerwiegenden vorsätzlichen Tat rechtskräftig angeordnet wird.

### b) Pflichtteilsentziehung gegenüber den Eltern und dem Ehegatten

244 Gemäß § 2333 Abs. 2 BGB gilt die Vorschrift des § 2333 Abs. 1 BGB entsprechend für die Entziehung des Eltern- oder Ehegattenpflichtteils

### c) Form der Entziehung

245 Die Pflichtteilsentziehung erfolgt durch letztwillige Verfügung, § 2336 BGB. Außerdem muss der Grund der Entziehung zur **Zeit** der **Errichtung** des Testamentes bestehen und in der Verfügung angegeben werden. Für eine Entziehung nach § 2333 Abs. 1 Nr. 4 BGB muss zur Zeit der Errichtung die Tat begangen sein und der Grund für die Unzumutbarkeit vorliegen; beides muss in der Verfügung angegeben werden. Im Übrigen können die Gründe schon länger zurückliegen, sie dürfen jedoch nicht lediglich in der Zukunft liegen. Im Einzelnen sind der gesetzliche Tatbestand und die ihn ausfüllenden Tatsachen anzugeben (vgl. Muster zur Pflichtteilsentziehung § 17 Rn 49).

246 Möglich ist aber eine Entziehung für den Fall, dass ein vom Erblasser vermuteter, aber noch nicht sicher feststehender Entziehungsgrund vorliegt.

247 Das Pflichtteilsentziehungsrecht erlischt bzw. die Pflichtteilsentziehung wird unwirksam durch **Verzeihung**. Diese ist grundsätzlich unwiderruflich. Unter Verzeihung ist der Ausdruck des Versöhnungswillens gegenüber dem Schuldigen zu verstehen, d.h. die Absicht, aus der Verfehlung keinerlei Nachteile mehr für den Schuldigen entstehen zu lassen. Eine konkludente Verzeihung genügt.

## 16. Pflichtteilsbeschränkung in guter Absicht, § 2338 BGB

### a) Allgemeines

248 Die Beschränkung des Pflichtteils **in guter Absicht** ist möglich, wenn der spätere Erwerb der Erbschaft durch Verschwendungssucht oder durch erhebliche Verschuldung des erbenden Abkömmlings gefährdet ist (vgl. Muster „Pflichtteilsbeschränkung in guter Absicht" § 17 Rn 53). Die Beschränkung ist hierbei nicht nur auf den Pflichtteil bezogen, sie kann vielmehr auch den gesetzlichen Erbteil und mehr umfassen (§ 863 ZPO). Der Pflichtteil ist nur das Mindestmaß der beschränkbaren Zuwendung.

---

[253] MüKo-*Lange*, § 2333 BGB Rn 13; Soergel/*Dieckmann*, § 2333 BGB Rn 10; Damrau/*Riedel/Lenz*, § 2333 Rn 16.

Eine solche Beschränkung kann aber nur gegenüber dem Abkömmling, nicht gegenüber dem Ehegatten[254] oder den Eltern des Erblassers erfolgen.[255]

Zielsetzung der Pflichtteilsbeschränkung in guter Absicht ist einerseits, die Erbschaft vor dem Zugriff der **Gläubiger** zu **schützen** und andererseits, den pflichtteilsberechtigten Erben daran zu hindern, seine Erbschaft zu verschwenden. Hierfür stellt das Gesetz in § 2338 BGB zwei Möglichkeiten zur Verfügung, die auch nebeneinander angewendet werden können und sollten: die Vorerbschaft und die Dauertestamentsvollstreckung.

b) Gestaltung der Beschränkung

Nach § 2338 Abs. 1 S. 1 BGB kann der Erblasser dem Erben seinen Erb- oder Pflichtteil lediglich als **Vorerbe** bzw. **Vorvermächtnisnehmer** zukommen lassen und die gesetzlichen Erben des Pflichtteilsberechtigten zu dessen Nacherben bzw. Nachvermächtnisnehmern bestimmen. Dies hat zur Folge, dass durch die Vorerbschaft nicht nur der Pflichtteil bzw. Erbteil der Pfändung entzogen ist, sondern gem. § 863 ZPO auch die Nutzungen, soweit diese für den standesgemäßen Unterhalt des Pflichtteilsberechtigten und dessen Familie erforderlich sind.[256]

Im Falle einer Nachvermächtnisanordnung ist aber immer eine begleitende **Verwaltungsvollstreckung** anzuordnen, weil sich der Bedachte ansonsten durch Verfügung über den Gegenstand von der Beschränkung des Nachvermächtnisnehmers befreien kann.[257] Im Vergleich zum Nacherben ist der Schutz des Nachvermächtnisnehmers nämlich erheblich geringer. Ausreichender Schutz vor lebzeitigen Zuwendungen des Vorvermächtnisnehmers besteht nicht. Bei einem Grundstücksvermächtnis könnte jedoch zusätzlich angeordnet werden, dass der Nachvermächtnisnehmer nach Anfall des Vermächtnisses beim Vorvermächtnisnehmer Anspruch auf dingliche Sicherung durch Eintragung einer Vormerkung hat. Nach h.M. ist dies zulässig.[258] Der Anspruch auf Eintragung einer Vormerkung muss jedoch ausdrücklich mitvermacht sein.[259] Auf das Nachvermächtnis finden lediglich die folgenden Vorschriften der Nacherbfolge Anwendung: §§ 2102, 2106 Abs. 1, 2107, 2110 Abs. 1 BGB. Die übrigen Vorschriften über die Nacherbfolge sind auf das Nachvermächtnis auch nicht entsprechend anwendbar. Insbesondere entfällt die dingliche Surrogation.

Gleiches gilt für die nach § 2338 Abs. 1 S. 2 BGB bestehende Möglichkeit, eine Dauertestamentsvollstreckung anzuordnen. Hier greift ebenfalls der Schutz des § 863 ZPO ein, und dem Abkömmling steht ein Anspruch auf den jährlichen Reinertrag zu.

c) Grund/Form/Wirkung der Pflichtteilsbeschränkung

Der Grund der Beschränkung muss zum **Zeitpunkt** der **Errichtung** der Verfügung bereits bestehen, und der Abkömmling darf sich zum Zeitpunkt des Erbfalls nicht dauerhaft von der Verschwendung abgewendet haben bzw. die Überschuldung muss noch bestehen.[260]

Die Pflichtteilsbeschränkung muss in der **Form** einer letztwilligen Verfügung erfolgen. Liegen die Voraussetzungen des § 2338 BGB vor, dann greift die Pflichtteilsbeschränkung

---

254 Vgl. hierzu auch *Langenfeld*, Rn 433.
255 *Mayer/Süß/Tauch/Bittler/Wälzholz*, Handbuch Pflichtteilsrecht, § 10 Rn 52.
256 *Langenfeld*, Rn 432.
257 *Weirich*, Rn 915.
258 BayObLG Rpfleger 1981, 190; *Bengel*, NJW 1990, 1826.
259 *Watzek*, MittRhNotK 1999, 37.
260 *Mayer/Süß/Tauch/Bittler/Wälzholz*, § 10 Rn 56.

auch in Bezug auf den Pflichtteilsrestanspruch nach § 2305 BGB oder den Pflichtteil nach §§ 2315, 2316 BGB ein. Sie tritt auch dann ein, wenn der Erbe nach § 2306 BGB ausschlägt und seinen Pflichtteil verlangen will, da der ihm zustehende Pflichtteil den Beschränkungen des § 2338 BGB unterliegt.

256 Der Pflichtteil kann bei wirksamer Beschränkung nicht geltend gemacht werden. Die Vorschrift ist insoweit lex specialis zu § 2306 BGB.

257 Die Pflichtteilsbeschränkung in guter Absicht hat also für die gestaltende Praxis mehr Bedeutung als ihr bisher zukommt.[261]

### d) Wegfall der Beschränkung

258 Die Anordnungen sind gem. § 2338 Abs. 2 S. 2 BGB unwirksam, wenn zur Zeit des Erbfalls der Abkömmling sich dauernd von dem verschwenderischen Leben abgewendet hat oder die den Grund der Anordnung bildende Überschuldung nicht mehr besteht. Für die Unwirksamkeit bedarf es nicht der Anfechtung. Sie kann sowohl vom Abkömmling als auch von einem Gläubiger geltend gemacht werden.[262]

## IV. Erstellung eines Ehegattentestaments

### 1. Allgemeines

259 Die Erstellung eines gemeinschaftlichen Testaments ist gem. § 2265 BGB ausdrücklich Ehegatten vorbehalten. Gemäß § 10 Abs. 4 S. 1 LPartG können seit dem 1.8.2001 auch gleichgeschlechtliche Partner, die eine Lebenspartnerschaft begründen, ein gemeinschaftliches Testament errichten. Wirksamkeitsvoraussetzung eines gemeinschaftlichen Testamentes ist, dass die Ehegatten bzw. die Lebenspartner im Zeitpunkt der Errichtung des Testamentes in gültiger Ehe bzw. Lebenspartnerschaft leben.[263] Partner einer nichtehelichen Lebensgemeinschaft hingegen können kein gemeinschaftliches Testament errichten.[264] Bei der Gestaltung eines Ehegattentestamentes besteht die Besonderheit, dass Verfügungen von Todes wegen für zwei Todesfälle angeordnet werden. Es unterscheidet sich dabei insoweit vom Einzeltestament, als beide Ehegatten ihre Verfügungen von Todes wegen in einer gemeinsamen Urkunde niederlegen.

260 Ein weiterer Unterschied im Verhältnis zum Einzeltestament besteht darin, dass die Auswirkungen der Wechselbezüglichkeit der Verfügungen (§§ 2270, 2271 BGB) eine gegenseitige **Bindungswirkung** nach sich ziehen und somit einen materiellen Unterschied bewirken können.[265] Zu beachten ist, dass bei einem gemeinschaftlichen Testament nicht immer Wechselbezüglichkeit vorliegen muss. Die Ehegatten können auch bestimmen, dass keine oder nur einzelne Anordnungen wechselbezüglich sein sollen.[266] Auch können lediglich die Verfügungen eines Ehegatten wechselbezüglich sein. Man spricht dann von der sog. einseitigen Wechselbezüglichkeit. Nur die einzelnen im Testament getroffenen Verfügungen können wechselbezüglich sein, nicht hingegen das gemeinschaftliche Testament als solches.[267]

---

261 Vgl. auch *Baumann*, ZEV 1996, 126.
262 Palandt/*Edenhofer*, § 2338 Rn 4.
263 Zu den Voraussetzungen eines gemeinschaftlichen Testamentes OLG München ZErb 2008, 320.
264 Zur Umdeutung eines gemeinschaftlichen Testamentes zwischen Nichtehegatten in einzeltestamentarische Verfügungen vgl. LG Bonn NJW-RR 2004, 10.
265 Palandt/*Edenhofer*, vor § 2265 BGB Rn 11.
266 Palandt/*Edenhofer*, § 2270 Rn 1.
267 BGH NJW-RR 1987, 1410; OLG Köln FamRZ 1996, 310.

In der Praxis macht jedoch gerade die Wechselbezüglichkeit und Bindungswirkung die gemeinsame Verfügung interessant. Die gem. § 2271 Abs. 2 BGB nach dem ersten Todesfall eintretende Bindungswirkung erlaubt es den Ehegatten, sich gegenseitig zu Lebzeiten abzusichern und dennoch den Vermögensfluss in Richtung auf die eigenen Abkömmlinge nach dem Tod des Überlebenden zu steuern.

Bei der Gestaltung ist darauf zu achten, dass der überlebende Ehegatte durch die Bindungswirkung in seiner letztwilligen Verfügungsfreiheit nicht zu sehr eingeschränkt wird, damit er auf unvorhersehbare Ereignisse nach dem ersten Todesfall noch reagieren kann. Denn genauso wie die Ehegatten bestimmen können, ob eine Verfügung wechselbezüglich sein soll, steht ihnen auch das Recht zu, die Wechselbezüglichkeit und Bindungswirkung einzuschränken und sich eine Änderungsbefugnis vorzubehalten.[268] Wenig sinnvoll ist hingegen eine generelle Freistellungsklausel, da diese zu einer Aufhebung der Bindungswirkung führt.

> **Hinweis**
> Ausländische Erblasser, deren Erbstatut sich nach ihrer Staatsangehörigkeit richtet (Art. 25 Abs. 1 EGBGB), können u.U. kein gemeinschaftliches Testament errichten. Vor allem im romanischen Rechtskreis sind häufig gemeinschaftliche Testamente und Erbverträge unzulässig und deshalb formnichtig.

### 2. Verfügungen für den ersten Todesfall

Ebenso wie beim Einzeltestament kann die Alleinerbeneinsetzung des Ehegatten sowohl in Form der Vollerbschaft, als auch im Wege der Vor- und Nacherbschaft erfolgen. Ersteres wird auch als so genannte Einheitslösung bzw. Berliner Testament bezeichnet, während letzteres aufgrund der Entstehung von zwei getrennten Vermögensmassen beim überlebenden Ehegatten als Trennungslösung gekennzeichnet ist.

Bei der Vollerbenlösung setzen die Ehegatten sich gegenseitig zu alleinigen Vollerben ein (**Berliner Testament**). Dies hat zur Folge, dass das Vermögen des Erstversterbenden in das Vermögen des Überlebenden übergeht und zu einer einheitlichen Vermögensmasse führt. In der Verfügung für den zweiten Todesfall sollte dann bestimmt werden, was nach dem Tod des Überlebenden damit geschehen, bzw. an wen das einheitliche Vermögen fließen soll (vgl. Muster zum Ehegattentestament „Berliner Testament" Rn 316).

Nach der Auslegungsregelung des § 2269 Abs. 1 BGB wird „im Zweifel" von einer Vollerbeneinsetzung des Überlebenden ausgegangen, wenn die Ehegatten sich in ihrem Testament gegenseitig als Erben eingesetzt und bestimmt haben, dass nach dem Tod des Überlebenden der Nachlass an einen Dritten fallen soll. Eine exakte Formulierung im Testament ist jedoch anzuraten, da es gerade in diesem Bereich zu unterschiedlichen Auslegungen kommen kann.

Des Weiteren ist zu beachten, dass bei der Verfügung für den ersten Todesfall der Testierende alle testamentarischen Gestaltungsmittel hat, die auch beim Einzeltestament zur Verfügung stehen. Es sollte somit auch gleich bestimmt werden, ob nach dem Tod des Erstversterbenden zusätzlich Vermächtnisse ausgesetzt werden oder ob z.B. Auflagen zu erfüllen sind.

Setzen sich die Ehegatten gegenseitig zu Alleinerben ein, ist dies erbschaftsteuerlich ungünstig, da den Abkömmlingen die Ausnutzung der Freibeträge nach dem erstversterbenden Elternteil genommen wird. Bei größeren Vermögen besteht daher die Möglichkeit, Vermächtnisse zugunsten der Kinder in Höhe des steuerlichen Freibetrages anzuordnen, wobei die Erfüllung in das Ermessen des Überlebenden gestellt werden kann, und zwar dadurch,

---

268 BGHZ 30, 265; OLG Hamm ZEV 1995, 146.

dass angeordnet wird, dass das Vermächtnis für den Fall entfällt, dass Sicherheiten seitens des oder der Vermächtnisnehmer verlangt werden oder für den Fall, dass das Vermächtnis gerichtlich geltend gemacht wird.

269 Bei der **Trennungslösung** wird der überlebende Ehegatte hingegen (meist befreiter) Vorerbe und die Abkömmlinge der Ehegatten (oder Dritte) werden als Nacherben eingesetzt (vgl. Muster zum Ehegattentestament „Trennungslösung" Rn 317). Es kommt hier nicht wie bei der Einheitslösung zu einer Verschmelzung beider Vermögensmassen.[269] Der Überlebende erhält das Vermögen des Erstversterbenden als Vorerbenvermögen und hat daneben sein gesondertes Eigenvermögen. In der Verfügung für den ersten Todesfall ist also zugleich die Nacherbenregelung zu treffen, während in der Verfügung für den zweiten Todesfall nur noch bezüglich des Eigenvermögens des überlebenden Ehegatten eine Regelung getroffen werden kann.

Die Trennungslösung sollte dann gewählt werden, wenn Kinder aus erster Ehe vorhanden sind und diesen der Nachlass des nicht verwandten Ehegatten nicht zugute kommen soll. Die Trennungslösung bietet sich gleichfalls zur Pflichtteilsreduzierung an. Dies gilt auch für ehegemeinschaftliche Kinder, da sich deren Pflichtteil im Falle des Todes des Längstlebenden lediglich aus dessen Eigenvermögen berechnet. Eine Trennungslösung ist auch dann anzuraten, wenn sich das Vermögen auf der Seite eines Ehegatten befindet und dieser sichergehen will, dass es seinen Kindern zugute kommt. Es kommt jedoch immer auf den Einzelfall und die Wünsche des Mandanten an.

Da der überlebende Ehegatte bei der Trennungslösung nicht zum unbeschränkten Vollerben eingesetzt wird, sollte immer darüber nachgedacht werden, ob dem Längstlebenden im Wege des Vorausvermächtnisses diverse Gegenstände, z.B. Hausrat, Geld, Kapitalvermögen, Pkw, persönliche Gegenstände etc., zugewandt werden sollen, über die dieser, ohne der Nacherbenbindung zu unterliegen, unbeschränkt verfügen kann.

270 Als eine weitere Konstellation bietet sich bei einem Ehegattentestament die so genannte **Nießbrauchslösung** an.[270] Bei der Nießbrauchslösung werden regelmäßig die Kinder der Ehegatten zu Vollerben des Erstversterbenden eingesetzt und der überlebende Ehegatte erhält ein Nießbrauchsvermächtnis am Nachlass (vgl. Muster zum Ehegattentestament „Nießbrauchslösung" Rn 318).

Es besteht auch die Möglichkeit, sowohl den überlebenden Ehegatten als auch die Abkömmlinge zu Erben in Erbengemeinschaft einzusetzen. Der überlebende Ehegatte erhält daneben ein Nießbrauchsvermächtnis an den Erbteilen der zu Erben eingesetzten Abkömmlinge. Es handelt sich hierbei um den Nießbrauch an einem Recht gem. § 1068 BGB. Die Bestellung desselben erfolgt nach den für die Übertragung geltenden Vorschriften. Dies bedeutet beim Erbteil durch notariell beurkundeten Erbteilsübertragungsvertrag.[271] Vorteil des Nießbrauchs an allen Erbteilen ist, dass er in einem Akt erfolgt.

Handelt es sich hingegen um einen Nießbrauch am gesamten Nachlass ist dessen Bestellung schwerfällig, da an den einzelnen Nachlassgegenständen jeweils der Nießbrauch zu bestellen ist.[272] Im Übrigen können die Erben bei einem am Nachlass eingeräumten Nießbrauchsrecht die Auseinandersetzung ohne den Nießbraucher vornehmen. Dessen Rechte bleiben auch nach der Teilung unverändert bestehen. Bei einem Nießbrauch an allen Erbteilen hingegen

---

269 *Langenfeld*, Rn 313.
270 *Palandt/Edenhofer*, § 2269 Rn 4.
271 *Nieder/Kössinger*, § 10 Rn 168.
272 *Nieder/Kössinger*, § 10 Rn 169.

bedarf die Auseinandersetzung unter den Erben der Zustimmung des Nießbrauchers (§§ 1068 Abs. 2, 1066 Abs. 2 und 3, 1071 BGB). Wird nämlich die Erbengemeinschaft aufgehoben, würde der Nießbrauch untergehen.[273]

Im Testament sollte eine Regelung bezüglich der Lastentragung aufgenommen werden. Es sollte geregelt werden, wer die Instandhaltung, die privaten und öffentlichen Lasten und ggf. die außergewöhnlichen Ausbesserungen und Erneuerungen zu tragen hat. Nach den gesetzlichen Vorschriften der §§ 1030 ff. BGB ist der Nießbraucher lediglich verpflichtet, die laufenden privaten und öffentlichen Lasten sowie die gewöhnlichen Erhaltungs- und Unterhaltungsaufwendungen zu tragen. Weder Nießbraucher noch Eigentümer sind grundsätzlich verpflichtet, außergewöhnliche Ausbesserungs- und Erhaltungsmaßnahmen zu tragen (vgl. Formulierung hierzu Rn 177).

### 3. Verfügungen für den zweiten Todesfall

Da es bei der Vollerbenlösung zu insgesamt einer Vermögensmasse gekommen ist, ist in der Verfügung für den zweiten Todesfall diesbezüglich eine Schlusserbenregelung zu treffen. Den Testierenden stehen hier sämtliche Gestaltungsmittel des Einzeltestaments zur Verfügung. Da es sich bei der Schlusserbenregelung letztlich um die Verfügung einer Person handelt, nämlich des überlebenden Ehegatten, ist bezüglich der Erbeinsetzung darauf zu achten, dass wie beim Einzeltestament eine ausreichende Ersatzerbenregelung vorhanden ist, da gesetzlich nicht geregelt ist, ob die zum Schlusserben berufene Person auch gleichzeitig für den Fall, dass der Längstlebende die Erbschaft ausschlägt oder aus sonstigen Gründen nicht zur Erbfolge gelangt, Ersatzerbe des Erstversterbenden ist. Im Übrigen können jetzt wiederum alle Verfügungsmöglichkeiten des Einzeltestaments angeordnet werden.

271

Bei der **Vor- und Nacherbschaft** ist in der Verfügung für den zweiten Todesfall nur noch eine Bestimmung im Hinblick auf das gesonderte Eigenvermögen des überlebenden Ehegatten zu treffen. Den Testierenden stehen hier ebenfalls sämtliche Gestaltungsmittel des Einzeltestaments zur Verfügung.

272

### 4. Katastrophenklausel

Die sog. Katastrophenklausel regelt den Fall des gleichzeitigen Versterbens beider Ehegatten. Nach Ansicht der Rechtsprechung ist in einem derartigen Fall eine gegenseitige Erbeinsetzung gegenstandslos.[274] Hieraus wiederum folgt, dass Erben eines jeden Ehegatten seine gesetzlichen oder testamentarischen Erben sind. Gleichzeitig versterben bedeutet hierbei, Versterben im gleichen Augenblick. Nach dem Verschollenheitsgesetz wird gleichzeitiges Versterben auch dann vermutet, wenn das Versterben infolge der gleichen Ursache erfolgt und der Todeszeitpunkt nicht mehr feststellbar ist. Wurden in einem gemeinschaftlichen Testament Verfügungen für den zweiten Todesfall getroffen, greifen diese zwar regelmäßig ein. Um jedoch Auslegungsschwierigkeiten zu vermeiden, sollte das Testament eine entsprechende Regelung enthalten.

273

Auch der Begriff des gleichzeitigen Versterbens ist auslegungsfähig. Daher sollte eine Regelung im Testament dahin gehend, dass dem gleichzeitigen Versterben das Versterben kurz hintereinander aufgrund desselben Ereignisses gleichzustellen ist, aufgenommen werden.

---

273 *Nieder/Kössinger*, § 10 Rn 169.
274 RGZ 149, 200, 201.

## 5. Bindungswirkung, Wechselbezüglichkeit und Abänderungsmöglichkeit

274 Sinn und Zweck des Ehegattentestaments ist es, dass die gemeinschaftlichen Verfügungen wechselbezüglich angeordnet werden und dass diese dann nach dem Tod des Erstversterbenden gem. § 2271 Abs. 2 BGB ganz oder teilweise Bindungswirkung entfalten. Eine Bindungswirkung kann jedoch nur hinsichtlich der so genannten **wechselbezüglichen** Verfügungen entstehen. Gemäß § 2270 Abs. 3 BGB beschränkt sich eine mögliche Wechselbezüglichkeit auf die **Erbeinsetzung**, die **Vermächtnisse** und **Auflagen**.[275] Die Anordnung einer nicht wertverschiebenden Teilungsanordnung, die Enterbung, die Pflichtteilsentziehung sowie die Bestimmung eines Testamentsvollstreckers können daher nicht wechselbezüglich sein.[276]

275 Wechselbezüglichkeit bedeutet, dass es sich in ihrer Gültigkeit um voneinander abhängige Verfügungen handelt. D.h., dass jede Verfügung für sich nur mit Rücksicht auf die andere Verfügung getroffen worden ist. Da es sich bei § 2270 Abs. 1 BGB um eine Auslegungsregel handelt, ist es für die testamentarische Gestaltung unabdingbar, diese ausdrücklich zu konkretisieren, damit es durch spätere Auslegung nicht zu einem vom Erblasser abweichenden Willen kommt. Da nur einzelne Verfügungen wechselbezüglich sein können[277] und nicht das gemeinschaftliche Testament insgesamt, ist eine exakte Formulierung im Testament notwendig.

276 Im Regelfall wird davon ausgegangen, dass sowohl die Verfügungen des Ehemannes, als auch die Verfügungen der Ehefrau wechselbezüglich und bindend sein sollen. Es ist aber auch durchaus möglich, dass sich die Wechselbezüglichkeit nur auf die Verfügungen eines Ehegatten beziehen soll.[278] Eine derartige Gestaltungsvariante wird häufig für den Fall gewählt, dass Vermögen lediglich bei einem Ehegatten vorhanden ist. Dieser hat dann für den Fall, dass er Erstversterbender sein sollte, ein Interesse daran, dass der Überlebende an die getroffenen Verfügungen gebunden ist. Im umgekehrten Fall, d.h. dass der nichtvermögende Ehegatte der Erstversterbende der Eheleute sein sollte, will der Überlebende nicht gebunden sein, da er vom Verstorbenen nichts erhalten hat. In seiner Gestaltungsfreiheit will er dann in der Regel nicht eingeschränkt sein. Sollen die in einem gemeinschaftlichen Testament getroffenen Verfügungen nicht oder nicht alle wechselbezüglich und bindend sein, so ist dies, um die gesetzliche Vermutung des § 2270 BGB nicht eintreten zu lassen, ausdrücklich in der Verfügung zu bestimmen. In Rechtsprechung und Literatur bestand Streit darüber, ob sich die Bindungswirkung auch auf die gem. § 2069 BGB ermittelten Ersatzerben erstreckt. Seitens des BayObLG wurde dies zunächst bejaht.[279] Baumann hingegen vertritt die Auffassung, eine Erstreckung der Bindungswirkung auf die gem. § 2069 BGB ermittelten Ersatzerben könne nur dann bejaht werden, wenn dies dem Willen des Erblassers zu entnehmen sei.[280] Der BGH hat eine Erstreckung der Bindungswirkung auf die Ersatzerben ebenfalls abgelehnt,[281] und zwar zumindest für den Fall, dass sich ein entsprechender Wille des Erblassers nicht ermitteln lässt. Dieser Ansicht hat sich mittlerweile auch das BayObLG angeschlossen.[282]

---

275 Palandt/*Edenhofer*, § 2270 BGB Rn 1.
276 *Tanck/Krug/Daragan*, § 20 Rn 40 m.w.N.
277 BGH LM zu § 2270 Nr. 2.
278 Palandt/*Edenhofer*, § 2270 Rn 2.
279 BayObLG ZEV 1994, 362 ff.
280 *Baumann*, ZEV 1994, 351.
281 BGH NJW 2002, 1126.
282 BayObLG ZEV 2004, 244.

In der Regel ist davon auszugehen, dass die im Testament getroffenen gegenseitigen Verfügungen zu Lebzeiten beider Ehegatten wechselbezüglich und damit bindend sein sollen, um auszuschließen, dass getroffene Verfügungen durch den anderen Ehepartner heimlich abgeändert werden.

Im Rahmen der Wechselbezüglichkeit und Bindungswirkung spielt die Frage eines Abänderungsrechts des überlebenden Ehegatten (**Freistellungsklauseln**) eine große Rolle. In § 2270 Abs. 1 BGB ist es den Ehegatten freigestellt, ob sie ihre letztwilligen Verfügungen wechselbezüglich und bindend sein lassen wollen. Die Ehegatten können sich demnach auch das Recht einräumen, diese Bindungswirkung nach dem ersten Erbfall ganz oder teilweise aufzuheben bzw. abzuändern.[283] Eine solche **Freistellungs-** bzw. **Abänderungsklausel** hat den Vorteil, dass der nach dem Tod des Erstversterbenden gebundene Ehegatte die Möglichkeit hat, auf gewisse Änderungen im Leben der möglicherweise als Schlusserben eingesetzten Kinder zu reagieren. Die Ehegatten sind bei der Gestaltung der Freistellungsklausel hinsichtlich der Art und des Umfanges völlig frei. So kann sich die Abänderungsbefugnis auf eine rein gegenständliche Abänderung, eine Quotenabänderung oder eine allgemeine Abänderung beschränken. Ebenso kann auch der Personenkreis, z.B. die ehegemeinschaftlichen Kinder, festgelegt werden. Häufig besteht ein Abänderungsvorbehalt auch darin, dass der Überlebende hinsichtlich der Erbfolge gebunden ist, jedoch das Recht hat, im gewissen Umfang Vermächtnisse auszusetzen.[284]

Des Weiteren besteht die Möglichkeit, dass eine Bindungswirkung nur hinsichtlich des vom Erstversterbenden ererbten Nachlasses bestehen soll, nicht hingegen in Bezug auf das Eigenvermögen des überlebenden Ehegatten. Über dieses soll der Längstlebende im Wege der Anordnung von Vermächtnissen frei verfügen können. Die entsprechende Freistellung kann sich auch lediglich auf das nach dem Tod des Erstversterbenden neu hinzuerworbene Vermögen beziehen.

Wurde die Vor- und Nacherbenlösung gewählt (Trennungslösung), so kann sich die Freistellung nur auf das Eigenvermögen des überlebenden Ehegatten beziehen. Im Hinblick auf das Vorerbenvermögen liegt bereits aufgrund der angeordneten Vor- und Nacherbschaft eine Bindung vor.

Häufig stellt sich die Frage, ob für den Fall, dass der überlebende Ehegatte von seiner Freistellungsbefugnis Gebrauch macht, die wechselbezüglichen Verfügungen des Erstversterbenden unwirksam werden. Diese Frage ist nicht abschließend geklärt. Das Testament sollte daher in jedem Falle eine Regelung dahingehend enthalten, dass der Längstlebende nicht nur von der Bindung, sondern auch von der Wechselbezüglichkeit befreit ist, d.h. dass das Gebrauchmachen von der Freistellungsbefugnis nicht die Unwirksamkeit der wechselbezüglichen erbrechtlichen Zuwendungen durch den erstversterbenden Ehegatten zur Folge hat.[285]

## 6. Wiederverheiratungsklausel

### a) Allgemeines

Die Wiederverheiratungsklausel[286] soll in der Regel dem Schutz der Schlusserben vor einer zusätzlichen Schmälerung des Nachlasses durch Hinzutreten weiterer pflichtteilsberechtig-

---

283 BGHZ 30, 261, 266.
284 BGH WM 1973, 205.
285 BGH NJW 1987, 901.
286 Palandt/*Edenhofer*, § 2269 Rn 16 ff.

ter Ehegatten dienen. Das was die Ehegatten den Schlusserben, meistens die eigenen Kinder, zugedacht haben, soll ihnen auch letztendlich zukommen.

Die Ausgestaltung der Wiederverheiratungsklausel richtet sich danach, welche Testamentsform gewählt worden ist (Einheitslösung, Trennungslösung oder Nießbrauchslösung).

Bei der **Trennungslösung** ist z.B. aufgrund der durch das Institut der Vor- und Nacherbschaft getrennten Vermögen bereits eine Sicherung der Schlusserben gegeben. An dem Vermögen des Erstversterbenden können bei der Trennungslösung keine Pflichtteilsrechte des neuen Ehegatten entstehen. Anders dagegen bei der **Einheitslösung**. Hier würde der neue Ehegatte an dem Vermögen des Erstversterbenden zwangsläufig partizipieren.

### b) Gestaltung der Wiederverheiratungsklausel bei der Einheitslösung

279 Im Falle des Todes des Erstversterbenden verschmilzt bei der Einheitslösung das Vermögen des Überlebenden mit dem Vermögen des Erstversterbenden zu einer Vermögensmasse.

Es bestehen u.a. folgende Möglichkeiten, für den Fall der Wiederverheiratung Vorsorge zu treffen:

#### aa) Vor- und Nacherbenregelung

280 Der überlebende Ehegatte wird zunächst zum unbeschränkten Vollerben eingesetzt. Im Falle der Wiederverheiratung wird er nur zum Vorerben eingesetzt (konstruktive Vor- und Nacherbschaft). Nacherben sind die gemeinsamen Kinder. Dies bedeutet demgemäß, dass die Vollerbeneinsetzung des überlebenden Ehegatten auflösend bedingt ist durch die Wiederverheiratung. Der überlebende Ehegatte ist aufschiebend bedingter Vorerbe. Die vorbezeichnete Konstruktion führt dazu, dass der überlebende Ehegatte ab dem Tod des Erstversterbenden den Beschränkungen eines Vorerben unterliegt.[287] Die vorstehende Konstruktion verwandelt demgemäß die Einheitslösung in eine Trennungslösung.[288] Die vorstehende Regelung ist zwar theoretisch möglich, sollte allerdings aus Gründen der Rechtssicherheit und Rechtsklarheit vermieden werden.[289] *Langenfeld* spricht hier sogar von einem Gestaltungsfehler.[290] In der Regel ist allerdings von befreiter Vorerbschaft auszugehen, es sei denn, es wurden anderweitige Anordnungen getroffen oder sonstige Umstände stehen dieser Annahme entgegen,[291] was demgemäß zu einer Abschwächung des Problems führt.

■ **Muster: Vor- und Nacherbenregelung**

281 Für den Fall, dass der überlebende Ehegatte sich wiederverheiraten sollte, legen wir wechselseitig fest, dass die angeordnete Vollerbschaft auflösend bedingt ist.

Im Falle der Wiederverheiratung soll der überlebende Ehegatte nur Vorerbe sein, wobei er von allen Verfügungsbeschränkungen, soweit das Gesetz dies zulässt, sowie von allen Verpflichtungen, von denen nach dem Gesetz (§ 2136 BGB) Befreiung erteilt werden kann, befreit ist. Demgemäß soll befreite Vorerbschaft angeordnet sein, d.h. dass der überlebende Ehegatte über den Nachlass im Sinne von Veräußerungen und Belastungen verfügen und diesen auch für sich verzehren und verbrauchen kann.

---

287 Palandt/*Edenhofer*, § 2269 Rn 17 ff.
288 *Langenfeld*, Rn 346.
289 *Wilhelm*, NJW 1990, 2857.
290 *Langenfeld*, Rn 346.
291 BGH FamRZ 1961, 275; BayObLGZ 1966, 227; *Nieder/Kössinger*, § 14 Rn 119.

Die Befreiung von allen gesetzlichen Verfügungsbeschränkungen, soweit zulässig, gilt sinngemäß auch für die Rechtsstellung des überlebenden Ehegatten bis zu einer eventuellen Wiederverheiratung (konstruktive Vor- und Nacherbschaft).

Nacherben sind die in § _____ näher aufgeführten Personen. Für die Bestimmung der Ersatznacherben gilt § _____ entsprechend. Im Übrigen gelten die sich aus § _____ dieses Testaments ergebenden Bedingungen sinngemäß.

### bb) Vermächtnislösung

Eine weitere Möglichkeit besteht darin, den überlebenden Ehegatten zum unbeschränkten Vollerben einzusetzen, ihn jedoch im Falle der Wiederverheiratung mit einem Vermächtnis zu beschweren (aufschiebend bedingtes Vermächtnis). Im Falle der Wiederverheiratung ist er verpflichtet, einen Teil des Nachlasses, beispielsweise den Immobiliennachlass oder einen bestimmten Geldbetrag bzw. eine bestimmte Quote in Geld, an die gemeinsamen Kinder herauszugeben. Der überlebende Ehegatte könnte auch dahingehend beschwert werden, neben dem sich im Nachlass befindlichen Immobiliennachlass die sich in seinem Eigenvermögen befindlichen Immobilien im Wege des Verschaffungsvermächtnisses herauszugeben.

Hierbei ist zu regeln, wann das Vermächtnis anfallen bzw. fällig werden soll.

■ **Muster: Herausgabe des Immobiliennachlasses**

Für den Fall, dass der überlebende Ehegatte sich wiederverheiraten sollte, ist er zugunsten unserer Kinder _____ und _____ mit einem Vermächtnis beschwert. Unsere Kinder _____ und _____ haben Anspruch auf unentgeltliche Übereignung zu je _____ Miteigentum des sich beim Tode des erstversterbenden Ehegatten in dessen Nachlass befindlichen Immobilienvermögens.

Die Kosten der Vermächtniserfüllung belasten den überlebenden Ehegatten.

Mit Eintritt der aufschiebenden Bedingung, haben unsere Kinder Anspruch auf dingliche Sicherung in Bezug auf das angeordnete Vermächtnis.

Für den Fall, dass der Vermächtnisgegenstand mit Grundpfandrechten belastet sein sollte, so sind diese von den Vermächtnisnehmern in dinglicher und persönlicher Haftung zu übernehmen. Sollte sich der überlebende Ehegatte, wozu er berechtigt ist, bei Erfüllung der Vermächtnisse Nutzungsrechte (Nießbrauch, Wohnungsrecht) am Vermächtnisgegenstand vorbehalten, hat dieser die den Grundpfandrechten zugrunde liegenden Verbindlichkeiten zurückzuführen. Der überlebende Ehegatte ist darüber hinaus berechtigt, sich Rückforderungsrechte vorzubehalten.

Zu Ersatzvermächtnisnehmern berufen wir _____.

(Weiteres Muster siehe Rn 316).

### c) Gestaltung der Wiederverheiratungsklausel bei der Trennungslösung

Im Falle, dass sich die Ehegatten für die Trennungslösung entschieden haben, bestehen folgende Möglichkeiten, für den Fall der Wiederverheiratung Vorsorge zu treffen:

### aa) Unbefreite Vorerbschaft

Wurde der überlebende Ehegatte zum befreiten Vorerben eingesetzt, besteht die Möglichkeit anzuordnen, dass im Falle der Wiederverheiratung eine Befreiung von den gesetzlichen Beschränkungen des § 2136 BGB entfällt und der überlebende Ehegatte mit Eintritt der Wiederverheiratung nicht befreiter Vorerbe wird.

■ **Muster: Unbefreite Vorerbschaft**

Im Falle, dass der Überlebende sich wiederverheiraten sollte, legen wir wechselseitig fest, dass die Befreiung von den gesetzlichen Verfügungsbeschränkungen in diesem Fall entfallen soll (auflösende Bedingung).

Bei Wiederverheiratung ist der überlebende Ehegatte daher unbefreiter Vorerbe.

bb) Nacherbentestamentsvollstreckung

Es besteht weiterhin die Möglichkeit, gem. § 2222 BGB Nacherbentestamentsvollstreckung im Falle der Wiederverheiratung anzuordnen, um die Rechte der Nacherben zu wahren.

cc) Eintritt des Nacherbfalls

Im Übrigen kann angeordnet werden, dass nicht mit dem Tod des überlebenden Ehegatten, sondern bereits mit dessen Wiederverheiratung der Nacherbfall eintritt. Bei dieser Gestaltungsvariante ist zu überlegen, ob nicht zugunsten des überlebenden Ehegatten ein aufschiebend auf den Eintritt des Nacherbfalls bedingtes Vermächtnis (Geldvermächtnis, Nießbrauch, Rentenvermächtnis) angeordnet wird. Bei dieser Gestaltung ist allerdings Vorsicht geboten. Vor dem Hintergrund der neuesten BVerfG-Rechtsprechung könnte eine solche Regelung wegen unzulässiger Einwirkung auf die Eheschließungsfreiheit unwirksam sein.[292]

d) Gestaltung der Wiederverheiratungsklausel bei der Nießbrauchslösung

Bei dieser Testamentsform werden die Abkömmlinge regelmäßig zu Erben berufen, wobei dem überlebenden Ehegatten ein Nießbrauchsrecht am Nachlass eingeräumt wird. Vorsorge für den Fall der Wiederverheiratung kann hier bereits bei der Anordnung des Nießbrauchs getroffen werden, nämlich dahin gehend, dass das Nießbrauchsrecht mit der Wiederverheiratung erlischt. Auch hier ist die vorgenannte BVerfG-Rechtsprechung im Auge zu behalten und an eine Abmilderung zu denken. Dies insbesondere dann, wenn der Verbleib des Längstlebenden im Familienwohnheim nicht mehr gesichert ist, weil der Nießbrauch erlischt.

e) Rechtsfolgen der Wiederverheiratung

Problematisch ist auch die Frage, welche Rechtsfolgen die Wiederverheiratung und somit das Inkrafttreten einer Wiederverheiratungsklausel für die auf den Tod des Längstlebenden getroffene Verfügung hat. Nach herrschender Meinung wird, falls nichts Gegenteiliges angeordnet ist, davon ausgegangen, dass mit der Wiederverheiratung und dem Inkrafttreten einer **Wiederverheiratungsklausel** die **Bindung** des überlebenden Ehegatten an seine wechselbezüglichen Verfügungen im gemeinschaftlichen Testament entfällt.[293] Um hier Streitigkeiten zu vermeiden, ist es sinnvoll, in der Wiederverehelichungsklausel zu regeln, was mit den wechselbezüglichen und bindenden Verfügungen des überlebenden Ehegatten bezüglich des zweiten Sterbefalls mit Eintritt der Wiederverheiratung gelten soll.

7. Pflichtteilsklausel[294]

Bei der Einheitslösung kommt es durch die gegenseitige Vollerbeneinsetzung der Ehegatten regelmäßig zu einer Enterbung der Abkömmlinge nach dem Tod des Erstversterbenden.

---

292 *Scheuren/Brandes*, ZEV 2005, 185, 186.
293 Damrau/*Klessinger*, § 2269 Rn 57.
294 Damrau/*Klessinger*, § 2269 Rn 33 ff.

Die Abkömmlinge, die bei der **Einheitslösung** zu Schlusserben nach dem Tod des Längstlebenden berufen sind, können ohne einen Erbteil ausschlagen zu müssen, ihren Pflichtteil verlangen.[295] Um dem hierdurch beeinträchtigenden vorzeitigen Vermögensabfluss vorzubeugen, besteht die Möglichkeit, sogenannte Pflichtteilsklauseln in das Testament mit aufzunehmen (zu deren möglichen Inhalt siehe Rn 292 ff.). Derartige Klauseln haben jedoch lediglich die Funktion der Abschreckung. Einen hundertprozentigen Schutz bieten sie hingegen nicht. Für den Fall, dass die Ehegatten eine hundertprozentige Absicherung wünschen, ist anzuraten, mit den Abkömmlingen einen Pflichtteilsverzichtsvertrag abzuschließen.

Im Übrigen sollte sich der Erblasser bei der Formulierung der Klausel darüber Gedanken machen, welches Verhalten die Pflichtteilsklausel auslöst, d.h. ob unter der Geltendmachung des Pflichtteils bereits die Geltendmachung des Auskunftsanspruchs zu verstehen ist[296] bzw. ob der Pflichtteilsberechtigte seinen Pflichtteil auch tatsächlich erhalten haben muss. Da die Pflichtteilsklausel dem Schutz des überlebenden Ehegatten dient, sollte dies nur ausgelöst werden, wenn der Pflichtteil gegenüber dem überlebenden Ehegatten **gegen dessen Willen** geltend gemacht wird.

Eine mögliche **Pflichtteilsklausel** ist die, dass der Überlebende im Falle der Geltendmachung von Pflichtteilen von der Bindungswirkung befreit wird und so selbst entscheiden kann, ob er denjenigen, der den Pflichtteil geltend macht, von der Erbfolge ausschließt. 292

Eine weitere Möglichkeit ist die sog. **einfache Pflichtteilsklausel**. Die Ehegatten bestimmen hier, dass im Falle der Geltendmachung eines Pflichtteils der Abkömmling auch jetzt schon für den zweiten Todesfall enterbt ist.[297] 293

Die weiter gehende Klausel ist die so genannte **Jastrowsche** Klausel (Pflichtteilsstrafklausel). Bei dieser sog. Pflichtteilsstrafklausel erhalten diejenigen Abkömmlinge, die keinen Pflichtteil geltend machen, einen **zusätzlichen** Vermächtnisanspruch nach dem Tod des Erstversterbenden, der mit dem Tode des Erstversterbenden anfällt, jedoch erst mit dem Tode des Längstlebenden fällig wird. Die so genannte Bestrafung tritt dadurch ein, dass sich der Nachlass des Längstlebenden erheblich reduziert und somit der Pflichtteil nach dem zweiten Todesfall schmälert.[298] Die Klausel greift allerdings nur bei Vorhandensein mehrerer pflichtteilsberechtigter Abkömmlinge.[299] 294

Dogmatisch handelt es sich bei der Pflichtteilsstrafklausel um eine Erbeinsetzung, die auflösend bedingt ist durch die Geltendmachung des Pflichtteils auf Ableben des Erstversterbenden. Die mit Bedingungseintritt weggefallene Schlußerbeneinsetzung tritt demgemäß nicht wieder in Kraft, wenn der Pflichtteil zurückbezahlt wird.[300] 295

Haben sich die Ehegatten für die Trennungslösung entschieden, so kann die Pflichtteilsklausel nur so aussehen, dass ein Ausschluss von der Nacherbfolge sowie eine Enterbung für den zweiten Todesfall verfügt wird 296

---

295 Vgl. OLG Zweibrücken NJW-RR 1999, 374.
296 *Sarres*, ZEV 2004, 407.
297 *Langenfeld*, Rn 341.
298 *Langenfeld*, Rn 342.
299 *Mayer/Süß/Tauch/Bittler/Wälzholz*, 12 Rn 50 ff.
300 BayObLG ZEV 204, 202 m. Anm. Ivo.

### a) Muster: Pflichtteilsklausel

Macht einer unserer Abkömmlinge nach dem Ableben des erstverstorbenen Elternteils seinen Pflichtteilsanspruch entgegen dem Willen des überlebenden Ehepartners geltend und erhält er ihn auch, so entfällt jegliche Bindungswirkung des Längstlebenden von uns im Hinblick auf die gemäß § für den zweiten Todesfall getroffenen letztwilligen Verfügungen.

### b) Muster: Einfache Pflichtteilsklausel

Macht einer unserer Abkömmlinge nach dem Ableben des erstverstorbenen Elternteils seinen Pflichtteilsanspruch einschließlich etwaiger Ausgleichs-, Zusatz- oder Pflichtteilsergänzungsansprüche entgegen dem Willen des überlebenden Ehepartners geltend, wobei unter Geltendmachung bereits die Geltendmachung von Auskunfts- und/oder Wertermittlungsansprüchen nach § 2314 BGB zu verstehen ist (es ist nicht erforderlich, dass der Pflichtteil auch tatsächlich gezahlt wird), dann ist er mit seinem gesamten Stamm im Schlusserbfall von der Erbfolge einschließlich aller sonstigen letztwilligen Zuwendungen ausgeschlossen. Der überlebende Ehegatte ist befugt, die Enterbung wieder rückgängig zu machen und das betreffende, den Pflichtteil geltend machende Kind im Rahmen der erbrechtlichen Bindung dieses Testamentes wieder neu zu bedenken.

### c) Muster: Pflichtteilsstrafklausel

Zusätzlich zu der einfachen Pflichtteilsklausel (siehe Rn 298) bietet sich folgende Formulierung an:

Abkömmlinge, die in diesem Fall keinen Pflichtteilsanspruch geltend machen, erhalten dann ein Vermächtnis in Höhe des Wertes ihres gesetzlichen Erbteils am Nachlass des Erstversterbenden ohne Berücksichtigung etwaiger Vorempfänge. Das Vermächtnis fällt mit dem Tode des Erstversterbenden an und ist bis zum Tod des überlebenden Ehepartners gestundet, wobei der Anspruch mit 3,5 % jährlich zu verzinsen ist und die Zinsen jeweils zum 31.12. eines jeden Jahres für das abgelaufene Jahr zu bezahlen sind. Der Höhe nach sind die Vermächtnisansprüche auf den im Schlusserbfall vorhandenen Nachlass beschränkt.

## 8. Anfechtungsverzicht

Beim **Anfechtungsverzicht** im gegenseitigen Testament geht es um die Frage der Beseitigung der Bindungswirkung durch **Selbstanfechtung** eines Ehegatten[301] und um das Anfechtungsrecht Dritter. Die eigene wechselbezügliche Verfügung, die erst nach dem Tod des Erstversterbenden bindend geworden ist, kann nach h.M.[302] in analoger Anwendung der §§ 2281 ff., 2078, 2079 BGB selbst angefochten werden.[303]

Bei gegenseitigen Testamenten (und Erbverträgen) ist im Gegensatz zu den Anfechtungsrechten nach §§ 119 ff. BGB auch eine Anfechtung wegen Motivirrtums (§ 2078 Abs. 2 BGB) und sogar hinsichtlich so genannter unbewusster Erwartungen nach den dafür geltenden Sonderregelungen der §§ 2078–2083 BGB möglich. Gemäß § 2079 BGB ist eine Anfechtung auch im Falle der Übergehung oder des Hinzutretens eines weiteren Pflichtteilsberechtigten möglich.

---

301 BGHZ 37, 333; vgl. zur Selbstanfechtung beim gemeinschaftlichen Testament auch *Iversen*, ZEV 2004, 55.
302 *Nieder/Kössinger*, § 24 Rn 24 ff.
303 Vgl. zur Anwendbarkeit des § 2079 BGB und zur Frage der Übergehung eines Pflichtteilsberechtigten OLG Düsseldorf MittBayNot 1999, 296.

Das **Selbstanfechtungsrecht** des Ehegatten und das Anfechtungsrecht Dritter kann aber in der gegenseitigen Verfügung von Todes wegen ausgeschlossen werden.[304] Es handelt sich hierbei um einen Vorausverzicht, der auch gegenüber einem Dritten gilt, der zur Anfechtung berechtigt ist.

Ein **Ausschluss** der **Anfechtungsmöglichkeit** wegen Hinzutretens weiterer Pflichtteilsberechtigter gem. § 2079 BGB sollte in jeder Verfügung von Todes wegen enthalten sein. Nach § 2079 BGB kann eine letztwillige Verfügung angefochten werden, wenn der Erblasser einen Pflichtteilsberechtigten übergangen hat, dessen Vorhandensein ihm nicht bekannt war oder der erst nach Errichtung der Verfügung von Todes wegen pflichtteilsberechtigt wurde.[305]

### 9. Fortbestand der gemeinschaftlichen Verfügung trotz Scheiterns der Ehe

Ein in der Praxis oft übergangenes Problem ist die Vermutungsregelung des § 2268 Abs. 2 BGB, der die Frage regelt, ob im Falle der Erhebung der Klage auf Auflösung oder Scheidung der Ehe oder im Falle der Zustimmung zur Scheidung durch den Erblasser eine Verfügung wirksam bleiben soll. Um hier eine mögliche Auslegung zu vermeiden, sollte sowohl positiv als auch negativ die Feststellung getroffen werden, ob die Verfügung auch bei den oben genannten Voraussetzungen gelten soll oder nicht.

Im Rahmen der Gestaltung der gemeinschaftlichen Verfügung von Todes wegen ist letztlich auch immer eine Regelung für den Fall der Scheidung aufzunehmen. Nach §§ 2077, 2268 BGB spricht eine Vermutung dafür, dass das gemeinschaftliche Testament unwirksam ist, wenn die Ehe vor dem Tod des Erblassers aufgelöst wurde. Es handelt sich hierbei jedoch lediglich um eine Auslegungsregel. Der Wille des Erblassers geht daher in jedem Falle vor. Gemäß § 2077 Abs. 3 BGB ist eine Verfügung dann nicht unwirksam, wenn anzunehmen ist, dass der Erblasser sie auch für einen solchen Fall getroffen haben würde. Eine gleich lautende Regelung enthält § 2268 Abs. 2 BGB. Es ist also stets, wenn keine ausdrückliche Regelung für den Fall der Scheidung im Testament enthalten ist, durch Auslegung zu ermitteln, ob die Verfügungen auch für den Fall einer Scheidung Bestand haben sollen.

In den Fällen, in denen die Voraussetzungen für eine Scheidung vorliegen, die Ehe jedoch noch nicht geschieden ist, gilt die Auslegungsregel nur dann, wenn der Scheidungsantrag durch den Erblasser gestellt worden ist.[306] Sowohl bei der Einsetzung von Schwiegerkindern[307] als auch bei der nichtehelichen Lebensgemeinschaft[308] gilt die Regelung des § 2077 BGB nicht.

Der BGH[309] geht davon aus, dass über die Regelung des § 2268 Abs. 2 BGB wechselbezügliche Verfügungen auch nach Scheidung wechselbezüglich bleiben können. Dies hat zur Folge, dass sie nicht durch einseitige Verfügung aufgehoben werden können und daher ein notarieller Widerruf erforderlich ist. Dies macht umso mehr eine exakte Formulierung für den Fall der Scheidung erforderlich.

---

304 Vgl. zur Selbstanfechtung nach Eintritt des ersten Erbfalls OLG Oldenburg OLG-Report 1999, 23.
305 Vgl. zur Übergehung des Pflichtteilsberechtigten durch den Erblasser OLG Düsseldorf MittBayNot 1999, 296.
306 *Mayer*, ZEV 1997, 280.
307 BGH ZErb 2003, 312.
308 BayObLG ZEV 2003, 328.
309 BGH ZErb 2004, 319.

## V. Testament geschiedener Ehegatten

**306** Sind die Ehegatten geschieden, haben einen gemeinsamen Abkömmling und ist ein Elternteil bereits vorverstorben und wurde dieser von dem Abkömmling beerbt, so stellt sich im Fall des Nachversterbens des Abkömmlings das Problem, dass der noch lebende Elternteil als gesetzlicher Erbe des nachverstorbenen Kindes in Betracht kommt, wenn dieses selbst bei seinem Tod keine Abkömmlinge hinterlässt. In diesen Fällen partizipiert der geschiedene Ehegatte am Nachlass des erstversterbenden Ehegatten, was sicherlich nicht gewollt ist. Im Falle, dass der Abkömmling ohne Hinterlassung leiblicher Abkömmlinge verstirbt, jedoch zugunsten seines Ehepartners testiert hat, kommt der geschiedene Ehegatte als Pflichtteilsberechtigter in Betracht.

Es bestehen mehrere Möglichkeiten der Gestaltung eines Testaments geschiedener Ehegatten. Zum einen kann eine Vor- und Nacherbschaft angeordnet werden. Im Übrigen besteht die Möglichkeit der Anordnung eines aufschiebend bedingten Herausgabevermächtnisses. Im letzteren Fall wird der Abkömmling mit einem Herausgabevermächtnis bezogen auf das Vermögen des erstverstorbenen Ehegatten zugunsten eines Dritten beschwert. Dies bedeutet, dass diejenigen Vermögensgegenstände, die der Abkömmling aus dem Nachlass des erstverstorbenen Ehegatten erworben hat, im Falle seines Todes an eine vom Erblasser bestimmte Person herauszugeben sind. Dies gilt jedoch nur für den Fall, dass der geschiedene Ehegatte, dessen sonstigen Abkömmlinge oder dessen Verwandte aufsteigender Linie zu Erben oder Vermächtnisnehmern des nachverstorbenen Abkömmlings berufen sind.

## B. Muster

### I. Muster: Einzeltestament, Einsetzung einer Erbengemeinschaft mit Teilungsanordnung, Ausschluss der Ersatzerbfolge für einen bestimmten Miterben

**I. Persönliche Angaben**

**307** Ich, ▓▓▓, geb. am ▓▓▓ in ▓▓▓, wohnhaft ▓▓▓, geschieden, deutscher Staatsangehöriger, errichte nachfolgendes Testament.

**II. Testierfreiheit**

Ich erkläre, dass ich nicht durch ein bindend gewordenes gemeinschaftliches Testament oder einen Erbvertrag an der Errichtung dieses Testaments gehindert bin. Hiermit hebe ich alle bisher von mir errichteten Verfügungen von Todes wegen in vollem Umfang auf. Für meinen letzten Willen soll ausschließlich das nachstehend Verfügte von Bedeutung sein.

**III. Erbeinsetzung**

Ich setze zu meinen alleinigen Vollerben meine Kinder ▓▓▓, geb. am ▓▓▓ in ▓▓▓, wohnhaft ▓▓▓, ▓▓▓, geb. am ▓▓▓ in ▓▓▓, wohnhaft ▓▓▓, und ▓▓▓, geb. am ▓▓▓ in ▓▓▓, wohnhaft ▓▓▓, zu jeweils gleichen Teilen, d.h. zu je ▓▓▓ Erbquote, ein. Nacherbfolge möchte ich ausdrücklich nicht anordnen.

Zu Ersatzerben für meine Kinder ▓▓▓ und ▓▓▓ bestimme ich jeweils deren Abkömmlinge nach den Regeln der gesetzlichen Erbfolgeordnung, wiederum ersatzweise soll – zunächst innerhalb eines Stammes – Anwachsung eintreten.

Für mein Kind ▓▓▓ bestimme ich entgegen jeder anders lautenden gesetzlichen oder richterlichen Vermutungs- oder Auslegungsregel keinen Ersatzerben. Für den Fall, dass mein Kind ▓▓▓, vor oder nach Eintritt des Erbfalls in Wegfall gerät, wächst sein Erbteil den übrigen Kindern ▓▓▓ und ▓▓▓ bzw. deren Stämmen an.

## IV. Teilungsanordnung

Für die Auseinandersetzung der Erbengemeinschaft ordne ich Folgendes an:

Mein Sohn _____ erhält im Wege der Teilungsanordnung und somit in Anrechnung auf seinen Erbteil das Hausanwesen in _____, _____ Str. _____, eingetragen im Grundbuch von _____, Flst. Nr. _____. Meine Tochter _____ erhält im Wege der Teilungsanordnung und somit in Anrechnung auf ihren Erbteil das Wertpapierdepot _____ bei der _____ Bank in _____ mit dem Bestand am Todestag.

## V. Entbindung von der ärztlichen Schweigepflicht

Sollten Zweifel über meine Testierfähigkeit entstehen, so entbinde ich insofern alle Ärzte, die mich behandelt haben und mich in Zukunft noch behandeln werden, von ihrer Schweigepflicht.

(Ort, Datum, Unterschrift)

## II. Muster: Einzeltestament, Einsetzung einer Erbengemeinschaft und Anordnung einer überquotalen Teilungsanordnung

Ich, _____, geb. am _____ in _____, wohnhaft _____, geschieden, deutscher Staatsangehöriger, errichte nachfolgendes Testament.

### I. Testierfreiheit

Ich erkläre, dass ich nicht durch ein bindend gewordenes gemeinschaftliches Testament oder einen Erbvertrag an der Errichtung dieses Testaments gehindert bin. Hiermit hebe ich alle bisher von mir errichteten Verfügungen von Todes wegen in vollem Umfang auf. Für meinen letzten Willen soll ausschließlich das nachstehend Verfügte von Bedeutung sein.

### II. Erbeinsetzung

Ich setze zu meinen alleinigen Vollerben je hälftig meine beiden Kinder _____, geb. am _____ in _____, wohnhaft _____, und _____, geb. am _____ in _____, wohnhaft _____, ein. Nacherbfolge möchte ich ausdrücklich nicht anordnen. Zu Ersatzerben bestimme ich jeweils die Abkömmlinge meiner Kinder nach den Regeln der gesetzlichen Erbfolgeordnung, wiederum ersatzweise soll – zunächst innerhalb eines Stammes – Anwachsung eintreten.

### III. Überquotale Teilungsanordnung

Für die Teilung des Nachlasses unter den beiden Miterben bestimme ich Folgendes in Form einer Teilungsanordnung und für den über den jeweiligen Erbteil hinausgehenden Wert als Vorausvermächtnis:

Mein Sohn _____, geb. am _____, erhält im Wege der Teilungsanordnung das gesamte Wertpapierdepot Nr. _____ bei der _____ Bank in _____ mit dem Bestand am Todestag.

Meine Tochter _____, geb. am _____, erhält im Wege der Teilungsanordnung das Hausanwesen in _____, _____ Str. _____, eingetragen im Grundbuch von _____, Flst. Nr. _____.

Der Restnachlass, insbesondere Mobiliar, Hausrat, Teppiche, Fahrzeuge, Wertgegenstände, Barvermögen, Kapitalvermögen etc., ist entsprechend der Erbquoten (zu $1/2$) unter meinen Kindern aufzuteilen.

Falls ein Kind dadurch wertmäßig mehr erhält, als es seiner Erbquote entspricht, so ist dieser Überschuss als nicht ausgleichspflichtiges Vorausvermächtnis zugewandt, so dass ein Ausgleich unter den Erben insoweit nicht stattfindet.

Fürsorglich hat jedes meiner Kinder vermächtnisweise Anspruch auf Unterlassung der Geltendmachung von Ausgleichungsansprüchen gem. §§ 2050 ff. BGB durch den jeweiligen anderen Geschwisterteil.

Das jeweilige Vorausvermächtnis wird unter der Bedingung der Annahme der Erbschaft angeordnet und fällt erst bei Auseinandersetzung des Nachlasses an.

*Seiler*

Die Teilungsanordnung und die Vorausvermächtnisse gelten nicht für etwaige Ersatzerben.

(Ort, Datum, Unterschrift)

## III. Muster: Einzeltestament, Einsetzung einer Erbengemeinschaft mit Vorausvermächtnissen

Ich, ____, geb. am ____ in ____, wohnhaft ____, verwitwet, deutscher Staatsangehöriger, errichte nachfolgendes Testament.

### I. Testierfreiheit

Ich erkläre, dass ich nicht durch ein bindend gewordenes gemeinschaftliches Testament oder einen Erbvertrag an der Errichtung dieses Testaments gehindert bin. Hiermit hebe ich alle bisher von mir errichteten Verfügungen von Todes wegen in vollem Umfang auf. Für meinen letzten Willen soll ausschließlich das nachstehend Verfügte von Bedeutung sein.

### II. Vor- und Nacherbeneinsetzung

Ich setze zu meinen alleinigen Erben je hälftig meine beiden Kinder ____, geb. am ____ in ____, wohnhaft ____, und ____, geb. am ____ in ____, wohnhaft ____, ein.

Die von mir benannten Erben sind jedoch nur Vorerben. Sie sind von allen gesetzlichen Beschränkungen befreit, soweit dies möglich und rechtlich zulässig ist. Demgemäß ordne ich befreite Vorerbschaft an. D.h., dass meine Erben über den Nachlass im Sinne von Veräußerungen und Belastungen verfügen und diesen auch für sich verzehren und verbrauchen können. Ein Ersatzvorerbe wird nicht benannt, es gilt die Vorschrift des § 2102 Abs. 1 BGB.

Nacherben sind die im Zeitpunkt meines Todes vorhandenen leiblichen Abkömmlinge meiner Kinder entsprechend den gesetzlichen Regeln, wiederum ersatzweise soll Anwachsung – zunächst innerhalb eines Stammes – eintreten. Der jeweilige Nacherbfall tritt mit dem Tod des jeweiligen Vorerben ein. Die Nacherbenanwartschaft ist weder vererblich noch übertragbar.

### III. Vorausvermächtnisse

Mein Sohn ____, geb. am ____, erhält im Wege des Vorausvermächtnisses, also ohne Anrechnung auf seinen Erbteil und ohne jegliche Ausgleichsverpflichtung, mein Wertpapierdepot Nr. ____ bei der ____ Bank in ____ mit dem Bestand am Todestag.

Meine Tochter ____, geb. am ____, erhält im Wege des Vorausvermächtnisses, also ohne Anrechnung auf ihren Erbteil und ohne jegliche Ausgleichsverpflichtung, mein Wohnhaus in ____, ____ Str. ____, eingetragen im Grundbuch von ____, Flst. Nr. ____.

Die Kosten der Vermächtniserfüllung trägt der jeweilige Vermächtnisnehmer bezüglich seines Erwerbs selbst. Ein Ersatzvermächtnisnehmer wird entgegen jeder anders lautenden gesetzlichen oder richterlichen Auslegungs- und Vermutungsregel nicht benannt.

### IV. Testamentsvollstreckung

Ich bestimme meine beiden Kinder ____ und ____ jeweils zum Testamentsvollstrecker mit der alleinigen Aufgabe, sich selbst das jeweilige Vorausvermächtnis zu erfüllen. Eine Vergütung steht den Testamentsvollstreckern nicht zu.

(Ort, Datum, Unterschrift)

## IV. Muster: Einzeltestament, Anordnung einer Vor- und Nacherbschaft mit Nacherbentestamentsvollstreckung

Ich, ____, geb. am ____ in ____, wohnhaft ____, unverheiratet, deutscher Staatsangehöriger, errichte nachfolgendes Testament.

## I. Testierfreiheit

Ich erkläre, dass ich nicht durch ein bindend gewordenes gemeinschaftliches Testament oder einen Erbvertrag an der Errichtung dieses Testamentes gehindert bin. Hiermit hebe ich alle bisher von mir errichteten Verfügungen von Todes wegen in vollem Umfang auf. Für meinen letzten Willen soll ausschließlich das nachstehend Verfügte von Bedeutung sein.

## II. Vor- und Nacherbeneinsetzung

Ich setze zu meinen alleinigen Erben je hälftig meine beiden Kinder _____, geb. am _____ in _____, wohnhaft _____, und _____, geb. am _____ in _____, wohnhaft _____, ein.

Die von mir benannten Erben sind jedoch nur Vorerben. Sie sind von allen gesetzlichen Beschränkungen befreit, soweit dies möglich und rechtlich zulässig ist. Demgemäß ordne ich befreite Vorerbschaft an. D.h., dass meine Erben über den Nachlass im Sinne von Veräußerungen und Belastungen verfügen und diesen auch für sich verzehren und verbrauchen können. Ein Ersatzvorerbe wird nicht benannt, es gilt die Vorschrift des § 2102 Abs. 1 BGB.

Nacherben sind die im Zeitpunkt meines Todes vorhandenen leiblichen Abkömmlinge meiner Kinder entsprechend der gesetzlichen Erbfolgeordnung, ersatzweise deren Abkömmlinge, wiederum ersatzweise soll Anwachsung – zunächst innerhalb eines Stammes – eintreten. Der jeweilige Nacherbfall tritt mit dem Tod des jeweiligen Vorerben ein. Die Nacherbenanwartschaft ist weder vererblich noch übertragbar, es sei denn, die Übertragung erfolgt auf den Vorerben. Überträgt der Nacherbe sein Anwartschaftsrecht auf den Vorerben, dann entfällt jede ausdrückliche und vermutete Ersatznacherbfolge.

## III. Nacherbentestamentsvollstreckung

Zur Sicherung der Rechte der Nacherben ordne ich Nacherbentestamentsvollstreckung im Sinne von § 2222 BGB an. Der Nacherbenvollstrecker hat die Rechte und Pflichten der Nacherben entsprechend den gesetzlichen Vorschriften in vollem Umfang wahrzunehmen. Sein Amt endet mit dem Eintritt des jeweiligen Nacherbfalls. Sollte einer der Nacherben bei Eintritt des Nacherbfalls noch minderjährig sein, dann geht die Nacherbenvollstreckung hinsichtlich dieses Nacherben in eine Dauervollstreckung gem. § 2209 BGB über. Die Dauervollstreckung endet mit Volljährigkeit des Nacherben. Als Nacherbentestamentsvollstrecker mit dem hier angeordneten Aufgabenkreis benenne ich _____, geb. am _____, derzeit wohnhaft _____, ersatzweise _____, wiederum ersatzweise soll das Nachlassgericht einen geeigneten Testamentsvollstrecker ernennen.

(Ort, Datum, Unterschrift)

## V. Muster: Einzeltestament, Anordnung einer Erbengemeinschaft mit Auseinandersetzungsausschluss und Bestimmung über die Pflichtteilslastentragung

Ich, _____, geb. am _____ in _____, wohnhaft _____, verwitwet, deutscher Staatsangehöriger, errichte nachfolgendes Testament.

## I. Testierfreiheit

Ich erkläre, dass ich nicht durch ein bindend gewordenes gemeinschaftliches Testament oder einen Erbvertrag an der Errichtung dieses Testamentes gehindert bin. Hiermit hebe ich alle bisher von mir errichteten Verfügungen von Todes wegen in vollem Umfang auf. Für meinen letzten Willen soll ausschließlich das nachstehend Verfügte von Bedeutung sein.

## II. Persönliche Verhältnisse

Meine Ehefrau _____ ist am _____ verstorben; ein Testament oder einen Erbvertrag hatten wir nicht errichtet. Aus unserer Ehe sind meine Tochter _____ und mein Sohn _____ hervorgegangen. Mein Sohn _____ ist am _____ verstorben. Er hat zwei Kinder.

### III. Erbeinsetzung

Zu meinen Vollerben setze ich ein:
a) meine Tochter _____, geb. am _____ in _____, wohnhaft _____
b) meinen Enkelsohn _____, geb. am _____ in _____, wohnhaft _____

je zur Hälfte.

Für den Fall, dass einer der Erben vor oder nach dem Erbfall in Wegfall gerät, bestimme ich jeweils seine Abkömmlinge zu Ersatzerben, unter sich entsprechend den Regeln der gesetzlichen Erbfolgeordnung; mangels solcher tritt – zunächst innerhalb eines Stammes – Anwachsung ein.

### IV. Vorausvermächtnis

Als Vorausvermächtnis erhält mein Enkelsohn _____ das im Grundbuch von _____, Band _____, Bestandsverzeichnis-Nr. _____, eingetragene Grundstück der Gemarkung _____, Bauplatz _____. Er hat sich den Wert dieses Vorausvermächtnisses nicht auf seinen Erbteil anrechnen zu lassen. Die Kosten der Vermächtniserfüllung tragen die Erben. Sollte das Grundstück zum Zeitpunkt des Erbfalles mit einer Hypothek oder Grundschuld belastet sein, dann sind diese Verbindlichkeiten von den Erben zu übernehmen. Meinem Enkelsohn _____ steht dieser Freistellungsanspruch vermächtnisweise zu.

Ein Ersatzvermächtnisnehmer wird entgegen jeder anders lautenden gesetzlichen oder richterlichen Vermutungs- und Auslegungsregel nicht benannt.

### V. Teilauseinandersetzungsausschluss

Die Auseinandersetzung des zu meinem Nachlass gehörenden Gebäudegrundstücks _____, überbaut mit dem Dreifamilienhaus _____, schließe ich aus, solange meine Tochter _____ oder mein Enkelsohn _____ Miteigentümer dieses Gebäudes sind und solange einer von beiden einer Auseinandersetzung dieses Gebäudes widerspricht.

### VI. Pflichtteilslast

Mir ist bekannt, dass die Abkömmlinge meines vorverstorbenen Sohnes _____ pflichtteilsberechtigt sind. Die Pflichtteilslast ist von meinen Erben im Verhältnis ihrer Erbteile zu tragen. Das Vorausvermächtnis ist entgegen § 2318 Abs. 1 BGB an der Pflichtteilslast nicht zu beteiligen.

(Ort, Datum, Unterschrift)

## VI. Muster: Einzeltestament, Anordnung eines Vermächtnisses zugunsten der Lebensgefährtin – wahlweise Geldzahlung oder Wohnungsrecht

Ich, _____, geb. am _____ in _____, wohnhaft _____, verwitwet, deutscher Staatsangehöriger, errichte nachfolgendes Testament.

### I. Testierfreiheit

Ich erkläre, dass ich nicht durch ein bindend gewordenes gemeinschaftliches Testament oder einen Erbvertrag an der Errichtung dieses Testamentes gehindert bin. Hiermit hebe ich alle bisher von mir errichteten Verfügungen von Todes wegen in vollem Umfang auf. Für meinen letzten Willen soll ausschließlich das nachstehend Verfügte von Bedeutung sein.

### II. Erbeinsetzung

Zu meinen Vollerben setze ich ein:
a) meine Tochter _____, geb. am _____ in _____, wohnhaft _____
b) meinen Sohn _____, geb. am _____ in _____, wohnhaft _____

je zur Hälfte.

Für den Fall, dass einer der Erben vor oder nach dem Erbfall wegfällt, bestimme ich jeweils seine Abkömmlinge zu Ersatzerben, unter sich entsprechend den Regeln der gesetzlichen Erbfolgeordnung; mangels solcher tritt – zunächst innerhalb eines Stammes – Anwachsung ein.

### III. Geldvermächtnis, wahlweise Wohnungsrechtsvermächtnis

Meine Lebensgefährtin _____, geb. am _____ in _____, derzeit wohnhaft _____, erhält im Wege des Vermächtnisses einen Geldbetrag in Höhe von 25 % des Nachlasswertes (Netto). Für die Berechnung des Betrages ist der Nettonachlass nach Abzug der Verbindlichkeiten, aber vor Abzug der Pflichtteilslasten maßgeblich. Im Übrigen gelten die gesetzlichen Vorschriften zur Berechnung des Pflichtteils entsprechend.

Meiner Lebensgefährtin steht anstelle des Geldvermächtnisses aber auch wahlweise im Wege des Vermächtnisses ein Wohnungsrecht gem. § 1093 BGB an der von uns gemeinsam bewohnten Wohnung in _____ dergestalt zu, dass sie diese Wohnung unter Ausschluss des Eigentümers ohne Nutzungsentgelt auf Lebenszeit nutzen darf. Belastungen nach Abt. III des Grundbuchs dürfen dem Wohnungsrecht im Rang nicht vorgehen. Zur Löschung des Rechts im Grundbuch soll der Nachweis des Todes der Vermächtnisnehmerin genügen.

Ein Ersatzvermächtnisnehmer wird entgegen jeder anders lautenden gesetzlichen oder richterlichen Auslegungs- und Vermutungsregel nicht benannt.

Ich wohne mit meiner Lebensgefährtin seit _____ Jahren zusammen. Wir gewähren uns in privaten und beruflichen Angelegenheiten gegenseitig Beistand. Hieraus empfinde ich die Pflicht, auch für die Zeit nach meinem Tod für sie zu sorgen.

Für den Fall, dass meine Lebensgefährtin das Geldvermächtnis erhält, hat sie sich entsprechend § 2318 Abs. 1 BGB an Pflichtteilslasten zu beteiligen. Erhält sie ein Wohnungsrecht, so ist die Pflichtteilslast entgegen § 2318 Abs. 1 BGB von den Erben alleine zu tragen.

(Ort, Datum, Unterschrift)

## VII. Muster: Einzeltestament, Anordnung eines Rentenvermächtnisses

Ich, _____, geb. am _____ in _____, wohnhaft _____, verheiratet, deutscher Staatsangehöriger, errichte nachfolgendes Testament.

### I. Testierfreiheit

Ich erkläre, dass ich nicht durch ein bindend gewordenes gemeinschaftliches Testament oder einen Erbvertrag an der Errichtung dieses Testamentes gehindert bin. Hiermit hebe ich vorsorglich alle bisher von mir errichteten Verfügungen von Todes wegen in vollem Umfang auf. Für meinen letzten Willen soll ausschließlich das nachstehend Verfügte von Bedeutung sein.

### II. Erbeinsetzung

Ich setze zu meinen alleinigen Erben je hälftig meine beiden Kinder _____, geb. am _____ in _____, wohnhaft _____, und _____, geb. am _____ in _____, wohnhaft _____, ein. Meine Erben sind in der Verfügung über den Nachlass nicht beschränkt. Sie sind demgemäß Vollerben. Nacherbfolge möchte ich ausdrücklich nicht anordnen.

Zu Ersatzerben bestimme ich jeweils die Abkömmlinge meiner Kinder nach den Regeln der gesetzlichen Erbfolgeordnung, wiederum ersatzweise soll – zunächst innerhalb eines Stammes – Anwachsung eintreten.

### III. Rentenvermächtnis

Meine Ehefrau _____, geb. am _____ in _____, wohnhaft _____, erhält von den Erben in Form eines Vermächtnisses eine lebenslange monatliche Leibrente in Höhe von monatlich _____ EUR beginnend am Ersten des auf meinen Tod folgenden Monats. Die Höhe der ausgesetzten Rente ist gemäß dem Preisindex des Statistischen Bundesamtes für die Lebenshaltung eines 4-Personen-Haushaltes mit mittlerem Einkommen anzupassen. Von der Anpassung sind die im Zeitraum bis zu meinem Ableben als auch die danach eintretenden Änderungen betroffen. Der Preisindex beträgt gegenwärtig ▓▓▓▓ (2000 = 100). Anpassungen sollen aber jeweils nur dann erfolgen, wenn die Änderung mehr als 10 % der jeweils letzten Höhe beträgt.

Kommen die Verpflichteten öfter als dreimal mit den Rentenzahlungen länger als einen Monat in Rückstand, so wird die gesamte Rentensumme sofort fällig. Die Höhe der sofort fälligen Ablösesumme berechnet sich nach der künftigen Lebenserwartung der Berechtigten (Sterbetabelle und Kapitalisierung gem. §§ 12–14 BewG) zuzüglich eines Zuschlags von 3 % pro Jahr (§ 12 BewG).

Zur Sicherung der Leibrente ist zugunsten der Rentenberechtigten auf dem Grundstück ▓▓▓▓ eine Reallast gem. §§ 1105 ff. BGB einzutragen. Die Kosten der Vermächtniserfüllung tragen die Erben.

Fällt meine Ehefrau vor oder nach dem Erbfall weg, so wird ein Ersatzvermächtnisnehmer entgegen jeder anders lautenden gesetzlichen oder richterlichen Vermutungs- oder Auslegungsregel nicht benannt. Das Vermächtnis entfällt in diesem Falle ersatzlos. Die Vermächtnisnehmerin ist an etwaigen Pflichtteilslasten entgegen § 2318 Abs. 1 BGB nicht zu beteiligen.

### IV. Testamentsvollstreckung

Ich bestimme meine Ehefrau ▓▓▓▓ zur Testamentsvollstreckerin mit der alleinigen Aufgabe, sich die Vermächtnisse zu erfüllen. Eine Vergütung für die Testamentsvollstreckertätigkeit steht ihr nicht zu.

(Ort, Datum, Unterschrift)

## VIII. Muster: Einzeltestament, Anordnung eines Rentenvermächtnisses in Form einer dauernden Last

Ich, ▓▓▓▓, geb. am ▓▓▓▓ in ▓▓▓▓, wohnhaft ▓▓▓▓, verheiratet, deutscher Staatsangehöriger, errichte nachfolgendes Testament.

### I. Testierfreiheit

Ich erkläre, dass ich nicht durch ein bindend gewordenes gemeinschaftliches Testament oder einen Erbvertrag an der Errichtung dieses Testaments gehindert bin. Hiermit hebe ich alle bisher von mir errichteten Verfügungen von Todes wegen in vollem Umfang auf. Für meinen letzten Willen soll ausschließlich das nachstehend Verfügte von Bedeutung sein.

### II. Erbeinsetzung

Zu meinen Vollerben setze ich ein meine Ehefrau ▓▓▓▓, geb. am ▓▓▓▓, und meine beiden Söhne ▓▓▓▓, geb. am ▓▓▓▓, und ▓▓▓▓, geb. am ▓▓▓▓, jeweils zu einem Drittel ein. Nacherbfolge möchte ich ausdrücklich nicht anordnen.

Bezüglich meiner Ehefrau treffe ich entgegen jeder anders lautenden gesetzlichen oder richterlichen Vermutungs- und Auslegungsregel ausdrücklich keine Ersatzerbenanordnung.

Für den Fall, dass meine Söhne vor oder nach dem Erbfall wegfallen, bestimme ich ihre Abkömmlinge nach den Regeln der gesetzlichen Erbfolge zu Ersatzerben, wiederum ersatzweise tritt – zunächst innerhalb eines Stammes – Anwachsung ein. Schlägt einer meiner Söhne den Erbteil aus, macht er gegen den Willen meiner Ehefrau seinen Pflichtteil geltend und erhält er ihn auch, dann ist er mit seinem ganzen Stamm von der Erbfolge ausgeschlossen.

### III. Vorausvermächtnis zugunsten meiner Ehefrau als dauernde Last

Meine beiden Söhne bzw. die an ihre Stelle als Ersatzerben tretenden Abkömmlinge belaste ich als Gesamtschuldner mit einem Vorausvermächtnis zugunsten meiner Ehefrau ▓▓▓▓: Meine Ehefrau erhält ohne Anrechnung auf ihren Erbteil als dauernde Last auf Lebenszeit einen Betrag in Höhe von monatlich ▓▓▓▓ EUR, der jeweils monatlich im Voraus bis zum 3. eines jeden Monats zu zahlen ist, erstmals zum Ersten des auf meinen Tod folgenden Monats.

Für die Anpassung von heute an bis zu meinem Tod gilt Folgendes:

Der Geldbetrag aus der dauernden Last erhöht oder ermäßigt sich im gleichen prozentualen Verhältnis, in dem sich der Lebenshaltungskostenindex verändert. Maßgebender Lebenshaltungskostenindex ist der vom Statistischen Bundesamt festgestellte Preisindex für die Lebenshaltung aller privaten Haushalte, 2000 = 100. Wird dieser Index nicht weiter fortgeführt, so gilt der Maßstab, der diesem Index wirtschaftlich am nächsten kommt.

Ab meinem Todestag gilt Folgendes:

Ist aufgrund einer Änderung der wirtschaftlichen Verhältnisse der standesgemäße Unterhalt des Berechtigten oder Verpflichteten nicht mehr gewährleistet, so kann jeder eine entsprechende Anpassung analog § 323 ZPO verlangen.

Meine beiden Söhne haben zu Lasten des ihnen gehörenden Gebäudegrundstücks _____, eingetragen im Grundbuch von _____, und zugunsten der Vermächtnisnehmerin eine Reallast zur Sicherung der dauernden Last im Grundbuch eintragen zu lassen. Dieser Anspruch steht meiner Ehefrau als Verschaffungsvermächtnis zu. Der Reallast dürfen in Abt. III des Grundbuchs im Rang Grundpfandrechte bis zu _____ EUR mit Jahreszinsen bis zu _____ % vorgehen. Zur Löschung der Reallast soll der Nachweis des Todes der Berechtigten genügen.

Alle Kosten im Zusammenhang mit der Eintragung (und späterer Löschung) der Reallast haben die Vermächtnisbelasteten zu tragen.

(Ort, Datum, Unterschrift)

## IX. Muster: Gemeinschaftliches Testament, „Berliner Testament" mit Vermächtnisanordnung im ersten Todesfall

Wir, die Eheleute _____, geb. am _____ in _____, und _____, geborene _____, geb. am _____ in _____, beide deutsche Staatsangehörige, errichten nachfolgendes gemeinschaftliches Testament:

### I. Testierfreiheit

Wir, die Eheleute _____, erklären, dass wir nicht durch ein bindend gewordenes gemeinschaftliches Testament oder einen Erbvertrag an der Errichtung dieses Testamentes gehindert sind. Hiermit heben wir einzeln und gemeinsam alle bisher von uns errichteten Verfügungen von Todes wegen in vollem Umfang auf. Für unseren letzten Willen soll ausschließlich das nachstehend Verfügte von Bedeutung sein.

### II. Verfügung für den ersten Todesfall

#### A. Erbeinsetzung

Wir, die Eheleute _____, setzen uns gegenseitig zum alleinigen Vollerben unseres gesamten Vermögens ein.

#### B. Vermächtnisse

Für den Fall, dass die Ehefrau vorverstirbt, erhalten die ehegemeinschaftlichen Kinder Geldvermächtnisse in Höhe ihres gesetzlichen Erbteils nach der Mutter. Die Vermächtnisse fallen drei Jahre nach dem Tod an und sind ab dem zweiten Jahr mit 3,5 % jährlich zu verzinsen.

Für den Fall, dass der Ehemann vorverstirbt, erhalten die ehegemeinschaftlichen Kinder zu gleichen Teilen im Wege des Vermächtnisses die in seinem Eigentum befindlichen Aktien an der _____ AG nach dem Bestand am Todestag.

### III. Verfügung für den zweiten Todesfall

#### A. Erbeinsetzung

Zu unseren Schlusserben im Falle des Todes des Längstlebenden von uns bestimmen wir unsere ehegemeinschaftlichen Kinder _____, geb. am _____, und _____, geb. am _____, zu jeweils gleichen Teilen _____ , d.h. zu je ½ Erbquote. Die Erbeinsetzung erfolgt zu Vollerben. Zu Ersatzerben bestimmen wir die Abkömmlinge unserer Kinder, nach den Regeln der gesetzlichen Erbfolgeordnung, wiederum ersatzweise soll – zunächst innerhalb eines Stammes – Anwachsung eintreten.

### B. Anordnung für die Auseinandersetzung

Hinsichtlich der Auseinandersetzung der Erbengemeinschaft ordnen wir an: Unser Sohn _____ erhält im Wege der Teilungsanordnung und somit in Anrechnung auf seinen Erbteil das Hausanwesen in _____, _____ Str. _____, eingetragen im Grundbuch von _____, Flst. Nr. _____. Unsere Tochter _____ erhält im Wege der Teilungsanordnung und somit in Anrechnung auf ihren Erbteil das Wertpapierdepot _____ bei der _____ Bank in _____, nach dem Bestand am Todestag.

### C. Pflichtteilsklausel

Für den Fall, dass eines der Kinder nach dem Tod des erststerbenden Ehegatten entgegen dem Willen des überlebenden Ehegatten einen Pflichtteilsanspruch oder Pflichtteilsergänzungsanspruch geltend macht und diesen auch erhält, bestimmen wir, dass es nicht Erbe des Längstlebenden wird. Er ist dann sowohl für den ersten als auch für den zweiten Todesfall einschließlich aller angeordneten Vermächtnisse mit seinem ganzen Stamm von der Erbfolge ausgeschlossen. Der überlebende Ehepartner kann die Enterbung aufheben oder abändern entsprechend der Regelungen gemäß V. dieses Testamentes.

### IV. Anfechtungsverzicht

Wir schließen hiermit das uns bzw. Dritten nach dem Gesetz zustehende Anfechtungsrecht für den Fall des Vorhandenseins oder des künftigen Hinzutretens weiterer pflichtteilsberechtigter Personen (Ehegatte, Kinder, Adoptivkinder etc.) aus. Dies gilt auch für die Anfechtung wegen eines etwaigen, wegen dieses Umstandes gegebenen Motivirrtums gemäß § 2078 Abs. 2 BGB.

Sollte vorbehaltlich der vorstehenden Regelung einer von uns nach dem Ableben des Erstversterbenden einzelne Verfügungen des vorbezeichneten Testamentes gemäß § 2078 Abs. 2 BGB anfechten, so soll diese Anfechtung keinen Verlust der erbrechtlichen Zuwendungen des Erstversterbenden an den längstlebenden Ehegatten mit sich bringen. Diese sollen vielmehr vollumfänglich bestehen bleiben.

### V. Wechselbezüglichkeit, Bindungswirkung

Die in unserem gemeinschaftlichen Testament getroffenen Verfügungen für den ersten und auch für den zweiten Todesfall sollen insgesamt wechselbezüglich und bindend sein, mit der Maßgabe, dass der überlebende Ehegatte durch Verfügungen von Todes wegen die Schlusserbfolge einschließlich der Teilungsanordnungen innerhalb unserer ehegemeinschaftlichen Kinder und deren Abkömmlinge in vollem Umfang abändern darf. D.h., dass der überlebende Ehegatte durch Verfügungen von Todes wegen die Schlusserbfolge neu bestimmen darf und dass ihm das Recht zusteht, zusätzlich Vermächtnisse, Auflagen und eine Testamentsvollstreckung anzuordnen. Der überlebende Ehegatte ist aber nicht berechtigt, zugunsten anderer als unserer ehegemeinschaftlichen Kinder und deren Abkömmlinge zu verfügen. Macht er von dem Abänderungsrecht Gebrauch, dann bleiben die auf den ersten Todesfall getroffenen Verfügungen voll wirksam.

### VI. Katastrophenklausel

Für den Fall, dass wir beide gleichzeitig oder innerhalb eines Monats aufgrund derselben Ursache (z.B. eines Unfalls) versterben, werden wir entsprechend der für den zweiten Todesfall angeordneten Schlusserbfolge einschließlich der dort angeordneten Teilungsanordnung beerbt.

### VII. Entbindung von der ärztlichen Schweigepflicht

Sollten Zweifel an unserer Testierfähigkeit entstehen, so entbindet jeder von uns insofern die Ärzte, die ihn behandelt haben und noch behandeln werden, von ihrer Schweigepflicht.

(Ort, Datum, Unterschrift)

Das ist auch mein letzter Wille.

(Ort, Datum, Unterschrift)

## X. Muster: Gemeinschaftliches Testament, „Berliner Testament" mit Wiederverheiratungsklausel

Wir, die Eheleute _____, geb. am _____ in _____, und _____, geborene _____, geb. am _____ in _____, beide deutsche Staatsangehörige, errichten nachfolgendes gemeinschaftliches Testament:

### I. Testierfreiheit

Wir erklären, dass wir nicht durch ein bindend gewordenes gemeinschaftliches Testament oder einen Erbvertrag an der Errichtung dieses Testaments gehindert sind. Hiermit heben wir alle bisher von uns einzeln und gemeinsam errichteten Verfügungen von Todes wegen in vollem Umfang auf. Für unseren letzten Willen soll ausschließlich das nachstehend Verfügte von Bedeutung sein.

### II. Verfügungen für den ersten Todesfall

#### A. Erbeinsetzung

Wir setzen uns gegenseitig zum alleinigen Vollerben unseres gesamten Vermögens ein.

#### B. Wiederverheiratungsklausel

Unsere ehegemeinschaftlichen Kinder erhalten vom Erstversterbenden von uns im Wege des Vermächtnisses den Anspruch auf Übertragung desjenigen Bruchteils des Nachlasses, der ihrem jeweiligen gesetzlichen Erbteil entspricht. Für diesen Übertragungsanspruch gelten die Vorschriften über die befreite Vorerbschaft (§ 2136 BGB) entsprechend. Im Übrigen gilt dafür Folgendes:
1. Das Vermächtnis fällt an bei Wiederverheiratung des Überlebenden.
2. Der Überlebende hat auf Verlangen ein Nachlassverzeichnis entsprechend § 2121 Abs. 1 und 2 BGB zu erstellen.
3. Vorempfänge sind entsprechend den Regeln der gesetzlichen Erbfolge auszugleichen.
4. Jeder Vermächtnisnehmer kann Sicherheitsleistung ab dem Zeitpunkt der Wiederverheiratung des Überlebenden verlangen.
5. Falls ein Abkömmling auf den Tod des Erstversterbenden gegen den Willen des Überlebenden den Pflichtteil geltend macht und ihn auch erhält, gilt das ihm zugedachte Vermächtnis als nicht angeordnet.
6. Der Überlebende ist für Verwaltung und Verfügung bezüglich des Vermächtnisgegenstandes vor Anfall des Vermächtnisses in keiner Weise verantwortlich.

### III. Anfechtungsverzicht

Wir schließen hiermit das uns bzw. Dritten nach dem Gesetz zustehende Anfechtungsrecht für den Fall des Vorhandenseins oder des künftigen Hinzutretens weiterer pflichtteilsberechtigter Personen (Ehegatte, Kinder, Adoptivkinder etc.) aus. Dies gilt auch für die Anfechtung wegen eines etwaigen, wegen dieses Umstandes gegebenen Motivirrtums gemäß § 2078 Abs. 2 BGB.

Sollte vorbehaltlich der vorstehenden Regelung einer von uns nach dem Ableben des Erstversterbenden einzelne Verfügungen des vorbezeichneten Testamentes gemäß § 2078 Abs. 2 BGB anfechten, so soll diese Anfechtung keinen Verlust der erbrechtlichen Zuwendungen des Erstversterbenden an den längstlebenden Ehegatten mit sich bringen. Diese sollen vielmehr vollumfänglich bestehen bleiben.

### IV. Verfügungen für den zweiten Todesfall

#### A. Erbeinsetzung

Zu unseren Schlusserben nach dem Tod des überlebenden Ehegatten setzen wir unsere ehegemeinschaftlichen Kinder _____, geb. am _____, und _____, geb. am _____, zu gleichen Teilen ein, d.h. zu je ½ Erbquote ein. *Die Erbeinsetzung erfolgt zu Vollerben.* Zu Ersatzerben bestimmen wir die Abkömmlinge unserer Kinder nach den Regeln der gesetzlichen Erbfolgeordnung, wiederum ersatzweise soll – zunächst innerhalb eines Stammes – Anwachsung eintreten.

## B. Pflichtteilsklausel

Für den Fall, dass eines der Kinder nach dem Tod des erststerbenden Ehegatten entgegen dem Willen des überlebenden Ehegatten einen Pflichtteilsanspruch oder Pflichtteilsergänzungsanspruch geltend macht und diesen auch erhält, bestimmen wir, dass er nicht Erbe des Längstlebenden wird. Er ist dann sowohl für den ersten als auch für den zweiten Todesfall einschließlich aller angeordneten Vermächtnisse mit seinem ganzen Stamm von der Erbfolge ausgeschlossen. Der überlebende Ehepartner kann die Enterbung aufheben oder abändern. Insoweit entfällt die Bindung.

## V. Wechselbezüglichkeit, Bindungswirkung

Die in unserem gemeinschaftlichen Testament getroffenen Verfügungen für den ersten und auch für den zweiten Todesfall sollen insgesamt wechselbezüglich und bindend sein. Die Bindung entfällt jedoch mit dem Eintritt der Wiederverheiratung des überlebenden Ehegatten. Er kann ab diesem Zeitpunkt frei von Todes wegen verfügen.

## VI. Katastrophenklausel

Für den Fall, dass wir beide gleichzeitig oder innerhalb eines Monats aufgrund derselben Ursache (z.B. eines Unfalls) versterben, wird jeder von uns entsprechend der für den zweiten Todesfall angeordneten Schlusserbfolge beerbt.

## VII. Schiedsklausel

Wir ordnen an, dass alle Streitigkeiten, die durch unsere Erbfälle hervorgerufen werden, unter Ausschluss der ordentlichen Gerichte der Deutschen Schiedsgerichtsbarkeit für Erbstreitigkeiten e.V. (www.dse-erbrecht.de) und ihrer jeweils gültigen Schiedsordnung unterworfen sind.[310]

(Ort, Datum, Unterschrift)

Dieses Testament ist auch mein Testament.

(Ort, Datum, Unterschrift)

## XI. Muster: Gemeinschaftliches Testament, Anordnung einer Vor- und Nacherbschaft (Trennungslösung)

Wir, die Eheleute _____, geb. am _____ in _____, und _____, geborene _____, geb. am _____ in _____, wohnhaft _____, beide deutsche Staatsangehörige, errichten das nachfolgende gemeinschaftliche Testament:

### I. Testierfreiheit

Jeder von uns erklärt, dass er nicht durch Bindungen aus einem früheren gemeinschaftlichen Testament oder aus einem Erbvertrag an der Errichtung dieses gemeinschaftlichen Testaments gehindert ist. Hiermit heben wir einzeln und gemeinsam alle unsere bisherigen Verfügungen von Todes wegen in vollem Umfang auf. Für unseren letzten Willen soll ausschließlich das nachstehend Verfügte von Bedeutung sein.

### II. Familienverhältnisse

Wir sind verwitwet und in jeweils zweiter Ehe verheiratet. Aus der ersten Ehe des Mannes sind folgende Kinder hervorgegangen: _____.

Aus der ersten Ehe der Frau die folgenden Kinder _____.

Gemeinschaftliche Kinder haben wir nicht.

---

[310] Bei der Deutschen Schiedsgerichtsbarkeit für Erbstreitigkeiten handelt es sich um eine institutionelle Schiedsgerichtsbarkeit speziell für erbrechtliche Streitigkeiten (www.dse-erbrecht.de).

## III. Verfügungen für den ersten Todesfall

### A. Erbeinsetzung

Wir setzen uns gegenseitig zu unseren alleinigen Erben ein. Der überlebende Ehegatte wird jedoch nur Vorerbe. Er ist von den gesetzlichen Beschränkungen befreit, soweit dies zulässig und rechtlich möglich ist. Demgemäß soll befreite Vorerbschaft angeordnet sein. D.h., dass der überlebende Ehegatte über den Nachlass im Sinne von Veräußerungen und Belastungen verfügen und diesen auch für sich verzehren und verbrauchen kann. Ein Ersatzvorerbe wird entgegen jeder gesetzlichen oder richterlichen Vermutungs- und Auslegungsregel nicht bestimmt. Es gilt die Vorschrift des § 2102 Abs. 1 BGB.

Nacherben werden unsere beiderseitigen Kinder aus erster Ehe zu gleichen Teilen. Sollte eines der Kinder vor oder nach dem Erbfall wegfallen, so erben ersatzweise seine Abkömmlinge entsprechend den Regeln der gesetzlichen Erbfolgeordnung. Hinterlässt eines unserer Kinder keine eigenen Abkömmlinge, dann tritt Anwachsung ein. Für den Fall, dass keine Abkömmlinge mehr vorhanden sind oder alle Abkömmlinge die Erbschaft ausgeschlagen haben, wird entgegen jeder anders lautenden Vermutungs- und Auslegungsregel als Ersatznacherbe ▓▓▓▓▓, ersatzweise ▓▓▓▓▓, bestimmt. Die Nacherbenanwartschaft ist weder übertragbar noch vererblich, es sei denn, die Übertragung erfolgt auf den Vorerben. Erfolgt die Übertragung an den Vorerben, dann entfällt die Ersatznacherbenbestimmung. Der Nacherbfall tritt mit dem Tod des Vorerben ein.

### B. Wiederverheiratungsklausel

Für den Fall, dass der überlebende Ehegatte sich wieder verheiratet, wird er unbefreiter Vorerbe, die Befreiung im Sinne des § 2136 BGB entfällt ab diesem Zeitpunkt.

## IV. Verzicht auf Anfechtung

Wir schließen hiermit das uns bzw. Dritten nach dem Gesetz zustehende Anfechtungsrecht für den Fall des Vorhandenseins oder des künftigen Hinzutretens weiterer pflichtteilsberechtigter Personen (Ehegatte, Kinder, Adoptivkinder etc.) aus. Dies gilt auch für die Anfechtung wegen eines etwaigen, wegen dieses Umstandes gegebenen Motivirrtums gemäß § 2078 Abs. 2 BGB.

Sollte vorbehaltlich der vorstehenden Regelung einer von uns nach dem Ableben des Erstversterbenden einzelne Verfügungen des vorbezeichneten Testamentes gemäß § 2078 Abs. 2 BGB anfechten, so soll diese Anfechtung keinen Verlust der erbrechtlichen Zuwendungen des Erstversterbenden an den längstlebenden Ehegatten mit sich bringen. Diese sollen vielmehr vollumfänglich bestehen bleiben.

## V. Verfügungen für den zweiten Todesfall

Vollerben des Längstlebenden von uns werden unsere beiderseitigen Kinder aus erster Ehe zu gleichen Teilen, ersatzweise deren Abkömmlinge nach den Regeln der gesetzlichen Erbfolgeordnung, wiederum ersatzweise soll – zunächst innerhalb eines Stammes – Anwachsung eintreten. Für den Fall, dass keine Abkömmlinge mehr vorhanden sind oder alle Abkömmlinge die Erbschaft ausgeschlagen haben, wird entgegen jeder anders lautenden Vermutungs- und Auslegungsregel als Ersatzerbe ▓▓▓▓▓, ersatzweise ▓▓▓▓▓, bestimmt.

## VI. Pflichtteilsklausel

Macht einer unserer Abkömmlinge nach dem Tode des Erstversterbenden von uns gegen den Willen des Überlebenden seinen Pflichtteilsanspruch oder Pflichtteilsergänzungsanspruch geltend und erhält er diesen auch, dann ist er mit seinem ganzen Stamm sowohl für den ersten als auch für den zweiten Todesfall von der Erbfolge ausgeschlossen. Der überlebende Ehepartner kann die Enterbung aufheben oder abändern entsprechend der Regelungen gemäß VII. dieses Testamentes.

## VII. Wechselbezüglichkeit/Bindungswirkung

Unsere gegenseitig getroffenen Verfügungen für den ersten wie auch für den zweiten Todesfall sollen wechselbezüglich und bindend sein, soweit dies möglich und rechtlich zulässig ist. Der überlebende Ehegatte ist aber berechtigt, die Schlusserbfolge für den zweiten Todesfall wie folgt abzuändern. Die

Abänderung darf nur zugunsten oder zu Lasten und nur innerhalb unserer erstehelichen Kinder erfolgen. Er hat auch das Recht, einen Testamentsvollstrecker zu benennen und Vermächtnisse innerhalb unserer erstehelichen Kinder anzuordnen. Macht er von diesem Änderungsrecht Gebrauch, dann bleiben die für den ersten Todesfall getroffenen Verfügungen wirksam.

### VIII. Regelung für den Fall der Scheidung

Im Falle, dass einer von uns (begründet oder nicht) Scheidungsantrag stellt, bestimmen wir, unabhängig davon, ob dieser Antrag zurückgenommen wird oder nicht, dass die wechselseitig getroffenen, letztwilligen Zuwendungen gemäß III. A. dieses Testamentes entfallen.

Für den Wegfall der erbrechtlichen Zuwendung reicht die Anhängigkeit des Scheidungsantrages aus.

Gleichzeitig legen wir fest, dass in diesem Falle die übrigen, von uns in diesem Testament getroffenen Verfügungen weiterhin Bestand haben sollen, wobei allerdings keinerlei erbrechtliche Bindung weder zu unseren Lebzeiten noch nach dem Tode des Erstversterbenden von uns bestehen soll. Dies bedeutet, dass jeder von uns in seiner erbrechtlichen Verfügungsfreiheit sowohl zu Lebzeiten beider Ehegatten als auch nach dem Tode des erstversterbenden Ehegatten frei ist.

Demgemäß bestimmt jeder der Ehegatten in jederzeit frei abänderbarer Weise, dass bei seinem Tod diejenige erbrechtliche Folge eintreten soll, die eintreten würde, wenn er der längstlebende Ehegatte wäre (V. dieses Testamentes).

(Ort, Datum, Unterschrift)

Dieses Testament ist auch mein Testament.

(Ort, Datum, Unterschrift)

### XII. Muster: Gemeinschaftliches Testament, Anordnung einer Erbengemeinschaft und Nießbrauchsvermächtnis zugunsten des überlebenden Ehegatten

Wir, die Eheleute _____, geb. am _____ in _____, und _____, geborene _____, geb. am _____ in _____, wohnhaft _____, beide deutsche Staatsangehörige, errichten nachfolgendes gemeinschaftliches Testament:

### I. Testierfreiheit

Jeder von uns erklärt, dass er nicht durch Bindungen aus einem früheren gemeinschaftlichen Testament oder aus einem Erbvertrag an der Errichtung dieses gemeinschaftlichen Testaments gehindert ist. Hiermit heben wir einzeln und gemeinsam alle unsere bisherigen Verfügungen von Todes wegen in vollem Umfang auf. Für unseren letzten Willen soll ausschließlich das nachstehend Verfügte von Bedeutung sein.

### II. Erbeinsetzung

Der Erststerbende von uns setzt zu seinen Erben ein:
1. den Überlebenden von uns zur Hälfte
2. unsere Kinder

a) _____ zu einem Viertel.
b) _____ zu einem Viertel.

Zu Ersatzerben unserer Kinder sind deren Abkömmlinge nach gesetzlicher Erbfolgeordnung berufen und berechtigt, wiederum ersatzweise tritt – zunächst innerhalb eines Stammes – Anwachsung ein.

### III. Nießbrauchsvermächtnis, Testamentsvollstreckung, Auseinandersetzungsausschluss

Dem Überlebenden von uns wird der lebenslange unentgeltliche Nießbrauch an den Erbteilen unserer Abkömmlinge eingeräumt.

Der Überlebende wird für die Dauer seiner Lebenszeit – längstens jedoch bis zu seiner Wiederverheiratung – zum Testamentsvollstrecker für den ganzen Nachlass berufen. Er hat alle Rechte und Pflichten, die einem Testamentsvollstrecker nach dem Gesetz eingeräumt werden können. In der Eingehung von Verbindlichkeiten für den Nachlass ist er nicht beschränkt. Er kann einzelne Nachlassgegenstände aus seiner Verwaltung freigeben.

Solange Testamentsvollstreckung und Nießbrauch bestehen, ist die Auseinandersetzung des Nachlasses nur mit Zustimmung des Überlebenden zulässig. Der Überlebende kann die Nachlassauseinandersetzung jederzeit vornehmen.

Nießbrauch, Testamentsvollstreckung und Auseinandersetzungsausschluss enden mit der Wiederverheiratung des Überlebenden.

### IV. Hausratsvermächtnis

Der überlebende Ehegatte erhält im Wege des Vorausvermächtnisses den gesamten Hausrat und das Inventar der von uns gemeinschaftlich bewohnten Wohnung in           einschließlich des Pkw.

### V. Schlusserbfolge

Der Überlebende von uns setzt zu seinen Erben ein unsere Kinder

1.                             zur Hälfte
2.                             zur Hälfte.

Ersatzerben sind deren Abkömmlinge, nach gesetzlicher Erbfolgeordnung berufen und berechtigt. Mangels solcher tritt – zunächst innerhalb eines Stammes – Anwachsung ein. Der Überlebende ist an diese Erbeinsetzung insofern gebunden, als er die Erbteile unserer Abkömmlinge nicht niedriger als die Pflichtteilsquote festsetzen kann. Er kann im Übrigen frei von Todes wegen verfügen.

### VI. Pflichtteilsklausel

Wir wünschen nicht, dass unsere Kinder bzw. deren Abkömmlinge auf den Tod des Erststerbenden von uns den Pflichtteil verlangen. Sollte ein Abkömmling trotzdem gegen den Willen des Überlebenden den Pflichtteil verlangen und erhält er ihn auch, so ist der betreffende Abkömmling mitsamt seinem Stamm von der Erbfolge am Überlebenden von uns ausgeschlossen. Der überlebende Ehepartner kann die Enterbung aufheben oder abändern. Insoweit entfällt die Bindung.

### VII. Verzicht auf Anfechtung

Wir schließen hiermit das uns bzw. Dritten nach dem Gesetz zustehende Anfechtungsrecht für den Fall des Vorhandenseins oder des künftigen Hinzutretens weiterer pflichtteilsberechtigter Personen (Ehegatte, Kinder, Adoptivkinder etc.) aus. Dies gilt auch für die Anfechtung wegen eines etwaigen, wegen dieses Umstandes gegebenen Motivirrtums gemäß § 2078 Abs. 2 BGB.

Sollte vorbehaltlich der vorstehenden Regelung einer von uns nach dem Ableben des Erstverstorbenden einzelne Verfügungen des vorbezeichneten Testamentes gemäß § 2078 Abs. 2 BGB anfechten, so soll diese Anfechtung keinen Verlust der erbrechtlichen Zuwendungen des Erstverstorbenden an den längstlebenden Ehegatten mit sich bringen. Diese sollen vielmehr vollumfänglich bestehen bleiben.

### VIII. Wechselbezüglichkeit, Bindungswirkung

Die in diesem Testament getroffenen Verfügungen für den ersten und den zweiten Todesfall sollen insgesamt wechselbezüglich und bindend sein.

(Ort, Datum, Unterschrift)

Dieses Testament ist auch mein Testament.

(Ort, Datum, Unterschrift)

*Seiler*

## XIII. Muster: Testament geschiedener Ehepartner

### I. Vorbemerkung

Ich, _____, geb. am _____ in _____, bin deutsche Staatsangehörige. Aus meiner geschiedenen Ehe mit Herrn _____ sind zwei gemeinschaftliche Kinder hervorgegangen.
1. der Sohn _____, geb. am _____ in _____, wohnhaft bei mir und
2. die Tochter _____, geb. am _____ in _____, wohnhaft bei mir.

Die elterliche Sorge für die gemeinschaftlichen Kinder wurde im Rahmen der Ehescheidung auf mich übertragen.

### II. Testierfreiheit

Ich erkläre, dass ich nicht durch ein bindend gewordenes gemeinschaftliches Testament oder einen Erbvertrag an der Errichtung dieser letztwilligen Verfügung gehindert bin. Hiermit hebe ich alle bisherigen von mir errichteten Verfügungen von Todes wegen in vollem Umfang auf. Für meinen letzten Willen soll ausschließlich das nachstehend Verfügte von Bedeutung sein.

### III. Erbeinsetzung

Zu meinen Erben setze ich meine beiden Kinder, meinen Sohn _____ und meine Tochter _____, jeweils zur Hälfte zu meinen Erben ein. Meine beiden Kinder sind Vollerben, eine Nacherbfolge möchte ich ausdrücklich nicht anordnen.

Fällt einer der Erben vor oder nach dem Erbfall weg, so bestimme ich seine Abkömmlinge nach den Regeln der gesetzlichen Erbfolgeordnung zu Ersatzerben, wiederum ersatzweise tritt – zunächst innerhalb eines Stammes – Anwachsung ein. Schlägt einer der Erben seinen Erbteil aus, macht er seinen Pflichtteil geltend und erhält er ihn auch, ganz oder teilweise, dann ist er mit seinem ganzen Stamm von der Erbfolge ausgeschlossen.

### IV. Herausgabevermächtnis

Für den Fall, dass auf den Tod eines oder beider meiner Kinder deren Vater, Herr _____, oder dessen Verwandten Erben oder Vermächtnisnehmer werden, haben die Erben meines jeweiligen vorverstorbenen Kindes aus dessen Nachlass alles, was aus meinem Nachlass dort noch vorhanden ist, im Wege des Vermächtnisses herauszugeben, und zwar an die Abkömmlinge meines verstorbenen Kindes, ersatzweise an mein anderes Kind und wiederum ersatzweise an dessen Kinder nach den Regeln der gesetzlichen Erbfolgeordnung. Das Gleiche gilt, wenn noch vorhandener Nachlass Grundlage einer Pflichtteilsberechnung meines geschiedenen Ehemannes wird.

Diese Verpflichtung gilt auch für die eventuellen Surrogate unter entsprechender Anwendung von § 2111 BGB. Das Vermächtnis fällt an, wenn die vorgenannten Voraussetzungen erfüllt sind, also beim Tod eines Kindes, wenn der Vater oder seine Verwandten Erben oder Vermächtnisnehmer eines meiner Kinder oder deren Nachkommen werden oder der Vater meiner Kinder pflichtteilsberechtigt wird.

Die Herausgabepflicht beschränkt sich auf den beim Anfall des Vermächtnisses vorhandenen Nachlassbestand. Eine Verpflichtung zur ordnungsgemäßen Verwaltung oder eine sonstige Beschränkung besteht für meine Kinder und sonstige Abkömmlinge nicht.

Vor dem Anfall des Vermächtnisses haben die Bedachten weder eine vererbliche, übertragbare noch sonstwie (bspw. durch Eintragung einer Vormerkung, Verlangen nach Sicherheitsleistung oder im Wege des einstweiligen Rechtsschutzes) schützenswerte Rechtsposition, desgleichen keinerlei Auskunftsansprüche.

Sollte einer der Bedachten dennoch derartige vermeintliche Rechte bzw. Ansprüche geltend machen, entfällt das zu seinen bzw. zugunsten seines Stammes angeordnete Vermächtnis.

### V. Ausschluss der Vermögensverwaltung

Diejenigen Nachlassgegenstände, die meine Abkömmlinge, insbesondere meine vorgenannten Kinder, aus meinem Nachlass als Erben oder Vermächtnisnehmer erhalten, sollen nicht von meinem geschiedenen

Ehemann oder dessen Verwandten in der Seitenlinie oder in aufsteigender Linie verwaltet werden. Insoweit wird ein Vermögenssorgerecht nach § 1638 BGB ausgeschlossen. Zum Pfleger für die Vermögensverwaltung bestimme ich Herrn ▒▒▒▒▒, ersatzweise Herrn ▒▒▒▒▒. Herr ▒▒▒▒▒ wird als Pfleger von der Rechnungslegung gegenüber dem Familiengerichtbefreit.

Darüber hinaus entziehe ich meinem geschiedenen Ehemann das Recht, Einkünfte meiner Kinder aus dem ererbten Vermögen nach § 1649 Abs. 2 S. 1 BGB zu eigenem Unterhalt zu verwenden.

(Ort, Datum, Unterschrift)

# § 4 Der Erbvertrag

*Walter Krug*

## Literatur

**Lehrbücher, Handbücher, Kommentare:**

*Dauner-Lieb, Heidel, Ring* (Ges.-Hrsg.), *Kroiß, Ann, Mayer* (Band-Hrsg.), AnwaltKommentar BGB, Band 5, Erbrecht, 2. Auflage 2007; *Ferid/Firsching/Dörner/Hausmann,* Internationales Erbrecht, 76. Auflage 2009; *Bonefeld/Kroiß/Tanck,* Der Erbprozess, 3. Auflage 2009; *Buschor,* Nachlassplanung ("estate planning") nach schweizerischem internationalem Erbrecht, Zürich 1994; *Ebenroth,* Erbrecht, 2. Auflage 2002; *Flick/Piltz,* Der Internationale Erbfall, 2. Auflage 2008; *Hay,* Internationales Privatrecht – Prüfe dein Wissen, 3. Auflage 2007; *Hüßtege,* Internationales Privatrecht – Examenskurs für Rechtsreferendare –, 4. Auflage 2005; *Kegel/Schurig,* Internationales Privatrecht, 9. Auflage 2004; *Kerscher/Krug,* Das erbrechtliche Mandat, 4. Auflage 2007; *Kroiß,* Internationales Erbrecht, 1999; *Lange/Kuchinke,* Erbrecht, 5. Auflage 2001; *Nieder/Kössinger,* Handbuch der Testamentsgestaltung, 3. Auflage 2008; *Radke,* Das Berliner Testament und die gegenseitige gemeinschaftliche Einsetzung der Ehegatten zu Vorerben in Formularsammlungen, Schriften zum deutschen und europäischen Zivil-, Handels- und Prozessrecht Bd. 188, 1999; *Reimann/Bengel/J. Mayer,* Testament und Erbvertrag, 5. Auflage 2006; *Ritter,* Der Konflikt zwischen einer erbrechtlichen Bindung aus erster Ehe und einer Verfügung des überlebenden Ehegatten zugunsten eines neuen Lebenspartners, 1999; *Rudolf,* Handbuch Testamentsauslegung und -anfechtung, 2000; *Schotten/Schmellenkamp,* Das Internationale Privatrecht in der notariellen Praxis, 2. Auflage 2007; *Süß,* Erbrecht in Europa, 2. Auflage 2008; *Tanck/Krug/Daragan,* Testamente in der anwaltlichen und notariellen Praxis, 3. Auflage 2006 (zit.: AnwF Testamente).

**Aufsätze:**

*Basty,* Bindungswirkung bei Erbvertrag und gemeinschaftlichem Testament, MittBayNot 2000, 73; *Bärtels,* International-erbschaftsteuerliche Entwicklungen in Frankreich, ZEV 1999, 476; *Buchholz,* Zur bindenden Wirkung des Erbvertrags, FamRZ 1987, 440; *Bund,* Die Bindungswirkung des Erbvertrags – BGHZ 31, 13, JuS 1968, 268; *Chaussade-Klein,* Die Ermittlung des Güterrechtsstatuts nach französischem IPR, IPRax 1992, 406; *Dickhuth-Harrach v.,* Testament durch Wimpernschlag – Zum Wegfall des Mündlichkeitserfordernisses bei der Beurkundung von Testamenten und Erbverträgen, FamRZ 2003, 493; *Dohr,* Überwindung der aufgrund gemeinschaftlichen Testaments oder Erbvertrags entstandenen erbrechtlichen Bindungswirkung, MittRhNotK 1998, 387; *Frieser,* Streit des „Erbanwärters" mit dem vom Erblasser Beschenkten, ZErb 2000, 98; *Gantzer,* Eintragung deutscher Erben im spanischen Eigentumsregister, ZEV 1999, 473; *Gresser,* Gesetzliche und gewillkürte Erbfolge im französischen Erbrecht, ZEV 1997, 492; *Grundmann,* Zur Errichtung eines gemeinschaftlichen Testamentes durch italienische Ehegatten in Deutschland, IPRax 1986, 94; *Grziwotz,* Der Erbvertrag nichtehelicher Partner, ZEV 1999, 299; *Hahne,* Grenzen eheverträglicher Gestaltungsfreiheit, DNotZ 2004, 84; *Helms,* Der Widerruf und die Anfechtung wechselbezüglicher Verfügungen bei Geschäfts- und Testierunfähigkeit, DNotZ 2003, 104; *Henrich,* Probleme des interlokalen und des internationalen Ehegüter- und Erbrechts nach dem Einigungsvertrag, IPRax 1991, 14; *Henrich,* Vermögensregelung bei Trennung und Scheidung im europäischen Vergleich, FamRZ 2000, 6; *Herfarth,* Scheidung nach religiösem Recht durch deutsche Gerichte, IPRax 2000, 101; *Herlitz,* Abänderungs- und Rücktrittsvorbehalt beim Erbvertrag, MittRhNotK 1996, 153; *Hülsmeier,* Der Vorbehalt abweichender Verfügungen von Todes wegen beim Erbvertrag, NJW 1986, 3115; *Ivo,* Die Zustimmung zur erbvertragswidrigen Verfügung von Todes wegen, ZEV 2003, 58; *Keim,* Die Aufhebung von Erbverträgen durch Rücknahme aus amtlicher oder notarieller Verwahrung, ZEV 2003, 55; *Keim,* Der Änderungsvorbehalt beim Erbvertrag – bei richtiger Handhabung ein sicheres Gestaltungsmittel!, ZEV 2005, 365; *Keim,* Die Reform des Erb- und Verjährungsrechts und ihre Auswirkungen auf die Gestaltungspraxis, ZEV 2008, 161; *Keim,* Testamentsgestaltung bei missratenen Kindern, NJW 2008, 2072; *Kloster-Harz,* Zur Testierfähigkeit gem. § 2229 Abs. 4 BGB, ZAP Fach 12 S. 1; *Kornexl,* Gibt es einen Nachtrag zum Erbvertrag?, ZEV 2003, 62; *Krebber,* Die Anfechtbarkeit des Erbvertrages wegen Motivirrtums,

DNotZ 2003, 20; *Krug*, Schnittstellen Internationales Güterrecht/Internationales Erbrecht, Jubiläumsschrift 10 Jahre DVEV 2005, S. 61; *Krzywon*, Der Begriff des unbeweglichen Vermögens in Artikel 25 Abs. 2 EGBGB, BWNotZ 1986, 154; *Krzywon*, Die Rechtswahl im Erbrecht, BWNotZ 1987, 4; *Krzywon*, Die erbrechtlichen Bestimmungen des schweizerischen Bundesgesetzes über das internationale Privatrecht aus deutscher Sicht, BWNotZ 1989, 153 ff.; *Lehmann*, Der Vorbehalt der Beschränkung und Beschwerung eines vertragsmäßig Bedachten, BWNotZ 2000, 129; *Lehmann*, Nochmals: Gibt es einen Nachtrag zum Erbvertrag? – Anmerkung zu *Kornexl*, ZEV 2003, 234; *Lichtenwimmer*, Die Feststellung der Geschäfts- und Testierfähigkeit durch den Notar, MittBayNot 2002, 240; *Mayer*, Der Änderungsvorbehalt beim Erbvertrag – erbrechtliche Gestaltung zwischen Bindung und Dynamik, DNotZ 1990, 755; *Meireis*, Das neue deutsche Staatsangehörigkeitsrecht, StAZ 2000, 65; *Müller*, Erwiderung zum Beitrag von Stoppe/Lichtenwimmer, Die Feststellung der Geschäfts- und Testierfähigkeit beim alten Menschen durch den Notar – ein interdisziplinärer Vorschlag, DNotZ 2006, 325; *Münch*, Inhaltskontrolle von Eheverträgen – Erste Umsetzungen der Entscheidungen des BVerfG in die obergerichtliche Praxis, MittBayNot 2003, 107; *Oertzen v.*, Praktische Handhabung eines Erbrechtsfalls mit Auslandsberührung, ZEV 1995, 167; *Otte*, Die Schiedsklausel im Erbvertrag des Hauses Hohenzollern, FamRZ 2006, 309; *Reimann*, Die Änderungen des Erbrechts durch das OLG-Vertretungsänderungsgesetz, FamRZ 2002, 1383; *Reiß*, Das Zusammenwirken von Güterrechtsstatut und Erbstatut bei Beendigung von deutsch-italienischen Ehen durch Tod eines Ehegatten, ZErb 2005, 306; *Riering*, Die Rechtswahl im Internationalen Erbrecht, ZEV 1995, 404; *Rohlfing*, Einführung in Probleme des Internationalen Erbrechts, FF 2000, 6; *Rohlfing/Mittenzwei*, Der Erklärungsgegner bei der Anfechtung eines Erbvertrags oder gemeinschaftlichen Testaments, ZEV 2003, 49; *Rossak*, Neuere zivilrechtliche Probleme zu Vorschriften des Heimgesetzes und deren erweiterte Anwendung, MittBayNot 1998, 407; *Scheugenpflug*, Güterrechtliche und erbrechtliche Fragen bei Vertriebenen, Aussiedlern und Spätaussiedlern, MittRhNotK 1999, 372; *Stoppe/Lichtenwimmer*, Die Feststellung der Geschäfts- und Testierfähigkeit beim alten Menschen durch den Notar – ein interdisziplinärer Vorschlag, DNotZ 2005, 806; *Veit*, Die Anfechtung von Erbverträgen durch den Erblasser, NJW 1993, 1534; *Wachter*, Deutsch-Französische Erbfälle – eine Fallstudie, Jubiläumsschrift 10 Jahre DVEV, 2005, S. 203; *Weiler*, Änderungsvorbehalt und Vertragsmäßigkeit der erbvertraglichen Verfügungen, DNotZ 1994, 427.

| | |
|---|---|
| A. Typischer Sachverhalt | 1 |
| B. Begriff | 2 |
| C. Arten von Erbverträgen | 8 |
|   I. Einseitiger Erbvertrag | 9 |
|     1. Ausgangssituation | 9 |
|     2. Verhältnis zwischen lebzeitiger Leistungsverpflichtung und Verfügung von Todes wegen | 10 |
|     3. Unentgeltlicher Erbvertrag | 11 |
|     4. Muster: Einseitiger Erbvertrag – Pflegeverpflichtung – Nießbrauchsvermächtnis | 12 |
|   II. Zweiseitiger oder mehrseitiger Erbvertrag | 13 |
|     1. Ausgangssituation | 13 |
|     2. Verbindung des Erbvertrags mit anderen Rechtsgeschäften unter Lebenden | 15 |
|   III. Inhalt des Erbvertrags | 17 |
|     1. Art der vertragsmäßigen Verfügungen | 17 |
|       a) Grundsatz | 17 |
|       b) Entscheidend für die Vertragsmäßigkeit ist der Erblasserwille | 19 |
|       c) Interessenlage als Auslegungskriterium | 20 |
|     2. Wechselbezügliche (korrespektive) Verfügungen | 21 |
|       a) Vertragsmäßigkeit – Wechselbezüglichkeit | 21 |
|       b) Rechtswirkung der Wechselbezüglichkeit | 23 |
|     3. Einseitige Verfügungen | 25 |
|   IV. Errichtung des Erbvertrags | 26 |
|     1. Abschlussfähigkeit | 26 |
|       a) Geschäftsfähigkeit | 26 |
|       b) Muster: Entbindung von der ärztlichen Schweigepflicht | 30 |
|       c) Feststellungen des Notars zur Geschäftsfähigkeit | 31 |
|       d) Persönliche Anforderungen an den Vertragspartner, der nicht Erblasser ist | 33 |
|     2. Höchstpersönlichkeit | 34 |
|     3. Formvorschriften | 35 |
|     4. Verwahrung | 40 |
|   V. Rechtswirkungen der erbvertraglichen Bindung | 42 |
|     1. Verfügungen unter Lebenden und erbvertragliche Bindung | 42 |
|       a) Rechtsstellung des Bedachten | 43 |
|       b) Rechtsstellung des Erblassers | 46 |
|         aa) Grundsatz | 46 |
|         bb) Zusätzlicher Verfügungsunterlassungsvertrag | 47 |
|         cc) Muster: Verfügungsunterlassungsvertrag | 49 |
|         dd) Muster: Antrag auf einstweilige Verfügung betr. Verfügungsverbot aufgrund Verfügungsunterlassungsvereinbarung | 50 |
|         ee) Beeinträchtigende Schenkungen | 51 |

2. Beeinträchtigung eines Vermächtnisnehmers .................... 52
3. Unterschied zwischen § 2288 BGB und § 2287 BGB ................. 54
VI. Muster ............................ 55
   1. Muster: Ehegattenerbvertrag – Alleinerbeinsetzung – Schlusserbeneinsetzung – Vermächtnis bezüglich GmbH-Anteil – Pflichtteilsstrafklausel (Geldvermächtnis) – Entbindung von der ärztlichen Schweigepflicht .......... 55
   2. Muster: Ehegattenerbvertrag – Gesetzliche Erbfolge – Vermächtnis bezüglich Gesellschaftsbeteiligung – Nießbrauch – Pflichtteilsverzichtsvertrag .. 56
   3. Muster: Erbvertrag unter nichtehelichen Lebenspartnern – Grundstücksvermächtnis – Vollmacht zur Vermächtniserfüllung ................. 57
   4. Muster: Erbvertrag unter drei Geschwistern ...................... 58
   5. Muster: Erbvertrag zwischen in Scheidung lebenden Ehegatten – Scheidungsvereinbarung – Auseinandersetzungsausschluss – Schuldrechtliches Nutzungsrecht – Grundstücksvermächtnis – Erb- und Pflichtteilsverzichtsvertrag ............................ 59
VII. Erbvertrag oder gemeinschaftliches Testament? ............................ 60
   1. Besonderheiten des Erbvertrags ...... 61
   2. Besonderheiten des gemeinschaftlichen Testaments ...................... 62
VIII. Verbindung des Erbvertrags mit einem Ehevertrag .......................... 63
   1. Grundsatz ...................... 63
   2. Inhaltskontrolle von Eheverträgen nach der Rechtsprechung des Bundesverfassungsgerichts ................ 64
      a) Bisherige Rechtsprechung der Zivilgerichte .................. 64
      b) Rechtsprechung des BVerfG ...... 65
      c) Vom BGH entwickelte Grundsätze ......................... 66
      d) Wegfall der (ehe-)vertraglichen Bindung: Auswirkungen der Wirksamkeitskontrolle auf das Erbscheinsverfahren, den Erbenfeststellungsprozess und den Pflichtteilsprozess ........................... 67
      e) Zulässigkeit der Feststellungsklage (§ 256 Abs. 1 ZPO) zur Frage der Wirksamkeit eines Ehevertrags vor der Scheidung? ................ 69
      f) Gerichtliche Inhaltskontrolle güterrechtlicher Rechtswahlvereinbarungen? ....................... 72
   3. Konsequenzen für die Gestaltung von Eheverträgen .................... 76
IX. Ehe- und Erbvertrag mit güterrechtlicher und erbrechtlicher Rechtswahl ..... 77
   1. Grundsatz des deutschen IPR ........ 77
   2. Erbrechtliche Rechtswahl .......... 79
      a) Beschränkte Zulässigkeit der Rechtswahl ..................... 79
      b) Der Begriff des unbeweglichen Vermögens ..................... 82
      c) Form und Inhalt ............... 83

d) Rechtswahl kann zur Nachlassspaltung führen .................... 85
e) Fall aus der Rechtsprechung ...... 87
f) Altrechtliche Rechtswahl ........ 91
3. Rechtswahlmöglichkeiten im Erbrecht und Güterrecht ................... 92
4. Muster: Ehe- und Erbvertrag – Rechtswahl Güterrechtsstatut und Ehewirkungsstatut – Modifizierte Zugewinngemeinschaft – Rechtswahl Erbrechtsstatut – Auseinandersetzungsausschluss als Vorausvermächtnis ............. 93
5. Grundsätze des Internationalen Güterrechts ............................ 95
   a) Regelung des EGBGB .......... 95
      aa) Grundsatz: Ehewirkungsstatut = Güterrechtsstatut ........... 95
      bb) Wahl des Güterrechtsstatuts .. 96
      cc) Flüchtlinge und Vertriebene .. 100
   b) Auseinanderfallen von Erbrechtsstatut und Güterrechtsstatut ...... 102
      aa) Allgemeines ............... 102
      bb) Wandelbarkeit des Erbrechtsstatuts ..................... 103
      cc) Sonderproblem des pauschalierten Zugewinnausgleichs ... 105
      dd) Güterrechtliches Übergangsrecht ..................... 109
      ee) Interlokales Kollisionsgüterrecht ..................... 112
D. Andere Verfügungen von Todes wegen im Verhältnis zum Erbvertrag .......... 113
   I. Allgemeines ..................... 113
   II. Verfügung von Todes wegen, die vor dem Erbvertrag errichtet wurde ........ 114
   III. Verfügung von Todes wegen, die nach dem Erbvertrag errichtet wurde ........ 116
   IV. Begriff der Beeinträchtigung ........... 118
   V. Zustimmung des vertraglich Bedachten .. 119
   VI. Zustimmung des Vermächtnisnehmers zu anderweitigen Verfügungen ........ 121
      1. Formerfordernis: Notarielle Beurkundung ......................... 121
      2. Muster: Zustimmung des Vermächtnisnehmers zu Aufhebungstestament ... 122
      3. Muster: Aufhebungstestament nach Zustimmung durch den Vermächtnisnehmer ........................ 123
   VII. Beschränkung eines Abkömmlings in guter Absicht ...................... 124
   VIII. Wegfall der Aufhebungswirkung bei Unwirksamwerden des Erbvertrags ...... 125
   IX. Erbvertragsaufhebung; Muster ........ 127
   X. Erbvertragsaufhebung durch gemeinschaftliches Testament ............. 129
      1. Formerfordernis .................. 129
      2. Muster: Erbvertragsaufhebung durch privatschriftliches gemeinschaftliches Testament ....................... 130
      3. Muster: Aufhebung eines zweiseitigen Erbvertrags durch Testament nach Ausschlagung .................... 131
E. Änderungsvorbehalt und vertragliche Verfügungen ........................ 132
   I. Allgemeines ..................... 132
   II. Zulässigkeit des Änderungsvorbehalts ... 134
   III. Grenzen des Änderungsvorbehalts ...... 135
F. Auslegung des Erbvertrags ............. 143

*Krug*

G. Anfechtung des Erbvertrags ........... 144
   I. Allgemeines ........................ 144
   II. Erklärungen des Vertragspartners ....... 145
   III. Erbvertraglich bindende Verfügungen ... 146
      1. Anfechtung durch den Erblasser ..... 146
         a) Allgemeines .................... 146
         b) Einseitiger Erbvertrag; Selbstanfechtungsrecht des Erblassers ..... 149
           aa) Vertragliche Verfügungen von Todes wegen .................. 149
           bb) Anfechtungsgründe ......... 150
              (1) Inhalts- und Erklärungsirrtum .................... 150
              (2) Motivirrtum ............ 153
           cc) Form und Frist der Anfechtung ...................... 154
           dd) Rechtswirkungen der Anfechtung ...................... 157
         c) Bestätigung eines anfechtbaren Erbvertrags .................... 158
         d) Anfechtung des zweiseitigen und mehrseitigen Erbvertrags ........ 161
           aa) Anfechtungserklärung ....... 162
           bb) Frist ..................... 163
           cc) Rechtswirkungen der erklärten Anfechtung ................ 164
           dd) Ausschluss des Anfechtungsrechts .................... 166
           ee) Beweislast für den Selbstanfechtungsverzicht ........... 167
           ff) Fall aus der Rechtsprechung: Kenntnis des Erblassers vom Anfechtungsgrund trotz Rechtsirrtums über die Bindungswirkung des Ehegattentestaments (bzw. eines Erbvertrags) ................... 168
           gg) Muster: Selbstanfechtung eines gegenseitigen Erbvertrags nach Hinzutreten eines Pflichtteilsberechtigten ............... 169
         e) Anfechtbarkeit einseitiger Verfügungen ...................... 170
      2. Anfechtung des Erbvertrags durch Dritte ............................ 171
H. Rücktritt vom Erbvertrag .............. 172
   I. Rücktrittsrecht des Vertragspartners .... 172
   II. Rücktrittsrecht des Erblassers ........ 174
      1. Vertragliches oder gesetzliches Rücktrittsrecht ........................ 174
      2. Vorbehaltenes Rücktrittsrecht ....... 175
      3. Gesetzliches Rücktrittsrecht ........ 177
         a) Rücktritt bei Verfehlungen des Bedachten ...................... 177
         b) Rücktritt bei Wegfall der Gegenverpflichtung .................. 179
      4. Rücktrittserklärung ................ 181
         a) Rücktritt zu Lebzeiten beider Vertragspartner .................... 181
         b) Muster: Rücktritt des Erblassers vom einseitigen Erbvertrag ....... 183
         c) Rücktritt nach dem Tod des Vertragspartners .................. 185
         d) Rücktritt durch Testament ....... 186
         e) Muster: Rücktritt durch Testament .......................... 192
         f) Wechselbezügliche vertragliche Verfügungen .................. 193
         g) Rücktritt von einem mit einem Ehevertrag verbundenen Erbvertrag ......................... 196
         h) Fall-Beispiel ................... 197
           aa) Sachverhalt ................ 197
           bb) Voraussetzungen für einen Rücktritt vom Erbvertrag .... 198
           cc) Gegenseitige Abhängigkeit von Erbeinsetzung und Zahlungsverpflichtung ............. 199
           dd) Rückgewähr der Rentenzahlungen .................... 201
   I. Rücknahme von Erbverträgen aus der besonderen amtlichen Verwahrung ...... 202

## A. Typischer Sachverhalt

1 Ein hochbetagter Witwer ohne nahe Angehörige, der im eigenen Einfamilienhaus lebt, wird gesundheitlich hinfällig. Seine Rente reicht gerade für seinen Lebensbedarf. Den Aufenthalt in einem Altenheim oder Altenpflegeheim könnte er trotz Pflegeversicherung nicht finanzieren. Außerdem will er in seinem eigenen Haus wohnen bleiben, so lange dies noch geht. In seinem Bekanntenkreis findet sich eine rund 20 Jahre jüngere allein stehende Frau, die ebenfalls nur eine geringe Rente bezieht, die aber in der Lage und auch willens wäre, dem alten Herrn den Haushalt zu führen und ihn, wenn es erforderlich werden sollte, auch bis zu einem gewissen Grade zu pflegen. Weil die Einkünfte des alten Herrn so gering sind, kann er sie dafür zu Lebzeiten nicht entlohnen, aber – weil er keine nahen Angehörigen hat – könnte er ihr schon zu Lebzeiten Wohnung in seinem Haus gewähren und nach seinem Tod ihr sein Haus entweder ganz vererben oder ein Wohnungsrecht/Nießbrauch daran für ihre Lebenszeit einräumen.

## B. Begriff

Im Gegensatz zum Testament als einseitiger Willenserklärung steht der Erbvertrag, bei dem entweder beide Vertragsteile oder nur einer eine Verfügung von Todes wegen mit vertraglicher Bindung treffen, § 1941 BGB. Wesentliches Merkmal der Testierfreiheit ist die Möglichkeit, testamentarische Verfügungen jederzeit frei zu widerrufen. Diese freie Widerruflichkeit gilt für vertraglich angeordnete Verfügungen von Todes wegen nicht. Hierin liegt eine Ausnahme vom grundsätzlichen Verbot des § 2302 BGB, wonach Verträge über die Testierfreiheit des Erblassers eigentlich unzulässig sind.

Die Rechtsnatur des Erbvertrags wird von zwei Elementen geprägt: Einerseits trifft der Erblasser eine Verfügung von Todes wegen; andererseits wird diese Verfügung im Einverständnis mit dem Vertragspartner getroffen. Bereits zu Lebzeiten des Erblassers tritt für ihn eine vertragliche Bindung ein. Auf der einen Seite steht die höchstpersönliche Verfügung von Todes wegen, auf der anderen finden sich Elemente eines zweiseitigen Vertrags. Aus diesem Grund spricht man auch von der „**Doppelnatur**" des Erbvertrags.[1] Weil aber die Wirkungen erst mit dem Tod des Erblassers eintreten, wird der Erbvertrag auch als „Vertrag sui generis" gekennzeichnet.[2] Damit wird gleichzeitig klargestellt, dass die Vorschriften des BGB für schuldrechtliche Verträge einschließlich der Vorschriften über gegenseitige Verträge nicht anwendbar sind.[3] Auch wenn sich die Vertragschließenden – häufig Ehegatten – gegenseitig zu Erben einsetzen oder wenn einerseits der Erblasser eine Person zum Erben einsetzt und diese Person eine Verpflichtung zur Erbringung einer Leistung zu Lebzeiten verspricht, so finden die schuldrechtlichen Vorschriften auf den Erbvertrag dennoch keine Anwendung. Denkbar wäre in einem solchen Fall allenfalls eine Verbindung der beiden Verträge nach § 139 BGB, falls ein entsprechender Parteiwille festgestellt werden kann.

Weitere Folgen der vertraglichen Bindung des Erblassers sind:
- Die vertragsmäßig getroffenen Verfügungen können nicht einseitig widerrufen werden (Ausnahme: Anfechtung und Rücktritt).
- Der Erblasser kann keine anders lautende Verfügung von Todes wegen errichten (§ 2289 Abs. 1 BGB).

Die vertragsmäßige Verfügung von Todes wegen kann entweder zugunsten des Vertragspartners oder zugunsten eines Dritten angeordnet werden (vgl. im Einzelnen Rn 17 ff.).

Der Erbvertrag kann zwischen fremden Personen geschlossen werden, ist also nicht auf Ehegatten oder eingetragene Lebenspartner beschränkt. Von den mehreren fremden Personen kann jede oder nur eine als Erblasser handeln.

> **Praxishinweis**
> Nicht jede Rechtsordnung hat sich so extrem komplizierte Regeln wie die der vertraglichen letztwilligen Verfügungen zu Eigen gemacht. Die zum romanischen Rechtskreis gehörenden Staaten kennen häufig weder den Erbvertrag noch das gemeinschaftliche Testament. Da sich das Erbstatut aus der Sicht des deutschen IPR nach der Staatsangehörigkeit des Erblassers richtet (Art. 25 Abs. 1 EGBGB), ist immer Vorsicht geboten, wenn ein Staatsangehöriger aus diesem Rechtskreis ein gemeinschaftliches Testament oder einen Erbvertrag als Erblasser errichten will. Ein Verstoß gegen das Verbot gemeinschaftlicher letztwilliger Verfügungen hätte in aller Regel – mit wenigen Ausnahmen – deren Formnichtigkeit zur Folge.

---

1 MüKo-*Musielak*, vor § 2274 BGB Rn 3.
2 *Nolting*, JA 1993, 129.
3 *Leipold*, Rn 369.

## C. Arten von Erbverträgen

8 Man unterscheidet **einseitige** Erbverträge sowie **zwei-** oder **mehrseitige** Erbverträge.

### I. Einseitiger Erbvertrag

#### 1. Ausgangssituation

9 Wenn nur ein Vertragsteil eine Verfügung von Todes wegen trifft, der andere Vertragsteil aber nicht, so spricht man vom **einseitigen Erbvertrag**. Diese Art von Erbverträgen wird häufig in der Form geschlossen, dass sich ein Teil verpflichtet, den Erblasser lebenslang zu pflegen und dieser dafür den anderen vertraglich zum Erben einsetzt oder ihm eine sonstige Zuwendung von Todes wegen – bspw. ein Wohnungsrecht oder einen Nießbrauch – gewährt. Ein solcher Vertrag enthält eine schuldrechtliche Verpflichtung als Gegenleistung für die Erbeinsetzung.

Die vertraglich begründeten Pflegeverpflichtungen beziehen sich auf Sachleistungen (Dienstleistungen). Für die Bewertung der Leistungsverpflichtung kann – soweit sich kein anderer Anhaltspunkt aus dem Vertrag ergibt – auf die Werte nach dem Pflegeversicherungsgesetz abgestellt werden.[4]

Dass eine vertragsmäßige Erbeinsetzung „mit Rücksicht" auf eine in einem gesonderten Überlassungsvertrag enthaltene Unterhaltsverpflichtung des Bedachten vorgenommen wurde, kann regelmäßig nicht allein aus dem Umstand geschlossen werden, dass beide Verträge am gleichen Tag abgeschlossen wurden.[5]

#### 2. Verhältnis zwischen lebzeitiger Leistungsverpflichtung und Verfügung von Todes wegen

10 Die Regeln über den gegenseitigen Vertrag i.S.v. der §§ 320 ff. BGB finden auf den Erbvertrag keine Anwendung, weil die Verfügung des Erblassers keine schuldrechtliche Verpflichtung darstellt, sondern eine Verfügung von Todes wegen. Der Erbvertrag steht mit der Gegenleistung in einem Entgeltlichkeitszusammenhang. Man spricht von einem „synallagmatischen Vertrag ohne obligatorischen Charakter". Die eingegangene Verpflichtung zur Gegenleistung ist Rechtsgeschäft unter Lebenden, das nicht Bestandteil des Erbvertrags ist.[6] Die rechtliche Konstruktion der Verbindung von Erbvertrag und Vereinbarung über die Gegenleistung kann erfolgen als
– gegenseitige Bedingung,
– Zweckvorgabe i.S.v. § 812 Abs. 1 S. 2 Hs. 2 BGB,
– Vereinbarung eines Gesamtrechtsgeschäfts, das bei Teilunwirksamkeit insgesamt unwirksam wird gem. § 139 BGB.[7]

Sind im Erbvertrag keine eindeutigen Regeln zu diesem Fragenkreis getroffen, so ist der entsprechende Wille der Vertragsparteien durch Auslegung zu ermitteln. Die Praxis neigt am ehesten zur Anwendung von § 139 BGB.

---

4 OFD Koblenz in DStR 1996, 786; OLG Stuttgart, Urt. v. 30.8.2007 – 19 U 27/07, hier nach „juris" (Zeitschriftenveröffentlichung nicht feststellbar).
5 OLG München ZErb 2009, 178 = ZEV 2009, 345.
6 BGHZ 36, 65.
7 Palandt/*Edenhofer*, § 2295 Rn 2.

## 3. Unentgeltlicher Erbvertrag

Übernimmt der Vertragspartner **keine Gegenleistung** für die letztwillige Zuwendung, so spricht man von einem unentgeltlichen Erbvertrag.

## 4. Muster: Einseitiger Erbvertrag – Pflegeverpflichtung – Nießbrauchsvermächtnis

Ort:

Verhandelt am

Mitwirkend: Notar        mit dem Amtssitz in

Anwesend sind heute in meiner Kanzlei:
1. Herr        , geboren am        in        , wohnhaft in
2. Frau        , geboren am        in        , wohnhaft in

Herr        weist sich aus durch seinen mit Lichtbild versehenen Personalausweis. Frau        ist persönlich bekannt.

Herr        und Frau        erklären: Wir wollen einen Erbvertrag errichten.

Ich, der Notar, habe mit beiden Anwesenden heute anlässlich dieser Beurkundung und schon am        eine ausführliche Unterredung über den Inhalt des nachstehend beurkundeten Erbvertrags geführt. Beide Beteiligte sind nach der dabei gewonnenen Überzeugung zweifelsfrei geschäfts- und testierfähig.

Die gesetzlichen Voraussetzungen für die Zuziehung von Zeugen oder eines zweiten Notars liegen nicht vor. Die Anwesenden wünschen dies nach ausdrücklicher Befragung auch nicht.

Der Notar befragt die Anwesenden, ob er oder einer der mit ihm in Bürogemeinschaft verbundenen Notare bzw. Rechtsanwälte mit der heutigen Angelegenheit bereits vorbefasst war. Beide Beteiligten verneinen dies.

Sodann erklären Herr        und Frau        zu notariellem Protokoll:

Wir schließen folgenden

*Erbvertrag*

*I. Vertragsparteien, Rechtsverhältnisse*
1. Herr        handelt bei diesem Erbvertrag als Erblasser, Frau        handelt als Vertragspartnerin und nicht als Erblasserin.
2. Herr        ist nach einem Schlaganfall gehbehindert und wird in nächster Zeit in einem Grade pflegebedürftig sein wie dies Pflegestufe I der Pflegeversicherung entspricht. Bereits seit        erledigt Frau        – die Anwesende nach Ziff. 2 – für Herrn        – den Anwesenden Ziff. 1 – alle Besorgungen außer Haus und führt ihm auch den Haushalt.
Dafür erhält sie bisher eine monatliche Vergütung von        EUR. Diese ist – und darüber sind sich beide Anwesenden einig – unangemessen niedrig.
3. Herr        ist verwitwet. Er erklärt, er habe mit seiner vorverstorbenen Ehefrau weder ein gemeinschaftliches Testament errichtet noch einen Erbvertrag geschlossen. Auch mit einer anderen Person habe er keinen Erbvertrag geschlossen. Er widerruft sämtliche früher etwa errichteten Verfügungen von Todes wegen.

*II. Pflegeverpflichtung*

*1. Dienstleistung von Frau*

Frau        – die Anwesende nach Ziff. 2 – verpflichtet sich hiermit, für Herrn        – den Anwesenden nach Ziff. 1 – auch in Zukunft alle Besorgungen im bisherigen Umfang zu tätigen und seine Drei-Zimmer-Wohnung in        im Hause        -Straße Nr.        zu putzen, für ihn die Mahlzeiten zuzubereiten und seine Kleidung zu versorgen.

*Krug*

Frau ▨ übernimmt darüber hinaus alle Pflegeleistungen, die bei einer Einstufung in die Pflegestufe I und Pflegestufe II im Sinne der Pflegeversicherung zu erbringen sind.

2. Gegenleistung von Herrn ▨

Frau ▨ erhält als Gegenleistung eine monatliche Zahlung von ▨ EUR und darüber hinaus freie Kost. Sollten diese Leistungen der Lohn- bzw. Einkommensteuer und/oder der Sozialversicherung unterliegen, so sind die dafür anfallenden Aufwendungen von Herrn ▨ zu tragen.

Die Vertragsschließenden sind sich einig, dass diese Gegenleistung nicht angemessen ist. In dem Mehrwert der von Frau ▨ erbrachten Leistungen liegt keine unentgeltliche Zuwendung.

*III. Nießbrauchsvermächtnis*

Zur weiteren Abgeltung der von Frau ▨ erbrachten Dienstleistungen wendet Herr ▨ Frau ▨ im Wege des erbvertraglichen Vermächtnisses den lebenslangen Nießbrauch an seinem Haus in ▨, -Straße Nr. ▨, eingetragen im Grundbuch des Amtsgerichts ▨ für ▨ Band ▨ Heft ▨ Bestandsverzeichnis-Nr. ▨ zu.

Das Vermächtnis ist an die Person von Frau ▨ gebunden, deshalb wird ein Ersatzvermächtnisnehmer nicht eingesetzt.

Frau ▨ nimmt diese erbvertragliche Vermächtniszuwendung hiermit an.

*IV. Rücktrittsrecht*

Sollte Frau ▨ die in diesem Erbvertrag eingegangenen Dienstleistungen für Herrn ▨ für die Dauer von zwei zusammenhängenden Monaten oder länger nicht erbringen können, so hat Herr ▨ das Recht, von diesem Erbvertrag zurückzutreten. Ein weiter gehendes Rücktrittsrecht besteht nicht.

Der Notar hat darauf hingewiesen, dass die Rücktrittserklärung der notariellen Beurkundung bedarf und dem anderen Vertragsteil zugehen muss.

*V. Zahlungspflicht der Erben*

Sollte Frau ▨ den Nießbrauch an dem Haus ▨ des Herrn ▨ nicht erhalten – aus welchem Grund auch immer –, so sind die Erben des Herrn ▨ verpflichtet, an Frau ▨ die Differenz zwischen dem Geldwert ihrer erbrachten Dienstleistungen und den dafür gewährten Gegenleistungen nachzuzahlen. Dieser Anspruch ist vererblich.

*VI. Verwahrung, Kosten*

Dieser Erbvertrag soll beim Amtsgericht ▨ verwahrt werden.

Alle Beurkundungs- und Verwahrungskosten für diesen Erbvertrag übernimmt Herr ▨.

Diese Niederschrift wurde den Anwesenden vom Notar vorgelesen, von ihnen genehmigt und sodann von ihnen und dem Notar wie folgt eigenhändig unterschrieben:

Zum Wohnungsrechtsvermächtnis vgl. *Tanck/Krug/Daragan*, AnwF Testamente, § 15 Rn 176 ff.

## II. Zweiseitiger oder mehrseitiger Erbvertrag

### 1. Ausgangssituation

13  Der Vorteil des Erbvertrags besteht u.a. darin, dass nicht nur ein Vertragspartner Verfügungen von Todes wegen zu treffen braucht, sondern dass auch **zwei oder mehr Vertragspartner** ihrerseits Verfügungen von Todes wegen treffen. Am häufigsten ist der zweiseitige Erbvertrag, der **unter Ehegatten** geschlossen wird. Er gewinnt auch zunehmende Bedeutung für geschiedene Ehegatten, die sicherstellen wollen, dass gemeinsame Vermögensgegen-

stände, insbesondere Immobilien, im Erbgang an gemeinschaftliche Kinder gehen. Sie wollen damit erreichen, dass gemeinsam erarbeitetes Vermögen nicht an Dritte, insbesondere nicht an einen neuen Ehepartner und Kinder aus einer neuen Ehe, fällt. Erbverträge solcher Art können zusammen mit einer Scheidungsfolgenvereinbarung geschlossen werden und erleichtern nicht selten eine einvernehmliche Regelung bezüglich der Scheidungsfolgen. Auch eine erbvertragliche Regelung in einem gerichtlichen (Scheidungs-)Vergleich ist möglich, weil die gerichtliche Protokollierung die notarielle Beurkundung ersetzt, § 127a BGB; bei Anwaltszwang unter Mitwirkung des Anwalts.[8] Die Parteien müssen jedoch persönlich anwesend sein und den Erbvertrag persönlich genehmigen.[9]

Allerdings ist zu beachten, dass in den Fällen, in denen ein Erbvertrag bspw. mit einer Scheidungsvereinbarung verbunden wird, die Gesamtvereinbarung den strengen Formvorschriften des Erbvertragsrechts unterworfen ist[10] (vgl. Muster unten Rn 59).

**2. Verbindung des Erbvertrags mit anderen Rechtsgeschäften unter Lebenden**

Wird der Erbvertrag äußerlich mit einem anderen Rechtsgeschäft verbunden, so verlieren die einzelnen Rechtsgeschäfte dadurch ihre Selbstständigkeit nicht. Ein **Ehe- und Erbvertrag** ist eine Verbindung eines Ehevertrags, der die güterrechtlichen Verhältnisse regelt (§§ 1408, 2276 Abs. 2 BGB), mit einem Erbvertrag unter Ehegatten. Beide Vertragstypen bleiben selbstständig; der Ehevertrag ist ein Rechtsgeschäft unter Lebenden, der Erbvertrag eine Verfügung von Todes wegen (vgl. zum Ehe- und Erbvertrag und zur gerichtlichen Inhaltskontrolle von Eheverträgen Rn 63 ff.).

Allerdings ist zu beachten, dass in den Fällen, in denen ein Erbvertrag mit anderen Rechtsgeschäften unter Lebenden verbunden wird – bspw. mit einem Ehevertrag –, die Rücknahme des Erbvertrags aus der Verwahrung des Notars oder des Amtsgerichts (in Baden-Württemberg des Staatlichen Notariats) nach der Neuregelung des § 2300 BGB n.F. mit Aufhebungswirkung nicht möglich ist.

### III. Inhalt des Erbvertrags

**1. Art der vertragsmäßigen Verfügungen**

a) Grundsatz

Welche letztwilligen Verfügungen in einem Erbvertrag vertragsmäßig getroffen werden können, bestimmt § 2278 Abs. 2 BGB. Genannt werden dort nur
- die **Erbeinsetzung**,
- die Anordnung eines **Vermächtnisses** und
- die **Auflage**.

Bei der Auslegung einer erbvertragsmäßigen Verfügung i.S.v. § 2278 BGB ist zu ermitteln, was die Vertragsteile im maßgebenden Zeitpunkt der Errichtung des Erbvertrages erklärt haben und wie das Erklärte aus der Sicht des anderen Teils zu verstehen war.[11] Die Annahme einer vertragsmäßigen Verfügung liegt im Übrigen – unabhängig vom Wortlaut – besonders

---

8 BayObLG NJW 1965, 1276; BGHZ 14, 381.
9 OLG Düsseldorf ZErb 2007, 54.
10 OLG Hamm NJWE-FER 1998, 275 = ZEV 1999, 55.
11 BGHZ 106, 359, 361; OLG München FamRZ 2008, 547; FamRZ 2009, 547 = ZErb 2008, 387.

nahe, wenn sich Ehegatten gegenseitig zu Erben einsetzen und wenn es sich um die eigenen Kinder begünstigende Verfügungen handelt.[12]

Der Grund für die Einengung der Bandbreite möglicher vertragsmäßiger Verfügungen in § 2278 Abs. 2 BGB liegt darin, dass sich der Erblasser mit einer vertragsmäßigen Verfügung seiner Testierfreiheit begibt, anders lautende Verfügungen zu treffen. Da es sich insoweit um eine Ausnahme von § 2302 BGB handelt, soll dies nur in eingeschränktem Umfang möglich sein, um die Testierfreiheit des Erblassers noch für einen Rest zu erhalten.

### b) Entscheidend für die Vertragsmäßigkeit ist der Erblasserwille

19 Die in § 2278 Abs. 2 BGB genannten Verfügungen (Erbeinsetzung, Vermächtnis- und Auflagenanordnung) **können** zwar vertragsmäßig getroffen werden, sie müssen es aber nicht. In jedem einzelnen Fall ist eine Überprüfung und Abgrenzung danach vorzunehmen, ob die betreffende Verfügung vertragsmäßig oder einseitig getroffen wurde. Es ist Aufgabe des Beraters, insoweit eindeutige Bestimmungen in den Erbvertrag aufzunehmen, um späteren Auslegungsschwierigkeiten zu begegnen.

### c) Interessenlage als Auslegungskriterium

20 Wurde trotzdem nicht ausdrücklich gekennzeichnet, welche Verfügungen vertragsgemäß und welche einseitig sind, so ist fraglich, nach welchen Kriterien eine Einordnung vorzunehmen ist. Nach der Rechtsprechung des BGH[13] kommt es auf die Interessenlage der Parteien an. Dafür spricht der Vertragscharakter, auch wenn es sich nur um einen einseitigen Erbvertrag handelt, auf den die §§ 133, 157 BGB bei der Vertragsauslegung angewandt werden.[14] Danach kann eine Verfügung dann als vertragsmäßig qualifiziert werden, wenn die Vertragsparteien sie der vertraglichen Bindung unterwerfen wollten. Dies ist in der Regel dann der Fall, wenn der Vertragspartner ein **eigenes Interesse an der Verfügung** hat, insbesondere also bei einer Zuwendung an den Vertragspartner oder an eine ihm nahestehende Person.

## 2. Wechselbezügliche (korrespektive) Verfügungen

### a) Vertragsmäßigkeit – Wechselbezüglichkeit

21 Vertragsmäßig bedacht sein kann neben dem Vertragspartner auch ein Dritter, und zwar sowohl eine natürliche als auch eine juristische Person. Von der Vertragsmäßigkeit einer angeordneten letztwilligen Verfügung zu unterscheiden ist die Frage der Wechselbezüglichkeit (**Korrespektivität**). Korrespektiv können Verfügungen von Todes wegen nur sein, wenn mindestens zwei Personen als Erblasser handeln und die Verfügung der einen mit der der anderen steht und fällt, § 2298 BGB.

22 Zur Wechselbezüglichkeit der Schlusserbeneinsetzung von juristischen Personen (hier bei einem gemeinschaftlichen Testament) der Beschluss des LG Stuttgart vom 20.4.1999:[15]

> *„Die Schlusserbeneinsetzung juristischer Personen in einem gemeinschaftlichen Testament kann grundsätzlich eine wechselbezügliche Verfügung sein..."*

---

12 OLG Stuttgart, Urt. v. 30.8.2007 – 19 U 27/07, hier nach „juris" (Zeitschriftenveröffentlichung nicht feststellbar); OLG Hamm FGPrax 2005, 30.
13 BGHZ 26, 204; BGHZ 36, 115, 120; BGHZ 106, 359, 361.
14 BGHZ 106, 359, 361.
15 LG Stuttgart ZEV 1999, 441.

Damit kann natürlich auch eine juristische Person **erbvertraglich** zur Schlusserbin eingesetzt werden, insbesondere in einem „Berliner Erbvertrag" als Analogon zum „Berliner Testament". Diese Fallkonstellation tritt auch unter Partnern einer **eingetragenen Lebenspartnerschaft** auf.[16]

### b) Rechtswirkung der Wechselbezüglichkeit

Die Nichtigkeit einer vertragsmäßigen Verfügung führt nach § 2298 Abs. 1 BGB dann zur **Unwirksamkeit des ganzen Erbvertrags**, wenn in ihm von beiden Teilen vertragsmäßige Verfügungen getroffen worden sind. Von dieser gegenseitigen Abhängigkeit (Wechselbezüglichkeit oder Korrespektivität) nach § 2298 Abs. 1 BGB ist immer auszugehen, wenn nicht ein anderer Wille der Vertragschließenden anzunehmen ist, § 2298 Abs. 3 BGB. Damit wird dem Interesse beider Vertragserblasser Rechnung getragen, da regelmäßig keiner seine Verfügung ohne die Verfügung des anderen getroffen haben würde.

Im Gegensatz dazu führt die Nichtigkeit einer lediglich vertragsmäßigen Verfügung (die nicht auch korrespektiv ist) nur dann zur Unwirksamkeit einer nicht vertragsmäßigen Verfügung, wenn im Rahmen von § 2085 BGB anzunehmen ist, dass der Erblasser diese Verfügung ohne die unwirksame Verfügung nicht getroffen hätte.

### 3. Einseitige Verfügungen

Im Erbvertrag können einseitige Verfügungen (beispielsweise Testamentsvollstreckungsanordnung, Teilungsanordnung) getroffen werden, die auch Inhalt eines einseitigen Testaments sein könnten, § 2299 Abs. 1 BGB. Das bedeutet aber auch, dass Erbeinsetzung, Vermächtnis- und Auflagenanordnung im Erbvertrag einseitige Verfügungen sein können. Entscheidend ist der Wille der/des Erblasser/s, der notfalls durch Auslegung zu ermitteln ist.

Für die einseitigen Anordnungen gilt Testamentsrecht (§ 2299 Abs. 2 BGB), insbesondere die Möglichkeit und die Formen des Widerrufs nach §§ 2253 ff. BGB.

## IV. Errichtung des Erbvertrags

### 1. Abschlussfähigkeit

#### a) Geschäftsfähigkeit

Für den Abschluss eines Erbvertrags auf der Seite des Erblassers ist nach § 2275 Abs. 1 BGB im Allgemeinen **unbeschränkte Geschäftsfähigkeit** erforderlich. Ehegatten und Verlobte können Erbverträge schließen, wenn sie beschränkt geschäftsfähig sind, § 2275 Abs. 2, 3 BGB. Sie bedürfen dazu allerdings der formlosen Zustimmung des gesetzlichen Vertreters, § 182 Abs. 2 BGB. Testierunfähigkeit kann vorliegen, wenn paranoide Wahnvorstellungen eines Erblassers, die sich vor allem auf eine als (testamentarischer) Erbe in Betracht kommende Person beziehen, das freie Urteil darüber unmöglich machen, ob die Einsetzung anderer Personen als Erben sittlich gerechtfertigt ist.[17] Wer wegen Geistesschwäche zunächst entmündigt war und sodann unter Betreuung mit dem Aufgabenkreis der Vermögenssorge stand, kann dennoch testierfähig gewesen sein, insbesondere dann, wenn er lediglich unter einer Lernschwäche gelitten hat.[18]

---

16 Lebenspartnerschaftsgesetz – LPartG – vom 16.2.2001 (BGBl I 2001, S. 266), das zum 1.8.2001 in Kraft getreten ist; vgl. § 10 LPartG.
17 BayObLG, NJW-RR 2000, 6 = FamRZ 2000, 701.
18 OLG Hamm FamRZ 2004, 659.

27 Häufig entsteht in Erbrechtsprozessen Streit über die Geschäfts- bzw. Testierfähigkeit des Erblassers. Dabei geht es immer wieder um die Frage, ob der behandelnde Arzt von seiner ärztlichen Schweigepflicht entbunden ist. Es ist unstreitig, dass der Erblasser diese Entbindung selbst erklären kann. Deshalb ist zu empfehlen, in die Verfügung von Todes wegen eine solche Entbindungserklärung aufzunehmen.

28 Lebzeitige Feststellungen zum Geisteszustand des späteren Erblassers können u.U. in einem selbstständigen Beweisverfahren getroffen werden.[19]

29 **Rechtsprechung des Bundesverfassungsgerichts zur Ehefähigkeit**
BVerfG, Beschluss vom 18.12.2002:[20]

*„Trotz erheblicher Zweifel an der Geschäftsfähigkeit im Übrigen kann eine partielle Geschäftsfähigkeit für die Eheschließung gegeben sein."*

Welche Tragweite diese Rechtsprechung hat, kann noch nicht abgesehen werden. Könnte daraus auch eine partielle Geschäftsfähigkeit für einen Ehevertrag folgen und/oder auch eine partielle Geschäfts-/Testierfähigkeit für ein gemeinschaftliches Testament und/oder einen Ehegatten-Erbvertrag?

b) Muster: Entbindung von der ärztlichen Schweigepflicht

55
30 Ich, _____, entbinde schon heute die mich bisher und zukünftig behandelnden Ärzte von ihrer Schweigepflicht, soweit es um die Frage meiner Geschäfts- bzw. Testierfähigkeit geht.

(Unterschrift)

c) Feststellungen des Notars zur Geschäftsfähigkeit

31 Die Feststellungen des Notars über die Geschäfts- bzw. Testierfähigkeit, die gem. § 28 BeurkG in notarielle Urkunden aufgenommen werden sollen, erbringen zwar nicht den Beweis für die Geschäfts- bzw. Testierfähigkeit im Sinne der §§ 415 ff. ZPO, sind aber im Prozess und im FG-Verfahren gemäß den § 286 ZPO, §§ 29, 30 FamFG[21] (bis 31.8.2009: § 15 FGG) zu würdigen. Neuerdings legt das KG den Feststellungen des Notars bei der späteren Beweiswürdigung besonderes Gewicht bei.[22] Andererseits ist das OLG Frankfurt/M. der Meinung, dass die Feststellungen des Notars in der Schenkungsurkunde über die Geschäftsfähigkeit des Erblassers keine Bedeutung hätten, weil der Notar als medizinischer Laie dazu keine endgültigen Aussagen machen könne.[23]

Nach BayObLG haben Feststellungen des Notars zur Geschäftsfähigkeit lediglich Indizwirkung.

BayObLG Beschluss vom 17.8.2004 – 1Z BR 053/04:[24]

*„Rechtsfehlerhaft ist ferner die Auffassung des Landgerichts, es könne schon deshalb von Testierfähigkeit ausgehen, weil die beurkundenden Notare jeweils in der Urkunde festgehalten haben, sie seien aufgrund der Verhandlung mit dem Erblasser von dessen Testierfähigkeit überzeugt. Zwar kann bei einem ordnungsgemäß errichteten öffentli-*

---

19 OLG Koblenz FamRZ 2003, 542.
20 BVerfG FamRZ 2003, 359.
21 FGG-ReformG v. 17.12.2008, BGBl I S. 2586, in Kraft seit 1.9.2009, Art. 111, 112 FGG-ReformG.
22 FamRZ 2000, 912.
23 FamRZ 2000, 603, mit Anm. *Günther*, FamRZ 2000, 604.
24 BayObLGZ 2004, 237 = FamRZ 2005, 658 = MittBayNot 2005, 235.

*chen Testament in dem nach § 28 BeurkG vorgesehenen Vermerk des Notars über seine Wahrnehmungen bezüglich der Testierfähigkeit ein Indiz liegen (vgl. OLG Hamm FGPrax 1997, 68/69; Staudinger/Baumann, BGB, 13. Auflage § 2229 Rn 47). Eine solche Feststellung des Urkundsnotars ist jedoch nicht geeignet, schon gar nicht ohne eine Beweiserhebung über ihr Zustandekommen, aufgrund konkreter Umstände begründete Zweifel an der Testierfähigkeit zu entkräften, zumal wenn – wie hier – eine psychische Erkrankung des Erblassers bereits durch den Sachverständigen festgestellt ist. Auch wenn der Erblasser anlässlich der Beurkundung seiner letztwilligen Verfügungen keine Wahnvorstellungen geäußert haben sollte, rechtfertigt das nicht den Schluss, dass sie nicht vorhanden waren."*

Das BayObLG[25] zum Grad der Störung der Geistestätigkeit für eine anzunehmende Testierfähigkeit:

*"Der objektivierbare Befund einer Geisteskrankheit reicht ... für sich allein nicht aus, um schon daraufhin den Erblasser für testierunfähig zu erklären. ... Für die Beurteilung entscheidend ist nicht die Diagnose einer organischen Störung, sondern Grad und Ausmaß der nachweisbaren psychopathologischen Auffälligkeiten. Eine diagnostische Zuordnung allein genügt daher nicht; es kommt vielmehr auf Ausmaß und Intensität der psychischen Störung an."*

**Neuerungen im Beweisrecht durch das FamFG:**[26] Das FamFG regelt das Beweisverfahren im Vergleich zum FGG genauer.

In § 26 FamFG heißt es zunächst:

*Das Gericht hat von Amts wegen die zur Feststellung der entscheidungserheblichen Tatsachen erforderlichen Ermittlungen durchzuführen.*

§ 29 FamFG ergänzt:

*Das Gericht erhebt die erforderlichen Beweise in geeigneter Form. Es ist hierbei an das Vorbringen der Beteiligten nicht gebunden.*

Dies entspricht der bisherigen Regelung des Amtsermittlungsgrundsatzes in § 12 FGG.

§ 30 FamFG enthält Vorschriften über eine förmliche Beweisaufnahme in Form des Strengbeweises. Zunächst kann allerdings das Gericht nach pflichtgemäßem Ermessen entscheiden, ob es die entscheidungserheblichen Tatsachen durch eine förmliche Beweisaufnahme entsprechend der ZPO feststellt. Gemäß § 30 Abs. 2 FamFG hat eine förmliche Beweisaufnahme stattzufinden, wenn es in diesem Gesetz vorgesehen ist.[27] Eine förmliche Beweisaufnahme soll gem. § 30 Abs. 3 FamFG über die Richtigkeit einer Tatsachenbehauptung stattfinden, wenn das Gericht seine Entscheidung maßgeblich auf die Feststellung dieser Tatsache stützen will und die Richtigkeit von einem Beteiligten ausdrücklich bestritten wird.

### d) Persönliche Anforderungen an den Vertragspartner, der nicht Erblasser ist

Derjenige Vertragspartner, der nicht als Erblasser handelt, kann den Erbvertrag schließen, wenn er nach den allgemeinen Vorschriften **geschäftsfähig** ist (§§ 104 ff. BGB). Übernimmt ein Vertragspartner im Erbvertrag keine eigenen Verpflichtungen, so kann er den Vertrag

---

25 FamRZ 2002, 1066 = ZEV 2002, 234.
26 Vom 17.12.2008, BGBl I 2008, S. 2586, in Kraft seit 1.9.2009.
27 Vgl. schon *Kollhosser*, Zur Stellung und zum Begriff der Verfahrensbeteiligten im Erkenntnisverfahren der freiwilligen Gerichtsbarkeit, C.H. Beck, München 1970, dort § 3 III, 1–4; § 5 III; § 6 III, IV.

selbst schließen, auch wenn er minderjährig ist, § 2275 BGB, weil damit für ihn lediglich ein rechtlicher Vorteil verbunden ist, § 107 BGB.

### 2. Höchstpersönlichkeit

34   Der Erblasser kann den Erbvertrag nur höchstpersönlich schließen, § 2274 BGB, wie im Parallelfall der Testamentserrichtung nach § 2064 BGB. Stellvertretung ist damit ausgeschlossen. Allerdings kann der Vertragspartner bei einem einseitigen Erbvertrag durch einen Bevollmächtigten vertreten werden. Insoweit gelten die allgemeinen Vorschriften. Für den geschäftsunfähigen Vertragspartner handelt sein gesetzlicher Vertreter.

### 3. Formvorschriften

35   Zwingend vorgeschrieben ist notarielle Beurkundung bei **gleichzeitiger Anwesenheit** der Vertragschließenden, § 2276 Abs. 1 BGB („Simultanbeurkundung"). Eine Trennung des Vertrags in Vertragsangebot und Vertragsannahme ist damit ausgeschlossen. Auf den Beurkundungsvorgang finden die Vorschriften über die Errichtung eines öffentlichen Testaments entsprechende Anwendung, § 2276 Abs. 1 S. 2 Hs. 1 BGB. Die Erklärung muss seit 1.8.2002 nicht zwingend mündlich oder durch Übergabe einer offenen oder verschlossenen Schrift abgegeben werden. Diese Vorschriften gelten sowohl für den Erblasser als auch für den Vertragspartner, der nicht als Erblasser handelt, § 2276 Abs. 1 S. 2 Hs. 2 BGB. Schließen Ehegatten einen Erbvertrag, den sie mit einem Ehevertrag in einer Urkunde verbinden, so genügt die für den Ehevertrag vorgeschriebene Form, §§ 2276 Abs. 2, 1410 BGB.[28]

Der Erbvertrag kann auch in einem gerichtlichen Vergleich geschlossen werden, der handelnde Erblasser muss diesen Vergleich aber persönlich genehmigen.[29]

36   **Änderung der Vorschriften über die Testiermöglichkeit mehrfach Behinderter**

Das „Gesetz zur Änderung des Rechts der Vertretung durch Rechtsanwälte vor den Oberlandesgerichten (OLG-Vertretungsänderungsgesetz – OLGVertÄndG)" vom 23.7.2002,[30] in Kraft getreten am 1.8.2002, hat verschiedene Änderungen des Beurkundungsrechts gebracht (vgl. § 8 Rn 90 ff.).

37   Die Gesetzesnovellierung passt § 2232 BGB an und verzichtet auf das zwingende Erfordernis der Mündlichkeit der Erklärung.[31]

Das Beurkundungsgesetz bedurfte insbesondere in §§ 22 und 24 ebenfalls der Anpassung. § 31 BeurkG wurde ganz gestrichen. Um zu vermeiden, dass das Bestehen einer Vertrauensbeziehung zu Streitigkeiten über die Wirksamkeit einer Verfügung von Todes wegen führt, wird im neuen § 24 BeurkG die Vertrauensperson als eine Person beschrieben, die sich mit dem Beteiligten zu verständigen vermag und mit dessen Zuziehung er einverstanden ist. Dies werden in den meisten Fällen Angehörige oder dem Testator sonst nahestehende Personen sein.

---

28  Vgl. zu den weiteren beurkundungsrechtlichen Erfordernissen *Tanck/Krug/Daragan*, AnwF Testamente, § 6 Rn 1 ff.
29  OLG Düsseldorf DNotZ 2007, 135 = FGPrax 2007, 27 = RNotZ 2007, 219 = ZErb 2007, 54 = ZEV 2007, 95.
30  BGBl I 2002, S. 2850 ff.
31  Vgl. zu den Einzelheiten und auch den „Altfällen" aus der Zeit vor der Reform *v. Dickhuth-Harrach*, FamRZ 2003, 493.

Die stetig zunehmende Überalterung unserer Gesellschaft und die Möglichkeiten der modernen Medizin, gesundheitlich schwerstgeschädigte Menschen – etwa nach Unfällen, bei Schlaganfällen etc. – am Leben zu erhalten, andererseits aber auch die Tatsache, dass die Neigung, in gesunden Tagen letztwillig zu verfügen, kaum zugenommen hat, wird Notare zukünftig häufiger in die Lage bringen, die letztwillige Verfügung einer mehrfach behinderten Person beurkunden zu müssen.

Denkt man weiter, dass möglicherweise ein gemeinschaftliches Testament oder ein Erbvertrag beurkundet werden soll, bei dem nur ein Erblasser oder zwei (oder mehrere) in der beschriebenen Weise behindert sind, so wachsen die Schwierigkeiten immens.

Mittels Gebärdensprache und der Mithilfe einer zugezogenen Person müssen folgende Dinge zuverlässig geleistet werden:
- Prüfung der Geschäfts- bzw. Testierfähigkeit des Testierenden (§ 11 BeurkG),
- Prüfung der Testierfreiheit,
- Prüfung der Vermögens- und Familienverhältnisse,
- Erforschung des unbeeinflussten Willens (frei von interessierten Dritten),
- Belehrung über die rechtliche Tragweite der einzelnen Anordnungen,
- bei einem gemeinschaftlichen Testament der Interessenausgleich zwischen beiden Erblassern unter Berücksichtigung der Fragen einer in Betracht kommenden Wechselbezüglichkeit.

### 4. Verwahrung

Der Erbvertrag soll grundsätzlich in die besondere **amtliche Verwahrung** eines Amtsgerichts verbracht werden (in Baden-Württemberg eines Staatlichen Notariats), wenn nichts anderes verlangt wird, § 2277 BGB. Die Beteiligten können die amtliche Verwahrung ausschließen, § 34 Abs. 2 BeurkG. Dann verbleibt die Urkunde in der Verwahrung des Notars, der in diesem Fall verpflichtet ist, die Standesämter des jeweiligen Geburtsortes der Erblasser oder die Hauptkartei für Testamente beim Amtsgericht in Berlin-Schöneberg nach den Vorschriften über die Benachrichtigung in Nachlasssachen zu benachrichtigen (§ 25 Abs. 1 S. 1 BNotO). Mit dieser Handhabung sparen die Beteiligten die Verwahrungsgebühr nach § 101 KostO. Nach § 34 Abs. 3 BeurkG[32] hat der Notar den Erbvertrag nach Eintritt des Erbfalls an das Nachlassgericht abzuliefern, in dessen Verwahrung er verbleibt. In der Planung ist die Errichtung einer zentralen Testamentsdatei, in der alle Testamente und Erbverträge erfasst werden sollen.

Neuerungen durch das FamFG:[33] Die Regelungen über die Verwahrung und Eröffnung von Verfügungen von Todes wegen finden sich nunmehr in §§ 346 ff. FamFG.

Die bis 31.7.2002 nicht vorgesehene **Rücknahme** eines Erbvertrags aus der amtlichen Verwahrung mit Aufhebungswirkung wurde per 1.8.2002 durch die Neufassung von § 2300 Abs. 2 BGB geändert (vgl. Rn 202).

## V. Rechtswirkungen der erbvertraglichen Bindung

### 1. Verfügungen unter Lebenden und erbvertragliche Bindung

Nach den allgemeinen Regeln des Vertragsrechts (§§ 145 ff. BGB) werden die vertraglich vereinbarten Anordnungen mit Vertragsabschluss bindend, d.h. unwiderruflich. Die Wir-

---

32 I.d.F. des Gesetzes vom 31.8.1998 (BGBl I 2008, S. 2585), in Kraft seit 8.9.1998.
33 BGBl I 2008, S. 2586.

kungen des Erbvertrags als einer Verfügung von Todes wegen treten aber erst mit dem Erbfall ein.

### a) Rechtsstellung des Bedachten

43 Der vertragsmäßig Bedachte, der nicht Vertragspartner ist, erwirbt mit dem Abschluss des Erbvertrags – trotz eingetretener Bindung – weder einen künftigen Anspruch noch eine Anwartschaft, sondern nur eine „tatsächliche Aussicht" auf den Erwerb, die noch keinen Rechtsboden für die Eintragung einer Vormerkung im Grundbuch abgeben kann.[34] Der Erbvertrag ist kein Vertrag zugunsten Dritter im Sinne von § 328 BGB.

Ist der vertragsmäßig Bedachte zugleich Vertragspartner und besteht kein Rücktrittsrecht, so spricht man von einer **Anwartschaft**, nicht Anwartschaftsrecht, deren Bestehen zwar Gegenstand einer Feststellungsklage sein kann, die aber im Grundbuch ebenfalls nicht vormerkbar ist.[35]

44 Weder Aussicht noch Anwartschaft sind durch § 823 Abs. 1 BGB deliktsrechtlich geschützt und gewähren auch keinen Anspruch auf einstweilige Verfügung gegen Beeinträchtigungen durch den Erblasser.[36]

Etwas anderes gilt, wenn zusätzlich zum Erbvertrag ein Verfügungsunterlassungsvertrag geschlossen wurde (vgl. hierzu Rn 47 ff.).

45 Auch wenn in einem Erbverzichtsvertrag zugunsten des Verzichtenden eine Erklärung enthalten ist, dieser erhalte nach dem Tode der beiden Eltern das Alleineigentum an einem Hausgrundstück, begründet diese keine Rechtsposition, die durch Eintragung einer Vormerkung für den Verzichtenden gesichert werden kann.[37]

### b) Rechtsstellung des Erblassers

#### aa) Grundsatz

46 Der Erblasser hat nach der ausdrücklichen Bestimmung des § 2286 BGB grundsätzlich die Freiheit, **unter Lebenden** über sein Vermögen oder über den (im Wege des Vermächtnisses) zugewandten Gegenstand zu verfügen. Dass der Zuwendungsempfänger dadurch betroffen wird, nimmt das Gesetz in Kauf (vgl. aber § 20).

#### bb) Zusätzlicher Verfügungsunterlassungsvertrag

47 Der Erblasser kann sich in einem schuldrechtlichen Vertrag zusätzlich verpflichten, über den Gegenstand der erbvertraglichen Anordnung nicht zu verfügen (§ 137 Abs. 2 BGB).[38] Dieser Vertrag bedarf, auch wenn er sich auf Grundstücke bezieht, keiner Form und kann deshalb auch stillschweigend geschlossen werden; allerdings sind an seinen Nachweis dann strenge Anforderungen zu stellen.[39] Er ist Rechtsgeschäft unter Lebenden. Ein solcher zusätzlicher Verfügungsunterlassungsvertrag wirkt aber nur schuldrechtlich; Verfügungen, die dagegen verstoßen, sind wirksam. Allerdings macht sich der Erblasser schadenersatz-

---

34 BGHZ 12, 115.
35 BGHZ 37, 319; *Lange*, NJW 1963, 1573.
36 KG OLGZ 21, 362, 363; MüKo-*Musielak*, § 2286 BGB Rn 5.
37 OLG Düsseldorf Rpfleger 2003, 290 = FamRZ 2003, 1230.
38 BGH NJW 1963, 1576; BGHZ 31, 13; OLG Köln NJW-RR 1996, 158 = ZEV 1996, 23; *Hohmann*, ZEV 1996, 24.
39 BGH FamRZ 1967, 470; OLG Köln NJW-RR 1996, 158 = ZEV 1996, 23; *Hohmann*, ZEV 1996, 24.

pflichtig mit der Folge, dass für diese Nachlassverbindlichkeit die Erben haften, §§ 1967, 2058 BGB.[40]

Der Unterlassungsanspruch auf Nichtvornahme einer Verfügung ist im Grundbuch nicht durch Vormerkung sicherbar,[41] wohl aber kann er gesichert werden durch ein im Wege der einstweiligen Verfügung erreichbares **gerichtliches Verfügungsverbot** nach § 938 Abs. 2 ZPO (vgl. die nachfolgenden Muster Rn 49 und Rn 50).

cc) Muster: Verfügungsunterlassungsvertrag

*(Erbvertrag)*

Im Hinblick darauf, dass Frau ▒ sich in dem gegenwärtigen Erbvertrag verpflichtet hat, den Erblasser zu pflegen, sie dafür kein Entgelt erhält, der Erblasser sie deshalb zu seiner Alleinerbin eingesetzt hat und sein wesentliches Vermögen und dereinstiger Nachlass in dem Einfamilienhaus in ▒, ▒-Straße Nr. ▒ besteht, verpflichtet sich der Erblasser gegenüber Frau ▒ hiermit, über dieses zuvor bezeichnete Einfamilienhaus zu Lebzeiten weder ganz noch teilweise zu verfügen, d.h. es weder zu veräußern noch ohne ihre Zustimmung in irgend einer Weise zu belasten.

Den Vertragschließenden ist bekannt, dass die Verletzung dieser Verfügungsunterlassungsvereinbarung zum Schadensersatz führen kann und die Rechte von Frau ▒ erforderlichenfalls grundbuchlich gesichert werden könnten.

dd) Muster: Antrag auf einstweilige Verfügung betr. Verfügungsverbot aufgrund Verfügungsunterlassungsvereinbarung

An das

Landgericht
– Zivilkammer –

▒

*Eilt sehr! Bitte sofort vorlegen!*

*Antrag*

*auf Erlass einer einstweiligen Verfügung*

der Frau ▒

– Antragstellerin –

Verfahrensbevollmächtigter: Rechtsanwalt ▒

gegen

Herrn ▒

– Antragsgegner –

Namens und im Auftrag der Antragstellerin, deren auf mich lautende Vollmacht ich beifüge, beantrage ich, folgende einstweilige Verfügung – wegen der Dringlichkeit ohne mündliche Verhandlung (§ 937 Abs. 2 ZPO) – zu erlassen:

Dem Antragsgegner wird untersagt, über das Hausgrundstück in ▒, ▒-Straße Nr. ▒, eingetragen im Grundbuch des Amtsgerichts ▒, Band ▒, Heft ▒, BV Nr. ▒, Gemarkung ▒, Größe ▒, zu verfügen.

---

40 BGH NJW 1964, 549.
41 BGH FamRZ 1967, 470.

Das Gericht wird gebeten, nach Erlass der einstweiligen Verfügung das zuständige Grundbuchamt um die Eintragung des Verfügungsverbots im Grundbuch zu ersuchen, § 941 ZPO.

*Begründung:*

Die Antragstellerin verfolgt mit ihrem Antrag auf Erlass einer einstweiligen Verfügung gem. §§ 938 Abs. 2, 940 ZPO die Sicherung ihrer Rechte als Begünstigte aus einem mit dem Antragsgegner in seiner Eigenschaft als Erblasser abgeschlossenen Erbvertrag, der mit einer Verfügungsunterlassungsvereinbarung verbunden wurde.

Der Antragsgegner ist alleiniger Eigentümer des oben näher bezeichneten Hausgrundstücks.

**Glaubhaftmachung:** Beglaubigte Grundbuchblatt-Abschrift – Anlage 1 –

Mit notariellem Erbvertrag vom            , beurkundet von Notar            in            , unter UR-Nr.            hat der Antragsgegner als Erblasser die Antragstellerin zu seiner Alleinerbin eingesetzt. Die Antragstellerin hat ihrerseits sich in diesem Erbvertrag verpflichtet, dem Antragsgegner den Haushalt zu führen und ihn zu pflegen.

Außer der Erbeinsetzung der Antragstellerin haben die Parteien und Vertragspartner des bezeichneten Erbvertrags vereinbart, dass der Antragsgegner zu Lebzeiten weder ganz noch teilweise über das zuvor näher bezeichnete Einfamilienhaus verfügen wird.

**Glaubhaftmachung:** Beglaubigte Abschrift des notariellen Erbvertrags – Anlage 2 –

Die Antragstellerin hat nunmehr erfahren, dass der Antragsgegner beabsichtigt, entgegen der Verfügungsunterlassungsverpflichtung das Einfamilienhaus gegen Nießbrauchsvorbehalt zu veräußern. Ein Notartermin ist bereits für den            bei Notar            in            vereinbart.

**Glaubhaftmachung:** Eidesstattliche Versicherung des Herrn            – Anlage 3 –

*Zur Rechtslage:*

Der Antragsgegner hat sich als Erblasser in der zusätzlichen Vereinbarung verpflichtet, über das Einfamilienhaus, das Gegenstand der erbvertraglichen Anordnung ist, nicht zu Lebzeiten zu verfügen (§ 137 Abs. 2 BGB).[42]

Der Unterlassungsanspruch auf Nichtvornahme einer Verfügung ist im Grundbuch durch ein im Wege der einstweiligen Verfügung erreichbares gerichtliches Verfügungsverbot nach § 938 Abs. 2 ZPO sicherbar (BGH NJW 1962, 1344; NJW 1963, 1602; MüKo-*Musielak*, § 2286 BGB Rn 12; Staudinger/*Kanzleiter*, § 2286 BGB Rn 16).

Der Erlass der einstweiligen Verfügung und die Eintragung des Verfügungsverbots im Grundbuch sind dringlich, weil die Veräußerung jederzeit erfolgen kann und damit jederzeit ein Rechtsverlust für die Antragstellerin droht. Ob ein etwaiger Schadensersatzanspruch gegen den Antragsgegner durchsetzbar wäre, ist äußerst fraglich.

(Rechtsanwalt)

ee) Beeinträchtigende Schenkungen

51 Der durch Erbvertrag eingesetzte Erbe wird durch § 2287 BGB gegen beeinträchtigende Schenkungen des Erblassers geschützt. Allerdings sind die vorgenommenen Schenkungen wirksam; sie geben dem benachteiligten Erben lediglich nach dem Tode des Erblassers einen **Anspruch auf Herausgabe des Geschenkes** nach den Vorschriften über die Herausgabe einer ungerechtfertigten Bereicherung. Damit besteht für den vertragsmäßig Bedachten auch

---

42 BGH NJW 1963, 1576; BGHZ 31, 13; OLG Köln NJW-RR 1996, 158 = ZEV 1996, 23; *Hohmann*, ZEV 1996, 24.

die Gefahr, dass die Bereicherung zwischenzeitlich weggefallen sein könnte, § 818 Abs. 3 BGB.

Vgl. hierzu im Einzelnen § 21 und zum Auskunftsanspruch auf der Grundlage des § 2287 BGB § 9 Rn 154, 302 ff.

### 2. Beeinträchtigung eines Vermächtnisnehmers

Der vertragsmäßig bedachte Vermächtnisnehmer wird gem. § 2288 BGB geschützt gegen Beeinträchtigung, Zerstörung, Beiseiteschaffen und Beschädigen des Vermächtnisgegenstandes. Hat der Erblasser in Beeinträchtigungsabsicht gehandelt, so steht dem Vermächtnisnehmer ein Anspruch auf Wiederherstellung, Wiederbeschaffung oder Wertersatz zu.

52

Ist durch Verfügung unter Lebenden – gleichgültig, ob entgeltlich oder unentgeltlich – der Vermächtnisgegenstand in Beeinträchtigungsabsicht veräußert oder belastet worden, so hat der Erbe den Gegenstand dem Vermächtnisnehmer zu verschaffen bzw. die Belastung zu beseitigen, § 2288 Abs. 2 BGB.

53

Der vertragsmäßig geschützte Vermächtnisnehmer hat nach Eintritt des Erbfalls seine Rechte gemäß § 2288 BGB gegen die Erben bzw. den Beschenkten zu verfolgen.

Verfügung i.S.v. §§ 2287, 2288 BGB kann auch eine Ausstattung (§ 1624 BGB) sein.[43] Bei Weiterveräußerung eines Grundstücks durch den Zuwendungsempfänger ist dieser gem. §§ 2287 Abs. 1, 2288 Abs. 2 S. 2, 818 Abs. 2 BGB zum Wertersatz verpflichtet.[44]

Siehe zum Anspruch aus § 2288 BGB § 21 Rn 161 ff.

### 3. Unterschied zwischen § 2288 BGB und § 2287 BGB

Der Schutz des Vermächtnisnehmers geht über den des Erben hinaus, weil nicht nur Schenkungen des Erblassers erfasst werden, sondern rein tatsächliche Handlungen und auch entgeltliche Rechtsgeschäfte. Der verstärkte Schutz gilt im Hinblick auf §§ 2169, 2171 BGB, die die Wirksamkeit einer Vermächtnisanordnung vom Vorhandensein des Vermächtnisgegenstands im Nachlass abhängig machen und im Hinblick darauf, dass die Beseitigung einer Belastung grundsätzlich nicht verlangt werden kann, § 2165 BGB.

54

## VI. Muster

### 1. Muster: Ehegattenerbvertrag – Alleinerbeinsetzung – Schlusserbeneinsetzung – Vermächtnis bezüglich GmbH-Anteil – Pflichtteilsstrafklausel (Geldvermächtnis) – Entbindung von der ärztlichen Schweigepflicht

Ort:

Verhandelt am

Mitwirkend: Notar   mit dem Amtssitz in

Anwesend sind heute in meiner Kanzlei:
1. Herr   , geboren am   in   , wohnhaft in

55

---

43 OLG Stuttgart, Urt. v. 30.8.2007 – 19 U 27/07, hier nach „juris" (Zeitschriftenveröffentlichung nicht feststellbar).
44 OLG Stuttgart, Urt. v. 30.8.2007 – 19 U 27/07, hier nach „juris" (Zeitschriftenveröffentlichung nicht feststellbar).

2. dessen Ehefrau, Frau ▇▇▇, geboren am ▇▇▇ in ▇▇▇, wohnhaft in ▇▇▇

Beide Anwesende weisen sich jeweils aus durch Vorlage ihrer mit Lichtbild versehenen Personalausweise.

Herr ▇▇▇ und Frau ▇▇▇ erklären: Wir wollen einen Erbvertrag errichten.

Ich, der Notar, habe mit beiden Anwesenden heute anlässlich dieser Beurkundung und schon am ▇▇▇ eine ausführliche Unterredung über den Inhalt des nachstehend beurkundeten Erbvertrags geführt. Beide Beteiligte sind nach der dabei gewonnenen Überzeugung des Notars zweifelsfrei geschäfts- und testierfähig.

Die gesetzlichen Voraussetzungen für die Zuziehung von Zeugen oder eines zweiten Notars liegen nicht vor. Die Anwesenden wünschen dies nach ausdrücklicher Befragung auch nicht.

Der Notar befragt die Anwesenden, ob er oder einer der mit ihm in Bürogemeinschaft verbundenen Notare bzw. Rechtsanwälte mit der heutigen Angelegenheit bereits vorbefasst war. Beide Beteiligten verneinen dies.

Sodann erklären Herr ▇▇▇ und Frau ▇▇▇ zu notariellem Protokoll:

Wir schließen folgenden

*Erbvertrag*

*I. Vertragsparteien, Rechtsverhältnisse*

1. Am ▇▇▇ haben wir vor dem Standesbeamten des Standesamts ▇▇▇ die Ehe geschlossen. Sie ist für jeden von uns die erste Ehe. Einen Ehevertrag haben wir nicht errichtet; deshalb gilt in unserer Ehe die Zugewinngemeinschaft als gesetzlicher Güterstand des BGB.
   Aus unserer Ehe sind zwei Kinder hervorgegangen:
   a) unser Sohn ▇▇▇, geboren am ▇▇▇ in ▇▇▇, wohnhaft in ▇▇▇
   b) unsere Tochter ▇▇▇, geboren am ▇▇▇ in ▇▇▇, wohnhaft in ▇▇▇
   Nichteheliche oder adoptierte Abkömmlinge hat keiner von uns.
2. Der Ehemann, Herr ▇▇▇ – Anwesender zu Ziff. 1 –, führt ein Unternehmen in der Rechtsform der GmbH. Die Gesellschaft ist unter der Firma ▇▇▇ im Handelsregister des Amtsgerichts ▇▇▇ unter HRB-Nr. ▇▇▇ eingetragen; ihr Sitz befindet sich in ▇▇▇. Das Stammkapital von 200.000 EUR ist eingeteilt in zwei Geschäftsanteile von 150.000 EUR und 50.000 EUR. Inhaber beider Geschäftsanteile ist Herr ▇▇▇, der Anwesende zu Ziff. 1.
3. Ein gemeinschaftliches Testament oder einen Erbvertrag haben wir bisher nicht errichtet. Keiner von uns hat einen Erbvertrag mit einer dritten Person geschlossen. In unserer Testierfreiheit sind wir in keiner Weise eingeschränkt.

*II. Widerruf früherer Verfügungen von Todes wegen*

Vorsorglich widerruft jeder von uns alle früheren Verfügungen von Todes wegen in vollem Umfang. Für jeden von uns soll lediglich dieser Erbvertrag gelten.

*III. Anordnungen des Erststerbenden*

*1. Erbeinsetzung*

Der Erststerbende von uns setzt den Überlebenden zu seinem alleinigen unbeschränkten Vollerben ein.

Wir bitten das Nachlassgericht, auf den Tod des Erststerbenden von uns nicht nur dessen Verfügungen von Todes wegen zu eröffnen, sondern auch die des Überlebenden von uns.

*2. Pflichtteilsklausel, Vermächtnis*

a) Wir wünschen nicht, dass einer unserer Abkömmlinge auf den Tod des Erststerbenden den Pflichtteil verlangt.
   Sollte ein Abkömmling dennoch gegen den Willen des Überlebenden seinen Pflichtteil geltend machen und ihn auch ganz oder teilweise erhalten, so ist der betreffende Abkömmling samt seinem ganzen Stamm von der Erbfolge am Überlebenden ausgeschlossen.

*Krug*

Diese Enterbung durch den Überlebenden gilt jedoch nicht, wenn damit die zweite gesetzliche Erbfolgeordnung oder entferntere gesetzliche Erbfolgeordnungen zum Zuge kämen.
b) Der zuerststerbende Ehegatte wendet hiermit, sofern ein Abkömmling diesem Wunsch nicht entspricht, den übrigen zu Erben berufenen Abkömmlingen, die ihren Pflichtteilsanspruch nicht geltend machen, ein Geldvermächtnis in Höhe des Werts des jeweiligen vollen gesetzlichen Erbteils zu. Dabei ist der Nachlass mit demselben Wert anzusetzen, der der Pflichtteilsberechnung zugrunde gelegt wurde. Für die Berechnung des Vermächtnisses gelten im Übrigen die gesetzlichen Bestimmungen des Pflichtteilsrechts entsprechend.
c) Das Geldvermächtnis ist ab dem Erbfall mit 5 % jährlich zu verzinsen.
d) Das Vermächtnis fällt erst mit dem Tod des Überlebenden an und ist erst dann zur Zahlung fällig. Eine Sicherheitsleistung kann nicht verlangt werden.

*IV. Anordnungen des Überlebenden*

Der Überlebende von uns setzt hiermit zu seinen unbeschränkten Vollerben ein unsere gemeinschaftlichen Kinder:
1. ▒▒▒▒ zur Hälfte
2. ▒▒▒▒ zur Hälfte.

Ersatzerben der eingesetzten Kinder sind deren Abkömmlinge nach den Regeln der gesetzlichen Erbfolge; erforderlichenfalls tritt entsprechend der gesetzlichen Erbfolge Anwachsung ein.

*V. (Voraus-)Vermächtnis*

Der Ehemann wendet hiermit, gleichgültig ob er als erster oder als zweiter von uns sterben sollte, unserem gemeinschaftlichen Sohn ▒▒▒▒ vermächtnisweise die beiden dem Ehemann gehörenden GmbH-Geschäftsanteile im Nominalbetrag von 50.000 EUR und 150.000 EUR an der Firma ▒▒▒▒ GmbH, Sitz ▒▒▒▒, zu.

Das Vermächtnis fällt mit dem Tod des Ehemanns an und wird damit auch zur Erfüllung fällig.

Auf das Pflichtteilsrecht, insbesondere auf § 2306 BGB, wurde hingewiesen.

(Zwischen dem Erschienenen zu Ziff. 1 und seiner Ehefrau sowie der Tochter ▒▒▒▒ wurde heute ein gegenständlich beschränkter Erb- und Pflichtteilsverzicht in Bezug auf die beiden GmbH-Geschäftsanteile geschlossen.)

Sollte unser Sohn dieses Vermächtnis nicht annehmen können oder nicht annehmen wollen, so entfällt es ersatzlos. Ersatzvermächtnisnehmer werden ausdrücklich nicht benannt.

*VI. Vertragliche Bindung, Rücktrittsrecht, Anfechtungsverzicht*
1. Alle Bestimmungen sind erbvertraglich und wechselbezüglich getroffen. Jedem Ehegatten bleibt das Recht zum Rücktritt vorbehalten. Die dabei einzuhaltenden Formvorschriften wurden den Erschienenen erläutert. Auch die Bindung des überlebenden Ehegatten an die auf seinen Tod getroffenen Bestimmungen wurde erläutert. Der Überlebende ist berechtigt, Teilungsanordnungen nach § 2048 BGB nach seinem Ermessen zu treffen.
2. Ein etwaiges Anfechtungsrecht des überlebenden Ehegatten und etwaiger neuer Pflichtteilsberechtigter gem. §§ 2281, 2079 BGB bzw. § 2079 BGB wird hiermit ausdrücklich ausgeschlossen.

*VII. Entbindung von der ärztlichen Schweigepflicht*

Sollten Zweifel an unserer Geschäfts- bzw. Testierfähigkeit entstehen, so entbindet jeder insofern die ihn behandelnden und in Zukunft noch behandelnden Ärzte von ihrer Schweigepflicht.

*VIII. Verwahrung*

Der Erbvertrag soll in die besondere amtliche Verwahrung des Amtsgerichts ▒▒▒▒ verbracht werden.

Diese Niederschrift wurde vom Notar den Erschienenen vorgelesen, von diesen genehmigt und von ihnen und dem Notar wie folgt eigenhändig unterschrieben:

*Krug*

Zum Vorausvermächtnis vgl. *Tanck/Krug/Daragan*, AnwF Testamente, § 13 Rn 8 ff.

Zum Ausschluss des Anfechtungsrechts vgl. *Tanck/Krug/Daragan*, AnwF Testamente, § 20 Rn 63 ff.

Zur Pflichtteilsklausel vgl. *Tanck/Krug/Daragan*, AnwF Testamente, § 20 Rn 96 ff.

Zum Geldvermächtnis vgl. *Tanck/Krug/Daragan*, AnwF Testamente, § 15 Rn 83 ff.

### 2. Muster: Ehegattenerbvertrag – Gesetzliche Erbfolge – Vermächtnis bezüglich Gesellschaftsbeteiligung – Nießbrauch – Pflichtteilsverzichtsvertrag

_____ (Notarielle Urkundenformalien)

Es erscheinen:

1. Herr _____

2. dessen Ehefrau, Frau _____

Sie bitten um Beurkundung eines Erbvertrags und Pflichtteilsverzichtsvertrags. Der Notar hat sich mit den Eheleuten _____ längere Zeit eingehend unterhalten. Dabei hat er sich von ihrer Geschäfts- und Testierfähigkeit überzeugt. Die Zuziehung von Zeugen wünschen sie nicht; sie ist nach der Überzeugung des Notars auch nicht erforderlich.

Sodann erklären die Erschienenen:

Wir schließen folgenden

*Erbvertrag und Pflichtteilsverzichtsvertrag*

#### A. Vorwort

##### I. Persönliche Verhältnisse

Wir haben am _____ in _____ die Ehe geschlossen. Aus unserer Ehe sind zwei Kinder hervorgegangen:
a) unser Sohn _____
b) unsere Tochter _____

Nichteheliche, adoptierte oder für ehelich erklärte Kinder sind nicht vorhanden. Wir sind beide seit unserer Geburt deutsche Staatsangehörige.

Mangels Ehevertrags leben wir im gesetzlichen Güterstand der Zugewinngemeinschaft. Dabei soll es auch bleiben.

##### II. Gesellschaftsrechtliche Beteiligung des Ehemannes

Der Ehemann ist an der _____ GmbH mit dem Sitz in _____ mit einem Geschäftsanteil von nominal _____ EUR beteiligt. Der Geschäftsanteil ist in voller Höhe einbezahlt.

#### B. Erbvertrag

##### I. Testierfreiheit

Wir stellen fest, dass keiner von uns durch frühere Verfügungen von Todes wegen in seiner Testierfreiheit eingeschränkt ist. Etwaige frühere Verfügungen von Todes wegen widerrufen wir hiermit bzw. heben wir hiermit auf.

Wir bitten das Nachlassgericht, bereits auf den Tod des Erststerbenden von uns den gesamten Inhalt des Erbvertrags, also auch die Verfügungen des Überlebenden, zu eröffnen.

##### II. Erbfolge

Auf den Tod jedes Ehegatten tritt die gesetzliche Erbfolge ein.

*Krug*

Nach heutigem Stand würden demnach Erben des Erststerbenden der überlebende Ehegatte zur Hälfte und unsere beiden Kinder zu je ¼. Erben des Überlebenden würden unsere beiden Kinder je zur Hälfte.

*III. Gesellschaftsbeteiligung*
1. Auf den Tod des Ehemanns wird im Wege des Vermächtnisses der ihm im Zeitpunkt seines Todes zustehende Gesellschaftsanteil an der oben bezeichneten GmbH unseren Abkömmlingen zugewandt, unter sich beteiligt entsprechend den Regeln der gesetzlichen Erbfolge erster Ordnung.
2. Die Vermächtnisnehmer werden mit folgendem Untervermächtnis zugunsten der Witwe, falls sie den Ehemann überlebt, beschwert:
Sie erhält vermächtnisweise einen Geldanspruch in Höhe der Hälfte des Werts, der nach dem Gesellschaftsvertrag in seiner letzten Fassung im Falle der Kündigung durch einen Gesellschafter als Abfindung für die gesamte Beteiligung zu entrichten wäre.
Dieser Geldanspruch ist in zehn gleichen Jahresraten, die erste Rate ein Jahr nach dem Erbfall, zahlungsfällig. Der Geldanspruch ist mit 5 % jährlich, beginnend mit dem Erbfall, zu verzinsen. Die Zinsen sind mit der jeweiligen Jahresrate zahlungsfällig.

Sicherheit kann nicht verlangt werden.

Ein Ersatzvermächtnisnehmer wird nicht benannt.

*IV. Hausratsvermächtnis*

Im Wege des Vermächtnisses (gegebenenfalls als Vorausvermächtnis) erhält der Überlebende auf den Tod des Zuerststerbenden den Anteil bzw. das Volleigentum des Zuerststerbenden an allen persönlichen Gebrauchsgegenständen sowie an der Wohnungseinrichtung, dem Hausrat einschließlich der Antiquitäten und dem Pkw des Zuerststerbenden.

*V. Nießbrauchsvermächtnis*

Im Wege des Vermächtnisses erhält der Überlebende auf den Tod des Zuerststerbenden den Nießbrauch an allen Nachlassgegenständen – ausgenommen die Gesellschaftsbeteiligung –, aufschiebend bedingt dadurch, dass der Überlebende die Bestellung des Nießbrauchs verlangt. Der Nießbrauch beginnt jeweils mit dem vom Überlebenden zu bestimmenden Zeitpunkt, frühestens jedoch mit dem Erbfall des Erststerbenden.

*VI. Vertragsmäßigkeit*

Vorstehende Bestimmungen sind, soweit gesetzlich zulässig, vertragsmäßig vereinbart. Die Vertragsmäßigkeit der Verfügungen des Überlebenden von uns endigt mit dem Tod des Erststerbenden. Der Überlebende kann seine Verfügungen nach dem Tod des Erststerbenden jederzeit ändern oder aufheben, ohne dass dies Auswirkungen auf die zu seinen Gunsten getroffenen Bestimmungen hätte.

Der Fall der Wiederverheiratung wurde mit den Beteiligten besprochen. Mit der Wiederverheiratung des Überlebenden endet der ihm zugewandte Nießbrauch. Im Übrigen hat eine Wiederverheiratung des Überlebenden keine rechtlichen Auswirkungen auf die zu seinen Gunsten getroffenen Bestimmungen.

*VII. Rücktritt*

Jeder von uns behält sich den Rücktritt von diesem Erbvertrag vor. Wir sind darauf hingewiesen, dass die Rücktrittserklärung in notariell beurkundeter Form zu erfolgen hat und dem anderen Vertragsteil zugehen muss.

*C. Pflichtteilsverzichtsvertrag*

Die Ehefrau verzichtet hiermit gegenüber dem Ehemann auf ihr gesetzliches Pflichtteilsrecht, soweit es durch den vorstehenden Erbvertrag (Abschnitt B.), insbesondere im Hinblick auf die Vermächtnisanordnung bezüglich des GmbH-Anteils, eingeschränkt sein sollte. Der Ehemann nimmt den Verzicht hiermit an. Eine Gegenleistung wird nicht vereinbart.

*D. Sonstiges*

Diese Urkunde soll in die besondere amtliche Verwahrung des zuständigen Amtsgerichts verbracht werden.

*Krug*

Diese Niederschrift wurde vom Notar den Erschienenen vorgelesen, von ihnen genehmigt und eigenhändig wie folgt unterschrieben:

Zum Geldvermächtnis vgl. *Tanck/Krug/Daragan*, AnwF Testamente, § 15 Rn 83 ff.

Zum Hausratsvermächtnis vgl. *Tanck/Krug/Daragan*, AnwF Testamente, § 13 Rn 19 ff.

Zum Nießbrauchsvermächtnis vgl. *Tanck/Krug/Daragan*, AnwF Testamente, § 15 Rn 103 ff.

### 3. Muster: Erbvertrag unter nichtehelichen Lebenspartnern – Grundstücksvermächtnis – Vollmacht zur Vermächtniserfüllung

*(Notarielle Urkundenformalien)*

Erschienen sind:
1. Herr ▓▓▓▓ – ausgewiesen durch seinen deutschen Personalausweis Nr. ▓▓▓▓ –
2. Frau ▓▓▓▓ – ausgewiesen durch ihren deutschen Reisepass, ausgestellt von ▓▓▓▓, Nr. ▓▓▓▓ –

Aufgrund der mit den Erschienenen geführten eingehenden Unterredung bin ich zu der Überzeugung gelangt, dass beide zweifelsfrei geschäfts- und testierfähig sind. Eine Zeugenzuziehung wünschen sie nicht; eine solche ist auch nicht erforderlich.

Sodann erklären sie mit der Bitte um Beurkundung: Wir schließen folgenden

*Erbvertrag*

#### I. Vorwort

Wir sind beide deutsche Staatsangehörige. Seit vier Jahren leben wir in nichtehelicher Lebensgemeinschaft zusammen in der Wohnung ▓▓▓▓-Straße Nr. ▓▓▓▓ in ▓▓▓▓, die uns zu je hälftigem Eigentum gehört.

Keiner von uns hat Abkömmlinge.

Jeder von uns handelt bei diesem Erbvertrag als Erblasser.

#### II. Vermächtnis

Im Wege des Vermächtnisses wendet jeder von uns dem jeweils anderen seine Miteigentumshälfte an der Eigentumswohnung in ▓▓▓▓-Straße Nr. ▓▓▓▓, eingetragen im Wohnungsgrundbuch von ▓▓▓▓, Band ▓▓▓▓, Bestandsverzeichnis Nr. 1, zu.

Das Vermächtnis fällt mit dem Tod des Erststerbenden an und ist sofort fällig. Ersatzvermächtnisnehmer werden nicht benannt.

Der Erststerbende von uns erteilt dem Überlebenden die Vollmacht, alle Erklärungen abzugeben und alle sonstigen Rechtshandlungen vorzunehmen, die zur Erfüllung des Vermächtnisses erforderlich sind. Der Bevollmächtigte ist insofern von den Beschränkungen des § 181 BGB befreit.

Verfügungen über die Erbfolge wollen wir heute nicht treffen.

Das Vermächtnis dient der Sicherstellung des Wohnbedarfs des Überlebenden und ist Ausdruck der Beistandspflicht, die jeder für den anderen empfindet. Jeder von uns unterstützt den anderen in privaten und beruflichen Angelegenheiten.

#### III. Bindung, Rücktritt

Die gegenseitig eingeräumten Vermächtnisse sind vertraglich und wechselbezüglich angeordnet. Jeder von uns behält sich das Recht zum Rücktritt von diesem Erbvertrag vor. Der Notar hat darüber belehrt, dass eine etwaige Rücktrittserklärung notariell zu beurkunden und dem Vertragspartner in Ausfertigung zuzustellen ist.

## IV. Verwahrung

Dieser Erbvertrag soll in die besondere amtliche Verwahrung des Amtsgerichts ▓▓▓ verbracht werden.

Diese Niederschrift wurde vom Notar den Erschienenen vorgelesen, von ihnen genehmigt und von ihnen und dem Notar wie folgt eigenhändig unterschrieben:

Zum Vermächtnis vgl. *Tanck/Krug/Daragan*, AnwF Testamente, § 15 Rn 1 ff.

### 4. Muster: Erbvertrag unter drei Geschwistern

▓▓▓ *(Notarielle Urkundenformalien)*

Erschienen sind:
1. Herr ▓▓▓
2. Frau ▓▓▓
3. Frau ▓▓▓
  – persönlich bekannt –

Sie erklären: Wir sind drei unverheiratete, kinderlose Geschwister und wollen einen Erbvertrag errichten. Jeder von uns ist seit Geburt deutscher Staatsangehöriger; keiner war jemals verheiratet.

Der Notar hat aufgrund seiner Unterredung mit den Beteiligten die Überzeugung gewonnen, dass alle drei Erschienenen voll geschäfts- und testierfähig sind.

Umstände, die eine Zeugenzuziehung erforderlich machen, liegen nicht vor. Die Erschienenen wünschen dies auch nicht.

Sodann erklären die Erschienenen: Wir schließen folgenden

*Erbvertrag*

### I. Testierfreiheit

Keiner von uns ist durch eine anderweitige Verfügung von Todes wegen in seiner Testierfreiheit eingeschränkt. Jeder von uns widerruft hiermit alle früheren Verfügungen von Todes wegen in vollem Umfang. Nachfolgend handelt jeder von uns als Erblasser.

### II. Erbeinsetzung
1. Der Erststerbende von uns setzt die beiden Überlebenden je hälftig zu seinen Vollerben ein.
2. Der Zweitsterbende von uns setzt den Überlebenden zu seinem unbeschränkten alleinigen Vollerben ein.
3. Der Letztsterbende von uns setzt die ▓▓▓-Stiftung zu seiner alleinigen unbeschränkten Vollerbin ein.

### III. Rücktritt, Bindung
1. Alle in diesem Erbvertrag getroffenen Verfügungen sind vertraglich und wechselbezüglich.
2. Solange wir alle drei leben, hat jeder das Recht zum Rücktritt von diesem Erbvertrag. Der Notar hat uns über die einzuhaltenden Formalien belehrt.
3. Mit dem Tod des Erststerbenden von uns erlischt das Rücktrittsrecht. Die auf den Tod des Zweitsterbenden und Letztsterbenden von uns getroffenen Anordnungen können damit nicht mehr abgeändert werden.

### IV. Verwahrung

Dieser Erbvertrag soll in die besondere amtliche Verwahrung des Amtsgerichts ▓▓▓ verbracht werden.

Diese Niederschrift wurde vom Notar den Anwesenden vorgelesen, von ihnen genehmigt und von ihnen und dem Notar wie folgt eigenhändig unterschrieben:

## 5. Muster: Erbvertrag zwischen in Scheidung lebenden Ehegatten – Scheidungsvereinbarung – Auseinandersetzungsausschluss – Schuldrechtliches Nutzungsrecht – Grundstücksvermächtnis – Erb- und Pflichtteilsverzichtsvertrag

*(Notarielle Urkundenformalien)*

Anwesend sind:
1. Herr ▆▆▆▆▆ – ausgewiesen durch seinen Personalausweis Nr. ▆▆▆▆▆ –
2. dessen Ehefrau, Frau ▆▆▆▆▆ – ausgewiesen durch ihren Personalausweis Nr. ▆▆▆▆▆ –

Bei der mit den Anwesenden geführten ausführlichen Unterredung habe ich die Überzeugung gewonnen, dass sie zweifelsfrei geschäftsfähig sind. Gründe für die Zuziehung von Zeugen sind nicht ersichtlich; die Anwesenden wünschen dies auch nicht.

Sie bitten um Beurkundung einer Scheidungsfolgenvereinbarung, eines Erbvertrags und eines Erb- und Pflichtteilsverzichtsvertrags.

### A. Vorwort

Wir sind beide seit unserer Geburt deutsche Staatsangehörige und haben am ▆▆▆▆▆ vor dem Standesamt ▆▆▆▆▆ die Ehe geschlossen. Mangels Ehevertrags gilt in unserer Ehe der gesetzliche Güterstand der Zugewinngemeinschaft.

Aus unserer Ehe sind die beiden Kinder ▆▆▆▆▆, geboren am ▆▆▆▆▆, und ▆▆▆▆▆, geboren am ▆▆▆▆▆, hervorgegangen. Keiner von uns hat weitere Kinder.

Seit dem ▆▆▆▆▆ leben wir dauernd voneinander getrennt. Die Ehefrau hat beim Amtsgericht ▆▆▆▆▆ – Familiengericht – unter dem Aktenzeichen ▆▆▆▆▆ Scheidungsantrag gestellt, der Ehemann hat der Scheidung bereits zugestimmt.

### B. Scheidungsfolgenvereinbarung

### C. Vereinbarungen zur Nutzung unseres Einfamilienhauses

#### I. Grundbuchstand

Wir sind im Grundbuch in Abt. I Nr. 1 als je hälftige Miteigentümer des mit einem Einfamilienhaus überbauten Grundstücks ▆▆▆▆▆ Grundbuch von ▆▆▆▆▆ Band ▆▆▆▆▆ Heft ▆▆▆▆▆ Bestandsverzeichnis Nr. ▆▆▆▆▆ eingetragen. Die Ehefrau bewohnt mit unseren beiden gemeinschaftlichen Kindern dieses Haus.

#### II. Auseinandersetzungsausschluss

Für die Lebenszeit von uns beiden wird die Aufhebung der Gemeinschaft an dem bezeichneten Gebäudegrundstück ausgeschlossen (§ 1010 BGB). Jeder von uns bewilligt und beantragt die Eintragung dieses Auseinandersetzungsausschlusses zu Lasten seines Miteigentumsanteils und zugunsten des anderen Miteigentümers im Grundbuch.

#### III. Nutzungsrecht

Der Ehefrau wird das schuldrechtliche Nutzungsrecht an der Miteigentumshälfte des Ehemannes bis zur Vollendung des 28. Lebensjahres des jüngsten unserer beiden Kinder eingeräumt. Ein gesondertes Nutzungsentgelt hat sie dafür nicht zu bezahlen. Die Nutzungsmöglichkeit des Wohnhauses durch die Ehefrau und die Kinder ist bei der Scheidungsfolgenvereinbarung, insbesondere bei der Unterhaltsbemessung, bereits berücksichtigt.

Auf das Nutzungsrecht finden die Vorschriften über den Nießbrauch (§§ 1030 ff. BGB) entsprechende Anwendung.

*D. Erbvertrag*

*I. Vermächtnisanordnung*

Jeder von uns wendet hiermit auf seinen Tod die ihm gehörende Miteigentumshälfte an dem oben in Teil C. näher bezeichneten Gebäudegrundstück vermächtnisweise unseren beiden Kindern ▓▓▓ und ▓▓▓ je zur Hälfte zu.

Ersatzvermächtnisnehmer sind die Abkömmlinge der Bedachten, nach den Regeln der gesetzlichen Erbfolgeordnung berufen und berechtigt; mangels solcher tritt – zunächst innerhalb eines Stammes – Anwachsung ein.

Die Vermächtnisse fallen mit dem Tod des jeweiligen Erblassers an und sind sofort zur Erfüllung fällig.

*II. Bindung, Rücktrittsrecht, Anfechtungsverzicht*

Die Vermächtnisanordnungen – zuvor Ziff. I. – sind vertraglich bindend und wechselbezüglich. Jeder nimmt die vertragliche Erklärung des jeweils anderen an. Keiner von uns behält sich das Rücktrittsrecht von diesem Erbvertrag vor. Der Erbvertrag gilt auch für die Zeit nach der Scheidung unserer Ehe.

Ein Anfechtungsrecht nach § 2079 BGB wegen des Hinzutretens weiterer Pflichtteilsberechtigter ist sowohl für uns als auch für Dritte ausgeschlossen.

Wir wurden vom Notar darauf hingewiesen, dass dieser Erbvertrag nur gemeinschaftlich abgeändert oder aufgehoben werden kann und dass dies in notarieller Form zu erfolgen hat, ausgenommen den Fall einer Änderung oder Aufhebung durch gemeinschaftliches Testament bis zur Rechtskraft unserer Scheidung.

*E. Erb- und Pflichtteilsverzichtsvertrag*

Jeder von uns verzichtet hiermit gegenüber dem anderen auf sein gesetzliches Erb- und Pflichtteilsrecht. Jeder nimmt den Verzicht des anderen hiermit an. Eine Gegenleistung wird nicht vereinbart.

*F. Sonstiges*
1. Diese Urkunde soll nicht in die besondere amtliche Verwahrung des Amtsgerichts verbracht werden.
2. Die Unwirksamkeit eines Teils dieser Urkunde hat die Unwirksamkeit aller anderen Vereinbarungen zur Folge.

Diese Niederschrift wurde vom Notar den Anwesenden vorgelesen, von ihnen genehmigt und von ihnen und dem Notar eigenhändig wie folgt unterschrieben:

Zum schuldrechtlichen Nutzungsrecht vgl. *Tanck/Krug/Daragan*, AnwF Testamente, § 15 Rn 175.

Zum Vermächtnis vgl. *Tanck/Krug/Daragan*, AnwF Testamente, § 15 Rn 1 ff.

Zum Anfechtungsverzicht vgl. *Tanck/Krug/Daragan*, AnwF Testamente, § 20 Rn 63 ff.

## VII. Erbvertrag oder gemeinschaftliches Testament?

Für den Rechtsberater ist, wenn Eheleute testieren wollen – und seit Inkrafttreten des LPartG auch dann, wenn eingetragene Lebenspartner sich erbrechtlich beraten lassen –, von zentraler Bedeutung, ob ihnen die Errichtung eines gemeinschaftlichen Testaments oder eines Erbvertrags vorgeschlagen werden soll. Dabei sind die Unterschiede zwischen beiden, vor allem bei der eintretenden Bindung, von entscheidendem Interesse.[45]

---

45 Vgl. dazu ausführlich *Basty*, MittBayNot 2000, 73 ff.

## 1. Besonderheiten des Erbvertrags

61 Gegenüber dem gemeinschaftlichen Testament zeichnen den Erbvertrag zwischen Ehepartnern bzw. eingetragenen Lebenspartnern folgende Besonderheiten aus:
- Soll die Verfügung von Todes wegen mit einer lebzeitigen Verpflichtung, z.B. Wohnungsgewährung oder Dienstleistungen (Pflege), verknüpft werden, so ist dies nur mit einem Erbvertrag möglich.
- Der Erbvertrag kann mit einem Ehevertrag verbunden werden, was eine Kostenersparnis nach § 46 Abs. 3 KostO mit sich bringt.
- Der Erbvertrag kann mit einem Lebenspartnerschaftsvertrag (§ 7 LPartG) verbunden werden, was ebenfalls zu einer Kostenersparnis nach § 46 Abs. 3 KostO führt.
- Der Erbvertrag kann mit einem Partnerschaftsvertrag zwischen nichtehelichen Partnern verbunden werden.[46] Der Erbvertrag kann mit anderen Vereinbarungen unter Lebenden verbunden werden, bspw. mit einer Scheidungsfolgenvereinbarung bzw. einer Aufhebungsvereinbarung betr. die Lebenspartnerschaft nach § 15 LPartG.
- Wird der Erbvertrag nicht in die besondere amtliche Verwahrung des Amtsgerichts (bzw. in Baden-Württemberg des Staatlichen Notariats) verbracht, sondern beim beurkundenden Notar verwahrt, so entsteht keine gesonderte Verwahrungsgebühr nach § 101 KostO.
- Der Erbvertrag muss mindestens **eine** vertragliche Regelung enthalten und ist grundsätzlich nicht widerruflich, es sei denn, der Rücktritt wäre vorbehalten worden bzw. es lägen besondere gesetzliche Rücktrittsgründe vor.
- Ist der Erbvertrag mit einem Rechtsgeschäft unter Lebenden verbunden, so kann er nicht mit Aufhebungswirkung aus der Verwahrung des Notars oder des Amtsgerichts (in Baden-Württemberg des Staatlichen Notariats) genommen werden, § 2300 Abs. 2 BGB.

## 2. Besonderheiten des gemeinschaftlichen Testaments

62
- Ein gemeinschaftliches Testament kann nur von Ehepartnern bzw. eingetragenen Lebenspartnern errichtet werden.
- Das gemeinschaftliche Testament braucht keine gegenseitige Verfügung zu enthalten. Es können lediglich einseitige Verfügungen getroffen werden.
- Ohne Rücktrittsvorbehalt kann zu Lebzeiten beider Erblasser einer von ihnen einen notariell beurkundeten Widerruf erklären, der dem anderen zugehen muss, §§ 2271 Abs. 2, 2296 BGB. Die Widerrufsmöglichkeit kann nicht ausgeschlossen werden, § 2302 BGB – während das Erbvertragsrecht eine vollständige Durchbrechung von § 2302 BGB darstellt, wie § 2289 BGB zeigt, wonach jedes Testament, das inhaltlich dem Erbvertrag widerspricht, unwirksam ist, gleichgültig ob vor oder nach dem Erbvertrag errichtet.
- Ist das gemeinschaftliche Testament notariell beurkundet, so ist es amtlich zu verwahren; eine Verwahrung beim Notar ist ausgeschlossen (das Recht der Verwahrung und Eröffnung von Verfügungen von Todes wegen ist in §§ 346 ff. FamFG[47] neu geregelt).
- Die Bindung eines Erblassers an eine Verfügung – ohne jede Möglichkeit des Widerrufs bzw. Rücktritts, jedoch u.U. der Anfechtung – kann erst nach dem Tod des Erststerbenden eintreten.
- Beide Erblasser können zu Lebzeiten ein verwahrtes Testament gemeinsam mit Widerrufswirkung aus der amtlichen Verwahrung zurücknehmen, §§ 2256, 2272 BGB.

---

46 Vgl. *Grziwotz*, ZEV 1999, 299.
47 BGBl I 2008, S. 2586.

– Beide Erblasser können zu Lebzeiten das gemeinschaftliche Testament durch Vernichtung widerrufen. Es braucht dann nicht mehr eröffnet zu werden.[48]
– (Seit 1.8.2002 kann auch ein Erbvertrag, der ausschließlich Verfügungen von Todes wegen enthält, mit Aufhebungswirkung von beiden Erblassern aus der Verwahrung genommen werden, § 2300 Abs. 2 BGB).

## VIII. Verbindung des Erbvertrags mit einem Ehevertrag

### 1. Grundsatz

Der Erbvertrag kann in einer Urkunde mit einem Ehevertrag verbunden werden, § 2276 Abs. 2 BGB. Dies führt gem. § 46 Abs. 3 KostO insofern zu einer Gebührenermäßigung, als für die verbundenen Verträge nur einmal eine 20/10 Gebühr erhoben wird.

### 2. Inhaltskontrolle von Eheverträgen nach der Rechtsprechung des Bundesverfassungsgerichts

#### a) Bisherige Rechtsprechung der Zivilgerichte

Wie nachstehend zu zeigen sein wird, kann die Rechtsprechung des Bundesverfassungsgerichts zur Inhaltskontrolle von Eheverträgen auch Auswirkungen auf die Wirksamkeit eines mit einem Ehevertrag verbundenen Erbvertrags oder sogar auch auf einen separat vom Ehevertrag beurkundeten Erbvertrag haben. Bisher waren Rechtsprechung und h.M. davon ausgegangen, im Ehevertragsrecht bestehe volle Vertragsfreiheit[49] in der Weise, dass zu Lasten eines Ehegatten alle Ansprüche bei Beendigung der Ehe ausgeschlossen werden. Spätestens seit dem Beschluss des BVerfG vom 29.3.2001 – 1 BvR 176/92[50] – unterliegen auch Eheverträge, die ja notariell beurkundet sind (§ 1410 BGB), der inhaltlichen Kontrolle durch die Gerichte.

#### b) Rechtsprechung des BVerfG

Das BVerfG, das bereits in seinem Beschluss vom 6.2.2001[51] einen Unterhaltsverzicht einer vor der Ehe Schwangeren als sittenwidrig angesehen hatte, führt im Beschluss vom 29.3.2001 aus:

> *„Eheverträgen sind dort Grenzen zu setzen, wo jene nicht Ausdruck und Ergebnis gleichberechtigter Lebenspartnerschaft sind, sondern eine auf ungleichen Verhandlungspositionen basierende einseitige Dominanz eines Ehepartners widerspiegeln. Die Eheschließungsfreiheit rechtfertigt keine einseitige ehevertragliche Lastenverteilung."*

---

48 Vgl. im Einzelnen ausführlich *Basty*, MittBayNot 2000, 73.
49 BGH FamRZ 1991, 306; FamRZ 1996, 1536.
50 BVerfG NJW 2001, 2248 = FamRZ 2001, 985 = FuR 2001, 301 = DNotZ 2001, 708 = MittBayNot 2001, 485 = ZNotP 2003, 410 = DNotI-Report 2001, 142 = NJWE-FER 2001, 249 = FF 2001, 128.
51 BVerfG FamRZ 2001, 343.

### c) Vom BGH entwickelte Grundsätze

66 Nach den vom BGH im Urteil vom 11.2.2004 – XII ZR 265/02 –[52] entwickelten Grundsätzen besteht keine Beschränkung der Ehevertragsfreiheit bei der Güterrechtswahl. Allerdings darf der Schutzzweck der gesetzlichen Regelungen nicht durch vertragliche Vereinbarungen beliebig unterlaufen werden.[53] Insofern unterliegen auch güterrechtliche Vereinbarungen, vor allem die Vereinbarung der Gütertrennung (= Ausschluss des Zugewinnausgleichs) der Wirksamkeitskontrolle (§ 138 BGB) und der Ausübungskontrolle (§ 242 BGB) durch die Gerichte.

### d) Wegfall der (ehe-)vertraglichen Bindung: Auswirkungen der Wirksamkeitskontrolle auf das Erbscheinsverfahren, den Erbenfeststellungsprozess und den Pflichtteilsprozess

67 Da eine etwaige Unwirksamkeit einer güterrechtlichen Vereinbarung infolge der Güterstandsabhängigkeit des gesetzlichen Ehegattenerbrechts Auswirkungen auf die gesetzliche Erbfolge und damit auch auf die Höhe der Pflichtteilsquoten hat, sind Fragen der Wirksamkeit einer Güterstandsvereinbarung als Vorfragen im Erbscheinsverfahren, im Erbenfeststellungsprozess und im Pflichtteilsprozess von entscheidungserheblicher Bedeutung.

Denn die Sittenwidrigkeit (§ 138 BGB) ist ein absolut wirkender Nichtigkeitsgrund, der zu klären ist, sobald sich ein Beteiligter bzw. eine Partei darauf beruft.

Dagegen hat die Ausübungskontrolle (§ 242 BGB) und die sich daraus ergebende Versagung der Berufung auf eine konkrete ehevertragliche Vereinbarung nur schuldrechtliche Bedeutung mit Inter-Partes-Wirkung. Die Anpassung erfolgt auf schuldrechtlicher Ebene unter Billigkeitsgesichtspunkten (Ausgleichszahlung auf Zugewinn trotz vereinbarter Gütertrennung – gerade wegen der Wirksamkeit einer vereinbarten Gütertrennung –, Anpassung der Unterhaltsverpflichtung und/oder des Versorgungsausgleichs, evtl. im Rahmen von § 313 BGB).

68 **Hinweise**
(1) Ein entsprechender Ehevertrag braucht **nicht angefochten** zu werden – unter Einhaltung der Anfechtungsfristen –, vielmehr unterliegt die gerichtliche Inhaltskontrolle keiner Frist.
(2) Die Vertragsfreiheit in Bezug auf Unterhaltsverzicht und Ausschluss des Zugewinnausgleichs ist damit erheblich begrenzt.
(3) Die Nichtigkeit von Gütertrennungsverträgen hat erhebliche Auswirkungen auf das **gesetzliche Erbrecht** und damit auf das **Pflichtteilsrecht**, weil die gesetzliche Erbfolge und damit auch das gesetzliche Pflichtteilsrecht unterschiedlich sind, je nach dem, ob in

---

52 BGHZ 158, 81 = NJW 2004, 930 = FamRZ 2004, 601 m. Anm. *Borth* = ZNotP 2004, 157 = BGHReport 2004, 516 m. Anm. *Grziwotz* = FPR 2004, 209 = FuR 2004, 119 = FF 2004, 79 = RhNotZ 2004, 150 = NotBZ 2004, 152 = MDR 2004, 573 = JuS 2004, 539. Bestätigt im Beschluss vom 6.10.2004 – XII ZB 110/99. Zu den Überlegungen für die Praxis vgl. *Bergschneider*, FamRZ 2004, 1757. Und weitere Bestätigung im Urteil vom 12.1.2005 – XII ZR 238/03, ZErb 2005, 33 = DNotI-Report 2005, 70 und in zwei Urteilen vom 25.5.2005, FamRZ 2005, 1444 (sehr lesenswert!) m. Anm. *Bergschneider* und FamRZ 2005, 1449.

53 Aus dem Beschluss vom 6.10.2004 – XII ZB 110/99 – (FuR 2004, 545 = FamRZ 2005, 26, 28 [m. Anm. Bergschneider] = DNotI-Report 2004, 210 = ZFE 2005, 31): „Wie der Senat in seinem ... Urteil vom 11. Februar 2004 (XII ZR 265/02 – FamRZ 2004, 601, für BGHZ 158, 81 vorgesehen) dargelegt hat, darf die grundsätzliche Disponibilität der Scheidungsfolgen nicht dazu führen, daß der Schutzzweck der gesetzlichen Regelungen durch vertragliche Vereinbarungen beliebig unterlaufen werden kann. ...".

der Ehe Gütertrennung oder der gesetzliche Güterstand der Zugewinngemeinschaft bestanden hat. Bei der Zugewinngemeinschaft erhöht sich der Ehegatten-Erbteil um 1/4 gem. § 1371 Abs. 1 BGB, nicht aber bei der Gütertrennung.
(4) Bei einer **güterrechtlichen und erbrechtlichen Gesamtkonzeption** können Verfügungen von Todes wegen eo ipso unwirksam oder anfechtbar werden – wegen Irrtums über einen in der Zukunft liegenden Umstand, § 2078 Abs. 2 BGB (die Nichtigkeit der vereinbarten Gütertrennung).

e) Zulässigkeit der Feststellungsklage (§ 256 Abs. 1 ZPO) zur Frage der Wirksamkeit eines Ehevertrags vor der Scheidung?

OLG Düsseldorf im Urteil vom 1.7.2004, Az: II-7 UF 227/03:[54]

*„1. Ein rechtliches Interesse an der Feststellung der Nichtigkeit eines Ehevertrages ist auch bei möglicher Erhebung einer Leistungsklage im Rahmen des Scheidungsverbundes dann anzuerkennen, wenn die Durchführung des Feststellungsprozesses unter dem Gesichtspunkt der Prozesswirtschaftlichkeit zu einer sachgemäßen Erledigung der Streitpunkte in der Sache führt, und auch die Parteien bei objektiver Betrachtungsweise ein gesteigertes Interesse an einer im Übrigen auch der Rechtssicherheit dienenden einheitlichen Feststellung haben, die jedenfalls grundsätzlich zur Befriedung der Parteien geeignet ist (Anschluss OLG Stuttgart, 23.11.1983, 18 UF 150/82).*
*2. Ein Ehevertrag, in dem der wechselseitige Unterhaltsausschluss sowie Gütertrennung vereinbart wurde, ist sittenwidrig und insgesamt nichtig, wenn er eine eindeutige und einseitige Lastenverteilung zum Nachteil der Ehefrau aufweist, die diese unerträglich stark benachteiligt. Dies ist der Fall, wenn nach der ausdrücklich geregelten Rollenverteilung zwischen den Eheleuten der zum Zeitpunkt des Vertragsschlusses schwangeren Ehefrau alleinverantwortlich die Haushaltsführung und Kinderbetreuung übertragen wurde, wobei sie eine künftige Wiederaufnahme der Erwerbstätigkeit an den Familieninteressen zu orientieren hatte, und ihr damit im Verhältnis zum Ehemann, der aufgrund qualifizierterer Ausbildung absehbar über ein höheres Einkommen verfügen wird, eindeutig die wirtschaftlich schwächere Rolle zugewiesen wurde, weil sie den Einkommensunterschied niemals hätte aufholen und die durch die Kinderbetreuung zwangsläufig entstehende Lücke nicht hätte schließen können.*
*3. Hängen die Regelungen des Ehevertrages jeweils voneinander ab und sind insoweit als einheitliches Vertragswerk anzusehen, das nicht in einzelne Teile zerschlagen werden kann, so ist der gesamte Ehevertrag nichtig."*

**Anders dagegen das OLG Frankfurt/M.:**

Im Rahmen eines Prozesskostenhilfeantrags für eine Feststellungsklage in Bezug auf die Frage der Wirksamkeit eines Ehevertrags hat das OLG Frankfurt/M. entschieden:[55]

*„Eine Klage auf Feststellung der Nichtigkeit eines Ehevertrages ist mangels Feststellungsinteresses unzulässig, solange ein Scheidungsantrag nicht gestellt ist und auch sonst offen ist, ob es zu einer Scheidung der Parteien kommt."*

Im Fall des OLG Frankfurt ging es um die Frage, ob unabhängig von Scheidung die Frage eines etwaigen nachehelichen Unterhalts durch Feststellungsklage geklärt werden kann. Das OLG hat zu Recht ein Feststellungsinteresse gem. § 256 Abs. 1 ZPO für ein bedingtes künftiges Unterhaltsrechtsverhältnis verneint, weil nicht gesagt werden kann, ob es jemals

---

54 OLG Düsseldorf OLGR Düsseldorf 2004, 505 = NJW-RR 2005, 1 = FamRZ 2005, 282; *Grziwotz*, FamRB 2004, 381. Vgl. ausführlich hierzu *Manderscheid*, ZFE 2005, 76.
55 OLG Frankfurt/M. FamRZ 2005, 457 m. Anm. *Herr.*

entstehen wird und welchen Inhalt es haben wird – im Gegensatz dazu ist ein Güterrechtsverhältnis ein Rechtsverhältnis, das in jeder Ehe besteht und das einen konkreten Inhalt haben mus.

Die Problematik wird in der genannten Entscheidung lediglich unter dem Gesichtspunkt etwaiger Unterhaltsansprüche diskutiert.

Richtigerweise hat in diesem Zusammenhang das OLG Celle darauf hingewiesen, dass die Annahme der Wirksamkeit des zwischen den Parteien abgeschlossenen Ehevertrags als präjudizielle Vorfrage einer Entscheidung zur Folgesache nachehelicher Unterhalt für den Rechtsstreit betreffend Zugewinnausgleich nicht bindend ist.[56]

71 Wenn es aber um Fragen des Güterrechts geht, ist ein Feststellungsinteresse eher zu bejahen, denn die güterrechtlichen Verhältnisse regeln die Rechtsbeziehungen unter Ehegatten während der bestehenden Ehe unabhängig davon, ob sie getrennt leben oder sich gar scheiden lassen.

Bedenkt man weiter, dass das Güterrecht für das künftige Erbrecht und damit auch für Fragen der erbrechtlichen Rechtsgestaltung von Bedeutung ist, so muss möglichst bald Klarheit geschaffen werden können, ob eine güterrechtliche Vereinbarung wirksam ist oder nicht. Deshalb ist unter diesem Gesichtspunkt die Zulässigkeit einer Feststellungsklage gem. § 256 Abs. 1 ZPO zu bejahen.

### f) Gerichtliche Inhaltskontrolle güterrechtlicher Rechtswahlvereinbarungen?

72 Die Rechtsprechung des BVerfG und des BGH zu der zuvor behandelten Inhaltskontrolle von Eheverträgen zwingt zu der Überlegung, ob auch güterrechtliche Rechtswahlvereinbarungen der gerichtlichen Inhaltskontrolle zu unterziehen sind, und wenn ja, welche Kriterien maßgebend sein könnten.[57]

Dabei ist in die Überlegung einzubeziehen, dass einige ausländische Rechtsordnungen Eheverträge einer Genehmigungspflicht unterwerfen.

In **Frankreich** können Eheverträge grundsätzlich nur **vor der** Eheschließung geschlossen werden, Art. 1395 CC. Sie bedürfen der gerichtlichen Bestätigung, Art. 1397 CC.

In den **Niederlanden** können ehevertragliche Vereinbarungen vor oder nach der Eheschließung getroffen werden. Sie bedürfen in jedem Falle einer „im Voraus zu erteilenden gerichtlichen Genehmigung", Art. 119 Buch 1 BW.[58]

In **Italien** kann die Wahl des Güterstands der Gütertrennung auch in der Heiratsurkunde erklärt werden, Art. 162 Abs. 1 Cc. In Fällen, in denen vor dem 10.4.1981 ein Ehevertrag geschlossen wurde, bedarf jede nachträgliche Änderung oder Aufhebung dieser Abreden der gerichtlichen Erlaubnis.[59]

In **Schweden** werden Eheverträge zwischen Eheleuten, die im Zeitpunkt des Vertragsschlusses ihren gewöhnlichen Aufenthalt in Schweden hatten, nur wirksam, wenn sie nach dem schwedischen Ehegesetz registriert werden, § 5 Abs. 3 Schwedisches EheG.[60]

---

56 OLG Celle FamRZ 2004, 1489, 1490 m. Anm. *Bergschneider*, 1493.
57 Vgl. die zusammenfassende Darstellung von *Finger*, FF 2004, 245.
58 *Breemhaar*, in: Henrich/Schwab, Eheliche Gemeinschaft, Partnerschaft und Vermögen im europäischen Vergleich, S. 153, 165.
59 Vgl. im einzelnen *Patti*, FamRZ 2003, 10.
60 *Bergmann/Ferid*, S. 46; *Finger*, FF 2004, 245.

Solche materiell- bzw. verfahrensrechtlichen Wirksamkeitserfordernisse werden vom deutschen IPR angenommen, wenn über die Güterrechtswahl des Art. 15 Abs. 2 EGBGB entsprechendes ausländisches Güterrecht gewählt wurde. Bei internationaler Zuständigkeit deutscher Gerichte haben sie die nach ausländischem Recht erforderlichen Genehmigungsverfahren durchzuführen.[61]

Ausländische Eheverträge bzw. Scheidungsvereinbarungen können von deutschen Gerichten über Art. 6 EGBGB (**"ordre public"**) überprüft und erforderlichenfalls angepasst werden.[62]

Das **OLG Düsseldorf**[63] hatte die Frage der Inhaltskontrolle bei einem Ehevertrag zu entscheiden, bei dem türkische Eheleute gem. Art. 15 Abs. 2 EGBGB deutsches Güterrecht gewählt, die Gütertrennung vereinbart, den Versorgungsausgleich ausgeschlossen und einen Verzicht auf nachehelichen Unterhalt vereinbart hatten.

Das OLG Düsseldorf hat eine Inhaltskontrolle am Maßstab des § 138 BGB vorgenommen und kam dabei für den konkreten Fall nicht zur Unwirksamkeit des Ehevertrags mit folgender Begründung:

> *"Der Ehevertrag hält auch der gerichtlichen Inhaltskontrolle stand, denn es ist einmal zu berücksichtigen, dass das deutsche Recht es nach dem Grundsatz der Vertragsfreiheit zulässt, die gesetzlichen Ansprüche auf nachehelichen Unterhalt, Zugewinnausgleich und Versorgungsausgleich (nahezu) gänzlich auszuschließen, und zum anderen ist zu berücksichtigen, dass der Ehefrau vor Abschluss des Ehevertrages mit der Wahl deutschen Rechts nach bis dahin anwendbarem türkischen Recht bereits im Güterstand der Gütertrennung gelebt haben. Durch die Wahl deutschen Güterrechts und die Vereinbarung der Gütertrennung nebst dem Ausschluss bis dahin entstandenen Zugewinns ist die Ehefrau daher nicht benachteiligt worden."*

*Finger*[64] vertritt zu Recht die Ansicht, dass eine gerichtliche Inhaltskontrolle von güterrechtlichen Rechtswahlvereinbarungen von deutschen Gerichten vorzunehmen ist nach denselben Kriterien, die der BGH in den Urteilen vom 11.2.2004, 12.1.2005 und 25.5.2005 für Eheverträge und Scheidungsvereinbarungen deutschen Rechts entwickelt hat.

**Hinweis**
Demnach ist eine Rechtswahlvereinbarung sowohl einer Wirksamkeitskontrolle (§ 138 BGB) als auch einer Ausübungskontrolle (§ 242 BGB) zu unterziehen.

### 3. Konsequenzen für die Gestaltung von Eheverträgen[65]

Der BGH weist darauf hin, dass bei der Wirksamkeitskontrolle von Eheverträgen auch die Umstände des Zustandekommens zu berücksichtigen sind. In der Literatur wird daher unter dem Stichwort „Schutz durch Verfahren" auf die Notwendigkeit hingewiesen, bei

---

61 Staudinger/*v.Bar/Mankowski*, Art. 15 EGBGB Rn 307.
62 Vgl. OLG Düsseldorf FamRZ 2002, 1118 zum Fall einer schriftlichen Ketubbah-Vereinbarung nach jüdisch-religiösem Recht und deren Inhaltskontrolle im Rahmen einer Scheidungsfolgesache nach deutschem Prozessrecht.
63 OLG Düsseldorf FamRZ 2003, 1287.
64 *Finger*, FF 2004, 245, 249.
65 Nach DNotI-Report 2004, 187.

der Beurkundung von Eheverträgen besonderes Augenmerk auf die Verfahrensgestaltung zu richten.[66] Hierbei werden insbesondere folgende Aspekte genannt:
- Vorbesprechung[67]
- Vertragsentwurf[68]
- Überlegungsfrist[69]
- Persönliche Anwesenheit
- Übersetzung
- Notarielle Belehrung[70]
- Aufnahme der persönlichen und wirtschaftlichen Rahmendaten in die Urkunde.

**Weitere Literatur:**

*Dauner-Lieb*, Richterliche Überprüfung von Eheverträgen nach dem Urteil des BGH v. 11.2.2004 – XII ZR 265/02, FF 2004, 65; *Gageik*, Die aktuelle ober- und höchstrichterliche Rechtsprechung zur Inhaltskontrolle von Eheverträgen und ihre Auswirkungen auf die notarielle Praxis, RhNotZ 2004, 295; *Hahne*, Grenzen ehevertraglicher Gestaltungsfreiheit, DNotZ 2004, 84; *Rakete-Dombek*, Das Ehevertragsurteil des BGH – Oder: Nach dem Urteil ist vor dem Urteil, NJW 2004, 1273; *Münch*, Inhaltskontrolle von Eheverträgen – BGH zum Ausgleich ehebedingter Nachteile, FamRZ 2005, 570.

## IX. Ehe- und Erbvertrag mit güterrechtlicher und erbrechtlicher Rechtswahl

### 1. Grundsatz des deutschen IPR

77   Mit dieser vom deutschen IPR aufgestellten Regel ist aber die Frage nach dem anwendbaren Recht noch nicht endgültig geklärt, denn die Verweisung von Art. 25 Abs. 1 EGBGB auf das Heimatrecht des Erblassers umfasst nicht nur die Verweisung auf die erbrechtlichen Vorschriften, sondern auch auf die IPR-Vorschriften des Heimatstaates, Art. 4 Abs. 1 S. 1 EGBGB.

78   Deshalb müssen zunächst die **Kollisionsnormen** des betreffenden Staates überprüft werden, um festzustellen, ob diese die Verweisung des deutschen Rechts annehmen. Andere Staaten richten sich nämlich zum Teil nach anderen Anknüpfungspunkten als der Staatsangehörigkeit, etwa nach dem Wohnsitz, dem Aufenthalt oder nach dem Recht der belegenen Sache, insbesondere bei Immobilien. So kommt es beispielsweise häufig vor, dass das IPR des fremden Staates auf das deutsche Recht ganz oder teilweise zurückverweist (**renvoi**). In Einzelfällen verweist das Kollisionsrecht des betreffenden Staates auch auf das sachliche Recht (Erbstatut) eines dritten Staates (vgl. im Einzelnen zum Internationalen Erbrecht § 24).

---

66 *Münch*, ZNotP 2004, 122, 129; *ders.*, Ehebezogene Rechtsgeschäfte, Rn 452 ff.; *Wachter*, ZFE 2004, 132, 136; *J. Mayer*, FPR 2004, 363, 369.
67 Vgl. OLG Düsseldorf FamRZ 2003, 1287, 1288 = RNotZ 2003, 617; OLG Koblenz NJW 2003, 2920, 2921.
68 Zu diesem Gesichtspunkt vgl. OLG Düsseldorf FamRZ 2003, 287, 1288.
69 *Münch*, Ehebezogene Rechtsgeschäfte, Rn 453; *J. Mayer*, FPR 2004, 363, 369; vgl. zu diesem Argument OLG Koblenz DNotI-Report 2003, 101 = RNotZ 2003, 522.
70 Vgl. hierzu *Grziwotz*, FamRB 2004, 239, 243.

## 2. Erbrechtliche Rechtswahl

### a) Beschränkte Zulässigkeit der Rechtswahl

Seit 1.9.1986 ist im deutschen internationalen Erbrecht eine **eingeschränkte Rechtswahl** nach Art. 25 Abs. 2 EGBGB zulässig. Nach dieser Vorschrift kann der Erblasser
- für in **Deutschland** belegenes
- **unbewegliches Vermögen**
- **deutsches Recht**

in einer Verfügung von Todes wegen wählen. Nur unter diesen engen Voraussetzungen ist eine Rechtswahl möglich.

Die Rechtswahl bezieht sich nach Art. 4 Abs. 2 EGBGB **nur auf das materielle** Recht.

Das Verbot der freien Rechtswahl soll verhindern, dass zwingendes deutsches Erbrecht umgangen wird. So kann ein Deutscher nicht etwa englisches Erbrecht wählen, das kein Pflichtteilsrecht kennt.

Die Rechtswahl kann dazu dienen, etwa disharmonierendes **Güterrechtsstatut und Erbrechtsstatut** in Einklang zu bringen.

### b) Der Begriff des unbeweglichen Vermögens

Was unter unbeweglichem Vermögen zu verstehen ist, bestimmt sich nach deutschem Recht. Hierzu gehören Grundstücke einschließlich Bestandteilen und Zubehör, Wohnungseigentum und Erbbaurechte sowie beschränkte dingliche Rechte an einem Grundstück.[71]

### c) Form und Inhalt

Die Rechtswahl ist nur in einer Verfügung von Todes wegen möglich. Deren Formerfordernisse bestimmen sich nach Art. 26 EGBGB. Die Rechtswahl erfasst alle erbrechtlichen Fragen bezüglich des inländischen unbeweglichen Vermögens. Deshalb wird auch die Möglichkeit der Verfügung in einem gemeinschaftlichen Testament oder Erbvertrag eröffnet, auch wenn das Heimatrecht des ausländischen Erblassers diese Art der Verfügung von Todes wegen nicht zulässt und möglicherweise jegliche erbrechtliche Bindung verbietet. So hat bspw. ein italienischer Staatsangehöriger, nach dessen Heimatrecht gemeinschaftliche Verfügungen von Todes wegen in jeder Form unzulässig sind, die Möglichkeit, bezüglich seines in der Bundesrepublik Deutschland gelegenen unbeweglichen Vermögens in einem gemeinschaftlichen Testament oder in einem Erbvertrag von Todes wegen zu verfügen, wenn er bezüglich dieser Gegenstände das deutsche Erbrecht wählt. Fraglich könnte sein, welche inhaltlichen Beschränkungen hinsichtlich der Rechtswahl neben den in Art. 25 Abs. 2 EGBGB ausdrücklich genannten Beschränkungen bestehen. So erscheint es von einiger Bedeutung, ob eine Rechtswahl unter einer Bedingung oder einer Befristung getroffen werden kann.[72] Ein Erblasser könnte bspw. hinsichtlich seines in Deutschland belegenen unbeweglichen Vermögens nur für den Fall deutsches Recht wählen, dass er Abkömmlinge hinterlassen sollte.

Ungeklärt ist die Frage, ob ein ausländischer Erblasser, der in Deutschland mehrere Grundstücke besitzt, für nur einzelne davon eine Rechtswahl treffen kann oder nicht. Soll zum Beispiel der griechische Staatsangehörige, der in Berlin und München Grundstücke hat,

---

71 Palandt/*Thorn*, Art. 25 EGBGB Rn 7.
72 Bejahend *Ferid*, §§ 9–12 Fn 4.

bezüglich des Berliner Grundstücks deutsches Erbrecht wählen können und es bezüglich des Münchener Grundstücks beim griechischen Erbstatut belassen können? Nach dem Wortlaut von Art. 25 Abs. 2 EGBGB könnte dies zulässig sein. Fraglich ist jedoch, ob dies vom Zweck der Vorschrift gedeckt sein kann.[73]

Ausgeschlossen erscheint es, eine Rechtswahl nur bezüglich einzelner Teile des deutschen Erbrechts zu treffen, also beispielsweise lediglich bezüglich des Pflichtteilsrechts das deutsche Erbrecht zu wählen, im Übrigen es aber beim Erbstatut des Heimatrechts zu belassen.[74]

d) Rechtswahl kann zur Nachlassspaltung führen

85   Als Folge der Rechtswahl kann u.U. eine Nachlassspaltung eintreten, wenn für den übrigen, nicht von der Rechtswahl erfassten Nachlass eine andere Rechtsordnung gilt. Eine Rechtswahl kann also den im deutschen IPR geltenden **Grundsatz der Nachlasseinheit** für gewisse Fälle durchbrechen.

Eine weiter gehende Rechtswahl als das deutsche Recht sie kennt, die ein ausländisches Kollisionsrecht aber zulässt, wird vom deutschen Recht anerkannt.

86   **Beispiel**
Ein Schweizer hat in seinem Testament angeordnet, dass für seinen Nachlass, der ausschließlich aus beweglichen Gegenständen besteht, deutsches Recht gelten soll. Das schweizerische IPR lässt im Erbfall eine unbeschränkte Rechtswahl zu.
Nach Art. 25 Abs. 1 EGBGB bestimmt sich das Erbstatut nach dem Heimatrecht des Erblassers, hier also nach schweizerischem Recht. Dabei handelt es sich um eine **Gesamtverweisung,** so dass auch das schweizerische IPR anzuwenden ist, vgl. Art. 4 Abs. 1 S. 1 EGBGB. Dieses lässt eine unbeschränkte Rechtswahl zu. Da im Testament deutsches Erbrecht für anwendbar erklärt wurde, verweist das schweizerische IPR auf das deutsche Recht zurück, das seinerseits diese Rückverweisung nach Art. 4 Abs. 1 S. 2 EGBGB annimmt.
Fazit: Der Schweizer wird nach deutschem Recht beerbt.

e) Fall aus der Rechtsprechung

87   BayObLG:[75]

*„1. Hat eine österreichische Staatsangehörige in einem notariellen Testament ihr in der Bundesrepublik Deutschland belegenes unbewegliches Vermögen dem deutschen Recht unterstellt, so tritt Nachlassspaltung ein, da sich die Erbfolge im Übrigen gem. Art. 25 Abs. 1 EGBGB nach österreichischem Recht beurteilt.*
*2. Bei Anordnung einer Testamentsvollstreckung für den gesamten Nachlass ist diese in einem solchen Fall hinsichtlich des dem deutschen Recht unterstehenden Nachlassteils nach deutschem Recht, im Übrigen nach österreichischem Recht zu beurteilen.*
*3. Die deutschen Nachlassgerichte sind in diesem Fall für den Antrag auf Entlassung des Testamentsvollstreckers nach dem Gleichlaufgrundsatz nur insoweit international zuständig, als die Testamentsvollstreckung nach deutschem Recht zu beurteilen ist ..."*

88   Aber auch das deutsche materielle Recht kennt die Nachlassspaltung
– im **Höferecht,**
– im **Personengesellschaftsrecht.**

---

73  Vgl. *Nieder/Kössinger,* Rn 455.
74  Vgl. *Nieder/Kössinger,* Rn 455.
75  BayObLG NJW-RR 2000, 298.

Gehört im Geltungsbereich der Höfeordnung ein in die Höferolle eingetragener Hof zum Nachlass, so tritt eine Nachlassspaltung zwischen dem Hofesvermögen einerseits und dem hofesfreien Vermögen andererseits ein (vgl. zum Höfe-Erbrecht § 19 Rn 246 ff.).

Im Personengesellschaftsrecht führt die sog. qualifizierte Nachfolgeklausel, bei der nicht alle Erben Nachfolger in den Gesellschaftsanteil des Erblassers werden, zu einer Nachlassspaltung zwischen Gesellschaftsanteil einerseits und übrigem Vermögen andererseits.

89

**Rechtsfolgen der kollisionsrechtlichen Nachlassspaltung:** Mit der Nachlassspaltung unterliegen die einzelnen Nachlassgegenstände einem selbstständigen rechtlichen Schicksal nach der jeweils anzuwendenden Rechtsordnung. Da die einzelnen Rechtsordnungen nicht aufeinander abgestimmt sind, kann die Nachlassspaltung zu Ergebnissen führen, die vom Erblasser so nicht gewollt waren. Deshalb ist in solchen Fällen eine sorgfältige Beratung und ggf. eine Rechtsgestaltung mit dem Ziel einer güterrechtlichen und/oder erbrechtlichen Rechtswahl erforderlich.

90

### f) Altrechtliche Rechtswahl

Fraglich ist, ob eine bereits **vor dem 1.9.1986** – dem Tag des Inkrafttretens der IPR-Reform – unzulässigerweise getroffene Rechtswahl in einer Verfügung von Todes wegen gültig ist, wenn der Erblasser erst nach dem 1.9.1986 verstirbt. Diese Rechtswahl dürfte Wirksamkeit erlangen, weil nach den Grundsätzen des intertemporalen Privatrechts für die materielle Rechtswirksamkeit es auf den Zeitpunkt des Erbfalls und nicht auf den der Errichtung der Verfügung von Todes wegen ankommt. Sicherheitshalber sollte aber eine solche Rechtswahl wiederholt werden.

91

### 3. Rechtswahlmöglichkeiten im Erbrecht und Güterrecht

Vgl. zur Rechtswahl im Güterrecht nachfolgend Rn 96 ff.

92

Vgl. nachfolgendes Muster Rn 93.

### 4. Muster: Ehe- und Erbvertrag – Rechtswahl Güterrechtsstatut und Ehewirkungsstatut – Modifizierte Zugewinngemeinschaft – Rechtswahl Erbrechtsstatut – Auseinandersetzungsausschluss als Vorausvermächtnis

(Notarielle Urkundenformalien)

63

Erschienen sind
1. Herr ▬▬▬ – Staatsangehöriger der Republik Serbien, frühere Teilrepublik des ehemaligen Bundesstaates Jugoslawien
2. Frau ▬▬▬ – deutsche Staatsangehörige –

93

Die Erschienenen weisen sich wie folgt aus: Frau ▬▬▬ durch deutschen Reisepass Nr. ▬▬▬, Herr ▬▬▬ durch serbischen Reisepass Nr. ▬▬▬.

Sie sind nach der Überzeugung des Notars zweifelsfrei geschäfts- und testierfähig. Von einer Zuziehung von Zeugen wurde auf Wunsch der Erschienenen abgesehen; zwingende Gründe dafür liegen nicht vor.

Sodann erklären sie mit der Bitte um Beurkundung: Wir schließen folgenden

### Ehe- und Erbvertrag

#### A. Vorbemerkungen

*I. Feststellungen*
1. Die Erschienenen erklären, dass sie am _____ vor dem Standesbeamten des Standesamts _____ / Bundesrepublik Deutschland die Ehe geschlossen, den Wohnort in _____ als ehelichen Wohnsitz gewählt haben und diesen als örtlichen Mittelpunkt ihrer Lebensinteressen betrachten.
2. Die Erschienenen stellen fest, dass Frau _____ ausschließlich die Staatsangehörigkeit der Bundesrepublik Deutschland und Herr _____ ausschließlich die Staatsangehörigkeit der Republik Serbien besitzt.

*II. Sprachkenntnisse*
1. Herr _____ weist darauf hin, dass er sich seit seinem 5. Lebensjahr in der Bundesrepublik Deutschland aufhält. Er erklärt zur Überzeugung des Notars, dass er der deutschen Sprache uneingeschränkt mächtig ist. Der Notar ist aufgrund der mit Herrn _____ heute, am _____ und am _____ geführten Unterredungen davon überzeugt. Bei diesen Unterredungen wurde mit den Eheleuten der gegenwärtige Ehe- und Erbvertrag erörtert.
2. Der Notar weist Herrn _____ darauf hin, dass er die Zuziehung eines vereidigten Urkundendolmetschers für die serbokroatische Sprache verlangen könne, falls er der deutschen Sprache nicht ausreichend mächtig sei und dass er eine schriftliche Übersetzung dieser Niederschrift, eine Vorlage der Übersetzung zur Durchsicht und eine Beifügung der schriftlichen Übersetzung zu dieser Niederschrift verlangen könne. Herr _____ verzichtet ausdrücklich hierauf. Die Eheleute _____ erklären, dass sie rechtzeitig vor dem heutigen Beurkundungstermin, und zwar am _____, einen Entwurf dieser Urkunde zur Durchsicht erhalten haben, und dass dieser Entwurf mit ihnen heute und am _____ eingehend besprochen wurde.

*III. Hinweise*

Der Notar weist ausdrücklich darauf hin, dass er nach § 17 Abs. 2 BeurkG zur Belehrung über ausländisches Recht nicht verpflichtet ist und dass er keine Kenntnisse über das serbische Eherecht, Güterrecht und Erbrecht hat.

#### B. Rechtswahlvereinbarung

Soweit aufgrund der vorstehenden Feststellungen aus deutscher Sicht nicht bereits durch die Eheschließung oder aus anderem Grund zwischen uns bezüglich der güterrechtlichen Wirkungen der Ehe deutsches Recht wirksam geworden ist, treffen wir hiermit die nachfolgenden Vereinbarungen.

Für die güterrechtlichen Wirkungen unserer Ehe wählen wir hiermit gem. Art. 15 des deutschen EGBGB mit Wirkung ab dem Zeitpunkt unserer Eheschließung das Recht der Bundesrepublik Deutschland. Diese Rechtswahl ist nach Artikel 15 Abs. 2 Nr. 1 und 2 EGBGB möglich, weil die Ehefrau die deutsche Staatsangehörigkeit besitzt und weil wir unseren Wohnsitz in Deutschland haben. Die Rechtswahl soll nach Möglichkeit nicht nur im Inland gelten; die Folgen sollen seit Beginn unserer Ehe sofort wirken. Wir verpflichten uns hiermit, uns gegenseitig in den Rechtswirkungen entsprechend zu behandeln.

Darüber hinaus wählen wir hiermit entsprechend Artikel 14 EGBGB das Recht der Bundesrepublik Deutschland auch für die allgemeinen Ehewirkungen.

#### C. Ehevertrag
I. Nach der vorstehenden Rechtswahlvereinbarung gilt in unserer Ehe der deutsche gesetzliche Güterstand der Zugewinngemeinschaft (§§ 1363 ff. BGB). Dieser Güterstand bleibt zwischen uns bestehen, wird jedoch durch die nachstehenden Vereinbarungen geändert.
II. Hiermit werden für jeden Ehegatten in vollem Umfang die Verfügungsbeschränkungen des § 1365 BGB (nicht auch die des § 1369 BGB) aufgehoben. Jeder Ehegatte ist daher zur Verfügung über die Gegen-

stände seines Vermögens, auch des Grundvermögens, allein berechtigt, als ob Gütertrennung nach dem Recht des deutschen BGB bestünde.
III. Wir werden eine beiderseits unterzeichnete Aufzeichnung der bei Beginn unserer Ehe bei jedem vorhandenen Vermögensgegenstände anfertigen und sie dem Notar zum Verbleib in seiner Handakte übersenden. Die Eintragung der Veränderung des Güterstandes im Güterrechtsregister wird nicht beantragt. Jede Partei ist berechtigt, die Eintragung alleine herbeizuführen. Auch der beurkundende Notar wird ermächtigt, auf Ersuchen eines Ehepartners eine Eintragung im Güterrechtsregister vornehmen zu lassen.
IV. Wir wollen, dass dieser Ehevertrag und die getroffene Rechtswahl innerhalb der Bundesrepublik Deutschland gelten, nach Möglichkeit auch in anderen Staaten, insbesondere in der Republik Serbien. Dieser Ehevertrag gilt unabhängig von der Wirksamkeit aller übrigen Vereinbarungen in dieser Urkunde.
V. Vom Notar wurden wir heute und bei den früheren Unterredungen über den wesentlichen Inhalt des deutschen gesetzlichen Güterrechts und seine erbrechtlichen Auswirkungen informiert.

*D. Erbvertrag*
I. Den Beteiligten ist bekannt, dass nach Artikel 25 Abs. 1 des deutschen EGBGB die Erbfolge dem Recht desjenigen Staates unterliegt, dem der jeweilige Erblasser im Zeitpunkt seines Todes angehört.
II. Herr ▓▓▓▓▓▓ bestimmt hiermit, dass für sein in Deutschland gelegenes unbewegliches Vermögen gem. Art. 25 Abs. 2 EGBGB ausschließlich deutsches Erbrecht anzuwenden ist.
III. Der Notar hat darauf hingewiesen, dass er keine Kenntnisse über das serbische Erbrecht hat und deshalb insoweit keine Belehrungen erteilen kann.
IV. Der erststerbende Ehegatte setzt hiermit zu seinen Erben ein:
 a) den überlebenden Ehegatten zu einem Drittel
 b) die gemeinschaftlichen Kinder zu zwei Dritteln, unter sich zu gleichen Teilen entsprechend den Regeln der gesetzlichen Erbfolgeordnung des deutschen BGB.
 Ersatzerben der Kinder sind deren Abkömmlinge nach den Regeln der gesetzlichen Erbfolgeordnung; mangels solcher tritt – zunächst innerhalb eines Stammes – Anwachsung ein.
V. Der erststerbende Ehegatte wendet hiermit dem überlebenden Ehegatten als Vorausvermächtnis zu:
 a) die gesamte Wohnungs- und Haushaltseinrichtung in dem beim Erbfall vorhandenen Umfang und Zustand, soweit sie dem Erblasser gehört, bzw. den Miteigentumsanteil hieran.
 b) die Anordnung, dass das Recht der Abkömmlinge, die Auseinandersetzung des Nachlasses gegen den Willen des Überlebenden zu verlangen, bis zur Vollendung des 25. Lebensjahres des jüngsten von ihnen ausgeschlossen ist. Diese Anordnung tritt durch den Tod eines Miterben nicht außer Kraft. Heiratet der Überlebende wieder, so endet damit der Auseinandersetzungsausschluss, spätestens jedoch mit dem Tod des Überlebenden.
 Die Vermächtnisse fallen mit dem Tod des Erststerbenden an und werden sofort fällig.
VI. Die vorstehenden Bestimmungen sind vertraglich und wechselbezüglich vereinbart. Auf die Bindungswirkung hat der Notar hingewiesen. Jeder Ehegatte behält sich den Rücktritt vom Erbvertrag vor. Über die dabei einzuhaltenden Formvorschriften hat der Notar belehrt. Soweit und solange für den Ehemann serbisches Erbrecht anzuwenden und danach eine gemeinschaftliche und/oder bindende Verfügung von Todes wegen nicht möglich und deshalb unwirksam sein sollte, handelt es sich vorstehend um einseitige letztwillige Anordnungen jedes Ehegatten.
VII. Diese Urkunde soll nicht in die besondere amtliche Verwahrung des zuständigen Amtsgerichts genommen werden.

Diese Niederschrift wurde vom Notar den Erschienenen vorgelesen, von ihnen genehmigt und von ihnen und dem Notar wie folgt eigenhändig unterschrieben:

Zur Rechtswahl bzgl. Güterrechtsstatut siehe Rn 96 ff.

Zum Vorausvermächtnis vgl. *Tanck/Krug/Daragan*, AnwF Testamente, § 13 Rn 8 ff.

Zum Hausratsvermächtnis vgl. *Tanck/Krug/Daragan*, AnwF Testamente, § 13 Rn 19 ff.

94

*Krug*

## 5. Grundsätze des Internationalen Güterrechts

### a) Regelung des EGBGB

#### aa) Grundsatz: Ehewirkungsstatut = Güterrechtsstatut

95  Nach Art. 15 Abs. 1 EGBGB unterliegen die güterrechtlichen Wirkungen einer Ehe grundsätzlich dem bei der Eheschließung für die allgemeinen Wirkungen der Ehe maßgebenden Recht.[76] Dieses Abstellen auf den Zeitpunkt der Eheschließung bewirkt eine Fixierung des Güterrechtsstatuts, so dass, selbst wenn sich das Ehewirkungsstatut ändert, das Güterrechtsstatut sich nicht wandeln kann („Versteinerungsgrundsatz des Güterrechts").

#### bb) Wahl des Güterrechtsstatuts

96  Nach Art. 15 Abs. 2 EGBGB können die Eheleute ihr Güterrechtsstatut selbst wählen. Diese Rechtswahl beschränkt sich ausschließlich auf die güterrechtlichen Wirkungen einer Ehe.

Wählbar sind die folgenden Güterrechtsstatute:
- **Heimatrecht eines der Ehegatten**,
- Recht am **gewöhnlichen Aufenthalt eines Ehegatten**, unabhängig von der Staatsangehörigkeit der Eheleute,
- die **lex rei sitae bei unbeweglichem Vermögen**.

Die Rechtswahl bedarf der **notariellen Beurkundung**, Art. 15 Abs. 3 i.V.m. Art. 14 Abs. 4 S. 1 EGBGB.

97  Etwas anderes gilt, wenn die **Rechtswahl im Ausland** vorgenommen wird. Nach dem Grundsatz "locus regit actum" genügt die Einhaltung der Ortsform, auch wenn diese weniger streng ist als die Formvorschriften für den Abschluss eines Ehevertrages. Dieser Grundsatz wird in Art. 14 Abs. 4 S. 1 EGBGB aufgenommen.

98  **Beispiel**
Der Ehemann ist deutscher Staatsangehöriger, die Ehefrau ist Schweizerin. Den Wohnsitz haben sie in der Schweiz. Dort wählen sie in privatschriftlicher Form schweizerisches Güterrecht als Heimatrecht der Ehefrau.
Nach schweizerischem Recht genügt gem. Art. 53 Abs. 1 S. 1 IPRG die Schriftform für die güterrechtliche Rechtswahl. Damit ist nach Art. 14 Abs. 4 S. 2 EGBGB die Rechtswahl formgültig getroffen.

99  **Hinweis**
Eine Güterrechtswahl gem. Art. 15 Abs. 2 Nr. 3 EGBGB, wonach für eine bestimmte Immobilie deutsches Güterrecht gelten soll, kann zu einer Güterrechtsspaltung und damit zu einer Nachlassspaltung führen, weil die deutsche Zugewinngemeinschaft über die Zugewinnpauschale des § 1371 Abs. 1 BGB das gesetzliche Ehegattenerbrecht ändert. Deshalb ist im Einzelfall sehr sorgfältig zu prüfen, ob eine solche Rechtswahl sinnvoll ist und/oder ob sie mit einer Rechtswahl des Erbstatuts verbunden werden soll oder ob möglicherweise eine umfassende Güterrechtswahl und nicht nur eine objektbezogene Güterrechtswahl das Richtige wäre.

---

76 Erwerben Ehegatten Grundeigentum in einem Gemeinschaftsverhältnis eines ausländischen Güterstandes, so ist dies im Grundbuch einzutragen, BayObLG Rpfleger 2001, 173.

### cc) Flüchtlinge und Vertriebene

Art. 15 Abs. 4 EGBGB bestimmt:

*Die Vorschriften des Gesetzes über den ehelichen Güterstand von Vertriebenen und Flüchtlingen bleiben unberührt.*

Bezüglich des Güterstands von Flüchtlingen und Vertriebenen muss eine Ausnahme gelten. Weil sie fast immer ihr gesamtes Vermögen in ihrer Heimat verloren haben, ist es nicht sachgerecht, an ihren Güterstand im Zeitpunkt der Eheschließung anzuknüpfen.

Deshalb bestimmt das Gesetz über den ehelichen Güterstand von Vertriebenen und Flüchtlingen vom 4.8.1969 (BGBl I 1969, S. 1067) in § 1 Abs. 1:

*Für Ehegatten, die Vertriebene oder Sowjetzonenflüchtlinge sind (§§ 1, 3 und 4 des Bundesvertriebenengesetzes), beide ihren gewöhnlichen Aufenthalt im Geltungsbereich dieses Gesetzes haben und im gesetzlichen Güterstand eines außerhalb des Geltungsbereichs dieses Gesetzes maßgebenden Rechts leben, gilt vom Inkrafttreten dieses Gesetzes an das eheliche Güterrecht des Bürgerlichen Gesetzbuchs ...*

### b) Auseinanderfallen von Erbrechtsstatut und Güterrechtsstatut

#### aa) Allgemeines

Sehr häufig bestimmen sich Erbrechtsstatut und Güterrechtsstatut nach verschiedenen Rechtsordnungen. Ursächlich dafür sind die unterschiedlichen Anknüpfungspunkte der IPR-Vorschriften für Erbrecht und Güterrecht. Zusätzlich erschwert wird diese Frage dadurch, dass nicht selten das gesetzliche Erbrecht vom Güterrecht beeinflusst wird. Nach Art. 15, 14 EGBGB ist die Staatsangehörigkeit der Eheleute bzw. eines Ehegatten nicht der einzige Anknüpfungspunkt für das anzuwendende Güterrecht. Daneben kommen in Betracht der Wohnsitz, der Aufenthalt oder subsidiär sonstige „Sachnähe" zu einer konkreten staatlichen Rechtsordnung. Entscheidend beim Güterrechtsstatut ist jedoch, dass es **unwandelbar** ist und **mit der Heirat** erworben wird, Art. 15 Abs. 1 EGBGB.

#### bb) Wandelbarkeit des Erbrechtsstatuts

Demgegenüber kann sich das Erbrechtsstatut wandeln, beispielsweise bei einem Wechsel der Staatsangehörigkeit durch den Erblasser und bei einer Rechtswahl bezogen auf das Erbrechtsstatut. Man spricht hier auch von „**Normmangel**", wenn das Erbrechtsstatut kein gesetzliches Erbrecht für den Ehegatten vorsieht, sondern vielmehr den überlebenden Ehegatten güterrechtlich beteiligt, so beispielsweise in Schweden, Frankreich, Belgien.

Von „**Normhäufung**" wird gesprochen, wenn Erbrechts- und Güterrechtsstatut eine sowohl erbrechtliche wie güterrechtliche Beteiligung des überlebenden Ehegatten vorsehen. In solchen Fällen wird über das Rechtsinstitut der kollisionsrechtlichen Angleichung versucht, im konkreten Fall unter Wahrung der widerstreitenden Interessen der Beteiligten die verschiedenen Rechtsordnungen und die jeweils zur Verfügung gestellten Rechtsinstitute zu harmonisieren.[77]

---

77 Palandt/*Thorn*, Art. 15 EGBGB Rn 26, 27.

### cc) Sonderproblem des pauschalierten Zugewinnausgleichs

**105** Bei Geltung deutschen Rechts ist für den Fall des Eintritts gesetzlicher Erbfolge zu klären, ob der pauschalierte Zugewinnausgleich nach § 1371 Abs. 1 BGB güterrechtlich oder erbrechtlich einzuordnen ist. So qualifiziert das OLG Karlsruhe[78] die Zugewinnpauschale **güterrechtlich**:

> „Der Zugewinn ist nach dem Güterrechtsstatut zu beurteilen. Dies gilt auch dann, wenn der Zugewinnausgleich pauschaliert durch eine Erhöhung des gesetzlichen Erbteils erfolgt, wie nach § 1371 BGB, jedenfalls dann, wenn deutsches Recht als Erbstatut maßgebend ist. In Fällen eines ausländischen Güterstatuts kann ein erbrechtlicher Zugewinnausgleich auch bei deutschem Erbstatut nicht stattfinden."

**106** Das OLG Düsseldorf[79] qualifiziert hingegen **erbrechtlich**, so dass die Zugewinnpauschale nur dann zum Tragen käme, wenn sich Güterrecht und Erbrecht nach der deutschen Rechtsordnung bestimmen würden. Weitgehend wird die Meinung vertreten, in Verbindung mit der Korrektur einzelfallbezogener Ergebnisse unter Billigkeitsgesichtspunkten sei der pauschalierte Zugewinnausgleich als dem Güterrechtsstatut unterliegend zu qualifizieren.[80] Dies dürfte derzeit die herrschende Meinung sein.

**107** **Beispiel**
Der österreichische Staatsangehörige EM heiratete im Jahr 1992 die deutsche Staatsangehörige EF in Heidelberg. Dort hat das Ehepaar auch seinen gemeinsamen Wohnsitz nach der Eheschließung genommen. Aus der Ehe sind zwei Kinder hervorgegangen, der Sohn S und die Tochter T. EM stirbt; eine Verfügung von Todes wegen hat er nicht hinterlassen.
Wer wird zu welchen Quoten Erbe des EM?
Die Erbfolge bestimmt sich nach Art. 25 Abs. 1 EGBGB nach dem österreichischen Recht als dem Heimatrecht des Erblassers. Diese Verweisung auf das österreichische Recht durch das deutsche IPR nimmt das österreichische IPR-Gesetz in seinen §§ 28 Abs. 1 und 9 Abs. 1 an.
Nach den Vorschriften über das gesetzliche Erbrecht von Kindern und Ehegatten in §§ 757 Abs. 1 und 732 ABGB erhalten die Ehefrau EF und die Kinder S und T je 1/3 des Nachlasses.
Fraglich ist jedoch, ob dieses Ergebnis aufgrund der güterrechtlichen Verhältnisse endgültig ist.
Das **Güterrechtsstatut** bestimmt sich nämlich nach Art. 15 Abs. 1 i.V.m. Art. 14 Abs. 1 Nr. 2 EGBGB nach deutschem Recht. Damit bestand in der Ehe zwischen EM und EF der deutsche gesetzliche Güterstand der **Zugewinngemeinschaft**.
Dies hat Einfluss auf die Erbquote der EF, denn nach § 1371 Abs. 1 BGB erhöht sich der gesetzliche Erbteil des Überlebenden als pauschaler Ausgleich des Zugewinns um eine Quote von ¼.
Zuerst ist aber zu klären, ob die Vorschrift des § 1371 Abs. 1 BGB als güterrechtliche Norm oder als erbrechtliche Norm zu qualifizieren ist. Würde sie dem Güterrecht angehören, so gälte insoweit deutsches Recht; wäre sie aber erbrechtlich zu qualifizieren, so käme österreichisches Recht zur Anwendung.

---

78 OLG Karlsruhe NJW 1990, 1420.
79 OLG Düsseldorf MittRhNotK 1988, 68.
80 LG Bonn MittRhNotK 1985, 106; *Clausnitzer*, MittRhNotK 1987, 15; *Clausnitzer*, IPrax 1987, 102; Palandt/*Thorn*, Art. 15 EGBGB Rn 26.

§ 1371 Abs. 1 BGB ist lokalisiert im Recht der Zugewinngemeinschaft; die Norm soll die komplizierten Regeln über die Durchführung des Zugewinnausgleichs auf pauschale Weise abgelten. Aus diesem Grund wird die Zugewinnpauschale überwiegend güterrechtlich qualifiziert.[81]

Damit käme man zum Ergebnis, dass der gesetzliche Erbteil der EF um ¼ zu erhöhen wäre, dies gäbe $7/12$ ($1/3 = 4/12 + 1/4 = 3/12$). Damit bekäme sie allerdings zu Lasten der beiden Kinder mehr als ihr nach jeder der in Betracht kommenden Rechtsordnungen und deren gesetzlichem Erbrecht zukäme. Nach deutschem Erb- und Güterrecht bekäme sie ½, also $6/12$, nach österreichischem Recht bekäme sie $1/3$, also $4/12$.

Im Wege der **Angleichung** ist daher die Erbquote der EF im Sinne der Rechtsordnung, die den größeren Erbteil vorsieht, auf ½ zu reduzieren.

Im Ergebnis bekommen damit EF ½ und S und T je ¼ und damit so viel, als ob deutsches Erbrecht und deutsches Güterrecht anzuwenden wären.[82]

**Anders jetzt jedoch das OLG Stuttgart;** nach dessen Ansicht findet keine pauschale Erhöhung des gesetzlichen Erbteils statt, vielmehr richtet sich der Erbteil nach österreichischem Recht ($1/3$ für den Überlebenden), und daneben findet der schuldrechtliche Zugewinnausgleich statt:[83]

108

*„Der Senat ist ... der Auffassung, dass der Zugewinnausgleich als Ausprägung des deutschen gesetzlichen Güterstands der Zugewinngemeinschaft güterrechtlicher Natur ist. Doch rechtfertigt dies es nicht, den Zugewinn als Erbquote auch dann zu verwirklichen, wenn sich das Erbstatut nach ausländischem Recht richtet und dieses – wie das hier anzuwendende österreichische Recht – eine solche Erbquote nicht kennt. Denn das Erbstatut bestimmt die Erbquote. ... Diese Quote ist nach Auffassung des Senats auch keiner Abänderung unter Billigkeitsgesichtspunkten zugänglich ... Andererseits steht der Ehefrau nach dem deutschen Güterstatut ein Zugewinnausgleich zu. Wenn dieser, wie dargestellt, nicht erbrechtlich ausgleichbar ist, weil das ausländische Erbstatut dies nicht zulässt, kann der Ausgleich nur nach den Regeln der §§ 1373 ff. BGB erfolgen (so auch im Ergebnis OLG Düsseldorf MittRhNotK 1988, 68). §§ 1371 Abs. 3, 1372 BGB stehen dem in einem solchen Fall nicht entgegen. Denn sie sind insoweit nur mit den deutschen erbrechtlichen Regeln abgestimmt und mit österreichischem Erbrecht nicht vereinbar."*

dd) Güterrechtliches Übergangsrecht

Auch Art. 15 EGBGB, der das Güterrechtsstatut bestimmt, ist mit Wirkung seit 1.9.1986 neu gefasst worden. Die Übergangsvorschrift Art. 220 EGBGB enthält aber noch weitere Zeitabschnitte. So bestimmt Art. 220 Abs. 3 EGBGB, dass für Ehen, die vor dem 1.4.1953 geschlossen wurden, Art. 15 EGBGB a.F. gilt, wobei eine Rechtswahl möglich ist, vgl. Art. 220 Abs. 3 S. 6 EGBGB. Allerdings ist nach Bundesverfassungsgericht NJW 1983, 1968 eine verfassungskonforme Auslegung vorzunehmen.

109

Für Eheschließungen im Zeitraum zwischen dem 1.4.1953 und 8.4.1983 stellt Art. 220 Abs. 3 EGBGB eine eigene Kollisionsnorm dar. An die Stelle des am 1.4.1953 außer Kraft getretenen Art. 15 EGBGB a.F. treten mit rückwirkender Kraft die Kollisionsnormen des

110

---

81 BGHZ 40, 32, 34; Palandt/*Thorn*, Art. 15 EGBGB Rn 26; Soergel/*Schurig*, Art. 15 EGBGB Rn 38 m.w.N.
82 Vgl. hierzu Erman/*Hohloch*, Art. 15 EGBGB Rn 37; Soergel/*Schurig*, Art. 15 EGBGB Rn 40.
83 Beschluss vom 8.3.2005 – 8 W 96/04, ZErb 2005, 162 m. kritischer Anm. von *Süß*, ZErb 2005, 208 = NJW-RR 2005, 740 = RPfleger 2005, 362 = FGPrax 2005, 168 = DNotZ 2005, 632 = FamRZ 2005, 1711 = ZEV 2005, 443 = RNotZ 2005, 296 = IPRax 2005, 549 = OLGR Stuttgart 2005, 764. Vgl. auch *Tersteegen*, Pauschalierter Zugewinnausgleich bei ausländischem Erbstatut, NotBZ 2005, 351.

Absatzes 3 Satz 1. Das danach geltende Güterrechtsstatut bestimmt die Beziehungen der Ehegatten nur bis zum Bekanntwerden der in NJW 1983, 1968 am 8.4.1983 veröffentlichten Bundesverfassungsgerichtsentscheidung. Danach wird das Güterrechtsstatut gemäß Absatz 3 Satz 2 abgelöst von demjenigen Statut, das die Anknüpfungsregeln des Art. 15 n.F. EGBGB bestimmt. Dabei wird wiederum der in Art. 15 Abs. 1 EGBGB n.F. festgesetzte Anknüpfungszeitpunkt der Eheschließung nach Absatz 3 Satz 3 durch den 9.4.1983 ersetzt, sofern das Güterrechtsstatut bis zum 8.4.1983 nach der Vorschrift von Absatz 3 Satz 1 Nr. 3 bestimmt worden war.

111 Für Ehen, die im Zeitraum zwischen dem 9.4.1983 und 31.8.1986 geschlossen wurden, ist Art. 15 EGBGB n.F. rückwirkend anwendbar, vgl. Art. 220 Abs. 3 S. 5 EGBGB. Am 8.4.1983 wurde die Entscheidung des Bundesverfassungsgerichts, wonach Art. 15 EGBGB a.F. für nichtig erklärt wurde, bekannt.[84]

Für Ehen, die nach dem 31.8.1986 geschlossen wurden, gilt selbstverständlich Art. 15 EGBGB in seiner jetzigen Fassung.

### ee) Interlokales Kollisionsgüterrecht

112 Das innerdeutsche Kollisionsrecht im Verhältnis zur ehemaligen DDR wurde sowohl vor als auch nach dem 1.9.1986 durch eine analoge Anwendung der IPR-Kollisionsnormen bestimmt. Anknüpfungsmerkmal konnte aus der Sicht der Bundesrepublik Deutschland nicht die Staatsangehörigkeit sein, sondern der gewöhnliche Aufenthalt.[85] Da für das IPR der Stichtag **1.9.1986** von entscheidender Bedeutung ist, ist dieser Stichtag auch für das interlokale Kollisionsrecht bedeutend. Deutsch-deutsche Sachverhalte, die vor dem 1.9.1986 abgeschlossen wurden, sind aus diesem Grund grundsätzlich nach altem IPR zu lösen, analog Art. 220 Abs. 1–3 EGBGB.[86]

## D. Andere Verfügungen von Todes wegen im Verhältnis zum Erbvertrag

### I. Allgemeines

113 Der Erbvertrag hat, soweit Bindung besteht, gem. § 2289 BGB eine Beschränkung der Testierfreiheit des Erblassers zur Folge. § 2289 BGB hat insofern eine zentrale Bedeutung im Recht des Erbvertrags. Nach dieser Vorschrift hat die Errichtung eines Erbvertrages im Verhältnis zu anderen Verfügungen von Todes wegen die nachfolgend beschriebenen Wirkungen.

### II. Verfügung von Todes wegen, die vor dem Erbvertrag errichtet wurde

114 Ein bestehendes **Testament** wird durch den später abgeschlossenen Erbvertrag aufgehoben, soweit dadurch das Recht des vertragsmäßig Bedachten beeinträchtigt wird, § 2289 Abs. 1 S. 1 BGB (**Aufhebungswirkung**).

115 Ein **Erbvertrag**, der zwischen denselben Personen geschlossen worden war, wird **unwirksam**, soweit er dem zweiten widerspricht, es gilt der letzte. Damit wird im zweiten Erbvertrag eine ganze oder teilweise einverständliche Vertragsaufhebung nach § 2290 BGB gesehen.

---

84 BVerfGE 63, 181.
85 BGHZ 40, 35; BGHZ 91, 196.
86 BGH FamRZ 1994, 884; OLG Düsseldorf FamRZ 1992, 573.

Soweit der Vertrag mit einem anderen Vertragspartner geschlossen wurde, siehe nachfolgend Rn 116 ff.

Wegen dieser weit reichenden Rechtswirkung eines Erbvertrages muss vor dessen Beurkundung sehr sorgfältig recherchiert werden, ob der Erblasser bereits einen Erbvertrag oder ein Testament errichtet hat.

### III. Verfügung von Todes wegen, die nach dem Erbvertrag errichtet wurde

Sowohl ein späteres Testament als auch ein späterer Erbvertrag sind insoweit absolut **unwirksam**, als die Rechtsstellung des vertragsmäßig Bedachten im Zeitpunkt des Erbfalls beeinträchtigt wird, § 2289 Abs. 1 S. 2 BGB. Deshalb muss sich ein Notar, der mit der Beurkundung eines Erbvertrags beauftragt ist und Kenntnis von einem früheren Erbvertrag hat, vergewissern, ob wirklich ein neuer Erbvertrag geschlossen werden kann und nicht etwa Regelungen des älteren Erbvertrags dem entgegen stehen. Bei Verletzung dieser Pflicht könnte sich der Notar schadensersatzpflichtig machen.[87]

**Besonderheit des Höferechts:**

Ein Hofübergabevertrag im Sinne von § 17 HöfeO steht einer Verfügung von Todes wegen gleich. Besteht bezüglich der Übernahme eines Hofes eine erbvertragliche Bindung, so würde ein anders lautender Hofübergabevertrag an dieser Bindung scheitern.[88]

Dazu der BGH:[89]

> „Hat sich der Hofeigentümer (nur) durch einen Erbvertrag gebunden, so bestimmt sich seine Bindung – und damit der Schutz des Begünstigten – nach den §§ 2286, 2289 BGB. Gemäß § 2289 Abs. 1 S. 2 BGB ist eine spätere Verfügung von Todes wegen unwirksam, soweit sie das Recht des vertragsmäßig Bedachten beeinträchtigen würde. Der Hofeigentümer ist dann auch nicht mehr in der Lage, den Hof im Wege des Übergabevertrages einem anderen zu übertragen (BGH Beschl. v. 30. Januar 1951, V BLw 57/49, RdL 1951,129), denn der Hofübergabevertrag steht hinsichtlich der Auswahl des Hofnachfolgers einer Verfügung von Todes wegen gleich..."

### IV. Begriff der Beeinträchtigung

Geschützt wird das Recht des vertragsmäßig Bedachten. Würde die anderweitige Verfügung von Todes wegen diese Rechtsstellung mindern, beschränken, belasten oder gegenstandslos machen, so ist eine Beeinträchtigung gegeben. Ob eine nur wirtschaftliche Beeinträchtigung ausreicht, ist umstritten. Es dürfte auf die nachteilige Veränderung der rechtlichen Position des vertragsmäßig Bedachten ankommen. Beispielsweise wenn der Erblasser nach Abschluss des Erbvertrages eine Testamentsvollstreckung anordnen will. Damit würde die Rechtsstellung des vertragsmäßig Bedachten beschränkt werden, insbesondere im Hinblick auf seine Verwaltungs- und Verfügungsbefugnis bezüglich der einzelnen Nachlassgegenstände, §§ 2205, 2211 BGB. Umstritten ist, ob es für die Feststellung einer Beeinträchtigung im Sinne des § 2289 Abs. 1 BGB allein auf einen Vergleich aus rechtlicher Sicht ankommt[90] oder ob auch **wirtschaftliche** Gesichtspunkte berücksichtigt werden müssen.[91]

---

87 OLG Schleswig, DNotI-Report 2005, 71 = SchlHA 2005, 373 = OLGR Bremen 2005, 143.
88 BGHZ 101, 57 = DNotZ 1988, 37 = NJW 1988, 710.
89 BGHZ 101, 57, 62.
90 MüKo-*Musielak*, § 2289 BGB Rn 10.
91 Soergel/*Wolf*, § 2289 Rn 2.

Gegen die Berücksichtigung wirtschaftlicher Gesichtspunkte hat sich der BGH ausgesprochen.[92] Danach kommt es ausschließlich auf die Beeinträchtigung in **rechtlicher** Hinsicht an.

### V. Zustimmung des vertraglich Bedachten

119 Die Zustimmung des vertraglich Eingesetzten zu einer späteren Verfügung von Todes wegen gibt dem Erblasser seine Testierfreiheit wieder zurück. Die Zustimmung bedarf der notariellen Beurkundung, weil darin eine ganze oder teilweise Aufhebung des Erbvertrags zu sehen ist, §§ 2290 Abs. 4, 2276 BGB.[93] Unter Ehegatten genügt die Form des gemeinschaftlichen Testaments, § 2291 BGB. Dies gilt auch für eingetragene Lebenspartner, weil auch sie ein gemeinschaftliches Testament errichten können, § 10 LPartG. Ein Ehegattentestament, das einem vorausgehenden Erbvertrag zwar nicht in allen Punkten sachlich widerspricht, kann trotzdem als Erbvertragsaufhebung angesehen werden, wenn es als umfassende und abschließende Neuregelung auszulegen ist.[94]

120 Für ein vertragsmäßig angeordnetes Vermächtnis oder eine Auflage sieht das Gesetz ausdrücklich die Möglichkeit einer anderweitigen Verfügung nach vorausgegangener Zustimmung des Bedachten in § 2291 BGB vor. Auch hierfür ist notarielle Beurkundung erforderlich, § 2291 Abs. 2 BGB.

Allerdings könnte demjenigen, der formlos zugestimmt hat und der sich auf das fehlende Formerfordernis beruft, ein Verstoß gegen Treu und Glauben entgegengehalten werden ("venire contra factum proprium").[95]

### VI. Zustimmung des Vermächtnisnehmers zu anderweitigen Verfügungen

#### 1. Formerfordernis: Notarielle Beurkundung

121 Der vertragsmäßig bedachte Vermächtnisnehmer kann gegenüber dem Erblasser seine Zustimmung zu einem abweichenden Testament geben, § 2291 BGB. Die Zustimmungserklärung bedarf der notariellen Beurkundung, § 2291 Abs. 2 BGB, weil darin eine (zumindest teilweise) Aufhebung des Erbvertrags liegt. Mit Zugang der Zustimmung an den Erblasser wird sie unwiderruflich, § 2291 Abs. 2 BGB. Die Zustimmung kann entweder vor der Errichtung des Aufhebungstestaments erklärt werden oder danach. Sie kann auch schon im Erbvertrag selbst enthalten sein. Allerdings bestehen in einem solchen Fall Zweifel, ob dann überhaupt eine vertragsmäßige Vermächtnisanordnung vorliegt.[96]

Vgl. die nachfolgenden Muster.

#### 2. Muster: Zustimmung des Vermächtnisnehmers zu Aufhebungstestament

*(Notarielle Urkundenformalien)*

122 Es erscheint Herr ▇▇▇▇ – persönlich bekannt und zweifelsfrei geschäftsfähig.

Er gibt folgende Zustimmungserklärung ab:

---

92 BGH JZ 1958, 399.
93 BGHZ 108, 252; vgl. *Ivo*, ZEV 2003, 58.
94 BayObLG FamRZ 2002, 1434 = MittBayNot 2002, 194.
95 BGHZ 108, 252.
96 Soergel/*Wolf*, § 2291 Rn 3.

In der Urkunde des Notars ▨ in ▨ – UR-Nr. ▨ – habe ich mit Herrn ▨ einen Erbvertrag geschlossen. Nach Ziff. ▨ hat mir Herr ▨ für den Fall seines Todes ein Vermächtnis folgenden Inhalts zugewandt: ▨.

Hiermit erkläre ich meine Zustimmung dazu, dass diese Vermächtnisanordnung ganz oder teilweise aufgehoben wird. Mir ist bekannt, dass diese Zustimmungserklärung mit Zugang bei Herrn ▨ unwiderruflich ist.

Ich bitte um Erteilung von zwei Ausfertigungen dieser Urkunde, von denen ich eine Herrn ▨ übergeben werde.

Diese Niederschrift wurde vom Notar dem Anwesenden vorgelesen, von ihm genehmigt und wie folgt eigenhändig unterschrieben:

### 3. Muster: Aufhebungstestament nach Zustimmung durch den Vermächtnisnehmer

Ich, ▨, geboren am ▨ in ▨, wohnhaft in ▨, errichte folgendes

*Testament:*

Am ▨ habe ich in der Urkunde des Notars ▨ in ▨ unter UR-Nr. ▨ mit Herrn ▨ einen Erbvertrag geschlossen und ihm in Ziff. ▨ der Urkunde auf meinen Tod folgendes Vermächtnis zugewandt: ▨

Herr ▨ hat in der Urkunde des Notars ▨ in ▨ unter UR-Nr. ▨ seine Zustimmung zur ganzen oder teilweisen Aufhebung dieses Vermächtnisses erklärt. Von dieser Zustimmungserklärung, die mir in Ausfertigung zugegangen ist, habe ich Kenntnis genommen.

Hiermit hebe ich die oben näher bezeichnete, zugunsten von Herrn ▨ getroffene Vermächtnisanordnung ihrem gesamten Inhalt nach auf.

(Ort, Datum, Unterschrift)

## VII. Beschränkung eines Abkömmlings in guter Absicht

Eine Beschränkung eines vertraglich bedachten Abkömmlings in guter Absicht durch späteres Testament lässt das Gesetz in § 2289 Abs. 2 BGB zu. Insofern kann der Erbvertrag bei Vorliegen der Voraussetzungen des § 2338 BGB auch später geändert werden.

## VIII. Wegfall der Aufhebungswirkung bei Unwirksamwerden des Erbvertrags

Die Aufhebungswirkung des § 2289 Abs. 1 S. 1 BGB entfällt, wenn der Erbvertrag aufgehoben, er durch Vorversterben des Bedachten oder Ausschlagung gegenstandslos wird, wenn vom Erbvertrag zurückgetreten wird oder wenn – beim Ehegattenerbvertrag – die Ehe geschieden bzw. eine eingetragene Lebenspartnerschaft aufgehoben wird (§ 15 LPartG). Haben sich Eheleute in einem Erbvertrag durch vertragliche Verfügung gegenseitig zu Alleinerben und ihr einziges Kind zum Schlusserben eingesetzt, so entfällt die vertragliche Bindung bezüglich der Einsetzung des Schlusserben mit der Scheidung der Ehe der Eltern, es sei denn, es lässt sich feststellen, dass sie bei Abschluss des Erbvertrags die Einsetzung des Kindes als Schlusserben auch für diesen Fall gewollt haben, §§ 2077 Abs. 1, 2, 2280, 2298 BGB.[97]

---

97 OLG Hamm FamRZ 1994, 994.

126 Zur Frage der Wirksamkeit einer früheren Verfügung von Todes wegen bei Wegfall des erbvertraglich Bedachten hat das OLG Zweibrücken mit Beschluss vom 4.3.1999[98] entschieden:

> „Ist der in einem Erbvertrag vertragsmäßig Bedachte vor Eintritt des Erbfalls verstorben, so kann eine frühere letztwillige Verfügung des Erblassers das Recht des Bedachten nicht beeinträchtigen und behält deshalb grundsätzlich ihre Wirkung. Etwas anderes gilt dann, wenn sich aus dem Erbvertrag der Wille des Erblassers entnehmen lässt, die früher getroffene Verfügung von Todes wegen in jedem Falle aufzuheben."

Nach § 2289 Abs. 1 S. 1 BGB wird durch den Erbvertrag eine frühere letztwillige Verfügung des Erblassers aufgehoben, soweit sie das Recht des vertragsmäßig Bedachten beeinträchtigen würde. Entscheidend für das Vorliegen einer Beeinträchtigung ist nach herrschender Ansicht nicht der Zeitpunkt des Vertragsschlusses, sondern derjenige des Erbfalls. Nur dann, wenn der Bedachte auch wirklich Erbe geworden ist, kommt es zu einer Beeinträchtigung seines Rechts. Hingegen kann eine Beeinträchtigung nicht mehr eintreten, wenn der Erbvertrag bereits vor dem Erbfall gegenstandslos wird, weil der Bedachte wegfällt. Bei einem Vorversterben des Bedachten behält eine frühere Verfügung von Todes wegen grundsätzlich ihre Wirkung.[99]

### IX. Erbvertragsaufhebung; Muster

127 Der Erbvertrag kann durch notariellen Vertrag aufgehoben werden, § 2290 BGB. Enthält ein Erbvertrag lediglich Verfügungen von Todes wegen und ist er auch mit keinem Rechtsgeschäft unter Lebenden in einer Urkunde verbunden, so kann er gemäß § 2300 Abs. 2 BGB auch durch Rücknahme aus der Verwahrung beim Notar bzw. aus der besonderen amtlichen Verwahrung beim Amtsgericht (in Baden-Württemberg beim Staatlichen Notariat) aufgehoben werden (vgl. dazu Rn 201).[100]

**Muster: Aufhebung eines Erbvertrags durch Vertrag**

128 (Notarielle Urkundenformalien)

Es erscheinen
1. Herr           – persönlich bekannt –
2. Frau           – persönlich bekannt –

Herr und Frau      sind zweifelsfrei geschäftsfähig. Die Frage nach einer Vorbefassung des Notars i.S.v. § 3 Abs. 1 Nr. 7 BeurkG verneinen die Anwesenden.

Sie erklären mit der Bitte um Beurkundung:

Wir schließen folgenden Vertrag zur

*Aufhebung eines Erbvertrags*

Am       haben wir vor Notar        unter dessen UR-Nr.       einen Erbvertrag geschlossen, dessen Urschrift beim Amtsgericht       unter dem Az.       verwahrt wird.

Diesen Erbvertrag heben wir hiermit seinem gesamten Inhalt nach auf.

Diese Niederschrift wurde vom Notar den Anwesenden vorgelesen, von ihnen genehmigt und sodann von ihnen und dem Notar eigenhändig unterschrieben.

---

98 OLG Zweibrücken ZEV 1999, 439.
99 OLG Zweibrücken ZEV 1999, 439; zum Meinungsstand siehe Anm. *Kummer*, ZEV 1999, 440.
100 Zum Erbvertragsnachtrag vgl. *Kornexl*, ZEV 2003, 62 und *Lehmann*, ZEV 2003, 234.

## X. Erbvertragsaufhebung durch gemeinschaftliches Testament

### 1. Formerfordernis

Der unter Ehegatten geschlossene Erbvertrag kann in der Form des gemeinschaftlichen Testaments aufgehoben werden, § 2292 BGB, also auch in der Form des privatschriftlichen Testaments, § 2267 BGB. Da seit der Geltung des Lebenspartnerschaftsgesetzes – LPartG – vom 16.2.2001 (BGBl I S. 266), dem 1.8.2001, nach dessen § 10 Abs. 4 auch eingetragene Partner ein gemeinschaftliches Testament errichten können, können auch sie einen Erbvertrag durch gemeinschaftliches Testament aufheben.

### 2. Muster: Erbvertragsaufhebung durch privatschriftliches gemeinschaftliches Testament

*Gemeinschaftliches Testament*

Wir, die Eheleute            , haben in der Urkunde des Notars            in            am            unter UR-Nr.            einen Erbvertrag errichtet. Diesen Erbvertrag heben wir hiermit seinem gesamten Inhalt nach auf.

(Ort, Datum, Unterschrift)

Dieses Testament ist auch mein Testament.

(Ort, Datum, Unterschrift)

### 3. Muster: Aufhebung eines zweiseitigen Erbvertrags durch Testament nach Ausschlagung

Ich,            , geboren am            in            , wohnhaft in            , errichte folgendes

*Testament:*

In der Urkunde des Notars            in            habe ich mit meinem verstorbenen Ehemann            unter UR-Nr.            am            einen gegenseitigen Erbvertrag errichtet, wonach auf den Tod des Erststerbenden von uns gesetzliche Erbfolge eintreten, ich den Nießbrauch am Nachlass vermächtnisweise erhalten und Testamentsvollstreckerin werden sollte.

Mein Ehemann ist am            in            gestorben (vgl. Nachlassakten des Amtsgerichts            , Az.            ).

Mit notariell beglaubigter Erklärung vom            – UR-Nr.            des Notars            in            – habe ich die mir nach dem Erbvertrag angefallene Erbschaft und das Nießbrauchsvermächtnis ausgeschlagen. Das Amt des Testamentsvollstreckers habe ich nicht angenommen und werde es auch nicht annehmen.

Die Ausschlagungserklärung ist am            beim Nachlassgericht            (Amtsgericht) eingegangen und im Hinblick auf die Ausschlagung des Nießbrauchsvermächtnisses den Erben am            zugegangen.

In dem bezeichneten Erbvertrag (vgl. Ziffer            ) hat der Überlebende auf seinen Tod unsere gemeinschaftlichen Kinder in vertraglicher Weise zu seinen Erben eingesetzt.

Diese Verfügung auf den Tod des Überlebenden (Erbeinsetzung der gemeinschaftlichen Kinder) hebe ich hiermit ihrem gesamten Inhalt nach auf.

Gleichzeitig treffe ich für den Fall meines Todes folgende neue Verfügung:

(Ort, Datum, Unterschrift)

# § 4 Der Erbvertrag

## E. Änderungsvorbehalt und vertragliche Verfügungen

### I. Allgemeines

132 Die durch vertragsmäßige Verfügung erzeugte Bindungswirkung muss nicht in jedem Fall endgültig sein. Das Gesetz sieht drei Möglichkeiten vor, wie der Erblasser die eingetretene **Bindung beseitigen** und er seine durch den Erbvertrag eingeschränkte Testierfreiheit wieder erlangen kann:
- Ausübung des Rücktritts nach §§ 2293–2297 BGB (vgl. Rn 172 ff.).
- Anfechtung des Erbvertrags nach § 2281 ff. BGB (vgl. Rn 144 ff.)
- Aufhebung des Erbvertrags durch die Vertragsparteien selbst, §§ 2290–2292 BGB (vgl. Rn 127).
- Aufhebung des Erbvertrags durch Rücknahme aus der Verwahrung, § 2300 BGB (vgl. Rn 201).

Allerdings kann die Beseitigung der Bindung nicht erfolgen, ohne dem Vertragspartner davon Kenntnis zu geben.

133 Fraglich ist, ob der Erblasser sich eine weitere Möglichkeit der Lösung von der Bindung durch einen sog. **Änderungsvorbehalt** eröffnen kann.

Mancher Erblasser wünscht sich, einen Erbvertrag durch einfaches Testament wieder ändern zu können. Eine ausdrückliche gesetzliche Regelung hierzu fehlt. In der Literatur und in der Rechtsprechung besteht Einigkeit darüber, dass ein solcher Änderungsvorbehalt zulässig ist, seine Grenzen sind jedoch umstritten. Unklar ist auch, wie sich ein Änderungsvorbehalt auf die Vertragsmäßigkeit erbvertraglich getroffener Verfügungen auswirkt.

### II. Zulässigkeit des Änderungsvorbehalts

134 In Rechtsprechung und Literatur bestehen keine Zweifel an der grundsätzlichen Zulässigkeit eines Änderungsvorbehalts.[101] Begründet wird diese Zulässigkeit mit der Vertragsfreiheit, die auch für den Erbvertrag gelte.

Der BGH[102] führt in seinem Urteil vom 2.12.1981 u.a. aus:

„*Vielmehr kann dem Erblasser in dem Erbvertrag das Recht vorbehalten werden, die Rechte vertragsmäßig Bedachter in gewissem Umfang durch nachträgliche letztwillige Verfügungen zu beeinträchtigen und sie etwa mit bestimmten Vermächtnissen (zusätzlich) zu beschweren oder mit zu beschweren ...*"

In letzter Zeit hatten sich Gerichte mit Änderungsvorbehalten zu befassen, die nicht genau genug gefasst waren.[103] Deshalb ist dem Rechtsgestalter dringend anzuraten, Änderungsvorbehalte so präzise wie möglich zu formulieren.[104]

---

101 BGH NJW 1982, 441, 442; BayObLG FamRZ 1991, 1359, 1360; OLG München ZErb 2007, 60; *Mayer*, DNotZ 1990, 755; *Weiler*, DNotZ 1994, 427. Zur Auslegung eines Änderungsvorbehalts vgl. OLG Köln ZEV 2003, 76 mit Anm. *J. Mayer*.
102 BGH NJW 1982, 441, 442.
103 OLG München ZEV 2005, 61; OLG Köln ZEV 2003, 76; OLG Stuttgart ZEV 2003, 80; OLG Koblenz DNotZ 1998, 218; LG Hechingen BWNotZ 2003, 93.
104 Vgl. Vorschläge hierzu bei *Keim*, ZEV 2005, 365.

## III. Grenzen des Änderungsvorbehalts

Ungeklärt sind die Frage der Reichweite eines solchen Änderungsvorbehalts und die Frage, welchen Inhalt er haben kann, insbesondere, ob jegliche Änderung einer vertragsmäßig getroffenen Verfügung zulässig ist. Dabei ist entscheidend, dass der Erbvertrag als besondere Einrichtung des Vertragsrechts zumindest **einer (!) vertraglich bindenden** Regelung bedarf, weil andernfalls das essenzielle Charakteristikum eines Vertrages, nämlich seine Bindung, beseitigt würde.[105] Deshalb wird ein Änderungsvorbehalt nur dann für zulässig gehalten, wenn beim Erblasser noch eine gewisse vertragliche Bindung bestehen bleibt. Dies bedeutet wiederum, dass ein Änderungsvorbehalt nicht so weit gehen kann, dass der Erblasser dadurch seine gesamte Testierfreiheit, deren er sich durch die eingegangene Bindung teilweise begeben hat, wieder erlangt. Das ist nicht nur dann der Fall, wenn eine vertragsmäßige Verfügung ohne Änderungsvorbehalt bestehen bleibt, sondern auch, wenn die Änderung nur unter bestimmten Voraussetzungen möglich oder inhaltlich beschränkt ist, da auch im letzteren Fall der Erblasser in seiner Gestaltungsfreiheit beschränkt ist.[106] Eine auf Seiten des Vertragspartners erlangte vertragliche Position muss diesem erhalten bleiben, andernfalls entfiele das vertragstypische Merkmal schlechthin.

135

Deshalb ist die in einem Teil der Literatur vertretene Auffassung, der Änderungsvorbehalt könne auch als sog. **Totalvorbehalt** vereinbart werden, kritisch zu betrachten.[107] Danach könnten nämlich sämtliche vertragsmäßigen Verfügungen durch abweichende letztwillige Verfügung beseitigt werden. *Weiler*[108] vertritt deshalb meines Erachtens zu Recht die Auffassung, ein Totalvorbehalt könne nicht als zulässig erachtet werden, weil der Erblasser dann in seiner Testierfreiheit nicht eingeschränkt wäre, wenn es ihm gestattet wäre, ohne weiteres von allen vertragsmäßigen Verfügungen durch einseitige Verfügung von Todes wegen wieder abzuweichen. Damit entfiele jegliche Bindung für den Erblasser und damit würde sich der Erbvertrag nicht mehr vom Testament unterscheiden. Die Konsequenz wäre, dass der Vertragspartner keinerlei irgendwie gefestigte Rechtsposition erhielte. Vielmehr wäre die entsprechende im Erbvertrag enthaltene Verfügung als einseitige Verfügung nach § 2299 BGB zu beurteilen.

136

Dem Einwand, der Erblasser könne sich auch ein vollständiges Rücktrittsrecht vom Erbvertrag vorbehalten und damit die Bindungswirkung ebenfalls einseitig beseitigen, ist entgegenzuhalten: Die Rücktrittsvorschriften sind streng formalisiert; ohne Kenntnis des Vertragspartners wird ein Rücktritt nicht wirksam, während beim Änderungsvorbehalt eine Lösung vom Erbvertrag auch hinter dem Rücken des Vertragspartners möglich wäre. Würde man für die Ausübung eines Änderungsvorbehalts die Einhaltung der Rücktrittsformen für analog anwendbar halten, wie es ein Teil der Literatur vorsieht,[109] so stünde der Änderungsvorbehalt dem Rücktrittsvorbehalt gleich; ein praktisches Erfordernis für ihn wäre damit nicht erkennbar.[110]

137

Die Rechtsprechung orientiert sich bei der Bestimmung der Grenzen eines Änderungsvorbehalts an dem Charakteristikum der erbvertraglichen Bindung. Der BGH[111] betont, dass

138

---

105 BGHZ 26, 204, 208; BayObLG NJW-RR 1997, 1027, 1028; OLG München FamRZ 2008, 547.
106 Soergel/*Wolf*, BGB § 2278 Rn 7; Palandt/*Edenhofer*, BGB § 2289 Rn 9; *Reimann/Bengel/J. Mayer*, § 2278 Rn 26.
107 *Lange/Kuchinke*, 37 III 4; *Küster*, JZ 1958, 394.
108 *Weiler*, DNotZ 1994, 427, 431.
109 *Küster*, JZ 1958, 394.
110 So auch Staudinger/*Kanzleiter*, § 2278 BGB Rn 12.
111 BGHZ 26, 204, 208; BGH WM 1970, 482, 483; BGH NJW 1982, 441, 442.

der Erbvertrag durch den Vorbehalt seines vertraglichen Wesens nicht entkleidet werden dürfe. Dies sei aber dann der Fall, wenn für den Erblasser keine Bindung mehr bestehe. Deshalb müsse der Vorbehalt wenigstens **eine** für den Erblasser bindende Verfügung im Sinne des § 2278 Abs. 2 BGB bestehen lassen. In der beratenden Praxis muss deshalb streng darauf geachtet werden, dass wenigstens eine einzige vertragsmäßige Verfügung im Erbvertrag nicht vom Änderungsvorbehalt erfasst wird. So hat der BGH einen Vorbehalt, die Schlusserbeneinsetzung jederzeit abändern zu können, als zulässig erachtet, weil daneben noch eine vorbehaltlose gegenseitige Erbeinsetzung der Vertragschließenden im Erbvertrag enthalten war. Enthält ein Erbvertrag nur eine einzige vertragsmäßige Verfügung, dann darf der Vorbehalt nur so weit reichen, dass der Erblasser den Inhalt der Verfügung nicht vollkommen abändern kann; ein **unabänderbarer Teil** muss bestehen bleiben.[112] Der BGH[113] führt aus:

139 *„Ein Vorbehalt, der den Erblasser berechtige, sämtliche vertragsmäßigen Verfügungen durch einseitige zu ersetzen, gewähre ihm letztlich ein Rücktrittsrecht ohne Einhaltung der vom Gesetz vorgesehenen strengen Vorschriften der §§ 2293 ff. BGB. Da es sich insoweit um eine Umgehung handle, sei dieser unbeschränkte Änderungsvorbehalt unzulässig."*

140 Nach der herrschenden Rechtsprechung ist ein Änderungsvorbehalt unzulässig, wenn er dem Erblasser gestattet, von allen vertraglichen Verfügungen ohne weiteres und ohne Einhaltung der Rücktrittsvorschriften abzuweichen.

BGH[114] im Urteil vom 8.1.1958:

141 *„Es muss durch Auslegung der letztwilligen Verfügung ermittelt werden, ob es sich um eine vertragsmäßige Bestimmung handelt. Soweit einer an dem Erbvertrag beteiligten Person in dem Vertrag etwas zugewendet ist, ist in aller Regel davon auszugehen, dass diese Zuwendung vertragsmäßig getroffen ist ... Mit Rücksicht auf die Vertragsfreiheit, die auch für den Abschluss von Erbverträgen gilt, ist es zulässig, dass die Parteien in dem Erbvertrag dem Erblasser das Recht vorbehalten, in gewissem Umfang letztwillige Verfügungen zu treffen, die mit den in dem Erbvertrag getroffenen unvereinbar sind. Dieser Vorbehalt kann aber nicht so weit gehen, dass damit der Erbvertrag seines eigentlichen Wesens entkleidet wird. Für die Frage, in welchem Umfang ein solcher Vorbehalt zulässig ist, ist zu beachten, dass der Erbvertrag, auch wenn der Erblasser von dem Vorbehalt Gebrauch macht, seinen Inhalt behalten muss. Es muss in ihm weiter eine vertragsmäßig nach § 2278 Abs. 2 BGB zu treffende Verfügung enthalten bleiben. Soweit das nicht zutrifft, würde die letztwillige Verfügung, falls nicht der Vorbehalt wirksam wäre, kein Erbvertrag sein, da es den Parteien nicht gestattet ist, dem Erblasser zu ermöglichen, den Vertrag auf andere Weise als im Wege der eben wiedergegebenen gesetzlichen Bestimmungen außer Kraft zu setzen. Wer den Willen hat, eine Verfügung von Todes wegen als vertragsmäßige zu errichten, kann auch nicht wollen, dass sie eine nur einseitige sei. ... Zulässig ist es, dass der Erblasser, der vertraglich eine Person als Erben einsetzt, sich vorbehält, über einzelne Gegenstände seines Vermögens anderweitig durch Anordnung von Vermächtnissen zu verfügen oder eine Testamentsvollstreckung anzuordnen. ... Zulässig wäre es auch, wenn der Erblasser sich in einem Erbvertrag, durch den er den Vertragspartner zum Alleinerben eingesetzt hat, vorbehält, dieses Recht zu beschränken und neben dem Vertragserben auch eine andere Person zu einem*

---

112 MüKo-*Musielak*, § 2278 BGB Rn 17; Staudinger/*Kanzleiter*, § 2278 Rn 12.
113 BGHZ 26, 204, 208.
114 BGHZ 26, 204, 208, 209.

*bestimmten Bruchteil als Erben einzusetzen. In diesem Fall wäre der Vertragserbe von vornherein nur zu dem geringeren Bruchteil vertraglich als Erbe berufen. Notwendig ist, dass der Erbvertrag und der in ihm enthaltene Vorbehalt so gefasst sind, dass eindeutig bestimmt werden kann, welches Recht dem vertragsmäßig Bedachten bindend zugewandt ist. Der Vorbehalt darf auch nicht dazu führen, dem Erblasser den Rücktritt von dem Erbvertrag unter Umgehung der Bestimmungen der §§ 2293 ff. BGB zu ermöglichen."*

Allerdings hält das OLG München einen Änderungsvorbehalt auch bezüglich der einzigen vertraglichen Anordnung in einem Erbvertrag für zulässig, sofern die Änderung nur unter bestimmten Voraussetzungen möglich oder inhaltlich beschränkt ist, da auch im letzteren Fall der Erblasser in seiner Gestaltungsfreiheit beschränkt ist.[115]

Setzen Ehegatten in einem Erbvertrag ihre beiden Kinder wechselseitig bindend zu gleichen Teilen als Erben ein und soll andererseits der überlebende Ehegatte befugt sein, die Anordnung – insbesondere durch eine anderweitige Festlegung der Erbquoten – zu ändern, so ent-hält dies – ohne besondere Anhaltspunkte im Willen des Erblassers – nicht die Ermächtigung des letztversterbenden Ehegatten, die „Erbquote" eines der beiden Kinder auf null zu setzen.[116]

## F. Auslegung des Erbvertrags

Da der Erbvertrag keine einseitige, jederzeit frei widerrufliche letztwillige Verfügung ist, können die weit reichenden Auslegungsvorschriften, die im Testamentsrecht gelten, nicht ohne weiteres übernommen werden. Vielmehr ist für die Frage, wie eine Willenserklärung verstanden werden kann, auf den oder die Vertragspartner Rücksicht zu nehmen. Im Hinblick auf den Vertrauensschutz der am Vertrag beteiligten Personen ist neben § 133 BGB auch § 157 BGB anzuwenden. Zu prüfen ist deshalb immer, ob eine Auslegung, die dem Willen des einen Vertragspartners entspricht, auch mit dem Willen des anderen vereinbar ist.[117] Diese Grundsätze sind auch bei der ergänzenden Auslegung von Erbverträgen zu beachten. Beim Ehegattenerbvertrag können aus dem späteren Verhalten des überlebenden Ehegatten in aller Regel keine Schlüsse auf den Willen des erstverstorbenen Ehegatten gezogen werden. Im Übrigen gelten die Auslegungsvorschriften beim einseitigen und gemeinschaftlichen Testament.[118]

## G. Anfechtung des Erbvertrags

### I. Allgemeines

Bei der Anfechtung der bei einem Erbvertrag abgegebenen Willenserklärungen ist in dreifacher Weise zu unterscheiden:
- Die Erklärungen des Vertragspartners, der nicht als Erblasser gehandelt hat,
- die vertraglich bindenden Verfügungen des Erblassers und
- die einseitigen Verfügungen des Erblassers (§ 2299 BGB).

---

115 OLG München ZErb 2007, 60; Palandt/*Edenhofer*, BGB, § 2289 Rn 9.
116 OLG Düsseldorf FamRZ 2007, 769 = ErbR 2007, 93 = ZEV 2007, 275 = DNotZ 2007, 774.
117 BGH NJW 1961, 120.
118 Vgl. zur Rechtsprechung zur Auslegung *Mayer*, DNotZ 1998, 772.

*Krug*

## II. Erklärungen des Vertragspartners

145 Für die Erklärungen des Vertragspartners, die keine Verfügungen von Todes wegen sind, gelten die allgemeinen Anfechtungsvorschriften der §§ 119 ff. BGB, insbesondere die eingeschränkte Motivirrtumsanfechtung des § 119 Abs. 2 BGB. Damit gelten auch die Fristen der §§ 121, 124 BGB. Die Anfechtungserklärung kann formlos abgegeben werden; sie ist eine empfangsbedürftige Willenserklärung, die dem Erblasser oder dessen Rechtsnachfolger als Anfechtungsgegner gegenüber abzugeben ist, § 143 BGB.

## III. Erbvertraglich bindende Verfügungen

### 1. Anfechtung durch den Erblasser

#### a) Allgemeines

146 Der Selbstanfechtung von vertraglich bindend gewordenen Verfügungen durch den Erblasser selbst kommt in der Praxis einige Bedeutung zu.[119] Trotz des Beurkundungszwanges und der damit verbundenen Belehrung sind sich Erblasser nicht immer im Klaren über die Reichweite der von ihnen eingegangenen vertraglichen Bindung. Hinzu kommt – und diese Kritik sei erlaubt –, dass auch juristische Berater nicht selten zum Institut des Erbvertrags greifen, obwohl dies nicht unbedingt notwendig wäre. Man denke nur an viele Ehegattenerbverträge, die bei genauerem Hinsehen sinnvollerweise als gemeinschaftliche Testamente hätten beurkundet werden sollen, bei denen man aber aus Kostengründen einen Erbvertrag gewählt hat, der mit einem Ehevertrag verbunden wurde im Hinblick auf § 46 Abs. 3 KostO. Dies wird auch für einen mit einem Erbvertrag verbundenen Lebenspartnerschaftsvertrag gelten (§ 7 LPartG).

147 § 2281 Abs. 1 BGB gewährt dem Erblasser eine Anfechtungsmöglichkeit, deren Tatbestände grundsätzlich dieselben sind wie bei der Testamentsanfechtung, §§ 2281, 2078, 2079 BGB. Dies ist ein entscheidender Unterschied zum Anfechtungsrecht beim Einzeltestament. Dort kann der Erblasser jederzeit seine Erklärung widerrufen, deshalb hat er selbst kein Anfechtungsrecht; vielmehr kann dies nur Dritten zustehen (§ 2080 BGB). Dies hat andererseits aber auch zur Folge, dass der Erblasser einseitig im Erbvertrag (§ 2299 BGB) getroffene Verfügungen nicht anfechten kann, weil ihm insoweit ebenfalls die Widerrufsmöglichkeit offen steht (§§ 2299 Abs. 2, 2253 ff. BGB).

148 Da es beim Erbvertrag verschiedene Vertragstypen gibt, ist eine **Einzelbetrachtung** erforderlich. So geht das Gesetz im Allgemeinen vom einseitigen Erbvertrag aus (§ 2274 BGB), es kennt jedoch auch die Sonderform des Ehegattenerbvertrags (§§ 2280, 2292 BGB) und sonstige zweiseitige Erbverträge (§ 2298 BGB).

#### b) Einseitiger Erbvertrag; Selbstanfechtungsrecht des Erblassers

##### aa) Vertragliche Verfügungen von Todes wegen

149 Mit erbvertraglich bindender Wirkung können nur Erbeinsetzung, Vermächtnisanordnung und Auflagenanordnung vereinbart werden, § 2278 Abs. 2 BGB. Da nur insoweit eine vertragliche Bindung entstehen kann, kann sich das Selbstanfechtungsrecht des Erblassers auch nur auf solche Anordnungen beziehen. Sind die Regelungen im Erbvertrag zur Frage der Reichweite der Bindung nicht eindeutig, so muss die Frage, ob eine Bindung gewollt ist

---

119 Vgl. hierzu ausführlich *Krebber*, DNotZ 2003, 20 und *Veit*, NJW 1993, 1534.

oder nicht, durch Auslegung ermittelt werden (§§ 133, 157 BGB). Es gibt auch Verfügungen, bezüglich derer der Erblasser sich einen Änderungsvorbehalt in den Vertrag hat aufnehmen lassen; solange von der Abänderungsmöglichkeit kein Gebrauch gemacht wurde, ist die betreffende Verfügung bindend.[120]

Vgl. zum Änderungsvorbehalt Rn 132 ff.

### bb) Anfechtungsgründe

(1) Inhalts- und Erklärungsirrtum

Bezüglich des Inhalts- und Erklärungsirrtums gelten dieselben Grundsätze wie beim Testamentsanfechtungsrecht, §§ 2281 Abs. 1, 2078 Abs. 1 BGB. Allerdings kann ein Inhaltsirrtum auch insofern bestehen, als sich der Erblasser über die rechtliche Tragweite, vor allem über die Bindungswirkung des Erbvertrags, bei seinem Abschluss nicht im Klaren war.[121]

Das objektive Moment, das in § 119 Abs. 1 BGB bei der Anfechtung von Willenserklärungen aufgenommen wurde, nämlich die Einschränkung, dass eine Anfechtung ausgeschlossen ist, wenn der Erklärende bei Kenntnis der Sachlage und bei verständiger Würdigung des Falles die Erklärung trotzdem so abgegeben hätte, gilt weder beim Testament noch beim Erbvertrag. Vielmehr ist hier die subjektive Denk- und Anschauungsweise des Erblassers maßgebend.[122] Zu der Frage, ob die Vorstellungen des Erblassers positiv sein müssen oder ob auch eine unbewusste Vorstellung ausreicht, hat der BGH in seiner Rechtsprechung folgende **Grundsätze** entwickelt:[123]

– Allein die Vorstellungen des Erblassers bei Errichtung der letztwilligen Verfügung sind maßgebend,
– diese Vorstellungen müssen nicht im Testament oder Erbvertrag ihren Niederschlag gefunden haben,
– als Vorstellungen genügen auch unbewusste, d.h. solche, die der Erblasser zwar nicht wirklich hatte, die er aber als selbstverständlich seiner Verfügung zugrunde gelegt hat,
– diese Vorstellungen müssen zumindest auch (kausal) mitbestimmend für die Verfügung/den Erbvertrag gewesen sein,
– zwischen Testamentsanfechtung und Erbvertragsanfechtung wird, was die Vorstellungen des Erblassers betrifft, kein Unterschied gemacht.

(2) Motivirrtum

Auch der Motivirrtum berechtigt den Erblasser zur Anfechtung, §§ 2281, 2078 Abs. 2 BGB.[124]

Anfechtungsgründe können sein: Irrtum, Drohung oder Täuschung (§§ 2281 Abs. 1, 2078 BGB) oder das Übergehen eines Pflichtteilsberechtigten als vom Gesetz vermuteter Irrtum (§§ 2281 Abs. 1, 2079 BGB). Voraussetzung für eine Anfechtung wegen des Übergehens eines Pflichtteilsberechtigten ist aber, dass dieser zum Zeitpunkt der Anfechtung noch vorhanden ist, § 2281 Abs. 1 Hs. 2 BGB. Nach § 10 Abs. 6 LPartG ist auch der eingetragene Lebenspartner pflichtteilsberechtigt, so dass auch bei Begründung einer eingetragenen Lebenspartnerschaft (deutschen Rechts) ein Anfechtungsrecht wegen des Hinzutretens eines

---

120 *Veit*, NJW 1993, 1553.
121 OLG Hamm OLGZ 1966, 479; OLG Hamm Rpfleger 1978, 1079.
122 BGHZ 4, 91 = NJW 1952, 491; BGH NJW 1963, 246.
123 Nach *Veit*, NJW 1993, 1553, 1555.
124 Vgl. hierzu ausführlich *Krebber*, DNotZ 2003, 20.

Pflichtteilsberechtigten entstehen kann. Auf die **einjährige Anfechtungsfrist** des § 2283 BGB ab Begründung der Lebenspartnerschaft ist besonders zu achten.

### cc) Form und Frist der Anfechtung

154 Die Anfechtung muss durch den Erblasser persönlich erklärt werden, § 2282 Abs. 1 BGB; für einen geschäftsunfähigen Erblasser handelt der gesetzliche Vertreter mit Genehmigung des Vormundschaftsgerichts, § 2282 Abs. 2 BGB. Die Anfechtungserklärung bedarf der notariellen Beurkundung, § 2282 Abs. 3 BGB, und muss zu Lebzeiten des Vertragspartners diesem gegenüber erklärt werden, § 143 Abs. 2 BGB, nach dem Tod des Vertragspartners gegenüber dem Nachlassgericht, § 2281 Abs. 2 BGB. Die Anfechtungsfrist beträgt ein Jahr, § 2283 Abs. 1 BGB, und beginnt im Falle eines Irrtums mit Kenntnis vom Irrtum, § 2283 Abs. 2 BGB, im Falle der Drohung mit Beendigung der Zwangslage und bei Hinzutreten eines übergangenen Pflichtteilsberechtigten mit der abstrakten Entstehung von dessen Pflichtteilsrecht.

Der Betreuer als gesetzlicher Vertreter kann mit Genehmigung des Betreuungsgerichts (bis 31.8.2009: des Vormundschaftsgerichts) die Anfechtung erklären, § 2282 Abs. 2 BGB.[125]

155 Die Jahresfrist zur Anfechtung des Erbvertrags ist eine Ausschlussfrist. Sie kann weder verlängert noch kann gegen ihre Versäumung Wiedereinsetzung in den vorigen Stand gewährt werden. Deshalb muss der Rechtsberater, der wegen einer in Betracht kommenden Anfechtung aufgesucht wird, rasch alle in Betracht kommenden Umstände aufklären.

156 **Hinweis**
Die Anfechtungserklärung muss dem anderen Vertragsteil in Ausfertigung zugehen, beglaubigte Abschrift reicht nicht.[126] Dies muss überwacht werden.

### dd) Rechtswirkungen der Anfechtung

157 Es gilt der allgemeine Grundsatz, wonach die wirksame Anfechtung zur **Unwirksamkeit** der Erklärung führt (§ 142 Abs. 1 BGB). Ist die Anfechtung in der erforderlichen Form und fristgemäß dem richtigen Anfechtungsgegner (§§ 143 Abs. 2, 2281 Abs. 2, S. 1 BGB) zugegangen, so ist eine Rücknahme nicht mehr möglich, weil sie als Gestaltungserklärung ihre Rechtswirkungen damit entfaltet hat; eine Bestätigung des Erbvertrags ist damit nicht mehr möglich (§ 2284 BGB). Ist die angefochtene Verfügung mit einer anderen wechselbezüglich, so wird diese korrespondierende Verfügung ebenfalls unwirksam (vgl. Rn 163 ff.).

### c) Bestätigung eines anfechtbaren Erbvertrags

158 Wurde ein eigentlich bestehendes Anfechtungsrecht nicht ausgeübt, so kann der anfechtbare Erbvertrag vom Erblasser bestätigt werden, § 2284 BGB. Die Möglichkeit einer Bestätigung nach § 2284 BGB erstreckt sich nur auf vertragliche Verfügungen, weil einseitige Verfügungen ohnehin jederzeit widerruflich sind. Die Ausübung der Bestätigung kann nur höchstpersönlich durch den Erblasser erfolgen, § 2284 S. 1 BGB.

159 Da die Ausübung des Anfechtungsrechts einer einjährigen Ausschlussfrist unterliegt (§§ 2282, 2283 BGB), käme auch das Verstreichenlassen der Anfechtungsfrist in Betracht. Damit würde der Erblasser dasselbe Ergebnis wie mit einer Bestätigung erreichen. Stirbt der Erblasser jedoch vor Ablauf der Anfechtungsfrist, so könnten dritte Personen nach

---

125 Vgl. zur Gesamtproblematik *Lange*, ZEV 2008, 313.
126 BGHZ 48, 374.

§§ 2285, 2080 BGB das Anfechtungsrecht noch ausüben. Dies wäre jedoch dann ausgeschlossen, wenn der Erblasser vorher die anfechtbaren Bestimmungen bestätigt gehabt hätte.

Für die Form der Bestätigung gilt die allgemeine Vorschrift des § 144 Abs. 2 BGB, d.h. die Bestätigung ist formlos möglich.

Möglich ist aber auch ein **Verzicht** von Seiten des Erblassers auf künftige noch nicht bekannte Anfechtungsgründe. Ein solcher Verzicht ist grundsätzlich im Hinblick auf die Anfechtungsmöglichkeit nach § 2079 BGB (Übergehen eines Pflichtteilsberechtigten) überlegenswert, aber nur mit Vorsicht aufzunehmen.

### d) Anfechtung des zweiseitigen und mehrseitigen Erbvertrags

Bei gegenseitigen Erbverträgen, insbesondere bei Ehegattenerbverträgen – und bei Erbverträgen eingetragener Lebenspartner –, geben beide oder alle Vertragspartner Willenserklärungen auf den Todesfall ab. Für jeden von ihnen gelten die Vorschriften über die Erblasseranfechtung.[127]

### aa) Anfechtungserklärung

Die Anfechtungserklärung ist gegenüber dem bzw. den anderen Vertragschließenden abzugeben, § 143 Abs. 2 BGB. Nach dem Tod eines Erblassers sind diejenigen Verfügungen, die zu seinen Gunsten angeordnet wurden, nicht mehr anfechtbar; sie sind gegenstandslos geworden. Hat der überlebende Erblasser oder haben die überlebenden Erblasser zugunsten dritter Personen Verfügungen getroffen, so müssen diese gegenüber dem Nachlassgericht des bereits verstorbenen Erblassers angefochten werden, § 2281 Abs. 2 BGB. Ficht der überlebende Erblasser als Dritter im Sinne der §§ 2279 Abs. 1, 2080 BGB Verfügungen des bereits verstorbenen Erblassers an, die zugunsten eines Dritten vorgenommen wurden, so ist die Anfechtungserklärung entweder gegenüber dem Nachlassgericht abzugeben, wenn es sich um Erbeinsetzungen und Testamentsvollstreckungsanordnungen handelt (§ 2181 Abs. 1, 3 BGB), oder gegenüber dem Beschwerten, wenn es sich um Vermächtnisse handelt (§ 143 Abs. 4 S. 1 BGB).

### bb) Frist

Die Anfechtungsfrist des § 2283 Abs. 1 BGB läuft für jeden anfechtungsberechtigten Erblasser gesondert. Für den Beginn des Fristenlaufs kommt es auf die Kenntnis des jeweiligen Erblassers an.

### cc) Rechtswirkungen der erklärten Anfechtung

Nach der allgemeinen Vorschrift des § 142 Abs. 1 BGB wird die angefochtene Verfügung von Anfang an nichtig. Beim gegenseitigen Erbvertrag (§ 2298 BGB) erfasst die damit eingetretene **Nichtigkeit** den gesamten Vertrag. § 2298 BGB enthält eine **Vermutung für die Wechselbezüglichkeit** vertraglicher Verfügungen in einem gegenseitigen Erbvertrag. Dabei kommt es nicht darauf an, ob die Erblasser sich gegenseitig oder dritte Personen vertraglich zu Erben eingesetzt oder andere vertraglich zulässige Anordnungen getroffen haben.

Diese Regelung des § 2298 BGB ist allerdings nicht zwingender Natur, die Erblasser können sie im Erbvertrag abbedingen; eine Nicht-Wechselbezüglichkeit kann sich auch durch Aus-

---

127 Vgl. hierzu *Rohlfing/Mittenzwei*, ZEV 2003, 49.

legung ergeben. Schadensersatzpflicht des Erblassers bei Selbstanfechtung: Ob der Erblasser bei Irrtumsanfechtung eines Erbvertrags einem Schadensersatzanspruch gem. § 122 BGB ausgesetzt ist, ist streitig.[128]

165 **Hinweis**
Der Berater sollte unbedingt klären, inwieweit Verfügungen wechselbezüglich sind und dies auch eindeutig im Erbvertrag formulieren.

dd) Ausschluss des Anfechtungsrechts

166 Die Regeln über die Bestätigung eines anfechtbaren Erbvertrags gelten auch hier, wobei jeder Erblasser für sich allein seine anfechtbare Verfügung bestätigen kann.

Die Rechtsprechung hat die Möglichkeit der Anfechtung nach dem Tod des Erblassers beim gegenseitigen Erbvertrag dadurch erschwert, dass sie bei der Anwendung des § 2079 S. 2 BGB (Übergehen eines Pflichtteilsberechtigten) auf den hypothetischen Willen des vorverstorbenen Erblassers Rücksicht nimmt.[129] Die Tendenz der Rechtsprechung zu restriktiver Handhabung des Anfechtungsrechts erklärt sich daraus, dass nach dem Tod eines Erblassers beim gegenseitigen Erbvertrag dessen erbvertragliche Anordnungen bereits wirksam geworden sind. Es besteht eine gewisse Vermutung dafür, dass es dem Willen des vorverstorbenen Erblassers nicht entsprochen hätte, wenn der Erbvertrag rückwirkend auf seinen Todesfall wieder entfiele. Würde eine solche rückwirkende Unwirksamkeit angenommen werden, so wäre der Erbe des vorverstorbenen Erblassers von Anfang an nicht Erbe geworden, auch nicht etwa Vorerbe; vielmehr wäre er Erbschaftsbesitzer gewesen. Wäre ihm die Anfechtbarkeit sogar bekannt gewesen oder infolge grober Fahrlässigkeit unbekannt geblieben, so würde er als bösgläubiger Erbschaftsbesitzer nach verschärften Grundsätzen haften (§§ 2024, 932 Abs. 2, 142 Abs. 2 BGB).

ee) Beweislast für den Selbstanfechtungsverzicht

167 BayObLG, Beschluss vom 20.12.2000:[130]

*„Bei der Selbstanfechtung eines gemeinschaftlichen Testaments durch den überlebenden wieder verheirateten Ehegatten genügt zur Begründung des Anfechtungsausschlusses gem. § 2079 S. 2 BGB nicht die Heranziehung der Motive, die den anfechtenden Ehegatten zu der getroffenen Verfügung veranlasst haben; vielmehr müssen die vor, bei und nach der Testamentserrichtung erkennbaren Umstände die Folgerung zulassen, dass er bei Kenntnis der Wiederverheiratung die spätere Ehefrau enterbt hätte. Gibt es hierfür keine hinreichenden Anhaltspunkte, bleibt es bei der gesetzlichen Vermutung des § 2079 S. 1 BGB."*

ff) Fall aus der Rechtsprechung: Kenntnis des Erblassers vom Anfechtungsgrund trotz Rechtsirrtums über die Bindungswirkung des Ehegattentestaments (bzw. eines Erbvertrags)

168 Beschluss des OLG Frankfurt vom 1.7.1999:[131]

*„Die einjährige Frist zur Anfechtung wechselbezüglicher Verfügungen in einem gemeinschaftlichen Testament wegen Übergehens der zweiten Ehefrau (§§ 2283 Abs. 2, S. 1*

---

128 Verneinend: OLG München ZEV 1998, 69; bejahend: *Mankowski*, ZEV 1998, 46.
129 OLG Hamm Rpfleger 1978, 179.
130 BayObLG ZEV 2001, 314.
131 OLG Frankfurt/M. NJWE-FER 2000, 37 = ZEV 2000, 106.

*Alt. 2, 2079 BGB) beginnt auch dann im Zeitpunkt der neuen Eheschließung, wenn der Erblasser sich im Hinblick auf die Wiederverheiratung irrtümlich nicht mehr an das gemeinschaftliche Testament gebunden glaubte."*

Bei einem gemeinschaftlichen Testament erstreckt sich die Wechselbezüglichkeit nicht zwangsläufig auf das gesamte Testament. Sie ist vielmehr für jede einzelne in dem Testament getroffene Verfügung gesondert zu prüfen. Entscheidend ist der Wille der Testierenden.

Wenn sich kinderlose Ehegatten gegenseitig bedenken und bestimmen, nach dem Tod des Längstlebenden solle das beiderseitige Vermögen teils an Verwandte des Mannes, teils an Verwandte der Ehefrau fallen, ist ein deutlicher Anhaltspunkt dafür gegeben, dass die Einsetzung der Gatten zueinander wechselbezüglich sein soll, außerdem aber auch die Einsetzung der Verwandten des anderen Gatten (§ 2270 Abs. 2 BGB).

Mangels anderer Anhaltspunkte haben die Zuwendungen an die Verwandten der vorverstorbenen Ehefrau für den Erblasser wechselbezüglichen Charakter. Diese Verfügungen konnte der Erblasser, nachdem er die Erbschaft seiner ersten Ehefrau angenommen hatte, durch das spätere notarielle Testament nicht widerrufen oder aufheben (§ 2271 Abs. 2 S. 1 BGB).

Dies gilt jedoch nicht ohne weiteres für die im Verhältnis zu seinen eigenen Verwandten getroffenen Verfügungen des Erblassers. Hier ist zu prüfen, ob diese Einsetzung mit der Einsetzung des Ehegatten wechselbezüglich sein soll. Dabei spricht allein der Grad der Verwandtschaft oder Schwägerschaft weder für die Wechselbezüglichkeit noch gegen sie.[132] Im Zweifel erstreckt sich die Wechselbezüglichkeit nicht auf die Einsetzung der Verwandten des überlebenden Ehegatten.[133] In einem solchen Fall ist der überlebende Ehegatte an die Erbeinsetzung der eigenen Verwandten nicht gebunden.

Die zweite Ehefrau des Erblassers konnte die wechselbezüglichen und damit gem. § 2271 Abs. 2 BGB mit dem Tode der ersten Ehefrau unwiderruflich gewordenen letztwilligen Verfügungen nach § 2079 BGB anfechten, weil sie erst nach Errichtung des gemeinsamen Testaments pflichtteilsberechtigt geworden ist. Da diese Anfechtung den Einschränkungen unterliegt, die gem. §§ 2281–2285 BGB für den Erbvertrag gelten, ist zu prüfen, ob der Erblasser im Zeitpunkt seines Todes sein Anfechtungsrecht bereits verloren hatte, weil die einjährige Anfechtungsfrist zu diesem Zeitpunkt bereits abgelaufen war.[134] Nach § 2283 Abs. 2 S. 1 Alt. 2 BGB beginnt die Frist zu laufen, sobald der Anfechtungsberechtigte Kenntnis vom Anfechtungsgrund hat. Der Zeitpunkt für den Lauf der Anfechtungsfrist ist hier der Tag der Eheschließung (§§ 2281 Abs. 1, 2079 BGB).

Sollte der Erblasser **irrtümlich** angenommen haben, wegen seiner erneuten Heirat sei er **nicht mehr an das gemeinschaftliche Testament gebunden**, so ist dieser Irrtum auf den Lauf der Frist ohne Einfluss.[135]

---

132 BayObLG NJW-RR 1992, 1223 = FamRZ 1992, 1102.
133 BGH FamRZ 1961, 76; Palandt/*Edenhofer*, § 2270 Rn 7, 10.
134 BayObLG FamRZ 1995, 1024.
135 Hochstreitig; Nachweise bei BayObLG FamRZ 1995, 1024. So auch LG Stuttgart ZEV 1999, 441.

gg) Muster: Selbstanfechtung eines gegenseitigen Erbvertrags nach Hinzutreten eines Pflichtteilsberechtigten

**169** *(Notarielle Urkundenformalien)*

Anwesend ist, persönlich bekannt, Herr ▬▬▬ und erklärt die folgende

*Erbvertrags-Anfechtung*

zur notariellen Niederschrift:

*I. Rechtsverhältnisse*

Mit meiner am ▬▬▬ vorverstorbenen Ehefrau, Frau ▬▬▬, zuletzt wohnhaft in ▬▬▬, habe ich einen Erbvertrag errichtet, wonach wir uns gegenseitig zu Alleinerben und unseren gemeinschaftlichen Sohn ▬▬▬ zum Schlusserben eingesetzt haben. Der Erbvertrag wurde am ▬▬▬ von Notar ▬▬▬ in ▬▬▬ unter UR-Nr. ▬▬▬ beurkundet.

Auf den Tod meiner Ehefrau wurde er am ▬▬▬ vom Amtsgericht ▬▬▬ als Nachlassgericht unter Az. ▬▬▬ eröffnet.

Die mir aufgrund des Erbvertrags angefallene Alleinerbschaft habe ich seinerzeit angenommen.

Am ▬▬▬ habe ich meine zweite Ehe mit Frau ▬▬▬ vor dem Standesbeamten des Standesamts ▬▬▬ geschlossen.

*II. Anfechtungserklärung*

Gegenüber dem Nachlassgericht ▬▬▬ fechte ich hiermit wegen des Hinzutretens meiner zweiten Ehefrau als Pflichtteilsberechtigter den in Ziff. I oben näher beschriebenen Erbvertrag an. Die Jahresfrist zur Anfechtung seit der Eheschließung ist gewahrt. Eine Bestätigung des anfechtbaren Erbvertrags habe ich bisher nicht vorgenommen.

Ich bitte den beurkundenden Notar, eine Ausfertigung dieser Urkunde dem Amtsgericht ▬▬▬ als Nachlassgericht zu übersenden und sich den Empfang bestätigen zu lassen.

Diese Niederschrift wurde vom Notar dem Anwesenden vorgelesen, von ihm genehmigt und von ihm und dem Notar wie folgt eigenhändig unterschrieben:

e) Anfechtbarkeit einseitiger Verfügungen

**170** Für diejenigen Erklärungen des Erblassers im Erbvertrag, die den Charakter einseitiger Verfügungen von Todes wegen haben, bedarf es der Anfechtung nicht, weil sie nach den allgemeinen Vorschriften des Testamentsrechts **widerrufen** werden können. Für die Anfechtung solcher Verfügungen von Todes wegen durch Dritte gelten die allgemeinen Testamentsanfechtungsvorschriften der §§ 2078 ff. BGB.

### 2. Anfechtung des Erbvertrags durch Dritte

**171** Nach dem Erbfall kann derjenige, dem die Aufhebung der letztwilligen Verfügung unmittelbar zustatten kommen würde, nach allgemeinen Testamentsregeln anfechten, §§ 2080, 2285 BGB. Es gelten die Vorschriften der §§ 2078 ff. BGB.

## H. Rücktritt vom Erbvertrag

### I. Rücktrittsrecht des Vertragspartners

**172** Der Vertragspartner, der nicht als Erblasser gehandelt hat, kann nach den allgemeinen Regeln über den Rücktritt vom Vertrag (§§ 346 ff. BGB) vom Erbvertrag zurücktreten, sofern er sich ein Rücktrittsrecht vorbehalten hat. Damit entsteht ein Rückabwicklungsverhältnis. Ein Rücktrittsrecht nach §§ 323, 325 BGB scheidet aus, weil es sich beim Erbvertrag nicht um einen gegenseitigen Vertrag i.S.d. §§ 320 ff. BGB handelt.

Für seine Rücktrittserklärung gelten die Formvorschriften der §§ 2296, 2297 BGB nicht; sie kann vielmehr formlos abgegeben werden. Eines gesetzlichen Rücktrittsrechtes für den Vertragspartner, der nicht zugleich Erblasser ist, bedarf es nicht, weil er die ihm gemachte Zuwendung ausschlagen kann.[136] Die Ausübung des Rücktrittsrechts durch den Vertragspartner vernichtet die Verfügung des Erblassers nicht automatisch; aber sie kann bei ihm ein Rücktrittsrecht nach § 2295 BGB auslösen.

## II. Rücktrittsrecht des Erblassers

### 1. Vertragliches oder gesetzliches Rücktrittsrecht

Dem Erblasser kann entweder ein vertraglich vereinbartes vollständiges oder teilweises Rücktrittsrecht (§ 2293 BGB) oder ein durch Gesetz gewährtes zustehen (§§ 2294 ff. BGB). An dieser Stelle muss dringend darauf hingewiesen werden, dass in den Fällen, in denen aus Kostenersparnisgründen statt eines gemeinschaftlichen Testaments ein Erbvertrag unter Ehegatten errichtet wird, notwendigerweise auch das **Rücktrittsrecht für beide Vertragsteile** vorbehalten werden sollte, weil diese Möglichkeit beim gemeinschaftlichen Testament ohnehin kraft Gesetzes bestünde (§ 2271 Abs. 1 S. 1 BGB). Die Erblasser sollten in diesem Punkt bei Wahl eines Erbvertrags nicht schlechter gestellt sein, als wenn sie ein gemeinschaftliches Testament errichtet hätten. Dies kann auch für eingetragene Lebenspartner gelten, weil auch sie nach § 10 Abs. 4 LPartG ein gemeinschaftliches Testament errichten können.

### 2. Vorbehaltenes Rücktrittsrecht

Das im Erbvertrag vorbehaltene Rücktrittsrecht bietet dem Erblasser die Möglichkeit, durch einseitige Erklärung vom Vertrag loszukommen. Ob und in welchem Umfang die Rücktrittsmöglichkeit bestehen soll, unterliegt dem Willen der Vertragsparteien und ist notfalls durch Auslegung zu ermitteln, wobei auch auf den Empfängerhorizont abzustellen ist.

> **Hinweis**
> Der Umfang des vorbehaltenen Rücktrittsrechts ist präzise zu formulieren.

### 3. Gesetzliches Rücktrittsrecht

#### a) Rücktritt bei Verfehlungen des Bedachten

Macht sich der Bedachte einer Verfehlung schuldig, die den Erblasser berechtigt, ihm den Pflichtteil zu entziehen oder – falls der Bedachte nicht zum Kreis der Pflichtteilsberechtigten gehört – ihn berechtigen würde, einem Abkömmling den Pflichtteil zu entziehen, so kann der Erblasser vom Erbvertrag zurücktreten (§ 2294 BGB). Die Pflichtteilsentziehungsgründe sind in § 2333 BGB abschließend aufgezählt.[137]

Nur wenn die Verfehlung **nach Vertragserrichtung** begangen wurde, entsteht das Rücktrittsrecht. War sie bereits vorher begangen worden, hatte der Erblasser aber keine Kenntnis

---

136 Palandt/*Edenhofer*, § 2293 Rn 5.
137 Vgl. *Tanck/Krug/Daragan*, AnwF Testamente, § 14 Rn 10 ff.

davon, so kann ein **Anfechtungsrecht** in Betracht kommen (Irrtum über einen in der Vergangenheit liegenden Umstand, § 2078 Abs. 2 BGB – Selbstanfechtungsrecht des Erblassers gem. § 2281 BGB). Die **Beweislast** für das Vorliegen der Rücktrittsvoraussetzungen trägt der Erblasser.

### b) Rücktritt bei Wegfall der Gegenverpflichtung

179 § 2295 BGB gewährt dem Erblasser ein Rücktrittsrecht, wenn die Verpflichtung des Vertragspartners auf wiederkehrende Leistungen gegenüber dem Erblasser vor dem Tod des Erblassers aufgehoben wird. Diese Vorschrift zielt auf entgeltliche Erbverträge ab. Seine bereits erbrachten Leistungen kann der Vertragspartner im Falle des Rücktritts nach § 812 Abs. 1 S. 2 BGB zurückverlangen (Nichterreichen des bezweckten Erfolgs).

Die Aufhebung der Gegenverpflichtung muss zumindest einen Beweggrund für den Rücktritt nach § 2295 BGB darstellen. Daran fehlt es, wenn der Erblasser die Aufhebung der Verpflichtung bestreitet.[138]

180 Leistet der Vertragspartner schlecht oder kommt er in Verzug, so hat der Erblasser kein Rücktrittsrecht, weil § 323 BGB nicht gilt. Es kommt ein Anfechtungsrecht nach §§ 2281, 2078 Abs. 2 BGB in Betracht (bspw. Irrtum über den künftigen Umstand der Schlechterfüllung).

### 4. Rücktrittserklärung

#### a) Rücktritt zu Lebzeiten beider Vertragspartner

181 Die Rücktrittserklärung bedarf der notariellen Beurkundung, § 2296 Abs. 2 BGB; sie ist gegenüber dem anderen Vertragsteil zu erklären; die Erklärung muss höchstpersönlich abgegeben werden. Hat ein Erblasser den in einem Erbvertrag vorbehaltenen Rücktritt erklärt und notariell beurkunden lassen und hat der Notar die Zustellung des Rücktritts an den als Alleinerben eingesetzten Vertragspartner übernommen, tatsächlich aber nicht zugestellt, wirkt der Erbvertrag fort mit der Folge, dass der vom Erblasser in einem neuen Testament eingesetzte (andere) Alleinerbe nicht erbberechtigt ist.[139]

182 Ist der Erbvertrag mit Rechtsgeschäften unter Lebenden in einer Urkunde verbunden (Ehe- bzw. Lebenspartnerschaftsvertrag, Scheidungsvereinbarung, Scheidungsfolgenregelung) und wurde der Rücktritt vorbehalten, so bedarf dieser der Form des § 2296 Abs. 2, S. 2 BGB.[140]

Ist der andere Vertragsteil geschäftsunfähig und gehört zum Aufgabenkreis eines für ihn bestellten Betreuers die Vermögenssorge, so kann der Rücktritt von einem Erbvertrag auch gegenüber dem Betreuer erklärt werden.[141] Die ganz herrschende Auffassung in Rechtsprechung und Literatur geht davon aus, dass ein Rücktritt auch im Falle der Geschäftsunfähigkeit des anderen Vertragsteils möglich ist, dann aber gem. § 131 BGB dem gesetzlichen Vertreter des Geschäftsunfähigen zugehen muss, um wirksam zu werden.[142] Ist der zurücktretende Ehegatte zugleich zum Betreuer des anderen Ehegatten bestellt, dürfte wohl ein

---

138 OLG München ZErb 2009, 178 = ZEV 2009, 345.
139 LG Münster, Urt.v. 19.4.2007 – 15 O 1/07.
140 OLG Hamm DNotZ 1999, 142 m. Anm. *Kanzleiter*, DNotZ 1999, 122.
141 LG Hamburg DNotI-Report 2000, 86.
142 LG Hamburg DNotI-Report 2000, 86; *Helms*, DNotZ 2003, 104; *Zimmer*, ZEV 2007, 159. A.A. *Damrau/Bittler*, ZErb 2004, 77: Mit Eintritt der Geschäftsunfähigkeit eines Ehegatten seien wechselbezügliche Verfügungen in einem gemeinschaftlichen Testament schlechthin nicht mehr widerrufbar.

Vertretungsausschluss bestehen, da die Empfangnahme der Widerrufserklärung nicht als lediglich rechtlich vorteilhaft angesehen werden kann, so dass für die Empfangnahme des Widerrufs ein **Ergänzungsbetreuer** nach § 1899 Abs. 4 BGB bestellt werden muss.

b) Muster: Rücktritt des Erblassers vom einseitigen Erbvertrag

*(Notarielle Urkundenformalien)*

Es erscheint Herr ▬▬▬▬.

Er ist nach der Überzeugung des Notars zweifelsfrei geschäftsfähig. Sodann erklärt er folgenden

*Rücktritt von einem Erbvertrag*

*I. Vorwort*

In der Urkunde des Notars ▬▬▬ in ▬▬▬ vom ▬▬▬ habe ich unter UR-Nr. ▬▬▬ mit Frau ▬▬▬ einen Erbvertrag errichtet, wonach sich Frau ▬▬▬ zu Dienstleistungen mir gegenüber verpflichtet hat und ich ihr ein Wohnungsrechtsvermächtnis zugewandt habe.

Frau ▬▬▬ ist seit längerer Zeit krank und kann seit ▬▬▬ die Dienstleistungen nicht mehr erbringen. Unter diesen Voraussetzungen bin ich berechtigt, nach Ziffer ▬▬▬ der bezeichneten Urkunde vom Erbvertrag zurückzutreten.

*II. Rücktrittserklärung*

Hiermit trete ich von dem in Ziff. I bezeichneten Erbvertrag in vollem Umfang zurück. Der beurkundende Notar bzw. sein jeweiliger Vertreter im Amt wird hiermit beauftragt, Frau ▬▬▬ eine Ausfertigung dieser Rücktrittserklärung durch den zuständigen Gerichtsvollzieher zustellen zu lassen.

Diese Niederschrift wurde vom Notar dem Anwesenden vorgelesen, von ihm genehmigt und sodann von ihm und dem Notar unterschrieben:

**Hinweis**
Der Rücktritt muss dem anderen Vertragsteil in Ausfertigung zugehen, beglaubigte Abschrift reicht nicht.[143] Dies ist zu überwachen.

c) Rücktritt nach dem Tod des Vertragspartners

Nach dem Tode des Vertragspartners kann der Rücktritt durch Testament ausgeübt werden, § 2297 BGB.

d) Rücktritt durch Testament

Wie das vorbehaltene oder gesetzlich gewährte Rücktrittsrecht vom Erbvertrag **zu Lebzeiten** des Vertragspartners ausgeübt wird, regelt § 2296 BGB (vgl. oben Rn 180 ff.). **Nach dem Tod** des Vertragspartners übt der Erblasser beim einseitigen Erbvertrag sein Rücktrittsrecht durch Testament aus, § 2297 BGB (ist der Erblasser ebenfalls gestorben, so ist der Rücktritt ausgeschlossen).

Beim einseitigen Erbvertrag erlischt das vorbehaltene oder gesetzliche Rücktrittsrecht durch den Tod des Vertragspartners grundsätzlich nicht – es sei denn, die Vertragsparteien hätten etwas anderes vereinbart. Mit der Zulassung des Testaments als Form der Ausübung des Rücktrittsrechts wird die Empfangsbedürftigkeit der Rücktrittserklärung beseitigt. Der Rücktritt erfolgt nicht etwa durch Erklärung gegenüber den Erben des verstorbenen Vertragspartners. Im Rahmen des § 2297 BGB gelten die allgemeinen Testamentsformen.

---

143 BGHZ 48, 374.

188 Für den zweiseitigen oder mehrseitigen Erbvertrag ist die gesetzliche Vermutung umgekehrt: Mit dem Tod des/der anderen Vertragschließenden **erlischt das Rücktrittsrecht**, § 2298 Abs. 2, S. 2 BGB, sofern die Vertragsparteien nichts anderes vereinbart haben, § 2298 Abs. 3 BGB.

189 Aber auch beim zweiseitigen oder mehrseitigen Erbvertrag eröffnet sich der überlebende Vertragspartner das Recht zum Rücktritt nach dem Tod eines (Erblasser-)Vertragspartners (vom Gesetz in § 2298 Abs. 2 3 BGB „Aufhebung" genannt), wenn er das „ihm durch den Vertrag Zugewendete ausschlägt." Diese Art des Rücktritts (**„Aufhebung"**) erfolgt durch einseitiges Testament, § 2298 Abs. 2 S. 3 BGB.

190 Steht dem Erblasser beim einseitigen Erbvertrag ein gesetzliches Rücktrittsrecht nach § 2294 BGB zu (Rücktrittsrecht bei Vorliegen von Pflichtteilsentziehungsgründen beim Vertragspartner), so müssen – anders als bei der Rücktrittserklärung unter Lebenden nach § 2296 BGB – die **Rücktrittsgründe** im Aufhebungstestament angegeben werden; der Rücktrittsgrund muss im Zeitpunkt der Errichtung des Aufhebungstestaments noch bestehen, §§ 2297 S. 2, 2336 Abs. 2–4 BGB. Ist der Rücktrittsgrund verziehen, so kann der Erblasser den Erbvertrag nicht mehr aufheben, § 2337 BGB.

191 Für all diese Sonderformen der Ausübung des Rücktritts nach §§ 2297, 2298 BGB gilt: Sie finden nur auf die vertragsmäßig getroffenen Verfügungen Anwendung, denn einseitige Verfügungen, die im Erbvertrag bekanntlich ebenfalls möglich sind (§ 2299 BGB), können ohnehin jederzeit vom Erblasser einseitig nach den Regeln des Testamentswiderrufs widerrufen werden.

e) Muster: Rücktritt durch Testament

71 Ich, _____, geboren am _____ in _____, wohnhaft in _____, errichte hiermit folgendes

192 *Testament:*

Ich habe in der Urkunde des Notars _____ in _____ am _____ unter UR-Nr. _____ mit Herrn _____ einen Erbvertrag geschlossen, bei dem ich als Erblasser vertragsmäßige Verfügungen von Todes wegen getroffen habe (vgl. Ziff. _____ der Vertragsurkunde), während Herr _____ als Vertragspartner gehandelt hat. In dem Erbvertrag habe ich mir unter Ziffer _____ das Recht zum Rücktritt vom gesamten Vertrag vorbehalten. Herr _____ ist am _____ gestorben.

Hiermit hebe ich die in dem bezeichneten Erbvertrag von mir getroffenen Verfügungen von Todes wegen ihrem gesamten Inhalt nach auf und treffe für den Fall meines Todes nunmehr folgende Anordnungen: _____.

(Ort, Datum, Unterschrift)

f) Wechselbezügliche vertragliche Verfügungen

193 Werden von beiden Vertragsteilen vertragsmäßige Verfügungen getroffen, so wird nach § 2298 Abs. 2 BGB vermutet, dass diese Verfügungen des einen vom Bestehen der Verfügungen des anderen abhängig sein sollen. Eine ausdrückliche Regelung im Erbvertrag oder seine Auslegung kann ergeben, dass etwas anderes vereinbart sein soll, § 2298 Abs. 3 BGB.

194 Die **Nichtigkeit** einer der Verfügungen hat die **Unwirksamkeit** der anderen zur Folge. Die Ausübung des vereinbarten Rücktrittsrechts führt im Zweifel zur Aufhebung des gesamten Vertrages.

195 Beim Rücktritt aufgrund gesetzlichen Rücktrittsrechts (§§ 2294, 2295 BGB) bleiben im Zweifel die übrigen, vom Rücktritt nicht betroffenen Verfügungen gem. §§ 2279, 2085 BGB bestehen.

*Krug*

### g) Rücktritt von einem mit einem Ehevertrag verbundenen Erbvertrag

Wurde der Erbvertrag in einer notariellen Urkunde mit einem Ehevertrag verbunden (§ 2276 Abs. 2 BGB), so kann der Rücktritt vom Erbvertrag erklärt werden, ohne dass dadurch die Wirksamkeit des Ehevertrags berührt würde.

Dazu der BGH in BGHZ 29, 129:

„... *Haben Eheleute vor einem Notar in einer einzigen von diesem beurkundeten Verhandlung durch Ehevertrag den Güterstand der allgemeinen Gütergemeinschaft vereinbart und gleichzeitig einen Erbvertrag abgeschlossen, so kann jeder Ehegatte unter den Voraussetzungen der §§ 2294, 2295 BGB von einer in dem Erbvertrag getroffenen vertragsmäßigen Verfügung zurücktreten. Die Weitergeltung des Ehevertrages wird dadurch nicht berührt.*"

### h) Fall-Beispiel[144]

#### aa) Sachverhalt

Mutter M und Tochter T schließen einen Erbvertrag, wonach M ihre Tochter T in vertraglich bindender Weise und ohne Rücktrittsvorbehalt zur Alleinerbin einsetzt. Die Tochter T hat sich im Gegenzug zur Zahlung einer wertgesicherten Leibrente an M verpflichtet. Außerdem sollte die Leibrente durch Eintragung einer Reallast auf einem Gebäudegrundstück der Tochter T gesichert werden. Letzteres ist unterblieben. Die aufgrund der Wertsicherung zu zahlenden erhöhten Beträge wurden nie geleistet, vielmehr wurden immer nur die Renten-Grundbeträge bezahlt. Seit einem halben Jahr wird von T keinerlei Zahlung mehr an M erbracht. Kann M von dem Erbvertrag zurücktreten?

#### bb) Voraussetzungen für einen Rücktritt vom Erbvertrag

Der Erblasser kann nach § 2295 BGB von einer vertragsmäßigen Verfügung von Todes wegen zurücktreten, wenn die Verfügung mit Rücksicht auf eine rechtsgeschäftliche Verpflichtung des Bedachten, dem Erblasser für dessen Lebenszeit wiederkehrende Leistungen zu erbringen, getroffen ist und die Verpflichtung vor dem Tod des Erblassers aufgehoben wird.

Voraussetzung für ein Rücktrittsrecht aus § 2295 BGB ist, dass die Verpflichtung des erbvertraglich Bedachten einen Beweggrund für die getroffene Verfügung von Todes wegen darstellt.[145] Die weitere in § 2295 BGB genannte Voraussetzung ist die Aufhebung der Rentenzahlungsverpflichtung.

Der Begriff der Aufhebung wird von der h.M. so verstanden, dass darunter nicht nur eine einvernehmliche Aufhebung zu verstehen sei, sondern auch jeder nachträgliche Wegfall der Leistungsverpflichtung, aus welchem Rechtsgrund auch immer.[146]

Weil die Rentenzahlung in der Vergangenheit nur teilweise – ohne die wertgesicherte Anpassungserhöhung – erfolgt und jetzt ganz ausgeblieben ist und außerdem die vereinbarte Sicherheit nicht gestellt wurde, könnte der M ein Rücktrittsrecht nach § 323 BGB n.F. bzw.

---

144 Nach DNotI-Report 2000, 119.
145 Staudinger/*Kanzleiter*, BGB, § 2295 Rn 3; *Reimann/Bengel/J. Mayer*, § 2295 BGB Rn 4.
146 OLG Karlsruhe NJW-RR 1997, 708; LG Köln DNotZ 1978, 685; Palandt/*Edenhofer*, § 2295 Rn 4; *Reimann/Bengel/J. Mayer*, § 2295 Rn 9; MüKo-*Musielak*, § 2295 BGB Rn 4; *Lange/Kuchinke*, S. 491; Stürzebecher, NJW 1988, 2717.

§ 326 BGB a.F. zustehen. Wobei es allerdings h.M. ist, dass erbvertragliche Verfügung einerseits und Leistungsverpflichtung andererseits nicht in einem synallagmatischen Verhältnis zueinander stehen, weil das eine Verfügung von Todes wegen ist, das andere eine Verpflichtung unter Lebenden.[147] Nach anderer Meinung liegt – ähnlich dem dinglich wirkenden – Erbverzicht auch dem Erbvertrag ein Grundvertrag zugrunde, bei dem die Verpflichtung zur Erbeinsetzung und die Zahlungsverpflichtung in einem synallagmatischen Verhältnis zu einander stünden.[148]

Eine analoge Anwendung von § 326 BGB a.F. (jetzt § 323 BGB n.F.) bei Leibrentenverträgen haben das Reichsgericht[149] und das OLG Hamburg[150] bejaht. Anderer Meinung ist das OLG Celle.[151]

Die Entscheidung dieser Streitfrage kann jedoch für den vorliegenden Fall dahin gestellt bleiben. Im Falle des Verzugs kann der Gläubiger aus der Rentenzahlungsverpflichtung Schadensersatz wegen Nichterfüllung nach § 286 Abs. 2 S. 1 BGB a.F. (§§ 280 Abs. 1, 2, 286 BGB n.F.) bzw. analog § 326 Abs. 2 BGB a.F. (§§ 280, 325 BGB n.F.) verlangen. Spätestens nach dem Wegfall der Zahlung kann der M das Festhalten an dem Vertrag nicht mehr zugemutet werden.

#### cc) Gegenseitige Abhängigkeit von Erbeinsetzung und Zahlungsverpflichtung

199 Eine solche Teilnichtigkeit könnte im Wege der Motivirrtumsanfechtung (über das spätere Verhalten des Erbvertrags-Partners) nach §§ 2281, 2078 Abs. 2 BGB herbeigeführt werden. Nach h.M. besteht dieses Anfechtungsrecht neben dem Rücktrittsrecht nach § 2295 BGB.[152] Über § 139 BGB kann die Nichtigkeit der erbvertraglichen Regelung nach Anfechtung zur Nichtigkeit auch des Leibrentenversprechens führen.

Denkbar wäre auch, die Erbeinsetzung unter der auflösenden Bedingung der ordnungsgemäßen Rentenerfüllung zu verfügen.

200 Welche Rechtskonstruktion bezüglich des Verhältnisses zwischen Erbeinsetzung einerseits und Rentenverpflichtung andererseits bestehen soll, bestimmt sich nach dem Willen der Vertragsparteien. Kann eine besondere Verknüpfung nicht festgestellt werden, so ist auf jeden Fall der Erbvertrag von Seiten der M anfechtbar nach §§ 2281 Abs. 1, 2078 Abs. 2 BGB im Hinblick auf die enttäuschte Leistungserwartung, die M haben konnte.[153]

#### dd) Rückgewähr der Rentenzahlungen

201 Fällt die erbvertragliche Erbeinsetzung der T – bspw. durch Anfechtung von Seiten der M – weg, so kann T wegen Wegfalls der causa für die von ihr erbrachten Rentenleistungen nach Bereicherungsrecht gem. § 812 Abs. 1 S. 2 Alt. 2 BGB die geleisteten Zahlungen zurück verlangen – aber mit dem Risiko, dass der Entreicherungseinwand nach § 818 Abs. 3 BGB

---

147 OLG Karlsruhe NJW-RR 1997, 708, 709; LG Köln DNotZ 1978, 685; Staudinger/*Kanzleiter*, § 2295 BGB Rn 3; *Reimann/Bengel/J. Mayer*, § 2295 Rn 6.
148 *Stöcker*, WM 1980, 482; *Stürzebecher*, NJW 1988, 2717.
149 RGZ 106, 93, 96.
150 OLG Hamburg MDR 1964, 414.
151 OLG Celle NJW-RR 1990, 1490.
152 OLG Hamm DNotZ 1977, 751, 756; *Reimann/Bengel/J. Mayer*, § 2295 Rn 11, 15; Staudinger/*Kanzleiter*, § 2295 Rn 10; Palandt/*Edenhofer*, § 2295 Rn 5.
153 BGH BWNotZ 1961, 181; BayObLG NJW 1964, 205.

erhoben werden kann.[154] Allerdings könnte der Entreicherungseinwand ins Leere gehen, wenn M damit ohnehin notwendige Aufwendungen erspart hat.[155]

## I. Rücknahme von Erbverträgen aus der besonderen amtlichen Verwahrung

Nach § 2300 Abs. 2 BGB können entsprechend der Rechtslage beim gemeinschaftlichen Testament (§§ 2272, 2256 Abs. 1 BGB) auch Erbverträge aus der amtlichen oder notariellen Verwahrung zurückgenommen werden, sofern sie lediglich Verfügungen von Todes wegen enthalten. Die Rückgabe kann allerdings nur an **alle Vertragschließenden gemeinsam** erfolgen. Erfolgt die Rücknahme, so hat dies in entsprechender Anwendung von § 2256 Abs. 1 BGB zur Folge, dass alle enthaltenen vertragsmäßigen und einseitigen Verfügungen von Todes wegen als widerrufen gelten. Über diese Rechtsfolgen ist der Erblasser in entsprechender Anwendung von § 2256 Abs. 1 S. 2 BGB zu belehren.

Ist ein Erbvertrag mit einem anderen Rechtsgeschäft verbunden, bspw. mit einem Ehevertrag, einem Pflichtteilsverzichtsvertrag oder einer Scheidungsfolgenvereinbarung, so kann er nicht mit Aufhebungswirkung zurückgenommen werden.[156]

**Neuerungen durch das FamFG:**[157] Das Recht der Verwahrung und Eröffnung von Verfügungen von Todes wegen ist in §§ 346 ff. FamFG neu geregelt.

---

154 *Reimann/Bengel/J. Mayer*, § 2295 Rn 22; *Lange/Kuchinke*, S. 492.
155 BGH NJW 2000, 740.
156 Vgl. hierzu das Rundschreiben der Bundesnotarkammer vom 13.8.2002 und *Keim*, ZEV 2003, 55.
157 BGBl. I 2008 S. 2586.

*Krug*

# § 5 Verzichtsverträge

*Dr. Michael Bonefeld*

## Literatur

**Allgemein:**

*Reul*, Erbverzicht, Pflichtteilsverzicht, Zuwendungsverzicht, MittRhNotK 1997, 373 ff. sowie Ergänzungen in MittRhNotK 1998, 8 f.

**Erbverzicht:**

*Baumgärtel*, Die Wirkung des Erbverzichts auf Abkömmlinge, DNotZ 1959, 63; *Bergschneider*, Unwirksamkeit des Erb- und Pflichtteilsverzichtes bei nichtigem Ehevertrag, FamRZ 2008, 1291; *Coing*, Zur Lehre zum teilweisen Erbverzicht, JZ 1960, 209; *Damrau*, Der Erbverzicht als Mittel zweckmäßiger Vorsorge für den Todesfall, 1966; *Edenfeld*, Die Stellung weichender Erben beim Erbverzicht, ZEV 1997, 134; *Habermann*, Stillschweigender Erb- und Pflichtteilsverzicht im notariellen gemeinschaftlichen Testament, JuS 1979, 169; *Keim*, Der stillschweigende Erbverzicht, ZEV 2001, 1; *Ivo*, Die Zustimmung zu erbvertraglichen letztwilligen Zuwendungen, ZEV 2003, 250; *Keim*, Der stillschweigende Erbverzicht, ZEV 2001, 1; *Keller*, Die Form des Erbverzichts, ZEV 2005, 229; *Kuchinke*, Zur Aufhebung eines Erbverzichts mit Drittwirkung, ZEV 2000, 169; *Leipold*, Keine Anfechtung des Erbverzichts durch den Verzichtenden nach Eintritt des Erbfalls, ZEV 2006, 209; *J. Mayer*, Ist die Befugnis zur Aufhebung des Erbverzichts vererblich?, MittBayNot 1999, 41; *Theiss/Boger*, Nichtigkeit eines sog. entgeltlichen Erbverzichtsvertrages, ZErb 2006, 164; *Theiss/Boger*, Möglichkeiten der Vorbeugung gegen Ansprüche aus §§ 2325, 2329 BGB wegen Abfindungen für Erb- und Pflichtteilsverzichte, ZEV 2006, 143; *Schotten*, Das Kausalgeschäft zum Erbverzicht, DNotZ 1998, 163; *Zimmer*, Wirksamkeit eines Erb- und Pflichtteilsverzichts, NJW 2008, 299.

**Pflichtteilsverzicht:**

*Cremer*, Zur Zulässigkeit des gegenständlich beschränkten Pflichttelsverzichtsvertrages, MittRhNotK 1978, 169; *Dieckmann*, Pflichtteilsverzicht und nachehelicher Unterhalt, FamRZ 1992, 633; *Fette*, Die Zulässigkeit eines gegenständlich beschränkten Pflichtteilsverzichts, NJW 1970, 743; *Frenz*, Zum Verhältnis von Pflichtteils- und Unterhaltsrecht bei Ehescheidung, MittRhNotK 1995, 227; *Frenz*, Einzelprobleme bei der Gestaltung von Pflichtteilsverzichten, in FS 50 Jahre Deutsches Anwaltsinstitut e.V., 2003, 387; *Grziwotz*, Pflichtteilsverzicht und nachehelicher Unterhalt, FamRZ 1991, 1258; *Heinrich*, Die Gestaltung von Übertragungsverträgen im Schatten des Pflichtteilsergänzungsrechts, MittRhNotK 1995, 157; *Kanzleiter*, Bedarf die Zustimmung des bindend bedachten Erben zu einer ihn beeinträchtigenden Schenkung der notariellen Beurkundung?, DNotZ 1990, 776; *Lichtenberger*, Zum Gesetz zur Neuregelung des Internationalen Privatrechts, DNotZ 1986, 644; *J. Mayer*, Die Rückforderung der vorweggenommenen Erbfolge, DNotZ 1996, 604; *J. Mayer*, Erfasst der Pflichtteilsverzicht auch Pflichtteilsvermächtnisse, ZEV 1995, 41; *J. Mayer*, Verspäteter Pflichtteilsverzicht?, MittBayNot 1997, 85; *J. Mayer*, Der beschränkte Pflichtteilsverzicht, ZEV 2000, 263; *Schindler*, Erbvertragliche Bindung und Aufhebung des Pflichtteilsverzichts, ZEV 2005, 299 *Schindler*, Pflichtteilsverzicht und Pflichtteilsaufhebungsvertrag, DNotZ 2004, 824; *Wachter*, Inhaltskontrolle von Pflichtteilsverzichtsverträgen, ZErb 2004, 238 und ZErb 2004, 386; *Weirich*, Der gegenständlich beschränkte Pflichtteilsverzicht – Zulässigkeit und Vertragsgestaltung, DNotZ 1986, 5; *Zawar*, Notarielle Rechtsgestaltung: Das Erbrecht im sozialen Wandel, DNotZ 1989, 116.

**Zuwendungsverzicht:**

*Dohr*, Überwindung der aufgrund gemeinschaftlichen Testaments oder Erbvertrag entstandenen erbrechtlichen Bindungswirkung, MittRhNotK 1998, 381; *Kanzleiter*, Die Erstreckung der Wirkungen eines Zuwendungsverzichtes auf die Abkömmlinge des Verzichtenden – ein Missgriff des Gesetzgebers, DNotZ 2009, 805; *Keim*, Der Zuwendungsverzicht nach der Reform des Pflichtteilsrechts: Ein Gestaltungsmittel wird handhabbar, RNotZ 2009, 574, *Klinck*, Der Zuwendungsverzicht zu Lasten Dritter: Fortschritt durch das Gesetz zur Änderung des Erb- und Verjährungsrechts?, ZEV 2009,

533; *Kornexl*, Der Zuwendungsverzicht, DNotI-Schriftenreihe, Band 7; *Kornexl*, Rechtsfolgen der Aufhebung eines Zuwendungsverzichts durch notariellen Vertrag mit dem Erblasser, ZEV 2008, 240; *J. Mayer*, Zweckloser Zuwendungsverzicht?, ZEV 1996, 127; *Mittenzwei*, Die Aufhebung des Zuwendungsverzichts, ZEV 2004, 488; *Schotten*, Die Erstreckung der Wirkung eines Zuwendungsverzichts auf die Abkömmlinge des Verzichtenden, ZEV 1997, 1; *Weidlich*, Gestaltungsalternativen zum zwecklosen Zuwendungsverzichts, ZEV 2007, 463.

### Abfindung und Steuerrecht:

*Degenhard*, Erbverzicht und Abfindungsvereinbarung, Rpfleger 1969, 145; *Meinke*, Abfindungsleistungen aus erbschaftsteuerlicher Sicht, ZEV 2000, 214; *Speckmann*, Der Erbverzicht als „Gegenleistung" in Abfindungsverträgen, NJW 1970, 117.

### Verzichtsverträge mit Auslandsberührung:

*Böhmer*, Der Erb- und Pflichtteilsverzicht im anglo-amerikanischen Rechtskreis, ZEV 1998, 251; *Hustedt*, Grundzüge des belgischen Ehegüter- und Erbrechts, MittRhNotK 1996, 337; *Nenninger*, Grundzüge des japanischen Familien- und Erbrechts, MittRhNotK 1995, 81; *Riering/Bachler*, Erbvertrag und gemeinschaftliches Testament im deutsch-österreichischen Rechtsverkehr, DNotZ 1995, 580; *Riering*, Der Erbverzicht im Internationalen Privatrecht, ZEV 1998, 248; *Riering*, Der Erb- und Pflichtteilsverzicht im islamischen Rechtskreis, ZEV 1998, 455; Erb- und Pflichtteilsverzicht nach schweizerischem Recht, DNotI-Report 1994, 1; Niederlande, Pflichtteilsverzicht, Rechtswahlklausel, DNotI-Report 1994, 3; Frankreich: Ehe- und Erbvertrag, Gütertrennung, Erbverzicht, DNotI-Report 1997, 35.

### Gebührenrecht:

Aufhebung der Zugewinngemeinschaft und Verteilung des gemeinsamen Vermögens in Scheidungsvereinbarung gegenstandsgleich, BayObLG MittRhNotK 1989, 2410; Getrennte Gebühren bei Zusammenbeurkundung von Erbvertrag und Erb- und Pflichtteilsverzicht, MittBayNot 1979, 93.

A. Erbverzicht .................................................. 1
  I. Typischer Sachverhalt ................................. 1
  II. Rechtliche Grundlagen ............................... 2
    1. Grundsätzliches ...................................... 4
    2. Übersicht zur Stellvertretung und betreuungsgerichtliche Genehmigung ... 11
    3. Folgen des Verzichts ............................. 12
    4. Parteien des Verzichtsvertrages ............ 17
    5. Gestaltungsmöglichkeiten ................... 18
      a) Weitere Einsetzung als Erbe oder Vermächtnisnehmer ...................... 18
      b) Abfindung und Erbringung von Gegenleistungen ............................ 19
      c) Verzichtsvertrag und Ehegatte ....... 24
        aa) Güterrechtliche und unterhaltsrechtliche Folgen ............. 24
        bb) Konsequenzen für die Kautelarpraxis .................................. 27
      d) Zeitliche Beschränkung des Verzichts .............................................. 33
    6. Leistungsstörungen ............................. 34
    7. Willensmängel ..................................... 36
    8. Aufhebung des Verzichtes ................... 38
    9. Erbverzicht und Auslandsberührung .. 44
    10. Erbverzicht und Höferecht ................ 45
    11. Steuerliche Folgen ............................. 46
    12. Notarielle Besonderheiten, Kosten ... 50
  III. Muster: Erbverzichtsvertrag ..................... 54
  IV. Checkliste: Erbverzicht ............................ 55
B. Pflichtteilsverzicht ...................................... 56
  I. Typischer Sachverhalt ................................. 56
  II. Rechtliche Grundlagen ............................. 57
    1. Folgen des Verzichts ............................ 57
    2. Vorteile gegenüber Erbverzicht .......... 63
    3. Gestaltungsmöglichkeiten ................... 67
      a) Gegenständliche Beschränkung .... 68
      b) Bruchteilsbeschränkung ................ 69
      c) Weitere Beschränkungsmöglichkeiten .......................................... 70
    4. Pflichtteilsverzicht und Ehegatte ....... 79
    5. Steuerliche Folgen ............................... 83
  III. Muster: Pflichtteilsverzichtsvertrag ........ 86
  IV. Checkliste: Pflichtteilsverzicht ................ 90
C. Zuwendungsverzicht .................................. 91
  I. Typischer Sachverhalt ................................. 91
  II. Rechtliche Grundlagen ............................. 92
    1. Grundsätzliches .................................... 92
      a) Testamentarische Zuwendungen ... 96
      b) Erbvertragliche Zuwendungen ..... 97
    2. Folgen des Verzichts .......................... 104
    3. Gegenstand des Zuwendungsverzichts ................................................ 106
    4. Beschränkung des Zuwendungsverzichts ................................................ 110
    5. Änderungen beim Zuwendungsverzicht nach der Erbrechtsreform ......... 112
    6. Steuerliche Folgen ............................. 119
  III. Muster: Zuwendungsverzichtsvertrag .... 120
  IV. Checkliste: Zuwendungsverzicht ........... 124
D. Kurzübersicht ........................................... 125

## A. Erbverzicht

### I. Typischer Sachverhalt

Der verwitwete Vater M wird seit langen Jahren durch seine 15 Jahre jüngere allein stehende Schwägerin aufopferungsvoll gepflegt. Die Eltern des Vaters sind vorverstorben. Sein Sohn S hat zu Lebzeiten bereits erhebliche Zuwendungen erhalten. Vater M wünscht, dass sein restliches Vermögen an die vermögenslose Schwester der Ehefrau gehen soll.

Vater M bittet um Überprüfung, ob ggf. ein Verzichtsvertrag in Frage käme.

### II. Rechtliche Grundlagen

„Auf den Erbverzicht verzichte". So endete eine Kommentierung von *J. Mayer*[1] zum Beschluss des OLG Celle – 2 W 115/97 – vom 15.1.1998,[2] in dem wieder einmal die unerwünschten Folge eines Erbverzichtsvertrages zum Tragen kamen. Der **Erbverzicht** ist ein schwieriges Instrument zur Gestaltung der Erbnachfolge und gilt als „recht heimtückische Gestaltungsmöglichkeit", die „der Kautelarpraxis große Vorsicht abverlangt".[3]

Jedoch bergen auch die weiteren Gestaltungsmöglichkeiten von erbrechtlichen Verzichtsverträgen erhebliche Haftungsgefahren für den Notar oder Anwalt in sich. Bei der Gestaltung von Verzichtsverträgen ist somit grundsätzlich höchste Vorsicht geboten. Immer sollten daher sämtliche Folgen für den Verzichtenden und für den Stamm gleichzeitig bedacht und dem Mandanten gegenüber ausführlich erläutert werden (vgl. die unter Rn 116 abgedruckte Tabelle, die die wesentlichen Unterschiede und Auswirkungen graphisch kurz zusammenfassend verdeutlicht). Der rechtsgestaltende Jurist hat somit immer den sichersten Weg zu beschreiten. In der anwaltlichen und notariellen Praxis kommt der Erbverzicht relativ selten vor. Häufig werden die Erben nicht bereit sein, ohne weiteres einen Erbverzicht zu erklären. Letztendlich scheitert ein derartiger Verzicht bereits bei der Verhandlung über eine etwaige Abfindung.

#### 1. Grundsätzliches

Der Erbverzicht ist ein erbrechtlicher abstrakter Verfügungsvertrag mit negativen Inhalt[4] und bedarf gem. § 2348 BGB der **notariellen Beurkundung**. Gleiches gilt selbstverständlich auch für den **Abfindungsvertrag** als Kausalgeschäft.[5] Die gleichzeitige Anwesenheit der Parteien ist im Unterschied zum Erbvertrag nicht zwingend. Der Erbverzicht stellt insgesamt eine Ausnahme zu § 311b Abs. 4 BGB dar, wonach Rechtsgeschäfte über den Nachlass eines noch lebenden Dritten nichtig sind.

Ausnahmsweise kann wegen der Bestimmung in § 127a BGB ein Verzichtsvertrag auch in Rahmen eines Prozessvergleiches geschlossen werden. Hierbei muss der Erblasser allerdings persönlich anwesend sein und zusammen mit dem Rechtsanwalt im Anwaltsprozess den Erbverzicht erklären.[6] Ein Verstoß kann nicht geheilt werden.[7]

---

1 *J. Mayer*, ZEV 1998, 434.
2 OLG Celle ZEV 1998, 433.
3 So *Skibbe*, ZEV 1999, 106.
4 BayObLG Rpfleger 1981, 305; Soergel/*Damrau*, § 2346 BGB Rn 2.
5 KG OLGZ 74, 263.
6 BayObLG NJW 1965, 1276.
7 Palandt/*Edenhofer*, § 2348 BGB Rn 2.

Der Erbverzicht kann vom Erblasser **nur zu Lebzeiten** vertraglich abgeschlossen werden, da es sich um ein erbrechtliches abstraktes Verfügungsgeschäft[8] handelt. Ebenso scheidet nach der Rechtsprechung eine Anfechtung des Erbverzichts nach dem Tode des Erblassers aus.[9] Deshalb kann auch ein schwebend unwirksamer Erbverzicht auch nicht durch nachträgliche Genehmigung wirksam werden, wenn die Genehmigung nach dem Erbfall erfolgt.[10] Die Rechtslage ist anders, wenn der Erbverzicht unter einer Bedingung oder einer Befristung erfolgt ist.[11] Zur Sicherheit sollte darauf geachtet werden, dass der Verzichtsvertrag möglichst schnell wirksam werden sollte.[12]

Der Erblasser kann nach § 2347 Abs. 1 BGB **nur persönlich** den Verzichtsvertrag schließen.

Die **Unwirksamkeit** eines Erbverzichts kann erst dann auf die Auslegungsregeln des § 2350 BGB gestützt werden, wenn die Ermittlung des Willens der Verzichtsparteien ohne Erfolg geblieben ist. Dabei liegt die Beweislast bei demjenigen, der entgegen den Vermutungen des § 2350 BGB aus einem unbedingten Verzicht Rechte herleiten will.[13] Das OLG München hatte in seinem Urteil vom 25.1.2006 (Wildmoser-Fall),[14] über die Wirksamkeit eines Erbverzichts- und Abfindungsvertrages zu befinden. Der Beklagte, bei dem es sich um den Vater des aus einer vorehelichen Beziehung stammenden Klägers handelt, schloss diesen Vertrag mit dem Kläger unter Zuhilfenahme seines Rechtsanwaltes. Dabei muss immer zunächst eine Gesamtwürdigung des Rechtsgeschäftes vorgenommen werden, wonach der Inhalt des Vertrages für sich alleine genommen nicht zur Sittenwidrigkeit führen muss. Etwas anderes ergibt sich aber aus einer (damaligen) Unerfahrenheit des Verzichtenden sowie der Einflussnahme des Anwaltes des Vaters.

Die Sittenwidrigkeit des Kausalgeschäftes kann somit auf den Erbverzicht durchschlagen. Ferner dürfte der Erbverzicht unter entsprechender Anwendung von § 139 BGB im Einzelfall wegen **Sittenwidrigkeit** auch als nichtig anzusehen sein. Bleibt jedoch die Wirksamkeit des Erbverzichts unberührt, so ist das Bereicherungsrecht heranzuziehen.[15]

5 Problematisch ist, ob ein Verzichtsvertrag auch konkludent geschlossen werden kann. Nach der alten Rechtsprechung des BGH[16] soll dies dann möglich sein, wenn sich aus dem Vertragsinhalt ein Verzicht zuverlässig ergibt. Dies soll z.B. dann der Fall sein, wenn Ehegatten im gemeinschaftlichen Testament einen Dritten zum Erben machen[17] oder wenn das Kind Vertragspartner eines Erbvertrages ist, in dem sich die Eltern gegenseitig zum Alleinerben eingesetzt haben.[18]

---

8 BGHZ 37, 319 = NJW 1997, 521; *Bengel*, in: Reimann/Bengel/J. Mayer, Testament und Erbvertrag, Rn 178 ff. m.w.N.
9 BayObLG ZEV 2006, 209 mit abl. Anm. *Leipold*.
10 BGH NJW 1978, 1159.
11 Dazu ausführlich: *Reul*, MittRhNotK 1997, 382 m.w.N.
12 Bei Abwesenheit des Verzichtenden sollte sich dieser durch einen bei der Beurkundung Anwesenden aufgrund mündlicher Vollmacht vertreten lassen.
13 BGH ZErb 2008, 42; dazu auch *Zimmer*, NJW 2008, 299.
14 OLG München ZErb 2006, 164 mit Anm. *Theiss/Boger*.
15 So auch *Theiss/Boger*, ZErb 2006, 164.
16 BGH NJW 1956, 422; BGH NJW 1977, 1728.
17 Somit stillschweigender Verzicht des Ehegatten.
18 Dann stillschweigender Pflichtteilsverzicht des Kindes.

Die h.M.[19] lehnt diese Rechtsprechung zu Recht mit dem Argument ab, dass ansonsten der Schutzzweck des § 2348 BGB umgangen werden könne. Die neuere Rechtsprechung des BGH[20] tendiert nunmehr ebenfalls in diese Richtung.

Der Erblasser kann trotz der Verzichtserklärung durch eine Verfügung von Todes wegen den Verzichtenden bedenken.[21]

Jeder zukünftige gesetzliche Erbe ist verzichtsberechtigt.[22] Dabei ist nicht erforderlich, dass dieser bereits zum Verzichtszeitpunkt gesetzlicher Erbe ist. Auch der zukünftige Ehegatte kann also bereits wirksam verzichten.

Beim Verzichtsvertrag handelt es sich nicht um einen Vertrag zugunsten Dritter i.S.d. § 328 BGB und auch nicht um eine Verfügung von Todes wegen. Seine Auslegung richtet sich nach den §§ 133, 157 und 242 BGB.

Die Vereinbarung eines **Rücktrittsvorbehaltes** ist mit der abstrakten Rechtsnatur des Erbverzichts nicht vereinbar,[23] wobei ggf. eine Umdeutung in eine auflösende Bedingung möglich wäre.[24] Ein Rücktrittsvorbehalt hinsichtlich des schuldrechtlichen Kausalgeschäfts ist hingegen möglich.[25] Eine **gegenständliche Beschränkung** hinsichtlich nur eines bestimmten Nachlassgegenstandes ist ebenfalls nicht zulässig. Auch hier ist aber eine **Umdeutung** eines ungültigen Erbverzichts in einen Verzicht auf einen Bruchteil des gesetzlichen Erbrechts möglich.[26]

Der Erbverzicht kann aufgrund § 2350 BGB auch unter einer **auflösenden oder aufschiebenden Bedingung** erklärt werden, wobei sogar nach der herrschenden Ansicht[27] wegen §§ 2104, 2105 BGB die Bedingung bzw. der Anfangs- oder Endtermin auch noch nach dem Erbfall eintreten kann.[28] Der Verzicht kann also z.B. zugunsten eines Dritten oder bestimmter Abkömmlinge erklärt werden. Dies gilt jedoch nur für den Erbverzicht. Beim Pflichtteilsverzicht ist eine solcher Verzicht zugunsten eines Dritten wegen Nichtanwendbarkeit des § 2350 BGB nicht möglich. Dort wäre allerdings dann eine Bedingung möglich, wonach der Pflichtteilsverzicht nur gelten soll, wenn eine bestimmte Person Erbe wird.

Eine **Stellvertretung** des Verzichtenden ist grundsätzlich zulässig, wobei sogar eine vollmachtlose Vertretung möglich ist. Die Genehmigung kann formfrei erteilt werden.[29] Die Genehmigung oder Zustimmung ist jedoch nur bis zum Zeitpunkt des Erbfalls möglich.[30] Hingegen kann sich der Erblasser nicht vertreten lassen und kann den Erbverzicht nur persönlich abschließen.

---

19 BayObLGZ 1981, 30 ff.; OLG Hamm NJW-RR 1996, 906; *Habermann*, JuS 1979, 169 ff.; MüKo-*Strobel*, § 2348 BGB Rn 8; Soergel/*Damrau*, § 2346 BGB Rn 6; *Reul*, MittRhNotK 1997, 378; a.A. Palandt/*Edenhofer*, § 2346 BGB Rn 5 m.w.N. differenzierend *Keim*, ZEV 2001, 1.
20 BGH NJW 1997, 653.
21 BGHZ 30, 261.
22 Der Fiskus kann allerdings keinen Verzichtsvertrag abschließen.
23 *Reul*, MittRhNotK 1997, 374; Palandt/*Edenhofer*, vor § 2346 BGB Rn 4.
24 BayObLG NJW 1958, 344.
25 Dazu *Kurze*, in: Bonefeld/Wachter, S. 1175.
26 *Lange/Kuchinke*, Lehrbuch des Erbrechts, S. 162; MüKo-*Strobel*, § 2346 BGB Rn 14.
27 MüKo-*Strobel*, § 2346 BGB Rn 15; Staudinger/*Schotten*, § 2346 BGB Rn 54.
28 Der Verzichtende ist also bis zum Bedingungseintritt Vorerbe oder bei einer auflösenden Bedingung Nacherbe.
29 BGH NJW 1994, 1344.
30 Vgl. dazu *Reul*, MittRhNotK 1997, 374 m.w.N.

10  Allerdings kann der gesetzliche Vertreter handeln, wenn der Erblasser **geschäftsunfähig**[31] ist (§ 2347 Abs. 2 S. 2 BGB). Bei Betreuung des Erblassers kommt es somit darauf an, ob der Erblasser geschäftsunfähig ist und ob der Abschluss eines Verzichtsvertrages zum Aufgabenbereich des Betreuers nach § 1902 BGB gehört. Wenn der Verzichtende betreut wird, so bedarf der Betreuer der Genehmigung des Betreuungsgerichts gem. § 2347 Abs. 1 S. 2 BGB. Aus Vorsorge sollten bei Zweifeln über die Geschäftsfähigkeit sowohl der Betreuer als auch der Betreute den Erbverzichtsvertrag schließen.[32] Ist der Erblasser geschäftsunfähig, so kann der Vertrag durch den gesetzlichen Vertreter geschlossen werden; die Genehmigung des Familiengerichts oder Betreuungsgerichts ist in gleichem Umfang wie nach Absatz 1 erforderlich (vgl. § 2347 Abs. 2 BGB).[33]

Der Ehegatte muss unabhängig vom jeweiligen Güterstand niemals einem Erbverzichtsvertrag des Erblassers mit Dritten zustimmen.

## 2. Übersicht zur Stellvertretung und betreuungsgerichtliche Genehmigung

11

| Person | Vertretung im Normalfall | geschäftsunfähig | beschränkt geschäftsfähig | Betreut oder unter Vormundschaft |
|---|---|---|---|---|
| **Erblasser** | nicht möglich | gesetzlicher Vertreter handelt<br><br>Bei Betreuung:<br><br>Betreuer, sofern Erbverzicht zum Aufgabenkreis gehört, § 1902 BGB | Erblasser handelt selbst, bedarf aber Zustimmung durch gesetzlichen Vertreter | zusätzlich Genehmigung durch Betreuungsgericht oder Familiengericht gem. § 2347 Abs. 2 BGB notwendig<br><br>Einwilligungsvorbehalt gem. § 1903 Abs. 2 BGB nicht möglich. |
| **Verzichtender** | möglich | gesetzlicher Vertreter handelt | Verzichtender handelt selbst, bedarf aber Zustimmung durch gesetzlichen Vertreter | zusätzlich Genehmigung durch Betreuungsgericht oder Familiengericht gem. § 2347 Abs. 2 BGB notwendig |

---

31 Ist also der Erblasser beschränkt geschäftsfähig, muss er den Verzichtsvertrag selbst abschließen und kann sich nicht vom gesetzlichen Vertreter vertreten lassen.
32 Zur alten Rechtslage noch: *Cypionka*, DNotZ 1991, 571.
33 Soergel/*Damrau*, § 2347 BGB Rn 7.

## 3. Folgen des Verzichts

Durch die Vereinbarung eines Erbverzichtes scheidet der Verzichtende (Verwandter oder Ehegatte) lediglich aus der gesetzlichen Erbfolge aus, d.h. er kann ohne weiteres durch Verfügung von Todes wegen Erbe werden.[34] Die **Wirkung** des Erbverzichts wird nur gegenüber dem Erblasser entfaltet.[35] Der Verzichtende wird nach § 2346 Abs. 1 S. 2 BGB so gestellt, als wenn er zum Zeitpunkt des Erbfalles nicht mehr leben würde. Aus diesem Grunde entfällt auch sein Pflichtteilsrecht. Etwaige Pflichtteilsrestansprüche nach § 2305 BGB oder Pflichtteilsergänzungsansprüche gehen ebenfalls unter.

Ein Erbverzicht ist aber auch unter **Vorbehalt des Pflichtteilsanspruchs** möglich. Von dieser Variante wird allerdings in der Rechtspraxis sehr selten Gebrauch gemacht, da die gleiche Wirkung durch eine enterbende letztwillige Verfügung zu erreichen ist. Dem gemäß wird man von dieser Möglichkeit in den Fällen Gebrauch machen, bei denen der Erblasser nicht mehr testierfähig ist. Ein testierunfähiger Erblasser kann nämlich ohne weiteres einen Erbverzicht durch seinen gesetzlichen Vertreter schließen.[36]

Der Verzicht gilt auch für **Abkömmlinge**, wenn der Verzichtende seitenverwandt oder Abkömmling des Erblassers ist. Hier besteht allerdings nach § 2349 BGB die Möglichkeit, etwas anderes zu bestimmen.

Durch diesen gesetzlich gewollten Wegfall erhöhen sich folglich sowohl die Erbquoten der übrigen gesetzlichen Erben als auch die Pflichtteilsquoten (§§ 2310 S. 2, 2316 Abs. 1 S. 2 BGB). Diese Folge tritt nicht beim einfachen Pflichtteilsverzicht gem. § 2346 Abs. 2 BGB ein. Nach § 2309 BGB sind entferntere Abkömmlinge und die Eltern des Erblassers insoweit nicht pflichtteilsberechtigt, als ein Abkömmling, der sie im Falle der gesetzlichen Erbfolge ausschließen würde, den Pflichtteil verlangen kann oder das ihm Hinterlassene annimmt. Als hinterlassen gelten insbesondere die Abfindung oder unter Anordnung einer Anrechnungs- oder Ausgleichspflicht erfolgte Vorempfänge.[37] Im Einzelnen ist in der Rechtsprechung noch größten Teils ungeklärt, welche Zuwendungen des Erblassers an den Verzichtenden zu einer Reduzierung des Pflichtteils der entfernteren Abkömmlinge oder Eltern nach § 2309 BGB führen.[38]

Der **Zugewinnausgleichsanspruch** nach §§ 1371 Abs. 2, 1372 BGB wird nicht vom Verzicht umfasst. Allerdings entfällt bei einem Verzicht eines zur gesetzlichen Erfolge berufenen Hausangehörigen der Anspruch gem. § 1969 BGB auf den sog. **Dreißigsten**. Ebenso wird der **Voraus** nach § 1932 BGB vom Verzicht umfasst.

Besonderes Augenmerk in der Kautelarpraxis ist auf **Zuwendungen** zu legen, die in einer zum Zeitpunkt des Verzichts bereits bestehenden letztwilligen Verfügung zugunsten des Verzichtenden bereits angeordnet sind. Diese werden regelmäßig nicht vom Verzichtsvertrag erfasst.[39]

---

34 BGHZ 30, 261.
35 Ein allgemeiner Verzicht auf bestimmte Nachlassgegenstände in anderen Erbfällen ist daher unzulässig.
36 Der Verzichtende wird im Übrigen hier bei der Berechnung der Pflichtteilsgröße sowohl bei § 2310 BGB als auch bei § 2316 BGB mitgezählt.
37 Vgl. Staudinger/*Haas*, § 2309 BGB Rn 23.
38 Vgl. dazu OLG Celle NJW 1999, 1874 mit abl. Anm. *J. Mayer*, ZEV 1998, 433; sowie *Pentz*, NJW 1999, 1835 ff.
39 Dazu ausführlich *J. Mayer*, ZEV 1995, 41 ff. sowie ZEV 1996, 127.

## 4. Parteien des Verzichtsvertrages

17 Nur mit dem **Erblasser** kann nach § 2346 Abs. 1 S. 1 BGB ein Verzichtsvertrag geschlossen werden, da andernfalls ein Vertrag zu Lasten Dritter gem. § 311b Abs. 4 BGB entstehen würde. Verzichten können nur der **Ehegatte** und **Verwandte** des Erblassers. Das Erbrecht muss zum **Verzichtszeitpunkt** noch nicht entstanden sein, so dass auch vor Ausspruch der Adoption verzichtet werden kann.[40] Ebenso können Verlobte auf ihr künftiges Erbrecht oder Pflichtteilsrecht verzichten.[41] Allerdings steht dem Fiskus nicht die Möglichkeit offen, auf sein gesetzliches Erbrecht aus § 1936 BGB zu verzichten, zumal ihm bereits das Ausschlagungsrecht nach § 1942 Abs. 2 BGB nicht zugebilligt wird.

## 5. Gestaltungsmöglichkeiten

### a) Weitere Einsetzung als Erbe oder Vermächtnisnehmer

18 Eine Einsetzung des Verzichtenden als Erbe oder Vermächtnisnehmer ist weiterhin möglich. Der Verzichtende kann auch auf einen Bruchteil des gesetzlichen Erbrechtes verzichten oder sich sein Pflichtteilsrecht weiter vorbehalten.[42] Ein Teilverzicht erstreckt sich nur auf die ideelle Erbquote. Unzulässig ist allerdings eine Beschränkung auf einen einzelnen Gegenstand oder einen Inbegriff von Nachlassgegenständen, weil dies dem Grundsatz der Universalsukzession widerspräche.[43] Der Erbverzicht kann sich aber auch nur auf das Hoferbrecht nach der Höfeordnung beziehen.[44] Ein Erbverzicht wirkt sich allerdings nicht in umgekehrter Folge aus.[45]

### b) Abfindung und Erbringung von Gegenleistungen

19 Die Abfindung ist kein Entgelt für den Erbverzicht, sondern eine unentgeltliche Zuwendung.[46] Bei einem Verzicht gegen Abfindung ist es vernünftig, ausdrücklich auch die **Erstreckung auf die Abkömmlinge** anzuordnen, da andernfalls dieser Stamm vor den anderen Stämmen bevorzugt würde.

Macht man den Erbverzicht von der Erbringung von Gegenleistungen abhängig, so dürfte hierin der **sicherste Weg** für den Verzichtenden bestehen.[47] Am effektivsten hat sich in der Rechtspraxis die Bedingung nach §§ 158 ff. BGB erwiesen. Eine solche Bedingung kann z.B. sein:
- Zahlung einer bestimmten **Abfindung**
- Erhalt eines **Vermächtnisses** für den Verzichtenden
- Verzicht zugunsten eines anderen gem. § 2350 BGB.

Der **Dritte** wird im letzten Beispiel aber nicht automatisch Erbe, da hierzu selbstverständlich die Berufung im Wege der gesetzlichen Erbfolge oder durch Verfügung von Todes

---

40 MüKo-*Strobel*, § 2346 BGB Rn 7.
41 Palandt/*Edenhofer*, § 2346 BGB Rn 1; MüKo-*Strobel*, § 2346 BGB Rn 7.
42 Lange/Kuchinke, S. 161; Palandt/*Edenhofer*, § 2346 BGB Rn 9; *Kerscher/Riedel/Lenz*, Pflichtteilsrecht in der anwaltlichen Praxis, § 6 Rn 151.
43 KG JFG 15, 98; MüKo-*Strobel*, § 2346 BGB Rn 14; Palandt/*Edenhofer*, § 2346 BGB Rn 2. Ein gegenständlicher Verzicht ist nach *Coing*, JZ 1960, 211, hingegen zulässig.
44 OLG Oldenburg FamRZ 1998, 645.
45 *Kerscher/Riedel/Lenz*, Pflichtteilsrecht in der anwaltlichen Praxis, § 6 Rn 152.
46 BGHZ 113, 393 = NJW 1991, 1610; Staudinger/*Schotten*, § 2346 BGB Rn 124; a.A. Soergel/*Damrau*, § 2346 BGB Rn 3.
47 *Edenfeld*, ZEV 1997, 141.

wegen notwendig ist.⁴⁸ Wird der Dritte nicht Erbe, dann ist der Verzicht aufgrund des Nichteintritts der Bedingung nicht wirksam. Will der Verzichtende eine Bindung zugunsten einer bestimmten dritten Person erreichen, so muss er einen Erbvertrag mit dem Erblasser schließen. Es empfiehlt sich aus nahe liegenden Gründen auf jeden Fall, den Beweis des Bedingungseintritts sicherzustellen.

Des Weiteren ist bei Geldleistungen an eine notariell beurkundete Zwangsvollstreckungsunterwerfungsklausel gem. § 794 ZPO zu denken. Als weitere Absicherungsmöglichkeit der Gegenleistung (z.B. langfristige Geldzahlungen) sollte ggf. eine Grundschuld eingetragen werden.

Wie man das Kausalgeschäft, den **Abfindungsvertrag**, mit dem abstrakten Erbverzicht verknüpft, hängt im Einzelfall vom Parteiwillen, also von den vertraglichen Regelungen und deren konkreter Auslegung ab. Dabei werden in der Literatur verschiedene Möglichkeiten der Verknüpfung diskutiert.⁴⁹ Allerdings erfolgt dies meist unter dem Blickwinkel des Schutzes des Verzichtenden vor Leistungsstörungen u.Ä.

Ein unentgeltlicher Verzicht stellt **keine Schenkung** des Verzichtenden gegenüber dem Erblasser dar. Auch bei einer Zahlung einer Abfindung für den Verzicht wird man nicht von einer Schenkung ausgehen können, sofern ein entgeltliches Äquivalent vorliegt.⁵⁰ Eine Schenkung ist somit nur bei Übermaßabfindungen anzunehmen.

Der Erbverzicht bildet selbst mit der Abfindungsvereinbarung **keinen gegenseitigen Vertrag** im Sinne der §§ 320 ff. BGB, denn der Erbverzicht als abstraktes Rechtsgeschäft kann nicht im Synallagma zu der Abfindungsvereinbarung stehen.⁵¹ Vielmehr kann dem Erbverzicht nur ein kausales Rechtsgeschäft zugrunde liegen, das eine Verknüpfung zwischen dem Erbverzicht und der Abfindung herstellt.⁵² Dieses Kausalgeschäft kann ein Vertrag im Sinne der §§ 320 ff. BGB sein, der den Erblasser zur Leistung der Abfindung und den Erbanwärter zum Abschluss des Verzichtsvertrages verpflichtet.⁵³ Das Kausalgeschäft ist wie der Erbverzicht formbedürftig.⁵⁴ Hierbei kann allerdings der Erblasser vertreten werden.

Da es noch keine höchstrichterliche Rechtsprechung zur Problematik der vertraglichen Einheit von Erbverzicht und Abfindung gibt, sollte **vorsorglich** eine **klarstellende Formulierung** in die Urkunde aufgenommen werden, wonach ausdrücklich erklärt wird, dass – soweit rechtlich zulässig – Erbverzicht und Abfindungsvereinbarung ein **einheitliches Rechtsgeschäft** i.S.d. § 139 BGB bilden. Der formnichtige Erbverzicht soll aber selbst dann nicht mehr heilbar sein, selbst wenn die Abfindung gezahlt oder die vereinbarte Gegenleistung schon vom Vertragspartner erbracht worden ist.⁵⁵

---

48 Dazu genügt es u.U. auch, wenn die Erbeinsetzung in dem Vertrag zumindest angedeutet ist (BGHZ 86, 41).
49 Vgl. Staudinger/*Schotten*, § 2346 BGB Rn 75 ff.; Soergel/*Damrau*, § 2346 BGB Rn 2 ff., und MüKo-*Strobel*, § 2346 BGB Rn 21 ff.
50 Palandt/*Edenhofer*, § 2346 BGB Rn 3. Dazu ausführlich *Theiss/Boger*, ZEV 2006, 143.
51 MüKo-*Strobel*, § 2346 BGB Rn 21; Staudinger/*Cieslar*, vor § 2346 BGB Rn 76.
52 Staudinger/*Cieslar*, vor § 2346 BGB Rn 59.
53 Allgemeine Meinung, vgl. nur MüKo-*Strobel*, § 2346 BGB Rn 22 m.w.N.
54 Ein Formmangel kann aber nach § 313 S. 2 BGB analog durch Beurkundung des Erbverzichts geheilt werden.
55 So OLG Düsseldorf FamRZ 2002, 1147, entgegen *Damrau*, NJW 1984, 1163 ff.

Der unentgeltliche Erbverzicht ist wegen § 517 BGB keine Schenkung[56] und kann somit weder nach dem Anfechtungsgesetz,[57] noch nach der Insolvenzordnung angefochten werden.[58] Dies hat auch Auswirkungen auf den Pflichtteilsergänzungsanspruch nach § 2325 BGB.[59]

23 Wegen § 2302 BGB ist es nicht möglich, eine Vereinbarung zu treffen, wonach sich jemand dazu verpflichtet, als Abfindung eine Verfügung von Todes wegen zu errichten oder nicht zu errichten bzw. aufzuheben.[60]

### c) Verzichtsvertrag und Ehegatte

### aa) Güterrechtliche und unterhaltsrechtliche Folgen

24 Wie oben bereits ausgeführt, umfasst der Erbverzicht nicht automatisch den **Zugewinnausgleichsanspruch** des Ehepartners. Aus diesem Grunde sollte auf jeden Fall ein Ehevertrag geschlossen werden, der den Ausschluss des Zugewinnausgleichsanspruchs beinhaltet oder die Gütertrennung vorsieht. Schließt der Ehegatte einen Erbverzichtsvertrag, wird aber gleichwohl Erbe oder Vermächtnisnehmer durch eine Verfügung von Todes wegen, so bleibt es bei der erbrechtlichen Lösung, wonach keine Erhöhung des Erbteils nach § 1371 Abs. 1 BGB erfolgt. Ein Zugewinnausgleich erfolgt ebenso nicht, sofern der Ehegatte nicht ausschlägt. Wegen des Erbverzichts kann der Ehegatte dann aber auch keinen Pflichtteil verlangen.

25 Wegen §§ 1615, 1360 a Abs. 3 BGB gehen sämtliche **Unterhaltsansprüche** mit dem Tode des Unterhaltspflichtigen unter, sofern nicht ausnahmsweise der Fall des gesetzlichen Unterhaltsanspruchs geschiedener Ehegatten sowie der Ausschluss des Ehegattenerbrechts nach § 1933 BGB gegeben ist. In den letztgenannten Fällen geht die Unterhaltsverpflichtung auf die Erben über, wobei die Erbenhaftung auf die Höhe des fiktiven kleinen Pflichtteils nach § 1586b BGB beschränkt ist. Bei der aus § 1586b BGB auf die Erben übergehende Unterhaltspflicht handelt es sich um eine Nachlassverbindlichkeit. Hat der überlebende Ehegatte auf sein Erbrecht verzichtet, so soll nach herrschender Ansicht[61] der Unterhaltsanspruch entfallen und somit nicht die Erben belasten.

26 Problematisch ist die Wertberechnung des fiktiven Pflichtteils zur Bemessung der Haftungsquote. Die Erbteilserhöhung nach § 1371 BGB spielt vorliegend keine Rolle. Es kommt vielmehr zu einer Fiktion des Fortbestandes der geschiedenen Ehe bis zum Tod des Unterhaltsverpflichteten. Demzufolge muss für die Berechnung der gesamte Nachlass berücksichtigt werden. Der BGH hat in seiner Entscheidung vom 29.11.2000[62] klargestellt, dass die

---

56 *Reul*, MittRhNotK 1997, 374; BGH NJW 1986, 127; BGH NJW 1991, 1610.
57 § 3 Abs. 1 Nr. 3, 4 AnfG.
58 Ein Erbverzicht kann somit auch vom Gemeinschuldner nach Insolvenzeröffnung abgeschlossen werden.
59 *Reul*, MittRhNotK 1997, 380 spricht sich zu Recht dafür aus, § 2325 BGB nicht nur auf Schenkungen, sondern auch auf unentgeltliche Zuwendungen, denen keine vermögenswerte Gegenleistung gegenübersteht, anzuwenden.
60 Andererseits kann eine Vereinbarung getroffen werden, wenn die Verfügung von Todes wegen zur aufschiebenden oder auflösenden Bedingung des Erbverzichts gemacht wird; *Keim*, ZEV 2001, 4 geht sogar so weit, dass u.U. die Abfindungserklärung in einem Übergabevertrag als gegenständlich beschränkter Pflichtteilsverzicht ausgelegt werden kann.
61 *Dieckmann*, NJW 1980, 2077; *Dieckmann*, FamRZ 1999, 1029; MüKo-*Leipold*, § 1933 BGB Rn 16; Palandt/*Edenhofer*, § 1586b BGB Rn 8 m.w.N.; a.A. *Grziwotz*, FamRZ 1991, 1258; *Reul*, MittRhNotK 1997, 376.
62 BGH, NJW 2001, 828 = ZErb 2001, 58 m. Anm. *Krug*.

pflichtteilsgleiche Haftungssumme des § 1586b BGB auch einen fiktiven Pflichtteilsergänzungsanspruch des unterhaltsberechtigten geschiedenen Ehegatten umfasst. Im Rahmen eines Prozesses besteht die allgemeine Beschränkung der Erbenhaftung auf den Nachlass mit dem prozessualen Haftungsbeschränkungsvorbehalt des § 780 ZPO.[63]

bb) Konsequenzen für die Kautelarpraxis

Da nach dem Tode des geschiedenen Ehegatten der nacheheliche Unterhaltsanspruch gegen die Erben gem. § 1586b Abs. 1 BGB beim Verzichtenden untergeht, sollte in der Vereinbarung über einen nachehelichen Unterhalt klarstellend erläutert werden, ob die Unterhaltspflicht mit dem Tode des Erblassers erlöschen soll, ob sie z.B. bis zur Grenze des fiktiven Pflichtteils nach § 1586b Abs. 1 S. 3 BGB oder ohne summenmäßige Begrenzung bestehen soll.[64]

Sollen die Unterhaltsansprüche mit dem Tod des Unterhaltsverpflichteten erlöschen, ist ausdrücklich zu erklären, dass die §§ 1586b und 1933 S. 3 BGB nicht anwendbar sind.

Sofern die Unterhaltsansprüche nicht untergehen sollen, ist beim Pflichtteilsverzicht zu differenzieren und klar zu stellen, dass der Überlebende so gestellt werden soll, als ob er den Pflichtteilsverzicht nicht erklärt hätte.[65]

Wurde der Unterhalt im Rahmen einer Scheidungsfolgenvereinbarung abweichend vom Gesetz geregelt, sollte vorsorglich ein Erbvertrag beurkundet werden, in dem die Erben des Unterhaltsverpflichteten mit einem Vermächtnis zugunsten des Unterhaltsberechtigten beschwert werden.

Die Eltern eines Erblassers können neben dem im Gütertrennung lebenden und vom Erblasser bedachten Ehegatten des Erblassers keinen Pflichtteilsanspruch geltend machen, wenn die Abkömmlinge des Erblassers auf ihre Erb- und Pflichtteile gegen Entgelt verzichtet haben.

Eine weitere Konsequenz aus der Rechtsprechung des BGH ist, dass bei Zuwendungen unter Ehegatten immer auch an die Anrechnungsbestimmung nach § 2315 BGB zu denken ist, um die Unterhaltslast der Erben nach § 1586b BGB zu verringern.[66] Ebenso sollte der unterhaltspflichtige Ehegatte nur zum Vorerben berufen werden, wenn ihm sein zweiter Ehepartner größeres Vermögen zuwenden will.[67]

d) Zeitliche Beschränkung des Verzichts

**Zulässig** ist ebenfalls die zeitliche Beschränkung des Verzichts. Beginn und Ende der Erbenstellung können demgemäß individuell bestimmt werden. Um zu verhindern, dass ein Erbe nach § 2306 BGB das Erbe ausschlägt und Pflichtteilsansprüche geltend macht, kann auch von folgenden Gestaltungsmöglichkeiten Gebrauch gemacht werden:
- Verzicht auf **Beschwerungen** wie z.B. mit Vermächtnissen, Auflagen oder einer Testamentsvollstreckung
- Verzicht auf Änderung der Vollerbschaft in eine Vor- und Nacherbschaft
- Verzicht auf **Anrechnungs- und Ausgleichspflichten** nach §§ 2050, 2315 BGB.

---

63 Zur Problematik des § 780 ZPO und zu der fehlenden Möglichkeit der Nachholung im Berufungsverfahren: *Bonefeld*, ZErb 2002, 319.
64 *Dieckmann*, NJW 1980, 2077; *Nieder*, Münchner Vertragshandbuch, 4. Auflage 1998, S. 1050 f.
65 Hierzu ausführlich *Frenz*, ZEV 1997, 450.
66 So *J. Mayer*, in: Mayer/Süß/Tanck/Bittler/Wälzholz, Handbuch Pflichtteilsrecht, § 11 Rn 21.
67 Ibidem.

## 6. Leistungsstörungen

34 Kommt es zu einer **Leistungsstörung**, kann der Verzichtende auf Zahlung der Abfindung klagen oder gem. § 323 BGB vom Vertrag zurücktreten. Der von ihm bereits erklärte Erbverzicht ist durch den Abschluss eines **Aufhebungsvertrages** gem. § 2351 BGB zurückzugewähren.[68] Sollte der Erblasser hierzu nicht seine Zustimmung erteilen, so kann die fehlende Willenserklärung notfalls im Klagewege gem. § 894 ZPO ersetzt werden. Ebenso kann dem Verzichtenden und dem Erblasser ein Leistungsverweigerungsrecht aus § 320 Abs. 1 BGB zustehen.

35 Einem Erbverzicht kann nach der Rechtsprechung des Bundesgerichtshofes[69] nach Eintritt des Erbfalles nicht mehr entgegengehalten werden, die Geschäftsgrundlage fehle oder der mit ihm bezweckte Erfolg sei nicht eingetreten.

## 7. Willensmängel

36 Im Unterschied zu § 2078 Abs. 2 BGB ist ein **Motivirrtum unbeachtlich**. Grundsätzlich gelten die Regeln des Allgemeinen Teils des BGB. Die Frage nach einer Unwirksamkeit beurteilt sich somit nach § 139 BGB,[70] die Frage nach Willensmängeln nach den §§ 116 ff. BGB. Im Gegensatz zum Irrtum über wertbildende Faktoren ist ein Irrtum über den Wert des Vermögens des Erblassers **kein Anfechtungsgrund**.[71] Eine Anfechtung ist **nur zu Lebzeiten** des Erblassers möglich.[72]

37 Die Grundsätze vom **Wegfall der Geschäftsgrundlage** finden bei besonders gelagerten Fällen Anwendung.[73] So kann es insbesondere in den Fällen des erheblichen Wertzuwachses nach der Verzichtserklärung zur Anwendung der Grundsätze des Wegfalls der Geschäftsgrundlage kommen. Hierbei kann aber eine mögliche Rückabwicklung zu Problemen führen, zumal in der Literatur streitig ist, ob und wie eine Kondiktion nach § 812 Abs. 1 S. 1 BGB erfolgt.[74]

Die Konsequenzen für die Kautelarpraxis können danach nur sein:
- Verknüpfung des Erbverzichts und der Abfindung im Grundgeschäft durch einen **bedingten Erbverzicht**;[75]
- Abfindungszahlung erfolgt **unabhängig** von den Vermögensverhältnissen des Erblassers.[76]

## 8. Aufhebung des Verzichtes

38 Zur Aufhebung eines Erbverzichts nach § 2351 BGB ist als actus contrarius ein **Vertrag zwischen den Parteien** erforderlich, die den Verzichtsvertrag geschlossen haben. Daher kann der Aufhebungsvertrag nur zu Lebzeiten des Erblassers und des Verzichtenden geschlossen werden.[77]

---

68 *Kurze*, in: Bonefeld/Wachter, Der Fachanwalt für Erbrecht, S. 1168.
69 BGH ZEV 1999, 62.
70 OLG Zweibrücken NJW-RR 1987, 7.
71 MüKo-*Strobel*, § 2346 BGB Rn 24.
72 OLG Köln MittRhNotK 1975, 421; Palandt/*Edenhofer*, vor § 2346 BGB Rn 3.
73 BGH ZEV 1997, 69.
74 Dazu ausführlich und lesenswert *Reul*, MittRhNotK 1997, 381.
75 Der Erbverzicht ist also nur wirksam, wenn das Grundgeschäft wirksam ist.
76 Wichtig bei Verzichtsverträgen im Unternehmensbereich.
77 MüKo-*Strobel*, § 2351 BGB Rn 2.

Ein **minderjähriger** Erblasser bedarf zur Verzichtsaufhebung nur der **Zustimmung** seines **gesetzlichen Vertreters**, nicht aber einer vormundschaftlichen Genehmigung.[78] Als Verzichtender benötigt der Minderjährige aber weder eine Zustimmung noch eine Genehmigung, da hier ein lediglich rechtlicher Vorteil gegeben ist.

Ein **Rücktritts- oder Widerrufsvorbehalt** ist **unzulässig**.[79] Ein solcher ist nur für das Grundgeschäft hinsichtlich der Abfindung zulässig. Nach der herrschenden Meinung[80] soll aber der Rückgriff auf die Grundsätze zum Wegfall der Geschäftsgrundlage möglich sein, um zu verhindern, dass der das Rücktrittsrecht ausübende Verzichtende zum einen nichts bekommt, zum anderen jedoch das bereits Empfangene zurückerstatten muss. Zur Vermeidung derartiger Probleme hat sich in der Kautelarpraxis eine Kombination von auflösend bedingtem Erbverzicht und Rücktrittsrecht vom Kausalgeschäft bewährt. Dabei tritt die auflösende Bedingung mit Ausübung des vorbehaltenen oder kraft Gesetzes bestehenden Rücktrittsrechts ein, wobei praktikablerweise auf den Zugang der Rücktrittserklärung beim Erblasser zusätzlich abgestellt werden sollte.

Der Verzichtende erlangt durch die Aufhebung des Erbverzichts die Rechtsstellung, die er ohne den Verzicht hatte. Dies gilt selbst dann, wenn der Erblasser inzwischen die Erbfolge durch Erbvertrag festgelegt hätte.[81] Die Zustimmung des durch den Erbverzicht Begünstigten ist **entbehrlich**.[82]

Der BGH urteilte in seiner Entscheidung vom 24.6.1998,[83] dass ein Erbverzicht nach dem Tode des Verzichtenden nicht mehr aufgehoben werden kann. Danach kann aufgrund §§ 2351, 2347 Abs. 2 S. 1 BGB ein Erbverzicht nur von den Vertragsschließenden selbst **zu deren Lebzeiten** aufgehoben werden.[84] Das Gericht begründete dies insbesondere mit der Auswirkung des Verzichtes nach § 2349 BGB auf die Abkömmlinge. Kommt es zu Lebzeiten nicht zu einer Aufhebung, muss aus Gründen der Rechtsklarheit mit dem Tod des Verzichtenden feststehen, dass er und sein Stamm endgültig aus der gesetzlichen Erbfolge des Erblassers ausgeschieden sind. Als Folge können die sich durch den Verzicht ergebenden Pflichtteilsquoten (vgl. § 2310 S. 2 BGB) nach dem Tode des Verzichtenden nicht mehr geändert werden.

In der Literatur[85] wird dagegen teilweise die Meinung vertreten, dass der Erbverzicht an sich zwar nach dem Tode des Verzichtenden nicht mehr aufgehoben werde könne, wohl aber die mit dem Erbverzicht begründete Drittwirkung. Eine Aufhebung könne sowohl durch Vertrag zwischen Erblasser und Erben als auch zwischen Erblasser und Abkömmlingen erfolgen. Dieser Ansicht ist zuzustimmen, da grundsätzlich zwischen Aufhebbarkeit des Erbverzichts und der Beseitigung seiner Drittwirkung unterschieden werden kann.[86] Den Erben des Verzichtenden steht ihrerseits das ererbte Recht zur isolierten Aufhebung der Drittwirkung des Erbverzichts zu, welches dem Verzichtenden zu Lebzeiten bereits

---

78 Soergel/*Damrau*, § 2351 BGB Rn 4.
79 Ggf. könnte eine Auslegung den Vorbehalt als auflösende Bedingung werten.
80 Vgl. nur Palandt/*Heinrichs*, § 347 BGB Rn 2.
81 BGH WM 1980, 1126, 1127.
82 MüKo-*Strobel*, § 2351 BGB Rn 2; Staudinger/*Cieslar*, § 2351 BGB Rn 8; Soergel/*Damrau*, § 2351 BGB Rn 5.
83 BGH ZEV 1998, 304; Anmerkungen: *Siegmann*, ZEV 1998, 383. Vgl. dazu die zutreffenden kritischen Anmerkungen von *J. Mayer*, MittBayNot 1999, 41.
84 *Wüstenberg*, ZEV 1997, 301.
85 Vgl. *Muscheler*, ZEV 1999, 49; *J. Mayer*, MittBayNot 1999, 41.
86 A.A. insbesondere *Kuchinke*, ZEV 2000, 169.

zugestanden hat. Allerdings kann kaum zum Abschluss derartiger Verträge angesichts der derzeitigen Rechtsprechung empfohlen werden.

43 Problematisch ist auch die Möglichkeit einer **Umdeutung** des wegen der unmöglichen postmortalen Genehmigung nicht wirksamen Erbverzichts nach § 140 BGB in einen Erlassvertrag nach § 397 BGB, der nicht formbedürftig ist. Die Rechtsprechung lehnt dies ab.[87] Die Literatur befürwortet hingegen diese Möglichkeit mit der zutreffenden Begründung, dass der Verzichtende gerade durch seine Genehmigung deutlich gemacht habe, dass er nichts vom Nachlass erhalten will.[88]

### 9. Erbverzicht und Auslandsberührung

44 Die Zulässigkeit eines Erbverzichts richtet sich grundsätzlich nach dem **Erbstatut des Erblassers**.[89] Dementsprechend ist nach Art. 25 EGBGB für das deutsche Internationale Privatrecht das **Heimatrecht** des Erblassers maßgebend. Auf das Personalstatut des Verzichtenden kommt es nicht an. Viele ausländische Rechtsordnungen halten jedoch einen Erb- oder Pflichtteilsverzicht für unzulässig.[90]

Im Rahmen einer Nachlassspaltung muss für jeden Nachlass gesondert über die Zulässigkeit des Erbverzichts entschieden werden, wobei sich die Form des Erbverzichts ausschließlich nach Art. 11 Abs. 1 EGBGB richtet. Somit ist ein Erbverzicht formwirksam, wenn er den formellen Voraussetzungen, die das **Erbstatut** oder das jeweilige **Ortsrecht** vorsehen, entspricht.[91]

### 10. Erbverzicht und Höferecht

45 Da das **Höferecht** ein Sondererbrecht ist, kann ein Erbverzicht auch isoliert sowohl auf das Hofesvermögen als auch auf das hoffreie Vermögen beschränkt werden.[92] Bekanntlich vermischen sich das Hofvermögen und das hoffreie Vermögen nicht. Es ist aber in diesem Zusammenhang darauf zu achten, ob sich der Erbverzicht **auch auf die Abkömmlinge** erstrecken soll. Verzichtet ein Abkömmling oder ein Seitenverwandter des Erblassers auf sein gesetzliches Erbrecht, erstreckt sich automatisch die Verzichtswirkung auch auf seine Abkömmlinge. Eine abweichende Bestimmung ist nach § 2349 BGB zulässig.

Ein uneingeschränkter Erbverzicht führt grundsätzlich zum Ausschluss von Abfindungs- und Nachabfindungsansprüchen gem. §§ 12, 13 HöfeO.[93]

Nicht ratsam ist es, im einen Hofesübergabevertrag den Hofeserben erklären zu lassen, er sei wegen des künftigen Erbrechts abgefunden. Dies kann nach der Rechtsprechung nicht unbedingt als Erbverzicht gewertet werden, da die Parteien regelmäßig nur das Hofesvermögen als Regelungsgegenstand gesehen haben.[94] Dem entsprechend sollte bei einer derartigen Erklärung auf jeden Fall ein klärender Zusatz erfolgen.

---

87 Vgl. dazu BGH NJW 1997, 521.
88 *J. Mayer*, MittBayNot 1997, 85; *Reul*, MittRhNotK 1997, 383 m.w.N.
89 MüKo-*Birk*, Art. 26 EGBGB Rn 138.
90 Ausführlich: *Sieghörtner*, in: Reimann/Bengel/J. Mayer, Testament und Erbvertrag, S. 278.
91 Im deutschsprachigen Rechtskreis (D, A, CH) und in den skandinavischen Ländern ist der Erbverzicht zulässig, hingegen in den Benelux-Ländern und in den romanischen Ländern (z.B. F, I) unzulässig.
92 BGH NJW 1952, 103.
93 BGHZ 134, 152.
94 BayObLGZ 1981, 30 m.w.N.; vgl. auch *Wöhrmann/Stöcker*, Landwirtschaftserbrecht, 9. Auflage 2008, § 12 Rn 142.

## 11. Steuerliche Folgen

Der Erbverzicht selbst ist grundsätzlich **erbschaftsteuerneutral**, da die Erbteilserhöhung keine Schenkung für die verbleibenden Erben darstellt. Die Zahlung, die für einen Erbverzicht als Abfindung erfolgt, wird erbschaftsteuerlich wegen § 7 Abs. 1 Nr. 5 ErbStG einer Erbschaft gleichgestellt. Demzufolge kann der Wert des Erbverzichts nicht vom Wert der Abfindung abgezogen werden.[95] Bei hohen Abfindungszahlungen, die den persönlichen Freibetrag nach § 16 Abs. 1 ErbStG überschreiten, bietet sich wegen § 14 Abs. 1 ErbStG an, die Abfindung in mehreren Teilen auszuzahlen. Um einen steuerlichen Vorteil zu erzielen, wäre daran zu denken, entweder einen Teil über eine sofortige Abfindung auszuzahlen, den Rest über ein Vermächtnis[96] oder aber sehr frühzeitig den Verzichtsvertrag abzuschließen, weil zwischen Erbanfall und Abfindungszahlung mindestens zehn Jahre liegen müssen.[97] Wegen § 2302 BGB kann sich der Erblasser nicht verpflichten, die Abfindung durch eine zukünftig zu errichtende Verfügung von Todes wegen zu leisten. Vorsorglich ist also entweder ein paralleler Erbvertrag mit abzuschließen oder aber es ist mit auflösenden Bedingungen zu arbeiten.

Ebenso ergeben sich keine einkommensteuerrechtlichen Auswirkungen, zumal die Abfindung keine Anschaffungskosten für den die Abfindung Leistenden darstellt.

Wird der Abfindungsbetrag in jährlichen Beträgen und nicht einer Summe ausbezahlt, fällt auch keine Einkommensteuer an.[98] Lediglich ein in den wiederkehrenden Leistungen inkludierter Zinsanteil käme als einkommensteuerlich relevanter Zuwachs nach § 20 Abs. 1 Nr. 7 EStG in Betracht.[99]

Wird die **Abfindung** durch einen Dritten und nicht durch den Erblasser gezahlt, so ist zu beachten, dass dennoch für die Ermittlung der Steuerklasse das Verhältnis zwischen dem Verzichtenden zum Erblasser ausschlaggebend ist.[100] Verzichten also z.B. die Kinder zugunsten ihrer Geschwister gegen Zahlung einer Abfindung, Zusage einer Rente auf Lebenszeit oder anderer wiederkehrender Bezüge definitiv auf ihre künftigen Erbansprüche, müssen sie dafür keine Einkommensteuer zahlen. Im Gegenzug dürfen die Geschwister, die die Abfindung oder die Rente zahlen, die Zahlungen nicht von der Steuer absetzen. Das gilt – so der BFH[101] – zumindest für den Fall, dass mit der Abfindung oder Rente die Erb- oder Pflichtteilsansprüche voll abgegolten werden. Im dem entschiedenen Fall des BFH hatten zwei Schwestern nach Lebzeiten ihres Vaters – eines Unternehmers – auf ihre künftigen Erb- und Pflichtteilsansprüche verzichtet. Dafür war ihr als Erbe eingesetzter Bruder, der das Unternehmen fortführen sollte, nach dem Tod des Vaters verpflichtet, ihnen auf Lebenszeit eine Rente zu zahlen und jeweils eine Lebensversicherung in Höhe von 500.000 DM für sie abzuschließen.

Wenn die Geschwister durch die Abfindung oder Rente nur „versorgt" worden wären, sie sich also mit weniger zufrieden gegeben hätten, als ihnen nach dem Gesetz zugestanden hätte, wäre der Fall anders zu beurteilen gewesen. Von diesen „Versorgungsleistungen"

---

95 BFHE 57, 150.
96 Im Zusammenhang mit einem Vermächtnis ist auch immer an die Kürzungsmöglichkeit des § 2318 BGB zu denken. Insofern sollte eine Klarstellung erfolgen, ob § 2318 BGB abbedungen werden soll oder nicht.
97 Vgl. dazu *Ebenroth/Fuhrmann*, BB 1989, 2049 ff.
98 BFH ZEV 2000, 121.
99 Vgl. BFH BStBl II 1995, 121 sowie BMF-Erlass vom 23.12.1996, ZEV 1997, 16.
100 BFH BStBl II 1977, 733.
101 BFH DStR 2000, 519.

hätte der Erbe dann den in der Rente enthaltenen Zinsanteil als Sonderausgaben absetzen können.

49  Verzichtet ein zur gesetzlichen Erbfolge Berufener auf seinen künftigen Erb- oder Pflichtteil und erhält hierfür anstelle eines Einmalbetrages der Höhe nach begrenzte wiederkehrende Zahlungen, sind diese bei ihm nicht als wiederkehrende Leistungen nach § 22 S. 1 Nr. 1 EStG steuerbar.[102] Kommt es zur nachträglichen Aufhebung des Verzichts und Rückzahlung der Abfindung, entfällt wegen § 29 Abs. 1 Nr. 1 ErbStG die Schenkungsteuer.

Etwaige Abfindungen bzw. Zuwendungen im Rahmen der Erfüllung eines Nachabfindungsanspruchs wegen einer freiwilligen Übergabe eines land- oder forstwirtschaftlichen Betriebes, ohne dass diese im Zusammenhang mit einer Veräußerung einzelner Hofgrundstücke stehen, fallen nicht unter die steuerliche Begünstigung des § 14a Abs. 4 EStG.[103]

Eine Grundstücksübertragung als Abfindung für den Verzicht ist nach § 3 Nr. 2 S. 1 GrEStG grunderwerbsteuerfrei.

### 12. Notarielle Besonderheiten, Kosten

50  Der Erb- und der Zuwendungsverzicht – nicht aber der Pflichtteilsverzicht – sind vom Notar gem. § 20 Abs. 2 Dienstordnung für Notarinnen und Notare (DONot) über die Benachrichtigung in Nachlasssachen gegenüber dem Standesamt des Geburtsortes des Erblassers **anzuzeigen**. Wurde der Erblasser außerhalb des Geltungsbereiches des Grundgesetzes geboren, ist die Hauptkartei für Testamente beim Amtsgericht Berlin-Schöneberg vom Erbverzicht zu benachrichtigen.

Wenn der Notar vom Tode des Erblassers Kenntnis erlangt, trifft ihn die Pflicht, eine beglaubigte Abschrift des Erbverzichtsvertrages beim Nachlassgericht einzureichen. Dies gilt nicht beim reinen Pflichtteilsverzicht, da sich hierbei nicht die Erbfolge geändert hat.

51  Verzichtserklärungen sind Rechtsgeschäfte unter Lebenden, so dass die allgemeinen Vorschriften gelten. Bei der Beurkundung wird eine **doppelte Gebühr** nach § 36 Abs. 2 KostO fällig, wobei der Geschäftswert nach § 39 KostO zu ermitteln ist. Problematisch ist dabei, dass der Wert des Erbverzichts auf das künftige Erbrecht zu Lebzeiten kaum fix feststeht. Daher ist der Wert gem. § 30 Abs. 2 KostO nach freiem Ermessen unter objektiven Gesichtspunkten zu **schätzen**. Anknüpfungspunkte für eine korrekte Schätzung können z.B. das Vermögen des Erblassers zum Zeitpunkt der Beurkundung nach § 46 Abs. 4 KostO im Zusammenhang mit der Erbquote des Verzichtenden sein.

52  Beim reinen Pflichtteilsverzicht ist nur die Hälfte des ermittelten Wertes als Geschäftswert zu berücksichtigen.

53  Wird ein Erb- und/oder ein Pflichtteilsverzichtsvertrag mit einem anderen Rechtsgeschäft, z.B. einem Schenkungs- oder Ehevertrag verbunden, so handelt es sich um **zwei Gegenstände** mit der Folge der Anwendbarkeit des § 44 Abs. 2 KostO. Allerdings gilt § 44 KostO nicht, wenn gleichzeitig eine letztwillige Verfügung mitbeurkundet wird.[104]

Sofern eine Abfindung für den Verzicht gezahlt wird, ist diese mit dem Wert des Verzichts zu vergleichen und der höhere Wert von beiden nach § 39 Abs. 2 KostO maßgeblich.

---

102  BFH ZEV 2000, 121; Abweichung von BFH DStR 1992, 1357.
103  BFHE 176, 27.
104  OLG Frankfurt JurBüro 1965, 76.

## III. Muster: Erbverzichtsvertrag

▆▆▆▆ *(Notarielle Urkundenformalien)*

Anwesend sind Herr M und sein Sohn S. Sie schließen mit der Bitte um notarielle Beurkundung folgenden

*Erbverzichtsvertrag*

*I. Vorwort*

Der Vater M ist verwitwet und wird seit langen Jahren durch seine Schwägerin ▆▆▆▆ aufopferungsvoll gepflegt. Er möchte daher in einem noch zu errichtenden Testament seine Schwägerin zur Alleinerbin einsetzen.

Der Sohn S erklärt, dass er zu Lebzeiten bereits ein Grundstück in ▆▆▆▆ mit einem Verkehrswert von 450.000 EUR erhalten habe.

*II. Erbverzicht*

S erklärt, dass er unter Berücksichtigung des ausdrücklichen Wunsches seines Vaters auf sein gesetzliches Erbrecht gegenüber seinem Vater verzichtet. Diesen Verzicht erklärt er für sich und seine Abkömmlinge.

Der Verzicht steht unter der Bedingung, dass Herr M tatsächlich die Schwägerin ▆▆▆▆ testamentarisch zur Alleinerbin einsetzt und diese seine Alleinerbin wird.

*III. Annahme des Erbverzichts*

Herr M nimmt den Verzicht unter der genannten aufschiebenden Bedingung an.

*IV.* ▆▆▆▆ *(Belehrungen; Durchführungsanweisungen; Vollmachten; Kosten)*

## IV. Checkliste: Erbverzicht

- **Anwendungsbereich:**
  - Gewünschtes Austreten des Verzichtenden von gesetzlicher Erbfolge?
  - Bindungswirkung wegen gemeinschaftlichen Testamentes, wegen Erbvertrages, wegen fehlender Mitwirkung des Vertragspartners? Oder besteht ein Änderungsvorbehalt oder eine Freistellungsklausel?
  - Umgehung der Rechtsfolgen des § 2287 BGB?
- **Ausgestaltung:**
  - Notarielle Form zwingend
  - Erblasser muss persönlich den Verzichtsvertrag abschließen, nicht aber der Verzichtende, der sich vertreten (nicht nach dem Tode des Erblassers) lassen kann.
  - Soll sich der Verzicht nicht auf die Abkömmlinge erstrecken?
  - Soll der Verzicht zugunsten eines anderen erklärt werden?
  - Soll der Verzicht nicht lediglich auf einen ideellen Bruchteil des Erbrechts beschränkt werden?
  - Soll der Verzicht nicht auf die Übernahme von Beschränkungen oder Beschwerungen beschränkt werden?
  - Verzicht gilt auch für Abkömmlinge, wenn Verzichtender seitenverwandt oder Abkömmling. Ist dies gewünscht?
  - Ist die Bestellung eines Ergänzungspflegers oder eine betreuungsgerichtliche bzw. familiengerichtliche Genehmigung erforderlich?
  - Soll ggf. nur aufschiebend oder auflösend bedingter Erbverzicht erklärt werden, um z.B. abzuwarten, bis weitere Personen den Erbverzicht erklärt haben? Ein Rücktritts- oder Widerrufsvorbehalt ist unwirksam.
  - Soll z.B. beim relativ wirkenden Erbverzicht die Erbringung einer Gegenleistung, im Rahmen eines entgeltlichen Erbverzichts vereinbart werden?

- Ist die Gegenleistung genau genug beziffert und bewertet?
- Ist das Grundgeschäft der Abfindungsvereinbarung mit dem Verzicht durch eine Bedingung verknüpft?
- Soll die Gegenleistung aufschiebend bedingt mit dem Verzicht erklärt werden?
- Sind für den Fall Rückabwicklungsregelungen für erbrachte Abfindungen oder vertragliche Vereinbarungen nach § 311b Abs. 5 BGB einzuarbeiten?
- Sofern eine Abfindung in Form eines Vermächtnisses erfolgen soll, ist § 2302 BGB und insbesondere das Kürzungsrecht aus § 2318 BGB beachtet worden?
- Weitere Maßnahmen und Belehrungen:
  - Ist Hinweis erfolgt, dass Zugewinnausgleich nicht vom Verzicht umfasst ist?
  - Ist tatsächlich die Pflichtteilserhöhung der Verbleibenden (§ 2310 S. 2 BGB) gewünscht?
  - Sofern auf ein zugewendetes Erbrecht verzichtet wird, ist z.B. die erbvertragliche Bestimmung dahingehend zu überprüfen, ob der Verzichtende als bestimmte Person berufen war oder ob die im Zeitpunkt des Todes des Verzichtserklärungsempfängers vorhandenen gesetzlichen Erben berufen sind. Würde der Verzichtende vor dem Verzichtserklärungsempfänger versterben, wäre der Verzicht wirkungslos.
  - Aufschiebende Bedingungen oder Befristungen sind nach Möglichkeit zu vermeiden, um Probleme hinsichtlich des Wirksamwerdens zu umgehen.

## B. Pflichtteilsverzicht

### I. Typischer Sachverhalt

56 Unternehmer U ist verheiratet und hat drei Kinder. Er wünscht, dass sein mittelständischer Betrieb einmal von seinem Sohn übernommen wird, da seine beiden Töchter andere Berufe ergriffen haben. Angesichts der erheblichen Pflichtteilsansprüche der Töchter befürchtet er einen erheblichen Liquiditätsverlust seiner Firma. Er bittet seinen Rechtsanwalt, die Unternehmensnachfolge zu sichern.

Der Rechtsanwalt schlägt u.a. einen Pflichtteilsverzicht der Ehefrau und der Töchter vor, die hierzu bereit sind. Die Töchter haben im Vorfeld bereits erhebliche Geldzahlungen des Vaters erhalten. Ein entsprechender Ehevertrag liegt bereits vor. Der Unternehmer U hat bis dato noch kein Testament verfasst.

### II. Rechtliche Grundlagen

#### 1. Folgen des Verzichts

57 Der Pflichtteilsverzicht ist quasi eine **Unterart des Erbverzichtes**. Die obigen Ausführungen gelten daher sinngemäß auch für den Pflichtteilsverzicht, so dass zur Vermeidung von Wiederholungen nachfolgend nur auf die **wesentlichen Abweichungen** eingegangen wird.

In der Rechtspraxis hat sich der Pflichtteilsverzicht als das **sicherere Instrument** zur Regelung des Erbfalles erwiesen. Sofern es aufgrund unklarer Formulierungen zu Abgrenzungsschwierigkeiten zwischen dem Erb- und dem Pflichtteilsverzicht kommt, ist im Zweifel eine einschränkende Auslegung vorzunehmen, die für den Verzichtenden am günstigsten ist.[105]

---

105 Staudinger/*Cieslar*, vor § 2346 BGB Rn 22.

Durch einen Pflichtteilsverzicht ändert sich nichts am gesetzlichen Erbrecht. Der Erblasser behält also seine vollständige Testierfreiheit. Der Verzichtende und sein Stamm bleiben gesetzliche Erben. Der Verzichtende kann aufgrund einer letztwilligen Verfügung somit ohne weiteres Erbe werden. In der Beratungspraxis sollte auf diesen besonderen Umstand ausdrücklich hingewiesen werden.

Der Pflichtteilsverzicht erstreckt sich auch auf den **Pflichtteilsrestanspruch** nach §§ 2305, 2307 BGB. Gleiches gilt für den **Pflichtteilsergänzungsanspruch**, obwohl dies ein Anspruch sui generis ist.

Häufig wird in derartigen Fällen ein **Pflichtteils-Teilverzicht** erklärt, wonach der Pflichtteilsberechtigte darauf verzichtet, dass bei der Pflichtteilsberechnung z.B. das Unternehmen oder der landwirtschaftliche Betrieb in den Nachlassbestand aufgenommen wird.

58

Der BGH[106] differenziert beim Pflichtteilsverzicht zwischen dem **Pflichtteilsrecht**, welches bis zum Tod des Erblassers besteht, und dem **Pflichtteilsanspruch**, der erst mit dem Tode entsteht. Die h.M.[107] sieht in dem Pflichtteilsrecht ein den Tod des Erblassers überdauerndes Rechtsverhältnis, welches sich mit den Erben fortsetzt, und erkennt im Pflichtteilsanspruch kein aliud zum Pflichtteilsrecht mit der Folge, dass die Annahme des Angebotes eines Erblassers auf Abschluss eines Pflichtteilsverzichtsvertrages auch nach dessen Tod durch den Pflichtteilsberechtigten möglich ist.[108]

Für die Kautelarpraxis ist vorsorglich die Konsequenz zu ziehen, zurückhaltend mit einer Aufspaltung des Rechtsgeschäfts in Angebot und Annahme beim vollmachtlos vertretenen Pflichtteilsberechtigten und bei der Aufnahme einer aufschiebenden Bedingung oder Befristung[109] im Rahmen von Verzichtsverträgen umzugehen. In der Literatur[110] wird daher empfohlen, bei allen nicht sofort wirksam werdenden Pflichtteilsverzichtsverträgen eine zusätzliche Vereinbarung zu treffen, dass zugleich auf alle künftigen Pflichtteilsansprüche, die erst mit dem Tode des Erblassers entstehen, verzichtet wird.

59

Ein unentgeltlicher Verzicht stellt **keine Schenkung** des Verzichtenden gegenüber dem Erblasser dar. Eine Abfindungszahlung für den Verzicht wird vom normzweckorientierten Schenkungsbegriff umfasst, mit der Folge, dass erhebliche Pflichtteilsergänzungsansprüche ausgelöst werden können. Diese Ansprüche sind jedoch durch die objektive Beeinträchtigung des Berechtigten begrenzt.[111]

60

Ein Pflichtteilsverzicht kann einvernehmlich nach § 2351 BGB wieder **aufgehoben** werden. Auf diese Weise kann z.B. dem Beschenkten eine böse Überraschung drohen, wenn hinter seinem Rücken eine Aufhebung vereinbart wird und er plötzlich doch Pflichtteilsergänzungsansprüche befriedigen muss.[112] Aus Vorsorge sollte daher wenigstens eine Vereinbarung nach § 312 BGB in den Verzichtsvertrag mit aufgenommen werden, die allerdings nur schuldrechtliche Wirkung hat.[113]

61

Die in einem von Ehegatten mit einem ihrer Kinder geschlossenen Erbvertrag abgegebenen Erklärungen können unter Umständen ebenfalls als Verzicht des Schlusserben auf seinen

62

---

106 BGH NJW 1997, 521.
107 *Bengel*, in: Reimann/Bengel/J. Mayer, Testament und Erbvertrag, S. 71 m.w.N.
108 *J. Mayer*, MittBayNot 1997, 86; *Muscheler*, JZ 1997, 853.
109 Vgl. *Bengel*, in: Reimann/Bengel/J. Mayer, Testament und Erbvertrag, S. 72
110 *J. Mayer*, MittBayNot 1997, 87; *Reul*, MittRhNotK 1997, 383. Ebenso *Muscheler*, JZ 1997, 853.
111 Dazu *Bengel*, in: Reimann/Bengel/J. Mayer, Testament und Erbvertrag, S. 71 f
112 Allgemein auch: *Kurze*, in: Bonefeld/Wachter, Der Fachanwalt für Erbrecht, S. 1168.
113 *Weirich*, DNotZ 1986, 14.

Pflichtteil und als Annahme dieses Verzichts durch die Erblasser aufgefasst werden, wenn der Erbvertrag dahin geht, dass die Ehegatten sich gegenseitig als Alleinerben und das am Vertrag beteiligte Kind als Schlusserben einsetzen, während den anderen Kindern Vermächtnisse für den Fall zugewandt werden, dass sie keine Pflichtteilsansprüche geltend machen. In Ergänzung hierzu hat der BGH[114] ausgeführt, dass ein von Ehegatten zu notariellem Protokoll erklärtes gemeinschaftliches Testament die stillschweigende Erklärung eines Erb- oder Pflichtteilsverzichts des einen Ehegatten und das Verhalten des anderen die Annahme dieses Verzichts enthalten können. Bedenken sich also Ehegatten unter der Pflichtteilsquote, kann hierin ein stillschweigender Pflichtteilsverzicht liegen.[115] Es ist daher ratsam, auf jeden Fall den Verzicht ausdrücklich zu beurkunden.[116]

### 2. Vorteile gegenüber Erbverzicht

63  Im Unterschied zum Erbverzicht erhöhen sich die Pflichtteilsansprüche der anderen Pflichtteilsberechtigten nicht. Der Verzichtende wird also bei der Berechnung des Erbteils, welcher für die Bestimmung des Pflichtteils ausschlaggebend ist, **berücksichtigt**. Hierin liegt ein erheblicher Vorteil des Pflichtteilsverzichtes.

Zudem bleiben die **Zugewinnausgleichsansprüche** des Ehegatten nach §§ 1373 ff. BGB bestehen. Der Pflichtteilsverzicht ermöglicht also dem Erblasser, eine Verfügung von Todes wegen zu treffen, ohne eventuelle Pflichtteilsansprüche berücksichtigen zu müssen. Insbesondere in der **Unternehmensnachfolge** hat daher der Pflichtteilsverzicht praktische Bedeutung erlangt. So ist bspw. der Nachfolger keinen finanziellen Belastungen durch Auszahlung der Pflichtteils- und Pflichtteilsergänzungsansprüche ausgesetzt.

Leider wird in der Praxis immer wieder von den Erblassern außer dem Verzichtsvertrag keine weitere Verfügung von Todes wegen verfasst. Dies hat zur Konsequenz, dass eine nicht gewollte gesetzliche Erbfolge mit einer Doppelbegünstigung desjenigen eintritt, der bei vorweggenommener Erbfolge nur einen Pflichtteilsverzicht abgegeben hat.[117]

64  Ein weiterer Unterschied zum Erbverzicht und gleichzeitig ein großer Vorteil des bloßen Pflichtteilsverzichtes ist die Tatsache, dass die Pflichtteilsquote der übrigen Pflichtteilsberechtigten nicht automatisch erhöht wird. Hingegen schließt der nicht beschränkte Pflichtteilsverzicht alle Pflichtteilsansprüche aus.

65  Besondere Probleme bestehen bei **Ausgleichungssachverhalten.** Die Quotenerhöhung führt beim Erbverzicht nämlich auch zur Erhöhung der Ausgleichungspflichtteilsansprüche und -restansprüche, selbst dann, wenn Miterbschaft vorliegt.[118] Freilich kommt es allerdings nicht zur Zurechnung einer dem Verzichtenden gemachten ausgleichungspflichtigen Zuwendung.

66  Sofern nicht etwas anderes vertraglich vereinbart ist, erstreckt sich der Pflichtteilsverzicht auf folgende Pflichtteilsansprüche:
– Pflichtteilsanspruch gemäß §§ 2305, 2307 BGB
– Ausschluss der Rechte aus § 2306 BGB
– Ausschluss des Kürzungsschutzes bei Vermächtnissen nach § 2318 Abs. 2 BGB

---

114 BGH NJW 1977, 1728.
115 Vgl. kritisch *Habermann*, JuS 1979, 169.
116 *Langenfeld*, Testamentsgestaltung, Rn 440.
117 Dazu *J. Mayer*, MittBayNot 1999, 43.
118 *Bühler*, DNotZ 1967, 778.

- Ausschluss der Verweigerungsrechte nach § 2319 BGB sowie § 2328 BGB
- Pflichtteilsergänzungsanspruch gemäß §§ 2325 ff. BGB.

### 3. Gestaltungsmöglichkeiten

Da der Pflichtteilsanspruch ein reiner Geldanspruch ist, sind mehrere Varianten des Pflichtteilsverzichts möglich:

#### a) Gegenständliche Beschränkung

Eine **gegenständliche Beschränkung** ist beim Pflichtteilsverzichtvertrag ohne weiteres im Unterschied zum Erbverzicht zulässig. Beim Erbverzicht kann nicht auf einen realen Vermögensgegenstand des zukünftigen Nachlasses verzichtet werden. Es kann aber im Rahmen eines gegenständlich beschränkten Pflichtteilsverzichtes zwischen den Vertragsparteien vereinbart werden, dass ein bestimmter Gegenstand bei der Berechnung bzw. Bewertung des Pflichtteils keine oder eine bestimmte wertmäßige Berücksichtigung finden soll.

#### b) Bruchteilsbeschränkung

Ebenso ist eine Beschränkung des Pflichtteilsverzichts auf einen **Bruchteil** möglich. Dann wird bei gesetzlicher Erbfolge der Verzichtende wenigstens Erbe in Höhe des nicht verzichteten Bruchteils. Andernfalls erstreckt sich der Pflichtteilsanspruch auf den halben Wert des nicht vom Verzicht erfassten Bruchteils.[119] Ebenso kann ein Ehegatte auf seinen zusätzlichen Anteil in Höhe von ¼ nach § 1371 Abs. 1 BGB verzichten.

#### c) Weitere Beschränkungsmöglichkeiten

Als weitere Beschränkungen kommen in Frage:
- Verzicht auf die **Geltendmachung der Unwirksamkeit von Beschränkungen und Beschwerungen** der §§ 2306, 2307 BGB.
- Isolierter Verzicht auf den **Pflichtteilsrestanspruch** gemäß §§ 2305, 2307 BGB.
- Isolierter Verzicht auf den **Pflichtteilsergänzungsanspruch** nach § 2325 BGB.[120]
- Beschränkung des Verzichts auf **Stundung oder ratenweise Zahlung** des Pflichtteilsanspruchs.[121]

Streitig ist allerdings, ob ein isolierter Verzicht auf den **Ausbildungsanspruch des Stiefkindes** gemäß § 1371 BGB, den **Ehegattenvoraus** gemäß § 1932 BGB oder den **Dreißigsten** gemäß § 1969 BGB möglich ist.[122] Da sich noch keine herrschende Meinung durchgesetzt hat, ist anzuraten, vorsorglich derartige Verzichtserklärungen nicht abgeben zu lassen.

### ■ Relativer Verzicht zugunsten eines Dritten

Gerade bei Vorliegen eines sog. Berliner Testamentes nach § 2269 BGB sollte versucht werden, den überlebenden Ehegatten vor Pflichtteilsansprüchen Dritter zu schützen. Dem Pflichtteilsberechtigten sollte zunächst vorgeschlagen werden, einen relativen Pflichtteilsverzicht zu erklären, also einen Verzicht nur zugunsten eines Dritten, nämlich des überle-

---

119 Palandt/*Edenhofer*, § 2346 BGB Rn 4.
120 Hierdurch bleibt aber der Ausgleichspflichtteil nach § 2316 BGB unberührt.
121 Soergel/*Damrau*, § 2346 BGB Rn 10.
122 Dafür: Soergel/*Damrau*, § 2346 BGB Rn 11; Staudinger/*Schotten*, § 2346 BGB Rn 43. Dagegen: Palandt/*Edenhofer*, § 2346 BGB Rn 4; MüKo-*Strobel*, § 2346 BGB Rn 17.

benden Ehegatten, wobei der Verzicht an das Eintreten der eigenen Schlusserbfolge gekoppelt wird.[123]

Der **relative Pflichtteilsverzicht** wird immer dann vereinbart, um den Geltungsbereich des Verzichtes einzuschränken. So soll häufig der Pflichtteilsverzicht nur dann gelten, wenn eine bestimmte Person tatsächlich Erbe wird.

72 Alternativ zur Absicherung des überlebenden Ehegatten kann auch ein zeitlich beschränkter Pflichtteilsverzicht erklärt werden, bei dem eine **Stundungsvereinbarung** hinsichtlich des Pflichtteils getroffen wird, mit der Folge, dass die Fälligkeit des Pflichtteilsanspruchs hinausgeschoben wird und hierdurch die Erbschaftsteuerfreibeträge nach dem Tode des ersten Elternteils teilweise gerettet werden.[124] Eine Stundungsvereinbarung ist aber nicht unproblematisch.[125] Zur Absicherung sind unbedingt eine Wertsicherung und eine Sicherung des Zahlungsanspruchs in den Vertrag mit aufzunehmen. Ebenso bestehen einkommensteuerrechtliche Probleme, da die zinslose Stundung der Forderung nach der Rechtsprechung des BFH[126] in einen Kapitalanteil und einen Zinsanteil zerlegt wird, wobei der Zinsanteil zu erheblichen Progressionsbelastungen und damit zur einer Einkommensteuerverpflichtung führen kann.

Um zudem die nach h.M. sofortige Steuerpflicht im Zeitpunkt der Stundung zu vermeiden, sollte bereits nach *Wälzholz*[127] zu Lebzeiten ein partieller Pflichtteilsverzicht in Form einer Pflichtteilsstundung vereinbart werden, da wegen § 3 Abs. 1 S. 1 Nr. 1 Hs. 4 ErbStG die Geltendmachung erst nach dem Todesfall erklärt werden kann.

Noch günstiger ist daher im Rahmen einer letztwilligen Verfügung z.B. die sog. **Daraganische Freibetragsauflage**,[128] weil hierdurch der ganze Erbschaftsteuerfreibetrag ausgeschöpft werden kann. Aufgrund der Änderung durch die Erbschaftsteuerreform und Ergänzung des § 6 Abs. 4 ErbStG ist allerdings die Fälligkeit der Auflage von einem Testamentsvollstrecker nach § 317 BGB zu bestimmen.

73 Die Beschränkungen können sich ferner beziehen auf:
– Stundung oder Ratenzahlung des späteren Pflichtteilsanspruchs,[129]
– einen bestimmten Höchstbetrag unter Berücksichtigung des Wertsicherungsproblems,
– ein bestimmtes Bewertungsverfahren für den Pflichtteil,[130]
– Hinnahme von Beschwerungen und Beschränkungen des § 2306 BGB.[131]

74 Ein häufiges Problem ist in der Praxis, dass der Schenker trotz der Vorschrift des § 2315 Abs. 1 BGB bei der Zuwendung die Erklärung vergessen hat, die Zuwendung sei auf den Pflichtteil anzurechnen. Somit bietet sich die Beschränkung des Pflichtteilsverzichts gerade für diese Fälle an:

---

123 Dazu mit Formulierungsvorschlag *J. Mayer*, ZEV 2000, 265.
124 Vgl. *Ebeling*, ZEV 2000, 87; *J. Mayer*, ZEV 1998, 50.
125 Hierzu sehr instruktiv *Wälzholz*, in: Mayer/Süß/Tanck/Bittler/Wälzholz, Handbuch Pflichtteilsrecht, S. 913 ff.
126 BFH ZEV 1997, 84.
127 *Wälzholz*, in: Mayer/Süß/Tanck/Bittler/Wälzholz, Handbuch Pflichtteilsrecht, S. 914.
128 *Daragan*, DStR 1999, 393. Zur Auflage als Gestaltungsmittel: *Daragan/Tanck*, ZErb 1999, 2. Als Alternative zur Auflage bietet sich das sog. „Supervermächtnis" an. Hierzu: *Langenfeld*, Testamentsgestaltung, S. 228.
129 *Weirich*, DNotZ 1986, 11.
130 Vgl. *J. Mayer*, ZEV 2000, 263. So kann z.B. die Bewertung für eine Geschäftsbeteiligung nach dem Buchwert vereinbart werden. Eine derartige Vereinbarung ist besonders wichtig bei der Unternehmensnachfolge und beim Übergabevertrag hinsichtlich eines landwirtschaftlichen Betriebes.
131 Zum § 2306 BGB als Haftungsfalle vgl. *Bonefeld*, ZErb 1999, 66.

- **nachträgliche Anrechnung** einer bis dato nicht anrechnungspflichtigen Zuwendung auf den Pflichtteil bzw.
- **Begründung einer Anrechnungspflicht** für eine von einem Dritten stammende Zuwendung[132] oder als actus contrarius
- **Herausnahme** einer bis dato ausgleichungspflichtigen Zuwendung nach § 2316 BGB an andere Abkömmlinge aus der Pflichtteilsberechnung.[133]

Aufgrund der mannigfachen Varianten bietet sich nicht selten ein beschränkter Pflichtteilsverzicht zur Pflichtteilsreduzierung an. Die Anrechnung oder Ausgleichung setzen eine entsprechende Zuwendung voraus. Sofern der Zuwendungswert hinter dem Wert des Pflichtteils zurückbleibt, kommt es ebenfalls nicht zu einem völligen Ausscheiden eines Pflichtteilsanspruchs. Ferner ist eine Ausgleichung auch nur gegenüber den Abkömmlingen und nicht gegenüber anderen Pflichtteilsberechtigten möglich.

Es sei noch einmal besonders hervorgehoben, dass der notariell zu beurkundende Pflichtteilsverzicht nicht mit dem **Verzicht auf den bereits entstandenen Pflichtteilsanspruch** nach § 397 Abs. 2 BGB zu verwechseln ist. Dieser ist **formlos wirksam** und insbesondere bei den Konstellationen zu empfehlen, bei denen die Geltendmachung des Pflichtteilsanspruchs durch die Erben der ehemaligen Pflichtteilsanspruchsberechtigten droht.

**Beispiel**
Die Schwiegereltern machen nach dem Tod des Sohnes gegenüber der Schwiegertochter nicht den Pflichtteil geltend, geben aber keine Verzichtserklärung ab. Sterben die Schwiegereltern innerhalb der Verjährungsfrist des Pflichtteilsanspruchs, könnten deren Erben ohne weiteres den (nach § 2317 BGB ererbten) Pflichtteil geltend machen.

**Muster: Pflichtteilsforderungsverzicht**

Pflichtteilsforderungsverzicht

zwischen

Frau F, _____, nachfolgend Alleinerbin genannt

und

den Eheleuten V und M, _____, nachfolgend Eltern des Erblassers genannt.

1.) Am 14.9.2005 verstarb unser Sohn S, _____ Unser Schweigertochter F ist aufgrund des Testamentes vom 23.4.2004 seine Alleinerbin geworden. Uns stehen als seinen Eltern Pflichtteilsansprüche gem. §§ 2303 ff. BGB gegen die Alleinerbin zu.

2.) Hiermit verzichten wir, die Eltern des Erblassers, ausdrücklich auf jedwede Pflichtteilsansprüche gem. §§ 2303 ff., §§ 2325 ff. BGB gegenüber der Alleinerbin.

3.) Die Alleinerbin nimmt hiermit den vorgenannten Verzicht jeweils an.

Datum und Unterschriften

### 4. Pflichtteilsverzicht und Ehegatte

Hat der Ehegatte lediglich auf seinen Pflichtteil verzichtet, nicht aber auf sein Erbrecht, so bleibt es bei der erbrechtlichen Lösung. Dementsprechend erhöht sich der Erbteil um ¼ aufgrund § 1371 Abs. 1 BGB. Wird der Ehegatte Erbe oder Vermächtnisnehmer aufgrund einer Verfügung von Todes wegen, so kann er neben diesem Erwerb nichts mehr beanspru-

---

132 *J. Mayer*, ZEV 2000, 264 m.w.N.
133 Dazu ausführlich *J. Mayer*, ZEV 1996, 441 ff.

chen,[134] es sei denn, er schlägt das Zugewendete aus und verlangt den Zugewinnausgleich nach den güterrechtlichen Vorschriften. Hierbei ist allerdings zu beachten, dass ihm dann selbstverständlich aufgrund des Pflichtteilsverzichts wegen § 1371 Abs. 3 BGB nicht noch ein Anspruch auf den kleinen Pflichtteil zusteht.

80  Wurde nur auf das gesetzliche Erbrecht verzichtet und das Pflichtteilsrecht vorbehalten, greift die güterrechtliche Lösung.[135] Bei Durchführung des Zugewinnausgleichs erhält der überlebende Ehegatte als Pflichtteil $1/4$,[136] wenn der Erblasser nicht testiert hat. Wird der überlebende Ehegatte übergangen, kann er daneben noch den kleinen Pflichtteil verlangen. Dies gilt nicht bei einer Ausschlagung durch den Ehegatten. Diese Probleme treten bei den weiteren Güterständen nicht auf.

81  Bei Übergabeverträgen wird häufig vergessen, dass auch der **überlebende Ehegatte** pflichtteilsberechtigt ist. Aus diesem Grunde ist es ratsam, einen **beschränkten Pflichtteilsverzicht** des Ehegatten erklären zu lassen.[137]

Wird gleichzeitig mit dem **Ehevertrag oder der Scheidungsfolgenvereinbarung** ein Erb- oder Pflichtteilsverzicht abgeschlossen, so soll nach *Wachter*[138] auch dieser Verzicht der richterlichen Inhaltskontrolle unterliegen. Dabei differenziert er zwischen Verzichten von Ehegatten und anderen Familienangehörigen.

Bei Pflichtteilsverzichten von Ehegatten im Rahmen ehevertraglicher Vereinbarung soll es zu einer „Gesamtabwägung" kommen, so z.B. bei Verzichten der anderen Familienangehörigen, wenn nach konkreter Situation der Pflichtteil Unterhaltsfunktion hat.

Grundsätzlich ist bei Vorliegen einer Zwangs- und Drucksituation eine Inhaltskontrolle nicht auszuschließen. Es ist jedoch zu bedenken, dass der Pflichtteil aber gerade keine Scheidungsfolge und selbst ein sog. Wagnisgeschäft ist. Regelmäßig käme nach hiesiger Auffassung daher wohl nicht der Totalwegfall des Pflichtteilsverzichts in Betracht, sondern nur eine Anpassung des schuldrechtlichen Verpflichtungsgeschäfts.[139]

82  Abschließend hierzu die nachfolgende Übersicht:

| Konsequenz für: | Ehegatte ist trotz Erbverzicht Erbe durch Verfügung von Todes wegen | nur Pflichtteilsverzicht ohne Erbverzicht | nur Verzicht auf gesetzliches Erbrecht |
|---|---|---|---|
| Zugewinnausgleich | Ausgeschlossen | erfolgt | erfolgt |
| Erbteil | keine Erhöhung | Erhöhung um $1/4$ | Nur Pflichtteil von $1/4$; jedoch daneben kleiner Pflichtteil möglich, wenn Ehegatte übergangen |

---

134 *Reul*, MittRhNotK 1997, 376.
135 *Reul*, MittRhNotK 1997, 376.
136 ½ des gesetzlichen und des um ¼ erhöhten Erbteils.
137 Hierzu ausführlich *J. Mayer*, ZEV 2000, 265. Der zusätzliche beschränkte Pflichtteilsverzicht des Ehegatten löst zusätzlich eine Gebühr aus, die sich wertmäßig an § 30 Abs. 1 KostO orientiert.
138 *Wachter*, ZErb 2004, 238 ff.
139 Zweifelnd auch *Bengel*, in: Reimann/Bengel/J. Mayer, Testament und Erbvertrag, S. 73 f.

## 5. Steuerliche Folgen

Obwohl der Pflichtteilsanspruch mit dem Tode des Erblassers kraft Gesetzes entsteht, erfasst die Erbschaftsteuer diesen Anspruch nur, wenn er tatsächlich geltend gemacht wird.

Ferner kommt es darauf an, wann der Pflichtteilsverzicht erklärt wird. Wird der Verzicht auf den Pflichtteil zu Lebzeiten des Erblassers erklärt und eine Abfindung vereinbart, liegt eine **Schenkung** durch den Erblasser gem. § 7 Abs. 1 Nr. 5 ErbStG vor und zwar unabhängig davon, ob der Erblasser oder ein Dritter die Abfindung gezahlt hat.

Kommt es erst nach dem Tode des Erblassers zu einem Pflichtteilsverzicht, ohne dass zuvor ein Pflichtteil geltend gemacht wurde, ist der Verzicht wegen § 13 Abs. 1 Nr. 11 ErbStG ausdrücklich von der Steuerpflicht freigestellt.

Erfolgt dieser Verzicht im Zusammenhang mit einer **Gegenleistung**, ist diese Gegenleistung beim Verzichtenden aber wiederum steuerpflichtig aufgrund § 3 Abs. 2 Nr. 4 ErbStG, wobei die Steuerschuld nach § 9 Abs. 1 Nr. 1f ErbStG im Zeitpunkt des Pflichtteilsverzichts entsteht und der Steuerwert der Abfindungszahlung anzusetzen ist.

Wird ohne Gegenleistung auf den Pflichtteilsanspruch nach seiner Geltendmachung verzichtet, ist die **Bereicherung** des durch den Verzicht begünstigten Erben bei diesem ein **steuerlicher Erwerb** nach § 7 Abs. 1 Nr. 1 ErbStG.[140] Vorsicht ist bei der Abgeltung des Pflichtteilsanspruchs walten zu lassen, wenn Grundvermögen an Erfüllung statt gem. § 364 BGB hingegeben wird. Nach der Entscheidung des BFH vom 10.7.2002[141] kann die Grunderwerbsteuerfreiheit entfallen, da kein Fall des § 3 Nr. 2 GrEStG vorliegen soll.

## III. Muster: Pflichtteilsverzichtsvertrag

_____ (Notarielle Urkundenformalien)

Anwesend sind Herr Unternehmer U und seine Ehefrau F. Ferner sind seine Kinder S, T1 und T2 erschienen.

Sie schließen mit der Bitte um notarielle Beurkundung folgenden

*Erbvertrag*[142] *und Pflichtteilsverzichtsvertrag*

*I. Erbvertrag*

1. Ich, Unternehmer U, geboren am _____, setze hiermit meinen Sohn S _____, geboren am _____, zu meinem alleinigen Erben ein. Ihm ordne ich den gesamten Betriebsvermögensfreibetrag nach § 13a ErbStG zu.

Zum Ersatzerben bestimme ich entgegen jeder anders lautenden gesetzlichen Vermutungs- und Auslegungsregel meine Ehefrau F, ersatzweise meine Töchter T1 und T2 zu gleichen Teilen.

2. Für den Fall, dass ich vor meiner Ehefrau F versterbe, beschwere ich den Alleinerben bzw. die Ersatzerben mit folgendem Vermächtnis:

Der Erbe ist verpflichtet, an meinem im Wege der Erbfolge auf ihn übergegangenem Kapitalanteil an der Unternehmer U GmbH & Co. KG mit Sitz in _____ nach dem Stand an meinem Todestag meiner Ehefrau F eine typische Unterbeteiligung in gleicher Höhe einzuräumen.

Diese Unterbeteiligung erstreckt sich jedoch nicht auf den Anteil des Erben an den Rücklagen und stillen Reserven des Unternehmens. Ferner erstreckt es sich nicht auf die Forderungen und Verbindlichkeiten des

---

140 Vgl. dazu FG Baden-Württemberg ZEV 2001, 66.
141 BFH DStR 2002, 1527.
142 Im vorliegenden Beispiel wird der Erbvertrag zur Vereinfachung nur auszugsweise dargestellt.

Hauptbeteiligten gegenüber dem Unternehmen. Sie gewährt meiner Ehefrau keine Rechte gegenüber dem Unternehmen oder anderen Unterbeteiligten, sondern nur Rechte gegenüber dem Hauptbeteiligten. Die Unterbeteiligung darf nur mit Zustimmung des Hauptbeteiligten abgetreten oder belastet werden.

Die Gewinnbeteiligung der Unterbeteiligten an dem Anteil des Hauptbeteiligten wird wie folgt geregelt:

‾‾‾‾‾‾ *(Ausführungen zur Gewinnbeteiligung)*

Beim Tode meiner Ehefrau F endet die Unterbeteiligung. Die Erben meiner Ehefrau F sind von meinem Sohn S entsprechend der vorgenannten Bestimmungen abzufinden, sofern nicht durch Verfügung von Todes wegen oder durch Rechtsgeschäft unter Lebenden die Abfindung ganz oder teilweise ausgeschlossen wird.

‾‾‾‾‾‾ *(ggf. weitere Ausführungen)*

3. Meiner Ehefrau F vermache ich im Wege eines Vermächtnisses mein gesamtes Privatvermögen. Hierunter fällt u.a. mein Grundvermögen in ‾‾‾‾‾‾ sowie

‾‾‾‾‾‾ *(Auflistung)*

4. Zu Ersatzvermächtnisnehmern setze ich hiermit meine Kinder S, T1 und T2 zu gleichen Teilen ein. Ersatz-Ersatzvermächtnisnehmer sind jeweils deren Abkömmlinge, unter sich berechtigt entsprechend den Regeln der gesetzlichen Erbfolge. Sofern keine Abkömmlinge vorhanden sind, tritt Anwachsung ein.

5. Testamentsvollstreckung

Für meinen Nachlass ordne ich Testamentsvollstreckung an. Zum Testamentsvollstrecker ernenne ich ‾‾‾‾‾‾, ersatzweise soll das Nachlassgericht einen geeigneten Testamentsvollstrecker bestimmen. Der Testamentsvollstrecker hat die Aufgabe, den Nachlass abzuwickeln, insbesondere die Vermächtnisse und Auflagen zu erfüllen und zu bestimmen und die notwendigen Handelsregister- und Grundbuchumschreibungen vorzunehmen bzw. vornehmen zu lassen.

*II. Pflichtteilsverzichte*

1. Pflichtteilsverzicht der Ehefrau

Die Ehefrau F verzichtet für sich und ihre Abkömmlinge ohne Bedingungen oder Auflagen auf ihr gesetzliches Pflichtteilsrecht gegenüber dem Ehemann Unternehmer U.

2. Annahme des Verzichts

Unternehmer U nimmt den Verzicht hiermit an.

3. Verzicht der Abkömmlinge

Die Abkömmlinge des Unternehmers U
- S ‾‾‾‾‾‾, geboren am ‾‾‾‾‾‾,
- T1 ‾‾‾‾‾‾, geboren am ‾‾‾‾‾‾,
- T2 ‾‾‾‾‾‾, geboren am ‾‾‾‾‾‾,

verzichten hiermit für sich und ihre Abkömmlinge auf ihr jeweiliges Pflichtteilsrecht am Nachlass des Vaters, dem Unternehmer U, und zwar in der Weise, dass bei der Bewertung des Nachlasses zum Zwecke der Berechnung des Pflichtteils, des Ausgleichspflichtteils sowie des Pflichtteilsergänzungsanspruchs das Betriebsvermögen der Unternehmer U GmbH & Co. KG mit Sitz in ‾‾‾‾‾‾ sowie das Betriebsvermögen der Verwaltungsgesellschaft Unternehmer U mbH als nicht zum Nachlass gehörend angesehen werden. Das Betriebsvermögen dient somit nicht mehr als Berechnungsgrundlage für die o.g. Ansprüche.

Zum Betriebsvermögen gehören:
a) gewerbliche Unternehmen;
b) Beteiligungen an gewerblichen Unternehmen, Personenhandels- und Kapitalgesellschaften, wenn sie mindestens 5 % des Festkapitals betragen oder einen Anspruch auf mindestens 5 % des Gewinns gewähren, insbesondere die dem Unternehmer U gehörende Beteiligung an der Firma Unternehmer U

*Bonefeld*

GmbH & Co. KG mit Sitz in ▓▓▓▓▓ sowie die Beteiligung an der Komplementär GmbH und deren Tochtergesellschaften;
c) Forderungen und Verbindlichkeiten gegenüber einem der unter a) und/oder b) genannten Unternehmen;
d) Vermögenswerte, die einem unter a) und/oder b) genannten Unternehmen zur eigenbetrieblichen Nutzung überlassen sind sowie Beteiligungen, die der Beteiligung an einem solchen Unternehmen dienen;
e) Verbindlichkeiten, welche im Zusammenhang mit dem Betriebsvermögen stehen;
f) Surrogate des o.g. Betriebsvermögens.[143]

4. Annahme des Verzichts

Der Unternehmer U nimmt diesen gegenständlich beschränkten Pflichtteilsverzicht an.

5. Vereinbarung nach § 311b BGB

Die Verzichtenden, Ehefrau F, T1 und T2, verpflichten sich zudem im Wege eines Vertrages nach § 311b BGB gegenüber dem Sohn S, nach Eintritt des Erbfalls nach dem Unternehmer U keine Pflichtteils- und Pflichtteilsergänzungsansprüche geltend zu machen und auf solche unverzüglich zu verzichten.

6. Weitere Erklärungen

Die Verzichtserklärungen sind nicht bedingt, insbesondere ist der Verzicht durch die Abkömmlinge nicht zugunsten der anderen Abkömmlinge oder der Ehefrau F des Erblassers erklärt. Ferner ist ausdrücklich für die Verzichtserklärungen keine Gegenleistung zu erbringen.

*III. Belehrungen (Auszug)*

Die Beteiligten wurden vom belehrenden Notar auf die Bestimmungen des gesetzlichen Erb- und Pflichtteilsrechts hingewiesen, wonach das gesetzliche Erbrecht des Verzichtenden bestehen bleibt und der Pflichtteilsverzicht keinerlei Wirkung entfaltet, sofern der Erblasser nicht zusätzlich letztwillig verfügt, dass der Verzichtende nicht erben soll.

Ferner wurde darauf hingewiesen, dass der gegenständlich beschränkte Pflichtteilsverzicht die gesetzliche Erbfolge und den Pflichtteil am Restvermögen des Unternehmers U unberührt lässt.

*IV.* ▓▓▓▓▓ *(Belehrungen, Durchführungsanweisungen, Vollmachten, Kosten)*

## IV. Checkliste: Pflichtteilsverzicht

- **Anwendungsbereich:**
  - Beseitigung eines Pflichtteilsanspruchs gemäß §§ 2305, 2307 BGB oder Pflichtteilsergänzungsanspruch gemäß §§ 2325 ff. BGB oder Anrechnungspflichtteils nach § 2316 BGB
  - Ausschluss der Rechte aus § 2306 BGB
  - Ausschluss des Kürzungsschutzes bei Vermächtnissen nach § 2318 Abs. 2 BGB
  - Ausschluss der Verweigerungsrechte nach § 2319 BGB sowie § 2328 BGB
- **Ausgestaltung:**
  - Notarielle Form zwingend
  - Erblasser muss persönlich den Verzichtsvertrag abschließen, nicht aber der Verzichtende, der sich vertreten (nicht nach dem Tode des Erblassers) lassen kann.
  - Ist die Bestellung eines Ergänzungspflegers oder eine betreuungsgerichtliche oder familiengerichtliche Genehmigung erforderlich?
  - Soll sich der Pflichtteilsverzicht tatsächlich auf die nachfolgenden Ansprüche erstrecken?

---

143 Weitere Formulierungsmöglichkeiten vgl. *J. Mayer*, ZEV 2000, 265.

- Pflichtteilsanspruch gemäß §§ 2305, 2307 BGB
- Ausschluss der Rechte aus § 2306 BGB
- Ausschluss des Kürzungsschutzes bei Vermächtnissen nach § 2318 Abs. 2 BGB
- Ausschluss der Verweigerungsrechte nach § 2319 BGB sowie § 2328 BGB
- Pflichtteilsergänzungsanspruch gemäß §§ 2325 ff. BGB
- Soll der Pflichtteilsverzicht nur beschränkt erklärt werden? Z.B.:
  - Pflichtteilsverzicht mit gegenständlicher Beschränkung
  - Beschränkung des Pflichtteilsverzicht auf einen Bruchteil
  - Verzicht auf die Geltendmachung der Unwirksamkeit von Beschränkungen und Beschwerungen der §§ 2306, 2307 BGB
  - Isolierter Verzicht auf den Pflichtteilsrestanspruch gemäß §§ 2305, 2307 BGB
  - Isolierter Verzicht auf den Pflichtteilsergänzungsanspruch nach § 2325 BGB
  - Beschränkung des Verzichts auf Stundung oder ratenweise Zahlung des Pflichtteilsanspruchs
  - Relativer Verzicht zugunsten eines Dritten
  - Stundung oder Ratenzahlung des späteren Pflichtteilsanspruchs
  - Bestimmter Höchstbetrag unter Berücksichtigung des Wertsicherungsproblems
  - Bestimmtes Bewertungsverfahren für den Pflichtteil
  - Hinnahme von Beschwerungen und Beschränkungen des § 2306 BGB
  - Nachträgliche Anrechnung einer bis dato nicht anrechnungspflichtigen Zuwendung auf den Pflichtteil
  - Begründung einer Anrechnungspflicht für eine von einem Dritten stammende Zuwendung[144] oder als actus contrarius
  - Herausnahme einer bis dato ausgleichungspflichtigen Zuwendung nach § 2316 BGB an andere Abkömmlinge aus der Pflichtteilsberechnung[145]
- Ausschluss der Wirkungen der §§ 1586b, 1933 BGB?
- Soll eine Gegenleistung für den Verzicht vereinbart werden?
- Ist die Gegenleistung genau genug beziffert und bewertet?
- Ist das Grundgeschäft der Abfindungsvereinbarung mit dem Verzicht durch eine Bedingung verknüpft?
- Soll die Gegenleistung aufschiebend bedingt mit dem Verzicht erklärt werden?
- Soll ggf. nur aufschiebend oder auflösend bedingter Pflichtteilsverzicht erklärt werden, um z.B. abzuwarten, bis weitere Personen einen Erb- oder Pflichtteilsverzicht erklärt haben? Ein Rücktritts- oder Widerrufsvorbehalt ist unwirksam.
- Sind für den Fall Rückabwicklungsregelungen für erbrachte Abfindungen oder vertragliche Vereinbarungen nach § 311b Abs. 5 BGB einzuarbeiten?
- Sofern eine Abfindung in Form eines Vermächtnisses erfolgen soll, ist § 2302 BGB und insbesondere das Kürzungsrecht aus § 2318 BGB beachtet worden?
- **Weitere Maßnahmen und Belehrungen:**
  - Ist Hinweis erfolgt, dass Zugewinnausgleich nicht vom Verzicht umfasst ist?
  - Ist tatsächlich keine Pflichtteilserhöhung der Verbleibenden gewünscht?
  - Ist Hinweis erfolgt, wonach das gesetzliche Erbrecht des Verzichtenden bestehen bleibt und der Pflichtteilsverzicht keinerlei Wirkung entfaltet, sofern der Erblasser nicht zusätzlich letztwillig verfügt, dass der Verzichtende nicht erben soll.
  - Wurde darauf hingewiesen, dass der gegenständlich beschränkte Pflichtteilsverzicht die gesetzliche Erbfolge und den Pflichtteil am Restvermögen des Erblassers unberührt lässt?

---

144 *J. Mayer*, ZEV 2000, 264 m.w.N.
145 Dazu ausführlich *J. Mayer*, ZEV 1996, 441 ff.

- Aufschiebende Bedingungen oder Befristungen sind nach Möglichkeit zu vermeiden, um Probleme hinsichtlich des Wirksamwerdens zu umgehen.

## C. Zuwendungsverzicht

### I. Typischer Sachverhalt

Die Eheleute M und F haben sich durch ein gemeinschaftliches Testament ohne Abänderungsklausel gegenseitig zu Alleinerben eingesetzt. Schlusserben sind ihre beiden Söhne S1 und S2 zu gleichen Teilen. Ersatzschlusserben sind für S1 seine Tochter T und für S2 sein Sohn E. Nach dem Tode der Ehefrau F ist sich die Familie einig, dass Sohn S2 einmal alles erben soll, da S1 bereits zu Lebzeiten ohne Anrechnungsbestimmung eine dem Wert des Schlusserbes fast gleichwertige Schenkung der Eltern erhalten hat. Gleichzeitig soll der Deutschen Gesellschaft zur Rettung Schiffbrüchiger e.V. ermöglicht werden, ein Vermächtnis in Höhe von 10.000 EUR zu erhalten.

### II. Rechtliche Grundlagen

#### 1. Grundsätzliches

Die Bedeutung des **Zuwendungsverzichtes** ist in der Kautelarpraxis relativ gering, zumal letztwillige Verfügungen nach §§ 2253 ff. BGB oder Erbverträge nach § 2290 BGB zu Lebzeiten abgeändert werden können.

Er ist ebenfalls ein abstraktes Rechtsgeschäft mit zugrunde liegendem Kausalgeschäft zwischen Erblasser und Dritten.[146] Bedeutung erlangt der Zuwendungsverzicht nur in wenigen Bereichen, in denen keine Abänderung mehr durch den Erblasser erfolgen kann, z.B.:
- Geschäftsunfähigkeit des Erblassers
- Bindungswirkung wegen gemeinschaftlichen Testamentes
- Bindungswirkung wegen Erbvertrages, wegen fehlender Mitwirkung des Vertragspartners
- Umgehung der Rechtsfolgen des § 2287 BGB.[147]

In diesem Zusammenhang ist allerdings darauf hinzuweisen, dass die Verfügungsfreiheit des erbrechtlich gebundenen Erblassers trotz des Zuwendungsverzichts des zunächst Bedachten nicht eintritt, wenn eine Ersatzberufung oder eine Anwachsung nach § 2094 BGB an andere eintritt. Um diese Konsequenz zu vermeiden, müssten auch diese Personen, also z.B. Ersatzerben oder Ersatzvermächtnisnehmer, einen Zuwendungsverzicht erklären. Ferner ist § 2069 BGB zu beachten. Das Verbot einer Kumulation der Auslegungsregel des § 2270 Abs. 2 BGB mit der des § 2069 BGB ist aber auch im Anwendungsbereich des § 2352 BGB zu berücksichtigen.[148]

Für die Testamentspraxis empfiehlt sich zudem die weitere Alternative, Ersatzberufungen unter die auflösende Bedingung zu stellen, dass sie ersatzlos wegfallen, wenn der Erstberufene einen Zuwendungsverzicht erklärt.

---

146 Dem gemäß scheidet ein Zuwendungsverzicht zwischen Vor- und Nacherben aus, vgl. *Reul*, MittRhNotK 1997, 384 m.w.N.
147 BGHZ 108, 252; vgl. hierzu aber a.A. *Kanzleiter*, ZEV 1997, 261.
148 OLG München FamRZ 2008, 643.

Durch die Erbrechtsreform wurde die Bedeutung des Zuwendungsverzichts durch Einfügung des § 2352 S. 3 BGB „Die Vorschriften der §§ 2347 bis 2349 finden Anwendung", erhöht. Danach soll also der Zuwendungsverzicht, soweit nichts anderes angeordnet wurde, auch für die Abkömmlinge gelten. Der vorliegende Verweis auf § 2349 BGB hilft häufig in der Praxis nicht weiter, weil nicht nur Abkömmlinge als Ersatzberufene denkbar sind. Insofern greift die Neuregelung nicht bei ersatzweise berufenen Erben und Vermächtnisnehmern, die nicht Abkömmlinge sind (siehe unten Rn 114).

94 Erhebliche praktische Probleme bestehen in den Fällen, bei denen ein Zuwendungsverzicht durch einen minderjährigen Ersatzberufenen erfolgen soll. Soll der Verzicht gegenüber einem Elterteil erfolgen, ist die Bestellung eines Ergänzungspflegers nach Maßgabe der §§ 2347, 1629 Abs. 2, 1795 Abs. 1 Nr. 1 BGB sowie die familiengerichtliche Genehmigung nach §§ 2347 Abs. 1, 2352 S. 3 BGB erforderlich.[149] Wegen § 1804 BGB wird eine Genehmigung aber nur bei Leistung einer vollwertigen Abfindung erfolgen, bei deren Bemessung der Zeitpunkt der Beurkundung des Verzichts unter Zubilligung einer 10%igen Toleranzgrenze maßgeblich ist.[150] Für den Verzicht durch den Betreuer ist die Genehmigung des Betreuungsgerichts erforderlich.

95 Der Zuwendungsverzicht wird in § 2352 BGB geregelt, wobei zwischen einem Verzicht auf testamentarische Zuwendungen und Zuwendungen aufgrund eines Erbvertrages differenziert wird.[151]

a) Testamentarische Zuwendungen

96 Auf **testamentarische Zuwendungen** kann uneingeschränkt verzichtet werden.

b) Erbvertragliche Zuwendungen

97 Bei **erbvertraglichen Zuwendungen** ist Voraussetzung für den Verzicht, dass der Bedachte „Dritter", also nicht Vertragspartner des Erbvertrages ist. Der Begriff des Dritten ist entsprechend dem Änderungsbedürfnis einschränkend aufgrund einer teleologischen Reduktion auszulegen.[152]

Vertragsparteien sind also entweder die im Testament Bedachten und der Erblasser oder der im Erbvertrag des Erblassers eingesetzte Dritte. **Dritter** ist[153]
– jeder, der am Abschluss dieses Erbvertrages nicht formell beteiligt gewesen ist;
– beim mehrseitigen Erbvertrag jeder, zu dessen Gunsten eine vertragsmäßige Verfügung enthalten ist;
– der Erbvertragspartner selbst, wenn eine Aufhebung wegen zwischenzeitlich eingetretener Geschäftsunfähigkeit des Erblassers unmöglich geworden ist.

98 Die Vertragsschließenden eines Erbvertrages können seine vertragsmäßigen Verfügungen, auch wenn sie Erblasser und Begünstigter sind, nicht durch einen Zuwendungsverzichtsvertrag aufheben, sondern nur durch einen Aufhebungsvertrag gemäß § 2290 BGB.[154]

---

149 Vgl. *Schotten*, ZEV 1997, 1.
150 Hierzu ausführlich: *J. Mayer*, in: Reimann/Bengel/J. Mayer, Testament und Erbvertrag, S. 84 ff.
151 Im Rahmen eines Zuwendungsverzichtes ist somit § 2352 S. 2 BGB nicht auf einseitige Verfügungen anwendbar.
152 Dazu *J. Mayer* in: Reimann/Bengel/J. Mayer, Testament und Erbvertrag, S. 84 ff.
153 Nach *Kornexl*, Der Zuwendungsverzicht, Rn 568.
154 *Nieder*, Münchener Vertragshandbuch, 4. Auflage 1998, S. 1055 unter Hinweis auf OLG Stuttgart DNotZ 1979, 107.

Der Zuwendungsverzicht bedarf ferner wie auch der Erbverzicht der **notariellen Form** gem. §§ 2352 S. 2, 2348 BGB.[155]

Darüber hinaus kann er auch nur **persönlich** abgeschlossen werden. Insoweit und wegen der Genehmigungen verweist § 2352 S. 2 BGB auf § 2347 BGB. Somit gelten die Ausführungen wie beim Erbvertrag. Danach kann der Verzichtende, nicht aber der Erblasser sich vertreten lassen.

Eine **Kombination mit dem Erb- oder Pflichtteilsverzicht** ist ohne weiteres möglich. Eine Erklärung, sowohl auf Erb-, als auch auf Pflichtteilsansprüche gegen den Nachlass zu verzichten, enthält regelmäßig auch einen Verzicht auf Zuwendungen, die zum Verzichtszeitpunkt vorhanden waren.[156] Hierauf sollte im Rahmen der Belehrung geachtet werden.

Auf die Vorschriften des Erbvertrages in den §§ 2346, 2349, 2350 und 2351 BGB wird ausdrücklich nicht verwiesen. Sie sind somit nicht auf den Zuwendungsverzicht direkt anwendbar.

Ein **bedingter** Zuwendungsverzicht ist möglich.[157] Ein solcher ist insbesondere empfehlenswert beim entgeltlichen Zuwendungsverzicht zur Absicherung des Verzichtenden. Ferner kann nach der h.M.[158] auch ein relativer zugunsten eines anderen erklärter Zuwendungsverzicht geschlossen werden, da § 2350 Abs. 1 BGB zumindest analog anwendbar ist.[159]

Unterschiede zum Erbvertrag gibt es hinsichtlich der Auslegung, Aufhebung[160] oder Anfechtung nicht.

### 2. Folgen des Verzichts

Analog zum § 2346 Abs. 1 S. 2 BGB gilt die **Vorversterbensfiktion**. Durch den Zuwendungsverzicht wird somit nicht etwa die betroffene Verfügung aufgehoben, sondern es wird lediglich der Anfall der Zuwendung beim Verzichtenden verhindert. Der Verzichtende wird also so gestellt, als wenn er beim Tode des Erblassers nicht mehr vorhanden gewesen wäre. Wenn der Zuwendungsverzicht nicht auf den gesetzlichen Erbteil erstreckt wird, hat er keine Auswirkungen auf die Höhe des gesetzlichen Erb- oder Pflichtteils. Dem gemäß kann es nicht zum Verlust des Pflichtteils des Ehegatten nach § 1371 Abs. 3 BGB kommen. Durch den Zuwendungsverzicht ist nicht ausgeschlossen, dass der Verzichtende später durch Verfügung von Todes wegen wiederum bedacht wird.[161]

Wird auf die Einsetzung als Vorerbe oder Vorvermächtnisnehmer verzichtet, tritt der Nacherbe bzw. Nachvermächtnisnehmer an die Stelle.

Da nur das eigene Erbrecht des Verzichtenden beseitigt wird, treten Ersatzberufene nicht an deren Stelle, zumal § 2352 Abs. 3 BGB nicht auf § 2349 BGB verweist. Die h.M. lehnt zu Recht die analoge Anwendung des § 2349 BGB ab, weil ansonsten eine nicht zulässige vertragliche Wirkung zu Lasten Dritter eintritt. Hiervon gilt nach der Rechtsprechung und

---

155 Dies gilt auch für eine gleichzeitige Entgeltabrede.
156 So BGH DNotZ 1972, 500.
157 Staudinger/*Schotten*, § 2352 BGB Rn 18 m.w.N.
158 Dazu ausführlich *Reul*, MittRhNotK 1997, 385 m.w.N.
159 In der Kautelarpraxis sollte durch eine genaue Formulierung eine Auslegung umgangen werden.
160 Nach h.M. (Palandt/*Edenhofer*, § 2351 BGB Rn 1 m.w.N.) analog § 2351 BGB; a.A. *Kornexl*, Der Zuwendungsverzicht, Rn 550 ff. Ein Rücktritt ist allerdings wegen der abstrakten Rechtsnatur nicht möglich.
161 BayObLG Rpfleger 1987, 374.

Literatur[162] lediglich die Ausnahme bei vermuteter Ersatzberufung nach § 2069 BGB und zugleich erfolgender vollständiger Abfindung zur Vermeidung der Doppelbegünstigung. Die Zuwendung selbst wird gegenstandslos. Die Verfügung wird durch den Verzicht nicht nichtig.

Sollte der Zuwendungsverzicht fehlschlagen, so ist für die Kautelarpraxis ratsam, **Rückabwicklungsregelungen** für erbrachte Abfindungen einzuarbeiten. Ebenso können vertragliche Vereinbarungen nach § 311b Abs. 5 BGB in Betracht kommen.

### 3. Gegenstand des Zuwendungsverzichts

106 Nach § 2352 BGB kann nur auf die Erbeinsetzung oder ein Vermächtnis[163] im Rahmen eines Zuwendungsverzichtes verzichtet werden. Verzichten können aber auch Ersatzvermächtnisnehmer und Ersatzerbe.[164] Gleiches gilt für den Auflagenbegünstigten.[165]

107 Nur das **eigene** Erbrecht wird vom Zuwendungsverzicht beseitigt. Nach einhelliger Auffassung[166] erstreckt sich die Wirkung des Zuwendungsverzichts nicht auf die Abkömmlinge des Verzichtenden.

108 Auf **zukünftige Zuwendungen** kann nicht verzichtet werden, sondern nur auf diejenigen, die zum Zeitpunkt der Verzichtserklärung bestehen.[167] Der Verzicht ist also streng objektbezogen. Ein prophylaktischer Verzicht ist nicht möglich.

109 Ein Zuwendungsverzicht kann **nur zu Lebzeiten des Erblassers** vereinbart werden, wenn es um eine Erbeinsetzung geht, die als Zuwendung erfolgt ist. Problematisch ist der Fall, ob gleiches z.B. auch bei der Vermächtniseinsetzung gilt. Angesichts der Rechtsprechung des BGH zum Erbverzicht[168] könnte dies fraglich sein, sofern man eine Parallele zum Erbverzicht sieht. Richtigerweise wird man aber eher eine Parallele zum Pflichtteilsverzicht sehen, da ein Vermächtnis ohne weiteres zu Lebzeiten – z.B. durch Untergang des vermachten Gegenstandes – wegfallen kann. Mit *Reul*[169] ist damit davon auszugehen, dass ein wirksamer Zuwendungsverzicht auf ein Vermächtnis zu bejahen ist, wenn der Zuwendungsverzicht durch Annahme bzw. Genehmigung erst nach dem Tode des Erblassers zustande gekommen ist.

### 4. Beschränkung des Zuwendungsverzichts

110 Von der betroffenen Zuwendung hängt ab, inwieweit der Zuwendungsverzicht **beschränkt** werden kann. So kann bspw. auf ein neben der Erbeinsetzung zugewendetes Vorausvermächtnis verzichtet werden, da es sich um zwei selbstständige Berufungsgründe handelt.

---

162 Zu der sehr strittigen Problematik insbesondere *Kornexl*, Der Zuwendungsverzicht, Rn 348 ff.
163 Kein Zuwendungsverzicht ist möglich bei gesetzlichen Vermächtnisansprüchen wie dem Voraus nach § 1932 BGB oder dem Dreißigsten nach § 1969 BGB.
164 Staudinger/*Schotten*, § 2352 BGB Rn 26.
165 Staudinger/*Schotten*, § 2352 BGB Rn 2; *Reul*, MittRhNotK 1997, 384; a.A. *J. Mayer*, in: Reimann/Bengel/J. Mayer, Testament und Erbvertrag, S. 86 ff.; MüKo-*Strobel*, § 2352 BGB Rn 4.
166 OLG Hamm RPfleger 1982, 148; *Nieder*, Münchener Vertragshandbuch, 4. Auflage 1998, S. 1056 m.w.N.
167 *J. Mayer*, ZEV 1996, 128.
168 Vgl. oben die Entscheidung des BGH vom 13.11.1996.
169 *Reul*, MittRhNotK 1997, 387.

Ferner kann auf die Zuwendung einzelner Gegenstände[170] oder Sachgesamtheiten verzichtet werden.[171]

Zulässigerweise kann durch einen Zuwendungsverzicht dem Erblasser die Möglichkeit eingeräumt werden, den Erben mit neuen Auflagen oder Vermächtnissen zu beschweren oder Testamentsvollstreckung oder Vor- und Nacherbschaft anzuordnen.[172]

Ein **gegenständlicher Verzicht** ist nicht möglich, wohl aber – ähnlich dem Erbverzicht – der Verzicht auf den ideellen Bruchteil.

Problematisch ist, ob der Zuwendungsverzicht analog § 351 BGB per Vertrag zwischen den ursprünglichen Vertragsparteien aufgehoben werden kann[173] oder ob eine eigenständige letztwillige Verfügung notwendig ist.[174] Nach dem BGH kann ein Zuwendungsverzicht kann (ebenso wie der Erbverzicht) durch notariellen Vertrag mit dem Erblasser wieder aufgehoben werden, wenn der Erblasser den Rechtszustand vor dem Verzicht durch Verfügung von Todes wegen nicht vollständig wiederherstellen könnte.[175]

Die Beantwortung dieser Frage ist z.B. u.a. in den Fällen von Bedeutung, in denen der Erblasser nicht mehr testierfähig ist. Eine zwischenzeitlich eingetretene Bindungswirkung kann durch die Aufhebung des Zuwendungsverzichts nicht mit ex-tunc Wirkung beseitigt werden.[176]

### 5. Änderungen beim Zuwendungsverzicht nach der Erbrechtsreform

Die Neufassung des § 2352 BGB sieht lediglich eine Erweiterung vor:

> Wer durch Testament als Erbe eingesetzt oder mit einem Vermächtnis bedacht ist, kann durch Vertrag mit dem Erblasser auf die Zuwendung verzichten. Das Gleiche gilt für eine Zuwendung, die in einem Erbvertrag einem Dritten gemacht ist. Die Vorschriften der §§ 2347 bis 2349 finden Anwendung.

Bis dato wirkte ein Zuwendungsverzicht nur für den Verzichtenden selbst, nicht aber für seine Abkömmlinge. Dies wurde für unbillig empfunden, insbesondere dann wenn der Verzichtende eine Abfindung für den Verzicht erhalten hat. Somit wäre quasi der Verzichtende und später sein Stamm doppelt bedacht worden.

Durch die Erstreckung auf Abkömmlinge erfährt der Zuwendungsverzicht eine praktische Aufwertung. Da nur das eigene Erbrecht des Verzichtenden beseitigt wird, treten Ersatzberufene nicht an deren Stelle, zumal § 2352 Abs. 3 BGB nicht auf § 2349 BGB verweist. Die h.M. lehnt zu Recht die analoge Anwendung des § 2349 BGB ab, weil ansonsten eine nicht zulässige vertragliche Wirkung zu Lasten Dritter eintritt. Hiervon gilt nach der Rechtsprechung und Literatur[177] lediglich die Ausnahme bei vermuteter Ersatzberufung nach § 2069 BGB und zugleich erfolgender vollständiger Abfindung zur Vermeidung der Doppelbegünstigung. Die Zuwendung selbst wird gegenstandslos. Die Verfügung wird durch den Verzicht nicht nichtig.

---

170 Auch Vermächtnisgegenstände.
171 *J. Mayer*, ZEV 1996, 128 mit zahlreichen Beispielen.
172 *J. Mayer*, in: Reimann/Bengel/J. Mayer, Testament und Erbvertrag, S. 86.
173 Dafür Palandt/*Edenhofer*, § 2352 BGB Rn 1; Soergel/*Damrau*, § 2352 BGB Rn 2.
174 So insbesondere *Kornexl*, Der Zuwendungsverzicht, Rn 348; *Mittenzwei*, ZEV 2004, 488.
175 BGH Urteil v. 20.2.2008 – IV ZR 32/06, ZEV 2008, 237 mit ablehnender Anmerkung von *Kornexl*.
176 *Mittenzwei*, ZEV 2004, 488.
177 Zu der sehr strittigen Problematik insbesondere *Kornexl*, Der Zuwendungsverzicht, Rn 348 ff.

114 Allerdings bleiben auch nach der Reform zahlreiche Fragen und Auslegungsprobleme ungeklärt.[178] So bleibt fraglich, ob auch ausdrückliche Ersatzerbeinsetzungen von Abkömmlingen oder von einzelnen Abkömmlingen durch Verzicht des Vorfahren ebenfalls entfallen.[179]

Zudem darf die Reichweite des Zuwendungsverzichts nicht verkannt werden. So kommt es auch nach der Neuregelung nicht zu einer Erstreckungswirkung auf die Abkömmlinge des Verzichtenden und damit nicht zu einer Befreiung von einer eingetretenen erbrechtlichen Bindung,[180]
- wenn eine Anwachsung nach § 2094 BGB an die anderen bindend eingesetzten Erben eintritt
- andere als Abkömmlinge als Ersatzerben berufen sind (z.B. Patenkind oder Schwiegertochter)
- der Verzichtende nicht Abkömmling oder Seitenverwandter des Erblassers ist wie z.B. der Ehegatte oder
- die Erstreckungswirkung im Zuwendungsverzichtsvertrag ausdrücklich ausgeschlossen ist.

115 Zahlreiche Regelungen sind beim Zuwendungsverzicht möglich, insbesondere die Erstreckung oder Nichterstreckung auf Abkömmlinge. Nicht geklärt ist die Frage, ob die Erstreckungswirkung auch eine ausdrückliche Ersatzerbenberufung oder nur eine solche erfasst, die sich aus der Anwendung des § 2069 BGB ergibt.

Für die Testamentspraxis empfiehlt sich zudem die weitere Alternative, Ersatzberufungen unter die auflösende Bedingung zu stellen, dass sie ersatzlos wegfallen, wenn der Erstberufene einen Zuwendungsverzicht erklärt.

116 **Formulierungsbeispiel**
Die vorgenannte Ersatzerbeinsetzung der X und Y sowie deren Abkömmlinge entfallen vollständig und ohne Ersatz, wenn unsere Tochter X einen Zuwendungsverzicht hinsichtlich ihrer Erbeinsetzung erklärt.

117 Der erfolgte einfache Verweis auf § 2349 BGB hilft aber häufig in der Praxis nicht weiter, weil nicht nur Abkömmlinge als Ersatzberufene denkbar sind. Insofern greift die Neuregelung nicht bei ersatzweise berufenen Erben und Vermächtnisnehmern, die nicht Abkömmlinge sind.

Als mögliche Ergänzungsregelung schlägt *Weidlich*[181] eine isolierte Zustimmung des Bedachten zur Änderung vor. Eine derartige Variante dürfte aber nicht zulässig sein, weil eine letztwillige Verfügung nicht generell zustimmungsfähig ist. Etwas anderes gilt jedoch dann, wenn das Testament einen Abänderungsvorbehalt enthält. Insofern ist ratsam, einen derartigen (ggf. beschränkten) Änderungsvorbehalt zukünftig in gemeinschaftlichen Testamenten etc. aufzunehmen.

Des Weiteren stellt sich die Frage, ob die Erstreckungswirkung des Zuwendungsverzichts auch eine ausdrückliche Einsetzung von Abkömmlingen zum Ersatzerben umfassen kann, wenn die Ersatzerbeneinsetzung die Abkömmlinge des Wegfallenden nicht einheitlich bedachte oder nur einzelne von diesen wie z.B. nur einen statt der vorhandenen zwei Enkel.

---

178 Vgl. nur *Kanzleiter*, DNotZ 2009, 805; *Klinck*, ZEV 2009, 533; *Keim*, RNotZ 2009, 574.
179 So auch *Schaal/Grigas*, BWNotZ 2008, 24. Ebenso *Keim*, ZEV 2008, 168.
180 Nach *J. Mayer*, Konsequenzen der Reform des Pflichtteilsrechts, DAI 1. Jahrestagung Erbrecht 2008, S. 35.
181 *Weidlich*, ZEV 2007, 463 ff.

Da es sich um eine bloße Erwerbschance des einzelnen Ersatzerben (Abkömmling) handelt, dürfte auch diese Ersatzerbenregelung vom Zuwendungsverzicht umfasst sein.

Ebenso ungeklärt ist, ob im Zuwendungsverzichtsvertrag der Verzichtende die Erstreckungswirkung nur auf einzelne Abkömmlinge beschränken könnte. Dies ist bereits beim Pflichtteilsverzicht umstrittenen, jedoch ist die Einschränkbarkeit der Erstreckung im Ergebnis zu bejahen.[182]

Als weitere Alternative kommt ein schuldrechtlicher **Ausschlagungsverzichtsvertrag** in Frage,[183] der aber kaum in der Praxis weiter helfen dürfte, da die Ausschlagung die Ersatzberufung, also genau das Gegenteil des Gewollten, auslösen würde. Ferner kommt ein echter Vertrag zugunsten Dritter in Betracht und zwar als Vereinbarung des Erstbedachten mit dem Erblasser zur Herausgabe oder Übertragung der Erbschaft, des Erbteils oder des Vermächtnisanspruchs an den neu Bedachten. Im Valutaverhältnis ist aber dann zwischen dem Begünstigten und dem Erblasser ein Schenkungsvertrag notwendig.

Selbstverständlich sind auch Zuwendungen durch Rechtsgeschäft unter Lebenden möglich, wie die lebzeitige Zuwendung mit Zustimmung des Bedachten sowie die Vermögenssteuerung am Nachlass vorbei. Ein Rechtsübergang außerhalb des Nachlasses scheint ohnehin die pragmatischste Lösung zu sein.

Ein Zuwendungsverzicht kann (ebenso wie der Erbverzicht) durch notariellen Vertrag mit dem Erblasser wieder aufgehoben werden, wenn der Erblasser den Rechtszustand vor dem Verzicht durch Verfügung von Todes wegen nicht vollständig wiederherstellen könnte.[184] Obwohl durch die Reform keine weitere Verweisung auf § 2351 BGB erfolgt ist, ist diese Vorschrift über die Aufhebung des Erbverzichts daher in den vorgenannten Fällen analog anwendbar.

### 6. Steuerliche Folgen

Wegen der steuerlichen Auswirkungen wird auf die obigen Ausführungen zum Erbverzicht/ Pflichtteilsverzicht verwiesen.

## III. Muster: Zuwendungsverzichtsvertrag

*(Notarielle Urkundenformalien)*

Anwesend sind M, S1 und T sowie S2. Sie schließen mit der Bitte um notarielle Beurkundung folgenden

*Zuwendungsverzichtsvertrag*

### I. Vorwort

Die Ehegatten M und F haben am           vor dem Notar           zu UR-Nr.           ein gemeinschaftliches Testament geschlossen. Schlusserben sind die beiden Söhne S1 und S2 zu gleichen Teilen. Ersatzschlusserben sind für S1 seine T und für S2 sein Sohn E. Am           verstarb die Ehefrau F.

### II. Zuwendungsverzichte

1. Der Sohn S1 verzichtet hiermit gegenüber seinem Vater M im Rahmen eines Zuwendungsverzichtsvertrages auf das ihm durch das bindend gewordene gemeinschaftliche Testament vom           zugewandte Erbrecht.

---

182 Ebenso *Bamberger/Roth/J. Mayer*, § 2349 Rn 3 m.w.N.
183 So auch *Weidlich*, ZEV 2007, 463 ff.
184 BGH ZErb 2008, 162 mit kritischer Anmerkung von *Kornexl*, ZEV 2008, 240. Dazu auch *Odersky*, notar 2008, 181.

Der Verzicht wird unter der aufschiebenden Bedingung der unter III. zu erbringenden Gegenleistung erklärt, so dass dieser erst wirksam wird, wenn die Gegenleistung vollständig gezahlt ist.

Herr M nimmt den Zuwendungsverzicht an.

2. Die Tochter von S1, T, die als Ersatzerbin eingesetzt wurde, verzichtet hiermit gegenüber ihrem Großvater M im Rahmen eines Zuwendungsverzichtsvertrages auf das ihr durch das bindend gewordene gemeinschaftliche Testament vom ▒▒▒▒ zugewandte Erbrecht.

Der Verzicht wird unter der aufschiebenden Bedingung der unter III. für S1 ▒▒▒▒ zu erbringende Gegenleistung erklärt.

Herr M nimmt den Zuwendungsverzicht an.

Die beiden Zuwendungsverzichte beziehen sich lediglich auf die Zuwendungen aus dem gemeinschaftlichen Testament und nicht auf ein gesetzliches Erb- oder Pflichtteilsrecht.

Soweit die Voraussetzungen des § 311b Abs. 5 BGB gegeben sind, verpflichtet sich S1, den Erbanteil, der ihm nach dem Tode seines Vaters aufgrund des gemeinschaftlichen Testamentes vom ▒▒▒▒ zufällt, an seinen Bruder S2 ▒▒▒▒ auf Kosten des S2 nach § 2033 BGB frei von Rechten Dritter Zug-um-Zug gegen Zahlung eines Betrages in Höhe von 30.000 EUR zu übertragen.

In diesem Zusammenhang weist der Notar ausführlich auf die begrenzte Regelungsmöglichkeit des § 311b Abs. 5 BGB hin. Ferner wird darauf hingewiesen, dass die o.g. Vereinbarung lediglich schuldrechtliche Wirkung hat und nicht erfüllbar ist, wenn S1 nicht Erbe wird.

3. S2 verzichtet hiermit auf das ihm nach dem obigen Zuwendungsverzichtsvertrag und dem gemeinschaftlichen Testament der Eltern vom ▒▒▒▒ zustehende Erbrecht insoweit, als hierdurch die Wirksamkeit der von Vater M beabsichtigte Vermächtnisanordnung in Form eines Geldvermächtnisses in Höhe von 10.000 EUR zugunsten der Deutschen Gesellschaft zur Rettung Schiffbrüchiger e.V. verhindert würde. Nur wenn das vorbezeichnete Vermächtnis wirksam wird, soll dieser Verzicht gelten.

Herr M nimmt den Zuwendungsverzicht an.

*III. Gegenleistung*

S1 erhält vom Vater M eine Gegenleistung in Höhe von 30.000 EUR. Diese ist bis zum ▒▒▒▒ auf das Konto ▒▒▒▒ bei der Bank ▒▒▒▒ zu zahlen.

*IV. Weitere Erklärungen*

Die Parteien erklären übereinstimmend, dass die unter III. vereinbarte Gegenleistung eine vollständige Abfindung bzw. Abgeltung für das durch das gemeinschaftliche Testament zugewandte Erbrecht ist.

Da nach der derzeitigen Rechtsprechung ein Zuwendungsverzicht nicht gegenüber anderen, als Ersatzerben berufenen Abkömmlingen wirkt, erklären die Parteien bereits jetzt, dass die für den jeweiligen Stamm vereinbarte Abfindungszahlung binnen eines Monats nach schriftlicher Aufforderung zurückzuzahlen ist, sofern nach dem Tode des Erblassers Ansprüche von dem Ersatzschlusserben gegen den Nachlass geltend gemacht werden. Die Rückzahlungssumme ist mit 7 % jährlich vom Tage der Beurkundung an zu verzinsen.

Auf eine die Rückzahlung absichernde unbefristete selbstschuldnerische Bankbürgschaft oder ein anderes Sicherungsmittel wird nach erfolgter Belehrung durch den Notar übereinstimmend verzichtet.

*V. ▒▒▒▒ (Belehrungen, Durchführungsanweisungen, Vollmachten, Kosten)*

## IV. Checkliste: Zuwendungsverzicht

- **Anwendungsbereich:**
  - Geschäftsunfähigkeit (ganz oder teilweise) des Erblassers?
  - Bindungswirkung wegen gemeinschaftlichen Testamentes, wegen Erbvertrages, wegen fehlender Mitwirkung des Vertragspartners oder besteht ein Änderungsvorbehalt oder eine Freistellungsklausel?
  - Umgehung der Rechtsfolgen des § 2287 BGB?
- **Ausgestaltung:**
  - Notarielle Form zwingend
  - Erblasser muss persönlich den Verzichtsvertrag abschließen, nicht aber der Verzichtende, der sich vertreten (nicht nach dem Tode des Erblassers) lassen kann.
  - Soll sich der Verzicht auch auf das gesetzliche Erbrecht und/oder Pflichtteilsrecht erstrecken?
  - Soll sich der Verzicht auch auf Abkömmlinge erstrecken?
  - Ist die Bestellung eines Ergänzungspflegers oder eine vormundschaftsgerichtliche Genehmigung erforderlich?
  - Soll ggf. nur teilweiser Zuwendungsverzicht erklärt werden, um z.B. die Zuwendung eines Vermächtnisses zu ermöglichen? Soll nur auf eine von mehreren Zuwendungen verzichtet werden?
  - Sind die Zuwendung, auf die verzichtet wird, und die sie enthaltende Verfügung von Todes wegen genau genug bezeichnet?
  - Soll ein relativ wirkender Zuwendungsverzicht oder eine Bedingung, z.B. die Erbringung einer Gegenleistung, im Rahmen eines entgeltlichen Zuwendungsverzichts vereinbart werden?
  - Sind für den Fall Rückabwicklungsregelungen für erbrachte Abfindungen oder vertragliche Vereinbarungen nach § 311b Abs. 5 BGB einzuarbeiten?
- **Weitere Maßnahmen und Belehrungen:**
  - Widerruf aller Ersatzberufungen durch Erblasser, sofern keine Hinderung wegen Bindungswirkung.
  - Verzicht aller vorhandenen ausdrücklich ernannten oder nach § 2069 BGB vermuteten Ersatzerben oder Ersatzvermächtnisnehmer notwendig, da keine Erstreckungswirkung nach § 2094 BGB.
  - Ausdrückliche Belehrung, dass nach Vertragsschluss weitere Ersatzerben geboren werden können, so dass Zuwendungsverzicht ggf. nicht die gewünschte Wirkung entfalten könnte.

*Bonefeld*

## D. Kurzübersicht

| Verzichtsart | Auswirkungen für Verzichtenden | Auswirkungen für den Stamm | weitere Auswirkungen oder Vor- und Nachteile |
|---|---|---|---|
| **Erbverzicht § 2346 Abs. 1 BGB** | Austritt von gesetzlicher Erbfolge | Verzicht gilt auch für Abkömmlinge, wenn Verzichtender seitenverwandt o. Abkömmling | – Pflichtteilserhöhung der Verbleibenden (§ 2310 S. 2 BGB)<br>– Einsetzung des Verzichtenden als Erbe o. Vermächtnisnehmer möglich<br>– Zugewinnausgleich nicht vom Verzicht umfasst |
| **Pflichtteilsverzicht § 2346 Abs. 2 BGB** zahlreiche Beschränkungen, insbesondere gegenständliche, möglich | bleibt gesetzlicher Erbe | bleibt gesetzlicher Erbe | – Keine Erhöhung des Pflichtteils der anderen (Vorteil!)<br>– Zugewinnanspruch bleibt<br>– Pflichtteilsanspruch kann nicht nur auf reine Pflichtteilsergänzungsansprüche nach §§ 2325 ff. BGB beschränkt werden, sondern auch Ausgleichspflichtteil nach § 2316 BGB erfassen |
| **Zuwendungsverzicht § 2352 BGB** | Anfall der Zuwendung wird verhindert | Keine Auswirkungen auf Abkömmlinge des Verzichtenden<br>Keine Erstreckung auf Ersatzberufene nach § 2094 BGB | Macht den Weg frei für neue Verfügungen (z.B. bei Bindungswirkung nicht widerrufbarer Verfügungen) |

# § 6 Nachlasssicherung, Nachlasspflegschaft, Nachlassverwaltung und Bestattungsrecht

*Dieter Trimborn v. Landenberg (Teile A-F) und Isabel Hutter-Vortisch (Teil G)*

## Literatur

**Lehrbücher, Handbücher:**

*Eulberg/Ott-Eulberg*, Nachlasspflegschaft und Nachlassverwaltung, 1999; *Fichtner/Wenzel*, Kommentar zur Grundsicherung, 3. Auflage 2005; *Firsching/Graf*, Nachlassrecht, 9. Auflage 2008; *Gaedke*, Handbuch des Friedhofs- und Bestattungsrechts, 9. Auflage 2004; *Jochum/Pohl*, Nachlasspflegschaft, 4. Auflage 2009; *Kerscher/Krug*, Das erbrechtliche Mandat, 4. Auflage 2007; *Klingelhöffer*, Vermögensverwaltung in Nachlasssachen, 2002; *Kroiß/Seiler*, Das neue FamFG, 2. Auflage 2009; *Lange/Kuchinke*, Erbrecht, 5. Auflage 2001; *Ott-Eulberg/Schebesta/Bartsch*, Praxishandbuch Erbrecht und Banken, 2. Auflage 2008; *Rohlfing*, Erbrecht in der anwaltlichen Praxis, 2. Auflage 1999; *Weirich*, Erben und Vererben, 5. Auflage 2004; *Widmann*, Der Bestattungsvertrag, 5. Auflage 2009.

**Aufsätze:**

*Ahrens*, Der Leichnam rechtlich betrachtet, ErbR 2007, 146; *Behr*, Zwangsvollstreckung in den Nachlass, Rpfleger 2002, 2; *Burghardt*, Verfügungen über Nachlasskonten in der Bankpraxis, ZEV 1996, 136; *Damrau*, Grabpflegekosten sind Nachlasskosten, ZEV 2004, 456; *Draschka*, Gläubigerbefriedigung durch den Nachlasspfleger, Rpfleger 1992, 281; *Gutbrod*, Rechtsfragen der Erbenermittlung, ZEV 1994, 337; *Hartung*, Der Nachlasspfleger im Streit mit den Erbprätendenten, Rpfleger 1991, 279; *Hepting*, Die personenstandsrechtliche Antragsbefugnis eines vom Nachlasspfleger beauftragten Erbenermittlers, ZEV 1999, 302; *Hoeren*, Der Umgang mit Email- und Website-Accounts nach dem Versterben des Inhabers, NJW 2005, 2113; *Märker*, Grabpflegekosten als Nachlassverbindlichkeiten? MDR 1992, 217; *Marotzke*, Antrag auf Erteilung eines Erbscheins und Nachlasspflegschaft, ZEV 2005, 111; *Ott-Eulberg*, Die Nachlasspflegschaft als taktisches Mittel zur Durchsetzung von Pflichtteils- und Pflichtteilsergänzungsansprüchen, ZerB 2000, 222; *Ponath*, Vermögensschutz durch Lebensversicherungen, ZEV 2006, 298; *Primozic*, Kann der Nachlasspfleger zum Nachlass gehörende Pflichtteilsansprüche geltend machen?, NJW 2000, 711–712; *Rudolf/Eckhardt*, Zur Frage der Anwendbarkeit der 15-Monats-Frist nach § 2 Satz 1 VBVG auf den Vergütungsanspruch eines Nachlasspflegers, Zerb 2006, 112–114; *Stein*, Nachlassverwaltung und Zwangsvollstreckung, ZEV 1998, 178; *Stelkens/Cohrs*, Bestattungspflicht und Bestattungskostenpflicht, NVwZ 2002, 917; *Tidow*, Anordnung der Nachlasspflegschaft, Rpfleger 1991, 400; *Tidow*, Die Möglichkeit der Selbstbefriedigung des Sicherungsnachlasspflegers gem. § 1960 BGB aus dem Nachlass, FamRZ 1990, 1060; *Widmann*, Testamentserklärungen und Bestattungsanordnungen in Bestattungsvorsorgeverträgen, FamRZ 2001, 74; *Widmann*, Zur Bedeutung des § 1968 BGB als Anspruchsgrundlage, FamRZ 1988, 351; *Zimmermann*, Vergütung und Ersatz von Aufwendungen des Nachlasspflegers, ZEV 1999, 329; *Zimmermann*, Die Vergütung des Nachlasspflegers seit 1.7.2005, ZEV 2005, 473; *Zimmermann*, Fürsorge für den Nachlass – Voraussetzungen für die Anordnung einer sog. Sicherungspflegschaft, zugl. Anm. zu OLG Düsseldorf 3 Wx 232/93, ZEV 1995, 112.; *Zimmermann*, Die Auswahl von Testamentsvollstreckern, Nachlasspflegern und Nachlassverwaltern durch das Nachlassgericht, ZEV 2007, 313; *Zimmermann*, Rechtsfragen zum Thema „Friedhof und Bestattung", ZEV 1997, 440; *Zimmermann*, Probleme der Teil-Nachlasspflegschaft, FGPrax 2004, 198.

## § 6 Nachlasssicherung, Nachlasspflegschaft, Nachlassverwaltung und Bestattungsrecht

A. Rechtliche Grundlagen .................. 1
  I. Einführung .......................... 1
  II. Nachlasssicherung .................... 2
    1. Anlegung von Siegeln .............. 3
    2. Amtliche Inverwahrnahme .......... 5
    3. Kontensperrung .................... 6
    4. Aufnahme eines Nachlassverzeichnisses .......................... 7
    5. Bestellung eines Hauswächters ...... 8
    6. Anordnung eines Räumungsverkaufs .. 9
    7. Klage- bzw. Prozesspflegschaft gem. § 1961 BGB ....................... 10
    8. Keine abschließende enumerative Aufzählung ............................ 11
  III. Nachlasspflegschaft ................... 12
  IV. Nachlassverwaltung ................... 16
  V. Abgrenzung zu Pflegschaft, Testamentsvollstreckung, Abwesenheitspflegschaft, Nacherbenpflegschaft, Nachlassinsolvenzverfahren ........................... 17
    1. Pflegschaft für die Leibesfrucht gem. § 1912 BGB ....................... 17
    2. Testamentsvollstreckung ............ 18
    3. Abwesenheitspflegschaft gem. § 1911 BGB ............................. 19
    4. Nacherbenpflegschaft ............... 20
    5. Nachlassinsolvenzverfahren ......... 21
B. Nachlasssicherung ..................... 23
  I. Typischer Sachverhalt ................. 23
  II. Muster ............................. 24
    1. Muster: Auftrag zur Siegelung ....... 24
    2. Muster: Antrag auf amtliche Inverwahrnahme ........................ 26
    3. Muster: Antrag auf Kontensperrung .. 27
C. Anwalt als Nachlasspfleger ............. 30
  I. Typischer Sachverhalt ................. 30
  II. Aufgaben des Nachlasspflegers ........ 31
  III. Nachlasssicherung durch Bestandsaufnahme ............................. 33
    1. Muster: Checklisten für Bestandsaufnahmen, getrennt nach Räumen ...... 34
    2. Muster: Verzeichnis des Anfangsbestandes zur Vorlage an das Nachlassgericht ............................. 42
    3. Muster: Titelumschreibung .......... 46
    4. Muster: Anschreiben an Banken und Sparkassen ....................... 48
    5. Muster: Ersuchen des Nachlasspflegers an den Bankenverein des zuständigen Bundeslandes ..................... 51
    6. Muster: Widerruf einer Vollmacht/Kontovollmacht .................... 54
    7. Muster: Aufforderung zur Rechnungslegung aufgrund einer Kontovollmacht ............................ 55
    8. Muster: Antrag des Nachlasspflegers auf Eröffnung des Nachlassinsolvenzverfahrens ......................... 58
    9. Muster: Vermögensübersicht zum Nachlassinsolvenzantrag ............ 60
  IV. Erbenermittlung ..................... 62
    1. Muster: Einwohnermeldeauskunft ... 63
    2. Muster: Anschreiben Standesamt wegen Heiratsurkunde, Geburts- und Sterbeurkunde ..................... 65
    3. Muster: Auskunft aus dem Sonderstandesamt Arolsen ................... 67
    4. Muster: Auskunft aus dem Kriegsgefallenenverzeichnis ................... 69
    5. Muster: Anfrage bei Wehrmachtauskunftsstelle ....................... 71
    6. Muster: Anfrage an das Krankenbuchlager Berlin ....................... 73
    7. Muster: Anfrage an den Suchdienst des Deutschen Roten Kreuzes .......... 75
    8. Muster: Anfrage an die Heimatortskarteien ........................... 77
    9. Muster: Anschreiben an den Notar .. 79
    10. Muster: Anschreiben an die ermittelten Erben ............................ 80
  V. Nachlasspfleger im Umgang mit Gericht und Erben .......................... 81
    1. Muster: Jahresbericht ............... 83
    2. Muster: Herausnahme aus der Hinterlegung ............................ 85
    3. Muster: Anschreiben an die Erben wegen Auslagenersatz und außergerichtliche Einigung über die Vergütung ..... 87
    4. Muster: Antrag auf Vergütungsfestsetzung nach Stunden ................. 93
    5. Muster: Klage auf Erstattung von Auslagen .............................. 95
    6. Muster: Übergabequittung .......... 97
  VI. Umgang mit Behörden, Gläubigern u.a. 98
    1. Muster: Anschreiben an Gläubiger wegen eventueller Nachlassverbindlichkeiten ............................. 100
    2. Muster: Schreiben des Nachlasspflegers an das Einkommensteuerfinanzamt ... 101
    3. Muster: Schreiben des Nachlasspflegers an das Erbschaftsteuerfinanzamt ..... 103
D. Anwalt als Nachlassverwalter .......... 105
  I. Typischer Sachverhalt ................ 105
  II. Aufgaben des Nachlassverwalters ..... 106
    1. Muster: Anschreiben an das Grundbuchamt ........................... 108
    2. Muster: Gläubigeranschreiben des Nachlassverwalters ................. 109
  III. Nachlassverwalter und Nachlassgericht ... 110
    1. Muster: Jahresbericht .............. 111
    2. Muster: Abschlussbericht .......... 112
  IV. Nachlassverwalter im Umgang mit den Erben .............................. 113
    1. Muster: Anschreiben an die Erben/Dritte wegen Auskunft und Herausgabe der Nachlassgegenstände ....... 114
    2. Muster: Ausführliches Anschreiben an die Erben wegen Herausgabe der Nachlassgegenstände ................ 115
  V. Festsetzung der Vergütung ............ 117
E. Anwalt als mittelbar Beteiligter bei der Nachlasspflegschaft ................... 120
  I. Typischer Sachverhalt ................ 120
  II. Anwalt als Vertreter von Gläubigern des Erblassers ........................... 121
    1. Muster: Anzeige eines sicherungsbedürftigen Nachlasses ................ 122
    2. Muster: Antrag auf Bestellung eines Geschäftsführers als Nachlasssicherungsmaßnahme (ausstehende Lohnforderungen) ............................ 124
    3. Muster: Antrag des Gläubigers auf Klagepflegschaft ....................... 126
  III. Anwalt als Vertreter der Erben bei angeordneter Nachlasspflegschaft ........... 128

1. Muster: Erinnerung gegen die Anordnung der Nachlasspflegschaft ........ 129
2. Muster: Antrag eines Erben auf Anweisung des Nachlasspflegers ........... 131
3. Muster: Einwendungen des Erben gegen den Festsetzungsantrag ....... 133
4. Muster: Rechtsmitteleinlegung gegen Vergütungsbeschluss wegen einer Beschwer bis 600 EUR (Erinnerung) .... 135
5. Muster: Rechtsmitteleinlegung gegen Vergütungsbeschluss wegen einer Beschwer ab 600,01 EUR ............. 137
6. Muster: Rechtsbeschwerde gegen den Beschwerdebeschluss des OLG ..... 139
IV. Rechtsanwalt als Vertreter von Pflichtteilsberechtigten ..................... 141
F. **Anwalt als mittelbar Beteiligter bei der Nachlassverwaltung** ................. 144
I. Rechtsanwalt als Vertreter der Erben ..... 144
   1. Muster: Antrag des Erben zur Durchführung des Aufgebotsverfahrens ... 145
   2. Antrag des Erben auf Anordnung der Nachlassverwaltung ................. 146
      a) Beratung des Erben ............. 146
      b) Handlungen vor Anordnung der Nachlassverwaltung ............. 147
      c) Muster: Antrag des Erben auf Anordnung der Nachlassverwaltung .. 148
   3. Muster: Hinweis auf Kosten bei Alleinerben ......................... 150
   4. Muster: Sofortige Beschwerde des Erben gegen die Anordnung der Nachlassverwaltung ................. 151
   5. Muster: Antrag des Erben auf Aufhebung der Nachlassverwaltung ........ 152
   6. Muster: Antrag auf Entlassung des Nachlassverwalters ................ 154
II. Rechtsanwalt als Vertreter der Gläubiger des Erblassers ..................... 155
   1. Muster: Anmeldung einer Forderung im Aufgebotsverfahren ............ 156
   2. Muster: Antrag eines Nachlassgläubigers auf Anordnung der Nachlassverwaltung ......................... 157
   3. Muster: Antrag des Gläubigers auf Entlassung des Nachlassverwalters .... 158
III. Rechtsanwalt als Vertreter von Vermächtnisnehmer und Pflichtteilsberechtigtem ... 159
   1. Muster: Anwaltlicher Hinweis bei Antrag auf Nachlassverwaltungskosten für einen Pflichtteilsberechtigten ..... 160
   2. Muster: Beschwerde gegen die Aufhebung der Nachlassverwaltung ...... 161
G. **Bestattungsrecht und Bestattungskosten** ............................... 162
I. Einleitung ......................... 162
II. Vorsorgende Verfügungen durch den Erblasser ............................. 163
   1. Typischer Sachverhalt ............. 163

2. Rechtliche Grundlagen ............ 164
   a) Der Erblasser hat seine Bestattung ausdrücklich geregelt ........... 164
   b) Umgehung des Friedhofszwangs – Pressen der Asche zu künstlichem Diamanten ..................... 165
   c) Verletzung der Anordnungen des Erblassers – Umbettung .......... 166
3. Muster ............................ 167
   a) Muster: Testamentarische Auflage .. 167
   b) Muster: Bestattungsvorsorgevertrag ........................... 168
   c) Muster: Bestattungsauftrag an den Betreuer ....................... 169
   d) Muster: Anordnung einer Seebestattung ........................ 170
   e) Muster: Antrag auf Erlass einer einstweiligen Anordnung zur Übernahme nicht gedeckter Heimkosten ohne Berücksichtigung eines Bestattungsvorsorgevertrages ....... 171
   f) Anmerkungen zu den Mustern .... 172
III. Vorgehen im Todesfall – Wer darf die Bestattung regeln? ...................... 176
   1. Typischer Sachverhalt ............. 176
   2. Rechtliche Grundlagen ............ 177
      a) Mutmaßlicher Wille des Erblassers ........................... 177
      b) Keine Regelung durch den Erblasser ........................... 178
IV. Kostentragung ..................... 179
   1. Typischer Sachverhalt ............. 179
   2. Rechtliche Grundlagen ............ 180
      a) Einleitung ..................... 180
      b) Haftung von Erben und Unterhaltspflichtigen ..................... 181
      c) Angemessenheit und Notwendigkeit der Bestattungskosten .......... 184
      d) Grabpflegekosten als Nachlassverbindlichkeit i.S.d. § 1968 ........ 185
      e) Muster: Klage gegen den Erben auf Übernahme der Bestattungskosten ........................... 186
      f) Kostentragung aufgrund diverser Gesetze ....................... 187
        aa) Haftung desjenigen, der den Verstorbenen getötet hat, § 844 Abs. 1 BGB ................ 187
        bb) Kostentragung gem. § 277 Lastenausgleichsgesetz ........... 188
        cc) § 64 SGB VII: Sterbegeld und Überführungskosten aus der Unfallversicherung ........... 189
      g) Kostentragung durch den Sozialhilfeträger ......................... 190
      h) Muster: Klage gegen den Sozialhilfeträger auf Übernahme der Bestattungskosten gem. § 74 Abs. 2 SGB XII ...................... 191

# A. Rechtliche Grundlagen

## I. Einführung

Mit dem Tod eines Menschen wird sein Vermögen fürsorgebedürftig. Das BGB geht von dem Grundsatz aus, dass die Abwicklung des Erbfalls Sache der Beteiligten und ein Tätigwerden des Nachlassgerichts nur in besonderen Fällen erforderlich ist. Eine generelle Pflicht des Nachlassgerichts zum Tätigwerden anlässlich eines Erbfalls besteht nicht.[1] Dies ist ein Ausdruck der Privatautonomie und der Subsidiarität staatlichen Handelns in privaten Angelegenheiten seiner Bürger. Obwohl unter Laien zuweilen eine andere Vorstellung herrscht, wäre es mit dem geltenden Recht unvereinbar, wenn in jedem Erbfall der Nachlass zunächst unter Verwaltung gestellt würde. Anlass zum Handeln besteht indes, wenn durch einen „herrenlosen" Nachlass Vermögensinteressen von Erben und Nachlassgläubigern beeinträchtigt werden.

Gerade in Zeiten, in welchen Familienbande lockerer werden und Angehörige weit entfernt voneinander leben, kann es vorkommen, dass die Erbfolge noch nicht feststeht und es an einer Vertrauensperson fehlt, die den Nachlass für die noch zu ermittelnden Erben verwaltet. Das Nachlassgericht nimmt dann „rechtspolizeiliche"[2] Aufgaben wahr. Zur Gefahrenabwehr können folgende Sicherungsmittel angeordnet werden:
– Die **Nachlasssicherung** gem. § 1960 Abs. 1 BGB beinhaltet Maßnahmen zur Sicherung einzelner Nachlassgegenstände;
– Die **Nachlasspflegschaft** gem. § 1960 Abs. 2 BGB beinhaltet die Bestellung einer Person als Pfleger, der den Nachlass für den noch unbekannten Erben verwaltet; und
– Die **Nachlassverwaltung** gem. § 1975 BGB beinhaltet als Sonderform der Nachlasspflegschaft die Bestellung eines Pflegers, um Nachlassgläubiger zu befriedigen.[3]

Regelmäßig wird dem Nachlassgericht der Tod einer Person durch Anzeige des Standesbeamten bekannt. Da die Mitteilung des Standesamts an das Nachlassgericht im Rahmen eines verwaltungsmäßigen Verfahrens erfolgt, vergehen zumindest mehrere Tage zwischen dem Tod einer Person und dem Bekanntwerden beim Nachlassgericht.[4] Schon aus diesem Grund darf sich der beratende Rechtsanwalt keinesfalls auf eine rechtzeitige Sicherung von Amts wegen verlassen und hat im Mandanteninteresse schnell zu reagieren, um Veränderungen am Nachlassbestand zu verhindern, sowie eventuell vorhandene letztwillige Verfügungen sicherzustellen.

## II. Nachlasssicherung

Die Nachlasssicherung ist im Unterschied zur Nachlasspflegschaft die mildeste Form nachlassgerichtlichen Handelns. Sie ist immer dann angezeigt, wenn nur einzelne Nachlassgegenstände gefährdet sind. In Einzelfällen kann es ausreichend sein, die Erstellung eines Nachlassverzeichnisses anzuordnen, wenn die Zusammensetzung des Nachlasses ungeklärt ist.

Die Voraussetzungen und die Zuständigkeit sind (bis auf das Erfordernis der Pflegerbestellung) mit denen der Nachlasspflegschaft identisch (vgl. Rn 14).

Der beratende Rechtsanwalt wird vor Antragstellung immer abwägen müssen, ob die Nachlasssicherung oder eine Nachlasspflegschaft vorzugswürdig ist. Die Nachlasspflegschaft hat den Vorteil der umfassenden Sorge für den Nachlass, die allerdings entsprechende Kosten nach sich zieht. Vertritt man einen Nachlassgläubiger, spielt letzteres sicher keine Rolle, wenn der Nachlass werthaltig ist. Die Nachlasssicherung – die auch hilfsweise beantragt werden kann – wird stets dem kostenbewussten Erben bzw. Erbprätendenten anzuraten

---

1 Staudinger/*Marotzke*, § 1969 BGB Rn 2.
2 *Lange/Kuchinke*, Erbrecht, S. 987.
3 Soweit der Nachlass überschuldet ist, kommt als schärfste Sicherungsmaßnahme die Nachlassinsolvenz in Frage, vgl. hierzu die Ausführungen unter § 11 Rn 473 ff.
4 *Kerscher/Krug*, § 11 Rn 4.

sein. Wird z.B. nur ein Hausmeister für das Haus bestellt, kann der Erbe gleichwohl weiter mit einer Bankvollmacht arbeiten, was im Falle der Nachlasspflegschaft ausgeschlossen wäre.

Da es sich um eine Ermessensentscheidung des Nachlassgerichts handelt, kann es ratsam sein, vorab das Gespräch mit dem zuständigen Rechtspfleger zu suchen. Gerade bei eilbedürftigen Maßnahmen sollte der Antrag zusätzlich angekündigt werden, damit er nicht auf dem Dienstweg untergeht. Je nach Dringlichkeit ist auf die Zustellung mit einem Eilboten an das Gericht (in den Raum des Rechtspflegers) angezeigt.

### 1. Anlegung von Siegeln

Die Anordnung der Siegelung ist Aufgabe des Nachlassgerichts. Die Entscheidung wird vom zuständigen Rechtspfleger getroffen. Die Anordnung erfolgt von Amts wegen oder auf Antrag. Der Rechtspfleger kann die Ausführung der Versiegelung zwar selbst vornehmen, wird diese aber in der Regel anderen Organen übertragen; maßgebend ist das Landesrecht. Diese kostengünstige Möglichkeit der Nachlasssicherung wird viel zu selten ergriffen, obwohl dadurch sehr schnell eine Sicherung erreicht werden kann. Sie sollte in Erwägung gezogen werden z.B. von potenziellen Erben.

Wird die Anlegung von Siegeln behindert, so kann sie erforderlichenfalls mit den Gewaltmitteln des § 35 FamFG erzwungen und durchgesetzt werden.

Die Anlegung von Siegeln ist kein Sicherungsmittel für einen Miterben, der die Erbschaft angenommen hat, da der Erbe bekannt ist. Um den Nachlass zu sichern, ist der Erbe gegen die bekannten Miterben auf die Vorschriften des BGB zu verweisen. Ein Erbe oder Miterbe, der bekannt ist und die Erbschaft angenommen hat, besitzt kein Beschwerderecht gegen eine Anordnung des Nachlassgerichts, durch die eine Siegelung als Sicherungsmaßnahme gem. § 1960 BGB aufgehoben wird.[5] Der Erbe oder Miterbe, der bekannt ist und die Erbschaft in Besitz hat, hat keinen Anspruch auf nachlassgerichtliche Sicherungsmaßnahmen.

### 2. Amtliche Inverwahrnahme

Zur sicheren Feststellung des Nachlassbestandes, allerdings nur bei unbekannten Erben, kommt die amtliche Inverwahrnahme in Betracht, wenn bei der Siegelung des Nachlasses Geld, Sparbücher und kleinere Gegenstände von besonderem Wert gefunden werden. Der die Sieglung vornehmende Beamte hat zum Nachlass gehörende, oben angeführte Gegenstände sofort zu verzeichnen und in die amtliche Aufbewahrung zu verbringen.

### 3. Kontensperrung

Wenn neben einzelnen Wertgegenständen Konten aufgefunden werden, kann das Nachlassgericht die Kontensperrung entweder von Amts wegen oder auf Antrag veranlassen.[6]

Die allgemein anerkannte Befugnis des Nachlassgerichts, den Beteiligten für die Fortführung des Haushalts, des Geschäfts- und Wirtschaftsbetriebs sowie zur Erfüllung dringender Nachlassverbindlichkeiten, namentlich zur Bestreitung der Beerdigungskosten, eine bestimmte *Geld*summe zu überlassen, mit der Verpflichtung, später mit den Erben abzurech-

---

5 KG Rpfleger 1982, 184.
6 KG Berlin 1. Zivilsenat, Urt. v. 29.1.1982 – 1 W 2023/81.

nen, ist für die Praxis sehr bedeutsam. Das Nachlassgericht ist also berechtigt, in diesen Fällen Geldinstitute anzuweisen, vom Konto des Verstorbenen Geldbeträge an bestimmte Personen zur Auszahlung zu bringen. Bei geringfügigen Nachlässen kann somit die Ausstellung eines Erbscheins entbehrlich werden.

Diese nachlassgerichtliche Sicherungsmaßnahme gem. § 1960 BGB, die eine Kontensperrung zum Gegenstand hat, muss Rechte Dritter wahren. Die Anforderungen, die an das Nachlassgericht hinsichtlich der Prüfung der Frage zu stellen sind, ob Dritte zwischenzeitlich Rechte am Nachlassvermögen erworben haben, sind jedoch nicht zu überspannen.[7]

### 4. Aufnahme eines Nachlassverzeichnisses

7   Das Nachlassverzeichnis wird gerade dann interessant sein, wenn zur Fortführung eines Betriebes zum Stichtag Feststellungen über den Bestand der Aktiva zu treffen sind. Der Inhalt des Nachlassverzeichnisses bestimmt sich nach dem Bedürfnis, das zur Anordnung des Nachlassverzeichnisses Anlass gibt.[8] Dieses Nachlassverzeichnis ist nicht zu verwechseln mit dem Nachlassverzeichnis zum Zwecke der Erbauseinandersetzung gem. Art. 26 hess. FGG, § 43 Ba-Wü LFGG sowie dem Nachlassinventar gem. §§ 1993 ff. BGB oder dem Nachlassverzeichnis gem. §§ 260, 2314 Abs. 1 S. 1 BGB.

### 5. Bestellung eines Hauswächters

8   Dies ist dann sinnvoll, wenn für eine Übergangszeit ein Anwesen zu sichern ist. Wenn diese Maßnahme unverzüglich nach dem Versterbensfall eingeleitet wird, ergibt sich dadurch eine optimale Nachlasssicherung.

### 6. Anordnung eines Räumungsverkaufs

9   Das Nachlassgericht kann anordnen, dass leicht verderbliche Ware sofort veräußert wird. Sinnvoll ist der Räumungsverkauf auch zur Vermeidung weiterer Pacht/Mietzinsen. Der Erlös ist auf eines der Nachlasskonten gutzuschreiben.

### 7. Klage- bzw. Prozesspflegschaft gem. § 1961 BGB

10   Will der Nachlassgläubiger (hierunter fallen auch Pflichtteilsberechtigte und Vermächtnisnehmer) gegen einen ungewissen Erben klagen oder einen Prozess fortführen (§ 243 ZPO), so muss er auf das Instrument der Klage- bzw. Prozesspflegschaft zurückgreifen. Die Anordnung der Klage- bzw. Prozesspflegschaft hat die Bestellung eines Nachlasspflegers zur Folge, der den ungewissen endgültigen Erben vertritt. Gegen den nach § 1960 Abs. 3 BGB als Vertreter handelnden Nachlasspfleger kann der Nachlassgläubiger prozessieren oder einen begonnenen Prozess fortführen (§ 243 ZPO).[9]

### 8. Keine abschließende enumerative Aufzählung

11   Die oben angeführten Sicherungsmittel sind nicht abschließend. Je nach Fallgestaltung müssen unterschiedliche Maßnahmen getroffen werden. Es kommen auch Sicherungsmittel wie Vormerkungen, Postsperre, Bestellung eines Hauswächters, Anordnung des Verkaufs

---

7   OLGZ 1982, 398 ff.
8   *Firsching/Graf*, Rn 4, 588.
9   Staudinger/*Marotzke*, § 1961 BGB Rn 1.

verderblicher Sachen etc. in Betracht. Der Phantasie und Kreativität des Anwalts sind nahezu keine Grenzen gesetzt. Für den Erben ist die Anordnung der **Nachlasspflegschaft** die „**teuerste**" **Sicherung**, so dass der Anwalt als Erbenvertreter sowohl bei der Antragstellung als auch bei der eventuellen Anhörung auf kostengünstigere Sicherungsmittel drängen sollte, wenn diese ausreichend sind.

## III. Nachlasspflegschaft

Eine Nachlasspflegschaft wird vom Nachlassgericht angeordnet, wenn die Erben unbekannt sind, die Erbenermittlung voraussichtlich längere Zeit in Anspruch nehmen wird und der Nachlass der Sicherung und eines Verwalters bedarf.

**Checkliste: Voraussetzungen für die Anordnung einer Nachlasspflegschaft**
- **Erbsituation ungeklärt**, z.B. weil
  - das Erbe noch nicht angenommen wurde,
  - die Erbausschlagung nicht sicher ist,
  - keine gesetzlichen Erben aufzufinden sind,
  - testamentarische Erben nicht aufzufinden bzw. zu identifizieren sind,
  - der Erbe noch nicht geboren wurde (§ 1923 Abs. 2 BGB),
  - unterschiedliche Testamente vorliegen,
  - Erbprätendenten einen Streit um die Erbenstellung führen.
- **Sicherungsbedürfnis des Nachlasses** kann vorliegen, z.B. wenn
  - eine zu erwartende länger andauernde Erbenermittlung den Nachlass herrenlos machen würde,
  - eine fällige Forderung gegen den Nachlass besteht,
  - eine Gefährdung des Nachlassvermögens zu befürchten ist (Einbruchsgefahr/fortlaufende Kosten aus Mietverhältnis etc.).
- **Erfordernis einer Verwalterbestellung** ist gegeben, wenn das Sicherungsbedürfnis des Nachlasses nicht durch Anordnung anderer Maßnahmen zur Nachlasssicherung erreicht werden kann.

Die sachliche und örtliche Zuständigkeit des Nachlassgerichts bestimmen sich nach § 343 f. FamFG. Gemäß § 343 Abs. 1 FamFG ist das Nachlassgericht zuständig, in dessen Bereich der Erblasser sein letzten Wohnsitz hatte, es ist somit nicht das Nachlassgericht zuständig in dessen Bereich Erblasser verstarb. Sachlich ist das Nachlassgericht und nicht das Betreuungsgericht für die Anordnung der Nachlasspflegschaft zuständig. Örtlich ist das Nachlassgericht zuständig, in dessen Bezirk der Erblasser seinen letzten Wohnsitz hatte. Generell richtiges Nachlassgericht ist dasjenige, welches die Nachlassakte führt. Es empfiehlt sich, gerade bei vorangegangenen Krankenhausaufenthalten des Erblassers, gegebenenfalls sowohl beim Nachlassgericht des letzten Wohnorts als auch beim Nachlassgericht, welches für den Bereich des Krankenhauses zuständig ist, die entsprechenden Anträge zu stellen.

Neben dem Nachlassgericht des letzten Wohnsitzes kann für eine Maßnahme der Nachlassicherung auch ein weiteres Amtsgericht zuständig sein, wenn sich in seinem Bezirk ein zu sichernder Nachlassgegenstand befindet. Gemäß § 344 Abs. 4 FamFG ist jedes Gericht zuständig, in dessen Bezirk das Bedürfnis für die Sicherung besteht, auch soll das Amtsgericht, das Sicherungsmaßnahmen trifft, gem. § 356 Abs. 2 FamFG dem nach § 343 Abs. 1 FamFG zuständigen Gericht Mitteilung machen.

Im Vergleich zum FGG hat sich die örtliche Zuständigkeit nicht geändert, jedoch mit folgender Ausnahme: Die Einschränkung auf im Inland belegene Gegenstände fällt gem. § 105 FamFG weg, wenn von der örtlichen Zuständigkeit eine internationale Zuständigkeit abgeleitet werden kann. Damit wird der sog. Gleichlauftheorie, wonach die deutschen Gerichte für Nachlasssachen nur beim Anwendung deutschen Sachenrechts zuständig sein sollen, eine Absage erteilt.[10]

Es ist auch klarzustellen, dass die seit dem 1.9.2009 geltende FGG-Reform an der sachlichen Zuständigkeit des Amtsgerichts nichts geändert hat, sie wird wegen der Einbeziehung der FamFG-Verfahren in den Geltungsbereichs des GVG künftig in § 23a Abs. 2 GVG (Art. 22 Nr. 7) nunmehr zentral geregelt.

15 Das Nachlassgericht wird von sich aus tätig oder auf Antrag. Das Nachlassgericht hat von Amts wegen für die Sicherung des inländischen Nachlasses zu sorgen, soweit hierfür ein Bedürfnis besteht. Bei der beantragten Nachlasspflegschaft hat das Nachlassgericht dieselbe Prüfung der Sach- und Rechtslage vorzunehmen wie bei der Anordnung von Amts wegen.

Die Nachlasspflegschaft bezweckt die Ermittlung unbekannter Erben sowie die Sicherung, Erhaltung und Verwaltung des Nachlasses. Sie bezieht sich nur auf inländisches Vermögen von Inländern oder Ausländern. Wenn ein zuverlässiger Bevollmächtigter vom Erblasser vorgesehen wurde, kann das Bedürfnis für die Nachlasspflegschaft entfallen.

## IV. Nachlassverwaltung

16 Nach der Legaldefinition des § 1975 BGB ist die Nachlassverwaltung eine Nachlasspflegschaft zum Zwecke der Befriedigung der Gläubiger.[11]

Aus dem Prinzip der Gesamtrechtsnachfolge ergibt sich, dass auch die Schulden des Erblassers auf den Erben übergehen. Dieses Ergebnis kann sowohl für die Erben als auch für die Gläubiger des Erblassers unerwünscht sein. Der Erbe kann das Ziel haben, die Haftung für Erblasserschulden auf den Nachlass zu beschränken, ohne sich mit jedem Gläubiger einzeln auseinander setzen zu müssen. Der Gläubiger eines „reichen" Nachlasses wird verhindern wollen, dass ein „armer", also überschuldeter Erbe sein Vermögen mit dem des Nachlasses vermischt, so dass die Forderung gefährdet sein könnte. Hier bietet es sich gerade für einen Pflichtteilsberechtigten an, statt einen langjährigen Pflichtteilsprozesses gegen einen emotionalen Erben zu führen, Nachlassverwaltung zu beantragen, und anschließend die Forderung gegen einen rationalen Nachlassverwalter geltend zu machen. Dies ist eine viel zu selten genutzte Möglichkeit.[12] Mit der Nachlassverwaltung wird eine **Gütersonderung** erreicht. Die Trennung der Vermögensmassen wird auf den Zeitpunkt des Erbfalls zurück fingiert. Dadurch wird der Zugriff aller Nachlassgläubiger auf den Nachlass begrenzt und der Zugriff der Privatgläubiger des oder der Erben auf den Nachlass verhindert. Der Nachlassverwalter hat gem. § 1985 Abs. 1 BGB die Aufgabe den Nachlass zu verwalten und die Nachlassverbindlichkeiten aus dem Nachlass zu berichtigen. Seine Aufgabe ist es, die Nachlassgläubiger zu befriedigen. Während der Nachlasspfleger die unbekannten Erben vertritt, somit primär deren Interessen vertritt, hat der Nachlassverwalter primär die Interessen der Nachlassgläubiger zu wahren.

---

10 Vgl. BT-Drucks. 16/6308 S. 221.
11 Staudinger/*Marotzke*, § 1975 BGB Rn 11.
12 Vgl. hierzu *Ott-Eulberg*, ZErb 2000, 222 ff.

## V. Abgrenzung zu Pflegschaft, Testamentsvollstreckung, Abwesenheitspflegschaft, Nacherbenpflegschaft, Nachlassinsolvenzverfahren

### 1. Pflegschaft für die Leibesfrucht gem. § 1912 BGB

Eine Nachlasspflegschaft ist neben der Pflegschaft für die Leibesfrucht möglich. Es bestehen i.d.R. keine Bedenken, den Leibesfruchtpfleger zugleich als Nachlasspfleger zu bestellen.

### 2. Testamentsvollstreckung

Testamentsvollstreckung ist eine vom Erblasser bestimmte Verwaltung seines ganzen oder teilweisen Vermögens, um seine letztwilligen Anordnungen auszuführen, gegebenenfalls die Auseinandersetzung zu bewirken oder den Nachlass zu verwalten. Der Testamentsvollstrecker leitet seine Legitimation unmittelbar vom Willen des Erblassers ab. Die Testamentsvollstreckung steht der Nachlasspflegschaft zwar nicht grundsätzlich entgegen, ein Bedürfnis für die Nachlasspflegschaft wird aber meist fehlen. Dem Nachlasspfleger steht dabei das Verwaltungsrecht soweit nicht zu, als es der Testamentsvollstrecker hat. Den Testamentsvollstrecker als Nachlasspfleger zu bestellen, ist wegen Interessenswiderstreits nicht möglich. Der Testamentsvollstrecker hat gegen die Anordnung der Nachlasspflegschaft ein Beschwerderecht.[13] Die Beschwerde des Testamentsvollstreckers gegen die Anordnung der Nachlasspflegschaft ist dann unbegründet, wenn der Antrag von einem Pflichtteilsberechtigten gestellt wird, der seine Pflichtteilsansprüche geltend machen will.

### 3. Abwesenheitspflegschaft gem. § 1911 BGB

Bei der Abwesenheitspflegschaft ist der Vertretene bekannt, der Aufenthaltsort unbekannt während bei der Nachlasspflegschaft die Person des Vertretenen unbekannt ist.

### 4. Nacherbenpflegschaft

Eine Nacherbenpflegschaft ist, solange die Nacherbfolge nicht eingetreten ist, nicht allein deshalb schon anzuordnen, weil der Nacherbe unbekannt ist, da bis zum Eintritt des Nacherbfalls der Vorerbe Rechtsnachfolger des Erblassers ist.

Vor dem Nacherbfall kann nur eine Pflegschaft nach § 1913 S. 2 BGB angeordnet werden. Sind Elternteil und Kinder Vor- und Nacherben, so ist zur Wahrnehmung der Sicherungsrechte der Nacherben nach §§ 2116 ff. BGB oder zur Entscheidung über die Ausschlagung der Nacherben ein Pfleger nur bei konkretem Interessenwiderstreit oder besonderem Anlass zu bestellen.

### 5. Nachlassinsolvenzverfahren

Die Nachlassinsolvenz gem. §§ 1975 ff. BGB, §§ 315–331 InsO ist eine weitere vom Gesetz zur Verfügung gestellte Möglichkeit der Haftungsbeschränkung im Wege der **Gütersonderung**. Er sorgt für eine gleichmäßige Aufteilung der unzureichenden Nachlassmittel unter den nicht bevorrechtigten Gläubigern. Die Nachlassinsolvenz lässt die Verwaltung auf den Nachlassinsolvenzverwalter übergehen. Damit wird jedoch eine Nachlasspflegschaft nicht ausgeschlossen. In der Praxis wird es jedoch so sein, dass bei einem von Nachlassgläubigern beantragten Nachlassinsolvenzverfahren die Nachlasspflegschaft nicht neben einem Nach-

---

13 *Firsching/Graf*, Rn 4.613.

lassinsolvenzverfahren angeordnet wird. Erst wenn ein Überschuss zu verteilen sein sollte, wird die Nachlasspflegschaft angeordnet werden. In zahlreichen Fällen wird der Nachlasspfleger für die unbekannten Erben Antrag auf Eröffnung des Nachlassinsolvenzverfahrens stellen müssen.

22 **Insolvenzeröffnungsgründe** sind:
– Überschuldung des Nachlasses;
– Zahlungsunfähigkeit;
– Drohende Zahlungsunfähigkeit; dies dann, wenn der Antrag vom Erben bzw. von einem Fremdverwalter wie Nachlassverwalter oder Testamentsvollstrecker gestellt wird.
– Keine Voraussetzung mehr ist die Annahme der Erbschaft und die Haftungsbeschränkung.

## B. Nachlasssicherung

### I. Typischer Sachverhalt

23 Der Erblasser E, der mit mehreren Personen gemeinsam ein Haus bewohnt (bzw. bei Unterbringung im Pflegeheim), verstarb, wobei keine nahen Angehörigen bzw. Betreuer vorhanden sind. Die Erbfolge ist aus verschiedenen Gründen unklar. Es ist bekannt, dass sich in den Wohnräumen wertvolle Nachlasswerte befinden. Der Erblasser hatte zudem verschiedenen Personen Kontovollmacht erteilt. Es ist allerdings zu erwarten, dass die Erbfolge rasch geklärt werden wird. Die Anordnung einer Nachlasspflegschaft wäre zu kostenintensiv.

### II. Muster

#### 1. Muster: Auftrag zur Siegelung

24 Durch die Siegelung der Räume kann erreicht werden, dass diese verschlossen werden und somit der Nachlassbestand gesichert wird. Der die Siegelung vornehmende Beamte hat eine eventuell aufgefundene letztwillige Verfügung an sich zu nehmen und beim Nachlassgericht abzuliefern.

76 An das

25 Amtsgericht
– Nachlassgericht – (Baden-Württemberg: Staatl. Notariat)

*Nachlasssache des Herrn* ▬▬, *zuletzt wohnhaft* ▬▬, *verstorben am* ▬▬
*Az.* ▬▬

Wir vertreten, Herrn/Frau ▬▬, den wahrscheinlichen Erben, eine entsprechende Vollmacht fügen wir bei. In der Anlage überreichen wir eine uns vorliegende Kopie eines Testaments. Wir gehen davon aus, dass dieses Testament im Original in den Räumlichkeiten aufgefunden wird. Unser Mandant ist noch ca. zwei Wochen berufsbedingt abwesend. Damit nicht die gesetzlichen Erben das Original vernichten, beantragen wir,

in der Wohnung des Erblassers das Schlafzimmer, das Wohnzimmer und das Arbeitszimmer zu *versiegeln*.

Die Versiegelung ist ausreichend, da sich die mutmaßlichen Erben in allernächster Zeit treffen und gemeinsam die Wohnung nach Testamenten durchsuchen werden. Es handelt sich um ▬▬.

*Trimborn v. Landenberg*

Die noch lebenden Verwandten des Erblassers haben ein lebhaftes Interesse, die testamentarische Erbfolge zu vermeiden. Ebenso die Haushälterin des Erblassers, da ihr bekannt ist, dass ein Testament zu ihren Gunsten aufgehoben wurde.

Eine Anordnung der Nachlasspflegschaft ist nicht erforderlich, da zeitnah von den wahrscheinlichen Erben das maßgebliche Testament vorgelegt werden kann. Nachlasssicherungsmaßnahmen umfangreicher Art sind nicht erforderlich.

(Rechtsanwalt)

### 2. Muster: Antrag auf amtliche Inverwahrnahme

An das

Amtsgericht
– Nachlassgericht – (Baden-Württemberg: Staatl. Notariat)

*Nachlasssache des Herrn* ▬▬▬ *, zuletzt wohnhaft* ▬▬▬ *, verstorben am* ▬▬▬

Az. ▬▬▬

Wir vertreten den Sohn des Erblassers, Vollmacht anbei. Es ist derzeit ungeklärt, wer Erbe ist. Es sind mehrere unterschiedliche letztwillige Verfügungen vorhanden. Unser Mandant ist nicht in der Lage, den Nachlass in Besitz zu nehmen, da er keinen Hausschlüssel besitzt. Der Nachlass dürfte sich im Wesentlichen aus Bargeld, Wertpapieren und Schmuck zusammensetzen. Die in der Wohnung lebende Lebensgefährtin des Erblassers hat die eidesstattliche Vermögensversicherung abgegeben, aus diesem Grund besteht die Befürchtung, dass die Lebensgefährtin den Nachlass versilbert.

Wir beantragen daher,
1. Bargeld, Wertpapiere und Schmuck in die besondere gesicherte Aufbewahrung zu nehmen,
2. den Gerichtsvollzieher zu beauftragen, die im Nachlass befindlichen vorgenannten Gegenstände notfalls unter Anwendung von Gewalt an sich zu nehmen und zur Hinterlegung zu bringen.

Die Erben sind unbekannt; der Nachlass sicherungsbedürftig. Sollte diesbezüglich weiterer Sachvortrag erforderlich sein, ersuchen wir um entsprechende Mitteilung.

(Rechtsanwalt)

### 3. Muster: Antrag auf Kontensperrung

Wenn sich im Nachlass ein Konto befindet, kann eine Kontensperrung angebracht sein, wenn zu befürchten ist, dass der Bevollmächtigte die Kontovollmacht missbrauchen könnte und anschließend die Realisierung eventuell vorhandener bereicherungsrechtlicher Ansprüche wegen Vermögenslosigkeit des Bevollmächtigten gefährdet erscheint.

An das

Amtsgericht
– Nachlassgericht – (Baden-Württemberg: Notariat)

*Nachlasssache des Herrn* ▬▬▬ *, zuletzt wohnhaft* ▬▬▬ *, verstorben am* ▬▬▬

Az. ▬▬▬

Wir vertreten die Haushälterin des am ▬▬▬ verstorbenen ▬▬▬, Vollmacht anbei. Der Verstorbene hatte zu Lebzeiten unserer Mandantin mitgeteilt, dass sie als Alleinerbin vorgesehen ist. Das erwähnte Testament wurde noch nicht aufgefunden. Der oder die Erben sind somit unbekannt.

Weiter äußerte er den Wunsch, feuerbestattet zu werden.

Der Enkel des Verstorbenen hat eine Bankvollmacht.

Wir beantragen daher:
1. Die Konten ▒▒▒▒ bei der ▒▒▒▒-Bank zu sperren.
2. Die ▒▒▒▒-Bank anzuweisen, unserer Mandantin einen Betrag von ▒▒▒▒ EUR zur Auszahlung zu bringen zur Bezahlung der Bestattungskosten.

Der Enkel hat massive finanzielle Schwierigkeiten, so dass zu befürchten ist, dass er die Vollmacht missbraucht. Der Enkel hat die eidesstattliche Vermögensversicherung abgegeben, so dass Ansprüche gegen ihn nicht realisiert werden können.

Wenn die Auszahlung nicht vorgenommen wird, kann die Feuerbestattung nicht durchgeführt werden.

(Rechtsanwalt)

29 **Hinweis**
Die vorerwähnten Sicherungsmittel können einzeln bzw. kombiniert beantragt werden, wenn die Anordnung einer Nachlasspflegschaft zu aufwendig ist.

## C. Anwalt als Nachlasspfleger

### I. Typischer Sachverhalt

30 Mit Beschluss des Nachlassgerichts wurde Rechtsanwalt R zum Nachlasspfleger bestellt. Der Nachlasspfleger findet ein größeres Wohnhaus vor, welches im Eigentum des Erblassers stand. Das Anwesen ist komplett eingerichtet, wobei die Einrichtungsgegenstände einen bestimmten Marktwert haben. Die Erben sind unbekannt. Im Anwesen finden sich zahlreiche Kontounterlagen und Titel. Nach vorläufiger Prüfung könnte der Nachlass auch überschuldet sein.

### II. Aufgaben des Nachlasspflegers

31 Der Nachlasspfleger vertritt die noch unbekannten endgültigen Erben im Rahmen des vom Nachlassgericht angeordneten Wirkungskreises. Es ist also darauf zu achten, ob nur die Sicherung des Nachlasses und dessen Verwaltung zum Aufgabenkreis zählen oder auch die Ermittlung der Erben.

Entsprechend vielgestaltig können die wahrzunehmenden Tätigkeiten ausfallen:
- Inbesitznahme des Nachlasses,
- Erstellung eines Nachlassverzeichnisses und einer Bestandsübersicht,
- jährliche Rechnungslegung über die Verwaltung bei Gericht,
- Wohnungsauflösung,
- Kündigung von Dauerschuldverhältnissen, z.B. Miete,
- Hausverwaltung,
- Ermittlung und Verwaltung von Konten, wobei die Pflichten der §§ 1807 ff. BGB gelten,
- Ermittlung von Erben, soweit dies angeordnet ist,
- Bestellung eines Gläubigeraufgebots gem. § 991 ZPO,
- Erledigung von Steuerangelegenheiten des Erblassers,
- Vertretung und Prozessführung,
- Schlussrechnung (§ 1890 BGB) und Auskehrung des Nachlasses an die Erben.

*Trimborn v. Landenberg*

> **Hinweis**
> Die Tätigkeit als Nachlasspfleger endet, sobald die Erben feststehen und diese die Erbschaft angenommen haben.

## III. Nachlasssicherung durch Bestandsaufnahme

Erste Handlung des Nachlasspflegers muss sein, den Nachlass zu sichern und den Bestand aufzunehmen. Der Pfleger hat also den Nachlass zu verzeichnen und das **Verzeichnis** (Belege sind nicht notwendig) dem Nachlassgericht einzureichen (§ 1802 BGB).[14] Die nachfolgenden Checklisten stellen eine Grundlage für die schnelle und umfassende Aufnahme des Nachlassbestandes dar.

### 1. Muster: Checklisten für Bestandsaufnahmen, getrennt nach Räumen

*Nachlassverzeichnis*

*Nachlasssache des Herrn* ▮▮▮ *, zuletzt wohnhaft in* ▮▮▮ *, verstorben am* ▮▮▮

Az. ▮▮▮

Lage: ▮▮▮ *(z.B. Süd, Nord, West, Ost, EG, 1. Stock)*

1. Möbel
– Wohnzimmerschrank
– Wohnzimmertisch
– Couchgarnitur
– Fernsehgerät
– Stereoanlage
– Lampen
– Vorhänge
– Schallplatten
– CD
– Sekretär
– Stühle
– Sideboard
– Vasen
– Uhren

▮▮▮

2. Teppiche

▮▮▮

3. Bilder

▮▮▮

4. Kunstgegenstände

▮▮▮

5. Sonstige Gegenstände

▮▮▮

---

14 *Firsching/Graf*, Teil 4, Rn 4.645.

36  Lage: ▬▬ (z.B. Süd, Nord, West, Ost, EG, 1. Stock)

1. Möbel
- Tisch
- Stühle
- Schränke
- Fernsehgerät
- Stereoanlage
- Lampen
- Vorhänge
- Schallplatten
- CD
- Sekretär
- Stühle
- Sideboard
- Vasen
- Uhren

2. Tafelwäsche
- Tischdecken
- Servietten

3. Bilder

4. Sonstige Gegenstände

37  Lage: ▬▬ (z.B. Süd, Nord, West, Ost, EG, 1. Stock)

1. Möbel
- Tisch
- Stühle
- Küchenschränke

2. Küchengeräte
- Spülmaschine
- Mikrowelle
- Herd
- Kühlschrank
- Gefriertruhe

3. Geschirr, Besteck, Töpfe

4. Sonstige Gegenstände

38  Lage: ▬▬ (z.B. Süd, Nord, West, Ost, EG, 1. Stock)

1. Möbel

*Trimborn v. Landenberg*

2. Teppiche

3. Bilder

4. Sonstiges

*V. Raum: Schlafzimmer*

Lage: ▬▬ *(z.B. Süd, Nord, West, Ost, EG, 1. Stock)*
1. Möbel
- Bett
- Schrank
- Kommode
- Lampe

2. Bettwäsche

3. Teppiche

4. Bilder

5. Sonstige Gegenstände

Lage: ▬▬ *(z.B. Süd, Nord, West, Ost, EG, 1. Stock)*
1. Möbel
- Spiegelschrank
- Badschrank
- Badewanne (Ausstattung)

2. Handtücher

3. Sonstige Gegenstände (Flakons u.a.)

Lage: ▬▬ *(z.B. Süd, Nord, West, Ost, EG, 1. Stock)*
1. Waschmaschine

2. Trockenmaschine

*Trimborn v. Landenberg*

3. Staubsauger

▓▓▓▓

4. Gartenwerkzeug

▓▓▓▓

5. Sonstige Gegenstände

▓▓▓▓

41 Daneben empfiehlt sich die Dokumentation durch **Foto** und **Film**. Die Verzeichnisse dienen der schnellen Erfassung von Wohnungsgegenständen zur Vorlage beim Nachlassgericht, aber auch später gegenüber den Erben.

Je nach Umfang des Nachlasses kann es sinnvoll sein, einzelne Gegenstände mit nummerierten Klebeetiketten zu versehen und dann entsprechend der Nummerierung in das Verzeichnis aufzunehmen. Dieses Verfahren erspart eine oft umständliche Beschreibung.

### 2. Muster: Verzeichnis des Anfangsbestandes zur Vorlage an das Nachlassgericht

42 Der Nachlasspfleger ist verpflichtet, den ermittelten Nachlassbestand ab Pflegerbestellung dem Nachlassgericht mitzuteilen. Der Nachlasspfleger ist nicht verpflichtet den Nachlassbestand zum Todestag zu ermitteln. In der Praxis setzt das Nachlassgericht dem Nachlasspfleger eine Frist zur Vorlage des Nachlassverzeichnisses.

An das

43 Amtsgericht
– Nachlassgericht – (Baden-Württemberg: Staatl. Notariat)
▓▓▓▓

*Nachlasssache des Herrn* ▓▓▓▓, *zuletzt wohnhaft* ▓▓▓▓, *verstorben am* ▓▓▓▓

Az. ▓▓▓▓

*Nachlassverzeichnis des Nachlasspflegers* ▓▓▓▓ *vom* ▓▓▓▓

In obiger Nachlasssache gebe ich den von mir festgestellten Anfangsbestand wie nachstehend bekannt und versichere Richtigkeit und Vollständigkeit an Eides statt. Die Bestandsaufnahme erfolgte vom ▓▓▓▓ bis zum ▓▓▓▓.

Sich später ergebende Vermögenswerte werde ich bei Kenntnis unverzüglich bekannt geben. Der eigengeschätzte Verkehrswert ist ▓▓▓▓ EUR (unverbindlich).

Aktiva:

Bankguthaben; hier erfolgt die Wertfeststellung zum Tage der Anordnung der Nachlasspflegschaft und nicht zum Todestag, bis dahin aufgelaufene Zinsen wurden nicht berücksichtigt.
1. Bank ▓▓▓▓
   Girokonto/Sparguthaben
   Wert: ▓▓▓▓ EUR,
2. Bank ▓▓▓▓
   Girokonto/Sparguthaben
   Wert: ▓▓▓▓ EUR,
3. Bank ▓▓▓▓
   Girokonto/Sparguthaben
   Wert: ▓▓▓▓ EUR,
4. Bank ▓▓▓▓

a) Girokonto/Sparguthaben
   Wert:          EUR,
b) Schließfach
   Pfandbriefe gemäß Anlage, Wert heute:          EUR
   Goldbarren und Goldmünzen, Wert:          EUR.
5. Bargeld
   Wert:          EUR
6. Schmuck gemäß Anlage Schmuckstücke, Wert          EUR (Gutachten/Eigenschätzung)
7. Antiquitäten gemäß Anlage Antiquitäten, Wert          EUR (Gutachten/Eigenschätzung)
8. Pkw, Wert          EUR (Gutachten/Eigenschätzung)
9. Immobilienvermögen
9.1 Hausgrundstück in
    eingetragen im Grundbuch von          Nr.
    Einheitswert          , Bescheid vom
    Baujahr
    Brandversicherungswert:          EUR
    Bodenrichtwert:          EUR
    eigengeschätzter Verkehrswert          EUR
9.2 Wohnungseigentum in
    Miteigentumsanteil zu          am Grundstück          , verbunden mit dem Sondereigentum an
    , eingetragen im Wohnungsgrundbuch von          Nr.
    Baujahr
    Brandversicherungswert:          EUR
    Bodenrichtwert:          EUR
    eigengeschätzter Verkehrswert          EUR
9.3 Unbebaute Grundstücke
    eingetragen im Grundbuch von          Nr.
9.4 Ausländische Immobilien in
    Art
    Lage
    Baujahr
    eigengeschätzter Verkehrswert          EUR

Summe Grundstücke          EUR.

10.   Bewegliche Gegenstände
10.1  Hausrat                          gemäß Anlage
10.2  Gerätschaften                    gemäß Anlage
10.3  Kleidung                         gemäß Anlage
10.4  Hobby                            gemäß Anlage
10.5  Literatur                        gemäß Anlage
10.6  Sonstige bewegliche Gegenstände  gemäß Anlage, geschätzter Wert          EUR,

Summe bewegliche Gegenstände:          EUR
11.   Forderungen
12.   Lebensversicherung bei          Nr.          ,          EUR
13.   Sterbegeld von          ,          EUR, bei der          Versicherung in Höhe von          EUR
14.   Sterbegeldversicherung          EUR
15.   Sonstige Forderungen          EUR
16.   Darlehen          EUR
17.   Mietkaution, hinterlegt bei          , in Höhe von          EUR

Summe Forderungen          EUR

*Trimborn v. Landenberg*

18. Gesellschaftsbeteiligungen
18.1 GmbH
18.2 Aktiengesellschaft
18.3 KG
18.4 BGB-Gesellschaftsanteile
18.5 Genossenschaftsanteile
19. Beteiligungen an Erbengemeinschaften

Summe aller Aktiva, deren Wert bereits festgestellt werden konnte:          EUR

**44**   20.1 Hypothek zugunsten          über          , eingetragen im Grundbuch von          Nr.          , Valutastand          EUR, gemäß (telefonischer/schriftlicher) Auskunft der          -Bank/Sparkasse
20.2 Grundschuld zugunsten          über          , eingetragen im Grundbuch von          Nr.          , Valutastand          EUR, gemäß (telefonischer/schriftlicher) Auskunft der          -Bank/Sparkasse
20.3 Kontokorrentkonto Nr.          bei          ,          EUR
20.4 Bankdarlehn Nr.          bei          ,          EUR
20.5 Privatdarlehn von          ,          EUR
20.6 Steuerschulden gemäß Bescheid vom          ,          EUR
20.7 Offene Rechnungen
      Rechnung des          vom          ,          EUR
20.8 Beerdigungskosten          EUR
20.9 Grabsteinkosten          EUR
20.10 Sonstige Verbindlichkeiten          EUR

Summe der Verbindlichkeiten          EUR

(Rechtsanwalt)

**45** Die Nachlassgerichte wünschen zur Berechnung der Kosten die Angaben zur **Brandversicherung** und zu den **Bodenrichtwerten**. Immobilien müssen zum Teil durch Gutachter neu bewertet werden, um eine eventuelle Überschuldung abklären zu können.

### 3. Muster: Titelumschreibung

**46** Bei länger andauernden Nachlasspflegschaften kann eine Titelumschreibung notwendig werden, um dem Nachlass liquide Mittel zuzuführen. Der Einzug der Forderung muss notwendig erscheinen. Gerechtfertigt ist die Titelumschreibung auch dann, wenn aus sonstigen Gründen, z.B. Vermögensverfall des Schuldners, eine Realisierung notwendig ist.

An das

**47** Amtsgericht
– Abt. für Mahnsachen –

Az.

Gemäß anliegend beigefügter Kopie der Bestallungsurkunde zeige ich an, dass ich zum Nachlasspfleger in der Nachlasssache          bestellt worden bin.

Neben dem Aufgabenbereich „Feststellung der Erben" wurde mir auch der Wirkungskreis „Sicherung und Erhaltung des Nachlasses" übertragen.

Bei den aufgefundenen Unterlagen habe ich den Vollstreckungsbescheid gegen          , Az.          , aufgefunden.

*Trimborn v. Landenberg*

Ich beantrage Titelumschreibung dahin gehend, dass statt des Erblassers als Gläubiger eingesetzt wird:

Rechtsanwalt ██████ als Vertreter der unbekannten Erben.

(Rechtsanwalt)

### 4. Muster: Anschreiben an Banken und Sparkassen

Nach Sichtung des Nachlasses werden oft Kontoauszüge verschiedener Kreditinstitute aufgefunden. Diese Kreditinstitute sind selbstverständlich anzuschreiben.

An die

██████-Bank

*Nachlasssache des Herrn* ██████, *zuletzt wohnhaft* ██████, *verstorben am* ██████ *Kontonummern*

Gemäß beigefügter Kopie des Pflegerausweises des Amtsgerichts ██████, Az. ██████, wurde ich zum Nachlasspfleger für die noch unbekannten Erben bestellt. In der Anlage übermittle ich die Sterbeurkunde.

In weiterer Anlage übermittle ich vom Bankhaus ██████ bestätigte Kopie meines Reisepasses.

Ich darf Sie bitten, mir
- alle Konten der Erblasserin in Ihrem Haus mitzuteilen,
- Ablichtungen der Kontoeröffnungsanträge,
- Ablichtungen eventueller Darlehensverträge und Bürgschaften,
- Ablichtung der Kontoführungskarte,
- Liste der Daueraufträge,
- Anzeige gem. § 33 ErbStG

zur Verfügung zu stellen.

Ich darf Sie weiter bitten, mir Ihnen bekannte Kontoverbindungen zu anderen Geldinstituten im In- und Ausland mitzuteilen, ebenso Kenntnisse über Lebensversicherungen, Sparverträge u.a.

Bitte vermerken Sie meine Kontoführungsbefugnis. Die Pflegerbestallung ist als ausreichende Legitimation im Sinne des Art. 5 der allgemeinen Geschäftsbedingungen der Banken anzusehen.

Die Sparkonten sind zu sperren und in den Sparbüchern ist folgender Vermerk anzubringen: „Verfügung nur zulässig mit Zustimmung des Nachlassgerichts".

Weiterhin versenden Sie bitte die Kontoauszüge buchungstäglich an meine Anschrift.

Außerdem ist ein Termin zur Öffnung des Schließfaches zu vereinbaren.

(Rechtsanwalt)

Bei der Öffnung des **Schließfachs** empfiehlt es sich, einen Mitarbeiter der Kanzlei mitzunehmen, um einen Vermerk über das vorgefundene Schließfach zu fertigen. Eventuell vorhandenes **Bargeld** sollte dann zugleich auf das Nachlassgirokonto eingezahlt werden. Wurden in der Wohnung des Erblassers Wertgegenstände gefunden, sollte das Schließfach sinnvollerweise weitergeführt werden, um diese dort hinterlegen zu können.[15]

---

15 *Ott-Eulberg/Schebesta/Bartsch*, S. 301.

## 5. Muster: Ersuchen des Nachlasspflegers an den Bankenverein des zuständigen Bundeslandes

51 Wenn der Nachlass unübersichtlich ist, sollten die Bankenvereine[16] angeschrieben werden, um Konten ermitteln zu können.

An den

52 Bankenverein des Landes

*Nachlasssache des Herrn               , zuletzt wohnhaft              , verstorben am*

Gemäß anliegend beigefügter Bestallungsurkunde teile ich mit, dass ich zum Nachlasspfleger in der Nachlasssache           bestellt worden bin. Es ist meine gesetzliche Aufgabe, den Nachlassbestand zu ermitteln. Hierzu gehört es auch, sämtliche Bankguthaben und Bankverbindlichkeiten festzustellen.

Der Nachlass ist unübersichtlich.

Da der Erblasser, wie ich bereits festgestellt habe, überörtlich tätig war, ersuche ich um Mithilfe des Bankenvereins. Es wird gebeten diesen Sachverhalt den angeschlossenen Mitgliedern mitzuteilen. Etwaige Kosten werden von mir übernommen. Es wird persönliche Kostenhaftung erklärt.

(Rechtsanwalt)

53 Neben dem Bankenverband sind der Bund Deutscher Volks- und Raiffeisenbanken[17] und der Deutsche Sparkassen- und Giroverband[18] anzuschreiben. Die Postbank unterhält in Hamburg und München Nachlassabteilungen. Im Allgemeinen ist mit einer Bearbeitungsdauer von etwa zwei bis drei Monaten zu rechnen.

## 6. Muster: Widerruf einer Vollmacht/Kontovollmacht

An

54

Einschreiben/Rückschein

*Nachlasssache des Herrn          , zuletzt wohnhaft          , verstorben am*

Sehr geehrte

gemäß anliegend beigefügter beglaubigter Fotokopie der Nachlasspflegerbestallung zeige ich an, dass ich zum Nachlasspfleger in der Nachlasssache          des am          verstorbenen          bestellt worden bin (es erfolgte keine Eigenbeglaubigung, sondern durch Notariat          ).

Neben meinem Wirkungskreis „Feststellung der Erben" wurde mir auch der Wirkungskreis „Sicherung des Nachlasses" übertragen.

Meinen Kenntnissen nach hatten Sie zu Lebzeiten des Erblassers Kontovollmacht.

Weiterhin hatten Sie allgemeine Handlungsvollmacht, auch über den Tod hinaus.

Ich darf Sie bitten, mir bis spätestens          die Vollmachtsurkunde auszuhändigen, die Vollmacht wird widerrufen.

Weiterhin dürfen wir Sie bitten Rechnung zu legen über die von Ihnen vorgenommenen Verfügungen.

(Rechtsanwalt)

---

16 Die Adressen der Bankenvereine der einzelnen Bundesländer sind zu finden unter www.bankenverband.de.
17 www.bvr.de.
18 www.dsgv.de.

## 7. Muster: Aufforderung zur Rechnungslegung aufgrund einer Kontovollmacht

Der Erblasser hatte einem Bekannten Kontovollmacht erteilt.

An

███████

*Nachlasssache des Herrn* ███████ *, zuletzt wohnhaft* ███████ *, verstorben am* ███████

Gemäß anliegend beigefügter beglaubigter Fotokopie der Nachlasspflegerbestellung zeige ich an, dass ich zum Nachlasspfleger in der Nachlasssache ███████ des am ███████ verstorbenen ███████ bestellt worden bin.

Neben meinem Wirkungskreis „Feststellung der Erben" wurde mir auch der Wirkungskreis „Sicherung des Nachlasses" übertragen.

Meinen Kenntnissen nach hatten Sie zu Lebzeiten des Erblassers Kontovollmacht.

Ich darf Sie bitten, mir bis spätestens ███████ Rechnung zu legen über die vorgenommenen Verfügungen aufgrund der Kontovollmacht.

(Rechtsanwalt)

Der Bevollmächtigte ist dem Erben und somit auch dem Nachlasspfleger gegenüber verpflichtet, Rechenschaft und Auskunft zu erteilen, über seine Handlungen als Kontobevollmächtigter.

## 8. Muster: Antrag des Nachlasspflegers auf Eröffnung des Nachlassinsolvenzverfahrens

Der Nachlasspfleger ist verpflichtet, den Nachlassinsolvenzantrag zu stellen, wenn er feststellt, dass der Nachlass überschuldet bzw. zahlungsunfähig ist. Der Nachlasspfleger kann sich schadensersatzpflichtig machen, wenn er schuldhaft einen gebotenen Insolvenzantrag unterlässt, § 1980 Abs. 2 BGB. Es besteht keine Schadensersatzpflicht gegenüber den Gläubigern, jedoch gegenüber den Erben.[19] Die Antragspflicht besteht nicht, wenn die Unzulänglichkeit auf Vermächtnissen und Auflagen beruht.

An das

Amtsgericht
– Insolvenzgericht –

*Antrag auf Eröffnung des Insolvenzverfahrens über den Nachlass des am* ███████ *verstorbenen* ███████

Ich beantrage,

das Nachlassinsolvenzverfahren über den Nachlass des am ███████ verstorbenen ███████ zu eröffnen.

Ich wurde mit Beschluss vom ███████, Az. ███████, zum Nachlasspfleger bestellt.

Den Beschluss des Amtsgerichts ███████ vom ███████, Az. ███████, lege ich in beglaubigter Kopie bei und rege an, die Nachlassakten beizuziehen.

Testamentsvollstreckung ist nicht angeordnet; auch keine Nachlassverwaltung.

Der Nachlass ist überschuldet, die Aktiva betragen lediglich in etwa 60 % der Passiva.

Ich verweise auf die in der Anlage beigefügte Vermögensübersicht.

Der Wert des Nachlasses ohne Abzug der Verbindlichkeiten beträgt ███████ EUR.

---

19 MüKo/*Siegmann*, § 1980 BGB Rn 11.

Ich bitte zu beachten, dass keine persönliche Kostenschuld des Nachlasspflegers aus der Antragstellung besteht.

(Rechtsanwalt)

Nachlasspfleger

### 9. Muster: Vermögensübersicht zum Nachlassinsolvenzantrag

Es ist hier zwischen gesicherten und ungesicherten Verbindlichkeiten zu differenzieren, um die freie Masse feststellen zu können. Es wird darauf hingewiesen, dass nachfolgende Vermögensaufstellung nicht bei allen Gerichten das Ausfüllen des amtlichen Formularvordruckes ersetzen kann.

*Anlage zum Insolvenzantrag in der Nachlasssache des Herrn _____, zuletzt wohnhaft _____, verstorben am _____*

Vermögensübersicht:

A. Aktiva
I. Grundstück in _____,
 eingetragen im Grundbuch von _____ Nr. _____
 Verkehrswert _____ EUR
II. Bewegliche Gegenstände
 Bargeld _____ EUR
 Hausrat, Wert _____ EUR
 Kunstgegenstände, Wert _____ EUR
III. Gegenstände des persönlichen Bedarfs, Wert _____ EUR
 Kraftfahrzeuge
 Pkw, Typ _____, Baujahr _____,
 amtl. Kennzeichen _____, Wert _____ EUR
IV. Sonstige bewegliche Gegenstände, Wert _____ EUR
V. Forderungen
 Girokonto _____ EUR
 Sparkonto _____ EUR
 Wertpapiere Depot Nr. _____ EUR
 Lebensversicherung bei _____ EUR
 Sterbegeld von _____ EUR
VI. Sonstige Forderungen _____ EUR
 **Gesamtsumme Aktiva** _____ EUR
B. Passiva
I. Gesicherte Verbindlichkeiten
 Hypothek zugunsten _____ über _____,
 Valutastand _____ EUR
 Grundschuld zugunsten _____ über _____,
 Valutastand _____ EUR
II. Sonstige Verbindlichkeiten
 Kontokorrentkonto Nr. _____ EUR
 Bankdarlehn Nr. _____ EUR
 Privatdarlehn _____ EUR
 Steuerschulden _____ EUR

*Trimborn v. Landenberg*

Offene Rechnungen
    Rechnung                                    ▓▓▓ EUR
    Beerdigungskosten ▓▓▓,                      ▓▓▓ EUR
    Grabsteinkosten                             ▓▓▓ EUR
**Summe aller Passiva**                         ▓▓▓ EUR
C.  Unterdeckung:                               ▓▓▓ EUR

(Rechtsanwalt)

## IV. Erbenermittlung

Außer der Nachlasssicherung kann es Aufgabe des Nachlasspflegers sein, die Erben zu ermitteln. Neben den Recherchen bei nachfolgend genannten Institutionen ist es Sache des Nachlasspflegers, zunächst das Umfeld des Erblassers zu erforschen. Bei der Suche nach gesetzlichen Erben können Nachbarn, Freunde und Kollegen des Erblassers eine ergiebige Informationsquelle sein. Wenige Telefonate mit diesen Personen können die weiteren Ermittlungen gut eingrenzen.

Testamentarische Erben können neben hinterlegten Testamenten auch aus Verfügungen des Erblassers hervorgehen, die dieser in seinem Bankschließfach oder seiner Wohnung aufbewahrt hat. Insbesondere die Wohnung des Erblassers ist genauestens durchzusehen und auf „Testamentsverstecke" abzusuchen.

### 1. Muster: Einwohnermeldeauskunft

> **Hinweis**
> Zahlreiche Einwohnermeldeämter bearbeiten keinerlei Auskunftsersuchen, wenn nicht ein entsprechender Scheck beigefügt ist; selbst der Hinweis auf die Möglichkeit der Erhebung per Nachnahme/Lastschrift wird in den meisten Fällen nicht angenommen.

An das

Einwohnermeldeamt

der Stadt ▓▓▓

*Auskünfte aus dem Einwohnermeldeverzeichnis*

Gemäß anliegend beigefügter Kopie des Beschlusses des Amtsgerichts ▓▓▓, Az. ▓▓▓, vom ▓▓▓, zeige ich an, dass ich zum Nachlasspfleger in der Nachlasssache des Herrn ▓▓▓, zuletzt wohnhaft ▓▓▓, verstorben am ▓▓▓, bestellt wurde.

Wie Sie dem beigefügtem Beschluss entnehmen können, umfasst sich meine Tätigkeit auch die Erbenermittlung.

Auf Grund meiner bisherigen Ermittlungstätigkeit kommt Herr ▓▓▓, geboren am ▓▓▓, als Erbe/Miterbe in Betracht.

Zuletzt war er wohnhaft ▓▓▓. Der derzeitige Aufenthaltsort ist mir unbekannt.

Ein weiterer bekannter Wohnsitz befand sich ▓▓▓ in ▓▓▓.

Ich darf Sie bitten, mich in meinen Nachforschungen zu unterstützen und mir sämtliche Meldedaten, sowohl aus dem Datenbestand I als auch aus dem Datenbestand II mitzuteilen.

*Trimborn v. Landenberg*

In der Anlage füge ich einen Verrechnungsscheck über 25 EUR bei. Falls ein höherer Betrag anfallen sollte, erheben Sie diesen bitte per Nachnahme. Falls dies nicht möglich sein sollte, erteilen wir Ihnen Einzugsermächtigung hinsichtlich des offenen Betrages von meinem Konto ▬▬.

(Rechtsanwalt)

### 2. Muster: Anschreiben Standesamt wegen Heiratsurkunde, Geburts- und Sterbeurkunde

65 Wenn keine staatlichen Personenstandsurkunden ausgestellt werden können, stellen die **Zentralarchive** der katholischen und evangelischen Kirche Zeugnisse aus; auch die örtlichen Kirchenstellen sind sehr oft behilflich.

Adressen:

Katholisches Kirchenbuchamt des Verbands der Diözesen Deutschlands, Lessingstr. 3, 80336 München

Evangelisches Zentralarchiv, Bethaniendamm 29, 10997 Berlin[20]

An das

66 Standesamt der

Stadt ▬▬

*Personenstandsurkunden*

Gemäß anliegend beigefügter Kopie des Beschlusses des AG ▬▬, Az. ▬▬, vom ▬▬, zeige ich an, dass ich zum Nachlasspfleger in der Nachlasssache des Herrn ▬▬, zuletzt wohnhaft in ▬▬, verstorben am ▬▬, bestellt wurde.

Wie Sie dem beigefügtem Beschluss entnehmen können, umfasst meine Tätigkeit auch die Erbenermittlung.

Auf Grund meiner bisherigen Ermittlungstätigkeit kommt Herr ▬▬, geboren am ▬▬, zuletzt wohnhaft ▬▬, als Erbe in Betracht.

Herr ▬▬ ist vermutlich am ▬▬ geboren, es könnte sein, dass er am ▬▬ die Ehe geschlossen hat, und eventuell am ▬▬ verstorben ist.

Ich bitte Sie, mir die entsprechenden Personenstandsurkunden zu übermitteln.

In der Anlage füge ich einen Verrechnungsscheck über 25 EUR bei. Falls ein höherer Betrag anfallen sollte, erheben Sie diesen bitte per Nachnahme.

Falls dies nicht möglich sein sollte, erteilen wir Ihnen Einzugsermächtigung hinsichtlich des offenen Betrages von meinem Konto ▬▬.

(Rechtsanwalt)

---

20 www.ezab.de.

### 3. Muster: Auskunft aus dem Sonderstandesamt Arolsen

Dort werden Sterbebucheinträge von Insassen deutscher Konzentrationslager geführt.

An das

Standesamt Arolsen
Postfach
34454 Arolsen

*Personenstandsurkunden*

Gemäß anliegend beigefügter Kopie des Beschlusses des AG ▭, Az. ▭, vom ▭, zeige ich an, dass ich zum Nachlasspfleger in der Nachlasssache ▭ bestellt wurde.

Wie Sie dem beigefügtem Beschluss entnehmen können, umfasst meine Tätigkeit auch die Erbenermittlung.

Aufgrund meiner bisherigen Ermittlungstätigkeit kommt Herr ▭ als Erbe/Miterbe in Betracht, zuletzt wohnhaft ▭.

Herr ▭ ist vermutlich am ▭ geboren, es könnte sein, dass er am ▭ die Ehe geschlossen hat, und eventuell am ▭ verstorben ist.

Herr ▭ soll Insasse des Konzentrationslagers ▭ gewesen sein.

Es wird um Mitteilung gebeten, ob ein Sterbebucheintrag vorhanden ist. Ich bitte Sie, mir die entsprechenden Personenstandsurkunden zu übermitteln.

In der Anlage füge ich einen Verrechnungsscheck über 25 EUR bei. Falls ein höherer Betrag anfallen sollte, erheben Sie diesen bitte per Nachnahme. Falls dies nicht möglich sein sollte, erteilen wir Ihnen Einzugsermächtigung hinsichtlich des offenen Betrages von meinem Konto ▭.

(Rechtsanwalt)

### 4. Muster: Auskunft aus dem Kriegsgefallenenverzeichnis

Im Rahmen der Erbenermittlung sind die Kriegsgefallenenverzeichnisse ein hilfreiches Mittel. Dort werden Auskünfte zum Versterbenszeitpunkt und Versterbensort erteilt.

An das

Standesamt

▭

*Kriegsgefallenenverzeichnis*

Gemäß anliegend beigefügter Kopie der Pflegerbestallung zeige ich an, dass ich in der Nachlasssache des Herrn ▭, zuletzt wohnhaft ▭, verstorben am ▭, beauftragt bin, die Erben zu ermitteln.

Meine bisherigen Ermittlungen haben ergeben, dass Abkömmlinge des Erblassers im 2. Weltkrieg gefallen sind.

Es wird daher um Mitteilung gebeten, ob folgende Personen im Kriegsgefallenenverzeichnis verzeichnet sind:
1. ▭
2. ▭
3. ▭

Es wird persönliche Kostenhaftung erklärt.

(Rechtsanwalt)

*Trimborn v. Landenberg*

### 5. Muster: Anfrage bei Wehrmachtauskunftsstelle

**71** Die deutsche Dienststelle für die Benachrichtigung der nächsten Angehörigen von Gefallenen der ehemaligen deutschen Wehrmacht (Wehrmachtauskunftsstelle) erfasst u.a. die Sterbefälle von Kriegsteilnehmern im 1. und 2. Weltkrieg.[21]

An die

**72** Deutsche Dienststelle für die Benachrichtigung
der Angehörigen von Wehrmachtsgefallenen
– Wehrmachtauskunftsstelle –
Eichborndamm 179
13403 Berlin

*Kriegsgefallenenverzeichnis*

Gemäß anliegend beigefügter Kopie der Pflegerbestallung zeige ich an, dass ich in der Nachlasssache des Herrn ▒▒▒▒, zuletzt wohnhaft ▒▒▒▒, verstorben am ▒▒▒▒, beauftragt bin, die Erben zu ermitteln.

Meine bisherigen Ermittlungen haben ergeben, dass Abkömmlinge des Erblassers im 2. Weltkrieg gefallen sind.

Es wird daher um Mitteilung gebeten, ob folgende Personen im Kriegsgefallenenverzeichnis verzeichnet sind.
1. ▒▒▒▒
2. ▒▒▒▒
3. ▒▒▒▒

Es wird persönliche Kostenhaftung erklärt.

(Rechtsanwalt)

### 6. Muster: Anfrage an das Krankenbuchlager Berlin

**73** Diese Dienststelle erfasst ebenfalls die Sterbefälle von Kriegsteilnehmern im 1. und 2. Weltkrieg, daneben auch militärische Dienstzeiten und Spitalbehandlungen aufgrund militärischer Einwirkungen.

An das

**74** Krankenbuchlager Berlin
Wattstr. 11
13355 Berlin

*Krankenbuchverzeichnis*

Gemäß anliegend beigefügter Kopie der Pflegerbestallung zeige ich an, dass ich in der Nachlasssache ▒▒▒▒ beauftragt bin, die Erben zu ermitteln.

Meine bisherigen Ermittlungen haben ergeben, dass Abkömmlinge des Erblassers im 2. Weltkrieg gefallen sind. Weiter habe ich festgestellt, dass im Zeitraum von ▒▒▒▒ bis ▒▒▒▒ der betreffende ▒▒▒▒ sich wegen einer Verletzung im Spital befunden haben soll.

Es wird daher um Mitteilung gebeten, ob die betreffende Person im Verzeichnis erfasst ist:

Name: ▒▒▒▒, Vorname: ▒▒▒▒, geb. ▒▒▒▒, Geburtsort: ▒▒▒▒, zuletzt wohnhaft ▒▒▒▒.

Nach unserer Information bestand Zugehörigkeit zu folgender militärischer Einheit: ▒▒▒▒.

---

21 www.dd-wast.de.

Es wird persönliche Kostenhaftung erklärt.

(Rechtsanwalt)

### 7. Muster: Anfrage an den Suchdienst des Deutschen Roten Kreuzes

Da der Suchdienst[22] nur in Ausnahmefällen bei der Erbenermittlung behilflich ist, sollte der Nachlasspfleger das Nachlassgericht bitten, von dort aus die Anfrage zu stellen; gelegentlich werden jedoch auch Anfragen von Nachlasspflegern beantwortet. Wenn eine Anfrage gestartet wird, sollte mitgeteilt werden, wo bereits überall angefragt wurde.

An den
Suchdienst des
Deutschen Roten Kreuzes
Suchdienst München
Chiemgaustr. 109
81549 München

*Suchverzeichnis 2. Weltkrieg*

Gemäß anliegend beigefügter Kopie der Pflegerbestallung zeige ich an, dass ich in der Nachlasssache ▓▓▓▓ beauftragt bin, die Erben zu ermitteln.

Meine bisherigen Ermittlungen haben ergeben, dass Abkömmlinge des Erblassers im 2. Weltkrieg gefallen sind.

Es wird daher um Mitteilung gebeten, ob folgende Person im Verzeichnis erfasst ist:

Name: ▓▓▓▓, Vorname: ▓▓▓▓, geb. ▓▓▓▓, Geburtsort: ▓▓▓▓, zuletzt wohnhaft ▓▓▓▓.

Nach unserer Information bestand Zugehörigkeit zu folgender militärischen Einheit: ▓▓▓▓.

Die bisherigen Nachforschungen bei:
- Wehrmachtsauskunftsstelle Berlin
- Krankenbuchlager Berlin
- Sterbebuch des Sonderstandesamts Arolsen
- Heimatortskarteien
- Auswärtiges Amt, Konsulat Warschau

haben lediglich Folgendes ergeben: ▓▓▓▓.

Es wird persönliche Kostenhaftung erklärt.

(Rechtsanwalt)

### 8. Muster: Anfrage an die Heimatortskarteien

Dort können auch Angaben wie Arbeitgeber, Beruf und evtl. Nachbarn der gesuchten Person erfragt werden.

Zentralstelle der Heimatortskarteien
Lessingstr. 3
80336 München

*Suchverzeichnis 2. Weltkrieg*

Gemäß anliegend beigefügter Kopie der Pflegerbestallung zeige ich an, dass ich in der Nachlasssache ▓▓▓▓ beauftragt bin, die Erben zu ermitteln.

---

22 www.drk-suchdienst.org.

Meine bisherigen Ermittlungen haben ergeben, dass Abkömmlinge des Erblassers im 2. Weltkrieg gefallen sind.

Es wird daher um Mitteilung gebeten, ob folgende Person im Verzeichnis erfasst ist.

Name: ▓▓▓▓, Vorname: ▓▓▓▓, geb. ▓▓▓▓, Geburtsort: ▓▓▓▓, zuletzt wohnhaft ▓▓▓▓.

Nach unserer Information bestand Zugehörigkeit zu folgender militärischer Einheit: ▓▓▓▓.

Es wird um Benennung von Namensträgern und Angehörigen gebeten.

Wenn weiteres Archivmaterial vorhanden sein sollte, wird ebenfalls um Übersendung gebeten.

Es wird persönliche Kostenhaftung erklärt.

(Rechtsanwalt)

### 9. Muster: Anschreiben an den Notar[23]

An Herrn Notar

▓▓▓▓

Nachlasssache des Herrn ▓▓▓▓, geb. am ▓▓▓▓ zuletzt wohnhaft ▓▓▓▓, verstorben am ▓▓▓▓

Gemäß anliegendem Beschluss des Amtsgerichts ▓▓▓▓, Az. ▓▓▓▓, bin ich zum Nachlasspfleger in der Nachlasssache des Herrn ▓▓▓▓, zuletzt wohnhaft ▓▓▓▓, verstorben am ▓▓▓▓, bestellt worden.

Zu meinem Aufgabenkreis gehört die Erbenermittlung. In diesem Zusammenhang bitte ich Sie um Mitteilung, ob der Erblasser bei Ihnen eine Verfügung von Todes wegen beurkunden ließ bzw. zu beurkunden beabsichtigte.[24]

Etwaige Verfügungen bitte ich beim o.g. Nachlassgericht abzuliefern und mich durch Übersendung einer Kopie der Verfügung hierüber in Kenntnis zu setzen. Eine Negativmitteilung ist nicht erforderlich.

Für Ihre Mühewaltung bedanke ich mich im Voraus.

(Rechtsanwalt)

### 10. Muster: Anschreiben an die ermittelten Erben

An

▓▓▓▓

▓▓▓▓

Nachlasssache des Herrn ▓▓▓▓, zuletzt wohnhaft ▓▓▓▓, verstorben am ▓▓▓▓

Gemäß anliegendem Beschluss des Amtsgerichts ▓▓▓▓, Az. ▓▓▓▓, bin ich zum Nachlasspfleger in der Nachlasssache des Herrn ▓▓▓▓, zuletzt wohnhaft ▓▓▓▓, verstorben am ▓▓▓▓, bestellt worden.

Nach meinen vorläufigen Ermittlungen kommen Sie als potentieller Erbe in Frage.

---

23 Bei der Suche nach einem Testament sollten auch alle ortsansässigen Notare angeschrieben werden. Dies gilt insbesondere, wenn sich im Nachlass andere notarielle Urkunden finden.
24 Auch Entwürfe, die nicht zur Beurkundung gelangt sind, können aufschlussreich sein, weil darin möglicherweise auf vorangegangene Verfügungen Bezug genommen wird, nach denen dann gezielt gesucht werden kann.

Ich darf Sie bitten, mir Personenstandsurkunden wie folgt zu übermitteln:
1. ▬▬▬
2. ▬▬▬
3. ▬▬▬

Für jede hereingereichte Personenstandsurkunde werden ▬▬▬ EUR als Aufwandsentschädigung erstattet.

Wenn Ihnen Informationen vorliegen über ▬▬▬, darf ich um Mitteilung bitten.

Ausdrücklich möchte ich abschließend betonen, dass meine Ermittlungen zur Erbfolge und zur Feststellung der Vermögenswerte noch nicht abgeschlossen sind; irgendwelche Schlussfolgerungen können aus diesem Schreiben nicht gezogen werden.

(Rechtsanwalt)

## V. Nachlasspfleger im Umgang mit Gericht und Erben

Wenngleich der Nachlasspfleger als gesetzlicher Vertreter der Erben anzusehen ist, kann er nicht bis zur Ermittlung der Erben frei schalten und walten. Vielmehr unterliegt er in seiner Aufgabenerfüllung dem Nachlassgericht, das gem. § 1915 BGB i.V.m. § 1837 BGB Aufsicht führt, berät und notfalls Anweisungen gibt. Der gem. § 3 Nr. 2 lit. a, c RpflG zuständige Rechtspfleger hat außerdem darüber zu wachen, dass vom Nachlasspfleger prüffähige Jahres- bzw. Schlussrechnungen vorgelegt werden. In der täglichen Praxis wird der Nachlasspfleger im eigenen Interesse deshalb lieber einmal zu viel als einmal zu wenig mit dem Nachlassgericht Rücksprache nehmen.

Eine vertrauensvolle Zusammenarbeit mit den potentiellen Erben hat für den Nachlasspfleger viele Vorteile: Auskunftsfreudige und bei der Nachlass- und Erbenermittlung mitarbeitende Personen minimieren den Arbeitsaufwand. Außerdem vermindert ein offenes Verhältnis zu den Erben die Wahrscheinlichkeit unnötiger Konflikte. Dabei hat der Nachlasspfleger allerdings darauf zu achten, dass er zu allen Erben den gleichen Abstand wahrt. Er hat auch klarzustellen, dass er Vertreter aller Erben ist und für einzelne Erben keine rechtsverbindlichen Zusagen treffen kann. So gehört die Auseinandersetzung des Nachlasses nicht mehr zu den Aufgaben des Nachlasspflegers. Soweit sich die Erben hier nicht einigen, muss der Nachlasspfleger den Nachlass hinterlegen. Sind sich die Erben hingegen einig, kann der Nachlasspfleger nach formeller Beendigung der Nachlasspflegschaft ein eigenes Mandatsverhältnis mit den Erben begründen, das die Verwertung und Verteilung des Nachlasses nach Quoten beinhaltet.

### 1. Muster: Jahresbericht

Der Nachlasspfleger hat dem Nachlassgericht gegenüber Bericht zu erstatten und jährlich die Abrechnung vorzunehmen. Das Nachlassgericht kann aber auch einen längeren Abrechnungszeitraum festlegen.

An das

Amtsgericht
– Nachlassgericht – (Baden-Württemberg: Staatl. Notariat)

▬▬▬

*Nachlasssache des Herrn* ▬▬▬, *zuletzt wohnhaft* ▬▬▬, *verstorben am* ▬▬▬

Az. ▬▬▬

In der Anlage überreichen wir als Anlage:
1. Vorläufiges Nachlassverzeichnis per Todestag, Anlage A *(vgl. Muster: Rn 43)*
2. Verwaltungsrechnung für das Jahr _____, Anlage B
3. Vermögensverzeichnis zum _____, Anlage C
4. Jahresbericht für das Jahr _____, Anlage D

Ich berichte wie folgt:

I. Allgemeines

Die Erblasserin _____, geboren _____ in _____, zuletzt wohnhaft _____, verstarb am _____ in _____.

Die Nachlasspflegschaft wurde am _____ angeordnet.

Es wurden bislang von mir folgende Maßnahmen zur
- Nachlasssicherung
- Erbenermittlung

getätigt: Es wird auf Anlage D verwiesen.

II. Bestandsaufnahme

Hinsichtlich der Bestandsaufnahme ist anzuführen, dass zwischenzeitlich ermittelt werden konnte, dass der Erblasser Mitglied einer Erbengemeinschaft ist. Soweit greifbare Erkenntnisse vorliegen, wird in einem separaten Bericht Stellung genommen werden.

(Rechtsanwalt)

### 2. Muster: Herausnahme aus der Hinterlegung

85  Die Nachlasspflegschaft schließt sich oftmals einem Betreuungsverfahren an. Nach Ende des Betreuungsverfahrens wird vom Betreuer vorhandenes Vermögen hinterlegt. Wenn der Nachlasspfleger dieses hinterlegte Vermögen benötigt, muss es freigegeben werden. Die Hinterlegungsstelle wird es dann an den Nachlasspfleger herausgeben.

86  An das
Amtsgericht
– Nachlassgericht – (Baden-Württemberg: Staatl. Notariat)
_____

*Nachlasssache des Herrn* _____ *zuletzt wohnhaft* _____ *verstorben am* _____

Az. _____

im Rahmen des Nachlasspflegschaftsverfahrens habe ich festgestellt, das beim Amtsgericht _____ – Hinterlegungsstelle –, Az.: _____ folgende Gegenstände des Erblassers hinterlegt sind.
1.) _____
2.) _____
3.) _____
4.) _____
5.) _____

Ich stelle folgenden Antrag:

Es wird nachlassgerichtlich genehmigt, dass die unter Az.: ▓▓▓▓ hinterlegten Gegenstände für die Abwicklung der Nachlasspflegschaft benötigt und daher aus der Hinterlegung herausgenommen werden.[25]

(Rechtsanwalt)

### 3. Muster: Anschreiben an die Erben wegen Auslagenersatz und außergerichtliche Einigung über die Vergütung

Der Nachlasspfleger hat einen Anspruch auf Ersatz seiner Auslagen, § 1835 BGB, und einen Anspruch auf Vergütung, § 1836 S. 2 BGB. Der Erbe ist verpflichtet, diese zu tragen.

An

Herrn ▓▓▓▓

▓▓▓▓

Nachlasssache des Herrn ▓▓▓▓, zuletzt wohnhaft ▓▓▓▓, verstorben am ▓▓▓▓

Az. ▓▓▓▓

Die bei mir entstandenen Auslagen und meine Vergütung gebe ich wie folgt bekannt:

Auslagen:

Nach Aktenlage wurden hier seit dem ▓▓▓▓ ▓▓▓▓ Briefe gefertigt und ▓▓▓▓ Briefe empfangen, ▓▓▓▓ Hausbesuche getätigt, ▓▓▓▓ Banktermine wahrgenommen, gemäß beigefügter Anlage A.

Ich berechne die Kosten wie folgt:

Für die Bearbeitung von ca. ▓▓▓▓ Nachlassakten pro Jahr sind in meiner Kanzlei ▓▓▓▓ Mitarbeiter bei einer Arbeitszeit von circa jeweils 200 Arbeitstagen jährlich, insgesamt ▓▓▓▓ Arbeitstagen, vollbeschäftigt. Diese Arbeitskräfte verursachen pro Jahr brutto einschließlich Arbeitgeberanteil zur Sozialversicherung Kosten in Höhe von ▓▓▓▓ EUR.

▓▓▓▓ Arbeitstage à 7 Stunden = 2.800 Stunden

Für jeden Mitarbeiter pro Stunde ergibt dies einen Stundenlohn von ▓▓▓▓ EUR. Pro Mitarbeiter belaufen sich die Kosten des eingerichteten Arbeitsplatzes pro Stunde auf ▓▓▓▓ EUR. Dies ergibt Gesamtkosten pro Stunde in Höhe von ▓▓▓▓ EUR.

#### A. Kanzleimitarbeiter

Allgemein haben meine Mitarbeiter pro ausgehenden Brief, einschließlich der Berichte, die natürlich wesentlich länger dauerten, jeweils mindestens 20 Minuten benötigt.

In diesen 20 Minuten sind folgende Leistungen enthalten:

1. die Akte mit Verfügung aus meiner Handablage herausnehmen und zum Arbeitsplatz der Mitarbeiterin bringen, die schreibt, mindestens
   Minuten     3
2. den Brief auf dem Bildschirm entwerfen und dort überprüfen, mindestens
   Minuten     5

---

[25] Mit diesem Antrag ist *kein* Herausgabeantrag zustellen, hierzu ist nach Genehmigung ein gesonderter Antrag bei der Hinterlegungsstelle zu stellen.

*Trimborn v. Landenberg*

3. den Drucker in Gang setzen, Papiereinzug, Toner etc. überprüfen, mindestens
   Minuten 2
4. den ausgedruckten Brief, bestehend aus einem Schreibsatz von 1 Original, 4 Durchschlägen und Blaupapier, auseinander nehmen, das Blaupapier entfernen, für etwaige Abschriften Rotzettel fertigen und stempeln, mindestens
   Minuten 5
5. alle zu unterzeichnenden Exemplare dieses Briefes in die Postmappe legen, Briefumschläge dazulegen, Postmappe mit ca. 15 bis 20 Briefen mir zur Unterschrift vorlegen und nach Unterzeichnung von mir wieder abholen, mindestens pro Brief
   Minuten 2
6. Brief zukleben, wiegen, frankieren und in Postausgangsliste eintragen, mindestens pro Brief
   Minuten 3

Insgesamt
Minuten 20

20 Minuten kosten bei einem Stundensatz von ▓▓▓ EUR = ▓▓▓ EUR.

Hinzu kommen aber noch im Allgemeinen folgende Arbeiten meiner Mitarbeiter, die im Vorgenannten nicht enthalten sind:

90
1. die mir in der Nachlasssache übergebenen Gerichtsakten, oft bestehend aus 2 Bänden, müssen durchgesehen und die notwendigen Seiten der Gerichtsakte kopiert werden. Zeitaufwand für das Ausheften der Gerichtsakten, kopieren und die kopierten Seiten in die Gerichtsakte wieder einheften, mindestens
   Minuten 12
2. die neue Nachlassakte anlegen, alle Daten im Speicher aufnehmen, das Pflegschaftskonto anlegen, die kopierten Seiten der Gerichtsakte einheften, mindestens
   Minuten 8

20 Minuten kosten bei einem Stundensatz von ▓▓▓ EUR = ▓▓▓ EUR.

91  Hinzu kommt nunmehr noch die Arbeit meiner Mitarbeiterinnen bei der eingehenden Post.

Von der Übergabe der Post durch den Briefträger bis zur Vorlage der eingehenden Post mit der Akte in alphabetischer Reihenfolge in meiner Handablage werden pro Brief noch einmal mindestens

Minuten 12

benötigt.

In dem vorgenannten Arbeitsgang sind pro Brief enthalten:

1. die Post öffnen, mit Eingangsstempel versehen und abzeichnen, mindestens
   Minuten 4
2. den eingegangen Brief auf Fristen überprüfen und evtl. Fristen im Fristenkalender eintragen und im Brief die Fristeintragung vermerken, mindestens
   Minuten 2
3. die betreffende Akte muss gesucht werden, dies geschieht entweder aus dem zugehörigen Aktenschrank oder aus dem Aktenumlauf, was oft zeitraubend ist, mindestens
   Minuten 4
4. die Akte muss mir oder betreffenden Sachbearbeiterin mit Posteingang in alphabetischer Reihenfolge geordnet in der jeweiligen Handablage vorgelegt werden, mindestens
   Minuten 2

*Trimborn v. Landenberg*

Insgesamt
    Minuten    12

12 Minuten kosten bei einem Stundensatz von ▓▓▓ EUR = ▓▓▓ EUR.

*IV. Nachlasssichtung/Nachlasssicherung*

Im Rahmen der Nachlasssichtung und Nachlasssicherung mussten in den ▓▓▓ Objekten insgesamt ▓▓▓ Hausbesuche (vollkommen unsortierter Nachlass) getätigt werden, die im Durchschnitt mit An- und Abreisen (▓▓▓ km Entfernung einfach) jeweils ▓▓▓ Stunden andauerten und von jeweils ▓▓▓ Mitarbeiterinnen wahrgenommen wurde, somit insgesamt ▓▓▓ Stunden.

Die sichergestellten Unterlagen wurden dann im Büro gesichtet, sortiert und ausgewertet, was insgesamt ▓▓▓ Stunden in Anspruch nahm.

Um die Nachlasskonten zu sperren/umzuschreiben, mussten die ▓▓▓ Banken aufgesucht werden, was insgesamt ▓▓▓ Stunden in Anspruch nahm.

*B. Tätigkeit des Nachlasspflegers*

Als Ausgleich meiner Bemühungen erbitte ich ▓▓▓ EUR pro Stunde.

Ich ersuche um Mitteilung, dass ich gemäß nachstehender Berechnung abrechnen kann

*A. Kanzleimitarbeiter*

*I. Ausgehende Briefe*

▓▓▓ Briefe à ▓▓▓ EUR =                                     ▓▓▓ EUR

*II. Aktenanlage*

20 Minuten =                                                ▓▓▓ EUR

*III. Eingehende Post*

▓▓▓ Briefe à ▓▓▓ EUR =                                     ▓▓▓ EUR

*IV. Nachlasssichtung/Nachlasssicherung*

▓▓▓ Stunden à ▓▓▓ EUR =                                    ▓▓▓ EUR

*B. Nachlasspflegertätigkeit*

▓▓▓ Stunden à ▓▓▓ EUR =                                    ▓▓▓ EUR
insgesamt =                                                 ▓▓▓ EUR

(Rechtsanwalt)

### 4. Muster: Antrag auf Vergütungsfestsetzung nach Stunden

Die Vergütung des Nachlasspflegers[26] richtet sich aufgrund der Verweisung in § 1915 BGB nach den Vorschriften über die Vergütung des Vormunds. Mit Einführung des VBVG zum 1.7.2005 ist die früher weit verbreitete (und aus Gewohnheit an einigen Gerichten noch immer praktizierte) Abrechnung nach Prozentsätzen nicht mehr zulässig. Grundsätzlich erfolgt nun eine Abrechnung nach Stundensätzen, deren Höhe sich nach § 3 VBVG richtet. Der dort vorgesehene Maximalbetrag von 33,50 EUR je Stunde ist für die Tätigkeit eines

---

26  Instruktiv hierzu: *Zimmermann*, ZEV, 2005, 473 ff., *Jochum/Pohl*, S. 334 ff.

Rechtsanwalts allerdings nicht angemessen, so dass in Anwendung der Ermessensvorschrift des § 1915 Abs. 1 S. 2 („Umfang und Schwierigkeit der Pflegschaft") Gerichte teilweise anwaltsübliche Vergütungen zubilligen[27] – teilweise aber auch nicht.[28]

Der Festsetzungsbeschluss ist seit dem 1.1.1999 zugleich ein **Vollstreckungstitel** gegen die Erben. Im Festsetzungsverfahren sind nun die Einwendungen der Erben bei pflichtwidrigen Verhalten des Nachlasspflegers zu berücksichtigen. Es wäre mit dem Sinn der Änderungen nicht vereinbar, die Erben auf eine Vollstreckungsabwehrklage (§ 767 ZPO) zu verweisen.

An das

Amtsgericht
– Nachlassgericht – (Baden-Württemberg: Staatl. Notariat)

Nachlasssache des Herrn ▓▓▓▓, zuletzt wohnhaft ▓▓▓▓, verstorben am ▓▓▓▓

Az. ▓▓▓▓

Antrag auf Festsetzung der Vergütung.

In obiger Angelegenheit beantrage ich, meine Vergütung auf ▓▓▓▓ EUR festzusetzen.

Begründung:

Ich habe persönlich in dieser Angelegenheit ▓▓▓▓ Stunden gemäß beigefügter Anlage A aufgewandt.

(Rechtsanwalt)

### 5. Muster: Klage auf Erstattung von Auslagen

An das

Landgericht ▓▓▓▓
▓▓▓▓

Klage

Rechtsanwalt ▓▓▓▓

– Kläger –

Prozessbevollmächtigter: Rechtsanwalt ▓▓▓▓

gegen
1. ▓▓▓▓
2. ▓▓▓▓
3. ▓▓▓▓

– Beklagte –

wegen Erstattung von Auslagen

Streitwert: ▓▓▓▓ EUR

Ich stelle folgende Anträge:
I. Die Beklagten werden verurteilt, als Gesamtschuldner an den Kläger (▓▓▓▓ EUR) nebst 5%-Punkten über dem Basiszinssatz hieraus seit ▓▓▓▓ zu bezahlen.
II. Die Beklagten haben die Kosten des Rechtsstreits zu tragen.
III. Für den Fall der Fristversäumnis oder des Anerkenntnisses beantrage ich, die Beklagten durch Versäumnis- bzw. Anerkenntnisurteil zu verurteilen.

---

27 LG München I Rpfleger 2003, 249: 200, bis 300 DM (somit 100 bis 150 EUR).
28 OLG Dresden ZEV 2002, 465: maximal 50 EUR für schwierigen Nachlass.

*Begründung:*

Der Kläger verlangt von den Beklagten Bezahlung seiner Auslagen als Nachlasspfleger.

Der Kläger war Nachlasspfleger in der Nachlasssache des Herrn ▮▮▮, zuletzt wohnhaft ▮▮▮, verstorben am ▮▮▮.

Die Beklagten sind die ermittelten Erben, sie haben die Erbschaft angenommen. Der Kläger hatte in seiner Eigenschaft als Nachlasspfleger folgende Auslagen ▮▮▮.

*Beweis:* Aufstellung vom ▮▮▮ in Kopie anbei, Anlage K1

Mit Schreiben vom ▮▮▮ wurden die Beklagten aufgefordert, den angeforderten Betrag zu bezahlen.

*Beweis:* Schreiben vom ▮▮▮ in Kopie anbei, Anlage K2

Die Beklagten leisteten keine Zahlung.

Seit dem ▮▮▮ ist Verzug gegeben.

Sollte das Gericht weiteren Sachvortrag für erforderlich halten, wird um richterlichen Hinweis gebeten.

(Rechtsanwalt)

Bis zum 1.1.1999 stellte der Beschluss über die Festsetzung der Nachlasspflegervergütung keinen vollstreckbaren Titel dar, die Vergütung musste eingeklagt werden, wenn keine Zahlung erfolgte, wobei die Höhe der Vergütung infolge des Beschlusses des Nachlassgerichts feststand.[29] Über den Auslagenersatz entscheidet das Streitgericht und nicht das Nachlassgericht.

### 6. Muster: Übergabequittung

*Übergabequittung*

zwischen

Herrn Rechtsanwalt ▮▮▮

und

1. ▮▮▮
2. ▮▮▮
3. ▮▮▮

*Vorbemerkung:*

Herr Rechtsanwalt ▮▮▮ wurde durch Beschluss vom ▮▮▮ in der Nachlasssache ▮▮▮ zum Nachlasspfleger bestellt. Mit Beschluss vom ▮▮▮ wurde die Nachlasspflegschaft aufgehoben.

Herr Rechtsanwalt ▮▮▮ übergibt folgende Unterlagen an die Beteiligten zu 1.–3.:
- Schlüssel
- Hauspapiere
- Finanzamtsunterlagen gemäß Anlage A

Die Beteiligten zu 1.–3. bestätigen, sämtliche Unterlagen erhalten zu haben.

(Rechtsanwalt)
(Beteiligter zu 1.)
(Beteiligter zu 2.)
(Beteiligter zu 3.)

---

29  *Zimmermann*, ZEV 1999, 335.

## VI. Umgang mit Behörden, Gläubigern u.a.

98 Der Nachlasspfleger ist grundsätzlich nicht verpflichtet, Verbindlichkeiten zu bezahlen, außer wenn durch die Nichtzahlung dem Nachlass ein Schaden entstehen würde. Dies wäre der Fall, wenn der Gläubiger droht, eine berechtigte Forderung einzuklagen oder eine Behörde die Vollstreckung von Gebührenbescheiden androht. Um dies zu vermeiden, sollte der Nachlasspfleger um Stundung nachsuchen, um währenddessen einen Überblick über die Aktiva und Passiva des Nachlasses zu erhalten.

99 **Hinweis**
In den Fällen, in denen eine Überschuldung gegeben sein könnte, besteht eine Ermittlungspflicht bezüglich der Verbindlichkeiten.

### 1. Muster: Anschreiben an Gläubiger wegen eventueller Nachlassverbindlichkeiten

100 An

*Nachlasssache des Herrn* ▮▮▮, *zuletzt wohnhaft* ▮▮▮, *verstorben am* ▮▮▮

Gemäß anliegend beigefügter Kopie des Beschlusses des Nachlassgerichts ▮▮▮ bin ich zum Nachlasspfleger in der Nachlasssache ▮▮▮ bestellt. Für den Fall, dass Ihrerseits Forderungen gegen den Nachlass bestehen, wird um entsprechende Mitteilung gebeten.

(Rechtsanwalt)

### 2. Muster: Schreiben des Nachlasspflegers an das Einkommensteuerfinanzamt

101 An das

Finanzamt

▮▮▮

*Steuernummer:* ▮▮▮

In der Anlage erhalten Sie meine Pflegerbestallung. Sämtliche in Zukunft ergehenden Bescheide sind an mich zuzustellen.

(Rechtsanwalt)

102 Der Nachlasspfleger hat den **steuerrechtlichen Pflichten** nachzukommen.

### 3. Muster: Schreiben des Nachlasspflegers an das Erbschaftsteuerfinanzamt

103 Wenn der Nachlasspfleger eine Steuererklärung für die unbekannten Erben abgibt, besteht lediglich ein Freibetrag in Höhe von 20.000 EUR.

104 An das

Finanzamt

▮▮▮

*Steuernummer:* ▮▮▮

Die von Ihnen gesetzte Frist zur Hereinreichung der Steuererklärung kann von mir nicht eingehalten werden, da der Bestand des Nachlasses noch nicht vollständig erfasst worden ist. Stattdessen wird unsererseits angeboten, eine vorläufige Steuererklärung einzureichen, die die Nachlasswerte zum Zeitpunkt der Pflegerbestallung berücksichtigt.

*Trimborn v. Landenberg*

Anmerken möchte ich noch, dass zur Bezahlung der Erbschaftsteuer die Genehmigung des Nachlassgerichts erforderlich ist. Die Einholung der Genehmigung nimmt zwischen vier und acht Wochen in Anspruch. Ich bitte dies bei Setzung der Fristen zu berücksichtigen.

(Rechtsanwalt)

## D. Anwalt als Nachlassverwalter

### I. Typischer Sachverhalt

Mit Beschluss des Nachlassgerichts wurde Rechtsanwalt R zum Nachlassverwalter bestellt. Die Antragstellung erfolgte von Seiten der Gläubiger des Erben. Der Nachlassverwalter findet im Nachlass Grundstücke, Konten und sonstige Forderungen vor.

### II. Aufgaben des Nachlassverwalters

Die Tätigkeit des Nachlassverwalters entspricht in weiten Zügen der des Insolvenzverwalters: Er hat den Nachlass in Besitz zu nehmen, um daraus die Gläubiger zu befriedigen. Bis dies geschehen ist, hat er den Nachlass zu verwalten. Falls sich herausstellt, dass der Nachlass überschuldet ist, hat der Nachlassverwalter unverzüglich Nachlassinsolvenz anzumelden, gem. § 1988 BGB endet dann sein Amt.

Die Aufgaben des Nachlassverwalters können sehr vielfältig sein, je nach Situation muss z.B. Folgendes veranlasst werden:
- Sammlung des Nachlasses bei Erben und Erbschaftsbesitzern, notfalls im Klagewege,
- Anforderung eines Nachlassverzeichnisses vom Erben,
- Widerruf einer vom Erblasser über den Tod hinaus erteilten Vollmacht,
- Geltendmachung von Forderungen für den Nachlass,
- Einleitung eines Aufgebotsverfahrens zur Nachlassgläubigerermittlung,
- Prüfung, ob Nachlassverbindlichkeiten nach Grund und Höhe berechtigt sind,
- Prozessführung (aktiv und passiv) anstelle der Erben,
- Verkauf von Grundstücken,
- Wahrnehmung von Gesellschafterrechten (Geltendmachung von Gewinn- und Auseinandersetzungsansprüchen),
- Fortführung eines Erwerbsgeschäftes bzw. Durchführung einer Geschäftsauflösung.

Im Grundbuch ist die Nachlassverwaltung als **Verfügungsbeschränkung** in Abteilung II einzutragen. Diese Eintragung empfiehlt sich, um einerseits Grundstücksverfügungen der Erben am Nachlassverwalter vorbei zu verhindern und andererseits, Eintragungen von Gläubigern des Erben unmöglich zu machen.

Für die Eintragung reicht ein schriftlicher Antrag an das Grundbuchamt. Dem Antrag ist eine Ausfertigung, nicht eine Kopie des Beschlusses über die Anordnung der Nachlassverwaltung beizufügen.

### 1. Muster: Anschreiben an das Grundbuchamt

An das

Grundbuchamt

▬▬▬

per Boten

*Grundbuch* ▬▬ , *Band* ▬▬ , *Blatt* ▬▬

Gemäß anliegend beigefügter Ausfertigung des Beschlusses des Amtsgerichts ▬▬ bin ich in der Nachlasssache ▬▬ zum Nachlassverwalter bestellt.

Nach meinen bisherigen Feststellungen ist der Erblasser als Eigentümer des bezeichneten Grundstücks eingetragen.

Ich beantrage,

die angeordnete Nachlassverwaltung als Verfügungsbeschränkung in Abteilung II einzutragen.

(Rechtsanwalt)

### 2. Muster: Gläubigeranschreiben des Nachlassverwalters

An

▬▬▬

*Nachlasssache des Herrn* ▬▬ , *zuletzt wohnhaft* ▬▬ , *verstorben am* ▬▬

In der Nachlasssache ▬▬ wurde ich durch Beschluss des Amtsgerichts ▬▬ vom ▬▬ zum Nachlassverwalter ernannt. Ich füge den Beschluss vom ▬▬ in Kopie anbei.

Meine Aufgabe ist es, aus dem Nachlassvermögen die Gläubiger zu befriedigen.

Um feststellen zu können, ob Sie zum Kreis der Nachlassgläubiger gehören, darf ich Sie bitten mir bis zum ▬▬ , Unterlagen über Grund und Höhe Ihrer Forderung hereinzureichen.

(Rechtsanwalt)

## III. Nachlassverwalter und Nachlassgericht

Der Nachlassverwalter führt ein Amt (§ 1987 BGB), so dass er grundsätzlich unabhängig und eigenverantwortlich handeln kann. Gleichwohl unterliegt er durch die Verweisung gem. § 1915 BGB mittelbar dem Vormundschaftsrecht,[30] so dass dem Nachlassgericht ein Jahres- und Abschlussbericht zu erstatten ist.

### 1. Muster: Jahresbericht

An das

Amtsgericht
– Nachlassgericht – (Baden-Württemberg: Staatl. Notariat)

*Nachlasssache des Herrn* ▬▬ , *zuletzt wohnhaft* ▬▬ , *verstorben am* ▬▬

Az. ▬▬

---

30 Vgl. Palandt/*Edenhofer*, § 1985 Rn 2.

In der Anlage überreichen wir:

| | | |
|---|---|---|
| 1. | Vorläufiges Nachlassverzeichnis per Todestag, | Anlage A |
| 2. | Verwaltungsrechnung für das Jahr ▮, | Anlage B |
| 3. | Vermögensverzeichnis zum ▮ | Anlage C |
| 4. | Jahresbericht für das Jahr ▮ | Anlage D |

Ich berichte wie folgt:

*I. Allgemeines*

Die Erblasserin ▮, geboren ▮ in ▮, zuletzt wohnhaft ▮, verstarb am ▮ in ▮.

Die Nachlassverwaltung wurde am ▮ angeordnet.

Die
– Ermittlung der Gläubiger und
– Ermittlung des Nachlassbestandes

wurde getätigt. Es wird auf Anlage D verwiesen.

*II. Bestandsaufnahme*

Hinsichtlich der Bestandsaufnahme ist anzuführen, dass zwischenzeitlich ermittelt werden konnte, dass der Erblasser Mitglied einer Erbengemeinschaft war. Soweit greifbare Erkenntnisse vorliegen, wird in einem separaten Bericht Stellung genommen werden.

(Rechtsanwalt)

## 2. Muster: Abschlussbericht

An das

Amtsgericht
– Nachlassgericht – (Baden-Württemberg: Staatl. Notariat)
▮

*Nachlasssache des Herrn ▮, zuletzt wohnhaft ▮, verstorben am ▮*

Az. ▮

Am ▮ habe ich die letzten Zahlungen an die bekannten Gläubiger geleistet.

Es wurden folgenden Zahlungen geleistet:
1. ▮
2. ▮
3. ▮

Nach Bezahlung der Verbindlichkeiten verblieb ein Restvermögen von ▮ EUR, welches sich wie folgt zusammensetzt:
1. ▮
2. ▮
3. ▮

Mit der Bezahlung aller bekannten Verbindlichkeiten ist der Grund für die Anordnung der Nachlassverwaltung weggefallen, so dass einer Aufhebung der Nachlassverwaltung gem. § 1919 BGB nichts im Wege steht.

(Rechtsanwalt)

## IV. Nachlassverwalter im Umgang mit den Erben

**113** Der Nachlassverwalter ist treuhänderischer Vermögensverwalter und hat wie ein Insolvenzverwalter die Belange aller Beteiligten zu wahren. Im Unterschied zum Nachlasspfleger ist er auch nicht gesetzlicher Vertreter der Erben. Die erste Aufgabe des Nachlassverwalters ist es, alle Nachlassgegenstände in Besitz zu nehmen, da der Erbe gem. § 1984 Abs. 1 BGB mit der Anordnung der Nachlassverwaltung die Verfügungsbefugnis über das Nachlassvermögen verliert.

Der Nachlassverwalter ist in diesem Rahmen berechtigt, vom **Erben** die Vorlage eines **Nachlassverzeichnisses** zu verlangen. Das Verlangen des Nachlassverwalters auf Vorlage des Nachlassverzeichnisses, der eidesstattlichen Versicherung und der Herausgabe der Nachlassgegenstände müssen im Klageweg erzwungen werden, wenn der Erbe nicht entsprechend außergerichtlich mitwirkt.

### 1. Muster: Anschreiben an die Erben/Dritte wegen Auskunft und Herausgabe der Nachlassgegenstände

**114** An

*Nachlasssache des Herrn* ▨ *, zuletzt wohnhaft* ▨ *, verstorben am* ▨

Gemäß anliegend beigefügter Kopie des Beschlusses des Amtsgerichts ▨ wurde ich zum Nachlassverwalter bestellt.

Ich darf Sie bitten, mir bis spätestens

▨

Auskunft über den Bestand des Nachlasses zu geben und sämtliche Nachlassgegenstände, die Sie in Besitz genommen haben, auszuhändigen.

Für den Fall, dass nicht innerhalb vorgenannter Frist die Gegenstände herausgegeben werden, werde ich ohne weiteres Zuwarten Klage erheben.

(Rechtsanwalt)

### 2. Muster: Ausführliches Anschreiben an die Erben wegen Herausgabe der Nachlassgegenstände

**115** An ▨

▨

Einschreiben – Rückschein

*Nachlasssache des Herrn* ▨ *, zuletzt wohnhaft* ▨ *, verstorben am* ▨

Gemäß anliegend beigefügter Kopie des Beschlusses des Amtsgerichts ▨ – Nachlassgericht – bin ich zum Nachlassverwalter berufen worden.

Um meiner gesetzlichen Verpflichtung, der Erstellung und Vorlage eines Nachlassverzeichnisses gegenüber dem Nachlassgericht gem. §§ 1975, 1962, 1915, 1802 BGB nachkommen zu können, werden Sie gebeten, bis zum

▨

1. eine Aufstellung zu übermitteln, die alle Nachlassgegenstände, Forderungen und Schulden enthält; in der Anlage füge ich zur Hilfestellung ein entsprechendes Formblatt bei.

2. mir die im Nachlass befindlichen Wertsachen, Sparbücher und sonstigen Wertgegenstände sowie das Bargeld herauszugeben. Nach Eingang des Vermögensverzeichnisses werde ich Ihnen mitteilen, wie mit den restlichen Nachlassgegenständen verfahren wird.

Ich gehe davon aus, dass ich keine gerichtliche Hilfe in Anspruch nehmen muss.

(Rechtsanwalt)

Je nach Struktur des Nachlasses wird der Nachlassverwalter sich über den Umfang der beweglichen Habe vor Ort einen Eindruck verschaffen müssen, um zu entscheiden, welche Gegenstände er in Besitz nimmt. Sachen ohne wesentlichen Verkehrswert (Kleidung, persönliche Gegenstände, alte Möbel) verursachen nur Lagerkosten und dienen nicht der Gläubigerbefriedigung. Sie sollten daher bei den Erben verbleiben.[31]

**Nach Befriedigung der Nachlassverbindlichkeiten hat der Nachlassverwalter den Erben den Nachlass** gem. § 1986 BGB zurückzugeben. Dies sollte zu Beweiszwecken nur gegen Übergabequittung (Muster siehe Rn 97) erfolgen.

## V. Festsetzung der Vergütung

§ 1987 BGB sieht für den Nachlassverwalter eine angemessene Vergütung vor. Im Unterschied zum Nachlasspfleger hat der Nachlassverwalter einen Anspruch auf eine Vergütung, deren Höhe sich nicht ohne weiteres aus einem Verweis auf die Betreuervergütung gem. § 1836 ff. BGB bestimmt. Obwohl die Nachlassverwaltung nur eine Unterform der Nachlasspflegschaft ist (§ 1975 BGB), hatten sich hier in der Praxis lange Zeit eigene Maßstäbe herausgebildet. Aus dem Umstand, dass der Gesetzgeber § 1987 BGB trotz des VBVG unverändert ließ, lässt sich nach jetzt ganz herrschender Meinung keine Sonderstellung für die Vergütung des Nachlassverwalters ableiten,.[32]

Daher rücken zunehmend Stundensätze an die Stelle einer anteiligen Vergütung,[33] für einen Rechtsanwalt wurde vom LG Koblenz ein Vergütungssatz von 150 EUR je Stunde für angemessen erachtet.[34] Es können allerdings auch weitaus geringere Stundensätze zugebilligt werden (vgl. Rn 93).

**Muster: Antrag auf Festsetzung der Vergütung des Nachlassverwalters**

An das
Amtsgericht
– Nachlassgericht – (Baden-Württemberg: Staatl. Notariat)

*Nachlasssache des Herrn* ▒▒▒ , *zuletzt wohnhaft* ▒▒▒ , *verstorben am* ▒▒▒

Az. ▒▒▒

*Antrag auf Festsetzung der Vergütung des Nachlassverwalters*

Ich stelle folgende Anträge:
I. Die Vergütung des Nachlassverwalters ▒▒▒ wird auf ▒▒▒ EUR festgesetzt.
II. Der Nachlassverwalter ist berechtigt, die Vergütung dem Nachlass zu entnehmen.

---

31 Vgl. OLG München Rpfleger 2006, 405; OLG Zweibrücken ZEV 2007, 528, *Ruby/Schindler*, ZEV 2006, 469; Palandt/*Edenhofer*, § 1985 Rn 4.
32 *Klingelhöffer*, Rn 126.
33 *Zimmermann* hält die Entlohnung nach Anteilen des Nachlasses für überholt, vgl. ZEV 2005, 475.
34 LG Koblenz JurBüro 2004, 606.

*Trimborn v. Landenberg*

*Begründung:*

Ich wurde durch Beschluss des Nachlassgerichts zum Verwalter des Nachlasses bestellt. Das Nachlassverzeichnis wurde erstellt und die Aufgabe der Nachlassverwaltung erfüllt. Die Verwaltung des Nachlasses wurde aufgehoben.

Es steht mir somit aus § 1987 BGB ein gesetzlicher Vergütungsanspruch zu, dessen Höhe festzusetzen ist.

Der Aktivnachlass ohne Abzug der Nachlassverbindlichkeiten betrug ▬▬▬▬ EUR.

An Nachlassverbindlichkeiten waren ▬▬▬▬ EUR an insgesamt ▬▬▬▬ Gläubiger auszukehren.

Besonders die große Anzahl der Kleingläubiger verursachte einen enormen Verwaltungsaufwand.

Bei der Verwertung des Nachlasses waren dabei folgende Schwierigkeiten zu bewältigen:
- Es waren Altlasten zu entsorgen.
- Es handelte sich um nicht gängige Markenartikel.
- Geschäftsunterlagen waren nicht mehr vorhanden.
- Rückfragen bei den Erben blieben unbeantwortet.
- Die hygienischen Verhältnisse waren äußerst problematisch.

Insgesamt bestand die Verwaltung über einen Zeitraum vom ▬▬▬▬ bis ▬▬▬▬. Aus der Handakte ergibt sich ein Stundenaufwand von ▬▬▬▬ Stunden. Es erscheint daher eine Vergütung von EUR ▬▬▬▬ angemessen, die ich beantrage, festzusetzen.

(Rechtsanwalt)

119   Um sich unnötige Korrespondenz zu ersparen, ist es sinnvoll, schon zu Beginn der Nachlassverwaltung mit dem Gericht Kontakt aufzunehmen und zu klären, wonach sich die Vergütung richtet. Bei Stundensätzen ist außerdem die Form des Nachweises zu erfragen. Es besteht auch die Möglichkeit mit den Erben unmittelbar die Höhe der Vergütung zu vereinbaren, die ein Festsetzungsverfahren erübrigt.

## E. Anwalt als mittelbar Beteiligter bei der Nachlasspflegschaft

### I. Typischer Sachverhalt

120   Der Erblasser E hinterlässt mehrere Testamente. Aus allen ist zu entnehmen, dass eine der pflichtteilsberechtigten Personen enterbt worden ist. Die weitere Erbfolge ist jedoch unklar. Der Erblasser hat Verbindlichkeiten aus einem laufenden Mietverhältnis, welches zudem von Seiten des Vermieters gekündigt werden sollte. Die Angestellten des Betriebs des Erblassers fürchten um ihre Arbeitsplätze. Einer der Gläubiger möchte seine Forderung gerichtlich geltend machen.

### II. Anwalt als Vertreter von Gläubigern des Erblassers

121   Mit dem Tod seines Schuldners fehlt dem Gläubiger vorerst der Anspruchsgegner, wenn nicht feststeht, wer Erbe geworden ist. Aus Sicht des Gläubigers ist daher auf die Einrichtung einer Nachlasspflegschaft hinzuwirken, um einen Adressaten für die Forderung zu haben.

Neben der bestehenden Forderung hat der Rechtsanwalt gegenüber dem Gericht auch darzulegen, warum die Erben unbekannt sind. Dies kann auch der Fall sein, wenn die Angehörigen des Erblassers zwar bekannt sind, diese aber untereinander um das Erbe streiten.

*Trimborn v. Landenberg*

## 1. Muster: Anzeige eines sicherungsbedürftigen Nachlasses

Der Vermieter, der nicht den Ausgang des Streits über das Erbrecht abwarten will, sollte einen Antrag auf Nachlasspflegschaft stellen, damit er gegen den Nachlasspfleger die Ansprüche geltend machen kann.

An das

Amtsgericht
- Nachlassgericht - (Baden-Württemberg: Staatl. Notariat)

*Nachlasssache des Herrn* ▓▓▓▓ , *zuletzt wohnhaft* ▓▓▓▓ , *verstorben* ▓▓▓▓

Az. ▓▓▓▓

Hiermit zeige ich an, dass ich ▓▓▓▓ vertrete, Vollmacht anbei.

Ich stelle hiermit den Antrag:

Für die unbekannten Erben der ▓▓▓▓ , geboren ▓▓▓▓ , verstorben ▓▓▓▓ in ▓▓▓▓ , zuletzt wohnhaft ▓▓▓▓ , wird Nachlasspflegschaft angeordnet.

*Begründung:*

*I. Persönliche Verhältnisse*

Am ▓▓▓▓ ist ▓▓▓▓ in ▓▓▓▓ verstorben. Die Verstorbene war verwitwet. Die Erblasserin hinterließ eine Tochter, die enterbt wurde.

Wer die testamentarischen Erben sind und wo sie sich aufhalten mögen, kann unser Mandant nicht sagen. Die Erben sind somit unbekannt.

*II. Vermögensverhältnisse*

Immobilienvermögen: ▓▓▓▓

Bankguthaben: ▓▓▓▓

Sonstige Nachlassgegenstände:

Zum Nachlass gehören außerdem wertvolle Möbelstücke, Bilder und eine Münzsammlung. Die Gegenstände befinden sich in der Wohnung, zum Teil auch als Leihgabe bei der Wanderausstellung ▓▓▓▓ .

*III. Unbekanntheit der Erben*

Ein eindeutiges Testament hat die Verstorbene, soweit erkennbar, nicht hinterlassen. Der Erbe ist somit unbekannt.

*IV. Sicherungsbedürfnis*

Ohne Eingreifen des Nachlassgerichts ist der Bestand des Nachlasses gefährdet.

Der Erblasser hat keinen Bevollmächtigten hinterlassen, der sich um die Vermögensbelange kümmert. Es muss die Wohnung gesichert und versorgt werden.

*V. Hilfsantrag*

Hilfsweise stellen wir den Antrag auf Anordnung der Klagepflegschaft. Berechtigung zur Antragstellung:

Unser Mandant hat Mietforderungen gegen die Erblasserin. In der Anlage überreiche ich folgende Unterlagen:
1. ▓▓▓▓
2. ▓▓▓▓
3. ▓▓▓▓

*Trimborn v. Landenberg*

*VI. Zuständigkeit*

Das Nachlassgericht ist gem. § 343 Abs. 1 FamFG sachlich und örtlich zuständig, da die Erblasserin ihren letzten Wohnsitz im Bereich des angerufenen Nachlassgerichts hatte.

*VII. Keine Vorschusspflicht*

Der Antragsteller ist nicht vorschusspflichtig, da das Nachlassgericht im pflichtgemäßen Ermessen zu handeln hat.

(Rechtsanwalt)

### 2. Muster: Antrag auf Bestellung eines Geschäftsführers als Nachlasssicherungsmaßnahme (ausstehende Lohnforderungen)

124 Nachdem zahlreiche Nachlassgerichte in der Auswahl der Nachlasssicherungsmaßnahmen sehr beschränkt sind, empfiehlt es sich, statt eines Antrages auf Bestellung eines Notgeschäftsführers zur Weiterführung des Unternehmens stattdessen einen Antrag auf Nachlasspflegschaft zu stellen.

115 An das

125 Amtsgericht
– Nachlassgericht – (Baden-Württemberg: Staatl. Notariat)

*Nachlasssache des Herrn           , zuletzt wohnhaft           , verstorben am*

*Az. unbekannt*

*Anzeige eines sicherungsbedürftigen Nachlasses*

Hiermit zeige ich an, dass ich          vertrete. In der Anlage überreiche ich die Sterbeurkunde des Standesamts          vom          . Danach ist Herr          am          in          verstorben.

Der Verstorbene war Alleingesellschafter und Geschäftsführer der Reich GmbH. Diese betrieb eine Werkstatt zur Renovierung von alten Rennwagen. Die Geschäftsräume befinden sich in dem oben angeführten, dem Verstorbenen gehörenden Anwesen. Es sind noch weitere zehn Arbeitnehmer vorhanden. Die Auftragslage ist gut. Es bestehen zahlreiche Forderungen und fast keine Verbindlichkeiten.

Der Verstorbene hat eine Verfügung von Todes wegen hinterlassen. Trotz intensiver Bemühungen konnten die dort erwähnten Personen jedoch nicht ermittelt werden.

Zur Fortführung des Betriebs hat unser Mandant schon eigene Mittel eingesetzt, weil er nicht über die Geschäftskonten verfügen kann und den Betrieb aufrechterhalten wollte. Der Betrieb beschäftigt schließlich elf Personen. Demnächst stehen Lohnzahlungen an. Den Arbeitnehmern kann nicht mehr zugemutet werden, einen zweiten Monat ohne Lohnzahlung zu arbeiten. Der Betrieb, der einen guten Gewinn abwirft, muss weitergeführt werden.

Ich stelle daher den Antrag,

die Nachlasspflegschaft anzuordnen und Herrn Rechtsanwalt          zum Nachlasspfleger zu bestellen.

Dieser hat sich mit der Übernahme des Amts bereits mir gegenüber einverstanden erklärt, er besitzt fundierte Kenntnisse in der Handhabung von Nachlasspflegschaften.

Der Wert des Nachlasses nach Abzug der Verbindlichkeiten beträgt 2–4 Mio. EUR.

(Rechtsanwalt)

*Trimborn v. Landenberg*

### 3. Muster: Antrag des Gläubigers auf Klagepflegschaft

Im Gegensatz zur Regelung des § 1960 BGB steht die Bestellung bei § 1961 BGB nicht im pflichtgemäßen Ermessen des Gerichts. Sie muss vielmehr, sofern die Voraussetzungen des § 1960 Abs. 1 BGB vorliegen, angeordnet werden, wenn ein dahin gehender, mit der Absicht gerichtlicher Geltendmachung begründeter Antrag vorliegt.[35] Die oft zögerliche Behandlung der Nachlasspflegschaft kann mit einem Antrag auf Klagpflegschaft umgangen werden.

An das

Amtsgericht
– Nachlassgericht – (Baden-Württemberg: Staatl. Notariat)

*Nachlasssache des Herrn* ▮▮▮, *zuletzt wohnhaft* ▮▮▮, *verstorben am* ▮▮▮

Az. ▮▮▮

Hiermit zeige ich an, dass ich ▮▮▮ vertrete, Vollmacht anbei.

Namens und im Auftrag von ▮▮▮ stelle ich folgenden Antrag:

Zum Zwecke der gerichtlichen Geltendmachung eines Anspruchs gegen den Nachlass des am ▮▮▮ in ▮▮▮ verstorbenen ▮▮▮ wird ein Nachlasspfleger gem. § 1961 BGB bestellt.

*Begründung:*

Am ▮▮▮ verstarb ▮▮▮ in ▮▮▮. Der Erblasser hat folgende gesetzliche Erben hinterlassen:
1. ▮▮▮
2.
3.

Zwischen diesen einerseits und
1.
2.

andererseits wird um das Erbrecht gestritten. Die Parteien streiten sich um die Wirksamkeit verschiedener Testamente. Ein Erbschein wurde bislang nicht erteilt.

Dem Antragsteller steht gegen den Erblasser ein Kaufpreisanspruch zu. Der Erblasser kaufte am ▮▮▮ einen Pkw ▮▮▮. Der vereinbarte Restkaufpreis von ▮▮▮ EUR wurde bislang vom Erblasser nicht bezahlt. Der Betrag ist seit dem ▮▮▮ fällig.

Der Antragsteller will seinen Anspruch gerichtlich geltend machen, um in den Nachlass vollstrecken zu können. Nachdem nicht abzusehen ist, bis zu welchem Zeitpunkt geklärt sein wird, wer der oder die Erben sind, ist die Bestellung eines Pflegers erforderlich.

In der Anlage fügen wir bei Kaufvertragsunterlagen in beglaubigter Form bei.

(Rechtsanwalt)

### III. Anwalt als Vertreter der Erben bei angeordneter Nachlasspflegschaft

Die Aufgabe des Rechtsanwalts bei angeordneter Nachlasspflegschaft ist zunächst die Kontrolle des Nachlasspflegers. Man darf sich nicht darauf verlassen, dass dies vom Nachlassgericht getan wird. Insbesondere hat der Vertreter der Erben mit kritischem Blick die vom Nachlasspfleger begehrte Vergütung zu prüfen.

---

35 Soergel/*Stein*, § 1961 BGB Rn 1.

Wenn der Grund für die Anordnung der Nachlasspflegschaft weggefallen ist, wird der Rechtsanwalt zügig die Aufhebung beantragen.

### 1. Muster: Erinnerung gegen die Anordnung der Nachlasspflegschaft

**129** Nach der Gesetzesänderung zum 1.1.1999 im Hinblick auf die Vergütung bedeutet eine kurze Nachlasspflegschaft auch geringere Kosten. Das Interesse der Erben ist daher auf eine möglichst kurze Dauer der Nachlasspflegschaft gerichtet.

**130** An das
Amtsgericht
– Nachlassgericht – (Baden-Württemberg: Staatl. Notariat)

Nachlasssache des Herrn ▬▬▬, zuletzt wohnhaft ▬▬▬, verstorben am ▬▬▬

Az. ▬▬▬

*Erinnerung gegen die Anordnung der Nachlasspflegschaft*

Hiermit zeigen wir an, dass wir ▬▬▬ vertreten.

Namens und im Auftrag des ▬▬▬ legen wir gegen den Beschluss des Amtsgerichts ▬▬▬ vom ▬▬▬ Erinnerung ein und beantragen,

die Nachlasspflegschaft aufzuheben.

*Begründung:*

Die Erinnerungsführer sind Kinder des Erblassers und damit gesetzliche Erben. In der Anlage fügen wir Geburtsurkunden der Erinnerungsführer bei.

Eine letztwillige Verfügung des Erblassers ist nicht vorhanden, so dass sich das Erbrecht nach der gesetzlichen Erbfolge bestimmt.

Die Ermittlungen des Nachlasspflegers in der Wohnung des Erblassers und auch bei den Banken blieben ergebnislos. Ein Testament konnte nicht aufgefunden werden.

Die Nachlasspflegschaft wurde angeordnet zur Ermittlung der Erben. Dieser Grund ist nicht mehr gegeben. Die Nachlasspflegschaft ist daher aufzuheben.

(Rechtsanwalt)

### 2. Muster: Antrag eines Erben auf Anweisung des Nachlasspflegers

**131** Der Antrag auf Anweisung des Nachlasspflegers durch das Nachlassgericht ist dann angezeigt, wenn der als Erbe in Betracht kommende Antragsteller, annehmen muss, dass ohne diese Maßnahme Kosten für den Nachlass entstehen.

**132** An das
Amtsgericht
– Nachlassgericht – (Baden-Württemberg: Staatl. Notariat)

▬▬▬

Nachlasssache des Herrn ▬▬▬, zuletzt wohnhaft ▬▬▬, verstorben am ▬▬▬

Az. ▬▬▬

Unter Bezugnahme auf die bei den Akten befindliche Vollmacht stellen wir für unseren Mandanten folgenden Antrag:

*Trimborn v. Landenberg*

Das Nachlassgericht weist den Nachlasspfleger an, auf die Einrede der Verjährung bezüglich des Zugewinnausgleichsanspruchs und der Pflichtteilsansprüche bis zum ▬ zu verzichten.

*Begründung:*

Die Antragstellerin ist Ehefrau des Verstorbenen. Der Erblasser hat mehrere Söhne.

Es herrscht derzeit Streit, welches der Testamente Gültigkeit hat. Die Eröffnung der Testamente fand vor fast drei Jahren statt. Die Ansprüche der Antragstellerin drohen zu verjähren, falls die Antragstellerin nicht Alleinerbin sein sollte. Um unnötige Kosten zu vermeiden, soll der Nachlasspfleger angewiesen werden, auf die Einrede der Verjährung zu verzichten.

(Rechtsanwalt)

### 3. Muster: Einwendungen des Erben gegen den Festsetzungsantrag

An das

Amtsgericht
– Nachlassgericht – (Baden-Württemberg: Staatl. Notariat)

*Nachlasssache des Herrn* ▬, *zuletzt wohnhaft* ▬, *verstorben am* ▬

Az. ▬

Gemäß anliegend beigefügter Vollmacht zeigen wir an, dass wir den Alleinerben ▬ vertreten.

Der Nachlasspfleger hat die Festsetzung seiner Vergütung beantragt.

Namens und im Auftrag unseres Mandanten erheben wir folgende Einwendungen gegen den Festsetzungsantrag:

*1. Einwendungen gegen die beantragte Höhe*

Der Nachlasspfleger beantragt die Vergütung für ▬ Stunden, in welchen er die Bankgeschäfte getätigt haben will. Wir bestreiten den Anfall der geltend gemachten Stunden.

Zudem wären die geltend gemachten Stunden nicht vergütungsfähig. Es werden Stunden verrechnet für Fahrten zur Bank. Stattdessen wäre es aber sinnvoller gewesen, die Überweisungsträger per Post zur Bank zu senden.

*2. Einwendungen wegen Schlechterfüllung*

Der Nachlasspfleger hat bei der Verwaltung der Immobilien folgende Schäden verursacht:
– ▬
– ▬

*Beweis:* ▬

Diese Beträge sind in Abzug zu bringen.

(Rechtsanwalt)

Seit 1.1.1999 können sämtliche materielle Einwendungen erhoben werden, da der Festsetzungsbeschluss nunmehr zugleich ein Vollstreckungstitel gegen die Erben ist; daher sind diese Einwendungen schon im Festsetzungsverfahren zu berücksichtigen.[36]

---

36 *Zimmermann*, ZEV 1999, 329 ff.

### 4. Muster: Rechtsmitteleinlegung gegen Vergütungsbeschluss wegen einer Beschwer bis 600 EUR (Erinnerung)

**120**

An das

**135**

Amtsgericht
– Nachlassgericht – (Baden-Württemberg: Staatl. Notariat)

*Nachlasssache des Herrn* ▒▒▒▒ , *zuletzt wohnhaft* ▒▒▒▒ , *verstorben am* ▒▒▒▒

Az. ▒▒▒▒

Gemäß anliegend beigefügter Vollmacht zeigen wir an, dass wir den Alleinerben ▒▒▒▒ vertreten.

Wir legen gegen den Beschluss des Nachlassgerichts vom ▒▒▒▒

*Erinnerung*

ein.

*Begründung:*

Das Nachlassgericht hat die Vergütung mit 5.000 EUR festgesetzt, somit zu hoch angesetzt, und zwar um 250 EUR. Es wurden vom Nachlasspfleger zu viele Stunden abgerechnet. Die Gespräche am ▒▒▒▒ und am ▒▒▒▒ waren Vorbereitung für die Erbauseinandersetzung und keine Tätigkeit im Rahmen der Nachlasspflegschaft, sie umfassten je ▒▒▒▒ Stunden.

(Rechtsanwalt)

**136** Die Erinnerung ist binnen einer Frist von zwei Wochen einzulegen, § 11 Abs. 2 RPflG. Es darf für die Erinnerung nur ein Beschwerwert von maximal 600 EUR vorliegen, darüber hinaus ist eine sofortige Beschwerde erforderliche § 61 Abs. 3 Nr. 2. FamFG. Der Rechtspfleger kann abhelfen, der Nachlassrichter entscheidet endgültig.

### 5. Muster: Rechtsmitteleinlegung gegen Vergütungsbeschluss wegen einer Beschwer ab 600,01 EUR

**121**

An das

**137**

Amtsgericht
– Nachlassgericht – (Baden-Württemberg: Staatl. Notariat)

▒▒▒▒

*Nachlasssache des Herrn* ▒▒▒▒ , *zuletzt wohnhaft* ▒▒▒▒ , *verstorben am* ▒▒▒▒

Az. ▒▒▒▒

Gemäß beigefügter Vollmacht zeigen wir an, dass wir den Alleinerben ▒▒▒▒ vertreten.

Gegen den Beschluss des Nachlassgerichts vom ▒▒▒▒ , zugegangen am ▒▒▒▒ , legen wir namens und im Auftrag unseres Mandanten

*sofortige Beschwerde*

ein, §§ 38, 58 ff. FamFG.

*Begründung:* ▒▒▒▒

(Rechtsanwalt)

**138** Ab einer **Beschwer von 600,01 EUR** ist gegen den Beschluss die sofortige Beschwerde statthaft, §§ 38, 58 ff. FamFG. Die Beschwerde ist gem. § 64 Abs. 1 FamFG bei dem Gericht

*Trimborn v. Landenberg*

einzulegen, dessen Entscheidung angefochten wird, also beim Nachlassgericht. Die Rechtsmittelfrist beträgt gem. § 63 Abs. 1 FamFG einen Monat. Das Nachlassgericht ist aber nur Adressat der Beschwerde, denn gem. § 119 Abs. 1 Nr. 1 b GVG n.F. ist das OLG für die Entscheidungen über die Beschwerde gegen alle Entscheidungen der freiwilligen Gerichtsbarkeit – mit Ausnahme der Freiheitsentziehungs- und Betreuungssachen – zuständig

### 6. Muster: Rechtsbeschwerde gegen den Beschwerdebeschluss des OLG

An den

BGH

*Nachlasssache des Herrn*              *, zuletzt wohnhaft*              *, verstorben am*

*Az.*

Gemäß anliegend beigefügter Vollmacht zeigen wir an, dass wir den Alleinerben              vertreten.

Gegen den Beschluss des OLG              vom              , Az.              , zugestellt am              , legen wir

*Rechtsbeschwerde*

ein.

*Begründung:*

Das OLG hat die Beschwerde zugelassen, § 70 Abs. 1 FamFG.

Das OLG hat dem Nachlasspfleger zu Unrecht eine Vergütung in Höhe von              zugebilligt. Das OLG hätte berücksichtigen müssen, dass

(Rechtsanwalt)

Eine weitere Beschwerde zum BGH gegen den Beschwerdebeschluss ist unzulässig, außer das Beschwerdegericht oder das OLG hat sie zugelassen, § 70 Abs. 1 FamFG. Die Zulassung hat von Amts wegen zu erfolgen, wenn die zur Entscheidung stehende Frage grundsätzliche Bedeutung hat. Wenn die Beschwerde nicht zugelassen wird, gibt es keine Beschwerde gegen die Nichtzulassung.

Gem. § 72 FamFG kann die Rechtsbeschwerde nur auf die Verletzung formellen oder materiellen Rechts gestützt werden.

### IV. Rechtsanwalt als Vertreter von Pflichtteilsberechtigten[37]

Im Rahmen der Nachlasspflegschaft sind nicht nur lebzeitig entstandene Verbindlichkeiten geltend zu machen, sondern auch Forderungen, die mit dem Erbfall entstanden sind. Es wäre ein grober Fehler, dem Mandanten zu raten, mit der Geltendmachung seines Pflichtteilsanspruchs zu warten bis die Erbfolge geklärt ist. Auch wird aus Kostengründen nicht immer ein Erbscheinsantrag zu stellen sein. Unabhängig davon droht dem Pflichtteilsberechtigten die Verjährung. Daher ist die Beantragung einer Nachlasspflegschaft in Form der Klagepflegschaft gem. § 1961 BGB anzuraten, wenn das Nachlassgericht mangels Sicherungsbedürfnisses keine allgemeine Nachlasspflegschaft anordnen will.

---

37 Vgl. hierzu *Meyer/Süß/Tanck*, S. 543 ff.; *Ott-Eulberg*, ZErb 2000, 222 ff.

*Trimborn v. Landenberg*

## ■ Muster: Beantragung der Klagepflegschaft wegen Pflichtteilsansprüchen

**142** Zur Sicherung der Zinsansprüche des Pflichtteilsberechtigten empfiehlt es sich, Klagepflegschaft zu beantragen.

An das

**143** Amtsgericht
– Nachlassgericht – (Baden-Württemberg: Staatl. Notariat)

Nachlasssache des Herrn ▇▇▇, zuletzt wohnhaft ▇▇▇, verstorben am ▇▇▇

Az. ▇▇▇

Hiermit zeigen wir an, dass wir ▇▇▇ vertreten, Vollmacht anbei.

Namens und im Auftrag von ▇▇▇ stellen wir folgenden Antrag:

Zum Zwecke der gerichtlichen Geltendmachung eines Pflichtteilsanspruchs gegen die unbekannten Erben des am ▇▇▇ in ▇▇▇ verstorbenen ▇▇▇ beantragen wir die Bestellung eines Nachlasspflegers gem. § 1961 BGB.

*Begründung:*

Am ▇▇▇ verstarb ▇▇▇ in ▇▇▇.

Der Erblasser hat folgende gesetzliche Erben hinterlassen:
1. ▇▇▇
2. ▇▇▇

Der Erblasser hat folgende testamentarische Erben hinterlassen:
1. ▇▇▇
2. ▇▇▇

Zwischen diesen wird um das Erbrecht gestritten. Weiterhin streiten sie sich um die Wirksamkeit verschiedener Testamente. Ein Erbschein wurde bislang nicht erteilt.

Dem Antragsteller steht gegen dem oder den Erben ein Pflichtteilsanspruch zu. Der Antragsteller will seinen Anspruch gerichtlich geltend machen, um in den Nachlass vollstrecken zu können. In der Anlage übermitteln wir einen entsprechenden Klageentwurf.

Nachdem nicht abzusehen ist, bis zu welchem Zeitpunkt geklärt sein wird, wer der oder die Erben sind, ist die Bestellung eines Pflegers erforderlich.

In der Anlage fügen wir Abstammungsunterlagen in beglaubigter Form bei.

(Rechtsanwalt)

## F. Anwalt als mittelbar Beteiligter bei der Nachlassverwaltung

### I. Rechtsanwalt als Vertreter der Erben

**144** In der anwaltlichen Praxis wird die Beratung des Erben hinsichtlich der Einleitung der Nachlassverwaltung in Zukunft einen größeren Stellenwert erlangen, da aufgrund mangelnden Kontakts zwischen Erblasser und Erben die Vermögenssituation des Erblassers oft unbekannt ist. Die Angaben zum Erblasservermögen seitens dritter Personen sind häufig ungenau, wenn nicht sogar falsch, der Nachlass örtlich weit entfernt.

*Trimborn v. Landenberg*

## 1. Muster: Antrag des Erben zur Durchführung des Aufgebotsverfahrens

An das

Amtsgericht
– Nachlassgericht – (Baden-Württemberg: Staatl. Notariat)

▬▬▬▬

*Nachlasssache des Herrn* ▬▬▬ , *zuletzt wohnhaft* ▬▬▬ , *verstorben am* ▬▬▬

Az. ▬▬▬

*Aufgebotsverfahren*

Hiermit zeigen wir an, dass wir den Alleinerben ▬▬▬ anwaltlich vertreten.

Er hat die Erbschaft am ▬▬▬ angenommen. Der Erbschein ist erteilt worden am ▬▬▬ . Er haftet nicht unbeschränkt für die Nachlassverbindlichkeiten.

Das angerufene Gericht ist zuständig und nicht das Gericht der Fürsorge.

In der Anlage fügen wir ein Verzeichnis der bekannten Nachlassgläubiger bei und beantragen

das Aufgebot der Nachlassgläubiger

und

den Erlass eines Ausschlussurteils.

Das Gläubigerverzeichnis hat der Antragsteller am ▬▬▬ erstellt.

Dem Gläubigerverzeichnis haben wir als Anlage die zustellfähigen Anschriften beigefügt nebst, soweit möglich, Angabe des jeweiligen Schuldgrundes und einer Bearbeitungsnummer.

Weiter fügen wir ein notarielles Bestandsverzeichnis über den Nachlass bei.

Die Zustellkosten für die ▬▬▬ Gläubiger haben wir als Scheck beigefügt.

(Rechtsanwalt)

## 2. Antrag des Erben auf Anordnung der Nachlassverwaltung

### a) Beratung des Erben

Vor Beantragung der Nachlassverwaltung ist der Erbe auf folgende Punkte hinzuweisen:
– Der Erbe bleibt auch während des Gütersonderungsverfahrens Träger der Nachlassrechte, -pflichten und -lasten, die Prozessführungsbefugnis geht jedoch auf den Verwalter über § 1984 Abs. 1 S. 1, 3 BGB. Der Erbe kann bei bestehender Nachlassverwaltung eine Nachlassforderung dann einklagen, wenn er vom Nachlassverwalter zur Prozessführung ermächtigt ist und ein eigenes rechtsschutzwürdiges Interesse an Prozessführung im eigenen Namen hat. Ein solches Interesse ergibt sich in der Regel schon daraus, dass der Erbe Träger des materiellen Rechts ist.[38]
– Aus dem Nachlass kann der Erbe Ersatz seiner Aufwendungen verlangen, die ihm dadurch entstanden sind, dass er aus Mitteln seines Eigenvermögens Nachlassschulden bezahlt hat, sei es durch Zahlung oder Aufrechnung mit Ansprüchen seines Eigenvermögens §§ 1978 Abs. 3, 670, 683, 684 BGB.

---

38 BGH NJW 1963, 297.

- Trotz Durchführung der Güter- und Haftungssonderung haftet der Erbe durch die angeordnete Nachlassverwaltung, wenn Inventaruntreue vorliegt. Eine Inventaruntreue liegt vor, wenn der Erbe:
  - die einzelnen Nachlassgegenstände absichtlich erheblich unvollständig angibt §§ 2001, 2005 Abs. 1 S. 1 Alt. 1 BGB, eine Gläubigerbenachteiligung ist dabei nicht erforderlich; der Erbe muss mit der Unvollständigkeit aber einen bestimmten Zweck verfolgen.
  - die Aufnahme einer nicht bestehenden Nachlassschuld in das Inventar verursacht, um die Nachlassgläubiger zu benachteiligen § 2005 Abs. 1 S. 1 Alt. 2 BGB,
  - die von ihm geforderte Auskunft bei der amtlichen Inventaraufnahme verweigert § 2003 BGB,
  - die von ihm geforderte Auskunft absichtlich in erheblichem Maße verzögert § 2005 Abs. 1 S. 2 BGB.
  
  Er hat die Vollständigkeit des Inventars hinsichtlich des Aktivbestands auf Antrag eines Nachlassgläubigers an Eides statt zu versichern. Falls der Erbe die eidesstattliche Versicherung gegenüber einem Gläubiger nicht abgibt, verliert er gegenüber diesem Gläubiger das Recht zur Haftungsbeschränkung, den anderen Gläubigern gegenüber jedoch nicht. Der Erbe kann auf die Abgabe der eidesstattlichen Versicherung verklagt werden.
- Die Nachlassverwaltung kann erhebliche Zeit in Anspruch nehmen.
- Sein Antrag auf Anordnung der Nachlassverwaltung kann abgelehnt werden, wenn er nur ausschließlich allzu offensichtlich der Bequemlichkeit des Erben dient. Ein bloßer Verdacht, dass der Antrag nicht die gesetzliche Zielsetzung der Nachlassverwaltung verfolgt, reicht aber für die Ablehnung nicht aus.
- Einkünfte, die nach dem Tode des Erblassers aus dem Nachlass erzielt werden, sind auch im Falle der Anordnung der Nachlassverwaltung dem Erben zuzurechnen. Bei der auf diese Einkünfte entfallenden Einkommensteuer handelt es sich um eine Eigenschuld des Erben, für die die Beschränkung der Erbenhaftung nicht geltend gemacht werden kann.
- Beschränkt sich die Haftung des Erben auf den Nachlass, weil Nachlassverwaltung angeordnet worden ist, so bleibt sie auch nach der Aufhebung der Nachlassverwaltung bestehen. Der Erbe kann in entsprechender Anwendung des § 1990 BGB die Beschränkung der Haftung im Wege der Einrede geltend machen. Die Geltendmachung der Einrede kann ihm nach § 780 ZPO vorbehalten werden.
- Aus der Verweisung in § 45 Abs. 2 S. 1 AO 1977 auf die Vorschriften des bürgerlichen Rechts über die Haftung des Erben für Nachlassverbindlichkeiten ergibt sich, dass der Erbe für Nachlassverbindlichkeiten grundsätzlich unbeschränkt aber beschränkbar haftet.
- Das Finanzamt darf im Falle der Nachlassverwaltung oder des Nachlassinsolvenzverfahrens aus einem gegen den Erben als Gesamtrechtsnachfolger ergangenen vollstreckbaren Steuerbescheid nur in Nachlassgegenstände und nicht in das Eigenvermögen vollstrecken. Die Beschränkung der Erbenhaftung ist nicht im Steuerfestsetzungsverfahren oder gegen das Leistungsgebot, sondern erst im Zwangsvollstreckungsverfahren geltend zu machen.

### b) Handlungen vor Anordnung der Nachlassverwaltung

147 Will der Erbe in der Zwischenzeit nach Annahme und vor Anordnung der Nachlassverwaltung Nachlassverbindlichkeiten erfüllen, so müssen die Nachlassgläubiger diese Tilgung als für Rechnung des Nachlasses gegen sich gelten lassen, wenn der Erbe nach den Umständen

ohne Fahrlässigkeit annehmen konnte, dass der Nachlass für alle Gläubiger ausreichen werde § 1979 BGB. Hier hat die anwaltliche Beratung inquisitorisch befragend einzusetzen, um dem Erben zu verinnerlichen, dass er nur dann erfüllen darf, wenn er sich sicher ist, dass der Nachlass ausreicht. Hat der Erbe die Nachlassgläubiger aus eigenen Mitteln befriedigt, so hat er nach § 1978 Abs. 3 BGB eine Forderung auf Aufwendungsersatz gegenüber dem separierten Nachlass. Auch sollte der Erbe dahin gehend beraten werden, dass er z.B. schwer verwertbare Sachen nicht verschenken sollte, da er wertmäßig für diese Weggabe haftet.

### c) Muster: Antrag des Erben auf Anordnung der Nachlassverwaltung

An das

Amtsgericht
– Nachlassgericht – (Baden-Württemberg: Staatl. Notariat)

Nachlasssache des Herrn ▓▓▓▓, zuletzt wohnhaft ▓▓▓▓, verstorben am ▓▓▓▓

Az. ▓▓▓▓

*Antrag auf Anordnung der Nachlassverwaltung*

Sehr geehrte Damen und Herren,

hiermit zeigen wir an, dass wir ▓▓▓▓ vertreten, Vollmacht anbei. Namens und im Auftrag des Antragstellers stellen wir folgenden Antrag:

Über den Nachlass des am ▓▓▓▓ verstorbenen ▓▓▓▓ wird die Nachlassverwaltung angeordnet.

*Begründung:*

Am ▓▓▓▓ verstarb ▓▓▓▓ in ▓▓▓▓ Herr ▓▓▓▓. In der Anlage überreichen wir die Sterbeurkunde.

*Antragsberechtigung:*

Der Antragsteller ist Alleinerbe.

*Vermögenssituation:*

Die vorhandenen Aktiva reichen auf jeden Fall für die Kosten des Verfahrens.

In der Anlage überreichen wir das Nachlassverzeichnis, erstellt nach bestem Wissen.

Wir regen an, Frau Rechtsanwältin ▓▓▓▓ zur Nachlassverwalterin zu bestellen.

(Rechtsanwalt)

Das Antragsrecht des Erben ist zeitlich nicht begrenzt. Der Erbe kann den Antrag nicht vor Annahme der Erbschaft stellen. Der Erbe braucht seinen Antrag nicht zu begründen.

### 3. Muster: Hinweis auf Kosten bei Alleinerben

*Vereinbarung*

zwischen

Rechtsanwaltskanzlei ▓▓▓▓

und

Mandant ▓▓▓▓

1. Nach Ansicht der Rechtsanwaltskanzlei ist aufgrund der bislang hereingereichten Unterlagen und Angaben die Beantragung der Nachlassverwaltung zur Durchsetzung und Wahrung der Rechte erforderlich.
2. Der Mandant wird darauf hingewiesen, dass
   - er mit Anordnung der Nachlassverwaltung die Befugnis verliert, über den Nachlass zu verfügen,
   - die Anordnung öffentlich bekannt gemacht wird in der örtlichen Zeitung,
   - eine die Kosten entsprechende Masse vorhanden sein muss, ansonsten ein Vorschuss zu leisten ist,
   - die Nachlassverwaltung erhebliche Kosten verursacht (Nachlassverwalterkosten, Gerichtskosten) und
   - der Antrag nach Anordnung nicht mehr zurückgenommen werden kann.
3. Für die Beantragung der Nachlassverwaltung fallen Rechtsanwaltsgebühren wie folgt an:

Gegenstandswert:
a) Verfahrensgebühr Nr. 3100 RVG-VV
b) Auslagenpauschale
c) Kopien
d) Umsatzsteuer
Gesamtbetrag:

4. Der Mandant wird weiterhin darauf hingewiesen, dass die Nachlassverwaltung erhebliche Zeit in Anspruch nehmen kann.

(Unterschriften)

### 4. Muster: Sofortige Beschwerde des Erben gegen die Anordnung der Nachlassverwaltung

An das

Amtsgericht
– Nachlassgericht – (Baden-Württemberg: Staatl. Notariat)

*Nachlasssache des Herrn* ▓▓▓ *, zuletzt wohnhaft* ▓▓▓ *, verstorben am* ▓▓▓

*Az.* ▓▓▓

*Sofortige Beschwerde gegen Anordnung der Nachlassverwaltung*

Hiermit zeigen wir an, dass wir ▓▓▓ vertreten, Vollmacht anbei.

Namens und im Auftrag unseres Mandanten legen wir gegen die Anordnung der Verwaltung des Nachlasses des am ▓▓▓ in ▓▓▓ verstorbenen ▓▓▓

*sofortige Beschwerde*

ein und stellen folgenden Antrag:

Der Beschluss des Nachlassgerichts vom ▓▓▓ wird aufgehoben.

*Begründung:*

Mit Beschluss vom ▓▓▓ ordnete das Nachlassgericht ▓▓▓ die Verwaltung des Nachlasses des am ▓▓▓ in ▓▓▓ verstorbenen ▓▓▓ an.

Der Beschluss ist sowohl formell als auch materiell rechtswidrig, da die Voraussetzungen des § 1981 BGB nicht vorliegen.

*Trimborn v. Landenberg*

*Formelle Gründe:*

Das hiesige Nachlassgericht ist unzuständig. Nachlassverwaltung ist ausschließlich von dem Nachlassgericht anzuordnen, in welchem der Erblasser seinen letzten Wohnsitz hatte. Der Erblasser hatte seinen letzten Wohnsitz in ▓▓▓, somit ist das Nachlassgericht ▓▓▓ zuständig.

*Materielle Gründe:* ▓▓▓

(Rechtsanwalt)

### 5. Muster: Antrag des Erben auf Aufhebung der Nachlassverwaltung

Sobald alle Gläubiger befriedigt sind bzw. eine Gefährdung der Gläubigerinteressen nicht mehr vorliegt, hat der Erbe das Recht, die Aufhebung der Nachlassverwaltung zu beantragen.

An das

Amtsgericht
– Nachlassgericht – (Baden-Württemberg: Staatl. Notariat)

▓▓▓

*Nachlasssache des Herrn* ▓▓▓, *zuletzt wohnhaft* ▓▓▓, *verstorben am* ▓▓▓

*Az.* ▓▓▓

*Aufhebung der Nachlassverwaltung*

Hiermit zeigen wir an, dass wir den Alleinerben Herrn ▓▓▓ vertreten, Vollmacht anbei.

Namens und im Auftrag des Antragstellers stellen wir folgenden Antrag:

Die Verwaltung über den Nachlass der am ▓▓▓ verstorbenen ▓▓▓ wird aufgehoben.

*Begründung:*

Mit Beschluss vom ▓▓▓ hat das Nachlassgericht die Verwaltung des Nachlasses der Erblasserin angeordnet und Herrn Rechtsanwalt ▓▓▓ zum Nachlassverwalter bestellt.

Der Nachlassverwalter hat zwischenzeitlich sämtliche bekannten Forderungen aufgrund des Nachlassverzeichnisses und des durchgeführten Aufgebotsverfahren erfüllt. Weitere Verbindlichkeiten sind nicht vorhanden. Es besteht somit keine Grundlage mehr für die Nachlassverwaltung.

(Rechtsanwalt)

### 6. Muster: Antrag auf Entlassung des Nachlassverwalters

An das

Amtsgericht
– Nachlassgericht – (Baden-Württemberg: Staatl. Notariat)

▓▓▓

*Nachlasssache des Herrn* ▓▓▓, *zuletzt wohnhaft* ▓▓▓, *verstorben am* ▓▓▓

*Az.* ▓▓▓

*Antrag auf Entlassung des Verwalters*

Hiermit zeige ich an, dass ich Herrn ▓▓▓ vertrete, Vollmacht anbei. Der Antragsteller ist Erbe des verstorbenen ▓▓▓, ich verweise auf Blatt ▓▓▓ der Akten.

*Trimborn v. Landenberg*

Mit Beschluss vom ▓▓▓ hat das Nachlassgericht ▓▓▓ die Verwaltung des Nachlasses des Erblassers angeordnet und Herrn Rechtsanwalt ▓▓▓ zum Nachlassverwalter bestellt.

Der Nachlassverwalter kommt seinen Pflichten nur ungenügend nach und ist daher zu entlassen.

Gemäß § 1886 BGB, der nach den §§ 1915 Abs. 1, 1897 BGB auf die Nachlassverwaltung entsprechend anzuwenden ist, hat das Nachlassgericht den Nachlassverwalter zu entlassen, wenn die Fortführung des Amtes insbesondere wegen pflichtwidrigen Verhaltens des Nachlassverwalters das Interesse der Erben oder der Nachlassgläubiger gefährden würde. Der Nachlassverwalter hat trotz Aufforderung des Nachlassgerichts die Jahresabrechnung und die Jahresberichte nicht abgegeben. Weiterhin hat der Nachlassverwalter sich schon seit mehr als zwei Wochen nicht mehr um den Betrieb des Erblassers gekümmert, obwohl ihm bekannt ist, dass eilige und wichtige Entscheidungen zu treffen sind. Es entstand dadurch bereits ein Schaden von 35.000 EUR.

Ich beantrage daher,

Herrn ▓▓▓ als Nachlassverwalter zu entlassen und Herrn ▓▓▓ als Nachlassverwalter zu bestellen. Dieser hat bereits fernmündlich mitgeteilt, dass er zur Übernahme des Amts bereit ist.

(Rechtsanwalt)

## II. Rechtsanwalt als Vertreter der Gläubiger des Erblassers

155 Als Gläubigervertreter sollte der Rechtsanwalt zunächst telefonisch beim Nachlassgericht anfragen, ob bereits eine Nachlassverwaltung angeordnet wurde, evtl. durch den Antrag eines anderen Gläubigers. Erst danach sollte ein eigener Antrag auf Nachlassverwaltung gestellt werden.

Um einen dauerhaften Rechtsverlust zu vermeiden, ist die Forderung im Aufgebotsverfahren anzumelden. Schließlich hat der Rechtsanwalt des Gläubigers die Arbeit des Nachlassverwalters zu kontrollieren, insbesondere auf eine zügige Begleichung der Forderung hinzuwirken.

### 1. Muster: Anmeldung einer Forderung im Aufgebotsverfahren

156 An das

Amtsgericht
– Nachlassgericht – (Baden-Württemberg: Staatl. Notariat)
▓▓▓

*Nachlasssache des Herrn* ▓▓▓, *zuletzt wohnhaft* ▓▓▓, *verstorben am* ▓▓▓

Az. ▓▓▓

*Anmeldung einer Forderung im Aufgebotsverfahren*

Hiermit zeigen wir an, dass wir die Firma ▓▓▓ vertreten.

In dem Aufgebotsverfahren ▓▓▓ (Az. ▓▓▓) melden wir eine Forderung gegen den Erblasser an. Die Forderung besteht in Höhe von ▓▓▓ EUR aus einem Werkvertrag vom ▓▓▓. Die Werkleistung wurde erbracht und abgenommen. In der Anlage fügen wir Vertrag, Abnahmeprotokoll und Schlussrechnung bei.

(Rechtsanwalt)

## 2. Muster: Antrag eines Nachlassgläubigers auf Anordnung der Nachlassverwaltung

An das

Amtsgericht
– Nachlassgericht – (Baden-Württemberg: Staatl. Notariat)


*Nachlasssache des Herrn* ▓▓▓▓ *, zuletzt wohnhaft* ▓▓▓▓ *, verstorben am* ▓▓▓▓

Az. ▓▓▓▓

*Anordnung der Nachlassverwaltung*

Hiermit zeigen wir an, dass wir ▓▓▓▓ vertreten, Vollmacht anbei.

Namens und im Auftrag des Antragstellers stellen wir folgenden Antrag:

Die Verwaltung über den Nachlass des am ▓▓▓▓ verstorbenen ▓▓▓▓ wird eröffnet.

*Begründung:*

Am ▓▓▓▓ verstarb in ▓▓▓▓ Herr ▓▓▓▓ . In der Anlage fügen wir die Sterbeurkunde bei. Der Erblasser wurde von seinen beiden Söhnen beerbt. Seit der Annahme der Erbschaft sind noch keine zwei Jahre verstrichen.

Der Nachlass ist noch ungeteilt. Der Nachlass ist nicht überschuldet.

Der Antragsteller hat gegen der Erblasser eine fällige Forderung aus einem Kaufvertrag vom ▓▓▓▓ in Höhe von ▓▓▓▓ EUR.

*Glaubhaftmachung:* Eidesstattliche Erklärung, beglaubigte Fotokopien der Urkunden

Die Erben sind hoch verschuldet und stadtbekannte Spieler. Beide haben bereits die eidesstattliche Versicherung abgegeben.

Durch vorgenanntes Verhalten ist die Realisierung der Forderung des Nachlassgläubigers gefährdet.

*Glaubhaftmachung:* Eidesstattliche Erklärung

(Rechtsanwalt)

## 3. Muster: Antrag des Gläubigers auf Entlassung des Nachlassverwalters

An das

Amtsgericht
– Nachlassgericht – (Baden-Württemberg: Staatl. Notariat)


*Nachlasssache des Herrn* ▓▓▓▓ *, zuletzt wohnhaft* ▓▓▓▓ *, verstorben am* ▓▓▓▓

Az. ▓▓▓▓

*Nachlassverwaltung; Antrag auf Entlassung des Verwalters*

Hiermit zeige ich an, dass ich ▓▓▓▓ vertrete, Vollmacht anbei.

Namens und im Auftrag des Antragstellers stelle ich folgenden Antrag:

Der Nachlassverwalter ▓▓▓▓ wird entlassen.

*Begründung:*

Mit Beschluss vom ▓▓▓▓ hat das Nachlassgericht die Verwaltung des Nachlasses des Erblassers angeordnet und Herrn Rechtsanwalt ▓▓▓▓ zum Nachlassverwalter bestellt.

*Trimborn v. Landenberg*

Der Nachlassverwalter kommt seinen Pflichten nur ungenügend nach und ist daher zu entlassen. So hat der Nachlassverwalter keinerlei Auskunft über den Bestand des Nachlasses erteilt und auch keinerlei Auszahlungen vorgenommen, obwohl der Nachlass liquide ist und zur Befriedigung aller Nachlassgläubiger bei weitem ausreichend ist.

(Rechtsanwalt)

## III. Rechtsanwalt als Vertreter von Vermächtnisnehmer und Pflichtteilsberechtigtem

**159** Vermächtnisnehmer und Pflichtteilsberechtigte unterscheiden sich von anderen Nachlassgläubigern nicht nur im Rang (vgl. § 327 InsO), sondern u.U. auch in der Höhe, soweit eine quotale Beteiligung am Nachlass besteht. Die Kosten der Nachlassverwaltung fallen dem Nachlass zur Last und schmälern den Pflichtteil, worauf der Mandant hingewiesen werden sollte.

### 1. Muster: Anwaltlicher Hinweis bei Antrag auf Nachlassverwaltungskosten für einen Pflichtteilsberechtigten

*Vereinbarung*

**160** zwischen

Rechtsanwaltskanzlei

und

Mandant
1. Nach Ansicht der Rechtsanwaltskanzlei ist aufgrund der bislang hereingereichten Unterlagen und Angaben die Beantragung der Nachlassverwaltung zu Durchsetzung und Wahrung der Rechte erforderlich.
2. Der Mandant wird darauf hingewiesen, dass
   – mit Anordnung der Nachlassverwaltung der Erbe die Befugnis verliert, über den Nachlass zu verfügen,
   – die Anordnung in der örtlichen Zeitung öffentlich bekannt gemacht wird,
   – eine den Kosten entsprechende Masse vorhanden sein muss, ansonsten ein Vorschuss zu leisten ist,
   – die Nachlassverwaltung erhebliche Kosten verursacht (Nachlassverwalterkosten, Gerichtskosten), die den Nachlass und somit auch die Pflichtteilsansprüche schmälern.
3. Für die Beantragung der Nachlassverwaltung fallen Rechtsanwaltsgebühren wie folgt an:

Gegenstandswert:
a) Verfahrensgebühr Nr. 3100 RVG-VV
b) Auslagenpauschale
c) Kopien
d) Umsatzsteuer
Gesamtbetrag:

4. Der Mandant wird weiterhin darauf hingewiesen, dass die Nachlassverwaltung erhebliche Zeit in Anspruch nehmen kann. Er wird weiter darauf hingewiesen, dass die Kosten der beantragten Nachlassverwaltung, da der Antrag durch ihn gestellt wird, die Nettonachlassmasse reduziert und somit auch seine Pflichtteilsansprüche.
5. Der Mandant wird auch darauf hingewiesen, dass für die Geltendmachung der Pflichtteilsansprüche gegenüber dem Nachlassverwalter weitere Rechtsanwaltsgebühren anfallen.

(Unterschrift Mandant)

(Rechtsanwalt)

*Trimborn v. Landenberg*

## 2. Muster: Beschwerde gegen die Aufhebung der Nachlassverwaltung

An das

Amtsgericht
- Nachlassgericht - (Baden-Württemberg: Staatl. Notariat)

Nachlasssache des Herrn _____, zuletzt wohnhaft _____, verstorben am _____

Az. _____

*Anordnung der Nachlassverwaltung*

Hiermit zeige ich an, dass ich _____ vertrete, Vollmacht anbei.

Namens und im Auftrag des Antragstellers lege ich gegen die Aufhebung der Nachlassverwaltung, Beschluss vom _____,

*Beschwerde*

ein.

*Begründung:*

_____ (Sachverhaltsschilderung). Der Beschluss des Nachlassgerichts ist rechtswidrig. Die Aufgaben der Verwaltung wurden noch nicht erfüllt. Unserem Mandanten stehen noch Forderungen gegen den Nachlass zu. Dieser ist nicht erschöpft.

Auch besteht die Gefährdung der Forderung durch das Verhalten des Erben weiterhin. _____ (Sachverhaltsschilderung). Die Verbindlichkeiten des Erben werden täglich größer.

Aus diesem Grund ist die Nachlassverwaltung aufrecht zu erhalten.

Hilfsweise stellen wir Antrag auf Anordnung der Nachlassverwaltung.

(Rechtsanwalt)

## G. Bestattungsrecht und Bestattungskosten

### I. Einleitung

Bezüglich der Bestattung sind diverse Begriffe voneinander abzugrenzen. Zu unterscheiden ist zwischen dem privatrechtlich ausgestalteten Recht der Totenfürsorge, das Ausfluss familienrechtlicher Rechte und Pflichten ist, und den öffentlich-rechtlichen Bestattungspflichten, die sich aus den landesrechtlichen Bestattungsgesetzen ergeben.[39]

Die **Totenfürsorge** beinhaltet das Recht, die Bestattungsart, den -ort und die Bestattungsfeierlichkeiten sowie Grabgestaltung und -pflege festzulegen.[40] Die Totenfürsorge bildet auch die Grundlage für das Recht zum Besitz des Leichnams.[41] Das Recht der Totenfürsorge ist als sonstiges Recht i.S.d. § 823 Abs. 1 BGB anerkannt.[42]

Inhalt der öffentlich-rechtlich geregelten **Bestattungspflicht** ist, wer zur Vornahme der Bestattung verpflichtet ist und in welchem Umfang.[43] Über den **Bestattungszwang** ist

---

39 Staudinger/*Marotzke*, § 1922 BGB Rn 118.
40 Soergel/*Stein*, § 1922 BGB Rn 19.
41 *Gaedke*, S. 105.
42 Palandt/*Edenhofer*, vor § 1922 Rn 11.
43 *Gaedke*, S. 103.

gewährleistet, dass in Deutschland Totgeburten über 500 Gramm und menschliche Leichen zu bestatten sind.[44] Durch den **Friedhofszwang** wird sichergestellt, dass Bestattungen grundsätzlich auf den der Totenfürsorge gewidmeten Flächen vorgenommen werden.[45]

Am **Leichnam** kann kein Eigentum begründet werden,[46] der Körper eines Verstorbenen geht daher nicht im Wege der Universalsukzession auf die Erben über.[47] Strafrechtlicher Schutz besteht nur gem. §168 StGB.[48]

## II. Vorsorgende Verfügungen durch den Erblasser

### 1. Typischer Sachverhalt

163  Die Erblasserin ist verwitwet und kinderlos. Verwandte hat sie nicht. Testamentarisch hat sie verfügt, dass ihr Nachlass an eine karitative Einrichtung fallen soll. Nun möchte sie sicherstellen, dass ihre Bestattung nach ihren Wünschen abläuft.

### 2. Rechtliche Grundlagen

#### a) Der Erblasser hat seine Bestattung ausdrücklich geregelt

164  Über die Art einer Bestattung und den Ort der letzten Ruhestätte entscheidet in erster Linie der Wille des Verstorbenen.[49] Der Erblasser kann seine Bestattung zu Lebzeiten regeln, indem er in einer letztwilligen Verfügung oder auf andere Weise festlegt, wer seine Bestattung vornehmen soll und wie er sich seine Bestattung vorstellt. Dies muss nicht in Testamentsform geschehen,[50] es reicht ein maschinegeschriebener Text mit handgeschriebener Unterschrift oder eine mündliche Erklärung aus.[51] Der Erblasser braucht auch die Art der Bestattung nicht selbst zu regeln, er kann damit eine andere, nicht aus dem Kreis der Totenfürsorgeberechtigten stammende Person betrauen. Er kann die Reihenfolge der für ihn Totenfürsorgeberechtigten ändern, oder eigentlich Berechtigte von der Totenfürsorge ausschließen.[52] Schließlich kann er auch Personen die Totenfürsorge übertragen, die nicht zum Kreis der eigentlich Berufenen gehören.[53] Strittig ist, ob die Entziehung des gesetzlichen Erbteils zugleich auch den Entzug des Rechtes der Totenfürsorge beinhaltet.[54]

Sollte eine Körperspende an ein anatomisches Institut zu Forschungszwecken gewünscht sein, so regelt der Erblasser dieses üblicherweise vertraglich mit dem jeweiligen Institut. Körperspenden, die nicht vom Erblasser ausdrücklich festgelegt wurden, sind nach einigen Landesbestattungsgesetzen nach seinem Tode nicht mehr möglich.[55] Jedenfalls sollte es durch das postmortale Persönlichkeitsrecht ausgeschlossen sein, aus bloßen Kostengründen, ohne Berücksichtigung des mutmaßlichen Willens des Verstorbenen, den Leichnam einem

---

44 *Gaedke*, S. 99.
45 Der Friedhofszwang ist verfassungsgemäß, vgl. BVerfG NJW 1979, 1493.
46 *Ahrens*, ErbR 2007, 146, 149.
47 RGSt 64, 313, 315; OLG Bamberg NJW 2008, 1543, 1547.
48 OLG Bamberg NJW 2008, 1543, 1547 m.w.N.
49 BGH MDR 1978, 299.
50 RGZ 100, 172, 173; BGH MDR 1978, 299.
51 *Zimmermann*, ZEV 1997, 440.
52 *Widmann*, Bestattungsvertrag, S. 46.
53 *Widmann*, Bestattungsvertrag, S. 46; *Widmann*, FamRZ 2001, 77.
54 *Soergel/Stein*, § 1922 BGB Rn 19 m.w.N.
55 *Stelkens/Cohrs*, NVwZ 2002, 917, 922.

anatomischen Institut zur Verfügung zu stellen.⁵⁶ Gerichtliche Entscheidungen können wegen der kurzen Zeitspanne bis zur Beerdigung nur im Wege der einstweiligen Verfügung erlangt werden.⁵⁷

### b) Umgehung des Friedhofszwangs – Pressen der Asche zu künstlichem Diamanten

Fraglich ist, ob das inzwischen häufiger gewünschte Pressen der Asche des Verstorbenen zu einem künstlichen Diamanten überhaupt eine Bestattung darstellt. Da die Asche gerade nicht bestattet wird, sondern gepresst, könnte es sich um eine Umgehung des Friedhofszwangs handeln. Bisher scheint zu diesem Umgang mit der Asche eines Verstorbenen nur ein Gerichtsverfahren anhängig zu sein.⁵⁸ Die obigen Fragen sind noch ungeklärt.

### c) Verletzung der Anordnungen des Erblassers – Umbettung

Werden die Anordnungen des Erblassers verletzt, liegt eine unerlaubte Handlung i.S.d. § 823 Abs. 1 BGB vor.⁵⁹ Wird ein ausdrücklicher Bestattungswunsch des Verstorbenen übergangen, kann der Bestattungsberechtigte die Umbettung erwirken.⁶⁰ Derjenige, der den Bestattungswunsch übergangen hat, wäre als Geschäftsführer ohne Auftrag verpflichtet, die Umbettungskosten zu tragen.⁶¹ Ist allerdings ein Wille des Verstorbenen nicht feststellbar, ist eine Umbettung nur aus wichtigem Grunde zulässig.⁶² Ein wichtiger Grund ist z.B. gegeben, wenn die Witwe bei ihrem vorverstorbenen Ehemann beerdigt werden möchte und deshalb seine Umbettung wünscht, oder wenn erst nach der Bestattung Anordnungen des Verstorbenen bezüglich seines Bestattungsortes auftauchen.⁶³ Wird eine Umbettung ohne die Zustimmung des Totenfürsorgeberechtigten veranlasst, so wird damit sein gem. § 823 Abs. 1 BGB geschütztes sonstiges Recht der Totenfürsorge verletzt, er kann nun seinerseits die Rückbettung verlangen.⁶⁴

## 3. Muster

### a) Muster: Testamentarische Auflage

Meinem Lebensgefährten _____ , setze ich ein Vermächtnis von _____ EUR aus und beschwere ihn mit der Auflage, eine Feuerbestattung mit Trauerfeier in der Kapelle des _____ Friedhofs auszurichten. Die Urnenbeisetzung soll in einem Reihengrab auf dem _____ Friedhof erfolgen. Weiterhin soll mein Lebensgefährte für die gesamte Dauer der Ruhezeit einen Dauergrabpflegevertrag mit der Friedhofsgärtnerei _____ abschließen. Die Kosten sind aus dem Vermächtnis zu tragen. Ich ordne Testamentsvollstreckung an und bestimme meine Freundin _____ zur Testamentsvollstreckerin mit der alleinigen Aufgabe, die Einhaltung der von mir angeordneten Auflage zu überwachen und gegebenenfalls durchzusetzen.

---

56 *Stelkens/Cohrs*, NVwZ 2002, 917, 922.
57 *Zimmermann*, ZEV 1997, 440.
58 AG Wiesbaden NJW 2008, 2562 hatte über eine einstweilige Verfügung entschieden, die Hauptsache ist noch beim AG Wiesbaden unter dem Az. 93 C 2564/07 anhängig.
59 *Widmann*, Bestattungsvertrag, S. 47.
60 BGH FamRZ 1978, 15; OLG Karlsruhe NJW 2001, 2980; OLG Zweibrücken FamRZ 1993, 1493.
61 *Widmann*, Bestattungsvertrag, S. 51.
62 OLG Zweibrücken FamRZ 1993, 1493.
63 *Zimmermann*, ZEV 1997, 440, 443.
64 OLG Karlsruhe ZEV 2001, 447; LG Leipzig FamRZ 2005, 1124.

*Hutter-Vortisch*

## b) Muster: Bestattungsvorsorgevertrag

*Bestattungsvorsorgevertrag*

Herr/Frau ▒▒▒▒, geboren am ▒▒▒▒, in ▒▒▒▒, wohnhaft ▒▒▒▒

– nachstehend Auftraggeber genannt –

und

Firma ▒▒▒▒, Anschrift ▒▒▒▒

– nachstehend Bestattungsinstitut genannt –

schließen zur Regelung der Bestattung des Auftraggebers den nachfolgenden Bestattungsvorsorgevertrag.

1. Der Auftraggeber beauftragt das Bestattungsinstitut mit der Durchführung seiner Bestattung entsprechend dem in der Anlage beigefügten Leistungsverzeichnis.
2. Das Bestattungsinstitut verpflichtet sich zur fachgerechten Durchführung der Bestattung gemäß Leistungsverzeichnis.

Diese Verpflichtung setzt voraus, dass der vereinbarte Preis zum Zeitpunkt des Beginns der Durchführung der Bestattung voll an das Bestattungsinstitut bezahlt ist.

3. Die Bezahlung der im Leistungsverzeichnis festgelegten Leistungen erfolgt durch Abtretung der Ansprüche aus dem für die Durchführung der Bestattung angelegten Treuhandkonto bei der ▒▒▒▒ Treuhand.
4. Sind die dem Bestattungsinstitut zur Verfügung gestellten Gelder zur Durchführung der Bestattung entsprechend Leistungsverzeichnis nicht ausreichend und wird eine ergänzende Zahlung von dritter Seite abgelehnt, so ist das Bestattungsinstitut verpflichtet wie auch berechtigt, die Bestattung bei entsprechender Leistungsminderung durchzuführen.
5. Das Bestattungsinstitut verpflichtet sich, mit den Rechtsnachfolgern des Auftraggebers ordnungsgemäß über die Kosten abzurechnen. Ein eventuelles Guthaben ist an den legitimierten Rechtsnachfolger auszuzahlen, sofern vom Auftraggeber nicht anders verfügt ist.
6. Der Auftraggeber ist berechtigt, diesen Vertrag schriftlich mit einer Frist von einem Monat zum Quartalsende zu kündigen. Entstandene Kosten gehen zu Lasten des Auftraggebers.
7. Wird die Bestattung des Auftraggebers nicht vom Bestattungsinstitut durchgeführt, so steht dem Bestattungsinstitut eine Aufwandsentschädigung zu.
8. Sollte irgendeine Regelung dieses Vertrags unwirksam sein, so bleiben die restlichen Regelungen dieses Vertrages davon unberührt.
9. Das Bestattungsinstitut wird bevollmächtigt, alle Angelegenheiten des Auftraggebers, die seine Bestattung betreffen, zu regeln. Damit sind nach dem Tod des Auftraggebers Angehörige, Erben oder Nachlasspfleger nicht berechtigt, in diesen Vertrag einzugreifen.

(Ort, Datum)

(Unterschrift)

## c) Muster: Bestattungsauftrag an den Betreuer

Zu meinem dereinstigen Betreuer wünsche ich ▒▒▒▒. Da die Betreuung mit meinem Tode endet, beauftrage ich ihn/sie hiermit ausdrücklich mit der Regelung meiner Bestattung. Ich wünsche eine Erdbestattung auf dem Friedhof in ▒▒▒▒. Herr/Frau ▒▒▒▒ ist berechtigt, alle weiteren Regelungen, die zu meiner Bestattung erforderlich sind, zu treffen. Die Kosten sind aus meinem Nachlass zu tragen.

(Ort, Datum)

(Unterschrift)

### d) Muster: Anordnung einer Seebestattung

Ich, _____, wünsche eine Seebestattung vor der Insel Helgoland, weil ich als geborener Hamburger die Verbindung zur Elbe behalten möchte. Eine Trauerfeier soll nicht stattfinden.

### e) Muster: Antrag auf Erlass einer einstweiligen Anordnung zur Übernahme nicht gedeckter Heimkosten ohne Berücksichtigung eines Bestattungsvorsorgevertrages

An das
Sozialgericht

*Antrag auf Erlass einer einstweiligen Anordnung*

des _____

-Antragstellers-

Prozessbevollmächtigte: Rechtsanwälte _____

gegen

die Stadt _____, vertreten durch den Bürgermeister

-Antragsgegnerin-

wegen Übernahme ungedeckter Heimpflegekosten

1. Namens und in Vollmacht des Antragstellers wird beantragt, die Antragsgegnerin im Wege der einstweiligen Anordnung zu verpflichten, vorläufig Leistungen der Hilfe zur Pflege und der Hilfe zum Lebensunterhalt in Einrichtungen für den Antragsteller ab _____ längstens bis zur rechtskräftigen Entscheidung in dem Verfahren Sozialgericht _____, AZ: _____, ohne Anrechnung von Vermögen zu gewähren.
2. Der Antragsgegnerin die Kosten des Verfahrens aufzuerlegen, hilfsweise dem Antragsgegner Prozesskostenhilfe zu gewähren.

*Begründung:*

1. Der Antragsteller hat mit Antrag vom _____ Leistungen der Hilfe zur Pflege und der Hilfe zum Lebensunterhalt in Einrichtungen beantragt. Diesen Antrag lehnte die Antragsgegnerin mit Hinweis darauf ab, dass der Antragsteller für die Deckung des Bedarfes ausreichend eigenes Vermögen zur Verfügung habe. Über den Widerspruch des Antragstellers wurde noch nicht beschieden.

Der Antragsteller ist vollstationär im _____ Heim untergebracht. Es entstehen monatliche Kosten in Höhe von _____ EUR. Dem Antragsteller wurde die Pflegestufe I gem. § 15 Abs. 1 Nr. 1 SGB XI zuerkannt. Er bezieht eine Altersrente der gesetzlichen Rentenversicherung von _____ EUR netto nach Abzug der Kosten für Kranken- und Pflegeversicherung sowie eine Betriebsrente in Höhe von _____ netto monatlich. Weitere Einkünfte hat der Antragsteller nicht. Der sozialhilferechtlich anzuerkennende Bedarf errechnet sich aus den monatlichen Heimkosten und dem ergänzenden Barbetrag gem. § 35 Abs. 2 SGB XII in Höhe von _____ EUR bestimmt. Abzüglich seines Einkommens und der Sachleistungen der Pflegeversicherung gem. § 43 Abs. 2 Nr. 1 SGB XI in Höhe von 1.023 EUR verbleibt ein nicht aus dem Einkommen abdeckbarer Bedarf von _____ EUR.

Der Antragsteller verfügt über ein Sparkonto mit einem Guthaben von derzeit _____ EUR, welches unterhalb des Sozialbetrages von 2.600 EUR liegt.

Mit dem Bestattungsinstitut _____ hat der Antragsteller am _____ einen Bestattungsvorsorgevertrag über seine dereinstige Bestattung abgeschlossen und einen Betrag von 2.500 EUR auf ein Konto bei der _____ Treuhand eingezahlt.

Entgegen der Auffassung der Antragsgegnerin, der Antragsteller sei wirtschaftlich nicht hilfebedürftig, er könne den Bedarf von _____ EUR aus dem gem. §§ 19 Abs. 3, 90 SGB XII zu berücksichtigenden Vermögen aufbringen, ist dieses nicht der Fall. Das von dem Antragsgegner für seine Bestattung angelegte Vermögen wird zwar nicht von der Aufzählung der Vermögensschontatbestände des § 90 Abs. 2 SGB XII erfasst, in der Rechtsprechung ist jedoch anerkannt, dass ein Vermögen auch über den vom Antragsteller hierfür zurückgelegten Betrag von 2.500 EUR hinaus in Todesfallvorsorgeverträgen angelegt werden kann und nach § 90 Abs. 3 SGB XII zu schonen ist.

2. Der Antrag ist zulässig und begründet.

Nach § 86b Abs. 2 S. 2 Sozialgerichtsgesetz (SGG) kann eine einstweilige Anordnung zur Regelung eines vorläufigen Zustandes in Bezug auf ein streitiges Rechtsverhältnis getroffen werden, wenn dies zur Abwehr wesentlicher Nachteile nötig erscheint.

Es bestehen ein Anordnungsanspruch und ein Anordnungsgrund.

a) Der Antragsteller hat Anspruch auf Leistungen der Hilfe zur Pflege und der Hilfe zum Lebensunterhalt in Einrichtungen gem. §§ 61 ff. SGB XII i.V.m. § 35Abs. 2 SGB XII.

b) Ein Anordnungsgrund ist gegeben, da die wirtschaftliche Existenz gefährdet ist, oder wesentliche wirtschaftliche Nachteile zu gewärtigen sind, da bis zu einer Entscheidung im Hauptsacheverfahren die finanziellen Mittel des Antragstellers aufgebraucht sein würden und er den Bestattungsvorsorgevertrag kündigen müsste. Ein Vertrag zu gleichen Konditionen wird nicht mehr abzuschließen sein.

3. Eine eidesstattliche Versicherung des Antragstellers ist zur Glaubhaftmachung beigefügt, ebenso eine Abschrift.

### f) Anmerkungen zu den Mustern

172 Um die Modalitäten der Bestattung in allen gewünschten Einzelheiten zu regeln, bietet es sich für den Erblasser an, gerade wenn er allein stehend ist und keine nahen Angehörigen hat, mit einem Bestattungsinstitut einen Bestattungsvorsorgevertrag und gegebenenfalls auch einen Grabpflegevertrag abzuschließen.[65] Der Abschluss eines Dauergrabpflegevertrages mit einer dreißigjährigen Laufzeit ohne Kündigungsmöglichkeit des Auftraggebers verstößt gegen § 309 Nr. 9 a BGB.[66] Wird ein Bestattungsvorsorgevertrag in der Weise abgeschlossen, dass das vereinbarte Entgelt bereits zu Lebzeiten des Vertragschließenden an den Bestatter gezahlt wird, und wird der Vertragschließende anschließend mittellos, hat er gem. § 90 Abs. 2 Nr. 9 SGB XII (entsprechend dem früheren § 88 Abs. 2 Nr. 8 BSHG) die bereits in den Bestattungsvorsorgevertrag eingezahlten Gelder für seinen Lebensunterhalt einzusetzen, soweit sie das Schonvermögen übersteigen.[67] Nach der derzeitigen Rechtsprechung sind die in einen Bestattungsvorsorgevertrag eingezahlten Beträge bzw. in einer Sterbegeldversicherung angesparten Mittel von ca. 3.000 EUR zwar einsetzbares aber zu verschonendes Vermögen, da der Einsatz eine Härte für denjenigen bedeuten würde, der das Vermögen einzusetzen hat.[68] Gleiches gilt für in einem Grabpflegevertrag angelegte Beträge.[69] Allerdings dürfen die Verträge nicht gerade zu dem Zweck abgeschlossen worden sein, eine Bedürftigkeit herbeizuführen.[70]

---

[65] Kritisch zu Bestattungsvorsorgverträgen *Ott-Eulberg* in: Ott-Eulberg/Schebesta/Bartsch, Praxishandbuch Erbrecht und Banken, § 3 Rn 206.
[66] BGH NJW 2009, 1738.
[67] So z.B. BVerwGE 106, 105 ff. (hier jedoch in Bezug auf einen Lebensversicherungsvertrag); OVG Rheinland-Pfalz, Beschluss v. 24.3.2003 – 12A10302/03.OVG, unveröffentlicht, anders sieht es das OVG Berlin FEVS 49, 118, 223.
[68] Zuletzt BSG ZEV 2008, 539, Leitsatz veröffentlicht in FamRZ 2008, 1616; OLG Schleswig FamRZ 2007, 1188; OLG Zweibrücken FamRZ 2006, 65 (nur Leitsatz), MDR 2006, 398.
[69] BVerwG NJW 2004, 2914.
[70] BSG ZEV 2008, 539.

**Hinweis**
Beim Abschluss eines Bestattungsvorsorgevertrags sollte darauf geachtet werden, dass die zu Lebzeiten eingezahlten Gelder vom Bestatter getrennt von seinen Geschäftkonten deponiert werden, da im Falle der Insolvenz des Bestatters die Gelder sonst in die Masse fallen und damit später für die Bestattung nicht mehr zur Verfügung stehen würden.

**Hinweis**
Sollte ein Leistungsberechtigter einen separaten sog. „Denkmalwartungs- und -sicherungsvertrag" abgeschlossen haben, so sind die in diesem Vertrag zusammengefassten Leistungen häufig auch in Dauergrabpflege oder Bestattungsvorsorgeverträgen enthalten, so dass die Rechtsprechung zur Verwertbarkeit dieser Verträge auch für „Denkmalwartungs- und -sicherungsverträge" herangezogen werden können.

**Hinweis**
Sollte ein Leistungsberechtigter, der auf Hilfe zum Lebensunterhalt oder Grundsicherung im Alter angewiesen ist, vor dem Eintritt der Bedürftigkeit bereits Beiträge in eine Sterbegeldversicherung eingezahlt haben, kann versucht werden, gem. § 33 SGB XII die Übernahme der Beiträge zu der Versicherung durch den Träger der Sozialhilfe zu erreichen.

### III. Vorgehen im Todesfall – Wer darf die Bestattung regeln?

#### 1. Typischer Sachverhalt

Der Erblasser ist verstorben, ohne eine Verfügung über seine Bestattungswünsche zu hinterlassen. Nunmehr streiten sich die Ehefrau und die Kinder des Verstorbenen darüber, ob eine Erd- oder eine Seebestattung vorgenommen werden soll.

#### 2. Rechtliche Grundlagen

##### a) Mutmaßlicher Wille des Erblassers

Hat der Erblasser keine ausdrückliche Regelung zu seiner dereinstigen Bestattung getroffen, jedoch bei irgendeiner Gelegenheit Andeutungen gemacht, so können diese ausreichen.[71] Es ist nicht erforderlich, dass der Wille ausdrücklich geäußert wird, es genügen Tatsachen und Umstände aus denen der Wille des Verstorbenen hinsichtlich seiner Bestattung mit Sicherheit gefolgert werden kann, auch eine beiläufige, inhaltlich aber eindeutige Äußerung reicht aus.[72] Um dem Willen des Verstorbenen weitest möglich zur Geltung zu verhelfen, reicht selbst der „irgendwie geäußerte oder auch nur mutmaßliche Wille des Verstorbenen",[73] um eine Bindung der Bestattungsberechtigten an diesen Willen zu fordern.

##### b) Keine Regelung durch den Erblasser

Hat der Erblasser überhaupt keine Regelung getroffen, so haben gewohnheitsrechtlich die nächsten Familienangehörigen das Recht der Totenfürsorge,[74] hieraus wird dann die Bestattungspflicht abgeleitet.[75]

---

71 *Zimmermann*, ZEV 1997, 440.
72 BGH FamRZ 1978, 15, 16.
73 Vgl. AG Wiesbaden NJW 2008, 2562 f. m.w.N.
74 Bamberger/Roth/*Lohmann*, BGB, § 1968 Rn 2; BGH FamRZ 1992, 657.
75 OVG Lüneburg NJW 2005, 1067.

Es gelten die Bestattungsanordnungen des vorrangigen Bestattungspflichtigen.[76] Aus den öffentlichrechtlichen Vorschriften über die Bestattungspflicht kann ermittelt werden, wem die Berechtigung zur Totenfürsorge zusteht. Dabei wurde früher das 1934 erlassene Gesetz über die Feuerbestattung zugrunde gelegt.[77] Inzwischen sind in fast allen Bundesländern Landesgesetze zum Bestattungsrecht ergangen, in denen die Bestattungspflicht unterschiedlich geregelt ist, so dass heute von den jeweiligen Landesregelungen ausgegangen werden könnte. Der Einfachheit halber wird aber noch immer § 2 Feuerbestattungsgesetz herangezogen, da die Regelungen in den einzelnen Bundesländern sich häufig an das Feuerbestattungsgesetz anlehnen.[78] Totenfürsorgeberechtigt ist, wenn mehrere Angehörige vorhanden sind, zunächst der Ehegatte, bzw. der Lebenspartner einer eingetragenen Lebenspartnerschaft, dann die – auch minderjährigen –[79] Kinder, schließlich Eltern und Geschwister des Erblassers.[80] Allerdings gibt es auch Bundesländer, die den Lebensgefährten – obwohl ohne familienrechtliche Stellung – mit zu den Totenfürsorgeberechtigten zählen.[81] Nichten und Neffen sollen angesichts des entfernteren Verwandtschaftsgrades und der damit einhergehenden geringeren Nähe zum Verstorbenen nicht zum Kreis der Bestattungsberechtigten gehören.[82]

Totenfürsorgeberechtigt kann ein **naher** Angehöriger sogar dann noch sein, wenn er zwar unter Betreuung steht, jedoch vom Vormundschaftsgericht ein Einwilligungsvorbehalt des Betreuers nicht angeordnet ist.[83] Die familienrechtlichen Bindungen der Angehörigen untereinander verpflichten diese, einer den Wünschen des Erblassers entsprechenden beabsichtigten Maßnahme zuzustimmen.[84] Sind mehrere gleichrangig Berechtigte vorhanden, so ist die Einwilligung aller zu den vorgesehenen Anordnungen erforderlich.[85] Wie in dem Fall, dass sich die gleichrangig Berechtigten nicht einigen, weiter zu verfahren ist, ist nach dem jeweiligen Landesbestattungsgesetz zu ermitteln. Häufig ist bei Uneinigkeit der Berechtigten die zuständige Behörde zur Entscheidung berufen,[86] nicht jedoch, wenn sich die Hinterbliebenen nicht über die Rangfolge des Rechts der Totenfürsorge einig sind. Hier kann die Ordnungsbehörde nicht auf (vorläufige) Maßnahmen zur Sicherung des Bestimmungsrechts in Anspruch genommen werden. Die Berechtigten haben den Streit vor den Zivilgerichten auszutragen.[87] Ein vorrangig Totenfürsorgeberechtigter kann nicht gegen den Willen eines nachrangig Berechtigten unzulässige Maßnahmen ergreifen.[88] Sind andere Personen als die nächsten Angehörigen zu Erben eingesetzt, so liegt die Vermutung nahe, dass die Erben auch das Recht zur Totenfürsorge haben sollen.[89] Der Betreuer ist nach dem Tod des Betreuten nur noch zur Notgeschäftsführung berechtigt, die Bestattung des Betreuten ge-

---

76 *Widmann*, Bestattungsvertrag, S. 47.
77 Das Feuerbestattungsgesetz gilt, nachdem es in Bremen schon seit längerer Zeit Landesgesetze zum Bestattungswesen gibt und in Schleswig-Holstein im Februar 2005 ein Bestattungsgesetz in Kraft getreten ist, wohl nur noch in Hessen und Niedersachsen, vgl. *Gaedke*, S. 294.
78 So z.B. die Kommentierung Staudinger/*Marotzke*, § 1922 BGB Rn 119 ff.
79 AG Brandenburg FamRZ 2009, 1518 bejaht das Totenfürsorge- und vorrangige Bestattungsrecht eines sechsjährigen Kindes.
80 OVG Lüneburg NJW 2005, 1067; *Tanck* in: Praxiskommentar Erbrecht, § 1922 BGB Rn 57.
81 *Widmann*, Bestattungsvertrag, S. 41, nennt Baden-Württemberg, Bayern, Berlin und Hamburg.
82 OVG Lüneburg NJW 2005, 1067, mit Nachweisen zu diversen Bestattungsgesetzen der Bundesländer.
83 *Widmann*, Bestattungsvertrag, S. 22.
84 Soergel/*Stein*, § 1922 BGB Rn 20.
85 *Gaedke*, S. 109.
86 *Widmann*, Bestattungsvertrag, S. 47.
87 OVG Münster FamRZ 2008, 515.
88 Palandt/*Edenhofer*, vor § 1922 Rn 9, mit Hinweis auf AG Wiesbaden NJW 2008, 2562.
89 *Zimmermann*, ZEV 1997, 440.

hört nicht dazu.[90] Ist der Betreuer allerdings zugleich ein Familienangehöriger, dann kann sein Recht zur Totenfürsorge sogar durch seine Einsetzung zum Betreuer gegenüber den anderen Familienmitgliedern verstärkt sein.[91]

Streitigkeiten, die bezüglich des Rechts der Totenfürsorge entstehen, sind privatrechtlicher, nichtvermögensrechtlicher Natur und somit vor den ordentlichen Gerichten auszutragen.[92] Bis zur rechtskräftigen gerichtlichen Entscheidung ist nur eine Erdbestattung zulässig.[93] Kommen die Angehörigen ihrer Bestattungspflicht nicht nach und sorgt auch ansonsten niemand für die Bestattung, dann ordnet die zuständige Behörde diese an oder veranlasst sie auf Kosten des Bestattungspflichtigen.[94]

## IV. Kostentragung

### 1. Typischer Sachverhalt

Der Erblasser war Sozialhilfeempfänger. Außer einer Tochter, zu der niemals Kontakt bestanden hat und für die der Erblasser auch keinen Unterhalt bezahlt hat, sind keine Angehörigen vorhanden. Die Bestattung erfolgte per Ersatzvornahme durch die Gemeinde. Diese wendet sich nunmehr an die Tochter zur Erstattung der Kosten.

### 2. Rechtliche Grundlagen

#### a) Einleitung

Nachdem das Sterbegeld der gesetzlichen Krankenversicherung abgeschafft wurde, das meistens für eine einfache Bestattung ausreichte, zumindest aber einen guten Grundstock bot, nehmen die Streitigkeiten über die Kostentragung zu.

#### b) Haftung von Erben und Unterhaltspflichtigen

Von der Frage der Totenfürsorge ist die Frage, wer die Bestattungskosten trägt, zu trennen.[95] Für diese haftet gem. § 1968 BGB der Erbe. Bei Erbenmehrheit richtet sich der Anspruch gegen die einzelnen Miterben als Gesamtschuldner.[96] Der Bestatter hat keinen Anspruch gem. § 1968 BGB.[97]

Die notwendigen und angemessenen (vgl. § 1610 Abs. 1 BGB) Bestattungskosten richten sich nach der Lebensstellung des Erblassers und beinhalten – unter Berücksichtigung der Leistungsfähigkeit des Nachlasses oder der Erben – alles, was zu einer würdigen Bestattung gehört.[98] Die Verpflichtung des Erben war bis zur Änderung des § 1968 BGB auf die

---

90 LG Frankenthal JurBüro 1995, 602; VG Leipzig FamRZ 2007, 1686, 1688, zugleich auch dazu, dass der Betreuer auch nicht aus anderen Rechtsgründen zur Bestattung des Betreuten verpflichtet ist.
91 LG Bonn FamRZ 1993, 1121.
92 MüKo-*Siegmann*, § 1968 BGB Rn 7.
93 *Gaedke*, S. 110.
94 OVG Lüneburg NJW 2003, 1268; MüKo-*Siegmann*, § 1968 BGB Rn 6.
95 AnwK-BGB/*Kroiß*, § 1922 Rn 14; anders OVG Lüneburg NJW 2003, 1268, das aus der fehlenden Verpflichtung zur Totenfürsorge herleitet, dass eine Pflicht von Nichten und Neffen zur Kostentragung nicht besteht.
96 OVG Münster NJW 1998, 2154, Staudinger/*Marotzke*, § 1968 BGB Rn 19.
97 *Widmann*, Bestattungsvertrag, S. 22 f.
98 OLG Düsseldorf VersR 1995, 1195; OLG Hamm NJW-RR 1994, 155.

Kosten einer standesmäßigen Beerdigung beschränkt.[99] Durch die Streichung des Wortes standesmäßig in § 1968 BGB mit Wirkung ab 1.1.1999 durch Art. 33 Nr. 31 EGInsO hat sich inhaltlich an der Verpflichtung des Erben nichts geändert.[100] Für über das Maß des Standesgemäßen hinausgehende Kosten wird vertreten, diese Kosten bei besonderen Wünschen des Erblassers und Werthaltigkeit des Nachlasses dem Erben aufzuerlegen, da er anderenfalls einen wirtschaftlichen Vorteil erlange, den der Erblasser ihm nicht zudenken wollte.[101]

182 Sind die Kosten von dem Erben nicht zu erlangen, haften die Unterhaltspflichtigen.[102] Grundlage ist § 1615 Abs. 2 BGB, bzw. § 1360a Abs. 3 bzw. § 1361 Abs. 4 S. 4 i.V.m. § 1615 Abs. 2 BGB. Hierbei haben Kinder selbst dann für die Kosten der Bestattung der Eltern einzustehen, wenn keine persönliche Bindung zu den Eltern mehr bestanden hat.[103] Als Ausnahme von der Kostentragungspflicht lässt das OVG Lüneburg gelten, wenn dem Verstorbenen das Sorgerecht für die Kinder gestützt auf §§ 1666, 1666a BGB dauerhaft entzogen worden war,[104] wobei es klarstellt, dass lediglich die Übertragung des Sorgerechtes auf einen Elternteil anlässlich einer Scheidung keinen vergleichbaren Fall darstellt.[105] Bei gleichrangig Bestattungs- und Unterhaltsverpflichteten führt die Ableitung der Kostenpflicht aus der Unterhaltspflicht dazu, dass eine i.S.d. § 1603 Abs. 1 BGB nicht leistungsfähige Person auch nicht kostentragungspflichtig gem. § 1615 Abs. 2 BGB ist.[106]

183 Wird die Bestattung im Wege der Ersatzvornahme von einer Ordnungsbehörde veranlasst, so kann sie von dem Bestattungspflichtigen, der seiner Verpflichtung nicht nachgekommen ist, Ersatz ihrer Aufwendungen verlangen.[107] Sind mehrere Angehörige gleichrangig bestattungspflichtig, kann die Bestattungsbehörde im Rahmen ihres Ermessens die Kosten nur von einem Bestattungspflichtigen fordern und diesen auf seinen Ausgleichsanspruch gegenüber den übrigen Pflichtigen verweisen.[108] Die Bestattungspflicht kann nur das umfassen, was erzwingbar ist, es kann somit nur um die Einhaltung aller zwingenden Regelungen über die Durchführung einer Bestattung gehen.[109] Die Ordnungsbehörde hat daher eine angemessene Bestattung in einfacher aber würdiger und ortsüblicher Form zu gewährleisten, zu einer anonymen Bestattung aus Kostengründen ist sie nicht verpflichtet.[110]

c) Angemessenheit und Notwendigkeit der Bestattungskosten[111]

184 Um die Erben und die Nachlassgläubiger zu schützen, wird die Anerkennung von Beerdigungskosten als Nachlassverbindlichkeiten restriktiv gehandhabt.[112] Angemessenheit und Notwendigkeit[113] bestimmen sich einerseits nach der Lebensstellung des Erblassers, ande-

---

99 MüKo-*Siegmann*, § 1968 BGB Rn 4.
100 Erman/*Schlüter*, § 1968 BGB Rn 5.
101 *Widmann*, FamRZ 1988, 351, 352.
102 Erman/*Schlüter*, § 1968 BGB Rn 4.
103 VGH Baden-Württemberg – 1 S 681/04, unveröffentlicht; VG Koblenz, Urt. v. 4.7.2005 – 6 K 93/05.KO, unveröffentlicht; VG Karlsruhe NJW 2002, 3491 f.
104 OVG Lüneburg NordÖR 2007, 432.
105 OVG Lüneburg, Beschluss v. 1.8.2008 – 8 LB 55/07, bisher unveröffentlicht.
106 LG Münster ZErb 2008, 126.
107 OVG Lüneburg NJW 2003, 1268.
108 VGH Baden-Württemberg FamRZ 2008, 1625, nur Leitsatz.
109 *Stelkens/Cohrs*, NVwZ 2002, 917, 921.
110 OVG Lüneburg, Beschluss v. 1.8.2008 – 8 LB 55/07, bisher unveröffentlicht.
111 Eine gute Übersicht bietet AnwK-BGB/*Krug*, § 1968 Rn 5 f.
112 AnwK-BGB/*Krug*, § 1968 Rn 4.
113 Eine gute Übersicht bietet AnwK-BGB/*Krug*, § 1968 Rn 5 f.

rerseits nach der Leistungsfähigkeit des Nachlasses oder der Erben.[114] Nach Auffassung des OLG Hamm gibt § 1968 BGB jedoch nur einen ersatzfähigen Kostenrahmen vor, ohne den Erstattungsanspruch im Einzelnen festzulegen. Der insgesamt getriebene Aufwand müsse dem Stande des Verstorbenen entsprechen, wie der Bestattungsberechtigte seine Akzente in diesem Rahmen setze, stehe ihm frei.[115]

Zu den Beerdigungskosten gehören u.a. die Überführung an die endgültige Grabstätte,[116] die Kosten einer Umbettung,[117] die Kosten einer üblichen Trauerfeier und eines angemessenen Grabmals, die Mehrkosten für ein Doppelgrab fallen nicht darunter,[118] jedoch, bei entsprechender Gepflogenheit, die Kosten eines Leichenmahls[119] und – in bestimmten Grenzen – auch Trauerkleidung.[120] Nicht zu den Bestattungskosten gehören Reise- und Verpflegungskosten der Angehörigen.[121]

### d) Grabpflegekosten als Nachlassverbindlichkeit i.S.d. § 1968

Umstritten ist, ob diejenigen Kosten, die erst später anfallen, wie z.B. Kosten für Grabpflege[122] oder Instandhaltungskosten für Grabmal und Grabstätte[123] zu den Bestattungskosten zählen. Mit Hinweis auf einen Aufsatz von *Damrau*,[124] in dem argumentiert wird, angemessene Grabpflegekosten seien Nachlassverbindlichkeiten, da der Gesetzgeber sie in § 10 Abs. 5 Nr. 3 ErbStG bei der Erbschaftsteuer berücksichtige, hat das AG Neuruppin[125] festgestellt, dass Grabpflegekosten für die Mindestdauer der Totenruhe als Kosten der Beerdigung von den Erben zu tragen seien.

185

### e) Muster: Klage gegen den Erben auf Übernahme der Bestattungskosten

An das

Amtsgericht

*Klage*

des Herrn

-Klägers-

Prozessbevollmächtigte: Rechtsanwältin ,

gegen

die

-Beklagte-

wegen Aufwendungsersatz

186

---

114 Erman/*Schlüter*, § 1968 BGB Rn 5.
115 OLG Hamm NJW-RR 1994, 155.
116 RGZ 66, 307, 308, wenn besondere Gründe für eine Überführung sprechen; LSG Hessen FamRZ 2008, 1790, 1791.
117 OLG München NJW 1974, 703, 704, wenn für die Umbettung ausreichende Gründe vorliegen.
118 BGHZ 61, 238; LSG Hessen FamRZ 2008, 1790, 1791.
119 MüKo-*Siegmann*, § 1968 BGB Rn 4.
120 OLG Hamm DAR 1956, 217.
121 AG Hamburg ErbR 2008, 202.
122 BGHZ 61, 238.
123 BGHZ 61, 238.
124 *Damrau*, ZEV 2004, 456; a.A. *Märker*, MDR 1992, 217.
125 AG Neuruppin ZEV 2007, 597.

Streitwert: ▓▓▓▓ EUR

Ich erhebe Klage und werde beantragen:

Die Beklagte wird verurteilt, an den Kläger 3.500 EUR nebst 7% Zinsen hieraus seit 30. November 2005 zu zahlen.

*Begründung:*

Am 30.9.2005 ist der Onkel des Klägers, ▓▓▓▓, in Pforzheim verstorben. Ausweislich des Erbscheins des Nachlassgerichtes Pforzheim vom 1.12.2005 ist die Beklagte, die Tochter des Erblassers, alleinige Erbin des Klägers geworden.

*Beweis:* Erbschein vom 1.12.2005, Anlage K1.

Da sich die Beklagte in der Zeit vom 15.9. bis 15.11.2005 auf einer längeren Auslandsreise befand, hat der Kläger sämtliche Formalitäten, die die Bestattung des Erblassers betrafen, geregelt, eine anonyme Feuerbestattung des Erblassers am 10.10.2005 mit kleiner Trauerfeier auf dem Pforzheimer Hauptfriedhof veranlasst und die Rechnungen des Bestattungsinstitutes ▓▓▓▓ sowie den Gebührenbescheid des Pforzheimer Hauptfriedhofes beglichen.

*Beweis:* Kontoauszug vom 25.11.2005, Anlage K2

Nach der Rückkehr der Beklagten hat der Kläger ihr mit Schreiben vom 27.11.2005, die Rechnungen zur Erstattung übersandt.

*Beweis:* Schreiben des Klägers vom 27.11. nebst Kopien der Rechung und des Gebührenbescheides, Anlagenkonvolut K3.

Die Beklagte hat die Übernahme der Kosten mit Schreiben vom 30.11.2005 abgelehnt.

*Beweis:* Schreiben der Beklagten vom 30.11.2005, Anlage K4.

Der Anspruch des Klägers ergibt sich aus § 1968 BGB i.V.m. §§ 677, 683 BGB.

Aus mehreren Gesprächen des Klägers mit dem Erblasser war dem Kläger bekannt, dass der Erblasser eine anonyme Feuerbestattung mit kleiner Trauerfeier wünschte. Bei einem dieser Gespräche war auch die Leiterin des Pflegedienstes ▓▓▓▓, anwesend und hat die Wünsche des Erblassers ebenfalls mit angehört.

*Beweis:* Zeugnis der ▓▓▓▓, ladungsfähige Anschrift wird nachgereicht.

Da zum Zeitpunkt des Todes des Erblassers die Beklagte nicht erreichbar war, hat der Kläger, um einer drohenden Ersatzvornahme durch das Ordnungsamt vorzubeugen, die Bestattung entsprechend den Vorstellungen des Erblassers organisiert. Bei einer Ersatzvornahme wäre es zu einer Erdbestattung gekommen, die nicht dem Willen des Erblassers entsprochen hätte und außerdem höhere Kosten verursacht hätte. Mit dieser Klage, macht der Kläger nur die verauslagten Kosten entsprechend den Rechnungen des Bestattungsinstitutes und der Friedhofsverwaltung geltend, also lediglich die notwendigen Auslagen.

Der Anspruch auf Zahlung der Zinsen ergibt sich aus § 286 Abs. 2 Nr. 3 BGB, da sich die Beklagte am 30.11.2005 endgültig geweigert hat, die Kosten zu übernehmen. Der Kläger nimmt einen Bankkredit in Höhe der Klageforderung zu dem im Antrag genannten Zinssatz in Anspruch, den er bei Zahlung der Beklagten insoweit zurückgeführt hätte.

*Beweis:* Bescheinigung der Sparkasse ▓▓▓▓ vom 18.2.2006, Anlage K5.

gez. ▓▓▓▓

(Rechtsanwältin)

## f) Kostentragung aufgrund diverser Gesetze

### aa) Haftung desjenigen, der den Verstorbenen getötet hat, § 844 Abs. 1 BGB

Wurde der Tod durch eine unerlaubte Handlung verursacht, so hat der Verursacher die Kosten der Beerdigung demjenigen zu ersetzen, der die Kosten zu tragen hätte.[126] Die Ersatzverpflichtung aus § 844 Abs. 1 BGB stimmt im Umfang mit der des Erben gem. § 1968 BGB überein.[127]

187

### bb) Kostentragung gem. § 277 Lastenausgleichgesetz

Durch den 2. Weltkrieg geschädigte Personen und deren Angehörige, also insbesondere Kriegsversehrte, Vertriebene und anerkannte DDR-Flüchtlinge, haben im Rahmen der sog. Unterhaltshilfe Anspruch auf Sterbegeld in Höhe von 520 EUR.

188

### cc) § 64 SGB VII: Sterbegeld und Überführungskosten aus der Unfallversicherung

Ist ein in der gesetzlichen Unfallversicherung Versicherter tödlich verunglückt, so wird gem. § 64 SGB VII das Sterbegeld und, sollte der Versicherungsnehmer z.B. während einer Geschäftsreise verunglückt sein, so werden die Überführungskosten demjenigen erstattet, der die Kosten übernommen hat.

189

## g) Kostentragung durch den Sozialhilfeträger

Sollten die Verpflichteten nicht in der Lage sein, die Kosten zu tragen, stellt sich die Frage, inwieweit der Sozialhilfeträger die Bestattungskosten übernimmt. Gemäß § 74 SGB XII, inhaltsgleich mit dem früheren § 15 BSHG, werden die erforderlichen Kosten einer Bestattung übernommen, soweit es dem zur Kostentragung Verpflichteten nicht zugemutet werden kann, sie zu tragen. Dabei handelt es sich nicht mehr um Hilfe zum Lebensunterhalt, sondern nunmehr um Hilfe in anderen Lebenslagen.[128] Es wird auf die Bedürftigkeit des zur Kostentragung Verpflichteten abgestellt, nicht auf die Mittellosigkeit des Erblassers. Insoweit ist zu prüfen, ob dem Verpflichteten keine Eigenleistung zumutbar ist. Zur Prüfung der wirtschaftlichen Verhältnisse können die allgemeinen Grundsätze des Sozialhilferechts herangezogen werden, die Regelungen über das Schonvermögen allerdings nicht,[129] so dass der Nachlass in seinem vollen, nicht durch Schonvorschriften geminderten, Wert einzusetzen ist. Kann der Verpflichtete die Kosten nicht aufbringen, dann kann er den Sozialhilfeträger auf Kostentragung in Anspruch nehmen.[130] Ein Anspruch auf Übernahme der erforderlichen Kosten besteht aber wegen des sozialhilferechtlichen Nachranggrundsatzes nur insoweit, als der Verpflichtete von Dritten keinen Ersatz seiner Aufwendungen verlangen kann.[131] Es reicht wenn der Antrag nach der Bestattung gestellt wird.[132]

190

Der Sozialhilfeträger hat die erforderlichen Kosten für eine würdige Beerdigung, die sich an einem ortsüblichen angemessenen Begräbnis orientiert, zu übernehmen.[133] Die Kosten einer standesgemäßen Beerdigung i.S.d. § 1968 BGB liegen in der Regel oberhalb der erfor-

---

126 BGHZ 61, 238.
127 OLG Düsseldorf VersR 1995, 1195.
128 LSG Hessen FamRZ 2008, 1790, 1791, nur Leitsatz.
129 Fichtner/Wenzel/*Meusinger*, § 74 Rn 5.
130 *Widmann*, Bestattungsvertrag, S. 61.
131 LSG Hessen FamRZ 2008, 1790, 1791, nur Leitsatz.
132 BVerwGE 105, 51.
133 Fichtner/Wenzel/*Meusinger*, § 74 Rn 6.

derlichen Kosten gem. § 74 SGB XII.[134] Über § 73 Abs. 2 SGB XII kann auch in besonderen Bedarfslagen die Übernahme der Anreisekosten beim Sozialhilfeträger beantragt werden.[135]

Abweichend von der Reihenfolge der Bestattungsberechtigten (siehe Rn 178) sind antragsberechtigt die zur Tragung der Bestattungskosten Verpflichteten.[136] Bei einer Mehrheit von Erben ist Verpflichteter jeder einzelne Miterbe, wenn er Forderungen nach § 1968 BGB ausgesetzt ist.[137] Auch der Erbe, der das Erbe ausschlägt, die Bestattung jedoch veranlasst, ist gegebenenfalls als öffentlichrechtlich Bestattungspflichtiger antragsberechtigt.[138] Nicht zur Bestattung verpflichtet ist der Träger des Heims, in dem der Heimbewohner verstorben ist.[139]

h) Muster: Klage gegen den Sozialhilfeträger auf Übernahme der Bestattungskosten gem. § 74 Abs. 2 SGB XII

An das
Sozialgericht

Klage

In Sachen

-Klägers-

Prozessbevollmächtigte:

gegen

die Stadt           , vertreten durch den Bürgermeister

-Beklagte-

wegen Übernahme von Bestattungskosten

Streitwert:           EUR

wird beantragt, den Bescheid der Beklagten vom           in der Gestalt des Widerspruchsbescheids vom           aufzuheben und die Beklagte zu verurteilen, dem Kläger Bestattungskosten in Höhe von           EUR für seine verstorbene Mutter zu erstatten.

*Begründung:*

1. Die Mutter des Klägers ist am           verstorben. Der Kläger ist einziges Kind der verwitweten Verstorbenen. Am           gab der Kläger die Bestattung beim Bestattungsinstitut           in Auftrag, die das Bestattungsinstitut mit Rechnung vom           dem Kläger in Rechnung stellte.

Anlage K1 Rechnung des Bestattungsinstitutes

Am           stellte der Kläger bei der Beklagten einen Antrag auf Übernahme der Bestattungskosten gem. § 74 SGB XII. Diesen lehnte die Beklagte mit Bescheid vom           Az:           mit der Begründung ab, die vom Kläger in Auftrag gegebene Bestattung gehe über das erforderliche Maß hinaus, insbesondere sei

---

134 Fichtner/Wenzel/*Meusinger*, § 74 Rn 2.
135 LSG Niedersachsen/Bremen v. 19.6.2008 – L 7 AS 613/06, hier entschieden für eine Strecke von 300 km, Geschäftsbericht des LSG für das Jahr 2008, S. 22.
136 OVG Münster FEVS 48, 446 ff.
137 *Widmann*, Bestattungsvertrag, S. 64.
138 BVerwG DÖV 2001, 786 ff.
139 BVerwG NJW 2003, 78.

eine Überführung auf den kirchlichen Friedhof in ▇▇▇ nicht erforderlich gewesen, da sich auch in der Gemeinde ▇▇▇ ein Friedhof befände. Mit Schreiben vom ▇▇▇ hat der Kläger Widerspruch eingelegt und diesen mit weiterem Schreiben vom ▇▇▇ begründet. Der Widerspruch wurde mit Bescheid vom ▇▇▇ zurückgewiesen, der Bescheid ist dem Kläger am ▇▇▇ zugegangen.

Bei der Übernahme von Bestattungskosten handelt es sich um eine Muss-Leistung, auf die bei Vorliegen der gesetzlichen Voraussetzungen ein Rechtsanspruch besteht.

Da der Kläger das Erbe nach seiner Mutter aus Pietätsgründen nicht ausgeschlagen hat und außerdem Unterhaltsverpflichteter gem. § 1615 BGB ist, ist er zur Tragung der Bestattungskosten verpflichtet.

Dem Kläger ist es nicht zuzumuten, die Kosten zu übernehmen da er selbst nur eine Altersrente der gesetzlichen Rentenversicherung von ▇▇▇ EUR netto nach Abzug der Kosten für Kranken- und Pflegeversicherung bezieht und keine weiteren Einkünfte hat.

Eine Überführung auf den kirchlichen Friedhof in ▇▇▇ war in diesem Falle erforderlich, da der Kläger angesichts seines Alters er ist bereits 78 Jahre alt und auf einen Rollstuhl angewiesen nicht die Möglichkeit gehabt hätte, das Grab seiner Mutter zu besuchen.

Die Klage ist begründet. Abschrift ist beigefügt

(Unterschrift)

# § 7 Nachlassgerichtliches Verfahren

*Dr. Ludwig Kroiß*

## Literatur

**Kommentare/Handbücher:**

*Bassenge/Herbst/Roth*, FGG/RPflG, 11. Auflage 2007; *Bassenge/Roth*, FamFG, 12. Auflage 2009; *Brehm*, Freiwillige Gerichtsbarkeit, 4. Auflage 2009; *Bonefeld/Kroiß/Tanck*, Der Erbprozess, 3. Auflage 2009; *Bumiller/Winkler*, Freiwillige Gerichtsbarkeit, 8. Auflage 2006; *Bumiller/Harders*, FamFG, 9. Auflage 2009; *Damrau*, Der Minderjährige im Erbrecht, 2002; *Dauner-Lieb/Heidel/Ring* (Ges.-Hrsg.), *Kroiß/Ann/Mayer* (Band-Hrsg.), AnwaltKommentar BGB, Band 5, Erbrecht, 2. Auflage 2007; *Firsching/Graf*, Nachlassrecht, 9. Auflage 2008; *Gregor*, Erbscheinsverfahren, 4. Auflage 2007; *Habscheid*, Freiwillige Gerichtsbarkeit, 7. Auflage 1983; *Jansen*, Kommentar zum FGG, 3. Auflage 2006; *Keidel/Kuntze/Winkler*, Freiwillige Gerichtsbarkeit, 15. Auflage 2003, mit Nachtrag 2005; *Keidel*, FamFG, Freiwillige Gerichtsbarkeit, 16. Auflage 2009; *Kerscher/Krug*, Das erbrechtliche Mandat, 4. Auflage 2007, *Kersten/Bühling*, Formularbuch und Praxis der Freiwilligen Gerichtsbarkeit, 22. Auflage 2008; *Kroiß*, Zuständigkeitsprobleme in der Freiwilligen Gerichtsbarkeit, 1994; *Kroiß/Seiler*, Das neue FamFG, 2. Auflage 2009; *Pikart/Henn*, Lehrbuch der Freiwilligen Gerichtsbarkeit, 1963; *Prütting/Helms*, FamFG-Kommentar, 2009; *Rudolf*, Handbuch Testamentsauslegung und -anfechtung, 1999; *Schmidt*, Handbuch der Freiwilligen Gerichtsbarkeit, 2. Auflage 1996; *Schulte-Bunert/Weinreich*, Kommentar zum FamFG, 2009; *Zimmermann*, Das neue FamFG, 2009; *Zimmermann*, Freiwillige Gerichtsbarkeit, 1996.

**Aufsätze:**

*Heinemann*, Erbschaftsausschlagung: neue Zuständigkeiten durch das FamFG, ZErb 2008, 293; *Kammerlohr*, Grundzüge der Freiwilligen Gerichtsbarkeit anhand des Erbscheinsverfahrens, JA 2003, 143; *Köster*, Vor- und Nacherbschaft im Erbscheinsverfahren, Rpfleger 2000, 90; *Kroiß*, Änderungen im Nachlassverfahren durch das FamFG, AnwBl 2009, 618; *Kroiß*, Das neue Nachlassverfahrensrecht, ZERB 2008, 300; *Kroiß*, Die Rechtsmittel im nachlassgerichtlichen Verfahren nach dem FamFG, ZEV 2009, 224; *Kroiß*, Grundzüge des Erbscheinsverfahrens, ZErb 2000, 147; *Kroiß*, Die Internationale Zuständigkeit im Nachlassverfahren nach dem FamFG, ZEV 2009, 493; *Kuntze*, Referentenentwurf eines FGG-Reformgesetzes, FGPrax 2005, 185; *Nieder*, Die Anfechtung von Verfügungen von Todes wegen, ZErb 1999, 42; *Sprau*, Das Erbscheinsverfahren, ZAP 1997, 1089; *Zimmermann*, Das neue Nachlassverfahren nach dem FamFG, ZEV 2009, 53; *Zimmermann*, Die Nachlasssachen in der FGG-Reform, FGPrax 2006, 189.

| | |
|---|---|
| A. Grundlagen des FG-Verfahrens ......... 1 | 4. Zuständigkeitsverstöße ............. 19 |
|   I. Verfahrensrechtliche Besonderheiten in Bezug auf das Gericht ............. 1 |     a) Amtsverfahren ................ 20 |
|     1. Sachliche Zuständigkeit und Instanzenzug ........................ 3 |     b) Antragsverfahren .............. 22 |
|       a) Amtsgericht ................. 3 |       aa) Rechtliche Grundlagen ...... 22 |
|       b) Landgericht ................. 5 |       bb) Muster: Antrag auf Verweisung an das örtlich zuständige Gericht ............... 23 |
|       c) Oberlandesgericht ............. 7 |     c) Verhältnis FamFG-Verfahren zum streitigen Verfahren ............. 24 |
|       d) Bundesgerichtshof ............ 9 | 5. Ausschluss von Richtern und Rechtspflegern ....................... 25 |
|     2. Funktionelle Zuständigkeit ........ 11 |     a) Ausschluss kraft Gesetzes ........ 25 |
|       a) Vollübertragung ............... 12 |     b) Ablehnung eines Richters/Rechtspflegers ..................... 27 |
|       b) Vorbehaltsübertragung ......... 13 |       aa) Rechtliche Grundlagen ...... 27 |
|     3. Örtliche Zuständigkeit ........... 15 |       bb) Muster: Antrag auf Ablehnung eines kraft Gesetzes ausgeschlossenen Rechtspflegers ... 29 |
|       a) Wohnsitz .................... 16 | |
|       b) Aufenthalt ................... 17 | |
|         aa) Rechtliche Grundlagen ...... 17 | |
|         bb) Muster: Antrag zur Bestimmung des örtlich zuständigen Gerichts nach § 5 FamFG (bislang § 5 FGG). ............ 18 | |

cc) Muster: Antrag auf Ablehnung eines Richters wegen Besorgnis der Befangenheit ........... 30
c) Ablehnung eines Dolmetschers ... 31
   aa) Rechtliche Grundlagen ..... 31
   bb) Muster: Antrag auf Ausschluss eines Dolmetschers ......... 32
II. Beteiligte ......................... 33
  1. Beteiligtenbegriff .................. 33
   a) Beteiligter im materiellen Sinne ... 34
   b) Beteiligter im formellen Sinne .... 36
   c) Bedeutung des Beteiligtenbegriffs .. 37
   d) Bevollmächtigung ............. 38
   e) Definition des Beteiligten-Begriffs im FamFG .................... 39
  2. Anspruch auf rechtliches Gehör ..... 41
   a) Grundsätzliches .............. 41
   b) Umfang des Anspruchs auf rechtliches Gehör ................... 42
    aa) Recht auf Kenntniserhalt ..... 43
    bb) Muster: Antrag auf Akteneinsicht .................... 47
    cc) Muster: Befristete Beschwerde gegen die Verweigerung der Akteneinsicht ............. 48
    dd) Grundsatz der Beteiligtenöffentlichkeit ................ 49
    ee) Muster: Ersuchen um Übersendung einer Protokollabschrift ................. 51
    ff) Berücksichtigungspflicht ..... 52
III. Verfahrensrechtliche Besonderheiten ... 53
  1. Beginn des Verfahrens ............. 53
   a) Amtsverfahren ................ 53
   b) Muster: „Antrag" (Anregung) auf Einziehung eines Erbscheins ...... 55
   c) Antragsverfahren .............. 56
   d) Muster: Erbscheinsantrag ........ 58
  2. Amtsermittlungsgrundsatz .......... 59
   a) Allgemeines .................. 59
   b) Reichweite der Amtsaufklärungspflicht ....................... 60
   c) Beschwerdeverfahren/Rechtsbeschwerdeverfahren ............. 61
   d) Muster: Neues Vorbringen im Beschwerdeverfahren ............. 63
  3. Form der Beweisaufnahme ......... 64
   a) Freibeweis ................... 65
   b) Strengbeweis ................. 66
    aa) Anordnung der Beweisaufnahme .................. 67
    bb) Beteiligtenöffentlichkeit ...... 68
    cc) Mündlichkeitsgrundsatz ...... 69
    dd) Muster: Antrag auf Durchführung einer mündlichen Verhandlung .............. 70
    ee) Unmittelbarkeit der Beweisaufnahme ................. 71
   c) Unterschiede zwischen Frei- und Strengbeweisverfahren .......... 73
   d) Wahlmöglichkeit .............. 74
  4. Einzelne Beweismittel im FG-Verfahren ............................ 78
   a) Zeugenbeweis ................. 78
   b) Muster: Antrag auf Vernehmung eines Zeugen .................. 79
   c) Sachverständigenbeweis ......... 80

d) Muster: Antrag auf Einholung eines Sachverständigengutachtens ...... 81
e) Augenschein .................. 82
f) Urkundenbeweis ............... 83
g) Beteiligtenvernehmung ......... 85
h) Muster: Antrag auf Vernehmung eines Beteiligten .................. 86
5. Beweiswürdigung ................. 87
6. Beweislast ....................... 88
  a) Subjektive Beweislast ........... 88
  b) Feststellungslast ............... 89
7. Besondere Verfahrenssituationen ..... 90
  a) Kostenvorschusspflicht .......... 90
   aa) Rechtliche Grundlagen ...... 90
   bb) Muster: Beschwerde gegen die Anordnung der Vorwegleistungspflicht ............... 92
  b) Säumnis von Beteiligten ......... 93
  c) Selbstständiges Beweisverfahren ... 94
  d) Ruhen des Verfahrens .......... 95
  e) Vergleichsweise Beendigung des Verfahrens .................... 96
8. Entscheidung des Gerichts .......... 98
  a) Form ....................... 98
  b) Zwischenentscheidungen ........ 100
  c) Endentscheidungen ............ 101
  d) Kosten ...................... 102
B. Verwahrung und Eröffnung letztwilliger Verfügungen ....................... 104
  I. Einleitung ....................... 104
  II. Amtliche Verwahrung ............. 106
   1. Zuständigkeit ................... 106
    a) Sachliche und funktionelle Zuständigkeit ...................... 106
    b) Örtliche Zuständigkeit .......... 107
     aa) Notarielles Testament ....... 108
     bb) Nottestament .............. 110
     cc) Eigenhändiges Testament ..... 111
     dd) Muster: Einreichung eines Testaments zur amtlichen Verwahrung .................... 112
   2. Verfahren ..................... 114
    a) Annahme .................... 114
    b) Benachrichtigung des Standesamts ....................... 115
    c) Hinterlegungsschein ........... 116
    d) Verwahrungsbuch ............. 117
   3. Rücknahme des Testaments aus der amtlichen Verwahrung ........... 119
   4. Anfechtung der Rücknahme ...... 122
   5. Gebühren ..................... 123
  III. Rücknahme von Erbverträgen aus der notariellen Verwahrung ............ 124
   1. Typischer Sachverhalt ............ 124
   2. Rechtliche Grundlagen ........... 125
    a) Regelung des § 2300 BGB ....... 125
    b) Voraussetzungen des § 2300 Abs. 2 BGB ........................ 127
     aa) Rückgabemodalitäten ....... 127
     bb) Testierfähigkeit ............ 128
    c) Notarielles Rücknahmeverfahren .. 129
     aa) Belehrung ................. 129
     bb) Vermerk auf der Originalurkunde .................... 130
     cc) Muster: Rücknahmevermerk .. 131
     dd) „Aktenkundigmachen" ...... 132
     ee) Muster: „Aktenkundigmachung" .................... 133

ff) Kosten ................. 134
IV. Eröffnung letztwilliger Verfügungen .... 135
 1. Zuständigkeit ................. 135
 2. Ablieferungspflicht ............. 136
 3. Muster: Ablieferung eines Testaments beim Nachlassgericht ........... 137
 4. Muster: Antrag auf Eröffnung eines Testaments beim Nachlassgericht .... 138
 5. Verfahren ................... 139
  a) Terminsbestimmung ........... 139
  b) Eröffnungstermin ............. 140
  c) Regelung im FamFG ........... 141
 6. Ablieferungsanordnung ........ 142
  a) Grundsätzliches ............. 142
  b) Durchsetzung ................ 143
  c) Muster: Ablieferung eines Testaments beim Nachlassgericht: „Antrag" (Anregung) auf Abgabe einer eidesstattlichen Versicherung nach §§ 358, 35 Abs. 4 FamFG (bislang § 83 Abs. 2 FGG) ............. 145
  d) Rechtsmittel ................ 146
  e) Muster: Beschwerde gegen die Ablieferungsanordnung ........... 147
  f) Muster: Beschwerde gegen die Ablehnung einer Ablieferungsanordnung ..................... 148
C. **Ausschlagung der Erbschaft** ............ 150
 I. Einleitung ..................... 150
 1. Annahme der Erbschaft ........... 151
 2. Ausschlagung der Erbschaft ........ 152
 3. Muster: Ausschlagung der Erbschaft durch gesetzlichen Erben .......... 154
 4. Muster: Ausschlagung durch einen Bevollmächtigten ................ 155
 II. Zuständiger Adressat der Ausschlagungserklärung ..................... 156
 1. Sachliche Zuständigkeit ........... 156
 2. Örtliche Zuständigkeit ............ 157
 3. Internationale Zuständigkeit ....... 158
 4. Funktionelle Zuständigkeit ........ 159
 5. Zuständigkeitsverstöße ........... 160
  a) Amtshilfe .................. 161
  b) Unzuständigkeit ............. 162
 III. Ausschlagungsfrist ............... 163
 IV. Form der Ausschlagung ........... 165
 V. Muster: Erklärung der Ausschlagung zu Protokoll des Nachlassgerichts ........ 168
 VI. Muster: Schriftliche Ausschlagung durch den gesetzlichen Vertreter ........... 169
 VII. Muster: Ausschlagung durch den Erbeserben ......................... 170
 VIII. Wirkung der Ausschlagung ......... 171
 IX. Anfechtung der Annahme bzw. Ausschlagung der Erbschaft ............. 172
 1. Form der Anfechtung ............ 173
 2. Muster: Anfechtung der Ausschlagung ...................... 174
 3. Muster: Schriftsatz des „Anfechtungsgegners" bei Anfechtung der Erbschaftsannahme ................ 175
 4. Anfechtungsfrist ................ 176
 5. Anfechtungsgründe ............. 177
  a) Erklärungs- oder Inhaltsirrtum, § 119 Abs. 1 BGB ............. 177
  b) Irrtum über eine verkehrswesentliche Eigenschaft, § 119 Abs. 2 BGB ..................... 178

 6. Anfechtung der Fristversäumnis .... 179
 7. Muster: Anfechtung der Versäumung der Ausschlagungsfrist ............ 180
 X. Kosten ....................... 181
D. **Anfechtung letztwilliger Verfügungen** ... 182
 I. Anfechtungsgründe ............... 183
 1. Erklärungsirrtum ............... 184
 2. Muster: Anfechtung eines Testaments wegen Erklärungsirrtums .......... 185
 3. Inhaltsirrtum; Muster .............. 186
 4. Motivirrtum ................... 188
  a) Muster: Anfechtung eines Testaments wegen Motivirrtums ....... 189
  b) Muster: Schriftsatz im Erbscheinsverfahren; Hinweis auf fehlenden Motivirrtum ................ 190
 5. Anfechtung wegen Drohung ....... 191
 6. Muster: Anfechtung einer letztwilligen Verfügung wegen Drohung ........ 192
 7. Sonderfall: Anfechtung wegen Übergehung eines Pflichtteilsberechtigten .. 193
 8. Muster: Anfechtung wegen Übergehung eines Pflichtteilsberechtigten .... 194
 II. Anfechtungsberechtigte ............ 195
 1. Dritte bei einseitigen Verfügungen ... 196
 2. Erblasser beim Erbvertrag, § 2281 BGB ......................... 197
  a) Rechtliche Grundlagen ........ 197
  b) Muster: Anfechtung eines Erbvertrags durch den Erblasser ........ 198
 3. Dritte beim Erbvertrag, §§ 2080 Abs. 1, 2285 BGB ................ 199
  a) Rechtliche Grundlagen ........ 199
  b) Muster: Anfechtung eines Erbvertrages durch Dritte ............ 200
 III. Form der Anfechtung .............. 201
 1. Testamentsanfechtung ........... 201
 2. Anfechtung von Erbverträgen ...... 202
 IV. Anfechtungsfrist ................ 203
 1. Testamentsanfechtung ........... 203
 2. Erbvertragsanfechtung ........... 204
 V. Anfechtung des gemeinschaftlichen Testaments ....................... 205
 1. Rechtliche Grundlagen ........... 205
 2. Muster: Anfechtung eines gemeinschaftlichen Testaments ............ 206
 VI. Folgen der Anfechtung ............ 207
 1. Nichtigkeit der Verfügung ........ 207
 2. Kosten ...................... 208
E. **Erbscheinsverfahren** ................ 209
 I. Begriff und Wesen des Erbscheins .... 209
 1. Funktion .................... 209
 2. Wirkung .................... 210
  a) Vermutungswirkung .......... 210
  b) Öffentlicher Glaube .......... 211
 II. Erteilungsvoraussetzungen ......... 212
 1. Antrag ...................... 212
  a) Zuständiges Gericht .......... 212
  b) Form ..................... 214
  c) Inhalt .................... 215
  d) Antragsberechtigung ......... 218
  e) Muster: Erbscheinsantrag eines Nachlassgläubigers ............ 220
  f) Muster: Antrag auf Erteilung einer Erbscheinsausfertigung nach § 357 Abs. 2 FamFG (früher § 85 FGG) ..................... 221

g) Erforderliche Erklärungen und Nachweise ................ 222
h) Muster: Erbscheinsantrag bei gesetzlicher Erbfolge ............ 224
i) Muster: Erbscheinsantrag bei testamentarischer Erbfolge ........... 225
j) Eventualantrag ................ 226
2. Verfahren ....................... 227
 a) Sachverhaltsermittlung ........ 227
  aa) Muster: Beschwerde wegen Verstoßes gegen die Amtsermittlungspflicht bei der Auslegung eines Erbvertrages ...... 228
  bb) Muster: Beschwerde wegen Verstoßes gegen die Amtsermittlungspflicht bzgl. der Ermittlung der Testierfähigkeit .. 229
 b) Beweis-/Feststellungslast ........ 230
 c) Rechtliches Gehör ............. 231
 d) Vergleich .................... 232
3. Entscheidungen .................. 234
 a) Überblick .................... 234
 b) Zwischenverfügung ............ 235
 c) Vorbescheid ................. 236
 d) Zurückweisung des Antrags .... 239
 e) Feststellungsbeschluss/Erbscheinserteilungsanordnung ........... 240
III. Verschiedene Arten des Erbscheins ..... 243
1. Alleinerbschein, § 2353 Alt. 1 BGB ... 244
 a) Typischer Sachverhalt ........ 244
 b) Muster: Antrag auf Erteilung eines Alleinerbscheins ................ 245
2. Gemeinschaftlicher Erbschein, § 2357 BGB ............................ 246
 a) Rechtliche Grundlagen .......... 246
 b) Muster: Antrag auf Erteilung eines gemeinschaftlichen Erbscheins .... 247
3. Teilerbschein, § 2353 Alt. 2 BGB ..... 248
 a) Rechtliche Grundlagen .......... 248
 b) Muster: Antrag auf Erteilung eines Mindestteilerbscheins ............ 251
4. Gemeinschaftlicher Teilerbschein .... 252
 a) Rechtliche Grundlagen .......... 252
 b) Muster: Antrag auf Erteilung eines gemeinschaftlichen Teilerbscheins .................. 253
5. Erbschein über mehrere Erbfälle (Sammelerbschein) ................ 254
 a) Rechtliche Grundlagen .......... 254
 b) Muster: Antrag auf Erteilung eines Sammelerbscheins ............ 255
IV. Erbschein für den Gläubiger nach § 792 ZPO .............................. 256
V. Gebühren des Rechtsanwalts ......... 257
1. Rechtliche Grundlagen ............ 257
2. Muster: Beschwerde gegen Festsetzung des Geschäftswerts bei Aufnahme eines Nacherbenvermerks ........... 260
VI. Einziehung des Erbscheins, § 2361 BGB .............................. 262
1. Voraussetzungen der Einziehung ..... 263
 a) Zuständigkeit ................. 263
 b) Muster: Antrag auf Verweisung an das zuständige Amtsgericht ...... 264
 c) Voraussetzungen im Einzelnen .... 265
  aa) Formelle Fehlerhaftigkeit .... 266

  bb) Muster: „Antrag" auf Einziehung eines Erbscheins wegen formeller Fehlerhaftigkeit .... 268
  cc) Materielle Unrichtigkeit ..... 269
  dd) Muster: „Antrag" auf Einziehung eines Erbscheins wegen materieller Unrichtigkeit ..... 274
  ee) Grad der Überzeugung ...... 275
  ff) Feststellungslast ............ 276
  gg) Widersprechende Erbscheine .. 277
  hh) Muster: „Antrag" auf Einziehung eines Erbscheins bei Vorliegen widersprechender Erbscheine .................... 278
2. Entscheidung .................... 279
3. Kraftloserklärung, § 2361 Abs. 2 BGB, § 353 Abs. 3 FamFG ............... 281
 a) Rechtliche Grundlagen .......... 281
 b) Muster: „Antrag" auf Kraftloserklärung eines Erbscheins ........ 284
4. Einstweiliger Rechtsschutz ......... 285
 a) Antrag auf Erlass einer einstweiligen Anordnung gem. § 49 FamFG (bislang § 24 Abs. 3 FGG analog) .. 286
 b) Muster: Antrag auf Erlass einer einstweiligen Anordnung § 49 FamFG (bislang analog § 24 Abs. 3 FGG) ......................... 288
 c) Antrag auf Erlass einer einstweiligen Anordnung gemäß §§ 68 Abs. 3 S. 1, 49 FamFG im Beschwerdeverfahren ...................... 289
 d) Muster: Antrag auf Erlass einer einstweiligen Anordnung gemäß §§ 68 Abs. 3 S. 1, 49 FamFG ...... 291
 e) Antrag auf Erlass einer einstweiligen Verfügung gemäß § 2362 BGB, § 935 ZPO .............. 292
 f) Muster: Antrag auf Erlass einer einstweiligen Verfügung ......... 293
5. Kosten bei Einziehung und Kraftloserklärung ......................... 294
VII. Rechtsmittel ........................ 295
1. Übersicht ....................... 295
 a) Verfügungen des Richters ....... 295
 b) Muster: Beschwerde gegen die Ablehnung eines Erbscheinsantrages durch den Nachlassrichter ....... 297
 c) Entscheidungen des Rechtspflegers .......................... 298
  aa) Beschwerde, § 11 Abs. 1 S. 1 RPflG i.V.m. § 58 FamFG (bislang § 19 Abs. 1 FGG) ...... 298
  bb) Muster: Beschwerde gegen die Ablehnung eines Erbscheinsantrages durch den Rechtspfleger ...................... 299
  cc) Befristete Erinnerung ....... 300
 d) Entscheidungen des Landgerichts .. 303
  aa) Muster: Weitere Beschwerde wegen Verstoßes gegen die Amtsermittlungspflicht (Muster für Fälle, in denen das erstinstanzliche Verfahren vor dem 1.9.2009 eingeleitet worden ist) .................. 304
  bb) Muster: Antragsformulierung in der weiteren Beschwerde

(Muster für Fälle, in denen das erstinstanzliche Verfahren vor dem 1.9.2009 eingeleitet worden ist) .................. 305
cc) Muster: Schriftsatz als Reaktion auf eine weitere Beschwerde (Muster für Fälle, in denen das erstinstanzliche Verfahren vor dem 1.9.2009 eingeleitet worden ist) .......... 306
2. Zulässigkeit der Beschwerde ....... 307
a) Zuständigkeit ................. 307
b) Statthaftigkeit ................. 309
aa) Endentscheidungen ......... 311
bb) Zwischenentscheidungen ..... 312
cc) Muster: Sofortige (befristete) Beschwerde gegen einen Feststellungsbeschluss nach § 352 Abs. 2 FamFG .............. 313
dd) Ausschluss der Beschwerde ... 314
c) Adressat der Beschwerde ........ 315
d) Form ........................ 317
e) Muster: Beschwerde im Erbscheinsverfahren .................... 318
f) Frist ......................... 319
g) Wertgrenzen ................. 321
h) Beschwerdeberechtigung ....... 323
aa) Materielle Beschwer, § 59 Abs. 1 FamFG (bislang § 20 Abs. 1 FGG) .............. 324
bb) Muster für eine behauptete Rechtsbeeinträchtigung ...... 326
cc) Formelle Beschwer, § 59 Abs. 2 FamFG (bislang § 20 Abs. 2 FGG) ................... 327
dd) Übersicht: Beschwerdeberechtigte in den einzelnen Nachlasssachen ................. 328

(1) Erbscheinsverfahren; Muster ................... 328
(2) Eröffnung letztwilliger Verfügungen .......... 331
(3) Feststellung der Erbberechtigung, § 363 FamFG (bislang § 86 FGG) ......... 332
(4) Verfahren zu Abgabe einer eidesstattlichen Versicherung ................... 333
i) Rücknahme der Beschwerde ...... 334
3. Rechtsmittel bezüglich der Einziehung und Kraftloserklärung ......... 335
a) Ablehnung der Einziehung/Kraftloserklärung durch das Nachlassgericht ...................... 335
aa) Rechtliche Grundlagen ...... 335
bb) Muster: Beschwerde gegen die Ablehnung der Erbscheinseinziehung .................... 336
b) Einziehung/Kraftloserklärung durch das Nachlassgericht ........ 337
aa) Einziehung ................. 337
bb) Muster: Beschwerde gegen Einziehungsanordnung (bei noch nicht erfolgter Einziehung eines Erbscheins) ............. 339
cc) Kraftloserklärung ........... 340
4. „Beschwerdeerwiderung" .......... 341
5. Muster: Schriftsatz als Stellungnahme zu einer Beschwerde .............. 342
6. Rechtsbeschwerde ................ 343
a) Allgemeines ................... 343
b) Statthaftigkeit der Rechtsbeschwerde ...................... 344
c) Frist und Form der Rechtsbeschwerde, Vertretungserfordernis .. 345
7. Muster: Rechtsbeschwerde .......... 346

# A. Grundlagen des FG-Verfahrens

## I. Verfahrensrechtliche Besonderheiten in Bezug auf das Gericht

Über die Nachlasssachen, insbesondere über die Erteilung eines Erbscheins wird im **Verfahren der Freiwilligen Gerichtsbarkeit** entschieden. Insoweit waren bislang primär die Vorschriften des Gesetzes über die Angelegenheiten der Freiwilligen Gerichtsbarkeit (FGG) vom 17.5.1898 maßgeblich. Daneben sind noch die Vorschriften des Rechtspflegergesetzes (RPflG), des Beurkundungsgesetzes, der Kostenordnung, der Zivilprozessordnung und der §§ 2353 ff. BGB zu beachten.

Das Bundesministerium der Justiz hatte im Juni 2005 einen Referentenentwurf für ein FGG-Reformgesetz vorgelegt, das mit Inkrafttreten das FGG vom 17.5.1898 ersetzt. Auf der Grundlage eines entsprechender Regierungsentwurf (BT-Drucks. 16/3655) hatte der Bundestag das Gesetz zwischenzeitlich beschlossen. Der Bundesrat hatte dem am 19.9.2008 zugestimmt. Das neue FamFG trat am 1.9.2009 in Kraft. Das Nachlassverfahren wird im 4. Buch in den §§ 342 ff. FamFG neu geregelt.

### § 342 FamFG
**Begriffsbestimmung**

*(1) Nachlasssachen sind Verfahren, die*
1. *die besondere amtliche Verwahrung von Verfügungen von Todes wegen,*
2. *die Sicherung des Nachlasses einschließlich Nachlasspflegschaft,*
3. *die Eröffnung von Verfügungen von Todes wegen,*
4. *die Ermittlung der Erben,*
5. *die Entgegennahme von Erklärungen, die nach gesetzlicher Vorschrift dem Nachlassgericht gegenüber anzugeben sind,*
6. *Erbscheine, Testamentsvollstreckerzeugnisse und sonstige vom Nachlassgericht zu erteilende Zeugnisse,*
7. *die Testamentsvollstreckung,*
8. *die Nachlassverwaltung sowie*
9. *sonstige den Nachlassgerichten durch Gesetz zugewiesene Aufgaben betreffen*

*(2) Teilungssachen sind*
1. *die Aufgaben, die Gerichte nach diesem Buch bei der Auseinandersetzung eines Nachlasses und des Gesamtguts zu erledigen haben, nachdem eine eheliche, lebenspartnerschaftliche oder fortgesetzte Gütergemeinschaft beendet wurde, und*
2. *Verfahren betreffend Zeugnisse über die Auseinandersetzung des Gesamtguts einer ehelichen, lebenspartnerschaftlichen oder fortgesetzten Gütergemeinschaft nach den §§ 36 und 37 der Grundbuchordnung sowie nach den §§ 42 und 74 der Schiffsregisterordnung.*

## 1. Sachliche Zuständigkeit und Instanzenzug

### a) Amtsgericht

3   Eine Zuständigkeitsabgrenzung zwischen Amts- und Landgericht nach Streitwert kennt das Verfahren der Freiwilligen Gerichtsbarkeit nicht. Grundsätzlich sind die **Amtsgerichte** erstinstanzlich zur Entscheidung berufen. **So ergibt sich die sachliche Zuständigkeit der Nachlassgerichte aus § 23a Abs. 2 Nr. 2 GVG.**[1] Landesrechtliche Vorschriften, nach welchen für die dem Nachlassgericht obliegenden Verrichtungen andere als gerichtliche Behörden zuständig sind, bleiben unberührt. So nimmt in Württemberg der Bezirksnotar, Art. 73 ff. AGGBG, und in Baden der Notar nach § 33 LFGG die Aufgaben des Nachlassgerichts war.[2] Gegen die Entscheidungen des Amtsrichters war bislang gem. § 19 Abs. 1 FGG die Beschwerde (zum Landgericht) statthaft.

4   Nach neuer Rechtslage ist die sofortige (befristete) Beschwerde der statthafte Rechtsbehelf im nachlassgerichtlichen Verfahren, §§ 58 ff. FamFG[3] (näheres zu den Rechtsmitteln siehe Rn 295 ff.).

### b) Landgericht

5   Das Landgericht wird erstinstanzlich in Nachlasssachen nicht tätig. Praktisch bedeutsam war aber seine Zuständigkeit als **Beschwerdegericht** nach § 19 Abs. 2 FGG. Gegen landgerichtliche Verfügungen war die **weitere Beschwerde** statthaft, § 27 FGG.

---

1 Zu den Ausnahmen vgl. *Kroiß*, S. 125; *Bassenge/Roth*, vor § 342 FamFG Rn 1.
2 *Bassenge/Roth*, vor § 342 FamFG Rn 1.
3 *Kroiß*, ZEV 2009, 224.

Soweit nunmehr das FamFG zur Anwendung kommt, entscheidet über die (befristete) Beschwerde das Oberlandesgericht, § 119 Abs. 1 Nr. 1 Buchst. b GVG.

#### c) Oberlandesgericht

Die Oberlandesgerichte, (in Rheinland-Pfalz das OLG Zweibrücken; für Berlin das Kammergericht), entschieden bislang als dritte Instanz über die **weitere Beschwerde**, § 28 Abs. 1 FGG.

An die Stelle der weiteren Beschwerde trat zum 1.9.2009 die Rechtsbeschwerde nach §§ 70 ff. **FamFG** (näheres zu den Rechtsmitteln siehe Rn 295 ff.).

#### d) Bundesgerichtshof

Der BGH war zur Entscheidung über die **weitere Beschwerde** ausnahmsweise dann berufen, wenn das OLG von der Entscheidung eines anderen OLG oder des BGH abweichen wollte, § 28 Abs. 2 und 3 FGG. Ein Abweichungsfall lag zum einen nur dann vor, falls die begehrte Stellungnahme zu der Rechtsfrage für die zu treffende Entscheidung des Falles erheblich war. Zum anderen musste die Rechtsauffassung, von der das OLG abweichen will, auch für die vorausgegangene Entscheidung des anderen Gerichts erheblich gewesen sein.[4]

Nach neuer Rechtslage entscheidet der BGH über die von den Oberlandesgerichten zugelassenen **Rechtsbeschwerden, §§ 70 ff. FamFG**.

### 2. Funktionelle Zuständigkeit

Beim Amtsgericht können sowohl der **Richter** als auch der **Rechtspfleger** zuständig sein. Man spricht bei dieser Abgrenzung von funktioneller Zuständigkeit. Maßgeblich für die Zuteilung ist dabei das **Rechtspflegergesetz**.

#### a) Vollübertragung

In vollem Umfang sind vor allem Register-, Grundbuch- und Vereinssachen dem Rechtspfleger zur Entscheidung übertragen, § 3 Nr. 1 RPflG.

#### b) Vorbehaltsübertragung

Bestimmte Geschäfte sind dem Rechtspfleger grundsätzlich zugewiesen, es sei denn, dass unter näher bezeichneten Voraussetzungen ein Richtervorbehalt gegeben ist. Dabei ist § 3 Nr. 2 RPflG in Zusammenhang mit §§ 14–19b RPflG zu lesen.

Für Nachlasssachen bestimmt § 16 RPflG, dass bestimmte Angelegenheiten dem Richter bzw. in Baden-Württemberg dem Notar, § 35 RPflG, vorbehalten sind. So ist z.B. bei der Erbscheinserteilung der Richter zur Entscheidung berufen, sofern eine Verfügung von Todes wegen vorliegt oder, wenn ein gegenständlich beschränkter Erbschein, § 2369 BGB, beantragt wird, **§ 16 Abs. 1 Nr. 6 RPflG**. Entsprechendes gilt für den Fall der Einziehung eines Erbscheins, der vom Richter erteilt wurde, oder, wenn er aufgrund einer Verfügung von Todes wegen einzuziehen ist, **§ 16 Abs. 1 Nr. 7 RPflG**.

Nach § 16 Abs. 2 RPflG kann der Richter auch wenn eine Verfügung von Todes wegen vorliegt, ein Erbschein aber dennoch aufgrund gesetzlicher Erbfolge zu erteilen ist, die Erteilung dem Rechtspfleger übertragen, wenn deutsches Recht anwendbar ist.

---

4 BGH FamRZ 2002, 1327.

14  Neu: In § 16 Abs. 1 Nr. 6 RPflG werden die Wörter „sowie von gegenständlich beschränkten Erbscheinen (§ 2369 des Bürgerlichen Gesetzbuchs), auch wenn eine Verfügung von Todes wegen nicht vorliegt" durch die Wörter „**oder die Anwendung ausländischen Rechts in Betracht kommt**" ersetzt. Die Vorschrift sieht daher anstelle des bisher bestehenden Richtervorbehalts für die Erteilung des gegenständlich beschränkten Erbscheins nach § 2369 BGB einen generellen Richtervorbehalt für alle Fälle, in denen bei der Erteilung von Erbscheinen die Anwendung ausländischen Rechts in Betracht kommt, vor.

### 3. Örtliche Zuständigkeit

15  Für die örtliche Zuständigkeit fehlt es an einer allgemeinen Regelung im FGG. Insoweit sind jeweils Sondervorschriften zu beachten. Für Nachlasssachen galt § 73 FGG (Wohnsitz bzw. Aufenthalt des Erblassers).[5] Die Neuregelung des § 343 FamFG entspricht weitgehend dieser Vorschrift.

### a) Wohnsitz

16  In Nachlasssachen ist in erster Linie das Gericht in dessen Bezirk der Erblasser seinen letzten **Wohnsitz** hatte, örtlich zuständig, § 343 Abs. 1 FamFG. Der Begriff des Wohnsitzes bestimmt sich nach den §§ 7–11 BGB. Abzustellen ist dabei auf den Mittelpunkt der gesamten Lebensverhältnisse einer Person.[6] Eine Anmeldung beim Einwohnermeldeamt wird nicht vorausgesetzt.[7] Bei mehreren Wohnsitzen des Erblassers ist das Gericht, das zuerst in der Sache tätig geworden ist, zuständig, § 2 Abs. 1 FamFG. Ein Tätigwerden liegt vor, wenn das Gericht eine sachlich gebotene Verfügung trifft. Allein die Registrierung des eingegangenen Antrags reicht hierfür nicht.[8] Beachte dazu:

BayObLG FamRZ 1995, 680:[9]

*„Eröffnet das verwahrende Nachlassgericht vor Einleitung des Erbscheinsverfahrens ein Testament, so wird es hierdurch weder mit dem Erbscheinsverfahren befasst, noch wird eine Vorgriffszuständigkeit begründet."*

Die Erteilung eines **Teilerbscheins** begründet für sich genommen keine Zuständigkeit nach § 2 Abs. 1 FamFG (bislang § 4 FGG) für die Erteilung weiterer Teilerbscheine.

Das OLG Düsseldorf[10] führt dazu aus:

*„... Die Erteilung früherer Teilerbscheine durch das Amtsgericht E begründet nicht dessen vorgreifliche örtliche Zuständigkeit nach § 4 FGG auch für den vorliegenden Antrag. Unter Sache im Sinne des § 4 FGG ist diejenige Angelegenheit zu verstehen, die Gegenstand eines selbstständigen und einheitlichen Verfahrens sein kann (Keidel/ Kuntze/Winkler, FGG, 12. Auflage, § 4 Rn 10). Für den Antrag auf Erteilung eines Teilerbscheins treffen diese Voraussetzungen jedoch zu, so dass jeder Antrag als eine selbstständige Sache zu behandeln ist (vgl. BayObLG in FamRZ 1991, 992; Jansen, FGG, 2. Auflage, § 4 Rn 4). Zwar ist richtig, dass die Regelung des § 4 FGG widersprechende Entscheidungen verhindern soll. Die Gefahr widersprechender Entscheidungen besteht jedoch praktisch nicht. Hat ein Nachlassgericht einen Teilerbschein erteilt, so kann ein*

---

5   Vgl. dazu auch MüKo-*J. Mayer*, § 2353 BGB Rn 50.
6   BayObLGZ 93, 89.
7   BayObLG Rpfleger 1981, 112.
8   *Pikart/Henn*, S. 34; *Bassenge/Roth*, § 2 FamFG Rn 6.
9   Diese Rechtsprechung wird bestätigt in BayObLGR 1999, 35 (Beschl. v. 24.3.1999).
10  OLG Düsseldorf, Beschl. v. 15.5.1992 – 3 Sa 16/91.

*weiterer Teilerbschein, der dem zuerst erteilten Teilerbschein ganz oder teilweise widersprechen würde, jedenfalls dann nicht vor Beseitigung des ersten Teilerbscheins von einem anderen Nachlassgericht erteilt werden, wenn nicht beide Nachlassgerichte ein und derselben höheren Instanz zugeordnet sind (vgl. im Einzelnen KG in KGJ Band 44 (1913), 104 ff.). Dass für eine vorübergehende Zeit sich widersprechende Erbscheine existieren, kann auch bei Zuständigkeit desselben Nachlassgerichts geschehen ..."*

Ein eventueller Zuständigkeitsstreit ist durch das gemeinschaftliche obere Gericht zu entscheiden, § 5 FamFG (bislang § 5 FGG).

### b) Aufenthalt

#### aa) Rechtliche Grundlagen

Hatte der Erblasser keinen inländischen Wohnsitz, so ist das Gericht örtlich zuständig, in dessen Bezirk der Erblasser seinen Aufenthalt hatte, **§ 343 Abs. 1 FamFG**. Abzustellen ist dabei auf den Ort, an dem sich der Erblasser zum Todeszeitpunkt tatsächlich – auch vorübergehend – befand.[11] Unter Aufenthalt im Sinne des § 343 FamFG ist nicht nur der einem Wohnsitz ähnliche ständige oder gewöhnliche Aufenthalt zu verstehen; vielmehr genügt jegliche tatsächliche Anwesenheit an einem Ort, gleichgültig, ob vorübergehend oder von längerer Dauer.[12]

#### bb) Muster: Antrag zur Bestimmung des örtlich zuständigen Gerichts nach § 5 FamFG (bislang § 5 FGG).

An das
Landgericht Traunstein
Herzog-Otto-Str.1
83278 Traunstein

*Antrag zur Bestimmung des örtlich zuständigen Gerichts nach § 5 FamFG*

*In dem Nachlassverfahren*

Namens und in Vollmacht des Beteiligten A beantrage ich, das Amtsgericht Traunstein als zuständiges Nachlassgericht gem. §§ 5, 343 FamFG zu bestimmen.

*Begründung:*

Am          verstarb in Traunstein          . Der Erblasser hatte zum Zeitpunkt seines Todes sowohl in Traunstein, als auch in Rosenheim einen Wohnsitz. Mit Schreiben vom          beantragte der Beteiligte A beim Amtsgericht Traunstein einen Erbschein, wonach er aufgrund gesetzlicher Erbfolge Alleinerbe des Erblassers geworden sei. Dieser Antrag ging beim Amtsgericht Traunstein am          ein.

Die Beteiligte B beantragte zu Protokoll der Geschäftsstelle des Amtsgerichts Rosenheim am          einen Erbschein, der sie als Alleinerbin aufgrund letztwilliger Verfügung ausweisen sollte.

Sowohl das Amtsgericht Traunstein als auch das Amtsgericht Rosenheim gehen davon aus, dass sie örtlich zuständig sind. Bereits mit Anordnung vom          bestimmte der Rechtspfleger des Nachlassgerichts Traunstein Termin zur Erbenermittlung auf          .

---

11  *Bumiller/Harders*, § 343 FamFG Rn 6.
12  BayObLG FamRZ 2003, 937.

Gemäß § 2 Abs. 1 FamFG ist hier das Amtsgericht Traunstein zur Entscheidung berufen, da es in der Sache zuerst tätig geworden ist.

(Rechtsanwalt)

### 4. Zuständigkeitsverstöße

19  Die Zuständigkeit[13] wird jeweils von Amts wegen geprüft. Erkennt ein Gericht, dass es sachlich oder örtlich nicht zuständig ist, stellt sich die Frage, ob – wie im Zivilprozess – eine Verweisung nach § 281 ZPO auf Antrag oder eine Abgabe von Amts wegen zu erfolgen hat.

#### a) Amtsverfahren

20  In Amtsverfahren, z.B. bei der Einziehung eines Erbscheins nach § 2361 BGB, war bislang umstritten, ob das Verfahren an das zuständige Organ abzugeben ist[14] oder eine Einstellung des Verfahrens[15] erfolgen darf. Die zwingende Abgabe erschien vor dem Hintergrund des § 17a Abs. 2 GVG vorzugswürdig.[16]

21  Nunmehr gilt § 3 FamFG. Das Gericht kann sich durch Beschluss für unzuständig erklären und die Sache an das zuständige Gericht verweisen. Es besteht kein Antragszwang.

#### b) Antragsverfahren

##### aa) Rechtliche Grundlagen

22  Bei Antragsverfahren, z.B. auf Erteilung eines Erbscheins, hatte das Gericht bei **örtlicher** oder **sachlicher** Unzuständigkeit nach h.M. eine bindende Verweisung nach § 281 ZPO bzw. § 17a Abs. 2 GVG vorzunehmen. Künftig gilt auch hier § 3 FamFG. Es besteht kein Antragszwang.

##### bb) Muster: Antrag auf Verweisung an das örtlich zuständige Gericht

143  An das

23  Amtsgericht Traunstein
Herzog-Otto-Str. 1
83278 Traunstein

*Antrag auf Verweisung an das örtlich zuständige Gericht*

*In dem Nachlassverfahren*

Namens und in Vollmacht des Beteiligten A beantrage ich, die Sache an das Amtsgericht Rosenheim als zuständiges Nachlassgericht zu verweisen.

*Begründung:*

Der Beteiligte A beantragte am              beim Amtsgericht Traunstein einen Erbschein, der ihn als Alleinerben des am              verstorbenen E ausweisen sollte. Eine Nachfrage beim zuständigen Einwohnermelde-

---

13 Vgl. zum Ganzen *Kroiß*, S. 76 ff.
14 Keidel/*Schmidt*, § 1 FGG Rn 20.
15 *Zimmermann*, S. 6.
16 Vgl. *Kroiß*, Zuständigkeitsprobleme in der Freiwilligen Gerichtsbarkeit, S. 123; so auch *Bumiller/Winkler*, vor §§ 3–5 FGG Rn 5 ff.

amt ergab, dass der E seinen letzten Wohnsitz in Rosenheim hatte. Ich beantrage daher, das Verfahren an das nach § 343 FamFG zuständige Amtsgericht Rosenheim zu verweisen.

(Rechtsanwalt)

#### c) Verhältnis FamFG-Verfahren zum streitigen Verfahren

Ergibt sich in einem Zivilprozess, dass das Gericht im Verfahren der freiwilligen Gerichtsbarkeit zu entscheiden hat, erfolgt eine Abgabe analog § 17a Abs. 2 GVG. Entsprechendes gilt auch zwischen FG-Gerichten verschiedener Art, wenn z.B. in einem Betreuungsverfahren ein Erbschein beantragt wird.

### 5. Ausschluss von Richtern und Rechtspflegern

#### a) Ausschluss kraft Gesetzes

§ 6 Abs. 1 FGG enthielt eine Aufzählung der Fälle, in denen ein Richter kraft Gesetzes von der Ausübung seines Amtes ausgeschlossen war:
- eigene Beteiligung des Richters (z.B. Erbe oder Pflichtteilsberechtigter) oder
- in Sachen seines Ehegatten oder
- Verwandten oder
- in Sachen, in denen er als Vertreter eines Beteiligten bestellt wurde (z.B. Betreuer).

Darüber hinaus galten auch in den Verfahren der freiwilligen Gerichtsbarkeit nach h.M.[17] die Ausschlussgründe des § 41 Nr. 5, 6 ZPO. Der Richter ist demgemäß auch in Sachen ausgeschlossen, wo er als Zeuge oder Sachverständiger vernommen wurde, oder er in einem früheren Rechtszuge oder im schiedsrichterlichen Verfahren bei dem Erlass der angefochtenen Entscheidung mitgewirkt hat.

§ 6 Abs. 1 FamFG verweist nun direkt auf die §§ 41–49 ZPO. Für die Ausschließung und Ablehnung der Gerichtspersonen sind demnach die Regelungen der ZPO maßgeblich.

#### b) Ablehnung eines Richters/Rechtspflegers

##### aa) Rechtliche Grundlagen

Nach der früheren Regelung des § 6 Abs. 2 S. 2 FGG war ein Befangenheitsantrag nicht möglich.

§ 6 Abs. 1 FamFG verweist nunmehr direkt auf die §§ 41–49 ZPO. Danach kann ein Richter sowohl in den Fällen in denen er von der Ausübung des Richteramtes kraft Gesetzes ausgeschlossen ist, als auch wegen **Besorgnis der Befangenheit** abgelehnt werden. Besorgnis der Befangenheit ist gegeben, wenn ein Grund vorliegt, der geeignet ist, Misstrauen gegen die Unparteilichkeit eines Richters zu rechtfertigen, § 42 Abs. 2 ZPO. Zur umfangreichen Kasuistik diesbezüglich wird auf die Standardkommentare zur ZPO verwiesen.[18]

Das Ablehnungsgesuch ist bei dem Gericht, dem der Richter angehört, anzubringen, § 44 Abs. 1 ZPO. Der Ablehnungsgrund ist glaubhaft zu machen, § 44 Abs. 2 ZPO.

---

17 BGH NJW 1968, 157; Zöller/*Vollkommer*, vor § 41 ZPO Rn 3; *Brehm*, 3. Aufl., Rn 161; *Habscheid*, S. 82 f.
18 Vgl. *Thomas/Putzo*, § 42 ZPO Rn 9 ff.; Zöller/*Vollkommer*, § 42 ZPO Rn 8 ff.

### bb) Muster: Antrag auf Ablehnung eines kraft Gesetzes ausgeschlossenen Rechtspflegers

An das

Amtsgericht
– Nachlassgericht – (Baden-Württemberg: Staatl. Notariat)

*Antrag auf Ablehnung eines kraft Gesetzes ausgeschlossenen Rechtspflegers*

In dem Nachlassverfahren ▓▓▓ wird der sachbearbeitende Rechtspfleger ▓▓▓ wegen Ausschlusses von der Ausübung des Rechtspflegeramtes abgelehnt.

*Begründung:*

Dem Beteiligten A wurde bekannt, dass der Beteiligte ▓▓▓, der ebenfalls einen Erbscheinsantrag gestellt hat, ein Neffe des Rechtspflegers ▓▓▓ ist.

*Glaubhaftmachung:* Eidesstattliche Versicherung des Zeugen ▓▓▓ vom

Der Rechtspfleger ▓▓▓ ist damit von der Ausübung seines Amtes gem. § 6 Abs. 1 FamFG, § 41 Nr. 3 ZPO ausgeschlossen.

(Rechtsanwalt)

### cc) Muster: Antrag auf Ablehnung eines Richters wegen Besorgnis der Befangenheit

An das

Amtsgericht
– Nachlassgericht – (Baden-Württemberg: Staatl. Notariat)

Az.

*Antrag auf Ablehnung eines Richters wegen Besorgnis der Befangenheit*

In dem Nachlassverfahren ▓▓▓ wird der Nachlassrichter ▓▓▓ wegen Besorgnis der Befangenheit abgelehnt.

*Begründung:*

Der Nachlassrichter erklärte in der mündlichen Verhandlung am ▓▓▓, der Beteiligte ▓▓▓ habe „keine Chance, einen Erbschein zu erhalten". Unabhängig vom Ausgang des noch zu erstattenden psychiatrischen Gutachtens stehe für ihn die Testierfähigkeit des Erblassers fest.

*Glaubhaftmachung:* Eidesstattliche Versicherung des Zeugen ▓▓▓ vom ▓▓▓; dienstliche Äußerung des Richters am Amtsgericht ▓▓▓

(Rechtsanwalt)

### c) Ablehnung eines Dolmetschers

#### aa) Rechtliche Grundlagen

Vorstehende Ausführungen gelten auch für die Ausschließung des Rechtspflegers, **§ 10 RPflG** und eines Dolmetschers, **§ 6 Abs. 1 FamFG i.V.m. §§ 41 ff. ZPO**. Bei Streit über die Ausschließung oder Ablehnung eines Dolmetschers entscheidet das Gericht endgültig, § 191 S. 2 GVG.[19]

---

19 Vgl. Keidel/*Zimmermann*, § 9 FGG Rn 15b.

bb) Muster: Antrag auf Ausschluss eines Dolmetschers

An das

Amtsgericht
– Nachlassgericht – (Baden-Württemberg: Staatl. Notariat)

Az.

*Antrag auf Ausschluss eines Dolmetschers*

In dem Nachlassverfahren ▬▬ wird beantragt, den Dolmetscher ▬▬ von der Ausübung seines Amtes auszuschließen.

*Begründung:*

Der Dolmetscher ▬▬ ist ein halbbürtiger Bruder des Beteiligten ▬▬.

*Glaubhaftmachung:* Eidesstattliche Versicherung des Zeugen ▬▬ vom ▬▬

Insoweit ist er kraft Gesetzes gemäß § 6 Abs. 1 FamFG, § 41 Nr. 3 ZPO, § 191 GVG von der Ausübung seines Amtes ausgeschlossen.

(Rechtsanwalt)

## II. Beteiligte

### 1. Beteiligtenbegriff

Von zentraler Bedeutung für das Verfahren ist der **Beteiligtenbegriff**. Anders als im Zivilprozess stehen sich nicht zwei oder mehrere Parteien gegenüber; im FG-Verfahren können eine Vielzahl von Personen beteiligt sein, deren Interessen nicht notwendig unterschiedlich sein müssen. Derjenige, der Beteiligter ist, genießt verfahrensrechtliche Privilegien. So hat er Anspruch auf **rechtliches Gehör, Art. 103 Abs. 1 GG,** und die Entscheidung muss ihm bekannt gemacht werden, **§ 15 FamFG** (bislang § 16 FGG). Auch ist der Beteiligtenbegriff für die Frage der Beschwerdebefugnis von Bedeutung, **§ 59 Abs. 1 FamFG** (bislang § 20 FGG). Andererseits bringt die Beteiligtenstellung auch Pflichten und Nachteile. So kann ein Beteiligter nicht Zeuge sein, **§ 30 FamFG, §§ 373 ff. ZPO** (bislang § 15 FGG), und es können ihm Kosten auferlegt werden, **§ 81 FamFG** (bislang § 13a FGG). Bei der Bestimmung des Beteiligtenbegriffs ist wie folgt zu differenzieren:

#### a) Beteiligter im materiellen Sinne

Beteiligter im materiellen Sinne[20] ist jeder, dessen **Rechte** durch das Verfahren **unmittelbar berührt** werden können, ohne Rücksicht darauf, ob er am Verfahren teilgenommen hat.[21]

> **Beispiel**
> Im Erbscheinsverfahren sind die im Testament bedachten Personen und die gesetzlichen Erben materiell Beteiligte.

#### b) Beteiligter im formellen Sinne

Beteiligter im formellen Sinne[22] ist jeder, der zur Wahrnehmung seiner Interessen am **Verfahren teilnimmt** oder Anträge stellt.

---

20 Vgl. *Bassenge/Herbst/Roth*, FGG, Einl. Rn 22.
21 BayObLG NJW-RR 1988, 931.
22 *Bassenge/Herbst/Roth*, FGG, Einl. Rn 23.

## c) Bedeutung des Beteiligtenbegriffs

37
- Beteiligtenfähigkeit § 50 ZPO = Rechtsfähigkeit
- Anspruch auf rechtliches Gehör, Art. 103 Abs. 1 GG
- Beschwerdeberechtigung, § 59 FamFG (bislang § 20 FGG)
- Zeugenbeweis, § 30 FamFG, §§ 373 ff. ZPO (bislang § 15 FGG i.V.m. §§ 373 ff. ZPO)

## d) Bevollmächtigung

38 Den Beteiligten ist es möglich, sich im FamFG-Verfahren durch Bevollmächtigte vertreten zu lassen, **§ 11 FamFG** (bislang § 13 FGG).

## e) Definition des Beteiligten-Begriffs im FamFG

39 Das FamFG definiert „Beteiligte" wie folgt:[23]

> *§ 7 FamFG*
> *Beteiligte*
> *(1) In Antragsverfahren ist der Antragsteller Beteiligter.*
> *(2) Als Beteiligte sind hinzuziehen:*
> *1. diejenigen, deren Recht durch das Verfahren unmittelbar betroffen wird,*
> *2. diejenigen, die auf Grund dieses oder eines anderen Gesetzes von Amts wegen oder auf Antrag zu beteiligen sind.*
> *(3) Das Gericht kann von Amts wegen oder auf Antrag weitere Personen als Beteiligte hinzuziehen, soweit dies in diesem oder einem anderen Gesetz vorgesehen ist.*
> *(4) Diejenigen, die auf ihren Antrag als Beteiligte zu dem Verfahren hinzuzuziehen sind oder hinzugezogen werden können, sind von der Einleitung des Verfahrens zu benachrichtigen, soweit sie dem Gericht bekannt sind. Sie sind über ihr Antragsrecht zu belehren.*
> *(5) Das Gericht entscheidet durch Beschluss, wenn es einem Antrag auf Hinzuziehung gemäß Absatz 2 oder Absatz 3 nicht entspricht. Der Beschluss ist mit der sofortigen Beschwerde in entsprechender Anwendung der §§ 567 bis 572 der Zivilprozessordnung anfechtbar.*
> *(6) Wer anzuhören ist oder eine Auskunft zu erteilen hat, ohne dass die Voraussetzungen des Absatzes 2 oder Absatzes 3 vorliegen, wird dadurch nicht Beteiligter.*

Das FamFG enthält nun erstmals eine **gesetzliche Definition** des Beteiligtenbegriffs.[24] Das bisherige Recht nahm zwar verschiedentlich auf den Begriff des Beteiligten Bezug (z.B. in §§ 6 Abs. 1, 13, 13a Abs. 1, 15 Abs. 2, 41, 53b Abs. 2, 86 Abs. 1, 150, 153 Abs. 1, 155 Abs. 3 FGG); es fehlte jedoch an einer allgemeinen Definition, wer im Verfahren der freiwilligen Gerichtsbarkeit zu beteiligen ist.[25]

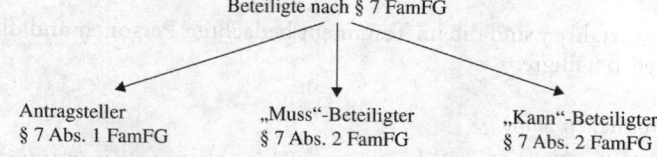

In Antragsverfahren ist der **Antragsteller** Beteiligter, § 7 Abs. 1 FamFG.

---

23 Vgl. hierzu *Kroiß/Seiler*, Das neue FamFG, § 2 Rn 10 ff.
24 *Brehm*, FPR 2006, 402.
25 BT-Drucks 16/6308 S. 178.

Nach § 7 Abs. 2 FamFG **sind** als Beteiligte hinzuzuziehen
- diejenigen, deren Recht durch das Verfahren unmittelbar betroffen wird (bislang bezeichnet als materiell Beteiligte),
- diejenigen, die aufgrund dieses oder eines anderen Gesetzes von Amts wegen oder auf Antrag zu beteiligen sind.

Das Gericht **kann** von Amts wegen oder auf Antrag **weitere Personen** als Beteiligte hinzuziehen, soweit dies in diesem oder einem anderen Gesetz vorgesehen ist, § 7 Abs. 3 FamFG.

Das Gericht entscheidet durch Beschluss, wenn es einem Antrag auf Hinzuziehung nicht entspricht. Der Beschluss ist mit der **sofortigen Beschwerde** in entsprechender Anwendung der §§ 567 bis 572 ZPO anfechtbar.

Diejenigen, die nach § 7 Abs. 3 FamFG als Beteiligte zu dem Verfahren hinzugezogen werden können, sind von der Einleitung des Verfahrens zu benachrichtigen, soweit sie dem Gericht bekannt sind. Sie sind über ihr Antragsrecht zu belehren, § 7 Abs. 4 FamFG.

§ 7 Abs. 5 FamFG stellt klar, dass derjenige, der anzuhören ist oder eine Auskunft zu erteilen hat, ohne dass die Voraussetzungen des Absatzes 2 oder 3 vorliegen, dadurch nicht Beteiligter wird.

Eine Spezialvorschrift für Nachlasssachen findet sich in § 345 FamFG:[26]

40

*§ 345 FamFG*
***Beteiligte***
*(1) Im Verfahren auf Erteilung eines Erbscheins ist Beteiligter der Antragsteller.*
*Ferner können als Beteiligte hinzugezogen werden:*
*1. die gesetzlichen Erben,*
*2. diejenigen, die nach dem Inhalt einer vorliegenden Verfügung von Todes wegen als Erben in Betracht kommen,*
*3. die Gegner des Antragstellers, wenn ein Rechtsstreit über das Erbrecht anhängig ist,*
*4. diejenigen, die im Falle der Unwirksamkeit der Verfügung von Todes wegen Erbe sein würden, sowie*
*5. alle Übrigen, deren Recht am Nachlass durch das Verfahren unmittelbar betroffen wird.*
*Auf ihren Antrag sind sie hinzuzuziehen.*
*(2) Absatz 1 gilt entsprechend für die Erteilung eines Zeugnisses nach § 1507 des Bürgerlichen Gesetzbuchs oder nach den §§ 36 und 37 der Grundbuchordnung sowie den §§ 42 und 74 der Schiffsregisterordnung.*
*(3) Im Verfahren zur Ernennung eines Testamentsvollstreckers und zur Erteilung eines Testamentsvollstreckerzeugnisses ist Beteiligter der Testamentsvollstrecker. Das Gericht kann als Beteiligte hinzuziehen:*
*1. die Erben,*
*2. den Mitvollstrecker.*
*Auf ihren Antrag sind sie hinzuzuziehen.*
*(4) In den sonstigen auf Antrag durchzuführenden Nachlassverfahren sind als Beteiligte hinzuzuziehen in Verfahren betreffend*
*1. eine Nachlasspflegschaft oder eine Nachlassverwaltung der Nachlasspfleger oder Nachlassverwalter;*
*2. die Entlassung eines Testamentsvollstreckers der Testamentsvollstrecker;*
*3. die Bestimmung erbrechtlicher Fristen derjenige, dem die Frist bestimmt wird;*

---

26 *Kroiß/Seiler*, Das neue FamFG, § 6 Rn 37 ff.

4. die Bestimmung oder Verlängerung einer Inventarfrist der Erbe, dem die Frist bestimmt wird, sowie im Fall des § 2008 des Bürgerlichen Gesetzbuchs dessen Ehegatte oder Lebenspartner,

5. die Abnahme einer eidesstattlichen Versicherung, derjenige, der die eidesstattliche Versicherung abzugeben hat, sowie im Fall des § 2008 des Bürgerlichen Gesetzbuchs dessen Ehegatte oder Lebenspartner.

Das Gericht kann alle Übrigen, deren Recht durch das Verfahren unmittelbar betroffen wird, als Beteiligte hinzuziehen. Auf ihren Antrag sind sie hinzuzuziehen.

Die in § 345 Abs. 1 S. 2 FamFG genannten Beteiligten (die gesetzlichen Erben, derjenige, der nach dem Inhalt einer ggf. vorhandenen Verfügung von Todes wegen als Erbe in Betracht kommt, die Gegner des Antragstellers, wenn ein Rechtsstreit über das Erbrecht anhängig ist, derjenige, der im Falle der Unwirksamkeit der Verfügung von Todes wegen Erbe sein würde, sowie alle weiteren Personen, deren Recht durch den Ausgang des Verfahrens unmittelbar betroffen werden kann), sind nach § 345 Abs. 1 S. 3 FamFG auf ihren Antrag als Beteiligte hinzuzuziehen. § 345 Abs. 1 S. 2 FamFG ermöglicht es dem Gericht ferner in Anlehnung an § 7 Abs. 3 FamFG, die darin genannten Personen am Verfahren **nach seinem Ermessen** zu beteiligen. § 7 Abs. 3 FamFG erweitert den Beteiligtenbegriff auf Personen, die durch den Ausgang des Verfahrens unmittelbar betroffen werden können.

### 2. Anspruch auf rechtliches Gehör

#### a) Grundsätzliches

41 Sowohl der formell als auch der materiell Beteiligte genießen im FamFG-Verfahren den Anspruch auf rechtliches Gehör. Dieser ergibt sich aus **Art. 103 Abs. 1 GG**, der unmittelbar geltendes Recht für alle Verfahrensarten darstellt.[27] Eine ähnliche Regelung fand sich bislang im Erbscheinsverfahren, wo nach **§ 2360 Abs. 1 BGB** der Gegner des Antragstellers angehört werden soll, wenn ein Rechtsstreit über das Erbrecht anhängig ist. **§ 2360 Abs. 3 BGB**, der eine Anhörung für nicht erforderlich erachtet, „wenn sie untunlich" ist, musste im Sinne einer tatsächlichen Unmöglichkeit der Gewährung des rechtlichen Gehörs verfassungskonform ausgelegt werden.[28] § 2360 BGB wurde im Zusammenhang mit der FGG-Reform zum 1.9.2009 gestrichen, da sich nun die Beteiligungsrechte im FamFG finden.

42 #### b) Umfang des Anspruchs auf rechtliches Gehör

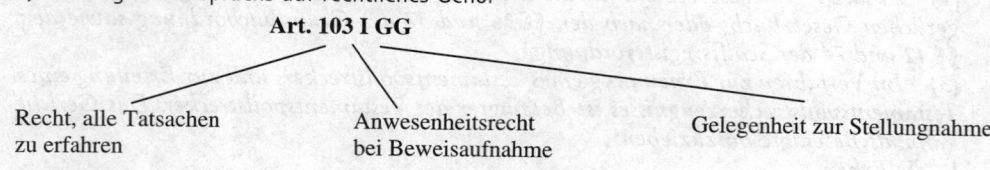

Art. 103 I GG

Recht, alle Tatsachen zu erfahren | Anwesenheitsrecht bei Beweisaufnahme | Gelegenheit zur Stellungnahme

#### aa) Recht auf Kenntniserhalt

43 Das Recht auf Kenntnisnahme erstreckt sich auf das gesamte Tatsachenmaterial, das das Gericht seiner Entscheidung zugrunde legen will.[29] Dazu gehören vor allem das Vorbringen anderer Beteiligter, das Ergebnis der Anhörung anderer Beteiligter, Zeugenaussagen, Sach-

---

27 BVerfGE 10, 177,183; vgl. auch Keidel/*Schmidt*, § 12 FGG Rn 138 ff.
Bumiller/Winkler, § 12 FGG Rn 55; Bumiller/Harders, § 28 FamFG Rn 2.
28 Palandt/*Edenhofer*, § 2360 BGB Rn 6.
29 BVerfGE 55, 98.

verständigengutachten, insbesondere ärztliche Atteste, und auch beigezogene Akten. Gewährt wird dieses Recht durch Akteneinsicht und die Übersendung von Abschriften.

§ 34 Abs. 1 FGG (**nunmehr § 13 FamFG**) bestimmte, dass die Einsicht der Gerichtsakten jedem gestattet werden „kann", der ein „berechtigtes Interesse glaubhaft macht".[30] Vor dem Hintergrund des Art. 103 Abs. 1 GG stand den formell und materiell Beteiligten sogar ein Anspruch auf Akteneinsicht zu.[31] Für Nachlasssachen enthielt auch noch § 78 FGG für bestimmte Aktenstücke ein **Informationsrecht,** wenn ein berechtigtes Interesse glaubhaft gemacht wurde. Jedoch war für die Entscheidung über die Gewährung der Akteneinsicht in Nachlassakten neben der Sondervorschrift des § 78 FGG auch die allgemeine Bestimmung des § 34 FGG heranzuziehen.[32] Das Informationsrecht bezog sich auch auf beigezogene Akten eines anderen Verfahrens.[33]

Nach neuer Rechtslage ist das Akteneinsichtsrecht in § 13 FamFG geregelt: 44

*§ 13 FamFG*
*Akteneinsicht*
*(1) Die Beteiligten können die Gerichtsakten auf der Geschäftsstelle einsehen, soweit nicht schwerwiegende Interessen eines Beteiligten oder eines Dritten entgegenstehen.*
*(2) Personen, die an dem Verfahren nicht beteiligt sind, kann Einsicht nur gestattet werden, soweit sie ein berechtigtes Interesse glaubhaft machen und schutzwürdige Interessen eines Beteiligten oder eines Dritten nicht entgegenstehen. Die Einsicht ist zu versagen, wenn ein Fall des § 1758 des Bürgerlichen Gesetzbuchs vorliegt.*
*(3) Soweit Akteneinsicht gewährt wird, können die Berechtigten sich auf ihre Kosten durch die Geschäftsstelle Ausfertigungen, Auszüge und Abschriften erteilen lassen. Die Abschrift ist auf Verlangen zu beglaubigen.*
*(4) Einem Rechtsanwalt, einem Notar oder einer beteiligten Behörde kann das Gericht die Akten in die Amts- oder Geschäftsräume überlassen. Ein Recht auf Überlassung von Beweisstücken in die Amts- oder Geschäftsräume besteht nicht. Die Entscheidung nach Satz 1 ist nicht anfechtbar.*
*(5) Werden die Gerichtsakten elektronisch geführt, gilt § 299 Abs. 3 der Zivilprozessordnung entsprechend. Der elektronische Zugriff nach § 299 Abs. 3 Satz 2 und 3 der Zivilprozessordnung kann auch dem Notar oder der beteiligten Behörde gestattet werden.*
*(6) Die Entwürfe zu Beschlüssen und Verfügungen, die zu ihrer Vorbereitung gelieferten Arbeiten sowie die Dokumente, die Abstimmungen betreffen, werden weder vorgelegt noch abschriftlich mitgeteilt.*
*(7) Über die Akteneinsicht entscheidet das Gericht, bei Kollegialgerichten der Vorsitzende.*

**Gebühren** fallen für die Akteneinsicht nicht an. Bei Abschriften und deren Beglaubigungen sind die §§ 136 Abs. 1, 132 KostO zu beachten. 45

Als **Rechtsmittel** gegen die Verweigerung der Akteneinsicht ist die **befristete Beschwerde** statthaft, §§ 58 ff. FamFG.[34] 46

---

30 *Bassenge/Herbst/Roth,* § 34 FGG Rn 10: Glaubhaftmachung des gesetzlichen Erbrechts; zum neuen Recht vgl. Bassenge/Roth/*Gottwald,* § 13 FamFG Rn 5.
31 Keidel/*Sternal,* § 13 FamFG Rn 1.
32 BayObLG FGPrax 1997, 32.
33 BayObLG NJW-RR 1999, 86.
34 BayObLGZ 95, 1; *Bumiller/Harders,* § 13 FamFG Rn 17; a.A. hinsichtlich der Beteiligten Keidel/ *Sternal,* § 13 FamFG Rn 68: „Überprüfung nur im Rahmen der Anfechtung der Endentscheidung".

### bb) Muster: Antrag auf Akteneinsicht

An das

Amtsgericht
– Nachlassgericht – (Baden-Württemberg: Staatl. Notariat)

Nachlasssache

Az.

Erbscheinsantrag des

Namens und im Auftrag meiner Mandantin beantrage ich, mir Akteneinsicht in die Nachlassakten zu gewähren und sie mir für die Dauer von drei Tagen zu übersenden.

(Rechtsanwalt)

### cc) Muster: Befristete Beschwerde gegen die Verweigerung der Akteneinsicht

An das

Amtsgericht
– Nachlassgericht – (Baden-Württemberg: Staatl. Notariat)

Nachlasssache

Az.

In der Nachlasssache , verstorben am , lege ich hiermit namens und im Auftrag meines Mandanten gegen die Verfügung des Amtsgerichts vom , wonach meinem Mandanten keine Akteneinsicht gewährt wird,

Beschwerde

ein.

Begründung:

Als Sohn des Erblassers und möglicher gesetzlicher Erbe ist mein Mandant materiell am Erbscheinsverfahren beteiligt. Die Stellung eines Erbscheinsantrages ist für das Recht auf Akteneinsicht nicht Voraussetzung. Vielmehr steht auch materiell Beteiligten dieses Recht zu (vgl. *Bumiller/Harders*, § 13 FamFG Rn 5). Die Verfügung vom ist daher zu Unrecht ergangen. Ich beantrage sie aufzuheben und Akteneinsicht zu gewähren.

(Rechtsanwalt)

### dd) Grundsatz der Beteiligtenöffentlichkeit

Als weiteres Mittel zur Sicherung des Anspruchs auf rechtliches Gehör haben die Beteiligten im FamFG-Verfahren ein Recht auf Teilnahme an der Beweisaufnahme, sofern diese im **Strengbeweisverfahren** durchgeführt wird. Der Grundsatz der Beteiligtenöffentlichkeit[35] umfasst neben dem Anwesenheits- auch ein Fragerecht bei der Beweisaufnahme. Ist ein Beteiligter an der Teilnahme bei der Beweisaufnahme verhindert, so kann er die Übersendung einer Protokollabschrift verlangen und um eine angemessene Frist zur Stellungnahme ersuchen.

---

35 Vgl. dazu *Bassenge/Herbst/Roth*, § 15 FGG Rn 4.

Das Gericht ist in derartigen Fällen gehalten, dem Beteiligten eine angemessene Frist zur Stellungnahme zu gewähren.[36]

Für den Fall einer Rechtsmittelbegründungsschrift wurde dies ausdrücklich ausgesprochen: OLG Oldenburg NJW-RR 1991, 23:

> „... Aus Art. 103 Abs. 1 GG ist im Falle einer angekündigten Rechtsmittelbegründung nur herzuleiten, dass das Rechtsmittelgericht bis zur Entscheidung einen **angemessenen Zeitraum** abzuwarten hat. Der Rechtsmittelführer hat grundsätzlich keinen Anspruch auf eine gerichtlich gesetzte Äußerungsfrist ..."

Das Recht kann der Beteiligte selbst ausüben, soweit er verfahrensfähig ist. Ansonsten ist der gesetzliche Vertreter, eventuell ein Ergänzungspfleger, § 1909 Abs. 1 BGB, oder der bevollmächtigte Anwalt befugt.

ee) Muster: Ersuchen um Übersendung einer Protokollabschrift

An das

Amtsgericht
– Nachlassgericht – (Baden-Württemberg: Staatl. Notariat)

*Nachlasssache*

*Az.*

*Erbscheinsantrag des*

Nachdem es weder meiner Mandantin noch mir möglich war, bei dem Termin der Vernehmung des sachverständigen Zeugen           teilzunehmen, ersuche ich um Übersendung einer Abschrift des Sitzungsprotokolls und beantrage zugleich, mir eine Frist zur Stellungnahme bis           einzuräumen, § 30 Abs. 4 FamFG.

(Rechtsanwalt)

ff) Berücksichtigungspflicht

Mit dem Anspruch auf rechtliches Gehör korrespondiert die Pflicht des Gerichts, das Vorbringen des Beteiligten auch zu berücksichtigen.[37] Verstöße können im Rechtsmittelverfahren als Verfahrensfehler gerügt werden. Dabei ist aber zu beachten, dass bei der Beschwerde das Landgericht bzw. nunmehr das Oberlandesgericht als Tatsacheninstanz den Fehler durch Nachholung heilen kann. Hingegen ist und war dies beim BGH im Falle einer Divergenzvorlage oder einer Rechtsbeschwerde nach neuem Recht nicht möglich.[38]

### III. Verfahrensrechtliche Besonderheiten

**1. Beginn des Verfahrens**

a) Amtsverfahren

Ein Großteil der FG-Verfahren wird **von Amts wegen** eingeleitet. Ein eventueller Antrag ist dabei lediglich als Anregung zu werten.

---

36 *Bumiller/Harders*, § 30 FamFG Rn 4; Keidel/*Sternal*, § 29 FamFG Rn 23.
37 BVerfGE 11, 218.
38 Zum bisherigen Recht *Schmidt*, in: Keidel/Kuntze/Winkler, § 12 FGG Rn 164.

54 **Beispiel**
Erbscheinseinziehung, § 2361 BGB

b) Muster: „Antrag" (Anregung) auf Einziehung eines Erbscheins

An das

55 Amtsgericht
– Nachlassgericht – (Baden-Württemberg: Staatl. Notariat)

*Nachlasssache*

*Az.*

In der Nachlasssache ▬▬▬, verstorben am ▬▬▬, Az. ▬▬▬, *beantrage* ich namens und im Auftrag meiner Mandantin ▬▬▬, den vom Amtsgericht ▬▬▬ am ▬▬▬ erteilten Erbschein einzuziehen.

*Begründung:*

Der in dieser Sache erteilte Erbschein, der die Ehefrau des Erblassers als Alleinerbin ausweist, ist unrichtig. Meine Mandantin, die Tochter des Erblassers, ist kraft gesetzlicher Erbfolge Miterbin zur Hälfte geworden. Das Testament vom ▬▬▬, worin der Erblasser zugunsten seiner Ehefrau verfügt hat, ist unwirksam. Der Erblasser war zum Zeitpunkt der Errichtung dieser letztwilligen Verfügung aufgrund einer fortgeschrittenen krankhaften Störung der Geistestätigkeit testierunfähig.

*Beweis:* 1. Dr. med. ▬▬▬ als sachverständiger Zeuge
2. Sachverständigengutachten

Der Erblasser befand sich zum Zeitpunkt der Errichtung der letztwilligen Verfügung im Krankenhaus in stationärer Behandlung. ▬▬▬ *(es folgen Ausführungen zum Krankheitsbild).*

Nach alledem war der Erblasser testierunfähig, § 2229 Abs. 4 BGB. Der auf die letztwillige Verfügung gestützte Erbschein ist unrichtig und daher einzuziehen.

(Rechtsanwalt)

c) Antragsverfahren

56 Bei bestimmten Angelegenheiten ist allerdings ein Antrag Verfahrensvoraussetzung. Der Antrag ist an **keine** bestimmte Form gebunden. Er kann insbesondere auch zu Protokoll der Geschäftsstelle des Nachlassgerichts erklärt werden, **§ 23 FamFG** (entspricht dem bisherigen § 11 FGG).

57 **Beispiel**
Erbscheinserteilung, § 2353 BGB

d) Muster: Erbscheinsantrag

An das

58 Amtsgericht
– Nachlassgericht – (Baden-Württemberg: Staatl. Notariat)

▬▬▬

*Erbscheinsantrag*

Namens und im Auftrag meiner Mandantin, der Ehefrau des Erblassers, beantrage ich, folgenden

*Erbschein*

zu erteilen:

Es wird bezeugt, dass der am ▓▓▓ in ▓▓▓ verstorbene ▓▓▓, geb. ▓▓▓ in ▓▓▓, zuletzt wohnhaft ▓▓▓ aufgrund privatschriftlichen Testaments vom ▓▓▓ allein von seiner Ehefrau ▓▓▓ beerbt worden ist.

Ausweislich beiliegender Sterbeurkunde (Anlage 1) verstarb der Erblasser am ▓▓▓ in ▓▓▓. Aufgrund privatschriftlichen Testaments vom ▓▓▓ (Anlage 2) wurde meine Mandantin zur Alleinerbin eingesetzt. Mit Vorlage dieses Testaments wird hiermit auch der Ablieferungspflicht nach § 2259 BGB entsprochen. Andere Verfügungen von Todes wegen sind nicht bekannt. Ein Rechtsstreit über das Erbrecht ist nicht anhängig.

(Rechtsanwalt)

## 2. Amtsermittlungsgrundsatz

### a) Allgemeines

Das Gericht hat in jedem Fall (sowohl bei Amts- als auch bei Antragsverfahren) den Sachverhalt von Amts wegen zu ermitteln und seiner Entscheidung zugrunde zu legen, § 26 FamFG (bislang § 12 FGG). Insoweit unterscheidet sich das FamFG-Verfahren wesentlich vom Zivilprozess. Zu beachten ist aber, dass besondere Vorschriften das Amtsermittlungsprinzip einschränken können. So sind z.B. im **Erbscheinsverfahren die §§ 2354 ff. BGB** der Amtsermittlungspflicht vorgeschaltet, ohne diese zu verdrängen.[39] Kommt ein Beteiligter seinen Pflichten nach §§ 2354 ff. BGB nicht nach, so beginnt die Amtsermittlungspflicht nicht zu laufen. Macht der Antragsteller die nach den §§ 2354–2356 BGB erforderlichen Angaben und legt er die entsprechenden Urkunden vor, trifft ihn keine darüber hinausgehende Ermittlungspflicht.[40] Er hat aber an den weiteren Ermittlungen des Nachlassgerichts durch vollständige und wahrheitsgemäße Angaben mitzuwirken. Verweigert z.B. der Antragsteller im Erbscheinsverfahren ohne triftigen Grund die Abgabe der nach § 2356 BGB erforderlichen eidesstattlichen Versicherung, so ist das Nachlassgericht berechtigt, den Erbscheinsantrag ohne weitere Ermittlungen als unzulässig zurückzuweisen.[41]

59

### b) Reichweite der Amtsaufklärungspflicht

Das Gericht bestimmt nach pflichtgemäßem Ermessen im Rahmen der Tatbestandsmerkmale den Umfang der Ermittlungen.[42] Das Ermessen ist dabei aber nicht schrankenlos. So muss z.B. der Tatrichter Einwendungen gegen ein Gutachten eines gerichtlichen Sachverständigen, die sich auf ein Privatgutachten gründen, nachgehen und zum Anlass nehmen, den Sachverhalt weiter aufzuklären.[43]

60

### c) Beschwerdeverfahren/Rechtsbeschwerdeverfahren

Die **Amtsermittlungspflicht** gilt auch im **Beschwerdeverfahren, §§ 68 Abs. 3, 26 FamFG**.[44] Neues Vorbringen der Beteiligten kann auch eine neue Ermittlungspflicht des Gerichts

61

---

39 MüKo-*J. Mayer*, § 2354 BGB Rn 1; *Schmidt*, in: Keidel/Kuntze/Winkler, § 12 FGG Rn 202; Keidel/*Sternal*, § 26 FamFG Rn 77.
40 KG FamRZ 2006, 151.
41 OLG Frankfurt FGPrax 1996, 191.
42 Bassenge/Roth/*Gottwald*, § 26 FamFG Rn 16.
43 OLG Frankfurt NJW-RR 1998, 870.
44 *Bumiller/Harders*, § 26 FamFG Rn 14.

auslösen. Dieses Vorbringen kann auch nicht als verspätet zurückgewiesen werden, da die Präklusionsvorschriften der ZPO, wie z.B. § 296 ZPO, vor dem Hintergrund der Amtsermittlungspflicht im FG-Verfahren nicht entsprechend anwendbar sind.

62 Im Verfahren der **Rechtsbeschwerde** gilt der Amtsermittlungsgrundsatz, soweit der BGH zur selbstständigen Tatsachenprüfung berechtigt ist.[45]

### d) Muster: Neues Vorbringen im Beschwerdeverfahren

63 An das
Oberlandesgericht

*Nachlasssache*

*Az.*

*Erbscheinssache des am         in         verstorbenen*

Ergänzend zu dem in der ersten Instanz und in der Beschwerdeschrift vorgetragenem Sachverhalt weise ich noch auf folgende Gesichtspunkte hin:

Der Erblasser war zum Zeitpunkt der Errichtung der letztwilligen Verfügung nicht testierfähig. Er war weder örtlich noch zeitlich orientiert und redete nur noch „wirres Zeug".

*Beweis:*         als Zeuge.

Auch war der Erblasser nicht mehr in der Lage, Geschriebenes zu lesen.

*Beweis:*         als Zeuge.

Nach alledem war das Testament vom         wegen fehlender Testierfähigkeit unwirksam.         ist damit gesetzlicher Erbe geworden.

(Rechtsanwalt)

## 3. Form der Beweisaufnahme

64 Was die Form der Beweisaufnahme anbelangt, waren die §§ 12, 15 FGG im Zusammenhang zu lesen. Nach dem Amtsermittlungsgrundsatz ist das Gericht verpflichtet, den Sachverhalt von sich aus hinreichend aufzuklären und sich aller geeignet erscheinenden Beweismittel zu bedienen, also auch des **Freibeweises**.[46] Eine subjektive Beweislast im Sinne einer Beweisführungslast ist nicht gegeben. Hingegen existiert eine objektive Beweislast (**Feststellungslast**) in dem Fall, wenn eine Tatsache nicht mehr aufklärbar ist: jeder Beteiligte trägt die Beweislast für die Voraussetzungen einer ihm günstigen Norm.

Auch nach § 30 Abs. 1 FamFG liegt es im pflichtgemäßen **Ermessen des Gerichts**, ob und inwieweit es sich zur Ermittlung des entscheidungserheblichen Sachverhalts einer förmlichen Beweisaufnahme nach den Vorschriften der ZPO bedienen will.[47] Um die Flexibilität des FG-Verfahrens zu erhalten, verzichtet das FamFG auf eine ermessensleitende Generalklausel.[48]

---

45 *Bumiller/Harders*, § 26 FamFG Rn 16; Keidel/*Sternal*, § 26 FamFG Rn 83.
46 *Bumiller/Winkler*, § 15 FGG Rn 1.
47 *Kroiß/Seiler*, § 2 Rn 65 ff.
48 Vgl *Kuntze*, FGPrax 2005, 185.

Allerdings wird in bestimmten Fällen eine **förmliche Beweisaufnahme** vorgeschrieben, so wenn dies im Besonderen Teil des Gesetzes vorgeschrieben wird, **§ 30 Abs. 2 FamFG**, z.B.
- in einzelnen Rechtsfürsorgeverfahren oder
- bei Eingriffen in die Grundrechte des Betroffenen oder
- wenn das Gericht seine Entscheidung maßgeblich auf die Feststellung einer Tatsache, die im Freibeweisverfahren streitig geblieben ist, stützen will und die Richtigkeit der Tatsache von einem Beteiligten ausdrücklich weiter bestritten wird, § 30 Abs. 3 FamFG.

### a) Freibeweis

Anders als im Zivilprozess können im Verfahren der freiwilligen Gerichtsbarkeit Tatsachen auch freibeweislich ermittelt werden. In Betracht kommen dabei insbesondere
- die Beziehung von Akten,
- die Einholung von Auskünften und
- die formlose Anhörung von Zeugen und Beteiligten.[49]

Das Gericht ist bei der Beweisaufnahme an keine Form gebunden. Es kann den Beweis mündlich, telefonisch, aber auch durch schriftliche Anhörung erheben. Auch kann der Richter privates Wissen verwerten.

### b) Strengbeweis

Sofern sich das Gericht des Strengbeweisverfahrens bedient, gelten die §§ 355–370 ZPO entsprechend, **§ 30 Abs. 1 FamFG**. Insoweit ist eine förmliche Beweisaufnahme erforderlich.

### aa) Anordnung der Beweisaufnahme

Die Anordnung der Beweisaufnahme kann formlos geschehen. Eines Beweisbeschlusses bedarf es nicht.[50] Wegen des Untersuchungsgrundsatzes bedarf es auch keines Beweisantritts. Die §§ 371, 373, 403, 420 ZPO sind nicht entsprechend heranzuziehen.

### bb) Beteiligtenöffentlichkeit

Auch im FamFG-Verfahren gilt der Grundsatz der **Beteiligtenöffentlichkeit**.[51] Damit das Teilnahme- und Fragerecht auch tatsächlich möglich ist, ist eine Terminsnachricht erforderlich. Im Übrigen wird nichtöffentlich verhandelt, § 169 GVG.

### cc) Mündlichkeitsgrundsatz

Eine zwingende **mündliche Verhandlung** kennt das FamFG-Verfahren **nicht**.

Nach **§ 32 Abs. 1 FamFG** kann das Gericht, sofern es dies für sachdienlich hält, die Sache mit den Beteiligten in einem Termin erörtern. Damit hat das Gericht auch nach pflichtgemäßem Ermessen zwischen mündlichem und schriftlichem Verfahren zu wählen.[52]

---

49 Vgl. dazu *Schmidt*, Kapitel 1 Rn 18.
50 *Bumiller/Harders*, § 30 FamFG Rn. 9.
51 KG FamRZ 1968, 605; *Schmidt*, in: Keidel/Kuntze/Winkler, § 15 FGG Rn 13; Keidel/*Sternal*, § 30 FamFG Rn 28; *Bumiller/Harders*, § 30 FamFG Rn 21.
52 Bassenge/Roth/*Gottwald*, Vb § 23 FamFG Rn 8.

dd) Muster: Antrag auf Durchführung einer mündlichen Verhandlung

An das

Amtsgericht
– Nachlassgericht – (Baden-Württemberg: Staatl. Notariat)

*Nachlasssache*

*Az.*

*Erbscheinsantrag des*

Zur Klärung der Frage, ob der Erblasser bei der Errichtung der letztwilligen Verfügung vom
bezüglich der Enterbung seines Sohnes von falschen Tatsachen ausging, beantrage ich eine mündliche Verhandlung durchzuführen. Allein die schriftlichen Äußerungen der Zeugen reichen nicht aus, weil
.

(Rechtsanwalt)

ee) Unmittelbarkeit der Beweisaufnahme

Wie im Zivilprozess muss auch im FamFG-Verfahren der Strengbeweis durch den erkennenden Richter erhoben werden. Insoweit gilt **§ 355 ZPO entsprechend**.[53]

Allerdings kennt dieser Grundsatz zwei Ausnahmen:

Die Beweisaufnahme kann
– durch den **beauftragten Richter** §§ 372 Abs. 2, 375, 402, 451, 479 ZPO oder
– den **ersuchten Richter**, §§ 156 ff. GVG

erfolgen. Auch eine Übertragung auf den Einzelrichter ist im Beschwerdeverfahren möglich. § 68 Abs. 4 FamFG verweist insoweit auf § 526 ZPO.

Ist bei der Würdigung der Aussage eines förmlich vernommenen Zeugen nicht (nur) die Glaubhaftigkeit einer Sachdarstellung, sondern (auch) die sich auf die Persönlichkeit des Zeugen beziehende **Glaubwürdigkeit** von Bedeutung,[54] so muss auch im Verfahren der freiwilligen Gerichtsbarkeit das erkennende Gericht in seiner Spruchbesetzung einen persönlichen Eindruck von dem Zeugen gewonnen haben oder aber auf eine aktenkundige und der Stellungnahme durch die Beteiligten zugängliche Beurteilung zurückgreifen können.[55]

c) Unterschiede zwischen Frei- und Strengbeweisverfahren

Im Gegensatz zum Freibeweisverfahren können bei Anwendung der Strengbeweisvorschriften
– Zwangsmittel zur Erzwingung von Zeugenaussagen verhängt werden, §§ 380, 390 ZPO;
– die Beteiligten ihr Fragerecht ausüben, §§ 397, 402 ZPO;
– sowie Zeugen etc. vereidigt werden, §§ 391 ff, 410, 452 ZPO analog.[56]

---

53 OLG Frankfurt FGPrax 1998, 62.
54 *Bumiller/Harders*, § 30 FamFG Rn 20.
55 OLG Karlsruhe NJW-RR 1998, 1771.
56 *Bumiller/Harders*, § 30 FamFG Rn 40.

## d) Wahlmöglichkeit

Grundsätzlich besteht für das Gericht die Möglichkeit zwischen dem Streng- und dem Freibeweisverfahren zu wählen,[57] wobei das Gericht aber nach **pflichtgemäßem Ermessen** zu entscheiden hat, § 30 Abs. 1 FamFG.

Eine förmliche Beweisaufnahme (Strengbeweisverfahren) ist nach pflichtgemäßem Ermessen stets dann erforderlich, wenn durch formlose Ermittlungen eine genügende Sachaufklärung nicht zu erreichen ist oder wenn das Recht der Beteiligten, an der Wahrheitsermittlung mitzuwirken, auf andere Weise nicht gesichert ist.[58]

Haben z.B. Zeugen bei ihrer formlosen Anhörung schriftlich zu einem entscheidenden Punkt einander widersprechende Angaben gemacht, so ist es für eine verlässliche Beweiswürdigung grundsätzlich unumgänglich, dass der Tatrichter sich durch die persönliche Vernehmung und Gegenüberstellung der Zeugen zunächst einen Eindruck von deren Glaubwürdigkeit verschafft.[59]

Im Einzelnen können folgende Gesichtspunkte eine förmliche Beweisaufnahme gebieten:
– Ermittlung wichtiger Einzeltatsachen, wie z.B. die Frage der Testierfähigkeit, die Errichtung oder der Inhalt eines Testaments;
– streitige Tatsachen oder widersprechende Angaben der Beteiligten;[60]
– die Aussage eines Zeugen wird in Zweifel gezogen (Fragerecht).

Nach **§ 30 Abs. 1 FamFG** liegt es im pflichtgemäßen **Ermessen des Gerichts**, ob und inwieweit es sich zur Ermittlung des entscheidungserheblichen Sachverhalts einer förmlichen Beweisaufnahme nach den Vorschriften der ZPO bedienen will.[61] Um die Flexibilität des FamFG-Verfahrens zu erhalten, verzichtet der Entwurf auf eine ermessensleitende Generalklausel.[62] Allerdings wird in bestimmten Fällen eine **förmliche Beweisaufnahme** vorgeschrieben, so wenn dies im Besonderen Teil des Gesetzes vorgeschrieben wird, § 30 Abs. 2 FamFG, z.B.
– in einzelnen Rechtsfürsorgeverfahren oder
– bei Eingriffen in die Grundrechte des Betroffenen oder
– wenn das Gericht seine Entscheidung maßgeblich auf die Feststellung einer Tatsache, die im Freibeweisverfahren streitig geblieben ist, stützen will und die Richtigkeit der Tatsache von einem Beteiligten ausdrücklich weiter bestritten wird, § 30 Abs. 3 FamFG.

Wählt das Gericht trotz Vorliegens derartiger Umstände nicht das Strengbeweisverfahren, so kann eine eventuelle Beschwerde auf einen Verstoß gegen die Amtsaufklärungspflicht nach **§ 26 FamFG** gestützt werden. Dabei ist allerdings zu beachten, dass Anhaltspunkte für weitere Ermittlungen vorliegen müssen.

Sieht z.B. das Gericht Anlass, die Testierfähigkeit des Erblassers zu überprüfen, so bedarf es dann nicht der Einholung eines Sachverständigengutachtens, wenn nach den im Einzelfall gebotenen Ermittlungen dem Gericht keine ernsthaften Zweifel an der Testierfähigkeit verbleiben.[63]

---

57 Bassenge/Roth/*Gottwald*, § 30 FamFG Rn 3; *Bumiller/Harders*, § 30 FamFG Rn 1.
58 OLG Zweibrücken NJW-RR 1988, 1211.
59 OLG Zweibrücken NJW-RR 1988, 1211.
60 Vgl. die eben genannte Entscheidung des OLG Zweibrücken NJW-RR 1988, 1211; OLG Frankfurt FamRZ 1997, 1306.
61 *Kroiß/Seiler*, § 2 Rn 65 ff.
62 Vgl. *Kuntze*, Referentenentwurf eines FGG-Reformgesetzes, FGPrax 2005, 185.
63 BayObLG NJW-RR 1999, 1311.

### 4. Einzelne Beweismittel im FG-Verfahren

a) Zeugenbeweis

78 Auch im FamFG-Verfahren gilt der **formelle Zeugenbegriff**, d.h. es kann nur Zeuge sein, wer nicht Beteiligter ist. Über § 30 FamFG gelten grundsätzlich die **§§ 373–401 ZPO analog**. Jedoch steht die Frage der Vereidigung des Zeugen im Ermessen des Gerichts.[64] Ein Beweisantritt, § 371 ZPO, ist zwar nicht erforderlich, er bietet sich in vielen Verfahrenssituationen gleichwohl an.

b) Muster: Antrag auf Vernehmung eines Zeugen

79 An das
Amtsgericht
– Nachlassgericht – (Baden-Württemberg: Staatl. Notariat)

*Nachlasssache*

Az.

*Erbscheinsantrag des*

In der vorbezeichneten Sache beantrage ich, den Nachbarn des Verstorbenen, , als Zeugen zu vernehmen.

 wird bestätigen, dass der Erblasser das vorliegende Testament am  eigenhändig errichtet hat.

(Rechtsanwalt)

c) Sachverständigenbeweis

80 Für den Sachverständigenbeweis gelten über **§ 30 FamFG** die **§§ 402 ff. ZPO** entsprechend. Auch hier kann es für den Anwalt unter Umständen ratsam sein, einen Beweisantrag zu stellen.

d) Muster: Antrag auf Einholung eines Sachverständigengutachtens

81 An das
Amtsgericht
– Nachlassgericht – (Baden-Württemberg: Staatl. Notariat)

*Nachlasssache*

Az.

*Erbscheinsantrag des*

Der Erblasser war zum Zeitpunkt der Errichtung des Testaments infolge einer altersbedingten Demenz nicht testierfähig. Die Zeugen  und  haben bestätigt, dass der Erblasser weder örtlich noch zeitlich orientiert war. Insoweit beantrage ich die Einholung eines Sachverständigengutachtens.

(Rechtsanwalt)

---

64 BGH JR 65, 388.

## e) Augenschein

Für den Augenschein gelten über § 30 Abs. 1 FamFG die §§ 371 ZPO ff. analog.[65]

82

## f) Urkundenbeweis

Auch Urkunden können taugliches Beweismittel in den Verfahren der freiwilligen Gerichtsbarkeit sein.[66]

83

§ 30 Abs. 1 FamFG verweist bezüglich der förmlichen Beweisaufnahme vollumfänglich auf die ZPO. Die Vorschriften der ZPO gelten entsprechend, soweit nicht Besonderheiten des FamFG-Verfahrens entgegenstehen.[67] In der Praxis spielte der Urkundenbeweis vor allem im Erbscheinsverfahren eine wichtige Rolle. Die Vorlage von Urkunden konnte aber nicht erzwungen werden. § 33 FGG war insoweit schon bisher nicht anwendbar.[68] Nunmehr kann die Herausgabe von Urkunden nach § 35 FamFG durchgesetzt werden.[69]

84

## g) Beteiligtenvernehmung

Umstritten ist, ob neben der – jederzeit zulässigen – formlosen Beteiligtenvernehmung auch eine „Parteivernehmung" entsprechend §§ 445 ff. ZPO möglich ist. Die wohl h.M.[70] bejaht dies. Sogar die eidliche Vernehmung soll entsprechend § 452 Abs. 1 ZPO zulässig sein. In der Praxis wird man jedenfalls bei geeigneten Sachverhalten den Versuch unternehmen, eine förmliche Beteiligtenvernehmung herbeizuführen. So soll auch die Einschränkung des § 448 ZPO, wonach bereits „einiger Beweis" für die vom Beteiligten erhobene Behauptung erbracht sein muss, für das FamFG-Verfahren nicht gelten:

85

Dazu das OLG Zweibrücken MDR 1998, 1244:

> „(L) Weder für die formlose Anhörung eines Beteiligten als Beweisperson (§ 12 FGG) noch für seine förmliche Vernehmung in entsprechender Anwendung von § 448 ZPO ist es erforderlich, dass bereits einiger Beweis für die aufzuklärende Tatsache erbracht ist (Anschluss an BayObLGZ 1970, 173).
> (G) ... Das Landgericht war aber nicht gehindert, die Tochter des Beteiligten zu 1) entweder gem. § 12 FGG formlos als Auskunftsperson anzuhören oder förmlich in entsprechender Anwendung von § 448 ZPO als Beteiligte zu vernehmen. Entgegen der Auffassung des Landgerichts ist es dabei nicht erforderlich, dass bereits „einiger Beweis" für die vom Beteiligten zu 1) erhobene Behauptung erbracht ist. Diese Einschränkung gilt nur für die Parteivernehmung im Zivilprozess. Sie findet ihre Rechtfertigung allein in der diesen beherrschenden Verhandlungsmaxime und soll verhindern, dass willkürlich zugunsten einer Partei die Folgen ihrer ansonsten eintretenden Beweisfälligkeit abgewendet werden (BayObLGZ 1970, 173, 176f). Auf das vom Amtsermittlungs- und Untersuchungsgrundsatz (§ 12 FGG) beherrschte Verfahren der freiwilligen Gerichtsbarkeit ist diese Beschränkung nicht übertragbar ... "

---

65 Keidel/*Sternal*, § 30 FamFG Rn 33 ff.
66 BayObLGZ 1981, 38; *Jansen*, § 15 Rn 76; Keidel/*Sternal*, § 30 FamFG Rn 108.
67 *Bumiller/Harders*, § 30 FamFG Rn 25.
68 *Bumiller/Winkler*, § 15 FGG Rn 22; *Zimmermann*, Grundriss FG, S. 20.
69 *Bumiller/Harders*, § 30 FamFG Rn 29.
70 BayObLGZ 1991, 14; *Bumiller/Harders*, § 30 FamFG Rn 37; Keidel/*Schmidt*, § 15 FGG Rn 58; Keidel/*Sternal*, § 30 FamFG Rn 114; *Bassenge/Herbst/Roth*, § 15 FGG Rn 36.

### h) Muster: Antrag auf Vernehmung eines Beteiligten

An das

Amtsgericht
– Nachlassgericht – (Baden-Württemberg: Staatl. Notariat)

*Nachlasssache*

*Az.*

*Erbscheinsantrag des*

In der vorbezeichneten Sache beantrage ich, den Beteiligten            förmlich entsprechend § 445 ZPO zu vernehmen und zu vereidigen.

Er wird bestätigen, dass der Erblasser das vorliegende Testament am            eigenhändig errichtet hat.

(Rechtsanwalt)

### 5. Beweiswürdigung

Auch in den Verfahren der freiwilligen Gerichtsbarkeit gilt der Grundsatz der **freien Beweiswürdigung, § 37 FamFG.** So darf das Gericht auch z.B. einem Beteiligten mehr glauben als einem vereidigten Zeugen.[71]

### 6. Beweislast

#### a) Subjektive Beweislast

Aufgrund der Amtsermittlungspflicht, **§ 26 FamFG,** existiert für die Beteiligten in den Verfahren der Freiwilligen Gerichtsbarkeit keine **Beweisführungslast**, d.h. keine **subjektive Beweislast.**

#### b) Feststellungslast

Jedoch kann es auch in den FamFG-Verfahren von Bedeutung sein, zu wessen Nachteil es sich auswirkt, wenn eine Tatsache nicht mehr feststellbar ist. Es stellt sich dann die Frage nach der **Feststellungslast.**[72] Diese entspricht der **objektiven Beweislast** im Zivilprozess. Insoweit gilt auch hier der Grundsatz, dass derjenige, der sich auf eine ihm günstige Rechtsfolge beruft, die Beweislast für das Vorliegen ihrer Voraussetzungen trägt. Im Übrigen gelten auch die Grundsätze der Beweisvereitelung und des Anscheinsbeweises.

### 7. Besondere Verfahrenssituationen

#### a) Kostenvorschusspflicht

##### aa) Rechtliche Grundlagen

Eine Kostenvorschusspflicht besteht in den FG-Verfahren nur ausnahmsweise, **§ 8 Abs. 1 und Abs. 2 S. 1 KostO.**

---

[71] BayObLG FamRZ 1991, 1114.
[72] *Bumiller/Harders*, § 26 FamFG Rn 5.

**§ 8 Abs. 2 S. 1 KostO**: Bei Geschäften, die auf Antrag vorzunehmen sind, soll die Vornahme des Geschäfts davon abhängig gemacht werden, dass der Vorschuss gezahlt oder sichergestellt wird, in Grundbuch- und **Nachlasssachen** jedoch nur dann, wenn dies zur Sicherung des Eingangs der Kosten angebracht erscheint.

Gegen die Anordnung der Vorwegleistungspflicht und deren Höhe ist die **Beschwerde** statthaft, § 8 Abs. 3 KostO. Es handelt sich um eine unbefristete Beschwerde.[73] Die Beschwerde richtet sich nach § 14 Abs. 4–7 KostO. Wenn der Rechtspfleger entschieden hat, ist zunächst die Erinnerung nach § 11 Abs. 2 RPflG notwendig.[74]

bb) Muster: Beschwerde gegen die Anordnung der Vorwegleistungspflicht

An das

Amtsgericht
– Nachlassgericht – (Baden-Württemberg: Staatl. Notariat)

*Nachlasssache*

*Az.*

*Erbscheinsantrag des*

Namens und im Auftrag meines Mandanten            lege ich gegen die Anordnung

der Vorschusszahlung des Amtsgerichts            vom

Beschwerde

ein.

*Begründung:*

Das Amtsgericht hat die Erteilung des Erbscheins von der Zahlung eines Vorschusses abhängig gemacht. Dies ist nach § 8 Abs. 2 S. 1 KostO jedoch nur dann notwendig, wenn es zur Sicherung des Eingangs der Kosten angebracht ist. Das mag der Fall sein, wenn die Mittellosigkeit des Kostenschuldners bereits, z.B. aus einem anderen Verfahren bekannt ist oder wenn ungewöhnlich hohe Kosten anfallen (vgl. *Hartmann*, KostG, § 8 KostO Rn 4, 10). Beides ist hier nicht der Fall, weil            *(weiter ausführen).*

(Rechtsanwalt)

b) Säumnis von Beteiligten

In den Nachlassverfahren nach dem FamFG ist ein Versäumnisurteil nicht möglich. Die §§ 330 ff. ZPO sind nicht analog anwendbar.

c) Selbstständiges Beweisverfahren

Auch das selbstständige Beweisverfahren, §§ 485 ff. ZPO, ist auf die Nachlassverfahren nicht übertragbar.[75] So kann die Testierfähigkeit des Erblassers nicht zu dessen Lebzeiten im FamFG-Verfahren überprüft werden.

---

73 *Hartmann*, § 8 KostO Rn 19.
74 BayObLG JB 1994, 166.
75 OLG Frankfurt NJW-RR 1997, 58.

### d) Ruhen des Verfahrens

95 Hingegen kann **entsprechend § 251 ZPO** das Ruhen des Verfahrens angeordnet werden.

### e) Vergleichsweise Beendigung des Verfahrens

96 Ein Prozessvergleich ist im Erbscheinsverfahren grundsätzlich unzulässig. So können sich die Beteiligten nicht materiellrechtlich über die Erbenstellung vergleichen.[76] Jedoch war schon bislang der Abschluss eines so genannten **Verfahrensvergleichs** möglich.[77] Dieser stellt aber keinen Vollstreckungstitel im Sinn des § 794 Abs. 1 Nr. 1 ZPO dar.

Dazu führt das BayObLG[78] aus:

> „... Das Gesetz sieht für mehrere Verfahren der freiwilligen Gerichtsbarkeit ausdrücklich vor, dass ein gerichtlicher Vergleich abgeschlossen und hieraus nach den Vorschriften der Zivilprozessordnung vollstreckt werden kann ... Auch in anderen Verfahren der freiwilligen Gerichtsbarkeit können die Beteiligten, soweit der Gegenstand der Vereinbarung ihrer Disposition unterliegt, nicht nur Vereinbarungen im Sinne des § 779 BGB schließen, sondern diese auch vor Gericht und mit dessen Mitwirkung zum Gegenstand von Prozesshandlungen machen (Verfahrensvergleich). Dies gilt auch für das Erbscheinsverfahren. So können sich die Beteiligten verfahrensrechtlich über die Zurücknahme eines Erbscheinsantrags oder eines Rechtsmittels oder auch über einen Rechtsmittelverzicht einigen, materiellrechtlich zwar nicht über die Erbenstellung selbst (BayObLGZ 1966, 233/236 m.w.N.), aber doch über die Ausübung von Gestaltungsrechten, die die Erbfolge beeinflussen, z.B. die Ausschlagung einer Erbschaft oder die Anfechtung einer letztwilligen Verfügung. Dabei können auch Gegenstände mitgeregelt werden, die selbst nicht Verfahrensgegenstand sind, wie z.B. die Zahlung einer Abfindung oder die Auseinandersetzung des Nachlasses (vgl. OLG Stuttgart OLGZ 1984, 131). Dies folgt schon daraus, dass auch die Verfahren der freiwilligen Gerichtsbarkeit im Kern darauf abzielen, Rechtsfrieden unter den Beteiligten zu schaffen. Es entspricht allgemeiner Auffassung, dass dies in der Regel durch eine einverständliche Einigung unter den Beteiligten über die zwischen ihnen strittigen Fragen am besten zu erreichen ist.
> bb) Unterschiedliche Auffassungen werden in Rechtsprechung und Literatur jedoch zu der Frage vertreten, ob eine im Erbscheinsverfahren vor dem Nachlassgericht getroffene, gemäß den Vorschriften der §§ 160 bis 164 ZPO protokollierte (vgl. dazu Bassenge Rpfleger 1972, 237/241) Vereinbarung der Beteiligten als Vollstreckungstitel im Sinn von § 794 Abs. 1 Nr. 1 ZPO anzusehen ist, für den eine Vollstreckungsklausel erteilt werden kann.
> Zum Teil wird angenommen, dass § 794 Abs. 1 Nr. 1 ZPO für Vergleiche im Verfahren der freiwilligen Gerichtsbarkeit nur gilt, soweit dort ein Vergleich ausdrücklich vorgesehen ist (so Keidel/Kahl, Vorbem. §§ 8 bis 18 Rn 27; Baur, Freiwillige Gerichtsbarkeit I § 21 Abs. 3 S. 3; wohl auch Weirich, Freiwillige Gerichtsbarkeit § 12 Abs. 3) oder jedenfalls aus gerichtlichen Entscheidungen in den jeweilgen Verfahren die Zwangsvollstreckung nach den Bestimmungen der ZPO stattfindet (so Jansen, FGG 2. Aufl. Vorbem. §§ 8 bis 18 Rn 80 f., Bumiller/Winkler, FGG, 6. Aufl., § 12 Anm. 3a cc; vgl. auch Brehm, Freiwillige Gerichtsbarkeit Rn 363, Schönke, JZ 1953, 341). Diese Voraussetzungen treffen für das Erbscheinsverfahren nicht zu. In diesem Verfahren kann daher nach diesen Auffassungen ein unmittelbar vollstreckungsfähiger Vergleich nicht abgeschlossen wer-

---

76 BayObLG ZEV 1997, 461.
77 Vgl. *Rudolf*, § 1 Rn 82.
78 BayObLG ZEV 1997, 46.

*den (so ausdrücklich Brehm, a.a.O.; vgl. auch Baur, a.a.O.). Gleiches muss nach der Auffassung derjenigen gelten, die den Verfahrensvergleich nur in den echten Streitsachen der freiwilligen Gerichtsbarkeit zulassen wollen, da das Erbscheinsverfahren nicht hierunter fällt (so Bärmann, Freiwillige Gerichtsbarkeit, § 18 Abs. 3 S. 3) ..."*

§ 36 FamFG regelt künftig ausdrücklich den Vergleich im FG-Verfahren.[79]

*§ 36 FamFG*
*Vergleich*
*(1) Die Beteiligten können einen Vergleich schließen, soweit sie über den Gegenstand des Verfahrens verfügen können. Das Gericht soll außer in Gewaltschutzsachen auf eine gütliche Einigung der Beteiligten hinwirken.*
*(2) Kommt eine Einigung im Termin zustande, ist hierüber eine Niederschrift anzufertigen. Die Vorschriften der Zivilprozessordnung über die Niederschrift des Vergleichs sind entsprechend anzuwenden.*
*(3) Ein nach Absatz 1 Satz 1 zulässiger Vergleich kann auch schriftlich entsprechend § 278 Abs. 6 der Zivilprozessordnung geschlossen werden.*
*(4) Unrichtigkeiten in der Niederschrift oder in dem Beschluss über den Vergleich können entsprechend § 164 der Zivilprozessordnung berichtigt werden.*

### 8. Entscheidung des Gerichts

#### a) Form

Im FG-Verfahren gab es schon bislang **keine Urteile**. Das Gesetz sprach teilweise von Anordnungen (§ 13 FGG), Verfügungen (§ 16 FGG) und Entscheidungen (§ 25 FGG).

Was die **Form** und den **Inhalt** einer gerichtlichen Entscheidung anbelangt, bestimmt künftig § 38 FamFG, dass durch **Beschluss** zu entscheiden ist.

*§ 38 FamFG*
*Entscheidung durch Beschluss*
*(1) Das Gericht entscheidet durch Beschluss, soweit durch die Entscheidung der Verfahrensgegenstand ganz oder teilweise erledigt wird (Endentscheidung). Für Registersachen kann durch Gesetz Abweichendes bestimmt werden.*
*(2) Der Beschluss enthält*
*1. die Bezeichnung der Beteiligten, ihrer gesetzlichen Vertreter und der Bevollmächtigten;*
*2. die Bezeichnung des Gerichts und die Namen der Gerichtspersonen, die bei der Entscheidung mitgewirkt haben;*
*3. die Beschlussformel.*
*(3) Der Beschluss ist zu begründen. Er ist zu unterschreiben. Das Datum der Übergabe des Beschlusses an die Geschäftsstelle oder der Bekanntgabe durch Verlesen der Beschlussformel (Erlass) ist auf dem Beschluss zu vermerken.*
*(4) Einer Begründung bedarf es nicht, soweit*
*1. die Entscheidung auf Grund eines Anerkenntnisses oder Verzicht oder als Versäumnisentscheidung ergeht und entsprechend bezeichnet ist,*
*2. gleichgerichteten Anträgen der Beteiligten stattgegeben wird oder der Beschluss nicht dem erklärten Willen eines Beteiligten widerspricht oder*

---

[79] Vgl dazu HK-FamR/*Schulz*, Anh. ZPO Rn 19 f.

3. der Beschluss in Gegenwart aller Beteiligten mündlich bekannt gegeben wurde und alle Beteiligten auf Rechtsmittel verzichtet haben.
(5) Absatz 4 ist nicht anzuwenden:
1. in Ehesachen, mit Ausnahme der eine Scheidung aussprechenden Entscheidung;
2. in Abstammungssachen;
3. in Betreuungssachen
4. wenn zu erwarten ist, dass der Beschluss im Ausland geltend gemacht werden wird.
(6) Soll ein ohne Begründung hergestellter Beschluss im Ausland geltend gemacht werden, gelten die Vorschriften über die Vervollständigung von Versäumnis- und Anerkenntnisentscheidungen entsprechend.

b) Zwischenentscheidungen

100
- Verfahrensleitende Anordnungen
- Zwischenverfügungen, vergleichbar § 18 GBO
- Einstweilige Anordnungen, § 49 FamFG

c) Endentscheidungen

101 Bei Unzulässigkeit
- in **Amtsverfahren**: Einstellung durch Aktenvermerk
- in **Antragsverfahren**: Zurückweisung des Antrags

Bei Zulässigkeit ergeht Sachentscheidung, z.B. Antragszurückweisung als unbegründet, Anordnung einer Maßnahme etc.

d) Kosten

102 Ein Ausspruch bzgl. der **Gerichtskosten** unterbleibt, **§§ 2 ff. KostO**. Die Kostentragungspflicht ergibt sich unmittelbar aus dem Gesetz, es sei denn, dass das Gericht die Kosten durch Entscheidung ausnahmsweise auferlegt, **§ 3 Nr. 1 KostO**. Bei den **außergerichtlichen Kosten** hat jeder Beteiligte seine Auslagen selbst zu tragen. Eine Ausnahme bestand schon bislang nach § 13a Abs. 1 S. 1 FGG, wenn an einer Angelegenheit mehrere Personen beteiligt waren. In diesen Fällen konnte das Gericht anordnen, dass die Kosten, die zur zweckentsprechenden Erledigung der Angelegenheit notwendig waren, von einem Beteiligten ganz oder teilweise zu erstatten waren, wenn dies der Billigkeit entspricht. Die Kosten waren dem Beteiligten aufzuerlegen, wenn er sie durch **grobes Verschulden** veranlasst hat, § 13a Abs. 1 S. 2 FGG.

Im **Rechtsmittelverfahren** wurden einem Beteiligten die Kosten auferlegt, die er durch ein unbegründetes Rechtsmittel verursacht hatte, § 13a Abs. 1 S. 2 FGG. Dazu gehörte auch der Fall, dass ein Rechtsmittel als unzulässig verworfen wurde.[80]

103 Nunmehr regelt **§ 80 FamFG** die Frage, welche Kosten erstattungsfähig sind: „**nur die Gerichtskosten und die mit dem Verfahren unmittelbar zusammenhängenden Aufwendungen der Beteiligten**, wie etwa die Kosten für den Anwalt". Die Vorschrift ist § 162 Abs. 1 VwGO nachgebildet.[81]

---

80 BayObLGZ 98, 82.
81 BT-Drucks Regierungsentwurf 16/6308 S. 215.

§ 81 Abs. 1 S. 1 FamFG eröffnet dem Gericht die Möglichkeit, den Beteiligten die Kosten des Verfahrens **nach billigem Ermessen** aufzuerlegen. Dabei kann es anders als bislang auch über die Verteilung der **gerichtlichen Kosten** entscheiden.[82]

*§ 80 FamFG*
*Umfang der Kostenpflicht*
*Kosten sind die Gerichtskosten (Gebühren und Auslagen) und die zur Durchführung des Verfahrens notwendigen Aufwendungen der Beteiligten. § 91 Abs. 1 Satz 2 der Zivilprozessordnung gilt entsprechend.*

*§ 81 FamFG*
*Grundsatz der Kostenpflicht*
*(1) Das Gericht kann die Kosten des Verfahrens nach billigem Ermessen den Beteiligten ganz oder zum Teil auferlegen. Es kann auch anordnen, dass von der Erhebung der Kosten abzusehen ist. In Familiensachen ist stets über die Kosten zu entscheiden.*
*(2) Das Gericht soll die Kosten des Verfahrens ganz oder teilweise einem Beteiligten auferlegen, wenn*
*1. der Beteiligte durch grobes Verschulden Anlass für das Verfahren gegeben hat;*
*2. der Antrag des Beteiligten von vornherein keine Aussicht auf Erfolg hatte und der Beteiligte dies erkennen musste;*
*3. der Beteiligte zu einer wesentlichen Tatsache schuldhaft unwahre Angaben gemacht hat;*
*4. der Beteiligte durch schuldhaftes Verletzen seiner Mitwirkungspflichten das Verfahren erheblich verzögert hat;*
*5. der Beteiligte einer richterlichen Anordnung zur Teilnahme an einer Beratung nach § 156 Absatz 1 Satz 4 nicht nachgekommen ist, sofern der Beteiligte dies nicht genügend entschuldigt hat.*
*(3) Einem minderjährigen Beteiligten können Kosten in Verfahren, die seine Person betreffen, nicht auferlegt werden.*
*(4) Einem Dritten können Kosten des Verfahrens nur auferlegt werden, soweit die Tätigkeit des Gerichts durch ihn veranlasst wurde und ihn ein grobes Verschulden trifft.*
*(5) Bundesrechtliche Vorschriften, die die Kostenpflicht abweichend regeln, bleiben unberührt.*

## B. Verwahrung und Eröffnung letztwilliger Verfügungen

### I. Einleitung

Mit der **besonderen amtlichen Verwahrung** von Testamenten und Erbverträgen soll sichergestellt werden, dass Testamente nicht manipuliert werden und ihre Existenz nicht geheim bleibt.[83] Nach **§ 34 Abs. 1 S. 4 BeurkG** soll der **Notar** veranlassen, dass das Testament unverzüglich in besondere amtliche Verwahrung gebracht wird. Diese Regelung gilt nach § 34 Abs. 2 BeurkG entsprechend auch für **Erbverträge**, sofern nicht die Vertragschließenden dies ausschließen. Tun sie dies, so verbleibt der Erbvertrag im Original bei der Urkundensammlung des Notars.[84] Auf § 34 BeurkG wird auch in **§ 2249 Abs. 1 S. 4 BGB** betreffend das Nottestament vor dem Bürgermeister verwiesen. Schließlich ist das eigenhändige

---

82 *Kroiß/Seiler*, Das neue FamFG, § 2 Rn 122 ff.
83 Vgl. *Schmidt*, 4. Kapitel Rn 132.
84 Vgl. *Tanck/Krug/Daragan*, Testamente, § 6 Rn 42.

Testament auf Verlangen des Erblassers in besondere amtliche Verwahrung zu nehmen, § 2248 BGB.

**Übersicht:** Amtliche Verwahrung letztwilliger Verfügungen

| notarielles Testament | Erbvertrag | Nottestament | eigenhändiges Testament |
|---|---|---|---|
| § 34 I 4 BeurkG | § 34 II BeurkG | § 2249 I 4 BGB | § 2248 BGB |

105 Mit der Testamentseröffnung, § 348 FamFG (bislang § 2260 BGB), soll dem Interesse der Beteiligten, ob und in welcher Weise der Erblasser seine erbrechtlichen Verhältnisse abweichend von der gesetzlichen Erbfolge geregelt hat, Rechnung getragen werden.[85]

## II. Amtliche Verwahrung

### 1. Zuständigkeit

#### a) Sachliche und funktionelle Zuständigkeit

106 Gemäß § 344 FamFG sind die **Amtsgerichte** für die besondere amtliche Verwahrung der Testamente zuständig. Diese Regelung gilt auch für Erbverträge, § 344 Abs. 3 FamFG. Funktionell obliegt dieses Geschäft dem Rechtspfleger, § 3 Nr. 2 Buchst. c RPflG. Eine Ausnahme besteht für Baden-Württemberg, wo die staatlichen Notariate für die amtliche Verwahrung zuständig sind, § 1 Abs. 2 BW LFGG. **Funktionell** ist dann der Notar im Landesdienst bzw. im Fall des § 35 RPflG der Rechtspfleger zuständig. Nach § 36b RPflG sind die Landesregierungen ermächtigt, durch Rechtsverordnung die Geschäfte bei der Annahme von Testamenten und Erbverträgen zur amtlichen Verwahrung vom Rechtspfleger ganz oder teilweise auf die Urkundsbeamten der Geschäftsstelle zu übertragen.

Was die Zuständigkeit für die Weiterverwahrung bei gemeinschaftlichen Testamenten anbelangt, so herrschte bislang Streit. Das BayObLG[86] hielt an seiner Auffassung fest, dass für die besondere amtliche Weiterverwahrung eines gemeinschaftlichen Testaments die örtliche Zuständigkeit des Amtsgerichts begründet ist, welches das gemeinschaftliche Testament vor der ersten Eröffnung in amtlicher Verwahrung hatte.

Hingegen hielten das OLG Frankfurt[87] und OLG Hamm[88] für die besondere amtliche Weiterverwahrung eines gemeinschaftlichen Testaments die örtliche Zuständigkeit desjenigen Amtsgerichts begründet, das nach dem Tod des Erstversterbenden die Geschäfte des Nachlassgerichts wahrzunehmen hat. Dieser Meinung hatte sich auch das OLG Zweibrücken angeschlossen.[89]

§ 344 Abs. 2 FamFG bestimmt nunmehr, dass die Weiterverwahrung bei dem Gericht, das für den nachlass des Erstverstorbenen zuständig ist, erfolgt. Allerdings kann die Verwahrung auch bei einem anderen Gericht verlangt werden. Insoweit handelt es sich um ein „einmaliges Wahlrecht".[90]

---

85 Keidel/*Zimmermann*, § 348 FamFG Rn 1; MüKo-*Burkart*, § 2260 BGB Rn 1.
86 BayObLG Rpfleger 1999, 35; BayObLG FamRZ 1995, 681.
87 BayObLG NJW-RR 1995, 460.
88 OLG Frankfurt Rpfleger 1990, 290.
89 OLG Hamm Rpfleger 1998, 428.
90 *Bumiller/Harders*, § 344 FamFG Rn 9.

## b) Örtliche Zuständigkeit

Hinsichtlich der örtlichen Zuständigkeit ist zu differenzieren: 107

### aa) Notarielles Testament

Wurde das Testament vor einem Notar errichtet, ist das Amtsgericht zuständig, in dessen Bezirk der Notar seinen Amtssitz hat, § 344 Abs. 1 Nr. 1 FamFG. 108

> **Hinweis** 109
> Will der Erblasser bei einem **notariellen Testament** die Verwahrung bei einem anderen Gericht als dem Amtsgericht, in dessen Bezirk der Notar seinen Amtssitz hat, § 344 Abs. 1 S. 1 FamFG, so ist bei der Einreichung zur amtlichen Verwahrung darauf hinzuweisen, dass sich der Erblasser auf § 344 Abs. 1 S. 2 FamFG beruft.

### bb) Nottestament

Bei einem Nottestament nach § 2249 BGB (vor dem Bürgermeister) ist das Amtsgericht zuständig, zu dessen Bezirk die Gemeinde gehört, § 344 Abs. 1 Nr. 2 FamFG. 110

### cc) Eigenhändiges Testament

Ein privatschriftliches Testament nach § 2247 BGB kann bei **jedem Amtsgericht** verwahrt werden, § 344 Abs. 1 Nr. 3 FamFG. 111

### dd) Muster: Einreichung eines Testaments zur amtlichen Verwahrung

An das

Amtsgericht 112
– Nachlassgericht – (Baden-Württemberg: Staatl. Notariat)

*Einreichung zur amtlichen Verwahrung*

In der Anlage übersende ich die letztwillige Verfügung des          , wohnhaft          , vom          mit der Bitte, sie in amtliche Verwahrung zu nehmen. Des Weiteren wird gebeten, den Hinterlegungsschein dem Verfügenden zuzuleiten.

Der Wert des Nachlasses wird mit          EUR angegeben.

(Rechtsanwalt)

> **Beachte** 113
> Die letztwillige Verfügung wird am besten entweder persönlich oder durch einen zuverlässigen Boten oder durch einen Bevollmächtigtem dem Nachlassgericht übermittelt.

## 2. Verfahren

### a) Annahme

Gemäß § 346 FamFG i.V.m. § 3 Nr. 2 Buchst. c RPflG ist die Annahme vom **Rechtspfleger** anzuordnen und von ihm und dem Urkundsbeamten der Geschäftsstelle gemeinsam zu bewirken. Nach § 36b RPflG sind die Landesregierungen ermächtigt, die Geschäfte bei der 114

Annahme von Testamenten und Erbverträgen zur amtlichen Verwahrung nach den §§ 346 ff. FamFG ganz oder teilweise dem Urkundsbeamten der Geschäftsstelle zu übertragen.[91]

### b) Benachrichtigung des Standesamts

115 Bislang benachrichtigte nach der „Gemeinsamen Bekanntmachung über Benachrichtigung in Nachlasssachen" vom 2.1.2001[92] das Gericht, das ein öffentliches oder privates Testament oder einen Erbvertrag in besondere amtliche Verwahrung nimmt,
– wenn der Erblasser innerhalb des Geltungsbereichs des Grundgesetzes geboren ist, das für den Geburtsort zuständige Standesamt,
– ansonsten die Hauptkartei für Testamente beim Amtsgericht Schöneberg in Berlin.

Diese Benachrichtigungspflicht ist nunmehr in § 347 FamFG gesetzlich geregelt.

Das Standesamt des Geburtsortes des Erblassers erhält bei dessen Ableben vom Standesamt des Sterbeortes eine entsprechende Mitteilung.

### c) Hinterlegungsschein

116 Dem Erblasser bzw. beim Erbvertrag jedem Vertragsschließenden soll nach § 346 Abs. 3 FamFG ein Hinterlegungsschein erteilt werden. Bei einem gemeinschaftlichen Testament erhält jeder Erblasser einen eigenen Hinterlegungsschein, beim Erbvertrag jeder Vertragsschließende, § 346 Abs. 3 2. Hs. FamFG. Der Hinterlegungsschein stellt kein Wertpapier dar und hat keine rechtliche Wirkung.[93]

### d) Verwahrungsbuch

117 Über die in besondere amtliche Verwahrung genommenen letztwilligen Verfügungen ist ein besonderes **Verwahrungsbuch** zu führen, § 27 Abs. 4 und 5 AktO.

118 Beachte die Neuregelung seit 1.9.2009

*§ 346 FamFG*

*Verfahren bei besonderer amtlicher Verwahrung*
*(1) Die Annahme einer Verfügung von Todes wegen in besondere amtliche Verwahrung sowie deren Herausgabe ist von dem Richter anzuordnen und von ihm und dem Urkundsbeamten der Geschäftsstelle gemeinschaftlich zu bewirken.*
*(2) Die Verwahrung erfolgt unter gemeinschaftlichem Verschluss des Richters und des Urkundsbeamten der Geschäftsstelle.*
*(3) Dem Erblasser soll über die in Verwahrung genommene Verfügung von Todes wegen ein Hinterlegungsschein erteilt werden; bei einem gemeinschaftlichen Testament erhält jeder Erblasser einen eigenen Hinterlegungsschein, bei einem Erbvertrag jeder Vertragsschließende.*

*§ 347 FamFG*

*Mitteilung über die Verwahrung*
*(1) Über jede in besondere amtliche Verwahrung genommene Verfügung von Todes wegen ist das für den Geburtsort des Erblassers zuständige Standesamt schriftlich zu unterrichten. Hat der Erblasser keinen inländischen Geburtsort, ist die Mitteilung an*

---

91 Keidel/*Zimmermann*, § 346 FamFG Rn 5.
92 Z.B. BayJMBl 2001, 11; vgl. auch DNotZ 2002, 81.
93 Keidel/*Zimmermann*, § 346 FamFG Rn 12.

*das Amtsgericht Schöneberg in Berlin zu richten. Bei den Standesämtern und beim Amtsgericht Schöneberg in Berlin werden Verzeichnisse über die in amtlicher Verwahrung befindlichen Verfügungen von Todes wegen geführt. Erhält die das Testamentsverzeichnis führende Stelle Nachricht vom Tod des Erblassers, teilt sie dies dem Gericht schriftlich mit, von dem die Mitteilung nach Satz 1 stammt. Die Mitteilungspflichten der Standesämter bestimmen sich nach dem Personenstandsgesetz.*
*(2) Absatz 1 gilt entsprechend für ein gemeinschaftliches Testament, das nicht in besondere amtliche Verwahrung genommen worden ist, wenn es nach dem Tod des Erstverstorbenen eröffnet worden ist und nicht ausschließlich Anordnungen enthält, die sich auf den mit dem Tod des verstorbenen Ehegatten oder des verstorbenen Lebenspartners eingetretenen Erbfall beziehen.*
*(3) Für Erbverträge, die nicht in besondere amtliche Verwahrung genommen worden sind, sowie für gerichtliche oder notariell beurkundete Erklärungen, nach denen die Erbfolge geändert worden ist, gilt Absatz 1 entsprechend; in diesen Fällen obliegt die Mitteilungspflicht der Stelle, die die Erklärungen beurkundet hat.*
*(4) Die Landesregierungen erlassen durch Rechtsverordnung Vorschriften über Art und Umfang der Mitteilungen nach den Absätzen 1 bis 3 sowie § 34a des Beurkundungsgesetzes, über den Inhalt der Testamentsverzeichnisse sowie die Löschung der in den Testamentsverzeichnissen gespeicherten Daten. Die Erhebung und Verwendung der Daten ist auf das für die Wiederauffindung der Verfügung von Todes wegen unumgänglich Notwendige zu beschränken. Der das Testamentsverzeichnis führenden Stelle dürfen nur die Identifizierungsdaten des Erblassers, die Art der Verfügung von Todes wegen sowie das Datum der Inverwahrnahme mitgeteilt werden. Die Fristen für die Löschung der Daten dürfen die Dauer von fünf Jahren seit dem Tod des Erblassers nicht überschreiten; ist der Erblasser für tot erklärt oder der Todeszeitpunkt gerichtlich festgelegt worden, sind die Daten spätestens nach 30 Jahren zu löschen.*
*(5) Die Mitteilungen nach den Absätzen 1 bis 3 sowie § 34a des Beurkundungsgesetzes können elektronisch erfolgen. Die Landesregierungen bestimmen durch Rechtsverordnung den Zeitpunkt, von dem an Mitteilungen in ihrem Bereich elektronisch erteilt und eingereicht werden können, sowie die für die Bearbeitung der Dokumente geeignete Form.*
*(6) Die Landesregierungen können die Ermächtigungen nach Absatz 4 Satz 1 und Absatz 5 Satz 2 durch Rechtsverordnung auf die Landesjustizverwaltungen übertragen.*

### 3. Rücknahme des Testaments aus der amtlichen Verwahrung

Der Erblasser kann jederzeit die Rückgabe des Testaments aus der amtlichen Verwahrung verlangen, § 2256 Abs. 2 BGB. Diese muss an den Erblasser **persönlich** erfolgen, beim gemeinschaftlichen Testament an beide Ehegatten. Beim öffentlichen Testament, das in besondere amtliche Verwahrung gegeben wurde, führt die Rücknahme zum Widerruf, § 2256 Abs. 1 BGB i.V.m. §§ 2232, 2249 BGB. Der Rechtspfleger muss den Erblasser über diese Folge der Rücknahme **belehren, § 2256 Abs. 1 S. 2 BGB**. Er ordnet die Herausgabe durch Beschluss an, § 38 FamFG.[94] Die Widerrufswirkung der Rücknahme tritt insoweit wegen der gesetzlichen Fiktion der Widerrufsabsicht unabhängig von dem Willen des Erblassers ein.[95]

---

94 *Bumiller/Harders*, § 346 FamFG Rn 15; a.A. *Keidel/Zimmermann*, § 346 FamFG Rn 16: „Anordnung durch eine Verfügung".
95 BayObLG FG-Prax 2005, 72.

**120** | **Beachte**
Ein Widerruf des Widerrufs nach § 2257 BGB ist in den Fällen der Widerrufsfiktion nach § 2256 BGB nicht möglich;[96] d.h. der Erblasser muss, wenn er die Wirkungen des aus der Verwahrung entnommenen Testaments wieder herstellen will, neu in der Form der §§ 2232, 2247 BGB testieren.

**121** Ist eine persönliche Rückgabe an den Erblasser durch das Aufbewahrungsgericht etwa wegen großer Entfernung oder Gebrechlichkeit nur schwerlich möglich, kann im Wege der Amtshilfe das Wohnsitzgericht um Rückgabe ersucht werden, § 27 Nr. 8 AktO.

### 4. Anfechtung der Rücknahme

**122** Da es sich bei der Rücknahme der letztwilligen Verfügung aus der amtlichen Verwahrung wegen der damit verbundenen Widerrufswirkung um eine letztwillige Verfügung handelt, kann diese nach h.M.[97] auch gem. **§§ 2078 Abs. 2, 2080 BGB** angefochten werden, wenn geltend gemacht wird, der Erblasser habe die Bedeutung der Rücknahme als eines Widerrufs nicht gekannt.[98] Ein Irrtum des Erblassers muss sich auf die Rücknahme beziehen. Hierfür unerheblich ist ein Irrtum, dem der Erblasser unterlegen ist, als er nach Rücknahme eine neue letztwillige Verfügung errichtet hat. Regelmäßig wird es aber wegen einer entsprechenden Belehrung durch den Rechtspfleger bei der Rückgabe an einem Irrtum fehlen.

### 5. Gebühren

**123** Für die amtliche Verwahrung einer Verfügung von Todes wegen wird bei der Annahme ¼ der vollen Gebühr **erhoben**, § 101 KostO. Der Geschäftswert bestimmt sich nach dem Wert des nach Abzug der Verbindlichkeiten verbleibenden reinen Vermögens, §§ 103 Abs. 1, 46 Abs. 4 KostO. Grundlage hierfür sind regelmäßig die Angaben des Verfügenden. Eine Nachforderung des zu niedrig angesetzten Betrages ist nicht durch § 15 KostO ausgeschlossen.[99]

## III. Rücknahme von Erbverträgen aus der notariellen Verwahrung

### 1. Typischer Sachverhalt

**124** Erblasser E hat ein notarielles Testament errichtet. Er will es widerrufen.

### 2. Rechtliche Grundlagen

a) Regelung des § 2300 BGB

**125** *§ 2300 BGB*
*(...)*
*(2) Ein Erbvertrag, der nur Verfügungen von Todes wegen enthält, kann aus der amtlichen oder notariellen Verwahrung zurückgenommen und den Vertragsschließenden zurückgegeben werden. Die Rückgabe kann nur an alle Vertragsschließenden gemein-*

---

96 MüKo-*Burkart*, § 2257 BGB Rn 3.
97 BayObLG NJW-RR 2005, 957.
98 BayObLG FamRZ 1990, 1404.
99 Keidel/*Zimmermann*, § 347 FamFG Rn 22.

*schaftlich erfolgen; die Vorschrift des § 2290 Abs. 1 Satz 2, Abs. 2 und 3 findet Anwendung. Wird ein Erbvertrag nach den Sätzen 1 und 2 zurückgenommen, gilt § 2256 Abs. 1 entsprechend.*

Sinn dieser Regelung ist es, eine Eröffnung aufgehobener Erbverträge zu vermeiden. Auch musste ein Notar früher die aus der amtlichen Verwahrung zurückgegebenen Erbverträge weiter verwahren. Dies ist bei Erbverträgen, die **nur Verfügungen von Todes wegen** enthalten, nicht notwendig.

> **Beachte**
> Gegebenenfalls kann bei der Errichtung ein Hinweis auf die Möglichkeit einer getrennten Beurkundung in Betracht kommen. Dabei dürfen aber auch die Kostenfolgen nicht außer Betracht bleiben, § 46 Abs. 4 KostO. Wie sich im Umkehrschluss aus § 36 KostO ergibt, kann es sogar zu einer Kostenverdoppelung kommen.

**126**

### b) Voraussetzungen des § 2300 Abs. 2 BGB

#### aa) Rückgabemodalitäten

Die Rückgabe kann nur an alle Vertragsschließenden **gemeinsam** erfolgen. Voraussetzung ist dabei auch eine körperliche Aushändigung,[100] d.h. sämtliche Beteiligte müssen sich beim Notar einfinden.

**127**

#### bb) Testierfähigkeit

Aus der Verweisung auf § 2290 Abs. 2 S. 2, Abs. 3 BGB ergibt sich, dass zumindest die Person, die die Verfügung getroffen hat, weiterhin **testierfähig** sein muss, damit die Wirkungen des § 2256 BGB eintreten können.

**128**

### c) Notarielles Rücknahmeverfahren

#### aa) Belehrung

Entsprechend § 2256 Abs. 1 S. 2 BGB soll die zurückgebende Stelle, also auch der Notar im Falle der notariellen Verwahrung, über die Folgen der Rücknahme („Widerrufsfiktion") **belehren**. Das Unterlassen der Belehrung wirkt sich zwar nicht auf die Frage der Wirksamkeit des Widerrufs aus, jedoch kann es haftungsrechtliche Folgen nach sich ziehen. Zuständig für die Rückgabe ist der Notar persönlich, § 25 BNotO. Eine Delegation ist schon im Hinblick auf die notwendige Überprüfung der Testierfähigkeit nicht möglich.

**129**

#### bb) Vermerk auf der Originalurkunde

Auf der Originalurkunde sind sowohl die Tatsache der Rückgabe als auch die eingetretene Widerrufsfiktion **zu vermerken**.

**130**

---

100 BT-Drucks 14/9266, 49.

cc) Muster: Rücknahmevermerk

[101]

Dieser Erbvertrag gilt durch die am ▬▬▬ erfolgte Rückgabe aus der notariellen Verwahrung als widerrufen, §§ 2300 Abs. 2, 2256 BGB.

▬▬▬, den ▬▬▬ *(Name, Amtsbezeichnung)*

dd) „Aktenkundigmachen"

Schließlich ist die Rückgabe und die dabei erfolgte Belehrung durch einen Aktenvermerk entsprechend §§ 20 Abs. 1, 18 Abs. 1 DONot aktenkundig zu machen und in das Erbvertragsverzeichnis einzutragen.

ee) Muster: „Aktenkundigmachung"[102]

Der/Die Erblasser ist/sind darüber belehrt worden, dass der Erbvertrag durch die Rückgabe als widerrufen gilt. Ein entsprechender Vermerk ist auf dem Erbvertrag gemacht worden.

ff) Kosten

Die Rücknahme des Erbvertrages aus der notariellen Verwahrung löst ebenso wie die Rücknahme aus der amtlichen Verwahrung beim Amtsgericht **keine Kosten** aus, da es an einem entsprechenden Gebührentatbestand in der Kostenordnung fehlt.

## IV. Eröffnung letztwilliger Verfügungen

### 1. Zuständigkeit

Das Amtsgericht, das eine letztwillige Verfügung verwahrt, hat sie auch zu eröffnen, § 348 **FamFG** (bislang § 2260 Abs. 1 BGB). Funktionell zuständig ist auch diesbezüglich der Rechtspfleger, § 3 Nr. 2 Buchst. c RPflG. Jedoch können die vom Rechtspfleger wahrzunehmenden Geschäfte durch Rechtsverordnung der Landesregierung ganz oder teilweise dem Urkundsbeamten der Geschäftsstelle übertragen werden, § 36b Abs. 1 Nr. 1 RPflG. Gehört zum Nachlass auch ein Grundstück, so soll das Grundbuchamt benachrichtigt werden, § 83 GBO.

**Jede letztwillige Verfügung** ist, falls sie äußerlich oder dem Inhalt nach sich als solche darstellt, zu eröffnen.[103]

### 2. Ablieferungspflicht

Soweit sich ein Testament nicht in amtlicher Verwahrung befindet, so ist der Besitzer nach **§ 2259 Abs. 1 BGB** verpflichtet, es unverzüglich, nachdem er vom Tode des Erblassers erfahren hat, an das Nachlassgericht abzuliefern.

---

101 Musterformulierung entsprechend dem RdSchr. Nr. 25/2002 der Bundesnotarkammer vom 13.8.2002.
102 Vgl. RdSchr. Nr. 25/2002 der Bundesnotarkammer vom 13.8.2002.
103 Keidel/*Zimmermann*, § 348 FamFG Rn 12.

## 3. Muster: Ablieferung eines Testaments beim Nachlassgericht

An das

Amtsgericht

*Ablieferung eines Testaments gem. § 2259 BGB*

*Nachlasssache*

Unter Vorlage der beiliegenden Vollmacht zeige ich die Vertretung der Frau         an.

Anbei übersende ich das Original der letztwilligen Verfügung des verstorbenen Ehegatten meiner Mandantin und komme damit der Ablieferungspflicht nach § 2259 BGB nach. Über das Vorhandensein weiterer Testamente ist meiner Mandantin nichts bekannt. Ein Erbschein, der meine Mandantin als Alleinerbin aufgrund der hier übersandten letztwilligen Verfügung ausweist, wird in Kürze beantragt.

(Rechtsanwalt)

## 4. Muster: Antrag auf Eröffnung eines Testaments beim Nachlassgericht

An das

Amtsgericht
– Nachlassgericht – (Baden-Württemberg: Staatl. Notariat)

*Nachlasssache*

Am         ist der Erblasser         ausweislich beiliegender Sterbeurkunde an seinem letzten Wohnsitz in         verstorben. In der Anlage übersende ich das eigenhändige Testament des Erblassers vom         .

Ich beantrage, dieses Testament zu eröffnen.

Gesetzliche Erben sind die Ehefrau des Erblassers,         , geborene         , wohnhaft         , und die gemeinsamen Kinder         und         , beide bei der Mutter wohnhaft.

Der Wert des Nachlasses beläuft sich auf         EUR.

Um Terminmitteilung wird gebeten.

(Rechtsanwalt)

## 5. Verfahren

### a) Terminsbestimmung

Der Rechtspfleger des Nachlassgerichts hatte bislang von Amts wegen unverzüglich einen Eröffnungstermin zu bestimmen und gegebenenfalls die Beteiligten dazu zu laden, § 2260 Abs. 1 a.F. BGB. Nunmehr „kann" das Gericht einen Termin bestimmen oder auch ohne Termin („stille Eröffnung") die Eröffnung vornehmen, § 348 FamFG.[104]

---

104 *Bassenge/Roth*, § 348 FamFG Rn 6.

b) Eröffnungstermin

140 Die Eröffnung der letztwilligen Verfügung erfolgt in nicht öffentlicher Verhandlung, wobei sich die Beteiligten durch **Bevollmächtigte** vertreten lassen können, §§ 11, 12 FamFG.

c) Regelung im FamFG

141 *§ 348 FamFG*
*Eröffnung von Verfügungen von Todes wegen durch das Nachlassgericht*
*(1) Sobald das Gericht vom Tod des Erblassers Kenntnis erlangt hat, hat es eine in seiner Verwahrung befindliche Verfügung von Todes wegen zu eröffnen. Über die Eröffnung ist eine Niederschrift aufzunehmen. War die Verfügung von Todes wegen verschlossen, ist in der Niederschrift festzustellen, ob der Verschluss unversehrt war.*
*(2) Das Gericht kann zur Eröffnung der Verfügung von Todes wegen einen Termin bestimmen und die gesetzlichen Erben sowie die sonstigen Beteiligten zum Termin laden. Den Erschienenen ist der Inhalt der Verfügung von Todes wegen mündlich bekannt zu geben. Sie kann den Erschienenen auch vorgelegt werden; auf Verlangen ist sie ihnen vorzulegen.*
*(3) Das Gericht hat den Beteiligten den sie betreffenden Inhalt der Verfügung von Todes wegen schriftlich bekannt zu geben. Dies gilt nicht für Beteiligte, die in einem Termin nach Absatz 2 anwesend waren.*

*§ 349 FamFG*
*Besonderheiten bei der Eröffnung von gemeinschaftlichen Testamenten und Erbverträgen*
*(1) Bei der Eröffnung eines gemeinschaftlichen Testaments sind die Verfügungen des überlebenden Ehegatten oder Lebenspartners, soweit sie sich trennen lassen, den Beteiligten nicht bekannt zu geben.*
*(2) Hat sich ein gemeinschaftliches Testament in besonderer amtlicher Verwahrung befunden, ist von den Verfügungen des verstorbenen Ehegatten oder Lebenspartners eine beglaubigte Abschrift anzufertigen. Das Testament ist wieder zu verschließen und bei dem nach § 344 Abs. 2 zuständigen Gericht erneut in besondere amtliche Verwahrung zurückzubringen.*
*(3) Absatz 2 gilt nicht, wenn das Testament nur Anordnungen enthält, die sich auf den Erbfall des erstversterbenden Ehegatten oder Lebenspartners beziehen, insbesondere wenn das Testament sich auf die Erklärung beschränkt, dass die Ehegatten oder Lebenspartner sich gegenseitig zu Erben einsetzen.*
*(4) Die Absätze 1 bis 3 sind auf Erbverträge entsprechend anzuwenden.*

*§ 350 FamFG*
*Eröffnung der Verfügung von Todes wegen durch ein anderes Gericht*
*Hat ein nach § 344 Abs. 6 zuständiges Gericht die Verfügung von Todes wegen eröffnet, hat es diese und eine beglaubigte Abschrift der Eröffnungsniederschrift dem Nachlassgericht zu übersenden; eine beglaubigte Abschrift der Verfügung von Todes wegen ist zurückzubehalten.*

*§ 351 FamFG*
*Eröffnungsfrist für Verfügungen von Todes wegen*
*Befindet sich ein Testament, ein gemeinschaftliches Testament oder ein Erbvertrag seit mehr als 30 Jahren in amtlicher Verwahrung, soll die verwahrende Stelle von Amts wegen ermitteln, ob der Erblasser noch lebt. Kann die verwahrende Stelle nicht ermitteln,*

*dass der Erblasser noch lebt, ist die Verfügung von Todes wegen zu eröffnen. Die §§ 348 bis 350 gelten entsprechend.*

### 6. Ablieferungsanordnung

#### a) Grundsätzliches

Erlangt das Nachlassgericht Kenntnis vom Vorliegen einer letztwilligen Verfügung und liefert der Besitzer diese nicht ab, so ergeht eine **Ablieferungsanordnung, § 358 FamFG** (bislang § 83 FGG).[105] Demnach wird der Besitzer des Testamentes aufgefordert, dieses unverzüglich, spätestens binnen einer bestimmten Frist beim Nachlassgericht abzuliefern. Darüber hinaus soll der Besitzer gegebenenfalls weitere Angaben entsprechend einem Fragebogen des Nachlassgerichts machen.

#### b) Durchsetzung

Wird nach Ablauf der in der Ablieferungsanordnung gesetzten Frist das Testament gleichwohl nicht abgeliefert, kann das Amtsgericht die Ablieferung erzwingen, **§§ 358, 86 FamFG** (bislang §§ 33, 83 FGG).

Dazu kann ein **Zwangsgeld** angedroht und festgesetzt werden, § 35 Abs. 1 und 3 FamFG (bislang § 33 Abs. 1 und 3 FGG). Das einzelne Zwangsgeld darf den Betrag von 25.000 EUR nicht übersteigen, § 35 Abs. 3 FamFG. Es kann auch Zwangshaft angeordnet werden, § 35 Abs. 1 S. 2, 3 FamFG.

Das Nachlassgericht kann aber auch **die Herausgabevollstreckung betreiben**, § 35 Abs. 4 FamFG. Es wird dann der Gerichtsvollzieher beauftragt, das Testament dem Besitzer wegzunehmen.[106]

Schließlich besteht noch die Möglichkeit, dass das Nachlassgericht den Besitzer zur **Abgabe einer eidesstattlichen Versicherung** über den Verbleib der letztwilligen Verfügung anhält, § 35 Abs. 4 FamFG i.V.m. § 883 Abs. 2 ZPO (bislang § 83 Abs. 2 FGG). Der mutmaßliche Besitzer muss dann versichern, „dass er das Testament nicht besitze und nicht wisse, wo es sich befinde", § 883 Abs. 2 ZPO. Für das Verfahren gelten im Übrigen die §§ 883 Abs. 2–4, 478–480, 483 ZPO. Es handelt sich bei der Abgabe der eidesstattlichen Versicherung nach §§ 35 Abs. 4 FamFG (bislang § 83 Abs. 2 FGG) um ein eigenständiges Verfahren, das neben der eidesstattlichen Versicherung nach §§ 2356 Abs. 2, 2354 Abs. 1 BGB zu sehen ist. Obwohl es sich um ein Amtsverfahren handelt, können die Beteiligten die Abgabe der eidesstattlichen Versicherung anregen.

Das Nachlassgericht (in Baden-Württemberg das staatl. Notariat) ist zur Abnahme der eidesstattlichen Versicherung zuständig, § 358 FamFG (bislang § 83 Abs. 2 FGG).[107] Funktionell obliegt sie dem Rechtspfleger, § 3 Nr. 2 Buchst. c RPflG. Dieser lädt den mutmaßlichen Besitzer zur Abgabe der Versicherung, § 35 Abs. 4 FamFG, § 900 Abs. 1 ZPO. Erscheint dieser daraufhin nicht zum Termin oder verweigert er die Abgabe der eidesstattlichen Versicherung grundlos, so kann von Amts wegen **Haft** angeordnet werden. Hierfür ist dann nicht der Rechtspfleger, sondern der **Richter** zuständig, **§ 4 Abs. 2 Nr. 2, Abs. 3 RPflG.**

---

105 Vgl. dazu *Bassenge/Roth*, § 348 FamFG Rn 2.
106 Keidel/*Zimmermann*, § 358 FamFG Rn 18.
107 Keidel/*Zimmermann*, § 358 FamFG Rn 24.

Für den Vollzug des Haftbefehls beauftragt das Gericht den Gerichtsvollzieher, § 909 Abs. 1 S. 1 ZPO. Dabei besteht anders als im Zwangsvollstreckungsverfahren keine Vorschusspflicht für die Haftkosten. Dies gilt auch, wenn ein Beteiligter die Anordnung der Abgabe der eidesstattlichen Versicherung beantragt hat, da das Verfahren von Amts wegen eingeleitet wird.[108]

c) Muster: Ablieferung eines Testaments beim Nachlassgericht: „Antrag" (Anregung) auf Abgabe einer eidesstattlichen Versicherung nach §§ 358, 35 Abs. 4 FamFG (bislang § 83 Abs. 2 FGG)

145

An das

Amtsgericht
– Nachlassgericht – (Baden-Württemberg: Staatl. Notariat)

*Ablieferung eines Testaments gem. § 2259 BGB; Abgabe einer eidesstattlichen Versicherung nach §§ 358 Abs. 1, 35 Abs. 4 FamFG i.V.m. § 883 Abs. 2 ZPO*

*Nachlasssache*

Unter Vorlage der beiliegenden Vollmacht zeige ich die Vertretung der Frau ▮ an.

Der Erblasser errichtete am ▮ ein privatschriftliches Testament, das er in seinem Tresor in seiner Villa in ▮ aufbewahrte. Es besteht Grund zu der Annahme, dass die Lebensgefährtin des Erblassers, Frau ▮, die vor und auch nach dem Tode des Erblassers in der genannten Villa wohnt, die letztwillige Verfügung in Besitz hat. Trotz mehrfacher Aufforderung, auch unter Hinweis auf § 2259 BGB, das Testament abzuliefern, erfolgte keine Reaktion der Frau ▮. Ich beantrage daher, der Frau ▮ gem. §§ 358 Abs. 1, 35 Abs. 4 FamFG i.V.m. § 883 Abs. 2 ZPO die Abgabe folgender eidesstattlichen Versicherung aufzuerlegen:

„Ich versichere an Eides statt, dass ich die Testamentsurkunde des ▮ vom ▮ nicht besitze und auch nicht weiß, wo sie sich befindet."

Sollte Frau ▮ zu dem dazu anberaumten Termin nicht erscheinen oder ohne Grund die Abgabe der eidesstattlichen Versicherung verweigern, wird weiters beantragt, zur Erzwingung der Abgabe die Haft anzuordnen.

(Rechtsanwalt)

d) Rechtsmittel

146

Der vermeintliche Besitzer des Testaments kann sich mit der **Beschwerde** nach §§ 58 ff. FamFG (bislang § 19 FGG) gegen die Anordnung der Ablieferung wehren. Gegen den Beschluss, der Zwangsmaßnahmen anordnet, ist die sofortige Beschwerde analog §§ 567 ff. ZPO statthaft, § 35 Abs. 5 FamFG.

e) Muster: Beschwerde gegen die Ablieferungsanordnung

147

An das

Amtsgericht
– Nachlassgericht – (Baden-Württemberg: Staatl. Notariat)

*Nachlasssache* ▮

---

108 Vgl. *Bumiller/Winkler*, § 83 FGG Rn 11.

*Az.* ▓

In der Nachlasssache ▓, verstorben am ▓, lege ich hiermit namens und im Auftrag meines Mandanten ▓ gegen die Verfügung des Amtsgerichts ▓ vom ▓, wonach meinem Mandanten, dem Beteiligten ▓ aufgegeben wird, die letztwillige Verfügung des Erblassers vom ▓ abzuliefern,

*Beschwerde*

ein.

*Begründung:*

Die letztwillige Verfügung des Erblassers vom ▓ befindet sich nicht im Besitz meines Mandanten. Vielmehr hat die Schwester des Erblassers nach dem Tod des Erblassers sämtliche Nachlassgegenstände und auch die genannte letztwillige Verfügung an sich genommen.

*Beweis:* Frau ▓ als Zeugin

Die Schwester des Erblassers erklärte gegenüber Frau ▓, sie wolle das Testament des Erblassers weiterhin auch nach dessen Tode sicher verwahren.

*Beweis:* Frau ▓ als Zeugin

Da mein Mandant der Beteiligte ▓, nicht im Besitz der genannten Urkunde ist, ist die Anordnung vom ▓ aufzuheben.

(Rechtsanwalt)

### f) Muster: Beschwerde gegen die Ablehnung einer Ablieferungsanordnung

Wird einer entsprechenden Anregung auf Anordnung einer bestimmten Maßnahme keine Folge geleistet, steht den Beteiligten, deren Rechte dadurch möglicherweise beeinträchtigt sind, hiergegen das Rechtsmittel der **befristeten Beschwerde nach §§ 58 ff. FamFG** (bislang einfache Beschwerde, § 19 FGG), zur Verfügung. Dies gilt nach § 11 Abs. 1 RPflG auch für den Fall, dass der Rechtspfleger die Ablehnungsentscheidung getroffen hat.

An das

Amtsgericht
– Nachlassgericht – (Baden-Württemberg: Staatl. Notariat)
▓

*Nachlasssache* ▓

*Az.* ▓

In der Nachlasssache Gustav Geier, verstorben am ▓, lege ich hiermit namens und im Auftrag meiner Mandantin Sieglinde Geier gegen die Verfügung des Amtsgerichts ▓ vom ▓, wonach es abgelehnt wurde, dem Beteiligten Willi Geier aufzugeben, die letztwillige Verfügung des Erblassers vom ▓ abzuliefern,

*befristete Beschwerde*

ein.

*Begründung:*

Entgegen der Ansicht des Nachlassgerichts besteht sehr wohl Grund zur Annahme, dass der Beteiligte Willi Geier sich im Besitz der letztwilligen Verfügung des Erblassers vom ▓ befindet. Wie meine Mandantin gestern erfahren hat, äußerte der Beteiligte Willi Geier gegenüber dem Zeugen H am ▓, „dass er das Testament gut versteckt habe".

*Kroiß*

*Beweis:* Herr H, ███████, als Zeuge

Ich beantrage die Einvernahme des Zeugen H und den Erlass einer Ablieferungsanordnung gegen Willi Geier gem. § 358 FamFG.

(Rechtsanwalt)

## C. Ausschlagung der Erbschaft

### I. Einleitung

150 Der Erbe ist nicht gezwungen, die Erbschaft anzunehmen. Zwar fällt ihm der Nachlass ohne weitere Erklärung zu, § 1922 BGB, der Erbe kann aber im Nachhinein ausschlagen, §§ 1942, 1944, 1945 BGB.

Eine Ausschlagung ist nach **§ 1943 BGB** nicht mehr möglich, wenn
- die Erbschaft angenommen wurde oder
- die Ausschlagungsfrist verstrichen ist.

Während es sich bei der Annahme um eine formlose, **nicht empfangsbedürftige Willenserklärung** handelt,[109] sind bei der Ausschlagung sowohl die **Form** als auch die Wahl des richtigen **Adressaten** zu beachten.

#### 1. Annahme der Erbschaft

151 Die **Annahme** der Erbschaft kann sowohl ausdrücklich als auch konkludent erklärt werden. So reicht z.B. die Erklärung gegenüber einem Gläubiger, einem Miterben oder dem Nachlassgericht. Sogar die Abgabe von Verkaufsangeboten und das Anbieten eines Nachlassgrundstückes über einen Makler können eine konkludente Erbschaftsannahme bedeuten.[110] Auch die Stellung eines **Erbscheinantrags** oder ein Erbschaftsverkauf sind als Annahme zu werten.

#### 2. Ausschlagung der Erbschaft

152 Dagegen stellt die Ausschlagung eine einseitige form- und fristgebundene Willenserklärung des Ausschlagungsberechtigten dar. Dabei sind die allgemeinen Voraussetzungen für Willenserklärungen, §§ 104 ff. BGB, und die §§ 1944, 1945 BGB im Besonderen zu beachten. Der Erbe muss voll geschäftsfähig sein.

153 Die Erklärung der Ausschlagung durch einen **Bevollmächtigten** ist möglich; jedoch muss dann die Vollmacht in öffentlich beglaubigter Form innerhalb der Ausschlagungsfrist nachgewiesen werden, **§ 1945 Abs. 3 BGB**. Inhaltlich ist eine allgemeine Bevollmächtigung ausreichend, sofern die Befugnis zu einer Ausschlagung der Erbschaft nicht ausgeschlossen ist. Die Ausschlagungsfrist beginnt in den Fällen der Ausschlagung durch den Bevollmächtigten soweit die Voraussetzungen für den Fristlauf beim Erben selbst und beim Bevollmächtigten verschieden sind, mit dem früheren Ereignis zu laufen.[111]

---

109 Vgl. Jauernig/*Stürner*, § 1943 BGB Rn 1.
110 OLG Oldenburg NJW-RR 1995, 141.
111 Palandt/*Edenhofer*, § 1944 BGB Rn 8.

## 3. Muster: Ausschlagung der Erbschaft durch gesetzlichen Erben

An das

Amtsgericht
– Nachlassgericht – (Baden-Württemberg: Staatl. Notariat)


Am          ist, wie Sie aus beiliegender Sterbeurkunde ersehen können, mein Vater          , zuletzt wohnhaft          , verstorben. Über eine Verfügung von Todes wegen ist mir nichts bekannt. Mein Vater war verwitwet und hatte keine anderen Abkömmlinge. Ich selbst habe ebenfalls keine Abkömmlinge.

Ich schlage die Erbschaft aus allen Berufungsgründen aus.

Der Wert des Nachlasses ist mir nicht bekannt, ich gehe aber davon aus, dass er überschuldet ist.

(Unterschrift)

*(Notarielle Unterschriftsbeglaubigung)*

## 4. Muster: Ausschlagung durch einen Bevollmächtigten

An das

Amtsgericht
– Nachlassgericht – (Baden-Württemberg: Staatl. Notariat)


*Ausschlagung der Erbschaft*

*Nachlasssache*

Am          verstarb in          , seinem letzten Wohnsitz, der          . Der Erblasser war verwitwet und hinterließ außer seinem Sohn, Herrn          , keine Abkömmlinge. Verfügungen von Todes wegen sind nicht bekannt.

Namens und in Vollmacht des Sohnes          (notarielle Vollmacht ist beigefügt) schlage ich die ihm angefallene Erbschaft aus allen Berufungsgründen aus.

(Rechtsanwalt)

*(Notarielle Unterschriftsbeglaubigung)*

## II. Zuständiger Adressat der Ausschlagungserklärung

### 1. Sachliche Zuständigkeit

Gemäß **§ 1945 Abs. 1 BGB** erfolgt die Ausschlagung gegenüber dem **Nachlassgericht**. Landesrechtliche Besonderheiten gelten wiederum in Württemberg, wo die Bezirksnotare gem. Art. 73 ff. AGBGB, und in Baden, wo die Notare gem. § 33 LFGG, zuständige Adressaten sind.

### 2. Örtliche Zuständigkeit

Die örtliche Zuständigkeit des Nachlassgerichts bestimmt sich nach dem Wohnsitz, den der Erblasser zur Zeit des Erbfalls hatte, **§§ 343, 344 Abs. 7 FamFG**; demnach ist für die

Ausschlagung auch das Gericht zuständig, in dessen Bezirk der Ausschlagende seinen Wohnsitz hat.[112]

### 3. Internationale Zuständigkeit

158 Nach dem im Nachlassrecht geltenden **Gleichlaufgrundsatz** waren deutsche Nachlassgerichte grundsätzlich nur dann international zuständig, wenn auch deutsches Erbrecht zur Anwendung gelangt. Jedoch wurden von der Rechtsprechung Ausnahmen anerkannt, wenn die Verneinung der Zuständigkeit zur Rechtsschutzverweigerung führen würde.[113] Auch führte die Ausschlagung vor einem international unzuständigen Gericht nicht zwangsläufig zu deren Unwirksamkeit.

**Neue Rechtslage**: Mit Inkrafttreten des FamFG erfolgt eine Ableitung der internationalen Zuständigkeit von der örtlichen Zuständigkeit:[114]

> *§ 105 FamFG*
> *Andere Verfahren[115]*
> *In anderen Verfahren nach diesem Gesetz sind die deutschen Gerichte zuständig, wenn ein deutsches Gericht örtlich zuständig ist.*

Aus § 105 FamFG ergibt sich der neue Grundsatz, dass die internationale Zuständigkeit aus der örtlichen Zuständigkeit abgeleitet wird.

### 4. Funktionelle Zuständigkeit

159 Zuständig für die Entgegennahme und die Beurkundung der Ausschlagung ist beim Amtsgericht der Rechtspfleger, **§ 3 Nr. 1 Buchst. f RPflG**.

### 5. Zuständigkeitsverstöße

160 Nachdem die Ermittlung des örtlich zuständigen Gerichts nicht immer einfach ist, stellt sich die Frage welche Konsequenzen es nach sich zieht, wenn die Ausschlagung beim unzuständigen Nachlassgericht erklärt wird. Dies ist vor allem dann von Bedeutung, wenn die Ausschlagungserklärung dem zuständigen Gericht erst nach Fristablauf zugeht.

#### a) Amtshilfe

161 Kein Fall der Unzuständigkeit liegt vor, wenn ein an sich unzuständiges Nachlassgericht vom zuständigen im Wege der Amtshilfe ersucht wird, die Erklärung entgegenzunehmen.

#### b) Unzuständigkeit

162 Ansonsten ist zu differenzieren:

Nimmt ein örtlich unzuständiges Gericht die Erklärung entgegen, **ohne** den Erklärenden auf die Unzuständigkeit **hinzuweisen**, und geht die Erklärung beim zuständigen Gericht erst nach Fristablauf ein, so ist der Zeitpunkt der Abgabe beim örtlich unzuständigen Gericht maßgeblich.[116]

---

112 *Heinemann*, ZErb 2008, 293.
113 BayObLGZ 1995, 47; LG Hagen FamRZ 1997, 645; *Bassenge/Herbst/Roth*, § 73 FGG Rn 3 m.w.N.
114 *Zimmermann*, FGPrax 2006, 189, 190.
115 Gemeint sind andere als familiengerichtliche Verfahren.
116 BGH Rpfleger 77, 406; RGZ 71, 380 ff.; *Kroiß*, Zuständigkeitsprobleme in der FG, S. 93 ff.

**Weist** hingegen das Gericht auf seine örtliche Unzuständigkeit **hin**, fehlt es an einem Vertrauensschutz auf Seiten des Ausschlagenden.[117] Er muss dann versuchen, die Erklärung noch rechtzeitig beim zuständigen Gericht abzugeben.

Bezüglich der Wirksamkeit einer Ausschlagung gegenüber einem bundesdeutschen Gericht für Nachlass, der dem Erbrecht der ehemaligen DDR unterliegt, schloß sich der BGH der nahezu einhelligen Auffassung an, dass im Fall einer innerdeutschen Nachlassspaltung eine Ausschlagung, die vor dem 3.10.1990 lediglich gegenüber einem bundesdeutschen Nachlassgericht erklärt worden ist, grundsätzlich nicht auch für den dem Erbrecht der ehemaligen DDR unterliegenden Nachlass wirksam wurde.[118]

### III. Ausschlagungsfrist

Die Ausschlagung muss binnen sechs Wochen erklärt werden, § 1944 Abs. 1 BGB. Die Frist beträgt sechs Monate, wenn der Erblasser seinen letzten Wohnsitz nur im Ausland gehabt hat, oder wenn sich der Erbe bei dem Beginn der Frist im Ausland aufhält, § 1944 Abs. 3 BGB. Voraussetzung für den Fristlauf ist die Kenntnis vom Anfall und Berufungsgrund, § 1944 Abs. 2 BGB. Ist der Erbe durch Verfügung von Todes wegen berufen, so läuft die Ausschlagungsfrist erst ab Kenntnis des Erben von der Verkündung bzw. Eröffnung.[119] Die Ausschlagung ist frühestens nach Eintritt des Erbfalls zulässig, § 1946 BGB. Mit Ablauf der Ausschlagungsfrist gilt die Erbschaft als angenommen.

163

Für den **Pflichtteilsberechtigten,** dem unter Beschränkungen ein seinen Pflichtteil übersteigender Erbteil hinterlassen wurde, beginnt die Frist erst zu laufen, wenn der Pflichtteilsberechtigte von der Beschränkung oder der Beschwerung Kenntnis erlangt, § 2306 Abs. 1 S. 2 BGB.

§ 1944 Abs. 2 S. 3 BGB verweist auf die Hemmungstatbestände der §§ 206, 210 BGB. Nach § 206 BGB ist die Verjährung bei Hinderung durch höhere Gewalt gehemmt. Dazu gehört auch der Stillstand der Rechtspflege.[120] § 210 BGB (Ablaufhemmung bei nicht voll Geschäftsfähigen) betrifft die Fälle des Fehlens gesetzlicher Vertreter, was vor allem bei Ansprüchen minderjähriger Kinder gegen die Eltern praktisch bedeutsam wird.

164

Der Lauf der Ausschlagungsfrist kann **gehemmt** sein, wenn z.B. für einen geschäftsunfähigen Betreuten ein rechtsunkundiger Betreuer zur Vertretung im Nachlassverfahren des Vaters des Betreuten bestellt wurde und dieser anregt, nachdem er von der Höhe des hinterlassenen Erbteils und der Anordnung einer Testamentsvollstreckung im Testament des Erblassers erfahren hat, wegen der Schwierigkeit der im Zusammenhang mit der Frage der Ausschlagung zu entscheidenden Probleme einen anderen zum Betreuer für das Nachlassverfahren zu bestellen.[121] In diesem Fall ist der Lauf der Ausschlagungsfrist gehemmt, bis das Vormundschaftsgericht eine Entscheidung über diese Anregung getroffen hat.

### IV. Form der Ausschlagung

Die Ausschlagung hat dem Nachlassgericht gegenüber zu erfolgen; sie ist zur Niederschrift des Nachlassgerichts oder in öffentlich beglaubigter Form abzugeben, § 1945 Abs. 1 und 2

165

---

117 Vgl. Palandt/*Edenhofer*, § 1945 BGB Rn 7.
118 BGH NJW 1998, 227; vgl. auch BayObLG ZEV 1995, 256.
119 BGHZ 112, 234.
120 BT-Drucks 14/6040, 18.
121 BayObLG NJWE-FER 1998, 37.

BGB i.V.m. § 128 BGB, §§ 40, 63 BeurkG. Funktionell zuständig für die Entgegennahme der Ausschlagungserklärung ist der Rechtspfleger, § 3 Nr. 1 Buchst. f RPflG.

166 Eine Ausschlagung durch den **gesetzlichen Vertreter** ist möglich. In diesem Fall muss aber vor Ablauf der Ausschlagungsfrist eine vormundschaftsgerichtliche Genehmigung dem Nachlassgericht nachgewiesen werden, §§ 1643 Abs. 2 S. 1, 1822 Nr. 2, 1915 BGB. Dabei bedarf es der Ausschlagung beider Elternteile, § 1629 Abs. 1 BGB.[122] Maßgeblich für den Beginn der Ausschlagungsfrist ist die Person des gesetzlichen Vertreters.[123] Bei mehreren gesetzlichen Vertretern beginnt die Frist mit dem Vorliegen der Voraussetzungen beim letzten Vertreter.

167 Das Recht, die Erbschaft auszuschlagen, ist vererblich, § 1952 Abs. 1 BGB. Der Erbe des Erben kann bis zum Ablauf der für die Erbschaft des Erben vorgeschriebenen Ausschlagungsfrist ausschlagen, § 1952 Abs. 2 BGB.

### V. Muster: Erklärung der Ausschlagung zu Protokoll des Nachlassgerichts

168 Vor dem Rechtspfleger _____ findet sich ein:[124]

168 der _____, wohnhaft _____, ausgewiesen durch Personalausweis, und erklärt:

Am _____ ist der am _____ in _____ geborene, zuletzt in _____ wohnhafte _____, mein Vater, in _____ verstorben.

Eine Verfügung von Todes wegen ist nicht vorhanden.

Kraft gesetzlicher Erbfolge sind als Erben berufen: _____.

Kenntnis vom Anfall der Erbschaft und dem Grunde der Berufung besteht seit dem _____.

Die angefallene Erbschaft schlage ich aus jedem Berufungsgrunde aus, einerlei ob der Anfall aufgrund gesetzlicher Erbfolge oder einer Verfügung von Todes wegen beruht.

Ich bin seit _____ mit _____, geborene _____, verheiratet. Aus dieser Ehe sind die Kinder _____ hervorgegangen.

Ich schlage als gesetzlicher Vertreter der vorbezeichneten Kinder die angefallene Erbschaft aus jedem Berufungsgrunde aus, einerlei ob der Anfall aufgrund gesetzlicher Erbfolge oder einer Verfügung von Todes wegen beruht.

Der Rechtspfleger hat darauf hingewiesen, dass die Genehmigung des Vormundschaftsgerichts innerhalb der Ausschlagungsfrist beim Nachlassgericht eingehen muss.

Auf die Unwiderruflichkeit der Erbschaftsausschlagung wurde hingewiesen. Der Nachlass ist überschuldet.

Er besteht aus _____.

Als erbberechtigt kommen nunmehr in Betracht: _____.

Der Geschäftswert beträgt _____ EUR.

Vorgelesen, genehmigt und unterschrieben:

(Unterschriften)

---

[122] BayObLGZ 77, 163.
[123] Palandt/*Edenhofer*, § 1944 BGB Rn 8.
[124] Vgl. in Bayern das amtsgerichtliche Formblatt NS 21: Erbschaftsausschlagung (§ 1945 BGB).

*Kroiß*

## VI. Muster: Schriftliche Ausschlagung durch den gesetzlichen Vertreter

An das

Amtsgericht
– Nachlassgericht – (Baden-Württemberg: Staatl. Notariat)

*Nachlasssache*

Am             ist der am           in           geborene, zuletzt in           wohnhafte           , mein Ehemann, in           verstorben.

Eine Verfügung von Todes wegen ist nicht vorhanden.

Ich schlage die Erbschaft im eigenen Namen und im Namen meiner minderjährigen Kinder           und           aus allen Berufungsgründen aus. Eine vormundschaftsgerichtliche Genehmigung, die Erbschaft für die Kinder auszuschlagen, wurde mit Beschluss vom           erteilt. Eine Ausfertigung dieses Beschlusses nebst Zustellungsvermerk ist beigefügt.

Als gesetzliche Erben kommen die Eltern des Erblassers,           , wohnhaft           , in Betracht.

Der Nachlass ist vermutlich überschuldet.

(Unterschrift)

(*Notarielle Unterschriftsbeglaubigung*)

## VII. Muster: Ausschlagung durch den Erbeserben

An das[125]

Amtsgericht
– Nachlassgericht – (Baden-Württemberg: Staatl. Notariat)

*Nachlasssache*

Am           ist der am           in           geborene, zuletzt in           wohnhafte           , mein Vater, in           verstorben. Mit letztwilliger Verfügung vom           hatte er seine Ehefrau,           , geborene           , geboren am           , meine Mutter, als Alleinerbin eingesetzt. Diese ist am           in           , ihrem letzten Wohnort, verstorben.

Als einziger Abkömmling der Eheleute schlage ich die durch den Tod meiner Mutter angefallene Erbschaft meines Vaters aus.

Der Nachlass meines Vaters ist überschuldet.

(Unterschrift)

(*Notarielle Unterschriftsbeglaubigung*)

## VIII. Wirkung der Ausschlagung

Mit der Ausschlagung gilt der Anfall der Erbschaft an den Ausschlagenden als nicht erfolgt, **§ 1953 Abs. 1 BGB.** Der Nächstberufene hat dann wiederum die Möglichkeit, seinerseits auszuschlagen. Lediglich der Fiskus als letztmöglicher Erbe besitzt kein Ausschlagungsrecht.

---

125 Vgl. dazu *Pentz*, Ausschlagung durch Erbeserben (§ 1952 Abs. 3 BGB), Rpfleger 1999, 516.

## IX. Anfechtung der Annahme bzw. Ausschlagung der Erbschaft

172 Die Anfechtung der Annahme bzw. der Ausschlagung richtet sich grundsätzlich nach den für Willenserklärungen geltenden Vorschriften der §§ 119 ff. BGB. Ergänzend dazu enthalten die §§ 1954 ff. BGB einige Sondervorschriften.[126]

### 1. Form der Anfechtung

173 Ebenso wie die Ausschlagung bedarf die **Anfechtung der Annahme** bzw. der Ausschlagung einer bestimmten Form. § 1955 BGB geht insoweit als Spezialvorschrift dem § 143 BGB vor. Ein Stellvertreter muss die Vollmacht wie bei der Ausschlagung nachweisen, §§ 1955 S. 2, 1945 Abs. 2 BGB. Die Anfechtung der Ausschlagung kann ab 1.9.2009 auch gegenüber dem Nachlassgericht, in dessen Bezirk der Anfechtende seinen Wohnsitz hat, erklärt werden, § 344 Abs. 7 FamFG.

### 2. Muster: Anfechtung der Ausschlagung

171 An das

174 Amtsgericht
– Nachlassgericht – (Baden-Württemberg: Staatl. Notariat)

*Nachlasssache*

Am              ist der am              in              geborene, zuletzt in              wohnhafte              , mein Vater, in              verstorben. Neben seiner Ehefrau              , geborene              , meiner Mutter, hinterließ er als gesetzliche Erben noch meine Schwester              . Anlässlich der Beerdigung am              erklärte meine Mutter wahrheitswidrig, dass der Nachlass hoffnungslos überschuldet wäre. Ich schlug daraufhin gegenüber dem Nachlassgericht am              die Erbschaft aus.

Wie ich gestern erfahren habe, hinterließ mein Vater Aktien und Wertpapiere im Wert von              EUR. Schulden sind nicht vorhanden.

Ich erkläre hiermit die Anfechtung der Ausschlagung der Erbschaft wegen arglistiger Täuschung.

(Unterschrift)

*(Notarielle Unterschriftsbeglaubigung)*

### 3. Muster: Schriftsatz des „Anfechtungsgegners" bei Anfechtung der Erbschaftsannahme

172 An das[127]

175 Amtsgericht
– Nachlassgericht – (Baden-Württemberg: Staatl. Notariat)

*Nachlasssache*

              (Einleitung)

---

126 Vgl. *Kerscher/Krug*, § 11 Rn 308 ff.
127 Vgl. zum Sachverhalt BayObLG NJW-RR 1999, 590.

Zwar kann die Überschuldung der Erbschaft eine verkehrswesentliche Eigenschaft gem. § 119 Abs. 2 BGB, die zur Anfechtung der Annahme der Erbschaft berechtigen kann, darstellen. Hier lag aber im Zeitpunkt der Abgabe der Annahmeerklärung (vgl. § 119 Abs. 1 BGB) keine Überschuldung vor.

Eine Überschuldung des Nachlasses liegt als Voraussetzung der Eröffnung der Nachlassinsolvenz (§ 320 S. 1 InsO) vor, wenn bei Gegenüberstellung der Aktiva und Passiva des Nachlasses die Verbindlichkeiten den Wert der Nachlassgegenstände übersteigen (Palandt/*Edenhofer*, § 1980 Rn 3). Das ist hier, bezogen auf den Zeitpunkt der Annahme der Erbschaft am          nicht der Fall. Ausweislich des durch den Nachlasspfleger zum          erstellten Verzeichnisses beliefen sich die Aktiva des Nachlasses zu diesem Zeitpunkt auf insgesamt          EUR. Dabei wurde der Wert der Immobilien jeweils mit dem (anteiligen) Kaufpreis angesetzt (zusammen          EUR). Maßgebend für die Bewertung von Nachlassgegenständen im Rahmen der Überschuldungsprüfung ist der jeweilige Liquidationswert, d.h. hier der Wert, zu dem die Immobilien veräußert werden konnten. Für dessen Ermittlung kann, auch unter Berücksichtigung der Einwände der Beteiligten, auf die durch den beauftragten Makler erstellte Liste vom          über die voraussichtlich erzielbaren Verkaufserlöse zurückgegriffen werden. Daraus errechnet sich ein Gesamtwert der in den Nachlass fallenden Immobilien beziehungsweise Miteigentumsanteile von          EUR, ein Gesamtwert der Aktiva von          EUR.

Dem standen zwar Verbindlichkeiten laut Verzeichnis in Höhe von          EUR gegenüber. Zu berücksichtigen ist jedoch, dass diese Verbindlichkeiten zu einem erheblichen Teil Darlehen betrafen, die für den Erwerb der Immobilien aufgenommen und durch entsprechende Grundpfandrechte an diesen abgesichert waren. Soweit die Immobilien, wie überwiegend, zur Hälfte im Miteigentum der Beteiligten zu 1 standen, waren nach den Feststellungen des Nachlasspflegers, gegen die sich die Beteiligte zu 1 nicht gewandt hat, diese Verbindlichkeiten von ihr zur Hälfte zu tragen. Ein entsprechender Anspruch gegen die Beteiligte zu 1 fällt in den Nachlass. Er richtet sich entweder darauf, bei der Befreiung von der Schuld mitzuwirken oder, nach Begleichung der Schuld aus dem Nachlass, auf hälftigen Ausgleich gem. §§ 426 Abs. 1 S. 1, 426 Abs. 2 BGB. Unter Berücksichtigung dieses Umstands sind die um den Freistellungs- bzw. Ausgleichsanspruch geminderten Passiva gemäß Nachlassverzeichnis lediglich mit          EUR anzusetzen. Hinzuzurechnen sind die erst nachträglich bekannt gewordenen, aber am          bereits entstandenen (vgl. § 36 Abs. 1 EStG) Einkommensteuerschulden des Erblassers für die Veranlagungszeiträume          und          gemäß den Steuerbescheiden vom          und          (jeweils ohne Zinsen und Verspätungszuschlag) in Höhe von          EUR für den Veranlagungszeitraum          und          EUR für den Veranlagungszeitraum. Die in den Steuerbescheiden ausgewiesenen Verzugszinsen und Verspätungszuschläge sind, da zum großen Teil erst nach dem          entstanden, nur zu einem Teilbetrag zu berücksichtigen. Der Gesamtbetrag der Passiva beläuft sich daher auf ca.          EUR.

Auch auf der Grundlage niedrigerer Verkehrswerte für die Immobilien verblieb somit am Stichtag mit ca.          EUR ein deutlicher Überschuss der Aktiva über die Nachlassverbindlichkeiten. Selbst wenn man die Pflichtteilsansprüche der Beteiligten zu 1 und 2 (§ 2303 BGB) berücksichtigt, berechnen sich diese doch nur aus diesem Überschuss (§ 2311 BGB) und verringern sich mit diesem.

Unter diesen Umständen ist auch bei Berücksichtigung von Wertschwankungen im Einzelnen und der im Ergebnis geringfügigen Zinsen, die für die Einkommensteuerschuld des Jahres          bereits angelaufen sein konnten, festzustellen, dass der Nachlass am          nicht überschuldet war.

(Rechtsanwalt)

## 4. Anfechtungsfrist

Die Anfechtung kann nur binnen sechs Wochen erfolgen, **§ 1954 Abs. 1 BGB**. Sie beginnt regelmäßig mit Kenntnis des Anfechtungsgrundes zu laufen. Im Falle der Anfechtbarkeit wegen Drohung beginnt die Frist mit dem Zeitpunkt, in welchem die Zwangslage aufhört. Hatte der Erblasser seinen letzten Wohnsitz nur im Ausland oder hielt sich der Erbe bei Beginn der Frist im Ausland auf, so beträgt die Frist sechs Monate, § 1954 Abs. 3 BGB. Nach dreißig Jahren ist sie ausgeschlossen, **§ 1954 Abs. 4 BGB**. Hinsichtlich der Frist für die Anfechtung der Annahme bzw. der Ausschlagung der Erbschaft verweist § 1954 Abs. 2 S. 2 BGB auf die §§ 206, 210 BGB und auch noch § 211 BGB. Auch insoweit handelt es sich um eine redaktionelle Folgeänderung zum neuen Verjährungsrecht.[128]

### 5. Anfechtungsgründe

a) Erklärungs- oder Inhaltsirrtum, § 119 Abs. 1 BGB

177 Einen **beachtlichen Inhaltsirrtum** stellt z.B. das schlüssige Annahmeverhalten in Unkenntnis des Ausschlagungsrechts dar.[129]

b) Irrtum über eine verkehrswesentliche Eigenschaft, § 119 Abs. 2 BGB

178 Als **beachtlicher Eigenschaftsirrtum** kommt auch die irrige Annahme einer Überschuldung,[130] die Unkenntnis der Überschuldung bzw. der Belastung des Nachlasses mit einer wesentlichen Verbindlichkeit[131] in Betracht. Aber auch ein Irrtum über die Zugehörigkeit bestimmter Gegenstände zum Nachlass[132] oder die Unkenntnis der Berufung eines weiteren Miterben[133] stellen einen Anfechtungsgrund dar.

### 6. Anfechtung der Fristversäumung

179 Nach § 1956 BGB kann die Versäumung der Ausschlagungsfrist in gleicher Weise wie die Annahme angefochten werden. Ist z.B. dem zum Erben Berufenen die Formbedürftigkeit der Erbschaftsausschlagung nicht bekannt und glaubt er deshalb, bereits wirksam ausgeschlagen zu haben, so kann er die Versäumung der Ausschlagungsfrist wegen Irrtums anfechten.[134]

### 7. Muster: Anfechtung der Versäumung der Ausschlagungsfrist

173 An das

180 Amtsgericht
– Nachlassgericht – (Baden-Württemberg: Staatl. Notariat)

*Nachlasssache*

*Anfechtung der Versäumung der Ausschlagungsfrist*

Am _____ ist mein Vater, _____, wohnhaft _____, verstorben. Da keine letztwillige Verfügung vorlag und nachdem meine Mutter bereits vorverstorben ist, war mir klar, dass ich als Alleinerbe in Betracht käme. Irrtümlich ging ich aber davon aus, dass ich erst die Erbschaft annehmen müsste, um Erbe zu werden. Ich wollte aber zu keinem Zeitpunkt Erbe werden, da ich wusste, dass der Nachlass überschuldet

---

128 Palandt/*Edenhofer*, Ergänzungsband zur 61. Auflage, § 1954 BGB Rn 1.
129 BayObLGZ 1983, 153.
130 BayObLG NJW-RR 1993, 780.
131 OLG Zweibrücken ZEV 1996, 428 (Belastung mit einer Steuerverbindlichkeit).
132 BayObLG NJW-RR 1998, 797.
133 BGH NJW 1997, 392.
134 BayObLG MDR 1994, 176.

war. Nachdem mich gestern ein Gläubiger meines Vaters auf meine Haftung ansprach, konsultierte ich umgehend einen Rechtsanwalt, der mich heute auf die gesetzlichen Erfordernisse hingewiesen hat

(Unterschrift)

*(Notarielle Unterschriftsbeglaubigung)*

## X. Kosten

Für die Erklärung der Ausschlagung gegenüber dem Nachlassgericht fällt eine ¼ **Gebühr** gem. § 112 Abs. 1 Nr. 2 KostO an. Diese Gebühr wird auch für die Anfechtung der Annahme oder der Ausschlagung oder der Anfechtung der Versäumung der Ausschlagungsfrist erhoben. Ist der Nachlass überschuldet, so bleibt es bei der **Mindestgebühr**.

Die Gebühr für die Entgegennahme einer Erbschaftsausschlagungserklärung wird nicht erhoben, wenn eine solche aufgrund der Erbscheinserteilung unter Berücksichtigung der Ausschlagung angefallen ist.[135]

Haben **Miterben** gleichzeitig gegenüber dem Nachlassgericht die Anfechtung der Erbschaftsannahme erklärt und verfolgen sie mit ihrer Beschwerde ihre Anfechtung weiter, ist für das Beschwerdeverfahren ein einheitlicher Geschäftswert festzusetzen.[136]

## D. Anfechtung letztwilliger Verfügungen

Die Anfechtung letztwilliger Verfügungen ist in den **§§ 2078–2083 BGB** geregelt. Zunächst ist zu versuchen, im Wege der **Auslegung** den letzten Willen des Erblassers zu ermitteln, d.h. die Auslegung ist vorrangig.[137] Erst wenn der wirkliche oder der hypothetische Wille des Erblassers nicht festgestellt werden kann, ist die Anfechtung zu prüfen.[138]

### I. Anfechtungsgründe

Nach **§ 2078 Abs. 1 BGB** kann eine letztwillige Verfügung wegen Erklärungs- oder Inhaltsirrtums angefochten werden. Aber auch ein Motivirrtum oder eine widerrechtliche Drohung können die Anfechtung rechtfertigen, **§ 2078 Abs. 2 BGB**.

#### 1. Erklärungsirrtum

Ein **Erklärungsirrtum** im Sinne des **§ 2078 Abs. 1 BGB** liegt vor, wenn das äußere Erklärungsverhalten nicht dem tatsächlichen Willen des Erklärenden entspricht, z.B.[139] bei
- Verschreiben,
- Versprechen oder
- beim notariellen Testament ein Irrtum über den Wortlaut der vom Notar verlesenen Niederschrift oder der dem Notar übergebenen Schrift.

---

135 OLG Düsseldorf MDR 1991, 999.
136 BayObLG FamRZ 1999, 1440.
137 BGH NJW 1978, 264; BayObLGZ DNotZ 1998, 209; Palandt/*Edenhofer*, § 2078 BGB Rn 1, § 2084 BGB Rn 1.
138 *Rudolf*, § 4 Rn 1.
139 *Rudolf*, § 5 Rn 1.

## 2. Muster: Anfechtung eines Testaments wegen Erklärungsirrtums

**174**
**185**

An das

Amtsgericht
– Nachlassgericht – (Baden-Württemberg: Staatl. Notariat)

*Nachlasssache*

Az.

*Anfechtung der letztwilligen Verfügung vom*

Namens und im Auftrag meiner Mandantin        erkläre ich die *Anfechtung* der letztwilligen Verfügung der Erblassers vom        . Der Erblasser hat sich bei der Errichtung der letztwilligen Verfügung verschrieben:        *(weiter ausführen)*.

*Beweis:*

Insoweit liegt ein zur Anfechtung berechtigender Erklärungsirrtum nach § 2078 Abs. 1 BGB vor.

(Rechtsanwalt)

## 3. Inhaltsirrtum; Muster

**186**

Ein Inhaltsirrtum ist gegeben, wenn sich der Erblasser über die Bedeutung der verwendeten Wörter oder die Rechtsnatur seiner Erklärung irrt.

**175**
**187**

Muster: Anfechtung eines Testaments wegen Inhaltsirrtums

An das

Amtsgericht
– Nachlassgericht – (Baden-Württemberg: Staatl. Notariat)

*Nachlasssache*

Az.

Namens und im Auftrag meiner Mandantin        erkläre ich die *Anfechtung* der letztwilligen Verfügung des Erblassers vom        . Der Erblasser hat sich über die Bindungswirkung des Erbvertrages geirrt. Er hat die Klausel, welche den vertragsmäßig bindenden Charakter der Verfügungen festlegt sowie die entsprechenden Belehrungen des Notars nicht verstanden. Im Testament vom        ist er nämlich von der Vorstellung ausgegangen, über seinen Nachlass frei verfügen zu können        *(weiter ausführen)*.

(Rechtsanwalt)

## 4. Motivirrtum

**188**

Ein Motivirrtum ist gegeben, wenn der Erblasser durch die irrige Annahme oder Erwartung des Eintritts oder Nichteintritts eines Umstandes zu seiner Verfügung bestimmt worden ist. Dabei ist im Gegensatz zur Anfechtung nach §§ 119 ff. BGB jeder Irrtum im Beweggrund beachtlich.[140]

Die Anfechtung einer vertraglich bindenden Erbeinsetzung in einem Erbvertrag kann auch darauf gestützt werden, dass die **unbewusste Erwartung** des Erblassers enttäuscht worden

---

140 Näheres dazu bei *Rudolf*, § 5 Rn 5 ff.

ist, zwischen ihm und dem so Bedachten werde es bis zum Lebensende des Erblassers nicht zu einer Zerstörung des persönlichen Vertrauensverhältnisses kommen, die zu einer gerichtlichen Auseinandersetzung führt. Die Feststellung einer solchen Erwartung und ihrer Ursächlichkeit für die Erbeinsetzung setzt jedoch voraus, dass im Einzelfall besondere Umstände gegeben sind, die in diese Richtung deuten.[141]

### a) Muster: Anfechtung eines Testaments wegen Motivirrtums

An das

Amtsgericht
– Nachlassgericht – (Baden-Württemberg: Staatl. Notariat)

*Nachlasssache*

Az.

Namens und im Auftrag meiner Mandantin ▮▮▮▮ erkläre ich die *Anfechtung* der letztwilligen Verfügung des Erblassers vom ▮▮▮▮. Der Erblasser hatte bei Errichtung der letztwilligen Verfügung die Fehlvorstellung, sein erstehelicher Sohn ▮▮▮▮ würde ein erfolgreicher Rechtsanwalt werden. Tatsächlich scheiterte, wie erst jetzt bekannt wurde, dieser bereits am kleinen BGB-Schein, den er auch nach 20 Semestern nicht ablegen konnte. Hätte der Erblasser dies gewusst, hätte er den ▮▮▮▮, den er als Nachfolger in seiner Kanzlei sah, nicht zum Alleinerben eingesetzt.

Die falsche Annahme, dass jemand eine Ausbildung erfolgreich durchlaufen würde, stellt einen beachtlichen Motivirrtum dar (vgl. MüKo-*Leipold*, § 2078 BGB Rn 23).

(Rechtsanwalt)

### b) Muster: Schriftsatz im Erbscheinsverfahren; Hinweis auf fehlenden Motivirrtum

An das[142]

Amtsgericht
– Nachlassgericht – (Baden-Württemberg: Staatl. Notariat)

*Nachlasssache*

Az.

Mit der am ▮▮▮▮ beim Nachlassgericht eingegangenen Anfechtungserklärung hat die hierzu als Erbin der Tochter der Erblasserin berechtigte Beteiligte zu 1 (§ 2080 Abs. 1 BGB) gegenüber dem Nachlassgericht (§§ 2081 Abs. 1, 2082 Abs. 1 und 2 BGB) behauptet, die von der Erblasserin im notariellen Testament vom ▮▮▮▮ verfügte Nacherbeneinsetzung des Beteiligten zu 2 sei von einer irrigen Annahme oder Erwartung der Erblasserin beeinflusst gewesen. Sie hat sich damit auf einen Motivirrtum der Erblasserin berufen, der gem. § 2078 Abs. 2 BGB mit der Rechtsfolge der Nichtigkeit (§ 142 Abs. 1 BGB) zur Anfechtung einzelner im Testament enthaltener Verfügungen (vgl. BGH NJW 1985, 2025, 2026; BayObLG ZEV 1994, 369, 370) berechtigt.

Die Anfechtung wegen Motivirrtums im Sinn von § 2078 Abs. 2 BGB kann aber nur auf solche irrige Vorstellungen und Erwartungen gestützt werden, die die Erblasserin im Zeitpunkt der Errichtung des Testaments (vgl. Soergel/*Loritz*, BGB, § 2078 Rn 23 m.w.N.) tatsächlich gehabt hat; dazu gehören auch

---

141 BayObLG NJW-RR 1999, 86.
142 Sachverhalt nach BayObLG FamRZ 1997, 772.

*Kroiß*

Vorstellungen und Erwartungen, die sie zwar nicht in ihr Bewusstsein aufgenommen, aber als selbstverständlich ihrer Verfügung zugrunde gelegt hat (BGH NJW-RR 1987, 1412, 1413; BayObLGZ 1993, 248, 252 m.w.N.; MüKo-*Leipold*, BGB, § 2078 Rn 26 f.). § 2078 Abs. 2 BGB verlangt, dass der zur Anfechtung berechtigende Umstand der bewegende Grund für den letzten Willen war (BGH NJW-RR 1987, 1412, 1413 m.w.N.). Der Irrtum muss für die letztwillige Verfügung ursächlich, das heißt bestimmend oder zumindest derart mitbestimmend sein, dass die Erblasserin sie ohne die irrige Vorstellung nicht getroffen hätte (vgl. BayObLGZ 1971, 147, 150; Palandt/*Edenhofer*, § 2078 BGB Rn 9 m.w.N.). Die materielle Beweislast für die Feststellung der anfechtungsbegründenden Tatsachen (Beweggrund und Kausalität) hat der Anfechtende zu tragen (vgl. Erman/*Schmidt*, BGB, § 2078 Rn 14).

Unter Beachtung dieser Grundsätze ist davon auszugehen, dass die Erblasserin den Beteiligten zu 2 nur deshalb zum Nacherben eingesetzt hat, weil er ihr versprochen habe, bestimmte Dienstleistungen, insbesondere für ihre Tochter zu erbringen. Bei der Testamentsanfechtung bedarf es – im Gegensatz zu der einer Anfechtung vorgehenden Auslegung (vgl. Palandt/*Edenhofer*, § 2078 BGB Rn 1) – für die Berücksichtigung der Vorstellungen der Erblasserin keines Anhaltspunktes im Testament (vgl. Staudinger/*Otte*, BGB, § 2078 Rn 24 m.w.N.). Gleichwohl ist zu berücksichtigen, dass die Erblasserin in ihrem notariellen Testament den Beteiligten zu 2 eindeutig und ohne jede Begründung als ihren Nacherben (§ 2100 BGB) eingesetzt hat (§ 1937 BGB) und nicht die Gestaltungsmöglichkeiten gewählt hat, die Nacherbeneinsetzung von einer Bedingung (§§ 2074, 2075 BGB) abhängig zu machen oder mit einer Auflage (§ 2194 BGB) zu verbinden.

(Rechtsanwalt)

### 5. Anfechtung wegen Drohung

Ein Anfechtungsgrund nach § 2078 Abs. 2 BGB liegt auch dann vor, wenn der Erblasser durch Drohung zu der Verfügung bestimmt worden ist. Eine Drohung liegt vor, wenn ein künftiges Übel, auf dessen Eintritt oder Nichteintritt der Drohende behauptet einwirken zu können, und das verwirklicht werden soll, wenn der Bedrohte nicht die von dem Drohende gewünschte Willenserklärung abgibt.[143] Für die Frage der Ernsthaftigkeit der Drohung kommt es auf die Sicht des Bedrohten an.[144]

### 6. Muster: Anfechtung einer letztwilligen Verfügung wegen Drohung

An das

Amtsgericht
– Nachlassgericht – (Baden-Württemberg: Staatl. Notariat)


*Nachlasssache*

*Az.*

Namens und im Auftrag meiner Mandantin        erkläre ich die *Anfechtung* der letztwilligen Verfügung des Erblassers vom        . Sein erstehelicher Sohn hatte dem Erblasser gedroht, ihn wegen vermeintlicher Unregelmäßigkeiten bei der Steuerfahndung anzuzeigen und Betriebsgeheimnisse publik zu machen, wenn er ihn nicht zum Alleinerben einsetzen würde.

*Beweis:*        als Zeuge

Als gesetzliche Erbin ist meine Mandantin anfechtungsberechtigt.

(Rechtsanwalt)

---

143 BGH FamRZ 1996, 605.
144 BGH FamRZ 1996, 605.

## 7. Sonderfall: Anfechtung wegen Übergehung eines Pflichtteilsberechtigten

Eine gesetzliche Sonderregelung bezüglich eines Motivirrtums stellt **§ 2079 BGB** dar. Demnach kann eine letztwillige Verfügung angefochten werden, wenn der Erblasser einen zur Zeit des Erbfalls vorhandenen Pflichtteilsberechtigten übergangen hat, dessen Vorhandensein ihm bei der Errichtung der Verfügung nicht bekannt war oder der erst nach der Errichtung geboren oder pflichtteilsberechtigt geworden ist. Letztlich begründet § 2079 BGB in Ergänzung zu § 2078 Abs. 2 BGB die Vermutung, dass die Unkenntnis vorhandener oder künftiger Pflichtteilsberechtigter bestimmendes Motiv des Erblassers war.[145]

## 8. Muster: Anfechtung wegen Übergehung eines Pflichtteilsberechtigten

An das

Amtsgericht
– Nachlassgericht – (Baden-Württemberg: Staatl. Notariat)

Nachlasssache

Az.

Namens und im Auftrag meines Mandanten _____ erkläre ich die *Anfechtung* der letztwilligen Verfügung des Erblassers vom _____. Der Erblasser _____ war sich bei Errichtung dieser letztwilligen Verfügung nicht bewusst, dass ihm später noch ein nichtehelicher Sohn geboren werden würde. Mein Mandant wurde am _____ als Sohn der _____ geboren. Der Erblasser hat die Vaterschaft anerkannt.

Insoweit ist ein Anfechtungsgrund nach § 2079 BGB gegeben. Auch hätte der Erblasser bei Kenntnis der Sachlage die Verfügung so nicht getroffen.

(Rechtsanwalt)

## II. Anfechtungsberechtigte

Nach § 2080 Abs. 1 BGB ist zur Anfechtung derjenige berechtigt, „welchem die Aufhebung der letztwilligen Verfügung unmittelbar zustatten kommen würde".

### 1. Dritte bei einseitigen Verfügungen

**Übersicht:**

§ 2080 BGB

| Abs. 1 | Abs. 2 | Abs. 3 |
|---|---|---|
| derjenige, für den die Aufhebung positiv wäre | derjenige, auf den der Irrtum sich bezieht | dem Pflichtteilsberechtigten im Falle des § 2079 BGB |

---

145 Jauernig/*Stürner*, § 2079 BGB Rn 1.

## 2. Erblasser beim Erbvertrag, § 2281 BGB

a) Rechtliche Grundlagen

197 Ein Erbvertrag kann aufgrund der §§ 2078, 2079 BGB auch vom Erblasser angefochten werden. Dabei ist zu beachten, dass auch die willkürliche Schaffung der Pflichtteilsberechtigung durch den Erblasser, etwa durch Heirat oder Adoption, grundsätzlich unschädlich ist.[146] Lediglich für den Fall, dass der familienrechtliche Akt den ausschließlichen Zweck hatte, die Bindung der letztwilligen Verfügung zu beseitigen, kann die Schaffung des Anfechtungsgrundes gegen Treu und Glauben bzw. die guten Sitten verstoßen.

b) Muster: Anfechtung eines Erbvertrags durch den Erblasser

180 (Notarielle Urkundenformalien)

198 Es erscheint ▆▆▆ – persönlich bekannt und zweifelsfrei geschäftsfähig –

Sie erklärt:

In der Urkunde des Notars ▆▆▆ in ▆▆▆ – Urkunden-Rolle Nr. ▆▆▆ – habe ich mit meinem Ehemann ▆▆▆ am ▆▆▆ einen Erbvertrag geschlossen. Nach Ziffer 2 haben wir uns gegenseitig zu Alleinerben und unseren Sohn ▆▆▆ zum Erben des Längerlebenden eingesetzt. Mein Mann starb am ▆▆▆. Am ▆▆▆ habe ich mich mit ▆▆▆ verheiratet.

Ich fechte die von mir in dem Erbvertrag vom ▆▆▆ getroffenen Verfügungen wegen Übergehung eines Pflichtteilsberechtigten an.

Ich beantrage, mir eine Ausfertigung dieser Verfügung[147] zu erteilen und diese dem Nachlassgericht ▆▆▆ zu übersenden.

Diese Niederschrift wurde vom Notar der Anwesenden vorgelesen, von ihr genehmigt und wie folgt eigenhändig unterschrieben:

(Unterschrift)

## 3. Dritte beim Erbvertrag, §§ 2080 Abs. 1, 2285 BGB

a) Rechtliche Grundlagen

199 Nach dem Tod des erstversterbenden Ehegatten können Dritte nach den allgemeinen Regeln anfechten.[148] Nach dem Tod des Längerlebenden können nur noch Dritte den Erbvertrag anfechten. Für diese Anfechtung gelten die §§ 2078 ff. BGB, die §§ 2281–2284 BGB sind hingegen nicht anwendbar, d.h. dass auch die Anfechtungserklärung sich nach § 2081 BGB richtet. Lediglich § 2285 BGB ist zu beachten.

b) Muster: Anfechtung eines Erbvertrages durch Dritte

181 An das

200 Amtsgericht
– Nachlassgericht – (Baden-Württemberg: Staatl. Notariat)
▆▆▆

---

146 *Rudolf*, § 5 Rn 33 m.w.N.
147 D.h. der Anfechtungserklärung.
148 *Rudolf*, § 5 Rn 162.

*Kroiß*

Namens und im Auftrag meines Mandanten ▬▬▬ erkläre ich die *Anfechtung* des von seinem Vater Heribert Geier mit seiner Ehefrau Gundi Geier vor dem Notar ▬▬ in ▬▬ geschlossenen Erbvertrages vom ▬▬ (UR-Nr. ▬▬). In diesem Erbvertrag setzten sich die Eheleute gegenseitig zu Alleinerben und ihre beiden gemeinsamen Kinder zu Erben des zuletzt versterbenden Ehegatten ein. Nachdem Frau Gundi Geier am ▬▬ verstarb, heiratete Heribert Geier erneut. Aus der mit Frieda Adler am ▬▬ geschlossenen Ehe ging der Sohn Horst, geboren am ▬▬, hervor. Am ▬▬ verstarb dann Heribert Geier, ohne dass er weitere letztwillige Verfügungen hinterlassen hat.

Da bei Abschluss des Erbvertrages Horst Adler noch nicht geboren und Frieda Adler noch nicht pflichtteilsberechtigt war, ist eine Anfechtung nach § 2079 BGB möglich. Die Frist des § 2082 BGB ist gewahrt.

Mein Mandant ist gem. §§ 2080 Abs. 1, 2285 BGB anfechtungsberechtigt.

(Rechtsanwalt)

## III. Form der Anfechtung

### 1. Testamentsanfechtung

Bei der Anfechtung handelt es sich um eine empfangsbedürftige Willenserklärung, die grundsätzlich gegenüber dem Nachlassgericht erfolgt, § **2081 Abs. 1 BGB**. Liegt keiner der dort aufgezählten Fälle vor, z.B. beim Vermächtnis oder beim Erbvertrag, so ist sie dem Anfechtungsgegner zu erklären, § 143 Abs. 4 S. 1 BGB. Eine Begründung ist nicht erforderlich.[149]

201

### 2. Anfechtung von Erbverträgen

Bei Erbverträgen bedarf die Anfechtungserklärung der notariellen Beurkundung, § 2282 Abs. 3 BGB. Die Anfechtung muss auch höchstpersönlich erfolgen, § 2282 Abs. 1 BGB. Die Formpflicht nach § 2282 Abs. 3 BGB gilt nicht für Dritte.

202

Anfechtungsgegner ist zu Lebzeiten des Vertragsgegners stets der Vertragsgegner, § 143 Abs. 2 BGB.

## IV. Anfechtungsfrist

### 1. Testamentsanfechtung

Die Anfechtung kann nur binnen Jahresfrist erfolgen, § **2082 Abs. 1 BGB**.

203

Die Frist beginnt erst zu laufen mit Kenntnis
- vom Erbfall,
- von den anfechtungsbegründenden Tatsachen und
- von der letztwilligen Verfügung.

Auf den Lauf der Frist finden die für die Verjährung geltenden Vorschriften der §§ 206, 210, 211 BGB entsprechende Anwendung.

---

149 BayObLG Rpfleger 1981, 510.

## 2. Erbvertragsanfechtung

204 Eine Anfechtung durch den Erblasser kann **nur binnen Jahresfrist** erfolgen, § 2283 Abs. 1 BGB. Auf den Lauf der Frist finden die für die Verjährung geltenden Vorschriften der §§ 206, 210 BGB entsprechende Anwendung. Dritte können nach §§ 2078 ff. BGB nicht mehr anfechten, wenn das Anfechtungsrecht des Erblassers zur Zeit des Erbfalls erloschen ist, § 2285 BGB.

## V. Anfechtung des gemeinschaftlichen Testaments

### 1. Rechtliche Grundlagen

205 Die Frage der Anfechtbarkeit eines gemeinschaftlichen Testaments ist gesetzlich nicht besonders geregelt. Gleichwohl besteht wegen der Bindungswirkung bei wechselbezüglichen Verfügungen beim Erblasser ein Bedürfnis für die Anfechtung.

**Übersicht:** Anfechtungsmöglichkeiten beim gemeinschaftlichen Testament

Zu Lebzeiten beider Ehegatten
- keine Anfechtung, da Widerruf möglich

nach dem Tod eines Ehegatten
- bei wechselbezüglichen Verfügungen Anfechtung möglich, analog §§ 2281 ff. BGB

Überlebender
§ 2078 BGB
nicht: § 2079 BGB

Dritte
§§ 2078, 2079, 2080 ff. BGB

### 2. Muster: Anfechtung eines gemeinschaftlichen Testaments

*(Notarielle Urkundenformalien)*

206 Es erscheint ▭ – persönlich bekannt und zweifelsfrei geschäftsfähig –

Sie erklärt:

Ich habe mit meinem Ehemann ▭ am ▭ ein gemeinschaftliches Testament errichtet. Darin haben wir uns gegenseitig zu Alleinerben und unseren Sohn zum Erben des Längerlebenden eingesetzt. Mein Mann starb am ▭. Am ▭ habe ich mich mit ▭ verheiratet.

Ich fechte die von mir in dem gemeinschaftlichen Testament vom ▭ getroffenen Verfügungen wegen Übergehung eines Pflichtteilsberechtigten an.

Ich beantrage, mir eine Ausfertigung dieser Verfügung[150] zu erteilen und diese dem Nachlassgericht in ▭ zu übersenden.

Diese Niederschrift wurde vom Notar der Anwesenden vorgelesen, von ihr genehmigt und wie folgt eigenhändig unterschrieben:

(Unterschrift)

---

150 D.h. eine Ausfertigung der Anfechtungserklärung.

## VI. Folgen der Anfechtung

### 1. Nichtigkeit der Verfügung

Die Anfechtung führt zur **Nichtigkeit** der letztwilligen Verfügung von Anfang an, § 142 BGB. Beim gegenseitigen Erbvertrag führt die Nichtigkeit der angefochtenen Verfügung zur Unwirksamkeit des ganzen Vertrages, § 2298 Abs. 1 BGB. § 2298 BGB enthält eine Vermutung für die Wechselbezüglichkeit vertraglicher Verfügungen in einem gegenseitigen Erbvertrag.

207

### 2. Kosten

Der Gegenstandswert richtet sich bei der Anfechtung einer Verfügung, die den gesamten Nachlass umfasst, nach dem Wert des gesamten Nachlasses, da die letztwillige Verfügung vernichtet werden soll. An **Gerichtskosten** fällt ¼ Gebühr an, § 112 Abs. 1 Nr. 4 KostO. Auch der **Notar** erhält für die Beurkundung der Erklärung **1/** Gebühr nach §§ 145 Abs. 1, 38 Abs. 3 KostO.

208

## E. Erbscheinsverfahren

### I. Begriff und Wesen des Erbscheins

#### 1. Funktion

Gemäß § 2353 BGB stellt der Erbschein ein Zeugnis des Nachlassgerichts dar, das bekundet, wer **Erbe** ist und welchen **Verfügungsbeschränkungen** dieser unterliegt. Der Erbschein bezeugt als amtliche Bescheinigung folgende Punkte:
- Person des Erblassers
- Person des Erben (Name, Todestag und letzter Wohnsitz)
- Umfang des Erbrechts zur Zeit des Erbfalls (Erbquote)
- Nacherbschaft[151]
- die Anordnung der Testamentsvollstreckung.

209

Über den **Umfang des Nachlasses**, speziell zu der Frage, welche Gegenstände zur Erbmasse gehören, trifft der Erbschein keine Aussage. Auch schuldrechtliche Ansprüche, etwa aus Vermächtnissen oder Pflichtteilsrechten, sind nicht Inhalt des Erbscheins, da sie die Verfügungsmacht des Erben nicht berühren.[152] In der Praxis benötigt man einen Erbschein vor allem zur Vorlage beim Grundbuchamt, § 35 GBO, oder bei Banken.[153]

---

[151] *Köster*, Rpfleger 2000, 90.
[152] MüKo-*J. Mayer*, § 2353 BGB Rn 23.
[153] Vgl. dazu aber auch BGH NJW 2005, 2779: Der Erbe ist nicht verpflichtet, sein Erbrecht durch einen Erbschein nachzuweisen; er hat auch die Möglichkeit, den Nachweis des Erbrechts in anderer Form zu erbringen. Ein eröffnetes öffentliches Testament stellt in der Regel einen ausreichenden Nachweis dar.

*Kroiß*

## 2. Wirkung

### a) Vermutungswirkung

210 Entsprechend einer Grundbucheintragung kommt auch dem erteilten Erbschein eine **Vermutungswirkung** nach **§ 2365 BGB** zu:[154] Es wird vermutet, dass demjenigen, welcher im Erbschein als Erbe bezeichnet ist, das in dem Erbschein angegebene **Erbrecht zusteht** und dass er **nicht** durch andere als die angegebenen Anordnungen **beschränkt** ist. Als Beschränkungen kommen in Betracht die Nacherbfolge, **§ 2363 BGB**, und die Testamentsvollstreckung, **§ 2364 BGB**. Sind derartige Beschränkungen im Erbschein nicht enthalten, wird **negativ** vermutet, dass sie nicht bestehen. Umstritten ist, ob der Erbschein bei aufgeführten Verfügungsbeschränkungen positiv deren Bestehen bezeugt. Die h.M.[155] lehnt dies ab, da eine diesbezügliche positive Vermutung gesetzlich nicht vorgesehen ist. Auch Umstände, die nicht zwingend zum Inhalt des Erbscheins gehören, nehmen nicht an der Vermutungswirkung des § 2365 BGB teil, wie z.B. Vermächtnisse, Pflichtteilsansprüche etc. Auch der Berufungsgrund wird nicht von der Vermutungswirkung erfasst.[156] Enthält der Erbschein, welcher die ausschließlich nach **deutschem Recht** zu beurteilende testamentarische Erbfolge richtig bezeugt, den Zusatz „des in der Bundesrepublik Deutschland befindlichen Vermögens", so handelt es sich nicht um eine erbrechtliche Beschränkung. Ein solcher Zusatz nimmt am öffentlichen Glauben nicht teil und ist unzulässig.[157]

### b) Öffentlicher Glaube

211 Zugunsten des Rechtsverkehrs wird weiter eine **Richtigkeitsfiktion** aufgestellt, **§ 2366 BGB**: Erwirbt jemand einen Erbschaftsgegenstand, so gilt zu seinen Gunsten der Inhalt des Erbscheins als richtig, soweit die Vermutung des § 2365 BGB reicht. Darüber hinaus genießen auch Zahlungen an den Erben oder sonstige Verfügungsgeschäfte, wie z.B. Aufrechnung, Bewilligung einer Vormerkung etc., den Verkehrsschutz des **§ 2367 BGB**. Die Schutzwirkung gilt auch dann, wenn der Dritte **keine Kenntnis** von der Existenz des Erbscheins hatte.[158] Dem Dritten braucht der Erbschein gar nicht vorgelegt werden.[159] So wird z.B. eine Bank durch Zahlung an den „Erbscheinsbesitzer" auch dann frei, wenn dieser den Erbschein gar nicht vorgelegt hat.

Bei mehreren einander **widersprechenden Erbscheinen** entfällt für jeden Erbschein, soweit ein Widerspruch besteht, nicht nur die Vermutung für seine Richtigkeit, sondern auch die Wirkung des öffentlichen Glaubens.[160]

---

154 Vgl. Palandt/*Edenhofer*, § 2365 BGB Rn 2.
155 OLG Frankfurt NJW 1957, 265; Palandt/*Edenhofer*, § 2365 BGB Rn 1; MüKo-*J. Mayer*, § 2365 BGB Rn 11, 12.
156 *Brehm*, Rn 621; *Brox*, Rn 588; a.A. Staudinger/*Schilken*, § 2365 BGB Rn 9.
157 BayObLG FamRZ 1989, 1348.
158 Palandt/*Edenhofer*, § 2366 BGB Rn 2.
159 BGHZ 33, 317.
160 BGHZ 33, 317.

## II. Erteilungsvoraussetzungen

### 1. Antrag

#### a) Zuständiges Gericht

Sachlich zuständig ist das **Amtsgericht** als Nachlassgericht, § 2353 BGB, § 23c Abs. 2 Nr. 2 GVG. Die örtliche Zuständigkeit bestimmt sich nach dem Nachlassgericht, in dessen Bezirk der Erblasser seinen **letzten Wohnsitz** hatte, § 343 Abs. 1 FamFG (bislang § 73 Abs. 1 FGG). Die örtliche Zuständigkeit des Nachlassgerichts unterliegt in vollem Umfang der Überprüfung durch das Rechtsbeschwerdegericht.[161]

Die funktionelle Zuständigkeit beurteilt sich danach, ob eine letztwillige Verfügung vorliegt. Der **Rechtspfleger** ist zur Entscheidung bei **gesetzlicher Erbfolge** berufen, während dem **Richter** die Prüfung bei **letztwilligen Verfügungen** obliegt, §§ 3 Nr. 2 Buchst. c, 16 Abs. 1 Nr. 6 RPflG. Darüber hinaus ist der Richter noch für die Erteilung von **gegenständlich beschränkten Erbscheinen** nach § 2369 BGB bzw. wenn die Anwendung ausländischen Rechts in Betracht kommt, zuständig.

#### b) Form

Der Antrag ist an **keine** bestimmte Form gebunden. Er kann insbesondere auch zu Protokoll der Geschäftsstelle des Nachlassgerichts erklärt werden, **§ 23 FamFG** (bislang § 11 FGG).

#### c) Inhalt

Der Antrag muss das behauptete Erbrecht genau bezeichnen und zwar nach
- dem Namen und Todestag des Erblassers,
- der Person des (der) Erben,
- den Erbteilen,
- den Beschränkungen (Vor-/Nacherbschaft, Testamentsvollstreckung) und
- dem Berufungsgrund.

> **Beachte**
> Der Antrag ist sorgfältig zu formulieren, da das Gericht an den Antrag gebunden ist. Es kann dem Antrag nur voll entsprechen oder ihn zurückweisen.

Ein Erbschein kann inhaltlich nur das wiedergeben, was beantragt wurde. Das Nachlassgericht ist nicht befugt, einen Erbschein **abweichend vom Antrag oder ohne Antrag** zu erteilen.[162] Allerdings besteht die Möglichkeit, einen ohne Antrag erteilten Erbschein nachträglich zu genehmigen.[163]

#### d) Antragsberechtigung

Antragsbefugt ist der **Erbe** (auch der Miterbe, § 2357 Abs. 1 S. 2 BGB, der Anteilserwerber oder der Erbeserbe.[164] Dabei genügt die **formelle (schlüssige) Behauptung**, ein Erbrecht zu besitzen. Daneben sind noch der Testamentsvollstrecker, der Nachlassverwalter und der Nachlassinsolvenz(-konkurs)verwalter antragsbefugt. Dagegen besitzen Vermächtnisneh-

---

161 OLG Düsseldorf FamRZ 1998, 192.
162 RGZ 156, 180; BayObLGZ 1973, 28.
163 BayObLGZ 1967, 1.
164 BayObLG FamRZ 1995, 1089.

mer, Pflichtteilsberechtigte und Nachlasspfleger kein Antragsrecht. Der **Nacherbe** ist vor Eintritt des Nacherbfalls nicht antragsbefugt.[165]

Hingegen können Nachlassgläubiger, die bereits einen Titel gegen den Erblasser erwirkt haben, zum Zwecke der **Zwangsvollstreckung** einen Erbschein beantragen, **§ 792 ZPO**. Zum Nachweis der Berechtigung genügt die Vorlage einer Ablichtung des Vollstreckungstitels; die Vorlage einer vollstreckbaren Ausfertigung ist nicht erforderlich.[166]

Bei den Kosten, die für die Erteilung des Erbscheins nach § 107 Abs. 1 Nr. 1 KostO anfallen, handelt es sich um Kosten der Zwangsvollstreckung im Sinne des § 788 ZPO.

219 Für den Fall, dass dem Erben bereits ein Erbschein erteilt wurde, muss der Gläubiger keinen weiteren Erbschein beantragen; er kann vielmehr eine Ausfertigung verlangen, **§ 357 Abs. 2 FamFG** (bislang § 85 FGG). Die Kosten richten sich dann nach § 136 KostO.

e) Muster: Erbscheinsantrag eines Nachlassgläubigers

183 An das

220 Amtsgericht
– Nachlassgericht – (Baden-Württemberg: Staatl. Notariat)

*Erbscheinsantrag zum Zwecke der Zwangsvollstreckung*

Unter Vorlage der beiliegenden Vollmacht zeige ich die Vertretung des           an. In seinem Namen beantrage ich die Erteilung eines Erbscheins mit folgendem Inhalt:

Hiermit wird bezeugt, dass der am           in           verstorbene           , geboren am           in           , zuletzt wohnhaft           , von seinem Sohn           , wohnhaft           ,

*allein*

aufgrund letztwilliger Verfügung beerbt worden ist.

Mein Mandant erwirkte wegen einer Werklohnforderung gegen den Erblasser vor dem Landgericht           unter dem Az.           am           ein Versäumnisurteil, das seit           rechtskräftig ist.

*Anlage 1:* Ablichtung des Versäumnisurteils des Landgerichts           vom

Der Erblasser ist laut Sterbeurkunde am           in           verstorben.

*Anlage 2:* Sterbeurkunde

Er hatte am           ein eigenhändiges Testament errichtet, in dem er seinen Sohn           zum alleinigen Erben bestimmte. Dieses Testament ist am           vom Nachlassgericht           eröffnet worden. Die Beiziehung der Nachlassakten Az.           wird beantragt. Weitere Verfügungen von Todes wegen sind nicht bekannt. Der Sohn           hat die Erbschaft durch Verstreichenlassen der Ausschlagungsfrist angenommen. Ein Rechtsstreit über sein Erbrecht ist nicht anhängig.

Mein Mandant ist bereit, die Richtigkeit dieser Angaben an Eides statt zu versichern.

Da er zur Zwangsvollstreckung gegen den Erben des           eines Erbscheins bedarf, ist er auch gem. § 792 ZPO antragsberechtigt.

Der Wert des Nachlasses beträgt schätzungsweise           EUR.

(Rechtsanwalt)

---

165 BayObLG NJW-RR 1999, 805.
166 Vgl. Hk-ZPO/*Kindl*, § 792 Rn 4.

f) Muster: Antrag auf Erteilung einer Erbscheinsausfertigung nach § 357 Abs. 2 FamFG (früher § 85 FGG)

An das

Amtsgericht
– Nachlassgericht – (Baden-Württemberg: Staatl. Notariat)

*Nachlasssache*

*Az.*

Unter Vorlage der beiliegenden Vollmacht zeige ich die Vertretung des ▬▬ an.

In seinem Namen beantrage ich die Erteilung einer Ausfertigung des Erbscheins, der Herrn ▬▬, dem Sohn des Erblassers, am ▬▬ erteilt wurde.

Mein Mandant erwirkte wegen einer Werklohnforderung gegen den Erblasser ▬▬ vor dem Landgericht ▬▬ unter dem Az. ▬▬ am ▬▬ ein Versäumnisurteil, das seit ▬▬ rechtskräftig ist (vgl. Anlage 1).

▬▬ wurde von seinem Sohn ▬▬ ausweislich des Erbscheins im oben genannten Verfahren Az. ▬▬ allein beerbt.

Mein Mandant benötigt zum Zwecke der Zwangsvollstreckung eine Ausfertigung dieses Erbscheins.

(Rechtsanwalt)

g) Erforderliche Erklärungen und Nachweise

Der Antrag muss darüber hinaus bestimmte **Erklärungen, §§ 2354, 2355, 2357 Abs. 3 BGB,** und **Nachweise, § 2356 BGB,** enthalten. Entsprechende Urkunden, die sein Erbrecht belegen, hat der Antragsteller vorzulegen und die Richtigkeit der **Angaben an Eides statt zu versichern, § 2356 Abs. 2 BGB.** Weigert sich der Antragsteller diese Versicherung abzugeben, wird der Erbscheinsantrag als unzulässig zurückgewiesen.[167] Eine darüber hinausgehende Ermittlungspflicht trifft den Antragsteller nicht.[168] Er hat aber an den weiteren Ermittlungen des Nachlassgerichts durch vollständige und wahrheitsgemäße Angaben mitzuwirken.

**Übersicht:** Erklärungen und Nachweise nach §§ 2354 ff. BGB

```
       ┌──────────────────────────┐         ┌──────────────────────────────┐
       │ § 2354 BGB: Angaben      │         │ § 2355 BGB: Angaben des      │
       │ des gesetzlichen Erben   │         │ eingesetzten Erben           │
       └──────────────────────────┘         └──────────────────────────────┘
                      ┌──────────────────────────┐
                      │ § 2356 BGB: Nachweis     │
                      │ der Richtigkeit der      │
                      │ Angaben                  │
                      └──────────────────────────┘
```

---

167 OLG Frankfurt MDR 1996, 1153.
168 KG Rpfleger 2005, 667.

**223** Folgende **Angaben** sind zu machen:
- der Zeitpunkt des Todes des Erblassers, §§ 2354 Abs. 1 S. 1, 2356 Abs. 1 S.1 BGB,
- das Verhältnis, auf dem das Erbrecht beruht, §§ 2354 Abs. 1 S. 1, 2356 Abs. 1 BGB,
- das Ehe- oder Verwandtschaftsverhältnis, §§ 1924 ff., 1931 ff. BGB,
- den Wegfall der Personen, die die Erben von der Erbfolge ausgeschlossen oder ihre Erbteile gemindert haben würden, § 2354 Abs. 2 BGB,
- letztwillige Verfügungen, §§ 2356 Abs. 1 S. 1, 2355 BGB und
- beim gemeinschaftlichen Erbschein die Erklärung, dass die übrigen Erben die Erbschaft angenommen haben.

Die erforderlichen **Nachweise** im Einzelnen:
- Personenstandsbuch,
- Todesurkunde,
- Heiratsurkunde,
- Ehevertrag,- Eintragung im Güterrechtsregister,
- Geburtsurkunde (bei verstorbenen Erben).

h) Muster: Erbscheinsantrag bei gesetzlicher Erbfolge

An das

**224** Amtsgericht
– Nachlassgericht – (Baden-Württemberg: Staatl. Notariat)

*Nachlasssache*

Az.

*Erbscheinsantrag*

Unter Vorlage der beiliegenden Vollmacht zeige ich die Vertretung von           an.

In ihrem Namen beantrage ich in der Nachlasssache           die Erteilung eines Erbscheins mit folgendem Inhalt:

Hiermit wird bezeugt, dass der am           in           verstorbene, zuletzt in          , wohnhaft gewesene           kraft Gesetzes von
1. der Antragstellerin, der Witwe, Frau          , geborene          , wohnhaft          
   zur Hälfte;
2. dem Sohn des Erblassers, Herrn          , wohnhaft          ,
   zu einem Viertel;
3. der Tochter des Erblassers, Frau          , wohnhaft          ,
   zu einem Viertel

beerbt worden ist.

*Begründung:*

Der Erblasser           ist am           in           gestorben, vgl. Sterbeurkunde des Standesamts           vom          . Er hatte seinen letzten Wohnsitz in           und war deutscher Staatsangehöriger. Auf die Sterbeurkunde, die dem Nachlassgericht bereits vorliegt, wird Bezug genommen.

Vom Vorhandensein einer vom Erblasser errichteten Verfügung von Todes wegen ist der Antragstellerin nichts bekannt, so dass gesetzliche Erbfolge eingetreten ist.

Er war verheiratet in erster und einziger Ehe mit seiner jetzigen Witwe, Frau          ; die Eheschließung war am           in           erfolgt. Beide Eheleute hatten im Zeitpunkt der Eheschließung und auch während der gesamten Ehezeit die deutsche Staatsangehörigkeit und ihren Wohnsitz dauernd in Deutsch-

*Kroiß*

land. Einen Ehevertrag haben die Eheleute nicht errichtet, so dass in der Ehe ununterbrochen der gesetzliche Güterstand der Zugewinngemeinschaft bestand.

Aus der Ehe sind die beiden Kinder ▓▓▓ und ▓▓▓ hervorgegangen.

*Beweis:* Beiliegende beglaubigte Abschrift des Familienbuchs – Anlage 1

Weitere Personen, durch die die Vorgenannten von der Erbfolge ausgeschlossen oder ihre Erbteile gemindert werden würden, sind und waren nicht vorhanden. Insbesondere hat der Erblasser keine weiteren Kinder – eheliche, nichteheliche, adoptierte oder für ehelich erklärte – hinterlassen.

Alle Erben haben die Erbschaft angenommen.

Ein Rechtsstreit über das Erbrecht ist nicht anhängig.

Im Ausland befindet sich kein Vermögen.

Die diesen Antragsschriftsatz mitunterzeichnende Antragstellerin versichert nach bestem Wissen und Gewissen, dass ihr nichts bekannt ist, was der Richtigkeit der obigen Angaben entgegensteht; sie erklärt sich bereit, die Angaben an Eides statt zu versichern, bittet jedoch darum, ihr und dem anderen Miterben die Abgabe einer eidesstattlichen Versicherung gem. §§ 2356 Abs. 2 S. 2, 2357 Abs. 4 BGB zu erlassen.

Der Wert des Nachlasses nach Abzug der Verbindlichkeiten beträgt ca. ▓▓▓ EUR.

Es wird gebeten, von dem Erbschein eine Ausfertigung und zwei beglaubigte Abschriften der Antragstellerin zu Händen des unterzeichneten Rechtsanwalts zu erteilen.

Maßnahmen zur Sicherung des Nachlasses wurden nicht ergriffen; solche sind und waren auch nicht geboten.

(Rechtsanwalt)

(Antragstellerin)

### i) Muster: Erbscheinsantrag bei testamentarischer Erbfolge

An das

Amtsgericht
– Nachlassgericht – (Baden-Württemberg: Staatl. Notariat)
▓▓▓

Nachlasssache ▓▓▓

Az. ▓▓▓

*Erbscheinsantrag*

Unter Vorlage der beiliegenden Vollmacht zeige ich die Vertretung der Frau ▓▓▓ an. In ihrem Namen beantrage ich in der Nachlasssache ▓▓▓ die Erteilung eines Erbscheins mit folgendem Inhalt:

Hiermit wird bezeugt, dass der am ▓▓▓ in ▓▓▓ verstorbene, zuletzt in ▓▓▓ wohnhaft gewesene Herr ▓▓▓ aufgrund Testaments von seiner Witwe, Frau ▓▓▓, meiner Mandantin, wohnhaft in ▓▓▓,

*allein*

beerbt worden ist.

*Begründung:*

Der Erblasser ist laut Sterbeurkunde des Standesamts ▓▓▓ am ▓▓▓ in ▓▓▓ gestorben. Er hatte seinen letzten Wohnsitz in ▓▓▓ und war deutscher Staatsangehöriger.

Auf die beiliegende beglaubigte Abschrift der Sterbeurkunde wird Bezug genommen.

*Kroiß*

Der Erblasser hat mit seiner Ehefrau und jetzigen Witwe unter dem Datum ▬▬ ein privatschriftliches Testament errichtet, wonach sich die Eheleute gegenseitig zu unbeschränkten Alleinerben eingesetzt haben. Auf den Tod des überlebenden Ehegatten sollen die gemeinschaftlichen Abkömmlinge nach den gesetzlichen Erbfolgeregeln Erben werden. Vom Vorhandensein einer weiteren vom Erblasser errichteten Verfügung von Todes wegen ist der Antragstellerin nichts bekannt.

Das Testament wurde vom Erblasser in seinem vollständigen Wortlaut von Hand geschrieben, mit Ort und Datum versehen und eigenhändig unterschrieben.

Die Antragstellerin hat ihrerseits das Testament eigenhändig mit Ort und Datum versehen und eigenhändig unterschrieben.

Das Testament ist damit gem. §§ 2247, 2267 BGB formwirksam.

An der Testierfähigkeit des Erblassers bestehen keine Zweifel.

Das Testament wurde vom Nachlassgericht bereits am ▬▬ unter Az. ▬▬ eröffnet und befindet sich im Original bei den dortigen Nachlassakten, worauf Bezug genommen wird.

Der Erblasser war verheiratet in erster und einziger Ehe mit seiner jetzigen Witwe, Frau ▬▬; die Eheschließung war am ▬▬ in ▬▬ erfolgt. Beide Eheleute hatten im Zeitpunkt der Eheschließung und auch während der gesamten Ehezeit die deutsche Staatsangehörigkeit und ihren Wohnsitz dauernd in Deutschland. Einen Ehevertrag haben die Eheleute nicht errichtet, so dass in der Ehe ununterbrochen der gesetzliche Güterstand der Zugewinngemeinschaft bestand.

Aus der Ehe sind die beiden Kinder ▬▬ und ▬▬ hervorgegangen.

*Beweis:* Beiliegende beglaubigte Abschrift des Familienbuchs – Anlage 1

Sie kämen, wenn kein Testament vorhanden wäre, neben der Witwe als gesetzliche Erben in Betracht.

Weitere Personen, durch die die Vorgenannten von der gesetzlichen Erbfolge – wenn diese eintreten würde – ausgeschlossen oder ihre Erbteile gemindert werden würden, sind und waren nicht vorhanden. Insbesondere hat der Erblasser keine weiteren Kinder – eheliche, nichteheliche, adoptierte oder für ehelich erklärte – hinterlassen.

Bei der Testamentseröffnung waren die beiden Kinder des Erblassers anwesend und haben zu Protokoll des Nachlassgerichts die Rechtsgültigkeit des Testaments anerkannt.

Irgendwelche Beschränkungen der Alleinerbenstellung der Witwe, wie Testamentsvollstreckung oder Nacherbschaft, sind nicht angeordnet.

Die Witwe hat die Erbschaft als Alleinerbin angenommen.

Ein Rechtsstreit über das Erbrecht ist nicht anhängig.

Im Ausland befindet sich kein Vermögen.

Die diesen Antragsschriftsatz mitunterzeichnende Antragstellerin versichert nach bestem Wissen und Gewissen, dass ihr nichts bekannt ist, was der Richtigkeit der obigen Angaben entgegensteht; sie erklärt sich bereit, die Angaben an Eides statt zu versichern, bittet jedoch darum, ihr die Abgabe einer eidesstattlichen Versicherung gem. § 2356 Abs. 2 S. 2 BGB zu erlassen.

Der Wert des Nachlasses nach Abzug der Verbindlichkeiten beträgt ca. ▬▬ EUR.

Es wird gebeten, von dem Erbschein eine Ausfertigung und zwei beglaubigte Abschriften der Antragstellerin zu Händen des unterzeichneten Rechtsanwalts zu erteilen.

Maßnahmen zur Sicherung des Nachlasses wurden nicht ergriffen; solche sind und waren auch nicht geboten.

(Rechtsanwalt)

(Antragstellerin)

*Kroiß*

## j) Eventualantrag

Ein **Hilfsantrag** ist neben dem Hauptantrag **zulässig**, wenn jeder Antrag das behauptete Erbrecht genau bezeichnet, und dem Nachlassgericht die Reihenfolge der Prüfung und Entscheidung angegeben wird.[169]

Ein Erbscheinsantrag kann aber nicht davon abhängig gemacht werden, dass ein für einen anderen Erbfall in einem anderen Verfahren gestellter Erbscheinsantrag abgelehnt wird. Das BayObLG[170] führt dazu aus:

> *„Die Verknüpfung von Haupt- und Hilfsantrag ist zwar zulässig, wenn sie denselben Nachlass betrifft (vgl. BayObLG FamRZ 1990, 649/650). Dagegen ist sie unzulässig, wenn sie die Erbfolge nach verschiedenen Personen betrifft. Denn ein unbegründeter Erbscheinsantrag ist durch Beschluss zurückzuweisen (vgl. Jansen, FGG, 2. Aufl. § 84 Rn 2), der dieses Verfahren für die Instanz abschließt. Dieser Abschluss kann nicht dadurch ersetzt werden, dass ein anderes Erbscheinsverfahren aufgrund eines hilfsweise gestellten Antrages aufgenommen wird.*
> *Die durch den gerichtlichen Hinweis ausgelöste Verknüpfung verschiedener Erbscheinsanträge mit einer Bedingung ist auch deswegen fehlerhaft, weil bei verständiger Auslegung der Verfahrenserklärungen des Beteiligten zu 1 seine Erbscheinsanträge von Anfang an sowohl auf den Nachlass A. als auch auf den B. gerichtet waren. Wegen dieser Verfahrensfehler bedarf es aber einer Zurückverweisung nicht, weil das Landgericht die Anträge des Beteiligten zu 1 aus sachlichen Gründen zutreffend zurückgewiesen hat ..."*

## 2. Verfahren

### a) Sachverhaltsermittlung

Das Nachlassgericht ermittelt **von Amts wegen** den Sachverhalt, § 26 FamFG (bislang § 12 FGG). Es kann sich dabei sowohl des Freibeweises als auch der Beweismittel der ZPO bedienen, § 30 FamFG (bislang § 15 FGG).

### aa) Muster: Beschwerde wegen Verstoßes gegen die Amtsermittlungspflicht bei der Auslegung eines Erbvertrages

An das
Amtsgericht
– Nachlassgericht – (Baden-Württemberg: Staatl. Notariat)

*Nachlasssache*

*Az.*

*Beschwerdebegründung:*

(Einleitung). Das Gericht hat seiner Pflicht, den für die Auslegung maßgeblichen Sachverhalt von Amts wegen aufzuklären, §§ 26 FamFG, 2358 Abs. 1, 2361 Abs. 3 BGB, nicht in vollem Umfang genügt.

Der Grundsatz der Amtsermittlung verpflichtet das Nachlassgericht, alle zur Aufklärung des Sachverhalts erforderlichen Ermittlungen durchzuführen und die geeignet erscheinenden Beweise zu erheben. Das

---

169 OLG Hamm FamRZ 1993, 111; BayObLGZ 73, 30.
170 BayObLG NJW-FER 1999, 12.

bedeutet zwar nicht, dass allen Beweisanträgen der Beteiligten stattgegeben und allen denkbaren Möglichkeiten zur Erforschung des Sachverhalts von Amts wegen nachgegangen werden müsste. Eine Aufklärungspflicht besteht aber insoweit, als das Vorbringen der Beteiligten und der festgestellte Sachverhalt aufgrund der Tatbestandsvoraussetzungen des materiellen Rechts bei sorgfältiger Überlegung zu weiteren Ermittlungen Anlass geben. Das Gericht darf seine Ermittlungen erst abschließen, wenn von einer weiteren Beweisaufnahme ein sachdienliches, die Entscheidung beeinflussendes Ergebnis nicht mehr zu erwarten ist (BGHZ 40, 55, 57; BayObLGZ 1983, 153, 161; Palandt/*Edenhofer*, BGB, § 2358 Rn 1 m.w.N.). Ausgehend von diesen Grundsätzen hat das Amtsgericht nicht hinreichend beachtet, dass es hier nicht um die Auslegung einer einseitigen letztwilligen Verfügung geht, sondern um die Auslegung einer vertragsmäßigen Verfügung in einem Erbvertrag. Daher ist der erklärte übereinstimmende Wille der Vertragsparteien bei Errichtung des Vertrages zu ermitteln, gegebenenfalls ist § 157 BGB heranzuziehen (vgl. BayObLGZ 1994, 313, 319 und 1995, 120, 123). Maßgebend ist, was die Vertragsteile erklärt haben, und wie das Erklärte aus der Sicht des anderen Teils zu verstehen war (BGHZ 106, 359, 361). Daher ist es für die Ermittlung des Vertragsinhalts in aller Regel von Bedeutung, welche Vorstellungen die Vertragspartner des Erblassers mit den in dem Vertrag getroffenen Verfügungen verbunden hat. Das Amtsgericht hätte deshalb aus Gründen der Sachaufklärung die geschiedene Ehefrau des Erblassers zum Inhalt des Vertrages anhören müssen, um dadurch zu klären, ob und gegebenenfalls welche Vorstellungen sie und – aus ihrer Sicht – der Erblasser für den Fall der Scheidung hinsichtlich der Fortgeltung der in dem Erbvertrag enthaltenen Verfügungen gehabt haben.

Der Beschwerdeführer hat den beurkundenden Notar als Zeugen dafür benannt, dass die Erbeinsetzung des Ehegatten nach dem Willen der Vertragspartner nur bei Fortbestehen der Ehe Wirkungen entfalten sollte. Mit diesem Beweisangebot hat sich das Amtsgericht nicht auseinander gesetzt. Es hätte nicht unbeachtet bleiben dürfen. Der beurkundende Notar hat die Pflicht, den Willen der Beteiligten zu erforschen, sie über die Tragweite ihres Geschäfts zu belehren und ihre Erklärungen klar und zweideutig wiederzugeben (§ 17 Abs. 1 BeurkG). Daher ist es nicht unwahrscheinlich, dass er mit den Beteiligten auch die Frage der Auswirkungen einer Scheidung auf die in dem Vertrag enthaltenen letztwilligen Verfügungen erörtert hat und von den gesetzlichen Auslegungsregeln abweichende Wünsche der Ehegatten in der Urkunde zum Ausdruck gebracht hätte. Zwar kann bei einer lange zurückliegenden Beurkundung ohne besondere Anhaltspunkte nicht davon ausgegangen werden, dass sich der beurkundende Notar noch an den Beurkundungsvorgang erinnern wird (BayObLG FamRZ 1993, 366). Das gilt jedoch nicht, wenn in erster Linie Fragen der Beurkundungspraxis des Notars angesprochen sind, bei denen eine Erinnerung an den konkreten Einzelfall nicht erforderlich ist (BayObLGZ 1993, 334, 339). Das betrifft hier zum einen die Frage, ob der Notar bei einer so wichtigen Auslegungsregel wie § 2077 BGB einen abweichenden Willen der Parteien in die Urkunde aufgenommen hätte. Das gilt aber auch für die Frage, ob nach der Praxis des Notars aus der formalen Anordnung der verschiedenen Vertragsgegenstände in dem Ehe- und Erbvertrag Rückschlüsse auf deren Inhalt gezogen werden können, wie das Amtsgericht meint.

Ich beantrage daher, nochmals die genannten Zeugen zu vernehmen.

(Rechtsanwalt)

bb) Muster: Beschwerde wegen Verstoßes gegen die Amtsermittlungspflicht bzgl. der Ermittlung der Testierfähigkeit

An das[171]

Nachlassgericht (Notariat in Baden-Württemberg)

In der Nachlasssache

Az.

---

171 Sachverhalt nach BayObLG FamRZ 1996, 1036.

*Kroiß*

lege ich hiermit namens und im Auftrag meines Mandanten ▬▬▬ gegen den

Beschluss des Amtsgerichts ▬▬▬ vom ▬▬▬

*Beschwerde*

ein.

Das Amtsgericht hat den Sachverhalt nicht hinreichend aufgeklärt (§ 2358 Abs. 1 BGB, § 26 FamFG). Es hätte aufgrund der Hinweise in dem Testament vom ▬▬▬ der Frage nachgehen müssen, ob die Ehefrau des Erblassers bei Abfassung dieses Testaments testierfähig war.

Das Amtsgericht hat das Testament vom ▬▬▬ als wirksames gemeinschaftliches Testament angesehen und seine Entscheidung über die Erbfolge auf die darin enthaltene wechselbezügliche letztwillige Verfügung des Erblassers zugunsten der Beteiligten zu 1 und 2 gestützt. Die Wirksamkeit eines gemeinschaftlichen Testaments setzt die Testierfähigkeit beider Eheleute voraus. Ist einer der Ehegatten testierunfähig, so stellt sich allenfalls die Frage, ob und inwieweit die Verfügung des anderen Ehegatten als Einzeltestament aufrechterhalten werden kann. Eine Bindung gem. § 2271 BGB an eine in dem Testament getroffene Verfügung scheidet dann aus. Denn sie setzt voraus, dass die Verfügung wechselbezüglich und daher in einem gemeinschaftlichen Testament getroffen worden ist (§ 2271 Abs. 1 S. 1 i.V.m. § 2270 Abs. 1 BGB; vgl. *Dittmann/Reimann/Bengel*, Testament und Erbvertrag, § 2270 BGB Rn 1).

Besteht Anlass an der Testierfähigkeit des Erblassers zu zweifeln, so hat das Nachlassgericht im Erbscheinsverfahren den Sachverhalt ohne Bindung an den Vortrag der Beteiligten von Amts wegen aufzuklären (§ 2358 Abs. 1 BGB, § 26 FamFG; Palandt/*Edenhofer*, BGB, § 2229 Rn 13). Das gilt in gleicher Weise, wenn die Wirksamkeit der für die Erbfolge maßgebenden letztwilligen Verfügung von der Testierfähigkeit einer anderen Person abhängt, die an der Errichtung eines gemeinschaftlichen Testaments oder Erbvertrags mitgewirkt hat (vgl. BayObLGZ 1995 Nr. 70).

Hier ergeben sich schon aus dem Text des Testaments Zweifel an der Testierfähigkeit der Ehefrau. Darin berichtet der Erblasser, seine Ehefrau habe aufgrund des Verhaltens des Beteiligten zu 3 „beinahe den Verstand verloren". Er habe einen Betreuungsantrag stellen müssen, den er zurückgenommen habe, nachdem seine Frau fünf Wochen in einem Nervenkrankenhaus verbracht habe. Sie sei „noch heute" (d.h. bei Abfassung des Testaments) in nervenärztlicher Behandlung. Der Beteiligte zu 1 sei zum Betreuer bestellt. Aus den Nachlassakten für die Ehefrau, die dem Landgericht vorgelegen haben, ergibt sich ferner, dass für diese Betreuung angeordnet war. Zwar berührt die Anordnung einer Betreuung grundsätzlich weder die Geschäfts- noch die Testierfähigkeit, § 2229 Abs. 4 BGB (BayObLG FamRZ 1994, 593, 594 m.w.N.). Jedoch stand hier die Ehefrau noch im Zeitpunkt der Testamentserrichtung, d.h. für die Dauer von fast zwei Jahren, unter nervenärztlicher Betreuung. Die konkreten Ursachen hierfür sind nicht bekannt. Das Nachlassgericht hätte daher zumindest durch Beiziehung der Betreuungsakten klären müssen, ob das Leiden der Ehefrau so beschaffen war, dass es Einfluss auf die Testierfähigkeit nehmen konnte, und auf diese Weise feststellen müssen, ob weitere Ermittlungen hinsichtlich der Testierfähigkeit geboten waren.

(Rechtsanwalt)

b) Beweis-/Feststellungslast

Soweit der Amtsermittlungsgrundsatz reicht, gibt es keine **subjektive Beweislast** (Beweisführungslast). Die Beteiligten sind insoweit nicht verpflichtet, die Beweismittel zu benennen.[172]

230

Hingegen besteht auch im Erbscheinsverfahren eine **objektive Beweislast (Feststellungslast)**. Aus ihr ergibt sich, zu wessen Nachteil es geht, wenn der Sachverhalt nicht aufklärbar

---

172 Bassenge/Roth/*Gottwald*, § 26 FamFG Rn 18.

ist.[173] So trägt z.B. die Feststellungslast für die Eigenhändigkeit eines Testaments derjenige, der sich darauf beruft.

c) Rechtliches Gehör

231 Den Beteiligten ist im Verfahren rechtliches Gehör zu gewähren.

Das BayObLG[174] führt dazu aus:

> „Hat das Beschwerdegericht im Erbscheinsverfahren Akten eines dritten Verfahrens beigezogen und will es deren Inhalt für die Entscheidung verwerten, so verlangt der Anspruch auf rechtliches Gehör, dass den Beteiligten die Tatsache der Aktenbeiziehung mitgeteilt und ihnen zumindest Gelegenheit gegeben wird, die Akten einzusehen sowie zu den darin enthaltenen Einzelheiten und ihrer Bedeutung für das Erbscheinsverfahren Stellung zu nehmen. Das gilt auch dann, wenn die beigezogenen Akten ein Verfahren betreffen, an dem auch alle Beteiligten des Erbscheinverfahrens beteiligt waren."

d) Vergleich

232 Auch im Erbscheinsverfahren kann vor dem Nachlassgericht ein Vergleich geschlossen werden. Dieser bildet aber **keinen Vollstreckungstitel** nach § 794 Abs. 1 Nr. 1 ZPO.[175]

233 **Neu:** Ausdrücklich wurde nunmehr im FamFG auch der **Vergleich**, der die gerichtliche Streitbeilegung fördern soll, in das Gesetz aufgenommen. Das Gericht soll hierauf hinwirken.

> **§ 36 FamFG**
> **Vergleich**
> *(1) Die Beteiligten können einen Vergleich schließen, soweit sie über den Gegenstand des Verfahrens verfügen können. Das Gericht soll außer in Gewaltschutzsachen auf eine gütliche Einigung der Beteiligten hinwirken.*
> *(2) Kommt eine Einigung zustande, ist hierüber eine Niederschrift anzufertigen. Die Vorschriften der Zivilprozessordnung über die Niederschrift des Vergleichs sind entsprechend anzuwenden.*
> *(3) Ein nach Absatz 1 Satz 1 zulässiger Vergleich kann auch schriftlich entsprechend § 278 Abs. 6 der Zivilprozessordnung geschlossen werden.*
> *(4) Unrichtigkeiten in der Niederschrift oder in dem Beschluss über den Vergleich können entsprechend § 164 der Zivilprozessordnung berichtigt werden.*

**3. Entscheidungen**

a) Überblick

234 Bislang hatte das Nachlassgericht folgende Entscheidungsmöglichkeiten:

```
         Mögliche Entscheidungen des Nachlassgerichts

Zwischenentscheidungen                              Endentscheidungen

Zwischenverfügung    Vorbescheid    Erteilungsanordnung    Ablehnung des Antrags
```

---

173 *Zimmermann*, S. 22.
174 BayObLG NJW-RR 1999, 86.
175 BayObLGR 1997, 69.

## b) Zwischenverfügung

Bei **objektiv behebbaren Verfahrensmängeln** wird dem Antragsteller aufgegeben, für eine positive Entscheidung entgegenstehende Hindernisse (z.B. fehlende Unterlagen) zu beseitigen. Hierzu kann das Gericht auch eine Frist setzen.

## c) Vorbescheid

Bei zweifelhafter Rechtslage war bislang ein Vorbescheid zulässig, wenn mehrere sich **widersprechende Erbscheinsanträge** vorliegen und einer der Anträge der materiellen Rechtslage entspricht.[176] Dieses Rechtsinstitut ist gesetzlich nicht geregelt. Es findet seine Legitimation in der Publizitätswirkung des Erbscheins.

> **Beachte**
> Die in einem Vorbescheid gesetzte Frist zur Beschwerdeeinlegung macht die Beschwerde **nicht** zu einem befristeten Rechtsmittel. Insoweit gibt das Gericht den Beteiligten lediglich die Möglichkeit, vor endgültiger Erteilung des Erbscheins streitige Fragen zu klären. Die Fristsetzung stellt einen Akt **richterlicher Selbstbindung** dar: Vor Fristablauf wird nicht endgültig über den Erbscheinsantrag entschieden.

Mit Inkrafttreten des FamFG wurde der Vorbescheid abgeschafft.

**Neu:** Was die **Form** und den **Inhalt** einer gerichtlichen Entscheidung anbelangt, bestimmt nunmehr § 352 FamFG, dass stets durch **Beschluss** zu entscheiden ist (Endentscheidung).

> **§ 352 FamFG**
> *Entscheidung über Erbscheinsanträge*
> (1) Die Entscheidung, dass die zur Erteilung eines Erbscheins erforderlichen Tatsachen für festgestellt erachtet werden, ergeht durch Beschluss. Der Beschluss wird mit Erlass wirksam. Einer Bekanntgabe des Beschlusses bedarf es nicht.
> (2) Widerspricht der Beschluss dem erklärten Willen eines Beteiligten, ist der Beschluss den Beteiligten bekannt zu geben. Das Gericht hat in diesem Fall die sofortige Wirksamkeit des Beschlusses auszusetzen und die Erteilung des Erbscheins bis zur Rechtskraft des Beschlusses zurückzustellen.
> (3) Ist der Erbschein bereits erteilt, ist die Beschwerde gegen den Beschluss nur noch insoweit zulässig, als die Einziehung des Erbscheins beantragt wird.

## d) Zurückweisung des Antrags

Ist der Antrag unzulässig oder unbegründet, wird er durch **Beschluss** zurückgewiesen, § 38 FamFG.

## e) Feststellungsbeschluss/Erbscheinserteilungsanordnung

Wenn keiner der Beteiligten dem beantragten Erbschein widersprochen hat, stellt das Nachlassgericht, wenn es die Tatsachen für erwiesen hält, welche für die Erteilung des Erbscheins vorliegen müssen, dies durch Beschluss fest, § 352 Abs. 1 FamFG. Dem Feststellungsbeschluss folgt sogleich die Erteilung des Erbscheins.[177]

> **Beachte**
> Vom Feststellungsbeschluss ist die **faktische Erteilung** des Erbscheins zu unterscheiden! Ist der Erbschein bereits erteilt, so kann der Feststellungsbeschluss wegen prozessualer

---

176 BayObLGZ 1980, 45.
177 Keidel/Zimmermann, § 352 FamFG Rn 114.

Überholung nicht mehr angefochten werden. Es ist dann die Einziehung des unrichtigen Erbscheins zu „beantragen".

**242** Inhalt des Erbscheins:
- Erblasser (Name, Todestag, letzter Wohnsitz)
- Erbe(n)
- Erbrecht zur **Zeit des Erbfalls** (Quote; nicht erforderlich ist – anders als beim Antrag – die Angabe des Berufungsgrundes)
- Beschränkungen (z.B. Nacherbfolge; Testamentsvollstreckung)

Der Umfang des Nachlasses oder hinterlassenen Gegenstände werden nicht aufgenommen (Ausnahme: § 2369 BGB).

## III. Verschiedene Arten des Erbscheins

**243** Inhaltlich und bezüglich ihres Geltungsbereichs lassen sich Erbscheine wie folgt differenzieren:

### 1. Alleinerbschein, § 2353 Alt. 1 BGB

a) Typischer Sachverhalt

**244** Der gesetzliche Grundfall sieht einen einzigen zur Rechtsnachfolge berufenen Erben vor (siehe nachfolgend entsprechender Antrag Rn 245).

b) Muster: Antrag auf Erteilung eines Alleinerbscheins

An das

**245** Amtsgericht
– Nachlassgericht – (Baden-Württemberg: Staatl. Notariat)

*Nachlasssache*

*Az.*

Erbscheinsantrag

Namens und im Auftrag meiner Mandantin ▓▓▓ beantrage ich, folgenden

*Erbschein*

zu erteilen:

Hiermit wird bezeugt, dass der am ▓▓▓ in ▓▓▓ verstorbene ▓▓▓, geb. am ▓▓▓ in ▓▓▓, zuletzt wohnhaft ▓▓▓, von seiner Ehefrau ▓▓▓, geborene ▓▓▓, geboren am ▓▓▓, wohnhaft ▓▓▓, aufgrund gesetzlicher Erbfolge

*allein*

beerbt worden ist.

Der Erblasser war deutscher Staatsangehöriger. Ausweislich beiliegender Sterbeurkunde (Anlage 1) verstarb der Erblasser am ▓▓▓ in ▓▓▓. Der Erblasser lebte mit der Antragstellerin im gesetzlichen Güterstand der Zugewinngemeinschaft. Der Erblasser hinterließ keine Abkömmlinge. Seine Eltern sind bereits vorverstorben.

Eine Verfügung von Todes wegen liegt nicht vor.

Ein Rechtsstreit über das Erbrecht eines der Erben ist nicht anhängig.

Der Wert des Nachlasses beläuft sich auf ▬▬▬▬ EUR.

(Rechtsanwalt)

## 2. Gemeinschaftlicher Erbschein, § 2357 BGB

### a) Rechtliche Grundlagen

Bei mehreren Erben kann auch ein gemeinschaftlicher Erbschein von **einem, mehreren** oder **sämtlichen Miterben** beantragt werden. Wird der Antrag nicht von allen Miterben gestellt, muss dargetan werden, dass alle übrigen Erben die Erbschaft angenommen haben, § 2357 Abs. 3 BGB. Die Annahme kann durch eigene Erklärung der Miterben, durch Urkunden oder durch eidesstattliche Versicherung nachgewiesen werden.[178] Die eidesstattliche Versicherung ist von allen Erben abzugeben, sofern nicht das Nachlassgericht die Versicherung eines oder einiger von ihnen für ausreichend erachtet, **§ 2357 Abs. 4 BGB**. Der Antrag muss sämtliche Erben und deren Erbteile enthalten, § 2357 Abs. 2 BGB.

### b) Muster: Antrag auf Erteilung eines gemeinschaftlichen Erbscheins

An das

Amtsgericht
– Nachlassgericht – (Baden-Württemberg: Staatl. Notariat)
▬▬▬▬

*Nachlasssache* ▬▬▬▬

*Az.* ▬▬▬▬

*Erbscheinsantrag*

Namens und im Auftrag meiner Mandantin ▬▬▬▬ beantrage ich, folgenden

*Erbschein*

zu erteilen:

Hiermit wird bezeugt, dass der am ▬▬▬▬ in ▬▬▬▬ verstorbene ▬▬▬▬, geb. am ▬▬▬▬ in ▬▬▬▬, zuletzt wohnhaft ▬▬▬▬,

von seiner Ehefrau ▬▬▬▬, geborene ▬▬▬▬, geboren am ▬▬▬▬, wohnhaft ▬▬▬▬, meiner Mandantin, und von seinem Sohn ▬▬▬▬, geboren am ▬▬▬▬, wohnhaft ▬▬▬▬ aufgrund gesetzlicher Erbfolge

*je zur Hälfte*

beerbt worden ist.

Der Erblasser war deutscher Staatsangehöriger. Ausweislich beiliegender Sterbeurkunde (Anlage 1) verstarb der Erblasser am ▬▬▬▬ in ▬▬▬▬. Der Erblasser lebte mit der Antragstellerin im gesetzlichen Güterstand der Zugewinngemeinschaft. Der Erblasser hinterließ als einzigen Abkömmling seinen Sohn ▬▬▬▬. Sowohl die Antragstellerin als auch deren Sohn haben die Erbschaft angenommen.

Eine Verfügung von Todes wegen liegt nicht vor.

Ein Rechtsstreit über das Erbrecht eines der Erben ist nicht anhängig.

---

[178] Palandt/*Edenhofer*, § 2357 BGB Rn 2.

Der Wert des Nachlasses beläuft sich auf ▬▬▬▬ EUR.

(Rechtsanwalt)

### 3. Teilerbschein, § 2353 Alt. 2 BGB

#### a) Rechtliche Grundlagen

248 Neben der Möglichkeit, einen gemeinschaftlichen Erbschein zu beantragen, kann ein Miterbe aber auch einen **Teilerbschein** erlangen. Er bezeugt als Einzelerbschein eines Miterben dessen Erbrecht.[179] Dieser ist vor allem bedeutsam, wenn z.B. die anderen Miterben nicht feststellbar sind oder deren Erbschaftsannahme nicht nachgewiesen werden kann.[180] In Verbindung mit der Anordnung einer Teilnachlasspflegschaft kann mittels des Teilerbscheins eventuell eine Auseinandersetzung möglich sein.[181]

Ist ein Erbteil noch ungewiss, z.B. weil die Geburt eines zur Zeit des Erbfalls empfangenen erbberechtigten Kindes zu erwarten ist oder weil die Entscheidung über einen Antrag auf Aufnahme als Kind etc. gem. § 2043 Abs. 2 BGB aussteht, wird gleichwohl die Zulässigkeit eines Einzelteilerbscheins bejaht.[182]

Die im Erbschein ausgewiesenen Erben können insbesondere bei eiligen Nachlassgeschäften zusammen mit einem nach § 1960 BGB für den nasciturus zu bestellenden Nachlasspfleger über den gesamten Nachlass verfügen.[183]

249 Wann empfiehlt sich die Beantragung eines Teilerbscheins?
– Z.B., wenn der andere Miterbe sich bereits durch Erbvertrag und Eröffnungsprotokoll ausweisen kann, § 35 GBO, und es nur für den Teil des Nachlasses, in dem die gesetzliche Erbfolge stattfindet, § 2088 BGB, eines Erbscheines bedarf (Kostenersparnis gem. § 107 Abs. 2 S. 2 KostO).
– Bei beabsichtigter Erbteilsveräußerung.

250 Nicht notwendig ist die Erklärung, dass der Miterbe die Erbschaft auch tatsächlich angenommen habe. Allein entscheidend ist, dass die Erbquote des Antragstellers bezeichnet wird, ungeachtet dessen, dass diese sich eventuell später noch erhöhen kann, §§ 1953, 2094 BGB, so genannter **Mindestteilerbschein**.[184]

#### b) Muster: Antrag auf Erteilung eines Mindestteilerbscheins

191 An das

251 Amtsgericht
– Nachlassgericht – (Baden-Württemberg: Staatl. Notariat)

▬▬▬▬

Nachlasssache ▬▬▬▬

Az. ▬▬▬▬

*Erbscheinsantrag*

---

179 MüKo-*J. Mayer*, § 2353 BGB Rn 9.
180 *Zimmermann*, Praktikum der FG, S. 47.
181 KG NJW 1971, 565; Palandt/*Edenhofer*, § 1960 BGB Rn 21.
182 KGJ 42, 128; OLG Hamm Rpfleger 1969, 299; Staudinger/*Schilken*, § 2353 BGB Rn 75.
183 Staudinger/*Schilken*, § 2353 BGB Rn 75.
184 Vgl. Staudinger/*Schilken*, § 2353 BGB Rn 75.

Namens und im Auftrag meiner Mandantin ▓▓ beantrage ich, folgenden

*(Mindestteil-)* Erbschein zu erteilen:

Hiermit wird bezeugt, dass der am ▓▓ in ▓▓ verstorbene ▓▓, geb. am ▓▓ in ▓▓, zuletzt wohnhaft ▓▓,

von seiner Ehefrau ▓▓, geborene ▓▓, geboren am ▓▓, wohnhaft ▓▓, meiner Mandantin,

*zur Hälfte*

und von seinem Sohn ▓▓, geboren am ▓▓, wohnhaft ▓▓

*zu einem unbestimmten Teil*

aufgrund gesetzlicher Erbfolge beerbt worden ist.

Der Erblasser war deutscher Staatsangehöriger. Ausweislich beiliegender Sterbeurkunde (Anlage 1) verstarb der Erblasser am ▓▓ in ▓▓. Der Erblasser lebte mit der Antragstellerin im gesetzlichen Güterstand der Zugewinngemeinschaft. Der Erblasser hinterließ als Abkömmling seinen Sohn ▓▓. Sein Erbteil ist noch unbestimmt, weil infolge einer Schwangerschaft der Witwe noch Personen geboren werden können, die neben ihm zu gleichen Teilen erbberechtigt sein würden. Eine Verfügung von Todes wegen liegt nicht vor.

(Rechtsanwalt)

### 4. Gemeinschaftlicher Teilerbschein

a) Rechtliche Grundlagen

Wollen z.B. zwei von drei Miterben einen gemeinschaftlichen Erbschein und es gelingt der Nachweis der Annahme des dritten Miterben nicht, können sie einen **gemeinschaftlichen Teilerbschein** beantragen, §§ 2353 Alt. 2, 2357 BGB.

252

b) Muster: Antrag auf Erteilung eines gemeinschaftlichen Teilerbscheins

An das

Amtsgericht
– Nachlassgericht – (Baden-Württemberg: Staatl. Notariat)

▓▓

*Nachlasssache* ▓▓

*Az.* ▓▓

253

*Erbscheinsantrag*

Namens und im Auftrag meines Mandanten ▓▓ beantrage ich, folgenden

*Erbschein*

zu erteilen:

Hiermit wird bezeugt, dass der am ▓▓ in ▓▓ verstorbene ▓▓, geb. am ▓▓ in ▓▓, zuletzt wohnhaft ▓▓,

von seinen Söhnen ▓▓, geboren am ▓▓, wohnhaft ▓▓, meinem Mandanten,

und ▓▓, geboren am ▓▓, wohnhaft ▓▓ aufgrund gesetzlicher Erbfolge

*je zu einem Viertel*

beerbt worden ist.

*Kroiß*

Der Erblasser war deutscher Staatsangehöriger. Ausweislich beiliegender Sterbeurkunde (Anlage 1) verstarb der Erblasser am ▒▒▒ in ▒▒▒. Der Erblasser lebte mit seiner Ehefrau im gesetzlichen Güterstand der Zugewinngemeinschaft. Der Erblasser hinterließ als Abkömmlinge seine Söhne ▒▒▒ und ▒▒▒. Eine Verfügung von Todes wegen liegt nicht vor. ▒▒▒

(Rechtsanwalt)

### 5. Erbschein über mehrere Erbfälle (Sammelerbschein)

#### a) Rechtliche Grundlagen

Verstirbt der Erbe B des Erblassers A nach Erbschaftsannahme seinerseits, so muss dessen Erbe C für beide Erbfälle einen Erbschein beantragen, wenn er ein amtliches Zeugnis will, das ihn als Berechtigten hinsichtlich beider Vermögensmassen ausweist. Diese beiden Erbscheine können äußerlich in einer Urkunde zusammengefasst werden (sog. **Sammelerbschein**). Was die Erteilungsvoraussetzungen und die Kosten anbelangt, handelt es sich aber um zwei selbstständige Zeugnisse.

#### b) Muster: Antrag auf Erteilung eines Sammelerbscheins

An das

Amtsgericht
– Nachlassgericht – (Baden-Württemberg: Staatl. Notariat)
▒▒▒

*Nachlasssache* ▒▒▒

*Az.* ▒▒▒

*Erbscheinsantrag*

Namens und im Auftrag meines Mandanten ▒▒▒ beantrage ich, folgenden

*Erbschein*

zu erteilen:

Hiermit wird bezeugt, dass der am ▒▒▒ in ▒▒▒ verstorbene ▒▒▒, geb. am ▒▒▒ in ▒▒▒, zuletzt wohnhaft ▒▒▒,

von seiner Ehefrau ▒▒▒, geborene ▒▒▒, geboren am ▒▒▒, wohnhaft ▒▒▒, aufgrund letztwilliger Verfügung

*allein*

beerbt worden ist.

Es wird weiter bezeugt, dass die am ▒▒▒ in ▒▒▒ verstorbene ▒▒▒, geborene ▒▒▒, geboren am ▒▒▒, wohnhaft ▒▒▒, die Witwe des Erblassers, aufgrund gesetzlicher Erbfolge

*allein*

von ihrem Sohn ▒▒▒, geboren am ▒▒▒, wohnhaft ▒▒▒, beerbt worden ist.

Die Erblasser waren deutsche Staatsangehörige. Ausweislich beiliegender Sterbeurkunden (Anlagen 1 und 2) verstarben der Erblasser ▒▒▒ am ▒▒▒ und die Erblasserin ▒▒▒ am ▒▒▒ in ▒▒▒. Die Erblasser lebten im gesetzlichen Güterstand der Zugewinngemeinschaft. Die Erblasser hinterließen als einzigen Abkömmling den Antragsteller. Die Erblasserin ▒▒▒ war durch letztwillige Verfügung vom ▒▒▒ (Anlage 3) als Alleinerbin des ▒▒▒ eingesetzt worden.

(Rechtsanwalt)

*Kroiß*

## IV. Erbschein für den Gläubiger nach § 792 ZPO

Benötigt der Gläubiger des Erblassers zur Durchführung der Zwangsvollstreckung einen Erbschein, so ist er insoweit nach § 792 ZPO antragsberechtigt. Wurde dem Erben bereits ein Erbschein erteilt, kann der Gläubiger eine Ausfertigung gem. § 357 Abs. 2 FamFG (bislang § 85 FGG) verlangen.[185] Ein Erbschein nach § 792 ZPO ist bei dieser Fallkonstellation entbehrlich. Zuständig für die Erteilung der Ausfertigung ist der Rechtspfleger, § 3 Nr. 2 Buchst. c RPflG. Die Gerichtskosten für die Erteilung der Ausfertigung richten sich nach § 136 KostO.

## V. Gebühren des Rechtsanwalts

### 1. Rechtliche Grundlagen

Im Erbscheinsverfahren, wie auch in den übrigen nachlassgerichtlichen Verfahren, z.B. bei Ausschlagung der Erbschaft, der Eröffnung letztwilliger Verfügungen, der gerichtlichen Nachlassauseinandersetzung nach §§ 363 ff. FamFG (bislang §§ 86 f. FGG) etc., erhält der Anwalt dieselben Gebühren wie in bürgerlichen Rechtsstreitigkeiten nach Teil 3 des Vergütungsverzeichnisses zum RVG. Die Verfahrensgebühr entsteht grundsätzlich in Höhe von 1,3 nach Nr. 3100 RVG-VV. Soweit in Verfahren der freiwilligen Gerichtsbarkeit lediglich ein Antrag gestellt oder eine Entscheidung entgegengenommen wird, beträgt die Gebühr nach Nr. 3101 RVG-VV lediglich 0,8. Demnach würde für die bloße Beantragung eines Erbscheins die reduzierte Verfahrensgebühr anfallen. Ist mit dem Erbscheinsantrag aber, was regelmäßig der Fall sein dürfte, ein Sachvortrag verbunden, findet Nr. 3100 RVG-VV Anwendung, d.h. die Verfahrensgebühr beträgt dann gleichwohl 1,3. Neben der Verfahrensgebühr kann auch im Nachlassverfahren eine Terminsgebühr in Höhe von 1,2 nach Nr. 3104 RVG-VV entstehen, wenn z.B. eine Beweisaufnahme stattfindet oder die Angelegenheit mit den Beteiligten in mündlicher Verhandlung erörtert wird. Für das Beschwerdeverfahren in Nachlasssachen betragen sowohl die Verfahrens- als auch die Terminsgebühr nach dem Gesetzeswortlaut lediglich 0,5 gem. Nr. 3500 bzw. 3513 RVG-VV. Hier sind die Nr. 3200 ff. RVG-VV jedoch entsprechend anzuwenden.[186] Eine Vergütungsfestsetzung ist auch in den Nachlassverfahren nach § 11 RVG möglich.

Der **Gegenstandswert**[187] richtet sich in gerichtlichen Verfahren und bei vorangehender Tätigkeit nach den für die Gerichtsgebühren geltenden Wertvorschriften, § 23 RVG, §§ 18 ff. KostO.

Gemäß § 131 Abs. 2 KostO richtet sich der **Geschäftswert des Beschwerdeverfahrens** nach § 30 KostO. In vermögensrechtlichen Angelegenheiten, zu denen Nachlasssachen gehören, ist der Wert vom Gericht nach freiem Ermessen zu bestimmen, wenn hinreichende tatsächliche Anhaltspunkte für eine Schätzung vorhanden sind. Maßgebend ist, wenn besondere Umstände nicht vorliegen, die Bedeutung des Rechtsmittels für den Rechtsmittelführer, insbesondere das damit verfolgte wirtschaftliche Interesse. Die in der Kostenordnung enthaltenen besonderen Vorschriften für die Festsetzung des Geschäftswerts im ersten Rechts-

---

185 Vgl. auch Keidel/*Zimmermann*, § 357 FamFG Rn 35.
186 Vgl. OLG Köln AGS 2008, 543 (betreffend eine Notarkostenbeschwerde); *Kroiß*, RVG-Letter 2004, 110; *Kuther*, ZErb 2006, 37; *Ruby*, ZEV 2006, 367; a.A. aber OLG München ZEV 2007, 99; RVG-Letter 2006, 36; OLG Schleswig ZEV 2006, 366.
187 Vgl. zum Ganzen Keidel/*Zimmermann*, § 81 FamFG Rn 23 ff.

zug können als Anhaltspunkte herangezogen werden. Als solcher dient insbesondere der Wert des Reinnachlasses im Zeitpunkt des Erbfalls, § 107 Abs. 1 S. 1 KostO.[188]

259 Das Gericht setzt den Geschäftswert durch **Beschluss** gebührenfrei fest, wenn ein Zahlungspflichtiger oder die Staatskasse dies beantragt, § 31 Abs. 1 S. 1 KostO. Gegen diesen Beschluss findet die **Beschwerde** nach Maßgabe des § 14 Abs. 3 und 4 KostO statt, § 31 Abs. 3 S. 1 KostO. Das Beschwerdeverfahren ist gebührenfrei, § 31 Abs. 3 S. 2 KostO.

Der **Rechtsanwalt** hat die gerichtliche Wertfestsetzung seinen Gebühren zugrunde zu legen, § 32 RVG. Er kann aus eigenem Recht die Wertfestsetzung beantragen und Rechtsmittel gegen die Festsetzung einlegen, § 32 Abs. 2 RVG. Der Anwalt kann den gegen seinen Auftraggeber bestehenden Vergütungsanspruch auch gerichtlich festsetzen lassen, § 11 RVG. Zuständig hierfür ist der Rechtspfleger, § 21 Nr. 2 RPflG.

### 2. Muster: Beschwerde gegen Festsetzung des Geschäftswerts bei Aufnahme eines Nacherbenvermerks

194

260 An das

Amtsgericht

In der Nachlasssache ▮▮▮▮, verstorben am ▮▮▮▮, Az. ▮▮▮▮

lege ich hiermit namens und im Auftrag meines Mandanten ▮▮▮▮ gegen den Beschluss des Amtsgerichts ▮▮▮▮ vom ▮▮▮▮

*Beschwerde*

ein. Es wird beantragt, den Beschluss des Amtsgerichts ▮▮▮▮ vom ▮▮▮▮ aufzuheben und den Beschwerdewert auf ▮▮▮▮ EUR festzusetzen.

*Begründung:*

▮▮▮▮ *(Einleitung).* Der Wert des Reinnachlasses kann aber nicht mit dem Geschäftswert gleichgesetzt werden. Davon geht nunmehr auch das Amtsgericht aus. Gegenstand des Verfahrens ist nicht der Reinnachlass, sondern das vom Beteiligten zu 2 beanspruchte Nacherbrecht an diesem, mithin die Aufnahme eines entsprechenden Nacherbenvermerks in dem der Beteiligten zu 1 erteilten Erbschein (vgl. § 2363 Abs. 1 S. 1 BGB). Für die Bewertung des Interesses eines am Erbscheinsverfahren Beteiligten an der Aufnahme oder Beseitigung eines Nacherbenvermerks enthält die Kostenordnung keine Vorschriften. Maßgeblich für das Interesse eines präsumtiven Nacherben an der Aufnahme eines Nacherbenvermerks ist der Umstand, dass der Vorerbe an der freien Verfügbarkeit über den ihm zufallenden Nachlass gehindert werden soll. Dieses Interesse bewertet die Rechtsprechung in der Regel mit einem Bruchteil des Reinnachlasses (vgl. BayObLG Rpfleger 1983, 12). Im Hinblick auf das hohe Alter der Beteiligten zu 1 müsste im Fall ihrer bloßen Vorerbschaft davon ausgegangen werden, dass der Beteiligte zu 2 alsbald in den Genuss der Erbschaft käme und deren Wert daher nicht wesentlich geringer wäre als im Todeszeitpunkt der Erblasserin. Ein Abschlag von 40 % ist dabei angemessen. Der Geschäftswert des Verfahrens ist daher auf ▮▮▮▮ EUR festzusetzen.

*(Rechtsanwalt)*

261 Zu beachten ist aber, dass das Interesse eines am Erbscheinsverfahren Beteiligten an der Aufnahme oder Beseitigung eines Nacherbenvermerks ausnahmsweise mit dem Wert des Reinnachlasses übereinstimmen kann. So führt das BayObLG[189] dazu aus:

---

188 BayObLGZ 1993, 115, 117.
189 BayObLG FamRZ 1996, 1577.

*"... Der Geschäftswert des Verfahrens der weiteren Beschwerde war gem. § 31 Abs. 1 S. 1, § 131 Abs. 2, § 30 Abs. 1 KostO festzusetzen. Maßgebend ist das Interesse des Beteiligten zu 1, die Einziehung des seiner Rechtsvorgängerin erteilten Erbscheins ohne Nacherbenvermerk zu verhindern. Zwar bewertet der Senat das Interesse eines am Erbscheinsverfahren Beteiligten an der Aufnahme oder Beseitigung eines Nacherbenvermerks in der Regel mit einem Bruchteil des Reinnachlasses (vgl. Senatsbeschluss vom 6.9.1995 – 1 ZBR 7/95 und 49/95). Hier ist jedoch zu berücksichtigen, dass der Nacherbfall bereits eingetreten ist und es daher – wie schon im Beschwerdeverfahren – um die Anordnung der Nacherbfolge als solche geht. In Anbetracht dessen erscheint es dem Senat angemessen, den Geschäftswert auf der Grundlage des vom Landgericht ermittelten reinen Nachlasswerts (vgl. § 107 Abs. 2 S. 1 KostO) von 133.000 DM und unter Berücksichtigung des Pflichtteilsanspruchs des Beteiligten zu 3 ebenso wie das Landgericht auf 99.750 DM festzusetzen ..."*

## VI. Einziehung des Erbscheins, § 2361 BGB

Unrichtige Erbscheine „hat" das Nachlassgericht von Amts wegen einzuziehen. Das Gericht ist dabei nach **§ 26 FamFG** (bislang § 12 FGG) verpflichtet, Ermittlungen über die Richtigkeit eines Erbscheins anzustrengen, soweit Anhaltspunkte für einen Einziehungsgrund gegeben sind.

### 1. Voraussetzungen der Einziehung

#### a) Zuständigkeit

Zuständig für die Einziehung eines Erbscheins ist das Nachlassgericht, das den Erbschein erteilt hat.[190] Dies gilt sowohl für die örtliche, die internationale als auch die funktionelle Zuständigkeit. Insoweit ist der Richter, der einen Erbschein erteilt hat, auch für das Einziehungsverfahren zur Entscheidung berufen, **§ 16 Abs. 1 Nr. 7 RPflG**. Hat ein örtlich unzuständiges Gericht einen Erbschein erteilt, so ist es für das Einziehungsverfahren gleichwohl zuständig. Würde die Einziehung beim tatsächlich zuständigen Gericht „beantragt" (angeregt) werden, so wäre dieses verpflichtet, den Vorgang an das Gericht, das den Erbschein erteilt hat, weiterzuleiten.[191] Eine diesbezügliche Verweisung gemäß § 3 FamFG ist gegebenenfalls anzuregen (vgl. nachfolgendes Muster Rn 264).

#### b) Muster: Antrag auf Verweisung an das zuständige Amtsgericht

An das

Amtsgericht
– Nachlassgericht – (Baden-Württemberg: Staatl. Notariat)

Nachlasssache

Az.

*Einziehung des Erbscheins*

---

190 BayObLGZ 1977, 59; 1981, 147.
191 Vgl. *Kroiß*, Zuständigkeitsprobleme in der FG, S. 123.

Nachdem der Erbschein vom örtlich unzuständigen Amtsgericht ▬▬▬ erteilt worden ist, rege ich an, das Einziehungsverfahren gemäß § 3 FamFG an das gem. § 2361 BGB zuständige Nachlassgericht ▬▬▬ zu verweisen.

(Rechtsanwalt)

### c) Voraussetzungen im Einzelnen

265
- Vorliegen eines erteilten Erbscheins
- Erbschein muss bereits ausgehändigt sein
- Unrichtigkeit des Erbscheins

#### aa) Formelle Fehlerhaftigkeit

266 Bei **schweren Verfahrensfehlern**, insbesondere beim Fehlen von **Verfahrensvoraussetzungen**, ist auch ein materiell richtiger Erbschein einzuziehen (h.M., die über den Wortlaut des § 2361 BGB hinausgeht, vgl. nachfolgendes Muster Rn 268).[192]

Beispiele aus der Rechtsprechung:
- Erteilung abweichend vom Antrag oder ohne Antrag;[193]
- Antragstellung durch einen nicht antragsberechtigten Beteiligten (jedoch kann dieser Verstoß geheilt werden, wenn der Antragsberechtigte die Erteilung des Erbscheins nachträglich ausdrücklich oder stillschweigend genehmigt);[194]
- Zuständigkeitsverstöße:[195]

Bei Verstößen gegen die **örtliche Zuständigkeit** sind auch sachlich richtige Erbscheine einzuziehen. Sonst bestünde die Gefahr widersprechender Erbscheine, da auch beim örtlich zuständigen Gericht ein Erbschein erteilt werden könnte.

Bei Verstößen gegen die **funktionelle Zuständigkeit** ist zu differenzieren:
- Ein Einziehungsgrund ist gegeben, wenn der Rechtspfleger einen Erbschein aufgrund gewillkürter Erbfolge erteilt, da hier nicht die Möglichkeit der Übertragung durch den Richter gem. §§ 8 Abs. 4, 16 Abs. 2 RPflG bestand.
- Dagegen ist der Erbschein nicht einzuziehen, wenn deutsches Erbrecht anwendbar ist und der Erbschein aufgrund gesetzlicher Erbfolge zu erteilen war. Dazu führt das BayObLG[196] aus:

*„Hat der Rechtspfleger einen Erbschein aufgrund gesetzlicher Erbfolge nach deutschem Recht erteilt, so ist dieser nicht unrichtig, auch wenn für die Entscheidung über die Erteilung der Richter zuständig gewesen wäre, weil ein Beteiligter das Vorliegen eines Testaments behauptet hat. Das Nachlassgericht darf einen Erbschein nicht schon deshalb einziehen, weil sich aufgrund neuer Umstände oder vorläufiger Ermittlungen die Möglichkeit seiner Unrichtigkeit ergibt. Es darf über die Einziehung erst entscheiden, **nachdem** es den für die Beurteilung der Richtigkeit maßgeblichen **Sachverhalt abschließend aufgeklärt hat.**"*

267 **Beachte**
Die Einziehung erfolgt **von Amts wegen**. Ein in der Praxis üblicher „Antrag" eines Beteiligten ist als Anregung zu werten, § 24 FamFG.

---

192 Vgl. Palandt/*Edenhofer*, § 2361 BGB Rn 2.
193 BayObLG NJW-RR 1997, 1438; BayObLGZ 1994, 73.
194 BGHZ 30, 220; BayObLGZ 1951, 561.
195 BayObLG Rpfleger 1981, 112; OLG Hamm OLGZ 1972, 352.
196 BayObLG FamRZ 1997, 1370.

bb) Muster: „Antrag" auf Einziehung eines Erbscheins wegen formeller Fehlerhaftigkeit

An das

Amtsgericht
– Nachlassgericht – (Baden-Württemberg: Staatl. Notariat)

Nachlasssache

Az.

*Einziehung des Erbscheins*

In der Nachlasssache ▇, verstorben am ▇ in ▇, beantrage ich namens und im Auftrag meines Mandanten ▇, den vom Amtsgericht ▇ am ▇ der Witwe des Erblassers, ▇, erteilten Erbschein einzuziehen.

Unabhängig davon, ob der Erbschein materiellrechtlich in Ordnung ist, hätte er so nicht erteilt werden dürfen, weil ein entsprechender Antrag der ▇ gar nicht vorlag. Diese begehrte einen Erbschein, der sie als gesetzliche Erbin zu ½ ausweisen sollte. Das Nachlassgericht erteilte ihr, ohne dass der Antrag geändert wurde, einen Erbschein, der sie als Alleinerbin kraft letztwilliger Verfügung ausweist. Bereits insoweit ist der unrichtige Erbschein gem. § 2361 BGB einzuziehen.

Darüber hinaus entspricht der Inhalt des Erbscheins auch nicht der materiellen Rechtslage, weil ▇ *(ggf. weiter ausführen)*.

(Rechtsanwalt)

cc) Materielle Unrichtigkeit

Der Erbschein ist einzuziehen, wenn er **sachlich unrichtig** ist, § 2361 Abs. 1 BGB. In der Praxis kann sich die materielle Unrichtigkeit vor allem ergeben, wenn ein Testament vom Gericht falsch ausgelegt, nachträglich ein jüngeres widersprechendes Testament gefunden oder eine wirksame Anfechtung erklärt wurde.

> **Beispiele**
> Falscher Erbe oder Erbteil, fehlende Beschränkung, falscher Berufungsgrund (wenn dann eine falsche Quote angenommen wird).[197]

Ein Erbschein ist auch dann unrichtig, wenn in ihm eine angeordnete **Nacherbfolge nicht angegeben** ist.[198]

Bei Anordnung einer bedingten Nacherbschaft, z.B. bei Wiederverheiratungsklauseln, kann ein ursprünglich korrekter Erbschein durch Eintritt der Bedingung unrichtig werden.

> **Beachte**
> Die Einziehung erfolgt **von Amts wegen**. Ein in der Praxis üblicher „Antrag" eines Beteiligten ist als Anregung zu werten, § 24 FamFG.

Erlangt das Nachlassgericht, gleich auf welchem Wege, Kenntnis von der möglichen Unrichtigkeit eines Erbscheins, hat es von Amts wegen die notwendigen Ermittlungen durchzuführen. Die Formulierung in § 2361 Abs. 3 BGB „kann" ist insoweit missverständlich und vor dem Hintergrund des **§ 26 FamFG** (bislang § 12 FGG) als „**muss**" zu lesen.[199]

---

197 MüKo-*J. Mayer*, § 2361 BGB Rn 3.
198 BayObLG FamRZ 1994, 658.
199 Vgl. Palandt/*Edenhofer*, § 2361 BGB Rn 6; Staudinger/*Schilken*, § 2361 BGB Rn 10.

Umstritten sind die Reichweite der Ermittlungspflicht und die Frage, welches Maß an gerichtlicher Überzeugung notwendig ist, um die Einziehung des Erbscheins anzuordnen.

Werden dem Gericht Tatsachen mitgeteilt, die **Zweifel an der Richtigkeit** des Erbscheins auslösen, z.B. die behauptete Testierunfähigkeit des Erblassers, hat das Gericht vor einer Entscheidung über die Einziehung die notwendigen Ermittlungen durchzuführen. Es hat entsprechend Beweise zu erheben, z.B. Zeugen und Sachverständige zu vernehmen.

Eine Einziehung wird dann ausgesprochen, wenn die Überzeugung des Nachlassgerichts von dem bezeugten Erbrecht „über einen bloßen Zweifel hinaus erschüttert ist".[200] Zum Maß der Überzeugungsbildung ergibt sich folgendes Stufenverhältnis:

| Zweifel an der Richtigkeit | Überzeugung erschüttert | Überzeugung von der Unrichtigkeit |
|---|---|---|
| ⇓ | ⇓ | ⇓ |
| weitere Ermittlungen | Einziehung | Einziehung |

dd) Muster: „Antrag" auf Einziehung eines Erbscheins wegen materieller Unrichtigkeit

An das

Amtsgericht
– Nachlassgericht – (Baden-Württemberg: Staatl. Notariat)
▓▓▓▓▓

*Nachlasssache* ▓▓▓▓▓

*Az.* ▓▓▓▓▓

*Einziehung des Erbscheins*

In der Nachlasssache ▓▓▓▓▓, verstorben am ▓▓▓▓▓ in ▓▓▓▓▓, beantrage ich namens und im Auftrag meines Mandanten ▓▓▓▓▓, den vom Amtsgericht ▓▓▓▓▓ am ▓▓▓▓▓ der Witwe des Erblassers, ▓▓▓▓▓, erteilten Erbschein einzuziehen.

*Begründung:*

Das Nachlassgericht hat der Ehefrau des Erblassers ▓▓▓▓▓, ▓▓▓▓▓, am ▓▓▓▓▓ einen Erbschein dahin erteilt, dass sie (Allein-) Vorerbin und der Antragsteller Nacherbe geworden ist. Nach dem Inhalt des Erbscheins sollte die Nacherbfolge auch mit der Wiederverheiratung der Vorerbin eintreten.

Ausweislich der beiliegenden Heiratsurkunde vom ▓▓▓▓▓ hat sich die Mutter des Antragstellers, ▓▓▓▓▓, nunmehr wieder verheiratet. Der Erbschein ist damit unrichtig geworden und einzuziehen, § 2361 BGB.

(Rechtsanwalt)

---

200 BGHZ 40, 54.

### ee) Grad der Überzeugung

Das Gericht muss nicht von der Unrichtigkeit des Erbscheins überzeugt sein; ausreichend ist vielmehr, dass seine Überzeugung, § 2359 BGB, erschüttert ist.[201] Hingegen reichen bloße Zweifel an der Richtigkeit für die Einziehung nicht aus.[202]

### ff) Feststellungslast

Die Feststellungslast bei der Unaufklärbarkeit von Tatsachen trifft grundsätzlich denjenigen, der sich auf die Unrichtigkeit des Erbscheins beruft.[203] Es gelten die allgemeinen Regeln über die Feststellungslast im FG-Verfahren (siehe Rn 89).

### gg) Widersprechende Erbscheine

Eine Einziehung wird auch ausgesprochen, wenn mehrere **widersprechende Erbscheine** in Umlauf sind.

### hh) Muster: „Antrag" auf Einziehung eines Erbscheins bei Vorliegen widersprechender Erbscheine

An das

Amtsgericht
– Nachlassgericht – (Baden-Württemberg: Staatl. Notariat)

Nachlasssache

Az.

*Einziehung des Erbscheins*

In der Nachlasssache          , verstorben am          in          , beantrage ich namens und im Auftrag meines Mandanten          , den vom Amtsgericht          am          der          erteilten Erbschein einzuziehen.

*Begründung:*

Das Amtsgericht Hamburg hat am          in Unkenntnis des Nachlassverfahrens des Amtsgerichts Traunstein einen widersprechenden Erbschein erteilt. Auf die beigefügte Ablichtung weise ich hin. Insoweit sind beide Erbscheine einzuziehen. Einen entsprechenden Antrag beim Amtsgericht Hamburg bezüglich des dortigen Erbscheins habe ich heute ebenfalls gestellt.

(Rechtsanwalt)

## 2. Entscheidung

Die Ablehnung erfolgt durch **Beschluss**, falls eine Anregung vorlag. Bei diesem Beschluss handelt es sich um eine beschwerdefähige Entscheidung nach § 58 Abs. 1 FamFG (bislang § 19 Abs. 1 FGG). Soweit kein Beteiligter die Einziehung des Erbscheins angeregt hatte, wird das Einziehungsverfahren durch einen Aktenvermerk eingestellt.

Ist der Erbschein unrichtig, so ergeht der **Einziehungsbeschluss** (mit Fristsetzung), dass der Erbschein abzuliefern ist, §§ 38, 353 FamFG. Ein Vorbescheid, der die Einziehung nur

---

201 Staudinger/*Schilken*, § 2361 BGB Anm. 15.
202 Palandt/*Edenhofer*, § 2361 BGB Rn 8.
203 BayObLG MDR 1980, 314.

ankündigt, ist unzulässig; vielmehr muss das Nachlassgericht, wenn der Erbschein nach seiner Überzeugung unrichtig ist, diesen einziehen.[204]

Ähnlich wie bei der Erteilung des Erbscheins ist auch bei der Einziehung zwischen der Entscheidung, die die Einziehung anordnet, und ihrem Vollzug zu unterscheiden:

**Übersicht:**

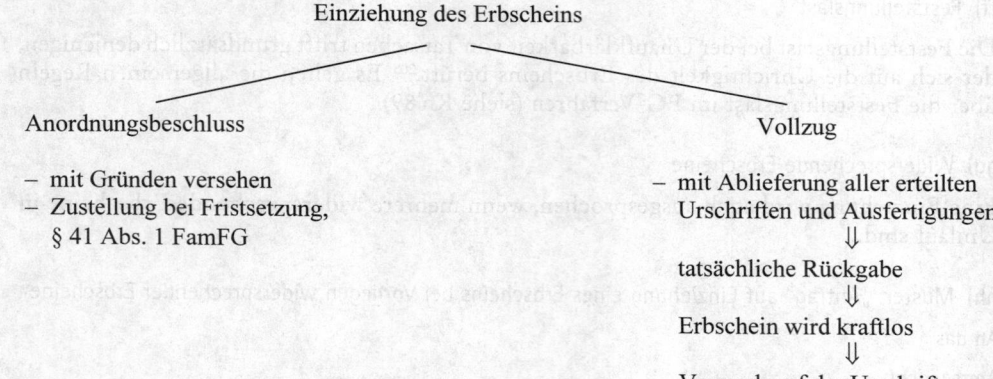

Der Einziehungsbeschluss kann nur solange abgeändert werden, als der Erbschein nicht an das Nachlassgericht zurückgegeben ist, § 353 Abs. 2 FamFG.[205]

### 3. Kraftloserklärung, § 2361 Abs. 2 BGB, § 353 Abs. 3 FamFG

a) Rechtliche Grundlagen

281  Stellt sich die Unrichtigkeit des Erbscheins heraus, ist die Konsequenz zwar im Regelfall die Einziehung, es kann jedoch auch die Kraftloserklärung nach § 2361 Abs. 2 BGB notwendig werden. Diese ist dann anzuregen, wenn der Erbschein nicht sogleich erlangt werden kann.

**Übersicht:**

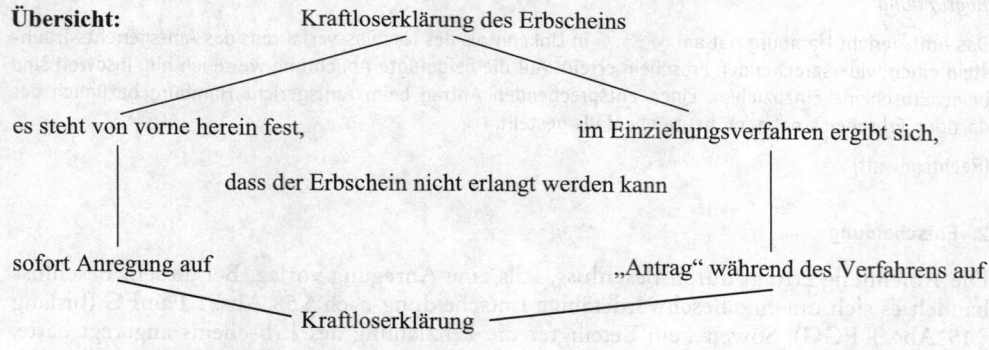

282  Auch die Kraftloserklärung erfolgt durch einen mit Gründen zu versehenden Beschluss, der nicht mehr gem. § 48 FamFG (bislang § 18 FGG) abgeändert werden kann, § 353

---

204 BayObLG FamRZ 1995, 60.
205 Vgl. BayObLGZ 1961, 200, 206.

Abs. 3 FamFG.²⁰⁶ Dieser kann von Beteiligten angeregt werden (vgl. nachfolgendes Muster Rn 284).

Stellt sich im Nachhinein heraus, dass der Erbschein doch noch erreichbar ist, ist er einzuziehen.²⁰⁷

Der Beschluss, der die Kraftloserklärung anordnet, ist durch öffentliche Zustellung bekannt zu machen, § 2361 Abs. 2 S. 2 BGB, §§ 185 ff. ZPO. Er wird im elektronischen Bundesanzeiger veröffentlicht.²⁰⁸

Wirksam wird die Kraftloserklärung entgegen § 40 FamFG (bislang § 16 FGG) erst mit dem Ablauf eines Monats nach der letzten Einrückung des Beschlusses in die öffentlichen Blätter, § 2361 Abs. 2 S. 3 BGB.

b) Muster: „Antrag" auf Kraftloserklärung eines Erbscheins

An das

Amtsgericht
– Nachlassgericht – (Baden-Württemberg: Staatl. Notariat)

Nachlasssache

Az.

*Kraftloserklärung des Erbscheins*

In der Nachlasssache            , verstorben am            in            , beantrage ich namens und im Auftrag meines Mandanten            , den vom Amtsgericht            am            der            erteilten Erbschein kraftlos zu erklären.

*Begründung:*

Das Nachlassgericht hat der Ehefrau des Erblassers            ,            , am            einen Erbschein dahin erteilt, dass sie (Allein-) Vorerbin und der Antragsteller Nacherbe geworden ist. Nach dem Inhalt des Erbscheins sollte die Nacherbfolge auch mit der Wiederverheiratung der Vorerbin eintreten.

Ausweislich der beiliegenden Heiratsurkunde vom            hat sich die Mutter des Antragstellers,            , nunmehr wieder verheiratet. Der Erbschein ist damit unrichtig geworden, § 2361 Abs. 1 BGB. Vom Antragsteller auf die Unrichtigkeit des Erbscheins angesprochen, hat            erklärt, dass sie den ihr erteilten Erbschein nicht mehr finde. Er sei ihr beim letzten Umzug abhanden gekommen.

*Glaubhaftmachung:* Beiliegende eidesstattliche Versicherung der            vom

Da der Erbschein nicht sofort erlangt werden kann, ist er für kraftlos zu erklären, § 2361 Abs. 2 S. 1 BGB.

(Rechtsanwalt)

## 4. Einstweiliger Rechtsschutz

Nach h.M. sind **einstweilige Anordnungen** im Einziehungsverfahren zwar zulässig. Möglich ist eine einstweilige Anordnung des Nachlassgerichts, **§ 49 FamFG** (bislang analog § 24

---

206 Vgl. Keidel/*Zimmermann*, § 353 FamFG Rn 34.
207 Staudinger/*Schilken*, § 2361 BGB Rn 38; MüKo-*J. Mayer*, § 2361 BGB Rn 41; a.A. Palandt/*Edenhofer*, § 2361 BGB Rn 13, der die Einziehung insoweit für erledigt erachtet.
208 Keidel/*Zimmermann*, § 353 FamFG Rn 28; im Internet über Suchmaschinen zu finden unter „eBundesanzeiger", dort „Gerichtlicher Teil", hier „Kraftloserklärungen". (www.eBundesanzeiger.de).

Abs. 3 FGG) auf Rückgabe des Erbscheins zu den Nachlassakten. Dasselbe Ziel lässt sich auch mit einer einstweiligen Verfügung im ZPO-Verfahren nach **§ 2362 Abs. 1 BGB, § 935 ZPO** erreichen. Mangels gesetzlicher Grundlage beseitigen diese Anordnungen nicht den öffentlichen Glauben des Erbscheins.[209] Erst mit der tatsächlichen Einziehung wird der Erbschein kraftlos, **§ 2361 Abs. 1 S. 2 BGB**. Jedoch kann mit diesen Entscheidungen gegebenenfalls verhindert werden, dass ein Rechtserwerb wegen der fehlenden Vorlagemöglichkeit des Erbscheins unterbleibt. So wird z.B. der Bankangestellte sich auf die bloße Aussage hin, man habe einen Erbschein erteilt bekommen, nicht zur Auszahlung veranlasst sehen. Auch das Grundbuchamt verlangt als Nachweis der Erbfolge die „Vorlegung eines Erbscheins", **§ 35 Abs. 1 GBO**.

### a) Antrag auf Erlass einer einstweiligen Anordnung gem. § 49 FamFG (bislang § 24 Abs. 3 FGG analog)

**286** Nach § 24 Abs. 3 FGG konnte das Beschwerdegericht bislang anordnen, dass die Vollziehung einer angefochtenen Verfügung auszusetzen war. Diese Vorschrift wurde von der h.M.[210] entsprechend auf das erstinstanzliche Verfahren auf Anordnung der Einziehung angewendet.

Das OLG Köln[211] führte dazu aus:

*„Beim Erbschein kann wegen seiner Rechtsnatur die Vollziehung nicht gem. § 24 Abs. 3 FGG ausgesetzt werden. Es kommt aber eine einstweilige Anordnung auf Rückgabe zu den Akten in Betracht. Der Antrag auf Erlass einer einstweiligen Anordnung muss begründet werden."*

**287** Nunmehr sieht § 49 FamFG ausdrücklich die Möglichkeit einer einstweiligen Anordnung vor (vgl. das nachfolgende Muster Rn 288).[212]

### b) Muster: Antrag auf Erlass einer einstweiligen Anordnung § 49 FamFG (bislang analog § 24 Abs. 3 FGG)

**288**

An das

Amtsgericht
– Nachlassgericht – (Baden-Württemberg: Staatl. Notariat)

*Nachlasssache*

*Az.*

*Einziehung des Erbscheins und Antrag auf Erlass einer einstweiligen Anordnung gemäß § 49 FamFG*

In der Nachlasssache ███████, verstorben am ███████ in ███████, beantrage ich namens und im Auftrag meines Mandanten ███████, den vom Amtsgericht ███████ am ███████ der ███████ erteilten Erbschein einzuziehen.

*Begründung:*

Das Nachlassgericht hat der Ehefrau des Erblassers ███████, ███████, am ███████ einen Erbschein dahin erteilt, dass sie Alleinerbin aufgrund letztwilliger Verfügung vom ███████ geworden ist. Tatsächlich war

---

209 MüKo-*J. Mayer*, § 2361 BGB Rn 39.
210 BayObLG FamRZ 1993, 116.
211 OLG Köln OLGZ 1990, 303.
212 Keidel/*Giers*, § 49 FamFG Rn 9; *Zimmermann*, FGPrax 2006, 189, 193.

der Erblasser bei der Abfassung seines letzten Willens nicht mehr testierfähig. Er litt an einer altersbedingten Demenz.

*Beweis:* Dr. med. ▬ als Zeuge

Der behandelnde Arzt Dr. ▬ befindet sich zurzeit auf einer Amazonasexpedition und wird erst in drei Monaten wieder erreichbar sein. Er hat aber am ▬ gegenüber dem Antragsteller versichert, dass der Erblasser zum Zeitpunkt der Errichtung des Testaments nicht mehr in der Lage war, die Tragweite seines Handelns zu überblicken.

*Beweis:* Eidesstattliche Versicherung des ▬ vom ▬

Da zu befürchten ist, dass die Mutter des Antragstellers zwischenzeitlich über Nachlassgegenstände verfügt, ist, sollte der Erbschein nicht sogleich eingezogen werden, eine einstweilige Anordnung auf Rückgabe des Erbscheins zu den Nachlassakten geboten. Als Rechtsgrundlage hierfür kommt § 49 FamFG in Betracht.

(Rechtsanwalt)

c) Antrag auf Erlass einer einstweiligen Anordnung gemäß §§ 68 Abs. 3 S. 1, 49 FamFG im Beschwerdeverfahren

Befinden sich die Akten bereits beim Beschwerdegericht, weil das Amtsgericht dem Einziehungsbegehren nicht Folge geleistet hat, konnte der Antrag bislang auf § 24 Abs. 3 FGG gestützt werden.

Nunmehr gilt § 49 FamFG über § 68 Abs. 3 S. 1 FamFG.

d) Muster: Antrag auf Erlass einer einstweiligen Anordnung gemäß §§ 68 Abs. 3 S. 1, 49 FamFG

An das

Oberlandesgericht

▬

*Nachlasssache* ▬

*Az.* ▬

*Einziehung des Erbscheins und Antrag auf Erlass einer einstweiligen Anordnung gem § 49 FamFG*

In der Nachlasssache ▬, verstorben am ▬ in ▬, beantrage ich namens und im Auftrag meines Mandanten ▬, den Beschluss des Amtsgerichts ▬ vom ▬ aufzuheben und das Nachlassgericht anzuweisen, den der ▬ erteilten Erbschein einzuziehen. Weiters beantrage ich, einstweilig anzuordnen, dass der Erbschein zu den Akten des Nachlassgerichts herauszugeben ist.

*Begründung:*

Das Nachlassgericht ▬ hat der Ehefrau des Erblassers ▬, ▬, am ▬ einen Erbschein dahin erteilt, dass sie Alleinerbin aufgrund letztwilliger Verfügung vom ▬ geworden ist. Tatsächlich war der Erblasser bei der Abfassung seines letzten Willens nicht mehr testierfähig. Er litt an einer altersbedingten Demenz.

*Beweis:* Dr. med. ▬ als Zeuge

Der behandelnde Arzt Dr. ▬ befindet sich zurzeit auf einer Amazonasexpedition und wird erst in drei Monaten wieder erreichbar sein. Er hat aber am ▬ gegenüber dem Antragsteller versichert, dass der Erblasser zum Zeitpunkt der Errichtung des Testaments nicht mehr in der Lage war, die Tragweite seines Handelns zu überblicken.

*Beweis:* Eidesstattliche Versicherung des ▬ vom ▬

*Kroiß*

Das Nachlassgericht hat trotz meiner Anregung vom ▮▮▮▮ beschlossen, dass der genannte Erbschein nicht einzuziehen sei und auch den Erlass einer einstweiligen Anordnung abgelehnt.

Da zu befürchten ist, dass die Mutter des Antragstellers zwischenzeitlich über Nachlassgegenstände verfügt, ist, sollte der Erbschein nicht sogleich eingezogen werden, eine einstweilige Anordnung auf Rückgabe des Erbscheins zu den Nachlassakten geboten. Als Rechtsgrundlage hierfür kommt § 49 FamFG in Betracht.

(Rechtsanwalt)

### e) Antrag auf Erlass einer einstweiligen Verfügung gemäß § 2362 BGB, § 935 ZPO

**292** Neben den dargestellten einstweiligen Anordnungen im Nachlassverfahren kann einstweiliger Rechtsschutz unabhängig davon im streitigen Zivilverfahren begehrt werden. Nach **§ 2362 Abs. 1 BGB** kann der wirkliche Erbe vom Besitzer des unrichtigen Erbscheins dessen Herausgabe an das Nachlassgericht verlangen. Dieser Herausgabeanspruch kann nach h.M.[213] mittels **einstweiliger Verfügung** gesichert werden. Auch hier gilt, dass die Wirkungen des Erbscheins erst analog § 2361 Abs. 1 S. 2 BGB entfallen, wenn nach einer Hauptsacheentscheidung, die auf einem Anspruch nach § 2362 BGB beruht, der Erbschein tatsächlich zurückgegeben wird.[214]

### f) Muster: Antrag auf Erlass einer einstweiligen Verfügung

An das

**293** Landgericht
– Zivilkammer –
▮▮▮▮

*Antrag auf Erlass einer einstweiligen Verfügung*

des ▮▮▮▮, ▮▮▮▮

– Antragstellers –

Verfahrensbevollmächtigter: Rechtsanwalt ▮▮▮▮

gegen

▮▮▮▮, ▮▮▮▮

– Antragsgegnerin –

wegen Herausgabe des Erbscheins.

Namens und im Auftrag des Antragstellers – Vollmacht ist beigefügt – beantrage ich – wegen Dringlichkeit ohne mündliche Verhandlung – den Erlass folgender

*einstweiliger Verfügung:*
1. Die Antragsgegnerin hat den ihr vom Amtsgericht – Nachlassgericht – ▮▮▮▮ am ▮▮▮▮ im Verfahren ▮▮▮▮ erteilten Erbschein an das Nachlassgericht herauszugeben.
2. Die Antragsgegnerin hat die Kosten des Verfahrens zu tragen.

---

213 Vgl. *Kroiß*, Das neue Nachlassverfahrensrecht, S. 114.
214 MüKo-*J. Mayer*, § 2362 BGB Rn 11.

*Begründung:*

*I. Verfügungsanspruch*

Der Antragsteller ist der Sohn der Antragsgegnerin. Am ▨ verstarb der Vater des Antragstellers ▨ in ▨, seinem letzten Wohnort. Aufgrund eines Testaments vom ▨, das die Antragsgegnerin beim Nachlassgericht vorlegte, erhielt diese einen Erbschein, der sie als Alleinerbin auswies.

*Glaubhaftmachung:*
1. Beigefügte Ausfertigung des Erbscheins des Amtsgerichts ▨ vom ▨
2. Beigefügte eidesstattliche Versicherung des Antragstellers vom ▨
3. Beiziehung der Nachlassakten des Amtsgerichts ▨, Az.

Der Antragsteller ist das einzige Kind der Eheleute ▨. Die Eheleute lebten im gesetzlichen Güterstand, der durch den Tod des ▨ am ▨ beendet wurde. Nach einem Testament vom ▨ sollte die Antragsgegnerin Alleinerbin des Erblassers sein. Dieses Testament ist aber unwirksam, da der Erblasser zum Zeitpunkt der Errichtung nicht testierfähig war. Der behandelnde Hausarzt erklärte gegenüber dem Antragsteller, dass der Erblasser an einer altersbedingten senilen Demenz litt und die Tragweite seines Tuns nicht mehr überblicken konnte.

*Glaubhaftmachung:* Beigefügte eidesstattliche Versicherung des Dr. med. ▨ vom ▨

Der Erblasser konnte demnach kein Testament errichten, § 2229 Abs. 4 BGB. Es ist mangels anderweitiger letztwilliger Verfügungen gesetzliche Erbfolge eingetreten. Die Antragsgegnerin wurde nicht Alleinerbin, sondern gemeinsam mit dem Antragsteller lediglich Miterbin zu ½ nach §§ 1931 Abs. 1, 1371 BGB. Insoweit besteht für den Antragsteller ein Herausgabeanspruch nach § 2362 BGB, den er auch für die Erbengemeinschaft allein geltend machen kann, § 2039 S. 2 BGB analog.

*II. Verfügungsgrund*

Die Antragsgegnerin weigerte sich trotz Aufforderung des Antragstellers, den Erbschein herauszugeben. Sie äußerte gegenüber dem Antragsteller, dass sie beabsichtige, das einzige im Nachlass befindliche Grundstück zu veräußern. Ein Notartermin sei schon für den ▨ vereinbart worden.

*Glaubhaftmachung:* Beigefügte eidesstattliche Versicherung des Antragstellers vom ▨

Da nach Auskunft des Nachlassgerichts über eine Einziehung des Erbscheins erst nach Erholung eines Sachverständigengutachtens entschieden werden kann, droht dem Antragsteller als wahren Erben ein Rechtsverlust. Auch kann ihm ein Zuwarten bis zu einer Hauptsacheentscheidung im zivilprozessualen Verfahren nicht zugemutet werden.

(Rechtsanwalt)

### 5. Kosten bei Einziehung und Kraftloserklärung

Nach § 353 Abs. 1 FamFG hat das Nachlassgericht über die Kosten des Verfahrens zu entscheiden. Die Regelung zur Kostentragungspflicht in Amtsverfahren nach § 2 KostO wurde als nicht immer angemessen erachtet.[215] Gemäß § 108 KostO wird für die Einziehung eine ½ **Gebühr** erhoben. Der Geschäftswert bemisst sich nach dem reinen Wert des Nachlasses, §§ 108 S. 2, 107 Abs. 2-4 KostO, d.h. nach Abzug der Nachlassverbindlichkeiten. Gebührenermäßigungen sind für Miterben, beim gegenständlich beschränkten Erbschein und für den Fall, dass der Erbschein nur zur Verfügung über ein Grundstück gebraucht wird, möglich. **Kostenschuldner** ist der an der Einziehung bzw. Kraftloserklärung interessierte Erbe.

294

---

215 BT-Drucks. 16/6308 S. 281.

## VII. Rechtsmittel

### 1. Übersicht

**a) Verfügungen des Richters**

295 Gegen die Entscheidungen des Amtsrichters in Nachlassverfahren war bislang die **Beschwerde**, § 19 Abs. 1 FGG, der statthafte Rechtsbehelf. Regelmäßig handelte es sich um die einfache (unbefristete) Beschwerde. Nur ausnahmsweise war in Nachlasssachen die **sofortige**, d.h. fristgebundene **Beschwerde**, § 22 FGG, der richtige Rechtsbehelf, so z.B. gem. §§ 81, 82 Abs. 1 FGG.

296 Nunmehr ist die sofortige (befristete) Beschwerde der statthafte Rechtsbehelf im nachlassgerichtlichen Verfahren, **§§ 58 ff. FamFG**.

**b) Muster: Beschwerde gegen die Ablehnung eines Erbscheinsantrages durch den Nachlassrichter**

An das

297 Amtsgericht
– Nachlassgericht – (Baden-Württemberg: Staatl. Notariat)

In der Nachlasssache ▬▬▬, verstorben am ▬▬▬, lege ich hiermit namens und im Auftrag meines Mandanten ▬▬▬ gegen den Beschluss des Amtsgerichts ▬▬▬ vom ▬▬▬

*Beschwerde*

ein.

Der Beschluss, durch den der Erbscheinsantrag meines Mandanten zurückgewiesen wurde, ist materiell rechtswidrig. Entgegen der Auffassung des Nachlassgerichts ist das Testament des Erblassers vom ▬▬▬ sehr wohl in der Weise auszulegen, dass mein Mandant zum Alleinerben eingesetzt wurde. ▬▬▬ (ggf. weiter ausführen).

Ich beantrage daher, den Beschluss vom ▬▬▬ aufzuheben und das Nachlassgericht anzuweisen, einen Erbschein zu erteilen, der meinen Mandanten als Alleinerben ▬▬▬ ausweist.

(Rechtsanwalt)

**c) Entscheidungen des Rechtspflegers**

**aa) Beschwerde, § 11 Abs. 1 S. 1 RPflG i.V.m. § 58 FamFG (bislang § 19 Abs. 1 FGG)**

298 Gegen Entscheidungen des Rechtspflegers ist das Rechtsmittel gegeben, das nach den „allgemeinen verfahrensrechtlichen Vorschriften" zulässig ist, § 11 Abs. 1 RPflG. Das bedeutet, dass in den Verfahren der Freiwilligen Gerichtsbarkeit Verfügungen des Rechtspflegers grundsätzlich mit der Beschwerde nach § 58 FamFG/§ 19 Abs. 1 FGG anfechtbar sind. Lehnt (z.B. bei gesetzlicher Erbfolge) der Rechtspfleger den Antrag auf Erteilung eines Erbscheins ab, ist die sofortige (befristete) Beschwerde zum Oberlandesgericht der statthafte Rechtsbehelf im nachlassgerichtlichen Verfahren, **§§ 58 ff. FamFG**.

### bb) Muster: Beschwerde gegen die Ablehnung eines Erbscheinsantrages durch den Rechtspfleger

An das
Amtsgericht
– Nachlassgericht – (Baden-Württemberg: Staatl. Notariat)

In der Nachlasssache ▬▬▬, verstorben am ▬▬▬, lege ich hiermit namens und im Auftrag meines Mandanten ▬▬▬ gegen den Beschluss des Rechtspflegers des Amtsgerichts ▬▬▬ vom ▬▬▬

*Beschwerde*

ein.

In dem Beschluss vom ▬▬▬, mit dem der Erbscheinsantrag meines Mandanten zurückgewiesen wurde, geht der Rechtspfleger zu Unrecht davon aus, dass meinem Mandanten als nichtehelichem Kind kein Erbrecht zusteht. Tatsächlich sind mit Inkrafttreten des Erbrechtsgleichstellungsgesetzes seit 1.4.1998 die nichtehelichen den ehelichen Kindern erbrechtlich gleichgestellt. Da es sich beim Beschwerdeführer um den einzigen Abkömmling des Erblassers handelt, ist er Alleinerbe nach § 1924 Abs. 1 BGB geworden.

Ich beantrage daher, die Verfügung vom ▬▬▬ aufzuheben und das Nachlassgericht anzuweisen, dem Beschwerdeführer einen Erbschein zu erteilen, der ihn als Alleinerben ausweist.

(Rechtsanwalt)

### cc) Befristete Erinnerung

Ausnahmsweise lässt § 11 Abs. 2 RPflG die befristete Erinnerung zu, wenn gegen die Entscheidung „nach den allgemeinen verfahrensrechtlichen Vorschriften ein Rechtsmittel nicht gegeben ist". Hintergrund dieser Regelung ist, dass zumindest **eine** richterliche Entscheidung herbeigeführt werden kann, Art. 19 Abs. 4 GG. In den Nachlassverfahren war bislang die befristete Erinnerung bei Kostenentscheidungen nach § 20a FGG und Beschlüssen nach § 84 FGG (Kraftloserklärung eines Erbscheins und anderer Zeugnisse) denkbar.

Bei Entscheidungen nach dem FamFG kommt die Erinnerung in Betracht, wenn die Beschwerde mangels Erreichens der Beschwerdesumme, § 61 Abs. 1 FamFG, oder mangels Zulassung, § 61 Abs. 3 FamFG, unzulässig wäre.

Der Rechtspfleger kann einer derartigen Erinnerung abhelfen, § 11 Abs. 2 S. 2 RPflG, oder sie dem Richter zur Entscheidung vorlegen, § 11 Abs. 2 S. 3 RPflG.

### d) Entscheidungen des Landgerichts

Gegen die Beschwerdeentscheidung des Landgerichts stand bislang den Beteiligten die Möglichkeit der **weiteren Beschwerde** offen, **§ 27 FGG**. Als Rechtsbeschwerdegericht entschied das Oberlandesgericht. Bayern und Rheinland-Pfalz haben von der Ermächtigung in § 199 FGG Gebrauch gemacht und die Zuständigkeit eines zentralen Obergerichts begründet. In Bayern ist das Oberlandesgericht München, in Rheinland-Pfalz das Oberlandesgericht Zweibrücken zur Entscheidung berufen. Bei der weiteren Beschwerde handelte es sich um eine reine Rechtsbeschwerde, die nach revisionsrechtlichen Grundsätzen ausgestaltet und nicht zur Nachprüfung von Tat- und Ermessensfragen eröffnet ist.[216]

---

216 *Meyer-Holz*, in: Keidel/Kuntze/Winkler, § 27 FGG Rn 1.

aa) Muster: Weitere Beschwerde wegen Verstoßes gegen die Amtsermittlungspflicht (Muster für Fälle, in denen das erstinstanzliche Verfahren vor dem 1.9.2009 eingeleitet worden ist)

An das[217]

Landgericht
– Beschwerdekammer –

In der Nachlasssache _____, verstorben am _____, Az. _____

lege ich hiermit namens und im Auftrag meines Mandanten _____ gegen den Beschluss des Landgerichts _____ vom _____

*weitere Beschwerde*

ein.

Die Entscheidung beruht auf einem Verstoß gegen § 26 FamFG. Das Landgericht hat seine ihm gem. § 12 FGG § 26 FamFG, §§ 2358 Abs. 1, 2361 Abs. 3 BGB obliegende Amtsermittlungspflicht (vgl. Palandt/*Edenhofer*, BGB, § 2358 Rn 1 und § 2361 Rn 7) verletzt, weil es der Frage nicht nachgegangen ist, ob der Erblasser gem. § 2247 Abs. 4 BGB von der Möglichkeit ausgeschlossen war, eigenhändig zu testieren. Denn aus dem Akteninhalt mussten sich Zweifel aufdrängen, ob der Erblasser im maßgeblichen Zeitpunkt „Geschriebenes" lesen konnte. Die Verfahrensbevollmächtigten der Beteiligten zu 1 haben dem Nachlassgericht mit Schriftsatz vom _____ das Testament vom _____ mit dem Hinweis übersandt, dass der Erblasser „fast blind" gewesen sei. Ferner haben sie mit Schriftsatz vom _____ ein Gutachten des Landgerichtsarztes vom _____ vorgelegt, der den Erblasser am _____ untersucht und eine „schwere Sehbehinderung" festgestellt hatte. Der Erblasser sei seit einigen Jahren „praktisch blind"; es bestehe noch eine „rudimentäre visuelle Wahrnehmung", doch „lesen sei nicht möglich". Der zur Frage der Testierfähigkeit des Erblassers vom Nachlassgericht zugezogene Sachverständige hat in seinem Gutachten vom _____ eine Aktennotiz über einen Besuch beim Erblasser am _____ wiedergegeben, wonach der Erblasser erwähnt habe, dass er den am _____ beurkundeten Vertrag über den Verkauf seines Hauses nicht habe lesen können, weil er seine Sehhilfe, ein „fernseherähnliches Gerät", nicht dabeigehabt habe. Der Erblasser habe ihm, dem Sachverständigen, ferner mitgeteilt, er sei zwischen den Jahren _____ und _____ dreimal „am Star" operiert worden. Diese Hinweise hätten das Landgericht veranlassen müssen, Ermittlungen zur Lesefähigkeit des Erblassers durchzuführen, zumal auch das Schriftbild des Testaments vom _____ zu Zweifeln Anlass gab.

Auf dem Verfahrensverstoß beruht die angefochtene Entscheidung, denn es kann nicht ausgeschlossen werden, dass sie anders ausgefallen wäre, wenn die erforderlichen Ermittlungen angestellt worden wären.

Ich beantrage daher, den Beschluss vom _____ aufzuheben und die Sache an das Landgericht zurückzuverweisen.

Weiters beantrage ich, die außergerichtlichen Kosten des Beschwerdeführers den Beschwerdegegnern aufzuerlegen.

(Rechtsanwalt)

---

217 Sachverhalt nach BayObLG FamRZ 1997, 1028.

bb) Muster: Antragsformulierung in der weiteren Beschwerde (Muster für Fälle, in denen das erstinstanzliche Verfahren vor dem 1.9.2009 eingeleitet worden ist)

An das

Landgericht
– Beschwerdekammer –

In der Nachlasssache ▓▓▓, verstorben am ▓▓▓, Az. ▓▓▓
lege ich hiermit namens und im Auftrag meines Mandanten ▓▓▓ gegen den Beschluss des Landgerichts ▓▓▓ vom ▓▓▓

*weitere Beschwerde*

ein. Ich beantrage:
I. Auf die weitere Beschwerde der Beteiligten zu 2 bis 4 werden der Beschluss des Landgerichts ▓▓▓ vom ▓▓▓ und der Beschluss des Amtsgerichts ▓▓▓ vom ▓▓▓ aufgehoben.
II. Das Amtsgericht ▓▓▓ wird angewiesen, den Beteiligten zu 2 bis 4 folgenden Erbschein zu erteilen:
„Der ▓▓▓ (= Erblasser) wird aufgrund des Erbvertrags vom ▓▓▓ beerbt von
  a) ▓▓▓, Beteiligte zu 2
  b) ▓▓▓, Beteiligte zu 3
  c) ▓▓▓, Beteiligter zu 4
  zu je einem Drittel."

*Begründung:* ▓▓▓ *(ggf. weiter ausführen)*

(Rechtsanwalt)

cc) Muster: Schriftsatz als Reaktion auf eine weitere Beschwerde (Muster für Fälle, in denen das erstinstanzliche Verfahren vor dem 1.9.2009 eingeleitet worden ist)

An das[218]

Oberlandesgericht München
80097 München

Az. ▓▓▓

In der Nachlasssache ▓▓▓, verstorben am ▓▓▓, beantrage ich namens und im Auftrag des Beteiligten zu 2:
I. Die weitere Beschwerde des Beteiligten zu 1 wird zurückgewiesen.
II. Dem Beteiligten zu 1 sind die Kosten der weiteren Beschwerde aufzuerlegen. Der Beteiligte zu 1 hat dem Beteiligten zu 2 die im Verfahren der weiteren Beschwerde entstandenen Kosten zu erstatten.

*Begründung:*

Eine Vernehmung des Chefarztes des Krankenhauses war im Rahmen der dem Gericht obliegenden Amtsermittlungspflicht (§ 26 FamFG) nicht geboten. Das Landgericht durfte davon ausgehen, dass der Zeuge keine eigenen Kenntnisse über einen Schlaganfall des Erblassers vor Errichtung des Testaments hatte.

Für das Landgericht bestand auch kein Anlass, weitere Ermittlungen durchzuführen. Dass eine Ärztin des Krankenhauses berichten könne, die als Zeuginnen vernommenen Schwestern hätten ihr von einem Schlaganfall des Erblassers berichtet, hat der Beteiligte zu 1 erst im Verfahren der weiteren Beschwerde vorgebracht. Auch die Behauptung, der Chefarzt des Krankenhauses habe einer weiteren Zeugin gegenüber

---

218 Sachverhalt nach BayObLG NJW 1992, 55.

von einem Schlaganfall des Erblassers gesprochen, wurde erstmals in der Begründung der weiteren Beschwerde aufgestellt. Von einer Verletzung der Amtsermittlungspflicht des Landgerichts durch eine unterlassene Vernehmung dieser Zeuginnen kann daher nicht die Rede sein. Eine Vernehmung durch das Gericht der weiteren Beschwerde ist ebenso wenig zulässig wie die Beiziehung der Krankenunterlagen. Grundlage der Entscheidung des Rechtsbeschwerdegerichts ist gem. § 27 FGG, § 559 ZPO der vom Beschwerdegericht festgestellte Sachverhalt, so dass neue Tatsachen und Beweise in dieser Instanz weder durch die Beteiligten noch durch das Gericht eingeführt werden können.

Die Beurteilung der Glaubwürdigkeit von Zeugen obliegt dem Gericht der Tatsacheninstanz; sie kann vom Gericht der weiteren Beschwerde nicht nachgeprüft werden. Es ist daher aus Rechtsgründen nicht zu beanstanden, wenn das Landgericht den vernommenen Schwestern geglaubt hat, sie hätten keine Kenntnis von einem Schlaganfall des Erblassers.

Die weitere Beschwerde erweist sich als unbegründet.

(Rechtsanwalt)

### 2. Zulässigkeit der Beschwerde

#### a) Zuständigkeit

307  Über Beschwerden gegen amtsgerichtliche Verfügungen entschied bislang die Zivilkammer des **Landgerichts** gem. §§ 19 Abs. 2, 30 Abs. 1 S. 1, 75 FGG. Eine Einzelrichterübertragung war möglich, da § 30 Abs. 1 S. 2 FGG auf § 526 ZPO verwies.

308  Nach neuer Rechtslage ist die sofortige (befristete) Beschwerde zum Oberlandesgericht der statthafte Rechtsbehelf im nachlassgerichtlichen Verfahren, **§§ 58 ff. FamFG**.

#### b) Statthaftigkeit

309  Voraussetzung war bislang nach § 19 FGG, dass eine erstinstanzliche Entscheidung des Amtsgerichts vorliegt. Unter dem Begriff „**Verfügungen**" in § 19 Abs. 1 FGG waren sachliche Entscheidungen mit Außenwirkungen des erstinstanzlichen Gerichts zu verstehen.[219]

310  Nunmehr sind nur noch Endentscheidungen mit der sofortigen (befristeten) Beschwerde anfechtbar, **§ 58 Abs. 1 FamFG**.

##### aa) Endentscheidungen

311  Anfechtbare Verfügungen sind Endentscheidungen, wie z.B.
– die Erbscheinserteilungsanordnung bzw. der Feststellungsbeschluss nach § 352 FamFG
– die Zurückweisung eines Erbscheinsantrags,
– die Kraftloserklärung eines Erbscheins oder
– der Einziehungsbeschluss.

Sie müssen allerdings bereits **erlassen** sein, d.h. mit Willen des Gerichts aus dessen Verfügungsgewalt entlassen worden sein. Nicht notwendig ist die Wirksamkeit der Entscheidung nach § 40 FamFG (bislang § 16 FGG).[220] Der Feststellungsbeschluss nach § 352 FamFG stellt eine beschwerdefähige Entscheidung dar, solange der Erbschein nicht tatsächlich **erteilt (ausgehändigt)** worden ist. Die faktische Handlung der Erteilung als solche ist ebenso wenig anfechtbar, wie eine Beurkundung oder Eintragung in öffentlichen Registern.[221] Nach

---

219 *Keidel/Kahl*, § 19 FGG Rn 2.
220 Vgl. BGHZ 12, 252.
221 Vgl. *Bumiller/Harders*, § 58 FamFG Rn 11; *Brehm*, FG, Rn 423.

erfolgter Erteilung ist eine Beschwerde nur mit dem Ziel der Einziehung zulässig. Entsprechendes gilt für den Einziehungsbeschluss, wenn er vollzogen wurde, d.h. der Erbschein zu den Nachlassakten zurückgegeben worden ist. Die sofortige (befristete) Beschwerde muss dann auf die Neuerteilung eines entsprechenden Erbscheins zielen. Auch die gerichtliche Entscheidung, einen Erbschein für kraftlos zu erklären, ist nach ihrer Vollziehung (öffentlichen Bekanntmachung) nicht mehr mit der sofortigen (befristeten) Beschwerde anfechtbar.[222]

### bb) Zwischenentscheidungen

Zwischenentscheidungen sind anfechtbar, soweit sie im FamFG ausdrücklich für anfechtbar erklärt werden. So ist z.B. die Anordnung des persönlichen Erscheinens unter Androhung von Zwangsmitteln mit der Beschwerde angreifbar, § 33 Abs. 3 S. 4 FamFG. Soweit Zwischenentscheidung im FamFG für anfechtbar erklärt werden, ist die sofortige Beschwerde analog §§ 567 bis 572 ZPO der statthafte Rechtsbehelf.

312

### cc) Muster: Sofortige (befristete) Beschwerde gegen einen Feststellungsbeschluss nach § 352 Abs. 2 FamFG

An das

Amtsgericht

313

*Beschwerdeschrift*

*Nachlasssache*

Az.

In der Nachlasssache des am        verstorbenen        , zuletzt wohnhaft        , lege ich unter Vorlage der schriftlichen Vollmacht für Herrn        – Beschwerdeführer – hiermit gegen den vom Amtsgericht – Nachlassgericht –        am        unter Aktenzeichen        erlassenen Beschluss

*Beschwerde*

ein.

Ich beantrage, wie folgt zu beschließen:
1. Der Beschluss des Amtsgerichts – Nachlassgericht – vom        , Aktenzeichen        , wird aufgehoben.
2. Das Nachlassgericht wird angewiesen, dem Beschwerdeführer einen Erbschein folgenden Inhalts zu erteilen:
   Hiermit wird bezeugt, dass der am        verstorbene        , von seinem Sohn        aufgrund Testaments allein beerbt wurde.
3. Der Beschwerdegegner hat die Kosten des Beschwerdeverfahrens einschließlich der außergerichtlichen Kosten des Beschwerdeführers zu tragen.

*Begründung:*

Der Erblasser, der nie verheiratet war und auch keine Abkömmlinge hinterlassen hat, hat insgesamt zwei privatschriftliche Testamente errichtet. Im handschriftlichen Testament vom 1.1.2001 hat er den Beschwerdegegner, den Sohn seiner Schwester, zum Alleinerben eingesetzt und im handschriftlichen Testament vom 1.1.2002 den Beschwerdeführer, den Sohn seines Bruders, ebenfalls zum Alleinerben berufen.

---

222 BayObLGZ 1958, 364.

Im Erbscheinsverfahren hat der Beschwerdeführer die Erteilung eines Erbscheins über sein Alleinerbrecht beantragt, während der Beschwerdegegner seinerseits die Erteilung eines Erbscheins beantragt hat, der auf ihn als Alleinerben lauten sollte.

Das Testament vom 1.1.2002 enthält zwar keinen ausdrücklichen Widerruf des Testaments vom 1.1.2001, doch schließen sich die beiden einander widersprechenden Alleinerbeinsetzungen gegenseitig aus, so dass das frühere Testament gem. § 2258 BGB widerrufen ist und die Alleinerbfolge zugunsten des Beschwerdeführers im späteren Testament Platz greift.

Der Beschwerdegegner macht geltend, der Erblasser sei im Zeitpunkt der Errichtung des zweiten Testaments vom 1.1.2002 testierunfähig gewesen, das Testament sei deshalb gem. § 2229 Abs. 4 BGB nichtig. Daher sei das Testament vom 1.1.2001 nicht wirksam widerrufen und er Alleinerbe geworden.

Dieser Ansicht ist das Nachlassgericht gefolgt und hat in dem angegriffenen Beschluss die zur Erteilung des Erbscheins erforderlichen Tatsachen für festgestellt erachtet. Demnach werde es einen Erbschein erteilen, der den Beschwerdegegner als Alleinerben des Erblassers ausweisen werde. Die Zustellung an den Beschwerdeführer ist am 15.2.2010 erfolgt.

Die Ansicht des Nachlassgerichts ist nicht zutreffend. Auch hat es elementare Verfahrensvorschriften verletzt.

Zur Frage der Testierunfähigkeit hat sich das Nachlassgericht lediglich das Attest des Hausarztes Dr. ▇▇▇ vom ▇▇▇ vorlegen lassen, das noch nicht einmal eine Diagnose erkennen lässt. Der Hausarzt wurde nicht als sachverständiger Zeuge vernommen, auch ein Sachverständigengutachten wurde nicht eingeholt.

In dem ärztlichen Attest heißt es wörtlich: „Herr Specht litt nach meiner Wahrnehmung spätestens seit Februar 2001 an einer nicht näher eingrenzbaren Psychose aus dem schizophrenen Formenkreis. Es ist zu vermuten, dass er spätestens seit Herbst 2001 die rechtliche Tragweite testamentarischer Anordnungen nicht mehr überblicken konnte."

Eine solche Vermutung reicht für den Beweis der Testierunfähigkeit des Erblassers per 1.1.2002 keineswegs aus.

Abgesehen davon, dass zur Frage der Testierfähigkeit ein Sachverständigengutachten eines Psychiaters – und nicht nur das Attest des (Allgemein-)Hausarztes – hätte eingeholt werden müssen, ist der Erblasser solange als testierfähig anzusehen, als nicht das Gegenteil bewiesen ist. Die Feststellungslast für seine Behauptung der Testierunfähigkeit trägt der Beschwerdegegner.

Schon wegen der schwerwiegenden Verletzung von Verfahrensvorschriften bei der Beweiserhebung ist der Vorbescheid aufzuheben.

Hilfsweise wird deshalb beantragt, den angefochtenen Vorbescheid aufzuheben und die Sache zur erneuten Behandlung und Entscheidung an das Nachlassgericht zurückzuverweisen.

Dem Beschwerdegegner sind gem. § 84 FamFG die Kosten des Beschwerdeverfahrens zuzuweisen. Es wird beantragt, ihm auch die außergerichtlichen Kosten des Beschwerdeführers aufzuerlegen, § 81 FamFG.

(Rechtsanwalt)

dd) Ausschluss der Beschwerde

314  Einige Entscheidungen sind kraft Gesetzes von der Beschwerde ausgeschlossen, wie z.B. die Kraftloserklärung eines Erbscheins nach § 353 Abs. 3 FamFG (bislang § 84 FGG).[223]

---

[223] Vgl. dazu näher Keidel/*Meyer-Holz*, § 58 FamFG Rn 107.

## c) Adressat der Beschwerde

Die Einlegung der Beschwerde war bislang sowohl beim Ausgangs- als auch beim Beschwerdegericht möglich, § 21 Abs. 1 FGG.

Nach neuer Rechtslage ist die sofortige (befristete) Beschwerde bei dem Gericht einzulegen, dessen Beschluss angefochten wird, **§ 64 Abs. 1 FamFG (judex a quo)**. Die Möglichkeit, auch bei dem Beschwerdegericht Beschwerde einzulegen, entfällt. Damit soll das Beschwerdeverfahren beschleunigt werden.

## d) Form

Die Beschwerde wird durch die Einreichung einer **Beschwerdeschrift** oder die **Erklärung zu Protokoll der Geschäftsstelle** des nach § 64 Abs. 2 S. 1 FamFG (bislang § 21 Abs. 1 FGG) zuständigen Gerichts eingelegt. Anwaltszwang herrscht nicht, jedoch ist eine Vertretung durch Bevollmächtigte zulässig, § 10 Abs. 2 S. 1 FamFG (bislang § 13 Abs. 2 S. 1 FGG).

Die Beschwerde ist von dem Beschwerdeführer oder seinem Bevollmächtigten zu unterzeichnen, § 64 Abs. 2 S. 4 FamFG. Dabei ist auch die Einlegung durch Telefax zulässig,[224] wenn die Unterschrift des Absenders wiedergegeben ist

Zu Protokoll der Geschäftsstelle heißt, dass die Erklärung grundsätzlich gegenüber dem Urkundsbeamten abzugeben ist. Jedoch ist auch eine Erklärung gegenüber dem Rechtspfleger, zum Beispiel bei der Rechtsantragstelle, möglich, **§ 24 Abs. 1 Nr. 1, Abs. 2 RPflG**. Entsprechend ist auch die Einlegung zu Protokoll des Richters zulässig.[225]

Ausüben können das Beschwerderecht neben bzw. statt dem Beteiligten selbst auch noch gegebenenfalls sein gesetzlicher Vertreter, der Verfahrenspfleger oder der Betreuer.[226]

## e) Muster: Beschwerde im Erbscheinsverfahren

An das

Amtsgericht
Nachlassgericht
▬▬▬▬

In der Nachlasssache ▬▬▬, verstorben am ▬▬▬, Az. ▬▬▬, lege ich hiermit namens und im Auftrag meines Mandanten ▬▬▬ gegen den Beschluss des Amtsgerichts ▬▬▬ vom

*Beschwerde*

ein.

Der Beschluss, in dem das Nachlassgericht es ablehnt, einen Erbschein zu erteilen, wonach der Erblasser von seiner Ehefrau ▬▬▬ und vom Antragsteller je zur Hälfte beerbt worden ist, ist rechtswidrig. Entgegen der Auffassung des Amtsgerichts ist mein Mandant sehr wohl Miterbe geworden. ▬▬▬ *(nähere Begründung).*

(Rechtsanwalt)

---

224 BGH NJW 1990, 188.
225 Vgl. Keidel/*Sternal*, § 64 FamFG Rn 18.
226 Keidel/*Sternal*, § 59 FamFG Rn 76.

## f) Frist

**319** Eine Beschwerdefrist war in Nachlasssachen bislang grundsätzlich **nicht** zu wahren, es sei denn, es handelte sich um einen Fall der **sofortigen Beschwerde**, § 22 FGG (z.B. §§ 80, 81, 82 Abs. 2 FGG). Die den Beteiligten in einem Vorbescheid gesetzte Frist führte nicht zu einer sofortigen Beschwerde; es handelte sich dabei vielmehr um einen Akt der richterlichen Selbstbindung. Das Gericht signalisierte damit lediglich, dass es mit einer Entscheidung bis zu einem bestimmten Zeitpunkt zuwarten wird und ermöglichte es den Beteiligten, den Vorbescheid bis dahin mit der Beschwerde anzufechten.

Auch konnte das Beschwerderecht nicht durch Zeitablauf verwirkt werden.[227]

**320** **§ 63 Abs. 1 S. 1 FamFG** bestimmt, dass Beschwerde gegen eine erstinstanzliche Entscheidung nach neuer Rechtslage binnen einer Frist **von einem Monat** zu erheben ist.

## g) Wertgrenzen

**321** Wertgrenzen waren nur in Ausnahmefällen zu beachten, z.B. bei § 20a FGG. So war eine sofortige Beschwerde gegen eine isolierte Kostenentscheidung nur zulässig, wenn der Wert des Beschwerdegegenstandes 100 EUR überstieg, § 20a Abs. 2 FGG.

**322** Nunmehr ist nach **§ 61 Abs. 1 FamFG** eine Beschwerde nur zulässig, wenn der Wert des Beschwerdegegenstandes 600 EUR übersteigt.

## h) Beschwerdeberechtigung

**323** Um eine Popularbeschwerde zu verhindern, ist die Beschwerdeberechtigung eine weitere Zulässigkeitsvoraussetzung für die Beschwerde, **§ 59 FamFG** (bislang § 20 FGG). Dabei ist zunächst zwischen der **materiellen Beschwer** nach **§ 59 Abs. 1 FamFG** und der **formellen Beschwer** nach **§ 59 Abs. 2 FamFG** zu unterscheiden.

Die materielle Beschwer, d.h. die Beeinträchtigung in einem eigenen Recht, muss immer sowohl in **Amts-** als auch **Antragsverfahren** vorliegen.

Hingegen ist eine formelle Beschwer nur bei Antragsverfahren notwendig. In diesem Fall müssen kumulativ die Voraussetzungen der Absätze 1 und 2 des § 59 FamFG gegeben sein.

Zu beachten ist, dass § 59 FamFG auch in Fällen mit Auslandsberührung gilt.[228]

### aa) Materielle Beschwer, § 59 Abs. 1 FamFG (bislang § 20 Abs. 1 FGG)

**324** Eine Rechtsbeeinträchtigung im Sinne des § 59 Abs. 1 FamFG (bislang § 20 Abs. 1 FGG) liegt vor, wenn ein privatrechtliches oder öffentlich-rechtliches subjektives Recht des Beschwerdeführers durch die angefochtene Entscheidung berührt wird.[229] Als verletzte Rechtsposition kommt dabei in Nachlasssachen vor allem das Erbrecht in Betracht. Dagegen führt die bloße Verletzung von **Verfahrensrechten** nach h.M.[230] grundsätzlich nicht zur Beschwerdeberechtigung. Ein Teil der obergerichtlichen Rechtsprechung bejaht eine Rechtsbeeinträchtigung im Sinne des § 59 Abs. 1 FamFG (bislang § 20 Abs. 1 FGG) bei Verletzung zwingender Verfahrensvorschriften oder des „allgemeinen Rechts eines Beteilig-

---

[227] BayObLG ZEV 1996, 393.
[228] BayObLGZ 97, 85.
[229] Bassenge/Roth/*Gottwald*, § 59 FamFG Rn 4.
[230] BGH DNotZ 1996, 890; FamRZ 1984, 670; BayObLG FamRZ 1997, 1299; Keidel/*Meyer-Holz*, § 59 FamFG Rn 7.

ten auf gesetz- und sachgemäße Behandlung seiner Angelegenheiten".[231] Beeinträchtigt ist ein Recht, wenn die angefochtene Entscheidung unmittelbar nachteilig in ein Recht des Beschwerdeführers eingreift.[232] Die Rechtsbeeinträchtigung muss zumindest möglich sein. Ob sie tatsächlich vorliegt, prüft das Gericht dann erst im Rahmen der Begründetheit der Beschwerde. Dies spielt vor allem bei den so genannten **doppelrelevanten Tatsachen** eine Rolle. Die Behauptung, Erbe zu sein, ist sowohl für die Frage der Beschwerdeberechtigung als auch für die Begründetheit der Beschwerde von Bedeutung. Für die Zulässigkeit der Beschwerde ist es erforderlich, dass die Rechtsbeeinträchtigung schlüssig behauptet wird oder jedenfalls ernsthaft möglich ist.[233]

Wer geltend macht, Nacherbe zu sein, ist gegen die Ablehnung der Einziehung eines ohne Nacherbenvermerk erteilten Erbscheins ebenfalls beschwerdeberechtigt.[234] Gegen die Anordnung der Einziehung eines solchen Erbscheins ist derjenige beschwerdeberechtigt, auf dessen Antrag der einzuziehende Erbschein erteilt worden war, nach seinem Tod sein Erbe.[235] Dagegen sind Vermächtnisnehmer im Erbscheinsverfahren, von den Fällen der §§ 792, 896 ZPO abgesehen, auch dann nicht beschwerdeberechtigt, wenn sie zwar zu den gesetzlichen Erben gehören würden, aber nach ihrem eigenen Vorbringen durch Testament von der Erbfolge ausgeschlossen sind.[236]

325

bb) Muster für eine behauptete Rechtsbeeinträchtigung

Der Erbschein hätte ............ nicht erteilt werden dürfen, da mein Mandant aufgrund gesetzlicher Erbfolge Alleinerbe des Erblassers geworden ist. Das Testament vom ............ ist unwirksam, weil ............ .

326

cc) Formelle Beschwer, § 59 Abs. 2 FamFG (bislang § 20 Abs. 2 FGG)

In Antragsverfahren, z.B. bei der Erteilung eines Erbscheins, ist neben der materiellen Rechtsbeeinträchtigung auch noch eine **formelle Beschwer** gem. § 59 Abs. 2 FamFG (bislang § 20 Abs. 2 FGG) erforderlich. Beschwerdeberechtigt ist demnach nur derjenige, dessen Antrag zurückgewiesen worden ist. Diese Einschränkung des Beschwerderechts erfährt nach der herrschende Rechtsprechung eine Ausnahme, wenn der Beschwerdeführer zwar keinen Antrag gestellt hatte, er aber die Möglichkeit gehabt hätte, einen gleich lautenden Antrag zu stellen, wie z.B. ein Miterbe[237] oder der Erbe bei einem Antrag des Testamentsvollstreckers.

327

§ 20 Abs. 2 FGG war auch bei der **weiteren Beschwerde** zu beachten: Hob z.B. das Landgericht einen Vorbescheid des Nachlassgerichts auf, konnte gegen diese Entscheidung nur derjenige weitere Beschwerde mit dem Ziel der Wiederherstellung des Vorbescheids einlegen, der den im Vorbescheid angekündigten Erbschein beantragt hatte oder hätte beantragt haben können.[238]

---

231 OLG Düsseldorf BtPrax 1998, 80; OLG Koblenz FamRZ 1985, 1266.
232 Bassenge/Roth/*Gottwald*, § 59 FamFG Rn 6; Keidel/*Meyer-Holz*, § 59 FamFG Rn 6.
233 BayObLG Rpfleger 1988, 531.
234 Vgl. dazu *Köster*, Rpfleger 2000, 138.
235 BayObLG FamRZ 1996, 1577.
236 BayObLG NJW-RR 1999, 446.
237 BGH NJW 1993, 662.
238 BayObLG NJW-FER 1998, 187.

dd) Übersicht: Beschwerdeberechtigte in den einzelnen Nachlasssachen

(1) Erbscheinsverfahren; Muster

**328**
- Der (wirkliche) **Erbe** kann sich sowohl gegen die Erteilungsanordnung bzgl. eines anderen Erben als auch gegen die Ablehnung seines eigenen Erbscheinsantrags beschweren;
- auch der **Vorerbe** ist insoweit beschwerdeberechtigt;
- der **Nacherbe** kann sich gegen die Erteilungsanordnung insoweit beschweren, als sein Nacherbenrecht darin nicht enthalten ist.

**329** **Beachte:**

- **Nachlassgläubiger** sind beschwerdebefugt, wenn ein Vollstreckungstitel vorliegt;[239]
- Entsprechendes gilt für Vermächtnisnehmer und Pflichtteilsberechtigte.[240]

**211** Muster: Beschwerde eines Nacherben

**330** An das

Amtsgericht
– Nachlassgericht – (Baden-Württemberg: Staatl. Notariat)

Nachlasssache

Az.

In der Nachlasssache , verstorben am , lege ich hiermit namens und im Auftrag meines Mandanten gegen den Beschluss des Amtsgerichts vom

*Beschwerde*

ein.

In dem Beschluss vom erachtet das Nachlassgericht die zur Erteilung eines Erbscheins erforderlichen Tatsachen für festgestellt, wonach die Ehefrau des Erblassers, die Beteiligte zu 1, Alleinerbin geworden ist. Zwar wurde die Beteiligte zu 1 in dem gemeinschaftlichen Testament vom zur Alleinerbin eingesetzt, jedoch ergibt sich aus dieser letztwilligen Verfügung auch, dass der Sohn des Erblassers, der Beteiligte zu 2, der Beschwerdeführer als Nacherbe, nach dem Tod der Beteiligten zu 1, das Vermögen des Erblassers erhalten sollte. (ggf. weiter ausführen).

Da der angekündigte Erbschein die Beschränkung der Nacherbschaft nicht enthält, wird durch diese Verfügung das Nacherbenrecht des Beschwerdeführers beeinträchtigt.

Ich beantrage daher:
1. Der Beschluss des Amtsgerichts vom wird aufgehoben.
2. Der Antrag der Beteiligten zu 1 auf Erteilung eines Erbscheins, der sie zur unbeschränkten Alleinerbin ausweist, wird zurückgewiesen.
3. Der Beteiligten zu 1 werden die Kosten des Verfahrens und die außergerichtlichen Auslagen des Beschwerdeführers auferlegt.

(Rechtsanwalt)

---

[239] BayObLGZ 73, 224.
[240] BayObLG FamRZ 1976, 288.

*Kroiß*

## (2) Eröffnung letztwilliger Verfügungen

- Gegen die Ablehnung der Eröffnung letztwilliger Verfügungen ist die Beschwerde statthaft, § 58 FamFG;[241]
- Beschwerdeberechtigt ist jeder, der zu dem Eröffnungstermin zu laden wäre bzw. an den eine Bekanntgabe nach § 348 Abs. 3 FamFG zu erfolgen hätte.[242]

331

## (3) Feststellung der Erbberechtigung, § 363 FamFG (bislang § 86 FGG)

- Bei fälschlicher Feststellung im Wege der amtlichen Erbenermittlung jeder **Nichterbe**;[243] d.h. der fälschlicherweise nicht als solches ermittelte Erbe, der mangels Ermittlung Nichterbe ist.

332

## (4) Verfahren zu Abgabe einer eidesstattlichen Versicherung

- Der Auskunftspflichtige gegen die Ablehnung der Terminsbestimmung.[244]

333

### i) Rücknahme der Beschwerde

Eine Rücknahme der Beschwerde ist bis zum Erlass der Beschwerdeentscheidung durch Erklärung gegenüber dem Gericht möglich, § 67 Abs. 4 FamFG. Nimmt im Erbscheinsverfahren ein Beteiligter die von ihm eingelegte (weitere) Beschwerde zurück, so hat er in der Regel auch die **außergerichtlichen Kosten** eines Beschwerdegegners zu erstatten, § 84 FamFG. Von einer Anordnung der Kostenerstattung kann jedoch nach den Umständen des Einzelfalls aus Billigkeitsgründen abgesehen werden, z.B. wenn die Zurücknahme des Rechtsmittels aufgrund eines Hinweises des (Rechts-)Beschwerdegerichts bei schwieriger Rechtslage erfolgt ist.[245]

334

## 3. Rechtsmittel bezüglich der Einziehung und Kraftloserklärung

### a) Ablehnung der Einziehung/Kraftloserklärung durch das Nachlassgericht

#### aa) Rechtliche Grundlagen

Nach der Erteilung des Erbscheins ist eine Beschwerde gegen die Erbscheinserteilung nicht mehr statthaft. Es kann nur die Einziehung des Erbscheins beantragt werden.[246] Lehnt auf Anregung eines Beteiligten das Nachlassgericht die Einziehung oder die Kraftloserklärung eines Erbscheins ab, so steht dem Beteiligten gegen diesen Beschluss das Rechtsmittel der befristeten **Beschwerde nach §§ 58 ff. FamFG** (bislang einfache Beschwerde nach § 19 Abs. 1 FGG) zu, und zwar unabhängig davon, ob der Richter oder der Rechtspfleger entschieden hat.[247] Nach § 11 Abs. 1 RPflG ist gegen Entscheidungen des Rechtspflegers das Rechtsmittel gegeben, das nach den „allgemeinen verfahrensrechtlichen Vorschriften zulässig ist". Im FamFG-Verfahren ist dies hier die befristete Beschwerde nach §§ 58 ff. FamFG.

335

---

241 *Bumiller/Harders*, § 348 FamFG Rn 23.
242 *Bassenge/Roth*, § 348 FamFG Rn 12.
243 BayObLGZ 1985, 251.
244 *Kahl*, in: Keidel/Kuntze/Winkler, § 20 FGG Rn 79.
245 BayObLG FamRZ 1998, 436.
246 KG Rpfleger 2005, 669.
247 OLG Frankfurt ZEV 1997, 454.

bb) Muster: Beschwerde gegen die Ablehnung der Erbscheinseinziehung

**212**
**336** An das
Amtsgericht

*Nachlasssache*

*Az.*

In der Nachlasssache ▢▢▢, verstorben am ▢▢▢, Az. ▢▢▢, lege ich hiermit namens und im Auftrag meines Mandanten ▢▢▢ gegen den Beschluss des Amtsgerichts ▢▢▢ vom ▢▢▢, wonach der meinem Mandanten erteilte Erbschein einzuziehen ist,

Beschwerde

ein.

*Begründung:*

Entgegen der Auffassung der Beteiligten ▢▢▢ war der Erblasser bei der Abfassung seiner letztwilligen Verfügung sehr wohl testierfähig. Zwar war der Erblasser zu diesem Zeitpunkt bettlägrig, jedoch war er trotz seines hohen Alters noch in der Lage, die Bedeutung der von ihm abgegebenen Willenserklärung einzusehen und nach dieser Einsicht zu handeln.

*Beweis:* Dr. med. ▢▢▢ als sachverständiger Zeuge; Sachverständigengutachten

Der behandelnde Hausarzt ▢▢▢ kann dies bestätigen.

Der Erbschein ist damit richtig und der Beschluss, der seine Einziehung anordnet, aufzuheben.

(Rechtsanwalt)

b) Einziehung/Kraftloserklärung durch das Nachlassgericht

aa) Einziehung

**337** Der im Erbschein bezeichnete Erbe konnte sich gegen die **Einziehung** des Erbscheins bislang wie folgt wehren:

**Übersicht:** Rechtsmittel gegen die Einziehung des Erbscheins

| Anordnungsbeschluss | Vollzogene Einziehung |
|---|---|
| ⇓ | ⇓ |
| Beschwerde gemäß § 58 Abs. 1 FamFG solange Einziehung nicht tatsächlich vollzogen ist | keine Beschwerde gegen Einziehung aber: Beschwerde möglich mit dem Ziel, dass neuer Erbschein erteilt wird |

**338** Vollzogen ist die Einziehung, wenn sämtliche Ausfertigungen und Urschriften des Erbscheins beim Nachlassgericht abgeliefert sind.[248]

Ist eine Erbscheinseinziehung tatsächlich noch nicht erfolgt, so ist die Beschwerde gegen den Einziehungsbeschluss mit dem Ziel statthaft, diesen aufzuheben.[249]

---

[248] Keidel/*Zimmermann*, § 353 FamFG Rn 7.
[249] BayObLG FamRZ 1994, 658.

Einziehungsanordnung und Kraftloserklärung eines Erbscheins können nur mit dem Ziel der Neuerteilung eines gleich lautenden Erbscheins angefochten werden. Ist inzwischen ein anders lautender Erbschein erteilt, muss zugleich dessen Einziehung beantragt werden.[250]

bb) Muster: Beschwerde gegen Einziehungsanordnung (bei noch nicht erfolgter Einziehung eines Erbscheins)

An das

Amtsgericht

*Nachlasssache*

*Az.*

In der Nachlasssache ▬, verstorben am ▬, Az. ▬, lege ich hiermit namens und im Auftrag meines Mandanten ▬ gegen den Beschluss des Amtsgerichts ▬ vom ▬, wonach die Einziehung des Erbscheins meines Mandanten angeordnet wurde,

*Beschwerde*

ein.

*Begründung:*

Entgegen der Auffassung des Amtsgerichts führt der Umstand, dass der Erbschein durch den Rechtspfleger erteilt worden ist, nicht zur Einziehung des Erbscheins.

Zwar ist ein Erbschein grundsätzlich i.S.d. § 2361 Abs. 1 S. 1 BGB unrichtig, wenn er von einem unzuständigen Rechtspflegeorgan (Rechtspfleger statt Richter) erteilt worden ist (MüKo-*J. Mayer*, BGB, Rn 13, Staudinger/*Schilken*, Rn 16, jeweils zu § 2361). Auch hat das Amtsgericht richtig erkannt, dass hier die Entscheidung über die Erteilung des Erbscheins gem. § 16 Abs. 1 Nr. 6 RPflG dem Richter vorbehalten war. Denn die Frage, ob eine seine ausschließliche Zuständigkeit begründende Verfügung von Todes wegen im Sinne der Vorschrift „vorliegt", erfordert, wenn der Sachverhalt hierzu Anlass gibt, eine Prüfung und Entscheidung durch den Richter.

Gleichwohl nötigt dieser Mangel hier nach der herrschenden Rechtsprechung nicht zur Einziehung des Erbscheins. Gemäß § 16 Abs. 2 RPflG kann der Richter, auch wenn eine Verfügung von Todes wegen vorliegt, die Erteilung des Erbscheins dem Rechtspfleger übertragen, wenn deutsches Recht anzuwenden und der Erbschein aufgrund gesetzlicher Erbfolge zu erteilen ist. Ein im Rahmen dieser Voraussetzungen erteilter Erbschein ist gem. § 8 Abs. 2 RPflG nicht unwirksam, auch wenn die Übertragung unterblieben ist oder die Voraussetzungen für sie im Einzelfall nicht gegeben waren (BayObLGZ 1977, 59, 63 f., MüKo-*J. Mayer*, § 2353 Rn 50). Er kann auch nicht als unrichtig i.S.v. § 2361 Abs. 2 S. 1 BGB eingezogen werden. Hier ist ein Erbschein aufgrund gesetzlicher Erbfolge nach deutschem Recht erteilt worden, so dass nach diesen Grundsätzen eine Einziehung nicht in Betracht kommt.

Ich beantrage daher, den Beschluss des Nachlassgerichts vom ▬ aufzuheben.

(Rechtsanwalt)

---

250 OLG Köln ZEV 1994, 376.

*Kroiß*

cc) Kraftloserklärung

**340** Bei der Kraftloserklärung war wie folgt zu differenzieren:[251]

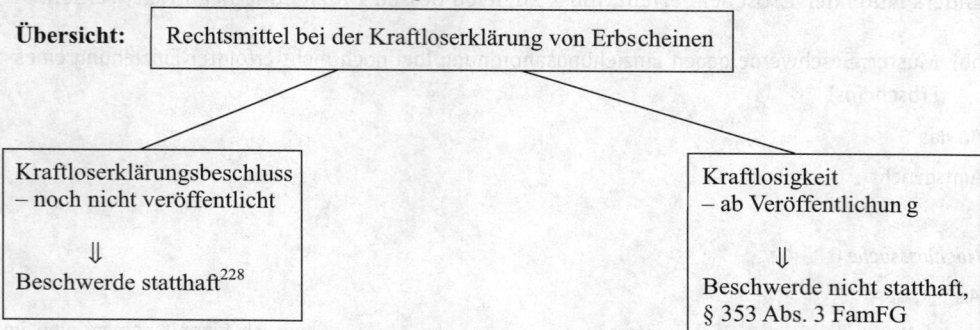

**4. „Beschwerdeerwiderung"**

**341** Hat der Gegner des Mandanten Rechtsmittel eingelegt, so empfiehlt sich trotz der Amtsermittlungspflicht, die auch für das Beschwerdegericht gilt, §§ 68 Abs. 3, 26 FamFG, eine Stellungnahme, in der auf tatsächliche und/oder rechtliche Gesichtspunkte hingewiesen wird.

**5. Muster: Schriftsatz als Stellungnahme zu einer Beschwerde**

An das[252]

**342** Oberlandesgericht

*Nachlasssache*

*Az.*

Das Nachlassgericht ist zu Recht davon ausgegangen, dass der Erbschein durch den Tod der in ihm als Nacherbin ausgewiesenen Enkelin ▓▓▓ unrichtig geworden ist und daher einzuziehen ist, § 2361 Abs. 1 BGB.

Sollte, wie der Beteiligte zu 1 meint, das Testament vom ▓▓▓ dahin auszulegen sein, dass die Erblasserin beide Enkel, also auch ihn, zu Vollerben eingesetzt hat, so ist der Erbschein schon deshalb unrichtig, weil er eine Nacherbfolge und damit eine Beschränkung gem. § 2363 Abs. 1 BGB aufweist, die die Erblasserin nicht angeordnet hat..

Hat das Nachlassgericht bei Erteilung des Erbscheins das Testament zutreffend ausgelegt, ist der Erbschein durch den Tod der in ihm bezeichneten Nacherbin unrichtig geworden. Denn gem. § 2363 Abs. 1 S. 1 BGB ist im Erbschein anzugeben, wer Nacherbe ist. Durch einen Wechsel in der Person des Nacherben wird der Erbschein unrichtig und ist einzuziehen (BayObLG FamRZ 1988, 542 für den Fall dass der ausgewiesene Nacherbe stirbt und das Nacherbenrecht gem. 2108 Abs. 2 BGB auf dessen Erben übergeht; Palandt/*Edenhofer*, BGB Rn 8, Soergel/*Damrau*, Rn 5, jeweils zu § 2363).

Etwas anderes ergibt sich auch nicht daraus, dass der Beteiligte zu 2 in dem Erbschein, wenn auch nicht in Person, so doch dem Inhalt nach bereits als Ersatznacherbe ausgewiesen ist. Denn die Stellung des

---

251 BayObLGZ 1958, 365; MüKo-*J. Mayer*, § 2361 BGB Rn 43 m.w.N.
252 Sachverhalt nach BayObLG FamRZ 1999, 816.

Nacherben unterscheidet sich von derjenigen des Ersatznacherben (auch) dadurch, dass der Vorerbe zu bestimmten Verfügungen der Zustimmung des Nacherben bedarf (vgl. §§ 2113 f. BGB), nicht aber derjenigen des Ersatznacherben (vgl. BayObLGZ 1960, 407, 410). Es ist daher für den Rechtsverkehr, zu dessen Erleichterung der Erbschein dient, von Bedeutung, ob in dem Erbschein die verstorbene Enkelin B als Nacherbin und damit als zustimmungsberechtigte Person ausgewiesen ist oder ihr Sohn, der Beteiligte zu 2.

Ich beantrage daher:
I. Die Beschwerde des Beteiligten zu 2 gegen den Beschluss des Amtsgerichts München vom            wird zurückgewiesen.
II. Der Beteiligte zu 2 hat dem Beteiligten zu 1 die im Beschwerdeverfahren entstandenen Kosten zu erstatten.
III. Der Geschäftswert des Beschwerdeverfahrens wird auf            EUR festgesetzt.

(Rechtsanwalt)

## 6. Rechtsbeschwerde

### a) Allgemeines

Eine völlige Neuerung stellt die Rechtsbeschwerde nach §§ 70–75 FamFG dar.[253] Die Rechtsbeschwerde tritt an die Stelle der bisherigen weiteren Beschwerde und beseitigt auf diese Weise die zulassungsfreie dritte Instanz zur Überprüfung der erstinstanzlichen Entscheidung.[254]

343

### b) Statthaftigkeit der Rechtsbeschwerde

Die Rechtsbeschwerde eines Beteiligten ist statthaft, wenn sie das Beschwerdegericht oder das Oberlandesgericht im ersten Rechtszug in dem Beschluss zugelassen hat; **§ 70 Abs. 1 FamFG**. Die Rechtsbeschwerde ist zuzulassen, wenn die Rechtssache grundsätzliche Bedeutung hat oder die Fortbildung des Rechts oder die Sicherung einer einheitlichen Rechtsprechung eine Entscheidung des Rechtsbeschwerdegerichts erfordert, § 70 Abs. 2 FamFG. **Das Rechtsbeschwerdegericht ist an die Zulassung gebunden.** § 70 Abs. 2 FamFG entspricht der Regelung des § 574 Abs. 1 S. 2 ZPO. In den Ausschussberatungen erfolgte noch eine Änderung insoweit, als das Rechtsbeschwerdegericht (anders als nach dem ursprünglichen Entwurf) **an die Zulassung gebunden** ist.[255] Das Gesetz sieht keine Nichtzulassungsbeschwerde vor.[256]

344

### c) Frist und Form der Rechtsbeschwerde, Vertretungserfordernis

Die Rechtsbeschwerde ist binnen einer **Frist von einem Monat** nach der schriftlichen Bekanntgabe des Beschlusses durch Einreichen einer Beschwerdeschrift bei dem **Rechtsbeschwerdegericht** einzulegen, § 71 Abs. 1 FamFG. Vor dem **Bundesgerichtshof** müssen sich die Beteiligten durch einen beim Bundesgerichtshof zugelassenen Rechtsanwalt vertreten lassen, § 10 Abs. 4 S. 1 FamFG.

345

---

253 *Zimmermann*, ZEV 2009, 55.
254 BT-Drucks. Regierungsentwurf 16/6308 S. 209.
255 BR-Drucks. 617/08 S. 70.
256 *Fölsch*, Das neue FamFG in Familiensachen, § 5 Rn 70.

## 7. Muster: Rechtsbeschwerde

An den

Bundesgerichtshof
-Zivilsenat-

In der Nachlasssache ▭

lege ich namens und im Antrag meines Mandanten ▭ gegen den Beschluss des Oberlandesgerichts ▭ vom ▭

**Rechtsbeschwerde**

ein.

Ich beantrage:
I. Der Beschluss des Oberlandesgerichts ▭ vom ▭ Az. ▭ wird aufgehoben.
II. ▭ (begehrte Sachentscheidung, § 74 Abs. 6 FamFG).

Begründung:

Das Oberlandesgericht hat mit Beschluss vom ▭ die Rechtsbeschwerde zugelassen.

Ich rüge die Verletzung formellen/materiellen Rechts.

▭ (Es folgt die Darstellung des Verstoßes, die Angabe des Gesetzes, gegen das verstoßen wurde, und die Darlegung, dass die Entscheidung des OLG auf diesem Verstoß beruht etc.)

Rechtsanwalt

# § 8 Erbenfeststellungsklage

*Walter Krug*

## Literatur

**Kommentare/Handbücher:**

*Bonefeld/Kroiß/Tanck*, Der Erbprozess, 3. Auflage 2009; *Dauner-Lieb/Heidel/Ring* (Ges.-Hrsg.), *Kroiß/Ann/Mayer* (Band-Hrsg.), AnwaltKommentar BGB, Band 5, Erbrecht, 2. Auflage 2007; *Kunz/Butz/Wiedemann*, HeimG, 10. Auflage 2004; *Reimann/Bengel/J.Mayer*, Testament und Erbvertrag, Handkommentar, 5. Auflage 2006; *Firsching/Graf*, Nachlassrecht, 9. Auflage 2008; *Kerscher/Krug*, Das erbrechtliche Mandat, 4. Auflage 2007; *Muscheler*, Das Recht der eingetragenen Lebenspartnerschaft, 2. Auflage 2004; *Ritter*, Der Konflikt zwischen einer erbrechtlichen Bindung aus erster Ehe und einer Verfügung des überlebenden Ehegatten zugunsten eines neuen Lebenspartners, Bremen 1998; *Rudolf*, Handbuch Testamentsauslegung und -anfechtung, 2000; *Tanck/Krug*, Testamente in der anwaltlichen und notariellen Praxis, 4. Auflage 2009.

**Aufsätze:**

*Basty*, Bindungswirkung bei Erbvertrag und gemeinschaftlichem Testament, MittBayNot 2000, 73; *Bund*, Die Bindungswirkung des Erbvertrags – BGHZ 31, 13, JuS 1968, 268; *Dickhuth-Harrach v.*, Testament durch Wimpernschlag – Zum Wegfall des Mündlichkeitserfordernisses bei der Beurkundung von Testamenten und Erbverträgen, FamRZ 2003, 493; *Dressler*, Der erbrechtliche Auslegungsvertrag – Gestaltungshilfe bei einvernehmlichen Nachlassregelungen, ZEV 1999, 289; *Finger*, Die registrierte Lebenspartnerschaft – Überblick über die Neuregelung und kritische Bestandsaufnahme, MDR 2001, 199; *Grunsky*, Grundlagen des einstweiligen Rechtsschutzes, JuS 1976, 283; *Helms*, Der Widerruf und die Anfechtung wechselbezüglicher Verfügungen bei Geschäfts- und Testierunfähigkeit, DNotZ 2003, 104; *Ivo*, Die Zustimmung zur erbvertragswidrigen Verfügung von Todes wegen, ZEV 2003, 58; *Keim*, Der Wegfall des vertragsmäßig eingesetzten Erben und seine Auswirkungen auf beeinträchtigende Verfügungen von Todes wegen des Erblassers, ZEV 1999, 413; *Keim*, Die Aufhebung von Erbverträgen durch Rücknahme aus amtlicher oder notarieller Verwahrung, ZEV 2003, 55; *Klingelhöffer*, Testierunfähigkeit und ihre Geltendmachung im Nachlaßverfahren, ZEV 1997, 92; *Kloster-Harz*, Zur Testierfähigkeit gem. § 2229 Abs. 4 BGB, ZAP Fach 12, 1; *Kohler*, Feststellende einstweilige Verfügungen?, ZZP 103 (1990), 184; *Kornexl*, Gibt es einen Nachtrag zum Erbvertrag?, ZEV 2003, 62; *Krebber*, Die Anfechtbarkeit des Erbvertrages wegen Motivirrtums, DNotZ 2003, 20; *Krug*, Die Auswirkungen der ZPO-Reform 2002 auf den Erbprozess, ZEV 2002, 58; *Krug*, Sicherung der Familienerbfolge durch gesetzliche Zuwendungsverbote, FPR 2006, 154; *Lehmann*, Nochmals: Gibt es einen Nachtrag zum Erbvertrag? – Anmerkung zu *Kornexl*, ZEV 2003, 234; *Lichtenwimmer*, Die Feststellung der Geschäfts- und Testierfähigkeit durch den Notar, MittBayNot 2002, 240; *Petersen*, Die Geschäftsfähigkeit, Jura 2003, 97; *Radke*, Verlangen, Erhalten oder Durchsetzen: Gestaltungsalternativen bei der Pflichtteilsklausel, ZEV 2001, 136; *Reimann*, Die Änderungen des Erbrechts durch das OLG-Vertretungsänderungsgesetz, FamRZ 2002, 1383; *Rohlfing/Mittenzwei*, Der Erklärungsgegner bei der Anfechtung eines Erbvertrags oder gemeinschaftlichen Testaments, ZEV 2003, 49; *Ruby*, Behindertentestament: Häufige Fehler und praktischer Vollzug, ZEV 2006, 66; *Schmucker*, Die Wechselbezüglichkeit von Verfügungen in gemeinschaftlichen Testamenten in der Rechtsprechung des BayObLG, MittBayNot 2001, 526; *Tersteegen*, Letztwillige Verfügung zugunsten des Heimträgers – Inkrafttreten des Wohn- und Teilhabegesetzes – WTG NRW, RNotZ 2009, 222; *Theysohn-Wadle*, Die Anerkennung unwirksamer Testamente im Steuerrecht, ZEV 2002, 221; *Veit*, Die Anfechtung von Erbverträgen durch den Erblasser, NJW 1993, 1534; *Zimmer*, Der Widerruf wechselbezüglicher Verfügungen bei Geschäftsunfähigkeit des Widerrufsgegners, ZEV 2007, 159.

A. Typischer Sachverhalt ................. 1
B. Feststellungsinteresse ................ 2
C. Verhältnis Erbscheinsverfahren und Erbenfeststellungsklage ................ 4
   I. Allgemeines ...................... 4
   II. Unterschiede zwischen Erbenfeststellungsklage und Erbscheinsverfahren .... 7
   III. Anspruch auf Herausgabe eines unrichtigen Erbscheins ................... 9
D. Prozessrecht ........................ 11
   I. Zuständigkeit ..................... 11
   II. Streitwert ........................ 12
E. Die häufigsten streitigen Sachfragen ... 13
   I. Testierfreiheit .................... 14
     1. Allgemeines .................. 14
     2. Testierfreiheit im Einzelnen ...... 15
       a) Bindung beim gemeinschaftlichen Testament ................ 16
         aa) Testierfreiheit zu Lebzeiten beider Ehegatten/Lebenspartner .................. 16
         bb) Bindung nach dem Tod eines Ehegatten/Lebenspartners ... 17
       b) Bindung beim Erbvertrag ....... 22
         aa) Vor dem Erbvertrag errichtete Verfügung von Todes wegen ....................... 23
         bb) Nach dem Erbvertrag errichtete Verfügung von Todes wegen .................... 25
         cc) Begriff der Beeinträchtigung ..................... 26
         dd) Zustimmung des vertraglich Bedachten ................ 27
     3. Beseitigung der Bindungswirkung ... 29
       a) Beim gemeinschaftlichen Testament ...................... 29
         aa) Zu Lebzeiten beider Ehegatten/Lebenspartner ......... 29
         bb) Nach Eintritt des ersten Todesfalls .................... 34
         cc) Feststellungsinteresse des bindend Bedachten bei Selbstanfechtung der bindend gewordenen Verfügung durch den Überlebenden ............. 36
       b) Bindungswirkung beim Erbvertrag .......................... 37
     4. Verfügung von Todes wegen mit Zustimmung des Vertragserben ..... 39
     5. Testierfreiheit bei Änderungsvorbehalt ........................... 40
       a) Beim gemeinschaftlichen Testament ...................... 40
       b) Beim Erbvertrag ............. 42
     6. Rücktritt vom Erbvertrag ......... 44
     7. Wegfall des erbvertraglich Bedachten ........................... 45
     8. Muster: Erbenfeststellungsklage (Problem: Testierfreiheit) ......... 47
   II. Formgültigkeit eines privatschriftlichen Testaments ....................... 48
     1. Formalien des eigenhändigen Testaments ....................... 48
       a) Testamentsniederschrift ....... 48
       b) Unterschrift ................. 51
       c) Zeit- und Ortsangabe .......... 55
       d) Gemeinschaftliches Testament ... 57
       e) Blindheit des Erblassers ........ 58
       f) Verwahrung des eigenhändigen Testaments .................. 59
       g) Formungültigkeit einer teilweise unlesbaren letztwilligen Verfügung ...................... 60
     2. Beweisregeln für die Echtheit eines eigenhändigen Testaments ......... 62
       a) Eigenhändigkeit .............. 62
       b) Angabe von Zeit und Ort ...... 66
     3. Schriftsachverständigengutachten ... 67
     4. Schuldrechtliche Anerkennung eines formunwirksamen Testaments ..... 68
     5. Anordnung der Urkundenvorlage durch Dritte ..................... 69
     6. Berufungs-Zuständigkeit des OLG bei Anwendung ausländischen Rechts durch das Amtsgericht ............ 71
     7. Muster: Erbenfeststellungsklage (Problem: Testamentsfälschung) .... 72
   III. Formgültigkeit eines notariellen Testaments ........................... 73
     1. Allgemeines .................... 73
     2. Ausschließung des Notars als Beurkundungsperson ................. 74
     3. Mitwirkungsverbote für den Notar .. 75
     4. Persönliche Anwesenheit des Erblassers ........................... 82
     5. Feststellung zur Testierfähigkeit/Geschäftsfähigkeit ................. 83
     6. Allgemeine Zeugenzuziehung ..... 85
     7. Genehmigung der Niederschrift durch den Erblasser ............... 86
     8. Protokollierung in außergewöhnlichen Fällen ..................... 87
       a) Schreibhilfe für den Erblasser .... 88
       b) Minderjährige Erblasser ....... 89
       c) Testiermöglichkeit mehrfach Behinderter ..................... 90
         aa) Willensäußerungsformen .... 90
         bb) Alte Rechtslage ............ 91
           (1) Schreibunfähige ........ 91
           (2) Sprachunkundige ....... 92
           (3) Stumme Erblasser ...... 94
           (4) Taube Erblasser ........ 97
           (5) Blinde Erblasser ....... 98
           (6) Genehmigung der Niederschrift durch den Erblasser .................. 99
           (7) Rechtsprechung des BVerfG zur Testiermöglichkeit Mehrfachbehinderter .................... 102
           (8) Entscheidung des OLG Hamm .................. 108
         cc) Aktuelle Rechtslage ........ 116
           (1) Wesentliche Änderungen im Überblick ............ 116
           (2) Wegfall des Prinzips der Mündlichkeit ........... 117
           (3) Hinzuziehung einer Verständigungsperson ...... 120
     9. Beweiskraft eines notariellen Testaments im Prozess ................ 122
   IV. Testierfähigkeit ................... 124
     1. Definition der Testierfähigkeit ..... 124
     2. Voraussetzungen der Testierfähigkeit ............................ 128

3. Testiermöglichkeit von Personen mit (Mehrfach-)Behinderung .......... 133
4. Feststellung der Testierunfähigkeit im gerichtlichen Verfahren (Darlegungs- und Beweislast) ................ 137
   a) Prozessrechtliche Situation ...... 137
   b) Erfordernis eines Sachverständigengutachtens ................ 142
   c) Wahrnehmungen des Notars zur Testierfähigkeit ............... 149
   d) Ärztliche Schweigepflicht ....... 150
   e) Notarielle Schweigepflicht ...... 153
   f) Muster: Anträge betreffend die Entbindung eines Notars von der Schweigepflicht ............... 157
      aa) Innerhalb eines Prozesses ... 157
      bb) Für eine außergerichtliche Streitschlichtung .......... 158
   g) Entbindung von der ärztlichen Schweigepflicht in der Verfügung von Todes wegen ............. 159
V. Verlust eines eigenhändigen Testaments .. 160
   1. Verlust führt nicht zur Ungültigkeit ..................... 160
   2. Muster: Feststellungsklage (Beiseiteschaffen eines gemeinschaftlichen Testaments) ................... 163
VI. Widerruf einer Verfügung von Todes wegen .......................... 164
   1. Allgemeines .................... 164
   2. Widerrufstestament, § 2254 BGB .... 166
   3. Veränderungen oder Vernichtung, § 2255 BGB ................... 167
   4. Rücknahme aus der amtlichen Verwahrung, § 2256 BGB ........... 170
   5. Konkludenter Widerruf, § 2258 BGB ....................... 171
   6. Widerruf des Widerrufs ........... 173
   7. Anfechtung des Widerrufs ........ 175
VII. Anfechtung eines Testaments, §§ 2078 ff. BGB ............................ 176
   1. Vorrang der Auslegung ........... 176
   2. Anfechtungstatbestände ........... 177
      a) Erklärungs- und Inhaltsirrtum ... 177
      b) Motivirrtum ................. 179
      c) Täuschung und Drohung ...... 180
      d) Hinzutreten weiterer Pflichtteilsberechtigter ................ 181
   3. Beweislast ..................... 182
   4. Anfechtungsberechtigte .......... 184
   5. Anfechtungsfrist ................ 185
   6. Umfang der Anfechtung .......... 186
   7. Adressat der Anfechtungserklärung ........................ 187
   8. Form der Anfechtungserklärung .... 188
   9. Rechtswirkung der Anfechtung .... 189
      a) Beim Erklärungs-, Inhalts- und Motivirrtum, § 2078 BGB ....... 189
      b) Beim Irrtum in Bezug auf das Hinzutreten eines Pflichtteilsberechtigten, § 2079 BGB ............ 190
VIII. Anfechtung bindender Verfügungen wegen Hinzutretens weiterer Pflichtteilsberechtigter, § 2079 BGB ............. 191
   1. Anfechtung durch den Erblasser .... 191
      a) Allgemeines ................ 191
      b) Einseitiger Erbvertrag; Selbstanfechtungsrecht des Erblassers .... 192
      aa) Vertragliche Verfügungen von Todes wegen .......... 192
      bb) Anfechtungsgründe ........ 193
      cc) Rechtswirkungen der Anfechtung ................... 196
   c) Bestätigung eines anfechtbaren Erbvertrags ................. 197
   d) Verzicht auf das Anfechtungsrecht ....................... 199
   e) Anfechtung des zweiseitigen und mehrseitigen Erbvertrags ....... 200
      aa) Anfechtungserklärung ..... 201
      bb) Frist .................... 202
      cc) Rechtswirkungen der erklärten Anfechtung .......... 203
      dd) Ausschluss des Anfechtungsrechts ...................... 205
      ee) Beweislast für den Selbstanfechtungsverzicht .......... 207
   2. Anfechtbarkeit einseitiger Verfügungen ......................... 208
   3. Anfechtung des gemeinschaftlichen Testaments bzw. Erbvertrags durch Dritte ......................... 209
   4. Vier Fälle aus der Rechtsprechung .. 210
      a) Kenntnis des Erblassers vom Anfechtungsgrund trotz Rechtsirrtums über die Bindungswirkung des Ehegattentestaments ....... 210
      b) Anfechtung einer wechselbezüglichen Verfügung durch den Erblasser nach dem Tod des erstversterbenden Ehegatten ............ 214
      c) Verlust des Anfechtungsrechts durch den Erblasser führt zum Verlust des Anfechtungsrechts Dritter ..................... 217
      d) Anfechtungsgrund der „Drohung" ................... 219
   5. Muster: Klage auf Feststellung des Erbrechts nach erfolgter Testamentsanfechtung ..................... 220
   6. Muster: Stufenklage gegen Erbschaftsbesitzer (Erbenfeststellung, Auskunft, eidesstattliche Versicherung und Herausgabe) ..................... 221
   7. Muster: Feststellungswiderklage gegen Erbenfeststellungsklage ......... 222
IX. Sittenwidrigkeit einer Verfügung von Todes wegen ..................... 223
   1. Grenze der Testierfreiheit ........ 223
   2. Bewertung aller Umstände ........ 224
   3. Beweislast ..................... 225
   4. Zeitpunkt der Sittenwidrigkeit ..... 226
   5. Sittenwidrigkeit eines Geliebtentestaments: Berücksichtigung von Umständen nach Testamentserrichtung bei Beurteilung der Sittenwidrigkeit .... 227
X. Zuwendungsverbote nach § 14 HeimG . 228
   1. Verbotsnorm ................... 229
   2. Vermutete Kausalität ............ 230
   3. Ausnahmeregelung .............. 231
   4. Begriff des Heimes .............. 232
   5. Zweck des Zuwendungsverbots .... 233
   6. Verfassungsrechtliche Aspekte ..... 234
   7. Geschützter Personenkreis ........ 235
   8. Kreis der betroffenen Heimmitarbeiter .......................... 236

a) Keine Differenzierung durch das Gesetz .................. 236
b) Pförtner und seine Ehefrau ...... 237
c) Pfleger einer anderen Abteilung .. 238
9. Umgehungstatbestände .............. 239
10. Subjektive Tatbestandsvoraussetzungen (Kenntnis von der Zuwendung) ................................. 243
11. Pflege im Privathaus ................ 244
12. Verhältnis zwischen Leistung und Entgelt .................................. 245
13. Verfügungen des Betreuten zugunsten des Betreuers ...................... 246
14. Belehrungspflicht des Notars ....... 247
15. Abgrenzung der Testierfreiheit zur Testierfähigkeit ....................... 248
16. Weitere gesetzliche Vorschriften mit Zuwendungsverboten .............. 249
XI. Zuwendungsverzicht eines Schlusserben ........................................ 250
XII. Enterbung in Pflichtteilsklauseln ....... 251
XIII. Gerichtliche Inhaltskontrolle von Eheverträgen und Scheidungsvereinbarungen in Bezug auf das Güterrecht ............... 252
XIV. Formale Kriterien für ein gemeinschaftliches Testament ......................... 253
  1. Theorien zur Gemeinschaftlichkeit .. 253
  2. Fälle aus der Rechtsprechung ..... 256
     a) Bejahung eines gemeinschaftlichen Testaments .................. 256
     b) Verneinung eines gemeinschaftlichen Testaments .................. 257
XV. Checkliste: Erbenfeststellungsklage ... 258
XVI. Anfechtung der Erbschaftsannahme .... 259
  1. Anfechtungsproblematik Überschuldung der Erbschaft ................ 259
     a) Fallkonstellationen .............. 260
     b) Anfechtung der Annahme der Erbschaft ........................ 262
     c) Anfechtungsgründe .............. 263
     d) Folgen der Anfechtung der Annahme ............................ 267
     e) Beginn der Anfechtungsfrist ..... 268
  2. Anfechtungsproblematik § 2306 BGB (außerordentliches Anfechtungsrecht) ................................. 269
F. Vergleichsweise Einigung über die Erbenstellung .................................... 272
  I. Testamentsauslegungsvertrag ...... 272
  II. Muster: Testamentsauslegungsvergleich .. 274
G. Vorläufiger Rechtsschutz ................. 275
  I. Allgemeines ........................... 275
  II. Vorläufiger Rechtsschutz für das Feststellungsbegehren ..................... 277
H. Selbstständiges Beweisverfahren ......... 282
  I. Allgemeines ........................... 282
  II. Zweiteilung des selbstständigen Beweisverfahrens ............................ 283
    1. Zweck des selbstständigen Beweisverfahrens ........................ 284
    2. Selbstständiges (oder: „isoliertes") Beweisverfahren vor einem Rechtsstreit .................................. 285
       a) Allgemeines ..................... 285
       b) Zulässigkeitsvoraussetzung: Rechtliches Interesse .......... 287

c) Denkbare Varianten des selbstständigen Beweisverfahrens vor einem Rechtsstreit .............. 290
  3. Selbstständige Beweisverfahren während eines Rechtsstreits ........... 291
     a) Allgemeines ..................... 291
     b) Denkbare Varianten des selbstständigen Beweisverfahrens während eines Rechtsstreits ..... 292
        aa) Beweiserhebung mit Zustimmung des Gegners ........ 293
        bb) Drohender Verlust von Beweismitteln oder Erschwerung ihrer Benutzung ...... 294
III. Selbstständige Beweisverfahren im Pflichtteilsprozess ....................... 295
IV. Selbstständige Beweisverfahren im Erbprozess ................................... 296
V. Einzelheiten ............................. 297
  1. Zustand einer Person ................. 297
  2. Zustand einer Sache .................. 298
  3. Wertermittlung einer Sache bzw. Sachgesamtheit ....................... 299
VI. Formalien des Antrags .................. 301
VII. Verwertung der Beweiserhebung im Hauptsacheprozess ...................... 302
VIII. Selbstständiges Beweisverfahren in der freiwilligen Gerichtsbarkeit ............. 303
IX. Selbstständiges Beweisverfahren nach Landesrecht ............................... 304
  1. Baden-Württemberg .................. 304
  2. Hessen ................................. 305
  3. Niedersachsen ........................ 307
X. Verfahrensrecht ......................... 309
  1. Zuständigkeit ......................... 310
  2. Bestimmtheit des Antrags ........... 311
  3. Anwaltliche Vertretung .............. 312
  4. Zustellung des Antrags .............. 313
  5. Auswahl des Sachverständigen ...... 314
  6. Erörterungstermin .................... 315
  7. Mündliche Erläuterung des Gutachtens durch den Sachverständigen .... 316
  8. Aussetzung des Hauptsacheverfahrens .................................. 317
  9. Entscheidung des Gerichts .......... 318
  10. Rechte des Antragsgegners ......... 319
  11. Frist zur Klageerhebung ............ 320
  12. Zulässigkeit der Streitverkündung ... 321
  13. Kosten des selbstständigen Beweisverfahrens .............................. 322
     a) Vorschuss ........................ 322
     b) Streitwert ....................... 323
     c) Gerichtskosten .................. 324
     d) Anwaltsgebühren ................ 325
     e) Prozesskostenhilfe .............. 326
     f) Kostenentscheidung .............. 327
     g) Kostentragungspflicht aufgrund materiellen Rechts ................ 328
        aa) Kostentragung aufgrund Schadensersatzrechts ........ 329
        bb) Kostentragung aufgrund besonderer erbrechtlicher Anspruchsgrundlagen .......... 330
     h) Kostentragungspflicht nach Fristsetzung zur Klageerhebung ...... 331
  14. Beschwerdemöglichkeit ............. 332
  15. Unbekannter Gegner ................ 333
XI. Fälle aus der Rechtsprechung ......... 334

1. Kein Rechtsschutzinteresse des potenziellen gesetzlichen Erben auf Klärung der Testierfähigkeit des Erblassers .................................. 334
   a) Urteil des OLG Köln vom 13.12.1929 ...................... 334
   b) Urteil des OLG Frankfurt/Main vom 30.1.1997 ............... 335
2. Drohender Beweisverlust bei hohem Alter eines Zeugen .............. 336
3. Feststellungen zur Geschäftsfähigkeit des Schenkers eines Grundstücks ... 337
4. Stufenklage und selbstständiges Beweisverfahren ................... 338

## A. Typischer Sachverhalt

Ein Erblasser hat zwei Testamente hinterlassen; im ersten Testament hat er den A zum Alleinerben eingesetzt, im zweten Testament den B. Es bestehen Zweifel, ob der Erblasser im Zeitpunkt der Errichtung des zweiten Testaments noch testierfähig war. Im Erbscheinsverfahren, das durch drei Instanzen geführt wurde, gab es einander widersprechende Entscheidungen: Beim Nachlassgericht und beim OLG, also in der 1. und 3. Instanz, wurde festgestellt, A sei Alleinerbe; das Landgericht war als 2. Instanz zu dem Ergebnis gekommen, B sei Alleinerbe geworden. Nach Abschluss des Erbscheinsverfahrens erhebt B Klage auf Feststellung, dass nicht A Alleinerbe geworden sei, sondern er, B.

## B. Feststellungsinteresse

Der Erbe muss sein Erbrecht bei einer Vielzahl von Gelegenheiten nachweisen können – bei der Bank, beim Grundbuchamt, bei Versicherungen. In nahezu allen Fällen wird dieser Nachweis geführt mittels eines vom Nachlassgericht erteilten Erbscheins (§§ 2353 ff. BGB) oder einer beglaubigten Abschrift einer notariell beurkundeten Verfügung von Todes wegen samt nachlassgerichtlicher Eröffnungsniederschrift, entsprechend der Regelung in § 35 GBO.

In streitigen Fällen kann aber auch der Weg über eine Feststellungsklage im Zivilprozess gegangen werden, § 256 Abs. 1 ZPO. Das Erbrecht nach einer bestimmten Person ist ein Rechtsverhältnis, das zu klären ist. Ein Feststellungsinteresse ist deshalb grundsätzlich zu bejahen, auch wenn ein Erbscheinsverfahren bereits betrieben wird oder sogar schon abgeschlossen ist (vgl. dazu nachstehend Rn 4 ff.).

In der Praxis geht es dabei am häufigsten um die Problembereiche der Testierfreiheit, der Testierunfähigkeit, der Anfechtung oder der Sittenwidrigkeit einer Verfügung von Todes wegen, der Frage ihres wirksamen Widerrufs oder ihrer Auslegung.

## C. Verhältnis Erbscheinsverfahren und Erbenfeststellungsklage

### I. Allgemeines

Für eine Feststellungsklage besteht auch dann ein Rechtsschutzbedürfnis, wenn ein Erbscheinsverfahren anhängig gemacht werden könnte, während eines laufenden Erbscheinsverfahrens oder wenn ein Erbschein bereits erteilt wurde.[1] Der Rechtsstreit über die Fest-

---

1 BGHZ 86, 41; NJW 1983, 277.

stellung eines Erbrechts kann auch nicht wegen eines bereits anhängigen Erbscheinsverfahrens nach § 148 ZPO ausgesetzt werden.[2]

Umgekehrt: Ein Erbscheinsverfahren kann in entsprechender Anwendung des § 148 ZPO ausgesetzt werden, wenn zwischen den Erbprätendenten ein Zivilrechtsstreit zur Feststellung des Erbrechts anhängig ist, denn das Ergebnis eines Feststellungsrechtsstreits ist für ein Erbscheinsverfahren unter denselben Beteiligten vorgreiflich. Die Aussetzung ist auch im Rechtsbeschwerdeverfahren zulässig, ohne dass es hierfür eines Antrags oder der Zustimmung der Beteiligten bedarf. Das mit dem Erbscheinsverfahren befasste Gericht entscheidet von Amts wegen nach pflichtgemäßem Ermessen über die Aussetzung. Dabei ist insbesondere zu prüfen, ob die durch die Aussetzung eintretende Verzögerung den Beteiligten zugemutet werden kann.[3]

5   Zur Rechtsweg-Erschöpfung im Sinne des Verfassungsbeschwerderechts: So lange ein Erbprätendent nicht sowohl das Erbscheinsverfahren als auch die Möglichkeit des Erbenfeststellungsprozesses durch alle in Betracht kommenden Instanzen verfolgt hat, kann eine Verfassungsbeschwerde gegen eine abschlägige gerichtliche Entscheidung nicht erhoben werden.[4]

6   Sollte einer positiven Feststellungsklage stattgegeben werden, so steht im Verhältnis der beiden Prozessparteien fest, dass der Kläger Erbe geworden ist. Wird die positive Feststellungsklage jedoch abgewiesen, so steht lediglich im Verhältnis der Parteien fest, dass der Kläger nicht Erbe geworden ist. Will der Beklagte aber seine Feststellung als Erbe erreichen, so muss er eine Feststellungswiderklage (vgl. Muster zur Feststellungswiderklage unten Rn 222) erheben; die reine Klageabweisung reicht dafür nicht.

## II. Unterschiede zwischen Erbenfeststellungsklage und Erbscheinsverfahren

7   Der wesentlichste Unterschied zwischen einem Erbschein und einem Urteil im Feststellungsprozess besteht darin, dass ein Erbschein weder in formelle noch in materielle Rechtskraft erwachsen kann – im Gegensatz zum Feststellungsurteil.

Der Erbschein erzeugt eine Gutglaubens- und Rechtsscheinwirkung nach §§ 2365 ff. BGB, erwächst aber nicht in Rechtskraft; er wirkt **inter omnes**. Das Urteil hingegen erwächst in formelle und materielle Rechtskraft, wirkt aber nur **inter partes**. Ein Erbenfeststellungsurteil erzeugt keine Rechtsscheinwirkung. Deshalb kann es auch nicht Grundlage einer Grundbuch- oder Handelsregisterberichtigung sein.

8   Für das Erbscheinsverfahren galt der **Amtsermittlungsgrundsatz** nach § 2358 BGB, § 12 FGG, während für den Feststellungsprozess der **Beibringungsgrundsatz** gilt. Im Rahmen von § 15 FGG war streitig, ob eine förmliche Parteivernehmung (bzw. Beteiligtenvernehmung des FGG) stattfinden kann, während im Feststellungsprozess die allgemeinen Vorschriften über die förmliche Parteivernehmung nach §§ 445 ff. ZPO Anwendung finden.[5] Nunmehr gilt das FamFG für das Erbscheinsverfahren.

**Neuerungen durch das FamFG:**[6] Das FamFG regelt das Beweisverfahren im Vergleich zum FGG genauer. § 30 FamFG enthält Vorschriften über eine förmliche Beweisaufnahme

---

2   KG FamRZ 1968, 219.
3   BayObLG NJW-RR 1999, 334, 335; OLG München FamRZ 2009, 547 = ZErb 2008, 387.
4   BVerfG ZEV 2006, 74 = NJW-RR 2005, 160.
5   Vgl. auch zur Beweiswürdigung beim Vieraugengespräch BGH in NJW 1999, 363, 364 und EGMR in NJW 1995, 1413.
6   FGG-ReformG v. 17.12.2008 BGBl I 2008, 2586, in Kraft getreten am 1.9.2009.

in Form des Strengbeweises. Zunächst kann allerdings das Gericht nach pflichtgemäßem Ermessen entscheiden, ob es die entscheidungserheblichen Tatsachen durch eine förmliche Beweisaufnahme entsprechend der ZPO feststellt. Gemäß § 30 Abs. 2 FamFG hat eine förmliche Beweisaufnahme stattzufinden, wenn es in diesem Gesetz vorgesehen ist.[7]

## III. Anspruch auf Herausgabe eines unrichtigen Erbscheins

Im Falle des § 2362 BGB „begegnen" sich Erbscheinsverfahren und das Verfahren auf Klärung der Erbfolge im Zivilprozess. Der wirkliche Erbe muss, wenn er der Ansicht ist, ein Erbschein sei unrichtig, nicht abwarten, bis das Nachlassgericht dessen Einziehung gem. § 2361 BGB anordnet, vielmehr kann er von dem Besitzer des unrichtigen Erbscheins dessen Herausgabe an das Nachlassgericht verlangen. Zweckmäßigerweise wird eine solche Herausgabeklage im Wege der objektiven Klagehäufung nach § 260 ZPO verbunden mit einer Erbenfeststellungsklage, sofern sich der Erbscheinsbesitzer nach wie vor auf sein Erbrecht beruft. Im Herausgabeprozess gilt die Vermutung des § 2365 BGB nicht.[8]

9

Da das Herausgabeurteil und auch das Erbenfeststellungsurteil materielle Rechtskraft zwischen den Parteien erzeugt, dürfte zwischen ihnen im Erbscheinsverfahren ebenfalls die Erbfolge rechtskräftig feststehen, so dass kein anders lautender Erbschein erteilt werden dürfte, es sei denn, ein Dritter wäre beteiligt, dem gegenüber die Rechtskraft des Urteils nicht wirkt. Käme man nicht zu diesem Ergebnis, so würde die Rechtskraftwirkung eines Feststellungsurteils letztlich ins Leere gehen.[9]

10

## D. Prozessrecht

### I. Zuständigkeit

Es gelten die allgemeinen Zuständigkeitsregeln der §§ 12, 13 ZPO und darüber hinaus die besondere Vorschrift über den Gerichtsstand der Erbschaft nach §§ 27, 28 ZPO.

11

### II. Streitwert

Maßgebend ist gem. § 3 ZPO das Interesse an der Feststellung. Bei der Feststellungsklage werden häufig 50 %–80 % der entsprechenden Leistungsklage als Streitwert angenommen, bei der Erbenfeststellungsklage, die in aller Regel eine positive Feststellungsklage sein wird, eher 80 %.[10]

12

## E. Die häufigsten streitigen Sachfragen

In der Praxis geht es bei Erbenfeststellungsprozessen am häufigsten um die Problembereiche
- Testierfreiheit,
- Formgültigkeit eines privatschriftlichen Testaments,

13

---

7 Vgl. schon *Kollhosser*, Zur Stellung und zum Begriff der Verfahrensbeteiligten im Erkenntnisverfahren der freiwilligen Gerichtsbarkeit, 1970, dort § 3 III, 1–4; § 5 III; § 6 III, IV.
8 Palandt/*Edenhofer*, § 2362 BGB Rn 1.
9 BayObLG FamRZ 1999, 334.
10 BGH NJW-RR 1988, 689; *Thomas/Putzo*, § 3 ZPO Rn 65 Stichwort „Feststellungsklage".

*Krug*

- Formgültigkeit einer notariellen Verfügung von Todes wegen,
- Testierunfähigkeit wegen Krankheit,
- Verlust eines privatschriftlichen Testaments,
- Widerruf einer Verfügung von Todes wegen,
- Anfechtung einer Verfügung von Todes wegen,
- Sittenwidrigkeit einer Verfügung von Todes wegen,
- Anfechtung der Erbschaftsannahme,
- Auslegung einer Verfügung von Todes wegen;
- Zuwendungsverbote nach § 14 des Heimgesetzes;
- Rechtswirkungen einer Pflichtteils(straf)klausel.

Im Zusammenhang mit der Rechtsprechung des BVerfG[11] und des BGH[12] zur Inhaltskontrolle von Eheverträgen, wird, weil das deutsche gesetzliche Ehegattenerbrecht güterstandsabhängig ist, auch im Erbenfeststellungsprozess die Frage der Wirksamkeit einer Güterstandsvereinbarung als Vorfrage zu klären sein.

Die Wirksamkeit eines Ehevertrags kann unabhängig von Scheidung in einem Feststellungsprozess gem. § 256 Abs. 1 ZPO geklärt werden.[13]

## I. Testierfreiheit

### 1. Allgemeines

14 Von der Testierfähigkeit zu unterscheiden ist die **Testierfreiheit** des Erblassers. Diese kann z.B. dann eingeschränkt sein, wenn sich der Erblasser bereits in einem Erbvertrag oder in einem gemeinschaftlichen Testament gebunden hat. Bei Vorliegen einer solchen **bindenden** Verfügung von Todes wegen sind alle späteren Verfügungen unwirksam, wenn sie der früheren widersprechen. Beim Erbvertrag regelt dies § 2289 Abs. 1 BGB, beim gemeinschaftlichen Testament §§ 2270, 2271 Abs. 2 BGB.[14] Für die eingetragene Lebenspartnerschaft gilt das Recht des gemeinschaftlichen Testaments entsprechend, § 10 LPartG.

### 2. Testierfreiheit im Einzelnen

15 Hat der Erblasser eine Verfügung von Todes wegen hinterlassen, so ist zunächst zu klären, ob er insoweit noch frei war in seiner Testiermöglichkeit oder ob dem ein Erbvertrag oder ein gemeinschaftliches Testament, das er mit seinem vorverstorbenen Ehegatten/eingetrage-

---

11 BVerfG NJW 2001, 2248 = FamRZ 2001, 985 = FuR 2001, 301 = FF 2001, 128 = DNotZ 2001, 708 = MittBayNot 2001, 485 = ZNotP 2003, 410 = DNotI-Report 2001, 142 = NJWE-FER 2001, 249.
12 BGHZ 158, 81 = NJW 2004, 930 = FamRZ 2004, 601 m. Anm. *Borth* = ZNotP 2004, 157 = BGHR 2004, 516 m. Anm. *Grziwotz* = FPR 2004, 209 = FuR 2004, 119 = FF 2004, 79 = RhNotZ 2004, 150 = NotBZ 2004, 152 = MDR 2004, 573 = JuS 2004, 539. Bestätigt im Beschluss vom 6.10.2004 – XII ZB 110/99. Zu den Überlegungen für die Praxis vgl. *Bergschneider*, FamRZ 2004, 1757. Und weitere Bestätigung: BGH ZErb 2005, 33 = DNotI-Report 2005, 70; BGH FamRZ 2005, 1444 (sehr lesenswert!) m. Anm. *Bergschneider*; BGH FamRZ 2005, 1449; BGHReport 2006, 1369; BGH NJW 2006, 2331 = DNotZ 2006, 863 = ZErb 2006, 249 = FamRZ 2006, 1097 m. Anm. *Bergschneider*.
13 OLG Düsseldorf OLGR 2004, 505 = NJW-RR 2005, 1 = FamRZ 2005, 282; *Grziwotz*, FamRB 2004, 381. Vgl. ausführlich hierzu *Manderscheid*, ZFE 2005, 76. Vorher schon die Feststellungsklage grundsätzlich für zulässig haltend: BGH FamRZ 2004, 691. Zu Verfahrensstrategien bei der Geltendmachung der Sittenwidrigkeit von Eheverträgen u.a. im Wege der Zwischenfeststellungsklage, vgl. *Kogel*, „Verfahrensstrategien bei sittenwidrigen Eheverträgen", FamRB 2006, 117.
14 BGHZ 82, 274.

nem Lebenspartner errichtet hatte, entgegenstand. Leben noch beide Ehegatten/eingetragene Lebenspartner, so könnte, falls in einem gemeinschaftlichen Testament wechselbezügliche Verfügungen getroffen wurden, einer der Ehegatten/Lebenspartner kein anders lautendes einseitiges Testament errichten, er könnte lediglich durch notariellen einseitigen Widerruf davon loskommen, §§ 2271 Abs. 1, 2296 BGB.

### a) Bindung beim gemeinschaftlichen Testament

#### aa) Testierfreiheit zu Lebzeiten beider Ehegatten/Lebenspartner

Ein **Ehegattentestament** oder ein gemeinschaftliches Testament eingetragener Lebenspartner (§ 10 LPartG) ist hinsichtlich seiner wechselbezüglichen Verfügungen ab dem Tod des Erstversterbenden bindend, § 2271 Abs. 2 BGB, § 10 LPartG. Von Wechselbezüglichkeit spricht man, wenn die Verfügung des einen Ehegatten/Lebenspartners nicht ohne die des anderen getroffen worden wäre. Anders gesagt: Der eine Ehegatte/Lebenspartner hat seine Verfügung nur im Hinblick auf die Verfügung des anderen so getroffen. Voraussetzung ist also eine gegenseitige innere Abhängigkeit beider Verfügungen voneinander.[15] Beide Verfügungen „stehen und fallen miteinander". Wechselbezüglich können nach § 2270 Abs. 3 BGB jedoch nur
– die **Erbeinsetzung**,
– das **Vermächtnis** oder
– die **Auflage**
sein. (Parallelvorschrift zum Erbvertrag: § 2278 Abs. 2 BGB).

16

#### bb) Bindung nach dem Tod eines Ehegatten/Lebenspartners

Ob testamentarische Verfügungen im Verhältnis der Wechselbezüglichkeit zueinander stehen, entscheiden die Ehegatten/Lebenspartner selbst. Es kommt insofern also auf den **Erblasserwillen** an. Wechselbezüglichkeit ist für jede einzelne testamentarische Verfügung gesondert zu prüfen. Sie kann nicht angeordnet werden für Teilungsanordnung, Testamentsvollstreckeranordnung, familienrechtliche Anordnungen. Es unterliegt dem – erforderlichenfalls durch Auslegung zu ermittelnden – Willen der Erblasser, ob und in welchem Umfang jede einzelne Verfügung wechselbezüglich sein soll.[16] Deshalb sollte jedes gemeinschaftliche Testament dazu Aussagen enthalten. Fehlen entsprechende eindeutige Aussagen im Testament, so wird in § 2270 Abs. 2 BGB Wechselbezüglichkeit **vermutet**, wenn sich die Ehegatten/Lebenspartner gegenseitig bedenken oder wenn dem einen Ehegatten/Lebenspartner eine Zuwendung gemacht und für den Fall des Überlebens des Bedachten von diesem eine Verfügung zugunsten einer Person getroffen wird, die mit dem anderen Ehegatten/Lebenspartnerverwandt ist oder ihm sonst nahe steht.[17] „Nahestehend" i.S.v. § 2270 Abs. 2 BGB kann auch eine juristische Person sein.[18]

17

---

15 *Pfeiffer*, FamRZ 1993, 1266.
16 BGHZ 30, 261, 265; OLG Saarbrücken Urt. v. 27.10.2005 – 8 U 626/04, ZErb 2006, 69 = ZFE 2006, 199.
17 OLG Frankfurt/M., FamRZ 2002, 352: *„Haben Eheleute in einem gemeinschaftlichen Testament lediglich eine Sanktionsklausel gegen ihre pflichtteilsberechtigten gemeinschaftlichen Kinder aufgenommen, ohne diese ausdrücklich als Schlusserben einzusetzen, so kann die Auslegung ergeben, dass die Eheleute gleichwohl ihre Kinder bindend als Schlusserben einsetzen wollten."*
18 OLG München – für den Fall einer Stiftung – NJW-RR 2000, 526; LG Stuttgart – für den Fall einer Freimaurerloge und kirchlicher Körperschaften – ZEV 1999, 441.

18 Ein Erbvertrag ist bindend, wenn er mindestens **eine** vertragsmäßige Verfügung enthält, § 2278 BGB.[19] Hierbei können ebenfalls nur Erbeinsetzung, Vermächtnis- und Auflagenanordnung erbvertraglich bindend vereinbart werden, § 2278 Abs. 2 BGB. Die Bindung tritt ein, da es sich um einen Vertrag handelt, mit Abschluss des Erbvertrags, also mit der Unterschrift des Notars unter der Urkunde.

19 Ein gemeinschaftliches Testament ist zu Lebzeiten beider Ehegatten bzw. beider eingetragener Lebenspartner nicht bindend; nach § 2271 Abs. 1 S. 1 BGB erfolgt der Widerruf eines gemeinschaftlichen Testaments **zu Lebzeiten beider Testatoren** nach den Rücktrittsvorschriften des Erbvertragsrechts. Erst mit dem Tod eines der Testatoren tritt bezüglich der wechselbezüglichen Verfügungen Bindung des Überlebenden an die von ihm auf seinen Tod getroffenen Verfügungen ein, § 2271 Abs. 2 BGB. Enthält das gemeinschaftliche Testament jedoch eine **Änderungsbefugnis** für den überlebenden Ehegatten/Lebenspartner, so ist die Bindung insoweit eingeschränkt. Im Rahmen eines solchen Änderungsvorbehalts konnte der Erblasser eine vom gemeinschaftlichen Testament abweichende Verfügung treffen.

20 Verzichtet ein in einem bindend gewordenen gemeinschaftlichen Testament eingesetzter Schlusserbe durch Zuwendungsverzichtsvertrag nach § 2352 BGB auf seine Rechte aus dem gemeinschaftlichen Testament, so wird die Bindung für den Erblasser gegenstandslos; er kann neu von Todes wegen verfügen.[20]

Ein Zuwendungsverzicht kann (ebenso wie der Erbverzicht) durch notariellen Vertrag mit dem Erblasser wieder aufgehoben werden, wenn der Erblasser den Rechtszustand vor dem Verzicht durch Verfügung von Todes wegen nicht vollständig wiederherstellen könnte. Eine etwa vor dem Verzicht bestanden habende Bindung tritt dann wieder ein.[21]

21 **Änderung der BGH-Rechtsprechung zur Bindungswirkung bei gesetzlicher Ersatzerbfolge beim Berliner Testament**

Die langjährige Rechtsprechung des BGH, dass auch die Auslegungsregel des § 2069 BGB, wonach bei Wegfall eines eingesetzten Abkömmlings im Zweifel dessen Abkömmlinge als Ersatzerben nachrücken, auch von der Wechselbezüglichkeit der ursprünglichen Erbeinsetzung mit umfasst werde, hat dieser in seinem Urteil vom 16.1.2002 – IV ZB 20/01 aufgegeben:[22]

> *„Fällt der in einem Ehegattentestament eingesetzte Schlusserbe weg, ist § 2270 Abs. 2 BGB auf Ersatzerben nur anwendbar, wenn sich Anhaltspunkte für einen auf deren Einsetzung gerichteten Willen der testierenden Eheleute feststellen lassen, die Ersatzerbeinsetzung also nicht allein auf § 2069 BGB beruht (Abweichung von BGH, Urteil vom 22. September 1982 – IVa ZR 26/81 – NJW 1983, 277 unter a)."*

Erfolgte die Ersatzerbeinsetzung aber willentlich durch die Erblasser und findet die Ersatzerbfolge nicht lediglich auf der Grundlage der gesetzlichen Auslegungsregel statt, so kann die Ersatzerbeinsetzung trotzdem wechselbezüglich sein.[23]

---

19 BGHZ 26, 207.
20 BGH NJW 1999, 789 = NJWE-FER 1999, 124; BayObLG NJWE-FER 2000, 262; *Mayer*, ZEV 1996, 127; *Reul*, MittRhNotK 1997, 373.
21 BGH FamRZ 2008, 982 = NJW-RR 2008, 747 = ZErb 2008, 162 = ZEV 2008, 237; hier nach DNotI-Report 2008, 61.
22 BGHZ 149, 363 = FamRZ 2002, 747 = NJW 2002, 1126 = ZEV 2002, 150 m. Anm. *Otte*. So auch LG Konstanz FamRZ 2002, 1744.
23 OLG Hamm FamRZ 2004, 662.

Die Auslegung der in einem notariellen Testament enthaltenen Formulierung „Ersatzerben will ich heute ausdrücklich nicht benennen" kann ergeben, dass ein die Anwendung der Auslegungsregel des § 2069 BGB widersprechender Erblasserwille nicht feststellbar ist.[24]

### b) Bindung beim Erbvertrag

Der Erbvertrag hat, soweit Bindung besteht, gem. § 2289 BGB eine Beschränkung der Testierfreiheit des Erblassers zur Folge. § 2289 BGB hat insofern eine zentrale Bedeutung im Recht des Erbvertrags. Nach dieser Vorschrift hat die Errichtung eines Erbvertrages im Verhältnis zu anderen Verfügungen von Todes wegen die nachfolgend beschriebenen Wirkungen. Erbvertragliche Verfügungen sind nach geltendem Recht gem. § 2278 Abs. 2 BGB auf Erbeinsetzungen, Vermächtnisse und Auflagen beschränkt.

### aa) Vor dem Erbvertrag errichtete Verfügung von Todes wegen

Ein bestehendes Testament wird durch den später abgeschlossenen Erbvertrag aufgehoben, soweit dadurch das Recht des vertragsmäßig Bedachten beeinträchtigt wird, § 2289 Abs. 1 S. 1 BGB (Aufhebungswirkung).

Ein Erbvertrag, der zwischen denselben Personen geschlossen worden war, wird unwirksam, soweit er dem zweiten widerspricht, es gilt der letzte. Damit wird im zweiten Erbvertrag eine ganze oder teilweise einverständliche Vertragsaufhebung nach § 2290 BGB gesehen.

### bb) Nach dem Erbvertrag errichtete Verfügung von Todes wegen

Sowohl ein späteres Testament als auch ein späterer Erbvertrag sind insoweit absolut unwirksam, als die Rechtsstellung des vertragsmäßig Bedachten im Zeitpunkt des Erbfalls beeinträchtigt wird, § 2289 Abs. 1 S. 2 BGB.[25]

### cc) Begriff der Beeinträchtigung

Geschützt wird das Recht des vertragsmäßig Bedachten. Würde die anderweitige Verfügung von Todes wegen diese Rechtsstellung mindern, beschränken, belasten oder gegenstandslos machen, so ist eine Beeinträchtigung gegeben. Ob eine nur wirtschaftliche Beeinträchtigung ausreicht, ist umstritten. Es dürfte auf die nachteilige Veränderung der rechtlichen Position des vertragsmäßig Bedachten ankommen; beispielsweise wenn der Erblasser nach Abschluss des Erbvertrages eine Testamentsvollstreckung anordnen will. Damit würde die Rechtsstellung des vertragsmäßig Bedachten beschränkt werden, insbesondere im Hinblick auf seine Verwaltungs- und Verfügungsbefugnis bezüglich der einzelnen Nachlassgegenstände, §§ 2205, 2211 BGB. Umstritten ist, ob es für die Feststellung einer Beeinträchtigung i.S.d. § 2289 Abs. 1 BGB allein auf einen Vergleich aus rechtlicher Sicht ankommt[26] oder ob auch wirtschaftliche Gesichtspunkte berücksichtigt werden müssen.[27] Gegen die Berücksichtigung wirtschaftlicher Gesichtspunkte hat sich der BGH ausgesprochen.[28] Danach kommt es ausschließlich auf die Beeinträchtigung in rechtlicher Hinsicht an.

---

24 OLG München NJW-RR 2009, 878 = ZErb 2009, 153 = ZEV 2009, 239.
25 OLG München FamRZ 2008, 550 = ZErb 2007, 420 = ZEV 2007, 530.
26 MüKo-*Musielak*, § 2289 BGB Rn 10.
27 Soergel/*Wolf*, § 2289 BGB Rn 2.
28 BGH JZ 1958, 399.

dd) Zustimmung des vertraglich Bedachten

27 Die Zustimmung des vertraglich Eingesetzten zu einer späteren Verfügung von Todes wegen gibt dem Erblasser seine Testierfreiheit wieder zurück. Die Zustimmung bedarf der notariellen Beurkundung, weil darin eine ganze oder teilwese Aufhebung des Erbvertrags zu sehen ist, §§ 2290, 2291 Abs. 4, 2276 BGB.[29] Unter Ehegatten/Lebenspartnern genügt die Form des gemeinschaftlichen Testaments, § 2292 BGB.

28 Für ein vertragsmäßig angeordnetes Vermächtnis oder eine Auflage sieht das Gesetz ausdrücklich die Möglichkeit einer anderweitigen Verfügung nach vorausgegangener Zustimmung des Bedachten in § 2291 BGB vor. Auch hierfür ist eine notarielle Beurkundung erforderlich, § 2291 Abs. 2 BGB. Allerdings könnte demjenigen, der formlos zugestimmt hat und der sich auf das fehlende Formerfordernis beruft, ein Verstoß gegen Treu und Glauben entgegengehalten werden (venire contra factum proprium).[30]

### 3. Beseitigung der Bindungswirkung

#### a) Beim gemeinschaftlichen Testament

##### aa) Zu Lebzeiten beider Ehegatten/Lebenspartner

29 Die Ehegatten/Lebenspartner können das gemeinschaftliche Testament in einem gemeinschaftlichen Widerrufstestament widerrufen, §§ 2253, 2254 BGB, § 10 LPartG.

30 Sie können ihr gemeinschaftliches Testament auch zerreißen, § 2255 BGB.[31] Eine solche Vernichtung muss aber dem Willen **beider Ehegatten/Lebenspartner** entsprechen. Diese Form des Widerrufs kann jedoch evtl. später zu Beweisschwierigkeiten führen: Es lässt sich später möglicherweise nicht beweisen, dass das Testament **mit** dem **Willen** beider Ehegatten/Lebenspartner zerrissen wurde. Den Ehegatten/Lebenspartner, der sich auf den gemeinsamen Widerruf durch Vernichtung des Testaments beruft, trifft hierfür die Beweislast.[32]

31 Die Bindungswirkung eines gemeinschaftlichen Testaments i.S.d. § 2270 Abs. 2 BGB tritt erst mit dem Tod eines der Ehegatten/Lebenspartner ein. Vor dem Tod eines Ehegatten/Lebenspartners ist jeder von ihnen berechtigt, durch **einseitigen notariellen Widerruf**, der dem anderen Ehegatten/Lebenspartner zugehen muss, das Testament und somit seine Beschränkung der Testierfreiheit aufzuheben, §§ 2271 Abs. 1, 2296 BGB. Der einseitige Widerruf bedarf der notariellen Beurkundung, §§ 2271 Abs. 1, 2296 Abs. 2 BGB, § 10 LPartG.

32 Die empfangsbedürftige Widerrufserklärung, § 130 Abs. 1 S. 1 BGB, ist nur wirksam, wenn der andere Ehegatte/Lebenspartner in seiner Fähigkeit, rechtsgeschäftliche Willenserklärungen verbindlich entgegenzunehmen, nicht beeinträchtigt war, § 131 Abs. 1 BGB.[33] Erforder-

---

[29] BGHZ 108, 252 = Rpfleger 1989, 413 = NJW 1989, 2618 = FamRZ 1989, 1076 = JA 1990, 165 = DNotZ 1990, 803.
[30] BGHZ 108, 252 = Rpfleger 1989, 413 = NJW 1989, 2618 = FamRZ 1989, 1076 = JA 1990, 165 = DNotZ 1990, 803.
[31] Vgl. zum Widerruf eines Testaments durch Zerreißen BayObLG FamRZ 1996, 1110.
[32] Palandt/*Edenhofer*, § 2255 BGB Rn 16.
[33] BayObLG NJW-RR 2000, 1029; LG Hamburg DNotI-Report 2000, 86.

lichenfalls ist Betreuung für ihn anzuordnen, damit der Betreuer ihn bei der Entgegennahme der Widerrufserklärung vertreten kann.[34]

> **Hinweis**
> Ist der widerrufende Ehegatte zugleich zum Betreuer des anderen Ehegatten bestellt, dürfte wohl ein Vertretungsausschluss bestehen, da die Empfangnahme der Widerrufserklärung nicht als lediglich rechtlich vorteilhaft angesehen werden kann, so dass für die Empfangnahme des Widerrufs ein Ergänzungsbetreuer nach § 1899 Abs. 4 BGB bestellt werden muss.
> Der Widerruf muss dem anderen Ehegatten/Lebenspartner in Ausfertigung zugehen, eine beglaubigte Abschrift reicht nicht.[35] Im Übrigen ist wegen der Zugangsfiktion des § 132 BGB für die Praxis die Zustellung durch den Gerichtsvollzieher empfehlenswert. Dem Gerichtsvollzieher muss mitgeteilt werden, dass er nicht etwa eine von ihm beglaubigte Abschrift zustellen darf, sondern die Originalausfertigung zustellen muss. Dies sollte jeder gewissenhafte Berater danach auch selbst kontrollieren.

### bb) Nach Eintritt des ersten Todesfalls

Mit dem Tod des erstversterbenden Ehegatten/Lebenspartners tritt bei wechselbezüglichen Verfügungen grundsätzlich die Bindungswirkung ein. Ab diesem Zeitpunkt hat der überlebende Ehegatte/Lebenspartner nicht mehr die Möglichkeit, durch einseitige Verfügung die wechselbezüglich getroffene Verfügung zu widerrufen.

Der überlebende Ehegatte/Lebenspartner kann sich von der Bindungswirkung nur dann lösen, wenn er, wie in § 2271 Abs. 2 BGB vorgesehen, die ihm zugedachte Erbeinsetzung ausschlägt oder wenn er im Rahmen einer Selbstanfechtung gemäß den §§ 2078, 2079 BGB die Unwirksamkeit der Verfügung herbeiführt[36] oder wenn der bindend Bedachte nach § 2352 BGB in notariell beurkundeter Form auf seine Zuwendung verzichtet.

### cc) Feststellungsinteresse des bindend Bedachten bei Selbstanfechtung der bindend gewordenen Verfügung durch den Überlebenden

Der BGH lässt eine **Feststellungsklage** des Schlusserben bereits zu Lebzeiten des überlebenden Ehegatten zu, falls der Überlebende das Testament anficht oder wenn eine Verfügung unter Lebenden wegen Umgehung des Widerrufsverbots des § 2271 Abs. 2 BGB unwirksam ist.[37]
Hierzu der BGH in BGHZ 37, 331:

> *„Der in einem gemeinschaftlichen Testament mit einem Vermächtnis Bedachte kann, wenn das Vermächtnis vom überlebenden Ehegatten angefochten wurde, gegen diesen Klage auf Feststellung erheben, daß die Vermächtnisanordnung durch die Anfechtung nicht unwirksam geworden ist."*

---

34 Vgl. zum Meinungsstand *Helms*, DNotZ 2003, 104, 105. A.A. *Damrau/Bittler*, ZErb 2004, 77: Mit Eintritt der Geschäftsunfähigkeit eines Ehegatten seien wechselbezügliche Verfügungen in einem gemeinschaftlichen Testament schlechthin nicht mehr widerrufbar.
35 BGHZ 31, 5; OLG Hamm FamRZ 1991, 1486.
36 *Nieder/Kössinger*, § 24 Rn 12 ff.; vgl. ausführlich *Veit*, NJW 1993, 1534.
37 BGHZ 37, 331.

### b) Bindungswirkung beim Erbvertrag

37 Sind in einem Erbvertrag **vertragsmäßige** Verfügungen i.S.v. § 2278 Abs. 2 BGB getroffen, so tritt bereits mit Abschluss des Erbvertrages die Bindung ein. Von ihr kann der Erblasser grundsätzlich nicht einseitig zurücktreten, es sei denn, er hat sich den **Rücktritt** vorbehalten oder es liegt ein gesetzlicher Rücktrittsgrund vor, §§ 2293, 2294, 2295 BGB (vgl. zum Rücktrittsrecht § 4 Rn 171 ff.).

38 Sind in einem gegenseitigen Erbvertrag nach § 2298 BGB von beiden Teilen vertragsmäßige Verfügungen getroffen worden, so kann der Überlebende, wenn er das ihm Zugewandte **ausschlägt** (§ 2298 Abs. 2 S. 3 BGB), seine Verfügung durch Testament ändern, sofern sich die Vertragsparteien den Rücktritt vorbehalten haben. Erfolgt zu Lebzeiten der Vertragspartner keine gemeinsame Aufhebung, so hat der Erblasser evt. die Möglichkeit, den Erbvertrag nach §§ 2281, 2078, 2079 BGB **selbst anzufechten**,[38] sofern die Voraussetzungen dafür vorliegen (vgl. hierzu § 4 Rn 145 ff.).

### 4. Verfügung von Todes wegen mit Zustimmung des Vertragserben[39]

39 Trifft der überlebende Ehegatte **mit Zustimmung des Vertragserben** eine anders lautende Verfügung von Todes wegen, so beseitigt dies ebenfalls die Bindungswirkung.[40]

### 5. Testierfreiheit bei Änderungsvorbehalt

#### a) Beim gemeinschaftlichen Testament

40 Wechselbezüglichkeit besteht dann teilweise nicht, wenn im **Ehegattentestament/Testament eingetragener Lebenspartner** ein **Änderungsvorbehalt** aufgenommen ist. Die Testierfreiheit bzw. die Beseitigung der Bindungswirkung hängt in diesem Falle stets vom Umfang der Änderungsklausel ab.

41 Ist dagegen ein allgemeiner Änderungsvorbehalt ohne jegliche Einschränkung vorgesehen, so könnte darin die Aufhebung der Wechselbezüglichkeit gesehen werden, mit der Folge, dass eine Bindungswirkung nicht besteht. Nach der BGH-Rechtsprechung wird durch eine solche allgemeine „**Freistellungsklausel**" in einem Ehegatten-/Partner-Testament nicht notwendig die Wechselbezüglichkeit beiderseitiger Verfügungen ausgeschlossen.[41] Diese Freistellungsklausel kann aber je nach den Umständen dahin ausgelegt werden, dass die Einsetzung des Schlusserben nicht wechselbezüglich sein soll.[42]

#### b) Beim Erbvertrag

42 Auch bei einem Erbvertrag können die Parteien grundsätzlich einen Änderungsvorbehalt vereinbaren.[43] Ihnen steht es grundsätzlich frei, den Umfang der vertragsgemäßen Bindungswirkung festzulegen. So können sich die Parteien z.B. das Recht vorbehalten, nachträglich Vermächtnisse und Auflagen anzuordnen, bei einem eingesetzten Alleinerben weitere Miterben zu bestimmen oder bei Ehegatten/Lebenspartnern dem Überlebenden in einem be-

---

38 Vgl. hierzu *Veit*, NJW 1993, 1953.
39 Vgl. hierzu *Kanzleiter*, ZEV 1997, 261.
40 Vgl. zum Zuwendungsverzicht *Mayer*, ZEV 1996, 127.
41 BGH NJW 1987, 901.
42 BayObLGZ 87, 23 = FamRZ 1987, 638 = Rpfleger 1987, 249.
43 BGH NJW 1982, 441.

stimmten Rahmen das Recht zur Änderung der Erbfolge für den zweiten Todesfall einzuräumen.[44]

Demgegenüber ist ein Änderungsvorbehalt ohne jegliche Einschränkung beim **Erbvertrag** wegen dessen Vertragscharakter nicht zulässig, da ein Erbvertrag ohne rechtliche Bindung sich nicht mehr von einem Testament unterscheiden würde.[45] Vom Änderungsvorbehalt muss also mindestens **eine** vertragsmäßige Verfügung ausgenommen werden (vgl. zum Änderungsvorbehalt § 4 Rn 131 ff.).[46]

### 6. Rücktritt vom Erbvertrag

Haben sich die Parteien des Erbvertrags oder eine von ihnen den Rücktritt vorbehalten (§ 2293 BGB) oder liegen sonstige Rücktrittsgründe vor (§§ 2294, 2295 BGB), so kann der betreffende Erblasser seine Verfügungsfreiheit durch Ausübung des Rücktrittsrechts wieder erlangen.

### 7. Wegfall des erbvertraglich Bedachten

Hierzu der Beschluss des OLG Zweibrücken vom 4.3.1999:[47]

> „Ist der in einem Erbvertrag vertragsmäßig Bedachte vor Eintritt des Erbfalls verstorben, so kann eine frühere letztwillige Verfügung des Erblassers das Recht des Bedachten nicht beeinträchtigen und behält deshalb grundsätzlich ihre Wirkung. Etwas anderes gilt dann, wenn sich aus dem Erbvertrag der Wille des Erblassers entnehmen lässt, die früher getroffene Verfügung von Todes wegen in jedem Falle aufzuheben."

Nach § 2289 Abs. 1 S. 1 BGB wird durch den Erbvertrag eine frühere letztwillige Verfügung des Erblassers aufgehoben, soweit sie das Recht des vertragsmäßig Bedachten beeinträchtigen würde. Entscheidend für das Vorliegen einer Beeinträchtigung ist nach herrschender Ansicht nicht der Zeitpunkt des Vertragsschlusses, sondern derjenige des Erbfalls. Nur dann, wenn der Bedachte auch wirklich Erbe geworden ist, kommt es zu einer Beeinträchtigung seines Rechts. Hingegen kann eine Beeinträchtigung nicht mehr eintreten, wenn der Erbvertrag bereits vor dem Erbfall gegenstandslos wird, weil der Bedachte wegfällt. Bei einem Vorversterben des Bedachten behält eine frühere Verfügung von Todes wegen grundsätzlich ihre Wirkung.[48]

---

44 OLG Düsseldorf OLGZ 66, 68.
45 Palandt/*Edenhofer*, § 2289 BGB Rn 3.
46 OLG Köln NJW-RR 1994, 651.
47 OLG Zweibrücken ZEV 1999, 439.
48 Nachweis OLG Zweibrücken ZEV 1999, 439; zum Meinungsstand siehe Anm. von *Kummer*, ZEV 1999, 440.

## 8. Muster: Erbenfeststellungsklage (Problem: Testierfreiheit)

An das
Landgericht
– Zivilkammer –
█████

*Klage*

des Herrn █████

– Klägers –

Prozessbevollmächtigter: Rechtsanwalt █████

gegen

Frau █████

– Beklagte –

wegen Feststellung der Erbfolge.

Namens und in Vollmacht des Klägers erhebe ich Klage gegen die Beklagte und werde in dem zu bestimmenden Termin beantragen, für Recht zu erkennen:

Alleinerbe des am █████ in █████ verstorbenen Herrn █████, zuletzt wohnhaft in █████, ist der Kläger.

Falls die Voraussetzungen des § 331 Abs. 3 bzw. § 307 ZPO vorliegen, bitte ich um Erlass eines **Versäumnis- bzw. Anerkenntnisurteils**[49] ohne mündliche Verhandlung.

*Begründung:*

Der Kläger ist der eheliche Sohn des Herrn █████, der am █████ in █████ gestorben ist (nachfolgend „Erblasser" genannt); die Beklagte ist die langjährige Lebensgefährtin des Erblassers.

Der Erblasser war verheiratet gewesen mit Frau █████, der Mutter des Klägers. Sie ist am █████ gestorben. Mit ihr hatte der Erblasser einen Erbvertrag geschlossen, wonach sich die Eheleute gegenseitig zu Alleinerben und den einzigen gemeinsamen Sohn, den Kläger, zum alleinigen Erben des überlebenden der beiden Ehegatten eingesetzt haben.

Aufgrund des erwähnten Erbvertrags, der am █████ von Notar █████ unter UR-Nr. █████ beurkundet worden war, wurde der überlebende Ehemann und jetzige Erblasser ihr Alleinerbe. Der Erbvertrag wurde auf den Tod der Mutter des Klägers am █████ vom Nachlassgericht █████ unter Az. █████ eröffnet.

*Beweis:* Je eine begl. Abschrift
  a) des Erbvertrags vom █████ – Anlage K 1 –
  b) des Erbvertragseröffnungsprotokolls vom █████ – Anlage K 2 –

Der Kläger hat seinerzeit auf den Tod seiner Mutter den Pflichtteil nicht geltend gemacht, weil er auf den Tod des Überlebenden seiner Eltern erbvertraglich zum Alleinerben eingesetzt worden war und auf diese Erbeinsetzung vertraut hat.

Drei Jahre nach dem Tod seiner ersten Ehefrau, der Mutter des Klägers, ist der Erblasser mit der Beklagten eine nichteheliche Partnerschaft eingegangen.

---

[49] Seit dem Inkrafttreten des Zivilprozessreformgesetzes (ZPO-RG) vom 27.7.2001 (BGBl I S. 1887) am 1.1.2002 bedarf es für ein Anerkenntnisurteil keines Prozessantrags mehr, § 307 ZPO; vgl. *Krug*, ZEV 2002, 58.

Der Erblasser hat ein privatschriftliches Testament vom ▓▓▓ errichtet, wonach er die Beklagte zu seiner Alleinerbin eingesetzt hat. Der Erbvertrag und das eigenhändige Testament des Erblassers wurden auf den Tod des Erblassers am ▓▓▓ vom Nachlassgericht ▓▓▓ unter Az. ▓▓▓ eröffnet. Der Kläger hat die Alleinerbschaft angenommen.

Beweis:   Je eine begl. Abschrift
a) des Testaments vom ▓▓▓ – Anlage K 3 –
b) des Eröffnungsprotokolls des Nachlassgerichts ▓▓▓ vom ▓▓▓ – Anlage K 4 –

Einen Rücktritts- oder Änderungsvorbehalt sieht der Erbvertrag nicht vor. Der Erblasser konnte nach § 2289 BGB kein anders lautendes Testament mehr errichten. Sein privatschriftliches Testament kann keine Rechtswirkungen erzeugen. Damit ist die Schlusserbfolge gemäß dem Erbvertrag eingetreten, der Kläger ist alleiniger Erbe des Erblassers geworden.

Die Beklagte hat vorgerichtlich geltend gemacht, sie sei Alleinerbin geworden; es gälte immer die letzte und aktuellste Verfügung von Todes wegen. Außerdem habe es zwischen dem Erblasser und dem Kläger in den letzten Jahren heftigen Streit gegeben. Dies sei auch der Grund für das anders lautende Testament gewesen. Der Erblasser habe immer wieder gesagt, wenn er gewusst hätte, wie sich sein Verhältnis zum Kläger entwickelt, hätte er ihn nicht zum Alleinerben eingesetzt.

Es kann dahinstehen, wie das persönliche Verhältnis zwischen dem Kläger und dem Erblasser war. Jedenfalls haben weder der Erblasser noch die Beklagte den Erbvertrag angefochten. Eine etwaige Anfechtung kommt auch nicht mehr in Betracht, weil die Jahresfrist des § 2082 BGB inzwischen verstrichen ist.

Der Klage ist demnach wie beantragt stattzugeben.

Ein Erbschein wurde bisher nicht erteilt; ein Erbscheinserteilungsverfahren ist auch nicht anhängig.

Zum Streitwert: Der Wert des Nachlasses beträgt ca. 80.000 EUR. Als Streitwert, gemessen am klägerischen Interesse, kommen 80 % davon in Betracht (vgl. *Thomas/Putzo*, § 3 ZPO Rn 65 Stichwort „Feststellungsklage"; BGH NJW-RR 1988, 689). Demnach beträgt der Streitwert 64.000 EUR.

(Rechtsanwalt)

## II. Formgültigkeit eines privatschriftlichen Testaments

### 1. Formalien des eigenhändigen Testaments

a) Testamentsniederschrift

Zwingend für das eigenhändige Testament ist die eigenhändig geschriebene und unterschriebene Erklärung, § 2247 Abs. 1 BGB. Ein Verstoß dagegen führt zur Formnichtigkeit gem. § 125 BGB. Diese strenge Form dient der Sicherung vor Fälschung und dem Anliegen, dass sich der Erblasser ernsthaft und inhaltlich so intensiv wie möglich mit der von ihm abgegebenen Erklärung befasst. Die Regeln über die Formstrenge sollen dazu dienen, Vorüberlegungen und Entwürfe von der endgültig maßgebenden Verfügung abzugrenzen; die Eigenhändigkeit soll außerdem eine erhöhte Sicherheit vor Verfälschungen des Erblasserwillens bieten. Diese Formzwecke sollen in ihrer Gesamtheit dazu beitragen, verantwortliches Testieren zu fördern und Streitigkeiten der in betracht kommenden Erbprätendenten über den Inhalt letztwilliger Verfügungen gering zu halten.[50] Der eigenhändig geschriebene Teil eines handschriftlichen Testaments muss für sich einen abgeschlossenen Sinn ergeben. In

48

---

50  BGHZ 80, 242, 246 = FamRZ 1981, 662; BayObLG FamRZ 2005, 138; FamRZ 2005, 1866.

einem solchen Fall schadet es nicht, wenn das Wort „Testament" in Form einer Überschrift maschinengeschrieben ist.[51]

Beschluss des OLG Hamm vom 11.9.2001:[52]

*„Ein vom Erblasser unterschriebenes Testament ist nicht eigenhändig i.S.d. § 2247 Abs. 1 BGB, wenn bei der Niederschrift des Textes die Hand des Erblassers derart geführt wird, dass die Schriftzüge von einem Dritten geformt werden."*

49 Es reicht nicht, dass der Erblasser selbst ein **mechanisches Schreibwerkzeug** einsetzt wie bspw. eine Schreibmaschine oder eine Druckeinrichtung, weil damit die individuellen Merkmale einer Handschrift nicht erkennbar wären. Deshalb ist auch eine mit der Blindenschreibmaschine hergestellte Niederschrift keine eigenhändige. Der im Zeitpunkt der Testamentserrichtung vollständig Erblindete ist leseunfähig i.S.v. § 2247 Abs. 4 BGB und kann deshalb kein eigenhändiges Testament errichten.[53]

Ein mit Blaupause oder Kohlepapier niedergeschriebenes Testament erfüllt dagegen die Anforderungen des § 2247 Abs. 1 BGB, weil hierbei die charakteristischen Züge einer Handschrift erhalten sind.[54] Auf die Wahl des Schreibmaterials kommt es nicht an.

Beschluss des OLG Hamm vom 3.11.1999:[55]

*„Die Testamentsform des § 2247 Abs. 1 S. 1 BGB ist gewahrt, wenn der Erblasser auf ein wirksames notarielles Testament Bezug nimmt, indem er in dem ihm vorliegenden mit der später beurkundeten Erklärung übereinstimmenden Entwurf der notariellen Urkunde das einleitende Wort „Testament" in seine handschriftliche Verfügung einbezieht und auf diese Weise seinen Willen zum Ausdruck bringt, das notarielle Testament solle ungültig sein."*

Selbst wenn der Erblasser die Fotokopie eines von ihm eigenhändig geschriebenen und unterschriebenen Testaments eigenhändig ändert, kann auf diese Weise ein formgültiges Testament errichtet werden, sofern der im vorhandenen Original und auf dessen Kopie niedergelegte Text ein einheitliches Ganzes bildet.[56]

Eigenhändig ist die Niederschrift auch dann, wenn sie mit dem Fuß, dem Mund oder einer Prothese geschrieben wurde.

Bei einem **zusammenhängenden Schriftstück** gilt:

*„Ein aus mehreren Blättern bestehendes, auf einem Blatt unterschriebenes Testament ist nur dann gültig, wenn zwischen den einzelnen Blättern durch Nummerierung oder fortlaufenden Text ein Zusammenhang erkennbar ist."*[57]

50 Ob der Erblasser in Schreibschrift schreibt oder in Druckbuchstaben, ist unerheblich, obwohl im letzteren Fall die Charakteristik einer Handschrift nicht ohne weiteres erkennbar ist. Gleichgültig ist auch, in welcher Sprache das Testament verfasst wird. Entscheidend ist, dass der Erblasser den Text und seinen Sinn versteht und dass später der Inhalt – notfalls

---

51 BayObLG ZEV 2005, 348, 349; Palandt/*Edenhofer*, § 2247 BGB Rn 6.
52 OLG Hamm ZErb 2002, 46 = Rpfleger 2002, 80 = NJW-RR 2002, 222 = ZEV 2002, 108 = FamRZ 2002, 769 = MittBayNot 2002, 196.
53 BayObLG Rpfleger 1999, 396.
54 BGHZ 47, 68.
55 OLG Hamm MittRhNotK 2000, 75.
56 OLG München ZEV 2006, 33.
57 LG München I FamRZ 2004, 1905.

mit Hilfe eines Sachverständigen – den beteiligten Dritten verständlich gemacht werden kann.

Die äußere Form einer letztwilligen Verfügung ist nicht entscheidend. Es kann deshalb auch eine auf die Rückseite eines gebrauchten Briefumschlags gesetzte Erklärung als Testament angesehen werden.[58] Die Frage, ob eine niedergelegte Erklärung auf einem ernstlichen Testierwillen des Erblassers beruht und ob es sich nicht nur um den Entwurf einer letztwilligen Verfügung handelt, liegt auf tatsächlichem Gebiet[59] – mit der Folge, dass solche Feststellungen der Tatsacheninstanz vom Rechtsbeschwerdegericht nur auf Rechtsfehler überprüft werden können.[60]

Ein formnichtiges Schenkungsversprechen kann u.U. in eine letztwillige Verfügung umgedeutet werden.[61]

b) Unterschrift

Die **eigenhändige Unterschrift** soll die Identifizierung des Erblassers sicherstellen. Sie soll auch klarstellen, dass das Schriftstück kein unverbindlicher Entwurf und der darin zum Ausdruck gebrachte Wille ernsthaft ist. Da § 2247 Abs. 3 BGB das Unterschreiben mit Vor- und Familiennamen nur als Sollvorschrift einordnet, kann auch mit anderen eindeutigen Kennzeichnungen unterschrieben werden, z.B. „Euer Vater". Eine eindeutige Identifizierung muss aber immer möglich sein. Der BGH hat eine Abkürzung mit „E.M." nicht als Unterschrift ausreichen lassen.[62]

Briefe, die den Formerfordernissen entsprechen, können als Testamente qualifiziert werden, wenn darin eine ernsthafte Willensäußerung enthalten ist. Allerdings sind an die Feststellung, dass ein Brief vom Erblasser mit ernstlichem Testierwillen verfasst worden ist, strenge Anforderungen zu stellen.[63] Ein als „Vollmacht" bezeichnetes Schriftstück kann als Testament zu verstehen sein; der Testierwille ist in einem solchen Fall aber sorgfältig zu prüfen.[64]

Die Unterschrift darf keine „Oberschrift" sein, d.h., sie muss am Ende des Schriftstückes angebracht sein, um damit zum Ausdruck zu bringen, dass die Niederschrift abgeschlossen ist; andernfalls ist das Testament formunwirksam.[65] In aller Regel wird die Unterschrift unter der letzten Zeile des Textes stehen. Das Unterschreiben auf der Höhe der untersten Zeile oder – weil das Blatt voll geschrieben ist – quer am Rand ist unschädlich, wenn klar ist, dass die Unterschrift den Text abdeckt und gegen spätere Veränderung durch Hinzufügungen schützt. Der Namenszug muss in einem solchen räumlichen Verhältnis zu dem Text der letztwilligen Verfügung stehen, dass er als deren Abschluss und nach der

---

58 BayObLG Rpfleger 1991, 355; Rpfleger 1992, 1206, 1207.
59 OLG München FamRZ 2009, 372 = NJW-RR 2009, 16 = ZErb 2008, 417 = ZEV 2008, 596.
60 BayObLG FamRZ 1989, 1124, 1125; Rpfleger 1992, 1206, 1207.
61 KG, Beschl. v. 26.5.2009 – 1 W 61/08; hier nach „Juris" (Zeitschriftenveröffentlichung nicht feststellbar).
62 BGH NJW 1967, 2310; a.M. OLG Celle NJW 1977, 1690.
63 KG Rpfleger 2004, 44 = OLG-NL 2004, 64 = FamRZ 2004, 736 = ZEV 2004, 380.
64 BayObLG NJW-RR 1999, 88 = Rpfleger 1999, 184: *„Hat die Erblasserin einem ihrer Söhne eine handschriftliche Vollmacht erteilt und darin ausgeführt, dieser Sohn solle das restliche Vermögen bekommen, so kann dies als bloße Ankündigung gewertet werden, wenn die Erblasserin im Anschluss daran ausführt, sie werde „das Ganze noch vor einem Notar machen."*
65 BGHZ 113, 48 = NJW 1991, 487 = BB 1991, 156 = DB 1991, 331 = MDR 1991, 335 = JZ 1991, 406 = JA 1991, 170.

Verkehrsauffassung als diese deckend angesehen werden kann.[66] Allerdings kann der Text über die bereits vorhandene Unterschrift gesetzt werden.[67]

Besteht die Niederschrift aus mehreren Blättern, so genügt eine Unterschrift am Schluss – nicht jedes einzelne Blatt muss unterschrieben werden. Allerdings muss durch Seitenzahlen, gleichartige Schreibmaterialien u. dgl. erkennbar sein, dass es sich um fortlaufenden Text handelt. Zur Sicherheit ist zu empfehlen, jedes Blatt vom Erblasser unterzeichnen zu lassen.

53 Fehlt die Unterschrift auf der Niederschrift, hat der Erblasser aber auf dem Umschlag unterschrieben, in dem sich das Schriftstück befindet, so ist dies ausreichend, sofern der Umschlag verschlossen ist, weil damit eine räumliche Nähe hergestellt und der Text gegen Veränderung gesichert ist.[68] Ist der Umschlag allerdings unverschlossen, so reicht die Unterschrift darauf nicht aus, weil eine Sicherung gegen Veränderungen nicht gewährleistet ist.[69]

54 Für die Frage, ob nachträgliche Änderungen unterschrieben sein müssen, ist zu differenzieren: Durchstreichungen oder Radierungen brauchen nicht gesondert unterschrieben zu werden.[70] Trotzdem ist aus Beweissicherungsgründen zu empfehlen, entsprechende Randvermerke mit Datum und Unterschrift anzubringen. Wird das Testament aber ergänzt, dann ist eine neue Unterschrift anzubringen, möglichst mit Ort und Datum versehen und einem entsprechenden Ergänzungszusatz.[71]

c) Zeit- und Ortsangabe

55 Insofern begnügt sich das Gesetz mit einer Sollvorschrift in § 2247 Abs. 2 BGB. Ihre Angabe ist aus Beweisgründen aber dringend zu empfehlen. Außerdem können Zweifel über die Wirksamkeit entstehen, wenn die Zeitangabe fehlt, weil bei Vorhandensein mehrerer Testamente fraglich sein kann, welches das letzte ist und bei einander widersprechendem Inhalt gelten soll. Die Zeitangabe im Testament hat nach h.M. die Bedeutung eines Zeugnisses des Erblassers über den Zeitpunkt der Testamentserrichtung. Enthält ein Testament eine von der Unterschrift gedeckte Zeitangabe, so besteht eine tatsächliche Vermutung für die Richtigkeit dieser Angabe.[72] Wird diese Vermutung widerlegt, so bleibt das Testament grundsätzlich gültig, da die Datumsangabe nicht zum notwendigen Testamentsinhalt gehört, § 2247 Abs. 5 BGB ist entsprechend anzuwenden.[73]

56 Die Ortsangabe kann für die Formwirksamkeit entscheidend sein, wenn das Testament nicht den Formerfordernissen des für den Erbfall maßgebenden Erbstatuts nach Art. 25 Abs. 1 EGBGB entspricht. Insofern bestimmt Art. 26 EGBGB, dass auch die Ortsform maßgebend sein kann, wenn dem Testament damit zur Formwirksamkeit verholfen werden kann (vgl. dazu § 24).

---

66 OLG Köln MittRhNotK 2000, 30 = Rpfleger 2000, 163 = OLGR Köln 2000, 126 = MDR 2000, 523 = FGPrax 2000, 116 = NJWE-FER 2000, 211.
67 BayObLG MDR 1984, 1024; OLG Zweibrücken FamRZ 1998, 581 = FGPrax 1998, 26.
68 BayObLG FamRZ 1988, 1211 m.w.N.
69 OLG Hamm OLGZ 1986, 292 = FamRZ 1986, 728 = NJW-RR 1986, 873 = Rpfleger 1986, 386.
70 BGH NJW 1974, 1083.
71 OLG Köln NJW-RR 1994, 74.
72 BayObLG, NJWE-FER 2001, 201; FamRZ 1991, 237; 1992, 724; Anm. *Mayer* zu BayObLG in ZEV 2001, 399; Palandt/*Edenhofer*, § 2247 Rn 17.
73 BayObLG, FamRZ 1994, 593, 594; Palandt/*Edenhofer*, § 2247 Rn 21.

### d) Gemeinschaftliches Testament

Nach § 2267 BGB, § 10 Abs. 4 LPartG kann unter Ehegatten/eingetragenen Lebenspartnern ein gemeinschaftliches Testament (§ 2265 BGB) in der Weise handschriftlich errichtet werden, dass ein Ehegatte/Lebenspartner den Text eigenhändig niederschreibt, unterschreibt und der andere mit unterschreibt. Damit ist für den Mitunterschreibenden eine Ausnahme von dem Erfordernis der Eigenhändigkeit des Testamentstextes gemacht.

### e) Blindheit des Erblassers

Ist ein Erblasser im Zeitpunkt der Testamentserrichtung vollständig erblindet, so kann er ein eigenhändiges Testament nicht errichten, weil die Blindheit ein Fall der Leseunfähigkeit nach § 2247 Abs. 4 BGB ist.[74] Bei einem eigenhändig geschriebenen und unterschriebenen Testament ist von der Lesefähigkeit des Erblassers auszugehen, solange nicht das Gegenteil bewiesen ist.[75]

### f) Verwahrung des eigenhändigen Testaments

Auch das eigenhändige Testament kann in die besondere amtliche Verwahrung des Amtsgerichts – in Baden-Württemberg des Staatlichen Notariats – verbracht werden, § 2248 BGB, § 1 Ba.-Wü. LFGG. Der/die Erblasser kann/können das Testament wieder aus der Verwahrung nehmen. Beim privatschriftlichen Testament hat die Rücknahme aus der amtlichen Verwahrung aber keine Widerrufswirkung – im Gegensatz zum beurkundeten Testament, § 2256 BGB.

**Die Rücknahme eines notariellen Testaments** aus der besonderen amtlichen Verwahrung durch den Betreuer ist nicht zulässig.[76] Die Geschäftsfähigkeit wird durch die Bestellung eines Betreuers nicht berührt,[77] und der Testamentswiderruf ist nur durch den Erblasser höchstpersönlich möglich, § 2064 BGB. Die Rücknahme eines Testaments aus der besonderen amtlichen Verwahrung hat Testaments(Widerrufs-)Charakter.

Dazu der BGH in BGHZ 23, 207 (211):

„... *Die Auffassung der Revision ... ist richtig, dass die Zurücknahme des Testaments aus der amtlichen Verwahrung nur dann die Wirkung des Widerrufs gehabt hat, wenn Frau A. damals geschäftsfähig und insbesondere testierfähig war; denn die Zurücknahme eines Testaments aus der Verwahrung ist eine Verfügung von Todes wegen ....*"

Ein gemeinschaftliches Testament kann nur von beiden Testatoren aus der amtlichen Verwahrung zurückgenommen werden, gleichgültig, welchen Inhalt es hat, § 2272 BGB.

**Neuerungen durch das FamFG:**[78] Das Verfahren bei der Verwahrung, Eröffnung und Wiederverwahrung von Verfügungen von Todes wegen ist in den §§ 346 ff. FamFG neu geregelt.

---

74 BayObLG FamRZ 2000, 322 = Rpfleger 1999, 396.
75 BayObLG Rpfleger 1985, 239; FamRZ 1987, 1199; *Lutter*, FamRZ 1961, 543; *Habscheid*, JZ 1962, 418.
76 Vgl. im Einzelnen Gutachten des Deutschen Notarinstituts in DNotI-Report Nr. 3/2002 (Februar 2002); BGHZ 23, 211; BayObLGZ 73, 35; MüKo-*Burkart*, § 2253 BGB Rn 8; Palandt/*Edenhofer*, § 2253 BGB Rn 3.
77 Palandt/*Diederichsen*, § 1902 BGB Rn 5.
78 Vom 17.12.2008, BGBl I 2008, 2586.

g) Formungültigkeit einer teilweise unlesbaren letztwilligen Verfügung

60 Fraglich ist, nach welchen Grundsätzen der Inhalt eines eigenhändigen Testaments „rekonstruiert" wird, wenn der Wortlaut selbst wegen teilweiser Unleserlichkeit nicht ohne weiteres festgestellt werden kann. Das Kammergericht führt in seinem Beschluss vom 20.3.1998[79] aus, dass die Feststellung, **wie** der vom Erblasser niedergeschriebene Text seinem Wortlaut nach laute, nicht nach den Grundsätzen der Auslegung von Willenserklärungen oder gar letztwilligen Verfügungen erfolge (§§ 133, 2084 BGB). Sie ist ausschließlich anhand der Urkunde selbst ohne Berücksichtigung außerhalb der Urkunde liegender Umstände vorzunehmen.

61 Es führt weiter aus:

> „Nach § 2247 Abs. 1 BGB kann der Erblasser ein Testament durch eigenhändig geschriebene und unterschriebene Erklärung errichten. Der Begriff der Erklärung enthält dabei notwendigerweise die Voraussetzung, dass der Wortlaut der Niederschrift von einem Dritten aus dem Schriftstück selbst heraus ermittelt werden kann. Das Schriftstück des Erblassers muss daher soweit lesbar sein, dass sein Wortlaut anhand der Testamentsurkunde selbst, gegebenenfalls unter Heranziehung eines Schriftsachverständigen, entziffert werden kann. Dagegen genügt es zur Formwahrung nicht, wenn der Sinn darin enthaltener und objektiv nicht, auch nicht durch einen Schriftsachverständigen, entzifferbarer Zeichen unter Berücksichtigung außerhalb der Testamentsurkunde liegender Umstände ermittelt werden kann (allg. M., vgl. RG JW 1935, 1846, 1847; KG JW 1937, 2831; 1938, 1601; OLG Hamm NJW-RR 1991, 1352 = Rpfleger 1991, 419, 420 = FamRZ 1992, 356, 357; Dittmann/Reimann/Bengel, Testament und Erbvertrag, 2. Auflage, § 2247 Rn 16; Kipp/Coing, Erbrecht, 4. Bearb., S. 185; Lange/Kuchinke, Erbrecht, 4. Auflage, S. 363; MüKo-.Burkart, § 2247 Rn 16; Palandt/Edenhofer, BGB, 57. Auflage, § 2247 Rn 9; Soergel/Harder, § 2247 Rn 43; Staudinger/Baumann, BGB, 13. Auflage, § 2247 Rn 45)."

## 2. Beweisregeln für die Echtheit eines eigenhändigen Testaments

a) Eigenhändigkeit

62 Für das eigenhändige Testament gilt der allgemeine Grundsatz: Die Beweislast für die Echtheit und Eigenhändigkeit trägt derjenige, der Rechte aus der Urkunde herleiten will.[80]

63 Der Beweis der Eigenhändigkeit ist ggf. neben dem der Echtheit der Unterschrift zu erbringen, weil § 440 Abs. 2 ZPO auf das eigenhändige Testament keine Anwendung findet. Die Echtheit der Unterschrift ist noch kein Beweis, aber ein Indiz für die Eigenhändigkeit der letztwilligen privatschriftlichen Verfügung.[81]

Dazu das OLG Köln:[82]

> „1. Geht es um die objektive Beweislast (Feststellungslast) für die Echtheit eines Testaments, so trägt sie im Zweifel derjenige, der aus dem Testament ein Erbrecht herleitet. 2. Verbleiben nach ausreichenden Ermittlungen Zweifel daran, ob Veränderungen einer Testamentsurkunde vom Erblasser selbst vorgenommen wurden, so gehen diese Zweifel

---

79 KG NJW-RR 1998, 1298.
80 BayObLG FamRZ 1985, 837; FamRZ 1992, 1206.
81 OLG Stuttgart BWNotZ 1977, 69.
82 OLGR Köln 2004, 204 = NJW-RR 2004, 1015 = ZEV 2004, 428 = JurBüro 2004, 565.

*im Erbscheinsverfahren zu Lasten desjenigen, der sich zur Begründung des von ihm beanspruchten Erbrechts auf die Veränderungen beruft.*
*3. Ist nicht auszuschließen, dass der Erblasser bei Streichung einer Erbeinsetzung im Testament dieses bereits unterschrieben hatte, trägt den Nachteil der Unaufklärbarkeit auch derjenige dessen Name gestrichen wurde."*

Schließlich muss der Erbe erforderlichenfalls den Testierwillen des Erblassers darlegen und beweisen; es muss danach feststehen, dass der Erblasser die Urkunde als seine rechtsverbindliche letztwillige Verfügung betrachtet.[83] Ist ein äußerlich formgültiges Testament vorhanden, so spricht eine tatsächliche Vermutung dafür, dass der Erblasser damit seinen letzten Willen zum Ausdruck bringen wollte.[84]

Derjenige, der aus einer Testamentsabschrift oder Durchschrift (bspw. Pause) Rechte herleiten will, muss die Umstände darlegen und beweisen, aus denen sich der Wille des Erblassers ergibt, dieses Schriftstück enthalte den rechtsverbindlichen Willen des Erblassers.

An den Nachweis eines unfreiwillig abhanden gekommenen oder zerstörten Testaments sind strenge Anforderungen zu richten.[85] Derjenige, der aus dem Testament Rechte geltend macht, muss die formgültige Errichtung und seinen Inhalt beweisen.[86]

Beschluss des OLG Frankfurt/M. vom 24.9.2001:[87]

*„1. Eine verschwundene letztwillige Verfügung von Todes wegen kann grundsätzlich mit allen zulässigen Beweismitteln dargelegt werden.*
*2. An den Nachweis sind aber strenge Anforderungen zu stellen. Eine formlose Beweisaufnahme genügt danach nicht, es ist ein förmliches Beweisverfahren (Strengbeweis) durchzuführen."*

b) Angabe von Zeit und Ort

Die Zeit- und Ortsangabe sind keine Willenserklärungen und unterliegen deshalb auch nicht dem Erfordernis der Eigenhändigkeit. Bis zum Beweis des Gegenteils haben die Angaben von Zeit und Ort der Testamentserrichtung die Vermutung der Richtigkeit für sich.[88] Enthält das Testament keine Zeitangabe und kommt es wegen zeitweiliger Testierunfähigkeit des Erblassers darauf an, so trägt derjenige die Beweislast, der sich auf die Gültigkeit des Testaments beruft.

Die Zeitangabe im Testament hat nach h.M. die Bedeutung eines Zeugnisses des Erblassers über den Zeitpunkt der Testamentserrichtung. Enthält ein Testament eine von der Unterschrift gedeckte Zeitangabe, so besteht eine **tatsächliche Vermutung** für die Richtigkeit dieser Angabe.[89] Wird diese Vermutung widerlegt, so bleibt das Testament grundsätzlich gültig, da die Datumsangabe nicht zum notwendigen Testamentsinhalt gehört, § 2247 Abs. 5 BGB ist entsprechend anzuwenden.[90]

---

83 OLG München FamRZ 2009, 372 = NJW-RR 2009, 16 = ZErb 2008, 417 = ZEV 2008, 596.
84 OLG Hamm ZErb 2002, 46; Soergel/*Harder*, § 2247 BGB Rn 9.
85 BayObLG FamRZ 1990, 1162; FamRZ 1993, 117; OLG Hamm ZErb 2002, 46; OLG Frankfurt/M. ZErb 2002, 49.
86 OLG Hamm NJW 1974, 1827; BayObLG MDR 1981, 933; LG München II NJW-Spezial 2008, 328.
87 OLG Frankfurt/M. ZErb 2002, 49.
88 BayObLG FamRZ 1991, 237; BayObLG NJWE-FER 2001, 101.
89 BayObLG NJWE-FER 2001, 201; FamRZ 1991, 237; 1992, 724; Anm. *Mayer* zu BayObLG in ZEV 2001, 399; Palandt/*Edenhofer*, § 2247 BGB Rn 17.
90 BayObLG FamRZ 1994, 593, 594; Palandt/*Edenhofer*, § 2247 BGB Rn 21.

### 3. Schriftsachverständigengutachten

67 Zunächst ist darauf hinzuweisen, dass auch im Zivilprozess trotz des dort herrschenden Beibringungsgrundsatzes ein Sachverständigengutachten von **Amts wegen** eingeholt werden kann, also ohne Antrag der beweispflichtigen Partei, §§ 144, 403, 442, 358a ZPO.[91] Insofern nähert sich der Zivilprozess bei entsprechendem Sachvortrag der Parteien dem Amtsermittlungsgrundsatz des Erbscheinsverfahrens.

Im Hinblick auf das Erfordernis eines Schriftsachverständigengutachtens beim Einwand der Fälschung des Testaments muss der Beweisbelastete dafür sorgen, dass dem Sachverständigen ein Schriftstück mit einer Vergleichsschrift, die zuverlässig vom Erblasser stammt, zur Verfügung gestellt wird. Dafür reichen auch Schriftstücke, die lange Zeit vor der Errichtung des umstrittenen Testaments angefertigt wurden, bspw. Schulhefte des Erblassers. Zur Schriftvergleichung siehe § 442 ZPO.[92]

### 4. Schuldrechtliche Anerkennung eines formunwirksamen Testaments

68 Trotz der Nichtigkeit eines nicht formgerechten privatschriftlichen Testaments nach § 125 BGB führt diese Formnichtigkeit häufig dazu, dass dem wirklichen Willen des Erblassers auf diese Weise nicht entsprochen wird.[93] Die unter Außerachtlassung des formunwirksamen Testaments berufenen Erben können die im Testament bedachten Erben schuldrechtlich so stellen, als wäre das Testament doch wirksam.[94] Dies kann bspw. durch Abschluss eines Erbschaftsvergleichs geschehen.[95]

**Anmerkung:** Im Steuerrecht kann eine unwirksame Verfügung von Todes wegen ausnahmsweise anerkannt werden, wenn und soweit sie von den Beteiligten tatsächlich befolgt wird und ein entsprechender Erblasserwille als hinreichend sicher und ernsthaft festgestellt werden kann.[96]

### 5. Anordnung der Urkundenvorlage durch Dritte

69 Es besteht die Möglichkeit nach § 142 ZPO, dass das Gericht – ggf. unter Fristsetzung – von Amts wegen die Vorlage von Urkunden nicht nur durch die Parteien, sondern auch durch Dritte anordnet, sofern dem Dritten dies zumutbar ist und er kein Zeugnisverweigerungsrecht hat.[97] Zwangsmittel stehen gegenüber dem Dritten wie gegenüber einem Zeugen zur Verfügung. Bedeutung kommt der Vorschrift in **Erbenfeststellungsprozessen** in Bezug auf die Vorlage von Schriftstücken zu, die Testamentsqualität haben können, bspw. eines an einen Dritten gerichteten eigenhändig geschriebenen Briefes. Allerdings sind an die Feststellung, dass ein Brief vom Erblasser mit ernstlichem Testierwillen verfasst worden ist, strenge Anforderungen zu stellen.[98] [99]

---

91 BGH NJW 1962, 1770; Zöller/*Greger*, § 403 ZPO Rn 1.
92 Vgl. auch BGH NJW 1982, 2874 = MDR 1983, 35; NJW 1993, 539.
93 Vgl. dazu den Fall des OLG Düsseldorf FamRZ 1997, 518.
94 BayObLGZ 1954, 27.
95 *Dressler*, ZEV 1999, 289; *Theysohn-Wadle*, ZEV 2002, 221.
96 BFH BStBl II 1970, 119; BStBl II 1982, 28; BFH/NV 1999, 313; 2001, 601; ZEV 2000, 335; ausführlich dazu: *Theysohn-Wadle*, ZEV 2002, 221.
97 Vgl. ausführlich *Frühauf/Kortge*, Das Zivilprozessreformgesetz, Beilage NJW 2000 Heft 40; *Krug*, ZEV 2002, 58.
98 KG Rpfleger 2004, 44 = OLG-NL 2004, 64 = FamRZ 2004, 736 = ZEV 2004, 380.
99 OLG München NJW-RR 2009, 878 = ZErb 2009, 153 = ZEV 2009, 239.

Gleiches gilt für die Patientenkartei eines Arztes in Bezug auf Fragen der **Geschäfts- oder Testierfähigkeit**, sofern diesem kein Zeugnisverweigerungsrecht zusteht.

Die Vorlage eigenhändig vom Erblasser verfasster Schriftstücke ist entscheidend bei einem Streit über die **Formgültigkeit eines privatschriftlichen Testaments** (§ 2247 Abs. 1 BGB) für die Erstellung eines kriminaltechnischen bzw. grafologischen Gutachtens, das ohne eine Vergleichsschrift nicht auskommt. Da § 15 FGG auf das Beweisrecht der ZPO verwies, hatte diese Vorschrift auch Geltung im Erbscheinsverfahren und anderen FG-Verfahren.

**Neuerungen durch das FamFG:**[100] Das FamFG regelt das Beweisverfahren im Vergleich zum FGG genauer. § 30 FamFG enthält Vorschriften über eine förmliche Beweisaufnahme in Form des Strengbeweises. Zunächst kann allerdings das Gericht nach pflichtgemäßem Ermessen entscheiden, ob es die entscheidungserheblichen Tatsachen durch eine förmliche Beweisaufnahme entsprechend der ZPO feststellt. Gemäß § 30 Abs. 2 FamFG hat eine förmliche Beweisaufnahme stattzufinden, wenn es in diesem Gesetz vorgesehen ist.

Von Bedeutung ist auch hier die seit 1.9.2004 geltende Vorschrift des § 411a ZPO, wonach ein in einem anderen Verfahren eingeholtes Sachverständigengutachten beigezogen und verwertet werden kann.

Nach § 144 Abs. 1 S. 2 ZPO kann die Herausgabe von Gegenständen nicht nur durch eine Partei, sondern auch durch **einen Dritten** zum Zwecke der Durchführung einer Beweisaufnahme angeordnet werden.

Urkunden sind generell zuverlässigere Beweismittel als Zeugenaussagen. Deshalb ist es für eine beweispflichtige Partei von Vorteil, wenn ein Dritter schriftliche Unterlagen, bspw. einen Überweisungsbeleg, vorlegen kann. Dritter kann auch der zuständige Mitarbeiter einer Bank sein, die Kontounterlagen wenigstens in der Form von Mikrofilmen besitzt.

### 6. Berufungs-Zuständigkeit des OLG bei Anwendung ausländischen Rechts durch das Amtsgericht

Da sich das Erbstatut gem. Art. 25 Abs. 1 EGBGB nach der Staatsangehörigkeit des Erblassers zur Zeit seines Todes bestimmt, kommt im Erbrecht nicht selten ausländisches Recht zur Anwendung. Hier ist die Zuständigkeitsvorschrift des § 119 Abs. 1 Nr. 1c GVG für Berufungsverfahren zu nennen: Anstelle des Landgerichts ist das OLG Berufungsgericht, wenn eine Prozesspartei ihren allgemeinen Gerichtsstand im Ausland hat oder wenn das Amtsgericht ausländisches Recht angewandt und dies in den Entscheidungsgründen ausdrücklich festgestellt hat.

### 7. Muster: Erbenfeststellungsklage (Problem: Testamentsfälschung)

An das

Landgericht
– Zivilkammer –

                              Klage

des Herrn

                                                  – Klägers –

Prozessbevollmächtigter: Rechtsanwalt

---

100 FGG-ReformG v. 17.12.2008, BGBl I 2008, 2586, in Kraft getreten am 1.9.2009.

gegen

Frau ▒

– Beklagte –

wegen Feststellung der Erbfolge.

Namens und in Vollmacht des Klägers erhebe ich Klage gegen die Beklagte und werde in dem zu bestimmenden Termin beantragen, für Recht zu erkennen:

Es wird festgestellt: Alleinerbe des am ▒ in ▒ verstorbenen Herrn ▒, zuletzt wohnhaft in ▒, ist der Kläger.

Falls die Voraussetzungen des § 331 Abs. 3 bzw. § 307 ZPO vorliegen, bitte ich um Erlass eines **Versäumnis- bzw. Anerkenntnisurteils**[101] ohne mündliche Verhandlung.

*Begründung:*

Der Kläger ist der Bruder des Herrn ▒, der am ▒ in ▒ gestorben ist (nachfolgend „Erblasser" genannt); die Beklagte war mit dem Erblasser die letzten beiden Jahre vor dessen Tod befreundet; zusammen gewohnt haben sie nicht.

Der Erblasser war verheiratet gewesen mit Frau ▒; sie ist vor ihm am ▒ gestorben. Mit ihr hatte der Erblasser ein notariell beurkundetes gemeinschaftliches Testament errichtet, wonach sich die Eheleute gegenseitig zu Alleinerben und den Kläger, den Bruder des Ehemannes, zum alleinigen Erben des überlebenden der beiden Ehegatten eingesetzt haben.

Aufgrund des erwähnten gemeinschaftlichen Testaments, das am ▒ von Notar ▒ unter UR-Nr. ▒ beurkundet worden war, wurde der überlebende Ehemann und jetzige Erblasser Alleinerbe seiner vorverstorbenen Ehefrau. Das Testament wurde auf den Tod der Ehefrau des Erblassers am ▒ vom Nachlassgericht ▒ unter Az. ▒ eröffnet.

*Beweis:* Je eine begl. Abschrift
a) des gemeinschaftl. Testaments vom ▒ – Anlage K 1 –
b) des Testamentseröffnungsprotokolls vom ▒ – Anlage K 2

Kurze Zeit nach dem Tod seiner Ehefrau hat der Erblasser die Beklagte kennen gelernt, ohne mit ihr eine nichteheliche Partnerschaft einzugehen. Zwischen ihm und dem Kläger bestand, wie schon immer, nach wie vor ein enger Kontakt. Etwa ein halbes Jahr vor dem Tod des Erblassers wurde bei ihm ein Krebsleiden in progressivem Stadium diagnostiziert. Der Erblasser hat sich mit dem Kläger über die Erbfolge nach seinem Tod in den letzten Monaten immer wieder unterhalten und auf das Testament hingewiesen, wonach der Kläger Alleinerbe werde. Das Testament enthält zwar einen Änderungsvorbehalt, wonach der Erblasser auch eine anders lautende Verfügung von Todes wegen hätte treffen können, der Erblasser betonte gegenüber dem Kläger aber immer wieder, dass es keinen Grund gebe, von der Alleinerbeinsetzung des Klägers im gemeinschaftlichen Testament abzurücken.

Am ▒ erhielt der Kläger zu seiner Überraschung und zu seinem Erstaunen die Mitteilung des Nachlassgerichts ▒, dass der Erblasser außer dem gemeinschaftlichen Testament mit der vorverstorbenen Ehefrau ein privatschriftliches Testament vom ▒ hinterlassen habe, das von der Beklagten beim Nachlassgericht abgeliefert worden sei und wonach er die Beklagte zu seiner Alleinerbin eingesetzt habe. Das gemeinschaftliche Testament und das angeblich eigenhändige Testament des Erblassers wurden auf den Tod des Erblassers am ▒ vom Nachlassgericht ▒ unter Az. ▒ eröffnet. Der Kläger hat anlässlich der Testamentseröffnung am ▒, bei der er zugegen war, das angebliche einseitige Testament des Erblassers in Augenschein genommen und dabei festgestellt, dass das Testament nicht von der Hand des Erblassers stammt. Der Kläger kennt die Handschrift seines Bruders sehr genau. Er

---

[101] Es bedarf für ein Anerkenntnisurteil keines Prozessantrags, § 307 ZPO; vgl. *Krug*, ZEV 2002, 58.

bestreitet entschieden, dass dieses Testament vom Erblasser niedergeschrieben wurde. Der Kläger hat die ihm nach dem gemeinschaftlichen Testament angefallene Alleinerbschaft angenommen.

Beweis:  Je eine begl. Abschrift
a) des „Testaments" vom ▮▮▮▮▮ – Anlage K 3 –
b) des Eröffnungsprotokolls des Nachlassgerichts ▮▮▮▮▮ vom ▮▮▮▮▮ – Anlage K 4 –

Die Beklagte hat vorgerichtlich geltend gemacht, sie sei aufgrund des privatschriftlichen Testaments des Erblassers Alleinerbin geworden. Der Erblasser habe sie aus Dankbarkeit dafür zur Alleinerbin eingesetzt, dass sie ihm in den letzten Monaten in seiner schweren Krankheit beigestanden habe.

Da der Kläger die Echtheit des privatschriftlichen Testaments vom ▮▮▮▮▮ bestreitet, trifft die Beklagte insoweit die Beweislast für die Echtheit (BayObLG FamRZ 1985, 837; OLG Stuttgart BWNotZ 1977, 69).

Sollte die Beklagte Beweis für die Eigenhändigkeit des Testaments antreten, wird der Kläger seinerseits Gegenbeweis antreten.

Ein Erbschein wurde bisher nicht erteilt; ein Erbscheinserteilungsverfahren ist auch nicht anhängig.

Zum Streitwert: Der Wert des Nachlasses beträgt ca. 500.000 EUR. Als Streitwert, gemessen am klägerischen Interesse, kommen 80 % davon in Betracht (vgl. *Thomas/Putzo*, § 3 ZPO Rn 65 Stichwort „Feststellungsklage"; BGH NJW-RR 1988, 689). Demnach beträgt der Streitwert 400.000 EUR.

(Rechtsanwalt)

## III. Formgültigkeit eines notariellen Testaments

### 1. Allgemeines

Die Beurkundungsvorschriften für Verfügungen von Todes wegen finden sich teils im BGB, teils im BeurkG. In erster Linie sind es verfahrensrechtliche Vorschriften, teilweise beinhalten sie auch materielles Recht. Zunächst gelten die allgemeinen Regeln über die Beurkundung von Willenserklärungen nach §§ 6 ff. BeurkG. Darüber hinaus sind Besonderheiten geregelt in §§ 27–35 BeurkG sowie in §§ 2229–2233 BGB für das Testament und in den §§ 2274 und 2276 BGB für den Erbvertrag.

73

Durch das „Gesetz zur Änderung des Rechts der Vertretung durch Rechtsanwälte vor den Oberlandesgerichten (OLG-Vertretungsänderungsgesetz – OLGVertÄndG)" vom 23.7.2002,[102] in Kraft getreten am 1.8.2002, wurden die Beurkundungsvorschriften, soweit sie mehrfach Behinderte betreffen, geändert (vgl. Rn 90 ff.).

### 2. Ausschließung des Notars als Beurkundungsperson

Absolut wirkende Ausschließungsgründe sind in § 6 BeurkG aufgezählt. Danach ist der Notar ausgeschlossen bei der Beurkundung von Willenserklärungen, die er selbst, sein Ehegatte oder eine Person, die mit ihm in gerader Linie verwandt ist oder war, abgibt, oder wenn ein Vertreter für diese Personen handelt. Ein Verstoß gegen diese Vorschrift macht die Beurkundung als Formalakt unwirksam. Dies ist nicht gleichbedeutend mit der Nichtigkeit der Willenserklärung selbst, die gegenüber dem Notar abgegeben wurde. Da aber ein Testament – abgesehen von den außerordentlichen Testamentsformen – entweder beurkundet oder handschriftlich niedergelegt sein muss, wäre das Testament nur dann formwirksam,

74

---

102 BGBl I 2002, 2850 ff.

wenn es in der eigenhändigen Form des § 2247 BGB abgefasst wäre und der Notar es lediglich in der Form der schriftlichen Erklärung seiner Niederschrift beigefügt hätte. Im Falle der Errichtung eines Erbvertrages ist notarielle Beurkundung zwingend vorgeschrieben, so dass die Formnichtigkeit der Beurkundung auch zur Formnichtigkeit der entsprechenden Willenserklärungen führt (§§ 2276, 125 BGB).

### 3. Mitwirkungsverbote für den Notar

75 Für die Beurkundung von Verfügungen von Todes wegen verweist § 27 BeurkG auf allgemeine Vorschriften, die Mitwirkungsverbote enthalten. So ist gem. § 7 BeurkG die Beurkundung von Willenserklärungen insoweit unwirksam, als sie dem Notar, seinem jetzigen oder früheren Ehegatten oder einer Person, die mit ihm in gerader Linie verwandt oder verschwägert oder in der Seitenlinie bis zum 3. Grade verwandt oder bis zum 2. Grade verschwägert ist oder war, einen rechtlichen Vorteil verschaffen soll. Das Gleiche gilt nach § 16 Abs. 3 S. 2 BeurkG für einen hinzugezogenen Dolmetscher, während für hinzugezogene Zeugen nach § 26 Abs. 1 Nr. 2 BeurkG das Mitwirkungsverbot lediglich eine Sollvorschrift darstellt. Die zuvor bezeichneten Personen dürfen an der Beurkundungsverhandlung nicht mitwirken, soweit sie in der betreffenden Verfügung bedacht oder zum Testamentsvollstrecker ernannt werden. Bedacht ist eine Person, wenn sie in irgendeiner Art zum Erben eingesetzt werden soll (Vollerbe, Vorerbe, Nacherbe, Ersatzerbe), außerdem wenn sie als Vermächtnisnehmer oder Auflagebegünstigter vorgesehen ist. Dagegen sind diejenigen Personen, die aufgrund familienrechtlicher Anordnungen als Vormund oder Pfleger benannt werden, nicht begünstigt und deshalb vom Mitwirkungsverbot nicht betroffen.[103]

76 Das Gesetz sieht die Ernennung zum Testamentsvollstrecker expressis verbis als Begünstigung an. In der Praxis haben sich deshalb Wege zur Umgehung des Mitwirkungsverbotes entwickelt. Im Wesentlichen werden dabei Folgende zwei Varianten praktiziert:
– Im Testament wird lediglich Testamentsvollstreckung selber angeordnet, ohne auch die Person des Testamentsvollstreckers zu benennen. In einem handschriftlich gefertigten Testament oder in einem vor einem anderen Notar errichteten Testament wird dann der Notar des Ersttestaments als Testamentsvollstrecker ernannt.
– Der Erblasser kann die Bestimmung der Person des Testamentsvollstreckers einem anderen gem. § 2198 BGB überlassen. Ist dieser Dritte der beurkundende Notar, so darf er sich nicht selbst zum Testamentsvollstrecker ernennen.[104] Möglich erscheint es aber, das Nachlassgericht zu ersuchen, den Testamentsvollstrecker gem. § 2200 BGB zu ernennen. In diesem Fall kann auch der Urkundsnotar zum Testamentsvollstrecker ernannt werden. Das Recht zur Bestimmung des Testamentsvollstreckers kann auch auf eine natürliche Person übertragen werden. Äußert der Erblasser im Testament den Wunsch, der Urkundsnotar soll zum Testamentsvollstrecker ernannt werden, so ist eine auf diese Weise zustande gekommene Ernennung nicht unwirksam.[105] Eine Unwirksamkeit der Ernennung käme nur dann in Betracht, wenn der Bestimmungsberechtigte an den Erblasserwunsch gebunden wäre.[106]

77 Rechtsfolgen des Verstoßes: Die Missachtung eines Mitwirkungsverbotes nach § 27 BeurkG hat die Unwirksamkeit der betreffenden Einzelverfügung zur Folge, nicht aber der gesamten Verfügung von Todes wegen. Die Teilunwirksamkeit führt gem. § 2085 BGB im Zweifel

---

103 *Huhn/v. Schuckmann*, BeurkG, § 27 Rn 6.
104 Vgl. *Reimann*, DNotZ 1990, 435.
105 OLG Stuttgart DNotZ 1990, 430.
106 *Reimann*, DNotZ 1990, 435.

nicht zur vollständigen Unwirksamkeit des ganzen Testaments. Beim Erbvertrag gilt jedoch § 139 BGB sowie auch § 2298 BGB, so dass dort im Zweifel die Teilunwirksamkeit zur vollständigen Unwirksamkeit führt. Verstöße gegen § 27 BeurkG können aber disziplinarrechtliche Maßnahmen auslösen.[107] Weitere Mitwirkungsverbote sind in § 3 BeurkG genannt, von denen die „Vorbefassung" (§ 3 Abs. 1 Nr. 7 BeurkG) für die Praxis von großer Bedeutung und dessen Reichweite noch unklar ist. Seine Verletzung führt aber wohl nicht zur Unwirksamkeit der Urkunde.[108]

Besonders für **Anwaltsnotare** ist das Mitwirkungsverbot der Vorbefassung von großer Bedeutung.

*Eylmann*[109] fasst seine Wirkung wie folgt zusammen: 78

> *"War oder ist der Anwalt selbst oder sein Sozius oder Partner als Rechtsanwalt, Patentanwalt, Steuerberater, Wirtschaftsprüfer, vereidigter Buchprüfer oder in sonstiger Weise, die auch privates Handeln einschließt, in einer Angelegenheit tätig, ist diese für ihn als Notar tabu."*

Weil es sich um eine außernotarielle Tätigkeit handeln muss, geht die überwiegende Meinung davon aus, dass davon nur der **Rechtsanwaltsnotar** betroffen sein könne, nicht aber auch der hauptberufliche Notar.

Was heißt „dieselbe Angelegenheit" i.S.v. § 3 Abs. 1 Nr. 7 BeurkG? Es kommt darauf an, 79
ob es sich um denselben **Lebenssachverhalt** handelt. Der Begriff der Beteiligung ist **nicht formell**, sondern **materiell** zu verstehen. D.h. eine Person ist beteiligt, wenn ihre **Rechte oder Pflichten** durch den Beurkundungsvorgang unmittelbar betroffen werden.

**Hinweis** 80
Eine Zustimmung der Beteiligten heilt den Verstoß nicht.

**Rechtswirkungen** eines Verstoßes gegen das Mitwirkungsverbot: Nach allgemeiner Meinung führt ein Verstoß gegen das Mitwirkungsverbot der Vorbefassung nicht zur Unwirksamkeit der Urkunde. Vgl. in diesem Zusammenhang aber die Möglichkeit der Amtsenthebung bei beharrlichem Verstoß gegen Mitwirkungsverbote nach § 50 Abs. 1 Nr. 9 BNotO. 81

### 4. Persönliche Anwesenheit des Erblassers

Da eine Vertretung bei der Testamentserrichtung ausgeschlossen ist, sieht § 2232 BGB vor, 82
dass der Erblasser bei höchstpersönlicher Anwesenheit dem Notar seinen letzten Willen zu Protokoll erklärt oder ihm eine offene oder verschlossene Schrift übergibt mit der Erklärung, die Schrift enthalte seinen letzten Willen (zu außerordentlichen Formen der Willensäußerung vgl. Rn 90 ff.). Die notarielle Niederschrift muss die Erklärung des Erblassers enthalten (§ 9 Abs. 1 S. 1 Nr. 2 BeurkG), in Gegenwart des Notars vorgelesen, vom Erblasser genehmigt und eigenhändig unterschrieben werden (§ 13 Abs. 1 BeurkG). Bei der Beurkundung gemeinschaftlicher Testamente ist es erforderlich, dass jeder Ehegatte die Erklärung abgibt und nicht nur einer alleine. Die notarielle Urkunde erbringt den Beweis der Richtigkeit der Testamentserrichtung (§ 415 ZPO).

---

107 Vgl. zur Problematik des § 27 BeurkG ausführlich DNotI-Report 1999, 101 ff (ohne Autorenangabe).
108 Vgl. *Winkler*, in: *Frenz*, Neues Berufs- und Verfahrensrecht für Notare, 1999, Rn 277 ff.
109 NJW 1998, 2929, 2931; vgl. auch *Brambring*, FGPrax 1998, 201.

## 5. Feststellung zur Testierfähigkeit/Geschäftsfähigkeit

83 Nach § 28 BeurkG soll der Notar seine Wahrnehmungen über die Geschäftsfähigkeit des Erblassers in der Niederschrift vermerken. Daneben gilt § 11 BeurkG, wonach der Notar eine Beurkundung ablehnen soll, wenn einem der Beteiligten nach seiner Überzeugung die erforderliche Geschäftsfähigkeit fehlt. Bestehen lediglich Zweifel an der Geschäftsfähigkeit, so soll der Notar dies in der Niederschrift vermerken, was bei älteren oder bettlägerigen Erblassern nicht selten vorkommt: Wenn der Erblasser schwer krank ist, soll dies in der Niederschrift vermerkt und angegeben werden, welche Feststellungen der Notar über die Geschäftsfähigkeit getroffen hat, § 11 Abs. 2 BeurkG. Während in § 2229 BGB von „Testierfähigkeit" die Rede ist, spricht § 28 BeurkG von „Geschäftsfähigkeit" (zum Begriff der Testierfähigkeit siehe Rn 124 ff.).

84 Im Allgemeinen dürfte es genügen, dass sich der Notar von der Testierfähigkeit des Erblassers durch eine eingehende Unterhaltung, bei der er den Willen des Erblassers gem. § 17 BeurkG zu erforschen hat, überzeugt. Da es sich bei § 28 BeurkG nur um eine Sollvorschrift handelt, hat die fehlende Feststellung über die Geschäftsfähigkeit/Testierfähigkeit des Erblassers keine Auswirkungen auf die Wirksamkeit des Testaments. Bedeutsam war die Feststellung sowohl in einem Erbscheinsverfahren nach §§ 12, 15 FGG (bis 31.8.2009) als auch in einem Zivilprozess nach §§ 415 ff. ZPO. Diese Feststellungen sind im Rahmen der **Beweiswürdigung** nach § 286 ZPO zu werten.

Neuerdings legt das Kammergericht den Feststellungen des Notars zur Geschäfts- und Testierfähigkeit bei der späteren Beweiswürdigung besonderes Gewicht bei.[110]

**Neuerungen durch das FamFG:**[111] Das FamFG regelt das Beweisverfahren im Vergleich zum FGG genauer. § 30 FamFG enthält Vorschriften über eine förmliche Beweisaufnahme in Form des Strengbeweises. Zunächst kann allerdings das Gericht nach pflichtgemäßem Ermessen entscheiden, ob es die entscheidungserheblichen Tatsachen durch eine förmliche Beweisaufnahme entsprechend der ZPO feststellt. Gemäß § 30 Abs. 2 FamFG hat eine förmliche Beweisaufnahme stattzufinden, wenn es in diesem Gesetz vorgesehen ist.

## 6. Allgemeine Zeugenzuziehung

85 Unabhängig davon, ob beim Erblasser besondere Umstände vorliegen, kann der Erblasser zur Testamentsbeurkundung die Zuziehung von einem Zeugen oder zwei Zeugen oder einem zweiten Notar verlangen, § 29 BeurkG. Nach ausländischem formellen Testamentsrecht ist nicht selten die Zuziehung von Zeugen oder eines zweiten Notars vorgeschrieben. Deshalb ist es ratsam, bei ausländischen Erblassern zur Beurkundung Zeugen oder einen zweiten Notar zuzuziehen, um vorsorglich sicherzustellen, dass das Testament in formeller Hinsicht auch nach dem betreffenden ausländischen Recht wirksam errichtet wurde. Einzelne Rechtsordnungen sehen die Zuziehung von mehr als zwei Zeugen vor. In der Missachtung solcher Regeln liegt kein Verstoß gegen § 29 BeurkG.[112]

## 7. Genehmigung der Niederschrift durch den Erblasser

86 Über eine öffentlich beurkundete Verfügung von Todes wegen ist eine Niederschrift aufzunehmen, § 8 BeurkG, die den Beteiligten vorgelesen, von ihnen genehmigt und eigenhändig

---

110 KG FamRZ 2000, 912.
111 FGG-ReformG v. 17.12.2008, BGBl I 2008, 2586, in Kraft getreten am 1.9.2009.
112 Staudinger/*Firsching*, § 29 BeurkG Rn 10.

unterschrieben werden muss, § 13 Abs. 1 S. 1 BeurkG. Für Ausnahmefälle siehe die nachfolgenden Ausführungen.

### 8. Protokollierung in außergewöhnlichen Fällen

Seit dem Beschluss des Bundesverfassungsgerichts vom 19.1.1999[113] zur Frage der Testiermöglichkeit Schreib- und Sprechunfähiger sind die Beurkundungsvorschriften in außergewöhnlichen Fällen aus ihrem Schattendasein getreten. Die Gesetzeslage wurde nunmehr der Rechtsprechung des BVerfG durch das OLG-Vertretungsänderungsgesetz mit Wirkung seit 1.8.2002 angepasst (siehe zu der neuen gesetzlichen Regelung unten Rn 90 ff.)

87

#### a) Schreibhilfe für den Erblasser

Beim Schreiben kann der Erblasser von einem Dritten unterstützt werden, bspw. durch das Halten des Armes oder der Hand. Allerdings müssen die Schriftzüge des Erblassers von seinem Willen abhängig und bestimmt sein, also nicht vom Schreibhelfer geformt werden.[114] Wenn der Erblasser selbst nicht mehr seine Unterschrift aktiv mitgestalten kann, ist er nicht schreibfähig.[115] Für einen Schreibunfähigen muss ein Zeuge hinzugezogen werden.

88

#### b) Minderjährige Erblasser

Ein Minderjähriger ist erst mit Erreichen des 16. Lebensjahres testierfähig (§ 2229 Abs. 1 BGB). Ein minderjähriger Testator kann kein eigenhändiges Testament nach § 2247 BGB errichten; er ist auf die Form des beurkundeten Testaments durch Erklärung oder durch Übergabe einer Schrift angewiesen (§§ 2233 Abs. 1, 2232 BGB). Die Zustimmung des gesetzlichen Vertreters ist nicht erforderlich (§ 2229 Abs. 2 BGB).

89

#### c) Testiermöglichkeit mehrfach Behinderter

##### aa) Willensäußerungsformen

Mit Wirkung vom 1.8.2002 hat das OLG-Vertretungsänderungsgesetz vor dem Hintergrund der Notwendigkeit, verfassungswidrige Vorschriften des Beurkundungsrechts ändern zu müssen, für die Testiermöglichkeit mehrfach Behinderter wesentliche Erleichterungen gebracht. Zuvor musste eine Verfügung von Todes wegen, in welcher Form auch immer das Beurkundungsverfahren gestaltet wurde, mittels mündlicher Erklärung – selbst bei Übergabe einer Schrift – errichtet werden. Dieses bisher zwingende Formerfordernis wurde zugunsten anderer Erklärungsformen aufgegeben. § 31 BeurkG wurde ganz gestrichen. Neben Sprache und Schrift sind nun auch andere zweifelsfreie Formen der Willensäußerung möglich.

90

Aber nicht nur die Rechtsprechung des Bundesverfassungsgerichts hat eine Gesetzesänderung notwendig gemacht, auch die Erweiterung von Art. 3 Abs. 3 GG durch Gesetz vom 13.10.1994[116] sowie das Behindertengleichstellungsgesetz vom 27.4.2002[117] zwangen zu einer gesetzlichen Neuregelung.

---

113 BVerfG NJW 1999, 1853 = ZEV 1999, 147.
114 BGHZ 47, 68.
115 BGH NJW 1981, 1900; OLG Stuttgart BWNotZ 1977, 70.
116 BGBl I 1994, 3146.
117 BGBl I 2002, 1467.

### bb) Alte Rechtslage

#### (1) Schreibunfähige

91 Für die vor der gesetzlichen Neuregelung vorgenommenen Beurkundungen gilt altes Beurkundungsverfahrensrecht. War der Erblasser schreibunfähig, so war nach § 25 BeurkG ein Schreibzeuge oder ein zweiter Notar hinzuzuziehen. Es brauchte nur **ein** Schreibzeuge hinzugezogen zu werden. Wenn aus anderen Gründen bereits ein Zeuge hinzugezogen wurde, bspw. weil der Erblasser blind war, dann brauchte nicht noch ein weiterer Schreibzeuge hinzugezogen zu werden. Der Zeuge oder zweite Notar musste die notarielle Niederschrift zwingend unterschreiben. Ein Verstoß dagegen führte zur Nichtigkeit der Beurkundung.[118] Eine nach § 24 BeurkG hinzugezogene Vertrauensperson oder ein Dolmetscher (§ 16 BeurkG) konnte nicht auch als Schreibzeuge auftreten.[119] Das Erfordernis der Hinzuziehung eines Schreibzeugen war zwingend, der Erblasser konnte darauf nicht verzichten. Ein Schreibzeuge war bereits dann hinzuzuziehen, wenn der Erblasser erklärte, nicht schreiben zu können; daneben war alternativ auch die Feststellung der Überzeugung des Notars von der Schreibunfähigkeit vorgesehen. Beides, sowohl die Erklärung des Erblassers als auch die Feststellung des Notars, waren bindend und führten damit zur zwingenden Anwendung von § 25 BeurkG. Der Notar brauchte nicht zu überprüfen, ob die Angabe des Erblassers über seine Schreibunfähigkeit der Wahrheit entsprach.

In der Praxis tritt Schreibunfähigkeit häufig bei alten oder kranken Erblassern auf. Die oben beschriebene Möglichkeit der Unterstützung des Erblassers durch eine dritte Person beim Unterschreiben kann zu Zweifeln über eine wirksame Unterschrift führen. War die Unterstützung durch den Dritten zu weitgehend, so läge keine Unterschrift des Erblassers vor, die Beurkundung wäre damit nichtig. Deshalb sollte der Notar den sicheren Weg wählen und im Zweifel einen Schreibzeugen bzw. zweiten Notar nach § 25 BeurkG hinzuziehen.

#### (2) Sprachunkundige

92 Erklärte der Erblasser dem Notar, dass er der deutschen Sprache nicht hinreichend kundig ist, so hatte der Notar dies zunächst in seiner Niederschrift festzustellen. Dasselbe galt, wenn der Notar von der Sprachunkundigkeit des Erblassers überzeugt war, ohne dass der Erblasser selbst dies erklärt hätte. Bei Vorliegen einer dieser Voraussetzungen musste der Notar, falls er nicht selbst übersetzte, einen **Dolmetscher** hinzuziehen. Die notarielle Niederschrift musste dem Erblasser anstelle des Vorlesens übersetzt werden (§ 16 BeurkG). Auf Verlangen des Erblassers sollte die Übersetzung außerdem schriftlich angefertigt und ihm zur Durchsicht vorgelegt werden. War der Dolmetscher nicht allgemein vereidigt, so sollte ihn der Notar vereidigen, falls nicht alle Beteiligten hierauf verzichteten (§ 16 Abs. 3 S. 3 BeurkG). Nach § 32 BeurkG musste grundsätzlich eine schriftliche Übersetzung angefertigt werden, die der Niederschrift beigefügt werden sollte. Der Erblasser konnte hierauf jedoch verzichten. Die Übersetzung konnte entweder vom Dolmetscher oder vom Notar vorgenommen werden. Zusammen mit der Testamentsurkunde war auch die schriftliche Übersetzung zu verlesen und zu verwahren (§ 34 Abs. 1 BeurkG).

93 **Anforderungen an den Dolmetscher:** Der Dolmetscher ist genauso zur Unparteilichkeit verpflichtet wie der Notar. Deshalb gelten für den Dolmetscher dieselben Ausschließungs-

---

118 *Mecke*, DNotZ 1968, 608.
119 *Keidel/Kuntze/Winkler*, § 25 BeurkG Rn 10.

gründe wie die in den §§ 6 und 7 BeurkG für den Notar genannten. Ein Verstoß gegen die gesetzlich genannten Ausschließungsfälle führt zur Nichtigkeit der Beurkundung.

### (3) Stumme Erblasser

Stumme konnten gem. § 2233 Abs. 3 BGB durch Übergabe einer Schrift ein Testament errichten, wobei die Schrift entweder offen oder verschlossen übergeben werden konnte. Auch hier reichte entweder die Überzeugung des Notars über die Stummheit des Erblassers oder dessen Angaben (durch schriftliche Erklärung). War der stumme Erblasser minderjährig, so konnte er nur durch Übergabe einer offenen Schrift ein Testament errichten (vgl. § 2233 Abs. 1 BGB). War der Stumme auch schreibunfähig, so galten seit dem Beschluss des BVerfG vom 19.1.1999 die Vorschriften über die Beurkundung von Rechtsgeschäften unter Lebenden (vgl. hierzu unten Rn 102 ff.).

OLG Hamm, Beschluss vom 7.9.1999:[120]

„*Gibt eine notarielle Urkunde in ihrem Eingang die Erklärung des Erblassers wieder, nicht hinreichend sprechen zu können, so kann die anschließende Aufnahme einer mündlichen Erklärung des Erblassers zur Errichtung einer letztwilligen Verfügung nicht zu einem formwirksamen Testament führen, ohne dass es weiterer Ermittlungen betreffend die tatsächliche Sprechunfähigkeit des Erblassers bedarf.*"

Bei **Taubstummen** musste dem Erblasser anstelle des Vorlesens der Niederschrift diese zur Durchsicht vorgelegt werden, vgl. § 23 BeurkG.

### (4) Taube Erblasser

Ein tauber Erblasser konnte ein öffentliches Testament durch mündliche Erklärung oder durch Übergabe einer offenen oder verschlossenen Schrift errichten. Nach § 22 BeurkG reichte die Angabe des Erblassers oder die Überzeugung des Notars hierfür aus. Der Urkundsnotar sollte einen Zeugen oder einen zweiten Notar hinzuziehen, sofern der Erblasser nicht darauf verzichtete, § 22 Abs. 1 BeurkG.

### (5) Blinde Erblasser

Für blinde Erblasser galt ebenfalls § 22 BeurkG: Es sollte ein Zeuge oder ein zweiter Notar hinzugezogen werden, sofern der Erblasser nicht darauf verzichtete. Der blinde Erblasser konnte durch mündliche Erklärung ein Testament errichten, aber auch durch Übergabe einer Blindenschrift, sofern er diese beherrschte.[121] Beherrschte er die Blindenschrift nicht, so konnte er nur durch mündliche Erklärung testieren, § 2233 Abs. 2 BGB. Ein eigenhändiges Testament kann der Blinde nicht errichten, § 2247 Abs. 4 BGB, weil er Geschriebenes nicht zu lesen vermag.[122]

### (6) Genehmigung der Niederschrift durch den Erblasser

Vermochte ein Beteiligter nach der Überzeugung des Notars seinen Namen nicht zu schreiben, so musste bei dem Vorlesen und der Genehmigung ein Zeuge oder ein zweiter Notar zugezogen werden, was in der Niederschrift festgestellt werden sollte; die Niederschrift war dann von dem Zeugen oder dem zweiten Notar zu unterschreiben, § 25 BeurkG.

---

120 MittBayNot 2000, 49.
121 Vgl. Soergel/*Harder*, § 2233 BGB Rn 3.
122 BayObLG Rpfleger 1999, 396.

100 Die Vorgänge der mündlichen Erklärung des letzten Willens und der Genehmigung der Niederschrift konnte in der Praxis zusammenfallen, wenn bei der Testamentsaufnahme zulässigerweise ein vorher gefertigter Entwurf benutzt und dem Erblasser vorgelesen wurde.[123] Voraussetzung für die Gültigkeit der Testamentserrichtung war dann aber, dass die Billigung des von der Urkundsperson vorgelesenen Testamentsentwurfs durch den Erblasser den Erfordernissen sowohl der mündlichen Erklärung des letzten Willens, § 2232 S. 1 BGB, wie der Vorlesung und Genehmigung der Niederschrift, § 13 Abs. 1 S. 1 BeurkG, genügte.[124]

101 Für die rechtswirksame Errichtung der Verfügung von Todes wegen genügte es in diesem Falle, dass die Urkundsperson den Testamentsentwurf vorlas und der Erblasser die Frage, ob das Verlesene seinem Willen entspreche, bejahte.[125] Die Bejahung musste nach dem Wortlaut des Gesetzes **mündlich ausgesprochen** sein, also etwa durch das Wort „ja".[126] Auch ein schwer verständliches Ja genügte unter der Voraussetzung, dass es von den mitwirkenden Personen noch verstanden werden konnte.[127] Zu den mitwirkenden Personen gehörte im Falle der Zuziehung eines Schreibzeugen auch dieser.

(7) Rechtsprechung des BVerfG zur Testiermöglichkeit Mehrfachbehinderter

■ **Rechtslage vor dem 19.1.1999**

102 Größere Schwierigkeiten bezüglich der Testiermöglichkeit können sich aber bei so genannten **Mehrfachbehinderungen**[128] ergeben. So führte bis zum Beschluss des Bundesverfassungsgerichts vom 19.1.1999[129] eine bestimmte Kombination von Behinderungen zu einer „faktischen" Testierunfähigkeit. Dies war z.B. bei einem **stummen** und zugleich **schreibunfähigen** (§ 2233 Abs. 3 BGB, § 31 BeurkG) oder aber auch bei einem **stummen** und **leseunfähigen** (§ 2233 Abs. 2 BGB) Menschen der Fall.[130] Bei einer leseunfähigen und tauben Person war die Errichtung eines Testaments nur durch mündliche Erklärung zur notariellen Niederschrift unter Hinzuziehung einer Vertrauensperson möglich (§ 2233 Abs. 2 BGB, §§ 24, 22 BeurkG).[131]

103 In der Praxis kommen Fälle der Schreib- und Sprechunfähigkeit bei gleichzeitig klarem Bewusstsein nach schweren Unfällen und auch nach Schlaganfällen vor. Da die Neigung, Verfügungen von Todes wegen in gesunden Tagen zu errichten, kaum zugenommen hat, werden sich die Fälle häufen, bei denen der Notar nach schwersten Verletzungen zur Beurkundung eines Testaments an ein Krankenbett gerufen wird.

■ **Rechtslage nach dem BVerfG-Beschluss vom 19.1.1999**

104 In dem bezeichneten Beschluss führt das BVerfG[132] zur Frage der Testiermöglichkeit einer schreib- und sprechunfähigen Person aus:

---

123 RGZ 161, 378, 380.
124 RGZ 161, 378, 381.
125 BayObLG FamRZ 2000, 456, 457; BGHZ 37, 79, 84 = NJW 1962, 1149.
126 BVerfG NJW 1999, 1853, 1855 = ZEV 1999, 147.
127 BayObLG FamRZ 2000, 456, 457 m.w.N.
128 Vgl. hierzu *Rossak*, ZEV 1995, 236; MittBayNot 1991, 143; *Ertl*, MittBayNot 1991, 196; OLG Hamm NJW-RR 1994, 593 gegen das Verfassungsbeschwerde eingereicht wurde.
129 BVerfG NJW 1999, 1853 = DNotZ 1999, 409 = ZEV 1999, 147.
130 *Nieder*, Rn 414.
131 *Rossak*, ZEV 1995, 236.
132 BVerfG NJW 1999, 1853 = DNotZ 1999, 409 = ZEV 1999, 147.

> *„Der generelle Ausschluss schreib- und sprechunfähiger Personen von der Testiermöglichkeit in den §§ 2232, 2233 BGB, § 31 BeurkG verstößt gegen die Erbrechtsgarantie des Art. 14 Abs. 1 GG sowie gegen den allgemeinen Gleichheitssatz des Art. 3 Abs. 1 GG und das Benachteiligungsverbot für Behinderte in Art. 3 Abs. 3 S. 2 GG."*

Die Entscheidung ist zu sehen im Zusammenhang mit der Rechtsprechung – schon des Reichsgerichts – zu den Mindestanforderungen an eine mündliche Erklärung bei der Testamentserrichtung. Danach musste der Erblasser wenigstens in der Lage sein, ein für alle Beteiligten verstehbares „Schluss-Ja" zu sprechen. Reine Gebärdensprache ist nach dieser Rechtsprechung keine mündliche Erklärung. Das BVerfG betont dies noch einmal und führt aus, die §§ 2232, 2233 BGB, § 31 BeurkG verlangten entweder eine mündliche Äußerung des Testierenden oder seine eigenhändige schriftliche Erklärung, so dass ein Testament jedenfalls nicht durch reine Gebärden oder Bewegungszeichen errichtet werden könne.

105

In seinem Beschluss hat das BVerfG allerdings auch ausgesprochen, dass die genannten Formvorschriften fortan nicht mehr auf letztwillige Verfügungen schreib- und sprechunfähiger Personen, die geistig und körperlich zu einer Testamentserrichtung in der Lage sind, angewendet werden dürfen, soweit sie diese Personen von jeder Testierung ausschließen. Bis zu einer gesetzlichen Neuregelung könnten schreib- und sprechunfähige Personen künftig **in notarieller Form** letztwillige Verfügungen errichten, und zwar nach den Vorschriften der §§ 22–26 BeurkG über **rechtsgeschäftliche Erklärungen unter Lebenden** i.V.m. den §§ 27–29, 34 und 35 BeurkG.

106

Diese Übergangsregelung erfasse allerdings nicht in der **Vergangenheit** von schreib- und sprechunfähigen Personen **bereits errichtete letztwillige Verfügungen**. In diesen Fällen sei es Aufgabe der Rechtsprechung, die durch die Unvereinbarkeitserklärung entstandene Regelungslücke zu schließen und Maßstäbe für die Beurteilung der Wirksamkeit solcher Testamente zu entwickeln. Aufgrund der verfassungsrechtlichen Garantie der Testierfreiheit könnten die von schreibunfähigen Stummen in der Vergangenheit errichteten Testamente nicht allein wegen Verletzung des gesetzlichen Formzwangs als unwirksam angesehen werden. Vielmehr müssten jedenfalls solche letztwillige Verfügungen als rechtswirksam anerkannt werden, die von schreibunfähigen Stummen in Ermangelung anderer Regelungen entsprechend den Anforderungen der §§ 22–26 BeurkG errichtet worden seien.

107

Für einen solchen Fall hatte das OLG Hamm in seinem Beschluss vom 15.5.2000[133] eine Lösung zu finden (vgl. nachstehend Rn 108 ff.)

### (8) Entscheidung des OLG Hamm

Das OLG Hamm hatte mit Beschluss vom 15.5.2000[134] über den folgenden Sachverhalt entschieden:

108

Im Jahr 1996 war ein notarielles Testament beurkundet worden. Der auf der Intensivstation liegende Erblasser war zum Zeitpunkt der Testamentsbeurkundung weder sprech- noch schreibfähig, aber bei klarem Verstand. Der Notar hat den Stationsarzt als Schreibzeugen (§ 25 BeurkG) zugezogen, nicht aber eine Vertrauensperson (§ 24 BeurkG).

In der notariellen Niederschrift führt der Notar dann weiter aus:

> *„Der Erschienene erklärte, ein Testament durch mündliche Erklärung errichten zu wollen. Der Erblasser erklärte dem Notar mündlich seinen letzten Willen wie folgt: Vorste-*

---

133 OLG Hamm FGPrax 2000, 151 m. Anm. *Krug.*
134 OLG Hamm FGPrax 2000, 151.

*hende Verhandlung wurde vom Notar dem Erschienenen in Gegenwart des Verhandlungszeugen vorgelesen, vom Erblasser genehmigt und alsdann vom Verhandlungszeugen und dem Notar unterschrieben wie folgt: ..."*

Das OLG Hamm kam zum Ergebnis, dass dieses Testament formnichtig ist.

109 Der Beschluss des OLG Hamm befasst sich mit der vom BVerfG in dessen Beschluss vom 19.1.1999[135] zur Testiermöglichkeit Schreib- und Sprechunfähiger aufgeworfenen Frage, wie die Rechtsprechung diejenigen Fälle zu behandeln hat, in denen ein Testament im Zeitraum zwischen 1991 und dem Tag der Verkündung des BVerfG-Beschlusses, dem 19.1.1999, errichtet wurde, das aber nicht den beurkundungsrechtlichen Anforderungen an von mehrfach Behinderten getätigten Rechtsgeschäften unter Lebenden (§§ 22–26 BeurkG) entspricht. Seit 1991 war in der Fachliteratur die Verfassungsmäßigkeit der §§ 2232, 2233 BGB, § 31 BeurkG, die Schreib- und Sprechunfähige von jeglicher Testiermöglichkeit ausgeschlossen haben, angezweifelt worden.[136] Das BVerfG hat die bezeichneten Vorschriften als mit Art. 3 Abs. 1, Abs. 3 S. 2, 14 Abs. 1 GG nicht vereinbar erklärt.

110 Nach den Vorgaben des BVerfG sollen für neue Beurkundungsvorgänge (seit dem 19.1.1999) bis zu einer gesetzlichen Neuregelung die Vorschriften über die Beurkundung rechtsgeschäftlicher Erklärungen unter Lebenden (§§ 22–26 BeurkG) entsprechend angewandt werden. Für diese Fälle sind also **sowohl ein Zeuge** (§§ 22, 23, 25 BeurkG) **als auch eine Vertrauensperson** (§ 24 BeurkG) zuzuziehen.

111 Für **Altfälle**, in denen die letztwillige Verfügung zwischen dem Jahr 1991 und dem 19.1.1999 beurkundet wurde, hat es das Verfassungsgericht ausdrücklich der Rechtsprechung überlassen (NJW 1999, 1856), die mit der Unvereinbarkeitserklärung entstandene Regelungslücke auszufüllen. Diese Aufgabe kam dem OLG Hamm im vorliegenden Fall zu; das beurkundungsrechtlich zu beurteilende Testament eines Schreib- und Sprechunfähigen war im Jahr 1996 beurkundet worden.

112 Im konkreten Fall hatte der beurkundende Notar zwar einen Schreibzeugen (§§ 25, 22 BeurkG) zugezogen, nicht aber eine Vertrauensperson (§ 24 BeurkG). Um den Vorgaben des BVerfG gerecht zu werden, musste das OLG Hamm die Aufgaben eines Schreibzeugen einerseits und die einer Vertrauensperson andererseits definieren.

113 Dabei kommt es zu dem richtigen Ergebnis, Schreibzeuge und Vertrauensperson hätten beim Beurkundungsvorgang so unterschiedliche Funktionen, dass diese nicht in Personalunion von einer einzigen Person wahrgenommen werden könnten.

In der Tat sind die Aufgaben in ihrem Kerngehalt ganz verschieden: Während der Schreibzeuge den **Mangel der Schreibunfähigkeit** und damit das eigentlich zwingende Erfordernis der eigenhändigen Unterschrift unter einer notariellen Urkunde (§ 13 Abs. 1 BeurkG) ausgleicht, kommt der **Vertrauensperson** die noch bedeutsamere Aufgabe zu, den **Inhalt des Testierwillens**, der im Zentrum jeder beurkundeten Erklärung steht (§ 17 BeurkG), dem Notar zu vermitteln. Damit soll dieser wiederum seiner Belehrungspflicht nachkommen können. Sowohl beurkundungsrechtlich als auch vom Ablauf einer Beurkundungshandlung her sind dies ganz verschiedene Dinge. Und weil der Vertrauensperson eine zentrale Aufgabe zukommt, stellt das Gesetz auch höhere Anforderungen an sie als an den Schreibzeugen. Während der Schreibzeuge gar nicht während der ganzen Beurkundungsverhandlung anwesend zu sein braucht, sondern lediglich **bei dem Vorlesen und der Genehmigung**,

---

[135] NJW 1999, 1853 = ZEV 1999, 147 = DNotZ 1999 409.
[136] *Rossak*, MittBayNot 1991, 193; *Ertl*, MittBayNot 1991, 196; Erman/*Schmidt*, § 2229 BGB Rn 8; *Baumann*, FamRZ 1994, 994.

muss die Vertrauensperson **während der ganzen Beurkundung** zugegen sein; wie anders sollte sie auch den Willen des Testierenden dem Notar übermitteln können, wenn jener dazu nicht in der Lage ist. Und wie anders soll der Notar seiner Verpflichtung nachkommen können, die Geschäftsfähigkeit des Urkundsbeteiligten zu prüfen (§ 11 BeurkG), den Testierenden über die rechtliche Tragweite des Geschäfts zu belehren, seine Erklärungen klar und unzweideutig in der Niederschrift wiederzugeben und Irrtümer und Zweifel zu vermeiden (§ 17 Abs. 1 BeurkG). In dem hier entschiedenen Fall hatte der hinzugezogene Schreibzeuge, ein Stationsarzt, diese Qualifikation jedenfalls nicht.

Zwischen dem Testierenden und dem Notar hatte vor der Beurkundungsverhandlung auch keine irgendwie geartete „Vorbesprechung" – mit oder ohne Vertrauensperson – stattgefunden, so dass der Notar auch nicht auf diesem Wege zuverlässige Kenntnis vom Inhalt des Testierwillens haben konnte.[137] Im entschiedenen Fall des OLG Hamm war der Notar vom späteren Prozessbevollmächtigten des testamentarisch eingesetzten Alleinerben telefonisch über den Beurkundungswunsch und den vorgesehenen Testamentsinhalt (der Alleinerbeinsetzung von dessen Mandanten und der Enterbung der übrigen Angehörigen) informiert worden.

114

Der Testierende selbst hat auf Fragen des Notars lediglich mit Kopfnicken und Kopfschütteln reagieren können. Diese Art der Willensäußerung wird von § 24 BeurkG für Rechtsgeschäfte unter Lebenden als nicht ausreichend angesehen. Aus Gründen der Rechtssicherheit und des Schutzes nicht selbstbestimmungsfähiger Menschen[138] muss dies zumindest auch für Verfügungen von Todes wegen gelten, weil deren rechtliche Tragweite nicht geringer ist als die eines Rechtsgeschäfts unter Lebenden. Deshalb hat das OLG Hamm zu Recht angenommen, bei der Testamentsbeurkundung sei in analoger Anwendung von § 24 BeurkG gegen ein zwingendes Formerfordernis verstoßen worden, was die Formnichtigkeit nach § 125 BGB zur Folge habe.

115

#### cc) Aktuelle Rechtslage

##### (1) Wesentliche Änderungen im Überblick

Die seit 1.8.2002 geltenden Vorschriften des Beurkundungsrechts bei Verfügungen von Todes wegen beinhalten folgende wichtige Neuerungen:
- Das **Mündlichkeitserfordernis** gilt nicht mehr zwingend, die §§ 2232, 2233 BGB wurden neu gefasst; sie gelten nicht nur für das Testamentsrecht, sondern kraft der Verweisung in § 2276 BGB auch für das Erbvertragsrecht.
- Die Reform hat neue **Begriffe** eingeführt: Statt der bisherigen Überschrift des § 22 BeurkG „Taube, Stumme, Blinde" lautet diese nun in Übereinstimmung mit der Terminologie des Behindertengleichstellungsgesetzes „Hörbehinderte, sprachbehinderte und sehbehinderte Beteiligte".
- Die bisherige „Vertrauensperson", wie sie in § 24 BeurkG a.F. definiert war, heißt nunmehr „nach Absatz 1 zugezogene Person" und hat eine andere Funktion erhalten. Der Begriff „Vertrauensperson" wird nunmehr mit anderem Bedeutungsinhalt in § 17 Abs. 2a BeurkG in der seit 1.8.2002 geltenden Fassung verwendet.
- Neu ist der **Gebärdensprachdolmetscher** in § 22 BeurkG n.F.

116

---

137 Darauf will *Voit,* in: Reimann/Bengel/J.Mayer, Testament und Erbvertrag, § 2232 Rn 7 abstellen.
138 So BVerfG NJW 1999, 1854.

### (2) Wegfall des Prinzips der Mündlichkeit

117 Ein öffentliches (notariell beurkundetes) Testament konnte nach § 2232 BGB a.F. in zweierlei Weise errichtet werden:
- durch mündliche Erklärung, § 2232 S. 1 Alt. 1 BGB,
- durch Übergabe einer Schrift mit der Erklärung, diese enthalte den letzten Willen, § 2232 S. 1, 2 BGB.

118 Das Mündlichkeitserfordernis bei der ersten Alternative (mündliche Erklärung des letzten Willens) ist durch die Streichung des Wortes „mündlich" weggefallen. Zulässig ist damit jetzt jede andere Art der Übermittlung einer Erklärung, insbesondere die schriftliche, aber auch die nonverbale („Wimpernschlag").[139] Damit kommen für mehrfach behinderte Testatoren als Erklärungsformen in Betracht die „Deutsche Gebärdensprache", lautsprachbegleitende Gebärden, Handtastensprache (Lormen), taktil wahrnehmbare Gebärden sowie Zeichen und Wimpernschlag.[140] Allerdings muss der Notar eine Person zuziehen, die in der Lage ist, sich mit dem Testator in der bezeichneten Weise zu verständigen, weil er dazu in aller Regel nicht fähig sein wird (vgl. dazu Rn 120).

119 Von entscheidender Bedeutung sind die Veränderungen der Beurkundungsform durch Übergabe einer Schrift. § 31 BeurkG und Absatz 3 von § 2233 BGB sind ersatzlos gestrichen. Die Übergabe einer Schrift ist damit nicht mehr erforderlich, weil auch die nonverbale – neben der mündlichen und schriftlichen – Erklärung eine vollwertige Erklärungsform geworden ist.

### (3) Hinzuziehung einer Verständigungsperson

120 Nach § 24 BeurkG soll der Notar in der Niederschrift feststellen, wenn der Testator hör- oder sprachbehindert und eine Verständigung mit ihm nicht möglich ist. Hat der Notar dies festgestellt, so **muss** er eine Person hinzuziehen, die sich mit dem Testator verständigen kann und mit deren Zuziehung dieser nach der Überzeugung auch einverstanden ist. Dieses und etwaige Zweifel an der Verständigungsmöglichkeit zwischen Testator und zugezogener Person soll der Notar in der Niederschrift vermerken. Die hinzugezogene Person soll die Niederschrift unterzeichnen.

121 **Auf Verlangen** des sprach- oder hörbehinderten Testators soll der Notar nach § 22 BeurkG einen Gebärdensprachdolmetscher hinzuziehen. Warum das Gesetz in § 22 Abs. 2 BeurkG darauf verzichtet, auch den Gebärdendolmetscher die Niederschrift unerzeichnen zu lassen, ist nicht verständlich. Die Zeugen sollen unterschreiben.

Unverständlich ist auch, warum für den Gebärdendolmetscher nicht die gleichen Ausschließungsgründe wie für den allgemeinen Dolmetscher (§ 16 Abs. 3 BeurkG) und kein Mitwirkungsverbot wie für die Zeugen (§ 26 BeurkG) vorgesehen ist.

### 9. Beweiskraft eines notariellen Testaments im Prozess

122 Zur Beweiskraft eines notariellen Testaments führt das BayObLG im Beschluss vom 21.10.1999[141] aus:

*„Die über die Errichtung des Testaments aufgenommene notarielle Urkunde ist eine öffentliche Urkunde i.S.v. § 415 ZPO. In der Frage, ob der Tatbestand einer Testaments-*

---

139 v. *Dickhuth-Harrach*, FamRZ 2003, 493.
140 Vgl. im Einzelnen v. *Dickhuth-Harrach*, FamRZ 2003, 493, 495, 496.
141 BayObLG FamRZ 2000, 1051.

*errichtung durch mündliche Erklärung gemäß § 2232 S. 1 BGB vorliegt, ist daher von der Beweiskraft der öffentlichen Urkunde gemäß § 415 Abs. 1 ZPO auszugehen (RGZ 85, 120, 124; OLG Hamm OLGZ 1989, 20, 23). Erforderlich ist der Nachweis der Unrichtigkeit; das bloße Erwecken von Zweifeln reicht nicht aus. Der Richter ist durch die Anordnung des vollen Beweises (§ 415 I ZPO) gehindert, vorhandenen Zweifeln an der formalen Richtigkeit des Urkundeninhalts Raum zu geben (MüKo-Schreiber, ZPO, Rn 26; Stein/Jonas/Leipold, ZPO, 21. Auflage, Rn 11 und 13, jeweils zu § 415). Die öffentliche Beurkundung besteht solange zu Recht, bis durch die etwa mögliche Aufklärung des Verlaufs der Verhandlung ihre Unrichtigkeit zur Gewissheit wird (RGZ 85, 120, 125). Die gesetzliche Vermutung des § 415 I ZPO ist nicht widerlegt, solange nicht alle Möglichkeiten ausgeräumt sind, die irgendwie für die Richtigkeit des Inhalts der Urkunde sprechen (vgl. RGZ 131, 284, 288 f.; BGHZ 16, 217, 227).*

*Die Vorinstanzen haben eine freie Beweiswürdigung des Ergebnisses der Vernehmung des Notars und der Schreibzeugin vorgenommen, ohne zu beachten, dass ihnen dies durch die gesetzliche Beweisregel des § 415 Abs. 1 ZPO verwehrt war (vgl. OLG Frankfurt NJW-RR 1990, 717; Stein/Jonas/Leipold, ZPO, § 415 Rn 11)."*

Als weitere Urkunde ist aber noch die Niederschrift des Nachlassgerichts über die Eröffnung der Verfügung von Todes wegen vorzulegen, darin enthalten ist gleichzeitig der Nachweis über den Tod des Erblassers.

## IV. Testierfähigkeit

### 1. Definition der Testierfähigkeit

Eine gesetzliche Definition der Testierfähigkeit fehlt.[142] Das OLG Frankfurt[143] definiert die Testierfähigkeit wie folgt:

*„Unter der Testierfähigkeit ist die Fähigkeit zu verstehen, ein Testament zu errichten, abzuändern oder aufzuheben. Sie ist zwar ein Unterfall der Geschäftsfähigkeit, gleichwohl aber unabhängig von ihr geregelt (§ 2229 BGB); vgl. BayObLG FamRZ 1994, 593. Sie setzt die Vorstellung des Testierenden voraus, dass ein Testament errichtet wird und welchen Inhalt die darin enthaltenen letztwilligen Verfügungen aufweisen. Er muss in der Lage sein, sich ein klares Urteil zu bilden, welche Tragweite seine Anordnungen haben, insbesondere welche Wirkungen sie auf die persönlichen und wirtschaftlichen Verhältnisse der Betroffenen ausüben. Das gilt auch für die Gründe, welche für und gegen die sittliche Berechtigung der Anordnung sprechen. Nach seinem so gebildeten Urteil muss der Testierende frei von Einflüssen etwa interessierter Dritter handeln können (BGH FamRZ 1958, 127; OLG Hamm OLGZ 1989, 271, 273; BayObLG FamRZ 1994, 593, 594; BayObLGZ 1995, 383 = FamRZ 1996, 566 = NJW-RR 1996, 457; OLG Köln FamRZ 1994, 1135 = NJW-RR 1994, 396 = ErbPrax 1994, 232; st. Rspr. des Senats, zuletzt FamRZ 1996, 635 = OLG-Report Frankfurt 1995, 260, und FamRZ 1996, 970 = NJW-RR 1996, 1159 = OLG-Report Frankfurt 1996, 117)."*

Nicht testierfähig sind Personen, die infolge **Störung** der Geistestätigkeit, Geistesschwäche oder Bewusstseinsstörungen nicht in der Lage sind, die Bedeutung einer von ihnen abgegebenen Erklärung zu erkennen, § 2229 Abs. 4 BGB.

---

142 *Petersen*, Jura 2003, 97.
143 OLG Frankfurt FamRZ 1997, 1306 = NJW-RR 1998, 870.

Dazu das BayObLG:[144]

> „Nach § 2229 Abs. 4 BGB ist testierunfähig, wer wegen krankhafter Störung der Geistestätigkeit, wegen Geistesschwäche oder wegen Bewusstseinsstörungen nicht in der Lage ist, die Bedeutung einer von ihm abgegebenen Willenserklärung einzusehen und nach dieser Einsicht zu handeln. Das Gesetz verbindet danach nicht mit jeder Geisteskrankheit oder -schwäche die Testierunfähigkeit, sondern sieht die Fähigkeit, die **Bedeutung der letztwilligen Verfügung zu erkennen** und sich bei seiner Entschließung von **normalen Erwägungen** leiten zu lassen, als maßgebend an. Eine geistige Erkrankung des Erblassers steht der Gültigkeit seiner letztwilligen Verfügung nicht entgegen, wenn diese mit der Erkrankung nicht in Verbindung steht, von ihr nicht beeinflusst ist (BayObLGZ 2, 403, 406; Staudinger/Baumann, BGB, 13. Bearb., § 2229 Rn 16, 27). Aufgabe des zur Beurteilung der Testierfähigkeit hinzugezogenen psychiatrischen SV ist es daher nicht nur, den medizinischen Befund einer Geisteskrankheit oder -schwäche festzustellen, sondern vor allem deren Auswirkung auf die Einsichts- und Willensbildungsfähigkeit des Erblassers abzuklären (BayObLGZ 1985, 314, 315). Entscheidend ist, ob die psychischen Funktionen des Auffassens, des Urteilens und des kritischen Stellungnehmens durch die Geisteskrankheit oder -schwäche so sehr beeinträchtigt sind, dass der Erblasser nicht mehr fähig ist, die Bedeutung seiner letztwilligen Verfügung einzusehen und nach dieser Einsicht zu handeln (BGH, FamRZ 1958, 127, 128) ... Der objektivierbare Befund einer Geisteskrankheit reicht ... für sich allein nicht aus, um schon daraufhin den Erblasser für testierunfähig zu erklären. ... Für die Beurteilung entscheidend ist nicht die Diagnose einer organischen Störung, sondern Grad und Ausmaß der nachweisbaren psychopathologischen Auffälligkeiten. Eine diagnostische Zuordnung allein genügt daher nicht; es kommt vielmehr auf Ausmaß und Intensität der psychischen Störung an."[145]

126   Zur Frage der Testierfähigkeit von Personen, die vor dem 31.12.1991 entmündigt wurden, vgl. MüKo-*Burkart*, § 2229 BGB Rn 7.

Aber: Wer wegen Geistesschwäche zunächst entmündigt war und sodann unter Betreuung mit dem Aufgabenkreis der Vermögenssorge stand, kann dennoch testierfähig gewesen sein, insbesondere dann, wenn er lediglich unter einer Lernschwäche gelitten hat.[146]

Andererseits kann bei der Auslegung des Begriffs der Testierunfähigkeit das Vorhandensein einzelner rudimentär vorhandener intellektueller Fähigkeiten zurücktreten gegenüber der als vorrangig anzusehenden Befähigung des Erblassers, sich über die für und gegen die sittliche Berechtigung einer letztwilligen Verfügung sprechenden Gründe ein klares Urteil zu bilden und nach diesem Urteil frei von Einflüssen etwaiger interessierter Dritter zu handeln.[147]

Die Testierunfähigkeit ist ein Unterfall der Geschäftsunfähigkeit.[148] Für die Testierfähigkeit muss sich der Erblasser neben den allgemeinen Vorstellungen über die Errichtung einer Verfügung von Todes wegen auch über die Tragweite und die Auswirkungen auf die persön-

---

144   BayObLG FamRZ 2002, 1066 = ZEV 2002, 234.
145   Vgl. auch BayObLG ZEV 2005, 345, 348.
146   OLG Hamm FamRZ 2004, 659.
147   BayObLG ZEV 2005, 348.
148   OLG Rostock FamRZ 2009, 2039; Palandt/*Edenhofer*, § 2229 BGB Rn 1.

lichen und wirtschaftlichen Verhältnisse der Betroffenen im Klaren sein.[149] Psychotische Wahnvorstellungen des Erblassers können zur Testierunfähigkeit führen.[150]

Dazu das BayObLG mit Beschluss vom 17.8.2004 – 1Z BR 053/04:[151]

> *"...Testierunfähig ist derjenige, dessen Erwägungen und Willensentschlüsse nicht mehr auf einer dem allgemeinen Verkehrsverständnis entsprechenden Würdigung der Außendinge und der Lebensverhältnisse beruhen, sondern durch krankhaftes Empfinden oder krankhafte Vorstellungen und Gedanken derart beeinflusst werden, dass sie tatsächlich nicht mehr frei sind, vielmehr von diesen krankhaften Einwirkungen beherrscht werden. Diese Unfreiheit der Erwägungen und der Willensbildung braucht nicht darin zutage zu treten, dass der Erblasser sich keine Vorstellung von der Tatsache der Errichtung eines Testaments und von dessen Inhalt oder von der Tragweite seiner letzten Anordnungen, insbesondere von ihrer Auswirkung auf die persönlichen und wirtschaftlichen Verhältnisse der Betroffenen zu machen vermag; sie kann sich vielmehr darauf beschränken, die Motive für die Errichtung einer letztwilligen Verfügung – hier bezogen auf die konkret betroffenen Personen, nämlich die nächsten Angehörigen des Erblassers – entscheidend zu beeinflussen. Testierunfähig ist daher auch derjenige, der nicht in der Lage ist, sich über die für und gegen die sittliche Berechtigung seiner letztwilligen Verfügung sprechenden Gründe ein klares, von Wahnideen nicht gestörtes Urteil zu bilden und nach diesem Urteil frei von Einflüssen etwaiger interessierter Dritter zu handeln (st. Rspr.; vgl. BGH FamRZ 1958, 127/128; BayObLGZ 1962, 219/223 f.; 1999, 205/210; aus psychiatrischer Sicht vgl. Cording, Die Begutachtung der Testier(un)fähigkeit in: Fortschritte der Neurologie und Psychiatrie 2004, 147–159). Dabei geht es nicht darum, den Inhalt der letztwilligen Verfügung auf seine Angemessenheit zu beurteilen, sondern nur darum, ob sie frei von krankheitsbedingten Störungen gefasst werden konnte (BayObLGZ 1999, 205/210 f.). ..."*

Der Abschluss eines Erbvertrags erfordert **Geschäftsfähigkeit**, § 2275 Abs. 1 BGB. Die Merkmale, die eine Betreuungsbedürftigkeit i.S.v. § 1896 Abs. 1 S. 1 BGB beschreiben, führen nicht notwendig zur Geschäftsunfähigkeit. Geschäftsunfähigkeit liegt nach § 104 Nr. 2 BGB nur vor, wenn eine krankhafte Störung der Geistestätigkeit von Dauer vorliegt, die geeignet ist, die freie Willensbestimmung auszuschließen.[152]

127

### 2. Voraussetzungen der Testierfähigkeit

Grundsätzlich kann ein **Testament** errichten, wer das 16. Lebensjahr vollendet hat, §§ 2229 Abs. 1, 2233 Abs. 1 BGB. Zum Abschluss eines **Erbvertrags** ist allerdings unbeschränkte Geschäftsfähigkeit erforderlich, § 2275 Abs. 1 BGB; ein Minderjähriger kann **mit Zustimmung seines gesetzlichen Vertreters** einen Erbvertrag schließen, § 2275 Abs. 2 BGB.

128

Die Tatsache, dass der Erblasser unter **Betreuung** stand, sagt grundsätzlich nichts über seine Testierfähigkeit aus.[153] Hat der unter Betreuung stehende Erblasser **„lichte Momente"** (lucida intervalla), so kann er trotzdem eine Verfügung von Todes wegen während einer

129

---

149 OLG Hamm MittBayNot 1997, 180; OLGZ 1989, 273. Anders das römische Recht; dort galt der Satz: „Senectus ipsa quasi morbus est." Hohes Alter allein ist eine Krankheit und steht ihr rechtlich gleich (Dig. 13, 6, 5 § 4a.A. [Ulpian]).
150 BayObLG FamRZ 1996,1109.
151 BayObLG, BayObLGZ 2004, 237 = FamRZ 2005, 658 = MittBayNot 2005, 235 = NotBZ 2004, 433.
152 BayObLG NJW-RR 2000, 1029, 1030.
153 Vgl. hierzu BayObLG FamRZ 1994, 593 m.w.N.

solchen „Phase" errichten.[154] Probleme ergeben sich in solchen Fällen für die Beweisführung bezüglich der Testierunfähigkeit (siehe hierzu Rn 137 ff.).

130 Auch Rauschgiftsucht und Psychopathie schließen die Testierfähigkeit grundsätzlich nicht aus.[155]

131 Schwierig sind Fälle der altersbedingten Einschränkung bzw. des altersbedingten Wegfalls der Testierfähigkeit, weil hier häufig keine eindeutigen medizinischen Diagnosen möglich sind.[156] Alters- oder krankheitsbedingte Demenz[157] sind häufig langwierige Krankheitsentwicklungen, deren Progredienz sehr unterschiedlich verläuft (Morbus Alzheimer, Cerebralsklerose).[158]

132 Die Wirksamkeit eines **gemeinschaftlichen Testaments** setzt Testierfähigkeit bei **beiden Ehegatten** voraus. Ist einer der Ehegatten testierunfähig, so kann eine Bindungswirkung nach § 2270 Abs. 1 BGB nicht eintreten. Inwieweit die Verfügung des anderen Ehegatten als Einzeltestament aufrechterhalten werden kann, ist durch Auslegung zu ermitteln.[159]

Entsprechendes gilt für eingetragene Lebenspartner, die nach § 10 Abs. 4 LPartG ebenfalls ein gemeinschaftliches Testament errichten können.

### 3. Testiermöglichkeit von Personen mit (Mehrfach-)Behinderung

133 Die Testiermöglichkeit – nicht zu verwechseln mit der Testierfähigkeit – kann bei Personen mit Behinderungen eingeschränkt sein. So können **stumme** Personen zwar ein eigenhändiges Testament errichten,[160] ein notarielles Testament können sie gem. § 2233 Abs. 1 BGB jedoch nur durch Übergabe einer Schrift errichten (vgl. zu den notariellen Formvorschriften Rn 73 ff. und zur Rechtsprechung des BVerfG zur Testiermöglichkeit von schreib- und sprechunfähigen Personen Rn 102 ff.).

134 Wer **nicht schreiben** kann, kann zwar kein eigenhändiges Testament errichten (§ 2247 Abs. 4 BGB), er kann aber unter Beachtung von § 25 BeurkG eine Verfügung von Todes wegen in jeder öffentlichen Form errichten, §§ 2231 Nr. 1, 2232 BGB (vgl. oben Rn 116 ff.).

135 Gemäß § 2247 Abs. 4 BGB darf jemand, der **nicht lesen** kann, kein eigenhändiges Testament fertigen. Er kann nur gem. § 2233 Abs. 2 BGB durch Erklärung vor einem Notar testieren. § 2247 Abs. 4 BGB gilt auch für einen **Blinden**.[161] Er kann nur durch ein öffentliches Testament testieren, wobei auch die Übergabe einer Schrift genügt (§ 2232 S. 2 BGB), wenn er die Blindenschrift beherrscht.

136 Keiner Einschränkung in der Testiermöglichkeit unterliegt dagegen ein **Gehörloser**. Er kann sowohl ein privatschriftliches als auch alle Formen eines öffentlichen Testamentes wählen, wobei an Stelle des notariellen Vorlesens eine „Vorlage zur Durchsicht" zu erfolgen hat (§§ 23, 22 BeurkG).[162]

---

154 MüKo-*Burkart*, § 2229 BGB Rn 12.
155 BayObLG FamRZ 1996, 1109.
156 Vgl. hierzu den Fall des BayObLG in NJW-RR 2000, 1029, 1030.
157 Vgl. BayObLG, Entsch. v. 18.3.97 – 1 ZBR 124/96.
158 Vgl. hierzu *Wetterling/Neubauer*, ZEV 1995, 46.
159 BayObLGZ 1995, 70.
160 *Nieder/Kössinger*, § 17 Rn 21 ff.
161 BayObLG Rpfleger 1999, 396.
162 Vgl. zur Lesefähigkeit i.S.d. § 2247 Abs. Abs. 4 BGB BayObLG Rpfleger 1999, 396 und OLG Düsseldorf, Entsch. v. 16.5.1997 – 3 Wx 401/96 -, hier nach „juris" (Zeitschriftenveröffentlichung nicht feststellbar).

## 4. Feststellung der Testierunfähigkeit im gerichtlichen Verfahren (Darlegungs- und Beweislast)

### a) Prozessrechtliche Situation

Da die Störung der Geistestätigkeit die (faktische) Ausnahme darstellt, ist ein Erblasser bis zum Beweis des Gegenteils als testierfähig anzusehen, auch wenn er unter Betreuung stand.[163] Dem Gericht kommt eine eigenständige Beurteilung der Testier- und Geschäftsfähigkeit zu, auch wenn im Betreuungsverfahren ein Sachverständiger zum Ergebnis gekommen ist, Geschäftsunfähigkeit sei mit hoher Wahrscheinlichkeit anzunehmen.[164]

137

Bei der Feststellung der Testierunfähigkeit kann u.U. ein Anscheinsbeweis in Betracht kommen, wenn die Testierunfähigkeit vor und nach der Testamentserrichtung festgestellt wurde.[165] Die ernsthafte Möglichkeit eines lucidum intervallum, während dessen das Testament errichtet worden sein soll, reicht zur Erschütterung des ersten Anscheins der uneingeschränkten Testierfähigkeit aus.[166] Für den Beweis des ersten Anscheins genügt es, wenn es gelingt, Umstände vorzutragen, die um den Zeitpunkt der Errichtung des Testaments liegen. Wer sich in einem solchen Fall auf lichte Momente beruft, hat dafür die Beweislast.[167]

138

Eine Auskunftspflicht unter Miterben über Umstände, die die Testierunfähigkeit begründen könnten, besteht nicht.[168]

> **Hinweis**
> Die Beweislast für Testierunfähigkeit trifft im Rechtsstreit denjenigen, der sie behauptet.[169]

139

Das Kammergericht führt in seinem Beschluss vom 7.9.1999[170] aus:

140

> „1. Der Erblasser ist solange als testierfähig anzusehen, als nicht seine Testierunfähigkeit zur vollen Gewissheit des Gerichtes nachgewiesen worden ist. Die Feststellungslast für die Testierunfähigkeit hat derjenige zu tragen, der sich auf die Unwirksamkeit des Testaments wegen Testierunfähigkeit des Erblassers beruft.
> 2. Kommt ein Gericht zu dem Ergebnis, dass die durch Zeugen oder andere Beweismittel feststellbaren Tatsachen nicht ausreichen können, um den Ausnahmefall der Testierunfähigkeit des Erblassers mit Hilfe eines Sachverständigen zu begründen, darf es davon absehen, ein Gutachten erstatten zu lassen.
> 3. Bei der Beurteilung der Frage, ob der Erblasser im Zeitpunkt der Abfassung eines Testaments testierunfähig war, kommt der Aussage des Hausarztes des Erblassers und des beurkundenden Notars erhöhte Bedeutung zu. ..."

Grundsätzlich muss die Testierfähigkeit des Erblassers zum Zeitpunkt der Errichtung des Testamentes festgestellt werden. Dies kann aber zu Schwierigkeiten führen, wenn der Errichtungszeitpunkt nicht mehr festgestellt werden kann.[171]

---

163 BayObLG FamRZ 1988, 1099; OLG Frankfurt FamRZ 1996, 635; BayObLG NJWE-FER 2001, 236.
164 BayObLG NJWE-FER 2001, 236, 237.
165 OLG Köln NJW-RR 1991, 1412.
166 BayObLG ZEV 1994, 303.
167 BayObLGZ 1979, 256, 266.
168 BGH JR 1990, 16 m. Anm. *Wassermann*.
169 BGH FamRZ 1958, 127; OLG Frankfurt FamRZ 1996, 635; KG FamRZ 2000, 912.
170 KG FamRZ 2000, 912.
171 Zur Frage der Testierunfähigkeit, wenn der Errichtungszeitpunkt nicht mehr festgestellt werden kann und dieser möglicherweise in einen Zeitraum fällt, in dem der Erblasser testierunfähig war, BayObLG ZEV 1996, 390; *Jerschke*, ZEV 1996, 392 und *Roth*, ZEV 1997, 94.

141 **Lebzeitige Feststellungen zum Geisteszustand** des späteren Erblassers können u.U. in einem selbstständigen Beweisverfahren getroffen werden.[172]

**Feststellung der Geschäfts- bzw. Testierfähigkeit des Erblassers im selbstständigen Beweisverfahren** (§§ 485 ff. ZPO) ist möglich, wenn der Erblasser dies selber beantragt. Ob ein entsprechender Antrag potenzieller Erben zulässig ist, ist zweifelhaft.[173] Jedenfalls gibt es keine gesetzliche Verpflichtung für den Erblasser, sich untersuchen zu lassen, d.h. er müsste freiwillig dazu bereit sein.

Das OLG Köln hat mit Urteil vom 13.12.1929 ein Rechtsschutzinteresse des potenziellen gesetzlichen Erben auf Klärung der Testierfähigkeit des Erblassers verneint.[174] Der Bruder einer Testatorin, der dieser Unterhalt gewährte, erhob eine Feststellungsklage und wollte damit klären lassen, ob ein von der Testatorin errichtetes Testament rechtswirksam sei, weil erhebliche Zweifel an deren Geschäftsfähigkeit bestanden.

Das OLG Köln hat ein Feststellungsinteresse verneint, weil zu Lebzeiten zwischen ihm und der Schwester kein erbrechtliches Rechtsverhältnis bestehe, hielt aber ein Beweissicherungsverfahren nach §§ 485 ff. ZPO (seit 1991 „selbstständiges Beweisverfahren") für zulässig.

Hat der Erblasser zunächst ein formungültiges Testament errichtet und dies erst zu einem späteren Zeitpunkt durch seine Unterschrift versehen und damit formgültig gemacht, dann trifft die Feststellungslast für die Testierfähigkeit denjenigen, der sich auf die Wirksamkeit des Testaments beruft, wenn feststeht, dass der Erblasser in diesem Zeitraum zu irgendeinem Zeitpunkt testierunfähig war.[175]

Zur Frage der Beweislast bei möglicher Testierunfähigkeit, wenn der Zeitpunkt der Testamentserrichtung nicht mehr festgestellt werden kann (§ 2247 Abs. 5 BGB), vgl. *Roth*, ZEV 1997, 94.

### b) Erfordernis eines Sachverständigengutachtens

142 Zunächst ist darauf hinzuweisen, dass auch im Zivilprozess trotz des dort herrschenden Beibringungsgrundsatzes ein Sachverständigengutachten von **Amts wegen** eingeholt werden kann, also ohne Antrag der beweispflichtigen Partei, §§ 144, 403, 442, 358a ZPO.[176] Insofern nähert sich der Zivilprozess bei entsprechendem Sachvortrag der Parteien dem Amtsermittlungsgrundsatz des Erbscheinsverfahrens. Dies gilt insbesondere im Hinblick auf die richterliche Hinweispflicht nach § 139 ZPO.

Erforderlich ist regelmäßig die Einholung eines Sachverständigengutachtens eines Psychiaters – und nicht nur eines praktischen Arztes.[177] Zur Feststellung der Testierunfähigkeit im Prozess ist nach sorgfältiger Ermittlung des medizinischen Befundes ein nervenfachärztliches Sachverständigengutachten erforderlich.[178]

---

172 OLG Koblenz FamRZ 2003, 542.
173 Bejahend: OLG Köln JW 1930, 2064; OLG Koblenz in einem obiter dictum FamRZ 2003, 542; verneinend: BayObLG FamRZ 1988, 422, 423.
174 OLG Köln JW 1930, 2064.
175 BayObLG ZEV 1996, 398.
176 BGH NJW 1962, 1770; *Zöller-Greger*, § 403 ZPO Rn 1.
177 BGH FamRZ 1984, 1003; OLG Frankfurt NJW-RR 1996, 1159; OLG Hamm OLGZ 92, 409; BayObLG ZEV 2005, 345, 346.
178 BGH FamRZ 1984, 1004; OLG Köln FamRZ 1994, 1125 m.w.N.

BayObLG:[179]

*„Die Frage, ob die Voraussetzungen der Testierunfähigkeit nach § 2229 IV BGB gegeben sind, ist im Wesentlichen tatsächlicher Natur."*

**Sachverständigengutachten** unterliegen der freien Beweiswürdigung. Das Gericht der Tatsacheninstanz muss das Sachverständigengutachten in jedem Fall auf seinen sachlichen Gehalt, seine logische Schlüssigkeit und darauf überprüfen, ob es von dem Sachverhalt ausgeht, den es selbst für erwiesen hält[180] und ob die Ausführungen des Gutachtens den Begriff der Testierfähigkeit erfüllen.[181]

143

Die Überprüfung hinsichtlich Schlüssigkeit und Gehalt des Gutachtens muss sich nicht auf die Berücksichtigung medizinischer Detailfragen erstrecken, deren Relevanz für einen medizinischen Laien nicht ohne weiteres erkennbar ist wie die Einbeziehung bestimmter Befunde. Insoweit kann vom Gericht die für eine solche Beurteilung erforderliche medizinische Sachkunde nicht erwartet werden. Es genügt, wenn sich der Tatrichter hinsichtlich Vollständigkeit und Schlüssigkeit mit den Lücken und Widersprüchen auseinander setzt, deren Bedeutung für das Gutachtensergebnis auch für medizinische Laien erkennbar ist, und sich im Übrigen hinsichtlich spezieller medizinischer Fragen mit den nicht offensichtlich irrelevanten Einwänden gegen das Gutachten befasst, die ihm von einem Beteiligten vorgetragen werden.[182]

Die Würdigung eines Sachverständigengutachtens kann lediglich darauf geprüft werden, ob der Tatrichter unter Nachvollziehung der Argumentation des Sachverständigen dessen Feststellungen und Schlussfolgerungen selbstständig auf ihre Tragfähigkeit geprüft und sich eine eigene Überzeugung gebildet hat. Das Sachverständigengutachten über die Testierfähigkeit eines geistig behinderten Erblassers hat sich, wenn dazu Anlass besteht, auch auf die Frage zu erstrecken, ob der Erblasser fähig und in der Lage war, sich im Zuge seiner Entscheidungsfindung einer Einflussnahme oder Manipulation Dritter zu entziehen.[183]

Die Einholung eines **Obergutachtens** kommt in Betracht bei sehr schwierigen medizinischen Fragen, bei groben Mängeln des Erstgutachtens, bei Zugrundelegung unzutreffender Anknüpfungstatsachen oder wenn der neue Sachverständige über neuere bzw. bessere Erkenntnismöglichkeiten (bspw. aktuelle Forschungsmittel) verfügt.[184]

144

Der behandelnde Hausarzt ist **sachverständiger Zeuge** (§ 414 ZPO). Will das Gericht bei seiner Entscheidung zur Testierfähigkeit die Krankenakte des Erblassers verwerten, so ist jedem Beteiligten, der Einsicht in die Krankenakte verlangt, diese Einsicht zu gewähren. Andernfalls würde das rechtliche Gehör verletzt werden.[185] Die Vorlage der Krankenakte kann gem. § 142 ZPO erzwungen werden, wenn dem Arzt kein Zeugnisverweigerungsrecht zusteht.

Zur Frage, ob dem Arzt ein Zeugnisverweigerungsrecht zusteht, kann gem. § 387 Abs. 1 ZPO eine Zwischenentscheidung ergehen (zur ärztlichen Schweigepflicht vgl. Rn 150).

---

179 BayObLG NJW-RR 2000, 6 = FamRZ 2000, 701.
180 BayObLG NJW-RR 1991, 1098, 1100; ZEV 2005, 345, 347.
181 BayObLG ZEV 2002, 234; ZEV 2005, 345, 347.
182 BayObLG ZEV 2005, 345, 347.
183 OLG Celle FGPrax 2006, 268 = ZEV 2007, 127.
184 BGHZ 53, 258; BayObLG 82, 315; zum Umfang der anzustellenden Ermittlungen siehe OLG Köln NJW-RR 1991, 1412; 1994, 396; BayObLG ZEV 2005, 345.
185 OLG Düsseldorf ZEV 2000, 363.

145 Im Rahmen des **Erbscheinserteilungsverfahrens** hat das Nachlassgericht von Amts wegen zu ermitteln, ob Testierfähigkeit vorlag, § 2358 Abs. 1 BGB, §§ 26, 29, 30 FamFG (bis 31.8.2009: § 12 FGG). Anders als im streitigen Verfahren trifft denjenigen, der sich auf die Testierunfähigkeit beruft, nicht die Beweislast, d.h., er muss die tatsächlichen Umstände nicht in der Weise darlegen, dass sich daraus selbst die Testierunfähigkeit ergibt. Es besteht insoweit keine „Schlüssigkeitsprüfung". Andererseits sind nur lediglich „pauschale" Behauptungen nicht ausreichend.[186]

146 Zur Aufklärungsbedürftigkeit des Sachverhalts hat das OLG Frankfurt[187] in seiner Entscheidung vom 22.12.1997 ausgeführt:

> „Die Beurteilung der Frage, ob ein Erblasser in der Lage ist, die Tragweite seiner letztwilligen Anordnungen abzuschätzen und frei von Einflüssen interessierter Dritter zu handeln, setzt eine sorgfältige Untersuchung unter Einbeziehung der Vorgeschichte und aller äußeren Umstände voraus."

147 Sind hinreichende Zweifel für die Testierfähigkeit vorgetragen, müssen zunächst die Verhaltensweisen des Erblassers aufgeklärt werden, um Klarheit über die tatsächlichen Umstände (medizinischen Befunde etc.) zu schaffen.[188] Danach ist zu prüfen, ob dies seitens des Gerichts für die Beurteilung ausreicht oder ob ein Sachverständigengutachten einzuholen ist.[189] Im letzteren Fall hat das Gericht die notwendigen Begutachtungsgrundlagen durch Zeugenvernehmung und Beschaffung ärztlicher Unterlagen zu ermitteln. Der Umfang der gebotenen Ermittlung obliegt dem pflichtgemäßen Ermessen des Gerichts, und zwar auch dann, wenn z.B. unterschiedliche ärztliche Stellungnahmen über die Testierfähigkeit des Erblassers vorliegen.[190]

148 Das BayObLG[191] beanstandet es nicht, wenn das Sachverständigengutachten eine bestimmte Diagnose offen lässt. Zu klären ist aber, ob die freie Willensbestimmung des Erblassers durch die – wie auch immer geartete Krankheit – aufgehoben war. Der Erblasser muss noch zu vernünftigen Erwägungen in der Lage gewesen sein.

### c) Wahrnehmungen des Notars zur Testierfähigkeit

149 Ist die Verfügung von Todes wegen, deren Wirksamkeit angezweifelt wird, notariell beurkundet, so dürfte in aller Regel der beweispflichtigen Partei die Vorschrift des § 28 BeurkG zu Hilfe kommen. Danach hat der Notar Feststellungen zur Geschäfts- bzw. Testierfähigkeit zu treffen. Diese Feststellungen des Notars in der notariellen Urkunde können vom Prozessgericht im Rahmen der Beweiswürdigung nach § 286 ZPO verwertet werden. Das Kammergericht misst den Feststellungen des Notars zur Geschäfts- und Testierfähigkeit in der späteren Beweiswürdigung besonderes Gewicht bei.[192]

Nach BayObLG, Beschluss vom 17.8.2004 – 1 ZBR 53/04, haben solche Feststellungen lediglich Indizwirkung:[193]

---

186 OLG Hamm MittBayNot 1997, 180; ZEV 1997, 75.
187 OLG Frankfurt NJW-RR 1998, 870.
188 BayObLG NJW-RR 2000, 1029.
189 Vgl. zur Entbindung von der ärztlichen Schweigepflicht BGH NJW 1983, 2627; BGHZ 91, 396.
190 BayObLG FamRZ 1998, 515.
191 BayObLG NJW-RR 2000, 1029, 1030.
192 KG FamRZ 2000, 912.
193 BayObLGZ 2004, 237 = FamRZ 2005, 658 = MittBayNot 2005, 235 = NotBZ 2004, 433.

*„Rechtsfehlerhaft ist ferner die Auffassung des Landgerichts, es könne schon deshalb von Testierfähigkeit ausgehen, weil die beurkundenden Notare jeweils in der Urkunde festgehalten haben, sie seien aufgrund der Verhandlung mit dem Erblasser von dessen Testierfähigkeit überzeugt. Zwar kann bei einem ordnungsgemäß errichteten öffentlichen Testament in dem nach § 28 BeurkG vorgesehenen Vermerk des Notars, seine Wahrnehmungen bezüglich der Testierfähigkeit ein Indiz liegen (vgl. OLG Hamm FGPrax 1997, 68/69; Staudinger/Baumann, BGB 13. Aufl. § 2229 Rn 47). Eine solche Feststellung des Urkundsnotars ist jedoch nicht geeignet, schon gar nicht ohne eine Beweiserhebung über ihr Zustandekommen, aufgrund konkreter Umstände begründete Zweifel an der Testierfähigkeit zu entkräften, zumal wenn – wie hier – eine psychische Erkrankung des Erblassers bereits durch den Sachverständigen festgestellt ist. Auch wenn der Erblasser anlässlich der Beurkundung seiner letztwilligen Verfügungen keine Wahnvorstellungen geäußert haben sollte, rechtfertigt das nicht den Schluss, dass sie nicht vorhanden waren."*

### d) Ärztliche Schweigepflicht

Führt eine solche Beweiswürdigung noch nicht zum Ergebnis, so ist ein Sachverständigengutachten zur Frage der Testierfähigkeit einzuholen. Im Rahmen der Beweisaufnahme wird sich in der Regel die Frage stellen, inwieweit Aussagen des behandelnden Arztes (häufig des Hausarztes) herangezogen werden müssen.

Dabei kommt der Arzt als sachverständiger Zeuge gem. § 414 ZPO in Betracht. Es stellt sich die Frage, wie das dem Arzt nach § 383 Abs. 1 Nr. 6 ZPO zustehende Zeugnisverweigerungsrecht zu handhaben ist. Umstände, die die Testierfähigkeit betreffen, gehören zur ärztlichen Schweigepflicht und sind dem Arzt auch „anvertraut" i.S.d. § 383 Abs. 1 Nr. 6 ZPO.[194] Das bedeutet, dass der Arzt von seiner Schweigepflicht zu entbinden ist, § 385 Abs. 2 ZPO. Da die ärztliche Schweigepflicht nicht mit dem Tode des Patienten endet, § 203 Abs. 4 StGB, hätte der Arzt vom Erblasser persönlich von der Schweigepflicht entbunden werden müssen, denn die Befreiungsbefugnis geht nicht auf die Erben über, weil die Testierfähigkeit eine höchstpersönliche Angelegenheit darstellt, die nicht der Rechtsfolge des § 1922 BGB unterliegt.[195] Deshalb kommt es darauf an, ob der Erblasser zu Lebzeiten gegenüber dem Arzt oder gegenüber Dritten eine ausdrückliche oder konkludente Befreiung von der Schweigepflicht vorgenommen hat. Ist dies nicht der Fall, so kommt es auf den mutmaßlichen Willen des Erblassers (= Patienten) an, ob er eine Befreiung von der Verschwiegenheitspflicht gebilligt oder missbilligt haben würde.[196] Die h.M. nimmt an, der Erblasser habe ein Interesse an der Feststellung der Gültigkeit oder Ungültigkeit einer Verfügung von Todes wegen.[197] Deshalb kann der Arzt als von der Schweigepflicht entbunden angesehen werden.[198]

Bei Zweifeln über das Bestehen eines Zeugnisverweigerungsrechts kann darüber gem. § 387 ZPO durch Zwischenurteil entschieden werden; das Zwischenurteil kann mit der sofortigen Beschwerde angefochten werden, § 387 Abs. 3 ZPO.

Das Sachverständigengutachten setzt grundsätzlich voraus, dass der zu begutachtende Sachverhalt – die sog. Anknüpfungs- oder Anschlusstatsachen – vom Gericht selbst ermittelt

---

[194] BGHZ 91, 397, 398.
[195] BayObLG NJW 1987, 1492.
[196] BGHZ 91, 399.
[197] BGHZ 91, 399, 400.
[198] OLG Frankfurt FamRZ 1997, 1306, 1308 m.w.N.

wird, § 404a Abs. 3 ZPO. Das Gericht hat die Anknüpfungstatsachen selbst festzustellen und dem Sachverständigen als Grundlage seiner gutachterlichen Äußerung vorzugeben.[199]

e) Notarielle Schweigepflicht

153 Der Notar unterliegt nach § 18 BNotO der Schweigepflicht. Wenn er zu Umständen der Beurkundung, u.a. über seine Wahrnehmungen betreffend die Geschäfts- und Testierfähigkeit, Aussagen machen soll – vor Gericht oder gegenüber einem Beteiligten außerhalb eines Rechtsstreits –, so muss er von der Schweigepflicht entbunden werden. Die Entbindung nehmen nach § 18 BNotO grundsätzlich die Beurkundungsbeteiligten selbst vor. Kann die Entbindungserklärung von einem Beteiligten nicht beigebracht werden, bspw. weil er verstorben ist, so wird der Notar anstelle des Verstorbenen vom Präsidenten des Landgerichts, in dessen Bezirk der Notar seinen Amtssitz hat, von der Schweigepflicht entbunden.

Zum Zeugnisverweigerungsrecht des Notars führt der BGH im Beschluss vom 9.12.2004 – IX ZB 279/03 aus:[200]

> „a) Das Zeugnisverweigerungsrecht des Notars erstreckt sich auf den gesamten Inhalt der notariellen Verhandlung einschließlich der Umstände, die der Notar anläßlich der Verhandlung erfährt; sie müssen ihm nicht besonders anvertraut worden sein.
> b) Von dem Zeugnisverweigerungsrecht werden grundsätzlich auch schriftliche Änderungsvorschläge erfaßt, die dem Notar zur Vorbereitung des Beurkundungstermins übersandt wurden; ob sie vor der Beurkundung anderen Urkundsbeteiligten oder ihren anwaltlichen Beratern zugänglich gemacht werden sollten, ist unerheblich."

154 Gerade bei außergerichtlicher Streitschlichtung, etwa durch einen Testamentsauslegungsvertrag (Erbschaftsvergleich), aber auch bei einem Erbschaftsschiedsgericht kommt die Einholung einer Auskunft bei dem Notar in Betracht, der eine Verfügung von Todes wegen beurkundet hat. Auch in diesen Fällen ist eine Befreiung des Notars von der Schweigepflicht erforderlich, aber auch möglich (vgl. die nachfolgenden Muster für Anträge auf Entbindung des Notars von der Schweigepflicht – in einem Rechtsstreit und außerhalb eines Rechtsstreits Rn 157, 158).

155 In Baden-Württemberg gibt es auch beamtete Notare. Sie sind nicht nur von der Schweigepflicht nach § 18 BNotO zu befreien, sondern auch von der beamtenrechtlichen Schweigepflicht nach den Beamtengesetzen. Dafür ist der Dienstvorgesetzte zuständig. Dies ist in den meisten Fällen ebenfalls der Präsident des Landgerichts, in dessen Bezirk der Notar seinen Amtssitz hat; vgl. § 376 ZPO.

156 Das OLG Frankfurt[201] geht davon aus, dass bezüglich Fragen der Geschäfts- und Testierfähigkeit sowie der sonstigen Umstände über das Zustandekommen einer Verfügung von Todes wegen von einer stillschweigenden Entbindung des Notars und eines Rechtsanwalts von ihrer Schweigepflicht von Seiten des Erblassers ausgegangen werden könne. Dies erscheint zu weitgehend. Gerade bei der Verschwiegenheitspflicht des Notars wird in der Praxis grundsätzlich die Befreiungsmöglichkeit durch den Präsidenten des Landgerichts nach § 18 BNotO wahrgenommen.

Die Feststellungen des Notars über die Geschäfts- bzw. Testierfähigkeit, die gem. § 28 BeurkG in die Urkunden aufgenommen werden sollen, erbringen zwar nicht den Beweis für die Geschäfts- bzw. Testierfähigkeit im Sinne der §§ 415 ff. ZPO, sind aber im Prozess

---

199 OLG Frankfurt NJW-RR 1998, 870, 871.
200 BGH DNotZ 2005, 288 = NJW 2005, 1948.
201 OLG Frankfurt FamRZ 1997, 1306, 1308.

und im FG-Verfahren gem. den §§ 286 ZPO, §§ 26, 29, 30 FamFG (bis 31.8.2009: § 15 FGG) zu würdigen.[202]

Ein Erbe, dem vom Erblasser zu Lebzeiten eine Generalvollmacht erteilt worden war, kann eine Verfügung, durch die anstelle des verstorbenen Beteiligten die Aufsichtsbehörde einen Notar von der Verschwiegenheitspflicht befreit, nicht mit dem Antrag auf gerichtliche Entscheidung anfechten.[203]

f) Muster: Anträge betreffend die Entbindung eines Notars von der Schweigepflicht

aa) Innerhalb eines Prozesses

Herrn/Frau

Präsidenten/Präsidentin des
Landgerichts

Notar           in

hier: Entbindung von der Verschwiegenheitspflicht in der Erbrechtsstreitigkeit           ./.           , Landgericht           , Az.

Beim Landgericht           ist unter Az.           zwischen           und           ein Rechtsstreit zur Feststellung des Erbrechts nach dem Erblasser           , gestorben am           , anhängig.

Streitig ist u.a. die Frage, ob der Erblasser zum Zeitpunkt der Beurkundung des Testaments vom           testierfähig war. Das Testament wurde unter UR-Nr.           von Notar           , Amtssitz in           , beurkundet. Eine beglaubigte Abschrift des Testaments füge ich als Anlage 1 bei.

Nach dem Beweisbeschluss des Landgerichts           vom           – Anlage 2 – soll Notar           zu seinen Wahrnehmungen in Bezug auf die Testierfähigkeit des Erblassers als Zeuge vernommen werden.

Ich bitte, den Notar anstelle des Erblassers nach § 18 BNotO von seiner Verschwiegenheitspflicht zu entbinden. Von der ergehenden Verfügung möge dem Landgericht           zu Az.           , dem Notar und mir je eine beglaubigte Abschrift übersandt werden.

(Rechtsanwalt)

bb) Für eine außergerichtliche Streitschlichtung

Herrn/Frau

Präsidenten/Präsidentin des
Landgerichts

Meine Entbindung von der Verschwiegenheitspflicht in der Erbrechtsangelegenheit des Erblassers           , gestorben am           , meine Urkunde vom           , UR-Nr.

Zwischen den Erben des Erblassers           , gestorben am           , besteht Streit über die Frage der Erbfolge. Die Beteiligten beabsichtigen, den Streit einvernehmlich durch Abschluss eines notariellen Erbschaftsvergleichs zu regeln.

Streitig ist u.a. die Frage über das Zustandekommen und den Inhalt einzelner Formulierungen des gemeinschaftlichen Testaments, das der Erblasser mit seiner Ehefrau und jetzigen Witwe, Frau           , errichtet

---

202 KG FamRZ 2000, 912.
203 BGH FamRZ 2009, 1138 = ZNotP 2009, 286 = ZEV 2009, 351; DNotZ 1975, 420.

hat. Das Testament wurde am ▓▓▓ von mir unter UR-Nr. ▓▓▓ beurkundet – beglaubigte Abschrift in Anlage 1.

Der Bevollmächtigte des Beteiligten ▓▓▓, Herr Rechtsanwalt ▓▓▓, ist nunmehr in seinem Schreiben vom ▓▓▓ mit einem Fragenkatalog an mich herangetreten – Kopie in Anlage 2 –.

Ich sehe mich außerstande, dieses Schreiben zu beantworten, weil ich nach § 18 BNotO der Schweigepflicht unterliege.

Die Witwe, Frau ▓▓▓, als damalige weitere Beurkundungsbeteiligte außer dem Erblasser hat mich für ihren Teil bereits von meiner Schweigepflicht entbunden – Kopie in Anlage 3.

Ich bitte, mich anstelle des Erblassers nach § 18 BNotO von meiner Verschwiegenheitspflicht zu entbinden. Von der ergehenden Verfügung möge mir eine beglaubigte Abschrift übersandt werden.

(Notar)

g) Entbindung von der ärztlichen Schweigepflicht in der Verfügung von Todes wegen

159  Unstreitig kann der Erblasser die Entbindung des Arztes von der Schweigepflicht selbst vornehmen. Deshalb ist zu empfehlen, in die Verfügung von Todes wegen eine solche Entbindungserklärung aufzunehmen.

## V. Verlust eines eigenhändigen Testaments

### 1. Verlust führt nicht zur Ungültigkeit

160  Als Grundsatz gilt: Gemäß §§ 2355, 2356 Abs. 1 S. 1 BGB ist zum Nachweis eines testamentarischen Erbrechts grundsätzlich die Urschrift der Urkunde vorzulegen, auf die das Erbrecht gestützt wird.[204] Allerdings können aus einem verloren gegangenen Testament Rechte abgeleitet werden, denn für die Gültigkeit einer einmal wirksam errichteten letztwilligen Verfügung kommt es nicht auf die noch existierende Testamentsurkunde an.

161  Aber: An den Nachweis eines unfreiwillig abhanden gekommenen oder zerstörten Testaments sind strenge Anforderungen zu richten.[205] Derjenige, der aus dem Testament Rechte geltend macht, muss die formgültige Errichtung und seinen Inhalt beweisen.[206]

Beschluss des OLG Frankfurt/M. vom 24.9.2001:[207]

„1. Eine verschwundene letztwillige Verfügung von Todes wegen kann grundsätzlich mit allen zulässigen Beweismitteln dargelegt werden.
2. An den Nachweis sind aber strenge Anforderungen zu stellen. Eine formlose Beweisaufnahme genügt danach nicht, es ist ein förmliches Beweisverfahren (Strengbeweis) durchzuführen."

162  Zur Beweisführung über Errichtung und Inhalt eines Testaments kann sich der Beweisbelastete aller Beweismittel bedienen, insbesondere des Zeugenbeweises. Die Beweislast kehrt sich jedoch um, wenn bewiesen ist, dass derjenige, der die Unwirksamkeit des Testaments

---

204  BayObLG FamRZ 2005, 1866; NJW-FER 2001, 22; Palandt/*Edenhofer*, § 2356 BGB Rn 9.
205  OLG München FamRZ 2008, 1378 = ZErb 2008, 173 = ZEV 2008, 286; BayObLG FamRZ 2005, 1866; FamRZ 1990, 1162; FamRZ 1993, 117; OLG Köln FamRZ 1993, 1253 = NJW-RR 1993, 970. U.U. reicht eine beglaubigte Abschrift: KG Rpfleger 2007, 264 = DNotZ 2007, 393 = RNotZ 2007, 221 = FamRZ 2007, 1197 = ZErb 2007, 262.
206  OLG Hamm NJW 1974, 1827; BayObLG MDR 1981, 933; ZErb 2003, 154.
207  OLG Frankfurt/M. ZErb 2002, 49.

geltend macht, es beiseite geschafft hat.[208] Zur Problematik, wenn lediglich ein Teil eines eigenhändigen Testaments verloren gegangen ist: BayObLG FamRZ 2005, 1866; vgl. auch § 444 ZPO.

## 2. Muster: Feststellungsklage (Beiseiteschaffen eines gemeinschaftlichen Testaments)

An das
Landgericht
– Zivilkammer –

*Klage*

der Frau

– Klägerin –

Prozessbevollmächtigter: Rechtsanwalt

gegen

Herrn

– Beklagten –

wegen Feststellung des Erbrechts.

In Vollmacht der Klägerin erhebe ich Klage gegen den Beklagten und bitte um Anberaumung eines frühen ersten Termins, in dem ich folgenden Antrag stellen werde:

Es wird festgestellt, dass die Klägerin ihren am         in         verstorbenen Ehemann, Herrn         , geboren am         , zuletzt wohnhaft in         , allein beerbt hat.

Falls die Voraussetzungen des § 331 Abs. 3 bzw. § 307 ZPO vorliegen, bitte ich um Erlass eines **Versäumnis- bzw. Anerkenntnisurteils** ohne mündliche Verhandlung.

*Begründung:*

Die Klägerin klagt auf Feststellung ihres testamentarischen Alleinerbrechts.

Am         verstarb in         Herr         , zuletzt wohnhaft in         . Der Erblasser war deutscher Staatsangehöriger; er war mit der Klägerin in zweiter Ehe verheiratet. Zum Zeitpunkt des Erbfalls bestand die Ehe noch, die Eheleute lebten weder getrennt noch war ein Scheidungsverfahren anhängig. Kinder sind aus der Ehe nicht hervorgegangen. Für den Erblasser war es die zweite Ehe, für die Klägerin die erste.

*Beweis:* Begl. Abschrift der Heiratsurkunde des Standesamts         vom         – Anlage K 1 –

Aus der ersten Ehe hatte der Erblasser einen Sohn, den Beklagten.

Die Klägerin macht geltend, dass sie aufgrund eines mit dem Erblasser gemeinschaftlich errichteten privatschriftlichen Testaments dessen Alleinerbin geworden ist. Dieses gemeinschaftliche Testament wurde entweder vom Erblasser oder vom Beklagten oder von beiden ohne Wissen und ohne jegliche Mitwirkung der Klägerin beseitigt.

Etwa ein Jahr vor dem Tod des Erblassers hat dieser zusammen mit der Klägerin ein privatschriftliches eigenhändiges Testament errichtet, wonach sich beide Eheleute zu Alleinerben eingesetzt haben. Das

---

208 OLG Hamm OLGZ 1967, 79; Staudinger/*Firsching*, § 2255 BGB Rn 18.

Testament lautete wörtlich: „Wir, die Eheleute ▒▒▒▒, wohnhaft in ▒▒▒▒, setzen uns gegenseitig zu unbeschränkten Alleinerben ein."

Dieser Text war von der Klägerin eigenhändig geschrieben, mit Ort und Datum versehen und unterschrieben worden.

Der Erblasser fügte seinerseits eigenhändig folgenden Text hinzu: „Dieses Testament ist auch mein Testament." Er versah diesen Text mit Ort, Datum und seiner Unterschrift. Dieses Schriftstück wurde von beiden Eheleuten gemeinsam in eine Stahlkassette im Schrank des Herrenzimmers des Erblassers gelegt, wo weitere wichtige Familiendokumente seit Jahren aufbewahrt wurden. Dies haben die Eheleute gemeinsam gemacht.

*Beweis:* Parteivernehmung der Klägerin.

Das Testament war von einem Neffen der Klägerin entworfen worden, der seinerzeit gerade seine Ausbildung als Rechtsreferendar beim Landgericht in Utrecht absolvierte. Ihn hatten beide Eheleute gebeten, einen Entwurf für ein gemeinschaftliches Testament zu fertigen. Dieser mit Schreibmaschine geschriebene Entwurf liegt der Klägerin noch vor. Er wird in unbeglaubigter Fotokopie der vorliegenden Klageschrift beigelegt. Im Verhandlungstermin wird das Original der Maschinenschrift vorgelegt werden.

*Beweis:* Original-Maschinenschrift des Testamentsentwurfs – Kopie als Anlage K 2 –

Nachdem das gemeinschaftliche Testament von beiden Eheleuten in der beschriebenen Weise errichtet worden war, haben sie es gelegentlich eines Besuchs des Neffen der Klägerin diesem gezeigt und ihn gefragt, ob das Testament so in Ordnung sei. Dies hat der Neffe bejaht.

*Beweis:*  1. Zeugnis des ▒▒▒▒ (Neffen)
2. Parteivernehmung der Klägerin

Etwa ein Jahr nach dieser Begebenheit erlitt der Erblasser im Alter von 78 Jahren überraschend und ohne jegliche Vorankündigung eine Hirnblutung, die zur sofortigen Bewusstlosigkeit führte und an deren Folgen er eine Woche später gestorben ist, ohne das Bewusstsein wiedererlangt zu haben. Kurze Zeit nach dem Tod des Erblassers öffnete die Klägerin die Stahlkassette, in der sich das gemeinschaftliche Testament befunden hatte, und musste zu ihrem Erstaunen feststellen, dass das Testament verschwunden war.

Es ist anzunehmen, dass der Erblasser und/oder der Beklagte das Testament ohne Wissen der Klägerin beseitigt hat/haben. Dies erklärt sich die Klägerin so: Einige Zeit nach Errichtung des gemeinschaftlichen privatschriftlichen Testaments trafen sich zufälligerweise der Erblasser und sein erstehelicher Sohn, der Beklagte, bei einem Reitturnier. Zuvor hatte über Jahre hinweg keinerlei Kontakt zwischen den beiden bestanden. Der Erblasser war begeisterter Anhänger des Pferdesports, der Beklagte, sein erstehelicher Sohn, war seit einigen Jahren aktiver Reiter, ohne dass dies der Erblasser gewusst hätte. Der Erblasser besuchte ein Reitturnier und traf dort seinen Sohn als aktiven Teilnehmer. Seit diesem Zeitpunkt kam es zu regelmäßigen Besuchskontakten zwischen den Eheleuten und der Familie des Beklagten. Nach einigen Monaten äußerte der Erblasser gegenüber der Klägerin, er habe sich Gedanken über das gemeinschaftliche Testament gemacht und sei sich nicht mehr so ganz sicher, ob es richtig gewesen sei, den Beklagten als Sohn vollständig von jeglicher Erbfolge auszuschließen. Die Klägerin wies den Erblasser darauf hin, es sei bei der Errichtung des gemeinschaftlichen Testaments in erster Linie darum gegangen, dass sich die Eheleute nach dem Tod des Erstversterbenden gegenseitig absicherten.

Inzwischen haben zwischen der Klägerin und dem Beklagten mehrere Gespräche über die Erbfolge nach dem Erblasser stattgefunden. Der Beklagte hat es bestritten, zusammen mit dem Erblasser das gemeinschaftliche Testament beseitigt zu haben. Allerdings beruft er sich auf die gesetzliche Erbfolge und macht geltend, er sei, weil der Erblasser mit der Klägerin im gesetzlichen Güterstand der Zugewinngemeinschaft gelebt hat, zur Hälfte Miterbe des Erblassers geworden. Diese Rechtsfolge ist jedoch nicht eingetreten, weil das gemeinschaftliche Testament nur mit Willen beider Ehegatten hätte widerrufen werden können. Eine einseitige Vernichtung durch einen Ehegatten bewirkt keinen Widerruf und keine Aufhebung des gemeinschaftlichen Testaments. Vielmehr hätte der Erblasser eine notariell beurkundete Widerrufserklärung abgeben müssen, die der Klägerin formell hätte zugestellt werden müssen (§§ 2271 Abs. 1, 2296 BGB). Auf andere Weise hätte sich der Erblasser ohne den Willen der Klägerin nicht einseitig von dem gemeinschaftlichen Testament lösen können.

Ergänzend sei noch vorgetragen, dass die Klägerin das Pflichtteilsrecht des Beklagten nach §§ 2303 ff. BGB nicht bestreitet. Es haben auch bereits Gespräche zwischen den Parteien über die Erfüllung des Pflichtteilsanspruchs des Beklagten stattgefunden, der Beklagte ist darauf jedoch nicht eingegangen, er beharrt auf seiner behaupteten Rechtsposition als hälftiger Miterbe. Aus diesem Verhalten schließt die Klägerin, dass der Beklagte Kenntnis von der Beseitigung des gemeinschaftlichen Testaments hat.

Der Klägerin ist bekannt, dass an den Nachweis eines unfreiwillig abhanden gekommenen Testaments strenge Anforderungen zu stellen sind (BayObLG FamRZ 1990, 1162; FamRZ 1993, 117; OLG Frankfurt/M. ZErb 2002, 49; BayObLG FamRZ 1986, 1045; ZErb 2003, 154). Andererseits ist anerkannt, dass die Errichtung und der Inhalt eines Testaments mit allen zulässigen Beweismitteln bewiesen werden können (OLG Frankfurt/M. ZErb 2002, 49; BayObLG FamRZ 1986, 1045; ZErb 2003, 154). Dieser Beweis wird der Klägerin durch die bereits angebotenen Beweismittel gelingen. Sobald dieser Beweis geführt ist, wird der Beklagte, wenn er sich auf die Ungültigkeit des nicht mehr auffindbaren Testaments beruft, dafür beweispflichtig sein (vgl. OLG Düsseldorf NJW-RR 1994, 142).

Ein Erbschein wurde bisher nicht erteilt; ein Erbscheinserteilungsverfahren ist auch nicht anhängig.

Zum Streitwert: Der Wert des Nachlasses beträgt ca. 80.000 EUR. Als Streitwert, gemessen am klägerischen Interesse, kommen 80 % davon in Betracht (Vgl. *Thomas/Putzo*, § 3 ZPO Rn 65 Stichwort „Feststellungsklage"; BGH NJW-RR 1988, 689). Demnach beträgt der Streitwert 64.000 EUR.

(Rechtsanwalt)

## VI. Widerruf einer Verfügung von Todes wegen

### 1. Allgemeines

Die Testierfreiheit in Konsequenz angewandt, beinhaltet das Recht des Erblassers, ein einseitiges Testament oder einzelne Anordnungen darin jederzeit – bis zu seinem Tode – zu widerrufen oder zu ändern, § 2253 BGB. Eine Verpflichtung, testamentarische Anordnungen nicht zu widerrufen, wäre nichtig, § 2302 BGB.

Das Gesetz kennt verschiedene Arten des Widerrufs:
- **Widerrufstestament** (§ 2254 BGB) – mit der Möglichkeit des Widerrufs des Widerrufstestaments (§ 2257 BGB);
- **Veränderung oder Vernichtung** des vorhandenen Testaments (§ 2255 BGB);
- **Rücknahme** eines notariellen Testaments aus der **amtlichen Verwahrung** (§ 2256 BGB);
- **konkludenter Widerruf** durch inhaltlich widersprechendes Testament (§ 2258 BGB).

Wegen der unterschiedlichen Rechtsfolgen ist es von entscheidender Bedeutung, die einzelnen Widerrufsarten voneinander abzugrenzen.

### 2. Widerrufstestament, § 2254 BGB

Das Widerrufstestament unterliegt den allgemeinen Formerfordernissen eines Testaments, es bedarf aber nicht derselben Form wie das widerrufene Testament. Ein notariell beurkundetes Testament kann durch ein privatschriftliches, ein privatschriftliches durch ein notarielles widerrufen werden. Der Widerrufswillen ist erforderlichenfalls durch Auslegung zu ermitteln.[209]

---

209 BGH NJW 1966, 201.

### 3. Veränderungen oder Vernichtung, § 2255 BGB

167 Vernichtet der Erblasser die Testamentsurkunde **mit Widerrufswillen**, so liegt darin ein wirksamer Widerruf (beispielsweise: Zerreißen, Verbrennen). **Veränderungen** sind Durchstreichen, Einreißen, Ungültigkeitsvermerke o.Ä. Wurde die Testamentsurkunde vom Erblasser vernichtet oder verändert, so gilt die – widerlegbare – **Vermutung**, er habe den Widerruf des Testaments bzw. der betreffenden Bestimmung beabsichtigt, § 2255 S. 2 BGB. Der Erblasser muss bei der entsprechenden Handlung **testierfähig** sein, § 2229 BGB.

Hatte der Erblasser die Urkunde bis zuletzt in Gewahrsam, so spricht der erste Anschein dafür, dass er selbst gehandelt hat.[210] Wird ein Testament durch einen **Dritten** ohne Auftrag des Erblassers oder durch den Erblasser **versehentlich** vernichtet, so bleibt es wirksam, denn es fehlt der Widerrufswillen. Für den Inhalt trägt derjenige die **Beweislast**, der Rechte daraus herleitet.[211] Die Widerrufshandlung kann, da sie willensgetragen sein muss, nach den Grundsätzen der §§ 2078 ff. BGB **angefochten** werden.

168 **Beispiel**
E hat ein privatschriftliches Testament errichtet und bewahrt es in seiner Schreibtischschublade im Wohnzimmer auf. Bei einem Zimmerbrand wird der Schreibtisch samt Inhalt vollständig zerstört. Das Testament ist damit nicht widerrufen.

169 Ein mittels Durchstreichens widerrufenes Testament kann jedoch zur Auslegung eines späteren, unvollständig gebliebenen Testaments herangezogen werden, wenn der Erblasser dieses Testament gemeinsam mit dem widerrufenen Testament in einem Umschlag verschlossen und aufbewahrt hat.[212]

Voraussetzung für jeden Widerruf ist ein Widerrufswillen. Dieser liegt hier nicht vor. Deshalb ist das Testament, obwohl es körperlich nicht mehr existiert, nach wie vor inhaltlich vorhanden und würde nach dem Tod von E auch gelten. Die formwirksame Errichtung und sein Inhalt müssten durch allgemeine Beweismittel (bspw. durch Zeugen oder die Vorlage einer Abschrift) bewiesen werden.

Es gibt keine Vermutung für die Vernichtung eines Testaments durch den Erblasser bei Nichtauffindbarkeit des Testaments. Die bloße Tatsache der Unauffindbarkeit der Urkunde begründet keine tatsächliche Vermutung oder einen Erfahrungssatz, dass das Testament durch den Erblasser vernichtet worden ist. Es müssen Indizien vorliegen, beispielsweise der Nachweis einer Willensänderung des Erblassers, um im Zusammenhang mit der Nichtauffindbarkeit des Testaments den Beweis der Vernichtung i.S.d. § 2255 BGB zu erbringen.[213]

### 4. Rücknahme aus der amtlichen Verwahrung, § 2256 BGB

170 Der Widerruf durch Rücknahme aus der amtlichen Verwahrung gilt nur für das notarielle Testament, nicht auch für das privatschriftliche, § 2256 Abs. 3 BGB. Von der Rückgabe mit Widerrufswirkung ist die Vorlage lediglich zur **Einsichtnahme** zu unterscheiden. Auch die

---

210 BayObLGZ 83, 208.
211 BayObLG FamRZ 1986, 1045; ZErb 2003, 154; OLG Frankfurt/M. ZErb 2002, 49.
212 BayObLG FGPrax 2005, 26 = NJW-RR 2005, 525 = ZEV 2006, 33; vgl. auch *Scherer/Lehmann*, ZEV 2005, 321.
213 LG Duisburg NJW-RR 2005, 885 = ZEV 2006, 35.

Rücknahme erfordert **Testierfähigkeit** und kann ggf. angefochten werden.[214] Eine versehentliche Rückgabe führt nicht zum Widerruf.[215]

### 5. Konkludenter Widerruf, § 2258 BGB

Ein Testament wird kraft Gesetzes unwirksam, wenn es mit einem **später errichteten Testament** inhaltlich ganz oder teilweise in **Widerspruch** steht. Die Widerrufswirkung ist **gesetzliche Folge**, kein rechtsgeschäftlicher Vorgang. Deshalb kommt es auch nicht darauf an, ob der Erblasser den Widerruf wollte oder ob er das frühere Testament lediglich vergessen hatte.[216]

> **Beispiel**
> Im ersten Testament wurden A, B und C je zu ⅓ zu Miterben eingesetzt. Im zweiten Testament werden die Erbeinsetzungen von B und C widerrufen. Jetzt wird A aufgrund des ersten Testaments Alleinerbe.[217]

### 6. Widerruf des Widerrufs

Wird das Widerrufstestament seinerseits widerrufen, so ist im Zweifel das Ausgangstestament wirksam (§ 2257 BGB), als ob es nicht widerrufen worden wäre. Diese Regel gilt nur für das Widerrufstestament des § 2254 BGB, nicht auch für andere Arten des Widerrufs.[218] Aus § 2258 Abs. 2 BGB ergibt sich, dass das Ausgangstestament ex tunc wirksam wird („wie wenn es nicht aufgehoben worden wäre").

§ 2257 BGB ist eine **Auslegungsregel**, d.h. die **Vermutung ist widerlegbar**. Wird aber das Ausgangstestament nicht wieder wirksam, dann tritt **gesetzliche Erbfolge** ein.

Beim eigenhändigen Testament genügen Ausradieren oder bloße Unterpunktierung der Durchstreichung nicht. Notwendig ist ein eigenhändiger Vermerk mit Unterschrift, z.B.: „Wieder gültig Ort, Datum, Unterschrift".

### 7. Anfechtung des Widerrufs

Das Widerrufstestament kann nach den allgemeinen Testamentsanfechtungsregeln der §§ 2078 ff. BGB angefochten werden. Auch die Rücknahme eines notariellen Testaments aus der amtlichen Verwahrung (§ 2256 BGB) ist – weil sie Widerrufscharakter hat – anfechtbar.

Die Wirkungen der Anfechtung des Widerrufs erstrecken sich nur auf diejenigen Verfügungen, deren Wiederherstellung dem Anfechtungsberechtigten unmittelbar zustatten kommt, § 2080 BGB. Nur sie verlieren ihre Wirksamkeit, während die übrigen gem. § 2085 BGB wirksam bleiben.

## VII. Anfechtung eines Testaments, §§ 2078 ff. BGB

### 1. Vorrang der Auslegung

Für die Anfechtung eines Testaments gelten nicht die allgemeinen Vorschriften der §§ 119–124 BGB, sondern die Spezialregeln der §§ 2078 ff. BGB. Die **Auslegung** geht der Anfech-

---

214 BGHZ 23, 211; KG NJW 1970, 612; BayObLG FamRZ 1990, 1404.
215 Palandt/*Edenhofer*, § 2256 BGB Rn 3.
216 BGH NJW 1987, 902.
217 BayObLG NJW-RR 1987, 267.
218 BayObLGZ 1973, 35.

tung vor. Erst wenn mit Hilfe der Auslegungsregeln der §§ 133, 2084 BGB der wirkliche oder hypothetische Wille des Erblassers nicht festgestellt werden kann, sind die Voraussetzungen einer Anfechtung zu prüfen.[219] Dem Erblasserwillen soll in erster Linie Geltung verschafft werden („**Anfechtung kassiert, Auslegung reformiert**").

## 2. Anfechtungstatbestände

### a) Erklärungs- und Inhaltsirrtum

177 Wie § 119 Abs. 1 BGB so sieht auch § 2078 Abs. 1 BGB eine Anfechtungsmöglichkeit vor bei **Erklärungs- und Inhaltsirrtum**. Wille und Erklärung des Erblassers decken sich nicht. Der Erblasser will nicht, was er tatsächlich erklärt hat. Einem Inhaltsirrtum kann bei einem gemeinschaftlichen Testament der Irrtum über die eintretende Bindung des Überlebenden nach dem Tod des ersten Erblassers gleichstehen – mit Beweislast für denjenigen, der den Irrtum behauptet.[220]

178 Zwischen falscher Vorstellung des Erblassers und der Verfügung muss ein **Kausalzusammenhang** bestehen. Es muss festgestellt werden können, dass der Erblasser nach seiner **subjektiven Denkweise** die Verfügung bei **Kenntnis der wahren Sachlage** nicht getroffen hätte. Das objektive Moment der verständigen Würdigung des Falles – wie bei § 119 BGB – ist unerheblich. Zu prüfen ist also, ob die Verfügung – einmal existent – im Ergebnis vom Erblasser seinerzeit nicht doch gebilligt worden wäre.

### b) Motivirrtum

179 Im Testamentsrecht ist, anders als bei § 119 Abs. 2 BGB, der **Motivirrtum ganz allgemein** ein Anfechtungsgrund und nicht nur der Eigenschaftsirrtum, § 2078 Abs. 2 BGB. „Irrige Annahme" in § 2078 Abs. 2 BGB bezieht sich auf die Vergangenheit, „Erwartung des Eintritts oder Nichteintritts eines Umstandes" auf die Zukunft.[221] Der Grund für die großzügige Zulassung des Motivirrtums als Anfechtungsgrund liegt zum einen darin, dass beim Testament auf die Interessen eines Erklärungsempfängers keine Rücksicht zu nehmen ist und zum anderen, dass testamentarische Anordnungen freigebige Zuwendungen sind. Deshalb ist auch kein Ersatz des negativen Interesses vorgesehen.

Auch hier ist ein **Kausalzusammenhang** erforderlich: Es muss festgestellt werden können, dass der Erblasser **subjektiv** bei Kenntnis der wahren Sachlage oder der wirklichen Entwicklung der für die Motivierung maßgeblichen Umstände die Verfügung nicht getroffen haben würde.

### c) Täuschung und Drohung

180 Die Anfechtungsmöglichkeit wegen **Drohung** ist in § 2078 Abs. 2 BGB ausdrücklich geregelt;[222] **Täuschung** fällt als Motivirrtum unter § 2078 Abs. 2 BGB.

---

219 BGH LM Nr. 1 zu § 2100 BGB NJW 1978, 264.
220 BayObLG FamRZ 2003, 259.
221 BGH NJW 1963, 247; BayObLG Rpfleger 1984, 66; BGH LM Nr. 4 und 8 zu § 2078 BGB; FamRZ 1983, 898; OLG München NJW 1983, 2577; OLG Frankfurt FamRZ 1993, 613 m.w.N.; OLG Hamm FamRZ 1994, 849.
222 Vgl. zu den Voraussetzungen einer Anfechtung wegen Drohung: KG FamRZ 2000, 912.

### d) Hinzutreten weiterer Pflichtteilsberechtigter

Einen **qualifizierten Irrtum im Motiv** wegen Hinzutretens eines Pflichtteilsberechtigten behandelt § 2079 BGB. Das Gesetz geht davon aus, der Erblasser rechne bei der Testamentserrichtung nicht mit dem Vorhandensein **weiterer Pflichtteilsberechtigter** beim Erbfall als den ihm im Zeitpunkt der Testamentserrichtung bekannten. Wenn er sich darin irrt (spätere Geburt, Eheschließung, Minderjährigenadoption), so wird **vermutet**, er hätte bei vorausschauender Kenntnis einer solchen Veränderung den Pflichtteilsberechtigten nicht übergangen. Weiter wird vermutet, für die Testamentserrichtung mit dem den betreffenden Pflichtteilsberechtigten nicht berücksichtigenden Inhalt sei der Irrtum **kausal** gewesen. Wer die Kausalität leugnet und behauptet, das Testament wäre auch bei Kenntnis der späteren Pflichtteilsberechtigung so errichtet worden, hat dafür die **Beweislast**.

181

### 3. Beweislast

Für die Irrtumstatbestände des § 2078 BGB trägt derjenige die Beweislast, der sich auf die Anfechtung der letztwilligen Verfügung beruft.[223] Die Anhaltspunkte für den Willensmangel müssen sich nicht aus der Verfügung von Todes wegen selbst ergeben.[224]

182

Das in § 2079 BGB normierte Anfechtungsrecht des übergangenen Pflichtteilsberechtigten ist ein Sonderfall des Motivirrtums und ergänzt damit § 2078 Abs. 2 BGB. § 2079 BGB enthält eine Vermutung für das Vorliegen eines Motivirrtums in den dort geregelten Fällen und führt damit in seinem Anwendungsbereich zu einer Beweislastumkehr.

183

### 4. Anfechtungsberechtigte

Anfechtungsberechtigt ist jeder, dem die Anfechtung der Verfügung unmittelbar zustatten kommt, also bspw. der gesetzliche Erbe, der Ersatzerbe, der Beschwerte bei Vermächtnisanordnung. **Mehrere Anfechtungsberechtigte** sind je einzeln anfechtungsberechtigt. Der Erblasser selbst hat kein Anfechtungsrecht, er kann das Testament widerrufen. Anders beim **Erbvertrag**: Dort hat auch der Erblasser wegen der bestehenden Bindung ein Anfechtungsrecht, §§ 2281 ff. BGB. Diese Vorschrift wird auf das bindend gewordene gemeinschaftliche Testament, das nicht nur von Ehegatten, sondern auch von eingetragenen Lebenspartnern errichtet werden kann (§ 2265 BGB, § 10 LPartG), analog angewandt.[225]

184

### 5. Anfechtungsfrist

**Die Anfechtungsfrist** beträgt **ein Jahr** seit Kenntnis vom Anfechtungsgrund (Erbfall, Berufungsgrund, Irrtum, Bedrohung), längstens 30 Jahre seit Erbfall, § 2082 BGB.

185

**Ausnahme: Einredeweise** kann die Anfechtung bspw. gegen einen Vermächtnisanspruch auch nach Ablauf der Anfechtungsfrist geltend gemacht werden, § 2083 BGB.

---

223 BayObLG FamRZ 1977, 347; KG FamRZ 1977, 271; vgl. zu den Beweisanforderungen BayObLG ZErb 2003, 154; FamRZ 2003, 259.
224 BGH NJW 1965, 584.
225 BGHZ 37, 333; BGH FamRZ 1970, 71.

### 6. Umfang der Anfechtung

186 Die Anfechtungserklärung erfasst **alle Anfechtungsgründe**, wenn sie nicht auf Einzelne beschränkt ist.

### 7. Adressat der Anfechtungserklärung

187 Adressat der Anfechtungserklärung ist **das Nachlassgericht**, soweit Erbeinsetzung, Enterbung, Testamentsvollstreckung oder Aufhebung einer solchen Anordnung betroffen sind (§ 2081 BGB), weil das Nachlassgericht im Erbscheinsverfahren (§§ 2353 ff. BGB) und im Verfahren auf Erteilung eines Testamentsvollstreckerzeugnisses (§ 2368 BGB) zuverlässig die Erbfolge bzw. eine angeordnete Testamentsvollstreckung beurteilen können muss. Im Übrigen ist Adressat der Anfechtungserklärung **der Anfechtungsgegner**, dem der Vorteil unmittelbar entzogen wird (§ 143 Abs. 1 BGB), insbesondere bei **Vermächtnisanordnung** der Vermächtnisnehmer.

### 8. Form der Anfechtungserklärung

188 Eine **Form** ist für die Anfechtung nicht vorgeschrieben. Anders beim Erbvertrag und beim gemeinschaftlichen Testament; dort muss die Anfechtungserklärung notariell beurkundet sein, § 2282 Abs. 3 BGB.[226]

### 9. Rechtswirkung der Anfechtung

#### a) Beim Erklärungs-, Inhalts- und Motivirrtum, § 2078 BGB

189 Es tritt **rückwirkende Nichtigkeit** ein (§ 142 BGB), jedoch nur der **betreffenden Verfügung**, nicht des ganzen (einseitigen) Testaments (§ 2085 BGB). Bei einem gemeinschaftlichen wechselbezüglichen Testament oder Erbvertrag hat die Nichtigkeit einer Verfügung die Unwirksamkeit der korrespondierenden Verfügung in einem gemeinschaftlichen Testament bzw. des ganzen Erbvertrags zur Folge, §§ 2270 Abs. 1, 2298 Abs. 1 BGB; vgl. den Fall aus der Rechtsprechung unter Rn 214.

#### b) Beim Irrtum in Bezug auf das Hinzutreten eines Pflichtteilsberechtigten, § 2079 BGB

190 Die **Wirkung der Anfechtung** reicht nur so weit, als der Anfechtungsberechtigte begünstigt wird. Er erlangt den **vollen gesetzlichen Erbteil**. Die Anfechtung wirkt nicht auch zugunsten anderer gesetzlicher Erben, z.B. nicht zugunsten von Ausgeschlossenen, weil die einzelne Verfügung nur insoweit von der Anfechtung erfasst wird, als sie sich nachteilig für den Pflichtteilsberechtigten auswirkt (vgl. nachfolgend Rn 191 ff. zur Anfechtung durch den Erblasser selbst bei bindenden Verfügungen von Todes wegen).[227]

---

[226] Zur analogen Anwendung auf das gemeinschaftliche Testament vgl. OLG Düsseldorf DNotZ 1972, 42.
[227] BayObLG NJW 1971, 1567.

## VIII. Anfechtung bindender Verfügungen wegen Hinzutretens weiterer Pflichtteilsberechtigter, § 2079 BGB

### 1. Anfechtung durch den Erblasser

#### a) Allgemeines

Der Selbstanfechtung von testamentarisch oder vertraglich bindend gewordenen Verfügungen durch den Erblasser selbst kommt in der Praxis einige Bedeutung zu. § 2281 Abs. 1 BGB gewährt dem Erblasser eine Anfechtungsmöglichkeit, deren Tatbestände grundsätzlich dieselben sind wie bei der Testamentsanfechtung, §§ 2281, 2078, 2079 BGB.[228] Dies ist ein entscheidender Unterschied zum Anfechtungsrecht beim Einzeltestament. Dort kann der Erblasser jederzeit seine Erklärung widerrufen, deshalb hat er selbst kein Anfechtungsrecht; vielmehr kann dies nur Dritten zustehen. Dies hat andererseits aber auch zur Folge, dass der Erblasser einseitig im Erbvertrag (§ 2299 BGB) getroffene Verfügungen nicht anfechten kann, weil ihm insoweit ebenfalls die Widerrufsmöglichkeit offen steht (§ 2299 Abs. 2 BGB).

Da es beim Erbvertrag verschiedene Vertragstypen gibt, ist eine Einzelbetrachtung erforderlich. So geht das Gesetz im Allgemeinen vom einseitigen Erbvertrag aus (§ 2274 BGB), es kennt jedoch auch die Sonderform des Ehegattenerbvertrags (§§ 2280, 2292 BGB) und sonstige zweiseitige Erbverträge (§ 2298 BGB).

#### b) Einseitiger Erbvertrag; Selbstanfechtungsrecht des Erblassers

##### aa) Vertragliche Verfügungen von Todes wegen

Mit erbvertraglich bindender Wirkung können nur Erbeinsetzung, Vermächtnisanordnung und Auflagenanordnung vereinbart werden, § 2278 Abs. 2 BGB. Da nur insoweit eine vertragliche Bindung entstehen kann, kann sich das Selbstanfechtungsrecht des Erblassers auch nur auf solche Anordnungen beziehen. Sind die Regelungen im Erbvertrag zur Frage der Reichweite der Bindung nicht eindeutig, so muss die Frage, ob eine Bindung gewollt ist oder nicht, durch Auslegung ermittelt werden (§§ 133, 157 BGB). Es gibt auch Verfügungen, bezüglich derer der Erblasser sich einen Änderungsvorbehalt in den Vertrag hat aufnehmen lassen; solange von der Änderungsmöglichkeit kein Gebrauch gemacht wurde, ist die betreffende Verfügung bindend.[229]

##### bb) Anfechtungsgründe

Anfechtungsgründe können sein: Irrtum, Drohung oder Täuschung (§§ 2281 Abs. 1, 2078 BGB) oder das Übergehen eines Pflichtteilsberechtigten als vom Gesetz vermuteter Irrtum (§§ 2281 Abs. 1, 2079 BGB). Voraussetzung für eine Anfechtung wegen des Übergehens eines Pflichtteilsberechtigten ist aber, dass dieser zum Zeitpunkt der Anfechtung noch vorhanden ist, § 2281 Abs. 1 Hs. 2 BGB.

**Anfechtung des Ehegatten-Erbvertrags nach der Trennung der Eheleute:** Ist ein Rücktrittsrecht nicht vorbehalten (§ 2293 BGB) und liegen auch die Voraussetzungen für ein gesetzliches Rücktrittsrecht (§§ 2294, 2295 BGB) nicht vor, so kommt eine Anfechtung wegen Motivirrtums gem. §§ 2281, 2078 Abs. 2 BGB in Betracht. § 2281 Abs. 1 BGB gewährt dem Erblasser eine Anfechtungsmöglichkeit, deren Tatbestände grundsätzlich dieselben sind wie bei der Testamentsanfechtung, §§ 2281, 2078, 2079 BGB. Im Falle der Trennung

---

228 Vgl. hierzu ausführlich *Krebber*, DNotZ 2003, 20 und *Veit*, NJW 1993, 1534.
229 *Veit*, NJW 1993, 1543, 1553.

der Eheleute ist die Tatsache der Trennung ein Irrtum über einen künftigen Umstand i.S.v. § 2078 Abs. 2 BGB (Annahme, man werde weiterhin nicht getrennt leben).

194 **Form und Frist der Anfechtung:** Die Anfechtung muss durch den Erblasser persönlich erklärt werden, § 2282 Abs. 1 BGB; für einen geschäftsunfähigen Erblasser handelt der gesetzliche Vertreter mit Genehmigung des Vormundschaftsgerichts, § 2282 Abs. 2 BGB. Die Anfechtungserklärung bedarf der notariellen Beurkundung, § 2282 Abs. 3 BGB, und muss zu Lebzeiten des Vertragspartners diesem gegenüber erklärt werden, § 143 Abs. 2 BGB, nach dem Tod des Vertragspartners gegenüber dem Nachlassgericht, § 2281 Abs. 2 BGB. Die Anfechtungsfrist beträgt ein Jahr, § 2283 Abs. 1 BGB, und beginnt im Falle eines Irrtums mit Kenntnis vom Irrtum, § 2282 Abs. 2 BGB, im Falle der Drohung mit Beendigung der Zwangslage.

Die Jahresfrist zur Anfechtung des Erbvertrags ist eine Ausschlussfrist. Sie kann weder verlängert noch kann gegen ihre Versäumung Wiedereinsetzung in den vorigen Stand gewährt werden. Deshalb muss der Rechtsberater, der wegen einer in Betracht kommenden Anfechtung aufgesucht wird, rasch alle denkbaren Umstände aufklären.

195 Die Anfechtungserklärung muss dem anderen Vertragsteil in Ausfertigung zugehen, beglaubigte Abschrift reicht nicht.[230] Dies muss überwacht werden.

### cc) Rechtswirkungen der Anfechtung

196 Es gilt der allgemeine Grundsatz, wonach die wirksame Anfechtung zur Unwirksamkeit der Erklärung führt (§ 142 Abs. 1 BGB). Ist die Anfechtung in der erforderlichen Form und fristgemäß dem richtigen Anfechtungsgegner (§§ 143 Abs. 2, 2281 Abs. 2 S. 1 BGB) zugegangen, so ist eine Rücknahme nicht mehr möglich, weil sie als Gestaltungserklärung ihre Rechtswirkungen damit entfaltet hat; eine Bestätigung des Erbvertrags ist damit nicht mehr möglich (§ 2284 BGB).

### c) Bestätigung eines anfechtbaren Erbvertrags

197 Wurde ein eigentlich bestehendes Anfechtungsrecht nicht ausgeübt, so kann der anfechtbare Erbvertrag vom Erblasser bestätigt werden, § 2284 BGB. Die Möglichkeit einer Bestätigung nach § 2284 BGB erstreckt sich nur auf vertragliche Verfügungen, weil einseitige Verfügungen ohnehin jederzeit widerruflich sind. Die Ausübung der Bestätigung kann nur höchstpersönlich durch den Erblasser erfolgen, § 2284 S. 1 BGB.

198 Da die Ausübung des Anfechtungsrechts einer einjährigen Ausschlussfrist unterliegt (§§ 2282, 2283 BGB), käme auch das Verstreichenlassen der Anfechtungsfrist in Betracht. Damit würde der Erblasser dasselbe Ergebnis wie mit einer Bestätigung erreichen. Stirbt der Erblasser jedoch vor Ablauf der Anfechtungsfrist, so könnten dritte Personen nach §§ 2285, 2080 BGB das Anfechtungsrecht noch ausüben. Dies wäre jedoch dann ausgeschlossen, wenn der Erblasser vorher die anfechtbaren Bestimmungen bestätigt gehabt hätte. Für die Form der Bestätigung gilt die allgemeine Vorschrift des § 144 Abs. 2 BGB, d.h. die Bestätigung ist formlos möglich.

---

230 BayObLGZ 1963, 260.

### d) Verzicht auf das Anfechtungsrecht

Möglich ist aber auch ein Verzicht von Seiten des Erblassers auf künftige noch nicht bekannte Anfechtungsgründe. Ein solcher Verzicht ist grundsätzlich im Hinblick auf die Anfechtungsmöglichkeit nach § 2079 BGB (Übergehen eines Pflichtteilsberechtigten) vorsichtig zu handhaben, damit der Erblasser oder der Pflichtteilsberechtigte auf unvorhergesehene Situationen noch reagieren kann.

199

### e) Anfechtung des zweiseitigen und mehrseitigen Erbvertrags

Bei gegenseitigen Erbverträgen, insbesondere bei Ehegattenerbverträgen und Lebenspartnererbverträgen, geben beide oder alle Vertragspartner Willenserklärungen auf den Todesfall ab. Für jeden von ihnen gelten die Vorschriften über die Erblasseranfechtung.[231]

200

#### aa) Anfechtungserklärung

Die Anfechtungserklärung ist gegenüber dem bzw. den anderen Vertragschließenden abzugeben, § 143 Abs. 2 BGB. Nach dem Tod eines Erblassers sind diejenigen Verfügungen, die zu seinen Gunsten angeordnet wurden, nicht mehr anfechtbar; sie sind gegenstandslos geworden. Hat der überlebende Erblasser oder haben die überlebenden Erblasser zugunsten dritter Personen Verfügungen getroffen, so müssen diese gegenüber dem Nachlassgericht des bereits verstorbenen Erblassers angefochten werden, § 2281 Abs. 2 BGB. Ficht der überlebende Erblasser als Dritter im Sinne der §§ 2279 Abs. 1, 2080 BGB Verfügungen des bereits verstorbenen Erblassers an, die zugunsten eines Dritten vorgenommen wurden, so ist die Anfechtungserklärung entweder gegenüber dem Beschwerten, wenn es sich um ein Vermächtnis handelt (§ 143 Abs. 4 S. 1 BGB) oder gegenüber dem Nachlassgericht abzugeben, wenn es sich um Erbeinsetzungen und Testamentsvollstreckungsanordnungen handelt (§ 2281 Abs. 1 und 3 BGB), denn das Nachlassgericht muss im Erbscheinsverfahren (§§ 2353 ff. BGB) die Erbfolge zuverlässig beurteilen können bzw. im Verfahren auf Erteilung eines Testamentsvollstreckerzeugnisses (§ 2368 BGB) die Testamentsvollstreckung.

201

#### bb) Frist

Die Anfechtungsfrist des § 2283 Abs. 1 BGB läuft für jeden anfechtungsberechtigten Erblasser gesondert. Für den Beginn des Fristenlaufs kommt es auf die Kenntnis des jeweiligen Erblassers an.

202

#### cc) Rechtswirkungen der erklärten Anfechtung

Nach der allgemeinen Vorschrift des § 142 Abs. 1 BGB wird die angefochtene Verfügung von Anfang an nichtig. Beim gegenseitigen Erbvertrag (§ 2298 BGB) erfasst die damit eingetretene Nichtigkeit den gesamten Vertrag. § 2298 BGB enthält eine Vermutung für die Wechselbezüglichkeit vertraglicher Verfügungen in einem gegenseitigen Erbvertrag. Dabei kommt es nicht darauf an, ob die Erblasser sich gegenseitig oder dritte Personen vertraglich zu Erben eingesetzt oder andere vertraglich zulässige Anordnungen getroffen haben.

203

Diese Regelung des § 2298 BGB ist allerdings nicht zwingender Natur, die Erblasser können sie im Erbvertrag abbedingen; eine Nicht-Wechselbezüglichkeit kann sich auch durch Auslegung ergeben. Schadensersatzpflicht des Erblassers bei Selbstanfechtung: Ob der Erblasser

204

---

231 Vgl. *Rohlfing/Mittenzwei*, ZEV 2003, 49.

bei Irrtumsanfechtung eines Erbvertrags einem Schadensersatzanspruch gem. § 122 BGB ausgesetzt ist, ist streitig.[232]

### dd) Ausschluss des Anfechtungsrechts

205 Die Regeln über die Bestätigung eines anfechtbaren Erbvertrags gelten auch hier, wobei jeder Erblasser für sich allein seine anfechtbare Verfügung bestätigen kann. Die Rechtsprechung hat die Möglichkeit der Anfechtung nach dem Tod des Erblassers beim gegenseitigen Erbvertrag dadurch erschwert, dass sie bei der Anwendung des § 2079 S. 2 BGB (Übergehen eines Pflichtteilsberechtigten) auf den hypothetischen Willen des vorverstorbenen Erblassers Rücksicht nimmt.[233] Die Tendenz der Rechtsprechung zu restriktiver Handhabung des Anfechtungsrechts erklärt sich daraus, dass nach dem Tod eines Erblassers beim gegenseitigen Erbvertrag dessen erbvertragliche Anordnungen bereits wirksam geworden sind. Es besteht eine gewisse Vermutung dafür, dass es dem Willen des vorverstorbenen Erblassers nicht entsprochen hätte, wenn der Erbvertrag rückwirkend auf seinen Todesfall wieder entfiele. Würde eine solche rückwirkende Unwirksamkeit angenommen werden, so wäre der Erbe des vorverstorbenen Erblassers von Anfang an nicht Erbe geworden, auch nicht etwa Vorerbe; vielmehr wäre er Erbschaftsbesitzer gewesen. Wäre ihm die Anfechtbarkeit sogar bekannt gewesen oder infolge grober Fahrlässigkeit unbekannt geblieben, so würde er als bösgläubiger Erbschaftsbesitzer nach verschärften Grundsätzen haften (§§ 2024, 932 Abs. 2, 142 Abs. 2 BGB).

206 Auch aus diesen Gründen, die zu einschneidenden Rechtsfolgen führen, sollte im Einzelfall erwogen werden, Anfechtungsrechte insbesondere für die Fälle des § 2079 BGB auszuschließen. Allerdings ist grundsätzlich Vorsicht geboten, denn der Erblasser oder dritte Anfechtungsberechtigte sollten auf unvorhergesehene Situationen noch reagieren können.

### ee) Beweislast für den Selbstanfechtungsverzicht

207 Dazu das BayObLG, Beschluss vom 20.12.2000:[234]

> „Bei der Selbstanfechtung eines gemeinschaftlichen Testaments durch den überlebenden wieder verheirateten Ehegatten genügt zur Begründung des Anfechtungsausschlusses gem. § 2079 S. 2 BGB nicht die Heranziehung der Motive, die den anfechtenden Ehegatten zu der getroffenen Verfügung veranlasst haben; vielmehr müssen die vor, bei und nach der Testamentserrichtung erkennbaren Umstände die Folgerung zulassen, dass er bei Kenntnis der Wiederverheiratung die spätere Ehefrau enterbt hätte. Gibt es hierfür keine hinreichenden Anhaltspunkte, bleibt es bei der gesetzlichen Vermutung des § 2079 Satz 1 BGB."

## 2. Anfechtbarkeit einseitiger Verfügungen

208 Für diejenigen Erklärungen des Erblassers im Erbvertrag, die den Charakter einseitiger Verfügungen von Todes wegen haben, bedarf es der Anfechtung nicht, weil sie vom Erblasser nach den allgemeinen Vorschriften des Testamentsrechts widerrufen werden können. Für die Anfechtung solcher Verfügungen von Todes wegen durch Dritte gelten die allgemeinen Testamentsanfechtungsvorschriften der §§ 2078 ff. BGB.

---

232 Verneinend: OLG München ZEV 1998, 69; bejahend: *Mankowski*, ZEV 1998, 46.
233 OLG Hamm Rpfleger 1978, 179.
234 ZEV 2001, 314.

## 3. Anfechtung des gemeinschaftlichen Testaments bzw. Erbvertrags durch Dritte

Nach dem Erbfall kann derjenige, dem die Aufhebung der letztwilligen Verfügung unmittelbar zustatten kommen würde, nach allgemeinen Testamentsregeln anfechten, §§ 2080, 2285 BGB. Es gelten die Vorschriften der §§ 2078 ff. BGB. Allerdings kann der Dritte nur anfechten, wenn der Erblasser selbst sein Anfechtungsrecht noch nicht verloren hatte.

Das Anfechtungsrecht steht aber nur der von dem Irrtum betroffenen Person zu. § 2080 Abs. 2 BGB schränkt das Anfechtungsrecht insofern ein. Dritte sollen aus einer Fehlmotivation dann keinen Vorteil ziehen dürfen, wenn die Person, auf die sich der Irrtum bezieht, es bei der Gültigkeit der Verfügung belassen will.[235]

## 4. Vier Fälle aus der Rechtsprechung

### a) Kenntnis des Erblassers vom Anfechtungsgrund trotz Rechtsirrtums über die Bindungswirkung des Ehegattentestaments

Beschluss des OLG Frankfurt vom 1.7.1999:[236]

> „Die einjährige Frist zur Anfechtung wechselbezüglicher Verfügungen in einem gemeinschaftlichen Testament wegen Übergehens der zweiten Ehefrau (§§ 2283 Abs. 2 S. 1 Alt. 2, 2079 BGB) beginnt auch dann im Zeitpunkt der neuen Eheschließung, wenn der Erblasser sich im Hinblick auf die Wiederverheiratung irrtümlich nicht mehr an das gemeinschaftliche Testament gebunden glaubte."

Bei einem gemeinschaftlichen Testament erstreckt sich die Wechselbezüglichkeit nicht zwangsläufig auf das gesamte Testament. Sie ist vielmehr für jede einzelne in dem Testament getroffene Verfügung gesondert zu prüfen. Entscheidend ist der Wille der Testierenden.

Wenn sich kinderlose Ehegatten gegenseitig bedenken und bestimmen, nach dem Tod des Längstlebenden solle das beiderseitige Vermögen teils an Verwandte des Mannes, teils an Verwandte der Ehefrau fallen, ist ein deutlicher Anhaltspunkt dafür gegeben, dass die Einsetzung der Gatten zueinander wechselbezüglich sein soll, außerdem aber auch die Einsetzung der Verwandten des anderen Gatten, § 2270 Abs. 2 BGB. Mangels anderer Anhaltspunkte haben die Zuwendungen an die Verwandten der vorverstorbenen Ehefrau für den Erblasser wechselbezüglichen Charakter. Diese Verfügungen konnte der Erblasser, nachdem er die Erbschaft seiner ersten Ehefrau angenommen hatte, durch das spätere notarielle Testament nicht widerrufen oder aufheben, § 2271 Abs. 2 S. 1 BGB.

Dies gilt jedoch nicht ohne weiteres für die im Verhältnis zu seinen eigenen Verwandten getroffenen Verfügungen des Erblassers. Hier ist zu prüfen, ob diese Einsetzung mit der Einsetzung des Ehegatten wechselbezüglich sein soll. Dabei spricht allein der Grad der Verwandtschaft oder Schwägerschaft weder für die Wechselbezüglichkeit noch gegen sie.[237] Im Zweifel erstreckt sich die Wechselbezüglichkeit nicht auf die Einsetzung der Verwandten des überlebenden Ehegatten.[238] In einem solchen Fall ist der überlebende Ehegatte an die Erbeinsetzung der eigenen Verwandten nicht gebunden.

Die zweite Ehefrau des Erblassers konnte die wechselbezüglichen und damit gem. § 2271 Abs. 2 BGB mit dem Tode der ersten Ehefrau unwiderruflich gewordenen letztwilligen

---

235 BayObLG FamRZ 2002, 1226.
236 OLG Frankfurt NJWE-FER 2000, 37 = ZEV 2000, 106.
237 BayObLG NJW-RR 1992, 1223 = FamRZ 1992, 1102.
238 BGH FamRZ 1961, 76; Palandt/*Edenhofer*, § 2270 BGB Rn 7, 10.

Verfügungen nach § 2079 BGB anfechten, weil sie erst nach Errichtung des gemeinsamen Testaments pflichtteilsberechtigt geworden ist. Da diese Anfechtung den Einschränkungen unterliegt, die gem. §§ 2281–2285 BGB für den Erbvertrag gelten, ist zu prüfen, ob der Erblasser im Zeitpunkt seines Todes sein Anfechtungsrecht bereits verloren hatte, weil die einjährige Anfechtungsfrist zu diesem Zeitpunkt bereits abgelaufen war.[239] Nach § 2283 Abs. 2 S. 1 Alt. 2 BGB beginnt die Frist zu laufen, sobald der Anfechtungsberechtigte Kenntnis vom Anfechtungsgrund hat.

Der Zeitpunkt für den Lauf der Anfechtungsfrist ist hier der Tag der Eheschließung (§§ 2281 Abs. 1, 2079 BGB).

Sollte der Erblasser irrtümlich angenommen haben, wegen seiner erneuten Heirat sei er nicht mehr an das gemeinschaftliche Testament gebunden, so ist dieser Irrtum auf den Lauf der Frist ohne Einfluss (hochstreitig; Nachweise siehe OLG Frankfurt NJWE-FER 2000, 37 = ZEV 2000, 106).

b) Anfechtung einer wechselbezüglichen Verfügung durch den Erblasser nach dem Tod des erststerbenden Ehegatten

**Fall**[240]

214 Ein Ehepaar, aus dessen Ehe zwei Kinder hervorgegangen sind, errichtete im Jahr 1954 ein gemeinschaftliches Testament, durch das sie sich gegenseitig als befreite Vorerben und ihre beiden Kinder als Nacherben einsetzten. Die Ehefrau starb im Jahr 1971. Im Jahr 1972 heiratete der überlebende Witwer ein zweites Mal. Aus dieser Ehe gingen eine Tochter und ein Sohn hervor. Innerhalb eines Jahres nach der Geburt der Tochter focht der Witwer das gemeinschaftliche Testament von 1954 durch notarielle Erklärung gegenüber dem Nachlassgericht an. Aufgrund dessen ist die vorverstorbene erste Ehefrau kraft Gesetzes beerbt worden, vom Witwer zur Hälfte und von den erstehelichen Kindern zu je einem Viertel. Der Witwer starb 1998. Aufgrund seines formgültigen Testaments von 1996 wurde die zweite Ehefrau und jetzige Witwe seine Alleinerbin.

Die beiden erstehelichen Kinder wollen wissen, ob sie die zweite Ehefrau und jetzige Alleinerbin ihres Vaters auf Auskunft über den Bestand des Nachlasses der Mutter und über den Verbleib der Erbschaftsgegenstände in Anspruch nehmen können. Außerdem sind sie der Meinung, sie könnten Einräumung des Mitbesitzes am Nachlass der Mutter, Grundbuchberichtigung hinsichtlich der Nachlassgrundstücke und die Auseinandersetzung des Nachlasses nach ihrer Mutter verlangen.

215 **Lösung**

Der Witwer und Vater der beiden erstehelichen Kinder war Erbschaftsbesitzer. Nach dem Wortlaut des § 2018 BGB ist unter einem Erbschaftsbesitzer zu verstehen, wer aufgrund eines ihm in Wirklichkeit nicht zustehenden Erbrechts etwas aus der Erbschaft erlangt hat. Er hat mit der Anfechtung des Testaments von 1954 nicht nur – mit Rückwirkung auf den Erbfall der Mutter – die ihm ursprünglich zugedachte Rechtsstellung als Vorerbe in die Stellung eines gesetzlichen Miterben neben den gemeinschaftlichen erstehelichen Kindern verwandelt. Da er bis zur Anfechtung den Nachlass für sich als Vorerbe in Anspruch genommen hat, ist er auch mit der Anfechtung zugleich – rückschauend betrachtet – als Erbschaftsbesitzer anzusehen.

216 Der Vater hat den Nachlass der Mutter unter Inanspruchnahme eines ihm zustehenden Erbrechts als deren alleiniger Vorerbe erlangt. Darin lag zunächst keine unberechtigte Erb-

---

239 BayObLG FamRZ 1995, 1024.
240 Nach BGH FamRZ 1985, 1019 = NJW 1985, 3068.

anmaßung. Vielmehr war der Vater nach dem Tod seiner ersten Ehefrau tatsächlich deren alleiniger Vorerbe geworden. Das änderte sich jedoch mit der wirksamen Testamentsanfechtung im Jahr 1974. Infolge dieser Anfechtung sind die eigenen wechselbezüglichen Verfügungen des Vaters entsprechend §§ 2281, 2079, 142 Abs. 1 BGB als nichtig anzusehen, so dass gem. § 2270 Abs. 1 BGB auch die Einsetzung des Vaters zum Vorerben seiner ersten Ehefrau von Anfang an unwirksam ist. Mit diesem Wegfall des Erbrechts des Vaters erscheint demgemäß auch die Erlangung des Nachlasses der Mutter durch den Vater in einem anderen Lichte. Das Erbrecht des Vaters, das dieser im Zusammenhang mit der Erlangung des Nachlasses der Mutter für sich in Anspruch genommen hatte, bestand – infolge der rückwirkend eingetretenen Unwirksamkeit der entsprechenden Verfügung der Mutter – i.S.v. § 2018 BGB von vornherein „in Wirklichkeit nicht", so dass der Vater von Anfang an als Erbschaftsbesitzer angesehen werden muss.

Dementsprechend war der Vater den erstehelichen Kindern bis zuletzt zur Auskunft nach § 2027 Abs. 1 BGB verpflichtet. Nach der Rechtsprechung des BGH[241] geht diese Auskunftspflicht als Nachlassverbindlichkeit auf die Erben des Erbschaftsbesitzers über. Damit ist die zweite Ehefrau und jetzige Alleinerbin Schuldnerin des Auskunftsanspruchs geworden:

> „Die Auskunftspflicht ist allerdings insofern höchstpersönlicher Natur, als sie zu Lebzeiten des Verpflichteten grundsätzlich in Person erfüllt werden muss. Daraus folgt aber noch nicht, dass die Auskunftspflicht mit dem Tode des Verpflichteten unterginge. Die gesetzliche Ausgestaltung der Universalsukzession bringt es mit sich, dass die Erbschaft als Ganzes mit dem Erbfall auf die Erben übergeht, und zwar einschließlich der Verbindlichkeiten, die vom Erblasser herrühren (§ 1967 BGB).
> Dass der Erbe des Erbschaftsbesitzers im Allgemeinen geringere Kenntnis über den Umfang und den Verbleib der Erbschaft haben wird als sein Rechtsvorgänger, steht (der Vererblichkeit der Auskunftsverpflichtung) nicht entgegen. Vielmehr wird der Erbe sich in Fällen dieser Art anhand der für ihn erreichbaren Erkenntnismittel eigenes Wissen zu verschaffen oder solches zu vervollständigen haben."

c) Verlust des Anfechtungsrechts durch den Erblasser führt zum Verlust des Anfechtungsrechts Dritter

Beschluss des LG Stuttgart vom 20.4.1999:[242]

> „1. Die Schlusserbeneinsetzung juristischer Personen in einem gemeinschaftlichen Testament kann grundsätzlich eine wechselbezügliche Verfügung sein.
> 2. Bei einem wechselbezüglichen Testament steht das Anfechtungsrecht entgegen §§ 2079, 2080 Abs. 3 BGB einem Dritten nur dann zu, wenn das Anfechtungsrecht des Erblassers zum Zeitpunkt des Erbfalls nicht erloschen war."

*Sachverhalt:*

| | |
|---|---|
| 19.7.1995 | Kinderloses Ehepaar errichtet ein gemeinschaftliches Testament: |
| | – Gegenseitige Alleinerbeinsetzung, |
| | – der Zuletztsterbende setzt als Erben ein: |
| | 1. Freimaurerloge, |
| | 2. Katholische Kirche Diözese |

---

241 BGH FamRZ 1985, 1019.
242 LG Stuttgart ZEV 1999, 441.

                            3.      Evangelische Landeskirche
Okt. 1995           Tod des erststerbenden Ehepartners
25.7.1996           Der überlebende Ehepartner adoptiert K als Kind.
11.7.1998           Tod des überlebenden Ehepartners
29.7.1998           K ficht das Testament vom 19.7.1995 gem. § 2079 BGB an und beantragt
                    für sich die Erteilung eines Erbscheins als Alleinerbe.
12.11.1998          NachlG. erlässt Vorbescheid mit der Ankündigung, es beabsichtige, einen
                    Erbschein für die Freimaurerloge, die Diözese und die Evangelische Landeskirche zu je einem Drittel zu erteilen.

                    Dagegen wendet sich K.

**218** *Aus den Gründen:*

K steht kein gesetzliches Erbrecht als Abkömmling des Erblassers zu (§§ 1924 Abs. 1, 1754 Abs. 2, 1767 Abs. 2 BGB). Das gemeinschaftliche Testament und die darin enthaltene Erbeinsetzung der drei genannten Institutionen durch den Überlebenden konnte von K nicht erfolgreich angefochten werden. Seine Anfechtung vom 29.7.1998 als übergangener Pflichtteilsberechtigter gem. §§ 2079, 2080 Abs. 3 BGB greift wegen Fristablaufs ins Leere. Auf ein wechselbezügliches Testament sind die für den Erbvertrag geltenden Anfechtungsvorschriften entsprechend anzuwenden (RGZ 132, 1, 4).

Um wechselseitige Verfügungen i.S.v. § 2270 Abs. 1 BGB handelt es sich bei dem Testament vom 19.7.1995. Bei der Frage der Wechselbezüglichkeit kommt es auf den übereinstimmenden Willen beider Ehegatten zum Zeitpunkt der Testamentserrichtung an. Dieser ist im Wege der Auslegung zu ermitteln. Im vorliegenden Fall kommt dabei die Auslegungsregel des § 2270 Abs. 2 BGB nicht zum Tragen, da es sich bei den bedachten Institutionen nicht um Personen handelt, die mit einem der Ehegatten verwandt sind oder ihnen besonders nahe stehen. Im Falle der Erbeinsetzung von Institutionen ist im Allgemeinen eher davon auszugehen, dass keine Wechselbezüglichkeit vorliegen soll, sondern der Wille der Ehegatten dahin ging, den allgemeinen Grundsatz der Testierfreiheit dem Überlebenden zu erhalten (BayObLG FamRZ 1986, 604, 606).

Im vorliegenden Fall ergibt sich jedoch aus den Gesamtumständen etwas anderes. Das Unterbleiben einer Freistellung im Testament von 1995 zeigt den Wunsch der Ehegatten, sich gegenseitig endgültig zu binden. Bei einem wechselbezüglichen Testament steht das Anfechtungsrecht, entgegen §§ 2079, 2080 Abs. 3 BGB einem Dritten nur dann zu, wenn das ausnahmsweise gegebene Anfechtungsrecht des Erblassers (§ 2281 BGB) zum Zeitpunkt des Erbfalls nicht erloschen war (§ 2285 BGB).

Zum Zeitpunkt des Ablebens des E am 11.7.1998 war dessen Anfechtungsrecht gem. §§ 2281, 2079 BGB wegen Übergehung eines Pflichtteilsberechtigten nach Fristablauf erloschen. Die Anfechtung eines gemeinschaftlichen wechselbezüglichen Testaments ist nur binnen Jahresfrist möglich, §§ 2082 Abs. 1, 2283 Abs. 1 BGB, beginnend mit der Kenntnis vom Anfechtungsgrund, §§ 2082 Abs. 3, 2283 Abs. 2 BGB. Anfechtungsgrund ist die Adoption des K durch E. Kenntnis von diesem Umstand musste E spätestens mit Wirksamwerden der Adoption am 5.8.1996 haben. Bei Eintritt des Erbfalls am 11.7.1998 waren nahezu zwei Jahre verstrichen.

d) Anfechtungsgrund der „Drohung"

**219** Kammergericht, Beschluss vom 7.9.1999:[243]

---

243 KG FamRZ 2000, 912.

*"Die Äußerung eines Dritten gegenüber dem Erblasser, er werde nicht „in den Himmel kommen", stellt keine Drohung dar, da es sich hierbei nicht um die Ankündigung eines vom Willen des Dritten abhängigen künftigen Übels handelt."*

## 5. Muster: Klage auf Feststellung des Erbrechts nach erfolgter Testamentsanfechtung

An das
Landgericht
– Zivilkammer –

*Klage*

der

Frau

– Klägerin –

Prozessbevollmächtigter: Rechtsanwalt

gegen
1. Herrn
2. Herrn

– Beklagte –

Prozessbevollmächtigter: Rechtsanwalt

wegen Feststellung des Erbrechts.

Namens und in Vollmacht der Klägerin erhebe ich Klage gegen die Beklagten Ziff. 1 und 2 und bitte um Anberaumung eines frühen ersten Termins, für den ich die Stellung folgender Anträge ankündige:

Es wird festgestellt, dass die Klägerin Miterbin zu ¾ am Nachlass des am verstorbenen Herrn , geboren am , zuletzt wohnhaft gewesen in , geworden ist.

Falls die Voraussetzungen des § 331 Abs. 3 bzw. § 307 ZPO vorliegen, bitte ich um Erlass eines **Versäumnis- bzw. Anerkenntnisurteils** ohne mündliche Verhandlung.

*Begründung:*

Die Klägerin ist die Witwe des am verstorbenen , zuletzt wohnhaft gewesen in . Der Erblasser ist bei einem Verkehrsunfall ums Leben gekommen. Die Ehe zwischen ihm und der Klägerin war am geschlossen worden, seinerzeit war der Erblasser 40 Jahre alt und bis zu diesem Zeitpunkt noch nie verheiratet gewesen.

*Beweis:* Begl. Abschrift der Heiratsurkunde des Standesamts vom – Anlage K 1 –

Abkömmlinge hat der Erblasser nicht hinterlassen.

*Beweis:* Begl. Abschrift des Familienbuchs des Standesamts vom – Anlage K 2 –

Nach seinem Tode stellte sich heraus, dass der Erblasser am , also etwa zwei Jahre vor der Eheschließung mit der Klägerin, bei Notar in unter dessen UR-Nr. ein einseitiges Testament errichtet hatte, wonach er die beiden Beklagten, seine Neffen, je zur Hälfte zu Erben eingesetzt hat. Das Testament war beim Amtsgericht verwahrt worden, wurde von dort an das Nachlassgericht abgeliefert und von diesem am unter Az. eröffnet.

*Krug*

*Beweis:* Je eine beglaubigte Abschrift
    a) des bezeichneten notariellen Testaments – Anlage K 3 –
    b) der Eröffnungsniederschrift des Nachlassgerichts – Anlage K 4 –

Von diesem Testament war der Klägerin nichts bekannt, auch der Erblasser hat mit ihr darüber nie gesprochen. Möglicherweise war er der Ansicht, dass dieses Testament ohne weiteres mit der Eheschließung unwirksam geworden sei.

*Beweis:* Parteivernehmung der Klägerin

Unmittelbar nach Bekanntwerden des Testaments hat die Klägerin dieses Testament nach § 2079 BGB mit Erklärung vom ▬▬▬ angefochten. Die Anfechtungserklärung ist am ▬▬▬ beim Nachlassgericht ▬▬▬ eingegangen, was sich die Klägerin von dort hat bestätigen lassen.

*Beweis:* Anfechtungserklärung der Klägerin in den Nachlassakten des Nachlassgerichts ▬▬▬, Az. ▬▬▬, deren Beiziehung beantragt wird.

Da die Eheleute keinen Ehevertrag errichtet haben,

*Beweis:* Parteivernehmung der Klägerin,

der Erblasser keinerlei Abkömmlinge hinterlassen hat und auch seine Eltern nicht mehr leben, wohl aber seine Schwester, die Mutter der beiden Beklagten, wäre gem. §§ 1931 Abs. 1 und 3, 1371 Abs. 1, 1925 BGB gesetzliche Erbfolge in der Weise eingetreten, dass die Klägerin als Witwe des Erblassers Miterbin zu ¾ geworden wäre, die Schwester des Erblassers zu ¼.

Nach § 2079 BGB wird vermutet, dass sich der Erblasser bei der Errichtung eines Testaments dann im Irrtum befunden hat, wenn zum Zeitpunkt des Erbfalls ein Pflichtteilsberechtigter vorhanden ist, der bei Testamentserrichtung noch nicht als Pflichtteilsberechtigter vorhanden war. Behauptungen, die von dieser gesetzlichen Vermutung abweichen, sind von demjenigen zu beweisen, der sich darauf beruft. Zur Beweislast für den Selbstanfechtungsverzicht vgl. BayObLG, Beschluss vom 20.12.2000 (ZEV 2001, 314). Die Klägerin ist gem. § 2303 BGB Pflichtteilsberechtigte. Dies wurde sie erst durch die Eheschließung mit dem Erblasser, also nach der Errichtung seines Testaments. Zum Zeitpunkt der Testamentserrichtung, dem ▬▬▬, hatten sich die Klägerin und der Erblasser noch gar nicht gekannt.

*Beweis:* Parteivernehmung der Klägerin

Die Beklagten haben außergerichtlich geltend gemacht, der Erblasser habe das Testament nach der Eheschließung mit der Klägerin nicht geändert; daraus sei zu schließen, dass er es bei der testamentarisch angeordneten Erbfolge habe belassen wollen, denn er habe seit der Eheschließung immerhin zwei Jahre Zeit für eine Änderung gehabt.

Diese Behauptung widerspricht der gesetzlichen Beweislastverteilung.

Beim Amtsgericht ▬▬▬ als Nachlassgericht haben die Beklagten die Erteilung eines Erbscheins beantragt mit dem Inhalt, dass sie aufgrund des notariellen Testaments je zur Hälfte zu Miterben am Nachlass des Erblassers berufen sind. Dieses Erbscheinsverfahren ist noch nicht abgeschlossen, die Klägerin hat der Erteilung des Erbscheins widersprochen.

*Beweis:* Nachlassakten wie bezeichnet

Im vorliegenden Rechtsstreit kann dahingestellt bleiben, ob die Beklagten oder die Schwester des Erblassers neben der Klägerin zu Erben berufen sind, weil die Klägerin lediglich die Feststellung ihres Erbrechts zu ¾ am Nachlass des Erblassers begehrt, ohne dass im vorliegenden Verfahren auch etwas über das weitere Viertel ausgesagt werden müsste.

Es ist völlig unstreitig, dass das beim Nachlassgericht in Gang gesetzte Erbscheinserteilungsverfahren der Erhebung einer Feststellungsklage über das streitige Erbrecht nicht entgegensteht.

Zum Streitwert: Der Wert des Nachlasses beträgt ca. 100.000 EUR. Die begehrte Erbenfeststellung bezieht sich auf 75 % des Nachlasses. Als Streitwert, gemessen am klägerischen Interesse, kommen 80 % davon in Betracht (vgl. *Thomas/Putzo*, § 3 ZPO Rn 65 Stichwort „Feststellungsklage"; BGH NJW-RR 1988, 689). Demnach beträgt der Streitwert 60.000 EUR.

(Rechtsanwalt)

### 6. Muster: Stufenklage gegen Erbschaftsbesitzer (Erbenfeststellung, Auskunft, eidesstattliche Versicherung und Herausgabe)

An das
Landgericht
– Zivilkammer –

*Klage*

des

– Klägers –

Prozessbevollmächtigter: Rechtsanwalt

gegen

– Beklagten –

Prozessbevollmächtigter: Rechtsanwalt

Namens und in Vollmacht des Klägers erhebe ich Klage gegen den Beklagten und werde in dem zu bestimmenden Termin beantragen, für Recht zu erkennen:
1. Es wird festgestellt, dass der Kläger Alleinerbe des am         in         verstorbenen, zuletzt in         wohnhaft gewesenen Herrn         geworden ist.
2. Der Beklagte wird verurteilt, dem Kläger Auskunft zu erteilen
   a) über den Bestand des Nachlasses des in Ziff. 1 näher bezeichneten Erblassers zum Stichtag         , einschließlich Surrogaten und gezogenen Nutzungen und
   b) über den Verbleib der Nachlassgegenstände.
3. Für den Fall, dass die Auskunft nicht mit der erforderlichen Sorgfalt erteilt worden sein sollte, wird der Beklagte weiter verurteilt, zu Protokoll an Eides statt zu versichern, dass er nach bestem Wissen die Angaben so vollständig gemacht hat, wie er dazu imstande ist.
4. Der Beklagte wird weiter verurteilt, an den Kläger die sämtlichen zum Nachlass des in Ziff. 1 bezeichneten Erblassers gehörenden Gegenstände, deren nähere Bezeichnung nach Auskunftserteilung durch den Beklagten erfolgen wird, herauszugeben.

Falls die Voraussetzungen des § 331 Abs. 3 bzw. § 307 ZPO vorliegen, bitte ich um Erlass eines Versäumnis- bzw. Anerkenntnisurteils ohne mündliche Verhandlung, zunächst bezüglich der Klaganträge Ziff. 1 und Ziff. 2 als Teilurteil.

*Begründung:*

*I. Zulässigkeitsfragen*

*1. Zur örtlichen Zuständigkeit des angerufenen Gerichts*

Am         ist in         der zuletzt in         wohnhaft gewesene Herr         gestorben.
*Beweis:* Beglaubigte Abschrift der Sterbeurkunde vom         – Anlage K 1 –
Nach §§ 27, 12, 13 ZPO besteht der besondere Gerichtsstand der Erbschaft am letzten Wohnsitz des Erblassers.

*Krug*

## 2. Feststellungsinteresse

Zwischen den Parteien ist streitig, wer von ihnen Alleinerbe des Erblassers geworden ist. Die Alleinerbfolge als Rechtsverhältnis i.S.v. § 256 Abs. 1 ZPO bedarf der Klärung. Es bleibt den Parteien überlassen, ob sie die Erbfolge im Rahmen eines Erbscheinsverfahrens klären lassen oder durch Feststellungsklage (BGHZ 86, 41; NJW 1983, 277).

## 3. Stufenklage

Zwischen den Klageanträgen Ziff. 2, Ziff. 3 und Ziff. 4 besteht ein Stufenverhältnis i.S.d. § 254 ZPO.

## 4. Objektive Klagehäufung

Im Wege der objektiven Klagehäufung nach § 260 ZPO können die Stufenanträge Ziff. 2 und 3 mit dem Feststellungsantrag Ziff. 1 verbunden werden, weil für alle Anträge sowohl dasselbe Prozessgericht zuständig als auch dieselbe Prozessart zulässig ist.

## II. Zur Begründetheit der Klage

### 1. Sachverhalt

Der verwitwete und kinderlose Erblasser hat am           bei Notar           in           unter der UR-Nr.           ein notarielles Testament errichtet, worin er den Beklagten, seinen Großneffen, zu seinem Alleinerben eingesetzt hat.

Dieses Testament wurde am           durch das Nachlassgericht           unter dem Az.           eröffnet. Der Beklagte war bei der Testamentseröffnung anwesend und hat sofort zu Protokoll des Nachlassgerichts die Annahme der Alleinerbschaft erklärt.

Etwa zwei Monate nach dieser Testamentseröffnung erhielt der Kläger vom ehemaligen Steuerberater des Erblassers, Herrn Dipl.-Kfm.           , ein Schreiben vom           , worin ihm dieser mitteilte, der Erblasser habe ihm vor etwa zwei bis drei Jahren einen Briefumschlag zur Verwahrung übergeben mit der Bitte, diesen erst nach seinem Tode zu öffnen. Durch ein Büroversehen sei die Öffnung des Umschlags erst jetzt erfolgt. Dieser Umschlag enthielt ein privatschriftliches Testament, wonach das notarielle Testament vom           widerrufen und der Kläger zum Alleinerben eingesetzt wurde, weil sich der Beklagte seit Jahren nicht mehr um den Erblasser gekümmert hatte.

Der Steuerberater hat das Original des Testaments dem Amtsgericht           als Nachlassgericht übersandt. Dort wurde es am           unter dem Az.           in Anwesenheit des Klägers und des Beklagten eröffnet.

Beweis: a) Begl. Abschrift des privatschriftlichen Testaments vom           – Anlage K 2 –
b) Begl. Abschrift des Testamentseröffnungsprotokolls vom           – Anlage K 3 –

Der Kläger hat die ihm damit angefallene Alleinerbschaft angenommen und dies unmittelbar nach der Testamentseröffnung vom           zu Protokoll des Nachlassgerichts erklärt.

Der Beklagte bestreitet die Alleinerbenstellung des Klägers mit der Behauptung, das privatschriftliche Testament könne zum einen das notarielle Testament nicht widerrufen, zum anderen sei das privatschriftliche Testament nicht wirksam, weil der Erblasser im Zeitpunkt seiner Errichtung nicht mehr geschäftsfähig gewesen sei.

### 2. Rechtliche Würdigung

#### a) Wirksamer Testamentswiderruf

Das vom Erblasser errichtete notariell beurkundete Testament konnte durch ein privatschriftliches Testament widerrufen werden. Ein notarielles Testament ist nicht höherwertiger als ein privatschriftliches. Nach § 2231 BGB i.V.m. § 2247 BGB ist das privatschriftliche Testament dem notariell beurkundeten gleichwertig. Da jedes der Testamente eine Alleinerbeinsetzung enthält, widerspricht das letzte Testament dem ersten inhaltlich, so dass das erste Testament nach § 2258 Abs. 1 BGB widerrufen ist und die im zweiten Testament angeordnete Alleinerbeinsetzung des Klägers eingetreten ist.

## b) Zu der vom Beklagten behaupteten Geschäftsunfähigkeit des Erblassers

Der Beklagte behauptet, der Erblasser sei seit vielen Jahren sehr vergesslich gewesen, deshalb könne er im Zeitpunkt der Niederschrift des eigenhändigen Testaments nicht mehr geschäftsfähig gewesen sein.

Allein die Vergesslichkeit führt noch nicht zur Geschäftsunfähigkeit. Den Beklagten trifft die volle Beweislast für seine Behauptung der Geschäftsunfähigkeit des Erblassers. Dieser ist solange als voll geschäftsfähig anzusehen, solange nicht das Gegenteil bewiesen ist (BGH FamRZ 1984, 1003; OLG Frankfurt NJW-RR 1996, 1159; FamRZ 1996, 635; BayObLG FamRZ 1988, 1099; OLG Hamm OLGZ 92, 409; KG FamRZ 2000, 912).

Die Frage, ob die Voraussetzungen der Testierunfähigkeit nach § 2229 Abs. 4 BGB gegeben sind, ist im Wesentlichen tatsächlicher Natur (BayObLG NJW-RR 2000, 6, 7).

Sollte der Beklagte Beweis für seine Behauptung anbieten, so wird der Kläger seinerseits Gegenbeweis antreten.

## c) Zur Auskunfts- und Herausgabepflicht des Beklagten

Der Beklagte berühmt sich eines Erbrechts nach dem Erblasser, das ihm nicht zusteht. Das Rechtsverhältnis zwischen den Parteien bestimmt sich deshalb nach den Vorschriften über den Erbschaftsanspruch nach §§ 2018 ff. BGB. Der Beklagte ist dem Kläger zur Auskunft über den Bestand des Nachlasses und zur Auskunft über den Verbleib der Nachlassgegenstände verpflichtet, § 2027 Abs. 1 BGB. Der Kläger kann vom Beklagten als dem Erbschaftsbesitzer die Herausgabe aller Nachlassgegenstände verlangen, § 2018 BGB. Mit umfasst sind Surrogate (§ 2019 BGB) und Nutzungen (§ 2020 BGB).

Sobald der Beklagte die Auskunft erteilt hat, können die einzelnen Gegenstände bezeichnet werden; vorher ist im Rahmen der hier erhobenen Stufenklage nach § 254 ZPO die unbestimmte Bezeichnung der herauszugebenden Gegenstände zulässig. Die Verpflichtung zur Abgabe einer eidesstattlichen Versicherung beruht auf § 260 Abs. 2 BGB.

## III. Streitwert

Der Wert des Nachlasses dürfte ca.  EUR betragen, dieser Betrag entspricht gem. § 18 GKG dem Streitwert.

(Rechtsanwalt)

## 7. Muster: Feststellungswiderklage gegen Erbenfeststellungsklage

An das
Landgericht
– Zivilkammer –

zu Az.

*Klageerwiderung*

*und*

*Feststellungs-Widerklage*

von
1. Frau
2. Herrn

– Beklagten/Widerkläger –

Prozessbevollmächtigter: Rechtsanwalt

*Krug*

gegen

Herrn ▆▆▆▆

– Kläger/Widerbeklagten –

Prozessbevollmächtigter: Rechtsanwalt ▆▆▆▆

wegen Erbenfeststellung.

Namens und in Vollmacht der Beklagten/Widerkläger beantrage ich

1. Klageabweisung bezüglich der vom Kläger erhobenen Erbenfeststellungsklage,
2. im Wege der hiermit von den Beklagten/Widerklägern erhobenen **Widerklage** gegen den Kläger, für Recht zu erkennen:
   Es wird festgestellt, dass die Beklagte/Widerklägerin Ziff. 1 und der Beklagte/Widerkläger Ziff. 2 je zur Hälfte gesetzliche Erben des am ▆▆▆▆ in ▆▆▆▆ verstorbenen Herrn ▆▆▆▆, zuletzt wohnhaft gewesen in ▆▆▆▆, geworden sind.

Falls die Voraussetzungen des § 331 Abs. 3 bzw. § 307 ZPO vorliegen, bitte ich um Erlass eines **Versäumnis- bzw. Anerkenntnisurteils** ohne mündliche Verhandlung.

*Begründung:*

Mit der Klage begehrt der Kläger die Feststellung, dass er alleiniger Erbe des in Ziff. 2 des obigen Klageantrags genannten Erblassers geworden ist. Er stützt das von ihm behauptete Alleinerbrecht auf ein privatschriftliches Testament des Erblassers vom ▆▆▆▆. Dieses Testament wurde jedoch später durch notarielles Testament vom ▆▆▆▆, beurkundet von Notar ▆▆▆▆ unter UR-Nr. ▆▆▆▆, widerrufen. Im selben Testament wurde ausdrücklich vom Erblasser klargestellt, dass gesetzliche Erbfolge eintreten solle. Beide Testamente sowie das nachlassgerichtliche Eröffnungsprotokoll bezüglich beider Testamente liegen dem Gericht bereits vor.

Der Kläger macht in seiner Klage jedoch geltend, der Erblasser sei bei Errichtung des späteren Testaments nicht testierfähig gewesen, der Widerruf sei deshalb nicht wirksam. Für die Behauptung der Testierunfähigkeit trifft den Kläger jedoch die Beweislast. Er hat keinerlei konkrete Tatsachen vorgetragen, aus denen auf die Testierunfähigkeit geschlossen werden könnte. Bis zum Beweis des Gegenteils ist ein Erblasser als voll geschäfts- und testierfähig anzusehen (KG FamRZ 2000, 912 m.w.N.).

Die Beklagten/Widerkläger sind Geschwister und die einzigen Kinder des am ▆▆▆▆ in ▆▆▆▆ verstorbenen Herrn ▆▆▆▆, zuletzt wohnhaft gewesen in ▆▆▆▆, dem Vater der Parteien. Sie sind nach § 1924 BGB je hälftig zur Erbfolge berufen.

*Beweis:* Begl. Abschrift des Familienbuchs betreffend den Erblasser – Anlage B 1 –

Der Erblasser war verwitwet, er hatte mit seiner vorverstorbenen Ehefrau keine Verfügung von Todes wegen errichtet. Auf ihren Tod ist gesetzliche Erbfolge eingetreten.

Die Beklagten/Widerkläger haben die Erbschaft nach dem Erblasser durch Erklärung gegenüber dem Nachlassgericht sofort nach Eröffnung der beiden genannten Testamente angenommen.

*Beweis:* Begl. Abschrift des Testamentseröffnungsprotokolls des Nachlassgerichts ▆▆▆▆, das dem Gericht bereits in Abschrift vorliegt.

Deshalb ist die vom Kläger erhobene Klage auf Feststellung seines Erbrechts abzuweisen; der Widerklage bezüglich der Feststellung, dass die Beklagten/Widerkläger je hälftig gesetzliche Erben des Erblasser geworden sind, ist stattzugeben.

(Rechtsanwalt)

## IX. Sittenwidrigkeit einer Verfügung von Todes wegen

### 1. Grenze der Testierfreiheit

Verstößt der Inhalt einer Verfügung von Todes wegen gegen die guten Sitten, so ist sie **nichtig** (§ 138 Abs. 1 BGB). Die dem Erblasser gewährte **Testierfreiheit** findet hier ihre Grenze. Grundsätzlich ist der Erblasser befugt, ohne nähere Gründe von der gesetzlichen Erbfolge abzuweichen; das Pflichtteilsrecht sichert die nahen Angehörigen. Allerdings kommt in den gesetzlichen Erbrechten des Ehegatten und der Kinder des Erblassers eine **grundlegende rechtliche und sittliche Wertung** zum Ausdruck, die die Testierfreiheit begrenzen kann. Die Rechtsprechung hat am Beispiel des sog. „Geliebtentestaments" (Verheirateter Mann setzt unter Ausschluss seiner Ehefrau und seiner Kinder seine Geliebte zur Alleinerbin ein) Kriterien für die Sittenwidrigkeit eines Testaments erarbeitet.

223

### 2. Bewertung aller Umstände

Entscheidend für die Bewertung der Verfügung von Todes wegen ist deren **Gesamtcharakter**, für den sowohl Inhalt und Wirkungen als auch der Beweggrund des Erblassers und der verfolgte Zweck maßgebend sind.[244] Nach der Rechtsprechung des BGH kann die Zuwendung schon dann gültig sein, wenn **neben** einer erotischen Beziehung zu einem Partner auch **andere achtenswerte Beweggründe maßgebend** waren, wenn die Verfügung **nicht allein die Belohnung** für den intimen Umgang oder die Bestärkung der Fortsetzung der Beziehung bezweckte (Beispiel: Unterstützung im Betrieb, Pflege im Krankheitsfall). Es kommt entscheidend auf die **Auswirkungen der Verfügung** für den Bedachten einerseits und für die **Zurückgesetzten** andererseits an.[245]

224

Seit der Entscheidung des Bundesgerichtshofes vom 31. März 1970[246] ist in der Rechtsprechung geklärt, dass eine Verfügung von Todes wegen nicht schon deshalb sittenwidrig ist, weil zwischen dem Erblasser und der Bedachten ein außereheliches Liebesverhältnis bestanden hat, gleichgültig, ob einer der beiden oder beide verheiratet waren; vielmehr greift § 138 Abs. 1 BGB nur ein, wenn die Zuwendung ausschließlich den Zweck hatte, geschlechtliche Hingabe zu belohnen oder zu fördern.[247] Offen ist, ob sich dieses Ergebnis heute wegen der gesetzlichen Wertung des § 1 ProstG (Gesetz zur Regelung der Rechtsverhältnisse der Prostituierten vom 20. Dezember 2001, BGBl I 2001, 3983) – wonach eine rechtswirksame Forderung begründet wird, wenn sexuelle Handlungen gegen ein vorher vereinbartes Entgelt vorgenommen werden – überhaupt noch aufrechterhalten lässt.[248]

Bezüglich des zweiten Aspektes des „Geliebtentestaments", der sittenwidrigen Zurücksetzung von Angehörigen, gilt, dass das Erbrecht des BGB vom Grundsatz der Testierfreiheit beherrscht ist, der seinerseits unter dem Schutz der Erbrechtsgarantie des Grundgesetzes steht. In der Freiheit, über sein Vermögen letztwillig zu verfügen, wird ein Erblasser regelmäßig weder durch moralische Pflichten gegenüber Personen, die ihm nahe standen und für ihn sorgten, noch durch das der gesetzlichen Erbfolge zugrunde liegende sittliche Prinzip

---

244 BGHZ 20, 71, 72; BGHZ 53, 369, 375; BGHZ 52, 17, 20; BGH FamRZ 1964, 140; FamRZ 1994, 162 = NJW 1994, 248 m. Anm. *Nieder,* NJW 1994, 1264.
245 Vgl. OLG Düsseldorf FamRZ 1998, 583.
246 BGHZ 53, 369.
247 OLG Düsseldorf NJW-Spezial 2008, 680.
248 Vgl. BGH NJW 2008, 140, wonach Entgeltforderungen für die Erbringung, Vermittlung und Vermarktung von sogenannten Telefonsexdienstleistungen seit Inkrafttreten des ProstG nicht mehr mit Erfolg der Einwand der Sittenwidrigkeit entgegengehalten werden kann.

beschränkt. Der Wille des Erblassers geht grundsätzlich vor.[249] Sittenwidrigkeit und damit Nichtigkeit einer letztwilligen Verfügung kann daher nur in besonders hervorstechenden, d.h. schwerwiegenden, Ausnahmefällen angenommen werden.[250]

### 3. Beweislast

225  Die Beweislast für die Voraussetzungen der Sittenwidrigkeit trifft denjenigen, der sich darauf beruft.[251]

### 4. Zeitpunkt der Sittenwidrigkeit

226  Als **maßgebenden Zeitpunkt** für die Sittenwidrigkeit hat der BGH bei Änderung der Verhältnisse zwischen der Errichtung der Verfügung und dem Erbfall den Zeitpunkt der Testamentserrichtung angesehen.[252] Die kategorische Anwendung eines solchen Grundsatzes erscheint fraglich. Sollte beispielsweise der Erblasser, der im Zeitpunkt der Testamentserrichtung noch verheiratet war und seine nichteheliche Lebensgefährtin zur Alleinerbin eingesetzt hat, im Zeitpunkt des Erbfalls von seiner damaligen Ehefrau geschieden und mit der seinerzeitigen Lebensgefährtin verheiratet sein, so ist es kaum nachvollziehbar, das Testament dem Unwerturteil des § 138 BGB zu unterstellen.

### 5. Sittenwidrigkeit eines Geliebtentestaments: Berücksichtigung von Umständen nach Testamentserrichtung bei Beurteilung der Sittenwidrigkeit

227  Ein Geliebtentestament ist auch dann regelmäßig nicht als sittenwidrig gem. § 138 Abs. 1 BGB anzusehen, wenn es zu Miteigentum der Geliebten und der Ehefrau an dem von der Ehefrau bewohnten Haus führt.[253]

## X. Zuwendungsverbote nach § 14 HeimG

228  Das Heimgesetz aus dem Jahr 1974 hat für alte Menschen, die auf eine Heimunterbringung angewiesen sind, einen Schutzbereich vor Übervorteilung geschaffen. In diesen Schutzbereich fällt auch die Testierfreiheit mit der Folge, dass auch Zuwendungen von Todes wegen dem Verdikt der Nichtigkeit unterliegen können, wenn sie zugunsten eines Heimträgers oder Pflegepersonen angeordnet werden. Noch hat die Rechtsprechung kein sicheres Instrumentarium für alle in den unterschiedlichsten Richtungen auftretende Abgrenzungskriterien gefunden. Das Bemühen um eine homogene Rechtspraxis ist jedoch deutlich zu erkennen.

**Wohn- und Teilhabegesetz NRW:** Am 18.11.2008 ist für Nordrhein-Westfalen das Gesetz über Wohnen mit Assistenz und Pflege in Einrichtungen (Wohn- und Teilhabegesetz – WTG NRW) in Kraft getreten.[254] Nordrhein-Westfalen ist damit das dritte Bundesland (nach Bayern und Baden-Württemberg), das von der im Rahmen der Föderalismusreform[255] auf die Bundesländer übergegangenen Gesetzgebungskompetenz für das Heimrecht Gebrauch gemacht hat. Auch wenn der Titel des Gesetzes zunächst keinen Bezug zur notariel-

---

249 OLG Düsseldorf NJW-Spezial 2008, 680.
250 BGH NJW 1983, 674; OLG Düsseldorf NJW-Spezial 2008, 680.
251 BGHZ 53, 369, 379.
252 BGHZ 20, 71.
253 OLG Düsseldorf FamRZ 2009, 545 = NJW-Spezial 2008, 680 = ErbR 2009, 32.
254 Die Darstellung folgt dem Aufsatz von *Tersteegen*, RNotZ 2009, 222.
255 Neue gesetzgeberische Grundlage: Gesetz vom 29.7.2009, BGBl I, 2319.

len Praxis erkennen lässt, ist das Gesetz doch auch für die notarielle Praxis bedeutsam, da das bisher in § 14 HeimG enthaltene Testierverbot von Heimbewohnern zugunsten von Heimmitarbeitern oder dem Heimbetreiber nunmehr durch die Regelung in § 10 WTG NRW für seinen Geltungsbereich ersetzt wurde.

## 1. Verbotsnorm

Der Leitung, den Beschäftigten oder sonstigen Mitarbeitern eines Heimes ist es nach § 14 Abs. 5 HeimG[256] untersagt, sich von oder zugunsten von Heimbewohnern oder Bewerbern um einen Heimplatz Geld oder geldwerte Leistungen für die Erfüllung der Pflichten aus dem Heimvertrag über das nach § 5 (früher § 4) HeimG vereinbarte Entgelt hinaus versprechen oder gewähren zu lassen, ausgenommen geringwertige Aufmerksamkeiten. Die auch zivilrechtliche Geltung von § 14 HeimG mit dem Rechtscharakter eines gesetzlichen Verbots wird inzwischen nicht mehr ernsthaft angezweifelt; ein dagegen verstoßendes einseitiges oder zweiseitiges Rechtsgeschäft ist nach § 134 BGB nichtig.[257]

229

Nach herrschender Meinung[258] fallen auch letztwillige Zuwendungen unter das Verbot des § 14 HeimG, so dass die Erbeinsetzung eines Heimmitarbeiters oder eine vermächtnisweise Zuwendung in einer letztwilligen Verfügung eine vom Erblasser gewährte geldwerte Leistung darstellt. Damit wird rein faktisch gleichzeitig die Familienerbfolge gesichert, weil in der Regel infolge der Nichtigkeit eines Testaments zugunsten der Verbotsadressaten des § 14 Abs. 5 HeimG Familienangehörige zu Erben berufen sind bzw. eine Vermächtnisanordnung ersatzlos entfällt.[259]

## 2. Vermutete Kausalität

Tatsächlich richtet sich das Verbot des § 14 Abs. 5 HeimG gegen die Annahme von Vermögensvorteilen nur dann, wenn ein Zusammenhang mit der Erfüllung der Pflichten aus dem Heimvertrag besteht. Allerdings ist nach herrschender Meinung[260] ein Zusammenhang zwischen der Vorteilszuwendung und dem Heimvertrag bis zum Beweis des Gegenteils zu vermuten, um Fälle unklarer Beweislage, wo die Motive und Gründe sowie die Zusammenhänge der Zuwendung im Dunkeln bleiben, dem Verbot zu unterwerfen. Der Verbotszweck – Gleichbehandlung zur Wahrung des Heimfriedens, Schutz der Testierfreiheit, Schutz vor Ausbeutung –[261] erfordert, die Darlegungs- und Substantiierungslast demjenigen aufzuerlegen, der sich auf die Gültigkeit des Testaments beruft.[262]

230

---

256 HeimG vom 7.8.1974, BGBl I 1974, 1873; Neufassung vom 5.11.2001, BGBl I 2001, 2970, geändert durch OLG-Vertretungänderungsgesetz vom 23.7.2002, BGBl I 2002, 2850 sowie durch Achte Zuständigkeitsanpassungsverordnung vom 25.11.2003, BGBl I 2003, 2304, Gesetz zur Einordnung des Sozialhilferechts in das Sozialgesetzbuch vom 27.12.2003, BGBl I 2003, 3022 und Verwaltungsvereinfachungsgesetz vom 21.3.2005, BGBl I 2005, 818. Die verschiedenen Gesetzesnovellen haben Verschiebungen der Paragraphenfolge mit sich gebracht.
257 BVerfG NJW 1998, 2964; BVerwG NJW 1990, 2268; BGHZ 110, 235; BGH ZEV 1996, 145; BayObLG MittBayNot 1998, 263, 451; OLG Düsseldorf MittBayNot 1998, 451; *Kunz/Butz/Wiedemann*, HeimG, § 14 Rn 22; *Rossak*, ZEV 1996, 41; MittBayNot 1998, 407; *Dubischar*, DNotZ 1993, 419.
258 Vgl. BayObLGZ 1991, 344/347 = NJW 1992, 55/56 m.w.N.; BayObLG NJW-RR 1999, 1454/1455 m.w.N.
259 *Hohloch*, JuS 2000, 815 [816].
260 BGHZ 110, 235, 239; *Dahlem/Giese/Klie*, § 14 Rn 18; *Kunz/Butz/Wiedemann*, HeimG, § 14 Rn 32.
261 Vgl. BT-Drucks 7/180 S. 12 f.; BT-Drucks 11/5120 S. 17 f.
262 BGHZ 110, 235, 239; BayObLG NJW-RR 2001, 295, 296; *Kunz/Butz/Wiedemann*, HeimG, § 14 Rn 22.

Die strenge Sanktion der Nichtigkeit einer Verfügung von Todes wegen, die unter Verletzung von § 14 Abs. 1, 5 HeimG zustande gekommen ist, erscheint als einziges taugliches Mittel, um das erstrebte Ziel in effizienter Weise zu erreichen.

### 3. Ausnahmeregelung

231 § 14 Abs. 2 HeimG lässt verschiedene Ausnahmen zu und § 14 Abs. 6 HeimG regelt einen Erlaubnisvorbehalt (Ausnahmegenehmigung durch die Aufsichtsbehörde). Allerdings ist nach Eintritt des Erbfalls die Erteilung der Ausnahmegenehmigung ausgeschlossen.[263]

### 4. Begriff des Heimes

232 Über die in § 1 HeimG enthaltene Legaldefinition eines Heimes hinaus hat die Rechtsprechung den Begriff des Heimes unter dem Aspekt der Zuwendungsverbote insofern erweitert,[264] als auch derjenige ein Heim im Sinne von § 1 Abs. 1 HeimG betreibt, der familienfremde ältere Personen auf unbestimmte Zeit in sein Haus aufnimmt und diesen gegen Entgelt nicht nur Unterkunft, sondern auch Leistungen nach Art eines Heimes (Verpflegung, Betreuung bei Pflegebedürftigkeit) gewährt, sofern er die Absicht hat, immer wieder solche Personen aufzunehmen und damit eine von den konkret betreuten Personen unabhängige Einrichtung zu unterhalten. Die konkrete Zahl der Bewohner ist in diesem Zusammenhang ohne Bedeutung. Diese Rechtsprechung ist unter dem Blickwinkel des Normzwecks von § 14 HeimG überzeugend.

### 5. Zweck des Zuwendungsverbots

233 Mit dem Zuwendungsverbot versucht das HeimG, in dem äußerst sensiblen Bereich zwischen Testierfähigkeit und Testierfreiheit potenziellen Erblassern zu einem Freiraum zu verhelfen, der sie möglichst jedem Druck, in einer bestimmten Weise zu testieren, aus der unmittelbaren Umgebung ihrer Heimunterbringung entziehen und wenigstens in diesem Teilbereich ihre Testierfreiheit sichern soll. Als Zweck der Verbotsnorm werden deshalb angesehen:
– **Gleichbehandlung** der Heimbewohner,
– **Schutz** der Heimbewohner vor finanzieller und wirtschaftlicher **Ausnutzung** und damit vor ungerechtfertigter Doppelbezahlung (insofern ist § 14 HeimG eine Konkretisierung von § 138 Abs. 2 BGB),
– Sicherung der **Testierfreiheit** der Heimbewohner.

Die Fälle der höchst- und obergerichtlichen Entscheidungen zur Nichtigkeit von Testamenten wegen Verstoßes gegen § 14 HeimG häufen sich.[265]

### 6. Verfassungsrechtliche Aspekte

234 Das Zuwendungsverbot greift in die durch Art. 14 GG geschützte Testierfreiheit ein. Verfassungsrechtliche Bedenken bestehen gegen die Bestimmung des § 14 HeimG jedoch bei

---

263 VGH Mannheim MittBayNot 2005, 317.
264 BayObLG BayObLGZ 1999, 33 = FamRZ 1999, 1310 = ZEV 1999, 406 = NJW-RR 1999, 1454.
265 Vgl. BGH ZEV 1996, 145; BayObLG NJW-RR 1998, 729; NJW 1998, 2369; KG NJW-RR 1999, 2; OLG Oldenburg NJW 1999, 2448; BayObLG NJW 2000, 1875; NJW-RR 2001, 295; OLG Hamm MittBayNot 2003, 56.

verfassungskonformer Auslegung nicht.²⁶⁶ Der von dieser Vorschrift bezweckte Schutz der Heimbewohner lässt sich allein durch die Bestimmung des § 138 BGB nicht in ausreichendem Maße gewährleisten. Hiernach ist erforderlich, dass eine tatsächliche Zwangslage besteht und bewiesen werden kann. Die Heimbewohner sind jedoch schon dann schutzwürdig, wenn sie sich aus vermeintlicher moralischer Verpflichtung zu der Zuwendung gedrängt fühlen und die Heimleitung dies akzeptiert. Die in diesen Fällen durch § 14 HeimG bewirkte Grundrechtsbeschränkung ist durch den sozialen Schutzzweck hinreichend gerechtfertigt. Deshalb hat auch des BVerfG zu Recht die damit verbundene Einschränkung der Testierfreiheit aus Gründen des Selbstschutzes des Erblassers als verfassungsgemäß angesehen.²⁶⁷

### 7. Geschützter Personenkreis

Ratio legis war von Anfang an, d.h. seit der Gesetzesinitiative im Jahr 1972, der Schutz vor Übervorteilung. Dabei sollen nach dem Willen des Gesetzgebers ausdrücklich bereits Bewerber auf einen Heimplatz unter den Schutz des § 2 Abs. 1 S. 2 HeimG i.d.F. vom 7.8.1974,²⁶⁸ dem Vor-Vorläufer des heutigen § 5 Abs. 3 (zwischendurch § 4 Abs. 3) HeimG, fallen.²⁶⁹ Auf den generalpräventiven Charakter der entsprechenden Vorschrift wurde im Gesetzgebungsverfahren von Anfang an hingewiesen, so dass der Gedanke des heutigen § 5 Abs. 3 HeimG unter Zugrundelegung der Absicht des Gesetzgebers auch im Vorfeld eines Heimvertrags anzuwenden ist.²⁷⁰

### 8. Kreis der betroffenen Heimmitarbeiter

#### a) Keine Differenzierung durch das Gesetz

Das Gesetz differenziert bei den Zuwendungsverboten nicht nach der Tätigkeit, die ein Mitarbeiter eines Heimes gegenüber dem Heimbewohner erbringt. Die vielschichtigen organisatorischen Verflechtungen eines Dienstleistungsbetriebs lassen es nicht im Vorhinein abschätzen, inwieweit ein Heimmitarbeiter Einfluss auf die Aufenthaltsbedingungen eines Heimbewohners nehmen kann.

#### b) Pförtner und seine Ehefrau

Das OLG Frankfurt/M. hat die testamentarische Zuwendung an die Ehefrau des Pförtners eines Altersheims als Verstoß gegen § 14 Abs. 5 HeimG und damit als nichtig angesehen.²⁷¹ Dieser Fall ist insofern bemerkenswert, als in dem zu überprüfenden Testament weder eine Pflegeperson noch eine mit Leitungsfunktionen betraute Person eines Heimes testamentarisch bedacht worden war, sondern der Pförtner eines Altersheimes und dessen Ehefrau. Das OLG Frankfurt hat nicht nur die Erbeinsetzung des Pförtners als nichtig angesehen, sondern bezüglich der Erbeinsetzung seiner Ehefrau eine Umgehung des gesetzlichen Verbots angenommen; es kam so zur Nichtigkeit des gesamten Testaments.

Vor dem Hintergrund, dass im Einzelfall kaum abschätzbar ist, in welcher Weise ein Heimmitarbeiter Einfluss auf die konkrete Situation eines Heimbewohners hat, ist diesem Ergebnis zuzustimmen. § 14 HeimG beinhaltet keineswegs eine starre Regelung, die keine Aus-

---

266 BGH ZEV 1996, 145.
267 BVerfG NJW 1998, 2964.
268 BGBl I 1974, 1873.
269 BT-Drucks 7/180 S. 8, Entwurf BR-Drucks 173/72, S. 5 der Begründung.
270 OLG München ZEV 1996, 148.
271 OLG Frankfurt/M. FGPrax 2001, 120 m. Anm. *Krug*, ZEV 2001, 364.

nahmen für den Einzelfall zuließe. Vielmehr kann die Aufsichtsbehörde nach § 14 Abs. 6 HeimG in Ausnahmefällen eine Genehmigung erteilen. Im Verfahren vor dem OLG Frankfurt haben der Pförtner und seine als Erbin eingesetzte Ehefrau sich darauf berufen, sie hätten die Erblasserin schon lange vor deren Heimaufenthalt und unabhängig davon gekannt. Dieser Umstand hätte möglicherweise einen genehmigungsfähigen Ausnahmetatbestand nach § 14 Abs. 6 HeimG begründen können. Darauf kam es jedoch nicht mehr an, weil von der Ausnahmeregelung kein Gebrauch gemacht worden war.

c) Pfleger einer anderen Abteilung

238 Das BayObLG[272] hat eine letztwillige Verfügung wegen Verstoßes gegen § 14 Abs. 5 HeimG als unwirksam angesehen in einem Fall, bei dem ein Heimmitarbeiter von einer Heimbewohnerin zum Erben eingesetzt worden war, nachdem diese in eine außerhalb der Geschäftsaufgabe des Heimmitarbeiters liegende Pflegestation verlegt worden war.

### 9. Umgehungstatbestände

239 Zur Frage der **Umgehung des gesetzlichen Verbots** von § 14 Abs. 5 HeimG hatte erstmals das OLG Düsseldorf[273] Stellung zu nehmen. Die Kinder des Heimleiters waren von einer Heimbewohnerin zu Nacherben eingesetzt worden. Das OLG Düsseldorf kam zum Ergebnis, damit sei eine Umgehung der Verbotsnorm anzunehmen, die ebenfalls zur Nichtigkeit der betreffenden letztwilligen Verfügung führe.

Gleich in zwei Fällen hat das BayObLG in einer Analogie zu § 14 Abs. 1, 5 HeimG bzw. wegen Umgehung der Verbotsnorm jeweils die Nichtigkeit eines Testaments angenommen:

240 **Fall 1**[274]
Ein Bewohner eines Pflegeheims, das in der Rechtsform einer GmbH betrieben wurde, hatte in einem Testament den Geschäftsführer und alleinigen Gesellschafter der Betreiber-GmbH zum Alleinerben und dessen Ehefrau zur alleinigen Ersatzerbin eingesetzt. Eine direkte Anwendbarkeit von § 14 Abs. 1, 5 HeimG hat das BayObLG verneint, weil Betreiber des Heims nicht die letztwillig Eingesetzten waren, sondern eine GmbH. Der GmbH-Geschäftsführer sei auch kein Mitarbeiter i.S.v. § 14 Abs. 5 HeimG, weil er nicht zum Hauspersonal des Pflegeheims gehöre. Aber in analoger Anwendung von § 14 Abs. 1 HeimG sei das Testament trotzdem als nichtig anzusehen, weil der zum Alleinerben Eingesetzte im Zeitpunkt der Testamentserrichtung die GmbH als Geschäftsführer vertreten und zugleich als Alleingesellschafter deren Geschicke bestimmt habe. Kraft seiner Geschäftsführungsbefugnis sei er in der Lage gewesen, auf die Betreuung und Versorgung des Erblassers rechtlich und tatsächlich Einfluss zu nehmen.

241 **Fall 2**
Eine Bewohnerin eines Alten- und Pflegeheims, das als GmbH betrieben wurde, setzte den ehemaligen Heimleiter zum Alleinerben ein, dessen Ehefrau Geschäftsführerin der Betreiber-GmbH war. Weitere Gesellschafter waren die gemeinsame Tochter und der gemeinsame Sohn, letzterer war im Zeitpunkt der Testamentserrichtung Heimleiter gewesen. Die Erblasserin hatte mit dem eingesetzten Alleinerben den Inhalt ihres Testaments besprochen.

---

272 BayObLGZ 2004, 162 = Rpfleger 2004, 699 = ZEV 2004, 506 = NJW-RR 2004, 1591 = FamRZ 2005, 142 = DNotZ 2005, 56.
273 OLG Düsseldorf ZEV 1997, 459 = MittBayNot 1998, 264.
274 BayObLG NJW 2000, 1875.

Da im Zeitpunkt der Testamentserrichtung der Sohn des eingesetzten Alleinerben Heimleiter war, hat das BayObLG[275] die Erbeinsetzung als Umgehung des Verbots nach § 14 Abs. 5 HeimG angesehen und damit das Testament für nichtig erklärt:
„Das Verbot des § 14 Abs. 1, 5 HeimG würde leer laufen, wenn der missbilligte Erfolg der Zuwendung an die Verbotsadressaten dadurch erreicht werden könnte, dass sie mittelbar bzw. indirekt über ihnen nahe stehende Angehörige begünstigt werden könnten."

Für unproblematisch hielt das BayObLG[276] die Begünstigung durch eine Zweckauflage gem. § 2193 BGB. Hier sollte dem Erben die Entscheidung über die Verwendung der Zuwendung überlassen werden, soweit es dem vom Erblasser bestimmten Zweck entsprach. Im Hinblick auf den Schutzzweck von § 14 HeimG erscheint diese Rechtsprechung jedoch bedenklich.

In gleicher Weise bedenklich ist auch eine Entscheidung des OLG Oldenburg,[277] wonach die Verbotsnorm nicht anzuwenden sei, wenn ein ausländischer Heimträger begünstigt sei. Wenn dies allgemeine Rechtsprechung würde, wäre es eine Frage der Zeit, bis wann einschlägige Unternehmen ihren Sitz ins Ausland verlegen würden.

## 10. Subjektive Tatbestandsvoraussetzungen (Kenntnis von der Zuwendung)

Über die Beziehungen des Zuwendungsempfängers zum Heimträger hinaus sind subjektive Tatbestandsvoraussetzungen zu erfüllen: Der Heimbewohner muss seinerseits Kenntnis davon erlangt haben, dass der Bedachte von der letztwilligen Verfügung weiß, damit er (der Heimbewohner) daraus den Schluss ziehen kann, der Bedachte sei mit der Zuwendung einverstanden.[278] In der Literatur nennt man das die „doppelte Wissenskomponente".[279]

Die Rechtsprechung lässt es genügen, wenn sich aus den Gesamtumständen ergibt, dass Erblasser (Testator) einerseits und Zuwendungsempfänger andererseits von der betreffenden Verfügung Kenntnis hat.[280] Eine Leistung lässt sich der Verbotsadressat versprechen oder gewähren, wenn sie im Einvernehmen zwischen dem Bewohner und dem durch die Zuwendung bedachten Mitarbeiter erfolgt.[281] Das bedeutet, dass der Bedachte Kenntnis von der ihn betreffenden Zuwendung haben muss und der Heimbewohner seinerseits um das Wissen des Bedachten weiß.[282] Ein derart hergestelltes Einvernehmen zwischen dem Heimbewohner und dem durch Zuwendung Bedachten bedarf keiner ausdrücklichen Erklärungen, es kann auch aus den Gesamtumständen geschlossen werden.[283]

---

275 BayObLG NJW-RR 2001, 295.
276 BayObLGZ 2000, 48 = MittBayNot 2000, 447 Anm. *Rossak*.
277 OLG Oldenburg NJW 1999, 2448 = MittRhNotK 1999, 284; *Lange*, ZEV 2000, 469.
278 BayObLGZ 2000, 36, 41 = ZEV 2000, 283 = NJW 2000, 1875 = Rpfleger 2000, 274 = FGPrax 2000, 117 = FamRZ 2000, 1126 = MittBayNot 2000, 453.
279 *Rossak*, ZEV 2001, 365.
280 BayObLGZ 2004, 162 = Rpfleger 2004, 699 = ZEV 2004, 506 = NJW-RR 2004, 1591 = FamRZ 2005, 142 = DNotZ 2005, 56.
281 BGH ZEV 1996, 145; BVerwG NJW 1990, 2268; BayObLG NJW-RR 1999, 1454; NJW-RR 2001, 295; *Rossak*, MittBayNot 1998, 407.
282 BayObLG NJW-RR 2001, 295; *Kunz/Butz/Wiedemann*, HeimG, § 14 Rn 24.
283 BVerwG NJW 1990, 2268; BayObLGZ 2004, 162 = Rpfleger 2004, 699 = ZEV 2004, 506 = NJW-RR 2004, 1591 = FamRZ 2005, 142 = DNotZ 2005, 56; *Dahlem/Giese/Klie*, HeimG (12/2003), § 14 Rn 11; *Rossak*, ZEV 1996, 41, 45.

### 11. Pflege im Privathaus

244 Erwähnenswert ist, dass das OLG Düsseldorf[284] eine analoge Anwendung von § 14 HeimG verneint hat, wenn der Erblasser Angestellte eines Pflegedienstes, die ihn in seinem eigenen Haus „gepflegt" haben, in einer letztwilligen Verfügung zu Erben beruft.

### 12. Verhältnis zwischen Leistung und Entgelt

245 Eine erbvertragliche Bindung zugunsten des Heimträgers kann ein „Versprechen" im Sinne des Leistungsbegriffs in § 5 HeimG sein. Deshalb kann ein Erbvertrag, in dem der Träger eines Altenheims zum – alleinigen – Vertragserben eingesetzt wird und dieser sich verpflichtet, den Erblasser bis zu seinem Tod unentgeltlich in seinem Heim aufzunehmen, zu versorgen und zu pflegen, nach § 5 Abs. 3 HeimG unwirksam und somit nach § 134 BGB nichtig sein, wenn zwischen Leistung und Gegenleistung ein Missverhältnis im Sinne von § 5 Abs. 7 (früher: § 4 Abs. 3) HeimG besteht.

Das OLG München[285] hatte das wertbetragsmäßige Verhältnis zwischen Leistung eines Heims einerseits und der erbvertraglichen Erbeinsetzung andererseits zu bestimmen. Auf der Grundlage der monatlichen Heimkosten und der statistischen Lebenserwartung errechnete es einen Wert für die vom Heimträger zu erbringende Leistung mit 200.000 DM, während der Nachlass einen Wert von 2 Mio. DM hatte. Darin sah das OLG München nicht nur ein einfaches, sondern grobes Missverhältnis zwischen Leistung und Entgelt und kam damit zur Nichtigkeit der erbvertraglichen Erbeinsetzung zugunsten des Heimträgers.

### 13. Verfügungen des Betreuten zugunsten des Betreuers

246 Das BayObLG[286] und das LG Hamburg[287] kamen zu dem Ergebnis, § 14 HeimG sei auf eine Verfügung des Betreuten zugunsten des Betreuers nicht analog anzuwenden. Auch die Sittenwidrigkeit einer solchen Verfügung wurde vom BayObLG verneint.

Dies sieht – zumindest im Ergebnis – das OLG Braunschweig im Urteil vom 4.11.1999 – 2 U 29/99 – jedoch anders.[288] Nach dessen Meinung kann eine Erbeinsetzung des Betreuers durch den Betreuten u.U. sittenwidrig sein. Es begründet dies mit den Grundsätzen des Betreuungsrechts und dass es das Gesetz als sittenwidrig missbillige, wenn ein Betreuer seine ihm gerichtlich verliehene Vertrauensstellung und seinen persönlichen Einfluss auf den Betreuten dazu benutzt, gezielt darauf hinzuwirken, dass der infolge seiner geistigen Behinderung leicht beeinflussbare Betreute ohne reifliche Überlegung über erhebliche Vermögenswerte zugunsten des Betreuers durch ein Testament vor einem Notar verfügt, wenn der Notar nicht von dem Betreuten, sondern von dem begünstigten Betreuer hinzugezogen wurde. Für den Vorwurf der Sittenwidrigkeit reiche es aus, dass sich der Betreuer, der durch die von ihm herbeigeführte letztwillige Verfügung bedacht ist, der Tatumstände bewusst ist, aus denen sich die Sittenwidrigkeit ergibt.

---

284 OLG Düsseldorf NJW 2001 = FamRZ 2001, 1564 = ZEV 2001, 366.
285 OLG München ZEV 1996, 148.
286 BayObLG FamRZ 1998, 702 = FGPrax 1998, 59 = NJWE-FER 1998, 110 = NJW 1998, 2369 = ZEV 1998, 232 = MDR 1998, 414.
287 LG Hamburg DNotI-Report 2000, 86 = FamRZ 2000, 1189.
288 OLG Braunschweig ZEV 2000, 448.

## 14. Belehrungspflicht des Notars

Den Notar, der eine entsprechende Verfügung beurkundet, trifft gem. § 17 BeurkG eine Belehrungspflicht über die mögliche Unwirksamkeit und die Genehmigungsfähigkeit gem. § 14 Abs. 6 HeimG.

## 15. Abgrenzung der Testierfreiheit zur Testierfähigkeit

Berührungspunkte mit der in § 14 HeimG statuierten Sicherung der Testierfreiheit gibt es mit der Testierfähigkeit. Mangels gesetzlicher Definition der Testierfähigkeit musste die Rechtsprechung auf der Grundlage von § 2229 Abs. 4 BGB Kriterien für die Testierfähigkeit entwickeln. Das OLG Frankfurt[289] hat die Testierfähigkeit folgendermaßen definiert:

> *„... Sie setzt die Vorstellung des Testierenden voraus, dass er ein Testament errichtet und welchen Inhalt die darin enthaltenen letztwilligen Verfügungen aufweisen. Er muss in der Lage sein, sich ein klares Urteil zu bilden, welche Tragweite seine Anordnungen haben, insbesondere welche Wirkungen sie auf die persönlichen und wirtschaftlichen Verhältnisse der Betroffenen ausüben. Das gilt auch für die Gründe, welche für und gegen die sittliche Berechtigung der Anordnung sprechen. Nach seinem so gebildeten Urteil muss der Testierende frei von Einflüssen etwa interessierter Dritter handeln können."*

Testierfähigkeit setzt demnach voraus, dass der Erblasser den Einflüssen interessierter Dritter widerstehen und seinen eigenen Willen in Testamentsform zum Ausdruck bringen kann. Mangelt es bereits hieran, so wäre ein Testament ohnehin wegen Testierunfähigkeit nichtig. Die Frage nach der Testierfähigkeit hat Vorrang vor der Frage eines Verstoßes gegen § 14 HeimG und muss grundsätzlich auch vorrangig geklärt werden.

## 16. Weitere gesetzliche Vorschriften mit Zuwendungsverboten

Anzumerken bleibt noch, dass auch andere Vorschriften Verbotsadressaten für Zuwendungen kennen:
- § 43 BRRG, § 70 BBG i.V.m. den entsprechenden landesrechtlichen Vorschriften sehen ein Verbot der Annahme von Belohnungen oder Geschenken in Bezug auf die Amtsführung vor. In der Rechtsprechung ist anerkannt, dass Verträge, mit deren Eingehung der Beamte gegen das Verbot der Annahme in Bezug auf sein Amt verstößt, nach § 134 BGB nichtig sind. Dies dürfte auch für Erbverträge und Schenkungen von Todes wegen gelten.[290] Für Testamente ist die Frage bisher nicht entschieden.[291]
- § 78 Abs. 2 ZDG i.V.m. § 19 SoldatenG verbietet einem Zivildienstleistenden die Annahme einer testamentarischen Zuwendung.[292]
- Nach § 3 Abs. 2 TVöD (fr. § 10 Abs. 1 des Bundesangestelltentarifs [BAT]) darf ein im Angestelltenverhältnis stehender Arzt Belohnungen und Geschenke in Bezug auf seine dienstliche Tätigkeit nur mit Zustimmung des Arbeitgebers annehmen. Nach der Rechtsprechung fallen auch Zuwendungen in letztwilligen Verfügungen unter das Zustimmungserfordernis.[293] Ob eine gegen § 3 Abs. 2 TVöD (fr. § 10 Abs. 1 BAT) verstoßende

---

289 OLG Frankfurt NJW-RR 1998, 870 m.w.N.
290 Vgl. *Plantholz/Rochon*, FamRZ 2001, 270.
291 Vgl. *Koos*, ZEV 1997, 435.
292 BVerfG NJW 1996, 2319 = JZ 1996, 854.
293 BAG MDR 1985, 169; BayObLG NJW 1995, 3260 = FamRZ 1996, 443.

letztwillige Verfügung nach § 134 BGB nichtig ist, wurde bisher nicht entschieden.[294] Die h.M. verneint jedoch Nichtigkeit der betreffenden Verfügung.[295]
- Für nicht angestellte und nicht beamtete Ärzte sieht § 32 der Musterberufsordnung-Ärzte (MBO)[296] ein Verbot vor, sich von Patienten Geschenke oder andere Vorteile, welche das übliche Maß kleiner Anerkennungen übersteigen, versprechen zu lassen oder anzunehmen, wenn hierdurch der Eindruck erweckt werden kann, dass der Arzt in seiner ärztlichen Entscheidung beeinflusst sein könnte.[297] Inwieweit die Wirksamkeit von letztwilligen Verfügungen zugunsten des Arztes durch § 32 MBO tangiert sein könnte, ist bisher ungeklärt.

### XI. Zuwendungsverzicht eines Schlusserben

250    Haben Ehegatten oder eingetragene Lebenspartner nach § 2265 BGB bzw. § 10 LPartG ein gemeinschaftliches wechselbezügliches Testament errichtet und ist durch den Tod des Erststerbenden von ihnen eine Bindung für den Überlebenden eingetreten, so führt die sich aus der Wechselbezüglichkeit der Verfügungen ergebende Bindungswirkung dazu, dass der überlebende Ehegatte bzw. Lebenspartner mit dem Tod des anderen das Recht auf Widerruf seiner wechselbezüglichen Verfügung verliert, § 2271 Abs. 2 S. 1 BGB. Umfang und Wirkung der Bindung ergeben sich durch analoge Anwendung von § 2289 BGB.[298] Nach § 2289 Abs. 1 S. 1 und 2 BGB ist eine nachfolgende Verfügung von Todes wegen nur unwirksam, soweit sie das Recht des vertragsmäßig Bedachten beeinträchtigen würde.

Übertragen auf das gemeinschaftliche Testament bedeutet dies für eine neue testamentarische Verfügung des durch wechselbzügliche Verfügung in seiner Testierfreiheit beschränkten Ehegatten oder Lebenspartners, dass diese nur unwirksam ist, soweit sie das Recht des Bedachten beeinträchtigen würde. Eine Beeinträchtigung liegt jedoch nicht vor, wenn die vorrangige wechselbezügliche Verfügung gegenstandslos ist bzw. wird.[299]

Ein nach § 2352 BGB mit dem Überlebenden vereinbarter Zuwendungsverzicht des Schlusserben beseitigt dessen Erbenstellung. Insoweit wird der Überlebende wieder von der eingetretenen Bindung frei. Ein solcher Zuwendungsverzicht erstreckte sich bislang – im Gegensatz zu einem Verzicht auf das gesetzliche Erbrecht nach § 2346 BGB – nicht auf die Abkömmlinge des Verzichtenden.

In der Praxis kann aber der Erblasser bei Erbeinsetzungen oder Vermächtnissen, die in einem gemeinschaftlichen Testament oder Erbvertrag bindend angeordnet wurden, das Bedürfnis haben, sich davon wieder zu lösen, weil er z.B. den Erben oder Vermächtnisnehmer bereits zu Lebzeiten durch eine Zuwendung abfinden will. Der Erblasser kann hier einen Zuwendungsverzicht mit dem Begünstigten vereinbaren. Dabei ist regelmäßig gewollt, dass sich dieser Zuwendungsverzicht auf die Abkömmlinge des Verzichtenden erstreckt. An-

---

294 Offen gelassen von BayObLG in FamRZ 1990, 301 und NJW 1995, 3260 = FamRZ 1996, 443.
295 MüKo-*Leipold*, § 1943 BGB Rn 12; Staudinger/*Otte*, § 1945 BGB Rn 29; *Lange/Kuchinke*, Erbrecht, § 8 VII 1b Fn 143; Soergel/*Stein*, § 1923 BGB Rn 11.
296 In der Fassung der Beschlüsse von 1997, von 2000, von 2002, von 2003 und von 2004, abgedr. in NJW 1997, 3076. Neueste Fassung unter der Homepage der Bundesärztekammer. Rechtswirkung entfaltet die Berufsordnung, wenn sie durch die Kammerversammlungen der Ärztekammern als Satzung beschlossen und von den Aufsichtsbehörden genehmigt wurde.
297 Vgl. hierzu im Einzelnen *Plantholz/Rochon*, FamRZ 2001, 270.
298 RGZ 58, 64; OLG Frankfurt/M. FamRZ 1995, 1026 = NJW-RR 1995, 265, 266; BayObLG FamRZ 2001, 319, 320.
299 RGZ 149, 200, 201; OLG Frankfurt/M. FamRZ 1995, 1026 = NJW-RR 1995, 265, 266; BayObLG FamRZ 2001, 319 [320].

dernfalls kann dies zu ungerechten Ergebnissen führen, insbesondere wenn der Erbe für seinen Verzicht vollständig abgefunden wird und danach seine Abkömmlinge an seiner Stelle erben (Doppelbegünstigung des Stammes des Verzichtenden).

Daher hatte die Rechtsprechung nach alter Rechtslage durch einen Rückgriff auf die allgemeinen Vermutungsregeln die Möglichkeit geschaffen, eine solche Doppelbegünstigung des Stammes zu vermeiden, indem der Zuwendungsverzicht unter bestimmten Voraussetzungen doch wieder auf Abkömmlinge erstreckt wird:

Ist der Verzichtende für seinen Verzicht vollständig abgefunden worden und hat der Erblasser keinen Ersatzerben ausdrücklich eingesetzt, kämen also die Abkömmlinge des Verzichtenden aufgrund der Auslegungsregel des § 2069 BGB zum Zuge, so bestand nach Ansicht der Rechtsprechung unter der alten Rechtslage eine Vermutung dahingehend, dass die Abkömmlinge von der Erbfolge ausgeschlossen sein sollen.[300]

**Erbrechtsreform:** Dem bestehenden praktischen Bedürfnis, den Zuwendungsverzicht auch auf die Abkömmlinge zu erstrecken, ist zwischenzeitlich durch eine ausdrückliche Regelung im Gesetz zur Änderung des Erb- und Verjährungsrechts vom 24.9.2009[301] entsprochen worden. Die Verweisung in § 2352 BGB n.F. wurde auf § 2349 BGB erweitert. Damit wird vermutet, dass sich ein Zuwendungsverzicht künftig auf die Abkömmlinge erstreckt, unabhängig davon, ob der Verzichtende für seinen Verzicht abgefunden wird oder nicht. Will der Erblasser diese Folge ausschließen, muss er nunmehr ausdrücklich bestimmen, dass diese vermutete Erstreckung nicht gilt.

In § 2352 BGB wurde die Angabe „2348" durch die Wörter „bis 2349" ersetzt. Die Neuregelung gilt für alle Erbfälle, die seit dem 1.1.2010 eingetreten sind.

Ein Zuwendungsverzicht kann (ebenso wie der Erbverzicht) durch notariellen Vertrag mit dem Erblasser wieder aufgehoben werden, wenn der Erblasser den Rechtszustand vor dem Verzicht durch Verfügung von Todes wegen nicht vollständig wiederherstellen könnte.[302]

## XII. Enterbung in Pflichtteilsklauseln

Bei sog. Pflichtteilsklauseln können insofern Auslegungsschwierigkeiten auftreten, als nicht immer eindeutig formuliert ist, unter welchen Voraussetzungen genau die Enterbung eintritt, wenn Pflichtteilsansprüche auf den Tod eines Elternteils geltend gemacht werden.[303]

---

300 BGH NJW 1974, 43 = DNotZ 1974, 231; OLG Düsseldorf DNotZ 1974, 367 [370].
301 BGBl I 2009, 3142.
302 BGH DNotZ 2008, 624 = FamRZ 2008, 982 = NJW-RR 2008, 747 = ZErb 2008, 162 = ZEV 2008, 237.
303 Vgl. dazu ausführlich *Radke*, Verlangen, Erhalten oder Durchsetzen: Gestaltungsalternativen bei der Pflichtteilsklausel, ZEV 2001, 136. OLG Frankfurt/M. FamRZ 2002, 352: „*Haben Eheleute in einem gemeinschaftlichen Testament lediglich eine Sanktionsklausel gegen ihre pflichtteilsberechtigten gemeinschaftlichen Kinder aufgenommen, ohne diese ausdrücklich als Schlusserben einzusetzen, so kann die Auslegung ergeben, dass die Eheleute gleichwohl ihre Kinder bindend als Schlusserben einsetzen wollten.*"

## XIII. Gerichtliche Inhaltskontrolle von Eheverträgen und Scheidungsvereinbarungen in Bezug auf das Güterrecht

252 Nach den vom Bundesgerichtshof im Urteil vom 11.2.2004 – XII ZR 265/02,[304] entwickelten Grundsätzen besteht keine Beschränkung der Ehevertragsfreiheit bei der Güterrechtswahl. Allerdings darf der Schutzzweck der gesetzlichen Regelungen nicht durch vertragliche Vereinbarungen beliebig unterlaufen werden.[305] Insofern unterliegen auch güterrechtliche Vereinbarungen, vor allem die Vereinbarung der Gütertrennung (= Ausschluss des Zugewinnausgleichs) der Wirksamkeitskontrolle (§ 138 BGB) und der Ausübungskontrolle (§ 242 BGB) durch die Gerichte.

So hat das OLG Stuttgart im Urteil vom 11.11.2004[306] einen Ehevertrag, der auch eine güterrechtliche Vereinbarung enthielt, für sittenwidrig erachtet.

Nach BGH[307] kann der Ausschluss des Versorgungsausgleichs in solchen Fällen zur Gesamtnichtigkeit des Ehevertrags führen, wenn die Ehefrau bei seinem Abschluss im neunten Monat schwanger ist und ihr der Vertragsentwurf erstmals in der notariellen Verhandlung bekannt gegeben wird.

Ist in einem Ehevertrag die Gütertrennung wirksam vereinbart, so bestimmt sich bei Vorhandensein von einem Kind oder zwei Kindern neben einem überlebenden Ehegatten die gesetzliche Erbfolge nach § 1931 Abs. 4 BGB (paritätische Beteiligung), bei Vorhandensein von mehr Kindern nach § 1931 Abs. 1 BGB (¼ für den überlebenden Ehegatten und ¾ für die Kinder).

Sollte die Gütertrennung nicht wirksam vereinbart sein, so würde der gesetzliche Güterstand der Zugewinngemeinschaft gelten mit einer Erbquote von der Hälfte für den überlebenden Ehegatten bei Vorhandensein von Kindern gem. §§ 1931 Abs. 1, 1371 Abs. 1 BGB.

Wird nach anderen Erbenordnungen geerbt, so ist der nach § 1931 BGB zu ermittelnde Erbteil nur dann um ¼ zu erhöhen, wenn der gesetzliche Güterstand der Zugewinngemeinschaft bestanden hat.

Wegen dieser Unterschiede ist die Frage der Wirksamkeit eines Ehevertrags als Vorfrage im Erbenfeststellungsprozess zu klären. Möglicherweise sind diese Fragen bereits in einem Feststellungsurteil zu Lebzeiten beider Ehegatten rechtskräftig festgestellt.

---

304 BGHZ 158, 81 = NJW 2004, 930 = FamRZ 2004, 601 m. Anm. *Borth* = ZNotP 2004, 157 = BGHR 2004, 516 m. Anm. *Grziwotz* = FPR 2004, 209 = FuR 2004, 119 = FF 2004, 79 = RhNotZ 2004, 150 = NotBZ 2004, 152 = MDR 2004, 573 = JuS 2004, 539; FamRZ 2005, 1444 (sehr lesenswert!) m. Anm. *Bergschneider* und FamRZ 2005, 1449.

305 Aus dem Beschl. des BGH v. 6.10.2004– XII ZB 110/99, FuR 2004, 545 = FamRZ 2005, 26, 28 (m. Anm. *Bergschneider*) = DNotI-Report 2004, 210 = ZFE 2005, 31: „*Wie der Senat in seinem ... Urteil vom 11. Februar 2004 (XII ZR 265/02 – FamRZ 2004, 601, für BGHZ 158, 81 vorgesehen) dargelegt hat, darf die grundsätzliche Disponibilität der Scheidungsfolgen nicht dazu führen, dass der Schutzzweck der gesetzlichen Regelungen durch vertragliche Vereinbarungen beliebig unterlaufen werden kann. ...*"

306 OLG Stuttgart FamRZ 2005, 455.

307 BGH EBE/BGH 2008, 325.

## XIV. Formale Kriterien für ein gemeinschaftliches Testament

### 1. Theorien zur Gemeinschaftlichkeit

Charakteristisch für das gemeinschaftliche Testament sind zwei jeweils einseitige Verfügungen von Todes wegen der Ehegatten bzw. Lebenspartner. Das Gesetz sagt nichts dazu, welche Merkmale erfüllt sein müssen, damit von einem gemeinschaftlichen Testament gesprochen werden kann.

Es ist
- kein Vertrag,
- sondern eine besondere Art des Testaments,
- das dem Gesichtspunkt des Vertrauensschutzes Rechnung trägt.

Nach allgemeinem Sprachgebrauch handelt es sich um eine letztwillige Verfügung, die von mehreren Personen gemeinschaftlich getroffen wird.

Das gemeinschaftliche Testament ist **doppelte, einseitige,** wenn auch **verknüpfte, letztwillige Verfügung.**[308]

Das gemeinschaftliche Testament muss daher immer letztwillige Verfügungen beider Ehegatten enthalten. Ob sie einseitig, gegenseitig oder wechselbezüglich sind, spielt keine Rolle. In der Regel wird schon äußerlich durch die Abfassung einer einheitlichen Urkunde der Wille der Ehegatten zur Errichtung eines gemeinschaftlichen Testaments dokumentiert werden. Das notariell beurkundete gemeinschaftliche Testament kann nur in einer einheitlichen Urkunde errichtet werden. Unklarheiten können sich beim privatschriftlichen Testament ergeben.

Die herrschende subjektive Theorie sieht den Willen der Ehegatten, gemeinschaftlich von Todes wegen verfügen zu wollen, als wesentlich an.[309]

Selbst bei getrennten Urkunden kann ein gemeinschaftliches Testament vorliegen, wenn der **Wille zur gemeinsamen Verfügung** sich aus beiden Urkunden – beispielsweise durch Bezugnahme – ergibt.[310] Fraglich ist, ob auch außerhalb der Urkunden liegende Umstände herangezogen werden können.[311]

Streitig[312] ist, ob bzw. inwieweit der Wille zur Abfassung des gemeinschaftlichen Testaments seinen **Niederschlag im Testament** selbst finden muss. Dem Meinungsstreit kommt Bedeutung insbesondere bei Errichtung in getrennten Urkunden zu.[313] Nach der **streng subjektiven Theorie**[314] reicht es aus, wenn sich die Gemeinschaftlichkeit der Errichtung aus irgendwelchen, auch außerhalb der Urkunde liegenden Umständen erkennen lässt. Die **vermittelnden Theorien**, die der heutigen h.M. entsprechen,[315] fordern – in unterschiedlicher

---

308 *Lange/Kuchinke*, § 24 I 3.
309 *Palandt/Edenhofer*, § 2265 Rn 2.
310 BGHZ 9, 113; *Palandt/Edenhofer*, vor § 2265 Rn 2.
311 So *Lange/Kuchinke*, § 22 III 2.
312 Eingehend *Pfeiffer*, FamRZ 1993, 1266 ff.
313 Vgl. Beispiele bei Staudinger/*Kanzleiter*, vor § 2265 Rn 22.
314 *Battes*, S. 286; *Brox*, Rn 174; *Lange/Kuchinke*, § 24 III 2 c; Staudinger/*Kanzleiter*, vor § 2265 Rn 19.
315 BGHZ 9, 113, 115; BGH NJW 1977, 1728, 1729; OLG Köln OLGZ 68, 321, 322; OLG Celle OLGZ 69, 84, 87; OLG Frankfurt OLGZ 1978, 267, 268; OLG Hamm OLGZ 1979, 262, 265; OLG Zweibrücken FamRZ 2001, 518; OLG Zweibrücken FF 2002, 177, 178; *Palandt/Edenhofer*, vor § 2265 Rn 2; *Pfeiffer*, FamRZ 1993, 1266, 1270; Reimann/Bengel/*J. Mayer*, vor § 2265 Rn 22; Erman/*Schmidt*, vor § 2265 Rn 1; MüKo-*Musielak*, vor § 2265 Rn 10.

Ausprägung -, aus der Testamentsurkunde selbst müsse erkennbar sein, dass die Ehegatten gemeinsam testiert haben, auch wenn sich der volle Beweis erst durch Umstände außerhalb der Urkunde ergibt.

255 Gegenstand der Verfügungen ist nicht etwa das „gemeinsame" Vermögen, sondern die jeweilige Verfügung über das eigene Vermögen.

### 2. Fälle aus der Rechtsprechung

#### a) Bejahung eines gemeinschaftlichen Testaments

256
- Angenommen wurde ein gemeinschaftliches Testament, wenn sich Ehegatten am gleichen Tag auf einem Papierbogen in räumlich getrennten, jeweils eigenhändig geschriebenen und unterschriebenen Verfügungen gegenseitig zu Erben einsetzen; zumal dann, wenn sie zwei Tage später in der Form des § 2267 BGB einen Schlusserben einsetzen.[316]
- Ebenfalls, wenn sich Ehegatten in zwei getrennten, wortlautgleichen Verfügungen vom gleichen Tag unter Verwendung von „wir" und „uns" gegenseitig zu Erben einsetzen und eine Schlusserbeneinsetzung über den „beiderseitigen Nachlass" anordnen.[317]
- Eine auf gesondertem Blatt enthaltene Beitrittserklärung („Ich schließe mich dem Testament meines Mannes vom ... voll und ganz an") kann als eigene letztwillige Verfügung des Beitretenden angesehen werden und die Gemeinschaftlichkeit begründen.[318]
- Die gegenseitige Mitunterzeichnung ist i.d.R. Indiz für die Gemeinschaftlichkeit, wenn damit nicht ausnahmsweise nur die bloße Kenntnisnahme von der Verfügung des anderen ausgedrückt werden soll.[319]
- Für ein gemeinschaftliches Testament ist es nicht ausreichend, dass Ehegatten in getrennten Urkunden am selben Tag und Ort im Wesentlichen inhaltsgleiche Verfügungen getroffen haben. Ein gemeinschaftliches Testament kann im Einzelfall vorliegen, wenn die Ehegatten sich in getrennten Urkunden jeweils zu Alleinerben einsetzen und in gemeinschaftlich abgefassten, mit „Zusatz zum Testament" und „Nachtrag zum Testament" bezeichneten Urkunden weitere Verfügungen treffen.[320]

#### b) Verneinung eines gemeinschaftlichen Testaments

257 Die Annahme eines gemeinschaftlichen Testaments wurde verneint,
- wenn in getrennten Urkunden am selben Tag und am selben Ort testiert wird, die Testamente sich im Wesentlichen gleichen und von den Ehegatten ausgetauscht werden, aber die Urkunde keinerlei Anhaltspunkte für die Gemeinschaftlichkeit enthält.[321]
- Ebenfalls, wenn – trotz der enthaltenen Wendung „über unser gesamtes Hab und Gut" und trotz gemeinschaftlicher Verwahrung – Ehegatten sich in der „Ichform" auf gesonderten Blättern der gleichen Papiersorte, zeit- und wortlautgleich gegenseitig zu Erben einsetzen.[322]

---

316 BayObLG FamRZ 1994, 191, 192.
317 BayObLG FamRZ 1995, 1447, 1448.
318 BayObLG NJW-RR 1993, 1157, 1158 = FamRZ 1994, 193.
319 BayObLGZ 1959, 199, 207; BayObLG FamRZ 1997, 1246 = ZEV 1997, 259, 260.
320 OLG München BWNotZ 2008, 154 = FamRZ 2008, 2234 = ZErb 2008, 320 = ZEV 2008, 485.
321 BGHZ 9, 113, 117.
322 BayObLG FamRZ 1991, 1485, 1486.

– Verneint auch, wenn eine zeit- und wortlautgleiche sowie offenbar abgesprochene gegenseitige Erbeinsetzung in getrennten Urkunden erfolgt, aber weder die Pluralform noch das Wort „gemeinsam" benutzt wird und jede Bezugnahme fehlt.[323]
– Am selben Ort in zeitlichem Abstand von knapp acht Wochen errichtete und nach Inhalt und Fassung in allen wesentlichen Punkten gleichende Urkunden, in denen „ich" und „mein gesamtes Vermögen" verwendet werden, stellen kein gemeinschaftliches Testament dar.[324]

## XV. Checkliste: Erbenfeststellungsklage

– Kein Klageverzicht (pactum de non petendo).
– Keine Schiedsgerichtsklausel des Erblassers oder der Erben.
– Keine Gerichtsstandsvereinbarung.
– Sachliche Gerichtszuständigkeit (Amtsgericht/Landgericht).
– Örtliche Zuständigkeit: §§ 12, 13, 27 ZPO.
– Ist schon ein Erbschein erteilt?
– Ist beim Nachlassgericht Antrag auf Einziehung eines unrichtigen Erbscheins gestellt?
– Ist Klage auf Herausgabe eines unrichtigen Erbscheins erhoben?
– Standesurkunden zum Beweis der Eheschließung bzw. der Verwandtschaft.
– Sind alle Erben bzw. Erbprätendenten ordnungsgemäß vertreten?
– Ist Testament bzw. Erbvertrag bereits eröffnet?
– Sind Ausschlagungs- und Anfechtungsfristen noch offen?
– Sind evtl. Ausschlagungserklärungen form- und fristgerecht beim zuständigen Nachlassgericht eingegangen?
– Sind evtl. Anfechtungserklärungen
– innerhalb der Anfechtungsfrist,
– vom richtigen Anfechtungsberechtigten
– in der erforderlichen Form
  – beim zuständigen Nachlassgericht eingegangen?
  – Sind güterrechtliche Vereinbarungen wirksam?
– Hauptantrag und evtl. Hilfsanträge.
– Evtl. objektive Klagehäufung in Form der Stufenklage (§ 254 ZPO), d.h. außer dem Feststellungsantrag
– Antrag auf Auskunft über Nachlassgegenstände bspw. gegenüber Erbschaftsbesitzer,
– Antrag auf eidesstattliche Versicherung bezüglich Auskunft,
– Antrag auf Herausgabe des Nachlasses bzw. einzelner Gegenstände.
– Beweislastverteilung.
– Beweismittel: Urkunden, vor allem Nachlassakten, Parteivernehmung.
– Evtl. Widerklage zur Feststellung des eigenen Erbrechts des/der Beklagten.

---

323 BayObLG FamRZ 1993, 240, 241; KG FamRZ 2001, 794, 795 = ZEV 2001, 512, 513.
324 OLG Zweibrücken FF 2002, 177, 178.

## XVI. Anfechtung der Erbschaftsannahme

### 1. Anfechtungsproblematik Überschuldung der Erbschaft

259 Zwei Entscheidungen zur Anfechtung der Erbschaftsannahme wegen Nachlassüberschuldung (Eigenschaftsirrtumsanfechtung, § 119 Abs. 2 BGB) – BayObLG[325] und OLG Düsseldorf:[326]

#### a) Fallkonstellationen

260 Im Fall des **BayObLG**[327] erfolgte knapp zwei Jahre nach dem Erbfall und nach Annahme der Erbschaft eine Nachveranlagung des Erblassers zur Einkommensteuer (Steuerschuld ca. 340.000 DM), die zu einer erheblichen Schmälerung des Nachlasses führte, ohne dass letztlich eine Überschuldung des Nachlasses eingetreten wäre. Ihre Erbschaftsannahme hat die Alleinerbin daraufhin wegen Irrtums angefochten. Die Entscheidung des BayObLG ist, obwohl die Anfechtung nicht als wirksam angesehen wurde, deshalb lesenswert, weil grundsätzliche Ausführungen zur Anfechtbarkeit einer Erbschaftsannahme gemacht werden. Das Gericht ließ die Anfechtung nicht durchgreifen, weil eine Überschuldung des Nachlasses durch die nachträglich bekannt gewordene Einkommensteuerschuld nicht eingetreten war. Wäre eine Überschuldung eingetreten, so hätte das Gericht die Anfechtung wohl als wirksam anerkannt.

261 Im Fall des **OLG Düsseldorf**[328] bestand der wesentliche Teil des Nachlasses in einem einzelkaufmännischen Unternehmen. Im Zeitpunkt der Erbschaftsannahme lagen Bilanzen vor, aufgrund derer von einem positiven Nachlasssaldo ausgegangen werden konnte. Etwa eineinhalb Jahre nach dem Erbfall wurde entdeckt, dass die Bilanzen fehlerhaft waren, weil vor dem Erbfall über Jahre hinweg nicht bestehende Forderungen in den Büchern geführt und vorhandene Verbindlichkeiten (vom Erblasser) nicht erfasst worden waren. Die Korrektur der Bilanzen führte zur Überschuldung des Nachlasses und zur Eröffnung des Nachlasskonkurses. Die Alleinerbin erklärte daraufhin die Anfechtung der Erbschaftsannahme wegen Irrtums über eine verkehrswesentliche Eigenschaft (§ 119 Abs. 2 BGB). Das OLG Düsseldorf hat die Anfechtung als wirksam angesehen.

#### b) Anfechtung der Annahme der Erbschaft

262 Das Gesetz geht in §§ 1954–1957 BGB von der Möglichkeit einer Anfechtung der Annahme einer Erbschaft aus, enthält jedoch dort keine besonderen Bestimmungen zu den Gründen, die eine solche Anfechtung rechtfertigen können. Daraus folgt, dass insoweit die allgemeinen Bestimmungen der §§ 119 ff. BGB maßgebend sind.[329]

#### c) Anfechtungsgründe

263 Als Anfechtungsgründe im Sinne eines Motivirrtums (Eigenschaftsirrtum) nach § 119 Abs. 2 BGB kommen die Überschuldung des Nachlasses, mangelnde Kenntnis einzelner wichtiger Nachlassverbindlichkeiten, aber auch die fehlerhafte Einschätzung des Wertes einzelner Nachlassgegenstände in Betracht. Dabei ist als „Sache" im Sinne dieser Vorschrift bei der

---

[325] NJW-RR 1999, 590.
[326] OLG Düsseldorf NJWE-FER 1999, 242.
[327] BayObLG NJW-RR 1999, 590, 591.
[328] OLG Düsseldorf NJWE-FER 1999, 242.
[329] BayObLG NJW-RR 1999, 590, 591.

Anfechtung gem. §§ 1954, 1956 BGB die Erbschaft anzusehen, d.h. der dem Erben angefallene Nachlass oder der betreffende Nachlassteil bei einem Miterben.[330] Das bedeutet, dass die Überschuldung der Erbschaft eine verkehrswesentliche Eigenschaft gem. § 119 Abs. 2 BGB darstellen kann, die zur Anfechtung der Annahme der Erbschaft berechtigen kann.[331]

Allerdings muss die Überschuldung auch im Zeitpunkt der Annahme der Erbschaft vorliegen. Ein Irrtum über das Bestehen von Verbindlichkeiten, bspw. von Einkommensteuerschulden für zurückliegende Veranlagungszeiträume, kann grundsätzlich die Anfechtung der Annahme begründen. Allerdings ist eine einzelne Verbindlichkeit lediglich ein Rechnungsfaktor für die Bewertung des ganzen Nachlasses und damit der Überschuldung.

Zu den Eigenschaften einer Sache rechnet zwar nicht der Wert der Sache selbst, aber doch alle wertbildenden Merkmale, die die Sache unmittelbar kennzeichnen.[332] Geht es um die Eigenschaften einer Sachgesamtheit wie eines Nachlasses, so stellt deren Zusammensetzung ein solches wertbildendes Merkmal dar. Deshalb gehört es zu den wertbildenden Faktoren der Erbschaft, mit welchen Verbindlichkeiten der Nachlass belastet ist.[333] Ein Irrtum hierüber kann jedoch die Anfechtung nur begründen, wenn sich das Bestehen einer solchen Verbindlichkeit als verkehrswesentliches Merkmal darstellt und der Irrtum hierüber für die Erklärung der Annahme ursächlich war. Insoweit ist für die maßgebliche Beurteilung auf die Erbschaft als Ganze abzustellen. Deshalb können nur wertbildende Faktoren von besonderem Gewicht als im Verkehr wesentlich angesehen werden. Die Verbindlichkeit muss daher eine im Verhältnis zur gesamten Erbschaft erhebliche und für den Wert des Nachlasses wesentliche Bedeutung haben.[334]

Darüber hinaus muss anzunehmen sein, dass der Erbe bei Kenntnis der Verbindlichkeit und verständiger Würdigung des Falles die Annahme nicht erklärt hätte, § 119 Abs. 1 BGB. Ein solches verständliches Interesse wird aber in aller Regel nicht gegeben sein, wenn auch unter Berücksichtigung der zunächst unbekannten Verbindlichkeit ein deutlicher Überschuss der Aktiva des Nachlasses über die Passiva verbleibt. Denn es ist davon auszugehen, dass man im Allgemeinen bei verständiger Würdigung auch kleinere Erbschaften anzunehmen pflegt.[335]

### d) Folgen der Anfechtung der Annahme

Die Anfechtung der Annahme gilt als Ausschlagung, § 1957 Abs. 1 BGB.

An die Stelle des Ausschlagenden treten Ersatzerben, § 1953 Abs. 2 BGB, oder – wenn die Ersatzerbfolge nicht eintritt – sein Erbteil wächst einem oder mehreren anderen Erben an, § 2094 BGB.

### e) Beginn der Anfechtungsfrist

Nach § 1954 Abs. 1 und 2 BGB kann die Anfechtung der Annahme nur binnen sechs Wochen von dem Zeitpunkt an erfolgen, in welchem der Anfechtungsberechtigte von dem Anfechtungsgrund Kenntnis erlangt hat. Kenntnis von dem Irrtum hat der Anfechtungsbe-

---

330 RGZ 158, 50, 52; Staudinger/*Otte*, § 1954 BGB Rn 7; MüKo-*Leipold*, § 1954 BGB Rn 7; BayObLG MittRhNotK 1979, 159, 161; NJW-RR 1999, 590, 591.
331 BayObLGZ 1980, 23, 27; BayObLGZ 1995, 120, 126 = NJW-RR 1995, 904; NJWE-FER 1997, 132 = FamRZ 1997, 1174, 1175; OLG Zweibrücken FGPrax 1996, 113, 114.
332 Palandt/*Heinrichs*, § 119 BGB Rn 27.
333 BGHZ 106, 359, 363 = NJW 1989, 2885.
334 BayObLG, NJW-RR 1999, 590, 592.
335 BayObLG, NJW-RR 1999, 590, 592.

*Krug*

rechtigte, wenn ihm die dafür maßgeblichen Tatsachen bekannt werden und er erkennt, dass seine Erklärung eine andere Wirkung hatte, als er ihr beilegen wollte.[336] Bloßes Kennenmüssen genügt ebenso wenig wie das Vorliegen von Verdachtsgründen.[337]

## 2. Anfechtungsproblematik § 2306 BGB (außerordentliches Anfechtungsrecht)

269 In den Fällen der §§ 2306 und 2307 BGB stellen sehr häufig die vorhandenen Beschränkungen und Beschwerungen das Motiv für eine Ausschlagung der Erbschaft oder des Vermächtnisses dar. Waren Beschränkungen oder Beschwerungen im Zeitpunkt der Ausschlagung bereits weggefallen und der Wegfall dem Ausschlagenden nicht bekannt, so kann der Pflichtteilsberechtigte seine Ausschlagungserklärung anfechten (§ 2308 Abs. 1 BGB). Die Anfechtung richtet sich – gleichgültig, ob die Ausschlagung einer Erbschaft oder eines Vermächtnisses angefochten wird – nach den Vorschriften über die Anfechtung der Ausschlagung einer Erbschaft (§ 2308 Abs. 2 S. 1 BGB).

### ■ Anfechtung der Annahme der Erbschaft

270 BGH, Beschluss vom 5.7.2006 – IV ZB 39/05:[338]

*„Die irrige Vorstellung des unter Beschwerungen als Alleinerbe eingesetzten Pflichtteilsberechtigten, er dürfe die Erbschaft nicht ausschlagen, um seinen Anspruch auf den Pflichtteil nicht zu verlieren, rechtfertigt die Anfechtung einer auf dieser Vorstellung beruhenden Annahme der Erbschaft."*

Hierzu führt das OLG Düsseldorf im Beschluss vom 18.9.2000 aus:[339]

*„Wird eine Erbschaft in Unkenntnis der Tatsache angenommen, dass der Alleinerbe den Pflichtteil nur verlangen kann, wenn er die Erbschaft ausschlägt, liegt ein i.S.v. § 119 Abs. 1 Alt. 1 BGB beachtlicher Rechtsfolgenirrtum vor."*

*Aus dem Sachverhalt:*

Die Erblasserin hatte ihren einzigen Sohn zum Alleinerben eingesetzt und ihn mit Vermächtnissen beschwert. Bei der Annahme der Erbschaft (durch Stellung eines Erbscheinsantrags) war er sich im Klaren, mit dem Erbteil einen Wert zu erhalten, der geringer war als der Wert der Vermächtnisse. Er war jedoch der Meinung, er könne zusätzlich seinen Pflichtteil (gegen den Vermächtnisnehmer) geltend machen.

*Aus den Gründen:*

Tatsächlich hätte der Sohn wegen der Geltung der Quotentheorie zu § 2306 Abs. 1 S. 2 BGB als Alleinerbe den Pflichtteil nur verlangen können, wenn er die Erbschaft ausgeschlagen hätte, weil seine Alleinerbenstellung auf jeden Fall quotal höher ist als seiner Pflichtteilsquote entspricht.

Diese rechtliche Bewertung der Fehlvorstellung ist ein beachtlicher Rechtsirrtum i.S.v. § 119 BGB. Seit der grundlegenden Entscheidung des RG[340] ist in der Rechtsprechung anerkannt, dass der Rechtsfolgenirrtum dann als Inhaltsirrtum zu qualifizieren ist, wenn „infolge

---

336 BGH WM 1961, 785, 786; RGZ 82, 223; BayObLG DNotZ 1999, 78.
337 BGH WM 1973, 751; BAG NJW 1984, 447; BayObLG DNotZ 1999, 78, 80.
338 BGHZ 168, 210 = FamRZ 2006, 1519 = NJW 2006, 3353 = ZEV 2006, 498 = ZErb 2006, 378 = BGHReport 2006, 1421 = Rpfleger 2006, 653 = ZNotP 2006, 463 = DNotZ 2006, 926.
339 RNotZ 2001, 283.
340 RGZ 88, 278, 284.

Verkennung oder Unkenntnis seiner rechtlichen Bedeutung ein Rechtsgeschäft erklärt ist, das nicht die mit seiner Vornahme erstrebte, sondern eine davon wesentlich verschiedene Rechtswirkung, die nicht gewollt ist, hervorbringt."[341]

Die sechswöchige Anfechtungsfrist nach § 1954 BGB beginnt mit der Kenntnis vom Anfechtungsgrund. – In diesem Falle, als der Alleinerbe im gerichtlichen Erörterungstermin über die Rechtslage aufgeklärt wurde.

■ **Anfechtung der Ausschlagung im Zusammenhang mit § 2306 BGB**

Hierzu führt das LG München I im Beschluss vom 17.12.2003 – 16 T 3825/03 aus:[342]

*"Eine Erbausschlagungserklärung ist wegen Inhaltsirrtums anfechtbar, wenn eine Fallgestaltung des § 2306 Abs. 1 S. 1 BGB vorliegt, der Ausschlagende aber davon ausgeht, dass er die Erbschaft wegen der irrigen Annahme der Voraussetzungen des § 2306 Abs. 1 S. 2 BGB ausschlagen müsse, um sich selbst oder einem Dritten einen Pflichtteilsanspruch zu verschaffen."*

## F. Vergleichsweise Einigung über die Erbenstellung

### I. Testamentsauslegungsvertrag

Mit seiner in NJW 1986, 1812 abgedruckten Entscheidung hat der BGH die Möglichkeit einer vergleichsweisen Einigung auch über die Erbenstellung anerkannt, wenn die Auslegung streitig ist.[343] Der **Auslegungsvertrag** – gerichtlich oder außergerichtlich geschlossen – hat zwar nur schuldrechtliche Wirkung (§ 311 BGB bzw. §§ 305, 2371, 2385 BGB), aber die Beteiligten haben sich so zu stellen, als entspräche ihre Einigung der wirklichen Rechtslage, selbst wenn diese sich nachträglich als unzutreffend herausstellen sollte. Um eine solche Einigung herbeizuführen, bedarf es der Mitwirkung aller, deren materielle Rechtsposition betroffen ist – vergleichbar dem Kreis der „materiell Beteiligten" im FG-Verfahren: Materiell Beteiligter ist jeder, dessen materielle Rechtsposition durch die begehrte (FG- oder Streit-) Entscheidung betroffen werden kann. Haben sich die Beteiligten auf eine bestimmte Auslegung eines Testaments geeinigt, so darf ein dieser Auslegung widersprechender Erbschein nicht erteilt werden.[344]

Der Auslegungsvertrag[345] fällt unter § 2385 BGB (sog. „anderer Erbschaftsveräußerungsvertrag") und bedarf deshalb der notariellen Beurkundung (§§ 2033, 2371 BGB) oder des die notarielle Beurkundungsform ersetzenden gerichtlichen Vergleichs (§ 127a BGB). Die Einigung kann sich auf alle erbrechtlichen Positionen beziehen, wie Erbenstellung, Vermächtnisansprüche einschließlich deren Kürzung, Pflichtteilsrechte, Pflichtteilstragungslast u.Ä. Der Vergleich kann auch vor dem Nachlassgericht im Rahmen eines Erbscheinsverfah-

---

341 RGZ 88, 278, 284; RGZ 89, 29, 33; RGZ 98, 136, 139; RGZ 134, 195, 197; OLG Hamm OLGZ 1982, 41, 49; BayObLGZ 1983, 153; OLG Düsseldorf DNotZ 1998, 839.
342 LG München I FamRZ 2004, 1326 (m. Anm. *Bestelmeyer*).
343 Gutachten des DNotI in DNotI-Report 2005, 147; OLG Frankfurt DNotZ 2001, 143 m. Anm. *Kanzleiter* = FamRZ 2000, 1607 = ZEV 2001, 316. Vgl. auch Anm. von *Damrau*, JR 1986, 375, und *Cieslar*, DNotZ 1987, 113.
344 OLG Frankfurt OLGZ 1990, 15 = MDR 1990, 56.
345 Siehe zum Auslegungsvertrag *Dressler*, ZEV 1999, 289 und *Theysohn-Wadle*, Die Anerkennung unwirksamer Testamente im Steuerrecht, ZEV 2002, 221.

rens geschlossen werden,[346] selbst wenn der Rechtspfleger für das betreffende Verfahren zuständig sein sollte,[347] und auch vor dem **Schiedsgericht als Schiedsvergleich**.[348]

**Neuerung durch das FamFG**:[349] Nach § 36 FamFG ist eine Vergleichsmöglichkeit ausdrücklich kodifiziert. Die Beteiligten können einen Vergleich schließen, soweit sie über den Gegenstand des Verfahrens verfügen können. Das Gericht soll außer in Gewaltschutzsachen auf eine gütliche Einigung der Beteiligten hinwirken.

Im **Steuerrecht** kann eine unwirksame Verfügung von Todes wegen ausnahmsweise anerkannt werden, wenn und soweit sie von den Beteiligten tatsächlich befolgt wird und ein entsprechender Erblasserwille als hinreichend sicher und ernsthaft festgestellt werden kann.[350] Selbst der Testamentsauslegungsvertrag kann im Steuerrecht anerkannt werden.[351]

## II. Muster: Testamentsauslegungsvergleich

(*Notarielle Urkundenformalien*)

Erschienen sind:
1. Herr
2. Frau
3. Herr
4. Frau
5. Herr

Sie erklären mit der Bitte um notarielle Beurkundung:

Wir schließen den folgenden

*Erbschafts-Vergleich*

*I. Darstellung der Rechtslage*

Der Vater der Beteiligten Ziff. 1–5, Herr          , zuletzt wohnhaft in          , ist am          verstorben. Er hat ein notarielles Testament vom          , beurkundet unter UR.-Nr.          von Notar          in          hinterlassen und ein privatschriftliches Testament vom          . Beide Testamente wurden am          unter dem Az.          vom Amtsgericht – Nachlassgericht –          eröffnet. Beide Testamente regeln die Erbfolge. In welcher Weise, ist jedoch unklar. Zwischen den Beteiligten besteht Streit, in welchem Verhältnis das zweite Testament zum ersten steht und inwieweit das erste Testament durch das zweite aufgehoben sein soll. Als gesetzliche Erben kommen alle fünf Beteiligten mit Erbquoten zu je einem Fünftel in Betracht. Weitere Personen, die erbrechtliche Ansprüche an den Nachlass haben könnten – mit Ausnahme von Nachlassgläubigern – sind nicht vorhanden.

Herr          und Frau          , die Beteiligten Ziff. 1 und 2, haben beim Landgericht          unter dem Az.          eine Erbenfeststellungsklage gegen die Beteiligten Ziff. 3, 4 und 5 erhoben. Das Landgericht hat mit Urteil vom          der Klage in vollem Umfang stattgegeben. Danach wurden alle fünf Beteiligte zu je einem Fünftel gesetzliche Erben ihres Vaters.

Dagegen haben die Beteiligten Ziff. 3–5 beim Oberlandesgericht          unter Az.          Berufung eingelegt. Über die Berufung ist noch nicht entschieden.

---

346 BGHZ 14, 381; OLG Celle DNotZ 1954, 123.
347 OLG Nürnberg Rpfleger 1972, 305.
348 *Breetzke*, NJW 1971, 1685; *MüKo-Förschler*, § 127a BGB Rn 4.
349 BGBl I 2008, 2586.
350 BFH BStBl II 1970, 119; BStBl II 1982, 28; BFH/NV 1999, 313; 2001, 601; ZEV 2000, 335; ausführlich dazu: *Theysohn-Wadle*, ZEV 2002, 221.
351 *Teysohn-Wadle*, ZEV 2002, 221, 222.

## II. Vergleichsweise Regelung

### 1. Berufungsverfahren

Alle Beteiligten wollen die Erbschaftsangelegenheit ihres Vaters hiermit einvernehmlich regeln. Zu diesem Zweck verpflichten sie sich gegenseitig, das erstinstanzliche Feststellungsurteil des Landgerichts ▬▬▬, Az. ▬▬▬, anzuerkennen.

Die Beteiligten Ziff. 3–5, die gegen das Urteil beim Oberlandesgericht ▬▬▬ unter Az. ▬▬▬ Berufung eingelegt haben, verpflichten sich hiermit, diese Berufung unverzüglich zurückzunehmen und diese Rücknahme durch ihre Prozessbevollmächtigten in der erforderlichen Form erklären zu lassen.

Die Gerichtskosten beider Instanzen werden gegeneinander aufgehoben, jede Partei trägt ihre eigenen außergerichtlichen Kosten selbst.

Alle Beteiligten verpflichten sich gegenseitig, beim zuständigen Nachlassgericht ▬▬▬ einen Erbscheinsantrag zu stellen, der einen Erbschein mit dem gleichen Ergebnis wie das zuvor bezeichnete Urteil des Landgerichts ▬▬▬ zum Inhalt hat, nämlich dass alle fünf Beteiligten zu je einem Fünftel gesetzliche Erben ihres Vaters, des Herrn ▬▬▬, geworden sind.

### 2. Aufteilung des Nachlasses

Alle Beteiligten verpflichten sich, den Nachlass ihres Vaters unter sich zu gleichen Teilen, also zu je einem Fünftel, aufzuteilen. Dies gilt unabhängig davon, wer im Erbschein als Erbe genannt werden wird. Im Innenverhältnis wird vereinbart, sich so zu stellen, als wären alle Beteiligten bereits am Todestag des Vaters zu je einem Fünftel seine gesetzlichen Erben geworden.

### 3. Herausgabeverpflichtung

Die Beteiligten Ziff. 1 und 2, die das ursprünglich auf den Erblasser lautende Wertpapierdepot Nr. ▬▬▬ bei der X-Bank auf sich haben umschreiben lassen, werden die Umschreibung des Depots auf alle fünf Beteiligten in Erbengemeinschaft unverzüglich veranlassen.

### 4. Kosten und Steuern

Alle Kosten und Steuern – mit Ausnahme der Erbschaftsteuer –, die im Zusammenhang mit dem Nachlassverfahren des o.g. Erblassers entstanden sind oder noch entstehen werden, werden von den Beteiligten zu je einem Fünftel getragen. Die Erbschaftsteuer trägt jeder Beteiligte bezüglich seines Erwerbs. Bezüglich der entstandenen Prozesskosten gilt die obige Vereinbarung.

## III. Salvatorische Klausel

1. Sollten einzelne Bestimmungen dieses Vergleichs unwirksam sein oder werden bzw. Lücken enthalten sein, so wird dadurch die Wirksamkeit der übrigen Bestimmungen nicht berührt. Die Beteiligten verpflichten sich in einem solchen Falle, anstelle der unwirksamen oder lückenhaften Bestimmung eine Regelung zu treffen, die rechtlich und wirtschaftlich der unwirksamen oder fehlenden Bestimmung am nächsten kommt.

2. Den Beteiligten ist bekannt, dass nach der derzeitigen Rechtsprechung (BGH NJW 1986, 1812) ein dinglich wirkender Vergleich bezüglich der erbrechtlichen Positionen nicht möglich ist und deshalb lediglich eine schuldrechtliche Vereinbarung getroffen werden konnte.

3. Der Notar haftet nicht für steuerrechtliche Erfolge.

Diese Niederschrift wurde vom Notar den Erschienenen vorgelesen, von diesen genehmigt und von ihnen und dem Notar eigenhändig unterschrieben:

## G. Vorläufiger Rechtsschutz

### I. Allgemeines

275 Zwischen der Prozessdauer und der Bedeutung des vorläufigen Rechtsschutzes besteht in der Praxis ein enger Zusammenhang: Je länger Prozesse dauern, umso wichtiger wird die Möglichkeit des vorläufigen Rechtsschutzes.

Aufgabe des vorläufigen Rechtsschutzes ist nicht eine besonders schnelle Durchsetzung eines materiellrechtlichen Anspruchs, sondern dem Grundsatz nach allein die **Sicherung seiner Durchsetzbarkeit**. Allerdings wurde dieser Grundsatz in Einzelfällen durchbrochen; bspw. dort, wo nur die Erfüllung eine Sicherung gewährleisten kann, wie etwa im Unterhaltsrecht.

276 Genau genommen fällt unter den vorläufigen Rechtsschutz die Vollstreckung aller Titel, in denen über den Bestand eines geltend gemachten Rechts **nicht endgültig** entschieden wurde. Neben dem **Arrest** und der **einstweiligen Verfügung** ist die **vorläufige Vollstreckbarkeit** nicht rechtskräftiger Urteile eine Form des vorläufigen Rechtsschutzes. Außerdem gehören auch die **Vorbehaltsurteile** nach §§ 302, 599 ZPO dazu, bei denen im späteren Nachverfahren die Erstentscheidung wieder aufgehoben werden kann. Hier sollen jedoch nur die **summarischen Verfahren** des Arrests und der einstweiligen Verfügung kurz behandelt werden.

### II. Vorläufiger Rechtsschutz für das Feststellungsbegehren

277 Ob eine **einstweilige Verfügung mit dem Inhalt einer Feststellung** ergehen kann, ist streitig, und wenn ja, ob es sich dann um eine Leistungs-, Sicherungs- oder Regelungsverfügung handelt. In erster Linie wird gegen die Zulässigkeit eingewandt, eine Verfügung mit feststellendem Inhalt nehme die Hauptsache vorweg, was im vorläufigen Rechtsschutz grundsätzlich ausgeschlossen ist. Ergehe eine entsprechende Verfügung, so könne sie nicht vollstreckt werden und könne wegen ihrer Vorläufigkeit ein Rechtsverhältnis auch nicht zuverlässig regeln.[352] Eine größere Zahl von Stimmen bejaht allerdings die Zulässigkeit einer einstweiligen Feststellungsverfügung.[353]

278 Danach ist eine einstweilige Verfügung mit feststellendem Inhalt gem. §§ 935, 940 i.V.m. § 938 Abs. 1 ZPO grundsätzlich statthaft. Beim Verfügungsanspruch muss der Antragsteller die bessere Berechtigung haben als der Antragsgegner; ein Verfügungsgrund kann angenommen werden, wenn allein durch das Zuwarten bis zum Erlass einer Hauptsacheentscheidung die Gefahr eines unverhältnismäßig schweren Nachteils bestehen würde, der für den Antragsteller kaum tragbar und unzumutbar wäre.

279 Im Rahmen einer gerichtlichen Ermessensentscheidung nach § 938 Abs. 1 ZPO kann zwar vorläufig eine Feststellung erfolgen, vollstreckbar ist sie jedoch wegen ihres Inhalts nicht. Weiterhin besteht auch keine Bindung für den Hauptsache-Rechtsstreit. Der Antragsteller ist also darauf angewiesen, dass sich der Antragsgegner an die Verfügung hält. Ein Rechtsschutzbedürfnis für eine feststellende Verfügung wird deshalb von manchen Gerichten nur

---

[352] KG WRP 1996, 556; LAG Rheinland-Pfalz BB 1997, 1643; *Brox/Walker*, Rn 1595; *Dütz*, BB 1980, 534.

[353] Zusammenfassend bei *Vogg*, NJW 1993, 1357; *Kohler*, ZZP 103, 184, 202, 208; *Schuschke/Walker*, § 938 ZPO Rn 35; Stein/Jonas/*Grunsky*, vor § 935 ZPO Rn 60; *Grunsky*, JuS 1976, 284; *Semler*, BB 1979, 1535; *Jauernig*, ZZP 79, 325; *Rosenberg/Gaul/Schilken*, Zwangsvollstreckungsrecht, S. 785.

bejaht, wenn die Erklärung von Seiten des Antragsgegners abgegeben wird, er werde sich an eine Feststellungsverfügung halten.

Der Antragsteller braucht lediglich sein Ziel des begehrten Rechtsschutzes darzulegen; welche Art von Verfügung er haben will, braucht er nicht zu sagen. Das entscheidet das Gericht nach Ermessen im Rahmen des § 938 Abs. 1 ZPO.[354] Selbst wenn der Antragsteller sein Begehren auf § 935 ZPO stützt, kann das Gericht die Verfügung auf § 940 ZPO stützen – und umgekehrt.[355]

Da im Recht der einstweiligen Verfügung auf die Arrestvorschriften verwiesen ist, gilt auch § 916 Abs. 1 ZPO, wonach die zu sichernden Ansprüche betagt oder bedingt sein können.[356]

Bejaht man die Statthaftigkeit einer feststellenden einstweiligen Verfügung, so ist eine solche zulässig **auch vor und während** des Hauptsache-Rechtsstreits, der den zu sichernden Anspruch zum Streitgegenstand hat, nicht aber nach rechtskräftigem Abschluss eines entsprechenden Hauptsache-Rechtsstreits.[357]

## H. Selbstständiges Beweisverfahren

### I. Allgemeines

Bei Erbenfeststellungsklagen kommt sehr häufig die Einholung von Sachverständigengutachten in Betracht, bspw. zur Frage der Geschäfts- und Testierfähigkeit, zu sonstigen medizinischen Fragen, zur Echtheit einer Urkunde und dergleichen. Da der Sachverständige in vielen Fällen auf andere Beweismittel angewiesen ist, bspw. auf die Wahrnehmungen von Angehörigen über das Verhalten des Erblassers, wenn es um Fragen der Geschäfts- und Testierfähigkeit geht, könnte im Einzelfall die Gefahr bestehen, dass ein Beweismittel verloren geht, bspw. wenn der zu vernehmende Zeuge schwer erkrankt ist und die Gefahr besteht, dass er noch vor der eigentlichen Zeugenvernehmung vernehmungsunfähig wird. In solchen Fällen kommen Beweiserhebungen im selbstständigen Beweisverfahren nach §§ 485 ff. ZPO in Betracht.[358]

Lebzeitige Feststellungen zum Geisteszustand des späteren Erblassers können u.U. in einem selbstständigen Beweisverfahren getroffen werden.[359]

### II. Zweiteilung des selbstständigen Beweisverfahrens

Im selbstständigen Beweisverfahren sind zwei Fälle zu unterscheiden:
1. Das Beweisverfahren **vor Anhängigkeit eines Rechtsstreits**, § 485 Abs. 2 ZPO,
2. Das Beweisverfahren **während eines stattfindenden Rechtsstreits**, § 485 Abs. 1 ZPO.

---

354 *Zöller/Vollkommer*, § 935 ZPO Rn 2.
355 *Stein/Jonas/Grunsky*, vor § 935 ZPO Rn 30.
356 *Baumbach/Lauterbach/Albers/Hartmann*, § 936 ZPO Rn 1.
357 *Thomas/Putzo*, vor § 916 ZPO Rn 3.
358 Das selbstständige Beweisverfahren findet seine Erledigung i.S.v. § 25 GKG erst mit der Beendigung des Hauptverfahrens, OLG Naumburg NJW-RR 2000, 286.
359 OLG Koblenz FamRZ 2003, 542.

## 1. Zweck des selbstständigen Beweisverfahrens

**284** Das selbstständige Beweisverfahren verfolgt verschiedene Zwecke:
(1) Beweissicherung,
(2) Prozessvermeidung,
(3) Beschleunigung einer Rechtsstreitigkeit,
(4) Einwirkung auf die Verjährung.

Es dient der vorsorglichen Beweiserhebung entweder
(1) Vor Beginn eines möglichen Prozesses – nur durch Sachverständigenbeweis (§ 485 Abs. 2 ZPO) – oder
(2) Während eines Rechtsstreits – durch
    a) **Augenscheinsbeweis,**
    b) **Zeugenbeweis,**
    c) **Sachverständigenbeweis,**
    wenn
    – die Beweiserhebung noch nicht angeordnet ist und innerhalb angemessener Zeit auch nicht erwartet werden kann
    oder wegen
    – Ruhens,
    – Aussetzung,
    – Unterbrechung,
    – Anhängigkeit beim Revisionsgericht
    nicht angeordnet werden kann (§ 485 Abs. 1 ZPO).[360]

## 2. Selbstständiges (oder: „isoliertes") Beweisverfahren vor einem Rechtsstreit

### a) Allgemeines

**285** Mit dieser Möglichkeit soll noch vor dem Eintritt in den Hauptsacheprozess der streitige Sachverhalt geklärt werden können.

> **§ 485 Abs. 2 ZPO**
>
> *(2) Ist ein Rechtsstreit noch nicht anhängig, kann eine Partei die schriftliche Begutachtung durch einen Sachverständigen beantragen, wenn sie ein rechtliches Interesse daran hat, dass*
> *1. der Zustand einer Person oder der Zustand oder Wert einer Sache,*
> *2. die Ursache eines Personenschadens, Sachschadens oder Sachmangels,*
> *3. der Aufwand für die Beseitigung eines Personenschadens, Sachschadens oder Sachmangels*
> *festgestellt wird. Ein rechtliches Interesse ist anzunehmen, wenn die Feststellung der Vermeidung eines Rechtsstreits dienen kann.*

Ein streitiges Verfahren darf im Falle des isolierten selbstständigen Beweisverfahrens nicht anhängig sein. Anhängigkeit läge auch vor bei laufendem Mahnverfahren und bei Stellung eines PKH-Antrags mit gleichzeitiger Einreichung der Klage.[361] Die Parteistellung im Hauptprozess ist unerheblich.[362]

---

[360] *Thomas/Putzo,* vor § 485 ZPO Rn 2.
[361] OLG Jena OLGR 2000, 59.
[362] OLG Braunschweig BauR 2001, 990.

**Zielrichtung des isolierten selbstständigen Beweisverfahrens:**
(1) Klärung von Streitfragen tatsächlicher Art durch Fachgutachten eines Sachverständigen vor Eintritt in den Hauptprozess.
(2) Dadurch Prozessvermeidung.

### b) Zulässigkeitsvoraussetzung: Rechtliches Interesse

Vor der Anhängigkeit eines Rechtsstreits kommt eine von einem Beweissicherungsbedürfnis unabhängige Erhebung des Sachverständigenbeweises in Betracht, und zwar nur das schriftliche Sachverständigengutachten und kein anderer Beweisantritt. Grund für den Ausschluss anderer Beweismittel: Das Gesetz will die Durchbrechung des Grundsatzes der Unmittelbarkeit der Beweisaufnahme (§ 355 ZPO) im selbstständigen Beweisverfahren auf das hiervon am wenigsten betroffene schriftliche Gutachten beschränken.[363]

> **Hinweis**
> Um im konkreten Einzelfall den Grundsatz der Unmittelbarkeit der Beweiserhebung aufrecht zu erhalten, sollte das selbstständige Beweisverfahren beim Gericht des Hauptverfahrens durchgeführt werden.

Voraussetzung ist lediglich, dass der Antragsteller ein rechtliches Interesse an der zu treffenden Feststellung hat.

Ein solches ist insbesondere (aber nicht nur) dann anzunehmen, wenn
- die Feststellung der Vermeidung eines Rechtsstreits dienen kann,
- bei drohender Verjährung die verjährungshemmende Wirkung erreicht werden soll, § 204 Abs. 1 Nr. 7 BGB.[364]

Steht die Verjährung bevor, so ist sie sehr häufig das einzige Motiv für das selbstständige Beweisverfahren und begründet damit ein rechtliches Interesse.[365]

**Rechtliches Interesse:** Feststellung durch Sachverständigengutachten **zur Vermeidung eines Rechtsstreits**.
- Bewertungen im Pflichtteilsprozess,
- Bewertung lebzeitiger Vorempfänge,
- Bewertung bei der Teilungsanordnung,
- Bewertung beim Übernahmerecht,
- Bewertung bei der Vermächtniskürzung.

Der Begriff des "rechtlichen Interesses" ist weit zu fassen.[366] Dieses rechtliche Interesse ist weiter zu fassen als das Feststellungsinteresse i.S.v. § 256 Abs. 1 ZPO.[367] Insbesondere ist es dem Gericht grundsätzlich verwehrt, bereits im Rahmen des selbstständigen Beweisverfahrens eine Schlüssigkeits- oder Erheblichkeitsprüfung vorzunehmen. Dementsprechend kann ein rechtliches Interesse etwa dann verneint werden, wenn ein Rechtsverhältnis, ein möglicher Prozessgegner oder ein Anspruch nicht ersichtlich ist.[368]

Ziel des selbstständigen Beweisverfahrens ist die Entlastung der Gerichte von Prozessen, deren Streitfragen weniger rechtlicher als tatsächlicher Art sind und für deren Entscheidung

---

363 Zöller/*Herget*, § 485 ZPO Rn 8.
364 OLG Frankfurt/M., MDR 1991, 989; MüKo ZPO § 485 Rn 13 m.w.N.
365 *Schwenker*, Anm. zu BGH in BGHReport 2005, 1550; MüKo ZPO-*Schreiber*, § 485 Rn 13.
366 OLG Stuttgart MDR 2005, 347. Auch die vom Antragsgegner definitiv abgelehnte einvernehmliche Einigung schließt das rechtliche Interesse nicht aus: OLG Köln OLGR 2002, 35.
367 OLG Stuttgart BauR 2000, 923.
368 BGH NJW 2004, 3488 m.w.N.

daher das Fachgutachten eines Sachverständigen eine maßgebliche (oft sogar allein ausschlaggebende) Bedeutung hat.[369]

### c) Denkbare Varianten des selbstständigen Beweisverfahrens vor einem Rechtsstreit

290 Die Klärung streitiger Sachverhalte vor dem Hauptprozess ist gem. § 485 Abs. 2 ZPO möglich:
- Der Zustand einer Person soll festgestellt werden, § 485 Abs. 2 S. 1 Nr. 1 ZPO,
- Der Zustand einer Sache soll festgestellt werden, § 485 Abs. 2 S. 1 Nr. 1 ZPO,
- Der Wert einer Sache soll festgestellt werden, § 485 Abs. 2 S. 1 Nr. 1 ZPO,
- die Ursache eines Personenschadens, Sachschadens oder Sachmangels soll festgestellt werden, § 485 Abs. 2 S. 1 Nr. 2 ZPO,
- der Aufwand für die Beseitigung eines Personenschadens, Sachschadens oder Sachmangels soll festgestellt werden, § 485 Abs. 2 S. 1 Nr. 3 ZPO.

### 3. Selbstständige Beweisverfahren während eines Rechtsstreits

#### a) Allgemeines

291 **§ 485 Abs. 1 ZPO**

*(1) Während oder außerhalb eines Streitverfahrens kann auf Antrag einer Partei die Einnahme des Augenscheins, die Vernehmung von Zeugen oder die Begutachtung durch einen Sachverständigen angeordnet werden, wenn der Gegner zustimmt oder zu besorgen ist, dass das Beweismittel verloren geht oder seine Benutzung erschwert wird.*

#### b) Denkbare Varianten des selbstständigen Beweisverfahrens während eines Rechtsstreits

292 Während eines anhängigen Rechtsstreits kommt bei **drei Sachverhaltsvarianten** ein selbstständiges Beweisverfahren in Betracht:
(1) Mit Zustimmung des Antragsgegners oder
(2) bei Besorgnis des Verlusts eines Beweismittels oder
(3) bei Besorgnis der Erschwerung der Benutzung eines Beweismittels

kann
- die Einnahme eines **Augenscheins,**
- die Vernehmung von **Zeugen,**
- die Einholung eines Sachverständigengutachtens

angeordnet werden.

#### aa) Beweiserhebung mit Zustimmung des Gegners

293 Die Variante, dass der Gegner mit einer Beweiserhebung einverstanden ist (§ 485 Abs. 1 ZPO), kommt in der Praxis nur selten vor. Die erteilte Zustimmung ist eine Prozesshandlung und deshalb weder widerruflich noch anfechtbar. Bei unbekanntem Gegner kann zwar gem. § 494 ZPO eine Beweiserhebung angeordnet werden, ein Einvernehmen scheidet jedoch in diesem Falle aus.[370]

---

369 BGH NJW-RR 2006, 1454 = BGHReport 2006, 1375; Zöller/*Herget*, ZPO § 485 Rn 6 m.w.N.
370 *Ulrich*, AnwBl 2003, 26, 28.

**bb) Drohender Verlust von Beweismitteln oder Erschwerung ihrer Benutzung**

Der Verlust eines Beweismittels kann aus **persönlichen Gründen** in Betracht kommen, etwa
- bei **hohem Alter** eines Zeugen,
- bei schwerer Erkrankung oder auch
- bei einem längeren Auslandsaufenthalt.

Aber auch rein tatsächliche Gegebenheiten können eine unverzügliche Beweiserhebung erforderlich machen, etwa bei der Feststellung des Zustands einer Sache die Veränderung des maßgeblichen Umstandes, also der Zustand zu bestimmten Zeitpunkten bzw. Zeitabschnitten. Das Vorliegen dieser Voraussetzung kann beim Erfordernis des Rechtsschutzinteresses geprüft werden. Es reicht aus, wenn eine maßgebliche Veränderung offensichtlich nicht fern liegt.[371]

### III. Selbstständige Beweisverfahren im Pflichtteilsprozess

Im Pflichtteilsprozess stehen vor allem Bewertungsfragen im Vordergrund. Deshalb ist im Pflichtteilsrecht die Beweiserhebung in Bezug auf vorzunehmende Bewertung von besonderer Bedeutung. In Betracht kommen:
- Wertermittlung im Rahmen des Auskunftsanspruchs nach § 2314 BGB[372] und zur Bewertung des Nachlasses zum Zwecke der Pflichtteilsberechnung (§ 2311 BGB),
- Bewertung der auf den Pflichtteil anzurechnenden lebzeitigen Zuwendungen (§ 2315 BGB),
- Bewertung von bei der Pflichtteilsberechnung zu berücksichtigenden ausgleichungspflichtigen Zuwendungen des Erblassers an den/die Pflichtteilsberechtigten bzw. ausgleichungsberechtigter Leistungen eines Abkömmlings für den Erblasser (§§ 2316, 2050, 2057a BGB), insbesondere auch Bewertung von Vorbehaltsnießbrauch, Vorbehaltswohnungsrecht, Zustimmungserfordernissen bei gemischten Schenkungen und gemischten Ausstattungen
- Im Zusammenhang mit der Vermächtniskürzung (§§ 2318 ff. BGB) Bewertung von Vermächtnissen (Streitverkündung von Seiten des Erben an den Vermächtnisnehmer im Pflichtteilsprozess bzw. Drittwiderklage von Seiten des beklagten Erben im Pflichtteilsprozess gegenüber dem Sach-Vermächtnisnehmer auf Zahlung des Kürzungsbetrages)
  - Bewertung von Sachvermächtnissen (bspw. Grundstücksvermächtnis),
  - Bewertung eines Wohnungsrechtsvermächtnisses,
  - Bewertung eines Nießbrauchsvermächtnisses,
  - Bewertung eines Rentenvermächtnisses.

### IV. Selbstständige Beweisverfahren im Erbprozess

Im Erbprozess – und verwandten Rechtsgebieten – kommt die selbstständige Beweiserhebung bei folgenden Fallkonstellationen in Betracht:
- **Bewertungen**

---

371 OLG Hamm OLGR 1998, 103.
372 Zu den Voraussetzungen für einen Schadensersatzanspruch gegen einen Sachverständigen (§ 839a BGB), der vorsätzlich oder fahrlässig ein falsches Sachverständigengutachten erstellt hat: BGH NJW-RR 2006, 1454; NJW 2006, 1733. Vgl. auch *Weise*, NJW-Spezial 2006, 165.

- Bewertung von ausgleichungspflichtigen Zuwendungen (§§ 2050, 2057a BGB) im Zusammenhang mit der Erbteilung bzw. im Feststellungsprozess zur Vorbereitung der Erbteilung,
- Bewertung einzelner Nachlassgegenstände bei Übernahmerechten,
- Bewertung einzelner Nachlassgegenstände bei Teilungsanordnungen,
- Bewertung des Nachlasses bei Wertvermächtnissen (x Prozent des Netto-Nachlasswertes),
- Bewertung eines geschenkten Gegenstandes im Zusammenhang mit Ansprüchen gem. §§ 2287, 2288 BGB.
- **Zustand einer Person in Bezug auf die Geschäfts-/Testierfähigkeit**
  - des Testators/künftigen Erblassers im Zeitpunkt der Errichtung einer Verfügung von Todes wegen,
  - im Zeitpunkt des Widerrufs einer Verfügung von Todes wegen,
  - bei Entgegennahme der Widerrufserklärung beim gemeinschaftlichen Testament (§§ 2271 Abs. 1, 2296 BGB),[373]
  - im Zeitpunkt der Erklärung des Rücktritts von einem Erbvertrag (§ 2296 BGB),
  - bei Entgegennahme der Rücktrittserklärung,
  - bei der Anfechtung einer bindenden Verfügung von Todes wegen (§ 2281 BGB),
  - bei der Entgegennahme der Anfechtungserklärung,
  - bei der Anfechtung der Erbschaftsannahme/Erbschaftsausschlagung bzw. Vermächtnisannahme/Vermächtnisausschlagung,
  - des Vollmachtgebers bei der Erteilung einer transmortalen bzw. postmortalen Vollmacht,
  - des Vollmachtgebers beim Widerruf einer Vollmacht.
- **Zustand einer Person in Bezug auf Abstammungsfragen**
- **Zustand einer Sache**
  - Bei der **Miterbengemeinschaft:** Zustand einer Sache nach einer Notverwaltungsmaßnahme seitens eines einzelnen Miterben gem. § 2038 Abs. 1 S. 2 Hs. 2 BGB (zur Klärung der Frage, ob der allein handelnde Miterbe sein Notverwaltungsrecht überschritten hat);[374]
  - bei der **Vor- und Nacherbschaft:** Zustand von Nachlassgegenständen bei einer Herausgabeverpflichtung seitens des nicht befreiten Vorerben bezüglich des Nachlasses an den Nacherben im Zustand einer fortgesetzt ordnungsgemäßen Verwaltung (§ 2130 Abs. 1 S. 1 BGB);
  - beim **Erbschaftsbesitzer:** Zustand von Nachlassgegenständen vor Bösgläubigkeit bzw. Rechtshängigkeit (im Hinblick auf die unterschiedliche Haftungssituation gem. § 2021 BGB einerseits und § 2024 BGB andererseits);
  - beim **Testamentsvollstrecker:** wenn der Verdacht einer nicht ordnungsgemäßen Verwaltung besteht unter dem Aspekt der Pflichtverletzung, die zum Schadensersatz bzw. zur Entlassung aus dem Amt führen kann (§§ 2219, 2227 BGB);
- im **Nießbrauchsrecht** gem. §§ 1034, 1067, 1075 BGB.

---

[373] Die herrschende Auffassung in Rechtsprechung und Literatur geht davon aus, dass ein Widerruf auch im Falle der Geschäftsunfähigkeit des anderen Ehegatten möglich ist, dann aber gem. § 131 BGB dem gesetzlichen Vertreter des Geschäftsunfähigen zugehen muss, um wirksam zu werden; LG Hamburg DNotI-Report 2000, 86; *Helms*, DNotZ 2003, 104; *Zimmer*, ZEV 2007, 159. A.A. *Damrau/Bittler*, ZErb 2004, 77: Mit Eintritt der Geschäftsunfähigkeit eines Ehegatten seien wechselbezügliche Verfügungen in einem gemeinschaftlichen Testament schlechthin nicht mehr widerrufbar.

[374] Notverwaltungsmaßnahmen begründen eine Nachlassverbindlichkeit, für die nicht nur der Nachlass, sondern die Miterben gem. § 2058 BGB gesamtschuldnerisch haften.

## V. Einzelheiten

### 1. Zustand einer Person

In erbrechtlichen Angelegenheiten kommen zwei Möglichkeiten der Feststellung des Zustands einer Person in Betracht:

(1) Im **Abstammungsprozess** zum Zwecke der Klärung erbrechtlicher Fragen (Abstammung als Vorfrage des Erbrechts, vgl. § 1924 BGB „Abkömmling"), hier sogar mit der Pflicht zur Duldung von Untersuchungen und zur Entnahme von Blutproben (§ 372a ZPO);[375]

(2) **Feststellung der Geschäfts- bzw. Testierfähigkeit des Erblassers**, allerdings wenn dieser dies selber beantragt. Ob ein entsprechender Antrag potenzieller Erben zulässig ist, ist zweifelhaft.[376] Jedenfalls gibt es keine gesetzliche Verpflichtung für den Erblasser, sich untersuchen zu lassen, dh er müsste freiwillig dazu bereit sein.

**Hinweis**
Ein Antrag des Erblassers auf Feststellung seiner Geschäfts- bzw. Testierfähigkeit dürfte zulässig sein.

### 2. Zustand einer Sache

Zustand einer Sache als Folge ordnungsgemäßer oder ordnungswidriger Verwaltung.

**Beispiele**
(1) **Vor- und Nacherbfolge:**
 a) Feststellung des Zustandes einer Sache, die zur Vorerbschaft gehört, auf Antrag des Vorerben oder Nacherben gem. § 2122 BGB.
 b) Der Vorerbe hat den Nachlass in dem Zustand an den Nacherben herauszugeben, der sich bei einer bis zur Herausgabe fortgesetzten ordnungsmäßigen Verwaltung ergibt, § 2130 BGB.

(2) **Testamentsvollstreckung:** Der Testamentsvollstrecker haftet für die ordnungsgemäße Verwaltung des Nachlasses (§§ 2216, 2219, 2227 BGB) und hat den Nachlass nach Beendigung der Testamentsvollstreckung an den Erben im Zustand ordnungsgemäßer Verwaltung herauszugeben, §§ 2218, 667 BGB.

---

375 OLG Brandenburg FamRZ 2007, 1755: *1. Verweigert der im Rahmen eines gerichtlichen Vaterschaftsfeststellungsverfahrens nach § 1600d Abs. 2 S. 1 BGB potentielle Vater die zum Abstammungsnachweis vom Prozessgericht gem. § 372a Abs. 1 ZPO angeordnete Entnahme einer Blutprobe zum Zwecke der Blutgruppenuntersuchung und nennt er eine bestehende Nadelphobie als Grund für seine Weigerung, so tritt ein sog. Zwischenstreit gem. § 387 Abs. 1 ZPO ein. Über die Rechtmäßigkeit der Weigerung muss das Prozessgericht dann nach notwendiger Durchführung eines Zwischenverfahrens mit einer den Zwischenstreit abschließenden rechtskräftigen Zwischenentscheidung befinden. Erst danach kann eine Endentscheidung getroffen werden. Die Nichtdurchführung eines notwendigen Zwischenverfahrens stellt einen wesentlichen Verfahrensfehler dar. 2. Eine Vaterschaftsvermutung wegen einer verweigerten Blutentnahme aufgrund der Beweisvereitelungsregelung kommt wegen des Amtsermittlungsgrundsatzes gem. § 12 FGG nur in Ausnahmefällen in Betracht und setzt voraus, dass ausschließlich der Verweigerer als möglicher Vater in Erwägung zu ziehen ist. Hat die Kindesmutter nach ihren Angaben während der gesetzlichen Empfängniszeit jedoch auch mit anderen geschlechtlich verkehrt, ist die Anwendung der Beweisvereitelungsregel zu Lasten des Verweigerers unzulässig.*
376 Bejahend: OLG Köln JW 1930, 2064; OLG Koblenz in einem obiter dictum FamRZ 2003, 542; verneinend: BayObLG FamRZ 1988, 422, 423; *Bassenge/Roth*, Einl. FGG Rn 17.

**(3) Nießbrauch:**
a) Feststellung des Zustandes der mit dem Nießbrauch belasteten Sache auf Antrag des Nießbrauchers oder des Eigentümers gem. § 1034 BGB.

b) Feststellung der Höhe des Wertersatzes bei nießbrauchsbelasteten verbrauchbaren Gegenständen nach Beendigung des Nießbrauchs auf Antrag des Eigentümers oder des Nießbrauchers gem. § 1067 Abs. 1 Satz 2 BGB.

c) Beim Nießbrauch an einer Forderung und Leistung einer verbrauchbaren Sache von Seiten des Schuldners an den Nießbraucher kann die Feststellung der Höhe des Wertersatzes nach Beendigung des Nießbrauchs auf Antrag des Eigentümers oder des Nießbrauchers gem. §§ 1075 Abs. 2, 1067 Abs. 1 Satz 2 BGB verlangt werden.

**(4) Pflichtteilsrecht:**
Landguteigenschaft eines landwirtschaftlichen Betriebs i.S.v. § 2312 BGB.[377]

### 3. Wertermittlung einer Sache bzw. Sachgesamtheit

299   Unter dem Begriff „Wert" einer Sache kann auch der Ertragswert (Nutzungswert) verstanden werden zur Ermittlung des Werts
– eines **Unternehmens**,
– eines **Nießbrauchs**,
– eines **Wohnungsrechts** u.Ä.[378]

Und für die Praxis besonders wichtig: Der Wert eines ganzen Nachlasses.

300   **Hinweis**
Statt der außergerichtlichen Einholung eines Sachverständigengutachtens zur Wertermittlung nach § 2314 BGB mit dem Risiko, dass im Prozess noch ein zweites – jetzt gerichtliches – Gutachten einzuholen ist, ist zu empfehlen,
vor dem Prozess im selbstständigen Beweisverfahren ein Gutachten einzuholen, das im Prozess als Beweismittel verwertet werden kann (Kostenersparnis!).

### VI. Formalien des Antrags

301   (1) Der Antrag muss den Gegner bezeichnen, § 487 Nr. 1 ZPO.
(2) Es sind diejenigen Tatsachen zu bezeichnen, über die Beweis erhoben werden soll, § 487 Nr. 2 ZPO, so dass das Gericht einen Beweisbeschluss erlassen kann.
(3) Das Beweismittel ist zu bezeichnen, § 487 Nr. 3 ZPO.
(4) Diejenigen Tatsachen sind glaubhaft zu machen (§ 294 ZPO),[379] die die Zulässigkeit des Antrags und die Zuständigkeit des Gerichts betreffen, § 487 Nr. 4 ZPO, insbesondere, dass zu besorgen ist, dass das Beweismittel verloren geht oder seine Benutzung erschwert wird.[380]

---

377 BGH FamRZ 2008, 140 = ZEV 2008, 40; Anm. *Krug*, in: jurisPR-FamR 13/2009 Anm. 2.
378 Zöller/*Herget*, § 485 ZPO Rn 9.
379 Glaubhaftmachungsmittel: Alle präsenten Beweismittel der ZPO und zusätzlich die eidesstattliche Versicherung.
380 OLG Naumburg OLGR Naumburg 2001, 34.

## VII. Verwertung der Beweiserhebung im Hauptsacheprozess

Im Falle der Beweissicherung während des laufenden Rechtsstreits ist die Verwertung des Beweisergebnisses in diesem Rechtsstreit selbstverständlich, sie erfolgt nach allgemeinen Grundsätzen.

302

Die selbstständige Beweiserhebung außerhalb eines Rechtsstreits steht der Beweiserhebung vor dem Prozessgericht gleich. Eine der Parteien braucht sich nur darauf zu berufen, § 493 Abs. 1 ZPO.

## VIII. Selbstständiges Beweisverfahren in der freiwilligen Gerichtsbarkeit

Für den Bereich des FGG ist das selbstständige Beweisverfahren anerkannt, insbesondere im Vaterschaftsfeststellungsverfahren, das nach dem Tod des Vaters als FG-Verfahren vor dem Familiengericht weiter geführt wird, §§ 1600e Abs. 2, 56c FGG.[381] Nach dem FamFG[382] ist das Abstammungsverfahren seit 1.9.2009 immer ein fG-Verfahren nach §§ 169 ff. FamFG. Für alle bis 31.8.2009 eingeleiteten Verfahren gilt FGG, Art. 111, 112 FGG-ReformG.[383] Auch auf das neue Verfahrensrecht nach FamFG dürfte die Rechtsprechung zum bisherigen Verfahrensrecht anzuwenden sein.

303

Das FGG sah außer in § 164 FGG kein selbstständiges Beweisverfahren vor. Lediglich § 15 Abs. 1 FGG erklärte einige Vorschriften über die Beweismittel und das Verfahren bei der Abnahme von Eiden für entsprechend anwendbar, jedoch nicht die Vorschriften über das selbstständige Beweisverfahren in §§ 485 ff. ZPO. Deshalb wurde von einigen Stimmen im Schrifttum die Durchführung eines selbstständigen Beweisverfahren im FG-Verfahren für unzulässig gehalten.[384] Überwiegend wird jedoch für die echten Streitverfahren der freiwilligen Gerichtsbarkeit die entsprechende Anwendung der §§ 485 ff. ZPO bejaht, weil das fG-Verfahren durch ein vorgeschaltetes Beweisverfahren nicht beeinträchtigt, sondern wie das Verfahren nach der ZPO beschleunigt wird, wenn die Beteiligten über Tatsachen streiten.[385]

Auf dem Gebiet des Erbrechts zählen zu den echten Streitsachen aber nur die Entlassung des Testamentsvollstreckers (§ 2227 BGB) und die Entscheidung von Meinungsverschiedenheiten unter mehreren Testamentsvollstreckern (§ 2224 BGB).[386] Das Erbscheinsverfahren ist dagegen kein echtes Streitverfahren der freiwilligen Gerichtsbarkeit.[387]

Vgl. aber unten die landesrechtlichen Bestimmungen für FGG-Verfahren allgemein in Baden-Württemberg, Hessen und Niedersachsen. Die landesrechtlichen Vorschriften gelten noch bis zu ihrer Anpassung an das FamFG.

---

381 OLG Frankfurt/M. NJW-RR 1997, 58; OLG Celle NJW-RR 2000, 1100 = FamRZ 2000, 1510 = OLGR 2000, 116.
382 FGG-ReformG v. 17.12.2008, BGBl I S. 2586.
383 FGG-ReformG v. 17.12.2008, BGBl I 2008, 2586.
384 *Jansen*, FGG, § 15 Rn 79; *Bumiller/Winkler*, FGG, § 15 Anm. 5.
385 BayObLGZ 1976, 211/213; BayObLG MDR 1996, 144 = NJW-RR 1996, 528; *Keidel/Amelung*, FGG, Teil A Rn 56; *Bassenge/Roth*, FGG/RPflG, Rn 1 je zu § 15 FGG; MüKo-*Schreiber*, § 485 ZPO Rn 3; *Baumbach/Lauterbach/Albers/Hartmann*, vor § 485 ZPO Rn 4; *Zöller/Herget*, § 486 ZPO Rn 3 aE; *Merle*, in: Bärmann/Pick/Merle, WEG, § 44 Rn 130; *Schreiber*, NJW 1991, 2600/2601 Fn 9.
386 *Jansen*, FGG, vor §§ 8–18 Rn 54.
387 BayObLG FamRZ 1988, 422, 423; MDR 1984, 324; *Bassenge/Roth*, FGG, Einl. FGG Rn 17. In Wohnungseigentumssachen kann das selbstständige Beweisverfahren durchgeführt werden, BayObLGR 2002, 415.

## IX. Selbstständiges Beweisverfahren nach Landesrecht

### 1. Baden-Württemberg

304 Nach § 12 Ba-Wü LFGG sind die Amtsgerichte zuständig, außerhalb eines anhängigen Verfahrens die Aussagen von Zeugen und die Gutachten von Sachverständigen entgegenzunehmen sowie Eide und eidesstattliche Versicherungen dieser Personen abzunehmen, wenn hierfür ein berechtigtes Interesse glaubhaft gemacht wird. Ein Zwang darf auf die Zeugen und Sachverständigen nicht ausgeübt warden.

Damit ist eine besondere Art eines selbstständigen Beweisverfahrens in Angelegenheiten der freiwilligen Gerichtsbarkeit, also auch im Erbscheinsverfahren, geschaffen, dessen Schwelle niedriger ist als bei §§ 485 ff. ZPO. Denn hier ist lediglich ein „berechtigtes" Interesse erforderlich.

*§ 12 Ba-Wü LFGG*
*Vernehmung und Beeidigung von Zeugen und Sachverständigen außerhalb eines anhängigen Verfahrens*
*Die Amtsgerichte sind zuständig, außerhalb eines anhängigen Verfahrens die Aussagen von Zeugen und die Gutachten von Sachverständigen entgegenzunehmen sowie Eide und eidesstattliche Versicherungen dieser Personen abzunehmen, wenn hierfür ein berechtigtes Interesse glaubhaft gemacht wird. Ein Zwang darf auf die Zeugen und Sachverständigen nicht ausgeübt werden.*

### 2. Hessen

305 Nach Art. 41 HessFGG kann das Amtsgericht außerhalb eines anhängigen Verfahrens Zeugen oder Sachverständige vernehmen, um lediglich die Aussage oder Abgabe des Gutachtens als Tatsache zu beurkunden, wenn ein berechtigtes Interesse vorliegt. Die Vorschrift eröffnet die Möglichkeit, im Verfahren der freiwilligen Gerichtsbarkeit ein Beweissicherungsverfahren durchzuführen, ohne dass bereits ein streitiges Rechtsverhältnis besteht oder ein Gegner bekannt ist.[388] Die Zulässigkeit des Verfahrens nach §§ 485 ff. ZPO schließt ein Beweissicherungsverfahren nach anderen Vorschriften nicht aus, ebensowenig umgekehrt.[389]

*Artikel 41 HessFGG*
*Vernehmung von Zeugen und Sachverständigen außerhalb eines anhängigen Verfahrens*
*Das Amtsgericht kann außerhalb eines anhängigen Verfahrens Zeugen oder Sachverständige vernehmen, um lediglich die Aussage oder Abgabe des Gutachtens als Tatsache zu beurkunden, wenn ein berechtigtes Interesse vorliegt. Zeugen und Sachverständige können zur Aussage und Abgabe des Gutachtens nicht gezwungen werden. Das Amtsgericht kann einen Sachverständigen beeidigen, wenn alle Beteiligten es beantragen.*

306 Zur Anwendung von Art. 41 HessFGG das OLG Frankfurt/M.:[390]

„Auf Art. 41 HessFGG läßt sich das Begehren des Antragstellers auf Anordnung der Begutachtung der Testierfähigkeit seines Bruders am 28.6.1995 nicht mit Erfolg stützen.

---

[388] *Jansen*, FGG, § 15 Rn 79; zu der ähnlichen Vorschrift des Art. 23 – früher Art. 27 – NdsFGG vgl. Hornig, NdsRpfl 1958, 101/102.
[389] So für das Verfahren nach § 164 FGG: Stein/Jonas/*Leipold*, vor § 485 ZPO Rn 2 und § 485 Rn 16; *Baumbach/Lauterbach/Albers/Hartmann*, vor § 485 ZPO Rn 4).
[390] OLG Frankfurt/M. NJW-RR 1997, 581 = OLGR Frankfurt 1997, 116 = MDR 1997, 481 = FamRZ 1997, 1021.

*Denn diese Vorschrift setzt voraus, daß alle Personen, die an der Angelegenheit, in der der Zeuge oder Sachverständige vernommen werden soll, beteiligt sind, auf die Vernehmung antragen oder doch wenigstens damit einverstanden sind. Denn die Vernehmung des Zeugen oder Sachverständigen ist ihrerseits ein Akt der freiwilligen Gerichtsbarkeit (vgl. zu der rechtsähnlichen Vorschrift des Art. 34 Abs. 2 PrFGG: AGJ 42, 8). Das ergibt sich zum einen daraus, daß Zeugen und Sachverständige zur Aussage und Abgabe des Gutachtens nicht gezwungen werden können (Art. 41 Satz 2 HessFGG). Zum anderen folgt es daraus, daß Art. 41 HessFGG in dem (vierten) Abschnitt des Hess FGG über „Urkundstätigkeit des Gerichts einschließlich des Urkundsbeamten und Gerichtsvollziehers" steht. Die Vorschriften des zehnten Abschnitts des FGG über „gerichtliche und notarielle Urkunden" (§§ 167 – 184 FGG) sind mit der Beseitigung der Beurkundungszuständigkeit der Gerichte mit Wirkung vom 1.1.1970 aufgehoben worden durch § 57 Abs. 5 Nr. 2 BeurkG vom 28.8.1969. Das Beurkundungsgesetz hat aber durch Art. 61 Abs. 1 Nr. 4 die landesrechtlichen Zuständigkeiten der Amtsgerichte, die Aussagen von Zeugen und Gutachten von Sachverständigen außerhalb anhängiger Verfahren zu beurkunden, wozu nach § 20 BNotO auch die Notare zuständig sind, als Ergänzungen zu §§ 163, 164 FGG bestehenlassen (vgl. dazu Jansen a.a.O. Rn 10, Keidel/Winkler, FGG, Teil B 12. Auflage, Rn 8, Huhn/von Schuckmann, BeurkG, 3. Auflage, Rn 6, je zu § 61 BeurkG). Der Antragsteller trägt aber nicht vor, daß sein Bruder und dessen Stieftochter mit der Einholung eines Sachverständigengutachtens über die Testierfähigkeit des Bruders am 28.6.1995 einverstanden sind."*

### 3. Niedersachsen

Nach Art. 23 NdsFGG können die Amtsgerichte außerhalb eines anhängigen Verfahrens die Aussagen von Zeugen und die Gutachten von Sachverständigen beurkunden, wenn hierfür ein berechtigtes Interesse glaubhaft gemacht wird. Die Zeugen und Sachverständigen können im Einverständnis aller Beteiligten auch beeidigt werden. Ein Zwang zur Zeugenaussage oder zur Abgabe des Gutachtens darf nicht ausgeübt werden.

*Artikel 23 NdsFGG*
*Vernehmung und Beeidigung von Zeugen und Sachverständigen außerhalb eines anhängigen Verfahrens*
*Die Amtsgerichte können außerhalb eines anhängigen Verfahrens die Aussagen von Zeugen und die Gutachten von Sachverständigen beurkunden, wenn hierfür ein berechtigtes Interesse glaubhaft gemacht wird. Die Zeugen und Sachverständigen können im Einverständnis aller Beteiligten auch beeidigt werden. Ein Zwang zur Zeugenaussage oder zur Abgabe des Gutachtens darf nicht ausgeübt werden.*

### X. Verfahrensrecht

In den §§ 486 ff. ZPO ist das Verfahrensrecht geregelt.

### 1. Zuständigkeit

Zuständig ist grundsätzlich das Gericht der Hauptsache, wenn ein Rechtsstreit bereits anhängig ist, § 486 Abs. 1 ZPO. Auch das Schiedsgericht, wenn der Rechtsstreit sich dort befindet.[391] Dies gilt aber auch im isolierten selbstständigen Beweisverfahren, § 486 Abs. 2 S. 1 ZPO.

---

[391] *Thomas/Putzo*, ZPO § 485 Rn 4.

Bei dringender Gefahr ist auch das Amtsgericht unabhängig vom Streitwert zuständig, in dessen Bezirk die zu vernehmende oder zu begutachtende Person sich aufhält oder die in Augenschein zu nehmende oder zu begutachtende Sache sich befindet.

### 2. Bestimmtheit des Antrags

311    Nach § 487 Nr. 2 ZPO

> „muss der Antrag auf Anordnung des selbstständigen Beweisverfahrens die Bezeichnung der Tatsachen (enthalten), über die Beweis erhoben werden soll".

Der Antragsteller bestimmt durch seinen Antrag den Gegenstand der Beweisaufnahme und die Beweismittel. Das Gericht ist an die Tatsachenbehauptungen des Antragstellers gebunden, es darf die Beweisbedürftigkeit und die Entscheidungserheblichkeit der behaupteten Tatsachen nicht überprüfen.[392]

### 3. Anwaltliche Vertretung

312    Der reine Antrag kann zu Protokoll der Geschäftsstelle erklärt werden, § 486 Abs. 4 ZPO. Damit besteht kein Anwaltszwang, § 78 Abs. 5 ZPO. Dem Anwaltszwang unterliegen weder die mündliche Verhandlung über den Antrag, § 490 Abs. 1 ZPO, der eine Entscheidung ohne zwingende mündliche Verhandlung durch Beschluss vorsieht, noch der Antrag auf Anhörung eines Sachverständigen. Streitig ist, ob die mündliche Erörterung (§ 492 Abs. 3 ZPO) und vor allem der Abschluss eines Vergleichs dem Anwaltszwang unterliegen.[393]

### 4. Zustellung des Antrags

313    Zustellungsvorschriften sind aus den §§ 485 ff. ZPO nicht ersichtlich. Weil für die verjährungshemmende Wirkung jedoch gem. § 204 Abs. 1 Nr. 7 BGB die Zustellung des Antrags erforderlich ist, besteht eine Verpflichtung des Gerichts, die Antragsschrift dem Gegner förmlich zuzustellen.[394]

### 5. Auswahl des Sachverständigen

314    Die Auswahl des Sachverständigen obliegt nunmehr auch im selbstständigen Beweisverfahren dem Gericht (§§ 404 Abs. 1, 492 Abs. 1 ZPO). Ob es in diesem Verfahren zweckmäßig erscheint, Anregungen des Antragstellers zur Person des vom Gericht zu beauftragenden Sachverständigen regelmäßig zu entsprechen, erscheint zweifelhaft.[395]

### 6. Erörterungstermin

315    Das Gericht kann die Parteien zur mündlichen Erörterung landen, wenn eine Einigung zu erwarten ist.

**Ein Vergleich kann protokolliert werden, § 492 Abs. 3 ZPO.**

---

[392] BGH NJW 2004, 3488; NJW 2000, 960.
[393] Bejahend: *Wirth/Korbion*, Handbuch der Vertragsgestaltung, Vertragsabwicklung und Prozessführung im privaten und öffentlichen Baurecht 2001, XII. Teil Rn 151. A.A. *Kniffka/Koeble*, Kompendium des Baurechts 2000, 4. Teil Rn 30.
[394] *Weyer*, BauR 2001, 1807, 1810; *Lenkeit*, BauR 2002, 215 [216].
[395] OLG Köln BauR 2002, 1120 = OLGR Köln 2002, 264.

### 7. Mündliche Erläuterung des Gutachtens durch den Sachverständigen

Dem Antrag einer Partei auf Ladung eines Sachverständigen zur Erläuterung seines schriftlichen Gutachtens ist grundsätzlich auch dann zu entsprechen, wenn der Sachverständige das Gutachten in einem vorausgegangenen selbstständigen Beweisverfahren erstattet hat.[396]

Bei Identität der Beteiligten steht die selbstständige Beweiserhebung unter der Voraussetzung von § 493 Abs. 1 ZPO einer Beweisaufnahme vor dem Prozessgericht gleich.[397]

Die beantragte Ladung eines Sachverständigen ist grundsätzlich auch dann erforderlich, wenn das Gericht selbst das schriftliche Gutachten für überzeugend hält und keinen weiteren Erläuterungsbedarf sieht. Es ist auch nicht notwendig, dass ein solcher von einer Partei nachvollziehbar dargetan worden ist. Die antragstellende Partei hat zur Gewährleistung des rechtlichen Gehörs nach §§ 397, 402 ZPO einen Anspruch darauf, dass sie dem Sachverständigen die Fragen, die sie zur Aufklärung der Sache für erforderlich hält, zur mündlichen Beantwortung vorlegen kann.[398]

Der Erläuterungstermin kann mit dem Termin zur mündlichen Erörterung verbunden werden.

### 8. Aussetzung des Hauptsacheverfahrens

Die Aussetzung eines Hauptsacheverfahrens im Hinblick auf ein anderweit anhängiges selbstständiges Beweisverfahren ist grundsätzlich in entsprechender Anwendung von § 148 ZPO zulässig. Bei der Ermessensentscheidung über die Aussetzung muss das Gericht der Hauptsache auch berücksichtigen, ob die gebotene Förderung und Beschleunigung des Prozesses auf andere Weise besser zu erreichen ist.[399] Aus prozessökonomischen Gründen ist es geboten, mehrfache Beweiserhebungen wegen desselben Gegenstandes mit möglicherweise unterschiedlichen Ergebnissen zu vermeiden. Dies kann erreicht werden, wenn die bereits angeordnete Beweiserhebung im selbstständigen Beweisverfahren fortgesetzt wird und eine parallele Beweiserhebung im Hauptsacheverfahren wegen dessen Aussetzung ausscheidet.

### 9. Entscheidung des Gerichts

Das Gericht entscheidet durch Beschluss, d.h. eine mündliche Verhandlung ist fakultativ. Der Beschluss ist bei Stattgabe ein Beweisbeschluss mit einem konkreten Beweisthema, also bei der Anordnung eines Sachverständigenbeweises ein konkretisierter Auftrag an den Sachverständigen. Die Anknüpfungstatsachen müssen vom Gericht vorgegeben werden.[400]

### 10. Rechte des Antragsgegners

Grundsätzlich ist dem Antragsgegner rechtliches Gehör zu gewähren, lediglich im Falle dringender Gefahr (§ 486 Abs. 3 ZPO) kann davon abgesehen werden. Der Antragsgegner hat das Recht, eigene Anträge zu stellen.

---

396 BGH MDR 2007, 1091 = BauR 2007, 1610.
397 BGHZ 164, 94 [97].
398 BGH NJW-RR 2007, 212.
399 BGHReport 2007, 272 = NJW-RR 2007, 307.
400 *Siegburg*, BauR 2001, 875 [878].

Die Einwendungen beschränken sich auf das Verfahrensrecht:[401]
- Zuständigkeit des Gerichts,
- Bestreiten des Rechtsschutzinteresses,
- Wertangaben des Antragstellers,
- Befangenheitsgesuch gegen den Sachverständigen (§ 406 ZPO),
- Einrede der Verjährung.

Diese Einwendungen müssen entweder innerhalb der vom Gericht gesetzten oder binnen angemessener Frist erhoben werden, §§ 411 Abs. 4 S. 2; 492 Abs. 1; 411 Abs. 4 S. 1 ZPO.

Ein neues Sachverständigengutachten kann der Antragsgegner nur beantragen, wenn die Voraussetzungen des § 412 ZPO vorliegen, d.h. wenn das Gericht das bereits eingeholte Gutachten für ungenügend hält oder wenn der bisherige Sachverständige als befangen abgelehnt wird, § 485 Abs. 3 ZPO.

### 11. Frist zur Klageerhebung

320   Bei einem selbstständigen Beweisverfahren, das außerhalb eines anhängigen Rechtsstreits durchgeführt wird, hat das Gericht auf entsprechenden Antrag anzuordnen, dass der Antragsteller binnen einer zu bestimmenden Frist Klage zu erheben hat, § 494a ZPO.

Kommt der Antragsteller dieser Anordnung nicht nach, so hat das Gericht auf Antrag durch Beschluss auszusprechen, dass der Antragsteller die dem Gegner entstandenen Kosten zu tragen hat. Diese Entscheidung unterliegt der sofortigen Beschwerde, § 494a Abs. 2 S. 2 ZPO.

### 12. Zulässigkeit der Streitverkündung

321   Die Frage der Zulässigkeit der Streitverkündung im selbstständigen Beweisverfahren wurde durch Urteil des BGH vom 5.12.1996 bejaht.[402] Sie hat zur Folge, dass dem Streitverkündeten das Ergebnis der Beweisaufnahme entsprechend § 68 ZPO in einem nachfolgenden Prozess entgegengehalten werden kann. Aber die Zulassung der Streitverkündung hat zu einer Vielzahl ungeklärter Fragen zur Kostentragungspflicht geführt.[403]

Die Streitverkündung kann von jeder der Parteien veranlasst werden.

### 13. Kosten des selbstständigen Beweisverfahrens

#### a) Vorschuss

322   Die Beauftragung des Sachverständigen soll von der vorherigen Einzahlung eines angemessenen Vorschusses abhängig gemacht werden, § 68 Abs. 1 S. 2 GKG, §§ 492 Abs. 1, 402, 379 ZPO.

#### b) Streitwert

323   Der Streitwert des selbstständigen Beweisverfahrens ist mit dem Hauptsachestreitwert oder mit dem Teil des Hauptsachestreitwertes anzusetzen, auf den sich die Beweiserhebung

---

401 *Ulrich*, AnwBl 2003, 26 [84].
402 BGH NJW 1997, 859 = BGHZ 134, 190 = MDR 1997, 390.
403 Vgl. hierzu ausführlich *Cuypers*, MDR 2004, 244.

bezieht.⁴⁰⁴ Das Gericht setzt ihn gem. § 3 ZPO „nach freiem Ermessen" fest. Im Antrag ist gem. § 23 Abs. 1 GKG der Wert des Streitgegenstandes anzugeben.

### c) Gerichtskosten

1,0 Gebühr nach GKG-KV 1610. Die Verfahrensgebühr wird mit der Einreichung der Antragsschrift fällig, § 61 Abs. 1 Nr. 1 GKG. Das selbstständige Beweisverfahren ist ein eigenständiges Verfahren, so dass die Gebühr neben der Gebühr für das Hauptsacheverfahren anfällt.

324

Beschwerdeverfahren: GKG-KV 1811.

### d) Anwaltsgebühren

Verfahrensgebühr RVG-VV 3100.

325

Terminsgebühr RVG-VV 3104.⁴⁰⁵

### e) Prozesskostenhilfe

Prozesskostenhilfe kann dem **Antragsteller** auch für das selbstständige Beweisverfahren gewährt werden. Für deren Bewilligung sind nicht die Erfolgsaussichten der beabsichtigten Hauptsacheklage entscheidend, denn diese werden in diesem Verfahren nicht geprüft. Vielmehr kommt es auf die Erfolgsaussichten des Beweisantrages an.⁴⁰⁶

326

Auch dem **Antragsgegner** kann PKH gewährt werden, wenn seine Beteiligung an dem Verfahren sachgerecht und seine Verteidigung Erfolg versprechend ist. Ist der Antragsteller anwaltlich vertreten, so kann das Gebot der Waffengleichheit von Bedeutung sein.⁴⁰⁷

### f) Kostenentscheidung

Im selbstständigen Beweisverfahren ist grundsätzlich kein Raum für eine Kostenentscheidung; über die Kosten ist im Hauptsacheprozess mit zu entscheiden.⁴⁰⁸ Denn im Beweisverfahren wird nicht geprüft, ob der Hauptsacheanspruch besteht oder nicht; der Beweissicherungsbeschluss ist allein auf die Feststellung von Tatsachen gerichtet und nicht auf die Entscheidung des Rechtsstreits in der Sache.⁴⁰⁹

327

Die in dem selbstständigen Beweisverfahren entstandenen Gerichtskosten, also Gebühren, aber auch Auslagen für einen gerichtlich bestellten Sachverständigen, stellen gerichtliche Kosten des nachfolgenden Hauptsacheverfahrens dar, unabhängig davon, ob das Beweisergebnis verwertet worden ist, wenn die Parteien und der Streitgegenstand identisch sind.⁴¹⁰

Zu klären ist die Kostentragungspflicht vor allem in den Fällen, in denen kein Hauptsacheprozess nachfolgt, bspw. weil der im isolierten selbstständigen Beweisverfahren gerade vermieden werden soll. In diesem Verfahren wird das rechtliche Interesse vor allem bejaht, wenn ein Hauptsacherechtsstreit vermieden werden soll.

---

404 BGH NJW 2004, 3488.
405 Näheres: *Enders*, JurBüro 2004, 113 ff.
406 OLG Oldenburg BauR 2002, 825; OLG Koblenz OLGR 2001, 214; OLG Köln VRS 2002, 445.
407 LG Bielefeld BauR 1999, 1209; vgl. auch OLG Koblenz OLGR 2001, 501.
408 BGH BauR 2003, 1255, 1256; BauR 2004, 1485.
409 Zöller/*Herget*, § 490 ZPO Rn 5 m.w.N.
410 OLG Saarbrücken, Beschl. v. 10.11.2009 – 9 W 336/09 – 29, hier nach „Juris".

### g) Kostentragungspflicht aufgrund materiellen Rechts

328 Folgt ein Hauptsacheprozess nicht nach und ergeht deshalb keine Kostenentscheidung in der Sache, so können die Kosten des selbstständigen Beweisverfahrens gesondert – notfalls im Klagewege – geltend gemacht werden, wenn es für die Kostentragungspflicht eine besondere Anspruchsgrundlage gibt. Solche Anspruchsgrundlagen sind im Erbrecht nicht selten, vgl. nachfolgend Rn 329.

#### aa) Kostentragung aufgrund Schadensersatzrechts

329 Diese Fälle werden im Erbrecht eher selten sein, allenfalls nach Verzugseintritt.

#### bb) Kostentragung aufgrund besonderer erbrechtlicher Anspruchsgrundlagen

330 Das Erbrecht sieht für besondere Fälle materiellrechtliche Regeln darüber vor, wer die Kosten einer Wertermittlung zu tragen hat – teils gesetzlich normiert, teils richterrechtlich entwickelt:

**(1) Kosten der Wertermittlung sind vom Nachlass zu tragen:**
– § 2314 Abs. 2 BGB bei der Ermittlung des Wertes des Nachlasses für Pflichtteilszwecke,
– Wertermittlung im Zusammenhang mit einer überquotalen Teilungsanordnung,[411]
– des **Vermächtnisnehmers** gegen den/die Erben über Bestand und Wert des Nachlasses, wenn sich die Höhe seines Vermächtnisses (bspw. beim Quotenvermächtnis) danach richtet.[412]

**(2) Kosten der Wertermittlung sind von demjenigen zu tragen, der sie verlangt:**
– vom **pflichtteilsberechtigten Erben**, der gegen den **Miterben** wegen eines Geschenks des Erblassers an diesen Auskunft über diese Schenkung einschließlich Wertermittlung verlangt (gem. § 242 BGB),[413]
– vom **pflichtteilsberechtigten Nichterben**, der gegen den Beschenkten wegen dessen subsidiärer Haftung gem. § 2329 BGB Anspruch auf Wertermittlung des geschenkten Gegenstandes analog § 2314 BGB hat, sofern der Pflichtteilsberechtigte die **Kosten der Wertermittlung** übernimmt,[414]

### h) Kostentragungspflicht nach Fristsetzung zur Klageerhebung

331 Wird ein Hauptsacherechtsstreit nicht geführt, so kann der Antragsgegner nach der Vorschrift des § 494a ZPO zu einem Kostentitel gelangen, wenn auf seinen Antrag dem Antragsteller vom Gericht eine Frist zu Klageerhebung gesetzt wird (Abs. 1) und diese Frist ergebnislos verstreicht. Gem. § 494a Abs. 2 ZPO kann der Antragsgegner feststellen lassen, dass der Antragsteller die gegnerischen Kosten des Beweisverfahrens zu tragen hat.

BGH:[415]

*„... Das gilt nicht nur dann, wenn der Antragsteller des selbstständigen Beweisverfahrens den nachfolgenden Prozess als Kläger betreibt. Es widerspräche dem Grundsatz der Einheitlichkeit der Kostenentscheidung, über einen Teil der Kosten vorweg im Rahmen*

---

411 LG Nürnberg-Fürth, NJWE-FER 2000, 261 = ZErb 2001, 5 m. Anm. *Krug*.
412 BGH WM 1964, 950 = VersR 1964, 1100 = DB 1964, 1370; LG Karlsruhe ZErb 2005, 130; vgl. im Einzelnen *Keilbach*, FamRZ 1996, 1191.
413 BGH NJW 1993, 2737 = FamRZ 1993, 1063.
414 BGH FamRZ 1985, 12.
415 BGH BauR 2003, 1255, 1256; BauR 2004, 1485.

*des selbstständigen Beweisverfahrens zu entscheiden, obwohl noch eine einheitliche Kostenentscheidung ergehen kann.[416]*

*§ 494a ZPO soll die Lücke schließen, die entsteht, wenn der Antragsteller des selbstständigen Beweisverfahrens aufgrund der für ihn ungünstigen Ergebnisse der Beweisaufnahme auf eine Hauptsacheklage verzichtet. Die Fristsetzung nach § 494a Abs. 1 ZPO dient dazu, Klarheit darüber zu schaffen, ob eine Hauptsacheklage erhoben wird. Ist das nicht der Fall, soll der Antragsgegner durch die Kostenentscheidung nach § 494a Abs. 2 ZPO so gestellt werden, als habe er obsiegt. Der Antragsteller soll durch das Unterlassen der Hauptsacheklage nicht der Kostenpflicht entgehen, die sich bei Abweisung einer solchen Klage ergeben würde.*

*Das durch § 494a ZPO geschützte Kosteninteresse des Antragsgegners wird dadurch, dass ihm eine Kostenentscheidung nach dieser Vorschrift verwehrt und er auf die Kostenentscheidung im Hauptsacheverfahren verwiesen wird, nicht unzumutbar beeinträchtigt. Die dadurch bedingte zeitliche Verzögerung, die ohnehin nur die dem Antragsgegner im selbstständigen Beweisverfahren entstandenen außergerichtlichen Kosten betrifft, muss er hinnehmen."*

## 14. Beschwerdemöglichkeit

Gegen den abweisenden oder verwerfenden Beschluss ist die sofortige Beschwerde gegeben, § 567 Abs. 1 Nr. 2 ZPO.[417]

332

Der dem Antrag stattgebende Beschluss ist nicht anfechtbar, § 490 Abs. 2 S. 2 ZPO.

Ist gegen die (teilweise) Ablehnung eines Beweissicherungsantrages Beschwerde eingelegt, hängt die Frage, ob ein Nichtabhilfebeschluss zu begründen ist oder nicht, von den Umständen des Einzelfalles ab. Vielfach wird sich die Begründung aus dem angefochtenen Beschluss selbst ergeben, so dass eine nochmalige Begründung entbehrlich ist. War der angefochtene Beschluss indessen unbegründet oder wird er mit anderer Begründung aufrechterhalten, so sind die Gründe offenzulegen. Ebenso ist ein Nichtabhilfebeschluss zu begründen, wenn die Beschwerde auf neue Tatsachen und Beweismittel gestützt ist oder mit der Beschwerde neue Argumente vorgebracht werden.[418] Für das selbstständige Beweisverfahren ist eine weitere Beschwerde vom Gesetz nicht besonders zugelassen.[419] Aber die Rechtsbeschwerde ist statthaft, wenn die Voraussetzungen des § 574 ZPO vorliegen.[420]

## 15. Unbekannter Gegner

Ein Antrag auf selbstständiges Beweisverfahren ist auch zulässig, wenn der Gegner nicht bekannt ist (bspw. Wertfeststellung des Nachlasses im Pflichtteilsprozess bzw. im vorausgehenden Prozess auf Wertermittlung). Allerdings muss der Beweisführer glaubhaft machen, dass er ohne sein Verschulden außerstande sei, den Gegner zu bezeichnen, § 494 Abs. 1 ZPO.

333

---

416 BGH BGHReport 2005, 1550.
417 OLG Nürnberg NJW-RR 1998, 575 = MDR 1997, 594; *Zöller/Herget*, § 490 ZPO Rn 4.
418 OLG Köln BauR 2002, 1120 = OLGR Köln 2002, 264. Das LG Stuttgart RPfleger 1992, 56, ist der Auffassung, Nichtabhilfebeschlüsse seien grundsätzlich zu begründen.
419 OLG Frankfurt/M. NJW-RR 1997, 581 = OLGR Frankfurt 1997, 116 = MDR 1997, 481 = FamRZ 1997, 1021; *Baumbach/Lauterbach/Albers/Hartmann*, § 490 ZPO Rn 5.
420 *Zöller/Herget*, § 490 ZPO Rn 4.

Das Gericht kann dem unbekannten Gegner einen Vertreter bestellen, § 494 Abs. 2 ZPO. Dies ist jedoch dann nicht erforderlich, wenn ohnehin entweder ein Nachlasspfleger gem. § 1960 BGB oder ein Klagepfleger gem. § 1961 BGB vom Nachlassgericht bestellt ist.

### XI. Fälle aus der Rechtsprechung

#### 1. Kein Rechtsschutzinteresse des potenziellen gesetzlichen Erben auf Klärung der Testierfähigkeit des Erblassers

a) Urteil des OLG Köln vom 13.12.1929[421]

334 Der Bruder einer Testatorin, der dieser Unterhalt gewährte, erhob eine Feststellungsklage und wollte damit klären lassen, ob ein von der Testatorin errichtetes Testament rechtswirksam sei, weil erhebliche Zweifel an deren Geschäftsfähigkeit bestanden.

Das OLG Köln hat ein Feststellungsinteresse verneint, weil zu Lebzeiten zwischen ihm und der Schwester kein erbrechtliches Rechtsverhältnis bestehe.

Da OLG führt weiter aus:

„Schließlich müsste auf jeden Fall das Interesse des Kl. an alsbaldiger Feststellung verneint werden. Ein solches Interesse folgt nicht daraus, dass einzelne Beweismittel im Lauf der Zeit verloren gehen können. Dieser Gefahr lässt sich durch ein Verfahren zur Sicherung des Beweises begegnen (§§ 485 ff. ZPO ...)."

b) Urteil des OLG Frankfurt/Main vom 30.1.1997

335 Errichtet jemand ein Testament, in dem er zu seinem Erben eine andere Person als den gesetzlichen Erben einsetzt, so hat letzterer zu Lebzeiten des künftigen Erblassers kein schutzwürdiges Interesse daran, im selbstständigen Beweisverfahren durch Einholung eines Sachverständigengutachtens die Testierfähigkeit im Zeitpunkt der Errichtung des Testaments klären zu lassen.[422]

Hiervon abgesehen ist ein berechtigtes Interesse des Antragstellers an der Begutachtung der Testierfähigkeit des Antragsgegners zu dessen Lebzeiten durch einen Sachverständigen zu verneinen.

Dazu das OLG Frankfurt/M.:[423]

„Für das zivilprozessuale Erkenntnisverfahren ist allgemein anerkannt, daß auf die Feststellung des Erbrechts nach noch lebenden Personen nicht geklagt werden kann, weil die bloße Möglichkeit, Erbe zu werden, kein Rechtsverhältnis im Sinne des § 256 ZPO ist, und zwar auch dann nicht, wenn die Erbaussicht einer Partei der Lebenserfahrung entspricht (BGHZ 37, 137/143 = NJW 1962, 1723 = MDR 1962, 723 = LM ZPO Nr. 74 mit Anm. Johannsen; OLG Karlsruhe FamRZ 1989, 1351/1352; MünchKomm. ZPO/Lüke Rn 32, Stein/Jonas/Schumann a.a.O. Rn 45, Zöller/Greger a.a.O. Rn 11, Baumbach/Lauterbach/Albers/Hartmann a.a.O. Rn 68, je zu § 256). Gleiches gilt für Klagen, durch die einzelne Voraussetzungen des künftigen erbrechtlichen Erwerbs festge-

---

[421] OLG Köln JW 1930, 2064.
[422] OLG Frankfurt/M. NJW-RR 1997, 581 = OLGR Frankfurt 1997, 116 = MDR 1997, 481 = FamRZ 1997, 1021.
[423] OLG Frankfurt/M. NJW-RR 1997, 581 = OLGR Frankfurt 1997, 116 = MDR 1997, 481 = FamRZ 1997, 1021.

*stellt werden sollen, beispielsweise Klagen – mit oder ohne Beteiligung des künftigen Erblassers auf Feststellung der Gültigkeit oder Ungültigkeit eines Testaments (OLG Köln JW 1930, 2064 mit Anm. Herzfelder; Staudinger/Marotzke BGB 13. Aufl. Rn 20 und 23, MünchKomm/Leipold BGB 2. Aufl. Rn 79, Soergel/Stein BGB 12. Aufl. Rn 7, Palandt/Edenhofer BGB 56. Aufl. Rn 5, je zu § 1922; a.A. von Lübtow Erbrecht 2. Halbbd. 1971 S. 621). Dabei wird im Schrifttum zutreffend betont, daß es im berechtigten, schützenswerten Interesse des Erblassers liegt, nicht schon zu Lebzeiten in gerichtliche Verfahren über das Schicksal seines Vermögens nach seinem Tod verwickelt zu werden (Staudinger/Marotzke a.a.O. Rn 23, MünchKomm/Leipold a.a.O. Rn 79, je zu § 1922; Lange NJW 1963, 1571/1573; vgl. auch BGHZ 109, 306/309 = FamRZ 1990, 398 = JZ 1990, 697 mit Anm. Leipold; OLG Düsseldorf FamRZ 1995, 58 = ZEV 1994, 171).*
*Nun wird zwar in Art. 41 HessFGG im Gegensatz zur Feststellungsklage vor dem Prozeßgericht nach § 256 ZPO nicht ein rechtliches Interesse, sondern bloß ein berechtigtes Interesse vorausgesetzt. Auch muß sich ein berechtigtes Interesse nicht auf ein bereits vorhandenes Recht stützen; es genügt vielmehr ein vernünftiges, durch die Sachlage gerechtfertigtes Interesse, das auch tatsächlicher oder wirtschaftlicher Art sein kann (vgl. BayObLGZ 1995, ¹/₄; Keidel/Kahl a.a.O. Rn 13, Bassenge/Herbst a.a.O. Rn 5, je zu § 34 FGG). Darüber hinaus gibt es im Grundsatz kein besonders schutzwürdiges Interesse, nicht in ein gerichtliches Verfahren einbezogen zu werden, weil die Interessen des Verfahrensgegners in der Regel durch das Verfahrensrecht ausreichend geschützt werden. Anders liegt es aber nach Ansicht des Senats in Fällen der vorliegenden Art. Das durch den Grundsatz der Testierfreiheit (vgl. § 2302 BGB) anerkannte Interesse des Erblassers, nicht schon zu Lebzeiten über das Schicksal seines späteren Nachlasses Rechenschaft geben und sich von seinen potentiellen Erben nicht "zu Tode prozessieren" lassen zu müssen, ist in der Regel höher zu bewerten als ein wie auch immer geartetes Interesse der potentiellen künftigen Nachlaßbeteiligten (Staudinger/Marotzke a.a.O. § 1922 Rn 23; Lange NJW 1963, 1571/1573 ff.). Vor dem Erbfall, also zu Lebzeiten des Erblassers hat sowohl der gesetzlich berufene als auch der durch einseitiges Testament eingesetzte Erbe nur eine tatsächliche Aussicht auf den Erbschaftserwerb, also eine rechtlich begründete Erwartung auf das Erbrecht, aber noch keine gesicherte Rechtsposition im Sinne eines Anwartschaftsrechts (Palandt Edenhofer a.a.O. § 1922 Rn 3; Mattern BWNotZ 1962, 229/233). Der Erbanwärter kann seine Stellung jederzeit dadurch einbüßen, daß er den Erbfall gar nicht erlebt (§ 1923 Abs. 1 BGB) oder daß sie ihm vom künftigen Erblasser genommen wird, indem dieser durch Verfügung von Todes wegen eine die gesetzlichen Erben nicht berücksichtigende Regelung trifft oder eine getroffene Erbeinsetzung widerruft.*
*Nach diesen Grundsätzen muß das Interesse des als künftiger gesetzlicher Erbe in Betracht kommenden Antragstellers daran, daß wegen der möglichen Erschwerung einer etwaigen Rechtsverfolgung nach dem Tode des Antragsgegners schon jetzt geklärt wird, ob das notarielle Testament vom 28.6.1995 wirksam oder wegen Testierunfähigkeit des Antragsgegners unwirksam ist, hinter dem Interesse des Antragsgegners zurücktreten, zu seinen Lebzeiten nicht mit gerichtlichen Verfahren über seinen künftigen Nachlaß behelligt zu werden (vgl. dazu auch OLG Karlsruhe FamRZ 1989, 1351/1353 zu 2.). Hiervon abgesehen schafft im selbstständigen Beweisverfahren weder § 485 ZPO noch Art. 41 HessFGG eine Pflicht für eine am Verfahren beteiligte Person, die Untersuchung durch einen Sachverständigen gegen ihren Willen zu dulden (vgl. dazu Thomas/Putzo ZPO 19. Aufl. § 485 Rn 8). Soweit demgegenüber das OLG Köln (JW 1930, 2064 aE) für einen vergleichbaren Sachverhalt ausgesprochen hat, der Gefahr eines Verlusts des Beweismittels (durch den Tod der künftigen Erblasserin) lasse sich durch ein Verfahren*

*Krug*

*zur Sicherung des Beweises nach §§ 485 ff. ZPO begegnen, vermag dem der Senat nicht zu folgen. Einer Vorlage der Sache an den Bundesgerichtshof nach § 28 Abs. 2 FGG bedarf es aber nicht. Denn zum einen sind die Ausführungen des Senats zur Sache nicht zu einer bundesrechtlichen Vorschrift, sondern zu Art. 41 HessFGG gemacht worden, und zum anderen ist die Entscheidung des OLG Köln nicht auf weitere Beschwerde, sondern in einem Zivilprozeß ergangen."*

### 2. Drohender Beweisverlust bei hohem Alter eines Zeugen

336   Das hohe Alter eines Zeugen (in dem vom OLG Nürnberg entschiedenen Fall: 84 Jahre) begründet die Besorgnis, dass das Beweismittel verloren geht, und rechtfertigt die Sicherung des Beweises durch ein selbstständiges Beweisverfahren.

Fall des OLG Nürnberg:[424]

Es ging um einen Zugewinnausgleichsanspruch, der vorprozessual von der geschiedenen Ehefrau verlangt wurde und bei dem der Ehemann behauptete, er habe von seinem Vater Geldzuwendungen in Höhe von rd. 230.000 DM während der Ehe erhalten, die dem Anfangsvermögen zuzurechnen seien und damit zu keinem Zugewinnausgleichsanspruch der geschiedenen Ehefrau führten.

Der Ehemann hat die Zeugenvernehmung seines Vaters zu den behaupteten Geldzuwendungen im selbstständigen Beweisverfahren beantragt und vorgetragen, der Zeuge sei hochbetagt (84 Jahre) und es drohe eine kontinuierliche und deutliche Verschlechterung von dessen Gesundheitszustand. Durch die Vorabklärung der Beweisfrage könne ein Hauptsacheprozess vermieden werden. Zur Glaubhaftmachung des Gesundheitszustandes hat er ein Attest des behandelnden Arztes des Vaters vorgelegt.

Dazu das OLG Nürnberg:[425]

*„Allein das hohe Alter des Zeugen, der zum Zeitpunkt der Beschlussfassung 84 Jahre war, rechtfertigt schon die Durchführung des selbstständigen Beweisverfahrens (KG JurBüro 77, 1627). Bei Menschen, die in einem hohen, gegenüber der gewöhnlichen Lebensdauer sehr hohen Alter stehen, was auch heutzutage bei 84 Jahren der Fall ist, ist die Gefahr eines plötzlichen und unerwarteten Todes auch ohne erkennbare Krankheit, BayObLG Seuff. Archiv Nr. 51, 236, und damit der unvermittelte Verlust des Beweismittels in der Zukunft, oder aber die Möglichkeit einer schweren Erkrankung wie Schlaganfall oder dergleichen, und damit die Erschwerung der Benutzung des Beweismittels, nicht selten. Die Frage, ob ein Grund zur Besorgnis i.S.v. § 485 I ZPO vorliegt, kann dann aber bei pflichtgemäßer Ausübung des richterlichen Ermessens nur positiv beantwortet werden. Auf eine Glaubhaftmachung, wie vom Erstgericht gefordert, kommt es nicht an. Im übrigen kommt im vorliegenden Fall hinzu, dass neben dem hohen Alter des Zeugen hier auch ein kontinuierlich und deutlich verschlechterter Gesundheitszustand und deutliche Altersabbauerscheinungen vorliegen, so dass das Gesamtbild zu besonderer Besorgnis Anlass gibt."*

---

[424] OLG Nürnberg NJW-RR 1998, 575 = MDR 1997, 594.
[425] OLG Nürnberg NJW-RR 1998, 575 = MDR 1997, 594.

## 3. Feststellungen zur Geschäftsfähigkeit des Schenkers eines Grundstücks

Das OLG Koblenz hatte über folgenden Fall zu entscheiden:[426]

Die Parteien sind Geschwister. Die verwitwete und unter Betreuung stehende Mutter übertrug die ihr gehörende Eigentumswohnung unter Vorbehalt eines Nießbrauchsrechts auf die Beklagte, die Schwester des Klägers. Diese sagte ihrerseits für den Fall von Krankheit oder Gebrechlichkeit Pflegedienste in ihrem Hause oder bei einer Unterbringung in einem Heim finanzielle Leistungen zu, soweit die Einkünfte der Mutter nicht kostendeckend sein sollten.

Der Kläger hat die gerichtliche Feststellung beantragt, dass die Wohnungsübertragung auf die Beklagte – mangels Geschäftsfähigkeit der Mutter – unwirksam ist, hilfsweise, dass er nach dem Tod der Mutter einen bereits jetzt durch Vormerkung sicherbaren Anspruch auf Wohnungsherausgabe gegen die Beklagte habe. Das Landgericht hat die Klage abgewiesen.

Die Berufung dagegen hatte keinen Erfolg.

Dazu das OLG Koblenz:[427]

*"Der Kläger begehrt in erster Linie eine Feststellung dahin, dass die Wohnungsübertragung, die die Mutter der Parteien mit Vertrag vom 17. März 1999 vornehmen wollte, nicht zustande kam und deshalb die Eigentumsverhältnisse unverändert blieben. Insofern macht er nicht nur, was von vornherein unzulässig wäre (BGHZ 83, 122, 125 f.; BGH NJW 1993, 2539, 2540), die Wirksamkeit einer Rechtshandlung zum Klagegegenstand. Ihm ist vielmehr weitergehend darum zu tun, Rechtsbeziehungen zu klären, die unter dem Gesichtspunkt der §§ 894, 985 BGB im Verhältnis zur Beklagten bestehen. Dabei kann es allerdings gegenwärtig nur um die Anspruchsberechtigung der Mutter der Parteien gehen. Entsprechende eigene Rechte des Klägers sind vor dem Hintergrund des § 2039 BGB lediglich mit Blick auf die Zukunft berührt, wenn es sich darum handelt, nach dem Tod der Mutter die Ansprüche der erbvertraglich eingesetzten Erbengemeinschaft gegen die Beklagte durchzusetzen.*

*Auf eine solche Zukunftsperspektive ist der Antrag, den der Kläger nachgeordnet verfolgt, sogar ausdrücklich beschränkt. Er zielt ausschließlich darauf ab, dass Forderungen festgeschrieben werden, über die der Kläger – seiner Auffassung zufolge – nach Eintritt des Erbfalls gegenüber der Beklagten verfügt.*

*Das so gekennzeichnete Eigeninteresse des Klägers, das sich erst aus einer Erwartung herleitet, vermag jedoch eine Feststellungsklage schwerlich zu tragen. ...*

*Die Zulassung der vom Kläger gestellten Anträge lässt sich nicht aus dem vermeintlichen Erfordernis rechtfertigen, dass die tatsächlichen Anspruchsvoraussetzungen möglichst zeitnah zu den streitigen Geschehnissen ermittelt werden müssten, weil sich die Beweislage mit fortschreitendem Zeitablauf und dabei insbesondere mit dem Tod der Mutter der Parteien verschlechtere. Gegen die Berücksichtigung dieses Umstandes spricht bereits, dass das grundsätzliche Anliegen, die Würde des Erblassers nicht durch Klagen mit Bezug auf den Nachlass zu beeinträchtigen, nicht durch "Praktikabilitätserwägungen" zurückgedrängt werden darf. Jedenfalls besteht keine Notwendigkeit, einem etwaigen Bedürfnis des Klägers nach Sicherung von Tatsachen dadurch zu begegnen, dass man die vorliegenden Klageanträge zulässt.*

*Denn der Kläger ist vorrangig auf die Möglichkeit zu verweisen, ein selbstständiges Beweisverfahren einzuleiten. Das Feststellungsinteresse, das dafür erforderlich ist, unter-*

---

[426] OLG Koblenz ZErb 2002, 325 = FamRZ 2003, 542 = ZEV 2003, 242.
[427] OLG Koblenz ZErb 2002, 325 = FamRZ 2003, 542 = ZEV 2003, 242.

*liegt weniger strengen Maßstäben als die Voraussetzungen, die § 256 Abs. 1 ZPO an die Erhebung einer Feststellungsklage knüpft (Herget in Zöller, ZPO, 23. Aufl., § 485 Rn 7a). ..."*

### 4. Stufenklage und selbstständiges Beweisverfahren

338   Bei Anhängigkeit einer Stufenklage auf Auskunft über das Endvermögen und Zahlung von Zugewinnausgleich kann nicht nach § 485 Abs. 2 ZPO ein Sachverständiger zur Ermittlung des Wertes eines zu berücksichtigenden Grundbesitzes bestellt werden.[428]

Das OLG Hamm[429] hat die Voraussetzungen für ein selbstständiges Beweisverfahren gem. § 485 Abs. 2 ZPO verneint, wenn eine Stufenklage anhängig ist und der Kläger durch Sachverständigengutachten den Verkehrswert eines Grundstücks festgestellt haben will. Während der Anhängigkeit der Stufenklage kommt ein selbstständiges Beweisverfahren ausschließlich unter den Voraussetzungen des § 485 Abs. 1 ZPO in Betracht. Danach ist entweder die Zustimmung des Gegners erforderlich oder es müsste zu besorgen sein, dass ein Beweismittel verloren geht oder seine Benutzung erschwert wird.

---

428   OLG Hamm FamRZ 2004, 956.
429   OLG Hamm FamRZ 2004, 956.

# § 9 Erbrechtliche Auskunftsansprüche, Register- und Akteneinsichtsrechte

*Walter Krug*

## Literatur

**Lehrbücher, Handbücher, Kommentare:**
*Bonefeld/Kroiß/Tanck*, Der Erbprozess, 3. Auflage 2009; *Dauner-Lieb/Heidel/Ring* (Ges.-Hrsg.), *Kroiß/Ann/Mayer* (Band-Hrsg.), AnwaltKommentar BGB, Band 5, Erbrecht, 2. Auflage 2007; *Dauner-Lieb/Heidel/Lepa/Ring* (Hrsg.), AnwaltKommentar BGB, Band 2, Schuldrecht, 2005; *Firsching/Graf*, Nachlassrecht, 9. Auflage 2008; *Frieser*, Anwaltliche Strategien im Erbschaftsstreit, 2. Auflage 2004; *Kerscher/Krug*, Das erbrechtliche Mandat, 4. Auflage 2007; *Krug*, Erbrecht – Examenskurs für Rechtsreferendare, 4. Auflage 2009; *Krug*, Schuldrechtsmodernisierungsgesetz und Erbrecht, 2002; *Krug/Daragan*, Die Immobilie im Erbrecht, 2010; *Krug/Zwißler*, Familienrecht und Erbrecht – Schnittstellen in der anwaltlichen und notariellen Praxis, 2002; *Stürner*, Die Aufklärungspflicht der Parteien des Zivilprozesses, Tübinger Habilitationsschrift 1976; *Tanck/Krug*, Testamente in der anwaltlichen und notariellen Praxis, 4. Auflage 2009.

**Aufsätze:**
*Auwera van der*, Die Rechte des Pflichtteilsberechtigten im Rahmen seines Auskunftsanspruchs nach § 2314 BGB, ZEV 2008, 359; *Bornhorst*, Die einstweilige Verfügung zur Sicherung von Herausgabeansprüchen, WM 1998, 1668; *Cornelius*, Auskunfts- und Wertermittlungsverlangen des enterbten Pflichtteilsberechtigten bei pflichtteilsergänzungsrechtlich relevanten Veräußerungen, ZEV 2005, 286; *Damrau*, Der Anspruch auf Berichtigung und Ergänzung des Bestandsverzeichnisses (§ 2314 BGB), ZEV 2009, 274; *David*, Die drei eidesstattlichen Versicherungen vor dem Gerichtsvollzieher, MDR 2000, 195; *Dütz*, Vorläufiger Rechtsschutz im Arbeitskampf, BB 1980, 533; *Finger*, Die registrierte Lebenspartnerschaft – Überblick über die Neuregelung und kritische Bestandsaufnahme, MDR 2001, 199; *Kannowski*, Arrest und einstweilige Verfügung (§§ 916 f. ZPO) neben einem bereits vorliegenden Titel, JuS 2001, 482; *Keilbach*, Die Auskunftsrechte des Vermächtnisnehmers, FamRZ 1996, 1191; *Kohler*, Feststellende einstweilige Verfügungen?, ZZP 103 (1990), 184; *Krug*, Die dingliche Surrogation bei der Miterbengemeinschaft – ein Kunstgriff des Gesetzes zur Werterhaltung des Nachlasses, ZEV 1999, 381; *Krug*, Unternehmenserbrecht und Handelsregister, ZEV 2001, 51; *Krug*, Die Auswirkungen der ZPO-Reform 2002 auf den Erbprozess, ZEV 2002, 58; *Lorenz*, Auskunftsansprüche im Bürgerlichen Recht, JuS 1995, 569 ff.; *Lüke*, Der Informationsanspruch im Zivilrecht, JuS 1986, 2; *Martin/Muche/Zang*, Kritische Stellungnahme zu den neuen Richtlinien für die Erstattung von Abstammungsgutachten, FamRZ 2003, 76; *Orgis*, Neue Richtlinien für die Erstattung von Abstammungsgutachten und die Konsequenzen für den Kindschaftsprozess, FamRZ 2002, 1157; *Sarres*, Auskunftsansprüche gegen den Erbschaftsbesitzer, ZEV 1998, 298; *Sarres*, Die Auskunftspflichten des Testamentsvollstreckers, ZEV 2000, 90; *Sarres*, Erbrechtliche Auskunftsansprüche aus Treu und Glauben (§ 242 BGB), ZEV 2001, 225; *Schindler*, Eidesstattliche Versicherung im notariellen Nachlassbestandsverzeichnis? – Zugleich einige allgemeine Bemerkungen zum Verzeichnis nach § 2314 BGB, BWNotZ 2004, 73; *Speckmann*, Der Anspruch des Miterben auf Auskunft über den Bestand des Nachlasses, NJW 1973, 1869; *Vogg*, Einstweilige Feststellungsverfügung?, NJW 1993, 1357; *Wesche*, Die Krux des § 1683 BGB, Rpfleger 2000, 376.

A. Typischer Sachverhalt ................. 1
B. **Auskünfte von Behörden und Privaten** .. 2
   I. Zweck des zivilrechtlichen Auskunftsanspruchs ........................ 2
   II. Auskünfte von Behörden und Gerichten ............................ 5
      1. Auskünfte von Behörden .......... 6
      2. Beschaffung eines Erbscheins ....... 7
         a) Allgemeines Akteneinsichtsrecht ..................... 7
         b) Ausfertigung des erteilten Erbscheins ................... 11
         c) Muster: Antrag auf Erteilung einer Erbscheinsausfertigung ......... 12
         d) Betreiben des Erbscheinserteilungsverfahrens ............ 13
         e) Einsicht in das Personenstandsbuch ..................... 14
         f) Muster: Antrag auf Erteilung einer Abschrift aus dem Familienbuch ................... 17
      3. Auskünfte aus dem Grundbuch und aus den Grundakten ............. 18
         a) Einsicht in das Grundbuch ...... 18
         b) Muster: Antrag auf Grundbuchabschrift ................... 19
         c) Einsicht in die Grundakten ...... 20
         d) Einsichtsrecht in Grundbuch und Grundakten im Zusammenhang mit Zugewinnausgleichsrecht .... 22
         e) Kein Einsichtsrecht eines Kindes in Grundbuch und Grundakten der Mutter wegen möglicher Grundstücksveräußerungen ..... 23
         f) Grundbucheinsicht durch Pflichtteilsberechtigten .............. 24
         g) Grundbuch- und Grundakten-Einsichtsrecht bei pflichtteilsrelevanten Kaufvorgängen ......... 25
         h) Muster: Antrag auf Abschrift aus den Grundakten ............. 26
         i) Elektronisches Grundbuch ...... 27
         j) Rechtsmittel ................. 34
         k) Kosten der Auskunft ......... 35
         l) Muster: Beschwerde nach Verweigerung der Erteilung einer Abschrift aus den Grundakten ...... 36
      4. Auskünfte aus dem Handelsregister und den Handelsregisterakten ...... 37
         a) Einsicht in das Handelsregister ... 37
         b) Einsicht in die Handelsregisterakten ...................... 38
         c) Kosten der Auskunft .......... 41
         d) Kein Beschwerderecht Dritter ... 42
         e) Muster: Antrag auf Handelsregisterabschrift ................ 43
         f) Muster: Antrag auf Abschrift aus den Handelsregisterakten ....... 44
      5. Auskünfte aus den Akten des Nachlassgerichts, Familien- und Betreuungsgerichts ................. 45
         a) Allgemeines Akteneinsichtsrecht ..................... 45
         b) Muster: Antrag auf Abschrift aus den Betreuungsakten .......... 50
         c) Weitere Einsichtsrechte in die Nachlassakten ............... 51
         d) Muster: Antrag auf Abschrift aus den Nachlassakten ........... 52
         e) Vertretung der Beteiligten ....... 53
         f) Muster: Antrag auf Abschrift aus den Nachlassakten (Anzeige über die Veräußerung eines Erbteils) .. 55
         g) Rechtsmittel ................. 56
         h) Kosten ..................... 61
         i) Muster: Beschwerde nach Verweigerung der Erteilung einer Abschrift aus den Nachlassakten .... 62
   III. Arten von zivilrechtlichen Auskunftsansprüchen ...................... 63
      1. Allgemeine Auskunftsansprüche und Erbrecht .................... 63
      2. Besondere Auskunftsansprüche ..... 64
   IV. Erweiterung der gesetzlichen Auskunftsansprüche durch die Rechtsprechung ... 65
   V. Erbrechtliche Auskunftsansprüche ...... 66
      1. Gesetzlich geregelte erbrechtliche Auskunftsansprüche ............. 66
      2. Durch Richterrecht anerkannte erbrechtliche Auskunftsansprüche ..... 92
         a) Grundsatz: Kein Auskunftsrecht außerhalb einer Sonderverbindung ..................... 92
         b) Ausnahme: Generalklausel der Rechtsprechung .............. 93
         c) Von der Rechtsprechung anerkannte erbrechtliche Auskunftsansprüche ................. 97
   VI. Familienrechtliche Auskunftsansprüche mit erbrechtlicher Auswirkung ....... 116
   VII. Sachenrechtliche Auskunftsansprüche ... 127
   VIII. Schuldrechtliche Auskunftsansprüche ... 130
   IX. Prozessrechtliche Vorlageansprüche .... 133
      1. Urkundenvorlage im Zivilprozess ... 133
      2. Testamentsablieferungspflicht ..... 137
      3. Muster: Antrag an das Nachlassgericht zur Erzwingung des Testamentsablieferungspflicht .......... 139
C. **Inhalt des Auskunftsanspruchs** ......... 140
   I. Zielrichtung ..................... 140
      1. Allgemeines .................. 140
      2. Verschiedene Inhalte der Auskunft .. 143
         a) Rechnungslegung ............ 143
         b) Rechenschaftslegung ......... 146
         c) Muster: Gliederung für eine Rechenschaftslegung ........... 149
         d) Auskunft über einen Vermögensbestand .................... 150
         e) Vorlage von Sachen und Urkunden ..................... 152
         f) Wertermittlungsansprüche ..... 153
            aa) Pflichtteilsrecht ......... 153
            bb) Bereicherungsanspruch des (Erb-)Vertragserben gem. § 2287 BGB ............. 154
            cc) Pflichtteilsberechtigter Erbe ................... 155
            dd) „Überquotale Teilungsanordnung" .................. 156
            ee) Wertermittlungskosten beim Wertvermächtnis ......... 157
         g) Feststellung des Zustandes der Erbschaft ................. 158
   II. Grundsatz mit Ausnahmen: Kein Anspruch auf Belege ............... 159

III. Auskunftserteilung – geordnete Zusammenstellung ... 162
IV. Eidesstattliche Versicherung ... 163
V. Erbenmehrheit als Auskunftsgläubiger ... 165
VI. Erfüllung des Auskunftsanspruchs ... 166
  1. Form ... 166
  2. Weiterer Inhalt des Auskunftsanspruchs ... 167
**D. Übersicht über die Auskunftsansprüche** ... 169
**E. Prozessrecht** ... 170
  I. Klageart ... 170
  II. Zuständigkeits- und Gebührenstreitwert ... 172
    1. Zuständigkeitsstreitwert ... 173
    2. Gebührenstreitwert ... 175
  III. PKH-Bewilligung ... 176
  IV. Säumnisverfahren ... 178
  V. Einwendungen gegen den Auskunftsanspruch ... 181
    1. Kein Zurückbehaltungsrecht ... 181
    2. Verjährung ... 182
      a) Allgemeines ... 182
      b) Hemmung der Verjährung ... 186
        aa) Allgemeines ... 187
        bb) Hemmungstatbestände ... 188
        cc) Hemmungswirkung ... 189
        dd) Ablaufhemmung ... 190
        ee) Beendigung der Hemmung durch Stillstand des Verfahrens ... 191
        ff) Hemmung bei Verhandlungen ... 192
        gg) Hemmung bei Stundung ... 193
        hh) Ablaufhemmung bei nicht voll geschäftsfähigen Personen ... 194
      c) Verjährungsbeginn bei der 30-jährigen originär erbrechtlichen Frist ... 195
      d) Neubeginn der Verjährung ... 196
      e) Verlängerung von Verjährungsfristen ... 197
    3. Verwirkung ... 198
    4. Einwendungen gegen die Hauptsacheforderung ... 199
    5. Berufungsverfahren ... 200
    6. Ergänzung der erteilten Auskunft ... 203
    7. Abhilfeverfahren nach § 321a ZPO ... 205
      a) Möglichkeit der Selbstkorrektur nicht berufungsfähiger Urteile ... 205
      b) Bedeutung für die Auskunftsklage ... 206
      c) Verfahrensfragen ... 207
      d) Kosten ... 208
    8. Keine einstweilige Verfügung zur Erfüllung des Auskunftsanspruchs ... 209
  VI. Einzelfragen des erstinstanzlichen Verfahrens ... 210
    1. Zurückweisung verspäteten Vorbringens ... 210
    2. Erledigung der Hauptsache ... 211
    3. Zuständigkeit des Familiengerichts ... 217
  VII. Zwangsvollstreckung aus dem Auskunftstitel ... 218
    1. Auskunftserteilung – unvertretbare Handlung ... 218
    2. Androhung von Zwangsmitteln ... 221
    3. Einwand der erteilten Auskunft ... 222
    4. Unbestimmter Auskunftstitel in der Zwangsvollstreckung ... 224
    5. Belegvorlage – vertretbare Handlung ... 225
    6. Anwaltsgebühren ... 226
  VIII. Vorläufiger Rechtsschutz ... 227
    1. Allgemeines ... 227
    2. Vorläufiger Rechtsschutz für das Feststellungsbegehren ... 229
    3. Vorläufiger Rechtsschutz für das Auskunftsverlangen ... 234
    4. Vorläufiger Rechtsschutz für den Herausgabeanspruch ... 236
    5. Vorläufiger Rechtsschutz bei einem Zahlungsanspruch ... 241
**F. Einzelne Auskunftsansprüche** ... 242
  I. Auskunftsanspruch wegen ausgleichungspflichtiger Vorempfänge ... 242
    1. Auskunftserteilung zur Vorbereitung der Erbteilung ... 242
    2. Gläubiger des Auskunftsanspruchs ... 243
    3. Schuldner des Auskunftsanspruchs ... 244
    4. Inhalt des Auskunftsanspruchs ... 245
    5. Wertangaben ... 246
    6. Prozessuales ... 247
    7. Streitwert ... 250
    8. Muster: Klage auf Auskunft nach § 2057 BGB ... 251
    9. Eidesstattliche Versicherung ... 252
    10. Muster: Widerklage auf Auskunft gegen Erbteilungsklage ... 253
    11. Freiwillige Abgabe der eidesstattlichen Versicherung ... 254
    12. Zwangsvollstreckungsantrag zur Auskunftserteilung ... 255
    13. Vorläufiger Rechtsschutz ... 256
    14. Muster: Zwangsvollstreckungsantrag ... 257
    15. Checkliste: Auskunftsklage wegen ausgleichungspflichtiger Vorempfänge ... 258
  II. Auskunftsansprüche des Erben gegen den Erbschaftsbesitzer nach § 2027 BGB ... 259
    1. Allgemeines ... 259
    2. Inhalt der Auskunft ... 260
      a) Umfassender Auskunftsanspruch ... 260
      b) Auskunft über Surrogate und Nutzungen ... 262
      c) Verbleib von Erbschaftsgegenständen ... 263
      d) Auskunftsanspruch aus Geschäftsführung ohne Auftrag ... 264
    3. Auskunftsgläubiger ... 265
    4. Auskunftsschuldner ... 267
      a) Auskunftsschuldner nach § 2027 Abs. 1 BGB ... 267
      b) Auskunftsschuldner nach § 2027 Abs. 2 BGB ... 272
      c) Muster: Gliederungsschema für ein Bestandsverzeichnis ... 273
    5. Prozessuales ... 274
      a) Örtliche Zuständigkeit ... 274
      b) Hemmung der Verjährung ... 275
      c) Zwangsvollstreckung ... 277
      d) Zuständigkeit für die Abgabe der eidesstattlichen Versicherung ... 278

- e) Vorläufiger Rechtsschutz ...... 279
- 6. Muster: Nur Auskunftsantrag in der Auskunftsklage gegen Erbschaftsbesitzer ........................ 280
- 7. Muster: Stufenantrag gegen Erbschaftsbesitzer (Auskunft und Herausgabe) .................... 281
- 8. Muster: Stufenklage gegen Erbschaftsbesitzer (Erbenfeststellung, Auskunft, eidesstattliche Versicherung und Herausgabe) .................... 282
- 9. Prozessualer Ablauf .............. 283
  - a) Stufenanträge ................ 283
  - b) Muster: Dritter Stufenantrag (eidesstattliche Versicherung) ...... 284
  - c) Mündliche Verhandlung über den weiteren Stufenantrag ....... 285
  - d) Abgabe der eidesstattlichen Versicherung .................... 286
  - e) Muster: Antrag aus der letzten Stufe (Herausgabeanspruch) ..... 287
  - f) Mündliche Verhandlung über den letzten Stufenantrag ....... 288
- 10. Checkliste: Auskunfts-, Feststellungs- und Herausgabeklage mit evtl. eidesstattlicher Versicherung gegen den Erbschaftsbesitzer ................. 289
- 11. Zwangsweise Durchsetzung der Verurteilung zur Auskunftserteilung .... 290
- 12. Muster: Zwangsvollstreckungsantrag ............................ 291
- III. Auskunftsansprüche des Erben gegen den Hausgenossen nach § 2028 BGB .... 292
  - 1. Allgemeines ..................... 292
  - 2. Auskunftsgläubiger .............. 293
  - 3. Auskunftsschuldner ............. 294
  - 4. Inhalt der Auskunft ............. 295
    - a) Erbschaftliche Geschäfte ........ 295
    - b) Verbleib von Erbschaftsgegenständen ......................... 296
    - c) Eidesstattliche Versicherung nach § 2028 Abs. 2 BGB ............ 297
  - 5. Vorläufiger Rechtsschutz ......... 298
  - 6. Muster: Auskunftsklage gegen Hausgenossen ....................... 299
  - 7. Checkliste: Auskunftsklage gegen Hausgenossen .................... 300
  - 8. Zwangsweise Durchsetzung der Verurteilung zur Auskunftserteilung .... 301
- IV. Auskunftsanspruch des (Erb-)Vertragserben gegen Beschenkten ............... 302
  - 1. Anspruchsgrundlage .............. 302
  - 2. Muster: Auskunftsklage des (Erb-)Vertragserben gegen Beschenkten ... 305
  - 3. Checkliste: Auskunftsklage nach § 2287 BGB .................... 306
- V. Auskunftsanspruch des Pflichtteilsberechtigten ........................... 307
  - 1. Bestimmtheitserfordernis des Klageantrags ....................... 307
    - a) Kreis der Auskunftsberechtigten .......................... 308
    - b) Kreis der Auskunftsverpflichteten .......................... 309
    - c) Form der Auskunft ............ 310
    - d) Inhalt der Auskunft ........... 311
    - e) Anspruch auf Wertermittlung .... 317
  - 2. Stufenklage .................... 319
  - 3. Übergang von Auskunftsantrag auf Leistungsantrag bei der Stufenklage .. 322
- VI. Auskunftsansprüche bei Vor- und Nacherbschaft ......................... 325
  - 1. Rechtsstellung des Vorerben während der Zeit der Vorerbschaft ........ 325
    - a) Erstellung eines Nachlassverzeichnisses ..................... 325
    - b) Feststellung des Zustandes der zum Nachlass gehörenden Sachen ......................... 332
    - c) Kontroll- und Sicherungsrechte bei einer Gefährdung des Nachlasses ......................... 334
  - 2. Auskunfts- und Rechenschaftspflicht des Vorerben über die Verwaltung des Nachlasses nach Eintritt des Nacherbfalls ..................... 340
    - a) Rechtliche Grundlagen ......... 340
    - b) Verfahren .................... 343
    - c) Auskunft über die Schenkungen des Vorerben ................. 344
  - 3. Auskunftsanspruch des Nacherben gegen den Vorerben bezüglich der Anlage freier Geldmittel ............. 346
- VII. Wertermittlungsanspruch bei „überquotaler" Teilungsanordnung ..... 347
- VIII. Auskunftsrechte des Vermächtnisnehmers .......................... 350

## A. Typischer Sachverhalt

Drei Miterben sind zu je einem Drittel am Nachlass des verstorbenen Vaters beteiligt. Der Nachlass könnte auseinander gesetzt werden, wenn Klarheit über Zahl und Höhe unentgeltlicher Zuwendungen an zwei der Miterben bestünde, die diese zu Lebzeiten des Vaters erhalten haben. Diese Zuwendungen sind möglicherweise bei der Erbteilung zu berücksichtigen. Die rechtliche Beurteilung des Sachverhalts ist aber erst möglich, wenn entsprechende Auskünfte von den beiden Miterben erteilt sind.

In einem solchen Fall gewährt § 2057 BGB jedem Miterben einen Auskunftsanspruch gegen die anderen Miterben hinsichtlich möglicherweise ausgleichungspflichtiger Vorempfänge.

## B. Auskünfte von Behörden und Privaten

### I. Zweck des zivilrechtlichen Auskunftsanspruchs

Der materiellrechtliche Anspruchsinhaber muss bei Zahlungsklagen seinen Anspruch beziffern bzw. bei Herausgabeklagen die verlangten Gegenstände exakt bezeichnen können, weil im Prozess – im Hinblick auf die spätere Vollstreckung – ein bestimmter Klageantrag zu stellen ist, § 253 Abs. 2 Nr. 2 ZPO. Aus diesem Grunde sind **Auskunftsansprüche** für die Praxis von großer Bedeutung. Für das Erbrecht gilt dies in besonderem Maße, weil in den meisten Fällen es der Erblasser war, der die gewünschten Auskünfte hätte geben können und nach seinem Tod zu fragen ist, wer dies nunmehr an seiner Stelle zu tun hat. Aus diesem Grunde kennt das Erbrecht auffallend viele und teilweise weitgehende Auskunftsansprüche.

Eine im Allgemeinen auf § 242 BGB gestützte Auskunftspflicht gibt es grundsätzlich nicht, vielmehr bedarf es einer konkreten Sonderverbindung zwischen Auskunftsschuldner und Auskunftsgläubiger.[1]

Nur ausnahmsweise dient § 242 BGB als Auffangtatbestand.

Das Gesamthandsverhältnis der Miterben untereinander – etwa aus § 2038 BGB – ist nach h.M. kein Rechtsverhältnis, das eine allgemeine Auskunftspflicht der Miterben untereinander begründen würde.[2]

### II. Auskünfte von Behörden und Gerichten

Außer den zivilrechtlichen Auskunftsansprüchen gegen Privatpersonen sind für den Praktiker Auskunfts-, Register- und Akteneinsichtsrechte gegenüber Behörden und Gerichten von großer Bedeutung, weil Auskünfte auf dieser Grundlage in aller Regel schnell und zuverlässig zu erlangen sind.

#### 1. Auskünfte von Behörden

Vermutet der Gläubiger den Tod des Schuldners, so kann er sich Gewissheit verschaffen durch:
- Anfrage beim Einwohnermeldeamt oder Standesamt der Wohnsitzgemeinde des Schuldners; zum Umfang der Auskunft aus dem Melderegister siehe OVG Münster NJW 1976, 532,
- Anfrage beim zuständigen Nachlassgericht (Amtsgericht, in Baden-Württemberg Staatliches Notariat). Örtlich zuständig ist das Gericht des letzten Wohnsitzes des Erblassers, § 343 FamFG (bis 31.8.2009: § 73 Abs. 1 FGG),
- Anfrage bei der zuständigen Testamentskartei (Amtsgericht, Staatl. Notariat, bei Ausländern oder im Ausland geborenen Erblassern: Amtsgericht Berlin-Schöneberg, Grunewaldstr. 66–67, 10820 Berlin),

---

[1] BGHZ 74, 379 ff.; BGH NJW 1978, 1002; FamRZ 1989, 377.
[2] Staudinger/*Werner*, § 2038 BGB Rn 18 m.w.N.

- Anfrage beim Geburtsstandesamt des Erblassers, das gem. § 43 Abs. 1 Nr. 1 der AVO zum PStG vom 25.7.1977 (BGBl I S. 377) vom Sterbefall durch das Standesamt des Sterbeortes erfährt.[3]

## 2. Beschaffung eines Erbscheins

### a) Allgemeines Akteneinsichtsrecht

Für bis 31.8.2009 eingeleitete Verfahren gilt bisheriges Recht nach FGG, für Verfahren seit 1.9.2009 gilt FamFG,[4] vgl. hierzu die nachfolgenden Ausführungen.

Für alle FG-Verfahren und damit auch für die verschiedenen Nachlassverfahren bestimmt § 34 FGG, dass jedem die Einsicht in die Nachlassakten gestattet werden kann, der ein **berechtigtes Interesse glaubhaft macht**. Dies gilt auch für die Erteilung unbeglaubigter oder beglaubigter Abschriften aus den Nachlassakten. Dabei entscheidet das Nachlassgericht nach **pflichtgemäßem Ermessen**.[5] Für eröffnete Testamente gilt § 2264 BGB (**rechtliches Interesse!**).

Unter Vorlage des vollstreckbaren Titels kann der Gläubiger sein berechtigtes Interesse an der Akteneinsicht und damit an der Berechtigung, Abschriften aus den Nachlassakten zu erhalten, glaubhaft machen.

Nachlassakten sind grundsätzlich im Gerichtsgebäude einzusehen, eine Versendung der Akten in die Kanzlei des Bevollmächtigten findet nur ausnahmsweise statt.[6]

Nach § 2264 BGB kann jeder, der ein rechtliches Interesse glaubhaft macht, ein eröffnetes Testament einsehen und eine beglaubigte Abschrift davon verlangen.

**Neuerungen durch das FamFG:**[7] Das Recht auf Einsicht von FG-Akten wird in §§ 13 ff. FamFG neu geregelt.

*§ 13 FamFG*
*Akteneinsicht*
*(1) Die Beteiligten können die Gerichtsakten auf der Geschäftsstelle einsehen, soweit nicht schwerwiegende Interessen eines Beteiligten oder eines Dritten entgegenstehen.*
*(2) Personen, die an dem Verfahren nicht beteiligt sind, kann Einsicht nur gestattet werden, soweit sie ein berechtigtes Interesse glaubhaft machen und schutzwürdige Interessen eines Beteiligten oder eines Dritten nicht entgegenstehen. Die Einsicht ist zu versagen, wenn ein Fall des § 1758 des Bürgerlichen Gesetzbuchs vorliegt.*

---

3 Das Gesetz zur Reform des Personenstandsrechts (Personenstandsrechtsreformgesetz – PStRG) wurde im BGBl I 2007, 122 ff. vom 23.2.2007 Nr. 5 verkündet. Das Gesetz trat teilweise am Tag nach der Verkündung in Kraft. Im Übrigen trat das Gesetz am 1. Januar 2009 in Kraft. Inhalt: Ablösung des geltenden Personenstandsgesetzes durch ein neues Personenstandsgesetz: Einführung elektronischer Personenstandsregister, Begrenzung der Fortführung der Personenstandsregister durch das Standesamt sowie Abgabe der Register an die Archive, Ersetzung des Familienbuchs durch Beurkundungen in den Personenstandsregistern, Reduzierung der Beurkundungsdaten auf ein erforderliches Maß, Neuordnung der Benutzung der Personenstandsbücher, Schaffung der rechtlichen Grundlage für eine Testamentsdatei; Änderung von 22 Gesetzen und 55 Rechtsverordnungen.
4 FGG-ReformG v. 17.12.2008, BGBl I S. 2586, in Kraft getreten am 1.9.2009, Art. 111, 112 FGG-ReformG.
5 BayObLGZ 1959, 420, 425; OLG Karlsruhe FamRZ 1966, 268.
6 OLG Köln ZErb 2008, 211.
7 FGG-ReformG v. 17.12.2008, BGBl I 2008, 2586.

*(3) Soweit Akteneinsicht gewährt wird, können die Berechtigten sich auf ihre Kosten durch die Geschäftsstelle Ausfertigungen, Auszüge und Abschriften erteilen lassen. Die Abschrift ist auf Verlangen zu beglaubigen.*
*(4) Einem Rechtsanwalt, einem Notar oder einer beteiligten Behörde kann das Gericht die Akten in die Amts- oder Geschäftsräume überlassen. Ein Recht auf Überlassung von Beweisstücken in die Amts- oder Geschäftsräume besteht nicht. Die Entscheidung nach Satz 1 ist nicht anfechtbar.*
*(5) Werden die Gerichtsakten elektronisch geführt, gilt § 299 Abs. 3 der Zivilprozessordnung entsprechend. Der elektronische Zugriff nach § 299 Abs. 3 Satz 2 und 3 der Zivilprozessordnung kann auch dem Notar oder der beteiligten Behörde gestattet werden.*
*(6) Die Entwürfe zu Beschlüssen und Verfügungen, die zu ihrer Vorbereitung gelieferten Arbeiten sowie die Dokumente, die Abstimmungen betreffen, werden weder vorgelegt noch abschriftlich mitgeteilt.*
*(7) Über die Akteneinsicht entscheidet das Gericht, bei Kollegialgerichten der Vorsitzende.*

Für Verfügungen von Todes wegen gilt die Sonderregelung des § 357 FamFG:

**§ 357 FamFG**
**Einsicht in eine eröffnete Verfügung von Todes wegen; Ausfertigung eines Erbscheins oder anderen Zeugnisses**
*(1) Wer ein rechtliches Interesse glaubhaft macht, ist berechtigt, eine eröffnete Verfügung von Todes wegen einzusehen.*
*(2) Wer ein rechtliches Interesse glaubhaft macht, kann verlangen, dass ihm von dem Gericht eine Ausfertigung des Erbscheins erteilt wird. Das Gleiche gilt für die nach § 354 erteilten gerichtlichen Zeugnisse sowie für die Beschlüsse, die sich auf die Ernennung oder die Entlassung eines Testamentsvollstreckers beziehen.*

b) Ausfertigung des erteilten Erbscheins

Der Gläubiger kann sich mit Hilfe der Vorlage einer Ausfertigung des vollstreckbaren Titels nach § 357 Abs. 2 FamFG (bis 31.8.2009: § 85 FGG) von einem bereits erteilten Erbschein beim Nachlassgericht (des letzten Wohnsitzes des Erblassers) eine Ausfertigung erteilen lassen.

c) Muster: Antrag auf Erteilung einer Erbscheinsausfertigung

An das

Amtsgericht
– Nachlassgericht – (Baden-Württemberg: Staatliches Notariat)

*Nachlasssache des Herrn* _____ *, zuletzt wohnhaft in* _____

Herr _____ ist nach der Auskunft des Standesamts _____ am _____ in _____ gestorben. Ich vertrete die Interessen der Firma _____ . Auf mich lautende Vollmacht füge ich bei.

Ausweislich der weiter beigefügten beglaubigten Abschrift des rechtskräftigen Vollstreckungsbescheids des Amtsgerichts _____ vom _____ Az. _____ hat meine Mandantin gegen den Erblasser eine Forderung in Höhe von _____ EUR, zuzüglich Zinsen und Kosten.

Um zu erfahren, wer Erbe des Erblassers geworden ist und zur evtl. Umschreibung des Vollstreckungsbescheids auf Schuldnerseite auf die Erben beantrage ich namens meiner Mandantin die Erteilung einer Ausfertigung des bereits erteilten Erbscheins.

Entstehende Kosten können mir aufgegeben werden.

(Rechtsanwalt)

#### d) Betreiben des Erbscheinserteilungsverfahrens

13 Ist ein Erbschein noch nicht erteilt, so kann der Gläubiger – wenn er bereits im Besitz eines Titels ist – sogar das Erbscheinsverfahren betreiben, er hat ein eigenes Antragsrecht nach §§ 792, 896 ZPO und kann sogar die nach § 2356 Abs. 2 BGB erforderliche eidesstattliche Versicherung abgeben (vgl. zum Erbscheinsantrag § 7 Rn 212 ff.).[8]

#### e) Einsicht in das Personenstandsbuch

14 Der Nachlassgläubiger kann auch das Personenstandsbuch des Erblassers einsehen, um sich die erforderlichen Informationen für das Erbscheinsverfahren zu verschaffen; er hat insofern ein rechtliches Interesse i.S.v. § 61 Abs. 1 S. 3 PStG a.F.[9] (§ 62 PStG n.F). Einträge in das Personenstandsregister und Personenstandsurkunden haben die Vermutung der Richtigkeit für sich, § 54 PStG n.F.

OLG Brandenburg:[10]

> *„Ein rechtliches Interesse an der Einsicht der Personenstandsbücher ist dann gegeben, wenn die Kenntnis der Personenstandsdaten eines anderen zur Verfolgung von Rechten erforderlich ist ... (Die Gläubigerin) hat ein bestehendes Recht, nämlich einen gegen die Erben ... gerichteten Darlehensrückerstattungsanspruch (§§ 607 Abs. 1, 609 Abs. 1 BGB), glaubhaft gemacht. Da sie die – gesetzlichen – Erben nicht kennt, ist sie zur Durchsetzung ihres Anspruches auf die Personenstandsdaten der – etwaigen – Erben ..., wozu der Ehegatte ..., dessen Abkömmlinge bzw. Eltern zählen, angewiesen."*

15 Ist ein Nachlasspfleger bestellt, so kann sowohl dieser als auch ein von ihm beauftragter Erbenermittler die Erteilung von Personenstandsurkunden verlangen.[11]

**Ausländische Personenstandsurkunden:**

Personenstandsurkunden aus Mitgliedstaaten der Europäischen Union sind wechselseitig zu beachten.[12]

16 Ein Notar, der einen Erbscheinsantrag beurkundet hat, hat ein rechtliches Interesse an der Erteilung einer Sterbeurkunde des Erblassers nach §§ 48 Abs. 1, 49 Abs. 2 PStG.[13]

---

8 OLG Hamm FamRZ 1985, 1185; vgl. auch § 11 Rn 10; 26.
9 OLG Brandenburg NJW-RR 1999, 660. Das Gesetz zur Reform des Personenstandsrechts (Personenstandsrechtsreformgesetz – PStRG) wurde im BGBl I 2007, 122 ff. vom 23.2.2007 Nr. 5 verkündet. Das Gesetz trat teilweise am Tag nach der Verkündung in Kraft. Im Übrigen trat das Gesetz am 1. Januar 2009 in Kraft. Inhalt: Ablösung des geltenden Personenstandsgesetzes durch ein neues Personenstandsgesetz: Einführung elektronischer Personenstandsregister, Begrenzung der Fortführung der Personenstandsregister durch das Standesamt sowie Abgabe der Register an die Archive, Ersetzung des Familienbuchs durch Beurkundungen in den Personenstandsregistern, Reduzierung der Beurkundungsdaten auf ein erforderliches Maß, Neuordnung der Benutzung der Personenstandsbücher, Schaffung der rechtlichen Grundlage für eine Testamentsdatei; Änderung von 22 Gesetzen und 55 Rechtsverordnungen.
10 OLG Brandenburg NJW-RR 1999, 660.
11 LG Bremen StAZ 1998, 83.
12 OLG Köln OLGR 2005, 199 = StAZ 2006, 53.
13 OLG Rostock DNotZ 2000, 312.

## f) Muster: Antrag auf Erteilung einer Abschrift aus dem Familienbuch

An die

Stadtverwaltung
– Standesamt –

*Familienbuch des Herrn* ▇▇▇ *, zuletzt wohnhaft in* ▇▇▇

Herr ▇▇▇ ist nach den mir vorliegenden Informationen am ▇▇▇ in ▇▇▇ gestorben. Ich vertrete die Interessen der Firma ▇▇▇. Eine auf mich lautende Vollmacht füge ich bei.

Ausweislich der beigefügten beglaubigten Abschrift des rechtskräftigen Vollstreckungsbescheids des Amtsgerichts ▇▇▇ vom ▇▇▇, Az. ▇▇▇, hat meine Mandantin gegen den Erblasser eine Forderung in Höhe von ▇▇▇ EUR, zuzüglich Zinsen und Kosten.

Um die Erben ermitteln zu können und zur evtl. Umschreibung des Vollstreckungsbescheids auf Schuldnerseite auf die Erben, beantrage ich namens meiner Mandantin die Erteilung einer beglaubigten Abschrift aus dem Familienbuch des Erblassers, aus dem ein etwaiger Ehepartner und seine Abkömmlinge ersichtlich sind.

Entstehende Kosten können mir aufgegeben werden.

(Rechtsanwalt)

## 3. Auskünfte aus dem Grundbuch und aus den Grundakten

### a) Einsicht in das Grundbuch

Nach § 12 GBO ist die Einsicht des Grundbuchs jedem gestattet, der ein **berechtigtes Interesse** darlegt. Dieses Einsichtsrecht erstreckt sich auf Urkunden, auf die im Grundbuch zur Ergänzung einer Eintragung Bezug genommen ist und auch auf noch nicht erledigte Eintragungs- und Löschungsanträge.

Der Begriff des „berechtigten Interesses" ist umfassender als der des „rechtlichen Interesses". Es genügt, dass der Antragsteller ein verständiges, durch die Sachlage gerechtfertigtes Interesse verfolgt; sachliche Gründe, die die Verfolgung unbefugter Zwecke oder bloßer Neugier ausgeschlossen erscheinen lassen, reichen aus.[14]

Nach § 12 Abs. 2 GBO können beglaubigte oder unbeglaubigte Abschriften verlangt werden.

### b) Muster: Antrag auf Grundbuchabschrift

An das

Amtsgericht
– Grundbuchamt – (Baden: Stadt oder Gemeinde; Württemberg: Staatl. Notariat)

*Grundbuch von* ▇▇▇ *, Band* ▇▇▇ *, Heft* ▇▇▇ *, eingetragener Eigentümer:* ▇▇▇

Der zuvor genannte Eigentümer ist am ▇▇▇ in ▇▇▇ gestorben. Ausweislich der beigefügten beglaubigten Abschrift des Erbscheins des Amtsgerichts ▇▇▇ – Nachlassgericht – vom ▇▇▇, Az. ▇▇▇, wurde er beerbt von 1. ▇▇▇, 2. ▇▇▇ und 3. ▇▇▇.

---

14 OLG Stuttgart Rpfleger 1983, 272; OLG Hamm Rpfleger 1988, 473; *Melchers*, Rpfleger 1993, 309.

Meine Mandantin, Frau ▬▬▬, ist Miterbin des Erblassers. In ihrem Namen beantrage ich die Erteilung einer unbeglaubigten Abschrift des zuvor näher bezeichneten Grundbuchblattes. Auf mich lautende Vollmacht füge ich bei.

Sollten im dortigen Amtsbezirk weitere Grundstücke auf den Erblasser eingetragen sein, bitte ich auch insoweit um Übersendung unbeglaubigter Grundbuchblattabschriften.

Die Kosten können mir aufgegeben werden.

(Rechtsanwalt)

c) Einsicht in die Grundakten

20   Ergänzt wird § 12 GBO durch §§ 43–46 der Grundbuchverfügung.

§ 46 GBV lautet:

> *„(1) Die Einsicht von Grundakten ist jedem gestattet, der ein berechtigtes Interesse darlegt, auch soweit es sich nicht um die im § 12 Abs. 1 S. 2 der Grundbuchordnung bezeichneten Urkunden handelt.*
> *(2) Die Vorschrift des § 43 ist auf die Einsicht von Grundakten entsprechend anzuwenden.*
> *(3) Soweit die Einsicht gestattet ist, kann eine Abschrift verlangt werden, die auf Antrag auch zu beglaubigen ist."*

21   Nach § 12a GBO dürfen die Grundbuchämter auch Verzeichnisse der Grundstückseigentümer und der Grundstücke führen. Auch in diese Verzeichnisse kann Einsicht genommen werden, sofern sie öffentlich zugänglich gemacht sind und ein berechtigtes Interesse i.S.v. § 12 GBO dargelegt ist. Ein solches berechtigtes Interesse für die Einsicht in das (Privat-)Grundbuch eines ehemaligen Testamentsvollstreckers ist zu bejahen, wenn dargelegt wird, dass die Erben einen Schadensersatzanspruch gegen diesen Testamentsvollstrecker haben können.[15]

d) Einsichtsrecht in Grundbuch und Grundakten im Zusammenhang mit Zugewinnausgleichsrecht

22   Auf der Grundlage von § 12 GBO, § 46 GBV hat das LG Stuttgart[16] entschieden, dass nach Ehescheidung einem Ehegatten zum Zwecke der Berechnung des Zugewinnausgleichs eine Abschrift von einem in den Grundakten befindlichen Kaufvertrag erteilt werden muss.

Datenschutzrechtliche Gesichtspunkte stehen dem Einsichtsrecht nicht entgegen. § 1 Abs. 4 Bundesdatenschutzgesetz bestimmt, dass andere Rechtsvorschriften – hier § 12 GBO i.V.m. § 46 GBV – den Vorschriften des Datenschutzgesetzes vorgehen.

Der Notar, der den betreffenden Vertrag beurkundet hat, kann eine Abschrift nur mit Zustimmung der Beteiligten herausgeben, weil er gem. § 18 BNotO der Verschwiegenheitspflicht unterliegt. In Ausnahmefällen kann unter den in § 18 BNotO genannten Voraussetzungen auch die Aufsichtsbehörde des Notars (Präsident des Landgerichts) die Zustimmung zur Entbindung von der Schweigepflicht ersetzen.

---

15  LG Stuttgart ZErb 2002, 85.
16  LG Stuttgart BWNotZ 1996, 43.

### e) Kein Einsichtsrecht eines Kindes in Grundbuch und Grundakten der Mutter wegen möglicher Grundstücksveräußerungen

Gem. § 12 Abs. 2 GBO kann die Erteilung einer Grundbuchabschrift verlangen, wem die Einsicht des Grundbuchs gestattet ist. Die Einsicht des Grundbuchs ist nach § 12 Abs. 1 GBO jedem gestattet, der ein berechtigtes Interesse darlegt. Nach der obergerichtlichen Rechtsprechung setzt dies nicht voraus, dass schon ein konkretes Rechtsverhältnis zwischen dem im Grundbuch eingetragenen Eigentümer und dem um Grundbucheinsicht Ersuchenden besteht. Das Einsichtsrecht kann jedoch nicht unbeschränkt sein. Die berechtigten Belange des Antragstellers sind vielmehr gegen das Interesse des Eigentümers abzuwägen, eine Einsicht in das Grundbuch und ggf. in die Grundakten zu verhindern, weshalb die gegenläufigen Interessen des Antragstellers und des Eigentümers gegeneinander abgewogen werden müssen.[17] Das Grundbuch ist also nicht ein öffentliches Register, welches – wie etwa das Handelsregister – jedermann unbeschränkt zur Einsicht offen steht.

Die Verwandtschaft mit der Grundstückseigentümerin als solche rechtfertigt ein Begehren auf Grundbucheinsicht nicht.[18] Das Interesse, "dass das vorhandene Vermögen" der Mutter "dem familiären Sozialverband erhalten bleibt", ist rechtlich nicht geschützt. Das Einsichtsrecht des § 12 Abs. 1 GBO soll Kindern oder sonstigen Verwandten von Grundstückseigentümern nicht das Recht geben, gegen deren Willen zu erfahren, ob und ggf. zu welchen Bedingungen diese ihr Grundeigentum veräußert haben.

Die gebotene Abwägung zwischen den Interessen des um Grundbucheinsicht Ersuchenden und den schützenswerten Belangen des Grundstückseigentümers hat zur Folge, dass zukünftige Ansprüche, Sicherungsbedürfnisse, Erwartungen und Entwicklungen grundsätzlich kein Einsichtsrecht begründen.[19] Deshalb lässt sich auf eine Pflicht zur Leistung von Unterhalt, deren Entstehung in der Zukunft liegt und noch ungewiss ist, ein berechtigtes Interesse auf Grundbucheinsicht nicht stützen.[20]

In einem etwas anders gelagerten Fall hat das LG Stuttgart jedoch entschieden:[21]

> „Die einzige Tochter einer über 90-jährigen im Pflegeheim lebenden Mutter hat im Hinblick auf deren nahe liegenden Unterhaltsansprüche ein berechtigtes Interesse an der Einsicht in das Grundbuch der Mutter (GBO §§ 12, BGB 1601 ff., BSHG 91)."

Etwaige künftige erb- und pflichtteilsrechtliche Ansprüche gewähren für sich allein noch kein Grundbucheinsichtsrecht.[22]

### f) Grundbucheinsicht durch Pflichtteilsberechtigten

Dazu das Kammergericht mit Beschluss vom 20.1.2004 – 1 W 294/03:[23]

> „1. Ein berechtigtes Interesse an der Grundbucheinsicht steht in der Regel dem Pflichtteilsberechtigten zu, der nach dem Tode des im Grundbuch eingetragenen Erblassers

---

17 OLG Karlsruhe ZEV 2009, 42; BayObLG FGPrax 1998, 90; BayObLG NJW 1993, 1142; BayObLG MDR 1991, 1172.
18 BayObLG FGPrax 1998, 90; *Meikel/Böttcher*, § 12 GBO Rn 55; *Böhringer*, Rpfleger 1987, 181, 190.
19 OLG Düsseldorf NJW-RR 1997, 720; *Meikel/Böttcher*, § 12 GBO Rn 36; *Böhringer*, Rpfleger 1987, 181, 190.
20 BayObLG MDR 1991, 1172.
21 LG Stuttgart NJW-RR 1998, 736 = Rpfleger 1998, 339 = BWNotZ 1998, 147.
22 LG Ellwangen Rpfleger 1984, 181 = BWNotZ 1984, 124.
23 KG ZEV 2004, 338 = NJW-RR 2004, 1316 = RNotZ 2004, 464.

*seine erbrechtlichen Ansprüche prüfen will; das gilt auch, wenn inzwischen der Erbe als Rechtsnachfolger eingetragen ist.*
*2. Zur Darlegung des berechtigten Interesses genügt in einem solchen Falle der Hinweis auf die Stellung als gesetzlicher Erbe, einer schlüssigen Darlegung der etwa geltend zu machenden Pflichtteilsansprüche oder konkreter, von der Grundbucheinsicht abhängender Entschließungen bedarf es nicht.*
*Gründe:*
...
*Das LG hat angenommen, dem Beteiligten (B) sei eine Grundbuchabschrift gemäß § 12 Abs. 1 Satz 1, Abs. 2 GBO nicht zu erteilen, da er ein berechtigtes Interesse an der Grundbucheinsicht nicht dargelegt habe. Das unterliegt durchgreifenden rechtlichen Bedenken.*
*Ein berechtigtes Interesse i.S.v. § 12 Abs. 1 Satz 1 GBO ist gegeben, wenn zur Überzeugung des Grundbuchamts ein verständiges, durch die Sachlage gerechtfertigtes Interesse des Antragstellers dargelegt wird, wobei auch ein bloß tatsächliches, insbesondere wirtschaftliches Interesse das Recht auf Grundbucheinsicht begründen kann (Senat, NJW 2002, 223, 224; Beschl. v. 20.3.2001, 1 W 9339/00; BayObLG, Rpfleger 1999, 216, 217; Demharter, GBO, 24. Aufl., § 12 Rn 7 ff.; Meikel/Böttcher, GrundbuchR, 9. Aufl., § 12 Rn 4 jew. m.w.N.).*
*§ 12 Abs. 1 GBO bezweckt nicht in erster Linie einen Geheimnisschutz, sondern zielt auf eine Publizität, die über die rein rechtliche Anknüpfung an die Vermutungs- und Gutglaubensvorschriften der §§ 891 ff. BGB hinausgeht (Senat v. 20.3.2001, a.a.O.). Andererseits genügt nicht jedes beliebige Interesse des Antragstellers; die Verfolgung unbefugter Zwecke oder reiner Neugier muss ausgeschlossen und die Kenntnis vom Grundbuchstand für den Antragsteller aus sachlichen Gründen für sein künftiges Handeln erheblich erscheinen (so i. Erg. BayObLG, a.a.O.; Rpfleger 1998, 338; NJW 1993, 1142, 1143; OLG Stuttgart, Rpfleger 1970, 92; OLG Hamm, DNotZ 1986, 497, 498; vgl. auch OLG Düsseldorf, FGPrax 1997, 258; Meikel/Böttcher, a.a.O. und §. 12 Rn 7; Eickmann, in: K/E/H/E, GrundbuchR, 5. Aufl., § 12 Rn 3, die darüber hinaus die Ermöglichung eines konkreten rechtlichen Handelns verlangen). Das folgt aus dem durch Art. 2 Abs. 1 i.V.m. Art. 1 Abs. 1 GG geschützten, zum allgemeinen Persönlichkeitsrecht gehörenden Recht auf informationelle Selbstbestimmung (vgl. BVerfGE 65, 1) der durch die Grundbucheinsicht Betroffenen, welches bei der Auslegung des unbestimmten Rechtsbegriffs einzubeziehen ist (BVerfG, NJW 2001, 503, 505; Senat, NJW 2002, 223; OLG Zweibrücken, NJW 1989, 531). Die Darlegung des berechtigten Interesses erfordert einen nachvollziehbaren Vortrag von Tatsachen in der Weise, dass dem Grundbuchamt daraus die Überzeugung von der Berechtigung des geltend gemachten Interesses verschafft wird, denn es hat in jedem Einzelfall genau zu prüfen, ob durch die Einsichtnahme das schutzwürdige Interesse der Eingetragenen verletzt werden könnte, Unbefugten keinen Einblick in ihre Rechts- und Vermögensverhältnisse zu gewähren (Senat v. 20.3.2001, a.a.O.; BayObLG, a.a.O.; Demharter, § 12 GBO Rn 13 f.; Meikel/Böttcher, § 12 GBO Rn 8). ..."*

## g) Grundbuch- und Grundakten-Einsichtsrecht bei pflichtteilsrelevanten Kaufvorgängen

Dazu das LG Stuttgart im Beschluss vom 9.2.2005 – 1 T 1/2005:[24]

*„Pflichtteilsberechtigte wie Erben sind berechtigt, insoweit in Grundbuch und Grundakten Einsicht zu nehmen, als sie plausibel darzulegen vermögen, dass ein Vorgang für einen Pflichtteils- oder Pflichtteilsergänzungsanspruch von Bedeutung sein kann.*

**Sachverhalt:**
*Der Beschwerdeführer (Bf.) begehrt Einsicht in die Grundakten und Erteilung einer Abschrift des Grundstückskaufvertrags, mit dem seine Schwester (S), die wenige Jahre zuvor von der Mutter (M) erworbenen Gebäudegrundstücke an Dritte weiterverkauft hat.*
*Alleinerbe der 2003 verstorbenen M ist der Bf. Er trägt vor, S sei pflichtteilsberechtigt. S habe den Grundbesitz von M weit unter Wert übertragen bekommen, es läge deshalb eine gemischte Schenkung vor. Bei Kenntnis des Kaufpreises beim Verkauf des Grundbesitzes an Dritte wenige Jahre später könnten Rückschlüsse auf den Verkehrswert im Zeitpunkt der Übertragung von M auf S gezogen werden. Eine etwaige Schenkung sei im Pflichtteilsrecht zumindest im Hinblick auf die Anrechenbarkeit eines Eigengeschenks auf einen etwaigen Ergänzungspflichtteil gemäß § 2327 BGB von Bedeutung. Daraus ergebe sich das berechtigte Interesse i.S.v. § 12 GBO i.V.m. § 46 GBVerf.*
*Das Grundbuchamt hat den Antrag zurück gewiesen. Es ist der Ansicht, ein berechtigtes Interesse des Bf. bestehe nicht. Das Grundbuchamt habe mit besonderer Sorgfalt zu prüfen, ob das dargelegte Interesse ausreiche, um einem Dritten in die in den Grundakten verwahrten Urkunden Einsicht gewähren zu können. Dabei sei bei einer notariellen Urkunde, worum es sich bei einem Grundstückskaufvertrag handle, die Vorschrift des § 51 BeurkG zu beachten. Nach dieser Vorschrift dürfe keiner Person, die nicht Beteiligte am betreffenden Beurkundungsvorgang sei, eine Abschrift oder Ausfertigung erteilt werden. Diese strenge Vorschrift des Beurkundungsrechts könne nicht über § 12 GBO, § 46 GBV umgangen werden.*

**Gründe:**
*Die Beschwerde ... hat Erfolg. Der Bf. kann Einsicht in die Grundakten und die Erteilung einer beglaubigten Abschrift des Vertrags über die Veräußerung des fraglichen Grundbesitzes gemäß §§ 12, 142 GBO i.V.m. § 46 GBV verlangen.*
*Der Bf. hat sein berechtigtes Interesse an der Einsicht in den Kaufvertrag dargetan. Berechtigtes Interesse kann auch ein wirtschaftliches Interesse des Bf. sein, das sich hier aus dem Pflichtteilsrecht ergibt (vgl. die beiden Beschl. der Kammer v. 5.9.1995, 1 T 29/ 1995, NJW-RR 1996, 532, und v. 26.2.1998, 1 T 1/1998, Rpfleger 1998, 339; sowie die Nachw. bei Demharter, GBO, 24. Aufl. 2002, § 12 Rn 9). Zwischen dem Bf. als dem Alleinerben der M und S als Pflichtteilsberechtigte am Nachlass der M besteht ein erbrechtlich-schuldrechtliches Rechtsverhältnis aus Pflichtteilsrecht (§§ 2303 ff. BGB). Für die konkrete Ausgestaltung dieses Rechtsverhältnisses ist die Frage von Zuwendungen seitens der M an S von zentraler Bedeutung. Der im Kaufvertrag mit Dritten vereinbarte Kaufpreis kann Rückschlüsse auf den Wert des von M erworbenen Grundbesitzes auch zum Zeitpunkt des Erwerbs durch S zulassen und damit der Klärung der Frage dienen, ob eine unentgeltliche Zuwendung im bezeichneten Pflichtteilsrechtsverhältnis in Betracht kommt. Im Pflichtteilsrecht kann eine Schenkung der Erblasserin an einen Pflichtteilsberechtigten u.a. in den Fällen der §§ 2315, 2316, 2327 BGB von Bedeutung sein. Mit der Darlegung des Pflichtteilsrechtsverhältnisses und der beiden Veräußerungsvorgänge hat der Bf. ein berechtigtes Interesse an der Einsicht in die Grundakten und*

---

24 LG Stuttgart ZEV 2005, 313.

an der Erteilung einer beglaubigten Abschrift in ausreichendem Maße dargelegt. Gemäß § 46 Abs. 3 GBV kann er eine beglaubigte Abschrift der Kaufvertragsurkunde verlangen. Dem steht auch § 51 BeurkG nicht entgegen.

Das Grundbuchamt führt zu Recht aus, dass der den Kaufvertrag beurkundende Notar in der Tat einem nichtbeteiligten Dritten keine Abschrift der Urkunde erteilen dürfte. Das Grundbuchrecht beinhaltet in Bezug auf das Recht, eine Abschrift aus den Grundakten verlangen zu können, jedoch eine vom Beurkundungsrecht abweichende Regelung. Die Schwelle des Grundbuchverfahrensrechts für die Erlangung einer Abschrift von einer in die Grundakten aufgenommenen notariellen Urkunde ist in § 12 GBO, § 46 GBV wesentlich niedriger als im Beurkundungsrecht. Die genannten Vorschriften haben Vorrang vor § 51 BeurkG, weil es sich insofern um Spezialregelungen handelt für Urkunden, die sich in den Grundakten befinden. Das Gesetz verlangt hier ausdrücklich lediglich ein berechtigtes Interesse des die Einsicht Begehrenden und nicht seine formelle oder materielle Beteiligteneigenschaft i.S. des Beurkundungsrechts. Und Urkunden, auf die sich das Einsichtsrecht und das Recht auf Fertigung einer Abschrift bezieht, sind in der Großzahl der Fälle notarielle Urkunden, weil die Formvorschrift des § 29 GBO gerade solche Urkunden im strengen Nachweisverfahren des Grundbuchrechts als Grundlagen von Grundbucheintragungen erfordert. Damit ist klargestellt, dass sich das Grundbuchrecht in Bezug auf das Einsichtsrecht für das wesentlich geringere Erfordernis des berechtigten Interesses entschieden hat und nicht für die hohe Anforderung der Beteiligteneigenschaft des die Einsicht Begehrenden.

Im vorliegenden Fall käme sogar ein Auskunftsanspruch des allein erbenden, ebenfalls zum Kreis der Pflichtteilsberechtigten gehörenden Bf. (als Sohn, § 2303 BGB) gegen die pflichtteilsberechtigte S in Bezug auf eine etwaige Schenkung gemäß § 242 BGB (nicht analog § 2314 BGB) in Betracht, vgl. BGHZ 61, 180.

Dem Einsichtsrecht steht auch das Datenschutzrecht nicht entgegen. Nach § 1 Abs. 4 BDSchG gehen andere Rechtsvorschriften vor; dies sind hier die §§ 12, 142 GBO, § 46 GBV."

**h) Muster: Antrag auf Abschrift aus den Grundakten**

**228**

**26** An das

Amtsgericht
– Grundbuchamt – (Baden: Stadt oder Gemeinde; Württemberg: Staatl. Notariat)

Grundbuch von _____, Band _____, Heft _____, eingetragener Eigentümer: _____

Der zuvor genannte Eigentümer ist am _____ in _____ gestorben. Ausweislich der beigefügten beglaubigten Abschrift des Erbscheins des Amtsgerichts _____ – Nachlassgericht – vom _____, Az. _____, wurde er beerbt von 1. _____, 2. _____ und 3. _____.

Meine Mandantin, Frau _____, ist Miterbin des Erblassers. In ihrem Namen beantrage ich die Erteilung einer beglaubigten Abschrift des Kaufvertrags samt Auflassung, mit denen der Erblasser das Grundstück erworben hat; auf die Auflassung ist bei der Eintragung des Erblassers als Eigentümer im Grundbuch Bezug genommen worden. Vollmacht füge ich bei.

Entstehende Kosten können mir aufgegeben werden.

(Rechtsanwalt)

### i) Elektronisches Grundbuch

In allen Landesjustizverwaltungen wird die Führung des Grundbuchs derzeit auf das sog. elektronische Grundbuch umgestellt. Die Fortschritte sind je nach Bundesland unterschiedlich.

27

Mittels Datenabrufs können über Fernleitung Abschriften angefordert und Informationen über gestellte und noch nicht erledigte Eintragungsanträge abgefragt werden.

Für den erbrechtlich tätigen Rechtsanwalt oder Notar ist aber die Möglichkeit der Recherche von großer praktischer Bedeutung. Mit dem Suchbegriff „Eigentümer" kann festgestellt werden, welche Grundstücke der Erblasser in einem bestimmten Datenbezirk hatte. Dies kann im Endzustand der Datenerfassung ein ganzes Bundesland sein. Aber auch der Suchbegriff „Berechtigter" ist vorgesehen, so dass auch dingliche Rechte (Grundpfandrecht, Wohnungsrecht, Nießbrauch, Vorkaufsrecht, sonstige eingetragene Rechte), die dem Erblasser zustanden, aufgefunden werden können.

Wegen des konkreten Standes des Aufbaus des elektronischen Grundbuchs empfiehlt sich eine telefonische Anfrage beim zuständigen Grundbuchamt.

Die **Abrufgebühren** sind geregelt in der Verordnung über Grundbuchabrufverfahrensgebühr (GBAbVfV) vom 30.11.1994 (BGBl I 1994, 3585) mit Änderung vom 11.7.1997 (BGBl I 1997, 1809) und KostREuroUG v. 27.4.2001 (BGBl I 2001, 751). Gebühren, die dem Notar für die Nutzung des automatisierten Verfahrens zum Abruf von Daten aus dem elektronischen Grundbuch im Zusammenhang mit seiner notariellen Tätigkeit berechnet werden, kann dieser als Auslagen dem Zahlungspflichtigen berechnen.[25]

28

In **Baden-Württemberg** ist bereits eine Grundbuchdatenzentrale eingerichtet (Internet: *www.grundbuch-bw.de*).

29

Wer kann zum automatisierten Abrufverfahren zugelassen werden?

Beim automatisierten Abrufverfahren ist zwischen dem uneingeschränkten und dem eingeschränkten automatisierten Abrufverfahren zu unterscheiden:

- **Uneingeschränktes Abrufverfahren**

Da das berechtigte Interesse beim automatisierten Abrufverfahren nicht im Einzelfall nachgeprüft wird, kommen für das uneingeschränkte Abrufverfahren nur solche Personen und Stellen in Betracht, die kein berechtigtes Interesse darzulegen brauchen.

30

Das Grundbuch und die Hilfsverzeichnisse nach §§ 12a und 12b GBO können in vollem Umfang eingesehen werden von
- Gerichten
- Behörden
- Notaren
- Öffentlich bestellten Vermessungsingenieuren.

- **Eingeschränktes Abrufverfahren**

Das eingeschränkte Abrufverfahren ist für Stellen und Personen vorgesehen, bei denen Auskunftsanträge maschinell bearbeitet werden können. Dies ist dann möglich, wenn die abrufende Stelle oder Person

31

---

25  BayObLG 2004, 311; *Bund*, RNotZ 2004, 256 = NotBZ 2004, 70; LG Halle NotBZ 2004, 115 m. Anm. *Lappe*; *Reetz/Bous*, RNotZ 2004, 318.

- eine Zustimmung des Eigentümers, Erbbauberechtigten oder Gebäudeeigentümers besitzt oder
- die Zwangsvollstreckung in ein Grundstück bzw. ein grundstücksgleiches Recht betreibt, oder
- Inhaber eines Rechts an einem Grundstück, einem grundstücksgleichen Recht oder einem Recht an einem solchen Recht ist oder
- ein Versorgungsunternehmen ist, das die Anlagen zur Erzeugung von Elektrizität, Gas, Fernwärme, Wasser und Telekommunikationseinrichtungen betreibt oder Abwasser entsorgt.

Das Vorliegen einer dieser Voraussetzungen ist beim Ausfüllen der Bildschirmmaske in einer sog. „Darlegungserklärung" zu versichern.

Zum eingeschränkten Abrufverfahren können insbesondere
- Banken und Bausparkassen
- Versicherungen
- Energieversorgungsunternehmen
- Rechtsanwälte

zugelassen werden.

Eine Einschränkung besteht aber hinsichtlich des in den Hilfsverzeichnissen nach § 12a Grundbuchordnung integrierten Eigentümerverzeichnisses, das von diesem Teilnehmerkreis nur dann benutzt werden darf, wenn der gesuchte Eigentümer eindeutig bezeichnet werden kann. Das bedeutet, dass die Grundbuchbezeichnung bei der Eigentümersuche lediglich dann wiedergegeben wird, wenn der Eigentümer nur in einem Grundbuchblatt eingetragen ist. Bei mehreren Treffern erhält der Abrufende keine Auskunft; insoweit muss er sich anderer Suchkriterien bedienen.

### ■ Zulassungsverfahren

32 Die Einrichtung eines automatisierten Abrufverfahrens bedarf einer auf gesonderten Antrag hin erteilten Genehmigung. Bei Gerichten und Behörden ist eine Verwaltungsvereinbarung zu schließen.

Die Entscheidung über die Zulassung zum Abrufverfahren obliegt in Baden-Württemberg dem Präsidenten des Amtsgerichts Stuttgart.

Die Erteilung der Zulassung umfasst grundsätzlich eine Abrufberechtigung für alle Grundbuchämter des Landes Baden-Württemberg.

Die Genehmigung bzw. die Verwaltungsvereinbarung wird den zugelassenen Nutzern gegen Empfangsbekenntnis zugesandt. Nach Rücksendung des Empfangsbekenntnisses an die Grundbuchdatenzentrale Baden – Württemberg werden dann in getrennten Schreiben die Benutzerkennung und das Passwort mitgeteilt.

### ■ Gebühren

33 Aufgrund der Rechtsverordnung des Bundesministeriums der Justiz über die Grundbuchverfahrensabrufgebühren vom 30.11.1994 (BGBl I 1994, 3850, 3585) in der derzeit gültigen Fassung entstehen folgende Gebühren:

| | |
|---|---|
| Einmalige Einrichtungsgebühr je zugelassenem Antragsteller | 500 EUR |
| Monatliche Grundgebühr je zugelassenem Antragsteller | 50 EUR |
| Abrufgebühr für jedes Grundbuchblatt | 5 EUR |

*Krug*

| | |
|---|---|
| Folgeabruf des Blatts in gleicher Sache innerhalb von 6 Monaten | 2,50 EUR |
| Abrufgebühr pro einzelner Recherche | 2,50 EUR |
| Abruf der Liste der Voranträge pro Abruf | 2,50 EUR |

Diese Gebühren werden wie folgt fällig:
- Die einmalige Einrichtungsgebühr wird nach Herstellung des Anschlusses fällig.
- Die monatliche Grundgebühr wird am 15. des jeweiligen Monats fällig; wird das Abrufverfahren nach dem 15. eines Monats eingerichtet, wird die erste Gebühr mit der Einrichtung fällig.
- Die Abrufgebühren werden am 15. des auf den Abruf folgenden Monats fällig.

Behörden und juristische Personen des öffentlichen Rechts sind nach Maßgabe von § 85 Abs. 2 der Grundbuchverfügung i.V.m. § 8 Justizverwaltungskostenordnung von der Zahlung der Grund- und Abrufgebühren befreit.

Zum Gebühreneinzug ist eine Einzugsermächtigung zu erteilen.

### j) Rechtsmittel

Gegen die Versagung der Einsicht oder der Erteilung von Abschriften ist das Rechtsmittel der unbefristeten und formlosen **Beschwerde** nach §§ 71 ff. GBO statthaft (vgl. das Muster Rn 36). Darüber entscheidet das übergeordnete Landgericht (auch in Baden-Württemberg). **Neuerung durch das FamFG:**[26] Seit 1.9.2009 ist Beschwerdegericht das OLG (§ 72 GBO n.F.).

34

### k) Kosten der Auskunft

Die Einsicht in das Grundbuch und in die Grundakten ist gebührenfrei, § 74 KostO. Für einfache Abschriften aus dem Grundbuch wird eine Gebühr von 10 EUR erhoben, für beglaubigte Abschriften eine Gebühr von 18 EUR, § 73 Abs. 1 KostO. Für die Erteilung beglaubigter Abschriften aus den Grundakten gilt § 55 KostO.

35

Für Ausdrucke aus dem maschinell geführten Grundbuch werden erhoben
- für einen einfachen Ausdruck 10 EUR,
- für einen amtlichen Ausdruck 18 EUR, § 73 Abs. 2 KostO.

### l) Muster: Beschwerde nach Verweigerung der Erteilung einer Abschrift aus den Grundakten

36

An das

Amtsgericht
- Grundbuchamt - (Baden: Stadt oder Gemeinde; Württemberg: Staatl. Notariat)

*Grundbuch von _____, Band _____, Heft _____; Nachlasssache des Herrn _____, zuletzt wohnhaft in _____*

*hier: Beschwerde gegen die mit Schreiben vom _____ verweigerte Erteilung einer Abschrift aus den Grundakten*

Ich vertrete die Interessen der Frau _____, einer Miterbin des oben genannten Erblassers und im o.g. Grundbuch eingetragenen Eigentümers. Eine auf mich lautende Vollmacht und eine beglaubigte Abschrift des Erbscheins vom _____ füge ich vorsorglich noch einmal bei.

---

26 FGG-ReformG v. 17.12.2008 BGBl I 2008, 2586, in Kraft getreten am 1.9.2009, Art. 111, 112 FGG-ReformG.

Gegen die mit Ihrem Schreiben vom ......., Az. ......., verweigerte Erteilung einer beglaubigten Abschrift des Kaufvertrags samt Auflassung, aufgrund deren der Erblasser im Grundbuch als Eigentümer eingetragen wurde, erhebe ich namens meiner Mandantin hiermit

*Beschwerde.*

Sollten Sie der Beschwerde nicht abhelfen, so bitte ich, die Angelegenheit dem zuständigen Beschwerdesenat des Oberlandesgerichts zur Entscheidung vorzulegen (§§ 71 ff. GBO n.F.).

Nach § 12 Abs. 2 S. 2, Abs. 3 GBO kann eine Abschrift von der Urkunde verlangt werden, auf die in der Grundbucheintragung Bezug genommen wurde. Dies trifft für die Auflassung zu. Darüber hinaus kann nach § 46 GBV eine Abschrift auch von anderen in den Grundakten befindlichen Urkunden verlangt werden, sofern ein berechtigtes Interesse dargelegt wird. Eine solche Urkunde ist der Kaufvertrag, an dem der Erblasser auf Käuferseite beteiligt war. Allein die Erbeneigenschaft meiner Mandantin reicht zur Darlegung des berechtigten Interesses aus. Der Kaufvertrag ist aber auch wegen des dort genannten Kaufpreises von Interesse, weil nach dessen Kenntnis möglicherweise eine kostspielige Wertermittlung des Grundstücks für Zwecke der Erbauseinandersetzung vermieden werden kann (vgl. auch LG Stuttgart BWNotZ 1996, 43).

Entstehende Kosten für die zu erteilende Abschrift können mir aufgegeben werden.

(Rechtsanwalt)

### 4. Auskünfte aus dem Handelsregister und den Handelsregisterakten

a) Einsicht in das Handelsregister

37   Nach § 9 Abs. 1 HGB ist „die Einsicht des Handelsregisters sowie der zum Handelsregister eingereichten Schriftstücke jedem gestattet."

§ 9 Abs. 2 S. 1 HGB: „Von den Eintragungen und den zum Handelsregister eingereichten Schriftstücken kann eine Abschrift gefordert werden."

Abweichend von § 13 FamFG (bis 31.8.2009: § 34 FGG) ist hier ein **berechtigtes Interesse** für die Einsicht oder die Erteilung von Abschriften **nicht erforderlich**.

b) Einsicht in die Handelsregisterakten

38   Nach § 9 Abs. 1, 2 HGB sind nur die Eintragungen und die zum Handelsregister eingereichten Unterlagen frei zugänglich, also die Unterlagen, die der Anmeldende für die Eintragung und gem. § 8a Abs. 4 HGB vorzulegen hat. Dazu gehören alle zum Handelsregister eingereichten Schriftstücke wie Anmeldungen, Unterschriftszeichnungen und sonstige Urkunden, auch die jährlich nach § 40 GmbHG vorzulegende Liste der Gesellschafter einer GmbH.

Andere Schriftstücke, die sich bei den Registerakten befinden können, wie Gutachten der Industrie- und Handelskammer, können nur unter den Voraussetzungen des § 13 FamFG (bis 31.8.2009: § 34 FGG), d.h. unter **Glaubhaftmachung eines berechtigten Interesses**, eingesehen werden.

39   § 10 der Handelsregisterverfügung vom 12.8.1937 lautet:

*„Das Register und die zum Register eingereichten Schriftstücke sind auf der Geschäftsstelle des Registergerichts während der Dienststunden zur Einsicht vorzulegen."*

Ohne Nachweis eines besonderen Interesses (§ 9 Abs. 1 HGB) können eingesehen werden
– das Handelsregister,
– die zum Handelsregister eingereichten – also im Sonderband verwahrten – Schriftstücke.

Einsicht ist immer nur die Einsicht in ein oder auch einige **bestimmte** Registerblätter oder Sonderbände. Sie ist zu unterscheiden von der **Durchsicht** des Handelsregisters. Diese richtet sich nach § 13 FamFG (bis 31.8.2009: § 34 FGG).

Auch die Einsicht in die übrigen Registerakten bestimmt sich nach § 13 FamFG (bis 31.8.2009: § 34 FGG). Sie kann insoweit gestattet werden, als ein berechtigtes Interesse glaubhaft gemacht wird. Nicht erforderlich ist ein rechtliches Interesse, das sich auf ein bereits erworbenes Recht stützt.

**Neuerungen seit 1.9.2009 durch das FamFG:**[27] Das Recht auf Einsicht von FG-Akten wird in §§ 13 ff. FamFG neu geregelt.

### c) Kosten der Auskunft

Die **Einsicht** in das Handelsregister und in die Handelsregisterakten ist **gebührenfrei**, § 90 KostO.

Für einfache Abschriften aus dem Handelsregister wird eine Gebühr von 10 EUR erhoben, für beglaubigte Abschriften eine Gebühr von 18 EUR, §§ 89, 73 KostO.

Für die Erteilung beglaubigter Abschriften aus den Handelsregisterakten gilt § 55 KostO.

### d) Kein Beschwerderecht Dritter

Die Befugnis zur Einsicht des Handelsregisters und der eingereichten Schriftstücke (§ 9 HGB) begründet für Dritte kein Beschwerderecht gegen die Verfügung, mit der es das Registergericht abgelehnt hat, den Geschäftsführer einer GmbH zur Vorlage oder Ergänzung einer Gesellschafterliste aufzufordern.[28]

### e) Muster: Antrag auf Handelsregisterabschrift

An das

Amtsgericht
– Handelsregister –

*Kommanditgesellschaft unter der Firma          , Sitz in          , HR A Nr.          *

Als persönlich haftender Gesellschafter der zuvor genannten Kommanditgesellschaft ist Herr           im Handelsregister eingetragen. Er ist am           in           gestorben. Ausweislich der beigefügten beglaubigten Abschrift des Erbscheins des Amtsgerichts           – Nachlassgericht – vom          , Az.          , wurde er beerbt von 1.          , 2.           und 3.          .

Mein Mandant, Herr          , ist Miterbe des Erblassers. In seinem Namen beantrage ich die Erteilung einer unbeglaubigten Abschrift des die zuvor näher bezeichnete Kommanditgesellschaft betreffenden Handelsregisterblattes. Auf mich lautende Vollmacht füge ich bei.

Die Kosten können mir aufgegeben werden.

(Rechtsanwalt)

---

27 FGG-ReformG v. 17.12.2008, BGBl I S. 2586, in Kraft getreten am 1.9.2009.
28 LG Saarbrücken Rpfleger 1972, 61.

## f) Muster: Antrag auf Abschrift aus den Handelsregisterakten

An das

Amtsgericht
– Handelsregister –

Firma ▓▓▓ -GmbH, Sitz in ▓▓▓, HR B Nr. ▓▓▓

Herr ▓▓▓ war bis zu seinem Tode Gesellschafter der zuvor näher bezeichneten GmbH. Er ist am ▓▓▓ in ▓▓▓ gestorben. Ausweislich der beigefügten beglaubigten Abschrift des Erbscheins des Amtsgerichts ▓▓▓ – Nachlassgericht – vom ▓▓▓, Az. ▓▓▓, wurde er beerbt von 1. ▓▓▓, 2. ▓▓▓ und 3. ▓▓▓.

Mein Mandant, Herr ▓▓▓, ist Miterbe des Erblassers. In seinem Namen beantrage ich die Erteilung einer unbeglaubigten Abschrift der letzten Gesellschafterliste, die nach § 40 GmbHG zu den Handelsregisterakten eingereicht wurde. Auf mich lautende Vollmacht füge ich bei.

Die Kosten können mir aufgegeben werden.

(Rechtsanwalt)

## 5. Auskünfte aus den Akten des Nachlassgerichts, Familien- und Betreuungsgerichts

### a) Allgemeines Akteneinsichtsrecht

Für alle FG-Verfahren und damit auch für die verschiedenen Nachlassverfahren bestimmt § 13 FamFG (bis 31.8.2009: § 34 FGG), dass jedem die Einsicht in die Nachlassakten gestattet werden kann, der ein **berechtigtes Interesse glaubhaft macht**. Dies gilt auch für die Erteilung unbeglaubigter oder beglaubigter Abschriften aus den Nachlassakten. Dabei entscheidet das Nachlassgericht nach **pflichtgemäßem Ermessen**.[29] Für die Einsicht in ein eröffnetes Testament und die Erteilung einer Abschrift davon ist gem. §§ 357 Abs. 1, 13 Abs. 3 FamFG (bis 31.8.2009: § 2264 BGB) ein rechtliches Interesse glaubhaft zu machen.

Ein berechtigtes Interesse zur Einsicht in die Nachlassakten hat, wer glaubhaft macht, dass er als
- gesetzlicher Erbe oder
- testamentarischer Erbe,
- Pflichtteilsberechtigter oder
- Vermächtnisnehmer oder
- sonstiger Nachlassgläubiger

in Betracht kommt.[30] Ein berechtigtes Interesse liegt schon dann vor, wenn der Antragsteller ein vernünftiges, durch die Sachlage gerechtfertigtes Interesse glaubhaft macht, das auch tatsächlicher, etwa wirtschaftlicher Art sein kann.[31] Nur ein Verwandtschaftsverhältnis reicht nicht.[32] Wegen ihres Anspruchs auf rechtliches Gehör steht den formell und materiell Beteiligten eines Nachlassverfahrens sogar ein Recht auf Akteneinsicht zu.[33] Die Prüfung durch das Nachlassgericht, ob ein Geschäft des Nachlasspflegers zu genehmigen ist, stellt allein eine Amtspflicht gegenüber dem Vertretenen, nicht aber gegenüber Dritten dar. Ihnen

---

29 BayObLGZ 1959, 420, 425; OLG Karlsruhe FamRZ 1966, 268.
30 BayObLG Rpfleger 1982, 345; 1984, 238 m.w.N.
31 BayObLG FamRZ 1997, 1025 = NJW-RR 1997, 771.
32 BayObLG Rpfleger 1982, 345.
33 *Keidel/Kuntze/Kahl*, § 34 FGG Rn 1.

steht daher kein Akteneinsichtsrecht gem. § 13 FamFG (bis 31.8.2009: § 34 FamFG) zur Prüfung von möglichen Amtspflichtverletzungen zu.[34] Daran hat sich auch nach dem 1.9.2009, dem Inkrafttreten des FamFG, nichts geändert (vgl. dazu nachstehend Rn 48).

Das allgemeine Akteneinsichtsrecht nach § 13 FamFG (bis 31.8.2009: § 34 FGG) besteht auch in Bezug auf:

- **Betreuungsakten des Betreuungsgerichts** (bis 31.8.2009: **Vormundschaftsgericht**), die den Erblasser betreffen. Dies ist von Bedeutung für die Rechnungslegungen, insbesondere die Schlussrechnung des Betreuers nach §§ 1908i, 1890, 1893 BGB und deren Überprüfung durch das Vormundschaftsgericht nach §§ 1908i, 1892 BGB.
- **Akten des Familiengerichts**, dem möglicherweise nach § 1683 BGB bei Wiederverheiratung eines sorgeberechtigten Elternteils ein Vermögensverzeichnis vorgelegt worden war,
- **Akten des Familiengerichts** über die Rechnungslegungen eines Pflegers eines Kindes nach §§ 1666, 1915, 1890, 1892, 1893 BGB und über die Rechnungslegungen eines Vormundes nach §§ 1890, 1892, 1893 BGB,
- **Akten des Vormundschaftsgerichts** über die Rechnungslegungen eines Vormundes nach §§ 1890, 1892, 1893 BGB.

**Neuerungen durch das FamFG:**[35] Das Recht auf Einsicht von FG-Akten wird in §§ 13 ff. FamFG neu geregelt.

Für Verfügungen von Todes wegen gilt die Sonderregelung des § 357 FamFG.

b) Muster: Antrag auf Abschrift aus den Betreuungsakten

An das

Amtsgericht
– Vormundschaftsgericht – (Württemberg: Staatl. Notariat)

*Betreuungsangelegenheit der Frau*

Für Frau _____, zuletzt wohnhaft in _____, war Betreuung angeordnet. Sie ist am _____ in _____ gestorben. Ausweislich der beigefügten beglaubigten Abschrift des Erbscheins des Amtsgerichts _____ – Nachlassgericht – vom _____, Az. _____, wurde sie beerbt von 1. _____, 2. _____ und 3. _____.

Meine Mandantin, Frau _____, ist Miterbin der Erblasserin. In ihrem Namen beantrage ich die Erteilung einer beglaubigten Abschrift der zuletzt vom Betreuer zu den Betreuungsakten eingereichten Rechnungslegung. Vollmacht füge ich bei.

Entstehende Kosten können mir aufgegeben werden.

(Rechtsanwalt)

c) Weitere Einsichtsrechte in die Nachlassakten

**Neuerungen durch das FamFG:**[36] Das FamFG enthält in § 13 und § 357 für Verfahren, die seit 1.9.2009 eingeleitet wurden, ein allgemeines Recht auf Einsicht und Erteilung von Abschriften und Ausfertigungen. Diese Vorschriften sind an die Stelle von § 78 FGG; § 1964 BGB; §§ 1994 Abs. 1, 1995 Abs. 3, 1996 Abs. 1, 2005 Abs. 2 BGB; §§ 2200 Abs. 1, 2227

---

34 KG NJW-RR 2006, 1294 = FGPrax 2006, 122 = KGR Berlin 2006, 550.
35 FGG-ReformG v. 17.12.2008, BGBl I 2008, 2586, in Kraft getreten am 1.9.2009.
36 FGG-ReformG v. 17.12.2008, BGBl I 2008, 2586, in Kraft getreten am 1.9.2009.

Abs. 1 BGB; § 79 FGG; § 2006 BGB; § 1507 BGB; §§ 37, 38 GBO getreten, soweit dort Einsichtsrechte, das Recht auf Erteilung einer Abschrift bzw. Ausfertigung geregelt war.

**Glaubhaftmachung:** § 31 FamFG (wie § 294 ZPO).

### d) Muster: Antrag auf Abschrift aus den Nachlassakten

An das

Amtsgericht
– Nachlassgericht – (Baden-Württemberg: Staatliches Notariat)

Nachlasssache des Herrn _____, zuletzt wohnhaft in _____

Herr _____ ist nach der Auskunft des Standesamts _____ am _____ in _____ gestorben. Ich vertrete die Interessen der Firma _____. Eine auf mich lautende Vollmacht füge ich bei.

Ausweislich der beigefügten beglaubigten Abschrift des rechtskräftigen Vollstreckungsbescheids des Amtsgerichts _____ vom _____, Az. _____, hat meine Mandantin gegen den Erblasser eine Forderung in Höhe von _____ EUR, zuzüglich Zinsen und Kosten.

Nach der Kenntnis meiner Mandantin hat der Erblasser Testamentsvollstreckung angeordnet. Um zu erfahren, wer Testamentsvollstrecker des Erblassers geworden ist und zur evtl. Umschreibung des Vollstreckungsbescheides auf Schuldnerseite auf den Testamentsvollstrecker beantrage ich namens meiner Mandantin die Erteilung einer beglaubigten Abschrift des bereits erteilten Testamentsvollstreckerzeugnisses.

Sollte ein Testamentsvollstreckerzeugnis noch nicht erteilt sein, so bitte ich um Erteilung je einer beglaubigten Abschrift der Verfügung von Todes wegen und des dazu gehörenden Eröffnungsprotokolls.

Das rechtliche Interesse i.S.v. §§ 13, 357 FamFG ist durch Vorlage des vollstreckbaren Titels glaubhaft gemacht.

Entstehende Kosten können mir aufgegeben werden.

(Rechtsanwalt)

### e) Vertretung der Beteiligten

Der Rechtsanwalt als Vertreter eines Verfahrensbeteiligten kann nach § 10 FamFG (bis 31.8.2009: § 13 FGG mit formloser Vollmacht), seit 1.9.2009 mit schriftlicher Vollmacht als Bevollmächtigter auftreten. Allerdings kann nach § 13 S. 2 FGG – für „Altverfahren" – die öffentliche Beglaubigung der Vollmacht von Seiten des Gerichts verlangt werden.

Mit dem Inkrafttreten des FamFG, dem 1.9.2009, wurde die Bevollmächtigung im FG-Verfahren in §§ 10 und 11 FamFG neu geregelt. Nach § 10 Abs. 2 FamFG können Rechtsanwälte und weitere dort genannte Personen als Bevollmächtigte auftreten.

> **§ 10 FamFG**
> **Bevollmächtigte**
> *(1) Soweit eine Vertretung durch Rechtsanwälte nicht geboten ist, können die Beteiligten das Verfahren selbst betreiben.*
> *(2) Die Beteiligten können sich durch einen Rechtsanwalt als Bevollmächtigten vertreten lassen. Darüber hinaus sind als Bevollmächtigte, soweit eine Vertretung durch Rechtsanwälte nicht geboten ist, vertretungsbefugt nur*
> *1. Beschäftigte des Beteiligten oder eines mit ihm verbundenen Unternehmens (§ 15 des Aktiengesetzes); Behörden und juristische Personen des öffentlichen Rechts einschließlich der von ihnen zur Erfüllung ihrer öffentlichen Aufgaben gebildeten Zusammen-*

schlüsse können sich auch durch Beschäftigte anderer Behörden oder juristischer Personen des öffentlichen Rechts einschließlich der von ihnen zur Erfüllung ihrer öffentlichen Aufgaben gebildeten Zusammenschlüsse vertreten lassen;
2. volljährige Familienangehörige (§ 15 der Abgabenordnung, § 11 des Lebenspartnerschaftsgesetzes), Personen mit Befähigung zum Richteramt und die Beteiligten, wenn die Vertretung nicht im Zusammenhang mit einer entgeltlichen Tätigkeit steht;
3. Notare.
(3) Das Gericht weist Bevollmächtigte, die nicht nach Maßgabe des Absatzes 2 vertretungsbefugt sind, durch unanfechtbaren Beschluss zurück. Verfahrenshandlungen, die ein nicht vertretungsbefugter Bevollmächtigter bis zu seiner Zurückweisung vorgenommen hat, und Zustellungen oder Mitteilungen an diesen Bevollmächtigten sind wirksam. Das Gericht kann den in Absatz 2 Satz 2 Nr. 1 und 2 bezeichneten Bevollmächtigten durch unanfechtbaren Beschluss die weitere Vertretung untersagen, wenn sie nicht in der Lage sind, das Sach- und Streitverhältnis sachgerecht darzustellen.
(4) Vor dem Bundesgerichtshof müssen sich die Beteiligten, außer im Verfahren über die Ausschließung und Ablehnung von Gerichtspersonen und im Verfahren über die Verfahrenskostenhilfe, durch einen beim Bundesgerichtshof zugelassenen Rechtsanwalt vertreten lassen. Behörden und juristische Personen des öffentlichen Rechts einschließlich der von ihnen zur Erfüllung ihrer öffentlichen Aufgaben gebildeten Zusammenschlüsse können sich durch eigene Beschäftigte mit Befähigung zum Richteramt oder durch Beschäftigte mit Befähigung zum Richteramt anderer Behörden oder juristischer Personen des öffentlichen Rechts einschließlich der von ihnen zur Erfüllung ihrer öffentlichen Aufgaben gebildeten Zusammenschlüsse vertreten lassen. Für die Beiordnung eines Notanwaltes gelten die §§ 78b und 78c der Zivilprozessordnung entsprechend.
(5) Richter dürfen nicht als Bevollmächtigte vor dem Gericht auftreten, dem sie angehören.

## § 11 FamFG
### Verfahrensvollmacht
*Die Vollmacht ist schriftlich zu den Gerichtsakten einzureichen. Sie kann nachgereicht werden; hierfür kann das Gericht eine Frist bestimmen. Der Mangel der Vollmacht kann in jeder Lage des Verfahrens geltend gemacht werden. Das Gericht hat den Mangel der Vollmacht von Amts wegen zu berücksichtigen, wenn nicht als Bevollmächtigter ein Rechtsanwalt oder Notar auftritt. Im Übrigen gelten die §§ 81 bis 87 und 89 der Zivilprozessordnung entsprechend.*

**f) Muster: Antrag auf Abschrift aus den Nachlassakten (Anzeige über die Veräußerung eines Erbteils)**

An das

Amtsgericht
– Nachlassgericht – (Baden-Württemberg: Staatliches Notariat)

*Nachlasssache des Herrn           , zuletzt wohnhaft in*

Herr         ist nach der Auskunft des Standesamts          am         in          gestorben. Ich vertrete die Interessen der Firma          . Auf mich lautende Vollmacht füge ich bei.

Ausweislich der weiter beigefügten beglaubigten Abschrift des rechtskräftigen Vollstreckungsbescheids des Amtsgerichts         vom         , Az.         , hat meine Mandantin gegen den Erblasser eine Forderung in Höhe von         EUR, zuzüglich Zinsen und Kosten.

*Krug*

Nach den mir vorliegenden Informationen hat die Miterbin ▬ ihren Erbteil am Nachlass des zuvor genannten Erblassers veräußert. Der Vollstreckungsbescheid muss deshalb insofern umgeschrieben werden.

Unter Hinweis auf § 13 FamFG,§ 2384 Abs. 2 BGB bitte ich namens meiner Mandantin um Erteilung einer beglaubigten Abschrift der in den Nachlassakten befindlichen Anzeige über die Veräußerung des Erbteils.

Entstehende Kosten können mir aufgegeben werden.

(Rechtsanwalt)

### g) Rechtsmittel

**56** **Alte Rechtslage:**

Gegen die Versagung der Einsicht bzw. der Erteilung von Abschriften ist für bis 31.8.2009 eingeleitete Verfahren die unbefristete und formlose **Beschwerde** nach § 19 Abs. 1 FGG zum Landgericht (§ 19 Abs. 2 FGG) statthaft (vgl. das Muster Rn 62). Gegen die Beschwerdeentscheidung findet das Rechtsmittel der **weiteren Beschwerde** nach §§ 27 ff. FGG zum OLG statt (§ 28 Abs. 1 FGG).[37] Für die weitere Beschwerde besteht Anwaltszwang (§ 29 Abs. 1 S. 2 FGG).

Beschwerden sind nach bisherigem Recht des FGG (bis 31.8.2009 eingeleitete Verfahren) grundsätzlich unbefristet.

**Neue Rechtslage:**

Mit dem **Gesetz zur Reform des Verfahrens in Familiensachen und in den Angelegenheiten der freiwilligen Gerichtsbarkeit (FGG-Reformgesetz – FGG-RG)**[38] wurde die unbefristete einfache Beschwerde abgeschafft und die befristete Beschwerde nach den §§ 58 ff., 63 FamFG eingeführt.

**Die Beschwerdefrist beträgt einen Monat. Die Frist beginnt mit der schriftlichen Bekanntgabe des Beschlusses, spätestens mit Ablauf von fünf Monaten nach Erlass des Beschlusses.**

**57** **Hinweis**
Die Beschwerdefristen nach der ZPO einerseits und dem FamFG andererseits stimmen nicht überein.
Für die sofortige Beschwerde nach ZPO gilt eine Beschwerdefrist von zwei Wochen. Nach dem FamFG beträgt die Beschwerdefrist einen Monat.

**58** Seit 1.9.2009 beträgt der Beschwerdewert 600 EUR, § 61 Abs. 1 FamFG (entsprechend dem Berufungsstreitwert nach § 511 ZPO), gegenüber bisher 150 EUR (§ 56g FGG). Unter bestimmten Voraussetzungen kann die Beschwerde zugelassen werden, § 61 Abs. 2 FamFG.

Die Beschwerde ist bei dem Gericht einzulegen, dessen Beschluss angefochten wird, also beim Nachlassgericht.

**59** **Grundsatz: Oberlandesgericht als Beschwerdegericht**

Neu: Das Oberlandesgericht ist zuständig für die Entscheidung über die Beschwerde gegen die Entscheidungen der Amtsgerichte in den Angelegenheiten der freiwilligen Gerichtsbarkeit mit Ausnahme der Freiheitsentziehungssachen und der von den Betreuungsgerichten

---

[37] Da es sich bei der Entscheidung über die Akteneinsicht nicht um einen Justizverwaltungsakt, sondern um eine gerichtliche Verfügung handelt (KG NJW-RR 2006, 1294 = FGPrax 2006, 122 = KGR Berlin 2006, 550; Rpfleger 1978, 253; OLG Zweibrücken OLGR 2003, 111).
[38] FGG-ReformG v. 17.12.2008, BGBl I 2008, 2586.

entschiedenen Sachen, § 119 Abs. 1 Ziffer 1 b GVG n.F. Für Letztere ist das Landgericht das Beschwerdegericht. Maßgeblich für diese Differenzierung ist die gebotene größere örtliche Nähe des Landgerichts zum Wohnsitz der Beteiligten.

**Rechtsbeschwerde zum Bundesgerichtshof**   60

Künftig ist gegen eine Beschwerdeentscheidung des Beschwerdegerichts (OLG) nur noch die Rechtsbeschwerde zum BGH statthaft (§ 133 GVG n.F.), sofern sie vom Beschwerdegericht zugelassen wurde, § 70 Abs. 1 FamFG.

Die Rechtsbeschwerde ist gem. § 70 Abs. 2 FamFG zuzulassen, wenn
- die Rechtsache grundsätzliche Bedeutung hat
oder
- die Fortbildung des Rechts
oder
- die Sicherung einer einheitlichen Rechtsprechung eine Entscheidung des Rechtsbeschwerdegerichts erfordert.

Die Rechtsbeschwerde ist ebenfalls befristet und ist binnen einer Frist von einem Monat nach der schriftlichen Bekanntgabe des Beschlusses durch Einreichung einer Beschwerdeschrift bei dem Rechtsbeschwerdegericht einzulegen. Gem. § 10 Abs. 4 FamFG besteht Anwaltszwang, der Anwalt muss beim BGH zugelassen sein.

h) Kosten

Die **Akteneinsicht** ist **gebührenfrei**. Für die Erteilung von Abschriften und deren Beglaubigung gelten die Gebührenvorschriften der §§ 136 Abs. 1, 132 KostO.   61

i) Muster: Beschwerde nach Verweigerung der Erteilung einer Abschrift aus den Nachlassakten

An das

Amtsgericht   62
- Nachlassgericht - (Baden-Württemberg: Staatliches Notariat)

*Nachlasssache des Herrn* ▓▓▓▓, *zuletzt wohnhaft in* ▓▓▓▓, *Az.* ▓▓▓▓
*hier: Beschwerde gegen die mit Schreiben vom* ▓▓▓▓ *verweigerte Erteilung einer Abschrift des Erbscheins*

Ich vertrete die Interessen der Firma ▓▓▓▓. Eine auf mich lautende Vollmacht füge ich vorsorglich noch einmal bei.

Gegen die mit Ihrem Schreiben vom ▓▓▓▓, Az. ▓▓▓▓, verweigerte Erteilung einer beglaubigten Abschrift des Erbscheins erhebe ich namens meiner Mandantin hiermit

*Beschwerde.*

Sollten Sie der Beschwerde nicht abhelfen, so bitte ich, die Angelegenheit dem zuständigen Beschwerdesenat des Oberlandesgerichts (für bis 31.8.2009 eingeleitete Verfahren: Beschwerdekammer des Landgerichts) zur Entscheidung vorzulegen (§ 119 Abs. 1 Ziff. 1b GVG n.F. [bis 31.8.2009: §§ 19, 20 FGG]).

Ausweislich der meinem Antrag vom ▓▓▓▓ beigefügten und diesem Beschwerdeschriftsatz noch einmal beigelegten beglaubigten Abschrift des rechtskräftigen Vollstreckungsbescheids des Amtsgerichts ▓▓▓▓ vom ▓▓▓▓, Az. ▓▓▓▓, hat meine Mandantin gegen den Erblasser eine Forderung in Höhe von ▓▓▓▓ EUR, zuzüglich Zinsen und Kosten.

Um zu erfahren, wer Erbe des Erblassers geworden ist und zur evtl. Umschreibung des Vollstreckungsbescheids auf Schuldnerseite auf die Erben hat meine Mandantin nicht nur ein berechtigtes, sondern auch

*Krug*

ein rechtliches Interesse an der Erteilung einer beglaubigten Abschrift des bereits erteilten Erbscheins. Ich verweise insofern auf § 357 Abs. 2 FamFG (bis 31.8.2009: § 85 FGG).

Entstehende Kosten für die zu erteilende Abschrift können mir aufgegeben werden.

(Rechtsanwalt)

### III. Arten von zivilrechtlichen Auskunftsansprüchen

#### 1. Allgemeine Auskunftsansprüche und Erbrecht

63 Neben den besonderen erbrechtlichen Auskunftsansprüchen sind auch die allgemeinen Auskunftsansprüche des Zivilrechts für das Erbrecht von Bedeutung.

Der wohl **wichtigste gesetzliche Auskunftsanspruch**, der auch unmittelbare Geltung im Erbrecht hat, ist in **§ 666 BGB** geregelt: Der Beauftragte ist u.a. verpflichtet, über den Stand des Geschäfts Auskunft zu erteilen und nach der Ausführung des Auftrags Rechenschaft abzulegen. Verweisungen auf diese „Mustervorschrift" finden sich für Rechtsverhältnisse mit Auftragscharakter; im Erbrecht sind dies insbesondere folgende Fälle:
– Auskunftsanspruch der Nachlassgläubiger gegen den Erben nach Anordnung der Nachlassverwaltung oder des Nachlassinsolvenzverfahrens, § 1978 Abs. 1 BGB;
– Auskunftsansprüche der Miterben gegen denjenigen Miterben, der im Rahmen seines Notverwaltungsrechts nach § 2038 Abs. 1 BGB Verwaltungsmaßnahmen für den Nachlass getroffen hat;
– Auskunftsrechte des Erben gegen den Testamentsvollstrecker, § 2218 BGB;
– Auskunftsrechte der Miterben gegenüber einem einzelnen Miterben, der vom Erblasser beauftragt war und gem. § 666 BGB anstelle gegenüber dem Erblasser nunmehr gegenüber den anderen Miterben zur Rechenschaft verpflichtet ist.[39]

#### 2. Besondere Auskunftsansprüche

64 Neben den unmittelbar erbrechtlichen Auskunftsansprüchen sind mittelbar für das Erbrecht auch bestimmte **familienrechtliche Auskunftsansprüche** von Bedeutung, weil nicht selten familienrechtliche Rechtsinstitute erbrechtliche Auswirkungen haben („Familienerbrecht"). Auch solche Auskunftsansprüche werden hier behandelt.

Daneben spielt der **Nießbrauch** in der Erbrechtspraxis eine große Rolle. Deshalb sind Auskunftsansprüche aus diesem Bereich ebenfalls dargestellt.

Weiter von Bedeutung ist der Anspruch
– auf Besichtigung einer Sache nach § 809 BGB
– auf Einsicht in eine Urkunde nach § 810 BGB
– und der prozessuale Anspruch auf **Vorlegung einer Urkunde** durch den Prozessgegner nach §§ 421 ff. ZPO
– die prozessuale Pflicht einer Partei oder eines Dritten zur **Vorlegung einer Urkunde** oder sonstiger Unterlagen nach § 142 ZPO.

### IV. Erweiterung der gesetzlichen Auskunftsansprüche durch die Rechtsprechung

65 Die Rechtsprechung hat lange Zeit erbrechtliche Auskunftsansprüche außerhalb der positivrechtlich genannten Anspruchsgrundlagen verneint. Erst in den 70er-Jahren hat der BGH

---

39 AG Bad Mergentheim ZErb 2003, 54.

im Interesse der Sicherung der Rechte des Erben – gestützt auf § 242 BGB – die Auskunftsrechte erweitert. Die neuere Rechtsprechung nimmt zwar ihren Ausgang bei den unten
genannten Einzelvorschriften des Erbrechts, hat über sie hinausgehend das Auskunftsrecht
in erbrechtlichen Beziehungen jedoch inzwischen auf die breitere Grundlage des aus § 242
BGB entwickelten allgemeinen Auskunftsanspruchs gestellt. Unter dessen Heranziehung
wird dem Berechtigten eines auf Herausgabe oder sonstige Leistung gerichteten erbrechtlichen Anspruchs ein Auskunftsrecht dann allgemein zugebilligt, wenn zwischen ihm und
dem auf Auskunft in Anspruch Genommenen ein **Rechtsverhältnis** besteht und der die
Auskunft Begehrende in **entschuldbarer Weise** über das Bestehen oder den Umfang seines
etwaigen Anspruchs im ungewissen, der Anspruchsgegner aber in der Lage ist, die gewünschte Auskunft unschwer zu erteilen.

Der Anspruch (auf der Grundlage von § 242 BGB) ist daher ausgeschlossen, wenn der
Berechtigte sich aus ihm zugänglichen Unterlagen informieren kann.[40]

## V. Erbrechtliche Auskunftsansprüche

### 1. Gesetzlich geregelte erbrechtliche Auskunftsansprüche

Gesetzlich geregelt sind folgende Auskunftsansprüche:
1. des endgültigen **Erben** gegenüber dem **vorläufigen Erben** nach den Grundsätzen über
   die Geschäftsführung ohne Auftrag gem. §§ 1959, 681, 666 BGB, ggf. mit der Verpflichtung zur Abgabe eidesstattlicher Versicherungen gem. § 259 Abs. 2 BGB (bezüglich der
   Angaben über die Einnahmen, vgl. den dortigen Wortlaut) und gem. § 260 Abs. 2 BGB
   (bezüglich des Verzeichnisses, vgl. den dortigen Wortlaut),[41]
   Inhalt: „Erforderliche Nachrichten", Auskunft über den Stand des Geschäfts und nach
   Beendigung des Auftrags Rechenschaftslegung, ggf. eidesstattliche Versicherung, § 666
   BGB (vgl. wegen des Inhalts im Einzelnen Rn 140 ff.),

2. des **Erben** gegenüber dem **Nachlassverwalter** gem. §§ 1890, 1975, 1915 BGB, ggf. mit
   der Verpflichtung zur Abgabe eidesstattlicher Versicherungen gem. § 259 Abs. 2 BGB
   (bezüglich der Angaben über die Einnahmen, vgl. den dortigen Wortlaut) und gem.
   § 260 Abs. 2 BGB (bezüglich des Verzeichnisses, vgl. den dortigen Wortlaut),
   Inhalt: Rechenschaftslegung, ggf. eidesstattliche Versicherung, § 1890 BGB (vgl. wegen
   des Inhalts im Einzelnen Rn 140 ff.),

3. des **Erben** gegenüber dem **Nachlasspfleger** gem. §§ 1960, 1915, 1890 BGB, ggf. mit
   der Verpflichtung zur Abgabe eidesstattlicher Versicherungen gem. § 259 Abs. 2 BGB
   (bezüglich der Angaben über die Einnahmen, vgl. den dortigen Wortlaut) und gem.
   § 260 Abs. 2 BGB (bezüglich des Verzeichnisses, vgl. den dortigen Wortlaut),
   Inhalt: Rechenschaftslegung, ggf. eidesstattliche Versicherung, § 1890 BGB (vgl. wegen
   des Inhalts im Einzelnen Rn 140 ff.),

4. des **Nachlasspfleger-Nachfolgers** gegenüber dem **Nachlasspfleger-Vorgänger** gem.
   §§ 1960, 1915, 1890 BGB bei einem Wechsel im Amt des Nachlasspflegers, ggf. mit
   der Verpflichtung zur Abgabe eidesstattlicher Versicherungen gem. § 259 Abs. 2 BGB
   (bezüglich der Angaben über die Einnahmen, vgl. den dortigen Wortlaut) und gem.
   § 260 Abs. 2 BGB (bezüglich des Verzeichnisses, vgl. den dortigen Wortlaut),

---
[40] BGH WM 1971, 1196; BGH NJW 1980, 2463.
[41] Vgl. hierzu *Kerscher/Krug*, § 11 Rn 53 ff.

Inhalt: Rechenschaftslegung, ggf. eidesstattliche Versicherung, § 1890 BGB (vgl. wegen des Inhalts im Einzelnen Rn 140 ff.),

70  5. des **Nachlassgläubigers** gegen den **Erben** über den Bestand des Nachlasses samt Rechenschaftslegungspflicht mit Belegvorlage über die Geschäftsführung des Erben für den Nachlass nach Anordnung von Nachlassverwaltung bzw. Nachlassinsolvenz gem. §§ 1978, 666, 259, 260 BGB,[42] ggf. mit der Verpflichtung zur Abgabe eidesstattlicher Versicherungen gem. § 259 Abs. 2 BGB (bezüglich der Angaben über die Einnahmen, vgl. den dortigen Wortlaut) und gem. § 260 Abs. 2 BGB (bezüglich des Verzeichnisses, vgl. den dortigen Wortlaut),
Inhalt: „Erforderliche Nachrichten", Auskunft über den Stand des Geschäfts und nach Beendigung des Auftrags Rechenschaftslegung, ggf. eidesstattliche Versicherung, § 666 BGB (vgl. wegen des Inhalts im Einzelnen Rn 140 ff.),

71  6. des **Nachlassgläubigers** gegen den **Erben** über den Bestand des Nachlasses samt Rechenschaftslegungspflicht mit Belegvorlage über die Geschäftsführung des Erben für den Nachlass nach **Erhebung der Dürftigkeitseinrede** gem. §§ 1991, 1978, 666, 259, 260 BGB, ggf. mit der Verpflichtung zur Abgabe eidesstattlicher Versicherungen gem. § 259 Abs. 2 BGB (bezüglich der Angaben über die Einnahmen, vgl. den dortigen Wortlaut) und gem. § 260 Abs. 2 BGB (bezüglich des Verzeichnisses, vgl. den dortigen Wortlaut),
Inhalt: „Erforderliche Nachrichten", Auskunft über den Stand des Geschäfts und nach Beendigung des Auftrags Rechenschaftslegung, ggf. eidesstattliche Versicherung, § 666 BGB (vgl. wegen des Inhalts im Einzelnen Rn 140 ff.),

72  7. des **Nachlassgläubigers** gegen den **Erben** über den Bestand des Nachlasses samt Rechenschaftslegungspflicht mit Belegvorlage über die Geschäftsführung des Erben für den Nachlass nach Erhebung der **Überschwerungseinrede** gem. §§ 1992, 1991, 1978, 666, 259, 260 BGB, ggf. mit der Verpflichtung zur Abgabe eidesstattlicher Versicherungen gem. § 259 Abs. 2 BGB (bezüglich der Angaben über die Einnahmen, vgl. den dortigen Wortlaut) und gem. § 260 Abs. 2 BGB (bezüglich des Verzeichnisses, vgl. den dortigen Wortlaut),
Inhalt: „Erforderliche Nachrichten", Auskunft über den Stand des Geschäfts und nach Beendigung des Auftrags Rechenschaftslegung, ggf. eidesstattliche Versicherung, § 666 BGB (vgl. wegen des Inhalts im Einzelnen Rn 140 ff.),

73  8. des **Nachlassgläubigers** gegen den **Nachlasspfleger** gem. § 2012 Abs. 1 S. 2 BGB über den **Bestand des Nachlasses**, ggf. mit eidesstattlicher Versicherung bezüglich des Verzeichnisses nach § 260 Abs. 2 BGB (vgl. wegen des Inhalts im Einzelnen Rn 140 ff.),

74  9. des **Nachlassgläubigers** gegen den **Nachlassverwalter** gem. § 2012 Abs. 1 S. 2 und Abs. 2 BGB über den **Bestand des Nachlasses**, ggf. mit eidesstattlicher Versicherung bezüglich des Verzeichnisses nach § 260 Abs. 2 BGB (vgl. wegen des Inhalts im Einzelnen Rn 140 ff.),

75  10. des **Erben** gegenüber dem **Erbschaftsbesitzer** gem. § 2027 Abs. 1 BGB, ggf. mit der Verpflichtung zur Abgabe einer eidesstattlichen Versicherung nach § 260 Abs. 2 BGB bezüglich des Verzeichnisses,[43]
Inhalt: Auskunft über den Bestand des Nachlasses und über den Verbleib der Erbschaftsgegenstände, § 2027 Abs. 1 BGB, ggf. eidesstattliche Versicherung nach § 260 Abs. 2 BGB (vgl. wegen des Inhalts im Einzelnen Rn 140 ff. und Rn 252 ff.),

---

42 BGH NJW 1992, 2695.
43 Vgl. hierzu *Kerscher/Krug*, § 11 Rn 61 ff.

11. des **Erben** gegenüber demjenigen, der den Nachlass **vom Erbschaftsbesitzer erworben** hat, gem. §§ 2030, 2027 Abs. 1 BGB, ggf. mit der Verpflichtung zur Abgabe einer eidesstattlichen Versicherung nach § 260 Abs. 2 BGB bezüglich des Verzeichnisses, 76
**Inhalt:** Auskunft über den Bestand des Nachlasses und über den Verbleib der Erbschaftsgegenstände, § 2027 Abs. 1 BGB, ggf. eidesstattliche Versicherung, § 260 Abs. 2 BGB (vgl. wegen des Inhalts im Einzelnen Rn 140 ff. und Rn 252 ff.),

12. des **Erben** gegenüber jedem, **der den Nachlass in Besitz nimmt**, § 2027 Abs. 2 BGB, ggf. mit der Verpflichtung zur Abgabe einer eidesstattlichen Versicherung nach § 260 Abs. 2 BGB bezüglich des Verzeichnisses, 77
**Inhalt:** Auskunft über den Bestand des Nachlasses und über den Verbleib der Erbschaftsgegenstände, § 2027 Abs. 1 BGB, ggf. eidesstattliche Versicherung, § 260 Abs. 2 BGB (vgl. wegen des Inhalts im Einzelnen Rn 140 ff. und Rn 252 ff.),

13. in **DDR-Nachlassfällen:** des **Erben**, gegenüber jedem, der die **Erbschaft in Besitz hat**, § 399 ZGB-DDR, Art. 235 § 1 Abs. 1 EGBGB (vgl. wegen des Inhalts im Einzelnen Rn 140 ff.), 78

14. des **Erben** gegenüber dem **Hausgenossen** gem. § 2028 Abs. 1 BGB, ggf. mit der Verpflichtung zur Abgabe einer eidesstattlichen Versicherung, § 2028 Abs. 2 BGB,[44] bezüglich der erbschaftlichen Geschäfte und des Verbleibs der Erbschaftsgegenstände, 79
**Inhalt:** Auskunft über erbschaftliche Geschäfte und über den Verbleib der Erbschaftsgegenstände, § 2028 Abs. 1 BGB, ggf. eidesstattliche Versicherung hierzu, § 2028 Abs. 2 BGB (vgl. wegen des Inhalts im Einzelnen Rn 140 ff.),

15. der **Miterben** bezüglich der von einem einzelnen Miterben geführten Geschäfte im Rahmen der **Notverwaltung** nach § 2038 Abs. 1 S. 2 Hs. 2 BGB i.V.m. §§ 666, 681 BGB, und auch im Rahmen der regulären Verwaltung vor oder nach dem Erbfall,[45] ggf. mit der Verpflichtung zur Abgabe eidesstattlicher Versicherungen gem. § 259 Abs. 2 BGB (bezüglich der Angaben über die Einnahmen, vgl. den dortigen Wortlaut) und gem. § 260 Abs. 2 BGB (bezüglich des Verzeichnisses, vgl. den dortigen Wortlaut), 80
**Inhalt:** „Erforderliche Nachrichten", Auskunft über den Stand des Geschäfts und nach Beendigung des Auftrags Rechenschaftslegung, ggf. eidesstattliche Versicherung, § 666 BGB (vgl. wegen des Inhalts im Einzelnen Rn 140 ff.),

16. des **Miterben** bezüglich der von einzelnen Miterben erhaltenen **Vorempfänge** gem. § 2057 BGB, ggf. mit der Verpflichtung zur Abgabe einer eidesstattlichen Versicherung nach § 260 Abs. 2 BGB,[46] bezüglich des Verzeichnisses 81
**Inhalt:** Auskunft über unentgeltliche Zuwendungen des Erblassers, die ausgleichungspflichtig sein könnten, § 2057 BGB, ggf. eidesstattliche Versicherung (vgl. wegen des Inhalts im Einzelnen Rn 140 ff. und Rn 242 ff.),

17. des **Vorerben** gegenüber dem **Nacherben** bezüglich des Nachlassbestandes gem. § 2121 BGB, ggf. mit eidesstattlicher Versicherung bzgl. des Verzeichnisses nach § 260 Abs. 2 BGB (vgl. hierzu § 14 Rn 273), 82

18. des **Nacherben** gegenüber dem **Vorerben** gem. § 2127 BGB,[47] 83

---

44 Vgl. hierzu *Kerscher/Krug*, Das erbrechtliche Mandat, § 13 Rn 7 ff.
45 Besteht der Verdacht von Unregelmäßigkeiten der Verwaltung, so kann sich ein Miterbe gegenüber der auf Auskunft und Zahlung gerichteten Stufenklage nicht darauf berufen, die Miterben hätten ihm in der Vergangenheit vertraut und aus Gründen familiärer Verbundenheit stillschweigend auf laufende Rechnungslegung verzichtet, BGH FamRZ 2001, 411.
46 Vgl. hierzu *Kerscher/Krug*, § 13 Rn 345 ff.
47 Vgl. hierzu *Kerscher/Krug*, § 8 Rn 72 ff.

Inhalt: Auskunft über den Bestand des Nachlasses, § 2127 BGB, ggf. eidesstattliche Versicherung (vgl. § 14 Rn 141),

84  19. des **Nacherben** gegenüber dem nicht befreiten **Vorerben** gem. § 2130 BGB mit Rechenschaftslegungspflicht nach § 2130 Abs. 2 BGB, ggf. mit der Verpflichtung zur Abgabe eidesstattlicher Versicherungen gem. § 259 Abs. 2 BGB (bezüglich der Angaben über die Einnahmen, vgl. den dortigen Wortlaut) und gem. § 260 Abs. 2 BGB (bezüglich des Verzeichnisses, vgl. den dortigen Wortlaut),
Inhalt: Rechenschaftslegung, § 2130 Abs. 2 BGB, ggf. eidesstattliche Versicherung (vgl. im Einzelnen § 14 Rn 270 ff.),

85  20. des **Nacherben** gegenüber dem befreiten **Vorerben** gem. §§ 2138, 2137, 2136 BGB auf Auskunft über die noch vorhandenen Erbschaftsgegenstände (ohne Rechenschaftslegungspflicht nach § 2130 Abs. 2 BGB), ggf. mit der Verpflichtung zur Abgabe einer eidesstattlichen Versicherung gem. § 260 Abs. 2 BGB (bezüglich des Verzeichnisses, vgl. den dortigen Wortlaut),
Inhalt: Auskunft über den vorhandenen Nachlassbestand, §§ 2138, 2137, 2136 BGB, (vgl. im Einzelnen § 14 Rn 134 ff.),

86  21. des **Erben** gegenüber dem **Testamentsvollstrecker** gem. §§ 2218, 666 BGB, ggf. mit der Verpflichtung zur Abgabe eidesstattlicher Versicherungen gem. § 259 Abs. 2 BGB (bezüglich der Angaben über die Einnahmen, vgl. den dortigen Wortlaut) und gem. § 260 Abs. 2 BGB (bezüglich des Verzeichnisses, vgl. den dortigen Wortlaut),[48]
Inhalt: Rechenschaftslegung, § 666 BGB, ggf. eidesstattliche Versicherung (vgl. wegen des Inhalts im Einzelnen Rn 140 ff.),

87  22. des **Testamentsvollstrecker-Nachfolgers** gegenüber seinem **Testamentsvollstrecker-Vorgänger** über den Bestand des Nachlasses analog § 2218 BGB, ggf. mit der Verpflichtung zur Abgabe eidesstattlicher Versicherungen gem. § 259 Abs. 2 BGB (bezüglich der Angaben über die Einnahmen, vgl. den dortigen Wortlaut) und gem. § 260 Abs. 2 BGB (bezüglich des Verzeichnisses, vgl. den dortigen Wortlaut),
Inhalt: Rechenschaftslegung, § 666 BGB, ggf. eidesstattliche Versicherung (vgl. wegen des Inhalts im Einzelnen Rn 140 ff.),

88  23. des **Pflichtteilsberechtigten** gegenüber dem Erben über Bestand und Wert des Nachlasses gem. § 2314 Abs. 1 S. 1 BGB,[49] ggf. mit der Verpflichtung zur Abgabe einer eidesstattlichen Versicherung bezüglich des Verzeichnisses nach § 260 Abs. 2 BGB,[50]
Inhalt: Auskunft über den Bestand des Nachlasses zum Zeitpunkt des Erbfalls, sowie Auskunft über den Wert der einzelnen Nachlassgegenstände im Zeitpunkt des Erbfalls, § 2314 Abs. 1 S. 1 BGB, je nach Verlangen des Pflichtteilsberechtigten entweder als privates oder als amtliches Verzeichnis, ggf. eidesstattliche Versicherung (vgl. ausführlich dazu Rn 307 ff. und § 17 Rn 1 ff.),

89  24. des **Pflichtteilsberechtigten** gegenüber dem Erben über alle nach §§ 2325 ff. BGB ergänzungspflichtigen Zuwendungen einschließlich der Bekanntgabe der Namen der Zu-

---

48 Vgl. hierzu *Kerscher/Krug*, § 20 Rn 57 ff.
49 Die Vorschrift findet auch Anwendung, wenn der pflichtteilsberechtigte Erbe, der zum Alleinerben eingesetzt wurde, die Erbschaft gem. § 2306 Abs. 1 Satz 2 BGB wirksam ausgeschlagen hat: OLG Karlsruhe FamRZ 2008, 1293 = NJW-RR 2008, 316 = ZErb 2008, 19 = ZEV 2008, 39; vgl. jurisPR-FamR 25/2007, Anm. 5, *Linnartz*.
50 Vgl. hierzu *Kerscher/Krug*, § 18 Rn 155 ff. und Palandt/*Edenhofer*, § 2314 Rn 12.

wendungsempfänger,⁵¹ ggf. mit eidesstattlicher Versicherung bezüglich des Verzeichnisses nach § 260 Abs. 2 BGB,
**Inhalt:** Zusammenstellung aller innerhalb der letzten 10 Jahre vor dem Erbfall an den Erben und an Dritte getätigte Zuwendungen, die ergänzungspflichtig sein könnten. Soweit die Zuwendungen an den Ehegatten erfolgt sind, ohne die 10-jährige Frist. Ergänzungspflichtige Zuwendungen an den Ehegatten können auch unbenannte Zuwendungen und die Vereinbarung der Gütergemeinschaft sein, ggf. eidesstattliche Versicherung (vgl. ausführlich dazu Rn 307 ff. und § 17 Rn 1 ff.),

25. des **erbersatzanspruchsberechtigten nichtehelichen Kindes** gegen die **Erben** nach §§ 1934b, 2314 BGB, ggf. mit der Verpflichtung zur Abgabe einer eidesstattlichen Versicherung bezüglich des Verzeichnisses nach § 260 Abs. 2 BGB (für Fälle, bei denen der Erbfall vor dem 1.4.1998 eingetreten ist),
**Inhalt:** Auskunft über den Bestand des Nachlasses zum Zeitpunkt des Erbfalls – einschließlich aller nach §§ 2325 ff. BGB ergänzungspflichtiger Zuwendungen, ggf. mit eidesstattlicher Versicherung des Verzeichnisses, § 260 Abs. 2 BGB, sowie Auskunft über den Wert der einzelnen Nachlassgegenstände im Zeitpunkt des Erbfalls, § 2314 Abs. 1 S. 1 BGB, je nach Verlangen des Erbersatzanspruchsberechtigten entweder als privates oder als amtliches Verzeichnis,

26. des **wirklichen Erben** gegen den **Scheinerben** über den Bestand des Nachlasses und über den Verbleib der Erbschaftsgegenstände gem. § 2362 Abs. 2 BGB, ggf. mit eidesstattlicher Versicherung über den Bestand gem. § 260 Abs. 2 BGB,
**Inhalt:** Bestand des Nachlasses im Zeitpunkt der Auskunft und Verbleib der Erbschaftsgegenstände, ggf. eidesstattliche Versicherung (vgl. wegen des Inhalts im Einzelnen Rn 140 ff.).

### 2. Durch Richterrecht anerkannte erbrechtliche Auskunftsansprüche

#### a) Grundsatz: Kein Auskunftsrecht außerhalb einer Sonderverbindung

Umstritten ist, ob aus dem Gesamthands-Rechtsverhältnis der Miterbengemeinschaft als einem gesetzlichen Schuldverhältnis eine Auskunftspflicht der Miterben untereinander hergeleitet werden kann, insbesondere aus § 2038 BGB. Unstreitig besteht eine solche gegenseitige Auskunftspflicht, wenn sie sich aus konkreten Vorschriften ergibt, z.B. wenn ein Miterbe die Verwaltung allein geführt hat, nach §§ 666, 681 BGB. Weitere Auskunftsansprüche sind in §§ 2027 Abs. 2, 2028, 2057 BGB geregelt. Weitergehende Auskunftspflichten werden von der Rechtsprechung und vom überwiegenden Schrifttum verneint.⁵²

**Kein Auskunftsanspruch** besteht gegenüber den Erben bezüglich solcher Umstände, die die Testierfähigkeit beeinflussen können.⁵³

---

51 OLG Karlsruhe NJWE-FER 2000, 124.
52 BGH FamRZ 1973, 599; NJW-RR 1989, 450; a.M.: OLG Karlsruhe MDR 1972, 424 = FamRZ 1973, 215; Palandt/*Edenhofer*, § 2038 BGB Rn 13; Staudinger/*Werner*, § 2038 Rn 18; vgl. besonders *Lorenz*, JuS 1995, 569, 573. MüKo-*Heldrich*, § 2038 BGB Rn 48 bejaht eine allgemeine Auskunftspflicht der Miterben, begründet aus dem Gemeinschaftsverhältnis.
53 BGHZ 58, 239 = NJW 1972, 907.

### b) Ausnahme: Generalklausel der Rechtsprechung

**93** Die Rechtsprechung hat immer wieder darauf verwiesen, dass das deutsche Recht keine Allgemeine, nicht aus besonderen Rechtsgründen abgeleitete Auskunftspflicht kennt.[54] Trotzdem hat sie eine Generalklausel entwickelt, die vom RG[55] wie folgt umschrieben wurde:

> *„In Fällen, in denen ein Recht auf Auskunft gegenüber dem Verpflichteten die Rechtsverfolgung in hohem Maße erleichtert, oft überhaupt erst möglich macht, ist – auch abgesehen von der Geschäftsführung ohne Auftrag – nach den Grundsätzen von Treu und Glauben dem Berechtigten ein Anspruch auf Auskunft bei Rechtsverhältnissen zu gewähren, deren Wesen es mit sich bringt, dass der Berechtigte entschuldbarerweise über Bestehen und Umfang seines Rechts im ungewissen, der Verpflichtete aber in der Lage ist, unschwer solche Auskunft zu erteilen."*

**94** Der BGH hat diese Formel übernommen.[56] Sie ist Grundlage für eine Vielzahl von Entscheidungen geworden, in denen Auskunftsansprüche außerhalb der gesetzlich normierten Tatbestände zuerkannt wurden. Um einer uferlosen Ausdehnung zu begegnen, hat der BGH von Anfang an darauf hingewiesen, dass die Pflicht zur Auskunft im Allgemeinen nur eine **Nebenpflicht** zu einem Hauptanspruch und deshalb Voraussetzung sei, dass „wirklich eine Verpflichtung besteht, deren Ausmaß sich aus der Auskunft im Einzelnen ergeben soll".[57]

**95** Fraglich ist, wie ein Rechtsverhältnis beschaffen sein muss, aus dem sich Auskunftsansprüche ergeben können. Außerhalb besonderer rechtlicher Beziehungen hat ein Auskunftsverlangen nur Erfolg, wenn der vorzubereitende Hauptanspruch dem Grunde nach feststeht und nur noch der Anspruchsinhalt offen ist.[58]

**96** Der BGH hat in einer Entscheidung in den 70er-Jahren im Verhältnis zwischen dem Erben und dem vom Erblasser möglicherweise Beschenkten einen Auskunftsanspruch „nach Treu und Glauben bejaht, wo der Berechtigte entschuldbar über das Bestehen und den Umfang des Rechts im unklaren und deshalb auf die Auskunft des Verpflichteten angewiesen ist, der durch sie nicht unbillig belastet wird"; er verzichtete in diesem konkreten Fall auf das Bestehen einer besonderen rechtlichen Beziehung zwischen den Parteien.[59]

### c) Von der Rechtsprechung anerkannte erbrechtliche Auskunftsansprüche

**97** Zu den von der Rechtsprechung entwickelten erbrechtlichen Auskunftsansprüchen gehören insbesondere diejenigen

**98** 1. des **Erben** gegen den **enterbten aber pflichtteilsberechtigten Abkömmling** wegen nach § 2316 BGB auszugleichender Vorempfänge,[60]

**99** 2. des **pflichtteilsberechtigten Erben** gegen den **Miterben** wegen eines Geschenks des Erblassers an diesen einschließlich Anspruch auf Wertermittlung gem. § 242 BGB,[61]

**100** 3. des **pflichtteilsberechtigten Erben,** dem ein Anspruch auf Zusatzpflichtteil (§ 2305 BGB) zusteht, gegen den Beschenkten wegen eines Geschenks, wenn der Erbe sich die

---

54 BGH NJW 1957, 669; NJW 1981, 1733; auch BAG NJW 1974, 1348.
55 RGZ 108, 1, 7.
56 BGHZ 10, 385, 387; BGH NJW 1978, 1002.
57 BGH NJW 1957, 669.
58 RGZ 150, 42; BGH NJW 1978, 1002; OLG Celle GRUR 1977, 262.
59 BGHZ 61, 180, 184 = NJW 1973, 1876; dazu *Speckmann,* NJW 1973, 1869.
60 OLG Nürnberg NJW 1957, 1482.
61 BGH NJW 1993, 2737.

Auskunft nur mit Schwierigkeiten beschaffen kann, der Beschenkte sie aber unschwer erteilen kann, gem. § 242 BGB,[62]

4. eines **Dritten**, der dem Pflichtteilsberechtigten Auskunft über erhaltene Geschenke zu erteilen hat, seinerseits vom Pflichtteilsberechtigten Auskunft über Geschenke verlangt, die dieser vom Erblasser erhalten hat, gem. § 242 BGB,[63]

5. eines **Stiefkindes**, dem, obwohl es nicht originär pflichtteilsberechtigt ist, im Wege des Vermächtnisses ein Pflichtteilsanspruch zugewandt ist; dieses kann gem. § 242 BGB vom Erben Auskunft über den Nachlass verlangen,[64]

6. des **Erben** gegen den **Beschenkten** wegen nach § 2315 BGB anzurechnender Vorempfänge und wegen des Ergänzungspflichtteils,[65]

7. des Pflichtteilsergänzungsberechtigten gegen den Erben auf Benennung der Person des Beschenkten,[66]

8. des **pflichtteilsberechtigten Nichterben** gegen den Beschenkten auf Auskunft über den geschenkten Gegenstand analog § 2314 BGB,[67]

9. des **pflichtteilsberechtigten Nichterben** gegen den Beschenkten auf Wertermittlung des geschenkten Gegenstandes analog § 2314 BGB, sofern der Pflichtteilsberechtigte die **Kosten der Wertermittlung** übernimmt,[68]

10. des **Nacherben gegen den Vorerben** bzw. den Beschenkten wegen **Schenkungen des Vorerben** an Dritte[69] (vgl. § 14 Rn 322 ff.),

11. des **Vertragserben** im Falle des § 2287 BGB gegen den mutmaßlich **vom Erblasser Beschenkten**, wenn er hinreichende Anhaltspunkte für eine unentgeltliche Verfügung dartut;[70] mit umfasst dürften nach der Rechtsprechung des BGH zur **unbenannten Zuwendung**[71] und zur Vereinbarung der Gütergemeinschaft[72] auch Auskünfte sein, die sich auf solche Rechtsgeschäfte beziehen; so dürfte sich die Auskunftspflicht auch auf ehebedingte Zuwendungen und den Inhalt von **Eheverträgen** erstrecken,

12. des ursprünglich aus einem **Lebensversicherungsvertrag Bezugsberechtigten** gegen die Erben des Versicherungsnehmers wegen etwaiger Änderung des Bezugsrechts,[73]

13. des **weichenden Erben** gegen den **Hoferben** wegen der Bemessungsgrundlage seines Abfindungsanspruchs,[74]

---

62 BGH NJW 1986, 127, 128.
63 BGH NJW 1964, 1414.
64 BGH FamRZ 1991, 796.
65 BGHZ 61, 180, 184 = NJW 1973, 1876; dazu *Speckmann*, NJW 1973, 1869; BGH NJW 1978, 1002; OLG Frankfurt OLGZ 1974, 460.
66 OLG Karlsruhe NJWE-FER 2000, 124.
67 BGHZ 55, 378; BGHZ 58, 237.
68 BGH FamRZ 1985, 12.
69 BGH NJW 1972, 907 = BGHZ 58, 239.
70 BGHZ 97, 188 = NJW 1986, 1755 = FamRZ 1986, 569; OLG Celle FamRZ 2003, 1971 = ZEV 2003, 417 = OLGR Celle 2003, 326.
71 NJW 1992, 564.
72 NJW 1992, 558.
73 BGH NJW 1982, 1807.
74 BGHZ 91, 171.

111    14. des **Testamentsvollstreckers**, der die Nachlassauseinandersetzung vorzunehmen hat, über ausgleichungspflichtige Vorempfänge aus § 2057 BGB gegen alle Miterben[75] (vgl. wegen dieses Anspruchs im Einzelnen Rn 242 ff.),

112    15. die Auskunftspflicht des **Erbschaftsbesitzers** geht auf dessen Erben über, ist also passiv vererblich,[76]

113    16. des **Nacherben** gegen den **Vorerben** hinsichtlich der mündelsicheren Anlage freier Gelder des Nachlasses[77] (vgl. dazu im Einzelnen Rn 325 ff.),

114    17. des Miterben auf Wertermittlung bei einer „**überquotalen Teilungsanordnung**" gegen den/die anderen Miterben bezüglich des Werts des jeweils qua Teilungsanordnung zugewiesenen Nachlassgegenstandes (vgl. dazu im Einzelnen Rn 347 ff.),[78]

115    18. des **Vermächtnisnehmers** gegen den/die Erben über Bestand und Wert des Nachlasses, wenn sich die Höhe seines Vermächtnisses (bspw. beim Quotenvermächtnis) danach richtet.[79]

## VI. Familienrechtliche Auskunftsansprüche mit erbrechtlicher Auswirkung

116    Familienrechtliche Auskunftsansprüche können indirekte Auswirkungen auf das Erbrecht haben:

117    1. Auskunftsanspruch des nichtehelichen Kindes über die eigene Abstammung:

Im Hinblick auf das seit 1.4.1998 bestehende volle gesetzliche Erbrecht des nichtehelichen Kindes an seinem Vater und an dessen Verwandten ist der Auskunftsanspruch des nichtehelichen Kindes über seine eigene Abstammung von besonderer Bedeutung.

Direkt aus dem grundgesetzlichen Auftrag zur Gleichstellung ehelicher und nichtehelicher Kinder (Art. 6 Abs. 5 GG) leitet das BVerfG einen **Auskunftsanspruch des nichtehelichen Kindes gegen seine Mutter auf Benennung seines Vaters** ab. Die Grundrechte des Kindes können hierbei das einer Auskunftspflicht auf Seiten der Mutter entgegenstehende allgemeine Persönlichkeitsrecht aus Art. 2 Abs. 1 GG überwiegen.[80] Als Anspruchsgrundlage wird § 1618a BGB – Beistandspflicht – herangezogen.[81]

Aber die Gerichte haben zwischen dem Anspruch des Kindes auf Benennung des Vaters und dem Interesse der Mutter auf Geheimhaltung einen weiten Abwägungsspielraum.

---

75 Palandt/*Edenhofer*, § 2057 BGB Rn 1.
76 BGH NJW 1985, 3068 = JuS 1986, 315 m. Anm. *Hohloch*; *Kipp/Coing*, § 110 VI; a.M.: MüKo-*Frank*, § 2027 BGB Rn 5.
77 LG Berlin ZEV 2002, 160 m. Anm. *Krug*.
78 LG Nürnberg-Fürth NJWE-FER 2000, 261 = ZErb 2001, 5 m. Anm. *Krug*.
79 BGH WM 1964, 950 = VersR 1964, 1100 = DB 1964, 1370; LG Karlsruhe ZErb 2005, 130; vgl. im Einzelnen *Keilbach*, FamRZ 1996, 1191.
80 BVerfG NJW 1988, 3010; LG Münster FamRZ 1990, 1031.
81 LG Münster FamRZ 1990, 1031; LG Passau NJW 1988, 144.

Dazu das BVerfG:[82]

> *„1. Das aus GG Art. 2 Abs. 1 i.V.m. Art. 1 Abs. 1 folgende allgemeine Persönlichkeitsrecht schützt den engeren persönlichen Lebensbereich und darüber hinaus die Befugnis des Einzelnen, grundsätzlich selbst darüber zu entscheiden, inwieweit und gegenüber wem er persönliche Lebenssachverhalte offenbart (vgl. Grundsatzurteil zum Volkszählungsgesetz, BVerfG, 15. Dezember 1983,1 BvR 209/83, BVerfGE 65, 1 [43f.]). Allerdings ist dieses Recht nicht vorbehaltlos gewährleistet. Der Einzelne hat Einschränkungen im überwiegenden Allgemeininteresse hinzunehmen (vgl. dazu BVerfG a.a.O.).*
> *2. Das allgemeine Persönlichkeitsrecht umfaßt zwar auch das Recht auf Kenntnis der eigenen Abstammung. GG Art. 2 Abs. 1 i.V.m. Art. 1 Abs. 1 verleiht aber kein Recht auf Verschaffung solcher Kenntnisse, sondern kann nur vor der Vorenthaltung erlangbarer Informationen durch staatliche Organe schützen (vgl. BVerfG, 31. Januar 1989, 1 BvL 17/87, BVerfGE 79, 256 [268f.]).*
> *3. Die Frage, ob das nichteheliche Kind gegenüber seiner Mutter einen Anspruch auf Benennung des Vaters hat, ist im Gesetz nicht ausdrücklich geregelt. Ob ein solcher Anspruch besteht, ist vielmehr vom Gesetzgeber oder von den Gerichten bei der Wahrnehmung ihrer aus den Grundrechten folgenden Schutzpflicht zu entscheiden. Bei der Erfüllung der Schutzpflicht ist es Aufgabe der jeweils zuständigen staatlichen Organe, zwischen einander gegenüberstehenden Grundrechten abzuwägen und die negativen Folgen zu berücksichtigen, die eine bestimmte Form der Erfüllung der Schutzpflicht haben könnte."*

Eine nichteheliche Tochter hatte ihre Mutter auf Auskunft über Namen und Anschrift ihres leiblichen Vaters in Anspruch genommen. Zur Begründung trug die Tochter vor, sie wolle ihren Vater aus persönlichen Gründen und zur Geltendmachung von Unterhalts- und Erbansprüchen kennen.

Soweit dem Auskunftsbegehren die Geltendmachung von Unterhalts- und Erbansprüchen zugrunde liegt, sind Rechtspositionen tangiert, die gem. Art. 14 Abs. 1 GG und Art. 6 Abs. 5 GG verfassungsrechtlich geschützt sind.[83]

Ist eine Verurteilung der nichtehelichen Mutter auf Auskunft über die Person des natürlichen Vaters erfolgt, so wird das Urteil nach § 888 ZPO vollstreckt; der Anordnung des Beugezwanges steht § 888 Abs. 3 ZPO nicht entgegen.[84]

**Exhumierung des Vaters** zur Klärung der Abstammung[85] – Beschluss des OLG München vom 19.1.2000:[86]

118

---

82 Beschluss vom 6. Mai 1997 – 1 BvR 409/90, BVerfGE 96, 56 = NJW 1997, 1769 = FamRZ 1997, 869 = JZ 1997, 777; vgl. zur Restitutionsklage gem. § 641i ZPO BGH Urt. v. 18.9.2003 – XII ZR 62/01, BGHZ 156, 153 = NJW 2003, 3708 = FamRZ 2003, 1833 = FamRB 2004, 43 = MDR 2004, 943 = JZ 2004, 1075 = NJW-RR 2004, 216. Die Wiederaufnahme eines Vaterschaftsfeststellungsverfahrens ist seit 1.9.2009 in § 185 FamFG (BGBl I 2008 S. 2586) geregelt.
83 *Eidenmüller*, JuS 1998, 789, 790.
84 HansOLG Bremen JZ 2000, 314.
85 Vgl. Hierzu Leitlinien für die Erstattung von Abstammungsgutachten, hrsg. von der ArGe der Sachverständigen für Abstammungsgutachten in der Bundesrepublik Deutschland e.V., FamRZ 2003, 81; Richtlinien für die Erstattung von Abstammungsgutachten, Deutsches Ärzteblatt 99, Heft 10/2002; *Rittner/Rittner*, **Unerlaubte DNA-Gutachten zur Feststellung der Abstammung – Eine rechtliche Grauzone,** NJW 2002, 1745, 1749; *Martin/Muche/Zang*, FamRZ 2003, 76; *Mutschler*, Unerlaubte DNA-Gutachten als Einfallstor für die gerichtliche Vaterschaftsanfechtung?, FamRZ 2003, 74.
86 OLG München FamRZ 2001, 126.

*"Das Recht des Kindes auf Kenntnis seiner Abstammung hat Vorrang vor der Achtung der Totenruhe; soweit zur Feststellung der Abstammung erforderlich, haben die Berechtigten der sog. Totenfürsorge daher eine Exhumierung zur Entnahme von Gewebeproben zu dulden. ... Die Ehefrau hat auch kein Recht, die Exhumierung ihres verstorbenen Ehemannes und die Entnahme von Gewebeproben zu verweigern. Zwar steht ihr als nächster Angehöriger die sog. Totenfürsorge zu, nachdem davon ausgegangen werden kann, dass der Verstorbene keine anderweitige Bestimmung getroffen hat ... Bei der Ausübung dieses Rechts hat sie den ausdrücklichen oder mutmaßlichen Willen des Verstorbenen zu beachten und darüber zu wachen, dass die Achtung der Totenruhe nicht verletzt wird. ... Einer Exhumierung stehen aber vorliegend weder der Wille des Verstorbenen noch die Achtung der Totenruhe entgegen. Das Recht des ASt. auf Klärung seiner Abstammung ist als übergeordnet zu bewerten. Das Wissen um die eigene Herkunft ist von zentraler Bedeutung für das Verständnis und die Entfaltung der eigenen Individualität. ... Das Recht des Kindes auf Kenntnis seiner Abstammung wird vom allgemeinen Persönlichkeitsrecht gem. Art. 2 Abs. 1 i.V.m. Art. 1 Abs. 1 GG erfasst (vgl. BVerfG, FamRZ 1989, 255 = NJW 1989, 891; FamRZ 1997, 869 = NJW 1997, 1769)."*

119 **Aufhebung eines Vaterschaftsfeststellungs-Urteils:**

Eine durch Gerichtsurteil festgestellte Vaterschaft kann nur in dem in der ZPO vorgesehenen Verfahren für die Aufhebung rechtskräftiger Urteile beseitigt werden: § 641i ZPO lässt eine Wiederaufnahme des Verfahrens unter erleichterten Bedingungen im Vergleich zu §§ 580, 581 ZPO zu. Danach kann die Wiederaufnahme eines abgeschlossenen Vaterschaftsprozesses betrieben werden, wenn ein neues Gutachten vorgelegt wird, das zu einem anderen Ergebnis führt als das Erst-Urteil. Die Frist des § 586 ZPO gilt dabei nicht, vgl. § 641i Abs. 4 ZPO. Damit soll ermöglicht werden, neue wissenschaftliche Erkenntnisse noch nach Abschluss des Erst-Prozesses verwerten zu können.[87] Nach dem Tode des Vaters kann die Feststellung auf Antrag des Kindes oder der Mutter beim Familiengericht im Verfahren der freiwilligen Gerichtsbarkeit erfolgen gem. §§ 1600e Abs. 2, 56c FGG (bis 31.8.2009).[88]

**Neuerungen durch das FamFG:** Das am 1.9.2009 in Kraft getretene FamFG regelt in §§ 47, 169 ff. FamFG das Verfahren in Abstammungssachen neu als FG-Verfahren.[89] Wiederaufnahme des Verfahrens: § 185 FamFG.

120 2. Auskunftsanspruch des **Scheinvaters** gegen die **Mutter** auf Nennung des **Erzeugers** bei kollusivem Zusammenwirken der Kindesmutter mit dem tatsächlichen Vater eines als ehelich geltenden Kindes als **Schadensersatzanspruch** nach §§ 826, 249 S. 1 BGB zur Geltendmachung des Unterhaltsregresses – und damit auch zur Anfechtung der Vaterschaft.[90] Die erfolgreiche Anfechtung der Vaterschaft hat unmittelbare Auswirkungen auf das Erbrechtsverhältnis zwischen Scheinvater, wirklichem Vater und Kind.

121 3. Auskunftsanspruch des überlebenden **Ehegatten** auf Auskunft über den **Bestand des Endvermögens** gegen die **Erben** des vorverstorbenen Ehegatten nach § 1379 BGB, wenn

---

87 BGH FamRZ 1994, 237 = NJW 1994, 589, 591; NJW 1975, 1465, 1467; OLG Hamm FamRZ 1972, 215; OLG Hamm, Der Amtsvormund 1981, 472, 475. Die materielle Rechtskraft des Erstprozesses steht einem erneuten Anfechtungsverfahren entgegen, wenn derselbe Sachverhalt vorgetragen und lediglich neue Beweismittel angeboten werden: BGH FamRZ 1998, 955; FamRZ 2003, 155.
88 Nur das Statusverfahren – erforderlichenfalls als FG-Verfahren – ist für die Abklärung der Vaterschaft zulässig. Sie kann im Unterhaltsrechtsstreit auch nicht als Vorfrage zum Gegenstand einer Beweiserhebung gemacht werden: OLG Köln FamRZ 2003, 1751 = MDR 2003, 270 = JAmt 2003, 542.
89 FGG-ReformG v. 17.12.2008, BGBl I 2008, 2586.
90 OLG Oldenburg FamRZ 1994, 651; *Lorenz*, JuS 1995, 572.

der überlebende Ehegatte nach § 1371 Abs. 3 BGB die Erbschaft ausgeschlagen hat, um den Zugewinnausgleich zu verlangen. Das Endvermögen muss nicht identisch sein mit dem Nachlass, weil dem Endvermögen auch fiktive Werte nach § 1375 Abs. 2 BGB hinzuzurechnen sind.

4. Auskunftsanspruch der **Erben** des erstverstorbenen Ehegatten gegen den **überlebenden Ehegatten** über den **Bestand seines Endvermögens** nach § 1379 BGB, wenn der Überlebende den Zugewinnausgleich geltend macht. 122

5. Auskunftsanspruch der **Erben** eines geschiedenen Ehegatten gegen den **geschiedenen überlebenden Ehegatten des Erblassers** über dessen **Einkünfte und Vermögen nach § 1580 BGB** wegen der nach § 1586b BGB auf die Erben als Nachlassverbindlichkeit übergegangenen Unterhaltsschuld. Wenn der geschiedene Ehegatte nämlich genügend eigenes Einkommen bzw. Vermögen hat, könnte der Unterhaltsanspruch erloschen sein. 123

6. Auskunftsanspruch des **geschiedenen überlebenden Ehegatten des Erblassers** gegen die Erben des erstverstorbenen überlebenden Ehegatten analog § 2314 BGB im Hinblick auf die Errechnung der am fiktiven Pflichtteil orientierten Höchstsumme des nachehelichen Unterhaltsanspruchs nach § 1586b Abs. 1 S. 3 BGB einschließlich pflichtteilsergänzungsrelevanter Schenkungen und unbenannter Zuwendungen.[91] 124

Der Anspruch auf Auskunftserteilung wird auch auf § 242 BGB gestützt. Der gegen den Erben gerichtete Auskunftsanspruch ist nicht gegenstandsgleich mit dem gegen den Erblasser gerichteten – der sich mit dem Tode erledigt –, weil sich die Anspruchsvoraussetzungen des Unterhaltsanspruchs geändert haben.[92] Anders als bei den Auskunftsansprüchen nach §§ 1605, 1580 BGB bezieht sich das Auskunftsrecht nicht auf das Einkommen des Erblassers, sondern auf die Höhe der Haftungsmasse, um es so dem Unterhaltsberechtigen zu ermöglichen, zu ermitteln, wie lange er noch mit Unterhaltszahlungen rechnen kann.[93]

7. Auskunftsanspruch der Erben des betreuten Erblassers gegen den Betreuer im Zusammenhang mit der Beendigung der Betreuung durch den Tod des Betreuten und der Abnahme der Rechnungslegung durch die Erben nach §§ 1908i, 1892 BGB. 125

8. Eine besondere Art der Auskunft schuldet ein Elternteil, der Kindesvermögen verwaltet und sich nach dem Tode eines Elternteils wieder verheiraten will gem. §§ 1698, 1683 BGB. Besteht zwischen dem das Kindesvermögen verwaltenden überlebenden Elternteil einerseits und einem minderjährigen Kind andererseits eine Vermögensgemeinschaft (hier: eine Erbengemeinschaft), so kann bei bevorstehender Wiederverheiratung des Elternteils trotz eines angeordneten oder vereinbarten Auseinandersetzungsausschlusses die Erbteilung verlangt werden, § 1683 S. 1, 2 BGB. Die Wiederverheiratung stellt einen wichtigen Grund i.S.v. § 749 Abs. 2 BGB dar, die dem Elternteil die Möglichkeit gibt, 126

---

[91] Bejaht man grundsätzlich einen Auskunftsanspruch analog § 2314 BGB, so gehören diese Positionen auch dazu. Nach BGH umfasst die Haftungshöchstsumme des § 1586bAbs. Abs. 1 S. 3 BGB auch einen fiktiven Pflichtteilsergänzungsanspruch, Urt. v. 29.11.2000 – XII ZR 165/98, ZErb 2001, 58 m. Anm. *Krug* = BGHZ 146, 114 = ZNotP 2001, 71 = NJW 2001, 828 = FamRZ 2001, 282 = ZEV 2001, 113 = MDR 2001, 453 = MittBayNot 2001, 216 = DNotZ 2001, 388 = NJW-RR 2001, 649 = NJWE-FER 2001, 184. Bestätigt im Urt. v. 5.2.2003 – XII ZR 29/00, BGHZ 153, 372 = NJW 2003, 1796 = FamRZ 2003, 848 = FamRB 2003, 206 = ZEV 2003, 363.
[92] *MüKo-Maurer*, § 1586b BGB Rn 3.
[93] AG Bad Homburg FamRZ 2007, 1771. Den Auskunftsanspruch bejahend *Löffler*, in: Juris Praxiskommentar, § 1586b Rn 32; *Schindler* unter entsprechender Anwendung der §§ 1580, 1605 i.V.m. 1967 BGB in FamRZ 2004, 1529.

die Auseinandersetzung zu verlangen, §§ 2044 Abs. 1, 2, 749 Abs. 2 BGB.[94] Vorher hat er jedoch nach § 1683 Abs. 1 BGB dem Familiengericht ein Verzeichnis des von ihm verwalteten Kindesvermögens vorzulegen.

### VII. Sachenrechtliche Auskunftsansprüche

127    1. des **Nießbrauchers**, dem der Nießbrauch an einem Erbteil zugewandt wurde, gegenüber **dem Erben** bzw. **dem Testamentsvollstrecker** über den Umfang des Nachlasses gem. §§ 1035, 1068 BGB,

128    2. des **Pfandgläubigers** bzgl. eines Erbteils gegenüber dem **Erben** bzw. **dem Testamentsvollstrecker** über den Umfang des Nachlasses gem. §§ 1281, 1285, 242 BGB (str.).

129    3. des **Pfändungspfandgläubigers** bzgl. eines Erbteils gegenüber dem **Erben** bzw. dem **Testamentsvollstrecker** über den Umfang des Nachlasses als Nebenanspruch aus § 859 Abs. 2 ZPO, auch wenn dieser Nebenanspruch nicht ausdrücklich gepfändet wurde.[95]

### VIII. Schuldrechtliche Auskunftsansprüche

130    1. der **Miterben** bezüglich der von einem einzelnen Miterben für den Erblasser zu dessen Lebzeiten geführten Geschäfte nach §§ 666, 681 BGB, ggf. mit der Verpflichtung zur Abgabe einer eidesstattlichen Versicherung nach § 260 Abs. 2 BGB,

131    2. Anspruch auf **Besichtigung einer Sache** nach § 809 BGB,

132    3. Anspruch auf **Einsicht in eine Urkunde** nach § 810 BGB.

### IX. Prozessrechtliche Vorlageansprüche

#### 1. Urkundenvorlage im Zivilprozess

133    Die Prozesspartei hat einen prozessualen Anspruch gegen den Gegner auf Vorlegung einer Urkunde nach §§ 421 ff. ZPO.

Voraussetzung für die prozessuale Vorlagepflicht ist allerdings das **Bestehen eines materiellrechtlichen Anspruchs** auf Vorlage der Beweisurkunde. Ein solcher materiellrechtlicher Anspruch auf Urkundenvorlage besteht in den Fällen, in denen der Beweisführer Auskunft und Rechnungslegung oder auch Herausgabe verlangen kann, z.B. § 675 BGB – Herausgabepflicht bei Geschäftsbesorgung, §§ 667, 681 BGB – Herausgabepflicht des Geschäftsführers.

134    **Urkundenvorlage durch Dritte:** Nach § 142 ZPO kann das Gericht – ggf. unter Fristsetzung – von Amts wegen die Vorlage von Urkunden nicht nur durch die Parteien, sondern auch durch Dritte anordnen, sofern dem Dritten dies zumutbar ist und er kein Zeugnisverweigerungsrecht hat.[96] Zwangsmittel stehen gegenüber dem Dritten wie gegenüber einem Zeugen zur Verfügung. Diese Vorschrift ist für Erbprozesse von erheblicher Bedeutung:
– Bei **Erbteilungsklagen** ist die Kenntnis über ausgleichungspflichtige Vorempfänge von großer Wichtigkeit (§§ 2050 ff., 1624 BGB). Gleiches gilt für anrechnungs- und/oder

---

[94] Vgl. BayObLGZ 67, 230; zu den Problemen im Verfahren nach § 1683 BGB, für das seit 1.7.1998 nicht mehr das Vormundschaftsgericht, sondern das Familiengericht zuständig ist, vgl. OLG Nürnberg Rpfleger 2000, 40 und *Wesche*, Rpfleger 2000, 376.
[95] *Staudinger/Reimann*, § 2218 Rn 14.
[96] Vgl. ausführlich *Frühauf/Kortge*, Das Zivilprozessreformgesetz, Beilage NJW 2000 Heft 40.

ausgleichungspflichtige Vorempfänge bei der **Pflichtteilsklage** (§§ 2315, 2316 BGB). Urkunden sind generell zuverlässigere Beweismittel als Zeugenaussagen. Deshalb ist es für eine beweispflichtige Partei von Vorteil, wenn ein Dritter schriftliche Unterlagen, bspw. einen Überweisungsbeleg, vorlegen kann. Dritter kann auch der zuständige Mitarbeiter einer Bank sein, die Kontounterlagen wenigstens in der Form von Mikrofilmen besitzt.
- Bedeutung kommt der Vorschrift auch in **Erbenfeststellungsprozessen** in Bezug auf die Vorlage von Schriftstücken zu, die Testamentsqualität haben können, bspw. eines an einen Dritten gerichteten eigenhändig geschriebenen Briefes.
- Gleiches gilt für die Patientenkartei eines Arztes in Bezug auf Fragen der **Geschäfts- oder Testierfähigkeit,** sofern diesem kein Zeugnisverweigerungsrecht zusteht.
- Die Vorlage eigenhändig vom Erblasser verfasster Schriftstücke ist entscheidend bei einem Streit über die **Formgültigkeit eines privatschriftlichen Testaments** (§ 2247 Abs. 1 BGB) für die Erstellung eines grafologischen Gutachtens, das ohne eine Vergleichsschrift nicht auskommt.

Da § 15 FGG für bis 31.8.2009 eingeleitete Verfahren auf das Beweisrecht der ZPO verweist, hat § 142 ZPO auch Geltung im Erbscheinsverfahren und anderen FG-Verfahren.

Nach § 144 Abs. 1 S. 2 ZPO kann die Herausgabe von Gegenständen nicht nur durch eine Partei, sondern auch durch **einen Dritten** zum Zwecke der Durchführung einer Beweisaufnahme angeordnet werden. Gegen den Dritten können dieselben Zwangsmaßnahmen angeordnet werden wie gegen einen Zeugen.

**Neuerungen durch das FamFG:** Das FamFG regelt das Beweisverfahren im Vergleich zum FGG genauer. § 30 FamFG enthält Vorschriften über eine förmliche Beweisaufnahme in Form des Strengbeweises. Zunächst kann allerdings das Gericht nach pflichtgemäßem Ermessen entscheiden, ob es die entscheidungserheblichen Tatsachen durch eine förmliche Beweisaufnahme entsprechend der ZPO feststellt. Gemäß § 30 Abs. 2 FamFG hat eine förmliche Beweisaufnahme stattzufinden, wenn es in diesem Gesetz vorgesehen ist.[97]

Will eine Prozesspartei einen Urkundenbeweis führen und befindet sich die Urkunde im unmittelbaren oder mittelbaren Besitz der herausgabepflichtigen Gegenpartei, so kann das Gericht auf Antrag dem Gegner aufgeben, die Urkunde vorzulegen. Im Erbrechtsprozess kann dies ein Schriftstück sein, das möglicherweise Testamentsqualität hat und bisher nicht abgeliefert wurde – in einem solchen Fall kann allerdings die Ablieferung über das Nachlassgericht erzwungen werden nach §§ 35, 358 FamFG (bis 31.8.2009: § 2259 BGB, §§ 33, 83 FGG); siehe unten Rn 137.

135

In Betracht kommen auch
- ein Schuldschein,
- eine Quittung über eine lebzeitige Zuwendung,
- ein privatschriftlicher Vertrag über eine lebzeitige Zuwendung,
- eine Abschrift eines notariellen Ehevertrags (z.B. bei Begründung der Gütergemeinschaft).

Der Prozessgegner des Beweisführers ist zur Vorlage von Beweisurkunden verpflichtet, wenn
- der Beweisführer Vorlegungsantrag stellt, §§ 421, 424 ZPO,
- der Gegner den unmittelbaren Besitz an der Urkunde einräumt (sonst § 426 ZPO),
- ein materiellrechtlicher Anspruch des Beweisführers auf Vorlage besteht und

136

---

97 Vgl. schon *Kollhosser,* Zur Stellung und zum Begriff der Verfahrensbeteiligten im Erkenntnisverfahren der freiwilligen Gerichtsbarkeit, C.H. Beck, München 1970, dort § 3 III, 1–4; § 5 III; § 6 III, IV.

– das Gericht die Vorlage wegen Beweiserheblichkeit nach § 425 ZPO anordnet.

Grundsätzlich ist die betreffende Urkunde dem Prozessgericht vorzulegen, § 355 ZPO; Ausnahme: § 434 ZPO. Folgen der Nichtvorlage: §§ 427, 444 ZPO.

## 2. Testamentsablieferungspflicht

137   Nach § 2259 BGB ist jeder, der ein Testament in Besitz hat, verpflichtet, dieses unverzüglich, nachdem er von dem Tod des Erblassers Kenntnis erlangt hat, an das Nachlassgericht abzuliefern. Abzuliefern sind alle nicht in Verwahrung des Nachlassgerichts befindlichen Schriftstücke in Urschrift, die sich äußerlich oder inhaltlich als letztwillige Verfügung des betreffenden Erblassers darstellen, gleichgültig, ob sie als wirksam angesehen werden können oder nicht und gleichgültig, ob sie offen oder verschlossen sind[98] – also auch Schriftstücke, deren Inhalt zweifelhaft ist.

138   Erlangt das Nachlassgericht Kenntnis davon, dass jemand im Besitz einer Testamentsurkunde ist, so hat es diesen aufzufordern, das Testament abzuliefern. Im Weigerungsfalle kann die Ablieferung nach § 35 FamFG (bis 31.8.2009: § 33 FGG) durch Festsetzung von Zwangsgeld oder Anordnung von Zwangshaft erzwungen werden.

## 3. Muster: Antrag an das Nachlassgericht zur Erzwingung der Testamentsablieferungspflicht

236

139   An das

Amtsgericht
– Nachlassgericht – (Baden-Württemberg: Staatliches Notariat)

*Nachlasssache des am*         *verstorbenen Herrn*         *, zuletzt wohnhaft in*

In o.g. Nachlasssache vertrete ich Frau         , deren auf mich lautende Vollmacht beiliegt.

Namens meiner Mandantin beantrage ich hiermit, Frau         zur Ablieferung eines Originalbriefes des Erblassers anzuhalten und ihre Ablieferungspflicht erforderlichenfalls mit Zwangsmitteln nach § 33 FGG durchzusetzen.

*Begründung:*

Das Nachlassgericht ist nach der seitherigen Rechtslage davon ausgegangen, dass gesetzliche Erbfolge eingetreten ist, ohne bisher einen Erbschein erteilt zu haben.

Der Erblasser, der verwitwet und weder an ein gemeinschaftliches Testament noch an einen Erbvertrag gebunden war, hat aus der Ehe mit seiner vorverstorbenen Ehefrau zwei Kinder hinterlassen, die bisher als alleinige gesetzliche Erben angesehen wurden, und zwar die Tochter         und den Sohn         .

Meine Mandantin war nach dem Tod der Ehefrau des Erblassers dessen Lebenspartnerin und hat in der Zeit von         bis         mit dem Erblasser zusammengelebt. Sie hat nunmehr in einem Gespräch mit der Tochter, Frau         , erfahren, dass der Erblasser wenige Monate vor seinem Tod seiner Tochter einen eigenhändigen Brief geschrieben hat, worin er ihr mitteilte, dass nach seinem Tod meiner Mandantin das gesamte Vermögen zufallen solle. Dieser Brief hat zweifelsohne Testamentscharakter und beinhaltet nach unserer Auffassung eine Alleinerbeinsetzung meiner Mandantin. Die Tochter, Frau         , ist jedoch anderer Ansicht. Deshalb sah sie trotz außergerichtlicher Aufforderung auch keine Veranlassung, den Brief dem Nachlassgericht abzuliefern.

---

98   BayObLG FamRZ 1988, 658.

Nach § 2259 BGB ist sie jedoch verpflichtet, das Schriftstück dem Nachlassgericht abzuliefern, damit von dort die Rechtslage beurteilt werden kann. Der gesetzlichen Miterbin, Frau _____, kann die rechtliche Beurteilung des Briefes nicht überlassen bleiben.

Sollte die Rechtsansicht zutreffen, dass meine Mandantin testamentarische Alleinerbin des Erblassers geworden ist, so ist sie sich dessen bewusst, dass damit dem Grunde nach Pflichtteilsansprüche der beiden Kinder des Erblassers ausgelöst wurden.

Es wird deshalb gebeten, Frau _____ zur Ablieferung des Briefes im Original anzuhalten und ihre Ablieferungspflicht erforderlichenfalls mit Zwangsmitteln nach §§ 35, 358 FamFG durchzusetzen.

(Rechtsanwalt)

## C. Inhalt des Auskunftsanspruchs

### I. Zielrichtung

#### 1. Allgemeines

Die einzelnen Auskunftsansprüche unterscheiden sich nach Inhalt und Zweck. Der einfache Auskunftsanspruch ist auf die Mitteilung von Tatsachen aufgrund einer vorausgegangenen Anfrage gerichtet. Da die Anspruchsgrundlagen jeweils einen konkreten Lebenssachverhalt kennzeichnen, lässt sich eine generelle Aussage über den spezifischen Inhalt des einfachen Auskunftsanspruchs nicht machen. Jede auskunftsrechtliche Anspruchsgrundlage muss in dieser Hinsicht exakt auf den Inhalt des Auskunftsanspruchs überprüft werden.

140

So richtet sich z.B. der Anspruch eines Miterben nach § 2057 BGB auf die Erteilung von Auskunft über erhaltene Vorempfänge. Das Gesetz kennt ferner Ansprüche auf **Rechnungslegung**, auf **Rechenschaftslegung** und auf **Vorlage eines Bestandsverzeichnisses**.

Bei der Aufzählung der Anspruchsgrundlagen (siehe oben Rn 66 ff.) wurde der jeweilige Inhalt des Auskunftsanspruchs kurz bezeichnet.

Der Auskunftsanspruch kann also verschiedene Zielrichtungen haben, wie beispielsweise
– Erfassung des Bestands eines Vermögens oder eines Vermögensteils (Nachlass) zu einem bestimmten Zeitpunkt (Stichtag),
– Bezifferung einer Geldforderung,
– Bezeichnung herauszugebender Gegenstände,
– Auskunft über den Verbleib von Gegenständen des Nachlasses,
– Rechnungslegung über Einnahmen und Ausgaben innerhalb eines bestimmten Zeitraumes,
– Rechenschaft über den Stand bestimmter geschäftlicher Verhältnisse.

141

Von dieser Zielrichtung abhängig ist die Reichweite des Auskunftsanspruchs, also die Auskunftstiefe bzw. Rechnungslegungstiefe. Dies ist im Rahmen der jeweiligen Rechtsgrundlage gesondert zu betrachten und nach den Grundsätzen der Zumutbarkeit zu bestimmen (§ 242 BGB). Je nach Inhalt und Umfang des Auskunftsanspruchs, der sich aus der jeweiligen Anspruchsgrundlage ergibt, bestimmen sich die Rechtsfolgen:

142

Geschuldet wird die **Auskunft als Wissenserklärung.** Obwohl eine Wissenserklärung und keine Willenserklärung geschuldet ist, geht die Auskunftspflicht als Nachlassverbindlichkeit auf die Erben über, sie ist also passiv vererblich.[99]

---

[99] BGH NJW 1985, 3068 = JuS 1986, 315 m. Anm. *Hohloch*; *Kipp/Coing*, § 110 VI; a.M.: MüKo-*Frank*, § 2027 BGB Rn 5.

## 2. Verschiedene Inhalte der Auskunft

### a) Rechnungslegung

143 **Die Rechnungslegung ist eine besondere Art der Auskunft**, die bei einer mit Einnahmen und Ausgaben verbundenen Verwaltung zu erfolgen hat. Der zur Rechnungslegung Verpflichtete hat eine die **geordnete Zusammenstellung** der Einnahmen oder Ausgaben enthaltende Rechnung mitzuteilen und Belege vorzulegen. § 259 Abs. 1 BGB ist keine Anspruchsgrundlage, sondern setzt das Bestehen eines Auskunftsanspruchs voraus und normiert dessen Inhalt.

Nach § 259 Abs. 1 BGB sind auch **Belege** vorzulegen, soweit dies üblich ist. Gehört ein Unternehmen zum Vermögensbestand, so ist im Einzelfall zu prüfen, ob der konkrete Auskunftsanspruch auch die **Vorlage von Bilanzen** u.Ä. mit umfasst. So ist bei § 2121 BGB die Vorlage von Bilanzen nicht geschuldet,[100] während bei der Auskunftspflicht nach § 2314 BGB auch Bilanzen u.Ä. zur Wertermittlung vorzulegen sind.[101]

144 Vgl. zur Unterscheidung zwischen Auskunft und Rechnungslegung BGH-Urteil vom 29.1.1985:[102]

> *„...Der Wortlaut der Anträge zur Rechnungslegung und zur Auskunftserteilung schließt jeden Zweifel daran aus, dass der Gegenstand des Auskunftsbegehrens vollständig in dem Gegenstand des auf Rechnungslegung gerichteten Antrags enthalten ist. Die Rechnungslegung geht inhaltlich über die Erteilung einer Auskunft hinaus und enthält neben der auch mit der Auskunft verbundenen Unterrichtung die weitergehende genauere Information durch die Vorlage einer geordneten Aufstellung der Einnahmen und Ausgaben (BGH LM BGB § 810 Nr. 5 Bl. 2; MünchKomm/Keller § 260 Rn 6; Jauernig/Vollkommer, BGB §§ 259–261 Anm. 1; Palandt, BGB 44. Aufl. § 261 Anm. 1; Rolf Stürner, Die Aufklärungspflicht der Parteien des Zivilprozesses, Tübingen 1976, S. 356 ff.). Wenn Rechnung gelegt ist, kann daher insoweit keine Auskunft mehr verlangt werden. Anders liegt es bei unterschiedlichen Informationsgegenständen, bei denen die rechtskräftige Entscheidung über den einen die Entscheidung über den anderen nicht ausschließt. ..."*

145 **Hinweis**
Die Belegpflicht besteht grundsätzlich nur bei einer Rechnungslegung über Einnahmen und Ausgaben, grundsätzlich nicht auch bezüglich der Auskunft über einen Vermögensbestand, es sei denn, es wäre ausdrücklich anders geregelt.

### b) Rechenschaftslegung

146 Die Rechenschaftslegung erfordert neben der Rechnungslegung noch die erschöpfende Mitteilung der Tatsachen, deren Kenntnis für den Berechtigten zur Beurteilung der Geschäftsvorgänge erforderlich ist. Sie ist also umfassender als die Rechnungslegung und gibt dem Auskunftsberechtigten die weitestgehende Information. Häufigster gesetzlich geregelter Fall: § 666 BGB – Geschäftsführung, die auch im Erbrecht direkt oder über Verweisungen von großer Bedeutung ist, z.B. bei der Notgeschäftsführung eines Miterben nach § 2038 Abs. 1 S. 2 Hs. 2 BGB (vgl. auch die Aufzählung oben Rn 66 ff.).

Für GoA-Fälle gilt § 666 BGB über die Verweisung in § 681 BGB ebenfalls.

---

100 MüKo-*Frank*, § 2121 BGB Rn 5.
101 BGH NJW 1975, 1774, 1777; BGHZ 33, 373, 378 = NJW 1961, 602, 604.
102 BGHZ 93, 327 (329/330).

Bevor ein Anspruch nach § 666 BGB in Betracht kommt, ist jedoch zu prüfen, ob überhaupt ein vertragliches Auftragsverhältnis mit Rechtsbindungswillen vorgelegen hat. Die Rechtsprechung verneint nicht selten bei nahen Angehörigen einen solchen Rechtsbindungswillen und nimmt gerade im Zusammenhang mit der Erledigung von Bankgeschäften lediglich ein Gefälligkeitsverhältnis an. Entscheidend für die Frage, ob eine Kontovollmacht mit Rechtsbindungswillen erteilt wird, ist, ob anhand objektiver Kriterien festgestellt werden kann, dass sich die Parteien rechtsgeschäftlich binden wollten.[103] Insoweit ist zu berücksichtigen, ob die Erteilung einer Kontovollmacht aufgrund eines besonderen Vertrauens erfolgt. Im Rahmen eines solchen besonderen Vertrauensverhältnisses – bspw. unter Eheleuten oder auch nichtehelichen Lebenspartnern – wird i.d.R. keine Auskunft oder Rechenschaft verlangt. Der Andere soll grundsätzlich nicht im Nachhinein dem einseitigen Risiko ausgesetzt werden, Ausgaben genauer anzugeben und zu belegen.[104] Es müssen vielmehr objektive Kriterien hinzutreten, die den Rückschluss auf einen rechtsgeschäftlichen Bindungswillen zulassen.[105]

Auskunft nach § 666 BGB bei bestanden habender Bankvollmacht: Nicht selten wird vom zu Lebzeiten des Erblassers von diesem Bevollmächtigten behauptet, vom Bankkonto abgehobene Beträge habe der Erblasser dem Bevollmächtigten geschenkt. Für einen solchen Schenkungsvorgang trägt der angeblich Beschenkte die Beweislast. Denn das bloße Vorhandensein einer Bankvollmacht besagt nichts darüber, welche Rechtshandlungen der Bevollmächtigte im Verhältnis zum Vollmachtgeber vornehmen darf. Die Vollmacht betrifft nur das Verhältnis zu den Banken und damit die Möglichkeit für den Bevollmächtigten, nach außen wirksam den Vollmachtgeber verpflichtende oder begünstigende Bankgeschäfte vorzunehmen. Unter diesen Umständen kommt die Feststellung, dass die Abhebung durch den Bevollmächtigten einen Vollzug einer Schenkung darstellte, nur in Betracht, wenn sich der Bezug zu einem solchen Rechtsgeschäft aus anderen Umständen ergibt. Es muss der Schluss möglich sein, die Abhebung vollziehe eine schenkweise versprochene Zuwendung mit Wissen und Wollen des Vollmachtgebers.[106]

c) Muster: Gliederung für eine Rechenschaftslegung

*Rechenschaftsbericht in der Nachlasssache des am            verstorbenen            zum Stichtag            ; erstellt von*

A.   *Rechtsverhältnisse*

*Rechtsgrundlage der Rechenschaftslegung: §§       BGB.*

B.   *Geschäftliche Entwicklung*

I.   *Rückblick*
II.  *Heutige Situation*
III. *Ausblick*

C.   *Einnahmen und Ausgaben (mit Belegen, soweit üblich, § 259 BGB)*

D.   *Veränderungen im Nachlassbestand seit der Erstellung des letzten Verzeichnisses vom            zum seinerzeitigen Stichtag*

---

103  OLG Düsseldorf ZEV 2007, 184; OLG Zweibrücken OLGR 2005, 132.
104  BGH NJW 2000, 3199; OLG Zweibrücken OLGR 2005, 132.
105  BGH NJW 2000, 3199.
106  BGH FamRZ 2007, 386 = NJW-RR 2007, 488 = ZErb 2007, 301 = ZEV 2007, 182.

I. Zugänge:
II. Abgänge:
   – Surrogate, Nutzungen:
E. *Nachlassverzeichnis per Stand*
I. *Immobilien*
1. *Bebaute Grundstücke*
   a) Zweifamilienhaus in           ,         Straße Nr.
      - Eingetragen im Grundbuch des Amtsgerichts         , Band         , Heft         , BV Nr.         , Gemarkung         , Flst. Nr.         , Größe
      - Im Grundbuch eingetragene/r Eigentümer:
      - Im Grundbuch eingetragene Belastung/en:
         – Abt. II: Nr. 1 Grunddienstbarkeit         Nr. 2
         – Abt. III: Nr. 1 Hypothek über         EUR für
            Gesicherte Forderung: Restliche         EUR,
            Darlehensvertrag vom         , s. unter „Verbindlichkeiten" Ziff.
      - Steuerlicher Einheitswert:         EUR, Bescheid des Finanzamts         vom         , Az.
      - Brandversicherungsanschlag der         -anstalt:         EUR, Mitteilung vom         ,Az.
      - Grundsteuer jährlich         EUR, Bescheid des Finanzamts         vom         , Az.
      - Beide Wohnungen sind vermietet.
         – Mieter der EG-Wohnung: Familie         ,
            monatliche Miete:         EUR,
            Nebenkosten:         EUR monatlich,
            per Dauerauftrag überwiesen auf Girokonto Nr.         bei der X-Bank.
         – Mieter der OG-Wohnung: Familie         ,
            monatliche Miete:         EUR,
            Nebenkosten:         EUR monatlich,
            per Dauerauftrag überwiesen auf Girokonto Nr.         bei der X-Bank.
   b) Eigentumswohnung in         ,         Straße Nr.
      - Eingetragen im Wohnungsgrundbuch des Amtsgerichts         , Band         , Heft         , BV Nr.
      -         /10.000 Miteigentumsanteil an dem Grundstück
      - verbunden mit dem Sondereigentum an der Wohnung         , im Aufteilungsplan mit der Nr.         bezeichnet.
      - Im Grundbuch eingetragene/r Eigentümer:
      - Im Grundbuch eingetragene Belastung/en:
         – Abt. II: Nr. 1 Grunddienstbarkeit         Nr. 2
         – Abt. III Nr. 1 Hypothek über         EUR für
            Gesicherte Forderung: Restliche         EUR,
            Darlehensvertrag vom         ,
            s. unter „Verbindlichkeiten" Ziff.
      - Die Wohnung war vom Erblasser selbst bewohnt worden. Zum Stand der Vermietungsbemühungen s. oben
      - Steuerlicher Einheitswert:         EUR, Bescheid des Finanzamts         vom         , Az.

## C. Inhalt des Auskunftsanspruchs

- Brandversicherungsanschlag der ▒▒▒ -anstalt: ▒▒▒ EUR, Mitteilung vom ▒▒▒, Az.
- Grundsteuer jährlich ▒▒▒ EUR, Bescheid des Finanzamts ▒▒▒ vom ▒▒▒, Az. ▒▒▒

2. *Unbebaute Grundstücke*
   a) Baumwiese in ▒▒▒
      - Eingetragen im Grundbuch des Amtsgerichts ▒▒▒, Band ▒▒▒, Heft ▒▒▒, BV Nr. ▒▒▒, Gemarkung ▒▒▒, Flst. Nr. ▒▒▒, Größe ▒▒▒
      - Im Grundbuch eingetragene/r Eigentümer: ▒▒▒
      - Im Grundbuch eingetragene Belastung/en:
        - Abt. II: Nr. 1 Grunddienstbarkeit ▒▒▒ Nr. 2 ▒▒▒
        - Abt. III Nr. 1 Hypothek über ▒▒▒ EUR für ▒▒▒ Gesicherte Forderung: Restliche ▒▒▒ EUR, Darlehensvertrag vom ▒▒▒, s. unter „Verbindlichkeiten" Ziff. ▒▒▒
      - Steuerlicher Einheitswert: ▒▒▒ EUR, Bescheid des Finanzamts ▒▒▒ vom ▒▒▒, Az. ▒▒▒
      - Grundsteuer jährlich ▒▒▒ EUR, Bescheid des Finanzamts ▒▒▒ vom ▒▒▒, Az. ▒▒▒
      - Das Grundstück ist verpachtet.
        Pächter: ▒▒▒
        Pachtvertrag vom ▒▒▒
        Jährliche Pacht: ▒▒▒ EUR, per Dauerauftrag bezahlt auf Girokonto Nr. ▒▒▒ bei der X-Bank.
   b) Wochenendgrundstück in ▒▒▒
      - Eingetragen im Grundbuch des Amtsgerichts ▒▒▒, Band ▒▒▒, Heft ▒▒▒, BV Nr. ▒▒▒, Gemarkung ▒▒▒, Flst. Nr. ▒▒▒, Größe ▒▒▒
      - Im Grundbuch eingetragene/r Eigentümer: ▒▒▒
      - Im Grundbuch eingetragene Belastung/en:
        - Abt. II: Nr. 1 Grunddienstbarkeit ▒▒▒ Nr. 2 ▒▒▒
        - Abt. III Nr. 1 Hypothek über ▒▒▒ EUR für ▒▒▒ Gesicherte Forderung: Restliche ▒▒▒ EUR, Darlehensvertrag vom ▒▒▒, s. unter „Verbindlichkeiten" Ziff. ▒▒▒
      - Steuerlicher Einheitswert: ▒▒▒ EUR, Bescheid des Finanzamts ▒▒▒ vom ▒▒▒, Az. ▒▒▒
      - Brandversicherungsanschlag der ▒▒▒ -anstalt: ▒▒▒ EUR, Mitteilung vom ▒▒▒, Az.
      - Grundsteuer jährlich ▒▒▒ EUR, Bescheid des Finanzamts ▒▒▒ vom ▒▒▒, Az. ▒▒▒
      - Das Grundstück war vom Erblasser selbst genutzt worden.

*II. Bewegliche Sachen*
1. Wohnungseinrichtung: ▒▒▒
2. Fahrzeuge: ▒▒▒
3. Sammlungen: ▒▒▒
4. Bargeld: ▒▒▒
5. Wertpapiere: ▒▒▒

*III. Forderungen*
1. Bankguthaben: ▒▒▒

2. Guthaben auf Bausparkonten:
3. Darlehensforderungen:
4. Forderungen auf Lieferung und Leistung:
5. Sonstige Forderungen (Sterbegeld, (Lebens-) Versicherungen etc.):

V. *Verbindlichkeiten*

1. *Gesicherte Verbindlichkeiten*

a) Darlehen der X-Bank Darlehensvertrag vom
Ursprüngliche Darlehenssumme:                EUR
Jahreszinssatz:              %
Andere Nebenleistungen                 %
Monatliche Zins- und Tilgungsrate:            EUR
Zahlung per Dauerauftrag zu Lasten des Girokontos Nr.            bei der X-Bank
Restschuld per          :          EUR
Sicherheiten:

aa) Grundschuld über           EUR, eingetragen im Grundbuch von           Abt. III Nr.
Belastetes Objekt:
Zwangsvollstreckungsunterwerfung: dinglich und persönlich in der Urkunde des Notars            in           vom          , UR-Rolle Nr.
Vollstreckungsklausel umgeschrieben auf

bb) Sicherungsübereignung des Warenlagers           einschließlich Globalzession
Sicherungsübereignungs- und Globalzessionsvertrag vom

b) Bauspardarlehen

2. *Ungesicherte Verbindlichkeiten:*

Anlagen: Belege zu den Einnahmen und Ausgaben.

Die Richtigkeit und Vollständigkeit dieses Rechenschaftsberichts wird hiermit versichert.

(Ort, Datum, Unterschrift)

#### d) Auskunft über einen Vermögensbestand

150  Die Pflicht zur Auskunft über den Bestand eines Inbegriffs von Gegenständen ist durch Vorlage eines Bestandsverzeichnisses zu erfüllen. Grundsätzlich ist die Vorlage von Belegen nicht geschuldet.

151  Gehört ein Unternehmen zum Vermögensbestand, so ist im Einzelfall zu prüfen, ob der konkrete Auskunftsanspruch auch die **Vorlage von Bilanzen** u.Ä. mit umfasst. So ist bei § 2121 BGB die Vorlage von Bilanzen nicht geschuldet,[107] während bei der Auskunftspflicht nach § 2314 BGB auch Bilanzen u.Ä. zur Wertermittlung vorzulegen sind.[108]

#### e) Vorlage von Sachen und Urkunden

152  Der Informationsanspruch kann auch zum Inhalt haben,
- Sachen und Urkunden vorzulegen, §§ 809, 810 BGB, 101 HGB,
- die Gestattung der Besichtigung einer Sache, § 809 BGB, oder
- die Mitteilung rechtsgeschäftlicher Vorgänge, § 469 BGB, an den Vorkaufsberechtigten.

---

107  MüKo-*Grunsky*, § 2121 BGB Rn 5.
108  BGH NJW 1975, 1774, 1777; BGHZ 33, 373, 378 = NJW 1961, 602, 604.

## f) Wertermittlungsansprüche

### aa) Pflichtteilsrecht

Im Rahmen des § 2314 Abs. 1 S. 2 BGB besteht ausnahmsweise ein Anspruch auf Wertermittlung.

Nach der BGH-Rechtsprechung besteht ein Anspruch des pflichtteilsberechtigten Nichterben bzw. Erben auf Wertermittlung gegen den Beschenkten analog § 2314 Abs. 1 S. 2 BGB nicht. Allenfalls aus § 242 BGB kann sich auch ein Anspruch auf Wertermittlung ergeben, wenn der Pflichtteilsberechtigte deren Kosten trägt.

**Einsicht in ein Bewertungsgutachten:** Wurde ein Wertgutachten eingeholt, so hat der Pflichtteilsberechtigte einen Anspruch auf Einsicht in das betreffende Gutachten aus §§ 810, 811 BGB (siehe zum Auskunftsanspruch im Pflichtteilsrecht § 17 Rn 254 ff.). Der Anspruch wird nicht von § 2314 BGB verdrängt, sondern der Anspruch aus § 810 BGB steht neben dem Anspruch aus § 2314 BGB.[109] Ziel des Auskunftsanspruches aus § 2314 BGB ist die Möglichkeit der Bezifferung der Pflichtteilsforderung, was dem Pflichtteilsberechtigten oft nur auf Grundlage eines Bestandsverzeichnisses möglich ist. Im Bestandsverzeichnis müssen jedoch detaillierte Wertangaben nicht zwingend vorhanden sein, so dass der Pflichtteilsberechtigte über seinen Anspruch aus § 2314 BGB hinaus zudem auch noch den Anspruch aus § 810 BGB geltend machen können muss.[110]

Ein rechtliches Interesse setzt voraus, dass die Einsichtnahme der Förderung, Erhaltung oder Verteidigung einer Rechtsposition dient.[111] Hierbei genügt jede Rechtsposition.[112] Dies kann auch die Förderung der Pflichtteilsansprüche sein.

Soweit die Vorlage eines Sachverständigengutachtens über den "Wert aller im Nachlass befindlichen beweglichen und unbeweglichen Sachen" verlangt würde, wäre ein solcher Antrag inhaltlich nicht hinreichend bestimmt (§ 253 Abs. 2 Nr. 1 ZPO) und daher unzulässig.[113]

### bb) Bereicherungsanspruch des (Erb-)Vertragserben gem. § 2287 BGB

Die Rechtsprechung gewährt dem Vertragserben einen **Auskunftsanspruch** gegen den mutmaßlich vom Erblasser Beschenkten, wenn dieser hinreichende Anhaltspunkte für eine unentgeltliche Verfügung darlegt.[114]

Erforderlich ist, dass der Anspruchsinhaber den Hauptanspruch schlüssig darlegt und in substantiierter Weise Tatsachen vorträgt – und gegebenenfalls beweist –, die greifbare Anhaltspunkte für eine sein Recht beeinträchtigende Schenkung ergeben.[115]

Unter dem Gesichtspunkt von Treu und Glauben (§ 242 BGB) gewährt die Rechtsprechung dem Vertragserben einen Wertermittlungsanspruch, wenn dieser den Wert einer Schenkung nicht kennen kann.[116] Der Auskunftsbegehrende hat aber die Kosten der Wertermittlung zu tragen.

---

109 AG Rotenburg/Fulda, ZEV 2009, 303.
110 *Auwera*, ZEV 2008, 359.
111 BGH NJW 1981, 1733.
112 MüKo-*Habersack*, § 810 BGB Rn 10.
113 OLG Köln MDR 2008, 644.
114 BGHZ 97, 188 = NJW 1986, 1755 = FamRZ 1986, 569.
115 OLG Celle FamRZ 2003, 1971 = ZEV 2003, 417 = OLGR Celle 2003, 326.
116 BGH NJW 1986, 127.

*Krug*

Die Vorschrift findet analoge Anwendung auf die nach §§ 2270, 2271 BGB bindend gewordene Erbeinsetzung des Schlusserben in einem gemeinschaftlichen Testament.[117]

#### cc) Pflichtteilsberechtigter Erbe

155 Der pflichtteilsberechtigte Erbe, der den vom Erblasser Beschenkten auf Pflichtteilsergänzung in Anspruch nimmt, kann gegen diesen einen Anspruch auf Wertermittlung aus § 242 BGB haben; allerdings nicht auf Kosten des Beschenkten, sondern auf Kosten des pflichtteilsberechtigten Erben.[118]

#### dd) „Überquotale Teilungsanordnung"

156 Das Landgericht Nürnberg-Fürth hat in einem Urteil vom 25.1.2000[119] einen für die Praxis nicht unbedeutenden Wertermittlungsanspruch bei einer vom Erblasser verfügten sog. „überquotalen" Teilungsanordnung zugesprochen.

#### ee) Wertermittlungskosten beim Wertvermächtnis

157 Ist einem Vermächtnisnehmer ein Anteil eines Nachlassgrundstücks als Geldanspruch zugewandt, dann steht dem Vermächtnisnehmer ein Anspruch auf Wertermittlung des Nachlassgrundstücks zum Stichtag des Erbfalls gem. § 242 BGB zu, wenn er die Kenntnis zur Geltendmachung seines Vermächtnisanspruchs benötigt. Der belastete Erbe hat die Kosten der Wertermittlung zu tragen.[120]

### g) Feststellung des Zustandes der Erbschaft

158 Nach § 2122 BGB kann der Nacherbe (und auch der Vorerbe) den Zustand der zur Erbschaft gehörenden Sachen feststellen lassen (siehe hierzu im Einzelnen § 14 Rn 60 ff.).

## II. Grundsatz mit Ausnahmen: Kein Anspruch auf Belege

159 Grundsätzlich besteht kein Recht, die Vorlage von Belegen oder sonstigen Unterlagen zu verlangen. Allerdings sind, wenn eine Rechnungslegung über Einnahmen und Ausgaben geschuldet ist, nach § 259 BGB im Rahmen des Üblichen Belege vorzulegen.

In all den Fällen, in denen aus **Auftragsrecht** eine Herausgabepflicht des Beauftragten an den Auftraggeber nach § 667 BGB besteht, sind auch **Urkunden, Unterlagen und Belege**, die der Beauftragte im Zusammenhang mit der Erledigung des Auftrags erlangt hat, herauszugeben.[121]

Gehört ein Unternehmen zum Vermögensbestand, so ist im Einzelfall zu prüfen, ob der konkrete Auskunftsanspruch auch die **Vorlage von Bilanzen** u.Ä. mit umfasst. So ist bei § 2121 BGB die Vorlage von Bilanzen nicht geschuldet,[122] während bei der Auskunftspflicht nach § 2314 BGB auch Bilanzen u.Ä. zur Wertermittlung vorzulegen sind.[123]

---

117 BGHZ 82, 274; BGH NJW 1982, 43; NJW 1976, 749.
118 BGHZ 108, 393.
119 LG Nürnberg-Fürth NJWE-FER 2000, 261 = ZErb 2001, 5.
120 LG Karlsruhe ZErb 2005, 130.
121 BGH NJW 1988, 2607; BGHZ 109, 264.
122 MüKo-*Grunsky*, § 2121 BGB Rn 5.
123 BGH NJW 1975, 1774, 1777; BGHZ 33, 373, 378 = NJW 1961, 602, 604.

BGH in BGHZ 33, 373 [378]:

*„Der Auskunftsanspruch umfasst schließlich entgegen der Auffassung des Berufungsgerichts auch die Vorlage von Belegen. Das gilt allerdings entgegen der mündlich vorgetragenen Auffassung der Anschlussrevision nicht in der Allgemeinheit wie beim Rechnungslegungsanspruch, wo sie das Gesetz selbst im Gegensatz zu § 260 BGB ausdrücklich fordert (§ 259 Abs. 1 Ende BGB); … Die Pflicht zur Vorlegung von Belegen ist aber mit Recht insoweit anerkannt, als ein Unternehmen zum Nachlass gehört und die Beurteilung seines Wertes ohne Kenntnis insbesondere der Bilanzen und ähnlicher Unterlagen dem Pflichtteilsberechtigten nicht möglich wäre (BGH LM BGB § 260 Nr. 1). Im vorliegenden Fall gehören zum Nachlass land- und forstwirtschaftlich verwaltete und genutzte Güter. Welche Belege vorgelegt werden müssen und in welchem Umfang, ist Frage des Einzelfalls."*

**Urkundenvorlage durch Dritte:** Das Gericht kann nach § 142 ZPO – ggf. unter Fristsetzung – von Amts wegen die Vorlage von Urkunden nicht nur durch die Parteien, sondern auch durch Dritte anordnen, sofern dem Dritten dies zumutbar ist und er kein Zeugnisverweigerungsrecht hat.[124] Zwangsmittel stehen gegenüber dem Dritten wie gegen einen Zeugen zur Verfügung.

### III. Auskunftserteilung – geordnete Zusammenstellung

Nach § 260 Abs. 1 BGB wird, wenn die Verpflichtung zur Herausgabe eines Inbegriffs von Gegenständen oder zur Errichtung eines Verzeichnisses besteht, die Vorlage eines geordneten Bestandsverzeichnisses geschuldet.

Die auskunftsrelevanten Angaben können nicht auf verschiedene Schriftsätze über einen längeren Zeitraum verteilt werden. Es fehlt dann an einer ausreichend klaren Gesamterklärung.[125]

### IV. Eidesstattliche Versicherung

Zu unterscheiden sind zum einen die beiden eidesstattlichen Versicherungen nach § 259 Abs. 2 BGB und § 260 Abs. 2 BGB mit **zwei unterschiedlichen Zielrichtungen**:
– die eidesstattliche Versicherung nach § 259 Abs. 2 BGB betreffend die Versicherung der Richtigkeit der Einnahmen, wenn Rechnung zu legen ist,
– die eidesstattliche Versicherung nach § 260 Abs. 2 BGB betreffend die Versicherung der Richtigkeit des Verzeichnisses, wenn ein solches zu errichten ist.

Das kann bei der Pflicht zur Rechenschaftslegung, wo sowohl ein Verzeichnis als auch eine Rechnungslegung über Einnahmen und Ausgaben geschuldet sind, zur Folge haben, dass zwei inhaltlich verschiedene eidesstattliche Versicherungen abzugeben sind oder auch, wenn eine Auskunft ordnungsgemäß erteilt wurde, die andere aber nicht, nur eine der beiden eidesstattlichen Versicherungen abzugeben ist.

Zum anderen sind teilweise bei den einzelnen Auskunftsansprüchen gesonderte Ansprüche auf Abgabe der eidesstattlichen Versicherung normiert, z.B. bei § 2028 Abs. 2 BGB.

---

124 Vgl. ausführlich *Frühauf/Kortge*, Das Zivilprozessreformgesetz, Beilage NJW 2000, Heft 40.
125 OLG Hamm OLGR 2006, 280 = FamRZ 2006, 865.

## V. Erbenmehrheit als Auskunftsgläubiger

165 Steht auf der Gläubigerseite des Auskunftsanspruchs eine Erbenmehrheit, so kann **jeder einzelne Miterbe** – auch gegen den Willen der anderen Miterben – als gesetzlicher Prozessstandschafter nach § 2039 BGB den Auskunftsanspruch zur Leistung an alle Miterben geltend machen.[126]

## VI. Erfüllung des Auskunftsanspruchs

### 1. Form

166 Die Auskunft bedarf grundsätzlich der **Schriftform**. Dies ist erforderlich, weil anders eine geordnete Zusammenstellung kaum denkbar ist und außerdem, damit die Auskunft nachgeprüft werden kann. Unzureichend ist das Angebot, vorgelegte Belege mündlich zu erörtern.

Nach OLG München[127] hat der Auskunftspflichtige, weil er eine **Wissenserklärung** schuldet, die Auskunft schriftlich zu erteilen und auch **persönlich zu unterschreiben**. Da eine Stellvertretung nur bei Willenserklärungen möglich ist, könnte also ein Rechtsanwalt für seinen Mandanten keine Auskunft erteilen. Die Praxis handhabt dies jedoch anders. Solange der Auskunftsgläubiger die anwaltlich erteilte Auskunft nicht beanstandet, dürfte gegen diese Praxis auch nichts einzuwenden sein. Den strengen Vorgaben des OLG München könnte man dadurch gerecht werden, dass der Mandant den die Auskunft enthaltenden Schriftsatz unter Beifügung eines entsprechenden Zusatzes mit unterzeichnet.

### 2. Weiterer Inhalt des Auskunftsanspruchs

167 **Leistungsort** ist in aller Regel der Ort des Hauptanspruchs. **Erfüllungsort** ist der Wohnsitz des Schuldners (§ 269 Abs. 1 BGB). Die Auskunft ist unverzüglich im Sinne des § 121 Abs. 1 S. 1 BGB („ohne schuldhaftes Zögern") zu erteilen, und zwar unter Berücksichtigung von Umfang und Schwierigkeit der begehrten Auskunft. In Betracht kommt auch die Erteilung einer vorläufigen Auskunft, wenn eine vollständige endgültige Auskunft nicht innerhalb angemessener Frist erteilt werden kann; in einem solchen Fall ist evtl. auch die Erteilung einer Teilauskunft möglich.

168 Grundsätzlich richten sich **Inhalt**, **Art** und **Umfang** des Anspruchs nach folgenden Gesichtspunkten, die im Rahmen von § 242 BGB näher zu konkretisieren sind:
– Unzulässige Rechtsausübung bestimmt die Grenzen der verlangten Auskunft.
– Maßgebend sind Verkehrssitte und Zumutbarkeit unter Berücksichtigung des Einzelfalls.

## D. Übersicht über die Auskunftsansprüche

169 Erbrechtlich, pfandrechtlich, nießbrauchsrechtlich, familienrechtlich mit erbrechtlicher Auswirkung, schuldrechtlich, verfahrensrechtlich.

---

126 BGH NJW 1965, 396; für die Nacherbschaft: BGH NJW 1995, 456 = BGHZ 127, 360 = FamRZ 1995, 158.
127 OLG München FamRZ 1995, 737.

| Anspruch | Berechtigter | Verpflichteter | Norm |
|---|---|---|---|
| **1. Erbrechtliche Auskunftsansprüche** | | | |
| Auskunft über Vorempfänge, ggf. e.V. | Miterbe | Miterbe | § 2057 BGB<br><br>ggf. § 260 Abs. 2 BGB |
| Auskunft über Notgeschäftsführung bzw. Alleingesch.-führung, ggf. e.V. | Miterbe | Geschäftsführ. Miterbe | §§ 2038 Abs. 1 S. 2 Hs. 2, 666, 681 BGB ggf. § 259 Abs. 2 BGB<br><br>ggf. § 260 Abs. 2 BGB |
| Wertermittlungsanspruch bei „überquotaler Teilungsanordnung" bezüglich zugewiesener Gegenstände | Miterbe | Miterbe | § 242 BGB[128] |
| Auskunft über Bestand des Nachlasses, ggf. e.V. | pflichtteilsberechtigter Nichterbe | Erbe | § 2314 Abs. 1 S. 1 BGB ggf. § 260 Abs. 2 BGB[129] |
| Auskunft über Schenkungen an Dritte, ggf. e.V. | pflichtteilsberechtigter Nichterbe | Erbe/Beschenkter | § 2314 Abs. 1 S. 1 BGB analog<br><br>ggf. § 260 Abs. 2 BGB analog |
| Auskunft über gemäß § 2316 BGB auszugleichende Vorempfänge | Erbe | Pflichtteilsber. | § 242 BGB |
| Auskunft über Geschenke des Erblassers an den Miterben | pflichtteilsberecht. Erbe | Miterbe | § 242 BGB |
| Auskunft über Schenkungen an Dritte | pflichtteilsberechtigter Erbe | Miterbe/ Beschenkter | § 242 BGB |
| Auskunft über Geschenke des Erblassers an PT-Berechtigte | Beschenkt. Dritter | Pflichtteilsber., der Auskunft über Geschenke an Dritten verlangt | § 242 BGB |
| Auskunft über Bestand des Nachlasses | Stiefkind, dem ein PT vermächtnisw. zugewandt | Erben | § 242 BGB |

---

128 LG Nürnberg-Fürth ZErb 2001, 5.
129 Palandt/*Edenhofer*, § 2314 BGB Rn 12.

| Anspruch | Berechtigter | Verpflichteter | Norm |
|---|---|---|---|
| Auskunft über Bestand des Nachlasses und Verbleib der Nachlassgegenstände, ggf. e.V. | Erbe | Erbschaftsbesitzer | § 2027 Abs. 1 BGB ggf. § 260 Abs. 2 BGB |
| Auskunft über Bestand des Nachlasses und Verbleib der Nachlassgegenstände, ggf. e.V. | Erbe | Erbe d. Erbschaftsbesitzers | § 2027 Abs. 1 BGB[130] ggf. § 260 Abs. 2 BGB |
| Auskunft über Bestand des Nachlasses und Verbleib der Nachlassgegenstände, ggf. e.V. | Erbe | Erwerber v. Erbsch.besitzer | §§ 2030, 2027 Abs. 1 BGB ggf. § 260 Abs. 2 BGB |
| Auskunft über Bestand des Nachlasses und Verbleib der Nachlassgegenstände, ggf. e.V. | Erbe | Verm.nehmer d. Erbsch.besitzers | §§ 2030, 2027 Abs. 1 BGB analog[131] ggf. § 260 Abs. 2 BGB |
| Auskunft über Bestand des Nachlasses und Verbleib der Nachlassgegenstände, ggf. e.V. | Erbe | Jeder, der Erbschaft in Besitz nimmt | § 2027 Abs. 2 BGB ggf. § 260 Abs. 2 BGB |
| DDR: Auskunft über Bestand des Nachlasses und Verbleib der Nachlassgegenstände | Erbe | Jeder, der Erbschaft in Besitz hat | § 399 Abs. 2 ZGB-DDR, Art. 235 § 1 IEGBGB |
| Auskunft über Verbleib der Nachlassgegenstände und über erbschaftl. Geschäfte, ggf. e.V. | Erbe | Hausgenossen | § 2028 Abs. 1 BGB § 2028 Abs. 2 BGB |
| Auskunft über Bestand des Nachlasses, ggf. e.V. | Nacherbe | Vorerbe | § 2121 BGB ggf. § 260 Abs. 2 BGB |

---

130 BGH NJW 1985, 3068.
131 MüKo-*Frank*, Fn 21 zu § 2030 BGB.

| Anspruch | Berechtigter | Verpflichteter | Norm |
|---|---|---|---|
| Auskunft über Bestand des Nachlasses, ggf. e.V. | Nacherbe | Vorerbe | § 2127 BGB<br>ggf. § 260 Abs. 2 BGB |
| Auskunft über Bestand des Nachlasses, ggf. e.V. | Nacherbe | nicht befr. Vorerbe | § 2130 BGB,<br>§§ 2130 Abs. 2,<br>259 Abs. 2, 260 Abs. 2 BGB |
| Auskunft über Bestand des Nachlasses, ggf. e.V. | Nacherbe | befr. Vorerbe | §§ 2138, 2137, 2136 BGB<br>§ 260 Abs. 2 BGB |
| Auskunft über mündelsichere Anlage freier Nachlass-Geldmittel | Nacherbe | nicht befr. Vorerbe | §§ 242, 2121 BGB[132] |
| Auskunft über Bestand des Nachlasses, ggf. e.V. | endgültiger Erbe | vorläufiger Erbe | §§ 1959, 681, 666 BGB<br>ggf. §§ 259 Abs. 2, 260 Abs. 2 BGB |
| Auskunft über Geschäftsführung u. Rechenschaftspflicht, ggf. e.V. | Auftraggeber | Erben d. Beauftragten (Bevollm.) | §§ 666, 1967 Abs. 2 BGB[133]<br>ggf. §§ 259 Abs. 2, 260 Abs. 2 BGB |
| Auskunft über Bestand des Nachlasses, ggf. e.V. | Erbe | Testamentsvollstrecker | §§ 2218, 666 BGB<br>ggf. §§ 259 Abs. 2, 260 Abs. 2 BGB |
| Auskunft (Benachrichtigung) über wichtige Verw.vorgänge, ggf. e.V. | Erbe | Testamentsvollstrecker | §§ 2218, 666 Alt. 1 BGB<br>ggf. §§ 259 Abs. 2, 260 Abs. 2 BGB |
| Auskunft über Stand der Geschäfte, ggf. e.V. | Erbe | Testamentsvollstrecker | §§ 2218, 666 Alt. 2 BGB<br>ggf. §§ 259 Abs. 2, 260 Abs. 2 BGB |
| Jährliche Rechnungslegung | Erbe | Testamentsvollstrecker | § 2218 Abs. 2 BGB |

---

132 LG Berlin ZEV 2002, 160 m. Anm. *Krug*.
133 BGH NJW 1988, 2729.

| Anspruch | Berechtigter | Verpflichteter | Norm |
|---|---|---|---|
| Auskunft über Bestand des Nachlasses, u. Rechenschaftslegung, ggf. e.V. | Testamentsvollstrecker-Nachfolger | Testamentsvollstrecker-Vorgänger | §§ 2218, 666 BGB analog ggf. §§ 259 Abs. 2, 260 Abs. 2 BGB |
| Auskunft über Bestand des Nachlasses, ggf. e.V. | Erbe | Nachlassverwalter | §§ 1988, 1890, 1975, 1915 BGB ggf. § 260 Abs. 2 BGB |
| Auskunft über Bestand des Nachlasses, ggf. e.V. | Erbe | Nachlasspfleger | §§ 1960, 1890, 1915 BGB ggf. § 260 Abs. 2 BGB |
| **2. Schuldrechtliche Auskunftsansprüche** | | | |
| Anspruch auf Rechenschaftslegung (aus Geschäftsführung), ggf. e.V. | Geschäftsherr | Geschäftsführer | § 666 BGB §§ 259 Abs. 2, 260 Abs. 2 BGB |
| Anspruch auf Rechenschaftslegung (aus GoA), ggf. e.V. | Geschäftsherr | GoA-Geschäftsführer | §§ 681, 666 BGB §§ 259 Abs. 2, 260 Abs. 2 BGB |
| Anspruch auf Besichtigung einer Sache | Anspruchsber. in Bezug auf eine Sache | Besitzer | § 809 BGB |
| Anspruch auf Einsicht in eine Urkunde | Anspruchsber. in Bezug auf eine Urkunde | Besitzer | § 810 BGB |
| **3. Familienrechtliche Auskunftsansprüche mit erbrechtlichen Auswirkungen** | | | |
| Anspruch auf Nennung des Vaters | ne. Kind | Mutter | Art. 6 Abs. 5 GG |
| Anspruch auf Nennung des Erzeugers eines Kindes | Scheinvater | Mutter | §§ 826, 249 S. 1 BGB |
| Auskunft über Bestand des Endvermögens | überl. Ehegatte | Erben d. verstorbenen Ehegatten | § 1379 BGB |
| Auskunft über Bestand des Endvermögens | Erben d. verstorbenen Ehegatten | überl. Ehegatte | § 1379 BGB |
| Auskunft über Einkünfte und Vermögen | Erben d. geschiedenen verstorbenen Ehegatten | gesch. fr. Ehegatte | § 1580 BGB wg. § 1586b BGB |

| Anspruch | Berechtigter | Verpflichteter | Norm |
|---|---|---|---|
| Auskunft über Nachlass | geschiedener früherer Ehegatte | Erben d. geschiedenen verstorbenen früheren Ehegatten | analog § 2314 BGB (str.) wg. Höchstsumme fiktiver PT in § 1586b Abs. 1 S. 3 BGB |
| Anspruch auf Rechnungslegung | Erben des betreuten Erblassers | Betreuer | §§ 1908i, 1890, 1892 BGB |
| **4. Sachenrechtliche Auskunftsansprüche** | | | |
| Umfang des Nachlasses | Nießbraucher | Erbe bzw. Testamentsvollstr. | §§ 1035, 1068 BGB |
| Umfang des Nachlasses | Pfandgläubiger | Erbe bzw. Testamentsvollstr. | §§ 1281, 1285, 242 BGB |
| Umfang des Nachlasses | Pfändungspfandgläubiger | Erbe bzw. Testamentsvollstr. | Nebenanspruch aus § 859 Abs. 2 ZPO |
| **5. Prozessrechtliche Vorlageansprüche** | | | |
| Prozessualer Anspruch auf Vorlegung einer Urkunde | Prozesspartei | Gegner im Prozess | §§ 421 ff. ZPO |
| Verfahrensrechtlicher Anspruch auf Testamentsablieferung | Nachlassverfahrensbeteiligter | Besitzer eines Testaments | § 2259 BGB |

# E. Prozessrecht

## I. Klageart

Bei der **Auskunfts-** und gegebenenfalls **Rechnungslegungsklage** handelt es sich um eine Leistungsklage. Wegen der (verjährungsrechtlichen und kostenmäßigen) Vorteile ist es jedoch empfehlenswert, sie als **Stufenklage** (§ 254 ZPO) zu erheben.

Die Stufenklage kann sowohl als **Leistungsklage** als auch als **Stufenfeststellungsklage** erhoben werden, insbesondere bei der Erbenfeststellung, wenn sowohl die Feststellung des Erbrechts begehrt wird als auch Auskunft über den Nachlass und dessen Herausgabe.

Probleme bereiten nicht selten die Anforderungen an die Bestimmtheit des Klageantrags i.S.v. § 253 Abs. 2 Nr. 2 ZPO, wenn bspw. Auskunft über den Bestand bzw. die Herausgabe eines Vermögens (Nachlass) oder Vermögensteils (Nachlassteils) begehrt wird. Hierbei ist nicht selten eine sinnvolle Auslegung erforderlich. Bei der Auslegung von Prozesserklärungen (Klageantrag) ist ebenso wenig wie bei materiellrechtlichen Willenserklärungen am buchstäblichen Wortlaut der Erklärung zu haften, § 133 BGB. Vielmehr ist für die Auslegung eines Klageantrags auch die Klagebegründung heranzuziehen.[134] Wird ein Mindestbetrag geltend gemacht, so ist die betreffende Klage als Teilklage zu bezeichnen.[135]

## II. Zuständigkeits- und Gebührenstreitwert

172  Zu unterscheiden ist zwischen Zuständigkeitsstreitwert und Gebührenstreitwert.

### 1. Zuständigkeitsstreitwert

173  Grundsätzlich ist wegen der verschiedenen Streitgegenstände nach § 5 ZPO der Wert aller Stufen zusammenzurechnen.

Bezüglich des **Feststellungsantrags** ist nach § 3 ZPO das Interesse an der Feststellung maßgebend. Bei der allgemeinen Feststellungsklage werden häufig 50 %–80 % der entsprechenden Leistungsklage als Streitwert angenommen, bei der Erbenfeststellungsklage eher 80 %.[136]

174  Der Wert des Auskunftsanspruchs beträgt dabei nach Schätzung gem. § 3 ZPO $1/10$ bis $1/4$ des Hauptanspruchs. Bei Schätzung nach § 3 ZPO ist in erster Linie darauf abzustellen, welche Aufwendungen, Arbeitszeit und allgemeine Kosten die Auskunftserteilung für den Beklagten bringen wird.[137]

Der Wert der Rechnungslegung beläuft sich auf den Wert der voraussichtlichen Arbeit für die Unterlagenbeschaffung.

Für den Antrag auf eidesstattliche Versicherung ist maßgeblich, welche zusätzliche Auskunft sich der Kläger daraus erwartet.

Der Wert des Hauptleistungsanspruchs wird festgesetzt nach der Erwartung des Klägers.

### 2. Gebührenstreitwert

175  Es gilt § 18 GKG: Bei der Stufenklage ist der **höchste Wert der erhobenen Ansprüche** maßgebend, es erfolgt also grundsätzlich keine Zusammenrechnung. In der Regel ist dieser Wert der des Zahlungsantrags; ein gesonderter Wert für die zunächst erhobene Auskunfts- und Rechnungslegungsklage samt Antrag auf eidesstattliche Versicherung ist dann nicht hinzuzurechnen. Der Streitwert einer Stufenklage richtet sich auch dann nach dem höheren Wert des Leistungsantrags, wenn dieser unbeziffert geblieben ist, weil sich die Hauptsache nach Auskunftserteilung erledigt hat.[138]

## III. PKH-Bewilligung

176  Werden Pflichtteils- und Pflichtteilsergänzungsansprüche im Wege der Stufenklage geltend gemacht, bezieht sich die vorbehaltlose Prozesskostenhilfebewilligung auf sämtliche Stufen.[139]

---

134 BGH NJW-RR 1998, 1005.
135 BGH FamRZ 2003, 31.
136 *Thomas/Putzo*, § 3 ZPO Rn 65 Stichwort „Feststellungsklage"; BGH NJW-RR 1988, 689.
137 BGH NJW-RR 2002, 145; LG Ellwangen ZErb 2003, 55.
138 OLG Stuttgart m. Anm. *Schäfer*, jurisPR-FamR 19/2007; FuR 2007, 547 = FamRZ 2008, 534 = OLGR Stuttgart 2008, 72.
139 OLG Düsseldorf FamRZ 2000, 101.

In den einzelnen Stufen können folgende Anträge gestellt werden:

| | |
|---|---|
| **1. Stufe:** | Antrag auf Erbenfeststellung, |
| **2. Stufe:** | Antrag auf Auskunftserteilung, |
| **3. Stufe:** | Antrag auf Abgabe der eidesstattlichen Versicherung, sofern ein Anspruch hierauf besteht (§§ 259 Abs. 2, 260 Abs. 2 BGB), |
| **4. Stufe:** | Antrag auf Zahlung eines noch unbezifferten Geldbetrages oder auf Herausgabe von Gegenständen, die noch nicht exakt bezeichnet sind. |

Über die einzelnen Stufen ist gesondert zu verhandeln (§ 128 Abs. 1 ZPO) und jeweils durch **Teilurteil** zu entscheiden (§ 301 ZPO).

## IV. Säumnisverfahren

Die prozessualen Vorschriften über die Säumnis einer Prozesspartei und deren Rechtsfolgen dienen in erster Linie der Beschleunigung des Rechtsstreits: Die säumige Partei soll durch das Fernbleiben von der zwingend vorgeschriebenen mündlichen Verhandlung keinen prozessualen Vorteil erlangen können. Ist der Beklagte säumig, so ergeht gegen ihn, wenn die übrigen Voraussetzungen vorliegen, ein Teilversäumnisurteil bezüglich des Auskunftsantrags. Ist der Kläger säumig, so ergeht ein klageabweisendes Versäumnisurteil bezüglich aller geltend gemachten Stufen.

Da Erbprozessen häufig hochstreitige Rechtsverhältnisse zugrunde liegen, ist das Säumnisverfahren von großer praktischer Bedeutung. Der Kläger sollte deshalb besonderes Augenmerk auf die Schlüssigkeit seines Klageantrags legen und außerdem die Möglichkeit eines **Teilversäumnisurteils** so weit wie möglich nutzen. So kann bei der Stufenklage im Wege des Teilversäumnisurteils nicht nur über den Auskunftsanspruch entschieden werden, sondern z.B. auch über den Teil des Herausgabeanspruchs, bezüglich dessen die einzelnen herauszugebenden Gegenstände schon bekannt sind.

> **Hinweis**
> Kann ein Teil des Zahlungs- oder Herausgabeanspruchs bereits beziffert werden, so ist unbedingt klarzustellen, dass es sich nur um einen **Teilanspruch** handelt, damit der Rest noch geltend gemacht werden kann und nicht etwa die Rechtskraft eines ergehenden Teilurteils entgegen steht.

## V. Einwendungen gegen den Auskunftsanspruch

### 1. Kein Zurückbehaltungsrecht

Ausgeschlossen ist im Erkenntnisverfahren ein **Zurückbehaltungsrecht** nach § 273 BGB, weil sich dies mit der Natur des Anspruchs auf Auskunft und Rechnungslegung nicht vereinbaren ließe, selbst dann, wenn der Gegenanspruch ebenfalls ein Auskunfts- bzw. Rechnungslegungsanspruch sein sollte. Andernfalls würden sich die gegenseitigen Auskunftsansprüche so neutralisieren, dass keiner mehr durchsetzbar wäre. Die Vollstreckung des bereits titulierten Anspruchs selbst kann aber durch ein Zurückbehaltungsrecht gehindert sein.

## 2. Verjährung

### a) Allgemeines

182 Im Grundsatz verjährt der Auskunftsanspruch nach dem bis 31.12.2009 geltenden Recht in 30 Jahren, § 197 Abs. 1 Nr. 2 BGB, sofern der Auskunftsanspruch originär familien- oder erbrechtlicher Natur ist; im Übrigen gilt die regelmäßige Verjährungsfrist von **drei Jahren** nach § 195 BGB, insbesondere bei Auskunftsansprüchen nach § 666 BGB. Ist jedoch der Hauptanspruch selbst verjährt, so ist das Auskunftsbegehren zu verneinen, weil ein Informationsinteresse grundsätzlich nicht mehr besteht.

Neues Verjährungsrecht nach dem Gesetz zur Änderung des Erb- und Verjährungsrechts vom 24.9.2009 (BGBl I S. 3142):

Auch für die erbrechtlichen Ansprüche in Buch 5 wird ab 1.1.2010 die bisherige Sonderverjährung nach § 197 Abs. 1 Nr. 2 BGB entfallen. Es gilt nunmehr die Regelverjährung gem. §§ 195, 199 BGB. Bei Kenntnis oder grob fahrlässiger Unkenntnis des Gläubigers hinsichtlich der den Anspruch begründenden Umstände und der Person des Schuldners verjähren auch die aus einem Erbfall herrührenden Ansprüche – mit Ausnahme der Ansprüche auf Herausgabe der Erbschaft gegen den Erbschaftsbesitzer und den Vorerben sowie auf Herausgabe eines falschen Erbscheins an das Nachlassgericht – in drei Jahren. Allerdings ist bei den auf einem Erbfall beruhenden Ansprüchen wegen der typischerweise auftretenden Schwierigkeiten bei der Feststellung der maßgeblichen Umstände dem Bedürfnis nach einer ausreichend langen Verjährungsfrist Rechnung zu tragen. Dies geschieht durch Einführung einer weiteren absoluten Höchstfrist von 30 Jahren ab Entstehung des Anspruchs – im Regelfall der Eintritt des Erbfalls – in § 199 Abs. 3a BGB n.F. Das so modifizierte System der Regelverjährung entspricht damit für die von einer ungewissen Erbrechtslage betroffenen Ansprüche im Wesentlichen der bisherigen Sonderverjährung des Pflichtteilsanspruchs gem. § 2332 Abs. 1 BGB.

Die nach § 254 ZPO erhobene **Stufenklage** hemmt nicht nur die Verjährung des Auskunftsanspruchs, sondern auch die Verjährung des Hauptanspruchs selbst, § 204 BGB, die Verjährung beginnt also nicht von neuem, §§ 209, 212 BGB. Dies gilt jedoch für den Hauptanspruch nur dann, wenn tatsächlich eine Stufenklage erhoben ist, und nicht nur, wenn lediglich die Auskunftsklage rechtshängig gemacht wurde. Denn: Mit Erhebung der Stufenklage werden alle darin enthaltenen Streitgegenstände rechtshängig, auch wenn sie – wie z.B. der Zahlungsantrag – noch nicht bestimmt genug sind. Dieser unbezifferte Leistungsantrag hemmt die Verjährung insoweit, als später die Leistung (die herauszugebenden Gegenstände bzw. der Zahlbetrag) konkretisiert bzw. beziffert wird.[140]

183 In der Auskunftserteilung nach § 2314 BGB ist nach Ansicht des BGH auch das **Anerkenntnis** des **Pflichtteilsanspruchs** selbst zu sehen (§ 212 BGB), oder aber auch in der Bereitschaft zur Inventarerrichtung.

184 > **Hinweis**
> Wenn mit der Auskunftserteilung keine Anerkennung des Pflichtteilsanspruchs dem Grunde nach verbunden sein soll (wie es die Rechtsprechung annimmt), wird empfohlen, dem Auskunftsgläubiger mitzuteilen, dass die Auskunft keinerlei Anerkennung des Pflichtteils darstellt.

---

140 BGH NJW 1975, 1409; NJW 1992, 2563.

Die **Hemmung der Verjährung** (§ 209 BGB) endet bei Erteilung der erforderlichen Auskunft, weil es allein in der Hand des Klägers liegt, die Betragsstufe zu beziffern und damit dem Verfahren Fortgang zu geben.

185

b) Hemmung der Verjährung

Unter den Voraussetzungen der §§ 203–211 BGB wird die Verjährung gehemmt. Der praktisch wichtigste Fall ist der Anspruch **minderjähriger** Kinder gegen einen Elternteil. Hier endet gem. § 210 Abs. 1 BGB die Verjährung nicht vor Ablauf von sechs Monaten nach Eintritt der Volljährigkeit des minderjährigen Pflichtteilsberechtigten bzw. nach Behebung des Vertretungsmangels. Nach § 210 Abs. 1 BGB gilt die Ablaufhemmung auch für die Fälle, dass der **Schuldner** nicht voll geschäftsfähig ist.

186

aa) Allgemeines

Im Wesentlichen können drei Fallgruppen unterschieden werden:
(1) Der Schuldner gibt durch sein Verhalten zu erkennen, er wolle den Anspruch nicht bestreiten.
(2) Der Gläubiger ist aus anerkennenswerten Gründen daran gehindert, den Anspruch geltend zu machen.
(3) Der Gläubiger hat unzweideutige Schritte zur Durchsetzung des Anspruchs unternommen.

187

Mit der Hemmung wird die Verjährungsfrist, die zu laufen begonnen hat, angehalten; sie läuft erst später weiter, § 209 BGB.

Andere Fälle sieht das Gesetz vor, die zu einem **Neubeginn** des Fristlaufs führen. Der Begriff Neubeginn ist an die Stelle des bisherigen vom allgemeinen Sprachgebrauch abweichenden Begriffs der „Unterbrechung" getreten..

bb) Hemmungstatbestände

Zur **Hemmung der Verjährung** führen gem. § 204 Abs. 1 BGB:
– **Nr. 1: Klageerhebung**
  **Hemmung** und nicht Neubeginn; Hemmung beginnt mit **Klageeinreichung, wenn Zustellung demnächst** erfolgt, § 270 Abs. 3 ZPO.
– **Nr. 6: Streitverkündung**
  Mit Einreichung des Schriftsatzes, wenn Zustellung demnächst erfolgt, § 270 Abs. 3 ZPO.
– **Nr. 7: Selbstständiges Beweisverfahren**
  Zustellung eines Antrags (jetzt generell und nicht nur für Miet-, Kauf- und Werkvertrag – wie vor der Schuldrechtsreform).
– **Nr. 8: Vereinbartes Begutachtungsverfahren**
  (anstelle des gerichtlichen Beweisverfahrens)
  Empfehlung: In Vereinbarung Anfang und/oder Ende der Hemmung festlegen.
– **Nr. 9: Antrag auf einstw. Rechtsschutz (Arrest, einstweilige Verfügung)**
– **Nr. 11: Beginn des Schiedsverfahrens**
– **Nr. 14: Erstmaliger PKH-Antrag.**

188

### cc) Hemmungswirkung

189
- Bis 6 Monate nach Abschluss des Verfahrens.
- **Bei Stillstand:** An die Stelle des Abschlusses des Verfahrens tritt die letzte Verfahrenshandlung der Parteien.
- Stillstand, wenn die **Parteien** das Verfahren nicht betreiben.
- Kein Stillstand, wenn das **Gericht** nicht betreibt.
- Kein Stillstand bei langer Dauer eines SV-Gutachtens.

### dd) Ablaufhemmung

190 Nicht nur für die Dauer der in § 204 Abs. 1 BGB genannten jeweiligen Verfahren wird die Verjährung gehemmt, vielmehr endet sie gem. § 204 Abs. 2 S. 1 BGB erst sechs Monate nach rechtskräftiger Entscheidung oder anderweitiger Beendigung des eingeleiteten Verfahrens.

### ee) Beendigung der Hemmung durch Stillstand des Verfahrens

191 Gerät das Verfahren dadurch in Stillstand, dass die Parteien es nicht betreiben, so endet die Hemmung mit der letzten Verfahrenshandlung; sie beginnt dann erneut, wenn eine der Parteien das Verfahren weiter betreibt, § 204 Abs. 2 S. 2, 3 BGB.

### ff) Hemmung bei Verhandlungen

192 Verhandlungen erfüllen einen Hemmungstatbestand nach § 203 S. 1 BGB.

Verhandlungen sollen nicht unter dem Druck einer drohenden Verjährung stehen.[141]

### gg) Hemmung bei Stundung

193 **Verjährungshemmung bei Stundung des Pflichtteils nach § 2331a BGB:** Nach § 205 BGB tritt eine Hemmung der Verjährung nur ein, wenn das Leistungsverweigerungsrecht „aufgrund einer Vereinbarung mit dem Gläubiger" besteht. Es ist zweifelhaft, ob § 205 BGB auf die Fälle der gerichtlichen Stundung nach § 2331a BGB analog angewandt werden kann. Jedenfalls könnte dem Schuldner, dem auf seinen Antrag hin die Stundung gewährt wurde, gegen die Erhebung der Verjährungseinrede der Einwand des „venire contra factum proprium" entgegen gehalten werden.

**Neuerungen durch das FamFG:**[142] Das Verfahren auf Stundung des Pflichtteilsanspruchs ist für seit 1.9.2009 eingeleitete Verfahren in §§ 362, 264 FamFG geregelt.

### hh) Ablaufhemmung bei nicht voll geschäftsfähigen Personen

194 Der praktisch wichtigste Fall ist der Anspruch **minderjähriger** Kinder gegen einen Elternteil. Hier endet nach § 210 Abs. 1 BGB die Verjährung nicht vor Ablauf von sechs Monaten nach Eintritt der Volljährigkeit des minderjährigen Pflichtteilsberechtigten bzw. nach Behebung des Vertretungsmangels. Die Ablaufhemmung gilt gem. § 210 Abs. 1 BGB auch für die Fälle, in denen der **Schuldner** nicht voll geschäftsfähig ist.

---

141 BT-Drucks 14/6040, 111.
142 FGG-ReformG v. 17.12.2008, BGBl I S. 2586, in Kraft seit 1.9.2009, Art. 111, 112 FGG-ReformG.

*Krug*

### c) Verjährungsbeginn bei der 30-jährigen originär erbrechtlichen Frist

Bei der 30-jährigen Verjährungsfrist des § 197 Abs. 1 Nr. 2 BGB handelt es sich nicht um die Regelverjährung, deshalb gilt nicht der subjektive Fristbeginn des § 199 BGB, sondern der objektive Fristbeginn des § 200 BGB.

Die Verjährungsfrist beginnt mit der Entstehung des Anspruchs zu laufen, § 200 BGB, gleichgültig, ob der Gläubiger Kenntnis davon hat oder nicht – objektive Frist.

### d) Neubeginn der Verjährung

Nur in **zwei Fällen** kennt das Gesetz den Neubeginn der Verjährung, § 212 BGB:

(1) bei **Anerkennung** des Anspruchs durch
– Abschlagszahlung,
– Zinszahlung,
– Sicherheitsleistung oder
– in anderer Weise,

(2) wenn eine gerichtliche oder behördliche **Vollstreckungshandlung** vorgenommen oder beantragt wird.

### e) Verlängerung von Verjährungsfristen

Gesetzliche Verjährungsfristen können durch vertragliche Vereinbarung auf der Grundlage allgemeiner Vertragsfreiheit (§ 311 Abs. 1 BGB) verlängert oder verkürzt werden, § 202 BGB. Möglich ist aber auch die Vereinbarung der **Hemmung** oder des **Neubeginns** der Verjährung. § 202 Abs. 1 BGB beschränkt die Vertragsfreiheit lediglich insofern, als keine Verjährungserleichterung für Vorsatzhaftung vor Entstehung des Anspruchs vereinbart werden kann, § 202 Abs. 2 verbietet eine Verjährungsverlängerung über 30 Jahre hinaus. Für das Erbrecht bedeutet dies, dass außer der Fristverlängerung oder -verkürzung durch freie Vereinbarung zwischen Gläubiger und Schuldner eines erbrechtlichen Anspruchs auch der Erblasser im Wege des Vermächtnisses oder der Auflage dem Schuldner eines Anspruchs auferlegen kann, mit dem Gläubiger eine Verlängerung der Verjährungsfrist zu vereinbaren oder dem Gläubiger eines Anspruchs, eine Verkürzung der Verjährungsfrist mit dem Schuldner zu vereinbaren. Die Verjährungsabrede ist grundsätzlich nicht an eine Form gebunden.

Denkbar wäre bspw. die Vereinbarung in einem gerichtlichen Protokoll oder in Schriftsätzen „Die Parteien sind sich darüber einig, dass die Verjährung der klägerischen Ansprüche bis zum endgültigen Abschluss des Verfahrens gehemmt sein soll."

## 3. Verwirkung

Wartet der Anspruchsberechtigte jahrelang mit der Geltendmachung des Auskunftsanspruchs zu, so kann dies die Verwirkung wegen Verstoßes gegen § 242 BGB zur Folge haben.

Ist der Hauptanspruch selbst verwirkt, so folgt daraus nicht zwingend auch die Verwirkung des Auskunftsanspruchs, weil die Verwirkung in aller Regel nur nach Kenntnis der maßgeblichen Tatsachen, die durch die Auskunft begehrt wird, beurteilt werden kann.

#### 4. Einwendungen gegen die Hauptsacheforderung

199 Der Anspruch auf Auskunft ist ein selbstständiger Anspruch, der allerdings seine Berechtigung verliert, wenn mit Sicherheit anzunehmen ist, dass der Hauptanspruch nicht mehr besteht. Deshalb ist ein Auskunftsanspruch zu verneinen, wenn feststeht, dass die verlangte Auskunft die Hauptsacheforderung unter keinen Umständen beeinflussen kann, rechtsvernichtende Einwendungen dem Auskunftsanspruch entgegenstehen.

#### 5. Berufungsverfahren

200 Die Berufungssumme bei einem klagestattgebenden Urteil bezüglich der Auskunftsstufe nach § 511 ZPO[143] wird wie folgt bestimmt: Der Wert des Beschwerdegegenstandes für ein Rechtsmittel gegen die Verurteilung zur Erteilung einer Auskunft ist nach freiem Ermessen festzusetzen. Für die Bemessung des Wertes der Beschwer ist das Interesse des Rechtsmittelführers maßgebend, die Auskunft nicht erteilen zu müssen (**Abwehrinteresse**). Es kommt daher auf den Aufwand an Zeit und Kosten an, den die Erteilung der geschuldeten Auskunft erfordert. Ist weder dargetan noch ersichtlich, dass die Erteilung der Auskunft eine berufstypische Leistung des Auskunftspflichtigen darstellt oder einen Verdienstausfall zur Folge hat, ist sein Zeitaufwand in Anlehnung an den Stundensatz zu bewerten, den er als Zeuge im Zivilprozess erhalten würde. Die Kosten für die Hinzuziehung einer sachkundigen Hilfsperson können nur dann berücksichtigt werden, wenn der Auskunftspflichtige selbst zu einer sachgerechten Auskunft nicht in der Lage ist.[144]

Die Kosten der gesonderten Ermittlung des Wertes eines bestimmten Vermögensgegenstandes zwecks Auskunftserteilung erhöhen den Wert des Beschwerdegegenstandes.[145]

Dazu das OLG Rostock:[146]

> „1. Bei einer Verurteilung zur Auskunftserteilung richtet sich der Beschwerdewert nach dem Aufwand an Zeit und Kosten für die Erteilung.
> 2. Der Zeitaufwand für eine eigene Auskunft kann entsprechend § 22 S. 1 JVEG mit höchstens 17 € pro Stunde bewertet werden."

Daneben kann ein Interesse des Beklagten an einer Geheimhaltung der zu offenbarenden Verhältnisse bei der Bemessung des Wertes zu berücksichtigen sein. Dagegen bleibt ein Interesse des Beklagten, die von der Klägerin erstrebte und mit der Auskunftsklage vorbereitete Durchsetzung des Leistungsanspruchs zu verhindern oder zu erschweren, bei der Berechnung außer Betracht.[147] Die Kosten der Zuziehung einer sachkundigen Hilfsperson können nur berücksichtigt werden, wenn sie zwangsläufig entstehen, weil der Auskunftspflichtige zu einer sachgerechten Auskunftserteilung nicht in der Lage ist.[148]

Die Festsetzung des Streitwertes für die Berufung ist nach §§ 2, 3 ZPO eine Ermessensentscheidung und unterliegt deshalb nur begrenzt der Überprüfung durch das Beschwerdegericht.[149] Auch bei der Berufungssumme von 600 EUR wird nur in seltenen Fällen eine

---

143 Vgl. *Krug*, ZEV 2002, 58.
144 BGH FamRZ 2006, 33, 34; FamRZ 2005, 1986; FamRZ 2008, 2274 = NJW-RR 2009, 80 = ZErb 2008, 415 = ZEV 2009, 38.
145 BGH FamRZ 2007, 711 = FuR 2007, 217 = FF 2007, 145.
146 Urteil v. 27.3.2007 – 10 UF 96/05, FamRZ 2007, 1762 = OLGR Rostock 2008, 44.
147 BGH FamRZ 2003, 597 = FuR 2003, 47.
148 BGH FamRZ 2006, 33, 34; FamRZ 2002, 666, 667.
149 BGH NJW-RR 1997, 1089; NJW 1997, 3246; BGH GrSZ JZ 1995, 681 = NJW 1995, 664; FamRZ 1996, 1543.

Berufung gegen ein dem Auskunftsantrag stattgebendes Urteil zulässig sein. Der Berufungskläger muss die Umstände, aus denen sich ein die Berufungssumme übersteigender Wert der Beschwer ergibt, substantiiert und detailliert darlegen und glaubhaft machen und dazu im Einzelnen dartun, welchen Aufwand an Zeit und Kosten die Erfüllung der Auskunftspflicht erfordert.[150] Möglicherweise ist die Beschäftigung einer Hilfskraft erforderlich, deren Kosten von Bedeutung sind.[151]

Hat das Gericht des ersten Rechtszugs nur den Auskunftsanspruch abgewiesen (zum Abhilfeverfahren nach § 321a ZPO vgl. unten Rn 205 ff.), so bleibt dieses Gericht trotz der Rechtsmitteleinlegung gegen die erste Stufe (erstes Teilurteil) weiterhin für die zweite Stufe zuständig, ohne dass es einer Zurückverweisung bedarf. Für die Berufung des Klägers verbleibt es beim Wert der Klage. 201

Das Teilurteil, das den Beklagten zur Auskunftserteilung verpflichtet, erwächst in Rechtskraft; diese Rechtskraftwirkung erstreckt sich jedoch nicht auch auf den Hauptanspruch. 202

### 6. Ergänzung der erteilten Auskunft

Bestehen Bedenken gegen die Vollständigkeit oder Richtigkeit der erteilten Auskunft, so besteht grundsätzlich **kein Anspruch auf Ergänzung**, sondern nur die Möglichkeit der Antragstellung auf Abgabe einer eidesstattlichen Versicherung über die Richtigkeit und Vollständigkeit der erteilten Auskunft (§§ 260 Abs. 2 BGB, 889 Abs. 1 ZPO). Es ist jedoch zu empfehlen, den Beklagten vorweg zur Ergänzung der Auskunft aufzufordern; räumt nämlich der Beklagte durch eigene Ergänzungen die mängelbehaftete Auskunft von sich aus vor der Verurteilung zur eidesstattlichen Versicherung aus, so kann dadurch analog §§ 260 Abs. 3, 259 Abs. 3 BGB der Anspruch auf eidesstattliche Versicherung nachträglich wieder entfallen, weil damit ein Informationsbedürfnis des Klägers nicht mehr besteht.[152] 203

**Ausnahmsweise** wird ein Anspruch auf Ergänzung der Auskunft jedoch in folgenden Fällen bejaht: 204
– Wenn in der Auskunft die Angabe eines ganzen Vermögensteils oder einer Mehrheit von Gegenständen fehlt, weil der Beklagte aufgrund Irrtums den Umfang seiner Verpflichtung falsch angenommen hatte, beispielsweise hatte er einen Vermögensteil als nicht zum Nachlass gehörend angesehen.[153]
– Wenn der Beklagte Teilauskunft in Teilakten für abgrenzbare Gegenstände gibt.[154]

### 7. Abhilfeverfahren nach § 321a ZPO

#### a) Möglichkeit der Selbstkorrektur nicht berufungsfähiger Urteile

Ist eine Berufung gegen ein Urteil nicht zulässig, weil entweder die Berufungssumme nicht erreicht ist oder das erstinstanzliche Gericht die Berufung nicht zugelassen hat **und** wurde im erstinstanzlichen Verfahren das **rechtliche Gehör verletzt**, so kann auf Antrag („Gehörsrüge") eine Selbstkorrektur des Urteils erfolgen, § 321a ZPO.[155] 205

---

150 OLG Karlsruhe OLGR 2002, 419 = ProzRB 2002, 71; LG Ellwangen ZErb 2003, 55.
151 BGH NJW-RR 2002, 145.
152 Vgl. im Einzelnen zur Ergänzung einer Auskunft: *Damrau*, ZEV 2009, 274.
153 BGH LM BGB § 260 Nr. 1; RGZ 84, 41, 44.
154 OLG Hamburg NJW-RR 1989, 1285; OLG Oldenburg NJW-RR 1992, 777, 778; OLG Nürnberg ZEV 2005, 312, 313.
155 Vgl. *Kroiß*, Das neue Zivilprozessrecht, Rn 83 ff.

*Krug*

### b) Bedeutung für die Auskunftsklage

206 Auskunftsklagen, seien sie isoliert oder als Stufenklage erhoben, sind im Erbrecht von großer praktischer Bedeutung. Die klagestattgebenden Urteile zum Auskunftsantrag sind in aller Regel nicht anfechtbar, weil die Berufungssumme nicht erreicht ist. Die Berufungssumme bei einem klagestattgebenden Urteil bezüglich der Auskunftsstufe nach § 511 ZPO wird wie folgt bestimmt: Für den Wert der Beschwer ist nicht das Interesse des Klägers maßgeblich, es kommt vielmehr auf das Interesse des Berufungsklägers, also des Beklagten der ersten Instanz, an, die Auskunft nicht erteilen zu müssen (**Abwehrinteresse**). Dieses wird vor allem nach dem Aufwand an Zeit, Arbeit und Kosten für die geforderte Erteilung der Auskunft bemessen.[156] Dieser Aufwand wird nur in seltenen Fällen mit einem höheren Betrag als 600 EUR zu bewerten sein. Die Festsetzung des Streitwertes für die Berufung ist nach §§ 2, 3 ZPO eine Ermessensentscheidung und unterliegt deshalb nur begrenzt der Überprüfung durch das Beschwerdegericht.[157]

### c) Verfahrensfragen

207 Das Gericht prüft nicht von Amts wegen eine etwaige Verletzung des rechtlichen Gehörs, vielmehr muss der Betroffene eine Rüge erheben. Die Rügeschrift muss beim Ausgangsgericht binnen einer **Notfrist von zwei Wochen** eingereicht werden, § 321a Abs. 2 ZPO. Die Frist beginnt mit der Zustellung des vollständigen Urteils, weil erst dann festgestellt werden kann, ob das rechtliche Gehör verletzt wurde. Gegen die Versäumung der Frist ist nach allgemeinen Regeln die Wiedereinsetzung zulässig, § 233 ZPO.[158]

Für die Begründetheit der Rüge müssen **zwei Voraussetzungen** erfüllt sein: Die Feststellung der Verletzung rechtlichen Gehörs **und ihre Entscheidungserheblichkeit**.

Ist die Gehörsrüge unzulässig, so wird sie verworfen; ist sie unbegründet, so wird sie zurückgewiesen, § 321a Abs. 4 ZPO. Die gerichtliche Entscheidung darüber ist kurz zu begründen. Ein Rechtsmittel dagegen ist nicht statthaft, § 321a Abs. 4 S. ZPO. Allenfalls kann dagegen mit der Verfassungsbeschwerde vorgegangen werden.

Ist die Rüge begründet, so wird das rechtliche Gehör nachgeholt.

Es ergeht ein **neues Urteil**, das – vergleichbar dem Einspruchsverfahren gegen ein Versäumnisurteil – das Ersturteil entweder aufrechterhält oder aber ganz oder teilweise aufhebt, §§ 343 ZPO, 321a Abs. 5 S 3 ZPO.

Die **Zwangsvollstreckung** aus dem Ersturteil kann **vorläufig eingestellt** werden, §§ 321a Abs. 6, 707 ZPO.

### d) Kosten

208 **Anwaltsgebührenrecht:** Nr. 3330 RVG-VV sieht eine Verfahrensgebühr vor; die Gebühr entsteht mit einem Gebührensatz von 0,5.

---

156 BGH FamRZ 2006, 33, 34; FamRZ 2005, 1986; FamRZ 2008, 2274 = NJW-RR 2009, 80 = ZErb 2008, 415 = ZEV 2009, 38; BGH NJW-RR 2002, 145; LG Ellwangen ZErb 2003, 55.
157 BGH NJW-RR 1997, 1089; NJW 1997, 3246; BGH GrSZ JZ 1995, 681 = NJW 1995, 664; FamRZ 1996, 1543.
158 Die Zustellung erfolgt von Amts wegen, §§ 166–190 ZPO.

## 8. Keine einstweilige Verfügung zur Erfüllung des Auskunftsanspruchs

Eine einstweilige Verfügung in der Variante der Leistungsverfügung gem. § 940 ZPO, die den Auskunftsschuldner dazu verpflichten würde, die Auskunft zu erteilen, ist grundsätzlich unzulässig, weil damit die Hauptsache vorweggenommen würde.[159] Dies gilt nicht nur, wenn der Auskunftsanspruch als Nebenanspruch besteht, sondern auch in den Fällen, in denen es sich um einen Hauptanspruch handelt.

## VI. Einzelfragen des erstinstanzlichen Verfahrens

### 1. Zurückweisung verspäteten Vorbringens

Nachgeschobenes Vorbringen kann innerhalb der Zahlungsstufe erneuert werden, wenn es in der Auskunftsstufe nach § 296 ZPO als verspätet bereits zurückgewiesen wurde.

### 2. Erledigung der Hauptsache

Ergibt sich nach Erteilung der Auskunft, dass von Anfang an kein Zahlungs- oder Herausgabeanspruch bestanden hat, so ist fraglich, wer die **Kosten** zu tragen hat. Eine Erledigung der Hauptsache liegt nicht vor, wenn bei der Stufenklage die erteilte Auskunft zu dem Ergebnis führt, dass ein Zahlungs- bzw. Herausgabeanspruch nicht besteht. Vielmehr war in diesem Fall der unbestimmte Leistungsantrag von Anfang an unbegründet. Erklärt der Kläger den Rechtsstreit einseitig für erledigt, so steht ihm möglicherweise ein Kostenerstattungsanspruch aus Verzug zu (§ 280 BGB), den er in dem anhängigen Rechtsstreit geltend machen kann.

In der Rechtsprechung wird vielfach der Standpunkt vertreten, der Kläger könne dann, wenn sich aufgrund der nach der Erhebung der Stufenklage erteilten Auskunft herausstelle, dass ein Leistungsanspruch nicht bestehe, die Leistungsklage nicht einseitig für erledigt erklären, da diese von Anfang an unbegründet gewesen sei.[160]

Der gleiche Grundgedanke trifft auch für den Fall zu, dass sich nach Auskunftserteilung ein deutlich niedrigerer Leistungsanspruch ergibt, als bei der Erhebung der Stufenklage als Untergrenze angegeben. Hier wird man gewisse Spielräume zubilligen müssen, da es gerade der Zweck der Auskunftsklage ist, den Leistungsanspruch erst nach der erteilten Auskunft endgültig zu beziffern. Grenzen müssen aber dort gesetzt werden, wo der Beklagte andernfalls mit überhöhten Prozesskosten aus unrealistischen Wertvorstellungen des Klägers belastet würde.

Um einer für den Kläger ungünstigen Kostenfolge zu entgehen, wenn sich herausstellt, dass ein Leistungsanspruch nicht oder nicht in der angegebenen Größenordnung besteht, werden in der Rechtsprechung verschiedene vermittelnde Lösungen vertreten:
- Es wird die Ansicht vertreten, der Kläger könne die Leistungsklage (insoweit) zurücknehmen, ohne dass ihn die Kostenfolge aus § 269 Abs. 3 S. 2 ZPO treffe.[161]

---

159 KG GRUR 1988, 404; OLG Hamm NJW-RR 1992, 640; OLG Köln WRP 2003, 1008; a.M.: MüKo-*Heinze*, vor § 935 ZPO Rn 31; *Schlosser*, JZ 1991, 607.
160 OLG Stuttgart NJW 1969, 1216; OLG Frankfurt/M. FamRZ 1987, 1293; OLG Düsseldorf FamRZ 1988, 1071; OLG Hamm MDR 1989, 461; *Rixecker*, MDR 1985, 633, 634.
161 So OLG Stuttgart NJW 1969, 1216, 1217; OLG Bamberg FamRZ 1986, 371, 372; OLG Frankfurt/M. FamRZ 1987, 1293.

– Eine andere Meinung hält es für zulässig, dass der Kläger nach Erhalt der negativen Auskunft sofort auf den Leistungsanspruch gem. § 306 ZPO verzichtet mit der Folge, dass in reziproker Anwendung von § 93 ZPO die Kosten der Leistungsstufe dem Beklagten aufzuerlegen sind.[162]
– Außerdem wird es als Möglichkeit angesehen, dass der Kläger nach der negativen Auskunft von dem Leistungsantrag auf die Klage auf Feststellung der Haftung des Auskunftspflichtigen für den aus der Nichterfüllung entstandenen Schaden übergehe, der vor allem in den Kosten für die Erhebung der Stufenklage bestehen könne.[163]

214 Zur Frage der Kostentragung für die Auskunftsstufe bei einer Stufenklage, wenn der Kläger weit überhöhte Vorstellungen für den Zahlungsteil hatte, hat das OLG Dresden mit Beschluss vom 3.8.2000 entschieden:[164]

*„Stellt sich nach der Erteilung der Auskunft heraus, dass der Wert des Nachlasses nur gering ist, während im Rahmen des Auskunftsbegehrens ein wesentlich höherer Wert erwartet wurde, so muss sich das Risiko, bei einer unbezifferten Auskunftsklage der Unterlegene zu bleiben, im Wesentlichen zu Lasten der klagenden Partei auswirken. Der mit dem Auskunftsbegehren in Anspruch Genommene hat zwar durch sein zögerliches Verhalten Anlass zur Erhebung der Auskunftsklage gegeben, nicht aber notwendig zu den überzogenen Wertvorstellungen des Klägers."*

215 Erteilt der Beklagte nach Rechtshängigkeit der Stufenklage freiwillig die Auskunft, so kann der Rechtsstreit in der ersten Stufe nach allgemeinen Grundsätzen übereinstimmend oder einseitig für erledigt erklärt werden, weil es sich prozessual insoweit um einen eigenen Streitgegenstand handelt.

Bei Auskunftsklagen im Unterhaltsrecht ist § 93d ZPO zu beachten.

216 Zur Frage, ob der Kläger den in einer Stufenklage angekündigten Wertermittlungsantrag überspringen kann, hat der BGH mit Urteil vom 15.11.2000 entschieden:[165]

*„Sieht sich die Klägerin zur Bezifferung ihres mit einer Stufenklage letztlich verfolgten Leistungsantrags auch ohne die ursprünglich als zweite Stufe angekündigte Wertermittlung in der Lage, kann sie unmittelbar auf den Leistungsantrag übergehen; für eine Rücknahme oder Erledigterklärung des noch nicht zur Verhandlung gestellten Wertermittlungsanspruchs ist dann kein Raum."*

### 3. Zuständigkeit des Familiengerichts

217 Soweit es sich um unterhaltsrechtliche oder güterrechtliche Auskunftsansprüche handelt, ist gem. §§ 231, 261 FamFG (bis 31.8.2009: § 621 Abs. 1 Nr. 5, 8 ZPO) das Familiengericht zuständig.

## VII. Zwangsvollstreckung aus dem Auskunftstitel

### 1. Auskunftserteilung – unvertretbare Handlung

218 Die Vollstreckung des Auskunftstitels erfolgt als unvertretbare Handlung nach § 888 ZPO, die Vollstreckung der Verpflichtung zur Abgabe der eidesstattlichen Versicherung nach

---

162 So *Rixecker*, MDR 1985, 633, 635; *Zöller-Herget*, § 93 ZPO Rn 6 Stichwort „Stufenklage" m.w.N.
163 BGH NJW 1981, 990; NJW 1994, 2895.
164 OLG Dresden ZEV 2001, 154.
165 BGH ZErb 2001, 64.

§ 889 ZPO, d.h. erforderlichenfalls auch nach § 888 ZPO. Danach kann der Auskunftsschuldner zur Erteilung der Auskunft durch Zwangsgeld und erforderlichenfalls durch Zwangshaft angehalten werden (Muster für einen entsprechenden Antrag auf Festsetzung von Zwangsmitteln siehe Rn 257).[166]

**Hinweis**
Kommt der Schuldner der Verpflichtung zur Abgabe der eidesstattlichen Versicherung freiwillig nach, so handelt es sich um ein FG-Verfahren nach nach §§ 410 Nr. 1; 413 FamFG (bis 31.8.2009: §§ 163, 79 FGG), für das der Rechtspfleger zuständig ist (§ 3 Nr. 1b RPflG). Wird die eidesstattliche Versicherung – nach Verurteilung zu ihrer Abgabe – nicht freiwillig abgegeben, so ist sie zu erzwingen.

Zuständig ist als Vollstreckungsorgan das Prozessgericht erster Instanz, §§ 888, 887 Abs. 1 ZPO, und zwar der Richter, nicht der Rechtspfleger, § 20 Nr. 17 RPflG. Es besteht Anwaltszwang nach den allgemeinen Regeln.[167]

Streitig ist, ob in einem vom Notar aufgenommenen Nachlassverzeichnis gleich die eidesstattliche Versicherung aufgenommen werden kann – wohl eher nicht, weil die vom Notar aufgenommene eidesstattliche Versicherung gegenüber einer Behörde abzugeben ist und für die eidesstattliche Versicherung i.S.v. § 2314 BGB der Rechtspfleger zuständig ist.[168]

## 2. Androhung von Zwangsmitteln

Der Kläger kann sich darauf beschränken, beim Vollstreckungsgericht das **Zwangsmittel** des § 888 ZPO nur androhen zu lassen, ohne es sofort festsetzen zu lassen. In Fällen, in denen zweifelhaft ist, ob die Auskunft vollständig erteilt ist – was manchmal nur schwer zu beurteilen sein kann, erscheint dies empfehlenswert. Dieser Androhungsbeschluss unterliegt der **sofortigen Beschwerde** nach § 793 ZPO.

## 3. Einwand der erteilten Auskunft

Nicht selten wendet der **Vollstreckungsschuldner** ein, er habe erfüllt, d.h. die Auskunft ordnungsgemäß erteilt. Es ist streitig, ob dieser Einwand im Verfahren nach § 888 Abs. 2 ZPO zu behandeln ist oder eine Vollstreckungsgegenklage nach § 767 ZPO erhoben werden muss.

Der Einwand der erteilten Auskunft ist grundsätzlich nach § 767 ZPO geltend zu machen, er kann jedoch auch im Zwangsvollstreckungsverfahren nach § 888 ZPO beachtet werden, weil dort (selbstverständliche) Voraussetzung für die Androhung bzw. Festsetzung von Zwangsmitteln ist, dass der Vollstreckungsschuldner die unvertretbare Handlung nicht vorgenommen hat. Ergibt die Prüfung im Rahmen dieses Verfahrens jedoch, dass die Auskunft bereits erteilt ist, so wäre die Voraussetzung für die Zwangsvollstreckung entfallen, weil der materiellrechtliche Anspruch erfüllt wäre.

## 4. Unbestimmter Auskunftstitel in der Zwangsvollstreckung

Zur Bestimmtheit eines Auskunftstitels hat das OLG Hamburg im Zusammenhang mit einem Auskunftsanspruch nach § 2314 BGB entschieden:[169]

---

166 LG Rottweil ZEV 2008, 189.
167 OLG Nürnberg MDR 1984, 58; Zöller/*Stöber*, §§ 888, 887 ZPO Rn 4.
168 *Schindler*, BWNotZ 2004, 73.
169 FamRZ 1988, 1213; siehe auch BGH NJW-RR 1993, 1154.

> *"Enthält ein Auskunftstitel gem. § 2314 BGB zulässigerweise keine näheren Angaben über Art und Weise der Auskunft, so hat der Gläubiger diese Angaben im Vollstreckungsantrag nachzuholen. In einem solchen Fall hat das Prozessgericht die Festsetzung von Zwangsmitteln nach § 888 ZPO zunächst anzudrohen, um dem Schuldner die Möglichkeit der Erfüllung oder Verteidigung zu geben ... Für die Vollstreckung nach § 888 ZPO ist in einem Fall dieser Art das folgende Verfahren einzuhalten:*
> *a) Zunächst bedarf es eines bestimmten Antrags des Gläubigers, der die über das Bestandsverzeichnis hinaus geschuldete Auskunft bestimmt bezeichnet, also z.B. des Antrags, einen bestimmten Vertrag vorzulegen oder die näheren Umstände eines Vermögenserwerbs im Hinblick auf seine Entgeltlichkeit darzulegen.*
> *b) Zu diesem Antrag ist dem Schuldner rechtliches Gehör zu gewähren.*
> *c) Sodann hat das Gericht, wenn es dem Antrag folgen will, die Zwangsmittel des § 888 ZPO durch einen Beschluss unter Fristsetzung anzudrohen.*
> *d) Erst nach Ablauf der Frist kann das Gericht das Zwangsmittel verhängen."*

Diese Rechtsprechung dürfte auch auf Auskunftstitel anderer Anspruchsgrundlagen übertragbar sein.

### 5. Belegvorlage – vertretbare Handlung

225  Ist der Beklagte verurteilt, Urkunden oder Belege vorzulegen, so ist die Vollstreckung nach den Vorschriften über die Herausgabe bestimmter beweglicher Sachen vorzunehmen nach § 883 ZPO. In diesem Fall liegt keine unvertretbare Handlung vor.

### 6. Anwaltsgebühren

226  Der als Vertreter des Gläubigers tätige Rechtsanwalt erhält eine 0,3 Gebühr nach § 18 Nr. 15 RVG, Nr. 3309 RVG-VV. Das gesamte Verfahren einschließlich der Vollstreckung eines Zwangsmittelbeschlusses bildet eine gebührenrechtliche Angelegenheit.[170]

## VIII. Vorläufiger Rechtsschutz

### 1. Allgemeines

227  Zwischen der Prozessdauer und der Bedeutung des vorläufigen Rechtsschutzes besteht in der Praxis ein enger Zusammenhang: Je länger Prozesse dauern, um so wichtiger wird die Möglichkeit eines vorläufigen Rechtsschutzes.

Aufgabe des vorläufigen Rechtsschutzes ist nicht eine besonders schnelle Durchsetzung eines materiellrechtlichen Anspruchs, sondern dem Grundsatz nach allein **die Sicherung seiner Durchsetzbarkeit**. Allerdings wurde dieser Grundsatz in Einzelfällen durchbrochen; z.B. dort, wo nur die Erfüllung eine Sicherung gewährleisten kann, wie etwa im Unterhaltsrecht.

228  Genau genommen fällt unter den vorläufigen Rechtsschutz die Vollstreckung aller Titel, in denen über den Bestand eines geltend gemachten Rechts **nicht endgültig** entschieden wurde. Neben dem **Arrest** und der **einstweiligen Verfügung** ist die **vorläufige Vollstreckbarkeit** nicht rechtskräftiger Urteile eine Form des vorläufigen Rechtsschutzes. Außerdem

---

170 Zöller/*Stöber*, § 888 ZPO Rn 20.

gehören auch die **Vorbehaltsurteile** nach §§ 302, 599 ZPO dazu, bei denen im späteren Nachverfahren die Erstentscheidung wieder aufgehoben werden kann.

Ausnahmsweise kommt sogar eine einstweilige Verfügung in Betracht, obwohl bereits ein vollstreckbarer Titel vorliegt, bspw. wenn es sich um einen ausländischen Titel handelt, dessen Anerkennung nach §§ 722, 723 ZPO noch einige Zeit in Anspruch nimmt.[171] Bei einem Großteil ausländischer Urteile besteht dieses Vollstreckungshindernis allerdings nicht, weil mit zahlreichen Staaten Vollstreckungsabkommen bestehen.[172]

Hier sollen jedoch nur die **summarischen Verfahren** des Arrests und der einstweiligen Verfügung kurz behandelt werden.

## 2. Vorläufiger Rechtsschutz für das Feststellungsbegehren

Ob eine **einstweilige Verfügung mit dem Inhalt einer Feststellung** ergehen kann, ist streitig, und wenn ja, ob es sich dann um eine Leistungs-, Sicherungs- oder Regelungsverfügung handelt.

229

In erster Linie wird gegen die Zulässigkeit eingewandt, eine Verfügung mit feststellendem Inhalt nehme die Hauptsache vorweg, was im vorläufigen Rechtsschutz grundsätzlich ausgeschlossen ist. Ergehe eine entsprechende Verfügung, so könne sie nicht vollstreckt werden und könne wegen ihrer Vorläufigkeit ein Rechtsverhältnis auch nicht zuverlässig regeln.[173]

Eine größere Zahl von Stimmen bejaht allerdings die Zulässigkeit einer einstweiligen Feststellungsverfügung.[174]

Danach ist eine einstweilige Verfügung mit feststellendem Inhalt gem. §§ 935, 940 i.V.m. 938 Abs. 1 ZPO grundsätzlich statthaft. Beim Verfügungsanspruch muss der Antragsteller die bessere Berechtigung haben als der Antragsgegner; ein Verfügungsgrund kann angenommen werden, wenn allein durch das Zuwarten bis zum Erlass einer Hauptsacheentscheidung die Gefahr eines unverhältnismäßig schweren Nachteils bestehen würde, der für den Antragsteller kaum tragbar und unzumutbar wäre.

230

Im Rahmen einer gerichtlichen Ermessensentscheidung nach § 938 Abs. 1 ZPO kann zwar vorläufig eine Feststellung erfolgen, vollstreckbar ist sie jedoch wegen ihres Inhalts nicht. Weiterhin besteht auch keine Bindung für den Hauptsache-Rechtsstreit. Der Antragsteller ist also darauf angewiesen, dass sich der Antragsgegner an die Verfügung hält.

231

Ein Rechtsschutzbedürfnis für eine feststellende Verfügung wird deshalb von manchen Gerichten nur bejaht, wenn die Erklärung von Seiten des Antragsgegners abgegeben wird, er werde sich an eine Feststellungsverfügung halten.

Der Antragsteller braucht lediglich sein Ziel des begehrten Rechtsschutzes darzulegen; welche Art von Verfügung er haben will, braucht er nicht zu sagen. Das entscheidet das Gericht nach Ermessen im Rahmen des § 938 Abs. 1 ZPO.[175] Selbst wenn der Antragsteller

232

---

[171] Stein/Jonas/*Grunsky*, § 917 ZPO Rn 24.
[172] Stein/Jonas/*Münzberg*, § 723 ZPO Anhang. Vgl. im Übrigen zur Frage der Zulässigkeit einer einstweiligen Verfügung neben einem bereits vorliegenden Titel *Kannowski*, JuS 2001, 482.
[173] KG WRP 1996, 556; LAG Rheinland-Pfalz BB 1997, 1643; *Brox/Walker*, Rn 1595; *Heldrich*, BB 1980, 534.
[174] Zusammenfassend bei *Vogg*, NJW 1993, 1357; *Kohler*, ZZP 103, 184, 202, 208; *Schuschke/Walker*, § 938 ZPO Rn 35; Stein/Jonas-*Grunsky*, vor § 935 ZPO Rn 60; *Grunsky*, JuS 1976, 284; *Semler*, BB 1979, 1535; *Jauernig*, ZZP 1979, 325; *Rosenberg/Gaul/Schilken*, Zwangsvollstreckungsrecht, S. 785.
[175] *Zöller/Vollkommer*, § 935 ZPO Rn 2.

sein Begehren auf § 935 ZPO stützt, kann das Gericht die Verfügung auf § 940 ZPO stützen – und umgekehrt.[176]

Da im Recht der einstweiligen Verfügung auf die Arrest-Vorschriften verwiesen ist, gilt auch § 916 Abs. 1 ZPO, wonach die zu sichernden Ansprüche betagt oder bedingt sein können.[177]

233  Bejaht man die Statthaftigkeit einer feststellenden einstweiligen Verfügung, so ist eine solche zulässig **auch vor und während** des Hauptsache-Rechtsstreits, der den zu sichernden Anspruch zum Streitgegenstand hat, nicht aber nach rechtskräftigem Abschluss eines entsprechenden Hauptsache-Rechtsstreits.[178]

### 3. Vorläufiger Rechtsschutz für das Auskunftsverlangen

234  Eine einstweilige Verfügung auf Auskunft oder Rechnungslegung ist **grundsätzlich unzulässig**.[179] Dieser Grundsatz wird ausnahmsweise nur dann durchbrochen, wenn Durchsetzung oder wenigstens Sicherung des der Auskunft nachfolgenden Hauptanspruchs für den Antragsteller von existenzieller Bedeutung ist und dieser nicht ohne die sofortige Auskunftserteilung geltend gemacht werden kann.[180]

235  **Notfalls:** Sobald der Hauptsacheprozess ein gewisses Stadium nach der ganzen oder teilweisen Beweisaufnahme erreicht hat, liegen Mittel zur Glaubhaftmachung vor, mit denen eine einstweilige Verfügung beantragt werden kann, ohne warten zu müssen, bis ein vorläufig vollstreckbares Urteil in der Hauptsache ergangen ist. Solche Mittel der Glaubhaftmachung können sein: Gerichtliche Protokolle über Zeugenaussagen, Sachverständigengutachten, gerichtliche Protokolle über Parteivernehmung. Sie können als Urkunden und damit als präsente Beweismittel i.S.v. § 294 ZPO im einstweiligen Verfügungs-Verfahren vorgelegt werden.

### 4. Vorläufiger Rechtsschutz für den Herausgabeanspruch

236  Eine Leistungsverfügung in Bezug auf erbrechtliche Herausgabeansprüche kommt nur in Betracht, wenn der Antragsteller auf die Sache zur Erzielung seines Lebensunterhalts oder zur Vermeidung oder Beseitigung einer Notlage angewiesen ist.[181]

Bei erbrechtlichen Sachverhalten geht es häufig um die Nutzung eines Gegenstandes durch einen anderen als den endgültigen Rechtsinhaber, z.B. bei einem Nießbrauch an einer Sache, einem schuldrechtlichen Nutzungsrecht, einem schuldrechtlichen oder dinglichen Wohnungsrecht oder im Verhältnis von Vor- und Nacherbe. Werden in solchen Rechtsverhältnissen die Grenzen des ordnungsgemäßen Gebrauchs gravierend verletzt und besteht die dringende Gefahr einer nicht unerheblichen Verschlechterung der Sache, so kann die

---

176 Stein/Jonas/*Grunsky*, vor § 935 ZPO Rn 30.
177 *Baumbach/Lauterbach/Albers/Hartmann*, § 936 ZPO Rn 1.
178 *Thomas/Putzo*, vor § 916 ZPO Rn 3.
179 Stein/Jonas/*Grunsky*, vor § 935 ZPO Rn 53; *Baumbach/Lauterbach/Albers/Hartmann*, § 940 ZPO Rn 17 Stichwort „Auskunft, Rechnungslegung"; Zöller/*Vollkommer*, § 940 ZPO Rn 8 Stichwort „Auskunft"; a.M.: MüKo-*Heinze*, vor § 935 ZPO Rn 31.
180 OLG Rostock WM 1998, 1530; Zöller/*Vollkommer*, § 940 ZPO Rn 8 Stichwort „Auskunft"; Stein/Jonas/*Grunsky*, vor § 935 ZPO Rn 53; *Baumbach/Lauterbach/Albers/Hartmann*, § 940 Rn 17 Stichwort „Auskunft, Rechnungslegung".
181 OLG Köln VersR 1997, 467; Zöller/*Vollkommer*, § 940 ZPO Rn 8 Stichworte „Herausgabe, Räumung und Besitzschutz"; Stein/Jonas/*Grunsky*, vor § 935 ZPO Rn 44.

Herausgabe an einen Sequester angeordnet werden, ohne dass mit der Herausgabe an den Antragsteller die Hauptsache vorweggenommen werden müsste.[182]

Keine einstweilige Verfügung gewährt die Rechtsprechung wegen drohender Entwertung der herauszugebenden Sachen, wenn die **Nutzung bestimmungsgemäß fortgesetzt** wird und das Nutzungsrecht freiwillig eingeräumt wurde:

In einem vom OLG Düsseldorf entschiedenen Fall[183] hatte die Eigentümerin beantragt, den Antragsgegnern im Wege der einstweiligen Verfügung aufzugeben, Geräte zum Betrieb eines Kosmetikstudios nach Beendigung des Nutzungsrechts an den Gerichtsvollzieher als Sequester herauszugeben. Der Antrag hatte weder in der ersten noch in der Berufungsinstanz Erfolg.

Aus der Begründung des OLG Düsseldorf:

*„Die Besorgnis der Vereitelung oder wesentlichen Erschwerung eines Herausgabeanspruchs lässt sich nicht aus dem mit der Weiterbenutzung verbundenen Wertverlust herleiten. Unter welchen Voraussetzungen ein solcher Wertverlust den Erlass einer einstweiligen Verfügung rechtfertigt, ist umstritten. Während teilweise die bloße Abnutzung durch den weiteren Gebrauch als ausreichend angesehen wird (Zöller/Vollkommer, § 936 ZPO Rn 13; MünchKomm/Heinze, § 935 ZPO Rn 22), verlangt die Gegenauffassung eine weitergehende Beeinträchtigung, etwa durch übermäßigen Gebrauch oder eine sonstige über die bestimmungsgemäße Nutzung hinausgehende Gefährdung der Sachsubstanz (OLG Köln ZIP 1988, 445; vgl. auch Stein/Jonas–Grunsky, 20. Auflage – 2. Bearb. –, § 935 ZPO Rn 12). Es erscheint bereits fraglich, ob die unveränderte Fortsetzung der bisherigen Nutzung überhaupt eine „Veränderung des bestehenden Zustandes" i.S.d. § 935 ZPO darstellt. **Als Vereitelung oder wesentliche Erschwerung des Anspruchs können deshalb allenfalls Einwirkungen angesehen werden, die die Sachsubstanz so nachhaltig beeinträchtigen, dass der Herausgabeanspruch wirtschaftlich ausgehöhlt wird** und dem Berechtigten gleichsam nur noch die leere Hülle seines Rechtes verbleibt. Das ist bei der bis zu einer Entscheidung in der Hauptsache befristeten weiteren bestimmungsgemäßen Nutzung in der Regel nicht der Fall.*

*Diese Betrachtung trägt zugleich dem Gedanken Rechnung, dass der Eigentümer, der eine Sache einem anderen zum Gebrauch überlassen hat, in bezug auf die Sicherung seiner Rechte nicht schutzwürdiger erscheint als jeder andere Gläubiger, der seine Ansprüche gerichtlich durchsetzen muss. Setzt der Besitzer den Gebrauch unberechtigt fort, so kommen regelmäßig Ansprüche aus der zugrunde liegenden Vertragsbeziehung oder aus §§ 987 ff. BGB in Betracht, die einen gewissen Ausgleich bewirken. Das Risiko, diese Forderungen wegen Zahlungsunfähigkeit des Schuldners nicht realisieren zu können, rechtfertigt vorbehaltlich besonderer Umstände ebensowenig eine Sicherung im vorläufigen Rechtsschutz wie die allgemeine Gefahr, dass sich die Vermögensverhältnisse des Schuldners verschlechtern.*

*Nach diesen Erwägungen erscheint eine Sicherungsverfügung zugunsten des Eigentümers, der eine Sache freiwillig einem Dritten zur Nutzung überlassen hat, allenfalls dann geboten, wenn die Grenzen des bestimmungsgemäßen Gebrauchs deutlich überschritten werden und damit Verschlechterungen drohen, die von der ursprünglichen Überlassungsentscheidung nicht mehr gedeckt sind ... "*

---

[182] Sicherungsverfügung: OLG Dresden MDR 1998, 305; OLG Düsseldorf MDR 1995, 635; *Bornhorst*, WM 1998, 1668.
[183] OLG Düsseldorf MDR 1995, 635.

238 In einem ähnlichen Fall hat das OLG Dresden[184] entschieden:

> „*Eine einstweilige Verfügung auf Herausgabe sicherungsübereigneter Kraftfahrzeuge an einen Sequester ist nicht allein deshalb gerechtfertigt, weil der weitere Gebrauch der Fahrzeuge zu einer Abnutzung und Entwertung führt.*"

239 Aus dieser Rechtsprechung kann geschlossen werden, dass eine einstweilige Verfügung auf Herausgabe von Gegenständen an einen Sequester zulässig sein kann, wenn der unmittelbare Besitzer bzw. Gewahrsamsinhaber – woher er sein Recht auch nimmt – die Grenzen eines ordnungsgemäßen Gebrauchs der Sache verletzt.

240 Kritik an dieser Rechtsprechung übt mit beachtlichen Argumenten *Bornhorst* in WM 1998, 1668; er führt u.a. aus, dass das Argument, die einstweilige Verfügung auf Herausgabe nehme die Hauptsache vorweg, nicht stichhaltig sei, weil nicht Herausgabe an den Gläubiger, sondern an einen Sequester angeordnet werden könne, und damit sei der Sicherungszweck, der Gegenstand jedes vorläufigen Rechtsschutzes sei, erreicht.

### 5. Vorläufiger Rechtsschutz bei einem Zahlungsanspruch

241 *Grunsky* führt in JuS 1976, 284 aus:

> „*Zu Recht ist die Zulässigkeit einer Leistungsverfügung bejaht worden bei Ansprüchen auf Arbeitsentgelt[185] oder aus sonstigen Dienstverträgen.[186] Wenn die Rechtsprechung bei Mietzinsansprüchen[187] oder bei einem Schmerzensgeldanspruch[188] eine Leistungsverfügung ablehnt, so übersieht sie, dass es nicht auf die juristische „Abstammung" des Anspruchs, sondern allein darauf ankommt, dass sich der Gläubiger in einer Notlage befindet. Eine derartige Notlage kann unabhängig davon gegeben sein, aus welcher Rechtsnorm sich der Anspruch ergibt.*"

## F. Einzelne Auskunftsansprüche

### I. Auskunftsanspruch wegen ausgleichungspflichtiger Vorempfänge

#### 1. Auskunftserteilung zur Vorbereitung der Erbteilung

242 Im Rahmen der Auseinandersetzung des Nachlasses nach §§ 2042 ff. BGB sind u.U. Vorempfänge auszugleichen, die der Erblasser zu Lebzeiten seinen Abkömmlingen gewährt hat, §§ 2050 ff. BGB. Damit die Auseinandersetzung ordnungsgemäß vorgenommen werden kann, gewährt § 2057 BGB **jedem Miterben** einen Anspruch auf Auskunft über solche ausgleichungspflichtigen Vorempfänge (Ausstattungen, §§ 2050 Abs. 1, 1624 BGB; Schenkungen, §§ 2050 Abs. 3, 516 BGB; übermäßige Zuschüsse und übermäßige Berufsausbildungskosten, § 2050 Abs. 2 BGB).

Der Auskunftsanspruch der Miterben aus § 2057 BGB geht dem Auseinandersetzungsanspruch aus § 2042 BGB vor, d.h. bevor die Teilung das Nachlasses verlangt werden kann, müssen alle Auskünfte über ausgleichungspflichtige Vorempfänge erteilt sein, weil die bei

---

184 OLG Dresden MDR 1998, 305.
185 LAG Mannheim BB 1968, 335.
186 LG Köln MDR 1962, 415.
187 OLG Celle NJW 1952, 1221.
188 OLG Celle VersR 1960, 280.

der Erbteilung vorzunehmende Ausgleichung erst nach Auskunftserteilung möglich ist.[189] D.h. die Nichterteilung von Auskünften gewährt eine **Einrede gegen den Erbauseinandersetzungsanspruch** (vgl. hierzu das Muster für eine Widerklage unten Rn 253).

### 2. Gläubiger des Auskunftsanspruchs

**Gläubiger** ist jeder Miterbe, der zum Kreis der Erbberechtigten gehört, also Miterbe der betreffenden Erbengemeinschaft ist. 243

Aber auch der Testamentsvollstrecker, zu dessen Aufgabe die Auseinandersetzung des Nachlasses gehört, kann Auskunft verlangen, weil er andernfalls eine ordnungsgemäße Auseinandersetzung nicht vornehmen könnte.[190]

### 3. Schuldner des Auskunftsanspruchs

**Schuldner** des Auskunftsanspruchs ist jeder nach §§ 2050 ff. BGB Ausgleichsverpflichtete, aber auch ein nichterbender pflichtteilsberechtigter Abkömmling.[191] 244

### 4. Inhalt des Auskunftsanspruchs

Nicht über jede Zuwendung ist Auskunft zu geben, sondern nur über solche, die auch der Ausgleichung nach §§ 2050 ff. BGB unterliegen. Anzugeben sind solche Zuwendungen, die nach ihren generellen Eigenschaften, also auch nur möglicherweise von den Ausgleichungsvorschriften erfasst werden.[192] Dem Auskunftsschuldner kann es nicht überlassen bleiben, die rechtliche Qualifikation einer Ausgleichungspflicht alleine vorzunehmen. Aus demselben Grund sind auch sog. Pflicht- und Anstandsschenkungen anzugeben. 245

In der Praxis ist auch zu fragen nach erlassenen Schulden (Erlassvertrag = verfügendes Rechtsgeschäft, § 397 BGB), deren Kausalgeschäft ebenfalls eine ausgleichungspflichtige Zuwendung sein kann.

Nach h.M. ist – noch auf der Grundlage zweier RG-Entscheidungen[193] – eine zeitlich und gegenständlich unbeschränkte „**Totalaufklärung**" geschuldet.[194]

Über folgende lebzeitige Zuwendungen ist – entsprechend der Verweisung in § 2057 BGB auf die §§ 2050 ff. BGB – Auskunft zu erteilen:
- **Ausstattungen**, §§ 2050 Abs. 1, 1624 BGB,
- **Zuschüsse zum Einkommen**, § 2050 Abs. 2 BGB,
- **Aufwendungen für die Berufsausbildung**, § 2050 Abs. 2 BGB,
- **andere Zuwendungen**, vor allem **Schenkungen**, § 2050 Abs. 3 BGB.

Wegen der Verpflichtung zur Abgabe einer **eidesstattlichen Versicherung** verweist § 2057 BGB auf § 260 BGB (vgl. dazu unten Rn 252).

---

189 OLG Stuttgart BWNotZ 1976, 89.
190 MüKo-*Heldrich*, § 2057 BGB Rn 4; Staudinger/*Werner*, § 2057 BGB Rn 3.
191 OLG Nürnberg NJW 1957, 1482.
192 RGZ 73, 372, 377.
193 RGZ 58, 88, 91, 93; RGZ 73, 372, 378.
194 MüKo-*Heldrich*, § 2057 BGB Rn 4; vgl. auch *Sarres*, ZEV 2000, 349.

## 5. Wertangaben

246 Angaben zum Wert sind allenfalls auf der Grundlage von § 242 BGB zu machen, vor allem über wertbildende Faktoren eines zugewendeten Gegenstandes.[195] Ein Anspruch auf Erstellung und Vorlage eines (Sachverständigen-)Wertgutachtens besteht allenfalls unter dem Gesichtspunkt von Treu und Glauben.[196] Die Kosten dafür würde der an dem Gutachten interessierte Auskunftsgläubiger zu tragen haben.[197]

## 6. Prozessuales

247 Der Klageantrag kann sich darauf beschränken, Auskunft über die auszugleichenden Zuwendungen zu erteilen.[198] Der klagende Miterbe braucht weder darzulegen noch zu beweisen, dass eine Zuwendung erfolgt ist.[199] Es reicht, wenn der Kläger darlegt und ggf. beweist, dass er und der beklagte Miterbe an einer nach dem Gesetz vorzunehmenden Ausgleichung gemäß den Vorschriften der §§ 2050 ff. BGB beteiligt sind (siehe das nachfolgende Muster unter Rn 251).

248 **Urkundenvorlage durch Dritte:** Nach § 142 ZPO kann das Gericht – ggf. unter Fristsetzung – von Amts wegen die Vorlage von Urkunden nicht nur durch die Parteien, sondern auch durch Dritte anordnen, sofern dem Dritten dies zumutbar ist und er kein Zeugnisverweigerungsrecht hat.[200] Zwangsmittel stehen gegenüber dem Dritten wie gegenüber einem Zeugen zur Verfügung. Bei **Erbteilungsklagen** ist die Kenntnis über ausgleichungspflichtige Vorempfänge von großer Wichtigkeit (§§ 2050 ff., 1624 BGB). Urkunden sind generell zuverlässigere Beweismittel als Zeugenaussagen. Deshalb ist es für eine beweispflichtige Partei von Vorteil, wenn ein Dritter schriftliche Unterlagen, bspw. einen Überweisungsbeleg, vorlegen kann. Dritter kann auch der zuständige Mitarbeiter einer Bank sein, die Kontounterlagen wenigstens in der Form von Mikrofilmen besitzt.

249 **Schlüssigkeit der Klage:** Der Klageantrag kann sich darauf beschränken, Auskunft über die auszugleichenden Zuwendungen zu erteilen.[201] Der klagende Miterbe braucht weder darzulegen noch zu beweisen, dass eine Zuwendung erfolgt ist.[202] Es reicht, wenn der Kläger darlegt und ggf. beweist, dass er und der beklagte Miterbe an einer nach dem Gesetz vorzunehmenden Ausgleichung gemäß den Vorschriften der §§ 2050 ff. BGB beteiligt sind.

**Beweislast bei gemischter Schenkung:** Behauptet der Kläger, ein entgeltliches Rechtsgeschäft beinhalte wegen seiner besonderen rechtlichen Ausgestaltung eine ausgleichungspflichtige Zuwendung, so trägt er dafür die **Beweislast**.[203]

---

195 BayObLG OLGE 40, 149; OLG Hamm FamRZ 1983, 1279; Soergel/*Wolf*, § 2057 Rn 1; MüKo-*Heldrich*, § 2057 Rn 6.
196 OLG Hamm FamRZ 1983, 1279.
197 BGZ 84, 31, 35 = NJW 1982, 1643; BGH NJW 1986, 127; Bamberger/Roth/*Lohmann*, § 2057 Rn 4.
198 BayObLG OLGE 40, 149; MüKo-*Heldrich*, § 2057 BGB Rn 4.
199 Staudinger/*Werner*, § 2057 BGB Rn 7; MüKo-*Heldrich*, § 2057 BGB Rn 8.
200 Vgl. ausführlich *Frühauf/Kortge*, Das Zivilprozessreformgesetz, Beilage NJW 2000 Heft 40.
201 BayObLG OLGE 37, 253.
202 Staudinger/*Werner*, § 2057 Rn 7; MüKo-*Heldrich*, § 2057 BGB Rn 8.
203 Soergel/*Wolf*, § 2057 BGB Rn 4; MüKo-*Heldrich*, § 2057 BGB Rn 8.

## 7. Streitwert

Der Streitwert einer Auskunftsklage richtet sich nicht nach dem von einer Ausgleichung zu erwartenden Vorteil, sondern nach dem Interesse an der verlangten Auskunft in ihrer Eigenschaft als den Leistungsanspruch sichernde Hilfsleistung.[204]

## 8. Muster: Klage auf Auskunft nach § 2057 BGB

An das

Landgericht
– Zivilkammer –

*Klage*

des Herrn

– Klägers –

Prozessbevollmächtigter: Rechtsanwalt

gegen

Frau

– Beklagte –

wegen Auskunft und eidesstattlicher Versicherung.

Namens und in Vollmacht des Klägers erhebe ich Klage gegen die Beklagte und werde in dem zu bestimmenden Termin beantragen, für Recht zu erkennen:

1. Die Beklagte wird verurteilt, dem Kläger Auskunft zu erteilen über die von ihrem Vater, des am         in         verstorbenen Herrn         , zuletzt wohnhaft gewesen in         , zu dessen Lebzeiten erhaltenen unentgeltlichen Zuwendungen, deren Ausgleichungspflicht nach §§ 2050 ff. BGB in Betracht kommt.
2. Für den Fall, dass die Auskunft nicht mit der erforderlichen Sorgfalt erteilt worden sein sollte, wird die Beklagte weiter verurteilt, zu Protokoll an Eides statt zu versichern, dass sie nach bestem Wissen die Angaben so richtig und vollständig gemacht hat, wie sie dazu im Stande ist.

Falls die Voraussetzungen des § 331 Abs. 3 bzw. § 307 ZPO vorliegen, bitte ich um Erlass eines **Versäumnis- bzw. Anerkenntnisurteils** ohne mündliche Verhandlung, zunächst bezüglich Ziff. 1 des Klageantrags als Teilurteil.

*Begründung:*

Mit der Klage macht der Kläger gegen die Beklagte einen Auskunftsanspruch nach § 2057 BGB geltend.

Die Parteien sind Geschwister und die einzigen Kinder des am         in         verstorbenen Herrn         , zuletzt wohnhaft gewesen in         , dem Vater der Parteien.

Der Erblasser hat keine Verfügung von Todes wegen hinterlassen, so dass gesetzliche Erbfolge eingetreten ist. Die Parteien sind je hälftig zur Erbfolge berufen.

*Beweis:* Begl. Abschrift des Erbscheins des Nachlassgerichts         vom         Az.         – Anlage –

Die Auseinandersetzung des Nachlasses kann bislang nicht erfolgen, weil die Beklagte dem Kläger gegenüber jede Auskunft darüber verweigert hat, ob und ggf. welche Zuwendungen sie vom Erblasser erhalten

---

204 Soergel/*Wolf*, § 2057 BGB Rn 7; Zöller/*Herget*, § 3 ZPO, Stichwort „Auskunft".

hat, die nach den Vorschriften über die Ausgleichung (§§ 2050 ff. BGB) in der Erbteilung zu berücksichtigen sind.

Vorgerichtlich hat die Beklagte lediglich davon gesprochen, dies liege alles schon so lange zurück und sei deshalb sicher längst verjährt. Darauf kommt es jedoch nicht an. Bei der Ausgleichung geht es nicht um Leistungsansprüche nach § 194 BGB, die der Verjährung unterliegen könnten, vielmehr sind bei der Erbteilung in die Teilungsmasse alle ausgleichungspflichtigen Vorempfänge aufzunehmen, gleichgültig zu welchem Zeitpunkt sie gewährt wurden, weil es hierbei nicht um Leistungen geht, sondern um die Ermittlung des Verteilerschlüssels zur Feststellung des Auseinandersetzungsguthabens in der Erbteilung, vgl. § 2055 BGB.

Der Kläger ist auch nicht verpflichtet, Tatsachen vorzutragen, aus denen sich ein Hinweis auf den Erhalt ausgleichungspflichtiger Vorempfänge ergeben könnte. Der klagende Miterbe braucht weder darzulegen noch zu beweisen, dass eine Zuwendung erfolgt ist (*Staudinger/Werner* § 2057 BGB Rn 7; *MüKo–Heldrich* § 2057 BGB Rn 8). Es reicht, wenn der Kläger darlegt und ggf. beweist, dass er und der beklagte Miterbe an einer nach dem Gesetz vorzunehmenden Ausgleichung gemäß den Vorschriften der §§ 2050 ff. BGB beteiligt sind.

Dies ist hier der Fall: Die Parteien sind die einzigen an der Erbengemeinschaft nach ihrem Vater beteiligten Miterben. Die Ausgleichungspflicht unter ihnen besteht kraft Gesetzes (§§ 2050 ff. BGB), weil sie Kinder des Erblassers sind.

Streitwert: Vorläufig 15.000 EUR. Der Nachlass dürfte einen Wert von ca. 200.000 EUR haben. Andererseits kann der Kläger nichts dazu sagen, ob die Beklagte irgendwelche ausgleichungspflichtigen Zuwendungen vom Erblasser erhalten hat.

(Rechtsanwalt)

## 9. Eidesstattliche Versicherung

252 Die Abgabe einer eidesstattlichen Versicherung ist nur für den Fall geschuldet, dass ein **begründeter Verdacht** besteht, die Auskunft sei nicht mit der gebotenen Sorgfalt erteilt worden, § 260 Abs. 2 BGB (siehe hierzu im Einzelnen Rn 163 ff.). Wurde die Auskunft erteilt, so kann wegen einer etwaigen Unvollständigkeit grundsätzlich nicht eine Ergänzung der Auskunft, sondern lediglich die Abgabe der eidesstattlichen Versicherung verlangt werden, es sei denn, die Auskunftspflicht könnte als nicht erfüllt angesehen werden.[205]

Die eidesstattliche Versicherung ist im FG-Verfahren – §§ 410 Nr. 1, 413 FamFG – abzugeben; funktionell zuständig dafür ist der Rechtspfleger, § 3 Nr. 1b RpflegerG.

Wurden in der Auskunft Wertangaben gemacht, so bezieht sich die eidesstattliche Versicherung auch darauf.[206]

---

205 MüKo-*Heldrich*, § 2057 BGB Rn 9.
206 BayObLG OLGE 37, 253.

*Krug*

## 10. Muster: Widerklage auf Auskunft gegen Erbteilungsklage

An das

Landgericht
– Zivilkammer –


Az.

*Klageerwiderung*

*und*

*Widerklage*

der Frau

– Beklagten/Widerklägerin –

Prozessbevollmächtigter: Rechtsanwalt

gegen

Herr

– Kläger/Widerbeklagten –

Prozessbevollmächtigter: Rechtsanwalt

wegen Zustimmung zur Erbteilung, Auskunft und eidesstattlicher Versicherung.

Namens und in Vollmacht der Beklagten/Widerklägerin beantrage ich
1. Klageabweisung bezüglich der vom Kläger erhobenen Erbteilungsklage,
2. im Wege der hiermit von der Beklagten erhobenen **Widerklage** gegen den Kläger, für Recht zu erkennen:
   a) Der Kläger wird verurteilt, der Beklagten Auskunft zu erteilen über die von seinem Vater, des am ▇▇▇ in ▇▇▇ verstorbenen Herrn ▇▇▇, zuletzt wohnhaft gewesen in ▇▇▇, zu dessen Lebzeiten dem Kläger gewährte unentgeltliche Zuwendungen, deren Ausgleichungspflicht nach §§ 2050 ff. BGB in Betracht kommt.
   b) Für den Fall, dass die Auskunft nicht mit der erforderlichen Sorgfalt erteilt worden sein sollte, wird der Kläger weiter verurteilt, zu Protokoll an Eides statt zu versichern, dass er nach bestem Wissen die Angaben so richtig und vollständig gemacht hat, wie er dazu im Stande ist.
   Falls die Voraussetzungen des § 331 Abs. 3 bzw. § 307 ZPO vorliegen, bitte ich um Erlass eines **Versäumnis- bzw. Anerkenntnisurteils** ohne mündliche Verhandlung, zunächst bezüglich Ziff. 1 und Ziff. 2 lit. a als Teilurteil.

*Begründung:*

Mit der Klage macht der Kläger gegen die Beklagte seinen Erbteilungsanspruch nach § 2042 BGB geltend. Dieser Anspruch besteht zurzeit jedoch nicht, weil mangels Kenntnis der Beklagten über ausgleichungspflichtige Vorempfänge, die der Kläger vom Erblasser erhalten haben könnte, die Erbteilung nicht vorgenommen werden kann.

Die Parteien sind Geschwister und die einzigen Kinder des am ▇▇▇ in ▇▇▇ verstorbenen Herrn ▇▇▇, zuletzt wohnhaft gewesen in ▇▇▇, dem Vater der Parteien.

Der Erblasser hat keine Verfügung von Todes wegen hinterlassen, so dass gesetzliche Erbfolge eingetreten ist. Die Parteien sind je hälftig zur Erbfolge berufen.

*Beweis:* Begl. Abschrift des Erbscheins des Nachlassgerichts ▇▇▇ vom ▇▇▇ Az. ▇▇▇
– Anlage B 1 –

Die Auseinandersetzung des Nachlasses kann bislang nicht erfolgen, weil der Kläger der Beklagten gegenüber jede Auskunft darüber verweigert hat, ob und ggf. welche Zuwendungen er vom Erblasser erhalten hat, die nach den Vorschriften über die Ausgleichung (§§ 2050 ff. BGB) in der Erbteilung zu berücksichtigen sind.

Solange jedoch keine Klarheit über ausgleichungspflichtige Zuwendungen im Sinne der §§ 2050 ff. BGB besteht, kann eine Erbteilung nicht durchgeführt werden. Die Auskunftspflicht des Klägers nach § 2057 BGB hat Vorrang vor seinem Anspruch auf Erbteilung nach § 2042 BGB (vgl. OLG Stuttgart, BWNotZ 1976, 89).

Der Kläger hat die schriftliche Anfrage der Beklagten nach ausgleichungspflichtigen Vorempfängen vom ▇▇▇ unbeantwortet gelassen. Er hat bisher keinerlei Auskunft zu etwaigen unentgeltlichen Zuwendungen von Seiten des Erblassers an ihn erteilt.

*Beweis:*   a)   Schreiben der Beklagten an den Kläger vom ▇▇▇ – Anlage B 2 –
            b)   Parteivernehmung des Klägers.

Deshalb ist die vom Kläger erhobene Klage auf Zustimmung zum Teilungsplan abzuweisen, der Widerklage bezüglich des Auskunftsanspruchs nach § 2057 BGB ist stattzugeben.

Streitwert der Widerklage: vorläufig 15.000 EUR. Der Wert des Nachlasses beläuft sich auf ca. 200.000 EUR. Da die Beklagte/Widerklägerin keine Vorstellung über die Höhe etwaiger ausgleichungspflichtiger Zuwendungen an den Kläger/Widerbeklagten hat, kann das Interesse ihres Auskunftsanspruchs nur vorläufig angegeben werden.

(Rechtsanwalt)

Checkliste zur Auskunftsklage siehe Rn 258.

### 11. Freiwillige Abgabe der eidesstattlichen Versicherung

**254**   Die eidesstattliche Versicherung ist im FG-Verfahren – §§ 410 Nr. 1, 413 FamFG – abzugeben; funktionell zuständig dafür ist der Rechtspfleger, § 3 Nr. 1b RpflegerG.

### 12. Zwangsvollstreckungsantrag zur Auskunftserteilung

**255**   Wird die Auskunft nicht freiwillig erteilt, so ist sie nach § 888 ZPO zu erzwingen (vgl. allgemein zur Zwangsvollstreckung von Auskunftsurteilen Rn 218 ff.).

### 13. Vorläufiger Rechtsschutz

**256**   Zum **vorläufigen Rechtsschutz** bezüglich Auskunftsansprüchen vgl. § 9 Rn 227 ff.

### 14. Muster: Zwangsvollstreckungsantrag

**257**   An das
Amts-/Landgericht
▇▇▇

*Antrag auf Festsetzung von Zwangsmitteln nach § 888 ZPO*

In der Zwangsvollstreckungssache

▇▇▇ / ▇▇▇ , Az. ▇▇▇

beantrage ich namens des Gläubigers gegen den Schuldner, Herrn ▇▇▇ , wohnhaft in ▇▇▇ , wegen verweigerter Auskunftserteilung gemäß dem rechtskräftigen Urteil des ▇▇▇ gerichts vom ▇▇▇ , Az.

*Krug*

_____, ein Zwangsgeld festzusetzen und für den Fall, dass dieses nicht beigetrieben werden kann, Zwangshaft anzuordnen.

*Begründung:*

Der Schuldner wurde in dem zuvor bezeichneten Urteil, dessen vollstreckbare Ausfertigung ich diesem Antrag beifüge, verurteilt, Auskunft über solche unentgeltlichen Zuwendungen zu erteilen, die er zu Lebzeiten des am _____ verstorbenen Herrn _____ von diesem erhalten hat. Die Ausfertigung des Urteils wurde dem Schuldner am _____ zugestellt. Am _____ wurde er aufgefordert, die Auskunft zu erteilen. Eine Reaktion ist nicht erfolgt.

Die Festsetzung von Zwangsmitteln ist deshalb unumgänglich.

(Rechtsanwalt)

### 15. Checkliste: Auskunftsklage wegen ausgleichungspflichtiger Vorempfänge

- Sachliche Zuständigkeit: Amts-/Landgericht
- Örtliche Zuständigkeit: §§ 12, 13 ZPO
- Kläger: Miterbe
- Beklagter: ein miterbender Abkömmling
- Abkömmlinge müssen zu den gesetzlichen Erbteilen oder in ähnlicher Weise zu Erben berufen sein (§§ 2050–2053 BGB)
- Ausgleichungspflichtige Zuwendungen – auch Schuldenerlass –
  - Ausstattung (§§ 1624, 2050 Abs. 1 BGB)
  - Schenkung, sofern die Ausgleichungspflicht ausdrücklich oder stillschweigend angeordnet
    (§§ 516, 2050 Abs. 3 BGB)
  - gemischte Schenkungen bzgl. des Schenkungsteils
  - übermäßige Zuschüsse (§ 2050 Abs. 2 BGB)
  - übermäßige Berufsausbildungskosten (§ 2050 Abs. 2 BGB)
- Keine abweichende Bestimmung bzgl. der Ausgleichungspflicht
  - vor oder bei der Zuwendung
  - durch Verfügung von Todes wegen
  - durch Erb- oder Pflichtteilsverzicht
- Versicherung der Richtigkeit an Eides statt?
- Stufenklage
- Der Anspruch kennt keine weiteren materiellen Voraussetzungen als die Zugehörigkeit der Miterben zur selben Erbengemeinschaft und ihre Beteiligung daran im Verhältnis der gesetzlichen Erbteile oder diesen gleichstehende testamentarische Erbteile (§ 2052 BGB).

## II. Auskunftsansprüche des Erben gegen den Erbschaftsbesitzer nach § 2027 BGB

### 1. Allgemeines

Nach § 1922 BGB ist der Nachlass auf den Erben übergegangen, unabhängig davon, ob der Erbe den Nachlass in seinem Bestand und Umfang kennt. Um sein Risiko in Bezug auf die Haftung abschätzen zu können, aber auch um Besitz von den einzelnen Gegenständen ergreifen zu können, muss der Erbe wissen, was im Einzelnen zum Nachlass gehört. Deshalb gewährt das Gesetz dem Erben einen Auskunftsanspruch gegen denjenigen, der die Erbschaft in Besitz hat.

## 2. Inhalt der Auskunft

### a) Umfassender Auskunftsanspruch

260 Der Erbschaftsbesitzer ist nach § 2027 Abs. 1 BGB verpflichtet, dem Erben
- über den **Bestand des Nachlasses** – dazu gehören auch Gegenstände, die dem Erbschaftsbesitzer als Voraus (§ 1932 BGB) oder als Vorausvermächtnis (§ 2150 BGB) zukommen sollen – und
- über den Verbleib von Erbschaftsgegenständen
- einschließlich der Surrogate (§ 2019 BGB)
- sowie der Nutzungen (§ 2020 BGB)

Auskunft zu geben.

261 § 2018 BGB begründet bereits die Pflicht des Erbschaftsbesitzers, dem Erben ein Verzeichnis aller besessenen Nachlassgegenstände vorzulegen und dieses erforderlichenfalls nach § 260 BGB mit einer eidesstattlichen Versicherung zu bekräftigen.

Dem Erben soll damit die Durchsetzung seines Herausgabeanspruchs gegen den Erbschaftsbesitzer nach § 2018 BGB ermöglicht werden.

### b) Auskunft über Surrogate und Nutzungen

262 Mit der Auskunftspflicht bezüglich des Verbleibs von Erbschaftsgegenständen **einschließlich der Surrogate** (§ 2019 BGB) und der gezogenen **Nutzungen** (§ 2020 BGB) kommt die Auskunftspflicht einer Rechenschaftspflicht sehr nahe.

### c) Verbleib von Erbschaftsgegenständen

263 Nicht nur über den körperlichen Verbleib, sondern auch über den wirtschaftlichen Verbleib von Nachlassgegenständen ist Auskunft zu erteilen, d.h. auch darüber, ob und welcher Wertersatz für die verschwundenen Gegenstände in den Nachlass gelangt ist.

Über den strengen Wortlaut des § 2028 BGB hinaus bezieht sich die Auskunftspflicht auch auf solche Gegenstände, die schon vor dem Erbfall beiseite geschafft wurden.[207] Aber die Auskunftspflicht beinhaltet nicht die Pflicht, Nachforschungen über den Verbleib von Erbschaftsgegenständen anzustellen.[208] Evtl. kann eine Herausgabepflicht nach § 667 BGB bestehen.

### d) Auskunftsanspruch aus Geschäftsführung ohne Auftrag

264 Führt der Erbschaftsbesitzer Geschäfte vor dem Erbfall oder auch danach, so kann sich eine Konkurrenz mit Auskunftsansprüchen nach §§ 666, 681 BGB ergeben.

## 3. Auskunftsgläubiger

265 Da dem Erben der Erbschaftsanspruch zusteht, ist er auch Inhaber des Auskunftsanspruchs gegen den Erbschaftsbesitzer. Der Auskunftsanspruch gehört zum Nachlass; bei Vorhandensein mehrerer Miterben kann jeder den Anspruch – auch gegen den Widerspruch der anderen – geltend machen, allerdings nach § 2039 BGB nur Leistung an alle Miterben verlangen.

---

207 RGZ 81, 293, 295, 296.
208 BGH DB 1964, 1443.

Ist Testamentsvollstreckung angeordnet, so ist der Anspruch vom Testamentsvollstrecker geltend zu machen, § 2205 BGB. Entsprechendes gilt für den Nachlassverwalter bei bestehender Nachlassverwaltung[209] sowie den Nachlassinsolvenzverwalter.

Dem Nacherben steht der Auskunftsanspruch erst nach Eintritt des Nacherbfalls zu. Aber auch dem Pfandgläubiger, der ein rechtsgeschäftliches oder vollstreckungsrechtliches Pfandrecht am Erbteil eines Miterben erworben hat, dürfte der Auskunftsanspruch anstelle des Miterben zustehen, weil er anders seine Rechte aus dem Pfandrecht nicht geltend machen könnte.

**4. Auskunftsschuldner**

a) Auskunftsschuldner nach § 2027 Abs. 1 BGB

Der **Erbschaftsbesitzer** ist auskunftspflichtig und damit nach § 2018 BGB derjenige, „der aufgrund eines ihm in Wirklichkeit nicht zustehenden Erbrechts etwas aus der Erbschaft erlangt hat". Erbschaftsbesitzer in diesem Sinne kann auch ein Miterbe sein, der ein über seinen Erbteil hinausgehendes Erbrecht für sich beansprucht; hinsichtlich der ihm nicht gebührenden Differenz ist er Erbschaftsbesitzer.[210]

Mit dem Tod des Erbschaftsbesitzers geht die noch nicht erfüllte Auskunftspflicht auf dessen Erben als Nachlassverbindlichkeit über, der sich die erforderliche Kenntnis notfalls beschaffen muss.[211]

**Beispiel**[212]
Ein Ehepaar, aus dessen Ehe zwei Kinder hervorgegangen sind, errichtete im Jahr 1954 ein gemeinschaftliches Testament, durch das sie sich gegenseitig als befreite Vorerben und ihre beiden Kinder als Nacherben einsetzten. Die Ehefrau starb im Jahr 1971.
Im Jahr 1972 heiratete der überlebende Witwer ein zweites Mal. Aus dieser Ehe gingen eine Tochter und ein Sohn hervor. Innerhalb eines Jahres nach der Geburt der Tochter focht der Witwer das gemeinschaftliche Testament von 1954 durch notarielle Erklärung gegenüber dem Nachlassgericht an.
Aufgrund dessen ist die vorverstorbene erste Ehefrau kraft Gesetzes beerbt worden vom Witwer zur Hälfte und von den erstehelichen Kindern zu je einem Viertel.
Der Witwer starb 1998. Aufgrund seines formgültigen Testaments von 1996 wurde die zweite Ehefrau und jetzige Witwe seine Alleinerbin.
Die beiden erstehelichen Kinder wollen wissen, ob sie die zweite Ehefrau und jetzige Alleinerbin ihres Vaters auf Auskunft über den Bestand des Nachlasses der Mutter und über den Verbleib der Erbschaftsgegenstände in Anspruch nehmen können. Außerdem sind sie der Meinung, sie könnten Einräumung des Mitbesitzes am Nachlass der Mutter, Grundbuchberichtigung hinsichtlich der Nachlassgrundstücke und die Auseinandersetzung des Nachlasses nach ihrer Mutter verlangen.
**Lösung**
Der Witwer und Vater der beiden erstehelichen Kinder war Erbschaftsbesitzer.

---

209 Palandt/*Edenhofer*, § 2027 BGB Rn 4.
210 RGZ 81, 30, 32; RGZ 81, 293, 295; OLG Karlsruhe MDR 1972, 424; Palandt/*Edenhofer*, § 2027 BGB Rn 4.
211 BGH NJW 1985, 3068 = FamRZ 1985, 1246 m. Anm. *Dieckmann*, FamRZ 1985, 1247 und *Hohloch*, JuS 1986, 315.
212 Nach BGH FamRZ 1985, 1019 = NJW 1985, 3068.

Nach dem Wortlaut des § 2018 BGB ist unter einem Erbschaftsbesitzer zu verstehen, wer aufgrund eines ihm in Wirklichkeit nicht zustehenden Erbrechts etwas aus der Erbschaft erlangt hat.

Er hat mit der Anfechtung des Testaments von 1954 nicht nur – mit Rückwirkung auf den Erbfall der Mutter – die ihm ursprünglich zugedachte Rechtsstellung als Vorerbe in die Stellung eines gesetzlichen Miterben neben den gemeinschaftlichen erstehelichen Kindern verwandelt. Da er bis zur Anfechtung den Nachlass für sich als Vorerbe in Anspruch genommen hat, ist er auch mit der Anfechtung zugleich – rückschauend betrachtet – als Erbschaftsbesitzer anzusehen.

Der Vater hat den Nachlass der Mutter unter Inanspruchnahme eines ihm zustehenden Erbrechts als deren alleiniger Vorerbe erlangt. Darin lag zunächst keine unberechtigte Erbanmaßung. Vielmehr war der Vater nach dem Tod seiner ersten Ehefrau tatsächlich deren alleiniger Vorerbe geworden. Das änderte sich jedoch mit der wirksamen Testamentsanfechtung im Jahr 1974. Infolge dieser Anfechtung sind die eigenen wechselbezüglichen Verfügungen des Vaters entsprechend §§ 2281, 2079, 142 Abs. 1 BGB als nichtig anzusehen, so dass gem. § 2270 Abs. 1 BGB auch die Einsetzung des Vaters zum Vorerben seiner ersten Ehefrau von Anfang an unwirksam ist. Mit diesem Wegfall des Erbrechts des Vaters erscheint demgemäß auch die Erlangung des Nachlasses der Mutter durch den Vater in einem anderen Lichte. Das Erbrecht des Vaters, das dieser im Zusammenhang mit der Erlangung des Nachlasses der Mutter für sich in Anspruch genommen hatte, bestand – infolge der rückwirkend eingetretenen Unwirksamkeit der entsprechenden Verfügung der Mutter – i.S.v. § 2018 BGB von vornherein „in Wirklichkeit nicht", so dass der Vater von Anfang an als Erbschaftsbesitzer angesehen werden muss.

270 Dementsprechend war der Vater den erstehelichen Kindern bis zuletzt zur Auskunft nach § 2027 Abs. 1 BGB verpflichtet. Nach der Rechtsprechung des BGH[213] geht diese Auskunftspflicht als Nachlassverbindlichkeit auf die Erben des Erbschaftsbesitzers über. Damit ist die zweite Ehefrau und jetzige Alleinerbin Schuldnerin des Auskunftsanspruchs geworden.

271 BGH:[214]

*„Die Auskunftspflicht ist allerdings insofern höchstpersönlicher Natur, als sie zu Lebzeiten des Verpflichteten grundsätzlich in Person erfüllt werden muss ... Daraus folgt aber noch nicht, dass die Auskunftspflicht mit dem Tode des Verpflichteten unterginge. Die gesetzliche Ausgestaltung der Universalsukzession bringt es mit sich, dass die Erbschaft als Ganzes mit dem Erbfall auf die Erben übergeht, und zwar einschließlich der Verbindlichkeiten, die vom Erblasser herrühren (§ 1967 BGB). ...*

*Dass der Erbe des Erbschaftsbesitzers im Allgemeinen geringere Kenntnis über den Umfang und den Verbleib der Erbschaft haben wird als sein Rechtsvorgänger, steht (der Vererblichkeit der Auskunftsverpflichtung) nicht entgegen. Vielmehr wird der Erbe sich in Fällen dieser Art anhand der für ihn erreichbaren Erkenntnismittel eigenes Wissen zu verschaffen oder solches zu vervollständigen haben. ..."*

b) Auskunftsschuldner nach § 2027 Abs. 2 BGB

272 Die Definition des Erbschaftsbesitzers nach § 2018 BGB und damit des Schuldners des Auskunftsanspruchs ist eindeutig. Dem Erben muss ein Auskunftsanspruch aber auch gegen andere Besitzer von Erbschaftsgegenständen zustehen, damit er den Nachlass in Besitz

---

213 BGH FamRZ 1985, 1019.
214 BGH FamRZ 1985, 1019 = NJW 1985, 3068.

*Krug*

nehmen kann. Diese Lücke schließt § 2027 Abs. 2 BGB. Danach hat der Erbe den Auskunftsanspruch auch gegen denjenigen, der, „ohne Erbschaftsbesitzer zu sein, eine Sache aus dem Nachlass in Besitz nimmt, bevor der Erbe den Besitz tatsächlich ergriffen hat." Dazu gehört z.B. auch der **Vermieter**, der die **Wohnungsschlüssel für die Wohnung des Erblassers** an sich nahm.[215]

Nach dem eindeutigen Wortlaut von § 2027 Abs. 2 BGB besteht die Auskunftspflicht nicht, wenn der Besitz schon vor dem Erbfall begründet wurde. In diesem Fall kommt eine Rechenschaftspflicht nach §§ 681, 666 BGB in Betracht.

c) Muster: Gliederungsschema für ein Bestandsverzeichnis

*Verzeichnis*

*über den Bestand des Nachlasses*

des Herrn ▓▓▓, zuletzt wohnhaft in ▓▓▓, gestorben am ▓▓▓ in ▓▓▓

zum Stichtag ▓▓▓

vorgelegt von ▓▓▓

I. Immobilien

1. Bebaute Grundstücke
a) *Zweifamilienhaus in* ▓▓▓, ▓▓▓ Straße Nr. ▓▓▓
Eingetragen im Grundbuch des Amtsgerichts ▓▓▓, Band ▓▓▓, Heft ▓▓▓, BV Nr. ▓▓▓,
Gemarkung ▓▓▓, Flst. Nr. ▓▓▓, Größe ▓▓▓
Im Grundbuch eingetragene/r Eigentümer: ▓▓▓
Beide Wohnungen sind vermietet.
b) *Eigentumswohnung in* ▓▓▓, ▓▓▓ Straße Nr. ▓▓▓
Eingetragen im Wohnungsgrundbuch des Amtsgerichts ▓▓▓, Band ▓▓▓, Heft ▓▓▓, BV Nr. ▓▓▓, ▓▓▓/10.000 Miteigentumsanteil an dem Grundstück ▓▓▓ verbunden mit dem Sondereigentum an der Wohnung ▓▓▓, im Aufteilungsplan mit der Nr. ▓▓▓ bezeichnet.
Im Grundbuch eingetragene/r Eigentümer: ▓▓▓
Die Wohnung war vom Erblasser selbst bewohnt worden.

2. Unbebaute Grundstücke
a) *Baumwiese in* ▓▓▓
Eingetragen im Grundbuch des Amtsgerichts ▓▓▓, Band ▓▓▓, Heft ▓▓▓, BV Nr. ▓▓▓,
Gemarkung ▓▓▓, Flst. Nr. ▓▓▓, Größe ▓▓▓
Im Grundbuch eingetragene/r Eigentümer: ▓▓▓
Verpachtet.
b) *Wochenendgrundstück in* ▓▓▓
Eingetragen im Grundbuch des Amtsgerichts ▓▓▓, Band ▓▓▓, Heft ▓▓▓, BV Nr. ▓▓▓,
Gemarkung ▓▓▓, Flst. Nr. ▓▓▓, Größe ▓▓▓
Im Grundbuch eingetragene/r Eigentümer: ▓▓▓
Das Grundstück war vom Erblasser selbst genutzt worden.

II. Bewegliche Sachen
1. Wohnungseinrichtung: ▓▓▓
2. Fahrzeuge: ▓▓▓
3. Sammlungen: ▓▓▓
4. Bargeld: ▓▓▓

---

215 Palandt/*Edenhofer*, § 2027 BGB Rn 3.

5. Wertpapiere:
*III. Forderungen*
1. Bankguthaben:
2. Guthaben auf Bausparkonten:
3. Darlehensforderungen:
4. Forderungen auf Lieferung und Leistung:
5. Sonstige Forderungen (Sterbegeld, (Lebens-)Versicherungen etc.):
*IV. Verbindlichkeiten*
1. Gesicherte Verbindlichkeiten:
2. Ungesicherte Verbindlichkeiten:

*V. Surrogate und Nutzungen (§§ 2019, 2020 BGB)*

*VI. Verbleib von Nachlassgegenständen*

Seit dem           sind folgende Veränderungen im Nachlassbestand eingetreten:
1. Abgänge:
   a) Erfüllung von Verbindlichkeiten:
      aa) Geldleistungen:
      bb) Sachleistungen:
   b) Andere Rechtshandlungen:
2. Zugänge

Die Richtigkeit und Vollständigkeit dieses Verzeichnisses wird hiermit versichert.

(Ort, Datum, Unterschrift)

### 5. Prozessuales

#### a) Örtliche Zuständigkeit

274   Die Klage auf Auskunft kann am Gerichtsstand der Erbschaft – § 27 ZPO – erhoben werden. Aber auch der allgemeine Gerichtsstand nach §§ 12, 13 ZPO ist begründet.

#### b) Hemmung der Verjährung

275   Die Auskunftsklage allein führt nicht zur Hemmung der Verjährung des Herausgabeanspruchs.[216] Dazu wäre eine Stufenklage mit Rechtshängigmachung des Herausgabeanspruchs – auch in unbezifferter Form – erforderlich. Diese unbezifferte Leistungsstufe hemmt die Verjährung insoweit, als später die Leistung (hier die herauszugebenden Gegenstände) konkretisiert bzw. beziffert wird.[217]

276   Eine **Feststellungsklage** bzw. ein Feststellungsantrag innerhalb einer Stufenklage kann die Verjährung nur insoweit hemmen, als der dafür vorgetragene Sachverhalt später auch Grundlage der Leistungsklage sein wird.[218]

Wird nach Erledigung der Vorstufen – als Auskunfts-, Feststellungsantrag bzw. Antrag auf Abgabe der eidesstattlichen Versicherung – der Leistungsanspruch (Herausgabe bzw. Zahlung) nicht weiter verfolgt, so endet die Verjährungshemmung mit diesem Stillstand i.S.v. § 204 Abs. 2 BGB.[219]

---

216 OLG Oldenburg ZEV 1996, 116.
217 BGH NJW 1975, 1409; NJW 1992, 2563.
218 BGH NJW 1996, 1743.
219 BGH NJW 1975, 1409; NJW 1968, 692; NJW 1971, 751; BAG NJW 1972, 1247.

## c) Zwangsvollstreckung

Die **Zwangsvollstreckung** erfolgt nach § 888 ZPO (siehe hierzu im Einzelnen Rn 218 ff.).

## d) Zuständigkeit für die Abgabe der eidesstattlichen Versicherung

Die eidesstattliche Versicherung ist im FG-Verfahren – §§ 410 Nr. 1; 413 FamFG – abzugeben; funktionell zuständig dafür ist der Rechtspfleger, § 3 Nr. 1b RpflegerG (siehe hierzu im Einzelnen Rn 163 ff.).

## e) Vorläufiger Rechtsschutz

Siehe hierzu im Einzelnen Rn 227 ff.

## 6. Muster: Nur Auskunftsantrag in der Auskunftsklage gegen Erbschaftsbesitzer

An das
Landgericht
– Zivilkammer –

*Klage*

des

– Klägers –

Prozessbevollmächtigter: Rechtsanwalt

gegen

– Beklagten –

Prozessbevollmächtigter: Rechtsanwalt

Namens und in Vollmacht des Klägers erhebe ich Klage gegen den Beklagten und werde in dem zu bestimmenden Termin beantragen, für Recht zu erkennen:

Der Beklagte wird verurteilt, dem Kläger Auskunft zu erteilen
a) über den Bestand des Nachlasses des am         verstorbenen Herrn         , zuletzt wohnhaft gewesen in         zum Stichtag         und
b) über den Verbleib der Nachlassgegenstände.

Falls die Voraussetzungen des § 331 Abs. 3 bzw. § 307 ZPO vorliegen, bitte ich um Erlass eines **Versäumnis- bzw. Anerkenntnisurteils** ohne mündliche Verhandlung.

*Begründung:*         (siehe beispielhaft bei den nachfolgenden Mustern Rn 282 ff.)

## 7. Muster: Stufenantrag gegen Erbschaftsbesitzer (Auskunft und Herausgabe)

An das

Landgericht
- Zivilkammer -

Klage

des

- Klägers -

Prozessbevollmächtigter: Rechtsanwalt

gegen

- Beklagten -

Prozessbevollmächtigter: Rechtsanwalt

Namens und in Vollmacht des Klägers erhebe ich Klage gegen den Beklagten und werde in dem zu bestimmenden Termin beantragen, für Recht zu erkennen:
1. Der Beklagte wird verurteilt, dem Kläger Auskunft zu erteilen
   a) über den Bestand des Nachlasses des am          verstorbenen          zum Stichtag          und
   b) über den Verbleib der Nachlassgegenstände.
2. Der Beklagte wird weiter verurteilt, an den Kläger die sämtlichen zum Nachlass des in Ziff. 1 bezeichneten Erblassers gehörenden Gegenstände, deren nähere Bezeichnung nach Auskunftserteilung durch den Beklagten erfolgen wird, herauszugeben.

Falls die Voraussetzungen des § 331 Abs. 3 bzw. § 307 ZPO vorliegen, bitte ich um Erlass eines **Versäumnis-** bzw. **Anerkenntnisurteils** ohne mündliche Verhandlung, zunächst bezüglich Ziff. 1 des Klagantrags als Teilurteil.

*Begründung:*          *(siehe unten bei den nachfolgenden Mustern Rn 282 ff.)*

## 8. Muster: Stufenklage gegen Erbschaftsbesitzer (Erbenfeststellung, Auskunft, eidesstattliche Versicherung und Herausgabe)

An das

Landgericht
- Zivilkammer -

Klage

des

- Klägers -

Prozessbevollmächtigter: Rechtsanwalt

gegen

- Beklagten -

Prozessbevollmächtigter: Rechtsanwalt

*Krug*

Namens und in Vollmacht des Klägers erhebe ich Klage gegen den Beklagten und werde in dem zu bestimmenden Termin beantragen, für Recht zu erkennen:
1. Es wird festgestellt, dass der Kläger Alleinerbe des am ▭ in ▭ verstorbenen, zuletzt in ▭ wohnhaft gewesenen Herrn ▭ geworden ist.
2. Der Beklagte wird verurteilt, dem Kläger Auskunft zu erteilen
   a) über den Bestand des Nachlasses des in Ziff. 1 näher bezeichneten Erblassers zum Stichtag ▭, einschließlich der Surrogate und gezogenen Nutzungen und
   b) über den Verbleib der Nachlassgegenstände.
3. Für den Fall, dass die Auskunft nicht mit der erforderlichen Sorgfalt erteilt worden sein sollte, wird der Beklagte weiter verurteilt, zu Protokoll an Eides statt zu versichern, dass er nach bestem Wissen die Angaben so vollständig gemacht hat, wie er dazu im Stande ist.
4. Der Beklagte wird weiter verurteilt, an den Kläger die sämtlichen zum Nachlass des in Ziff. 1 bezeichneten Erblassers gehörenden Gegenstände, deren nähere Bezeichnung nach Auskunftserteilung durch den Beklagten erfolgen wird, herauszugeben.

Falls die Voraussetzungen des § 331 Abs. 3 bzw. § 307 ZPO vorliegen, bitte ich um Erlass eines **Versäumnis- bzw. Anerkenntnisurteils** ohne mündliche Verhandlung, zunächst bezüglich der Klaganträge Ziff. 1 und Ziff. 2 als Teilurteil.

*Begründung:*

*I. Zulässigkeit*

*1. Zur örtlichen Zuständigkeit des angerufenen Gerichts*

Am ▭ ist in ▭ der zuletzt in ▭ wohnhaft gewesene Herr ▭ gestorben. Nach §§ 27, 12, 13 ZPO besteht der besondere Gerichtsstand der Erbschaft am letzten Wohnsitz des Erblassers.

Beweis: Beglaubigte Abschrift der Sterbeurkunde vom ▭ – Anlage K 1 –

*2. Feststellungsinteresse*

Zwischen den Parteien ist streitig, wer von ihnen Alleinerbe des Erblassers geworden ist. Die Alleinerbfolge als Rechtsverhältnis i.S.v. § 256 Abs. 1 ZPO bedarf der Klärung. Es bleibt den Parteien überlassen, ob sie die Erbfolge im Rahmen eines Erbscheinsverfahrens klären lassen oder durch Feststellungsklage (BGHZ 86, 41; NJW 1983, 277).

*3. Stufenklage*

Zwischen den Klageanträgen Ziff. 2 und Ziff. 3 besteht ein Stufenverhältnis im Sinne des § 254 ZPO.

*4. Objektive Klagehäufung*

Im Wege der objektiven Klagehäufung nach § 260 ZPO können die Stufenanträge Ziff. 2 und 3 mit dem Feststellungsantrag Ziff. 1 verbunden werden, weil für alle Anträge sowohl dasselbe Prozessgericht zuständig als auch dieselbe Prozessart zulässig ist.

*II. Begründetheit*

*1. Sachverhalt*

Der verwitwete und kinderlose Erblasser hat am ▭ bei Notar ▭ in ▭ unter der Urkunden-Rolle Nr. ▭ ein notarielles Testament errichtet, worin er den Beklagten, seinen Großneffen, zu seinem Alleinerben eingesetzt hat.

Dieses Testament wurde am ▭ durch das Nachlassgericht ▭ unter dem Az. ▭ eröffnet. Der Beklagte war bei der Testamentseröffnung anwesend und hat sofort zu Protokoll des Nachlassgerichts die Annahme der Alleinerbschaft erklärt.

Etwa zwei Monate nach dieser Testamentseröffnung erhielt der Kläger vom ehemaligen Steuerberater des Erblassers, Herrn Dipl.-Kfm. ▭, ein Schreiben vom ▭, worin ihm dieser mitteilte, der Erblasser habe ihm vor etwa zwei bis drei Jahren einen Briefumschlag zur Verwahrung übergeben mit der Bitte, diesen erst nach seinem Tode zu öffnen. Durch ein Büroversehen sei die Öffnung des Umschlags erst jetzt erfolgt.

Dieser Umschlag enthielt ein privatschriftliches Testament, wonach das notarielle Testament vom ▬ widerrufen und der Kläger zum Alleinerben eingesetzt wurde, weil sich der Beklagte seit Jahren nicht mehr um den Erblasser gekümmert hatte.

Der Steuerberater hat das Original des Testaments dem Amtsgericht ▬ als Nachlassgericht übersandt. Dort wurde es am ▬ unter dem Az. ▬ in Anwesenheit des Klägers und des Beklagten eröffnet.

Beweis:  a) Beglaubigte Abschrift des privatschriftlichen Testaments vom ▬ – Anlage K 2 –
b) Beglaubigte Abschrift des Testamentseröffnungsprotokolls vom ▬ – Anlage K 3 –

Der Kläger hat die ihm damit angefallene Alleinerbschaft angenommen und dies unmittelbar nach der Testamentseröffnung vom ▬ zu Protokoll des Nachlassgerichts erklärt.

Der Beklagte bestreitet die Alleinerbenstellung des Klägers mit der Behauptung, das privatschriftliche Testament könne zum einen das notarielle Testament nicht widerrufen, zum anderen sei das privatschriftliche Testament nicht wirksam, weil der Erblasser im Zeitpunkt seiner Errichtung nicht mehr geschäftsfähig gewesen sei.

*2. Rechtliche Würdigung*

*a) Wirksamer Testamentswiderruf:*

Das vom Erblasser errichtete notariell beurkundete Testament konnte durch ein privatschriftliches Testament widerrufen werden. Ein notarielles Testament ist nicht höherwertiger als ein privatschriftliches. Nach § 2231 BGB i.V.m. § 2247 BGB ist das privatschriftliche Testament dem notariell beurkundeten gleichwertig. Da jedes der Testamente eine Alleinerbeinsetzung enthält, widerspricht das letzte Testament dem ersten inhaltlich, so dass das erste Testament nach § 2258 Abs. 1 BGB widerrufen ist und die im zweiten Testament angeordnete Alleinerbeinsetzung des Klägers eingetreten ist.

*b) Zu der vom Beklagten behaupteten Geschäftsunfähigkeit des Erblassers:*

Der Beklagte behauptet, der Erblasser sei seit vielen Jahren sehr vergesslich gewesen, deshalb könne er im Zeitpunkt der Niederschrift des eigenhändigen Testaments nicht mehr geschäftsfähig gewesen sein.

Allein die Vergesslichkeit führt noch nicht zur Geschäftsunfähigkeit. Den Beklagten trifft die volle Beweislast für seine Behauptung der Geschäftsunfähigkeit des Erblassers. Dieser ist solange als voll geschäftsfähig anzusehen, solange nicht das Gegenteil bewiesen ist (BGH FamRZ 1984, 1003; OLG Frankfurt NJW-RR 1996, 1159; FamRZ 1996, 635; BayObLG FamRZ 1988, 1099; OLG Hamm OLGZ 92, 409). Die Frage, ob die Voraussetzungen der Testierunfähigkeit nach § 2229 Abs. 4 BGB gegeben sind, ist im Wesentlichen tatsächlicher Natur (BayObLG NJW-RR 2000, 6, 7).

Sollte der Beklagte Beweis für seine Behauptung anbieten, so wird der Kläger seinerseits Gegenbeweis antreten.

*c) Zur Auskunfts- und Herausgabepflicht des Beklagten:*

Der Beklagte berühmt sich eines Erbrechts nach dem Erblasser, das ihm nicht zusteht. Das Rechtsverhältnis zwischen den Parteien bestimmt sich deshalb nach den Vorschriften über den Erbschaftsanspruch nach §§ 2018 ff. BGB. Der Beklagte ist dem Kläger zur Auskunft über den Bestand des Nachlasses und zur Auskunft über den Verbleib der Nachlassgegenstände verpflichtet, § 2027 Abs. 1 BGB.

Der Kläger kann vom Beklagten als dem Erbschaftsbesitzer die Herausgabe aller Nachlassgegenstände verlangen, § 2018 BGB. Mit umfasst sind Surrogate (§ 2019 BGB) und Nutzungen (§ 2020 BGB). Sobald der Beklagte die Auskunft erteilt hat, können die einzelnen Gegenstände bezeichnet werden; vorher ist im

*Krug*

Rahmen der hier erhobenen Stufenklage nach § 254 ZPO die unbestimmte Bezeichnung der herauszugebenden Gegenstände zulässig.

Die Verpflichtung zur Abgabe einer eidesstattlichen Versicherung beruht auf § 260 Abs. 2 BGB.

*III. Streitwert*

Der Wert des Nachlasses dürfte ca. ▊▊▊▊ EUR betragen, dieser Betrag entspricht dem Streitwert.

(Rechtsanwalt)

### 9. Prozessualer Ablauf

a) Stufenanträge

In der mündlichen Verhandlung werden im vorhergehenden Muster (siehe Rn 282) die Klageanträge Ziff. 1 und Ziff. 2 gestellt. Ergeht darauf bezüglich des Feststellungsantrags Ziff. 1 und des Auskunftsantrags Ziff. 2 ein Teilurteil – auch in der Form des Versäumnisurteils –, so kann der Rechtsstreit erst nach erfolgter Erteilung der Auskunft fortgesetzt werden. Wird die Auskunft nicht freiwillig erteilt, so ist diese durch Zwangsvollstreckungsmaßnahmen nach § 888 ZPO zu erzwingen (siehe dazu oben Rn 218 ff. und Muster Rn 257).

Erst im Schlussurteil wird über die letzte Stufe, den Herausgabeantrag, entschieden. Die **Kostenentscheidung** ergeht ebenfalls erst im Schlussurteil (Grundsatz der Einheitlichkeit der Kostenentscheidung).

Wird vom Beklagten die Auskunft erteilt und besteht Grund zur Annahme, dass das Verzeichnis nicht mit der erforderlichen Sorgfalt aufgestellt wurde, so kann der Kläger den Antrag auf eidesstattliche Versicherung aus der dritten Stufe stellen.

b) Muster: Dritter Stufenantrag (eidesstattliche Versicherung)

An das

Amts-/Landgericht

▊▊▊▊

Az. ▊▊▊▊

In der Rechtssache ▊▊▊▊ stelle ich nunmehr den Antrag Ziffer 3 aus der Klageschrift vom ▊▊▊▊, den Beklagten zu verurteilen,

zu Protokoll an Eides statt zu versichern, dass er nach bestem Wissen den Bestand des Nachlasses des am ▊▊▊▊ verstorbenen ▊▊▊▊ so vollständig angegeben habe, als er dazu imstande ist.

*Begründung:*

Der Beklagte hat den Bestand des Nachlasses des am ▊▊▊▊ verstorbenen ▊▊▊▊ nicht vollständig in dem von ihm übersandten Verzeichnis angegeben. Dem Kläger ist bekannt, dass der Erblasser Eigentümer eines Oldtimer-Pkw war, der im Verzeichnis fehlt. Es ist zu vermuten, dass der Beklagte weitere Nachlassgegenstände verschwiegen hat.

Kenntnis vom Oldtimer-Pkw des Erblassers hatte auch der nachbenannte Zeuge.

*Beweis:* Zeugnis des ▊▊▊▊

(Rechtsanwalt)

### c) Mündliche Verhandlung über den weiteren Stufenantrag

285 Über diesen Antrag ist wiederum mündlich zu verhandeln (§ 128 Abs. 1 ZPO). Wird der Beklagte durch zweites Teilurteil zur Abgabe der **eidesstattlichen Versicherung** verurteilt, so dürfte der Gegenstandswert der Verurteilung mit nicht mehr als 500 EUR anzunehmen sein, was Bedeutung hat für die Frage der **Berufungsfähigkeit** eines entsprechenden Teilurteils. Zur Ermittlung der Berufungssumme ist das Abwehrinteresse des Beklagten als Berufungskläger entscheidend. Dieses wird in erster Linie durch den voraussichtlichen Aufwand an Zeit und Kosten, der mit der Auskunftserteilung verbunden ist, bestimmt.[220] Damit dürfte die Berufungssumme nur selten erreicht sein. Der Wert des Beschwerdegegenstandes für ein Rechtsmittel gegen die Verurteilung zur Erteilung einer Auskunft ist nach freiem Ermessen festzusetzen und bemisst sich in der Regel nach dem Interesse des Rechtsmittelführers, die Auskunft nicht zu erteilen und hier nach dem Aufwand an Zeit und Kosten, der für die Auskunftserteilung erforderlich ist. Die Kosten der gesonderten Ermittlung des Wertes eines bestimmten Vermögensgegenstandes zwecks Auskunftserteilung erhöhen den Wert des Beschwerdegegenstandes.[221]

### d) Abgabe der eidesstattlichen Versicherung

286 Nach – freiwilliger oder vollstreckter – Abgabe der eidesstattlichen Versicherung (zur eidesstattlichen Versicherung siehe Rn 163 ff.) folgt der letzte Antrag auf Verurteilung zur Zahlung bzw. Herausgabe.

### e) Muster: Antrag aus der letzten Stufe (Herausgabeanspruch)

An das

287 Amts-/Landgericht

Az.

In der Rechtssache              stelle ich Antrag aus der letzten Stufe der Klageschrift vom              :

Der Beklagte wird verurteilt, an den Kläger die folgenden Nachlassgegenstände herauszugeben:
(Bezeichnung so präzise wie möglich, damit in der Zwangsvollstreckung keine Zweifel entstehen können).

*Begründung:*

Nach der vom Beklagten nunmehr an Eides statt versicherten Auskunft über den Bestand des Nachlasses des am              verstorbenen              sind die dort im Einzelnen aufgeführten Nachlassgegenstände an den Kläger herauszugeben.

*Beweis:*   Beiliegende Kopie des Protokolls des Rechtspflegers beim Amtsgericht              vom
              , Az.

(Rechtsanwalt)

---

220 BGH NJW-RR 1997, 1089; NJW 1997, 3246; BGH GrSZ JZ 1995, 681 = NJW 1995, 664; FamZ 1996, 1543.
221 BGH Beschluss v. 14.2.2007 – XII ZB 150/05.

### f) Mündliche Verhandlung über den letzten Stufenantrag

Auch über diesen Antrag ist gem. § 128 Abs. 1 ZPO mündlich zu verhandeln. Es ergeht danach ein Schlussurteil, das auch über die Kosten des gesamten Rechtsstreits gem. §§ 91, 92 ZPO und über die vorläufige Vollstreckbarkeit der letzten Stufe zu entscheiden hat.

### 10. Checkliste: Auskunfts-, Feststellungs- und Herausgabeklage mit evtl. eidesstattlicher Versicherung gegen den Erbschaftsbesitzer

- Sachliche Zuständigkeit: Amts-/Landgericht
- Örtliche Zuständigkeit: §§ 12, 13, 27 ZPO
- Kläger: rechtmäßiger Erbe, bei mehreren Erben auch jeder Einzelne nach § 2039 BGB zur Leistung an alle
- Beklagter: vermeintlicher Erbe
- Auskunft über:
  - Nachlassbestand
  - Verbleib von Erbschaftsgegenständen
- Stufenklage (evtl. Verjährungshemmung)
- Antrag auf **Feststellung** des Erbrechts (Prozessökonomie)
- Versicherung der Richtigkeit der Auskunft an Eides statt?
- Herausgabe der Nachlassgegenstände
  - Bezeichnung so genau wie möglich (spätere Vollstreckung)
  - Soweit einzelne Gegenstände bekannt sind, diese schon als Teilanspruch so genau wie möglich bezeichnen, damit sie in ein evtl. **Teilversäumnisurteil** aufgenommen werden können (Kennzeichnung als Teil-Anspruch nicht vergessen)
  - Auskunfts- und Herausgabeanspruch bezieht sich auch auf **Surrogate** (§ 2019 BGB) und **Nutzungen** (§ 2020 BGB)
- Weiterbetrieb nach Erledigung der Vorstufen (bei Nichtbetrieb Gefahr des Wegfalls der verjährungshemmenden Wirkung)

### 11. Zwangsweise Durchsetzung der Verurteilung zur Auskunftserteilung

Wird die Auskunft nicht freiwillig erteilt, so ist sie nach § 888 ZPO zu erzwingen (siehe zur Zwangsvollstreckung und zur Bestimmtheit des Auskunftstitels Rn 218 ff., 224). Zuständig ist als Vollstreckungsorgan das Prozessgericht erster Instanz, §§ 888, 887 Abs. 1 ZPO, und zwar der Richter, nicht der Rechtspfleger, § 20 Nr. 17 RPflG. Es besteht Anwaltszwang nach den allgemeinen Regeln.[222]

### 12. Muster: Zwangsvollstreckungsantrag

An das

Amts-/Landgericht

*Antrag auf Festsetzung von Zwangsmitteln nach § 888 ZPO*

In der Zwangsvollstreckungssache

_____ / _____

---

[222] OLG Nürnberg MDR 1984, 58; Zöller/*Stöber*, §§ 888, 887 ZPO Rn 4.

Az. ▆▆▆

beantrage ich namens des Gläubigers, gegen den Schuldner, Herrn ▆▆▆, wohnhaft in ▆▆▆, wegen verweigerter Auskunftserteilung gemäß dem rechtskräftigen Urteil des ▆▆▆ gerichts vom ▆▆▆, Az. ▆▆▆, ein Zwangsgeld festzusetzen und für den Fall, dass dieses nicht beigetrieben werden kann, Zwangshaft anzuordnen.

*Begründung:*

Der Schuldner wurde in dem zuvor bezeichneten Urteil, dessen vollstreckbare Ausfertigung ich diesem Antrag beifüge, verurteilt, Auskunft über den Bestand des Nachlasses des am ▆▆▆ verstorbenen Herrn ▆▆▆ sowie über den Verbleib von Nachlassgegenständen zu erteilen. Die Ausfertigung des Urteils wurde dem Schuldner am ▆▆▆ zugestellt. Am ▆▆▆ wurde er aufgefordert, die Auskunft zu erteilen. Eine Reaktion ist nicht erfolgt.

Die Festsetzung von Zwangsmitteln ist deshalb unumgänglich.

(Rechtsanwalt)

## III. Auskunftsansprüche des Erben gegen den Hausgenossen nach § 2028 BGB

### 1. Allgemeines

292  Diejenigen Personen, die sich im Zeitpunkt des Erbfalls mit dem Erblasser in häuslicher Gemeinschaft befunden haben, sind verpflichtet, dem Erben Auskunft
– über die erbschaftlichen Geschäfte und über
– den Verbleib der Erbschaftsgegenstände
zu erteilen.

### 2. Auskunftsgläubiger

293  Auskunftsberechtigt ist der **Erbe**; bei Vorhandensein mehrerer Miterben kann jeder den Anspruch – auch gegen den Widerspruch der anderen – geltend machen, allerdings nach § 2039 BGB nur Leistung an alle Miterben verlangen.[223]

Ist Testamentsvollstreckung angeordnet, so ist der Anspruch vom Testamentsvollstrecker geltend zu machen, § 2205 BGB. Entsprechendes gilt für den Nachlassverwalter bei bestehender Nachlassverwaltung[224] sowie den Nachlassinsolvenzverwalter.

Aber auch dem Pfandgläubiger, der ein rechtsgeschäftliches oder vollstreckungsrechtliches Pfandrecht am Erbteil eines Miterben erworben hat, dürfte der Auskunftsanspruch anstelle des Miterben zustehen, weil er anders seine Rechte aus dem Pfandrecht nicht geltend machen könnte.

### 3. Auskunftsschuldner

294  Jeder, der sich zur Zeit des Erbfalls mit dem Erblasser in häuslicher Gemeinschaft befunden hat, ist auskunftspflichtig. Dabei braucht der Hausgenosse nicht in den Nachlass eingegriffen zu haben. Eine für jede Situation anwendbare Definition der „häuslichen Gemeinschaft" ist nicht möglich. Die konkrete räumliche und persönliche Beziehung ist im Einzelfall zu würdigen. Ein vollständiges Zusammenleben unter einem Dach ist nicht erforderlich.

---

223 MüKo-*Frank*, § 2028 BGB Rn 2.
224 Palandt/*Edenhofer*, § 2028 BGB Rn 1.

## 4. Inhalt der Auskunft

### a) Erbschaftliche Geschäfte

Der Hausgenosse hat Auskunft darüber zu erteilen, welche erbschaftlichen Geschäfte er geführt hat. Darunter fällt jedes Tätigwerden mit Bezug auf den Nachlass.[225] Hat der Hausgenosse als Beauftragter oder Geschäftsführer ohne Auftrag gehandelt, so kann auch eine Auskunftspflicht nach § 666 BGB und eine Herausgabepflicht nach §§ 681, 667 BGB in Betracht kommen.

### b) Verbleib von Erbschaftsgegenständen

Nicht nur über den körperlichen Verbleib, sondern auch über den wirtschaftlichen Verbleib von Nachlassgegenständen ist Auskunft zu erteilen, d.h. auch darüber, ob und welcher Wertersatz für die verschwundenen Gegenstände in den Nachlass gelangt ist.

Über den strengen Wortlaut des § 2028 BGB hinaus bezieht sich die Auskunftspflicht auch auf solche Gegenstände, die schon vor dem Erbfall beiseite geschafft wurden.[226] Aber die Auskunftspflicht beinhaltet nicht die Pflicht, Nachforschungen über den Verbleib von Erbschaftsgegenständen anzustellen.[227] Evtl. kann eine Herausgabepflicht nach § 667 BGB bestehen.

### c) Eidesstattliche Versicherung nach § 2028 Abs. 2 BGB

Besteht Grund zur Annahme, die Auskunft sei nicht mit der erforderlichen Sorgfalt erteilt worden, so hat der Auskunftspflichtige die Vollständigkeit der in der Auskunft gemachten Angaben eidesstattlich zu versichern und nicht die Vollständigkeit des „Bestandes" – insofern besteht ein Unterschied zu § 260 Abs. 2 BGB.

## 5. Vorläufiger Rechtsschutz

Siehe zum vorläufigen Rechtsschutz Rn 227 ff.

## 6. Muster: Auskunftsklage gegen Hausgenossen

An das

Landgericht
– Zivilkammer –

*Klage*

des Herrn

– Klägers –

Prozessbevollmächtigter: Rechtsanwalt

gegen

Frau

– Beklagte –

---

225 BGHZ 38, 270, 275.
226 RGZ 81, 293, 295, 296.
227 BGH DB 1964, 1443.

wegen Auskunft und eidesstattlicher Versicherung.

Namens und in Vollmacht des Klägers erhebe ich Klage gegen die Beklagte und werde in dem zu bestimmenden Termin beantragen, für Recht zu erkennen:
1. Die Beklagte wird verurteilt, dem Kläger Auskunft zu erteilen
    a) über die erbschaftlichen Geschäfte, die sie in Bezug auf den Nachlass des am ▒▒▒▒ in ▒▒▒▒ verstorbenen Herrn ▒▒▒▒, zuletzt wohnhaft gewesen in ▒▒▒▒, geführt hat,
    b) über den Verbleib von Nachlassgegenständen in Bezug auf den zuvor bezeichneten Nachlass.
2. Für den Fall, dass die Auskunft nicht mit der erforderlichen Sorgfalt erteilt worden sein sollte, wird die Beklagte weiter verurteilt, zu Protokoll an Eides statt zu versichern, dass sie nach bestem Wissen die Angaben so vollständig gemacht hat, wie sie dazu im Stande ist.
Falls die Voraussetzungen des § 331 Abs. 3 bzw. § 307 ZPO vorliegen, bitte ich um Erlass eines **Versäumnis- bzw. Anerkenntnisurteils** ohne mündliche Verhandlung, zunächst bezüglich Ziff. 1 lit. a und b des Klageantrags als Teilurteil.

*Begründung:*

Mit der Klage macht der Kläger gegen die Beklagte Auskunftsansprüche nach § 2028 BGB geltend.

Der Kläger ist der einzige Sohn des am ▒▒▒▒ verstorbenen ▒▒▒▒, zuletzt wohnhaft gewesen in ▒▒▒▒ In einem am ▒▒▒▒ bei dem Notar ▒▒▒▒ in ▒▒▒▒, UR – Nr. ▒▒▒▒, errichteten Testament hat der Erblasser zusammen mit seiner vorverstorbenen Ehefrau ein sog. „Berliner Testament" errichtet, wonach die Eheleute sich gegenseitig zu Alleinerben und den gemeinschaftlichen Sohn, den Kläger, zum Schlusserben für das gesamte Vermögen des Überlebenden eingesetzt haben. Der Kläger hat die Erbschaft angenommen.

*Beweis:*   Beglaubigte Abschriften
    a) des notariellen gemeinschaftlichen Testaments vom ▒▒▒▒
    b) der Eröffnungsniederschrift des Nachlassgerichts ▒▒▒▒ auf den Tod des Überlebenden vom ▒▒▒▒, Az. ▒▒▒▒

Die Beklagte war die langjährige Lebensgefährtin des Erblassers und wohnte mit diesem in den letzten Jahren zusammen in dessen Mietwohnung in ▒▒▒▒, ▒▒▒▒-Straße Nr. ▒▒▒▒.

*Beweis:*   Parteivernehmung der Beklagten.

In den letzten drei Monaten vor seinem Tod war der Erblasser bettlägerig krank.

*Beweis:*   a) Parteivernehmung des Klägers
    b) Zeugnis des Hausarztes Dr. ▒▒▒▒, der den Erblasser seit Jahren behandelt hat.

Die Beklagte hat zumindest seit dieser Zeit, wahrscheinlich schon lange Zeit vorher, die Geschäfte des Erblassers besorgt.

*Beweis:*   Parteivernehmung der Beklagten.

Leider war außergerichtlich eine Verständigung mit der Beklagten nicht möglich. Der Kläger hat die Beklagte mehrfach bei verschiedenen Gesprächen gebeten, ihm Auskunft über die von ihr geführten Geschäfte zu geben. Sie hat dies ohne nähere Begründung immer abgelehnt. Dem Kläger bleibt deshalb nur der Klageweg.

Streitwert: Der Streitwert wird mit vorläufig 20.000 EUR angegeben, weil dem Kläger nicht bekannt ist, in welchem Umfang die Beklagte erbschaftliche Geschäfte getätigt hat. Der Nachlass dürfte einen Wert von ca. 300.000 EUR haben.

(Rechtsanwalt)

## 7. Checkliste: Auskunftsklage gegen Hausgenossen

- Sachliche Zuständigkeit: Amts-/Landgericht
- Örtliche Zuständigkeit: §§ 12, 13 ZPO
- Kläger: Erbe, bei mehreren Erben auch jeder Einzelne nach § 2039 BGB zur Leistung an alle
- Beklagter: Person, die mit dem Erblasser in Hausgemeinschaft gelebt hat (weiter Begriff)
- Auskunft über:
  - vom Hausgenossen geführte erbschaftliche Geschäfte
  - Verbleib von Erbschaftsgegenständen
- Stufenklage (evtl. Verjährungshemmung)
- Versicherung der Richtigkeit an Eides statt? § 2028 Abs. 2 BGB
- Evtl. auch Herausgabe der erlangten Nachlassgegenstände (§§ 666, 681, 667 BGB)
  - Bezeichnung so genau wie möglich (spätere Vollstreckung)
  - Soweit einzelne Gegenstände bekannt sind, diese schon als Teilanspruch so genau wie möglich bezeichnen, damit sie in ein evtl. **Teilversäumnisurteil** aufgenommen werden können (Kennzeichnung als Teil-Anspruch nicht vergessen)
- Weiterbetrieb nach Erledigung der Vorstufen (bei Nichtbetrieb Gefahr des Wegfalls der verjährungshemmenden Wirkung)

## 8. Zwangsweise Durchsetzung der Verurteilung zur Auskunftserteilung

Wird die Auskunft nicht freiwillig erteilt, so ist sie nach § 888 ZPO zu erzwingen (siehe zur Zwangsvollstreckung und zur Bestimmtheit des Auskunftstitels Rn 218 ff., siehe auch Muster für Zwangsvollstreckungsantrag Rn 257).

Zuständig ist als Vollstreckungsorgan das Prozessgericht erster Instanz, §§ 888, 887 Abs. 1 ZPO, und zwar der Richter, nicht der Rechtspfleger, § 20 Nr. 17 RPflG. Es besteht Anwaltszwang nach den allgemeinen Regeln.[228]

## IV. Auskunftsanspruch des (Erb-)Vertragserben gegen Beschenkten

### 1. Anspruchsgrundlage

Im Falle des § 2287 BGB kann dem durch Erbvertrag eingesetzten Erben ein Auskunftsanspruch gegen den vom Erblasser Beschenkten zustehen, wenn seine Rechte aus dem Erbvertrag beeinträchtigt sein können. Die Rechtsprechung gewährt einen solchen Auskunftsanspruch, wenn der Vertragserbe **hinreichende Anhaltspunkte für eine unentgeltliche Verfügung** des Erblassers dartut.[229]

Erforderlich ist, dass der Anspruchsinhaber den Hauptanspruch schlüssig darlegt und in substantiierter Weise Tatsachen vorträgt – und gegebenenfalls beweist –, die greifbare Anhaltspunkte für eine sein Recht beeinträchtigende Schenkung ergeben.[230]

Da der BGH im Zusammenhang mit den Ansprüchen aus § 2287 BGB sowohl die unbenannte Zuwendung unter Ehegatten[231] als auch die Vereinbarung der Gütergemeinschaft[232]

---

228 OLG Nürnberg MDR 1984, 58; Zöller/*Stöber*, § 888, 887 ZPO Rn 4.
229 BGHZ 97, 188 = NJW 1986, 1755 = FamRZ 1986, 569.
230 OLG Celle FamRZ 2003, 1971 = ZEV 2003, 417 = OLGR Celle 2003, 326.
231 BGH NJW 1992, 564.
232 BGH NJW 1992, 558.

u.U. als unentgeltliche Zuwendung ansieht, dürfte sich der Auskunftsanspruch des Vertragserben auch auf den Abschluss solcher Rechtsgeschäfte beziehen (vgl. auch § 21 Rn 1 ff.).[233]

303 Unter dem Gesichtspunkt von Treu und Glauben gewährt die Rechtsprechung dem pflichtteilsberechtigten Vertragserben einen Wertermittlungsanspruch, wenn dieser den Wert einer Schenkung nicht kennen kann.[234] Allerdings hat der Auskunftsbegehrende die Kosten der Wertermittlung zu tragen.

Die Vorschrift findet analoge Anwendung auf die nach §§ 2270, 2271 BGB bindend gewordene Erbeinsetzung des Schlusserben in einem gemeinschaftlichen Testament.[235]

Es müssen triftige Anhaltspunkte für einen Anspruch nach § 2287 BGB gegen den Auskunftsverpflichteten bestehen. Dies muss substantiiert vorgetragen und ggf. auch bewiesen werden.[236]

304 Der Hauptanspruch **verjährt** nach § 2287 Abs. 2 BGB innerhalb von drei Jahren seit dem Anfall der Erbschaft an den Vertragserben. Nach Eintritt der Verjährung des Hauptanspruchs kann grundsätzlich auch keine Auskunft mehr verlangt werden.

### 2. Muster: Auskunftsklage des (Erb-) Vertragserben gegen Beschenkten

An das

305 Landgericht
– Zivilkammer –

Namens

des Herrn

– Klägers –

Prozessbevollmächtigter: Rechtsanwalt

erhebe ich

*Klage*

gegen

Frau

– Beklagte –

In der anzuberaumenden mündlichen Verhandlung werde ich namens des Klägers folgenden Antrag stellen:

Die Beklagte wird verurteilt, dem Kläger Auskunft zu erteilen über alle voll oder teilweise unentgeltlichen Zuwendungen, die sie vom Erblasser ............., zuletzt wohnhaft in ............., gestorben am ............., erhalten hat.

---

233 Vgl. auch *Kuchinke*, JZ 1987, 253; *Klingelhöffer*, NJW 1993, 1097, 1102; BGHZ 97, 188 = NJW 1986, 1755 = FamRZ 1986, 569.
234 BGH NJW 1986, 127; FamRZ 1985, 1249.
235 BGHZ 82, 274; BGH NJW 1982, 43; NJW 1976, 749.
236 BGHZ 97, 193; *Kuchinke*, JZ 1987, 253; MüKo-*Musielak*, § 2287 BGB Rn 23.

*Krug*

*Begründung:*

Der Kläger ist der eheliche Sohn des Herrn _____, der am _____ gestorben ist. Die Beklagte ist die langjährige Lebensgefährtin des Erblassers, mit der dieser nach dem Tod seiner Ehefrau zusammen gelebt hat.

Der Erblasser war verheiratet gewesen mit Frau _____, der Mutter des Klägers. Sie ist am _____ gestorben. Mit ihr hatte der Erblasser einen Erbvertrag geschlossen, wonach sich die Eheleute gegenseitig zu Alleinerben und den einzigen gemeinsamen Sohn, den Kläger, zum alleinigen Erben des überlebenden der beiden Ehegatten eingesetzt haben.

Die Mutter des Klägers, Frau _____, ist am _____ gestorben. Aufgrund des erwähnten Erbvertrags, der am _____ von Notar _____ unter UR.-Nr. _____ beurkundet worden war, wurde der überlebende Ehemann und jetzige Erblasser ihr Alleinerbe. Der Erbvertrag wurde am _____ vom Nachlassgericht _____ unter Az. _____ eröffnet.

**Beweis:** a) begl. Abschrift des Erbvertrags vom _____ – Anlage K 1 –
b) begl. Abschrift des Erbvertragseröffnungsprotokolls vom _____ – Anlage K 2 –

Der Kläger hat seinerzeit auf den Tod seiner Mutter den Pflichtteil nicht geltend gemacht, weil er auf den Tod des Überlebenden seiner Eltern erbvertraglich zum Alleinerben eingesetzt worden war und auf diese Erbeinsetzung vertraut hat.

Drei Jahre nach dem Tod seiner Ehefrau, der Mutter des Klägers, ist der Erblasser mit der Beklagten eine nichteheliche Partnerschaft eingegangen.

Ein Jahr später hat der Erblasser das Hausgrundstück _____ an die Beklagte veräußert.

Es besteht der Verdacht, dass die Veräußerung im Wege der Schenkung, der gemischten Schenkung, evtl. auch einer verschleierten Schenkung erfolgt ist oder dass eine etwa vereinbarte Gegenleistung von der Beklagten nicht erbracht wurde.

Die Übertragung des Grundstücks an die Beklagte ist erfolgt, um den Kläger zu benachteiligen und zur Umgehung der erbvertraglich bindenden Erbeinsetzung des Klägers. Der Kläger wurde zwar aufgrund des Erbvertrags Alleinerbe seines Vaters. Der Nachlass ist jedoch praktisch wertlos. Deshalb hegt der Kläger auch den Verdacht, dass keinerlei Gegenleistung für die Grundstücksübertragung in den Nachlass geflossen ist. Der Erblasser verfügte über hohe Einkünfte, die monatlich ca. _____ EUR netto betragen haben.

Der Erbvertrag wurde bezüglich der Schlusserbeinsetzung des Klägers am _____ vom Nachlassgericht _____ erneut unter Az. _____ eröffnet. Der Kläger hat die Alleinerbschaft angenommen.

**Beweis:** begl. Abschrift des Eröffnungsprotokolls des Nachlassgerichts _____ vom _____ – Anlage K 3 –

Dass der Erblasser den Kläger benachteiligen und die bindende Erbeinsetzung umgehen wollte, kann durch Zeugenaussagen bewiesen werden. Anlässlich einer Feier am _____ hat der Erblasser gegenüber dem Zeugen _____ geäußert, er habe das Haus auf seine Lebensgefährtin übertragen müssen, weil er sie testamentarisch nicht mehr habe bedenken können; der mit seiner vorverstorbenen Ehefrau geschlossene Erbvertrag habe dies unmöglich gemacht.

**Beweis:** Zeugnis des _____

Der Erblasser hatte kein eigenes lebzeitiges Interesse an der Weggabe des Hausgrundstücks. Die Beklagte ist gut versorgt. Sie hat selbst drei Häuser.

Der Tatbestand des § 2287 BGB ist voraussichtlich erfüllt; die Beklagte hat dem Kläger Auskunft über das auf sie übertragene Hausgrundstück zu geben (BGHZ 97, 193).

Der Klage ist demnach wie beantragt stattzugeben.

(Rechtsanwalt)

*Krug*

### 3. Checkliste: Auskunftsklage nach § 2287 BGB

306
- Sachliche Zuständigkeit: Amts-/Landgericht
- Örtliche Zuständigkeit: §§ 12, 13 ZPO
- Kläger: Erbvertraglich oder durch bindend gewordenes gemeinschaftliches Testament eingesetzter Erbe
- Beklagter: potentiell Beschenkter
- Kläger muss Anhaltspunkte für unentgeltliche Zuwendung an den Beklagten haben
  - unentgeltliche Zuwendungen – auch Schuldenerlass
  - Ausstattung (§ 1624 BGB) – wegen etwaigen Übermaßes
  - Schenkung – auch gemischte Schenkung – (§§ 516 ff. BGB)
  - u.U. Vereinbarung der Gütergemeinschaft unter Eheleuten
  - u.U. unbenannte Zuwendungen an Ehegatten
- Substantiierter Vortrag für einen Anspruch nach § 2287 BGB
- Beweislast hat der Kläger
- Stufenklage
  - Auskunft
  - Herausgabe nach Bereicherungsgrundsätzen

## V. Auskunftsanspruch des Pflichtteilsberechtigten

### Besondere Literaturhinweise

*Auwera van der*, Die Rechte des Pflichtteilsberechtigten im Rahmen seines Auskunftsanspruchs nach § 2314 BGB, ZEV 2008, 359; *Nieder*, Das Nachlassverzeichnis im Pflichtteilsrecht, ZErb 2004, 60; *Schindler*, Eidesstattliche Versicherung im notariellen Nachlassbestandsverzeichnis? – Zugleich einige allgemeine Bemerkungen zum Verzeichnis nach § 2314 BGB, BWNotZ 2004, 73; *Schreinert*, Das notarielle Nachlassverzeichnis, RNotZ 2008, 68; *Zimmer*, Der Notar als Detektiv? – Zu den Anforderungen an das notarielle Nachlassverzeichnis, ZEV 2008, 365.

### 1. Bestimmtheitserfordernis des Klageantrags

307
Um einen bezifferten Klageantrag stellen zu können (§ 253 Abs. 2 S. 2 ZPO), muss der Pflichtteilsberechtigte seinen Anspruch exakt bestimmen können. § 2314 BGB gewährt ihm gegen den Erben einen **Auskunftsanspruch**.

Der Auskunftsanspruch richtet sich auf den
- **Bestand** des Nachlasses (§ 2314 Abs. 1 S. 1 BGB) und den
- **Wert** der Nachlassgegenstände (§ 2314 Abs. 1 S. 2 Hs. 2 BGB).

#### a) Kreis der Auskunftsberechtigten

308
Einen Auskunftsanspruch hat derjenige, dem ein Pflichtteilsrecht nach §§ 2303, 2309 BGB zusteht und der nicht Erbe geworden ist,[237] auch der überlebende Ehegatte, der nach Ausschlagung der Erbschaft den Pflichtteil verlangen kann (§ 1371 Abs. 3 BGB). Unter **mehreren Pflichtteilsberechtigten** kann **jeder** die Auskunft verlangen.

---

237 BGH NJW 1981, 2051.

## b) Kreis der Auskunftsverpflichteten

Adressat des Auskunftsanspruchs ist der Alleinerbe. Sind mehrere Erben vorhanden, so haftet jeder Miterbe. Bei bestehender **Testamentsvollstreckung** richten sich sowohl der Auskunftsanspruch als auch der Pflichtteilsanspruch nicht etwa gegen den Testamentsvollstrecker, sondern gegen den/die Erben (§ 2213 Abs. 1 S. 3 BGB). Hat der Erblasser einen **Dritten beschenkt** und kommt gegen diesen ein **Pflichtteilsergänzungsanspruch** gem. § 2329 BGB in Betracht, so ist auch der Dritte zur Auskunft verpflichtet.[238] Ob auch der pflichtteilsberechtigte Erbe analog § 2314 BGB vom beschenkten Dritten Auskunft verlangen kann, ist umstritten. Der BGH lehnt dies mit der Begründung ab, dass nach dem Normzweck des § 2314 BGB der Auskunftsanspruch nur auf den Nichterben zugeschnitten ist.[239] U.U. kommt aber ein Auskunftsanspruch nach § 242 BGB in Betracht.[240]

309

## c) Form der Auskunft

Die erteilte Auskunft ist in Schriftform zu erteilen und muss vom Erben – weil es sich um eine Wissenserklärung handelt – persönlich unterzeichnet sein.[241]

310

## d) Inhalt der Auskunft

Die erteilte Auskunft muss den Pflichtteilsberechtigten in die Lage versetzen, seinen Pflichtteilsanspruch zuverlässig berechnen zu können.[242] Deshalb hat der Erbe in einem **Verzeichnis gem. § 260 BGB** über all die **Berechnungsfaktoren** Auskunft zu erteilen, die für die Pflichtteilsberechnung – einschließlich Ergänzungsanspruch – benötigt werden.

311

Darunter fallen:
- die tatsächlich vorhandenen Nachlassgegenstände (realer Nachlass),
- die Verbindlichkeiten,
- ausgleichungspflichtige Zuwendungen des Erblassers (§§ 2050, 2316 BGB),
- Schenkungen des Erblassers innerhalb der letzten 10 Jahre vor dem Todestag (§ 2325 BGB) – wegen des Pflichtteilsergänzungsanspruchs (fiktiver Nachlass); bei Schenkungen an Ehegatten ohne die zeitliche Beschränkung (§ 2325 Abs. 3 BGB), und zwar auch ehebedingte (unbenannte) Zuwendungen an den Ehegatten,[243]
- Angaben über den Güterstand, in dem der Erblasser gelebt hat – wegen der Auswirkungen auf die Höhe des gesetzlichen Erbteils und damit des Pflichtteils –, und über die Vereinbarung der Gütergemeinschaft – auch zu einem früheren Zeitpunkt – im Hinblick darauf, dass die Vereinbarung der Gütergemeinschaft u.U. ausnahmsweise wie eine pflichtteilsergänzungsrelevante Schenkung behandelt wird.[244]
- Vorlage von Bilanzen samt Gewinn- und Verlustrechnung sowie sonstiger Geschäftsunterlagen, wenn eine Beteiligung an einer GmbH, OHG oder KG in den Nachlass fällt

---

238 BGHZ 55, 378; 89, 24.
239 BGH NJW 1986, 127.
240 BGH NJW 1986, 1755.
241 Brandenburgisches OLG ZErb 2004, 132.
242 Ist der vom Kläger gestellte Klageantrag nicht präzise genug und kann deshalb nicht ohne weiteres geklärt werden, ob die erteilte Auskunft ausreichend ist, so geht dies zu Lasten des Klägers: KG KGR Berlin 2006, 680 = FuR 2006, 430.
243 OLG Düsseldorf NJW 1996, 3156.
244 BGH NJW 1992, 598.

oder wenn der Erblasser Inhaber eines Unternehmens war, soweit zur Pflichtteilsberechnung erforderlich.[245]

**312** BGH in BGHZ 33, 373:

„*1. Der Auskunftsanspruch des Pflichtteilsberechtigten umfasst nicht nur die beim Erbfall tatsächlich vorhandenen Nachlassgegenstände, sondern auch die ausgleichspflichtigen Zuwendungen des Erblassers, seine Schenkungen innerhalb der letzten zehn Lebensjahre und die Nachlassverbindlichkeiten (Bestätigung von BGH LM BGB § 260 Nr. 1).*
*2. Auf alle diese Berechnungsfaktoren erstreckt sich grundsätzlich auch das amtliche Verzeichnis, das der Pflichtteilsberechtigte nach § 2314 Abs. 1 Satz 3 BGB verlangen kann.*
*3. Dadurch, dass der Erbe bereits durch ein Privatverzeichnis Auskunft erteilt hat, wird das Verlangen nach einem amtlichen Verzeichnis nicht ausgeschlossen (Bestätigung von RGZ 72, 379).*
*4. Der Auskunftsanspruch verjährt grundsätzlich in 30 Jahren, jedoch nicht später als der Pflichtteilsanspruch selbst. ...*
*[S. 378] Der Auskunftsanspruch umfasst schließlich entgegen der Auffassung des Berufungsgerichts auch die Vorlage von Belegen. Das gilt allerdings entgegen der mündlich vorgetragenen Auffassung der Anschlussrevision nicht in der Allgemeinheit wie beim Rechnungslegungsanspruch, wo sie das Gesetz selbst im Gegensatz zu § 260 BGB ausdrücklich fordert (§ 259 Abs. 1 Ende BGB); ... Die Pflicht zur Vorlegung von Belegen ist aber mit Recht insoweit anerkannt, als ein Unternehmen zum Nachlass gehört und die Beurteilung seines Wertes ohne Kenntnis insbesondere der Bilanzen und ähnlicher Unterlagen dem Pflichtteilsberechtigten nicht möglich wäre (BGH LM BGB § 260 Nr. 1). Im vorliegenden Fall gehören zum Nachlass land- und forstwirtschaftlich verwaltete und genutzte Güter. Welche Belege vorgelegt werden müssen und in welchem Umfang, ist Frage des Einzelfalls.*"

**313** Der Pflichtteilsberechtigte kann seine eigene Zuziehung bei Aufnahme des Verzeichnisses oder die Aufnahme durch eine Amtsperson – i.d.R. durch einen Notar – verlangen (§ 2314 BGB, § 20 Abs. 1 BNotO).

Bei Grund zur Annahme, das Verzeichnis sei nicht sorgfältig genug aufgestellt worden, sind auf Verlangen Richtigkeit und Vollständigkeit an Eides statt zu versichern (§ 260 Abs. 2 BGB). Die eidesstattliche Versicherung ist – freiwillig – vor dem Amtsgericht abzugeben: §§ 410 Nr. 1, 413 FamFG (bis 31.8.2009: § 163 FGG); funktionell zuständig ist der Rechtspfleger: § 3 Nr. 1b RPflG. Wird die eidesstattliche Versicherung verweigert, muss ein Urteil auf Abgabe der eidesstattlichen Versicherung erwirkt werden. Die Zwangsvollstreckung richtet sich nach §§ 889 Abs. 2, 888 ZPO. Zuständig ist der Rechtspfleger beim Amtsgericht (§ 20 Nr. 17 RPflG); Erzwingungshaft kann aber nur vom Richter angeordnet werden (§ 4 Abs. 2 S. 2 RPflG).

---

245 Zu den vorzulegenden Geschäftsunterlagen gehört alles, was erforderlich ist, um den Wert des Unternehmens oder der Unternehmensbeteiligung nach betriebswirtschaftlichen Erkenntnissen zu ermitteln, insbesondere Bilanzen und Gewinn- und Verlustrechnungen sowie die zugrunde liegenden Geschäftsbücher und Belege (BGH NJW 1975, 1774, 1776; OLG Düsseldorf, NJW-RR 1997, 454 = FamRZ 1997, 58; OLG Zweibrücken FamRZ 1987, 1197; OLG Köln ZEV 1999, 110).

**OLG Celle zu den Anforderungen an ein notarielles Nachlassverzeichnis:**[246]

> „1. Ein durch einen Notar aufgenommenes Verzeichnis gem. § 2314 BGB liegt nicht bereits dann vor, wenn der Notar lediglich Erklärungen des Auskunftspflichtigen über den Bestand bekundet. Ein durch einen Notar aufgenommenes Nachlassverzeichnis liegt nur dann vor, wenn der Notar den Nachlassbestand selbst ermittelt hat und durch Untersuchung des Bestandsverzeichnisses als von ihm aufgenommen zum Ausdruck bringt, dass er für dessen Inhalt verantwortlich ist.
> 2. Das Recht des Pflichtteilsberechtigten, von dem Erben Auskunft über den Bestand des Nachlasses in Form der Aufnahme eines Verzeichnisses durch einen Notar zu verlangen ist ein materiell-rechtlicher Anspruch, welcher nicht durch eine erfolgte Auskunft in einem Privatverzeichnis oder anwaltlichen Schriftsatz ausgeschlossen wird.
> 3. Kommt ein Schuldner seiner Pflicht auf Abgabe eines notariellen Bestandsverzeichnisses nicht nach, so kann er hierzu gem. § 888 ZPO angehalten werden."

Grundsätzliches zur Mitwirkung des Notars bei der Aufnahme eines Verzeichnisses:[247] In zweierlei Hinsicht unterscheidet das BGB bei der Beteiligung eines Notars im Zusammenhang mit der Aufnahme eines Vermögensverzeichnisses:

Hinzuziehung des Notars bei Errichtung des Verzeichnisses (§§ 1993, 2002 BGB),

Aufnahme des Verzeichnisses durch den Notar (§§ 2121 Abs. 3, 2215 Abs. 4, 2003, 2314 Abs. 2 BGB).

Der Notar hat in beiden Fällen über die Wahrheitspflicht zu belehren und so darauf hinwirken, dass die Angaben vom Auskunftsverpflichteten auch wahrheitsgemäß gemacht werden.[248] Bei der Hinzuziehung des Notars hat dieser nicht die Pflicht, die Richtigkeit der Angaben zu überprüfen.[249]

Bei der Aufnahme des Verzeichnisses durch den Notar übernimmt der Notar die Verantwortung für die sachliche Richtigkeit des Verzeichnisses, indem er das Verzeichnis selbstständig aufnimmt – entweder nach Angabe des Auskunftsverpflichteten oder durch eigene Überprüfung.[250] Die vom Notar aufzunehmende Urkunde hat berichtenden Charakter i.S.v. § 37 Abs. 1 S. 1 Nr. 2 BeurkG. Die Feststellung der Vollständigkeit des Verzeichnisses trifft der Notar nach eigenem Ermessen.[251]

**BGH in BGHZ 33, 373, 377:**

> „Insbesondere wird beim Verzeichnis nach §§ 2314 Abs. 1 Satz 3, 260 BGB – ebenso wie beim amtlichen Inventar nach § 2003 BGB und im Gegensatz zum privaten Verzeichnis nach § 2002 BGB (mit amtlicher Mitwirkung) oder § 2314 Abs. 1 Satz 1 BGB (ohne amtliche Mitwirkung) – die aufnehmende Amtsperson zur Vornahme von Ermittlungen berechtigt und verpflichtet sowie für seinen Inhalt verantwortlich sein. Nach allem wird dem Anspruch des Pflichtteilsberechtigten auf amtliche Verzeichnung wegen ihrer größeren Richtigkeitsgarantien mit Recht besondere Bedeutung beigelegt (RGZ 72, 379, 384; RG DJ 1940, 1248). Er würde aber dieser Bedeutung weitgehend entkleidet, wenn

---

246 DNotZ 2003, 62; so schon OLGR Celle 1997, 160; vgl. auch die Anm. *Nieder*, DNotZ 2003, 63.
247 Vgl. im Einzelnen *Nieder*, DNotZ 2003, 63.
248 OLG Düsseldorf OLGReport 1995, 299.
249 MüKo-*Siegmann*, Rn 1; Staudinger/*Marotzke*, Rn 2; Palandt/*Edenhofer* Rn 1 je zu § 2002 BGB; *Reithmann*, DNotZ 1974, 6, 11.
250 RGZ 72, 379, 384; BGHZ 33, 373, 377 = MDR 1961, 217; MüKo-*Siegmann*, § 2003 Rn 3.
251 BGHZ 33, 373, 377 = MDR 1961, 217.

*dem amtlichen Verzeichnis ein gegenüber dem Privatverzeichnis so wesentlich verminderter Inhalt beigelegt würde."*[252]

Allerdings sind Zweifel angebracht, ob es dem Notar wirklich gelingt, aufgrund eigener Ermittlungen ein vollständiges Verzeichnis erstellen zu können.[253]

Das Nachlassverzeichnis des Notars hat auf dessen eigenen Feststellungen und nicht nur auf Auskünften des Erben zu beruhen.[254]

Der Erbe ist zur Vorlage eines notariellen Nachlassverzeichnisses gemäß § 2314 Abs. 1 S. 3 BGB in der Regel auch dann noch verpflichtet, wenn er auf Verlangen des Pflichtteilsberechtigten bereits ein privatschriftliches Verzeichnis erstellt hat.

Auch das notarielle Nachlassverzeichnis muss Angaben zum fiktiven Nachlassbestand (ausgleichspflichtige Zuwendungen des Erblassers und Schenkungen in den letzten 10 Lebensjahren) enthalten.[255]

### e) Anspruch auf Wertermittlung

317   Neben dem Auskunftsanspruch hat der Pflichtteilsberechtigte einen Anspruch auf Ermittlung des Wertes der Nachlassgegenstände (§ 2314 Abs. 1 S. 2 Hs. 2 BGB). Es handelt sich um zwei selbstständige Ansprüche.[256] Die Wertfeststellung erfolgt durch Einholung von Sachverständigengutachten, die Kosten dafür fallen dem Nachlass zur Last (§ 2314 Abs. 2 BGB).

Die Wertermittlungspflicht erstreckt sich auch auf solche Gegenstände, die nicht mehr zum Nachlass gehören, diesem aber (zur Ermittlung eines Pflichtteilsergänzungsanspruchs gem. § 2325 BGB) hinzuzurechnen sind – sog. „fiktiver Bestand".[257]

Allerdings reicht auch der Wertermittlungsanspruch des pflichtteilsberechtigten Nichterben nicht so weit, dass allein der begründete Verdacht einer unter § 2325 BGB fallenden Schenkung genügen würde, um eine Wertermittlung durch Sachverständigen auf Kosten des Nachlasses zu erreichen; vielmehr muss der Pflichtteilsberechtigte schon für den Wertermittlungsanspruch darlegen und beweisen, dass unter Berücksichtigung von Leistung und Gegenleistung eine zumindest gemischte Schenkung vorliegt;[258] wenn der Pflichtteilsberechtigte die Kosten dagegen selbst übernimmt, genügen greifbare Anhaltspunkte für eine unentgeltliche Verfügung.[259]

Die so ermittelten Werte sind im Prozess nicht bindend, sie dienen dem Pflichtteilsberechtigten lediglich als Orientierung und zur Abschätzung des Prozessrisikos.[260] Bleibt die Bewertung im Prozess streitig, so hat das Gericht seinerseits ein Sachverständigengutachten einzuholen.

---

252  Eine größere Richtigkeitsgarantie eines notariellen Verzeichnisses gegenüber einem privatschriftlichen nimmt auch das OLG Oldenburg an, NJW-RR 1993, 782 = FamRZ 1993, 857.
253  Deshalb schlägt *Nieder*, in DNotZ 2003, 63, 64 eine entsprechende Gesetzesänderung vor.
254  OLG Celle OLGR 2003, 370 = ZErb 2003, 382.
255  OLG Karlsruhe NJW-RR 2007, 881 = ZEV 2007, 329.
256  *Coing*, NJW 1983, 1298.
257  BGH NJW 1975, 258; NJW 1989, 2887; vgl. auch *Dieckmann*, NJW 1988, 180.
258  BGHZ 89, 24, 29 f.; 32; BGH, Urt. v. 8.7.1985 – II ZR 150/84, NJW 1986, 127; MüKo-*Frank*, § 2314 Rn 12 m.w.N.
259  BGH NJW 1993, 2737.
260  BGHZ 107, 200.

Die Vorlage von Bilanzen ersetzt in der Regel eine Wertermittlung nicht, weil die dort enthaltenen Buchwerte keine Aussage über den Verkehrswert zulassen.²⁶¹
BGH in BGHZ 108, 393:

*"Der pflichtteilsberechtigte Erbe, der den vom Erblasser Beschenkten auf Pflichtteilsergänzung in Anspruch nimmt, kann gegen diesen einen Anspruch auf Wertermittlung aus § 242 BGB haben; auf Kosten des Beschenkten kann die Wertermittlung aber nicht verlangt werden. ... [S. 396] Wie der Senat durch Urteil vom 19. April 1989 inzwischen entschieden hat (BGHZ 107, 200), haftet der (zuletzt) Beschenkte in den Fällen des § 2329 BGB mit dem Erlangten nur bis zur Höhe des Fehlbetrages im Sinne von § 2329 Abs. 2 BGB; der früher Beschenkte haftet nur bis zur Höhe des Fehlbetrages im Sinne von § 2329 Abs. 3 BGB. Damit ist die den Beschenkten gesetzte Opfergrenze erreicht; mehr brauchen sie von dem Geschenk, das sie ja mit Rechtsgrund in Händen halten, nicht wieder herauszugeben, auch nicht zur Deckung kostspieliger Ermittlungen oder Auskünfte im Interesse von Pflichtteilsberechtigten. Das kann bei einem Wertermittlungsanspruch, der auf § 242 BGB gestützt ist, nicht anders sein als im Rahmen von § 2314 Abs. 1 Satz 2 BGB. Davon aus Billigkeitsgründen im Einzelfall abzugehen, erscheint nicht gerechtfertigt.*
*[S. 397]: Unter diesen Umständen muss die Klage, soweit sie auf Wertermittlung gerade auf Kosten des Beklagten gerichtet ist, abgewiesen werden.*
*Indessen wünscht die Klägerin ausdrücklich, dass ihr der Wertermittlungsanspruch notfalls – über den Nachlass – auch auf eigene Kosten zugesprochen werde. Dieses Begehren ist begründet (§ 242 BGB).*
*Bei Anwendung der Grundsätze, die für den „allgemeinen" Auskunftsanspruch aus § 242 BGB gelten und die im Anschluss an FamRZ 1985,1249 auch hier anzuwenden sind, muss diesem Begehren entsprochen werden. Wie der II. Zivilsenat zutreffend ausgeführt hat, bringt das Rechtsverhältnis zwischen dem pflichtteilsberechtigten Erben und dem Beschenkten es mit sich, dass der Berechtigte unverschuldet selbst dann keine Gewissheit über Bestehen und Umfang seines Rechts auf Pflichtteilsergänzung gewinnen kann, wenn er alle pflichtteilsrelevanten Schenkungen kennt; denn sein Recht ist entscheidend von dem Wert der Zuwendungen bestimmt. Selbst wenn ihm Bilanzen und andere Geschäftsunterlagen vorliegen, wird er seine Pflichtteilsergänzung vielfach nicht berechnen können, weil er daraus die für die Bewertung besonders bedeutsamen stillen Reserven und die Ertragskraft des Unternehmens nicht vollständig erschließen kann. Deshalb ist ein schützenswertes Interesse des Pflichtteilsberechtigten daran anzuerkennen, dass der Wert der verschenkten Gegenstände sachverständig und objektiv ermittelt wird. Demgemäß ist es in solchen Fällen grundsätzlich gerechtfertigt, ihm einen Anspruch auf Ermittlung des Wertes an den maßgebenden Stichtagen (§ 2325 Abs. 2 BGB) einzuräumen."*

## 2. Stufenklage

Der Pflichtteilsberechtigte kann den Auskunfts- und Wertermittlungsanspruch, den Anspruch auf eidesstattliche Versicherung und den Pflichtteils-(Zahlungs-)Anspruch mit einer **einzigen** Klage, der **Stufenklage**, geltend machen (§ 254 ZPO). Es steht ihm natürlich frei, jeden einzelnen Anspruch in einem selbstständigen Rechtsstreit einzuklagen. Die Stufenklage empfiehlt sich wegen der verjährungshemmenden Wirkung, § 2332 BGB²⁶² (Hem-

---

261 BGHZ 108, 393.
262 BGH NJW 1975, 1409.

mungstatbestand der Klageerhebung: § 204 Abs. 1 Nr. 1 BGB); sie löst wegen des Zahlungsanspruchs auch Verzug aus.[263]

Die Reihenfolge bei der Stufenklage:
- unbedingter Auskunfts- und Wertermittlungsantrag,
- unbedinger Antrag auf eidesstattliche Versicherung; darüber kann erst entschieden werden, wenn die Auskunft erteilt ist, weil erst dann deren Qualität beurteilt werden kann („Besteht Grund zu der Annahme, ..."), § 260 Abs. 2 BGB;
- unbezifferter Zahlungsantrag.

320   Über die beiden ersten Anträge wird jeweils durch **Teilurteil** entschieden (§ 301 ZPO), über den Zahlungsantrag durch **Schlussurteil**. Wird ein Mindestbetrag geltend gemacht, so ist die Bezeichnung als Teilklage erforderlich.[264] Die Kostenentscheidung ergeht erst im Schlussurteil (Grundsatz der Einheitlichkeit der Kostenentscheidung).

Das (erste) Teilurteil über den Klageantrag Nr. 1 ist gem. § 708 Nr. 11 ZPO für vorläufig vollstreckbar zu erklären mit der Abwendungsbefugnis des § 711 oder § 709 ZPO. Die Höhe der Sicherheitsleistung richtet sich nach dem zu vollstreckenden Gegenstand der Verurteilung. Die Auskunftserteilung selbst dürfte im Regelfall keine höheren Kosten als 500 EUR verursachen, die Kosten des Sachverständigengutachtens sind zu schätzen. Werden sie mit 2.500 EUR angenommen, so ist Sicherheit in Höhe von 3.000 EUR zu leisten. Da das Teilurteil eine Kostenentscheidung nicht enthält, kann auch hierwegen nicht vollstreckt werden, deren Einbeziehung in die Sicherheitsleistung entfällt daher.

321   Wird der Beklagte durch **zweites Teilurteil** zur Abgabe der eidesstattlichen Versicherung verurteilt, so dürfte der Gegenstand der Verurteilung mit nicht mehr als 1.250 EUR anzunehmen sein, so dass die Anordnung von Sicherheitsleistung entfällt (§ 708 Nr. 11 ZPO). **Wichtig**: Das Klägerinteresse wird oft über 600 EUR (Berufungssumme gemäß § 511 ZPO.) liegen, das für die Zulässigkeit einer **Berufung** entscheidende Beklagteninteresse oft darunter.[265] Nach – freiwilliger oder vollstreckter – Abgabe der eidesstattlichen Versicherung kann der dritte Antrag auf Verurteilung zur Zahlung des Pflichtteils gestellt werden. Über diesen Antrag ist – wie über den ersten und zweiten – gem. § 128 Abs. 1 ZPO mündlich zu verhandeln. Es ergeht danach ein Schlussurteil, das auch über die Kosten des gesamten Rechtsstreits gem. §§ 91, 92 ZPO und über die vorläufige Vollstreckbarkeit der letzten Stufe (Zahlungs- und Kostenausspruch, § 708 Nr. 11 oder § 709 ZPO) zu entscheiden hat.

### 3. Übergang von Auskunftsantrag auf Leistungsantrag bei der Stufenklage

322   BGH im Urteil vom 15.11.2000 – AZ: IV ZR 274/99:[266]

> „Sieht sich die Klägerin zur Bezifferung ihres mit einer Stufenklage letztlich verfolgten Leistungsantrags auch ohne die ursprünglich als zweite Stufe angekündigte Wertermittlung in der Lage, kann sie unmittelbar auf den Leistungsantrag übergehen; für eine Rücknahme oder Erledigterklärung des noch nicht zur Verhandlung gestellten Wertermittlungsantrags ist dann kein Raum."

---

263  BGHZ 80, 276.
264  BGH FamRZ 2003, 31.
265  Vgl. *Thomas/Putzo*, § 3 „Auskunftsanspruch".
266  BGH WM 2001, 273 = ZErb 2001, 64.

## Sachverhalt:[267]

323

Die Klägerin macht Pflichtteilsansprüche gegenüber der Beklagten, ihrer Schwester, geltend. Die Mutter der Parteien hat die Beklagte als Alleinerbin eingesetzt. In der von der Klägerin erhobenen Stufenklage kündigte diese in der ersten Stufe Auskunftsanträge nach § 2314 BGB, in der zweiten Stufe einen Antrag auf Wertermittlung durch Sachverständigengutachten bzgl. eines Nachlassgrundstücks und in der dritten Stufe Anträge auf Zahlung an. In der ersten mündlichen Verhandlung anerkannte die Beklagte die Auskunftsanträge, es erging insofern Teilanerkenntnisurteil. Im Rahmen der daraufhin erteilten Auskünfte wurde auch ein Verkehrswertgutachten vorgelegt, das anderweitig eingeholt worden war. Nunmehr stellte die Klägerin einen bezifferten Zahlungsantrag.

## Probleme:

324

Von dem Erfordernis eines bestimmten Klageantrags nach § 253 Abs. 2 Nr. 2 ZPO macht § 254 ZPO eine Ausnahme: Wenn es der Klägerin nicht möglich ist, einen bestimmten Antrag zu stellen, kann sie mit einer Stufenklage von der Beklagten zunächst Auskunft verlangen und in der nächsten Stufe ihren eigentlichen Leistungsantrag verfolgen. Auf Grund der erteilten Auskunft ist es ihr sodann möglich, den Leistungsgegenstand zu konkretisieren. Damit wird auch bezüglich des letzten Leistungsantrags die Verjährung gehemmt (§ 204 BGB), was die Auskunftsklage für sich allein nicht bewirken könnte.[268]

Nach Erlass des Teilanerkenntnisurteils und der erteilten Auskunft würde normalerweise der Wertermittlungsantrag gestellt werden. Dieser hat sich jetzt aber erübrigt. Fraglich ist deshalb, wie über diesen Wertermittlungsantrag, der von der Klägerin in der mündlichen Verhandlung nicht gestellt wurde, zu entscheiden ist. In Betracht kämen eine Klagerücknahme mit der Kostenfolge des § 269 Abs. 3 S. 2 ZPO und eine übereinstimmende Erledigungserklärung nach § 91a ZPO. Grundsätzlich ist über die für spätere Stufen angekündigten Anträge getrennt und nacheinander zu verhandeln und zu entscheiden.[269] Der von der Klägerin angekündigte Wertermittlungsantrag (§ 2314 Abs. 1 S. 2 BGB) dient dem Zweck, die nach § 253 Abs. 2 S. 2 ZPO erforderliche Bezifferung vorzubereiten. Dieser Antrag muss aber nicht notwendigerweise gestellt werden. Vielmehr war die Klägerin in der Lage, direkt den Zahlungsantrag zu stellen. Ein solches Vorgehen stellt keine Klageänderung dar, sondern ist nach § 264 Nr. 2 ZPO zulässig.[270]

Dementsprechend war für eine (teilweise) Klagerücknahme oder eine Erledigungserklärung kein Raum.[271] Auch eine Entscheidung über den Wertermittlungsantrag kam damit nicht mehr in Betracht (siehe hierzu § 17 Rn 1 ff.).

---

[267] Nach *Schreiber*, Jura 2001, Heft 6, ZPO § 254/2.
[268] OLG Hamm NJW-RR 1990, 709; MüKo-*Lüke*, ZPO, § 254 Rn 3 m.w.N.
[269] BGH NJW 1991, 1893 m.w.N.
[270] BGHZ 52, 169, 171; *Rixecker*, MDR 1985, 633, 634.
[271] Vgl. BGH NJW 1979, 925, 926; NJW 1991, 1893.

## VI. Auskunftsansprüche bei Vor- und Nacherbschaft

### 1. Rechtsstellung des Vorerben während der Zeit der Vorerbschaft

#### a) Erstellung eines Nachlassverzeichnisses

**Rechtliche Grundlagen**

325

Der Nacherbe kann von dem Vorerben die Erstellung eines Verzeichnisses der vorhandenen Nachlassgegenstände verlangen, § 2121 Abs. 1 BGB. Damit soll ein Beweismittel geschaffen werden, das nach dem Eintritt des Nacherbfalls die vermögensrechtliche Auseinandersetzung zwischen Vor- und Nacherben erleichtert.[272] Eine **Befreiung des Vorerben** von dieser Verpflichtung ist **nicht** möglich, vgl. § 2136 BGB. **Anspruchsinhaber ist der Nacherbe.** Sind mehrere Nacherben vorhanden, können sie den Anspruch unabhängig voneinander, auch gegen den Willen der anderen Nacherben, geltend machen.[273] Ist ein Nacherben-Testamentsvollstrecker bestellt, kann das Recht aus § 2121 BGB nur von diesem, nicht von den Nacherben, geltend gemacht werden. Der Testamentsvollstrecker seinerseits muss den Nacherben so unterrichten, wie wenn er den Anspruch aus § 2121 BGB geltend gemacht hätte.[274] Dem Ersatznacherben steht hingegen vor Eintritt des Ersatzfalls der Anspruch nicht zu.[275]

Die Verpflichtung trifft den Vorerben. Bilden mehrere Vorerben eine Erbengemeinschaft, so müssen sie das Verzeichnis gemeinsam erstellen.[276] Maßgeblicher Zeitpunkt ist die Aufnahme des Verzeichnisses, nicht der Erbfall.[277] Nach dem Erbfall zum Nachlass gekommene Surrogate sind deshalb aufzunehmen, nicht aber zwischenzeitlich aus dem Nachlass ausgeschiedene Gegenstände.[278] Über deren Verbleib kann nur im Rahmen des Anspruchs aus § 2127 BGB Auskunft verlangt werden. Ferner müssen in das Verzeichnis nur die Aktiva der Erbschaft aufgenommen werden,[279] Aussagen zu den Nachlassverbindlichkeiten und Wertangaben[280] sind nicht erforderlich. Bei einer Gesellschaft sind nicht die einzelnen Vermögensgegenstände, sondern die Beteiligung als solche anzugeben.[281] Ein Anspruch auf Erstellung einer Bilanz folgt aus § 2121 BGB ebenfalls nicht.[282]

326

Weitergehende materielle Voraussetzungen für die Geltendmachung bestehen nicht. Insbesondere ist es nicht erforderlich, dass Grund zu der Annahme besteht, der Vorerbe habe Rechte des Nacherben erheblich verletzt. Insoweit unterscheidet sich der Anspruch auf Mitteilung eines Nachlassverzeichnisses von dem Auskunftsanspruch nach § 2127 BGB.

Das Nachlassverzeichnis muss schriftlich erstellt und vom Vorerben unter Angabe des Datums unterschrieben werden. Der Nacherbe kann verlangen, dass das Verzeichnis nach § 2121 Abs. 3 BGB amtlich aufgenommen und er nach § 2121 Abs. 2 BGB bei der Aufnahme hinzugezogen wird. Eine amtliche Aufnahme sollte jedenfalls dann erfolgen, wenn der

---

272 MüKo-*Grunsky*, § 2121 BGB Rn 1.
273 BGHZ 127, 360, 365 = NJW 1995, 456, 457; MüKo-*Grunsky*, § 2121 BGB Rn 1.
274 BGHZ 127, 360, 364 f. = NJW 1995, 456, 457; Palandt/*Edenhofer*, § 2121 BGB Rn 1.
275 RGZ 145, 316, 319; Soergel/*Harder*, § 2121 BGB Rn 5; MüKo-*Grunsky*, § 2102 BGB Rn 11, der aber bei einem „demnächstigen Wegfall" des Nacherben Ausnahmen zulassen will.
276 MüKo-*Grunsky*, § 2121 BGB Rn 2.
277 BGHZ 127, 360, 365 = NJW 1995, 456, 457.
278 MüKo-*Grunsky*, § 2121 BGB Rn 5.
279 Staudinger/*Behrends*/*Avenarius*, § 2121 BGB Rn 4; Soergel/*Harder*, § 2121 BGB Rn 2.
280 BGH NJW 1981, 2051, 2052.
281 Staudinger/*Behrends*/*Avenarius*, § 2121 BGB Rn 4.
282 Erman/*Hense*/*Schmidt*, § 2121 BGB Rn 1; MüKo-*Grunsky*, § 2121 BGB Rn 5.

Zeitpunkt des Eintritts des Nacherbfalls der Tod des Vorerben ist, da hier die Klärung der Nachlasszugehörigkeit oftmals schwierig sein wird und Streit vorprogrammiert ist.[283]

**Hinweis** 327
Versucht der Vorerbe, sich der Erteilung des Nachlassverzeichnisses nach § 2121 BGB zu entziehen, obwohl die Aufstellung keine besonderen Schwierigkeiten bereiten würde, oder legt er ein unrichtiges Verzeichnis vor, kann dies einen Anspruch auf Sicherheitsleistung nach § 2128 BGB auslösen.

**Grenzen** 328
Die Mitteilung eines Nachlassverzeichnisses kann von jedem Nacherben nur einmal geltend gemacht werden.[284] Sind mehrere Nacherben vorhanden, muss der Vorerbe unter Umständen aber mehrere aktualisierte Verzeichnisse vorlegen, da die Nacherben den Anspruch unabhängig voneinander geltend machen können.[285] Bei späteren Veränderungen des Nachlassbestandes kann der Nacherbe lediglich unter den Voraussetzungen des § 2127 BGB Auskunft verlangen.

Der Anspruch erlischt mit dem Eintritt des Nacherbfalls. Ab diesem Zeitpunkt ist der nicht befreite Vorerbe nach §§ 2130 Abs. 2, 259 f. BGB rechenschaftspflichtig,[286] den befreiten Vorerben trifft lediglich die Verpflichtung aus §§ 2138, 260 BGB zur Vorlage eines Bestandsverzeichnisses.

Das aufgenommene Verzeichnis stellt eine frei zu würdigende Beweisurkunde dar, der keine Vollständigkeitsvermutung zukommt.[287] Im Verhältnis zu den Nachlassgläubigern hat das Verzeichnis keine Wirkung, es sind hier allein die Vorschriften über das Nachlassinventar (§§ 1993 ff. BGB) maßgeblich.

**Verfahren** 329
Durchsetzung: Der Anspruch kann nur vor dem Prozessgericht, nicht aber im Verfahren der freiwilligen Gerichtsbarkeit durchgesetzt werden.[288] Eine eidesstattliche Versicherung der Vollständigkeit und Richtigkeit des Verzeichnisses kann nicht verlangt werden.[289] Erzwungen werden kann eine eidesstattliche Versicherung nur im Rahmen des Auskunftsanspruchs nach §§ 2127, 260 BGB.

**Zwangsvollstreckung** 330
Die Vollstreckung erfolgt nach § 888 ZPO.

**Kosten** 331
Die Kosten für die Erstellung des Nachlassverzeichnisses auf Anforderung des Nacherben fallen dem Nachlass zur Last, § 2121 Abs. 4 BGB. Es handelt sich um eine Nachlassverbind-

---

283 *Kerscher/Krug*, § 12 Rn 7.
284 BGHZ 127, 360, 364 = NJW 1995, 456, 457; *Kerscher/Krug*, § 12 Rn 7; einschränkend Staudinger/ *Behrends/Avenarius*, § 2121 BGB Rn 1 für den Fall der lang andauernden Vorerbschaft, mit der starke Veränderungen des Nachlasses einhergehen.
285 Soergel/*Harder*, § 2121 BGB Rn 5; *Lange/Kuchinke*, § 28 V 6a Fn 217; Staudinger/*Behrends/Avenarius*, § 2121 BGB Rn 2; Erman/*Hense/Schmidt*, § 2121 BGB Rn 2; a.A. MüKo-*Grunsky*, § 2121 BGB Rn 3: Vorerbe muss auch bei mehreren Nacherben nur einmal ein Nachlassverzeichnis aufstellen.
286 RGZ 98, 25, 26 f.; Soergel/*Harder*, § 2121 BGB Rn 4; Palandt/*Edenhofer*, § 2121 BGB Rn 1.
287 Soergel/*Harder*, § 2121 BGB Rn 1; Staudinger/*Behrends/Avenarius*, § 2121 BGB Rn 6.
288 MüKo-*Grunsky*, § 2121 BGB Rn 4; Palandt/*Edenhofer*, § 2121 BGB Rn 4; *Lange/Kuchinke*, § 28 V 6a.
289 Soergel-*Harder*, § 2121 BGB Rn 3; Staudinger/*Behrends/Avenarius*, § 2121 BGB Rn 7; *Lange/Kuchinke*, § 28 V 6a.

lichkeit. Erstellt der Vorerbe demgegenüber von sich aus ein Verzeichnis, so stellt dies eine Verwaltungsmaßnahme dar, deren Ersatzfähigkeit sich nach §§ 2124 ff. BGB beurteilt.

Zur Höhe der Kosten: § 52 KostO.

### b) Feststellung des Zustandes der zum Nachlass gehörenden Sachen

**332 Rechtliche Grundlagen**

Dem Schutz des Vorerben vor Ersatzansprüchen[290] des Nacherben nach dem Eintritt des Nacherbfalls dient § 2122 S. 1 BGB. Danach kann der Vorerbe den tatsächlichen Zustand der zur Erbschaft gehörenden Sachen auf seine Kosten durch einen oder mehrere Sachverständige feststellen lassen.

Das Feststellungsverlangen kann sich auch auf einzelne Sachen beschränken,[291] nicht aber ausschließlich auf den Wert der Nachlassgegenstände.[292]

**333 Verfahren und Kosten**

Das Verfahren richtet sich nach §§ 410 Nr. 2, 411 Abs. 2 FamFG. Zuständig ist das Amtsgericht, in dessen Bezirk sich die Sache befindet. Durch ausdrückliche Vereinbarung der Beteiligten kann auch die Zuständigkeit eines anderen Amtsgerichts begründet werden.

Die Kosten des Verfahrens trägt der Antragsteller, hier also der Vorerbe. Gerichtskosten: eine Gebühr, §§ 120 Nr. 1, 32 KostO.

### c) Kontroll- und Sicherungsrechte bei einer Gefährdung des Nachlasses

**334** Einen vorbeugenden Schutz vor einer wirtschaftlichen Verschlechterung des Nachlasses[293] bieten die §§ 2127–2129 BGB. Dem Nacherben steht bei einer Gefährdung seiner Rechte ein außerordentliches Auskunftsrecht über den gegenwärtigen Bestand des Nachlasses zu (§ 2127 BGB). Er kann von dem Vorerben Sicherheitsleistung verlangen (§ 2128 Abs. 1 BGB) und schließlich im Falle des Ausbleibens der Sicherheitsleistung die Anordnung der gerichtlichen Verwaltung (§§ 2128 Abs. 2, 1052 BGB) beantragen.

Weitergehende Rechte hat der Nacherbe während der Zeit der Vorerbschaft nicht, insbesondere kann er keine Schadenersatzansprüche gegen den Vorerben geltend machen.

**335** > **Hinweis**
> Befreiungsmöglichkeit: Der Erblasser kann den Vorerben von den Verpflichtungen der §§ 2127–2129 BGB freistellen, vgl. § 2136 BGB.
> Ein Vorgehen gegen den befreiten Vorerben ist nur mit den allgemeinen Sicherungsmitteln der ZPO – Arrest und einstweilige Verfügung – möglich.

**336 Auskunft über den aktuellen Nachlassbestand**

**Rechtliche Grundlagen:** Der Nacherbe kann im Falle der Gefährdung seiner Rechte Auskunft über den gegenwärtigen Bestand des Nachlasses unter Vorlage eines Bestandsverzeichnisses verlangen, §§ 2127, 260 BGB. Der Auskunftsanspruch dient zur Sicherung von Beweismitteln für eine Schadenersatzklage nach Eintritt der Nacherbfalls. Er schafft darüber hinaus eine Basis für die weiteren Entscheidungen, ob eine Sicherheitsleistung verlangt und eine gerichtliche Verwaltung beantragt werden soll.

---

290 Palandt/*Edenhofer*, § 2121 BGB Rn 1.
291 Soergel/*Harder*, § 2122 BGB Rn 2; Staudinger/*Behrends/Avenarius*, § 2122 BGB Rn 2.
292 MüKo-*Grunsky*, § 2122 BGB Rn 2; Palandt/*Edenhofer*, § 2122 BGB Rn 1.
293 Staudinger/*Behrends/Avenarius*, vor § 2127 ff. BGB Rn 1.

Ein Anspruch auf Auskunft über den Verbleib von Erbschaftsgegenständen oder auf Rechenschaft besteht im Rahmen des § 2127 BGB nicht.[294] Der Auskunftsanspruch kann wiederholt geltend gemacht werden, sofern ein neuer Grund vorhanden ist.[295]

**Hinweis** 337
Befreiungsmöglichkeit: Der Erblasser kann den Vorerben von der außerordentlichen Auskunftsverpflichtung nach § 2127 BGB befreien. Dem Nacherben bleiben dann lediglich die ordentlichen und unabdingbaren Auskunfts- und Feststellungsrechte nach §§ 2121, 2122 BGB.

Als Voraussetzung für den Anspruch muss Grund zu der Annahme bestehen, dass der 338
Vorerbe durch seine Verwaltung Rechte des Nacherben erheblich verletzt. Besteht lediglich der nicht belegbare Verdacht einer Rechtsverletzung, so ist der Nacherbe wehrlos.[296] Soweit eine Interessenabwägung dies rechtfertigt, räumt der BGH allerdings dem Nacherben einen Auskunftsanspruch gegen den vom Vorerben Beschenkten ein.

Geschützt wird der künftige Herausgabeanspruch des Nacherben nach § 2130 BGB. Die beanstandete Maßnahme muss objektiv eine Rechtsverletzung darstellen, im Gegensatz zu § 2128 BGB genügt daher eine ungünstige Vermögenslage des Vorerben nicht.[297] Ausreichend ist die Gefahr einer künftigen Verletzung, ein Verschulden des Vorerben ist nicht erforderlich. Erheblich ist eine Verletzung, wenn sie sich auf nicht ganz unwesentliche Teile der Erbschaft bezieht.[298] Soweit eine Maßnahme zur ordnungsgemäßen Verwaltung des Nachlasses erforderlich und der Nacherbe nach § 2120 BGB zur Zustimmung verpflichtet ist, können dessen Rechte nicht verletzt werden.[299]

Insbesondere in einer Verletzung der gesetzlichen Beschränkungen der Rechtsstellung des Vorerben wird regelmäßig ein pflichtwidriges Verhalten zu erblicken sein. Dabei ist an folgende Fallkonstellationen zu denken:[300]
- Eigenmächtige Vornahme von Verfügungen, die bei Eintritt der Nacherbfolge nach § 2113 Abs. 1 oder 2 BGB unwirksam werden;[301]
- Einziehung einer Hypothekenforderung, einer Grundschuld oder einer Rentenschuld entgegen den Beschränkungen in § 2114 BGB;
- Verstoß gegen die Pflichten im Zusammenhang mit der Verwaltung von Wertpapieren und Geld, §§ 2116–2119 BGB;
- Bestreiten der Rechte des Nacherben, insbesondere der Gültigkeit einer letztwilligen Verfügung, wenn dies den Schluss nahe legt, der Vorerbe werde bei der Nachlassverwaltung keine Rücksicht auf die Rechte des Nacherben nehmen;[302]
- Bestreiten der Zugehörigkeit von Surrogaten (§ 2111 BGB) zum Nachlass,[303] beispielsweise durch Zurechnung zum Eigenvermögen des Vorerben.
- Zwangsverfügungen, die von Eigengläubigern des Vorerben im Wege der Zwangsvollstreckung oder im Rahmen eines Insolvenzverfahrens getroffen werden, beruhen zwar

---

294 Staudinger/*Behrends/Avenarius*, § 2127 BGB Rn 9; Soergel/*Harder*, § 2127 BGB Rn 4; zum Umfang des Auskunftsanspruchs: *Lüke*, JuS 1986, 2, 3.
295 MüKo-*Grunsky*, § 2127 BGB Rn 2; Palandt/*Edenhofer*, § 2127 BGB Rn 2.
296 *Kerscher/Krug*, § 12 Rn 10; *Lange/Kuchinke*, § 28 V 6a.
297 MüKo-*Grunsky*, § 2127 BGB Rn 3; Staudinger/*Behrends/Avenarius*, § 2127 BGB Rn 6.
298 Soergel/*Harder*, § 2127 BGB Rn 2.
299 RGZ 149, 65, 68.
300 Staudinger/*Behrends/Avenarius*, § 2127 BGB Rn 7.
301 RGZ 149, 65, 68.
302 Staudinger/*Behrends/Avenarius*, § 2128 BGB Rn 3.
303 BGHZ 127, 360, 366 = NJW 1995, 456, 457; vgl. auch BGHZ 44, 336.

nur mittelbar auf der Verwaltung des Vorerben. Gleichwohl kommt hier ein Auskunftsanspruch analog § 2127 BGB in Betracht, soweit dieser erforderlich ist, um dem Nacherben die Geltendmachung seiner Rechte (§ 2115 BGB) gegen solche Verfügungen zu ermöglichen.[304]

### 339 Verfahren

Mehrere Nacherben können den Auskunftsanspruch unabhängig voneinander geltend machen, auch gegen den Willen der anderen. Ist ein Nacherben-Testamentsvollstrecker bestellt, kann nur dieser das Auskunftsrecht wahrnehmen. Dem Ersatznacherben steht vor Eintritt des Ersatzfalls hingegen der Anspruch nicht zu.[305]

Der Auskunftsanspruch ist im Klageweg durchzusetzen. Der Nacherbe ist für die Voraussetzungen des Anspruchs darlegungs- und beweispflichtig. Eine eidesstattliche Versicherung kann der Nacherbe unter den Voraussetzungen des § 260 Abs. 2 BGB verlangen.[306]

Da während der Zeit der Vorerbschaft kein Schadenersatzanspruch gegen den Vorerben wegen nicht ordnungsgemäßer Verwaltung des Nachlasses geltend gemacht werden kann, kommt eine Stufenklage auf Auskunft und Zahlung nicht in Betracht.

### 2. Auskunfts- und Rechenschaftspflicht des Vorerben über die Verwaltung des Nachlasses nach Eintritt des Nacherbfalls

#### a) Rechtliche Grundlagen

### 340

Hier ist zu unterscheiden, ob eine nicht befreite oder eine befreite Vorerbschaft vorliegt:

**Nicht befreite Vorerbschaft**

Der **nicht befreite Vorerbe** ist auf Verlangen des Nacherben verpflichtet, über die Verwaltung des Nachlasses **Rechenschaft** abzulegen (§§ 2130 Abs. 2, 259 BGB). Die Rechenschaftslegung erfordert eine detaillierte, übersichtliche und in sich verständliche Zusammenstellung der Einnahmen und Ausgaben.[307] Auch die Entwicklungen der Vorerbschaft sind im Einzelnen aufzuzeigen, die bloße Vorlage von Belegen mit dem Angebot einer mündlichen Erläuterung genügt nicht.[308] Bei Unvollständigkeit der Rechnungslegung besteht ein Anspruch auf Ergänzung.[309]

Die Rechenschaftslegung geht damit inhaltlich weit über die Erteilung einer Auskunft hinaus, beinhaltet diese aber. Wenn Rechnung gelegt ist, kann daher insoweit keine Auskunft mehr verlangt werden.[310]

Die Rechenschaftspflicht umfasst nur den Stamm der Erbschaft, nicht die dem Vorerben zustehenden Nutzungen und die von dem Vorerben allein zu tragenden Erhaltungskosten.[311]

---

304 Staudinger/*Behrends*/*Avenarius*, § 2127 BGB Rn 8.
305 RGZ 145, 316, 319; Staudinger/*Behrends*/*Avenarius*, § 2127 BGB Rn 11.
306 Soergel/*Harder*, § 2127 BGB Rn 4; Erman/*Hense*/*Schmidt*, § 2127 BGB Rn 1.
307 Palandt/*Heinrichs*, § 261 BGB Rn 23.
308 OLG Köln NJW-RR 1989, 528.
309 BGH NJW 1984, 2822, 2824.
310 BGH NJW 1985, 1693, 1694.
311 Soergel/*Harder*, § 2130 BGB Rn 7; Erman/*Hense*/*Schmidt*, § 2130 BGB Rn 5.

*Krug*

**Befreite Vorerbschaft**

Der **befreite Vorerbe** ist hingegen nicht zur Rechenschaft verpflichtet. Jedoch resultiert aus seiner Verpflichtung zur Herausgabe des Nachlasses die Pflicht zur Erstellung eines **Bestandsverzeichnisses** (§§ 2130 Abs. 1, 260 BGB). Diese Verpflichtung ist nicht abdingbar.[312]

Sowohl aus der Verpflichtung zur Rechnungslegung als auch aus der einfachen Auskunftspflicht kann sich ein Anspruch des Nacherben auf Abgabe einer **eidesstattlichen Versicherung** (§ 259 Abs. 2 BGB bzw. § 260 Abs. 2 BGB) ergeben.

Der Vorerbe kann bei der Auskunft auf ein bereits zuvor aufgestelltes und dem Nacherben mitgeteiltes Verzeichnis nach § 2121 BGB oder eine Auskunft nach § 2127 BGB Bezug nehmen. Der Vorerbe muss dann lediglich die zwischenzeitlich eingetretenen Veränderungen ergänzen.[313]

> **Hinweis**
> Ist die Durchsetzung der Rechenschaftspflicht für den Nacherben mit Schwierigkeiten verbunden, kann ihm nach Treu und Glauben ein **Auskunftsanspruch gegen den vom Vorerben Beschenkten** zustehen.

b) Verfahren

Der Anspruch ist vor dem Prozessgericht geltend zu machen.[314] Er kann im Wege der Stufenklage (§ 254 ZPO) mit dem Anspruch auf Herausgabe verbunden werden.

c) Auskunft über die Schenkungen des Vorerben

Die unentgeltliche Verfügung des Vorerben über Mittel der Erbschaft stellt einen Verstoß gegen § 2113 Abs. 2 BGB dar, soweit es sich nicht um eine Anstandsschenkung handelt oder die Maßnahme ausnahmsweise einer ordnungsgemäßen Verwaltung entspricht. Mit dem Eintritt des Nacherbfalls ist eine solche Verfügung absolut unwirksam. Zu Gunsten des Beschenkten kann jedoch der Gutglaubensschutz nach § 2113 Abs. 3 BGB eingreifen.

Die Durchsetzung eines **Herausgabe- oder Bereicherungsanspruchs** gegen den Beschenkten stellt den Nacherben jedoch oftmals vor erhebliche Probleme. Insbesondere dann, wenn der Nacherbfall mit dem Tod des Vorerben eintritt, kann sich die Ermittlung der Person des Beschenkten sowie von Art und Umfang der Zuwendung schwierig gestalten.

Die Rechtsprechung gewährt deshalb dem Nacherben einen aus § 242 BGB abgeleiteten Auskunftsanspruch gegen den vom Vorerben Beschenkten, soweit dies nach den **Umständen des Einzelfalls** und einer **Abwägung der Interessen** von Nacherben und Beschenkten gerechtfertigt ist.[315]

**Voraussetzungen** für den Auskunftsanspruch:[316]
- Der Vorerbe bzw. dessen Erben dürfen nicht in der Lage sein, die Auskunft selbst zu erteilen (Der Auskunftsanspruch aus § 242 BGB ist subsidiär gegenüber einem Anspruch

---

312 Soergel/*Harder*, § 2138 BGB Rn 4; Palandt/*Edenhofer*, § 2138 BGB Rn 1.
313 Erman/*Hense/Schmidt*, § 2130 BGB Rn 5; Palandt/*Edenhofer*, § 2130 BGB Rn 6.
314 MüKo-*Grunsky*, § 2130 BGB Rn 8; Erman/*Hense/Schmidt*, § 2130 BGB Rn 5.
315 BGHZ 58, 237, 239 f.; OLG Celle NJW 1966, 1663; Staudinger/*Behrends/Avenarius*, § 2113 BGB Rn 93.
316 Nach BGHZ 58, 237, 239 f.

aus § 2130 Abs. 2 bzw. §§ 2130, 260 BGB!). Hauptanwendungsfall: Die Nacherbfolge tritt mit dem Tod des Vorerben ein.
- Der Nacherbe muss gewisse Anhaltspunkte für eine unentgeltliche Zuwendung darlegen, denn das Auskunftsverlangen darf keine unzumutbare Ausforschung des Dritten darstellen. Ausreichend hierfür ist, dass zwischen dem Dritten und dem Vorerben Beziehungen bestanden haben, „die nach den gegebenen besonderen Umständen" die Vermutung einer unentgeltlichen Zuwendung aus dem Nachlass nahe legen.
- Der Dritte muss in zumutbarer Weise zur Auskunftserteilung in der Lage sein.
- Der Auskunftsanspruch erstreckt sich auf alles, was der Beschenkte durch Verfügungen jeglicher Art von dem Vorerben erlangt hat.[317]

### 3. Auskunftsanspruch des Nacherben gegen den Vorerben bezüglich der Anlage freier Geldmittel

Urteil des Landgerichts Berlin vom 26.10.2000 – 33 O 226/00:[318]

Das Landgericht Berlin hat in dem zuvor bezeichneten Urteil einen im Recht der Vor- und Nacherbschaft nicht unbedeutenden Auskunftsanspruch des Nacherben gegen den Vorerben auf der Grundlage von § 242 BGB zugesprochen und damit in richterlicher Rechtsfortbildung die Zahl der dem Vorerben gegen den Nacherben zustehenden Auskunftsansprüche erweitert. Es ging um die Auskunft des Vorerben über die mündelsichere Anlage von Geld, das aus der Veräußerung eines Nachlassgegenstandes und der Erbteilung im Wege der dinglichen Surrogation nach § 2111 BGB in den der Vor- und Nacherbfolge unterliegenden Nachlass gefallen und der nach §§ 2119, 1806, 1807 BGB mündelsicher anzulegen war. Die Nacherbin wollte wissen, ob der Vorerbe seine diesbezügliche Verpflichtung erfüllt hatte.

In dem vom LG Berlin entschiedenen Fall ging es um solche freien finanziellen Mittel, die zum einen aus einer Nachlassauseinandersetzung und zum anderen als Erträge von Wertpapieren in den Nachlass gefallen waren.

Nach Meinung des LG Berlin besteht zwischen der Verpflichtung zur Erstellung eines Nachlassverzeichnisses nach Eintritt des Erbfalls einerseits (§ 2121 BGB) und der Auskunftspflicht des Vorerben bei Gefährdung der Nacherbenrechte andererseits (§ 2127 BGB) eine gesetzliche Lücke in Bezug auf Auskunftsrechte des Nacherben über die Anlage freier Geldmittel, die es durch Richterrecht auszufüllen gelte.

Auf diese Generalklausel stützt das Landgericht Berlin die von ihm im vorliegenden Fall angenommene Rechtsfolge, der Nacherbe müsse bereits vor Eintritt des Nacherbfalls und ohne die schlüssige Darlegung einer Gefährdung seiner Rechte Informationen darüber erhalten können, ob der Vorerbe auch seiner Verpflichtung zur mündelsicheren Anlage freier Finanzmittel nachkommt. Zuwarten zu müssen, bis eine Gefährdung der Nacherbenrechte oder der Nacherbfall eingetreten ist, beeinträchtigt in der Tat die Effizienz der Rechtswahrnehmung des Nacherben. Ob das Gesetz an dieser Stelle eine auszufüllende Lücke aufweist – wie das LG Berlin annimmt – oder ob nicht ganz gezielt das Gesetz für diesen Fall dem Nacherben das Warten zumuten wollte, erscheint nicht ganz so eindeutig wie das LG annimmt. Bisher wurde die Ansicht vertreten, der Nacherbe könne nach § 2121 BGB nur ein einziges Mal die Erstellung eines Nachlassverzeichnisses verlangen,

---

317 BGHZ 58, 237, 240; Soergel/*Harder*, § 2130 BGB Rn 7.
318 LG Berlin ZEV 2002, 160 m. Anm. *Krug*, ZEV 2002, 160.

eine weitere Auskunft aber nur dann, wenn eine erhebliche Verletzung seiner Rechte i.S.v. § 2127 BGB angenommen werden könne.[319]

In dem vom LG Berlin entschiedenen Fall handelte es sich um eine i.S.v. § 2136 BGB nicht befreite Vorerbschaft. Bei einer befreiten Vorerbschaft wird ein solcher Auskunftsanspruch des Nacherben zu verneinen sein, weil der Erblasser den Vorerben von der Pflicht zur Auskunftserteilung nach § 2127 BGB befreien kann, vgl. den Wortlaut von § 2136 BGB. Dann wird er ihn erst recht von der Auskunftspflicht über die Geldanlage befreien können. Einem Nacherben bleiben dann lediglich die ordentlichen und unabdingbaren Auskunfts- und Feststellungsrechte auf Errichtung eines Nachlassverzeichnisses und auf Feststellung des Zustandes der Nachlassgegenstände durch Sachverständige nach §§ 2121, 2122 BGB.

## VII. Wertermittlungsanspruch bei „überquotaler" Teilungsanordnung

Das Landgericht Nürnberg-Fürth hat in einem Urteil vom 25.1.2000[320] einen für die Praxis nicht unbedeutenden Wertermittlungsanspruch bei einer vom Erblasser verfügten sog. „überquotalen" Teilungsanordnung zugesprochen.

**Zum Sachverhalt:**
Der verwitwete Vater hinterließ zwei Söhne, die er in einem notariellen Testament je hälftig zu seinen Erben eingesetzt hat. Darüber hinaus wies er im Wege einer Teilungsanordnung dem Sohn A ein Appartement und dem Sohn B eine Eigentumswohnung zu. Über einen Wertausgleich sagt das Testament nichts aus. Nach dem Erbfall haben die beiden Söhne gemäß der verfügten Teilungsanordnung einen Teilnachlassauseinandersetzungsvertrag geschlossen, d.h. auf A wurde das Appartement, auf B die Eigentumswohnung übertragen.

A verlangt nunmehr von B Wertausgleich und hat deshalb gegen B eine Stufenklage des Inhalts erhoben, dass der Wert der auf B übertragenen Eigentumswohnung durch Vorlage eines Gutachtens eines öffentlich bestellten und vereidigten Sachverständigen ermittelt wird und derjenige Miterbe, der den höherwertigen Gegenstand erhalten hat, die Hälfte der Wertdifferenz an den anderen auszugleichen hat.

Die Klage war beim Landgericht in der Auskunftsstufe erfolgreich.

**Aus den Gründen:**

*„Dem Kläger steht aufgrund des notariellen Testaments ... gem. § 2048 BGB ein Wertausgleich zu, den er im Wege der Stufenklage als Wertermittlungsanspruch geltend machen kann. ... Es ist davon auszugehen ..., dass die beiden zugewiesenen Immobilien unterschiedlich werthaltig sind. In einem solchen Fall ist es durchaus denkbar, dass ... der Erblasser nicht nur eine Teilungsanordnung, sondern bezüglich der Wertdifferenz ein Vorausvermächtnis treffen wollte.*
*Im vorliegenden Fall ist zu bedenken, dass das Testament von einem Notar verfasst wurde, dem der Unterschied zwischen einer Teilungsanordnung und einem Vorausvermächtnis aufgrund seiner beruflichen Erfahrung geläufig war. Die Wortwahl durch einen Notar hat ein solches Gewicht, dass ein abweichender Erblasserwille nicht anzunehmen ist. ...*
*Die vom Erblasser getroffene Teilungsanordnung führt zu einem Anspruch des Kl. auf Wertausgleich. Dies ergibt sich einmal daraus, dass der Erblasser seine beiden Söhne ausweislich des Textes der notariellen Urkunde „zu gleichen Anteilen" als Vollerben*

---

319 Vgl. Palandt/*Edenhofer*, § 2121 Rn 2.
320 LG Nürnberg-Fürth NJWE-FER 2000, 261 = ZErb 2001, 5 mit Anm. *Krug*.

*eingesetzt hat. Weiterhin ist anerkannt, dass dann, wenn ein Erblasser zwei Grundstücke besitzt und diese durch Teilungsanordnungen zuweist, eine Erbeinsetzung zu gleichen Teilen erfolgt und nicht zu Quoten, die sich aus dem unterschiedlichen Wert der Grundstücke ergeben.[321] Es ist bereits zur Zeit der Errichtung des Testaments am 2.8.1990 konsolidierte höchstrichterliche Rechtsprechung gewesen, dass bei einem Schweigen des Testaments ein Wertausgleich vorzunehmen ist."[322]*

349 Das Gericht nimmt eine erbrechtliche Sonderverbindung zwischen den beiden Miterben an, aus der sich nach § 242 BGB ein Anspruch des Klägers auf Wertermittlung zur Durchsetzung seines Anspruchs auf Wertausgleich ergebe. Dabei bleibt allerdings unklar, ob die Sonderverbindung allein aus dem Miterbenverhältnis abgeleitet wird, oder aus dem besonderen Rechtsverhältnis, das sich aus der Teilungsanordnung ergibt.

Die Wertermittlung durch einen öffentlich bestellten und vereidigten Sachverständigen habe „natürlich auf Kosten des Nachlasses zu erfolgen."

Offen lässt die Entscheidung auch, auf welche Weise der Kläger selbst den Wert des auf ihn übertragenen Appartements hat feststellen lassen, denn für einen Wertausgleich kommt es auf die Werthaltigkeit beider Objekte an. Vermutlich – das kann man zwischen den Zeilen lesen – hatte er vorher schon für das auf ihn übertragene Objekt ebenfalls ein Wertgutachten eines öffentlich bestellten und vereidigten Sachverständigen eingeholt. Die dafür entstandenen Kosten müsste – folgt man dem LG Nürnberg-Fürth – ebenfalls der Nachlass tragen.

### VIII. Auskunftsrechte des Vermächtnisnehmers

350 Bezieht sich ein Vermächtnis auf den Wert eines Gegenstandes oder quotal auf den Wert des Nachlasses, so kann der Vermächtnisnehmer vom Beschwerten – i.d.R. dem Erben – Auskunft über Bestand und Wert des Nachlasses bzw. Wert des betreffenden Gegenstandes verlangen.[323]

---

321 BayObLG FamRZ 1985, 312.
322 BGH NJW-RR 1990, 391 = FamRZ 1990, 396; vgl. auch *Siegmann*, ZEV 1996, 47 ff.
323 BGH FamRZ 2008, 2274 = NJW-RR 2009, 80 = ZErb 2008, 415 = ZEV 2009, 38; vgl. im Einzelnen *Keilbach*, FamRZ 1996, 1191. Die Kosten eines innerprozessualen Privatgutachtens zum Wert eines Vermächtnisses sind der nicht beweisbelasteten Partei jedenfalls dann zu erstatten, wenn sie nur auf diesem Wege den vom Gericht als schlüssig angesehenen Wertangaben des Prozessgegners sachgemäß entgegentreten konnte, OLG Koblenz ZEV 2005, 397.

# § 10 Erbrecht und Grundbuch

*Walter Krug*

## Literatur

**Lehrbücher, Handbücher, Kommentare:**
*Adomeit/Frühbeck,* Einführung in das spanische Recht, 2. Auflage 2001; *Buschor,* Nachlassplanung („estate planning") nach schweizerischem internationalem Erbrecht, 1994; *Dauner-Lieb/Heidel/Ring* (Ges.-Hrsg.), *Kroiß/Ann/Mayer* (Band-Hrsg.), AnwaltKommentar BGB, Band 5, Erbrecht, 2. Auflage 2007; *Ann,* Die Erbengemeinschaft, Köln 2001; *Bonefeld/Kroiß/Tanck,* Der Erbprozess, 3. Auflage 2009; *Demharter,* Grundbuchordnung, 26. Auflage 2008; *Firsching/Graf,* Nachlassrecht, 9. Auflage 2008; *Grziwotz,* Praxis-Handbuch Grundbuch- und Grundstücksrecht, 1999; *Hübner/Constantinesco,* Einführung in das französische Recht, 4. Auflage 2001; *Kerscher/Krug,* Das erbrechtliche Mandat, 4. Auflage 2007; *Kroiß,* Internationales Erbrecht, 1999; *Krug/Daragan,* Die Immobilie im Erbrecht, 2010; *Löber,* Erben und Vererben in Spanien, 4. Auflage 2003; *Schöner/Stöber,* Grundbuchrecht, 14. Auflage 2008; *Stauffacher,* Grundstückserwerb durch Ausländer und ausländisch beherrschte Gesellschaften in der Schweiz, 1987; *Storz/Kiderlen,* Praxis der Teilungsversteigerung, 4. Auflage 2008; *Süß/Haas,* Erbrecht in Europa, 2. Auflage 2008.

**Aufsätze:**
*Beilfuss,* Zur Reform des spanischen internationalen und interregionalen Privatrechts, IPRax 1992, 396; *Böhringer,* Das deutsche Grundbuchsystem im internationalen Rechtsvergleich, BWNotZ 1987, 25; *Böhringer,* Eignung öffentlicher Urkunden als Nachweis der Erbfolge im Grundbuchverfahren, ZEV 2001, 387; *Böhringer,* Trends und Entwicklungen bei der Prüfungskompetenz des Grundbuchamts, BWNotZ 1998, 4; *Eberl,* Immobilienkauf in Spanien, MittBayNot 2000, 515; *Eberl-Borges,* Erbauseinandersetzung durch formloses Ausscheiden von Miterben aus der Erbengemeinschaft?, MittRhNotK 1998, 242; *Edenfeld,* Der deutsche Erbschein nach ausländischem Erblasser, ZEV 2000, 482; *Fetsch,* Die „Belegenheit" von Forderungen im Internationalen Erbscheinsverfahren: Zur Auslegung und ratio von § 2369 Abs. 2 BGB, ZEV 2005, 425; *Findeklee,* Grundbuchberichtigung nach dem Erbfall?, ZErb 2004, 317; *Frank,* Grundlagen zum Immobilienerwerb in Frankreich, MittBayNot 2001, 39; *Gantzer,* Eintragung deutscher Erben im spanischen Eigentumsregister, ZEV 1999, 473; *Gresser,* Gesetzliche und gewillkürte Erbfolge im französischen Erbrecht, ZEV 1997, 492; *Grötsch,* Immobilienerwerb in Österreich, MittBayNot 2001, 175; *Gruber,* Ausländische Nachlassabwickler vor deutschen Gerichten, Rpfleger 2000, 250; *Günther,* Anmerkung zu OLG Frankfurt, FamRZ 2000, 604; *Honsell,* Die Neuordnung des gesetzlichen Güterrechts in Österreich, FamRZ 1980, 93; *Hoyer,* Deutsch-österreichische Erbfälle, IPRax 1986, 345; *Jung,* Unentgeltliche Verfügungen des Testamentsvollstreckers und des befreiten Vorerben, Rpfleger 1999, 204; *Jülicher,* Erbschaft- und Schenkungsteuerprobleme bei deutsch-spanischen Erbfällen und Schenkungen, ZErb 2000, 139; *Kannowski,* Arrest und einstweilige Verfügung (§§ 916 f. ZPO) neben einem bereits vorliegenden Titel, JuS 2001, 482; *Keim,* Gekauft ist nicht geschenkt – Der Nachweis der Entgeltlichkeit von Verfügungen des Testamentsvollstreckers im Grundbuchverkehr, ZEV 2007, 470; *Klawikowski,* Die Grundstücksversteigerung bei Vor- und Nacherbschaft, Rpfleger 1998, 100; *Klingelhöffer,* Ein lohnender Blick über die Grenze: Änderung des französischen Ehegattenerbrechts, ZEV 2003, 148; *Kopp,* Immobilienerwerb und -vererbung in England, MittBayNot 2001, 287; *Krebber,* Das Verhältnis von sachenrechtlicher Zuordnung kraft dinglicher Bezugs- und Mittelsurrogation und kraft originären Eigentumserwerbs, FamRZ 2000, 197; *Krug,* Die dingliche Surrogation bei der Miterbengemeinschaft – ein Kunstgriff des Gesetzes zur Werterhaltung des Nachlasses, ZEV 1999, 381; *Krug,* Der Rechtshängigkeitsvermerk – ein Instrument des vorläufigen Rechtsschutzes im Erbrecht, ZEV 1999, 161; *Krug,* Die Auswirkungen der ZPO-Reform 2002 auf den Erbprozess, ZEV 2002, 58; *Krzywon,* Die erbrechtlichen Bestimmungen des schweizerischen Bundesgesetzes über das internationale Privatrecht aus deutscher Sicht, BWNotZ 1989, 153 ff.; *Lindemeier,* Die Belastung des Gesamthandanteils im Grundbuch des zum Gesamthandsvermögen gehörenden Grundstücks – Zugleich ein Beitrag zu Zulässigkeit und Ausgestaltung des Nießbrauchs am Anteil einer Personengesellschaft, DNotZ 1999, 876; *Lopes/Artz,* IPR

und Erbrecht in der Praxis deutsch-spanischer Erbrechtsfälle, ZErb 2002, 278; *Lorenz*, Disharmonie im deutsch-schweizerischen internationalen Erbrecht – Koordinierungsmittel für die notarielle Praxis, DNotZ 1993, 148 ff.; *Lorenz*, Gebrauchsvermögen, Ersparnisse und gesetzlicher Güterstand im deutsch-österreichischen Verhältnis: Normenmangel oder renvoi kraft abweichender Qualifikation?, IPRax 1995, 47; *Ludwig*, Die Änderung der internationalen Zuständigkeit österreichischer Nachlassgerichte und ihre Auswirkung auf das österreichische Erbkollisionsrecht, ZEV 2005, 419; *J. Mayer*, Der superbefreite Vorerbe? – Möglichkeiten und Grenzen der Befreiung des Vorerben, ZEV 2000, 1; *J. Mayer*, Anmerkung zu BGH (Kettensurrogation), MittBayNot 2000, 325; *Medicus*, Besitz, Grundbuch und Erbschein als Rechtsscheinträger, Jura 2001, 294; *Meyer*, Grundzüge und Besonderheiten des österreichischen Erbrechts, ZEV 1995, 8; *Oertzen v./Mondl*, Anwendbares Recht in deutsch-österreichischen Erbfällen, ZEV 1997, 240; *Overbeck v.*, Das neue schweizerische Bundesgesetz über das Internationale Privatrecht, IPRax 1988, 329 ff.; *Piske*, Ehegattentestament und Spaniennachlass, ZErb 2004, 214; *Rau*, Zur Reform des spanischen Internationalen und Interregionalen Privatrechts, IPRax 1986, 254; *Rudolph*, Grundzüge des spanischen Ehe- und Erbrechts unter Berücksichtigung der Vorschriften des Internationalen Privatrechts im Verhältnis zur Bundesrepublik Deutschland, MittRhNotK 1990, 93; *Schneider*, Zur Antragsbefugnis und zu den Eintragungsgrundlagen im Grundbuchberichtigungsverfahren bei angeordneter Testamentsvollstreckung, MittRhNotK 2000, 283; *Selbherr*, Immobilien in Spanien im Erbfall, MittBayNot 2002, 165; *Spickhoff*, Fremdes Recht vor inländischen Gerichten: Rechts- oder Tatfrage?, ZZP 112 (1999), 265; *Steiner*, Das neue österreichische Nachlassverfahrensrecht und seine Auswirkungen auf deutsch-österreichische Erbfälle, ZEV 2005, 144; *Süß*, Reform des Erbrechts in Frankreich, ZErb 2002, 62; *Trautner*, Der Immobilienerwerb in Österreich, RNotZ 2001, 328; *Wachter*, Gestaltungsüberlegungen zur steueroptimalen Übertragung von Immobilien in Spanien, ZEV 2003, 137; *Wachter*, Grundbesitz in der Schweiz, RNotZ 2001, 65; *Wehrens/Gresser*, Der Kauf von Grundeigentum in Frankreich, Festschrift für Helmut Schippel zum 65. Geburtstag, 1996, 961 ff.; *Wehrens/Gresser*, Nachfolgeplanung für Immobilien in Frankreich, BWNotZ 2000, 49; *Winkler*, Verhältnis von Erbteilsübertragung und Erbauseinandersetzung, ZEV 2001, 435; *Wolfsteiner*, Zur Voreintragung des Erben bei der Veräußerung eines Nachlassgrundstückes, NotBZ 2001, 134; *Zahn*, Testamentsvollstreckung im Grundbuchverkehr, MittRhNotK 2000, 89.

| | |
|---|---|
| A. Typischer Sachverhalt | 1 |
| B. Allgemeines | 2 |
|   I. Universalsukzession | 2 |
|   II. Erlöschen höchstpersönlicher Rechte | 3 |
|   III. Wege der Grundbuchberichtigung | 4 |
|   IV. Zuständigkeiten in Grundbuchsachen | 5 |
|     1. Amtsgericht als Grundbuchamt | 5 |
|     2. Sonderzuständigkeiten in Baden-Württemberg | 6 |
| C. Eintragung des/der Erben im Wege der Grundbuchberichtigung | 7 |
|   I. Berichtigungsantrag | 7 |
|     1. Schriftform für den Antrag | 7 |
|     2. Bevollmächtigung durch den Antragsteller | 8 |
|     3. Miterben als Erbengemeinschaft | 9 |
|   II. Unrichtigkeitsnachweis | 10 |
|     1. Primärer Unrichtigkeitsnachweis: Erbschein | 11 |
|     2. Prüfungskompetenz des Grundbuchamts bei Vorlage eines Erbscheins | 13 |
|       a) Grundsatz: Grundbuchamt hat von der Richtigkeit des Erbscheins auszugehen | 13 |
|       b) Ausnahme: Dem Grundbuchamt werden neue Tatsachen bekannt | 14 |
|       c) Ausländischer Erbschein kein Unrichtigkeitsnachweis i.S.v. § 35 GBO | 15 |
|     3. Muster: Grundbuchberichtigungsantrag auf Eintragung von Erben in Erbengemeinschaft | 17 |
|     4. Muster: Grundbuchberichtigungsantrag des vertretenden Rechtsanwalts | 18 |
|     5. Sekundärer Unrichtigkeitsnachweis: Abschrift des notariellen Testaments samt Eröffnungsniederschrift | 19 |
|     6. Prüfungskompetenz des Grundbuchamts bei Vorlage einer Testamentsabschrift | 24 |
|       a) Erweiterte Prüfungskompetenz | 24 |
|       b) Anfechtbarkeit einer Verfügung von Todes wegen | 29 |
|       c) Besonderheiten beim gemeinschaftlichen Testament | 30 |
|         aa) Freie Verfügungsmöglichkeit des Überlebenden | 30 |
|         bb) Gemeinschaftliches Testament nach Ehescheidung | 31 |
|       d) Öffentliches und privatschriftliches Testament | 32 |
|       e) Transmortale Vollmacht und Verfügung von Todes wegen | 33 |
|       f) Sonderfälle | 34 |
|   III. Eintragung eines Alleinerben aufgrund öffentlichen Testaments; Muster | 35 |
|   IV. Kosten der Grundbuchberichtigung | 37 |
|   V. Checkliste: Grundbuchberichtigungsantrag | 39 |
|   VI. Tod einer Vertragspartei nach Auflassung, aber vor Eigentumseintragung | 40 |
|     1. Tod des Veräußerers | 41 |
|       a) Bindende Willenserklärung | 41 |
|       b) Grundbuchmäßiger Vollzug | 42 |

| | |
|---|---|
| 2. Tod des Erwerbers .............. 43 | |
|     a) Eintragung des verstorbenen Erwerbers ist unschädlich ......... 43 | |
|     b) Muster: Antrag auf Eintragung der Erben des verstorbenen Erwerbers ..................... 46 | |
| VII. Fälle mit Auslandsberührung .......... 47 | |
| VIII. Eintragung eines Auseinandersetzungsausschlusses? .................... 48 | |
| IX. Mehrere zeitlich aufeinander folgende Berichtigungen des Grundbuchs nach Erteilung, nachfolgender Einziehung des Ersterbscheins und Neuerteilung eines Zweiterbscheins ................. 49 | |
|     1. Erstberichtigung des Grundbuchs ... 49 | |
|     2. Zweitberichtigung des Grundbuchs ..................... 51 | |
|         a) Einziehung des unrichtigen Erbscheins und Neuerteilung eines richtigen Erbscheins ......... 51 | |
|         b) Widerspruch nach Einziehung des Erbscheins ohne Neuerteilung eines anders lautenden Erbscheins ................... 53 | |
|     3. Muster: Grundbuchberichtigungsantrag aufgrund neu erteilten Erbscheins nach Einziehung des ersten Erbscheins ................... 55 | |
| X. Grundbuchberichtigung bezüglich beschränkter dinglicher Rechte ......... 56 | |
|     1. Universaler Rechtsübergang ....... 56 | |
|     2. Muster: Grundbuchberichtigungsantrag des Rechtsanwalts bezüglich Grundschuld .................. 57 | |
| XI. Kostenerstattung bei Veräußerung der Gebühren der Grundbuchberichtigung durch einen Miterben ............... 58 | |
| XII. Vertretung minderjähriger Miterben im Grundbuchberichtigungsverfahren ...... 60 | |
| XIII. Löschung untergegangener höchstpersönlicher Rechte ..................... 61 | |
|     1. Höchstpersönliche Rechte ......... 61 | |
|     2. Erschwernis der Löschung höchstpersönlicher Rechte ............. 62 | |
|     3. Muster: Antrag auf Löschung eines Nießbrauchsrechts .............. 64 | |
|     4. Muster: Anregung auf Einleitung eines Amtslöschungsverfahrens ........ 65 | |
|     5. Unterschiede zwischen Antragsverfahren und Amtslöschungsverfahren ......................... 66 | |
| D. Grundbuchberichtigungsklage ......... 67 | |
| I. Nichtigkeit einer Grundstücksübertragung des geschäftsunfähigen Erblassers/Klage auf Grundbuchberichtigung und Herausgabe des Nachlassgrundstücks ... 68 | |
| II. Einzelheiten zum Rechtshängigkeitsvermerk ..................... 80 | |
|     1. Schneller Rechtsschutz .......... 80 | |
|     2. Widerspruch und Rechtshängigkeitsvermerk ..................... 81 | |
|     3. Zwei weitere Beispiele ............ 84 | |
|     4. Grundbuchberichtigungsanspruch ... 86 | |
|     5. Durchsetzung des Grundbuchberichtigungsanspruchs .................. 90 | |
|         a) Materiellrechtliche Situation ..... 90 | |
|             aa) Bewilligungsgrundsatz des materiellen und des formellen Rechts .................. 90 | |
|             bb) Nachweis der Unrichtigkeit ..................... 91 | |
|         b) Prozessuale Durchsetzung ...... 92 | |
|             aa) Erzwingung der Zustimmung ..................... 92 | |
|             bb) Verteidigung des Nichtberechtigten ................. 93 | |
|                 (1) Bestreiten ............. 93 | |
|                 (2) Geltendmachung von Gegenrechten ........... 94 | |
|                 (3) Kosten der Berichtigung ................. 95 | |
|                 (4) Nutzungen an dem Grundstück ........... 96 | |
|             cc) Rechtswirkungen des ergehenden Urteils ............. 97 | |
|                 (1) Mit dem vorläufig vollstreckbaren Urteil kann ein Widerspruch eingetragen werden .......... 97 | |
|                 (2) Rechtskräftiges Urteil ersetzt die Berichtigungsbewilligung ............ 98 | |
|             dd) Grundbuchmäßiger Vollzug ..................... 99 | |
|             ee) Muster: Klageerwiderungsschriftsatz gegen Grundbuchberichtigungsklage (Geltendmachung von Verwendungen) ................... 100 | |
|             ff) Muster: Antrag auf Eintragung eines Widerspruchs aufgrund vorläufig vollstreckbaren Urteils ............. 101 | |
|             gg) Muster: Antrag auf Grundbuchberichtigung nach rechtskräftiger Ersetzung der Zustimmung ............ 102 | |
|         c) Verfahrensrechtliche Alternative zur Grundbuchberichtigungsklage: Das Erbscheinsverfahren .. 103 | |
|     6. Vorläufiger Rechtsschutz .......... 104 | |
|         a) Allgemeines ................ 104 | |
|         b) Widerspruch gegen eine Grundbucheintragung ............... 105 | |
|         c) Vormerkung ................ 107 | |
|         d) Einstweilige Verfügung ........ 108 | |
|             aa) Glaubhaftmachung der Anspruchsvoraussetzungen .... 109 | |
|             bb) Inhalt der Glaubhaftmachung ................... 110 | |
|         e) Hauptprozess und Verfahren auf Erlass einer einstweiligen Verfügung ..................... 111 | |
|     7. Veräußerung der streitbefangenen Sache ..................... 112 | |
|         a) Rechtskrafterstreckung eines Urteils für und gegen den Rechtsnachfolger ................. 113 | |
|         b) Erfordernis der „doppelten Gutgläubigkeit" des Erwerbers ...... 115 | |
|             aa) Entsprechende Anwendung der Gutglaubensvorschriften auf die Rechtshängigkeit .... 116 |

bb) Zerstörung des guten Glaubens eines potenziellen Erwerbers .................... 117
cc) Eintragungsfähigkeit der Rechtshängigkeit .......... 119
dd) Formale Eintragungsvoraussetzungen .................. 120
c) Rechtscharakter des Rechtshängigkeitsvermerks .............. 121
d) Streitgegenstand: Dingliches Recht oder obligatorischer Anspruch? .. 122
e) Ist zur Eintragung des Rechtshängigkeitsvermerks eine einstweilige Verfügung erforderlich? ........ 124
f) Formale Eintragungserfordernisse ...................... 125
g) Beschwerdemöglichkeit gegen die Eintragung bzw. Nichteintragung .................... 127
h) Kostengünstigerer Weg ..... 128
i) Möglichkeiten des vorläufigen Rechtsschutzes bei einer Grundbuchberichtigungsklage ..... 129
j) Löschung des Rechtshängigkeitsvermerks .................. 130
8. Schadensersatzpflicht analog § 717 Abs. 2, 3 ZPO und/oder analog § 945 ZPO? .................... 131
9. Muster: Rechtshängigkeitsbestätigung des Prozessgerichts ............. 134
10. Muster: Antrag an das Grundbuchamt auf Eintragung eines Rechtshängigkeitsvermerks ............... 135
11. Checkliste: Antrag auf Eintragung eines Rechtshängigkeitsvermerks im Grundbuch ................... 136
12. Muster: Antrag auf Erlass einer einstweiligen Verfügung zur Eintragung eines Widerspruchs im Grundbuch .. 137
13. Checkliste: Antrag auf Erlass einer einstweiligen Verfügung zur Eintragung eines Widerspruchs im Grundbuch ...................... 138
III. Grundbuchberichtigungsanspruch als Anspruch i.S.v. § 2039 BGB .......... 139
1. Gesetzliche Prozessstandschaft für jeden Miterben ................. 139
2. Muster: Klage auf Grundbuchberichtigung in Prozessstandschaft ....... 141
3. Grundbuchberichtigungsklage gegen Miterben ..................... 142
4. Checkliste: Grundbuchberichtigungsklage .................... 145
IV. Erwerb durch die Erben in Erbengemeinschaft mittels dinglicher Surrogation .... 146
1. Allgemeines ................. 146
2. Zweck der dinglichen Surrogation: Werterhaltung der Sachgesamtheit Nachlass ................... 148
3. Drei Surrogationsarten des § 2041 BGB .................... 149
a) Grundsatz ................. 149
b) Rechtssurrogation ............. 150
c) Ersatzsurrogation ............ 152
d) Beziehungssurrogation ......... 153
aa) Ausgangssituation ......... 153
bb) Erwerb mit Nachlassmitteln .................... 154

cc) Erwerb mit nachlassfremden Mitteln .................... 155
dd) Ersatz im Innenverhältnis ... 156
4. Rechtswirkungen der dinglichen Surrogation .................... 157
a) Grundsatz: Erwerb kraft Gesetzes ....................... 157
b) Ausnahme .................... 158
5. Direkterwerb – kein Durchgangserwerb .................... 159
6. Kettensurrogation ............... 160
7. Gerichtliche Geltendmachung der dinglichen Surrogation ........... 162
8. Surrogation und Testamentsvollstreckung .................... 163
a) Fehlende gesetzliche Regelung ... 163
b) Nachlass als Verwaltungseinheit ... 164
c) Ausnahme: Nachlassauseinandersetzung .................... 165
9. Weitere Fälle der Surrogation im Erbrecht .................... 166
a) Surrogation beim Vorerben ..... 166
b) Surrogation beim Erbschaftsbesitzer .................... 167
10. Versteigerungserlös ............. 168
11. Fall zur dinglichen Surrogation bei der Erbengemeinschaft als Kettensurrogation (§ 2041 BGB) aus der BGH-Rechtsprechung .................... 169
12. Muster: Kaufvertrag und Auflassung auf Miterben in Erbengemeinschaft als Surrogationserwerb ........... 170
E. Grundbuchberichtigung nach Erbteilsübertragung .................... 171
I. Grundbuchrechtliche Erfordernisse ..... 171
II. Muster: Grundbuchberichtigungsbewilligung und -antrag nach Erbteilsübertragung .................... 172
III. Grundbuchberichtigung nach Abschichtung eines Miterben ............... 175
1. Abschichtung ohne Erbteilsübertragung .................... 175
2. Muster: Grundbuchberichtigungsbewilligung und -antrag nach Abschichtung eines Miterben ............. 176
3. Abschichtung mit Erbteilsübertragung .................... 178
a) Verkauf des Erbteils .......... 179
b) Verpflichtungsgeschäft ........ 180
c) Erfüllungsgeschäft ........... 181
d) Wirkung .................... 182
F. Vollzug der Erbteilung im Grundbuch ...... 183
G. Grundbuchberichtigung beim Tod eines BGB-Gesellschafters ................. 184
I. Gesellschaftsrechtliche Situation ........ 184
II. Grundbuchrechtliche Situation ......... 185
III. Muster: Grundbuchberichtigungsantrag und -bewilligung nach Tod eines BGB-Gesellschafters und Fortsetzung unter den übrigen Gesellschaftern ............ 190
H. Grundbuchberichtigungszwangsverfahren .................... 192
I. Pfändungsvermerk/Nießbrauchsvermerk im Grundbuch .................... 193
I. Eintragbarkeit eines Verpfändungs- bzw. Nießbrauchsvermerks .................... 193

II. Muster: Bewilligung und Antrag auf Eintragung eines Verpfändungsvermerks im Grundbuch (Erbteilsverpfändung) ...... 196
III. Muster: Antrag auf Eintragung eines Nießbrauchsvermerks im Grundbuch (Nießbrauchsbestellung an Erbteil) ..... 197
J. **Umstellung von Grundbucheintragungen von DM auf Euro** ..................... 198
K. **Rechtsbehelfe** ....................... 199
   I. Zulässigkeitsvoraussetzungen .......... 199
   II. Grundsatz: Keine Rechtspflegererinnerung .............................. 202
L. **Testamentsvollstreckung und Grundbuch** ............................. 203
   I. Allgemeines ....................... 203
   II. Muster: Grundbuchberichtigungsantrag durch Testamentsvollstrecker .......... 207
   III. Muster: Grundbuchberichtigungsantrag durch Erben bei bestehender Testamentsvollstreckung ...................... 208
   IV. Grundstücksverfügungen des Testamentsvollstreckers ................... 209
   V. Löschung des Testamentsvollstreckervermerks ............................ 213
M. **Grundbuch bei Vor- und Nacherbschaft** ............................. 214
   I. Berichtigung des Grundbuchs auf den Vorerben ........................... 214
      1. Verfügungsbeschränkung des Vorerben ............................ 215
      2. Muster: Grundbuchberichtigungsantrag auf Eintragung des Vorerben ... 220
   II. Verfügungen des Vorerben ............. 221
   III. Berichtigung des Grundbuchs auf den Nacherben .......................... 231
      1. Eintragung des Nacherben .......... 231
      2. Löschung des Nacherbenvermerks .. 232
      3. Muster: Antrag auf Grundbuchberichtigung zur Eintragung des Nacherben und Löschung des Nacherbenvermerks ............................ 233
   IV. Übertragung eines Grundstücks auf den Vorerben ........................... 234
N. **Nachlasspflegschaft, Nachlassverwaltung, Nachlassinsolvenz, Zwangsversteigerung und ihre Auswirkungen auf das Grundbuch** ............................. 235
   I. Nachlasspflegschaft ................. 235
   II. Nachlassverwaltung ................. 236
   III. Nachlassinsolvenzverfahren ........... 237
   IV. Teilungsversteigerung ............... 238
O. **Erbschaftlicher Grundstückserwerb im Ausland – Länderüberblick** ............ 239
   I. Frankreich ........................ 239
      1. Rechtsquellen des französischen Rechts ........................... 239
      2. Grundbuch ...................... 240
         a) Bestandteile des Grundbuchs .... 240
         b) Registrierungsverfahren ........ 244
         c) Grundbucheinsicht ............ 245
         d) Rechtswirkungen des Grundbuch- bzw. Grundbuchregistereintrags .. 246
            aa) Eigentumserwerb ohne Grundbuchregistereintrag ... 246
            bb) Registrierung der Kaufvertragsurkunde .............. 247
            cc) Eigentumsnachweis ........ 248
      3. Formen des Grundeigentums ...... 249
      4. Erbschaftlicher Erwerb von Immobilien ........................... 250
      5. Grundzüge des französischen Erbrechts ........................... 251
         a) Gesetzliche Grundlagen ........ 251
            aa) Internationales Privatrecht .. 251
            bb) Materielles und formelles Erbrecht .................... 252
         b) Französisches Internationales Erbrecht ....................... 254
            aa) Erbrechtliche Anknüpfung .. 254
            bb) Staatsverträge .............. 255
               (1) Staatsverträge auf dem Gebiet des Erbrechts .... 255
               (2) Staatsverträge auf dem Gebiet des Güterrechts .. 256
         c) Universalsukzession und Verwandtenerbfolge .............. 257
         d) Gesetzliche Erbfolge ........... 258
            aa) Einteilung in Klassen ....... 258
               (1) Erste Klasse ........... 259
               (2) Zweite Klasse ......... 261
            bb) Gesetzliches Ehegatten-Erbrecht ..................... 262
               (1) Ehegatten-Erbrecht neben Verwandten des Erblassers ................. 262
               (2) Kein Einfluss des Güterrechts auf das Ehegatten-Erbrecht .............. 264
         e) Miterbengemeinschaft .......... 265
         f) Pflichtteilsrecht ............... 266
            aa) Pflichtteilsrecht als Noterbrecht schränkt die Testierfreiheit ein ............... 266
            bb) Folgen der Verletzung der „réserve" ................. 267
            cc) Kreis der Pflichtteilsberechtigten und die Pflichtteilsquoten .......................... 268
         g) Nachweis der Erbberechtigung .. 270
   II. Österreich ........................ 271
      1. Rechtsquellen des österreichischen Rechts ........................... 271
      2. Grundbuch ...................... 272
         a) Bestandteile des Grundbuchs .... 272
         b) Grundbucheinsicht ............ 275
         c) Rechtswirkungen des Grundbuchregistereintrags ................. 276
      3. Grundbuchverfahren .............. 277
      4. Formen des Grundeigentums ...... 278
      5. Erbschaftlicher Erwerb von Immobilien ........................... 280
         a) Rechtserwerb kraft Gesetzes .... 280
         b) Genehmigungserfordernis ....... 281
         c) Grundbuchformalien .......... 282
      6. Grundzüge des österreichischen Erbrechts ........................... 283
         a) Gesetzliche Grundlagen ........ 283
            aa) Internationales Privatrecht .. 283
            bb) Materielles und formelles Erbrecht ................. 284
         b) Österreichisches Internationales Erbrecht ..................... 285
         c) Universalsukzession und Verwandtenerbrecht .............. 286
         d) Erbschaftserwerb ............. 287
            aa) Grundsatz ............... 287

|  |  |
|---|---|
| bb) Anfall der Erbschaft ...... 288 | (1) Überschreitung der verfügbaren Quote ........ 323 |
| cc) Verlassenschaftskurator ..... 289 | (2) Ziel der Herabsetzungsklage ............... 324 |
| dd) Antretung der Erbschaft .... 290 | g) Nachweis des Erbrechts ........ 325 |
| ee) Einantwortung ........... 291 | IV. Spanien ........................ 326 |
| e) Miterbengemeinschaft .......... 292 | 1. Rechtsquellen des spanischen Rechts ......................... 326 |
| f) Pflichtteil als schuldrechtlicher Anspruch .................. 293 | 2. Grundbuch (Eigentumsregister) ... 327 |
| g) Nachweis des Erbrechts ........ 294 | a) Bestandteile des Eigentumsregisters ...................... 327 |
| III. Schweiz ........................ 295 | b) Grundbucheinsicht ............ 329 |
| 1. Rechtsquellen des Schweizer Rechts ......................... 295 | c) Rechtswirkungen des Eigentumsregistereintrags .......... 330 |
| 2. Grundbuch ...................... 296 | 3. Verfahren zur Berichtigung des Eigentumsregisters ............... 331 |
| a) Bestandteile des Grundbuchs .... 296 | 4. Formen des Grundeigentums ...... 335 |
| b) Führung des Grundbuchs ....... 301 | 5. Erbschaftlicher Erwerb von Immobilien ........................... 336 |
| c) Grundbucheinsicht ............ 302 | 6. Grundzüge des spanischen Erbrechts ......................... 339 |
| d) Rechtswirkungen des Grundbucheintrags ................... 303 | a) Internationales Privatrecht ...... 339 |
| 3. Formen des Grundeigentums ...... 304 | b) Materielles und formelles Erbrecht ....................... 340 |
| 4. Erbschaftlicher Erwerb von Immobilien ........................... 305 | c) Spanisches Internationales Erbrecht ....................... 341 |
| 5. Grundzüge des Schweizer Erbrechts ......................... 310 | aa) Grundsatz: Anknüpfung an die Staatsangehörigkeit des Erblassers ............... 341 |
| a) Gesetzliche Grundlagen ........ 310 | bb) Zentrale Vorschrift des Art. 12 CC ............... 342 |
| aa) Internationales Privatrecht .. 310 | cc) Staatsverträge ........... 343 |
| bb) Materielles und formelles Erbrecht ................ 311 | d) Grundsätze des spanischen Erbrechts ....................... 344 |
| b) Schweizerische Internationale Erbrecht .................. 312 | e) Gesetzliche Erbfolge .......... 345 |
| aa) Grundsatz: Recht des Wohnsitzes .................. 312 | aa) Verwandten- und Ehegattenerbrecht ............. 345 |
| bb) Rechtswahl ............. 313 | bb) Kein Einfluss des Güterrechts auf das Erbrecht ..... 346 |
| cc) Staatsverträge auf dem Gebiet des Erbrechts ............. 314 | f) Miterbengemeinschaft .......... 347 |
| c) Grundsätze des Schweizer Erbrechts ........................ 315 | g) Pflichtteilsrecht, Art. 806 ff. CC .. 348 |
| d) Gesetzliche Erbfolge ........... 316 | aa) Pflichtteilsberechtigten ..... 349 |
| aa) Ehegatten-Erbrecht neben Verwandten des Erblassers .. 317 | bb) Höhe des Pflichtteils ....... 350 |
| bb) Kein Einfluss des Güterrechts auf das Erbrecht ..... 318 | cc) Herabsetzungsklage ....... 351 |
| e) Miterbengemeinschaft .......... 319 | h) Erbnachweis ................. 352 |
| f) Pflichtteilsrecht ................ 320 |  |
| aa) Pflichtteilsberechtigte ...... 321 |  |
| bb) Höhe des Pflichtteils ....... 322 |  |
| cc) Herabsetzungsklage ........ 323 |  |

## A. Typischer Sachverhalt

1   Der Erblasser ist im Grundbuch als Alleineigentümer eines Grundstücks eingetragen. Beerbt wurde er von der Witwe zur Hälfte und von den beiden gemeinschaftlichen minderjährigen Kindern zu je einem Viertel. Die Erbengemeinschaft bleibt bestehen; anstelle des Erblassers sollen die Erben in Erbengemeinschaft im Grundbuch eingetragen werden (zum Recht auf Grundbucheinsicht und dem Recht, Abschriften aus den Grundakten verlangen zu können, vgl. § 9 Rn 18 ff.).

## B. Allgemeines

### I. Universalsukzession

2   War der Erblasser im Grundbuch als Eigentümer oder als Inhaber eines beschränkten dinglichen Rechts eingetragen, so ist es häufig erforderlich, den oder die Erben anstelle des

*Krug*

Erblassers im Grundbuch eintragen zu lassen. Die seit dem Urteil des BGH vom 29.1.2001[1] (zur Rechtsfähigkeit der BGB-Gesellschaft) viel diskutierte Frage, ob auch die Erbengemeinschaft rechtsfähig sei, hat der BGH mit Urteil vom 11.9.2002[2] nunmehr entschieden: Die Erbengemeinschaft ist nicht rechtsfähig. So auch das BayObLG.[3]

Der gesetzliche Rechtsübergang nach § 1922 BGB führt zur **Unrichtigkeit** des Grundbuchs (§ 894 BGB) mit der Folge, dass eine Grundbuchberichtigung vorzunehmen ist.

## II. Erlöschen höchstpersönlicher Rechte

Höchstpersönliche dingliche Rechte wie der **Nießbrauch** an einem Grundstück (§§ 1030 ff. BGB), eine **beschränkte persönliche Dienstbarkeit** (§§ 1090 ff. BGB), ein **Wohnungsrecht** (§ 1093 BGB) oder eine **Wohnungsreallast** (§ 1105 BGB) gehen mit dem Tode des Rechtsinhabers nicht auf dessen Erben über, sondern erlöschen. Die Grundbuchberichtigung führt in einem solchen Fall zur Löschung des Rechts.

Das nach den Vorschriften der §§ 31 ff. WEG begründete **Dauerwohnrecht** geht allerdings auf die Erben über und erlischt nicht mit dem Tode des Berechtigten.

## III. Wege der Grundbuchberichtigung

Die Grundbuchberichtigung erfolgt in unstreitigen Fällen im formalisierten Grundbuchverfahren (siehe unten Rn 7 ff.) oder sie wird in streitigen Fällen auf zivilprozessualem Weg über die Grundbuchberichtigungsklage nach § 894 BGB vorbereitet (siehe unten Rn 67 ff.), die zur Ersetzung der grundbuchrechtlich erforderlichen Zustimmung zur Grundbuchberichtigung führt; mit Rechtskraft des ergehenden Urteils gilt diese Zustimmung nach § 894 ZPO als abgegeben. Freilich ist danach die eigentliche Berichtigung auf der Grundlage des rechtskräftigen Urteils im Grundbuch auf Antrag des Klägers noch zu vollziehen.

Die Berichtigung erfolgt nur auf Antrag (§ 13 GBO). § 22 GBO sieht für den Fall der Grundbuchberichtigung weitere Erfordernisse vor: Es ist entweder eine Berichtigungsbewilligung des Betroffenen vorzulegen – was hier ausscheidet – oder die Unrichtigkeit des Grundbuchs nachzuweisen.

Zur Vorbereitung einer Grundbuchberichtigung auf grundbuchverfahrensrechtlichem Weg kommt auch das Erbscheinsverfahren in Betracht (vgl. hierzu unten Rn 49 ff., 103 ff. und § 7 Rn 209 ff.).

## IV. Zuständigkeiten in Grundbuchsachen

### 1. Amtsgericht als Grundbuchamt

Grundsätzlich werden die Grundbücher von den Amtsgerichten geführt, § 1 Abs. 1 S. 1 GBO.

---

1 BGH NJW 2001, 1056 = BB 2001, 374.
2 BGH ZErb 2002, 352 m. Anm. *Zwißler*, S. 355 = FamRZ 2002, 1621; Anm. von *Marotzke*, ZEV 2002, 504.
3 BayObLG NJW 2003, 70.

*Krug*

## 2. Sonderzuständigkeiten in Baden-Württemberg

6   In Baden-Württemberg wird bei jeder Gemeinde ein Grundbuchamt geführt, §§ 1 Abs. 1 S. 3, 143 Abs. 1 GBO, § 1 Abs. 1 ba.-wü. LFGG. Grundbuchbeamte sind die Notare im Landesdienst; damit sind die Staatlichen Notariate für die Grundbuchführung zuständig.

Im badischen Landesteil können auch Rechtspfleger zu Grundbuchbeamten bestellt werden. Darüber hinaus können sowohl im badischen wie im württembergischen Landesteil kommunale Beamte, die Ratschreiber, mit einzelnen Aufgaben des Grundbuchamts – Entgegennahme und Beurkundung einfacher Grundbucherklärungen – betraut werden.

## C. Eintragung des/der Erben im Wege der Grundbuchberichtigung

### I. Berichtigungsantrag

#### 1. Schriftform für den Antrag

7   Der Grundbuchberichtigungsantrag nach § 13 GBO ist reine Verfahrenshandlung im Rahmen des Grundbuchverfahrens und kann von jedem Miterben allein gestellt werden; der Antrag bedarf nicht der in § 29 GBO vorgesehenen Form, vielmehr reicht Schriftlichkeit. Für den Nachweis der Antragsberechtigung bedarf es keiner Form; es genügt schlüssiger Sachvortrag.[4]

Bezüglich einer unrichtig gewordenen Eigentumseintragung kann das Grundbuchamt u.U. auch eine Berichtigung von Amts wegen veranlassen, vgl. § 82a GBO.

Die Zwangsberichtigung des Grundbuchs gem. § 82 GBO kann nach dem FamFG mit den dort in §§ 388–393 FamFG vorgesehenen Zwangsmitteln durchgesetzt werden (Androhung und Festsetzung von Zwangsgeld).

#### 2. Bevollmächtigung durch den Antragsteller

8   Will der Rechtsanwalt für seinen Mandanten als dessen Bevollmächtigter (§ 13 FGG) einen Grundbuchberichtigungsantrag stellen, so bedarf die Vollmacht lediglich der Schriftform (§ 30 GBO). Aber die Vollmacht ist in Urschrift vorzulegen.[5] Beglaubigte Abschrift einer Vollmacht genügt nicht für den Grundbuchvollzug.

Mit dem Inkrafttreten des FamFG,[6] dem 1.9.2009, wurde die Bevollmächtigung im FG-Verfahren in § 10 FamFG neu geregelt. Nach § 10 Abs. 2 FamFG können Rechtsanwälte und weitere dort genannte Personen als Bevollmächtigte auftreten.

#### 3. Miterben als Erbengemeinschaft

9   Die Eintragung der Miterben erfolgt gem. § 47 GBO unter Angabe des Miteigentumsverhältnisses „in Erbengemeinschaft." Hatten Ehegatten, in deren Ehe ein ausländischer Güterstand gegolten hatte, Grundeigentum in einem Gemeinschaftsverhältnis eines ausländischen

---

4   BGH DNotI-Report 1999, 137 = BGHZ 141, 347 = NJW 1999, 2369 = DNotZ 1999, 734 = Rpfleger 1999, 437 = FGPrax 1999, 169 = MittBayNot 1999, 477 = BWNotZ 1999, 174.
5   BayObLG DNotI-Report 05/2002.
6   Vom 17.12.2008, BGBl I, S. 2586.

Güterstandes erworben, so war dies im Grundbuch einzutragen.⁷ Auf dieser güterrechtlichen Grundlage ist die Erbfolge – nach deutschem oder ausländischem Recht – eingetreten. Ist ein **Testamentsvollstrecker** für den ganzen Nachlass eingesetzt, so kann er und jeder Erbe den Berichtigungsantrag stellen (vgl. im Übrigen zur Testamentsvollstreckung unten Rn 203 ff.). Trotz bestehender Testamentsvollstreckung kann auch der Erbe den Grundbuchberichtigungsantrag stellen.⁸

## II. Unrichtigkeitsnachweis

Der Nachweis der Unrichtigkeit des Grundbuchs kann bei der Erbfolge nur durch solche Urkunden geführt werden, die in § 35 GBO genannt sind.

### 1. Primärer Unrichtigkeitsnachweis: Erbschein

Die Erbfolge ist grundsätzlich mittels eines **Erbscheins** nachzuweisen (§ 35 Abs. 1 GBO). Bei gesetzlicher Erbfolge – die in etwa 80 % der Fälle eintritt – ist der Erbschein der einzig mögliche Unrichtigkeitsnachweis.

Der Erbschein ist in **Urschrift** oder **Ausfertigung** vorzulegen, eine beglaubigte Abschrift genügt nicht, weil nur Urschrift oder Ausfertigung die Vermutung der Richtigkeit nach § 2365 BGB für sich hat; die Ausfertigung ersetzt im Rechtsverkehr die Urschrift (§ 47 BeurkG, vgl. hierzu § 7 Rn 210). Wäre der Erbschein wegen Unrichtigkeit eingezogen worden (§ 2361 BGB), so hätte auch die Ausfertigung eingezogen werden müssen und nicht auch die Abschrift. Daran hat sich durch das FamFG⁹ nichts geändert.

Befinden sich Grundbuchamt und Nachlassgericht beim selben Amtsgericht, so ist die Vorlage einer Erbscheinsausfertigung nicht erforderlich, es reicht vielmehr, im Grundbuchantrag auf den in den Nachlassakten befindlichen Erbschein zu verweisen.¹⁰

Im Geltungsbereich der **Höfeordnung** reicht allerdings zum Nachweis des Erbrechts bei Nachlässen, in denen sich ein Hof befindet, allein die Vorlage eines vom Nachlassgericht ausgestellten Erbscheins nicht aus. Denn nach § 18 Abs. 2 S. 2 der HöfeO muss der Erbschein den Hoferben als solchen bezeichnen. Dazu ist die Vorlage eines Hoffolgezeugnisses erforderlich.¹¹

### 2. Prüfungskompetenz des Grundbuchamts bei Vorlage eines Erbscheins

#### a) Grundsatz: Grundbuchamt hat von der Richtigkeit des Erbscheins auszugehen

Dem Grundbuchamt kommt nicht die Aufgabe zu, die Richtigkeit des Erbscheins nachzuprüfen. Es hat lediglich zu überprüfen, ob der Erbschein vom sachlich zuständigen Nachlassgericht erteilt wurde und ob er das Erbrecht, das Grundlage der Grundbucheintragung werden soll, eindeutig bezeugt. Die Verantwortung für die Richtigkeit des Erbscheins trägt ausschließlich das Nachlassgericht.¹² Die Vermutungswirkung des § 2365 BGB gilt grundsätzlich auch für das Grundbuchamt.

---

7 BayObLG Rpfleger 2001, 173.
8 LG Stuttgart NJW-RR 1998, 665 = Rpfleger 1998, 243.
9 Vom 17.8.2008, BGBl I, S. 2586.
10 BGH DNotZ 1982, 159.
11 OLG Köln NJWE-FER 2000, 62.
12 BayObLG NJW-RR 1990, 906.

#### b) Ausnahme: Dem Grundbuchamt werden neue Tatsachen bekannt

14 Das Grundbuchamt braucht seiner Eintragung nur dann den Erbschein nicht zugrunde zu legen, wenn ihm neue Tatsachen bekannt geworden sind, die dem Nachlassgericht bei der Erbscheinserteilung offenbar noch nicht bekannt waren und die der sachlichen Richtigkeit des Erbscheins entgegen stehen, und wenn das Grundbuchamt annehmen muss, das Nachlassgericht würde bei Kenntnis der neuen Tatsachen den Erbschein einziehen oder für kraftlos erklären.[13]

Allerdings kann das Grundbuchamt von sich aus keine neue Erbenfeststellung vornehmen; dies ist ausschließlich Sache des Nachlassgerichts im Rahmen der Überprüfung der Richtigkeit des Erbscheins.

#### c) Ausländischer Erbschein kein Unrichtigkeitsnachweis i.S.v. § 35 GBO

15 Erbschein im Sinne von § 35 Abs. 1 S. 1 GBO ist nur der von einem deutschen Nachlassgericht erteilte Erbschein und nicht die Erbbescheinigung eines ausländischen Nachlassgerichts.[14] Insofern würde nur dann etwas anderes gelten, wenn zwischen Deutschland und dem betreffenden Staat staatsvertragliche Regelungen über die Anerkennung von Erbnachweisen geschlossen worden wären. § 35 Abs. 1 S. 1 GBO ist, soweit der Erbschein als Unrichtigkeitsnachweis erforderlich ist, vor dem Hintergrund zu sehen, dass sowohl dem Grundbuch als auch dem Erbschein eine Richtigkeitsvermutung und eine Rechtsscheinswirkung zukommt (§§ 891, 892 BGB für das Grundbuch und §§ 2365, 2366 BGB für den Erbschein). Diese Rechtswirkungen sind auch der Grund für die Vorschrift des § 2369 BGB, die u.a. dann ausnahmsweise die Zuständigkeit eines deutschen Nachlassgerichts für die Erteilung eines Erbscheins nach ausländischem Recht vorsieht, wenn im Inland eine Grundbuchberichtigung vorzunehmen ist (gegenständlich beschränkter Fremdrechtserbschein).[15]

16 Neuregelung zum Fremdrechtserbschein im FamFG: Nach der Gleichlauftheorie ist ein deutsches Nachlassgericht international zuständig, wenn das internationale Privatrecht auf deutsches Erbrecht verweist. Ein deutsches Nachlassgericht ist daher international zuständig, wenn
- bei einem ausländischen Staatsangehörigen infolge Rückverweisung deutsches Erbrecht anwendbar ist oder
- ein Ausländer für im Inland belegendes unbewegliches Vermögen deutsches Recht nach Artikel 25 Abs. 2 EGBGB gewählt hat.

Die internationale Zuständigkeit eines deutschen Nachlassgerichts hängt also davon ab, ob deutsches Erbrecht anzuwenden ist.

Nach § 105 FamFG wird die internationale Zuständigkeit eines Gerichts aus der örtlichen Zuständigkeit abgeleitet. Damit wird der ungeschriebenen, aber allgemein anerkannten sog. Gleichlauftheorie eine Absage erteilt.

Die Ablehnung der Gleichlauftheorie und die Ableitung der internationalen Zuständigkeit aus der örtlichen Zuständigkeit, die sich regelmäßig nach dem Wohnsitz richtet, den der Erblasser zur Zeit des Erbfalls hatte, § 343 FamFG, führt zu erheblichen Schwierigkeiten und Verzögerungen.

---

13 BayObLG Rpfleger 1997, 156.
14 OLG Zweibrücken Rpfleger 1990, 121; BayObLG, NJW-RR 1991, 1098; KG Rpfleger 1997, 384 = NJW-RR 1997, 1094 = DNotZ 1998, 303.
15 Vgl. auch LG Stuttgart ZEV 2008, 83 = ZErb 2007, 465 = BWNotZ 2007, 121.

Für den im Ausland befindlichen Nachlass eines Ausländers ist nach bisherigem Recht das deutsche Nachlassgericht nicht zuständig. Im Hinblick auf das Staatsangehörigkeitsprinzip des Artikel 25 Abs. 1 EGBGB gilt grundsätzlich ausländisches Erbrecht. Bei Anwendung der Gleichlauftheorie ist grundsätzlich ein deutsches Nachlassgericht international nicht zuständig.

Die Regelung in § 2369 BGB ist allerdings eine Ausnahme vom Gleichlaufgrundsatz, wenn zum Nachlass eines Ausländers Gegenstände in Deutschland gehören; hier sind dann ausnahmsweise gem. § 2369 Abs. 1 BGB deutsche Nachlassgerichte international zuständig. Das Nachlassgericht erteilt einen auf das Vermögen in Deutschland (gegenständlich) beschränkten (Fremdrechts-) Erbschein, der die Anwendung fremden Erbrechts auf diesen Gegenstand bezeugt.

Durch das FamFG wird § 2369 BGB geändert. Die Neuregelung hält ein Nachlassgericht international dann schon für zuständig, wenn es örtlich zuständig ist. Die örtliche Zuständigkeit ergibt sich aus § 343 Abs. 1 oder Abs. 3 FamFG. Damit wird die internationale Zuständigkeit für die Erteilung eines unbeschränkten Fremdrechtserbscheins ausgeweitet. Wohnte der Ausländer in Deutschland, richtet sich die örtliche Zuständigkeit nach seinem Wohnsitz, § 343 Abs. 1 FamFG. Der Erbe erhält vom deutschen Nachlassgericht einen Erbschein in Anwendung seines Heimatrechts, selbst wenn sich hier keine Nachlassgegenstände befinden.

### 3. Muster: Grundbuchberichtigungsantrag auf Eintragung von Erben in Erbengemeinschaft

An das

Amtsgericht
– Grundbuchamt – (in Baden: Gemeinde; in Württemberg: Staatl. Notariat)

Hamburg

Im Grundbuch von Hamburg, Band 100, Blatt 100 sind die Eheleute Hannes und Marie Brahms als Miteigentümer des dort im Bestandsverzeichnis unter Nr. 1 gebuchten Grundstücks Flurstück 101 je zur Hälfte eingetragen.

Der Miteigentümer Hannes Brahms ist am ............ gestorben und von der Witwe Marie Brahms geb. Kunz und den beiden Kindern ............ beerbt worden. Die Erbfolge ist nachgewiesen durch Erbschein des Nachlassgerichts Hamburg vom ............ . Auf den in den Nachlassakten des Amtsgerichts Hamburg Az. ............ befindlichen Erbschein wird Bezug genommen.

Die unterzeichnende Witwe Marie Brahms beantragt hiermit die Berichtigung des Grundbuchs bezüglich der Eigentumshälfte des Hannes Brahms durch Eintragung der bezeichneten Erben in Erbengemeinschaft im Grundbuch.

Der Wert des Grundstücks beträgt ............ EUR.

Hamburg, den ............

Marie Brahms (*keine Unterschriftsbeglaubigung*)

## 4. Muster: Grundbuchberichtigungsantrag des vertretenden Rechtsanwalts

An das

Amtsgericht
– Grundbuchamt – (in Baden: Gemeinde; in Württemberg: Staatl. Notariat)
Hamburg

*Eigentumswohnung des Herrn ▒▒▒▒, zuletzt wohnhaft in ▒▒▒▒, gestorben am ▒▒▒▒, eingetragen im Wohnungs-Grundbuch des Amtsgerichts ▒▒▒▒ für ▒▒▒▒, Band ▒▒▒▒, Heft ▒▒▒▒, BV Nr. ▒▒▒▒*

Herr ▒▒▒▒ ist als Eigentümer der oben näher bezeichneten Eigentumswohnung eingetragen. Er ist am ▒▒▒▒ gestorben und wurde nach dem Erbschein des Amtsgerichts – Nachlassgericht – ▒▒▒▒ vom ▒▒▒▒, Az. ▒▒▒▒, beerbt von 1. ▒▒▒▒, 2. ▒▒▒▒ und 3. ▒▒▒▒.

*Beweis:* Beiliegende Ausfertigung des Erbscheins vom ▒▒▒▒, von dem eine unbeglaubigte Fotokopie für die dortigen Akten beigefügt ist. Um Rückgabe der Ausfertigung wird gebeten.

Gemäß beiliegender Vollmacht vertrete ich den Miterben ▒▒▒▒. In seinem Namen beantrage ich die Berichtigung des Grundbuchs dahin gehend, dass anstelle des Erblassers die drei zuvor genannten Miterben in Erbengemeinschaft als Eigentümer der bezeichneten Eigentumswohnung im Grundbuch eingetragen werden. Der genaue Grundbuchbeschrieb der Eigentumswohnung lautet: ▒▒▒▒.

Der Wert der Wohnung beträgt ca. ▒▒▒▒ EUR. Die Miterben nehmen Befreiung von den Berichtigungsgebühren gem. § 60 Abs. 4 KostO in Anspruch, weil der Berichtigungsantrag innerhalb von zwei Jahren seit dem Erbfall gestellt wird.[16]

Die Kostenrechnung (für Schreibgebühren und Auslagen) und die Eintragungsnachricht nach § 55 GBO können mir übersandt werden.

(Rechtsanwalt)

## 5. Sekundärer Unrichtigkeitsnachweis: Abschrift des notariellen Testaments samt Eröffnungsniederschrift

Die Vorlage eines Erbscheins ist aber nicht in allen Fällen erforderlich. Beruht nämlich die Erbfolge auf einer Verfügung von Todes wegen, die öffentlich beurkundet wurde und enthält diese die Erbeinsetzung, so reicht statt der Vorlage eines Erbscheins die Vorlage einer beglaubigten Abschrift der betreffenden Verfügung von Todes wegen zusammen mit einer beglaubigten Abschrift der Niederschrift über die Eröffnung der betreffenden Verfügung durch das Nachlassgericht, § 35 Abs. 1 S. 2 GBO.

**Hinweis**
Hier genügen jeweils beglaubigte Abschriften und nicht etwa Ausfertigungen. Dies hat damit zu tun, dass die beglaubigten Abschriften der Verfügung von Todes wegen und der Eröffnungsniederschrift keine Gutglaubenswirkung entsprechend § 2365 BGB haben.

Ein **Eröffnungsvermerk** mit Stempelaufdruck auf dem Testament ersetzt die Abschrift der Eröffnungsniederschrift nicht. Auch hier kann auf die Verfügung von Todes wegen und die entsprechende Eröffnungsniederschrift in den Nachlassakten verwiesen werden, wenn Grundbuchamt und Nachlassgericht dem gleichen Gericht angehören.

---

16 Dies gilt aber nur für die Berichtigung, nicht auch für die Eintragung eines Erben aufgrund Erbteilungsvertrags, vgl. OLG Hamm Rpfleger 1967, 121; LG Detmold FamRZ 2009, 246.

Sehr häufig werden in der Praxis Verfügungen von Todes wegen ohne Anwesenheit der Beteiligten eröffnet. Auch eine solche Niederschrift reicht aus i.S.d. § 35 Abs. 1 S. 2 GBO, weil das Grundbuchamt den Nachweis der Annahme oder Nichtausschlagung der Erbschaft nicht verlangen kann. Allerdings dürfte in aller Regel in der Stellung des Grundbuchberichtigungsantrags durch den Erben die zumindest konkludente Annahme der Erbschaft gesehen werden.

**Vom deutschen Notar beurkundetes Testament eines Ausländers:**

Das Grundbuchamt darf bei Vorliegen eines durch einen deutschen Notar verfassten öffentlichen Testaments eines Ausländers keinen Erbschein verlangen, wenn die Testamentsauslegung eindeutig ergibt, dass der/die Erblasser die Anwendbarkeit deutschen Erbrechts (konkludent) gewählt haben und die möglicherweise in Betracht kommende Anwendung einer ausländischen Rechtsordnung auf das deutsche Erbrecht verweist.[17]

### 6. Prüfungskompetenz des Grundbuchamts bei Vorlage einer Testamentsabschrift

#### a) Erweiterte Prüfungskompetenz

Bei der Vorlage von beglaubigten Abschriften der **Verfügungen von Todes wegen samt Eröffnungsniederschrift** gehen die Prüfungskompetenzen des Grundbuchamts weiter als bei der Vorlage eines Erbscheins. Das Grundbuchamt hat Formgültigkeit und Inhalt der ihm vorgelegten Verfügung zu prüfen. Es kann aber keine eigenen Ermittlungen anstellen, weil das Grundbuchverfahren ein reines Nachweisverfahren ist, wie sich aus § 29 GBO ergibt.[18]

Ergeben sich bei der Prüfung der Erbenstellung Zweifel an der Erbfolge, so reichen die Abschriften der Verfügung von Todes wegen und der Eröffnungsniederschrift zum Nachweis der Erbfolge und damit als Unrichtigkeitsnachweis nicht aus; vielmehr kann das Grundbuchamt in einem solchen Fall die Vorlage eines Erbscheins verlangen. Dies gilt insbesondere dann, wenn tatsächliche Ermittlungen über den Erblasserwillen durchzuführen sind.[19] Die Bedenken des Grundbuchamts sind von diesem in einer Zwischenverfügung (§ 18 GBO) im Einzelnen darzulegen.[20] Allerdings hat das Grundbuchamt auch rechtlich schwierige Auslegungsregeln des Testamentsrechts in eigener Prüfungskompetenz anzuwenden.[21]

Dazu das OLG Hamm:[22]

> *„Im Grundbuchberichtigungsverfahren ist die Erbfolge bei Vorliegen eines notariellen Testaments dann durch Vorlage eines Erbscheins nachzuweisen, wenn tatsächliche Ermittlungen über einen etwaigen, in der Testamentsurkunde nur unvollständig zum Ausdruck gekommenen Erblasserwillen durchzuführen sind."*

---

17 LG München I ZEV 2007, 434 = FamRZ 2007, 1198 = NJW 2007, 3445 = Rpfleger 2007, 316 = RNotZ 2008, 31.
18 OLG Schleswig Rpfleger 2006, 643 m. Anm. *Peißinger*, Rpfleger 2007, 195.
19 OLG Hamm ZEV 2000, 456.
20 OLG Hamm DNotZ 1970, 160; OLG Stuttgart Rpfleger 1975, 135.
21 OLG Köln Rpfleger 2000, 157.
22 OLG Hamm ZEV 2000, 456.

26  Das OLG Schleswig[23] ist im Rahmen der Ermittlungspflicht des Grundbuchamts sehr großzügig:

> „Die eidesstattliche Versicherung der Erben über das Fehlen weiterer Erben ist auch im Grundbuchverfahren als Nachweis der Erbfolge (in Verbindung mit einem notariell beurkundeten Testament) ausreichend. Zweifel daran müssen aus konkreten Umständen und mit logisch nachvollziehbaren Schlussfolgerungen begründbar sein."

27  So jetzt auch das BayObLG:[24]

> „1. Das Rechtsbeschwerdegericht kann eine Zwischenverfügung des Grundbuchamts durch die Angabe von weiteren Mitteln zur Beseitigung eines Eintragungshindernisses ergänzen.
> 2. Hat der Erblasser in einem notariellen Testament seine Ehefrau zur Vorerbin, die aus der Ehe mit ihr hervorgegangenen gemeinschaftlichen Abkömmlinge zu Nacherben beim Tode der Ehefrau eingesetzt, so kann ein gemeinschaftliches Kind nach Eintritt der Nacherbfolge sein alleiniges Erbrecht durch eine vor einem Notar abzugebende eidesstattliche Versicherung, dass er das einzige gemeinschaftliche Kind von Erblasser und Vorerbin ist, nachweisen.
> 3. Ein Erbschein kann in einem solchen Fall grundsätzlich nicht verlangt werden. Die eidesstattliche Versicherung reicht aber zum Nachweis nur aus, wenn keine Anhaltspunkte dafür sprechen, dass das Nachlassgericht weitere Ermittlungen anstellen und zu einer abweichenden Beurteilung der Erbfolge gelangen könnte. Bei der Beurteilung dieser Frage steht dem Grundbuchamt und dem Tatrichter ein gewisser Beurteilungsspielraum zu."

28  LG Stuttgart:[25]

> „Das Grundbuchamt kann bei einem Antrag auf Grundbuchberichtigung jedenfalls dann nicht die Vorlage eines Erbscheins verlangen, wenn der Nachweis der Erbfolge auch durch andere Urkunden geführt werden kann."
> ... „Das Nichtvorhandensein von Abkömmlingen kann als sog. Negativtatsache jedoch nicht positiv bewiesen werden. Deshalb begnügt sich das Erbscheinsverfahren bzgl. solcher Tatsachen mit einer eidesstattlichen Versicherung gemäß § 2356 Abs. 2 BGB des Inhalts, dass (hier) vom Vorhandensein von Abkömmlingen nichts bekannt ist. Die jüngere Rechtsprechung lässt auch im Grundbuchverfahren für Negativtatsachen eine solche eidesstattliche Versicherung genügen (OLG Schleswig, NJW-RR 1999, 1530; BayObLG, ZEV 2000, 456)."

b) Anfechtbarkeit einer Verfügung von Todes wegen

29  Ist eine Verfügung von Todes wegen anfechtbar und wurde die **Anfechtung** bereits erklärt, so hat das Grundbuchamt, wenn ihm dieser Umstand bekannt wird, die Vorlage eines Erbscheins zu verlangen, weil die Frage der Gültigkeit einer Verfügung von Todes wegen grundsätzlich vom Nachlassgericht zu beantworten ist.[26]

Auch dann, wenn sich aus der Verfügung von Todes wegen die Erbfolge nicht zweifelsfrei ergibt, hat das Grundbuchamt die Vorlage eines Erbscheins zu verlangen.

---

23  OLG Schleswig NJW-RR 1999, 1530 = Rpfleger 1999, 533.
24  BayObLG FGPrax 2000, 179 = ZEV 2000, 456 = BayObLGZ 2000 Nr. 34.
25  LG Stuttgart ZEV 2005, 402.
26  OLG Celle NJW 1961, 562.

## IV. Kosten der Grundbuchberichtigung

Für die Eintragung eines Eigentümers oder von Miteigentümern wird eine $^{10}/_{10}$-Gebühr erhoben (§ 60 Abs. 1 KostO, siehe zur Kostenerstattungspflicht der anderen Miterben Rn 58 f.). Dabei kommt es nicht auf den Rechtsgrund an, darunter fällt also auch die Eintragung des Eigentümers im Wege der Grundbuchberichtigung. Maßgebend sind die Wertvorschriften der §§ 18 ff. KostO.

> **Hinweis**
> Die Grundbuchberichtigungsgebühr wird nicht erhoben bei Eintragung der Erben des eingetragenen Eigentümers, falls der Eintragungsantrag innerhalb von **zwei Jahren** seit dem Erbfall beim Grundbuchamt eingereicht wird (§ 60 Abs. 4 KostO). Als Erbe im Sinne dieser Kostenvorschrift gelten auch der Erbeserbe und der Nacherbe.[30] In diesem Zusammenhang sei an die Vorschrift des § 107 Abs. 3 KostO erinnert, wonach sich die Gebühr für einen Erbschein nur nach dem Wert der Grundstücke bemisst, wenn der Erbschein ausschließlich für Grundbuchberichtigungszwecke benötigt wird.

## V. Checkliste: Grundbuchberichtigungsantrag

- Zuständigkeit: Amtsgericht des belegenen Grundstücks als Grundbuchamt, Sachliche Sonderzuständigkeiten in Baden-Württemberg:
  - Grundbuchamt bei jeder Gemeinde,
  - Notar im Landesdienst ist Grundbuchbeamter, im Einzelfall auch Rechtspfleger und/oder Ratschreiber.
- Antrag, schriftlich, § 13 GBO
- Antragsvollmacht, schriftlich, § 30 GBO
- Antragsberechtigung:
  - der Alleinerbe,
  - bei Miterben jeder allein,
  - bei Testamentsvollstreckung der Erbe oder der Testamentsvollstrecker,
  - bei Vor- und Nacherbschaft: der Vorerbe; der Nacherbe erst nach Eintritt des Nacherbfalls.
- Ist der Erblasser im Grundbuch eingetragen?
- Genaue Grundstücksbezeichnung wie im Grundbucheintrag, § 28 GBO bzw. genaue Bezeichnung des übergegangenen dinglichen Rechts
- Unrichtigkeitsnachweis (§ 35 GBO)
  - Erbschein in Ausfertigung (an Antragsteller zurück), Kopie für Grundbuchamt beifügen,
  - oder begl. Abschrift der notariell beurkundeten Verfügung von Todes wegen, die eine **Erbeinsetzung** enthält,
  - zusammen mit begl. Abschrift des nachlassgerichtlichen Eröffnungsprotokolls – der reine Eröffnungsvermerk auf der Verfügung von Todes wegen genügt nicht –,

---

30 OLG Düsseldorf NJW 1967, 2414; KG DNotZ 1968, 257. Die Eintragung eines Miterben ist auch dann nach § 60 Abs. 4 KostO gebührenfrei, wenn er ohne Voreintragung der Erbengemeinschaft erst aufgrund eines Erbauseinandersetzungsvertrages als Eigentümer eingetragen wird. Dies gilt auch dann, wenn die Auseinandersetzung des Nachlasses dadurch erfolgt, dass ein Miterbe seinen Erbanteil an andere Miterben abtritt und er als Ausgleich ein Grundstück aus dem Nachlass erhält. Unerheblich ist, ob die Auseinandersetzung insgesamt durch einen oder mehrere Verträge geschieht, sofern nur die Zweijahresfrist eingehalten wird – OLG München MittBayNot 2007, 75 = NJW-RR 2006, 648 = ZErb 2006, 105.

- wird das Grundbuch beim selben Amtsgericht geführt, bei dem sich das Nachlassgericht befindet, so genügt Bezugnahme auf Erbschein bzw. Verfügung von Todes wegen und Eröffnungsprotokoll in den Nachlassakten.
- Bei Berichtigung auf den Nacherben: Löschung des Nacherbenvermerks
- Wertangabe für Gebührenansatz des Grundbuchamts
- Berichtigung **innerhalb von zwei Jahren** nach Erbfall ist **gebührenfrei**, § 60 Abs. 4 KostO,
- Wer erhält die Eintragungsnachricht nach § 55 GBO?

### VI. Tod einer Vertragspartei nach Auflassung, aber vor Eigentumseintragung

40 Stirbt bei einem Veräußerungsvorgang eine Vertragspartei nach Erklärung der **Auflassung**, aber vor Eintragung des Erwerbers im Grundbuch, so hat dies keine Auswirkungen auf die Wirksamkeit der Auflassung (§ 130 Abs. 2 BGB).

#### 1. Tod des Veräußerers

a) Bindende Willenserklärung

41 Beim **Tod** des **Grundstücksveräußerers** handelt es sich nicht um einen Verlust der Verfügungsbefugnis im Sinne des § 878 BGB. Entscheidend ist nur der Zeitpunkt der Abgabe der Auflassungserklärung als Willenserklärung und der Eintragungsbewilligung nach § 19 GBO in notariell beurkundeter oder beglaubigter Form (§ 29 GBO). Es kommt auch nicht darauf an, ob die Auflassungserklärung samt Eintragungsbewilligung dem Grundbuchamt bereits vor dem Tode des Veräußerers zugegangen ist. Die Auflassung ist bindend geworden; diese Bindungswirkung wirkt sich auch auf die Erben aus, die nicht mehr widerrufen können (§ 873 Abs. 2 BGB).

b) Grundbuchmäßiger Vollzug

42 Um die vom Erblasser abgegebene Auflassungserklärung durch **Eigentumsumschreibung** auf den Erwerber in das Grundbuch vollziehen zu können, bedarf es weder der vorherigen Eintragung der Erben des Veräußerers noch deren Eintragungsbewilligung oder Zustimmung (§ 40 Abs. 1 GBO). Sollten zwischenzeitlich die Erben des Veräußerers im Grundbuch eingetragen worden sein, so genügt trotzdem die Eintragungsbewilligung des Erblassers – die in der Auflassungserklärung selbst gesehen werden kann – zur Umschreibung des Eigentums an einem Grundstück auf den Erwerber.[31] Antragsteller für die Eigentumsumschreibung nach § 13 Abs. 1 GBO ist in der Regel ohnehin der Erwerber, weil er an der Eintragung interessiert ist. Als Nachweis der Einigung nach § 20 GBO bzw. der Bewilligung nach § 19 GBO ist eine Ausfertigung der Auflassungserklärung vorzulegen.

Den Antrag auf Eigentumsumschreibung kann auch der beurkundende Notar stellen (§§ 15 GBO, 53 BeurkG).

#### 2. Tod des Erwerbers

a) Eintragung des verstorbenen Erwerbers ist unschädlich

43 Anders ist es allerdings, wenn der Erwerber **nach Erklärung der Auflassung** stirbt. Erfährt das Grundbuchamt davon nichts (es braucht deswegen keine Ermittlungen anzustellen), so

---

31 BGH DNotZ 1968, 414.

kann es, ohne dass es deshalb eine Rechtsverletzung begeht, den verstorbenen Erwerber noch als Eigentümer im Grundbuch eintragen.

Wird der Tod dem Grundbuchamt jedoch noch vor der Eintragung bekannt, so darf der verstorbene Erwerber nicht mehr als Eigentümer im Grundbuch eingetragen werden, weil das Grundbuchamt grundsätzlich das Grundbuch nicht wissentlich unrichtig machen darf. Nach § 1922 BGB sind an die Stelle des Erwerbers seine Erben getreten in der Rechtsposition, die der Erblasser selbst innehatte.

Die Auflassung ist nach § 873 Abs. 2 S. 2 BGB für beide Vertragsparteien bindend geworden, wenn gleichzeitig eine notariell beurkundete oder beglaubigte Eintragungsbewilligung gem. § 19 GBO abgegeben wurde (§ 29 GBO). Die Erben sind in Erbengemeinschaft als Eigentümer und Rechtsnachfolger des Erwerbers im Grundbuch einzutragen. Sie haben ihr Erbrecht in der Form des § 35 GBO nachzuweisen. Einer Zwischeneintragung des verstorbenen Erblassers bedarf es nicht, sie wäre sogar unzulässig.

Da die Erben in die Rechtsposition des Erblassers eingetreten sind, bedarf es keiner besonderen Auflassung zugunsten der Erben des Erwerbers. Den (lediglich schriftlichen) Antrag auf Eintragung der Erben als neue Eigentümer (§ 13 GBO) können entweder alle Erben gemeinsam oder Einzelne von ihnen ohne Zustimmung der anderen stellen.

Wird der verstorbene Erwerber als Eigentümer im Grundbuch eingetragen, so ist diese Eintragung weder materiell unwirksam noch inhaltlich unzulässig. Es handelt sich lediglich um eine unzutreffende Bezeichnung des wirklichen Eigentümers.

**b) Muster: Antrag auf Eintragung der Erben des verstorbenen Erwerbers**

An das

Amtsgericht
– Grundbuchamt – (in Baden: Gemeinde; in Württemberg: Staatl. Notariat)

*Erwerb der Eigentumswohnung in          ,          straße, eingetragen im Wohnungs-Grundbuch des Amtsgerichts        für       , Band        , Heft        BV Nr.        durch Herrn        , zuletzt wohnhaft in        , gestorben am*

Herr        hat mit Kaufvertrag vom        , beurkundet von Notar        unter UR-Nr.        die oben näher bezeichnete Eigentumswohnung erworben; die Auflassung dazu wurde am        von Notar        unter UR-Nr.        beurkundet. Der Erwerber ist am        gestorben und wurde nach dem Erbschein des Amtsgerichts – Nachlassgericht – vom        Az.        beerbt von 1.        , 2.        und 3.        .

Beweis: Beiliegende Ausfertigung des Erbscheins vom        , von dem eine unbeglaubigte Fotokopie für die dortigen Akten beigefügt ist. Um Rückgabe der Ausfertigung wird gebeten.

Gemäß beiliegender Vollmacht vertrete ich den Miterben        . In seinem Namen beantrage ich unter Vorlage je einer Ausfertigung des Kaufvertrags vom        und der Auflassung vom        die Eintragung der Eigentumsänderung im Grundbuch dahin gehend, dass die drei zuvor genannten Miterben in Erbengemeinschaft als Eigentümer der bezeichneten Eigentumswohnung im Grundbuch eingetragen werden. Der vollständige grundbuchmäßige Beschrieb der Eigentumswohnung lautet:        .

Der Wert der Wohnung beträgt ca.        EUR.

Die Kostenrechnung und die Eintragungsnachricht nach § 55 GBO können mir übersandt werden.

(Rechtsanwalt)

## VII. Fälle mit Auslandsberührung

**47** Für die Berichtigung des Grundbuchs durch Eintragung der Erbfolge von **ausländischen Staatsangehörigen** ist in aller Regel ein deutscher Erbschein erforderlich (vgl. hierzu § 24 Rn 156).[32]

Hatten Ehegatten, in deren Ehe ein ausländischer Güterstand gegolten hatte, Grundeigentum in einem Gemeinschaftsverhältnis eines ausländischen Güterstandes erworben, so war dies im Grundbuch einzutragen.[33] Auf dieser güterrechtlichen Grundlage ist die Erbfolge – nach deutschem oder ausländischem Recht – eingetreten. Gleiches gilt für den Güterstand (früher Vermögensstand) eingetragener Lebenspartner.

Ausländische Erbscheine haben nur eine Beweiswirkung, nicht jedoch die Legitimationswirkung und Vermutungswirkung des § 2365 BGB.[34] Sie werden im deutschen Grundbuchverkehr grundsätzlich nicht als mit denselben Rechtswirkungen wie ein deutscher Erbschein ausgestattet anerkannt.[35] Auf der Grundlage des ausländischen Erbscheins kann aber das deutsche Nachlassgericht einen Fremdrechtserbschein nach § 2369 BGB erteilen (siehe hierzu § 24 Rn 129 ff.). Der Erbschein ist auf jeden Fall eine Urkunde, deren Beweiswürdigung dem Grundbuchamt – und ggf. dem Nachlassgericht – obliegt, §§ 29, 30 FamFG, § 438 ZPO.

Auch bei Ausländern ist der Nachweis der Erbfolge durch eine in einer öffentlichen Urkunde niedergelegten Verfügung von Todes wegen samt Eröffnungsniederschrift möglich. Ob eine öffentliche Urkunde vorliegt, hat das Grundbuchamt in eigener Zuständigkeit zu prüfen, §§ 29, 30 FamFG, § 438 ZPO. Ausländische Urkunden sind ins Deutsche zu übersetzen, weil die Gerichtssprache Deutsch ist, § 184 GVG. Kommt die Anwendung ausländischen Rechts in Frage, so ist nicht mehr der Grundbuchrechtspfleger zuständig, sondern der Richter (§ 5 RPflG).

## VIII. Eintragung eines Auseinandersetzungsausschlusses?

**48** Ein Auseinandersetzungsausschluss bei der Erbengemeinschaft i.S.v. § 2044 BGB ist im Grundbuch nicht eintragbar, solange die Erbengemeinschaft in gesetzlicher Gesamthand besteht. Erst wenn eine Erbengemeinschaft in eine Bruchteilsgemeinschaft umgewandelt worden sein sollte, kann ein Auseinandersetzungsausschluss nach § 1010 BGB im Grundbuch eingetragen werden.[36]

## IX. Mehrere zeitlich aufeinander folgende Berichtigungen des Grundbuchs nach Erteilung, nachfolgender Einziehung des Ersterbscheins und Neuerteilung eines Zweiterbscheins

### 1. Erstberichtigung des Grundbuchs

**49** Nach Eintritt des Erbfalls kann eine Grundbuchberichtigung vorgenommen worden sein, die sich nachträglich als nicht richtig herausstellt, weil bspw. ein unrichtiger Erbschein aufgrund eines ungültigen Testaments erteilt worden war.

---

32 Vgl. für schweizerische Staatsangehörige *Linde*, BWNotZ 1961, 16.
33 BayObLG Rpfleger 2001, 173.
34 BayObLG FamRZ 1991, 1337; Palandt/*Edenhofer*, vor § 2353 BGB Rn 3.
35 BayObLG NJW-RR 1991, 1098; KG NJW-RR 1997, 1094; OLG Zweibrücken Rpfleger 1990, 121 und die ausführliche Darstellung für den schweizerischen Erbschein „certificat d'hérédité" in DNotI-Report 2000, 81.
36 *Döbler*, MittRhNotK 1983, 181; *Fleitz*, BWNotZ 1977, 39.

**Fall** 50

Erblasser E hat ein Testament hinterlassen, wonach A zum Alleinerben eingesetzt wurde; die Kinder K1 und K2 sind enterbt und deshalb lediglich pflichtteilsberechtigt. A erhält vom Nachlassgericht einen Erbschein über sein Alleinerbrecht und lässt sich im Wege der Grundbuchberichtigung als Alleineigentümer des Grundbesitzes des Erblassers im Grundbuch eintragen. Danach erfahren K1 und K2 von Umständen über den Gesundheitszustand des Erblassers, die nach ihrer Meinung den Schluss zulassen, der Erblasser sei im Zeitpunkt der Testamentserrichtung testierunfähig gewesen und sie seien deshalb gesetzliche Erben geworden. Sie beantragen beim Nachlassgericht die Einziehung des für A erteilten Erbscheins und die Neuerteilung eines Erbscheins, wonach sie beide je zur Hälfte gesetzliche Erben geworden sind.

Im Grundbuch muss nunmehr die auf A vorgenommene Grundbuchberichtigung beseitigt und müssen K1 und K2 – wiederum im Wege der Grundbuchberichtigung – als Eigentümer eingetragen werden. Dazu legen K1 und K2 je eine Ausfertigung des Erbscheinseinziehungsbeschlusses und des neuen Erbscheins vor. Alle Ausfertigungen des ersten – unrichtigen – Erbscheins müssen vom Nachlassgericht zurückgefordert werden (vgl. das Muster für einen Antrag auf Grundbuchberichtigung nach Einziehung eines Erbscheins unten Rn 55).

### 2. Zweitberichtigung des Grundbuchs

**a) Einziehung des unrichtigen Erbscheins und Neuerteilung eines richtigen Erbscheins**

Wird nach den Erbscheinsvorschriften ein unrichtiger Erbschein eingezogen (§ 2361 BGB) 51
und ein neuer erteilt, der die Erbfolge nunmehr anders ausweist, so ist die ursprünglich vorgenommene Grundbuchberichtigung zu korrigieren durch eine Zweitberichtigung (vgl. den vorhergehenden Fall Rn 50).

Das Verfahren auf Einziehung eines unrichtigen Erbscheins und Neuerteilung eines anders 52
lautenden Erbscheins kommt demnach im vorhergehenden Beispiel als Alternative zur Grundbuchberichtigungsklage von K1 und K2 gegen A in Betracht. Die Grundbuchberichtigungsklage bezieht sich lediglich auf ein konkretes Grundstück, während das Erbscheinsverfahren die Erbfolge als Ganze in den gesamten Nachlass betrifft.

Das Erbscheinsverfahren unterliegt dem Amtsermittlungsgrundsatz nach § 2358 BGB; das kann im Einzelfall von Vorteil sein (vgl. zu den Einzelheiten des Erbscheinsverfahrens § 7 Rn 209 ff.).

Zieht das Nachlassgericht den unrichtigen Erbschein ein, so hat es alle erteilten Ausfertigungen zurückzufordern, weil die Ausfertigung im Rechtsverkehr die Urschrift ersetzt, § 47 BeurkG. Können nicht alle Ausfertigungen zurückerlangt werden, so ist der Erbschein nach § 2361 Abs. 2 BGB für kraftlos zu erklären (vgl. hierzu § 7 Rn 281 ff.).

**b) Widerspruch nach Einziehung des Erbscheins ohne Neuerteilung eines anders lautenden Erbscheins**

Denkbar ist der Fall, dass die Unrichtigkeit eines Erbscheins relativ leicht festzustellen ist, 53
während unklar bleibt, wie die richtige Erbfolge auszusehen hat. In einem solchen Fall ist der unrichtige Erbschein einzuziehen, einen neuen, anders lautenden gibt es aber noch nicht.

Ist der im Ersterbschein ausgewiesene Erbe im Grundbuch eingetragen worden, so droht 54
über die Gutglaubensvorschriften §§ 892 ff. BGB ein Rechtsverlust. Der wahre Erbe kann

aber noch nicht als Eigentümer eingetragen werden, weil er sein Erbrecht noch nicht nachweisen kann. In diesem Falle muss so rasch wie möglich ein **Widerspruch** gegen das Eigentum des unrechtmäßigen Erben im Grundbuch eingetragen werden. Die Eintragung des Widerspruchs erfolgt entweder aufgrund Bewilligung des Buchberechtigten, die in einer solchen Konstellation möglicherweise zu erhalten ist, oder aufgrund einer einstweiligen Verfügung, § 899 BGB.

Die Tatsachen, die gegen das Eigentum des Buchberechtigten sprechen, können mit den entsprechenden Urkunden aus dem Erbscheinseinziehungsverfahren (Sachverständigengutachten, Zeugenvernehmungsprotokolle, Einziehungsbeschluss des Nachlassgerichts etc.) glaubhaft gemacht werden, §§ 294, 936, 920 Abs. 2 ZPO.

Für das Antragsrecht nach § 13 GBO zur Eintragung des Widerspruchs reicht eine schlüssige Behauptung (Sachvortrag) der eigenen Rechtszuständigkeit.[37]

### 3. Muster: Grundbuchberichtigungsantrag aufgrund neu erteilten Erbscheins nach Einziehung des ersten Erbscheins

An das

Amtsgericht
– Grundbuchamt – (in Baden: Gemeinde; in Württemberg: Staatl. Notariat)

*Grundstück Flst. Nr.          der Gemarkung          , eingetragen im Grundbuch des Amtsgerichts
für          , Band          , Heft          Gemarkung          , Flst. Nr.          , BV Nr.*
*hier: Grundbuchberichtigung*

Herr          ist im Grundbuch als Eigentümer des oben näher bezeichneten Grundstücks eingetragen. Die Eintragung erfolgte im Wege der Grundbuchberichtigung aufgrund Erbfolge nach dem am          in          gestorbenen Herrn          , zuletzt wohnhaft in          . Grundlage der berichtigenden Eintragung war der Erbschein des Amtsgerichts – Nachlassgericht – vom          , Az.          . Eine Kopie des Erbscheins befindet sich in den Grundakten.

Dieser Erbschein wurde durch Beschluss des Nachlassgerichts          vom          , Az.          , eingezogen. Gleichzeitig wurde vom selben Nachlassgericht am          unter Az.          ein neuer Erbschein erteilt, der meinen Mandanten, dessen Vollmacht ich in der Anlage beifüge, als Alleinerben ausweist.

*Beweis:*     Beiliegende Ausfertigung des Beschlusses des Nachlassgerichts          vom          , Az.          , der die Einziehung des Erbscheins vom          anordnet und wonach gleichzeitig ein neuer Erbschein für meinen Mandanten erteilt wurde.

Eine unbeglaubigte Fotokopie für die dortigen Akten ist beigefügt. Um Rückgabe der Ausfertigung wird gebeten.

Im Namen meines Mandanten beantrage ich

die Berichtigung des Grundbuchs dahin gehend, dass anstelle des eingetragenen Eigentümers mein Mandant als rechtmäßiger Eigentümer des bezeichneten Grundstücks im Grundbuch eingetragen wird.

Der Wert des Grundstücks beträgt ca.          EUR.

Ich nehme für meinen Mandanten Befreiung von den Berichtigungsgebühren gem. § 60 Abs. 4 KostO in Anspruch, weil der Berichtigungsantrag innerhalb von zwei Jahren seit dem Erbfall gestellt wird.

---

[37] BGH DNotI-Report 1999, 137 = BGHZ 141, 347 = NJW 1999, 2369 = DNotZ 1999, 734 = Rpfleger 1999, 437 = FGPrax 1999, 169 = MittBayNot 1999, 477 = BWNotZ 1999, 174.

*Krug*

Die Kostenrechnung (für Schreibgebühren und Auslagen) und die Eintragungsnachricht nach § 55 GBO können mir übersandt werden.

(Rechtsanwalt)

## X. Grundbuchberichtigung bezüglich beschränkter dinglicher Rechte

### 1. Universaler Rechtsübergang

Der nach § 1922 BGB eingetretene Rechtsübergang betrifft nicht nur Eigentümerpositionen des Erblassers, sondern alle übertragbaren vermögensrechtlichen Rechtsinhaberschaften, die nicht an eine bestimmte Person gebunden sind.

Die Vorschriften über die Berichtigung des Grundbuchs gelten deshalb in gleicher Weise sowohl für die vom Erblasser auf die Erben übergegangene Eigentümerposition als auch für die Rechtsinhaberschaft beschränkter dinglicher Rechte, wie Gläubigerposition bei einer Grundschuld, einer Hypothek etc., sofern diese Rechte nicht mit dem Tod des Rechtsinhabers erloschen sind (vgl. zu erlöschenden dinglichen Rechten oben Rn 3).

### 2. Muster: Grundbuchberichtigungsantrag des Rechtsanwalts bezüglich Grundschuld

An das
Amtsgericht
– Grundbuchamt – (in Baden: Gemeinde; in Württemberg: Staatl. Notariat)

*Grundschuld zugunsten des Herrn ▮, zuletzt wohnhaft in ▮, gestorben am ▮, eingetragen im Grundbuch des Amtsgerichts ▮ für ▮, Band ▮, Heft ▮, Abt. III Nr. ▮ über ▮ EUR*

*hier: Grundbuchberichtigung*

Herr ▮ ist als Gläubiger der oben näher bezeichneten Grundschuld eingetragen. Er ist am ▮ gestorben und wurde nach dem Erbschein des Amtsgerichts – Nachlassgericht – ▮ vom ▮ Az. ▮ beerbt von 1. ▮, 2. ▮ und 3. ▮.

*Beweis:* Beiliegende Ausfertigung des Erbscheins vom ▮, von dem eine unbeglaubigte Fotokopie für die dortigen Akten beigefügt ist. Um Rückgabe der Ausfertigung wird gebeten.

Gemäß beiliegender Vollmacht vertrete ich den Miterben ▮.[38]

In seinem Namen beantrage ich die Berichtigung des Grundbuchs dahin gehend, dass anstelle des Erblassers die drei zuvor genannten Miterben in Erbengemeinschaft als Gläubiger der bezeichneten Grundschuld im Grundbuch eingetragen werden.

Die Kostenrechnung und die Eintragungsnachricht nach § 55 GBO können mir übersandt werden.

(Rechtsanwalt)

## XI. Kostenerstattung bei Verauslagung der Gebühren der Grundbuchberichtigung durch einen Miterben

Zunächst ist festzustellen, dass es sich bei der Beantragung der Grundbuchberichtigung auf die Erben um eine Verwaltungsmaßnahme für den Nachlass handelt und wohl ordnungsge-

---

[38] Für die Vollmacht ist notarielle Beglaubigung nicht erforderlich; gem. § 30 GBO genügt Schriftform.

mäßer Verwaltung des Nachlasses i.S.v. § 2038 BGB entspricht, die Gebührenbefreiungsmöglichkeit des § 60 Abs. 4 KostO in Anspruch zu nehmen, wonach die Grundbuchberichtigung innerhalb der ersten beiden Jahre nach dem Erbfall gebührenfrei ist. Damit stellt sich insofern die Frage einer Auslagenerstattung nicht.

59 Fallen trotzdem Gebühren an, so dürfte die Beantragung der Berichtigung des Grundbuchs auch in einem solchen Falle eine ordnungsgemäße Verwaltungsmaßnahme nach § 2038 BGB darstellen mit der Folge der Auslagenerstattungspflicht der anderen Miterben an den handelnden Miterben nach

§§ 2038 Abs. 2 S. 1, 748 BGB im Verhältnis der Erbteile oder nach den Regeln der Geschäftsführung ohne Auftrag mit Erstattungspflicht gem. § 683 BGB.

### XII. Vertretung minderjähriger Miterben im Grundbuchberichtigungsverfahren

60 Nicht selten sind minderjährige Kinder zusammen mit ihrem alleinvertretungsberechtigten Elternteil Mitglied einer Erbengemeinschaft nach dem vorverstorbenen Elternteil. Die Grundbuchberichtigung bereitet insofern keine Schwierigkeiten, als jeder Miterbe für sich, also auch der überlebende Elternteil allein, die Grundbuchberichtigung beantragen kann, weil das Antragsrecht nach § 13 GBO jedem Betroffenen allein zusteht. Aber auch die gesetzliche Vertretung der Kinder durch den überlebenden Elternteil bei der Antragstellung wäre unproblematisch, weil der Antrag nach § 13 GBO eine reine Verfahrenshandlung ist, für die § 181 BGB nicht gilt.

Eine vormundschafts- oder familiengerichtliche Genehmigung ist für die reine Grundbuchberichtigung nicht erforderlich, weil der Rechtserwerb kraft Gesetzes eingetreten ist.

### XIII. Löschung untergegangener höchstpersönlicher Rechte

#### 1. Höchstpersönliche Rechte

61 Beschränkte dingliche Rechte für eine natürliche Person, die maximal auf Lebenszeit bestehen können und kraft Gesetzes nicht übertragbar sind, wie Nießbrauch (§§ 1030 ff. BGB), Wohnungsrecht (§ 1093 BGB) und andere beschränkte persönliche Dienstbarkeiten (§§ 1090 ff. BGB) sowie die Wohnrechtsreallast (§ 1105 BGB), erlöschen kraft Gesetzes mit dem Tode des Rechtsinhabers – nicht so das vererbliche Dauerwohnrecht nach §§ 31 ff. WEG.

#### 2. Erschwernis der Löschung höchstpersönlicher Rechte

62 Auch ein dingliches Recht, das mit dem Tod des Rechtsinhabers erloschen ist, kann nach § 23 GBO, wenn Rückstände von Leistungen nicht ausgeschlossen sind (wie bspw. beim Nießbrauch), nicht ohne weiteres unter Vorlage eines Unrichtigkeitsnachweises gelöscht werden. In solchen Fällen ist grundsätzlich die Bewilligung der Erben erforderlich(§§ 19, 29 GBO in notariell beglaubigter Form), wenn innerhalb eines Jahres seit dem Erbfall die Löschung erfolgen soll.

Allerdings kann bei dem Recht im Grundbuch eingetragen sein, dass zu seiner Löschung der Nachweis des Todes des Berechtigten genügen soll. Ist dies vermerkt, so ist die Zustimmung der Erben des Berechtigten nicht erforderlich, § 23 Abs. 2 GBO.

63 Liegen die Löschungsvoraussetzungen vor, so kann der Eigentümer des mit dem Recht belasteten Grundstücks die Löschung im Wege der Grundbuchberichtigung beantragen,

§ 13 GBO. Als Unrichtigkeitsnachweis dient der Nachweis des Todes des Rechtsinhabers, dafür reicht eine Sterbeurkunde. Es kann aber auch ein **Amtslöschungsverfahren** nach §§ 84 ff. GBO eingeleitet werden, entweder von Amts wegen oder auf Anregung des Eigentümers des belasteten Grundstücks oder einer anderen Person.[39]

### 3. Muster: Antrag auf Löschung eines Nießbrauchsrechts

An das

Amtsgericht
– Grundbuchamt – (in Baden: Gemeinde; in Württemberg: Staatl. Notariat)

*Löschung des im Grundbuch von           , Band        , Abt. II Nr.         zugunsten von Herrn        eingetragenen Nießbrauchsrechts*

I.

Im Grundbuch des Amtsgerichts          Band         , Blatt        , BV Nr.        , ist Herr        als Alleineigentümer des Grundstücks          eingetragen.

Zu Lasten dieses Grundstücks ist in Abt. II Nr.         ein lebenslanges Nießbrauchsrecht zugunsten des Herrn        , wohnhaft        , eingetragen. Herr        ist am        gestorben.

*Beweis:* Beglaubigte Abschrift der Sterbeurkunde vom         – Anlage 1 –

II.

Das zuvor näher bezeichnete Nießbrauchsrecht ist kraft Gesetzes mit dem Tode des Nießbrauchsberechtigten erloschen. Im Grundbuch ist vermerkt, dass zur Löschung des Rechts der Nachweis des Todes des Berechtigten genügen soll (vgl. § 23 Abs. 2 GBO).

In Vollmacht des Eigentümers – schriftliche Vollmacht[40] in Anlage 2 –

beantrage ich hiermit die Löschung des Nießbrauchsrechts.

(Rechtsanwalt)

### 4. Muster: Anregung auf Einleitung eines Amtslöschungsverfahrens

An das

Amtsgericht
– Grundbuchamt – (in Baden: Gemeinde; in Württemberg: Staatl. Notariat)

*Löschung des im Grundbuch von          Band         , Abt. II Nr.         zugunsten von Herrn        eingetragenen Nießbrauchsrechts*

Im Grundbuch des Amtsgerichts          Band        , Blatt        , BV Nr.        , ist Herr        als Alleineigentümer des Grundstücks          eingetragen.

Zu Lasten dieses Grundstücks ist in Abt. II Nr.         ein lebenslanges Nießbrauchsrecht zugunsten des Herrn        , wohnhaft        , eingetragen. Herr        ist vor mehr als zehn Jahren gestorben. Ein Rechtsnachfolger hat sich bisher wegen etwaiger Rückstände nicht gemeldet, solche bestehen auch nicht, was hiermit für den Grundstückseigentümer versichert wird.

---

39 *Demharter,* § 84 GBO Rn 7, 16.
40 Für die Vollmacht genügt gem. § 30 GBO Schriftform.

In Vollmacht des Eigentümers – schriftliche Vollmacht in Anlage – rege ich hiermit die Einleitung eines *Amtslöschungsverfahrens*

nach §§ 84 ff. GBO mit dem Ziel der Löschung des gegenstandslos gewordenen Nießbrauchsrechts an.

(Rechtsanwalt)

### 5. Unterschiede zwischen Antragsverfahren und Amtslöschungsverfahren

66 Beim Amtslöschungsverfahren besorgt das Grundbuchamt die Löschungsunterlagen selbst, beim Antragsverfahren muss der Antragsteller alle Unterlagen in entsprechender Form vorlegen. Wenn dem an der Löschung Interessierten nicht alle erforderlichen Unterlagen zugänglich sind, kann er die Amtslöschung beantragen.

## D. Grundbuchberichtigungsklage

67 Kann die Grundbuchberichtigung nicht im Wege eines freiwilligen Grundbuchverfahrens erfolgen, so ist der Inhaber des Grundbuchberichtigungsanspruchs darauf angewiesen, seinen Anspruch nach § 894 BGB gerichtlich durchzusetzen. Damit wird die grundbuchrechtliche Eintragungsbewilligung im Rahmen einer Leistungsklage mit Rechtskraft des ergehenden Urteils gem. § 894 ZPO ersetzt.

Als Alternative zur Grundbuchberichtigungsklage kann ein nachlassgerichtliches Verfahren auf Einziehung eines unrichtigen Erbscheins in Betracht kommen (vgl. dazu Rn 49 ff.).

### I. Nichtigkeit einer Grundstücksübertragung des geschäftsunfähigen Erblassers/Klage auf Grundbuchberichtigung und Herausgabe des Nachlassgrundstücks

68 **Beispiel**
Im Grundbuch ist der Käufer eines Gebäudegrundstücks als dessen Eigentümer eingetragen. Verkäufer war der Erblasser E, dessen Alleinerbin seine Tochter T geworden ist. Der Erblasser E hat mit dem jetzt eingetragenen Eigentümer über das Gebäudegrundstück einen notariellen Kaufvertrag geschlossen, aufgrund dessen die Auflassung sofort in derselben Urkunde erklärt und nachfolgend der Käufer im Grundbuch als Eigentümer eingetragen wurde.
Die Alleinerbin des E ist der Meinung, dass der Eigentumsübergang auf den Käufer aus folgendem Grunde nicht wirksam sei:
Ihr Vater sei bei Abschluss des Kaufvertrags nicht mehr geschäftsfähig gewesen. Sie hat sich vom behandelnden Hausarzt ein Attest geben lassen, in dem dieser bescheinigt, dass E in den letzten sieben Lebensjahren an Schilddrüsenkrebs, Halswirbelsäulenkrebs (Knochenkrebs) und später auch an seniler Demenz mit zunehmender Progression gelitten habe und wahrscheinlich seit ca. drei Monaten vor Abschluss des Kaufvertrages nicht mehr geschäftsfähig gewesen sei. Der Vater ist im Alter von 84 Jahren gestorben. Der Käufer sei ein Spekulant. Man müsse damit rechnen, dass er das Grundstück rasch mit hohem Gewinn weiter veräußere.

**Lösung**
Die von der Alleinerbin geltend gemachte Geschäftsunfähigkeit des Erblassers könnte die Nichtigkeit der Eigentumsübertragung von E auf den Käufer begründen (§§ 104 Nr. 2, 105 Abs. 2 BGB).

Dann wäre Erblasser E Eigentümer geblieben. Diese Rechtsposition wäre auf seine Alleinerbin übergegangen (§ 1922 BGB). Die vom Arzt attestierten Krankheiten, vor allem die senile Demenz, könnten im Zeitpunkt des Abschlusses des Kaufvertrags (und der Auflassung) einen solchen Grad erreicht gehabt haben, dass Geschäftsunfähigkeit angenommen werden könnte.

■ **Zur Beweislast:**

Die Störung der Geistestätigkeit gilt als Ausnahme, der Erblasser gilt deshalb solange als geschäftsfähig, solange nicht das Gegenteil bewiesen ist.[41]

Das heißt: Die Alleinerbin hat die volle Beweislast für die behauptete Geschäftsunfähigkeit. War der Erblasser vor und nach Vertragsschluss geschäftsunfähig, so spricht der Beweis des ersten Anscheins für seine Geschäftsunfähigkeit.[42] Wer sich darauf beruft, der Erblasser habe den Vertrag während eines „lucidum intervallum" geschlossen, trägt dafür die Beweislast.[43]

Der Beweis der Geschäftsunfähigkeit könnte geführt werden durch die Einholung eines medizinischen Sachverständigengutachtens. Zur Feststellung der Geschäftsunfähigkeit im Prozess ist nach sorgfältiger Ermittlung des medizinischen Befundes ein nervenfachärztliches Sachverständigengutachten erforderlich (sog. „Nervenarzt-Vorbehalt").[44] Ein Gutachten durch den Hausarzt, der nicht Nervenfacharzt ist, sondern Allgemeinarzt, reicht dafür nicht aus. Der behandelnde Hausarzt wäre sachverständiger Zeuge, § 414 ZPO (zu seiner Verschwiegenheitspflicht siehe unten Rn 75).

Da der Kaufvertrag (samt Auflassung) notariell beurkundet wurde, könnten die Feststellungen des Notars über die Geschäftsfähigkeit des Erblassers bei der Beweisführung von Bedeutung sein (§ 11 BeurkG). Allerdings ist ohne Vorlage der Kaufvertragsurkunde nicht festzustellen, ob der Notar in die Urkunde seine Wahrnehmungen zur Geschäftsfähigkeit aufgenommen hat.

Selbst wenn sie enthalten sind, so sind sie kein Beweis (für die festgestellte Geschäftsfähigkeit), weil der Notar kein medizinischer Sachverständiger ist, sondern medizinischer Laie.[45] Aber bei der Überzeugungsbildung des Gerichts (§ 286 ZPO) können die Wahrnehmungen des Notars von Bedeutung sein. Der Notar kann deshalb als Zeuge vernommen werden (zu seiner Verschwiegenheitspflicht siehe unten Rn 74).

Vgl. auch die lesenswerte Entscheidung des OLG Frankfurt/M.[46] zur nachträglichen Feststellung der Geschäftsunfähigkeit einer Betroffenen, der knapp drei Monate nach dem maßgeblichen Rechtsgeschäft (Grundstücksveräußerung) ein Betreuer u.a. für ihre Vermögensangelegenheiten bestellt wurde, mit der Anmerkung von *Günther*.[47] Der BGH hat die gegen dieses Urteil eingelegte Revision nicht angenommen.[48]

---

[41] Palandt/*Edenhofer*, § 2229 BGB Rn 13; BayObLG FamRZ 1988, 1099; KG FamRZ 2000, 912.
[42] BayObLG FamRZ 1994, 593.
[43] BayObLG FamRZ 1994, 1137 m.w.N.
[44] BGH FamRZ 1984, 1003, 1004; BayObLG ZEV 1994, 303 m. Anm. *Jerschke*; BayObLG NJW-RR 1991, 1100, 1288; OLG Hamm MittRhNotK 1989, 59, 61 = DNotZ 1989, 584 m. Anm. *Burkart*; OLG Hamm DNotZ 1987, 434; vgl. auch BGH DNotZ 1970, 656; OLG Köln FamRZ 1994, 1125 m.w.N.
[45] Für die Testierfähigkeit beim notariellen Testament jetzt teilweise anders KG FamRZ 2000, 912.
[46] OLG Frankfurt FamRZ 2000, 603.
[47] *Günther*, FamRZ 2000, 604.
[48] BGH Beschluss v. 11.2.1999 – V ZR 147/98.

73 ■ **Zur Erfolgsaussicht einer Klage:**

Kann die Geschäftsunfähigkeit des E bewiesen werden, so stünde die Unrichtigkeit des Grundbuchs fest: Nicht der Käufer, sondern die Alleinerbin des E wäre nach wie vor Eigentümerin des Gebäudegrundstücks. Sie hätte dann gegen den Käufer einen Anspruch auf Zustimmung zur Grundbuchberichtigung (§ 894 BGB), die gleichzeitig die nach §§ 19, 22 GBO erforderliche grundbuchrechtliche Bewilligung beinhaltet.

Eine entsprechende Klage wäre auf Abgabe einer Willenserklärung gerichtet und damit eine Leistungsklage, die mit den Folgen des § 894 ZPO ausgestattet ist (Ersetzung der Zustimmung mit Rechtskraft des Urteils).

Falls sich der Käufer weigert, das Gebäudegrundstück herauszugeben, wäre die Klage außer auf Abgabe der Berichtigungsbewilligung auch auf Herausgabe nach § 985 BGB zu richten. Damit läge eine objektive Klagehäufung nach § 260 ZPO vor. Auch insoweit würde es sich um eine Leistungsklage handeln.

74 ■ **Zu den Beweisproblemen:**

Der Notar unterliegt gem. § 18 Abs. 1 S. 1 BNotO der Verschwiegenheit. Davon kann nur der Auftraggeber selbst entbinden, im Falle seines Todes die Aufsichtsbehörde (§ 18 Abs. 1 S. 2 BNotO). Da E nicht mehr lebt, hätte die Aufsichtsbehörde (der Präsident des Landgerichts, in dessen Bezirk der Notar seinen Amtssitz hat) den Notar von seiner Verschwiegenheitspflicht zu entbinden.

75 Der Arzt hat gem. § 383 Abs. 1 Nr. 6 ZPO ein Zeugnisverweigerungsrecht, es sei denn, er ist von der Schweigepflicht entbunden (§ 385 Abs. 2 ZPO). Die Umstände betreffend die Geschäftsfähigkeit gehören zur ärztlichen Schweigepflicht und sind dem Arzt auch im weit zu fassenden Sinne „anvertraut" gem. § 383 Abs. 1 Nr. 6 ZPO.[49] Die ärztliche Schweigepflicht endet nicht mit dem Tode des Patienten (§ 203 Abs. 4 StGB), erforderlich ist die Entbindung von der Schweigepflicht, und zwar durch den Erblasser persönlich. Maßgebend ist primär eine positive Willensäußerung des Erblassers zu Lebzeiten gegenüber dem Arzt oder Dritten, ausdrücklich oder konkludent, in zweiter Linie – also wenn sich eine solche positive Äußerung nicht feststellen lässt –, der mutmaßliche Wille des Patienten, ob er die Offenlegung durch den Arzt mutmaßlich gebilligt oder missbilligt haben würde.[50] Ein solcher mutmaßlicher Wille dürfte i.d.R. anzunehmen sein, weil der Erblasser ein Interesse daran gehabt haben dürfte, Zweifel über seine Geschäftsfähigkeit aufklären zu lassen.

Damit besitzt der Arzt wegen mutmaßlicher Befreiung von seiner Schweigepflicht gem. § 385 Abs. 2 ZPO kein Zeugnisverweigerungsrecht.

76 ■ **Zur Frage des vorläufigen Rechtsschutzes:**

Der Berichtigungsanspruch nach § 894 BGB könnte dadurch im Wege des einstweiligen Rechtsschutzes vorläufig gesichert werden, dass durch einstweilige Verfügung (§ 935 ZPO) die Eintragung eines Widerspruchs gegen die Eigentümerstellung des Käufers erreicht wird, § 899 BGB.

Gemäß §§ 294, 936, 920 Abs. 2 ZPO wären die Anspruchsvoraussetzungen glaubhaft zu machen, d.h. durch präsente Beweismittel bzw. eidesstattliche Versicherung. Nicht glaubhaft zu machen wäre gem. § 899 Abs. 2 S. 2 BGB eine Gefährdung des Rechtes der Alleinerbin

---

49 BGHZ 91, 397.
50 BGHZ 91, 397, 399.

(weil wegen der Möglichkeit des jederzeitigen gutgläubigen Erwerbs nach § 892 BGB durch einen Dritten die Gefährdung von selbst indiziert ist).

Geschäftsunfähigkeit kann nur durch Vorlage eines Sachverständigengutachtens nachgewiesen werden. Ein solches liegt noch nicht vor.

Deshalb scheidet vorläufiger Rechtsschutz mittels einstweiliger Verfügung zum jetzigen Zeitpunkt aus. Aber während des Rechtsstreits ist in jedem Falle die Einholung eines Sachverständigengutachtens zur Frage der Geschäftsfähigkeit erforderlich. Sobald dieses vorliegt, kann erneut die Möglichkeit einer einstweiligen Verfügung zur Eintragung eines **Widerspruchs** geprüft werden, weil gutgläubiger Erwerb durch einen Dritten droht (§ 892 BGB).

Sofort nach Rechtshängigkeit der Klage kann aber ein von der Rechtsprechung entwickelter **Rechtshängigkeitsvermerk** im Grundbuch eingetragen werden. Dies ist im Hinblick auf § 325 Abs. 2 ZPO möglich, um den guten Glauben eines etwaigen Erwerbers in Bezug auf die Rechtshängigkeit einer Grundbuchberichtigungsklage oder einer Herausgabeklage zu zerstören. § 325 ZPO ist zu sehen im Zusammenhang mit § 265 ZPO, wonach die Veräußerung der streitbefangenen Sache während des Prozesses nicht ausgeschlossen ist.

Die Zulässigkeit eines solchen Vermerks ist von der obergerichtlichen Rechtsprechung überwiegend anerkannt[51] (vgl. dazu die nachfolgenden Ausführungen Rn 80 ff.). Dazu genügt der Nachweis der Rechtshängigkeit des Grundbuchberichtigungsanspruchs durch öffentliche Urkunden (§ 29 GBO), eine einstweilige Verfügung ist zur Eintragung des Rechtshängigkeitsvermerks nicht erforderlich. Die Eintragung im Grundbuch ist möglich ab der Zustellung der Grundbuchberichtigungsklage an den Beklagten und erfolgt auf Antrag des Inhabers des (behaupteten) Berichtigungsanspruchs – der Alleinerbin – unter Vorlage einer Bestätigung des Prozessgerichts, dass die Klage rechtshängig ist. Diese Bestätigung ist eine Urkunde i.S.v. § 29 GBO.[52]

## II. Einzelheiten zum Rechtshängigkeitsvermerk

### 1. Schneller Rechtsschutz

Es hat sich gezeigt, dass Arrest und einstweilige Verfügung nicht in allen Fällen „schnell genug" sind und dass sie nicht gegen jeden Verlust von Rechten an Grundstücken schützen, weil die nach §§ 936, 920 Abs. 2, 294 ZPO zu erbringende Glaubhaftmachung aller Tatbestandsvoraussetzungen im Einzelfall eine zu hohe Hürde sein kann.

Die nachfolgenden Ausführungen wollen einen in der Praxis kaum bekannten Weg der zumindest teilweisen Abhilfe aufzeigen.

---

51 Ausnahme: OLG Köln. Nach der Auskunft des zuständigen Senats verneint das OLG Köln die Eintragungsfähigkeit eines Rechtshängigkeitsvermerks, weil er im Gesetz nicht vorgesehen sei. Der Widerspruch im Grundbuch sei ausreichend.
52 Neuere Entscheidungen zum Rechtshängigkeitsvermerk: OLG Koblenz Rpfleger 1992, 102; OLG Schleswig Rpfleger 1994, 455; OLG Stuttgart Rpfleger 1997, 15; OLG München MittBayNot 2000, 40; OLG Frankfurt/M. FGPrax 2009, 250 m. Anm. *Krug*. Vgl. die ausführliche Darstellung von *Krug*, ZEV 1999, 161.

## 2. Widerspruch und Rechtshängigkeitsvermerk

81 Der vom Gesetz zur Verfügung gestellte **Widerspruch** nach § 899 BGB, der gegen die Richtigkeit eines falschen Grundbucheintrags „protestiert", kann im Grundbuch nur eingetragen werden, wenn entweder der Buchberechtigte die Eintragung bewilligt oder wenn eine einstweilige Verfügung ergangen ist (§ 899 Abs. 2 BGB).

Die Erlangung einer einstweiligen Verfügung kann, obwohl der Verfügungsanspruch nicht bewiesen, sondern lediglich glaubhaft gemacht zu werden braucht (§§ 936, 920 Abs. 2, 294 ZPO) und es einer Glaubhaftmachung des Verfügungsgrundes gar nicht bedarf (§ 899 Abs. 2 S. 2 BGB), in Einzelfällen soviel Zeit in Anspruch nehmen, dass ihr vorläufiger Rechtsschutz zu spät kommen kann. Da wirksame Rechtssicherung bei dinglichen Grundstücksrechten an einen – wie auch immer gearteten – Grundbucheintrag geknüpft ist, hat die Rechtsprechung das Institut des **Rechtshängigkeitsvermerks** – also einen Grundbucheintrag – entwickelt, um die vorläufige Sicherung eines dinglich Berechtigten – in der Praxis fast immer des Eigentümers – zu erzielen, noch bevor nach den prozessualen Vorschriften eine einstweilige Verfügung ergehen kann.

82 Allerdings kann der Widerspruch trotzdem Vorzüge gegenüber dem Rechtshängigkeitsvermerk haben: Der Rechtshängigkeitsvermerk setzt die Zustellung einer Klage voraus, deren Streitgegenstand ein dingliches Recht an dem Grundstück ist. Mit der Zustellung der Klage erfährt der Anspruchsgegner und Beklagte zwingend von dem Rechtsstreit: Er könnte u.U. noch schnell an einen gutgläubigen Erwerber rechtlich wirksam veräußern.

83 Dagegen kann eine einstweilige Verfügung, deren Ziel die Eintragung eines Widerspruchs im Grundbuch ist, ohne mündliche Verhandlung und u.U. ohne vorherige Mitteilung an den Antragsgegner ergehen. In einem solchen Falle erfährt der Antragsgegner erst nach Eintragung des Widerspruchs von der Sache. Diese taktischen Überlegungen muss der Rechtsberater vorher anstellen.

Ein weiterer Unterschied ist zu beachten: Für den Fall, dass die einstweilige Verfügung zu Unrecht ergangen sein sollte, kann eine Schadensersatzpflicht nach § 945 ZPO entstehen; bei einem Rechtshängigkeitsvermerk ist diese Frage offen, bisher also nicht geklärt (vgl. dazu unten Rn 131 ff.).

## 3. Zwei weitere Beispiele

84 Zur besseren Veranschaulichung sollen zwei weitere Beispielsfälle betrachtet werden.

> **Beispiel 1**
> Erblasser E hat ein Testament hinterlassen, wonach A zum Alleinerben eingesetzt wurde; die Kinder K1 und K2 sind enterbt und deshalb lediglich pflichtteilsberechtigt. A lässt sich im Wege der Grundbuchberichtigung als Alleineigentümer des Grundbesitzes des Erblassers im Grundbuch eintragen. Danach erfahren K1 und K2 von Umständen über den Gesundheitszustand des Erblassers, die nach ihrer Meinung den Schluss zulassen, der Erblasser sei im Zeitpunkt der Testamentserrichtung testierunfähig gewesen und sie seien deshalb gesetzliche Erben geworden. Sie wollen ihre – zumindest vermeintliche – Rechtsposition als rechtmäßige Grundstückseigentümer so schnell wie möglich sichern lassen.

85 > **Beispiel 2**
> Erblasser E setzt in seinem wirksam errichteten Testament A zum Alleinerben ein. A wird im Grundbuch als Alleineigentümer des Grundbesitzes des Erblassers eingetragen. Danach wird ein späteres Testament des E aufgefunden, dessen Inhalt äußerst unklar ist,

woraus aber entnommen werden kann, das erste Testament sei widerrufen und B zum Alleinerben eingesetzt. Die Rechtslage ist in hohem Maße unklar. B möchte seine Rechte sichern lassen, bevor A über den Grundbesitz verfügt.

## 4. Grundbuchberichtigungsanspruch

Beiden zuvor behandelten Beispielen ist gemeinsam, dass geltend gemacht wird, ein Rechtserwerb habe nicht stattgefunden, bezüglich der Eigentümerposition sei das Grundbuch unrichtig, ein Nichtberechtigter sei dort eingetragen. 86

Im Beispiel 1 wird die Nichtigkeit des Testaments wegen Testierunfähigkeit des Erblassers geltend gemacht (§ 2229 Abs. 4 BGB).[53] Träfe dies zu, so wäre nicht A Alleinerbe des Erblassers geworden, vielmehr wären K1 und K2 je hälftig gesetzliche Erben (§ 1924 BGB). A wäre zu Unrecht als Alleineigentümer im Grundbuch eingetragen, das Grundbuch wäre unrichtig (§ 894 BGB); K1 und K2 könnten von A die Berichtigung des Grundbuchs (§ 894 BGB) und die Herausgabe des Grundstücks nach §§ 985 ff. BGB verlangen. 87

Im Beispiel 2 wird die Unwirksamkeit des Ersttestaments geltend gemacht, weil es entweder ausdrücklich (§ 2254 BGB) oder konkludent (§ 2258 BGB) widerrufen worden sei. Bei jeder Fallalternative wäre nicht A Alleinerbe geworden, sondern B. A wäre zu Unrecht als Alleineigentümer im Grundbuch eingetragen, B könnte an dessen Stelle seine Eintragung als Eigentümer im Wege der Grundbuchberichtigung verlangen (§ 894 BGB). 88

Anspruchsgrundlage für einen etwaigen Grundbuchberichtigungsanspruch ist in beiden Fällen § 894 BGB. Soweit auch die Herausgabe des Grundbesitzes in Betracht kommt, ist § 985 BGB Anspruchsgrundlage.

In beiden Beispielsfällen brauchen sich die rechtmäßigen Erben nicht auf die Grundbuchberichtigung zu beschränken. In diesen Fällen ist die gesamte erbrechtliche Position betroffen. Im Rahmen eines Erbscheinsverfahrens kann die gesamte Erbfolge geklärt werden, und zwar für den Fall, dass bisher ein Erbschein nicht erteilt wurde, im Erbscheinserteilungsverfahren und für den Fall, dass ein (unrichtiger) Erbschein bereits vorhanden ist, im Erbscheinseinziehungs- und -neuerteilungsverfahren. Allerdings führt das Erbscheinsverfahren für sich allein noch nicht zu einer vorläufigen Sicherung der grundbuchrechtlichen Position. Mit evt. dort vorliegenden Sachverständigengutachten, Zeugenvernehmungsprotokollen etc. kann eine Glaubhaftmachung in einem Verfahren auf Erlass einer einstweiligen Verfügung auf Eintragung eines Widerspruchs erfolgen. 89

Möglich wäre aber auch, parallel eine Grundbuchberichtigungsklage zu erheben und ein Erbscheinsverfahren zu betreiben (vgl. zur Grundbuchberichtigungsklage unten Rn 90 ff. und zum Erbscheinsverfahren § 7 Rn 209 ff.).

---

53 Zur Aufklärungspflicht des Gerichts bei behaupteter Testierunfähigkeit vgl. BayObLG FamRZ 2002, 1066: „Der objektivierbare Befund einer Geisteskrankheit reicht ... für sich allein nicht aus, um schon daraufhin den Erblasser für testierunfähig zu erklären. ... Für die Beurteilung entscheidend ist nicht die Diagnose einer organischen Störung, sondern Grad und Ausmaß der nachweisbaren psychopathologischen Auffälligkeiten. Eine diagnostische Zuordnung allein genügt daher nicht; es kommt vielmehr auf Ausmaß und Intensität der psychischen Störung an."

### 5. Durchsetzung des Grundbuchberichtigungsanspruchs

#### a) Materiellrechtliche Situation

##### aa) Bewilligungsgrundsatz des materiellen und des formellen Rechts

90 Das materielle Recht stellt auf die grundbuchrechtlichen Erfordernisse ab. Nach dem grundbuchrechtlichen Bewilligungsgrundsatz muss der durch die Berichtigung in seiner Rechtsstellung Betroffene – und sei dies nur eine „Buchrechtsstellung" – die Berichtigung bewilligen (§§ 19, 22 GBO). In den obigen Beispielsfällen hätte also der jeweils eingetragene Nichteigentümer die Eintragung des wahren Eigentümers zu bewilligen. Dieses Bewilligungserfordernis hat § 894 BGB im Auge, wenn es dem wahren Berechtigten einen Anspruch gegen den Nichtberechtigten auf „Zustimmung zu der Berichtigung des Grundbuchs" gewährt. Der Gegner des materiellrechtlichen Anspruchs ergibt sich somit aus dem formalen Grundbuchrecht.

Die Grundbuchunrichtigkeit hat aber noch einen anderen Aspekt: Sie stellt eine Eigentumsbeeinträchtigung nach § 1004 BGB für den wahren Eigentümer dar.

Die nachfolgenden Ausführungen behandeln aus Gründen der Vereinfachung als Anspruchsgrundlage nur § 894 BGB.

##### bb) Nachweis der Unrichtigkeit

91 Eine Grundbuchberichtigung kann nicht nur auf der Grundlage der Bewilligung des „Buchberechtigten" herbeigeführt werden, nach § 22 GBO kann dies auch durch Nachweis der Unrichtigkeit geschehen. Der formale Nachweisgrundsatz des § 29 GBO stellt aber eine hohe Hürde auf: Alle materiellrechtlichen Tatbestandsmerkmale einer Grundbuchunrichtigkeit einschließlich der eingetretenen Rechtsfolgen sind mittels öffentlicher oder öffentlich beglaubigter Urkunden nachzuweisen. Sowohl Zeugenvernehmung als auch die Einholung von Sachverständigengutachten durch das Grundbuchamt scheiden grundsätzlich aus.

Es bedarf keiner weiteren Ausführung, dass in keinem der obigen zwei Beispielsfälle die Tatbestandsvoraussetzungen einer aufgrund Testierunfähigkeit/Geschäftsunfähigkeit bzw. Testamentswiderrufs eingetretenen Grundbuchunrichtigkeit mit öffentlichen oder öffentlich beglaubigten Urkunden nachgewiesen werden können.

#### b) Prozessuale Durchsetzung

##### aa) Erzwingung der Zustimmung

92 Wird die Zustimmung zur Grundbuchberichtigung (= grundbuchrechtliche Bewilligung nach §§ 19, 22 GBO) vom Nichtberechtigten nicht freiwillig erklärt, so muss sie erzwungen werden. Also ist der Nichtberechtigte auf Abgabe der Bewilligung zu verklagen mit dem Ziel der Ersetzung der Bewilligungserklärung mit Rechtskraft des der Klage statt gebenden Urteils gem. § 894 ZPO.

Soweit es um Fragen der Wirksamkeit einer Verfügung von Todes wegen oder überhaupt um die Erbfolge geht, kommt zur Vorbereitung der Grundbuchberichtigung auf grundbuchverfahrensrechtlichem Weg und zur Erlangung eines Unrichtigkeitsnachweises (§ 22 GBO) auch das Erbscheinsverfahren in Betracht (vgl. dazu unten Rn 103 ff.).

### bb) Verteidigung des Nichtberechtigten

#### (1) Bestreiten

Der „Bucheigentümer" kann im Prozess geltend machen, die Tatbestandsvoraussetzungen des Grundbuchberichtigungsanspruchs lägen nicht vor. Da die Vermutung des § 891 BGB für ihn spricht, hat der **Kläger** für seine Tatsachenbehauptungen die **Darlegungs- und Beweislast**.

Der Beweis ist erst erbracht, wenn beim Tatsachenrichter eine entsprechende Überzeugung gem. § 286 ZPO herbeigeführt ist.

Ein solcher Vollbeweis zur Widerlegung der Vermutung des § 891 BGB dürfte in beiden Beispielsfällen erst nach umfangreichen Beweisaufnahmen mit Zeugen- und Sachverständigenvernehmungen geführt werden können. Entsprechend lange wird der Prozess, möglicherweise durch zwei Instanzen, dauern.

#### (2) Geltendmachung von Gegenrechten

Der Nichtberechtigte kann auch geltend machen, er sei, für den Fall, dass der Grundbuchberichtigungsanspruch doch bestehe, schuldrechtlich nicht verpflichtet, zum jetzigen Zeitpunkt der Grundbuchberichtigung zuzustimmen, weil ihm ein Zurückbehaltungsrecht wegen erheblicher Verwendungen auf das Grundstück zustehe (Muster für einen entsprechenden Schriftsatz siehe Rn 100). Der BGH wendet die Vorschriften der §§ 987 ff. BGB auf die Rechtsstellung des Buchberechtigten u.a. wegen der getätigten Verwendungen entsprechend an.[54]

In einem solchen Fall verzögert sich der Prozess, selbst wenn der Beweis der Grundbuchunrichtigkeit geführt worden sein sollte, wegen der Gegenrechte des Beklagten erfahrungsgemäß erheblich.

Hier wird deutlich, dass in derart gelagerten Fällen wie in den zwei genannten Beispielen die Frage des vorläufigen Rechtsschutzes sich sehr bald stellt.

Die Zwangsvollstreckung erfolgt, wenn Gegenansprüche wegen Verwendungen auf das Grundstück begründet sind, im Falle einer Zug-um-Zug-Verurteilung (§§ 273 Abs. 2, 274 BGB) nach § 726 Abs. 2 ZPO.

#### (3) Kosten der Berichtigung

Die Kosten der Grundbuchberichtigung sind von demjenigen zu tragen, der die Berichtigung verlangt, § 897 BGB. Solange der Berechtigte dem Zustimmungspflichtigen nicht die Kosten der Zustimmungserklärung vorgeschossen hat, braucht der Verpflichtete die Zustimmungserklärung nicht abzugeben.[55]

Sollte man die Ansicht vertreten, der Buchberechtigte habe das Grundstück gutgläubig erworben, so wäre er, falls der Eigentumserwerb unentgeltlich gewesen sein sollte, gem. § 816 Abs. 1 S. 2 BGB zur Herausgabe und damit zur Eigentumsübertragung auf die Erben in Erbengemeinschaft verpflichtet.

---

54 BGHZ 41, 30, 35 ff.
55 OLG Köln MDR 1983, 668.

(4) Nutzungen an dem Grundstück

96 Da Eigentümer des Grundstücks von Anfang an die Erben waren, standen ihnen auch die Nutzungen und Gebrauchsvorteile zu. Diese zum Nachlass gehörende Forderung kann jeder Miterbe gem. § 2039 BGB allein gegen den Buchberechtigten zur Leistung an alle Miterben geltend machen.

Sollte dieser Punkt streitig sein, so kann insoweit eine Feststellungsklage zur Herbeiführung der Teilungsreife erhoben werden.[56]

Allerdings könnte der Buchberechtigte ein Zurückbehaltungsrecht wegen etwaiger Verwendungen auf das Grundstück gem. § 273 BGB geltend machen.[57]

BGHZ 75, 293:

> *„Seine Zustimmung zur Eigentumsumschreibung kann der Beklagte davon abhängig machen, daß ihm diejenigen Verwendungen ersetzt werden, die er in den Grenzen der §§ 994 ff. BGB vornehmen durfte. Ein dahingehendes Zurückbehaltungsrecht ergibt sich zwar nicht aus § 1000 BGB, da nach dieser Vorschrift nur gegenüber dem Herausgabeanspruch ein Zurückbehaltungsrecht wegen Verwendungen geltend gemacht werden kann; in Betracht kommt aber § 273 Abs. 2 BGB. Diese Bestimmung setzt allerdings einen fälligen Gegenanspruch voraus, während der Anspruch auf Verwendungsersatz an sich erst mit Wiedererlangung der Sache oder Genehmigung der Verwendungen fällig wird (§ 1001 BGB). Indessen wird hinsichtlich des Grundbuchberichtigungsanspruchs (§ 894 BGB) schon bei der hierauf gerichteten Klage ein Zurückbehaltungsrecht nach § 273 Abs. 2 BGB bejaht (vgl. BGHZ 41, 30, 33 ff.; RGZ 114, 266; 115, 35, 46; 163, 62; RG HRR 1928 Nr. 2276). Dies beruht auf der Erwägung, daß die Herausgabe eines »Gegenstandes« im Sinne dieser Vorschrift auch ein herausverlangtes Buchrecht umfaßt, der Bucheigentümer die Verwendungen gerade auf das von diesem Recht betroffene Eigentum gemacht hat und ihm damit bereits mit der Zustimmung zur Eigentumsumschreibung ein Sicherungsmittel für seine Verwendungen entzogen wird."*

cc) Rechtswirkungen des ergehenden Urteils

(1) Mit dem vorläufig vollstreckbaren Urteil kann ein Widerspruch eingetragen werden

97 In § 895 ZPO sieht das Gesetz eine vorläufige Sicherung des Berichtigungsanspruchs vor, indem mittels einer Fiktion mit Erlass des **vorläufig vollstreckbaren Urteils** auf Abgabe der Berichtigungsbewilligung die Eintragung eines **Widerspruchs** als bewilligt gilt (Muster für einen entsprechenden Antrag siehe Rn 101). Die Vorlage einer vollstreckbaren Ausfertigung des Urteils ist nicht erforderlich.[58]

Ist das Urteil nach § 709 ZPO nur gegen Sicherheitsleistung vorläufig vollstreckbar, was sehr häufig der Fall sein wird, so kann der Widerspruch erst nach Leistung der Sicherheit durch den Kläger eingetragen werden.[59] Diese kann im Einzelfall, weil sie nach dem klägerischen Interesse bzw. zur Sicherung eines etwaigen Schadensersatzanspruchs des Beklagten (§ 717 Abs. 2 ZPO) festzusetzen ist, sehr hoch sein.

---

56 BGH NJW-RR 1990, 1220; OLG Düsseldorf ZEV 1996, 395 = FamRZ 1996, 1338 = NJWE-FER 1997, 113.
57 BGHZ 75, 288, 293 = NJW 1980, 833.
58 BGH Rpfleger 1969, 425.
59 *Thomas/Putzo*, § 895 ZPO Rn 2.

Außerdem ist die Eintragung des Widerspruchs auch nur dann möglich, wenn die Zwangsvollstreckung nicht nach §§ 711, 712 ZPO abgewendet, beschränkt oder eingestellt ist.

Allerdings kann im Falle der Aufhebung des vorläufig vollstreckbaren Urteils eine **Schadensersatzpflicht** nach § 717 Abs. 2 und 3 ZPO entstehen.

Nach Rechtskraft des Urteils ist die Eintragung des Widerspruchs in eine endgültige Eintragung des rechtmäßigen Eigentümers auf Antrag des Gläubigers umzuwandeln.

(2) Rechtskräftiges Urteil ersetzt die Berichtigungsbewilligung

Die Bewilligungserklärung gilt gem. § 894 ZPO erst **mit Rechtskraft** des ergehenden Urteils als abgegeben. Erst jetzt kann die Berichtigung im Grundbuch vollzogen werden (Muster für einen entsprechenden Antrag siehe Rn 102). Ein zuvor nach § 895 ZPO aufgrund des vorläufig vollstreckbaren Urteils eingetragener Widerspruch kann ohne Zustimmung des Beklagten gelöscht werden, § 25 GBO.

dd) Grundbuchmäßiger Vollzug

Unter Vorlage einer Ausfertigung des rechtskräftigen Urteils kann der wahre Berechtigte (= Kläger) mit schriftlichem Antrag (§ 13 GBO) die Grundbuchberichtigung herbeiführen. Nur die Ausfertigung mit Rechtskraftvermerk ist öffentliche Urkunde i.S.v. § 29 GBO – nicht auch die beglaubigte Abschrift –, weil nur die Ausfertigung die Urschrift ersetzt (vgl. § 47 BeurkG, der auf alle öffentliche Urkunden angewandt werden kann). Der Prozessbevollmächtigte des Klägers kann den Antrag unter Vorlage lediglich schriftlicher Vollmacht stellen (§ 30 GBO).

ee) Muster: Klageerwiderungsschriftsatz gegen Grundbuchberichtigungsklage (Geltendmachung von Verwendungen)

An das

Landgericht
– Zivilkammer –

Az.

*Klageerwiderung*

in der Rechtssache

des Herrn

– Kläger –

Prozessbevollmächtigter: Rechtsanwalt

gegen

Frau

– Beklagte –

Prozessbevollmächtigter: Rechtsanwalt

wegen Zustimmung zur Grundbuchberichtigung.

Namens und in Vollmacht der Beklagten beantrage ich
1. in erster Linie Klageabweisung bezüglich der vom Kläger erhobenen Klage auf Zustimmung zur Grundbuchberichtigung
2. in zweiter Linie hilfsweise Zug-um-Zug-Verurteilung gegen Zahlung von ▬▬▬ EUR.[60]

*Begründung:*

Zum Klageabweisungsantrag: ▬▬▬

Zum Hilfsantrag auf Zug-um-Zug-Verurteilung: Sollte die Klage zulässig und begründet sein, so kann eine Verurteilung auf Zustimmung zur Grundbuchberichtigung nur erfolgen, wenn der Kläger Zug um Zug zur Erstattung der Verwendungen, die die Beklagte in den Jahren ▬▬▬ auf das streitgegenständliche Gebäudegrundstück gemacht hat, verurteilt wird, §§ 987 ff., 273 Abs. 2, 274 BGB.

Die Beklagte hat auf ihre Rechtsstellung als rechtmäßige Alleinerbin des ▬▬▬ vertraut und hat in der Annahme, Eigentümerin des Gebäudegrundstücks zu sein, folgende Investitionen getätigt: ▬▬▬.

*Beweis:* ▬▬▬

Nach der Rechtsprechung des BGH (BGHZ 41, 30, 35 ff.) sind diese Verwendungen vom Kläger zu erstatten, falls er tatsächlich der rechtmäßige Eigentümer sein sollte. Eine Verurteilung der Beklagten zur Abgabe der Grundbuchberichtigungsbewilligung kann nur erfolgen, wenn sichergestellt ist, dass die Beklagte ihre Aufwendungen erstattet erhält.

(Rechtsanwalt)

**ff) Muster: Antrag auf Eintragung eines Widerspruchs aufgrund vorläufig vollstreckbaren Urteils**

An das

Amtsgericht
– Grundbuchamt – (in Baden: Gemeinde; in Württemberg: Staatl. Notariat)

*Eigentumswohnung, eingetragen im Wohnungsgrundbuch des Amtsgerichts ▬▬▬ für ▬▬▬, Band ▬▬▬, Heft ▬▬▬, BV Nr. ▬▬▬*

*hier: Eintragung eines Widerspruchs gegen das Eigentum des eingetragenen Eigentümers*

Namens meines Mandanten, Herrn ▬▬▬, dessen schriftliche Vollmacht ich in Anlage beifüge,

beantrage ich hiermit,

gegen das Eigentum des Herrn ▬▬▬ bei der zuvor bezeichneten Eigentumswohnung einen **Widerspruch im Grundbuch einzutragen.**

Herr ▬▬▬ ist im Grundbuch als Eigentümer der oben näher bezeichneten Eigentumswohnung eingetragen. Gegen ihn hat das ▬▬▬gericht ▬▬▬ am ▬▬▬ unter Az. ▬▬▬ als Beklagten ein vorläufig vollstreckbares Urteil verkündet, wonach die Berichtigung des Grundbuchs dahin gehend vorzunehmen ist, dass an seiner Stelle als eingetragener Eigentümer der Kläger, mein Mandant, Herr ▬▬▬, als Eigentümer der zuvor genannten Eigentumswohnung einzutragen ist.

*Beweis:* Beiliegende Ausfertigung des zuvor näher bezeichneten Urteils.

Das Urteil ist noch nicht rechtskräftig, deshalb ist die Zustimmung noch nicht als ersetzt anzusehen. Nach § 895 ZPO gilt jedoch mit dem Erlass des vorläufig vollstreckbaren Urteils die Eintragung eines Widerspruchs als bewilligt.

---

60 Die Zwangsvollstreckung eines solchen Urteils erfolgt nach § 726 Abs. 2 ZPO.

*Krug*

Dieser Widerspruch soll mit dem vorliegenden Antrag eingetragen werden. Die im Urteil geforderte Sicherheitsleistung ist durch Vorlage einer Bankbürgschaft der X-Bank in Höhe von ▮▮▮ EUR erbracht.

*Beweis:* Bestätigung des ▮▮▮ gerichts vom ▮▮▮

Der vollständige grundbuchmäßige Beschrieb der Eigentumswohnung lautet: ▮▮▮ .

Der Wert der Wohnung beträgt ca. ▮▮▮ EUR.

Die Kostenrechnung und die Eintragungsnachricht nach § 55 GBO können mir übersandt werden.

(Rechtsanwalt)

gg) Muster: Antrag auf Grundbuchberichtigung nach rechtskräftiger Ersetzung der Zustimmung

An das

Amtsgericht
– Grundbuchamt – (in Baden: Gemeinde; in Württemberg: Staatl. Notariat)

*Eigentumswohnung, eingetragen im Wohnungsgrundbuch des Amtsgerichts ▮▮▮ für ▮▮▮ , Band ▮▮▮ , Heft ▮▮▮ , BV Nr. ▮▮▮*

*hier: Berichtigung des Grundbuchs*

Namens meines Mandanten, Herrn ▮▮▮ , dessen schriftliche Vollmacht ich in Anlage beifüge, beantrage ich hiermit,

ihn als Eigentümer der zuvor bezeichneten Eigentumswohnung anstelle des bisher eingetragenen Herrn ▮▮▮ im Wege der Grundbuchberichtigung im Grundbuch einzutragen.

Herr ▮▮▮ ist als Eigentümer der oben näher bezeichneten Eigentumswohnung eingetragen. Gegen ihn hat das ▮▮▮ gericht am ▮▮▮ unter Az. ▮▮▮ als Beklagtem ein Urteil verkündet, wonach die Berichtigung des Grundbuchs dahin gehend vorzunehmen ist, dass an seiner Stelle als eingetragener Eigentümer der Kläger, mein Mandant, Herr ▮▮▮ , als Eigentümer der zuvor genannten Eigentumswohnung einzutragen ist. Das Urteil ist gemäß dem darauf angebrachten Rechtskraftvermerk seit dem ▮▮▮ rechtskräftig. Damit ist nach § 894 ZPO die Zustimmung des bisher eingetragenen Eigentümers zur Grundbuchberichtigung ersetzt.

*Beweis:* Beiliegende Ausfertigung des zuvor näher bezeichneten Urteils mit Rechtskraftvermerk.

Der vollständige grundbuchmäßige Beschrieb der Eigentumswohnung lautet: ▮▮▮ .

Der Wert der Wohnung beträgt ca. ▮▮▮ EUR.

Die Kostenrechnung und die Eintragungsnachricht nach § 55 GBO können mir übersandt werden.

(Rechtsanwalt)

c) Verfahrensrechtliche Alternative zur Grundbuchberichtigungsklage: Das Erbscheinsverfahren

Die Grundbuchberichtigungsklage bezieht sich lediglich auf ein konkretes Grundstück, während das Erbscheinsverfahren die Erbfolge als Ganze in den gesamten Nachlass betrifft. Das Erbscheinsverfahren unterliegt dem Amtsermittlungsgrundsatz nach § 2358 BGB; das kann im Einzelfall von Vorteil sein (vgl. zu den Einzelheiten des Erbscheinsverfahrens § 7 Rn 209 ff.).

Die Eintragung eines Widerspruchs erfolgt entweder aufgrund Bewilligung des Buchberechtigten oder aufgrund einer einstweiligen Verfügung, § 899 BGB. Die Tatsachen, die gegen das Eigentum des Buchberechtigten sprechen, können mit den entsprechenden Urkunden aus dem Erbscheinseinziehungsverfahren (Sachverständigengutachten, Zeugenvernehmungsprotokolle, Einziehungsbeschluss des Nachlassgerichts etc.) glaubhaft gemacht werden, §§ 294, 936, 920 Abs. 2 ZPO. Für das Antragsrecht nach § 13 GBO zur Eintragung des Widerspruchs reicht eine schlüssige Behauptung (Sachvortrag) der eigenen Rechtszuständigkeit.[61]

Nach erfolgreichem Abschluss des Erbscheinsverfahrens kann die endgültige Grundbuchberichtigung auf der Grundlage des Unrichtigkeitsnachweises von § 35 GBO erfolgen (vgl. hierzu die Ausführungen zu „Erstberichtigung/Zweitberichtigung des Grundbuchs" nach Einziehung eines unrichtigen Erbscheins und Neuerteilung des richtigen Erbscheins und die sich daran anschließende Grundbuchberichtigung in Rn 49 ff.).

### 6. Vorläufiger Rechtsschutz

#### a) Allgemeines

104 Der zur Ersetzung der Grundbuchberichtigungsbewilligung führende Prozess wird im Regelfall bei umfangreicher Beweisaufnahme eine nicht unerhebliche Zeitdauer in Anspruch nehmen, insbesondere vor dem Hintergrund häufig hoher Streitwerte bei Grundbuchberichtigungsansprüchen, bei denen das Durchlaufen einer zweiten Instanz hochwahrscheinlich ist.

#### b) Widerspruch gegen eine Grundbucheintragung

105 Der rechtmäßige Eigentümer hat ein Interesse an einer raschen Berichtigung des Grundbuchs, damit ihm sein Recht nicht über einen dazwischentretenden Erwerb eines redlichen Dritten verloren geht (§§ 891, 892, 893 BGB). Bis die Berichtigung tatsächlich erfolgt ist, bedarf der wahre Berechtigte einer vorläufigen Sicherung, denn die Ansprüche nach § 816 BGB stellen nur einen sekundären Schutz dar. Diese Sicherung kann er durch die Eintragung eines **Widerspruchs** im Grundbuch erreichen, § 899 BGB.

106 Der Widerspruch soll auf die Unrichtigkeit des Grundbuchs hinweisen. Sein Ziel ist es, den Anspruch des wahren Berechtigten auf Berichtigung des Grundbuchs zu sichern; er dient damit der Erhaltung des Grundbuchberichtigungsanspruchs nach § 894 BGB.

Der Widerspruch wird entweder aufgrund Bewilligung des „Buchberechtigten" – als Betroffenem i.S.v. § 19 GBO – oder aufgrund einer einstweiligen Verfügung eingetragen, § 899 Abs. 2 BGB. In der Praxis ist die Widerspruchseintragung aufgrund Bewilligung des Buchberechtigten die absolute Ausnahme.

#### c) Vormerkung

107 Die Vormerkung hat nicht die Berichtigung des Grundbuchs zum Ziel, vielmehr soll sie einen Anspruch auf Einräumung eines Rechts an einem Grundstück sichern, § 883 Abs. 1 S. 1 BGB; dafür reicht ein künftiger oder bedingter Anspruch aus, § 883 Abs. 1 S. 2 BGB. Es soll also ein im Grundbuch verlautbarter Rechtszustand geändert werden. Die Vormerkung bereitet diese Änderung vor und sichert ihre Durchführung.

In den hier behandelten Beispielsfällen wären keine Vormerkungen, sondern Widersprüche im Grundbuch einzutragen, weil eine Rechtsänderung nicht erst herbeizuführen ist, sondern schon kraft Gesetzes eingetreten ist.

---

61 BGH DNotI-Report 1999, 137 = BGHZ 141, 347 = NJW 1999, 2369 = DNotZ 1999, 734 = Rpfleger 1999, 437 = FGPrax 1999, 169 = MittBayNot 1999, 477 = BWNotZ 1999, 174.

### d) Einstweilige Verfügung

Bewilligt der „Buchberechtigte" die Eintragung eines Widerspruchs oder einer Vormerkung nicht, so hat der wahre Berechtigte (beim Widerspruch) bzw. der Anspruchsinhaber (bei der Vormerkung) die Möglichkeit, eine einstweilige Verfügung nach §§ 935 ff. ZPO zu erwirken (zur fingierten Bewilligung einer Vormerkung bzw. eines Widerspruchs nach § 895 ZPO siehe oben Rn 97 ff. und Muster unter Rn 101). 108

### aa) Glaubhaftmachung der Anspruchsvoraussetzungen

Um die einstweilige Verfügung vor der Fiktion des § 895 ZPO zu erlangen, braucht der wahre Berechtigte lediglich seinen materiellrechtlichen Berichtigungsanspruch glaubhaft zu machen, §§ 936, 920 Abs. 2 ZPO. Nicht aber glaubhaft zu machen braucht er die Gefährdung seines dinglichen Rechts, also den Verfügungsgrund, weil sich die Dringlichkeit bereits aus der Möglichkeit eines Rechtsverlusts aufgrund der Vorschriften über den gutgläubigen Erwerb (§ 892 BGB) ergibt (§§ 883, 885, 899 Abs. 2 S. 2 BGB). 109

### bb) Inhalt der Glaubhaftmachung

Mit welchen Beweismitteln die **Glaubhaftmachung** erfolgen kann, regelt § 294 ZPO. Zunächst unterscheidet sie sich von der vollen Beweisführung nach § 286 ZPO dadurch, dass beim Richter keine volle Überzeugung bezüglich der anspruchsbegründenden Tatsachen herbeigeführt werden muss, es reicht vielmehr die überwiegende Wahrscheinlichkeit für einen bestimmten von mehreren in Betracht kommenden – streitigen – Sachverhalten. Unstreitiges braucht nach § 138 Abs. 3 ZPO nicht glaubhaft gemacht zu werden. 110

Zur Glaubhaftmachung dienen alle Beweismittel der ZPO – sofern sie präsent sind, § 294 Abs. 1, 2 ZPO – und zusätzlich die **eidesstattliche Versicherung** sowohl des Antragstellers im Verfügungsverfahren als auch all der Personen, die als Zeugen in Betracht kommen.

Ein gerichtliches Sachverständigengutachten wird, weil ein solches in den meisten Fällen nicht präsent sein dürfte, kaum als Mittel der Glaubhaftmachung dienen können. Allenfalls könnte ein Parteigutachten vorgelegt werden, das dann aber nicht die Beweisqualität eines Sachverständigengutachtens hätte, sondern die einer Urkunde bzw. des Parteivortrags. Denkbar wäre auch, dass in einem früher oder parallel geführten Prozess bereits ein verwertbares Gutachten vorliegt.

### e) Hauptprozess und Verfahren auf Erlass einer einstweiligen Verfügung

Das Verfahren auf Erlass einer einstweiligen Verfügung führt nicht zur Rechtshängigkeit des materiellrechtlichen Anspruchs, weil sein Streitgegenstand nicht der Anspruch selbst ist, sondern die Zulässigkeit seiner vorläufigen Sicherung.[62] Aus diesem Grund können Hauptprozess und Verfügungsverfahren parallel geführt werden. Wird im Hauptprozess ein Sachverständigengutachten eingeholt bzw. eine Zeugenvernehmung durchgeführt, so können Sachverständigengutachten und das Protokoll über die Sachverständigen- bzw. eine Zeugenvernehmung im Verfügungs-Verfahren als Urkunden und damit als präsente Beweismittel i.S.v. §§ 294, 936, 920 Abs. 2 ZPO vorgelegt werden. 111

Ausnahmsweise kommt sogar eine einstweilige Verfügung in Betracht, obwohl bereits ein vollstreckbarer Titel vorliegt, bspw. wenn es sich um einen ausländischen Titel handelt, dessen Anerkennung nach §§ 722, 723 ZPO noch einige Zeit in Anspruch nimmt.[63] Bei

---

62 OLG Stuttgart NJW 1969, 1721.
63 Stein/Jonas-*Grunsky*, § 917 ZPO Rn 24.

einem Großteil ausländischer Urteile besteht dieses Vollstreckungshindernis allerdings nicht, weil mit zahlreichen Staaten Vollstreckungsabkommen bestehen.[64]

### 7. Veräußerung der streitbefangenen Sache

112 Wie würde sich die Veräußerung des streitbefangenen Grundstücks auf den Hauptprozess auswirken, mit dem der wahre Berechtigte als Kläger die Zustimmung des Beklagten zur Grundbuchberichtigung nach § 894 BGB erreichen will?

#### a) Rechtskrafterstreckung eines Urteils für und gegen den Rechtsnachfolger

113 Mit dem Recht des § 265 ZPO zur Verfügung über die streitbefangene Sache korrespondiert § 325 Abs. 1 ZPO, wonach die rechtskräftige Entscheidung für und gegen den Rechtsnachfolger – in diesem Falle den Einzelrechtsnachfolger – wirkt. Hat der Rechtsvorgänger (als Prozessstandschafter) den Prozess verloren, so wirkt die Entscheidung grundsätzlich auch gegen den Erwerber.

Dass sich die Rechtskraft eines Urteils in jeder Beziehung auf den Erben erstreckt, ergibt sich aus der materiellrechtlichen Vorschrift des § 1922 BGB und bedurfte in der ZPO keiner weiteren Regelung. So kann in §§ 265, 325 Abs. 1 ZPO nur die Einzelrechtsnachfolge – im Wesentlichen die rechtsgeschäftliche Sonderrechtsnachfolge – gemeint sein.

114 Allerdings macht § 325 Abs. 2 ZPO eine **entscheidende Ausnahme**: Die Rechtskrafterstreckung des Urteils gegen den Rechtsnachfolger bleibt aus, wenn dieser in Bezug auf die Rechtshängigkeit gutgläubig war. Mit anderen Worten: Wusste der Erwerber nichts von dem Rechtsstreit, so verbleibt es bei der Urteilswirkung gegenüber dem Beklagten. Seine Verurteilung zur Zustimmung zur Grundbuchberichtigung geht aber ins Leere, wenn er im Zeitpunkt der Rechtskraft des Urteils nicht mehr „Buchberechtigter" ist.

Für den Kläger besteht somit die Gefahr, den Rechtsstreit letztlich ergebnislos geführt zu haben, wenn man von etwaigen Ansprüchen aus § 816 BGB absieht. Aus diesem Grund hat der Kläger ein elementares Interesse daran, jeden guten Glauben durch Eintragung eines Vermerks über die eingetretene Rechtshängigkeit zu zerstören.

#### b) Erfordernis der „doppelten Gutgläubigkeit" des Erwerbers

115 Um alle Erfordernisse eines gutgläubigen Erwerbs zu erfüllen, muss der Erwerber des streitbefangenen Grundstücks, wenn er tatsächlich vom Nichtberechtigten erwirbt, in **zweierlei Hinsicht** gutgläubig sein:
– Zum einen gelingt der gutgläubige Erwerb nur, wenn der Erwerber entsprechend den materiellrechtlichen Voraussetzungen des § 892 BGB bezüglich der **Eigentümerposition** des Veräußerers gutgläubig ist;
– zum anderen muss der Erwerber – wie sich aus § 325 Abs. 2 ZPO ergibt – zusätzlich auch bezüglich einer vermeintlich nicht vorhandenen **Rechtshängigkeit** des Eigentumsrechts gutgläubig sein.[65] Damit erhöht § 325 Abs. 2 ZPO die Hürde für einen gutgläubigen Erwerb einer streitbefangenen Sache.

---

[64] Stein/Jonas-*Münzberg*, § 723 ZPO Anhang. Vgl. im Übrigen zur Frage der Zulässigkeit einer einstweiligen Verfügung neben einem bereits vorliegenden Titel *Kannowski*, JuS 2001, 482.
[65] BGHZ 4, 285.

## aa) Entsprechende Anwendung der Gutglaubensvorschriften auf die Rechtshängigkeit

Da § 325 Abs. 2 ZPO auf die Gutglaubensvorschriften des BGB verweist, kann gutgläubiger Erwerb nur stattfinden, wenn auch das materielle Recht diese Möglichkeit kennt. Dies ist beim Grundstückseigentum unproblematisch, da § 892 BGB die Voraussetzungen eines gutgläubigen Erwerbs regelt.

116

§ 325 Abs. 2 ZPO regelt nur den Erwerb vom Nichtberechtigten für den Fall, dass das Urteil dem nichtberechtigten Rechtsvorgänger das Eigentumsrecht aberkennt.[66] Der Erwerber soll geschützt werden, wenn er von dem Rechtsstreit nichts wusste. Mit der Verweisung auf die materiellrechtlichen Gutglaubensvorschriften wird auch klargestellt, dass nur die positive Kenntnis von der Rechtshängigkeit schadet, nicht auch die grob fahrlässige Unkenntnis. Dabei ist aber der Grundsatz des Grundbuchrechts von Bedeutung, wonach jeder Eintrag Rechtswirkungen erzeugt, gleichgültig, ob Beteiligte davon Kenntnis haben oder nicht.

## bb) Zerstörung des guten Glaubens eines potenziellen Erwerbers

War der Erwerber im Hinblick auf die materiellrechtliche Eigentümerposition bösgläubig, aber gutgläubig im Hinblick auf die Rechtshängigkeit, so kann der materiellrechtliche Erwerb nicht eintreten. Seine teilweise Gutgläubigkeit nützt dem Erwerber also nichts.[67]

117

War der Erwerber jedoch bezüglich der materiellrechtlichen Eigentümerposition gutgläubig, aber bezüglich der Rechtshängigkeit bösgläubig, so erstreckt sich die Rechtskraft des die Eigentümerposition aberkennenden Urteils auf ihn, und er kann sich nicht auf die Gutgläubigkeit bezüglich des Eigentums berufen.[68]

Weil Gutglaubenswirkungen bei Grundstücken und ihre Entkräftung in erster Linie an Grundbucheintragungen anknüpfen, müssen die Tatsache der Rechtshängigkeit und die Rechtsfolge der Rechtskrafterstreckung durch Grundbucheintrag verlautbart werden können. Denn ein entsprechender Eintrag im Grundbuch würde auch den gutgläubigen Erwerb eines Redlichen verhindern, der von der Rechtshängigkeit nichts weiß.

118

## cc) Eintragungsfähigkeit der Rechtshängigkeit

Die Eintragung eines Vermerks, der auf die eingetretene Rechtshängigkeit hinweist, ist im Gesetz nicht vorgesehen, seine Zulässigkeit von der obergerichtlichen Rechtsprechung jedoch inzwischen überwiegend anerkannt.[69]

119

---

66 MüKo-*Gottwald*, § 325 ZPO Rn 84.
67 MüKo-*Gottwald*, § 325 ZPO Rn 85.
68 RGZ 79, 165, 166; MüKo-*Gottwald*, § 325 ZPO Rn 84; a.A. *Olshausen*, JZ 1988, 584, 591.
69 LG Braunschweig NdsRpfl 1955, 174; OLG Stuttgart NJW 1960, 1109; MDR 1979, 853 = DNotZ 1980, 106; OLG München NJW 1966, 1030; OLG Zweibrücken NJW 1989, 1098; OLG Braunschweig MDR 1992, 74; OLG Koblenz Rpfleger 1992, 102; OLG Schleswig Rpfleger 1994, 455 = DNotZ 1995, 83; FamRZ 1996, 175; OLG Stuttgart Rpfleger 1997, 15; OLG München MittBayNot 2000, 40; OLG Frankfurt/M. FGPrax 2009, 250 m. Anm. *Krug*; Staudinger/*Gursky*, § 892 BGB Rn 213, § 899 BGB Rn 64; *Wächter*, NJW 1966, 1366; Palandt/*Bassenge*, § 892 BGB Rn 17, 25, § 899 BGB Rn 9–11; Soergel/*Stürner*, § 892 BGB Rn 16, 32, § 899 BGB Rn 14; *Haegele*, Rpfleger 1966, 307; *Thomas/Putzo*, § 325 ZPO Rn 8; Zöller/*Vollkommer*, § 325 ZPO Rn 50; MüKo-*Gottwald*, § 325 ZPO Rn 82 ff; Baumbach/Lauterbach/Albers/Hartmann, § 325 ZPO Rn 8–11. Ausnahme: OLG Köln. Nach der Auskunft des zuständigen 2. Zivilsenats verneint das OLG Köln die Eintragungsfähigkeit eines Rechtshängigkeitsvermerks, weil er im Gesetz nicht vorgesehen sei. Der Widerspruch im Grundbuch sei ausreichend.

### dd) Formale Eintragungsvoraussetzungen

120 Wenn es aber nur auf die Tatsache der Rechtshängigkeit ankommt, dann muss für die Eintragung des Rechtshängigkeitsvermerks der Nachweis der Rechtshängigkeit ausreichen. Und – das Entscheidende: Seine Eintragung setzt nicht voraus, dass das Bestehen des im Prozess geltend gemachten Anspruchs glaubhaft gemacht wird. Vielmehr muss nur der Nachweis der Rechtshängigkeit einer Klage mit einem bestimmten, auf Grundbuchberichtigung gerichteten Inhalt erbracht werden. Demgegenüber erfordern Widerspruch und Vormerkung nicht die Anhängigkeit oder gar Rechtshängigkeit einer Klage im Hauptprozess, sondern lediglich den erfolgreichen Abschluss eines Verfahrens auf Erlass einer einstweiligen Verfügung.

### c) Rechtscharakter des Rechtshängigkeitsvermerks

121 Der Rechtshängigkeitsvermerk ist **weder Vormerkung noch Widerspruch**, auch wenn ihm eine gewisse berichtigende Eigenschaft insofern zukommt, als er auf die **Möglichkeit** einer bevorstehenden Änderung des verlautbarten Rechtszustandes im Hinblick auf den Ausgang des schwebenden Rechtsstreits hinweist. Die Berichtigung selbst kann erst durch ein der Klage stattgebendes Urteil herbeigeführt werden, sobald dieses Rechtskraft erlangt hat.[70] Wie sich aus den bisherigen Ausführungen ergibt, stellt der Rechtshängigkeitsvermerk auch **kein Veräußerungsverbot** dar.

### d) Streitgegenstand: Dingliches Recht oder obligatorischer Anspruch?

122 In den zuvor beschriebenen Beispielsfällen geht es nicht um die Erfüllung obligatorischer Ansprüche, sondern um die Durchsetzung dinglicher Rechte, die bei Grundstücken als Grundbuchberichtigungsansprüche erscheinen. Dass dingliche Rechte dieser Art mit dem Rechtshängigkeitsvermerk gesichert werden können, wurde oben dargelegt.

123 Bei der Geltendmachung eines schuldrechtlichen Anspruchs auf Übereignung eines Grundstücks wird aber nicht das Grundstück selbst streitbefangen, sondern lediglich das betreffende Forderungsrecht.[71] Deshalb können schuldrechtliche Übertragungsansprüche nicht mit dem Rechtshängigkeitsvermerk gesichert werden, also insbesondere keine Vermächtnisansprüche und keine Ansprüche aus §§ 2287, 2288 BGB.[72]

Lediglich das OLG München[73] hat die Zulässigkeit eines Rechtshängigkeitsvermerks bejaht, wenn ein obligatorischer Anspruch auf Eigentumsübertragung im Streit ist. Dieser Einzelmeinung haben sich weder Literatur noch die übrige Rechtsprechung angeschlossen. Inzwischen hat das OLG München diese Einzelmeinung aufgegeben.[74]

---

70 OLG Stuttgart MDR 1979, 853 = DNotZ 1980, 106.
71 Der BGH stellt in BGHZ 39, 21 fest, dass das Grundstück selbst in einem Prozess über einen durch Vormerkung gesicherten Anspruch gegen den persönlichen Schuldner nicht streitbefangen ist i.S.d. § 265 Abs. 1 ZPO. In gleichem Sinne führt das OLG Braunschweig (MDR 1992, 74, 75) aus: „Aus der Zulässigkeit des Rechtshängigkeitsvermerks folgt, dass er wegen seiner Grundlage in § 265 ZPO die Streitbefangenheit der Sache voraussetzt. Diese ist aber nur zu bejahen, wenn auf der rechtlichen Beziehung zu der Sache die Sachlegitimation des Kl. oder des Bekl. beruht, wenn also eine solche Berechtigung den unmittelbaren Gegenstand des Rechtsstreits bildet. Das ist bei der Verfolgung eines schuldrechtlichen Anspruchs auf Auflassung nicht der Fall." So auch OLG Schleswig FamRZ 1996, 175; OLG Stuttgart Rpfleger 1997, 15 = FGPrax 1996, 208.
72 So auch OLG Schleswig FamRZ 1996, 175; OLG Stuttgart Rpfleger 1997, 15 = FGPrax 1996, 208.
73 OLG München NJW 1966, 1030.
74 OLG München MittBayNot 2000, 40.

### e) Ist zur Eintragung des Rechtshängigkeitsvermerks eine einstweilige Verfügung erforderlich?

Die Rechtsprechung war zunächst der Meinung, für die Eintragung eines Rechtshängigkeitsvermerks bedürfe es des Erlasses einer einstweiligen Verfügung.[75]

124

Die obergerichtliche Rechtsprechung geht zwischenzeitlich davon aus, dass der Rechtshängigkeitsvermerk etwas anderes ist als Widerspruch, Vormerkung und gerichtlich angeordnetes Veräußerungsverbot und dass es zu seiner Eintragung keiner einstweiligen Verfügung bedarf.[76]

### f) Formale Eintragungserfordernisse

Eintragungen im Grundbuch erfolgen grundsätzlich nur auf Antrag, § 13 GBO. Er kann sowohl vom „gewinnenden" als auch vom „verlierenden" Teil gestellt werden. In der Praxis dürfte es äußerst selten vorkommen, dass der Beklagte, also der Gegner der Grundbuchberichtigungsklage, einen Antrag auf Eintragung des Rechtshängigkeitsvermerks stellen wird. Deshalb ist der Antrag vom Kläger, also dem „gewinnenden Teil", zu stellen. Ist der Kläger anwaltlich vertreten, so genügt die Vorlage einer lediglich schriftlich erteilten Vollmacht, § 30 GBO; eine Beglaubigung ist hier nicht erforderlich.

125

Eintragungsunterlagen, auf die der Eintragungsantrag gestützt wird, müssen grundsätzlich in Form öffentlicher oder öffentlich beglaubigter Urkunden vorliegen, § 29 GBO. Dies bedeutet, dass die **Rechtshängigkeit des dinglichen Anspruchs** (nicht der Anspruch selbst) in dieser qualifizierten Form nachzuweisen ist. Dafür reicht eine Bestätigung des Gerichts aus, bei dem die Klage rechtshängig ist. Sie muss, damit das Grundbuchamt den rechtshängig gewordenen Streitgegenstand genau genug bestimmen und überprüfen kann, enthalten:
- die Bezeichnung des Gerichts,
- das gerichtliche Aktenzeichen,
- die Namen und Adressen der Prozessparteien,
- die genaue, grundbuchmäßige Bezeichnung des streitbefangenen Grundstücks unter Angabe der Grundbuchstelle (§ 28 GBO),
- den Klageantrag, damit überprüft werden kann, ob das dingliche Recht Streitgegenstand ist,
- den Zeitpunkt der Zustellung der Klage an den/die Beklagten, weil damit Rechtshängigkeit eingetreten ist (§ 253 Abs. 1 ZPO),
- Unterschrift des Urkundsbeamten der Geschäftsstelle mit Dienststempel (§ 29 Abs. 3 GBO).

Eine solche Bestätigung entspricht den Anforderungen des § 29 GBO.

Die Eintragung hat in Abt. II des Grundbuchs zu erfolgen. Selbstverständlich muss der „Buchberechtigte" voreingetragen sein, andernfalls gäbe es keine Vermutung für ihn und keine Gefahr des Rechtsverlusts für den wahren Berechtigten.

126

---

[75] So noch OLG Stuttgart NJW 1960, 1109 und OLG München NJW 1966, 1030; jetzt aber anders: OLG München MittBayNot 2000, 40; heute noch *Schöner/Stöber*, Grundbuchrecht, Rn 1650 ff.; etwas unklar *Zöller/Vollkommer*, § 325 ZPO Rn 50.

[76] OLG Stuttgart MDR 1979, 853 = DNotZ 1980, 106; Rpfleger 1997, 15 = FGPrax 1996, 208; OLG München NJW 1966, 1030; OLG München MittBayNot 2000, 40; OLG Zweibrücken NJW 1989, 1098; OLG Braunschweig MDR 1992, 74; OLG Koblenz Rpfleger 1992, 102; OLG Schleswig Rpfleger 1994, 455 = DNotZ 1995, 83. Eindeutig jetzt vor allem OLG Stuttgart Rpfleger 1997, 15 = FGPrax 1996, 208, OLG München MittBayNot 2000, 40 und OLG Frankfurt/M. FGPrax 2009, 250 m. Anm. *Krug*.

### g) Beschwerdemöglichkeit gegen die Eintragung bzw. Nichteintragung

**127** Lehnt das Grundbuchamt die Eintragung des Rechtshängigkeitsvermerks ab, so ist dagegen die formlose und unbefristete Beschwerde zum Landgericht gem. § 71 GBO statthaft. Gegen die Entscheidung des Landgerichts ist die weitere Beschwerde zum Oberlandesgericht gem. § 78 GBO statthaft, allerdings mit Anwaltszwang, § 80 GBO.

Auch gegen die Eintragung des Rechtshängigkeitsvermerks ist die formlose und unbefristete Grundbuchbeschwerde nach § 71 GBO mit evtl. weiterer Beschwerde nach § 78 GBO zulässig; § 71 Abs. 2 S. 1 GBO ist auf den eingetragenen Rechtshängigkeitsvermerk nicht anzuwenden.[77]

**Neuerungen durch das FamFG:** Mit Inkrafttreten des FamFG, dem 1.9.2009, wurde das Rechtsmittelverfahren im Grundbuchverfahrensrecht neu geregelt: Für die Beschwerde ist nicht mehr das Landgericht, sondern das Oberlandesgericht zuständig (§ 72 GBO n.F.) mit der Möglichkeit der Zulassung der Rechtsbeschwerde zum Bundesgerichtshof. Bis zum Inkrafttreten des Gesetzes beantragte Verfahren (also Eintragungsverfahren beim Grundbuchamt) werden nach altem Recht – mit bisherigem Instanzenzug – abgewickelt, für neu beantragte Verfahren gelten die neuen Vorschriften.[78]

§ 78 GBO erhält folgende Neufassung:

*§ 78 GBO*

*(1) Gegen einen Beschluss des Beschwerdegerichts ist die Rechtsbeschwerde statthaft, wenn sie das Beschwerdegericht in dem Beschluss zugelassen hat.*
*(2) Die Rechtsbeschwerde ist zuzulassen, wenn*
*1. die Rechtssache grundsätzliche Bedeutung hat oder*
*2. die Fortbildung des Rechts oder die Sicherung einer einheitlichen Rechtsprechung eine Entscheidung des Rechtsbeschwerdegerichts erfordert.*
*Das Rechtsbeschwerdegericht ist an die Zulassung nicht gebunden.*
*(3) Auf das weitere Verfahren finden § 73 Absatz 2 Satz 2 dieses Gesetzes die §§ 71 bis 74a des Gesetzes über das Verfahren in Familiensachen und in den Angelegenheiten der freiwilligen Gerichtsbarkeit entsprechende Anwendung.*

### h) Kostengünstigerer Weg

**128** Unter Kostengesichtspunkten ist der Rechtshängigkeitsvermerk der günstigere Weg: Außer dem Hauptprozess braucht nicht auch noch ein Verfahren auf Erlass einer einstweiligen Verfügung betrieben zu werden.

**Geschäftswert** für die Eintragungsgebühren: 15–20 % des Hauptsachestreitwerts.[79]

**Eintragungsgebühren:** Der Rechtshängigkeitsvermerk ist eine „sonstige Eintragung" i.S.v. § 67 KostO; für seine Eintragung wird eine $^{2,5}/_{10}$ Gebühr erhoben.

### i) Möglichkeiten des vorläufigen Rechtsschutzes bei einer Grundbuchberichtigungsklage

**129** Es kommen demnach zur Sicherung eines Grundbuchberichtigungsanspruchs je nach Verfahrensstadium folgende Möglichkeiten des vorläufigen Rechtsschutzes in Betracht:
– Ab Rechtshängigkeit der Klage der **Rechtshängigkeitsvermerk;**

---

[77] OLG Stuttgart MDR 1979, 853 = DNotZ 1980, 106.
[78] Art. 111, 112 FGG-ReformG vom 17.12.2008, BGBl I, S. 2586.
[79] BayObLG JurBüro 1993, 227.

- sobald die anspruchsbegründenden Tatsachen glaubhaft gemacht werden können, **einstweilige Verfügung** auf Eintragung eines **Widerspruchs** nach § 899 BGB;
- u.U. könnte in besonderen Fällen auch eine einstweilige Verfügung auf Eintragung eines **Veräußerungsverbots** in Betracht kommen;
- nach Erlass des erstinstanzlichen vorläufig vollstreckbaren Urteils auf Berichtigungsbewilligung die Eintragung eines **Widerspruchs** nach § 895 ZPO (zu beachten ist aber die nach §§ 709, 711 ZPO zu leistende Sicherheit, die im Einzelfall sehr hoch sein kann).

j) Löschung des Rechtshängigkeitsvermerks

Die Löschung des Rechtshängigkeitsvermerks erfolgt grundsätzlich auf Antrag, § 13 Abs. 1 GBO, und zwar aufgrund
- Bewilligung des Begünstigten als Betroffener gem. § 19 GBO,
- Nachweises der Unrichtigkeit des Grundbuchs gem. § 22 GBO bei
  - Klagerücknahme (§ 269 ZPO),
  - Rechtskraft des klageabweisenden Urteils,
  - Prozessbeendigung durch Vergleich.

Diese jeweilige Voraussetzung ist durch öffentliche oder öffentlich beglaubigte Urkunden nachzuweisen (§ 29 GBO), d.h. mittels beglaubigter Abschrift des Sitzungsprotokolls bzw. des Urteils.

Möglich ist aber auch ein Amtslöschungsverfahren nach §§ 84 ff. GBO: Mit rechtskräftiger Klageabweisung wird der eingetragene Rechtshängigkeitsvermerk gegenstandslos; er ist dann gem. § 84 GBO (vgl. Abs. 3) von Amts wegen zu löschen.

## 8. Schadensersatzpflicht analog § 717 Abs. 2, 3 ZPO und/oder analog § 945 ZPO?

Nachdem die Rechtsprechung nunmehr für die Eintragung des Rechtshängigkeitsvermerks auf das Erfordernis einer einstweiligen Verfügung verzichtet, findet die Schadensersatznorm des § 945 ZPO keine unmittelbare Anwendung.

Fraglich ist jedoch, ob eine analoge Anwendung in Betracht kommt. Diese Frage wird bisher weder in der Literatur noch in der Rechtsprechung diskutiert.

Ausgangspunkt für die Problemlösung ist § 325 Abs. 2 ZPO, wonach die Rechtskraft eines Urteils nur dann gegen den Sonderrechtsnachfolger wirkt, wenn dieser in Bezug auf die Rechtshängigkeit nicht gutgläubig war. Der Rechtshängigkeitsvermerk dient ausschließlich dazu, eine etwaige Gutgläubigkeit eines potenziellen Erwerbers in Bezug auf die (Nicht-)Rechtshängigkeit zu zerstören. Eine Verfügungsbeschränkung für den eingetragenen Eigentümer wird durch den Rechtshängigkeitsvermerk nicht bewirkt. Veräußert er trotzdem, so ist es das Risiko des Erwerbers, ob der Veräußerer tatsächlich Rechtsinhaber war oder nicht. War er Rechtsinhaber, so erleidet er keinen Nachteil. War er es nicht, so muss er sich an den nichtberechtigten Veräußerer halten. Für diesen wiederum ist keine Anspruchsgrundlage für einen Schadensersatzanspruch gegen den wahren Eigentümer ersichtlich und auch nicht geboten.

Eine analoge Anwendung von § 945 ZPO auf den Rechtshängigkeitsvermerk erscheint deshalb nicht erforderlich.

Allerdings ist die Situation vergleichbar mit der Eintragung eines Widerspruchs auf der Grundlage einer einstweiligen Verfügung, und dort besteht eine Schadensersatzpflicht nach § 945 ZPO. Die Rechtsfrage ist offen. Der Rechtsberater sollte sich darauf einstellen, dass die Rechtsprechung in analoger Anwendung von § 945 ZPO oder § 717 Abs. 2, 3 ZPO eine Schadensersatzpflicht annehmen wird.

Auch im Hinblick auf diese Rechtsfolge muss der Rechtsberater entscheiden, ob er einen Widerspruch auf der Grundlage einer einstweiligen Verfügung eintragen lassen will oder einen Rechshängigkeitsvermerk.

133 Wird auf der Grundlage eines vorläufig vollstreckbaren Urteils, das die Zustimmung zur Grundbuchberichtigung zum Streitgegenstand hat, nach § 895 ZPO ein Widerspruch im Grundbuch eingetragen, so kann bei Aufhebung des Urteils eine **Schadensersatzpflicht** nach § 717 Abs. 2, 3 ZPO entstehen.

### 9. Muster: Rechtshängigkeitsbestätigung des Prozessgerichts

261
134 Amts-/Landgericht

Geschäfts-Nr.

Hiermit wird bestätigt, dass unter dem Aktenzeichen folgender Rechtsstreit rechtshängig ist:

Kläger: Herr

Prozessbevollmächtigter: Rechtsanwalt

gegen

Beklagter: Herr

Prozessbevollmächtiger: Rechtsanwalt

Klageantrag nach der Klageschrift vom :

„Der Beklagte wird verurteilt, der Berichtigung des Grundbuchs dahin gehend zuzustimmen, dass an seiner Stelle der Kläger als Eigentümer des nachfolgend näher bezeichneten Grundstücks im Grundbuch eingetragen wird:

Grundbuch des Amtsgerichts für , Band , Heft , BV Nr. , Gemarkung , Flst. Nr. , Größe: "

Die Klageschrift wurde dem Beklagtenvertreter am zugestellt.

(Ort, Datum)

(Dienststempel des Gerichts) (Unterschrift des Urkundsbeamten der Geschäftsstelle)

### 10. Muster: Antrag an das Grundbuchamt auf Eintragung eines Rechtshängigkeitsvermerks

262
135 An das

Amtsgericht
– Grundbuchamt – (in Baden: Gemeinde; in Württemberg: Staatl. Notariat)

*Grundbuch von , Band , Heft , BV Nr.*

*hier: Eintragung eines Rechtshängigkeitsvermerks*

Namens meines Mandanten, des Herrn , dessen schriftliche Vollmacht ich beifüge (Anlage 1), beantrage ich hiermit

die Eintragung eines Rechtshängigkeitsvermerks im Grundbuch zu Lasten des Grundstücks:

Grundbuch von ........, Band ........, Heft ........, BV Nr. ........, Gemarkung ........, Flst. Nr. ........, Größe ........

Zwischen dem im Grundbuch eingetragenen Eigentümer, Herrn ........, als Beklagtem und meinem Mandanten als Kläger ist unter dem Az. ........ beim Amts-/Landgericht ........ ein Rechtsstreit rechtshängig mit dem Ziel, den Beklagten zu verurteilen, der Berichtigung des Grundbuchs dahin gehend zuzustimmen, dass anstelle des Beklagten der Kläger als Eigentümer des zuvor näher bezeichneten Grundstücks im Grundbuch eingetragen wird.

Eine Bestätigung des ........ gerichts ........ vom ........ über die Rechtshängigkeit der Klage zwischen meinem Mandanten und dem eingetragenen Eigentümer mit dem bezeichneten Streitgegenstand füge ich als Anlage 2 bei.

In der Rechtsprechung ist die Eintragungsfähigkeit eines Rechtshängigkeitsvermerks allgemein anerkannt, und dass es zu seiner Eintragung keiner einstweiligen Verfügung, sondern lediglich einer Bestätigung über die eingetretene Rechtshängigkeit bedarf (OLG Stuttgart MDR 1979, 853 = DNotZ 1980, 106; Rpfleger 1997, 15 = FGPrax 1996, 208; OLG München NJW 1966, 1030; OLG München MittBayNot 2000, 40; OLG Zweibrücken NJW 1989, 1098; OLG Braunschweig MDR 1992, 74; OLG Koblenz Rpfleger 1992, 102; OLG Schleswig Rpfleger 1994, 455 = DNotZ 1995, 83; OLG Frankfurt/M. FGPrax 2009, 250).

Der Wert des streitbefangenen Grundstücks beträgt ca. ........ EUR. Der Geschäftswert für die Eintragungsgebühren ist mit 15–20 % der Hauptsache anzunehmen (BayObLG JurBüro 1993, 227).

Ich bitte, mir die Gebühren für die Eintragung aufzugeben und mir auch die Eintragungsnachricht (§ 55 GBO) zu übersenden.

(Rechtsanwalt)

## 11. Checkliste: Antrag auf Eintragung eines Rechtshängigkeitsvermerks im Grundbuch

- Zuständigkeit: Grundbuchamt des belegenen Grundstücks
- Ist der Beklagte als Buchberechtigter im Grundbuch eingetragen?
- Ist der **dingliche Anspruch** Streitgegenstand?
- Rechtshängigkeitsbestätigung des Prozessgerichts mit folgendem Inhalt:
  - Angabe des Prozessgerichts
  - Angabe der gerichtlichen Geschäftsnummer
  - Angabe der Prozessparteien
  - Angabe des streitgegenständlichen Klagantrags mit grundbuchmäßiger Bezeichnung des Grundstücks
  - Angabe des Zeitpunktes der Rechtshängigkeit der Klage
  - Unterschrift und Stempel (§ 29 Abs. 3 GBO)
- Schriftlicher Antrag mit grundbuchmäßiger Bezeichnung des Grundstücks (§ 28 GBO)
- Schriftliche Vollmacht des Bevollmächtigten (§ 30 GBO)
- Angabe des Wertes des Grundstücks
- An wen gehen Kostenrechnung und Eintragungsnachricht?

136

## 12. Muster: Antrag auf Erlass einer einstweiligen Verfügung zur Eintragung eines Widerspruchs im Grundbuch

An das

Landgericht
– Zivilkammer –

▓▓▓▓▓

*Eilt sehr! Bitte sofort vorlegen!*

*Antrag auf Erlass einer einstweiligen Verfügung*

des Herrn ▓▓▓▓▓

– Antragstellers –

Verfahrensbevollmächtigter: Rechtsanwalt ▓▓▓▓▓

gegen

Herrn ▓▓▓▓▓

– Antragsgegner –

zur Eintragung eines **Widerspruchs** im Grundbuch.

Namens und im Auftrag des Antragstellers beantrage ich,

folgende einstweilige Verfügung – wegen der Dringlichkeit ohne mündliche Verhandlung (§ 937 Abs. 2 ZPO) – zu erlassen:

Zu Lasten des im Grundbuch des Amtsgerichts ▓▓▓▓▓ für ▓▓▓▓▓, Band ▓▓▓▓▓, Heft ▓▓▓▓▓, BV Nr. ▓▓▓▓▓ eingetragenen Grundstücks Gemarkung ▓▓▓▓▓, Flst. Nr. ▓▓▓▓▓, Größe ▓▓▓▓▓, ist für den Antragsteller ein **Widerspruch** gegen die Eintragung des Antragsgegners als Eigentümer des bezeichneten Grundstücks einzutragen.

Das Gericht wird gebeten, nach Erlass der einstweiligen Verfügung das zuständige Grundbuchamt um die Eintragung des Widerspruchs im Grundbuch zu ersuchen, § 941 ZPO.

*Begründung:*

Es geht um eine Erbrechtsstreitigkeit. Am ▓▓▓▓▓ ist Herr ▓▓▓▓▓, zuletzt wohnhaft in ▓▓▓▓▓, gestorben (nachfolgend Erblasser genannt). Die Parteien wurden in zwei verschiedenen Testamenten jeweils zum Alleinerben eingesetzt.

*1. Sachverhalt*

a) Erbrechtliche Rechtsverhältnisse

Der verwitwete und kinderlose Erblasser hat am ▓▓▓▓▓ bei Notar ▓▓▓▓▓ in ▓▓▓▓▓ unter der UR-Nr. ▓▓▓▓▓ ein notarielles Testament errichtet, worin er den Antragsgegner, seinen Großneffen, zu seinem Alleinerben eingesetzt hat. Dieses Testament wurde am ▓▓▓▓▓ durch das Nachlassgericht ▓▓▓▓▓ unter dem Az. ▓▓▓▓▓ eröffnet. Der Antragsgegner war bei der Testamentseröffnung anwesend und hat sofort zu Protokoll des Nachlassgerichts die Annahme der Alleinerbschaft erklärt.

Etwa zwei Monate nach dieser Testamentseröffnung erhielt der Antragsteller vom ehemaligen Steuerberater des Erblassers, Herrn Dipl.-Kfm. ▓▓▓▓▓, ein Schreiben vom ▓▓▓▓▓, worin ihm dieser mitteilte, der Erblasser habe ihm vor etwa zwei bis drei Jahren einen Briefumschlag zur Verwahrung übergeben mit der Bitte, diesen erst nach seinem Tode zu öffnen. Durch ein Büroversehen sei die Öffnung des Umschlags erst jetzt erfolgt.

*Krug*

Dieser Umschlag enthielt ein privatschriftliches Testament, wonach das notarielle Testament vom ▬ widerrufen und der Antragsteller zum Alleinerben eingesetzt wurde, weil sich der Antragsgegner seit Jahren nicht mehr um den Erblasser gekümmert hatte.

Der Steuerberater hat das Original des Testaments dem Amtsgericht ▬ als Nachlassgericht übersandt. Dort wurde es am ▬ unter dem Az. ▬ in Anwesenheit des Antragstellers und des Antragsgegners eröffnet.

*Glaubhaftmachung:* Beglaubigte Abschrift des privatschriftlichen Testaments vom ▬ – Anlage K 1 –

Beglaubigte Abschrift des Testamentseröffnungsprotokolls des Nachlassgerichts ▬ vom ▬ – Anlage K 2 –

Der Antragsteller hat die ihm damit angefallene Alleinerbschaft angenommen und dies unmittelbar nach der Testamentseröffnung vom ▬ zu Protokoll des Nachlassgerichts erklärt.

Der Antragsgegner bestreitet die Alleinerbenstellung des Antragstellers mit der Behauptung, das privatschriftliche Testament könne zum einen das notarielle Testament nicht widerrufen, zum anderen sei das privatschriftliche Testament nicht wirksam, weil der Erblasser im Zeitpunkt seiner Errichtung nicht mehr geschäftsfähig gewesen sei.

b) Grundbuchliche Rechtsverhältnisse

Nach Eröffnung des notariellen Testaments vom ▬ hat sich der Antragsgegner im Wege der Grundbuchberichtigung unter Vorlage je einer beglaubigten Abschrift des notariellen Testaments und des nachlassgerichtlichen Eröffnungsprotokolls (§ 35 Abs. 1 S. 2 GBO) als Eigentümer des oben näher bezeichneten Grundstücks im Grundbuch eintragen lassen.

*Glaubhaftmachung:* Beglaubigte Abschrift aus dem Grundbuch des Amtsgerichts ▬ für ▬, Heft Nr. ▬ vom ▬ – Anlage 3 –

2. Rechtliche Würdigung

a) Wirksamer Testamentswiderruf

Das vom Erblasser errichtete notariell beurkundete Testament konnte durch ein privatschriftliches Testament widerrufen werden. Ein notarielles Testament ist nicht höherwertiger als ein privatschriftliches. Nach § 2231 BGB i.V.m. § 2247 BGB ist das privatschriftliche Testament dem notariell beurkundeten gleichwertig. Da jedes der Testamente eine Alleinerbeinsetzung enthält, widerspricht das letzte Testament dem ersten inhaltlich, so dass das erste Testament nach § 2258 Abs. 1 BGB widerrufen ist und die im zweiten Testament angeordnete Alleinerbeinsetzung des Antragstellers eingetreten ist.

b) Zu der vom Antragsgegner behaupteten Geschäftsunfähigkeit des Erblassers

Der Antragsgegner behauptet, der Erblasser sei seit vielen Jahren sehr vergesslich gewesen, deshalb könne er im Zeitpunkt der Niederschrift des eigenhändigen Testaments nicht mehr geschäftsfähig gewesen sein.

Allein die Vergesslichkeit führt noch nicht zur Geschäftsunfähigkeit. Den Antragsgegner trifft die volle Beweislast für seine Behauptung der Geschäftsunfähigkeit des Erblassers. Dieser ist als voll geschäftsfähig anzusehen, solange nicht das Gegenteil bewiesen ist (BGH FamRZ 1984, 1003; OLG Frankfurt/M. NJW-RR 1996, 1159; FamRZ 1996, 635; BayObLG, FamRZ 1988, 1099; OLG Hamm OLGZ 92, 409; KG FamRZ 2000, 912). Die Frage, ob die Voraussetzungen der Testierunfähigkeit nach § 2229 Abs. 4 BGB gegeben sind, ist im Wesentlichen tatsächlicher Natur (BayObLG NJW-RR 2000, 6, 7).

Die Bewilligung der Eintragung eines Widerspruchs im Grundbuch hat der Antragsgegner abgelehnt.

c) Grundbuchunrichtigkeit

Mit der Eintragung des Antragsgegners als Eigentümer im Grundbuch anstelle des Erblassers wurde das Grundbuch unrichtig, weil der Antragsgegner das Eigentum mangels seines Alleinerbrechts nicht erwerben konnte; rechtmäßiger Erbe und damit Alleineigentümer des bezeichneten Grundstücks wurde vielmehr der Antragsteller. Dem Antragsteller steht damit gegen den Antragsgegner ein Grundbuchberichtigungsanspruch zu (§ 894 BGB).

Zur Vermeidung eines etwaigen gutgläubigen Erwerbs durch einen Dritten ist die Eintragung eines Widerspruchs gegen die Eigentümerposition des Antragsgegners dringend erforderlich, § 899 BGB.

Der Erlass der einstweiligen Verfügung und die Eintragung des Widerspruchs im Grundbuch sind dringlich, weil die Veräußerung jederzeit erfolgen kann und damit jederzeit ein Rechtsverlust für den Antragsteller droht. Ob ein etwaiger Schadensersatzanspruch gegen den Antragsgegner durchsetzbar wäre, ist äußerst fraglich. Einer Glaubhaftmachung der Dringlichkeit bedarf es gem. § 899 Abs. 2 S. 2 BGB nicht.

(Rechtsanwalt)

### 13. Checkliste: Antrag auf Erlass einer einstweiligen Verfügung zur Eintragung eines Widerspruchs im Grundbuch

- Sachliche Zuständigkeit: Amts-/Landgericht der Hauptsache
- Örtliche Zuständigkeit: §§ 12, 13; 27; 936, 919 ZPO
- Eingetragensein des Antragsgegners im Grundbuch als Buchberechtigter?
- Unrichtigkeit des Grundbuchs
- Ist der Antragsteller Inhaber des Grundbuchberichtigungsanspruchs nach § 894 BGB?
- Ist der Antragsteller alleiniger Inhaber des Grundbuchberichtigungsanspruchs oder handelt er in Prozessstandschaft nach § 2039 BGB zur Leistung an alle? Siehe hierzu nachfolgend Rn 139 ff.
- Glaubhaftmachung aller anspruchsbegründenden Tatsachen (§§ 294, 936, 920 Abs. 2 ZPO)
  - Präsente Beweismittel der ZPO
  - Eidesstattliche Versicherung des Antragstellers und/oder aller als Zeugen in Betracht kommenden Personen
  - (Keine Glaubhaftmachung der Gefährdung, § 899 Abs. 2 S. 2 BGB)
- Nach Erlass der einstweiligen Verfügung: Antrag beim Grundbuchamt auf Eintragung des Widerspruchs, sofern das Prozessgericht nicht nach § 941 ZPO um die Eintragung ersucht hat (Vollziehung, Vollziehungsfrist, § 929 ZPO)

## III. Grundbuchberichtigungsanspruch als Anspruch i.S.v. § 2039 BGB

### 1. Gesetzliche Prozessstandschaft für jeden Miterben

Nach dem Modell der Gesamthandsgemeinschaft, das das BGB für die Erbengemeinschaft gewählt hat, müsste jeder im Nachlass befindliche Anspruch von allen Erben gemeinschaftlich geltend gemacht werden, §§ 2038, 2040 BGB. Dies würde zu einer praxisfernen Schwerfälligkeit bei der Verwaltung des Nachlasses führen.

Um eine solche Schwerfälligkeit zu vermeiden, gestattet § 2039 BGB **jedem Miterben**, zum Nachlass gehörende Ansprüche im eigenen Namen, aber **zur Leistung an alle Miterben** geltend zu machen. Dies kann gerichtlich und auch außergerichtlich erfolgen.[80] Im Prozess handelt der betreffende Miterbe als **gesetzlicher Prozessstandschafter**.

Unter § 2039 BGB fällt auch der **Grundbuchberichtigungsanspruch**.[81]

---

80 RGZ 149, 194.
81 RGZ 132, 83; BGHZ 14, 251 = NJW 1954, 1523; BGHZ 44, 367 = NJW 1966, 773; OLG Zweibrücken Rpfleger 1968, 88.

Der einzelne Miterbe kann auch gegen den Widerspruch der übrigen Miterben seine Rechte geltend machen, weil es sich um ein Sonderrecht des einzelnen Miterben handelt[82] und weil im Hinblick auf die gesamtschuldnerische Haftung jedes Erben nach § 2058 BGB nicht einzelne Erben verhindern können, dass Forderungen, die sich im Nachlass befinden, nicht auch sowohl für die Nachlassgläubiger als auch für alle Miterben realisiert werden. § 2039 BGB gilt auch für dingliche Ansprüche und damit auch für den Grundbuchberichtigungsanspruch.[83] Die Grundbuchberichtigungsklage ist in diesem Falle auf Zustimmung zur Eintragung aller Miterben zu richten (vgl. das nachfolgende Muster Rn 141).

## 2. Muster: Klage auf Grundbuchberichtigung in Prozessstandschaft

An das

Landgericht
– Zivilkammer –

Klage

des Herrn

– Klägers –

Prozessbevollmächtigter: Rechtsanwalt

gegen

Frau

– Beklagte –

wegen Grundbuchberichtigung.

Namens und in Vollmacht des Klägers erhebe ich Klage gegen die Beklagte und werde in dem zu bestimmenden Termin beantragen, für Recht zu erkennen:

Die Beklagte wird verurteilt, der Berichtigung des Grundbuchs dahin gehend zuzustimmen, dass als Eigentümer des im Grundbuch des Amtsgerichts        für        Band        , Heft        , BV Nr. eingetragenen Grundstücks Gemarkung        , Flst. Nr.        , Größe        , der Kläger zusammen mit Frau        , wohnhaft in        in Erbengemeinschaft nach dem am        verstorbenen Herrn        , zuletzt wohnhaft gewesen in        , eingetragen werden.

Falls die Voraussetzungen des § 331 Abs. 3 bzw. § 307 ZPO vorliegen, bitte ich um Erlass eines **Versäumnis- bzw. Anerkenntnisurteils** ohne mündliche Verhandlung.

*Begründung:*

Mit der Klage macht der Kläger gegen die Beklagte einen Grundbuchberichtigungsanspruch nach § 894 BGB in Prozessstandschaft nach § 2039 BGB geltend.

### 1. Sachverhalt

Die Beklagte ist die Nichte des Klägers und Enkelin des Vaters des Klägers. Der Vater des Klägers, der am        verstorbene Herr        , zuletzt wohnhaft in        (im Folgenden „Erblasser" genannt) hatte zwei Kinder: den Kläger und die Mutter der Beklagten (die Schwester des Klägers).

Erben des Erblassers wurden kraft Gesetzes nach dem Erbschein des Nachlassgerichts        vom        , Az.        der Kläger und die Mutter der Beklagten je zur Hälfte.

---

82 Staudinger/*Werner*, § 2039 BGB Rn 24.
83 BGHZ 14, 251, 255 = NJW 1954, 1523.

*Beweis:* Begl. Abschrift des Erbscheins des Nachlassgerichts ▭ vom ▭ Az. ▭ – Anlage K 1 –, dessen Original-Ausfertigung im Verhandlungstermin vorgelegt werden wird.

Mit Schenkungsvertrag vom ▭, beurkundet von Notar ▭, UR-Nr. ▭ hat der Erblasser der Beklagten das Hausgrundstück in ▭, ▭-straße, Grundbuchbezeichnung wie oben im Klagantrag, geschenkt. Die Auflassung ist in derselben Urkunde enthalten. Es handelt sich um eine sog. gemischte Schenkung, weil sich der Erblasser ein Wohnungsrecht an einer Zwei-Zimmer-Wohnung des verschenkten Gebäudes vorbehalten hatte, das aber mit seinem Tod erloschen ist. Die Eintragung der Beklagten im Grundbuch als Eigentümerin des auf sie übertragenen Gebäudegrundstücks ist am ▭ erfolgt.

*Beweis:* Begl. Grundbuchblattabschrift über das streitgegenständliche Grundstück – Anlage K 2 –

Der Erblasser war jedoch im Zeitpunkt des Vertragsabschlusses und bei Erklärung der Auflassung vollständig geschäftsunfähig. Der Erblasser litt in den letzten sieben Lebensjahren an Schilddrüsenkrebs, Halswirbelsäulenkrebs (Knochenkrebs) und später auch an seniler Demenz mit zunehmender Progression. Seit ca. drei Monaten vor Abschluss des Schenkungsvertrages ist er nicht mehr geschäftsfähig gewesen. Der Erblasser ist im Alter von 84 Jahren gestorben.

*Beweis:* a) Sachverständiges Zeugnis des behandelnden Arztes, Herrn Dr. med. ▭, der als von der Schweigepflicht entbunden anzusehen ist.
b) Sachverständigengutachen

*2. Rechtliche Würdigung*

Die Geschäftsunfähigkeit des Erblassers führte zur Nichtigkeit der Eigentumsübertragung auf die Beklagte (§§ 104 Nr. 2, 105 Abs. 2 BGB). Damit ist der Erblasser Eigentümer des Gebäudegrundstücks geblieben. Diese Rechtsposition ist auf seine beiden Erben, den Kläger und seine Schwester, übergegangen (§ 1922 BGB).

Den Erben steht gegen die Beklagte ein Grundbuchberichtigungsanspruch nach § 894 BGB zu, den auch der Kläger in Prozessstandschaft für beide Erben nach § 2039 BGB geltend machen kann (RGZ 132, 83; BGHZ 14, 251 = NJW 1954, 1523; BGHZ 44, 367 = NJW 1966, 773; OLG Zweibrücken Rpfleger 1968, 88; Staudinger/*Werner*, § 2039 BGB Rn 24). Danach hat die Beklagte die Berichtigung des Grundbuchs in der Weise zu bewilligen, dass beide Erben als Eigentümer des Grundstücks in Erbengemeinschaft nach dem Erblasser eingetragen werden.

Die Feststellungen des Notars in der Schenkungsurkunde über die Geschäftsfähigkeit des Erblassers haben keine Bedeutung, weil der Notar als medizinischer Laie dazu keine endgültigen Aussagen machen konnte (OLG Frankfurt/M. FamRZ 2000, 603, mit Anm. *Günther*, FamRZ 2000, 604).

Zur Befreiung des behandelnden Arztes, Herrn Dr. ▭, von seiner ärztlichen Schweigepflicht: Die Umstände betreffend die Geschäftsfähigkeit gehören zur ärztlichen Schweigepflicht und sind dem Arzt auch „anvertraut" gem. § 383 Abs. 1 Nr. 6 ZPO (BGHZ 91, 397). Die ärztliche Schweigepflicht endet nicht mit dem Tode des Patienten (§ 203 Abs. 4 StGB). Nach dem mutmaßlichen Willen des Erblassers hätte dieser die Offenlegung der Umstände über seinen die Geschäftsfähigkeit betreffenden Gesundheitszustand durch den Arzt gebilligt, weil jeder vernünftige Mensch Zweifel dieser Art aufgeklärt wissen will. Dies reicht für die Annahme einer Befreiung von der Schweigepflicht des Arztes aus (BGHZ 91, 397). Damit besitzt der Arzt wegen mutmaßlicher Befreiung von seiner Schweigepflicht gem. § 385 Abs. 2 ZPO kein Zeugnisverweigerungsrecht.

(Rechtsanwalt)

## 3. Grundbuchberichtigungsklage gegen Miterben

OLG Naumburg, Urteil vom 16.1.1997:[84]

*„Die Mitglieder einer Erbengemeinschaft können nur gemeinsam auf Zustimmung zu einer Grundbuchberichtigung verklagt werden."*

Hinsichtlich des Grundbuchberichtigungsanspruchs nach § 894 BGB sind die Mitglieder einer Erbengemeinschaft auf Schuldner- und damit Beklagtenseite **notwendige Streitgenossen** i.S.v. § 62 ZPO.

Und weiter das OLG Naumburg (a.a.O.):

*„Das Vorliegen einer notwendigen Streitgenossenschaft bestimmt sich grundsätzlich danach, ob gegen den einzelnen Miterben im Wege der Gesamtschuldklage nach § 2058 BGB oder der Gesamthandklage nach § 2059 Abs. 2 BGB geklagt wird, wobei der Gläubiger bis zur Teilung des Nachlasses zwischen beiden die Wahl hat. Im Gegensatz zur Gesamthandklage nach § 2059 Abs. 2 BGB ist bei der Gesamtschuldklage nach § 2058 BGB eine notwendige Streitgenossenschaft nicht gegeben mit der Folge, dass auch einzelne Miterben in Anspruch genommen werden können. Zur Vollstreckung in das ungeteilte Nachlassvermögen ist jedoch nach § 747 ZPO ein gegen alle Miterben ergangenes Urteil nötig. Welche Klage erhoben ist, muss notfalls durch Auslegung ermittelt werden."*

Macht der Kläger jedoch einen Grundbuchberichtigungsanspruch nach § 894 BGB geltend, so handelt es sich um einen dinglichen Anspruch, aus dessen rechtlicher Natur allein schon das Vorliegen einer Gesamthandsklage nach § 2059 Abs. 2 BGB folgt.

Das OLG Naumburg weiter (a.a.O.):

*„Denn sachlich ist die begehrte Zustimmung gleichzustellen einer Verfügung über einen einzelnen Gegenstand des ungeteilten Nachlasses; die könnte von den Miterben jedoch nur gemeinsam getroffen werden (§§ 2033 Abs. 2, 2040 BGB). Die Mitglieder der Erbengemeinschaft sind daher hinsichtlich dieses Anspruchs notwendige Streitgenossen. Sie können nur gemeinsam auf Zustimmung zur Grundbuchberichtigung in Anspruch genommen werden (vgl. BGH, NJW 1963, 1611 [1612]).*
*Soweit im Anschluss an Entscheidungen des RG es als zulässig erachtet wird, eine Klage auf Auflassung gegen einen einzelnen Miterben zu richten, falls der Klageantrag auf Herbeiführung der Auflassung gerichtet ist, kann dies auf den dinglichen Grundbuchberichtigungsanspruch nicht übertragen werden (so offenbar auch BGH, NJW 1963, 1611)."*

Die notwendige Streitgenossenschaft führt dazu, dass bereits die Klageerhebung gegenüber den Miterben **nur einheitlich** erfolgen darf, so dass die nur gegen einen Mitverpflichteten erhobene Klage **unzulässig** ist.[85]

Kostenerstattungsanspruch bei erfolgloser Grundbuchberichtigungsklage gegen einen Miterben: Macht der Testamentsvollstrecker eines Miterben eine Nachlassforderung gegenüber einem anderen Miterben ohne Erfolg gerichtlich geltend und werden ihm deshalb die Prozesskosten auferlegt, kann er grundsätzlich deren Erstattung von den Miterben einschließlich des Prozessgegners verlangen.[86] Dieser Grundsatz dürfte auch gelten, wenn nicht

---

84 OLG Naumburg NJW-RR 1998, 308.
85 BGH NJW 1975, 310 = WM 1975, 77, 78.
86 BGH FamRZ 2003, 1654 = MDR 2003, 1116 = ZEV 2003, 413 = WM 2003, 1991 = Rpfleger 2003, 581 = NJW 2003, 3268.

ein Testamentsvollstrecker als Kläger aufgetreten ist, sondern ein Miterbe in Prozessstandschaft gem. § 2039 BGB.

**4. Checkliste: Grundbuchberichtigungsklage**

145
- Sachliche Zuständigkeit: Amts-/Landgericht
- Örtliche Zuständigkeit: §§ 12, 13, 27 ZPO
- Eingetragensein des Beklagten im Grundbuch als Buchberechtigter?
- Unrichtigkeit des Grundbuchs
- Ist der Kläger Inhaber des Grundbuchberichtigungsanspruchs nach § 894 BGB?
- Ist der Kläger alleiniger Inhaber des Grundbuchberichtigungsanspruchs oder handelt er in Prozessstandschaft nach § 2039 BGB zur Leistung an alle?
- Beweisangebot für alle anspruchsbegründenden Tatsachen, evtl. Entbindung von der Schweigepflicht (Arzt, Notar etc.)
- Vorläufiger Rechtsschutz:
  - Ab Rechtshängigkeit der Klage evtl. Rechtshängigkeitsvermerk,
  - einstweilige Verfügung zur Eintragung eines Widerspruchs, § 899 BGB,
  - u.U. einstweilige Verfügung zur Eintragung eines Veräußerungsverbots.
- Nach Erlass des erstinstanzlichen vorläufig vollstreckbaren Urteils: Evt. Antrag beim Grundbuchamt auf Eintragung eines Widerspruchs nach § 895 ZPO
- Nach Rechtskraft des Urteils:
  - Antrag beim Grundbuchamt auf Berichtigung des Grundbuchs,
  - ggf. Antrag auf Löschung des gegenstandslos gewordenen Rechtshängigkeitsvermerks, des gegenstandslos gewordenen Widerspruchs oder Veräußerungsverbots.

## IV. Erwerb durch die Erben in Erbengemeinschaft mittels dinglicher Surrogation

### 1. Allgemeines

146
Die Erbengemeinschaft entsteht kraft Gesetzes ohne Zutun der Miterben als „Zufallsgemeinschaft". Rechtsgeschäftlich könnte eine Gesamthandsgemeinschaft mit der Organisationsstruktur der Erbengemeinschaft nicht begründet werden. Um vor allem den Nachlassgläubigern den Nachlass als Haftungssubstanz wertmäßig zu erhalten und zur Erhaltung der Verwaltungseinheit und -zuständigkeit, ordnet das Gesetz Nachlasssurrogate kraft Gesetzes – unabhängig vom Willen der Handelnden – dem Sondervermögen Nachlass zu.

147
Grundstücke als Surrogate spielen vor allem bei landwirtschaftlichen Betrieben und anderen Unternehmen eine Rolle. Die als Surrogate erworbenen Grundstücke können von den Erben in Erbengemeinschaft erworben und auch in dieser Weise im Grundbuch eingetragen werden.

### 2. Zweck der dinglichen Surrogation: Werterhaltung der Sachgesamtheit Nachlass

148
Nachlässe in gesamthänderischer Bindung einer Erbengemeinschaft werden oft jahrzehntelang von den Miterben verwaltet. Ergreifen die Erben Haftungsbeschränkungsmaßnahmen, so steht den Nachlassgläubigern als Zugriffsobjekt nur der Nachlass zur Verfügung, nicht auch das jeweilige Eigenvermögen der Erben.

Im Interesse der Erben und der Nachlassgläubiger sichert die in § 2041 S. 1 BGB angeordnete **dingliche Surrogation** die Erhaltung des Sondervermögens Nachlass in seinem wirtschaftlichen Wert bis zur Auseinandersetzung. Unabhängig von der Willensrichtung des für den Nachlass Handelnden sollen bestimmte Erwerbsvorgänge dem Nachlass zugeordnet werden.

### 3. Drei Surrogationsarten des § 2041 BGB

#### a) Grundsatz

In § 2041 BGB sind drei Arten der dinglichen Surrogation normiert:
- die Rechtssurrogation,
- die Ersatzsurrogation und
- die Beziehungs- bzw. Mittelsurrogation.

#### b) Rechtssurrogation

Alles, was aufgrund eines zum Nachlass gehörenden Rechts erworben wird, gehört zum Nachlass.

Wird eine zum Nachlass gehörende Forderung erfüllt, so fällt das Geleistete in den Nachlass, bspw. der Mietzins für eine zum Nachlass gehörende vermietete Sache. Dazu gehören auch Ansprüche nach § 985 BGB, beispielsweise bei der **Rückabwicklung eines Nachlassauseinandersetzungsvertrags:** Beim Rücktritt vom oder Anfechtung des Nachlassauseinandersetzungsvertrags gehört der Rückgewähranspruch (§ 346 S. 1 bzw. § 812 Abs. 1 BGB) zum Nachlass, so dass an den auseinander gesetzten Nachlassgegenständen, insbesondere an den Nachlassgrundstücken, wieder Gesamthandseigentum in Erbengemeinschaft entsteht, das erneut auseinander zu setzen ist.

Gleichgültig ist, ob die originären Rechtspositionen dem Zivilrecht oder dem öffentlichen Recht entspringen.

Wurden noch zu Lebzeiten des Erblassers Ansprüche nach dem Vermögensgesetz (BGBl II 1990, 1159) begründet, so gehören die entsprechenden Leistungen zum Nachlass, und zwar kraft der Rechtssurrogation.[87]

#### c) Ersatzsurrogation

Was als Ersatz für die Zerstörung, Beschädigung oder Entziehung eines Nachlassgegenstandes anzusehen ist, fällt in den Nachlass; also alle Schadensersatzansprüche aus unerlaubter Handlung oder wegen Vertragsverletzung.

Auch Versicherungsansprüche über Nachlassgegenstände werden von der Ersatzsurrogation erfasst.

#### d) Beziehungssurrogation

##### aa) Ausgangssituation

Der Erwerb aus einem – schuldrechtlichen oder dinglichen – Rechtsgeschäft, das sich auf den Nachlass bezieht, fällt in den Nachlass. Jeder Erwerb mit Mitteln des Nachlasses oder für den Nachlass fällt darunter. Dabei kommt es nicht darauf an, ob ein einzeln handelnder Miterbe zur Vornahme des Rechtsgeschäfts befugt war.

---

[87] *Wasmuth*, DNotZ 1992, 3, 16.

Fraglich ist, ob eine rein objektive Beziehung zum Nachlass ausreicht, oder ob zusätzlich ein entsprechender Wille des Handelnden erforderlich ist. Die Beantwortung dieser Frage ist davon abhängig, woher die eingesetzten Mittel stammen.

Diese Art der Surrogation ist beim Erwerb bspw. landwirtschaftlicher Grundstücke von Bedeutung, wenn ein Hof in Erbengemeinschaft fortgeführt wird.

### bb) Erwerb mit Nachlassmitteln

154  Wird das Rechtsgeschäft **mit Mitteln des Nachlasses** vorgenommen, so reicht eine objektive Beziehung zu dem Sondervermögen Nachlass aus. Andernfalls wäre der Schutzzweck des § 2041 BGB – die Erhaltung des Nachlasswertes – nicht zu erfüllen.[88] Selbst ein anders lautender Wille der Handelnden ist bedeutungslos.[89] Der BGH hat eine objektive Beziehung ausreichen lassen, wenn sich das Geschäft als eine typische Maßnahme der Verwaltung des Nachlasses darstellt, gleichgültig, mit welchen Mitteln das Geschäft finanziert wird.[90]

### cc) Erwerb mit nachlassfremden Mitteln

155  Wird mit privaten Mitteln eines Miterben und deshalb mit **nachlassfremden Mitteln** erworben, so sind sowohl ein subjektiver Wille, für den Nachlass erwerben zu wollen, als auch ein objektiver innerer Zusammenhang erforderlich. Ein objektiver Zusammenhang kann grundsätzlich bejaht werden, wenn das betreffende Rechtsgeschäft der Erhaltung und Verwaltung des Nachlasses dient. Der subjektive Wille des Miterben braucht dem Geschäftspartner gegenüber nicht zum Ausdruck zu kommen, er muss aber objektiv erkennbar sein. Insbesondere die Einverleibung eines Gegenstands in den Nachlass lässt auf einen solchen objektiv erkennbaren subjektiven Willen schließen. Typische Verwaltungsmaßnahmen können – wie die BGH-Rechtsprechung zeigt – als Auslegungshilfe für den subjektiven Willen dienen.[91]

Im Grundstücksrecht ist dies jedoch grundsätzlich insofern offen zu legen, als bei der Auflassung alle Erwerber, also alle Miterben, mitzuwirken haben und auch eine entsprechende Grundbucheintragung zu erfolgen hat. Allerdings kann das Grundbuch auch, wenn die Grundsätze der dinglichen Surrogation beim Grundbucheintrag missachtet werden, unrichtig werden (siehe dazu den Fall aus der BGH-Rechtsprechung unten Rn 169 ff.)

### dd) Ersatz im Innenverhältnis

156  Die Surrogation regelt die – dingliche – Rechtsinhaberschaft. Inwieweit beim Erwerb mit fremden Mitteln Ersatz- oder Ausgleichsansprüche intern bestehen können, bestimmt sich nach dem Innenverhältnis, bspw. nach Auftragsrecht (§§ 683, 670 BGB).

## 4. Rechtswirkungen der dinglichen Surrogation

### a) Grundsatz: Erwerb kraft Gesetzes

157  Liegen die Voraussetzungen des § 2041 BGB vor, so gehört der Ersatzgegenstand **kraft Gesetzes** zum Nachlass und muss nicht etwa aufgrund eines Forderungsrechts auf die Erben

---

[88] MüKo-*Heldrich*, § 2041 BGB Rn 22.
[89] BGH NJW 1968, 1824; OLG Köln Rpfleger 1987, 409.
[90] BGH NJW 1968, 1824.
[91] KG JFG 15, 155; OLG Köln OLGZ 65, 117; Soergel/*Wolf*, § 2041 BGB Rn 11; a.A. MüKo-*Heldrich*, § 2041 BGB Rn 25.

in Gesamthandsgemeinschaft übertragen werden. Es ist gleichgültig, ob der Handelnde zu erkennen gibt, für den Nachlass handeln zu wollen. Auch **gegen den Willen** beider Vertragsparteien wird Eigentum bzw. Rechtsinhaberschaft der Erben in Erbengemeinschaft begründet.[92] Dies zeigt, dass die dingliche Surrogation in erster Linie dem Schutz der Nachlassgläubiger dient.[93]

b) Ausnahme

Bei der Beziehungssurrogation kommt es ausnahmsweise beim Erwerb mit nachlassfremden Mitteln auf den Willen des handelnden Miterben an (siehe oben Rn 153 ff.). 158

### 5. Direkterwerb – kein Durchgangserwerb

Die dingliche Surrogation sorgt dafür, dass die Rechtsinhaber des ursprünglichen Nachlassgegenstandes, also die Miterben, keine Schmälerung ihrer Rechtsposition erleiden. Die Miterben erhalten kraft Gesetzes eine gleichwertige Rechtsposition am Ersatzgegenstand und sind nicht auf die Durchsetzung schuldrechtlicher Ansprüche angewiesen. Es findet also **kein Durchgangserwerb** bei einem Dritten statt – was zu einer Gefährdung der Rechtsposition der Miterben (und indirekt auch der Nachlassgläubiger) führen könnte. Ein entgegen gesetzter einverständlicher Wille aller Miterben kann in Fällen der Verwendung von Nachlassmitteln die Surrogationswirkung nicht verhindern. 159

### 6. Kettensurrogation

Mehrere Surrogationsfälle können aufeinander folgen (sog. Kettensurrogation). 160

> **Beispiel** 161
> Ein Nachlassgrundstück wird verkauft; mit dem kraft Gesetzes zum Nachlass gehörenden Erlös kaufen die Miterben ein anderes Grundstück. Dieses ist gem. § 47 GBO wiederum in Erbengemeinschaft im Grundbuch einzutragen. Nur kraft der Surrogationswirkung kann dieses Grundstück in Erbengemeinschaft erworben werden, während eine vertraglich vereinbarte Erbengemeinschaft nicht denkbar wäre (vgl. den Fall aus der BGH-Rechtsprechung unten Rn 169 ff.)
> Natürlich muss es bereits bei der Auflassung auf die Miterben in Erbengemeinschaft übertragen werden (§§ 925 BGB, 47 GBO, vgl. Muster unten Rn 170). Erfolgt dies nicht, so wird das Grundbuch damit unrichtig.

### 7. Gerichtliche Geltendmachung der dinglichen Surrogation

Ist unter den Miterben streitig, ob ein bestimmter Gegenstand sich aufgrund der Rechtsfolgen der dinglichen Surrogation im Nachlass befindet, so kann dies auf unterschiedliche Weise geklärt werden: Mittels einer 162
- **Feststellungsklage**, sofern keine andere Klageart vorrangig ist;
- **Grundbuchberichtigungsklage**, wenn Surrogatgegenstand ein Grundstück ist; vgl. hierzu Fall der BGH-Entscheidung bei Rn 169;
- **Herausgabeklage**, denn das Eigentum befindet sich im Nachlass, lediglich der Besitz ist ggf. noch den Miterben einzuräumen, wobei eine Geltendmachung in gesetzlicher

---

92 BGH NJW 1968, 1824.
93 BGH NJW 1990, 515.

Prozessstandschaft nach § 2039 BGB durch einen der Miterben zur Leistung an alle – auch gegen den Willen einzelner – erfolgen kann;
- **Erbteilungsklage**, sofern ohnehin die Erbauseinandersetzung gerichtlich durchgesetzt wird.

### 8. Surrogation und Testamentsvollstreckung

#### a) Fehlende gesetzliche Regelung

163 Obwohl im Falle der Verwaltung eines Nachlasses durch einen Testamentsvollstrecker ebenfalls ein Bedürfnis besteht, den Bestand dieses Sondervermögens für die Miterben und die Nachlassgläubiger zu sichern, hat das Gesetz für die Verwaltungshandlungen des Testamentsvollstreckers nicht die dingliche Surrogation vorgesehen. Es ist deshalb zu fragen, ob die Grundsätze der dinglichen Surrogation analog angewandt werden können.

#### b) Nachlass als Verwaltungseinheit

164 Der Testamentsvollstrecker ist zur Wahrnehmung seiner Befugnis und Pflicht zur ordnungsgemäßen Verwaltung des Nachlasses (§ 2205 BGB) häufig darauf angewiesen, Forderungen einzuziehen, Gegenstände zu veräußern und neue Gegenstände anzuschaffen.

Diese Ersatzgegenstände fallen unmittelbar in den Nachlass, wenn der Testamentsvollstrecker gemäß dem Offenkundigkeitsprinzip erkennbar für den Nachlass handelt.[94] Damit wird zugleich, wenn auch unausgesprochen, unterstellt, dass der Ersatzgegenstand wieder in die Verwaltungszuständigkeit des Testamentsvollstreckers fällt. Andernfalls würde die Vornahme pflichtgemäßer Verwaltungshandlungen zur ständigen Verminderung des Nachlasses führen und durch ordnungsgemäße Verwaltung der Zweck der Testamentsvollstreckung von selbst unmöglich gemacht. Außerdem wäre zu fragen, welchem Vermögen die erworbenen Gegenstände zuzuordnen wären, wenn nicht dem Nachlass. Das Gesetz geht demnach offenbar als selbstverständlich davon aus, dass auch bei bestehender Testamentsvollstreckung die dingliche Surrogation gilt. Die Rechtsprechung wendet für diese Fälle § 2041 BGB analog an.[95]

#### c) Ausnahme: Nachlassauseinandersetzung

165 Allerdings ist immer zu prüfen, ob im Falle der Auskehrung eines Verkaufserlöses an die Erben nicht eine **teilweise Nachlassauseinandersetzung** vorgenommen wurde. Mit dem Vollzug einer ganzen oder teilweisen Nachlassauseinandersetzung erlöschen die Verwaltungs- und Verfügungsbefugnisse des Testamentsvollstreckers am entsprechenden Nachlassteil.

### 9. Weitere Fälle der Surrogation im Erbrecht

#### a) Surrogation beim Vorerben

166 Das Prinzip der dinglichen Surrogation zur Erhaltung der Haftungsmasse liegt auch § 2111 BGB bei der Vor- und Nacherbfolge zugrunde (siehe dazu im Einzelnen § 14 Rn 97 ff.).

---

94 Soergel/*Damrau* § 2205 BGB Rn 9.
95 OLG Hamm ZEV 2001, 275; *Hohloch*, JuS 2001, 921.

## b) Surrogation beim Erbschaftsbesitzer

Was der Erbschaftsbesitzer mit Mitteln der Erbschaft erwirbt, gehört zum Sondervermögen Nachlass, § 2019 BGB. Dies gilt insbesondere, wenn eine zur Erbschaft gehörende Sache verkauft wird. Die Kaufpreisforderung bzw. nach deren Einziehung der erlangte Erlös fällt aufgrund dinglicher Surrogation in den Nachlass. Entscheidend ist allein die Herkunft der eingesetzten Mittel.

167

Die dingliche Surrogation gilt aber nur, wenn das betreffende Rechtsgeschäft vom Erbschaftsbesitzer vorgenommen wird. Verfügt dagegen ein anderer Nichtberechtigter über einen Nachlassgegenstand, so findet nicht die dingliche Surrogation Anwendung, vielmehr bestehen die allgemeinen schuldrechtlichen Ausgleichsansprüche.

## 10. Versteigerungserlös

Nach § 92 Abs. 1 ZVG ist eine gestaffelte Surrogation (Kettensurrogation, siehe oben Rn 160) möglich: Der Anspruch gegen den Ersteher ist Surrogat für das Grundstück; die Leistung des Ersteigerers ist Surrogat des Anspruchs gegen ihn. Von Bedeutung ist dies für die Teilungsversteigerung zur Vorbereitung der Erbteilung nach §§ 2042 Abs. 2, 753 BGB, 180 ff. ZVG (siehe dazu § 20 Rn 1 ff.).

168

## 11. Fall zur dinglichen Surrogation bei der Erbengemeinschaft als Kettensurrogation (§ 2041 BGB) aus der BGH-Rechtsprechung[96]

**Fall**

169

Nach einer Reihe von Erbgängen – beginnend im Jahr 1902 – wird im Jahr 1992 ein Grundbuchberichtigungsanspruch aufgrund dinglicher Surrogation geltend gemacht. In der Revision beim BGH hatte der Kläger Erfolg; beide Vorinstanzen hatten die Klage abgewiesen.

| | |
|---|---|
| 12.3.1902 | Tod des Vaters; Erben werden die Söhne P und F zu je ½. Im Nachlass ist ein **Bauernhof** in D. Ein Teil der Grundstücke wird von den Erben verkauft. Mit dem **Erlös** kaufen die Erben P und F einen **Erbhof** in Z (Reichserbhofgesetz). F tritt allein als Käufer auf, weil sich die Brüder nicht sicher waren, ob sie in Erbengemeinschaft den Erbhof hätten erwerben können. Der Erwerb sollte aber der Geldanlage aus dem Verkauf der Grundstücke des Bauernhofs dienen. |
| 7.10.1924 | F wird im Grundbuch als Alleineigentümer des Erbhofes eingetragen. F und P behandeln sich gegenseitig so, als gehöre der Erbhof ihnen in ungeteilter Erbengemeinschaft. Dies wird geschäftlich und steuerlich auch so gehandhabt. |
| 1944 | Tod des Miterben P; Alleinerbin ist seine Ehefrau L. |
| 1953 | Tod des Miterben F; Alleinerbin ist die Beklagte. |
| 1992 | Die Erbeserben des P (gestorben 1944) beantragen, sie in Erbengemeinschaft zusammen mit der Beklagten als Eigentümer des Erbhofes im Grundbuch einzutragen. Das Grundbuchamt weist den Grundbuchberichtigungsantrag zurück. |

---

96 BGH NJWE-FER 2000, 12 = ZEV 2000, 62.

1999 Die **Grundbuchberichtigungsklage** (§ 894 BGB) hat in der Revision Erfolg.

*Aus den Gründen:*
„Der Hof in Z. ist im Wege der dinglichen Surrogation nach § 2041 BGB in den ungeteilten Nachlass ihres Vaters gefallen. Nach dieser Vorschrift gehört unter anderem zum Nachlass, was durch ein Rechtsgeschäft erworben wird, das sich auf den Nachlass bezieht. Ein solcher Bezug zum Nachlass besteht bei einem Erwerbsgeschäft jedenfalls dann, wenn zu der objektiven Beziehung, die bei Erwerb mit Mitteln des Nachlasses ohne weiteres gegeben ist, der Wille hinzukommt, für den Nachlass erwerben zu wollen (BGH NJW 1987, 434; NJW 1968, 1824; MüKo-*Dütz*, 3. Auflage, § 2041 BGB Rn 13, 22–24; Soergel/*Wolf*, 12. Auflage, § 2041 BGB Rn 7–9)
Das Surrogationsprinzip erfährt auch in Fällen der Doppel- oder Kettensurrogation keine Einschränkung. Dahinter steht der Gedanke, den Wert des Sondervermögens zu erhalten, während die konkrete Erscheinungsform nicht ausschlaggebend ist. Daher muss jeder Umsatz einzelner Bestandteile des Vermögens und der darin liegende Abfluss realer Werte, wenn der Wert des Ganzen erhalten bleiben soll, durch die rechtliche Neuzuordnung eben derjenigen konkreten Ersatzgegenstände zum Nachlass ausgeglichen werden, in die die abgeflossenen Werte eingegangen sind (BGHZ 109, 214, 217 = NJW 1990, 54; NJW 1991, 842)."
Damit war das Grundbuch im entschiedenen Fall während einer Zeit von 75 Jahren (!) unrichtig.

## 12. Muster: Kaufvertrag und Auflassung auf Miterben in Erbengemeinschaft als Surrogationserwerb

(*Notarielle Urkundenformalien*)

Anwesend sind:
1. Herr V – als Verkäufer –
2. Herr A – als Käufer –
3. Herr B – als Käufer –.

Die Anwesenden erklären mit der Bitte um Beurkundung:

Wir schließen folgenden

*Grundstückskaufvertrag*

(*Grundstückskaufvertrag*)

Die Käufer erklären: Wir erwerben in Erbengemeinschaft für den Nachlass des am            gestorbenen Herrn        , zuletzt wohnhaft in        . Der Erwerb erfolgt mit Mitteln des Nachlasses, so dass das Eigentum an dem erworbenen Grundstück als Surrogat nach § 2041 BGB in den Nachlass fällt.

*Auflassung*

Wir sind uns darüber einig, dass das Eigentum an dem oben            näher bezeichneten Grundstück auf die Erwerber A und B in Erbengemeinschaft nach dem Erblasser            übergehen soll.[97] Der Veräußerer bewilligt, die Erwerber beantragen die Eintragung der Eigentumsänderung in dem bezeichneten Miteigentumsverhältnis im Grundbuch.

---

[97] Keinesfalls darf formuliert werden „auf die Erbengemeinschaft (…), bestehend aus A und B." Das BayObLG hat eine Auflassung bei einer BGB-Gesellschaft mit einer entsprechenden Formulierung im Hinblick darauf, dass die BGB-Gesellschaft nicht rechtsfähig ist, als unwirksam angesehen. Entsprechendes gilt für die Erbengemeinschaft – vgl. BayObLG, NJW-RR 2004, 810 = DNotZ 2004, 378.

# E. Grundbuchberichtigung nach Erbteilsübertragung[98]

## I. Grundbuchrechtliche Erfordernisse

Der Erbteil eines Miterben geht mit der notariellen Beurkundung des Erbteilsübertragungsvertrags nach § 2033 BGB auf den Erbteilserwerber über. Gehört zum Nachlass Grundbesitz und sind die originären Miterben bereits im Grundbuch eingetragen, so wird das Grundbuch damit unrichtig, § 894 BGB.

Die nach §§ 22, 19 GBO erforderliche Berichtigungsbewilligung des Erbteilsveräußerers und der Grundbuchberichtigungsantrag des Erwerbers nach § 13 GBO werden zweckmäßigerweise sofort in den Erbteilsübertragungsvertrag aufgenommen; damit ist für die Bewilligung dem Formerfordernis des § 29 GBO Genüge getan. Außerdem entstehen in diesem Falle keine besonderen Gebühren für eine ansonsten erforderliche Beglaubigung der Unterschrift auf der Berichtigungsbewilligung, weil Erbteilsübertragung und Bewilligung kostenrechtlich denselben Gegenstand i.S.v. § 44 KostO darstellen.

Es bedarf nicht gem. § 39 GBO der Voreintragung der aus mehreren Personen bestehenden Erbengemeinschaft als vorübergehende Eigentümer, wenn die Erbengemeinschaft durch Übertragung aller Erbteile auf einen Miterben aufgelöst wird, vielmehr liegt in diesem Falle ein Ausnahmetatbestand i.S.v. § 40 GBO vor. Ein Fall der Übertragung eines Rechts vom Erben des eingetragenen Berechtigten i.S.d. § 40 Abs. 1 GBO liegt auch vor, wenn der eingetragene Berechtigte von mehreren Miterben beerbt wurde und diese die Erbanteile vollständig auf einen Miterben oder eine dritte Person übertragen wurden, so dass dieser das Alleineigentum erworben hat und in dieser Eigenschaft einzutragen ist.[99]

## II. Muster: Grundbuchberichtigungsbewilligung und -antrag nach Erbteilsübertragung

An das

Amtsgericht
– Grundbuchamt – (in Baden: Gemeinde; in Württemberg: Staatl. Notariat)

Grundbuch von _____, Band _____, Heft _____

hier: Grundbuchberichtigung

Im Grundbuch des Amtsgerichts _____ für _____ sind wir, die Unterzeichneten
1. A
2. B

in Erbengemeinschaft als Miteigentümer des Grundstücks Markung _____, Flst. Nr. _____, BV Nr. _____, Größe: _____, eingetragen.

Durch Erbteilskauf- und -übertragungsvertrag hat A seinen Erbteil von 1/2 am Nachlass des am _____ gestorbenen _____ auf B übertragen.

Wir bewilligen, B beantragt hiermit seine Eintragung als Alleineigentümer des bezeichneten Grundstücks im Grundbuch im Wege der Grundbuchberichtigung.

---

98 Zur Erbteilsübertragung siehe *Kerscher/Krug*, § 13 Rn 408 ff.
99 LG Nürnberg-Fürth Rpfleger 2007, 657.

Der Grundstückswert wird mit ▬▬▬ EUR angegeben.

Die Kosten des Grundbuchvollzugs trägt B.

(Ort, Datum)

(Unterschrift A)

(Unterschrift B)

▬▬▬ *(Notarielle Unterschriftsbeglaubigung, § 29 GBO)*

173  Vertritt der Rechtsanwalt den die Berichtigung Bewilligenden, so muss seine Vollmacht nach § 29 GBO notariell beglaubigt sein. Vertritt er lediglich den Antragsteller, so ist der Antrag selbst formlos (schriftlich) zu stellen nach § 13 GBO, die vom Antragsteller erteilte Vollmacht bedarf nach § 30 GBO lediglich der Schriftform.

174  Die Eintragung eines Miterben ist auch dann nach § 60 Abs. 4 KostO gebührenfrei, wenn er ohne Voreintragung der Erbengemeinschaft erst aufgrund eines Erbteilungsvertrages als Eigentümer eingetragen wird. Dies gilt auch dann, wenn die Auseinandersetzung des Nachlasses dadurch erfolgt, dass ein Miterbe seinen Erbanteil an andere Miterben abtritt und er als Ausgleich ein Grundstück aus dem Nachlass erhält. Unerheblich ist, ob die Auseinandersetzung insgesamt durch einen oder mehrere Verträge geschieht, sofern nur die Zweijahresfrist eingehalten wird.[100]

### III. Grundbuchberichtigung nach Abschichtung eines Miterben

#### 1. Abschichtung ohne Erbteilsübertragung

175  Der BGH hat mit Urteilen vom 21.1.1998[101] und vom 27.10.2004[102] die Möglichkeit einer teilweisen oder vollständigen Auseinandersetzung des Nachlasses durch Abschichtung eines Miterben anerkannt.[103] Das Besondere an dieser Rechtsprechung ist, dass die Abschichtungsvereinbarung formfrei ist, auch wenn zum Nachlass ein Grundstück gehört. Erhält der abzuschichtende Miterbe allerdings ein Grundstück als Gegenleistung, so ist dafür selbstverständlich die Form des § 311b BGB erforderlich.

Nach dem Vollzug des Abschichtungsvertrags erfolgt bezüglich der Nachlassgrundstücke eine Grundbuchberichtigung nach § 22 GBO, weil der Anteil des ausscheidenden Erben den verbleibenden Miterben analog § 738 BGB angewachsen ist. Dies gilt auch dann, wenn nur noch **ein Miterbe** übrig bleibt und dieser kraft Anwachsung Alleineigentümer wird.

Befindet sich im Nachlass ein Grundstück und wurde der Abschichtungsvertrag formlos geschlossen, so bedarf die Berichtigungsbewilligung allerdings der in § 29 GBO vorgeschriebenen Form (Beurkundung oder Beglaubigung).

Die Unrichtigkeit des Grundbuchs (§ 22 GBO) muss entweder in der Form des § 29 GBO nachgewiesen werden, oder es bedarf der beglaubigten Berichtigungsbewilligung des ausscheidenden Erben (§§ 22, 19 GBO) und des lediglich schriftlichen Antrags der verbleibenden Miterben (§ 13 GBO).

---

100  OLG München NJW-RR 2006, 648 = ZErb 2006, 105 = RNotZ 2006, 253.
101  BGH ZEV 1998, 141 = FamRZ 1998, 637 = DNotZ 1999, 60.
102  BGH DNotI-Report 2005, 24 = ZEV 2005, 22 = NJW 2005, 284 = FamRZ 2005, 206 = ZNotP 2005, 67 = ZErb 2005, 48 = Rpfleger 2005, 140 = MDR 2005, 338.
103  Vgl. *Kerscher/Krug*, § 13 Rn 383 ff.

## 2. Muster: Grundbuchberichtigungsbewilligung und -antrag nach Abschichtung eines Miterben

An das

Amtsgericht
– Grundbuchamt – (in Baden: Gemeinde; in Württemberg: Staatl. Notariat)

*Grundbuch von         Band         Heft*
*hier: Grundbuchberichtigung*

Im Grundbuch des Amtsgerichts         für         sind wir, die Unterzeichneten
1. A
2. B
3. C

in Erbengemeinschaft als Miteigentümer des Grundstücks Gemarkung         , Flst. Nr.         , BV Nr.         , Größe:         eingetragen.

Durch Abschichtungsvertrag vom         wurde der Miterbe A um seine Ansprüche an den Nachlass des am         gestorbenen         abgefunden.

Damit ist nach der Rechtsprechung des BGH (Urteile vom 21.1.1998, ZEV 1998, 141 = FamRZ 1998, 637 = DNotZ 1999, 60 und vom 27.10.2004 – IV ZR 174/03, NJW 2005, 284 = FamRZ 2005, 206) der Erbteil des A den verbleibenden Miterben B und C analog § 738 BGB angewachsen, so dass nur noch sie beide der Erbengemeinschaft angehören.

Dementsprechend ist auch das Grundbuch unrichtig geworden.

Wir bewilligen, B und C beantragen hiermit die Eintragung von B und C als Miteigentümer des bezeichneten Grundstücks in Erbengemeinschaft nach dem am         verstorbenen Erblasser         im Grundbuch und das Ausscheiden des A als Miteigentümer im Wege der Grundbuchberichtigung.

Der Grundstückswert wird mit         EUR angegeben.

Die Kosten des Grundbuchvollzugs tragen B und C.

(Ort, Datum)

(Unterschrift A)

(Unterschrift B)

(Unterschrift C)

         (*Notarielle Unterschriftsbeglaubigung, § 29 GBO*)

Vertritt der Rechtsanwalt den die Berichtigung Bewilligenden, so muss seine Vollmacht nach § 29 GBO notariell beglaubigt sein. Vertritt er lediglich den Antragsteller, so ist der Antrag selbst formlos (schriftlich) zu stellen nach § 13 GBO, die vom Antragsteller erteilte Vollmacht bedarf nach § 30 GBO lediglich der Schriftform.

## 3. Abschichtung mit Erbteilsübertragung

Die Nachlassauseinandersetzung kann auch in der Weise vorgenommen werden, dass ein Miterbe die Erbteile der anderen Miterben aufkauft. Auf diesem Weg wird das Gesamthandseigentum aller Miterben in das Alleineigentum des Erwerbers überführt. Das Kausalgeschäft – in der Regel ein Kaufvertrag – bedarf nach § 2371 BGB der notariellen Beurkundung, ebenso das Erfüllungsgeschäft, die Erbteilsübertragung nach § 2033 Abs. 1 BGB.

### a) Verkauf des Erbteils

179 Auch beim Verkauf eines dem Miterben angefallenen Erbteils ist – wie üblich – zwischen Verpflichtungs- und Erfüllungsgeschäft zu unterscheiden.

Die Mängelhaftung des allgemeinen Kaufrechts ist Teil der Hauptleistungspflicht (§ 433 Abs. 1 S. 2 BGB).

**Neuerungen durch das Gesetz zur Änderung des Erb- und Verjährungsrechts vom 24.9.2009:**[104] Die Vorschriften zur Mängelhaftung beim Erbschaftskauf wurden für die Zeit ab 1.1.2010 besser an die Terminologie des Schuldrechtsmodernisierungsgesetzes angepasst.

§ 2376 BGB wurde wie folgt geändert:

a) In Absatz 1 Satz 1 wurden die Wörter „Verpflichtung des Verkäufers zur Gewährleistung wegen eines Mangels im Recht beschränkt sich auf die Haftung dafür" durch die Wörter „Haftung des Verkäufers für Rechtsmängel beschränkt sich darauf" ersetzt.

b) Absatz 2 wurde wie folgt gefasst:

> „(2) Für Sachmängel eines zur Erbschaft gehörenden Gegenstands haftet der Verkäufer nicht, es sei denn, dass er einen Mangel arglistig verschwiegen oder eine Garantie für die Beschaffenheit des Gegenstands übernommen hat."

Damit wird klargestellt, dass eine Haftung des Verkäufers bei arglistigem Verschweigen eines Mangels oder bei Garantieübernahme besteht. Terminologisch wurde die Vorschrift an § 442 Abs. 1 S. 2, § 443 Abs. 1, § 444 BGB angeglichen.

### b) Verpflichtungsgeschäft

180 Das Verpflichtungsgeschäft ist der Erbschafts-(Erbteils-)kauf nach §§ 2371 ff. BGB. Da die Verfügung des Miterben über seinen Gesamthandsanteil **an einzelnen Nachlassgegenständen** nach § 2033 Abs. 2 BGB ausgeschlossen ist, wäre ein etwa hierauf gerichteter Verpflichtungsvertrag gem. § 311a BGB wirksam. Für den Erbschaftskauf gelten neben den Sonderbestimmungen der §§ 2371 ff. BGB die allgemeinen Vorschriften des Kaufrechts (§§ 433 ff. BGB) und des gegenseitigen Vertrags (§§ 320 ff. BGB).

### c) Erfüllungsgeschäft

181 Erfüllungsgeschäft ist der Erbteilsübertragungsvertrag nach § 2033 Abs. 1 BGB.

### d) Wirkung

182 Durch die Erbschafts- bzw. Erbteilsübertragung wird der Erwerber nicht Erbe. Der Erwerb begründet lediglich den **schuldrechtlichen Anspruch**, wirtschaftlich so gestellt zu werden, als ob der Käufer und nicht der Verkäufer Erbe wäre.

Zum Vorkaufsrecht der Miterben siehe *Kerscher/Krug*, § 13 Rn 423 ff.

## F. Vollzug der Erbteilung im Grundbuch

183 Gehören zu einem Nachlass, der auf mehrere Erben in Erbengemeinschaft übergegangen ist, Grundstücke, so erfolgt die Erbteilung u.a. dadurch, dass auf einzelne Miterben Grund-

---

[104] BGBl I 2009, S. 3142.

stücke zu Alleineigentum übertragen werden. Hierzu bedarf es der Auflassung, weil es sich um einen rechtsgeschäftlichen Eigentumsübergang handelt (§ 925 BGB). Auf der Veräußererseite stehen alle Miterben, auf der Erwerberseite derjenige Miterbe, der das betreffende Grundstück zu Alleineigentum erhält (vgl. hierzu § 18).

## G. Grundbuchberichtigung beim Tod eines BGB-Gesellschafters

### I. Gesellschaftsrechtliche Situation

Nach § 727 BGB wird mit dem Tod eines BGB-Gesellschafters die Gesellschaft aufgelöst. Haben die Gesellschafter jedoch die Fortsetzung der Gesellschaft mit den verbleibenden Gesellschaftern vereinbart, so bleibt die Gesellschaft bestehen, der Gesellschaftsanteil des verstorbenen Gesellschafters wächst den verbliebenen nach § 738 BGB an. Welche schuldrechtlichen Ansprüche die Miterben gegen die verbliebenen Gesellschafter haben, ist eine andere Frage. Hier geht es nur um die dingliche Rechtsposition am Gesellschaftsvermögen. Gehört zum Gesellschaftsvermögen ein Grundstück, so sind die einzelnen Gesellschafter im Grundbuch als Miteigentümer in Gesellschaft bürgerlichen Rechts einzutragen (§ 47 GBO).

184

### II. Grundbuchrechtliche Situation

Seit dem BGH-Urteil Urteil vom 25.9.2006 ist die Gesellschaft bürgerlichen Rechts als grundbuchfähig anerkannt.[105] Mit Beschluss vom 4.12.2008[106] hat der BGH auch klargestellt, wie der Grundbucheintrag unter Beachtung von § 15 der Grundbuchverfügung (GBV) zu lauten hat:

185

*„a) Die Gesellschaft bürgerlichen Rechts (GbR) kann unter der Bezeichnung in das Grundbuch eingetragen werden, die ihre Gesellschafter im Gesellschaftsvertrag für sie vorgesehen haben.*
*b) Sieht der Gesellschaftsvertrag keine Bezeichnung der GbR vor, wird die GbR als „Gesellschaft bürgerlichen Rechts bestehend aus ..." und den Namen ihrer Gesellschafter eingetragen.*
*c) Leitet die GbR ihr Recht aus einer Gerichtsentscheidung ab, genügt deren Rubrum als Nachweis ihrer Identität und der Vertretungsbefugnis des handelnden Gesellschafters. Zusätzliche Nachweise können nur verlangt werden, wenn konkrete tatsächliche Anhaltspunkte dafür vorliegen, dass sich nach Erlass der Gerichtsentscheidung Veränderungen bei Namen, Gesellschafterbestand oder Vertretungsbefugnissen ergeben haben; der bloße Zeitablauf genügt als Anhaltspunkt nicht."*

Das Ausscheiden eines Gesellschafters durch Tod und die Anwachsung seines Anteils den verbleibenden Gesellschaftern ist im Wege der Grundbuchberichtigung ins Grundbuch einzutragen. Änderungen im Gesellschafterbestand einer im Grundbuch eingetragenen Gesellschaft bürgerlichen Rechts führen grundsätzlich zur Unrichtigkeit des Grundbuchs. Der Inhalt des Grundbuches ist gem. § 22 GBO entsprechend zu berichtigen.[107]

186

---

105 BGH NJW 2006, 3716 = DNotZ 2007, 118 = FGPRax 207, 7; OLG Stuttgart NJW 2008, 304 = DNotZ 2007, 383 = FGPrax 2007, 66.
106 BGHZ 179, 102 = NJW 2009, 594 = ZEV 2009, 91.
107 *Demharter*, GBO, § 22 Rn 15; *Meikel/Böttcher*, Grundbuchrecht, § 22 Rn 124; *Schöner/Stöber*, Grundbuchrecht, Rn 982e; *Bauer/v. Oefele/Knothe*, GBO § 29 Rn 59.

Hier reicht es jedoch nicht, wenn die verbleibenden Gesellschafter die Berichtigung des Grundbuchs bewilligen, vielmehr müssen die Erben des verstorbenen Gesellschafters als nunmehrige Buchberechtigte anstelle des verstorbenen Gesellschafters die Berichtigung bewilligen. Der Nachweis ihres Erbrechts wird gem. § 35 GBO entweder unter Vorlage einer Ausfertigung eines Erbscheins oder beglaubigter Abschriften einer notariell beurkundeten Verfügung von Todes wegen, aus der sich die Erbfolge zweifelsfrei ergibt, und der Eröffnungsniederschrift geführt.

187 Umstritten ist in diesem Zusammenhang, ob darüber hinaus ein Nachweis in der Form des § 29 GBO zu erbringen ist, dass der Gesellschaftsvertrag zwischen dem Vertragsschluss und der jetzt beantragten Grundbuchberichtigung keine Änderung erfahren hat.

Zu dieser Rechtsfrage liegen in der veröffentlichten Rechtsprechung lediglich zwei Entscheidungen des LG Tübingen vor.

Nach der einen Entscheidung des LG Tübingen[108] soll bei einem ca. drei Jahre alten Gesellschaftsvertrag ein formgerechter Nachweis der Nichtabänderung erforderlich sein. In der anderen, späteren Entscheidung vom 15.1.1986[109] vertritt das LG Tübingen dagegen die Ansicht, es entspreche der allgemeinen Lebenserfahrung, dass jedenfalls bei einer kapitalistisch organisierten Gesellschaft mit einer Vielzahl von Gesellschaftern, deren Zweck keine persönlichen Beziehungen zwischen den Gesellschaftern erfordert, die im Gesellschaftsvertrag enthaltene Regelung, nach der zur Übertragung eines Geschäftsanteils die Zustimmung der übrigen Gesellschafter nicht erforderlich ist, nicht zwischenzeitlich wieder abgeändert wurde.

188 **Besonderheiten bei Testamentsvollstreckung:**

Hat der Erblasser testamentarisch verfügt, ein von ihm innegehaltener Geschäftsanteil an einer GbR solle einem der eingesetzten Miterben allein zustehen, so ist der zur Ausführung der letztwilligen Verfügungen eingesetzte Testamentsvollstrecker befugt, den Geschäftsanteil an den begünstigten Miterben abzutreten. Der Zustimmung der übrigen Miterben bedarf es nicht.

Sind die Gesellschafter der GbR als Eigentümer des Gesellschafts- Grundstücks im Grundbuch eingetragen, so ist der Wechsel des Gesellschafters infolge Erbgangs und Abtretung des Geschäftsanteils im Grundbuch im Wege der Richtigstellung der Eigentümerbezeichnung einzutragen. Es bedarf dazu der Bewilligung des Testamentsvollstreckers und des als Inhaber des Geschäftsanteils einzutragenden Erben, nicht aber der übrigen Erben. Die gesellschaftsvertragliche Zulässigkeit der Rechtsnachfolge wird durch die Bewilligung der übrigen Gesellschafter nachgewiesen. Zum Nachweis, dass die Verfügung des Testamentsvollstreckers nicht unentgeltlich erfolgt ist, kann die Vorlage des eröffneten Testaments genügen.[110]

189 Im Grundbuch kann ein Testamentsvollstreckervermerk auch hinsichtlich eines Anteils an einer BGB-Gesellschaft eingetragen werden.[111]

---

108 LG Tübingen BWNotZ 1982, 168.
109 LG Tübingen BWNotZ 1986.
110 KG DB 2009, 341 = ZIP 2009, 524.
111 LG Hamburg ZIP 2008, 2125 = ZEV 2009, 96.

## III. Muster: Grundbuchberichtigungsantrag und -bewilligung nach Tod eines BGB-Gesellschafters und Fortsetzung unter den übrigen Gesellschaftern

An das

Amtsgericht
– Grundbuchamt – (in Baden: Gemeinde; in Württemberg: Staatl. Notariat)

Grundbuch von ▬▬▬ Band ▬▬▬ Heft ▬▬▬

hier: Grundbuchberichtigung

Im Grundbuch des Amtsgerichts ▬▬▬ für ▬▬▬ sind
1. A
2. B
3. C

in Gesellschaft bürgerlichen Rechts als Miteigentümer des Grundstücks Markung ▬▬▬ Flst. Nr. ▬▬▬ BV Nr. ▬▬▬, Größe: ▬▬▬ eingetragen.

Der Mitgesellschafter A ist am ▬▬▬ gestorben. Nach dem Gesellschaftsvertrag vom ▬▬▬ wurde die Gesellschaft damit nicht aufgelöst, sondern mit den verbliebenen Gesellschaftern B und C fortgesetzt.

Damit ist der Gesellschaftsanteil des A den verbleibenden Gesellschaftern B und C nach § 738 BGB angewachsen, so dass nur sie beide noch der BGB-Gesellschaft angehören.

Dementsprechend ist auch das Grundbuch unrichtig geworden.

Erben des verstorbenen Gesellschafters A sind die mitunterzeichnenden X und Y geworden. Ihr Erbrecht wird im Erbschein des Nachlassgerichts ▬▬▬ vom ▬▬▬ Az. ▬▬▬ bezeugt, von dem eine Ausfertigung mit der Bitte um Rückgabe beigefügt wird.

Wir bewilligen, B und C beantragen hiermit die Eintragung von B und C als Miteigentümer des bezeichneten Grundstücks in Gesellschaft bürgerlichen Rechts im Grundbuch und das Ausscheiden des A aus der Gesellschaft im Wege der Grundbuchberichtigung.

Der Grundstückswert wird mit ▬▬▬ EUR angegeben.

Die Kosten des Grundbuchvollzugs tragen B und C.

(Ort, Datum)

(Unterschriften anstelle von A: seine Erben X und Y)

(Unterschrift B)

(Unterschrift C)

▬▬▬ (*Notarielle Unterschriftsbeglaubigung, § 29 GBO*)

Vertritt der Rechtsanwalt den die Berichtigung Bewilligenden, so muss seine Vollmacht nach § 29 GBO notariell beglaubigt sein. Vertritt er lediglich den Antragsteller, so ist der Antrag selbst formlos (schriftlich) zu stellen nach § 13 GBO, die vom Antragsteller erteilte Vollmacht bedarf nach § 30 GBO lediglich der Schriftform.

## H. Grundbuchberichtigungszwangsverfahren

Ist das Grundbuch bezüglich der Eintragung des Eigentümers durch Rechtsübergang außerhalb des Grundbuchs unrichtig geworden, so soll das Grundbuchamt dem Eigentümer oder dem Testamentsvollstrecker, dem die Verwaltung des Grundstücks zusteht, die Verpflichtung auferlegen, den Antrag auf Berichtigung des Grundbuchs zu stellen und die zur Berichtigung des Grundbuchs notwendigen Unterlagen zu beschaffen, vgl. §§ 82 ff. GBO.

**Neuerungen durch das FamFG:** Die Zwangsberichtigung des Grundbuchs gem. § 82 GBO kann nach dem FamFG mit den dort in §§ 388–393 FamFG vorgesehenen Zwangsmitteln durchgesetzt werden (Androhung und Festsetzung von Zwangsgeld).

## I. Pfändungsvermerk/Nießbrauchsvermerk im Grundbuch

### 1. Eintragbarkeit eines Verpfändungs- bzw. Nießbrauchsvermerks

193 Ist der Erbteil eines Miterben gepfändet oder verpfändet, so kann, wenn zum Nachlass ein Grundstück gehört, die Pfändung bzw. Verpfändung als Verfügungsbeschränkung in Abt. II des Grundbuchs eingetragen werden.[112]

Der Verpfändungsvertrag bedarf nach §§ 1273, 1274, 2033 BGB der **notariellen Beurkundung**.

194 Da die Verpfändung des Erbteils eine Änderung der Verfügungsbefugnis sämtlicher Miterben an den Nachlassgegenständen zur Folge hat, kann bei einem zum Nachlass gehörenden Grundstück, dinglichen Recht oder grundstücksgleichen Recht die Verpfändung des Erbteils eingetragen (vermerkt) werden (vgl. das Muster für Bewilligung und Antrag auf Eintragung eines Verpfändungsvermerks im Grundbuch unter Rn 196).[113] Die Eintragung ist deklaratorisch, die Verpfändung ist wirksam mit Abschluss des Verpfändungsvertrags. Voreintragung der Erben nach § 39 GBO ist erforderlich.

195 Dasselbe gilt, wenn an einem Erbteil ein **Nießbrauch**[114] bestellt ist (Muster für die Bewilligung der Eintragung eines Nießbrauchsvermerks beim Nachlassgrundstück siehe unten Rn 197).[115] Auch der **Vertrag über die Bestellung eines Nießbrauchs an einem Erbteil bedarf der Beurkundung,** §§ 1069, 2033 BGB. Dies ist vor allem bei der Erfüllung von Nießbrauchsvermächtnissen, die sich auf Erbteile beziehen, zu beachten.

## II. Muster: Bewilligung und Antrag auf Eintragung eines Verpfändungsvermerks im Grundbuch (Erbteilsverpfändung)

*1. Bewilligung der Eintragung eines Verpfändungsvermerks*[116]

196 Im Grundbuch des Amtsgerichts ▉▉▉ für ▉▉▉, Band ▉▉▉, Heft ▉▉▉ sind in Abt. I BV Nr. ▉▉▉ als Eigentümer des Grundstücks Gemarkung ▉▉▉, Flst. Nr. ▉▉▉, Größe ▉▉▉ qm eingetragen:

---

112 Siehe zum Pfandrecht *Kerscher/Krug*, § 21 Rn 288 ff.; OLG Koblenz, Urteil v. 21.7.2005 – 2 U 1000/04 (hier nach „juris"): Die Veräußerung eines Hausgrundstücks, das zur Erbmasse gehört, ohne Zuziehung der Pfändungspfandgläubiger eines Miterben und der anteiligen Auszahlung des Erlöses an den Miterben stellt eine Verletzung des Pfändungspfandrechts dar. Für den daraus entstandenen Schaden hat der Testamentsvollstrecker einzustehen.
113 *Schöner/Stöber*, Rn 974.
114 Siehe zum Nießbrauch *Kerscher/Krug*, § 13 Rn 93 ff.
115 OLG Hamm Rpfleger 1977, 136.
116 Die gesonderte Bewilligung ist nur erforderlich, wenn sie nicht ohnehin schon in dem notariell beurkundeten Verpfändungsvertrag enthalten ist. Dasselbe gilt für den Antrag auf Eintragung des Verpfändungsvermerks.

1. A
2. B
3. C

in Erbengemeinschaft nach dem Erblasser

Der Miterbe A hat seinen Erbteil von 1/3 am Nachlass des Erblassers          durch Verpfändungsvertrag vom          , beurkundet von Notar          in          unter UR-Nr.          an die X-Bank in          verpfändet.

A bewilligt hiermit die Eintragung des Vermerks der Verpfändung seines Erbteils bei dem oben näher bezeichneten Grundstück im Grundbuch.

(Ort, Datum)

(Unterschrift A)

*II. Antrag*

Die X-Bank beantragt hiermit die Eintragung des zuvor bewilligten Verpfändungsvermerks bei dem oben näher bezeichneten Grundstück im Grundbuch.

(Ort, Datum)

(Unterschrift X-Bank)

(*Notarielle Beglaubigung der Unterschrift des A, § 29 GBO*)

## III. Muster: Antrag auf Eintragung eines Nießbrauchsvermerks im Grundbuch (Nießbrauchsbestellung an Erbteil)

*I. Bewilligung der Eintragung eines Nießbrauchsvermerks[117]*

Im Grundbuch des Amtsgerichts          für          , Band          , Heft          sind in Abt. I BV Nr.          als Eigentümer des Grundstücks Gemarkung          , Flst. Nr.          , Größe          qm eingetragen:
1. A
2. B
3. C

in Erbengemeinschaft nach dem Erblasser

Der Miterbe A hat an seinem Erbteil von 1/3 am Nachlass des Erblassers          durch notariellen Vertrag vom          , beurkundet von Notar          in          , UR-Nr.          , Herrn XY den lebenslangen Nießbrauch bestellt.

A bewilligt hiermit die Eintragung des Vermerks der Nießbrauchsbestellung für XY an seinem Erbteil bei dem oben näher bezeichneten Nachlassgrundstück im Grundbuch.

(Ort, Datum)

(Unterschrift A)

---

117 Die gesonderte Bewilligung ist nur erforderlich, wenn sie nicht ohnehin schon in dem notariell beurkundeten Nießbrauchsbestellungsvertrag enthalten ist. Dasselbe gilt für den Antrag auf Eintragung des Nießbrauchsvermerks.

*II. Antrag*

Herr XY beantragt hiermit die Eintragung des zuvor bewilligten Nießbrauchsvermerks bei dem oben näher bezeichneten Grundstück im Grundbuch.

(Ort, Datum)

(Unterschrift XY)

(*Notarielle Beglaubigung der Unterschrift des A, § 29 GBO*)

## J. Umstellung von Grundbucheintragungen von DM auf Euro

Im Zusammenhang mit der allgemeinen Grundbuchberichtigung könnte es sich anbieten, eingetragene Rechte, die noch auf DM lauten, auf EUR umstellen zu lassen. Dies kommt insbesondere in Betracht, wenn eine Hypothek, Grundschuld oder Reallast vom Erblasser-Gläubiger auf den Erben-Gläubiger umgeschrieben wird.

Mit dem Überweisungsgesetz vom 21.7.1999, BGBl I 1999, 1642 ff., wurde das „Gesetz über Maßnahmen auf dem Gebiete des Grundbuchwesens zur Regelung der Eintragungen im Zusammenhang mit der Einführung des EUR" um § 26a erweitert. Hiernach genügte für die Umstellung im Grundbuch eingetragener Rechte und Vermerke auf EUR in der Zeit vom 1.1.1999 bis 31.12.2001 der **Antrag des Eigentümers oder des betr. Gläubigers** bzw. des betr. Inhabers eines sonstigen Rechts, unter Beifügung der Zustimmung des anderen Teils – und zwar jeweils **ohne Beachtung der in § 29 GBO** vorgesehenen Form. Seit dem 1.1.2002 kann das Grundbuchamt die Umstellung von Amts wegen bei der nächsten anstehenden Eintragung im Grundbuchblatt vornehmen. Dafür werden keine Gebühren erhoben.[118]

## K. Rechtsbehelfe

### I. Zulässigkeitsvoraussetzungen

Gegen eine Zwischenverfügung des Grundbuchamts (§ 18 GBO) und einen Zurückweisungsbeschluss ist die formlose und unbefristete Beschwerde nach §§ 71 ff. GBO zulässig (kein Anwaltszwang).

Über die Beschwerde entscheidet das Oberlandesgericht (bis 31.8.2009: Landgericht), § 72 GBO, und zwar auch in Baden-Württemberg, wenn der Notar im Landesdienst als Grundbuchbeamter erstinstanzlich entschieden hat (§§ 5 Ba.-Wü. LFGG, 19 FGG), sofern das Grundbuchamt der Beschwerde nicht abhilft (§ 75 GBO). Im Beschwerdeverfahren ist neuer Tatsachenvortrag zulässig (§ 74 GBO).

Gegen die Entscheidung des Landgerichts in „Alt-Verfahren", die bis 31.8.2009 beim Grundbuchamt eingeleitet wurden, ist die weitere Beschwerde (Rechtsbeschwerde) zum Oberlandesgericht statthaft; dort besteht allerdings **Anwaltszwang** (§§ 78, 80 GBO). Das OLG kann keine neuen Tatsachen berücksichtigen, es ist an den in der Vorinstanz festgestellten Sachverhalt gebunden.[119]

---

118 Siehe dazu im Einzelnen *Ottersbach*, Rpfleger 1999, 51 ff.
119 BayObLG 1971, 309.

Für den Nachweis der Beschwerdeberechtigung bedarf es keiner Form; es reicht schlüssiger Sachvortrag.[120]

**Neuerungen durch das FamFG:** Mit Inkrafttreten des FamFG, dem 1.9.2009, wurde das Rechtsmittelverfahren im Grundbuchverfahrensrecht neu geregelt: Für die Beschwerde ist nicht mehr das Landgericht, sondern das Oberlandesgericht zuständig (§ 72 GBO n.F.) mit der Möglichkeit der Zulassung der Rechtsbeschwerde zum Bundesgerichtshof. Bis zum Inkrafttreten des Gesetzes beantragte Verfahren (also Eintragungsverfahren beim Grundbuchamt) werden nach altem Recht – mit bisherigem Instanzenzug – abgewickelt, für neu beantragte Verfahren gelten die neuen Vorschriften.[121] § 78 GBO wurde neu gefasst (siehe Rn 127).

## II. Grundsatz: Keine Rechtspflegererinnerung

Gegen eine Entscheidung des Rechtspflegers sind die allgemeinen Rechtsmittel statthaft, § 11 Abs. 1 RPflG. Nur wenn dagegen kein Rechtsmittel statthaft ist, findet die Rechtspflegererinnerung innerhalb der Beschwerdefrist statt. Kann eine Verfügung in Grundbuchsachen nicht mehr geändert werden, so findet auch dagegen keine Erinnerung statt, § 11 Abs. 3 RPflG.

## L. Testamentsvollstreckung und Grundbuch

### I. Allgemeines

Ist ein Testamentsvollstrecker ernannt, so steht ihm die Verfügungsbefugnis über die Nachlassgegenstände und damit auch über die Nachlassgrundstücke zu und nicht dem oder den Erben (§§ 2205, 2211 BGB).

Weil der Erbe in seiner Verfügungsmacht beschränkt ist, sieht § 52 GBO vor, dass bei Eintragung des Erben als Eigentümer im Grundbuch die Anordnung der Testamentsvollstreckung von Amts wegen dort in Abteilung II eingetragen wird, es sei denn, das betreffende Nachlassgrundstück unterläge nicht der Verwaltung des Testamentsvollstreckers, denn dann wäre der Erbe auch insoweit nicht in seiner Verfügung beschränkt.

Dazu das OLG Zweibrücken:[122]

> „Ist die Verfügungsbefugnis des Testamentsvollstreckers durch eine Anordnung des Erblassers auf Zeit oder dauernd, ganz oder teilweise hinsichtlich aller oder einzelner Nachlassgegenstände beschränkt, so ist er an diese Anordnung schuldrechtlich gebunden. Sie nehmen ihm auch dinglich das Recht, über die Nachlassgegenstände in einer Weise zu verfügen, die zu den Anordnungen des Erblassers in Widerspruch steht."

Die Eintragung des **Testamentsvollstreckervermerks** erfolgt auf der Grundlage der im Erbschein angegebenen Anordnung der Testamentsvollstreckung (§ 2364 Abs. 1 BGB) oder auf der Grundlage des Erbennachweises durch Verfügung von Todes wegen in einer notariellen Urkunde mit Niederschrift des Nachlassgerichts über deren Eröffnung (§ 35 Abs. 1 S. 2 GBO).

---

120 BGH DNotI-Report 1999, 137 = BGHZ 141, 347 = NJW 1999, 2369 = DNotZ 1999, 734 = Rpfleger 1999, 437 = FGPrax 1999, 169 = MittBayNot 1999, 477 = BWNotZ 1999, 174.
121 Art. 111, 112 FGG-ReformG v. 17.12.2008 BGBl I, S. 2586.
122 OLG Zweibrücken Rpfleger 2001, 173.

205 Im Grundbuch eingetragen wird nicht die Person des Testamentsvollstreckers, sondern nur die Tatsache, dass Testamentsvollstreckung angeordnet ist („Testamentsvollstreckung ist angeordnet").

Ist irrtümlich die Eintragung des Testamentsvollstreckervermerks bei der Eintragung des Erben als Eigentümer unterblieben, so kann der Vermerk jederzeit von Amts wegen nachgeholt werden.

206 Trotz der bestehenden Testamentsvollstreckung ist jeder Miterbe befugt, die Grundbuchberichtigung zu beantragen, weil der Berichtigungsantrag keine Verfügung darstellt (vgl. dazu das Muster unter Rn 207).[123]

## II. Muster: Grundbuchberichtigungsantrag durch Testamentsvollstrecker

271 An das

207 Amtsgericht
– Grundbuchamt – (in Baden: Gemeinde; in Württemberg: Staatl. Notariat)

Im Grundbuch des Amtsgerichts          für          , Band          , Heft          ist Herr          als Eigentümer des dort im Bestandsverzeichnis unter Nr. 1 gebuchten Grundstücks Gemarkung          , Flst. Nr.          , Größe:          , eingetragen.

Der Eigentümer          ist am          gestorben und von der Witwe          zur Hälfte sowie den beiden Kindern          zu je einem Viertel beerbt worden. Die Erbfolge ist nachgewiesen durch Erbschein des Nachlassgerichts          vom          . Auf den in den Nachlassakten des Amtsgerichts          Az.          befindlichen Erbschein wird Bezug genommen.

In seinem Testament vom          , beurkundet von Notar          in          unter UR-Nr.          , hat der Erblasser Testamentsvollstreckung angeordnet und mich, den Unterzeichner, zu seinem Testamentsvollstrecker berufen. Weitere Anordnungen enthält dieses Testament nicht. Das Testament wurde am          vom Nachlassgericht          unter Az.          eröffnet. Zu Protokoll des Nachlassgerichts          vom          habe ich die Annahme des Amtes als Testamentsvollstrecker erklärt.

Auf die Akten des Nachlassgerichts, die beim dortigen Amtsgericht verwahrt werden, und insbesondere das bezeichnete Protokoll sowie das genannte notarielle Testament, das sich ebenfalls in den Nachlassakten befindet, nehme ich Bezug.

Die Anordnung der Testamentsvollstreckung ist in dem bezeichneten Erbschein vermerkt.

Ich beantrage

in meiner Eigenschaft als Testamentsvollstrecker des bezeichneten Erblassers hiermit die Berichtigung des Grundbuchs dahin gehend, dass die genannten Erben in Erbengemeinschaft als Eigentümer des zuvor bezeichneten Grundstücks im Grundbuch eingetragen werden.

Das bezeichnete Grundstück unterliegt meiner Verwaltung. Ich gestatte mir deshalb den Hinweis, dass die Anordnung der Testamentsvollstreckung gleichzeitig mit der Grundbuchberichtigung von Amts wegen im Grundbuch zu vermerken ist, § 52 GBO.

Der Wert des Grundstücks wird angegeben mit          EUR.

Gebührenbefreiung nach § 60 Abs. 4 KostO wird in Anspruch genommen, weil die Grundbuchberichtigung innerhalb von zwei Jahren seit dem Erbfall erfolgt.

---

[123] Vgl. dazu LG Stuttgart Rpfleger 1998, 243 = NJW-RR 1998, 665; Palandt/*Edenhofer*, § 2211 BGB Rn 1.

Eine etwaige Kostenrechnung (für Schreibgebühren und Auslagen) und die Eintragungsnachricht nach § 55 GBO können mir übermittelt werden.

(Ort, Datum)

(Unterschrift des Testamentsvollstreckers)

(*Keine Unterschriftsbeglaubigung, § 13 GBO*)

## III. Muster: Grundbuchberichtigungsantrag durch Erben bei bestehender Testamentsvollstreckung

An das

Amtsgericht
– Grundbuchamt – (in Baden: Gemeinde; in Württemberg: Staatl. Notariat)

Im Grundbuch des Amtsgerichts            für          , Band         , Heft           ist Herr              als Eigentümer des dort im Bestandsverzeichnis unter Nr. 1 gebuchten Grundstücks Gemarkung              , Flst.-Nr.         , Größe:             , eingetragen.

Der Eigentümer            ist am            gestorben und von mir, der Witwe          , zur Hälfte sowie den beiden Kindern            zu je einem Viertel beerbt worden. Die Erbfolge ist nachgewiesen durch Erbschein des Nachlassgerichts            vom          . Auf den in den Nachlassakten des Amtsgerichts           Az.           befindlichen Erbschein wird Bezug genommen.

In seinem Testament vom          , beurkundet von Notar            in            unter UR-Nr.         , hat der Erblasser Testamentsvollstreckung angeordnet und Herrn           zu seinem Testamentsvollstrecker berufen. Weitere Anordnungen enthält dieses Testament nicht. Das Testament wurde am            vom Nachlassgericht            unter Az.           eröffnet. Zu Protokoll des Nachlassgerichts            vom           hat Herr           die Annahme des Amtes als Testamentsvollstrecker erklärt.

Auf die Akten des Nachlassgerichts, die beim dortigen Amtsgericht verwahrt werden, und insbesondere das bezeichnete Protokoll sowie das genannte notarielle Testament, das sich ebenfalls in den Nachlassakten befindet, nehme ich Bezug. Die Anordnung der Testamentsvollstreckung ist in dem bezeichneten Erbschein vermerkt.

Ich, die Witwe des Erblassers, beantrage hiermit

die Berichtigung des Grundbuchs dahin gehend, dass die genannten Erben in Erbengemeinschaft als Eigentümer des zuvor bezeichneten Grundstücks im Grundbuch eingetragen werden.

Ich gestatte mir den Hinweis, dass die Anordnung der Testamentsvollstreckung gleichzeitig mit der Grundbuchberichtigung von Amts wegen im Grundbuch zu vermerken ist, § 52 GBO.

Trotz der bestehenden Testamentsvollstreckung bin ich als Miterbin befugt, die Grundbuchberichtigung zu beantragen, vgl. dazu LG Stuttgart Rpfleger 1998, 243 = NJW-RR 1998, 665.

Der Wert des Grundstücks wird angegeben mit            EUR.

Gebührenbefreiung nach § 60 ABS. 4 KostO wird in Anspruch genommen, weil die Grundbuchberichtigung innerhalb von zwei Jahren seit dem Erbfall erfolgt.

Eine etwaige Kostenrechnung (für Schreibgebühren und Auslagen) und die Eintragungsnachricht nach § 55 GBO können mir übermittelt werden.

(Ort, Datum)

(Unterschrift der Witwe als Miterbin)

(*Keine Unterschriftsbeglaubigung, § 13 GBO*)

*Krug*

## IV. Grundstücksverfügungen des Testamentsvollstreckers

209 Unterliegt das betreffende Grundstück der Verwaltung des Testamentsvollstreckers, so hat ausschließlich er das Verfügungsrecht darüber (§§ 2205, 2211 BGB).

Dem Grundbuchamt steht bezüglich der Befugnis des Testamentsvollstreckers zur Verfügung über den Nachlassgegenstand eine eigene Prüfungskompetenz zu.[124] Verfügt der Testamentsvollstrecker über das Nachlassgrundstück, so hat er seine Stellung als Testamentsvollstrecker durch die Vorlage eines **Testamentsvollstreckerzeugnisses**, das vom Nachlassgericht erteilt wird, nachzuweisen (§ 2368 BGB) oder durch Vorlage einer beglaubigten Abschrift der in notarieller Urkunde enthaltenen Einsetzung zum Testamentsvollstrecker und der Niederschrift des Nachlassgerichts über die Eröffnung der betreffenden Verfügung von Todes wegen, § 35 GBO. Wie beim Erbschein ist auch beim Testamentsvollstreckerzeugnis eine Ausfertigung vorzulegen (keine Abschrift). Werden die Nachlassakten beim selben Amtsgericht geführt, so kann auf das dort befindliche Testamentsvollstreckerzeugnis Bezug genommen werden.

210 Das Amt des Testamentsvollstreckers beginnt nicht kraft Gesetzes mit dem Erbfall, sondern erst mit der ausdrücklichen Annahme durch Erklärung gegenüber dem Nachlassgericht (§ 2202 BGB). Deshalb muss dieser Umstand dem Grundbuchamt noch gesondert nachgewiesen werden. In der Praxis enthalten die Niederschriften über die Eröffnung der Verfügung von Todes wegen häufig die Erklärung des Testamentsvollstreckers, dass er sein Amt gegenüber dem Nachlassgericht annehme. Ist eine solche Erklärung in der Eröffnungsniederschrift nicht enthalten, so muss der Testamentsvollstrecker noch eine entsprechende Bestätigung des Nachlassgerichts über die Annahme seines Amtes vorlegen (vgl. das Muster zum Grundbuchberichtigungsantrag oben Rn 207). Der Erbschein selbst reicht zur Legitimation des Testamentsvollstreckers nicht aus, weil auch dort der Name des Testamentsvollstreckers nicht genannt ist, sondern lediglich die Tatsache der Testamentsvollstreckungsanordnung (§ 2364 BGB).

211 Nach der Prüfung der ordnungsgemäßen Legitimation des Testamentsvollstreckers hat das Grundbuchamt Antrags- und Bewilligungsberechtigung des Testamentsvollstreckers – im Falle einer Eigentumsumschreibung auch die Auflassungserklärung gemäß § 20 GBO – zu prüfen.

212 Da der Testamentsvollstrecker grundsätzlich **keine unentgeltlichen Verfügungen**[125] vornehmen darf (§ 2205 S. 3 BGB), hat das Grundbuchamt auch die Entgeltlichkeit der Verfügung des Testamentsvollstreckers festzustellen. Die Entgeltlichkeit einer Grundstücksverfügung des Testamentsvollstreckers ist deshalb dem Grundbuchamt näher darzulegen. Dabei ist, weil sich Entgeltlichkeit oder Unentgeltlichkeit aus dem zugrunde liegenden Kausalgeschäft ergeben, ein Eingehen auf den der Grundstücksverfügung zugrunde liegenden Rechtsgrund erforderlich. Der Nachweis der Entgeltlichkeit einer Verfügung durch Urkunden im Sinne des § 29 GBO ist für die Praxis schwierig, meist sogar unmöglich. Deshalb hat die Rechtsprechung die Anwendung allgemeiner Erfahrungssätze zugelassen: Wird ein zweiseitiger entgeltlicher Veräußerungsvertrag mit einem Nichterben vorgelegt und erklärt der Testamentsvollstrecker darüber hinaus, es handle sich um eine entgeltliche Verfügung, so ist das Grundbuchamt verpflichtet, den Erwerber als Eigentümer einzutragen, falls ihm nicht Anhaltspunkte für die Unrichtigkeit der behaupteten Entgeltlichkeit bekannt sind.[126]

---

[124] OLG Zweibrücken RNotZ 2001, 589.
[125] Vgl. zu Einzelheiten unentgeltlicher Verfügungen des Testamentsvollstreckers *Jung*, RPfleger 1999, 204 ff., und *Zahn*, MittRhNotK 2000, 89.
[126] BayObLG NJW-RR 1989, 587; BayObLG 86, 208.

Die Erfüllung einer letztwilligen Verfügung stellt jedoch keine unentgeltliche Verfügung dar.[127]

## V. Löschung des Testamentsvollstreckervermerks

Das Grundbuchamt kann trotz Vorlage eines Testamentsvollstreckerzeugnisses die Beendigung der Testamentsvollstreckung feststellen.

Bei Prüfung des Nachweises der Unrichtigkeit eines Testamentsvollstreckervermerks ist das Grundbuchamt durch die Erteilung eines die Testamentsvollstreckung ausweisenden Erbscheins und eines Testamentsvollstreckerzeugnisses seitens des Nachlassgerichts nicht gehindert, die Beendigung der Testamentsvollstreckung festzustellen.[128] Das Grundstück kann auch aus dem Nachlass ausgeschieden oder die Testamentsvollstreckung insgesamt beendet sein; auch insofern ist ein Nachweis in der Form des § 29 GBO möglich.[129]

# M. Grundbuch bei Vor- und Nacherbschaft

## I. Berichtigung des Grundbuchs auf den Vorerben

Damit Dritte nicht gutgläubig vom Vorerben auf der Grundlage von Grundstücksverfügungen erwerben können, zu denen der Vorerbe im Hinblick auf die Verfügungsbeschränkungen der §§ 2113 ff. BGB nicht berechtigt ist, sieht das Gesetz die Eintragung eines **Nacherbenvermerks** im Grundbuch vor, sobald der Vorerbe als Rechtsnachfolger des Erblassers im Grundbuch eingetragen wird (§ 51 GBO).

### 1. Verfügungsbeschränkung des Vorerben

Grundsätzlich ist der Vorerbe bis zum Eintritt des Nacherbfalls berechtigt, über die zum Nachlass gehörenden Grundstücke zu verfügen. Zum Schutz der Rechte der Nacherben ist seine Verfügungsmacht jedoch beschränkt (§ 2112 BGB). Eine entgeltliche oder unentgeltliche Verfügung des Vorerben über ein Nachlassgrundstück oder ein Grundstücksrecht, das zum Nachlass gehört, ist im Falle des Eintritts der Nacherbfolge insoweit unwirksam, als sie das Recht des Nacherben vereiteln oder beeinträchtigen würde (§§ 2113, 2114 BGB).

Gehört zu einem Nachlass, für den Vor- und Nacherbschaft angeordnet worden ist, ein Anteil an einer Erbengemeinschaft, zu deren Gesamthandvermögen ein Grundstück zählt, kann der Vorerbe über dieses Grundstück ohne die Beschränkungen des § 2113 BGB verfügen.[130]

Vgl. zur Vor- und Nacherbfolge § 14 und *Kerscher/Krug*, § 11 Rn 173 ff.; § 12 Rn 1 ff.

Durch Verfügung von Todes wegen kann der Erblasser dem **Vorerben Befreiung** von den Beschränkungen des § 2113 Abs. 1 BGB für entgeltliche Verfügungen über ein Grundstück erteilen, nicht jedoch auch die Befreiung von dem Verbot unentgeltlicher Verfügungen nach § 2113 Abs. 2 BGB (§ 2136 BGB).

Vgl. zur befreiten Vorerbschaft § 14 sowie *Kerscher/Krug*, § 11 Rn 173 ff.; § 12 Rn 1 ff.

---

127 OLG Karlsruhe FamRZ 2005, 2098.
128 OLG München DNotI-Report 2005, 158; FG Prax 2005, 243 = Rpfleger 2005, 661.
129 OLG Frankfurt/M. MittBayNot 2007, 511 = NJOZ 2007, 2306.
130 BGHZ 171, 350 = FamRZ 2007, 1015 = NJW 2007, 2114 = ZErb 2007, 220 = ZEV 2007, 323.

217 Das Recht des Nacherben sowie eine Befreiung des Vorerben von den Beschränkungen seiner Verfügungsmacht (§ 2136 BGB) werden vom Grundbuchamt von Amts wegen bei Eintragung des Vorerben eingetragen. Wurde die Erbfolge durch Vorlage eines Erbscheins nachgewiesen (§ 35 Abs. 1 S. 1 GBO), so ist die in ihm bezeichnete Nacherbfolge mit der dort angegebenen Befreiung einzutragen (§ 2363 Abs. 1 BGB). Wurde die Erbfolge durch Vorlage beglaubigter Abschriften der betreffenden Verfügung von Todes wegen samt Eröffnungsniederschrift nachgewiesen (§ 35 Abs. 1 S. 2 GBO), so wird die Nacherbfolge mit den dort genannten Befreiungen eingetragen.

218 Im Eintragungsvermerk sind die Anordnung der Nacherbfolge sowie die Voraussetzungen, unter denen sie eintritt (z.B. Tod des Vorerben oder Wiederverheiratung des Vorerben), anzugeben. Außerdem sind die Nacherben einschließlich der **Ersatznacherben** mit einzutragen. Weiter ist einzutragen die Befreiung des Vorerben von den Beschränkungen seiner Verfügungsmacht (§ 2136 BGB).

219 Ist der Nacherbe bzw. der Ersatznacherbe in einer notariell beurkundeten Verfügung von Todes wegen nicht zweifelsfrei bezeichnet, so kann das Grundbuchamt die Vorlage eines Erbscheins verlangen.

Ist darüber hinaus für den Vorerben ein Testamentsvollstrecker ernannt, so ist auch dieser mit einzutragen (§ 52 GBO). Das Gleiche gilt für einen Testamentsvollstrecker für den Nacherben für die Zeit vor Eintritt des Nacherbfalls nach § 2222 BGB.

Nacherben- und Testamentsvollstreckervermerke werden in Abteilung II des Grundbuchs eingetragen.

### 2. Muster: Grundbuchberichtigungsantrag auf Eintragung des Vorerben

273 An das

220 Amtsgericht
– Grundbuchamt – (in Baden: Gemeinde; in Württemberg: Staatl. Notariat)

Eigentumswohnung des Herrn           , zuletzt wohnhaft in           , gestorben am           , eingetragen im Wohnungs-Grundbuch des Amtsgerichts           für           , Band           , Heft           BV Nr.

Herr           ist als Eigentümer der oben näher bezeichneten Eigentumswohnung eingetragen. Er ist am           gestorben und wurde nach dem Erbschein des Amtsgerichts – Nachlassgericht – vom           Az.           als Alleinerbe beerbt von Herrn           .

Beweis: Beiliegende Ausfertigung des Erbscheins vom           , von dem eine unbeglaubigte Fotokopie für die dortigen Akten beigefügt ist. Um Rückgabe der Ausfertigung wird gebeten.

Herr           , mein Mandant, dessen Vollmacht ich beifüge, ist allerdings lediglich befreiter Vorerbe des Erblassers geworden.

In seinem Namen beantrage ich

die Berichtigung des Grundbuchs dahin gehend, dass anstelle des Erblassers mein Mandant als Eigentümer der bezeichneten Eigentumswohnung im Grundbuch eingetragen wird.

Der Nacherbenvermerk nach § 51 GBO (mit dem Hinweis auf die Befreiung meines Mandanten nach § 2136 BGB) ist von Amts wegen einzutragen.

Der vollständige grundbuchmäßige Beschrieb der Eigentumswohnung lautet:           .

Der Wert der Wohnung beträgt ca. ▒▒▒▒▒ EUR. Der Vorerbe nimmt Befreiung von den Berichtigungsgebühren gem. § 60 Abs. 4 KostO in Anspruch, weil der Berichtigungsantrag innerhalb von zwei Jahren seit dem Erbfall gestellt wird.

Die Kostenrechnung (für Schreibgebühren und Auslagen) und die Eintragungsnachricht nach § 55 GBO können mir übersandt werden.

(Rechtsanwalt)

## II. Verfügungen des Vorerben

Unentgeltliche Verfügungen des nicht befreiten und des befreiten Vorerben über Grundstücke sind – wenn sie ohne Zustimmung des Nacherben und etwaiger Ersatznacherben vorgenommen wurden – im Falle des Eintritts der Nacherbfolge unwirksam (§ 2113 Abs. 2 BGB). Bis zu diesem Zeitpunkt sind sie allerdings wirksam (§ 2112 BGB). Haben der Nacherbe und etwaige Ersatznacherben den Verfügungen jedoch zugestimmt, so sind diese endgültig wirksam.

221

In der Praxis sind die Vorerben sehr häufig von den Beschränkungen der entgeltlichen Grundstücksverfügung befreit (§ 2136 BGB).

Der Erblasser kann den Vorerben jedoch **nicht befreien** von der Möglichkeit, **unentgeltliche Verfügungen** über Nachlassgegenstände vorzunehmen. Eine solche Verfügung wäre nur mit Zustimmung aller Nacherben und etwaiger Ersatznacherben zulässig. Deshalb kommt es auf die Unterscheidung an, ob eine Verfügung entgeltlich oder unentgeltlich ist.

222

**Unentgeltlichkeit** liegt dann vor, wenn – objektiv – der Verfügung keine gleichwertige Leistung gegenüber steht und – subjektiv – der Vorerbe dies weiß oder bei ordnungsgemäßer Verwaltung des Nachlasses hätte erkennen müssen.[131] Bei einem groben Missverhältnis von Leistung und Gegenleistung besteht eine tatsächliche Vermutung dafür, dass die Parteien sich über die Unentgeltlichkeit der Zuwendung einig waren.[132]

223

Zudem liegt ein Entgelt i.S.d. § 2113 Abs. 2 BGB bei einer Verfügung des **nicht befreiten** Vorerben nur vor, wenn die Gegenleistung in den Nachlass fließt.[133]

Bei **befreiter** Vorerbschaft ist eine Verfügung grundsätzlich auch dann entgeltlich, wenn die Gegenleistung in das Eigenvermögen des Vorerben fließt. Jedoch muss die Eingehung der Verbindlichkeit durch den befreiten Vorerben im Rahmen einer ordnungsmäßigen Verwaltung des Nachlasses erfolgt sein, da anderenfalls die auch für ihn geltende Schranke des § 2113 Abs. 2 BGB unterlaufen werden könnte.[134]

Umstritten ist in diesem Zusammenhang die Behandlung der teilweise unentgeltlichen Verfügungen (**gemischte Schenkungen**). Die Unwirksamkeit erfasst hier nach der Rechtsprechung des Bundesgerichtshofs die gesamte Verfügung, also auch den entgeltlichen Teil.[135] Der Nacherbe hat dann die Wahl: Er kann entweder einen Schadenersatzanspruch gegen

224

---

[131] BGH NJW 1991, 842; NJW 1984, 366, 367.
[132] Staudinger/*Behrends/Avenarius*, § 2113 BGB Rn 69 m.w.N.
[133] BGHZ 7, 274, 277; Staudinger/*Behrends/Avenarius*, § 2113 BGB Rn 72; MüKo-*Grunsky*, § 2113 BGB Rn 23: Die Gegenleistung wird in der Regel als Surrogat kraft Gesetzes (§ 2111 BGB) in den Nachlass fallen, ohne dass der Vorerbe dies beeinflussen kann.
[134] BGH NJW 1984, 366, 367.
[135] BGH NJW 1985, 382, 383; ebenso: Staudinger/*Behrends/Avenarius*, § 2113 BGB Rn 66 f.; Soergel/*Harder*, § 2113 BGB Rn 21; a.A.: MüKo-*Grunsky*, § 2113 BGB Rn 28; *Brox*, Rn 351.

den Vorerben geltend machen oder einen Herausgabeanspruch gegenüber dem beschenkten Dritten.

225 Auch **unbenannte Zuwendungen** zwischen Ehegatten stellen eine unentgeltliche Verfügung im Sinne des § 2113 Abs. 2 BGB dar.[136]

Eine Verfügung des nicht befreiten Vorerben ist nur dann entgeltlich, wenn die gleichwertige Gegenleistung auch in den Nachlass fließt,[137] was allerdings durch die Surrogationsvorschrift des § 2111 BGB im Regelfall sichergestellt sein dürfte.

226 Dagegen ist es dem befreiten Vorerben gestattet, den Nachlass für sich zu verwenden (§§ 2134, 2136 BGB). Deshalb kommt es in diesem Fall nicht darauf an, ob die Gegenleistung in den Nachlass gelangt oder ob sie dem Vorerben persönlich zugute kommt.[138] Bei teilweise entgeltlicher, teilweise unentgeltlicher Verfügung des Vorerben ist die gesamte Verfügung unwirksam.[139]

Maßgebender Zeitpunkt für die Beurteilung der Entgeltlichkeit oder Unentgeltlichkeit einer Verfügung des Vorerben ist der Zeitpunkt ihrer Vornahme.[140]

227 Ob eine gemischte Schenkung vorliegt, ist aus der Sicht eines Vorerben bei ordnungsgemäßer Verwaltung der unter Nacherbschaft stehenden Nachlassmasse und unter gebührender Rücksichtnahme auf seine künftige Herausgabepflicht gegenüber dem Nacherben und dessen Interessen zu beurteilen. Dagegen kommt es nicht darauf an, ob eine andere Person mit mehr Verhandlungsgeschick und/oder größerer zeitlicher Ausdauer einen höheren Verkaufserlös erzielt hätte.[141]

228 > **Beispiel**
> Dazu folgendes **Beispiel** nach OLG Hamm:[142]
> Der Vorerbe veräußerte ein Grundstück, das zum Nachlass gehörte, für 985.000 DM. Der Käufer bestellte u.a. eine Finanzierungsgrundschuld über 1,2 Mio. DM. Das Grundbuchamt war wegen der höheren Grundschuld der Auffassung, dass hier eine gemischte Schenkung vorliegen könne und verlangte zur Löschung des Nacherbenvermerks die Bewilligung der Nacherben. Der Käufer wies darauf hin, dass die Finanzierung auch die Dachsanierung umfassen sollte und der Kaufpreis marktgerecht sei.

229 Das OLG Hamm führt aus, ein Nacherbenvermerk könne nur dann gelöscht werden, wenn entweder die eingetragenen Nacherben die Löschung bewilligt haben oder die Unrichtigkeit des Grundbuchs nachgewiesen sei. Unrichtig ist das Grundbuch in Bezug auf den Nacherbenvermerk, wenn das Grundstück mit Wirkung gegenüber den Nacherben aus dem Nachlass ausgeschieden ist. Diese Folge tritt ein, wenn der Vorerbe das Grundstück entweder mit Zustimmung aller Nacherben – die hier nicht vorliegt – oder aber als befreiter Vorerbe entgeltlich an eine andere Rechtspersönlichkeit veräußert hat.[143] Die Entgeltlichkeit kann regelmäßig nicht in der Form des § 29 GBO nachgewiesen werden. Deshalb hat die Rechtsprechung die Möglichkeit eröffnet, dass das Grundbuchamt unter Berücksichtigung der

---

136 MüKo-*Grunsky*, § 2113 BGB Rn 25.
137 BGHZ 7, 274.
138 BGH DNotZ 1985, 482 = FamRZ 1985, 176 = NJW 1985, 382.
139 BGH DNotZ 1985, 482 = FamRZ 1985, 176 = NJW 1985, 382; siehe zu Einzelheiten *Jung*, Rpfleger 1999, 204 ff.
140 OLG Hamm OLGZ 1991, 137.
141 OLG Hamm DNotI-Report 1999, 121 = FGPrax 1999, 130 = Rpfleger 1999, 385 = MittRhNotK 1999, 248 = OLGR Hamm 1999, 318.
142 OLG Hamm MittRhNotK 1999, 248 = DNotI-Report 1999, 121.
143 *Schöner/Stöber*, Rn 3483 ff.; OLG Hamm NJW-RR 1996, 1230.

natürlichen Gegebenheiten und der gesamten Umstände des Falles zu prüfen hat, ob die Entgeltlichkeit offenkundig ist. Die Veräußerung an einen Dritten außerhalb der Familie ist ein Indiz für die Entgeltlichkeit. Es kommt nicht darauf an, ob eine andere Person mit mehr Verhandlungsgeschick einen höheren Verkaufserlös erzielt hätte.

Zum gleichen Problemkreis das OLG Düsseldorf:[144]

*„Ein im Grundbuch eingetragener Nacherbenvermerk ist ohne Löschungsbewilligung des Nacherben auf den Antrag des Vorerben nur dann zu löschen, wenn die Grundbuchunrichtigkeit offenkundig oder dem Gericht nachgewiesen, der Vorerbe also zur Verfügung (hier: Übertragung eines Grundstücks an die Lebensgefährtin gegen Leibrente) befugt ist.*

*Die Verfügungsbeschränkung des Vorerben bei unentgeltlicher oder teilunentgeltlicher Verfügung führt im Falle eines Näheverhältnisses des veräußernden Vorerben zum Erwerber (hier: Lebensgefährtin) dazu, dass – zumindest bei weiteren Anhaltspunkten für ein Äquivalenzdefizit (hier: Investitionen der Erwerberin in streitiger Höhe bei nicht belegter Relevanz für den Grundstückswert; dem Vorerben eingeräumtes Mitbenutzungs- und Wohnungsrecht) – der Vorerbe den zur Löschung des Nacherbenvermerks erforderlichen grundbuchlichen Nachweis der (vollständigen) Unentgeltlichkeit durch Vorlage eines (nicht von Amts wegen einzuholenden) Wertgutachtens zu erbringen hat."*

### III. Berichtigung des Grundbuchs auf den Nacherben

#### 1. Eintragung des Nacherben

Mit Eintritt des Nacherbfalls geht kraft Gesetzes der Nachlass auf den Nacherben über, § 2139 BGB. Bezüglich der auf den Vorerben eingetragenen Grundstücke wird das Grundbuch damit wieder unrichtig. Eine entsprechende Berichtigung auf den Nacherben ist nach denselben Regeln wie bei der Berichtigung auf den Vorerben vorzunehmen.

**Bemerkung zum Gesetz zur Änderung des Erb- und Verjährungsrechts:** Nur wenige erbrechtliche Ansprüche werden in Zukunft noch in dreißig Jahren verjähren, weil die Sonderverjährungsvorschrift für familien- und erbrechtliche Ansprüche des § 197 Abs. 1 Nr. 2 BGB aufgehoben wird. Der Anspruch des Nacherben gem. § 2130 BGB auf Herausgabe des Nachlasses gegenüber dem Vorerben bzw. dessen Erben wird nach wie vor in dreißig Jahren verjähren, vgl. § 197 Abs. 1 Nr. 1 BGB.

#### 2. Löschung des Nacherbenvermerks

Mit dem Eintritt des Nacherbfalls ist der Nacherbenvermerk gegenstandslos geworden. Mit der Berichtigung des Grundbuchs auf den Nacherben ist der Nacherbenvermerk deshalb gleichzeitig als gegenstandslos zu löschen. Der Nacherbenvermerk kann allerdings wegen Unrichtigkeit des Grundbuchs auch dann gelöscht werden, wenn der Nacherbfall nicht oder nicht mehr eintreten kann.[145]

---

144 OLG Düsseldorf FamRZ 2008, 1215 = NJW-RR 2009, 26.
145 BayObLG NJW-RR 2000, 1391.

### 3. Muster: Antrag auf Grundbuchberichtigung zur Eintragung des Nacherben und Löschung des Nacherbenvermerks

**274**

**233**

An das

Amtsgericht
– Grundbuchamt – (in Baden: Gemeinde; in Württemberg: Staatl. Notariat)

Eigentumswohnung des Herrn ____, zuletzt wohnhaft in ____, gestorben am ____, eingetragen im Wohnungs-Grundbuch des Amtsgerichts ____ für ____, Band ____, Heft ____ BV Nr. ____

Herr ____ ist im Grundbuch als Eigentümer der oben näher bezeichneten Eigentumswohnung eingetragen. In Abteilung II ist ein Nacherbenvermerk eingetragen, da Herr ____ lediglich Vorerbe des am ____ verstorbenen Erblassers ____ war. Der Vorerbe und eingetragene Eigentümer ist am ____ gestorben. Der dem Vorerben ursprünglich erteilte Erbschein wurde mit Beschluss des Amtsgerichts – Nachlassgericht – vom ____, Az. ____, eingezogen. Nach dem nunmehr neu erteilten Erbschein des Amtsgerichts – Nachlassgericht – vom ____ Az. ____ ist mit seinem Tod die Nacherbfolge eingetreten. Alleiniger Nacherbe des Erblassers (nicht des Vorerben) wurde nach demselben Erbschein Herr ____.

Beweis: Beiliegende Ausfertigungen
- a) des neu erteilten Erbscheins vom ____, von dem eine unbeglaubigte Fotokopie für die dortigen Akten beigefügt ist – um Rückgabe der Ausfertigung wird gebeten –,
- b) des Erbscheinseinziehungsbeschlusses des Amtsgerichts – Nachlassgericht – vom ____ Az. ____

Im Namen meines Mandanten, des Nacherben und nunmehrigen Alleineigentümers der bezeichneten Eigentumswohnung, **beantrage ich die Berichtigung des Grundbuchs** dahin gehend, dass anstelle des verstorbenen Vorerben mein Mandant als Eigentümer der bezeichneten Eigentumswohnung im Grundbuch eingetragen wird.

Der Nacherbenvermerk ist nunmehr als gegenstandslos zu löschen, was ich hiermit ebenfalls beantrage.

Der vollständige grundbuchmäßige Beschrieb der Eigentumswohnung lautet: ____.

Der Wert der Wohnung beträgt ca. ____ EUR.

Der Nacherbe nimmt Befreiung von den Berichtigungsgebühren gem. § 60 Abs. 4 KostO in Anspruch, weil der Berichtigungsantrag innerhalb von zwei Jahren seit dem Nacherbfall gestellt wird (vgl. OLG Düsseldorf NJW 1967, 2414; KG DNotZ 1968, 257).

Die Kostenrechnung (für Schreibgebühren und Auslagen) und die Eintragungsnachricht nach § 55 GBO können mir übersandt werden.

(Rechtsanwalt)

### IV. Übertragung eines Grundstücks auf den Vorerben

**234** Der Vorerbe und der Nacherbe können ohne Zustimmung des Ersatznacherben ein zur Erbschaft gehörendes Grundstück in der Weise auf den Vorerben zu Alleineigentum übertragen, dass das Grundstück aus dem Nachlass ausscheidet und damit von der Nacherbeneinsetzung nicht mehr erfasst wird.

In einem solchen Fall kann das Grundbuch nach § 22 GBO berichtigt werden, ohne dass es einer Bewilligung des Ersatznacherben bedürfte.[146]

## N. Nachlasspflegschaft, Nachlassverwaltung, Nachlassinsolvenz, Zwangsversteigerung und ihre Auswirkungen auf das Grundbuch

### I. Nachlasspflegschaft

Mit der Anordnung der Nachlasspflegschaft nach §§ 1960–1962 BGB (siehe zur Nachlasspflegschaft im Einzelnen § 6) erlangt der Nachlasspfleger die Rechtsstellung eines gesetzlichen Vertreters für die Erben. Er hat damit das Verfügungsrecht über die einzelnen Nachlassgegenstände. Eine Eintragung eines „Nachlasspflegschaftsvermerks" erfolgt so wenig wie bei anderen gesetzlichen Vertretungen.

235

Aber der Nachlasspfleger kann über Nachlassgrundstücke verfügen. Einer Voreintragung der Erben in das Grundbuch bedarf es in diesem Falle nicht.[147] Der Legitimation des Nachlasspflegers als Verfügungsberechtigtem dient seine vom Nachlassgericht ausgestellte Bestallungsurkunde.

### II. Nachlassverwaltung

Die Anordnung der Nachlassverwaltung (§§ 1975–1992 BGB, siehe im Einzelnen zur Nachlassverwaltung § 6) führt ebenfalls zum Verlust des Verfügungsrechts der Erben über die einzelnen Nachlassgegenstände. Der Nachlassverwalter ist jedoch nicht gesetzlicher Vertreter der Erben, sondern Partei kraft Amtes. Deshalb kann im Grundbuch (in Abteilung II) ein **Nachlassverwaltungsvermerk** eingetragen werden. Damit wird verhindert, dass die Erben ohne Mitwirkung des Nachlassverwalters über ein Nachlassgrundstück verfügen können.[148] Den Antrag zur Eintragung des Vermerks kann der Nachlassverwalter stellen. Ob auch das Nachlassgericht das Grundbuchamt um Eintragung des Nachlassverwaltungsvermerks ersuchen kann, ist streitig.[149] Es wird in jedem Falle lediglich die Tatsache der Anordnung der Nachlassverwaltung eingetragen („Nachlassverwaltung ist angeordnet"), nicht auch die Person des Nachlassverwalters.

236

### III. Nachlassinsolvenzverfahren

Die Eröffnung des Nachlassinsolvenzverfahrens (siehe im Einzelnen zum Nachlassinsolvenzverfahren § 11 Rn 473 ff.) führt zum Verlust der Verfügungsbefugnis der Erben über die Nachlassgegenstände. Der Nachlassinsolvenzverwalter nimmt die Verfügungsrechte wahr, §§ 80 Abs. 1, 56 Abs. 2 InsO.

237

Der **Insolvenzvermerk** wird (in Abteilung II) bei jedem Nachlassgrundstück eingetragen. Das Insolvenzgericht ersucht das Grundbuchamt um dessen Eintragung, § 38 GBO, § 32 InsO. Auch hier wird nicht der Name des Insolvenzverwalters eingetragen, sondern ledig-

---

146 BayObLG FamRZ 2005, 1862.
147 *Schöner/Stöber*, Rn 3134.
148 *Schöner/Stöber*, Rn 3135.
149 Bejahend Staudinger/*Marotzke*, § 1984 BGB Rn 13 m.w.N.; verneinend: Palandt/*Edenhofer*, § 1983 BGB Rn 2; MüKo-*Siegmann*, § 1983 BGB Rn 2.

lich die Tatsache der Anordnung des Nachlassinsolvenzverfahrens („Das Nachlassinsolvenzverfahren ist angeordnet").

Gleiches gilt, wenn das Insolvenzgericht ein **allgemeines Veräußerungsverbot** erlassen hat. Auch dieses wird auf Ersuchen des Insolvenzgerichts im Grundbuch eingetragen.

### IV. Teilungsversteigerung

238 Betreibt ein Miterbe die Zwangsversteigerung zum Zwecke der Aufhebung der Erbengemeinschaft an einem Nachlassgrundstück nach §§ 2042 Abs. 2, 753 BGB, § 180 ff. ZVG, so wird der **Versteigerungsvermerk** auf Ersuchen des Versteigerungsgerichts im Grundbuch (in Abteilung II) eingetragen, § 19 ZVG (siehe im Einzelnen zur Teilungsversteigerung § 20 Rn 1 ff.).

## O. Erbschaftlicher Grundstückserwerb im Ausland – Länderüberblick

### I. Frankreich

#### 1. Rechtsquellen des französischen Rechts

239 Als wichtigste Rechtsquellen für den Immobilienerwerb von Todes wegen sind zu nennen:
– Code Civil (CC),
– Wohnungseigentumsgesetz vom 10.7.1965 (Loi n. 65–557), in den CC inkorporiert nach Art. 664 CC.

#### 2. Grundbuch

a) Bestandteile des Grundbuchs

240 In Elsaß-Lothringen gibt es noch das Grundbuch aus der Zeit von dessen Zugehörigkeit zu Deutschland *(livre foncier)*, im übrigen Frankreich das Grundstücks- und Hypothekenregister *(bureau de la conservation des hypothèques)*.

241 Das Grundstücks- und Hypothekenregister wird zweifach unterteilt:
– in das **Hauptregister** und
– das **Nebenregister**.

242 Das **Hauptregister** wird wiederum unterschieden in
– Hypothekenregister (registre des inscriptions) – hier werden alle Hypotheken publiziert,
– Transkriptionsregister (registre des publications) – dieses enthält alle anderen das Grundstück betreffenden Vorgänge,
– Pfändungsregister (registre des saisies immobilières), Art. 15 ff., 28 ff. decr. 4.1.1955.

In diesen drei Registern werden nicht etwa die Rechtsgeschäfte eingetragen, sondern lediglich die eingereichten Urkunden über die sie betreffenden Rechtsvorgänge archiviert. Die Register entsprechen also eher den Grundakten des deutschen Grundbuchrechts.

243 Das **Nebenregister** unterscheidet wiederum in mehrfacher Hinsicht:
– Im Eingangsregister werden die Eingänge der Anträge mit Zeitangabe registriert. Die zeitliche Reihenfolge ist für den Rang des zu registrierenden Rechts maßgebend, Art. 2200 CC.
– Die Grundkartei (fichier immobilier), die sich ihrerseits untergliedert in
   – **Eigentümerkartei** (fiches personnelles),

- **Grundstückskartei** (fiches d'immeuble),
- **Parzellenkartei** (fiches parcellaires).

Die Grundstückskartei ist für die Praxis am wichtigsten, sie enthält den Namen des Eigentümers und gibt die rechtlichen Verhältnisse am betreffenden Grundstück wieder.

### b) Registrierungsverfahren

Das Grundstücks- und Hypothekenregister wird von einem Finanzbeamten *(conservateur des hypothèques)* geführt und untersteht deshalb der Finanzverwaltung. Jedes Arrondissement hat ein eigenes für die in seinem Bezirk belegenen Grundstücke geführtes Register.

Die Registrierung erfolgt nur auf Antrag, den jeder stellen kann, der ein rechtliches Interesse an der Eintragung hat. Der den betreffenden Rechtsvorgang beurkundende Notar ist zur Antragstellung verpflichtet, für die Einreichung des Antrags bestehen unterschiedliche Fristen, die in Art. 33 des Dekrets vom 4.1.1955 geregelt sind.

### c) Grundbucheinsicht

Jeder, der ein berechtigtes Interesse hat, kann das Grundbuch bzw. das Grundstücksregister einsehen.

### d) Rechtswirkungen des Grundbuch- bzw. Grundbuchregistereintrags

#### aa) Eigentumserwerb ohne Grundbuchregistereintrag

Im Gegensatz zum deutschen Recht differenziert das französische Recht nicht nach schuldrechtlichem Kausalgeschäft und dinglichem Übertragungsakt. Es gilt also nicht das Abstraktionsprinzip. Mit der Einigung über die zu übertragende Sache und den Preis geht auch das Eigentum über, ohne dass es einer Registrierung im Grundbuch bedürfte (Konsensprinzip im Gegensatz zum Eintragungsprinzip des deutschen Rechts); auch eine Besitzübergabe ist nicht erforderlich, Art. 1583 CC. Dies gilt in gleicher Weise für bewegliche Sachen wie für Immobilien. Notarielle Beurkundungspflicht ist für einen Grundstücksübertragungsvertrag nur beim Bauträgervertrag und für unentgeltliche Grundstücksübertragungen vorgesehen, Art. 1601–1 ff. cc, Art. L. 261–9 ff. Code de la construction et de l'habitation. In Bezug auf das Formerfordernis besteht in Elsaß-Lothringen eine Ausnahme: Hier muss der Grundstücksübertragungsvertrag binnen sechs Monaten nach Abschluss des formlosen Vertrags notariell beurkundet werden, andernfalls wird der formlose Vertrag rückwirkend unwirksam.[150]

Auch in Elsaß-Lothringen, wo es noch das Grundbuch nach deutschem Vorbild gibt, hat der Grundbucheintrag lediglich publizierende und nicht rechtsbegründende Wirkung.

#### bb) Registrierung der Kaufvertragsurkunde

Zwar ist die Registrierung des Eigentums an einer Immobilie für den Rechtserwerb nicht konstitutiv, aber Außenwirkung gegenüber Dritten entfaltet der Immobilienerwerb erst mit der Bekanntmachung des Vertrags *(opposabilité)*, Art. 28 Dekret n. 55–22 v. 4.1.1955, inkorporiert im cc nach Art. 2203–1. Diese Registrierung ist jedoch mit einem Grundbucheintrag deutschen Rechts nicht vergleichbar. Der notariell beurkundete Übertragungsvertrag ist in zweifacher Ausfertigung beim Grundstücks- und Hypothekenregister einzureichen

---

150 *Böhringer*, BWNotZ 1987, 25, 26/27.

und wird vom Registerführer registriert. Die Vertragsurkunde wird mit einem Stempelvermerk publiziert *(publicité foncière)* und dient mit diesem Vermerk als Eigentumsnachweis.

### cc) Eigentumsnachweis

248  Mit einer Kette von Vorpublikationen in Form gestempelter Vertragsurkunden weist der Immobilieneigentümer sein Eigentum nach. Diese Kette darf für die Zeit der letzten 30 Jahre nicht unterbrochen sein. Weil der Grundbuchpublizität nur notariell beurkundete Verträge zugrunde liegen können, wird faktisch jeder Immobilienübertragungsvertrag notariell beurkundet *(acte authentique)*, obwohl dies für den materiellrechtlichen Eigentumsübergang nicht erforderlich wäre.

### 3. Formen des Grundeigentums

249  Dem französischen Sachenrecht sind folgende Arten des Eigentums bekannt:
- Alleineigentum *(propriété)*, Art. 544 CC,
- Miteigentum *(indivision)*, Art. 815 ff. CC, wozu auch die Erbengemeinschaft gehört,
- Wohnungs- und Teileigentum *(copropriété)*, Art. 664 ff. CC.

Gesamthandseigentum kennt das französische Recht nur im Ehegüterrecht.

### 4. Erbschaftlicher Erwerb von Immobilien

250  Die Erben werden kraft Gesetzes Eigentümer der vom Erblasser hinterlassenen Immobilien. Die Abwicklung des Nachlasses kommt den Notaren zu, die nachlassgerichtliche Kompetenzen haben.

Das Grundstücksregister wird auf Antrag berichtigt. Dafür ist eine vom Notar auszustellende Bescheinigung (attestation notariée) erforderlich (zum Erbnachweis französischen Rechts vgl. Rn 270). Obwohl ein deutscher Notar eine solche Bescheinigung auch ausstellen könnte, ist die Zuziehung eines französischen Notars unumgänglich, denn die Urkunde wäre bei einem französischen Notar zu hinterlegen und in Frankreich förmlich anzuerkennen, so dass in jedem Falle die Mitwirkung eines französischen Notars nicht zu vermeiden ist.

### 5. Grundzüge des französischen Erbrechts

#### a) Gesetzliche Grundlagen

##### aa) Internationales Privatrecht

251  Im französischen Internationalen Erbrecht werden Mobilien und Immobilien unterschiedlich behandelt: Für Grundstücke gilt die **lex rei sitae**, während bewegliche Gegenstände nach dem Recht am letzten Wohnsitz des Erblassers vererbt werden.

Dies wird bezüglich der Immobilien aus der Bestimmung des Art. 3 Abs. 2 CC geschlossen.[151] Bezüglich beweglicher Gegenstände steht die Regelung fest seit der Entscheidung des Kassationshofes vom 19.6.1939.

Im Verhältnis zu Deutschland ist das **Haager Testamentsformübereinkommen**, dem auch Frankreich beigetreten ist, von Bedeutung; im Übrigen besteht kein Staatsvertrag, der das

---

151 *Wehrens/Gresser*, BWNotZ 2000, 49, 50.

Erbrecht betrifft. Ein solcher ist allerdings zwischen Frankreich und der Schweiz abgeschlossen.

bb) Materielles und formelles Erbrecht

Es gilt der Code Civil (CC) Art. 733 ff.

Das Erbrecht wurde in Frankreich innerhalb kurzer Zeit zweimal novelliert. Seit 1.7.2002 gilt neues französisches Erbrecht. Es wurde durch das Gesetz Nr. 2001–1135 vom 3.12.2001 in wesentlichen Punkten geändert (Journal officiel [J.O.] Numéro 281 du 4 décembre 2001, im vollständigen Wortlaut einsehbar unter der Internet-Adresse http://www.legifrance.gouv.fr/html/frame.jo.html). Zum 1.1.2007 ist das Gesetz vom 23.6.2006 in Kraft getreten. Die materiell-erbrechtlichen Regelungen des CC finden sich in den Art. 718 ff. CC. Diese Gesetzesänderung hat voraussichtlich keinen Einfluss auf den internationalen Rechtsverkehr.[152]

Die nachfolgenden Ausführungen beziehen sich auf die bis 30.6.2002 geltenden gesetzlichen Regelungen, soweit nichts anderes vermerkt ist. Das neue Recht gilt für Erbfälle seit dem 1.7.2002.

Kernpunkte der Reform sind:
- die gesetzliche Nachlassbeteiligung des überlebenden Ehegatten und
- die Gleichstellung von Ehebruchskindern.

Darüber hinaus wurden folgende Teile des Code Civil neu gefasst:
- Eröffnung der Erbschaft, Art. 720–724–1 CC,
- Erbfähigkeit und Erbunwürdigkeit, Art. 725–729–1 CC,
- Nachweis der Erbeneigenschaft, Art. 730–730–5 CC,
- gesetzliche Erbfolge, Art. 731–755 CC.

Der wesentliche Kern der Reform besteht in der lebenslangen Absicherung des Wohnbedarfs für den überlebenden Ehegatten.[153]

Das Erbrechtsänderungsgesetz vom 23.6.2006 (Nr. 2006/728) brachte zum 1.1.2007 im Wesentlichen folgende Änderungen:
- Rechtliche Ausgestaltung des Pflichtteilsrechts (réserve legale),
- Postmortale Vollmacht,
- Nachlassverwaltung,
- Verkürzung der Ausschlagungsfristen,
- Einführung der Vor- und Nacherbfolge,
- Erbschaftsannahme in Höhe des Nachlassguthabens.

Der überlebende Ehegatte hat, wenn gemeinsame Abkömmlinge vorhanden sind, ein **Wahlrecht**. Er kann – zeitlich unbeschränkt – wählen zwischen dem **Nießbrauch am gesamten Nachlass** oder einer **Beteiligung von 1/4** (Art. 757 CC). Allerdings können die Erben den Ehegatten auffordern, sich binnen drei Monaten zu der getroffenen Wahl zu erklären. Erfolgt keine Antwort, wird die Wahl des Nießbrauchs vermutet (Art. 758–1 f. CC). Sowohl die Erben als auch der Ehegatte können die **Umwandlung des Nießbrauchs in eine Leibrente** verlangen. Diese Option besteht aber nicht, wenn außereheliche oder Kinder aus einer früheren Ehe vorhanden sind.

---

152 *Gresser*, ZErb 2006, 407.
153 Nach *Klingelhöffer*, ZEV 2003, 148.

Art. 763 CC bestimmt, dass der überlebende Ehegatte für die Dauer von **einem Jahr nach dem Erbfall kostenlos** die eheliche Wohnung mit Einrichtung nutzen kann. Dieses Recht besteht kraft Gesetzes und kann vom Erblasser nicht ausgeschlossen werden. Dasselbe Recht besteht bei einer Mietwohnung; in diesem Fall hat der Nachlass für die Miete aufzukommen.

Nach Ablauf des genannten Jahres kann der überlebende Ehegatte die **lebenslange Nutzung der Wohnung nebst Einrichtung** verlangen (Art. 764 CC). Das Wohnrecht hängt nicht von der Bedürftigkeit ab. Der Erblasser kann allerdings dieses lebenslange Wohnrecht durch ein notarielles Testament ausschließen.

Das **Wohnungsrecht** selbst wirkt nach wohl h.M. nicht dinglich und ist als Anspruch dem beweglichen Vermögen zuzuordnen.[154]

Schließlich sieht das Gesetz in Art. 767 CC einen **Unterhaltsanspruch** des überlebenden Ehegatten vor, sofern dieser **bedürftig** ist.

Mit diesen Ansprüchen sind allerdings die Rechte des überlebenden Ehegatten erschöpft. Ihm steht grundsätzlich **kein unentziehbarer Nachlassteil** (Pflichtteil = "réserve") zu. Die réserve besteht nur dann, wenn Abkömmlinge und privilegierte Aszendenten nicht vorhanden sind (Art. 914–1 CC).

### b) Französisches Internationales Erbrecht

#### aa) Erbrechtliche Anknüpfung

254   Das französische Kollisionsrecht (das sich durch die Erbrechtsreformen nicht verändert hat) knüpft nicht an die Staatsangehörigkeit des Erblassers an, sondern unterscheidet nach unbeweglichem Nachlass – insofern gilt die lex rei sitae – und beweglichem Nachlass – insofern gilt das Recht des letzten Wohnsitzes.

Damit ist das französische Internationale Erbrecht bestimmt vom **Grundsatz der Nachlassspaltung**, Art. 3 Abs. 2 CC; dies ist eine besondere Vorschrift i.S.v. Art. 3a EGBGB n.F. (fr. Art. 3 Abs. 3 EGBGB).[155]

> *Code civil Art. 3:*
> *(1) Die Polizei- und Sicherheitsgesetze verpflichten all diejenigen, welche sich in dem Staatsgebiete aufhalten.*
> *(2) In Ansehung der Immobilien, selbst derjenigen, welche von Ausländern besessen werden, gilt das inländische Gesetz.*
> *(3) Den Gesetzen, welche den Stand und die Fähigkeit einer Person betreffen, sind die Inländer, selbst wenn sie sich im Ausland aufhalten, unterworfen]*[156]

#### bb) Staatsverträge

(1) Staatsverträge auf dem Gebiet des Erbrechts

255   Es gilt das Haager Testamentsformübereinkommen.

---

[154] Vgl. Überbl. bei Staudinger/*Dörner*, Art. 25 EGBGB Rn 144.
[155] Art. 3 EGBGB neu gefasst mit Wirkung vom 11.1.2009 durch Gesetz v. 10.12.2008 (BGBl. I 2008 S. 2401); *Wehrens/Gresser*, BWNotZ 2000, 49, 50.
[156] Übersetzungen aus *Ferid/Firsching/Dörner/Hausmann*, Frankreich, Texte B.

### (2) Staatsverträge auf dem Gebiet des Güterrechts

Im Verhältnis zu Deutschland besteht kein Staatsvertrag auf dem Gebiet des ehelichen Güterrechts.

### c) Universalsukzession und Verwandtenerbfolge

Es gilt der Grundsatz der **Universalsukzession**, aber **nicht die Erbfolge nach Parentelordnungen, sondern nach Klassen.**

Das Eigentum geht mit Eintritt des Erbfalles ipso iure auf den Erben über. Aber es muss noch die **Besitzergreifung ("saisine")** hinzutreten. Darunter versteht man das Recht, nach außen gegenüber Dritten die übergegangenen Rechte geltend zu machen.

### d) Gesetzliche Erbfolge

#### aa) Einteilung in Klassen

Die Erbberechtigten werden in **vier Klassen** eingeteilt:
- erste Klasse: Abkömmlinge,
- zweite Klasse: Eltern und Geschwister,
- dritte Klasse: Aszendenten,
- vierte Klasse: Seitenverwandte.

#### (1) Erste Klasse

**Abkömmlinge** des Erblassers (*descendants*), Art. 745 CC. Zu ihr gehören die ehelichen und nichtehelichen Kinder des Erblassers und deren eheliche Abkömmlinge.

Nichteheliche Kinder müssen durch Urteil oder Erklärung des Erblassers als Kind anerkannt sein.

Die erste Erbenordnung des französischen Rechts entspricht der ersten Erbenordnung des deutschen Rechts nach § 1924 BGB.

Eine Besonderheit des französischen Erbrechts waren (bis 30.6.2002) die sog. **Ehebruchskinder**. Diese während eines ehelichen Verhältnisses von einem Ehepartner mit einem Dritten gezeugten Kinder erhalten, wenn ihr Erbanspruch mit Kindern aus dieser Ehe in Konflikt gerät, die Hälfte des Erbteils, den ein eheliches Kind erhalten würde, Art. 760 CC.

Die am 1.7.2002 in Kraft getretene Erbrechtsreform hat die benachteiligenden Sonderregelungen für Ehebruchskinder beseitigt (bisherige Art. 759 ff., 908, 908–1, 915–915–2, 1097, 1097–1 CC a.F.).[157]

#### (2) Zweite Klasse

**Eltern und Geschwister nebst Abkömmlingen** (*ascendants et collatéraux privilégiés*), Art. 751 CC.

Die Erbteile hängen davon ab, ob die Eltern noch leben. Leben beide Eltern, so erhalten sie – anders als im deutschen Recht nach § 1925 BGB – die Hälfte, während die andere Hälfte an die Geschwister fällt. Ist ein Elternteil verstorben, so erhalten die Geschwister drei Viertel.

---

157 Vgl. im Einzelnen *Süß*, ZErb 2002, 62.

Hinterlässt der Erblasser nur seine Eltern und keine Geschwister (oder deren Abkömmlinge), so fällt die ganze Erbschaft jedem Elternteil zur Hälfte zu. Ist ein Elternteil vorverstorben – z.B. die Mutter –, so tritt die dem deutschen Recht unbekannte Nachlassspaltung („*fente*") ein: Die Erbschaft zerfällt in zwei Hälften: die eine Hälfte geht an den überlebenden Elternteil, die andere an die Linie des vorverstorbenen Elternteils.

### bb) Gesetzliches Ehegatten-Erbrecht

**(1) Ehegatten-Erbrecht neben Verwandten des Erblassers**

262 Bis 30.6.2002 geltendes Recht (vgl. zum neuen Recht nachfolgend Rn 263):

Es war eine Besonderheit des französischen Erbrechts, dass der überlebende Ehegatte neben Abkömmlingen und neben Eltern und Geschwistern des Erblassers keinen dinglichen Erbteil am Nachlassvermögen erhält, sondern nur einen Quoten-**Nießbrauch**, und zwar
- **neben Kindern einen Nießbrauch von 1/4 am Nachlass** und
- **neben Eltern oder Geschwistern von 1/2 am Nachlass**.

Der überlebende Ehegatte hat nur dann Anspruch auf einen Erbteil als Eigentum, wenn in einer Verwandtschaftslinie keine Erben vorhanden sind.

Der überlebende Ehegatte **gehört** aber **nicht zu den Pflichtteilsberechtigten**.

263 **Neues gesetzliches Erbrecht für die seit 1.7.2002 eingetretenen Erbfälle:**
- Hinterlässt der Erblasser neben seinem Ehegatten nur gemeinsame Abkömmlinge, so hat der überlebende Ehegatte ein Wahlrecht zwischen dem Nießbrauch am gesamten Nachlass oder dem Eigentum von ¼ am Nachlass, Art. 757 Var. 1 CC. Auf Verlangen des Ehegatten oder eines der Erben ist der Nießbrauch in eine Leibrente umzuwandeln, er kann im gegenseitigen Einvernehmen auch kapitalisiert werden, Art. 759–762 CC.
- Hinterlässt der Erblasser auch einseitige Abkömmlinge, so erhält der überlebende Ehegatte ¼ des Nachlasses zu Eigentum, Art. 757 Var. 2 CC.
- Hinterlässt der Erblasser keine Abkömmlinge, aber beide Eltern, so erhält der Ehegatte ½ des Nachlasses zu Eigentum, die Eltern erhalten je ¼ des Nachlasses, Art. 757–1 I CC.
- Hinterlässt der Erblasser keine Abkömmlinge, aber noch einen Elternteil, so erhält der Ehegatte ¾ des Nachlasses zu Eigentum und der einzige Elternteil ¼, Art. 757–1 Abs. 2 CC.
- Hinterlässt der Erblasser weder Abkömmlinge noch Eltern, so erhält der Ehegatte den gesamten Nachlass, Art. 757–2 CC.

Eher unterhaltsrechtlichen Charakter hat das daneben dem überlebenden Ehegatten zustehende Wohnungsrecht an der Ehewohnung (nebst Einrichtung) für die Dauer eines Jahres, Art. 763 CC.

**(2) Kein Einfluss des Güterrechts auf das Ehegatten-Erbrecht**

264 Vor der erbrechtlichen Auseinandersetzung muss bei einem verheiratet gewesenen Erblasser die **güterrechtliche Auseinandersetzung** stattfinden.

Gesetzlicher Güterstand ist die **Errungenschaftsgemeinschaft** (*communauté des aquêts*).

Zu unterscheiden sind **drei Vermögensmassen**:
- das **Gesamtgut der Eheleute**,
- das **Eigengut des Mannes**,
- das **Eigengut der Frau**.

Eigengut ist das gesamte in die Ehe eingebrachte Vermögen jedes Ehepartners sowie Surrogate, unentgeltlicher Erwerb und höchstpersönliche Gegenstände.

Mit dem Tode eines Ehegatten kommt es zwischen dem überlebenden Ehegatten und den Erben des Verstorbenen zu einer **Erbengemeinschaft** (*indivision postcommunautaire*), deren Verwaltung und Auseinandersetzung sich nach erbrechtlichen Regeln richtet.

e) Miterbengemeinschaft

Die Erbengemeinschaft ist eine Gemeinschaft **eigener Art – weder Gesamthand noch Bruchteilsgemeinschaft**, Art. 815 CC. 265

Verwaltungshandlungen sind grundsätzlich nur **einstimmig** möglich.

Jeder Miterbe kann über seinen Quotenanteil am gemeinschaftlichen Nachlass verfügen.

Jeder Miterbe kann die Teilung verlangen, Art. 815 CC.

f) Pflichtteilsrecht

aa) Pflichtteilsrecht als Noterbrecht schränkt die Testierfreiheit ein

Zur Sicherung der Rechte der Pflichtteilsberechtigten nimmt der CC eine **Zweiteilung des Nachlasses** vor in 266
- **Erbvorbehalt** („la réserve") und
- **Freiteil** („la quotité disponible").

Der Pflichtteil ist ein **materielles Noterbrecht, also nicht nur schuldrechtlicher Anspruch**, Art. 913 CC.

Er ist damit eine strenge Grenze für die Testierfreiheit. Eine Überschreitung des Freiteils ist dem Erblasser nicht gestattet.

bb) Folgen der Verletzung der „réserve"

Im Falle einer Verletzung des Pflichtteils durch „übermäßige" Zuwendungen bereits zu Lebzeiten des Erblassers sind diese Zuwendungen zwar zunächst voll wirksam, sie unterliegen jedoch der späteren Anfechtung durch die beeinträchtigten Pflichtteilsberechtigten und können dadurch mit **Rückwirkung nichtig werden**. Diese erhebliche Beeinträchtigung der Rechtssicherheit nimmt der CC in Kauf, Art. 913 ff. CC. 267

Finden die Pflichtteilsberechtigten nicht den ihnen zustehenden Anteil des Nachlasses vor, so steht ihnen die **Herabsetzungsklage** zu.

cc) Kreis der Pflichtteilsberechtigten und die Pflichtteilsquoten

Zum Kreis der Pflichtteilsberechtigten gehören 268
- die **Abkömmlinge** und
- die **Eltern**

des Erblassers, **nicht aber der Ehegatte**. Die Eltern des Erblassers sind pflichtteilsberechtigt, **wenn Abkömmlinge nicht vorhanden sind**, Art. 913 CC. Der überlebende Ehegatte wird unterhaltsrechtlich und güterrechtlich gesichert.

Die Pflichtteilsquoten der Kinder betragen 269
- **1/2 des Nachlasses, wenn ein Kind** vorhanden ist,
- **2/3 des Nachlasses, wenn zwei Kinder** vorhanden sind,

*Krug*

– 3/4 des Nachlasses, wenn drei oder mehr Kinder vorhanden sind, Art. 913 CC.

Sind Ehebruchskinder zusammen mit ehelichen Abkömmlingen pflichtteilsberechtigt, so wird für die bis 30.6.2002 eingetretenen Erbfälle nach Art. 915 CC das Ehebruchskind zur Errechnung der Vorbehaltsquote mitgezählt, hat aber nur die Hälfte jenes Pflichterbrechtes, das es hätte, wenn alle Kinder – es selbst eingeschlossen – ehelich wären. Die frei werdende Quote kommt den Kindern der gebrochenen Ehe zugute. Die Regelung über die Schlechterstellung von Ehebruchskindern verstößt gegen Art. 1, 14 EMRK.[158] Vgl. zu der seit 1.7.2002 geltenden Erbrechtsreform oben § 10 Rn 250.

Jeder Elternteil hat eine Pflichtteilsquote von ¼ des Nachlasses.

Nur unter Berücksichtigung dieser „reservierten Erbteile" kann der Erblasser von Todes wegen verfügen.

### g) Nachweis der Erbberechtigung

270 **Nachlassgericht** ist in Elsass-Lothringen das Amtsgericht, im übrigen Frankreich das Landgericht (*tribunal de grande instance*), Art. 784 CC.

Einen Erbschein im Sinne des deutschen Rechts kennt das französische Recht nicht. Die Erbfolge wird durch eine **Offenkundigkeitserklärung ("acte de notoriété")** nachgewiesen. Sie wird vom Notar vorbereitet und von **zwei Zeugen unterschrieben**.

Die Zeugen bestätigen, den Erblasser gekannt zu haben, dass er z.B. zwei Kinder hinterlassen hat, dass kein Testament vorhanden war etc. Dieser Urkunde wird die Sterbeurkunde beigefügt.

## II. Österreich

### 1. Rechtsquellen des österreichischen Rechts

271 Als wichtigste Rechtsquellen für den Immobilienerwerb von Todes wegen sind zu nennen:
– ABGB (Allgemeines Bürgerliches Gesetzbuch),
– AußStrG (Außerstreitgesetz), neu gefasst zum 1.1.2005, entspricht dem deutschen FamFG (bis 31.8.2009: FGG),
– Außerstreit-Begleitgesetz,[159]
– Jurisdiktionsnorm („JN"),
– GKoärG (Gerichtskommissärsgesetz),
– GBG (Grundbuchsgesetz),
– GUG (Grundbuchumstellungsgesetz 1980),
– die Grundverkehrsgesetze der einzelnen Bundesländer der Republik Österreich,
– WEG (Wohnungseigentumsgesetz).

Die österreichischen Gesetze können im Internet abgerufen werden unter *www.ris.bka.gv.at/bundesrecht*.

---

[158] Urt. des Europäischen Gerichtshofs für Menschenrechte vom 1.2.2000, FamRZ 2000, 1077.
[159] Vgl. hierzu *Steiner*, ZEV 2005, 144 und *Ludwig*, ZEV 2005, 419; Vorbl. der Regierungsvorlage zum Außerstreit-Begleitgesetz unter *www.parlament.gv.at*.

Auskünfte gibt auch die

Österreichische Notariatskammer
Landgerichtsstraße 20
A–1010 Wien.

E–Mail: *kammer@notar.at*

homepage: *www.notar.at*.

Grundsätzlich ist es empfehlenswert, in einer ein österreichisches Grundstück betreffenden Angelegenheit einen österreichischen Notar einzuschalten.

**2. Grundbuch**

**a) Bestandteile des Grundbuchs**

Die Grundstücke werden im EDV-Grundstücksregister des Bezirksgerichts (Grundbuchabteilung) geführt, in dessen Bezirk die Immobilie liegt.

Das Grundbuch unterteilt sich in
- Hauptbuch und
- Urkundensammlung, § 1 GBG.

Das Hauptbuch seinerseits unterteilt sich in **Einlagen**. Die Einlage wiederum besteht aus
- dem A-Blatt = Gutbestandsblatt,
- dem B-Blatt = Eigentumsblatt,
- dem C-Blatt = Lastenblatt. (Eine Unterscheidung wie im deutschen Grundbuch nach Abt. II und III ist nicht getroffen.)

Das **A-Blatt** enthält die **Verzeichnung der Grundstücke** desselben Eigentümers. Nähere Angaben über das Grundstück sind in der Katasterdatenbank des zuständigen Vermessungsamts gespeichert.

Das **B-Blatt** enthält Angaben über die **Eigentumsverhältnisse**, wie bspw. die Art des Eigentums (Gesamthandseigentum, anderes Miteigentum), aber auch subjektive Verfügungsbeschränkungen wie Vermerk der Minderjährigkeit und der Anordnung des Konkursverfahrens.

Das **C-Blatt** enthält die **Belastungen** des Grundstücks.

In die Urkundensammlung werden die Urkunden, die Grundlage einer Eintragung waren, aufgenommen.

**b) Grundbucheinsicht**

Auch ohne Nachweis eines berechtigten Interesses kann das Grundbuch – und zwar sowohl das Hauptbuch als auch die Urkundensammlung – von jedermann eingesehen werden, §§ 5, 7 GBG.

**c) Rechtswirkungen des Grundbuchregistereintrags**

Grundsätzlich ist zum konstitutiven Rechtserwerb die Eintragung im Grundbuch erforderlich, § 431 ABGB, § 4 GBG. Der Eigentumserwerb im Wege der Erbfolge vollzieht sich außerhalb des Grundbuchs, allerdings kennt das österreichische Erbrecht keinen Vonselbsterwerb, vielmehr ist die Einantwortung der Erbschaft durch das Verlassenschaftsgericht nach Abgabe der Erbantrittserklärung (bis 31.12.2004: „Erbserklärung") erforderlich (vgl. dazu unten Rn 287 ff.).

### 3. Grundbuchverfahren

277 Folgende Regeln beherrschen das Grundbucheintragungsverfahren:
- Eine Eintragung erfolgt grundsätzlich nur auf Antrag,
- Antragsberechtigt sind der Buchberechtigte und der Begünstigte,
- die Unterschriften der Beteiligten bedürfen der öffentlichen Beglaubigung (§ 31 Abs. 1 GBG); dabei ist Folgendes zu beachten:
- das Geburtsdatum der betroffenen Person ist anzugeben, § 27 Abs. 2 GBG,
- Ort und Datum sind in der Urkunde zu nennen,
- die Urkunde muss entweder in Ausfertigung oder im Original vorgelegt werden, § 88 GBG.
- Deutsche öffentliche Urkunden bedürfen nach dem zwischen Deutschland und Österreich bestehenden Beglaubigungsvertrag vom 21.6.1923[160] keiner Überbeglaubigung,
- ein Staatsangehörigkeitsnachweis des Erwerbers muss vorgelegt werden; bei Deutschen reicht eine beglaubigte Kopie des Personalausweises.
- Stellt ein Rechtsanwalt oder Notar den Grundbuchantrag, so reicht die Bezugnahme auf die ihm erteilte Vollmacht, ohne dass sie auch vorzulegen wäre, § 30 Abs. 2 ZPO, § 77 GBG.

### 4. Formen des Grundeigentums

278 Dem österreichischen Sachenrecht sind folgende Arten des Eigentums bekannt:
- Alleineigentum, § 357 ABGB,
- Miteigentum, § 825 ABGB,
- Gesamthandseigentum.

279 Eine Besonderheit ist beim **Wohnungseigentum** anzutreffen: Gemäß § 2 österr. WEG kann Wohnungseigentum nur von einer einzelnen natürlichen oder juristischen Person oder von Ehegatten erworben werden. Andere Miteigentümergemeinschaften als die von Ehegatten sind rechtlich nicht zulässig, also insbesondere keine Erbengemeinschaften. In Konsequenz dieser Regelung sieht § 10 Abs. 1 Nr. 1 WEG ein gesetzliches Vermächtnis vor, wonach dem überlebenden Ehegatten ein Anspruch auf Übertragung des Miteigentumsanteils des verstorbenen Ehegatten an der Wohnung zusteht, quasi als Inhalt des gesetzlichen Voraus. Allerdings hat der übernehmende Ehegatte dafür einen Ausgleich in den Nachlass zu zahlen, § 10 Abs. 2 S. 1 WEG.

### 5. Erbschaftlicher Erwerb von Immobilien

#### a) Rechtserwerb kraft Gesetzes

280 Der Erwerb durch den Erben erfolgt kraft Gesetzes außerhalb des Grundbuchs – „außerbücherlich". Der Grundbucheintrag hat hier lediglich deklaratorische Funktion.

#### b) Genehmigungserfordernis

281 Auch der Grundstückserwerb von Todes wegen bedarf grundsätzlich der Genehmigung nach landesgesetzlichen Grundverkehrsgesetzen.

---

160 RGBl II 1924, 61.

## c) Grundbuchformalien

Da das österreichische Recht den Vonselbsterwerb im Erbfall nicht kennt, erfolgt der Rechtserwerb auch bezüglich der Nachlassimmobilien erst mit dem Einantwortungsbeschluss des Verlassenschaftsgerichts.

Mit dem Eigentumsumschreibungsantrag auf die Erben sind vorzulegen:
- das Original der **Einantwortungsurkunde** mit der Rechtskraftklausel; war der Erblasser deutscher Staatsangehöriger mit letztem Wohnsitz in Deutschland und findet deshalb deutsches Recht Anwendung (mit Zuständigkeit des deutschen Nachlassgerichts), so ist die Vorlage einer Einantwortungsurkunde nicht möglich. Hier reicht bezüglich des in Österreich belegenen Grundstücks die Erklärung der Erbschaftsannahme gegenüber dem deutschen Nachlassgericht,[161] Art. 3 Abs. 3 EGBGB (Deutschland), §§ 31, 32 IPRG (Österreich).
- die **Unbedenklichkeitsbescheinigung** des Finanzamts über die Entrichtung des Grunderwerbsteueräquivalents gem. § 8 Abs. 4 ErbStG.

Antragsberechtigt ist sowohl der Erbe als auch der Nachlassgläubiger.

## 6. Grundzüge des österreichischen Erbrechts

### a) Gesetzliche Grundlagen

#### aa) Internationales Privatrecht

IPR-Gesetz vom 15.6.1978, das am 1.1.1979 in Kraft getreten ist, dort die §§ 28–30.

#### bb) Materielles und formelles Erbrecht

Das materielle und formelle Erbrecht ist geregelt in §§ 293 ff. ABGB.

### b) Österreichisches Internationales Erbrecht

Am 1.1.1979 ist das neue IPR-Gesetz in Kraft getreten. Es gilt das **Staatsangehörigkeitsprinzip**, d.h., maßgebend ist das Erbrecht des Heimatstaates des Erblassers auch bezüglich des unbeweglichen Nachlasses. Allerdings wurde das österreichische Außerstreitgesetz (AußStrG) zum 1.1.2005 insofern geändert, als die Internationale Zuständigkeit österreichischer Nachlassgerichte neu geregelt wurde; dies hat auch Auswirkungen auf das österreichische Erbkollisionsrecht.[162]

Für in Deutschland belegene Immobilien kann ein deutsches Nachlassgericht einen Erbschein nach österreichischem Recht erteilen, den sog. Fremdrechtserbschein gem. § 2369 BGB (vgl. hierzu § 7 Rn 14).[163]

### c) Universalsukzession und Verwandtenerbrecht

Im österreichischen Erbrecht gelten die Grundsätze
- der **Universalsukzession** (ohne unmittelbaren Rechtserwerb)
- des **Verwandtenerbrechts** (Parentelsystem).

Insofern bestehen Parallelen zum deutschen Erbrecht.

---

161 *Kroiß*, Rn 200.
162 Vgl. hierzu ausführlich *Steiner*, ZEV 2005, 144 und *Ludwig*, ZEV 2005, 419.
163 Vgl. auch *Fetsch*, ZEV 2005, 425.

### d) Erbschaftserwerb

#### aa) Grundsatz

287 Der unmittelbare Rechtserwerb im Zeitpunkt des Todes des Erblassers ist dem österreichischen Recht fremd. Zu unterscheiden sind
- **Anfall**,
- **Antretung** (Annahme durch Abgabe der Erbantrittserklärung gegenüber dem Verlassenschaftsgericht) und
- **Einantwortung** des Erben in den Nachlass durch das Verlassenschaftsgericht.

Vgl. aber für den seit 1.1.2005 neu geregelten Rechtserwerb des Erben an in Deutschland belegenen Grundstücken eines österreichischen Erblassers nachfolgend Rn 288.

#### bb) Anfall der Erbschaft

288 Mit dem Tode des Erblassers fällt dem/den Erben die Erbschaft nach § 545 ABGB an: Der zum Erben Berufene erhält die **Möglichkeit, die Erbschaft durch Antretung und Einantwortung** zu erwerben.

Mit dem Anfall der Erbschaft bildet der Nachlass ein **Sondervermögen (ruhender Nachlass – „hereditas iacens")**, dem nach österreichischer Rechtsauffassung zwar nicht der Charakter einer juristischen Person zukommt, wohl aber der einer „juristischen Realität" und damit einem Rechtssubjekt vergleichbar ist.[164]

**Vor der Annahme** wird die **Verlassenschaft** so angesehen, als wenn sie noch von dem Erblasser besessen würde (§ 547 ABGB).

Die **vermögensrechtliche Persönlichkeit des Erblassers** wird als fortbestehend angesehen.

Aber seit der Neuregelung zum 1.1.2005 im AußStrG n.F. und der JN n.F. können österreichische Nachlassgerichte den im Ausland belegenen unbeweglichen Nachlass nicht abhandeln, §§ 21, 22 AußStrG a.F., § 106 I JN n.F. Zuständig sind die Gerichte des Staates, in dem der betreffende Nachlassteil belegen ist. Dies führt zu einer **Nachlassspaltung**, weil der Erbschaftserwerb abweichend von § 28 Abs. 1 IPRG dem Recht des Staates unterliegt, in dem die Sache belegen ist.[165] Das bedeutet in dem Fall, in dem ein österreichischer Erblasser mit letztem Wohnsitz in Österreich Grundvermögen in Deutschland hat, dass die Erben mit dem Tode des österreichischen Erblassers das Eigentum am Grundvermögen in Deutschland ipso iure (Vonselbsterwerb) erlangen, §§ 32. 31 Abs. 1 österr. IPRG, § 1922 Abs. 1 deutsches BGB.

#### cc) Verlassenschaftskurator

289 Falls ein Bedürfnis besteht, ernennt das **Verlassenschaftsgericht** einen **Verlassenschaftskurator**, der den Nachlass vertritt, falls die Erben unbekannt sind.

#### dd) Antretung der Erbschaft

290 Die Antretung oder Annahme der Erbschaft erfolgt durch eine sog. Erbantrittserklärung (bis 31.12.2004: „**Erbserklärung**"), §§ 799 ff. ABGB. Die Erklärung muss gegenüber dem zuständigen **Bezirksgericht** abgegeben werden.

---

[164] *Wirner*, Festschrift Helmut Schippel, S. 981.
[165] Ausführlich dazu *Ludwig*, ZEV 2005, 419, 420.

Die Erbantrittserklärung ist i.d.R. die Voraussetzung für den Erbschaftserwerb, der sich erst durch die **Einantwortung** von Seiten des Verlassenschaftsgerichts vollzieht.

### ee) Einantwortung

Der Erbe darf die Erbschaft nicht eigenmächtig in Besitz nehmen, § 797 ABGB. Vielmehr nimmt das Verlassenschaftsgericht die Verlassenschaft in seine Obhut, prüft die **eingereichten Erbantrittserklärungen** und **antwortet den Nachlass demjenigen ein**, den es als Erben ansieht. Der Erbe erwirbt erst damit den rechtlichen Besitz am Nachlass. Das Verlassenschaftsgericht beauftragt einen Notar – den „Gerichtskommissär" – mit der Durchführung des Verlassenschaftsverfahrens, § 1 Abs. 1 GKoärG i.V.m. §§ 20 ff. AußStrG.

291

### e) Miterbengemeinschaft

Mehrere Miterben bilden eine Erbengemeinschaft, an der jeder **Miteigentum nach Bruchteilen** hat, §§ 550, 825 ABGB. Eine **Gesamthandsgemeinschaft** nach deutschem Vorbild ist dem **österreichischen Recht fremd**.

292

### f) Pflichtteil als schuldrechtlicher Anspruch

Das Pflichtteilsrecht besteht in der Form eines **schuldrechtlichen Anspruchs** – wie im deutschen Recht.

293

Als einzige Rechtsordnung neben dem BGB gewährt das ABGB den pflichtteilsberechtigten Noterben (§ 764 Hs. 2 ABGB) lediglich einen schuldrechtlichen Anspruch („zu fordern berechtigt", § 764 Hs. 1 ABGB) gegen den Erben sowie gegen Legatare, nicht jedoch gegen Ehegatten in Bezug auf das gesetzliche Vorausvermächtnis (§ 783 ABGB).

### g) Nachweis des Erbrechts

Das **Verlassenschaftsgericht** hat bei der Abwicklung des Nachlasses eine große Bedeutung; zuständig ist dasjenige am letzten Wohnsitz des Erblassers. Die Erben – seien sie kraft Gesetzes oder aufgrund Verfügung von Todes wegen berufen – werden von Amts wegen ermittelt und aufgefordert, die **Erbantrittserklärung** abzugeben. Hierbei spricht man von **Abhandlungsverfahren**. Das Abhandlungsverfahren endet mit der **förmlichen Einantwortung** des Besitzes am Nachlass an den Erben. Erst damit erlangt der Erbe den rechtlichen Besitz am Nachlass. Über die Einantwortung wird dem Erben eine **Urkunde** erteilt, die in formelle Rechtskraft erwächst. Sie dient als Erbrechtsnachweis.

294

## III. Schweiz

### 1. Rechtsquellen des Schweizer Rechts

Rechtsquellen sind:
- die Bundesverfassung,
- Kantonales Recht, das die Organisation und das Verfahren der Zivilgerichte regelt,
- das Zivilgesetzbuch (ZGB), in Kraft seit 1.1.1912,
- das Obligationenrecht (OR), in Kraft seit 1.1.1912,
- das Bundesgesetz über das bäuerliche Bodenrecht (BGBB) vom 4.10.1991, in Kraft getreten am 1.1.1994,
- die Verordnung betreffend das Grundbuch (GBV) vom 22.2.1910.

295

Die Gesetzestexte können in den Sprachen Deutsch, Französisch und Italienisch im internet abgerufen werden unter *www.admin.ch*.

## 2. Grundbuch

### a) Bestandteile des Grundbuchs

296 Außer dem eidgenössischen Grundbuch (Art. 942 ff. ZGB), das dem deutschen Grundbuch – vor allem in Bezug auf seine Gutglaubenswirkungen – vergleichbar ist, existieren auch kantonale Grundbucheinrichtungen, Art. 971 ZGB.

**Zuständig** für die Einrichtung der Grundbuchämter sind die **Kantone**. In einigen Kantonen besteht jeweils ein einziges Grundbuchamt für den ganzen Kanton, andere Kantone haben für jede Gemeinde oder für mehrere Gemeinden zusammen ein gemeinsames Grundbuchamt eingerichtet. Andererseits gibt es in Zürich und in Winterthur mehrere selbstständige Grundbuchämter.

297 Je nach kantonaler gesetzlicher Bestimmung kann das Grundbuch
- in Papierform,
- als computerunterstütztes Grundbuch oder
- als EDV-Grundbuch, Art. 949a ZGB, Art. 111 ff. GBV,[166]

geführt werden.

298 Das Grundbuch besteht aus
- dem **Hauptbuch**,
- den das Hauptbuch **ergänzenden Plänen**, Liegenschaftsverzeichnissen, Belegen und Liegenschaftsbeschreibungen,
- dem **Tagebuch**, Art. 942 Abs. 2 ZGB.

299 Wie das deutsche Grundbuch, so besteht auch das Schweizer Grundbuch, das als Realfolium geführt wird, aus drei Abteilungen:
- erste Abteilung: Eigentum,
- zweite Abteilung: Dienstbarkeiten und Grundstückslasten,
- dritte Abteilung: Grundpfandrechte, Art. 946 Abs. 1, 958 ZGB.

300 Außer dem Hauptbuch werden folgende Register geführt:
- das **Eigentümerregister** (Art. 109 GBV), in dem die Namen aller Grundstückseigentümer eines Grundbuchamtsbezirks geführt werden,
- das **Grundstücksregister**.

### b) Führung des Grundbuchs

301 Geführt wird das Grundbuch vom **Grundbuchverwalter**. Nur auf Antrag (Anmeldung) wird eine Eintragung vorgenommen. Der Antrag bedarf der **Schriftform**, Art. 13 Abs. 1 GBV. Der Grundbucheintrag hat – wie im deutschen Recht – grundsätzlich konstitutiven Charakter, Art. 972 Abs. 1 ZGB. Der Eigentumserwerb durch Erbfolge wird nicht noch zusätzlich in Anzeigeblättern veröffentlicht, Art. 970a Abs. 1 S. 2 ZGB.

### c) Grundbucheinsicht

302 Auskunft darüber, wer Eigentümer eines Grundstücks ist, kann jeder erhalten, Art. 970 Abs. 1 ZGB. Ein weiter gehendes Einsichtsrecht in das Grundbuch selbst besteht nur bei berechtigtem Interesse, das glaubhaft zu machen ist, Art. 970 Abs. 2 ZGB.

---

166 *Wachter*, RNotZ 2001, 65, 70.

### d) Rechtswirkungen des Grundbucheintrags

Der Grundbucheintrag hat grundsätzlich rechtsbegründenden Charakter; der gute Glaube an Richtigkeit und Vollständigkeit des Grundbuchs wird geschützt, Art. 970–974 ZGB. Einige nach kantonalen Gesetzen eingerichtete Grundbücher genießen keinen öffentlichen Glauben.

### 3. Formen des Grundeigentums

Dem schweizerischen Sachenrecht sind folgende Arten des Eigentums bekannt:
- Alleineigentum, Art. 655 ZGB,
- Miteigentum, Art. 646 ff. ZGB,
- Gesamteigentum, Art. 652 ff. ZGB, bspw. Erbengemeinschaft (Art. 602 ff. ZGB) und Gütergemeinschaft (Art. 221 ff. ZGB),
- Stockwerkeigentum, Art. 712a ff. ZGB.

### 4. Erbschaftlicher Erwerb von Immobilien

Da auch das schweizerische Recht von den Grundsätzen der Universalsukzession und des Vonselbsterwerbs geprägt ist, vollzieht sich der Eigentumserwerb im Erbgang kraft Gesetzes außerhalb des Grundbuchs. Das Grundbuch bedarf lediglich noch der Berichtigung (wie im deutschen Recht). Mehrere Erben bilden eine Erbengemeinschaft (Art. 602–640 ZGB), die als Gesamthandsgemeinschaft organisiert ist (Art. 652 ff. ZGB).

Die Berichtigung des Grundbuchs erfolgt auf Antrag der Erben in schriftlicher Form (Anmeldung). Dem Grundbuchamt ist dabei die von der zuständigen kantonalen Behörde oder – je nach Kanton – von einem Notar erteilte Erbbescheinigung vorzulegen (Art. 559 ZGB, Art. 18 Abs. 2 lit. a) GBV). Ist die Erbbescheinigung unrichtig, so kann das Grundbuch auf der Grundlage einer neuen Erbbescheinigung wiederum berichtigt werden, Art. 975 ZGB.

Der erbrechtliche Erwerb eines Schweizer Grundstücks durch einen **Ausländer** unterliegt grundsätzlich der **Bewilligungspflicht** durch die zuständige kantonale Behörde (Bundesgesetz „lex Friedrich", das zum 1.1.1985 in Kraft getreten ist). Gelockert wurden die strengen Genehmigungsvorschriften durch die „lex Koller" zum 1.10.1997 und zum 1.1.2001 aufgrund verschiedener zweiseitiger Abkommen zwischen der Schweiz und der Europäischen Union. Ausgenommen von der Genehmigungspflicht sind die gesetzlichen Erben im Sinne des schweizerischen Erbrechts, der überlebende Ehegatte und in der Schweiz niederlassungsberechtigte Ausländer.[167]

Einem Erben, der der Bewilligung bedarf und keinen Bewilligungsgrund hat, wird der Erwerb mit der Auflage bewilligt, das Grundstück innerhalb von zwei Jahren seit dem Erwerb wieder zu veräußern.

Der Vermächtnisnehmer hat sein Recht durch eine beglaubigte Abschrift der betreffenden Verfügung von Todes wegen nachzuweisen.

Zur Vermeidung der Aufteilung bäuerlicher Höfe in der Erbteilung kann der Erblasser grundsätzlich keine Personenmehrheit zu Erben eines Hofes bestimmen, Art. 11 ff. BGBB.

---

167 *Wachter*, RNotZ 2001, 65, 95.

## 5. Grundzüge des Schweizer Erbrechts

### a) Gesetzliche Grundlagen

#### aa) Internationales Privatrecht

310 IPR-Gesetz (Erbrecht: Art. 86 ff. IPRG), das zum 1.1.1989 novelliert wurde.

#### bb) Materielles und formelles Erbrecht

311 Schweizer Zivilgesetzbuch vom 10.12.1907, in Kraft getreten am 1.1.1912. Es regelt das gesamte materielle Erbrecht in den Art. 457–640 ZGB. Ein Vorbehalt besteht lediglich hinsichtlich der Bezeichnung des erbberechtigten Gemeinwesens bei erbenlosem Nachlass (Art. 466 ZGB).

Das **eheliche Güterrecht** ist kodifiziert in Art. 181–251 ZGB.

Das **Verfahrensrecht** ist weitgehend im ZGB geregelt, jedoch bestehen Vorbehalte zugunsten der kantonalen Gesetzgebung (Einführungsgesetze zum ZGB). Dazu gehören insbesondere Art. 499, 504f (Errichtung von Verfügungen von Todes wegen), Art. 552 (Siegelung), Art. 553, 581 (Inventarerrichtung), Art. 609 (Mitwirkung bei Teilung), Art. 616 (Verbot der Grundstückszerstückelung bei Erbteilung).

Durch Bundesgesetz vom 4.10.1991 (Bundesgesetz über das bäuerliche Bodenrecht „BGBB"), in Kraft getreten am 1.1.1994, wurde das **bäuerliche Erbrecht** neu kodifiziert.

Das Erbrecht wurde zusammen mit dem Eherecht durch Bundesgesetz (mit wesentlichen Änderungen des Erbrechts und des Ehegüterrechts), in Kraft getreten am 1.1.1988, reformiert. Eine weitere Änderung erfolgte mit Wirkung zum 1.1.1996 bezüglich der Form der letztwilligen Verfügungen.

### b) Schweizerische Internationale Erbrecht

#### aa) Grundsatz: Recht des Wohnsitzes

312 Angeknüpft wird an den **Wohnsitz** des Erblassers im Zeitpunkt seines Todes. D.h.: Der Nachlass einer Person mit letztem Wohnsitz in der Schweiz **untersteht schweizerischem Recht** (Art. 90 IPRG), der Nachlass einer Person mit Wohnsitz im Ausland untersteht dem Recht, auf welches das Kollisionsrecht des Wohnsitzstaates verweist (Art. 91 IPRG).

#### bb) Rechtswahl

313 In einer Verfügung von Todes wegen (Testament/Erbvertrag) kann ein **Ausländer** mit letztem Wohnsitz in der Schweiz den Nachlass seinem **Heimatrecht** unterstellen.

Ein schweizerischer Staatsangehöriger, der seinen Wohnsitz im Ausland hat, kann sein in der Schweiz belegenes Vermögen oder seinen gesamten Nachlass dem schweizerischen Recht unterstellen.

#### cc) Staatsverträge auf dem Gebiet des Erbrechts

314 Im Verhältnis zu Deutschland gilt das **Haager Testamentsformübereinkommen** (Art. 93 IPRG).

Im Übrigen gelten kollisionsrechtliche Staatsverträge auf dem Gebiet des Erbrechts für die Schweiz im Verhältnis zu Griechenland, Iran, Italien und den USA.[168]

### c) Grundsätze des Schweizer Erbrechts

Es gelten die Grundsätze der **Universalsukzession** und der **Verwandtenerbfolge (Parentelsystem)**. Insofern entspricht das schweizerische Erbrecht dem deutschen Erbrecht.

Die vererblichen zivilrechtlichen Verhältnisse (Rechte und Schulden) des Erblassers gehen auf den/die Erben über, Art. 560 ZGB ("Einrücken in die gesamte vermögensrechtliche Stellung des Erblassers").

### d) Gesetzliche Erbfolge

Als gesetzliche Erben kommen in Betracht:
- Leibliche Verwandte und Adoptiv-Verwandte, einschl. nichtehelicher Kinder,
- der Ehegatte,
- der Staat.

#### aa) Ehegatten-Erbrecht neben Verwandten des Erblassers

Der überlebende Ehegatte des Erblassers wird gesetzlicher Erbe
- neben **Verwandten der 1. Parentel: zu 1/2**,
- neben **Verwandten der 2. Parentel: zu 2/3**,
- neben **Verwandten der 3. Parentel: Alleinerbe**.

#### bb) Kein Einfluss des Güterrechts auf das Erbrecht

Gesetzlicher Güterstand ist seit 1.1.1988 (mit Rückwirkung auf den Zeitpunkt der Eheschließung) die **Errungenschaftsbeteiligung** *(participation aux acquêts)*, Art. 181, 196–220 ZGB. Sie entspricht der Zugewinngemeinschaft des deutschen BGB. Die Ehegatten sind je hälftig am Zugewinn des anderen Ehegatten beteiligt (sog. „Vorschlag"). Im Einzelnen bestehen große Unterschiede zur deutschen Zugewinngemeinschaft.[169]

Eine erbrechtliche Zugewinnpauschale entsprechend § 1371 Abs. 1 BGB kennt das ZGB nicht.

Vor der erbrechtlichen Aufteilung des Nachlasses hat eine güterrechtliche Abwicklung des Nachlasses stattzufinden. Das von der **Ehefrau** in die Ehe **eingebrachte Gut** geht bei Eheschließung in das Eigentum des Ehemannes über. Diese Vermögensstücke sind an die Ehefrau **zurück zu übertragen**.

### e) Miterbengemeinschaft

Die Erbengemeinschaft ist als **Gesamthandsgemeinschaft** organisiert – wie im deutschen Recht.
- **Verwaltungsmaßnahmen** sind nur mit Zustimmung aller Miterben möglich.
- **Verfügungen** über einzelne Nachlassgegenstände oder über den gesamten Nachlass bedürfen der Zustimmung aller Miterben.
- **Jeder Miterbe** kann jederzeit die **Auseinandersetzung des Nachlasses** verlangen.
- Jeder Miterbe kann über seinen **Erbteil** verfügen.

---

168 Vgl. *Lorenz*, in: Ferid/Firsching, Internationales Erbrecht, Bd. V Schweiz.
169 *Schwenzer*, DNotZ 1991, 419 ff.

### f) Pflichtteilsrecht

**320** Das schweizerische Recht hat das Pflichtteilsrecht als **Noterbrecht** normiert, d.h., der Pflichtteilsberechtigte wird **materieller Erbe**. Dieses Noterbrecht muss förmlich geltend gemacht werden mittels einer **rechtsgestaltenden Klage (Herabsetzungsklage)**. Das materielle Pflichtteilsrecht ist in den Art. 470–480 ZGB unter dem Titel „Verfügungsfreiheit" geregelt, die Durchsetzung in den Art. 522–533 ZGB. Der Erblasser kann nur über die Quote des Nachlasses frei verfügen, die sich aus dem Abzug der Pflichtteile vom Gesamtnachlass ergibt. Diese Quote hängt von Art und Nähe der hinterlassenen gesetzlichen Erben ab.

#### aa) Pflichtteilsberechtigte

**321** Zum Kreis der **Pflichtteilsberechtigten** gehören:
- die **Abkömmlinge** des Erblassers, Art. 470 Abs. 1 ZGB,
- der **Ehegatte**,
- die **Eltern** des Erblassers.

Das Pflichtteilsrecht der Geschwister sowie der diesbezügliche Vorbehalt zugunsten kantonalen Rechtes (Art. 471, 472 ZGB a.F.) sind mit der Revision vom 5.10.1984 mit Wirkung zum 1.1.1988 aufgehoben.

#### bb) Höhe des Pflichtteils

**322** Ausgangspunkt für die Berechnung des Pflichtteils ist – wie im deutschen Recht – der gesetzliche Erbteil.

**Pflichtteilsquote:**
- Für Abkömmlinge beträgt die Quote $3/4$ des gesetzlichen Erbteils, Art. 471 Nr. 1 ZGB,
- für Ehegatten $1/2$ des gesetzlichen Erbteils, Art. 471 Nr. 3 ZGB,
- für Eltern $1/2$ des gesetzlichen Erbteils, Art. 471 Nr. 2 ZGB.

Da das Pflichtteilsrecht als Noterbrecht ausgestaltet ist, kann der Erblasser nur über diejenige Quote des Nachlasses frei verfügen, die sich aus dem Abzug der Pflichtteile vom Gesamtnachlass ergibt (sog. **verfügbare Quote**). Diese Quote hängt von Art und Nähe der hinterlassenen gesetzlichen Erben ab.

#### cc) Herabsetzungsklage

##### (1) Überschreitung der verfügbaren Quote

**323** Überschreitet der Erblasser in einer Verfügung von Todes wegen die ihm zustehende **verfügbare Quote**, indem er einen Pflichtteilsberechtigten übergeht, so erwirbt Letzterer seine Position als Noterbe nicht kraft der Universalsukzession. Er muss seine Erbenstellung vielmehr mit der **Herabsetzungsklage** nach Art. 522 Abs. 1 ZGB geltend machen. Ausschließlicher Gerichtsstand am letzten Wohnsitz des Erblassers, Art. 538 Abs. 2 ZGB.

##### (2) Ziel der Herabsetzungsklage

**324** Das materiellrechtliche Ziel der Herabsetzungsklage ist die Minderung der den Pflichtteil verletzenden Zuwendung des Erblassers von Todes wegen.

Die Herabsetzungsklage ist eine **Gestaltungsklage**; durch das rechtskräftige Urteil werden die den Pflichtteil verletzenden Verfügungen des Erblassers anteilig herabgesetzt und wird dem durch Verfügung von Todes wegen von der Erbfolge ausgeschlossenen Pflichtteilsberechtigten **rückwirkend auf den Zeitpunkt des Erbfalls** die ihm zukommende Erbenstellung kraft Noterbrechts eingeräumt.

Bis zur Rechtskraft des Herabsetzungsurteils hat der Pflichtteilsberechtigte nicht die Stellung eines Erben.

g) Nachweis des Erbrechts

Dem Erben wird von der zuständigen Behörde – die von den Kantonen bestimmt wird – eine **Erbbescheinigung** ausgestellt. Dort sind die Erben und die Pflichtteilsberechtigten (weil sie Noterbberechtigte sind) aufgeführt, Art. 559 ZGB. Ob diese Bescheinigung dem deutschen Erbschein entspricht, ist streitig; nach überwiegender Meinung ist dies nicht der Fall.[170] Nach Kantonsrecht sind teilweise freiberufliche Notare für die Erteilung der Erbbescheinigung zuständig. Mit der Erbbescheinigung kann das Grundbuch berichtigt werden.

325

## IV. Spanien

### 1. Rechtsquellen des spanischen Rechts

Codigo Civil („CC") vom 24.7.1989,

326

Gesetz vom 15.10.1990, Nr. 11/1990 – „Bolen Oficial del Estado No. 250" betreffend das Internationale Privatrecht und das Interregionale Privatrecht,

Hypothekengesetz – „Ley Hipotecaria – LH",

Hypothekenverordnung – „Reglamento Hipotecario – RH",

die einzelnen Foralrechte; vgl. zum Erbrecht unten Rn 340 ff.

Die Gesetzestexte können unter *www.jurisweb.com/legislación/civil* abgerufen werden.

### 2. Grundbuch (Eigentumsregister)

a) Bestandteile des Eigentumsregisters

Das Eigentumsregister besteht aus **drei Spalten:**
- rechte Spalte mit Bezeichnung des Grundstücks und der Eigentumsverhältnisse samt Erwerbsgrund,
- mittlere Spalte, die die fortlaufenden Nummern der Eintragungen enthält,
- linke Spalte mit „Randbemerkungen".

327

Das Eigentumsregister wird geführt vom Registerführer, dem „registrador", mit richterähnlicher Funktion. Er erteilt dem mit einer Grundbuchangelegenheit betrauten Notar auf Antrag Auszüge aus dem Eigentumsregister. Hier wird differenziert zwischen
- „certificación", einem verbindlichen Auszug, Art. 223 L.H. und
- „nota simple informativa", einem unverbindlichen Auszug, Art. 332 R.H.

328

Auch mit Hilfe eines Maklers kann ein Grundbuchauszug eingeholt werden.

---

170 DNotI-Report 2000, 81.

### b) Grundbucheinsicht

329 Das Eigentumsregister kann von jedem eingesehen werden, der ein berechtigtes Interesse hat, Art. 607 cc, 221 ff. L.H.

### c) Rechtswirkungen des Eigentumsregistereintrags

330 Die Eintragung im Eigentumsregister hat in aller Regel keine konstitutive Wirkung, mit ihm verbinden sich jedoch wichtige Rechtswirkungen. Dem Eintrag kommt eine Gutglaubenswirkung zu, Art. 34 Abs. 1 L.H. Der entgeltliche Erwerber wird in seinem Vertrauen auf die Richtigkeit der im Eigentumsregister eingetragenen Eigentümerposition geschützt, sein guter Glaube wird sogar in widerlegbarer Weise vermutet, Art. 34 Abs. 2 L.H. Allerdings genießen Erben und Beschenkte nur gleichviel Gutglaubensschutz wie ihr Voreigentümer, Art. 34 Abs. 3 L.H.

### 3. Verfahren zur Berichtigung des Eigentumsregisters

331 Ist der Erblasser deutscher Staatsangehöriger, so gilt deutsches Erbrecht gem. Art. 25 Abs. 1 EGBGB. Danach geht gem. § 1922 BGB das Vermögen des Erblassers auf den/die Erben kraft Gesetzes über, ohne dass es einer Annahmeerklärung durch den/die Erben bedürfte. Mit Ablauf der Ausschlagungsfrist ist die Erbschaft angenommen.

Ist der Erblasser spanischer Staatsangehöriger, so gilt spanisches Erbrecht. Danach geht zwar auch das Vermögen des Erblassers auf den/die Erben über (Art. 657, 661 cc), allerdings bedarf es einer ausdrücklichen oder konkludenten Erbschaftsannahmeerklärung (Art. 988, 999 cc). Bezüglich des Grundbesitzes muss die Annahmeerklärung notariell beurkundet sein, weil andernfalls eine Eintragung im Eigentumsregister nicht erfolgen kann.

332 Auf Antrag können die Erben das Grundstück des Erblassers auf sich im Eigentumsregister umschreiben lassen. Dazu bedarf es der Mitwirkung eines Notars, der die Annahme der Erbschaft und bei einer Erbenmehrheit evtl. auch deren Zuweisung beurkundet („aceptación y adjudicación de herencia"), und zwar gleichgültig, ob die Erben Spanier oder Ausländer sind, auch wenn nach dem betreffenden Erbstatut (bspw. dem deutschen) eine notarielle Annahmeerklärung nicht erforderlich ist.

333 Die Berichtigung des Eigentumsregisters kann erst nach Entrichtung der spanischen Erbschaftsteuer vollzogen werden, Art. 33 ISD. Gerichte und Notare müssen den Finanzämtern entsprechende Vorgänge mitteilen.

334 Zur Berichtigung des Grundbuchs auf die Erben sind folgende Unterlagen vorzulegen:[171]
– Notarielle Annahmeerklärung,
– Internationale Sterbeurkunde,
– mit Apostille versehene Ausfertigung des Erbscheins oder
– mit Apostille versehene jeweils beglaubigte Abschrift eines notariellen Testaments und der Eröffnungsniederschrift,
– Bescheinigung des Zentralen Nachlassregisters in Madrid mit der Angabe, ob dort Testamente des Erblassers registriert sind,[172]
– als Nachweis der Eigentümerposition des Erblassers dessen Erwerbsurkunde oder

---

[171] Nach *Selbherr*, MittBayNot 2002, 165, 169.
[172] Adresse des Zentralen Nachlassregisters: Servicio del Registro General de Actos de Ultima Voluntad – Direccioón General de los Registros y del Notariado – Ministerio de Justicia, Calle San Bernardo 45 y 62, 28071 Madrid/Spanien.

– eines verbindlichen Auszugs aus dem Eigentümerregister („certificación", Art. 223 L.H.).

Alle deutschen Urkunden müssen ins Spanische übersetzt und mit einer Apostille versehen werden.

### 4. Formen des Grundeigentums

Dem spanischen Sachenrecht sind folgende Arten des Eigentums bekannt:
– Alleineigentum,
– Bruchteilsmiteigentum,
– Wohnungseigentum *(propiedad horizontal)*.

335

### 5. Erbschaftlicher Erwerb von Immobilien

Das spanische Erbrecht ist geprägt vom Grundsatz der **Universalsukzession**. Der Erbschaftserwerb tritt erst mit der förmlichen Annahme der Erbschaft ein, die auf den Zeitpunkt des Erbfalls zurückwirkt, Art. 988 ff. CC.

336

Die Erbschaft fällt mit dem Tod des Erblassers an; damit erwirbt der Erbe das Recht, die Erbschaft anzunehmen.

Erst mit der Annahmeerklärung (aceptación de herencia), die bei Grundeigentum der notariellen Beurkundung bedarf, kann der Erbe in das Eigentumsregister eingetragen werden, Art. 1280 Abs. 4 CC, Art. 14 LG, Art. 76 ff. RH.

Für die Erbauseinandersetzung an Immobilien (partición) gilt eine Besonderheit: Die Grundstücke müssen dem einzelnen Erben förmlich zugewiesen werden, damit die Umschreibung im Eigentumsregister erfolgen kann. Diese Zuweisung (adjudicación de herencia) muss notariell beurkundet werden.

337

Ist der Erblasser Deutscher, so wird in aller Regel in Deutschland ein Erbschein erteilt werden. Dieser ist in Übersetzung und mit Apostille versehen in Spanien anerkennungsfähig.[173]

338

### 6. Grundzüge des spanischen Erbrechts

#### a) Internationales Privatrecht

Es gelten die besonderen kollisionsrechtlichen Normen des Codigo Civil („CC") vom 24.7.1989, speziell für das Erbrecht die Art. 732–736 CC.

339

Allgemeine Regeln des IPR: Art. 8–12 CC, Eherecht: Art. 107 CC.

Zur Verwirklichung der Gleichberechtigung von Mann und Frau wurden im Jahr 1990 Vorschriften des Internationalen Privatrechts und des Interregionalen Privatrechts novelliert (Gesetz vom 15.10.1990, Nr. 11/1990 – „Bolen Oficial del Estado No. 250" vom 15.10.1990).

Zu Fragen der Staatsangehörigkeit finden sich Übergangsregelungen im Gesetz Nr. 18 vom 17.12.1990.

---

173 *Gantzer*, ZEV 1999, 473.

### b) Materielles und formelles Erbrecht

**340** Das materielle Erbrecht ist geregelt im Codigo Civil. Allerdings gilt in Spanien nicht in allen Regionen ein einheitliches, gemein-spanisches Erbrecht, vielmehr bestehen für das Erbrecht noch weitere **sechs Rechtsordnungen („Foralrechte")** und damit insgesamt sieben verschiedene Erbrechtsordnungen:

**Aragonien:** Aragonesisches Foralrecht (Gesetz 15/1967 vom 8.4.1967 Compilación del Derecho civil de Aragón),

**Balearen:** Balearisches Foralrecht (Gesetzesdekret 79/1990 vom 6.9.1990 Compilación del Derecho civil de las Islas Baleares),

**Baskenland:** In einigen Regionen gilt baskisches Foralrecht (Gesetz vom 31.7.1992 Ley de Derecho Civil Foral des Pas Vasco),

**Galizien:** Galizisches Foralrecht (Gesetz 147/1963 vom 2.12.1963),

**Katalonien:** Katalanisches Foralrecht (Gesetzesdekret 1/1984 vom 19.7.1984 Texto refundido de la Compilación del Derecho civil de Cataluna; Gesetz vom 30.12.1992 Código de Sucesiones por Causa de Muerte en el Derecho Civil de Cataluna),

**Navarra:** Navarresisches Foralrecht (Gesetz 1/1973 vom 1.3.1973 i.d.F. des Foralgesetzes vom 1.4.1987 – Fuero Nuevo),

**Übriges Spanien:** Gemein-spanisches Erbrecht des CC.

Im Folgenden wird das gemein-spanische Erbrecht behandelt, es gilt regional am häufigsten.

### c) Spanisches Internationales Erbrecht

#### aa) Grundsatz: Anknüpfung an die Staatsangehörigkeit des Erblassers

**341** Das spanische IPR knüpft in Art. 9 VIII CC für das Erbrecht grundsätzlich an die Staatsangehörigkeit des Erblassers an. Die Staatsangehörigkeit ist auch Anknüpfungspunkt für das Personalstatut, Art. 9 Abs. 1 CC und das Familienrecht, Art. 9 Abs. 2 CC. Bei Mehrstaatlern hat – entsprechend dem deutschen Recht in Art. 5 Abs. 1 EGBGB – die spanische Staatsangehörigkeit grundsätzlich Vorrang, Art. 9 Abs. 9 S. 2 CC, sofern keine internationalen Abkommen als speziellere Regelungen vorgehen. Im Übrigen stellt das spanische IPR bei Mehrstaatlern auf die Staatsangehörigkeit ab, die mit dem gewöhnlichen Aufenthalt zusammenfällt.

Demnach gilt in Spanien – wie im deutschen Recht – der Grundsatz der Nachlasseinheit. Ein Sonderstatut – wie in Art. 3a EGBGB (bis 10.1.2009: Art. 3 Abs. 3 EGBGB) geregelt – ist im Verhältnis zwischen deutschem und spanischem Recht nicht zu beachten.

Bestimmungen über den Erwerb der Staatsangehörigkeit enthalten Art. 17 ff. CC (Grundsatz: Staatsangehörigkeit aufgrund Abstammung).

#### bb) Zentrale Vorschrift des Art. 12 CC

**342** Art. 12 CC enthält die zentralen Regelungen des spanischen IPR. Im Wesentlichen sind es drei Grundsätze:
- die **Qualifikation** (*„calificación"*) von Rechtsbegriffen erfolgt immer aus der Sicht des spanischen Rechts, Art. 12 Abs. 1 CC,
- **Verweisungen** des spanischen IPR sind keine Gesamtverweisungen – wie im deutschen IPR –, sondern Sachnormverweisungen, d.h., eine Verweisung bezieht sich nicht auch

auf die IPR-Normen des anderen Staates, sondern nur auf dessen Sachnormen, Art. 12 Abs. 2 CC. Insofern unterscheidet sich das spanische IPR grundlegend vom deutschen IPR. Nur dann ist auch eine Verweisung auf die IPR-Normen vorgesehen, wenn das ausländische Kollisionsrecht auf das spanische Recht zurückverweist;
- verstoßen ausländische Normen gegen den **spanischen ordre public**, so finden sie keine Anwendung, Art. 12 III CC.

cc) Staatsverträge

Folgende Staatsverträge sind in Kraft:

**Konsularkonvention** zwischen Deutschland und Spanien vom 12.1.1872[174] betr. Nachlasssicherung und die Anerkennung von Urkunden;

**Haager Übereinkommen über die Form letztwilliger Verfügungen** vom 5.10.1961, Spanien ist diesem Abkommen am 10.6.1988 beigetreten;[175]

**Europäisches Übereinkommen** über die Errichtung eines Systems zur Registrierung von Testamenten vom 16.5.1972;

**Vertrag** zwischen der Bundesrepublik Deutschland und Spanien über die **Anerkennung und Vollstreckung von gerichtlichen Entscheidungen und Vergleichen sowie vollstreckbaren öffentlichen Urkunden** in Zivil- und Handelssachen vom 14.11.1983.

d) Grundsätze des spanischen Erbrechts

Das spanische Erbrecht ist geprägt vom Grundsatz der **Universalsukzession** und der **Verwandtenerbfolge**. Der Erbschaftserwerb tritt erst mit der förmlichen Annahme der Erbschaft ein, die auf den Zeitpunkt des Erbfalls zurückwirkt, Art. 988 ff. CC.

Die Erbschaft fällt mit dem Tod des Erblassers an; damit erwirbt der Erbe das Recht, die Erbschaft anzunehmen.

Erst mit der Annahmeerklärung, die bei Grundeigentum der notariellen Beurkundung bedarf, kann der Erbe in das Eigentumsregister eingetragen werden, Art. 1280 Abs. 4 CC.

e) Gesetzliche Erbfolge

aa) Verwandten- und Ehegattenerbrecht

Die gesetzliche Erbfolge bestimmt sich nach dem **Verwandtschaftsgrad** zum Erblasser. Danach sind in folgender Reihenfolge zu gesetzlichen Erben berufen:
- **die Kinder und ihre Abkömmlinge**, Art. 931 CC,
- **die Eltern und ihre Aszendenten**, Art. 930, 935, 938 CC,
- **der Ehegatte**, Art. 943, 944 CC,
- **die Seitenverwandten**, Art. 943 CC,
- **der Staat**.

Der Ehegatte wird bei Eintritt der gesetzlichen Erbfolge selten Erbe. Er hat lediglich Anspruch auf Einräumung eines **Nießbrauchs an einem Teil** des Nachlasses.

---

174 RGBl 1872, 211.
175 Mitteilung des Außenministeriums der BRD, BGBl II 1988, 971.

### bb) Kein Einfluss des Güterrechts auf das Erbrecht

346  Der gesetzliche Güterstand hat keinen Einfluss auf das gesetzliche Erbrecht. Gesetzlicher Güterstand ist die **Errungenschaftsgesellschaft** – *„Sociedad de Gananciales"* (teilweise auch „Errungenschaftsgemeinschaft" genannt). Beim Tod eines Ehegatten ist ein **güterrechtlicher Ausgleich** vorzunehmen, der selbst aber auf die Erbberechtigung des Ehegatten keinen Einfluss hat. Der überlebende Ehegatte erhält die Hälfte dessen, was zum Gesamtgut der Errungenschaft gehört, Art. 1392, 1404 CC.

### f) Miterbengemeinschaft

347  Die Erbengemeinschaft ist eine Gesamthandsgemeinschaft, Art. 1051 ff. CC, ähnlich der Erbengemeinschaft deutschen Rechts. Die **Verwaltung und Verfügung** über Nachlassgegenstände erfolgt **gemeinschaftlich**. Jeder Miterbe kann jederzeit die Auflösung der Gemeinschaft verlangen.

### g) Pflichtteilsrecht, Art. 806 ff. CC

348  Der Pflichtteil ist im spanischen Recht als echtes **Noterbrecht („legitima")**, also mit dinglicher Beteiligung des Pflichtteilsberechtigten, ausgestaltet. Über die Pflichtteilsquote, die je nach Pflichtteilsberechtigtem unterschiedlich ist, kann der Erblasser nicht durch Verfügung von Todes wegen verfügen.

#### aa) Pflichtteilsberechtigten

349  Zum Kreis der Pflichtteilsberechtigten gehören
- **die Abkömmlinge**, und zwar eheliche und nichteheliche, Art. 808 CC,
- die **ehelichen Eltern**, Art. 809 CC,
- **der Ehegatte** mit seinem Nießbrauchsrecht.

#### bb) Höhe des Pflichtteils

350  Die Pflichtteilsquote von Kindern beträgt ²/₃, diejenige von Eltern ½, jeweils des Nachlasses, d.h., dass der Erblasser jeweils in dieser Quotenhöhe in seiner Verfügungsfreiheit von Todes wegen eingeschränkt ist.

Der Ehegattenpflichtteil entspricht seinem Quoten-Nießbrauch.

#### cc) Herabsetzungsklage

351  Mit der Herabsetzungsklage, einer Gestaltungsklage, klagt sich der Pflichtteilsberechtigte in die Erbengemeinschaft, um so seine dingliche Stellung als Noterbe zu erreichen, Art. 817 ff. CC.

Das Noterbrecht kann nur bei Vorliegen eines bestimmten Grundes entzogen werden, Art. 852 ff. CC.

### h) Erbnachweis

352  Das spanische Recht kennt **keinen Erbschein**.

Der Nachweis der testamentarischen Erbfolge geschieht durch eine beglaubigte Abschrift des notariellen Testaments und einer Bestätigung des Zentralen Nachlassregisters.

Die gesetzliche Erbfolge von Abkömmlingen – und ausnahmsweise auch des Ehegatten – wird durch ein notarielles Offenkundigkeitsprotokoll nachgewiesen (acta notarial – declaración de herencia).

In anderen Fällen der gesetzlichen Erbfolge oder der Erbfolge aufgrund eines eigenhändigen Testaments erfolgt eine gerichtliche Erbenfeststellung.

Erbe kann nur geworden sein, wer die Erbschaft auch angenommen hat; nur dann erfolgt eine Eintragung in das Eigentumsregister, Art. 988 ff. CC. Für die Eintragung von Grundstückseigentümern ist notarielle Beurkundung der Annahmeerklärung erforderlich.

Die stillschweigende Annahme kann im Streitfall durch Urteil nachgewiesen werden.

Die **Beteiligungsverhältnisse** ergeben sich entweder aus dem Testament oder aus dem Gesetz.

# § 11 Erbenhaftung

*Walter Krug*

## Literatur

**Handbücher und Kommentare:**

*Ann*, Die Erbengemeinschaft, 2001; *Bonefeld/Kroiß/Tanck*, Der Erbprozess, 3. Auflage 2009; *Damrau*, Der Minderjährige im Erbrecht, 2002; *Dauner-Lieb/Heidel/Lepa/Ring* (Hrsg.), Das neue Schuldrecht in der anwaltlichen Praxis, 2002; *Dauner-Lieb/Heidel/Ring* (Ges.-Hrsg.), *Kroiß/Ann/Mayer* (Band-Hrsg.), AnwaltKommentar BGB, Band 5, Erbrecht, 2. Auflage 2007; *Eberl-Borges*, Die Erbauseinandersetzung, 2000; *Firsching/Graf*, Nachlassrecht, 9. Auflage 2008; *Jochum/Pohl*, Nachlasspflegschaft, 4. Auflage 2009; *Kerscher/Krug*, Das erbrechtliche Mandat, 4. Auflage 2007; *Klook*, Die überschuldete Erbschaft, 1998; *Krämer*, Das neue Insolvenzrecht, 1995; *Krug*, Erbrecht– Examenskurs für Rechtsreferendare, 4. Auflage 2009; *Krug*, Schuldrechtsmodernisierungsgesetz und Erbrecht, 2002; *Krug/Zwißler*, Familienrecht und Erbrecht – Schnittstellen in der anwaltlichen und notariellen Praxis, 2002; *Obermüller/Hess*, InsO, 4. Auflage 2003; *Schuschke/Walker*, Vollstreckung und Vorläufiger Rechtsschutz, 4. Auflage 2008; *Stöber*, Forderungspfändung, 14. Auflage 2005; *Wever*, Vermögensauseinandersetzung der Ehegatten außerhalb des Güterrechts, 4. Auflage 2006; *Zöller*, Zivilprozessordnung, 28. Auflage 2010.

**Aufsätze:**

*Bartsch*, Einsicht in Personenstandsregister, NJW-Spezial 2009, 199; *Behnke*, Das neue Minderjährigenhaftungsbeschränkungsgesetz, NJW 1998, 3078; *Behr*, Vollstreckungsmöglichkeiten des Nachlassgläubigers, JurBüro 1996, 120 *Behr*, Zwangsvollstreckung in den Nachlass, Rpfleger 2002, 2; *Bittner*, Die Einrede der beschränkten Haftung auf das Volljährigkeitsvermögen aus § 1629a BGB, FamRZ 2000, 325; *Böhm*, Darlehen bei Tod des Darlehensnehmers, ZEV 2002, 337; *Börner*, Das System der Erbenhaftung, JuS 1968, 53 ff.; 108 ff.; *Burgard*, Die Haftung des Erben für Delikte des Testamentsvollstreckers, FamRZ 2000, 1269; *Christmann*, Die Geltendmachung der Haftungsbeschränkung zugunsten Minderjähriger, ZEV 1999, 416 (Teil I); ZEV 2000, 45 (Teil II); *Conradis*, „Sozialhilferegress": Kostenersatz durch den Erben, § 102 SGB XII, § 35 SGB II, ZEV 2005, 379; *Deinert*, Die Heranziehung des Betreuten, seiner Familienangehörigen und Erben zu den Betreuungskosten, FamRZ 1999, 1187; *Dörndorfer*, Abänderung gerichtlicher Entscheidungen im FG-Verfahren im Hinblick auf die Entscheidung des BVerfG v. 18.1.2000, FamRZ 2001, 1117; *Eckebrecht*, Praktische Folgen des Minderjährigenhaftungsbeschränkungsgesetzes, MDR 1999, 1248; *Elzer*, Prozesskostenhilfe für Nachlasspfleger?, Rpfleger 1999, 162; *Gaa*, Die Vererbung von Unterlassungspflichten, AcP 161 (1962), 433; *Garlichs*, Die Befugnis zur Vollstreckungserinnerung bei Testamentsvollstreckung, Rpfleger 1999, 60; *Graf*, Möglichkeiten der Haftungsbeschränkung für Nachlassverbindlichkeiten, ZEV 2000, 125; *Gutbell*, Schutz des Nachlasses gegen Zwangsvollstreckungsmaßnahmen bei Testamentsvollstreckung und Vorerbschaft, ZEV 2001, 260; *Hambitzer*, Zur Bindungswirkung von Unterhaltsvereinbarungen gemäß § 1586b BGB gegenüber den Erben, FamRZ 2001, 201; *Harder/Müller-Freienfels*, Grundzüge der Erbenhaftung, JuS 1980, 876; *Hintzen*, Insolvenz und Immobiliarzwangsvollstreckung, Rpfleger 1999, 256; *Hußmann*, „Sozialhilferegress": Überleitung und Übergang von Ansprüchen nach der Reform des Sozialrechts durch „Hartz IV", ZEV 2005, 54; *Joachim*, Die Haftung des Erben, ZEV 2005, 99; *Jülicher*, Auswirkungen der neuen Insolvenzordnung auf die Vermögensnachfolge, ZEV 1998, 370; *Keller*, Die Umsetzung der Rückschlagsperre des § 88 InsO im Grundbuchverfahren, ZIP 2000, 1324; *Klingelhöffer*, Die erbrechtliche Unterhaltssicherung des ersten und zweiten Ehegatten: Ein ungeklärtes Problem des § 1586b BGB, ZEV 2001, 179; *Kollhosser*, Der Rückforderungsanspruch des verarmten Schenkers aus § 528 Abs. 1 Satz 1 BGB, ZEV 2001, 289; *Krauß*, Der Rückforderungsanspruch wegen Verarmung des Schenkers im Kontext des Sozialhilferechts, ZEV 2001, 417; *Krebber*, Das Verhältnis von sachenrechtlicher Zuordnung kraft dinglicher Bezugs- und Mittelsurrogation und kraft originären Eigentumserwerbs, FamRZ 2000, 197; *Krug*, Die dingliche Surrogation bei der Miterbengemeinschaft – ein Kunstgriff des Gesetzes zur Werterhaltung des Nachlasses, ZEV 1999, 381; *Krug*, Das neue Nachlass-Insolvenzrecht, ZErb 1999, 7; *Krug*, Die Auswirkungen der ZPO-

Reform 2002 auf den Erbprozess, ZEV 2002, 58; *Lettmann,* Die Beschränkung der Erbenhaftung, RNotZ 2002, 537; *Meincke,* Zum Geltendmachen des Pflichtteils, ZErb 2004, 1; *Merkle,* Die Zuständigkeit von Insolvenzverwalter und Insolvenzgericht im insolvenzrechtlichen Feststellungsverfahren, Rpfleger 2001, 157; *Muscheler,* Der Mehrheitsbeschluss in der Erbengemeinschaft, ZEV 1997, 169; *Olzen,* Der Erbschaftsanspruch, §§ 2018 ff. BGB, Jura 2001, 223; *Olzen,* Die Erbenhaftung, Jura 2001, 520; *Reiß,* Die Wirksamkeit vormundschaftsgerichtlich genehmigter Verträge, RNotZ 2001, 203; *Rugullis,* Nachlassverwaltung und Nachlassinsolvenzverfahren – ein verfahrensrechtlicher Vergleich, ZEV 2007, 117; *Schindler,* Probleme der Vererblichkeit der Unterhaltspflicht nach § 1586b Abs. 1 S. 3 BGB, FamRZ 2004, 1527; *Schmidt,* Zum Prozessrecht der beschränkten Erbenhaftung, JR 1989, 45; *Schmidt,* Handelsrechtliche Erbenhaftung als Bestandteil des Unternehmensrechts, ZHR 157 (1993), 600; *Siegmann,* Neues zur Haftung des Erben für nachlassbezogene Einkommensteuerschulden, ZEV 1999, 52; *Siegmann,* Der Tod des Schuldners im Insolvenzverfahren, ZEV 2000, 221; ZEV 2000, 345; *Stahl,* Die Hypothek des steuerunehrlichen Erblassers für die Erben, ZEV 1999, 221; *Wachter,* Schwarzgeld im Nachlass, ZErb 2003, 66; *Wernecke,* Die Aufwendungs- und Schadensersatzansprüche bei der Notgeschäftsführung des Miterben – eine Zusammenschau, AcP 193 (1993), 240; *Westphal/Behr,* Zwangsvollstreckung in den Nachlass – Ein Hürdenlauf ohne Ende?, Rpfleger 2002, 509; *Zorn,* Vorbescheid im FGG?, Rpfleger 2002, 241; *Zwißler,* Erbfall und Mietrecht, ZErb 2000, 12.

| | |
|---|---|
| A. Typischer Sachverhalt | 1 |
| B. Allgemeines | 2 |
|   I. Gesamtrechtsnachfolge | 2 |
|     1. Drei Interessengruppen | 3 |
|     2. Gesamtrechtsnachfolge führt zur Vermögensverschmelzung | 4 |
|     3. Trennung der Vermögensmassen führt zur Haftungsbeschränkung | 5 |
|     4. Unterschied zwischen Schuld und Haftung | 7 |
|     5. Zu klärende Vorfragen bei Inanspruchnahme eines Erben | 9 |
|     6. Erbschaftsausschlagung bei überschuldetem Nachlass | 11 |
|     7. Ausblick auf das Recht der Erbengemeinschaft | 12 |
|     8. Sicherung des Gläubigers | 13 |
|   II. Praxishinweise für den Rechtsanwalt | 15 |
|     1. Auskünfte von Behörden | 15 |
|     2. Beschaffung eines Erbscheins | 16 |
|       a) Ausfertigung des erteilten Erbscheins | 16 |
|       b) Erbscheinserteilung auf Antrag des Gläubigers | 17 |
|       c) Allgemeines Akteneinsichtsrecht | 19 |
|       d) Vertretung des Gläubigers | 22 |
|       e) Kosten | 23 |
|       f) Muster: Antrag auf Abschrift aus den Nachlassakten | 24 |
|       g) Muster: Antrag des Gläubigers auf Erbscheinsausfertigung | 25 |
|       h) Muster: Erbscheinsantrag des Gläubigers | 26 |
|       i) Einsichtsrecht bezüglich Personenstandsbuch | 27 |
|       j) Muster: Gläubigerantrag auf Abschrift aus Familienbuch | 29 |
|       k) Rechtsmittel | 30 |
|       l) Muster: Beschwerde (nach Verweigerung der Ausfertigungserteilung aus Nachlassakten) | 36 |
|     3. Auskünfte aus dem Grundbuch und aus den Grundakten | 37 |
|       a) Einsicht in das Grundbuch | 37 |
|       b) Muster: Antrag auf Grundbuchabschrift | 39 |
|       c) Einsicht in die Grundakten | 40 |
|       d) Muster: Antrag auf Abschrift aus den Grundakten | 43 |
|       e) Elektronisches Grundbuch | 44 |
|       f) Rechtsmittel | 47 |
|       g) Kosten der Auskunft | 48 |
|       h) Muster: Beschwerde (nach Verweigerung der Abschriftserteilung aus Grundakten) | 49 |
|     4. Berichtigung des Grundbuchs | 50 |
|       a) Grundbuchberichtigung auf den Erben | 50 |
|       b) Muster: Grundbuchberichtigungsantrag des Gläubigeranwalts | 52 |
|       c) Berichtigung des Grundbuchs auf den Erblasser | 53 |
|       d) Muster: Grundbuchberichtigungsantrag des Gläubigeranwalts auf Voreintragung des Erblassers/Antrag auf Eintragung einer Zwangshypothek | 54 |
| C. Nachlassverbindlichkeiten | 55 |
|   I. Erblasserschulden | 55 |
|     1. Allgemeines | 55 |
|     2. Unterhaltsverbindlichkeiten | 56 |
|       a) Grundsatz: Erlöschen von Unterhaltsansprüchen beim Tod des Unterhaltsschuldners | 56 |
|       b) Ausnahme: Nachehelicher Ehegattenunterhalt | 57 |
|         aa) Zulässigkeit der Rechtsnachfolger-Umschreibung eines Unterhaltstitels auf Schuldnerseite | 59 |
|         bb) Zulässigkeit der Abänderungsklage der Erben wegen Erreichens der Haftungshöchstsumme | 60 |
|         cc) Abänderungsklage des Unterhaltsberechtigten wegen veränderter Umstände | 61 |
|         dd) Abänderung eines Unterhaltsurteils bzw. eines gerichtlichen Unterhalts-Vergleichs im | |

Zusammenhang mit dem Unterhaltsrechtsänderungsgesetz 2008 .................. 62
    ee) Haftungshöchstsumme umfasst den fiktiven Pflichtteilsergänzungsanspruch ........ 63
        (1) Die Pflichtteilsergänzungsrelevanz unbenannter Zuwendungen ...... 65
        (2) Vereinbarung der Gütergemeinschaft und Pflichtteilsergänzung .......... 66
    ff) Haftungsbeschränkungsvorbehalt für den Kläger nach § 780 ZPO ................ 67
  c) Übergang von Unterhaltsvereinbarungen auf die Erben .......... 68
  d) Auskunftsanspruch des unterhaltsberechtigten geschiedenen Ehegatten über Pflichtteilsergänzungsansprüche gegen die Erben des Verpflichteten .............. 69
  e) Anwendung auf die eingetragene Lebenspartnerschaft .......... 70
3. Zugewinnausgleichsforderung ...... 71
4. Forderungen des überlebenden Ehegatten aus einer „Innengesellschaft" ....................... 74
  a) Abgrenzung unbenannte Zuwendung – Innengesellschaft ........ 75
    aa) Problembeschreibung ..... 75
    bb) Rechtsprechung des BGH .. 76
  b) Auflösung der Innengesellschaft .. 81
5. Wohngeldschulden ................ 82
6. Auskunfts- und Rechenschaftspflicht ......................... 83
7. Herausgabe des Erlangten durch Beauftragten ...................... 85
8. Besitzrecht des Entleihers bzgl. Haus nach Tod des Verleihers .......... 86
9. Mietverhältnis .................. 87
10. Prozesskosten .................... 89
11. Keine Nachlassverbindlichkeit: Vergütungsansprüche des „Erbensuchers" ....................... 93
12. Verbindlichkeiten aus einem Girovertragsverhältnis ................ 94
13. Betreuungskosten ................ 95
14. Darlehensverbindlichkeiten ........ 96
  a) Ordentliches Kündigungsrecht ... 97
  b) Außerordentliches Kündigungsrecht ......................... 98
    aa) § 314 BGB ............. 98
    bb) AGB-Banken ............ 99
    cc) Grundpfandrechtlich gesichertes Festzinsdarlehen .... 100
15. Sind die Kosten des Erbscheins Nachlassverbindlichkeit? .......... 101
16. Rückforderung einer Schenkung (als Nachlassverbindlichkeit) wegen Verarmung des Schenkers ............ 102
17. Sozialhilferechtliche Forderungen ... 109
18. Bereicherungsansprüche des enterbten Vermächtnisnehmers ............ 110
19. Rückforderung nach Lastenausgleichsrecht ..................... 111
II. Erbfallschulden .................... 112
  1. Überblick ....................... 112

  2. Beerdigungskosten ............... 115
    a) Begriff der Beerdigungskosten ... 115
      aa) Allgemeines ............ 115
      bb) Beerdigungskosten im Einzelnen ...................... 116
    b) Anspruchskonkurrenz ......... 117
    c) Nachlassverbindlichkeit ....... 118
III. Nachlasserbenschulden ............... 120
IV. Steuerforderungen ................... 126
V. Schuldner der Nachlassverbindlichkeiten ............................. 129
VI. Haftung des Erbschaftserwerbers ....... 133
VII. Ab welchem Zeitpunkt haftet der Erbe? ............................. 139
  1. Vorläufiger Erbe ................. 139
  2. Haftung nach Erbschaftsannahme ... 142
    a) Dreimonatseinrede ........... 142
    b) Muster: Klageerwiderung (Dreimonatseinrede) ............. 145
    c) Aufgebotseinrede ............ 146
    d) Muster: Klageerwiderung (Aufgebotseinrede) ............. 153
    e) Muster: Antrag in einer Vollstreckungsgegenklage bei noch nicht abgeschlossenem Nachlassgläubigeraufgebot und nach Vorbehalt im Ersturteil gem. § 2015 BGB, §§ 305, 782, 785, 767 ZPO; Antrag auf Einstellung der Zwangsvollstreckung .................. 154
VIII. Überschuldung des Nachlasses als Eigenschaftsirrtum i.S.v. § 119 Abs. 2 BGB .... 155
  1. Anfechtung der Annahme der Erbschaft .......................... 155
  2. Anfechtungsgründe ............... 156
  3. Formalien der Anfechtung ......... 159
  4. Folgen der Anfechtung der Annahme ......................... 160
  5. Beginn der Anfechtungsfrist ....... 161
  6. Anfechtung der Ausschlagung wegen Irrtums über die Zugehörigkeit einzelner Verbindlichkeiten zum Nachlass (Irrtum über nicht bestehende Nachlassüberschuldung) .......... 162
IX. Erbenhaftung bei bestehender Testamentsvollstreckung ................. 163
  1. Allgemeines ..................... 163
  2. Schutz des Nachlasses vor Eigengläubigern des Erben ................. 164
  3. Begründung von Nachlassverbindlichkeiten durch den Testamentsvollstrecker ....................... 165
X. Rangfolge der Nachlassverbindlichkeiten ............................. 166
D. Schutz des Eigenvermögens des Alleinerben ................................. 167
I. Haftungsbeschränkungsmaßnahmen .... 167
  1. Haftungssituation ................ 167
  2. Muster: Klageabweisungsantrag wegen Unzulässigkeit der Klage ....... 172
  3. Haftungsbeschränkungsmöglichkeiten ............................ 173
  4. Zwei förmliche Nachlassverfahren .. 178
  5. Zu klärende Vorfragen bei Inanspruchnahme eines Erben ......... 179
  6. Abwehr von Nachlassgläubigern in das Eigenvermögen des Erben ...... 181

a) Rechtsstreit gegen den Erben vor Annahme der Erbschaft ........ 181
b) Rechtsstreit gegen den Erben nach Annahme der Erbschaft ........ 182
c) Zwangsvollstreckung in das Eigenvermögen des Erben ........ 186
  aa) Einzelzwangsvollstreckung gegen den Erben ........ 186
    (1) Erfordernis des Haftungsbeschränkungsvorbehalts nach § 780 ZPO ........ 186
    (2) Muster: Klageerwiderung (Antrag Haftungsbeschränkungsvorbehalt, § 780 ZPO) .......... 187
    (3) Muster: Antrag auf Urteilsergänzung (Haftungsbeschränkungsvorbehalt, § 780 ZPO) ..... 188
    (4) Entbehrlichkeit des Haftungsbeschränkungsvorbehalts ............... 190
    (5) Muster: Antrag auf Umschreibung eines Vollstreckungstitels auf Schuldnerseite ............... 194
  bb) Unzulässigkeit der Klauselumschreibung vor Erbschaftsannahme ................ 195
  cc) Fortsetzung der gegen den Erblasser begonnenen Zwangsvollstreckung ....... 196
  dd) Universalzwangsvollstreckung gegen den Erben ......... 199
  ee) Aufrechnung ............ 201
  ff) Konfusion .............. 204
7. Geschäftsführung des Erben, § 1978 BGB .................... 208
  a) Vor Annahme der Erbschaft ..... 209
  b) Nach Annahme der Erbschaft ... 210
II. Beschränkte Haftung nach Beendigung der Nachlassverfahren .............. 213
III. Dürftigkeitseinrede .................. 214
  1. Voraussetzungen der Dürftigkeit kraft Tatbestandswirkung ......... 215
  2. Voraussetzungen der tatsächlichen Dürftigkeit .................... 216
  3. Geltendmachung der Dürftigkeit .... 218
    a) Darlegungs- und Beweislast des Erben .................... 218
    b) Muster: Klageerwiderung (Dürftigkeitseinrede) ............... 221
    c) Muster: Schriftsatz des Klägers (Klageumstellung nach Dürftigkeitseinrede) ............... 222
    d) Muster: Vollstreckungsgegenklage gegen Zwangsvollstreckung des Nachlassgläubigers in das Eigenvermögen des Erben (§§ 781, 785, 767 ZPO) – Nachweis der Dürftigkeit durch Gerichtsbeschluss .. 223
    e) Muster: Vollstreckungsgegenklage gegen Zwangsvollstreckung des Nachlassgläubigers in das Eigenvermögen des Erben (§§ 781, 785, 767 ZPO) – Nachweis der Dürftigkeit durch Inventar .......... 224
    f) Checkliste: Vollstreckungsgegenklage – Nachlassgläubiger vollstreckt in Eigenvermögen des Erben (§§ 781, 785 ZPO) ........ 225
    g) Verantwortlichkeit des Erben für seine Verwaltungshandlungen .... 226
    h) Herausgabe des Nachlasses zum Zwecke der Zwangsvollstreckung ................... 227
IV. Überschwerungseinrede ............. 229
V. Gläubigeraufgebot – Ausschließung und Verschweigung, §§ 1973, 1974 BGB ..... 233
  1. Zweck ..................... 233
  2. Verfahrensrecht ................ 234
    a) Zuständigkeit ............... 235
      aa) Altes Verfahrensrecht ..... 235
      bb) Neues Verfahrensrecht (für Anträge seit 1.9.2009) ...... 236
    b) Antragsrecht ............... 237
    c) Muster: Antrag auf Erlass eines Gläubigeraufgebots ............ 239
    d) Verfahrensgang ............. 240
    e) Kosten des Aufgebotsverfahrens .................... 243
  3. Wirkungen des Ausschlussbeschlusses .................... 244
  4. Verschweigungseinrede ........... 248
  5. Muster: Klageerwiderung (Verschweigungseinrede) ........... 250
  6. Nicht betroffene Gläubiger ........ 252
  7. Einrede des Aufgebotsverfahrens .... 253
VI. Aufschiebende Einreden (Dreimonatseinrede, Aufgebotseinrede § 2014, 2015 BGB) und ihre prozessuale Geltendmachung .................... 254
  1. Erkenntnisverfahren: Aufnahme eines Vorbehalts in das Urteil gegen den Erben (§ 305 ZPO) ............... 254
  2. Prozessrechtliche Wirkung des Vorbehalts .................... 256
  3. Muster: Vollstreckungsgegenklage – noch nicht abgeschlossenes Gläubigeraufgebot – nach Vorbehalt im Ersturteil gem. § 2015 BGB, § 305 ZPO (§§ 782, 785, 767 ZPO); Antrag auf Einstellung der Zwangsvollstreckung ..................... 257
VII. Verlust der Möglichkeit einer Haftungsbeschränkung ................. 258
VIII. Keine Abwehrrechte der Eigengläubiger .......................... 260
E. Schutz des Nachlasses vor den Eigengläubigern des Erben ..................... 261
  I. Zwei Nachlassverfahren ............. 261
    1. Nachlassverwaltung ............. 261
    2. Nachlassinsolvenzverfahren ...... 264
    3. Beendigung der förmlichen Nachlassverfahren .................... 265
  II. Testamentsvollstreckung ............ 266
    1. Sondervermögen ............... 266
    2. Haftung des Nachlasses ......... 267
      a) Nachlassgläubiger ........... 267
      b) Eigengläubiger ............. 268
    3. Unzulänglichkeitseinreden ....... 270
F. Sonderregeln für die Erbengemeinschaft ........................ 271
  I. Wechselseitige Verpflichtung der Miterben zur ordnungsmäßigen Verwaltung ... 271

II. Schutz des Eigenvermögens des Miterben vor den Nachlassgläubigern .......... 277
1. Haftungsbeschränkung ........... 277
   a) Einrede des ungeteilten Nachlasses für den Miterben ........ 277
      aa) Voraussetzungen für die Einrede .................. 277
      bb) Muster: Klageerwiderung mit Antrag auf Aufnahme eines Haftungsbeschränkungsvorbehalts – Einrede des ungeteilten Nachlasses (§ 780 ZPO, § 2059 Abs. 1 S. 1 BGB) ..... 280
      cc) Muster: Vollstreckungsgegenklage – Einrede des ungeteilten Nachlasses gem. § 2059 BGB, §§ 780, 781, 785, 767 ZPO; Antrag auf Einstellung der Zwangsvollstreckung .... 281
      dd) Checkliste: Vollstreckungsgegenklage nach §§ 781, 785 ZPO .................. 282
   b) Erbteilspfändung ............. 283
      aa) Erbteil als besondere Erscheinungsform des Erblasservermögens ................. 283
      bb) Pfändung des Erbteils ...... 285
         (1) Vor dem Erbfall ...... 285
         (2) Nach dem Erbfall ..... 286
      cc) Muster: Pfändung eines Erbteils .................. 287
      dd) Aufhebung der Pfändung durch die Miterben ........ 288
      ee) Muster: Vollstreckungsgegenklage gegen Pfändung eines Erbteils nach Anordnung der Nachlassverwaltung (§§ 780, 781, 784, 785, 767 ZPO, § 1975 BGB); Antrag auf Einstellung der Zwangsvollstreckung ................. 289
      ff) Rechte des Pfändungspfandgläubigers ............... 290
      gg) Muster: Antrag auf Eintragung eines Pfändungsvermerks im Grundbuch (Erbteilspfändung) .......... 295
      hh) Auseinandersetzungsverlangen des Pfändungsgläubigers ................. 296
      ii) Zur Pfändung des Anspruchs auf Aufhebung der Gemeinschaft bei der Bruchteilsgemeinschaft ............. 299
   c) Muster: Antrag auf Anordnung der Teilungsversteigerung durch den Pfändungspfandgläubiger eines Erbteils ................. 300
   d) Checkliste: Antrag auf Teilungsversteigerung durch den Pfändungspfandgläubiger eines Erbteils .... 301
   e) Pfändung des Nacherbenanwartschaftsrechts ................ 302
      aa) Pfändbarkeit des Nacherbenanwartschaftsrechts ........ 302
      bb) Muster: Pfändung eines Nacherbenanwartschaftsrechts ................. 303
   f) Allgemeine Mittel der Haftungsbeschränkung ................ 304
2. Verlust der Möglichkeit einer Haftungsbeschränkung ........... 309
3. Gesamtschuldnerische oder anteilige Haftung des Eigenvermögens vor der Teilung ..................... 311
   a) Eigenvermögen und Erbteil ..... 311
   b) Rechte des Nachlassgläubigers ... 316
      aa) Gesamthandsklage .......... 317
         (1) Muster: Klage auf Zustimmung zur Auflassung ................ 319
         (2) Muster: Klageerwiderung mit Antrag auf Haftungsbeschränkungsvorbehalt (§ 780 ZPO) .......... 320
         (3) Differenzierung nach Art der geschuldeten Leistung ................. 321
         (4) Haftungsbeschränkung des Miterben im Prozess ................. 326
      bb) Gesamtschuldklage ........ 330
      cc) Unterschied zwischen Gesamthandsklage und Gesamtschuldklage ............. 335
4. Haftungsbeschränkung des volljährig gewordenen minderjährigen Miterben ...................... 339
   a) Minderjährigenhaftungsbeschränkungsgesetz ............. 339
   b) Haftungsbeschränkung – § 1629a Abs. 1 BGB ................. 340
   c) Sonderkündigungsrecht der volljährig Gewordenen – Idee des „Neustarts bei Null" .......... 343
   d) Beweislastregelung des § 1629a Abs. 4 S. 1 BGB ............. 344
5. Haftung des Miterben nach der Teilung ....................... 345
   a) Allgemeines ................. 345
   b) Grundsatz der gesamtschuldnerischen Haftung ............. 347
   c) Ausnahmen von der gesamtschuldnerischen Haftung ...... 349
   d) Haftungsbeschränkungsmöglichkeiten .................. 353
      aa) Grundsatz ................ 353
      bb) Nachlassinsolvenzverfahren ... 354
      cc) Unzulänglichkeitseinreden ... 355
   e) Haftungsgefahr: Vollzug der Erbteilung vor Erfüllung aller Nachlassverbindlichkeiten .......... 356
   f) Teilhaftung ................. 362
   g) Miterbe als Nachlassgläubiger ... 364
6. Gesamtschuldnerausgleich unter den Miterben ..................... 368
   a) Erfüllung einer Erblasserschuld durch einen Miterben ......... 368
   b) Muster: Klage gegen Miterben auf Gesamtschuldnerausgleich ...... 376
   c) Muster: Streitverkündungsschriftsatz ................. 377
III. Schutz des Nachlasses vor den Eigengläubigern des Erben ................. 378
1. Interessenlage ................. 378
2. Verbot der Aufrechnung .......... 380

3. Konfusion ............................ 381
4. Freiwillige Leistung durch einen Miterben ............................ 382
IV. Haftung der Erben gegenüber den Nachlassgläubigern für eine ordnungsgemäße Verwaltung ............ 383
  1. Verantwortlichkeit vor Annahme der Erbschaft ............................ 384
  2. Verantwortlichkeit nach Annahme der Erbschaft .................... 385
G. **Prozessrecht** ............................ 388
  I. Rechtsstreit gegen den Erblasser ....... 388
    1. Haftungsbeschränkungsvorbehalt im Urteilstenor .......................... 389
    2. Wie wird der Vorbehalt zugunsten des Erben umgesetzt? ............ 394
      a) Vollstreckung in den Nachlass ... 394
      b) Vollstreckung in das Eigenvermögen ............................ 395
    3. Einwendungen des Nachlassgläubigers ............................ 396
    4. Aufhebung von Vollstreckungsmaßnahmen .......................... 397
  II. Umschreibung der Vollstreckungsklausel bei einem gegen den Erblasser ergangenen Urteil .................... 398
  III. Rechtsstreit gegen den Erben ........ 399
    1. Vor Annahme der Erbschaft ......... 399
    2. Nach Annahme der Erbschaft ...... 401
    3. Muster: Aufnahme des Rechtsstreits durch den Erben auf Klägerseite mit Antrag auf Haftungsbeschränkungsvorbehalt (§ 780 ZPO) .......... 408
    4. Anordnung eines förmlichen Nachlassverfahrens während des laufenden Rechtsstreits .................. 409
  IV. Kompetenzverteilung zwischen Erkenntnisverfahren und Vollstreckungsrecht ... 410
    1. Problemstellung .................. 410
    2. Haftungsbeschränkung im Erkenntnisverfahren .................. 412
      a) Reichweite von § 780 ZPO ...... 412
      b) Entbehrlichkeit des Vorbehalts .. 415
        aa) Gesetzlich geregelte Fälle ... 415
        bb) Aus dem Normzweck sich ergebende Fälle ............ 416
      c) Wirkung einer Verurteilung mit oder ohne Vorbehalt ............ 423
    3. Haftungsbeschränkung im Vollstreckungsverfahren .............. 424
      a) Unbeschränkte Vollstreckung ... 424
      b) Verschiedene Klageziele des § 785 ZPO ............................ 425
        aa) Inhalt der Verweisung ....... 425
        bb) Vollstreckungsgegenklage .... 427
        cc) Drittwiderspruchsklage ..... 428
        dd) Prozessrechtliche Unterschiede der verschiedenen Klageziele ................ 429
      c) Widerspruchsklage gegen Vollstreckungsmaßnahmen ............ 430
  V. Haftungsbeschränkungsvorbehalt des Erben in anderen Vollstreckungstiteln ... 435
  VI. Gegen den Erblasser begonnene Zwangsvollstreckung .................. 436
    1. Fortsetzung der Zwangsvollstreckung aus demselben Titel .............. 436
    2. Bestellung eines besonderen Vollstreckungsvertreters .................. 437
    3. Muster: Antrag auf Bestellung eines besonderen Vollstreckungsvertreters ............................ 438
H. **Nachlassverfahren im Überblick** ....... 439
  I. Nachlassverwaltung, § 1975 BGB ..... 439
    1. Verfahren ........................ 440
      a) Zuständigkeit ................ 440
      b) Antragsberechtigte ............ 442
      c) Rechtswirkung der Eröffnung ... 443
      d) Muster: Antrag auf Anordnung der Nachlassverwaltung ........ 444
      e) Kosten ........................ 445
    2. Nachlassverwalter ................ 446
      a) Rechtsstellung des Nachlassverwalters .................. 446
      b) Aufgaben des Nachlassverwalters ............................ 447
      c) Rechtshandlungen des Erben .... 448
      d) Genehmigungserfordernisse .... 450
    3. Der Verwaltung unterliegendes Vermögen ............................ 451
    4. Rechtsgeschäfte zwischen Nachlassverwalter und Erbe .............. 453
    5. Grundstück im Nachlass .......... 454
    6. Muster: Antrag des Nachlassverwalters an das Grundbuchamt auf Eintragung der Anordnung der Nachlassverwaltung .................. 456
    7. Vergütung des Nachlassverwalters; Muster ............................ 457
      a) Aufwendungsersatz ............ 458
      b) Festsetzungsverfahren ........ 459
      c) Schiedsgerichtsbarkeit ........ 462
      d) Muster: Antrag auf Festsetzung der Vergütung des Nachlassverwalters ........................ 464
    8. Beendigung der Nachlassverwaltung ............................ 465
    9. Rechtsmittel .................... 466
      a) Anordnung der Nachlassverwaltung auf Antrag des/der Erben ... 466
      b) Anordnung der Nachlassverwaltung auf Antrag eines Nachlassgläubigers .................. 467
      c) Zurückweisung des Antrags auf Anordnung der Nachlassverwaltung ............................ 468
      d) Zurückweisung des Antrags auf Aufhebung der Nachlassverwaltung ............................ 469
    10. Haftung des Nachlassverwalters .... 470
    11. Haftung des Erben nach Beendigung der Nachlassverwaltung ........ 471
    12. Mitteilungspflicht gegenüber dem Erbschaftsteuerfinanzamt .......... 472
  II. Nachlass-Insolvenzrecht im Überblick .. 473
    1. Allgemeines .................... 474
    2. Zuständigkeit .................. 475
    3. Gegenstand des Insolvenzverfahrens ............................ 476
    4. Insolvenzeröffnungsgrund ........ 477
    5. Antragsberechtigte .............. 478
    6. Insolvenzantragspflicht .......... 480
    7. Prozesskostenhilfe .............. 482
    8. Rechtswirkungen der Verfahrenseröffnung ........................ 483

9. Muster: Antrag auf Eröffnung des Nachlassinsolvenzverfahrens ....... 484
10. Forderungsanmeldung zur Nachlassinsolvenztabelle ............... 485
    a) Anmeldung beim Nachlassinsolvenzverwalter ................. 485
    b) Formale Anforderungen an eine Forderungsanmeldung ......... 487
    c) Muster: Anmeldung zur Nachlassinsolvenztabelle beim Nachlassinsolvenzverwalter ............... 488
    d) Rechtswirkungen der Forderungsanmeldung ................... 489
11. Insolvenzverwalter ............... 490
    a) Rechtsstellung und Bestellung ... 490
    b) Aufgaben ..................... 491
12. Insolvenzanfechtung ............. 492
13. Insolvenzplan ................... 493
14. Restschuldbefreiung ............. 494
    a) Geltung für den Erben ......... 494
    b) Erwerb von Todes wegen durch den Schuldner ................. 495
    c) Tod des Schuldners vor der endgültigen Schuldbefreiung ........ 496
    d) Widerruf der Restschuldbefreiung ......................... 497
15. Haftung nach Beendigung des Nachlassinsolvenzverfahrens ........... 498
III. Inventar ........................ 499
   1. Zweck und Begriff des Inventars .... 499
   2. Formelle Erfordernisse ........... 501
   3. Muster: Antrag auf Inventarerrichtung ......................... 503
   4. Amtliche Aufnahme des Inventars ... 504
      a) Antrag des Erben ............. 504
      b) Kosten der amtlichen Aufnahme ...................... 508
      c) Muster: Antrag des Erben auf Übertragung der Inventarerrichtung auf einen Beamten oder Notar ......................... 509
   5. Wirkung rechtzeitiger Inventarerrichtung ......................... 510
   6. Folgen von Unkorrektheiten bei der Inventarerrichtung ............... 511
I. Unterlassungsverpflichtungen .......... 515
J. Forderungen gegen den Pflichtteilsberechtigten .......................... 516

## A. Typischer Sachverhalt

Erben des Erblassers E werden seine drei Kinder. Im Nachlass befindet sich ein Wohngebäude, auf dem noch hypothekarisch gesicherte Darlehensverbindlichkeiten lasten. Außerdem ist damit zu rechnen, dass aus den vergangenen Jahren Einkommensteuernachforderungen seitens des Finanzamts geltend gemacht werden. Die Kinder wollen einerseits die Erbschaft nicht ausschlagen, andererseits aber sicherstellen, dass sie nicht mit ihrem jeweiligen Privatvermögen für Schulden haften, die der Erblasser hinterlassen hat.

## B. Allgemeines

### I. Gesamtrechtsnachfolge

Die gesetzlichen Regeln über die Erbenhaftung befassen sich mit den passiven Vermögenswerten, die der Erblasser hinterlässt bzw. die mit seinem Tod entstanden sind. Es geht hier um die Rechtsnachfolge in Schuldverhältnisse auf der Schuldnerseite.

#### 1. Drei Interessengruppen

Dabei sind die widerstreitenden Interessen von **drei Gruppen** zu regeln:

(1) Die **Gläubiger des Erblassers** haben ein Interesse daran, dass ihnen der aktive Nachlass als Haftungsgrundlage weiterhin zur Verfügung steht und nicht etwa Gläubiger des Erben darauf zugreifen.

(2) Die **Gläubiger des Erben** sind daran interessiert, dass ihnen das bisherige aktive Vermögen des Erben als Haftungsgrundlage verbleibt und nicht die Gläubiger des Erblassers ihnen ihr Recht streitig machen.

(3) **Der Erbe** will nicht plötzlich mit seinem bisherigen Vermögen (Eigenvermögen) für Schulden des Erblassers haften, wenn der aktive Nachlass nicht für alle Nachlassgläubiger ausreicht.

Krug

Das wäre nicht so problematisch, wenn Nachlass einerseits und bisheriges Vermögen des Erben andererseits rechtlich getrennte selbstständige Vermögensmassen blieben. Dies ist aber gerade nicht der Fall.

## 2. Gesamtrechtsnachfolge führt zur Vermögensverschmelzung

Das Gesetz ist mit § 1922 BGB den Weg der **Vermögensverschmelzung** gegangen: Bisheriges Vermögen des Erben und Nachlass stehen ab dem Erbfall **einem Rechtssubjekt**, dem Erben, zu. Den Gläubigern des Erblassers wird kraft Gesetzes ein neuer Schuldner präsentiert: der Erbe. Die mit dem Erbfall eintretende Verschmelzung zweier Vermögensmassen führt zu einer Gefährdung der Gläubigerrechte. Dies hat zur Folge, dass die dem Nachlassgläubiger bisher zur Verfügung stehende Haftungsmasse nicht mehr ohne weiteres festgestellt werden kann.

## 3. Trennung der Vermögensmassen führt zur Haftungsbeschränkung

In Erkenntnis dieser Gefährdung beseitigt das Gesetz bei wirksamer Einleitung von Haftungsbeschränkungsmaßnahmen die bei Eintritt des Erbfalls entstandene Vermögensverschmelzung und führt wiederum eine Trennung der beiden Vermögensmassen herbei (**Stichwort: Gütersonderung**).

Solange allerdings die Vermögensverschmelzung besteht, geht das Gesetz seinen mit der Universalsukzession eingeschlagenen Weg konsequent: Die erbrechtliche Gesamtrechtsnachfolge führt grundsätzlich dazu, dass
– den Gläubigern des Erblassers mit dem Erbfall auch das bisherige Vermögen des Erben haftet,
– den Gläubigern des Erben auch der Nachlass haftet.

## 4. Unterschied zwischen Schuld und Haftung

Die vom Gesetz sehr kompliziert geregelte Erbenhaftung wird verständlicher, wenn von vornherein die Begriffe der Schuldnerschaft und der Haftung streng differenziert werden.[1] Die Universalsukzession des § 1922 BGB führt dazu, dass der Erbe Schuldner aller Verbindlichkeiten des Erblassers wird, weil er die Rechtsträgerschaft aller Aktiva und aller Passiva des Nachlasses erwirbt. Das Erbenhaftungsrecht regelt im Anschluss daran die Frage, mit welcher Vermögensmasse der Erbe haftet, ob nur mit dem Nachlass – als Folge einer wirksamen Haftungsbeschränkung – oder nur mit dem Eigenvermögen oder sowohl mit dem Nachlass als auch mit dem Eigenvermögen.

Deshalb ist die Eingruppierung der einzelnen Verbindlichkeiten auch von entscheidender Bedeutung – handelt es sich um Nachlassverbindlichkeiten, Eigenverbindlichkeiten oder um beides? Erst nach Klärung dieser Fragen kann die Frage beantwortet werden, mit welcher Vermögensmasse der Erbe für die jeweilige Verbindlichkeit haftet.

## 5. Zu klärende Vorfragen bei Inanspruchnahme eines Erben

Wird ein Erbe außergerichtlich oder gerichtlich in Anspruch genommen, so sind immer **drei Fragen** zu klären:

(1) Liegt eine Nachlassverbindlichkeit vor?

---

[1] Darauf weist *Graf* zu Recht in ZEV 2000, 125, 126 hin.

(2) Wird für die Nachlassverbindlichkeit **unbeschränkt** oder gegenständlich – auf den Nachlass – **beschränkt gehaftet**?

(3) Gehört, wenn ein Vollstreckungszugriff stattgefunden hat, der Gegenstand der Vollstreckung **zum haftenden Vermögen**?

Die Haftungsproblematik wird hier aus **zwei Blickrichtungen** dargestellt:
– aus der **Sicht des Erben**: die **Abwehr von Nachlassgläubigern** in sein Eigenvermögen (vgl. nachstehend Rn 167 ff.)
– aus der **Sicht des Nachlasses**: die **Abwehr von Eigengläubigern** des Erben in den Nachlass (siehe unten Rn 261 ff.).

### 6. Erbschaftsausschlagung bei überschuldetem Nachlass

Der Erbe könnte die ihm angefallene Erbschaft auch ausschlagen – wie dies häufig geschieht, wenn der Verdacht einer überschuldeten Erbschaft besteht (zur Anfechtung der Erbschaftsannahme bei Irrtum über die Nachlassüberschuldung siehe unten Rn 155 ff.). Damit wäre allerdings derjenige Erbe mit dem Haftungsproblem konfrontiert, dem die Erbschaft anstelle des Ausschlagenden nach § 1953 Abs. 2 BGB anfällt.

### 7. Ausblick auf das Recht der Erbengemeinschaft

Kraft der gesamthänderischen Bindung des Nachlasses in der Erbengemeinschaft besteht dort bis zur Erbteilung eine strenge Trennung zwischen Eigenvermögen der Erben einerseits und Nachlass andererseits (Sondervermögen Nachlass). Dies hat selbstverständlich Auswirkungen auf die Haftungssituation bei bestehender Erbenmehrheit. So lange die Erbengemeinschaft nicht auseinander gesetzt ist, kann jeder Miterbe einem Nachlassgläubiger gegenüber die Erfüllung seiner Verbindlichkeit aus dem Eigenvermögen verweigern mit der „Einrede des ungeteilten Nachlasses", § 2059 Abs. 1 BGB.

### 8. Sicherung des Gläubigers

Von entscheidender Bedeutung für den Gläubiger ist die Frage: Ist die ursprünglich gegen den Erblasser gerichtete Forderung in irgendeiner Weise abgesichert oder nicht? Denn auch hier gilt: Gleichgültig, welche Haftungssituation beim Erben eintreten wird, die Position des abgesicherten Nachlassgläubigers ist bei der Nachlassverwaltung und in der Nachlassinsolvenz sowie bei Erhebung der Dürftigkeitseinrede in jedem Falle besser als die des ungesicherten Gläubigers.

**Keine Haftungsbeschränkung bei Sicherung durch Vormerkung:**

In diesem Zusammenhang kommt der im Grundbuch eingetragenen **Vormerkung** zur Sicherung eines Rechtserwerbs besondere Bedeutung zu. Der Erbe kann sich gem. § 884 BGB nicht auf die Beschränkung seiner Haftung berufen, wenn eine Rechtsübertragungs- oder eine Rechtsbegründungsverpflichtung grundbuchlich durch Vormerkung gesichert wurde, sofern die Eintragung auf der Grundlage einer Bewilligung erfolgt ist. Rückübereignungsansprüche, die im Zusammenhang mit gemischten Schenkungen, gemischten Ausstattungen und Hofübergaben unter bestimmten Voraussetzungen (Bedingung) begründet werden, können durch Vormerkung gesichert werden.[2] Der Anspruch des Übergebers aus einem, auf den Tod des Übernehmers befristeten Grundstücksübergabevertrag ist vormerk-

---

2 BGH NJW 1997, 861.

bar; dies gilt nicht, wenn der Anspruch unter der Bedingung steht, dass das Grundstück sich beim Tode des Übernehmers noch in dessen Vermögen befindet.[3]

Auch der bei der Übertragung des Eigentums an einem Grundstück vorbehaltene Anspruch auf Rückübereignung in dem Falle, dass der Erwerber oder dessen Gesamtrechtsnachfolger sich als grob undankbar erweist, ist vormerkungsfähig.[4] Ebenso Rückforderungsansprüche wegen Verarmung des Schenkers, §§ 528, 530, 883 Abs. 1 BGB.[5]

Allerdings ist streitig, ob § 884 BGB auch für solche Vormerkungen gilt, die erst nach dem Erbfall entstanden sind. Das neuere Schrifttum ist sich weitgehend darin einig, dass § 884 BGB dann angewandt werden muss, wenn eine Vormerkung zwar erst nach dem Erbfall, aber aufgrund einer Bewilligung des Erblassers eingetragen worden ist.[6]

Wenn die Vormerkung für eine Nachlassverbindlichkeit erst vom Erben bewilligt worden ist, erübrigt sich nach h.M. die Heranziehung des § 884 BGB, weil dem Erben ohnehin schon aus einem anderen Grunde die Berufung auf die Haftungsbeschränkung versagt ist. In der Vormerkungsbewilligung muss nämlich ein konkludenter Verzicht auf die Haftungsbeschränkung gesehen werden.[7] Teilweise wird aber auch die Meinung vertreten, hier sei eine unmittelbare Anwendung von § 884 BGB angezeigt.[8]

## II. Praxishinweise für den Rechtsanwalt

### 1. Auskünfte von Behörden

15  Wenn der Gläubiger lediglich den Tod des Schuldners vermutet, weil keine Reaktion mehr erfolgt, so kann er sich Gewissheit verschaffen durch
– Anfrage beim Einwohnermeldeamt oder Standesamt der Wohnsitzgemeinde des Schuldners;[9]
– Anfrage beim zuständigen Nachlassgericht (Amtsgericht, in Baden-Württemberg Staatl. Notariat); örtlich zuständig ist das Gericht des letzten Wohnsitzes des Erblassers, § 343 FamFG (bis 31.8.2009: § 73 Abs. 1 FGG);
– Anfrage bei der zuständigen Testamentskartei (Amtsgericht, Staatl. Notariat, bei Ausländern oder im Ausland geborenen Erblassern: Amtsgericht Berlin-Schöneberg – Adresse: Grunewaldstr. 66–67, 10820 Berlin);

---

3 BGH NJW 2002, 2874 = DNotZ 2002, 793 = ZEV 2002, 512.
4 BGH FamRZ 2002, 1399.
5 OLG Düsseldorf ZEV 2002, 514 = Rpfleger 2002, 563 = FGPrax 2002, 203.
6 Staudinger/*Gursky*, § 884 BGB Rn 6 m.w.N.
7 Staudinger/*Gursky*, § 884 BGB Rn 6 m.w.N.
8 Palandt/*Bassenge*, § 884 BGB Rn 1.
9 Zum Umfang der Auskunft aus dem Melderegister siehe OVG Münster NJW 1976, 532.

– Anfrage beim Geburtsstandesamt des Erblassers, das gem. § 43 Abs. 1 Nr. 1 der AVO zum PStG vom 25.7.1977 (BGBl I 1977, 377) vom Sterbefall durch das Standesamt des Sterbeortes erfährt.[10]

## 2. Beschaffung eines Erbscheins

### a) Ausfertigung des erteilten Erbscheins

Der Gläubiger kann sich mit Hilfe der Vorlage einer Ausfertigung des vollstreckbaren Titels nach § 357 Abs. 2 FamFG (bis 31.8.2009: § 85 FGG, zur Neuregelung nach FamFG seit 1.9.2009 vgl. nachfolgend Rn 21) von einem bereits erteilten Erbschein beim Nachlassgericht (des letzten Wohnsitzes des Erblassers) eine Ausfertigung erteilen lassen (vgl. Muster Rn 25).

### b) Erbscheinserteilung auf Antrag des Gläubigers

Ist ein Erbschein noch nicht erteilt, so kann der Gläubiger – wenn er bereits im Besitz eines endgültig vollstreckbaren Titels ist – sogar das Erbscheinsverfahren betreiben; er hat ein eigenes Antragsrecht nach §§ 792, 896 ZPO und kann sogar die nach § 2356 Abs. 2 BGB erforderliche eidesstattliche Versicherung abgeben (vgl. Muster Rn 26).[11] Dies gilt auch für das Finanzamt als Gläubiger einer Steuerschuld.[12]

Handelt es sich bei dem Gläubiger um eine juristische Person, so ist die eidesstattliche Versicherung (§ 2356 Abs. 2 BGB) vom gesetzlichen Vertreter abzugeben, eine rechtsgeschäftliche Bevollmächtigung ist im Grundsatz nicht zulässig.[13]

Auch im Fall der Beantragung eines Erbscheins durch den Gläubiger gem. § 792 ZPO ist das Formerfordernis des § 2356 Abs. 2 S. 1 BGB regelmäßig einzuhalten.[14]

Gleichwohl kann es im Einzelfall geboten sein, gem. § 2356 Abs. 2 S. 2 BGB dem Gläubiger die Vorlage der eidesstattlichen Versicherung zu erlassen, wenn sie nicht erforderlich ist. Die Vorlage der eidesstattlichen Versicherung dient der Glaubhaftmachung der im Antrag angegebenen Umstände.[15] Der in zulässiger Weise gestellte Antrag löst die Pflicht des Nachlassgerichts gem. § 2358 BGB zur umfassenden Ermittlung von Amts wegen aus. Das

---

10 Das Gesetz zur Reform des Personenstandsrechts (Personenstandsrechtsreformgesetz – PStRG) wurde im BGBl I 2007, 122 ff. vom 23.2.2007 Nr. 5 verkündet. Das Gesetz trat teilweise am Tag nach der Verkündung in Kraft. Im Übrigen trat das Gesetz am 1. Januar 2009 in Kraft. Inhalt: Ablösung des geltenden Personenstandsgesetzes durch ein neues Personenstandsgesetz: Einführung elektronischer Personenstandsregister, Begrenzung der Fortführung der Personenstandsregister durch das Standesamt sowie Abgabe der Register an die Archive, Ersetzung des Familienbuchs durch Beurkundungen in den Personenstandsregistern, Reduzierung der Beurkundungsdaten auf ein erforderliches Maß, Neuordnung der Benutzung der Personenstandsbücher, Schaffung der rechtlichen Grundlage für eine Testamentsdatei; Änderung von 22 Gesetzen und 55 Rechtsverordnungen. Vgl. auch *Bartsch*, NJW-Spezial 2009, 199.
11 OLG Hamm FamRZ 1985, 1185. Der neuerdings entstandene Streit zwischen *Westphal* und *Behr* in Rpfleger 2002, 2 und Rpfleger 2002, 509, ob der Gläubiger die eidesstattliche Versicherung gem. § 2356 Abs. 2 BGB überhaupt wahrheitsgemäß abgeben könne, verkennt den Inhalt dieser eidesstattlichen Versicherung in einem wesentlichen Punkt: Der Antragsteller muss nicht positiv eidesstattlich versichern, dass kein Testament (und die weiteren dort genannten Tatsachen) vorhanden sei, sondern lediglich dass „ihm nichts bekannt sei" vom Vorhandensein einer Verfügung von Todes wegen.
12 Vgl. *App*, StW 2007, 47.
13 LG Leipzig Rpfleger 2008, 655.
14 LG Hildesheim MDR 1962, 56; LG Leipzig Rpfleger 2008, 655.
15 Palandt/*Edenhofer*, § 2356 Rn 11.

Nachlassgericht hat dann den Erbschein gem. § 2359 BGB zu erteilen, wenn es die zur Begründung des Antrags erforderlichen Tatsachen für festgestellt erachtet. Weil man von einem Gläubiger – anders als von einem Erben – nicht erwarten kann, dass ihm alle für das Erbrecht des Erben maßgeblichen Umstände aufgrund der familiären Verhältnisse bekannt sind, kommt der Amtsermittlungsverpflichtung im Falle der Beantragung eines Erbscheins durch den Gläubiger gem. § 792 ZPO besondere Bedeutung zu.[16] Die Anforderungen an die Angaben des Gläubigers dürfen damit nicht überspannt werden.

Steht aufgrund der nicht in Zweifel zu ziehenden Angaben des Gläubigers fest, dass deren vertretungsberechtigte Organe keinerlei Kenntnisse von den das Erbrecht auslösenden bzw. beeinflussenden Umständen haben, erschiene das Bestehen auf der Vorlage einer eidesstattlichen Versicherung gem. § 2356 Abs. 2 S. 1 BGB als bloße Förmelei.[17] Dabei ist insbesondere zu beachten, dass sich die eidesstattliche Versicherung des Gläubigers allein auf seine Kenntnis und sein Wissen, nicht aber auf ein ggf. noch in Kenntnis zu bringendes Wissen des Erben bezieht.[18] Die eidesstattliche Versicherung gem. § 2356 Abs. 2 S. 1 BGB ist lediglich darauf gerichtet, dass dem Gläubiger nichts bekannt sei, was der Richtigkeit seiner Angaben entgegenstünde. Bietet zudem der maßgeblich mit der Sache befasste rechtsgeschäftlich bestellte Vertreter die Abgabe einer eidesstattlichen Versicherung mit dem Inhalt des § 2356 Abs. 2 S. 1 BGB an, so ist die Ermessensentscheidung des § 2356 Abs. 2 S. 2 BGB dahin gehend auszuüben, dass jedenfalls die eidesstattliche Versicherung durch den Gläubiger erlassen werden muss.[19]

Die verfahrensrechtlichen Rechte der Erben werden gewahrt, weil das Nachlassgericht nach § 2358 BGB, §§ 26, 29, 30 FamFG (bis 31.8.2009: § 12 FGG) von Amts wegen zu ermitteln und dabei auch nach Art. 103 GG rechtliches Gehör zu gewähren hat. In streitigen Fällen sieht § 2360 BGB eine besondere Anhörung vor.

Das BVerfG zur Gewährung rechtlichen Gehörs im FG-Verfahren:[20]

„*Art. 103 Abs. 1 GG ist auch im Verfahren der freiwilligen Gerichtsbarkeit zu beachten.*[21] *Das gilt – unabhängig davon, ob die Anhörung im Gesetz vorgesehen ist – auch für Verfahren, die vom Untersuchungsgrundsatz (§ 12 FGG) beherrscht werden.*[22] *Auf eine förmliche Beteiligtenstellung kommt es nicht an. Der Anspruch auf rechtliches Gehör steht vielmehr jedem zu, demgegenüber die gerichtliche Entscheidung materiellrechtlich wirkt und der deshalb von dem Verfahren rechtlich unmittelbar betroffen wird.*"[23]

Ein Gläubiger hat im Erbscheinsverfahren seine Rechtsstellung nachzuweisen, die auch in der Verfahrensvoraussetzung Antragsrecht voll geprüft werden muss.[24]

Im Erbschein wird aber nur der endgültige Erbe aufgeführt, für den die Ausschlagungsfrist bereits verstrichen ist. Hat der Gläubiger Grund zu der Annahme, die Erben könnten vom Erbfall noch keine Kenntnis erlangt haben, so ist ihm anzuraten, die Erben vom Erbfall und von ihrer Berufung zu Erben in Kenntnis zu setzen, damit die Ausschlagungsfrist des § 1944 BGB in Gang gesetzt wird. Sicherheitshalber kann diese Mitteilung durch den

---

16 LG Kassel, Beschl. v. 11.9.2009 – 3 T 478/09, nach „Juris"; LG Hildesheim MDR 1962, 56.
17 LG Kassel, Beschl. v. 11.9.2009 – 3 T 478/09, nach „Juris".
18 LG Hildesheim MDR 1962, 56.
19 LG Kassel, Beschl. v. 11.9.2009 – 3 T 478/09, nach „Juris".
20 BVerfG FamRZ 2009, 106 = NJW 2009, 138 = ZEV 2009, 44.
21 Vgl. BVerfGE 19, 49, 51.
22 Vgl. BVerfGE 75, 201, 215.
23 Vgl. BVerfGE 60, 7, 13; 75, 201, 215.
24 OLG Zweibrücken FamRZ 2007, 160 = ZEV 2006, 561 = DNotZ 2006, 929.

Gerichtsvollzieher zugestellt werden, um den Vorteil der Zugangsfiktion des § 132 BGB zu erreichen.

Auf Antrag eines Nachlassgläubigers hat das Nachlassgericht einen Nachlasspfleger zu bestellen, wenn die Erbschaft entweder noch nicht angenommen oder der Erbe unbekannt oder ungewiss ist, ob er die Erbschaft angenommen hat, § 1961 BGB. Dies korrespondiert mit der Vorschrift des § 1958 BGB, wonach vor der Annahme der Erbschaft eine Klage gegen den Erben als unzulässig abzuweisen wäre. Die Klagepflegschaft dient dazu, diesen Zeitraum für einen Gläubiger, der seinen Anspruch gegen den Nachlass geltend machen will, zu überbrücken. Dass ein Bedürfnis der Nachlasssicherung besteht, ist, anders als bei § 1960 Abs. 1 BGB, nicht Voraussetzung; an die Stelle des Fürsorgebedürfnisses tritt ein Rechtsschutzbedürfnis des Gläubigers, das sich grundsätzlich bereits aus der Tatsache ergibt, dass er einen Anspruch gegen den Nachlass geltend machen will.[25] **Antragsberechtigt** ist, wer die Absicht vorträgt, einen Anspruch gegen den Nachlass notfalls gerichtlich geltend machen zu wollen. Nicht nötig ist, dass die gerichtliche Durchsetzung in erster Linie in Aussicht genommen ist. Es genügt, dass der Prozessweg erst notfalls beschritten, zuvor aber mit dem Pfleger gütlich verhandelt werden soll. Das Bestehen eines Anspruchs muss weder bewiesen noch glaubhaft gemacht werden. Doch fehlt das Rechtsschutzbedürfnis, wenn offenkundig keine Forderung existiert oder die Rechtsverfolgung aus sonstigen Gründen offensichtlich unbegründet oder mutwillig ist.[26] Sollte ein Erbscheinsantrag eines Vollstreckungsgläubigers nach § 792 ZPO keinen Erfolg haben, so könnte er ebenfalls die Anordnung einer Klagepflegschaft beantragen.[27]

Dem Nachlassgläubiger steht gegen die Aufhebung der Klagepflegschaft ein Beschwerderecht nach § 59 FamFG[28] (bis 31.8.2009: § 57 Abs. 1 Nr. 3 FGG zu).[29] Auch **Pflichtteilsberechtigte** und **Vermächtnisnehmer** sind Nachlassgläubiger und können deshalb die Anordnung einer Klagepflegschaft gem. § 1961 BGB beantragen.

### c) Allgemeines Akteneinsichtsrecht

Für alle FG-Verfahren und damit auch für die verschiedenen Nachlassverfahren bestimmt § 13 FamFG (bis 31.8.2009: § 34 FGG), dass jedem die Einsicht in die Nachlassakten gestattet werden kann, der ein **berechtigtes Interesse glaubhaft macht**. Dies gilt auch für die Erteilung unbeglaubigter oder beglaubigter Abschriften aus den Nachlassakten. Dabei entscheidet das Nachlassgericht nach **pflichtgemäßem Ermessen**.[30]

Unter Vorlage des vollstreckbaren Titels kann der Gläubiger sein berechtigtes Interesse an der Akteneinsicht und damit an der Berechtigung, Abschriften aus den Nachlassakten zu erhalten, glaubhaft machen (vgl. Muster Rn 24).

Nachlassakten sind grundsätzlich im Gerichtsgebäude einzusehen, eine Versendung der Akten in die Kanzlei des Bevollmächtigten findet nur ausnahmsweise statt.[31]

---

25 BayObLG FamRZ 2003, 562, 563.
26 BayObLG FamRZ 2003, 562, 563.
27 LG Oldenburg Rpfleger 1982, 105.
28 FGG-ReformG v. 17.12.2008 (BGBl I 2008, 2586).
29 OLG Hamm Rpfleger 1987, 416; zur Erledigung des Beschwerdeverfahrens in der Hauptsache vgl. BayObLG FamRZ 2003, 562.
30 BayObLGZ 1959, 420, 425; OLG Karlsruhe FamRZ 1966, 268.
31 OLG Köln ZErb 2008, 211.

21  **Neuerungen durch das FamFG:**[32] Das Recht auf Einsicht von FG-Akten wird in §§ 13 ff. FamFG neu geregelt.

§ 13 FamFG hat folgenden Wortlaut:

*§ 13 FamFG*
*Akteneinsicht*
*(1) Die Beteiligten können die Gerichtsakten auf der Geschäftsstelle einsehen, soweit nicht schwerwiegende Interessen eines Beteiligten oder eines Dritten entgegenstehen.*
*(2) Personen, die an dem Verfahren nicht beteiligt sind, kann Einsicht nur gestattet werden, soweit sie ein berechtigtes Interesse glaubhaft machen und schutzwürdige Interessen eines Beteiligten oder eines Dritten nicht entgegenstehen. Die Einsicht ist zu versagen, wenn ein Fall des § 1758 des Bürgerlichen Gesetzbuchs vorliegt.*
*(3) Soweit Akteneinsicht gewährt wird, können die Berechtigten sich auf ihre Kosten durch die Geschäftsstelle Ausfertigungen, Auszüge und Abschriften erteilen lassen. Die Abschrift ist auf Verlangen zu beglaubigen.*
*(4) Einem Rechtsanwalt, einem Notar oder einer beteiligten Behörde kann das Gericht die Akten in die Amts- oder Geschäftsräume überlassen. Ein Recht auf Überlassung von Beweisstücken in die Amts- oder Geschäftsräume besteht nicht. Die Entscheidung nach Satz 1 ist nicht anfechtbar.*
*(5) Werden die Gerichtsakten elektronisch geführt, gilt § 299 Abs. 3 der Zivilprozessordnung entsprechend. Der elektronische Zugriff nach § 299 Abs. 3 Satz 2 und 3 der Zivilprozessordnung kann auch dem Notar oder der beteiligten Behörde gestattet werden.*
*(6) Die Entwürfe zu Beschlüssen und Verfügungen, die zu ihrer Vorbereitung gelieferten Arbeiten sowie die Dokumente, die Abstimmungen betreffen, werden weder vorgelegt noch abschriftlich mitgeteilt.*
*(7) Über die Akteneinsicht entscheidet das Gericht, bei Kollegialgerichten der Vorsitzende.*

Für Verfügungen von Todes wegen gilt die Sonderregelung des § 357 FamFG:

*§ 357 FamFG*
*Einsicht in eine eröffnete Verfügung von Todes wegen; Ausfertigung eines Erbscheins oder anderen Zeugnisses*
*(1) Wer ein rechtliches Interesse glaubhaft macht, ist berechtigt, eine eröffnete Verfügung von Todes wegen einzusehen.*
*(2) Wer ein rechtliches Interesse glaubhaft macht, kann verlangen, dass ihm von dem Gericht eine Ausfertigung des Erbscheins erteilt wird. Das Gleiche gilt für die nach § 354 erteilten gerichtlichen Zeugnisse sowie für die Beschlüsse, die sich auf die Ernennung oder die Entlassung eines Testamentsvollstreckers beziehen.*

**Glaubhaftmachung:** § 31 FamFG (wie § 294 ZPO).

d) Vertretung des Gläubigers

22  Der Rechtsanwalt als Vertreter des Gläubigers kann nach § 10 FamFG (bis 31.8.2009: § 13 FGG) mit schriftlicher (bis 31.8.2009: formloser) Vollmacht als Bevollmächtigter auftreten. Allerdings kann – für Altverfahren – nach § 13 S. 2 FGG die öffentliche Beglaubigung der Vollmacht von Seiten des Gerichts verlangt werden.

---

32  FGG-ReformG v. 17.12.2008 (BGBl I 2008, 2586).

Mit dem Inkrafttreten des FamFG, dem 1.9.2009, wurde die Bevollmächtigung im FG-Verfahren in §§ 10 und 11 FamFG neu geregelt. Nach § 10 Abs. 2 FamFG können Rechtsanwälte und weitere dort genannte Personen als Bevollmächtigte auftreten.

### § 10 FamFG
*Bevollmächtigte*
*(1) Soweit eine Vertretung durch Rechtsanwälte nicht geboten ist, können die Beteiligten das Verfahren selbst betreiben.*
*(2) Die Beteiligten können sich durch einen Rechtsanwalt als Bevollmächtigten vertreten lassen. Darüber hinaus sind als Bevollmächtigte, soweit eine Vertretung durch Rechtsanwälte nicht geboten ist, vertretungsbefugt nur*
*1. Beschäftigte des Beteiligten oder eines mit ihm verbundenen Unternehmens (§ 15 des Aktiengesetzes); Behörden und juristische Personen des öffentlichen Rechts einschließlich der von ihnen zur Erfüllung ihrer öffentlichen Aufgaben gebildeten Zusammenschlüsse können sich auch durch Beschäftigte anderer Behördenoder oder juristischer Personen des öffentlichen Rechts einschließlich der von ihnen zur Erfüllung ihrer öffentlichen Aufgaben gebildeten Zusammenschlüsse vertreten lassen;*
*2. volljährige Familienangehörige (§ 15 der Abgabenordnung, § 11 des Lebenspartnerschaftsgesetzes), Personen mit Befähigung zum Richteramt und die Beteiligten, wenn die Vertretung nicht im Zusammenhang mit einer entgeltlichen Tätigkeit steht;*
*3. Notare.*
*(3) Das Gericht weist Bevollmächtigte, die nicht nach Maßgabe des Absatzes 2 vertretungsbefugt sind, durch unanfechtbaren Beschluss zurück. Verfahrenshandlungen, die ein nicht vertretungsbefugter Bevollmächtigter bis zu seiner Zurückweisung vorgenommen hat, und Zustellungen oder Mitteilungen an diesen Bevollmächtigten sind wirksam. Das Gericht kann den in Absatz 2 Satz 2 Nr. 1 und 2 bezeichneten Bevollmächtigten durch unanfechtbaren Beschluss die weitere Vertretung untersagen, wenn sie nicht in der Lage sind, das Sach- und Streitverhältnis sachgerecht darzustellen.*
*(4) Vor dem Bundesgerichtshof müssen sich die Beteiligten, außer im Verfahren über die Ausschließung und Ablehnung von Gerichtspersonen und im Verfahren über die Verfahrenskostenhilfe, durch einen beim Bundesgerichtshof zugelassenen Rechtsanwalt vertreten lassen. Behörden und juristische Personen des öffentlichen Rechts einschließlich der von ihnen zur Erfüllung ihrer öffentlichen Aufgaben gebildeten Zusammenschlüsse können sich durch eigene Beschäftigte mit Befähigung zum Richteramt oder durch Beschäftigte mit Befähigung zum Richteramt anderer Behörden oder juristischer Personen des öffentlichen Rechts einschließlich der von Ihnen zur Erfüllung ihrer Aufgaben gebildeten Zusammenschlüsse vertreten lassen. Für die Beiordnung eines Notanwaltes gelten die §§ 78b und 78c der Zivilprozessordnung entsprechend.*
*(5) Richter dürfen nicht als Bevollmächtigte vor dem Gericht auftreten, dem sie angehören.*

### § 11 Verfahrensvollmacht
*Die Vollmacht ist schriftlich zu den Gerichtsakten einzureichen. Sie kann nachgereicht werden; hierfür kann das Gericht eine Frist bestimmen. Der Mangel der Vollmacht kann in jeder Lage des Verfahrens geltend gemacht werden. Das Gericht hat den Mangel der Vollmacht von Amts wegen zu berücksichtigen, wenn nicht als Bevollmächtigter ein Rechtsanwalt oder Notar auftritt. Im Übrigen gelten die §§ 81 bis 87 und 89 der Zivilprozessordnung entsprechend.*

### e) Kosten

23 Die Akteneinsicht ist gebührenfrei. Für die Erteilung von Abschriften und deren Beglaubigung gelten die Gebührenvorschriften der §§ 136 Abs. 1, 132 KostO. Für die Erteilung eines Erbscheins wird beim Nachlassgericht nach § 107 KostO eine 10/10-Gebühr erhoben. Die Kosten der Erbscheinserteilung sind keine Nachlassverbindlichkeiten.[33] Der Erbschein wird lediglich im subjektiven Interesse des den Erbschein beantragenden Erben erteilt.

### f) Muster: Antrag auf Abschrift aus den Nachlassakten

**275** An das

24 Amtsgericht
– Nachlassgericht – (Baden-Württemberg: Staatl. Notariat)

*Nachlasssache des Herrn* ▇▇▇ , *gestorben am* ▇▇▇ , *zuletzt wohnhaft in* ▇▇▇

Herr ▇▇▇ ist nach der Auskunft des Standesamts ▇▇▇ am ▇▇▇ in ▇▇▇ gestorben. Ich vertrete die Interessen der Firma ▇▇▇ . Eine auf mich lautende Vollmacht füge ich bei – Anlage 1 –.

Ausweislich der beigefügten begl. Abschrift des rechtskräftigen Versäumnisurteils des Amtsgerichts ▇▇▇ vom ▇▇▇ Az. ▇▇▇ – Anlage 2 – hat meine Mandantin gegen den Erblasser eine Forderung in Höhe von ▇▇▇ EUR zuzüglich Zinsen und Kosten.

Meine Mandantin ist darauf angewiesen, die Erbfolge zu ermitteln, um erforderlichenfalls gegen die Erben des Erblasserschuldners Zwangsvollstreckungsmaßnahmen einleiten zu können, zunächst aber den Titel auf der Schuldnerseite auf die Erben umschreiben zu lassen.

Mit dem vorgelegten Vollstreckungstitel ist das berechtigte Interesse meiner Mandantin am Inhalt der Nachlassakten des Erblassers nachgewiesen (§ 13 FamFG [bis 31.8.2009: § 34 FGG]). Ich beantrage, mir jeweils eine begl. Fotokopie aller Aktenstücke zu übersenden. Möglicherweise ist meine Mandantin gezwungen, selbst einen Erbschein zu beantragen. Dazu muss sie zuverlässige Kenntnis der erbrechtlichen Verhältnisse haben.

Entstehende Kosten können mir aufgegeben werden.

(Rechtsanwalt)

### g) Muster: Antrag des Gläubigers auf Erbscheinsausfertigung

**276** An das

25 Amtsgericht
– Nachlassgericht – (Baden-Württemberg: Staatl. Notariat)

*Nachlasssache des Herrn* ▇▇▇ , *gestorben am* ▇▇▇ , *zuletzt wohnhaft in* ▇▇▇

Herr ▇▇▇ ist nach der Auskunft des Standesamts ▇▇▇ am ▇▇▇ in ▇▇▇ gestorben. Ich vertrete die Interessen der Firma ▇▇▇ . Auf mich lautende Vollmacht füge ich bei.

---

[33] OLG München, Urteil v. 27.2.2008 – 3 U 2427/07, hier nach „juris" (Zeitschriftenveröffentlichung nicht feststellbar); Soergel/*Stein*, § 1967 Rn 17; Soergel/*Damrau*, § 2353 Rn 51; Staudinger/*Schilken*, § 2353 Rn 94.

Ausweislich der weiter beigefügten begl. Abschrift des rechtskräftigen Vollstreckungsbescheids des Amtsgerichts ██████ vom ██████ Az. ██████ hat meine Mandantin gegen den Erblasser eine Forderung in Höhe von ██████ EUR zuzüglich Zinsen und Kosten.

Um zu erfahren, wer Erbe des Erblassers geworden ist und zur evtl. Umschreibung des Vollstreckungsbescheids auf Schuldnerseite auf die Erben beantrage ich namens meiner Mandantin die Erteilung einer Ausfertigung des bereits erteilten Erbscheins.

Entstehende Kosten können mir aufgegeben werden.

(Rechtsanwalt)

h) Muster: Erbscheinsantrag des Gläubigers

An das

Amtsgericht
– Nachlassgericht – (Baden-Württemberg: Staatl. Notariat)
██████

*Nachlasssache des Herrn* ██████, *gestorben am* ██████, *zuletzt wohnhaft in* ██████

Herr ██████ ist nach der Auskunft des Standesamts ██████ am ██████ in ██████ gestorben. Ich vertrete die Interessen der Firma ██████, Inhaber: Herr ██████. Auf mich lautende Vollmacht füge ich bei – Anlage 1 –.

Ausweislich der weiter beigefügten vollstreckbaren Ausfertigung des rechtskräftigen Vollstreckungsbescheids des Amtsgerichts ██████ vom ██████ Az. ██████ – Anlage 2 – hat meine Mandantin gegen den Erblasser eine Forderung in Höhe von ██████ EUR zuzüglich Zinsen und Kosten.

*Erbscheinsantrag*

Im Namen meiner Mandantin beantrage ich die Erteilung eines Erbscheins mit folgendem Inhalt:

Erben des am ██████ in ██████ gestorbenen, zuletzt in ██████ wohnhaft gewesenen Herrn ██████ sind kraft Gesetzes geworden:
1. die Witwe, Frau ██████, wohnhaft ██████ zur Hälfte,
2. der Sohn des Erblassers, Herr ██████, wohnhaft ██████ zu einem Viertel,
3. der weitere Sohn, Herr ██████, wohnhaft ██████ zu einem Viertel.

*Begründung:*

Der Erblasser ██████ ist am ██████ in ██████ gestorben, vgl. Sterbeurkunde des Standesamts ██████ vom ██████. Er hatte seinen letzten Wohnsitz in ██████ und war deutscher Staatsangehöriger. Auf die Sterbeurkunde, die dem Nachlassgericht bereits vorliegt, wird Bezug genommen.

Vom Vorhandensein einer vom Erblasser errichteten Verfügung von Todes wegen ist dem Antragsteller nichts bekannt, so dass gesetzliche Erbfolge eingetreten ist.

Er war verheiratet mit seiner jetzigen Witwe, Frau ██████; die Eheschließung war am ██████ in ██████ erfolgt. Beide Eheleute hatten ausweislich des Familienbuchs im Zeitpunkt der Eheschließung die deutsche Staatsangehörigkeit.

Vom Vorhandensein eines Ehevertrags ist nichts bekannt, so dass in der Ehe der gesetzliche Güterstand der Zugewinngemeinschaft bestand.

Aus der Ehe sind die beiden Söhne ██████ und ██████ hervorgegangen.

*Beweis:* Begl. Abschrift des Familienbuchs – Anlage 3 –

Vom Vorhandensein weiterer Personen, durch die die Vorgenannten von der Erbfolge ausgeschlossen oder ihre Erbteile gemindert werden würden, ist nichts bekannt.

*Krug*

Bezüglich aller Erben ist die Frist zur Ausschlagung der Erbschaft abgelaufen; Ausschlagungserklärungen befinden sich nicht in den Nachlassakten, so dass sie die Erbschaft durch Verstreichenlassen der gesetzlichen Ausschlagungsfrist angenommen haben. Der Unterzeichner hat die Erben mit Schreiben vom ▬ davon unterrichtet, dass sie nach seiner Kenntnis gesetzliche Erben des am ▬ verstorbenen Erblassers geworden sind. Dieses Schreiben wurde durch den Gerichtsvollzieher ▬ beim Amtsgericht am ▬ förmlich zugestellt.

*Beweis:* Schreiben des Unterzeichners vom ▬ und Zustellungsurkunde des Gerichtsvollziehers ▬ – Anlagen 4 und 5 –.

Es ist nichts bekannt, dass ein Rechtsstreit über das Erbrecht anhängig wäre.

Der diesen Antragsschriftsatz mitunterzeichnende Antragsteller versichert nach bestem Wissen und Gewissen, dass ihm nichts bekannt ist, was der Richtigkeit der obigen Angaben entgegensteht; er erklärt sich bereit, die Angaben an Eides statt zu versichern, bittet jedoch darum, ihm die Abgabe einer eidesstattlichen Versicherung gem. § 2356 Abs. 2 BGB zu erlassen.

Der Erbschein wird zur Einleitung der Zwangsvollstreckung gegen die Erben benötigt; es wird deshalb gebeten, eine Ausfertigung dem Antragsteller zu Händen des unterzeichneten Rechtsanwalts zu erteilen.

(Rechtsanwalt)

i) Einsichtsrecht bezüglich Personenstandsbuch

27  Der Nachlassgläubiger kann auch das Personenstandsbuch des Erblassers einsehen, um sich die erforderlichen Informationen für das Erbscheinsverfahren zu verschaffen; er hat insofern ein rechtliches Interesse i.S.v. § 61 Abs. 1 S. 3 PStG;[34] PStG 2009: § 62. Einträge in das Personenstandsregister und Personenstandsurkunden haben die Vermutung der Richtigkeit für sich, § 54 PStG 2009.

OLG Brandenburg:[35]

> *„Ein rechtliches Interesse an der Einsicht der Personenstandsbücher ist dann gegeben, wenn die Kenntnis der Personenstandsdaten eines anderen zur Verfolgung von Rechten erforderlich ist ... (Die Gläubigerin) hat ein bestehendes Recht, nämlich einen gegen die Erben ... gerichteten Darlehensrückerstattungsanspruch (§§ 607 Abs. 1, 608 Abs. 1 BGB), glaubhaft gemacht. Da sie die – gesetzlichen – Erben nicht kennt, ist sie zur Durchsetzung ihres Anspruchs auf die Personenstandsdaten der – etwaigen – Erben ..., wozu der Ehegatte ..., dessen Abkömmlinge bzw. Eltern zählen, angewiesen."*

Das Erfordernis der Glaubhaftmachung (§ 61 Abs. 1 S. 3 PStG, § 294 ZPO bzw. seit 1.9.2009 § 31 FamFG) ist bereits dann erfüllt, wenn es gut möglich ist, dass das rechtliche Interesse

---

34  OLG Brandenburg NJW-RR 1999, 660. Auch ein von einem französischen Notar beauftragter Erbenermittler hat ein rechtliches Interesse an der Erteilung einer Sterbeurkunde, AG Schöneberg ZEV 2005, 171.

35  OLG Brandenburg NJW-RR 1999, 660. Das Gesetz zur Reform des Personenstandsrechts (Personenstandsrechtsreformgesetz – PStRG) wurde im BGBl I 2007, 122 ff. vom 23.2.2007 Nr. 5 verkündet. Das Gesetz ist teilweise am Tag nach der Verkündung in Kraft getreten, im Übrigen am 1. Januar 2009. Inhalt: Ablösung des bisherigen Personenstandsgesetzes durch ein neues Personenstandsgesetz: Einführung elektronischer Personenstandsregister, Begrenzung der Fortführung der Personenstandsregister durch das Standesamt sowie Abgabe der Register an die Archive, Ersetzung des Familienbuchs durch Beurkundungen in den Personenstandsregistern, Reduzierung der Beurkundungsdaten auf ein erforderliches Maß, Neuordnung der Benutzung der Personenstandsbücher, Schaffung der rechtlichen Grundlage für eine Testamentsdatei; Änderung von 22 Gesetzen und 55 Rechtsverordnungen. Vgl. zum Einsichtsrecht nach neuem PStG: *Bartsch*, NJW-Spezial 2009, 199.

besteht. Das Bestehen des rechtlichen Interesses muss also wahrscheinlicher sein als sein Nichtbestehen.[36] PStG 2009: § 62.

Ist ein Nachlasspfleger bestellt, so kann sowohl dieser als auch ein von ihm beauftragter Erbenermittler[37] die Erteilung von Personenstandsurkunden verlangen.[38] Auch ein von einem französischen Notar beauftragter Erbenermittler hat ein rechtliches Interesse an der Erteilung einer Sterbeurkunde.[39] Ein Notar, der einen Erbscheinsantrag beurkundet hat, hat ein rechtliches Interesse an der Erteilung einer Sterbeurkunde des Erblassers nach §§ 48 Abs. 1, 49 Abs. 2 PStG.[40]

j) Muster: Gläubigerantrag auf Abschrift aus Familienbuch

An die

Stadtverwaltung
– Standesamt –

*Familienbuch des Herrn* ▬▬▬ , *zuletzt wohnhaft in* ▬▬▬

Herr ▬▬▬ ist nach den mir vorliegenden Informationen am ▬▬▬ in ▬▬▬ gestorben. Ich vertrete die Interessen der Firma ▬▬▬. Eine auf mich lautende Vollmacht füge ich bei.

Ausweislich der beigefügten begl. Abschrift des rechtskräftigen Vollstreckungsbescheids des Amtsgerichts ▬▬▬ vom ▬▬▬, Az. ▬▬▬, hat meine Mandantin gegen den Erblasser eine Forderung in Höhe von ▬▬▬ EUR zuzüglich Zinsen und Kosten.

Um die Erben ermitteln zu können und zur evtl. Umschreibung des Vollstreckungsbescheids auf Schuldnerseite auf die Erben, beantrage ich namens meiner Mandantin die Erteilung einer begl. Abschrift aus dem Familienbuch des Erblassers, aus dem ein etwaiger Ehepartner und Abkömmlinge ersichtlich sind.

Mit der Vorlage des Vollstreckungsbescheids ist das rechtliche Interesse i.S.v. § 62 PStG (2009) glaubhaft gemacht.

Entstehende Kosten können mir aufgegeben werden.

(Rechtsanwalt)

k) Rechtsmittel

Gegen die Versagung der Einsicht bzw. der Erteilung von Abschriften aus den Nachlassakten ist für Verfahren, die bis 31.8.2009 eingeleitet wurden, die unbefristete und formlose Beschwerde nach § 19 Abs. 1 FGG zum Landgericht (§ 19 Abs. 2 FGG) statthaft (vgl. zur Neuregelung des Beschwerderechts seit 1.9.2009 die nachstehenden Ausführungen Rn 31). Das Beschwerderecht besteht auch gegen eine Zwischenverfügung, die die Gewährung der Akteneinsicht von der Erfüllung bestimmter Auflagen abhängig macht.[41] Gegen die Beschwerdeentscheidung findet das Rechtsmittel der weiteren Beschwerde nach §§ 27 ff. FGG zum OLG statt, § 28 Abs. 1 FGG. Für die weitere Beschwerde besteht Anwaltszwang, § 29 Abs. 1 S. 2 FGG.

---

36 LG Berlin v. 26.10.1999 – 84 T 695–696/98; AG Schöneberg ZEV 2005, 171, 172.
37 Zur Vergütung von Erbenermittlern vgl. LG München I, Urteil v. 12.10.2005 – 26 O 10845/05.
38 LG Bremen StAZ 1998, 83.
39 AG Schöneberg ZEV 2005, 171.
40 OLG Rostock DNotZ 2000, 312.
41 OLG Köln FamRZ 2000, 1099.

31 Beschwerden sind im FGG grundsätzlich unbefristet. Mit dem **Gesetz zur Reform des Verfahrens in Familiensachen und in den Angelegenheiten der freiwilligen Gerichtsbarkeit (FGG-Reformgesetz – FGG-RG)**[42] wird die unbefristete einfache Beschwerde abgeschafft und die befristete Beschwerde nach den §§ 58 ff., 63 FamFG eingeführt.

**Die Beschwerdefrist beträgt einen Monat. Die Frist beginnt mit der schriftlichen Bekanntgabe des Beschlusses, spätestens mit Ablauf von fünf Monaten nach Erlass des Beschlusses.**

Seit 1.9.2009 beträgt der Beschwerdewert 600 EUR, § 61 Abs. 1 FamFG (entsprechend dem Berufungsstreitwert nach § 511 ZPO), gegenüber bisher 150 EUR (§ 56g FGG). Unter bestimmten Voraussetzungen kann die Beschwerde zugelassen werden, § 61 Abs. 2 FamFG.

32 **Hinweise:**
(1) Die Beschwerdefristen nach der ZPO einerseits und dem FamFG andererseits stimmen nicht überein.
(2) Neue Kostentragungsregelungen finden sich in §§ 81, 84 FamFG.

33 Unterschied zur ZPO-Beschwerde: Die Beschwerdefrist für die ZPO-Beschwerde beträgt zwei Wochen. Nach dem FamFG beträgt die Beschwerdefrist einen Monat.

34 Die Beschwerde ist bei dem Gericht einzulegen, dessen Beschluss angefochten wird, also beim Nachlassgericht.

**Grundsatz: Oberlandesgericht als Beschwerdegericht.**

Neu: Das Oberlandesgericht ist zuständig für die Entscheidung über die Beschwerde gegen die Entscheidungen der Amtsgerichte in den Angelegenheiten der freiwilligen Gerichtsbarkeit mit Ausnahme der Freiheitsentziehungssachen und der von den Betreuungsgerichten entschiedenen Sachen, § 119 Abs. 1 Ziffer 1 b GVG n.F. Für Letztere ist das Landgericht das Beschwerdegericht. Maßgeblich für diese Differenzierung ist die gebotene größere örtliche Nähe des Landgerichts zum Wohnsitz der Beteiligten.

35 **Rechtsbeschwerde zum Bundesgerichtshof**

Künftig ist gegen eine Beschwerdeentscheidung des Beschwerdegerichts (OLG) nur noch die Rechtsbeschwerde zum BGH statthaft (§ 133 GVG n.F.), sofern sie vom Beschwerdegericht zugelassen wurde, § 70 Abs. 1 FamFG.

Die Rechtsbeschwerde ist gem. § 70 Abs. 2 FamFG zuzulassen, wenn
– die Rechtsache grundsätzliche Bedeutung hat
– oder
– die Fortbildung des Rechts
– oder
– die Sicherung einer einheitlichen Rechtsprechung eine Entscheidung des Rechtsbeschwerdegerichts erfordert.

Die Rechtsbeschwerde ist ebenfalls befristet und ist binnen einer Frist von einem Monat nach der schriftlichen Bekanntgabe des Beschlusses durch Einreichung einer Beschwerdeschrift bei dem Rechtsbeschwerdegericht einzulegen. Gem. § 10 Abs. 4 FamFG besteht Anwaltszwang, der Anwalt muss beim BGH zugelassen sein.

**Übergangsrecht:** Es kommt auf den Zeitpunkt der Einleitung des betreffenden Verfahrens an. Verfahren, die in der ersten Instanz bis 31.8.2009 eingeleitet wurden, richten sich nach

---

42 Vom 17.12.2008 BGBl I 2008, 2586.

altem Recht, für Verfahren, die seit dem 1.9.2009 eingeleitet wurden, gilt neues Recht, Art. 111 FGG-ReformG.

**l) Muster: Beschwerde (nach Verweigerung der Ausfertigungserteilung aus Nachlassakten)**

An das

Amtsgericht
– Nachlassgericht – (Baden-Württemberg: Staatl. Notariat)

zu Az.

*Nachlasssache des Herrn          , gestorben am          , zuletzt wohnhaft in*

hier: Beschwerde

Ich vertrete die Interessen der Firma          . Eine auf mich lautende Vollmacht füge ich vorsorglich noch einmal bei.

Gegen die mit Ihrem Schreiben vom          , Az.          , verweigerte Erteilung einer Ausfertigung des Erbscheins erhebe ich namens meiner Mandantin hiermit

*Beschwerde.*

Sollten Sie der Beschwerde nicht abhelfen, so bitte ich, die Angelegenheit dem zuständigen Beschwerdesenat des Oberlandesgerichts, § 119 Abs. 1 Ziffer 1 b GVG n.F. (bis 31.8.2009: Beschwerdekammer des Landgerichts, §§ 19, 20 FGG) zur Entscheidung vorzulegen.

Ausweislich der meinem Antrag vom          beigefügten und diesem Beschwerdeschriftsatz noch einmal beigelegten begl. Abschrift des rechtskräftigen Versäumnisurteils des Amtsgerichts          vom          , Az.          , hat meine Mandantin gegen den Erblasser eine Forderung in Höhe von          EUR zuzüglich Zinsen und Kosten. Der Beschwerdewert von 600 EUR ist damit überschritten.

Um zu erfahren, wer Erbe des Erblassers geworden ist, und zur evtl. Umschreibung des Vollstreckungstitels auf Schuldnerseite auf die Erben hat meine Mandantin nicht nur ein berechtigtes, sondern auch ein rechtliches Interesse an der Erteilung einer Ausfertigung des bereits erteilten Erbscheins. Ich verweise insofern auf § 357 Abs. 2 FamFG [bis 31.8.2009: § 85 FGG].

Entstehende Kosten für die zu erteilende Ausfertigung können mir aufgegeben werden.

(Rechtsanwalt)

**3. Auskünfte aus dem Grundbuch und aus den Grundakten**

**a) Einsicht in das Grundbuch**

Nach § 12 GBO ist die Einsicht des Grundbuchs jedem gestattet, der ein berechtigtes Interesse darlegt. Dieses Einsichtsrecht erstreckt sich auf Urkunden, auf die im Grundbuch zur Ergänzung einer Eintragung Bezug genommen ist und auch auf noch nicht erledigte Eintragungs- und Löschungsanträge. Der Begriff des „berechtigten Interesses" ist umfassender als der des „rechtlichen Interesses". Es genügt, dass der Antragsteller ein verständiges, durch die Sachlage gerechtfertigtes Interesse verfolgt; sachliche Gründe, die die Verfolgung unbefugter Zwecke oder bloßer Neugier ausgeschlossen erscheinen lassen, reichen aus.[43]

---

43 OLG Stuttgart Rpfleger 1983, 272; OLG Hamm Rpfleger 1988, 473; *Melchers*, Rpfleger 1993, 309.

Zum Grundbucheinsichtsrecht des Pflichtteilsgläubigers hat das Kammergericht mit Beschluss vom 20.1.2004 – 1 W 294/03 – entschieden:[44]

> *„1. Ein berechtigtes Interesse an der Grundbucheinsicht steht in der Regel dem Pflichtteilsberechtigten zu, der nach dem Tode des im Grundbuch eingetragenen Erblassers seine erbrechtlichen Ansprüche prüfen will; das gilt auch, wenn inzwischen der Erbe als Rechtsnachfolger eingetragen ist.*
> *2. Zur Darlegung des berechtigten Interesses genügt in einem solchen Falle der Hinweis auf die Stellung als gesetzlicher Erbe, einer schlüssigen Darlegung der etwa geltend zu machenden Pflichtteilsansprüche oder konkreter, von der Grundbucheinsicht abhängender Entschließungen bedarf es nicht."*

**38** Nach § 12 Abs. 2 GBO können beglaubigte oder unbeglaubigte Abschriften verlangt werden.

Ein Gläubiger des Erblassers, der erfahren will, ob und ggf. welchen Grundbesitz der Erblasser hatte, hat ein berechtigtes Interesse; dies ist zweckmäßigerweise zu belegen mit einer Abschrift des entsprechenden Vollstreckungstitels.

b) Muster: Antrag auf Grundbuchabschrift

**39** An das

Amtsgericht
– Grundbuchamt –

Grundbuch von _____, Band _____, Heft _____, eingetragener Eigentümer:
Der zuvor genannte Eigentümer ist am _____ in _____ gestorben. Meine Mandantin, die Firma _____, ist Gläubigerin des Erblassers; ausweislich der beiliegenden Fotokopie der vollstreckbaren Ausfertigung des Versäumnisurteils des _____ gerichts _____ vom _____, Az. _____, hat sie gegen den Erblasser eine Forderung von _____ EUR zuzüglich Zinsen und Kosten.

Im Namen meiner Mandantin beantrage ich die Erteilung einer unbegl. Abschrift des zuvor näher bezeichneten Grundbuchblattes. Auf mich lautende Vollmacht füge ich bei. Meine Mandantin benötigt die Abschrift, um zu prüfen, ob sie Zwangsvollstreckungsmaßnahmen gegen die Erben in das Grundstück betreiben kann.

Sollten im dortigen Amtsbezirk weitere Grundstücke auf den Erblasser eingetragen sein, bitte ich auch insoweit um Übersendung unbegl. Grundbuchblattabschriften.

Die Kosten können mir aufgegeben werden.

(Rechtsanwalt)

c) Einsicht in die Grundakten

**40** Ergänzt wird § 12 GBO durch §§ 43–46 der Grundbuchverfügung. § 46 GBV lautet:

> *„(1) Die Einsicht von Grundakten ist jedem gestattet, der ein berechtigtes Interesse darlegt, auch soweit es sich nicht um die im § 12 Abs. 1 S. 2 der Grundbuchordnung bezeichneten Urkunden handelt.*
> *(2) Die Vorschrift des § 43 ist auf die Einsicht von Grundakten entsprechend anzuwenden.*

---

44 KG ZEV 2004, 338.

*(3) Soweit die Einsicht gestattet ist, kann eine Abschrift verlangt werden, die auf Antrag auch zu beglaubigen ist."*

Nach § 12a GBO dürfen die Grundbuchämter auch Verzeichnisse der Grundstückseigentümer und der Grundstücke führen. Auch in diese Verzeichnisse kann Einsicht genommen werden, sofern sie öffentlich zugänglich gemacht sind und ein berechtigtes Interesse i.S.v. § 12 GBO dargelegt ist.

Einem Testamentsvollstrecker-Nachfolger wurde vom LG Stuttgart nach Entlassung seines Vorgängers aus dem Amt ein Recht auf Auskunft über etwa vorhandenes Grundeigentum zuerkannt, weil dargelegt wurde, dass dem Nachlass Schadensersatzforderungen gegen den entlassenen Testamentsvollstrecker zustanden und diese gesichert werden sollten.[45]

Zum Grundbuch- und Grundakten-Einsichtsrecht bei pflichtteilsrelevanten Kaufvorgängen das LG Stuttgart:[46]

*„Pflichtteilsberechtigte wie Erben sind berechtigt, insoweit in Grundbuch und Grundakten Einsicht zu nehmen, als sie plausibel darzulegen vermögen, dass ein Vorgang für einen Pflichtteils- oder Pflichtteilsergänzungsanspruch von Bedeutung sein kann."*

Auf der Grundlage von § 12 GBO, § 46 GBV hat das LG Stuttgart[47] entschieden, dass nach Ehescheidung einem Ehegatten zum Zwecke der Berechnung des Zugewinnausgleichs eine Abschrift von einem in den Grundakten befindlichen Kaufvertrag erteilt werden muss. Datenschutzrechtliche Gesichtspunkte stehen dem Einsichtsrecht nicht entgegen. § 1 Abs. 4 BDSG bestimmt, dass andere Rechtsvorschriften – hier § 12 GBO i.V.m. § 46 GBV – den Vorschriften des Datenschutzgesetzes vorgehen.

d) Muster: Antrag auf Abschrift aus den Grundakten

An das

Amtsgericht
– Grundbuchamt –

Grundbuch von _____, Band _____, Heft _____, eingetragener Eigentümer: _____
Der zuvor genannte Eigentümer (im Folgenden: Erblasser) ist am _____ in _____ gestorben. Meine Mandantin, die Firma _____, ist Gläubigerin des Erblassers; ausweislich der beiliegenden Fotokopie der vollstreckbaren Ausfertigung des Versäumnisurteils des _____ gerichts vom _____, Az. _____, hat sie gegen den Erblasser eine Forderung von _____ EUR zuzüglich Zinsen und Kosten. Die Umschreibung des Titels auf die Erben auf der Schuldnerseite steht bevor.

Meiner Mandantin liegt eine unbegl. Grundbuchabschrift über das zuvor bezeichnete Grundstück vor. Daraus ist ein in Abt. II des Grundbuchs eingetragener Nießbrauch zugunsten von Frau _____ ersichtlich. Wegen des näheren Inhalts des Nießbrauchsrechts ist auf die Eintragungsbewilligung vom _____ Bezug genommen.

Im Namen meiner Mandantin beantrage ich die Erteilung einer unbegl. Abschrift der zuvor näher bezeichneten Eintragungsbewilligung. Auf mich lautende Vollmacht füge ich bei. Meine Mandantin benötigt die Abschrift, um zu prüfen, ob sie Zwangsvollstreckungsmaßnahmen gegen die Erben in das Grundstück betreiben kann. Auf §§ 43–46 der Grundbuchverfügung weise ich hin.

---

45 LG Stuttgart ZErb 2002, 85.
46 LG Stuttgart Beschluss vom 9.2.2005 – 1 T 1/2005, ZErb 2005, 133 = ZEV 2005, 313 m. Anm. *Damrau* in ZEV 2005, 314.
47 LG Stuttgart BWNotZ 1996, 43.

Entstehende Kosten können mir aufgegeben werden.

(Rechtsanwalt)

#### e) Elektronisches Grundbuch

44 In allen Landesjustizverwaltungen wird die Führung des Grundbuchs derzeit auf das sog. elektronische Grundbuch umgestellt. Die Fortschritte sind je nach Bundesland unterschiedlich. Mittels Datenabrufs können über Fernleitung Abschriften angefordert und Informationen über gestellte und noch nicht erledigte Eintragungsanträge abgefragt werden.

45 Für den erbrechtlich tätigen Rechtsanwalt oder Notar ist aber die Möglichkeit der Recherche von großer praktischer Bedeutung. Mit dem Suchbegriff „Eigentümer" kann festgestellt werden, welche Grundstücke der Erblasser in einem bestimmten Datenbezirk hatte. Dies kann im Endzustand der Datenerfassung ein ganzes Bundesland sein. Aber auch der Suchbegriff „Berechtigter" ist vorgesehen, so dass auch dingliche Rechte (Grundpfandrecht, Wohnungsrecht, Nießbrauch, Vorkaufsrecht, sonstige eingetragene Rechte), die dem Erblasser zustanden, aufgefunden werden können.

Wegen des konkreten Standes des Aufbaus des elektronischen Grundbuchs empfiehlt sich eine telefonische Anfrage beim zuständigen Grundbuchamt.

46 Die **Abrufgebühren**[48] betragen
- bei jedem Abruf von Daten aus einem Grundbuchblatt (§ 85 Abs. 1 S. 2 Nr. 1 der Grundbuchverfügung) 5 EUR,
- bei einer Recherche (§ 12a GBO i.V.m. § 85 Abs. 1 S. 2 Nr. 2 GBVerfügg.) 2,50 EUR.

Das bedeutet für die Zeit, in der in der Endstufe sämtliche Grundbuchdaten erfasst sind und für jedes Bundesland zentral verwaltet werden, dass mit Hilfe der Recherchemöglichkeiten in allen 16 Bundesländern für 2,50 EUR x 16 = 40 EUR abgefragt werden kann, ob der Erblasser in Deutschland Grundvermögen besessen hat.

Die Grundbuchabrufgebühren sind verauslagte Gerichtskosten des Notars gem. § 154 Abs. 2 KostO und werden von den Beteiligten geschuldet.[49]

#### f) Rechtsmittel

47 Gegen die Versagung der Einsicht oder der Erteilung von Abschriften ist das Rechtsmittel der unbefristeten und formlosen Beschwerde nach §§ 71 ff. GBO statthaft. Darüber entscheidet das übergeordnete Landgericht (auch in Baden-Württemberg), sofern das Grundbuchamt der Beschwerde nicht gem. § 75 GBO abhilft.

#### g) Kosten der Auskunft

48 Die Einsicht in das Grundbuch und in die Grundakten ist gebührenfrei, § 74 KostO (wegen der Gebühren für Abrufe aus dem elektronischen Grundbuch vgl. zuvor Rn 46). Für einfache Abschriften aus dem Grundbuch wird eine Gebühr von 10 EUR erhoben, für beglaubigte Abschriften eine Gebühr von 18 EUR, § 73 KostO. Für die Erteilung beglaubigter Abschriften aus den Grundakten gilt § 55 KostO.

---

48 Vgl. dazu Verordnung über Grundbuchabrufverfahrensgebühr (GBAbVfV) vom 30.11.1994 (BGBl I 1994, 3585) mit Änderung vom 11.7.1997 (BGBl I 1997, 1809).
49 LG Halle RNotZ 2004, 341.

h) Muster: Beschwerde (nach Verweigerung der Abschriftserteilung aus Grundakten)

An das

Amtsgericht
– Grundbuchamt –

▬▬▬

*Grundbuch von* ▬▬ *, Band* ▬▬ *, Heft* ▬▬ *; Nachlasssache des Herrn* ▬▬ *, zuletzt wohnhaft in* ▬▬

hier: Beschwerde

Ich vertrete die Interessen der Firma ▬▬, einer Gläubigerin des oben genannten Erblassers und im o.g. Grundbuch eingetragenen Eigentümers. Eine auf mich lautende Vollmacht und eine begl. Abschrift des rechtskräftigen Versäumnisurteils des ▬▬ gerichts ▬▬ vom ▬▬ Az. ▬▬ füge ich vorsorglich noch einmal bei.

Gegen die mit Ihrem Schreiben vom ▬▬, Az. ▬▬, verweigerte Erteilung einer begl. Abschrift der Nießbrauchseintragungsbewilligung, auf die im Grundbucheintrag Bezug genommen ist, erhebe ich namens meiner Mandantin hiermit

*Beschwerde.*

Sollten Sie der Beschwerde nicht abhelfen, so bitte ich, die Angelegenheit der zuständigen Beschwerdekammer des Landgerichts zur Entscheidung vorzulegen (§§ 71 ff. GBO).

Nach § 12 Abs. 1 S. 1, 2 GBO kann eine Abschrift von der Urkunde verlangt werden, auf die in der Grundbucheintragung Bezug genommen wurde. Dies trifft für die Eintragungsbewilligung zu.

Entstehende Kosten für die zu erteilende Abschrift können mir aufgegeben werden.

(Rechtsanwalt)

## 4. Berichtigung des Grundbuchs

### a) Grundbuchberichtigung auf den Erben

Will der Gläubiger gegen den Erben in ein Grundstück vollstrecken, das noch auf den Erblasser im Grundbuch lautet, so ist u.U. zuvor eine Grundbuchberichtigung erforderlich, bspw. wenn eine Zwangshypothek zu Lasten des Nachlassgrundstücks eingetragen werden soll. Vor ihrer Eintragung ist der Erbe nach § 39 GBO voreinzutragen. Wenn sich der Gläubiger vor oder nach erfolgter Titelumschreibung (§ 727 ZPO) über § 357 Abs. 2 FamFG (bis 31.8.2009: § 85 FGG) die Ausfertigung eines Erbscheins, über §§ 2264 BGB, 13, 357 Abs. 1 FamFG (bis 31.8.2009: §§ 2264 BGB, 34 FGG) Abschriften einer notariellen Verfügung von Todes wegen samt Eröffnungsniederschrift oder über §§ 896, 792 ZPO einen Erbschein beschafft hat, so muss er damit die Voreintragung des Erben im Wege der Grundbuchberichtigung nach §§ 35, 22 GBO betreiben. Der Gläubiger, der einen vollstreckbaren Titel gegen den Erben hat, hat ein Antragsrecht nach § 14 GBO. Der den Gläubiger vertretende Rechtsanwalt bedarf einer lediglich schriftlichen Vollmacht für die Antragstellung, § 30 GBO.

Ausnahmsweise kann eine Eintragung im Grundbuch auch ohne Voreintragung des Erben erfolgen, wenn der Eintragungsantrag durch einen gegen den Erblasser oder den Nachlasspfleger vollstreckbaren Titel begründet wird, § 40 Abs. 1 GBO, oder aufgrund eines gegen den Testamentsvollstrecker ergangenen Titels, der gegen den Erben wirksam ist, § 40 Abs. 2 GBO (vgl. dazu unten Rn 52).

*Krug*

b) Muster: Grundbuchberichtigungsantrag des Gläubigeranwalts

An das

Amtsgericht
– Grundbuchamt –

Eigentumswohnung des Herrn ▓▓▓, zuletzt wohnhaft in ▓▓▓, gestorben am ▓▓▓, eingetragen im Wohnungsgrundbuch des Amtsgerichts ▓▓▓ für ▓▓▓, Band ▓▓▓, Heft ▓▓▓, BV Nr. ▓▓▓.

hier: Grundbuchberichtigung

Herr ▓▓▓ ist als Eigentümer der oben näher bezeichneten Eigentumswohnung eingetragen. Er ist am ▓▓▓ gestorben und wurde nach dem Erbschein des Amtsgerichts – Nachlassgericht – ▓▓▓ vom ▓▓▓, Az. ▓▓▓, allein beerbt von Herrn ▓▓▓.

Beweis: Beiliegende Ausfertigung des Erbscheins vom ▓▓▓ – Anlage 1 –, von dem eine unbegl. Fotokopie für die dortigen Akten beigefügt ist. Um Rückgabe der Ausfertigung wird gebeten.

Gemäß beiliegender Vollmacht – Anlage 2 – vertrete ich den Gläubiger, Herrn ▓▓▓. Mein Mandant, Herr ▓▓▓, ist Gläubiger des Erblassers; ausweislich der beiliegenden vollstreckbaren Ausfertigung des Versäumnisurteils des ▓▓▓ gerichts vom ▓▓▓, Az. ▓▓▓, hat er gegen den Erblasser eine Forderung von ▓▓▓ EUR zuzüglich Zinsen und Kosten. Die Umschreibung des Titels auf den Alleinerben auf der Schuldnerseite (§ 727 ZPO) steht bevor.

Danach und nach Vollzug der hier beantragten Grundbuchberichtigung soll zu Lasten der bezeichneten Eigentumswohnung und zur Sicherung der Forderung meines Mandanten eine Zwangshypothek im Grundbuch eingetragen werden. Dazu ist die Voreintragung des Alleinerben nach §§ 39, 14 GBO erforderlich.

Im Namen meines Mandanten beantrage ich die Berichtigung des Grundbuchs dahin gehend, dass anstelle des Erblassers der zuvor genannte Alleinerbe als Eigentümer der bezeichneten Eigentumswohnung im Grundbuch eingetragen wird. Der genaue Grundbuchbeschrieb der Eigentumswohnung lautet: ▓▓▓.

Der Wert der Wohnung beträgt ca. ▓▓▓ EUR. Der Antragsteller nimmt Befreiung von den Berichtigungsgebühren gem. § 60 Abs. 4 KostO in Anspruch, weil der Berichtigungsantrag innerhalb von zwei Jahren seit dem Erbfall gestellt wird.[50]

Die Kostenrechnung (für Schreibgebühren und Auslagen) und die Eintragungsnachricht nach § 55 GBO können mir übersandt werden.

(Rechtsanwalt)

c) Berichtigung des Grundbuchs auf den Erblasser

Ist der Erblasser noch gar nicht im Grundbuch eingetragen und soll eine Eintragung zu Lasten des betreffenden Grundstücks erfolgen, so ist eine Voreintragung des Erblassers gem. § 39 GBO erforderlich, diesen Antrag kann der Gläubiger gem. § 14 GBO stellen (vgl. nachfolgend Rn 54). Einer Voreintragung der Erben bedarf es gem. § 40 GBO nicht, wenn der Titel gegenüber einem Klagepfleger gem. § 1961 BGB ergangen ist und die titulierte Forderung durch Zwangshypothek gesichert werden soll.

---

50 Dies gilt aber nur für die Berichtigung, nicht auch für die Eintragung eines Erben aufgrund Erbteilungsvertrags, vgl. OLG Hamm, Rpfleger 1967, 121; LG Detmold FamRZ 2009, 246.

Aus der auf diese Weise eingetragenen Zwangshypothek kann die Zwangsversteigerung (nicht auch die Zwangsverwaltung) auf der Grundlage des vollstreckbaren Titels betrieben werden, ohne dass es noch eines Duldungstitels bedürfte, § 867 Abs. 3 ZPO.[51]

d) Muster: Grundbuchberichtigungsantrag des Gläubigeranwalts auf Voreintragung des Erblassers/Antrag auf Eintragung einer Zwangshypothek

An das

Amtsgericht
– Grundbuchamt –

Eigentumswohnung des Herrn            , zuletzt wohnhaft in           , gestorben am          , eingetragen im Wohnungsgrundbuch des Amtsgerichts           für          , Band          , Heft          , BV Nr.

hier: Grundbuchberichtigung

Herr            ist als Eigentümer der oben näher bezeichneten Eigentumswohnung eingetragen. Er ist am            gestorben und wurde nach dem Erbschein des Amtsgerichts – Nachlassgericht –            vom            , Az.            , allein beerbt von Herrn           , der seinerseits am            verstorben ist. Seine Erben sind unbekannt, deshalb wurde vom Amtsgericht – Nachlassgericht – gem. § 1961 BGB Klagepflegschaft angeordnet und Herr Rechtsanwalt            zum Klagepfleger bestellt.

Beweis: – Beiliegende Ausfertigung des Erbscheins vom            – Anlage 1 –, von dem eine unbegl. Fotokopie für die dortigen Akten beigefügt ist. Um Rückgabe der Ausfertigung wird gebeten.
– Beglaubigte Abschrift des Beschlusses des Nachlassgerichts            vom            Az.            – Anlage 2 –.

Gemäß beiliegender Vollmacht – Anlage 3 – vertrete ich den Gläubiger, Herrn            . Mein Mandant, Herr            , ist Gläubiger des Erblassers; ausweislich der beiliegenden vollstreckbaren Ausfertigung des Versäumnisurteils des            gerichts vom           , Az.           , hat er gegen den Erblasser eine Forderung von            EUR zuzüglich Zinsen und Kosten, der seinerseits als Alleinerbe seines Vaters, des oben näher bezeichneten im Grundbuch eingetragenen Eigentümers, die zuvor bezeichnete Eigentumswohnung ererbt hat. Seine Erben sind unbekannt, deshalb wurde die bereits erwähnte Klagepflegschaft angeordnet. Das zuvor genannte Versäumnisurteil ist gegen den Klagepfleger ergangen. Die Umschreibung des Titels auf die Erben kann nicht erfolgen, weil sie nicht bekannt sind.

Gemäß §§ 14, 22, 35, 39 GBO beantrage ich namens meines Mandanten die Berichtigung des Grundbuchs dahingehend, dass anstelle des eingetragenen Eigentümers dessen Sohn            und Schuldner meines Mandanten im Grundbuch als Alleineigentümer der zuvor bezeichneten Eigentumswohnung eingetragen wird.

Alsdann ist zu Lasten der bezeichneten Eigentumswohnung und zur Sicherung der Forderung meines Mandanten eine Zwangshypothek im Grundbuch einzutragen. Dazu ist die Voreintragung des Alleinerben gem. § 40 GBO nicht erforderlich, weil das Versäumnisurteil gegen den Klagepfleger ergangen ist.

Im Namen meines Mandanten beantrage ich nach Vollzug der Grundbuchberichtigung auf den Schuldner die Eintragung einer Zwangshypothek über            EUR zu Lasten der bezeichneten Eigentumswohnung und zugunsten des Gläubigers, meines Mandanten, zur Sicherung der in dem genannten Versäumnisurteil titulierten Forderung.

---

51 BGH FamRZ 2007, 1092 = NJW-RR 2007, 1247; BGH NJW 2008, 1599.

Der Wert der Wohnung beträgt ca. ▇▇▇▇ EUR. Der Antragsteller nimmt Befreiung von den Berichtigungsgebühren gem. § 60 Abs. 4 KostO in Anspruch, weil der Berichtigungsantrag innerhalb von zwei Jahren seit dem Erbfall gestellt wird.

Die Kostenrechnung (für Schreibgebühren und Auslagen) und die Eintragungsnachricht nach § 55 GBO können mir übersandt werden.

(Rechtsanwalt)

## C. Nachlassverbindlichkeiten

### I. Erblasserschulden

#### 1. Allgemeines

55   Um die Frage der Haftung des Erben beantworten zu können, muss primär geklärt werden, ob die fragliche Verbindlichkeit eine Nachlassverbindlichkeit darstellt. Erblasserschulden sind eindeutige Nachlassverbindlichkeiten. Sie rühren vom Erblasser her und bestanden bereits ihm gegenüber (§ 1967 Abs. 2 S. 1 BGB). Deshalb ist der Erbe mit der Annahme der Erbschaft verpflichtet, die Erblasserschulden genauso zu erfüllen, wie sie vom Erblasser zu erfüllen gewesen wären.[52] Gleichgültig ist, ob die Verbindlichkeiten auf Vertrag, unerlaubter Handlung oder öffentlich-rechtlichen Rechtsverhältnissen (bspw. Einkommensteuerschuld) beruhen. Dort, wo nur eine höchstpersönliche Erfüllung möglich ist, findet kein Schuldenübergang statt (bspw. die Verpflichtung des Dienstverpflichteten, § 613 BGB oder des Geschäftsführers, § 673 S. 1 BGB). Solche höchstpersönlichen Verpflichtungen erlöschen mit dem Tod des Erblassers.

#### 2. Unterhaltsverbindlichkeiten

a) Grundsatz: Erlöschen von Unterhaltsansprüchen beim Tod des Unterhaltsschuldners

56   Für **Unterhaltsgläubiger** gelten besondere Regeln: Der Anspruch auf Verwandtenunterhalt (z.B. eines Kindes) erlischt nach § 1615 Abs. 1 S. 1 BGB mit dem Tod des Unterhaltspflichtigen. Vom Erben als Nachlassverbindlichkeit zu erfüllen ist der Unterhaltsanspruch des Verwandten nur, wenn er auf Erfüllung oder Schadenersatz wegen Nichterfüllung für die Vergangenheit gerichtet ist (§ 1613 Abs. 1 BGB). Dies gilt auch für die Unterhaltspflicht gegenüber dem überlebenden Ehegatten, von dem der Erblasser nicht geschieden war (§§ 1360a Abs. 3, 1361 Abs. 4 BGB).

b) Ausnahme: Nachehelicher Ehegattenunterhalt

57   Im Gegensatz dazu geht die Unterhaltsverpflichtung des Erblassers gegenüber einem **geschiedenen Ehegatten als Nachlassverbindlichkeit** auf den Erben über (§ 1586b Abs. 1 BGB). Allerdings haftet der Erbe nur bis zur Höhe des Betrages, der dem Pflichtteil entspricht, der dem unterhaltsberechtigten Ehegatten zustünde, wenn die Ehe nicht geschieden worden wäre, § 1586b Abs. 1 S. 3 BGB (zur Einbeziehung fiktiver Pflichtteilsergän-

---

52  Steht der Erbe unter Betreuung, Vormundschaft oder Pflegschaft, so sind vormundschaftsgerichtlich genehmigungsbedürftige Erfüllungsgeschäfte, die aus einer Erblasserschuld herrühren, grundsätzlich vom Vormundschaftsgericht (seit 1.9.2009: Betreuungsgericht bzw. Familiengericht) zu genehmigen, vgl. BayObLG MittBayNot 2000, 118.

zungsansprüche in die Haftungsgrenze des § 1586b Abs. 1 S. 3 BGB[53] vgl. nachfolgend Rn 58 ff.). Ist unter den Voraussetzungen des § 1933 BGB nach Rechtshängigkeit des Scheidungsantrags das gesetzliche Erb- und Pflichtteilsrecht des überlebenden Ehegatten ausgeschlossen, so gilt gem. § 1933 S. 3 BGB ebenfalls die Vorschrift des § 1586b BGB.

Ob der Tod des Unterhaltsschuldners ein wichtiger Grund i.S.v. § 1585 Abs. 2 BGB ist, der dem Unterhaltsgläubiger das Recht gibt, eine Kapitalabfindung des Unterhalts verlangen zu können, ist ungeklärt. Es spricht aber vieles dafür. Aber nur der Gläubiger hat das Recht auf Abfindung, nicht auch der Erbe als Unterhaltsschuldner.

Hat der geschiedene Ehegatte in einem Ehevertrag auf nacheheliche Unterhaltsansprüche gem. § 1585c BGB verzichtet, so kann ein solcher Verzicht u.U. nichtig sein.[54]

Die Haftungshöchstsumme umfasst den fiktiven ordentlichen Pflichtteil und den fiktiven Ergänzungspflichtteil. Dazu der BGH im Urteil vom 29.11.2000:[55]

*„In die Haftungsgrenze des § 1586b Abs. 1 Satz 3 BGB sind (fiktive) Pflichtteilsergänzungsansprüche des Unterhaltsberechtigten gegen den Erben einzubeziehen."*

Dieses BGH-Urteil ist für die vielfältige prozessrechtliche und materiellrechtliche Problematik, die § 1586b BGB in sich birgt, unter mehreren Aspekten von Interesse:
- Die **Umschreibung eines gerichtlichen Vergleichs**, der nachehelichen Ehegattenunterhalt regelt, nach §§ 795, 794 Abs. 1 Nr. 1, 727 ZPO auf den Erben des Unterhaltsschuldners wird als zulässig angesehen.
- Die **Abänderungsklage nach § 323 ZPO** (und nicht zwingend die Vollstreckungsgegenklage nach § 767 ZPO) ist die richtige Klageart, mit der ein Erbe des Unterhalt schuldenden Ehegatten u.a. das Erreichen der fiktiven pflichtteilsgleichen Haftungssumme des § 1586b Abs. 1 S. 3 BGB geltend machen kann. Für die Zeit seit 1.9.2009 gelten für Unterhaltssachen die §§ 231 ff. FamFG, für die Abänderung von gerichtlichen Entscheidungen, Vergleichen und Urkunden die §§ 238, 239 FamFG.
- Neben der Haftungsbegrenzung aus § 1586b Abs. 1 S. 3 BGB besteht die allgemeine Beschränkung der Erbenhaftung auf den Nachlass mit dem prozessualen **Haftungsbeschränkungsvorbehalt des § 780 ZPO**.

58

---

53 BGH, FamRZ 2001, 282 = ZEV 2001, 113.
54 BVerfG FamRZ 2001, 343. Im entschiedenen Fall wurde der Unterhaltsverzicht einer Schwangeren, die vor der Eheschließung auf Betreuungsunterhalt verzichtet hatte, als unwirksam angesehen. Das BVerfG führt in einem weiteren, für das Ehevertragsrecht weittragenden Beschluss vom 29.3.2001 (FamRZ 2001, 733) aus: *„Eheverträgen sind dort Grenzen zu setzen, wo jene nicht Ausdruck und Ergebnis gleichberechtigter Lebenspartnerschaft sind, sondern eine auf ungleichen Verhandlungspositionen basierende einseitige Dominanz eines Ehepartners widerspiegeln. Die Eheschließungsfreiheit rechtfertigt keine einseitige ehevertragliche Lastenverteilung."*.
Vgl. dazu jetzt BGHZ 158, 81 = NJW 2004, 930 = FamRZ 2004, 601 m. Anm. *Borth* = ZNotP 2004, 157 = BGHR 2004, 516 m. Anm. *Griziwotz* = FPR 2004, 209 = FuR 2004, 119 = FF 2004, 79 = RhNotZ 2004, 150 = NotBZ 2004, 152 = MDR 2004, 573 = JuS 2004, 539. Bestätigt im Beschluss des BGH vom 6.10.2004 – XII ZB 110/99 (FamRZ 2005, 26 = ZNotP 2005, 27 = NJW 2005, 137 = FamRB 2005, 8 = MDR 2005, 216 = FF 2005, 43 = NotBZ 2005, 73 = DNotI-Report 2004, 210). Zu den Überlegungen für die Praxis vgl. *Bergschneider*, FamRZ 2004, 1757. Und weitere Bestätigung im Urteil des BGH vom 12.1.2005 – XII ZR 238/03 ZErb 2005, 33 = DNotI-Report 2005, 70 und in zwei Urteilen des BGH vom 25.5.2005 FamRZ 2005, 1444 (sehr lesenswert!) m. Anm. *Bergschneider* und FamRZ 2005, 1449.
55 BGH FamRZ 2001, 282 = ZEV 2001, 113.

- Der Haftungsbeschränkungsvorbehalt des § 780 ZPO steht nicht nur dem Beklagten eines Prozesses zu, sondern kann auch – je nach Prozess-Situation – **vom Kläger** geltend gemacht werden.

### aa) Zulässigkeit der Rechtsnachfolger-Umschreibung eines Unterhaltstitels auf Schuldnerseite

59 Eine Titelumschreibung ist nur zulässig, wenn der titulierte gegen den Erblasser gerichtete Anspruch sich auch gegen den/die Erben richtet.

In der Literatur war lange umstritten, ob zwischen dem nachehelichen Ehegatten-Unterhaltsanspruch nach §§ 1569 ff. BGB einerseits und dem gegen die Erben gerichteten Anspruch des geschiedenen Ehegatten aus § 1586b BGB andererseits materiellrechtliche Identität in dem Sinne bestehe, dass es sich um gleiche Ansprüche und damit im Prozess um die gleichen Streitgegenstände handle.

Der BGH hat diese Streitfrage nunmehr in dem Sinne geklärt, dass die Ansprüche identisch sind.

Der BGH zur Umschreibung eines Titels im Zusammenhang mit nachehelichem Unterhalt bei § 1586b BGB im Beschluss vom 4.8.2004:[56]

> *„Die Möglichkeit der Umschreibung eines Titels über nachehelichen Unterhalt nach § 727 ZPO auf den Erben entspricht dem Willen des Gesetzgebers, eine dauerhafte Sicherung des Unterhaltsberechtigten über den Tod des Pflichtigen hinaus zu schaffen. Die Rechtsnatur der auf den Erben nach § 1586b BGB übergegangenen Unterhaltspflicht ändert sich nicht; es können sich allenfalls die Höhe der Unterhaltsverpflichtung und der Haftungsumfang ändern."*

Der nach § 1586b BGB auf nachehelichen Unterhalt in Anspruch genommene Erbe des Unterhaltspflichtigen kann sich weiterhin oder auch erstmals auf die Härteklausel des § 1579 Nr. 7 BGB berufen, wenn nicht der Unterhaltspflichtige zuvor darauf verzichtet hatte.[57] Aber auf die Leistungsfähigkeit des Erblassers bzw. des/der Erben kommt es jetzt nicht mehr an.[58]

### bb) Zulässigkeit der Abänderungsklage der Erben wegen Erreichens der Haftungshöchstsumme

60 Die Streitfrage, ob das Erreichen der Haftungssumme in Höhe des fiktiven Pflichtteils von den Erben des Unterhaltsschuldners im Wege der Vollstreckungsgegenklage oder der Abänderungsklage geltend zu machen ist, wurde im BGH-Urteil vom 28.11.2000[59] offen gelassen und die Zulässigkeit einer Abänderungsklage jedenfalls dann bejaht, wenn der Titel gegen den Erben umgeschrieben wurde und sich der Kläger auf typische Abänderungsgründe beruft (vgl. die Formulierung:

> *„Abänderungs- und Vollstreckungsgegenklagen an nicht einfachen Abgrenzungsfragen scheitern zu lassen, erscheint aus Gründen der Prozessökonomie umso weniger gerechtfertigt, als zumindest dann, wenn dasselbe Gericht zuständig ist, beide Klagearten in einem Hilfsverhältnis miteinander verbunden werden und Klageanträge erforderlichenfalls umgedeutet werden können ..."*).

---

56 BGH NJW 2004, 2896.
57 BGH NJW 2004, 1326 = ZEV 2004, 206 = FPR 2004, 249.
58 *Haußleiter*, NJW Spezial 2005, 535.
59 BGH FamRZ 2001, 282 = ZEV 2001, 113.

Damit bleibt der BGH erfreulicherweise bei seiner immer wieder geäußerten Ansicht, verfahrensrechtliche Fragen sollten nicht überbewertet werden, um möglichst rasch zu einer Prüfung der Sachfragen zu kommen und sich nicht im prozessual Zulässigen zu ergehen und so den Prozessparteien nicht die Antwort auf ihre inhaltlichen Fragen zu verwehren. Die Praxis weiß dies zu schätzen.

cc) Abänderungsklage des Unterhaltsberechtigten wegen veränderter Umstände

Die Zulässigkeit der Abänderungsklage von Seiten des Unterhaltsberechtigten wegen veränderter Umstände hat mit der Änderung der Rechtsprechung des BGH zur Bewertung der Haushaltsführungstätigkeit eine neue praktische Bedeutung erfahren.[60]

So hält das OLG Düsseldorf eine Abänderungsklage bei Unterhaltsurteilen mit der alleinigen Begründung der grundlegenden Änderung der Rechtsprechung des BGH zur Berechnung des Ehegattenunterhalts für zulässig.[61] Die Abänderungsklage für Vergleiche bei grundlegender Änderung der Rechtsprechung hatte der BGH bereits für zulässig angesehen.[62] Allerdings hält der BGH die Abänderung eines Vergleichs mit Rückwirkung vor den Zeitpunkt der Verkündung seines Urteils, das die bisherige Rechtsprechung zur Bewertung der Haushaltsführungstätigkeit aufgegeben hat, dem 13.6.2001, nicht für zulässig.[63] Er geht jedoch nicht darauf ein, dass das BVerfG die bisherige Rechtsprechung mit Beschluss vom 5.2.2002[64] für verfassungswidrig erklärt hat.[65]

Auch die Literatur hält insbesondere seit dem Beschluss des BVerfG vom 5.2.2002[66] eine Abänderungsklage auch für Urteile für zulässig, weil die grundlegende Änderung der Rechtsprechung einer Gesetzesänderung gleichzusetzen sei.[67]

Zwar haftet der Erbe immer mit einem festen Betrag, der Haftungshöchstsumme nach § 1586b Abs. 1 S. 3 BGB, die dem fiktiven Pflichtteil des unterhaltsberechtigten Ehegatten gleichkommt, aber es kann trotzdem Gründe dafür geben, warum der unterhaltsberechtigte Ehegatte eine Abänderung eines Unterhaltstitels begehrt, um höhere einzelne Zahlungen zu erreichen, obwohl dadurch die Haftungshöchstsumme zeitlich früher erreicht sein wird. Ein solcher Grund könnte in einer in Aussicht genommenen Wiederverheiratung bestehen, weil sein nachehelicher Unterhaltsanspruch damit erlöschen würde.

Vor der Erbteilung haben die Erben diesen Haftungshöchstsummenbetrag einschließlich eines Zuschlags für evtl. Prozesskosten gem. § 2046 BGB zurückzubehalten.

dd) Abänderung eines Unterhaltsurteils bzw. eines gerichtlichen Unterhalts-Vergleichs im Zusammenhang mit dem Unterhaltsrechtsänderungsgesetz 2008

Nach denselben Grundsätzen wie zuvor bei lit. bb) und cc) dargestellt, kann ein Unterhaltsurteil bzw. ein Unterhalts-Vergleich abgeändert werden, wenn sich aufgrund des Unterhaltsrechtsänderungsgesetzes vom 21.12.2007[68] wesentliche Änderungen ergeben.[69]

---

60 BGH FamRZ 2001, 986.
61 OLG Düsseldorf FamRZ 2002, 1574; differenzierend das OLG Stuttgart in FamRZ 2002, 1563.
62 BGH FamRZ 2001, 1687.
63 BGH FamRZ 2003, 518, 520.
64 BVerfG FamRZ 2002, 527.
65 Vgl. hierzu die kritische Anm. von *Büttner*, FamRZ 2003, 520, 521.
66 BVerfG FamRZ 2002, 527.
67 *Scholz*, FamRZ 2001, 1061, 1064; *Luthin*, FamRZ 2001, 1065; *Borth*, FamRZ 2001, 1653, 1659; *Gottwald*, FamRZ 2001, 1692.
68 BGBl I 2007, 3189.
69 Vgl. im Einzelnen *Gerhardt*, FuR 2008, 9.

Das Unterhaltsrecht in der Fassung des Unterhaltsrechtsänderungsgesetzes vom 21.12.2007 führt die Begrenzungs-/Befristungsregeln der §§ 1573 Abs. 5, 1578 Abs. 1 S. 2 BGB in § 1578b BGB n.F. zusammen mit der Folge, dass insbesondere die in § 1573 Abs. 5 BGB enthalten gewesene zeitliche Begrenzung jetzt alle Unterhaltsansprüche des Rechts des nachehelichen Unterhalts erfasst.[70] Soweit sich die Rechtfertigung für einen Begrenzungseinwand erstmalig aus § 1578b BGB n.F. ergibt, schließt die Übergangsvorschrift zum Unterhaltsrechtsänderungsgesetz in § 36 Nr. 2 EGZPO die Präklusionswirkung der §§ 323 Abs. 2, 767 Abs. 2 ZPO ausdrücklich aus.

ee) Haftungshöchstsumme umfasst den fiktiven Pflichtteilsergänzungsanspruch

63 Seit dem Inkrafttreten des § 1586b BGB, dem 1.7.1977, ist die Kritik an dieser Vorschrift nicht verstummt. Sie gipfelt in der Forderung von *Baumann*, sie bei der nächsten Unterhaltsrechts-Novelle ganz abzuschaffen.[71] Diese Forderung mag zwar über das Ziel hinaus schießen, aber die vielen Ungereimtheiten, die die Norm enthält, bereiten in der Praxis immer wieder Unbehagen. Und mit seinem Urteil vom 29.11.2000 hat der BGH dieses Unbehagen nicht vermindert, sondern – im Gegenteil „große Tore" zu weiteren Problemen geöffnet, wenn man allein die Auswirkungen auf unbenannte Zuwendungen betrachtet (vgl. nachfolgend Rn 65 ff.).

Seit Jahren ist die Tendenz des BGH erkennbar, Pflichtteilsberechtigte durch die Gewährung von Pflichtteilsergänzungsansprüchen zu schützen. Diesem Trend hat sich nun der Familiensenat angeschlossen, obwohl der aus § 1586b BGB berechtigte geschiedene Ehegatte keinen originären Pflichtteilsanspruch hat, sondern lediglich die ihm zur Verfügung stehende Haftungssumme aus dem Nachlass an seinem fiktiven Pflichtteil gemessen wird. Welche praktischen Probleme in Bezug auf unbenannte Zuwendungen sich daraus ergeben, dass die Haftungssumme die fiktive Pflichtteilsergänzung mit umfasst, soll nachfolgend erläutert werden.

64 **Auswirkungen der Erbrechtsreform[72] auf die Haftungshöchstsumme nach § 1586b Abs. 1 S. 3 BGB:** Die Reform sieht eine Änderung von § 2325 Abs. 3 BGB des Inhalts vor, dass die Schenkung für die Pflichtteilsberechnung graduell immer weniger Berücksichtigung findet, je länger sie zurückliegt: Eine Schenkung im ersten Jahr vor dem Erbfall wird demnach voll in die Berechnung des Nachlasses einbezogen, im zweiten Jahr jedoch nur noch zu 9/10, im dritten Jahr zu 8/10 usw. berücksichtigt. Damit wird sowohl dem Erben als auch dem Beschenkten mehr Planungssicherheit eingeräumt. Auf diese Weise wird auch in die Höhe der Haftungshöchstsumme des § 1586b Abs. 1 S. 3 BGB eingegriffen, weil in diesen maximalen Haftungsbetrag fiktive Pflichtteilsergänzungsansprüche einbezogen werden.

(1) Die Pflichtteilsergänzungsrelevanz unbenannter Zuwendungen

65 Unbenannte Zuwendungen unter Ehegatten können Pflichtteilsergänzungsansprüche auslösen.[73] Da die Zehnjahresfrist des § 2325 Abs. 3 BGB bei Zuwendungen unter Ehegatten erst im Zeitpunkt der Auflösung der Ehe zu laufen beginnt, fallen unbenannte Zuwendungen, die der Unterhaltsverpflichtete in einer späteren Ehe seinem (zweiten, dritten etc.) Ehegatten

---

70 Vgl. *Borth*, Unterhaltsrechtsänderungsgesetz, Bielefeld 2007, Rn 170.
71 Staudinger/*Baumann*, § 1586b BGB Rn 8.
72 Gesetz zur Änderung des Erb- und Verjährungsrechts vom 24.9.2009, BGBl I, 3142, in Kraft seit 1.1.2010.
73 BGH NJW 1992, 564 = FamRZ 1992, 300.

gemacht hat, in die Haftungssumme des fiktiven Ergänzungspflichtteils des geschiedenen unterhaltsberechtigten Ehegatten. Das wiederum bedeutet, dass alle unbenannten Zuwendungen aus einer späteren Ehe dem geschiedenen Ehegatten gegenüber zu offenbaren sind. Dabei kann offen bleiben, ob dieser einen Auskunftsanspruch analog § 2314 BGB gegen die Erben des Unterhaltsverpflichteten hat oder ob im Rahmen der Geltendmachung der Haftungsbegrenzung in Höhe des ordentlichen Pflichtteils und des Ergänzungspflichtteils mittels Abänderungsklage bzw. Vollstreckungsgegenklage diese Offenlegung zu erfolgen hat. Berücksichtigt man dabei weiter, dass unter den Erben des Unterhaltspflichtigen häufig sein (zweiter, dritter etc.) Ehepartner ist, wenn dieser nicht sogar sein Alleinerbe wurde (wie im entschiedenen Fall), so wird damit ein Konfliktpotenzial sichtbar, das zu dem in § 1569 BGB postulierten Grundsatz der Eigenverantwortung beider Ehepartner und ihrer wirtschaftlichen Trennung nach der Scheidung in krassem Gegensatz steht.

Dabei dürfte die rechtliche Qualifikation unentgeltlicher Zuwendungen an den neuen Ehepartner, insbesondere im Hinblick auf die Frage, ob sie nach § 2330 BGB als Pflicht- oder Anstandsschenkungen unberücksichtigt bleiben, nicht allein dem/den Erben überlassen bleiben. So gesehen kann der geschiedene Ehepartner die Offenlegung aller unentgeltlichen Zuwendungen an den späteren Ehepartner des Erblassers – faktisch ohne Zeitschranke – verlangen. Es wird sich zeigen, wie die Praxis damit zu Recht kommt.

(2) Vereinbarung der Gütergemeinschaft und Pflichtteilsergänzung

Auch die Vereinbarung der Gütergemeinschaft kann u.U. wie eine pflichtteilsergänzungsrelevante Schenkung behandelt werden.[74] Das bedeutet wiederum, dass über ehevertragliche Vereinbarungen im Rahmen der Geltendmachung der Haftungssumme nach § 1586b Abs. 1 S. 3 BGB eine Offenbarungspflicht besteht.

ff) Haftungsbeschränkungsvorbehalt für den Kläger nach § 780 ZPO

Die Klarstellung seitens des BGH, dass der Haftungsbeschränkungsvorbehalt nach § 780 ZPO einerseits und die Berufung auf die Haftungssumme des § 1586b Abs. 1 S. 3 BGB andererseits sich auf verschiedene Haftungsumfänge beziehen und unabhängig voneinander bestehen können, ist sachgerecht und verdient Zustimmung. Nach dem strengen Wortlaut des § 780 ZPO kann der Haftungsbeschränkungsvorbehalt nur vom Beklagten eines Prozesses geltend gemacht werden. Je nach Prozess-Situation kann die Erbenhaftung aber auch den Kläger treffen, wie in dem vom BGH entschiedenen Fall, oder wenn der Erbe bspw. einen vom Erblasser auf Klägerseite geführten Prozess aufnimmt (§ 239 ZPO) und ihn nach ganzem oder teilweisem Unterliegen eine Kostenlast trifft. Vom Zweck der Norm her ist es geboten, über den reinen Wortlaut hinaus auch dem Kläger den Haftungsbeschränkungsvorbehalt nach § 780 ZPO zu gewähren.

Bei der Umsetzung des Haftungsbeschränkungsvorbehalts in der Zwangsvollstreckung ist zu bedenken, dass sich der Insolvenzgrund der Überschuldung des Nachlasses und das Bestehen eines Pflichtteilsanspruchs sich nicht denknotwendig ausschließen. Der Berechnung des Pflichtteilsanspruchs wird der Wert des Nachlasses im Zeitpunkt des Erbfalles zugrunde gelegt, während der Insolvenzgrund, der den Nachlass betrifft, im Zeitpunkt der Entscheidung über die Eröffnung des Nachlassinsolvenzverfahrens vorliegen muss.[75]

---

74 BGH NJW 1992, 598.
75 BGH Beschl. v. 1.12.2005 – IX ZB 85/04.

### c) Übergang von Unterhaltsvereinbarungen auf die Erben

68 Streitig war bisher, ob lediglich der gesetzliche Unterhaltsanspruch als Nachlassverbindlichkeit auf die Erben übergeht oder auch Unterhaltsverbindlichkeiten, die durch Vereinbarung modifiziert worden waren.

Dazu nunmehr das OLG Koblenz:[76]

> „*Unterhaltsvereinbarungen zwischen dem geschiedenen Ehegatten und dem Erblasser, welche den gesetzlichen Unterhaltsanspruch lediglich ausgestalten (sog. Unselbstständige Unterhaltsvereinbarungen), sind nach § 1586b BGB vererblich.*"

### d) Auskunftsanspruch des unterhaltsberechtigten geschiedenen Ehegatten über Pflichtteilsergänzungsansprüche gegen die Erben des Verpflichteten

69 Dem unterhaltsberechtigten geschiedenen Ehegatten steht beim Tode des Verpflichteten gegenüber den Erben ein Auskunftsanspruch über den Bestand des Nachlasses und ausgleichungspflichtige Zuwendungen des Erblassers zu. Die Auskunft hat sich auch auf einen bei der Bemessung der Haftungsgrenze des § 1586b Abs. 1 S. 3 BGB zu berücksichtigenden, dem geschiedenen Ehegatten zustehenden Pflichtteilsergänzungsanspruch zu erstrecken. Der Anspruch auf Auskunftserteilung folgt aus § 242 BGB. Der gegen den Erben gerichtete Auskunftsanspruch ist nicht gegenstandsgleich mit dem gegen den Erblasser gerichteten – der sich mit dem Tode erledigt –, weil sich die Anspruchsvoraussetzungen des Unterhaltsanspruchs geändert haben.[77] Anders als bei den Auskunftsansprüchen nach §§ 1605, 1580 BGB bezieht sich das Auskunftsrecht nicht auf das Einkommen des Erblassers, sondern auf die Höhe der Haftungsmasse, um es so dem Unterhaltsberechtigen zu ermöglichen, zu ermitteln, wie lange er noch mit Unterhaltszahlungen rechnen kann.[78]

### e) Anwendung auf die eingetragene Lebenspartnerschaft

70 Neben anderen Vorschriften über den nachehelichen Unterhalt verweist § 16 Abs. 2 S. 2 LPartG auch auf § 1586b BGB, wonach der nachpartnerschaftliche Unterhalt als Verbindlichkeit auf die Erben des Unterhaltsschuldners übergeht. Das zuvor zum nachehelichen Unterhalt Gesagte gilt also auch für den nachpartnerschaftlichen Unterhalt.

### 3. Zugewinnausgleichsforderung

71 Auch die **Zugewinnausgleichsforderung** des überlebenden Ehegatten schmälert den Nachlass. Wählt der überlebende Ehegatte die güterrechtliche Lösung, die zu einer Zugewinnausgleichsforderung führt, so ist diese eine Nachlassverbindlichkeit (§ 1371 Abs. 2 und 3 BGB). Sie hat insbesondere Vorrang vor Vermächtnissen und Pflichtteilsansprüchen.[79]

Dazu der BGH in BGHZ 37, 58, 64:

> „*Wenn im Gesetz für den Fall der Auflösung der Zugewinngemeinschaft durch den Tod eines Ehegatten nicht die erbrechtliche Lösung vorgesehen wäre, müßten die an dem Nachlaß des erstversterbenden Ehegatten als Erben oder Pflichtteilsberechtigte beteilig-*

---

[76] OLG Koblenz RNotZ 2003, 52; vgl. auch *Hambitzer*, FamRZ 2001, 201.
[77] MüKo-*Maurer*, § 1586b BGB Rn 3.
[78] AG Bad Homburg FamRZ 2007, 1771. Den Auskunftsanspruch bejahend Löffler in Juris Praxiskommentar, § 1586b Rn 32; *Schindler* unter entsprechender Anwendung der §§ 1580, 1605 i.V.m. 1967 BGB in FamRZ 2004, 1529.
[79] BGHZ 37, 58, 64.

ten Personen es hinnehmen, daß der überlebende Ehegatte gegebenenfalls zunächst den Ausgleich des Zugewinns beansprucht, wie das auch in dem Regierungsentwurf zum Gleichberechtigungsgesetz vorgesehen war (BT-Drucks 2. Wahlperiode Nr. 224 § 1378 S. 6, 42), und wie es in den Fällen des § 1371 Abs. 2, 3 BGB zutrifft. Diese Ausgleichsforderung wäre eine Nachlaßverbindlichkeit. Infolgedessen wäre der Nachlaß mit ihr belastet, und zwar auch, wenn der überlebende Ehegatte Alleinerbe wäre, da für die Berechnung der Pflichtteile der anderen Berechtigten die Ausgleichsforderung nicht als erloschen gelten könnte (RGRK-BGB 11. Aufl. § 2311 Anm. 3)."

Teilweise wird die Zugewinnausgleichsforderung als Erbfallschuld definiert. Für die Beratung ist insbesondere zu klären, ob durch die Geltendmachung der Zugewinnausgleichsforderung eine Überschuldung des Nachlasses herbeigeführt wird oder diese möglicherweise schon vorher bestanden hat.[80] Dabei ist darauf zu achten, dass Nachlass einerseits und Endvermögen andererseits nach § 1375 Abs. 2 BGB grundsätzlich unterschiedliche Größen sind.

Der BFH behandelt die Zugewinnausgleichsforderung erbschaftsteuerrechtlich als Erblasserschuld.[81]

Dasselbe gilt auch bei eingetragenen Lebenspartnern nach § 6 LPartG (seit 1.2.2005 auch „Zugewinngemeinschaft").[82]

Große Rechtsunsicherheit ist in Bezug auf die Frage, ob Zugewinngemeinschaft oder Gütertrennung besteht, seit der Rechtsprechung des Bundesverfassungsgerichts zur **Inhaltskontrolle von Eheverträgen** vom 29.3.2001 eingetreten. Und damit wird auch die Rechtsunsicherheit ins Erbrecht getragen, weil zum einen nicht klar ist, wie in den entsprechenden Erbfällen sich die Erbfolge darstellt – denn bei der Zugewinngemeinschaft ist der Ehegattenerbteil in vielen Fällen höher als bei der Gütertrennung –, und zum anderen ist mit der Wahlmöglichkeit des überlebenden Ehegatten für die güterrechtliche Lösung in der Zugewinngemeinschaft bei unwirksam vereinbarter Gütertrennung das Bestehen einer Zugewinnausgleichsforderung ungeklärt. Spätestens seit dem Beschluss des BVerfG vom 29.3.2001[83] unterliegen auch notariell beurkundete Eheverträge der inhaltlichen Kontrolle durch die Gerichte.

Das BVerfG, das bereits in seinem Beschluss vom 6.2.2001[84] einen Unterhaltsverzicht einer vor der Ehe Schwangeren als sittenwidrig angesehen hatte, führt im Beschluss vom 29.3.2001 aus:

„Eheverträgen sind dort Grenzen zu setzen, wo jene nicht Ausdruck und Ergebnis gleichberechtigter Lebenspartnerschaft sind, sondern eine auf ungleichen Verhandlungspositionen basierende einseitige Dominanz eines Ehepartners widerspiegeln. Die Eheschließungsfreiheit rechtfertigt keine einseitige ehevertragliche Lastenverteilung."

---

80 Auch nach Eröffnung des Nachlassinsolvenzverfahrens kann eine Stufenklage bezüglich des Zugewinns beim FamG anhängig gemacht werden; die Auskunftsstufe ist gegen die Erben zu richten, für den Zahlungsanspruch hingegen gegen den Nachlassinsolvenzverwalter als Partei kraft Amtes, OLG Naumburg, OLGR Naumburg 2002, 416 = ZErb 2003, 60.
81 BFH FamRZ 2008, 2109.
82 Vgl. *Kerscher/Krug*, § 35 Rn 40 ff.
83 BVerfG FF 2001, 128.
84 BVerfG FamRZ 2001, 343.

73 Der Bundesgerichtshof hat nunmehr Kriterien für die Gestaltung von Eheverträgen entwickelt.[85]

### 4. Forderungen des überlebenden Ehegatten aus einer „Innengesellschaft"

74 Hat ein Ehegatte im Geschäft oder Betrieb des anderen mitgearbeitet und findet – aus welchen Gründen auch immer – ein Ausgleich des Zugewinns nicht statt, so können Forderungen des überlebenden Ehegatten aus dem „Innengesellschaftsverhältnis" bestehen. Diese Forderungen auf Abrechnung und Zahlung des Abfindungsguthabens sind ebenfalls Erblasserschulden, die den Nachlass schmälern.[86] Dies kann für eine Pflichtteilsberechnung bei der Ermittlung des Reinnachlasses von erheblicher Bedeutung sein.

#### a) Abgrenzung unbenannte Zuwendung – Innengesellschaft

##### aa) Problembeschreibung

75 Rechtsprechung und Literatur mussten sich immer wieder mit der Frage beschäftigen, in welcher Weise bei Auflösung der Ehe ein gerechter Vermögensausgleich unter den Ehegatten erfolgen kann, wenn durch das eheliche Güterrecht ein solcher nicht möglich ist,[87] wenn also die eigentumsmäßige Zuordnung des Vermögens bei einem Ehegatten im Hinblick auf nicht unbedeutende finanzielle Beiträge und Arbeitsleistungen des anderen Ehegatten, die das in einer Ehe übliche Maß übersteigen, unbillig erscheint. Da ein solcher Ausgleich grundsätzlich über die Regeln des Zugewinnausgleichs stattfindet, diese aber bei bestehender Gütertrennung nicht angewandt werden können, werden in solchen Fällen vor allem zwei Ausgleichsmöglichkeiten diskutiert:
– Ansprüche nach den Grundsätzen über den Wegfall der Geschäftsgrundlage bei der Rückabwicklung unbenannter (ehebedingter) Zuwendungen,
– Ansprüche auf ein Auseinandersetzungsguthaben bei Beendigung einer zwischen den Ehegatten stillschweigend begründeten Innengesellschaft nach den Vorschriften des BGB-Gesellschaftsrechts in den §§ 722, 730 BGB.

##### bb) Rechtsprechung des BGH

76 Der BGH hat den Anwendungsbereich für die Rückabwicklung unbenannter Zuwendungen in seiner Entscheidung vom 30.6.1999[88] auf die Fälle begrenzt, in denen das „Element des Gebens" um der persönlichen Bindung der Ehegatten willen im Vordergrund steht. Die unbenannte Zuwendung hat den Zweck, die eheliche Lebensgemeinschaft zu verwirklichen (häufigstes Beispiel: Schaffung eines Eigenheims zum gemeinsamen Wohnen während des Bestehens der ehelichen Lebensgemeinschaft).

---

85 BGHZ 158, 81 = NJW 2004, 930 = FamRZ 2004, 601 m. Anm. *Borth* = ZNotP 2004, 157 = BGHR 2004, 516 m. Anm. *Grziwotz* = FPR 2004, 209 = FuR 2004, 119 = FF 2004, 79 = RhNotZ 2004, 150 = NotBZ 2004, 152 = MDR 2004, 573 = JuS 2004, 539. Bestätigt im Beschl. des BGH v. 6.10.2004 – XII ZB 110/99, FamRZ 2005, 26 = ZNotP 2005, 27 = NJW 2005, 137 = FamRB 2005, 8 = MDR 2005, 216 = FF 2005, 43 = NotBZ 2005, 73 = DNotI-Report 2004, 210. Zu den Überlegungen für die Praxis vgl. *Bergschneider*, FamRZ 2004, 1757. Und weitere Bestätigung im Urt. des BGH v. 12.1.2005– XII ZR 238/03, ZErb 2005, 33 = DNotI-Report 2005, 70 und in zwei Urteilen des BGH v. 25.5.2005 FamRZ 2005, 1444 (sehr lesenswert!) m. Anm. *Bergschneider* und FamRZ 2005, 1449.
86 BGH NJW 1982, 99; NJW 1990, 573.
87 BGH FamRZ 1994, 295, 297: Gütergemeinschaft und Innengesellschaft.
88 FamRZ 1999, 1580.

Eine Innengesellschaft ist nach der genannten Entscheidung dann anzunehmen, wenn in der Ehe durch planmäßige und zielstrebige Zusammenarbeit der Ehegatten erhebliche Vermögenswerte im Vordergrund stehen, also ein eheübergreifender Zweck – im Sinne des BGB-Gesellschaftsrechts (§ 705 BGB) – verfolgt wird. Auch bei Alleineigentum eines Ehegatten muss bei den Eheleuten die Vorstellung bestehen, die gemeinsam geschaffenen Gegenstände würden **wirtschaftlich beiden gehören**.

Entscheidend für die Abgrenzung ist nicht die Art der Vermögensmehrung durch Geld- und Sachleistungen einerseits und die Mitarbeit andererseits, vielmehr kommt es für die Annahme einer Ehegatteninnengesellschaft wesentlich darauf an, welche Zielvorstellungen die Eheleute mit der Vermögensbildung verfolgen, mit anderen Worten: ob sie mit ihrer Tätigkeit einen über die reine Verwirklichung der ehelichen Lebensgemeinschaft hinausgehenden Zweck erreichen wollen und ob dem die Vorstellung zugrunde liegt, das gemeinsam geschaffene Vermögen solle wirtschaftlich auch dem anderen gehören.

Die Grundsätze über den Wegfall der Geschäftsgrundlage verdrängen die Ehegatteninnengesellschaft und die daraus folgenden gesellschaftsrechtlichen Auseinandersetzungsregeln nicht.[89] Voraussetzung für die Annahme einer Innengesellschaft ist aber, dass zumindest schlüssig ein Vertrag zustande gekommen ist. Anhaltspunkte für eine solche rechtsgeschäftliche – und nicht nur faktische – Übereinkunft bilden:
– Planung der Vermögensbildung,
– Umfang der Vermögensbildung,
– Dauer der Vermögensbildung,
– Absprachen über Verwendung und Wiederanlage der erzielten Erlöse.

Die Vereinbarung der Gütertrennung spricht nicht gegen das Zustandekommen eines Gesellschaftsinnenverhältnisses, weil daraus allein noch nicht geschlossen werden kann, dass die Ehegatten jegliche Beteiligung am gemeinsam erwirtschafteten Vermögen ablehnen.[90] Dies bedeutet: Im Rahmen der Prüfung des Vorliegens einer Ehegatteninnengesellschaft ist es ohne Bedeutung, in welchem Güterstand die Eheleute gelebt haben.[91]

### b) Auflösung der Innengesellschaft

Die Innengesellschaft wird aufgelöst durch Scheidung, Tod eines Ehegatten, § 727 BGB, oder einvernehmliche Auflösung. Das Auseinandersetzungsguthaben kann im Falle der Auflösung durch Tod entweder Nachlassforderung oder Nachlassverbindlichkeit sein – je nachdem, welchem Ehegatten das Auseinandersetzungsguthaben bei Beendigung zusteht.

## 5. Wohngeldschulden

Erhebt der Erbe eines Wohnungseigentümers die begründete Einrede der Unzulänglichkeit des Nachlasses, so sind auch die Wohngeldschulden, die aus Eigentümerbeschlüssen nach dem Erbfall herrühren, Nachlassverbindlichkeiten, für die der Erbe nur beschränkt haftet. Für die Haftungsbeschränkung kommt es nicht entscheidend darauf an, wie viel Zeit seit dem Erbfall verflossen ist, ob sich der Erbe inzwischen als Eigentümer in das Grundbuch hat eintragen lassen und ob er die Wohnung behalten will.[92] Allerdings kann der Erbe seine

---

89 BGH FamRZ 1999, 1580, 1584.
90 Zur Ehegatteninnengesellschaft siehe MüKo-*Koch*, § 516 BGB Rn 77.
91 BGH FamRZ 2006, 607 m. Anm. *Hoppenz*; vgl. auch OLG Frankfurt/M. FamRZ 2004, 877.
92 BayObLG BayObLGZ 1999 Nr. 68 = ZErb 2000, 25 = ZEV 2000, 151, 153 m. krit. Anm. *Marotzke*.

Haftung für eine Hausgeldforderung nicht mehr nach § 1990 BGB beschränken, wenn der betreffende Beschluss nach dem Erbfall ergangen ist.[93]

### 6. Auskunfts- und Rechenschaftspflicht

83 Stirbt der Beauftragte (bspw. Bevollmächtigte), so geht der gegen ihn bestehende Anspruch des Auftraggebers auf Auskunft und Rechenschaft (§ 666 BGB) als Verbindlichkeit auf die Erben über.[94] Die Auskunftspflicht des **Erbschaftsbesitzers** geht auf dessen Erben über, ist also passiv vererblich.[95]

Vorher ist jedoch zu prüfen, ob überhaupt ein vertragliches Auftragsverhältnis mit Rechtsbindungswillen vorgelegen hat. Die Rechtsprechung verneint nicht selten bei nahen Angehörigen einen solchen Rechtsbindungswillen und nimmt gerade im Zusammenhang mit der Erledigung von Bankgeschäften lediglich ein Gefälligkeitsverhältnis an. Entscheidend für die Frage, ob eine Kontovollmacht mit Rechtsbindungswillen erteilt wird, ist, ob anhand objektiver Kriterien festgestellt werden kann, dass sich die Parteien rechtsgeschäftlich binden wollten.[96] Insoweit ist zu berücksichtigen, ob die Erteilung einer Kontovollmacht aufgrund eines besonderen Vertrauens erfolgt. Im Rahmen eines solchen besonderen Vertrauensverhältnisses – bspw. unter Eheleuten oder auch nichtehelichen Lebenspartnern – wird i.d.R. keine Auskunft oder Rechenschaft verlangt. Der Andere soll grundsätzlich nicht im Nachhinein dem einseitigen Risiko ausgesetzt werden, Ausgaben genauer anzugeben und zu belegen.[97] Es müssen vielmehr objektive Kriterien hinzutreten, die den Rückschluss auf einen rechtsgeschäftlichen Bindungswillen zulassen.[98]

84 Im Zusammenhang mit Auskunftsansprüchen nach § 666 BGB bei bestanden habender Bankvollmacht wird nicht selten vom zu Lebzeiten des Erblassers von diesem Bevollmächtigten behauptet, vom Bankkonto abgehobene Beträge habe der Erblasser dem Bevollmächtigten geschenkt. Für einen solchen Schenkungsvorgang trägt der angeblich Beschenkte die Beweislast. Denn das bloße Vorhandensein einer Bankvollmacht besagt nichts darüber, welche Rechtshandlungen der Bevollmächtigte im Verhältnis zum Vollmachtgeber vornehmen darf. Die Vollmacht betrifft nur das Verhältnis zu den Banken und damit die Möglichkeit für den Bevollmächtigten, nach außen wirksam den Vollmachtgeber verpflichtende oder begünstigende Bankgeschäfte vorzunehmen. Unter diesen Umständen kommt die Feststellung, dass die Abhebung durch den Bevollmächtigten den Vollzug einer Schenkung darstellte, nur in Betracht, wenn sich der Bezug zu einem solchen Rechtsgeschäft aus anderen Umständen ergibt. Es muss der Schluss möglich sein, die Abhebung vollziehe eine schenkweise versprochene Zuwendung mit Wissen und Wollen des Vollmachtgebers.[99]

### 7. Herausgabe des Erlangten durch Beauftragten

85 Nach dem Tod des Beauftragten (bspw. Bevollmächtigten) geht der Herausgabeanspruch nach § 667 BGB als Nachlassverbindlichkeit auf die Erben über.

---

93 *Bonifacio*, MDR 2006, 244.
94 BGH NJW 1988, 2729.
95 BGH NJW 1985, 3068 = JuS 1986, 315 m. Anm. *Hohloch*; *Kipp/Coing*, § 110 VI; a.M.: MüKo-*Frank*, § 2027 BGB Rn 5; *Olzen*, Jura 2001, 223.
96 OLG Düsseldorf ZEV 2007, 184; OLG Zweibrücken OLGR 2005, 132.
97 BGH NJW 2000, 3199; OLG Zweibrücken OLGR 2005, 132.
98 BGH NJW 2000, 3199.
99 BGH FamRZ 2007, 386 = NJW-RR 2007, 488 = ZErb 2007, 301 = ZEV 2007, 182.

## 8. Besitzrecht des Entleihers bzgl. Haus nach Tod des Verleihers

OLG Köln:[100]

„1. Räumt eine Erblasserin ihrem langjährigen Lebensgefährten zu Lebzeiten ein lebenslanges unentgeltliches Wohn- und Nutzungsrecht an einem von ihm schon (mit-)bewohnten Haus ein, dann handelt es sich um einen Leihvertrag (§ 598 BGB), der keiner besonderen Form bedarf.
2. Machen die Erben der Erblasserin geltend, sie bedürften des verliehenen Hausgrundstücks, weil sie ohne dessen Verwertung nicht in der Lage seien, rückständige Heimkosten eines verstorbenen Miterben zu tilgen, dann haben sie ein Kündigungsrecht nach § 605 Nr. 1 BGB nur dann, wenn sie darlegen und gegebenenfalls beweisen, dass sämtliche Miterben in diesem Sinne bedürftig sind.
3. Veräußert der Verleiher ein verliehenes Hausgrundstück, dann gilt die Schutzbestimmung des § 571 BGB zugunsten des Entleihers nicht."

## 9. Mietverhältnis

Beim Tod des Mieters treten nach § 563 BGB der überlebende Ehegatte, Kinder oder andere Familienangehörige oder Lebenspartner, die mit dem Mieter im gemeinsamen Haushalt gelebt haben, mit Wirkung ab dem Erbfall in das Mietverhältnis des Erblassers ein, hilfsweise gem. § 564 BGB dessen Erben. Das bedeutet, dass das Mietverhältnis mit dem Tode des Mieters nicht von selbst endet, sondern von dem/den Erben gekündigt werden muss.

Beim Tod des Vermieters tritt an seine Stelle im Mietverhältnis der Erbe oder bei mehreren Erben diese in Erbengemeinschaft, §§ 2032, 2038 BGB.[101]

## 10. Prozesskosten

Bezüglich eines Rechtsstreits, den der Erblasser bereits begonnen hatte, sind die Prozesskosten Nachlassverbindlichkeiten. Damit kann der Erbe auch für die Kosten des Rechtsstreits eine Beschränkung seiner Haftung auf den Nachlass herbeiführen, sofern er einen Haftungsbeschränkungsvorbehalt gem. § 780 ZPO bzw. gem. § 305 ZPO (oder gemäß beiden Vorschriften) in das Urteil (in den Tenor!) aufnehmen lässt.

> **Hinweis**
> In einem vom Erben aufgenommenen Rechtsstreit hat der Erbe den Haftungsbeschränkungsvorbehalt gem. § 780 ZPO bezüglich der Kosten ausdrücklich in den Urteilstenor aufnehmen zu lassen. Im Kostenfestsetzungsverfahren kann dies nicht mehr nachgeholt werden.[102]

War dem Erblasser ratenfreie **Prozesskostenhilfe** bewilligt worden und nehmen nach seinem Tod die Erben den Rechtsstreit nicht auf, so können sie – unabhängig von ihrer Vermögenssituation – nicht von der Landeskasse wegen der durch die Prozessführung des Erblassers verursachten Kosten in Anspruch genommen werden.[103]

Sofern der Rechtsstreit Nachlasserbenschulden betrifft, für die der Erbe also sowohl mit dem Nachlass als auch mit seinem Eigenvermögen haftet, ist ein Haftungsbeschränkungs-

---

100 OLG Köln NJW-RR 2000, 152.
101 Vgl. im Einzelnen *Zwißler*, ZErb 2000, 12.
102 LG Leipzig ZEV 1999, 234.
103 OLG Düsseldorf NJW-RR 1999, 1086.

vorbehalt nicht möglich, weil der Erbe insofern unbeschränkt und auch nicht beschränkbar haftet.

### 11. Keine Nachlassverbindlichkeit: Vergütungsansprüche des „Erbensuchers"

93 Dazu der BGH in JZ 2000, 521:

> „Wer gewerblich als „Erbensucher" unbekannte Erben ermittelt, hat gegen diese, sofern es nicht zu einer Honorarvereinbarung kommt, Vergütungsansprüche weder aus Geschäftsführung ohne Auftrag noch aus ungerechtfertigter Bereicherung."[104]

### 12. Verbindlichkeiten aus einem Girovertragsverhältnis

94 BGH in FamRZ 2000, 754:

> „Miterben, die in ein Girovertragsverhältnis des Erblassers eintreten und das Girokonto für den eigenen Zahlungsverkehr fortführen, erlangen eine eigene persönliche Rechtsbeziehung zur Bank. Das gilt für die Fortführung eines Oder-Kontos ebenso wie für die eines Einzelkontos (im Anschluss an BGHZ 131, 60 = FamRZ 1996, 103)."

D.h. die danach entstehenden Verbindlichkeiten sind keine Erblasserschulden mehr, sondern Eigenverbindlichkeiten der Erben.

### 13. Betreuungskosten

95 Nach dem Tod des Betreuten bestimmt das Betreuungsgericht (bis 31.8.2009: das Vormundschaftsgericht) nach § 168 Abs. 3 FamFG (bis 31.8.2009: § 56g Abs. 3 FGG), in welcher Höhe und zu welchem Fälligkeitszeitpunkt Zahlungen aus dem Nachlass zu leisten sind, wenn zu Lebzeiten des Betreuten Vergütungsbeträge aus der Staatskasse beglichen wurden (seit 1.9.2009 ist das Betreuungsgericht zuständig, §§ 292, 168 FamFG[105]). Soweit die Staatskasse die Forderung des Betreuers erfüllt, gehen gem. §§ 1836e Abs. 1 S. 1, 1908i Abs. 1 S. 1 BGB dessen Ansprüche auf Aufwendungsersatz und Vergütung gegen den Betroffenen auf die Staatskasse über. Es handelt sich um einen Anspruch, der nicht originär gegenüber dem Erben entsteht, sondern sich zu Lebzeiten des Betreuten gegen diesen gerichtet hat und nach dessen Tod als Nachlassverbindlichkeit "von diesem herrührt" (§ 1967 Abs. 1 BGB).[106] Auf Verlangen sind die Erben verpflichtet, dem Betreuungsgericht (bis 31.8.2009: Vormundschaftsgericht) ein Nachlassverzeichnis vorzulegen. Die Erben haften kraft Gesetzes nur mit dem Nachlass für solche staatlichen Rückforderungsansprüche.[107]

Der Tod des Betreuten im Regressverfahren gem. § 1836e BGB führt nicht zur förmlichen Unterbrechung, sondern zur Fortsetzung des Verfahrens gegen die Rechtsnachfolger von Amts wegen. Die unbekannten Erben werden dabei durch den Nachlasspfleger gesetzlich vertreten. Beim Eintritt des Todes des Betreuten im Rechtsbeschwerdeverfahren ist eine Titelumschreibung auf die Erben ohne Vorbehalt möglich. Zur Beschränkung ihrer Haftung müssen sie eine Vollstreckungsabwehrklage nach §§ 781, 785, 767 ZPO erheben.

Rückforderungsansprüche des Trägers der Sozialhilfe sind gegenüber dem Regressanspruch gem. § 1836e Abs. 1 S. 1 BGB nicht vorrangig. Das haftende Aktivvermögen wird nicht

---

[104] Vgl. dazu auch die Anmerkung von *Schulze*, JZ 2000, 523.
[105] FGG-Reform-G v. 17.12.2008 (BGBl I, 2586), Art. 111, 112 FGG-ReformG.
[106] LG Koblenz FamRZ 2007, 2008.
[107] LG Koblenz FamRZ 2007, 2008; vgl. dazu auch *Deinert*, FamRZ 1999, 1187.

## 14. Darlehensverbindlichkeiten

Die Universalsukzession erfasst auch die vom Erblasser begründeten Darlehensverbindlichkeiten, §§ 1922, 1967 BGB. Sollte im Zeitpunkt des Erbfalls ein Vertrag zur Stellung von Sicherheiten noch nicht erfüllt sein, so trifft auch diese Verpflichtung den/die Erben.

### a) Ordentliches Kündigungsrecht

Nach altem und neuem Schuldrecht (§ 609 BGB a.F., § 488 Abs. 3 BGB n.F.) ist – sofern keine Rückzahlungsvereinbarung zustande kommt – die Kündigung des Darlehens durch den Darlehensgeber oder den Darlehensnehmer zur Begründung der Rückzahlungsverpflichtung erforderlich. Die gesetzliche Frist für eine ordentliche Kündigung beläuft sich – unabhängig von der Höhe des Darlehens – auf drei Monate, § 488 Abs. 3 S. 2 BGB n.F. Diese Frist ist verlängerbar. Häufig haben sich Banken mit Nr. 19 Abs. 2 AGB-Banken ein jederzeitiges fristloses Kündigungsrecht als ordentliche Kündigungsmöglichkeit vorbehalten, müssen dann aber dem Darlehensnehmer nach Nr. 19 Abs. 5 AGB-Banken eine angemessene Abwicklungsfrist einräumen.[109] Im Erbfall könnte eine darlehensgewährende Bank davon Gebrauch machen.

Ist der Rückzahlungsanspruch zu einem bestimmten Zeitpunkt fällig, so kann der Darlehensnehmer im Zweifel die Leistung auch schon zu einem früheren Zeitpunkt erbringen, §§ 488 Abs. 1 S. 2, Abs. 3 S. 1 BGB n.F., 271 Abs. 2 BGB, sofern dies nicht abbedungen ist (§ 489 BGB n.F., § 609a BGB a.F.). Die Erben können eine Darlehensverbindlichkeit in einem solchen Fall also vor dem Fälligkeitszeitpunkt zurückzahlen.

### b) Außerordentliches Kündigungsrecht

#### aa) § 314 BGB

Zum einen können Sonderregelungen für den Fall des Todes des Darlehensnehmers vereinbart sein, zum anderen gilt § 314 BGB, wonach vertragliche Verpflichtungen aus Dauerschuldverhältnissen bei berechtigten Interessen eines Vertragsteils angepasst und/oder durch Kündigung beendet werden können. Unter die gesetzlichen Voraussetzungen kann auch der Tod des Darlehensnehmers fallen.

#### bb) AGB-Banken

Den Erben kann ein Kündigungsrecht aus wichtigem Grund gem. Nr. 18 Abs. 2 AGB-Banken zustehen, weil das Entfallen des Einkommens des Erblassers bezüglich des Darlehensvertrags einen Wegfall der Geschäftsgrundlage darstellen kann.[110]

#### cc) Grundpfandrechtlich gesichertes Festzinsdarlehen

Ist für das Darlehen eine feste Verzinsung vereinbart und besteht eine durch Grundpfandrecht gewährte Sicherheit, so können die Erben gem. § 490 Abs. 2 BGB n.F. das Darlehen

---

108 OLG Stuttgart FamRZ 2007, 1912 = NJW-RR 2007, 1593 = ZErb 2007, 313.
109 *Böhm*, ZEV 2002, 337.
110 *Böhm*, ZEV 2002, 337, 341.

kündigen, wenn sie ein berechtigtes Interesse für eine anderweitige Verwertung des beliehenen Grundstücks haben. Ein solches berechtigtes Interesse kann angenommen werden, wenn das Objekt für Zwecke der Erbteilung veräußert werden soll. Die Erben schulden dann jedoch eine **Vorfälligkeitsentschädigung**.[111]

### 15. Sind die Kosten des Erbscheins Nachlassverbindlichkeit?

101  Zur Frage, ob die Kosten für die Erbscheinserteilung zumindest auch als Nachlassverbindlichkeiten anzusehen sind, liegt – soweit ersichtlich – keine gerichtliche Entscheidung vor. In der Literatur wird die Meinung vertreten, die Kosten der Erbscheinserteilung seien keine Nachlassverbindlichkeiten.[112] Der Erbschein werde lediglich im subjektiven Interesse des den Erbschein beantragenden Erben erteilt. Deshalb trage dieser sowohl im Außen- als auch im Innenverhältnis nach § 2 Nr. 1 KostO die entstehenden Kosten. M.E. ist jedoch im Einzelfall eine Anspruchsgrundlage für einen Erstattungsanspruch gegen die anderen Erben aus Geschäftsführung ohne Auftrag bzw. aus Auftragsrecht zu prüfen, §§ 683, 670 BGB.

### 16. Rückforderung einer Schenkung (als Nachlassverbindlichkeit) wegen Verarmung des Schenkers[113]

102  Der unter anderem für das Schenkungsrecht zuständige X. Zivilsenat des Bundesgerichtshofes hat in zwei Urteilen vom 25.4.2001 zur Vererblichkeit und zur Abtretbarkeit des Rückforderungsanspruchs des Schenkers nach § 528 BGB Stellung genommen. Nach dieser Vorschrift kann der Schenker, soweit er nach der Vollziehung der Schenkung außerstande ist, seinen angemessenen Unterhalt zu bestreiten oder die ihm seinen Verwandten, seinem Ehegatten oder Lebenspartner gegenüber gesetzlich obliegende Unterhaltspflicht zu erfüllen, von dem Beschenkten die Herausgabe des Geschenks nach den Vorschriften über die Herausgabe einer ungerechtfertigten Bereicherung fordern.[114]

103  Beiden zugelassenen Revisionen lag folgender Fall zugrunde:

Ein Witwer hatte Anfang der 90er-Jahre nach dem Tod seiner Frau seinen beiden Töchtern je 17.000 DM geschenkt. Ende 1992 wurde er pflegebedürftig und im Altenkrankenhaus der Klägerin gepflegt, ohne die Kosten dafür zahlen zu können. Der Sozialhilfeträger lehnte – unter anderem unter Hinweis auf die Schenkung an die Töchter – eine Übernahme der Pflegekosten ab. Nach dem Tod des Schenkers im April 1994 schlugen die Töchter das Erbe aus. Der für die unbekannten – anstelle der Töchter berufenen – Erben bestellte Nachlasspfleger trat den Anspruch des Schenkers nach § 528 BGB an die Klägerin ab. Die Klägerin hat (entsprechend ihren jeweiligen Wohnsitzen) die eine Tochter vor dem Landgericht Duisburg, die andere vor dem Landgericht Düsseldorf jeweils auf Zahlung von 17.000 DM in Anspruch genommen. Beide Landgerichte haben die Beklagten verurteilt. Der mit der Berufung gegen das Urteil des Landgerichts Duisburg befasste 26. Zivilsenat

---

[111] Vgl. hierzu *Guttenberg*, Vorzeitige Darlehensablösung bei Festzinskredit, JuS 1999, 1058; BGHZ 136, 161; *von Heymann/Rösler*, Berechnung von Vorfälligkeits- und Nichtabnahmeentschädigung, ZIP 2001, 441; *Köndgen*, Die Entwicklung des Bankkreditrechts in den Jahren 1995–1999, NJW 2000, 468; *Köndgen*, Darlehen, Kredit und finanzierte Geschäfte nach neuem Schuldrecht – Fortschritt oder Rückschritt?, WM 2001, 1637.
[112] Soergel/*Stein*, § 1967 BGB Rn 17; Soergel/*Damrau*, § 2353 BGB Rn 51; RGRK-*Kregel*, BGB, 12. Auflage 1975, § 2353 Rn 22; Staudinger/*Schilken*, BGH, § 2353 Rn 94.
[113] BGH NJW 2001, 2084 mit Anmerkung *K. Schmidt*, JuS 2001, 917.
[114] Objektiver Lebensstil ist für die Angemessenheit des eigenen angemessenen Unterhalts entscheidend: BGH FamRZ 2003, 224.

des Oberlandesgerichts Düsseldorf hat die Berufung zurückgewiesen. Dagegen hat der 1. Zivilsenat des Oberlandesgerichts Düsseldorf auf die Berufung der anderen Tochter das Urteil des Landgerichts Düsseldorf abgeändert und die Klage abgewiesen.

Der Bundesgerichtshof hat im erstgenannten Fall die Verurteilung der Beklagten zur Rückzahlung bestätigt und im zweiten Fall das Urteil des Oberlandesgerichts Düsseldorf aufgehoben und die Sache zu erneuter Verhandlung an das Berufungsgericht zurückverwiesen.

Er hat sich dabei im Wesentlichen auf die Erwägung gestützt, dass das Gesetz es grundsätzlich der Entscheidung des bedürftigen Schenkers überlässt, ob er den Rückforderungsanspruch geltend machen will oder nicht. Der Schenker kann sich mit einem geringeren Maß an Unterhalt begnügen, wenn er sich scheut, das einmal gemachte Geschenk zurückzufordern. Das Rückforderungsrecht ist insofern an die Person des Schenkers gebunden. Der Geltendmachung des Anspruchs durch den Schenker hat der Bundesgerichtshof jedoch den Fall gleichgestellt, dass der Schenker durch die Inanspruchnahme unterhaltssichernder Leistungen Dritter zu erkennen gibt, dass er ohne die Rückforderung des Geschenks nicht in der Lage ist, seinen notwendigen Unterhalt zu bestreiten. Konnte der Schenker sich nicht mit dem begnügen, was ihm für seinen Unterhalt noch zur Verfügung stand, sondern war er wegen seiner Pflegebedürftigkeit darauf angewiesen, Leistungen Dritter in Anspruch zu nehmen, zu deren Bezahlung er ohne Rückforderung des Geschenks nicht in der Lage war, geht deshalb der entstandene Rückforderungsanspruch auch mit dem Tod des Schenkers nicht unter. Er kann von dem Erben abgetreten werden, um den Zahlungsanspruch des Heim- oder Krankenhausträgers zu erfüllen, der durch die Pflege den Unterhaltsbedarf des bedürftigen Schenkers sichergestellt hat.

**Der Anspruch des Schenkers aus § 528 Abs. 1 S. 1 BGB und dessen Abtretbarkeit:**[115]  104

Nach bereits vollzogener Schenkung gewährt § 528 Abs. 1 S. 1 BGB dem Schenker einen Rückforderungsanspruch gegen den Beschenkten. Das Gesetz regelt damit einen Fall des Wegfalls der Geschäftsgrundlage. Dem Schenker soll es ermöglicht werden, seinen eigenen notwendigen Unterhalt und seine gesetzlichen Unterhaltspflichten selbst zu bestreiten.[116] Eine Inanspruchnahme der Allgemeinheit soll damit vermieden werden.[117] Der Anspruch selbst ist nicht höchstpersönlicher Art, wohl aber seine **Geltendmachung**.[118] Es liegt grundsätzlich in der freien Entscheidung des Schenkers, ob er in den Bestand der vollzogenen Schenkung eingreifen will oder aber es bei dem erfüllten Schenkungsversprechen zu belassen. Im vorliegenden Fall hat private Hilfe (des Altenheimträgers) den Unterhalt des Schenkers sichergestellt. Wenn der Schenker aber über seine finanziellen Verhältnisse hinaus Leistungen Dritter beansprucht, ist seine Entscheidung über die Rückforderung des Geschenks vorgezeichnet. Durch eine solche Inanspruchnahme der Leistungen Dritter zeigt der Schenker nach Meinung des BGH seinen Rückforderungswillen, andernfalls läge ein widersprüchliches Verhalten vor.

**Sozialhilferecht:** Die Vorschriften zur Überleitung von Ansprüchen auf den Sozialhilfeträger finden sich jetzt in SGB XII. Nach § 93 SGB XII (früher § 90 BSHG) kann der Anspruch auf Rückforderung der Schenkung auf den Sozialhilfeträger übergeleitet werden, denn die Überleitung ist nach § 90 Abs. 1 S. 4 SGB XII (früher § 90 Abs. 1 S. 4 BSHG) nicht schon deshalb ausgeschlossen, weil der Anspruch nicht übertragbar oder unpfändbar ist.[119] Die  105

---

115 *Coester-Waltjen*, JK 2001, BGB § 528/5, Jura 2001.
116 BGHZ 127, 354 (357).
117 BGHZ 137, 76 (82).
118 BGHZ 127, 354; 137, 76.
119 Vgl. zu weiteren Fragen des Sozialhilferechts *Krauß*, ZEV 2001, 417.

Vermögenserschöpfung muss innerhalb der zehnjährigen Frist des § 529 Abs. 1 BGB eingetreten sein.[120]

106 Zur Einrede eigener Bedürftigkeit des Beschenkten gegen den Rückforderungsanspruch wegen Notbedarfs der BGH:[121]

> *„1. Für die Berechtigung der Einrede nach § 529 Abs. 2 BGB ist es grundsätzlich unerheblich, wann und wodurch die eigene Bedürftigkeit des Beschenkten bzw. seines Erben entstanden ist.*
> *2. Die Berufung auf die eigene Bedürftigkeit stellt allerdings eine unzulässige Rechtsausübung dar, wenn der Beschenkte bzw. sein Erbe Kenntnis von dem Notbedarf des Schenkers gehabt und gleichwohl die eigene Bedürftigkeit mutwillig herbeigeführt hat."*

Dem Beschenkten muss jedoch sein eigener angemessener Unterhalt verbleiben, andernfalls ist die Rückforderung ausgeschlossen, § 529 Abs. 2 BGB. Bei der Bemessung des dem Beschenkten verbleibenden Unterhalts sind grundsätzlich die jeweils einschlägigen familienrechtlichen Bestimmungen und die dazu von der Rechtsprechung entwickelten Grundsätze heranzuziehen.[122]

Dazu der BGH, Urt. v. 19.10.2004 – X ZR 2/03[123] zur Überleitung des Rückforderungsanspruchs auf den Sozialhilfeträger, obwohl Schenkungsgegenstand beim Schenker zum Schonvermögen gehört hätte.

Dem Rückforderungsanspruch wegen Verarmung des Schenkers und der Überleitung dieses Anspruchs auf den Träger der Sozialhilfe im Hinblick auf die von diesem dem Schenker geleistete Hilfe zum Lebensunterhalt steht es nicht entgegen, dass das Geschenk, wenn es beim Schenker verblieben wäre, zu dessen Schonvermögen gehört hätte.

107 **Der BGH zur Verjährung des Anspruchs auf Rückforderung wegen Verarmung des Schenkers:**[124]

> *„Der Anspruch auf Rückforderung wegen Verarmung des Schenkers nach § 528 Abs. 1 S. 1 BGB unterliegt der regelmäßigen Verjährung nach 30 Jahren auch dann, wenn er durch wiederkehrende Leistungen des Beschenkten in einer dem angemessenen Unterhaltsbedarf entsprechenden Höhe – bis zur Erschöpfung des Werts der Schenkung – zu erfüllen ist."*

Nach neuem Verjährungsrecht dürfte der Rückforderungsanspruch nunmehr nach drei Jahren verjähren, § 195 BGB n.F.

108 Hat bei einem **Überlassungsvertrag** der Übernehmer eine Pflege- und Versorgungsverpflichtung übernommen, so handelt es sich damit noch nicht um einen Altenteilsvertrag, bei dem ein Rücktrittsrecht – nach landesrechtlichen Vorschriften – ausgeschlossen sein kann, sondern um einen gegenseitigen Vertrag, bei dem ein Rücktritt möglich ist, wenn die Pflege- und/oder Versorgungsleistungen nicht erbracht werden.[125]

---

120 BGH MittBayNot 2000, 226.
121 BGH JuS 2001, 708.
122 BGH ZEV 2000, 449.
123 BGH NJW 2005, 670 = ZEV 2005, 121 = DNotZ 2005, 281 = JuS 2005, 373.
124 BGH NJW 2001, 1063; Anm. *K. Schmidt*, JuS 2001, 708.
125 BGH MittBayNot 2000, 223.

### 17. Sozialhilferechtliche Forderungen

Der Erbe des Sozialhilfeempfängers haftet für die während der letzten zehn Jahre vor dem Erbfall geleistete Sozialhilfe gem. § 102 SGB XII.[126] Zusätzlich haften daneben die Erben des vorverstorbenen Ehegatten.[127] Allerdings ist die Haftung des Erben kraft Gesetzes auf den Wert des Nachlasses beschränkt, § 102 Abs. 2 SGB XII.[128]

### 18. Bereicherungsansprüche des enterbten Vermächtnisnehmers

Hierzu das OLG München:[129]

> „Tilgt ein Abkömmling die Schulden seiner Eltern im Hinblick auf eine Immobilie, die ihm vermächtnisweise zugewendet ist, und wird er diesbezüglich in einem späteren Testament enterbt, dann steht ihm ein bereicherungsrechtlicher Anspruch nach § 812 Abs. 1 S. 2 Alt. 2 BGB (condictio ob rem) gegenüber dem Erben zu."

### 19. Rückforderung nach Lastenausgleichsrecht

Für eine früher bewilligte Leistung nach dem Lastenausgleichsgesetz kann die Rechtsgrundlage wegfallen, wenn infolge der deutschen Einigung und des damit verbundenen Wegfalls früherer Eingriffe in Vermögenswerte des Erblassers eine Begünstigung eintritt. Das Gesetz stellt in § 349 Abs. 1 LAG (Lastenausgleichsgesetz) damit nicht auf denjenigen ab, der vom Schadensausgleich profitiert, sondern nimmt den Kreis der am Lastenausgleichsverfahren beteiligten Personen in die Pflicht mit der Konsequenz, dass für entsprechende Rückerstattungsansprüche gem. §§ 1967, 2058, 421 BGB auch Erben und ggf. Erbeserben haften.[130]

## II. Erbfallschulden

### 1. Überblick

Erbfallschulden sind solche Verbindlichkeiten, die erst mit dem Erbfall entstehen, den Erblasser also zu seinen Lebzeiten noch gar nicht getroffen haben. Dazu gehören insbesondere Verbindlichkeiten aus
- **Pflichtteilen**,
- **Vermächtnissen** und
- **Auflagen** (§ 1967 Abs. 2 BGB).

Es gehören auch dazu
- der Erbersatzanspruch des nichtehelichen Kindes – für Erbfälle, die bis 31.3.1998 eingetreten sind – (§ 1934b Abs. 2 BGB),
- die Kosten einer **standesgemäßen Beerdigung** (§ 1968 BGB),
- der gesetzliche **Voraus des überlebenden Ehegatten** (§ 1932 BGB)[131] und
- der Dreißigste (§ 1969 BGB).

---

126 Sächsisches OVG, Beschl. v. 23.3.2006 – 4 E 318/05.
127 BVerwG NJW 2003, 3792.
128 Vgl. im Einzelnen *Conradis*, ZEV 2005, 379.
129 OLG München ZErb 2003, 350 = ZEV 2004, 292.
130 VG Berlin, Urteil v. 2.4.2009 – 9 A 85.08, hier nach „Juris".
131 Pkw als Teil des gesetzlichen Voraus: Ein Pkw, der von den Ehegatten zum Zweck der Haushalts- und privaten Lebensführung gemeinschaftlich genutzt wurde, stellt einen Haushaltsgegenstand dar und ist als Voraus als Nachlassverbindlichkeit einzustufen, AG Erfurt FamRZ 2002, 849.

113 Die so genannten **Nachlasskostenschulden** gehören ebenfalls zu den Erbfallschulden. Sie sind ursächlich durch den Erbfall entstanden, aber zeitlich erst nach dessen Eintritt. Dazu gehören Kosten
– der Nachlassverwaltung (Haftungsbeschränkungsmaßnahme nach §§ 1975 ff. BGB),
– des Nachlassinsolvenzverfahrens nach § 1975 BGB, §§ 215 ff. InsO,
– des Gläubigeraufgebots (§ 1970 BGB, §§ 454 ff. FamFG,[132] bis 31.8.2009: §§ 990 ff. ZPO),
– der Errichtung des Nachlassinventars (§§ 1993 ff. BGB),
– der Nachlasssicherung, insbesondere der Nachlasspflegschaft (§§ 1960, 1961 BGB),
– der Eröffnung einer Verfügung von Todes wegen (§§ 2260, 2300 BGB).

114 Zu den **Nachlassverwaltungsschulden** gehören zwei Arten von Verbindlichkeiten:
– Solche Verbindlichkeiten, die aus der Verwaltungstätigkeit des Nachlassverwalters, des Nachlasspflegers und des Testamentsvollstreckers erwachsen, einschließlich deren Ansprüche auf Vergütung;
– Verbindlichkeiten, die begründet wurden durch den Vorerben und den vorläufigen Erben (der Verwaltungshandlungen für den Nachlass vornimmt, aber später die Erbschaft ausschlägt).

**2. Beerdigungskosten**

a) Begriff der Beerdigungskosten

aa) Allgemeines

115 Die bis 31.12.1998 geltende Fassung des § 1968 sprach von den Kosten der „standesmäßigen Beerdigung". Mit dem Inkrafttreten der Insolvenzordnung am 1.1.1999 wurde der Begriff „standesmäßig" gestrichen; eine inhaltliche Änderung gegenüber der bisherigen Regelung ist damit jedoch nicht verbunden.[133] Dem entsprechend sind Kosten einer »standesmäßigen Beerdigung« all das über das unbedingt Notwendige hinaus, was nach den in den Kreisen des Erblassers herrschenden Auffassungen und Gebräuchen zu einer würdigen und angemessenen Bestattung gehört. Hierfür ist von Bedeutung, welche Lebensstellung der Verstorbene gehabt hat und was bei der Beerdigung eines Angehörigen seines Lebenskreises Brauch und Sitte ist; auch die Leistungsfähigkeit des Nachlasses und der Erben kann in Betracht kommen.[134] An dem hierzu Erforderlichen findet die Verpflichtung des Erben aber auch ihre Grenze; er ist nicht verpflichtet, schlechthin alle Kosten, die für die nach der Bestimmung der Angehörigen vorgenommene Bestattung des Erblassers aufgewandt wurden oder aufzuwenden sind, zu tragen.[135]

bb) Beerdigungskosten im Einzelnen

116 Zum Schutz des Erben und der Nachlassgläubiger soll nur der begrenzte Aufwand einer standesgemäßen Beerdigung vom Erben zu tragen sein, insbesondere dann, wenn Erbe und Totenfürsorgeberechtigter nicht identisch sind. Aus diesem Grunde ist die Rechtsprechung bei der Anerkennung von Beerdigungskosten als Nachlassverbindlichkeiten relativ restriktiv.

---

132 FGG-ReformG v. 17.12.2008, BGBl I, 2586, in Kraft getreten am 1.9.2009.
133 Staudinger/*Marotzke*, § 1968 BGB Rn 2; MüKo-*Siegmann*, § 1968 BGB Rn 4; Soergel/*Stein*, § 1968 BGB Rn 1; BT-Drucks 12/3809 S. 79.
134 BGHZ 32, 72, 73.
135 BGHZ 61, 238, 239 = NJW 1973, 2103; OLG Düsseldorf NJW-RR 1995, 1161.

Kosten nur einer üblichen kirchlichen und bürgerlichen Feier gehören zu den Bestattungskosten.[136]

Als Beerdigungskosten i.S.v. § 1968 BGB sind von der Rechtsprechung folgende Kosten anerkannt:
- **Überführung** an die endgültige Grabstätte,[137] auch aus dem Ausland,[138]
- **Exhumierung**, Überführung und endgültige Beerdigung im Rahmen der Angemessenheit,[139]
- **Trauerkleidung**,[140]
- **Leichenmahl** bei entsprechenden Gepflogenheiten,[141]
- **Herstellung des Grabes**,
- **Erstbepflanzung** des Grabes,[142]
- **Grabstein** samt Aufstellung,[143] bei Familiengrabstein anteilig,[144]
- **Feuerbestattung**,[145]
- für **Sterbeurkunde**,[146]
- für **Todesanzeigen** durch Postversand und in der Presse,[147]
- für **Danksagungen** durch Postversand und in der Presse.

Von der Rechtsprechung wurden als Beerdigungskosten **nicht** anerkannt:
- Reisekosten der Angehörigen zur Beerdigung;[148] anders jedoch, wenn den Betreffenden eine rechtliche Pflicht zur Beerdigung trifft,[149]
- Die späteren Kosten der Grabpflege, weil diese keine rechtliche sondern lediglich eine sittliche Pflicht ist.[150] **Ausnahmsweise** sind die Grabpflegekosten doch vom Erben zu tragen, wenn der Erblasser bereits zu Lebzeiten einen Grabpflegevertrag geschlossen hat; in diesem Falle sind die daraus entstandenen Verpflichtungen Nachlassverbindlichkeiten in Form der Erblasserschuld.[151] Die Kosten der Grabpflege sind auch dann vom Erben zu tragen, wenn der Erblasser sie dem Erben im Wege der Auflage oder eines Vermächtnisses aufgegeben hat, in einem solchen Falle nach den allgemeinen Regeln des Auflagen- bzw. Vermächtnisrechts.

---

136 AG Hamburg ErbR 2008, 202.
137 RGZ 66, 308.
138 LG Gießen DAR 1984, 151.
139 BGH FamRZ 1978, 15.
140 BGHZ 32, 72 = NJW 1960, 910. Teilweise wird die Ersparnis anderweitiger Aufwendungen abgezogen; vgl. *Theda*, DAR 1985, 13; *Gaedke/Diefenbach*, Handbuch des Friedhofs- und Bestattungsrechts, 9. Auflage 2004, S. 128.
141 OLG Hamm VersR 1992, 405; *Theda*, DAR 1985, 10, 13 m.w.N.
142 OLG München NJW 1974, 703; OLG Oldenburg FamRZ 1992, 987.
143 RGZ 139, 393, 394; der Grabstein kann für die Forderung des Steinmetzen sogar gepfändet werden, vgl. BGH FamRZ 2006, 409.
144 OLG Celle RuS 1996, 160.
145 RGZ 154, 270.
146 LG Hamburg VersR 1979, 64.
147 OLG Hamm DAR 1956, 217.
148 BGHZ 32, 72 = NJW 1960, 910; OLG Karlsruhe NJW 1954, 720; OLG München NJW 1974, 703, 704.
149 OLG Karlsruhe MDR 1970, 48; LG Berlin VersR 1964, 1259.
150 BGHZ 61, 238; OLG Oldenburg FamRZ 1992, 987.
151 LG München I NJW-RR 1989, 197, das allerdings eine Vorauszahlung für 40 Jahre für sittenwidrig gehalten hat.

Eine unmittelbare Haftung des Kontos des Erblassers in der Weise, dass die Bank ohne Auftrag des Erblassers oder des/der Erben demjenigen, der die Bestattung vorgenommen hat, auszahlen dürfte, besteht nicht.[152]

### b) Anspruchskonkurrenz

117 Anspruchskonkurrenz kann bestehen mit Vorschriften des Auftragsrechts, wenn entweder mit Auftrag oder ohne Auftrag gehandelt wurde, §§ 670, 683.[153] In der Praxis kann dies in Betracht kommen, wenn bspw. der Bestattungsunternehmer ohne ausdrücklichen Auftrag des Erben die Bestattung vornimmt.

Weitere konkurrierende Anspruchsgrundlagen sind §§ 812, 2022 Abs. 2 BGB und § 844 Abs. 1 BGB.[154]

### c) Nachlassverbindlichkeit

118 Geht der Erbe im Zusammenhang mit der Abwicklung der Beerdigung rechtsgeschäftliche Verpflichtungen ein, so entsteht damit eine Nachlasserbenschuld, für die er sowohl mit seinem Eigenvermögen als auch mit dem Nachlass haftet. Geht ein Nichterbe entsprechende Verpflichtungen ein, so haftet er kraft Rechtsgeschäfts zwar nach außen, hat aber gegenüber dem/den Erben auf der Grundlage von § 1968 BGB einen Anspruch auf Schuldbefreiung bzw. Ersatz seiner Aufwendungen – in dem durch den Begriff der „standesmäßigen Beerdigung" begrenzten Umfang.

119 Geht der **Testamentsvollstrecker** entsprechende Verpflichtungen ein, so begründet er damit eine Nachlassverbindlichkeit, § 2206 BGB, soweit er sich im Rahmen der ordnungsmäßigen Verwaltung hält.

Die Beerdigungskosten schmälern den Aktivnachlass und damit bspw. auch die Berechnungsgrundlage für Pflichtteilsansprüche, die gem. § 2311 BGB auf der Basis des Reinnachlasses ermittelt werden. Auch im Erbscheinsverfahren werden bei der Ermittlung des Geschäftswerts die Beerdigungskosten als Nachlassverbindlichkeiten abgezogen, § 107 Abs. 2 S. 1 KostO.[155]

## III. Nachlasserbenschulden

120 Diese Art von Verbindlichkeiten entsteht aus Rechtshandlungen des Erben im Rahmen einer ordnungsgemäßen Verwaltung des Nachlasses. Für sie haften sowohl der Nachlass als auch das Eigenvermögen des Erben, d.h. der Gläubiger einer Nachlasserbenschuld kann sowohl auf den Nachlass als auch auf das Eigenvermögen des Erben zugreifen; er hat zwei Haftungsgrundlagen. Letztlich haftet dafür der Erbe also unbeschränkt.

121 **Beispiel**
Der Erblasser hatte mit einem Hausbau begonnen, der weitgehend fertig gestellt ist. Der Erbe schließt bezüglich der Restarbeiten Werkverträge ab und nimmt dafür auch die bereits vom Erblasser beantragten Baukredite in Anspruch.
Hier haftet der Erbe mit seinem Eigenvermögen auf der Grundlage der von ihm abgeschlossenen Verträge kraft Rechtsgeschäfts; es haftet aber auch der Nachlass, weil sich

---

[152] OLG Saarbrücken FamRZ 2001, 1487; LG Itzehoe FamRZ 2001, 1486.
[153] KG VersR 1979, 379; OLG Saarbrücken VersR 1964, 1257; *Widmann*, FamRZ 1988, 351.
[154] BGHZ 61, 238.
[155] KG Rpfleger 1980, 79.

die Rechtsgeschäfte eindeutig auf einen Nachlassgegenstand beziehen.[156] Der Erbe könnte kraft rechtsgeschäftlicher Vereinbarung seine Haftung auf den Nachlass beschränken, wenn dies im Werkvertrag bzw. in den Darlehensverträgen bezüglich der Baukredite ausdrücklich so vereinbart würde.[157]

Wird nach der Eingehung einer solchen Nachlasserbenschuld eine Haftungsbeschränkungsmaßnahme angeordnet (Nachlassverwaltung, Nachlassinsolvenzverfahren), so kann der Erbe Befreiung von der ihn persönlich treffenden Verbindlichkeit verlangen gem. § 257 BGB, wenn die Eingehung der Verbindlichkeit zur ordnungsgemäßen Verwaltung des Nachlasses erforderlich war. Die Befreiung von der Verbindlichkeit wird vom Nachlassverwalter bzw. -insolvenzverwalter erklärt. Hat der Erbe aus seinem Eigenvermögen die Verbindlichkeit erfüllt, so kann er gem. §§ 1978 Abs. 3, 670 BGB Ersatz aus dem Nachlass verlangen.

Die Abgrenzung zwischen Eigenschulden des Erben und Nachlassverbindlichkeiten ist erforderlich, um festzustellen, ob der Erbe nach § 1978 Abs. 3 BGB Ersatzforderungen gegen den Nachlass geltend machen kann und ob der Erbe im Prozess eine Haftungsbeschränkungsvorbehalt nach § 780 Abs. 2 ZPO bekommen kann. Dafür wurde von der Rechtsprechung folgender Maßstab entwickelt:

Vom Erben selbst eingegangene Verbindlichkeiten sind dann sowohl Eigenverbindlichkeiten als auch Nachlassverbindlichkeiten, wenn sie „vom Standpunkt eines sorgfältigen Verwalters in ordnungsmäßiger Verwaltung des Nachlasses eingegangen" wurden.[158] Entspricht die Verwaltungsmaßnahme, die zu der Begründung der betreffenden Verbindlichkeit geführt hat, nicht einer ordnungsmäßigen Verwaltung, so wurde damit keine Nachlassverbindlichkeit, sondern lediglich eine Eigenverbindlichkeit des Erben begründet.

Eine Abwasserbeitragsschuld, die nach dem Tod des Erblassers entsteht, ist keine reine Nachlassverbindlichkeit, sondern eine eigene Verbindlichkeit des Erben, die insoweit nicht der Haftungsbeschränkung der §§ 1975, 1990 BGB unterliegt.[159]

Praktische Bedeutung erlangt die Abgrenzung zwischen Nachlassverbindlichkeiten und Eigenverbindlichkeiten dann, wenn eine Haftungsbeschränkungsmaßnahme herbeigeführt wird. Mit der damit eintretenden Gütersonderung können Gläubiger des Erben wegen dessen Eigenschulden keinen Zugriff mehr nehmen auf Nachlassgegenstände (§ 1984 Abs. 2 BGB, § 784 Abs. 2 ZPO). Andererseits stehen den Nachlassgläubigern in diesem Falle Vermögensgegenstände des Erben aus seinem Eigenvermögen nicht mehr als Haftungsgrundlage zur Verfügung.

**Kosten eines Rechtsstreits:** Es entspricht allgemeiner Meinung, dass Kosten eines Rechtsstreits, den der Erbe im Hinblick auf den Nachlass führt, Nachlasserbenschulden sind und dass deshalb ein Vorbehalt der Beschränkung der Erbenhaftung sich nur auf die Hauptsache, nicht aber auf die Kosten bezieht,[160] sofern es sich nicht um eine reine Erblasserschuld handelt oder einen vom Erblasser begonnenen und vom Erben aufgenommenen Rechtsstreit.

---

156 BGHZ 38, 193.
157 Vgl. Palandt/*Edenhofer*, § 1967 BGB Rn 10.
158 BGHZ 32, 60 ff. (64); Staudinger/*Marotzke*, § 1967 BGB Rn 42.
159 OVG Weimar, Beschl. v. 9.4.2009 – 4 EO 592/05, FamRZ 2009, 1866 = LKV 2009, 476.
160 Soergel/*Stein*, § 1967 BGB Rn 12; Staudinger/*Marotzke*, § 1967 BGB Rn 47; MüKo-*Siegmann*, § 1967 BGB Rn 37; Stein/Jonas/*Bork*, vor § 91 ZPO Rn 10a; Zöller/*Stöber*, § 780 ZPO Rn 7; OLG Frankfurt Rpfleger 1977, 372; OLG Stuttgart JurBüro 1976, 675.

Will der Erbe der persönlichen Haftung wegen der Kosten der gerichtlichen Geltendmachung entgehen, dann bleibt ihm nur der Weg, unter den Voraussetzungen des § 93 ZPO den Anspruch unter Vorbehalt der Beschränkung der Erbenhaftung anzuerkennen.[161]

## IV. Steuerforderungen

126 **Einkommensteuer:** Einkommensteuerforderungen, die auf solche Einkünfte entfallen, die der Erblasser bis zu seinem Tode erzielt hat, sind zweifelsfrei Erblasserschulden und damit Nachlassverbindlichkeit.[162] Zu versteuernde Einkünfte, die nach dem Erbfall entstehen, sind Einkünfte des Erben und damit keine Nachlassverbindlichkeit, sondern Eigenverbindlichkeit des Erben. Der Steuersatz richtet sich nach den persönlichen steuerrechtlichen Verhältnissen des Erben. Auch wenn Nachlassverwaltung angeordnet wird, sind die Einkünfte dem Erben persönlich zuzurechnen.[163]

127 Eine im Zeitpunkt der Erbschaftsannahme nicht bekannte Steuerverbindlichkeit für zurückliegende Veranlagungszeiträume kann u.U. zu einer Irrtumsanfechtung der Annahmeerklärung gem. § 119 Abs. 2 BGB (vgl. hierzu unten Rn 155 ff.) führen.[164]

Im Übrigen gilt für die Haftung des Erben für Steuerschulden des Erblassers allgemeines Erben-Haftungsbeschränkungsrecht, § 265 AO.[165]

128 **Erbschaftsteuerschuld:** Ob die Erbschaftsteuerschuld als Erbfallschuld zu den Nachlassverbindlichkeiten i.S.v. § 1967 BGB gehört, ist streitig:
– bejahend: BFH[166] und OLG Naumburg;[167]
– verneinend (weil Eigenverbindlichkeit des Erben): OLG Hamm[168] und OLG Düsseldorf. Letzteres:[169]

> „Zu den abzugsfähigen Nachlassverbindlichkeiten gehören ... nicht die vom Erben zu zahlende *Erbschaftsteuer* und folglich auch nicht die *Kosten der Erstellung der Erbschaftsteuererklärung*. ... Denn Voraussetzung der Nachlassverbindlichkeit einerseits ist, dass die Verpflichtung den Erben in seiner Eigenschaft als Erbe trifft, andererseits muss sie zur Abwicklung des Nachlasses gehören (BGHZ 32, 60, 64; OLG Hamm OLGZ 1990, 393, 396). Diese Voraussetzungen werden aber hinsichtlich der Erbschaftsteuerschuld nicht erfüllt. Der Erbe wird zwar in seiner Eigenschaft als Erbe belastet, jedoch haftet er nicht für die Erbschaftsteuerschulden anderer Erben (z.B. Pflichtteilsberechtigte)."

---

161 Stein/Jonas/*Bork*, § 93 ZPO Rn 4; Zöller/*Stöber*, § 780 ZPO Rn 6; Staudinger/*Marotzke*, § 1967 BGB Rn 47.
162 Vgl. zur Einkommensteuerschuld bei Schwarzgeld im Nachlass: *Wachter*, ZErb 2003, 66.
163 BFH NJW 1993, 350 ff.; Zur Einkommensteuerschuld, die durch vom Erblasser verursachten Veräußerungsgewinn entsteht, vgl. BGH ZEV 1998, 441. Vgl. dazu auch *Siegmann*, ZEV 1999, 52. Weiterführende Literatur: *Siegmann*, ZEV 2000, 221; ZEV 2000, 345; *Stahl*, ZEV 1999, 221; *Wachter*, ZErb 2003, 66.
164 BayObLG NJW-RR 1999, 590.
165 Finanzgericht Baden-Württemberg EFG 2006, 1229 = DStRE 2007, 500 = KKZ 2007, 158.
166 BFH NJW 1993, 350.
167 OLG Naumburg FamRZ 2007, 1047 = ZEV 2007, 381.
168 OLG Hamm OLGZ 1990, 393, 395.
169 OLG Düsseldorf FamRZ 1999, 1465.

## V. Schuldner der Nachlassverbindlichkeiten

An die Stelle des Erblassers als bisherigem Schuldner tritt mit Eintritt des Erbfalles gem. §§ 1922, 1967 BGB der Erbe. Schuldner werden demnach nicht Vermächtnisnehmer und Pflichtteilsberechtigte; sie haben selbst die Stellung von Nachlassgläubigern.

**Vor- und Nacherbe:** Der Vorerbe ist während seiner Zeit der Erbberechtigung, also bis zum Eintritt des Nacherbfalls, Erbe des Erblassers und haftet deshalb für Nachlassverbindlichkeiten wie der Vollerbe.

Erst mit Eintritt des Nacherbfalls wird der Nacherbe Rechtsnachfolger des Erblassers und tritt damit in die Haftung für Nachlassverbindlichkeiten ein. Zu diesem Zeitpunkt endet die Haftung des Vorerben, er verliert seine Erbstellung (§ 2139 BGB). Für Anordnungen, die der Erblasser ausdrücklich zu Lasten des Vorerben getroffen hat (beispielsweise Vermächtnisse, Auflagen und Teilungsanordnungen), haftet der Vorerbe weiter, § 2145 Abs. 1 BGB.[170]

Hat allerdings der Vorerbe die Möglichkeit verloren, seine Haftung auf den Nachlass zu beschränken, dann haftet er unbeschränkt mit der Folge, dass diese unbeschränkte Haftung mit seinem eigenen Vermögen auch nach Eintritt des Nacherbfalls weiterbesteht. Hat er allerdings die Möglichkeit, seine Haftung auf den Nachlass zu beschränken, bei Eintritt des Nacherbfalls noch nicht verloren, so kann er die Erfüllung einer Nachlassverbindlichkeit verweigern, soweit dasjenige nicht ausreicht, was ihm vom Nachlass gebührt, § 2145 Abs. 2 BGB.

Was gebührt dem Vorerben aus dem Nachlass? Es ist nicht die Nachlasssubstanz selbst, vielmehr sind es die Nutzungen, die in das Eigenvermögen des Vorerben übergegangen sind, §§ 2111, 101 BGB. Da er insoweit haftet, bedeutet dies eine wertmäßige Haftung mit dem Eigenvermögen für Nachlassverbindlichkeiten.

Für den Nacherben eröffnet sich die Möglichkeit der Herbeiführung einer beschränkten Haftung auf den Nachlass vollkommen neu, gleichgültig, ob der Vorerbe davon Gebrauch gemacht hatte oder nicht, §§ 2144, 2145 BGB (vgl. im Einzelnen § 14).

## VI. Haftung des Erbschaftserwerbers

Die Stellung der Nachlassgläubiger darf, weil sie auf die Veräußerung der Erbschaft keinerlei Einfluss haben, nicht verschlechtert werden.

Durch den Käufer findet eine gesetzliche gesamtschuldnerische (kumulative) Schuldübernahme statt (§ 2382 Abs. 1 BGB). Damit haftet der Erbschaftserwerber neben dem Veräußerer gesamtschuldnerisch für die Nachlassverbindlichkeiten ab dem Zeitpunkt des Vertragsschlusses über die Erbschaftsveräußerung.

Ein vertraglicher Haftungsausschluss zwischen Erwerber und Veräußerer ist nicht möglich, § 2382 Abs. 2 BGB. Die Haftung erlischt jedoch, wenn die Miterben beim Erbteilskauf durch einen Dritten das Vorkaufsrecht ausüben, §§ 2034, 2036 BGB.

Haftete der Veräußerer bereits unbeschränkt, so haftet auch der Erwerber unbeschränkt (§ 2383 Abs. 1 S. 2 BGB). Deshalb geht auch der Anspruch auf Mängelhaftung aus dem Erbschaftskauf in diese Richtung (§ 2376 Abs. 1 BGB). Veräußerer und Erwerber können, weil sie gesamtschuldnerisch haften, Maßnahmen zur Haftungsbeschränkung ergreifen.

---

170 Palandt/*Edenhofer*, § 2145 BGB Rn 1.

136 § 2376 BGB wurde durch das Gesetz zur Änderung des Erb- und Verjährungsrechts vom 24.9.2009[171] für die seit 1.1.2010 eingetretenen Erbfälle wie folgt geändert:

a) In Absatz 1 S. 1 wurden die Wörter „Verpflichtung des Verkäufers zur Gewährleistung wegen eines Mangels im Recht beschränkt sich auf die Haftung dafür" durch die Wörter „Haftung des Verkäufers für Rechtsmängel beschränkt sich darauf" ersetzt.

Es handelt sich um eine redaktionelle Änderung, mit der § 2376 Abs. 1 BGB an die Terminologie des Schuldrechtsmodernisierungsgesetzes angepasst wird.

b) Absatz 2 wurde wie folgt gefasst:

„(2) Für Sachmängel eines zur Erbschaft gehörenden Gegenstands haftet der Verkäufer nicht, es sei denn, dass er einen Mangel arglistig verschwiegen oder eine Garantie für die Beschaffenheit des Gegenstands übernommen hat."

Es wird klargestellt, dass eine Haftung des Verkäufers bei arglistigem Verschweigen eines Mangels oder bei Garantieübernahme besteht. Terminologisch wird die Vorschrift an die Regelungen des Schuldrechtsmodernisierungsgesetzes (§§ 442 Abs. 1 S. 2, 443 Abs. 1, 444 BGB) angeglichen.

137 Im **Innenverhältnis** ist allerdings der Erbschaftserwerber verpflichtet, den Veräußerer von den Nachlassverbindlichkeiten freizustellen, sofern nicht der Veräußerer für ihr Nichtbestehen einzustehen hat im Sinne des § 2376 BGB. Der Veräußerer haftet im Rahmen der Mängelhaftung gem. § 2376 Abs. 1 BGB (zur Neuregelung ab 1.1.2010 vgl. Rn 136) auf das Nichtbestehen von
– unbeschränkter Haftung gegenüber Nachlassgläubigern,
– Nacherbeneinsetzung,
– Testamentsvollstreckungsanordnung,
– Vermächtnissen und Auflagen,
– Pflichtteilslasten,
– Ausgleichungsverpflichtungen,
– Teilungsanordnungen,
– Ausgleichsforderung nach beendeter Zugewinngemeinschaft,
– Bestehen eines Erbersatzanspruchs.[172]

138 In der Praxis ist die Veräußerung der gesamten Erbschaft eher selten; häufiger kommt dagegen die Veräußerung eines Erbteils nach §§ 2371 ff. BGB vor, u.a. zur ganzen oder teilweisen Auseinandersetzung des Nachlasses.

## VII. Ab welchem Zeitpunkt haftet der Erbe?

### 1. Vorläufiger Erbe

139 Die Erbenstellung ist bis zur Annahme der Erbschaft nur vorläufig. Schlägt der Erbe die Erbschaft aus, so gilt der Anfall an ihn als nicht erfolgt, §§ 1942 Abs. 1, 1953 Abs. 1 BGB. Dann hat sich das Haftungsproblem für ihn erledigt, nicht aber für denjenigen, dem die Erbschaft an seiner Stelle anfällt, § 1953 Abs. 2 BGB.

140 Vor der Annahme der Erbschaft kann ein gegen den Nachlass gerichteter Anspruch gegen den Erben nicht geltend gemacht werden (§ 1958 BGB). Dies ist eine Prozessvoraussetzung

---

171 BGBl I 2009, S. 3142.
172 Palandt/*Edenhofer*, § 2376 BGB Rn 1.

und muss von Amts wegen beachtet werden (§§ 239 Abs. 5, 778, 779 ZPO). Das bedeutet, dass eine Klage gegen den Erben **vor der Erbschaftsannahme unzulässig** ist.

Während dieses Schwebezustandes tritt auch trotz Mahnung **kein Schuldnerverzug** ein, § 285 BGB. Deshalb hat auch ein Kläger die Kosten eines Rechtsstreits zu tragen, wenn der beklagte Erbe nach Klagezustellung die Erbschaft ausschlägt.[173]

§ 1958 BGB gilt aber nicht bei Vorhandensein eines Testamentsvollstreckers (§ 2213 Abs. 2 BGB) und bei Anordnung der Nachlasspflegschaft (§ 1960 Abs. 3 BGB). Will ein Gläubiger eine Nachlassverbindlichkeit geltend machen, bevor der Erbe die Annahme erklärt hat, so muss er die Anordnung der Nachlasspflegschaft – in der Form der Klagepflegschaft (§ 1961 BGB) – beim zuständigen Nachlassgericht beantragen.[174] § 1958 BGB wirkt sich im Verfahren auf Erteilung einer Vollstreckungsklausel in der Weise aus, dass vor Annahme der Erbschaft ein gegen den Erblasser gerichteter Titel nicht auf den Erben nach § 727 Abs. 1 ZPO umgeschrieben werden kann.[175]

### 2. Haftung nach Erbschaftsannahme

#### a) Dreimonatseinrede

Auch nach Annahme der Erbschaft steht dem Erben die Einrede zu, die Erfüllung einer Nachlassverbindlichkeit **innerhalb der ersten drei Monate** nach Erbschaftsannahme zu verweigern (§ 2014 BGB). Das Gesetz gewährt dem Erben eine Schonfrist, damit er sich einen Überblick über den Nachlassbestand (Aktiva und Passiva) verschaffen kann. Die Frist beginnt mit der Annahme der Erbschaft, also spätestens nach Ablauf der Ausschlagungsfrist, bei Bestellung eines Nachlasspflegers vor Erbschaftsannahme beginnt die Frist schon mit der Bestellung, § 2017 BGB. Die Bestellung des Nachlasspflegers erfolgt durch Beschluss des Nachlassgerichts. Dieser Beschluss wird wirksam mit der Bekanntgabe an den Nachlasspfleger, § 40 FamFG (bis 31.8.2009: § 16 FGG), im Falle der Anordnung der Nachlassverwaltung auch durch Bekanntgabe an die Erben. Da der Bestellungsbeschluss – nach dem bis 31.8.2009 geltenden FG-Rechtsmittelrecht – nicht in formelle Rechtskraft erwächst, kommt es nicht auf einen etwaigen Ablauf einer Rechtsbehelfsfrist an. Der Bestellungsbeschluss wäre bis 31.8.2009 ohnehin mit der einfachen – also unbefristeten – Beschwerde anfechtbar gewesen, § 19 FGG; seit 1.9.2009 ist die Beschwerde mit einem Monat befristet, §§ 58 ff. FamFG. Zeitpunkt der Bekanntgabe des Beschlusses und Beginn der Fristen der §§ 2014, 2015 BGB fallen demnach zusammen.

Zum Wirksamwerden eines nachlassgerichtlichen Beschlusses nach dem FamFG bestimmt § 40 Abs. 1 und 2 Folgendes:

> *§ 40 FamFG*
> 
> *Wirksamwerden*
> *(1) Der Beschluss wird wirksam mit Bekanntgabe an den Beteiligten, für den er seinem wesentlichen Inhalt nach bestimmt ist.*
> *(2) Ein Beschluss, der die Genehmigung eines Rechtsgeschäfts zum Gegenstand hat, wird erst mit Rechtskraft wirksam. Dies ist mit der Entscheidung auszusprechen.*
> *...*

---

[173] LG Bonn ZEV 2009, 575.
[174] BayObLG FamRZ 2003, 562; Palandt/*Edenhofer*, § 1958 BGB Rn 3.
[175] Vgl. *Ebenroth*, Rn 1102.

Streitig ist, ob § 2017 BGB für den Fall analog anzuwenden ist, dass der Testamentsvollstrecker die Annahme seines Amtes gegenüber dem Nachlassgericht früher erklärt (§ 2202 Abs. 1 und 2 BGB) als der Erbe die Erbschaft annimmt. Im Hinblick darauf, dass der Testamentsvollstrecker das Gläubigeraufgebot erst nach Annahme der Erbschaft durch den Erben beantragen kann (§ 455 Abs. 3 ZPO; bis 31.8.2009: § 991 Abs. 3 ZPO) verneint die h.M. die analoge Anwendung auf den Testamentsvollstrecker.[176]

143 Das 9. Buch der ZPO (Aufgebotsverfahren) wurde mit Inkrafttreten des FamFG, dem 1.9.2009, aufgehoben; bis dahin beantragte Verfahren werden nach altem Recht abgewickelt, für neu beantragte Verfahren gelten die neuen Aufgebotsvorschriften der §§ 433 ff. FamFG.[177]

144 Ergänzt wird § 2014 BGB durch § 305 Abs. 1 ZPO: Im Prozess führt die Geltendmachung der Einrede zur Aufnahme des Vorbehalts der zeitweiligen auf maximal drei Monate befristeten beschränkten Erbenhaftung in das Urteil.

Für die **Zwangsvollstreckung** gilt § 782 ZPO: Aufgrund des Vorbehalts ist eine etwaige Zwangsvollstreckung auf reine Sicherungsmaßnahmen (Pfändung ohne Verwertung, wie beim Arrest nach §§ 930–932 ZPO) zu beschränken. Durchgesetzt wird der Vorbehalt mit der Vollstreckungsgegenklage, §§ 785, 767 ZPO. Um sich die Möglichkeit einer umfassenden Haftungsbeschränkung zu eröffnen, ist dem beklagten Erben dringend zu empfehlen, nicht nur einen Antrag gem. § 305 ZPO zu stellen, sondern gleichzeitig auch den umfassenden Antrag gem. § 780 ZPO.

b) Muster: Klageerwiderung (Dreimonatseinrede)

285 An das

145 Landgericht
– Zivilkammer –

zu Az.

*Klageerwiderung*

In der Rechtssache
des

– Klägers –

Prozessbevollmächtigter: Rechtsanwalt

gegen

– Beklagten –

Prozessbevollmächtigter: Rechtsanwalt

wegen Forderung

legitimiere ich mich für den Beklagten und beantrage

---

176 Palandt/*Edenhofer*, § 2017 BGB Rn 2; MüKo-*Siegmann*, § 2017 BGB Rn 3; Soergel/*Stein*, § 2017 BGB Rn 4; Staudinger/*Marotzke*, § 2017 BGB Rn 4.
177 Art. 29 Ziff. 1 lit. n), Ziff. 27 FGG-ReformG vom 17.12.2008, BGBl I, 2586; Art. 111, 112 FGG-ReformG.

1. in erster Linie **Klagabweisung**,
2. in zweiter Linie für den Fall der ganzen oder teilweisen Stattgabe der Klage die Aufnahme eines Haftungsbeschränkungsvorbehalts nach §§ 305, 780 ZPO in den Urteilstenor des Inhalts, dass die Zwangsvollstreckung bis zum Ablauf des ▒▒▒▒▒ auf reine Sicherungsmaßnahmen beschränkt ist und außerdem dem Beklagten die Beschränkung seiner Haftung für Hauptanspruch, Nebenforderungen und Kosten auf den Nachlass der Erblasserin, der am ▒▒▒▒▒ verstorbenen Frau ▒▒▒▒▒, zuletzt wohnhaft in ▒▒▒▒▒, vorbehalten wird.

*Begründung:*

Zum Klageabweisungsantrag:

Der Kläger macht gegenüber dem Beklagten als Alleinerben der Frau ▒▒▒▒▒, gestorben am ▒▒▒▒▒ eine Darlehensrückzahlungsforderung geltend. Diese Forderung wird aus folgenden Gründen bestritten ▒▒▒▒▒.

Darüber hinaus erhebt der Beklagte die **Dreimonatseinrede** nach § 2014 BGB. Insolange ist die Zwangsvollstreckung auf reine Sicherungsmaßnahmen zu beschränken.

Vorsorglich beantragt der Beklagte, ihm nach §§ 305, 780 ZPO die Beschränkung seiner Haftung auf den Nachlass der am ▒▒▒▒▒ verstorbenen Frau ▒▒▒▒▒ vorzubehalten. Dies ist eine reine Vorsichtsmaßnahme für den Fall, dass wider Erwarten doch die geltend gemachte Darlehensrückzahlungsforderung als bestehend angesehen werden sollte.

Die Erblasserin ist am ▒▒▒▒▒ gestorben; der Beklagte befand sich zu diesem Zeitpunkt zu einem längeren geschäftlichen Aufenthalt in Peking/China.

*Beweis:* Zeugnis des Herrn ▒▒▒▒▒

Die Annahme der Erbschaft ist durch Verstreichenlassen der Ausschlagungsfrist erfolgt. Diese betrug nach § 1944 Abs. 3 BGB sechs Monate. Damit steht dem Beklagten für eine Zeit von insgesamt mindestens neun Monaten seit dem Erbfall die Einrede nach § 2014 BGB zu. Diese Einrede wird hiermit ausdrücklich erhoben.

Die Beschränkung der Zwangsvollstreckung auf reine Sicherungsmaßnahmen ist eine Rechtsfolge aus § 782 ZPO.

(Rechtsanwalt)

c) Aufgebotseinrede

Das Gesetz gewährt dem Erben nach der Erbschaftsannahme eine weitere Schonungseinrede (§ 2015 BGB): Während des laufenden Aufgebotsverfahrens der Nachlassgläubiger (seit 1.9.2009 neu geregelt in §§ 454 ff. FamFG, vgl. zum Aufgebot der Nachlassgläubiger unten Rn 233 ff.) kann der Erbe ebenfalls die Erfüllung einer Nachlassverbindlichkeit einredeweise verweigern. Auch hier soll dem Erben Gelegenheit gegeben werden, sich Klarheit über die Nachlassverbindlichkeiten und den Nachlassumfang zu verschaffen.

**Übersicht zur zeitlichen Abfolge ab Erbfall bis zum Abschluss eines Verfahrens zum Aufgebot der Nachlassgläubiger:**

- **Erbfall**
  - Klage unzulässig (!), § 1958 BGB
- **Annahme der Erbschaft**
- **Drei Monate nach Annahme**
  - vorübergehende Erfüllungsverweigerung
  - vorübergehende Dreimonats-Einrede gem. § 2014 BGB
- **Aufgebot der Nachlassgläubiger**
  - vorübergehende Erfüllungsverweigerung
  - vorübergehende Aufgebotseinrede gem. § 2015 BGB

149 Folge der Erhebung der Einrede im Prozess ist ein Vorbehaltsurteil gem. § 305 ZPO und Klage nach §§ 782, 785, 767 ZPO in der Vollstreckung, falls über das erlaubte Maß hinaus vollstreckt wird (Vollstreckungsgegenklage). Um sich die Möglichkeit einer umfassenden Haftungsbeschränkung zu eröffnen, ist dem beklagten Erben dringend zu empfehlen, nicht nur einen Antrag gem. § 305 ZPO zu stellen, sondern gleichzeitig auch den umfassenden Antrag gem. § 780 ZPO:

150 **Formulierungsbeispiel**
Für den Fall der ganzen oder teilweisen Stattgabe der Klage wird die Aufnahme eines Vorbehalts gem. §§ 305, 780 ZPO in den Urteilstenor des Inhalts beantragt, dass dem Beklagten die Geltendmachung seiner Rechte aus § 2015 BGB sowie die Beschränkung seiner Haftung jeweils für Hauptanspruch, Nebenforderungen und Kosten auf den Nachlass des Erblassers vorbehalten wird.

151 ■ **Die Vorbehalte gemäß §§ 780 und 305 ZPO (Haftungsmasse = Nachlass)**

(1) Nachlassverwaltung, § 1975 BGB

(2) Nachlassinsolvenzverfahren, § 1975 BGB

(3) Dürftigkeitseinrede, § 1990 BGB

■ **Vorbehalt § 305 ZPO (Erfüllungsverweigerung für Übergangszeit)**

(1) Dreimonatseinrede, § 2014 BGB

(2) Aufgebotseinrede, § 2015 BGB

152 **Präklusion** gilt für einen Antrag auf Aufnahme eines Vorbehalts gem. § 780 ZPO im Berufungsverfahren nach § 531 ZPO.
Dazu das OLG Düsseldorf:[178]

„1. Der Vorbehalt der beschränkten Erbenhaftung nach § 780 ZPO kann erstmals in der Berufungsinstanz nur unter den Voraussetzungen des § 531 Abs. 2 ZPO erhoben werden.
2. Auf den Vorbehalt beschränkter Erbenhaftung muss das Gericht nach § 139 Abs. 2 ZPO nicht hinweisen."

**Anders dagegen** das OLG Rostock mit Urteil vom 25.6.2008 – 1 U 53/08:[179]

„Der Vorbehalt der Haftungsbeschränkung kann grundsätzlich auch noch in der Berufungsinstanz erfolgen; § 531 Abs. 2 ZPO steht dem nicht entgegen. Darunter fallen jedoch nicht die Prozesskosten, die nicht in der Person des Erblassers, sondern aufgrund von Rechtshandlungen seitens des Erben entstanden sind."

Die Berufung gegen ein erstinstanzliches Urteil kann sich aber darauf beschränken, sich gegen die Zurückweisung des Antrages auf Vorbehalt der Beschränkung der Erbenhaftung zu wenden, ohne dass es dafür des Erreichens der Berufungssumme bedürfte.[180]

---

178 OLG Düsseldorf FamRZ 2004, 1222.
179 OLG Rostock ErbR 2009, 99 = OLGR Rostock 2009, 102.
180 OLG Rostock ErbR 2009, 99 = OLGR Rostock 2009, 102.

## d) Muster: Klageerwiderung (Aufgebotseinrede)

An das

Landgericht
– Zivilkammer –

zu Az.

*Klageerwiderung*

In der Rechtssache

des

– Klägers –

Prozessbevollmächtigter: Rechtsanwalt

gegen

– Beklagten –

Prozessbevollmächtigter: Rechtsanwalt

wegen Forderung

legitimiere ich mich für den Beklagten und beantrage
1. in erster Linie **Klagabweisung**,
2. in zweiter Linie für den Fall der ganzen oder teilweisen Stattgabe der Klage die Aufnahme eines Haftungsbeschränkungsvorbehalts nach § 305 ZPO in den Tenor des Urteils des Inhalts, dass gem. § 2015 BGB die Zwangsvollstreckung bis zum Abschluss des Aufgebotsverfahrens Amtsgericht Az. auf reine Sicherungsmaßnahmen beschränkt und außerdem dem Beklagten gem. § 780 ZPO die Beschränkung seiner Haftung für Hauptanspruch, Nebenforderungen und Kosten auf den Nachlass der Erblasserin, der am verstorbenen Frau , zuletzt wohnhaft in , vorbehalten wird.

*Begründung:*

Zum Klageabweisungsantrag:

Der Kläger macht gegenüber dem Beklagten als Alleinerben der Frau , gestorben am , eine Kaufpreisforderung geltend aus einem Kaufvertrag vom . Zum einen wird gegenüber dieser Forderung die **Verjährungseinrede** erhoben, zum anderen die **Aufgebotseinrede** nach § 2015 Abs. 1 BGB.

Der Beklagte hat, um sein Haftungsrisiko als Alleinerbe der Frau zu begrenzen, das Aufgebotsverfahren nach §§ 1970 ff. BGB, §§ 454 ff. FamFG beim zuständigen Amtsgericht beantragt. Das Aufgebotsverfahren ist zugelassen und wird unter Az. geführt. Termin für den Erlass des Ausschließungsbeschlusses ist bestimmt auf .

*Beweis:* Begl. Abschrift des Beschlusses des Amtsgerichts vom – Anlage –

Vorsorglich beantragt der Beklagte, ihm nach § 305 ZPO die Beschränkung seiner Haftung auf den Nachlass der am verstorbenen Frau vorzubehalten. Dies ist eine reine Vorsichtsmaßnahme für den Fall, dass wider Erwarten doch die geltend gemachte Kaufpreisforderung als bestehend angesehen werden sollte. Die Beschränkung der Zwangsvollstreckung auf reine Sicherungsmaßnahmen ist eine Rechtsfolge aus § 782 ZPO. Der weitere Vorbehalt beruht auf § 780 ZPO.

(Rechtsanwalt)

e) Muster: Antrag in einer Vollstreckungsgegenklage bei noch nicht abgeschlossenem Nachlassgläubigeraufgebot und nach Vorbehalt im Ersturteil gem. § 2015 BGB, §§ 305, 782, 785, 767 ZPO; Antrag auf Einstellung der Zwangsvollstreckung

Die Zwangsvollstreckung aus dem Urteil des ▬▬▬ gerichts ▬▬▬ vom ▬▬▬ – Az. ▬▬▬ – wird, soweit sie über reine Sicherungsmaßnahmen hinausgeht, für die Zeit bis zum Abschluss des beim Amtsgericht ▬▬▬ unter Az. ▬▬▬ betriebenen Verfahrens zum Aufgebot der Nachlassgläubiger (§§ 454 ff. FamFG) in der Nachlasssache ▬▬▬ für unzulässig erklärt, insbesondere wird die Überweisung des gepfändeten Auszahlungsanspruchs bezüglich des Guthabens auf dem Konto Nr. ▬▬▬ bei der ▬▬▬ Bank, Kontoinhaber: ▬▬▬, im Wege der Zwangsvollstreckung bis zum Abschluss des bezeichneten Aufgebotsverfahrens für unzulässig erklärt.

Außerdem wird die Einstellung der Zwangsvollstreckung aus dem Urteil des ▬▬▬ gerichts ▬▬▬ vom ▬▬▬ – Az. ▬▬▬ – ohne Anordnung der Sicherheitsleistung, hilfsweise gegen Sicherheitsleistung, beantragt.

## VIII. Überschuldung des Nachlasses als Eigenschaftsirrtum i.S.v. § 119 Abs. 2 BGB

### 1. Anfechtung der Annahme der Erbschaft

Das Gesetz geht in §§ 1954–1957 BGB von der Möglichkeit einer Anfechtung der Annahme einer Erbschaft aus – auch wenn die Annahme lediglich im Verstreichenlassen der Ausschlagungsfrist besteht –, enthält jedoch dort keine besonderen Bestimmungen zu den Gründen, die eine solche Anfechtung rechtfertigen können. Daraus folgt, dass insoweit die allgemeinen Bestimmungen der §§ 119 ff. BGB maßgebend sind.[181]

### 2. Anfechtungsgründe

Als Anfechtungsgründe im Sinne eines Eigenschaftsirrtums nach § 119 Abs. 2 BGB kommen die Überschuldung des Nachlasses, mangelnde Kenntnis einzelner wichtiger Nachlassverbindlichkeiten, fehlerhafte Einschätzung des Wertes einzelner Nachlassgegenstände in Betracht. Dabei ist als „Sache" im Sinne dieser Vorschrift bei der Anfechtung gem. §§ 1954, 1956 BGB die Erbschaft anzusehen, d.h. der dem Erben angefallene Nachlass oder der betreffende Nachlassteil bei einem Miterben.[182] Das bedeutet, dass die Überschuldung der Erbschaft eine verkehrswesentliche Eigenschaft gem. § 119 Abs. 2 BGB darstellen und zur Anfechtung der Annahme der Erbschaft berechtigen kann.[183]

Allerdings muss die Überschuldung auch im Zeitpunkt der Annahme der Erbschaft vorliegen. Eine Überschuldung des Nachlasses als Voraussetzung für die Eröffnung des Nachlassinsolvenzverfahrens gem. § 320 S. 1 InsO liegt vor, wenn bei Gegenüberstellung der Aktiva und Passiva des Nachlasses die Verbindlichkeiten den Wert der Nachlassgegenstände übersteigen.[184] Maßgebend für die Bewertung von Nachlassgegenständen im Rahmen der Über-

---

[181] BayObLG NJW-RR 1999, 590, 591, Nachträglich bekannt gewordene Einkommensteuerverbindlichkeiten, die nicht zur Überschuldung des Nachlasses geführt haben = Anfechtung nicht begründet; OLG Düsseldorf NJWE-FER 1999, 242, Geschönte Bilanzen, deren Aufdeckung zu einer Überschuldung des Nachlasses geführt hat = Anfechtung der Erbschaftsannahme hatte Erfolg.
[182] RGZ 158, 50, 52; Staudinger/*Otte*, § 1954 BGB Rn 7; MüKo-*Leipold*, § 1954 BGB Rn 7; BayObLG MittRhNotK 1979, 159, 161; BayObLG NJW-RR 1999, 590, 591.
[183] BayObLGZ 1980, 23, 27; NJWE-FER 1997, 132 = FamRZ 1997, 1174, 1175; OLG Zweibrücken FGPrax 1996, 113, 114.
[184] Palandt/*Edenhofer*, § 1980 BGB Rn 3.

schuldungsprüfung ist der jeweilige Liquidationswert,[185] d.h. der Wert, zu dem die Nachlassgegenstände veräußert werden können.

Eventuelle Fehlvorstellungen des Erben über den Wert einzelner zum Nachlass gehörender Gegenstände können für sich die Anfechtung der Annahme nicht begründen, wenn sie sich auf den Saldo des Nachlasswertes nicht auswirken. Der Wert der Nachlassgegenstände als solcher stellt keine verkehrswesentliche Eigenschaft i.S.v. § 119 Abs. 2 BGB dar.[186]

Ein Irrtum über das Bestehen von Verbindlichkeiten, bspw. von Einkommensteuerschulden für zurückliegende Veranlagungszeiträume, kann grundsätzlich die Anfechtung der Annahme begründen. Allerdings ist eine einzelne Verbindlichkeit lediglich ein Rechnungsfaktor für die Bewertung des ganzen Nachlasses und damit der Überschuldung.[187]

Unter verkehrswesentlichen Eigenschaften werden alle wertbildenden Faktoren wie Größe, Lage, Belastungen verstanden, nicht aber der Wert oder Marktpreis selbst.[188]

Eine verkehrswesentliche Eigenschaft des Nachlasses im Sinne von § 119 Abs. 2 BGB wird bejaht, wenn es um die Überschuldung des Nachlasses geht oder um eine Belastung des Nachlasses mit wesentlichen Verbindlichkeiten (z.B. Vermächtnis),[189] deren rechtlicher Bestand ungeklärt ist.[190] Weiter wird hierzu gerechnet die Höhe des Erbanteils,[191] die Größe des Nachlasses,[192] Irrtum über Zugehörigkeit von Rechten oder Verbindlichkeiten zum Nachlass, wenn dieser Irrtum zur Vorstellung einer tatsächlich nicht bestehenden Überschuldung führt.[193]

### 3. Formalien der Anfechtung

- **Anfechtungsadressat:** das Nachlassgericht, § 1955 BGB. Seit dem Inkrafttreten des FamFG, dem 1.9.2009, kann die Anfechtungserklärung gem. § 344 Abs. 7 FamFG[194] auch gegenüber dem Nachlassgericht am Wohnsitz des Anfechtenden erklärt werden, welches die Erklärung an das zuständige Nachlassgericht weiterzuleiten hat. Im Gesetzestext ist zwar nur von der Anfechtung der Ausschlagung die Rede; allerdings muss dies m.E. auch für die Anfechtung der Annahme gelten.
- **Form der Anfechtungserklärung:** öffentlich beglaubigt oder zur Niederschrift des Nachlassgerichts, §§ 1955, 1945 BGB.
- **Anfechtungsfrist:** sechs Wochen bzw. sechs Monate ab Kenntnis vom Irrtum, § 1954 BGB.
- **Soll wirklich angefochten werden?** Da die Anfechtung der Annahme als Ausschlagung der Erbschaft gilt (§ 1957 BGB), fällt die Erbschaft demjenigen an, welcher berufen wäre, wenn der Anfechtende zur Zeit des Erbfalls nicht gelebt hätte, § 1953 BGB. Irgendjemand muss sich aber um die Abwicklung eines Nachlasses kümmern. Ob dies die immer weiter entfernten Verwandten tun sollen oder die näheren Verwandten, ist auch eine Frage der moralischen Pflicht und der Pietät gegenüber dem Erblasser.

---

185 *Fromm*, InsO 2004, 943.
186 BayObLGZ 1995, 120, 126 = NJW-RR 1995, 904.
187 Vgl. zu diesem Problembereich auch *Siegmann*, ZEV 1999, 52; *Wachter*, ZErb 2003, 66.
188 Palandt/*Heinrichs*, § 119 Rn 27.
189 OLG Stuttgart FamRZ 2009, 1182 = Erbrecht effektiv 2009, 64 = NJW-Spezial 2009, 360.
190 BGH NJW 1989, 2885.
191 OLG Hamm NJW 1966, 1080.
192 KG OLGZ 1993, 1 [Unkenntnis von in früherer DDR gelegenem Immobilienvermögen].
193 KG NJW-RR 2004, 941.
194 FGG-ReformG v. 17.12.2008, BGBl I, 2586.

Unter Haftungsgesichtspunkten (des Erben) ist die Ausschlagung (und damit die Anfechtung der Annahme) der absolut sicherste Weg. Allerdings sollte der Anwalt mit seinem (anfechtungsberechtigten) Mandanten auch die Konsequenz der Anfechtung besprechen. Mit der Herbeiführung von Haftungsbeschränkungsmaßnahmen – bspw. Nachlassinsolvenzverfahren oder Nachlassverwaltung, § 1975 BGB – kann eine Haftung des Erben ausgeschlossen werden.

Der erbrechtlich versierte Anwalt sollte seinem Mandanten die Sicherheit geben, dass er bei ihm in guten Händen ist, auch wenn die Annahme nicht angefochten bzw. eine Erbschaft nicht ausgeschlagen wird.

#### 4. Folgen der Anfechtung der Annahme

160  Die Anfechtung der Annahme gilt als Ausschlagung, § 1957 Abs. 1 BGB.

#### 5. Beginn der Anfechtungsfrist

161  Nach § 1954 Abs. 1 und 2 BGB kann die Anfechtung der Annahme nur binnen sechs Wochen von dem Zeitpunkt an erfolgen, in welchem der Anfechtungsberechtigte von dem Anfechtungsgrund Kenntnis erlangt hat. Kenntnis von dem Irrtum hat der Anfechtungsberechtigte, wenn ihm die dafür maßgeblichen Tatsachen bekannt werden und er erkennt, dass seine Erklärung eine andere Wirkung hatte, als er ihr beilegen wollte.[195] Bloßes Kennenmüssen genügt ebenso wenig wie das Vorliegen von Verdachtsgründen.[196]

#### 6. Anfechtung der Ausschlagung wegen Irrtums über die Zugehörigkeit einzelner Verbindlichkeiten zum Nachlass (Irrtum über nicht bestehende Nachlassüberschuldung)

162  Hierzu das KG in seinem Beschluss vom 16.3.2004:[197]

> „1. Ein Irrtum über die Zugehörigkeit von Rechten oder Verbindlichkeiten zum Nachlass kann gem. §§ 119 Abs. 2, 1954 Abs. 1 BGB zur Anfechtung einer Erbausschlagung wegen Irrtums über eine verkehrswesentliche Eigenschaft des Nachlasses berechtigen, wenn er zur Vorstellung einer tatsächlich nicht bestehenden Überschuldung führt.
> 2. Für den Beginn der Anfechtungsfrist gem. § 1954 Abs. 2 S. 1 BGB ist der Zeitpunkt maßgebend, in dem der Anfechtende zuverlässige Kenntnis von den seinen Eigenschaftsirrtum begründenden Tatsachen erlangt."

### IX. Erbenhaftung bei bestehender Testamentsvollstreckung

#### 1. Allgemeines

163  Zunächst gelten auch bei bestehender Testamentsvollstreckung die allgemeinen Regeln, dass der Erbe vorläufig unbeschränkt aber beschränkbar haftet.

---

195 BGH WM 1961, 785, 786; RGZ 82, 223; BayObLG DNotZ 1999, 78.
196 BGH WM 1973, 751; BAG NJW 1984, 447; BayObLG DNotZ 1999, 78, 80.
197 KG FamRZ 2004, 1900.

## 2. Schutz des Nachlasses vor Eigengläubigern des Erben

Eigengläubiger des Erben können bei bestehender Testamentsvollstreckung auf den Nachlass nicht zugreifen, § 2214 BGB.

## 3. Begründung von Nachlassverbindlichkeiten durch den Testamentsvollstrecker

Im Rahmen der Verwaltung des Nachlasses ist der Testamentsvollstrecker befugt, für den Nachlass Verbindlichkeiten einzugehen, § 2206 BGB, soweit es sich um ordnungsgemäße Verwaltungsmaßnahmen handelt. Die Erben können auch insoweit die allgemeinen Haftungsbeschränkungsmaßnahmen treffen.

Für den Geschäftspartner besteht das Risiko, ob eine Nachlassverbindlichkeit begründet wird, wenn die Verwaltungshandlung nicht einer ordnungsgemäßen Geschäftsführung entspricht. Durch Anordnungen nach §§ 2207, 2209 BGB wird der Dritte insoweit geschützt.

Weitgehend ungeklärt ist die Frage, auf welcher rechtlichen Grundlage eine Haftung der Erben für deliktisches Verhalten des Testamentsvollstreckers begründet wird. Teilweise wird eine direkte, teilweise eine analoge Anwendung von § 831 BGB angenommen.[198]

## X. Rangfolge der Nachlassverbindlichkeiten

Reicht der Nachlass nicht zur Begleichung aller Verbindlichkeiten, so ist nach ihrem Rangverhältnis untereinander zu fragen.

Da die einzelnen Verbindlichkeiten ganz unterschiedliche Entstehungsgründe haben, ist bei ihrer Rangfolge nach diesem Kriterium zu differenzieren. So muss bspw. der Gläubiger, der schon dem Erblasser ein Darlehen gewährt hat, einen besseren Rang haben als ein Vermächtnisnehmer; dieser wiederum einen schlechteren als ein Pflichtteilsberechtigter.

So sieht das Nachlassinsolvenzverfahren als Rangfolgen vor:
1. **Rangstelle:** Massegläubiger, § 324 Abs. 1 Nr. 1–6 i.V.m. §§ 54, 55 InsO,
2. **Rangstelle:** Nachrangige Insolvenzgläubiger nach § 39 Abs. 1 Nr. 1–5 InsO,
3. **Rangstelle:** Nachrangige Gläubiger aufgrund Vereinbarung, § 39 Abs. 2 InsO,
4. **Rangstelle:** Nach Durchführung eines Gläubigeraufgebots (§§ 1970 ff. BGB) ausgeschlossene und von der Verschweigungseinrede betroffene Gläubiger, §§ 1973, 1974 BGB, § 327 Abs. 3 InsO
5. **Rangstelle:** Pflichtteilsgläubiger, § 327 Abs. 1 InsO
6. **Rangstelle:** Vermächtnisgläubiger und Begünstigte aus Auflagen, § 327 Abs. 1 InsO

# D. Schutz des Eigenvermögens des Alleinerben

## I. Haftungsbeschränkungsmaßnahmen

### 1. Haftungssituation

Wenn der Erbe den Zugriff der Nachlassgläubiger auf sein Eigenvermögen nicht verhindern könnte, würden im Allgemeinen nur noch solche Erbschaften angenommen, deren Liquidi-

---

[198] Vgl. hierzu ausführlich *Burgard*, Die Haftung des Erben für Delikte des Testamentsvollstreckers, FamRZ 2000, 1269 und weiter MüKo-*Reuter*, § 831 BGB Rn 17; MüKo-*Brandner*, § 2219 BGB Rn 18; Soergel/*Damrau*, § 2219 BGB Rn 8; Erman/*Schmidt*, § 2219 BGB Rn 8.

tät und Bonität von vornherein sicher wären. Letztlich wäre es dann Aufgabe des Fiskus, als subsidiärer Erbe nach § 1936 BGB Nachlässe abzuwickeln. Um eine solche Folge zu vermeiden, muss es dem Erben möglich sein, die Nachlassgläubiger vom Zugriff auf sein Eigenvermögen abzuhalten, also seine Haftung auf den Nachlass zu beschränken, nämlich auf die Vermögensmasse, die bisher schon dem Nachlassgläubiger als Haftungsobjekt gedient hat. Diese Haftungsbeschränkung wird erst dann praktisch, wenn der Erbe die Erbschaft angenommen hat.

168 **Vor der Erbschaftsannahme** kann der Erbe nicht von einem Nachlassgläubiger verklagt werden, § 1958 BGB; eine entsprechende **Klage** wäre **unzulässig** (vgl. hierzu das Muster Rn 172).

169 **Nach Annahme der Erbschaft** stehen dem Erben einzelne im Gesetz geregelte Haftungsbeschränkungsmaßnahmen zur Verfügung, d.h., er kann mit diesen Maßnahmen seine grundsätzlich bestehende unbeschränkte Haftung auf den Nachlass beschränken.

Stichwort:

Der Erbe haftet vorläufig unbeschränkt, aber beschränkbar.

170 **Ausnahmsweise** ist die Haftung von Anfang an auf den Nachlass beschränkt
 – bei der Erbengemeinschaft bis zur Teilung, § 2059 BGB,
 – bei der Haftung für den Ersatz von Kosten der Sozialhilfe nach (jetzt) § 102 SGB XII (früher §§ 92a Abs. 2, 92c Abs. 3 BSHG),[199]
 – bei der Sonderrechtsnachfolge in Ansprüche auf Nachzahlung von Sozialhilfe, §§ 56, 57 SGB I,
 – bei der von den Erben geschuldeten Erstattung der Betreuervergütung, § 168 Abs. 3 FamFG[200] (bis 31.8.2009: § 56g Abs. 3 FGG).

171 Das **Minderjährigenhaftungsbeschränkungsgesetz** (§ 1629a BGB) führt zu einer Sondersituation für die Haftung des volljährig gewordenen Minderjährigen für Schulden, die in der Erbengemeinschaft für ihn eingegangen wurden.

### 2. Muster: Klageabweisungsantrag wegen Unzulässigkeit der Klage

172 An das
Landgericht
– Zivilkammer –

zu Az.

*Klageerwiderung*

In der Rechtssache

des Herrn

– Klägers –

Prozessbevollmächtigter: Rechtsanwalt

---

[199] SG Berlin, Urt. v. 12.6.2006 – S 88 SO 233/06; Das schwierige und belastete Verhältnis des Erben zum Hilfeempfänger begründet keine Härte i.S.v. § 92c Abs. 3 Nr. 3 BSHG, hier nach „juris".
[200] FGG-ReformG v. 17.12.2008, BGBl I 2008, 2586, in Kraft getreten am 1.9.2009 gem. Art. 111, 112 FGG-ReformG.

gegen

Frau ▓▓▓

— Beklagte —

wegen Forderung (Rückzahlung eines Darlehens)

legitimiere ich mich für die Beklagte und beantrage

Klageabweisung.

*Begründung:*

Die Beklagte ist zwar Alleinerbin der am ▓▓▓ verstorbenen Frau ▓▓▓ geworden, sie hat jedoch die Erbschaft bisher nicht angenommen. Auch die Ausschlagungsfrist ist nicht abgelaufen. Diese beträgt nach § 1944 Abs. 3 BGB im vorliegenden Falle sechs Monate, weil sich die Beklagte im Zeitpunkt des Erbfalls für längere Zeit in Kapstadt/Südafrika aufgehalten hat.

*Beweis:* Bestätigung der Stadtverwaltung Kapstadt vom ▓▓▓ im Original und in begl. Übersetzung.

Die vom Kläger mit der Klage geltend gemachte Forderung richtet sich gegen den Nachlass. Der Kläger behauptet, das Darlehen der Erblasserin gegeben zu haben; die Beklagte bestreitet dies mit Nichtwissen. Bestünde die Forderung, so wäre sie Erblasserschuld und damit Nachlassverbindlichkeit nach § 1967 BGB.

Die Klage ist damit nach § 1958 BGB unzulässig und aus diesem Grunde abzuweisen. Auf die Begründetheit der Klage braucht deshalb nicht weiter eingegangen zu werden.

(Rechtsanwalt)

### 3. Haftungsbeschränkungsmöglichkeiten im Überblick

Zwei förmliche Verfahren stellt das Gesetz zur Verfügung: 173
- die **Nachlassverwaltung**,
- das **Nachlassinsolvenzverfahren**.

Darüber hinaus ist in zwei Fällen eine Haftungsbeschränkung auch ohne die Durchführung 174 eines förmlichen Verfahrens zulässig. Das Gesetz gewährt ausnahmsweise die Möglichkeit der Erhebung der **Einrede der beschränkten Haftung**:
- die **Dürftigkeitseinrede**, § 1990 BGB,
- die **Überschwerungseinrede**, § 1992 BGB.

Neben diesen vier Möglichkeiten einer Haftungsbeschränkung, die **allen Nachlassgläubi-** 175 **gern** gegenüber Wirkungen erzeugen, kann der Erbe in zwei weiteren Fällen seine Haftung nur **einzelnen Gläubigern** gegenüber beschränken, und zwar mit
- dem Gläubigeraufgebot, §§ 1970 ff. BGB, §§ 433 ff. FamFG,[201]
- dem Nachlassinventar, §§ 1993 ff. BGB.

Diesen zeitlich unbegrenzten, insgesamt sechs Haftungsbeschränkungsmaßnahmen stehen 176 die nur zeitweise wirkenden, aufschiebenden Einreden der §§ 2014 und 2015 BGB gegenüber (siehe unten Rn 254 ff.).

Immer haftet der Erbe den Nachlassgläubigern unbeschränkt, d.h. auch mit seinem Eigen- 177 vermögen, wenn die Voraussetzungen für eine der Möglichkeiten der Haftungsbeschrän-

---

[201] Das 9. Buch der ZPO wurde mit Inkrafttreten des FamFG, dem 1.9.2009, aufgehoben; für bis dahin beantragte Aufgebotsverfahren gilt altes Verfahrensrecht, für neu beantragte Verfahren gelten die neuen Aufgebotsvorschriften der §§ 433 ff. FamFG; Art. 29 Ziff. 1 lit. n), Ziff. 27 FGG-ReformG vom 17.12.2008 BGBl I 2008, 2586; Art. 111, 112 FGG-ReformG.

kung nicht mehr vorliegen. Der Erbe kann also seine Beschränkungsmöglichkeit auch verlieren, dann haftet er unbeschränkt.

### 4. Zwei förmliche Nachlassverfahren

178 Das Gesetz stellt zwei Verfahren zur Verfügung, die zu einer Gütersonderung führen und für den Erben seine Haftung gegenüber **allen Nachlassgläubigern** beschränken:
a) Die **Nachlassverwaltung** als Sonderfall der Nachlasspflegschaft (§ 1975 BGB),
b) das **Nachlassinsolvenzverfahren** (§§ 1975 BGB, 315–331 InsO).

Die zwei Nachlassverfahren Nachlassverwaltung und Nachlassinsolvenz werden nur auf Antrag eröffnet, wie sich aus §§ 1980, 1981 BGB und § 317 Abs. 1 InsO ergibt. Der Erbe kann von sich aus die mit der Eröffnung des Verfahrens verbundene Haftungsbeschränkung herbeiführen, weil das Gesetz ihm ein Antragsrecht gewährt, §§ 1980 Abs. 1, 1981 Abs. 1 BGB, § 317 Abs. 1 InsO.[202]

### 5. Zu klärende Vorfragen bei Inanspruchnahme eines Erben

179 Wird ein Erbe außergerichtlich oder gerichtlich in Anspruch genommen, so sind immer **drei Fragen** zu klären:

(1) Liegt eine Nachlassverbindlichkeit vor?

(2) Wird für die Nachlassverbindlichkeit **unbeschränkt** oder gegenständlich – auf den Nachlass – **beschränkt gehaftet**?

(3) Gehört, wenn ein Vollstreckungszugriff stattgefunden hat, der Gegenstand der Vollstreckung **zum haftenden Vermögen**?

180 Die Haftungsproblematik wird hier aus **zwei Blickrichtungen** dargestellt:
– aus der **Sicht des Erben:** Die **Abwehr von Nachlassgläubigern** in sein Eigenvermögen (siehe nachstehend Rn 181 ff.),
– aus der **Sicht des Nachlasses:** Die **Abwehr von Eigengläubigern** des Erben in den Nachlass (siehe nachstehend Rn 261 ff.).

### 6. Abwehr von Nachlassgläubigern in das Eigenvermögen des Erben

a) Rechtsstreit gegen den Erben vor Annahme der Erbschaft

181 Vor Annahme der Erbschaft kann gem. § 1958 BGB keine Nachlassverbindlichkeit eingeklagt werden. Die Erbschaftsannahme ist eine von Amts wegen zu beachtende Prozessvoraussetzung; ein Verstoß dagegen macht die Klage **unzulässig** (vgl. dazu das Muster Rn 172). Trotz Mahnung tritt kein **Schuldnerverzug** ein, § 286 Abs. 4 BGB).

Für den Gläubiger, der in den Nachlass vollstrecken will, kann diese Zeit der Ungewissheit überbrückt werden, indem er die Anordnung einer Nachlasspflegschaft nach § 1961 BGB (Klagepflegschaft) beantragt. Dies gilt auch für Gläubiger von Vermächtnis- und Pflichtteilsansprüchen.

---

[202] Aber der Erbe ist nach Annahme der Erbschaft trotz eines schwebenden Erbprätendentenstreits und deswegen angeordneter Nachlasspflegschaft aus § 1980 Abs. 1 BGB verpflichtet, Insolvenzantrag zu stellen. Im Rahmen der Schadensersatzpflicht aus § 1980 Abs. 1 S. 2 BGB ist dem Erben die schuldhaft verspätete Stellung des Insolvenzantrags durch den Nachlasspfleger nicht gem. §§ 166 Abs. 1, 278 BGB zuzurechnen, BGHZ 161, 281 = FamRZ 2005, 446 = NJW 2005, 756 = ZEV 2005, 109 = NZI 2005, 162.

### b) Rechtsstreit gegen den Erben nach Annahme der Erbschaft

Will sich der Erbe die Möglichkeit der Haftungsbeschränkung auf den Nachlass offen halten, so muss er in das gegen ihn ergehende Urteil einen **Vorbehalt** gem. § 780 ZPO aufnehmen lassen. Der entsprechende Antrag auf Aufnahme des Vorbehalts ist spätestens in der letzten mündlichen Verhandlung der Tatsacheninstanz zu stellen. Mit der ZPO-Reform 2002 wurde in §§ 530, 531 ZPO n.F. die Möglichkeit neuer Angriffs- und Verteidigungsmittel in der Berufungsinstanz eingeschränkt; deshalb sollte der Antrag auf Aufnahme eines Vorbehalts gem. § 780 ZPO in der ersten Instanz nicht versäumt werden.

Zur **Präklusion für einen Antrag auf Aufnahme eines Vorbehalts** gem. § 780 ZPO im Berufungsverfahren nach § 531 ZPO das OLG Düsseldorf:[203]

> *„1. Der Vorbehalt der beschränkten Erbenhaftung nach § 780 ZPO kann erstmals in der Berufungsinstanz nur unter den Voraussetzungen des § 531 Abs. 2 ZPO erhoben werden.*
> *2. Auf den Vorbehalt beschränkter Erbenhaftung muss das Gericht nach § 139 Abs. 2 ZPO nicht hinweisen."*

**Anders dagegen** das OLG Rostock mit Urteil vom 25.6.2008 – 1 U 53/08:[204]

> *„Der Vorbehalt der Haftungsbeschränkung kann grundsätzlich auch noch in der Berufungsinstanz erfolgen; § 531 Abs. 2 ZPO steht dem nicht entgegen. Darunter fallen jedoch nicht die Prozesskosten, die nicht in der Person des Erblassers, sondern aufgrund von Rechtshandlungen seitens des Erben entstanden sind."*

Die Berufung gegen ein erstinstanzliches Urteil kann sich aber darauf beschränken, sich gegen die Zurückweisung des Antrages auf Vorbehalt der Beschränkung der Erbenhaftung zu wenden, ohne dass es dafür des Erreichens der Berufungssumme bedürfte.[205]

Wird während des Rechtsstreits Nachlassverwaltung oder Nachlassinsolvenz angeordnet, so wird der Prozess unterbrochen (§§ 240, 241 Abs. 3 ZPO; § 1984 Abs. 1 S. 3 BGB). Der Insolvenzverwalter kann den Prozess aufnehmen.

> **Hinweis:**
> Der Antrag auf Aufnahme des Haftungsbeschränkungsvorbehalts darf sich nicht nur auf die Hauptsache beziehen, sondern muss sich auf die Kosten des Rechtsstreits erstrecken.[206]

### c) Zwangsvollstreckung in das Eigenvermögen des Erben

#### aa) Einzelzwangsvollstreckung gegen den Erben

##### (1) Erfordernis des Haftungsbeschränkungsvorbehalts nach § 780 ZPO

Wenn ein Nachlassgläubiger im Wege der Einzelzwangsvollstreckung auf das Eigenvermögen des Erben zugreift, so steht dem Erben die beim Prozessgericht des ersten Rechtszugs zu erhebende **Vollstreckungsgegenklage** nach §§ 781, 784 Abs. 1, 785, 767 ZPO zu, sofern er sich die Haftungsbeschränkung in dem gegen ihn ergangenen Urteil gem. § 780 Abs. 1 ZPO hat vorbehalten lassen.

---

203 OLG Düsseldorf FamRZ 2004, 1222.
204 OLG Rostock ErbR 2009, 99 = OLGR Rostock 2009, 102.
205 OLG Rostock ErbR 2009, 99 = OLGR Rostock 2009, 102.
206 LG Leipzig ZEV 1999, 234.

(2) Muster: Klageerwiderung (Antrag Haftungsbeschränkungsvorbehalt, § 780 ZPO)

An das

Landgericht
– Zivilkammer –

zu Az.

*Klageerwiderung*

In der Rechtssache

des

– Klägers –

Prozessbevollmächtigter: Rechtsanwalt

gegen

– Beklagte –

Prozessbevollmächtigter: Rechtsanwalt

wegen Forderung

legitimiere ich mich für die Beklagte und beantrage
1. in erster Linie **Klagabweisung**,
2. in zweiter Linie für den Fall der ganzen oder teilweisen Stattgabe der Klage die Aufnahme eines Haftungsbeschränkungsvorbehalts nach § 780 ZPO in den Tenor des Urteils des Inhalts, dass der Beklagten die Beschränkung ihrer Haftung für Hauptanspruch, Nebenforderungen und Kosten auf den Nachlass der Erblasserin, der am          verstorbenen Frau          , zuletzt wohnhaft in          , vorbehalten wird.

*Begründung:*

Zum Klageabweisungsantrag:

Zum Antrag auf Aufnahme eines Haftungsbeschränkungsvorbehalts:

Der vom Kläger behauptete Darlehensanspruch wäre, wenn er bestünde, Nachlassverbindlichkeit nach § 1967 BGB. Da zum jetzigen Zeitpunkt noch nicht abzusehen ist, ob der Nachlass zur Erfüllung aller Nachlassverbindlichkeiten ausreichen wird, behält sich die Beklagte die Herbeiführung von Maßnahmen zur Beschränkung ihrer Haftung auf den Nachlass der Erblasserin, der am          verstorbenen Frau          , vor, insbesondere die Erhebung der Dürftigkeitseinrede gegenüber dem Kläger nach § 1990 BGB.

Aus diesem Grunde ist in den Urteilstenor der beantragte Haftungsbeschränkungsvorbehalt aufzunehmen, der sich ausdrücklich auch auf die Kosten des Rechtsstreits zu erstrecken hat (vgl. LG Leipzig, ZEV 1999, 234).

(Rechtsanwalt)

(3) Muster: Antrag auf Urteilsergänzung (Haftungsbeschränkungsvorbehalt, § 780 ZPO)

An das

Landgericht
– Zivilkammer –

zu Az. ▉▉▉▉▉

*Antrag auf Urteilsergänzung nach § 321 ZPO*

In der Rechtssache

des Herrn ▉▉▉▉▉

– Klägers –

Prozessbevollmächtigter: Rechtsanwalt ▉▉▉▉▉

gegen

Frau ▉▉▉▉▉

– Beklagte –

Prozessbevollmächtigter: Rechtsanwalt ▉▉▉▉▉

wegen Forderung

vertrete ich nach wie vor die Beklagte und beantrage

die Ergänzung des Urteils vom ▉▉▉▉▉, Az. ▉▉▉▉▉, im Tenor, Tatbestand und in den Entscheidungsgründen wie folgt:

Der Beklagten wird nach § 780 ZPO die Beschränkung ihrer Haftung für Hauptanspruch, Nebenforderungen und Kosten auf den Nachlass der Erblasserin, der am ▉▉▉▉▉ verstorbenen Frau ▉▉▉▉▉, zuletzt wohnhaft in ▉▉▉▉▉, vorbehalten.

*Begründung:*

Die ▉▉▉▉▉ Zivilkammer des Landgerichts ▉▉▉▉▉ hat am ▉▉▉▉▉ unter dem Az. ▉▉▉▉▉ ein Urteil erlassen, wonach die Beklagte zur Zahlung von ▉▉▉▉▉ EUR verurteilt wurde.

Mit Schriftsatz vom ▉▉▉▉▉ hatte der Unterzeichner als Beklagtenvertreter hilfsweise für den Fall, dass die Klage nicht abgewiesen und die Beklagte ganz oder teilweise verurteilt werden sollte, die Aufnahme eines Haftungsbeschränkungsvorbehalts nach § 780 ZPO des Inhalts beantragt, dass ihr die Beschränkung der Haftung auf den Nachlass der am ▉▉▉▉▉ verstorbenen Frau ▉▉▉▉▉ vorbehalten bleibt.

*Beweis:* Begl. Kopie des Schriftsatzes vom ▉▉▉▉▉

Das nunmehr verkündete Urteil behandelt den Haftungsbeschränkungsvorbehalt weder im Tenor noch in der Tatbestandsschilderung noch in den Entscheidungsgründen. Weil bei fehlendem Haftungsbeschränkungsvorbehalt die Beklagte unwiderruflich unbeschränkt haftet, ist die Aufnahme des Vorbehalts in den Tenor und damit die Ergänzung des Urteils unbedingt erforderlich. Die Voraussetzungen für eine Urteilsergänzung liegen vor (vgl. BGH NJW 1961, 829; NJW 1964, 1858; NJW 1980, 840; BAG NJW 1959, 1942).

Die zweiwöchige Frist des § 321 Abs. 2 ZPO ist gewahrt; das Urteil wurde dem Unterzeichner am ▉▉▉▉▉ zugestellt; vgl. den in den Gerichtsakten befindlichen Zustellungsnachweis.

(Rechtsanwalt)

*Krug*

189 Die Ergänzung des Urteils ist außerordentlich wichtig, weil die Aufnahme des Vorbehalts in der Berufungsinstanz nur unter eingeschränkten Voraussetzungen nachgeholt werden kann, §§ 530, 531 ZPO.

(4) Entbehrlichkeit des Haftungsbeschränkungsvorbehalts

190 **Ausnahmsweise** ist ein Vorbehalt nach § 780 ZPO in drei Fallgruppen **nicht erforderlich:**

(a) Wenn schon das Urteil selbst erkennen lässt, dass sich die Vollstreckung gegen einen Erben richtet. Dies ist gem. § 780 Abs. 2 ZPO in **drei Fällen** gegeben: Wenn das Urteil
- **gegen den Fiskus** als gesetzlichen Erben oder
- gegen einen Nachlassverwalter oder
- gegen einen Testamentsvollstrecker ergeht.

191 (b) **Nicht erforderlich** ist der Vorbehalt auch dann, wenn das **Urteil gegen den Erblasser** ergangen ist. In einem solchen Fall kann eine bereits begonnene Zwangsvollstreckung fortgesetzt werden, obwohl sie sich nach dem Erbfall gegen einen anderen Schuldner, nämlich den Erben, richtet; aber die Zwangsvollstreckung ist auf den Nachlass beschränkt, vgl. § 779 Abs. 1 ZPO.

192 (c) Falls die Zwangsvollstreckung erst **nach dem Tod des Erblassers** beginnt, so muss der Nachlassgläubiger seinen **Vollstreckungstitel** auf den Erben als Rechtsnachfolger des Erblassers gem. § 727 ZPO **umschreiben** lassen. In einem solchen Fall ist wiederum auf dem Titel vermerkt, dass sich die Zwangsvollstreckung gegen einen Erben richtet; aus diesem Grund bedarf es hier keines Vorbehalts nach § 780 ZPO für den Erben, um ihm die Möglichkeit einer Vollstreckungsgegenklage nach §§ 781, 785, 767 ZPO zu eröffnen.

193 Der Nachweis des Erbrechts erfolgt mittels Erbscheins, wobei der Nachlassgläubiger berechtigt ist, eine Ausfertigung des bereits erteilten Erbscheins zu verlangen (§ 357 Abs. 2 FamFG, bis 31.8.2009: § 85 FGG) bzw. selbst die Erteilung eines Erbscheins zu beantragen (§§ 792, 896 ZPO). Kann der für das Klauselumschreibungsverfahren erforderliche Nachweis durch öffentliche Urkunden nicht geführt werden, so bleibt dem Nachlassgläubiger nur der Weg über die **Klauselerteilungsklage** nach § 731 ZPO.

(5) Muster: Antrag auf Umschreibung eines Vollstreckungstitels auf Schuldnerseite

An das

194 Land-/Amtsgericht
– Vollstreckungsgericht –[207]

zu Az. ▓▓▓

*Antrag auf Erteilung einer Vollstreckungsklausel (§ 727 ZPO)*

In der Zwangsvollstreckungssache

▓▓▓ ./. ▓▓▓

beantrage ich namens und in Vollmacht meines Mandanten, des Herrn ▓▓▓,
eine vollstreckbare Ausfertigung des Urteils des ▓▓▓ gerichts ▓▓▓ vom ▓▓▓, Az. ▓▓▓, gegen Herrn ▓▓▓ als Erben des am ▓▓▓ verstorbenen Schuldners zu erteilen und zu diesem Zwecke die

---

[207] Zuständig ist das Gericht des ersten Rechtszugs (§ 724 Abs. 2 ZPO), im Mahnverfahren das Gericht, das den Vollstreckungsbescheid erlassen hat (BGH NJW 1993, 3141).

*Krug*

beiliegende auf den Erblasser als Schuldner lautende vollstreckbare Ausfertigung auf der Schuldnerseite auf den Erben umzuschreiben.

*Begründung:*

Der Schuldner, Herr ▬▬▬, zuletzt wohnhaft in ▬▬▬, ist am ▬▬▬ gestorben. Er wurde allein beerbt von Herrn ▬▬▬.

*Beweis:* Ausfertigung des Erbscheins des Amtsgerichts – Nachlassgericht – ▬▬▬ vom ▬▬▬, Az. ▬▬▬, von dem eine begl. Kopie mit der Bitte um Rückgabe der Originalausfertigung beiliegt.

Die mit dem Urteil vom ▬▬▬ meinem Mandanten zugesprochene Forderung ist beim Alleinerben des Schuldners Nachlassverbindlichkeit in der Form der Erblasserschuld, § 1967 BGB. Damit liegen die Voraussetzungen für eine Klauselerteilung gegen den Erben des Schuldners nach § 727 ZPO vor.

Die gegen den Erblasser erteilte vollstreckbare Ausfertigung des Urteils gebe ich in der Anlage zurück.

(Rechtsanwalt)

bb) Unzulässigkeit der Klauselumschreibung vor Erbschaftsannahme

Hat der Erbe die Erbschaft noch nicht angenommen, so kann die Vollstreckungsklausel noch nicht umgeschrieben werden. Auf diese Weise wirkt sich § 1958 BGB im Zwangsvollstreckungsverfahren aus.[208]

195

cc) Fortsetzung der gegen den Erblasser begonnenen Zwangsvollstreckung

Zu unterscheiden ist nach dem Stadium des Vollstreckungsverfahrens:
- Hatte die Zwangsvollstreckung im Zeitpunkt des Erbfalls noch nicht begonnen, so kann sie vor der Annahme der Erbschaft nur in den Nachlass betrieben werden, § 778 Abs. 1 ZPO. Ein Eigengläubiger des Erben kann vor Annahme der Erbschaft nicht in den Nachlass vollstrecken, § 778 Abs. 2 ZPO.
- Hatte die Zwangsvollstreckung gegen den Erblasser bereits zu dessen Lebzeiten begonnen, so wird sie in den Nachlass fortgesetzt, § 779 Abs. 1 ZPO.

196

Will der Erbe (des Beklagten, der in der Zwangsvollstreckung „Schuldner" heißt) gegen eine bereits titulierte Forderung seine noch mögliche Haftungsbeschränkung geltend machen, so muss er gegen den gegen den Erblasser ergangenen Titel mit der Vollstreckungsgegenklage gem. §§ 767, 785 ZPO vorgehen (er muss beantragen, die Zwangsvollstreckung für unzulässig zu erklären). Vorher bleiben die sich aus der Haftungsbeschränkung für den Erben ergebenden Einwendungen unberücksichtigt, vgl. § 781 ZPO.

Ist eine Haftungsbeschränkung noch nicht eingetreten, so wird der Einrede der noch offenen Haftungsbeschränkungsmöglichkeit mit einem Vorbehalt nach § 780 ZPO Rechnung getragen.

Formulierungsmöglichkeit für den Antrag einer entsprechenden Vollstreckungsgegenklage nach §§ 767, 785 ZPO:

197

> **Formulierungsbeispiel**
> Die Zwangsvollstreckung aus dem Urteil des ▬▬▬ gerichts ▬▬▬ vom ▬▬▬, Az. ▬▬▬, wird insoweit für unzulässig erklärt, als dem Kläger des vorliegenden Rechtsstreits die Beschränkung seiner Haftung auf den Nachlass des am ▬▬▬ verstorbenen ▬▬▬ vorbehalten bleibt.
> **[Danach folgt noch Antrag auf vorläufige Einstellung der Zwangsvollstreckung]**

---

208 Vgl. *Lange/Kuchinke*, § 50 II 2.

198 Ist die Haftungsbeschränkung bereits eingetreten, so braucht kein Vorbehalt mehr nach § 780 ZPO aufgenommen zu werden. In diesem Fall ist vielmehr die Zwangsvollstreckung in Gegenstände des Eigenvermögens des Erben für unzulässig zu erklären.

Formulierungsmöglichkeit für entsprechenden Klageantrag:

> **Formulierungsbeispiel**
> Die Zwangsvollstreckung aus dem Urteil des ▬▬ gerichts ▬▬ vom ▬▬, Az. ▬▬, in Vermögensgegenstände des Klägers, die nicht zum Nachlass des am ▬▬ verstorbenen ▬▬ gehören, wird für unzulässig erklärt."
> **[Danach folgt noch Antrag auf vorläufige Einstellung der Zwangsvollstreckung]**

Ist eine Zwangsvollstreckungsmaßnahme bereits in einen bestimmten Gegenstand des Eigenvermögens des Erben getroffen worden, so kann im Urteil sofort die Zwangsvollstreckung in diesen konkreten Gegenstand für unzulässig erklärt werden (vgl. weitere Muster zu Klagen nach §§ 785, 781, 767 ZPO unter Rn 223 f., 257).

### dd) Universalzwangsvollstreckung gegen den Erben

199 Geht ein Nachlassgläubiger gegen das Eigenvermögen des Erben dadurch vor, dass er seine Forderung in einem **Insolvenzverfahren des Erben** anmeldet, so kann der Erbe die Teilnahme des Nachlassgläubigers an der allgemeinen Insolvenz über sein Eigenvermögen dadurch ausschließen, dass er seinerseits **Nachlassverwaltung** oder das **Nachlassinsolvenzverfahren** beantragt. Die Eröffnung des Nachlassinsolvenzverfahrens schließt nach § 331 InsO die Nachlassgläubiger von der Teilnahme am allgemeinen Insolvenzverfahren aus (zum Konkursrecht vgl. die vorhergehenden Auflagen).

200 Ausgenommen sind nur diejenigen Nachlassgläubiger, denen gegenüber der Erbe unbeschränkt haftet; sie können im allgemeinen Insolvenzverfahren des Erben den Betrag geltend machen, mit dem sie im Nachlassinsolvenzverfahren ausgefallen sind.

### ee) Aufrechnung

201 Als **private Zwangsvollstreckung** wird gelegentlich die **Aufrechnung** bezeichnet. Mit der wirksamen Aufrechnungserklärung erfüllt sich der Gläubiger seine Forderung ohne Zustimmung des Schuldners aus dem schuldnerischen Vermögen, und zwar aus einer dem Schuldner zustehenden Gegenforderung. Mit den Regeln über die Voraussetzungen und die Wirkungen der Aufrechnung wird sichergestellt, dass der Gläubiger nur dasjenige erhält, was ihm auch zusteht.

202 Hat ein Nachlassgläubiger die Aufrechnung gegen eine Forderung erklärt, die sich im Eigenvermögen des Erben befindet, so wird dieser private Zwangsvollstreckungsakt durch die Anordnung eines der zwei förmlichen Nachlassverfahren nach § 1975 BGB wieder rückgängig gemacht, § 1977 Abs. 1 BGB. Die gegenseitigen Forderungen, deren Aufrechnung **vor der Vermögenstrennung** erfolgt ist, bestehen mit der Anordnung der Nachlassverwaltung oder des Nachlassinsolvenzverfahrens fort.

203 Mit der Vermögenstrennung sind nur noch Nachlassforderungen und Nachlassschulden gegenseitig und damit aufrechenbar, nicht aber Nachlassforderungen und Eigenschulden sowie Eigenforderungen und Nachlassschulden (§§ 1977 Abs. 2, 389 BGB). Vgl. zur Aufrechnung der Eigengläubiger bei Vor- und Nacherbschaft § 14 Rn 253 m.w.N.

## ff) Konfusion

Zu Einzelzwangsvollstreckung, Universalvollstreckung und Aufrechnung kommt noch eine vierte Möglichkeit, bei der der Erbe mit seinem Eigenvermögen für eine Nachlassschuld einsteht, und zwar kraft Gesetzes: die **Konfusion**. Sie tritt ein, wenn der Erbe Gläubiger des Erblassers gewesen war. Der Erbe verliert seine Forderung mit dem Erbfall. Die Eröffnung eines der zwei förmlichen Nachlassverfahren (§ 1975 BGB) macht auch dieses wiederum rückgängig, § 1976 BGB. Hier arbeitet das Gesetz mit einer rückwirkenden Fiktion, vgl. Wortlaut des § 1976 BGB:

> „Ist die Nachlassverwaltung angeordnet oder das Nachlassinsolvenzverfahren eröffnet, so gelten die infolge des Erbfalls durch Vereinigung von Recht und Verbindlichkeit oder von Recht und Belastung erloschenen Rechtsverhältnisse als nicht erloschen."

**Beispiel**
Erblasser E und Sohn S hatten einen Kaufvertrag geschlossen, wonach E dem S einen Pkw für 10.000 EUR verkauft. Im Zeitpunkt des Todes des E war der Vertrag von keiner Seite erfüllt. S wurde Alleinerbe des E. Damit wurde er Alleineigentümer des Pkw, seine Verbindlichkeit zur Kaufpreiszahlung ist erloschen. Zwei Monate später wird Nachlassverwaltung angeordnet.
S bleibt damit zwar Eigentümer des Pkw, er verliert jedoch die Verfügungsbefugnis darüber, seine Verpflichtung zur Kaufpreiszahlung lebt wieder auf. Die Abwicklung des Vertrags geschieht auf die Weise, dass S den Kaufpreis an den Nachlassverwalter bezahlt und dieser den Pkw aus seiner Verwaltung frei gibt. Eine Übereignung ist nicht möglich, da der Pkw bereits im Eigentum des S steht.

Der Erbe kann zu seinem Eigenvermögen gehörende Forderungen gegenüber Nachlassverwalter oder Insolvenzverwalter geltend machen, obwohl er selbst Rechtsinhaber des Eigenvermögens und andererseits des Nachlasses ist.[209]

**Hinweis**
Bei der Berechnung eines Pflichtteilsanspruchs werden Forderung und Schuld ebenfalls – für die Berechnung – in Anlehnung an § 1976 BGB als nicht erloschen angesehen.[210]

## 7. Geschäftsführung des Erben, § 1978 BGB

Nicht selten erkennt der Erbe nicht sofort beim Erbfall, dass die Anordnung eines förmlichen Nachlassverfahrens notwendig ist. Er verwaltet den Nachlass und verfügt über Nachlassgegenstände. Danach wird eines der förmlichen Nachlassverfahren (§ 1975 BGB) angeordnet. Was ist mit den vom Erben vorgenommenen Rechtshandlungen nach außen und im Verhältnis zu den Nachlassgläubigern?

Für die Frage der Verantwortlichkeit des Erben ist zu unterscheiden, ob er die Erbschaft **angenommen** hatte oder nicht.

### a) Vor Annahme der Erbschaft

Für den Erben besteht vor Annahme der Erbschaft keine Verpflichtung, tätig zu werden. Er handelt als **Geschäftsführer ohne Auftrag**, wenn er Rechtshandlungen in Bezug auf den Nachlass vornimmt (§ 1978 Abs. 1 S. 2 BGB). Das Geschäft muss dem wirklichen oder

---

209 BGHZ 48, 219.
210 BGHZ 98, 382, 389.

mutmaßlichen Willen der Nachlassgläubiger entsprechen, § 677 BGB.[211] Hat der Erbe vor der Verfahrenseröffnung freiwillig eine Nachlassschuld aus seinem Eigenvermögen beglichen, so wird dieser Erfüllungsvorgang vom Gesetz nicht rückgängig gemacht, vielmehr hat der Erbe einen Ersatzanspruch gegen den Nachlass nach §§ 1979, 1978, 670, 683 BGB, wenn er den Umständen nach annehmen durfte, dass der Nachlass zur Berichtigung aller Nachlassverbindlichkeiten ausreicht. Wenn der Nachlass überschuldet ist, also ein Nachlassinsolvenzverfahren eingeleitet werden muss, so hat die Forderung des Erben als Masseverbindlichkeit gem. § 324 Abs. 1 Nr. 1 InsO Vorrang.

b) Nach Annahme der Erbschaft

210 Der Erbe haftet nach Annahme der Erbschaft den Nachlassgläubigern wie ein **Beauftragter** (§§ 1978 Abs. 1 S. 1; 662 ff. BGB). Gemäß § 667 BGB hat er das Erlangte herauszugeben. Auch hier gibt ihm das Gesetz einen Ersatzanspruch gegen den Nachlass nach §§ 1979, 1978, 670, 683 BGB, wenn der Erbe den Umständen nach annehmen durfte, dass der Nachlass zur Berichtigung aller Nachlassverbindlichkeiten ausreichen würde. Im Nachlassinsolvenzverfahren ist die Forderung des Erben ebenfalls bevorrechtigt nach § 324 Abs. 1 Nr. 1 InsO. Herausgabe- und Ersatzansprüche fallen in den Nachlass (§ 1978 Abs. 2 BGB) und sind vom Nachlassverwalter bzw. Nachlassinsolvenzverwalter geltend zu machen.

211 Die privilegierte Stellung eines vorrangigen Massegläubigers hat der Erbe dann nicht, wenn er aus eigenen Mitteln eine Nachlassschuld tilgte, obwohl er den Umständen nach nicht annehmen durfte, dass der Nachlass zur Erfüllung aller Nachlassverbindlichkeiten ausreichen würde (§ 1979 BGB). Dann hat er gegen den Nachlass nur einen Bereicherungsanspruch nach §§ 1978 Abs. 3, 684 BGB.[212] Aber im Nachlassinsolvenzverfahren kommt dem Erben doch noch eine Vorzugsstellung zu, indem die erloschene Forderung des Nachlassgläubigers wieder auflebt und dem Erben zufällt, der sie im Insolvenzverfahren geltend machen kann, § 326 Abs. 2 InsO, und nach §§ 412, 401 BGB auch die Sicherungsrechte erhält (in Fortentwicklung der Rechtsprechung des Reichsgerichts RGZ 55, 158).[213]

212 Den Erben trifft – nach Annahme der Erbschaft – eine **Schadensersatzpflicht** gem. § 1980 BGB, wenn er trotz Kenntnis oder fahrlässiger Unkenntnis der Überschuldung des Nachlasses nicht unverzüglich das Nachlassinsolvenzverfahren beantragt.[214]

**Übersicht: Verantwortlichkeit des Erben gegenüber Nachlassgläubigern für bisherige Verwaltung des Nachlasses**

Nach der
- **Anordnung der Nachlassverwaltung**
oder
- **Eröffnung des Nachlassinsolvenzverfahrens**

ist der **Erbe** den Nachlassgläubigern für die bisherige Verwaltung des Nachlasses **verantwortlich, ebenso wie** der **Beauftragte**, § 1978 Abs. 1 S. 1 BGB.

---

211 Soergel/*Stein*, § 1978 BGB Rn 4; Staudinger/*Marotzke*, § 1978 BGB Rn 5; MüKo-*Siegmann*, § 1978 BGB Rn 3.
212 Staudinger/*Lehmann*, § 1979 BGB Rn 10.
213 Für den Nachlasskonkurs: RGZ 55, 158.
214 Aber der Erbe ist nach Annahme der Erbschaft trotz eines schwebenden Erbprätendentenstreits und deswegen angeordneter Nachlasspflegschaft aus § 1980 Abs. 1 BGB verpflichtet, Insolvenzantrag zu stellen. Im Rahmen der Schadensersatzpflicht aus § 1980 Abs. 1 S. 2 BGB ist dem Erben die schuldhaft verspätete Stellung des Insolvenzantrags durch den Nachlasspfleger nicht gem. §§ 166 Abs. 1, 278 BGB zuzurechnen, BGH, NJW 2005, 756 = ZEV 2005, 109 = NZI 2005, 162.

Dies gilt auch bei späterer Erhebung der **Dürftigkeitseinrede** (§ 1990 BGB) oder der **Überschwerungseinrede** (§ 1992 BGB).

Bei pflichtwidriger Handlungsweise (Auftragsrecht) hat der Nachlassgläubiger einen Schadensersatzanspruch.

**Pflichten des Erben gegenüber Nachlassgläubigern:**
- Herausgabe des Nachlasses an Nachlassverwalter/Nachlassinsolvenzverwalter,
- Herausgabe gezogener Nutzungen,
- Herausgabe von Surrogaten,
- Ersetzung verbrauchter Nachlassmittel,
- Schadensersatz wegen nicht sorgfältiger Verwaltung des Nachlasses.

**Rechenschaftslegung gem. § 666 BGB und ggf. eidesstattliche Versicherung (§§ 259, 260 BGB) nach Anordnung eines der förmlichen Nachlassverfahren:**
- detaillierte, übersichtliche, in sich verständliche **Zusammenstellung der Einnahmen und Ausgaben**
- **Entwicklung der Erbschaft**

**Pflicht des Erben zur Beantragung des Nachlassinsolvenzverfahrens:**

Der Erbe hat das Nachlassinsolvenzverfahren zu beantragen, so bald dies zumutbar ist, § 1980 Abs. 1 S. 2 BGB.

Ansonsten:
- **Schadensersatzpflicht** bei Pflichtverletzung.
- Haftungsmaßstab: Vorsatz und Fahrlässigkeit
- **Vermutung der Fahrlässigkeit: Kein Gläubigeraufgebot**

**Ansprüche aus §§ 1978, 1980 BGB** sind
- keine Nachlassverbindlichkeiten, **sondern**
- **Eigenverbindlichkeiten des Erben**, für die er mit seinem Eigenvermögen haftet.

## II. Beschränkte Haftung nach Beendigung der Nachlassverfahren

Auch nach der normalen Beendigung der zwei bezeichneten Nachlassverfahren wirkt die Haftungsbeschränkung des Erben fort. Bei der Nachlassverwaltung muss die Beendigung durch Aufhebung nach §§ 1975, 1962, 1915, 1919 BGB, bei der Nachlassinsolvenz durch Verteilung der Insolvenzmasse (§§ 187 ff. InsO) bzw. nach Erfüllung der Verbindlichkeiten entsprechend einem Insolvenzplan (§§ 217 ff. InsO) eingetreten sein.

## III. Dürftigkeitseinrede

Nicht jeder Nachlass lohnt den finanziellen Aufwand einer Nachlassverwaltung oder eines Nachlassinsolvenzverfahrens. Unter wirtschaftlichen Gesichtspunkten verzichtet deshalb das Gesetz in den Fällen, in denen keine die Kosten deckende Masse vorhanden ist, auf eine Gütersonderung und lässt dem Erben den Vorteil der beschränkten Haftung trotzdem – auch wenn keines der zwei Nachlassverfahren durchgeführt wird – durch eine **einfache Einrede** zukommen. Die Einrede kann entweder außergerichtlich oder im Prozess erhoben werden.

Zwei Arten der Dürftigkeit sind zu unterscheiden:
- die Dürftigkeit kraft **Tatbestandswirkung,**
- die **tatsächliche** Dürftigkeit.

## 1. Voraussetzungen der Dürftigkeit kraft Tatbestandswirkung

215 Wurde die Anordnung der Nachlassverwaltung mangels Masse abgelehnt (§ 1982 BGB) oder der Antrag auf Eröffnung des Nachlassinsolvenzverfahrens mangels Masse abgewiesen (§ 26 InsO), so ist mit den entsprechenden Gerichtsbeschlüssen der Nachweis der Dürftigkeit geführt (vgl. das Muster unten Rn 221). Dasselbe gilt, wenn die Verfahren mangels Masse eingestellt wurden (§ 1988 Abs. 2 BGB; § 207 InsO). Ein weiterer Nachweis der Dürftigkeit braucht nicht geführt zu werden.[215]

## 2. Voraussetzungen der tatsächlichen Dürftigkeit

216 Für die Beurteilung der tatsächlichen Dürftigkeit kommt es nicht auf den Zeitpunkt des Erbfalls an, sondern auf den Zeitpunkt der Entscheidung über die Einrede, im Prozess also die letzte mündliche Tatsachenverhandlung.[216]

217 Ohne dass entsprechende Gerichtsbeschlüsse zur Frage der Dürftigkeit des Nachlasses vorlägen, hat der Erbe den Umfang des Nachlasses bezüglich aller Aktiva und Passiva darzulegen und erforderlichenfalls zu beweisen.[217] OLG Düsseldorf:[218]

> „Der Erbe ist durch einen Beschluss, der die von ihm beantragte Anordnung der Nachlassverwaltung ablehnt, weil der angeforderte Gerichtskostenvorschuss nicht eingezahlt worden ist, nicht beschwert. Die Dürftigkeit des Nachlasses kann nämlich auch anders als durch einen Zurückweisungsbeschluss mangels Masse nachgewiesen werden."

Dies kann etwa durch Vorlage eines vom Erben nach § 2009 BGB errichteten Inventars erfolgen (vgl. das Muster Rn 224).[219]

## 3. Geltendmachung der Dürftigkeit

### a) Darlegungs- und Beweislast des Erben

218 Wird der Erbe verklagt, so muss er die Aufnahme eines Haftungsbeschränkungvorbehalts nach § 780 ZPO in den Urteilstenor beantragen (vgl. das Muster für einen entsprechenden Klageerwiderungsschriftsatz unten Rn 221).

Der Erbe hat darzulegen und erforderlichenfalls auch zu beweisen, dass der Nachlass unzulänglich („dürftig") ist. Das Gericht trifft dann eine entsprechende Aufklärungspflicht. Dazu der BGH[220] im Falle der Geltendmachung der Dürftigkeit des Nachlasses gegenüber einem Pflichtteilsergänzungsanspruch:

> „Hat der Erbe gegenüber dem Pflichtteilsergänzungsanspruch die Einrede der Unzulänglichkeit des Nachlasses (§ 1990 BGB) erhoben, so muss das Prozessgericht entweder die Frage des Haftungsumfangs sachlich aufklären und darüber entscheiden oder den Vorbehalt der Haftungsbeschränkung gem. § 780 Abs. 1 ZPO aussprechen (Bestätigung von BGH NJW 1983, 2378)".

Prozessual verhindert der Erbe die Einzelvollstreckung eines Nachlassgläubigers in sein Eigenvermögen in entsprechender Anwendung von § 784 Abs. 1 ZPO i.V.m. §§ 785, 767

---

215 Für das Nachlasskonkursverfahren: BGH NJW-RR 1989, 1227.
216 BGHZ 85, 280.
217 OLG Düsseldorf Rpfleger 2000, 115.
218 OLG Düsseldorf ZEV 2000, 155.
219 Staudinger/*Marotzke*, § 1990 BGB Rn 3, 6; MüKo-*Siegmann*, § 1990 BGB Rn 3.
220 BGH NJWE-FER 2000, 211.

ZPO, sofern er den Haftungsbeschränkungsvorbehalt in den Tenor des Ersturteils hat aufnehmen lassen.

**Maßgebender Zeitpunkt** für das Nichtvorhandensein einer entsprechenden Nachlassmasse ist nicht der Erbfall, sondern der Zeitpunkt der letzten mündlichen Verhandlung zur Entscheidung über die Einrede.[221] Denn: Der Nachlass kann auch **nachträglich** dürftig geworden sein. Allerdings kann der Erbe einer Eigentumswohnung seine Haftung für eine Hausgeldforderung nicht mehr nach § 1990 BGB beschränken, wenn der betreffende Beschluss nach dem Erbfall ergangen ist.[222]

Die Einrede kann auch **nach Beendigung der Nachlassverwaltung** erhoben werden. Der Erbe **verwaltet selbst** und erfüllt die Nachlassverbindlichkeiten. An eine bestimmte Reihenfolge ist er dabei grundsätzlich nicht gebunden. Im Übrigen gilt:
- Gläubiger mit rechtskräftigem Titel gehen den anderen Gläubigern im Rang vor, § 1991 Abs. 3 BGB.[223]
- Für Verbindlichkeiten aus Pflichtteilen, Vermächtnissen und Auflagen gilt die Reihenfolge wie im Insolvenzverfahren, § 327 Abs. 1 Nr. 1, 2 InsO; § 1991 Abs. 4 BGB.

b) Muster: Klageerwiderung (Dürftigkeitseinrede)

An das

Landgericht
– Zivilkammer –

zu Az.

*Klageerwiderung*

In der Rechtssache

– Klägers –

Prozessbevollmächtigter: Rechtsanwalt

gegen

– Beklagten –

Prozessbevollmächtigter: Rechtsanwalt

wegen Forderung

legitimiere ich mich für den Beklagten und beantrage
1. in erster Linie **Klagabweisung**,
2. in zweiter Linie für den Fall der ganzen oder teilweisen Stattgabe der Klage die Aufnahme eines Haftungsbeschränkungsvorbehalts nach § 780 ZPO in den Tenor des Urteils des Inhalts, dass dem Beklagten die Beschränkung seiner Haftung für Hauptanspruch, Nebenforderungen und Kosten auf den Nachlass der Erblasserin, der am            verstorbenen Frau          , zuletzt wohnhaft in          , vorbehalten wird.

---

221 BGHZ 85, 280.
222 *Bonifacio*, MDR 2006, 244.
223 BGHZ 122, 197.

*Begründung:*

Zum Klageabweisungsantrag:

Der Kläger macht gegenüber dem Beklagten als Alleinerben der Frau ▮▮▮, gestorben am ▮▮▮, eine Darlehensrückzahlungsforderung geltend. Diese Forderung wird aus folgenden Gründen bestritten: ▮▮▮.

Darüber hinaus erhebt der Beklagte vorsorglich die **Dürftigkeitseinrede** nach § 1990 BGB.

Nachlassgegenstände sind nicht mehr vorhanden. Der Beklagte hat durch das Nachlassgericht gem. §§ 2003, 2009 BGB ein Nachlassinventar errichten lassen.

*Beweis:* Begl. Abschrift des Inventars vom ▮▮▮ – Anlage 1 –

Danach hat er alle ihm bekannt gewordenen Nachlassverbindlichkeiten entsprechend den Vorschriften des Insolvenzrechts erfüllt (§ 327 InsO).

Dem Nachlassgericht hat er eine entsprechende Aufstellung eingereicht.

*Beweis:* Begl. Abschrift der Aufstellung über die Erfüllung von Nachlassverbindlichkeiten vom ▮▮▮ – Anlage 2 –

Erst danach ist die Klägerin wegen ihrer angeblichen Forderung auf den Beklagten zugekommen. Da kein Nachlass mehr vorhanden ist, kann bereits in diesem Prozess die Klage abgewiesen werden, ohne dass es zunächst der Verurteilung des Beklagten unter Vorbehalt nach § 780 ZPO bedürfte mit der Folge, dass der Beklagte danach eine Vollstreckungsgegenklage nach §§ 781, 785, 767 ZPO gegen den jetzigen Kläger erheben müsste (vgl. RGZ 54, 413; BGH NJW 1954, 635; NJW 1983, 2379; NJW 1993, 1853).

Rein vorsorglich beantragt der Beklagte, ihm nach § 780 ZPO die Beschränkung seiner Haftung auf den Nachlass der am ▮▮▮ verstorbenen Frau ▮▮▮ vorzubehalten, und zwar bezüglich Hauptsumme, Nebenforderungen und Kosten. Dies ist eine reine Vorsichtsmaßnahme für den Fall, dass wider Erwarten doch die geltend gemachte Darlehensrückzahlungsforderung als bestehend angesehen und die Klage nicht wenigstens wegen der Erschöpfung des Nachlasses abgewiesen werden sollte.

(Rechtsanwalt)

c) Muster: Schriftsatz des Klägers (Klageumstellung nach Dürftigkeitseinrede)

An das

Landgericht
– Zivilkammer –

▮▮▮

zu Az. ▮▮▮

*Klageänderung*

In der Rechtssache

▮▮▮

– Klägers –

Prozessbevollmächtigter: Rechtsanwalt ▮▮▮

gegen

▮▮▮

– Beklagten –

Prozessbevollmächtigter: Rechtsanwalt ▮▮▮

wegen Forderung

*Krug*

wird der bisher vom Kläger gestellte Klageantrag wie folgt geändert:

Der Beklagte hat die Zwangsvollstreckung in den Nachlass des am ▬▬▬ gestorbenen Herrn ▬▬▬, zuletzt wohnhaft in ▬▬▬, bestehend aus folgenden Gegenständen zu dulden:

▬▬▬

*Begründung:*

Der Kläger macht gegenüber dem Beklagten als Alleinerben der Frau ▬▬▬, gestorben am ▬▬▬, eine Darlehensrückzahlungsforderung geltend.

Der Beklagte hat mit Klageerwiderungsschriftsatz vom ▬▬▬ die **Dürftigkeitseinrede** nach § 1990 BGB erhoben. Er hat gleichzeitig Auskunft über die noch vorhandenen Nachlassgegenstände erteilt.

Mit der Erhebung der Dürftigkeitsreinrede ist der Beklagte verpflichtet, die Zwangsvollstreckung in die noch vorhandenen Nachlassgegenstände zu dulden, § 1990 Abs. 1 S. 2 BGB. Um dieser geänderten Rechtslage gerecht zu werden, ist die vorliegende Klageänderung erforderlich und gem. § 263 ZPO auch zulässig. Sollte der Beklagte der Änderung nicht zustimmen, so ist sie vom Gericht als sachdienlich zuzulassen.

(Rechtsanwalt)

d) Muster: Vollstreckungsgegenklage gegen Zwangsvollstreckung des Nachlassgläubigers in das Eigenvermögen des Erben (§§ 781, 785, 767 ZPO) – Nachweis der Dürftigkeit durch Gerichtsbeschluss

An das

▬▬▬ gericht[224]

▬▬▬

*Klage*

des Herrn ▬▬▬

– Klägers –

Prozessbevollmächtigter: Rechtsanwalt ▬▬▬

gegen

Frau ▬▬▬

– Beklagte –

wegen Unzulässigkeit der Zwangsvollstreckung.

Namens und in Vollmacht des Klägers erhebe ich Klage gegen die Beklagte und werde in dem zu bestimmenden Termin beantragen, für Recht zu erkennen:

Die zugunsten der Beklagten erfolgte Pfändung und Überweisung des Auszahlungsanspruchs für das Guthaben des Kontos Nr. ▬▬▬ bei der ▬▬▬ Bank, Kontoinhaber: ▬▬▬, im Wege der Zwangsvollstreckung aufgrund des Pfändungs- und Überweisungsbeschlusses des Amtsgerichts ▬▬▬ vom ▬▬▬, Az. ▬▬▬, wird in Höhe eines Betrages von ▬▬▬ EUR zuzüglich der dort genannten Zinsen und Kosten für unzulässig erklärt.

Falls die Voraussetzungen des § 331 Abs. 3 bzw. § 307 ZPO vorliegen, bitte ich um Erlass eines *Versäumnis-* bzw. *Anerkenntnisurteils*[225] ohne mündliche Verhandlung.

---

224 Zuständig ist das Gericht des ersten Rechtszugs, das das Ersturteil erlassen hat, §§ 781, 785, 767 ZPO.
225 Zu den Einzelheiten der ZPO-Reform 2002 vgl. *Krug*, Die Auswirkungen der ZPO-Reform 2002 auf den Erbprozess, ZEV 2002, 58.

*Begründung:*

Es geht um eine Erbschaftsangelegenheit. Der Kläger wendet sich gegen Zwangsvollstreckungsmaßnahmen der Beklagten in sein Eigenvermögen.

Der Kläger ist Alleinerbe des am ▓▓▓▓ verstorbenen Herrn ▓▓▓▓, zuletzt wohnhaft in ▓▓▓▓. Die Beklagte hatte gegen den Erblasser eine Darlehensforderung in Höhe von ▓▓▓▓ EUR, die sie nach dessen Tod gegen den Kläger eingeklagt hat. Mit Urteil des ▓▓▓▓ gerichts ▓▓▓▓ vom ▓▓▓▓, Az. ▓▓▓▓, wurde der Kläger als Beklagter des seinerzeitigen Prozesses zur Zahlung verurteilt. Allerdings hat er sich die Beschränkung seiner Haftung auf den Nachlass des Erblassers nach § 780 ZPO vorbehalten lassen. Ein entsprechender Vorbehalt wurde auch in den Tenor des bezeichneten Urteils aufgenommen.

*Beweis:* Begl. Kopie des bezeichneten Urteils – Anlage 1 –

Der Kläger hat sich bereits vorgerichtlich im Schreiben vom ▓▓▓▓ auf die Dürftigkeitseinrede nach § 1990 BGB berufen, weil der Nachlass des Erblassers überschuldet ist.

*Beweis:* Begl. Kopie des Schreibens vom ▓▓▓▓ – Anlage 2 –

Der Kläger erhebt hiermit vorsorglich noch einmal die **Dürftigkeitseinrede** nach § 1990 BGB. Nach Erlass des bezeichneten Urteils hat sich herausgestellt, dass der Nachlass überschuldet ist. Danach hat der Kläger beim zuständigen Insolvenzgericht, dem Amtsgericht ▓▓▓▓, die Eröffnung des Nachlassinsolvenzverfahrens beantragt. Der Antrag des Klägers wurde mit Beschluss des Amtsgerichts ▓▓▓▓ – Insolvenzgericht – vom ▓▓▓▓, Az. ▓▓▓▓, mangels Vorhandenseins einer die Kosten des Nachlassinsolvenzverfahrens deckenden Masse zurückgewiesen. Der Beschluss ist rechtskräftig.

*Beweis:* Begl. Kopie des bezeichneten Zurückweisungsbeschlusses – Anlage 3 –

Obwohl der Kläger der Beklagten gegenüber auf diese Umstände hingewiesen hat, hat sie mit dem bezeichneten Urteil sein Guthaben auf dem im Klageantrag bezeichneten Konto in Höhe des ausgeurteilten Betrages von ▓▓▓▓ EUR zuzüglich Zinsen und Kosten pfänden und sich zur Einziehung überweisen lassen.

*Beweis:* Begl. Kopie des bezeichneten Pfändungs- und Überweisungsbeschlusses des Amtsgerichts ▓▓▓▓ vom ▓▓▓▓, Az. ▓▓▓▓ – Anlage 4 –

Der Kläger hat, nachdem sein Antrag auf Eröffnung des Nachlassinsolvenzverfahrens rechtskräftig zurückgewiesen worden ist, mit der Erhebung der Dürftigkeitseinrede seine Haftung für die ausgeurteilte Nachlassverbindlichkeit wirksam auf den Nachlass beschränkt. Das im Klageantrag bezeichnete Konto gehört jedoch nicht zum Nachlass; es handelt sich um das Gehaltskonto des Klägers, das dieser schon seit Jahrzehnten inne hat. Auf diesem Konto sind auch keinerlei Nachlassmittel gutgeschrieben worden. Vielmehr wurde das vom Erblasser geführte Konto bis zur Bestreitung aller angefallenen Verbindlichkeiten weitergeführt. Inzwischen ist jenes Konto aufgelöst. Im Bestreitensfall kann eine entsprechende Bankbestätigung vorgelegt werden.

Die mit dem Pfändungs- und Überweisungsbeschluss eingeleitete Zwangsvollstreckung ist für unzulässig zu erklären, §§ 780, 781, 785, 767 ZPO. Gleichzeitig ist die Zwangsvollstreckung gem. §§ 769, 770 ZPO ohne Sicherheitsleistung, hilfsweise gegen Sicherheitsleistung einzustellen.

Nachlassgegenstände sind nicht mehr vorhanden. Andernfalls würde sie der Kläger der Beklagten zur Duldung der Zwangsvollstreckung zur Verfügung stellen, wie dies in § 1990 BGB vorgesehen ist.

(Rechtsanwalt)

e) Muster: Vollstreckungsgegenklage gegen Zwangsvollstreckung des Nachlassgläubigers in das Eigenvermögen des Erben (§§ 781, 785, 767 ZPO) – Nachweis der Dürftigkeit durch Inventar

An das

gericht[226]

*Klage*

des Herrn

– Klägers –

Prozessbevollmächtigter: Rechtsanwalt

gegen

Frau

– Beklagte –

wegen Unzulässigkeit der Zwangsvollstreckung.

Namens und in Vollmacht des Klägers erhebe ich Klage gegen die Beklagte und werde in dem zu bestimmenden Termin beantragen, für Recht zu erkennen:

Die Pfändung und Überweisung des Auszahlungsanspruchs für das Guthaben des Kontos Nr. bei der Bank, Kontoinhaber: , im Wege der Zwangsvollstreckung aufgrund des Pfändungs- und Überweisungsbeschlusses des Amtsgerichts vom , Az. , wird in Höhe eines Betrages von EUR zuzüglich der dort genannten Zinsen und Kosten für unzulässig erklärt.

Falls die Voraussetzungen des § 331 Abs. 3 bzw. § 307 ZPO vorliegen, bitte ich um Erlass eines **Versäumnis-** bzw. **Anerkenntnisurteils**[227] ohne mündliche Verhandlung.

*Begründung:*

Es geht um eine Erbschaftsangelegenheit. Der Kläger wendet sich gegen Zwangsvollstreckungsmaßnahmen der Beklagten in sein Eigenvermögen.

Der Kläger ist Alleinerbe des am verstorbenen Herrn , zuletzt wohnhaft in . Die Beklagte hatte gegen den Erblasser eine Darlehensforderung in Höhe von EUR, die sie nach dessen Tod gegen den Kläger eingeklagt hat. Mit Urteil des gerichts vom , Az. , wurde der Kläger als Beklagter des seinerzeitigen Prozesses zur Zahlung verurteilt. Allerdings hat er sich die Beschränkung seiner Haftung auf den Nachlass des Erblassers nach § 780 ZPO vorbehalten lassen. Ein entsprechender Vorbehalt wurde auch in den Tenor des bezeichneten Urteils aufgenommen.

*Beweis:* Begl. Kopie des bezeichneten Urteils – Anlage 1 –

Der Kläger hat sich bereits vorgerichtlich im Schreiben vom auf die **Dürftigkeitseinrede** nach § 1990 BGB berufen, weil der Nachlass des Erblassers überschuldet ist.

*Beweis:* Begl. Kopie des Schreibens vom – Anlage 2 –

Der Kläger erhebt hiermit vorsorglich noch einmal die **Dürftigkeitseinrede** nach § 1990 BGB. Nach Erlass des bezeichneten Urteils hat sich herausgestellt, dass der Nachlass überschuldet ist.

Der Kläger hat darauf hin ein Nachlassinventar nach §§ 2003, 2009 BGB durch das Nachlassgericht aufnehmen lassen.

---

[226] Zuständig ist das Gericht des ersten Rechtszugs, das das Ersturteil erlassen hat, §§ 781, 785, 767 ZPO.
[227] Zu den Einzelheiten der ZPO-Reform 2002 vgl. *Krug*, Die Auswirkungen der ZPO-Reform 2002 auf den Erbprozess, ZEV 2002, 58.

*Beweis:* Begl. Kopie des Inventars vom ▓▓▓▓ – Anlage 3 –

Obwohl der Kläger der Beklagten gegenüber auf diese Umstände hingewiesen hat, hat sie mit dem bezeichneten Urteil sein Guthaben auf dem im Klageantrag bezeichneten Konto in Höhe des ausgeurteilten Betrages von ▓▓▓▓ EUR zuzüglich Zinsen und Kosten pfänden und sich zur Einziehung überweisen lassen.

*Beweis:* Begl. Kopie des bezeichneten Pfändungs- und Überweisungsbeschlusses des Amtsgerichts ▓▓▓▓ vom ▓▓▓▓, Az. ▓▓▓▓ – Anlage 4 –

Der Kläger hat mit der Erhebung der Dürftigkeitseinrede seine Haftung für die ausgeurteilte Nachlassverbindlichkeit wirksam auf den Nachlass beschränkt. Das im Klageantrag bezeichnete Konto gehört jedoch nicht zum Nachlass; es handelt sich um das Gehaltskonto des Klägers, das dieser schon seit Jahrzehnten inne hat. Auf diesem Konto sind auch keinerlei Nachlassmittel gutgeschrieben worden. Vielmehr wurde das vom Erblasser geführte Konto bis zur Bestreitung aller angefallenen Verbindlichkeiten weitergeführt. Inzwischen ist jenes Konto aufgelöst. Im Bestreitensfall kann eine entsprechende Bankbestätigung vorgelegt werden.

Die mit dem Pfändungs- und Überweisungsbeschluss eingeleitete Zwangsvollstreckung ist für unzulässig zu erklären, §§ 780, 781, 785, 767 ZPO und analog §§ 784 Abs. 1, 785 ZPO aufzuheben (Jauernig/*Stürner*, § 1991 BGB Rn 8). Gleichzeitig ist die Zwangsvollstreckung gem. §§ 769, 770 ZPO ohne Sicherheitsleistung, hilfsweise gegen Sicherheitsleistung, einzustellen.

Nachlassgegenstände sind nicht mehr vorhanden. Andernfalls würde sie der Kläger der Beklagten zur Duldung der Zwangsvollstreckung zur Verfügung stellen, wie dies in § 1990 BGB vorgesehen ist.

(Rechtsanwalt)

f) Checkliste: Vollstreckungsgegenklage – Nachlassgläubiger vollstreckt in Eigenvermögen des Erben (§§ 781, 785 ZPO)

- Sachliche und örtliche Zuständigkeit: Gericht des Erstprozesses.
- Wer ist Kläger? Der Erbe/ein Miterbe.
- Wer ist Beklagter? Ein Nachlassgläubiger.
- Die ausgeurteilte Forderung ist eine Nachlassverbindlichkeit, nicht auch eine Eigenverbindlichkeit des Erben/Miterben = Klägers.
- Vollstreckungsmaßnahme in einen Gegenstand aus dem Eigenvermögen des Erben bzw. Miterben.
- Der Erbe/Miterbe = Kläger hat sich im Ersturteil die Beschränkung seiner Haftung auf den Nachlass des Erblassers vorbehalten lassen; der Vorbehalt wurde in den Tenor aufgenommen (§ 780 ZPO).
- Der Erbe/Miterbe = Kläger hat danach eine Haftungsbeschränkungsmaßnahme ergriffen.
  - Nachlassverwaltung oder
  - Nachlassinsolvenzverfahren oder
  - Zurückweisung des Antrags auf Anordnung der Nachlassverwaltung bzw. des Nachlassinsolvenzverfahrens,
  - Erhebung der Dürftigkeitseinrede nach § 1990 BGB oder
  - Erhebung der Überschwerungseinrede nach § 1992 BGB.
  - Falls der Nachlass dürftig ist, muss dies nicht zwingend mit einem Beschluss über Zurückweisung des Antrags auf Nachlassverwaltung bzw. Nachlassinsolvenz bewiesen werden. Auch der Einzelnachweis des Nachlassumfangs ist zulässig.
- Kein Verlust der Haftungsbeschränkung.
- Vorläufige Einstellung der Zwangsvollstreckung.

### g) Verantwortlichkeit des Erben für seine Verwaltungshandlungen

Die Verantwortlichkeit des Erben gegenüber den Nachlassgläubigern für seine Rechtshandlungen bestimmt sich wie bei der Nachlassverwaltung und beim Nachlassinsolvenzverfahren (§§ 1991 Abs. 1, 1978, 1979, 1980 BGB).

### h) Herausgabe des Nachlasses zum Zwecke der Zwangsvollstreckung

Nach Erhebung der Dürftigkeitseinrede muss der Erbe den Nachlass an den Gläubiger herausgeben zur Befriedigung im Wege der Zwangsvollstreckung. Deshalb ist der Erbe, sobald sich die Dürftigkeit des Nachlasses abzeichnet, gut beraten, frühzeitig eine tatsächliche Trennung des Nachlasses – bspw. durch Lagerung in einem gesonderten Raum – herbeizuführen, damit er dem Gläubiger jederzeit dessen bisherige Haftungsgrundlage in concreto – nämlich die Nachlassgegenstände – zur Verfügung stellen kann.

Rechtskräftige Verurteilungen zugunsten anderer Gläubiger kann er zuvor befriedigen bzw. abziehen (§ 1991 Abs. 3 BGB), ebenso eigene Forderungen gegen den Nachlass.[228] Abwendung durch Zahlung des Wertes sieht das Gesetz nicht vor (anders als im Falle der Überschwerungseinrede des § 1992 BGB). Die Herausgabe dient der Abwehr des Zugriffs der Nachlassgläubiger auf das Eigenvermögen des Erben (vgl. zur Klageänderung Muster Rn 222).

## IV. Überschwerungseinrede

Hat der Erblasser die Überschuldung des Nachlasses durch Anordnung von Vermächtnissen und Auflagen selbst herbeigeführt, so erleichtert das Gesetz dem Erben die Möglichkeit seiner Haftungsbeschränkung auf den Nachlass. Das Gesetz unterstellt, der Erblasser habe trotz seiner Verfügungen ein Nachlassinsolvenzverfahren oder die Nachlassverwaltung vermeiden wollen. Deshalb lässt das Gesetz auch in diesem Falle die **Erhebung einer einfachen Einrede** zur Herbeiführung der Haftungsbeschränkung genügen. Statt der Durchführung des Insolvenzverfahrens steht dem Erben das Recht zu, Vermächtnisnehmer und Auflagenbegünstigte nach den §§ 1990, 1991 BGB auf den vorhandenen Restnachlass zu verweisen oder eine Herausgabe der Nachlassgegenstände durch Zahlung des Wertes (im Sinne einer Abwendungsbefugnis) abzuwenden, § 1992 S. 2 BGB.

Zu einer Überschwerung des Nachlasses kann es in der Praxis dann kommen, wenn der Erblasser im Zeitpunkt der Testamentserrichtung ausreichend Vermögen hatte, um die von ihm angeordneten Vermächtnisse erfüllen zu können, wenn sich aber bis zum Erbfall seine Vermögenssituation so verändert hat (bspw. bei eintretender Pflegebedürftigkeit), dass keine ausreichenden Mittel zur Verfügung stehen.

Dabei ist zu beachten, dass wegen der Überschuldung des Nachlasses durch Vermächtnisse und Auflagen ein Nachlassinsolvenzverfahren nicht beantragt werden kann, weil Vermächtnisse und Auflagen bei der Überprüfung der Überschuldung des Nachlasses nicht als Verbindlichkeiten mitberücksichtigt werden, § 1980 Abs. 1 S. 3 BGB.

Ist der Erbe gleichzeitig Pflichtteilsberechtigter, so bleibt ihm auch die Möglichkeit, sich von der Erfüllung der Vermächtnisse und der Auflagen nach Maßgabe und unter den Voraussetzungen des § 2306 Abs. 1 BGB zu befreien (hierzu und auch zu den Auswirkungen der Erbrechtsreform für Erbfälle, die seit dem 1.1.2010 eingetreten sind, siehe § 15 Rn 67 ff.).

---

228 RGZ 82, 278.

Der Erbe kann die Überschwerungseinrede nach § 1992 BGB erheben und im Prozess beantragen,

„*dass ihm vorbehalten wird, die Vollstreckung in den Nachlass des am ... verstorbenen ... wegen des Vermächtnisses durch Zahlung des Wertes der Nachlassgegenstände in Höhe von ... EUR abzuwenden.*"[229]

## V. Gläubigeraufgebot – Ausschließung und Verschweigung, §§ 1973, 1974 BGB

### 1. Zweck

233 Ob der Erbe seine Haftungsbeschränkung durch eines der zwei förmlichen Nachlassverfahren (Nachlassverwaltung, Nachlassinsolvenzverfahren) herbeiführt, wird oft davon abhängen, wie hoch die Nachlassverbindlichkeiten sind. Deshalb gibt das Gesetz dem Erben mit dem **Aufgebotsverfahren** ein Mittel an die Hand, sich darüber einen Überblick zu verschaffen. Dieses Verfahren setzt nach § 455 Abs. 1 FamFG (bis 31.8.2009: § 991 Abs. 1 ZPO) einen Antrag des Erben beim Nachlassgericht voraus. Das Aufgebot droht den Nachlassgläubigern, die sich nicht rechtzeitig melden, gem. § 458 FamFG (bis 31.8.2009: § 995 ZPO) an, dass sie vom Erben nur insoweit Erfüllung verlangen können, als sich nach Erfüllung der nicht ausgeschlossenen Gläubigerforderungen noch ein Überschuss ergibt. Seit Inkrafttreten des FamFG, dem 1.9.2009, wurde das Aufgebotsverfahren neu geregelt (vgl. dazu nachstehend Rn 234).

### 2. Verfahrensrecht

234 Das 9. Buch der ZPO wurde mit Inkrafttreten des FamFG,[230] dem 1.9.2009, aufgehoben; für bis dahin beantragte Aufgebotsverfahren gilt altes Verfahrensrecht, für neu beantragte Verfahren gelten die neuen Aufgebotsvorschriften der §§ 433 ff. FamFG.[231]

#### a) Zuständigkeit

##### aa) Altes Verfahrensrecht

235 Zuständig für das Aufgebotsverfahren ist das Amtsgericht – allgemeine Zivilabteilung und nicht das Nachlassgericht[232] – (§ 23 Nr. 2h GVG, § 990 ZPO), und zwar örtlich dasjenige am letzten Wohnsitz des Erblassers, so dass die örtliche Zuständigkeit mit der des Nachlassgerichts konform geht (§ 73 FGG). Funktionell zuständig für den Erlass des Aufgebotsbeschlusses ist der Rechtspfleger, § 20 Nr. 2 RPflG. Nach Ablauf der Aufgebotsfrist, die mindestens sechs Wochen betragen muss, wird vom Richter ein **Ausschlussurteil** erlassen, §§ 950, 952 Abs. 1 ZPO. Gegen dieses Ausschlussurteil ist **ein Rechtsmittel nicht statthaft**,

---

229 Palandt/*Edenhofer*, § 1992 BGB Rn 3.
230 BGBl I 2008, 2586.
231 Art. 29 Ziff. 1 lit. n), Ziff. 27 FGG-ReformG vom 17.12.2008 BGBl I 2008, 2586; Art. 111, 112 FGG-ReformG.
232 AnwK-BGB/*Krug*, § 1970 Rn 15; überzeugend *Harder*, ZEV 2002, 90; so auch Staudinger/*Marotzke* § 1970 Rn 3 m.w.N.; *Wieczorek/Schütze/Weber*, § 990 ZPO Rn 2; aA. LG Darmstadt Rpfleger 1996, 159; Zöller/*Geimer*, vor § 946 ZPO Rn 8, der unter Hinweis auf § 990 ZPO die Zuständigkeit des Nachlassgerichts annimmt; Bamberger/Roth/*Lohmann*, § 1970 BGB Rn 6 und MüKo-*Siegmann*, § 1970 BGB Rn 10, die jeweils verkennen, dass § 990 ZPO nicht die Zuständigkeit des Nachlassgerichts anordnet, sondern lediglich eine Harmonisierung der Zuständigkeitsregeln des Aufgebotsgerichts und des Nachlassgerichts herbeiführt.

unter den besonderen Voraussetzungen des § 957 Abs. 2 ZPO allerdings eine Anfechtungsklage.

bb) Neues Verfahrensrecht (für Anträge seit 1.9.2009)

*§ 433 FamFG*
*Aufgebotssachen*
*Aufgebotssachen sind Verfahren, in denen das Gericht öffentlich zur Anmeldung von Ansprüchen oder Rechten auffordert, mit der Wirkung, dass die Unterlassung der Anmeldung einen Rechtsnachteil zur Folge hat; sie finden nur in den durch Gesetz bestimmten Fällen statt.*

*§ 434 FamFG*
*Antrag; Inhalt des Aufgebots*
*(1) Das Aufgebotsverfahren wird nur auf Antrag eingeleitet.*
*(2) Ist der Antrag zulässig, so hat das Gericht das Aufgebot zu erlassen. In das Aufgebot ist insbesondere aufzunehmen:*
*1. die Bezeichnung des Antragstellers;*
*2. die Aufforderung, die Ansprüche und Rechte bis zu einem bestimmten Zeitpunkt bei dem Gericht anzumelden (Anmeldezeitpunkt);*
*3. die Bezeichnung der Rechtsnachteile, die eintreten, wenn die Anmeldung unterbleibt.*

*§ 435 FamFG*
*Öffentliche Bekanntmachung*
*(1) Die öffentliche Bekanntmachung des Aufgebots erfolgt durch Aushang an der Gerichtstafel und durch einmalige Veröffentlichung in dem elektronischen Bundesanzeiger, wenn nicht das Gesetz für den betreffenden Fall eine abweichende Anordnung getroffen hat. Anstelle des Aushangs an der Gerichtstafel kann die öffentliche Bekanntmachung in einem elektronischen Informations- und Kommunikationssystem erfolgen, das im Gericht öffentlich zugänglich ist.*
*(2) Das Gericht kann anordnen, das Aufgebot zusätzlich auf andere Weise zu veröffentlichen.*

*§ 436 FamFG*
*Gültigkeit der öffentlichen Bekanntmachung*
*Auf die Gültigkeit der öffentlichen Bekanntmachung hat es keinen Einfluss, wenn das Schriftstück von der Gerichtstafel oder das Dokument aus dem Informations- und Kommunikationssystem zu früh entfernt wurde oder wenn im Fall wiederholter Veröffentlichung die vorgeschriebenen Zwischenfristen nicht eingehalten sind.*

*§ 437 FamFG*
*Aufgebotsfrist*
*Zwischen dem Tag, an dem das Aufgebot erstmalig in einem Informations- und Kommunikationssystem oder im elektronischen Bundesanzeiger veröffentlicht wird, und dem Anmeldezeitpunkt muss, wenn das Gesetz nicht eine abweichende Anordnung enthält, ein Zeitraum (Aufgebotsfrist) von mindestens sechs Wochen liegen.*

*§ 438 FamFG*
*Anmeldung nach dem Anmeldezeitpunkt*
*Eine Anmeldung, die nach dem Anmeldezeitpunkt, jedoch vor dem Erlass des Ausschließungsbeschlusses erfolgt, ist als rechtzeitig anzusehen.*

236

### § 439 FamFG
**Erlass des Ausschließungsbeschlusses; Beschwerde; Wiedereinsetzung und Wiederaufnahme**
(1) Vor Erlass des Ausschließungsbeschlusses kann eine nähere Ermittlung, insbesondere die Versicherung der Wahrheit einer Behauptung des Antragstellers an Eides statt, angeordnet werden.
(2) Die Endentscheidung in Aufgebotssachen wird erst mit Rechtskraft wirksam.
(3) § 61 Abs. 1 ist nicht anzuwenden.
(4) Die Vorschriften über die Wiedereinsetzung finden mit der Maßgabe Anwendung, dass die Frist, nach deren Ablauf die Wiedereinsetzung nicht mehr beantragt oder bewilligt werden kann, abweichend von § 18 Abs. 3 fünf Jahre beträgt. Die Vorschriften über die Wiederaufnahme finden mit der Maßgabe Anwendung, dass die Erhebung der Klagen nach Ablauf von zehn Jahren, von dem Tag der Rechtskraft des Ausschließungsbeschlusses an gerechnet, unstatthaft ist.

### § 440 FamFG
**Wirkung einer Anmeldung**
Bei einer Anmeldung, durch die das von dem Antragsteller zur Begründung des Antrags behauptete Recht bestritten wird, ist entweder das Aufgebotsverfahren bis zur endgültigen Entscheidung über das angemeldete Recht auszusetzen oder in dem Ausschließungsbeschluss das angemeldete Recht vorzubehalten.

### § 441 FamFG
**Öffentliche Zustellung des Ausschließungsbeschlusses**
Der Ausschließungsbeschluss ist öffentlich zuzustellen. Für die Durchführung der öffentlichen Zustellung gelten die §§ 186, 187, 188 der Zivilprozessordnung entsprechend.

b) Antragsrecht

237 Der nicht unbeschränkt haftende Erbe kann den Aufgebotsantrag stellen, § 455 Abs. 1 FamFG. Sein Antragsrecht beginnt mit Annahme der Erbschaft, eine Frist ist dafür nicht einzuhalten, § 455 Abs. 3 FamFG. Für den bereits umfassend haftenden Erben gäbe das Aufgebot keinen Sinn mehr (vgl. Muster Rn 248).

238 Bei einer **Miterbengemeinschaft** ist **jeder Miterbe** antragsberechtigt, § 455 Abs. 1 FamFG (bis 31.8.2009: § 991 Abs. 1 ZPO). Beantragt nur einer von mehreren Miterben das Aufgebot, so kommen seine Wirkungen auch den übrigen Miterben zustatten, § 460 Abs. 1 FamFG (bis 31.8.2009: § 997 Abs. 1 ZPO). Haftet einer der Miterben bereits allen Nachlassgläubigern gegenüber unbeschränkt, so hat dieser kein Antragsrecht mehr, § 455 Abs. 1 FamFG (bis 31.8.2009: § 991 Abs. 1 ZPO), § 2013 BGB. Haften jedoch Einzelne noch beschränkbar, so gelten die Sonderregeln der § 2060 Nr. 1 BGB, § 460 Abs. 1 S. 2 FamFG (bis 31.8.2009: § 997 Abs. 2 ZPO).

Außer dem Erben steht ein Antragsrecht dem **Testamentsvollstrecker** und dem **Nachlasspfleger** – mit Verwaltungsbefugnis – zu, § 455 Abs. 2 FamFG (bis 31.8.2009: § 991 Abs. 2 ZPO). Aber erst nach Erbschaftsannahme können Erbe und Testamentsvollstrecker den Antrag stellen, § 455 Abs. 3 FamFG (bis 31.8.2009: § 991 Abs. 3 ZPO).

Auch **Vor- und Nacherbe** sind antragsberechtigt; der Antrag des Vorerben kommt dem Nacherben zugute, §§ 461, 460 FamFG (bis 31.8.2009: § 998 ZPO).

Antragsberechtigt ist auch der **Erbteilserwerber**, § 463 FamFG (bis 31.8.2009: § 1000 ZPO). Besonderheiten gelten, wenn sich ein Gesamtgutsanteil einer Gütergemeinschaft im Nachlass befindet; vgl. insofern § 462 FamFG (bis 31.8.2009: § 999 ZPO), für die fortgesetzte Gütergemeinschaft § 464 FamFG (bis 31.8.2009: § 1001 ZPO).

**Form:** Der Erbe hat seinem Antrag ein **Verzeichnis** der ihm bisher bekannt gewordenen Nachlassgläubiger beizufügen und auf Verlangen die Richtigkeit des Verzeichnisses eidesstattlich zu versichern, §§ 456, 439 Abs. 1 FamFG (bis 31.8.2009: §§ 992, 952 Abs. 3 ZPO).

c) Muster: Antrag auf Erlass eines Gläubigeraufgebots

An das

Amtsgericht[233]
– allgemeine Zivilabteilung –

*Nachlasssache des Herrn            , zuletzt wohnhaft in*

*hier: Aufgebot der Nachlassgläubiger*

Hiermit beantrage ich namens meines Mandanten, des Herrn            , in dessen Eigenschaft als Alleinerbe des am            in            gestorbenen Herrn

*das Aufgebot der Nachlassgläubiger*

und danach den Erlass des entsprechenden Ausschlussbeschlusses. Eine auf mich lautende Vollmacht füge ich bei – Anlage 1 –.

Ausweislich der beigefügten begl. Abschrift des Erbscheins, der am            unter Az.            vom Amtsgericht – Nachlassgericht –            erteilt wurde, wurde mein Mandant Alleinerbe des Erblassers – Anlage 2 –.

Unter Bezugnahme auf § 460 FamFG teile ich mit, dass mein Mandant bisher weder allgemein noch gegenüber einem einzelnen Nachlassgläubiger unbeschränkt haftet.

Mein Mandant hat alle ihm bekannten Nachlassgläubiger in der beigefügten Liste – Anlage 3 – erfasst und die Richtigkeit und Vollständigkeit dieser Liste an Eides statt versichert.

Entstehende Kosten können mir aufgegeben werden.

(Rechtsanwalt)

d) Verfahrensgang

Meldet ein Gläubiger eine Forderung an, so hat er den Gegenstand und den Grund der Forderung anzugeben und alle in Betracht kommenden Beweisstücke urschriftlich oder abschriftlich beizufügen, § 459 FamFG (bis 31.8.2009: § 996 Abs. 1 ZPO). Versäumt ein Gläubiger seine Anmeldung innerhalb der Aufgebotsfrist, so kann er dies noch nachholen bis zum Erlass des Ausschlussurteils, § 438 FamFG (bis 31.8.2009: § 951 ZPO).

Zeigt sich schon während des laufenden Aufgebotsverfahrens, dass der Nachlass überschuldet ist, so kann auch während des Aufgebots das Nachlassinsolvenzverfahren eröffnet werden. In diesem Fall endet das Aufgebotsverfahren mit der Eröffnung des Nachlassinsolvenzverfahrens (§ 457 FamFG, bis 31.8.2009: § 993 Abs. 2 S. 2 ZPO).

---

233 Zuständig für das Aufgebotsverfahren ist das Amtsgericht, bei dem das Nachlassgericht seinen Sitz hat, § 454 FamFG, und zwar örtlich dasjenige am letzten Wohnsitz des Erblassers, § 343 FamFG. Funktionell zuständig für den Erlass des Aufgebotsbeschlusses ist der Rechtspfleger, § 20 Nr. 2 RPflG.

242  Das Gläubigeraufgebot wird in der Praxis so selten durchgeführt, dass es bei den Rechtsantragstellen mancher Amtsgerichte nicht bekannt ist. Das Aufgebot hat jedoch in Bezug auf das Haftungsrisiko des Erben viele Vorteile.

### e) Kosten des Aufgebotsverfahrens

243  Die Gerichtsgebühren für das Aufgebotsverfahren und für das Ausschlussurteil bestimmen sich nach Nr. 1144 GKG-KV. Der Gegenstandswert bemisst sich nach dem Interesse des Antragstellers an dem Ausschluss etwaiger Nachlassgläubiger.[234] Die Höhe der Verbindlichkeiten ist nicht bekannt, deshalb werden in der Praxis häufig 20 % des Aktivnachlasses als Gegenstandswert angenommen.[235]

### 3. Wirkungen des Ausschlussbeschlusses

244  Nach beendetem Aufgebotsverfahren kennt der Erbe die angemeldeten und die dinglich gesicherten Forderungen sowie Verbindlichkeiten aus Pflichtteilsrechten, Vermächtnissen und Auflagen. Jetzt ist er in der Lage, sich zu entscheiden, ob er eine Haftungsbeschränkungsmaßnahme herbeiführen muss oder nicht.

245  Hat ein Gläubiger seine Forderung nicht angemeldet, so hat dies nicht zur Folge, dass die Forderung damit erlischt. Die Forderung wird jetzt aber einredebehaftet: Dem Erben steht dagegen die Ausschließungseinrede zu, § 1973 Abs. 1 S. 1 BGB. Allerdings haben selbst Verbindlichkeiten aus Pflichtteilsrechten, Vermächtnissen und Auflagen **Rang nach** den ausgeschlossenen Gläubigern.

246  Gegenüber den ausgeschlossenen Gläubigern haftet der Erbe nur mit dem Nachlass, und zwar nach Bereicherungsgrundsätzen. Hier tritt eine Haftungsbeschränkung ein, obwohl eine Gütersonderung nicht stattgefunden hat, § 1973 Abs. 2 S. 1 BGB. Im Zusammenhang mit der Bereicherungshaftung ist § 818 BGB zu beachten. Die beschränkte Haftung auf den Nachlass bedeutet in diesem Fall, dass der Erbe die Zwangsvollstreckung in die vorhandenen Nachlassgegenstände dulden muss, dass er die Zwangsvollstreckung aber durch Zahlung des Gegenstandswertes abwenden kann, § 1973 Abs. 2 S. 2 BGB.

247  Der Grund für die Haftungsbeschränkung liegt darin, dass der Erbe im Zeitpunkt des Erlasses des Ausschlussurteils mit Sicherheit darüber befinden können soll, ob er eines der zwei Nachlassverfahren einleiten und die damit verbundenen Kosten tragen will. Zwar könnte der Erbe auch noch später ein Verfahren in Gang setzen, wenn sich ein ausgeschlossener Gläubiger meldet; soweit der Erbe dann Nachlassverbindlichkeiten aus seinem eigenen Vermögen erfüllt hätte, könnte er dafür nach den oben dargelegten Grundsätzen Ersatz verlangen. Aber das genügt dem Gesetz zur Sicherung des Erben nicht: Die ausgeschlossenen Gläubiger bleiben ein für alle Mal vom Eigenvermögen des Erben ausgeschlossen. Das Gleiche gilt nach § 1974 Abs. 1 BGB für einen Gläubiger, der sich nach dem Erbfall fünf Jahre lang nicht gemeldet hat (vgl. nachfolgend Rn 250).

### 4. Verschweigungseinrede

248  Für Forderungen, die dem Erben unbekannt geblieben sind und die erst fünf Jahre nach dem Erbfall geltend gemacht werden, haftet der Erbe dem betreffenden Gläubiger gegenüber wie einem im Aufgebotsverfahren ausgeschlossenen Gläubiger (§ 1974 Abs. 1 S. 1 BGB:

---

234 *Gerold/Schmidt*, § 23 RVG Rn 12.
235 *Firsching/Graf*, Rn 4.783, Fn 980.

"Verschweigungseinrede"). Allerdings werden dinglich berechtigte Gläubiger auch davon nicht betroffen, §§ 1974 Abs. 3, 1971 BGB.

Wird der Erbe auf Klage des ausgeschlossenen Nachlassgläubigers hin verurteilt, so muss er sich auch hier die Haftungsbeschränkung nach § 780 ZPO vorbehalten lassen (vgl. hierzu Muster Rn 250) und bei der Vollstreckung nach §§ 781, 784 (analog) 785, 767 ZPO Vollstreckungsgegenklage erheben.

Ist die Beschränkung im Urteil unterblieben und hat der Nachlassgläubiger in das Eigenvermögen des Erben vollstreckt, so hat der Erbe nach §§ 813, 814 BGB einen Bereicherungsanspruch gegen den Gläubiger. Der ausgeschlossene Gläubiger kann nicht mit einer Nachlassforderung gegen eine zum Eigenvermögen des Erben gehörende Forderung aufrechnen, weil es an der nach § 387 BGB erforderlichen Gegenseitigkeit fehlt.

Hat der Erbe die Forderung eines Nachlassgläubigers vor dessen Ausschluss teilweise erfüllt, so bleibt es dabei; denn in Höhe der nach § 362 BGB untergegangenen Forderung wurde der Gläubiger vom Ausschlussverfahren nicht mehr betroffen.

### 5. Muster: Klageerwiderung (Verschweigungseinrede)

An das

Landgericht
– Zivilkammer –

zu Az.

*Klageerwiderung*

In der Rechtssache

– Klägers –

Prozessbevollmächtigter: Rechtsanwalt

gegen

– Beklagten –

Prozessbevollmächtigter: Rechtsanwalt

wegen Forderung

legitimiere ich mich für den Beklagten und beantrage
1. in erster Linie **Klagabweisung**,
2. in zweiter Linie für den Fall der ganzen oder teilweisen Stattgabe der Klage die Aufnahme eines Haftungsbeschränkungsvorbehalts nach § 780 ZPO in den Tenor des Urteils des Inhalts, dass dem Beklagten die Beschränkung seiner Haftung für Hauptanspruch, Nebenforderungen und Kosten auf den Nachlass der Erblasserin, der am              verstorbenen Frau            , zuletzt wohnhaft in            , vorbehalten wird.

*Krug*

*Begründung:*

Zum Klageabweisungsantrag:

Der Kläger macht gegenüber dem Beklagten als Alleinerben der Frau ▮▮▮, gestorben am ▮▮▮, eine Kaufpreisforderung geltend aus einem Kaufvertrag vom ▮▮▮. Zum einen wird gegenüber dieser Forderung die **Verjährungseinrede** erhoben, zum anderen die **Verschweigungseinrede** nach § 1973 Abs. 2 BGB.

Der Beklagte hat, um sein Haftungsrisiko als Alleinerbe der Frau ▮▮▮ zu begrenzen, das Aufgebotsverfahren nach §§ 1970 ff. BGB durchgeführt. Den entsprechenden Ausschlussbeschluss hat das Amtsgericht ▮▮▮ am ▮▮▮ unter Az. ▮▮▮ erlassen.

*Beweis:* Begl. Abschrift des Ausschlussbeschlusses vom ▮▮▮

Alle Forderungen der Gläubiger, die sich aufgrund des Aufgebots gemeldet haben, wurden erfüllt. Der Nachlass hat nicht zur Erfüllung aller Forderungen ausgereicht. Da der Nachlass erschöpft ist, geht die Bereicherungshaftung des § 1973 Abs. 2 BGB ins Leere. Die Klage ist demnach abzuweisen.

Zum Antrag auf Aufnahme eines Haftungsbeschränkungsvorbehalts:

Höchst vorsorglich beantragt der Beklagte, ihm nach § 780 ZPO die Beschränkung seiner Haftung auf den Nachlass der am ▮▮▮ verstorbenen Frau ▮▮▮ vorzubehalten, und zwar bezüglich Hauptforderung, Nebenforderungen und Kosten. Dies ist eine reine Vorsichtsmaßnahme für den Fall, dass wider Erwarten doch eine Haftung des Beklagten angenommen werden sollte. Ein solcher Haftungsgrund ist jedoch nicht ersichtlich.

(Rechtsanwalt)

251 **Hinweis**
Inventarerrichtung (§§ 1993 ff. BGB) und Gläubigeraufgebot (§§ 1970–1974 BGB; §§ 989 ff. ZPO) sind keine Haftungsbeschränkungsmaßnahmen, sondern können solche lediglich vorbereiten. Über die Verschweigungseinrede wirkt ein ordnungsgemäß durchgeführtes Gläubigeraufgebot jedoch faktisch weitgehend wie eine Haftungsbeschränkung.
Das 9. Buch der ZPO wurde mit Inkrafttreten des FamFG, dem 1.9.2009, aufgehoben; bis dahin beantragte Verfahren werden nach altem Recht abgewickelt, für neu beantragte Verfahren gelten die neuen Aufgebotsvorschriften der §§ 433 ff. FamFG.[236]

### 6. Nicht betroffene Gläubiger

252 Von dem Aufgebot nicht betroffen sind die dinglich gesicherten Gläubiger, wie Grundpfandrechtsgläubiger, Sicherungseigentümer, Vorbehaltseigentümer, § 1971 BGB. Wäre dies nicht der Fall, so wäre ihre dingliche Sicherung letztlich im Erbfall wertlos. Die sachenrechtlichen Grundsätze über die Bestellung dinglicher Sicherungsrechte sorgen dafür, dass die Gläubiger bekannt sind (Eintragung im Grundbuch, Besitzeinräumung beim Pfandrecht an beweglichen Sachen). Vom Gläubigeraufgebot nicht betroffen sind auch die Berechtigten aus Pflichtteilen, Vermächtnissen und Auflagen. Sie werden beim Erbfall bekannt, weil ihre Rechte nur im unmittelbaren Zusammenhang mit einer Verfügung von Todes wegen oder einer dem Nachlassgericht gegenüber zu erklärenden Ausschlagung (§ 1371 Abs. 3 BGB) entstehen können.

---

[236] Art. 29 Ziff. 1 lit. n), Ziff. 27 FamFG-ReformG vom 17.12.2008 BGBl I 2008, 2586; Art. 111, 112 FGG-ReformG.

## 7. Einrede des Aufgebotsverfahrens

Siehe insoweit nachfolgend Rn 254 ff.

## VI. Aufschiebende Einreden (Dreimonatseinrede, Aufgebotseinrede § 2014, 2015 BGB) und ihre prozessuale Geltendmachung

### 1. Erkenntnisverfahren: Aufnahme eines Vorbehalts in das Urteil gegen den Erben (§ 305 ZPO)

Solange der Erbe noch beschränkbar haftet (§ 2016 Abs. 1 BGB), gestattet ihm das Gesetz während der ersten drei Monate nach der Annahme der Erbschaft und während eines Aufgebotsverfahrens, die Erfüllung von Nachlassforderungen gänzlich zu verweigern, so dass er weder den Nachlass noch sein Eigenvermögen anzugreifen braucht. Im Prozess hindert das zwar nicht seine Verurteilung, aber nur unter dem Vorbehalt der beschränkten Haftung gem. § 305 Abs. 1 ZPO.

> **Tenorierungs- bzw. Antrags-Beispiel**
> Der Beklagte wird verurteilt, an den Kläger ▬▬▬ EUR zu zahlen. Ihm bleibt die Geltendmachung seiner Rechte aus §§ 2014, 2015 BGB in Bezug auf Hauptforderung, Nebenforderungen und Kosten vorbehalten.

Möglich und effizienter erscheint eine Antragstellung bzw. Tenorierung wie oben (vgl. Rn 145 und Rn 153) vorgeschlagen.

### 2. Prozessrechtliche Wirkung des Vorbehalts

In der Zwangsvollstreckung kann der Erbe nach Aufnahme eines Vorbehalts durch eine **Vollstreckungsgegenklage** nach §§ 780 Abs. 1, 782, 785, 767 ZPO erreichen, dass der Nachlassgläubiger nur die bei einem Arrest zugelassenen Maßnahmen ergreift, §§ 930–932 ZPO, also reine Sicherungsmaßnahmen und keine Verwertung (vgl. das nachfolgende Muster Rn 257). Das bedeutet, dass die aufschiebende Einrede nicht die Vollstreckung in das Eigenvermögen verhindert, sondern sie lediglich beschränkt. Sind für die Nachlassforderung dingliche Sicherheiten bestellt, so hindert die Einrede gem. § 2016 Abs. 2 BGB auch nicht deren Verwertung.

### 3. Muster: Vollstreckungsgegenklage – noch nicht abgeschlossenes Gläubigeraufgebot – nach Vorbehalt im Ersturteil gem. § 2015 BGB, § 305 ZPO (§§ 782, 785, 767 ZPO); Antrag auf Einstellung der Zwangsvollstreckung

An das

▬▬▬gericht[237]

Klage

des Herrn ▬▬▬

– Klägers –

Prozessbevollmächtigter: Rechtsanwalt ▬▬▬

---

[237] Zuständig ist das Gericht des ersten Rechtszugs, das das Vorbehaltsurteil (§ 305 ZPO) erlassen hat, §§ 782, 785, 767 ZPO.

gegen

▓▓▓

– Beklagten –

wegen teilweiser und zeitweiliger Unzulässigkeit der Zwangsvollstreckung;

Antrag auf Einstellung der Zwangsvollstreckung.

Namens und in Vollmacht des Klägers erhebe ich Klage gegen den Beklagten und werde in dem zu bestimmenden Termin beantragen, für Recht zu erkennen:

Die Überweisung im Wege der Zwangsvollstreckung des gepfändeten Auszahlungsanspruchs bezüglich des Guthabens auf dem Konto Nr. ▓▓▓ bei der ▓▓▓ Bank, Kontoinhaber: ▓▓▓, wird bis zum ▓▓▓ für unzulässig erklärt.

Falls die Voraussetzungen des § 331 Abs. 3 bzw. § 307 ZPO vorliegen, bitte ich um Erlass eines **Versäumnis-** bzw. **Anerkenntnisurteils** ohne mündliche Verhandlung.

Außerdem beantrage ich die **Einstellung der Zwangsvollstreckung** aus dem Urteil des ▓▓▓ gerichts ▓▓▓ vom ▓▓▓ Az. ▓▓▓ ohne Anordnung der Sicherheitsleistung, hilfsweise gegen Sicherheitsleistung.

*Begründung:*

Der Kläger wendet sich gegen Zwangsvollstreckungsmaßnahmen des Beklagten aus dem Vorbehaltsurteil des ▓▓▓ gerichts vom ▓▓▓, Az. ▓▓▓, das seit ▓▓▓ rechtskräftig ist.

Der Kläger ist der Alleinerbe des am ▓▓▓ verstorbenen ▓▓▓, zuletzt wohnhaft in ▓▓▓. Mit Urteil des ▓▓▓ gerichts vom ▓▓▓, Az. ▓▓▓, wurde er verurteilt, an den Beklagten, den Kläger des damaligen Rechtsstreits, den Betrag von ▓▓▓ EUR zuzüglich Zinsen und Kosten zu zahlen. Weil der Kläger das Verfahren zum Zwecke des Aufgebots der Nachlassgläubiger nach §§ 1970 ff. BGB eingeleitet hatte, wurde in das Urteil ein Vorbehalt nach §§ 2015 BGB, 305 ZPO aufgenommen.

*Beweis:* Begl. Abschrift des bezeichneten Urteils – Anlage K 1 –

Dieses Aufgebotsverfahren ist noch nicht abgeschlossen.

*Beweis:* Bestätigung des ▓▓▓ gerichts vom ▓▓▓ – Anlage K 2 –

Der Beklagte hat aufgrund einer vollstreckbaren Ausfertigung des bezeichneten Urteils das im Klageantrag bezeichnete Konto des Klägers durch Pfändungs- und Überweisungsbeschluss des Amtsgerichts ▓▓▓, Az. ▓▓▓, pfänden und sich zur Einziehung überweisen lassen.

*Beweis:* Begl. Fotokopie des Pfändungs- und Überweisungsbeschlusses – Anlage K 3 –

Damit hat der Beklagte gegen § 782 S. 1 ZPO verstoßen. Bis zum Abschluss des Verfahrens zum Zwecke des Aufgebots der Nachlassgläubiger hätte er die Zwangsvollstreckungsmaßnahmen auf reine Sicherungsmaßnahmen beschränken müssen, also auf die reine Pfändung der Forderung. Die Überweisung zur Einziehung ist als ein Akt der Verwertung der Forderung noch nicht zulässig, §§ 782 S. 1, 930–932 ZPO.

Die Zwangsvollstreckung ist deshalb, soweit es die Überweisung der Forderung zur Einziehung betrifft, gem. §§ 782, 785, 767 ZPO bis zum Abschluss des Aufgebotsverfahrens für unzulässig zu erklären. Das Aufgebotsverfahren wird voraussichtlich am ▓▓▓ abgeschlossen sein. Termin zur Verkündung des Ausschlussurteils ist vom Amtsgericht ▓▓▓ bestimmt auf ▓▓▓.

*Beweis:* Begl. Fotokopie der Verfügung zur Bestimmung des Verkündungstermins – Anlage K 4 –

Darüber hinaus ist die Zwangsvollstreckung aus dem bezeichneten Urteil nach §§ 769, 770 ZPO einzustellen, was hiermit noch einmal beantragt wird.

(Rechtsanwalt)

*Krug*

## VII. Verlust der Möglichkeit einer Haftungsbeschränkung

Der Erbe verliert die Möglichkeit, seine Haftung zu beschränken, in **fünf Fällen:**
1. nach § 1994 Abs. 1 S. 2 BGB, wenn das Nachlassgericht ihm auf Antrag eines Nachlassgläubigers eine **Inventarfrist** gesetzt hat und diese **Frist abgelaufen** ist, ohne dass der Erbe das Inventar errichtet hat;
2. nach § 2005 Abs. 1 BGB bei **Inventaruntreue;**
3. **durch Vertrag** mit **einzelnen** oder allen Nachlassgläubigern;
4. nach § 2006 Abs. 3 BGB bei **Verweigerung der Abgabe der eidesstattlichen Versicherung.** Hier haftet er nur demjenigen Gläubiger gegenüber unbeschränkt, der die Leistung der eidesstattlichen Versicherung verlangt hatte;
5. durch vorbehaltlose Verurteilung, § 780 Abs. 1 ZPO, unbeschränkte Haftung gegenüber dem klagenden Gläubiger.

Nach Eintritt eines dieser Umstände kann der Erbe, wie sich im Einzelnen aus § 2013 BGB ergibt, nicht mehr den Zugriff der Nachlassgläubiger auf sein Eigenvermögen mit den allgemeinen Haftungsbeschränkungsmaßnahmen verhindern.

## VIII. Keine Abwehrrechte der Eigengläubiger

Die Eigengläubiger sind nicht berechtigt, den Zugriff der Nachlassgläubiger auf das Eigenvermögen des Erben zu verhindern und so das Eigenvermögen des Erben für sich zu reservieren. Das Gesetz überlässt allein dem Erben die Entscheidung, ob er den Zugriff der Nachlassgläubiger auf sein Vermögen dulden will oder nicht. Die Eigengläubiger können den Erben an der Begleichung von Nachlassschulden aus seinem Eigenvermögen ebenso wenig hindern, wie sie ihn davon abhalten können, neue Schulden durch Rechtsgeschäfte unter Lebenden einzugehen. Die Eigengläubiger können nur Antrag auf Insolvenzeröffnung wegen Zahlungsunfähigkeit oder Überschuldung stellen (§§ 16, 17, 19 InsO).

Der Insolvenzgrund der Überschuldung des Nachlasses und das Bestehen eines Pflichtteilsanspruchs schließen sich nicht denknotwendig aus. Der Berechnung des Pflichtteilsanspruchs wird der Wert des Nachlasses im Zeitpunkt des Erbfalls zugrunde gelegt, während der Insolvenzgrund, der den Nachlass betrifft, im Zeitpunkt der Entscheidung über die Eröffnung des Nachlassinsolvenzverfahrens vorliegen muss.[238]

## E. Schutz des Nachlasses vor den Eigengläubigern des Erben

### I. Zwei Nachlassverfahren

#### 1. Nachlassverwaltung

Ebenso wie die Nachlassgläubiger oft versuchen, sich des Eigenvermögens des Erben zu bemächtigen, versuchen die Eigengläubiger, ihre Forderung aus dem Nachlass zu erfüllen. Dem können die Interessen des Erben entgegenstehen, vor allem aber die der Nachlassgläubiger. Daher haben sowohl der Erbe als auch der Nachlassgläubiger nach § 1981 Abs. 1 und 2 BGB das Recht, die Nachlassverwaltung zu beantragen.

---

238 BGH, Beschl.v. 1.12.2005 – IX ZB 85/04, nach „beck-online".

Auch die **Erbeserben** sind berechtigt, nach § 1981 Abs. 1 BGB die Anordnung der Nachlassverwaltung zu beantragen.[239]

262  Auch diejenigen Nachlassgläubiger haben ein Interesse daran, die Eigengläubiger vom Nachlass fern zu halten, die auf das Eigenvermögen nicht mehr zugreifen können, denen der Erbe also nur noch beschränkt haftet. Daher haben sie in gleicher Weise wie die anderen Nachlassgläubiger ein Antragsrecht. Dies ergibt sich aus § 2013 Abs. 1 S. 1 Hs. 1 BGB, der den § 1981 BGB nicht nennt.

Der Erbe andererseits, der **allen Nachlassgläubigern unbeschränkt** haftet, kann gem. § 2013 Abs. 1 S. 1 Hs. 2, Abs. 2 BGB die Nachlassverwaltung nicht mehr beantragen. Nur noch Nachlassgläubiger können dann den Nachlass vor den Eigengläubigern mit einer Nachlassverwaltung schützen. In diesem Falle führt die Nachlassverwaltung zwar zu einer Abwehr der Eigengläubiger vom Nachlass, nicht aber zu einer Abriegelung der Nachlassgläubiger vom Eigenvermögen. Der Nachlassverwalter kann nach §§ 1984 Abs. 2 BGB, 784 Abs. 2 und 1, 785, 767 ZPO Vollstreckungsgegenklage gegen die Vollstreckung von Eigengläubigern in den Nachlass erheben.

263  Hat ein Eigengläubiger des Erben vor der Anordnung der Nachlassverwaltung gegen eine Nachlassforderung aufgerechnet, so wird die Aufrechnung nach § 1977 Abs. 2 BGB rückgängig gemacht. Ist der Erbe Schuldner einer Nachlassforderung, so macht § 1976 BGB das Erlöschen der Forderung wieder rückgängig. Hat der Erbe freiwillig aus dem Nachlass an einen Eigengläubiger geleistet, so haftet er dem Nachlassgläubiger nach §§ 1978 Abs. 1 S. 1, 667, 280 BGB auf Schadensersatz.

### 2. Nachlassinsolvenzverfahren

264  Nachlassgläubiger und jeder Erbe können einen Antrag auf Eröffnung des Nachlassinsolvenzverfahrens stellen, § 317 InsO. Nach § 321 InsO gewähren Maßnahmen der Einzelzwangsvollstreckung in den Nachlass, die vor Eröffnung des Nachlassinsolvenzverfahrens erfolgt sind, kein Recht zur abgesonderten Befriedigung. Einer späteren Einzelvollstreckung steht § 89 InsO entgegen.

### 3. Beendigung der förmlichen Nachlassverfahren

265  Nach Beendigung der zwei förmlichen Verfahren (Nachlassverwaltung, Nachlassinsolvenzverfahren) können die Eigengläubiger den Nachlass wieder in Anspruch nehmen. Es ist also anders als beim Zugriff der Nachlassgläubiger auf Eigenvermögen: Er bleibt auch nach Beendigung der Verfahren unzulässig.

## II. Testamentsvollstreckung

### 1. Sondervermögen

266  Unterliegt der Nachlass der Verwaltung durch einen Testamentsvollstrecker, so tritt auf diese Weise bereits eine Nachlasssonderung ein wie bei Nachlassverwaltung und Insolvenzverwaltung.

---

239 OLG Jena FamRZ 2009, 1096 = NJW-RR 2009, 304 = ZErb 2008, 420 = ZEV 2009, 33.

## 2. Haftung des Nachlasses

### a) Nachlassgläubiger

Gläubiger von Nachlassverbindlichkeiten können jedoch sowohl gegen den Testamentsvollstrecker als auch gegen den Erben vorgehen, § 2213 Abs. 1 BGB.

Der Testamentsvollstreckung unterliegendes Nachlassvermögen zählt bei Anordnung des Nachlassinsolvenzverfahrens zur Insolvenzmasse.

Dazu das OLG Köln:[240]

> „Das Nachlassvermögen, hinsichtlich dessen Testamentsvollstreckung angeordnet wurde, ist der Insolvenzmasse zuzurechnen. Der unter Testamentsvollstreckung stehende Nachlass ist nicht schlechthin unpfändbar und damit von der Insolvenzmasse ausgenommen. Er ist nur – zeitlich bis zur Beendigung der Testamentsvollstreckung – dem Zugriff der Gläubiger des Schuldners entzogen. Sind die sich aus dem Pflichtteilsrecht ergebenden Ansprüche bereits zur Zeit der Eröffnung des Insolvenzverfahrens begründet, stellen sie Insolvenzforderungen dar."

### b) Eigengläubiger

Der Erblasser kann seinen gesamten Nachlass oder einen Teil davon vor den Eigengläubigern seines Erben durch eine Verfügung von Todes wegen schützen, indem er **eine Testamentsvollstreckung** anordnet, §§ 2197–2200 BGB: Dann können die Eigengläubiger sich nicht an die der Verwaltung des Testamentsvollstreckers unterliegenden Nachlassgegenstände halten, § 2214 BGB; gegen eine Vollstreckung wehrt sich der Testamentsvollstrecker mit der Erinnerung nach § 766 ZPO.[241]

**Insolvenz des Erben:** Ein der Testamentsvollstreckung unterliegender Nachlass fällt mit Eröffnung des Insolvenzverfahrens über das Vermögen des Erben in die Insolvenzmasse. Der unter Testamentsvollstreckung stehende Nachlass, der in die Insolvenzmasse fällt, bildet bis zur Beendigung der Testamentsvollstreckung eine Sondermasse, auf die die Nachlassgläubiger, nicht aber die Erbengläubiger Zugriff nehmen können. Die Verurteilung des Insolvenzverwalters zur Zahlung wegen eines Pflichtteils- und Pflichtteilsergänzungsanspruchs gegen den Schuldner ist auf den vom Testamentsvollstrecker verwalteten Nachlass zu beschränken. Bei Testamentsvollstreckung kann der Pflichtteils- und Pflichtteilsergänzungsanspruch gegen den Schuldner in voller Höhe zur Tabelle angemeldet und durch Urteil festgestellt werden.[242]

Der Grund für die Vorschrift des § 2214 BGB liegt nicht in einem Recht des Erben oder der Nachlassgläubiger, den Nachlass abzuschirmen, sondern in der Rechtsstellung des Testamentsvollstreckers: Er soll in Ruhe seine Aufgabe durchführen können, ohne dabei durch die Eigengläubiger gestört zu werden. Durch die analoge Anwendung des § 2041 BGB wird auf dem Weg über die dingliche Surrogation der Wert des Nachlasses erhalten. Eigengläubigern ist der Zugriff auf die Surrogate verwehrt.

Der Erblasser könnte auf den Gedanken kommen, seinem Alleinerben einen von den Eigengläubigern ungestörten Genuss des Nachlasses dadurch zu sichern, dass er ihn gem. § 2209 BGB auch zum Testamentsvollstrecker mit der alleinigen Aufgabe der Verwaltung,

---

240 OLG Köln FamRZ 2005, 1104 = ZEV 2005, 307 = Rpfleger 2005, 363.
241 Zur Befugnis für die Vollstreckungserinnerung bei bestehender Testamentsvollstreckung vgl. *Garlichs*, Rpfleger 1999, 60.
242 BGHZ 167, 352 = FamRZ 2006, 1111 = NJW 2006, 2698 = ZErb 2006, 272 = ZEV 2006, 405.

und zwar für dessen Lebensdauer nach § 2210 S. 2 BGB, ernennt. Dies ist aber unzulässig, weil die Ernennung eines Testamentsvollstreckers immer eine Beschränkung des Erben enthalten muss, wie sich aus §§ 2306, 2376 BGB ergibt.[243]

Fazit: Mit der Anordnung einer Testamentsvollstreckung kann der Erblasser den Nachlass vor dem Zugriff der Eigengläubiger schützen.

### 3. Unzulänglichkeitseinreden

270  Die Geltendmachung der Dürftigkeitseinrede und der Überschwerungseinrede nach §§ 1990, 1992 BGB erfolgt bei der Verwaltungsvollstreckung durch Verweisung auf den verwalteten und damit abgesonderten Nachlass.

## F. Sonderregeln für die Erbengemeinschaft

### I. Wechselseitige Verpflichtung der Miterben zur ordnungsmäßigen Verwaltung

271  Trotz des auf Auseinandersetzung gerichteten Zwecks der Erbengemeinschaft (Auseinandersetzungsanspruch nach § 2042 Abs. 1 BGB) muss der Nachlass zwischen dem Erbfall und der endgültigen Erbauseinandersetzung zur Erhaltung als Haftungsmasse sinnvoll verwaltet werden. Diese Verwaltungsbefugnis kommt den Miterben zu, es sei denn, der Erblasser hätte sie einem Testamentsvollstrecker übertragen. Die Verwaltung umfasst alle Maßnahmen zur Erhaltung oder Vermehrung des Nachlasses, gleichgültig, ob es sich um Maßnahmen des Innenverhältnisses oder des Außenverhältnisses handelt.

272  Der gegenseitigen Mitwirkungspflicht der Miterben zu ordnungsmäßigen Verwaltungsmaßnahmen steht eine Sanktion bei der Erbenhaftung gegenüber: die gesamtschuldnerische Haftung nach § 2058 BGB. Diese gravierende Rechtsfolge für jeden einzelnen Miterben erfordert die **Werterhaltung des Nachlasses** durch sinnvolle Verwaltungsmaßnahmen, damit nicht durch eine Wertminderung eine Unterdeckung eintritt, die zu einer Haftung der Erben mit dem Eigenvermögen führen könnte.

273  Vor diesem Hintergrund ist auch das Erfordernis der Einstimmigkeit zu außerordentlichen Verwaltungsmaßnahmen zu sehen, § 2038 Abs. 1 S. 1 BGB. Das wirtschaftliche Risiko außergewöhnlicher Verwaltungsmaßnahmen soll nur dann eingegangen werden können, wenn jeder Miterbe zustimmt, weil ihn auch die gesamtschuldnerische Haftung des § 2058 BGB trifft. Ein Mehrheitsbeschluss reicht für solche außerordentlichen Maßnahmen nicht.

274  **Beispiele für außerordentliche Verwaltung:**
– Umänderung einer Erbengemeinschaft in eine werbende Gesellschaft;
– Umwandlung eines Gewerbes in ein Unternehmen einer anderen Branche.

275  Einen Sicherungsmechanismus zur Erhaltung des Nachlasses enthält auch die Regelung über die **Notgeschäftsführung** (§ 2038 Abs. 1 S. 2 a.E. BGB). Sie ist zulässig bei bedeutsamen Maßnahmen in Dringlichkeitsfällen, wenn die Stellungnahme bzw. Zustimmung der anderen Miterben nicht mehr eingeholt werden kann. Allerdings fallen nur Maßnahmen der ordnungsgemäßen Verwaltung darunter. (Beispiel: Wasserrohrbruch im Wohnhaus der Erbengemeinschaft. Ein Miterbe kann die erforderlichen Reparaturaufträge im Namen aller Miterben erteilen. Aus dem Auftrag entsteht eine Nachlassverbindlichkeit). Lagen die tatbe-

---

[243] RGZ 77, 177; 163, 57; Staudinger/*Reimann*, § 2214 BGB Rn 5.

standsmäßigen Voraussetzungen einer Notverwaltungsmaßnahme nicht vor, so haftet der handelnde Miterbe allein, eine Nachlassverbindlichkeit entsteht dann nicht.

■ **Erfüllung von Nachlassverbindlichkeiten als ordnungsgemäße Verwaltung:**

Die Berichtigung von Nachlassverbindlichkeiten ist grundsätzlich eine Maßnahme der ordnungsgemäßen Verwaltung des Nachlasses,[244] deshalb sind alle Erben gem. § 2038 Abs. 1 S. 2 Hs. 1 BGB zur Mitwirkung verpflichtet.

Außerdem hat jeder Miterbe gegenüber den anderen Miterben Anspruch auf Mitwirkung bei der Tilgung von Nachlassverbindlichkeiten mit Mitteln des Nachlasses auf der Grundlage von § 2046 Abs. 1 S. 1 BGB – gleichgültig, ob die Auseinandersetzung des Nachlasses bevorsteht oder nicht. Allerdings hat diese Vorschrift nur Wirkung im Innenverhältnis zwischen den Miterben, nicht auch im Verhältnis zu den Nachlassgläubigern.[245]

## II. Schutz des Eigenvermögens des Miterben vor den Nachlassgläubigern

### 1. Haftungsbeschränkung

a) Einrede des ungeteilten Nachlasses für den Miterben

aa) Voraussetzungen für die Einrede

Die Haftung der Miterben durch die Einleitung eines der zwei förmlichen Verfahren (Nachlassverwaltung, Nachlassinsolvenzverfahren) zu beschränken, ist nicht erforderlich, weil das Gesetz die Verfügungsbefugnis über den Nachlass von der über das Eigenvermögen jedes Erben trennt. Auch die Voraussetzungen einer Dürftigkeits- oder Überschwerungseinrede nach §§ 1990, 1992 BGB müssen nicht vorliegen. Der Grund dafür ist, dass hier in Bezug auf die Vermögensvermischung die Situation vollständig anders ist als beim Alleinerben.

Wenn mehrere Miterben vorhanden sind, so besteht kraft Gesetzes eine Gütersonderung, denn Eigenvermögen und Nachlass sind auch ohne besonderes förmliches Verfahren voneinander getrennt: Über den Nachlass können die Miterben nur gemeinschaftlich verfügen, vgl. § 2040 Abs. 1 BGB. Daher kann der einzelne Miterbe auch nicht erzwingen, dass eine bestimmte Nachlassverbindlichkeit aus dem Nachlass beglichen wird; er ist vielmehr auf die Zustimmung der anderen Miterben angewiesen.

Deshalb beschränkt § 2059 Abs. 1 S. 1 BGB bis zur Teilung des Nachlasses die Haftung des Miterben, indem er grundsätzlich seine Haftung mit seinem Eigenvermögen ausschließt (**Einrede des ungeteilten Nachlasses**). Allerdings geht es hier nur um eine Haftungsbeschränkung auf Zeit, nämlich solange der Nachlass nicht geteilt ist. Die Haftungsbeschränkung muss dem Miterben aber für den Fall, dass ein Urteil ergangen ist, nach § 780 ZPO im Urteilstenor vorbehalten worden sein, sonst geht ihm die Haftungsbeschränkungsmöglichkeit des § 2059 Abs. 1 S. 1 BGB gegenüber dem betreffenden Gläubiger (= Kläger) verloren.

---

244 OLG Celle FamRZ 2003, 1224 mit Anm. *Schindler*, FamRZ 2004, 139 = ZEV 2003, 203 = OLGR Celle 2003, 232; Soergel/*Wolf*, § 2038 BGB Rn 3.
245 BGHZ 57, 84, 93; RGZ 95, 325, 328; KG OLGE 9, 389, 391; MüKo-*Heldrich*, § 2046 BGB Rn 3; Soergel/*Wolf*, § 2046 BGB Rn 2; Staudinger/*Werner*, § 2046 BGB Rn 1; Palandt/*Edenhofer*, § 2046 BGB Rn 1.

Jeder Miterbe, der noch beschränkbar haftet, kann also vor der Nachlassteilung die Erfüllung einer Nachlassverbindlichkeit aus seinem Eigenvermögen verweigern, indem er die **Einrede des ungeteilten Nachlasses** erhebt (§ 2059 Abs. 1 S. 1 BGB, §§ 781, 785 ZPO).

bb) Muster: Klageerwiderung mit Antrag auf Aufnahme eines Haftungsbeschränkungsvorbehalts – Einrede des ungeteilten Nachlasses (§ 780 ZPO, § 2059 Abs. 1 S. 1 BGB)

An das

Landgericht
– Zivilkammer –

zu Az.

*Klageerwiderung*

In der Rechtssache

– Klägers –

Prozessbevollmächtigter: Rechtsanwalt

gegen

– Beklagte –

Prozessbevollmächtigter: Rechtsanwalt

wegen Forderung

legitimiere ich mich für die Beklagte und beantrage
1. in erster Linie **Klagabweisung**,
2. in zweiter Linie für den Fall der ganzen oder teilweisen Stattgabe der Klage die Aufnahme eines Haftungsbeschränkungsvorbehalts nach § 780 ZPO in den Tenor des Urteils des Inhalts, dass der Beklagten die Beschränkung ihrer Haftung für Hauptanspruch, Nebenforderungen und Kosten auf den Nachlass der Erblasserin, der am            verstorbenen Frau           , zuletzt wohnhaft in           , vorbehalten wird.

*Begründung:*

Der Kläger nimmt die Beklagte in ihrer Eigenschaft als Miterbin zu einem Drittel am Nachlass der am           verstorbenen Frau           als Gesamtschuldnerin in Anspruch.

Zum Klageabweisungsantrag:

Zum Antrag auf Aufnahme eines Haftungsbeschränkungsvorbehalts:

Der vom Kläger behauptete angeblich gegen den Erblasser gerichtete Darlehensanspruch wäre, wenn er bestünde, Nachlassverbindlichkeit nach § 1967 BGB. Da zum jetzigen Zeitpunkt noch nicht abzusehen ist, ob der Nachlass zur Erfüllung aller Nachlassverbindlichkeiten ausreichen wird, behält sich die Beklagte die Herbeiführung von Maßnahmen zur Beschränkung ihrer Haftung auf den Nachlass der Erblasserin, der am           verstorbenen Frau           , vor, insbesondere die Erhebung der Überschwerungseinrede gegenüber dem Kläger nach § 1992 BGB.

Darüber hinaus ist der Nachlass, an dem die Beklagte mit einem Anteil von einem Drittel beteiligt ist, noch nicht auseinander gesetzt; der Beklagten steht deshalb die Einrede des ungeteilten Nachlasses nach § 2059 Abs. 1 S. 1 BGB zu.

*Krug*

*Beweis:* Zeugnis der beiden anderen Miterben, der Herren ▇▇▇ und ▇▇▇

Aus diesen Gründen ist im Falle der Verurteilung der Beklagten in den Urteilstenor der beantragte Haftungsbeschränkungsvorbehalt aufzunehmen, der sich ausdrücklich auch auf die Kosten des Rechtsstreits zu erstrecken hat (vgl. LG Leipzig ZEV 1999, 234).

(Rechtsanwalt)

cc) Muster: Vollstreckungsgegenklage – Einrede des ungeteilten Nachlasses gem. § 2059 BGB, §§ 780, 781, 785, 767 ZPO; Antrag auf Einstellung der Zwangsvollstreckung

An das

▇▇▇gericht[246]

▇▇▇

*Klage*

des Herrn ▇▇▇

– Klägers –

Prozessbevollmächtigter: Rechtsanwalt ▇▇▇

gegen

▇▇▇

– Beklagten –

wegen Unzulässigkeit der Zwangsvollstreckung;

Antrag auf Einstellung der Zwangsvollstreckung.

Namens und in Vollmacht des Klägers erhebe ich Klage gegen den Beklagten und werde in dem zu bestimmenden Termin beantragen, für Recht zu erkennen:

Die Pfändung und Überweisung des Auszahlungsanspruchs bezüglich des Guthabens auf dem Konto Nr. ▇▇▇ bei der ▇▇▇ Bank, Kontoinhaber: ▇▇▇, wird für unzulässig erklärt.

Falls die Voraussetzungen des § 331 Abs. 3 bzw. § 307 ZPO vorliegen, bitte ich um Erlass eines **Versäumnis-** bzw. **Anerkenntnisurteils** ohne mündliche Verhandlung.

Außerdem beantrage ich die **Einstellung der Zwangsvollstreckung** aus dem Urteil des ▇▇▇gerichts vom ▇▇▇, Az. ▇▇▇, ohne Anordnung der Sicherheitsleistung, hilfsweise gegen Sicherheitsleistung.

*Begründung:*

Der Kläger wendet sich gegen Zwangsvollstreckungsmaßnahmen des Beklagten aus dem Vorbehaltsurteil des ▇▇▇gerichts vom ▇▇▇, Az. ▇▇▇, das seit ▇▇▇ rechtskräftig ist.

Der Kläger ist Miterbe zu einem Drittel am Nachlass des am ▇▇▇ verstorbenen ▇▇▇, zuletzt wohnhaft in ▇▇▇. Mit Urteil des ▇▇▇gerichts vom ▇▇▇, Az. ▇▇▇, wurde er verurteilt, an den Beklagten, den Kläger des damaligen Rechtsstreits, den Betrag von ▇▇▇ EUR zuzüglich Zinsen und Kosten zu zahlen.

In das Urteil wurde ein Vorbehalt nach § 2059 BGB, § 780 ZPO aufgenommen.

*Beweis:* Begl. Abschrift des bezeichneten Urteils – Anlage K 1 –

---

246 Zuständig ist das Gericht des ersten Rechtszugs, das das Vorbehaltsurteil erlassen hat, §§ 781, 782, 785, 767 ZPO.

Die Nachlassauseinandersetzung ist nach wie vor nicht erfolgt.

*Beweis:* Zeugnis der beiden anderen Miterben, der Herren ▓▓▓▓ und ▓▓▓▓

Dem Kläger steht deshalb die Einrede des ungeteilten Nachlasses nach § 2059 Abs. 1 S. 1 BGB zu.

Der Beklagte hat aufgrund einer vollstreckbaren Ausfertigung des bezeichneten Urteils das im Klageantrag bezeichnete Konto des Klägers durch Pfändungs- und Überweisungsbeschluss des Amtsgerichts ▓▓▓▓, Az. ▓▓▓▓, pfänden und sich zur Einziehung überweisen lassen.

*Beweis:* Begl. Fotokopie des Pfändungs- und Überweisungsbeschlusses – Anlage K 3 –

Dieses Konto gehört zum Eigenvermögen des Klägers und befindet sich nicht im Nachlass. Bereits seit dem Jahr ▓▓▓▓ unterhält der Kläger dieses Gehaltskonto. Im Bestreitensfalle kann dafür Beweis angeboten werden.

Die Zwangsvollstreckung ist deshalb, soweit es die Pfändung und Überweisung der Forderung zur Einziehung betrifft, gem. §§ 781, 785, 767 ZPO, § 2059 Abs. 1 S. 1 BGB bis zum Abschluss der Nachlassauseinandersetzung für unzulässig zu erklären.

Nach erfolgter Nachlassauseinandersetzung behält sich der Kläger vor, seine beschränkte Erbenhaftung nach §§ 1975 ff., 1990 BGB geltend zu machen.

Darüber hinaus ist die Zwangsvollstreckung aus dem bezeichneten Urteil nach §§ 769, 770 ZPO einzustellen, was hiermit noch einmal beantragt wird.

(Rechtsanwalt)

dd) Checkliste: Vollstreckungsgegenklage nach §§ 781, 785 ZPO

**282**
– Sachliche und örtliche Gerichtszuständigkeit: das Gericht des Erst-Prozesses.
– Keine Schiedsgerichtsklausel des Erblassers oder der Erben mit dem Gläubiger.
– Ist die Erbfolge zuverlässig festgestellt?
– Kläger? Der Erbe/ein Miterbe.
– Beklagter? Ein Nachlassgläubiger.
– Die ausgeurteilte Forderung ist eine Nachlassverbindlichkeit, nicht auch eine Eigenverbindlichkeit des Erben/Miterben = Klägers.
– Der Erbe/Miterbe = Kläger hat sich im Ersturteil die Beschränkung seiner Haftung auf den Nachlass des Erblassers nach § 780 ZPO vorbehalten lassen; der Vorbehalt wurde in den Tenor aufgenommen.
– Der Kläger vollstreckt in Gegenstände, die zum Eigenvermögen des Erben gehören.
– Der Erbe = Kläger hat die Haftungsbeschränkungsmöglichkeit nicht verloren.

b) Erbteilspfändung

aa) Erbteil als besondere Erscheinungsform des Erblasservermögens

**283** § 2059 Abs. 1 BGB beschränkt aber die Haftung nicht soweit, wie es die allgemeinen Haftungsbeschränkungsvorschriften tun. Diese beschränken die Haftung auf den Nachlass und schließen jede Haftung des Eigenvermögens des Erben aus. § 2059 Abs. 1 S. 1 BGB lässt die Haftung **eines Gegenstandes** des Eigenvermögens des Erben bestehen: die **Haftung des Erbteils.**

**284** Der Erbteil ist ein besonderes, vom Nachlass selbst zu unterscheidendes Recht. Der Miterbe kann es nach § 2033 Abs. 1 BGB veräußern. Mit dem Erbfall hat sich die Erscheinungsform des Vermögens des Erblassers gewissermaßen verdoppelt: Es erscheint einmal als der gesamthänderisch gebundene Nachlass, bestehend aus den einzelnen zum Nachlass gehörenden Sachen und Rechten, und zum anderen bei jedem einzelnen Miterben als der Anteil an diesem noch ungeteilten Nachlass. Die zweite Erscheinungsform, der Erbteil, **gehört zum Eigenvermögen des Miterben.**

bb) Pfändung des Erbteils

(1) Vor dem Erbfall

Der erbvertraglich eingesetzte Erbe oder auch der sog. Schlusserbe beim „Berliner Testament" hat vor dem Tode des Erblassers – beim Berliner Testament des überlebenden Ehegatten bzw. des überlebenden eingetragenen Lebenspartners (§ 10 LPartG) – kein übertragbares Anwartschaftsrecht, das schon pfändbar wäre.[247] Auch außerhalb eines gemeinschaftlichen Testaments oder Erbvertrags ist die bloße Aussicht, Erbe, Vermächtnisnehmer oder Pflichtteilsberechtigter am Nachlass einer noch lebenden Person zu werden, nicht pfändbar.

(2) Nach dem Erbfall

Hat der Gläubiger nur gegen einen oder gegen einzelne Miterben einen Vollstreckungstitel – also nicht gegen alle Miterben –, weil er nur insofern einen Geldanspruch hat, so kann er nicht in den Nachlass als solchen vollstrecken, denn dazu bräuchte er nach § 747 ZPO einen vollstreckbaren Titel gegen **alle Miterben**. Er kann in einem solchen Fall nur den Erbteil des betreffenden Erben pfänden, § 859 Abs. 2 ZPO. Zu diesem Erbteil gehört das Guthaben, das bei der Erbteilung auf den betreffenden Miterben entfällt, also das Auseinandersetzungsguthaben.

Für die Erbteilspfändung sind die Vorschriften über die Forderungspfändung anwendbar, § 857 Abs. 1 ZPO. Der Gläubiger muss also den Erbteil pfänden und ihn sich zur Einziehung überweisen lassen, damit er die Erbauseinandersetzung betreiben kann und auf diese Weise Zugang zum Auseinandersetzungsguthaben erlangt. Eine Überweisung an Zahlung statt ist nicht denkbar, weil der Erbteil keinen EURO-Nennwert hat.

Nach dem Erbfall ist auch das Anwartschaftsrecht des Nacherben pfändbar, § 2108 Abs. 2 BGB.

cc) Muster: Pfändung eines Erbteils

An das

Amtsgericht
– Vollstreckungsabteilung –

*Antrag auf Pfändung eines Erbteils*

Mit beiliegender Vollmacht zeige ich an, dass ich die Firma ▮▮▮▮ vertrete. Ihr steht gegen Herrn ▮▮▮▮ eine Kaufpreisforderung in Höhe von ▮▮▮▮ EUR nebst jährlich 5 % Zinsen über dem Basiszinssatz seit dem ▮▮▮▮ und ▮▮▮▮ EUR Kosten für das Versäumnisurteil des ▮▮▮▮ gerichts ▮▮▮▮ vom ▮▮▮▮ Az. ▮▮▮▮ zu.

Das Urteil ist rechtskräftig, es wurde dem Schuldner am ▮▮▮▮ zugestellt. Vollstreckungsklausel und Zustellungsnachweis sind beigefügt.

Die Kosten der bisherigen Zwangsvollstreckung betragen ▮▮▮▮ EUR gemäß den folgenden ebenfalls beigefügten Unterlagen: ▮▮▮▮

---

247 BGHZ 37, 319 = NJW 1962, 1910 = FamRZ 1962, 468 = DNotZ 1963, 553 = BB 1962, 758 = MDR 1962, 894; § 10 Abs. 4 LPartG vom 16.2.2001, BGBl I 2001, 266.

Der Schuldner ist Miterbe zu einem Drittel am Nachlass seines am ▓▓▓▓ verstorbenen Vaters, des Herrn ▓▓▓▓, zuletzt wohnhaft in ▓▓▓▓.

*Beweis:* Begl. Abschrift des Erbscheins des Amtsgerichts – Nachlassgericht – ▓▓▓▓ vom ▓▓▓▓

Wegen der zuvor genannten Forderungen meiner Mandantin und wegen der Kosten des vorliegenden Pfändungsverfahrens beantrage ich
a) die Pfändung und Überweisung zur Einziehung des Erbteils des Schuldners von einem Drittel am Nachlass seines Vaters einschließlich des Auseinandersetzungsanspruchs, des Anspruchs auf Auskunftserteilung und Rechnungslegung sowie auf Grundbuchberichtigung.
b) bei Auseinandersetzung des Nachlasses die Herausgabe beweglicher Sachen gem. § 847 ZPO an den Gerichtsvollzieher.

Weiter sind Miterben des Erblassers geworden:
1. ▓▓▓▓ (Name, vollständige Anschrift)
2. ▓▓▓▓ (Name, vollständige Anschrift)

Es ist weder Nacherbfolge noch Testamentsvollstreckung angeordnet. Ich bitte um Vermittlung der Zustellung des Pfändungsbeschlusses an die Drittschuldner.[248]

(Rechtsanwalt)

dd) Aufhebung der Pfändung durch die Miterben

**288** Wenn ein **Nachlassgläubiger** einen Erbteil gepfändet hat, so brauchen die Miterben nur eine Nachlassverwaltung herbeizuführen, dann kann der betroffene Miterbe nach §§ 1975 BGB, 780, 781, 784, 785, 767 ZPO die Aufhebung der Pfändung bewirken.

ee) Muster: Vollstreckungsgegenklage gegen Pfändung eines Erbteils nach Anordnung der Nachlassverwaltung (§§ 780, 781, 784, 785, 767 ZPO, § 1975 BGB); Antrag auf Einstellung der Zwangsvollstreckung

**289** An das

▓▓▓▓gericht[249]

▓▓▓▓

*Klage*

des Herrn ▓▓▓▓

– Klägers –

Prozessbevollmächtigter: Rechtsanwalt ▓▓▓▓

gegen

Herrn ▓▓▓▓

– Beklagten –

wegen Aufhebung der Pfändung eines Erbteils;
Antrag auf Einstellung der Zwangsvollstreckung.

---

248 Die Zustellung erfolgt im Regelfall von Amts wegen, §§ 166–190 ZPO..
249 Zuständig ist das Gericht des ersten Rechtszugs, das das Ersturteil erlassen hat, §§ 781, 785, 767 ZPO.

Namens und in Vollmacht des Klägers erhebe ich Klage gegen den Beklagten und werde in dem zu bestimmenden Termin beantragen, für Recht zu erkennen:

Die Zwangsvollstreckung in den Erbteil des Klägers von einem Drittel am Nachlass des am ▉ gestorbenen Herrn ▉, zuletzt wohnhaft in ▉, die durch Pfändungs- und Überweisungsbeschluss des Amtsgerichts ▉, Az. ▉, zugunsten des Beklagten erfolgt ist, wird für unzulässig erklärt.

Falls die Voraussetzungen des § 331 Abs. 3 bzw. § 307 ZPO vorliegen, bitte ich um Erlass eines **Versäumnis- bzw. Anerkenntnisurteils** ohne mündliche Verhandlung.

Außerdem beantrage ich die **Einstellung der Zwangsvollstreckung**, soweit es die Pfändung des bezeichneten Erbteils betrifft, ohne Sicherheitsleistung.

*Begründung:*

Der Kläger wendet sich gegen die Pfändung seines Erbteils am Nachlass des am ▉ verstorbenen Erblassers, Herrn ▉.

Der Kläger ist Miterbe zu einem Drittel am Nachlass des am ▉ verstorbenen ▉, zuletzt wohnhaft in ▉. Mit Urteil des ▉ gerichts vom ▉, Az. ▉, wurde er verurteilt, an den Beklagten, den Kläger des damaligen Rechtsstreits, den Betrag von ▉ EUR zuzüglich Zinsen und Kosten zu zahlen. Es handelte sich um eine Darlehensforderung, die dem Beklagten gegen den Erblasser zugestanden hat. Ein Haftungsbeschränkungsvorbehalt nach § 780 ZPO bezüglich des Nachlasses des Erblassers ist in den Urteilstenor aufgenommen.

*Beweis:* Begl. Abschrift des bezeichneten Urteils – Anlage K 1 –

Der Beklagte hat auf der Grundlage dieses Urteils mit Pfändungs- und Überweisungsbeschluss des Amtsgerichts ▉ vom ▉, Az. ▉, den Erbteil des Klägers gepfändet.

*Beweis:* Begl. Fotokopie des bezeichneten Pfändungs- und Überweisungsbeschlusses – Anlage K 2 –

Alle Miterben haben gem. § 2062 BGB die Nachlassverwaltung nach §§ 1975 ff. BGB beantragt. Diesem Antrag wurde zwischenzeitlich stattgegeben. Mit Beschluss des Amtsgerichts – Nachlassgericht – vom ▉, Az. ▉, wurde die Nachlassverwaltung angeordnet.

*Beweis:* Begl. Fotokopie des Beschlusses des Amtsgerichts ▉ vom ▉ – Anlage K 3 –

Damit ist die Pfändung des Erbteils nach § 784 Abs. 1 ZPO aufzuheben, weil der Erbteil selbst zum Privatvermögen des Klägers gehört. Der Kläger haftet für die Nachlassverbindlichkeiten nicht unbeschränkt. Die Aufhebung der Pfändung ist im Wege der Vollstreckungsgegenklage geltend zu machen, vgl. §§ 785, 767 ZPO.

Gemäß §§ 769, 770 ZPO wird beantragt, die Zwangsvollstreckung in den Erbteil ohne Sicherheitsleistung einzustellen. Eine Sicherheitsleistung ist nicht erforderlich, weil ohne weitere Voraussetzung als der Anordnung der Nachlassverwaltung die Pfändung aufzuheben ist. Der Beklagte kann als Nachlassgläubiger seine Forderung gegenüber dem Nachlassverwalter geltend machen.

(Rechtsanwalt)

#### ff) Rechte des Pfändungspfandgläubigers

**290** Der Grund für die Ausnahme in § 2059 Abs. 1 S. 1 BGB (Haftung des Erbteils) wird erst klar, wenn man sich vor Augen führt, welche Rechte ein Nachlassgläubiger mit einem gepfändeten Erbteil ausüben kann:

**291** (1) Er kann den **Erbteil veräußern** oder versteigern, §§ 857 Abs. 5, 844 ZPO. Diese Möglichkeit dürfte aber für den Nachlassgläubiger kaum praktische Bedeutung haben. Er kann bequemer mit einem Titel gegen alle Miterben nach § 747 ZPO in einzelne Gegenstände des Nachlasses vollstrecken.

**(2)** Der Nachlassgläubiger kann sich **den Erbteil** nach § 835 Abs. 1 ZPO **überweisen** lassen. Die Überweisung kann nicht an Zahlung statt erfolgen, weil der Miterbenanteil keinen auf die Forderung des Gläubigers anrechenbaren Nennwert aufweist, wie es § 835 Abs. 1 ZPO voraussetzt. Es kommt also nur eine Überweisung zur Einziehung in Betracht. Damit bedürfen die dingliche Übereignung aller Nachlassgegenstände anlässlich der Auseinandersetzung und auch die Übereignung eines einzelnen Nachlassgegenstandes der Zustimmung des Pfandgläubigers. Darin liegt ein relatives Veräußerungsverbot nach § 135 BGB.

**(3) Eintragbarkeit der Erbteilspfändung im Grundbuch:** Daher kann die Erbteilspfändung in die Abteilung II des Grundbuchs eingetragen werden; der Pfandgläubiger kann die Voreintragung des Miterben nach § 895 BGB bzw. über § 14 GBO erzwingen. Das Pfändungspfandrecht am Erbteil sichert den Gläubiger also durch ein relatives Veräußerungsverbot betreffend die einzelnen Nachlassgegenstände; durch die Eintragung im Grundbuch kann der Nachlassgläubiger den gutgläubigen Erwerb von Immobilien des Nachlasses durch Dritte ausschließen.[250]

**Verfahren bei der Pfändung:** Alle Miterben sind im Pfändungsantrag zu nennen, weil sie Drittschuldner i.S.v. §§ 857 Abs. 1, 829 ZPO sind, denen der Pfändungs- und Überweisungsbeschluss zuzustellen ist.[251]

Ist ein **Testamentsvollstrecker** ernannt, so ist ihm zuzustellen.[252]

gg) Muster: Antrag auf Eintragung eines Pfändungsvermerks im Grundbuch (Erbteilspfändung)

An das

Amtsgericht
– Grundbuchamt –

*Grundbuch von           für          , Band          , Heft*

*hier: Antrag auf Eintragung eines Pfändungsvermerks nach Erbteilspfändung*

I.

Unter Vorlage einer schriftlichen Vollmacht – Anlage 1 – beantrage ich hiermit namens meines Mandanten, des Herrn          ,

*die Eintragung eines Pfändungsvermerks*

bei dem Grundstück Grundbuch des Amtsgerichts           für          , Band          , Heft          BV Nr.          , Gemarkung          , Flst. Nr.          , Größe          m², als es den Erbteil des Miterben A betrifft.

II.
1. Im Grundbuch des Amtsgerichts           für          , Band          , Heft          , sind in Abt. I Nr.          BV Nr.          als Eigentümer des Grundstücks Gemarkung          , Flst. Nr.          , Größe          m² eingetragen:

---

250 OLG Koblenz, Urt. v. 21.7.2005 – 2 U 1000/04, nach „Juris" (Zeitschriftenveröffentlichung nicht feststellbar): Die Veräußerung eines Hausgrundstücks, das zur Erbmasse gehört, ohne Zuziehung der Pfändungspfandgläubiger eines Miterben und der anteiligen Auszahlung des Erlöses an den Miterben, stellt eine Verletzung des Pfändungspfandrechts dar. Für den daraus entstandenen Schaden hat der Testamentsvollstrecker einzustehen.
251 RGZ 75, 179.
252 RGZ 86, 294.

1. A
2. B
3. C

in Erbengemeinschaft nach dem am ▓▓▓▓ verstorbenen Erblasser ▓▓▓▓

2. Mit Pfändungs- und Überweisungsbeschluss des Amtsgerichts ▓▓▓ Az. ▓▓▓ vom ▓▓▓ wurde für meinen Mandanten wegen seiner im rechtskräftigen Urteil des ▓▓▓ gerichts vom ▓▓▓, Az. ▓▓▓, titulierten Forderung von ▓▓▓ EUR nebst Zinsen und Kosten der Erbteil des Miterben A von 1/3 am Nachlass des Erblassers ▓▓▓ gepfändet und ihm zur Einziehung überwiesen. Die Zustellung des Pfändungs- und Überweisungsbeschlusses an den Schuldner A und an die beiden Miterben B und C als „Drittschuldner" ist am ▓▓▓ bzw. am ▓▓▓ erfolgt.

*Beweis:* Ausfertigung des Pfändungs- und Überweisungsbeschlusses und je eine begl. Fotokopie der Zustellungsurkunden vom ▓▓▓ – Anlagen 2–5 –

Die Eintragung hat im Wege der Grundbuchberichtigung im Hinblick auf die durch die Pfändung und Überweisung eingetretene Verfügungsbeschränkung für den Miterben A nach §§ 22, 13, 30 GBO zu erfolgen.

Um Rückgabe der Vollmacht und der Ausfertigung des Pfändungs- und Überweisungsbeschlusses bitte ich.

Die Eintragungsnachricht und die Kostenrechnung können mir übersandt werden.

(Rechtsanwalt)

hh) Auseinandersetzungsverlangen des Pfändungsgläubigers

Mit Erwerb des Pfändungspfandrechts kann der Pfändungsgläubiger bei Pfandreife (Rechtskraft des vollstreckbaren Titels) anstelle des Miterben die Auseinandersetzung des Nachlasses nach §§ 2042 ff. BGB betreiben, auch wenn der Erblasser sie ausgeschlossen hat (§ 2044 BGB), § 1258 BGB.²⁵³ Das Pfandrecht setzt sich dann am Auseinandersetzungsguthaben fort bzw. an den auf den Schuldnermiterben entfallenden Nachlassgegenständen, die dann nicht an den Miterben, sondern an den Pfandgläubiger herauszugeben sind. Deshalb ist im Hinblick auf § 847 ZPO schon bei der Pfändung anzuordnen, dass die bei der Auseinandersetzung dem Schuldnermiterben zustehenden beweglichen Sachen nicht an diesen, sondern an den Gerichtsvollzieher herauszugeben sind.²⁵⁴

Bei einem Grundstück kann nicht der Schuldnermiterbe, sondern der Pfandgläubiger die Zwangsversteigerung zum Zwecke der Aufhebung der Gemeinschaft nach §§ 2042 Abs. 2, 753 Abs. 1 S. 1 BGB, §§ 180 ff. ZVG betreiben.²⁵⁵ Der nach Durchführung der Teilungsversteigerung hinterlegte Erlös steht jedem Teilhaber entsprechend seiner Beteiligungsquote (§ 420 BGB) zu, d.h. dem Pfändungspfandgläubiger, für den der Erbteil nicht nur gepfändet, sondern der ihm auch überwiesen ist, anstelle des Schuldnermiterben. Die Erlösverteilung erfolgt außerhalb des Teilungsversteigerungsverfahrens.²⁵⁶

**Zusammenfassend** zeigt sich: Die Haftung des Erbteils für die Nachlassschulden kann die dem Nachlassgläubiger haftende Vermögensmasse zwar nicht vergrößern, wohl aber gem. § 804 Abs. 1 ZPO doppelt sichern, nämlich durch ein relatives Veräußerungsverbot nach §§ 1276, 135 BGB und durch die Mitwirkungsrechte des Pfändungspfandgläubigers bei der Verwaltung und Auseinandersetzung der Erbengemeinschaft gem. §§ 1273 Abs. 2 S. 1, 1258 BGB.

---

253 OLG Celle RdL 1959, 302.
254 *Liermann*, NJW 1962, 2189.
255 BGH NJW 1969, 1347 = DNotZ 1969, 673; *Hill*, MDR 1959, 92; a.M. LG Braunschweig NdsRpfl 1956, 74; *Stöber*, Rpfleger 1963, 337.
256 BGHZ 90, 196; BGHZ 4, 84; BGH NJW 1952, 263.

Damit zeigt sich, warum der Miterbe den Nachlassgläubigern mit dem Erbteil haftet: Der Schutz der Nachlassgläubiger bei der Haftungsbeschränkung des § 2059 Abs. 1 S. 1 BGB kann im Einzelfall unsicherer sein als bei der allgemeinen Haftungsbeschränkung durch eines der zwei förmlichen Nachlassverfahren. § 2059 Abs. 1 S. 1 BGB schützt den Nachlassgläubiger dadurch, dass der **einzelne Miterbe** über einen Nachlassgegenstand zum Nachteil der Nachlassgläubiger nicht verfügen kann, § 2040 Abs. 1 BGB. **Alle Miterben gemeinschaftlich** sind dazu aber in der Lage. Wenn der Nachlassgläubiger das befürchtet, so kann er sich an einen Erbteil halten, dadurch seine Rechte am Nachlass sichern und ungünstige Verfügungen verhindern.

298 Dieses Schutzes bedarf der Nachlassgläubiger nicht mehr, wenn er durch die Eröffnung eines der zwei Nachlassverfahren einen besseren Schutz erhält; deshalb endet dann die Haftung des Erbteils. Entsprechend ist es im Falle der Dürftigkeitseinrede und bei Ausschließung oder Verschweigung eines Nachlassgläubigers.

ii) Zur Pfändung des Anspruchs auf Aufhebung der Gemeinschaft bei der Bruchteilsgemeinschaft

299 Häufig sind Ehegatten bezüglich selbst genutzter Gebäudegrundstücke in Bruchteilsgemeinschaft je hälftig als Eigentümer im Grundbuch eingetragen. Nach dem Tod eines Ehegatten bleibt diese Bruchteilsgemeinschaft bestehen. Lediglich der Bruchteil des verstorbenen Ehegatten hat sich vererbt; insofern sind jetzt seine Erben berechtigt. Der Gläubiger des Miteigentümers eines Grundstücks kann dessen Anspruch auf Aufhebung der Gemeinschaft sowie auf Teilung und Auszahlung des Erlöses gem. §§ 857, 829 ZPO pfänden und sich überweisen lassen, § 835 ZPO. Der Miteigentümer eines Grundstücks nach Bruchteilen (§ 1008 BGB) kann gem. § 749 Abs. 1 BGB jederzeit die Aufhebung der Gemeinschaft, insbesondere die Versteigerung des unteilbaren Grundstücks gem. § 753 Abs. 1 BGB in Verbindung mit §§ 180 ff. ZVG verlangen und die Zustimmung zu einer den Miteigentumsanteilen entsprechenden Teilung und Auszahlung des außerhalb des Zwangsversteigerungsverfahrens zu verteilenden Erlöses fordern. Der Gläubiger des Miteigentümers kann diesen Anspruch auf Aufhebung der Gemeinschaft (Versteigerung des ganzen Grundstücks) sowie auf Teilung und Auszahlung des Erlöses gem. §§ 857, 829 ZPO pfänden und sich überweisen lassen (§ 835 ZPO). Dem steht nicht entgegen, dass der Anspruch auf Aufhebung der Gemeinschaft allein ohne den Miteigentumsanteil nicht abtretbar, also nach §§ 857 Abs. 1, 851 Abs. 1 ZPO nicht pfändbar ist. Denn der Anspruch auf Auseinandersetzung kann jedenfalls dem zur Ausübung überlassen werden (§ 857 Abs. 3 ZPO), dem auch das übertragbare künftige Recht auf den dem Miteigentumsanteil entsprechenden Teil des Versteigerungserlöses abgetreten worden ist. Deshalb kann der Aufhebungsanspruch zwar nicht allein, aber zusammen mit dem künftigen Anspruch auf eine den Anteilen entsprechende Teilung und Auskehrung des Versteigerungserlöses gepfändet und überwiesen werden.[257]

---

257 BGH FamRZ 2006, 410 = NJW 2006, 849 = Rpfleger 2006, 204 = WM 2006, 628; BGHZ 90, 207, 214; 154, 64, 69.

c) **Muster: Antrag auf Anordnung der Teilungsversteigerung durch den Pfändungspfandgläubiger eines Erbteils**

An das

Amtsgericht
– Abteilung für Zwangsversteigerungssachen –

Namens meines Mandanten, des Herrn _____, dessen Vollmacht ich als Anlage 1 vorlege, beantrage ich hiermit die

*Zwangsversteigerung*

des im Grundbuch von _____, Amtsgericht _____, für _____, Band _____, Heft _____, BV Nr. _____, eingetragenen Gebäudegrundstücks der Gemarkung _____, Flst. Nr. _____, Größe: _____

zum Zwecke der Aufhebung der daran bestehenden Bruchteilsgemeinschaft und Erbengemeinschaft nach §§ 180 ff. ZVG.

I.

Im Grundbuch sind als Eigentümer eingetragen die Eheleute Karl und Ida Maier je zur Hälfte.

*Beweis:* Begl. Grundbuchabschrift vom _____ – Anlage 2 –

Herr Karl Maier ist am _____ gestorben. Seine Erben wurden nach dem Erbschein des Amtsgerichts – Nachlassgericht – _____ vom _____ Az. _____ die Witwe zur Hälfte, der Sohn S und die Tochter T zu je einem Viertel in Erbengemeinschaft.

*Beweis:* Ausfertigung des bezeichneten Erbscheins – Anlage 3 – mit der Bitte um Rückgabe. Eine unbegl. Kopie ist beigefügt.

II.

Mit Pfändungs- und Überweisungsbeschluss des Amtsgerichts _____ Az. _____, vom _____ wurde für meinen Mandanten wegen seiner im rechtskräftigen Urteil des _____ gerichts vom _____, Az. _____, titulierten Forderung von _____ EUR nebst Zinsen und Kosten der Erbteil des Miterben S von ¼ am Nachlass des Erblassers Karl Maier gepfändet und ihm zur Einziehung überwiesen. Die Zustellung des Pfändungs- und Überweisungsbeschlusses an den Schuldner S und an die beiden Miterbinnen, die Witwe Ida Maier und die Tochter T als „Drittschuldnerinnen", ist am _____ bzw. am _____ erfolgt.

*Beweis:* 1. Vollstreckbare Ausfertigung des Urteils des _____ gerichts mit Rechtskraftvermerk – Anlage 4 –
2. Ausfertigung des Pfändungs- und Überweisungsbeschlusses – Anlage 5 – und
3.–5. je eine begl. Fotokopie der Zustellungsurkunden vom _____ – Anlagen 6–8.

Namens meines Mandanten beantrage ich

die Versteigerung des **gesamten Grundstücks** und nicht nur der Hälfte, die den Erben nach Karl Maier in Erbengemeinschaft zusteht.

Weder der Erblasser hat einen Ausschluss der Auseinandersetzung der Gemeinschaft angeordnet, noch haben die Erben einen solchen Auseinandersetzungsausschluss vereinbart. Auch gesetzliche Auseinandersetzungsverbote bestehen nicht.

Das Grundstück ist nach Abt. II des Grundbuchs nicht belastet. In Abt. III ist unter Nr. 1 eine Grundschuld über 100.000 EUR mit einem Jahreszinssatz von 15 % für die Landesbausparkasse XY eingetragen.

Der Pfändungspfandgläubiger eines Erbteils hat das Recht, die Teilungsversteigerung zu betreiben (BGH NJW 1969, 1347 = DNotZ 1969, 673; **Hill**, MDR 1959, 92; **Stöber**, Rpfleger 1963, 337).

Die ladungsfähigen Anschriften der Beteiligten:

Antragstellender Gläubiger: _____ , Prozessbevollmächtigter: _____

Miteigentümerin Ida Maier _____

Miteigentümer und Schuldner S _____

Miteigentümerin T _____

Landesbausparkasse XY _____ , Aktenzeichen _____

(Rechtsanwalt)

### d) Checkliste: Antrag auf Teilungsversteigerung durch den Pfändungspfandgläubiger eines Erbteils

301
- Zuständigkeit: Amtsgericht – Zwangsversteigerungsabteilung – des belegenen Grundstücks; Schwerpunktgericht für ZwV-Sachen.
- Vorlage einer Ausfertigung des Pfändungs- und Überweisungsbeschlusses bezüglich des Erbteils mit Zustellungsnachweis.[258]
- Vorlage der vollstreckbaren Ausfertigung des die Forderung des Gläubigers titulierenden Vollstreckungstitels mit Rechtskraftvermerk.
- Vorlage der Nachweise über die Zustellung des Pfändungs- und Überweisungsbeschlusses an die anderen Miterben bzw. an den Testamentsvollstrecker als „Drittschuldner".
- Genaue Bezeichnung des zu versteigernden Grundstücks, § 16 ZVG.
- Erben oder Erblasser müssen als Eigentümer im Grundbuch eingetragen sein.
- Nachweis des Eigentums durch beglaubigte Grundbuchabschrift oder Zeugnis nach § 17 ZVG,
  - Gläubiger hat berechtigtes Interesse zur Einsicht des Grundbuchs des Schuldners und
  - zur Erlangung einer Grundbuchabschrift, § 12 GBO.
- Nachweis des Erbrechts durch Erbschein oder beglaubigte Abschriften von notariellem Testament bzw. Erbvertrag und nachlassgerichtlicher Eröffnungsniederschrift (entsprechend § 35 GBO),
- Gläubiger hat berechtigtes Interesse zur Einsicht in die Nachlassakten,
  - zur Erlangung einer beglaubigten Abschrift der notariellen Verfügung von Todes wegen samt Eröffnungsniederschrift, §§ 13, 357 Abs. 1 FamFG, 2264 BGB (bis 31.8.2009: § 34 FGG),
  - zur Erlangung einer Ausfertigung des Erbscheins, § 357 Abs. 2 FamFG (bis 31.8.2009: § 85 FGG),
  - zur Beantragung eines Erbscheins, §§ 792, 896 ZPO.
- Angabe des Gemeinschaftsverhältnisses, das aufgehoben werden soll – hier also die Angabe der Erbengemeinschaft nach einem bestimmten Erblasser –, sowie die Art der Beteiligung des Antragstellers.
- Bei verschiedenen Gemeinschaften: Sollen alle Gemeinschaften aufgehoben werden oder nur eine – „kleines" und „großes" Antragsrecht.
- Angabe der Antragsgegner, also der anderen Miterben, mit ladungsfähiger Anschrift.
- Das Ersuchen, die Zwangsversteigerung zum Zwecke der Aufhebung der Gemeinschaft anzuordnen.
- Gilt für die Erbengemeinschaft ausländisches Recht (Art. 25 Abs. 1 EGBGB)?
- Selbst wenn kein Auseinandersetzungsverbot bestehen sollte, gleichgültig, ob vom Erblasser angeordnet oder unter den Erben vereinbart, ist es dem Pfändungspfandgläubiger

---

[258] Die Zustellung von Amts wegen ist der Regelfall, §§ 166–190 ZPO.

gegenüber unwirksam, wenn sein Titel endgültig vollstreckbar ist, §§ 2044 Abs. 1, 751 S. 2 BGB.
- Besteht Testamentsvollstreckung?
- Besteht Vor- und Nacherbschaft?
- Rechtsschutzinteresse: Warum ist Teilungsversteigerung erforderlich?
- Weitere Angaben, falls möglich:
  - Ist das Objekt ganz oder teilweise vermietet?
  - Bestehen Belastungen
  - Gibt es bereits eine Bewertung des Objekts?

Vgl. im Übrigen zur Teilungsversteigerung § 20 Rn 1 ff.

e) Pfändung des Nacherbenanwartschaftsrechts

aa) Pfändbarkeit des Nacherbenanwartschaftsrechts

Zwischen dem Erbfall und dem Zeitpunkt des Eintritts des Nacherbfalls steht dem Nacherben nach § 2108 Abs. 2 BGB ein Anwartschaftsrecht zu, das grundsätzlich vererblich und übertragbar ist, sofern der Erblasser nichts Abweichendes angeordnet hat.[259] Die Nacherbschaft und damit das Anwartschaftsrecht können sich auf den ganzen Nachlass oder auch nur auf einen Erbteil beziehen.[260]

Die Vererblichkeit und Übertragbarkeit führen auch zur Pfändbarkeit des Anwartschaftsrechts. Es kann von einem Gläubiger des Nacherben ab dem Eintritt des Erbfalls gepfändet und ihm zur Einziehung überwiesen werden. Für die Pfändung gelten dieselben Regeln wie für die Pfändung eines Erbteils. Die nach § 859 ZPO erforderliche Zustellung an den Drittschuldner erfolgt an den/die Vorerben und, falls weitere Nacherben berufen sind, an die Mit-Nacherben. Gehört ein Grundstück zum Nachlass, so kann die Pfändung des Nacherbenanwartschaftsrechts im Grundbuch vermerkt werden, § 51 GBO.[261]

bb) Muster: Pfändung eines Nacherbenanwartschaftsrechts

An das

Amtsgericht
– Vollstreckungsabteilung –

*Antrag auf Pfändung eines Nacherbenanwartschaftsrechts*

Mit beiliegender Vollmacht zeige ich an, dass ich die Firma         vertrete. Ihr steht gegen Herrn
eine Kaufpreisforderung in Höhe von         EUR nebst jährlich 5 % Zinsen über dem Basiszinssatz seit dem         und         EUR Kosten für das Versäumnisurteil des         gerichts         vom         , Az.         , zu.

Das Urteil ist rechtskräftig, es wurde dem Schuldner am         zugestellt. Vollstreckbare Ausfertigung und Zustellungsnachweis sind beigefügt.

Die Kosten der bisherigen Zwangsvollstreckung betragen         EUR gemäß den Folgenden ebenfalls beigefügten Unterlagen:

---

259 BGH NJW 1981; BayObLG FamRZ 1997, 316.
260 BGH NJW 1980, 1276; BayObLG NJW 1958, 1683.
261 BGH ZEV 2000, 322.

Der Schuldner ist alleiniger Nacherbe am Nachlass des am ▬▬▬ verstorbenen Herrn ▬▬▬, zuletzt wohnhaft in ▬▬▬. Das ihm nach § 2108 Abs. 2 BGB zustehende Nacherbenanwartschaftsrecht ist vererblich und übertragbar und aus diesem Grunde auch pfändbar.

*Beweis:* Jeweils begl. Abschrift
a) des Erbscheins des Amtsgerichts – Nachlassgericht – ▬▬▬ vom ▬▬▬
b) des notariellen Testaments des Erblassers vom ▬▬▬ – UR-Nr. ▬▬▬
c) des Testamentseröffnungsprotokolls des Amtsgerichts – Nachlassgericht – ▬▬▬ vom ▬▬▬

Wegen der zuvor genannten Forderungen meiner Mandantin und wegen der Kosten des vorliegenden Pfändungsverfahrens beantrage ich

die Pfändung und Überweisung zur Einziehung des Nacherbenanwartschaftsrechts des Schuldners am Nachlass des Herrn ▬▬▬

Vorerbe des Erblasser ist geworden: ▬▬▬ (Name, vollständige Anschrift)

Testamentsvollstreckung ist nicht angeordnet.

Ich bitte um Zustellung des Pfändungsbeschlusses an den Vorerben.

(Rechtsanwalt)

### f) Allgemeine Mittel der Haftungsbeschränkung

**304** Für jeden einzelnen Miterben gilt § 1958 BGB, wonach vor der Annahme der Erbschaft die Erfüllung einer Nachlassverbindlichkeit verweigert werden kann.

**305** Wenn die Miterben ihre Haftung durch eines der allgemeinen Mittel für eine Haftungsbeschränkung einschränken, so ist das neben der besonderen Haftungsbeschränkung von § 2059 Abs. 1 S. 1 BGB nicht bedeutungslos. Einmal endet eine allgemeine Haftungsbeschränkung nicht mit der Nachlassteilung und zum andern entzieht eine allgemeine Haftungsbeschränkung auch den Teil des Eigenvermögens den Nachlassgläubigern, den § 2059 Abs. 1 S. 1 BGB ihnen noch gelassen hatte, nämlich den Anteil des einzelnen Miterben am Nachlass, § 1975 BGB, also den Erbteil.

**306** Für die allgemeinen Haftungsbeschränkungsmittel gelten im Übrigen bei einer Erbengemeinschaft folgende Besonderheiten: **Die Nachlassverwaltung** entzieht den Erben das gemeinschaftliche Verfügungsrecht nach § 2040 BGB. Deshalb können sie nur gemeinschaftlich dieses Recht gem. § 1981 Abs. 1 BGB dadurch aufgeben, dass sie den Antrag auf Nachlassverwaltung stellen, § 2062 Hs. 1 BGB.

**307** **Beim Nachlassinsolvenzverfahren** könnte sich der Antrag der Miterben verzögern, wenn alle zustimmen müssten. Das würde den Interessen der Nachlassgläubiger zuwiderlaufen. Deshalb kann jeder Miterbe einzeln den Insolvenzantrag stellen, § 317 Abs. 1 InsO.

**308** Da nach § 455 Abs. 1 FamFG (bis 31.8.2009: § 991 ZPO) jeder Miterbe einzeln den Antrag auf Erlass des Aufgebots stellen darf, kann jeder einzeln die **Ausschließungseinrede** des § 1973 BGB erheben. Auch die **Verschweigungseinrede** des § 1974 BGB kommt jedem Miterben einzeln zustatten.

### 2. Verlust der Möglichkeit einer Haftungsbeschränkung

**309** Den Antrag des Alleinerben auf Eröffnung von Nachlassverwaltung und -insolvenzverfahren begrenzt das Gesetz zeitlich nicht. Das ist bei Miterben für die **Nachlassverwaltung** anders: Nach der Erbteilung können die Miterben die Eröffnung des Verfahrens nicht mehr beantragen, § 2062 Hs. 2 BGB. Mit der Teilung verlieren also die Erben dieses Mittel der

Haftungsbeschränkung; auch die Nachlassgläubiger können den Antrag nicht mehr stellen. Der Grund dafür liegt in der Überlegung, dass der Nachlass zulänglich gewesen ist und dass die Miterben daher alle Nachlassverbindlichkeiten aus dem Nachlass vor der Teilung hätten berichtigen können, wie es § 2046 BGB und § 756 BGB ausdrücklich anordnen.

Da die Teilung die Zustimmung aller Miterben erfordert, ist es richtig, ihnen allen nach der Teilung die Möglichkeit einer Haftungsbeschränkung durch Nachlassverwaltung zu entziehen. Eine Haftungsbeschränkung kann nach der Teilung nur noch erreicht werden, wenn der Nachlass überschuldet ist; dann kann nach §§ 316, 317 InsO jeder Miterbe und jeder Nachlassgläubiger das Nachlassinsolvenzverfahren beantragen.

Die Teilung eines zulänglichen Nachlasses führt also immer zur **unbeschränkbaren Haftung** der Miterben.

Natürlich bleibt eine Haftungsbeschränkung nach der Teilung wirksam, wenn sie nach den allgemeinen Vorschriften bereits vor der Teilung bewirkt wurde.

Mit der Erfüllung der Nachlassverbindlichkeiten vor der Teilung ist es dem Gesetz ernst: Wird diese Verpflichtung verletzt, so knüpft das Gesetz daran strenge Haftungssanktionen:
– gesamtschuldnerische Haftung jedes Miterben (§§ 2058, 2059 BGB),
– Entfallen der Einrede des ungeteilten Nachlasses (§ 2059 BGB), weil diese nach der Erbteilung begrifflich nicht mehr möglich ist,
– Ausschluss der Nachlassverwaltung als Haftungsbeschränkungsmaßnahme (§ 2062 Hs. 2 BGB).

**3. Gesamtschuldnerische oder anteilige Haftung des Eigenvermögens vor der Teilung**

a) Eigenvermögen und Erbteil

§ 2059 Abs. 1 S. 2 BGB regelt nicht nur die Frage, ob ein Miterbe mit seinem gesamten Eigenvermögen haftet, sondern auch die zweite Frage, ob er damit für die volle Nachlassverbindlichkeit einstehen soll oder nur für einen seinem Erbteil entsprechenden Teil.

Da der Miterbe gem. § 2059 Abs. 1 S. 1 BGB bis zur Teilung nur beschränkt haftet, lässt ihn das Gesetz bei Verlust der Haftungsbeschränkungsmöglichkeit mit dem Eigenvermögen nur in Höhe des Teils der Nachlassverbindlichkeit haften, die seinem Erbteil entspricht.

Haftet also ein Miterbe für eine Nachlassverbindlichkeit unbeschränkt (bspw. infolge Inventaruntreue), so erweitert sich die Haftungsgrundlage für den Nachlassgläubiger: Bezüglich eines seinem quotenmäßigen Anteil am Nachlass entsprechenden Teils der Verbindlichkeit haftet auch das Privatvermögen des Miterben, § 2059 Abs. 1 S. 2 BGB. Der Nachlass haftet daneben ohnehin nach § 2059 Abs. 2 BGB.

> **Beispiel**
> Die Nachlassverbindlichkeit beträgt 30.000 EUR; der Miterbe, der unbeschränkt haftet, ist mit einer Quote von einem Drittel am Nachlass beteiligt. Der Miterbe muss, wenn er nicht in voller Höhe auch mit seinem Eigenvermögen haften will, einen Vorbehalt nach § 780 ZPO in das Urteil aufnehmen lassen, der wie folgt lauten könnte:
> „Der Beklagte wird verurteilt, an den Kläger den Betrag von 30.000 EUR zu zahlen. Hinsichtlich des Teilbetrages von 20.000 EUR wird ihm die Herbeiführung der Haftungsbeschränkung auf den Nachlass des am ▓▓▓ verstorbenen ▓▓▓ vorbehalten."

Die anteilige Haftung gilt aber nach § 2059 Abs. 1 S. 2 BGB nur für das Eigenvermögen des Erben **ohne den Erbteil**. Für die Haftung des Erben **mit seinem Erbteil** verbleibt es bei der Regel des § 2058 BGB: Der Miterbe haftet mit seinem Erbteil den Nachlassgläubigern auch schon vor der Teilung gesamtschuldnerisch.

### b) Rechte des Nachlassgläubigers

316 Dem Nachlassgläubiger stehen bis zur Nachlassteilung **zwei Vermögensmassen** zur Verfügung:
– der Nachlass als Gesamthandsvermögen und
– das **Eigenvermögen des Erben**, in das auch der Erbteil des Miterben am Nachlass gefallen ist.

Der Nachlassgläubiger kann Erfüllung aus dem ungeteilten Nachlass im Wege der **Gesamthandsklage** verlangen (§ 2059 Abs. 2 BGB) oder aber einen Miterben als Gesamtschuldner in Anspruch nehmen (**Gesamtschuldklage** nach § 2058 BGB).

### aa) Gesamthandsklage

317 Da der Nachlassgläubiger letztlich eine Vollstreckung in das Gesamthandsvermögen „Nachlass" beabsichtigt, ist die Klage gegen alle Gesamthänder, also alle Miterben, zu richten (**Gesamthandsklage**, § 747 ZPO). Die Miterben sind aber keine notwendigen Streitgenossen nach § 62 ZPO. Haben einzelne Miterben ihre Zustimmung dazu erteilt, dass die Forderung des Nachlassgläubigers aus dem Nachlass erfüllt wird, so würde einer Klage auch gegen diese Miterben das Rechtsschutzbedürfnis fehlen; es brauchen also nur die „unwilligen" Miterben verklagt zu werden.[262]

318 Wird die Übereignung eines Nachlassgegenstands (bspw. eines Vermächtnisgrundstücks) geschuldet, so führt allerdings nur die Gesamthandsklage zum Ziel, weil nur **alle Erben** als gemeinsam Verfügungsberechtigte nach § 2040 Abs. 1 S. 1 BGB den Anspruch auch erfüllen können. Da bezüglich des geltend gemachten Anspruchs (bspw. auf Vermächtniserfüllung) die Beklagten als Gesamthandsschuldner haften (§§ 2174, 2058, 2040 BGB), handelt es sich um eine notwendige Streitgenossenschaft gem. § 62 ZPO,[263] weil eine Gesamthandsschuld vorliegt, § 2059 Abs. 2 BGB. Ansonsten begründet der Passivprozess gegen Gesamthänder grundsätzlich keine notwendige, sondern lediglich eine einfache Streitgenossenschaft.[264]

Sind einzelne Miterben bereit, die entsprechenden Rechtshandlungen (bspw. Auflassungserklärung) vorzunehmen, so brauchen sie nicht verklagt zu werden, weil auch insoweit das Rechtsschutzbedürfnis fehlen würde.

#### (1) Muster: Klage auf Zustimmung zur Auflassung

319 An das
Landgericht
– Zivilkammer –

*Klage*

des Herrn ▓▓▓▓▓▓▓

– Klägers –

---

[262] BGH NJW 1982, 441 ff.; BGH WM 1994, 2124 ff.
[263] RGZ 157, 33.
[264] BGHZ 23, 73.

Prozessbevollmächtigter: Rechtsanwalt

gegen
1. Frau
2. Frau
3. Herrn

– Beklagte –

wegen Zustimmung zur Eigentumsübertragung und Herausgabe eines Gebäudegrundstücks.

Namens und in Vollmacht des Klägers erhebe ich Klage gegen die Beklagten und werde in dem zu bestimmenden Termin beantragen, für Recht zu erkennen:
1. Die Beklagten werden verurteilt, der Übertragung des Grundstücks        , eingetragen im Grundbuch des Amtsgerichts        für        , Band        , Heft        , Gemarkung        , BV Nr.        , Flst. Nr.        , Größe:        , auf den Kläger zuzustimmen und die Eintragung des Klägers als Eigentümer im Grundbuch zu bewilligen.
2. Die Beklagten werden weiter verurteilt, das zuvor in Ziff. 1 bezeichnete Grundstück in geräumtem Zustand an den Kläger herauszugeben.

Falls die Voraussetzungen des § 331 Abs. 3 bzw. § 307 ZPO vorliegen, bitte ich um Erlass eines **Versäumnis-** bzw. **Anerkenntnisurteils** ohne mündliche Verhandlung.

*Begründung:*

Es geht um eine Erbrechtsstreitigkeit; der Kläger verlangt von den Beklagten die Erfüllung eines Vermächtnisses.

*I. Sachverhalt*

Die Beklagten sind die Erben der am        verstorbenen Frau        . Diese hat in ihrem privatschriftlichen Testament vom        , das am        vom Amtsgericht        als Nachlassgericht unter dem Az.        eröffnet wurde, dem Kläger ein Vermächtnis des Inhalts ausgesetzt, dass der Kläger das Alleineigentum an dem im Klagantrag Ziff. 1 bezeichneten Gebäudegrundstück ohne Gegenleistung erhalten soll. Das Erbrecht der Beklagten ist nachgewiesen im Erbschein des Nachlassgerichts        vom        , Az.        .

*Beweis:* Jeweils begl. Fotokopie
a) des privatschriftlichen Testaments vom        – Anlage K 1 –
b) der Testamentseröffnungsniederschrift vom        – Anlage K 2 –
c) des Erbscheins vom        – Anlage K 3 –
d) des Grundbuchblattes        – Anlage K 4 –

Der Kläger hat mit jeweils an die drei Miterben gerichtete Schreiben vom        das Vermächtnis angenommen.

*Beweis:* Jeweils begl. Fotokopie der drei Schreiben – Anlagen K 5–K 7 –

Trotz Aufforderung und Mahnung haben die Beklagten sich bisher nicht bereit erklärt, die Auflassung formgemäß zu erklären und die entsprechende Eintragungsbewilligung abzugeben.

*II. Rechtsverhältnisse*

Der Kläger hat nach §§ 2147, 2174 BGB gegen die Erben einen Anspruch auf Übereignung des Vermächtnisgrundstücks. Weil ihm auch das Besitzrecht daran zusteht, ist das Grundstück an ihn herauszugeben, §§ 985 ff. BGB. Die Beklagten sind Gesamthandsschuldner, weil sie nur gemeinsam über das Grundstück verfügen können, § 2040 Abs. 1 S. 1 BGB, und eine Verurteilung nur eines Erben nicht zur Übertragung des Grundstücks auf den Kläger führen könnte. Da bezüglich des geltend gemachten Anspruchs auf Vermächtniserfüllung die Beklagten als Gesamthandsschuldner haften (§§ 2174, 2058, 2040 BGB), handelt es sich um eine notwendige Streitgenossenschaft gem. § 62 ZPO (vgl. RGZ 157, 33), weil eine Gesamthandsschuld vorliegt (§ 2059 Abs. 2 BGB).

*Krug*

Die Beklagten haben außergerichtlich lediglich eingewandt, dass sie mit der Übertragung des Grundstücks auf den Kläger nicht einverstanden seien, ohne eine nachvollziehbare Begründung dafür zu geben.

Der Kläger behält sich vor, gegen die Beklagten Verzugsschaden und Ansprüche wegen der von ihnen gezogenen Nutzungen nach § 2184 BGB geltend zu machen.

Da die Erfüllung des Vermächtnisses bisher grundlos verweigert wurde, ist Klage geboten.

Das Grundstück hat einen Verkehrswert von ▬▬▬ EUR. Dies entspricht dem Streitwert.

(Rechtsanwalt)

**(2) Muster: Klageerwiderung mit Antrag auf Haftungsbeschränkungsvorbehalt (§ 780 ZPO)**

An das

Landgericht
– Zivilkammer –
▬▬▬

zu Az. ▬▬▬

Klageerwiderung

In der Rechtssache

– Klägers –

Prozessbevollmächtigter: Rechtsanwalt ▬▬▬

gegen
1. ▬▬▬
2. ▬▬▬
3. ▬▬▬

– Beklagte –

Prozessbevollmächtigter: Rechtsanwalt ▬▬▬

wegen Zustimmung zur Eigentumsübertragung und Herausgabe eines Gebäudegrundstücks

legitimiere ich mich für die Beklagten und beantrage
1. in erster Linie **Klagabweisung**,
2. in zweiter Linie für den Fall der ganzen oder teilweisen Stattgabe der Klage die Aufnahme eines Haftungsbeschränkungsvorbehalts nach § 780 ZPO in den Tenor des Urteils des Inhalts, dass den Beklagten die Beschränkung ihrer Haftung für Hauptanspruch, Nebenforderungen und Kosten auf den Nachlass der Erblasserin, der am ▬▬▬ verstorbenen Frau ▬▬▬, zuletzt wohnhaft in ▬▬▬, vorbehalten wird.

*Begründung:*

Zum Klageabweisungsantrag: ▬▬▬

Zum Antrag auf Aufnahme eines Haftungsbeschränkungsvorbehalts:

Der vom Kläger behauptete Vermächtnisanspruch wäre, wenn das Vermächtnis wirksam angeordnet wäre, Nachlassverbindlichkeit nach § 1967 BGB. Da zum jetzigen Zeitpunkt noch nicht abzusehen ist, ob der Nachlass zur Erfüllung aller Nachlassverbindlichkeiten ausreichen wird, behalten sich die Beklagten die Herbeiführung von Maßnahmen zur Beschränkung ihrer Haftung auf den Nachlass der Erblasserin, der am ▬▬▬ verstorbenen Frau ▬▬▬, vor, insbesondere die Erhebung der Überschwerungseinrede gegenüber dem Kläger nach § 1992 BGB. Aus diesem Grunde ist in den Urteilstenor der beantragte Haftungsbeschrän-

*Krug*

kungvorbehalt aufzunehmen, der sich ausdrücklich auch auf die Kosten des Rechtsstreits zu erstrecken hat (vgl. LG Leipzig ZEV 1999, 234).

(Rechtsanwalt)

**(3) Differenzierung nach Art der geschuldeten Leistung**

Für die einzelnen Klageanträge ist zu differenzieren nach der Art der geschuldeten Leistung: 321
- Bei **Geldschulden**, die sich gegen den Nachlass richten, ist nach der Meinung von *Brox*[265] eine Verurteilung zur Duldung der Zwangsvollstreckung in den Nachlass herbeizuführen, weil Haftungsobjekt lediglich der Nachlass ist und nicht auch das Eigenvermögen des jeweiligen Miterben. Würde nämlich nur auf Zahlung tituliert, so könnte der Gerichtsvollzieher bzw. der Vollstreckungsrechtspfleger nicht differenzieren, ob die Zahlung aus dem Nachlass oder dem Eigenvermögen des Erben zu erbringen wäre. Demnach wäre der Antrag zu stellen:

> **Formulierungsbeispiel**
> Die Beklagten werden verurteilt, wegen der Klageforderung die Zwangsvollstreckung in den Nachlass des am _____ verstorbenen _____ zu dulden.

- **Dingliche Ansprüche auf Herausgabe** können nur alle Erben gemeinschaftlich erfüllen, 322 deshalb muss in diesem Fall eine Gesamthandsklage (§ 2059 Abs. 2 BGB) erhoben werden.

> **Formulierungsbeispiel**
> Die Beklagten werden verurteilt, den Gegenstand _____ an den Kläger herauszugeben.

- Bei geschuldeten **Willenserklärungen** (bspw. Einigung zur Bestellung eines dinglichen 323 Rechts bzw. zur Auflassung) sind sämtliche Erben als Gesamthänder zu verklagen (Gesamthandsklage), weil nur sie gemeinschaftlich über den betreffenden Nachlassgegenstand nach § 2040 Abs. 1 BGB verfügen können.

> **Formulierungsbeispiel**
> Die Beklagten werden verurteilt, an den Kläger den Gegenstand _____ zu übereignen und zu übergeben.

Wie bereits oben ausgeführt, braucht die Klage gegenüber solchen Miterben, die ihre Zustimmung zur Erfüllung der entsprechenden Verbindlichkeit aus dem Nachlass bereits erteilt haben, nicht erhoben zu werden, weil insofern das Rechtsschutzbedürfnis fehlt. 324

> **Hinweis** 325
> In der Praxis ist häufig nicht ganz eindeutig, ob einzelne Miterben letztlich bei den Erfüllungshandlungen mitwirken werden oder nicht. Deshalb empfiehlt es sich, vor Klageerhebung von allen Miterben die entsprechenden Handlungen bzw. Willenserklärungen in der erforderlichen Form (bspw. bei der Auflassung § 925 BGB) anzufordern und dann all diejenigen Miterben zu verklagen, die dieser Aufforderung nicht nachgekommen sind. Geht man so vor, vermeidet man weitgehend die Problematik der Kostentragungspflicht bei sofortigem Anerkenntnis nach § 93 ZPO.

**(4) Haftungsbeschränkung des Miterben im Prozess**

Bei der Gesamthandsklage ist die Aufnahme eines Vorbehalts nach § 780 ZPO bezüglich 326 des Hauptsacheantrags im Regelfall nicht erforderlich, weil bei Geldforderungen sich der

---

[265] *Brox*, Rn 696.

Klageantrag auf Duldung der Zwangsvollstreckung in den Nachlass richtet, so dass sich bereits hieraus eine Beschränkung der Haftungsgrundlage auf den Nachlass ergibt und bei Herausgabeansprüchen und Ansprüchen auf Abgabe einer Willenserklärung im Urteil der konkrete Gegenstand genannt ist, der sich im Sondervermögen Nachlass befindet. Allerdings ist ein Haftungsbeschränkungsvorbehalt nach § 780 ZPO bezüglich der **Kosten des Rechtsstreits** aufzunehmen.

327 In Zweifelsfällen wird der Erbe die Aufnahme eines entsprechenden Vorbehalts nach § 780 ZPO in das Urteil beantragen. Bei Abgabe einer Willenserklärung über die Fiktion des § 894 ZPO nützt die Aufnahme eines Vorbehalts nach § 780 ZPO nichts, weil ein solches Urteil keiner Vollstreckung bedarf.

328 Gegenüber der Gesamthandsklage kann der einzelne Miterbe die Dreimonatseinrede und die Aufgebotseinrede (§§ 2014–2017 BGB) erheben. Gegenüber der Gesamtschuldklage kann er die beiden Einreden ohnehin erheben. Die Zwangsvollstreckung in Gegenstände des Nachlasses ist nur zulässig, wenn das Urteil gegenüber **allen Erben** ergangen ist, § 747 ZPO.

329 Hat der Nachlassgläubiger ein Gesamthandsurteil erstritten und vollstreckt er in Gegenstände des Eigenvermögens des Miterben, so steht dem betreffenden Erben die **Erinnerung** nach § 766 ZPO zu, weil sich bereits aus dem Gesamthandsurteil ergibt, dass eine Vollstreckung in Gegenstände, die nicht zum Nachlass gehören, nicht zulässig ist.[266]

bb) Gesamtschuldklage

330 Mit der Gesamtschuldklage beabsichtigt der Gläubiger die Vollstreckung in das Eigenvermögen des jeweiligen Miterben, wobei zu beachten ist, dass auch der dem Miterben zustehende Erbteil Teil des Eigenvermögens des Miterben ist.

Hat der Gläubiger gegen alle Miterben einen Titel oder einzelne Vollstreckungstitel erwirkt, so liegen die formalen Voraussetzungen des § 747 ZPO vor, so dass er damit in Gegenstände des Nachlasses vollstrecken kann.

331 Ist aber eine Beschränkung auf Nachlassgegenstände nicht enthalten, so ermöglicht der Titel auch die Vollstreckung in das Eigenvermögen des jeweiligen Miterben.

Da der Gläubiger nicht notwendigerweise alle Miterben in einer einzigen Klage verklagen muss, sondern jeden einzelnen Miterben verklagen kann, um die Rechtsfolgen des § 747 ZPO herbeizuführen, sind die im Wege der Gesamtschuldklage in Anspruch genommenen Miterben keine notwendigen Streitgenossen, sondern **einfache Streitgenossen**.

332 Der als Gesamtschuldner in Anspruch genommene Miterbe kann Ausgleich von den übrigen Miterben verlangen im Verhältnis der Erbquoten (§ 426 BGB) und unter Berücksichtigung der Ausgleichsverhältnisse der §§ 2050 ff. BGB.

333 **Klageanträge:** Je nach geschuldeter Leistung ist bei den Klaganträgen zu differenzieren.
 – Bei **Geldforderungen:** Der Kläger zielt darauf ab, den einzelnen Miterben als Gesamtschuldner, d.h. für die volle Höhe der Forderung in Anspruch nehmen zu können, und zwar sowohl den Zugriff auf den Nachlass als auch auf das Eigenvermögen des Erben zu ermöglichen. Deshalb ist aus der Sicht des Gläubigers keinerlei Vorbehalt und keinerlei Beschränkung in den Zahlungsantrag aufzunehmen. Aus der Sicht des Erben ist ein Vorbehalt nach § 780 ZPO erstrebenswert.

---

266 Zöller/*Stöber*, § 766 ZPO Rn 15.

– Ist die Abgabe einer Willenserklärung geschuldet, so ist zu beachten, dass die Verfügungsbefugnis über einen Nachlassgegenstand nach § 2040 Abs. 1 BGB nur allen Erben gemeinschaftlich zusteht. Deshalb kann der einzelne Miterbe nicht auf Vornahme der gesamten Verfügung verklagt werden, vielmehr hat sich in der Praxis eingebürgert, hier lediglich die Zustimmung zu einem bestimmten Rechtsgeschäft (bspw. der Auflassung oder der Einigung nach § 929 BGB) zu erteilen. Liegen sämtliche Zustimmungen aller Miterben durch ein einziges oder mehrere nebeneinander erwirkte Urteile vor, so sind die von Seiten der Miterben geschuldeten Willenserklärungen gem. § 894 ZPO mit Rechtskraft des bzw. der Urteile abgegeben. Dann braucht lediglich der Nachlassgläubiger noch seine Erklärung abzugeben. Und das heißt: Bei formgebundenen Erklärungen wie bspw. der Auflassung (§ 925 BGB) muss er seine Erklärung noch notariell beurkunden lassen. Wird in einem solchen Urteil von der Aufnahme eines Haftungsbeschränkungsvorbehalts nach § 780 ZPO bezüglich der zu ersetzenden Willenserklärung abgesehen, weil eine eindeutige Haftung des Nachlasses ersichtlich ist, so muss bezüglich der Kosten des Rechtsstreits ein Haftungsbeschränkungsvorbehalt nach § 780 ZPO aufgenommen werden.

334

### cc) Unterschied zwischen Gesamthandsklage und Gesamtschuldklage

Dem Gläubiger steht es frei, welche der beiden Klagen er erheben will. Er kann auch von der Gesamtschuldklage zur Gesamthandsklage übergehen und umgekehrt. Möglich ist auch, parallel Gesamtschuldklage und Gesamthandsklage zu erheben, weil mit der Gesamthandsklage lediglich in den Nachlass vollstreckt werden kann, mit der Gesamtschuldklage aber auch in das Eigenvermögen des Erben.

335

Für die Gesamthandsklage gibt es jedoch eine zeitliche Grenze: Sie kann nur bis zur Nachlassteilung erhoben werden (§ 2059 Abs. 2 BGB). Dagegen kann die Gesamtschuldklage auch schon vor der Teilung erhoben werden, nach der Teilung ohnehin. Hatte der Nachlassgläubiger schon zur Zeit vor der Nachlassteilung ein Gesamtschuldurteil gegen sämtliche Miterben erwirkt, so kann er in das Eigenvermögen vollstrecken **und damit auch jeden Erbteil des einzelnen Miterben am Nachlass pfänden**. Mit der Gesamthandsklage könnte er auf die Erbteile der Miterben keinen Zugriff nehmen.

336

Aus der Sicht des Nachlassgläubigers ist die Gesamtschuldklage weiter gehend und eröffnet die größten Möglichkeiten. Damit kann er nicht nur in das Eigenvermögen jedes Erben vollstrecken, einschließlich der Pfändung des jeweiligen Erbteils. Auch die Voraussetzungen des § 747 ZPO sind erfüllt, so dass das Gesamtschuldurteil dem Gläubiger auch die Zwangsvollstreckung in Einzelnachlassgegenstände ermöglicht. Voraussetzung ist, dass in das jeweilige Urteil kein Vorbehalt und keine sonstige Beschränkung aufgenommen wurde.

337

> **Hinweis**
> Es bedarf nicht eines einheitlichen Urteils, vielmehr genügen verschiedene Urteile, allerdings müssen sämtliche Miterben verurteilt worden sein.

338

### 4. Haftungsbeschränkung des volljährig gewordenen minderjährigen Miterben

#### a) Minderjährigenhaftungsbeschränkungsgesetz

Die durch das am 1.1.1999 in Kraft getretene Minderjährigenhaftungsbeschränkungsgesetz vom 25.8.1998 (BGBl I 1998, 2487) eingefügte Vorschrift des § 1629a BGB stellt die Verfassungsmäßigkeit der Vorschriften über die gesetzliche Vertretung minderjähriger Kinder durch ihre Eltern wieder her.

339

### b) Haftungsbeschränkung – § 1629a Abs. 1 BGB

340 Nach § 1629a Abs. 1 BGB hat das volljährig gewordene Kind die Möglichkeit, die Haftung für Verbindlichkeiten, die seine Eltern (oder sonstige vertretungsberechtigte Personen wie bspw. Mitgesellschafter, Prokuristen und Testamentsvollstrecker) ihm gegenüber bei Ausübung der Vertretungsmacht begründet haben, und für Verbindlichkeiten, die durch einen in der Zeit der Minderjährigkeit eingetretenen Erwerb von Todes wegen begründet wurden, auf den Bestand desjenigen Vermögens zu beschränken, das im Zeitpunkt des Eintritts der Volljährigkeit vorhanden ist.

341 Die Haftungsbeschränkung erfolgt in entsprechender Anwendung der §§ 1990, 1991 BGB (wohl als Rechtsfolgenverweisung) **auf das bei Eintritt der Volljährigkeit vorhandene Vermögen**, § 1629a Abs. 1 BGB.[267]

342 Die Haftungsbeschränkungsmöglichkeit wirkt bei Gesellschaftsverhältnissen in **zweifacher Richtung**:
1. Im **Innenverhältnis der Gesellschafter** wirkt sie sich auf alle Ansprüche aus, die der Gesellschaft bzw. den Gesellschaftern in ihrer gesamthänderischen Bindung gegen den minderjährigen Gesellschafter zustehen. In der Personengesellschaft betrifft dies vor allem die Ansprüche auf Beitragsleistung.
2. Im **Außenverhältnis** besteht eine Haftungsbeschränkung gegenüber Gläubigern auf das im Zeitpunkt der Volljährigkeit vorhandene Vermögen des Minderjährigen.

### c) Sonderkündigungsrecht des volljährig Gewordenen – Idee des „Neustarts bei Null"

343 Ist der Minderjährige Mitglied einer Erbengemeinschaft, Inhaber eines Handelsgeschäfts oder unbeschränkt haftender Gesellschafter einer BGB-Gesellschaft, OHG oder KG, so wird die Anordnung der Haftungsbeschränkung nach § 1629a Abs. 1 BGB um das in § 723 Abs. 1 S. 3 Nr. 2 BGB ausdrücklich niedergelegte Recht ergänzt, die Position im Geschäftsleben mit Eintritt der Volljährigkeit endgültig aufzugeben, um auf diese Weise eine vollständige Haftungsentledigung zu erreichen. In § 723 BGB ist die Vollendung des 18. Lebensjahres als wichtiger Grund zur Kündigung der BGB-Gesellschaft festgelegt worden, wobei diese Kündigung innerhalb von drei Monaten erklärt werden muss, § 723 Abs. 1 S. 4 BGB. Über die Verweisungsnormen §§ 105 Abs. 2, 161 Abs. 2 HGB gilt dies auch für OHG und KG. Zumindest ist ein wichtiger Grund i.S.v. § 133 HGB anzunehmen.[268]

### d) Beweislastregelung des § 1629a Abs. 4 S. 1 BGB

344 Das Sonderkündigungsrecht steht im Zusammenhang mit der Beweislastverteilung, die in § 1629a Abs. 4 S. 1 BGB aufgenommen wurde.

Ist ein volljährig gewordener Minderjähriger Miterbe an einer Erbengemeinschaft, so wird in § 1629a Abs. 4 BGB vermutet, dass die Verbindlichkeit nach Vollendung des 18. Lebensjahres begründet wurde und damit nicht der Haftungsbeschränkung des Absatzes 1 unterliegt, sofern der jetzt volljährige Miterbe nicht binnen drei Monaten nach Erreichen der Volljährigkeit seine Miterbenstellung aufgegeben hat, d.h., er muss innerhalb dieses Zeitraumes das Auseinandersetzungsverlangen nach § 2042 BGB stellen, wobei der Eintritt der Volljährigkeit als wichtiger Grund i.S.v. §§ 749 Abs. 2 S. 1, 2042 Abs. 2 BGB angesehen

---

[267] Zur Methodik der Haftungsbeschränkung vgl. *Behnke*, NJW 1998, 3078, 3079 und *Eckebrecht*, MDR 1999, 1248.
[268] BT-Drucks 13/5624, 10.

wird.²⁶⁹ Bei der Fortführung eines Handelsgeschäfts muss es binnen drei Monaten eingestellt worden sein.

## 5. Haftung des Miterben nach der Teilung

### a) Allgemeines

Sobald die Teilung des Nachlasses ausgeführt ist, sind Eigenvermögen des jeweiligen Miterben einerseits und Nachlass andererseits keine getrennten Vermögensmassen mehr, vielmehr haben sich das Eigenvermögen und die Vermögensgegenstände, die der Erbe bei der Nachlassteilung erhalten hat, miteinander vermischt. Damit ist die Rechtsposition des Nachlassgläubigers wieder unsicherer geworden. Nach der Nachlassteilung ist die haftungsrechtliche Situation wieder vergleichbar mit der des Alleinerben, wobei nun allerdings mehrere Eigenvermögen der Miterben dem Nachlassgläubiger zur Verfügung stehen.

345

Nach der Teilung gibt es weder eine gesamthänderische Haftung mit dem Nachlass nach § 2059 Abs. 2 BGB noch eine beschränkte Haftung des Miterben mit seinem Erbteil nach § 2059 Abs. 1 S. 1 BGB.

Weil der Nachlass nicht mehr als Gesamthandsvermögen existiert, ist auch die Möglichkeit einer Gesamthandsklage in den ungeteilten Nachlass entfallen (§§ 2059 Abs. 2 BGB, und damit auch in jeden Erbteil des Einzelnen, § 747 ZPO). Da die sich aus § 2059 BGB ergebenden Haftungsbeschränkungen damit nicht mehr bestehen, bleibt es beim Grundsatz der gesamtschuldnerischen Haftung des § 2058 BGB.

346

### b) Grundsatz der gesamtschuldnerischen Haftung

Nach der Teilung haftet ein Miterbe gem. § 2058 BGB **als Gesamtschuldner.**²⁷⁰ Diese strenge Sanktion ist vor dem Hintergrund der §§ 2046, 756 BGB zu sehen. Nach diesen Vorschriften soll weder der Nachlass noch ein Nachlassgegenstand unter den Erben aufgeteilt werden, solange nicht die Nachlassverbindlichkeiten erfüllt sind. Wurde diese Pflicht verletzt, so haben alle Miterben die Folgen zu tragen, denn nur mit ihrer Zustimmung konnte bei der Erbteilung über die einzelnen Nachlassgegenstände verfügt werden, § 2040 Abs. 1 BGB.

347

Die gesamtschuldnerische Haftung der Miterben für eine nicht schon vorher getilgte Nachlassverbindlichkeit bleibt gem. § 2058 BGB auch nach der Erbteilung bestehen.²⁷¹

Unter den Miterben besteht, wenn ein Miterbe eine Nachlassverbindlichkeit erfüllt hat, ein Ausgleichsanspruch gem. § 426 Abs. 1 BGB. Bei dem Ausgleichsanspruch eines Miterben aus §§ 2058, 426 Abs. 1 BGB handelt es sich um einen erbrechtlich begründeten Anspruch, der gem. § 197 Abs. 1 Nr. 2 BGB der 30jährigen Verjährungsfrist unterliegt. § 197 Abs. 1 Nr. 2 BGB ist dahin zu verstehen, dass mit „erbrechtlichen Ansprüchen" alle Ansprüche gemeint sind, die sich „aus" dem mit „Erbrecht" überschriebenen Buch 5 des Bürgerlichen Gesetzbuches ergeben.²⁷² Die Vorschrift gilt dabei für den Regelungsbereich uneingeschränkt, also auch für Ansprüche der Erben untereinander. Allerdings gilt seit 1.1.2010 auch für erbrechtliche Ansprüche im Grundsatz die dreijährige Regelverjährungsfrist (§ 195

---

269 BT-Drucks 13/5624, 10.
270 BayObLG FamRZ 1999, 1175, 1176.
271 BGH NJW 1998, 682; OLG Oldenburg NJW-Spezial 2009, 471 = ErbR 2009, 294; BayObLG FamRZ 1999, 1175/76.
272 BGH NJW 2007, 2174; OLG Oldenburg NJW-Spezial 2009, 471 = ErbR 2009, 294.

BGB), weil § 197 Abs. 1 Nr. 2 BGB durch das Gesetz zur Änderung des Erb- und Verjährungsrechts vom 24.9.2009[273] entsprechend geändert wurde.

348 Falls eine Nachlassverbindlichkeit, die grundsätzlich vor der Erbteilung zu erfüllen ist (§ 2046 BGB), noch nicht fällig oder streitig ist, so ist bei der Erbteilung das zu ihrer Erfüllung Erforderliche zurückzubehalten, vgl. § 2046 Abs. 1 S. 2 BGB. An dem zurückbehaltenen Nachlassteil bleibt die Erbengemeinschaft bestehen und muss zum gegebenen Zeitpunkt nach den allgemeinen Teilungsregeln auseinander gesetzt werden. Insofern besteht ausnahmsweise nur ein Anspruch auf teilweise Nachlassauseinandersetzung.

c) Ausnahmen von der gesamtschuldnerischen Haftung

349 Aber für solche Nachlassverbindlichkeiten, die im Zeitpunkt der Teilung **unbekannt waren**, kann diese strenge Sanktion nicht gelten: Für die Forderungen derjenigen Gläubiger, die nach Durchführung des Aufgebotsverfahrens entweder ausgeschlossen sind oder die sich nicht gemeldet haben, haftet der Miterbe gem. § 2060 Nr. 1, 2 BGB nicht gesamtschuldnerisch, sondern nur mit einer Quote, die seinem Erbteil entspricht.

350 Darüber hinaus stellt § 2061 BGB den Miterben noch ein privates Aufgebot zur Verfügung; Nachlassgläubiger, die sich hierbei nicht melden, können ebenfalls nur eine anteilige Erfüllung aus dem Eigenvermögen eines Miterben verlangen, es sei denn, der Miterbe hätte die Forderung gekannt.

351 Anteilig haften die Miterben gem. § 2060 Nr. 3 BGB schließlich noch bei Beendigung des Nachlassinsolvenzverfahrens durch Verteilung der Masse. Dies gilt auch, wenn das Nachlassinsolvenzverfahren nach der Teilung eröffnet worden ist: Die durch die Teilung bewirkte gesamtschuldnerische Haftung gem. § 2058 BGB wird durch die nachträgliche Eröffnung des Insolvenzverfahrens wieder aufgehoben.

352 **Hinweis**
Sehr häufig nehmen Miterben schon kurze Zeit nach dem Erbfall eine auf einzelne Nachlassgegenstände bezogene Teilauseinandersetzung des Nachlasses vor (Verteilung des Mobiliars, Pkw, Abschlagszahlungen aus Bankguthaben etc.). Dies stellt i.d.R. noch keine Teilung des Nachlasses im Sinne der Haftungsvorschriften dar.[274] Wann der Nachlass als geteilt anzusehen ist, beurteilt sich nach dem **objektiven Gesamtbild:** Ist ein so erheblicher Teil der Nachlassgegenstände aus der Gesamthandsgemeinschaft in das Einzelvermögen der Miterben überführt, dass im Nachlass keine für die Berichtigung der Nachlassverbindlichkeiten mehr ausreichenden Gegenstände vorhanden sind, ist die Teilung vollzogen.[275]

d) Haftungsbeschränkungsmöglichkeiten

aa) Grundsatz

353 Auch für den Miterben gilt nach der Nachlassteilung der Grundsatz, dass er unbeschränkt haftet, aber beschränkbar. Für die Haftungsbeschränkungsmaßnahmen gelten die allgemeinen Regeln; allerdings scheidet Nachlassverwaltung als Haftungsbeschränkungsmaßnahme nach der Teilung aus (§ 2062 Hs. 2 BGB). Damit tritt nach der Erbteilung beim unzulänglichen Nachlass eine unbeschränkte Haftung ein(vgl. unten Rn 356 ff.).

---

273 BGBl I 2009, 3142.
274 RGZ 89, 408.
275 Soergel/*Wolf*, § 2059 BGB Rn 2; MüKo-*Dütz*, § 2059 BGB Rn 4.

### bb) Nachlassinsolvenzverfahren

Ein Nachlassinsolvenzverfahren ist nach der Teilung noch möglich (§ 316 Abs. 2 InsO). Im Prozess muss sich der Erbe die Möglichkeit der Haftungsbeschränkung im Urteil gem. § 780 ZPO vorbehalten lassen, wenn er die Haftungsbeschränkung noch geltend machen will.

### cc) Unzulänglichkeitseinreden

Erhebt der Miterbe die **Dürftigkeitseinrede** bzw. die **Überschwerungseinrede** (§§ 1990, 1992 BGB), so hat dies zur Folge, dass der Miterbe die Zwangsvollstreckung in diejenigen Nachlassgegenstände zu dulden hat, die er bei der Teilung aus dem Nachlass erhalten hat.

### e) Haftungsgefahr: Vollzug der Erbteilung vor Erfüllung aller Nachlassverbindlichkeiten

**Gesetzliches Modell:** In § 2046 Abs. 1 S. 1 BGB regelt das Gesetz etwas scheinbar Selbstverständliches: Vor der Aufteilung des Nachlasses unter den Miterben sind die Nachlassverbindlichkeiten zu erfüllen. Und § 2046 Abs. 1 S. 2 BGB ergänzt, dass bei nicht fälligen oder streitigen Nachlassverbindlichkeiten das „zur Berichtigung Erforderliche" zurückzubehalten sei. Nur der Rest soll unter den Miterben verteilt werden.

**Die Gefahr der unbeschränkten Haftung bei Verletzung der Gläubigerrechte:** An versteckter Stelle hält das Gesetz den „Knüppel" für die Verletzung der Pflicht zur Voraberfüllung der Nachlassverbindlichkeiten parat: Nach § 2062 Hs. 2 BGB kann nach der vollzogenen Erbteilung eine Nachlassverwaltung nicht mehr beantragt werden. Da aber für einen **zulänglichen Nachlass** die **Nachlassverwaltung** das hauptsächliche Instrument zur Herbeiführung der beschränkten Erbenhaftung ist (§ 1975 BGB), haften die Miterben für noch offen gebliebene Nachlassverbindlichkeiten **unbeschränkt und unbeschränkbar**, wenn man von den seltenen Ausnahmefällen der Dürftigkeitseinrede (§ 1990 BGB) absieht.

Für den einzelnen Miterben bedeutet dies wiederum die gesamtschuldnerische Haftung nach § 2058 BGB ohne Haftungsbeschränkungsmöglichkeit durch Nachlassverwaltung; die Dürftigkeitseinrede gem. § 1990 BGB steht ihm aber noch offen – sofern der Nachlass tatsächlich auch dürftig ist. Wird er in Anspruch genommen und leistet er auch, so hat er zwar einen internen Ausgleichsanspruch gegen die anderen Miterben nach § 426 BGB. Ist dieser aber nicht durchsetzbar, dann geht er leer aus.

Diese Situation kann auch zur **Haftungsgefahr für den Anwalt** eines Miterben werden, wenn er nicht auf die Erfüllung aller Nachlassverbindlichkeiten oder auf „Zurückbehaltung des Erforderlichen" vor der Erbteilung hingewirkt hat. Diese Gefahr besteht nur bei zulänglichen Nachlässen – und dies ist in der Praxis glücklicherweise die Mehrzahl. Bei überschuldeten Nachlässen kann auch noch nach der Erbteilung das Nachlassinsolvenzverfahren beantragt bzw. die Dürftigkeitseinrede erhoben und damit die Haftungsbeschränkung herbeigeführt werden, §§ 317, 318 InsO, §§ 1975, 1981, 1990 BGB.

**Vollzug der Erbteilung:** Es bleibt noch zu fragen, wann ein Nachlass auseinander gesetzt ist. Dabei kommt es auf die Verkehrsanschauung an und nicht darauf, ob der Nachlass ohne irgendeinen Rest noch gemeinschaftlicher Gegenstände unter den Erben aufgeteilt wurde.[276] Die Teilung ist vollzogen, wenn ein so erheblicher Teil der Nachlassgegenstände aus dem Gesamthandsvermögen der Miterben in ihr Einzelvermögen überführt worden ist, dass die Erbengemeinschaft bei wirtschaftlicher Betrachtung als Ganzes aufgelöst erscheint.

---

276 Vgl. dazu MüKo-*Heldrich*, § 2059 Rn 4.

361 **Hinweise für die Praxis**

- Sorgfältig vor der Erbteilung alle Nachlassverbindlichkeiten „aufspüren". Besonderes Augenmerk ist auf evtl. zu erwartende **Einkommensteuernachzahlungen** zu richten; sei es, dass noch mit Nachveranlagungen zu rechnen ist, oder sei es, dass es der Erblasser bei der Abgabe von Steuererklärungen nicht genau genug genommen hat.[277]
- Auch **Vermächtnisse** und **Pflichtteile** sind Nachlassverbindlichkeiten, § 1967 Abs. 2 BGB.
- Notfalls ein **Gläubigeraufgebot** durchführen, §§ 1970 ff. BGB. Dafür zuständig ist das **Amtsgericht**.[278]
- Solange das Gläubigeraufgebot nicht durchgeführt ist, kann die Erbteilung aufgeschoben werden, § 2045 BGB.
- Bei nicht fälligen und/oder streitigen Verbindlichkeiten sind auch Mittel für einen evtl. zu führenden Rechtsstreit durch drei Instanzen zurückzubehalten, einschließlich des Risikos endgültig zu unterliegen, § 2046 BGB.

### f) Teilhaftung

362 Ausnahmsweise haftet der Miterbe nur als Teilschuldner in Höhe der Quote seines Erbteils einer Schuld in den Fällen der §§ 2060, 2061 BGB. Damit tritt ohne eine besondere Haftungsbeschränkungsmaßnahme für den Miterben eine beschränkte Haftung ein, bei der sich die Aufnahme eines Vorbehalts nach § 780 ZPO erübrigt.[279]

Die Teilhaftung als Teilschuldner nach § 2060 BGB tritt **in drei Fällen** ein, wenn
1. ein Gläubiger im Verfahren des **Gläubigeraufgebots ausgeschlossen** wurde (§ 2060 Nr. 1 BGB),
2. ein Gläubiger seine Forderung **später als fünf Jahre** nach Eintritt des Erbfalls geltend macht (§ 2060 Nr. 2 BGB),
3. das Nachlassinsolvenzverfahren eröffnet und durch Verteilung der Masse oder durch einen Insolvenzplan beendet wurde (§ 2060 Nr. 3 BGB).

363 Jeder einzelne Miterbe kann das Gläubigeraufgebot betreiben (§ 2061 BGB). Ein von einem Miterben errichtetes Inventar kommt den übrigen Miterben zugute (§ 2063 Abs. 1 BGB).

### g) Miterbe als Nachlassgläubiger

364 Die Besonderheit, dass ein Miterbe Gläubiger einer Nachlassverbindlichkeit ist, ist im Gesetz nicht besonders geregelt. Der Gläubigermiterbe kann nach den allgemeinen Regeln die übrigen Miterben nach seiner Wahl entweder mit der Gesamtschuldklage oder mit der Gesamthandsklage verklagen.[280]

---

277 Vgl. dazu auch *Siegmann*, ZEV 1999, 52; *Wachter*, ZErb 2003, 66.
278 Überzeugend *Harder*, ZEV 2002, 90; so auch Staudinger/*Marotzke*, § 1970 BGB Rn 3 m.w.N.; *Wieczorek/Schütze/Weber*, § 990 ZPO Rn 2; a.A. LG Darmstadt Rpfleger 1996, 159; Zöller/*Geimer*, vor § 946 ZPO Rn 8, der unter Hinweis auf § 990 ZPO die Zuständigkeit des Nachlassgerichts annimmt; Bamberger/Roth/*Lohmann*, § 1970 Rn 6 und MüKo-*Siegmann*, § 1970 BGB Rn 10, die jeweils verkennen, dass § 990 ZPO nicht die Zuständigkeit des Nachlassgerichts anordnet, sondern lediglich eine Harmonisierung der Zuständigkeitsregeln des Aufgebotsgerichts und des Nachlassgerichts herbeiführt.
279 MüKo-*Heldrich*, § 2060 BGB Rn 3; Palandt/*Edenhofer*, § 2060 BGB Rn 1.
280 So die herrschende Meinung; BGH NJW-RR 1988, 710.

Während des Bestehens der Erbengemeinschaft kann der Gläubigermiterbe die Erfüllung aus dem ungeteilten Nachlass im Wege der Gesamthandsklage nach § 2059 Abs. 2 BGB verlangen. Sind einzelne Miterben mit der Befriedigung nicht einverstanden, ist die Gesamthandsklage auf Einwilligung in die Befriedigung aus dem Nachlass nur gegen diese Widersprechenden zulässig.[281]

Erhebt der Miterbe die Gesamtschuldklage, so ist Im Hinblick auf das Innenverhältnis unter den Miterben der den Gläubigermiterben treffende Anteil an der Nachlassverbindlichkeit an seiner Forderung sofort abzuziehen, so dass lediglich der Teilbetrag eingeklagt werden kann, der die anderen Miterben betrifft. Aus diesem Grund kann der Gläubigermiterbe bei der Gesamtschuldklage auch nicht als Beklagter, sondern nur als Kläger auftreten.

**Beispiel**
Erben des Erblassers sind seine vier Kinder A, B, C und D zu je einem Viertel geworden. D hatte gegen den Erblasser eine Forderung in Höhe von 20.000 EUR. D kann A, B und C als Gesamtschuldner nur in Höhe von 15.000 EUR verklagen, die restlichen 5.000 EUR betreffen ihn selbst.

BayObLG:[282]

*„Ist der Miterbe selbst Nachlassgläubiger, kann er auch nach Teilung des Nachlasses jeden seiner Miterben als Gesamtschuldner auf den vollen Betrag seiner Forderung abzüglich des auf seinen eigenen Bruchteil fallenden Betrags in Anspruch nehmen. Solange dabei nicht die Voraussetzungen der §§ 2060, 2061 BGB gegeben sind, besteht hierfür als besonderer Gerichtsstand der erweiterte Gerichtsstand der Erbschaft."*

### 6. Gesamtschuldnerausgleich unter den Miterben

#### a) Erfüllung einer Erblasserschuld durch einen Miterben

Wurde ein Miterbe als Gesamtschuldner in Anspruch genommen, so hat er einen Anspruch gegen die übrigen Miterben auf Ausgleich gem. § 426 BGB, sofern die Verbindlichkeit nicht noch bei der Erbauseinandersetzung gem. § 2046 BGB berücksichtigt werden kann. Der Ausgleich erfolgt im Verhältnis der Erbteile der Miterben.[283] Bei bestehender Ausgleichungspflicht wegen lebzeitiger Vorempfänge von Seiten des Erblassers richtet sich auch der Gesamtschuldnerausgleich nach dem, was jeder Miterbe erhält.[284]

**Beispiel**
Der Erblasser stand bis kurz vor seinem Tod in ärztlicher Behandlung; er war Privatpatient. Beerbt wird er von seinen drei Kindern, der Tochter T, dem Sohn S1 und dem Sohn S2, zu je einem Drittel. Die Tochter T wohnte beim Erblasser im selben Haus, beide Söhne wohnen im Ausland. Der Arzt des Erblassers schickte seine Honorarrechnung nach dem Erbfall an die Tochter T, weil er sie kannte. Da ein Erbschein noch nicht erteilt ist, kommt T an Bankguthaben des Erblassers nicht heran, deshalb zahlt sie die Arztrechnung aus der Privattasche. Von ihren Brüdern S1 und S2 verlangt sie je ein Drittel des verauslagten Betrages.

---

281 BGH NJW-RR 1988, 710; OLG Karlsruhe ZEV 2007, 380; OLG Karlsruhe NJW-RR 2005, 1317; OLG Köln OLGR 1997, 25; Soergel/*Wolf*, Rn 9 zu § 2059.
282 BayObLG BayObLGR 2004, 85 = FamRZ 2004, 908 = NJW-RR 2004, 944 = ZEV 2004, 428.
283 BayObLG 70, 132.
284 Palandt/*Edenhofer*, § 2058 BGB Rn 4.

370 Da es sich um eine Nachlassverbindlichkeit in der Form der Erblasserschuld handelte, haften nach § 2058 BGB alle drei Miterben im Außenverhältnis gesamtschuldnerisch. Tochter T, die die gesamte Forderung erfüllt hat, hat nach § 426 Abs. 1 und 2 BGB gegen S1 und S2 einen Anspruch auf insgesamt 2/3 der von ihr bezahlten Forderung. Insoweit hat eine cessio legis stattgefunden. Weil es sich um eine Nachlassverbindlichkeit handelt, haften S1 und S2 vorläufig unbeschränkt, aber auf den Nachlass beschränkbar. Die Haftungsbeschränkung wird durch das Ergreifen einer Haftungsbeschränkungsmaßnahme, bspw. Anordnung des Nachlassinsolvenzverfahrens, der Nachlassverwaltung bzw. Erhebung der Dürftigkeitseinrede, herbeigeführt.

371 **Beispiel (Variante)**
Die Tochter T ist der Meinung, der Arzt habe einen Kunstfehler begangen und den frühen Tod des Erblassers zu verantworten. Deshalb bezahlt sie die an sie gerichtete Honorarrechnung nicht. Sie informiert ihre Brüder von der Angelegenheit; diese empfehlen ihr, es auf einen Rechtsstreit ankommen zu lassen. Der Arzt verklagt T als Gesamtschuldnerin. T bittet ihre beiden Brüder, ihr in diesem Prozess „beizustehen". S1 und S2 lehnen dies jedoch ab. T dringt im Prozess mit ihren Einwendungen nicht durch; sie wird vorbehaltlos zur Zahlung der Honorarrechnung verurteilt.
Das Urteil wird rechtskräftig. Sie schuldet Hauptsumme, Verzugszinsen und sämtliche Kosten des Rechtsstreits. Sie bezahlt alles restlos aus ihrem Privatvermögen. Als sie sich an S1 und S2 wegen der Erstattung von 2/3 des aufgewandten Betrages wendet, erklären diese, sie lehnten eine Erstattung ab, weil T den Prozess nicht ordnungsgemäß geführt und keine Berufung gegen das erstinstanzliche Urteil eingelegt habe.
Förmlich hat T ihren beiden Brüdern den Streit nicht verkündet, so dass die beiden Brüder keine Nebeninterventionswirkungen des Urteils treffen. Auch die Rechtskraft des Urteils erstreckt sich nicht auf die beiden gesamtschuldnerisch haftenden Brüder, weil § 425 BGB eine solche Rechtskrafterstreckung des gegen einen der Gesamtschuldner ergangenen Urteils auf die anderen Gesamtschuldner nicht vorsieht. Weigern sich S1 und S2, 2/3 der Urteilssumme an T zu zahlen, so muss T gegen sie einen Rechtsstreit führen.
Die Miterben S1 und S2 haften gesamtschuldnerisch nach § 2058 BGB. Der Gesamtschuldnerausgleich bezüglich der Hauptforderung folgt aus § 426 BGB; bezüglich Zinsen und Kosten trifft sie eine Schadensersatzpflicht aus § 280 BGB wegen Verletzung ihrer Pflichten aus dem Gesamtschuldner-Innenverhältnis.[285] Sie wären im Hinblick auf Nebenpflichten aus dem gesamtschuldnerischen Innenverhältnis verpflichtet gewesen, die Miterbin T zu dem die beiden Brüder treffenden Anteil an der Schuld freizustellen.[286]

372 BGH in BGHZ 23, 361 (363):

*„Zwar kann bei einem Gesamtschuldverhältnis der vom Gläubiger in Anspruch genommene Gesamtschuldner schon vor der eigenen Leistung verlangen, daß seine Mitschuldner ihren Anteilen entsprechend zur Befriedigung des Gläubigers mitwirken (RGZ 79, 288 [290]; Staudinger 9. Auflage § 426 A ll b). Aber diese Beitragspflicht der Mitschuldner begründet nur einen Anspruch auf Zahlung eines entsprechenden Betrages an den Gläu-*

---

[285] RGZ 92, 143 ff. Bei dem Ausgleichsanspruch eines Miterben aus §§ 2058, 426 Abs. 1 BGB handelt es sich um einen erbrechtlich begründeten Anspruch, der gem. § 197 Abs. 1 Nr. 2 BGB der 30-jährigen Verjährungsfrist unterliegt (BGH NJW 2007, 2174; OLG Oldenburg NJW-Spezial 2009, 471 = ErbR 2009, 294). Allerdings gilt seit 1.1.2010 auch für erbrechtliche Ansprüche im Grundsatz die dreijährige Regelverjährungsfrist (§ 195 BGB), weil § 197 Abs. 1 Nr. 2 BGB durch das Gesetz zur Änderung des Erb- und Verjährungsrechts vom 24.9.2009 entsprechend geändert wurde.
[286] BGHZ 23, 361, 363; 47, 157, 166.

biger, nicht an den in Anspruch genommenen Gesamtschuldner selbst. Zahlung an sich selber kann dieser vielmehr erst verlangen, wenn er seinerseits an den Gläubiger geleistet hat."

Die Verletzung dieser Freistellungsverpflichtung führt zur Schadensersatzpflicht des Inhalts, dass sie für die angefallenen Zinsen und Kosten in Höhe von zusammen 2/3 haften.[287]

Was wäre, wenn T ihren Brüdern den Streit verkündet hätte?

**Wirkungen der Streitverkündung:**[288] Die Streitverkündungsschriften müssen in formeller Hinsicht in Ordnung sein und wirksam zugestellt werden, §§ 72, 73 ZPO. Die Streitverkündeten (die beiden Brüder) können im Regressprozess gegenüber dem Streitverkünder (der Schwester) nicht mehr geltend machen, das Urteil des Vorprozesses sei unrichtig, §§ 74 Abs. 3, 68 ZPO. Das ist keine Rechtskraft, sondern die besondere Wirkung der Streitverkündung. Die Rechtskraft wirkt nur zwischen den Parteien und deren Rechtsnachfolgern, § 325 Abs. 1 ZPO. Der Streitverkündete ist weder Partei des Vorprozesses noch deren Rechtsnachfolger. Unerheblich ist, ob der Streitverkündete sich als Streithelfer beteiligt hat oder nicht, § 74 Abs. 3 ZPO. Maßgebend ist der Zeitpunkt, zu dem die Streitverkündungsschrift zugestellt wird, § 74 Abs. 3 ZPO.

Die Rechtswirkung (Interventionswirkung) ist zugleich stärker und schwächer als die Rechtskraft: Stärker, weil sie sich nicht auf das Prozessergebnis beschränkt, schwächer, weil sie der Einrede mangelhafter Prozessführung ausgesetzt ist, § 68 ZPO. Während die Rechtskraft sich auf das Prozessergebnis beschränkt, bindet die Streitverkündung den Dritten auch an alle tatsächlichen Feststellungen und rechtlichen Schlussfolgerungen, die das Urteil tragen und für das Rechtsverhältnis zwischen Streitverkünder und Streitverkündetem wichtig sind.[289] Das Gesetz schließt den Streitverkündeten im Regressprozess mit allen Behauptungen, Beweisen und Rechtsargumenten aus, die er als Streithelfer schon im Vorprozess hätte vorbringen können.[290] Zulässig bleiben nur Behauptungen, die im Vorprozess noch nicht erheblich waren. Im Regressprozess beachtet das Gericht die Interventionswirkung in jeder Lage des Verfahrens, sobald es vom Vorprozess erfährt.[291]

**b) Muster: Klage gegen Miterben auf Gesamtschuldnerausgleich**

An das

Amtsgericht
– Zivilabteilung –

Klage

der Frau

– Klägerin –

Prozessbevollmächtigter: Rechtsanwalt

gegen

---
287 RGZ 79, 288, 291; 92, 151.
288 Vgl. zur zivilprozessualen Nebenintervention die ausführliche und gut lesbare Darstellung von *Servatius*, JA 2000, 690.
289 BGHZ 116, 95.
290 BGHZ 8, 72.
291 BGHZ 123, 44.

1. Herrn
2. Herrn

– Beklagte –

wegen Forderung.

Namens und in Vollmacht der Klägerin erhebe ich Klage gegen die Beklagten und werde in dem zu bestimmenden Termin beantragen, für Recht zu erkennen:

Die Beklagten werden als Gesamthandsschuldner verurteilt, an die Klägerin 2.000 EUR zu zahlen nebst jährlich 5 % Zinsen über dem Basiszinssatz seit dem                .

Falls die Voraussetzungen des § 331 Abs. 3 bzw. § 307 ZPO vorliegen, bitte ich um Erlass eines **Versäumnis-** bzw. **Anerkenntnisurteils** ohne mündliche Verhandlung.

*Begründung:*

Es handelt sich um eine Erbrechtsstreitigkeit, bei der die Klägerin, eine von drei Erben, den Gesamtschuldnerausgleich gegen die Beklagten als den beiden anderen Miterben, geltend macht. Die Prozessparteien sind Geschwister.

Am        ist Herr        , zuletzt wohnhaft in        , der Vater der Parteien, gestorben. Die Klägerin und ihre beiden Brüder, die Beklagten, sind die einzigen Kinder, die der Erblasser hinterlassen hat. Die Ehefrau ist vorverstorben. Es ist gesetzliche Erbfolge eingetreten, so dass alle drei gesetzliche Erben zu je 1/3 wurden, § 1924 BGB. Ein Erbschein ist bisher weder erteilt noch beantragt.

Der Erblasser stand bis kurz vor seinem Tod in ärztlicher Behandlung bei Dr.        in        ; er war Privatpatient. Die Klägerin wohnte beim Erblasser im selben Haus, beide Söhne wohnen im ca. 800 km entfernten        . Der Arzt des Erblassers schickte seine Honorarrechnung vom        über 3.000 EUR nach dem Erbfall an die Tochter des Erblassers, die Klägerin, weil er sie kannte.

*Beweis:* Begl. Kopie der Rechnung vom        – Anlage K 1 –

Da ein Erbschein noch nicht erteilt ist, konnte die Klägerin von den Bankguthaben des Erblassers weder etwas abheben noch überweisen; deshalb zahlte sie die Arztrechnung von ihrem Privatkonto. Von ihren Brüdern, den Beklagten, verlangt sie mit der vorliegenden Klage 2/3 des verauslagten Betrages.

Da es sich um eine Nachlassverbindlichkeit in der Form der Erblasserschuld handelte, haftete die Klägerin als Miterbin nach § 2058 BGB im Außenverhältnis gesamtschuldnerisch. Sie hat, nachdem sie die gesamte Forderung erfüllt hat, nach § 426 Abs. 1 und 2 BGB gegen die Beklagten einen Anspruch auf insgesamt 2/3 der von ihr bezahlten Forderung. Insoweit hat eine cessio legis stattgefunden. Der Ausgleich erfolgt im Verhältnis der Erbteile (BayObLG 70, 132).

Trotz Aufforderung und Mahnung mit Schreiben vom        haben die Beklagten bisher die Forderung nicht erfüllt. Sie sind der Meinung, dass alles bei der später ohnehin anstehenden Erbauseinandersetzung verrechnet werden solle.

*Beweis:* Mahnschreiben vom        – Anlage K 2 –

So lange muss die Klägerin auf die Erfüllung ihres Ausgleichsanspruchs jedoch nicht warten. Sie hat nach § 271 BGB Anspruch auf sofortige Erfüllung, zumal nicht abzusehen ist, wann die Erbauseinandersetzung erfolgen kann (BGHZ 23, 363; BGHZ 47, 166; BGH NJW 1986, 3132).

Mit Zugang des Mahnschreibens der Klägerin vom        sind die Beklagten in Verzug geraten. Deshalb sind die gesetzlichen Verzugszinsen seit        geschuldet.

(Rechtsanwalt)

*Krug*

c) Muster: Streitverkündungsschriftsatz

An das

Amtsgericht
– Zivilabteilung –

▬▬▬

zu Az. ▬▬▬

In der Zivilrechtsstreitigkeit

▬▬▬ ./. ▬▬▬

wird hiermit namens der Beklagten

1. Herrn ▬▬▬

2. Herrn ▬▬▬

der Streit verkündet

mit der Aufforderung, dem Rechtsstreit auf Seiten der Beklagten beizutreten.

Es wird gebeten, den vorliegenden Streitverkündungsschriftsatz, die beigefügten begl. Kopien der Klageschrift und des Klageerwiderungsschriftsatzes jedem der beiden Streitverkündeten so bald wie möglich zuzustellen.

*Begründung:*

Mit der Klage begehrt der Kläger Arzthonorar von der Beklagten für die Behandlung des Vaters der Beklagten und der beiden Streitverkündeten.

Am ▬▬▬ ist Herr ▬▬▬, zuletzt wohnhaft in ▬▬▬, der Vater der Beklagten und der beiden Streitverkündeten, gestorben. Die Klägerin und ihre beiden Brüder, die Streitverkündeten, sind die einzigen Kinder, die der Erblasser hinterlassen hat. Es ist gesetzliche Erbfolge eingetreten, so dass alle drei gesetzliche Erben zu je einem Drittel wurden, § 1924 BGB. Ein Erbschein ist bisher weder erteilt noch beantragt.

Der Erblasser stand bis kurz vor seinem Tod in ärztlicher Behandlung bei dem Kläger, Herrn Dr. ▬▬▬ in ▬▬▬; er war Privatpatient. Die Beklagte wohnte beim Erblasser im selben Haus, beide Söhne, die Streitverkündeten, wohnen im ca. 800 km entfernten ▬▬▬. Der Kläger schickte seine Honorarrechnung vom ▬▬▬ über 3.000 EUR nach dem Erbfall an die Tochter des Erblasser, die Beklagte, weil er sie kannte.

Da die Beklagte Einwendungen gegen die Honorarrechnung erhebt, weil nach ihrer Meinung der Kläger den Erblasser medizinisch nicht sachgerecht behandelt hat, hat sie die Zahlung der Rechnung verweigert. Aus diesem Grund hat der Kläger Klage gegen die Beklagte erhoben. Sie haftet, falls die Forderung zu Recht bestehen sollte, für diese Nachlassverbindlichkeit nach § 2058 BGB als Gesamtschuldnerin.

Sollte sie verurteilt werden und die Forderung erfüllen, so geht der Teil der Forderung, bezüglich dessen sie von den beiden Streitverkündeten Gesamtschuldnerausgleich nach § 426 Abs. 1 BGB verlangen kann, nach § 426 Abs. 2 BGB auf sie im Wege der cessio legis über.

Da in diesem Falle die beiden Streitverkündeten je 1.000 EUR schulden, insgesamt also 2.000 EUR, und die originäre Forderung des Klägers in dieser Höhe auf die Beklagte übergeht, könnten die beiden Streitverkündeten der Beklagten dieselben Einwendungen entgegen halten, die sie nunmehr dem Kläger entgegen hält. Die Streitverkündung ist deshalb gem. § 72 Abs. 1 ZPO zulässig.

Der Stand des Rechtsstreits ist aus den beiliegenden beglaubigten Abschriften der Klageschrift und der Klageerwiderung zu ersehen.

*Krug*

Das Gericht hat frühen ersten Termin zur mündlichen Verhandlung bestimmt auf ▮.

(Rechtsanwalt)

## III. Schutz des Nachlasses vor den Eigengläubigern des Erben

### 1. Interessenlage

378 Am Schutz des Nachlasses vor den Eigengläubigern der Erben können nicht nur die Nachlassgläubiger, sondern auch die Erben selbst interessiert sein. Aus diesem Grund gewährt das Gesetz sowohl den Erben als auch den Gläubigern das Recht, Nachlassverwaltung und Nachlassinsolvenz zu beantragen. Allerdings steht bezüglich der Nachlassverwaltung das Antragsrecht den Erben nur **gemeinschaftlich** zu, § 2062 Hs. 1 BGB. Trotzdem können die Eigengläubiger des einzelnen Erben nicht in den Nachlass vollstrecken, weil sie gem. § 747 ZPO einen Titel gegen **alle Miterben** bräuchten. Gegen die anderen Miterben können sie aber keinen Titel erwirken, wenn sie Forderungen nur gegen ihren Schuldner haben.

379 **Hinweis**
Die Nachlassverwaltung kann nur **bis zur Teilung** des Nachlasses beantragt werden, § 2062 Hs. 2 BGB (Sanktion wegen Verstoßes gegen § 2046 BGB).

### 2. Verbot der Aufrechnung

380 Der Eigengläubiger **eines Miterben** kann nicht durch Aufrechnung auf den Nachlass zugreifen, § 387 BGB. § 2040 Abs. 2 BGB stellt klar, dass er nicht einmal mit seiner Forderung gegen den Anteil des Miterben an der Nachlassforderung aufrechnen kann. Hat der Eigengläubiger allerdings eine gesamtschuldnerische Forderung gegen **alle Miterben**, so kann er aufrechnen. Die Miterben können dies dadurch verhindern, dass sie einen Antrag auf Nachlassverwaltung stellen mit der Rechtsfolge des § 1977 Abs. 2 BGB.

### 3. Konfusion

381 Durch Konfusion geht eine Nachlassforderung nur unter, wenn **alle Miterben** Schuldner sind. Durch gemeinsamen Antrag auf Nachlassverwaltung können sie die eingetretene Rechtsfolge wieder rückgängig machen, §§ 1976, 2062 BGB.

### 4. Freiwillige Leistung durch einen Miterben

382 Da die Erfüllung einer Schuld einer Verfügung gleich steht, kann ein einzelner Miterbe gem. § 2040 Abs. 1 BGB nicht freiwillig aus dem Nachlass an einen Eigengläubiger leisten.

## IV. Haftung der Erben gegenüber den Nachlassgläubigern für eine ordnungsgemäße Verwaltung

383 Mit dem Eintritt einer Haftungsbeschränkungsmaßnahme werden die Erben gem. § 1978 BGB trotz ihrer Stellung als Rechtsinhaber an allen Nachlassgegenständen rückwirkend auf den Erbfall wie Verwalter fremden Vermögens behandelt. Die Erben, die nach dem erbrechtlichen Haftungssystem ihre Haftung beschränken, sollen den Nachlassgläubigern eine etwaige Verminderung der Haftungsmasse des Nachlasses wie ein außenstehender

Dritter verantworten müssen.²⁹² Dabei ist zu unterscheiden zwischen der Verantwortlichkeit vor Erbschaftsannahme und für die Zeit danach.

## 1. Verantwortlichkeit vor Annahme der Erbschaft

Für die erbschaftlichen Geschäfte vor Erbschaftsannahme gelten die Vorschriften über die Geschäftsführung ohne Auftrag. Die Erben sind vor der Annahme nur ausnahmsweise zum Tätig werden für den Nachlass verpflichtet, wenn sie bereits zu einem vorangegangenen Zeitpunkt aktiv die Führung eines erbschaftlichen Geschäfts übernommen oder sie die Möglichkeit der Abwehr von die Zwangsvollstreckung in den Nachlass betreibenden Eigengläubigern nicht wahrgenommen hatten.²⁹³ Nach dem Verlust des Ausschlagungsrechts soll der Erbe jedoch zur Verwaltung des Nachlasses verpflichtet sein.

Im Rahmen der ordnungsgemäßen Verwaltung haben die Erben stets auf den objektiv zu verstehenden potenziellen Willen und die Interessen der Gesamtheit der Nachlassgläubiger Rücksicht zu nehmen.²⁹⁴

## 2. Verantwortlichkeit nach Annahme der Erbschaft

Nach Annahme der Erbschaft werden die Erben so behandelt, als hätten sie fremdes Vermögen verwaltet – wie Beauftragte der Nachlassgläubiger, § 1978 Abs. 1 S. 1 BGB. Eine dingliche Surrogation hat das Gesetz hier nicht vorgesehen mit der Folge, dass gegenüber den Erben nur schuldrechtliche Ansprüche bestehen können.²⁹⁵

Die Erben haften für die ordnungsgemäße Verwaltung und Erhaltung des Nachlasses und haben ihn mitsamt den Nutzungen an den Nachlassverwalter herauszugeben (§§ 667, 1984 BGB). Denkbar sind auch Schadensersatzansprüche des Nachlasses gegen die Erben wegen nicht ordnungsgemäßer Verwaltung. Die Erben haften insoweit mit ihrem Eigenvermögen ohne die Möglichkeit der Haftungsbeschränkung.²⁹⁶

**Fiktion der Nachlasszugehörigkeit:** Ersatzansprüche gegen die Erben nach § 1978 Abs. 1 BGB gelten gem. § 1978 Abs. 2 BGB als zum Nachlass gehörend und erhöhen den Aktivbestand des Nachlasses. Durch die Zurechnung zum Nachlass ist sichergestellt, dass Ersatz- und Erstattungsansprüche gegen die Erben einheitlich im Interesse aller beteiligten Nachlassgläubiger durchgesetzt werden, wobei nur noch der Nachlass- bzw. -insolvenzverwalter anspruchsberechtigt ist.²⁹⁷ Die Erben haften insoweit unbeschränkt trotz ihrer sonstigen beschränkten Haftung durch Herbeiführung von Haftungsbeschränkungsmaßnahmen in Form der Nachlassverwaltung oder des Nachlassinsolvenzverfahrens.

---

292 Soergel/*Stein*, § 1978 BGB Rn 1.
293 Staudinger/*Marotzke*, § 1978 BGB Rn 7; Soergel/*Stein*, § 1978 BGB Rn 5.
294 Soergel/*Stein*, § 1978 BGB Rn 4; Staudinger/*Marotzke*, § 1978 BGB Rn 5; MüKo-*Siegmann*, § 1978 BGB Rn 3.
295 BGH NJW-RR 1989, 1226.
296 RGZ 89, 403, 408.
297 OLG Hamburg OLGE 41, 82.

## G. Prozessrecht

### I. Rechtsstreit gegen den Erblasser

388 Stirbt eine Partei während eines laufenden Rechtsstreits (in erster oder zweiter Instanz), so wird dieser mit dem Tod unterbrochen, § 239 Abs. 1 ZPO. Der Erbe hat das Recht, den Rechtsstreit aufzunehmen und fortzuführen. War die Partei anwaltlich vertreten, so tritt die Unterbrechung nur auf Antrag ein, § 246 Abs. 1 ZPO.

#### 1. Haftungsbeschränkungsvorbehalt im Urteilstenor

389 Nimmt der Erbe den Rechtsstreit auf, so muss er darauf achten, dass er sich die Möglichkeit, seine Haftung auf den Nachlass zu beschränken, vorbehält. Dafür sieht § 780 Abs. 1 ZPO vor, dass ein Vorbehalt in den **Urteilstenor** aufgenommen wird – Aufnahme des Vorbehalts in die Urteilsgründe reicht nicht.

390 **Hinweis**
**Haftungsbeschränkungsvorbehalt auch bezüglich der Prozesskosten:** Da der Rechtsstreit noch vom Erblasser begonnen wurde, sind die Kosten des Rechtsstreits zweifellos Nachlassverbindlichkeiten. Will der Erbe auch bezüglich der Kosten nur beschränkt haften, dann muss der Vorbehalt nicht nur bezüglich der Hauptsache, sondern auch bezüglich der Prozesskosten aufgenommen und zuvor entsprechend beantragt werden.[298]

391 Dabei kommt es nicht darauf an, ob die Haftungsbeschränkung des Erben bis zum Schluss der letzten mündlichen Verhandlung tatsächlich bereits eingetreten ist oder nicht. In jedem Falle kann sich der Erbe seine beschränkte Haftung rein vorsorglich vorbehalten, und zwar selbst dann, wenn noch nicht einmal klar ist, ob die Voraussetzungen für Haftungsbeschränkungsmaßnahmen überhaupt jemals eintreten werden.[299]

392 Vorsichtshalber wird deshalb jeder Erbe den Vorbehalt für seine beschränkte Haftung in den Urteilstenor aufnehmen lassen, weil eine spätere Korrektur nicht möglich ist und er damit auf jeden Fall Gefahr läuft, mit seinem Eigenvermögen für die titulierte Forderung zu haften.

393 Ein beantragter, aber im Urteil vergessener Vorbehalt kann noch gem. § 321 ZPO in den Urteilstenor aufgenommen werden (**Achtung:** Zwei-Wochen-Frist, vgl. das Muster Rn 188).

Nur wenn die Bescheidung des Antrags auf Aufnahme eines Haftungsbeschränkungsvorbehalts vollständig unterblieben ist, darüber also auch nichts in den Urteilsgründen steht, ist eine Ergänzung nach § 321 ZPO möglich. Fehlt der Haftungsbeschränkungsvorbehalt lediglich im Urteilstenor, ist er aber in den Urteilsgründen erwähnt, dann liegt ein Fall für eine Urteilsberichtigung nach § 319 ZPO vor.

---

298 LG Leipzig ZEV 1999, 234 m.w.N.
299 BGH NJW 1991, 2839 ff., BGH NJW 1983, 2378 ff.

## 2. Wie wird der Vorbehalt zugunsten des Erben umgesetzt?

### a) Vollstreckung in den Nachlass

Solange der Gläubiger aus dem Vorbehaltsurteil **in Nachlassgegenstände** vollstreckt, hat der Erbe als Schuldner keine Möglichkeit, sich dagegen zu wehren. Der Nachlass haftet in jedem Fall für die Forderung, die bereits gegen den Erblasser eingeklagt war.

394

### b) Vollstreckung in das Eigenvermögen

Vollstreckt der Gläubiger aus dem Vorbehaltsurteil jedoch in Gegenstände des Eigenvermögens des Erben, so steht dem Erben dagegen die **Vollstreckungsgegenklage** zu (§§ 767, 785, 781 ZPO), falls er bis zu diesem Zeitpunkt eine wirksame **Haftungsbeschränkungsmaßnahme** ergriffen hat. Deshalb ist es Aufgabe des Erben, so bald wie möglich nach Erlangung des Vorbehaltsurteils eine Haftungsbeschränkungsmaßnahme (bspw. Anordnung der Nachlassverwaltung) herbeizuführen. Denn die Haftungsbeschränkung tritt erst mit dem Wirksamwerden einer solchen Haftungsbeschränkungsmaßnahme ein, andernfalls, wenn eine solche Maßnahme nicht ergriffen wurde, haftet der Erbe ja – wie bekannt – unbeschränkt, und der ihm gewährte Vorbehalt im Urteil geht ins Leere.

395

## 3. Einwendungen des Nachlassgläubigers

Der Nachlassgläubiger könnte im Rechtsstreit über die Vollstreckungsgegenklage allenfalls geltend machen, der Vermögensgegenstand gehöre nicht zum Eigenvermögen des Erben, sondern zum Nachlass. Der Einwand, dass der Erbe (= Beklagter im Vorbehaltsurteil und Kläger der Vollstreckungsgegenklage) unbeschränkt hafte, ist dem beklagten Nachlassgläubiger nach § 767 Abs. 2 ZPO abgeschnitten, weil dieser Umstand bereits im Erstprozess, der zum Vorbehaltsurteil geführt hat, hätte geltend gemacht werden müssen mit dem Ziel, eine Aufnahme des Vorbehalts zu verhindern. Ist allerdings dem Erben die Möglichkeit einer Haftungsbeschränkung erst nach der letzten mündlichen Tatsachenverhandlung verloren gegangen (bspw. durch Inventaruntreue), so wäre der Nachlassgläubiger mit diesem Einwand nach § 767 Abs. 2 ZPO nicht ausgeschlossen.

396

## 4. Aufhebung von Vollstreckungsmaßnahmen

Hat der Nachlassgläubiger aufgrund des Urteils bereits in einen Gegenstand des Eigenvermögens vollstreckt (Pfändung), so wird diese Vollstreckungsmaßnahme nicht allein aufgrund des Urteils, das im Rechtsstreit über die Vollstreckungsgegenklage ergeht, von selbst unwirksam. Vielmehr muss das Vollstreckungsgericht die entsprechende Vollstreckungsmaßnahme nach §§ 775 Nr. 1, 776 ZPO aufheben. Einem entsprechenden Antrag ist eine vollstreckbare Ausfertigung des Urteils, das die Zwangsvollstreckung für unzulässig erklärt, beizulegen.

397

## II. Umschreibung der Vollstreckungsklausel bei einem gegen den Erblasser ergangenen Urteil

Falls die Zwangsvollstreckung erst **nach dem Tod des Erblassers** beginnt, so muss der Nachlassgläubiger seinen **Vollstreckungstitel** auf den Erben als Rechtsnachfolger des Erblassers gem. § 727 ZPO **umschreiben** lassen (vgl. dazu im Einzelnen Rn 436 und zur Möglichkeit der Bestellung eines besonderen Vollstreckungsvertreters gem. § 779 Abs. 2 ZPO

398

ohne Titelumschreibung bei bereits zu Lebzeiten des Erblassers (= Schuldners) begonnener Zwangsvollstreckung unten Rn 437).[300]

Vollstreckt ein Gläubiger, der einen Titel gegen den Erblasser erwirkt hat, in das Eigenvermögen des Erben, so ist mit einer Widerspruchsklage analog § 771 ZPO die Vollstreckung für unzulässig erklären zu lassen. Zwar kann ein Erbe diese Beschränkung seiner Haftung eigentlich nur geltend machen, wenn ihm dies in dem gerichtlichen Titel vorbehalten ist. Dies gilt aber nur dann, wenn der Erbe die Möglichkeit hatte, den Vorbehalt in den Titel aufnehmen zu lassen. War der Vollstreckungstitel noch gegen den Erblasser selbst ergangen, kann der Erbe sein eigenes Vermögen auch nachträglich vor dem Zugriff der Gläubiger des Erblassers bewahren.[301]

### III. Rechtsstreit gegen den Erben

#### 1. Vor Annahme der Erbschaft

399 Gemäß § 1958 BGB kann eine Nachlassverbindlichkeit vor Annahme der Erbschaft nicht eingeklagt werden; dabei handelt es sich um eine Zulässigkeitsvoraussetzung, die von Amts wegen zu beachten ist. Eine Klage, die dies missachtet, wäre als **unzulässig** abzuweisen.

400 **Die Klagepflegschaft:** Auf Antrag eines Nachlassgläubigers hat das Nachlassgericht einen Nachlasspfleger zu bestellen, wenn die Erbschaft entweder noch nicht angenommen oder der Erbe unbekannt oder ungewiss ist, ob er die Erbschaft angenommen hat, § 1961 BGB. Dies korrespondiert mit der Vorschrift des § 1958 BGB, wonach vor der Annahme der Erbschaft eine Klage gegen den Erben als unzulässig abzuweisen wäre. Die Klagepflegschaft dient dazu, diesen Zeitraum für einen Gläubiger, der seinen Anspruch gegen den Nachlass geltend machen will, zu überbrücken (vgl. auch zur Problematik des besonderen Vollstreckungsvertreters gem. § 779 Abs. 2 ZPO unten Rn 437). Sollte ein Erbscheinsantrag eines Vollstreckungsgläubigers nach § 792 ZPO keinen Erfolg haben, so könnte er ebenfalls die Anordnung einer Klagepflegschaft beantragen.[302] Besonders hinzuweisen ist darauf, dass auch **Pflichtteilsberechtigte** und **Vermächtnisnehmer** Nachlassgläubiger sind und deshalb eine Klagepflegschaft beantragen können, um ihre Ansprüche geltend zu machen (vgl. auch oben Rn 18 ff.).

Dem Nachlassgläubiger steht gegen die Aufhebung der Klagepflegschaft ein Beschwerderecht nach § 59 FamFG (bis 31.8.2009: § 57 Abs. 1 Nr. 3 FGG) zu.[303]

#### 2. Nach Annahme der Erbschaft

401 Wenn der Erbe seine Möglichkeit der Beschränkung der Haftung auf den Nachlass wahrnehmen will, muss er ebenfalls die Aufnahme eines Vorbehalts in das Urteil nach § 780 ZPO beantragen.

402 **Kosten des Rechtsstreits:** Es entspricht allgemeiner Meinung, dass Kosten eines Rechtsstreits, den der Erbe im Hinblick auf den Nachlass führt, Nachlasserbenschulden sind, und

---

300 Das vereinfachte Klauselumschreibungsverfahren nach § 727 ZPO ist auf einen sog. Prätendentenstreit auf Gläubigerseite nicht anwendbar, vgl. OLG Stuttgart Rpfleger 2000, 282.
301 LG Coburg FamRZ 2009, 1236.
302 LG Oldenburg Rpfleger 1982, 105.
303 OLG Hamm Rpfleger 1987, 416.

dass deshalb ein Vorbehalt der Beschränkung der Erbenhaftung sich nur auf die Hauptsache, nicht aber auf die Kosten bezieht.[304]

Will der Erbe der persönlichen Haftung wegen der Kosten der gerichtlichen Geltendmachung entgehen, dann bleibt ihm nur der Weg, unter den Voraussetzungen des § 93 ZPO den Anspruch unter Vorbehalt der Beschränkung der Erbenhaftung anzuerkennen.[305]

**Wichtiger Praxis-Hinweis**
Will der Erbe seine Haftung auch bezüglich der Kosten des Rechtsstreits auf den Nachlass beschränken, so **muss** der Haftungsbeschränkungsvorbehalt auch bezüglich der Kostenentscheidung des Urteils in den Tenor aufgenommen werden, eine Nachholung im Kostenfestsetzungsverfahren ist nicht mehr möglich.[306]

Vgl. LG Leipzig (ZEV 1999, 234):

*„Ist einer erstattungspflichtigen Partei in einer Entscheidung die beschränkte Erbenhaftung nicht uneingeschränkt vorbehalten worden, kommt eine Beschränkung der Erbenhaftung im Kostenfestsetzungsbeschluss nicht in Betracht."*

**Formulierungsbeispiel**
Dem Beklagten bleibt die Beschränkung seiner Haftung bezüglich Hauptsache, Nebenforderungen und **Kosten** auf den Nachlass des am ███████ verstorbenen ███████ vorbehalten.

Wird auf **Klägerseite** ein Prozess für den Nachlass geführt – insbesondere, wenn der Erbe einen vom Erblasser begonnenen Rechtsstreit fortführt –, so kann bei vollem oder teilweisem Unterliegen den Kläger ebenfalls die **Kostentragungspflicht** ganz oder teilweise treffen. Deshalb muss auch in einem solchen Fall bezüglich etwaiger Kosten der Antrag auf Aufnahme des Haftungsbeschränkungsvorbehalts mit dem Klageantrag gestellt werden.[307]

### 3. Muster: Aufnahme des Rechtsstreits durch den Erben auf Klägerseite mit Antrag auf Haftungsbeschränkungsvorbehalt (§ 780 ZPO)

An das

Landgericht
– Zivilkammer –

███████

zu Az.

*Aufnahme eines unterbrochenen Rechtsstreits*

In der Rechtssache

des Herrn ███████

---

304 Soergel/*Stein*, § 1967 BGB Rn 12; Staudinger/*Marotzke*, § 1967 BGB Rn 47; MüKo-*Siegmann*, § 1967 BGB Rn 37; Stein/Jonas/*Bork*, vor § 91 ZPO Rn 10a; Zöller/*Stöber*, § 780 ZPO Rn 7; OLG Frankfurt Rpfleger 1977, 372; OLG Stuttgart JurBüro 1976, 675.
305 Stein/Jonas/*Bork*, § 93 ZPO Rn 4; Zöller/*Stöber*, § 780 ZPO Rn 6; Staudinger/*Marotzke*, § 1967 BGB Rn 47.
306 KG MDR 1981, 851; LG Berlin JurBüro 1987, 710 m.w.N.; Zöller/*Herget*, §§ 103, 104 ZPO Rn 21, Stichwort „Haftungsbeschränkung"; LG Leipzig ZEV 1999, 234.
307 BGH ZEV 2001, 113 = FamRZ 2001, 282; der BGH geht ohne weiteres davon aus, dass ein Haftungsbeschränkungsvorbehalt nach § 780 ZPO auch zugunsten des Klägers in das Urteil aufgenommen werden kann. Siehe dazu im Einzelnen Rn 67 ff.

– Klägers –

Prozessbevollmächtigter: Rechtsanwalt

gegen

Frau

– Beklagte –

Prozessbevollmächtigter: Rechtsanwalt

wegen Forderung

legitimiere ich mich für den Alleinerben des Klägers und nehme den durch den Tod des bisherigen Klägers unterbrochenen Rechtsstreit auf.

Bei den bisher von Klägerseite gestellten Anträgen verbleibt es. Sollte den Kläger eine Kostentragungspflicht treffen, so wird beantragt, in den Urteilstenor aufzunehmen, dass insoweit dem Kläger die Beschränkung seiner Haftung auf den Nachlass des am           verstorbenen           vorbehalten wird.

*Begründung:*

Zur Aufnahme des Rechtsstreits:

Der bisherige Kläger ist am           gestorben. Er wurde nach dem notariellen Testament vom          , beurkundet von Notar           in           unter UR-Nr.           allein beerbt von

*Beweis:* Je eine begl. Abschrift
a) des bezeichneten notariellen Testaments – Anlage K 1 –
b) der Testamentseröffnungsniederschrift des Amtsgerichts – Nachlassgericht – vom          , Az.           – Anlage K 2 –

Mit dem Tod des Klägers, der anwaltlich nicht vertreten war, wurde der Prozess nach § 239 Abs. 1 ZPO unterbrochen. Dies wurde auch durch feststellenden Gerichtsbeschluss vom           ausgesprochen.

Zum Klageantrag:

Zum Antrag auf Aufnahme eines Haftungsbeschränkungsvorbehalts nach § 780 ZPO:

Dieser Antrag wird rein vorsorglich gestellt, falls bei ganzer oder teilweiser Abweisung der Klage den Kläger eine Kostentragungspflicht treffen sollte. Auch bezüglich einer Kostentragungspflicht ist der Haftungsbeschränkungsvorbehalt in den Urteilstenor aufzunehmen (vgl. LG Leipzig ZEV 1999, 234), und zwar auch zugunsten des Klägers (BGH FamRZ 2001, 282 = ZEV 2001, 113).

(Rechtsanwalt)

### 4. Anordnung eines förmlichen Nachlassverfahrens während des laufenden Rechtsstreits

**409** Wird während des laufenden Rechtsstreits Nachlassverwaltung oder das Nachlassinsolvenzverfahren angeordnet, so wird der Rechtsstreit unterbrochen (§ 240 ZPO: Nachlassinsolvenzverfahren; § 1984 Abs. 1 S. 3 BGB, § 241 Abs. 3 ZPO: Nachlassverwaltung). Die Eröffnung des Nachlassinsolvenzverfahrens führt zu einer Unterbrechung aller Aktiv- und Passivprozesse der Erben, die diese als solche führen. Die Wirkung des § 240 ZPO tritt nur hinsichtlich solcher Prozesse nicht ein, die ausschließlich das nicht zum Nachlass gehörende persönliche Vermögen der Erben betreffen.[308] Der Nachlassverwalter bzw. Nachlassinsolvenzverwalter kann den Rechtsstreit aufnehmen. Im Übrigen gelten dieselben Regeln wie oben dargestellt.

---

308 OLG Köln FamRZ 2003, 688.

## IV. Kompetenzverteilung zwischen Erkenntnisverfahren und Vollstreckungsrecht

### 1. Problemstellung

Im Erbenhaftungsprozess (gegen den Erben) sind im Wesentlichen drei Fragen zu prüfen:
- Liegt eine Nachlassverbindlichkeit vor?
- Haftet der Erbe für diese Verbindlichkeit unbeschränkt (also mit Eigenvermögen und Nachlass) oder beschränkt auf den Nachlass?
- Gehört, wenn eine Vollstreckungsmaßnahme eingeleitet wurde, der Gegenstand der Vollstreckung zum haftenden Vermögen?

Welche dieser Fragen ist im Erkenntnisverfahren, welche im Vollstreckungsverfahren zu klären?

Die erste Frage nach der Nachlassverbindlichkeit ist sicher im Erkenntnisverfahren zu klären, die dritte im Vollstreckungsverfahren. Wie schwierig die verfahrensrechtliche Ansiedelung der Haftungsbeschränkung des Erben ist, wird bei der zweiten Frage deutlich. Ob der Erbe für eine Nachlassverbindlichkeit beschränkt oder unbeschränkt haftet, kann im Erkenntnisverfahren so gut wie im Vollstreckungsverfahren geprüft werden. Die Frage ist anhand von § 780 ZPO und § 785 ZPO zu beantworten.

### 2. Haftungsbeschränkung im Erkenntnisverfahren

#### a) Reichweite von § 780 ZPO

Nach § 780 Abs. 1 ZPO kann der als Erbe verurteilte Beklagte die Beschränkung der Erbenhaftung nur geltend machen, wenn sie ihm im Urteil vorbehalten wurde. Dabei zeigt sich, dass die Vorschrift einen doppelten Regelungsinhalt hat:
- Für den Erben beinhaltet sie eine Präklusion, die eine verspätete Geltendmachung der beschränkten Erbenhaftung ausschließt. Dies wird durch die berufungsrechtlichen Vorschriften der §§ 530, 531 ZPO n.F. noch verschärft.
- Für das Prozessgericht handelt es sich um eine Verfahrensnorm.

Aus letzterer Erkenntnis ergibt sich bereits eine wichtige Kompetenzverteilung zwischen Erkenntnisverfahren und Vollstreckungsverfahren: Das Prozessgericht braucht die rechtzeitig geltend gemachte Haftungsbeschränkung nicht zu prüfen, es behält sie dem Erben lediglich für die spätere Geltendmachung vor. Trifft nicht den Beklagten, sondern den Kläger eine Kostentragungspflicht, so ist auch zu seinen Gunsten ein Haftungsbeschränkungsvorbehalt aufzunehmen.[309]

§ 780 ZPO gilt für jede bisher behandelte gegenständliche Beschränkung der Erbenhaftung.

Die Vorschrift **gilt aber nicht** für
- die vorläufigen Einreden der §§ 2014, 2015 BGB, weil es hier nicht um eine gegenständliche Haftungsbeschränkung geht, sondern nur um eine zeitlich bezogen vorübergehende;
- die Geltendmachung der Teilhaftung von Miterben nach § 2060 BGB, denn dabei geht es wiederum nicht um eine gegenständliche Beschränkung der Haftung auf den Nachlass.

---

309 BGH ZEV 2001, 113 = FamRZ 2001, 282.

b) Entbehrlichkeit des Vorbehalts

aa) Gesetzlich geregelte Fälle

415 § 780 Abs. 2 ZPO nennt Fälle, in denen ein Vorbehalt entbehrlich ist und im Falle seiner Aufnahme gegenstandslos wäre:
- Verurteilung des Fiskus als Erbe,
- Verurteilung eines Nachlassverwalters,
- Verurteilung eines (anderen) Nachlasspflegers,
- Verurteilung eines Verwaltungstestamentsvollstreckers.

bb) Aus dem Normzweck sich ergebende Fälle

416 Aus dem Normzweck von § 780 ZPO kann sich ergeben, dass ein Vorbehalt entbehrlich ist. In § 780 Abs. 1 ZPO wird dem Prozessgericht die Möglichkeit eröffnet, die Entscheidung über die Haftungsbeschränkung in das Vollstreckungsverfahren zu verlagern. So vertritt das OLG Oldenburg[310] die Ansicht, einer Beweisaufnahme bedürfe es zur Klärung der Frage, ob Dürftigkeit des Nachlasses zu bejahen ist, im Erkenntnisverfahren nicht, sie könne in der Zwangsvollstreckung geklärt werden:

> „Eine grundsätzlich wegen der Einrede der Unzulänglichkeit des Nachlasses gem. § 1990 BGB zur Dürftigkeit des Nachlasses in Betracht kommende Beweisaufnahme muß im Erkenntnisverfahren nicht notwendig durchgeführt werden."

Die Frage der effektiven Haftungsbeschränkung bleibt dann offen, in das Urteil wird lediglich der Haftungsbeschränkungsvorbehalt nach § 780 ZPO aufgenommen.

Eines Vorbehalts bedarf es aber nicht, wenn das Prozessgericht selbst über die Haftungsbeschränkung entscheidet. In einem solchen Fall ist im Verhältnis unter den Parteien rechtskräftig entschieden, ob die Haftung für die Klageforderung auf den Nachlass beschränkt ist oder nicht. Dafür kommen **vier Fälle** in Betracht:

417 (1) Hat das Prozessgericht die vom Erben geltend gemachte Beschränkung der Erbenhaftung geprüft und verneint, so verurteilt es den Erben ohne Vorbehalt.[311] Will der Erbe in einem solchen Falle die beschränkte Erbenhaftung geltend machen, so kann dies nur im Rechtsmittelweg geschehen. Eine Geltendmachung in der Vollstreckung ist nach § 780 ZPO ausgeschlossen.

418 (2) Hat das Gericht die vom Erben geltend gemachte Haftungsbeschränkung geprüft und bejaht, so weist es die Klage ab, wenn feststeht, dass keine Haftungsmasse mehr vorhanden ist, der Nachlass bspw. erschöpft ist.[312]

419 (3) Hat das Gericht die vom Erben geltend gemachte Beschränkung der Erbenhaftung geprüft und bejaht, so verurteilt es zur Leistung aus dem Nachlass.[313] Es handelt sich dabei nicht um den bloßen Vorbehalt gem. § 780 Abs. 1 ZPO, sondern es ist diejenige Situation geschaffen, die nach dem von §§ 780, 781, 785 ZPO vorgesehenen regulären Verfahren erst durch eine haftungsbeschränkende Klage nach § 785 ZPO hergestellt werden kann.

Wird aufgrund des auf Leistung aus dem Nachlass lautenden Urteils in einen nicht zum Nachlass gehörenden Gegenstand vollstreckt, so kann der Erbe auf Unzulässigerklärung

---

310 OLG Oldenburg FamRZ 2001, 179.
311 RGZ 77, 245.
312 BGH NJW 1954, 635; 1983, 2378.
313 RGZ 137, 50, 54, zu § 419 BGB a.F. ergangen.

dieses Zugriffs klagen. Es handelt sich dabei nicht um eine Vollstreckungsgegenklage, sondern um eine **Variante der Drittwiderspruchsklage**. Für diese Widerspruchsklage des Erben ist bereits rechtskräftig geklärt, dass nur der Nachlass haftet. Es bedarf nur noch einer Entscheidung über die Nichtzugehörigkeit der betreffenden Sache zum Nachlass. Ist ein nicht zum Nachlass gehörender Gegenstand gepfändet, so erklärt das Gericht die Vollstreckungsmaßnahme für unzulässig.

(4) Steht nicht nur die Haftungsbeschränkung auf den Nachlass, sondern auch die gegenständliche Begrenzung des Nachlasses fest, so kann das gesamte Verfahren des § 785 ZPO vorweggenommen und eine solche Klage entbehrlich gemacht werden, indem der Erbe nur zur Duldung der Zwangsvollstreckung in bestimmte Gegenstände verurteilt wird.

Oder vom BayObLG anders ausgedrückt:[314]

> „Sind die Voraussetzungen der Haftungsbeschränkung bereits im Erkenntnisverfahren bejaht worden, ist nur zur Leistung aus dem Nachlass zu verpflichten. Gegen die Vollstreckung in nachlassfremde Gegenstände können sich die Erben dann auf dem einfacheren Wege des § 766 ZPO zur Wehr setzen."

In all diesen Fällen sind die Verfahren nach § 780 ZPO – Verurteilung des Erben – und nach §§ 781, 785 ZPO – Entscheidung über die Haftungsbeschränkung – in **einer Entscheidung** zusammengefasst: Das Prozessgericht verurteilt den Erben **ohne Vorbehalt**, oder es verurteilt nur zur **Leistung aus dem Nachlass** bzw. zur **Duldung der Zwangsvollstreckung** in konkrete Nachlassgegenstände. Oder es weist die Klage ab, weil nur beschränkt gehaftet wird und der Nachlass erschöpft ist.

In diesen Fällen hat das Gericht mit rechtskräftiger Wirkung nicht nur über die Nachlassverbindlichkeit, sondern – bezogen auf die betreffende Verbindlichkeit – auch über die vom Erben bereits ergriffene Haftungsbeschränkung entschieden. Ist ein Prozess in diesen beiden Punkten zur Entscheidung reif, so dürfte es unter prozessökonomischen Gesichtspunkten die Pflicht des Prozessgerichts sein, auch in diesem umfassenden Sinn zu entscheiden.

c) Wirkung einer Verurteilung mit oder ohne Vorbehalt

Der Vorbehalt hindert nicht ohne weiteres die Vollstreckung in das gesamte Vermögen des Erben. Er sichert dem Erben grundsätzlich nur die Möglichkeit, die Haftungsbeschränkung im Wege der Vollstreckungsgegenklage nach § 785 ZPO geltend zu machen, § 781 ZPO.

### 3. Haftungsbeschränkung im Vollstreckungsverfahren

a) Unbeschränkte Vollstreckung

Nach § 781 ZPO bleibt die Haftungsbeschränkung in der Zwangsvollstreckung unberücksichtigt, bis aufgrund der beschränkten Erbenhaftung von dem Erben Einwendungen gegen die Zwangsvollstreckung erhoben werden. Solange nicht die Beschränkung der Haftung aus dem Titel durch richterlichen Ausspruch geklärt ist, weil der Erbe ohnehin nur zur Leistung aus dem Nachlass oder zur Duldung der Zwangsvollstreckung in bestimmte Gegenstände verurteilt ist, muss der Erbe den richterlichen Ausspruch durch haftungsbeschränkende Klage (Vollstreckungsgegenklage) nach § 785 ZPO herbeiführen.

---

314 Rpfleger 2000, 67 mit Anm. *Münzberg*, Rpfleger 2000, 216.

### b) Verschiedene Klageziele des § 785 ZPO

#### aa) Inhalt der Verweisung

**425** Das Gesetz verweist in § 785 ZPO wegen der im Rahmen der §§ 781–784 ZPO erhobenen Einwendungen auf die Vollstreckungsgegenklage. Aber die Klageziele des § 785 ZPO sind nicht einheitlich:
- Teils geht es darum, die Beschränkung des Titels auf den Nachlass geltend zu machen. Bei dieser Alternative befasst sich die Klage mit dem Inhalt des Titels; sie ist deshalb ein Sonderfall der **Vollstreckungsgegenklage**.
- Teils geht es darum, die Nichthaftung eines bestimmten Gegenstandes geltend zu machen. Dies ist ein Sonderfall der **Drittwiderspruchsklage**.

**426** **Fazit:** Das Gesetz fasst zwei unterschiedliche Klagetypen zu einer einzigen Klageform zusammen. Die Verweisung auf § 767 Abs. 1 ZPO führt zu einer **einheitlichen Zuständigkeit**.

#### bb) Vollstreckungsgegenklage

**427** Zielt die Klage gegen den Titel und ist sie darauf gerichtet, die Vollstreckungsfähigkeit des Titels allgemein auf den Nachlass zu begrenzen, dann handelt es sich um eine Sonderform der Vollstreckungsgegenklage. Denn in diesem Fall werden materiellrechtliche Einwendungen gegen die titulierte Forderung erhoben, deren Erfüllung sich auf den Nachlass beschränkt, § 767 ZPO (vgl. das Muster Rn 431).

#### cc) Drittwiderspruchsklage

**428** Ist die Klage darauf gerichtet, einen bestimmten Vollstreckungszugriff auf einen konkreten Gegenstand für unzulässig zu erklären, so liegt eine Drittwiderspruchsklage vor, § 771 ZPO, besser gesagt um eine Widerspruchsklage analog § 771 ZPO, weil nicht ein Dritter klagt, sondern der Erbe selbst; vgl. Rn 431.

Vgl. das Muster Rn 223 f.

#### dd) Prozessrechtliche Unterschiede der verschiedenen Klageziele

**429** Wird vom Antrag der Vollstreckungsgegenklage zum Antrag der Widerspruchsklage gewechselt, so handelt es sich um eine Klageänderung, deren Voraussetzungen sich nach § 263 ZPO richtet. Werden beide Anträge nebeneinander gestellt, so liegt eine objektive Klagehäufung nach § 260 ZPO vor.

Zulässigkeit und Begründetheit jedes dieser Anträge sind gesondert zu prüfen (vgl. das Muster Rn 431).

### c) Widerspruchsklage gegen Vollstreckungsmaßnahmen

**430** Hauptfall der an § 771 ZPO anzulehnenden Widerspruchsklage ist die Abwehr einer Vollstreckung in das Eigenvermögen des Erben. Hat der Erbe die Haftungsbeschränkung durch ein Nachlassinsolvenzverfahren, eine Nachlassverwaltung, Erschöpfungseinrede, Dürftigkeitseinrede oder Überschwerungseinrede herbeigeführt, so kann er den Zugriff eines Nachlassgläubigers auf sein Eigenvermögen abwehren und die Aufhebung von Vollstreckungsmaßnahmen in sein Eigenvermögen verlangen, vgl. § 784 Abs. 1 ZPO.

**431** Kläger ist in den Fällen der §§ 781–783, 784 Abs. 1 ZPO der Erbe, im Fall des § 784 Abs. 2 ZPO der Nachlassverwalter. Beklagter ist der Nachlassgläubiger.

> **Antrags- und Tenorierungs-Beispiel**
> Die Zwangsvollstreckung in die Gegenstände ▬▬▬ (Bezeichnung so genau wie möglich) wird für unzulässig erklärt.

Wird die Widerspruchsklage mit einer haftungsbeschränkenden Vollstreckungsgegenklage verbunden, so sollte dies zweckmäßigerweise durch zwei getrennte Anträge zum Ausdruck gebracht werden: **432**

> Es wird beantragt,
>
> 1. die Zwangsvollstreckung aus dem Urteil des ▬▬▬ gerichts ▬▬▬ vom ▬▬▬, Az. ▬▬▬, in das nicht zum Nachlass des Erblassers ▬▬▬ gehörende Vermögen für unzulässig zu erklären und
>
> 2. die Pfändung des Gegenstandes ▬▬▬ (genau zu bezeichnen) für unzulässig zu erklären.

Begründet ist die Klage im Falle der §§ 781, 784 Abs. 1 ZPO, wenn der Erbe die Haftungsbeschränkung herbeigeführt hat und wenn wegen einer Nachlassverbindlichkeit in sein Eigenvermögen vollstreckt worden ist. Es braucht also nur noch darüber entschieden zu werden, ob der Vollstreckungsgegenstand Eigenvermögen des Erben ist oder ob er zum Nachlass gehört. Die **Darlegungs- und Beweislast** hierfür trägt der klagende Erbe. **433**

Ein der Klage stattgebendes Urteil wird für vorläufig vollstreckbar erklärt und gem. § 775 ZPO (Einstellung und Beschränkung der Zwangsvollstreckung) vollzogen. Wird danach ein anderer Gegenstand gepfändet und macht der Erbe wiederum geltend, dieser gehöre auch zu seinem Eigenvermögen, so muss erneut Klage erhoben werden. U.a. daran ist zu erkennen, dass es sich in diesem Fall um eine Widerspruchsklage handelt und nicht um eine Vollstreckungsgegenklage. **434**

## V. Haftungsbeschränkungsvorbehalt des Erben in anderen Vollstreckungstiteln

Soll die Möglichkeit der beschränkbaren Erbenhaftung für den Erben lückenlos „greifen", so muss der Vorbehalt des § 780 ZPO auch in andere Vollstreckungstitel, wie Vollstreckungsbescheid, notarielle vollstreckbare Urkunde und Prozessvergleich, aber auch in den Kostenfestsetzungsbeschluss aufgenommen werden (§§ 795, 699, 700 ZPO).[315] In einen Kostenfestsetzungsbeschluss kann der Vorbehalt des § 780 ZPO bezüglich der zu erstattenden Prozesskosten nur aufgenommen werden, wenn der Vorbehalt bezüglich der Kosten auch in das Urteil aufgenommen war.[316] Trifft nicht den Beklagten, sondern den Kläger eine Kostentragungspflicht, so ist auch zu seinen Gunsten ein Haftungsbeschränkungsvorbehalt aufzunehmen.[317] **435**

## VI. Gegen den Erblasser begonnene Zwangsvollstreckung

### 1. Fortsetzung der Zwangsvollstreckung aus demselben Titel

Hatte im Zeitpunkt des Todes des Schuldners die Zwangsvollstreckung bereits begonnen, so wird sie in seinen Nachlass fortgesetzt, § 779 Abs. 1 ZPO. Die Zwangsvollstreckung muss aus **demselben Titel** weiter betrieben werden, aus dem sie bereits gegen den Erblasser **436**

---

315 Zöller/*Stöber*, § 780 ZPO Rn 6.
316 LG Leipzig ZEV 1999, 234.
317 BGH ZEV 2001, 113 = FamRZ 2001, 282.

betrieben worden war. Eine **Titelumschreibung** gem. § 727 ZPO ist **nicht erforderlich**. Es kommt auch nicht darauf an, ob der Erbe die Erbschaft angenommen hat oder nicht.[318] Wird die Zwangsvollstreckung in ein Grundstück betrieben (bspw. durch Eintragung einer Zwangshypothek), so brauchen die Erben nicht als Eigentümer des betreffenden Grundstücks voreingetragen zu sein, allerdings muss der Erblasser (= Schuldner) selbst als Eigentümer eingetragen sein, § 40 Abs. 1 GBO. Ist dies nicht der Fall, so hat der Gläubiger gem. § 14 GBO ein entsprechendes Antragsrecht auf Eintragung des Erblassers.

### 2. Bestellung eines besonderen Vollstreckungsvertreters

437 Für den Fall, dass bei einer Vollstreckungshandlung die Zuziehung des Schuldners nötig wäre, der Erbe aber unbekannt oder ungewiss ist oder er die Erbschaft noch nicht angenommen hat, hat auf Antrag des Gläubigers das Vollstreckungsgericht gem. § 779 Abs. 2 ZPO einen besonderen Vollstreckungsvertreter zu bestellen. Dies ist nicht erforderlich, wenn ein Testamentsvollstrecker, ein Nachlasspfleger oder ein Nachlassverwalter bestellt ist. Dieser besondere Vollstreckungsvertreter korrespondiert mit dem aufgrund der Anordnung einer Klagepflegschaft (§ 1961 BGB) bestellten Pfleger. Wahlweise kann der Gläubiger entweder die Bestellung eines besonderen Vertreters oder eines Klagepflegers gem. § 1961 BGB beantragen.[319] Im Hinblick darauf, dass die Aufgaben und Kompetenzen des Vollstreckungsvertreters nach § 779 Abs. 2 ZPO nicht im Einzelnen geregelt sind und deshalb nicht völlig klar erscheinen, er wohl auch keine Rechtsbehelfe gegen Vollstreckungsmaßnahmen einlegen kann, erscheint es zweckmäßiger, die Anordnung einer Klagepflegschaft gem. § 1961 BGB zu beantragen, zumal dieser Pfleger auch unter der Aufsicht des Nachlassgerichts steht mit den entsprechenden Rechenschaftspflichten. Allerdings dürften die Kosten für einen Nachlasspfleger im Grundsatz höher sein als für einen Vollstreckungsvertreter.

### 3. Muster: Antrag auf Bestellung eines besonderen Vollstreckungsvertreters

438 An das

Amtsgericht
– Vollstreckungsgericht –

Betreff: Antrag auf Bestellung eines besonderen Vollstreckungsvertreters gem. § 779 Abs. 2 ZPO in der Nachlasssache des am           verstorbenen          , zuletzt wohnhaft in          .

Am        ist          , zuletzt wohnhaft in           gestorben. Vom Vorhandensein einer Verfügung von Todes wegen ist nichts bekannt. Der Erblasser hat Verwandte hinterlassen, die zum Kreis der dritten Erbfolgeordnung gehören (§ 1926 BGB). Die Personen sind im Einzelnen noch unbekannt.

Ich vertrete die Firma         , die gegen den Erblasser ein rechtskräftiges Versäumnisurteil des         gerichts, Az.        , über        EUR zuzüglich Zinsen und Kosten erwirkt hat. Die Zustellung der vollstreckbaren Ausfertigung an den Erblasser ist am         erfolgt.

Beigefügt sind:
- eine auf mich lautende Vollmacht – Anlage 1,
- beglaubigte Abschrift der Sterbeurkunde des Erblassers – Anlage 2
- eine beglaubigte Kopie der Vollstreckbaren Ausfertigung des zuvor bezeichneten Versäumnisurteils – Anlage 3,

---

318 Zöller/*Stöber*, § 779 ZPO Rn 5.
319 Zöller/*Stöber*, § 779 ZPO Rn 6.

– Nachweis über die Zustellung der Vollstreckbaren Ausfertigung an den Erblasser – Anlage 4.

Der Erblasser hat bis zuletzt ein Feinkostgeschäft betrieben und dabei insbesondere Südfrüchte und Wildfleisch im Angebot gehabt. Das Geschäft befindet sich in ▬.

Durch den Gerichtsvollzieher beim Amtsgericht ▬ sollen Zwangsvollstreckungsmaßnahmen der Mobiliarvollstreckung durchgeführt werden. Da die Erben unbekannt sind, beantrage ich im Namen meiner Mandantin, einen besonderen Vollstreckungsvertreter gem. § 779 Abs. 2 ZPO zu bestellen. Für dieses Amt wird Herr Rechtsanwalt ▬ vorgeschlagen.

Rechtsanwalt

## H. Nachlassverfahren im Überblick

### I. Nachlassverwaltung, § 1975 BGB

Bei der eingetretenen Vermögensverschmelzung kann es in den Fällen, in denen die Gefahr der Überschuldung des Nachlasses besteht, nicht bleiben. Deshalb räumt das Gesetz dem Erben die Möglichkeit ein, die Vermögensmassen – bei einheitlicher Rechtsträgerschaft des Erben – durch ein amtliches Verfahren wieder zu trennen, um auf diese Weise eine Haftungsbeschränkung rechtlich und praktischerweise auch tatsächlich erreichen zu können (Herbeiführen der Gütersonderung). Die verwaltungsmäßige Trennung des Nachlasses vom Eigenvermögen wird auf den Zeitpunkt des Erbfalls zurück fingiert.

Kennt der Erbe den Umfang des Nachlasses nicht und muss er dessen Überschuldung befürchten, so ist das geeignete Haftungsbeschränkungsmittel die Nachlassverwaltung. Die Nachlassverwaltung ist ein Unterfall der **Nachlasspflegschaft**; aber es gibt doch einen wesentlichen Unterschied: Der Nachlasspfleger ist gesetzlicher Vertreter der unbekannten Erben, während der Nachlassverwalter weder Vertreter der Erben noch der Nachlassgläubiger ist, sondern Inhaber eines privaten Amtes.

Auch wenn **Testamentsvollstreckung** besteht, kann Nachlassverwaltung angeordnet werden.[320] Ebenso bei bestehender Nachlasspflegschaft.[321]

#### 1. Verfahren

a) Zuständigkeit

Das Nachlassgericht ordnet auf Antrag die Nachlassverwaltung an, wenn eine die Kosten der Nachlassverwaltung deckende Masse vorhanden ist, § 1982 BGB, und wenn noch kein Nachlassinsolvenzverfahren eröffnet ist, § 1988 BGB.

Funktionell zuständig ist der Rechtspfleger, §§ 3 Nr. 2c, 16 Abs. 1 Nr. 1 RPflG. Die Bekanntmachung erfolgt gegenüber dem Erben (§§ 15, 63 FamFG, bis 31.8.2009: § 16 FGG) und durch öffentliche Bekanntmachung, § 1983 BGB.

b) Antragsberechtigte

Antragsberechtigt sind:
– der Erbe, und zwar zeitlich unbeschränkt, § 1981 Abs. 2 BGB, Miterben nur gemeinschaftlich, § 2062 BGB; der Nacherbe nach Eintritt des Nacherbfalls, § 2144 Abs. 1 BGB;

---

320 KG OLGZ 39, 12.
321 BayObLGZ 1976, 167.

- jeder **Nachlassgläubiger** innerhalb von zwei Jahren nach Erbschaftsannahme, falls die objektive Gefahr besteht, dass nicht alle Nachlassverbindlichkeiten aus dem Nachlass erfüllt werden können,[322] § 1981 Abs. 2 BGB; insofern haben Nachlassgläubiger ein zeitlich und sachlich eingeschränktes Antragsrecht;
- der Testamentsvollstrecker, § 317 Abs. 1 InsO analog;
- der Erbschafts(insbesondere -teils)erwerber, § 2383 BGB.

Kein Antragsrecht hat der Nachlasspfleger, weil er weder für die Erfüllung der Nachlassverbindlichkeiten noch für die Herbeiführung der Haftungsbeschränkung zuständig ist.[323]

Das **Antragsrecht des Nachlassgläubigers** ist gem. § 1981 Abs. 2 BGB zeitlich und sachlich eingeschränkt: Nur innerhalb von zwei Jahren seit Erbschaftsannahme kann er den Antrag stellen. Damit sollen Schwierigkeiten, die mit einer tatsächlichen Gütersonderung nach fortgeschrittener Zeit entstehen, vermieden werden. Außerdem bedarf der Nachlassgläubiger eines Gefährdungsgrundes, denn die Nachlassverwaltung nimmt dem Erben das Verwaltungs- und Verfügungsrecht über den Nachlass und beinhaltet deshalb eine Einschränkung seiner rechtsgeschäftlichen Handlungsfreiheit. Die **Rechte aller Gläubiger** müssen **objektiv gefährdet** sein und nicht nur diejenigen des Antragstellers; bspw. der Erbe verschleudert Nachlassgegenstände oder er gerät mit seinem Eigenvermögen in Vermögensverfall, so dass die Gefahr besteht, Eigengläubiger würden auf den Nachlass zugreifen.[324]

Der Antrag stellende Gläubiger hat das Bestehen einer Nachlassforderung glaubhaft zu machen (§ 31 FamFG).[325] Eine bestrittene Forderung reicht für einen Antrag nach § 1981 Abs. 2 BGB nicht.[326]

c) Rechtswirkung der Eröffnung

443   Nach Eröffnung der Nachlassverwaltung kann der Erbe die Nachlassgläubiger auf den Nachlass beschränken, § 1975 BGB, und so den Zugriff auf sein Eigenvermögen abwehren. Das ist gerechtfertigt, weil die Einschaltung des Nachlassverwalters die ordnungsgemäße Abwicklung des Nachlasses ausreichend sichert. Nach Anordnung der Nachlassverwaltung kann der Eröffnungsantrag nicht mehr zurückgenommen werden.[327]

Mit der Eröffnung der Nachlassverwaltung verliert der Erbe – und auch ein etwa bestellter Testamentsvollstrecker – die Verwaltungs- und Verfügungsbefugnis über die Nachlassgegenstände, § 1984 Abs. 1 S. 1 BGB, § 80 InsO. Rechtsträger des Nachlasses ist weiterhin der Erbe.

---

322 Bspw. der Erbe verschleudert Nachlassgegenstände oder er gerät mit seinem Eigenvermögen in Vermögensverfall, so dass die Gefahr besteht, dass Eigengläubiger auf den Nachlass Zugriff nehmen.
323 BayObLGZ 1976, 167.
324 KG ZEV 2005, 114; BayObLGZ 32, 336; Soergel/*Stein*, BGB, § 1981 Rn 11.
325 KG ZEV 2005, 114, 115; KG, OLGZ 1977, 309; Palandt/*Edenhofer*, § 1981 BGB Rn 6; Staudinger/*Marotzke*, 2002, § 1981 BGB Rn 24; Soergel/*Stein*, § 1981 BGB Rn 10.
326 KG ZEV 2005, 114.
327 § 76 Abs. 1 FGG, § 13 Abs. 2 InsO analog.

### d) Muster: Antrag auf Anordnung der Nachlassverwaltung

An das

Amtsgericht
– Nachlassgericht – (Baden-Württemberg: Staatl. Notariat)

Nachlasssache des Herrn ........, zuletzt wohnhaft in ........

Herr ........ ist ........ am ........ in ........ gestorben. Ich vertrete die Interessen des Herrn ........, seines einzigen Sohnes und Alleinerben. Auf mich lautende Vollmacht füge ich bei.

Die Alleinerbfolge ist bezeugt im Erbschein vom ........, der sich bei den Nachlassakten befindet. Darauf nehme ich Bezug.

Namens des Alleinerben beantrage ich die

*Anordnung der Nachlassverwaltung nach §§ 1975 ff. BGB.*

Als Anlage füge ich ein vom Alleinerben erstelltes Nachlassverzeichnis bei, dessen Richtigkeit und Vollständigkeit dieser darauf versichert hat. Ein die Kosten der Nachlassverwaltung deckender Aktiv-Nachlass ist auf jeden Fall vorhanden (§ 1982 BGB). Grundstücke gehören nicht zum Nachlass, so dass sich die Eintragung eines Vermerks über die Anordnung der Nachlassverwaltung im Grundbuch erübrigt.

Als Nachlassverwalter schlage ich vor: Herrn ........

Ich bitte, mir je eine Abschrift des Beschlusses über die Anordnung der Nachlassverwaltung, die Bestellung des Nachlassverwalters und der weiteren Anordnungen zu übermitteln.

Entstehende Kosten können mir aufgegeben werden.

(Rechtsanwalt)

### e) Kosten

Nach § 106 KostO betragen die Gerichtsgebühren 10/10 aus dem Aktiv-Nachlass ohne Abzug der Schulden, § 18 Abs. 3 KostO. Für die Kosten haftet der Nachlass, § 6 KostO, sie sind also Nachlassverbindlichkeiten, für deren Erfüllung der Nachlassverwalter zu sorgen hat.

## 2. Nachlassverwalter

### a) Rechtsstellung des Nachlassverwalters

Die Nachlassverwaltung ist eine besondere Form der Nachlasspflegschaft; allerdings ist der Nachlassverwalter **Partei kraft Amtes** und untersteht der Aufsicht des Nachlassgerichts, §§ 1975, 1961, 1962, 1915, 837 Abs. 1 BGB.[328] Insofern unterscheidet er sich vom Nachlasspfleger i.S.v. §§ 1960, 1961 BGB; jener ist gesetzlicher Vertreter des Erben.[329] Im Prozess ist er **gesetzlicher Prozessstandschafter.** Der Erbe verliert die aktive und passive Prozessführungsbefugnis, § 1984 Abs. 1 BGB. Die durch den Tod des Erblassers unterbrochenen Prozesse nimmt er auf, §§ 239, 246 ZPO. Er hat **Verwaltungs- und Verfügungsbefugnis**

---

[328] KG ZErb 2006, 98 = Rpfleger 2006, 194 = KGR Berlin 2006, 231 = RVGreport 2006, 80 = JurBüro 2006, 150.
[329] KG ZErb 2006, 98 = Rpfleger 2006, 194 = KGR Berlin 2006, 231 = RVGreport 2006, 80 = JurBüro 2006, 150.

über den Nachlass, §§ 1984 Abs. 1 S. 1; 1985 Abs. 1 BGB, d.h., er kann sich auch mit Wirkung gegenüber dem Nachlass verpflichten, §§ 1975, 1915, 1793 BGB.

### b) Aufgaben des Nachlassverwalters

447 Der Nachlassverwalter hat den Nachlass in Besitz zu nehmen, ihn zu verwalten und die Nachlassverbindlichkeiten zu erfüllen, §§ 1985, 1986 BGB. Gibt der Erbe den Nachlass nicht heraus, so muss der Nachlassverwalter Klage auf Herausgabe erheben, denn der Beschluss über die Anordnung der Nachlassverwaltung ist kein Vollstreckungstitel i.S.v. § 794 Abs. 1 Nr. 3 ZPO.[330]

Der Nachlassverwalter kann alle tatsächlichen und rechtlichen Handlungen im Rahmen einer ordnungsgemäßen Wirtschaft vornehmen.

Nicht zu seinen Aufgaben gehört die Auseinandersetzung des Nachlasses; vielmehr hat er nach Erfüllung der Nachlassverbindlichkeiten den Überschuss an die Erben herauszugeben, § 1986 Abs. 1 BGB.

Der Nachlassverwalter hat dem Nachlassgericht ein **Nachlassverzeichnis** vorzulegen, § 1802 BGB. Richtigkeit und Vollständigkeit sind zu versichern.

Außerdem ist er verpflichtet, über seine Tätigkeit dem Nachlassgericht **Auskunft** zu geben und **jährlich Rechnung zu legen**, §§ 1839, 1840, 1841, 1843 BGB.

### c) Rechtshandlungen des Erben

448 Rechtshandlungen des Erben sind ab der Anordnung der Nachlassverwaltung absolut unwirksam, §§ 1984 Abs. 1 S. 2, 81 InsO.

449 **Beispiel**
Erblasser E hat an D einen Pkw verkauft, der Kaufpreis ist in monatlichen Raten zu bezahlen, die letzte Rate von 1.000 EUR ist noch offen. Der Sohn des E, S, steht mit D in laufender Geschäftsbeziehung, aus der dem D ein Guthabensaldo von 3.000 EUR zusteht. E stirbt, sein Sohn S wird Alleinerbe. Daraufhin rechnet D mit seiner Forderung in Höhe des Teilbetrages von 1.000 EUR gegen die noch offene Restkaufpreisforderung auf. Einen Monat später wird Nachlassverwaltung angeordnet. Der Nachlassverwalter NV fordert von D die Kaufpreisrate von 1.000 EUR für den Nachlass. D verweigert die Zahlung. NV erhebt im eigenen Namen Klage gegen D auf Zahlung der 1.000 EUR. D beantragt Klagabweisung, weil die Klage sowohl unzulässig als auch unbegründet sei. NV sei nicht aktiv legitimiert, er könne die Kaufpreisforderung nicht im eigenen Namen geltend machen, allenfalls als Vertreter des Erben S. Außerdem sei die Forderung durch Aufrechnung erloschen, die Klage deshalb auch unbegründet.
**Lösungsvorschlag**
Die Klage ist zulässig. NV hat als Nachlassverwalter die Stellung einer Partei kraft Amtes und kann deshalb als gesetzlicher Prozessstandschafter im eigenen Namen Forderungen für den Nachlass des E geltend machen (§ 1984 Abs. 1 BGB; RGZ 135, 305). Die Klage ist auch begründet. Die durch die Aufrechnungserklärung zunächst erloschene Restkaufpreisforderung ist mit der Anordnung der Nachlassverwaltung wieder aufgelebt. Die Aufrechnung gilt gem. § 1977 Abs. 2 BGB mit Rückwirkung auf den Zeitpunkt des Erbfalls als nicht erfolgt.

---

330 Palandt/*Edenhofer*, § 1985 BGB Rn 5; MüKo-*Siegmann*, § 1985 BGB Rn 3.

d) Genehmigungserfordernisse

Es bestehen **Genehmigungserfordernisse** nach §§ 1821 ff. BGB von Seiten des Nachlassgerichts, auch wenn der Erbe volljährig ist (wegen der Verweisung in §§ 1975, 1962, 1915 BGB). Hauptaufgabe ist die **Erfüllung der Nachlassverbindlichkeiten**, §§ 1985 Abs. 1 S. 1, 1986 Abs. 1 S. 1 BGB. Dazu wird der Nachlassverwalter in der Regel den Nachlass liquidieren müssen. Es ist aber nicht seine Aufgabe, die Nachlassauseinandersetzung vorzunehmen.[331]

450

Für die Erteilung der nachlassgerichtlichen Genehmigung ist grundsätzlich der Rechtspfleger zuständig. Da der Rechtspfleger nicht Richter im verfassungsrechtlichen Sinne ist und deshalb als Beamter keine persönliche Unabhängigkeit genießt (sehr wohl aber sachliche Unabhängigkeit), hat er nach der Rechtsprechung des BVerfG[332] vor der Erteilung einer Genehmigung (nicht aber vor deren Versagung) einen Vorbescheid zu erlassen.[333] Gleiches gilt für Notare im Landesdienst in Baden-Württemberg, die als Nachlassrichter tätig werden und ebenfalls als Beamte keine persönliche Unabhängigkeit genießen.[334]

---

[331] OLG Frankfurt FamRZ 1998, 636, 637.
[332] BVerfG Beschl. v. 18.1.2000 – 1 BvR 321/96, BGBl I 2000, S. 444 = BVerfGE 101, 397 = NJW 2000, 1709 = DNotZ 2000, 387 = FamRZ 2000, 732 = ZEV 2001, 148 = FGPrax 2000, 103 = MDR 2000, 655 = JZ 2000, 783 m. Anm. *Heß/Vollkommer* = BWNotZ 2000, 91 m. Anm. *Kraiß* = MittBayNot 2000, 311 m. Anm. *Reiß*, MittBayNot 2000, 373 = Rpfleger 2000, 205 m. Anm. *Eickmann/Sonnenfeld/Dümig*, Rpfleger 2000, 245. Vgl. dazu auch Beschluss des OLG Hamm vom 14.8.2000 (RNotZ 2001, 221) und des Schleswig-Holsteinischen OLG vom 13.7.2000 (MittBayNot 2001, 80) m. Anm. *Reiß*, MittBayNot 2001, 81; *Dörndorfer*, Abänderung gerichtlicher Entscheidungen im FG-Verfahren im Hinblick auf die Entscheidung des BVerfG v. 18.1.2000, FamRZ 2001, 1117; *Zorn*, Rpfleger 2002, 241.
[333] Vgl. auch *Bühler*, BWNotZ 2001, 17; *Eickmann*, Rpfleger 2000, 245; *Dümig*, Rpfleger 2000, 248. Trotz ihrer auf den ersten Blick verfahrensrechtlichen Einkleidung haben die Beschlüsse des BVerfG vom 18.1.2000, des OLG Hamm vom 14.8.2000 (RNotZ 2001, 221) und des Schleswig-Holsteinischen OLG vom 13.7.2000 (MittBayNot 2001, 80) nicht unerhebliche Bedeutung für die Rechtsbeständigkeit vormundschaftsgerichtlich (bzw. nachlassgerichtlich) genehmigter Verträge. Beide Entscheidungen befassen sich mit §§ 1828, 1829 BGB und §§ 55, 62 FGG. Nach diesen Vorschriften kann eine nachträglich erteilte vormundschaftsgerichtliche (bzw. nachlassgerichtliche) Genehmigung nach Mitteilung der Genehmigung an den anderen Vertragsteil – und damit nach Wirksamwerden des Vertrags – weder vom Vormundschaftsgericht (bzw. Nachlassgericht) abgeändert werden, § 55 FGG als Ausnahme zu § 18 FGG, noch vom Beschwerdegericht aufgehoben werden, § 62 FGG als Ausnahme zu § 19 FGG. Ist die Genehmigung auf formellem Wege nach §§ 1828, 1829 BGB mitgeteilt worden, so ist eine Beschwerde unzulässig. Mit dem bezeichneten Beschluss hat das BVerfG im Falle einer Nachlasspflegschaft entschieden, §§ 55 und 62 FGG seien mit dem GG deswegen unvereinbar, weil sie dem Betroffenen nach der Mitteilung der Genehmigung an den Vertragspartner die Möglichkeit abschnitten, richterlichen Rechtsschutz gegen die Entscheidung des Rechtspflegers (in Baden-Württemberg des Notars im Landesdienst) einzuholen, Art. 19 Abs. 4 GG. Bis zu einer Korrektur durch den Gesetzgeber wurde angeordnet, dass vormundschaftsgerichtliche (bzw. nachlassgerichtliche) Genehmigungsentscheidungen durch einen Vorbescheid anzukündigen sind, gegen den dann die Beschwerde zulässig ist. Der Beschluss des OLG Hamm vom 14.8.2000 und der Beschluss des Schleswig-Holsteinischen OLG vom 13.7.2000 behandeln beide die Frage, welche Auswirkungen der Beschluss des BVerfG vom 18.1.2000 für bereits erteilte vormundschaftsgerichtliche bzw. nachlassgerichtliche Genehmigungen und die Wirksamkeit der dadurch genehmigten Verträge hat. Das OLG Hamm neigt dazu, eine „Bestandskraft" erteilter Genehmigungen anzunehmen, das Schleswig-Holsteinische OLG verneint sie; vgl. Anm. von *Reiß*, MittBayNot 2001, 81; *Dörndorfer*, Abänderung gerichtlicher Entscheidungen im FG-Verfahren im Hinblick auf die Entscheidung des BVerfG v. 18.1.2000, FamRZ 2001, 1117.
[334] *Bühler*, BWNotZ 2001, 17.

Die Problematik des Vorbescheids bei der Erteilung nachlassgerichtlicher bzw. familiengerichtlicher und betreuungsgerichtlicher Genehmigungen wird nunmehr seit 1.9.2009 mit dem Inkrafttreten des FamFG[335] in § 40 Abs. 1 und 2 wie folgt gelöst:

*§ 40 FamFG*
*Wirksamwerden*
*(1) Der Beschluss wird wirksam mit Bekanntgabe an den Beteiligten, für den er seinem wesentlichen Inhalt nach bestimmt ist.*
*(2) Ein Beschluss, der die Genehmigung eines Rechtsgeschäfts zum Gegenstand hat, wird erst mit Rechtskraft wirksam. Dies ist mit der Entscheidung auszusprechen.*
*...*

### 3. Der Verwaltung unterliegendes Vermögen

451 Die Verwaltung erstreckt sich auf den gesamten Nachlass, soweit er der Zwangsvollstreckung unterliegt (entsprechend § 811 ZPO; §§ 35, 36 InsO). **Höchstpersönliche Rechte** des Erben sind ausgenommen. Im Grundbuch ist die Nachlassverwaltung als Verfügungsbeschränkung in Abteilung II einzutragen (vgl. das Muster Rn 456).

452 Die vererbte Beteiligung des Erblassers an **einer Personenhandelsgesellschaft** ist differenziert zu betrachten:
– Die Vermögensrechte der Gesellschafterstellung, die so genannte „Außenseite", verwaltet der Nachlassverwalter.[336] Er verwaltet Gewinn- und Auseinandersetzungsansprüche. Dies gilt, obwohl kraft Sondererbfolge der Gesellschaftsanteil unmittelbar in das Privatvermögen des Erben gefallen ist.[337]
– Die höchstpersönlichen Mitgliedschaftsrechte übt nach wie vor der Erbe aus.[338]

Der Nachlass wird zum **verwaltungsmäßigen Sondervermögen**. Der Erbe ist Rechtsträger seines Eigenvermögens und des Sondervermögens „Nachlass".

### 4. Rechtsgeschäfte zwischen Nachlassverwalter und Erbe

453 Von der überwiegenden Meinung wird angenommen, dass zwischen dem Erben und dem Nachlassverwalter Rechtsgeschäfte getätigt werden können.[339]

### 5. Grundstück im Nachlass

454 Im Grundbuch ist die Nachlassverwaltung als Verfügungsbeschränkung in Abteilung II einzutragen. Es empfiehlt sich, diese Eintragung herbeizuführen, damit keine Grundstücksverfügungen am Nachlassverwalter vorbei getroffen werden.

455 Für die Eintragung reicht ein schriftlicher Antrag an das Grundbuchamt (§ 13 GBO) (vgl. das nachfolgende Muster Rn 456). Dem Antrag ist eine Ausfertigung (!) des Beschlusses über die Anordnung der Nachlassverwaltung beizufügen. Diese Ausfertigung ist eine öffentliche Urkunde im Sinne des § 29 GBO (vgl. § 47 BeurkG). Antrag des Nachlassgläubigers (der Rechtsanwalt bedürfte einer lediglich schriftlichen Vollmacht nach § 30 GBO) und Vorlage

---

335 Vom 17.12.2008, BGBl I, S. 2586.
336 BGHZ 98, 57.
337 BGHZ 91, 136.
338 BGHZ 47, 293; 98, 55; und BayObLG 1988, 24, 28 ff.
339 BGH NJW-RR 1991, 683 = FamRZ 1991, 550; NJW 2000, 1033 = ZEV 2000, 203 = FamRZ 2000, 808; Anm v. *Olshausen*, NJW 2000, 2872, *Wacke*, JZ 2001, 380.

des Anordnungsbeschlusses des Nachlassgerichts reichen aus. Ob auch das Nachlassgericht befugt ist, das Grundbuchamt um Eintragung des Vermerks der Anordnung der Nachlassverwaltung zu ersuchen, ist streitig.

### 6. Muster: Antrag des Nachlassverwalters an das Grundbuchamt auf Eintragung der Anordnung der Nachlassverwaltung

An das

Amtsgericht
– Grundbuchamt – (in Baden: Gemeinde; in Württemberg: Staatl. Notariat)

*Grundbuch von _____, Band _____, Heft _____, eingetragener Eigentümer: _____*

*hier: Eintragung eines Nachlassverwaltungsvermerks*

Der zuvor genannte Eigentümer ist am _____ in _____ gestorben.

Das Amtsgericht – Nachlassgericht – _____ hat mit Beschluss vom _____, Az. _____, Nachlassverwaltung angeordnet und mich zum Nachlassverwalter bestellt. Eine Ausfertigung des entsprechenden Beschlusses füge ich bei.

Ich beantrage, bei dem an oben bezeichneter Grundbuchstelle eingetragenen Nachlassgrundstück BV Nr. _____, Gemarkung _____, Flst. Nr. _____, Größe: _____, in Abt. II den Vermerk über die Anordnung der Nachlassverwaltung einzutragen.

Entstehende Kosten können mir aufgegeben werden.

Außerdem bitte ich um Zusendung der Eintragungsnachricht.

(Rechtsanwalt)

### 7. Vergütung des Nachlassverwalters; Muster

Der Nachlassverwalter hat Anspruch auf Ersatz seiner Aufwendungen und auf eine **angemessene Vergütung**, § 1987 BGB. Die Höhe wird getrennt nach Vergütung und Aufwendungsersatz vom Nachlassgericht festgesetzt. Zuständig ist ebenfalls der Rechtspfleger. Die festgesetzte Vergütung braucht nicht beim Prozessgericht eingeklagt zu werden, denn §§ 1975, 1915, 1962 BGB; §§ 86 Abs. 1 Nr. 1, 168 FamFG (bis 31.8.2009: § 56g Abs. 6 FGG) bestimmen, dass der Festsetzungsbeschluss einen Vollstreckungstitel darstellt.[340]

Aber: Die Besonderheiten der Nachlassverwaltung schließen eine Festsetzung der Vergütung des Nachlassverwalters gegen die Staatskasse aus.[341] Für die Bemessung der Höhe sind maßgebend:
– Wert des Nachlasses (Bruttowert ohne Abzug der Nachlassverbindlichkeiten),
– Bedeutung, Umfang und Schwierigkeit der Tätigkeit,
– **Dauer** der Tätigkeit,
– Erfolge der Verwaltungs- und Verwertungstätigkeit,
– Bürokosten.[342]

---

[340] BayObLGZ 2000, 8.
[341] KG ZErb 2006, 98 = Rpfleger 2006, 194 = KGR Berlin 2006, 231 = RVGreport 2006, 80 = JurBüro 2006, 150.
[342] BayObLG Rpfleger 1985, 402.

Der Vergütungsanspruch kann nicht nach einer Gebührenordnung des Berufsverbandes, dem der Nachlassverwalter angehört, festgesetzt werden, also auch nicht nach dem RVG.[343]

Für die Vergütung des Nachlassverwalters eines vermögenden Nachlasses, auf die er in angemessener Höhe nach § 1987 BGB einen Rechtsanspruch hat, gelten hinsichtlich vergütungsfähiger Tätigkeiten in der Zeit ab dem 1.7.2005 der neu in das Gesetz eingefügte § 1915 Abs. 1 S. 2 BGB i.V.m. § 1836 Abs. 1 BGB, §§ 1–3 VBVG. Abzurechnen hat der Nachlassverwalter somit nach seinem tatsächlichen Zeitaufwand für die Verwaltertätigkeit und nach Stundensätzen. Da die Vergütung durch das Nachlassgericht als Zeithonorar festzusetzen ist, kommt mit Blick auf den Wortlaut von § 1915 Abs. 1 S. 2 BGB eine Vergütung nach Prozentsätzen des Nachlasses nicht (mehr) in Betracht.[344]

### a) Aufwendungsersatz

458  Über die Verweisungsnormen §§ 1915, 1835 BGB gilt § 670 BGB des Auftragsrechts. Kosten einer angemessenen Schadensversicherung sind gem. § 1835 Abs. 2 BGB Aufwendungen. Aufwendungsersatz kann auch verlangt werden für Dienste, die zum Beruf oder Gewerbe des Nachlassverwalters gehören, § 1835 Abs. 3 BGB. Damit kann der Rechtsanwalt, der als Nachlassverwalter Prozesse geführt hat, eine nach RVG angefallene Vergütung verlangen.

### b) Festsetzungsverfahren

459  In der Praxis stellt der Nachlassverwalter einen Antrag auf Festsetzung der Vergütung und seiner Auslagen. Zuständig für die Festsetzung der Vergütung und des Auslagenersatzes ist das Nachlassgericht gem. §§ 1915, 1962 BGB, § 86 FamFG (bis 31.8.2009: § 56g FGG); funktionell der Rechtspfleger, §§ 3 Nr. 2c, 16 Abs. 1 Nr. 1 RPflG, in Baden-Württemberg der Notar im Landesdienst, Art. 147 EGBGB, §§ 1, 38 Ba-Wü LFGG.

460  Die festgesetzte Vergütung braucht nicht beim Prozessgericht eingeklagt zu werden, denn § 56g Abs. 6 FGG bestimmt – für Verfahren, die bis 31.8.2009 eingeleitet wurden, dass der Festsetzungsbeschluss einen Vollstreckungstitel darstellt.[345] Seit 1.9.2009 ist dies in §§ 86, 168 FamFG geregelt.

461  Gegen den Festsetzungsbeschluss findet gem. § 87 Abs. 4 FamFG (bzw. § 56g Abs. 5 S. 1 FGG) die **sofortige Beschwerde** statt, sofern der Beschwerdewert überschritten wird oder wenn das Nachlassgericht die Beschwerde zugelassen hat;[346] der Beschwerdewert beträgt seit 1.9.2009 600 EUR, § 61 Abs. 1 FamFG, gegenüber vorher 150 EUR, § 56g FGG. Aber auch nach neuem Verfahrensrecht kann die Beschwerde zugelassen werden, § 61 Abs. 2, 3 FamFG. Beschwerdegericht ist seit 1.9.2009 das OLG, § 119 Abs. 1 Nr. 1 lit. b) GVG n.F.,[347] mit der Möglichkeit, die Rechtsbeschwerde zum BGH zuzulassen, § 70 FamFG. Für „Alt-Verfahren", die bis 31.8.2009 eingeleitet wurden, gilt: Die weitere Beschwerde i.S.v. § 27 FGG findet nur bei Zulassung durch das Beschwerdegericht statt, § 56g Abs. 5 S. 2 FGG. Ist die FG-Beschwerde nicht statthaft, so findet die befristete Rechtspflegererinnerung gem. § 11 Abs. 2 RPflG statt. Beschwerde- bzw. erinnerungsbefugt sind der Nachlassverwalter,

---

343 OLG Zweibrücken OLGR 1997, 205, 206.
344 OLG Zweibrücken FamRZ 2007, 1191 = ZEV 2007, 528; vgl. zum Ganzen: OLG München Rpfleger 2006, 405; Zimmermann ZEV 2005, 473; Palandt/*Edenhofer* § 1987 BGB Rn 2.
345 BayObLGZ 2000, 8.
346 BayObLG NJW-RR 2001, 870.
347 Art. 111 FGG-ReformG v. 17.12.2008 BGBl I 2008, 2586.

der Erbe, der Testamentsvollstrecker. Auch Nachlassgläubiger, wenn durch die Vergütung die Erfüllung ihrer Forderung beeinträchtigt wird.[348]

c) Schiedsgerichtsbarkeit

FG-Verfahren sind wegen des Amtsermittlungsgrundsatzes (§§ 26, 30 FamFG [bis 31.8.2009: § 12 FGG]) grundsätzlich einem Schiedsverfahren nicht zugänglich,[349] deshalb kann auch die Festsetzung der Vergütung des Nachlassverwalters nicht durch ein Schiedsgericht erfolgen.

Der Vergütungsanspruch ist im Nachlassinsolvenzverfahren Masseverbindlichkeit, § 324 Abs. 1 Nr. 4, 6 InsO.

d) Muster: Antrag auf Festsetzung der Vergütung des Nachlassverwalters

An das

Amtsgericht
– Nachlassgericht – (Baden-Württemberg: Staatl. Notariat)

Az.:

*Nachlasssache des Herrn* , *zuletzt wohnhaft in*

Als mit Beschluss des Nachlassgerichts vom          bestellter Nachlassverwalter beantrage ich hiermit,
1. die Vergütung des Nachlassverwalters auf          EUR
2. die Höhe des Aufwendungsersatzes auf          EUR

festzusetzen

und außerdem anzuordnen, dass die zuvor genannten Beträge dem Nachlass entnommen werden können.

*Begründung:*

Nach meinen Aufzeichnungen ergab sich ein Zeitaufwand von insgesamt          Stunden, was ich hiermit versichere.

Unterschrift

## 8. Beendigung der Nachlassverwaltung

Die Nachlassverwaltung endet nicht von selbst nach § 1918 Abs. 3 BGB. Das Nachlassgericht hat die Nachlassverwaltung aufzuheben, wenn der Grund für ihre Anordnung nicht mehr besteht, § 1919 BGB.

**Kraft Gesetzes** endet die Nachlassverwaltung mit der Eröffnung des **Nachlassinsolvenzverfahrens**, § 1988 Abs. 1 BGB. Zeigt sich, dass eine die Kosten des Verfahrens deckende Nachlassmasse nicht vorhanden ist, so kann die Nachlassverwaltung aufgehoben werden, § 1988 Abs. 2 BGB.

Die **Abnahme der Schlussrechnung durch die Erben** ist vom Nachlassgericht zu vermitteln.[350]

---

348 Palandt/*Edenhofer*, § 1987 BGB Rn 3.
349 BayObLG FamRZ 2001, 873 = ZEV 2001, 352.
350 OLG Frankfurt/M. NJW 1963, 2278.

## 9. Rechtsmittel

### a) Anordnung der Nachlassverwaltung auf Antrag des/der Erben

466 Wurde einem übereinstimmenden Antrag aller Miterben bzw. des Alleinerben auf Anordnung der Nachlassverwaltung stattgegeben, so ist eine Beschwerde gegen den Anordnungsbeschluss nicht statthaft, § 359 Abs. 1 FamFG (bis 31.8.2009: § 76 Abs. 1 FGG).

Haben einzelne Miterben Antrag auf Anordnung der Nachlassverwaltung gestellt, so dürfte diesem Antrag gem. § 2062 S. 1 BGB nicht stattgegeben werden. Ein entgegen dieser Vorschrift erlassener Anordnungsbeschluss ist mit der befristeten Beschwerde gem. §§ 58 ff. FamFG anfechtbar (bis 31.8.2009: einfache Beschwerde gem. § 19 FGG).

Gegen die Auswahl einer bestimmten Person als Nachlassverwalter gilt allgemeines Beschwerderecht nach §§ 58 ff. FamFG, und nicht etwa das Beschwerderecht nach § 359 Abs. 1 FamFG, denn dieser Fall ist dort nicht genannt.

### b) Anordnung der Nachlassverwaltung auf Antrag eines Nachlassgläubigers

467 Hat ein Nachlassgläubiger die Nachlassverwaltung beantragt, so ist gegen den stattgebenden Anordnungsbeschluss die sofortige Beschwerde gem. § 359 Abs. 2 FamFG statthaft (bis 31.8.2009: § 76 Abs. 2 S. 1 FGG). Beschwerdebefugt sind
- die Erben/der Erbe,
- der verwaltungsbefugte Testamentsvollstrecker, § 359 Abs. 2 FamFG,
- der Nachlasspfleger als gesetzlicher Vertreter des/der Erben.

### c) Zurückweisung des Antrags auf Anordnung der Nachlassverwaltung

468 Gegen die Zurückweisung des Antrags auf Anordnung der Nachlassverwaltung ist die sofortige Beschwerde nach §§ 58 ff. FamFG statthaft (bis 31.8.2009: formlose unbefristete Beschwerde gem. § 19 FGG).[351] Beschwerdebefugt ist der Antragsteller, § 59 Abs. 2 FamFG (bis 31.8.2009: § 20 Abs. 2 FGG).

### d) Zurückweisung des Antrags auf Aufhebung der Nachlassverwaltung

469 Gegen die **Zurückweisung des Antrags** auf Aufhebung der Nachlassverwaltung ist das Rechtsmittel der einfachen Beschwerde zulässig, § 19 FGG; dies gilt für Verfahren, die bis 31.8.2009 eingeleitet wurden, für Verfahren, die ab dem 1.9.2009 eingeleitet wurden, gilt die befristete Beschwerde gem. §§ 58 ff., insbesondere § 63 FamFG.[352]

Gegen den **Beschluss über die Aufhebung der Nachlassverwaltung** steht sowohl den Nachlassgläubigern als auch den Erben – für bis 31.8.2009 eingeleitete Verfahren – die einfache Beschwerde nach § 19 FGG zu bzw. für seit 1.9.2009 eingeleitete Verfahren die befristete gem. §§ 58 ff. FamFG.

## 10. Haftung des Nachlassverwalters

470 Der Nachlassverwalter führt sein Amt unabhängig und eigenverantwortlich. Er untersteht der Aufsicht des Nachlassgerichts (§§ 1960, 1962, 1915, 1837, 1886 BGB). Dieses hat den Nachlassverwalter zu entlassen, wenn die Fortführung des Amtes, insbesondere wegen

---

[351] AnwK-BGB/*Krug*, § 1982 Rn 9.
[352] Art. 111 FGG-ReformG v. 17.12.2008 BGBl I 2008, 2586.

seines pflichtwidrigen Verhaltens, das Interesse der Nachlassgläubiger gefährden würde.[353] In reinen Zweckmäßigkeitsfragen untersteht der Nachlassverwalter aber keinen gerichtlichen Weisungen.[354]

Der Nachlassverwalter haftet sowohl den Erben als auch den Nachlassgläubigern persönlich für schuldhafte Verletzung seiner Pflichten, §§ 1915, 1833 BGB. Eine Haftung kommt insbesondere in Betracht, wenn er das Aufgebotsverfahren zur Ermittlung von Nachlassgläubigern nicht betreibt, obwohl er Grund zur Annahme hat, dass unbekannte Gläubiger vorhanden sind, §§ 1985, 1980 BGB. Versäumt er es, das Nachlassinsolvenzverfahren zu beantragen, so können sich daraus ebenfalls Schadensersatzansprüche ergeben, §§ 1985 Abs. 2, 1980 BGB.

Die Rechtsprechung des BGH zur Verjährung von Schadensersatzansprüchen gegen den Testamentsvollstrecker[355] dürfte auch auf Schadensersatzansprüche gegen den Nachlassverwalter anzuwenden sein, denn auch hier handelt es sich um originär erbrechtliche Ansprüche. Danach verjähren diese gem. §§ 2219 Abs. 1, 197 Abs. 1 Nr. 2 BGB in 30 Jahren seit ihrer Entstehung, auch wenn ein Rechtsanwalt als Testamentsvollstrecker/Nachlassverwalter tätig geworden ist. Für den Nachlassverwalter stellt sich deshalb die Frage, vor der Annahme des Amtes mit den Erben eine Verkürzung der Verjährungsfrist gem. § 202 BGB zu vereinbaren. Seine Bestellung wird mit der förmlichen Verpflichtung gem. §§ 1915, 1789 BGB wirksam.

Der Anspruch der Erben gegen den Testamentsvollstrecker auf Rechnungslegung aus § 2218 BGB in Verbindung mit Vorschriften des Auftragsrechts ist ein genuin erbrechtlicher Anspruch; er verjährt deshalb gem. § 197 Abs. 1 Nr. 2 BGB in 30 Jahren.[356]

**Erbrechtsreform:** Auch für die erbrechtlichen Ansprüche in Buch 5 soll die bisherige Sonderverjährung nach § 197 Abs. 1 Nr. 2 BGB entfallen. Es gilt nunmehr die Regelverjährung gemäß §§ 195, 199 BGB. Bei Kenntnis oder grob fahrlässiger Unkenntnis des Gläubigers hinsichtlich der den Anspruch begründenden Umstände und der Person des Schuldners verjähren auch die aus einem Erbfall herrührenden Ansprüche – mit Ausnahme der Ansprüche auf Herausgabe der Erbschaft gegen den Erbschaftsbesitzer und den Vorerben sowie auf Herausgabe eines falschen Erbscheins an das Nachlassgericht – in drei Jahren.

## 11. Haftung des Erben nach Beendigung der Nachlassverwaltung

Nach Beendigung der Nachlassverwaltung haftet der Erbe nach wie vor beschränkt (Dürftigkeitseinrede, § 1990 Abs. 1 S. 1 BGB).[357] Seine Haftung ist allerdings unbeschränkt, wenn er bereits vor der Nachlassverwaltung seine Haftungsbeschränkungsmöglichkeiten verloren hatte (beispielsweise durch Inventaruntreue).

Im Prozess muss der Erbe einen Haftungsbeschränkungsvorbehalt nach § 780 ZPO in den Urteilstenor aufnehmen lassen.

---

353 OLG Frankfurt/M. FamRZ 1998, 636, 637.
354 Palandt/*Edenhofer*, § 1985 BGB Rn 2.
355 BGH ZErb 2002, 356 = FamRZ 2002, 92; Anm. *Otte*, ZEV 2002, 499. Dagegen verjähren Ansprüche aus § 2218 BGB schon in drei Jahren gem. § 195 BGB., OLG Karlsruhe ZErb 2006, 1 = OLGR Karlsruhe 2006, 58 = ZFE 2006, 158.
356 BGH FamRZ 2007, 1097 = ZEV 2007, 322 = NJW 2007, 2174 = ZErb 2007, 260 = NotBZ 2007, 250 = ErbR 2007, 151 = MDR 2007, 1136 = MittBayNot 2007, 411. So schon *Krug*, Schuldrechtsmodernisierungsgesetz und Erbrecht, 1. Aufl. 2002, X. 9. Rn 121.
357 BGH NJW 1954, 635.

### 12. Mitteilungspflicht gegenüber dem Erbschaftsteuerfinanzamt

472 Das Nachlassgericht hat über die erfolgte Anordnung der Nachlassverwaltung dem Erbschaftsteuerfinanzamt Mitteilung zu machen, § 12 ErbStDVO.

## II. Nachlass-Insolvenzrecht im Überblick

473 Die Insolvenzordnung (InsO) vom 5.10.1994 (BGBl I 1994, 2911), zuletzt geändert duch Gesetz vom 24.9.2009, BGBl I, 3151, regelt das Nachlassinsolvenzverfahren in den §§ 315–331 InsO als besondere Form des Insolvenzverfahrens.

### 1. Allgemeines

474 – Ein Insolvenzplan (§§ 217 ff. InsO) soll die Möglichkeiten des früheren Vergleichs und des früheren Zwangsvergleichs im Konkursverfahren ersetzen.
– Eine Besonderheit stellt die Restschuldbefreiung dar, §§ 286 ff. InsO.

### 2. Zuständigkeit

475 Dasjenige Amtsgericht ist Insolvenzgericht für einen ganzen Landgerichtsbezirk, wo der Sitz des betreffenden Landgerichts ist, § 2 InsO. Landesrechtliche Abweichungen sind möglich. Der allgemeine Gerichtsstand des Erblassers zur Zeit seines Todes, also sein letzter Wohnsitz gem. § 13 ZPO, bestimmt die örtliche Zuständigkeit des Insolvenzgerichts, § 315 InsO.

### 3. Gegenstand des Insolvenzverfahrens

476 Nur der ganze Nachlass kann Gegenstand des Insolvenzverfahrens sein, § 316 Abs. 3 InsO. Die Annahme der Erbschaft und die Haftungsbeschränkung sind nicht mehr Voraussetzung. Bei einer Miterbengemeinschaft ist auch noch nach der Teilung des Nachlasses ein Insolvenzverfahren möglich, § 316 Abs. 2 und 3 InsO.

### 4. Insolvenzeröffnungsgrund

477 Das Gesetz kennt drei Insolvenzeröffnungsgründe:
– Überschuldung,
– drohende Zahlungsunfähigkeit,
– Zahlungsunfähigkeit, wenn der Antrag vom Erben oder einem Fremdverwalter, wie Testamentsvollstrecker oder Nachlassverwalter, gestellt wird (§ 320 InsO). Entscheidend ist die Liquidität des Nachlasses und nicht die des Erben.

### 5. Antragsberechtigte

478 Antragsberechtigt sind, § 317 Abs. 1 InsO:
– jeder Miterbe,
– **jeder Nachlassgläubiger,** befristet auf zwei Jahre nach Erbschaftsannahme (§§ 14, 319 InsO) – auch ein nachrangiger Nachlassgläubiger,
– der Verwaltungstestamentsvollstrecker,
– der Nachlassverwalter,
– der Nachlasspfleger.

Zur Antragstellung sind der Erbe und der Nachlassverwalter verpflichtet, wenn sie von der Zahlungsunfähigkeit oder der Überschuldung Kenntnis erhalten, §§ 1980 Abs. 1, 1985 Abs. 2 BGB.[358]

Der Insolvenzeröffnungsantrag eines Nachlasspflegers ist zulässig, wenn er eine Überschuldung des Nachlasses in substantiierter, nachvollziehbarer Form darlegt; eine Schlüssigkeit im technischen Sinne ist nicht erforderlich.[359]

Im Falle eines **Gläubigerantrags** müssen die Forderung des Gläubigers gem. § 14 Abs. 1 InsO, ein Eröffnungsgrund und das rechtliche Interesse glaubhaft gemacht werden. Über § 4 InsO gilt für die Glaubhaftmachung § 294 ZPO. Also: Alle präsenten Beweismittel, die die ZPO kennt, und darüber hinaus die eidesstattliche Versicherung (in aller Regel des Antragstellers) sind Mittel der Glaubhaftmachung. Die Anforderungen an die Glaubhaftmachung des Insolvenzgrundes dürfen nicht überspannt werden, erforderlichenfalls kann dies mit der sofortigen Beschwerde gerügt werden.[360]

479

### 6. Insolvenzantragspflicht

Den Nachlassgläubigern gegenüber besteht nach § 1980 Abs. 1 S. 1 BGB eine unverzügliche Insolvenzantragspflicht, wenn der Erbe Kenntnis von der Zahlungsunfähigkeit oder der Überschuldung erlangt. Der Kenntnis der Zahlungsunfähigkeit oder der Überschuldung steht die auf Fahrlässigkeit beruhende Unkenntnis gleich, § 1980 Abs. 2 S. 1 BGB. Fahrlässigkeit ist anzunehmen, wenn der Erbe das Aufgebot der Nachlassgläubiger nicht beantragt, obwohl er Grund hat, das Vorhandensein unbekannter Nachlassverbindlichkeiten anzunehmen. Mehrere Erben haften als Gesamtschuldner. Im Rahmen der Schadensersatzpflicht aus § 1980 Abs. 1 S. 2 BGB ist dem Erben die schuldhaft verspätete Stellung des Insolvenzantrags durch den Nachlasspfleger nicht gem. §§ 166 Abs. 1, 278 BGB zuzurechnen.[361]

480

Der Erbe ist Schuldner des Nachlassinsolvenzverfahrens.[362]

Bei der Ermittlung der Überschuldung sind neben den Masseverbindlichkeiten nach § 334 InsO alle in §§ 325 ff. InsO genannten Verbindlichkeiten, also auch Vermächtnisse, Auflagen und Pflichtteilsansprüche, zu berücksichtigen. Hat der Erbe vor der Eröffnung des Nachlassinsolvenzverfahrens aus dem Nachlass Pflichtteilsansprüche, Vermächtnisse oder Auflagen erfüllt, so sind diese Rechtshandlungen in gleicher Weise insolvenzrechtlich anfechtbar wie eine unentgeltliche Leistung des Erben (§ 322 InsO), da die Begünstigten zu den nachrangigen Insolvenzgläubigern gehören (§ 327 InsO) und nicht besser gestellt werden sollen als der Erbe selbst, § 327 InsO.

481

---

358 Aber der Erbe ist nach Annahme der Erbschaft trotz eines schwebenden Erbprätendentenstreits und deswegen angeordneter Nachlasspflegschaft aus § 1980 Abs. 1 BGB verpflichtet, Insolvenzantrag zu stellen. Im Rahmen der Schadensersatzpflicht aus § 1980 Abs. 1 S. 2 BGB ist dem Erben die schuldhaft verspätete Stellung des Insolvenzantrags durch den Nachlasspfleger nicht gem. §§ 166 Abs. 1, 278 BGB zuzurechnen, BGH NJW 2005, 756 = ZEV 2005, 109 = NZI 2005, 162.
359 BGH FamRZ 2007, 1648 = ZErb 2007, 385.
360 OLG Celle Rpfleger 2000, 290.
361 BGH ZEV 2005, 109 = NJW 2005, 756 = NZI 2005, 162.
362 BGH ZEV 2005, 112; NJW 1969, 1349; *Siegmann*, Rpfleger 2001, 260 m.w.N. Vgl. auch zum Nichtbestreiten einer Insolvenzforderung von Seiten des Erben, über die ein Rechtsstreit gegen den Erblasser geführt wurde, BGH ZEV 2005, 112.

## 7. Prozesskostenhilfe

482  Ob für das Insolvenzeröffnungsverfahren **Prozesskostenhilfe** gewährt werden kann, ist streitig.[363] Speziell für das Nachlassinsolvenzverfahren vertritt das LG Göttingen[364] die Ansicht, für einen Antrag des Erben auf Eröffnung des Nachlassinsolvenzverfahrens sei grundsätzlich eine Prozesskostenhilfebewilligung zulässig. Die Beiordnung eines Rechtsanwalts komme jedenfalls dann in Betracht, wenn einer der Miterben ebenfalls durch einen Rechtsanwalt vertreten werde.

Im Prozesskostenhilfeverfahren ist in der Insolvenzsache eine weitere Beschwerde nicht statthaft.[365]

## 8. Rechtswirkungen der Verfahrenseröffnung

483
– Der Nachlass wird mit der Eröffnung des Nachlassinsolvenzverfahrens beschlagnahmt, § 80 InsO. Die Eröffnung wird wirksam mit dem im Eröffnungsbeschluss genannten Zeitpunkt – falls dieser fehlt, mit der Mittagsstunde des Beschlusstages, § 27 Abs. 2 Nr. 3, Abs. 3 InsO.
– Zu dem im Eröffnungsbeschluss genannten Zeitpunkt verliert der Schuldner (= Erbe) Verwaltungs- und Verfügungsbefugnis über den Nachlass, einschließlich Prozessführungsbefugnis, §§ 80 ff. InsO.
– Der (endgültige) Insolvenzverwalter hat ab diesem Zeitpunkt ausschließliches Verwaltungs- und Verfügungsrecht, §§ 27, 80 Abs. 1 InsO. Der Insolvenzverwalter muss den Fortbestand seiner Berechtigung als Rechtsnachfolger im Sinne des § 727 Abs. 1 ZPO durch öffentliche oder öffentlich beglaubigte Urkunden nachweisen.[366]
– Auf Ersuchen des Insolvenzgerichts wird der Insolvenzvermerk in das Grundbuch eingetragen, §§ 32, 33, 81 InsO.
– Rechtshandlungen des Schuldners (= Erben) sind mit der Eröffnung den Insolvenzgläubigern gegenüber unwirksam.
– Der Nachlass wird den Nachlassgläubigern vorbehalten, §§ 325, 327 InsO.
– Die Haftung des Erben beschränkt sich gegenüber den Nachlassgläubigern auf den Nachlass, § 1975 BGB.
– Die Verschmelzung von Nachlass und Eigenvermögen des Erben wird mit Rückwirkung ab Erbfall beseitigt, § 1978 Abs. 1 BGB.
– Einzelvollstreckungen sind während der Dauer des Insolvenzverfahrens unzulässig, §§ 89, 90 InsO. Die Eröffnung des Nachlassinsolvenzverfahrens führt zu einer Unterbrechung aller Aktiv- und Passivprozesse der Erben, die diese als solche führen. Die Wirkung des § 240 ZPO tritt nur hinsichtlich solcher Prozesse nicht ein, die ausschließlich das nicht zum Nachlass gehörende persönliche Vermögen der Erben betreffen.[367]
– „**Rückschlagsperre**" des § 88 InsO: Hat ein Insolvenzgläubiger im letzten Monat vor dem Insolvenzantrag oder nach dem Antrag **durch Zwangsvollstreckung** eine Sicherung an einem Nachlassgegenstand erlangt, so wird diese Maßnahme mit der Eröffnung des Nachlassinsolvenzverfahrens unwirksam. Nicht erfasst werden von dieser Sperre **rechts-**

---

363 Bejahend: AG München NJW 1999, 432 m.w.N.; verneinend: AG Mannheim „Die Justiz" Ba.-Wü. 1999, 169 m.w.N.; verneinend in einem obiter dictum jetzt BGH NJW 2000, 1869.
364 LG Göttingen FamRZ 2001, 95.
365 BGH NJW 2000, 1869; OLG Köln NJW-RR 2000, 128.
366 BGH ZIP 2005, 1474 = ZVI 2005, 428 = WM 2005, 1823 = Rpfleger 2005, 610 = BGHReport 2005, 1417 = MDR 2006, 53.
367 OLG Köln FamRZ 2003, 688.

geschäftliche Sicherungen; ein solcher Rechtserwerb unterliegt allenfalls der Insolvenzanfechtung nach §§ 129 ff. InsO.
Unwirksam werden insbesondere Forderungspfändungen, die innerhalb der Monatsfrist vorgenommen worden sind.
- Für die **Immobiliarzwangsvollstreckung** bewirkt das Vollstreckungsverbot des § 89 Abs. 1 InsO in Bezug auf persönliche Nachlassgläubiger Folgendes: Eine Zwangshypothek kann nicht mehr im Grundbuch eingetragen werden – der Eintrag selbst wäre ein Akt der Zwangsvollstreckung, wenn auch nur zum Zwecke der Sicherung der Forderung. Die Forderung ist zur Insolvenztabelle anzumelden.
Die „Rückschlagsperre" des § 88 InsO bedeutet in diesem Zusammenhang: Hat ein persönlicher Nachlassgläubiger im letzten Monat vor dem Antrag auf Eröffnung der Nachlassinsolvenz eine Zwangshypothek im Grundbuch eintragen lassen, so wird diese mit Eröffnung des Nachlassinsolvenzverfahrens unwirksam. Analog § 868 ZPO dürfte eine Eigentümergrundschuld entstehen.[368]
Etwas anderes gilt aber für die Interimszeit zwischen Antragstellung und Verfahrenseröffnung, wenn Sicherungsmaßnahmen getroffen wurden: Die durch besondere gerichtliche Anordnung verfügte Untersagung der Zwangsvollstreckung nach § 21 Abs. 2 Nr. 3 InsO stellt ein Vollstreckungshindernis dar, aber es bezieht sich nach dem eindeutigen Wortlaut der Vorschrift nicht auf Grundstücke.
Deshalb ist während dieses Interimsstadiums ihre Eintragung möglich. Allerdings gewinnt nach der Eröffnung des Nachlassinsolvenzverfahrens die „Rückschlagsperre" des § 88 InsO Bedeutung: Möglicherweise wird danach die Eintragung der Zwangshypothek unwirksam.[369]

**Sonderproblem: Die nach dem Erbfall im Wege der einstweiligen Verfügung erlangte Vormerkung.**
Wird nach dem Erbfall eine Vormerkung auf der Grundlage einer einstweiligen Verfügung erlangt und **danach** das Nachlassinsolvenzverfahren eröffnet, so ist gem. § 321 InsO der Nachlassinsolvenzverwalter berechtigt, die Löschung der Vormerkung zu verlangen.[370]

### 9. Muster: Antrag auf Eröffnung des Nachlassinsolvenzverfahrens

An das

Amtsgericht
– Insolvenzabteilung –

*Nachlasssache des Herrn*          *, gestorben am*          *, zuletzt wohnhaft in*

*hier: Antrag auf Eröffnung des Nachlassinsolvenzverfahrens*

Herr          ist am          in          gestorben. Ich vertrete die Interessen des Herrn          , seines einzigen Sohnes und Alleinerben. Auf mich lautende Vollmacht füge ich bei – Anlage 1 –.

Die Alleinerbfolge ist bezeugt im Erbschein des Amtsgerichts – Nachlassgericht –          vom          , Az.          .

*Beweis:* Ausfertigung des Erbscheins mit begl. Abschrift – Anlage 2 – mit der Bitte um Rückgabe der Original-Ausfertigung

---

[368] *Musielak/Becker*, ZPO, § 868 Rn 3.
[369] Vgl. hierzu BGH ZIP 2000, 931; BayObLG ZIP 2000, 1263 und im Einzelnen *Keller*, ZIP 2000, 1324.
[370] Für den früheren § 221 KO: LG Stuttgart mit Anm. *Siegmann*, ZEV 2002, 370, 371.

Namens des Alleinerben beantrage ich die

*Anordnung des Nachlassinsolvenzverfahrens*

wegen Überschuldung des Nachlasses.

Als Anlage füge ich ein vom Alleinerben erstelltes Nachlassverzeichnis bei, dessen Richtigkeit und Vollständigkeit dieser darauf versichert hat. Die Namen und Anschriften der Nachlassgläubiger sowie der Forderungsschuldner sind im Verzeichnis vollständig und richtig aufgeführt.

Nach dem Inhalt dieses Nachlassverzeichnisses liegt eine Überschuldung von            EUR vor. Ein die Kosten des Nachlassinsolvenzverfahrens deckender Aktiv-Nachlass ist auf jeden Fall vorhanden. Grundstücke befinden sich nicht im Nachlass, so dass sich die Eintragung eines Vermerks über die Anordnung des Nachlassinsolvenzverfahrens im Grundbuch erübrigt.

Als Belege für die im Nachlassverzeichnis aufgeführten Verbindlichkeiten lege ich anliegend folgende Unterlagen vor:

Als Nachlassinsolvenzverwalter schlage ich vor: Herrn

Ich bitte, mir je eine Abschrift des Beschlusses über die Anordnung des Nachlassinsolvenzverfahrens, die Bestellung des Nachlassinsolvenzverwalters und der weiteren Anordnungen zu übermitteln.

Entstehende Kosten können mir aufgegeben werden.

(Rechtsanwalt)

### 10. Forderungsanmeldung zur Nachlassinsolvenztabelle

#### a) Anmeldung beim Nachlassinsolvenzverwalter

**485** Die Nachlassinsolvenzgläubiger (§ 38 InsO), die am Nachlassinsolvenzverfahren teilnehmen wollen, müssen ihre Forderungen beim **Insolvenzverwalter** anmelden, § 174 InsO (nicht wie früher beim Gericht). Damit soll eine Entlastung des Insolvenzgerichts erreicht werden.[371]

Klage und Vollstreckung – statt der Anmeldung zur Insolvenztabelle – sind nach §§ 87, 89 InsO unzulässig, und zwar auch dann, wenn die Forderung schon tituliert ist oder wenn es sich um eine öffentlich-rechtliche Forderung, etwa eine Steuerschuld, handelt.

**486** Nachrangige Insolvenzgläubiger (§ 39 InsO) können ihre Forderungen nur auf ausdrückliche Aufforderung des Gerichts anmelden, §§ 174 Abs. 3, 177 Abs. 2 InsO.

Masseansprüche nach §§ 53–55 InsO können nicht zur Tabelle angemeldet werden, sie sind im Wege der Klage gegen den Insolvenzverwalter geltend zu machen.

#### b) Formale Anforderungen an eine Forderungsanmeldung

**487** Folgende formale Anforderungen der Anmeldung sind zu beachten:
– Schriftform ist vorgesehen, § 174 Abs. 1 S. 1 InsO.
– Beweisstücke sollen beigefügt werden, § 174 Abs. 1 S. 2 InsO.
– Der Vertreter des Gläubigers, bspw. der Rechtsanwalt, hat eine schriftliche Vollmacht vorzulegen, die ausdrücklich das Insolvenzverfahren mit umfasst.
– Grund und Höhe der Forderung sind anzugeben, § 174 Abs. 2 InsO.
– Die Frist zur Forderungsanmeldung wird im Eröffnungsbeschluss genannt, § 28 Abs. 1 InsO.

---

[371] Vgl. im Einzelnen zum insolvenzrechtlichen Feststellungsverfahren *Merkle*, Rpfleger 2001, 157 ff. m.w.N. zu streitigen Rechtsfragen.

c) Muster: Anmeldung zur Nachlassinsolvenztabelle beim Nachlassinsolvenzverwalter

Herrn

Rechtsanwalt

(Nachlassinsolvenzverwalter)

*Nachlassinsolvenzverfahren in der Nachlasssache des Herrn* ▓▓▓▓, *gestorben am* ▓▓▓▓, *zuletzt wohnhaft in* ▓▓▓▓

*hier: Anmeldung einer Forderung gegen den Nachlass zur Insolvenztabelle*

Über den Nachlass des Herrn ▓▓▓▓, gestorben am ▓▓▓▓, wurde das Nachlass-Insolvenzverfahren angeordnet. Sie wurden durch Beschluss des Insolvenzgerichts zum Nachlassinsolvenzverwalter bestellt.

Ich vertrete die Interessen der Firma ▓▓▓▓. Auf mich lautende Vollmacht, die sich auch auf das Insolvenzverfahren bezieht, füge ich bei – Anlage 1 –.

Meine Mandantin hat eine Forderung in Höhe von ▓▓▓▓ EUR aus dem Kauf eines ▓▓▓▓, die sich gegen den Erblasser richtete und die nach § 1967 BGB als Nachlassverbindlichkeit auf die Erben übergegangen ist.

*Beweis:* Begl. Kopie des Kaufvertrags vom ▓▓▓▓ – Anlage 2 –

Diese Forderung zuzüglich Zinsen und Kosten gemäß der nachfolgenden Forderungsaufstellung **melde ich hiermit zur Insolvenztabelle an.**

Meine Mandantin hat ihrerseits den Kaufvertrag erfüllt, der Erblasser hat die gekaufte Sache am ▓▓▓▓ übereignet erhalten.

*Beweis:* Empfangsbestätigung vom ▓▓▓▓ – Anlage 3 –

Irgendwelche Mängel hat der Erblasser nie geltend gemacht. Auf Mahnungen meiner Mandantin hat er nicht reagiert.

Die Forderung meiner Mandantin errechnet sich nach Hauptforderung, Zinsen und Kosten wie folgt:

▓▓▓▓

Ein Vollstreckungstitel ist nicht vorhanden.

Ich habe Inkassovollmacht und bitte deshalb, alle Zahlungen an mich zu leisten.

(Rechtsanwalt)

d) Rechtswirkungen der Forderungsanmeldung

Die Anmeldung einer Nachlassforderung zur Insolvenztabelle hat die Verjährung nach dem bis 31.12.2001 geltenden Verjährungsrecht unterbrochen, § 209 Abs. 2 Nr. 2 BGB a.F. und hemmt die Verjährung nach dem seit 1.1.2002 geltenden neuen Verjährungsrecht, § 204 Abs. 1 Nr. 10 BGB; sie führt aber nicht zur Rechtshängigkeit der Forderung. Die angemeldeten Insolvenzforderungen werden im Rahmen einer Gläubigerversammlung, dem Prüfungstermin, geprüft, §§ 176, 177 InsO.

## 11. Insolvenzverwalter

a) Rechtsstellung und Bestellung

Insolvenzverwalter kann nur eine geschäftsfähige, natürliche Person sein, § 56 Abs. 1 InsO. Die Bestellung erfolgt **vorläufig** vom Insolvenzgericht im Eröffnungsbeschluss, § 27 Abs. 1 InsO, und **endgültig** nach der ersten Gläubigerversammlung, § 57 InsO.

b) Aufgaben

491
- **Verwaltung und Verwertung** der Insolvenzmasse, § 80 Abs. 1 InsO; daraus folgt auch seine Berechtigung zur Freigabe von Massegegenständen,
- **Inbesitznahme** der Masse, § 148 InsO,
- Erstellung eines Masseverzeichnisses, eines Gläubigerverzeichnisses und einer Vermögensübersicht, §§ 150–153 InsO,
- Berichterstattung in der ersten Gläubigerversammlung, § 156 InsO,
- Führung der **Insolvenztabelle**, §§ 174, 175 InsO,
- **Forderungsprüfung**, §§ 176 ff. InsO,
- **Verwertung und Verteilung der Insolvenzmasse**, §§ 159, 160, 165, 166, 168, 187 InsO, einschl. Betriebsveräußerung, §§ 160 Abs. 2 Nr. 1, 161–164 InsO,
- Anzeige der **Masseunzulänglichkeit** und Erfüllung der Forderungen der Massegläubiger, §§ 208, 209 InsO,
- Durchführung von **Zustellungen** für das Insolvenzgericht, § 8 Abs. 3 InsO,
- Ausarbeitung eines **Insolvenzplanes** und Überwachung seiner Ausführung, §§ 218, 261, 262 InsO,
- Eintritt in schwebende Prozesse,
- Geltendmachung des Insolvenzanfechtungsrechts,
- Schlussrechnungslegung, § 66 InsO.

### 12. Insolvenzanfechtung

492
Die Anfechtungsmöglichkeiten sind in dem seit 1.1.1999 geltenden Insolvenzrecht erweitert worden:

**Anfechtbarkeit unentgeltlicher Leistungen:** § 134 InsO sieht hier eine entscheidende Änderung gegenüber der bisherigen Rechtslage vor. Danach ist jede unentgeltliche Leistung des Schuldners anfechtbar, es sei denn, sie wurde früher als **vier Jahre** vor dem Antrag auf Eröffnung des Insolvenzverfahrens vorgenommen. Betroffen sind das Schenkungsversprechen und der Schenkungsvollzug, so dass auch eine Übergabe als letzter Akt des dinglichen Rechtsgeschäfts innerhalb der 4-Jahres-Frist anfechtbar ist.[372]

Die Verjährung des Anfechtungsanspruchs wird auch durch einen erfolglosen Antrag des Insolvenzverwalters auf Zuständigkeitsbestimmung gegenüber den in der Antragsschrift bezeichneten Anfechtungsgegnern bei nachfolgend fristgerechter Klage gehemmt, § 204 Abs. 1 Nr. 13 BGB, § 36 Abs. 1 Nr. 3 ZPO, § 146 Abs. 1 InsO.[373]

Im Falle der **Gläubigerbenachteiligungsabsicht** kann auch eine unentgeltliche Leistung wie jede andere Rechtshandlung nach § 133 Abs. 1 InsO angefochten werden, wenn sie nicht früher als 10 Jahre vor dem Antrag auf Eröffnung des Insolvenzverfahrens vorgenommen wurde).

### 13. Insolvenzplan

493
Der Insolvenzplan nach §§ 217 ff. InsO soll regeln: die Erfüllung der Forderungen der absonderungsberechtigten Gläubiger, der Insolvenzgläubiger, die Verwertung der Insolvenzmasse und deren Verteilung sowie die Haftung des Schuldners nach Verfahrensbeendigung, § 217 InsO.

---

[372] *Jülicher*, ZEV 1998, 370.
[373] BGH BGHZ 160, 259 = NJW 2004, 3772 = ZIP 2004, 2194 = WM 2004, 2313 = ZInsO 2004, 1201 = DStR 2004, 2067.

Zu seiner Wirksamkeit bedarf der Insolvenzplan der **Bestätigung** durch das Insolvenzgericht, § 248 InsO. Mit Rechtskraft des Bestätigungsbeschlusses treten die im rechtsgestaltenden Teil des Planes festgelegten Rechtswirkungen für und gegen alle Beteiligten ein, § 254 Abs. 1 InsO.

## 14. Restschuldbefreiung

### a) Geltung für den Erben

Ob die Restschuldbefreiungsmöglichkeit der §§ 286 ff. InsO auch für den oder die Erben als Schuldner der Nachlassgläubiger gilt, ist nicht ganz eindeutig. In Betracht dürfte sie kommen, wenn der Alleinerbe oder ein Miterbe (gesamtschuldnerisch gem. § 2058 BGB) den Nachlassgläubigern unbeschränkt haftet, also seine Haftungsbeschränkungsmöglichkeit verloren hat.[374]

Die Reform des Insolvenzrechts gemäß dem Regierungsentwurf vom 14.1.2008 dürfte deshalb für das Nachlassinsolvenzverfahren allenfalls bei der Restschuldbefreiung für den unbeschränkt haftenden Erben von Bedeutung sein.

### b) Erwerb von Todes wegen durch den Schuldner

Unter einem anderen Gesichtspunkt ist jedoch in Bezug auf das Erbrecht des Insolvenzschuldners die Restschuldbefreiung von Bedeutung: Um die Restschuldbefreiung erreichen zu können, muss der Schuldner einen entsprechenden Antrag stellen (§ 287 Abs. 1 InsO), dem er eine Erklärung beizufügen hat, dass er seine pfändbaren Forderungen für die Zeit von sieben Jahren nach der Aufhebung des Insolvenzverfahrens an einen vom Gericht zu bestimmenden **Treuhänder** abtritt (§ 287 Abs. 2 S. 1 InsO).

Während der Laufzeit der Abtretungserklärung obliegt es dem Schuldner, Vermögen, das er von Todes wegen oder mit Rücksicht auf ein künftiges Erbrecht – also im Wege vorweggenommener Erbfolge – erwirbt, zur Hälfte des Wertes an den Treuhänder herauszugeben, § 295 Abs. 1 Nr. 2 InsO. Die Beschränkung der Abführungspflicht in diesen Fällen auf die Hälfte des erworbenen Vermögens soll für den Schuldner einen Anreiz dafür bieten, eine Erbschaft nicht auszuschlagen bzw. eine Zuwendung anzunehmen. Es ist fraglich, ob die Ausschlagung einer Erbschaft oder die Nichtannahme einer Zuwendung als Verletzung einer Obliegenheit i.S.v. § 296 InsO gelten kann mit der Folge, dass die Restschuldbefreiung verweigert werden könnte, § 296 InsO.

Das Recht, eine Erbschaft auszuschlagen, steht nach wie vor dem Insolvenzschuldner zu, § 83 Abs. 1 S. 1 InsO. Dies gilt sowohl für eine vor der Insolvenzeröffnung angefallene Erbschaft als auch für eine danach angefallene. Auch die nach Verfahrenseröffnung angefallene Erbschaft gehört zur Insolvenzmasse gem. § 35 InsO.

### c) Tod des Schuldners vor der endgültigen Schuldbefreiung

Stirbt der Schuldner während der siebenjährigen „Wohlverhaltenszeit" des § 287 InsO, so ist über die endgültige Restschuldbefreiung gem. § 300 InsO zu entscheiden.[375]

---

374 *Krug*, ZErb 1999, 7, 10; *Siegmann*, ZEV 2000, 345, 348.
375 Vgl. *Siegmann*, ZEV 2000, 221; *Siegmann*, ZEV 2000, 345.

### d) Widerruf der Restschuldbefreiung

**497** Aus der Möglichkeit, dass auch noch nach dem Tod des Schuldners die ihm einmal gewährte Restschuldbefreiung innerhalb eines Jahres gem. § 303 InsO widerrufen werden kann, erwachsen für den Erben Haftungsrisiken, die er mit Hilfe eines Aufgebotsverfahrens gem. §§ 1970 ff. BGB minimieren kann.

### 15. Haftung nach Beendigung des Nachlassinsolvenzverfahrens

**498** Nach Beendigung des Nachlassinsolvenzverfahrens haftet der Erbe nach wie vor beschränkt (Dürftigkeitseinrede, § 1990 Abs. 1 S. 1 BGB). Seine Haftung ist allerdings unbeschränkt, wenn er bereits vor dem Nachlassinsolvenzverfahren seine Haftungsbeschränkungsmöglichkeiten verloren hatte (beispielsweise durch Inventaruntreue).

Im Prozess muss der Erbe einen Haftungsbeschränkungsvorbehalt nach § 780 ZPO in den Urteilstenor aufnehmen lassen.

## III. Inventar

### 1. Zweck und Begriff des Inventars

**499** Das Inventarverzeichnis (§§ 1993 ff. BGB) dient zunächst dem Erben dazu, sich über den Bestand des Nachlasses – Aktiva und Passiva – zu informieren. Es gibt aber auch dem Nachlassgläubiger Aufschluss über den Umfang des Nachlasses. Das Inventar kann vom Erben entweder freiwillig (§ 1993 BGB) oder auf Antrag eines Gläubigers errichtet werden (§ 1994 BGB, vgl. das Muster Rn 503).

**500** Das unter Beachtung der Formalien der §§ 1993 ff. BGB errichtete Inventarverzeichnis ist kein Mittel zur Haftungsbeschränkung, es erzeugt lediglich die Vermutung im Verhältnis zwischen dem Erben und den Nachlassgläubigern, dass weitere Nachlassgegenstände als die im Inventar verzeichneten nicht vorhanden sind, § 2009 BGB. Einem verbreiteten Missverständnis muss vorgebeugt werden: Es wird nicht vermutet, dass die verzeichneten Gegenstände auch wirklich zum Nachlass gehören. Mit dem Inventarverzeichnis bereitet der Erbe lediglich eine etwa notwendig werdende Haftungsbeschränkung vor.

### 2. Formelle Erfordernisse

**501** Ein privat errichtetes Inventar entspricht nicht den gesetzlichen Voraussetzungen. Der Erbe muss bei der Aufnahme eine Behörde oder einen Notar hinzuziehen, § 2002 BGB. Auch das Nachlassgericht selbst kann das Inventar aufnehmen, § 2003 BGB. Das Inventar soll den gesamten Nachlassbestand und den Wert der Nachlassgegenstände enthalten, § 2001 BGB. Es ist beim örtlich zuständigen Nachlassgericht einzureichen (letzter Wohnsitz des Erblassers, § 343 Abs. 1 FamFG (bis 31.8.2009: § 73 FGG).

**502** Sofern der Erbe das Inventar nicht ohnehin freiwillig errichtet, kann jeder Nachlassgläubiger beantragen, dass das Nachlassgericht dem Erben eine Frist zur Inventarerrichtung setzt, § 1994 BGB. Der Nachlassgläubiger hat seine Forderung glaubhaft zu machen, § 1994 Abs. 2 S. 1 BGB, § 31 FamFG (bis 31.8.2009: § 15 FGG), § 294 ZPO (vgl. das Muster Rn 503).

Auf Antrag eines Nachlassgläubigers ist der Erbe verpflichtet, die Vollständigkeit des Inventars an Eides statt zu versichern, § 2006 BGB. Zuständig dafür ist das Nachlassgericht. Die eidesstattliche Versicherung kann nicht erzwungen werden. Weigert sich der Erbe, die eidesstattliche Versicherung abzugeben, so tritt unbeschränkte Haftung gegenüber dem betreffenden Gläubiger ein, § 2006 Abs. 3 BGB.

### 3. Muster: Antrag auf Inventarerrichtung

An das

Amtsgericht
– Nachlassgericht – (Baden-Württemberg: Staatl. Notariat)

*Nachlasssache des Herrn* ▓▓▓▓, *gestorben am* ▓▓▓▓, *zuletzt wohnhaft in* ▓▓▓▓
*hier: Antrag auf Fristsetzung zur Inventarerrichtung*

Herr ▓▓▓▓ ist am ▓▓▓▓ in ▓▓▓▓ gestorben. Ich vertrete die Interessen der Firma ▓▓▓▓. Auf mich lautende Vollmacht füge ich bei – Anlage 1 –.

Meine Mandantin hat eine Forderung in Höhe von ▓▓▓▓ EUR aus dem Kauf eines ▓▓▓▓, die sich gegen den Erblasser richtete und die nach § 1967 BGB als Nachlassverbindlichkeit auf die Alleinerbin übergegangen ist.

*Beweis:* Begl. Kopie des Kaufvertrags vom ▓▓▓▓ – Anlage 2 –

Meine Mandantin hat ihrerseits den Kaufvertrag erfüllt, der Erblasser hat die gekaufte Sache am ▓▓▓▓ übereignet erhalten.

*Beweis:* Empfangsbestätigung vom ▓▓▓▓ – Anlage 3 –

Irgendwelche Mängel hat der Erblasser nie geltend gemacht. Auf Mahnungen meiner Mandantin hat er nicht reagiert.

Alleinerbin des Erblassers wurde nach dem Erbschein des Nachlassgerichts Frau ▓▓▓▓. Auf den in den Nachlassakten befindlichen Erbschein nehme ich Bezug. Nach Kenntnis meiner Mandantin wurde bisher weder Nachlassverwaltung noch ein Nachlassinsolvenzverfahren angeordnet.

Ein Vollstreckungstitel ist nicht vorhanden.

Namens meiner Mandantin beantrage ich hiermit, der Alleinerbin nach § 1994 BGB eine

*Frist zur Inventarerrichtung*

zu bestimmen. Ich bitte, mir eine Abschrift des Beschlusses über die Fristsetzung zu übermitteln.

(Rechtsanwalt)

### 4. Amtliche Aufnahme des Inventars

#### a) Antrag des Erben

Auf Antrag des Erben (vgl. das Muster Rn 508) oder eines Miterben nimmt das Nachlassgericht das Inventar entweder selbst auf oder überträgt diese Aufgabe einer zuständigen Behörde, einem zuständigen Beamten oder Notar, § 2003 BGB. Der Erbe kann den Beamten oder Notar nicht unmittelbar beauftragen.[376]

**Grundsätzliches zur Mitwirkung des Notars bei der Aufnahme eines Verzeichnisses:**[377]
In **zweierlei Hinsicht** unterscheidet das BGB bei der Beteiligung eines Notars im Zusammenhang mit der Aufnahme eines Vermögensverzeichnisses:

---

376 RGZ 77, 246.
377 Vgl. im Einzelnen *Nieder*, DNotZ 2003, 63.

- **Hinzuziehung des Notars** bei Errichtung des Verzeichnisses (§§ 1993, 2002 BGB),
- **Aufnahme des Verzeichnisses durch den Notar** (§§ 2121 Abs. 3, 2215 Abs. 4, 2003, 2314 Abs. 2 BGB).

506 Der Notar hat in beiden Fällen über die Wahrheitspflicht zu belehren und so darauf hinwirken, dass die Angaben vom Auskunftsverpflichteten auch wahrheitsgemäß gemacht werden.[378] Bei der **Hinzuziehung** des Notars hat dieser nicht die Pflicht, die Richtigkeit der Angaben zu überprüfen.[379]

507 Bei der **Aufnahme des Verzeichnisses durch den Notar** übernimmt der Notar die Verantwortung für die sachliche Richtigkeit des Verzeichnisses, indem er das Verzeichnis selbstständig aufnimmt – entweder nach Angabe des Auskunftsverpflichteten oder durch eigene Überprüfung.[380] Die vom Notar aufzunehmende Urkunde hat berichtenden Charakter i.S.v. § 37 Abs. 1 S. 1 Nr. 2 BeurkG. Die Feststellung der Vollständigkeit des Verzeichnisses trifft der Notar nach eigenem Ermessen.[381]

### b) Kosten der amtlichen Aufnahme

508 Für die Tätigkeit des Nachlassgerichts wird nach §§ 114, 115 KostO eine 5/10-Gebühr erhoben. Die Aufnahme des Inventars selbst löst eine weitere 5/10-Gebühr nach § 52 KostO aus. Der Gegenstandswert bestimmt sich jeweils nach dem Nachlasswert.

### c) Muster: Antrag des Erben auf Übertragung der Inventarerrichtung auf einen Beamten oder Notar

An das

509 Amtsgericht
– Nachlassgericht – (Baden-Württemberg: Staatl. Notariat)

*Nachlasssache des Herrn*          *, gestorben am*          *, zuletzt wohnhaft in*

*hier: Antrag auf Übertragung der Inventarerrichtung auf einen Notar*

Herr          ist am          in          gestorben. Ich vertrete die Interessen des Herrn          , seines einzigen Sohnes und Alleinerben. Auf mich lautende Vollmacht füge ich bei.

Die Alleinerbfolge ist bezeugt im Erbschein vom          , der sich bei den Nachlassakten befindet. Darauf nehme ich Bezug.

Mit Beschluss des Nachlassgerichts vom          wurde meinem Mandanten auf Antrag des Gläubigers          Frist gesetzt zur Errichtung eines Nachlassinventars bis zum          . Der Beschluss wurde meinem Mandanten am          zugestellt. Auf den in den Nachlassakten befindlichen Zustellungsnachweis nehme ich Bezug.

Namens des Alleinerbin beantrage ich die

*amtliche Aufnahme des Nachlassinventars*

durch einen Notar (oder Beamten).

---

378 OLG Düsseldorf OLGReport 1995, 299.
379 MüKo-*Siegmann*, § 2002 BGB Rn 1; Staudinger/*Marotzke*, § 2002 BGB Rn 2; Palandt/*Edenhofer*, § 2002 BGB Rn 1; *Reithmann*, DNotZ 1974, 6, 11.
380 RGZ 72, 379, 384; BGHZ 33, 373, 377 = MDR 1961, 217; MüKo-*Siegmann*, § 2003 Rn 3.
381 BGHZ 33, 373, 377 = MDR 1961, 217.

Ich schlage Herrn Notar ▓▓▓▓▓ vor und bitte, mir eine Abschrift des ergehenden Beschlusses zu übermitteln.

(Rechtsanwalt)

### 5. Wirkung rechtzeitiger Inventarerrichtung

Im Verhältnis zwischen Erbe und Nachlassgläubiger wird vermutet, dass nur die im Inventar verzeichneten Nachlassgegenstände vorhanden sind, § 2009 BGB. Für den Erben erlangt diese Vermutung praktische Bedeutung, wenn er den Nachlass herauszugeben oder über seine Verwaltung des Nachlasses Rechenschaft abzulegen hat. Die Vermutung kann über § 292 ZPO widerlegt werden.

### 6. Folgen von Unkorrektheiten bei der Inventarerrichtung

Der Erbe kann aus der korrekten Inventarerrichtung Vorteile ziehen. Macht er jedoch vorsätzlich falsche Angaben oder verhält er sich verzögerlich, so folgt daraus seine unbeschränkte Haftung.

Unrichtige Angaben (Inventaruntreue) haben die unbeschränkte Haftung des Erben gegenüber allen Gläubigern zur Folge, wobei es nicht darauf ankommt, ob das Inventar freiwillig oder auf Antrag errichtet wurde, §§ 2005, 2013 BGB.

Verzögert der Erbe die Inventarerrichtung oder verweigert er die Auskunft bei amtlicher Aufnahme des Inventars (Inventarversäumung), so hat dies ebenfalls die unbeschränkte Haftung zur Folge. Voraussetzung ist allerdings, dass der Erbe trotz Aufforderung durch eine amtliche Stelle die Auskunft ausdrücklich ablehnt oder sie in erheblichem Maße verzögert, §§ 2003, 2205 Abs. 1 S. 1 BGB. Dies gilt nur bei einem Inventar, dessen Errichtung von einem Nachlassgläubiger beantragt wurde, nicht auch beim freiwillig errichteten Inventar.

Die vom Nachlassgericht auf Antrag eines Nachlassgläubigers gesetzte Inventarfrist soll den Erben zwingen, ein Inventar zu errichten. Kommt er dieser Verpflichtung nicht rechtzeitig nach, so hat dies ebenfalls die unbeschränkte Haftung gegenüber allen Nachlassgläubigern zur Folge, § 1994 BGB.

## I. Unterlassungsverpflichtungen

Bei Unterlassungsverpflichtungen des Erblassers ist zunächst von Bedeutung, ob sie personenbezogen sind oder ohne inhaltliche Veränderung auch personenunabhängig erfüllt werden können. Personenbezogene Verpflichtungen erlöschen mit dem Tod.[382] Ist die Verpflichtung objektbezogen, was am ehesten bei Unterlassungsverpflichtungen im Wettbewerbsrecht und bei Stimmrechtsbindungen bei Aktien der Fall sein kann, so trifft sie auch den Erben.[383]

**Übergang der Gefahr der Wiederholung der durch den Erblasser begangenen Verletzungshandlung auf den Erben**: Die Wiederholungsgefahr, die in der Person des Erblassers aufgrund einer in der Vergangenheit von ihm begangenen Verletzungshandlung begründet

---

[382] BGH FamRZ 2006, 1266 = NJW-RR 2006, 1378 = ZErb 2006, 306 = ZEV 2006, 511 = MDR 2006, 1302.
[383] Vgl. *Schröder*, JZ 1978, 379; BGH WM 1987, 10.

worden ist, setzt sich nicht in der Person des Erben fort, der das Geschäft des Erblassers weiterführt.[384]

## J. Forderungen gegen den Pflichtteilsberechtigten

516 Ein Pflichtteilsanspruch ist nach § 852 ZPO nur pfändbar, wenn er durch Vertrag anerkannt oder rechtshängig ist. Nach der Vorstellung des Gesetzes soll der Pflichtteilsberechtigte selbst entscheiden, ob er gegen den/die Erben einen Pflichtteilsanspruch geltend machen will oder nicht.

Teil des Pflichtteils ist auch der Ergänzungspflichtteil nach §§ 2325 ff. BGB einschließlich dem Anspruch gegen den Beschenkten nach § 2329 BGB. Streitig ist, ob der Pflichtteilsanspruch auch für den in der Zukunft möglichen Fall der Anerkennung oder der Rechtshängigkeit gepfändet werden kann.[385]

517 Da der Pflichtteilsanspruch eine schuldrechtliche Forderung gegen den/die Erben darstellt, § 1967 Abs. 2 BGB, richtet sich seine Pfändung nach den allgemeinen Regeln der Forderungspfändung. Drittschuldner ist/sind der/die Erbe/n. Im Antrag auf Erlass eines Pfändungs- und Überweisungsbeschlusses nach § 829 ZPO ist vom Gläubiger schlüssig darzulegen, dass dem Schuldner der Pflichtteilsanspruch zustehe und anerkannt bzw. rechtshängig sei. Weil dies zur Schlüssigkeit des Pfändungsantrags gehört, muss dies auch aus dem Pfändungsbeschluss hervorgehen. Der Vollstreckungsschuldner ist für diese Voraussetzungen beweispflichtig, wenn der pflichtteilsberechtigte Schuldner ihr Vorliegen bestreitet.[386]

518 Ist Testamentsvollstreckung angeordnet und der Testamentsvollstrecker zur Verwaltung des Nachlasses befugt, so ist zur Zwangsvollstreckung in den Nachlass ein Titel gegen den Erben auf Leistung der Pflichtteilsforderung und gegen den Testamentsvollstrecker ein Titel auf Duldung der Zwangsvollstreckung in den Nachlass erforderlich, § 2213 BGB, § 748 Abs. 3 ZPO.

---

384 BGH FamRZ 2006, 1266 = NJW-RR 2006, 1378 = ZErb 2006, 306 = ZEV 2006, 511 = MDR 2006, 1302.
385 Verneinend: KG JW 1935, 3486 = Rpfleger 1936, 121; bejahend: OLG Naumburg OLGZ 40, 154.
386 RGZ 54, 308.

# § 12 Erbengemeinschaft

*Walter Krug*

## Literatur

**Kommentare/Handbücher:**

*Dauner-Lieb/Heidel/Ring* (Ges.-Hrsg.), *Kroiß/Ann/Mayer* (Band-Hrsg.), AnwaltKommentar BGB, Band 5, Erbrecht, 2. Auflage 2007; *Ann*, Die Erbengemeinschaft, Köln 2001; *Bonefeld/Kroiß/Tanck*, Der Erbprozess, 3. Auflage 2009; *Eberl-Borges*, Die Erbauseinandersetzung, Tübingen 2000; *Damrau*, Der Minderjährige im Erbrecht, 2002; *Kerscher/Krug*, Das erbrechtliche Mandat, 4. Auflage 2007; *Krug*, Erbrecht – Examenskurs für Rechtsreferendare, 4. Auflage 2009; *Krug*, Schuldrechtsmodernisierungsgesetz und Erbrecht, 2002; *Lange/Wulff/Lüdtke-Handjery*, Höfeordnung, 10. Auflage 2001; *Rißmann*, Die Erbengemeinschaft, 2009; *Sarres*, Die Erbengemeinschaft, 2. Auflage 2006; *Weirich*, Erben und Vererben, 5. Auflage 2003.

**Aufsätze:**

*Blomeyer*, Einzelanspruch und gemeinschaftlicher Anspruch von Miterben und Miteigentümern, AcP 159, 385; *Bringer*, Auseinandersetzung einer Miterbengemeinschaft als Nachfolgerin eines einzelkaufmännischen Handelsgeschäfts, ZErb 2006, 39; *Eberl-Borges*, Erbauseinandersetzung durch formloses Ausscheiden von Miterben aus der Erbengemeinschaft?, MittRhNotK 1998, 242; *Eberl-Borges*, Der blockierende Miterbe, ErbR 2008, 234; *Hadermeier*, Die Prozessführungsbefugnis eines Miterben für Gestaltungsprozesse, Gestaltungsklagen im Rahmen des § 2039 BGB, ZZP 105, 182; *Jülicher*, Mehrheitsgrundsatz und Minderheitenschutz bei der Erbengemeinschaft, AcP 175, 143; *Keller*, Fortführung eines in ungeteilter Erbengemeinschaft betriebenen Handelsgeschäfts durch Erbteilserwerber?, ZEV 1999, 174; *Keller*, Die Problematik des § 2306 BGB bei der Sondererbfolge in Anteile an Personengesellschaften, ZEV 2001, 297; *Krebber*, Das Verhältnis von sachenrechtlicher Zuordnung kraft dinglicher Bezugs- und Mittelsurrogation und kraft originären Eigentumserwerbs, FamRZ 2000, 197; *Krenz*, Die Auseinandersetzung der Erbengemeinschaft – Dogmatische, rechtsvergleichende und rechtspolitische Aspekte, AcP 1995, 362; *Krug*, Die dingliche Surrogation bei der Miterbengemeinschaft – ein Kunstgriff des Gesetzes zur Werterhaltung des Nachlasses, ZEV 1999, 381; *Krug*, Die Kaufkraftproblematik bei ausgleichungspflichtigen Vorempfängen in der Erbteilung – eine Kritik an der BGH-Rechtsprechung, ZEV 2000, 41; *Krug*, Unternehmenserbrecht und Handelsregister, ZEV 2001, 51; *Krug*, Die Auswirkungen der ZPO-Reform 2002 auf den Erbprozess, ZEV 2002, 58; *Kues*, Die Pflegevergütung naher Angehöriger, ZEV 2000, 434; *Mayer*, Anmerkung zu BGH-Urteil „Doppel- und Kettensurrogation", MittBayNot 2000, 326; *Mayer-Klenk*, Unternehmensbewertung im Erbrecht, ErbR 2008, 311; *Merkel*, Die Anordnung der Testamentsvollstreckung – Auswirkungen auf eine postmortale Bankvollmacht, WM 1987, 1001 ff.; *Muscheler*, Der Mehrheitsbeschluss in der Erbengemeinschaft, ZEV 1997, 169; *Petersen*, Die Beweislast bei der Ausgleichspflicht unter Miterben nach § 2057a BGB, ZEV 2000, 432; *Schneider*, Der Streitwert der Miterbenklage nach § 2039 und § 2050 BGB, Rpfleger 1982, 268; *Schörnig*, Die Bedeutung des § 139 HGB bei der Gesellschafternachfolge, ZEV 2001, 129; *Weipert*, Die Erbengemeinschaft als Mitglied einer Personengesellschaft, ZEV 2000, 300; *Werkmüller*, Die Mitwirkungsbefugnisse der Bruchteilsminderheit bei Beschlussfassungen in der ungeteilten Erbengemeinschaft, ZEV 1999, 218; *Werkmüller*, Vollmacht und Testamentsvollstreckung als Instrumente der Nachfolgegestaltung bei Bankkonten, ZEV 2000, 305; *Wernecke*, Die Aufwendungs- und Schadensersatzansprüche bei der Notgeschäftsführung des Miterben – eine Zusammenschau, AcP 193 (1993), 240; *Wieser*, Gründe gemeinschaftlicher Prozessführungsbefugnis, JuS 2000, 997.

A. Typischer Sachverhalt .................. 1
B. Gesamtrechtsnachfolge .................. 2
   I. Vermögensübergang – Gesamthandsgemeinschaft .................. 2
   II. Umfang des Nachlasses .................. 6
   III. Allgemeiner gegenseitiger Auskunftsanspruch der Miterben? .................. 10
   IV. Auseinandersetzung des Nachlasses .................. 12
C. Verwaltung des Nachlasses .................. 13
   I. Grundsatz .................. 13
   II. Begriff .................. 14
   III. Grundsatz der gemeinschaftlichen Verwaltung .................. 17
      1. Organisation der Erbengemeinschaft .................. 17
      2. Innenverhältnis .................. 21
         a) Maßnahmen der ordnungsmäßigen Verwaltung .................. 22
            aa) Begriff .................. 22
            bb) Mehrheitsbeschluss .................. 24
            cc) Anspruch auf Zustimmung .................. 27
            dd) Muster: Klage gegen Miterben auf Zustimmung zu Verwaltungsmaßnahme .................. 29
            ee) Erfüllung von Nachlassverbindlichkeiten als ordnungsgemäße Verwaltung .................. 30
         b) Maßnahmen der außerordentlichen Verwaltung .................. 31
         c) Maßnahmen der Notverwaltung .................. 33
         d) Vorschusspflicht, Aufwendungsersatz .................. 37
         e) Muster: Klage gegen Miterben auf Aufwendungsersatz .................. 45
         f) Sind die Kosten des Erbscheins erstattungsfähig? .................. 46
         g) Kosten und Lasten .................. 47
         h) Früchte .................. 48
         i) Gebrauchsvorteile .................. 49
      3. Außenverhältnis .................. 50
         a) Verpflichtungsgeschäfte .................. 51
            aa) Ordnungsmäßige Verwaltung .................. 52
            bb) Außerordentliche Verwaltung .................. 53
            cc) Notverwaltung .................. 54
         b) Verfügungsgeschäfte .................. 55
      4. Fortführung eines Girokontos des Erblassers durch die Erben .................. 56
   IV. Verfügung über Nachlassgegenstände .................. 57
      1. Grundsatz .................. 57
      2. Begriff .................. 58
      3. Gesetzliches Vertretungsrecht .................. 59
      4. Aufrechnung mit einer Nachlassforderung als Verfügungshandlung .................. 61
      5. Vorausvermächtnis .................. 62
   V. Surrogationserwerb .................. 63
   VI. Nießbrauch an Erbteilen .................. 64
      1. Ausgangssituation .................. 64
      2. Besonderheiten bei Grundstücken im Nachlass .................. 66
      3. Rechtswirkungen .................. 69
      4. Muster: Nießbrauchseinräumung an einem Erbteil .................. 70
   VII. Verpfändung eines Erbteils .................. 72
      1. Formerfordernis: Notarielle Beurkundung .................. 72
      2. Muster: Bewilligung und Antrag auf Eintragung eines Verpfändungsvermerks im Grundbuch (Erbteilsverpfändung) .................. 73
   VIII. Forderungen im Nachlass .................. 74
      1. Grundsatz und Ausnahme .................. 74
      2. Befugnisse des einzelnen Miterben .................. 78
         a) Außergerichtlich .................. 78
         b) Prozessführungsbefugnis .................. 79
      3. Prozessrecht .................. 80
      4. Muster: Klage betreffend Darlehensrückzahlung in Prozessstandschaft .................. 83
      5. Muster: Klage auf Grundbuchberichtigung in Prozessstandschaft .................. 84
      6. Kostentragungspflicht .................. 85
      7. Prozesskostenhilferecht .................. 87
   IX. Besitzschutzrechte der Erben .................. 88
      1. Allgemeines .................. 88
      2. Besitzschutzrechte der Erben gegenüber Dritten .................. 89
      3. Besitzschutzrechte des einzelnen Miterben gegenüber den anderen Miterben .................. 90
   X. Verwaltung des Nachlasses und Unternehmensrecht .................. 92
      1. Einzelkaufmännisches Handelsgeschäft im Nachlass .................. 92
      2. Beteiligung Minderjähriger an der Erbengemeinschaft .................. 104
         a) Minderjährigenhaftungsbeschränkung .................. 104
         b) Haftungsbeschränkung, § 1629a Abs. 1 BGB .................. 105
         c) Sonderkündigungsrecht des volljährig Gewordenen – die Idee des „Neustarts bei Null" .................. 107
         d) Doppelte Vermutung in § 1629a Abs. 4 BGB .................. 108
         e) Hinweise für die Beratungspraxis .................. 111
            aa) Schutz des Minderjährigen .................. 111
            bb) Schutz der Gläubiger .................. 113
      3. Mitgliedschaft an einer Personengesellschaft .................. 114
      4. GmbH-Anteil .................. 123
      5. Anteil an einer Partnerschaftsgesellschaft .................. 124
   XI. Transmortale und postmortale Vollmacht .................. 125
      1. Zweck .................. 125
      2. Befugnisse des Bevollmächtigten .................. 126
      3. Grenzen der Vollmacht .................. 129
      4. Postmortale Vollmacht und Testamentsvollstreckung .................. 130
      5. Missbrauch der postmortalen Vollmacht .................. 133

## A. Typischer Sachverhalt

1 Der Erblasser hinterlässt eine Ehefrau und zwei noch minderjährige Kinder. Nach dem gemeinschaftlichen Testament, das die Eheleute errichtet haben, ist gesetzliche Erbfolge

eingetreten. Die Auseinandersetzung des Nachlasses soll frühestens mit einer etwaigen Wiederverheiratung der überlebenden Ehefrau vorgenommen werden. Der Nachlass besteht im Wesentlichen aus zwei Wohnhäusern, von denen eines vermietet ist und das andere von der Familie bewohnt wird. Nach der Volljährigkeit der beiden Kinder gibt es Unstimmigkeiten über die Art und Weise der Verwaltung des Nachlassvermögens.

## B. Gesamtrechtsnachfolge

### I. Vermögensübergang – Gesamthandsgemeinschaft

Die Erben als Gesamtrechtsnachfolger des Erblassers, § 1922 BGB (**Universalsukzession**), werden mit Eintritt des medizinischen Todes des Erblassers Inhaber aller vermögensrechtlichen Positionen, die dieser inne hatte, gleichgültig, ob sie oder Einzelne von ihnen Kenntnis vom Tod des Erblassers oder gar vom Berufungsgrund haben.

Entscheidend ist auch nicht, ob die Erben die einzelnen Vermögensgegenstände kennen, deren Rechtsträger sie – gleichsam über Nacht – geworden sind. Es bedarf insbesondere nicht einer ausdrücklichen Annahme oder des „Antritts" der Erbschaft. Unabhängig davon kann jeder Erbe nach erfolgtem Anfall die Erbschaft – mit Rückwirkung auf den Erbfall – für seinen Anteil ausschlagen.

Kraft ausdrücklicher Regelung in § 857 BGB geht auch der **Besitz** als die tatsächliche Sachherrschaft auf den Erben über. Weil er eine rein faktische Position darstellt, wäre er vom universalen Rechtsübergang des § 1922 BGB nicht erfasst.[1] Die Folge wäre, dass diejenigen Gegenstände, die der Erblasser in Besitz hatte, besitzlos würden und deshalb nicht vor verbotener Eigenmacht geschützt wären. Mehrere Erben werden **Mitbesitzer** gem. § 866 BGB.[2]

Nimmt einer der Miterben einen Nachlassgegenstand (bspw. ein Sparbuch) ohne Zustimmung der anderen Erben in Besitz, so begeht er damit **verbotene Eigenmacht** i.S.d. § 858 BGB. Jeder Miterbe kann Einräumung des Mitbesitzes gem. §§ 985, 861, 2039 BGB verlangen, bspw. auch gem. § 2039 S. 2 BGB Hinterlegung eines von einem Miterben an sich genommenen Sparbuchs des Erblassers in der Weise, dass nur alle Miterben gemeinsam die Rückgabe aus der Hinterlegung verlangen können.

Dieser Anspruch auf Einräumung des Mitbesitzes[3] kann von den anderen Erben im Wege der **einstweiligen Verfügung (Leistungsverfügung)** geltend gemacht werden. Dabei sind sie nicht auf den Erlass einer Sicherungsverfügung – gerichtet auf Herausgabe an einen Sequester – beschränkt, vielmehr kann durch die Leistungsverfügung in Vorwegnahme der Hauptsache Einräumung des Mitbesitzes bzw. Hinterlegung verlangt werden.[4] Die einstweilige Verfügung ersetzt allerdings nicht den Hauptsacheprozess. Als Verfügungsgrund genügt die Glaubhaftmachung von verbotener Eigenmacht.[5] Besondere Dringlichkeit ist weder erforderlich noch glaubhaft zu machen.[6]

---

1 AnwK-BGB/*Hoeren*, § 857 Rn 1.
2 BGHZ 4, 77, 78 = NJW 1952, 303; OLG Koblenz OLGR Koblenz 2008, 305.
3 Zur Wiedereinräumung des Wohnungsmitbesitzes: *Behr*, NJW 1992, 2125, 2128; *Schreiber*, NJW 1993, 624, 625; AG Waldshut-Tiengen NJW-RR 1994, 712.
4 OLG Hamm NJW-RR 1991, 1526 = MDR 1991, 941; OLG Köln MDR 1995, 1215; VersR 1997, 465.
5 OLG Saarbrücken OLGR 2003, 229.
6 OLG Stuttgart NJW-RR 1996, 1516; OLG Düsseldorf OLGR 2002, 175.

3   Die mehreren Erben organisiert das BGB als **Gesamthandsgemeinschaft**, an der jeder Miterbe mit einem bestimmten Anteil, seinem „Erbteil", beteiligt ist (§ 1922 Abs. 2 BGB). Eine gesetzliche Norm, aus der sich die Rechtsnatur der Erbengemeinschaft ablesen lassen könnte, kennt das BGB nicht. Allenfalls § 2033 Abs. 2 BGB, wonach der Miterbe über seinen Anteil am einzelnen Nachlassgegenstand nicht verfügen kann – entsprechend den Regeln bei der GbR und der Gütergemeinschaft in §§ 719 Abs. 1 und 1419 Abs. 1 BGB – kennzeichnet das Charakteristikum der Gesamthandsgemeinschaft.

Die seit dem Urteil des BGH vom 29.1.2001[7] (zur Rechtsfähigkeit der BGB-Gesellschaft) viel diskutierte Frage, ob auch die Erbengemeinschaft rechtsfähig sei, hat der BGH mit Urteil vom 11.9.2002[8] entschieden und im Beschluss vom 17.10.2006[9] bestätigt: **Die Erbengemeinschaft ist nicht rechts- und nicht parteifähig.**

Das Urteil vom 11.9.2002 erging zur Frage der Schriftform eines Mietvertrags gem. § 566 BGB a.F.

Dazu der BGH: Ein von einem Vertreter einer Erbengemeinschaft abgeschlossener Mietvertrag kann mangels Rechtsfähigkeit derselben nicht mit der Erbengemeinschaft als solcher, sondern nur mit den einzelnen Miterben zustande kommen.

Der Beklagte mietete durch schriftlichen Mietvertrag Gewerberäume an. Der Vertrag wurde von S. K. für die Vermieter unterzeichnet. In dem Vertragsformular ist als Vermieter „die Erbengemeinschaft Sa. vertreten durch S. K." aufgeführt.

Der BGH führt aus:

> „...Aus der Anerkennung der Rechtsfähigkeit der BGB-Gesellschaft durch die Entscheidung des II. Zivilsenates (Urteil vom 29. Januar 2001 – II ZR 331/00, NJW 2001, 1056 f.) ergibt sich für die Erbengemeinschaft keine andere Rechtsstellung. Die Rechtsfähigkeit und damit auch die Parteifähigkeit jeglicher Gesamthand, etwa in der Form einer Innengesellschaft oder der Erbengemeinschaft, ist damit nicht anerkannt worden (Armbrüster, GE 2001, 821, 823; a.A. Grunewald, a.a.O. 306 f.). Die Entscheidung des II. Zivilsenates lässt sich zudem nicht auf die Erbengemeinschaft übertragen, da sie allein den besonderen Bedürfnissen des Rechtsverkehrs im Bereich des Gesellschaftsrechtes Rechnung getragen hat..."

Das bedeutet, dass ein Grundstück niemals an die Erbengemeinschaft aufgelassen werden darf, sondern bspw. an „A, B, C in Erbengemeinschaft."

Die Erbengemeinschaft ist auch **nicht parteifähig**, so dass nur die einzelnen Erben – nicht die Erbengemeinschaft als solche – klagen können.[10]

---

7   BGH NJW 2001, 1056 = BB 2001, 374.
8   BGH NJW 2002, 3389 = ZErb 2002, 352 m. Anm. *Zwißler*, S. 355 = FamRZ 2002, 1621; Anm. von *Marotzke*, ZEV 2002, 504; bestätigt im Beschl. v. 16.3.2004 – VIII ZB 114/03, dort auch zur Gebührenerhöhung gem. § 6 Abs. 1 S. 2 BRAGO (alter Rechtszustand) bei Vertretung einer Erbengemeinschaft; ZEV 2004, 246 = Rpfleger 2004, 439 = AnwBl 2004, 450 = ZErb 2004, 223 = NJW-RR 2004, 1006 = FamRZ 2004, 1193.
9   BGH NJW 2006, 3715 = BGHReport 2006, 1545 = FamRZ 2007, 41 = ZErb 2007, 1 = ZNotP 2007, 68 = Rpfleger 2007, 75 = DNotZ 2007, 134 m. Anm. *Häublein*, ZFIR 2007, 109; BGH – VIII ZB 94/05: „Die Erbengemeinschaft ist weder rechtsfähig noch parteifähig. Die Grundsätze zur Rechtsfähigkeit der Gesellschaft bürgerlichen Rechts (BGH, Urt. v. 29. Januar 2001 – II ZR 331/00, BGHZ 146, 341) und zur Rechtsfähigkeit der Gemeinschaft der Wohnungseigentümer (BGH, Bes. v. 2. Juni 2005 – V ZB 32/05, BGHZ 163, 154) sind nicht auf die Erbengemeinschaft zu übertragen."
10  LG Berlin ZEV 2004, 428 im Anschluss an BGH NJW 2002, 3389, 3390.

Erbengemeinschaften tendieren zur Auflösung, sie sind „geborene" Liquidationsgemeinschaften, weil § 2042 Abs. 1 BGB jedem Miterben – und sei sein Anteil noch so gering – das Recht gibt, „jederzeit die Auseinandersetzung des Nachlasses" zu verlangen.

**Kein Feststellungsinteresse bezüglich Erbrecht vor dem Tod des Erblassers**

Das Erbrecht des BGB ist beherrscht von dem Grundsatz der **Testierfreiheit** (§ 2302 BGB). Dem gesetzlichen und auch dem durch Verfügung von Todes wegen eingesetzten Erben steht vor dem Erbfall keine rechtlich geschützte Anwartschaft zu.[11] Vielmehr hat der Erbe lediglich eine tatsächliche Aussicht auf Erwerb der Erbschaft. Mangels eines vor dem Tod des Erblassers zwischen diesem und dem potenziellen Erben bestehenden Rechtsverhältnisses wäre eine Feststellungsklage zu Lebzeiten des Erblassers unzulässig, § 256 Abs. 1 ZPO.[12]

Dazu der BGH:[13]

> *„Etwas anderes gilt aber dann, wenn die Feststellungsklage das Ziel verfolgt, das Erbrecht nach noch lebenden Personen festzustellen. Dann fehlt es an einem gegenwärtigen konkreten Rechtsverhältnis, und zwar auch dann, wenn die Erbaussicht einer Partei der Lebenserfahrung entspricht. Das hat das Reichsgericht u.a. in den in JW 1911, 186 Nr. 16 und in GRUR 1932, 1049 abgedruckten Entscheidungen ausgesprochen. In der Linie dieser Rechtsprechung hält sich auch das Urteil des Oberlandesgerichts Köln in JW 1930, 2064 Nr. 5. Auch das Schrifttum nimmt diesen Standpunkt ein: Stein/Jonas/Schönke/Pohle, ZPO, 18. Aufl., Anm. II 4 zu § 256; Wieczorek, ZPO, Anm. B II b 4 zu § 256 ZPO; Rosenberg, Lehrbuch des Deutschen Zivilprozeßrechts, 9. Aufl., S. 406.*
> 
> *In den zuletzt angeführten Entscheidungen kommt zum Ausdruck, dass die Unsicherheit, ob die klagende oder die beklagte Partei Erbe eines noch lebenden Dritten werde, es verbietet, hierin ein Rechtsverhältnis der in § 256 ZPO genannten Art zu erblicken. Dieser Gesichtspunkt ist ausschlaggebend. Die künftige Entwicklung eines in der Gegenwart bestehenden Rechtsverhältnisses ist dem unsicheren Entstehen eines Rechtsverhältnisses in der Zukunft nicht gleichzustellen, weil in diesem Falle die Rechtskraftwirkung des Urteils von einer unvorhersehbaren Entwicklung der Lebensverhältnisse abhängt ..."*

## II. Umfang des Nachlasses

Höchstpersönliche Rechte des Erblassers sind nicht vererblich (bspw. die Vorstandseigenschaft bei einer Aktiengesellschaft).

Für die Erben ist es von entscheidender Bedeutung, so schnell wie möglich Kenntnis vom Umfang und der Art der Zusammensetzung des Nachlasses zu erlangen. Diese Frage ist zuallererst bedeutend für die Entscheidung, ob sie die Erbschaft behalten wollen und welche Risiken möglicherweise auf sie im Zusammenhang mit der Haftung für Nachlassverbindlichkeiten zukommen können.

Aber die Erben wollen die einzelnen zum Nachlass gehörenden Gegenstände auch in Besitz nehmen, sie verwalten und die daran bestehende Gemeinschaft irgendwann auseinander setzen.

---

11 BVerfGE 67, 341.
12 BGHZ 37, 137 (145); OLG Karlsruhe FamRZ 1989, 1351.
13 BGHZ 37, 137 (145).

### Wie können die Erben den Umfang des Nachlasses feststellen?

7 Für die notwendigen Informationen sind am verlässlichsten die Auskünfte von dritter Seite wie Banken, Finanzbehörden, Grundbuchamt und Handelsregistergericht. Daneben sind von Bedeutung die spezifisch erbrechtlichen Auskunftsansprüche (vgl. im Einzelnen § 9 Rn 66 ff.), die sich häufig gegen andere Miterben richten, wie bspw. der Auskunftsanspruch gegenüber dem Erbschaftsbesitzer (§ 2027 BGB), gegenüber Hausgenossen (§ 2028 BGB) oder gegen diejenigen Miterben, die für den Erblasser entweder vor seinem Tod oder danach das Vermögen bzw. den Nachlass verwaltet haben gemäß den Vorschriften des Auftragsrechts (§§ 666, 681 BGB). Dabei ist auf die in der Praxis immer häufiger vorkommende Vorsorgevollmacht, die Angehörigen erteilt wurde, hinzuweisen.

8 Vorher ist jedoch zu prüfen, ob überhaupt ein vertragliches Auftragsverhältnis mit Rechtsbindungswillen vorgelegen hat. Die Rechtsprechung verneint nicht selten bei nahen Angehörigen einen solchen Rechtsbindungswillen und nimmt gerade im Zusammenhang mit der Erledigung von Bankgeschäften lediglich ein Gefälligkeitsverhältnis an. Entscheidend für die Frage, ob eine Kontovollmacht mit Rechtsbindungswillen erteilt wird, ist, ob anhand objektiver Kriterien festgestellt werden kann, dass sich die Parteien rechtsgeschäftlich binden wollten.[14] Insoweit ist zu berücksichtigen, ob die Erteilung einer Kontovollmacht aufgrund eines besonderen Vertrauens erfolgt. Im Rahmen eines solchen besonderen Vertrauensverhältnisses – bspw. unter Eheleuten oder auch nichtehelichen Lebenspartnern – wird i.d.R. keine Auskunft oder Rechenschaft verlangt. Der Andere soll grundsätzlich nicht im Nachhinein dem einseitigen Risiko ausgesetzt werden, Ausgaben genauer anzugeben und zu belegen.[15] Es müssen vielmehr objektive Kriterien hinzutreten, die den Rückschluss auf einen rechtsgeschäftlichen Bindungswillen zulassen.[16]

9 Im Zusammenhang mit Auskunftsansprüchen nach § 666 BGB bei bestanden habender Bankvollmacht wird nicht selten vom zu Lebzeiten des Erblassers von diesem Bevollmächtigten behauptet, vom Bankkonto abgehobene Beträge habe der Erblasser dem Bevollmächtigten geschenkt. Für einen solchen Schenkungsvorgang trägt der angeblich Beschenkte die Beweislast. Denn das bloße Vorhandensein einer Bankvollmacht besagt nichts darüber, welche Rechtshandlungen der Bevollmächtigte im Verhältnis zum Vollmachtgeber vornehmen darf. Die Vollmacht betrifft nur das Verhältnis zu den Banken und damit die Möglichkeit für den Bevollmächtigten, nach außen wirksam den Vollmachtgeber verpflichtende oder begünstigende Bankgeschäfte vorzunehmen. Unter diesen Umständen kommt die Feststellung, dass die Abhebung durch den Bevollmächtigten den Vollzug einer Schenkung darstellte, nur in Betracht, wenn sich der Bezug zu einem solchen Rechtsgeschäft aus anderen Umständen ergibt. Es muss der Schluss möglich sein, die Abhebung vollziehe eine schenkweise versprochene Zuwendung mit Wissen und Wollen des Vollmachtgebers.[17]

### III. Allgemeiner gegenseitiger Auskunftsanspruch der Miterben?

10 Umstritten ist, ob aus dem Gesamthandsrechtsverhältnis der Miterbengemeinschaft als einem gesetzlichen Schuldverhältnis eine Auskunftspflicht der Miterben untereinander hergeleitet werden kann. Unstreitig besteht eine solche gegenseitige Auskunftspflicht, wenn sie sich aus konkreten Vorschriften ergibt, bspw. wenn ein Miterbe die Verwaltung allein

---

14 OLG Düsseldorf ZEV 2007, 184; OLG Zweibrücken OLGR 2005, 132.
15 BGH NJW 2000, 3199; OLG Zweibrücken OLGR 2005, 132.
16 BGH NJW 2000, 3199.
17 BGH FamRZ 2007, 386 = NJW-RR 2007, 488 = ZErb 2007, 301 = ZEV 2007, 182.

geführt hat, nach §§ 666, 681 BGB. Weitere Auskunftsansprüche sind in §§ 2027 Abs. 2, 2028, 2057 BGB geregelt.

Weitergehende Auskunftspflichten werden von der Rechtsprechung und vom überwiegenden Schrifttum verneint.[18]

Ausnahmsweise besteht ein Auskunftsrecht einzelner Miterben gegenüber den anderen, wenn einzelne Erben in entschuldbarer Weise über den Nachlassumfang oder seinen Verbleib im Ungewissen sind, andere Erben die erforderliche Auskunft aber ohne Schwierigkeiten erteilen können. Dieses Auskunftsrecht wird aus allgemeinen Grundsätzen von Treu und Glauben (§ 242 BGB) abgeleitet.

Eine allgemeine Auskunftspflicht der Miterben untereinander über den Nachlass als Inbegriff von Gegenständen verneint die h.M.[19]

Um die Auskunftspflicht aus § 242 BGB einzugrenzen, hat der BGH wiederholt darauf hingewiesen, dass ein Auskunftsanspruch grundsätzlich nur bei einer bestehenden Sonderbeziehung zwischen zwei Miterben existiere.[20] Voraussetzung sei das Bestehen eines Leistungsanspruchs dem Grunde nach. Wenn der Anspruchsinhalt daraus offen sei, könne eine Auskunftspflicht bejaht werden.

Nur ausnahmsweise dient § 242 BGB als Auffangtatbestand (vgl. im Einzelnen zu den Auskunftsansprüchen § 9 Rn 1 ff.).

### IV. Auseinandersetzung des Nachlasses

Zur Nachlassauseinandersetzung siehe § 15 „Die Vermächtniserfüllung", § 18 „Die einvernehmliche Erbauseinandersetzung", § 19 „Die Erbteilungsklage" und § 20 „Die Teilungsversteigerung", jeweils in diesem Buch.

## C. Verwaltung des Nachlasses

### I. Grundsatz

Grundsätzlich ist die Erbengemeinschaft auf Auseinandersetzung angelegt. Sie dient in erster Linie dem Zweck, nach Erfüllung der Nachlassverbindlichkeiten und Versilberung der Nachlassgegenstände durch Verteilung des Überschusses an die Erben aufgelöst zu werden. Sie hat – im Gegensatz zu anderen Gesamthandsgemeinschaften – keinen werbenden Zweck. Zwischen dem Erbfall und der endgültigen Auflösung der Gemeinschaft muss der Nachlass trotzdem sinnvoll verwaltet werden. Diese Verwaltungsbefugnis kommt den Miterben zu, es sei denn, der Erblasser hat sie einem Testamentsvollstrecker übertragen.

---

[18] BGH FamRZ 1973, 599; NJW-RR 1989, 450; a.M. OLG Karlsruhe MDR 1972, 424 = FamRZ 1973, 215; Palandt/*Edenhofer*, Rn 13, Staudinger/*Werner*, Rn 18 je zu § 2038 BGB; vgl. besonders *Lorenz*, JuS 1995, 569, 573; MüKo-*Heldrich*, § 2038 BGB Rn 48 bejaht eine allgemeine Auskunftspflicht der Miterben, begründet aus dem Gemeinschaftsverhältnis.

[19] Seit RGZ 81, 30, siehe BGH DB 1989, 525; Staudinger/*Werner*, § 2038 BGB Rn 18; Soergel/*Wolf*, § 2038 Rn 17; RGRK/*Kregel*, § 2039 Rn 13; a.A. Jauernig/*Stürner*, § 2038 Anm. 7 u. ausführlich *Stürner*, Die Aufklärungspflicht der Parteien des Zivilprozesses, 1976, S. 327 m.w.N.; *Brox*, Rn 474; *Schlüter*, § 38 II 5.

[20] BGH JR 1990, 16, 17 m.w.N.

Nur wenige Bestimmungen hat das Gesetz über die Verwaltung des Nachlasses vorgesehen, nämlich die §§ 2038–2040 BGB. Im Übrigen verweist es in § 2038 Abs. 2 BGB auf einzelne Vorschriften der Bruchteilsgemeinschaft.

## II. Begriff

14  Die Verwaltung umfasst alle Maßnahmen zur Erhaltung oder Vermehrung des Nachlasses, gleichgültig, ob es sich um Maßnahmen des Innenverhältnisses oder des Außenverhältnisses handelt.

15  Nach außen gilt grundsätzlich das Prinzip **gesamthänderischen Handelns**, das nur ausnahmsweise durch Fälle gesetzlicher Stellvertretung bei Notmaßnahmen der ordnungsgemäßen Verwaltung durchbrochen wird.

- **Beispiele für Verwaltungsmaßnahmen:**
  - Abschluss von Miet- und Pachtverträgen,[21]
  - Begleichung laufender Verbindlichkeiten,[22]
  - Fortführung eines Erwerbsgeschäfts,[23]
  - Durchsetzung von Forderungen im Klageweg und der Abschluss eines Vergleichs hierüber.[24]

**Keine Verwaltungshandlung** ist der Widerruf einer Erblasservollmacht,[25] die jeder Miterbe mit Wirkung gegen sich alleine widerruft.

Dazu der BGH:[26]

> „...Die Vollmacht, die die Erben einem Miterben erteilen, ist also im Rechtssinn nicht eine einheitliche Vollmacht, sondern eine Vielzahl von Vollmachten. Dieser Beurteilung entspricht es, dass in einem Fall dieser Art der Widerruf der Vollmacht nicht eine Verwaltungshandlung im Sinne des § 2038 BGB ist, die nur von allen Erben gemeinschaftlich vorgenommen werden könnte, sondern dass der Widerruf eine Angelegenheit eines jeden einzelnen Miterben ist, den jeder jeweils mit Wirkung für sich aussprechen kann (KG HRR 1937 Nr. 1368)."

---

21  BGHZ 56, 47 (50): „... Im Abschluss des Vertrages, der die Weiterverpachtung des bereits vorher verpachteten Nachlassgrundstücks an die Beklagte zum Gegenstand hat, ist eine Verwaltungsmaßnahme, nicht eine Verfügung zu sehen (Staudinger, BGB 11. Aufl. § 2033 Rdz. 11 und § 2038 Rdz. 2; Urteil vom 27. Oktober 1956; Johannsen a.a.O.). Die Verpachtung als solche lag auch im Rahmen der ordnungsgemäßen Verwaltung...".
22  BGH FamRZ 1965, 269.
23  BGHZ 30, 391, 394: „... Wenn zum Nachlass ein Handelsgeschäft gehört, dann ist die Fortführung des Handelsgeschäfts Gegenstand der Verwaltung des Nachlasses im Sinne des § 2038 BGB.".
24  BGHZ 46, 277, 280: „... Entscheidend ist aber hier zu berücksichtigen, dass die Kläger eine Erbengemeinschaft sind. Die Geltendmachung der Entschädigungsansprüche der Erblasserin steht den Erben nach § 2038 BGB gemeinschaftlich zu. Die Erben haben grundsätzlich gemeinschaftlich darüber zu beschließen, ob und in welcher Weise diese Ansprüche geltend gemacht, insbesondere auch darüber, ob und mit welchem Inhalt ein Vergleich geschlossen werden soll. Eine solche zwischen den Erben getroffene Vereinbarung kann dahin gehen, dass bereits durch den Vergleich über den Prozessgegenstand verfügt wird...".
25  BGHZ 30, 391, 397/398.
26  BGHZ 30, 391, 397/398.

### ■ Benutzung der Nachlassgegenstände durch die Miterben:

Die Miterben regeln die Benutzung der einzelnen zum Nachlass gehörenden Gegenstände gem. §§ 2038 Abs. 2, 745 Abs. 2 BGB.[27]

Gemäß § 745 Abs. 2 BGB kann jeder Teilhaber eine dem Interesse aller Miterben nach billigem Ermessen entsprechende Verwaltung und Benutzung verlangen, sofern die Verwaltung oder Benutzung nicht durch Mehrheitsbeschluss oder Vereinbarung geregelt ist. Grundsätzlich kann gem. § 745 Abs. 2 BGB auch im Wege einer Leistungsklage ein Anspruch auf Zahlung einer Nutzungsentschädigung gegen die bzw. den anderen Miterben geltend gemacht werden, allerdings nur dann, wenn der Zahlungsanspruch sich als Ergebnis einer beanspruchten Neuregelung ergibt.[28] Das kann insbesondere der Fall sein, wenn durch die Nutzung eines der Miterben der andere von der Nutzung ausgeschlossen ist.

Der Zahlungsanspruch aus § 745 Abs. 2 BGB ergibt sich aus dem Anspruch eines Miterben, von dem anderen Miterben eine andere Benutzung und dem sich daraus ergebenden Entgelt.[29] Wird eine bestimmte Benutzung gar nicht gefordert, so kann sich auch kein Entgeltanspruch ergeben.

Zwar wird ein Anspruch auf Zahlung einer Nutzungsentschädigung auch dann als gegeben angesehen, wenn die Miterben sich nicht einigen können, eine Auseinandersetzung beispielsweise durch den Verkauf der Sache aber nicht im wirtschaftlichen Interesse der Miterben liegt,[30] oder auch, wenn die Aufhebung der Gemeinschaft daran scheitert, dass sich für den Gegenstand kein Käufer findet.[31] Dies kann aber nur gelten, wenn im Hinblick auf die jeweiligen Umstände für das Objekt eine anderweitige Nutzung begehrt wird, an deren Stelle eine Entschädigung in Geld treten kann.

Vgl. zu den Gebrauchsvorteilen auch Rn 49.

## III. Grundsatz der gemeinschaftlichen Verwaltung

### 1. Organisation der Erbengemeinschaft

Anders als das Recht der Personengesellschaft unterscheidet das Recht der Erbengemeinschaft bei der Strukturierung ihrer Organisation nicht zwischen Geschäftsführung als Berechtigung und Verpflichtung im Innenverhältnis einerseits und Vertretung im Außenverhältnis andererseits, sondern spricht von **Verwaltung** und **Verfügung** über Nachlassgegenstände.

Für die Verwaltung gilt grundsätzlich das Mehrheitsprinzip (§§ 2038 Abs. 2, 745 Abs. 1 BGB), während für Verfügungen gemeinschaftliches Handeln vorgesehen ist (§ 2040 Abs. 1 BGB) – freilich nicht gleichzeitiges und gleichartiges: Eine frühere Einwilligung oder eine spätere Genehmigung eines Miterben reicht aus.

Nach h.M. berechtigt ein wirksamer Mehrheitsbeschluss die Mehrheit der Erben zwar grundsätzlich, mit Wirkung für und gegen die Gesamthandsgemeinschaft zu handeln, sie sind jedoch bei Verfügungen über Nachlassgegenstände auf die Mitwirkung der überstimm-

---

27 Hans. OLG Hamburg, Urt. v. 10.2.2006 – 10 U 18/05, n.v.
28 BGH NJW 1982, 1753, 1754; BGH FamRZ 1996, 931.
29 OLG Düsseldorf NJW-RR 1989, 1483, 1484.
30 Erman/*Aderhold*, § 745 Rn 6.
31 Staudinger/*Langhein*, 2002, § 745 BGB Rn 51.

ten Miterben angewiesen mit der Konsequenz, dass diese Mitwirkungspflicht notfalls gem. § 2038 Abs. 1 S. 2 Hs. 1 BGB einzuklagen ist (vgl. hierzu das Muster Rn 29).[32]

Die neuere Rechtsprechung des BGH und das jüngere Schrifttum haben sich jedoch inzwischen auch bei § 2040 Abs. 1 BGB dem Mehrheitsprinzip des § 2038 BGB angenähert,[33] obwohl der BGH seine bisherige Meinung, dass die überstimmten Miterben notfalls zu verklagen sind, noch nicht aufgegeben zu haben scheint.

Der BGH führt aus:[34]

> „...§ 2038 Abs. 1 S. 2 Hs. 2 BGB geht der Regelung in § 2040 BGB, wonach die Erben über einen Nachlaßgegenstand nur gemeinschaftlich verfügen können, vor...".

20 Für das **Außenverhältnis** gegenüber Dritten ergeben sich dadurch enorme Probleme, weil der Dritte nicht beurteilen kann, ob die Mehrheit handeln darf oder nicht. Aus Gründen der Rechtssicherheit wird der Dritte die Zustimmung aller Erben verlangen. Das Mitwirkungserfordernis aller Erben bei einer Verfügung ist allerdings auch gerechtfertigt, weil dem andererseits die gesamtschuldnerische Haftung jedes einzelnen Miterben gegenüber steht (§ 2058 BGB).[35] Und solange jedem Miterben die Haftung für Nachlassverbindlichkeiten droht, muss er ein wirksames Mitspracherecht haben, wenn durch eine Verfügung der Nachlass als Haftungsmasse geschmälert wird.

### 2. Innenverhältnis

21 Bei Verwaltungsmaßnahmen der Miterben im Innenverhältnis ist in dreifacher Hinsicht zu unterscheiden zwischen
- **ordnungsmäßigen** Verwaltungsmaßnahmen,
- **nicht ordnungsmäßigen** (außerordentlichen) Verwaltungsmaßnahmen und
- **Notverwaltungsmaßnahmen.**

#### a) Maßnahmen der ordnungsmäßigen Verwaltung

##### aa) Begriff

22 Die ordnungsmäßige Verwaltung umfasst Maßnahmen, die der Beschaffenheit des betreffenden Nachlassgegenstandes im konkreten Fall und dem objektiven Interesse aller Miterben entsprechen unter Ausschluss wesentlicher Veränderungen (§§ 2038 Abs. 2, 745 Abs. 1 BGB).

Zu Entscheidungen für Maßnahmen ordnungsgemäßer Verwaltung lässt § 2038 Abs. 1 S. 2 BGB i.V.m. § 745 BGB einen **Mehrheitsbeschluss** der Miterben genügen, weil jeder Miterbe den anderen gegenüber verpflichtet ist, bei Maßregeln mitzuwirken, die zur ordnungsmäßigen Verwaltung erforderlich sind.

---

32 Vgl. MüKo-*Heldrich*, § 2038 BGB Rn 53; Staudinger/*Werner*, § 2038 Rn 40; *Brox*, Rn 484.
33 BGHZ 108, 21, 30/31 = NJW 1989, 2694, 2697 = FamRZ 1989, 963; *Ebenroth*, Rn 765; Palandt/*Edenhofer*, § 2038 Rn 2; Soergel/*Wolf*, § 2038 BGB Rn 5; Jauernig/*Stürner*, § 2038 Anm. 1.
34 BGHZ 108, 21, 30/31.
35 A.A. *Eberl-Borges*, NJW 2006, 1313.

■ **Beispiele für ordnungsmäßige Verwaltung:**
– Maßnahmen zur Wahrnehmung der Verkehrssicherungspflicht,
– Abschluss von Werkverträgen für erforderliche Reparaturen an Nachlassgegenständen.

### bb) Mehrheitsbeschluss

Maßnahmen der ordnungsmäßigen Verwaltung können von den Miterben mit einfacher Stimmenmehrheit beschlossen werden. Die Stimmen berechnen sich nach der Größe der Erbteile (§§ 2038 Abs. 2, 745 Abs. 1 S. 2 BGB). Hat die Mehrheit der Miterben eine ordnungsgemäße Maßnahme zur Verwaltung des Nachlasses – nicht Verfügung – beschlossen, so kann sie die Maßnahme auch ohne die Mitwirkung der überstimmten Miterben mit Wirkung für und gegen die Erbengemeinschaft ausführen.[36]

**Stimmrechtsausschluss eines Miterben:**

Bei der Beschlussfassung in der Erbengemeinschaft besteht Stimmverbot für einen Miterben immer dann, wenn er in einem Konflikt zwischen eigenen Interessen und seiner Pflicht zur Mitwirkung an einer ordnungsgemäßen Verwaltung befangen ist, der so stark ist, dass die begründete Befürchtung besteht, der Miterbe werde seinen Eigeninteressen den Vorrang geben. Eine trotz Stimmverbots abgegebene Stimme ist nichtig.

Ein Miterbe ist von der Ausübung des Stimmrechts bei der Verwaltung des Nachlasses jedenfalls dann ausgeschlossen, wenn ihm selbst der Vorwurf nicht ordnungsgemäßer Verwaltung gemacht wird.[37]

Ausgleichungspflichten wegen lebzeitiger Vorempfänge (§§ 2050 ff. BGB) werden bei der Größe des Erbteils nicht berücksichtigt.[38]

Auf die **Rechtsstellung** der Miterben wirken sich Ausgleichungsrechte und -pflichten grundsätzlich nicht aus. Das Stimmrecht bei Maßnahmen der Verwaltung gemäß §§ 2038 Abs. 2, 745 BGB richtet sich bis zur Auseinandersetzung nach den gesetzlichen (oder im Falle des § 2052 BGB den letztwillig verfügten) Erbquoten.[39] Nur die Verteilung des Reinertrages nach § 2038 Abs. 2 S. 3 BGB erfolgt bereits nach den gemäß §§ 2050 ff. BGB bereinigten Teilungsquoten. Ist eine Verteilung nach den Erbquoten erfolgt, sind zu viel bezogene Früchte bei der Auseinandersetzung zu erstatten.[40] **Nachlassgläubigern** gegenüber haften ausgleichungspflichtige und ausgleichungsberechtigte Miterben bei Beschränkung der Haftung auf den Nachlass gemäß § 2059 S. 1 BGB vor der Teilung mit ihrem nicht bereinigten Erbteil.[41] **Pfändet** der Gläubiger den Anteil allerdings im Wege der Zwangsvollstreckung, erlangt er hinsichtlich der Ausgleichungsrechte und -pflichten dieselbe Stellung, die der Erbe hatte.[42]

---

36  BGHZ 56, 47.
37  BGH FamRZ 2007, 1644 = ZEV 2007, 486. Vgl. auch *Löhnig*, Stimmrechtsverbote in der Erbengemeinschaft, FamRZ 2007, 1600.
38  MüKo-*Heldrich*, § 2038 BGB Rn 35.
39  Staudinger/*Werner*, § 2038 Rn 14; Soergel/*Wolf*, § 2038 Rn 2; MüKo-*Heldrich*, § 2038 BGB Rn 6.
40  MüKo-*Heldrich*, § 2038 BGB Rn 64.
41  Staudinger/*Werner*, § 2055 Rn 15; Palandt/*Edenhofer*, § 2055 Rn 4; Soergel/*Wolf*, § 2055 Rn 2.
42  Staudinger/*Werner*, § 2055 Rn 16; MüKo-*Heldrich*, § 2055 BGB Rn 11.

cc) Anspruch auf Zustimmung

27 Der Mitwirkungsanspruch kann notfalls im Klagewege durchgesetzt werden (vgl. das Muster Rn 29), wobei der Klageantrag auf Zustimmung zu einer bestimmten Maßnahme zu richten ist, die dem Interesse aller Miterben nach billigem Ermessen entsprechen muss.[43] Die Mitwirkungspflicht ist dann von Bedeutung, wenn die erforderliche Stimmenmehrheit nicht erreicht wurde. Weigern sich nur einzelne Miterben, so sind nur sie zu verklagen. Für eine Klage gegen die anderen würde das Rechtsschutzbedürfnis fehlen. Streitig ist, inwieweit die Minderheitserben ein Recht auf Anhörung im Rahmen der Mehrheitsentscheidung haben.[44] In den meisten Fällen wird jedoch ein Rechtsstreit über die Frage der Mitwirkungspflicht für die vorzunehmende Verwaltungsmaßnahme zu viel Zeit in Anspruch nehmen. Deshalb wird es in der Praxis bei verweigerter Mitwirkung sehr häufig um Schadensersatzansprüche (§ 280 BGB) bzw. Aufwendungsersatzansprüche gehen.

28 **Hinweis**
Die Verletzung der Mitwirkungspflicht kann gem. § 280 BGB zur Schadensersatzverpflichtung führen.[45]

**Beispiel**
An einem im Nachlass befindlichen vermieteten Mehrfamilienhaus ist ein Balkon schadhaft. Die Bauordnungsbehörde hat allen drei Miterben, die zu je einem Drittel beteiligt sind, bereits die Auflage erteilt, den Balkon zu reparieren. Die Erben konnten sich darauf bisher nicht einigen, weil zwei von ihnen der Meinung sind, das Haus sollte ohnehin verkauft werden, damit die Erbteilung vorgenommen werden kann. Da es sich bei der Erteilung des Auftrags zur Ausführung der Reparatur um eine ordnungsmäßige Verwaltungsmaßnahme handelt, hat die „Minderheits-Miterbin" Anspruch gegen die beiden anderen Miterben auf Zustimmung zur Auftragserteilung (vgl. dazu das nachfolgende Muster Rn 29).

dd) Muster: Klage gegen Miterben auf Zustimmung zu Verwaltungsmaßnahme

29 An das
Amtsgericht
– Zivilabteilung –

*Klage*

der Frau

– Klägerin –

Prozessbevollmächtigter: Rechtsanwalt

---

43 MüKo-*Heldrich*, § 2038 BGB Rn 42.
44 *Werkmüller*, ZEV 1999, 218; *Muscheler*, ZEV 1997, 169.
45 BGHZ 164, 181 = FamRZ 2006, 192 = NJW 2006, 439 = ZNotP 2006, 68 = ZEV 2006, 24 = ZErb 2006, 95. Im entschiedenen Fall hatte ein Miterbe der Veräußerung eines Nachlassgrundstücks zu einem verkehrswertgerechten Preis nicht zugestimmt. Der BGH hat im Grundsatz die Frage bejaht, dass durch den späteren Verkauf zu einem niedrigeren Preis eine Schadensersatzverpflichtung des die Zustimmung verweigernden Miterben in Höhe der Erlösdifferenz angenommen werden kann.

*Krug*

gegen
1. Herrn ▮
2. Herrn ▮

– Beklagte –

wegen Zustimmung.

Namens und in Vollmacht der Klägerin erhebe ich Klage gegen die Beklagten und werde in dem zu bestimmenden Termin beantragen, für Recht zu erkennen:

Die Beklagten werden verurteilt, dem Abschluss eines Werkvertrags betreffend die Reparatur des Balkons am Haus ▮ mit der Firma ▮ als Auftragnehmerin gemäß deren Angebot vom ▮ zuzustimmen.

Falls die Voraussetzungen des § 331 Abs. 3 bzw. § 307 ZPO vorliegen, bitte ich um Erlass eines **Versäumnis- bzw. Anerkenntnisurteils** ohne mündliche Verhandlung.

*Begründung:*

Es handelt sich um eine Erbrechtsstreitigkeit, bei der die Klägerin, eine von drei Erben, ihren Anspruch auf Zustimmung zu einer ordnungsmäßigen Verwaltungsmaßnahme für den gemeinsamen Nachlass, nämlich zum Abschluss eines Werkvertrags betreffend die Reparatur eines Balkons am gemeinschaftlichen Gebäude ▮, geltend macht. Die Prozessparteien sind Geschwister.

Am ▮ ist Herr ▮, zuletzt wohnhaft in ▮, der Vater der Parteien, gestorben. Die Klägerin und ihre beiden Brüder, die Beklagten, sind die einzigen Kinder, die der Erblasser hinterlassen hat. Es ist gesetzliche Erbfolge eingetreten, so dass alle drei Kinder gesetzliche Erben zu je einem Drittel wurden, § 1924 BGB. Ein Erbschein ist bisher weder erteilt noch beantragt.

*Beweis:* Beglaubigte Abschrift des Familienbuchs des Erblassers – Anlage K 1 –

Im Nachlass befindet sich das vermietete Sechs-Familien-Haus in ▮. Einer der Balkone im OG zur ▮ Straße gelegen, ist so schadhaft, dass die Bauordnungsbehörde der Stadt ▮ mit Bescheid vom ▮ alle Miterben aufgefordert hat, einen bauordnungsmäßigen Zustand wieder herzustellen.

*Beweis:* Begl. Kopie des bezeichneten Bescheids – Anlage K 2 –

Weil die Beklagten sich nicht um die Angelegenheit gekümmert haben, hat die Klägerin verschiedene Angebote für die Reparaturen eingeholt und hat versucht, sich mit den Beklagten zu einigen.

Als dies misslang, hat sie versucht, einen Mehrheitsbeschluss nach § 2038 Abs. 1 S. 2 Hs. 1 i.V.m. § 745 Abs. 1 BGB herbeizuführen. Auch dies ist nicht gelungen, weil die Beklagten sich gegen die Sanierungsmaßnahme ausgesprochen haben. Sie wollen die Reparatur nicht mehr vornehmen, weil das Haus verkauft werden soll. Dieser beabsichtigte Verkauf zieht sich jedoch auch schon über ein Jahr lang hin, ohne dass abzusehen wäre, wann ein Kaufvertrag geschlossen werden könnte.

Die Klägerin hat gegen die Beklagten Anspruch auf Zustimmung zur Erteilung des Auftrags an die Firma ▮, also zum Abschluss eines entsprechenden Werkvertrags, weil die Reparatur des Balkons und damit der Abschluss des Werkvertrags eine ordnungsmäßige Verwaltungsmaßnahme darstellt, § 2038 Abs. 1 S. 1 Hs. 1 BGB. Die Voraussetzungen einer Notverwaltungsmaßnahme i.S.v. § 2038 Abs. 1 S. 2 Hs. 2 BGB liegen nach Ansicht der Klägerin nicht vor. Würde die Klägerin den Werkvertrag alleine abschließen, so würde daraus keine Nachlassverbindlichkeit begründet, sie würde für die Werklohnforderung alleine haften.

Die Klägerin hat verschiedene Angebote der Firmen ▮ eingeholt. Dasjenige der Firma ▮ ist das günstigste.

*Beweis:* Je eine begl. Kopie der Angebote der Firmen ▮ – Anlagen K 3 bis K 8 –

Der Klage ist demnach wie beantragt stattzugeben.

*Krug*

Streitwert: Die Angebotssumme der Firma ▓▓▓ beträgt ▓▓▓ EUR. Die Beklagten trifft im Innenverhältnis eine Beteiligung von ²/₃ daran, also ▓▓▓ EUR. Dies entspricht dem Streitwert.
(Rechtsanwalt)

ee) Erfüllung von Nachlassverbindlichkeiten als ordnungsgemäße Verwaltung

30 Die Berichtigung von Nachlassverbindlichkeiten ist grundsätzlich eine Maßnahme der ordnungsgemäßen Verwaltung des Nachlasses,[46] deshalb sind alle Erben gem. § 2038 Abs. 1 S. 2 Hs. 1 BGB zur Mitwirkung verpflichtet.

Außerdem hat jeder Miterbe gegenüber den anderen Miterben Anspruch auf Mitwirkung bei der Tilgung von Nachlassverbindlichkeiten mit Mitteln des Nachlasses auf der Grundlage von § 2046 Abs. 1 S. 1 BGB – gleichgültig, ob die Auseinandersetzung des Nachlasses bevorsteht oder nicht. Allerdings hat diese Vorschrift nur Wirkung im Innenverhältnis zwischen den Miterben, nicht auch im Verhältnis zu den Nachlassgläubigern.[47]

In dritter Linie hat jeder Miterbe gegenüber den anderen Anspruch auf Mitwirkung bei der Erfüllung von Nachlassverbindlichkeiten aus dem Gesamtschuldverhältnis, das sich aus §§ 2058, 426 Abs. 1 S. 1 BGB ergibt.[48]

Reichen aber die Nachlassmittel nicht aus, um alle Nachlassverbindlichkeiten zu erfüllen, so wäre die gegen die Pflicht zur Beantragung des Nachlassinsolvenzverfahrens aus § 1980 BGB verstoßende Erfüllung einzelner Nachlassverbindlichkeiten keine Maßnahme der ordnungsgemäßen Verwaltung; und dazu müssten die übrigen Miterben auch nicht zustimmen.[49]

Schuldet ein einzelner Miterbe dem Nachlass Leistungen, so handelt er rechtsmissbräuchlich, wenn er vor der Erfüllung dieser Leistungsverpflichtung seinerseits von den anderen Miterben die Tilgung von Nachlassverbindlichkeiten aus dem dafür nicht hinreichenden Nachlass verlangt.[50]

b) Maßnahmen der außerordentlichen Verwaltung

31 **Außerordentliche (nicht ordnungsmäßige) Verwaltungsmaßnahmen** bedürfen der Einstimmigkeit (§ 2038 Abs. 1 S. 1 BGB). Darunter fallen außergewöhnliche Dispositionen über den Nachlass, die eine erhebliche wirtschaftliche Bedeutung haben.

■ Beispiele für außerordentliche Verwaltung:
– Umänderung einer Erbengemeinschaft in eine werbende Gesellschaft,
– Umwandlung eines Gewerbes in ein Unternehmen einer anderen Branche.[51]

32 Eine außerordentliche Verwaltungsmaßnahme liegt vor, wenn der Nachlass wesentlich verändert werden soll, §§ 2038 Abs. 2, 745 Abs. 3 S. 1 BGB. Dabei kommt es nicht auf die

---

46 OLG Celle FamRZ 2003, 1224 = ZEV 2003, 203 = OLGR 2003, 232, mit Anm. *Schindler*, FamRZ 2004, 139; Soergel/*Wolf*, § 2038 Rn 3.
47 BGHZ 57, 84, 93; RGZ 95, 325, 328; KG OLGE 9, 389, 391; MüKo-*Heldrich*, § 2046 BGB Rn 3; Soergel/*Wolf*, § 2046 Rn 2; Staudinger/*Werner*, § 2046 Rn 1; Palandt/*Edenhofer*, § 2046 Rn 1.
48 MüKo-*Heldrich*, § 2058 BGB Rn 30; Staudinger/*Marotzke*, § 2058 Rn 78.
49 OLG Celle FamRZ 2003, 1224 = ZEV 2003, 203 = OLGR 2003, 232, mit Anm. *Schindler*, FamRZ 2004, 139.
50 OLG Celle FamRZ 2003, 1224 = ZEV 2003, 203 = OLGR 2003, 232, mit Anm. *Schindler*, FamRZ 2004, 139.
51 Vgl. *Brox*, Rn 469.

wesentliche Veränderung des einzelnen Nachlassgegenstandes als solchen an, sondern auf eine wesentliche Veränderung des ganzen Nachlasses. Eine wesentliche Veränderung setzt voraus, dass durch die Verwaltungsmaßnahme die Zweckbestimmung oder Gestalt des Nachlasses in einschneidender Weise geändert werden würde.[52]

Dazu der BGH im Urteil vom 28.9.2005:[53]

*„1. Zu den mitwirkungspflichtigen Verwaltungsmaßregeln gem. § 2038 Abs. 1 S. 2 BGB zählen grundsätzlich auch Verfügungen über einzelne Nachlassgegenstände.*
*2. Die Beurteilung, ob eine Veränderung wesentlich i.S.v. §§ 745 Abs. 3 S. 1, 2038 Abs. 2 S. 1 BGB ist, richtet sich nach dem gesamten Nachlass und nicht den einzelnen davon betroffenen Nachlassgegenständen.*
*3. In der bloßen Umstrukturierung des Nachlasses durch die mit dem Verkauf eines Nachlassgrundstückes verbundene Verschiebung des Verhältnisses von Grund- zu Barvermögen liegt allein noch keine wesentliche Veränderung des Gesamtnachlasses."*

Konsequenz dieser Rechtsprechung: Die Verweigerung der Mitwirkung bei der Veräußerung eines Nachlassgrundstücks kann eine Schadensersatzpflicht nach sich ziehen.

Dies dürfte aber in erster Linie dann gelten, wenn sich im Nachlass mehrere Grundstücke befinden.

Die Veräußerung des **einzigen Nachlassgrundstücks** wird im Regelfall eine Maßnahme außerordentlicher Verwaltung des Nachlasses sein, d.h., dass in einem solchen Fall auch die gesamte Abwicklung des Kaufvertrags nach § 2038 Abs. 1 S. 1 BGB der Einstimmigkeit bedarf. So hat der BGH[54] zur Frage der Nachfristsetzung gegenüber dem Käufer eines Nachlassgrundstücks wie folgt entschieden:

*„Eine Erbengemeinschaft kann dem Käufer eines Nachlassgrundstücks die Nachfrist zur Zahlung des Kaufpreises (§ 326 Abs. 1 S. 1 BGB) auch dann nur gemeinsam setzen, wenn sie den Kaufpreis unter sich bereits in der Weise aufgeteilt hat, dass jedem ihrer Mitglieder eine eigenständige Forderung gegen den Verkäufer zusteht."*

### c) Maßnahmen der Notverwaltung

Bei Notverwaltungsmaßnahmen hat jeder Miterbe ein Alleinverwaltungsrecht (**Notgeschäftsführung**, § 2038 Abs. 1 S. 2 a.E. BGB). Ihnen unterfallen nur Maßnahmen der ordnungsmäßigen Verwaltung. Sie sind zulässig bei bedeutsamen Maßnahmen in Dringlichkeitsfällen, wenn die Stellungnahme bzw. Zustimmung der anderen Miterben nicht mehr eingeholt werden kann. Im Falle der Notgeschäftsführung ist der betreffende Erbe auch zur Alleinverfügung über einzelne Nachlassgegenstände berechtigt.[55]

33

**Beispiel**
Verstopfung des Abwassersystems im Wohnhaus der Erbengemeinschaft. Ein Miterbe kann die erforderlichen Reparaturaufträge erteilen und auch aus Nachlassmitteln die Werklohnforderung erfüllen (Verfügungsgeschäft).

34

---

52 BGHZ 101, 24, 28; BGH BGH-Report 2004, 970 (unter II 2 b); BGH NJW-RR 1995, 267 (unter II 2 a aa und ständig).
53 BGHZ 164, 181 = FamRZ 2006, 192 = NJW 2006, 439; Anm. *Ann,* MittBayNot 2006, 247.
54 BGH MDR 2000, 215.
55 BGHZ 108, 21, 30 = NJW 1989, 2694, 2697; MüKo-*Heldrich,* § 2038 BGB Rn 62.

35 Steht ein Geschäftsanteil an einer GmbH einer Erbengemeinschaft zu, so kann jeder Miterbe gem. § 2038 Abs. 1 S. 2 Hs. 2 BGB ohne Mitwirkung der anderen Anfechtungsklage gegen einen Gesellschafterbeschluss erheben.[56]

Dazu der BGH:[57]

> „Nach § 2038 Abs. 1 S. 2 Hs. 2 BGB kann indessen jeder Miterbe notwendige Erhaltungsmaßnahmen ohne Mitwirkung der anderen treffen. Dazu kann auch die Erhebung einer Klage gehören, wenn nur durch sie ein zum Nachlaß gehöriges Recht erhalten werden kann (BGHZ 94,117, 120 f. m.w.N.). Diese Voraussetzung ist bei einer gesellschaftlichen Anfechtungsklage erfüllt; denn nur durch deren rechtzeitige Erhebung kann die Wirksamkeit eines rechtswidrigen Beschlusses beseitigt werden. (MüKo-K. Schmidt, 2. Aufl. §§ 744,745 Rn 8; vgl. auch BVerwG NJW 1965,1546 f. für die Klage gegen eine Maßnahme der Flurbereinigungsbehörde). In einem solchen Fall steht dem allein klagenden Miterben eine gesetzliche Prozeßführungsbefugnis zu; § 2038 Abs. 1 S. 2 Hs. 2 BGB geht der Regelung in § 2040 BGB, wonach die Erben über einen Nachlaßgegenstand nur gemeinschaftlich verfügen können, vor. Das Senatsurteil vom 14. Dezember 1967 (BGHZ 49,183, 192; vgl. demgegenüber BGHZ 56,47, 50 f.) steht dem nicht entgegen; dort ging es um die Frage, ob ein Mehrheitsbeschluß der Erben von der Mehrheit mit Außenwirkung ausgeführt werden kann."

36 Maßgebend ist eine **objektive Betrachtung** aus der Sicht eines vernünftig und wirtschaftlich denkenden Beobachters zur Zeit der Vornahme der Handlung. Auch die Wahrnehmung von Rechtsschutzverfahren gehört zum Kreis der möglichen notwendigen Verwaltungsmaßnahmen.[58] Im Innenverhältnis zu den anderen Erben handelt es sich um ein gesetzliches Auftragsverhältnis, für das der allgemeine Haftungsmaßstab des § 276 BGB (Haftung für Vorsatz und Fahrlässigkeit) gilt.

### d) Vorschusspflicht, Aufwendungsersatz

37 Derjenige Miterbe, der für die anderen bei der Verwaltung tätig wird, kann für die entstehenden Aufwendungen einen Vorschuss (§ 669 BGB) oder nachträglich Aufwendungsersatz (§ 670 BGB) verlangen. Dies gilt auch, wenn der Miterbe zunächst ohne den erforderlichen Beschluss gehandelt hat, die Miterben seinen Maßnahmen jedoch später zugestimmt haben – oder in den Fällen der Notgeschäftsführung. Wird die Zustimmung nicht erteilt, so kann der Handelnde nach den Vorschriften über die Geschäftsführung ohne Auftrag Ersatz verlangen (§§ 683, 684 BGB).[59]

Dazu der BGH:[60]

> „...Zwar kann bei einem Gesamtschuldverhältnis der vom Gläubiger in Anspruch genommene Gesamtschuldner schon vor der eigenen Leistung verlangen, dass seine Mitschuldner ihren Anteilen entsprechend zur Befriedigung des Gläubigers mitwirken (RGZ 79, 288 [290]; Staudinger, 9. Aufl. § 426 All b). Aber diese Beitragspflicht der Mitschuldner begründet nur einen Anspruch auf Zahlung eines entsprechenden Betrages an den Gläubiger, nicht an den in Anspruch genommenen Gesamtschuldner selbst. Zahlung an

---

[56] BGHZ 108, 21 = NJW 1989, 2694; OLG Nürnberg ZEV 2008, 604 = Erbrecht effektiv 2009, 41.
[57] BGHZ 108, 21, 30/31.
[58] BGH NJW-RR 1995, 705; siehe die Aufzählung bei MüKo-*Heldrich*, § 2038 BGB Rn 59.
[59] BGHZ 23, 363; BGHZ 47, 166; BGH NJW 1986, 3132; OLG Nürnberg ZEV 2008, 604 = Erbrecht effektiv 2009, 41.
[60] BGHZ 23, 361, 363.

*sich selber kann dieser vielmehr erst verlangen, wenn er seinerseits an den Gläubiger geleistet hat."*

**Beispiel**
Der Erblasser wurde zur Winterzeit wenige Tage vor seinem Tod ins Krankenhaus eingeliefert. In seinem bisher von ihm bewohnten Einfamilienhaus kommt es kurz darauf zu einer Stromstörung, in deren Folge die Zentralheizung ausfällt. Da strenger Frost herrscht, platzen Rohrleitungen und Heizkörper. Nach dem Tod des Erblassers bemerkt dies die Tochter T und beauftragt im eigenen Namen eine Heizungsfirma mit den erforderlichen Reparaturarbeiten. Erben des Erblassers sind die Tochter T und die beiden Söhne S1 und S2 zu je einem Drittel geworden. S1 und S2 waren im Zeitpunkt des Schadenseintritts im Winterurlaub im Ausland und für die Tochter T nicht erreichbar. Von dem Rechnungsbetrag der Heizungsbauerfirma in Höhe von 9.000 EUR will sie von ihren Brüdern 6.000 EUR wieder haben. Diese verweigern die Zahlung mit dem Hinweis, sie habe den Auftrag allein erteilt.

Die Beauftragung des Heizungsinstallateurs war zweifellos eine Maßnahme der ordnungsmäßigen Verwaltung des Nachlasses i.S.v. § 2038 Abs. 1 S. 2 BGB. Da sich beide Brüder im Ausland aufgehalten haben, war es auch eine Notverwaltungsmaßnahme i.S.v. § 2038 Abs. 1 S. 2 a.E. BGB. Nach h.M. gewährt das Notverwaltungsrecht nicht nur ein Alleingeschäftsführungsrecht für jeden einzelnen Miterben, sondern auch ein Alleinvertretungsrecht.[61] T hätte also nach außen auch für sich selbst und die beiden Brüder den Auftrag erteilen können.

Da sie aber im eigenen Namen gehandelt hat, wurde sie gegenüber dem Auftragnehmer im Außenverhältnis allein verpflichtet. Und das bedeutet wiederum, dass aus dem Werkvertrag keine Nachlassverbindlichkeit entstanden ist. § 2058 BGB und ihm folgend § 426 BGB finden deshalb keine Anwendung. Auf der Grundlage von § 426 BGB kann sie deshalb keinen Ausgleich von ihren Brüdern verlangen.

Aber im Innenverhältnis war sie zur entsprechenden Geschäftsführung befugt und kann deshalb gem. § 670 BGB Ersatz ihrer Aufwendungen verlangen, soweit diese sie nicht selbst treffen. Da alle drei Kinder zu je einem Drittel Erben des Erblassers geworden sind, hat T von den Aufwendungen 1/3 zu tragen und S1 und S2 ebenfalls jeweils ein Drittel, so dass jeder von ihnen 3.000 EUR an T erstatten muss.

Dazu der BGH:[62]

*„...Das Berufungsgericht ist der Ansicht, die Beklagte sei nach § 2038 Abs. 1 BGB unter den gegebenen Umständen nur berechtigt gewesen, ohne Zustimmung der andern Miterben Aufträge zur Beseitigung solcher Schäden zu erteilen, die sich plötzlich an der einen oder anderen Stelle so ausgewirkt hätten, dass sie unmittelbar den Bestand des Gebäudes, seine Bewohnbarkeit oder seine Sicherheit gefährdet hätten. Diesen Ausführungen ist im Ergebnis beizutreten..."*

Als weitere Anspruchsgrundlage kommt § 748 BGB in Betracht, auf den § 2038 Abs. 2 BGB verweist.

Sowohl wegen des Ersatzanspruchs nach § 670 BGB als auch wegen desjenigen aus § 748 BGB haften S1 und S2 unbeschränkt, aber auf den Nachlass beschränkbar, weil es sich um

---

61 BGHZ 6, 76, 83 ff. = NJW 1952, 1252; BGH NJW 1958, 2061; *Bertzel*, AcP 158 (1959/60), 107, 121; NJW 1962, 2280; *Lange/Kuchinke*, § 43 IV 3; *Brox*, Rn 482; *Erman/Schlüter*, § 2038 Rn 13; MüKo-*Heldrich*, § 2038 Rn 61.
62 BGHZ 6, 76, 83/84.

Aufwendungen für den Nachlass handelt. Kommt es zum Prozess gegen S1 und S2, so haften diese der T als Gesamtschuldner und müssen ihre Haftungsbeschränkungsmöglichkeit durch einen Vorbehalt nach § 780 ZPO geltend machen (vgl. hierzu das Muster § 11 Rn 406).

**43** **Beispiel (Variante)**
T hat bei der Auftragserteilung nicht im eigenen Namen gehandelt, sondern für sich und in Vertretung für S1 und S2.

**44** In diesem Falle wäre eine Nachlassverbindlichkeit nach außen entstanden. T konnte S1 und S2 mit dem Nachlass verpflichten. Die Vollmacht des § 2038 Abs. 1 S. 2 BGB eröffnet diese Vertretungsmacht.[63]

### e) Muster: Klage gegen Miterben auf Aufwendungsersatz

An das

**45** Amtsgericht
– Zivilabteilung –

*Klage*

der Frau

– Klägerin –

Prozessbevollmächtigter: Rechtsanwalt

gegen
1. Herrn
2. Herrn

– Beklagte –

wegen Forderung.

Namens und in Vollmacht der Klägerin erhebe ich Klage gegen die Beklagten und werde in dem zu bestimmenden Termin beantragen, für Recht zu erkennen:

Die Beklagten werden verurteilt, an die Klägerin jeweils 3.000 EUR, zusammen also 6.000 EUR, zu zahlen nebst jährlichen Zinsen von 5 %-Punkten über dem jeweiligen Basiszinssatz seit dem .

Falls die Voraussetzungen des § 331 Abs. 3 bzw. § 307 ZPO vorliegen, bitte ich um Erlass eines **Versäumnis- bzw. Anerkenntnisurteils** ohne mündliche Verhandlung.

*Begründung:*

Es handelt sich um eine Erbrechtsstreitigkeit, bei der die Klägerin, eine von drei Erben, Aufwendungsersatz im Zusammenhang mit der Reparatur der Heizungsanlage im Haus der Erbengemeinschaft gegen die Beklagten als den beiden anderen Miterben geltend macht. Die Prozessparteien sind Geschwister.

Am      ist Herr      , zuletzt wohnhaft in      , der Vater der Parteien, gestorben. Die Klägerin und ihre beiden Brüder, die Beklagten, sind die einzigen Kinder, die der Erblasser hinterlassen hat. Es ist gesetzliche Erbfolge eingetreten, so dass alle drei Kinder gesetzliche Erben zu je einem Drittel wurden, § 1924 BGB. Ein Erbschein ist bisher weder erteilt noch beantragt.

*Beweis:* Beglaubigte Abschrift des Familienbuchs des Erblassers – Anlage K 1 –

---

63 MüKo-*Heldrich*, § 2038 BGB Rn 61, 62.

Der Erblasser wurde am 23.12. _____, also fünf Tage vor seinem Tod, ins Krankenhaus _____ eingeliefert. In seinem bisher von ihm bewohnten Einfamilienhaus in _____ kam es kurz darauf zu einer Stromstörung, in deren Folge die Zentralheizung ausfiel. Da an all diesen Tagen strenger Frost herrschte, platzten Rohrleitungen und Heizkörper. Nach dem Tod des Erblassers bemerkte dies die Klägerin und beauftragte im eigenen Namen die Heizungsbauerfirma _____ mit den erforderlichen Reparaturarbeiten. Die beiden Beklagten befanden sich im Winterurlaub und waren für die Klägerin nicht erreichbar. Die Firma _____ stellte ihre Arbeiten mit 9.000 EUR in Rechnung.

*Beweis:* Begl. Kopie der Rechnung vom _____ – Anlage K 2 –

Von dem Rechnungsbetrag in Höhe von 9.000 EUR will sie von ihren Brüdern 2/3, also 6.000 EUR, wieder haben. Diese verweigern die Zahlung mit dem Hinweis, sie habe den Auftrag allein erteilt.

Die Beauftragung des Heizungsinstallateurs war zweifellos eine Maßnahme der ordnungsmäßigen Verwaltung des Nachlasses im Sinne von § 2038 Abs. 1 S. 2 BGB. Da sich beide Brüder im Ausland aufgehalten haben, war es auch eine Notverwaltungsmaßnahme im Sinne von § 2038 Abs. 1 S. 2 a.E. BGB.

Die Klägerin hat im eigenen Namen gehandelt und wurde deshalb gegenüber dem Auftragnehmer, der Heizungsbauerfirma, im Außenverhältnis allein verpflichtet.

Aber im Innenverhältnis war sie zur entsprechenden Geschäftsführung befugt und kann deshalb gem. § 670 BGB Ersatz ihrer Aufwendungen verlangen, soweit diese sie nicht selbst treffen. Die Klägerin hat als Miterbin zu einem Drittel auch ein Drittel der Aufwendungen zu tragen und die Beklagten ebenfalls jeweils ein Drittel, so dass jeder von ihnen 3.000 EUR an die Klägerin erstatten muss.

Als weitere Anspruchsgrundlage kommt § 748 BGB in Betracht, auf den § 2038 Abs. 2 BGB verweist.

Trotz Aufforderung und Mahnung mit Schreiben vom _____ haben die Beklagten bisher die Forderung nicht erfüllt.

Die Klägerin muss mit der Erfüllung ihres Aufwendungsersatzanspruchs nicht bis zur Nachlassauseinandersetzung zuwarten. Sie hat nach § 271 BGB Anspruch auf sofortige Erfüllung, zumal nicht abzusehen ist, wann die Erbauseinandersetzung erfolgen kann (BGHZ 23, 363; BGHZ 47, 166; BGH NJW 1986, 3132).

Mit Zugang des Mahnschreibens der Klägerin vom _____ sind die Beklagten in Verzug geraten. Deshalb sind die gesetzlichen Verzugszinsen seit _____ geschuldet, §§ 286, 288 BGB.

(Rechtsanwalt)

### f) Sind die Kosten des Erbscheins erstattungsfähig?

Betreibt einer der Miterben ein Erbscheinserteilungsverfahren, so ist fraglich, ob er die Kosten für die Erteilung des Erbscheins, für die er nach § 2 Nr. 1 KostO haftet, von den anderen Erben erstattet bekommt. Die Kosten der Erbscheinserteilung sind keine Nachlassverbindlichkeiten.[64] Der Erbschein wird lediglich im subjektiven Interesse des den Erbschein beantragenden Erben erteilt. Deshalb trägt dieser sowohl im Außen- als auch im Innenverhältnis nach § 2 Nr. 1 KostO die entstehenden Kosten. M.E. ist jedoch im Einzelfall eine Anspruchsgrundlage für einen Erstattungsanspruch gegen die anderen Erben aus Geschäftsführung ohne Auftrag bzw. aus Auftragsrecht zu prüfen, §§ 683, 670 BGB.

46

---

64 OLG München Urt. v. 27.2.2008 – 3 U 2427/07, hier nach „juris"; Soergel/*Stein*, § 1967 Rn 17; Soergel/*Damrau*, § 2353 Rn 51; Staudinger/*Schilken*, 13. Aufl. 1997, § 2353 Rn 94; vgl. dazu auch DNotI-Report 2001 Nr. 13.

### g) Kosten und Lasten

**47** Die Verteilung der Kosten und Lasten für die Erhaltung, Verwaltung und gemeinschaftliche Nutzung von Nachlassgegenständen richtet sich nach dem Verhältnis der Erbteile (§§ 2038 Abs. 2 S. 1, 748 BGB).

### h) Früchte

**48** Die **Früchte** eines Nachlassgegenstandes stehen den Miterben entsprechend ihrem jeweiligen Anteil an der Erbengemeinschaft zu (§§ 2038 Abs. 2, 743 Abs. 1 BGB). Geteilt werden die Früchte aber grundsätzlich erst bei der Auseinandersetzung, ohne dass ein Anspruch auf Abschlagszahlungen bestünde (§ 2038 Abs. 2 S. 2 BGB). Abweichendes kann nur durch Vereinbarung unter allen Erben geregelt werden. Ein Mehrheitsbeschluss reicht nicht.[65] Ausnahme: Ist die Auseinandersetzung auf längere Zeit als ein Jahr ausgeschlossen, so kann jeder Miterbe am Schluss jedes Jahres die Teilung des Reinertrags verlangen (§ 2038 Abs. 2 S. 3 BGB). Bei dieser Verteilung sind die Ausgleichungspflichten nach §§ 2050 ff. BGB aber zu berücksichtigen.[66]

Dazu der BGH:[67]

> „...Hat ... eine Ausgleichung von Vorempfängen gemäß §§ 2050, 2052 BGB stattzufinden, dann ist das Verfahren zur Berechnung dessen, was auf die Miterben bei der Teilung entfällt, durch §§ 2055, 2056 BGB modifiziert. ... Für Teilauseinandersetzungen gilt nichts anderes; das trifft auch für die Fälle des § 2038 Abs. 2 S. 2 BGB zu ..."

### i) Gebrauchsvorteile

**49** Zum **Gebrauch** der Nachlassgegenstände ist jeder Miterbe insoweit befugt, als er dadurch die anderen Miterben nicht in ihrem Recht auf Mitgebrauch beeinträchtigt (§§ 2038 Abs. 2, 743 Abs. 2 BGB). Damit ist das Maß des Gebrauchs angesprochen, die Art und Weise des Gebrauchs wird durch Mehrheitsbeschluss geregelt. In der Praxis regeln die Miterben den Gebrauch in der Großzahl der Fälle durch ausdrückliche oder konkludente Vereinbarung. Solche Vereinbarungen entsprechen grundsätzlich einer ordnungsmäßigen Verwaltung. Kommt eine einstimmige Regelung nicht zustande, so reicht Mehrheitsbeschluss (ordnungsmäßige Verwaltung). Jeder Miterbe kann eine Benutzungsregelung verlangen, die billigem Ermessen entspricht, §§ 2038 Abs. 2, 745 Abs. 2 BGB.[68] Bei wesentlichen Änderungen ist eine Anpassung der Nutzungsvereinbarung vorzunehmen, auf die jeder Miterbe Anspruch hat.[69]

**Anspruch auf Nutzungsentschädigung:** Klage eines Miterben auf Zahlung einer Nutzungsentschädigung für das in gemeinschaftlichem Eigentum stehende Haus bei beabsichtigter Aufhebung der Gemeinschaft:[70]

Die Zahlung einer Nutzungsentschädigung kann im Wege der Leistungsklage dann gefordert werden, wenn der Zahlungsanspruch sich als Ergebnis einer beanspruchten Neuregelung der Nutzung ergibt. Wird eine bestimmte Nutzung jedoch gar nicht gefordert, so kann sich auch kein Entgeltanspruch ergeben (im Anschluss an BGH NJW 1982, 1753).

---

65 RGZ 81, 243; Jauernig/*Stürner*, § 2038 Anm. 6.
66 BGHZ 96, 174, 179.
67 BGHZ 96, 174, 179.
68 BGHZ 34, 367; BGH NJW 1984, 45.
69 BGH NJW 1982, 1753.
70 Hanseatisches OLG ErbR 2006, 57 = OLGR Hamburg 2006, 512.

> **Hinweis**
> Um eine Nutzungsentschädigung geltend machen zu können, muss sie zuvor auch – möglichst ausdrücklich – gefordert worden sein.

### 3. Außenverhältnis

Nach außen gilt der Grundsatz gemeinschaftlichen Handelns aller Miterben. Aber davon gibt es Ausnahmen.

#### a) Verpflichtungsgeschäfte

Hierbei kommt es wiederum darauf an, welcher Art von Verwaltungsmaßnahme das Verpflichtungsgeschäft zuzuordnen ist: ordnungsmäßige Verwaltung – außerordentliche Verwaltung – Notverwaltung.

##### aa) Ordnungsmäßige Verwaltung

Der von den Erben gefasste Mehrheitsbeschluss hat insofern Außenwirkung, als die Erbenmehrheit oder ein einzelner beauftragter Miterbe die Erbengemeinschaft nach außen wirksam vertreten kann.[71]

Dazu der BGH:[72]

> „...Jedoch ist ... an der Auffassung festzuhalten, die der Entscheidung LM § 2038 Nr. 1 und dem Urteil vom 27. Oktober 1956, ..., zugrunde liegt, dass die Mehrheit einen – ordnungsgemäß gefassten – Mehrheitsbeschluss mit Wirkung für und gegen die Erbengemeinschaft jedenfalls dann auszuführen berechtigt ist, wenn er Verwaltungsmaßnahmen, nicht Verfügungen betrifft."

Die im Rahmen des Mehrheitsbeschlusses getätigten Rechtsgeschäfte **berechtigen und verpflichten** den Nachlass unmittelbar, d.h., es entsteht eine Nachlassverbindlichkeit, wenn der handelnde Erbe hat erkennen lassen, dass die Rechtswirkungen den Nachlass treffen sollen. Fehlt es daran, so haftet der handelnde Miterbe persönlich. Im Innenverhältnis gelten dann Geschäftsführungsregeln. Also: Anspruch des Erben auf Freistellung von der Verbindlichkeit oder Aufwendungsersatz.[73]

##### bb) Außerordentliche Verwaltung

Hier gilt der Grundsatz des gesamthänderischen Handelns: Alle Erben müssen nach außen auftreten, um den Nachlass zu berechtigen und zu verpflichten. Ein Mehrheitsbeschluss reicht nicht.

##### cc) Notverwaltung

Hierbei sieht das Gesetz eine gesetzliche Vertretungsmacht für den handelnden Erben vor (§ 2038 Abs. 1 S. 2 a.E. BGB). Aus der rechtsgeschäftlichen Handlung wird der Nachlass unmittelbar berechtigt und verpflichtet. Lagen die tatbestandsmäßigen Voraussetzungen

---

71 BGHZ 56, 47, 50; Jauernig/*Stürner*, § 2038 Anm. 1; Soergel/*Wolf*, § 2038 Rn 9; RGRK/*Kregel*, § 2038 Rn 8.
72 BGHZ 56, 47, 50.
73 Soergel/*Wolf*, § 2038 Rn 9.

einer Notverwaltungsmaßnahme nicht vor, so haftet der handelnde Miterbe allein, eine Nachlassverbindlichkeit entsteht dann nicht.

b) Verfügungsgeschäfte

55 Beinhaltet eine Verwaltungsmaßnahme auch eine Verfügung, so gilt grundsätzlich das Erfordernis gemeinschaftlichen Handelns nach § 2040 Abs. 1 S. 1 BGB (vgl. dazu Rn 57 ff.).

### 4. Fortführung eines Girokontos des Erblassers durch die Erben

56 BGH Urteil vom 18.1.2000:[74]

> „Miterben, die in ein Girovertragsverhältnis des Erblassers eintreten und das Girokonto für den eigenen Zahlungsverkehr fortführen, erlangen eine eigene persönliche Rechtsbeziehung zur Bank. Das gilt für die Fortführung eines Oder-Kontos ebenso wie für die eines Einzelkontos (im Anschluss an BGHZ 131, 60)."
>
> „Bei einvernehmlicher Eigennutzung eines Nachlass-Oder-Kontos durch mehrere Miterben ist im Falle des Übergangs der bankrechtlichen Beziehung auf die Erben jeder Einzelne als verfügungsberechtigt anzusehen und dies unabhängig davon, ob auf dem Konto noch ungeteilter Nachlass vorhanden ist oder nicht.
>
> Als weitere Konsequenz (und zudem im wohlverstandenen Interesse der Banken an einer verlässlichen Rechtslage) wird man zur Vermeidung zusätzlicher Konflikte in der Erbengemeinschaft ferner jedem Miterben einen Widerruf der dem jeweils anderen Miterben als neuem Mitkontoinhaber zugefallenen Einzelverfügungsberechtigung zubilligen ... und damit die Möglichkeit einräumen müssen, das Nachlass-Oder-Konto nachträglich in ein Nachlass-Und-Konto umzuwandeln. Nur so kann die sich bei einer Miterbengemeinschaft hinsichtlich der gesamtgläubigerschaftlichen Stellung sämtlicher Mitkontoinhaber und § 2040 Abs. 1 BGB abzeichnende Konfliktsituation überwunden werden."[75]

## IV. Verfügung über Nachlassgegenstände

### 1. Grundsatz

57 Gegenstand der Verfügung ist der **einzelne Nachlassgegenstand**, nicht etwa der Erbteil.

Es gilt der Grundsatz, dass alle Miterben **gemeinsam handeln** müssen (§ 2040 Abs. 1 BGB).

### 2. Begriff

58 Verfügung ist jedes Rechtsgeschäft, durch das ein Recht unmittelbar übertragen, belastet, geändert oder aufgehoben wird.

Die Rechtsprechung versteht darunter auch die Ausübung von Gestaltungsrechten, wie Anfechtung nach § 119 BGB,[76] Kündigung einer Forderung[77] und Kündigung eines Pacht-

---

[74] ZEV 2000, 157 m. Anm. *Werkmüller*, ZEV 2000, 158.
[75] *Werkmüller*, ZEV 2000, 158, 159.
[76] BGH NJW 1951, 308.
[77] RGZ 65, 5.

verhältnisses.[78] In der Literatur wird die Meinung vertreten, dass auch der Rücktritt darunter fällt.[79]

### 3. Gesetzliches Vertretungsrecht

Der Wortlaut des § 2040 Abs. 1 BGB mit seinem Erfordernis der ausschließlichen Einstimmigkeit könnte einen Widerspruch zu § 2038 BGB mit seinen drei Abstufungen vermuten lassen. Bestünde zwischen § 2040 BGB und § 2038 BGB tatsächlich ein Widerspruch, so würde § 2038 BGB in den Fällen der ordnungsmäßigen Verwaltung und der Notverwaltung leer laufen, wenn die betreffende Verwaltungsmaßnahme gleichzeitig eine Verfügung beinhalten würde. Zumindest bei der **Notverwaltungsmaßnahme** muss der Handelnde für die anderen Miterben verfügen können, weil die Notgeschäftsführung anders nicht praktiziert werden könnte. Der handelnde Miterbe hat ein gesetzliches Vertretungsrecht für die anderen.[80]

59

Bei der **ordnungsmäßigen Verwaltung** verlangt der BGH wohl noch immer Einstimmigkeit bei der Verfügungshandlung, obwohl er sich entgegen seiner früheren Rechtsprechung jetzt der neueren Literatur angenähert haben dürfte, die keine Einstimmigkeit mehr für die Verfügung vorsieht. Der BGH hat im Urteil vom 28.4.2006[81] einen Mittelweg gefunden, indem er die Miterbenmehrheit Verfügungen über Nachlassgegenstände vornehmen lässt, sofern dadurch die berechtigten Interessen der anderen Miterben nicht beeinträchtigt werden. Einen völligen Gleichlauf zwischen Verwaltungs- und Verfügungsbefugnis der Miterben hat der BGH allerdings noch nicht angenommen. Die neuere Literatur ist der Ansicht, dass ein Mehrheitsbeschluss für das Verfügungsrecht der handelnden Miterben genügen muss, weil andernfalls die Mehrheitsregelung des § 2038 Abs. 1 BGB leer liefe.[82] Nach der älteren Rechtsprechung des BGH sollten die nicht zustimmenden Miterben in jedem Fall auf Zustimmung verklagt werden.

60

Dazu der BGH:[83]

*„...Die Klägerin zu 1 durfte die Klage jedoch trotz der Bestimmung in § 18 Abs. 1 GmbHG allein erheben. Eine solche Befugnis ergibt sich freilich nicht aus § 2039 Satz 1 BGB. Danach kann ein Miterbe einen zum Nachlass gehörigen Anspruch allein geltend machen und Leistungen an alle Erben verlangen. Die Ausübung von Gestaltungsmöglichkeiten gehört aber nicht zu den Ansprüchen i.S. dieser Vorschrift (vgl. MüKo-Dütz, § 2039 Rn 9 m.w.N.). Die Anfechtung eines Gesellschafterbeschlusses ist ein solches Gestaltungsrecht. Nach § 2038 Abs. 1 S. 2 Hs. 2 BGB kann indessen jeder Miterbe notwendige Erhaltungsmaßnahmen ohne Mitwirkung der anderen treffen. Dazu kann auch die Erhebung einer Klage gehören, wenn nur durch sie ein zum Nachlass gehöriges Recht erhalten werden kann (BGHZ 94, 117, 120 f. m.w.N.). Diese Voraussetzung ist bei einer gesellschaftlichen Anfechtungsklage erfüllt; denn nur durch deren rechtzeitige Erhebung*

---

78 BGH FamRZ 2006, 1026 = ZEV 2006, 358 = NJW 2007, 150 = MittBayNot 2007, 131.
79 MüKo-*Heldrich*, § 2040 BGB Rn 9; Soergel/*Wolf*, § 2040 Rn 3; Jauernig/*Stürner*, § 2040 Anm. 3; *Brox*, Rn 483.
80 Arg. aus § 2038 Abs. 1 S. 2 a.E. BGB.
81 BGH FamRZ 2006, 1026 = ZEV 2006, 358 = NJW 2007, 150 = MittBayNot 2007, 131.
82 Vgl. BGHZ 108, 21, 30/31 = NJW 1989, 2694, 2697 = FamRZ 1989, 963 entgegen früher BGHZ 38, 122, 124 und BGHZ 56, 47, 50; aber auch wie neuere BGH-Rspr.: Soergel/*Wolf*, § 2040 Rn 1, *Ebenroth*, Rn 765, Jauernig/*Stürner*, § 2040 Anm. 3, Palandt/*Edenhofer*, § 2038 Rn 2, MüKo-*Heldrich*, § 2038 BGB Rn 53.
83 BGHZ 108, 21, 30/31.

kann die Wirksamkeit eines rechtswidrigen Beschlusses beseitigt werden. (MüKo-K. Schmidt, 2. Aufl. §§ 744, 745 Rn 8; vgl. auch BVerwG NJW 1965, 1546 f. für die Klage gegen eine Maßnahme der Flurbereinigungsbehörde). In einem solchen Fall steht dem allein klagenden Miterben eine gesetzliche Prozessführungsbefugnis zu; § 2038 Abs. 1 S. 2 Hs. 2 BGB geht der Regelung in § 2040 BGB, wonach die Erben über einen Nachlassgegenstand nur gemeinschaftlich verfügen können, vor. Das Senatsurteil vom 14. Dezember 1967 (BGHZ 49, 183, 192; vgl. demgegenüber BGHZ 56, 47, 50 f.) steht dem nicht entgegen; dort ging es um die Frage, ob ein Mehrheitsbeschluss der Erben von der Mehrheit mit Außenwirkung ausgeführt werden kann."

Sowie die Ausführungen des BGH:[84]

„...Nach dieser Bestimmung [§ 2038 BGB] steht die Verwaltung des Nachlasses den Erben grundsätzlich gemeinschaftlich zu (§ 2038 Abs. 1 S. 1 BGB). Nach § 2038 Abs. 2 S. 1 mit § 745 Abs. 1 S. 1 BGB kann aber durch Stimmenmehrheit eine der Beschaffenheit des gemeinschaftlichen Gegenstandes entsprechende ordnungsmäßige Verwaltung und Benutzung beschlossen werden. Darum geht es bei dem Vorschlag, Rechtsanwalt P. für die Gesellschafterversammlung vom 28. September 1966 Vollmacht zu erteilen.
c) Es kann dahingestellt bleiben, ob mit Mehrheit auch die Erteilung einer Stimmrechtsvollmacht beschlossen werden kann, die den Bevollmächtigten berechtigt, an Beschlüssen mitzuwirken, die Verfügungen über das Gesellschaftsvermögen zum Inhalt haben. Denn im vorliegenden Fall hatte die Vollmacht den Zweck, die Beschlüsse vom 16. März 1963 nicht zu bestätigen und nicht zu genehmigen. Es kommt daher entgegen der Revision nicht darauf an, ob die Erteilung einer Vollmacht, die die erneute Vornahme jener Beschlüsse hätte ermöglichen sollen, eine Verfügung darstellt.
d) Das Berufungsgericht hat sich der in Rechtsprechung und Literatur herrschenden Auffassung angeschlossen, daß ein gemäß § 745 Abs. 1 S. 1 BGB ergangener Mehrheitsbeschluß ohne weiteres von der Mehrheit ausgeführt werden darf. Sie liegt auch dem LM § 2038 BGB Nr. 1 abgedruckten Urteil des V. Zivilsenats des Bundesgerichtshofs zugrunde. Diese Auffassung ist nicht unbedenklich (R. Fischer in: BGB-RGRK §§ 744/46 Anm. 10). Bei ihr wäre die Minderheit auf Schadensersatzansprüche beschränkt, falls gar kein Mehrheitsbeschluß vorläge. Denn die Minderheit würde, könnte die vermeintliche Mehrheit den gefaßten Beschluß ausführen, mit einer Klage zu spät kommen und vor vollendeten Tatsachen stehen. Billigt man dem Mehrheitsbeschluß dagegen nur Wirkung im Verhältnis unter den Teilhabern zu, so kann sich die Mehrheit im allgemeinen damit helfen, die Minderheit auf Mitwirkung an der Ausführung des Beschlusses zu verklagen, und muß damit bei Rechtmäßigkeit des gefaßten Beschlusses Erfolg haben, da alle Teilhaber verpflichtet sind, bei wirksam beschlossenen Verwaltungsmaßnahmen mitzuwirken. Die Frage kann jedoch auf sich beruhen."

Ausgeschlossen erscheint jedoch eine Verfügung über Grundstücke durch Mehrheitsbeschluss. Es ist nicht denkbar, die Auflassung (§ 925 BGB) und die Eintragungsbewilligung (§ 19 GBO) nur von einer Erbenmehrheit und nicht von sämtlichen Erben erklären zu lassen.

#### 4. Aufrechnung mit einer Nachlassforderung als Verfügungshandlung

61  Eine Aufrechnung mit einer zum Nachlass gehörenden Forderung stellt eine Verfügung über einen Nachlassgegenstand dar, die nach § 2040 S. 1 BGB grundsätzlich nur von allen Miterben gemeinsam vorgenommen werden kann. Deshalb kann ein Miterbe nicht mit

---

84  BGHZ 49, 192.

einer Forderung des Erblassers gegen einen nur gegen ihn persönlich gerichteten Anspruch aufrechnen. Dem Miterben steht in einem solchen Fall auch kein Leistungsverweigerungsrecht analog § 770 Abs. 2 BGB, § 129 Abs. 3 HGB zu.[85]

Grundsätzlich könnte dem einzelnen Miterben gem. § 273 BGB ein **Zurückbehaltungsrecht** zustehen, wenn die Aufrechnung scheitert. Zwar setzt § 273 BGB nach seinem Wortlaut ebenfalls voraus, dass der zurückhaltende Schuldner selbst zugleich Gläubiger des Gegenanspruchs ist. Diese Gegenseitigkeitsvoraussetzung wird jedoch beim Zurückbehaltungsrecht weniger streng als bei der Aufrechnung verstanden und auch dann bejaht, wenn die Gegenforderung dem Zurückhaltenden nur gemeinschaftlich mit anderen (hier: gesamthänderisch) zusteht.[86] Aber ein Zurückbehaltungsrecht setzt die **Konnexität** beider Forderungen voraus. Nach § 273 Abs. 1 BGB soll der Schuldner eine Leistung nicht wegen eines jeden beliebigen Gegenanspruchs zurückhalten dürfen, sondern nur dann, wenn die gegenseitigen Ansprüche einem innerlich zusammenhängenden einheitlichen Lebensverhältnis entspringen, wenn sie also in einem natürlichen und wirtschaftlichen Zusammenhang stehen, so dass es gegen Treu und Glauben verstieße, wenn der eine Anspruch ohne Rücksicht auf den anderen geltend gemacht und verwirklicht werden könnte.[87]

### 5. Vorausvermächtnis

Der Erblasser kann einzelnen Miterben ein Vermächtnis zuwenden, § 2150 BGB (vgl. zur Abgrenzung des Vorausvermächtnisses von der Teilungsanordnung § 15 Rn 274 ff.). Insofern besteht ebenfalls nur ein schuldrechtlicher Anspruch des Vorausvermächtnisnehmers gegen alle Miterben auf Erfüllung. Solange der Vermächtnisanspruch nicht erfüllt ist, gehört der Vermächtnisgegenstand zum gesamthänderisch gebundenen Nachlass, über den alle nur gemeinschaftlich verfügen können, § 2040 Abs. 1 S. 1 BGB. Das Vorausvermächtnis hat für den Berechtigten den großen Vorteil, dass er nicht bis zur Erbteilung mit der Erfüllung seines Vermächtnisses zuzuwarten braucht. Vielmehr handelt es sich um eine Nachlassverbindlichkeit nach § 1967 BGB, die im Zweifel sofort fällig ist, § 271 BGB.[88] Nach § 2046 BGB sind alle Nachlassverbindlichkeiten vor der Erbteilung zu erfüllen. Die anderen Miterben sind verpflichtet, bei der Erfüllung des Vermächtnisses mitzuwirken.

62

### V. Surrogationserwerb

Die Erbengemeinschaft entsteht kraft Gesetzes ohne Zutun der Miterben als „Zufallsgemeinschaft". Rechtsgeschäftlich könnte eine Gesamthandsgemeinschaft mit der Organisationsstruktur der Erbengemeinschaft nicht begründet werden. Um vor allem den Nachlassgläubigern den Nachlass als Haftungssubstrat wertmäßig zu erhalten, ordnet das Gesetz Nachlass-Surrogate kraft Gesetzes – unabhängig vom Willen der Handelnden – dem Sondervermögen Nachlass zu (vgl. zur dinglichen Surrogation in der Erbengemeinschaft § 10 Rn 146 ff., soweit es Grundstücke betrifft). Dingliche Surrogation gem. § 2041 BGB tritt auch ein, wenn ein Testamentsvollstrecker bestellt ist.[89]

63

---

85  BGH FamRZ 2005, 204 = ZEV 2005, 63 = NJW-RR 2005, 375 = ZErb 2005, 125.
86  BGHZ 5, 173, 176; BGHZ 38, 122, 125.
87  BGH FamRZ 2005, 204 = ZEV 2005, 63 = NJW-RR 2005, 375 = ZErb 2005, 125; BGHZ 47, 157, 167; BGHZ 64, 122, 125; BGHZ 92, 194, 196; vgl. auch MüKo-*Krüger*, 4. Aufl., § 273 BGB Rn 13.
88  OLG Saarbrücken OLGR Saarbrücken 2007, 785 = ZErb 2007, 418 = ZEV 2007, 579 = NJW-RR 2007, 1659 = NotBZ 2007, 453.
89  OLG Hamm ZEV 2001, 275.

*Krug*

## VI. Nießbrauch an Erbteilen

### 1. Ausgangssituation

64 Der Erblasser kann einem Dritten oder einem Miterben den Anspruch auf Bestellung eines Nießbrauchs an einem Erbteil vermächtnisweise zuwenden. Dies ist ein schuldrechtlicher Anspruch auf dingliche Einräumung des Nießbrauchsrechts. Eine unmittelbar dinglich wirkende Zuwendung des Nießbrauchs wäre nicht möglich.

65 Der Nießbrauch an einem Erbteil ist ein Nießbrauch an einem Recht i.S.d. §§ 1068 ff. BGB. Die Bestellung des Nießbrauchs an einem Recht erfolgt nach den Regeln der Rechtsübertragung (§ 1069 Abs. 1 BGB). Damit gilt § 2033 Abs. 1 BGB und die dort vorgesehene notarielle Beurkundungspflicht für die Nießbrauchsbestellung (vgl. das Muster Rn 70).

### 2. Besonderheiten bei Grundstücken im Nachlass

66 Gehört ein Grundstück zum Nachlass, so ist nicht dieses Grundstück oder ein Anteil an dem Grundstück belastet. Der Nießbrauch selbst kann im Grundbuch also nicht eingetragen werden. Aber im Hinblick auf die Verfügungsbeschränkung des § 1071 BGB ist außerhalb des Grundbuchs eine Beschränkung der Verfügungsbefugnis entstanden. Deshalb lässt die Rechtspraxis die Eintragung eines berichtigenden Vermerks im Grundbuch in Abt. II zu.[90]

67 Da der Miterbe, dessen Erbteil mit einem Nießbrauch belastet ist, nur noch mit Zustimmung des Nießbrauchers „nießbrauchsschädliche" Verfügungen über den Anteil vornehmen kann, ist die Verlautbarung im Grundbuch von besonderer Bedeutung (§ 1071 Abs. 1 S. 1, Abs. 2 BGB), weil andernfalls der nießbrauchsbelastete Miterbe zusammen mit den anderen Miterben über das Grundstück zugunsten eines Gutgläubigen verfügen könnte und dieser das Grundstück ohne teilweise Belastung mit dem Nießbrauch erwerben würde. Weil die Nießbrauchseinräumung an einem Erbteil der notariellen Beurkundung bedarf, ist darauf zu achten, dass die Bewilligung der Eintragung eines Nießbrauchsvermerks im Grundbuch sofort in die notarielle Urkunde aufgenommen wird (vgl. dazu das Muster Rn 70), um die Beglaubigungsgebühr für eine gesonderte Bewilligung zu sparen.

68 Zunächst ist im Grundbuch die Erbengemeinschaft gem. § 39 GBO – unter Nachweis des Erbrechts mittels eines Erbscheins oder beglaubigter Abschriften eines notariellen Testaments und der nachlassgerichtlichen Eröffnungsniederschrift (§ 35 GBO) – voreinzutragen. Erst dann kann der Vermerk über die Nießbrauchsbestellung an einem Erbteil eingetragen werden.

### 3. Rechtswirkungen

69 Ein Verstoß gegen § 1071 BGB führt lediglich zur relativen Unwirksamkeit der vorgenommenen Verfügung.

Der Nießbraucher nimmt die Rechte des Miterben in Bezug auf Verwaltung und Nutzung des Nachlasses wahr (§ 1066 Abs. 1 BGB).

Die Auseinandersetzung des Nachlasses kann der Nießbraucher nur gemeinsam mit dem betreffenden Miterben verlangen (§ 1066 Abs. 2 BGB).

---

90 MüKo-*Heldrich*, § 2033 BGB Rn 29; Soergel/*Wolf*, § 2033 Rn 4.

## 4. Muster: Nießbrauchseinräumung an einem Erbteil

_____ *(Notarielle Urkundenformalien)*

Anwesend sind heute:
1. Herr _____
2. Herr _____

Sie erklären mit der Bitte um Beurkundung:

Wir schließen folgenden

*Vertrag über die Einräumung eines Nießbrauchs an einem Erbteil*

*I. Rechtsverhältnisse*

Der Anwesende Ziff. 1 wurde zu einem Anteil von einem Drittel Miterbe am Nachlass seines am _____ verstorbenen Vaters _____. In dessen privatschriftlichem Testament vom _____, das das Nachlassgericht _____ am _____ unter Az. _____ eröffnet hat, wurde Herrn _____ als Vermächtnis das lebenslange unentgeltliche Nießbrauchsrecht an dem Erbteil des Herrn _____ von einem Drittel zugewandt. Herr _____ hat dieses Nießbrauchsvermächtnis angenommen.

*II. Nießbrauchsbestellung*

In Erfüllung der Verpflichtung des Vorausvermächtnisnehmers aus dem bezeichneten Testament bestellt er hiermit Herrn _____ den lebenslangen Nießbrauch an dem bezeichneten Erbteil. Das Nießbrauchsrecht hat den gesetzlichen Inhalt der §§ 1030 ff. BGB. Abweichende Vereinbarungen über die Lastentragung nach § 1047 BGB werden nicht getroffen.

Erbe und Nießbraucher sind sich über die Bestellung des Nießbrauchsrechts einig. Die Vertragsparteien verpflichten sich, sich so zu stellen, als wäre der Nießbrauch mit Wirkung ab Todestag des Erblassers eingeräumt worden.

Zum Nachlass gehört das Grundstück _____, eingetragen im Grundbuch des Amtsgerichts _____ für _____, Band _____, Blatt _____, BV Nr. _____, Gemarkung _____, Flst. Nr. _____, Größe _____.

Der Erbe bewilligt hiermit die Eintragung eines Vermerks über die Bestellung des Nießbrauchs an seinem Erbteil bei dem bezeichneten Grundstück im Grundbuch.

Der Vermächtnisnehmer beantragt die Eintragung dieses Vermerks hiermit im Grundbuch.

Die Kosten der Nießbrauchsbestellung und ihres Vollzugs trägt _____. Der Jahreswert des Nießbrauchs beträgt _____ EUR. Der Nießbrauchsberechtigte ist _____ Jahre alt.

Diese Niederschrift wurde vom Notar den Anwesenden vorgelesen, von ihnen genehmigt und von ihnen und dem Notar wie folgt eigenhändig unterschrieben:

Die Angaben des Alters des Nießbrauchers und des Jahreswerts sind erforderlich für die Gegenstandswertermittlung durch das Grundbuchamt (§ 24 KostO). Die Eintragungsbewilligung des Miterben bezüglich des Nießbrauchsvermerks am Grundstück bedarf der Beglaubigung nach § 29 GBO, wenn sie nicht ohnehin schon – wie im vorhergehenden Muster – in der notariellen Urkunde enthalten ist.

## VII. Verpfändung eines Erbteils

### 1. Formerfordernis: Notarielle Beurkundung

72 Der Erbteil eines Miterben kann verpfändet werden (bspw. als Sicherungsmittel für einen Realkredit).[91] Der Verpfändungsvertrag bedarf nach §§ 1273, 1274, 2033 Abs. 1 BGB der **notariellen Beurkundung**.

Da die Verpfändung des Erbteils eine Änderung der Verfügungsbefugnis sämtlicher Miterben an den Nachlassgegenständen zur Folge hat, kann bei einem zum Nachlass gehörenden Grundstück, dinglichen Recht oder grundstücksgleichen Recht die Verpfändung des Erbteils in Abt. II des Grundbuchs eingetragen (vermerkt) werden.[92] Die Eintragung ist deklaratorisch, denn die Verpfändung ist wirksam mit Abschluss des Verpfändungsvertrags. Voreintragung der Erben nach § 39 GBO ist erforderlich (vgl. das nachfolgende Muster für Bewilligung und Antrag auf Eintragung eines Verpfändungsvermerks im Grundbuch Rn 73).

### 2. Muster: Bewilligung und Antrag auf Eintragung eines Verpfändungsvermerks im Grundbuch (Erbteilsverpfändung)

*I. Bewilligung der Eintragung eines Verpfändungsvermerks*[93]

73 Im Grundbuch des Amtsgerichts ▒ für ▒, Band ▒, Heft ▒, sind in Abt. I als Eigentümer des Grundstücks BV Nr. ▒ Gemarkung ▒, Flst. Nr. ▒, Größe ▒ m², eingetragen:
1. A
2. B
3. C

in Erbengemeinschaft nach dem Erblasser ▒.

Der Miterbe A hat seinen Erbteil von 1/3 am Nachlass des Erblassers ▒ durch Verpfändungsvertrag vom ▒, beurkundet von Notar ▒ in ▒ unter Urkunden-Rolle-Nr. ▒ an die X-Bank in ▒ verpfändet.

A bewilligt hiermit die Eintragung des Vermerks der Verpfändung seines Erbteils bei dem oben näher bezeichneten Grundstück im Grundbuch.

(Ort, Datum, Unterschrift des A)

*II. Antrag*

Die X-Bank beantragt hiermit die Eintragung des zuvor bewilligten Verpfändungsvermerks bei dem oben näher bezeichneten Grundstück im Grundbuch.

(Ort, Datum, X-Bank Unterschrift)

(Notarielle Beglaubigung der Unterschrift des A gem. § 29 GBO)

---

[91] Ein Miterbe muss erforderlichenfalls seinen Erbteil als Kreditsicherheit nutzen, um mit dem Kredit seinen Lebensunterhalt zu bestreiten: BGH NJW 2006, 2037 = ZEV 2006, 321.
[92] *Schöner/Stöber*, Grundbuchrecht, Rn 974.
[93] Die gesonderte Bewilligung ist nur erforderlich, wenn sie nicht ohnehin schon in dem notariell beurkundeten Verpfändungsvertrag enthalten ist. Dasselbe gilt für den Antrag auf Eintragung des Verpfändungsvermerks.

## VIII. Forderungen im Nachlass

### 1. Grundsatz und Ausnahme

Nach dem Prinzip gesamthänderischer Bindung könnten Forderungen, die zum Nachlass gehören, grundsätzlich nur von allen Erben gemeinsam geltend gemacht und eingezogen werden. Dies wäre für die Praxis jedoch zu schwerfällig. Deshalb macht § 2039 Abs. 1 BGB eine Ausnahme von diesem Grundsatz: Jeder Miterbe hat die Befugnis, eine Nachlassforderung allein geltend zu machen, muss aber Leistung an alle Miterben gemeinschaftlich verlangen (vgl. das Muster Rn 83). Der einzelne Miterbe kann auch gegen den Widerspruch der übrigen Miterben seine Rechte geltend machen, weil es sich um ein Sonderrecht des einzelnen Miterben handelt[94] und weil im Hinblick auf die gesamtschuldnerische Haftung jedes Erben nach § 2058 BGB nicht einzelne Erben verhindern können, dass Forderungen, die sich im Nachlass befinden, nicht auch sowohl für die Nachlassgläubiger als auch für alle Miterben realisiert werden.

74

Aber die Vorschrift des § 2039 BGB gilt nur für Ansprüche i.S.v. § 194 BGB. Darunter fallen:
– Freistellungsanspruch,[95]
– Unterlassungsanspruch,[96]
– öffentlich-rechtliche Versorgungsansprüche,[97]
– Schadensersatzansprüche gegen beurkundenden Notar,[98]
– Ansprüche auf Rechnungslegung.[99]
– Auf Herausgabeansprüche wendet die Rspr. § 2039 BGB analog an.[100]
– Restitutionsansprüche nach dem VermG.[101]
– Auch der Anspruch der Erbengemeinschaft auf Grundbuchberichtigung (§ 894 BGB) fällt unter § 2039 BGB, so dass ihn ein Erbe allein für alle geltend machen kann.[102] Den dazu erforderlichen Antrag nach § 13 GBO kann ohnehin jeder Miterbe allein stellen (vgl. das Muster Rn 84).
– Auskunftsanspruch gegen Erbschaftsbesitzer nach § 2027 BGB.
– Auskunftsanspruch gegen Hausgenossen nach § 2028 BGB.
– Auskunftsanspruch gegen Geschäftsführer nach §§ 681, 666 BGB.
– Herausgabeanspruch gegen Geschäftsführer nach § 667 BGB.

75

Ist eine Darlehensforderung im Nachlass, die zur Fälligkeit der Kündigung bedarf, so fällt die Ausübung des Kündigungsrechts nicht unter § 2039 BGB, vielmehr ist sie nach der Rechtsprechung eine Verfügung, die dem Einstimmigkeitserfordernis des § 2040 BGB unterliegt.[103]

76

Vererblichkeit des Abfindungsanspruchs aus einem beendeten Arbeitsverhältnis: Ohne ausdrückliche Regelung in der Beendigungsvereinbarung ist im Einzelfall regelmäßig streitig,

77

---

94 Staudinger/*Werner*, § 2039 Rn 24.
95 RGZ 158, 42.
96 OLG Hamm NJW-RR 1992, 330.
97 BVerfGE 17, 86.
98 BGH NJW 1987, 435.
99 BGH NJW 1965, 396.
100 RGZ 150, 190.
101 BGH ZEV 2006, 27.
102 BGH FamRZ 1976, 146 m. Anm. *Schwab*, FamRZ 1976, 268.
103 RGZ 65, 5.

ob der Abfindungsanspruch auf die Erben übergeht, wenn der Arbeitnehmer vor Beendigung des Arbeitsverhältnisses stirbt.[104]

**2. Befugnisse des einzelnen Miterben**

a) Außergerichtlich

78 Der auf Grund von § 2039 BGB handelnde Miterbe kann Verzug herbeiführen durch Mahnung.

b) Prozessführungsbefugnis

79 Der Miterbe kann gem. § 2039 BGB auf Leistung oder Feststellung klagen,[105] er kann die Zwangsvollstreckung betreiben,[106] er kann Prozesse, die durch den Tod des Erblassers unterbrochen wurden, wieder aufnehmen.[107]

Der Miterbe ist gesetzlicher Prozessstandschafter und handelt deshalb in eigenem Namen (für den Nachlass; was im Rubrum selbstverständlich zum Ausdruck kommen muss). Aber weil nur der klagende Miterbe Partei ist, können die anderen Miterben als Zeugen vernommen werden.

**3. Prozessrecht**

80 Weder das obsiegende noch das unterliegende **Leistungsurteil** schafft Rechtskraft für die anderen, am Prozess nicht beteiligten Erben.[108] Nach Jauernig/*Stürner*[109] soll das obsiegende Leistungsurteil Rechtskraft für die Miterben entfalten, nicht aber das unterliegende, es sei denn, die Miterben hätten der Prozessführung zugestimmt. Wenn einzelne Erben von ihrer Prozessführungsbefugnis nach § 2039 BGB keinen Gebrauch machen und **alle Erben** den Schuldner verklagen, so handelt es sich um eine Gesamthandsklage, bei der alle Miterben notwendige Streitgenossen sind.

Trotz notwendiger Streitgenossenschaft wirkt die materielle Rechtskraft eines gegen einzelne Streitgenossen ergangenen Teilurteils aber nicht gegen die übrigen notwendigen Streitgenossen.[110]

Dazu der BGH in seinem Urteil vom 12.1.1996:[111]

> *„Gegenüber einzelnen aus materiell-rechtlichen Gründen notwendigen Streitgenossen darf nicht durch Teilurteil erkannt werden; ein solchermaßen verfahrenswidrig ergangenes Teilurteil kann jedoch in formelle und materielle Rechtskraft erwachsen.*
> *Einem formell rechtskräftigen Teilurteil gegen einzelne aus materiell-rechtlichen Gründen notwendige Streitgenossen kommt keine materielle Rechtskraftwirkung gegenüber den anderen notwendigen Streitgenossen zu."*

---

104 *Boemke/Danko*, DB 2006, 2461.
105 RGZ 75, 26.
106 KG NJW 1957, 1154.
107 BGH FamRZ 1964, 360.
108 BGHZ 92, 354; BGH NJW 1985, 2825, aber sehr streitig, siehe Jauernig/*Stürner*, § 2039 Anm. 6; Rosenberg/Schwab/*Gottwald*, § 49 II 2.
109 Jauernig/*Stürner*, § 2039 Anm. 6.
110 BGHZ 131, 376.
111 BGHZ 131, 376, 377.

Ist einer der Miterben selbst Schuldner an den Nachlass, so kann grundsätzlich jeder Miterbe gegenüber dem anderen Miterben eine solche Forderung geltend machen.¹¹²

Dem Schuldner-Miterben steht kein Zurückbehaltungsrecht zu wegen seines ihm bei der Nachlassteilung zukommenden Auseinandersetzungsguthabens.¹¹³

Soll eine **Feststellungsklage** in Bezug auf ein absolutes Recht oder ein Rechtsverhältnis erhoben werden, so ist sie von allen Erben als notwendigen Streitgenossen zu erheben (§ 62 Abs. 1 Alt. 2 ZPO).

### 4. Muster: Klage betreffend Darlehensrückzahlung in Prozessstandschaft

An das

Landgericht
– Zivilkammer –

*Klage*

des Herrn

– Kläger –

Prozessbevollmächtigter: Rechtsanwalt

gegen

Frau

– Beklagte –

wegen Forderung.

Namens und in Vollmacht des Klägers erhebe ich Klage gegen die Beklagte und werde in dem zu bestimmenden Termin beantragen, für Recht zu erkennen:

Die Beklagte wird verurteilt, an den Kläger und Frau          , wohnhaft         , den Betrag von           EUR nebst hieraus jährlich 5 % Zinsen über dem Basiszinssatz seit dem         zu zahlen.

Falls die Voraussetzungen des § 331 Abs. 3 bzw. § 307 ZPO vorliegen, bitte ich um Erlass eines **Versäumnis- bzw. Anerkenntnisurteils** ohne mündliche Verhandlung.

*Begründung:*

Mit der Klage macht der Kläger gegen die Beklagte einen Darlehensrückzahlungsanspruch als Miterbe einer Erbengemeinschaft in Prozessstandschaft nach § 2039 BGB geltend.

Der Vater des Klägers, der am          verstorbene Herr         , zuletzt wohnhaft in         (im folgenden „Erblasser" genannt) hatte zwei Kinder: den Kläger und die Schwester des Klägers.

Erben des Erblassers wurden kraft Gesetzes nach dem Erbschein des Nachlassgerichts         vom        , Az.         , der Kläger und seine Schwester, Frau         , je zur Hälfte.

*Beweis:* Begl. Abschrift des Erbscheins des Nachlassgerichts         vom        , Az.         – Anlage K 1 –

Mit Darlehensvertrag vom         hat der Erblasser der Beklagten einen Betrag von         EUR geliehen.

---

112 BGH WM 71, 653; MüKo-*Heldrich*, § 2039 BGB Rn 32.
113 Jauernig/*Stürner*, § 2039 Anm. 5.

*Beweis:* Begl. Kopie des bezeichneten Darlehensvertrags – Anlage K 2 –

Der Darlehensbetrag wurde an die Beklagte in voller Höhe am ▮ durch Überweisung auf ihr Konto Nr. ▮ bei der ▮ Bank ausgezahlt.

*Beweis:* Begl. Kopie des Kontoauszugs – Anlage K 3 –

Der Erblasser hat noch zu seinen Lebzeiten das Darlehen mit Schreiben vom ▮ gekündigt.

*Beweis:* Begl. Kopie des Schreibens vom ▮ – Anlage K 4 –

Trotz Aufforderung und Mahnung hat die Beklagte den Darlehensbetrag bisher nicht zurückbezahlt. Sie bezahlt regelmäßig die vereinbarten Zinsen, teilte aber mit, sie sei zurzeit so illiquide, dass sie die Darlehenshauptsumme nicht bezahlen könne. Dieser Zustand dauert nun aber schon mehr als ▮ Jahre an. Die Erben des Darlehensgebers wollen die Erbauseinandersetzung vornehmen. Dazu brauchen sie die Darlehenssumme, um Nachlassverbindlichkeiten vollends abzulösen, damit danach die Erbteilung vorgenommen werden kann (§§ 2046, 2047 BGB).

Das Mahnschreiben des Klägers vom ▮ wird als Anlage K 5 beigefügt.

Der Kläger war gem. § 2039 BGB sowohl zur Mahnung befugt, wie er auch zur Führung des Rechtsstreits kraft gesetzlicher Prozessstandschaft berechtigt ist.

Die gesetzlichen Verzugszinsen schuldet die Beklagte seit dem Zugang der Mahnung, dem ▮, §§ 286, 288 BGB.

(Rechtsanwalt)

### 5. Muster: Klage auf Grundbuchberichtigung in Prozessstandschaft[114]

An das

Landgericht
– Zivilkammer –

▮

*Klage*

des Herrn ▮

– Klägers –

Prozessbevollmächtigter: Rechtsanwalt ▮

gegen

Frau ▮

– Beklagte –

wegen Grundbuchberichtigung

Namens und in Vollmacht des Klägers erhebe ich Klage gegen die Beklagte und werde in dem zu bestimmenden Termin beantragen, für Recht zu erkennen:

Die Beklagte wird verurteilt, der Berichtigung des Grundbuchs dahin gehend zuzustimmen, dass als Eigentümer des im Grundbuch des Amtsgerichts ▮ für ▮, Band ▮, Heft ▮, BV Nr. ▮, Gemarkung ▮, Flst. ▮, Größe ▮, eingetragenen Grundstücks der Kläger zusammen mit Frau ▮, wohnhaft ▮, in Erbengemeinschaft nach dem am ▮ verstorbenen Herrn ▮, zuletzt wohnhaft ▮, eingetragen werden.

---

[114] Der Grundbuchberichtigungsanspruch wird bei § 2039 BGB wie ein Forderungsrecht behandelt.

Falls die Voraussetzungen des § 331 Abs. 3 bzw. § 307 ZPO vorliegen, bitte ich um Erlass eines **Versäumnis- bzw. Anerkenntnisurteils ohne mündliche** Verhandlung.

*Begründung:*

Mit der Klage macht der Kläger gegen die Beklagte einen Grundbuchberichtigungsanspruch nach § 894 BGB in Prozessstandschaft nach § 2039 BGB geltend.

*1. Sachverhalt*

Die Beklagte ist die Nichte des Klägers und Enkelin des Vaters des Klägers. Der Vater des Klägers, der am          verstorbene Herr          , zuletzt wohnhaft          (im Folgenden „Erblasser" genannt) hatte zwei Kinder: den Kläger und die Mutter der Beklagten (die Schwester des Klägers).

Erben des Erblassers wurden kraft Gesetzes nach dem Erbschein des Nachlassgerichts          vom          , Az.          , der Kläger und die Mutter der Beklagten je zur Hälfte.

*Beweis:* Begl. Abschrift des Erbscheins des Nachlassgerichts          vom          , Az.          – Anlage K 1 –

Mit Schenkungsvertrag vom          , beurkundet von Notar          , UR-Nr.          , hat der Erblasser der Beklagten das Hausgrundstück in          ,          Straße          , Grundbuchbezeichnung wie oben im Klagantrag, geschenkt. Die Auflassung ist in derselben Urkunde enthalten. Es handelt sich um eine sog. gemischte Schenkung, weil sich der Erblasser ein Wohnungsrecht an einer Zwei-Zimmer-Wohnung des verschenkten Gebäudes vorbehalten hatte, das aber mit seinem Tod erloschen ist. Die Eintragung der Beklagten im Grundbuch als Eigentümerin des auf sie übertragenen Gebäudegrundstücks ist am          erfolgt.

*Beweis:* Begl. Grundbuchblattabschrift über das streitgegenständliche Grundstück – Anlage K 2 –

Der Erblasser war jedoch im Zeitpunkt des Vertragsabschlusses und bei Erklärung der Auflassung vollständig geschäftsunfähig. Der Erblasser litt in den letzten sieben Lebensjahren an Schilddrüsenkrebs, Halswirbelsäulenkrebs (Knochenkrebs) und später auch an seniler Demenz mit zunehmender Progression. Seit ca. drei Monaten vor Abschluss des Schenkungsvertrages ist er nicht mehr geschäftsfähig gewesen. Der Erblasser ist im Alter von 84 Jahren gestorben.

*Beweis:*    a) Sachverständiges Zeugnis des behandelnden Arztes, Herrn Dr. med.          , der als von der Schweigepflicht entbunden anzusehen ist.
            b) Sachverständigengutachten

*2. Rechtliche Würdigung*

Die Geschäftsunfähigkeit des Erblassers führte zur Nichtigkeit der Eigentumsübertragung auf die Beklagte (§§ 104 Nr. 2, 105 Abs. 2 BGB). Damit ist der Erblasser Eigentümer des Gebäudegrundstücks geblieben. Diese Rechtsposition ist auf seine beiden Miterben, den Kläger und seine Schwester, übergegangen (§ 1922 BGB).

Den Erben steht gegen die Beklagte ein Grundbuchberichtigungsanspruch nach § 894 BGB zu, den auch der Kläger in Prozessstandschaft für beide Erben nach § 2039 BGB geltend machen kann (RGZ 132, 83; BGHZ 14, 251 = NJW 1954, 1523; BGHZ 44, 367 = NJW 1966, 773; OLG Zweibrücken Rpfleger 1968, 88; Staudinger-*Werner*, § 2039 Rn 24). Danach hat die Beklagte die Berichtigung des Grundbuchs in der Weise zu bewilligen, dass beide Miterben als Eigentümer des Grundstücks in Erbengemeinschaft nach dem Erblasser eingetragen werden.

Die Feststellungen des Notars in der Schenkungsurkunde über die Geschäftsfähigkeit des Erblassers haben keine Bedeutung, weil der Notar als medizinischer Laie dazu keine endgültigen Aussagen machen konnte (OLG Frankfurt/M. FamRZ 2000, 603, mit Anm. *Günther*, FamRZ 2000, 604).

Zur Befreiung des behandelnden Arztes, Herrn Dr.          , von seiner **ärztlichen Schweigepflicht:** Die Umstände betreffend die Geschäftsfähigkeit gehören zur ärztlichen Schweigepflicht und sind dem Arzt auch „anvertraut" gem. § 383 Abs. 1 Nr. 6 ZPO (BGHZ 91, 397). Die ärztliche Schweigepflicht endet nicht mit dem Tode des Patienten (§ 203 Abs. 4 StGB). Nach dem mutmaßlichen Willen des Erblassers hätte dieser die Offenlegung der Umstände über seinen die Geschäftsfähigkeit betreffenden Gesundheitszustand durch den Arzt gebilligt, weil jeder vernünftige Mensch Zweifel dieser Art aufgeklärt wissen will. Dies reicht für die Annahme einer Befreiung von der Schweigepflicht des Arztes aus (BGHZ 91, 397). Damit besitzt der Arzt wegen mutmaßlicher Befreiung von seiner Schweigepflicht gem. § 385 Abs. 2 ZPO kein Zeugnisverweigerungsrecht.

Zum Streitwert: Der Verkehrswert des streitgegenständlichen Grundstücks beträgt ▓▓▓ EUR.

Der Klage ist demnach wie beantragt stattzugeben.

(Rechtsanwalt)

### 6. Kostentragungspflicht

85   Wenn der in Prozessstandschaft klagende Miterbe im Rechtsstreit obsiegt, so hat der Gegner nach §§ 91 ff. ZPO die Kosten des Rechtsstreits zu tragen. Unterliegt der klagende Miterbe im Rechtsstreit, so hat er im Außenverhältnis die Kosten des Rechtsstreits gem. §§ 91 ff. ZPO zu tragen, hat aber entsprechend § 670 BGB einen Aufwendungsersatzanspruch gegen die anderen Miterben, sofern nicht ohnehin eine Verwaltungsmaßnahme nach § 2038 BGB vorliegt, aufgrund deren er Ersatz seiner Aufwendungen verlangen kann.[115]

**Streitwert:** Für den Streitwert ist der gesamthänderische Anspruch in voller Höhe maßgebend.[116]

86   Dazu der BGH:[117]

*„Macht der Testamentsvollstrecker eines Miterben eine Nachlaßforderung gegenüber einem anderen Miterben ohne Erfolg gerichtlich geltend und werden ihm deshalb die Prozeßkosten auferlegt, kann er grundsätzlich deren Erstattung von den Miterben einschließlich des Prozeßgegners verlangen."*

Aus den Entscheidungsgründen:

*„...Ein ohne Mehrheitsbeschluß (§§ 2038 Abs. 2 S. 1, 745 Abs. 1 S. 1 BGB) eigenmächtig handelnder Miterbe verpflichtet die Erbengemeinschaft nicht nur, soweit ihm ein Notverwaltungsrecht nach § 2038 Abs. 1 S. 2 Hs. 2 BGB zusteht, sondern darüber hinaus auch dann, wenn er einen Aufwendungsersatzanspruch nach den Regeln der Geschäftsführung ohne Auftrag hat (BGH, Urteil vom 20. Mai 1987 – IVa ZR 42/86, NJW 1987, 3001). Hier ging es um die Einziehung einer nach Meinung der Kläger dem Nachlaß zustehenden Forderung, zu der jeder Miterbe auch ohne die Zustimmung der anderen nach § 2039 BGB befugt ist. Die Einziehung von Nachlaßforderungen liegt grundsätzlich im Interesse der Erbengemeinschaft als ganzer, und zwar unabhängig davon, ob die Ergebnisse bei der Auseinandersetzung jedem Miterben zugute kommen. Deshalb kann der klagende Erbe in aller Regel die Erstattung der dabei für ihn entstehenden notwendigen Kosten nach § 683 BGB von der Erbengemeinschaft verlangen (vgl. MüKo-Dütz, 3. Aufl., § 2039 BGB Rn 31). Maßgebend für die Feststellung von Interesse und mutmaßlichem Willen der Erbengemeinschaft als des Geschäftsherrn an der auftragslosen Geschäftsführung ist der Zeitpunkt der Übernahme, hier also der Klagerhebung (MüKo-Seiler, § 683 BGB Rn 11). Daß sich der Beklagte als Miterbe und Schuldner der Einzie-*

---

115   MüKo-*Heldrich*, § 2039 BGB Rn 31.
116   BGH NJW 1967, 443.
117   BGH ZEV 2003, 413 = Rpfleger 2003, 581 = NJW 2003, 3268 = FamRZ 2003, 1654.

*hung widersetzt hat, ist nicht entscheidend; ihm stand wegen des Interessengegensatzes kein Stimmrecht zu (BGHZ 56, 47, 53). Im übrigen macht der Beklagte nicht geltend und ist auch nicht ersichtlich, daß die Erhebung der hier in Rede stehenden Klage zum maßgebenden Zeitpunkt ausnahmsweise objektiv dem Willen oder dem Interesse der Erbengemeinschaft als ganzer zuwider gelaufen wäre. Die Revision weist zutreffend darauf hin, daß für die Kosten des hier von den Klägern geführten Prozesses nichts anderes gelten kann als für die gerichtliche Geltendmachung einer Nachlaßforderung durch einen Testamentsvollstrecker, der den ganzen Nachlaß verwaltet: Die dadurch verursachten Kosten sind, soweit sie den Testamentsvollstrecker nicht etwa wegen überflüssigen oder leichtfertigen Prozessierens nach § 2219 BGB selbst treffen, vom Nachlaß zu tragen, auch wenn der Prozeß verloren geht (BGHZ 69, 235, 241; BGH Urteil vom 7. November 1966 – III ZR 48/66, WM 1967, 25, 29 unter III 2; Staudinger/Reimann, BGB [1995], § 2218 Rn 31; MüKo-Brandner, a.a.O. § 2218 Rn 19 m.w.N.; Soergel/Damrau, 12. Aufl., § 2218 BGB Rn 13). Auf die Kostenentscheidung des Prozesses, in dem die Nachlaßforderung geltend gemacht worden ist, kommt es mithin nicht an."*

### 7. Prozesskostenhilferecht

Klagt ein Miterbe aus eigenem Recht auf Leistung an die Erbengemeinschaft (§ 2039 BGB), so sind für die beantragte Prozesskostenhilfe grundsätzlich nur seine eigenen Einkommens- und Vermögensverhältnisse maßgeblich. Anders ist dies, wenn der arme Miterbe lediglich vorgeschoben wird.[118]

### IX. Besitzschutzrechte der Erben

#### 1. Allgemeines

Gemäß § 857 BGB geht auch der **Besitz** als die tatsächliche Sachherrschaft auf den Erben über. Weil er eine rein faktische Position darstellt, wäre er vom universalen Rechtsübergang des § 1922 BGB nicht erfasst.[119] Die Folge wäre, dass diejenigen Gegenstände, die der Erblasser in Besitz hatte, besitzlos würden und deshalb nicht vor verbotener Eigenmacht geschützt wären. Mehrere Erben werden Mitbesitzer gem. § 866 BGB.[120] Vorausgesetzt wird, dass der Erblasser im Zeitpunkt des Eintritts selbst Besitzer war, in welcher Form der Besitz auch immer bestanden hat (Allein-, Mit-, Eigen- oder Fremdbesitz). Der Erbenbesitz entsteht kraft Gesetzes und erfordert deshalb weder Kenntnis vom Erbanfall noch Besitzwillen.[121]

Auch der sog. **Verwaltungsbesitz** geht auf die Erben über. Hatte der Erblasser Besitz, der aus einem Verwaltungsrecht als Beauftragter, Testamentsvollstrecker, Nachlassverwalter, Pfleger oder Insolvenzverwalter herrührte, so geht auch dieser Besitz auf den/die Erben über. Nicht aber geht das Recht zur Verwaltung und das sich daraus ergebende Besitzrecht auf die Erben über.[122]

War der Besitz des Erblassers bereits fehlerhaft, so muss auch der Erbe sich dies entgegen halten lassen, § 858 Abs. 2 S. 2 BGB.

---

118 OLG Saarbrücken NJW 2009, 2070.
119 AnwK-BGB/*Hoeren*, § 857 Rn 1.
120 BGHZ 4, 77, 78 = NJW 1952, 303.
121 BGH LM § 836 BGB Nr. 6.
122 AnwK-BGB/*Hoeren*, § 857 Rn 12.

## 2. Besitzschutzrechte der Erben gegenüber Dritten

89  Der Erbe genießt Besitzschutz gegenüber Dritten gem. §§ 858 ff. BGB. Hat sich der Dritte Alleinbesitz an einem Nachlassgegenstand in verbotener Eigenmacht (§ 858 BGB) verschafft, so kann jeder Miterbe gem. § 2039 BGB die Herausgabe an alle Miterben oder die Hinterlegung zugunsten aller Miterben – bspw. eines Sparbuchs – verlangen, § 2039 S. 2 BGB.

## 3. Besitzschutzrechte des einzelnen Miterben gegenüber den anderen Miterben

90  Denkbar ist, dass einem Miterben von den anderen das Alleinverwaltungsrecht an den einzelnen Nachlassgegenständen übertragen wird oder dass ein Miterbe noch vom Erblasser her qua Vollmacht (Vorsorgevollmacht) das Alleinverwaltungsrecht hat. Damit steht diesem Alleinverwalter auch das alleinige Recht zum unmittelbaren Besitz zu. Wird das Alleinverwaltungsrecht widerrufen (bspw. Vollmachtswiderruf), so können die anderen Miterben die Einräumung des Mitbesitzes gem. § 667 BGB verlangen. Nimmt ein Erbe einen Nachlassgegenstand eigenmächtig in Alleinbesitz, so stehen den übrigen Miterben Besitzschutzrechte aus § 861 BGB zu, die auch von einem gem. § 2039 BGB für die übrigen geltend gemacht werden können. § 866 BGB schließt den Besitzschutz aus, soweit „es sich um die Grenzen des den Einzelnen zustehenden Gebrauchs handelt." Besitzschutz gewährt die h.M. grundsätzlich nur gegen Besitzentziehung durch den einzelnen Miterben.[123]

Wird durch eine Besitzstörung ein Mitbesitzer faktisch vom Gebrauch einer gemeinsamen Sache ausgeschlossen, so kommt dies einer Besitzentziehung gleich.[124]

Da der Besitz wie ein absolutes Recht gem. § 823 BGB schadensersatzrechtlich geschützt ist, kann bei Besitzentziehung auch Wiedereinräumung des Mitbesitzes im Wege der Naturalrestitution i.S.v. § 249 BGB verlangt werden.[125]

Nimmt einer der Miterben einen Nachlassgegenstand (bspw. ein Sparbuch) ohne Zustimmung der anderen in Besitz, so begeht er damit **verbotene Eigenmacht** i.S.v. § 858 BGB. Jeder Miterbe kann Einräumung des Mitbesitzes gem. §§ 985, 861, 2039 BGB verlangen.

Dieser Anspruch auf Einräumung des Mitbesitzes[126] kann von den anderen Erben im Wege der **einstweiligen Verfügung (Leistungsverfügung)** geltend gemacht werden. Dabei sind sie nicht auf den Erlass einer Sicherungsverfügung – gerichtet auf Herausgabe an einen Sequester – beschränkt, vielmehr kann durch die Leistungsverfügung in Vorwegnahme der Hauptsache Einräumung des Mitbesitzes verlangt werden.[127] Die einstweilige Verfügung ersetzt allerdings nicht den Hauptsacheprozess. Als Verfügungsgrund genügt die Glaubhaftmachung von verbotener Eigenmacht.[128] Besondere Dringlichkeit ist weder erforderlich noch glaubhaft zu machen.[129]

Hierzu führt das AG Rostock aus:[130]

---

123 BGHZ 29, 372, 377; BGHZ 62, 243, 248.
124 OLG Köln MDR 1978, 405.
125 BGHZ 62, 243, 248.
126 Zur Wiedereinräumung des Wohnungsmitbesitzes vgl. *Behr*, NJW 1992, 2125, 2128; *Schreiber*, NJW 1993, 624, 625; AG Waldshut-Tiengen NJW-RR 1994, 712.
127 OLG Hamm NJW-RR 1991, 1526 = MDR 1991, 941; OLG Köln MDR 1995, 1215; VersR 1997, 465.
128 OLGR Saarbrücken 2003, 229.
129 OLG Stuttgart NJW-RR 1996, 1516; OLGR Düsseldorf 2002, 175.
130 AG Rostock ZEV 2006, 33 = NJW-RR 2005, 1533.

> „1. Ein Erbe kann von einem Miterben gemäß §§ 861 Abs. 1, 2039 BGB verlangen, dass dieser von ihm aus dem Wohnhaus des Erblassers mittels verbotener Eigenmacht entfernte Nachlassgegenstände an diesen Ort zurückbringt, damit der Besitz der Erbengemeinschaft wieder begründet wird.
> 2. Dem Besitzschutzanspruch steht nicht entgegen, dass der Anspruchsteller zuvor selbst mittels verbotener Eigenmacht andere Nachlassgegenstände aus dem Haus entfernte. Hieraus lässt sich kein Rechtfertigungsgrund herleiten für die begangene verbotene Eigenmacht des Anspruchsgegners.
> 3. Zwar ist der Besitzschutz unter Mitbesitzern gemäß § 866 BGB beschränkt, jedoch nicht, soweit der Besitz endgültig entzogen wird, da damit die Grenzen zulässigen Mitbesitzes überschritten werden. Eines Verfügungsgrunds bedarf es im Falle der Besitzentziehung mittels verbotener Eigenmacht regelmäßig nicht."

Die Begründung des alleinigen Besitzes am Nachlassgegenstand durch einen Miterben vor der Auseinandersetzung des Nachlasses kann als Anmaßung einer tatsächlich nicht bestehenden Alleinerbenstellung verstanden werden, wenn sie mit einer Negierung des den übrigen Miterben zustehenden Rechts zum Mitbesitz verbunden ist. Der Ersatzanspruch des Herausgabeberechtigten im Fall der Unmöglichkeit der Herausgabe des Nachlassgegenstands (bspw. eines Aktiendepots) nach §§ 2018, 2020, 2023, 2024, 989 BGB umfasst dessen Wert und den Gewinn, der ihm infolge des Unvermögens des Rückgewährpflichtigen zur Herausgabe entgeht. Für die Wertbemessung ist der Zeitpunkt des Herausgabeverlangens maßgeblich.[131]

## X. Verwaltung des Nachlasses und Unternehmensrecht

### 1. Einzelkaufmännisches Handelsgeschäft im Nachlass

Hat der Erblasser als Einzelkaufmann ein Handelsgeschäft betrieben, so fällt es in den Nachlass. Nach § 22 Abs. 1 HGB können die Erben dieses Geschäft fortführen, ohne dass mit dessen Fortführung durch mehrere Erben notwendig ein gesellschaftsrechtlicher Zusammenschluss der Miterben verbunden wäre.[132] Selbst eine Erbengemeinschaft, die nur aus **Vorerben** besteht, kann das Handelsgeschäft als Erbengemeinschaft fortführen,[133] nicht aber eine Gemeinschaft, die nur aus Erbteilserwerbern besteht.[134] Eine Sondererbfolge wie bei OHG und KG findet beim einzelkaufmännischen Handelsgeschäft nicht statt.

Dazu der BGH:[135]

> „Mit der Fortführung eines ererbten Handelsgeschäfts durch mehrere Miterben ist nicht notwendig ein gesellschaftlicher Zusammenschluß der Miterben verbunden."

Das zum Nachlass gehörende Handelsgeschäft kann von den Erben ohne zeitliche Begrenzung in ungeteilter Erbengemeinschaft fortgeführt werden (Fälle aus der BGH-Rechtsprechung: Fortführung 17 bzw. 6 Jahre).[136]

---

131 BGH WM 2002, 909 (910); OLG Koblenz ZErb 2008, 168 = OLGR Koblenz 2008, 305.
132 BGHZ 30, 391, 394; BGHZ 92, 259; BGH DB 1984, 2682 und Besprechung von *Strothmann*, ZIP 1985, 969 ff.
133 KG ZEV 1999, 28.
134 KG ZEV 1999, 28.
135 BGHZ 92, 259.
136 BGHZ 17, 299; BGHZ 30, 94; BGHZ 92, 259.

*Krug*

Nach § 31 Abs. 1 HGB sind die Miterben in das Handelsregister einzutragen, und zwar in Erbengemeinschaft.

Im Schrifttum wird – im Gegensatz zur BGH-Rechtsprechung – teilweise die Meinung vertreten, die gemeinschaftliche Fortführung des Handelsgeschäfts über die dreimonatige Frist des § 27 Abs. 2 HGB hinaus habe eine Zwangsumwandlung der Erbengemeinschaft in eine OHG in Bezug auf das Handelsgeschäft zur Folge.[137] Aber das geltende Recht kennt einen solchen Umwandlungszwang aus einer Erbengemeinschaft in eine OHG nicht. Denn dafür wäre der Abschluss eines Gesellschaftsvertrags erforderlich.

94 Daraus folgt: Die Fortführung des Handelsgeschäfts ist Verwaltung i.S.v. § 2038 BGB und unterliegt deshalb denselben Regelungen wie die Verwaltung des sonstigen Nachlasses nach §§ 2038, 743 ff. BGB. Problematisch ist, dass jeder Miterbe nach § 27 HGB haftet, wenn er der Fortführung des Geschäfts ausdrücklich oder konkludent zustimmt. Will er dies vermeiden, so muss er die Erbschaft ausschlagen oder die Auseinandersetzung betreiben. Eine einseitige Haftungsbegrenzungserklärung für den Miterben, entsprechend § 25 Abs. 1 HGB, kommt nicht in Betracht, da er dafür einen Beschluss der Erbengemeinschaft benötigt. Aus rein faktischen Gründen sind die Miterben deshalb nicht selten gezwungen, das Unternehmen weiterzuführen. Damit haften sie für Alt- und Neuverbindlichkeiten.[138]

95 Im **Innenverhältnis** können auf die zwischen den Miterben bestehenden Rechtsbeziehungen die Grundsätze der OHG anwendbar sein, wenn das Unternehmen längere Zeit als werbende Gesellschaft fortgeführt wird.[139]

Dazu der BGH:[140]

> „...in dem hier zu entscheidenden Fall sind bezüglich derjenigen Gegenstände, die zu dem Vermögen des Unternehmens gehören, auf die Rechtsbeziehungen der Parteien untereinander die für die offene Handelsgesellschaft geltenden Rechtssätze jedenfalls entsprechend anzuwenden. Dadurch, dass die Parteien das ererbte Unternehmen mit dem Einsatz ihrer Arbeitskraft 17 Jahre als werbendes Unternehmen fortführten, haben sie die zwischen ihnen bestehende Erbengemeinschaft in Ansehung dieses Betriebes in ihrem Wesen umgestaltet. Die Erbengemeinschaft ist ihrem Wesen nach eine Abwicklungsgemeinschaft. Sie besteht in der Regel nur für eine gewisse Übergangszeit. Ihr natürliches Ziel ist es, sich aufzulösen. Sofern die Erben ihre ganze Arbeitskraft einem zum Nachlass gehörigen Handelsunternehmen widmen, um dieses fortzuführen und daraus ihren Lebensunterhalt zu bestreiten, nimmt ihr Verhältnis zueinander einen mehr gesellschaftsrechtlichen Charakter an. Diese Wesensänderung muss bei der Beurteilung der zwischen den Erben bestehenden Rechtsbeziehungen beachtet werden."

96 Die Fragen der Vertretung bei Geschäftsfortführung sind wegen der gesamthänderischen Handlungsweise der Miterben unbefriedigend gelöst. Ein von den Miterben bestellter Vertreter kann immer nur die Miterben als solche, nicht aber die Erbengemeinschaft (mangels ihrer Rechtsfähigkeit) vertreten. **Die von den Miterben erteilte Vollmacht** stellt demnach keine einheitliche Bevollmächtigung der Erbengemeinschaft dar, sondern **ist eine Mehrzahl von Einzelvollmachten. Deshalb muss eine Prokura auch von sämtlichen Miterben** erteilt werden. Dies hat zur Folge, dass auch der Widerruf der Prokura von den Miterben gemeinsam erfolgt, denn nach § 48 HGB ist die Prokura vom „Inhaber des Handelsgeschäfts" zu erteilen, und das sind alle Erben.

---

137 *Fischer*, ZHR 144 (1981), 1, 13.
138 Vgl. dazu ausführlich *Bringer*, ZErb 2006, 39.
139 BGHZ 17, 299, 302; Palandt/*Edenhofer*, § 2032 Rn 6.
140 BGHZ 17, 299, 301/302.

Der BGH führt aus (Widerruf der Prokura durch die Erben):[141]

> „*...Die Vollmacht, die die Erben einem Miterben erteilen, ist also im Rechtssinn nicht eine einheitliche Vollmacht, sondern eine Vielzahl von Vollmachten. Dieser Beurteilung entspricht es, dass in einem Fall dieser Art der Widerruf der Vollmacht nicht eine Verwaltungshandlung im Sinne des § 2038 BGB ist, die nur von allen Erben gemeinschaftlich vorgenommen werden könnte, sondern dass der Widerruf eine Angelegenheit eines jeden einzelnen Miterben ist, den jeder jeweils mit Wirkung für sich aussprechen kann (KG HRR 1937 Nr. 1368). Mit dieser rechtlichen Gestaltung verträgt sich die Bestellung einer Prokura an einen der Miterben durch die übrigen Miterben nicht. Denn mit Rücksicht auf die rechtliche Gestaltung der Erbengemeinschaft könnte der zum Prokuristen bestellte Miterbe nicht im Namen der Erbengemeinschaft als der Inhaberin des Handelsgeschäfts auftreten, sondern seine Tätigkeit würde ein Handeln im Namen der übrigen Miterben und zugleich im eigenen Namen darstellen. Als Vertreter und damit als Prokurist würde er also nur für einen Teil der Miterben tätig werden, die als solche nicht allein die Inhaber des Handelsgeschäfts sind. Damit wird deutlich, dass mit der Bestellung eines Miterben zum Prokuristen die Prokura nicht etwa von „dem" Inhaber des Handelsgeschäfts erteilt wird, weil nicht alle Erben an dieser Erteilung mitwirken. Der zum Prokuristen bestellte Erbe würde bei seinem rechtlichen Handeln nicht nur kraft abgeleiteten Rechts aufgrund der ihm erteilten Vertretungsmacht, sondern zugleich auch aufgrund eigenen Rechts, aufgrund seiner Stellung als Miterbe, tätig werden. Eine solche rechtliche Gestaltung verträgt sich nicht mit der Vorschrift des § 48 Abs. 1 HGB, die zwingend bestimmt, dass die Prokura „nur von dem Inhaber des Handelsgeschäfts" erteilt werden kann.*
> *Aus dieser rechtlichen Beurteilung folgt in Übereinstimmung mit der Rechtsprechung des Kammergerichts, dass die Prokura des G. mit dem Eintritt des Erbfalles erloschen ist. G. konnte daher auch nicht aufgrund seiner früheren Stellung als Prokurist die Beklagten gegenüber der Klägerin verpflichten.*"

Die nach Erbrecht beschränkbare Haftung der Erben auf den Nachlass kann für das Handelsrecht nicht ohne weiteres gelten. Nach §§ 27 Abs. 1, 25 Abs. 1 HGB haften die Erben unbeschränkt für alle vom Erblasser in seinem Unternehmen begründeten Verbindlichkeiten, wenn die Erben das Geschäft unter der bisherigen Firma mit oder ohne Beifügung eines Nachfolgezusatzes fortführen. Das bedeutet: Die nach dem BGB vorgesehenen Möglichkeiten der Haftungsbeschränkung für die Erben bleiben wirkungslos. Voraussetzung für diese Haftungsverschärfung ist jedoch die Eintragung des Kaufmanns in das Handelsregister (§ 5 HGB), weil § 25 Abs. 1 HGB die Fortführung eines Handelsgeschäfts unter der bisherigen Firma voraussetzt.[142] Dies gilt für die bereits bestehenden Geschäftsverbindlichkeiten.

Schulden, die **nach dem Erbfall** im Zusammenhang mit der Fortführung des Handelsgeschäfts begründet werden, sind Nachlasserbenschulden, wenn ihre Eingehung zur ordnungsmäßigen Verwaltung des Nachlasses gehört (§ 2038 Abs. 1 BGB). Der Gläubiger erlangt damit eine doppelte Haftungsgrundlage: Die Verbindlichkeiten erfassen zum einen den Nachlass, zum anderen das jeweilige Eigenvermögen der Miterben.

Nach §§ 31 Abs. 1, 29 HGB ist jede Änderung des Inhabers des Unternehmens zum Handelsregister anzumelden.

---

141 BGHZ 30, 391, 397/398.
142 BGHZ 18, 248; BGH NJW 1982, 577.

**100** | **Hinweis**
Handelsregisteranmeldungen und Vollmachten zu ihrer Vornahme sind notariell zu beglaubigen, § 12 HGB.

**101** Der Übergang des einzelkaufmännischen Unternehmens auf die Erben des Inhabers erfolgt nach § 1922 BGB. Zu beachten ist, dass auch mehrere Miterben durch den Erbgang zu gemeinschaftlichen Inhabern des Unternehmens werden können, ohne dass damit kraft Gesetzes eine Personenhandelsgesellschaft (etwa eine OHG) entstünde. Die Anmeldung der Änderung der Inhaberschaft erfolgt entweder durch den Alleinerben oder durch sämtliche Miterben; Vertretung durch Bevollmächtigte ist gem. § 12 Abs. 2 S. 1 HGB zulässig (beglaubigte Vollmacht). Beim Vorhandensein minderjähriger Miterben, die als Mitinhaber einzutragen sind, können die Eltern die Kinder aufgrund ihrer gesetzlichen Vertretungsmacht (§ 1629 Abs. 1 BGB) nicht unbegrenzt vertreten.[143] Unter Umständen ist durch das Familiengericht (bis 31.8.2009: Vormundschaftsgericht) ein Ergänzungspfleger nach § 1909 BGB zu bestellen.[144] In diesem Falle hat der Ergänzungspfleger die Handelsregisteranmeldung anstelle der Eltern zu unterschreiben. Bei Minderjährigen ist im Hinblick auf § 1629a BGB das Geburtsdatum einzutragen.

**Neuerungen durch das FamFG:** Seit dem Inkrafttreten des FamFG,[145] dem 1.9.2009, gilt Folgendes:

Nach der Systematik des FamFG ist für die Pflegschaft für einen Minderjährigen oder eine Leibesfrucht das Familiengericht, für die weiteren Pflegschaften – mit Ausnahme der Nachlasspflegschaft (§§ 1960 ff. BGB) und der verfahrensrechtlichen Pflegschaft für abwesende Beteiligte (§ 364 FamFG) – das Betreuungsgericht zuständig. Die Zuständigkeit des Nachlassgerichts für die Nachlasspflegschaft ergibt sich auch weiterhin aus § 1962 BGB. Die Verteilung der weiteren Pflegschaften auf Familien- und Betreuungsgericht folgt aus der Abschaffung des Vormundschaftsgerichts. Es handelt sich insoweit um betreuungsgerichtliche Zuweisungssachen (§ 340 FamFG).

**102** Selbst eine Erbengemeinschaft, die nur aus Vorerben besteht, kann das Handelsgeschäft als Erbengemeinschaft fortführen,[146] nicht aber eine Gemeinschaft, die nur aus Erbteilserwerbern besteht.[147]

**103** Hat der Erblasser Testamentsvollstreckung angeordnet, so gilt: Eine Testamentsvollstreckung am einzelkaufmännischen Unternehmen ist grundsätzlich nicht möglich, weil der Testamentsvollstrecker Verbindlichkeiten nur für den Nachlass eingehen kann und nicht auch für den Erben persönlich.

### 2. Beteiligung Minderjähriger an der Erbengemeinschaft

#### a) Minderjährigenhaftungsbeschränkung

**104** Das am 1.1.1999 in Kraft getretene Minderjährigenhaftungsbeschränkungsgesetz vom 25.8.1998[148] hat mit § 1629a BGB eine Haftungsbeschränkung zugunsten des Kindes gebracht. Die Interessen von Gläubigern und des Rechtsverkehrs wurden durch die Schaffung

---

143 BVerfG NJW 1986, 1859.
144 Vgl. *Schaub*, ZEV 1994, 72.
145 Vom 17.12.2008 (BGBl I. 2586, 2587).
146 KG ZEV 1999, 28.
147 KG ZEV 1999, 28.
148 BGBl I 1998, 2487.

zweier Vermutungstatbestände gewahrt (§ 1629a Abs. 4 BGB) und durch die Einführung eines außerordentlichen Kündigungsrechts des Kindes, mit dem es seine Mitgliedschaft in einer Gesamthandsgemeinschaft (bspw. einer Erbengemeinschaft) bzw. Personengesellschaft beenden kann.

b) Haftungsbeschränkung, § 1629a Abs. 1 BGB

Nach § 1629a Abs. 1 BGB hat das volljährig gewordene Kind die Möglichkeit, die Haftung für Verbindlichkeiten, die seine Eltern ihm gegenüber bei Ausübung der gesetzlichen Vertretung begründet haben, und für Verbindlichkeiten, die durch einen in der Zeit der Minderjährigkeit eingetretenen Erwerb von Todes wegen begründet wurden, auf den **Bestand desjenigen Vermögens** zu beschränken, das **im Zeitpunkt des Eintritts der Volljährigkeit** vorhanden ist.

Die Haftungsbeschränkung erfolgt in entsprechender Anwendung der §§ 1990, 1991 BGB (wohl als Rechtsfolgenverweisung) auf das bei Eintritt der Volljährigkeit vorhandene Vermögen.[149] Das Minderjährigenhaftungsbeschränkungsgesetz erfasst grundsätzlich alle Verbindlichkeiten des Minderjährigen. § 1629a Abs. 1 S. 1 BGB unterscheidet nicht danach, ob der Minderjährige die Mitgliedschaft in der Gesellschaft von Todes wegen erworben hat, die Eltern den Gesellschaftsvertrag selbst im Namen des Kindes abgeschlossen haben oder das Kind selbst mit Zustimmung der Eltern den Beitritt zu einer Gesellschaft erklärt hat.

c) Sonderkündigungsrecht des volljährig Gewordenen – die Idee des „Neustarts bei Null"

Ist der Minderjährige Mitglied einer Erbengemeinschaft, Inhaber eines Handelsgeschäfts oder unbeschränkt haftender Gesellschafter einer BGB-Gesellschaft, OHG oder KG, so wird die Anordnung der Haftungsbeschränkung nach § 1629a Abs. 1 BGB um das in § 723 Abs. 1 S. 3 Nr. 2 BGB ausdrücklich niedergelegte Recht ergänzt, die Position im Geschäftsleben mit Eintritt der Volljährigkeit endgültig aufzugeben, um auf diese Weise eine vollständige Haftungsentledigung zu erreichen. In § 723 BGB ist die Vollendung des 18. Lebensjahres als wichtiger Grund zur Kündigung der BGB-Gesellschaft festgelegt worden, wobei diese Kündigung innerhalb von drei Monaten erklärt werden muss, § 723 Abs. 1 S. 4 BGB. Über die Verweisungsnormen §§ 105 Abs. 2, 161 Abs. 2 HGB gilt dies auch für OHG und KG. Zumindest ist ein wichtiger Grund i.S.v. § 133 HGB anzunehmen.[150]

d) Doppelte Vermutung in § 1629a Abs. 4 BGB

Das Sonderkündigungsrecht steht im Zusammenhang mit der Beweislastverteilung, die in § 1629a Abs. 4 S. 1 BGB aufgenommen wurde.

Diese Vorschrift enthält **zwei widerlegliche Vermutungen** zugunsten der Gläubiger:

(1) Verlangt der volljährig Gewordene nicht die Auseinandersetzung der Erbengemeinschaft nach § 2042 Abs. 1 BGB, kündigt er eine Beteiligung an einer Personengesellschaft nach § 723 Abs. 1 Nr. 2 BGB nicht innerhalb von drei Monaten nach Erreichen der Volljährigkeit oder stellt er ein Handelsgewerbe nicht innerhalb dieses Zeitraums ein, so wird vermutet, dass die Verbindlichkeit **nach Vollendung des 18. Lebensjahres** begründet wurde (S. 1) und damit nicht der Haftungsbeschränkung des Absatzes 1 unterliegt. Der Eintritt der

---

149 § 1629a Abs. 1 BGB; zur Methodik der Haftungsbeschränkung vgl. *Behnke*, NJW 1998, 3078, 3079.
150 BT-Drucks 13/5624, 10.

Volljährigkeit wird als wichtiger Grund i.S.v. §§ 749 Abs. 2 S. 1, 2042 Abs. 2 BGB angesehen.[151] Diese Vermutung führt zum Verlust der Haftungsbeschränkung.

110 (2) Weiter wird unter den in (1) genannten Voraussetzungen vermutet, dass das gegenwärtige Vermögen bei Erreichen der Volljährigkeit vorhanden war (S. 2). Diese Vermutung kommt erst zum Tragen, wenn die erste Vermutung widerlegt ist. Selbst wenn bewiesen werden kann, dass eine konkrete Verbindlichkeit bereits vor Eintritt der Volljährigkeit entstanden ist, so wird vermutet, dass das jetzt vorhandene Vermögen bereits vor Volljährigkeit erworben wurde und damit das ganze Vermögen des volljährig Gewordenen die Haftungsmasse darstellt.

e) Hinweise für die Beratungspraxis

aa) Schutz des Minderjährigen

111 Im Gesetzgebungsverfahren wurde bereits erkannt, dass es dem gesetzlichen Vertreter des Minderjährigen bzw. dem volljährig Gewordenen selbst zu empfehlen ist, ein **Inventar über das Vermögen des Minderjährigen** zum Stichtag seiner Volljährigkeit zu errichten, um die Vermutungen des § 1629a Abs. 4 BGB widerlegen zu können.[152] Für den Fall des Erwerbs von Todes wegen sieht das Gesetz in § 1640 BGB ohnehin eine Inventarerrichtungspflicht für die Eltern vor. Bei Erreichen der Volljährigkeit sind sie dem Kind nach § 1698 BGB zur Rechenschaft verpflichtet.

112 Eine **Inventarisierung** des vorhandenen Vermögens ist noch aus einem anderen Grund empfehlenswert: In § 1629a BGB wird u.a. auf § 1991 BGB verwiesen. Dies hat zur Folge, dass der Volljährige nach §§ 1991 Abs. 1, 1978 Abs. 1 und 662 ff. BGB den Gläubigern gegenüber wie ein Beauftragter für die Verwaltung und Erhaltung des bei seiner Volljährigkeit vorhandenen Vermögens verantwortlich ist und nach § 666 BGB auch Rechnung zu legen hat.

bb) Schutz der Gläubiger

113 Gläubiger können sich in erster Linie gegen die Haftungsbeschränkung schützen, indem sie sich Sicherheiten gewähren lassen,[153] denn gem. § 1629a Abs. 3 BGB sind sie von der Haftungsbeschränkung nicht betroffen.

### 3. Mitgliedschaft an einer Personengesellschaft

114 Beim Tod eines Gesellschafters einer BGB-Gesellschaft wird die Gesellschaft nach der gesetzlichen Regelung aufgelöst (§ 727 BGB). Damit wandelt sich die Gesellschaft kraft Gesetzes in eine Liquidationsgesellschaft um. Die Erben werden Mitglieder der Liquidationsgesellschaft mit den nachstehenden Folgen:
- Der dem Erblasser zustehende Gesellschaftsanteil fällt in den Nachlass und steht damit den Erben in ungeteilter Erbengemeinschaft zu.
- Das auf den Anteil des Erblassers entfallende Auseinandersetzungsguthaben ist bei der Erbteilung unter den Erben aufzuteilen; bzw. ist die sich daraus ergebende Forderung einzuziehen und der Erlös zu teilen.

---

151 BT-Drucks 13/5624, 10.
152 BT-Drucks 13/5624, 10.
153 *Peschel-Gutzeit*, FuR 1997, 38.

Beim Tod eines OHG-Gesellschafters oder eines persönlich haftenden Gesellschafters einer KG gilt seit 1.7.1998 aufgrund des Handelsrechtsreformgesetzes – HRefG – vom 22.6.1998[154] Folgendes:

Der betreffende Gesellschafter scheidet aus der Gesellschaft aus, sofern im Gesellschaftsvertrag nichts Abweichendes vereinbart ist (§§ 131 Abs. 2 Nr. 1, 161 Abs. 2 HGB). Damit wird die Gesellschaft nicht aufgelöst, sondern mit den verbleibenden Gesellschaftern – ohne Teilnahme der Erben des Verstorbenen – fortgesetzt. Im Hinblick auf die bis 30.6.1998 geltende gesetzliche Regelung, wonach die OHG bzw. KG beim Tod eines persönlich haftenden Gesellschafters aufgelöst wurde (§§ 131 Nr. 4, 161 Abs. 2 HGB), enthalten viele Gesellschaftsverträge eine sog. Fortsetzungsklausel. Eine solche Möglichkeit gesellschaftsvertraglicher Vereinbarung ist und war in §§ 736 BGB, 138 HGB vorgesehen.

**Rechtswirkungen der gesetzlich geregelten Fortsetzung bzw. der vertraglich vereinbarten Fortsetzungsklausel:**
- Die Beteiligung des Erblassers wächst den übrigen Gesellschaftern an (§§ 738 Abs. 1 S. 1 BGB, § 105 Abs. 2 HGB).
- Den Erben steht als Gesamthändern der Anspruch auf das Auseinandersetzungsguthaben und auf Freistellung von den Gesellschaftsschulden zu.[155]
- Gemäß § 146 Abs. 1 S. 2 HGB haben die Miterben einen gemeinsamen Vertreter zur Ausübung ihrer Gesellschafterrechte zu bestellen.

Bei der Beteiligung des Erblassers an einer KG ist zu differenzieren, ob der Erblasser Komplementär war oder Kommanditist. Für die Komplementärstellung gilt dasselbe wie bei der OHG. Dagegen ist der Kommanditanteil frei vererblich (§ 177 HGB).

Sieht der Gesellschaftsvertrag nicht die Auflösung der Gesellschaft vor, so kommen verschiedene Möglichkeiten der Fortsetzung der Gesellschaft in Betracht:
- Fortsetzung unter Ausschluss der Erben (sog. **Fortsetzungsklausel**), seit 1.7.1998 **gesetzliche Regel**,
- Fortsetzung mit allen oder einzelnen Erben (einfache und qualifizierte **Nachfolgeklauseln**).

Bei Nachfolgeklauseln gelten kraft des in den letzten Jahren entwickelten Richterrechts folgende Regeln:

Miterben können nicht im Zusammenschluss einer Erbengemeinschaft Mitglieder einer Personengesellschaft sein, weil sich insbesondere die Haftungsvorschriften des Erbrechts nicht mit denen des Gesellschaftsrechts vereinbaren lassen.

Nach inzwischen gefestigter Rechtsprechung werden vererbliche Beteiligungen an einer Personengesellschaft im Erbfall nicht gemeinschaftliches Vermögen der Miterben. Vielmehr geht der Gesellschaftsanteil im Wege der **Sondererbfolge** unmittelbar im Verhältnis der Erbteile auf die eintrittsberechtigten Miterben über, ohne dass es dafür eines besonderen Übertragungsaktes bedürfte.[156] Das vom BGH entwickelte Prinzip der Sondererbfolge ist eine Zweckschöpfung, die es der Erbengemeinschaft verwehren soll, als Gesamthand eine Gesellschafterstellung zu übernehmen. Aber sie führt auch zu der hochstreitigen Frage, inwieweit der Gesellschaftsanteil überhaupt als Nachlassbestandteil anzusehen ist und demzufolge der Testamentsvollstreckung unterliegt bzw. im Rahmen von Nachlassverwaltung und Nachlassinsolvenz als Vermögenswert den Nachlassgläubigern zur Verfügung steht.

---

154 BGBl I 1998, 1474.
155 BGHZ 17, 130, 136.
156 BGH NJW 1983, 2376; BGH NJW 1986, 2431.

Krug

Der für Gesellschaftsrecht zuständige II. Zivilsenat des BGH und der für Erbrecht zuständige IV. Zivilsenat (früher IVa-Zivilsenat) waren sich zumindest in der Vergangenheit darüber nicht einig.

Der Erbrechtssenat bejaht die Zugehörigkeit des Gesellschaftsanteils zum Nachlass – nur eben nicht in gesamthänderischer Bindung;[157] daraus folgt die Zulässigkeit nicht nur einer Auseinandersetzungs-Testamentsvollstreckung, sondern auch einer Verwaltungs- oder Dauervollstreckung nach § 2209 BGB, wobei der Erbrechtssenat allerdings die Konturen der Rechtsmacht des Testamentsvollstreckers nicht genau zeichnete.

Demgegenüber war der Gesellschaftsrechtssenat der Ansicht, nur die nach § 717 S. 2 BGB selbstständig abtretbaren Ansprüche auf den Gewinn und das zukünftige Auseinandersetzungsguthaben gehörten zum Nachlass – sog. „Abspaltungsthese".[158] In seiner späteren Entscheidung in BGHZ 108, 187 ff., anerkannte auch der Gesellschaftsrechtssenat die Nachlasszugehörigkeit vererbter Personengesellschaftsanteile und die Zulässigkeit der Testamentsvollstreckung an Kommanditbeteiligungen, ließ aber ebenfalls die Reichweite der Befugnisse des Testamentsvollstreckers ausdrücklich offen.

121 In seinem Beschluss vom 10.1.1996[159] weist der IV. Zivilsenat des BGH darauf hin, dass weitgehend Einigkeit zwischen dem Erbrechtssenat und dem Gesellschaftsrechtssenat insoweit bestehe, als beide der Ansicht sind, dass der durch Sondererbfolge übergegangene Gesellschaftsanteil insofern zum Nachlass gehört, als er Teil des vom Erblasser hinterlassenen Vermögens ist, obwohl der Anteil nicht in das Gesamthandsvermögen der Erbengemeinschaft falle, weil dies mit den verschiedenen Haftungssystemen des Gesellschaftsrechts und des Erbrechts nicht vereinbar sei.[160] Wie groß die Unterschiede zwischen den Auffassungen der beiden Senate noch sind, ist nicht mehr ganz deutlich.

122 Der BGH hält in seinem oben zitierten Beschluss vom 10.1.1996[161] die Zulässigkeit der Testamentsvollstreckung bezüglich des ererbten Anteils an einer BGB-Gesellschaft grundsätzlich für zulässig.

### 4. GmbH-Anteil

123 § 15 Abs. 1 GmbHG sieht ausdrücklich die Vererblichkeit von GmbH-Anteilen vor. Mehrere Erben werden auch Anteilsinhaber in gesamthänderischer Bindung der Erbengemeinschaft. Damit werden die Miterben Mitberechtigte i.S.v. § 18 GmbHG, der eine gemeinschaftliche Ausübung ihrer Rechte, insbesondere des Stimmrechts, vorsieht. Allerdings können sich die Miterben durch einen gemeinsamen Vertreter vertreten lassen.

### 5. Anteil an einer Partnerschaftsgesellschaft

124 § 9 Abs. 1 PartGG stellt die Regel auf, dass auf das Ausscheiden eines Partners und die Auflösung der Partnerschaft die §§ 131–144 HGB entsprechend anzuwenden sind, soweit in den nachfolgenden Bestimmungen nichts anderes geregelt ist. Daneben finden subsidiär gem. § 1 Abs. 4 PartGG die Vorschriften des BGB über die Gesellschaft bürgerlichen Rechts Anwendung. Für die Rechtsnachfolge beim Tod eines Partners enthält allerdings § 9 Abs. 2

---

157 BGH NJW 1983, 2376, 2377; BGHZ 98, 48, 53 ff.
158 BGH JZ 1987, 880.
159 BGH ZEV 1996, 110 = FamRZ 1996, 409 = NJW 1996, 1284 = MittBayNot 1996, 118 = Rpfleger 1996, 289 = MittRhNotK 1996, 169.
160 BGH ZEV 1996, 110, 111.
161 BGH ZEV 1996, 110.

PartGG eine wichtige abweichende Regelung. Danach bewirkt u.a. der Tod eines Partners nicht die Auflösung der Partnerschaft, sondern nur dessen Ausscheiden aus derselben.

## XI. Transmortale und postmortale Vollmacht

### 1. Zweck

Dem Anliegen des Erblassers, eine Vertrauensperson mit der Abwicklung seines Nachlasses zu beauftragen, kann auch mit einer Vollmacht entsprochen werden, die entweder bereits zu Lebzeiten erteilt wird und über den Tod hinaus gilt, oder aber mit einer Vollmacht, die erst mit dem Tod wirksam wird. Im ersteren Fall spricht man von einer transmortalen Vollmacht, im zweiten Fall von einer postmortalen Vollmacht. Für beide Formen der Vollmacht besteht ein großes praktisches Bedürfnis; dies zeigt die Zunahme von Vorsorgevollmachten.

Der Vorzug der Bevollmächtigung besteht vor allem darin, dass der Bevollmächtigte sofort nach dem Tod des Erblassers handeln kann, während der Testamentsvollstrecker erst die Eröffnung des Testaments und evt. die Erteilung eines Testamentsvollstreckerzeugnisses abwarten muss. Solche Wartezeiten können für eine effektive Verwaltung des Nachlasses nachteilig sein.

Bei Vermögensverwaltungen (bspw. von Wertpapierdepots) besteht häufig kontinuierlicher Handlungsbedarf, bei dem Entscheidungen nicht ohne Schaden aufgeschoben werden können.

### 2. Befugnisse des Bevollmächtigten

Der Erblasser kann die Vollmacht für bestimmte Rechtsgeschäfte erteilen oder den Bevollmächtigten mit einer Generalvollmacht ausstatten. Bevollmächtigt werden kann jeder Dritte, selbstverständlich aber auch der Testamentsvollstrecker oder ein Erbe.

Soweit die Vollmacht über die zulässigen Befugnisse des Testamentsvollstreckers hinausgeht, kann die Koppelung von Testamentsvollstreckeramt und Generalvollmacht dazu verwendet werden, die Rechte des Testamentsvollstreckers zu erweitern.[162] So ist es dem Bevollmächtigten im Gegensatz zum Testamentsvollstrecker gestattet, unentgeltliche Verfügungen vorzunehmen (§ 2205 S. 3 BGB). Die Vollmacht bezieht sich nur auf den Nachlass und erstreckt sich nicht auf das Privatvermögen des Erben, da insoweit nicht der Erblasser, sondern nur der Erbe selbst wirksam Vollmacht erteilen kann.[163] Der Bevollmächtigte ist Vertreter der Erben, während der Testamentsvollstrecker Träger eines Amtes ist.

Der **Widerruf einer Erblasservollmacht** durch die Miterben ist **keine Verwaltungshandlung**,[164] sondern jeder Miterbe widerruft die Vollmacht mit Wirkung gegen sich alleine.

Dazu der BGH:[165]

> „...Die Vollmacht, die die Erben einem Miterben erteilen, ist also im Rechtssinn nicht eine einheitliche Vollmacht, sondern eine Vielzahl von Vollmachten. Dieser Beurteilung entspricht es, dass in einem Fall dieser Art der Widerruf der Vollmacht nicht eine Verwal-

---

162 BGH NJW 1962, 1718; *Reithmann*, BB 1984, 1394.
163 MüKo-*Schramm*, § 168 BGB Rn 24; MüKo-*Brandner*, vor § 2197 BGB Rn 14.
164 BGHZ 30, 391, 397/398.
165 BGHZ 30, 391, 397/398.

*tungshandlung im Sinne des § 2038 BGB ist, die nur von allen Erben gemeinschaftlich vorgenommen werden könnte, sondern dass der Widerruf eine Angelegenheit eines jeden einzelnen Miterben ist, den jeder jeweils mit Wirkung für sich aussprechen kann (KG HRR 1937 Nr. 1368)."*

128 Bei der transmortalen Vollmacht hält es *Brandner*[166] für möglich, dass der Bevollmächtigte den Erben auch mit seinem Privatvermögen verpflichten kann, wenn der Erbe die Vollmacht nicht widerruft und bestehen lässt. Letztlich entscheidet die Auslegung des Innenverhältnisses zwischen dem Vertreter und dem Erblasser und eines späteren Verhaltens des Erben über den Umfang der Vollmacht. Da ein Dritter von diesen Umständen in der Regel keine nähere Kenntnis hat, wird er von der Beschränkung auf den Nachlass ausgehen müssen. Der Bevollmächtigte bedarf insbesondere auch keiner Genehmigung des Vormundschaftsgerichts (mit Inkrafttreten des FamFG, dem 1.9.2009, ist das Vormundschaftsgericht abgeschafft, jetzt käme allenfalls eine Zuständigkeit des Familiengerichts in Betracht) für solche Geschäfte, die ein Vormund oder Eltern eines minderjährigen Erben nur mit einer solchen Genehmigung vornehmen könnten.

### 3. Grenzen der Vollmacht

129 Die vom Erblasser erteilte transmortale oder postmortale Vollmacht[167] kann von jedem Erben, auch während einer bestehenden Erbengemeinschaft und trotz angeordneter Testamentsvollstreckung, jederzeit widerrufen werden. Ein Widerruf der Vollmacht kann nur durch entsprechende erbrechtliche Strafklauseln und Auflagen oder durch die Erteilung einer unwiderruflichen Vollmacht verhindert werden. Die Erteilung einer abstrakten, unwiderruflichen Generalvollmacht über den Tod hinaus wird andererseits wegen der nicht zu billigenden Knebelung der Erben und der damit verbundenen Umgehung der Testamentsvollstreckung als sittenwidrig angesehen.[168] Im Zweifel hat der Bevollmächtigte seine Befugnisse unter Wahrung der Interessen des Erben auszuüben.

Dazu der BGH im Falle einer transmortalen Bankvollmacht:[169]

> *"Eine Kontovollmacht gibt dem Bevollmächtigten im Allgemeinen nicht das Recht, das Konto ohne Beteiligung des Vollmachtgebers, also des Erben, aufzulösen oder auf eine andere Art und Weise in dessen Vertragsstellung einzugreifen. Sogar für die Umwandlung eines Oder-Kontos in ein Und-Konto setzt die Veränderung der vertraglichen Rechtsstellung eines Konto-(Mit-)Inhabers im Allgemeinen eine Einigung der Bank mit allen betroffenen Kontoinhabern voraus.[170] In Rechtsprechung und Literatur besteht Einigkeit darüber, dass der Inhaber einer Kontovollmacht, der – anders als etwa der Mitinhaber eines Oder-Kontos – selbst nicht Forderungsinhaber ist, grundsätzlich nicht befugt ist, die vertragliche Rechtsstellung des vertretenen Kontoinhabers aufzuheben oder zu verändern."[171]*

---

166 MüKo-*Brandner*, vor § 2197 BGB Rn 19.
167 Zu Fragen der postmortalen Vollmacht über Bankkonten *Merkel*, WM 1987, 1001 ff.; *Werkmüller*, ZEV 2000, 305; BGH ZEV 1995, 187.
168 BGH DNotZ 1972, 229; Palandt/*Edenhofer*, Vor § 2197 Rn 8, 11.
169 BGH FamRZ 2009, 1053 = ZEV 2009, 306.
170 BGH WM 1990, 2067, 2068; WM 1993, 141, 143.
171 OLG Hamm, WM 1995, 152, 153; Erman/*Palm*, BGB 12. Aufl., § 167 Rn 32a; Palandt/*Heinrichs*, § 167 Rn 9; PWW/*Frensch*, BGB, 3. Auflage, § 167 Rn 25; Soergel/*Leptien*, § 167 Rn 43; OLG Düsseldorf, WM 1983, 547, 548; OLG Frankfurt/M., WM 1985, 1199, 1200; *Schramm*, in: Schimansky/Bunte/Lwowski, Bankrechts-Handbuch, 3. Auflage 2007, § 32 Rn 48.

## 4. Postmortale Vollmacht und Testamentsvollstreckung

Die sich überschneidenden Aufgaben und Befugnisse können zu einer Kollision zwischen Testamentsvollstrecker und Bevollmächtigtem führen. Zweifelhaft ist dann, ob sich die Anordnung einer Testamentsvollstreckung beschränkend auf eine postmortale Vollmacht auswirkt. Aus der Sicht eines Dritten geht es um die Frage, ob er sich auf den Bestand der Vollmacht verlassen kann, wenn er von der Anordnung einer Testamentsvollstreckung Kenntnis erlangt. Die Antwort auf diese Frage ist umstritten. 130

Nach der in Rechtsprechung und Literatur herrschenden Meinung wird eine postmortale Vollmacht durch die Anordnung einer Testamentsvollstreckung nicht beeinträchtigt. Beide Befugnisse können nebeneinander bestehen.[172]

Die postmortale Vollmacht besteht bis zum Widerruf durch die Erben fort. Erlangt ein Dritter Kenntnis von der Testamentsvollstreckung, so besteht grundsätzlich kein Anlass für ihn, anzunehmen, der Erblasser habe auch die postmortale Vollmacht widerrufen wollen. 131

Ist der Testamentsvollstrecker gleichzeitig auch Generalbevollmächtigter mit postmortaler Vollmacht, so unterliegt er, wenn er als Bevollmächtigter tätig wird, nicht den Beschränkungen, denen ein Testamentsvollstrecker unterworfen ist. Die Rechtsstellung als Bevollmächtigter geht durch die Ernennung als Testamentsvollstrecker nicht verloren. 132

## 5. Missbrauch der postmortalen Vollmacht

Beim Missbrauch einer postmortalen Vollmacht gelten nach der in der Rechtsprechung vertretenen h.M. die allgemeinen Grundsätze zum Missbrauch der Vollmacht.[173] Darüber hinaus wird bei einer postmortalen Vollmacht für einen Missbrauch vorausgesetzt, dass das Handeln des Vertreters sich ausnahmsweise als eine unzulässige Rechtsausübung darstellt (§ 242 BGB) oder gegen die guten Sitten verstößt (§ 138 BGB). Ob ein solcher Ausnahmetatbestand vorliegt, lasse sich nur anhand sämtlicher Umstände des Einzelfalles beantworten. Dabei könne nicht allein auf die Interessen der Erben abgestellt werden, vielmehr wirkten die Interessen des Erblassers fort und seien deshalb ebenfalls zu berücksichtigen.[174] 133

---

172 BGH NJW 1962, 1718; MüKo-*Schramm*, § 168 BGB Rn 24; Soergel/*Damrau*, § 2205 Rn 62; *Merkel*, WM 1987, 1001, 1003.
173 BGH NJW 1995, 250, 251.
174 BGH NJW 1969, 1246; FamRZ 1985, 693; MüKo-*Schramm*, § 168 BGB Rn 20; Palandt/*Edenhofer*, vor § 2197 BGB Rn 19; *Trapp*, ZEV 1995, 314, 317.

# § 13 Testamentsvollstreckung

*Thomas Littig*

## Literatur

**Lehrbücher, Handbücher, Formularbücher:**
*Bengel/Reimann*, Handbuch der Testamentsvollstreckung, 4. Auflage 2010; *Mayer/Bonefeld/Weidlich/Vassel-Knauf*, Testamentsvollstreckung, 2. Auflage 2005; *Möhring/Beisswingert/Klingelhöffer*, Vermögensverwaltung in Vormundschafts- und Nachlasssachen, 8. Auflage 2001; *Kerscher/Krug*, Das erbrechtliche Mandat, 4. Auflage 2007; *Nieder/Kössinger*, Handbuch der Testamentsgestaltung, 3. Auflage 2008; *Stöber*, Forderungspfändung, 14. Auflage 2005; *Tanck/Krug/Daragan*, Testamente in der anwaltlichen und notariellen Praxis, 3. Auflage 2005; *Winkler*, Der Testamentsvollstrecker, 19. Auflage 2008; *Zeising*, Pflichten und Haftung des Testamentsvollstreckers bei der Verwaltung von Großvermögen, 2004 (Diss.).

**Aufsätze:**
*Damrau*, Der Nachlass vor Beginn des Testamentsvollstreckeramtes, ZEV 1996, 81; *Garlichs*, Der Testamentsvollstrecker privat, ZEV 1996, 447; *Haas/Lieb*, Die Angemessenheit der Testamentsvollstreckervergütung nach § 2221 BGB, ZErb 2002, 202; *Häfke*, Steuerliche Pflichten, Rechte und Haftung des Testamentsvollstreckers, ZEV 1997, 429; *Keim*, Teilung der Verfügungsbefugnis zwischen Testamentsvollstrecker und Erben durch den Willen des Erblassers?, ZEV 2002, 132; *Kirnberger*, Testamentsvollstreckervergütung und Umsatzsteuer, ZEV 1998, 342; *Klingelhöffer*, Anmerkung zu OLG Köln, Urteil v. 8.7.1993 (Berechnung der Höhe der Testamentsvollstreckervergütung), ZEV 1994, 120; *Klingelhöffer*, Testamentsvollstreckung und Pflichtteilsrecht, ZEV 2000, 261; *Morgen*, Anmerkung zu BGH, Urteil v. 22.1.1997, ZEV 1997, 116; *Muscheler*, Die Freigabe von Nachlassgegenständen durch den Testamentsvollstrecker, ZEV 1996, 401; *Piltz*, Die steuerliche Haftung des Testamentsvollstreckers, ZEV 2001, 262; *Reimann*, Die Kontrolle des Testamentsvollstreckers, FamRZ 1995, 588; *Reithmann*, Die Vergütung des Testamentsvollstreckers im notariellen Testament, ZEV 2001, 385; *Sarres*, Die Auskunftspflichten des Testamentsvollstreckers, ZEV 2000, 91; *Schaub*, Unentgeltliche Verfügungen des Testamentsvollstreckers, ZEV 2001, 257; *Schmitz*, Testamentsollstreckung und Kapitalanlagen, ZErb 2003, 3; *Tiling*, Die Vergütung des Testamentsvollstreckers, ZEV 1998, 331; *Zimmermann*, Die angemessene Testamentsvollstreckervergütung, ZEV 2001, 334.

| | |
|---|---|
| A. Allgemeines ........................... 1 | C. Rechtsstellung des Testamentsvollstreckers; Verhältnis zu Erben, Nachlassgericht und Vormundschaftsgericht ....... 15 |
| B. Gesetzliche Grundlagen/Arten der Testamentsvollstreckung/Gestaltungsmöglichkeiten ............................ 2 | I. Rechtsstellung des Testamentsvollstreckers ......................... 15 |
| I. Gesetzliche Grundlagen ............ 2 | II. Verhältnis zwischen Testamentsvollstrecker und Erben .............. 17 |
| II. Arten der Testamentsvollstreckung und Aufgaben des Testamentsvollstreckers ... 4 | III. Verhältnis zwischen Testamentsvollstrecker und Nachlassgericht/Vormundschaftsgericht ........................ 21 |
| 1. Abwicklungs-/Auseinandersetzungsvollstreckung ............. 5 | D. Anordnung der Testamentsvollstreckung und Ernennung des Testamentsvollstreckers ............................... 23 |
| 2. Schlichte Verwaltungsvollstreckung ... 10 | I. Anordnung der Testamentsvollstreckung ............................ 23 |
| 3. Dauertestamentsvollstreckung (§ 2209 S. 1 Hs. 1 BGB) ..................... 11 | II. Ernennung des Testamentsvollstreckers ... 26 |
| 4. Nacherbenvollstreckung (§ 2222 BGB) ............................. 12 | III. Muster ........................... 32 |
| 5. Vermächtnisvollstreckung (§ 2223 BGB) ............................. 13 | 1. Muster: Bestimmung eines Testamentsvollstreckers durch einen Dritten (§ 2198 Abs. 1 BGB) ............. 32 |
| 6. Testamentsvollstreckung mit beschränktem Aufgabenkreis (§ 2208 BGB) ............................. 14 | |

2. Muster: Bestimmung eines Testamentsvollstreckers durch einen Mittestamentsvollstrecker (§ 2199 Abs. 1 BGB) .................. 33
  3. Muster: Bestimmung eines Testamentsvollstreckernachfolgers durch einen Testamentsvollstrecker bei gleichzeitiger Kündigung des Amtes (§ 2199 Abs. 2 BGB) .................. 34
  4. Muster: Stellungnahme auf Anhörung zur beabsichtigten Ernennung des Testamentsvollstreckers durch Nachlassgericht (§ 2200 Abs. 2 BGB) ..... 35
  5. Muster: Antrag auf Fristsetzung zur Ausübung des Bestimmungsrechtes (§ 2198 BGB) .................. 36
E. Nachweis des Amtes .................. 37
  I. Testamentsvollstreckerzeugnis, § 2368 BGB .................. 38
    1. Funktion des Testamentsvollstreckerzeugnisses .................. 38
    2. Inhalt und Arten des Testamentsvollstreckerzeugnisses .................. 40
    3. Verfahren auf Erteilung des Testamentsvollstreckerzeugnisses .................. 43
    4. Einziehung wegen Unrichtigkeit und Rückgabe des Testamentsvollstreckerzeugnisses .................. 48
    5. Rechtsmittel im Erteilungsverfahren .. 50
  II. Bekanntmachung im Erbschein ........ 51
    1. Notwendige Angaben im Erbschein .. 51
    2. Unrichtige Eintragungen im Erbschein .................. 54
  III. Bekanntmachung im Grundbuch ....... 55
    1. Funktion und Nachweis ............ 55
    2. Löschung des Vermerks ............ 57
  IV. Eintragung im Handelsregister ........ 58
  V. Muster .................. 59
    1. Muster: Notariell beurkundeter Antrag auf Erteilung eines Testamentsvollstreckerzeugnisses (§ 2368 BGB) ..... 59
    2. Muster: Stellungnahme zur beabsichtigten Erteilung des Testamentsvollstreckerzeugnisses (§ 2368 Abs. 2 BGB) .................. 60
    3. Muster: Antrag auf Einziehung des Testamentvollstreckerzeugnisses bei Unrichtigkeit .................. 61
    4. Muster: „Antrag" auf Einziehung des Erbscheins wegen Fehlens des Testamentsvollstreckervermerks .................. 62
    5. Muster: „Antrag" auf Grundbuchberichtigung wegen Fehlens des Testamentsvollstreckervermerks .......... 63
    6. Muster: Antrag auf Eintragung der angeordneten Testamentsvollstreckung im Handelsregister ................ 64
F. **Ablauf der Testamentsvollstreckung vom Beginn bis zur Beendigung des Amtes** ... 65
  I. Beginn des Amtes des Testamentsvollstreckers .................. 65
    1. Voraussetzungen für den Beginn der Testamentsvollstreckung .......... 65
    2. Muster .................. 74
      a) Muster: Annahme des Amtes ... 74
      b) Muster: Ablehnung des Amtes ... 75

  c) Muster: Antrag des Erben auf Erklärungsfrist (§ 2202 Abs. 3 BGB) .................. 76
  d) Muster: Antrag eines sonstigen Beteiligten auf Erklärungsfrist (§ 2202 Abs. 3 BGB) .................. 77
  II. Konstituierung des Nachlasses ......... 78
    1. Begriff und Bedeutung ............ 78
    2. Inbesitznahme und Sicherung des Nachlasses .................. 81
      a) Inbesitznahme von Sachen ....... 81
      b) Bankkonten und Vollmachten .... 83
      c) Sonstige Sicherungsmaßnahmen .. 84
    3. Nachlassverzeichnis .............. 86
      a) Bedeutung und Funktion ....... 86
      b) Verpflichtung zur Erstellung .... 87
      c) Form, Inhalt und Kosten ....... 89
      d) Eidesstattliche Versicherung des Nachlassverzeichnisses .......... 94
    4. Sonstige Verpflichtungen im Rahmen der Konstituierung ............... 95
      a) Hilfeleistung zur Aufnahme des Inventars .................. 95
      b) Regelung der vom Erblasser herrührenden Schulden .......... 96
      c) Bezahlung der Kosten der Beerdigung und des Grabsteins ...... 97
      d) Regelung der Erbschaftsteuer und der sonstigen vom Erblasser herrührenden steuerlichen Pflichten .. 98
    5. Muster .................. 99
      a) Muster: Aufforderung des Testamentsvollstreckers an Erben zur Auskunft über den Bestand des Nachlasses .................. 99
      b) Muster: Aufforderung des Testamentsvollstreckers an Erben zur Herausgabe der Nachlassgegenstände .................. 100
      c) Muster: Anschreiben des Testamentsvollstreckers an die kontoführenden Banken .......... 101
      d) Muster: Stufenklage des Testamentsvollstreckers gegen Erben zur Auskunft, eidesstattlichen Versicherung und Herausgabe des Nachlasses ... 102
      e) Muster: Nachlassverzeichnis des Testamentsvollstreckers nach § 2215 BGB .................. 103
      f) Muster: Klage des Erben gegen Testamentsvollstrecker auf Beihilfe zur Inventarerrichtung (§ 2215 Abs. 1 BGB) .................. 104
  III. Nachlassverwaltung .................. 105
    1. Grundsätzliches zur Nachlassverwaltung .................. 105
    2. Pflicht zur ordnungsgemäßen Verwaltung .................. 106
    3. Verpflichtungsgeschäfte des Testamentsvollstreckers, § 2206 BGB ... 113
    4. Muster .................. 119
      a) Muster: Antrag auf Außerkraftsetzung einer Erblasseranordnung (§ 2216 Abs. 2 BGB) .......... 119
      b) Muster: Klage des Erben gegen Testamentsvollstrecker auf Vornahme einer bestimmten Verwaltungshandlung (§ 2216 Abs. 1 BGB) .... 120

c) Muster: Klage des Erben (vertreten durch Betreuer) gegen Testamentsvollstrecker auf Beachtung einer Verwaltungsanordnung des Erblassers (§ 2216 Abs. 2 S. 1 BGB) ..... 121
d) Muster: Klage des Testamentsvollstreckers gegen Erben auf Einwilligung zur Eingehung einer Verbindlichkeit (§ 2206 Abs. 2 BGB) ..... 122
e) Muster: Antrag des Erben auf Erlass einer einstweiligen Verfügung auf Unterlassen der Eingehung einer Verbindlichkeit durch den Testamentsvollstrecker (§ 2206 Abs. 2 BGB) ..... 123

IV. Rechtsverhältnis zum Erben im Hinblick auf Auskunftsverpflichtung, Rechnungslegung und Herausgabepflichten ..... 124
1. Allgemeines zum Verhältnis zwischen Testamentsvollstrecker und Erben .... 124
2. Informationspflichten des Testamentsvollstreckers ..... 127
   a) Benachrichtigungspflicht ..... 128
   b) Auskunftspflicht ..... 131
   c) Rechenschaftslegung ..... 134
3. Herausgabepflichten ..... 141
   a) Vorzeitige Freigabe/Herausgabe von Nachlassgegenständen ..... 142
      aa) Herausgabe auf Verlangen des Erben ..... 142
      bb) Herausgabe gegen Sicherheitsleistung ..... 149
      cc) Ausführung der Freigabe ..... 150
      dd) Freiwillige Freigabe ..... 151
   b) Herausgabe bei Ende des Amtes ..... 152
4. Muster ..... 155
   a) Muster: Informationsschreiben mit jährlicher Rechnungslegung durch den Testamentsvollstrecker an Erben ..... 155
   b) Muster: Verlangen des Erben nach jährlicher Rechnungslegung bei länger dauernder Verwaltung (§ 2218 Abs. 2 BGB) ..... 156
   c) Muster: Auskunftsverlangen des Erben über Stand der Verwaltung durch Vorlage eines Bestandsverzeichnisses ..... 157
   d) Muster: Klage des Erben gegen Testamentsvollstrecker auf Auskunft durch Vorlage eines Bestandsverzeichnisses nach Umschichtung des Nachlasses und jährliche Rechnungslegung (§ 2218 Abs. 1 i.V.m. §§ 260, 2218 Abs. 2 BGB) ..... 158
   e) Muster: Klage des Erben gegen Testamentsvollstrecker auf Ergänzung des Bestandsverzeichnisses und eidesstattliche Versicherung (§ 2218 Abs. 1 i.V.m. § 260 Abs. 1 und 2 BGB) ..... 159
   f) Muster: Freigabeverlangen des Erben bezüglich eines Nachlassgegenstandes nach § 2217 Abs. 1 BGB ..... 160
   g) Muster: Freigabeerklärung des Testamentsvollstreckers nach § 2217 BGB bei Einigung aller Miterben .. 161
   h) Muster: Klage des Erben gegen Testamentsvollstrecker auf vorzeitige Überlassung eines Nachlassgegenstandes (§ 2217 Abs. 1 BGB) ..... 162
   i) Muster: Verlangen des Erben nach Rechnungslegung bei Beendigung des Amtes (§§ 2218 Abs. 1, 666 BGB) ..... 163
   j) Muster: Stufenklage des Erben auf Auskunft, eidesstattliche Versicherung und Herausgabe des Nachlasses bei Beendigung des Amtes (§§ 2218 Abs. 1, 666, 667, 259, 260 BGB) ..... 164

V. Sonstige Auskunftspflichten des Testamentsvollstreckers ..... 165
1. Vor-, Nacherbe ..... 166
2. Vermächtnisnehmer, Pflichtteilsberechtigte ..... 167
3. Erbschaftskäufer/Erbteilserwerber ... 168
4. Pfändungspfandgläubiger ..... 169
5. Ergänzungspfleger/Ergänzungsbetreuer/Vormund ..... 170
6. Testamentsvollstreckernachfolger .... 171
7. Muster ..... 172
   a) Muster: Klage des Pfändungspfandgläubigers auf Auskunft, Rechnungslegung und Herausgabe ..... 172
   b) Muster: Klage des Testamentsvollstreckernachfolgers auf Auskunft, Rechnungslegung und Herausgabe ..... 173

VI. Prozessführung in der Testamentsvollstreckung ..... 174
1. Aktivlegitimation des Testamentsvollstreckers ..... 175
2. Passivlegitimation des Testamentsvollstreckers ..... 182
3. Muster ..... 187
   a) Muster: Aufnahme eines durch den Erblasser geführten Prozesses nach Unterbrechung durch Tod des Erblassers (§ 239 ZPO) durch den Testamentsvollstrecker (§ 2212 BGB) ..... 187
   b) Muster: Genehmigung der Prozessführung des Erben durch den Testamentsvollstrecker (§ 2212 BGB) bei einem durch den Erblasser geführten Prozess nach Unterbrechung durch Tod des Erblassers (§ 239 ZPO) ..... 188
   c) Muster: Aufnahme eines gegen den Erblasser geführten Prozesses nach Unterbrechung durch Tod des Erblassers (§ 239 ZPO) gegen die Erben und den Testamentsvollstrecker (§ 2213 Abs. 1 BGB) ..... 189
   d) Muster: Klage eines Nachlassgläubigers gegen Testamentsvollstrecker auf Duldung der Zwangsvollstreckung in den Nachlass aufgrund eines gegen den Erben ergangenen Urteils (§ 2213 Abs. 3 BGB) ..... 190
   e) Muster: Antrag auf Titelumschreibung (Erteilung einer vollstreckbaren Ausfertigung eines zugunsten

des Erblassers ergangenen Urteils) gem. §§ 749, 727 ZPO .......... 191
  f) Muster: Antrag auf Titelumschreibung (Erteilung einer vollstreckbaren Ausfertigung) eines gegen den Erblasser ergangenen Urteils gegen den Testamentsvollstrecker (§§ 749, 727 ZPO) ................ 192
VII. Steuerliche Pflichten des Testamentsvollstreckers .................... 193
  1. Vor dem Erbfall in der Person des Erblassers entstandene Steuern .... 194
  2. Erbschaftsteuer aufgrund des Erbfalls ........................... 197
  3. Nach dem Erbfall während der Testamentsvollstreckung entstehende Steuer ............................ 201
  4. Wechselseitige Auskunftsansprüche ... 203
    a) Auskunftsanspruch des Testamentsvollstreckers .............. 203
    b) Auskunftsansprüche der Erben .... 204
    c) Muster ..................... 205
      aa) Muster: Aufforderung des Testamentsvollstreckers an Erben zur Auskunft über vom Erblasser erhaltene Schenkungen .................... 205
      bb) Muster: Klageantrag des Testamentsvollstreckers gegen Erben auf Auskunft über Vorschenkungen i.S.d. § 14 ErbStG ................. 206
      cc) Muster: Klage des Erben gegen Testamentsvollstrecker auf Auskunft über die für die Erfüllung der steuerlichen Pflichten notwendigen Umstände und Zahlen (§ 2218 Abs. 1 i.V.m. § 666 BGB) ......... 207
VIII. Auseinandersetzung des Nachlasses ..... 208
  1. Auseinandersetzungsplan ........... 210
  2. Auseinandersetzungsvereinbarung .... 214
  3. Vollzug des Aufteilungsplanes/Auseinandersetzungsvertrags ........ 218
  4. Muster ......................... 220
    a) Muster: Auseinandersetzungsplan (§ 2204 BGB) ................. 220
    b) Muster: Anhörung der Erben zum Auseinandersetzungsplan ........ 221
    c) Muster: Auseinandersetzungsvereinbarung (§ 2204 BGB) ........ 222
    d) Muster: Klage des Erben auf Feststellung der Unwirksamkeit eines vom Testamentsvollstrecker aufgestellten Teilungsplans .......... 223
    e) Muster: Klageantrag des Erben gegen den Testamentsvollstrecker und die Miterben auf anderweitige Auseinandersetzung als in dem vom Testamentsvollstrecker aufgestellten Teilungsplan ................ 224
    f) Muster: Klageantrag des Testamentsvollstreckers bei Klage zur Mitwirkung bei den Übertragungsakten entsprechend dem vom Testamentsvollstrecker aufgestellten Teilungsplan ................ 225
IX. Beendigung des Amtes ................ 226
  1. Beendigungstatbestände ............ 227
    a) Gründe in der Person des Testamentsvollstreckers .............. 227
      aa) Tod des Testamentsvollstreckers, § 2225 BGB ........ 227
      bb) Amtsunfähigkeit des Testamentsvollstreckers, § 2225 i.V.m. § 2201 BGB ........ 228
      cc) Verlust der Rechtsfähigkeit von juristischen Personen, welche als Testamentsvollstrecker bestellt waren, § 2225 BGB analog ..................... 229
      dd) Kündigung durch den Testamentsvollstrecker, § 2226 BGB ..................... 230
      ee) Entlassung des Testamentsvollstreckers durch das Nachlassgericht, § 2227 BGB ......... 232
    b) Erledigung der Aufgaben ......... 240
    c) Zeitablauf/Bedingungseintritt ..... 244
  2. Folgen der Beendigung ............. 247
  3. Muster ......................... 251
    a) Muster: Klageantrag der Erben auf Feststellung der Beendigung der Testamentsvollstreckung insgesamt ........................ 251
    b) Muster: Kündigung des Amtes durch den Testamentsvollstrecker (§ 2226 BGB) ................. 252
    c) Muster: Antrag auf Entlassung des Testamentsvollstreckers aus wichtigem Grund (§ 2227 BGB) ...... 253
G. Haftung des Testamentsvollstreckers .... 254
  I. Haftungsgrundlagen ................ 254
  II. Wem haftet der Testamentsvollstrecker? ........................... 258
  III. Haftungsvoraussetzungen ............ 261
    1. Objektive Pflichtverletzung ....... 262
    2. Verschulden .................... 263
    3. Kausalität ..................... 264
    4. Haftungsschuldner .............. 265
  IV. Muster: Klage des Erben gegen den sich noch im Amt befindenden Testamentsvollstrecker auf Schadensersatz an die Erbengemeinschaft (§ 2219 Abs. 1 BGB) ...... 268
H. Vergütung des Testamentsvollstreckers .. 269
  I. Allgemeine Grundlagen des Vergütungsanspruchs ...................... 269
  II. Vergütungsanspruch aufgrund Erblasseranordnung ....................... 270
  III. Angemessene Vergütung nach § 2221 BGB ........................... 273
    1. Grundlagen .................... 273
    2. Gebührentatbestände ............ 277
      a) Regelvergütung .............. 278
      b) Konstituierungsgebühr ........ 279
      c) Verwaltungsgebühr ........... 280
      d) Auseinandersetzungsgebühr .... 281
    3. Berechnung und Höhe der Gebühren/Tabellen .................... 282
  IV. Auslagen des Testamentsvollstreckers/berufsmäßige Dienste ................ 292
  V. Fälligkeit der Vergütung/Vorschuss/Entnahme/Zurückbehaltungsrecht am Nachlass/Verjährung/Verwirkung ...... 295
  VI. Schuldner der Vergütung ............. 300

*Littig*

| VII. | Mehrwertsteuer auf die Vergütung/Einkommensteuer | 301 |
| --- | --- | --- |
| VIII. | Sonderfälle | 304 |
| IX. | Prozessuale Fragen | 307 |
| X. | Muster: Klage des Testamentsvollstreckers gegen Erben auf Vergütungsfestsetzung mit beziffertem Klageantrag | 310 |

## A. Allgemeines

Die Testamentsvollstreckung bzw. die Einsetzung eines Testamentsvollstreckers bildet eine wichtige Gestaltungsmöglichkeit, die dem Erblasser auch nach seinem Tod noch die Möglichkeit bietet, auf die Verwaltung des Nachlasses im Ganzen oder in Teilen Einfluss zu nehmen bzw. die Art und Weise sowie den Zeitpunkt der Auseinandersetzung des Nachlasses unter den Erben zu steuern.

Im Gegensatz zu der Gestaltungsmöglichkeit des Erblassers, einer Vertrauensperson eine **Vollmacht über den Tod** hinaus (vgl. § 2 Rn 1 ff., 90 f.) zu erteilen und so die Fürsorge für den Nachlass dieser Person zu übertragen, besteht unter anderem der wesentliche Vorteil der Anordnung der Testamentsvollstreckung darin, dass anders als bei der bloßen Vollmachtserteilung, § 168 BGB,[1] die Erben nicht die Möglichkeit haben, dem Testamentsvollstrecker die Verfügungsbefugnis durch Widerruf zu entziehen. Die freie Stellung des Testamentsvollstreckers gegenüber den Erben[2] gibt dem Erblasser die Möglichkeit, unabhängig von dem Eigentum der Erben am Nachlass aufgrund Gesamtrechtsnachfolge, § 1922 BGB, seine eigenen Vorstellungen von der Verwaltung und Auseinandersetzung des Nachlasses auch gegen den Willen der Erben zu steuern. Das Rechtsinstitut der Testamentsvollstreckung bietet vielfältige Möglichkeiten und Gestaltungsformen, um dem Wunsch des Erblassers Rechnung zu tragen, „eine funktionierende Erbregelung zu erlassen, die einerseits die Familie versorgt, andererseits das erarbeitete Vermögen erhält. Komplexe Nachlässe, keine oder nicht geeignete Nachfolger oder unübersichtliche Familienverhältnisse gefährden dieses Ziel. Die persönliche und fachliche Eignung des Erben spielt naturgemäß bei zu vererbenden Betriebsvermögen eine größere Rolle als bei bloßem Privatvermögen."[3]

Im Vordergrund steht hierbei der im Wesen der Testamentsvollstreckung liegende **Ausschluss der Erben von der Verwaltungs- und Verfügungsbefugnis** über den Nachlass nach § 2211 BGB und die Übertragung an die Person des Testamentsvollstreckers nach § 2205 BGB. Die Erben werden „Nutznießer des Nachlasses ohne Eingriffsmöglichkeit".[4] Durch die Möglichkeit der Anordnung der Dauertestamentsvollstreckung, § 2209 BGB, kann der Erbe dabei über einen erheblichen Zeitraum vom Zugriff auf die Substanz des Nachlasses ausgeschlossen werden bzw. gewährleistet werden, dass der Nachlass auch bei einvernehmlicher Entscheidung sämtlicher Erben nicht auseinander gesetzt werden kann, was durch die bloße Anordnung des Erblassers nach § 2044 BGB nicht sichergestellt ist. Die Vermeidung der Auseinandersetzung kann hierbei nach dem Willen des Erblassers auch zum **Schutz einzelner „schwächerer Erben"** gewünscht sein. Ebenfalls ist hierdurch ein Schutz des Nachlasses vor Eigengläubigern der einzelnen Erben möglich, da der Nachlass durch Anordnung der Testamentsvollstreckung **Sondervermögen**[5] wird, über welches ausschließlich der Testamentsvollstrecker verfügungsbefugt ist. Beobachtet man die steigende

---

1 Auch bei Erteilung einer unwiderruflichen Vollmacht besteht die Möglichkeit des Widerrufs aus wichtigem Grund, vgl. Palandt/*Heinrichs*, § 168 BGB Rn 6.
2 Vgl. RGZ 133, 128, 134.
3 *Reimann*, FamRZ 1995, 588.
4 *Lange/Kuchinke*, § 31 II 2.
5 BGHZ 48, 214.

Anzahl von Verbraucherinsolvenzen und überschuldeten Haushalten, so zeigt dies, dass das Gestaltungsinstrument der Testamentsvollstreckung im Bereich der erbrechtlichen Beratung und anwaltlichen Tätigkeit ebenfalls eine erhebliche Bedeutung einnimmt bzw. einnehmen wird. Dabei hat in jüngster Zeit die Testamentsvollstreckung nicht nur Bedeutung in den traditionellen Fällen, also bei Nachlässen von großem Wert, bei der Verfolgung des Zieles der zweckmäßigen Aufteilung des Nachlasses, bei zu vererbendem Betriebsvermögen oder bei zu befürchtender Uneinigkeit unter den Erben,[6] sondern gewinnt zunehmend auch an Bedeutung als Gestaltungsinstrument zur Vermeidung des **Sozialhilferegresses**,[7] d.h. als wesentlicher und notwendiger Bestandteil der Gestaltung von letztwilligen Verfügungen in Form des sog. „**Behindertentestaments**".

## B. Gesetzliche Grundlagen/Arten der Testamentsvollstreckung/ Gestaltungsmöglichkeiten

### I. Gesetzliche Grundlagen

2   Die Vorschriften über die Testamentsvollstreckung finden sich vorwiegend im BGB, und zwar zunächst im 5. Buch, 3. Abschnitt, 6. Titel unter den §§ 2197–2228 BGB. Es handelt sich hierbei um die Vorschriften, welche die Ernennung des Testamentsvollstreckers, seine Aufgaben, Befugnisse und Pflichten, die Arten und die Dauer der Testamentsvollstreckung regeln. Darüber hinaus finden sich sowohl im 5. Buch als auch in den anderen Büchern des BGB Regelungen, welche teilweise unmittelbar, teilweise mittelbar auf die Testamentsvollstreckung bzw. den Testamentsvollstrecker Anwendung finden. Weiterhin gibt es eine Fülle von gerichtlichen Entscheidungen, welche nicht zuletzt aufgrund von gesetzlichen Regelungslücken die **Grundlage für die Amtsführung** des Testamentsvollstreckers bilden.

3   Neben den im BGB enthaltenen Regelungen finden sich auch in sonstigen Rechtsgebieten zahlreiche Vorschriften, die das Amt des Testamentsvollstreckers berücksichtigen.

### II. Arten der Testamentsvollstreckung und Aufgaben des Testamentsvollstreckers

4   Je nach dem vom Erblasser bestimmten **Aufgabenkreis** des Testamentsvollstreckers unterscheidet man verschiedene Arten der Testamentsvollstreckung. Soweit der Erblasser nichts anderes bestimmt hat, hat der Testamentsvollstrecker die letztwilligen Verfügungen des Erblassers zur Ausführung zu bringen (§ 2203 BGB). Soweit mehrere Erben vorhanden sind, hat er die **Auseinandersetzung** unter ihnen nach Maßgabe der §§ 2042–2056 BGB zu bewirken. Es handelt sich in einem solchen Fall um eine Abwicklungsvollstreckung. Der Erblasser kann jedoch durch entsprechende Gestaltung seiner letztwilligen Verfügung den Aufgabenkreis über diesen Regelfall der Testamentsvollstreckung auch insoweit erweitern, dass der Testamentsvollstrecker allein oder neben der Aufgabenerledigung die **Verwaltung des Nachlasses** vorzunehmen hat. Weiterhin sieht das Gesetz noch Sonderformen der Testamentsvollstreckung vor (§§ 2222, 2223 BGB). Folgende gesetzlich vorgesehene Erscheinungsformen der Testamentsvollstreckung sind zu unterscheiden:

---

6 Vgl. *Reimann*, FamRZ 1995, 588; *Lange/Kuchinke*, § 31 II 2.
7 Vgl. zu diesem Themenkreis *Littig/Mayer*, Sozialhilferegress gegenüber Erben und Beschenkten, 1999.

## 1. Abwicklungs-/Auseinandersetzungsvollstreckung

Sie stellt nach dem Gesetz den **Regeltypus** der Testamentsvollstreckung dar, in deren Rahmen es die Aufgabe des Testamentsvollstreckers ist, durch Ausführung des letzten Willens des Erblassers den Nachlass abzuwickeln (§ 2203 BGB). Die Abwicklungsvollstreckung wird auch als **ausführende Vollstreckung** oder als **Willensvollstreckung**, für den Fall des Vorhandenseins mehrerer Erben (§ 2204 BGB) als Auseinandersetzungsvollstreckung bezeichnet.[8] Von diesem Regelfall ist auszugehen, soweit der Erblasser die Testamentsvollstreckung ohne nähere Angaben angeordnet hat,[9] also beispielsweise bestimmt hat: „Für meinen Nachlass ordne ich Testamentsvollstreckung an" oder „Ein Testamentsvollstrecker soll bestellt werden" oder „Zum Testamentsvollstrecker ernenne ich".[10]

Zu den Aufgaben des Testamentsvollstreckers gehören bei Vorliegen des gesetzlichen Regelfalls der Abwicklungsvollstreckung:

1. Ausführung der letztwilligen Anordnungen des Erblassers (Teilungsanordnung, Vermächtnisse, Auflagen), § 2103 BGB.
2. Verwaltung des Nachlasses als mittelbare Ausführungspflicht des Testamentsvollstreckers, einschließlich der Aufgabe zur Erfüllung von Nachlassverbindlichkeiten.[11] Zur Aufgabenerfüllung wird dem Testamentsvollstrecker durch das Gesetz das Verwaltungsrecht eingeräumt, § 2205 S. 1 BGB, welches durch weitere Vorschriften ergänzt und konkretisiert wird:[12]
   – Berechtigung, den Nachlass in Besitz zu nehmen, § 2205 S. 2 Hs. 1 BGB.
   – Berechtigung, über Nachlassgegenstände zu verfügen, § 2205 S. 2 Hs. 2 BGB.
   – Berechtigung, Verbindlichkeiten einzugehen, § 2206 BGB.
   – Berechtigung, ein zum Nachlass gehörendes Recht gerichtlich geltend zu machen (Aktivlegitimation für Prozesse), § 2212 BGB.
   – Antragsrecht für das Aufgebotsverfahren zum Zwecke der Ausschließung von Nachlassgläubigern, § 991 ZPO.
   – Antragsrecht zur Zwangsversteigerung von zum Nachlass gehörenden Grundstücken, § 175 ZVG.[13]
   – Antragsrecht auf Eröffnung des Nachlassinsolvenzverfahrens, § 317 InsO.
   – Recht bzw. Pflicht der ordnungsgemäßen Verwaltung des Nachlasses, § 2216 BGB sowie die Herausgabepflicht bzgl. einzelner Nachlassgegenstände nach § 2217 BGB, was jedoch kein Überlassungsrecht des Testamentsvollstreckers begründet.[14]
   – Aus dem Verwaltungsrecht resultierende Auskunfts- und Rechenschaftspflicht nach §§ 2218 Abs. 1, 666 BGB.
3. Auseinandersetzung des Nachlasses bei Miterben, § 2204 BGB.
   Die Auseinandersetzung bei Miterben stellt im Rahmen der Abwicklungsvollstreckung eine zentrale Aufgabe dar. Die Erbauseinandersetzung hat der Testamentsvollstrecker mit **tunlicher Beschleunigung** durchzuführen.[15] Die Durchführung der Auseinandersetzung erfolgt nach der Maßgabe der §§ 2042–2056, 2204 BGB, wobei nach § 2048 S. 1

---

8 MüKo-*Brandner*, § 2203 BGB Rn 1.
9 Palandt/*Edenhofer*, § 2203 BGB Rn 1.
10 Vgl. Formulierungsbeispiel in *Tanck/Krug/Daragan*, § 18 Rn 9.
11 MüKo-*Brandner*, § 2203 BGB Rn 10.
12 *Bengel/Reimann*, I Rn 64.
13 *Stöber*, § 175 ZVG Anm. 2.2 III.
14 Palandt/*Edenhofer*, § 2217 BGB Rn 1.
15 MüKo-*Brandner*, § 2204 BGB Rn 3.

BGB die Anordnungen des Erblassers maßgeblich sind.[16] Nach § 2204 BGB hat der Testamentsvollstrecker die Erben vor der Auseinandersetzung zu hören (zu den Einzelheiten der Auseinandersetzung siehe unten Rn 208 ff.).

## 2. Schlichte Verwaltungsvollstreckung

10 Dem Testamentsvollstrecker ist hier die **bloße Verwaltung** des Nachlasses übertragen, ohne dass ihm vom Erblasser andere Aufgaben zugewiesen sind. Sie ist grundsätzlich zulässig, was sich bereits aus § 2208 BGB ergibt,[17] muss jedoch ausdrücklich angeordnet bzw. festgestellt werden, da anderenfalls wegen § 2203 BGB von einer Abwicklungsvollstreckung auszugehen ist.[18] Anwendungsfälle sind die Verwaltung des Nachlasses bis zum Eintritt der Volljährigkeit, die Verhinderung des Zugriffs von **Eigengläubigern des Erben** auf den Nachlass (§ 2214 BGB)[19] oder die **Pflichtteilsbeschränkung** in guter Absicht nach § 2338 Abs. 1 S. 2 BGB.

## 3. Dauertestamentsvollstreckung (§ 2209 S. 1 Hs. 1 BGB)

11 Sie beinhaltet die Anordnung des Erblassers, dass der Testamentsvollstrecker nach der Erledigung der ihm sonst zugewiesenen Aufgaben die Verwaltung des Nachlasses fortzuführen hat, also Abwicklungsvollstreckung und Verwaltungsvollstreckung zeitlich aneinander gefügt werden.[20] Bei Vorhandensein mehrerer Erben führt sie folglich zur **Aufschiebung der Auseinandersetzung**.[21] Bei der zeitlichen Grenze einer solchen sich anschließenden Verwaltung kommt es auf die Anordnungen des Erblassers an, ansonsten endet diese nach § 2210 BGB 30 Jahre nach dem Erbfall. Eine Verlängerung der Dauer durch Kombination mit einer Nachfolgebenennung durch den jeweiligen Testamentsvollstrecker und damit im Ergebnis eine denkbare immerwährende Testamentsvollstreckung ist jedoch nicht denkbar, sondern nach Ansicht des Kammergerichts auf die Lebenszeit des letzten bei Ablauf der 30-Jahresfrist noch amtierenden Testamentsvollstreckers begrenzt.[22]

## 4. Nacherbenvollstreckung (§ 2222 BGB)

12 Der Testamentsvollstrecker hat die Aufgabe, die **Rechte und Pflichten der Nacherben** bis zum Eintritt der Nacherbfolge gegenüber dem Vorerben wahrzunehmen. Der Nacherbenvollstrecker hat dabei kein allgemeines Verwaltungsrecht. „Der nach § 2222 BGB eingesetzte Testamentsvollstrecker hat nicht mehr, aber auch nicht weniger Rechte und Pflichten, als sie dem Nacherben im Allgemeinen gegenüber einem Vorerben zustehen."[23] Seine Aufgaben und Befugnisse ergeben sich daher bspw. aus § 2113 BGB, d.h. die ggf. erforderliche Zustimmung zur Verfügung über ein zur Erbschaft gehörendes Grundstück zu erteilen.[24] Die

---

[16] Anm.: Nach § 2048 S. 2 BGB besteht auch die Möglichkeit, dass der Erblasser den Testamentsvollstrecker zur Auseinandersetzung nach billigem Ermessen beruft und daher der Testamentsvollstrecker einen breiten Ermessensspielraum erhält.
[17] Palandt/*Edenhofer*, § 2209 BGB Rn 1.
[18] *Bengel/Reimann*, I Rn 146.
[19] MüKo-*Brandner*, § 2209 BGB Rn 3.
[20] MüKo-*Brandner*, § 2209 BGB Rn 2.
[21] Palandt/*Edenhofer*, § 2209 BGB Rn 3.
[22] KG ZEV 2007, 335.
[23] *Winkler*, Rn 156.
[24] MüKo-*Brandner*, § 2222 BGB Rn 5 ff. zu den Aufgaben und Rechten.

Nacherbenvollstreckung beschwert dabei nicht den Vorerben,[25] sondern den Nacherben.[26] Die Möglichkeit der Einsetzung eines solchen Testamentsvollstreckers findet sich häufig bei minderjährigen oder unter Betreuung stehenden Nacherben oder bei Nacherbeneinsetzung von noch nicht vorhandenen Abkömmlingen. Hierbei wird regelmäßig, soweit Minderjährigkeit oder Betreuung noch vorliegt, ohnehin ein Verwaltungsvollstrecker (Testamentsvollstrecker für den Nacherbfall) eingesetzt. Dieser wird daher meist bis zum Eintritt des Nacherbfalls zum Nacherbenvollstrecker eingesetzt. Von der Nacherbenvollstreckung und der Anordnung der Testamentsvollstreckung für den Nacherbfall ist die **Testamentsvollstreckung für den Vorerbfall**, auch beim befreiten Vorerben,[27] zu unterscheiden, welche eine Verwaltungsvollstreckung oder Dauertestamentsvollstreckung darstellt. Das Amt des Nacherbenvollstreckers endet mit Eintritt des Nacherbfalls nach § 2139 BGB.[28]

### 5. Vermächtnisvollstreckung (§ 2223 BGB)

Neben der Einsetzung eines Erben besteht nach dem Gesetz auch die Möglichkeit der Anordnung von Vermächtnissen (§§ 2147 ff. BGB). Dieses häufig verwendete Gestaltungsmittel lässt dabei vielfältige weitere Gestaltungsmöglichkeiten offen, wie z.B. die Anordnung eines Untervermächtnisses gem. § 2186 BGB, eines Nachvermächtnisses gem. § 2191 BGB, einer Auflage gem. §§ 2192 ff. BGB. Da § 2218 BGB nach seinem Wortlaut nur das Rechtsverhältnis zwischen Testamentsvollstrecker und Erben betrifft, regelt § 2223 BGB zusätzlich die Möglichkeit des Testamentsvollstreckers mit der beschränkten Aufgabe, für die Ausführung der einem Vermächtnisnehmer auferlegten Beschwerungen zu sorgen.[29] Die Einsetzung eines Vermächtnisvollstreckers kann sich dabei auf die bloße Ausführung der **Beschwerung des Vermächtnisnehmers** beschränken (§ 2223 BGB). Es besteht jedoch auch die Möglichkeit, den Testamentsvollstrecker mit der **Verwaltung des Vermächtnisgegenstandes**, welcher sich in der Hand des Vermächtnisnehmers befindet, zu beauftragen (§§ 2209, 2210 BGB).[30] Ein solcher Testamentsvollstrecker kann sowohl für die Erben als auch gleichzeitig für die Vermächtnisnehmer eingesetzt werden.[31] Auch dem bloßen Vermächtnisvollstrecker ist ein Testamentsvollstreckerzeugnis nach § 2368 BGB zu erteilen.[32] Die Vermächtnisvollstreckung endet mit Erledigung der Aufgabe, also der Ausführung der Beschwerungen.[33]

13

### 6. Testamentsvollstreckung mit beschränktem Aufgabenkreis (§ 2208 BGB)

Der Erblasser kann neben der Erweiterung des Aufgabenkreises des Testamentsvollstreckers, also beispielsweise die Anordnung der Dauertestamentsvollstreckung (vgl. Rn 11) über die bloße Abwicklung und Auseinandersetzung des Nachlasses hinaus, auch die Aufgaben und Befugnisse des Testamentsvollstreckers **beschränken**. Insbesondere kann der Erblasser die Befugnisse des Testamentsvollstreckers beschränken, § 2208 Abs. 1 S. 1 BGB, oder nur einzelne Nachlassgegenstände der Verwaltung des Testamentsvollstreckers unterwerfen, § 2208 Abs. 1 S. 2 BGB, z.B. die **Führung eines Handelsgeschäftes**, welches neben anderen

14

---

25 Anm.: Dieser ist vielmehr durch die Anordnung der Nacherbschaft beschwert.
26 *Bengel/Reimann*, II Rn 75.
27 OLG Bremen ZEV 2005, 26.
28 MüKo-*Brandner*, § 2222 BGB Rn 8.
29 MüKo-*Brandner*, § 2223 BGB Rn 1.
30 MüKo-*Brandner*, § 2223 BGB Rn 2, 4.
31 Palandt/*Edenhofer*, § 2223 BGB Rn 2.
32 Palandt/*Edenhofer*, § 2368 BGB Rn 2.
33 MüKo-*Brandner*, § 2223 BGB Rn 6.

Vermögensgegenständen zum Nachlass gehört. Daneben gehört auch die **beaufsichtigende Testamentsvollstreckung** zu den Fällen der Testamentsvollstreckung mit beschränktem Aufgabenkreis (§ 2208 Abs. 2 BGB). Einem derartig eingesetzten Testamentsvollstrecker stehen dabei die Befugnisse der §§ 2203–2206 BGB nicht zu, er hat lediglich den Anspruch, vom Erben die Ausführung der betreffenden Verfügungen zu verlangen.[34] Entscheidend für den Umfang der Rechtsmacht des Testamentsvollstreckers (mit beschränktem Aufgabenkreis) ist die ihm vom Erblasser zugeteilte Aufgabe.[35] Ist der Testamentsvollstrecker durch Anordnungen des Erblassers gehalten, über Nachlassgegenstände nur in bestimmter Weise zu verfügen, so hat dies in der Regel auch dingliche Wirkung.[36]

## C. Rechtsstellung des Testamentsvollstreckers; Verhältnis zu Erben, Nachlassgericht und Vormundschaftsgericht

### I. Rechtsstellung des Testamentsvollstreckers

15 Schon das Reichsgericht vertrat die Auffassung, dass der Testamentsvollstrecker nicht Vertreter des Erben ist.[37] Auch der BGH verfolgte diese Ansicht in seinen Entscheidungen regelmäßig weiter. Danach führt der Testamentsvollstrecker,

„*wie dies auch das Gesetz in den §§ 2201, 2202 BGB sagt, ein Amt aus, und zwar unabhängig vom Willen der Erben entsprechend der letztwilligen Verfügung des Erblassers.*"[38]

„*Er hat die Stellung eines Treuhänders und ist Inhaber eines privaten Amtes, zu dem er allein **durch den Willen des Erblassers berufen** ist, auch wenn er von anderer Seite zum Testamentsvollstrecker ernannt worden ist.*"[39]

Die hierzu gegensätzlich vertretene Ansicht, wonach der Testamentsvollstrecker Vertreter oder Beauftragter des Erblassers oder des Nachlasses ist, wird zwischenzeitlich von der herrschenden Meinung abgelehnt. Ebenso scheidet eine Stellung des Testamentsvollstreckers als Vertreter der Erben aus, da er, auch wenn mit der Annahme des Amtes ein „gesetzliches Pflichtverhältnis eigener Art"[40] zwischen ihm und den Erben besteht, auch gegen diese vorgehen kann (vgl. z.B. § 2206 Abs. 2 BGB).[41]

Der Testamentsvollstrecker übt danach sein Amt aus eigenem Recht aus und hat eine **weitgehend freie Stellung** gegenüber den Erben. Er hat als Träger einer ihm vom Erblasser verliehenen Verwaltungs- und Verfügungsmacht seine Entscheidungen nicht nach der subjektiven Meinung der Erben, sondern allein nach **objektiven Gesichtspunkten** zu treffen.[42] Auch wenn er somit sein Amt aus eigenem Recht ausübt, so hat er sich jedoch bei seinem Handeln nach außen als Testamentsvollstrecker zu bezeichnen, um aus seinen Rechtsge-

---

34 Palandt/*Edenhofer*, § 2208 BGB Rn 7.
35 MüKo-*Brandner*, § 2208 BGB Rn 6.
36 BGH NJW 1984, 2464.
37 RGZ 56, 327, 330; RGZ 61, 139, 145.
38 BGHZ 13, 203, 205.
39 BGHZ 25, 275, 279.
40 BGHZ 25, 275, 280.
41 Palandt/*Edenhofer*,. vor § 2197 BGB Rn 2. Vgl. zum Theorienstreit ausführlich *Lange/Kuchinke*, § 31 III.
42 *Bengel/Reimann*, I Rn 11.

schäften nicht **persönlich haftbar** gemacht werden zu können, was ihn neben seiner Verwaltungstätigkeit für den Nachlass der Stellung eines Vertreters annähert.[43]

Auch aus dem Prozessführungsrecht des Testamentsvollstreckers für Aktivprozesse ergibt sich zudem seine besondere Stellung. So kann allein der Testamentsvollstrecker ein seiner Verwaltung unterliegendes Recht gerichtlich geltend machen (vgl. § 2212 BGB). Er ist danach „**Partei kraft Amtes**" und nicht nur Vertreter der Erben. Er führt die Prozesse in eigenem Namen,[44] aber notwendigerweise als Testamentsvollstrecker zur Vermeidung der eigenen Verpflichtung.

Die Rechtsstellung des Testamentsvollstreckers lässt es daneben zu, Vereinbarungen zwischen dem Testamentsvollstrecker und Dritten oder den Erben zu treffen, dass er einzelne oder mehrere Handlungen vorzunehmen oder zu unterlassen hat, soweit er sich nicht seiner Unabhängigkeit und Selbstständigkeit gegenüber den Erben völlig begibt. Anderenfalls wäre die vom Erblasser angeordnete Testamentsvollstreckung in ihrem Wesen soweit ausgehöhlt, dass sie nur noch als leere Form bestehen würde.[45]

## II. Verhältnis zwischen Testamentsvollstrecker und Erben

Der Testamentsvollstrecker hat entsprechend der obigen Ausführungen (siehe Rn 15) nicht die Stellung eines Vertreters oder Beauftragten, jedoch bestimmt § 2218 BGB die entsprechende Anwendung der Auftragsvorschriften. Es kommt also nicht zu einer Anwendung der Auftragsvorschriften aufgrund eines vertraglichen Auftragsverhältnisses, sondern aufgrund eines **gesetzlichen Schuldverhältnisses** zwischen Testamentsvollstrecker und Erben. Die Erben sind dabei anders als bei einem vertraglichen Auftragsverhältnis nicht gegenüber dem Testamentsvollstrecker weisungsbefugt.[46]

Das Verhältnis zwischen Testamentsvollstrecker und Erben ist weiterhin dadurch geprägt, dass die Anordnung der Testamentsvollstreckung die **Verfügungsbefugnis des Erben** über solche Gegenstände, die der Testamentsvollstreckung unterliegen, entzieht (§ 2211 BGB). Der Erbe ist damit durch die Anordnung der Testamentsvollstreckung beschränkt, was schließlich auch nach der bis 31.12.2009 gültigen Fassung des § 2306 Abs. 1 S. 1 BGB dazu führen kann, dass die Beschränkung als nicht angeordnet gilt, soweit dem Erben weniger als der Pflichtteil hinterlassen wurde bzw. ihm nach § 2306 Abs. 1 S. 2 BGB das Recht der Ausschlagung der Erbschaft gibt, soweit der ihm hinterlassene Erbteil größer ist als der Pflichtteil. Nach der ab 1.1.2010 gültigen Fassung des § 2306 Abs. 1 BGB besteht für den beschränkten Erben unabhängig von der Höhe des zugewendeten Erbteiles das Recht zur Ausschlagung.

Aus seiner Rechtsstellung hat der Testamentsvollstrecker das Recht, vom Erben die **Herausgabe des Nachlasses** zu verlangen (§ 2205 BGB). Er hat nach §§ 2218, 670 BGB Anspruch auf **Ersatz seiner Auslagen** sowie nach § 2221 BGB Anspruch auf eine **angemessene Vergütung**.

Seine **Pflichten** gegenüber den Erben ergeben sich vorwiegend aus den Bestimmungen der §§ 2215–2219 BGB (im Einzelnen vgl. unten Rn 78 ff.).

---

[43] Palandt/*Edenhofer*, vor § 2197 BGB Rn 2.
[44] Palandt/*Edenhofer*, § 2212 BGB Rn 2.
[45] BGHZ 25, 275, 280.
[46] MüKo-*Brandner*, § 2218 BGB Rn 1.

## III. Verhältnis zwischen Testamentsvollstrecker und Nachlassgericht/ Vormundschaftsgericht

21 Dem Nachlassgericht steht, da das Amt des Testamentsvollstreckers seine Grundlage nicht in einem Gerichtsakt, sondern dem Willen des Erblassers hat, selbst wenn das Nachlassgericht gem. § 2200 BGB auf Ansuchen des Erblassers den Testamentsvollstrecker ernennt, gegenüber dem Testamentsvollstrecker kein direktes, allgemeines und ex officio wahrzunehmendes Aufsichtsrecht zu.[47] Das Gesetz kennt **keine gerichtliche oder behördliche Dauerkontrolle** des Testamentsvollstreckers durch das Nachlassgericht, auch nicht durch die Genehmigungsbedürftigkeit wichtiger Geschäfte. Es ist auch nicht befugt, in die Amtsführung des Testamentsvollstreckers einzugreifen. Der Testamentsvollstrecker kann daher auch vom Nachlassgericht nicht durch Beugemittel zur Erfüllung seiner Pflichten gegenüber dem Erben angehalten werden.[48] Auch der Erblasser kann nicht durch letztwillige Anordnung den Testamentsvollstrecker der Aufsicht des Nachlassgerichtes unterstellen, da dies ein Eingriff in das öffentliche Recht darstellen würde.[49] Gleiches gilt auch im Verhältnis zum Vormundschaftsgericht, soweit minderjährige oder geschäftsunfähige Erben vorhanden sind.[50] Der Testamentsvollstrecker bedarf hier nicht der in den gesetzlich vorgeschriebenen Fällen des Handelns eines Betreuers erforderlichen vormundschaftsgerichtlichen Genehmigung, da er nicht gesetzlicher Vertreter des Erben ist, sondern aus eigenem Recht handelt (vgl. Rn 15). Denkbar ist aber eine gewisse Kontrolle der Tätigkeit des Testamentsvollstreckers durch Bestellung eines Ergänzungspflegers durch das Vormundschaftsgericht, um zumindest eine gewisse Handlungsfähigkeit des Erben gegenüber dem Testamentsvollstrecker – etwa hinsichtlich der Kontrolle oder eines Antrages auf Entlassung – zu gewährleisten.[51] Dies wird wohl insbesondere in den Situationen zum Tragen kommen, in denen der gesetzliche Vertreter, also insbesondere auch die Eltern, als Testamentsvollstrecker ernannt wurden, auch wenn dies nach Ansicht des OLG Zweibrücken[52] nicht von vornherein die Annahme eines Interessenkonfliktes im Sinne des § 1795 BGB darstellt.[53]

22 Die **gesetzlichen Befugnisse des Nachlassgerichtes** sind vielmehr auf solche Aufgaben beschränkt, die der Durchführung des Amtes des Testamentsvollstreckers dienen. Im Wesentlichen sind folgende Aufgaben zu nennen:
- Ernennung des Testamentsvollstreckers (§ 2200 BGB)
- Entgegennahme von Erklärungen (§§ 2198 Abs. 1 S. 1, 2202 Abs. 2 S. 1 BGB)
- Fristsetzung zur Erklärung über Annahme (§ 2202 Abs. 3 BGB)
- Außerkraftsetzung letztwilliger Anordnungen (§ 2216 Abs. 2 S. 2 BGB)
- Entscheidung bei Meinungsverschiedenheiten zwischen mehreren Testamentsvollstreckern (§ 2224 Abs. 1 S. 2 BGB)
- Erteilung des Testamentsvollstreckerzeugnisses (§ 2368 Abs. 1 BGB)
- Entscheidung über die Entlassung des Testamentsvollstreckers erst auf Antrag (§ 2227 Abs. 1 BGB)
- Empfangszuständigkeit für Kündigung durch Testamentsvollstrecker (§ 2226 S. 2 BGB)

---

47 *Reimann*, FamRZ 1995, 588.
48 OLG Zweibrücken FamRZ 2004, 814.
49 Palandt/*Edenhofer*, vor § 2197 BGB Rn 3.
50 Palandt/*Edenhofer*, vor § 2197 BGB Rn 4.
51 OLG Schleswig NJW-RR 2007, 1597; OLG Nürnberg FamRZ 2002, 272.
52 OLG Zweibrücken ZEV 2007, 333.
53 Zur gesamten Problematik *Bonefeld*, ZErb 2007, 2.

# D. Anordnung der Testamentsvollstreckung und Ernennung des Testamentsvollstreckers

## I. Anordnung der Testamentsvollstreckung

Die Anordnung der Testamentsvollstreckung ist zunächst von der **Ernennung des Testamentsvollstreckers** zu unterscheiden, auch wenn in der Ernennung eines Testamentsvollstreckers durch den Erblasser oder in der Ermächtigung eines Bestimmungsberechtigten durch den Erblasser zugleich die Anordnung der Testamentsvollstreckung liegt.[54]

Während die eigentliche Anordnung der Testamentsvollstreckung nur durch den Erblasser erfolgen kann (vgl. § 2065 BGB), kann er von der Ernennung einer konkreten Person absehen und hierfür eine andere Person oder das Nachlassgericht ermächtigen (§§ 2198, 2199, 2200 BGB). Die Entscheidung, ob Testamentsvollstreckung erfolgen soll, kann nicht einem Dritten überlassen werden.[55] Gleiches gilt auch für die Abänderung oder Aufhebung der Testamentsvollstreckung, wozu auch keine dritte Person ermächtigt werden kann.[56]

Die **Form der Anordnung**[57] der Testamentsvollstreckung ergibt sich zunächst aus § 2197 BGB: durch letztwillige Verfügung des Erblassers in einem Testament. Das Testament muss keine anderen letztwilligen Verfügungen enthalten, da auch bei gesetzlicher Erbfolge die Anordnung der Testamentsvollstreckung wirksam ist.[58] Der **Widerruf der Anordnung** der Testamentsvollstreckung erfolgt nach §§ 2253 ff. BGB. Die Anordnung kann auch in einem gemeinschaftlichen Testament gem. §§ 2265 ff. BGB erfolgen, wobei es wegen § 2270 Abs. 3 BGB nicht möglich ist, eine solche Anordnung mit der Wirkung der Wechselbezüglichkeit zu versehen. Ebenso ist die **Anordnung der Testamentsvollstreckung in einem Erbvertrag** möglich, § 2299 BGB, jedoch nur in Form einer einseitigen Verfügung und nicht als vertragsmäßige Verfügung, § 2278 Abs. 2 BGB. Durch Rechtsgeschäft zwischen dem Erblasser und einem Dritten ist die „Anordnung" der Testamentsvollstreckung nicht möglich. Es besteht jedoch die Möglichkeit, durch Beauftragung einer Person dieser die Ausführung der letztwilligen Verfügungen durch den Erblasser zu übertragen, da ein solcher Auftrag nach § 672 S. 1 BGB nicht automatisch mit dem Tod des Erblassers als Auftraggeber erlischt. Anders als bei der Testamentsvollstreckung besteht jedoch hier die Möglichkeit für den Erben, diesen Auftrag nach § 671 BGB zu widerrufen.[59]

## II. Ernennung des Testamentsvollstreckers

Ebenso wie die Anordnung der Testamentsvollstreckung durch Testament zu erfolgen hat, bedarf die Ernennung der Person des Testamentsvollstreckers bzw. die Ermächtigung zur Bestimmung der Person des Testamentsvollstreckers durch einen Dritten oder das Nachlassgericht der **Testamentsform**. Zum Testamentsvollstrecker kann jede Person ernannt werden, soweit diese zum Zeitpunkt, zu dem sie das Amt anzutreten hat, geschäftsfähig ist und nicht nach § 1896 BGB unter Vermögensbetreuung steht (§ 2201 BGB). Ihre Stellung als Erbe, Vermächtnisnehmer, Familienangehöriger oder sonstiger materiellrechtlich Beteiligter schließt die wirksame Ernennung nicht aus.[60] Dabei ist sogar die Ernennung aller Miterben

---

54 MüKo-*Brandner*, § 2197 BGB Rn 2.
55 *Bengel/Reimann*, II Rn 8.
56 *Bengel/Reimann*, II Rn 10.
57 Formulierungsbeispiele vgl. *Tanck/Krug/Daragan*, Testamente, § 18 Rn 9 ff.
58 MüKo-*Brandner*, § 2197 BGB Rn 3.
59 MüKo-*Brandner*, § 2197 BGB Rn 18.
60 *Bengel/Reimann*, II Rn 177 ff.

zu Testamentsvollstreckern mit der Anordnung der Amtsführung durch Mehrheitsbeschluss denkbar.[61] Die Ernennung eines Alleinerben oder alleinigen Vorerben zum Testamentsvollstrecker ist wohl dann möglich, wenn sich die Testamentsvollstreckung auf die sofortige Erfüllung eines Vermächtnisses beschränkt und das Nachlassgericht bei groben Pflichtverstößen einen anderen Testamentsvollstrecker bestimmen kann.[62] Auch **juristische Personen und Personenhandelsgesellschaften** (z.B. Banken,[63] Wirtschaftsprüfungs-, Steuerberatungsgesellschaften,[64] etc.) sowie **Behörden** können als Testamentsvollstrecker ernannt werden.[65] Dabei ist sogar das Werben von Banken bezüglich der Übernahme von Testamentsvollstreckungen zulässig, da die Tätigkeit des Testamentsvollstreckers nach Ansicht des BGH[66] keine Besorgung fremder Rechtsangelegenheiten darstellt.

27   Die Ernennung bzw. Bestimmung der Person des Testamentsvollstreckers obliegt dabei zunächst dem Erblasser selbst, § 2197 BGB. Bei einem gemeinschaftlichen Testament erfolgt die Bestimmung durch die Ehegatten, wobei der überlebende Ehegatte den zunächst ernannten Testamentsvollstrecker auswechseln kann, wenn die wechselbezüglich bedachten Erben dadurch nicht beeinträchtigt werden.[67] Er kann jedoch auch von der Ernennung absehen und einen **Dritten zur Bestimmung der Person** des Testamentsvollstreckers ermächtigen bzw. beauftragen. Das Gesetz sieht hierbei folgende Möglichkeiten vor:
– Der Erblasser bestimmt eine Person, welche den Testamentsvollstrecker bestimmt, § 2198 BGB;
– der Erblasser ermächtigt den Testamentsvollstrecker, einen Mitvollstrecker oder einen Nachfolgevollstrecker zu ernennen, § 2199 BGB;
– der Erblasser ersucht das Nachlassgericht, einen Testamentsvollstrecker zu ernennen, § 2200 BGB.

28   Häufig findet sich eine **Kombination der vorgenannten Möglichkeiten,** d.h. vor allem die ersatzweise vorgesehene Ernennung durch das Nachlassgericht, um zu vermeiden, dass nicht durch fehlende Bereitschaft zur Amtsübernahme des vom Erblasser bestimmten Testamentsvollstreckers oder sonstiger Hinderungsgründe sowie in Fällen der Nichtausübung des Bestimmungsrechtes durch den vom Erblasser bestimmten Dritten die angeordnete Testamentsvollstreckung erlischt. In diesen Fällen kann nicht allein in der Einsetzung eines Testamentsvollstreckers automatisch das Ersuchen der Ernennung durch das Nachlassgericht gesehen werden, sondern muss sich zumindest durch Auslegung ermitteln lassen.[68]

29   Die Unterschrift unter der Erklärung eines Dritten (Muster vgl. Rn 32), des Mitvollstreckers (vgl. Muster Rn 33) sowie des Testamentsvollstreckers bezüglich der Bestimmung gegenüber dem Nachlassgericht bedarf der **öffentlichen Beglaubigung** nach § 2198 Abs. 1 S. 2 Hs. 2 BGB. Bei der Ernennung eines Nachfolgers durch einen Testamentsvollstrecker endet das Ernennungsrecht mit Erlöschen des Amtes des Ermächtigten, es sei denn, es ergibt sich aus dem Willen des Erblassers, dass zusätzlich dieser Person das Ernennungsrecht nach § 2198

---

61  BayObLG ZEV 2002, 24.
62  BGH, Urt. v. 26.1.2005 – IV ZR 296/03, ZEV 2005, 204; BayObLG, Beschl. v. 8.9.2004 – I Z BR 59/04.
63  OLG Düsseldorf, Urt. v. 5.7.2001, ZEV 2007, 37 zur Frage der Erlaubnispflicht nach dem RBerG.
64  OLG Hamm ZEV 2003, 121; LG Münster ZEV 2002, 164 Unzulässige Rechtsberatung bei geschäftsmäßigem Anbieten von Testamentsvollstreckungen durch einen Steuerberater. Gleiches gilt für Wirtschaftsprüfer, vgl. OLG Hamm, Urt. v. 3.2.2004 – 4 U 122/03, ZEV 2005, 126.
65  MüKo-*Brandner*, § 2197 BGB Rn 9.
66  BGH, Urt. v. 11.11.2004 – I ZR 213/01, ZEV 2005, 123.
67  OLG Hamm ZEV 2001, 271.
68  Palandt/*Edenhofer*, § 2200 BGB Rn 1; BayObLG, Beschl. v. 1.10.2002 – 1 ZBR 83/02.

Abs. 1 BGB zustehen soll.[69] Die Erklärung über die Bestimmung eines Nachfolgers nach § 2199 Abs. 2 BGB muss daher wegen § 2198 Abs. 1 S. 2 Hs. 1 BGB vor Erlöschen des Amtes, also bspw. dem Beschluss zur Entlassung des Testamentsvollstreckers, beim Nachlassgericht eingehen. Bei Kündigung durch den Testamentsvollstrecker wird in der Regel die Bestimmung des Nachfolgers mit der Kündigungserklärung erfolgen; dies ist der letztmögliche Zeitpunkt zur Ausübung des Bestimmungsrechtes durch den kündigenden Testamentsvollstrecker[70] (vgl. Muster Rn 34).

Im Falle des **Ersuchens des Erblassers an das Nachlassgericht**, den Testamentsvollstrecker zu ernennen (§ 2200 Abs. 1 BGB), steht die Auswahl des Testamentsvollstreckers im pflichtgemäßen Ermessen des Nachlassgerichts. Gründe, die gegen die beabsichtigte Ernennung vorgebracht werden können, sind beispielsweise die Ungeeignetheit einer Person für das Amt des Testamentsvollstreckers oder zu erwartende Schwierigkeit im Verhältnis zu den Erben, die zu einer Entlassung der in Aussicht genommenen Person führen können.[71] Nach § 2200 Abs. 2 BGB soll das Nachlassgericht die Beteiligten vor der Ernennung hören, wenn dies ohne erhebliche Verzögerung und ohne unverhältnismäßige Kosten geschehen kann. Beteiligte im Sinne dieser Vorschrift sind die gleichen wie die nach § 2198 Abs. 2 BGB[72] (vgl. Muster Rn 35).

Nach § 2198 Abs. 2 BGB kann das Nachlassgericht auf Antrag eines der Beteiligten[73] (vgl. Muster Rn 36) dem durch den Erblasser für die Ernennung bestimmten Dritten eine **Frist zur Ausübung des Bestimmungsrechtes** setzen, welches nach Ablauf der gesetzten Frist oder Ablehnung der Bestimmung vor Ablauf der Frist erlischt.[74] Zuständig für die Fristsetzung ist nach § 3 Nr. 2 lit. c RPflG der Rechtspfleger. Darüber hinaus wird nach fruchtlosem Ablauf der Frist die Testamentsvollstreckung hinfällig, soweit nicht ein weiterer Bestimmungsberechtigter benannt ist oder der Erblasser selbst einen Ersatzmann (Testamentsvollstrecker) bestimmt oder das Nachlassgericht nach § 2200 BGB um Ernennung eines Testamentsvollstreckers ersucht hat.[75] Kosten für das Verfahren der Fristbestimmung sind durch den Erben nach § 6 i.V.m. § 112 Abs. 1 Nr. 6 KostO zu tragen.

## III. Muster

### 1. Muster: Bestimmung eines Testamentsvollstreckers durch einen Dritten (§ 2198 Abs. 1 BGB)

An das

Amtsgericht
– Nachlassgericht – (Baden-Württemberg: Staatl. Notariat)

Az.

*Nachlassverfahren*     , *zuletzt wohnhaft*     , *verstorben*     .

---

69 MüKo-*Brandner*, § 2199 BGB Rn 9.
70 Palandt/*Edenhofer*, § 2226 BGB Rn 2.
71 *Winkler*, Rn 80; Palandt/*Edenhofer*, § 2200 BGB Rn 3.
72 MüKo-*Brandner*, § 2200 BGB Rn 8, § 2198 BGB Rn 12.
73 Palandt/*Edenhofer*, § 2198 BGB Rn 3.
74 *Winkler*, Rn 47.
75 Palandt/*Edenhofer*, § 2198 BGB Rn 3.

Der am ▓▓▓ verstorbene Erblasser hat mit letztwilliger Verfügung vom ▓▓▓, eröffnet durch das Amtsgericht ▓▓▓ – Nachlassgericht – am ▓▓▓, die Testamentsvollstreckung angeordnet und die Bestimmung des Testamentsvollstreckers meiner Person übertragen.

Als Testamentsvollstrecker bestimme ich hiermit

▓▓▓, wohnhaft ▓▓▓.

(Unterschrift)

(*Notarielle Unterschriftsbeglaubigung*)

### 2. Muster: Bestimmung eines Testamentsvollstreckers durch einen Mittestamentsvollstrecker (§ 2199 Abs. 1 BGB)

An das

Amtsgericht
– Nachlassgericht – (Baden-Württemberg: Staatl. Notariat)

▓▓▓

Az. ▓▓▓

*Nachlassverfahren* ▓▓▓*, zuletzt wohnhaft* ▓▓▓*, verstorben am* ▓▓▓

Ich bin Testamentsvollstrecker nach dem am ▓▓▓ verstorbenen Erblasser ▓▓▓. Auf die Nachlassakten nehme ich Bezug. Der Erblasser hat mit letztwilliger Verfügung vom ▓▓▓, eröffnet durch das Amtsgericht ▓▓▓ – Nachlassgericht – am ▓▓▓, mich gem. § 2199 Abs. 1 BGB ermächtigt, einen oder mehrere Mitvollstrecker zu ernennen.

Als Testamentsvollstrecker bestimme ich hiermit

▓▓▓, wohnhaft ▓▓▓.

(Unterschrift)

(*Notarielle Unterschriftsbeglaubigung*)

### 3. Muster: Bestimmung eines Testamentsvollstreckernachfolgers durch einen Testamentsvollstrecker bei gleichzeitiger Kündigung des Amtes (§ 2199 Abs. 2 BGB)

An das

Amtsgericht
– Nachlassgericht – (Baden-Württemberg: Staatl. Notariat)

▓▓▓

Az. ▓▓▓

*Nachlassverfahren* ▓▓▓*, zuletzt wohnhaft* ▓▓▓*, verstorben am* ▓▓▓

Ich bin Testamentsvollstrecker nach dem am ▓▓▓ verstorbenen Erblasser ▓▓▓. Auf die Nachlassakten nehme ich Bezug. Der Erblasser hat mit letztwilliger Verfügung vom ▓▓▓, eröffnet durch das Amtsgericht ▓▓▓ – Nachlassgericht – am ▓▓▓, mich gem. § 2199 Abs. 2 BGB ermächtigt, einen Nachfolger zu ernennen.

Hiermit kündige ich gem. § 2226 BGB mein Amt als Testamentsvollstrecker und bestimme gleichzeitig zu meinem Nachfolger im Amt des Testamentsvollstreckers für den Nachlass nach ▓▓▓, zuletzt wohnhaft ▓▓▓, verstorben am ▓▓▓.

▮▮▮, wohnhaft ▮▮▮

(Testamentsvollstrecker)

(*Notarielle Unterschriftsbeglaubigung*)

### 4. Muster: Stellungnahme auf Anhörung zur beabsichtigten Ernennung des Testamentsvollstreckers durch Nachlassgericht (§ 2200 Abs. 2 BGB)

An das

Amtsgericht
- Nachlassgericht - (Baden-Württemberg: Staatl. Notariat)

▮▮▮

Az. ▮▮▮

*Nachlassverfahren* ▮▮▮, *zuletzt wohnhaft* ▮▮▮, *verstorben am* ▮▮▮

Ich zeige unter Vollmachtsvorlage an, dass ich ▮▮▮, wohnhaft ▮▮▮, vertrete. Mit Schreiben des Amtsgerichtes ▮▮▮ - Nachlassgericht - ▮▮▮ vom ▮▮▮ wurde meiner Mandantschaft die Möglichkeit der Stellungnahme zur beabsichtigten Ernennung von ▮▮▮ als Testamentsvollstrecker eingeräumt.

Namens und in Vollmacht der von hier aus vertretenen Mandantschaft nehme ich wie folgt Stellung: Meine Mandantschaft widersetzt sich der Ernennung der vom Nachlassgericht für das Amt des Testamentsvollstreckers vorgesehenen Person.

Bei der vom Nachlassgericht vorgeschlagenen Person handelt es sich um den Ehemann der pflichtteilsberechtigten Tochter des Erblassers, Frau ▮▮▮. Nach Eheschließung der pflichtteilsberechtigten Frau ▮▮▮ mit Herrn ▮▮▮ kam es bereits zu erheblichen Streitigkeiten mit dem Erblasser sowie den übrigen Familienmitgliedern, welche schließlich auch zu mehrfachen gerichtlichen Auseinandersetzungen geführt haben. Auf die Verfahrensakten des Landgerichtes ▮▮▮ (Az. ▮▮▮) wird ergänzend Bezug genommen. Aus der Enterbung von Frau ▮▮▮ wird bereits deutlich, dass der Erblasser ihr aufgrund der erheblichen Zerwürfnisse nicht die Stellung einer Miterbin einräumen wollte. Ferner ergibt sich aus dem Ersuchen des Erblassers an das Nachlassgericht nach § 2200 BGB, dass er aufgrund der erheblichen familiären Konfliktsituationen kein Familienmitglied oder eine sonst nahe stehende Person, sondern vielmehr eine fremde Person als Testamentsvollstrecker wünscht.

Die Ernennung von Herrn ▮▮▮ würde aufgrund der in der Vergangenheit bereits mehrfach aufgetretenen Konflikte zu Schwierigkeiten mit den Erben und sonstigen Beteiligten führen. Die Ernennung von Herrn ▮▮▮ als Testamentsvollstrecker widerspricht daher einer nach pflichtgemäßem Ermessen des Nachlassgerichts getroffenen Auswahl.

(Rechtsanwalt)

### 5. Muster: Antrag auf Fristsetzung zur Ausübung des Bestimmungsrechtes (§ 2198 BGB)

An das

Amtsgericht
- Nachlassgericht - (Baden-Württemberg: Staatl. Notariat)

▮▮▮

Az. ▮▮▮

*Nachlassverfahren* ▮▮▮, *zuletzt wohnhaft* ▮▮▮, *verstorben am* ▮▮▮

Ich zeige unter Vollmachtsvorlage an, dass ich ▇▇▇, wohnhaft ▇▇▇, vertrete. Meine Mandantschaft ist ausweislich des Erbscheines des Amtsgerichtes ▇▇▇ – Nachlassgericht – vom ▇▇▇, Erbe des am ▇▇▇ verstorbenen Erblassers.

Der Erblasser hat mit letztwilliger Verfügung vom ▇▇▇, eröffnet durch das Amtsgericht ▇▇▇ – Nachlassgericht – am ▇▇▇ die Testamentsvollstreckung angeordnet und die Bestimmung der Person des Testamentsvollstreckers ▇▇▇, wohnhaft ▇▇▇, überlassen. Die Bestimmung der Person des Testamentsvollstreckers ist trotz mehrfacher schriftlicher Aufforderung von Seiten des Unterfertigten mit Schreiben vom ▇▇▇ sowie des Nachlassgerichtes bislang nicht vorgenommen worden.

Namens und in Vollmacht der von hier aus vertretenen Mandantschaft beantrage ich,

▇▇▇ unter Fristsetzung aufzufordern, die Person des Testamentsvollstreckers zu bestimmen.

(Rechtsanwalt)

## E. Nachweis des Amtes

37 Nach § 2202 Abs. 1 BGB beginnt das Amt des Testamentsvollstreckers mit der Annahme. Mit dem Beginn des Amtes besteht das Verwaltungs- und Verfügungsrecht des Testamentsvollstreckers.[76] Der Erbe kann über die der Verwaltung des Testamentsvollstreckers unterliegenden Nachlassgegenstände nicht verfügen, § 2211 BGB. Damit besteht jedoch noch keine Kenntniserlangung des Rechtsverkehrs. Es bedarf daher einer **Publizierung der angeordneten Testamentsvollstreckung.** Dies erfolgt im
- Testamentsvollstreckerzeugnis
- Erbschein
- Grundbuch
- Handelsregister.

### I. Testamentsvollstreckerzeugnis, § 2368 BGB

#### 1. Funktion des Testamentsvollstreckerzeugnisses

38 Durch das Testamentsvollstreckerzeugnis soll nachgewiesen werden, dass der dort Genannte wirksam zum Testamentsvollstrecker bestellt ist und dass keine anderen als die dort genannten Beschränkungen oder Erweiterungen seiner Befugnisse bestehen.[77] Wie sich aus der Verweisung in § 2368 Abs. 3 BGB ergibt, hat das Testamentsvollstreckerzeugnis für den Testamentsvollstrecker den gleichen Zweck wie der Erbschein für den Erben. Es dient also zum **Nachweis im Rechtsverkehr,**[78] wobei auch dem Testamentsvollstreckerzeugnis die **Vermutung der Richtigkeit,** § 2368 Abs. 3 i.V.m. § 2365 BGB, sowie der **öffentliche Glaube** für vorgenommene Rechtsgeschäfte und Rechtshandlungen zukommt, § 2368 Abs. 3 i.V.m. § 2366 BGB. Der öffentliche Glaube des Testamentsvollstreckerzeugnisses bezieht sich jedoch nicht darauf, dass ein Gegenstand, über den der Testamentsvollstrecker verfügt, wirklich zum Nachlass oder zu dem der Verwaltung des Testamentsvollstreckers unterliegenden Nachlass gehört.[79] Ferner schützt der öffentliche Glaube des Testamentsvoll-

---

[76] *Bengel/Reimann*, II Rn 242.
[77] *MüKo-Promberger*, § 2368 BGB Rn 2.
[78] *Schaub*, ZEV 2000, 49 zum Nachweis der Testamentsvollstreckung bei Veräußerung von Grundstücken durch den Testamentsvollstrecker.
[79] Palandt/*Edenhofer*, § 2368 BGB Rn 9.

streckerzeugnisses nur den Dritten. Er gilt daher nicht für die zwischen Testamentsvollstreckern und den Erben abzuwickelnden Geschäfte.[80] Trotz seiner vielen Ähnlichkeiten zum Erbschein unterscheidet sich das Testamentsvollstreckerzeugnis dadurch, dass die Vermutungswirkungen und der Gutglaubensschutz nicht erst mit Einziehung oder Kraftloserklärung enden, sondern vielmehr bereits mit der **Beendigung des Amtes** des Testamentsvollstreckers, § 2368 Abs. 3 Hs. 2 BGB. So ist das Grundbuchamt bei der Prüfung des Nachweises der Unrichtigkeit eines Testamentsvollstreckervermerks durch die Erteilung eines die Testamentsvollstreckung ausweisenden Erbscheins und eines Testamentsvollstreckerzeugnisses nicht gehindert, die Beendigung der Testamentsvollstreckung festzustellen.[81] Soweit das erteilte Testamentsvollstreckerzeugnis unrichtig ist, kann es nach § 2368 Abs. 3 i.V.m. § 2361 BGB eingezogen werden, ohne dass dies auf die Beendigung des Amtes Auswirkungen hat. Eine Berichtigung oder Ergänzung des Testamentsvollstreckerzeugnisses kommt nicht in Betracht.[82]

Die Wirkungen des Testamentsvollstreckerzeugnisses können daher wie folgt zusammengefasst werden:[83]
- Der im Testamentsvollstreckerzeugnis Bezeichnete ist rechtsgültig Testamentsvollstrecker geworden.
- Dem Testamentsvollstrecker steht das Amt in seinem regelmäßigen Umfang zu.
- Der Testamentsvollstrecker ist nicht durch andere als die angegebenen Anordnungen beschränkt.
- Nicht vermutet wird das Fortbestehen des Amtes über den Wegfall hinaus.
- Es wird nicht vermutet, dass die angegebenen Beschränkungen der Befugnisse des Testamentsvollstreckers tatsächlich bestehen.
- Bei Erweiterung der Befugnisse wird nur vermutet, dass diese bestehen, das Fehlen nicht angegebener Befugnisse wird nicht vermutet.
- Der Dritte kann sich nicht darauf verlassen, dass die Gegenstände, über die der Testamentsvollstrecker verfügt, tatsächlich zum Nachlass oder zu dem der Verwaltung des Testamentsvollstreckers unterliegenden Nachlass gehören.

## 2. Inhalt und Arten des Testamentsvollstreckerzeugnisses

Im Testamentsvollstreckerzeugnis sind anzugeben,
- der Name des Erblassers,
- der Name des Testamentsvollstreckers, bei mehreren Testamentsvollstreckern die Namen aller
- die Beschränkungen des Testamentsvollstreckers in der Verwaltung des Nachlasses.

Es sind also alle vom Erblasser angeordneten Abweichungen von der Regelbefugnis der üblichen Abwicklungsvollstreckung anzugeben, soweit sie für den rechtsgeschäftlichen Verkehr mit Dritten bedeutsam sind.[84] Der Zusatz in einem Testamentsvollstreckerzeugnis „Der Erblasser hat angeordnet, dass die Testamentsvollstreckung beschränkt ist auf die Abwicklung des Nachlasses" ist dabei nicht möglich und begründet die Unrichtigkeit des Zeugnisses im Sinne des § 2361 Abs. 1 BGB.[85] Das Gesetz nennt in § 2369 Abs. 1 S. 2 BGB

---

80 MüKo-*Promberger*, § 2368 BGB Rn 44.
81 OLG München ZErb 2006/35.
82 OLG Zweibrücken ZEV 2001, 27.
83 Palandt/*Edenhofer*, § 2368 BGB Rn 8.
84 Palandt/*Edenhofer*, § 2368 BGB Rn 3.
85 OLG Hamm, Beschl. v. 23.3.2004 – 15 W 75/04.

zwar nur zwei Sonderfälle, welche im Testamentsvollstreckerzeugnis zu erwähnen sind, jedoch sind sämtliche von der gesetzlichen Normalregelung möglichen Abweichungen (§§ 2207–2210, 2222–2224 Abs. 1 BGB) anzugeben.[86] Hierunter fallen alle Beschränkungen hinsichtlich der Verwaltung des Nachlasses oder der Freistellung beim Eingehen von Verbindlichkeiten, § 2207 BGB, Übertragung der Verwaltung als selbstständige Aufgabe, Verwaltungs- oder Dauervollstreckung gem. § 2209 BGB, die besondere Anordnung für die Dauer dieser Verwaltungsbefugnis und die Regelung der Befugnisse mehrerer Testamentsvollstrecker, sofern sie von der Bestimmung des § 2224 BGB abweichen.[87] Dagegen kann eine Befreiung des Testamentsvollstreckers von dem Verbot des § 181 BGB nicht als Erweiterung seiner Verfügungsbefugnis in das Testamentsvollstreckerzeugnis aufgenommen werden.[88] Anzugeben sind auch **gegenständliche Beschränkungen** bzw., soweit sich die **Testamentsvollstreckung nur auf einen Bruchteil** des Nachlasses bezieht, der betroffenen Miterbe. Ferner sind aufzuführen der besondere Aufgabenkreis im Fall der **Nacherbenvollstreckung** nach § 2222 BGB oder im Fall der **Vermächtnisvollstreckung** nach § 2223 BGB.[89] Nur im Innenverhältnis, also nicht gegenüber Dritten wirkende Verwaltungsanordnungen, sind nicht aufzunehmen.[90]

42 Man unterscheidet weiterhin verschiedene **Arten von Zeugnissen,** nämlich[91]
– das normale Testamentsvollstreckerzeugnis, wenn nur ein Testamentsvollstrecker vorhanden ist;
– Mitvollstreckerzeugnis als gemeinschaftliches Zeugnis für mehrere Testamentsvollstrecker;
– Mitvollstreckerzeugnis als Teilvollstreckerzeugnis (sog. Sonderzeugnis), in welchem jedoch die Beschränkung der Rechtsstellung durch die Anordnung der Mitvollstreckung einzutragen ist;
– gegenständlich beschränktes Testamentsvollstreckerzeugnis, wenn der Erbfolge fremdes Recht zugrunde liegt.

### 3. Verfahren auf Erteilung des Testamentsvollstreckerzeugnisses

43 Nach § 2368 Abs. 1 BGB ist für die Erteilung des Testamentsvollstreckerzeugnisses das Nachlassgericht zuständig. **Funktionell** ist innerhalb des Nachlassgerichtes stets der **Richter zuständig,** und zwar zur Erteilung, Einziehung (§ 16 Nr. 6, 7 RPflG) und sinngemäß auch zur Kraftloserklärung.[92] Er prüft gem. § 2368 Abs. 3 i.V.m. §§ 2358 ff. BGB die Voraussetzungen der Erteilung, vor allem die Wirksamkeit der Ernennung und deren Wegfall nach § 2306 BGB, ferner ob etwa die Aufgaben des Testamentsvollstreckers gegenstandslos geworden sind.[93] In Fällen, in welchen Nachlass auch im Ausland vorhanden ist, sind deutsche Gerichte aber nach dem Grundsatz des Gleichlaufs zwischen materiellem Recht, internationaler Zuständigkeit und Verfahrensrecht nur insoweit international zuständig, als auf die Rechtsnachfolge von Todes wegen deutsches Recht Anwendung findet.[94]

---

86 MüKo-*Promberger,* § 2368 BGB Rn 9.
87 *Bengel/Reimann,* II Rn 284.
88 OLG Hamm, Beschl. v. 23.3.2004 – 15 W 75/04.
89 *Bengel/Reimann,* II Rn 285.
90 Palandt/*Edenhofer,* § 2368 BGB Rn 3.
91 MüKo-*Promberger,* § 2368 BGB Rn 10, 11.
92 MüKo-*Promberger,* § 2368 BGB Rn 17.
93 Palandt/*Edenhofer,* § 2368 BGB Rn 5.
94 BayObLG, Beschl. v. 26.11.2004 – 1 ZBR 74/04.

Die Erteilung eines Testamentsvollstreckerzeugnisses erfolgt nach § 2368 Abs. 1 BGB **nur auf Antrag** (vgl. Muster Rn 59). Nach § 2368 Abs. 1 BGB steht das **Antragsrecht** grundsätzlich dem Testamentsvollstrecker zu. Im Antrag des Testamentsvollstreckers liegt dann spätestens die Annahme des Amtes. Antragsberechtigt ist auch ein **Nachlassgläubiger** (§§ 792, 894 ZPO).[95] Das Antragsrecht **des Erben** ist streitig. Die wohl überwiegende Ansicht geht ohne nähere Begründung und wohl unter Berufung auf den Wortlaut des § 2368 BGB davon aus, dass ein Antragsrecht des Erben zu verneinen ist.[96]

44

Für die Erteilung des Testamentsvollstreckerzeugnisses gelten die **Substantiierungs- und Beweisführungspflichten** wie sie auch beim Antrag auf Erteilung eines Erbscheines bestehen.[97] Der erforderliche (formlose) Antrag muss nach § 2368 Abs. 3 i.V.m. §§ 2354, 2355 BGB enthalten:[98]
1. Der Zeitpunkt des Todes des Erblassers.
2. Die Verfügung von Todes wegen, auf der die Testamentsvollstreckerernennung beruht (bzw. die entsprechende Bestimmung durch einen Dritten oder durch das Nachlassgericht, §§ 2198, 2200 BGB).
3. Aussage, ob und welche Personen vorhanden sind/waren, durch die der antragstellende Testamentsvollstrecker von dem Amt ausgeschlossen oder in seinen Befugnissen beschränkt werden würde.
4. Wenn eine Person weggefallen ist, die den Testamentsvollstrecker vom Amt ausgeschlossen hätte oder in seinen Befugnissen beschränken würde, Aussage darüber, in welcher Weise sie weggefallen ist.
5. Aussage, ob und welche weiteren Verfügungen des Erblassers von Todes wegen vorhanden sind.
6. Aussage, ob ein Rechtsstreit über die Ernennung zum Testamentsvollstrecker anhängig ist.
7. Soweit der Antrag nicht durch den Testamentsvollstrecker selbst gestellt wird, auch die Annahme des Amtes durch den ernannten Testamentsvollstrecker.[99]
8. Ferner sind die Angaben zu machen, welche im Testamentsvollstreckerzeugnis zu verlautbaren sind, also insbesondere der Umfang der Befugnisse des Testamentsvollstreckers im Falle der Abweichung von der gesetzlichen Regelbefugnis (vgl. oben Rn 10 ff.).

45

Dem Antrag sind nach § 2368 Abs. 3 i.V.m. § 2356 BGB die Nachweise der Richtigkeit der Angaben beizufügen. Von den oben aufgeführten Angaben sind die Angaben (1), (2), (6)–(8) durch **Vorlage von öffentlichen Urkunden** nachzuweisen. Im Übrigen erfolgt nach § 2368 Abs. 3 i.V.m. § 2356 Abs. 2 BGB der Nachweis mittels Abgabe der **eidesstattlichen Versicherung**. Zuständig für die Beurkundung der eidesstattlichen Versicherung ist neben dem Amtsgericht auch der Notar, vgl. § 2368 Abs. 3 i.V.m. § 2356 Abs. 2 BGB, wobei in Einzelfällen das Nachlassgericht gem. § 2356 Abs. 2 S. 2 BGB von der Notwendigkeit der eidesstattlichen Versicherung absehen kann, z.B. wenn eine solche bereits im Erbscheinsverfahren abgegeben wurde.[100]

46

Ist die Ernennung des Testamentsvollstreckers nicht in einer dem Nachlassgericht vorliegenden öffentlichen Urkunde vorgenommen, sondern in einem eigenhändigen, privatschriftlichen Testament enthalten, so hat das Nachlassgericht vor Erteilung des Zeugnisses die

47

---

95 Palandt/*Edenhofer*, § 2368 BGB Rn 5.
96 Vgl. zur Gegenansicht mit ausführlicher Begründung MüKo-*Promberger*, § 2368 BGB Rn 20.
97 MüKo-*Promberger*, § 2368 BGB Rn 22.
98 *Winkler*, Rn 687.
99 MüKo-*Promberger*, § 2368 BGB Rn 22.
100 MüKo-*Promberger*, § 2368 BGB Rn 22.

Erben, soweit tunlich, **über die Gültigkeit der Ernennung zu hören**, § 2368 Abs. 2 BGB (vgl. Muster Rn 60). Bei einer Ernennung des Testamentsvollstreckers durch das Nachlassgericht nach § 2200 BGB hatte dagegen schon eine Anhörung der Erben zu erfolgen,[101] weswegen wohl eine erneute Anhörung im Verfahren auf Erteilung des Zeugnisses entbehrlich wird.

In rechtlich zweifelhaften Fällen besteht darüber hinaus die Möglichkeit, eine in Beschlussform gekleidete Ankündigung (Vorbescheid) zu erlassen, dass ein bestimmtes Testamentsvollsteckerzeugnis erteilt werde, falls nicht gegen den Bescheid binnen einer gewissen Frist Beschwerde eingelegt werde.[102]

### 4. Einziehung wegen Unrichtigkeit und Rückgabe des Testamentsvollstreckerzeugnisses

48 Ist das Testamentsvollstreckerzeugnis von Anfang an unrichtig, so ist es vom Nachlassgericht (Richter, § 16 Nr. 6 RPflG) einzuziehen (§ 2368 Abs. 3 i.V.m. § 2361 BGB). Es darf nicht berichtigt, abgeändert oder ergänzt werden. Ausnahmen ergeben sich lediglich im Falle einer offenkundigen Unrichtigkeit nach § 319 ZPO oder in Fällen des Wegfalls und der Neuernennung von Testamentsvollstreckern.[103] Ist ein Testamentsvollstreckerzeugnis von Anfang an unrichtig erteilt, so erfolgt die Einziehung und Kraftloserklärung entsprechend den Bestimmungen über den Erbschein (vgl. Muster Rn 61).[104]

49 Mit Beendigung des Amtes (durch Kündigung, Entlassung, Zeitablauf, Erledigung aller Aufgaben) wird das Testamentsvollstreckerzeugnis von selbst kraftlos und damit die Vermutung des § 2365 BGB gegenstandslos. Einer Einziehung oder Kraftloserklärung des Zeugnisses bedarf es nach Amtsbeendigung nicht.[105] Das Nachlassgericht soll es aber zur Wahrung der Rechtssicherheit von Amts wegen zurückfordern und entweder bei den Gerichtsakten behalten oder auf ihm vermerken, wann das Amt erloschen ist.[106]

### 5. Rechtsmittel im Erteilungsverfahren

50 Gegen die Erteilung des Testamentsvollstreckerzeugnisses oder die Ablehnung des Antrags auf Erteilung ist die Beschwerde nach § 58 FamFG gegeben. Gegen den Beschluss, der das Testamentsvollstreckerzeugnis für kraftlos erklärt, gibt es keine Beschwerde, § 354 i.V.m. § 353 FamFG. Die Beschwerdeberechtigung nach § 59 FamFG ist dabei aber nicht gegeben, wenn sie auf ein Erbrecht nach dem Erblasser gestützt wird und feststeht, dass das behauptete Erbrecht nicht besteht.[107] Gegen einen Vorbescheid, durch den das Nachlassgericht die Erteilung eines Testamentsvollstreckerzeugnisses ankündigt, steht dabei dem lediglich Pflichtteilsberechtigten kein Beschwerderecht zu.[108] In gleicher Weise steht dem gewöhnlichen Nachlassgläubiger kein Beschwerderecht gegen die ablehnende Entscheidung des Nachlassgerichtes zu, einen Testamentsvollstrecker zu ernennen.[109]

---

101 Palandt/*Edenhofer*, § 2200 BGB Rn 5.
102 *Bengel/Reimann*, II Rn 280.
103 *Winkler*, Rn 705; MüKo-*Promberger*, § 2368 BGB Rn 30.
104 *Firsching/Graf*, Rn 4.469.
105 *Winkler*, Rn 707.
106 *Bengel/Reimann*, VII Rn 71.
107 KG ZEV 2000, 505 = FGPrax 2001, 24 m. Anm. *Krug*.
108 OLG Celle, Beschl. v. 6.11.2003 – 6 W 10/03.
109 OLG Düsseldorf, Beschl. v. 31.10.2003 – I-3 Wx 266/03.

## II. Bekanntmachung im Erbschein

### 1. Notwendige Angaben im Erbschein

Wird ein Erbschein erteilt, ist auch die Testamentsvollstreckung darin als **Beschränkung der Verfügungsmacht der Erben** zu vermerken, § 2364 BGB, und wird dadurch gegenüber Dritten bekannt gemacht. Abweichend vom Gesetzeswortlaut muss die Angabe der angeordneten Testamentsvollstreckung auch dann erfolgen, wenn in den Fällen des §§ 2198, 2199 BGB ein Testamentsvollstrecker noch nicht ernannt ist.[110] Obwohl § 2364 Abs. 1 BGB von der Angabe des Testamentsvollstreckers spricht und nicht von der Angabe der Testamentsvollstreckung, wird der Name des Testamentsvollstreckers nicht im Erbschein angegeben, sondern ergibt sich erst aus dem Testamentsvollstreckerzeugnis[111] (vgl. oben Rn 40).

51

Die **Formulierung im Erbschein** lautet in der Regel: „Es ist Testamentsvollstreckung angeordnet."

52

Enthält die Anordnung der Testamentsvollstreckung keine Besonderheit, so erfolgen keine besonderen weiteren Angaben im Erbschein. Auch soweit Dauertestamentsvollstreckung oder schlichte Verwaltungsvollstreckung angeordnet ist, erfolgen hierüber keine besondere Angaben im Erbschein, da es für den Vermerk im Erbschein auf den Umfang der Verfügungsbeschränkung, nicht jedoch auf die Dauer ankommt.[112] Einschränkungen der Testamentsvollstreckung sind dagegen anzugeben, soweit es sich um eine gegenständliche Beschränkung der Testamentsvollstreckung handelt, da der Erbschein nicht durch einen zu weiten Testamentsvollstreckervermerk eine bestehende Zuständigkeit des Erben verleugnen darf. Dies gilt sowohl, wenn der Testamentsvollstrecker nur für bestimmte Gegenstände des Nachlasses (§ 2208 Abs. 1 S. 2 BGB) verfügungsbefugt ist, als auch, wenn bestimmte Gegenstände von seiner Verfügungsbefugnis ausgenommen sind.[113] Betrifft die **Testamentsvollstreckung nur einen Miterben**, so ist sie nur in dessen Teilerbschein[114] oder in einem gemeinschaftlichen Erbschein unter Beschränkung auf seinen Erbteil zu vermerken.[115] Daneben ist auch die Nacherbenvollstreckung (§ 2222 BGB),[116] nicht aber die Vermächtnisvollstreckung (§ 2223 BGB)[117] im Erbschein anzugeben. Eine **aufschiebend bedingt angeordnete Testamentsvollstreckung** ist erst mit dem Eintritt der Bedingung anzugeben.[118]

53

### 2. Unrichtige Eintragungen im Erbschein

Der Nichteintritt einer angeordneten Testamentsvollstreckung nach bereits erfolgter Erbscheinserteilung oder deren Erledigung führt dazu, dass der Erbschein unrichtig und daher einzuziehen ist, § 2361 BGB.[119] Dies gilt auch bei sonstigen Unrichtigkeiten, also wenn der Erbschein trotz angeordneter Testamentsvollstreckung diese nicht ausweist, bzw. Beschränkungen nicht im Testamentsvollstreckervermerk aufgenommen wurden (vgl. Muster Rn 62).

54

---

110 Palandt/*Edenhofer*, § 2364 BGB Rn 1.
111 *Bengel/Reimann*, II Rn 240.
112 MüKo-*Promberger*, § 2384 BGB Rn 10.
113 MüKo-*Promberger*, § 2384 BGB Rn 12.
114 *Winkler*, Rn 723.
115 MüKo-*Promberger*, § 2384 BGB Rn 4.
116 *Bengel/Reimann*, II Rn 244.
117 *Bengel/Reimann*, II Rn 245.
118 Palandt/*Edenhofer*, § 2364 BGB Rn 1.
119 MüKo-*Promberger*, § 2364 BGB Rn 17.

## III. Bekanntmachung im Grundbuch

### 1. Funktion und Nachweis

55 Nach § 52 GBO erfolgt die Eintragung der Testamentsvollstreckung bei Eintragung des Erben im Grundbuch. Solange der Vermerk im Grundbuch eingetragen ist, so ist ein gutgläubiger Erwerb wegen § 2211 Abs. 2 i.V.m. § 892 BGB ausgeschlossen. Aus § 891 Abs. 1 BGB folgt, dass das Grundbuchamt bei Vorliegen eines Testamentsvollstreckervermerkes Eintragungsanträge der Erben ablehnen muss.[120] Der **Grundbuchvermerk** enthält weder den Namen des Testamentsvollstreckers noch grundsätzlich Angaben über dessen Wirkungskreis und Befugnisse (Ausnahme § 2222 BGB).[121]

56 Die Ernennung zum Testamentsvollstrecker ist durch Vorlage des Testamentsvollstreckerzeugnisses oder durch Vorlage einer Abschrift eines öffentlich beurkundeten Testaments oder Erbvertrags zusammen mit der Eröffnungsniederschrift, jeweils beglaubigt durch das Nachlassgericht, nachzuweisen[122] (vgl. Muster Rn 63).

### 2. Löschung des Vermerks

57 Die Löschung erfolgt gem. §§ 84 ff. GBO, wenn der Testamentsvollstreckervermerk gegenstandslos geworden ist, also die **Testamentsvollstreckung nicht oder nicht mehr besteht** bzw. wenn das Grundstück nicht mehr der Verwaltungsbefugnis des Testamentsvollstreckers unterliegt, bspw. durch Freigabe nach § 2217 BGB. Es bedarf dann eines Nachweises der nicht mehr bestehenden Testamentsvollstreckung, also eines Erbscheins ohne Testamentsvollstreckervermerk bzw. – im Falle der Freigabe nach § 2217 BGB – der Löschungsbewilligung durch den Testamentsvollstrecker.[123] Bei Prüfung des Nachweises der Unrichtigkeit eines Testamentsvollstreckervermerks ist das Grundbuchamt durch die Erteilung eines die Testamentsvollstreckung ausweisenden Erbscheines und eines Testamentsvollstreckerzeugnisses seitens des Nachlassgerichtes nicht gehindert, die Beendigung der Testamentsvollstreckung festzustellen.[124] Der Testamentsvollstreckervermerk ist gleichwohl nicht zu löschen, wenn das Grundstück in Vollzug des Teilungsplanes auf einen Miterben übertragen wird, durch letztwillige Verfügung jedoch die Fortdauer der Testamentsvollstreckung nach Erledigung der dem Testamentsvollstrecker sonst zugewiesenen Aufgaben an dem Erbteil diese Erben angeordnet ist.[125]

## IV. Eintragung im Handelsregister

58 Ob ein Testamentsvollstreckervermerk im Handelsregister einzutragen ist, ist streitig. Es bestehen keinerlei gesetzliche Bestimmungen. Der wohl überwiegende Teil der Literatur geht davon aus, dass eine Eintragung aus Sinn und Zweck des Handelsregisters zu erfolgen hat[126] bzw. ohne Vermerk der Testamentsvollstreckung ein irreführendes Bild über die

---

120 *Bengel/Reimann*, II Rn 259.
121 *Winkler*, Rn 277.
122 *Winkler*, Rn 278.
123 *Bengel/Reimann*, II 267.
124 OLG München ZEV 2006, 173; a.A. OLG Frankfurt MittBayNot 2007, 511, wonach das Gericht im Grundbuchverfahren zur Löschung des Testamentsvollstreckervermerks einen Nachweis in Form des § 29 GBO fordert, dass der Grundbesitz aus dem Nachlass ausgeschieden ist oder die Testamentsvollstreckung insgesamt beendet ist.
125 OLG Hamm ZEV 2003, 34 (Ls); FGPrax 2002, 194.
126 Palandt/*Edenhofer*, vor § 2197 BGB Rn 15.

Verwaltungsbefugnisse und Haftungsverhältnisse vermittelt wird.[127] Darüber hinaus wird durch die Literatur unter Hinweis auf die Entscheidung des BGH vom 3.7.1989[128] geschlossen, dass nunmehr auch die Rechtsprechung trotz des **Widerstreits zwischen erbrechtlichen und handelsrechtlichen Vorschriften** von der Zulässigkeit einer Testamentsvollstreckung zumindest bezüglich eines Kommanditanteiles ausgeht. Zudem wird in dieser Entscheidung[129] von einem Anmelderecht des Testamentsvollstreckers ausgegangen, soweit sein Recht zur Befugnis reicht. Diese besteht nur bei der Testamentsvollstreckung nach § 2209 BGB, aber nicht bei der Abwicklungsvollstreckung (vgl. Muster Rn 64).[130]

## V. Muster

### 1. Muster: Notariell beurkundeter Antrag auf Erteilung eines Testamentsvollstreckerzeugnisses (§ 2368 BGB)[131]

    (*Notarielle Urkundenformation*)

Erschienen ist

    (*Name*),

Der Erschienene wies sich durch amtlichen Personalausweis aus.

Er beantragt, die folgenden Erklärungen zusammen mit dem an das Nachlassgericht gerichteten Antrag auf Erteilung eines Testamentsvollstreckerzeugnisses zu beurkunden:

Ausweislich der sich bei den Akten des Amtsgericht      – Nachlassgericht – befindlichen Sterbeurkunde – Todesanzeige (Standesamt      Nr.     ) ist     , zuletzt wohnhaft     , am      in      verstorben.

Der Erblasser hat mit letztwilliger Verfügung vom     , eröffnet durch das Amtsgericht      – Nachlassgericht – am      die Testamentsvollstreckung angeordnet und mich zum alleinigen Testamentsvollstrecker für seinen gesamten Nachlass ernannt. Beschränkungen meiner Tätigkeit sind im Testament nicht vorgesehen. Auf die Nachlassakten wird Bezug genommen.

Mit Schreiben vom      habe ich gegenüber dem Nachlassgericht die Annahme des Amtes als Testamentsvollstrecker erklärt. Rein vorsorglich erkläre ich hiermit nochmals, dass ich das Amt als Testamentsvollstrecker annehme.

Über die Bedeutung einer eidesstattlichen Versicherung durch den beurkundenden Notar belehrt, versichere ich an Eides statt:
- Weitere Verfügungen von Todes wegen des Erblassers sind nicht vorhanden.
- Ein Rechtsstreit ist weder über die Gültigkeit des Testaments, noch über meine Ernennung als Testamentsvollstrecker anhängig.
- Mir ist nichts bekannt, was der Richtigkeit meiner Angaben entgegensteht.

Ich beantrage,

mir ein Zeugnis in einfacher Ausfertigung über meine Ernennung als Testamentsvollstrecker für den Nachlass des      zu erteilen.

Den Wert des Nachlasses gebe ich aufgrund meiner bisherigen Kenntnisse mit      EUR an.

---

127 MüKo-*Brandner*, § 2205 BGB Rn 23.
128 BGHZ 108, 187.
129 BGHZ 108, 187.
130 *Bengel/Reimann*, II Rn 267.
131 Vgl. auch Muster bei *Winkler*, Rn 869, sowie Muster bei Erklärung zur Niederschrift vor dem Nachlassgericht bei *Firsching/Graf*, 4.464.

Vom Notar vorgelesen und durch den Erschienenen genehmigt und unterschrieben.

(Unterschrift) (Notar)

## 2. Muster: Stellungnahme zur beabsichtigten Erteilung des Testamentsvollstreckerzeugnisses (§ 2368 Abs. 2 BGB)

An das

Amtsgericht
– Nachlassgericht – (Baden-Württtemberg: Staatl. Notariat)

Az.

*Nachlassverfahren* ▮ , *zuletzt wohnhaft* ▮ , *verstorben am* ▮

Ich zeige unter Vollmachtsvorlage an, dass ich ▮ , wohnhaft ▮ , vertrete. Mit Schreiben des Amtsgerichtes ▮ – Nachlassgericht – wurde meiner Mandantschaft die Möglichkeit der Stellungnahme zu dem von dem ernannten Testamentsvollstrecker beantragten Testamentsvollstreckerzeugnis eingeräumt. Namens und in Vollmacht meiner Mandantschaft nehme ich innerhalb der festgesetzten Stellungnahmefrist wie folgt Stellung:

Es wird der Erteilung des beantragten Testamentsvollstreckerzeugnisses widersprochen.

Der ernannte Testamentsvollstrecker beantragt unter Berufung auf das privatschriftliche Testament des Erblassers vom ▮ die Erteilung eines Testamentsvollstreckerzeugnisses ohne Angabe von Beschränkungen. In der weiteren testamentarischen Verfügung des Erblassers vom ▮ , bezeichnet als „Nachtrag zum Testament vom ▮ ", welche durch das Nachlassgericht am ▮ eröffnet wurde, wird durch den Erblasser bezüglich der angeordneten Testamentvollstreckung jedoch verfügt:

„Ich habe mit Testament vom ▮ für meinen Nachlass Testamentsvollstreckung angeordnet und ▮ zum Testamentsvollstrecker für den gesamten Nachlass ernannt.

Im Wege der Teilungsanordnung verfüge ich nunmehr, dass die in meinem Privatvermögen enthaltenen Vermögenswerte wie folgt unter meinen Erben aufgeteilt werden: ▮

Die Testamentsvollstreckung soll sich lediglich noch auf mein Betriebsvermögen sowie die Fortführung meines einzelkaufmännischen Unternehmens bis zur Benennung eines Unternehmensnachfolgers beziehen."

Die im Nachtrag zum Testament vom ▮ enthaltene Verfügung stellt eine vom Erblasser verfügte Beschränkung i.S.d. § 2208 Abs. 1 S. 2 BGB dar, welche im Testamentsvollstreckerzeugnis nach allgemeiner Ansicht aufzunehmen ist, da es sich auch hier um eine Abweichung gegenüber der gesetzlichen Normalregelung handelt. Die Erteilung des beantragten Zeugnisses ohne Angabe der Beschränkung würde das Verwaltungsrecht des Testamentvollstreckers für den gesamten Nachlass und somit auch auf das zum Nachlass gehörende sonstige Vermögen ausweiten, für welches der Erblasser mit dem Nachtrag die ursprünglich angeordnete Testamentsvollstreckung rückgängig gemacht hat. Der Antrag des Testamentsvollstreckers ist daher zurückzuweisen.

(Rechtsanwalt)

## 3. Muster: Antrag auf Einziehung des Testamentvollstreckerzeugnisses bei Unrichtigkeit

An das

Amtsgericht
- Nachlassgericht - (Baden-Württemberg: Staatl. Notariat)

Az.

*Nachlassverfahren          , zuletzt wohnhaft          , verstorben am*

In vorbezeichneter Angelegenheit zeigen wir an, dass wir          , wohnhaft          , vertreten.

Zum Nachweis der ordnungsgemäßen Bevollmächtigung überreichen wir in der Anlage die auf uns lautende Originalvollmacht.

Namens und in Vollmacht unseres Mandanten beantragen wir,

das          (Name) erteilte Testamentsvollstreckerzeugnis vom          wegen Unrichtigkeit einzuziehen, hilfsweise für kraftlos zu erklären, §§ 2368 Abs. 3, 2361 BGB.

Der am          verstorbene Erblasser hat mit letztwilliger Verfügung vom          , eröffnet durch das Amtsgericht          - Nachlassgericht - die Testamentsvollstreckung für seinen gesamten Nachlass angeordnet und          zum Testamentsvollstrecker ernannt. Dieser hat das Amt durch Erklärung zur Niederschrift vor dem Amtsgericht          - Nachlassgericht - angenommen. Das Testamentsvollstreckerzeugnis wurde am          erteilt. Unser Mandant ist zum Miterben in Höhe von $1/3$ neben den beiden Geschwistern berufen.

In dem zwischenzeitlich aufgefundenen, später verfassten Testament des Erblassers vom          , eröffnet durch das Amtsgericht          - Nachlassgericht -, hat der Erblasser verfügt, dass sich die angeordnete Testamentsvollstreckung lediglich noch auf den Miterbenanteil des Miterben          beziehen soll. Die zunächst für den gesamten Nachlass angeordnete Testamentsvollstreckung wurde durch den Erblasser mit dieser zeitlich späteren Verfügung aufgehoben.

Auf die Nachlassakten wird Bezug genommen.

Das          erteilte Testamentsvollstreckerzeugnis ist unrichtig, da es die Beschränkung auf den Miterbenanteil nicht ausweist. Es ist daher gem. §§ 2368 Abs. 3, 2361 Abs. 1 BGB von Amts wegen einzuziehen, hilfsweise gem. §§ 2368 Abs. 3, 2361 Abs. 2 BGB für kraftlos zu erklären.

(Rechtsanwalt)

## 4. Muster: „Antrag" auf Einziehung des Erbscheins wegen Fehlens des Testamentsvollstreckervermerks

An das

Amtsgericht
- Nachlassgericht - (Baden-Württemberg: Staatl. Notariat)

Az.

*Nachlassverfahren          , zuletzt wohnhaft          , verstorben*

Der am          verstorbene Erblasser hat mit letztwilliger Verfügung vom          , eröffnet durch das Amtsgericht          - Nachlassgericht - die Testamentsvollstreckung angeordnet und mich zum Testamentsvollstrecker ernannt. Ich habe das Amt durch Erklärung zur Niederschrift vor dem Amtsgericht

_____ – Nachlassgericht – angenommen. Mir wurde am _____ ein Testamentsvollstreckerzeugnis erteilt. Auf die Nachlassakten wird Bezug genommen.

Nachdem erst durch das später aufgefundene Testament des Erblassers vom _____ die angeordnete Testamentsvollstreckung bekannt wurde, ein Erbschein aufgrund Antrages der Erben aber bereits vorher ohne Testamentsvollstreckung erteilt wurde, ist der bislang erteilte Erbschein wegen Fehlens des Testamentsvollstreckervermerks unrichtig und daher gem. § 2361 Abs. 1 BGB von Amts wegen einzuziehen, hilfsweise gem. § 2361 Abs. 2 BGB für kraftlos zu erklären.

(Testamentsvollstrecker)

### 5. Muster: „Antrag" auf Grundbuchberichtigung wegen Fehlens des Testamentsvollstreckervermerks

**334**

**63** An das

Amtsgericht
– Grundbuchamt –

_____

*Berichtigung des Grundbuches des Amtsgerichtes _____ für _____ Band _____, Blatt _____*

*Eingetragene Eigentümer: Erbengemeinschaft nach _____, verstorben am _____*

Unter der oben genannten Grundbuchstelle wurde auf Antrag der Erben die Erbengemeinschaft als Eigentümer nach dem verstorbenen Eigentümer in das Grundbuch eingetragen. Der am _____ verstorbene Erblasser hat mit letztwilliger Verfügung vom _____, eröffnet durch das Amtsgericht _____ – Nachlassgericht –, die Testamentsvollstreckung für seinen gesamten Nachlass angeordnet und mich zum Testamentsvollstrecker ernannt. Ich habe das Amt durch Erklärung zur Niederschrift vor dem Amtsgericht _____ – Nachlassgericht –, angenommen. Mir wurde am _____ ein Testamentsvollstreckerzeugnis erteilt.

Auf die Nachlassakten des Amtsgerichtes _____ – Nachlassgericht – wird Bezug genommen.

Nachdem erst durch das später aufgefundene Testament des Erblassers vom _____ die angeordnete Testamentsvollstreckung bekannt wurde und daher bei Eintragung der Erbengemeinschaft die gleichzeitige Eintragung des Testamentsvollstreckervermerks unterblieben ist, ist das Grundbuch unrichtig und von Amts wegen durch

*Eintragung des Testamentsvollstreckervermerks*

zu berichtigen.

(Testamentsvollstrecker)

### 6. Muster: Antrag auf Eintragung der angeordneten Testamentsvollstreckung im Handelsregister

**335**

**64** An das

Amtsgericht
– Handelsregister –

_____

HR- _____

*Eintragung der Rechtsnachfolge des Erben _____ mit angeordneter Testamentsvollstreckung am Kommanditanteil des _____, verstorben am _____, an der _____ KG*

Wir melden zur Eintragung im Handelsregister an:

Der am ▮▮▮▮ verstorbene Erblasser war Kommanditist der oben bezeichneten ▮▮▮▮ KG. Der Erblasser hat mit letztwilliger Verfügung vom ▮▮▮▮ , eröffnet durch das Amtsgericht ▮▮▮▮ – Nachlassgericht –, ▮▮▮▮ zu seinem Alleinerben berufen. Ein Erbschein, der das Alleinerbenrecht von ▮▮▮▮ ausweist, hat das Nachlassgericht am ▮▮▮▮ erteilt. Der Erblasser hat die Testamentsvollstreckung für seinen gesamten Nachlass angeordnet. Zum Testamentsvollstrecker wurde ▮▮▮▮ ernannt. Dieser hat das Amt durch Erklärung zur Niederschrift vor dem Amtsgericht ▮▮▮▮ – Nachlassgericht – angenommen. Das Testamentsvollstreckerzeugnis wurde am ▮▮▮▮ erteilt. Auf die Nachlassakten des Amtsgerichtes ▮▮▮▮ – Nachlassgericht –, Az. ▮▮▮▮ , aus denen sich die Rechtsnachfolge sowie die Tatsache der angeordneten Testamentsvollstreckung ergibt, wird Bezug genommen.

Es wird daher beantragt,

▮▮▮▮ als Rechtsnachfolger am Kommanditanteil des verstorbenen Erblassers ▮▮▮▮ zusammen mit der an dem Kommanditanteil angeordneten Testamentsvollstreckung im Handelsregister einzutragen.

(Komplementär)

(Kommanditist)

(Testamentsvollstrecker)

(*Notarielle Unterschriftsbeglaubigung*)

## F. Ablauf der Testamentsvollstreckung vom Beginn bis zur Beendigung des Amtes

### I. Beginn des Amtes des Testamentsvollstreckers

#### 1. Voraussetzungen für den Beginn der Testamentsvollstreckung

Nach § 2202 Abs. 1 BGB beginnt das Amt des Testamentsvollstreckers mit dem Zeitpunkt, in dem der Ernannte das Amt annimmt. Das Amt beginnt also nicht bereits mit dem Erbfall, sondern hängt vielmehr von der Entscheidung des Ernannten über die **Annahme des Amtes** und der entsprechenden Erklärung gegenüber dem Nachlassgericht ab, § 2202 Abs. 2 S. 1 BGB (vgl. Muster Rn 74). Die Annahme der Erbschaft durch die berufenen Erben sowie die Testamentseröffnung sind nicht notwendig.[132]

Die Voraussetzungen für den **Beginn des Amtes** können dabei wie folgt zusammengefasst werden
1. Eintritt des Erbfalls
2. Anordnung der Testamentsvollstreckung durch den Erblasser
3. Ernennung des Testamentsvollstreckers durch (vgl. Ausführung oben Rn 23 ff.):
   a) den Erblasser § 2197 BGB
   b) durch einen ermächtigten Dritten, § 2198 BGB
   c) durch den Testamentsvollstrecker bezüglich eines Mitvollstreckers, § 2199 BGB
   d) durch das Nachlassgericht, § 2200 BGB
4. Geschäftsfähigkeit des ernannten Testamentsvollstreckers, § 2201 BGB
5. Annahme des Amtes durch den Testamentsvollstrecker

Eine Pflicht zur Übernahme des Amtes besteht nicht. Dies gilt auch dann, wenn das Nachlassgericht nach § 2200 BGB die Ernennung vornimmt. Dies wird vorwiegend daraus

---

[132] Palandt/*Edenhofer*, § 2202 BGB Rn 1.

geschlossen, dass der Testamentsvollstrecker nach § 2226 BGB auch jederzeit zur Kündigung des Amtes berechtigt ist.[133] Auch soweit sich der Testamentsvollstrecker vertraglich zur Übernahme des Amtes bereits gegenüber dem Erblasser zu dessen Lebzeiten gebunden hat,[134] besteht **keine Verpflichtung zur Übernahme des Amtes** und entstehen keine Schadensersatzansprüche bei Ablehnung des Amtes.[135] Ein gewisser Zwang zur Übernahme kann allerdings durch eine Zuwendung unter der Bedingung der Amtsübernahme ausgeübt werden.[136]

68 Soweit der Erblasser **ersatzweise** einen Testamentsvollstrecker ernannt hat, gilt dies auch für die Fälle, in denen der ursprünglich Benannte die Übernahme des Amtes abgelehnt hat.[137] Dies dürfte offensichtlich auch für die Fälle gelten, in welchen der Ersatzmann dann nach der Verfügung des Erblassers durch das Nachlassgericht bestimmt werden soll.

69 Nach § 2202 Abs. 2 S. 1 BGB ist die Annahme sowie die Ablehnung des Amtes (vgl. Muster Rn 75) **gegenüber dem Nachlassgericht** zu erklären. Die sachliche und örtliche Zuständigkeit des Nachlassgerichtes ergibt sich aus §§ 2, 342 FamFG. Die nach § 112 Abs. 1 Nr. 6 KostO anfallenden Gerichtsgebühren sind nach § 6 KostO von den Erben zu tragen. Die Annahme kann in privatschriftlicher Form oder durch Erklärung zu Protokoll der Geschäftsstelle, § 25 FamFG, des Nachlassgerichtes oder Amtsgerichtes erfolgen[138] und setzt die Geschäftsfähigkeit des Erklärenden voraus. Bei Personen, die in ihrer Geschäftsfähigkeit beschränkt sind, ist eine Erklärung durch den gesetzlichen Vertreter möglich, soweit die Ernennung aufschiebend bedingt oder befristet ist und mit dem Eintritt der Geschäftsfähigkeit zum Amtsantritt zu rechnen ist.[139] Sie kann auch durch einen Bevollmächtigten abgegeben werden.[140] Die Annahmeerklärung ist nach § 2202 Abs. 2 S. 2 Hs. 2 BGB bedingungsfeindlich und kann nicht unter einer Zeitbestimmung abgegeben werden. Es handelt sich um eine **Willenserklärung nach § 130 BGB**,[141] die daher nach § 130 Abs. 1 S. 2 BGB nicht widerruflich ist, da sie mit Zugang beim Nachlassgericht bzw. Amtsgericht[142] wirksam geworden ist.

70 Der Testamentsvollstrecker kann ein **Zeugnis über die Erklärung der Annahme des Amtes** verlangen, welches jedoch noch nicht das Testamentsvollstreckerzeugnis darstellt.[143] Soweit die Erklärung zu Protokoll der Geschäftsstelle erfolgt ist, wird dies regelmäßig eine Protokollabschrift sein.

71 Nach § 2202 Abs. 3 BGB kann das Nachlassgericht auf Antrag eines der Beteiligten[144] dem Ernannten eine **Frist zur Erklärung über die Annahme** setzen (vgl. Muster Rn 76 und

---

133 MüKo-*Brandner*, § 2202 BGB Rn 2.
134 Nach MüKo-*Brandner*, § 2197 BGB Rn 18, fehlt es bereits an der rechtswirksamen Möglichkeit der rechtsgeschäftlichen Ernennung eines Testamentsvollstreckers durch den Erblasser. In der Kommentierung bei Palandt/*Edenhofer*, § 2197 BGB Rn 2, wird dort dagegen die rechtsgeschäftliche Verpflichtung für möglich gehalten, wobei aus der Ablehnung der Übernahme des Amtes dann keine Konsequenzen entstehen.
135 Palandt/*Edenhofer*, § 2202 BGB Rn 2 (str., vgl. zur gegenteiligen Ansicht *Winkler*, Rn 102).
136 Palandt/*Edenhofer*, § 2202 BGB Rn 2.
137 Palandt/*Edenhofer*, § 2197 BGB Rn 2.
138 MüKo-*Brandner*, § 2202 BGB Rn 5.
139 Palandt/*Edenhofer*, § 2202 BGB Rn 3.
140 MüKo-*Brandner*, § 2202 BGB Rn 5.
141 MüKo-*Brandner*, § 2202 BGB Rn 5.
142 Bengel/*Reimann*, II Rn 232.
143 *Winkler*, Rn 106.
144 Palandt/*Edenhofer*, § 2198 BGB Rn 3.

77).[145] Nach Ablauf der Frist gilt das Amt als abgelehnt. Zuständig für die Fristbestimmung ist der Rechtspfleger, § 3 Nr. 2c RPflG (Rechtsbehelfe bei Ablehnung der Fristbestimmung § 11 RPflG, § 355 Abs. 1 FamFG i.V.m. §§ 567–572 ZPO).

Besteht vor der Erklärung über die Amtsannahme dringender Handlungsbedarf für den Nachlass, weil etwa Arbeitnehmer, Mieter oder sonstige Dritte vorhanden sind, Erben aber aufgrund der angeordneten Testamentsvollstreckung nicht handeln können, kann auf Antrag eines Beteiligten ein **Pfleger für den noch unbekannten Testamentsvollstrecker** bestellt werden; nach anderer Ansicht kann die Anordnung einer **Nachlasspflegschaft** durch das Nachlassgericht angeregt werden.[146] Das Gleiche gilt, wenn ein Testamentsvollstrecker noch nicht ernannt ist.

Soweit der Testamentsvollstrecker im Hinblick auf sein zukünftiges Amt **vor Beginn des Amtes Rechtsgeschäfte** vorgenommen hat, sind diese unwirksam und werden nicht automatisch mit der Amtsannahme wirksam, sondern bedürfen der Genehmigung durch den Testamentsvollstrecker nach Annahme des Amtes und somit nach Amtsbeginn, §§ 177, 184 BGB. Das Gleiche gilt für Verfügungsgeschäfte nach § 185 Abs. 2 S. 1 Alt. 1 BGB. Ein vom Ernannten vor Amtsbeginn vorgenommenes einseitiges Rechtsgeschäft ist nach Maßgabe des § 180 BGB nichtig. Die Einwilligung des Erben vor Amtsbeginn in solche Rechtsgeschäfte ist nutzlos, da er bei bereits bestehender Testamentsvollstreckung schon vor dem Amtsbeginn nicht mehr verfügungsbefugt ist.[147] Wird dennoch durch den eingesetzten Testamentsvollstrecker das nichtige (einseitige) Rechtsgeschäft bestätigt, so ist die Bestätigung nach § 141 BGB als erneute Vornahme zu beurteilen, was z.B. für den Fristbeginn von Kündigungsfristen von erheblicher Bedeutung sein kann.

### 2. Muster

#### a) Muster: Annahme des Amtes

An das

Amtsgericht
- Nachlassgericht - (Baden-Württemberg: Staatl. Notariat)

Az.

*Nachlassverfahren* ▓▓▓▓, *zuletzt wohnhaft* ▓▓▓▓, *verstorben am* ▓▓▓▓

Der am ▓▓▓▓ verstorbene Erblasser hat mit letztwilliger Verfügung vom ▓▓▓▓, eröffnet durch das Amtsgericht ▓▓▓▓ - Nachlassgericht -, die Testamentsvollstreckung angeordnet und mich zum Testamentsvollstrecker ernannt.

Ich erkläre hiermit, dass ich das Amt annehme.

---

145 Anm.: Nach *Bengel/Reimann*, II Rn 232, soll auch eine Fristsetzung ohne Antrag durch das Nachlassgericht möglich sein.
146 *Damrau*, ZEV 1996, 81, 83 welcher in Anwendung des § 1913 BGB analog das Vormundschaftsgericht für zuständig hält; a.A. *Bengel/Reimann*, I Rn 15, welcher aus dem Sicherungsbedürfnis des Nachlasses in analoger Anwendung des 1960 BGB die Anordnung einer Nachlasspflegschaft durch das Nachlassgericht für den richtigen Weg hält. Diese Ansicht wird bestätigt durch *Winkler*, Rn 111a.
147 MüKo-*Brandner*, § 2202 BGB Rn 4.

Ich bitte um Erteilung einer beglaubigten Abschrift dieser Annahmeerklärung, versehen mit dem Eingangsstempel des Nachlassgerichtes bzw. die Erteilung einer Bestätigung über die beim Nachlassgericht eingegangene Annahmeerklärung.

(Unterschrift)

### b) Muster: Ablehnung des Amtes

An das

Amtsgericht
– Nachlassgericht – (Baden-Württemberg: Staatl. Notariat)

Az.

*Nachlassverfahren*          *, zuletzt wohnhaft*          *, verstorben am*

Der am          verstorbene Erblasser hat mit letztwilliger Verfügung vom          , eröffnet durch das Amtsgericht          – Nachlassgericht –, die Testamentsvollstreckung angeordnet und mich zum Testamentsvollstrecker ernannt.

Ich erkläre hiermit, dass ich das Amt ablehne.

(Unterschrift)

### c) Muster: Antrag des Erben auf Erklärungsfrist (§ 2202 Abs. 3 BGB)

An das

Amtsgericht
– Nachlassgericht – (Baden-Württemberg: Staatl. Notariat)

Az.

*Nachlassverfahren*          *, zuletzt wohnhaft*          *, verstorben am*

Ich zeige unter Vollmachtsvorlage an, dass ich          , wohnhaft          , vertrete. Meine Mandantschaft ist ausweislich des Erbscheines des Amtsgerichtes          – Nachlassgericht – vom          , Erbe des am          verstorbenen Erblassers.

Der Erblasser hat mit letztwilliger Verfügung vom          , eröffnet durch das Amtsgericht          – Nachlassgericht – am          die Testamentsvollstreckung angeordnet und          , wohnhaft          , zum Testamentsvollstrecker ernannt.

Namens und in Vollmacht der von hier aus vertretenen Mandantschaft beantrage ich,

den Ernannten unter Fristsetzung aufzufordern, sich über die Annahme des Amtes als Testamentsvollstrecker zu erklären.

(Rechtsanwalt)

### d) Muster: Antrag eines sonstigen Beteiligten auf Erklärungsfrist (§ 2202 Abs. 3 BGB)

An das

Amtsgericht
– Nachlassgericht – (Baden-Württemberg: Staatl. Notariat)

Az.

Nachlassverfahren ▓▓▓▓, zuletzt wohnhaft ▓▓▓▓, verstorben am ▓▓▓▓

Ich zeige unter Vollmachtsvorlage an, dass ich ▓▓▓▓, wohnhaft ▓▓▓▓, vertrete. Meine Mandantschaft ist durch letztwillige Verfügung des am ▓▓▓▓ verstorbenen Erblassers von der Erbfolge ausgeschlossen und damit pflichtteilsberechtigt nach § 2303 BGB. Auf die Nachlassakten des Amtsgerichtes ▓▓▓▓ – Nachlassgericht – wird Bezug genommen.

Der Erblasser hat mit letztwilliger Verfügung vom ▓▓▓▓, eröffnet durch das Amtsgericht ▓▓▓▓ – Nachlassgericht – am ▓▓▓▓ die Testamentsvollstreckung angeordnet und ▓▓▓▓, wohnhaft ▓▓▓▓ zum Testamentsvollstrecker ernannt.

Namens und in Vollmacht der von hier aus vertretenen Mandantschaft beantrage ich,

den Ernannten unter Fristsetzung aufzufordern, sich über die Annahme des Amtes als Testamentsvollstrecker zu erklären.

Das Antragsrecht der von mir vertretenen Mandantschaft ergibt sich aus der Stellung als Beteiligter im Sinne des § 2202 Abs. 3 BGB.

(Rechtsanwalt)

## II. Konstituierung des Nachlasses

### 1. Begriff und Bedeutung

Der Testamentsvollstrecker hat nach § 2205 S. 2 BGB das Recht, den Nachlass in Besitz zu nehmen. Aus der Pflicht zur ordnungsgemäßen Verwaltung des Nachlasses ergibt sich eine Pflicht zur Besitzverschaffung.

Nach § 2215 Abs. 1 BGB ergibt sich die weitere Verpflichtung, unverzüglich nach Annahme des Amtes ein **Verzeichnis** über die seiner Verwaltung unterliegenden Nachlassgegenstände und der bekannten Nachlassverbindlichkeiten zu erstellen und mitzuteilen. Er ist darüber hinaus auch verpflichtet, den Erben die zur Aufnahme des Inventars (§§ 1993 ff. BGB) erforderliche Beihilfe zu leisten.

Unter Konstituierung des Nachlasses ist daher insgesamt zu verstehen:[148]
– die Inbesitznahme des Nachlasses durch den Testamentsvollstrecker,
– die Aufstellung des Verzeichnisses der seiner Verwaltung unterliegenden Aktiven und Passiven,
– die Regelung der vom Erblasser herrührenden Schulden,
– die Bezahlung der Kosten der Beerdigung und des Grabsteins,
– die Regelung der Erbschaftsteuer und der sonstigen steuerlichen Pflichten des Erblassers.

---

148 *Winkler*, Rn 577.

## 2. Inbesitznahme und Sicherung des Nachlasses

### a) Inbesitznahme von Sachen

81 Die Verpflichtung zur **Inbesitznahme** ergibt sich aus § 2205 S. 2 BGB. Nachdem nicht der Testamentsvollstrecker, sondern der Erbe gem. § 857 BGB in die Besitzerstellung des Erblassers eintritt, muss sich der Testamentsvollstrecker zur Inbesitznahme die tatsächliche Gewalt über die Nachlassgegenstände verschaffen, § 854 BGB. Ihm steht insoweit ein **klagbarer Anspruch auf Besitzeinräumung** gegen den Erben oder Dritte zu (vgl. Muster Rn 100).[149] Hat der Testamentsvollstrecker von Umfang und/oder Zusammensetzung des Nachlasses im Einzelnen keine Kenntnis, so hat er gegen die Erben einen vorbereitenden **Auskunftsanspruch aus § 260 Abs. 1 BGB** (vgl. Muster Rn 99) einschließlich des Anspruchs auf eidesstattliche Versicherung, was zweckmäßigerweise im Falle der Weigerung im Wege der **Stufenklage** (Muster vgl. Rn 102) geltend gemacht werden kann.[150]

82 Gegen den Herausgabeanspruch des Testamentsvollstreckers kann eingewendet werden, dass die Sachen nicht seiner Verwaltung unterliegen, er sie sofort nach § 2217 BGB freizugeben hat oder dem Erben, der die Sache besitzt, im Wege der Auseinandersetzung zugeteilt werden muss. Der besitzende Dritte kann gegen das Herausgabeverlangen ein **Zurückbehaltungsrecht** aus Aufwendungen, welche er für den Nachlass gemacht hat, geltend machen.[151] Soweit dem Testamentsvollstrecker der Umfang des Nachlasses im Einzelnen nicht bekannt ist, hat er zur Vorbereitung des Herausgabeanspruchs einen Auskunftsanspruch gegen den Erben bzw. besitzenden Dritten aus §§ 2205, 260 BGB bzw. i.V.m. § 2218 BGB.[152] Verbunden hiermit ist das Recht, vom Auskunftsschuldner die eidesstattliche Versicherung der Richtigkeit und Vollständigkeit zu verlangen, § 260 Abs. 2 BGB. Der Testamentsvollstrecker hat zudem die zum Nachlass gehörenden Forderungen geltend zu machen.[153]

### b) Bankkonten und Vollmachten

83 Zur Sicherung des Nachlasses gehört auch die Sicherung der vorhandenen **Bankguthaben**, d.h. die Information der kontoführenden Banken über die Annahme des Amtes, wobei insbesondere bei vorhandenen **Gemeinschaftskonten** häufig Probleme hinsichtlich der Verfügungsbefugnis und des Anteiles des Nachlasses am Kontoguthaben auftreten.[154] Ferner ist zu klären, inwieweit noch **Kontovollmachten** bestehen, da der Tod des Erblassers als Vollmachtgeber in der Regel nicht zum Erlöschen der Vollmacht führt.[155] Auch durch die Anordnung der Testamentsvollstreckung wird die Vertretungsmacht des Bevollmächtigten nicht berührt.[156] Soweit sich aus der vom Erblasser angeordneten Testamentsvollstreckung nichts anderes ergibt, kann der Testamentsvollstrecker wie auch jeder einzelne Erbe im Rahmen des § 2205 BGB die Vollmacht widerrufen (vgl. Muster Rn 101).[157] Gleiches dürfte auch für eine vom Erblasser erteilte Generalvollmacht gelten, soweit der Erblasser dem Testamentsvollstrecker nicht das Widerrufsrecht entzogen hat und dieses daher lediglich noch den Erben zusteht.[158]

---

149 MüKo-*Brandner*, § 2205 BGB Rn 48.
150 *Bengel/Reimann*, IV Rn 12 f.
151 MüKo-*Brandner*, § 2205 BGB Rn 49.
152 *Bengel/Reimann*, IV Rn 12.
153 Palandt/*Edenhofer*, § 2205 BGB Rn 6.
154 Vgl. im Einzelnen *Bengel/Reimann*, V 339.
155 Palandt/*Heinrichs*, § 168 BGB Rn 4.
156 Palandt/*Edenhofer*, vor § 2197 BGB Rn 19.
157 Palandt/*Edenhofer*, vor § 2197 BGB Rn 20.
158 *Winkler*, Rn 10.

## c) Sonstige Sicherungsmaßnahmen

Auch wenn der Testamentsvollstreckervermerk gem. § 52 GBO von Amts wegen ins **Grundbuch** mit einzutragen ist, wird man dem Testamentsvollstrecker im Rahmen des § 2205 BGB die Verpflichtung zur Überprüfung der Eintragung auferlegen müssen. Gleiches wird wohl auch für die Eintragung der angeordneten Testamentsvollstreckung im **Handelsregister** – soweit zulässig – gelten.

Daneben treffen den Testamentsvollstrecker auch Pflichten im Hinblick auf die Beantragung der **Nachlassverwaltung** nach §§ 1981 ff. BGB bzw. des **Nachlassinsolvenzverfahrens** nach § 317 InsO.[159] Zwar wird dem Testamentsvollstrecker keine dem Erben vergleichbare Insolvenzantragspflicht auferlegt,[160] jedoch ergibt sich wohl eine entsprechende Verpflichtung, soweit dies im Rahmen der ordnungsgemäßen Amtsausübung nach § 2205 BGB geboten ist, da er anderenfalls gegenüber den Erben für den Schaden haftet.[161]

### 3. Nachlassverzeichnis

#### a) Bedeutung und Funktion

Das Nachlassverzeichnis nach § 2215 BGB schafft die Grundlage für eine ordnungsgemäße Amtsführung und Abwicklung durch den Testamentsvollstrecker. Auf das Nachlassverzeichnis baut die ordnungsgemäße Verwaltung (§ 2216 BGB) auf. Die Verpflichtung zur Nachlassherausgabe und zur Rechnungslegung nach § 2218 BGB i.V.m. §§ 666 und 667 BGB ergibt sich ihrem Umfang nach aus dem zugrunde liegenden Nachlassverzeichnis. Das Nachlassverzeichnis hat auch Bedeutung für die Haftung des Testamentsvollstreckers nach § 2219 BGB.[162] Es bildet ferner die unverzichtbare Grundlage für die Herausgabe des Nachlasses.[163]

#### b) Verpflichtung zur Erstellung

Das Nachlassverzeichnis ist unverzüglich nach Amtsannahme vorzulegen (§ 2215 BGB). Ein Verstoß gegen diese Pflicht kann einen Entlassungsgrund darstellen (siehe unten Rn 234).[164] Dabei gewährt § 2215 BGB dem Erben einen **klagbaren Anspruch** auf die Mitteilung eines Nachlassverzeichnisses.[165] Von der Verpflichtung zur Erstellung des Nachlassverzeichnisses kann der Erblasser den Testamentsvollstrecker auch nicht befreien (§ 2220 BGB). Eine Befreiung von der Mitteilung kann jedoch durch den Erben erfolgen,[166] wohl nicht auch eine Befreiung von der Erstellung des Nachlassverzeichnisses. Die Verpflichtung, das Nachlassverzeichnis aufzustellen, besteht dabei nicht nur gegenüber dem Erben (Alleinerben und jedem Miterben), sondern auch gegenüber dem Nacherben nach Eintritt des Nacherbfalls. Forderungsberechtigt sind weiterhin auch Gläubiger, die einen Erbteil gepfändet haben, sowie bzgl. einer Erbschaft oder eines Erbteils vorhandene Nießbrauchsberechtigte.[167]

---

159 *Bengel/Reimann*, III Rn 110.
160 Palandt/*Edenhofer*, § 1980 BGB Rn 2.
161 MüKo-*Siegmann*, § 1981 BGB Rn 11.
162 *Bengel/Reimann*, III Rn 14.
163 BayObLG FamRZ 1998, 325.
164 BayObLG, Beschl. v. 28.7.2003 – 1 ZBR 140/02.
165 MüKo-*Brandner*, § 2215 BGB Rn 1.
166 Palandt/*Edenhofer*, § 2215 BGB Rn 1.
167 *Bengel/Reimann*, III Rn 34.

*Littig*

88 **Vermächtnisnehmer** und **Pflichtteilsberechtigte** können dagegen die Aufstellung eines Nachlassverzeichnisses nicht vom Testamentsvollstrecker verlangen.[168] Aus § 2213 Abs. 1 S. 3 BGB ergibt sich, dass der Pflichtteilsanspruch auch bei angeordneter Testamentsvollstreckung nur gegen den Erben geltend gemacht werden kann, was schließlich auch den Auskunftsanspruch nach § 2314 BGB betrifft.[169]

### c) Form, Inhalt und Kosten

89 Die erforderliche **Schriftform** des Nachlassverzeichnisses ist zwar nicht ausdrücklich gesetzlich geregelt, ergibt sich jedoch daraus, dass gem. § 2215 Abs. 2 BGB das Verzeichnis mit Datumsangabe (Tag der Aufnahme) zu versehen und vom Testamentsvollstrecker zu unterzeichnen ist.[170] Auf Verlangen hat der Testamentsvollstrecker die Unterzeichnung öffentlich beglaubigen zu lassen, § 2215 Abs. 2 Hs. 2 BGB. Nach § 2215 Abs. 3 BGB kann der Erbe verlangen, dass er bei der Erstellung hinzugezogen wird. Der Testamentsvollstrecker ist berechtigt, ein **amtliches Nachlassverzeichnis** zu erstellen, § 2215 Abs. 4 BGB. Der Erbe kann ein solches auch vom Testamentsvollstrecker verlangen. Nach § 20 Abs. 1 BNotO ist der Notar zur Aufnahme solcher Verzeichnisse zuständig. Die Zuständigkeit anderer Stellen ist je nach Bundesland unterschiedlich geregelt.[171] Soweit der Testamentsvollstrecker damit rechnen muss, dass es im Rahmen seiner Amtsführung zu Beanstandungen durch die Erben kommt, wird er in der Regel selbst an der amtlichen Aufnahme des Nachlassverzeichnisses interessiert sein,[172] da die aufnehmende Amtsperson nach herrschender Meinung zu eigenen Ermittlungen berechtigt und verpflichtet ist und dadurch dem Nachlassverzeichnis eine größere Richtigkeitsvermutung beigemessen werden kann.[173] Ein amtliches Nachlassverzeichnis nach § 2215 Abs. 4 BGB kann der Erbe oder sonstige Berechtigte auch noch nach längerer Zeit fordern.[174]

90 Für den **Inhalt** des Nachlassverzeichnisses genügt eine Aufstellung aller der Verwaltung unterliegenden Nachlassgegenstände. Es besteht weder eine Verpflichtung zur Beschreibung der der Verwaltung unterliegenden Gegenstände noch eine Pflicht zur Wertermittlung.[175]

91 Die **Beschreibung** und **Wertangabe** ist jedoch im Hinblick auf eine ggf. durch den Erben veranlasste Inventaraufnahme oder im Hinblick auf mögliche Pflichtteilsansprüche zweckdienlich. Nach § 2215 Abs. 1 BGB sind im Nachlassverzeichnis auch die bekannten Nachlassverbindlichkeiten aufzunehmen. Um den genauen Bestand des Nachlasses ermitteln zu können und zur Erfüllung der erbschaftssteuerlichen Verpflichtungen muss der Testamentsvollstrecker darüber hinaus die **Schenkungen des Erblassers** im Rahmen der Erstellung des Nachlassverzeichnisses berücksichtigen.[176]

92 Nach § 2215 Abs. 2 BGB ist das Verzeichnis mit der **Angabe des Tages der Aufnahme** zu versehen. Dies ist frühestens der Zeitpunkt der Amtsannahme,[177] da der Testamentsvollstrecker ab diesem Zeitpunkt gem. § 2215 Abs. 1 BGB zur Verzeichniserstellung verpflichtet ist. Da sich zwischen Erbfall und Amtsannahme Veränderungen im Nachlassbestand erge-

---

168 *Bengel/Reimann*, III Rn 35.
169 Palandt/*Edenhofer*, § 2213 BGB Rn 7.
170 *Bengel/Reimann*, III Rn 24.
171 Übersicht der Länderregelungen in *Bengel/Reimann*, III Rn 28.
172 MüKo-*Brandner*, § 2215 BGB Rn 5.
173 *Bengel/Reimann*, III Rn 30.
174 MüKo-*Brandner*, § 2215 BGB Rn 5.
175 *Winkler*, Rn 487.
176 *Winkler*, Rn 488.
177 *Bengel/Reimann*, III Rn 17.

ben haben können, kann der Testamentsvollstrecker ein Nachlassverzeichnis zum Zeitpunkt des Erbfalls wohl nicht verantwortlich erstellen[178] (vgl. Muster Rn 103).

Die **Kosten der Aufnahme** und der Beglaubigung trägt der Nachlass, § 2215 Abs. 5 BGB.

93

#### d) Eidesstattliche Versicherung des Nachlassverzeichnisses

Gemäß §§ 2218 Abs. 1, 666, 260 Abs. 2, 261 BGB hat der Testamentsvollstrecker auf Verlangen die Richtigkeit und Vollständigkeit an Eides statt zu versichern, soweit Grund zu der Annahme besteht, dass das Verzeichnis nicht mit der erforderlichen Sorgfalt aufgestellt worden ist (§ 260 Abs. 2 BGB). Auch die hierdurch entstehenden Kosten trägt der Nachlass nach § 2215 Abs. 5 BGB. Anders jedoch bei einer Verurteilung zur Vorlage eines Nachlassverzeichnisses oder zur eidesstattlichen Versicherung.[179]

94

### 4. Sonstige Verpflichtungen im Rahmen der Konstituierung

#### a) Hilfeleistung zur Aufnahme des Inventars

Durch die Testamentsvollstreckung wird dem Erben nicht die Inventarerrichtung in den Fällen der §§ 1993, 1994 BGB abgenommen. Das Nachlassverzeichnis i.S.d. § 2215 BGB ersetzt nicht das vom Erben selbst aufzustellende Inventarverzeichnis, da das Nachlassverzeichnis keine Angaben über den Wert und keine Beschreibung der Nachlassgegenstände (§ 2201 Abs. 2 BGB) enthalten muss. Der Erbe hat gegen den Testamentsvollstrecker nach § 2215 Abs. 1 BGB einen **klagbaren Anspruch** (vgl. Muster Rn 104) auf die erforderliche Beihilfe, welche darin besteht, dass der Testamentsvollstrecker dem Erben zu jeder über das Nachlassverzeichnis hinausgehenden erforderlichen Auskunft und Unterstützung verpflichtet ist, also
– bei Beschreibung der Nachlassgegenstände,
– bei Wertermittlung der Nachlassgegenstände, ggf. auf Kosten des Nachlasses.[180]

95

#### b) Regelung der vom Erblasser herrührenden Schulden

Zu den Pflichten im Rahmen der Konstituierung des Nachlasses gehört auch die Berichtigung der Erblasserschulden.[181] Diese Verpflichtung ergibt sich bereits aus der dem Testamentsvollstrecker zustehenden Verfügungsbefugnis nach § 2205 BGB bzw. der damit korrespondierenden Verfügungsbeschränkung des Erben, § 2211 BGB. Im Regelfall der Abwicklungsvollstreckung folgt diese Verpflichtung zudem aus § 2204 i.V.m. § 2046 BGB. Die Verpflichtung zur Ermittlung der bestehenden Nachlassverbindlichkeiten trifft den Testamentsvollstrecker dabei bereits im Rahmen der Erstellung des Nachlassverzeichnisses (vgl. Rn 91).

96

#### c) Bezahlung der Kosten der Beerdigung und des Grabsteins

Die Kosten der Beerdigung nach § 1968 BGB zählen als Erbfallschulden zu den Nachlassverbindlichkeiten[182] und sind somit vom Testamentsvollstrecker im Rahmen der ordnungsgemäßen Verwaltung zu bezahlen (vgl. unten Rn 105 ff.).

97

---

178 *Bengel/Reimann*, III Rn 17.
179 *Bengel/Reimann*, III Rn 42.
180 MüKo-*Brandner*, § 2215 BGB Rn 10.
181 Palandt/*Edenhofer*, § 2205 BGB Rn 6.
182 Palandt/*Edenhofer*, § 1968 BGB Rn 1.

d) Regelung der Erbschaftssteuer und der sonstigen vom Erblasser herrührenden steuerlichen Pflichten

98 Der Testamentsvollstrecker gehört zum Kreis der Vermögensverwalter nach § 34 Abs. 3 AO. Ihn treffen daher die vom Gesetz auferlegten Steuerpflichten. Nach § 31 Abs. 5 ErbStG trifft ihn dabei insbesondere die Verpflichtung zur Abgabe der Erbschaftsteuererklärung; er hat nach § 32 Abs. 1 S. 2 ErbStG für die Zahlung der Erbschaftsteuer zu sorgen (vgl. unten Rn 193 ff.).

### 5. Muster

a) Muster: Aufforderung des Testamentsvollstreckers an Erben zur Auskunft über den Bestand des Nachlasses

340

An

99 Herrn/Frau

*Testamentsvollstreckung für den Nachlass nach*        *, zuletzt wohnhaft*        *, verstorben am*

Ausweislich des in der Anlage in Kopie beigefügten Testamentsvollstreckerzeugnisses bin ich zum Testamentsvollstrecker für den Nachlass des am        verstorbenen        ernannt.

Es gehört zu den mir obliegenden Aufgaben, den Nachlass in Besitz zu nehmen. Da ich derzeit keine Kenntnis über die zum Nachlass gehörenden Gegenstände besitze, habe ich Sie zunächst aufzufordern, mir über die zum Nachlass gehörenden Gegenstände sowie deren Verbleib umfassend bis längstens        Auskunft zu erteilen.

Ich darf darauf hinweisen, dass die Auskunft sorgfältig, vollständig und richtig erteilt werden muss, da ich bei entsprechenden Bedenken ggf. verlangen muss, dass die Richtigkeit und Vollständigkeit der Auskunft an Eides statt versichert wird.

Soweit sich Nachlassgegenstände in Ihrem Besitz befinden, werde ich mich nach Vorliegen der Auskunft wegen der Herausgabe mit Ihnen in Verbindung setzen.

(Testamentsvollstrecker)

b) Muster: Aufforderung des Testamentsvollstreckers an Erben zur Herausgabe der Nachlassgegenstände

341

An

100 Herrn/Frau

*Testamentsvollstreckung für den Nachlass nach*        *, zuletzt wohnhaft*        *, verstorben am*

Ausweislich des in der Anlage in Kopie beigefügten Testamentsvollstreckerzeugnisses bin ich zum Testamentsvollstrecker für den Nachlass des am        verstorbenen        ernannt.

Es gehört zu den mir obliegenden Aufgaben, den Nachlass in Besitz zu nehmen.

Nach meiner Kenntnis sind Sie in Besitz folgender zum Nachlass gehörender Gegenstände:
1. 
2.

In meiner Eigenschaft als Testamentsvollstrecker habe ich Sie aufzufordern, die oben bezeichneten Nachlassgegenstände bis längstens ▢ an mich herauszugeben.

(Testamentsvollstrecker)

### c) Muster: Anschreiben des Testamentsvollstreckers an die kontoführenden Banken

An die

▢ Bank

▢

*Testamentsvollstreckung für den Nachlass nach* ▢*, zuletzt wohnhaft* ▢*, verstorben am* ▢

*Ihr Kunde* ▢*, zuletzt wohnhaft* ▢*, verstorben am* ▢

*Konto-Nummer: 1.* ▢*, 2.* ▢

Am ▢ ist ▢ verstorben. Nach den mir vorliegenden Informationen war er Kunde Ihrer Bank. Ihr Kunde hat für den Nachlass Testamentsvollstreckung angeordnet und mich zum Testamentsvollstrecker ernannt. Ich habe zwischenzeitlich mit Erklärung gegenüber dem Amtsgericht ▢ – Nachlassgericht – vom ▢ das Amt angenommen. Auf meinen Antrag hin wurde mir das in der Anlage in Kopie beigefügte Testamentsvollstreckerzeugnis erteilt. Die Kopie wurde von Ihrer Filiale in ▢ am ▢ beglaubigt. Zudem versichere ich, dass mein Amt als Testamentsvollstrecker nicht beendet ist.

Es gehört zu meinen Aufgaben als Testamentsvollstrecker, den der Testamentvollstreckung unterliegenden Nachlass und somit auch vorhandene Bank-/Sparguthaben, Wertpapiere, Inhalt von Schließfächern in Besitz zu nehmen und zu verwalten. Die Erben dürfen über den Nachlass nicht mehr verfügen.

Ich darf Sie daher bitten,
1. die Testamentsvollstreckung in den jeweiligen Kontounterlagen sämtlicher von Ihnen für den Erblasser geführten Konten, einschließlich Wertpapierdepots zu vermerken,
2. Auskunft über sämtliche bei Ihnen geführte Bankkonten, einschließlich Wertpapierdepots und ein ggf. vorhandenes Schließfach zu erteilen,
3. Auskunft über den Wert der bei Ihnen vorhandenen Kontosalden, einschließlich des Wertes eines Wertpapierdepots zum Todeszeitpunkt am ▢, durch Übersendung einer Abschrift der Meldung an das Erbschaftsteuerfinanzamt (§ 33 ErbStG) zu erteilen,
4. die aktuellen Kontosalden sowie eine Aufstellung der im Wertpapierdepot vorhandenen Wertpapiere zu übersenden,
5. zukünftig sämtlichen Schriftverkehr einschließlich Kontoauszügen an meine oben angegebene Anschrift zu übersenden.

Mir ist derzeit nicht bekannt, inwieweit Ihr Kunde dritten Personen Verfügungsberechtigung über die bei Ihnen geführten Konten eingeräumt hat bzw. in anderer Weise Dritten Vollmacht zur Verfügung über den Nachlass erteilt hat.

Vorsorglich

widerrufe ich hiermit in meiner Eigenschaft als Testamentsvollstrecker sämtliche diesbezüglich durch den Erblasser erteilten Vollmachten und Verfügungsberechtigungen.

Ich darf um kurzfristige Erledigung und Stellungnahme bis ▢ bitten.

(Testamentsvollstrecker)

### d) Muster: Stufenklage des Testamentsvollstreckers gegen Erben zur Auskunft, eidesstattlichen Versicherung und Herausgabe des Nachlasses

An das

Landgericht
– Zivilkammer –

*Klage*

des ▆▆▆, in seiner Eigenschaft als Testamentsvollstrecker für den Nachlass nach ▆▆▆

– Klägers –

gegen

– Beklagten –

wegen Auskunft, eidesstattlicher Versicherung und Herausgabe.

Vorläufiger Gegenstandswert: ▆▆▆ (§ 18 GKG)

In meiner Eigenschaft als Testamentsvollstrecker für den Nachlass nach dem am ▆▆▆ verstorbenen Erblasser ▆▆▆ erhebe ich Klage zum Landgericht ▆▆▆ mit der Bitte um Anberaumung eines möglichst nahen Termins zur mündlichen Verhandlung, für die die Stellung folgender Anträge[183] angekündigt wird:

1. Der Beklagte wird verurteilt,
   a) dem Kläger Auskunft über den Bestand des Nachlasses des am ▆▆▆ in ▆▆▆ verstorbenen ▆▆▆ und über den Verbleib der Nachlassgegenstände zu erteilen,
   b) erforderlichenfalls an Eides statt zu versichern, dass der Bestand des Nachlasses nach bestem Wissen so vollständig angegeben wurde, wie der Beklagte hierzu im Stande ist,
   c) an den Kläger die nach Erteilung der Auskunft noch zu bezeichnenden Nachlassgegenstände herauszugeben.
2. Der Beklage hat die Kosten des Rechtsstreits zu tragen.
3. Das Urteil ist – ggf. gegen Sicherheitsleistung – vorläufig vollstreckbar.

Für den Fall der Anordnung des schriftlichen Vorverfahrens beantrage ich schon jetzt:
4. Für den Fall der Säumnis des Beklagten den Erlass eines Versäumnisurteils gem. § 331 Abs. 3 ZPO.
5. Für den Fall des Anerkenntnisses den Erlass eines Anerkenntnisurteils nach § 307 ZPO.

*Begründung:*

I. Am ▆▆▆ ist ▆▆▆ in ▆▆▆ verstorben. Der Kläger wurde zum Testamentsvollstrecker für den Nachlass ernannt. Er hat das Amt mit Erklärung vom ▆▆▆ gegenüber dem Nachlassgericht angenommen. Der Beklagte ist ausweislich des Erbscheines des Amtsgerichtes ▆▆▆ – Nachlassgericht – Erbe nach dem verstorbenen Erblasser.

*Beweis:* Nachlassakten des Amtsgerichtes ▆▆▆ – Nachlassgericht –, Az. ▆▆▆, deren Beiziehung im vorliegenden Verfahren beantragt wird.

Dem Kläger wurde am ▆▆▆ über seine Stellung als Testamentsvollstrecker durch das Nachlassgericht ein Testamentsvollstreckerzeugnis erteilt.

*Beweis:* Testamentsvollstreckerzeugnis vom ▆▆▆, in Kopie anbei.

---

183 Vgl. Klageantrag bei *Bengel/Reimann*, IV Rn 14.

II. Mit vorliegender Stufenklage wird der Anspruch des Klägers als Testamentsvollstrecker gegen den Erben zunächst auf Auskunft über den Bestand des Nachlasses (1.Stufe), nötigenfalls auch der Anspruch auf eidesstattliche Versicherung der erteilten Auskunft (2. Stufe), sowie Herausgabe der sich aus der erteilten Auskunft ergebenden Nachlassgegenstände (3.Stufe) geltend gemacht.

Der Auskunftsanspruch ergibt sich daraus, dass der Testamentsvollstrecker nach § 2205 BGB berechtigt ist, den Nachlass in Besitz zu nehmen. Dem Kläger ist der Umfang des Nachlasses im Einzelnen nicht bekannt, weswegen ihm zur Vorbereitung des Herausgabeanspruchs nach § 260 Abs. 1 BGB ein Anspruch auf Auskunft gegen den Beklagten als besitzenden Erben zusteht.

III. Der Kläger hat mit Übergabeeinschreiben vom _____, den Beklagten zur Auskunft über den Bestand des Nachlasses und den Verbleib der Nachlassgegenstände unter Fristsetzung aufgefordert.

*Beweis:* 1. Übergabeeinschreiben des Klägers vom _____, in Kopie anbei.
2. Zustellungsnachweis der Deutschen Post AG vom _____, in Kopie anbei.

Der Beklagte hat trotz nochmaliger Aufforderung mit Schreiben vom _____ keinerlei Auskunft gegenüber dem Kläger erteilt, weswegen nunmehr Klage geboten ist.

(Rechtsanwalt)

e) Muster: Nachlassverzeichnis des Testamentsvollstreckers nach § 2215 BGB

*Nachlassverzeichnis*

Ausweislich der sich bei den Akten des Amtsgericht _____ – Nachlassgericht – befindlichen Sterbeurkunde/Todesanzeige (Standesamt _____ Nr. _____ ) ist _____, zuletzt wohnhaft _____, geboren am _____, am _____ in _____ verstorben.

Der Erblasser hat mit letztwilliger Verfügung vom _____, eröffnet durch das Amtsgericht _____ – Nachlassgericht – die Testamentsvollstreckung angeordnet und mich zum alleinigen Testamentsvollstrecker für seinen gesamten Nachlass ernannt. Beschränkungen meiner Tätigkeit sind im Testament nicht vorgesehen. Auf die Nachlassakten wird Bezug genommen.

Mit Erklärung vom _____ habe ich gegenüber dem Nachlassgericht die Annahme des Amtes als Testamentsvollstrecker erklärt. Das Testamentsvollstreckerzeugnis wurde vom Amtsgericht _____ – Nachlassgericht – am _____ erteilt.

Entsprechend der mir als Testamentsvollstrecker obliegenden Verpflichtung erstelle ich nach § 2215 BGB folgendes

*Verzeichnis des Nachlasses*

zum Zeitpunkt der Aufnahme meiner Tätigkeit mit Annahme des Amtes am _____.

*Hinweis:*

Das Verzeichnis wird aufgestellt zum Zeitpunkt der Amtsannahme. Die hier aufgeführten Einzelpositionen entsprechen daher nicht zwingend dem Nachlassbestand zum Zeitpunkt des Todes des Erblassers. Veränderungen ergeben sich nach meinem Kenntnisstand aus Lastschriften von dem Girokonto des Erblassers hinsichtlich Grundsteuern etc. Diese Veränderungen sind jedoch aufgrund der Kontobelege jederzeit nachvollziehbar. Weitere Hinweise auf Veränderungen des Nachlassbestandes habe ich bislang nicht feststellen können.

*A. Aktiva*     *Wert*

*I. Grundbesitz*

1. Einfamilienwohnhaus in _____, _____straße Nr. _____.
(eingetragen in Grundbuch von _____ Band _____
Blatt _____, Flst. Nr. _____ zu _____ ha)

Einheitswert _____
Verkehrswert gemäß Gutachten vom _____ _____ EUR
2. Eigentumswohnung in _____, _____ Straße Nr. _____
Miteigentumsanteil zu _____/1000 verbunden mit
dem Sondereigentum an der im Aufteilungsplan mit
Nr. _____ bezeichneten Wohnung
(eingetragen in Wohnungsgrundbuch von _____ Band _____
Blatt _____, Flst. Nr. _____ zu _____ ha)
Verkehrswert (geschätzt) _____ EUR
3. Ackerland in _____
(eingetragen in Grundbuch von _____ Band _____
Blatt _____, Flst. Nr. _____ zu _____ ha)
Einheitswert _____
Verkehrswert nach Auskunft des
Gutachterausschusses bzgl. der Bodenrichtwerte _____ EUR
4.

*II. Unternehmen, Beteiligungen*

1. GmbH-Anteil an der _____ GmbH in _____,
Wert des Anteiles gemäß vorläufiger Berechnung des
Steuerberaters der Gesellschaft _____ EUR
2. Einlage als stiller Gesellschafter in die _____ GmbH
Nennwert der Einlage _____ EUR
3.

*III. Geldvermögen*

1. Bargeld _____ EUR
2. _____ Bank Kto. _____ Girokonto (zum _____) _____ EUR
3. _____ Bank Kto. _____ Sparbuch (zum _____) _____ EUR
4. Wertpapierdepot bei _____ Bank
Wert gemäß Depotaufstellung zum _____ (Anlage _____) _____ EUR
5.

*IV. Forderungen/Rechte*

1. Darlehensforderung gegen _____ GmbH verzinslich mit 7,5 % p.a.
(Wert zum _____ gemäß Forderungsaufstellung) _____ EUR
2. Versicherungsforderung gegen _____ Versicherungs-AG
aus Kfz-Vollkaskoschaden vom _____ gemäß Gutachten _____ EUR
3. Lebensversicherung _____ Versicherungs-AG Nr. _____
Versicherungssumme _____ EUR
4. Lizenzgebühren aus Lizenzvertrag vom _____
In Höhe von geschätzt jährlich _____ EUR
5.

*V. Bewegliche Gegenstände*

1. Hausrat
_____ EUR
_____ EUR
2. Kunstgegenstände
_____ EUR
_____ EUR

*Littig*

3. Kleidung/Gegenstände des persönlichen Gebrauchs (geschätzt)     EUR
4. Pkw, Marke          , amtl. Kennz.                              EUR
   Wert gemäß Schätzung des Sachverständigen vom
   (Anlage          )
5. Schmuck/Kostbarkeiten
              (Schätzgutachten vom          ) (Anlage          )   EUR
6. Sonstiges                                                       EUR

VI. Haustiere
1.

Summe Aktiva (soweit die Positionen auf Schätzungen beruhen vorbehaltlich späterer Änderungen)     EUR

B. Passiva
I. Verbindlichkeiten gegenüber Banken
1.          Bank Darlehen Nr.          Valuta zum:               EUR
Sicherheit: Grundschuld über          EUR an Grundstück
2.          Bank Darlehen Nr.          Valuta zum:               EUR
Sicherheit: Abtretung der Lebensversicherung bei der          Versicherungs-AG
Nr.          (vgl. oben)
3.          Bank Kontokorrentkredit Konto Nr.                    EUR
4.

II. Sonstige Verbindlichkeiten gegenüber Dritten
1. Einkommensteuernachzahlung                                    EUR
2. Einkommensteuervorauszahlung II. Quartal                      EUR
3. Grundsteuer B Hausanwesen          II. Quartal                EUR
4. Handwerkerrechnung vom                                        EUR
   (Reparatur der Heizungsanlage)
5.

III. Nachlasskosten/Todesfallkosten
1. Bestattungsunternehmen          Rechnung vom                  EUR
   (Sterbegelderstattung i.H.v. 2.100 EUR erfolgte an Bestattungsunternehmen und ist bei den Kosten berücksichtigt)
2. Kosten des Grabsteines Angebot der
   Fa.          vom                                              EUR
3. Beerdigungsfeier Rechnung vom                                 EUR
4. Gerichtskosten Nachlassverfahren                              EUR
   Kostenrechnung der LJK          vom
5. Wertermittlungskosten für Schmuck                             EUR
   Sachverständigenrechnung vom
6.

IV. Vermächtnisse
1. Geldvermächtnis an          Verein                            EUR
2. Sachvermächtnis bzgl. Pkw          zugunsten                  EUR
   (vgl. oben          )
3.

Summe Passiva                                                    EUR

(Testamentsvollstrecker)

Littig

f) Muster: Klage des Erben gegen Testamentsvollstrecker auf Beihilfe zur Inventarerrichtung (§ 2215 Abs. 1 BGB)

An das

Landgericht
– Zivilkammer –

Klage

des ▓▓▓▓,

– Klägers –

Prozessbevollmächtigter: Rechtsanwalt ▓▓▓▓

gegen

▓▓▓▓ in seiner Eigenschaft als Testamentsvollstrecker für den Nachlass nach ▓▓▓▓, ▓▓▓▓

– Beklagten –

wegen Auskunft und Wertermittlung.

Vorläufiger Gegenstandswert: ▓▓▓▓ (§ 18 GKG)

Namens und in Vollmacht des Klägers erhebe ich Klage zum Landgericht ▓▓▓▓ mit der Bitte um Anberaumung eines möglichst nahen Termins zur mündlichen Verhandlung, für die die Stellung folgender Anträge[184] angekündigt wird:
1. Der Beklagte wird verurteilt, Auskunft über die einzelnen zum Nachlass des am ▓▓▓▓ in ▓▓▓▓ verstorbenen ▓▓▓▓ gehörenden Schmuckgegenstände unter Angabe einer Beschreibung und Angabe des Wertes zu erteilen.
2. Der Beklagte hat die Kosten des Rechtsstreits zu tragen.
3. Das Urteil ist – ggf. gegen Sicherheitsleistung – vorläufig vollstreckbar.

Für den Fall der Anordnung des schriftlichen Vorverfahrens beantrage ich schon jetzt:
4. Für den Fall der Säumnis des Beklagten den Erlass eines Versäumnisurteils gem. § 331 Abs. 3 ZPO.
5. Für den Fall des Anerkenntnisses den Erlass eines Anerkenntnisurteils nach § 307 ZPO.

*Begründung:*

I. Am ▓▓▓▓ ist ▓▓▓▓ in ▓▓▓▓ verstorben. Der Beklagte wurde zum Testamentsvollstrecker für den Nachlass ernannt. Er hat das Amt mit Erklärung vom ▓▓▓▓ gegenüber dem Nachlassgericht angenommen. Der Kläger ist ausweislich des Erbscheines des Amtsgerichtes ▓▓▓▓ – Nachlassgericht – zum Alleinerben nach dem verstorbenen Erblasser berufen.

*Beweis:* Nachlassakten des Amtsgerichtes ▓▓▓▓ – Nachlassgericht –, Az. ▓▓▓▓, deren Beiziehung im vorliegenden Verfahren beantragt wird.

II. Der Kläger macht mit vorliegender Klage einen Anspruch auf die erforderliche Beihilfe durch den Testamentsvollstrecker bei Inventaraufnahme durch den Kläger als Erben geltend. Der Anspruch ergibt sich aus § 2215 Abs. 1 BGB, wonach der Testamentsvollstrecker dem Erben bei Aufnahme des Inventars im Sinne der §§ 1993 ff. BGB die erforderliche Beihilfe zu leisten hat. Nach vorherrschender Ansicht in Literatur und Rechtsprechung handelt es sich hierbei um einen klagbaren Anspruch des Erben gegen den Testamentsvollstrecker.

---

184 Vgl. Klageantrag bei *Bengel/Reimann*, IV Rn 11.

*Littig*

Dem Erben wurde auf Antrag des Nachlassgläubigers, der ▓▓▓ Bank, durch das Amtsgericht ▓▓▓ – Nachlassgericht – mit Beschluss vom ▓▓▓ eine Frist zur Errichtung des Inventars von drei Monaten ab Zustellung des Beschlusses gem. § 1994 Abs. 1 BGB gesetzt.

Der Kläger benötigt die Auskunft des Beklagten gemäß obigen Antrag zur ordnungsgemäßen Errichtung des Inventars im Sinne der §§ 1993 ff. BGB und der daraus resultierenden Erhaltung der Möglichkeit der Haftungsbeschränkung.

III. Das vom Beklagten bislang vorgelegte Nachlassverzeichnis nach § 2215 BGB erfüllt inhaltlich nicht die Voraussetzungen eines Inventars nach §§ 1993 ff. BGB und kann daher nicht vom Kläger vorgelegt werden bzw. hierauf nicht im Rahmen der Inventarerrichtung nach § 2004 BGB Bezug genommen werden.

Das vom Beklagten errichtete Nachlassverzeichnis enthält bezüglich der zum Nachlass gehörenden Schmuckgegenstände keine Einzelaufstellung, keine Beschreibung der einzelnen Gegenstände und keinerlei Wertangaben. Das vom Beklagten erstellte Nachlassverzeichnis enthält unter der Position ▓▓▓ lediglich die pauschale Angabe: „Schmuckstücke im Bankschließfach der ▓▓▓ Bank".

*Beweis:* Nachlassverzeichnis, vom Beklagten errichtet, in Kopie anbei.

Der Kläger hat keine Kenntnis von den einzelnen zum Nachlass gehörenden Schmuckgegenständen. Der Beklagte hat den Nachlass und die im Bankschließfach der ▓▓▓ Bank befindlichen Schmuckgegenstände in Besitz genommen.

Mit Schreiben des Prozessbevollmächtigten des Klägers vom ▓▓▓ wurde der Beklagte zur Auskunft über die einzelnen zum Nachlass des am ▓▓▓ in ▓▓▓ verstorbenen ▓▓▓ gehörenden Schmuckgegenstände unter Angabe einer Beschreibung und Angabe des Wertes aufgefordert. Erneut erfolgte dies mit Schreiben vom ▓▓▓ , wobei dem Beklagten eine angemessene Frist zur Auskunft bis ▓▓▓ gesetzt wurde.

*Beweis:* Schreiben des Prozessbevollmächtigten vom ▓▓▓ und ▓▓▓ , in Kopie anbei.

Der Beklagte ist seiner ihm nach § 2215 Abs. 1 BGB obliegenden Verpflichtung zur Unterstützung des Klägers bis heute nicht nachgekommen, da er der Meinung ist, dass auf die hier geltend gemachte Auskunft kein Anspruch gegen ihn als Testamentsvollstrecker besteht.

*Beweis:* Schreiben des Beklagten vom ▓▓▓ , in Kopie anbei.

Es ist daher Klage geboten.

(Rechtsanwalt)

### III. Nachlassverwaltung

#### 1. Grundsätzliches zur Nachlassverwaltung

Nach § 2216 Abs. 1 BGB ist der Testamentsvollstrecker zur **ordnungsgemäßen Verwaltung** des Nachlasses verpflichtet. Von dieser Verpflichtung kann der Erblasser ihn auch nicht befreien, § 2220 BGB. Der Testamentsvollstrecker hat jedoch im Gegensatz hierzu Anordnungen des Erblassers, die dieser durch letztwillige Verfügung getroffen hat, zu befolgen, soweit sie nicht durch das Nachlassgericht auf Antrag des Testamentsvollstreckers oder eines sonstigen Beteiligten außer Kraft gesetzt wurden, § 2216 Abs. 2 BGB. Seine im Übrigen unabhängige Stellung zeigt sich vor allem dadurch, dass der Erbe auf die Amtsführung nicht durch die Erteilung von Weisungen einwirken und die Verwaltungshandlungen nicht von seiner Zustimmung abhängig machen kann.[185]

---

[185] MüKo-*Brandner*, § 2216 BGB Rn 1; BGHZ 25, 275, 280.

## 2. Pflicht zur ordnungsgemäßen Verwaltung

106 Was unter ordnungsgemäßer Nachlassverwaltung zu verstehen ist, richtet sich nach objektiven Gesichtspunkten;[186] es werden dabei strenge Anforderungen gestellt.[187] Inhalt und Umfang der Pflicht werden dabei durch die dem Testamentsvollstrecker **vom Erblasser übertragene Aufgabe** und **etwaige Verwaltungsanordnungen** bestimmt. Die ordnungsgemäße Verwaltung ist daher bei der regelmäßigen Abwicklungsvollstreckung nach §§ 2203 ff. BGB eine andere als bei der Verwaltungsvollstreckung nach § 2209 BGB oder einer inhaltlich oder gegenständlich beschränkten Testamentsvollstreckung nach § 2208 BGB.[188] Besondere Anweisungen des Erblassers sind gem. § 2216 Abs. 2 S. 1 BGB vom Testamentsvollstrecker zu befolgen. Sie sind der Verfügung von Todes wegen ggf. durch Auslegung zu entnehmen.[189] Bloße Wünsche des Erblassers sind dagegen nicht unbedingt bindend.[190]

107 Führt nach Ansicht des Testamentsvollstreckers oder eines sonstigen Beteiligten die Befolgung einer letztwilligen Anordnung des Erblassers zu einer erheblichen Gefährdung des Nachlasses, so kann dies für den Testamentsvollstrecker zur Verpflichtung führen, einen Antrag an das Nachlassgericht zur **Außerkraftsetzung der Anordnung nach § 2216 Abs. 2 S. 2 BGB** stellen zu müssen (vgl. Muster Rn 119).[191] Die Verpflichtung zur ordnungsgemäßen Nachlassverwaltung besteht gegenüber den Erben und Vermächtnisnehmern, nicht jedoch gegenüber Auflagenbegünstigten oder Nachlassgläubigern. Jeder einzelne Miterbe kann daher z.B. den Testamentsvollstrecker darauf **verklagen**, eine nach dem Maßstab der ordnungsgemäßen Verwaltung gebotene Maßnahme vorzunehmen oder eine ordnungswidrige Maßnahme zu unterlassen[192] (vgl. Muster Rn 120).

108 Innerhalb des vom Erblasser geschaffenen Bindungsrahmens wird aber die Verwaltungspflicht inhaltlich bestimmt durch das **objektive Nachlassinteresse** und damit insbesondere durch die allgemeinen **Regeln der Wirtschaftlichkeit**.[193] Der Testamentsvollstrecker ist gehalten, im Einzelfall wirtschaftlich, vernünftig und aus allgemein nachvollziehbaren Gründen zu handeln.[194] Zu unentgeltlichen Verfügungen ist der Testamentsvollstrecker lediglich berechtigt, soweit sie einer sittlichen Pflicht oder einer auf den Anstand zu nehmenden Rücksicht entsprechen (§ 2205 BGB). Soweit der Testamentsvollstrecker außerhalb dieses Anwendungsbereiches Vermögensgegenstände verschenkt, erwirbt zwar der Beschenkte unter Umständen gutgläubig Eigentum an dem Gegenstand. Er ist jedoch den Erben gegenüber zur Herausgabe verpflichtet, da der Testamentsvollstrecker als Nichtberechtigter verfügt hat.[195]

109 Besondere Probleme ergeben sich insbesondere bezüglich der Frage, inwieweit der Testamentsvollstrecker zur **Auskehrung von Erträgen und Nutzungen** an die Erben verpflichtet ist. Sie fallen nach herrschender Auffassung nicht unter die Regelung des § 2217 BGB (vgl. unten Rn 148). Ihre Herausgabe richtet sich vielmehr nach dem Grundsatz der ord-

---

[186] BGHZ 25, 275, 280.
[187] BGH NJW 1959, 1820.
[188] MüKo-*Brandner*, § 2216 BGB Rn 2; *Keim*, ZEV 2002, 132.
[189] BayObLG FamRZ 1997, 905.
[190] Palandt/*Edenhofer*, § 2216 BGB Rn 3; BayObLG NJW 76, 1692.
[191] MüKo-*Brandner*, § 2216 BGB Rn 18; BGH NJW 1998, 386.
[192] *Bengel/Reimann*, IV Rn 19.
[193] BGH NJW 1987, 1070; vgl. zu Fragen der Kapitalanlagen *Schmitz*, ZErb 2003, 3; *Zeising*, § 4 III Rn 274 ff. zu den typischen Anlageformen.
[194] *Bengel/Reimann*, IV Rn 22.
[195] OLG Hamm ZEV 2001, 275; zu unentgeltlichen Verfügungen des Testamentsvollstreckers, vgl. auch *Schaub*, ZEV 2001, 257.

nungsgemäßen Verwaltung.[196] Soweit Verwaltungsvollstreckung angeordnet ist, richtet sich die Herausgabeverpflichtung zunächst nach den Verwaltungsanordnungen des Erblassers.[197] Im Übrigen kann, auch wenn § 2217 Abs. 1 BGB nicht auf Nutzungen anzuwenden ist, die dort enthaltene Regelung „als Richtschnur"[198] herangezogen werden (vgl. unten Rn 146).

Soweit **keine besonderen Verwaltungsanordnungen** des Erblassers vorliegen, werden bei Vorliegen einer Verwaltungsvollstreckung nach § 2209 BGB je nach Fallgestaltung folgende Aufgaben und Pflichten vom Testamentsvollstrecker im Rahmen einer ordnungsgemäßen Verwaltung zu erfüllen sein:[199]

1. Geltendmachung von Nachlassrechten im Hinblick auf ggf. noch für den Nachlass geltend zu machende Forderungen.
2. Ausführung der letztwilligen Verfügungen nach Prüfung der Rechtswirksamkeit, ggf. Auslegung durch den Testamentsvollstrecker. Bei Streitfällen kann auch die Klärung im Wege der Feststellungsklage erforderlich werden.
3. Eingehung von Dauerschuldverhältnissen, insbesondere bei Vermietung und Verpachtung von Grundbesitz.
4. Verwendung von Nachlasserträgen, z.B. Überlassung an die Erben zur Erhaltung eines angemessenen Unterhaltes der Erben oder zur Begleichung nachlassbezogener Steuern.
5. Anlage von Geld und Verwaltung von Wertpapieren.
6. Verkehrssicherungs- und Überwachungspflichten im Zusammenhang mit Nachlassgegenständen, wie z.B. Räum- und Streupflicht auf einem Nachlassgrundstück.
7. Beschränkung der Erbenhaftung durch Beantragung des Nachlassinsolvenzverfahrens (§ 317 InsO), Antrag auf Nachlassverwaltung (§ 1981 BGB) und Einleitung des Aufgebotsverfahrens zum Zwecke der Ausschließung von Nachlassgläubigern (§§ 1970 ff. BGB).

Hat der Erblasser in seinem Testament **besondere Anordnungen** für die Verwaltung getroffen, so ist der Testamentsvollstrecker hieran gebunden, § 2216 Abs. 2 S. 1 BGB. Solche Anordnungen betreffen z.B. die Verwendung von Nachlasserträgen, die Zuteilung von Nachlassgegenständen bei der Nachlassteilung oder das Verbot, über bestimmte Nachlassgegenstände zu verfügen.[200] Derartige Verwaltungsanordnungen, insbesondere die zuerst Genannten bilden die wesentliche Grundlage bei der Gestaltung von Testamenten zugunsten von Personen mit geistiger Behinderung („Behindertentestament").

Die vom Erblasser in der letztwilligen Verfügung getroffenen Anordnungen sind ggf. durch Auslegung zu ermitteln.[201] Sie sind jedoch zu unterscheiden von **bloßen Wünschen des Erblassers**, die den Testamentsvollstrecker nicht unbedingt binden.[202] Zu Lebzeiten erteilte bindende Weisungen außerhalb einer letztwilligen Verfügung binden zwar den Testamentsvollstrecker, können aber vom Erben jederzeit nach § 671 BGB widerrufen werden.[203]

Liegt in der Verwaltungsanordnung ein Verstoß gegen die guten Sitten, so ist diese nichtig, § 138 BGB,[204] was jedoch außer in eindeutigen Fällen den Testamentsvollstrecker wohl veranlassen wird, dies im Wege der Feststellungsklage klären zu lassen.

---

196 *Bengel/Reimann*, VI Rn 192.
197 MüKo-*Brandner*, § 2209 BGB Rn 12.
198 *Bengel/Reimann*, VI Rn 194; MüKo-*Brandner*, § 2209 BGB Rn 12.
199 Zusammenfassung bei MüKo-*Brandner*, § 2216 BGB Rn 4 ff.
200 MüKo-*Brandner*, § 2216 BGB Rn 15.
201 BayObLG FamRZ 1997, 905.
202 BayObLG NJW 1976, 1692.
203 MüKo-*Brandner*, § 2216 BGB Rn 15.
204 Palandt/*Edenhofer*, § 2217 BGB Rn 3.

Liegt eine bindende Verwaltungsanordnung vor, so können Erbe und Vermächtnisnehmer die Befolgung vom Testamentsvollstrecker verlangen.[205] Die Befolgung kann dabei zum einen wohl im **Klagewege** verfolgt werden (vgl. Muster Rn 121). Andererseits führt die Nichtbefolgung als Pflichtverletzung ggf. zur **Entlassung des Testamentsvollstreckers** nach § 2227 BGB.

Soweit der Testamentsvollstrecker Verfügungen treffen will, die einer bindenden Anordnung des Erblassers zuwiderlaufen, muss er vorher das Einverständnis aller Erben einholen[206] oder kann für den Fall, dass die Befolgung der Anordnung zu einer erheblichen Gefährdung des Nachlasses führen würde, die Außerkraftsetzung beim Nachlassgericht nach § 2216 Abs. 2 S. 2 BGB beantragen. Hat sich der Testamentsvollstrecker bereits eigenmächtig über eine solche den Nachlass gefährdende Verwaltungsanordnung hinweggesetzt, so muss er zur Vermeidung einer Haftung nötigenfalls die nachträgliche Entscheidung nach § 2216 Abs. 2 S. 2 BGB herbeiführen.[207]

### 3. Verpflichtungsgeschäfte des Testamentsvollstreckers, § 2206 BGB

113 Nach § 2206 Abs. 1 S. 1 BGB ist der Testamentsvollstrecker berechtigt, Verbindlichkeiten für den Nachlass einzugehen, soweit die Eingehung zur ordnungsgemäßen Verwaltung erforderlich ist. Ferner ist er berechtigt, eine Verbindlichkeit zu einer **Verfügung über einen Nachlassgegenstand** einzugehen, sofern er zur Verfügung über den Nachlassgegenstand selbst nach § 2205 S. 2 und 3 BGB – vorbehaltlich einschränkender Anordnungen des Erblassers – berechtigt ist, § 2206 Abs. 1 S. 2 BGB. § 2206 Abs. 1 BGB enthält eine an dem **Zweck der Verwaltung** des Nachlasses ausgerichtete Beschränkung („kausale Beschränkung") der dem Testamentsvollstrecker zugeteilten Verpflichtungsermächtigung.[208]

114 Bei den vom Testamentsvollstrecker eingegangenen Verpflichtungsgeschäften ist jeweils zu unterscheiden, ob es sich um eine Verfügung über einen Nachlassgegenstand (§ 2206 Abs. 1 S. 2 BGB) handelt, oder um ein sonstiges Verpflichtungsgeschäft, durch den der Nachlass verpflichtet wird.

Bei Letzterem ist Maßstab der Grundsatz der **ordnungsgemäßen Verwaltung** nach § 2216 Abs. 1 BGB. Erweist sich, dass die Eingehung der Verbindlichkeit objektiv nicht erforderlich war, liegt dennoch eine wirksame Nachlassverbindlichkeit vor, wenn der Vertragspartner des Testamentsvollstreckers annimmt oder ohne Fahrlässigkeit annehmen durfte, die Eingehung sei zur ordnungsgemäßen Verwaltung erforderlich.[209] Im Streitfall ist der Vertragspartner beweispflichtig dafür, dass er annehmen konnte, der Testamentsvollstrecker habe die Grundsätze ordnungsgemäßer Verwaltung beachtet, wobei vom Vertragspartner eine eingehende **Nachfrage- und Prüfungspflicht** nicht zu verlangen ist.[210]

115 Bei Verfügungen über Nachlassgegenstände ist die Vertretungsmacht des Testamentsvollstreckers bezüglich des zugrunde liegenden Verpflichtungsgeschäftes nicht auf Geschäfte beschränkt, die zur ordnungsgemäßen Verwaltung des Nachlasses erforderlich sind und berühren daher grundsätzlich – Ausnahme kollusives Zusammenwirken zwischen Vertragspartner und Testamentsvollstrecker – nicht die Wirksamkeit der Verpflichtung.[211] Zu beach-

---

205 MüKo-*Brandner*, § 2216 BGB Rn 16.
206 Palandt/*Edenhofer*, § 2216 BGB Rn 3.
207 MüKo-*Brandner*, § 2216 BGB Rn 19 (str.).
208 MüKo-*Brandner*, § 2206 BGB Rn 1.
209 Palandt/*Edenhofer*, § 2206 BGB Rn 1.
210 Bengel/*Reimann*, IV Rn 82.
211 Palandt/*Edenhofer*, § 2206 BGB Rn 2.

ten ist dabei allerdings, dass bei Grundstücksgeschäften dem Grundbuchamt hinsichtlich der Befugnis des Testamentsvollstreckers zur Verfügung über ein Nachlassgrundstück eine Prüfungskompetenz unter gewissen Umständen zuerkannt wird.[212] Bei Schenkungen des Testamentsvollstreckers liegt aber unter Umständen eine Verfügung eines Nichtberechtigten vor (vgl. Rn 108). Unabhängig hiervon ist der Testamentsvollstrecker den Erben nach §§ 2216 Abs. 1, 2219 BGB für die Ordnungsmäßigkeit der Maßnahme verantwortlich.[213]

Anderes gilt nur, soweit der Erblasser den Testamentsvollstrecker über den Rahmen des § 2206 Abs. 1 BGB hinaus ermächtigt hat, dass er in der Eingehung von Verbindlichkeiten nicht beschränkt sein soll, § 2207 BGB. Nach § 2209 S. 2 BGB ist eine solche **Erweiterung der Verpflichtungsbefugnis** bei Anordnung der Verwaltungsvollstreckung im Zweifel sogar anzunehmen. Ausdrücklich schreibt jedoch § 2207 S. 2 BGB vor, dass für Schenkungen weiterhin der Rahmen des § 2205 Abs. 1 S. 3 BGB maßgeblich bleibt. Dies betrifft jedoch wiederum lediglich die Wirksamkeit der vom Testamentsvollstrecker eingegangenen Verbindlichkeiten. Im Verhältnis zu den Erben ist weiterhin der Maßstab der ordnungsgemäßen Verwaltung nach § 2216 Abs. 1 BGB maßgeblich.[214]

116

Aufgrund ggf. auftretender Zweifel über die Reichweite der Verpflichtungsbefugnis des Testamentsvollstreckers nach § 2206 Abs. 1 BGB gibt § 2206 Abs. 2 BGB dem Testamentsvollstrecker die Möglichkeit, vom Erben zu verlangen, dass er in die Eingehung der Verbindlichkeit einwilligt. Der Erbe ist jedoch zur Einwilligung nur dann verpflichtet, wenn die Eingehung der Verbindlichkeit zur ordnungsgemäßen Verwaltung erforderlich ist.[215] Den **Anspruch auf Einwilligung** kann der Testamentsvollstrecker im Wege der Klage geltend machen (vgl. Muster Rn 122); ebenso kann der Erbe im umgekehrten Fall auf Unterlassung eines ordnungswidrigen Verpflichtungsgeschäftes klagen (vgl. Muster Rn 123).[216] Durch die Erteilung der Einwilligung ist der Testamentsvollstrecker gegen Schadensersatzansprüche aus § 2219 BGB geschützt.[217]

117

Da durch eine vom Testamentsvollstrecker im Rahmen seiner Verpflichtungsbefugnis nach § 2206 Abs. 1 BGB vorgenommene Handlung eine Nachlassverbindlichkeit entsteht (§ 1967 BGB), für die der Erbe persönlich haftet, gewährt das Gesetz selbst für die Fälle der Einwilligung durch den Erben nach § 2206 Abs. 2 BGB die Möglichkeit der Beschränkung der Erbenhaftung.

118

### 4. Muster

a) Muster: Antrag auf Außerkraftsetzung einer Erblasseranordnung (§ 2216 Abs. 2 BGB)

An das

Amtsgericht
– Nachlassgericht – (Baden-Württemberg: Staatl. Notariat)

Az.

Nachlassverfahren , zuletzt wohnhaft , verstorben am

119

---

[212] OLG Zweibrücken ZEV 2001, 274.
[213] MüKo-*Brandner*, § 2206 BGB Rn 4.
[214] Palandt/*Edenhofer*, § 2207 BGB Rn 2.
[215] MüKo-*Brandner*, § 2206 BGB Rn 11.
[216] MüKo-*Brandner*, § 2206 BGB Rn 11.
[217] Palandt/*Edenhofer*, § 2206 BGB Rn 3.

Ich bin Testamentsvollstrecker nach dem am ▓▓▓ verstorbenen Erblasser ▓▓▓. Auf die Nachlassakten nehme ich Bezug.

In meiner Eigenschaft als Testamentsvollstrecker beantrage ich:

Die Anordnung des Erblassers ▓▓▓ in seinem privatschriftlichen Testament vom ▓▓▓, eröffnet durch das Amtsgericht – Nachlassgericht – am ▓▓▓, mit dem Inhalt:

„*Das ehemalige Betriebsgrundstück der Fa. Mineralöl-GmbH darf nicht unter einem Preis von 1,5 Millionen EUR verkauft werden.*"

wird außer Kraft gesetzt.

*Begründung:*

Die Anordnung des Erblassers in seinem privatschriftlichen Testament vom ▓▓▓ stellt eine Verwaltungsanordnung i.S.d. § 2216 Abs. 2 S. 1 BGB dar, welche vom Unterfertigten als Testamentsvollstrecker zu befolgen wäre. Der Verkauf des Grundstücks ist im Hinblick auf die vom Erblasser angeordnete Auseinandersetzung des Nachlasses unter den Miterben erforderlich. Ferner wird der Verkaufserlös für die notwendige Begleichung von erheblichen Nachlassverbindlichkeiten dringend benötigt, da die im Nachlass vorhandenen Geldmittel hierfür nicht ausreichen.

Der Unterfertigte hat sich unverzüglich mit Beginn seiner Tätigkeit um einen Verkauf des Grundstücks zu einem Verkaufspreis entsprechend den vom Erblasser angeordneten Bedingungen bemüht. Im Hinblick auf erhebliche Altlasten aus dem früheren Betrieb des Mineralölhandels und daraus resultierender erheblicher Kosten für die Beseitigung der Altöle und sonstiger entsorgungspflichtiger Sondermüllstoffe, war jedoch kein Verkauf des Grundstücks zu den vom Erblasser genannten Bedingungen möglich.

Ein vom Unterfertigten zwischenzeitlich eingeholtes Gutachten eines öffentlich bestellten und vereidigten Sachverständigen, welches in Kopie in der Anlage beigefügt ist, belegt den Zustand des Grundstückes im Hinblick auf dort vorhandene Altlasten, sowie den Anfall erheblicher Kosten für die Entsorgung der Sondermüllstoffe, den Abriss des bestehenden Betriebs-/Lagergebäudes und der Lagertanks aufgrund der insoweit einzuhaltenden Sonderbestimmungen über die Entsorgung derartig belasteter Materialien. Der unter Ansatz der Bodenrichtwerte für Grundstücke in vergleichbarer Lage und Größe zu erzielende Verkaufserlös entsprechend der Anordnung des Erblassers in Höhe von 1,5 Millionen EUR muss aufgrund der vom Gutachter angenommenen Entsorgungskosten von mindestens 250.000 EUR in dieser Höhe reduziert werden, um überhaupt eine Möglichkeit zum Verkauf des Grundstücks zu erhalten.

Die Befolgung der Erblasseranordnung hätte zur Folge, dass das Grundstück auf Dauer nicht veräußert werden könnte. Dies würde zum einen die vom Erblasser ebenfalls angeordnete Auseinandersetzung unter den Miterben ausschließen. Andererseits ist auch nach den Ausführungen des Gutachters zu befürchten, dass durch weiteren Zeitablauf ein weiterer Verfall der auf dem Grundstück befindlichen Lagerstätten eintritt und daher ggf. mit einem behördlichen Einschreiten gerechnet werden muss. Die zur Befolgung behördlicher Maßnahmen aufzuwendenden Mittel gefährden dabei erheblich die Substanz des noch vorhandenen Restnachlasses.

Die Außerkraftsetzung der im Antrag genannten Anordnung des Erblassers ist daher dringend zur Vermeidung einer erheblichen Gefährdung für den Nachlass erforderlich.

Der Unterfertigte hat zunächst bei sämtlichen Miterben schriftlich angefragt, inwieweit diese dem Unterfertigten die Veräußerung des betreffenden Grundstücks entgegen der Erblasseranordnung auch unter dem Wert von 1,5 Millionen EUR gestatten und hierzu ihr Einverständnis erklären. Nachdem die Erben hierauf jedoch keine verbindliche Stellungnahme abgeben wollten, ist der Antrag nach § 2216 Abs. 2 S. 2 BGB auf Außerkraftsetzung der diesbezüglichen Erblasseranordnung geboten.

(Testamentsvollstrecker)

b) Muster: Klage des Erben gegen Testamentsvollstrecker auf Vornahme einer bestimmten Verwaltungshandlung (§ 2216 Abs. 1 BGB)

An das
Landgericht
– Zivilkammer –

Klage

des ▓▓▓,

– Klägers –

Prozessbevollmächtigter: Rechtsanwalt ▓▓▓

gegen

▓▓▓ in seiner Eigenschaft als Testamentsvollstrecker für den Nachlass nach ▓▓▓

– Beklagten –

wegen Vornahme einer Handlung.

Vorläufiger Gegenstandswert: ▓▓▓

Namens und in Vollmacht des Klägers erhebe ich Klage zum Landgericht ▓▓▓ mit der Bitte um Anberaumung eines möglichst nahen Termins zur mündlichen Verhandlung, für die die Stellung folgender Anträge angekündigt wird:
1. Der Beklagte wird verurteilt, den zum Nachlass des am ▓▓▓ in ▓▓▓ verstorbenen ▓▓▓ gehörenden Schadensersatzanspruch aus Anwaltsverschulden wegen Versäumung der gerichtlichen Geltendmachung von Pflichtteilsansprüchen nach dem Tod der am ▓▓▓ verstorbenen Frau ▓▓▓ innerhalb der Verjährungsfrist, gerichtet gegen Rechtsanwalt ▓▓▓, wohnhaft ▓▓▓, gerichtlich geltend zu machen.
2. Der Beklagte hat die Kosten des Rechtsstreits zu tragen.
3. Das Urteil ist bezüglich der Kosten vorläufig vollstreckbar.

Für den Fall der Anordnung des schriftlichen Vorverfahrens beantrage ich schon jetzt:
4. Für den Fall der Säumnis des Beklagten den Erlass eines Versäumnisurteils gem. § 331 Abs. 3 ZPO.
5. Für den Fall des Anerkenntnisses den Erlass eines Anerkenntnisurteils nach § 307 ZPO.

*Begründung:*

I. Am ▓▓▓ ist ▓▓▓ in ▓▓▓ verstorben. Der Beklagte wurde zum Testamentsvollstrecker für den gesamten Nachlass ernannt. Beschränkungen der Rechte des Testamentsvollstreckers hat der Erblasser nicht angeordnet. Er hat das Amt mit Erklärung vom ▓▓▓ gegenüber dem Nachlassgericht angenommen. Der Kläger ist ausweislich des Erbscheines des Amtsgerichtes ▓▓▓ – Nachlassgericht – zum Alleinerben nach dem verstorbenen Erblasser berufen.

Beweis: Nachlassakten des Amtsgerichtes ▓▓▓ – Nachlassgericht –, Az. ▓▓▓, deren Beiziehung im vorliegenden Verfahren beantragt wird.

II. Der Kläger macht mit vorliegender Klage gegen den Beklagten als Testamentsvollstrecker einen Anspruch auf Erfüllung der Pflicht zur ordnungsgemäßen Verwaltung des Nachlasses nach § 2216 Abs. 1 BGB geltend.

Der Testamentsvollstrecker ist nach § 2216 Abs. 1 BGB verpflichtet, den Nachlass ordnungsgemäß zu verwalten. Er ist gehalten, wirtschaftlich, vernünftig und aus nachvollziehbaren Gründen zu handeln, wozu auch die Geltendmachung von Forderungen für den Nachlass gehört. Aus § 2212 BGB ergibt sich, dass ein der Verwaltung des Testamentsvollstreckers unterliegendes Recht nur von diesem gerichtlich geltend gemacht werden kann.

*Littig*

III. Dem Anspruch liegt folgender Sachverhalt zugrunde:

Der Erblasser war nach dem Tod seiner Mutter aufgrund letztwilliger Verfügung von der gesetzlichen Erbfolge ausgeschlossen. Er wurde hierüber durch das Amtsgericht ▓▓▓ - Nachlassgericht - unter Übersendung einer Kopie des privatschriftlichen Testaments, zusammen mit der Eröffnungsniederschrift des Nachlassgerichtes vom ▓▓▓ in Kenntnis gesetzt. Der Erblasser hatte somit Kenntnis i.S.d. § 2332 Abs. 1 BGB am ▓▓▓.

Der Erblasser beauftragte Rechtsanwalt ▓▓▓ mit der Geltendmachung seiner Pflichtteilsansprüche gegen den Alleinerben der verstorbenen Mutter, den Lebensgefährten ▓▓▓. Die Beauftragung erfolgte nach der Bestätigung von Rechtsanwalt ▓▓▓ bezüglich der Mandatsübernahme am ▓▓▓.

*Beweis:* Schreiben von Rechtsanwalt ▓▓▓ vom ▓▓▓, in Kopie anbei.

Nach anfänglicher außergerichtlicher Korrespondenz des vom Erblasser beauftragten Rechtsanwalts ▓▓▓ mit dem anwaltlichen Vertreter des Alleinerben ▓▓▓ wurde die weitere Bearbeitung durch Rechtsanwalt ▓▓▓ unterlassen, ohne hierzu durch den Erblasser beauftragt gewesen zu sein. Vielmehr hat der Erblasser mehrfach schriftlich um Mitteilung über den Sachstand der Angelegenheit angefragt. Nach nochmaliger eindringlicher Erinnerung von Seiten des Erblassers mit Schreiben vom ▓▓▓ erhob schließlich der vom Erblasser beauftragte Rechtsanwalt ▓▓▓ Klage auf Auskunft über den Bestand des Nachlasses gegen den Alleinerben. Es handelte sich nicht um eine Stufenklage auf Auskunft und Zahlung.

Mit Schriftsatz vom ▓▓▓ ließ der Alleinerbe schließlich vortragen, dass nunmehr der Pflichtteilsanspruch verjährt sei und daher auch die Verjährung des Anspruchs auf Auskunft eingetreten sein. Das Landgericht ▓▓▓ hat mit Urteil vom ▓▓▓ (Az. ▓▓▓) die Klage des Erblassers somit abgewiesen und dem Erblasser die Kosten des Verfahrens auferlegt.

*Beweis:* Beiziehung der Verfahrensakten des Landgerichts ▓▓▓ (Az. ▓▓▓)

Die Versäumung der Verjährungsfrist des § 2332 BGB durch nicht rechtzeitige Erhebung einer Stufenklage auf Auskunft und Zahlung stellt ein zum Schadensersatz verpflichtendes Verschulden des vom Erblasser beauftragten Rechtsanwalts dar.

Der Schaden des Erblassers und damit nunmehr der Schaden des Nachlasses ergibt sich zum einen aus den Kosten des Verfahrens vor dem Landgericht ▓▓▓, einschließlich dem Kostenerstattungsanspruch des dortigen Beklagten, welche noch durch den Erblasser bezahlt wurden. Ferner ist mit der Geltendmachung der Einrede der Verjährung des Pflichtteilsanspruchs die Durchsetzung des Pflichtteilsanspruchs, welcher nunmehr zum Nachlass gehört, dauernd gehemmt. Aufgrund des im dortigen Nachlassverfahren durch den Alleinerben aufgestellten Nachlassverzeichnisses ergibt sich ein Reinnachlass in Höhe von jedenfalls 100.000 EUR.

*Beweis:* Beiziehung der Nachlassakten des Amtsgerichts ▓▓▓ - Nachlassgericht - im Nachlassverfahren ▓▓▓ (Az. ▓▓▓)

Aufgrund der Pflichtteilsquote des Erblassers an diesem Nachlass in Höhe von ½ ist durch das Verschulden von Rechtsanwalt ▓▓▓ dem Erblasser und somit nunmehr dem Nachlass zudem ein Schaden in Höhe von jedenfalls 50.000 EUR entstanden.

Der vom Erblasser beauftragte Rechtsanwalt hat auf ein Schreiben des Erblassers vom ▓▓▓ mit Antwortschreiben vom ▓▓▓ die Verpflichtung zum Schadensersatz ohne nähere Angabe von Gründen abgelehnt.

Der Beklagte als Testamentsvollstrecker hat Kenntnis von diesem zum Nachlass gehörenden Schadensersatzanspruch gegen Rechtsanwalt ▓▓▓. Im Rahmen seiner jährlichen Berichterstattung als Testamentsvollstrecker führt er aus, dass er den Anspruch auf Schadensersatz nicht mehr weiterverfolge. Gründe hierzu werden von ihm allerdings nicht angegeben.

*Beweis:* Jahresbericht des Testamentsvollstreckers vom ▓▓▓, in Kopie anbei.

IV. Mit Schreiben vom ......... wurde der Beklagte aufgefordert, die Schadensersatzansprüche gegen den vom Erblasser beauftragten Rechtsanwalt ......... gerichtlich geltend zu machen und die Klageerhebung bis ......... durch Übersendung einer Abschrift der Schadensersatzklage nachzuweisen.

*Beweis:* Schreiben vom ........., in Kopie anbei.

Mit Schreiben vom ......... teilte der Beklagte mit, dass es bei den Ausführungen in seinem Jahresbericht vom ......... verbleibe und er einen Schadensersatzprozess ablehne.

*Beweis:* Schreiben des Beklagten vom ........., in Kopie anbei.

Es ist daher Klage geboten.

(Rechtsanwalt)

### c) Muster: Klage des Erben (vertreten durch Betreuer) gegen Testamentsvollstrecker auf Beachtung einer Verwaltungsanordnung des Erblassers (§ 2216 Abs. 2 S. 1 BGB)

An das

Amtsgericht
– Nachlassgericht – (Baden-Württemberg: Staatl. Notariat)

*Klage*

des ........., als Betreuer für .........

– Klägers –

Prozessbevollmächtigter: Rechtsanwalt .........

gegen

........., in seiner Eigenschaft als Testamentsvollstrecker für den Nachlass nach .........

– Beklagten –

wegen Vornahme einer Handlung.

Vorläufiger Gegenstandswert: .........

Namens und in Vollmacht des Klägers erhebe ich Klage zum Landgericht ......... mit der Bitte um Anberaumung eines möglichst nahen Termins zur mündlichen Verhandlung, für die die Stellung folgender Anträge angekündigt wird:
1. Der Beklagte wird verurteilt, aus den Erträgnissen des Nachlasses des am ......... in ......... verstorbenen ......... einen Betrag in Höhe von ......... EUR an den Kläger in seiner Eigenschaft als Betreuer für den Erben ......... in Erfüllung der vom Erblasser im notariellen Testament vom ......... verfügten Verwaltungsanordnung zu zahlen.
2. Der Beklagte hat die Kosten des Rechtsstreits zu tragen.
3. Das Urteil ist – ggf. gegen Sicherheitsleistung – vorläufig vollstreckbar.

Für den Fall der Anordnung des schriftlichen Vorverfahrens beantrage ich schon jetzt:
4. Für den Fall der Säumnis des Beklagten den Erlass eines Versäumnisurteils gem. § 331 Abs. 3 ZPO.
5. Für den Fall des Anerkenntnisses den Erlass eines Anerkenntnisurteils nach § 307 ZPO.

*Begründung:*

I. Am ......... ist ......... in ......... verstorben. Der Beklagte wurde zum Testamentsvollstrecker für den gesamten Nachlass ernannt. Er hat das Amt mit Erklärung vom ......... gegenüber dem Nachlassgericht angenommen. Der vom Kläger in seiner Eigenschaft als Betreuer vertretene ......... ist ausweislich des Erbscheines des Amtsgerichtes ......... – Nachlassgericht – zum Alleinerben bzw. alleinigen Vorerben nach dem verstorbenen Erblasser berufen.

*Beweis:* Nachlassakten des Amtsgerichtes ▉▉▉ – Nachlassgericht –, Az. ▉▉▉, deren Beiziehung im vorliegenden Verfahren beantragt wird.

II. Der Kläger wurde mit Beschluss des Amtsgerichtes ▉▉▉ – Vormundschaftsgericht – zum Betreuer für den Alleinerben ▉▉▉ mit dem Aufgabenkreis „Vertretung in sämtlichen vermögensrechtlichen Angelegenheiten" bestellt.

*Beweis:* Betreuerausweis des Amtsgerichtes ▉▉▉ – Vormundschaftsgericht – (Az. ▉▉▉ ), in Kopie anbei.

Der Kläger macht mit vorliegender Klage für den Betreuten gegen den Beklagten als Testamentsvollstrecker einen Anspruch auf Befolgung einer vom Erblasser in seinem notariellen Testament vom ▉▉▉ getroffenen Verwaltungsanordnung nach § 2216 Abs. 2 S. 1 BGB geltend.

III. Dem Anspruch liegt folgender Sachverhalt zugrunde:

Bei dem vom Erblasser errichteten notariellen Testament vom ▉▉▉ handelt es sich um eine letztwillige Verfügung, welche hinsichtlich ihrer Ausgestaltung allgemein mit dem Begriff „Testament zugunsten von Personen mit geistiger Behinderung" bezeichnet wird. Der Betreute ist nach diesem Testament als alleiniger Vorerbe eingesetzt und gleichzeitig durch Anordnung der Testamentsvollstreckung in Form der Dauervollstreckung nach § 2209 BGB auf Dauer in der Verfügung über den Nachlass eingeschränkt. Nach den im notariellen Testament enthaltenen bindenden Verwaltungsanordnungen an den Testamentsvollstrecker darf bzw. muss

„der Testamentsvollstrecker aus den Erträgnisses des Nachlasses an den Vorerben bzw. Betreuten jährlich einen Geldbetrag auskehren, welcher zweckgebunden für eine 14-tägige Urlaubsreise zu verwenden ist".

*Beweis:* Notarielles Testament vom ▉▉▉ , eröffnet am ▉▉▉ , in Kopie anbei.

Der Beklagte ist Testamentsvollstrecker und gleichzeitig für den Fall des Todes des Vorerben zum Nacherben berufen.

*Beweis:* Schreiben des Beklagten vom ▉▉▉ , in Kopie anbei.

Der Kläger hat in seiner Eigenschaft als Betreuer für ▉▉▉ den Beklagten aufgefordert, einen Betrag in Höhe von ▉▉▉ EUR aus den Erträgnissen zum Zweck der Bezahlung einer 14-tägigen Urlaubsreise nach ▉▉▉ auszuzahlen. Die vom Kläger insoweit veranschlagten Kosten errechnen sich aus dem schriftlichen Kostenvoranschlag des Reisebüros ▉▉▉ vom ▉▉▉ .

*Beweis:* 1. Kostenvoranschlag vom ▉▉▉ , in Kopie anbei.
2. Schreiben des Klägers vom ▉▉▉ , in Kopie anbei.

Der Beklagte hat hierauf mit Schreiben vom ▉▉▉ mitgeteilt, dass zwar erhebliche Erträgnisse aus Zinseinkünften erzielt werden, er jedoch keine Veranlassung sieht, den Verwaltungsanordnungen des Erblassers Folge zu leisten, da er die Auffassung vertritt, dass es sich um keine bindenden Anordnungen des Erblassers handelt.

*Beweis:* Schreiben des Beklagten vom ▉▉▉ , in Kopie anbei.

Der Beklagte ist nach § 2216 Abs. 2 S. 1 BGB an die Verwaltungsanordnungen des Erblassers gebunden und hat daher aus den Erträgnissen des Nachlasses die für die Urlaubsreise des Betreuten erforderlichen Mittel auszuzahlen. Aufgrund der Weigerung des Beklagten ist nunmehr Klage geboten.

(Rechtsanwalt)

d) Muster: Klage des Testamentsvollstreckers gegen Erben auf Einwilligung zur Eingehung einer Verbindlichkeit (§ 2206 Abs. 2 BGB)

An das

Landgericht
– Zivilkammer –

*Klage*

des ▓▓▓, in seiner Eigenschaft als Testamentsvollstrecker für den Nachlass nach ▓▓▓

– Klägers –

gegen

▓▓▓

– Beklagten –

auf Abgabe einer Willenserklärung.

Vorläufiger Gegenstandswert: ▓▓▓

In meiner Eigenschaft als Testamentsvollstrecker für den Nachlass nach dem am ▓▓▓ in ▓▓▓ verstorbenen Erblasser ▓▓▓ erhebe ich Klage zum Landgericht ▓▓▓ mit der Bitte um Anberaumung eines möglichst nahen Termins zur mündlichen Verhandlung, für die die Stellung folgender Anträge angekündigt wird:

1. Der Beklagte wird verurteilt, in den Abschluss des Mietvertrags zwischen dem Kläger in seiner Eigenschaft als Testamentsvollstrecker für den Nachlass nach ▓▓▓ und der Fa. ▓▓▓ vom ▓▓▓, betreffend die Anmietung der Lagerhalle in ▓▓▓, gelegen auf dem Flurstück ▓▓▓, der Gemarkung ▓▓▓, gegen einen Mietzins von monatlich 10.000 EUR einzuwilligen.
2. Der Beklagte hat die Kosten des Rechtsstreits zu tragen.
3. Das Urteil ist bezüglich der Kosten vorläufig vollstreckbar.

Für den Fall der Anordnung des schriftlichen Vorverfahrens beantrage ich schon jetzt:
4. Für den Fall der Säumnis des Beklagten den Erlass eines Versäumnisurteils gem. § 331 Abs. 3 ZPO.
5. Für den Fall des Anerkenntnisses den Erlass eines Anerkenntnisurteils nach § 307 ZPO.

*Begründung:*

I. Am ▓▓▓ ist ▓▓▓ in ▓▓▓ verstorben. Der Kläger wurde zum Testamentsvollstrecker für den Nachlass ernannt. Er hat das Amt mit Erklärung vom ▓▓▓ gegenüber dem Nachlassgericht angenommen. Der Beklagte ist ausweislich des Erbscheines des Amtsgerichtes ▓▓▓ – Nachlassgericht – zum Alleinerben nach dem verstorbenen Erblasser berufen. Bei der vom Erblasser angeordneten Testamentsvollstreckung handelt es sich um eine Dauertestamentsvollstreckung nach § 2209 Abs. 1 Hs. 2 BGB. Dem Kläger obliegt nach Erledigung seiner sonstigen Aufgaben bezüglich des im Antrag genannten Grundstücks die Verwaltung, bis der Alleinerbe sein 30. Lebensjahr vollendet hat.

*Beweis:* Nachlassakten des Amtsgerichtes ▓▓▓ – Nachlassgericht –, Az. ▓▓▓, deren Beiziehung im vorliegenden Verfahren beantragt wird.

Dem Kläger wurde am ▓▓▓ über seine Stellung als Testamentsvollstrecker durch das Nachlassgericht ein Testamentsvollstreckerzeugnis erteilt.

*Beweis:* Testamentsvollstreckerzeugnis vom ▓▓▓, in Kopie anbei.

II. Der Kläger macht in seiner Eigenschaft als Testamentsvollstrecker gegen den/die Beklagte(n) einen Anspruch auf Einwilligung zur Eingehung einer Verbindlichkeit gem. § 2206 Abs. 2 BGB geltend.

III. Dem Anspruch liegt folgender Sachverhalt zugrunde:

*Littig*

Zu dem vom Kläger in seiner Eigenschaft als Testamentsvollstrecker verwalteten Nachlass gehört ein Grundstück in ▓▓▓▓, Flst. Nr. ▓▓▓▓ der Gemarkung ▓▓▓▓.

*Beweis:*  1. Notarielles Nachlassverzeichnis nach § 2215 BGB für den Nachlass nach ▓▓▓▓, vom ▓▓▓▓, in Kopie anbei.
2. Grundbuchauszug des Amtsgerichts ▓▓▓▓, Band ▓▓▓▓, Blatt ▓▓▓▓, in Kopie anbei.

Dem Kläger obliegt die Verpflichtung zur ordnungsgemäßen Verwaltung des Nachlasses nach § 2216 Abs. 1 BGB, weswegen er auch verpflichtet ist, das seiner Verwaltung unterliegende Grundstück einschließlich der darauf befindlichen Lagerhalle unter wirtschaftlichen Erwägungen einer sinnvollen Nutzung zuzuführen.

Der Kläger hat nach Einschaltung mehrerer Immobilienmakler zwischenzeitlich einen Interessenten gefunden, welcher die betreffende Lagerhalle für die Dauer von zehn Jahren zu einem jährlichen Mietzins von 120.000 EUR anmieten würde.

*Beweis:* Der vom Mietinteressenten einseitig unterzeichnete Mietvertrag vom ▓▓▓▓, in Kopie anbei.

Andere Mietinteressenten, welche einen auch nur annähernd vergleichbaren Jahresmietzins entrichten würden, sind nicht vorhanden. Ferner haben alle bislang vorhandenen Interessenten den Abschluss eines Mietvertrags für die Dauer von mindestens zehn Jahren zur Voraussetzung für eine Anmietung gemacht.

Der Beklagte ist am 18.6. dieses Jahres 25 Jahre alt geworden. Im Hinblick auf das Ende der Testamentsvollstreckung mit Erreichen des 30. Lebensjahres durch den Beklagten würde das Mietverhältnis über die Beendigung der Testamentsvollstreckung auch für den Beklagten noch für eine Dauer von fünf Jahren bindend abgeschlossen sein. Der Kläger hat demnach den Beklagten mit Schreiben vom ▓▓▓▓ den durch die Fa. ▓▓▓▓ bereits einseitig unterzeichneten Mietvertrag in Abschrift vorgelegt und aufgefordert, die Einwilligung zum Abschluss des Mietvertrags durch den Kläger als Testamentsvollstrecker zu erteilen.

*Beweis:* Schreiben des Klägers vom ▓▓▓▓, in Kopie anbei.

Der Beklagte teilte hierauf dem Kläger mit, dass er sich nicht verpflichtet fühle, eine diesbezügliche Einwilligung zu erteilen. Er behalte sich vielmehr wegen der vorgesehenen Mietvertragsdauer die Geltendmachung von Schadensersatzansprüchen vor. Ferner wurden in diesem Schreiben auch Schadensersatzansprüche angekündigt, sollte der Kläger als Testamentsvollstrecker nunmehr nicht unverzüglich angemessene Mieteinkünfte aus dem betreffenden Grundstück erzielen.

*Beweis:* Schreiben des Beklagten vom ▓▓▓▓, in Kopie anbei.

Der Abschluss des Mietvertrags mit der Fa. ▓▓▓▓ vom ▓▓▓▓ entspricht den Grundsätzen der ordnungsgemäßen Verwaltung des Nachlasses durch den Kläger als Testamentsvollstrecker nach § 2216 Abs. 1 BGB. Der Kläger hat mehr als acht Monate lang durch Einschaltung von Immobilienmaklern sowie eigenen Zeitungsanzeigen sämtliche Bemühungen unternommen, um das betreffende Grundstück bestmöglich im Interesse einer wirtschaftlich sinnvollen Nachlassverwaltung zu nutzen. Art und Ausstattung der Lagerhalle bedürfen bei entsprechender Nutzung durch einen Mieter erheblicher Investitionen, weswegen Mietinteressenten auf eine Mietvertragsdauer von jedenfalls zehn Jahren verständlicherweise Wert legen. Für andere Bedingungen, insbesondere für eine Mietdauer von lediglich fünf Jahren, war kein Mietinteressent zu finden, welcher einen Mietzins in Höhe von jedenfalls 50 % des nach dem Mietvertrag mit der Fa. ▓▓▓▓ vereinbarten Mietzinses zu zahlen bereit gewesen wäre.

Der Beklagte konnte dem Kläger auch keine anderweitigen Mietinteressenten benennen.

IV. Der Kläger hat zur Herbeiführung der Entlastung im Hinblick auf die vom Beklagten bereits jetzt behaupteten Schadensersatzansprüche nach § 2219 BGB einen Anspruch gegen den Beklagten auf Einwilligung im Sinne des obigen Antrages nach § 2206 Abs. 2 BGB, welcher nach Weigerung des Beklagten nunmehr im Klagewege verfolgt wird.

(Rechtsanwalt)

*Littig*

e) Muster: Antrag des Erben auf Erlass einer einstweiligen Verfügung auf Unterlassen der Eingehung einer Verbindlichkeit durch den Testamentsvollstrecker (§ 2206 Abs. 2 BGB)

An das
Landgericht
– Zivilkammer –

*Antrag auf Erlass einer einstweiligen Verfügung*

In Sachen

– Antragstellers –

Prozessbevollmächtigter: Rechtsanwalt

gegen

, in seiner Eigenschaft als Testamentsvollstrecker für den Nachlass nach

– Antragsgegner –

wegen Unterlassung,

vorläufiger Gegenstandswert:

bitten wir um Erlass folgender einstweiligen Verfügung ohne mündliche Verhandlung durch den Vorsitzenden allein:
1. Dem Antragsgegner wird untersagt, der Fa.         den Auftrag zur Erneuerung der Dacheindeckung am Anwesen        , in        gemäß dem Angebot vom        zu erteilen.
2. Dem Antragsgegner wird für den Fall der Zuwiderhandlung gegen vorstehende Verpflichtung ein Ordnungsgeld bis zur Höhe von 500.000 EUR und für den Fall, dass dies nicht beigetrieben werden kann, eine Ordnungshaft bis zu sechs Monaten angedroht.
3. Der Antragsgegner trägt die Kosten des Verfahrens.

*Begründung:*

I. Am        ist        in        verstorben. Der Antragsgegner wurde zum Testamentsvollstrecker für den Nachlass ernannt. Er hat das Amt mit Erklärung vom        gegenüber dem Nachlassgericht angenommen. Der Antragsteller ist ausweislich des Erbscheines des Amtsgerichtes        – Nachlassgericht – zum Alleinerben nach dem verstorbenen Erblasser berufen.

Dem Kläger wurde am        über seine Stellung als Testamentsvollstrecker durch das Nachlassgericht ein Testamentsvollstreckerzeugnis erteilt.

*Glaubhaftmachung:*  1. Testamentsvollstreckerzeugnis vom        , in Kopie anbei.
2. Erbschein des Amtsgerichts        – Nachlassgericht – vom        , in Kopie anbei.

II. Mit vorliegendem Antrag wird der Anspruch des Antragstellers auf Unterlassen einer nicht den Grundsätzen der ordnungsgemäßen Verwaltung des Nachlasses nach § 2216 Abs. 1 BGB entsprechenden Maßnahme durch den Antragsgegner als Testamentsvollstrecker geltend gemacht.

*III. 1. Verfügungsanspruch*

Der Antragsgegner teilte dem Antragsteller mit Schreiben vom        mit, dass er an dem zum Nachlass und damit seiner Verwaltung unterliegenden Hausanwesen in        , eine vollständige Erneuerung des Dachstuhles einschließlich der Dacheindeckung beabsichtige. Er legte ein von ihm eingeholtes Angebot der Fa.        aus        vor, welches die Kosten der Arbeiten mit 230.000 EUR veranschlagt.

*Littig*

*Glaubhaftmachung:* 1. Schreiben des Antragsgegners vom ▓▓▓▓, in Kopie anbei.
2. Angebot der Fa. ▓▓▓▓ vom ▓▓▓▓, in Kopie anbei.

Der Antragsteller teilte hierauf dem Antragsgegner mit Schreiben vom ▓▓▓▓ mit, dass bereits durch den Erblasser ein Sachverständigengutachten eingeholt wurde, wonach eine Erneuerung des Dachstuhles einschließlich Dacheindeckung aus fachlicher Sicht in keinem Falle erforderlich sei, vielmehr durch bloßen Austausch einzelner Dachziegel die Undichtigkeiten fachgerecht und auf Dauer beseitigt werden können. Das Sachverständigengutachten sowie ein noch vom Erblasser kurz vor seinem Tod eingeholtes Angebot über die im Gutachten vorgeschlagenen Arbeiten mit einem Gesamtaufwand von 65.000 EUR wurden dem Antragsgegner mit diesem Schreiben übersandt. Es wurde zudem anheim gestellt, nötigenfalls ein weiteres Sachverständigengutachten bezüglich des Umfangs der notwendigen Arbeiten einzuholen.

*Glaubhaftmachung:* 1. Schreiben des Antragstellers vom ▓▓▓▓, in Kopie anbei.
2. Sachverständigengutachten vom ▓▓▓▓, in Kopie anbei.
3. Angebot der Fa. ▓▓▓▓ vom ▓▓▓▓, in Kopie anbei.

Der Antragsgegner teilte mit seinem Schreiben vom ▓▓▓▓ mit, dass er keine Veranlassung sehe, von seinem Vorhaben zur Beauftragung der Fa. ▓▓▓▓ abzusehen. Er kündigte eine Beauftragung für die ▓▓▓▓ Kalenderwoche an.

*Glaubhaftmachung:* Schreiben des Antragsgegners vom ▓▓▓▓, in Kopie anbei.

Die vom Antragsgegner beabsichtigte Beauftragung der Fa. ▓▓▓▓ zur Vornahme der Arbeiten widerspricht den Grundsätzen der ordnungsgemäßen Verwaltung des Nachlasses durch den Testamentsvollstrecker im Sinne des § 2216 Abs. 1 BGB, da durch das noch vom Erblasser eingeholte Sachverständigengutachten belegt ist, dass eine vollständige Erneuerung des Dachstuhles einschließlich vollständiger Neueindeckung weder fachlich angezeigt, noch wirtschaftlich sinnvoll ist.

Der Antragsgegner verfolgt mit der von ihm beabsichtigten Beauftragung offenbar eigene wirtschaftliche Interessen, da seine Ehefrau Geschäftsführerin der Fa. ▓▓▓▓ ist.

*Glaubhaftmachung:* 1. Handelsregisterauszug des Amtsgerichtes ▓▓▓▓ zu HR B ▓▓▓▓, in Kopie anbei.
2. Eidesstattliche Versicherung von ▓▓▓▓, ehemaliger Mitarbeiter der Fa. ▓▓▓▓, in Kopie anbei.

*III. 2. Verfügungsgrund*

Der zuvor dargelegte und begründete Unterlassungsanspruch gefährdet unmittelbar den Bestand des Nachlasses.

Der Antragsgegner ist wegen § 2206 Abs. 1 BGB grundsätzlich berechtigt, Verbindlichkeiten für den Nachlass einzugehen. Auch soweit derartige Maßnahmen nicht den Grundsätzen der ordnungsgemäßen Verwaltung des Nachlasses nach § 2216 Abs. 1 BGB entsprechen, hat dies auf die Wirksamkeit des vom Antraggegner erteilten Auftrages keinen Einfluss. Es werden hierdurch Nachlassverbindlichkeiten mit Wirkung gegen den vom Antragsgegner verwalteten Nachlass begründet.

Entsprechend der Ankündigung des Antragsgegners im Schreiben vom ▓▓▓▓ beabsichtigt er die Beauftragung der Fa. ▓▓▓▓ am ▓▓▓▓. Die Gefährdung des Bestandes des Nachlasses durch Ausführung der nicht erforderlichen Arbeiten mit einem Gesamtauftragsvolumen von 230.000 EUR steht damit unmittelbar bevor.

*Glaubhaftmachung:* Schreiben des Antragsgegners vom ▓▓▓▓, bereits vorgelegt.

Unabhängig davon, dass keinerlei Anlass besteht, entsprechend der Ankündigung des Antragsgegner die Arbeiten in dem beabsichtigten Umfang zu beauftragen, kann auch ggf. durch Einholung eines weiteren Sachverständigengutachtens der notwendige Umfang der Arbeiten nötigenfalls geklärt werden.

(Rechtsanwalt)

## IV. Rechtsverhältnis zum Erben im Hinblick auf Auskunftsverpflichtung, Rechnungslegung und Herausgabepflichten

### 1. Allgemeines zum Verhältnis zwischen Testamentsvollstrecker und Erben

Den Testamentsvollstrecker verbindet mit den Erben ein gesetzliches Schuldverhältnis eigener Art mit gegenseitigen Rechten und Pflichten, das seine Grundlage im Willen des Erblassers hat.[218] Auch wenn § 2218 BGB auf wesentliche Vorschriften des Auftragsrechts verweist, handelt es sich um ein gesetzliches **Schuldverhältnis eigener Art** und eigentlich nicht um ein Auftragsverhältnis und insgesamt nicht um ein Vertragsverhältnis.[219]

Vom Auftragsverhältnis unterscheidet das Rechtsverhältnis zwischen Testamentsvollstrecker und Erben bereits, dass der Testamentsvollstrecker nicht wie ein Beauftragter gegenüber dem Erben weisungsgebunden ist.[220] Deutlich wird der Unterschied weiterhin durch die Nichtanwendbarkeit des § 671 BGB, also das fehlende Recht zum Widerruf oder der Kündigung (durch die Erben), vgl. § 2218 Abs. 1 BGB. Neben der zentralen Vorschrift des § 2218 BGB zum Verhältnis zwischen Testamentsvollstrecker und Erben verweist daneben auch § 2226 BGB auf das Auftragsrecht. Für das Rechtsverhältnis sind zudem die §§ 2206 Abs. 2, 2208 Abs. 2 BGB sowie §§ 2215–2217 BGB einschlägig.

Nach § 2220 BGB kann der Erblasser den Testamentsvollstrecker auch nicht von den sich aus § 2218 BGB ergebenden Verpflichtungen befreien, wobei durch Vereinbarung zwischen Erben und Testamentsvollstrecker jedenfalls zum Teil eine abweichende Vereinbarung denkbar ist.[221]

Aus der Verweisung des § 2218 BGB auf § 664 BGB ergibt sich jedoch, dass der Testamentsvollstrecker auch nicht mit Zustimmung der Erben sein Amt auf Dritte übertragen darf.[222]

### 2. Informationspflichten des Testamentsvollstreckers

Aus § 2218 Abs. 1 i.V.m. § 666 BGB ergeben sich folgende drei Informationspflichten:[223]
– die Benachrichtigungspflicht,
– die Auskunftspflicht,
– die Rechenschaftspflicht.

#### a) Benachrichtigungspflicht

Nach dem Auftragsrecht hat der Beauftragte dem Auftraggeber die erforderlichen Nachrichten zu geben,[224] wobei sich aus der Natur der Sache ergibt, dass einer solchen Informationspflicht unaufgefordert nachgekommen werden muss, da der Auftraggeber oft über die Vornahme bestimmter Handlungen durch den Beauftragten gar keine Kenntnis hat. Eine solche Benachrichtigungspflicht trifft auch den Testamentsvollstrecker.[225] Maßgebend dafür, wann eine Benachrichtigungspflicht besteht, ist die objektive Lage eines einzelnen Ge-

---

218 BGH NJW 1977, 1726.
219 *Bengel/Reimann*, VI Rn 2.
220 MüKo-*Brandner*, § 2218 BGB Rn 1.
221 MüKo-*Brandner*, § 2218 BGB Rn 2.
222 Palandt/*Edenhofer*, § 2218 BGB Rn 2.
223 *Bengel/Reimann*, VI Rn 54; vgl. auch ausführlich zu den Auskunftspflichten des Testamentsvollstreckers *Sarres*, ZEV 2000, 90 ff.
224 MüKo-*Seiler*, § 666 BGB Rn 5.
225 BayOLG, Beschluss v. 18.12.1997 – 1Z BR 97/97, ZEV 1998, 348.

schäfts, die einem **umsichtigen und objektiven Testamentsvollstrecker** gebietet, den Erben zu benachrichtigen, völlig unabhängig von dessen Informationsverlangen.[226]

129 Ein besonnener Testamentsvollstrecker wird ungeachtet der fehlenden Weisungsgebundenheit den Erben über wichtige Verfahrensabschnitte und Ergebnisse der Testamentsvollstreckung kontinuierlich unterrichten,[227] um auch hierdurch eine möglichst **konfliktfreie Abwicklung** zu gewährleisten (vgl. Muster Rn 155). Dies wird auch daran deutlich, dass mit der Benachrichtigung des Erben regelmäßig auch dessen Anhörung verbunden ist, und durch die dem Erben gegebene Möglichkeit der Gegenvorstellung, dessen Ansichten bei der Entscheidung des Testamentsvollstreckers bzgl. bestimmter Handlungen berücksichtigt werden können.[228] In der Zusammenfassung ergeben sich daher folgende Inhalte und Zielsetzungen:[229]
– Abstimmung bei Risikogeschäften,
– Abstimmung bei Eingehung von Verbindlichkeiten (§ 2206 BGB),
– Schutz des Testamentsvollstreckers vor Schadensersatzansprüchen gem. § 2219 BGB.

130 Im Gegensatz zur Auskunfts-/Rechenschaftsverpflichtung (vgl. Rn 131, 138) besteht **kein klagbarer Anspruch** auf Information im obigen Sinne durch den Testamentsvollstrecker.

b) Auskunftspflicht

131 Die Auskunftspflicht nach § 2218 Abs. 1 i.V.m. § 666 BGB umfasst die **Auskunft über den Stand der Verwaltung durch Vorlage eines Bestandsverzeichnisses** (§ 260 Abs. 1 BGB) sowie auf **bevorstehende Geschäfte** durch den Testamentsvollstrecker.[230] Im Gegensatz zur unaufgefordert vorzunehmenden Benachrichtigung setzt die Erteilung der Auskunft ein Verlangen des Erben voraus (vgl. Muster Rn 157), wobei Zeitpunkt und Umfang der Auskunftsleistung durch das Verlangen des Erben bestimmt wird.[231] Es kann sich dabei um die Beantwortung einzelner Fragen handeln oder um die Abgabe eines Gesamtberichts.[232] Die Auskunftsverpflichtung besteht gegenüber dem einzelnen Miterben, welcher die Erfüllung jedoch nur derart geltend machen kann, dass die Leistung an alle Miterben erfolgt.[233] Eingeschränkt ist dieses Recht des jederzeitigen Auskunftsverlangens dadurch, dass dieses nicht schikanös bzw. missbräuchlich ist und unterliegt daher dem allgemeinen Gebot von Treu und Glauben nach § 242 BGB.[234] Dabei unterliegen die Ansprüche des Erben gegen den Testamentsvollstrecker gem. § 2218 BGB, für die auf auftragsrechtliche Vorschriften verwiesen wird, nicht als erbrechtliche Ansprüche i.S.v. § 197 Abs. 1 Nr. 2 BGB der dreißigjährigen Verjährungsfrist, sondern der Regelverjährung nach § 195 BGB.[235]

Unter den Voraussetzungen des § 260 Abs. 2 BGB hat der Testamentsvollstrecker auf Verlangen des Erben die von ihm erteilte Auskunft **auch an Eides statt** zu versichern.[236]

132 Soweit sich das Auskunftsverlangen nicht auf die Vorlage eines Bestandsverzeichnisses erstreckt – hier ergibt sich das Schriftformerfordernis bereits aus § 260 Abs. 1 BGB –, wird

---

226 *Bengel/Reimann*, VI Rn 55.
227 *Bengel/Reimann*, VI Rn 61.
228 *Bengel/Reimann*, VI Rn 69.
229 *Sarres*, ZEV 2000, 90, 91.
230 MüKo-*Brandner*, § 2218 BGB Rn 8.
231 *Bengel/Reimann*, VI Rn 82.
232 MüKo-*Seiler*, § 666 BGB Rn 7.
233 Palandt/*Edenhofer*, § 2218 BGB Rn 3.
234 *Bengel/Reimann*, VI Rn 84.
235 OLG Karlsruhe ZErb 2006, 1.
236 Palandt/*Edenhofer*, § 2218 BGB Rn 3.

man für die Auskunftserteilung wohl nicht die Schriftform für zwingend erforderlich halten.[237] Wie gegen jeden Auskunftsverpflichteten kann der Anspruch auf Auskunft gegen den Testamentsvollstrecker im Klagewege (vgl. Muster Rn 158) durchgesetzt werden, wobei im Wege der **Stufenklage** der Anspruch auf Auskunftserteilung (**1. Stufe**) mit dem Anspruch auf Abgabe der eidesstattlichen Versicherung (**2. Stufe**) verbunden wird. Die **Zwangsvollstreckung** bzgl. des Anspruchs auf Auskunft erfolgt dabei als unvertretbare Handlung nach § 888 ZPO, also durch Anordnung eines Zwangsgeldes, ersatzweise Zwangshaft, bzgl. des Anspruchs auf Abgabe der eidesstattlichen Versicherung nach § 889 Abs. 2 ZPO.

Schwierigkeiten bei der klageweisen Geltendmachung des Auskunftsanspruchs können insbesondere dann auftreten, wenn durch den Testamentsvollstrecker nur lückenhaft Auskunft erteilt wurde. Nach § 259 Abs. 2 BGB besteht lediglich die Möglichkeit der Geltendmachung des Anspruchs auf Abgabe der eidesstattlichen Versicherung. In Ausnahmefällen kann es sich anbieten, durch einen vorgeschalteten **Antrag die Ergänzung der Auskunft**[238] vor dem Antrag auf Abgabe der eidesstattlichen Versicherung geltend zu machen (vgl. Muster Rn 159). Ist fraglich, ob die vom Testamentsvollstrecker erteilte Auskunft den ursprünglichen Erfüllungsanspruch bereits zum Erlöschen gebracht hat, sollte der Anspruch auf Ergänzung ggf. als Hilfsantrag vor dem Antrag auf Abgabe der eidesstattlichen Versicherung gestellt werden.

133

### c) Rechenschaftslegung

Die nur auf Verlangen des Erben vom Testamentsvollstrecker durchzuführende Rechenschaftslegung überragt die Auskunftspflicht durch die größere Informationsdichte und -intensität, weil sie die Testamentsvollstreckertätigkeit lückenlos dokumentieren soll. Die Anforderungen orientieren sich an Übersichtlichkeit, Transparenz und Belegbarkeit der wirtschaftlichen Vorgänge (Rechnungslegung).[239] Eine geordnete Zusammenstellung der Einnahmen und Ausgaben erfüllt aber auch dann diese Verpflichtung, wenn die Abrechnung sachlich zu beanstanden ist, also z.B. einzelne Angaben unrichtig oder unvollständig sind.[240]

134

Die Anforderungen an eine ordnungsgemäße Rechenschaftsablegung können dabei wie folgt zusammengefasst werden:[241]
- das relevante Tatsachenmaterial muss vollständig enthalten sein;
- die Rechnungslegung muss mit größtmöglicher Sorgfalt abgelegt, also möglichst richtig sein;
- sie muss verständlich aufgebaut und gegliedert sein;
- sie muss für den Berechtigten nachprüfbar sein.

135

Die Pflicht zur Rechnungslegung als besondere Art der Rechenschaftsablegung[242] ergibt sich dabei aus der Verwaltung des Nachlasses durch den Testamentsvollstrecker. Nach § 259 Abs. 1 BGB umfasst dies die Mitteilung einer geordneten Zusammenstellung der Einnahmen und Ausgaben an den Berechtigten. Die Aufstellung muss dabei nicht nur den aktuellen Stand zu einem bestimmten Stichtag angeben, sondern auch nachvollziehbar darstellen, wie sich der Zustand aus den Zahlen und Daten der Vergangenheit entwickelt hat.[243] Hieraus

136

---

237 Str., vgl. zum Streitstand *Bengel/Reimann*, VI Rn 117.
238 *Bengel/Reimann*, VI Rn 134 ff.
239 *Sarres*, ZEV 2000, 91, 92.
240 KG Berlin, Urt. v. 23.6.2003 – 8 U 326/02.
241 *Bengel/Reimann*, VI Rn 242.
242 MüKo-*Seiler*, § 666 BGB Rn 10.
243 *Bengel/Reimann*, VI Rn 267.

ergibt sich auch das zwingende Erfordernis der Schriftform. Daneben hat der Testamentsvollstrecker nach § 259 Abs. 1 BGB der Rechnungslegung die Belege beizufügen, welche üblicherweise (Verkehrssitte) ausgestellt werden.[244]

137 Wann durch den Testamentsvollstrecker Rechenschaft abzulegen ist, ergibt sich zunächst aus dem Wortlaut des § 666 BGB: mit Beendigung der Testamentsvollstreckung. Wie sich jedoch ferner aus § 666 BGB ergibt, wird die **Pflicht nur auf Verlangen** fällig (vgl. Muster Rn 156),[245] wobei dies nicht wörtlich oder ausdrücklich durch den Berechtigten verlangt werden muss, sondern konkludentes Verhalten des Berechtigten genügt.[246] Neben dieser regelmäßig mit Amtsbeendigung entstehenden Pflicht zur Rechnungslegung bestimmt § 2218 Abs. 2 BGB, dass der Testamentsvollstrecker bei länger dauernden Verwaltungen zudem auf Verlangen des Erben **jährlich Rechnung zu legen** hat. Dies betrifft daher vor allem die Fälle der Verwaltungs- und Dauervollstreckung (§§ 2209, 2210 BGB), kann aber im Einzelfall auch für die Abwicklungsvollstreckung von Bedeutung sein, soweit diese wesentlich länger als ein Jahr dauert.[247]

138 Auch bei der Rechenschaftsablegungspflicht gelten die gleichen Beschränkungen hinsichtlich des Gebotes von Treu und Glauben, sowie des Schikaneverbotes wie bei der Auskunftsverpflichtung (vgl. oben Rn 131).[248] Daneben kann das Recht auf Verlangen der Rechenschaft unter bestimmten Voraussetzungen verwirkt sein bzw. der Testamentsvollstrecker sich auf einen ausdrücklichen oder stillschweigenden Verzicht des Erben berufen.[249] Zur Verjährung kann auf die Ausführungen zur Auskunftsverpflichtung verwiesen werden (vgl. Rn 131). Innerhalb welcher Frist der Testamentsvollstrecker einem Verlangen auf Rechenschaftslegung nachzukommen hat, ist nicht geregelt. Verlangt der Erbe nach **Beendigung des Amtes** die Rechenschaft, so hat der Testamentsvollstrecker diesen Anspruch innerhalb angemessener Frist zu erfüllen, wobei es bzgl. der Angemessenheit auf den Umfang des verwalteten Nachlasses, der Art seiner Zusammensetzung, Art und Zahl der zwischenzeitlich abgewickelten periodischen Geschäfte abhängt.[250] Aus § 666 BGB ergibt sich, dass die Verpflichtung nach Verlangen sofort fällig wird und es nicht zwingend einer Fristsetzung bedarf.[251] Für die **jährliche Rechnungslegungsverpflichtung** kommt hinzu, dass sie so rechtzeitig abzugeben ist, dass der Erbe auf der Grundlage dieser Informationen seine regelmäßige Einkommensteuererklärung abgeben kann.[252] Entsprechend dem Auskunftsanspruch steht der Anspruch auf Rechenschaftslegung jedem einzelnen Miterben zu, der jedoch immer nur Leistung an alle verlangen kann.[253]

139 Verletzt der Testamentsvollstrecker seine Verpflichtung auf Rechenschaftslegung, so kann **auf Erfüllung geklagt werden** (vgl. Muster Rn 158).[254] Unter den Voraussetzungen des § 259 Abs. 2 BGB besteht zudem das Recht des Verlangens der Abgabe der eidesstattlichen Versicherung. Für die Verpflichtung zur jährlichen Rechnungslegung wird dabei eine klageweise Geltendmachung in Form der **Stufenklage** auf Rechnungslegung (**1. Stufe**)[255] und

---

244 MüKo-*Keller*, § 259 BGB Rn 26.
245 MüKo-*Seiler*, § 666 BGB Rn 11.
246 *Bengel/Reimann*, VI Rn 294.
247 MüKo-*Brandner*, § 2218 BGB Rn 11.
248 *Bengel/Reimann*, VI Rn 282.
249 *Bengel/Reimann*, VI Rn 284 ff.
250 *Bengel/Reimann*, VI Rn 293.
251 MüKo-*Seiler*, § 666 BGB Rn 11.
252 *Bengel/Reimann*, VI Rn 308.
253 MüKo-*Seiler*, § 666 BGB Rn 15.
254 MüKo-*Seiler*, § 666 BGB Rn 13.
255 Zum Streitwert auf Rechnungslegung vgl. BGH ZEV 2001, 30.

eidesstattlichen Versicherung (**2. Stufe**) in Frage kommen. Bei der Rechenschaftsablegung nach Beendigung des Amtes kommt ggf. die Klage auf Herausgabe (**3. Stufe**) des sich aus der Rechenschaft ergebenden Bestandes hinzu. Die Zwangsvollstreckung erfolgt nach §§ 887, 888 ZPO.[256]

Ob ein entgegen gesetzter Anspruch des Testamentsvollstreckers auf Entlastung gegen den Erben zusteht ist streitig, wobei auch von der verneinenden Ansicht jedenfalls dem Testamentsvollstrecker die Möglichkeit der Erhebung einer negativen Feststellungsklage zugebilligt wird.[257]

### 3. Herausgabepflichten

Der Testamentsvollstrecker ist zum einen verpflichtet, den Nachlass bei Beendigung des Amtes nach § 2218 i.V.m. § 667 BGB herauszugeben. Daneben sieht das Gesetz auch Möglichkeiten der vorzeitigen Überlassung von Nachlassgegenständen an den Erben nach § 2217 BGB vor. In Anlehnung an das Insolvenzrecht spricht man bei dieser Herausgabepflicht vor Ende des Amtes vom **Anspruch des Erben auf Freigabe** von Nachlassgegenständen.

### a) Vorzeitige Freigabe/Herausgabe von Nachlassgegenständen

### aa) Herausgabe auf Verlangen des Erben

§ 2217 Abs. 1 BGB regelt lediglich den Fall der vorzeitigen Herausgabe/Freigabe von Nachlassgegenständen **auf Verlangen des Erben**. Danach hat der Testamentsvollstrecker dem Erben auf sein Verlangen die Nachlassgegenstände zur freien Verfügung zu überlassen, derer er zur Erfüllung seiner Obliegenheiten nicht bedarf (vgl. Muster Rn 160). Nachdem die Vorschrift des § 2217 BGB nicht in § 2220 BGB genannt ist, kann der Erblasser den Testamentsvollstrecker von der Überlassungsverpflichtung befreien. Der Testamentsvollstrecker kann aber mit Zustimmung der Erben und Vermächtnisnehmer Nachlassgegenstände unter Nichtbeachtung der Schranken des § 2217 Abs. 1 S. 1 BGB und damit auch ohne Rücksicht auf den Erblasserwillen freigeben.[258] Mehrere Erben müssen den Anspruch jedoch gemeinsam geltend machen, weil diese Geltendmachung den Charakter einer Verfügung über den verlangten Gegenstand hat (§ 2040 BGB).[259]

Die Erfüllung der Verpflichtung zur Freigabe von Nachlassgegenständen aus § 2217 Abs. 1 S. 1 BGB kann durch die Erben im **Klagewege** erzwungen werden (vgl. Muster Rn 162).[260] Wann der Testamentsvollstrecker zur Freigabe verpflichtet ist, richtet sich danach, welche Gegenstände für ihn bei der Durchführung seiner Aufgabe entbehrlich sind.[261] So benötigt er vor allem die Nachlassgegenstände, mit denen er Auflagen und Vermächtnisse zu erfüllen hat, sowie die Mittel, die er zur Tilgung der Nachlassverbindlichkeiten braucht.[262]

Bei der **Abwicklungsvollstreckung** nach § 2203 BGB, bei Mehrheit von Erben auch bei der Auseinandersetzungsvollstreckung nach § 2204 BGB, benötigt er zunächst alle die

---

256 MüKo-*Seiler*, § 666 BGB Rn 13.
257 *Winkler*, Rn 554; *Bengel/Reimann*, VI Rn 333 ff. mit ausführlicher Darstellung der unterschiedlichen Ansichten.
258 Palandt/*Edenhofer*, § 2217 BGB Rn 3.
259 MüKo-*Brandner*, § 2217 BGB Rn 5.
260 *Winkler*, Rn 494.
261 *Bengel/Reimann*, VI Rn 163.
262 *Winkler*, Rn 495.

Nachlassgegenstände, die er zur Ausführung der Verfügungen i.S.d. § 2203 BGB benötigt, sowie bei der Auseinandersetzung alle Nachlassgegenstände bis zur Schlussverteilung.[263]

145 Im Falle der **Verwaltungsvollstreckung** nach § 2209 S. 1 Hs. 1 BGB oder Dauervollstreckung nach § 2209 S. 1 Hs. 2 BGB ist eine Freigabe von Gegenständen ausgeschlossen.[264]

146 Zur Freigabe der Gegenstände ist der Testamentsvollstrecker nach dem Wortlaut des § 2217 BGB zudem nur verpflichtet, wenn der herausverlangte Gegenstand „offenbar" nicht mehr zur Erfüllung der Obliegenheiten benötigt wird. Dies bedeutet, dass „ohne große Nachforschungen und Beweiserhebungen erkennbar sein muss, dass bei vernünftiger Betrachtungsweise der Gegenstand für die Erfüllung der Testamentsvollstreckeraufgaben in ihrer konkreten Anordnung keine Rolle mehr spielen wird."[265]

147 Verweigert der Testamentsvollstrecker die Freigabe eines Nachlassgegenstandes nach § 2217 BGB, so ist er nach herrschender Auffassung persönlich und nicht als Amtsträger im Klagewege in Anspruch zu nehmen, da um dessen Verwaltungsrecht gestritten wird.[266] Dieser hat folglich auch bei Unterliegen die Prozesskosten persönlich zu tragen,[267] kann sie also nicht dem Nachlass entnehmen. Dieser Auffassung wird jedoch vermehrt entgegengetreten, wobei eingewandt wird, dass es sich bei der Freigabe um eine Amtshandlung handelt, darüber hinaus auch aus den Wirkungen eines Vollstreckungstitels zwingend ein Titel gegen den Testamentsvollstrecker vorliegen muss, da dieser auch Wirkung gegenüber einem Nachfolger zeigen muss, sowie zur Herausgabevollstreckung in den Nachlass erforderlich ist.[268] Folgt man dieser entgegensetzten Auffassung, so wird man jedoch bei einer völlig grundlosen Weigerung des Testamentsvollstreckers über den Umweg des Schadensersatzanspruchs nach § 2219 BGB dann doch zu einer **persönlichen Haftung** des Testamentsvollstrecker in Höhe der Prozesskosten kommen.[269]

148 Hinsichtlich der **Herausgabe von Nutzungen** aus einem Nachlassgegenstand handelt es sich nach allgemeiner Ansicht nicht um eine Frage des § 2217 BGB, vielmehr ist die Herausgabepflicht an den Grundsätzen der ordnungsgemäßen Verwaltung nach § 2216 Abs. 1 BGB zu messen.[270]

bb) Herausgabe gegen Sicherheitsleistung

149 Aus § 2217 Abs. 2 BGB ergibt sich ferner, dass der Testamentsvollstrecker sich dem Herausgabeverlangen nicht mit der Begründung verweigern kann, dass er den Gegenstand (in der Regel Geld oder ein entsprechender Verwertungserlös) wegen noch bestehender Nachlassverbindlichkeiten benötigt, welche nicht auf einem Vermächtnis oder einer Auflage beruhen, soweit der Erbe **Sicherheit** gem. §§ 232 ff. BGB[271] leistet. Dies gilt nach dem Wortlaut des § 2217 Abs. 2 BGB auch für bedingte und betagte Vermächtnisse.[272]

---

263 *Bengel/Reimann*, VI Rn 164 und 167.
264 *Bengel/Reimann*, VI Rn 170.
265 *Bengel/Reimann*, VI Rn 172; OLG Köln ZEV 2000, 231, bei Abtretung des Nachlassanteils durch den Vorerben an den Nacherben.
266 *Bengel/Reimann*, VI Rn 177.
267 *Lange/Kuchinke*, § 31 VIII in Fn 366.
268 *Garlichs*, ZEV 1996, 447, 448, 449.
269 *Muscheler*, ZEV 1996, 401, 402, welcher insoweit ein Entnahmerecht des Testamentsvollstreckers in Höhe der Prozesskosten aus dem Nachlass verneinen würde.
270 *MüKo-Brandner*, § 2217 BGB Rn 4.
271 *MüKo-Brandner*, § 2217 BGB Rn 11.
272 Nach *Bengel/Reimann*, VI Rn 204, gilt § 2217 Abs. 2 BGB jedoch nicht für auflösend bedingte Vermächtnisse, die als Nachvermächtnisse i.S.d. § 2191 BGB ausgestaltet sind.

### cc) Ausführung der Freigabe

Die Ausführung der Freigabe erfolgt nach § 2217 Abs. 1 S. 2 BGB durch Überlassung des Gegenstandes, verbunden mit dem Erlöschen des Verwaltungsrechtes des Testamentsvollstreckers. Sie kann formlos und auch konkludent durch den Testamentsvollstrecker erklärt werden (vgl. Muster Rn 161).[273] Dabei herrscht über die Rechtsnatur der Freigabe Streit,[274] was jedoch keine praktische Bedeutung hat.[275] Lediglich in den Fällen der **irrtümlichen Freigabe** kommt der Rechtsfrage eine Bedeutung im Hinblick auf das Bestehen von Anfechtungsrechten zu.[276]

### dd) Freiwillige Freigabe

Neben dem gesetzlich geregelten Fall der Freigabeverpflichtung auf Verlangen des Erben findet sich keine Regelung, inwieweit der Testamentsvollstrecker auch zur **freiwilligen Freigabe** (ohne die Voraussetzungen des § 2217 BGB) berechtigt ist. Nach der Rechtsprechung des BGH[277] entscheidet sich die Freigabeberechtigung des Testamentsvollstreckers

*„nach der allgemeinen Erwägung, dass die Interessen des Erben, denen die Testamentsvollstreckung dient, durch die Nichtbeachtung einer vom Erblasser für den Testamentsvollstrecker gesetzten Verfügungsschranke dann nicht rechtserheblich beeinträchtigt werden kann, wenn der Erbe selbst zustimmt."*

Soweit daher der Testamentsvollstrecker auch gegen entsprechende Anordnungen des Erblassers unter Vereinbarung mit den Erben zur Freigabe berechtigt ist, wird daher jedenfalls bei Zustimmung der Erben von einem derartigen Feigaberecht ausgegangen.[278] Offen bleibt in der Entscheidung des BGH[279] allerdings die Frage, ob eine derartige Freigabe auch unter Berücksichtigung des Schenkungsverbotes nach § 2205 S. 3 BGB immer zu bejahen ist, also wenn sonstige Gläubigerinteressen beeinträchtigt werden könnten. Hierzu wird jedoch vertreten, dass die Freigabe von Nachlassgegenständen an die Erben für sich allein kaum einmal eine Schenkung des Testamentsvollstreckers darstellt, sich vielmehr lediglich die Verfügungsbefugnis über den freigegebenen Nachlassgegenstand ändert.[280]

### b) Herausgabe bei Ende des Amtes

Die Herausgabeverpflichtung des Testamentsvollstreckers bei Beendigung seines Amtes ergibt sich aus § 2218 Abs. 1 i.V.m. § 667 BGB (vgl. Muster Rn 163 und 164). Sie erstreckt sich auf alles, was er in Ausführung seines Amtes erlangt hat, also auch alle Surrogate, Nutzungen, Früchte, Gewinne und das gesamte Zubehör.[281]

Analog § 2218 BGB besteht diese Verpflichtung auch gegenüber einem entsprechenden Testamentsvollstreckernachfolger.[282] Die Herausgabeverpflichtung gegenüber Erben und Nachfolger im Amt erstreckt sich auch auf die Unterlagen der Amtsführung. Im Rahmen der Vorbereitung des Herausgabeanspruchs kann dann gegen den Testamentsvollstrecker

---

273 MüKo-*Brandner*, § 2217 BGB Rn 7.
274 *Muscheler*, ZEV 1996, 401 ff. eingehend zum Theorienstreit.
275 *Winkler*, Rn 497.
276 Vgl. eingehend *Bengel/Reimann*, VI Rn 189 ff.
277 BGHZ 56, 275, 284.
278 Kritisch zur Begründung des BGH *Klumpp*, in: *Bengel/Reimann*, VI Rn 214.
279 BGHZ 56, 275, 282.
280 *Winkler*, Rn 503.
281 *Bengel/Reimann*, VI 228, 229.
282 BGH NJW 1972, 1660.

ebenfalls der Anspruch nach § 260 BGB geltend gemacht werden, soweit nicht eine Bezugnahme auf das Nachlassverzeichnis nach § 2215 BGB ausreicht.[283] Die Durchführung der Herausgabe erfolgt im Falle der Auseinandersetzungsvollstreckung durch die Ausführung des **Auseinandersetzungsplanes/-vereinbarung** (vgl. hierzu Rn 209 ff.).

154 Nach wohl überwiegender Auffassung steht dem Testamentsvollstrecker wegen seiner Ansprüche auf Vergütung und Aufwendungsersatz ein **Zurückbehaltungsrecht** nach §§ 273, 274 BGB zu, welchem jedoch ein Zurückbehaltungsrecht des Erben wegen seines Herausgabeanspruchs gegenübersteht.[284] Folge ist die Notwendigkeit eines Zug-um-Zug-Verlangens sowohl bei Geltendmachung der Ansprüche durch den Testamentsvollstrecker, also auch beim Herausgabeverlangen durch den Erben.

### 4. Muster

a) Muster: Informationsschreiben mit jährlicher Rechnungslegung durch den Testamentsvollstrecker an Erben

155 An

*Testamentsvollstreckung für den Nachlass nach*          , *zuletzt wohnhaft*          , *verstorben am*

Hier:  1   Jahresbericht
       2   Rechnungslegung für die Zeit vom 1.1.          bis 31.12.

In meiner Eigenschaft als Testamentsvollstrecker für den Nachlass des am          verstorbenen          darf ich nach Ablauf des Kalenderjahres          wie folgt berichten:

*1. Rechnungslegung:*

In der Anlage überreiche ich die Aufstellung über die in der Zeit vom 1.1.          – 31.12.          von mir getätigten Einnahmen und Ausgaben. Ferner sind die entsprechenden Belege in Kopie beigefügt. Soweit Sie die Einsicht in die Originalbelege wünschen, bitte ich um Vereinbarung eines Termins, an dem Sie die Originalbelege hier einsehen können.

Zur Erläuterung der Rechnungslegung darf ich auf Folgendes hinweisen:

In der Aufstellung sind sämtliche zum Nachlass gehörenden Bankkonten, einschließlich Sparbücher und Wertpapierdepots aufgeführt. Bargeldbestände werden von mir nicht gehalten. Der zum Zeitpunkt des Amtsbeginns vorgefundene Bargeldbestand wurde auf das Konto bei der          Bank, Konto-Nr.         , am          eingezahlt. Die Abrechnung beginnt mit dem jeweiligen Kontosaldo gemäß den Kontoauszügen zum Zeitpunkt des Amtsbeginns und entspricht der Angabe im Nachlassverzeichnis vom          (alternativ: entspricht dem Schlusssaldo gemäß Jahresrechnungslegung vom          .

Die Einnahmen und Ausgaben wurden von mir unter Angabe des Zeitpunktes, des Verwendungszwecks und des betreffenden Bankkontos aufgeführt. Die Zu- und Abgänge im Bestand des Wertpapierdepots sind einzeln aufgeführt. Die Wertentwicklung des Wertpapierdepots ergibt sich aus regelmäßig angeforderten Depotaufstellungen und ist ebenfalls in der Abrechnung mit aufgeführt.

Die Jahressteuerbescheinigung über die aus den Kapitalerträgen einbehaltene Kapitalertragsteuer liegt vor und kann im Bedarfsfalle im Original dem Finanzamt vorgelegt werden.

---

283 MüKo-*Brandner*, § 2218 BGB Rn 15.
284 MüKo-*Brandner*, § 2218 BGB Rn 15; *Bengel/Reimann*, VI Rn 234; a.A. *Winkler*, Rn 558.

*Littig*

## 2. Bericht über Verwaltungsmaßnahmen und Stand der Testamentsvollstreckung

Die Konstituierung des Nachlasses konnte im vergangenen Kalenderjahr im Wesentlichen abgeschlossen werden. Es ergaben sich bezüglich der zum Nachlass gehörenden Aktiva und Passiva keine Veränderungen gegenüber dem Nachlassverzeichnis vom ▓▓▓▓.

Die noch ausstehende Einkommensteuererklärung für den Erblasser für das Kalenderjahr ▓▓▓▓ wurde abgegeben und die Steuerschuld an das Finanzamt bezahlt.

Bezüglich des zum Nachlass gehörenden Hausanwesens musste eine Reparatur des Daches wegen Undichtigkeiten nach Vorliegen verschiedener Angebote in Auftrag gegeben werden. Die angefallenen Kosten ergeben sich aus der beigefügten Rechnungslegung.

Angaben über eine mögliche Beendigung der Testamentsvollstreckung können zum gegenwärtigen Zeitpunkt noch nicht gemacht werden, da weiterhin das Verfahren vor dem Landgericht ▓▓▓▓ bezüglich der zum Nachlass gehörenden Schadensersatzansprüche aus fehlerhafter steuerlicher Beratung gegen den Steuerberater ▓▓▓▓ anhängig ist. Termin zur Beweisaufnahme wurde bestimmt auf den ▓▓▓▓. Wann mit einer rechtskräftigen Entscheidung gerechnet werden kann, ist noch nicht absehbar.

Weiteres ist nicht zu berichten. Bei Vorliegen von Besonderheiten werde ich hierüber berichten. Anderenfalls werde ich unaufgefordert nach Ablauf des Kalenderjahres ▓▓▓▓ erneut Rechnung legen und Jahresbericht erstatten.

(Testamentsvollstrecker)

b) **Muster: Verlangen des Erben nach jährlicher Rechnungslegung bei länger dauernder Verwaltung (§ 2218 Abs. 2 BGB)**

An

▓▓▓▓

Testamentsvollstreckung für den Nachlass nach ▓▓▓▓, zuletzt wohnhaft ▓▓▓▓, verstorben am ▓▓▓▓

Wie Ihnen bereits zu einem früheren Zeitpunkt nachgewiesen, vertreten wir die Interessen von ▓▓▓▓ als Miterbe nach ▓▓▓▓, verstorben am ▓▓▓▓.

Mit Erklärung vom ▓▓▓▓ haben Sie das Amt des Testamentsvollstreckers gegenüber dem Nachlassgericht ▓▓▓▓ angenommen. Seit diesem Zeitpunkt sind zwischenzeitlich mehr als 12 Monate vergangen. Wie Sie auf Rückfrage mitgeteilt haben, ist wegen mehrerer noch offener Fragen eine Beendigung der Testamentsvollstreckung in absehbarer Zeit nicht zu erwarten.

Namens und im Auftrag der von hier aus vertretenen Mandantschaft haben wir Sie gem. § 2218 Abs. 2 BGB aufzufordern,
1. durch Vorlage einer geordneten Aufstellung über die im Rahmen der Testamentsvollstreckung von Ihnen getätigten Einnahmen und Ausgaben seit Beginn des Amtes Rechnung zu legen und den aktuellen Stand zum Ende des Abrechnungszeitraumes (Kalenderjahr) anzugeben.
2. Künftig bis zur Beendigung der Testamentsvollstreckung unaufgefordert jeweils bis zum 15. Februar eines Jahres über das zurückliegende Kalenderjahr in gleicher Weise Rechnung zu legen.

Wir bitten um Vorlage der Rechnungslegung für den Zeitraum bis 31.12. ▓▓▓▓ bis längstens ▓▓▓▓.

(Rechtsanwalt)

c) Muster: Auskunftsverlangen des Erben über Stand der Verwaltung durch Vorlage eines Bestandsverzeichnisses

**353**
**157**

An

▓▓▓

▓▓▓

*Testamentsvollstreckung für den Nachlass nach* ▓▓▓, *zuletzt wohnhaft* ▓▓▓, *verstorben am* ▓▓▓

Wie Ihnen bereits zu einem früheren Zeitpunkt nachgewiesen, vertreten wir die Interessen von ▓▓▓ als Miterbe nach ▓▓▓, verstorben am ▓▓▓.

Bei einer telefonischen Anfrage unserer Mandantschaft haben Sie in Ihrer Eigenschaft als Testamentsvollstrecker mitgeteilt, dass Sie zwischenzeitlich die Ihnen bekannten Nachlassverbindlichkeiten berichtigt haben bzw. bezüglich einzelner Verbindlichkeiten eine vergleichsweise Einigung mit den Nachlassgläubigern herbeigeführt haben. Ferner haben Sie mitgeteilt, dass die zum Nachlass gehörenden Forderungen soweit als möglich eingezogen wurden. Nähere Auskünfte haben Sie diesbezüglich nicht erteilt und bislang die Erben nicht über die von Ihnen getroffenen Maßnahmen informiert.

Es haben sich nach Ihren eigenen Ausführungen offensichtlich erhebliche Veränderungen hinsichtlich des Bestandes des Nachlasses gegenüber dem im Nachlassverzeichnis nach § 2215 BGB angegebenen Bestand ergeben.

Wir haben Sie daher Namens und in Vollmacht der von hier aus vertretenen Mandantschaft aufzufordern,

Auskunft über den Bestand des Nachlasses zum jetzigen Zeitpunkt durch Vorlage eines Bestandsverzeichnisses gem. § 260 Abs. 1 BGB zu erteilen.

Wir haben uns für die Erledigung den ▓▓▓ vorgemerkt.

(Rechtsanwalt)

d) Muster: Klage des Erben gegen Testamentsvollstrecker auf Auskunft durch Vorlage eines Bestandsverzeichnisses nach Umschichtung des Nachlasses und jährliche Rechnungslegung (§ 2218 Abs. 1 i.V.m. §§ 260, 2218 Abs. 2 BGB)

**354**
**158**

An das

Landgericht
– Zivilkammer –

▓▓▓

*Klage*

des ▓▓▓

– Klägers –

Prozessbevollmächtigter: Rechtsanwalt ▓▓▓

gegen

▓▓▓ in seiner Eigenschaft als Testamentsvollstrecker für den Nachlass nach ▓▓▓, ▓▓▓

– Beklagten –

auf Auskunft und Rechnungslegung.

Vorläufiger Gegenstandswert: ▓▓▓

Namens und in Vollmacht des Klägers erhebe ich Klage zum Landgericht ▬ mit der Bitte um Anberaumung eines möglichst nahen Termins zur mündlichen Verhandlung, für die die Stellung folgender Anträge angekündigt wird:
1. Der Beklagte wird verurteilt, den Erben gegenüber Auskunft über den derzeitigen Bestand des Nachlasses des am ▬ in ▬ verstorbenen ▬ durch Vorlage eines Bestandsverzeichnisses zu erteilen.
2. Der Beklagte wird verurteilt, gegenüber den Erben durch Vorlage einer geordneten Aufstellung über die seit Beginn der Testamentsvollstreckung über den Nachlass des am ▬ in ▬ verstorbenen ▬ bis 31.12. ▬ getätigten Einnahmen und Ausgaben Rechnung zu legen.
3. Der Beklagte hat die Kosten des Rechtsstreits zu tragen.
4. Das Urteil ist bezüglich der Kosten vorläufig vollstreckbar.

Für den Fall der Anordnung des schriftlichen Vorverfahrens beantrage ich schon jetzt:
5. Für den Fall der Säumnis des Beklagten den Erlass eines Versäumnisurteils gem. § 331 Abs. 3 ZPO.
6. Für den Fall des Anerkenntnisses den Erlass eines Anerkenntnisurteils nach § 307 ZPO.

*Begründung:*

I. Am ▬ ist ▬ in ▬ verstorben. Der Beklagte wurde zum Testamentsvollstrecker für den gesamten Nachlass ernannt. Beschränkungen der Rechte des Testamentsvollstreckers hat der Erblasser nicht angeordnet. Er hat das Amt mit Erklärung vom ▬ gegenüber dem Nachlassgericht angenommen. Der Kläger ist ausweislich des Erbscheines des Amtsgerichtes ▬ – Nachlassgericht – neben seinen drei Geschwistern zum Miterben nach dem verstorbenen Erblasser berufen.

*Beweis:* Nachlassakten des Amtsgerichtes ▬ – Nachlassgericht –, Az. ▬, deren Beiziehung im vorliegenden Verfahren beantragt wird.

II. Der Kläger macht mit vorliegender Klage gegen den Beklagten als Testamentsvollstrecker einen Anspruch auf Auskunft über den aktuellen Nachlassbestand durch Vorlage eines Bestandsverzeichnisses nach §§ 2218 Abs. 1, 260 Abs. 1 BGB sowie einen Anspruch auf jährliche Rechnungslegung nach §§ 2218 Abs. 2, 259 Abs. 1 BGB geltend.

Ein Anspruch auf Auskunft durch Vorlage eines aktuellen Bestandsverzeichnisses besteht in den Fällen, in denen sich der Bestand des Nachlasses durch Umschichtungen, Veränderungen oder Neuerwerb verändert hat. Der Anspruch auf jährliche Rechnungslegung ergibt sich aus § 2218 Abs. 2 BGB. Die jährliche Rechnungslegung durch den Testamentsvollstrecker wird zudem von den Erben benötigt, um ihren einkommensteuerlichen Verpflichtungen gegenüber dem Finanzamt nachkommen zu können, da bspw. Einkünfte aus Kapitalvermögen oder Vermietung und Verpachtung einkommensteuerlich den Erben zuzurechnen sind und diese in den Einkommensteuererklärungen anzugeben sind.

Sowohl der Anspruch auf Auskunft als auch der Anspruch auf Rechnungslegung ist nach den gesetzlichen Bestimmungen gegenüber sämtlichen Erben als Gesamtgläubiger zu erfüllen, weswegen der Kläger die Erfüllung gegenüber sämtlichen berufenen Erben geltend macht.

III. Das Amt des Beklagten als Testamentsvollstrecker begann mit Amtsannahme (§ 2202 Abs. 1 BGB) am 1.2. ▬ durch Erklärung des Beklagten gegenüber dem Amtsgericht ▬ – Nachlassgericht –.

*Beweis:* Nachlassakten des Amtsgerichtes ▬ – Nachlassgericht –, Az. ▬, deren Beiziehung im vorliegenden Verfahren beantragt wird.

Der Beklagte hat nach mehrmaliger Aufforderung der Unterfertigten den Erben gegenüber mit Schreiben vom ▬ mitgeteilt, dass im Hinblick auf einen anhängigen Schadensersatzprozess bezüglich zum Nachlass gehörender Schadensersatzansprüche mit einer Beendigung des Amtes nicht vor Ablauf weiterer zwei Jahre gerechnet werden kann. Ferner hat er in diesem Schreiben zum Stand der Verwaltung ausgeführt, dass er zwischenzeitlich einen Großteil der zum Nachlass gehörenden Gegenstände veräußert und Umschichtungen im Rahmen des vorhandenen Geldvermögens vorgenommen habe.

*Littig*

*Beweis:* Schreiben des Beklagten vom _____, in Kopie anbei.

Aufgrund dieser Informationen wurde der Beklagte mehrfach, zuletzt mit Schreiben der Unterfertigten vom _____ unter Fristsetzung zum _____ aufgefordert, über den Bestand des aktuellen Nachlasses ein Bestandverzeichnis vorzulegen, da das zu Beginn des Amtes vom Beklagten erstellte Nachlassverzeichnis nach § 2215 Abs. 1 BGB offensichtlich nicht mehr den aktuellen Nachlassbestand wiedergibt. Ferner wurde der Beklagte mit gleichem Schreiben wegen der zu erwartenden Dauer der Testamentsvollstreckung zur jährlichen Rechnungslegung über die Einnahmen und Ausgaben, erstmals für den Zeitraum von Beginn des Amtes bis zum 31.12. _____, aufgefordert.

*Beweis:* Schreiben der Unterfertigten vom _____, in Kopie anbei.

Der Beklagte ist diesem Verlangen trotz Gewährung einer angemessenen Erledigungsfrist nicht nachgekommen, weswegen nunmehr Klage geboten ist.

(Rechtsanwalt)

e) **Muster: Klage des Erben gegen Testamentsvollstrecker auf Ergänzung des Bestandsverzeichnisses und eidesstattliche Versicherung (§ 2218 Abs. 1 i.V.m. § 260 Abs. 1 und 2 BGB)**

An das

Landgericht
– Zivilkammer –

_____

**Klage**

des _____

– Klägers –

Prozessbevollmächtigter: Rechtsanwalt _____

gegen

_____, in seiner Eigenschaft als Testamentsvollstrecker für den Nachlass nach _____

– Beklagten –

wegen Auskunft und eidesstattlicher Versicherung.

Vorläufiger Gegenstandswert: _____ (§ 18 GKG)

Namens und in Vollmacht des Klägers erhebe ich Klage zum Landgericht _____ mit der Bitte um Anberaumung eines möglichst nahen Termins zur mündlichen Verhandlung, für die die Stellung folgender Anträge[285] angekündigt wird:

1. Der Beklagte wird verurteilt, sein Bestandsverzeichnis vom _____ über die Kunstsammlung des Erblassers _____, verstorben am _____, so zu ergänzen, dass auch Auskunft über die in der Zeit vor dem _____ durchgeführten An- und Verkäufe erteilt wird.
2. Der Beklagte wird weiterhin verurteilt, die Vollständigkeit und Richtigkeit seiner Angaben an Eides statt zu versichern.
3. Der Beklagte hat die Kosten des Rechtsstreits zu tragen.
4. Das Urteil ist bezüglich der Kosten vorläufig vollstreckbar.

Für den Fall der Anordnung des schriftlichen Vorverfahrens beantrage ich schon jetzt:
5. Für den Fall der Säumnis des Beklagten den Erlass eines Versäumnisurteils gem. § 331 Abs. 3 ZPO.

---

285 Vgl. zum Antrag *Bengel/Reimann*, VI Rn 135.

6. Für den Fall des Anerkenntnisses den Erlass eines Anerkenntnisurteils nach § 307 ZPO.

*Begründung:*

I. Am ▬▬▬ ist in ▬▬▬ verstorben. Der Beklagte wurde zum Testamentsvollstrecker für den gesamten Nachlass ernannt. Beschränkungen der Rechte des Testamentsvollstreckers hat der Erblasser nicht angeordnet. Er hat das Amt mit Erklärung vom ▬▬▬ gegenüber dem Nachlassgericht angenommen. Der Kläger ist ausweislich des Erbscheines des Amtsgerichtes ▬▬▬ – Nachlassgericht – neben seinen drei Geschwistern zum Miterben nach dem verstorbenen Erblasser berufen.

*Beweis:* Nachlassakten des Amtsgerichtes ▬▬▬ – Nachlassgericht –, Az. ▬▬▬, deren Beiziehung im vorliegenden Verfahren beantragt wird.

II. 1. Der Kläger macht mit vorliegender Klage gegen den Beklagten als Testamentsvollstrecker einen Anspruch auf Ergänzung des Nachlassverzeichnisses geltend, da das durch den Beklagten in seiner Eigenschaft als Testamentsvollstrecker bislang vorgelegte Bestandsverzeichnis keinerlei Angaben über die Veränderungen des Bestandes der zum Nachlass gehörenden Kunstsammlung durch An- und Verkäufe seit Aufstellung des Nachlassverzeichnisses nach § 2215 Abs. 1 BGB am ▬▬▬ bis zum Zeitpunkt der Aufstellung des Bestandsverzeichnisses vom ▬▬▬ enthält.

*Beweis:* 
1. Nachlassverzeichnis vom ▬▬▬, in Kopie anbei.
2. Bestandsverzeichnis vom ▬▬▬, in Kopie anbei.

Der Beklagte hat mit Schreiben vom ▬▬▬ die Miterben aufgefordert, ihre Zustimmung dazu zu erteilen, dass er in seiner Eigenschaft als Testamentsvollstrecker einzelne zur Kunstsammlung des Erblassers gehörende Kunstgegenstände veräußern und gleichzeitig zur Vervollständigung der Sammlung einzelne ihm angebotene Kunstgegenstände erwerben darf.

Der Testamentsvollstrecker berief sich hierbei auf eine erhebliche Wertsteigerung der Sammlung insgesamt und sah hierin eine Maßnahme der ordnungsgemäßen Verwaltung des Nachlasses nach § 2216 BGB.

*Beweis:* Schreiben des Beklagten vom ▬▬▬, in Kopie anbei.

Die Miterben haben mit gemeinsamem Schreiben vom ▬▬▬ hierzu ihre Zustimmung erteilt und gleichzeitig gebeten, sie über den Umfang der in der Folgezeit tatsächlich getätigten An- und Verkäufe zu informieren.

*Beweis:* Schreiben der Miterben vom ▬▬▬, in Kopie anbei.

Der Beklagte hat in der Folgezeit mit dem Kunsthändler ▬▬▬ in ▬▬▬ Kontakt aufgenommen und einzelne Kunstgegenstände aus dem Nachlass veräußert sowie einzelne Kunstgegenstände erworben.

*Beweis:* Kunsthändler ▬▬▬, zu laden über ▬▬▬, als Zeuge.

Auf Aufforderung der Unterfertigten hat der Beklagte schließlich am ▬▬▬ ein aktualisiertes Bestandsverzeichnis vorgelegt, welches jedoch bezüglich des Bestandes der Kunstsammlung keinerlei Veränderungen gegenüber dem zu Beginn des Amtes vorgelegten Nachlassverzeichnisses aufweist. Einer Aufforderung der Unterfertigten mit Schreiben vom ▬▬▬, das Bestandsverzeichnis ▬▬▬ dahingehend zu ergänzen, ist trotz Fristsetzung und Ankündigung des Verlangens auf Abgabe der eidesstattlichen Versicherung unterblieben.

*Beweis:* Schreiben der Unterfertigten vom ▬▬▬, in Kopie anbei.

Da das vom Beklagten vorgelegte Bestandsverzeichnis unrichtig bzw. unvollständig ist, hat dieser seine Auskunft entsprechend dem obigen Antrag zu Ziff. 1 zu ergänzen.

2. Darüber hinaus rechtfertigt sich aufgrund der obigen Ausführungen auch das Verlangen des Klägers auf Abgabe der eidesstattlichen Versicherung hinsichtlich der Vollständigkeit und Richtigkeit der Auskunft bzw. des aufgestellten Bestandsverzeichnisses gem. § 260 Abs. 2 BGB.

Nachdem der Beklagte trotz der von ihm angekündigten und offensichtlich auch durchgeführten An- und Verkäufe von Kunstgegenständen für bzw. aus dem Nachlass hierüber in seinem letzten Bestandsverzeichnis vom ▬▬▬ keine Angaben macht, rechtfertigt sich die Besorgnis, dass das vom Beklagten bislang vorgelegte Nachlassverzeichnis vom ▬▬▬ nicht den richtigen Nachlassbestand zum Aufstellungszeitpunkt wiedergibt oder jedenfalls nicht mit der erforderlichen Sorgfalt durch den Beklagten aufgestellt wurde.

Der Beklagte verweigert bislang jegliche Angaben über An- und Verkäufe bezüglich der Kunstsammlung.

Es ist daher Klage geboten.

(Rechtsanwalt)

f) **Muster: Freigabeverlangen des Erben bezüglich eines Nachlassgegenstandes nach § 2217 Abs. 1 BGB**

**356**

**160**

An
▬▬▬

*Testamentsvollstreckung für den Nachlass nach* ▬▬▬ *, zuletzt wohnhaft* ▬▬▬ *, verstorben am* ▬▬▬
*Hier: Freigabe des Pkw Marke* ▬▬▬ *, Fahrzeugidentifizierungsnummer* ▬▬▬

Wie Ihnen bereits zu einem früheren Zeitpunkt nachgewiesen, vertreten wir die Interessen von ▬▬▬ als Miterbe nach ▬▬▬, verstorben am ▬▬▬.

Nach Ihren Angaben im letzten Bericht sind sämtliche Ihnen bekannte Nachlassverbindlichkeiten berichtigt. Der Nachlass verfügt auch über ausreichende Geldmittel, um die zu erwartende Erbschaftssteuerschuld zu begleichen. Der Beendigung der Testamentsvollstreckung steht nach Ihren Angaben lediglich noch der Ausgang des Rechtsstreites bezüglich einer Forderung des Nachlasses gegen ▬▬▬ entgegen. Die im Falle des Unterliegens anfallenden Kostenerstattungsansprüche sind ebenfalls aus den erheblichen Geldmitteln des Nachlasses offensichtlich gedeckt.

Ausweislich des von Ihnen aufgestellten Nachlassverzeichnisses vom ▬▬▬ gehört zum Nachlass der Pkw Marke ▬▬▬, Fahrzeugidentifizierungsnummer ▬▬▬. Sie benötigen diesen Pkw offensichtlich nicht mehr zur Erfüllung der Ihnen als Testamentsvollstrecker obliegenden Aufgaben.

Unser Mandat ist ausweislich des Erbscheins des Amtsgerichts ▬▬▬ – Nachlassgericht – vom ▬▬▬ zum Alleinerben berufen. Der Pkw wäre demnach bei Beendigung des Amtes an unseren Mandanten als Alleinerben gem. §§ 2218 Abs. 1, 667 BGB herauszugeben.

Wir haben Sie daher gem. § 2217 Abs. 1 BGB aufzufordern,

den oben bezeichneten Pkw gegenüber unserem Mandanten freizugeben und einschließlich der Fahrzeugpapiere an ihn herauszugeben.

Nachdem die Voraussetzungen des § 2217 Abs. 2 BGB offensichtlich nicht vorliegen, bedarf es keiner Sicherheitsleistung durch unseren Mandanten.

Wir dürfen uns für die Erledigung den ▬▬▬ vormerken.

(Rechtsanwalt)

g) **Muster: Freigabeerklärung des Testamentsvollstreckers nach § 2217 BGB bei Einigung aller Miterben**[286]

An

Testamentsvollstreckung für den Nachlass nach _____, zuletzt wohnhaft _____, verstorben am _____

Hier: Freigabe des Gemäldes Aquarell von _____, „Jagdszene im Frühjahr"

Nach Vorliegen der Zustimmung sämtlicher Erben zur Überlassung des oben bezeichneten Gemäldes erkläre ich in meiner Eigenschaft als Testamentsvollstrecker Folgendes:

Zum Nachlass des am _____ verstorbenen _____ gehört ein Gemälde: Aquarell von _____, „Jagdszene im Frühjahr". Das Gemälde wird von mir als Testamentsvollstrecker offenbar nicht mehr zur Erfüllung der mir vom Erblasser übertragenen Aufgaben benötigt.

Sie haben mich mit Schreiben vom _____ zur Übertragung des Eigentums an diesem Gemälde auf Sie unter Anrechnung des im Nachlassverzeichnis angegebenen Wertes von 4.500 EUR auf Ihren späteren Auseinandersetzungsanspruch aufgefordert. Sämtliche Miterben gemäß Erbschein des Amtsgerichtes _____ – Nachlassgericht – vom _____ haben hierzu ihre Zustimmung erteilt.

Ich gebe daher das Gemälde: Aquarell von _____, „Jagdszene im Frühjahr", aus dem Nachlass des am _____ verstorbenen _____ an Sie unter Anrechnung eines Betrages in Höhe von 4.500 EUR auf Ihren späteren Auseinandersetzungsanspruch frei und überlasse Ihnen dieses Gemälde zur freien Verfügung.

Eine Abschrift dieser Erklärung geht sämtlichen Erben zu.

(Testamentsvollstrecker)

h) **Muster: Klage des Erben gegen Testamentsvollstrecker auf vorzeitige Überlassung eines Nachlassgegenstandes (§ 2217 Abs. 1 BGB)**

An das

Landgericht
– Zivilkammer –

**Klage**

des _____

– Klägers –

Prozessbevollmächtigter: Rechtsanwalt _____

gegen

_____, in seiner Eigenschaft als Testamentsvollstrecker für den Nachlass nach _____

– Beklagten –

auf Herausgabe.

Vorläufiger Gegenstandswert: _____

Namens und in Vollmacht des Klägers erhebe ich Klage zum Landgericht _____ mit der Bitte um Anberaumung eines möglichst nahen Termins zur mündlichen Verhandlung, für die die Stellung folgender Anträge angekündigt wird:

---

286 Vgl. zur Formulierung auch *Bengel/Reimann*, VI Rn 219 ff.

1. Der Beklagte wird verurteilt, den Pkw Marke ▒▒▒, Fahrzeugidentifizierungsnummer ▒▒▒, aus dem Nachlass des am ▒▒▒ verstorbenen Erblassers ▒▒▒ dem Kläger zur freien Verfügung zu überlassen und einschließlich des Kraftfahrzeugbriefes herauszugeben.
2. Der Beklagte hat die Kosten des Rechtsstreits zu tragen.
3. Das Urteil ist – ggf. gegen Sicherheitsleistung – vorläufig vollstreckbar.

Für den Fall der Anordnung des schriftlichen Vorverfahrens beantrage ich schon jetzt:
4. Für den Fall der Säumnis des Beklagten den Erlass eines Versäumnisurteils gem. § 331 Abs. 3 ZPO.
5. Für den Fall des Anerkenntnisses den Erlass eines Anerkenntnisurteils nach § 307 ZPO.

*Begründung:*

I. Am ▒▒▒ ist ▒▒▒ in ▒▒▒ verstorben. Der Beklagte wurde zum Testamentsvollstrecker für den gesamten Nachlass ernannt. Beschränkungen der Rechte des Testamentsvollstreckers hat der Erblasser nicht angeordnet. Er hat das Amt mit Erklärung vom ▒▒▒ gegenüber dem Nachlassgericht angenommen. Der Kläger ist ausweislich des Erbscheines des Amtsgerichtes ▒▒▒ – Nachlassgericht – neben seinen drei Geschwistern zum Miterben nach dem verstorbenen Erblasser berufen.

*Beweis:* Nachlassakten des Amtsgerichtes ▒▒▒ – Nachlassgericht –, Az. ▒▒▒, deren Beiziehung im vorliegenden Verfahren beantragt wird.

II. Der Kläger macht mit vorliegender Klage gegen den Beklagten als Testamentsvollstrecker einen Anspruch auf vorzeitige Überlassung eines Nachlassgegenstandes gem. § 2217 Abs. 1 BGB geltend.

Im Einzelnen ist hierzu auszuführen:

Nach Angaben des Beklagten im letzten Bericht vom ▒▒▒ sind sämtliche dem Testamentsvollstrecker bekannten Nachlassverbindlichkeiten berichtigt. Der Nachlass verfügt auch über ausreichende Geldmittel, um die zu erwartende Erbschaftssteuerschuld zu begleichen. Der Beendigung der Testamentsvollstreckung steht nach Angaben des Beklagten lediglich noch der Ausgang des Rechtsstreites bezüglich einer Forderung der Nachlasses gegen ▒▒▒ entgegen. Die im Falle des Unterliegens anfallenden Kostenerstattungsansprüche sind ebenfalls aus den erheblichen Geldmitteln des Nachlasses offensichtlich gedeckt.

*Beweis:* 1. Bericht des Beklagten vom ▒▒▒, in Kopie anbei.
2. Nachlassverzeichnis vom ▒▒▒, in Kopie anbei.

Ausweislich des vom Beklagten aufgestellten Nachlassverzeichnisses vom ▒▒▒ gehört zum Nachlass der Pkw Marke ▒▒▒, Fahrzeugidentifizierungsnummer ▒▒▒, welcher nach Einholung eines Sachverständigengutachtens vom Beklagten mit einem Wert von 75.000 EUR angegeben wurde.

*Beweis:* Nachlassverzeichnis vom ▒▒▒, in Kopie anbei.

Der Beklagte bedarf dieses Pkw offensichtlich nicht mehr zur Erfüllung der ihm als Testamentsvollstrecker obliegenden Aufgaben.

Der Kläger ist ausweislich des Erbscheins des Amtsgerichts ▒▒▒ – Nachlassgericht – vom ▒▒▒ zum Alleinerben berufen.

*Beweis:* Erbschein des Amtsgerichts ▒▒▒ – Nachlassgericht – vom ▒▒▒, in Kopie anbei.

Der Pkw wäre demnach bei Beendigung des Amtes an den Kläger als Alleinerben gem. §§ 2218 Abs. 1, 667 BGB herauszugeben.

Einer Sicherheitsleistung durch den Kläger gem. § 2217 Abs. 2 BGB bedarf es offensichtlich nicht, nachdem sämtliche Nachlassverbindlichkeiten nach Angaben des Beklagten bereits berichtigt sind bzw. für etwaige noch zu berichtigende Nachlassverbindlichkeiten ausreichende Geldmittel im Nachlass vorhanden sind.

*Beweis:* 1. Bericht des Beklagten vom ▒▒▒, in Kopie anbei.
2. Nachlassverzeichnis vom ▒▒▒, in Kopie anbei.

*Littig*

Der Beklagte wurde mit Schreiben der Unterfertigten vom ▓▓▓ unter Fristsetzung zum ▓▓▓ zur Freigabe und Überlassung des Pkw aufgefordert.

*Beweis:* Schreiben der Unterfertigten vom ▓▓▓, in Kopie anbei.

Der Beklagte ist dieser Aufforderung bis zum heutigen Zeitpunkt nicht nachgekommen und ist daher antragsgemäß zu verurteilen.

(Rechtsanwalt)

i) Muster: Verlangen des Erben nach Rechnungslegung bei Beendigung des Amtes (§§ 2218 Abs. 1, 666 BGB)

An

*Testamentsvollstreckung für den Nachlass nach* ▓▓▓, *zuletzt wohnhaft* ▓▓▓, *verstorben am* ▓▓▓

Wie Ihnen bereits zu einem früheren Zeitpunkt nachgewiesen, vertreten wir die Interessen von ▓▓▓ als Miterbin nach ▓▓▓, verstorben am ▓▓▓.

Mit Erklärung vom ▓▓▓ haben Sie gegenüber dem Amtsgericht ▓▓▓ – Nachlassgericht – das Amt des Testamentsvollstreckers gekündigt. Nachdem von Seiten des Erblassers weder Bestimmungen hinsichtlich eines Nachfolgers oder einer ersatzweise zu benennenden Person getroffen wurden, noch ein Ernennungsrecht dem Nachlassgericht übertragen wurde, endet damit die Testamentsvollstreckung als solche.

Aufgrund der Beendigung Ihres Amtes als Testamentsvollstrecker haben wir Sie Namens und im Auftrag der von hier aus vertretenen Mandantschaft gem. §§ 2218 Abs. 1, 666 BGB aufzufordern

durch Vorlage einer geordneten Aufstellung über sämtliche im Rahmen der Testamentsvollstreckung von Ihnen getätigten Einnahmen und Ausgaben seit Beginn des Amtes Rechnung zu legen und den aktuellen Stand zum Zeitpunkt der Beendigung des Amtes anzugeben.

Wir bitten um Vorlage der abschließenden Rechnungslegung bis längstens ▓▓▓.

(Rechtsanwalt)

j) Muster: Stufenklage des Erben auf Auskunft, eidesstattliche Versicherung und Herausgabe des Nachlasses bei Beendigung des Amtes (§§ 2218 Abs. 1, 666, 667, 259, 260 BGB)

An das

Landgericht
– Zivilkammer –

▓▓▓

Klage

des ▓▓▓

– Klägers –

Prozessbevollmächtigter: Rechtsanwalt ▓▓▓

gegen

▓▓▓, in seiner Eigenschaft als Testamentsvollstrecker für den Nachlass nach ▓▓▓

– Beklagten –

auf Auskunft, Rechnungslegung, eidesstattlicher Versicherung.

Vorläufiger Gegenstandswert: ▓▓▓

Namens und in Vollmacht des Klägers erhebe ich Klage zum Landgericht ▓▓▓ mit der Bitte um Anberaumung eines möglichst nahen Termins zur mündlichen Verhandlung, für die die Stellung folgender Anträge angekündigt wird:
1. Der Beklagte wird verurteilt, dem Kläger gegenüber Auskunft über den Bestand des Nachlasses des am ▓▓▓ in ▓▓▓ verstorbenen ▓▓▓ durch Vorlage eines Bestandsverzeichnisses zu erteilen.
2. Der Beklagte wird verurteilt, gegenüber den Erben durch Vorlage einer geordneten Aufstellung über die seit Beginn der Testamentsvollstreckung über den Nachlass des am ▓▓▓ in ▓▓▓ verstorbenen ▓▓▓ bis 31.12. ▓▓▓ getätigten Einnahmen und Ausgaben Rechnung zu legen.
3. Der Beklagte wird verurteilt, für den Fall, dass die Auskunft und Rechnungslegung nicht mit der erforderlichen Sorgfalt erteilt wurde, die Richtigkeit und Vollständigkeit an Eides statt zu versichern.
4. Der Beklagte wird verurteilt, die nach Erteilung der Auskunft gemäß Bestandsverzeichnis zu bezeichnenden Nachlassgegenstände an den Kläger herauszugeben.
5. Der Beklagte hat die Kosten des Rechtsstreits zu tragen.
6. Das Urteil ist – ggf. gegen Sicherheitsleitung – vorläufig vollstreckbar.

Für den Fall der Anordnung des schriftlichen Vorverfahrens beantrage ich schon jetzt:
7. Für den Fall der Säumnis des Beklagten den Erlass eines Versäumnisurteils gem. § 331 Abs. 3 ZPO.
8. Für den Fall des Anerkenntnisses den Erlass eines Anerkenntnisurteils nach § 307 ZPO.

*Begründung:*

I. Am ▓▓▓ ist ▓▓▓ in ▓▓▓ verstorben. Der Beklagte wurde zum Testamentsvollstrecker für den gesamten Nachlass ernannt. Beschränkungen der Rechte des Testamentsvollstreckers hat der Erblasser nicht angeordnet. Er hat das Amt mit Erklärung vom ▓▓▓ gegenüber dem Nachlassgericht angenommen. Der Kläger ist ausweislich des Erbscheines des Amtsgerichtes ▓▓▓ – Nachlassgericht – zum Alleinerben nach dem verstorbenen Erblasser berufen.

*Beweis:* Nachlassakten des Amtsgerichtes ▓▓▓ – Nachlassgericht –, Az. ▓▓▓, deren Beiziehung im vorliegenden Verfahren beantragt wird.

II. Der Kläger macht mit vorliegender Stufenklage gegen den Beklagten als Testamentsvollstrecker einen Anspruch auf Auskunft und Rechnungslegung (1.Stufe), erforderlichenfalls Abgabe der eidesstattlichen Versicherung (2.Stufe) und anschließender Herausgabe der Nachlassgegenstände (3. Stufe) geltend, nachdem die Testamentsvollstreckung durch Entlassung des Testamentsvollstreckers mit Beschluss des Amtsgerichtes ▓▓▓ – Nachlassgericht – beendet ist.

III. Mit Beschluss des Amtsgerichtes ▓▓▓ – Nachlassgericht – vom ▓▓▓ wurde der Testamentsvollstrecker aus seinem Amt entlassen. Die vom Erblasser angeordnete Testamentsvollstreckung endet damit insgesamt, da durch den Erblasser weder ein Nachfolger ernannt wurde, noch das Nachlassgericht, der Beklagte als Testamentsvollstrecker oder ein Dritter mit der Ernennung eines Nachfolgers beauftragt bzw. ermächtigt wurden. Das Nachlassgericht hat zwischenzeitlich den Erbschein eingezogen und aufgrund der Beendigung der Testamentsvollstreckung einen neuen Erbschein ohne Testamentsvollstreckervermerk erteilt.

*Beweis:* 1. Erbschein des Amtsgerichts ▓▓▓ – Nachlassgericht – vom ▓▓▓, in Kopie anbei.
2. Nachlassakten des Amtsgerichtes ▓▓▓ – Nachlassgericht –, Az. ▓▓▓, deren Beiziehung im vorliegenden Verfahren beantragt wird.

Der Beklagte hat weder während der Dauer seines Amtes, noch zum Zeitpunkt seiner Beendigung mit Entlassung aus dem Amt Auskunft über den Bestand des Nachlasses und die von ihm getätigten Einnahmen und Ausgaben erteilt. Ein Nachlassverzeichnis nach § 2215 Abs. 1 BGB wurde von ihm nicht aufgestellt.

Der Kläger hat nicht zuletzt aufgrund der Untätigkeit des Beklagten keinerlei Kenntnis über den Bestand des Nachlasses.

Trotz mehrfacher Aufforderung der Unterfertigten zuletzt unter Fristsetzung zum ▮▮▮▮ mit Schreiben vom ▮▮▮▮ hat der Beklagte keinerlei Auskunft erteilt oder Angaben zu den von ihm getätigten Einnahmen oder Ausgaben gemacht.

*Beweis:* Schreiben der Unterfertigten vom ▮▮▮▮, in Kopie anbei.

Der Beklagte ist daher zunächst in der ersten Stufe auf Auskunft und Rechnungslegung in Anspruch zu nehmen, wobei sich aufgrund der bislang gezeigten Verhaltensweisen bereits die Notwendigkeit des Verlangens der Abgabe der eidesstattlichen Versicherung in der zweiten Stufe abzeichnet. Erst dann kann der Kläger die herauszugebenden Gegenstände im Einzelnen bezeichnen und im Falle einer Weigerung des Beklagten in der dritten Stufe die Herausgabe geltend machen.

(Rechtsanwalt)

## V. Sonstige Auskunftspflichten des Testamentsvollstreckers

§ 2218 BGB ist nach seinem Wortlaut grundsätzlich nur auf das Rechtsverhältnis des Testamentsvollstreckers zum Erben anwendbar, d.h. die Auskunftsverpflichtung besteht zunächst lediglich gegenüber dem Erben selbst. Bezüglich des Kreises der sonst denkbaren Anspruchsberechtigten ist eine Auskunftsverpflichtung unterschiedlich zu behandeln.

### 1. Vor-, Nacherbe

Für den **Vorerben** als Erben i.S.d. § 2218 BGB bestehen zunächst keine Abweichungen hinsichtlich der Auskunftsverpflichtung des Testamentsvollstreckers. Für den **Nacherben** besteht ein Auskunftsanspruch dagegen in der Regel erst mit Eintritt des Nacherbfalls.[287] Eine Ausnahme besteht lediglich für den Sonderfall des Auskunftsanspruchs des Nacherben gegen den Vorerben nach § 2127 BGB unter den dort geregelten Voraussetzungen, weswegen hier ein Auskunftsanspruch des Nacherben auch gegen den Testamentsvollstrecker bejaht wird.[288] Der **Nacherben-Testamentsvollstrecker** ist dagegen schon vor dem Nacherbfall zur Auskunft über den Bestand des Nachlasses verpflichtet.[289]

### 2. Vermächtnisnehmer, Pflichtteilsberechtigte

Für Vermächtnisnehmer und Pflichtteilsberechtigte gilt § 2218 BGB nicht. Sie haben gegen den Testamentsvollstrecker keinen allgemeinen Anspruch auf Rechnungslegung oder Auskunft, es sei denn, ein solcher Anspruch wurde mitvermacht.[290] Ein Anspruch des Pflichtteilsberechtigten nach § 2314 BGB ist schon wegen § 2213 Abs. 1 S. 3 BGB ausgeschlossen.[291]

Eine Auskunftsverpflichtung des Testamentsvollstreckers jedenfalls gegenüber einem Vermächtnisnehmer lässt sich jedoch aus der **Schadensersatzverpflichtung** nach § 2219 BGB herleiten, wenn die Erfüllung der Auskunft für den Vermächtnisnehmer zur Realisierung des Vermächtnisanspruchs benötigt wird.[292]

---

287 MüKo-*Brandner*, § 2218 BGB Rn 4.
288 *Bengel/Reimann*, VI Rn 32.
289 MüKo-*Brandner*, § 2222 BGB Rn 5a.
290 Palandt/*Edenhofer*, § 2218 BGB Rn 9; *Klingelhöffer*, ZEV 2000, 261.
291 MüKo-*Frank*, § 2314 BGB Rn 19.
292 *Bengel/Reimann*, VI Rn 39; OLG Oldenburg ZEV 2001, 276.

### 3. Erbschaftskäufer/Erbteilserwerber

168 Für den Fall, dass ein Erbe nach § 2371 BGB seine Erbschaft oder seinen Erbteil an einen Dritten veräußert, so besteht mit dem Abschluss des schuldrechtlichen Vertrags noch kein Auskunftsanspruch des Erbschaftskäufers bzw. Erbteilserwerbers gegen den Testamentsvollstrecker. Vielmehr besteht ein solcher Auskunftsanspruch **erst mit Erfüllung des schuldrechtlichen Vertrags**, d.h. durch Einzelübertragung der verkauften Sachen und Rechte.[293] Die dingliche Übertragung des Erbteiles bedarf wegen § 2033 Abs. 1 S. 2 BGB der notariellen Beurkundung.

### 4. Pfändungspfandgläubiger

169 Die Pfändung eines Miterbenanteils erfolgt nach § 859 Abs. 2 ZPO. Der Pfändungsgläubiger tritt aufgrund des Pfändungspfandrechtes hinsichtlich des gepfändeten Anteils in das Gemeinschaftsverhältnis der Erbengemeinschaft als dinglicher Mitberechtigter ein, ohne dass sich an der Verwaltungs- und Verfügungsbefugnis des Testamentsvollstreckers über einzelne Nachlassgegenstände etwas ändert.[294] Das Recht auf Auskunft und Rechnungslegung entspringt dabei der Miterbenstellung und wird als Nebenrecht von der Pfändung des Nachlassanteiles erfasst, ohne dass es einer gesonderten Pfändung des Auskunftsanspruchs bedarf.[295]

### 5. Ergänzungspfleger/Ergänzungsbetreuer/Vormund

170 Das Recht des Ergänzungspflegers/-betreuers und des Vormundes auf Auskunft gegen den Testamentsvollstrecker entspringt aus der Aufgabe, für das Vermögen des Mündels zu sorgen und ihn zu vertreten (§ 1793 BGB) bzw. die Angelegenheiten eines Betreuten so zu besorgen, wie es dessen Wohl entspricht (§ 1901 Abs. 2 BGB).

### 6. Testamentsvollstreckernachfolger

171 Die Auskunftsverpflichtung des Testamentsvollstreckers gegenüber seinem Nachfolger ergibt sich aus einer „sinngemäßen Anwendung" des § 2218 Abs. 1 BGB, da die Stellung des Nachfolgers aufgrund seiner Befugnis, den Nachlass nach § 2205 BGB in Besitz zu nehmen und zu verwalten und über Nachlassgegenstände zu verfügen, vergleichbar ist mit der Stellung des Erben gegenüber dem Testamentsvollstrecker bei Beendigung der Testamentsvollstreckung.[296]

### 7. Muster

a) Muster: Klage des Pfändungspfandgläubigers auf Auskunft, Rechnungslegung und Herausgabe

172 Vgl. Muster: Stufenklage des Erben (siehe Rn 164).

---

293 *Bengel/Reimann*, VI Rn 43, wobei aufgrund der eingeschränkten Verfügungsbefugnis wohl die Einzelübertragung als solche bis zur Teilung ausscheidet. Es wird hier wohl die dingliche Erfüllung des Erbschaftskaufvertrags durch Übertragung des Anspruchs auf Herausgabe nach Beendigung der Testamentsvollstreckung als Erfüllung anzusehen sein.
294 *Stöber*, Rn 1676.
295 *Stöber*, Rn 1677.
296 BGH NJW 1972, 1660.

b) Muster: Klage des Testamentsvollstreckernachfolgers auf Auskunft, Rechnungslegung und Herausgabe

Vgl. Muster: Stufenklage des Erben (siehe Rn 164). 173

## VI. Prozessführung in der Testamentsvollstreckung

Die §§ 2212, 2213 BGB regeln das Prozessführungsrecht des Testamentsvollstreckers sowohl für Aktiv- als auch für Passivprozesse, wenn ein Recht für oder gegen den Nachlass geltend gemacht wird. Nicht unter diese Vorschriften fallen allerdings Prozesse, welche der Testamentsvollstrecker aus eigenem Recht, also z.B. auf Vergütung führt,[297] bzw. Prozesse, welche sich gegen den Testamentsvollstrecker persönlich richten, wie etwa eine Klage gegen den Testamentsvollstrecker auf Schadensersatz nach § 2219 BGB, auf Auskunft und Rechnungslegung, oder wenn es um seine Absetzung oder die Ernennung eines Mitvollstreckers geht.[298] Die Vorschriften der §§ 2212, 2213 BGB werden ergänzt durch Regelungen der ZPO, wie etwa § 327 ZPO (Rechtskraft) und §§ 748, 749, 779 Abs. 2, 780 Abs. 2 ZPO (Zwangsvollstreckung).[299] Für die Aufnahme der wegen Todes des Erblassers nach § 239 ZPO unterbrochenen Prozesse sind die Vorschriften der §§ 239 Abs. 2 und 3, 243, 241 ZPO maßgebend. 174

### 1. Aktivlegitimation des Testamentsvollstreckers

Bereits aus dem Wortlaut des § 2212 BGB folgt, dass ein der Verwaltung durch den Testamentsvollstrecker unterliegendes Recht nur durch diesen gerichtlich geltend gemacht werden kann. Dies bezieht sich sowohl auf den Zivilprozess, als auch auf Verwaltungsrechtsstreitigkeiten sowie Verfahren vor der freiwilligen Gerichtsbarkeit[300] und im Schiedsverfahren.[301] Der Umfang der Befugnis erstreckt sich dabei auch auf die entsprechenden Prozesshandlungen, wie Vergleich, Verzicht, Widerklage, Aufrechnung und Vollstreckungsgegenklage.[302] Der Testamentsvollstrecker ist dabei nicht Vertreter des Erben, sondern „**Partei kraft Amtes**" und führt somit den Prozess in eigenem Namen, allerdings als Testamentsvollstrecker.[303] Er hat daher in einem Prozess die Stellung als Partei und kann als solche nach §§ 445 ff. ZPO vernommen werden. Eine Beschränkung der Prozessführungsbefugnis kann sich aber unter Umständen ergeben, wenn sich die Prozessführung auf die Geschäftsbeteiligungen erstreckt, welche im Wege der Sondererbfolge, also z.B. aufgrund der gesellschaftsvertraglichen Bestimmungen auf die Miterben übergegangen sind.[304] Soweit ein Anspruch gegen den Testamentsvollstrecker als Nachlassschuldner geltend zu machen ist, ist hierfür der Erbe aktivlegitimiert.[305] 175

Der Erbe kann in einem vom Testamentsvollstrecker geführten Prozess als Zeuge vernommen werden und auch als Nebenintervenient auftreten.[306] Als Hauptintervenient kann der Erbe auftreten, soweit er die Amtsstellung des Testamentsvollstreckers oder sein Verwal- 176

---

297 Palandt/*Edenhofer*, § 2212 BGB Rn 2.
298 *Winkler*, Rn 448.
299 MüKo-*Brandner*, § 2212 BGB Rn 2.
300 Palandt/*Edenhofer*, § 2212 BGB Rn 1.
301 *Winkler*, Rn 433.
302 MüKo-*Brandner*, § 2221 BGB Rn 6; *Winkler*, Rn 433.
303 Palandt/*Edenhofer*, § 2212 BGB Rn 2.
304 OLG Hamm ZEV 2002, 322 (Ls) = NJW RR 2002, 729.
305 BGH ZErb 2003, 48 = ZEV 2003, 75.
306 *Winkler*, Rn 432.

*Littig*

tungsrecht im Hinblick auf den Prozessgegenstand bestreitet oder dessen Freigabe nach § 2217 Abs. 1 BGB beansprucht.[307] Folglich ist eine Klage des Erben in den Fällen des § 2212 BGB wegen Fehlens der Aktivlegitimation als Prozessvoraussetzung als unzulässig abzuweisen.[308] Der Testamentsvollstrecker kann allerdings **den Erben zur Prozessführung ermächtigen**[309] (vgl. Muster Rn 188).

177 **Endet das Amt** des Testamentsvollstreckers oder fällt seine Verfügungsbefugnis über den Prozessgegenstand weg, gelten die §§ 239, 246 ZPO entsprechend und der Erbe tritt als Rechtsträger an die Stelle des Testamentsvollstreckers.[310] Sind **mehrere Testamentsvollstrecker** gem. § 2224 BGB vorhanden, führen sie das Amt also gemeinschaftlich, so müssen sie in notwendiger Streitgenossenschaft klagen (§ 62 ZPO).

178 Bei **Prozessen auf Feststellung des Erbrechts** ist der Testamentsvollstrecker als solcher nicht prozessführungsbefugt. In Sonderfällen, z.B. wenn Zweifel über die Person des wahren Erben bestehen oder der Testamentsvollstrecker sein Amt deswegen nicht ausführen kann, ohne seine Pflichten zu verletzen, besteht allerdings ein Feststellungsinteresse des Testamentsvollstreckers und somit eine Prozessführungsbefugnis.[311]

179 Die **Urteilswirkungen** aus einem durch den Testamentsvollstrecker geführten Prozess bestimmen sich nach § 327 ZPO. Das Urteil wirkt daher für und gegen den Erben. Das Gleiche gilt umgekehrt im Fall der Ermächtigung des Erben zur Prozessführung durch den Testamentsvollstrecker. In diesem Fall wirkt das Urteil auch für und gegen den Testamentsvollstrecker.[312]

180 In die **Kosten** eines verlorenen Prozesses ist der Testamentsvollstrecker zu verurteilen, wobei er nur mit dem Nachlass haftet, soweit der Testamentsvollstrecker unter Anwendung der von einem gewissenhaften Inhaber eines solchen Amtes zu erwartenden Sorgfalt unter Berücksichtigung etwaiger besonderer beruflicher Qualifikationen sich zur Prozessführung entschlossen hätte.[313] Selbst wenn der Testamentsvollstrecker eines Miterben eine Nachlassforderung gegenüber einem anderen Miterben ohne Erfolg gerichtlich geltend macht und ihm deshalb die Prozesskosten auferlegt werden, kann er grundsätzlich deren Erstattung von den Miterben einschließlich des Prozessgegners verlangen.[314] Aus einer pflichtwidrigen Prozessführung kann der Testamentsvollstrecker aber nach § 2219 BGB zum Schadensersatz verpflichtet sein.[315]

181 Das nach § 327 ZPO für den Testamentsvollstrecker ergangene Urteil dient der **Zwangsvollstreckung** durch den Testamentsvollstrecker. Nach Beendigung der Testamentsvollstreckung kann der Erbe nach §§ 728 Abs. 2, 727 ZPO die **Titelumschreibung**, d.h. die Erteilung einer vollstreckbaren Ausfertigung für sich beantragen. Ebenso kann der Testamentsvollstrecker nach §§ 749, 727 ZPO die Erteilung einer vollstreckbaren Ausfertigung eines zugunsten des Erblassers ergangenen Urteiles beantragen (vgl. Muster Rn 191).

---

307 MüKo-*Brandner*, § 2212 BGB Rn 16.
308 Palandt/*Edenhofer*, § 2212 BGB Rn 5.
309 *Bengel/Reimann*, V Rn 383.
310 Palandt/*Edenhofer*, § 2212 BGB Rn 3.
311 *Winkler*, Rn 435; MüKo-*Brandner*, § 2212 BGB Rn 10; OLG Karlsruhe, Urt. v. 6.8.2004 – 14 U 205/02; OLG Karlsruhe, Urt. v. 16.7.2004 – 14 U 87/03.
312 MüKo-*Brandner*, § 2212 BGB Rn 19.
313 *Winkler*, Rn 437; OLG Karlsruhe, Urt. v. 16.7.2004 – 14 U 87/03.
314 BGH, Urt. v. 25.6.2003 – IV ZR 285/02.
315 *Bengel/Reimann*, V Rn 419.

**b) Muster: Genehmigung der Prozessführung des Erben durch den Testamentsvollstrecker (§ 2212 BGB) bei einem durch den Erblasser geführten Prozess nach Unterbrechung durch Tod des Erblassers (§ 239 ZPO)**

An das

Landgericht
– Zivilkammer –

Az. 

*In dem Rechtsstreit*

,

– Klägers –

gegen

,

– Beklagten –

wegen 

wurde durch den Tod der Klagepartei der Rechtsstreit gem. § 239 ZPO unterbrochen.

In meiner Eigenschaft als Testamentsvollstrecker für den Nachlass des , verstorben am , genehmige ich die Aufnahme des Rechtsstreit gegen die Beklagtenpartei durch den Erben und ermächtige ihn gleichzeitig zur Geltendmachung des Anspruchs für den Nachlass des am verstorbenen .

*Begründung:*

Am ist in verstorben. Unterfertigter wurde zum Testamentsvollstrecker für den Nachlass ernannt. Beschränkungen der Rechte des Testamentsvollstreckers hat der Erblasser nicht angeordnet. Der Testamentsvollstrecker hat das Amt mit Erklärung vom gegenüber dem Nachlassgericht angenommen.

Beweis: Nachlassakten des Amtsgerichtes – Nachlassgericht –, Az. , deren Beiziehung im vorliegenden Verfahren beantragt wird.

Dem Unterfertigten wurde am über seine Stellung als Testamentsvollstrecker durch das Nachlassgericht ein Testamentsvollstreckerzeugnis erteilt.

Beweis: Testamentsvollstreckerzeugnis vom , in Kopie anbei.

Bei dem im vorliegenden Verfahren zunächst vom Erblasser geltend gemachten Anspruch handelt es sich um einen Anspruch, welcher im Wege der Gesamtrechtsnachfolge grundsätzlich auf die Erben übergehen würde und demnach in den vom Testamentsvollstrecker zu verwaltenden Nachlass fällt. Es handelt sich damit um ein der Verwaltung des Testamentsvollstreckers unterliegendes Recht, welches für die Dauer der Testamentsvollstreckung lediglich von diesem geltend gemacht werden kann (§ 2212 BGB). Der Unterfertigte als Testamentsvollstrecker kann daher auch zur Prozessführung bezüglich des geltend gemachten Anspruchs wirksam ermächtigen.

 ist ausweislich des Erbscheins des Amtsgerichts – Nachlassgericht – zum Alleinerben/Miterben berufen.

Beweis: Erbschein des Amtsgerichts – Nachlassgericht – vom , in Kopie anbei.

*Littig*

Es handelt sich vorliegend um einen Fall der gewillkürten Prozessstandschaft. ▓▓▓ hat als Alleinerbe/Miterbe ein eigenes rechtsschutzwürdiges Interesse an dem Ausgang des Rechtsstreits, da er vom Ausgang des Rechtsstreits wirtschaftlich profitieren könnte. Der im Verfahren geltend gemachte Anspruch ist abtretbar. Ein gesetzliches oder vertraglich vereinbartes Abtretungsverbot liegt nicht vor.

(Rechtsanwalt)

c) Muster: Aufnahme eines gegen den Erblasser geführten Prozesses nach Unterbrechung durch Tod des Erblassers (§ 239 ZPO) gegen die Erben und den Testamentsvollstrecker (§ 2213 Abs. 1 BGB)

An das

Landgericht
– Zivilkammer –
▓▓▓

Az. ▓▓▓

In dem Rechtsstreit

▓▓▓,

– Klägers –

gegen

▓▓▓,

– Beklagten –

wegen ▓▓▓

wurde durch den Tod der Beklagtenpartei der Rechtsstreit gem. § 239 ZPO unterbrochen.

Nach Annahme der Erbschaft durch die Erben und Aufnahme des Amtes durch den ernannten Testamentsvollstrecker nehmen wir Namens und in Vollmacht der Klagepartei das Verfahren gegen die Erben als Rechtsnachfolger auf.

Ferner wird angezeigt, dass wir die Fortführung des Verfahrens auch gegen den Testamentsvollstrecker für den Nachlass des am ▓▓▓ verstorbenen ursprünglichen Beklagten beabsichtigen.

Wir beantragen daher:
1. Die Berichtigung des Passivrubrums wie folgt:
    a) ▓▓▓ und ▓▓▓ (Erben)

– Beklagte zu 1 –

   b) ▓▓▓ als Testamentsvollstrecker für den Nachlass des am ▓▓▓ verstorbenen ▓▓▓

– Beklagter zu 2 –

2. Die Beklagten zu 1) gem. § 239 Abs. 2 ZPO zur Aufnahme und gleichzeitig zur Verhandlung der Hauptsache zu laden und gem. § 239 Abs. 3 ZPO diesen Schriftsatz zusammen mit der Ladung zuzustellen.
3. Dem Beklagten zu 2) gem. §§ 243, 241 Abs. 2 ZPO diesen Schriftsatz mit der darin enthaltenen Anzeige zur beabsichtigten Fortsetzung des Verfahrens von Amts wegen zuzustellen.

Gleichzeitig ist die Neuformulierung der Anträge wie folgt geboten:
4. Die Beklagten werden als Gesamtschuldner verurteilt, ▓▓▓ EUR nebst hieraus 5 %-Punkte über dem Basiszinssatz seit ▓▓▓ an den Kläger zu bezahlen.
5. Die Beklagten tragen die Kosten des Rechtsstreits.
6. ▓▓▓

*Littig*

*Begründung:*

Am ▓▓▓ ist ▓▓▓ in ▓▓▓ verstorben. Die Beklagten zu 1) wurden zu Erben berufen und haben die Erbschaft inzwischen angenommen. Durch das Amtsgericht ▓▓▓ – Nachlassgericht – wurde am ▓▓▓ ein Erbschein erteilt.

Der Kläger wurde zum Testamentsvollstrecker für den Nachlass ernannt. Eine Beschränkung der Rechte des Testamentsvollstreckers wurde vom Erblasser nicht angeordnet. Er hat das Amt mit Erklärung vom ▓▓▓ gegenüber dem Nachlassgericht angenommen.

*Beweis:* Nachlassakten des Amtsgerichtes ▓▓▓ – Nachlassgericht –, Az. ▓▓▓, deren Beiziehung im vorliegenden Verfahren beantragt wird.

Dem Kläger wurde am ▓▓▓ über seine Stellung als Testamentsvollstrecker durch das Nachlassgericht ein Testamentsvollstreckerzeugnis erteilt.

*Beweis:* Testamentsvollstreckerzeugnis vom ▓▓▓, in Kopie anbei.

Bei dem im vorliegenden Verfahren zunächst gegen den Erblasser geltend gemachten Anspruch handelt es sich um einen Anspruch, für dessen Erfüllung die Erben im Wege der Gesamtrechtsnachfolge haften. Aufgrund der angeordneten Testamentsvollstreckung unterliegt der gesamte Nachlass der Verwaltung des Beklagten zu 2) als Testamentsvollstrecker. Der Anspruch kann daher gem. § 2213 Abs. 1 S. 1 BGB gegen die Erben sowie gegen den Testamentsvollstrecker geltend gemacht werden.

Die Erben haben bereits am ▓▓▓ die Erbschaft angenommen.

*Beweis:* Nachlassakten des Amtsgerichtes ▓▓▓ – Nachlassgericht –, Az. ▓▓▓, deren Beiziehung im vorliegenden Verfahren beantragt wird.

Sie wurden mehrfach, zuletzt mit Schreiben vom ▓▓▓, zur Aufnahme des Rechtsstreits durch die Prozessbevollmächtigten der Klagepartei aufgefordert.

*Beweis:* Schreiben vom ▓▓▓, in Kopie anbei.

Eine Aufnahme des Rechtsstreits ist bislang durch die Erben ohne Grund nicht erfolgt.

Der Testamentsvollstrecker hat ebenfalls vom vorliegenden Verfahren Kenntnis. Auch dieser hat bislang das Verfahren nicht aufgenommen bzw. fortgeführt.

(Rechtsanwalt)

d) **Muster: Klage eines Nachlassgläubigers gegen Testamentsvollstrecker auf Duldung der Zwangsvollstreckung in den Nachlass aufgrund eines gegen den Erben ergangenen Urteils (§ 2213 Abs. 3 BGB)**

An das

Landgericht
– Zivilkammer –
▓▓▓

*Klage*

des ▓▓▓

– Klägers –

Prozessbevollmächtigter: Rechtsanwalt ▓▓▓

gegen

▇▇▇, in seiner Eigenschaft als Testamentsvollstrecker für den Nachlass nach ▇▇▇

– Beklagten –

wegen Duldung der Zwangsvollstreckung.

Vorläufiger Gegenstandswert: ▇▇▇

Namens und in Vollmacht des Klägers erhebe ich Klage zum Landgericht ▇▇▇ mit der Bitte um Anberaumung eines möglichst nahen Termins zur mündlichen Verhandlung, für die die Stellung folgender Anträge angekündigt wird:

1. Der Beklagte wird verurteilt, die Zwangsvollstreckung in Höhe eines Betrages von ▇▇▇ EUR zuzüglich hieraus 5 %-Punkte über dem Basiszinssatz seit dem ▇▇▇ in den von ihm in seiner Eigenschaft als Testamentsvollstrecker verwalteten Nachlass des am ▇▇▇ verstorbenen ▇▇▇ zu dulden.
2. Dem Beklagten wird angedroht, dass für jeden Fall der Zuwiderhandlung ein Ordnungsgeld bis zur Höhe von 500.000 EUR oder Ordnungshaft bis zu 6 Monaten gegen ihn festgesetzt wird.
3. Der Beklagte trägt die Kosten des Rechtsstreits.
4. Das Urteil ist – ggf. gegen Sicherheitsleistung – vorläufig vollstreckbar.

*Begründung:*

I. Am ▇▇▇ ist ▇▇▇ in ▇▇▇ verstorben. Der Beklagte wurde zum Testamentsvollstrecker für den gesamten Nachlass ernannt. Beschränkungen der Rechte des Testamentsvollstreckers hat der Erblasser nicht angeordnet. Er hat das Amt mit Erklärung vom ▇▇▇ gegenüber dem Nachlassgericht angenommen. Ausweislich des Erbscheines des Amtsgerichtes ▇▇▇ – Nachlassgericht – ist ▇▇▇ Erbe des Erblassers geworden.

*Beweis:* Nachlassakten des Amtsgerichtes ▇▇▇ – Nachlassgericht –, Az. ▇▇▇, deren Beiziehung im vorliegenden Verfahren beantragt wird.

II. Der Kläger macht mit vorliegender Klage gegen den Beklagten als Testamentsvollstrecker einen Anspruch auf Duldung der Zwangsvollstreckung in den Nachlass gem. § 2213 Abs. 3 ZPO geltend.

Dem klägerischen Anspruch liegt ein rechtskräftiger Vollstreckungstitel des Landgerichts ▇▇▇ vom ▇▇▇ (Az. ▇▇▇) zugrunde, wonach der Erbe als Gesamtrechtsnachfolger aus einer Verbindlichkeit des Erblassers auf Zahlung eines Betrages in Höhe von ▇▇▇, zuzüglich ▇▇▇ % Zinsen hieraus seit dem ▇▇▇, haftet. Der Erbe hat sich in dem Verfahren die Beschränkung der Erbenhaftung gem. § 780 ZPO vorbehalten, was im Tenor des Urteiles vom Landgericht ▇▇▇ berücksichtigt wurde.

*Beweis:* Urteil des Landgerichtes ▇▇▇ vom ▇▇▇, Az. ▇▇▇, in Kopie anbei.

Aufgrund der vorbehaltenen Erbenhaftung verweigert der zunächst beklagte Erbe die Zahlung der titulierten Forderung. Eine Zwangsvollstreckung gegen den Erben ist aufgrund des Vorbehalts nach § 780 Abs. 1 ZPO nicht möglich, da er bereits den Vorbehalt der beschränkten Erbenhaftung auch für die Zwangsvollstreckung geltend gemacht hat (§ 781 ZPO). Für die Zwangsvollstreckung in den Nachlass benötigt der Kläger als Gläubiger der titulierten Forderung aufgrund der Testamentsvollstreckung über den gesamten Nachlass wegen § 748 Abs. 1 ZPO einen Duldungstitel gegen den Beklagten.

Der Beklagte ist daher antragsgemäß zu verurteilen.

(Rechtsanwalt)

e) **Muster: Antrag auf Titelumschreibung (Erteilung einer vollstreckbaren Ausfertigung eines zugunsten des Erblassers ergangenen Urteils) gem. §§ 749, 727 ZPO**

An das
Amtsgericht
████████

Az. ████████

In Sachen

████████

gegen

████████

beantrage ich gem. §§ 749, 727 ZPO in meiner Eigenschaft als Testamentsvollstrecker

die Erteilung einer vollstreckbaren Ausfertigung des für den Erblasser ████████, verstorben am ████████, ergangenen und in der Anlage im Original beigefügten rechtskräftigen Urteils des Amtsgerichtes ████████ für mich als Testamentsvollstrecker.

Am ████████ ist ████████ in ████████ verstorben. Unterfertigter wurde zum Testamentsvollstrecker für den Nachlass ernannt. Eine Beschränkung der Rechte des Testamentsvollstreckers wurde nicht angeordnet. Durch Unterfertigten wurde das Amt des Testamentsvollstreckers mit Erklärung vom ████████ gegenüber dem Nachlassgericht angenommen und das in der Anlage beigefügte Testamentsvollstreckerzeugnis vom ████████ erteilt.

(Testamentsvollstrecker)

f) **Muster: Antrag auf Titelumschreibung (Erteilung einer vollstreckbaren Ausfertigung) eines gegen den Erblasser ergangenen Urteils gegen den Testamentsvollstrecker (§§ 749, 727 ZPO)**

An das
Amtsgericht
████████

Az. ████████

In Sachen

████████

gegen

████████

beantrage ich Namens und in Vollmacht des Klägers als Gläubiger des im Verfahren geltend gemachten Anspruchs gem. §§ 749, 727 ZPO

die Erteilung einer vollstreckbaren Ausfertigung des gegen den Erblasser ████████, verstorben am ████████, ergangenen und in der Anlage im Original beigefügten rechtskräftigen Urteiles des Amtsgerichtes ████████ zum Zwecke der Zwangsvollstreckung gegen ████████ als Testamentsvollstrecker für den Nachlass des am ████████ verstorbenen ████████.

Am ████████ ist ████████ in ████████ verstorben. Der Erblasser hat für seinen gesamten Nachlass Testamentsvollstreckung angeordnet und ████████ zum Testamentsvollstrecker ernannt. Beschränkungen der Rechte des Testamentsvollstreckers hat der Erblasser nicht angeordnet. ████████ hat das Amt mit Erklärung vom ████████ gegenüber dem Nachlassgericht angenommen.

Auf die in der Anlage auf Antrag des Gläubigers gem. § 85 FGG erteilte Ausfertigung des Testamentsvollstreckerzeugnisses wird Bezug genommen.

Der Gläubiger benötigt eine vollstreckbare Ausfertigung des bereits gegen den Erblasser ergangenen Urteiles zum Zwecke der Zwangsvollstreckung in den insgesamt vom Testamentsvollstrecker verwalteten Nachlass nach § 749 ZPO.

(Rechtsanwalt)

### VII. Steuerliche Pflichten des Testamentsvollstreckers[323]

193 Aus § 34 Abs. 3, Abs. 1 AO ergibt sich, dass der Testamentsvollstrecker als „Vermögensverwalter die steuerlichen Pflichten zu erfüllen hat." Der Erbfall löst dabei unterschiedliche steuerliche Tatbestände und Pflichten aus, welche der Testamentsvollstrecker zu erfüllen hat:[324]
1. Vor dem Erbfall in der Person des Erblassers entstandene Steuern,
2. die Erbschaftssteuer aufgrund des Erbfalles,
3. nach dem Erbfall während der Testamentsvollstreckung entstehende Steuern.

#### 1. Vor dem Erbfall in der Person des Erblassers entstandene Steuern

194 Nach § 45 AO gehen die Forderungen und Schulden aus dem Steuerschuldverhältnis auf die Rechtsnachfolger und somit auf die Erben über. Steuerschulden stellen Nachlassverbindlichkeiten dar (§ 45 AO, § 1967 BGB). Aufgrund der nach § 34 AO dem Testamentsvollstrecker zugewiesenen Stellung ist er verpflichtet, die **Steuererklärungen des Erblassers** zu erstellen, soweit sie Steuern betreffen, die vor dem Erbfall entstanden sind, und zwar bezüglich sämtlicher Steuerarten, also auch beispielsweise die Erstellung einer **Erbschaftssteuererklärung**, soweit der Erblasser als Erbe hierzu verpflichtet gewesen ist.[325] Ergeben sich **Steuererstattungsansprüche** des Erblassers, so fallen diese in den Nachlass und sind vom Testamentsvollstrecker geltend zu machen.[326]

195 Ferner **haftet der Testamentsvollstrecker für die Erfüllung der Steuerschulden** unter den Voraussetzungen des § 69 i.V.m. § 34 AO bei vorsätzlicher oder grob fahrlässiger Verletzung seiner Pflichten, was den Testamentsvollstrecker auch dahin gehend verpflichtet, Steuererklärungen gem. § 153 AO zu berichtigen, soweit diese unrichtig sind und daher eine Steuerhinterziehung vorliegt.[327]

196 Gemäß § 45 Abs. 2 AO i.V.m. § 2213 Abs. 1 BGB können die Steuerschulden als Nachlassverbindlichkeiten entweder gegen die Erben oder gegen den Testamentsvollstrecker geltend gemacht werden. Der Steuerbescheid kann dabei sowohl an ihn als auch an die Erben gerichtet werden. Wird der Steuerbescheid an die Erben gerichtet, so ist dem Testamentsvollstrecker eine Ausfertigung des Steuerbescheides zu erteilen.[328] Eine eigenständige Rechtsbehelfsbefugnis des Testamentsvollstreckers ist nur zu bejahen, wenn der Steuerbescheid an ihn in seiner Funktion als Testamentsvollstrecker – und nicht als Zustellungsvertreter bzw. Bevollmächtigter der Erben – gerichtet ist, anderenfalls steht die **Rechtsbehelfs-**

---

323 Vgl. hierzu auch *Piltz*, ZEV 2001, 262.
324 *Häfke*, ZEV 1997, 429, 431.
325 *Häfke*, ZEV 1997, 429, 431.
326 *Bengel/Reimann*, VIII Rn 37.
327 *Bengel/Reimann*, VIII Rn 38; *Häfke*, ZEV 1997, 429, 431 zur Frage der Überprüfungsverpflichtung.
328 *Bengel/Reimann*, VIII Rn 31.

**befugnis den Erben** zu.³²⁹ Die Zwangsvollstreckung in den Nachlass bedarf eines Titels gegen den Testamentsvollstrecker.³³⁰

### 2. Erbschaftsteuer aufgrund des Erbfalls

Nach § 20 ErbStG ist Steuerschuldner der Erbe als Erwerber. Nach § 20 Abs. 3 ErbStG haftet der Nachlass lediglich bis zur Auseinandersetzung für die Steuer der am Erbfall Beteiligten. In § 31 Abs. 5 ErbStG wird der Testamentsvollstrecker ausdrücklich als Verpflichteter (§ 149 AO) bezüglich der **Abgabe der Erbschaftsteuererklärung** aufgeführt. Dabei setzt diese Verpflichtung nicht voraus, dass die Erben vom Finanzamt zur Abgabe der Steuererklärung aufgefordert wurden.³³¹ Das Finanzamt kann jedoch nach § 31 Abs. 5 S. 2 AO die Mitunterzeichnung der Erbschaftsteuererklärung durch die Erben verlangen. Aufgrund § 14 ErbStG sind im Rahmen der Erbschaftsteuererklärung Erwerbe der Erben innerhalb der letzten zehn Jahre vor dem Todeszeitpunkt zu berücksichtigen, weswegen es sich für den Testamentsvollstrecker im Hinblick auf seine Haftung nach § 69 AO empfiehlt, von den Erben eindeutige und schriftliche Erklärungen über etwaige Schenkungen zu verlangen.³³² Die Ausübung erbschaftsteuerlicher Wahlrechte steht dem Testamentsvollstrecker nicht zu.³³³ Auch bei einer Vermächtnisvollstreckung treffen den Testamentsvollstrecker die gleichen steuerlichen Rechte und Pflichten, wie bei einer allgemeinen Testamentsvollstreckung, allerdings beschränkt auf den Vermächtnisgegenstand.³³⁴

197

Der **Erbschaftsteuerbescheid** ist dem Testamentsvollstrecker gegenüber bekannt zu geben (§ 32 Abs. 1 ErbStG), wobei er lediglich Adressat der Bekanntmachung, nicht aber des Steuerbescheides ist,³³⁵ da Steuerschuldner weiterhin der Erbe als Erwerber nach § 20 ErbStG ist. Nach § 32 Abs. 1 S. 2 ErbStG hat der Testamentsvollstrecker lediglich für die Bezahlung der Erbschaftssteuer Sorge zu tragen. Verletzt er allerdings diese Pflicht, so haftet er unter den Voraussetzungen der § 69 i.V.m. § 34 Abs. 3 AO und wird vom Finanzamt durch Haftungsbescheid (§ 191 AO) in Anspruch genommen.³³⁶

198

**Rechtsbehelfsbefugt** gegen den Erbschaftssteuerbescheid ist lediglich der Erbe, nicht jedoch der Testamentsvollstrecker, auch wenn er Adressat der Bekanntgabe des Erbschaftssteuerbescheides ist.³³⁷ Er ist dabei auch vor dem Hintergrund der Pflicht zur ordnungsgemäßen Verwaltung nach § 2216 BGB nicht berechtigt, einen Rechtsanwalt oder Steuerberater mit der Einlegung eines Einspruches zu beauftragen, wenn keine Zweifel an der Berechtigung von Erbschaftssteuerbescheiden bestehen.³³⁸ Richtet sich der Bescheid allerdings gegen den Testamentsvollstrecker selbst, z.B. mit der Aufforderung zur Zahlung der Erbschaftssteuer oder als Haftungsschuldner, steht auch nur ihm das Recht zur Rechtsmitteleinlegung zu.³³⁹ In jedem Fall dauert das Amt des Testamentsvollstreckers bis zur abschließenden

199

---

329 *Häfke*, ZEV 1997, 429, 431.
330 *Häfke*, ZEV 1997, 429, 432.
331 BFH ZEV 2000, 167.
332 *Winkler*, Rn 760.
333 *Häfke*, ZEV 1997, 429, 432.
334 FG München ZEV 2001, 287.
335 *Häfke*, ZEV 1997, 429, 432.
336 *Bengel/Reimann*, VIII Rn 92.
337 *Häfke*, ZEV 1997, 429, 432; FinMin Saarland, Erl. 25.1.2001, ZEV 2001, 270.
338 BGH ZEV 2000, 195.
339 *Bengel/Reimann*, VIII Rn 85.

Klärung der erbschaftsteuerlichen Fragen fort, unabhängig davon, ob er zur Einspruchseinlegung bevollmächtigt ist.[340]

200 **Erstattungsansprüche** aufgrund überzahlter Erbschaftsteuer gegen das Finanzamt stehen zwar den Erben als Inhaber zu, verfügungsberechtigt und damit empfangszuständig ist allerdings der Testamentsvollstrecker, soweit die Erbschaftsteuer aus dem der Testamentsvollstreckung unterliegenden Vermögen bezahlt wurde.[341]

### 3. Nach dem Erbfall während der Testamentsvollstreckung entstehende Steuer

201 Für die erst nach Beginn der Testamentsvollstreckung fällig werdende (entstehende) Steuer trifft den Testamentsvollstrecker bei der reinen Auseinandersetzungsvollstreckung grundsätzlich keine unmittelbar steuerliche Pflicht. Anders ist dies bei der Dauertestamentsvollstreckung zu sehen, bei welcher der Testamentsvollstrecker insbesondere auch Erklärungen zur einheitlichen und gesonderten Gewinnfeststellung abzugeben hat.[342] Erzielt der Erbe nach dem Tod des Erblassers aus dem Nachlass Einkünfte i.S.d. §§ 1 Abs. 1, 2 Abs. 1 EStG, hat er als Steuerschuldner i.S.d. § 38 AO die Einkünfte zu versteuern.[343]

Die **Steuererklärung** bezüglich der von dem Erben als Erwerber geschuldeten Steuern, die nach dem Tod des Erblassers in der Person des Erwerbers entstehen und die das der Testamentsvollstreckung unterworfene Vermögen betreffen, hat demnach auch der Erbe abzugeben, also insbesondere Einkommensteuer-, Gewerbesteuer- und Umsatzsteuererklärungen.[344] Das Finanzamt kann daher nicht vom Testamentsvollstrecker verlangen, Steuererklärungen einzureichen, die die gesamten für die betreffende Steuer in Betracht kommenden Verhältnisse umfasst. Die Steuerbescheide sind daher folglich auch an den Erben zu richten, welchem ausschließlich die Rechtsbehelfsbefugnis zusteht.[345]

202 Der Erbe ist auch Schuldner der ihn treffenden Steuerschulden und hat für die Begleichung selbst Sorge zu tragen, nicht der Testamentsvollstrecker, und zwar auch dann, wenn es sich um Erträge aus dem Vermögen handelt, welche der Verwaltung durch den Testamentsvollstrecker unterliegen. Allerdings muss der Testamentsvollstrecker die Steuern, welche auf die Nachlassgegenstände und ihre Erträge durch den Erben zu bezahlen sind, aus dem Nachlass zur Verfügung stellen oder auf Anweisung des Erben die Steuerschulden selbst begleichen.[346]

### 4. Wechselseitige Auskunftsansprüche

#### a) Auskunftsanspruch des Testamentsvollstreckers

203 Der Testamentsvollstrecker benötigt insbesondere für die Abgabe der Erbschaftssteuererklärung Angaben der Erben über das Vermögen des Erblassers sowie wegen § 14 ErbStG Angaben über etwaige **Vorschenkungen**. Ihm wird daher zur Erfüllung seiner steuerlichen Pflichten ein Auskunftsanspruch nach § 2218 i.V.m. § 242 BGB zugestanden,[347] allerdings

---

340 FG München ZEV 2001, 287.
341 *Bengel/Reimann*, VIII Rn 90.
342 *Winkler*, Rn 758.
343 *Häfke*, ZEV 1997, 429, 433.
344 *Bengel/Reimann*, VIII Rn 120 sowie Rn 121 ff. zur Frage der Fortführung eines Handelsgeschäfts, sowie bei noch unbekannten Erben.
345 *Häfke*, ZEV 1997, 429, 433.
346 *Bengel/Reimann*, VIII Rn 158, 167.
347 *Bengel/Reimann*, VIII Rn 157.

mit der Einschränkung, dass das Verlangen auch nach § 242 BGB gerechtfertigt ist, d.h. der Testamentsvollstrecker in entschuldbarer Weise keine Kenntnis hat und der Erbe die geschuldete Auskunft unschwer erteilen kann (vgl. Muster Rn 205).[348] Dem Testamentsvollstrecker wird insoweit wohl ein klagbarer Anspruch zugestanden werden müssen (vgl. Muster Rn 206).

### b) Auskunftsansprüche der Erben

Rechtsgrundlage für einen derartigen Auskunftsanspruch ist § 666 BGB, welcher nach § 2218 Abs. 1 BGB entsprechend anwendbar ist (vgl. oben Rn 130). Der Testamentsvollstrecker ist daher verpflichtet, den Erben alle für die Erfüllung der steuerlichen Pflichten notwendigen Umstände und Zahlen mitzuteilen sowie in hierzu vorhandene Unterlagen Einsicht zu gewähren; anderenfalls haftet er ggf. nach § 2219 BGB für den aus der Verweigerung der Auskunft den Erben entstehenden Schaden.[349] Die Erben können ihren Auskunftsanspruch im Klagewege geltend machen (vgl. Rn 131 und Muster vgl. Rn 207).

204

### c) Muster

**aa) Muster: Aufforderung des Testamentsvollstreckers an Erben zur Auskunft über vom Erblasser erhaltene Schenkungen**

An

205

*Testamentsvollstreckung für den Nachlass nach          , zuletzt wohnhaft          , verstorben am*

Wie Ihnen bereits bekannt ist, bin ich zum Testamentsvollstrecker für den Nachlass des am         verstorbenen          ernannt.

Als Testamentsvollstrecker bin ich nach § 31 Abs. 5 ErbStG verpflichtet, die Erbschaftsteuererklärung für den hier vorliegenden Nachlass gegenüber dem Finanzamt abzugeben.

Im Rahmen der Abgabe der Erbschaftsteuererklärung müssen unter anderem Angaben über die vom Erblasser zu einem früheren Zeitpunkt – innerhalb der letzten zehn Jahre – dem Erben angefallenen Vermögensvorteile gemacht werden, unabhängig davon, ob bezüglich dieser früheren Zuwendungen bereits eine Steuer entrichtet wurde. Die Angabe dieser früheren Zuwendungen ist für die ordnungsgemäße Erfüllung der Verpflichtungen nach den steuerlichen Vorschriften maßgeblich.

Ich habe Sie daher aufzufordern, mir in schriftlicher und verbindlicher Form darüber Auskunft zu erteilen, welche Zuwendungen, Schenkungen oder sonstigen Vermögensvorteile Sie innerhalb der letzten zehn Jahre vor dem Todeszeitpunkt vom Erblasser erhalten haben. Soweit es sich um teilentgeltliche Zuwendungen handelt, müssen diese ebenfalls angegeben werden. Die Auskunft soll unter Angabe des Zeitpunktes der Zuwendung und – soweit vorhanden – unter Beifügung entsprechender Belege (Bankbelege, Quittungen, schriftliche Vereinbarungen etc.) erteilt werden.

Aufgrund der von Seiten des Finanzamtes zu erwartenden Fristsetzung zu Abgabe der Steuererklärung muss ich um Erteilung der Auskunft bis längstens          bitten.

(Testamentsvollstrecker)

---

348 Palandt/*Heinrichs*, § 261 BGB Rn 8 ff.; MüKo-*Brandner*, § 2218 BGB Rn 8.
349 *Bengel/Reimann*, VIII Rn 158, 159.

**bb) Muster: Klageantrag des Testamentsvollstreckers gegen Erben auf Auskunft über Vorschenkungen i.S.d. § 14 ErbStG**

Der Beklagte wird verurteilt, dem Kläger Auskunft über sämtliche vom Erblasser innerhalb der letzten zehn Jahre angefallenen Vermögensvorteile zu erteilen.

**cc) Muster: Klage des Erben gegen Testamentsvollstrecker auf Auskunft über die für die Erfüllung der steuerlichen Pflichten notwendigen Umstände und Zahlen (§ 2218 Abs. 1 i.V.m. § 666 BGB)**

Vgl. Muster Rn 158: Klage des Erben gegen Testamentsvollstrecker auf Auskunft durch Vorlage eines Bestandsverzeichnisses nach Umschichtung des Nachlasses und jährliche Rechnungslegung (§ 2218 Abs. 1 i.V.m. §§ 260, 2218 Abs. 2 BGB).

## VIII. Auseinandersetzung des Nachlasses

Soweit mehrere Erben vorhanden sind, erschöpft sich die Aufgabe des Testamentsvollstreckers in der Regel nicht allein in der Ausführung der letztwilligen Verfügungen des Erblassers, vielmehr hat er dann regelmäßig auch die Auseinandersetzung des Nachlasses unter den Miterben zu bewirken, § 2204 BGB. Die Auseinandersetzung des Nachlasses hat unverzüglich nach dem Tod des Erblassers zu erfolgen,[350] soweit der Erblasser nichts anderes letztwillig verfügt hat, d.h. dem Testamentsvollstrecker diese Befugnis nicht nach §§ 2208 Abs. 1 S. 1, 2209 BGB entzogen wurde.[351] Die Auseinandersetzung hat ferner dann zu unterbleiben, wenn die Erben wirksam vereinbart haben, die Erbengemeinschaft hinsichtlich des Nachlasses oder Teilen hiervon fortzusetzen.[352]

Die Auseinandersetzung hat dabei nach §§ 2204–2056 BGB[353] zu erfolgen. Anderes ergibt sich lediglich für den Fall, dass der Erblasser im Einzelnen Anordnungen **für die Art und Weise der Auseinandersetzung** getroffen hat.[354] Neben dem gesetzlich für die Auseinandersetzung vorgesehenen Auseinandersetzungsplan besteht darüber hinaus auch die Möglichkeit der Auseinandersetzung des Nachlasses aufgrund einer Auseinandersetzungsvereinbarung zwischen den Miterben und dem Testamentsvollstrecker.

### 1. Auseinandersetzungsplan

Aus § 2204 Abs. 2 BGB ergibt sich das Erfordernis der Aufstellung eines Auseinandersetzungsplanes durch den Testamentsvollstrecker, wobei die Art und Weise der Auseinandersetzung nach § 2204 Abs. 1 BGB mit der Maßgabe der §§ 2042 ff. BGB zu erfolgen hat.[355] Danach hat der Testamentsvollstrecker gem. § 2046 BGB zunächst die Nachlassverbindlichkeiten (§ 1967 Abs. 2 BGB) zu ermitteln und zu bereinigen. Soweit dies erforderlich ist, hat er den Nachlass in Geld umzusetzen, um Nachlassverbindlichkeiten zu berichtigen, § 2046 Abs. 3 BGB. Erst der verbleibende Überschuss ist dann gem. § 2047 Abs. 1 BGB unter den Erben im Verhältnis ihrer Erbteile zu verteilen (vgl. Muster Rn 220).

---

350 *Winkler*, Rn 509.
351 Palandt/*Edenhofer*, § 2204 BGB Rn 1.
352 Palandt/*Edenhofer*, § 2204 BGB Rn 2.
353 Anm.: Wie sich aus § 2042 BGB ergibt, finden demnach auch die Regelungen über die Aufhebung der Gemeinschaft nach §§ 750–758 BGB Anwendung.
354 *Winkler*, Rn 510.
355 BGHZ 51, 125, 127; vgl. zu den Auseinandersetzungsregeln im Einzelnen *Kerscher/Krug*, § 13 Rn 216 ff.

Dabei binden den Testamentsvollstrecker grundsätzlich Vereinbarungen der Erben über die Auseinandersetzung nicht, es sei denn, es handelt sich um eine Vereinbarung der Erben über die **Ausgleichungspflicht unter Abkömmlingen** (§§ 2050 ff. BGB) oder über den **Ausschluss der Auseinandersetzung**.[356] Der Testamentvollstrecker sollte jedoch nicht eine Auseinandersetzung gegen den Willen der Erben durchsetzen, ohne vorher eine Einigung versucht zu haben, um eine mögliche Haftung aus § 2219 BGB zu vermeiden. An Teilungsanordnungen des Erblassers ist der Testamentsvollstrecker allerdings gebunden.[357]

211

Nach § 2204 Abs. 2 BGB hat der Testamentsvollstrecker die Erben vor **Ausführung des Teilungsplanes zu hören** (vgl. Muster Rn 221).[358] Die Genehmigung des Planes durch die Erben ist nicht erforderlich.[359] Der widersprechende Erbe kann aber gegen den Testamentsvollstrecker auf Feststellung der Unwirksamkeit des Teilungsplanes (vgl. Muster Rn 223) oder auf anderweitige Auseinandersetzung (vgl. Muster Rn 224) klagen, wie umgekehrt der Testamentsvollstrecker gegenüber dem widersprechenden Erben Klage auf Feststellung der Wirksamkeit des vorgelegten Teilungsplanes erheben kann.[360] Die Unterlassung der Anhörung führt auch nicht zur Unwirksamkeit des Auseinandersetzungsplanes, kann aber möglicherweise zu einer Haftung des Testamentsvollstreckers nach § 2219 BGB führen.[361] Es empfiehlt sich eine Anhörung bereits vor der endgültigen Planaufstellung, damit die Erben Gelegenheit haben, Wünsche und Bedenken zu äußern.[362]

212

**Grundlage der Auseinandersetzung** ist jedoch schließlich der vom Testamentsvollstrecker aufgestellte und für verbindlich erklärte Auseinandersetzungsplan.[363] Er ersetzt den Auseinandersetzungsvertrag und wirkt für die Erben nur verpflichtend und berechtigend.[364] Der Plan hat damit keine unmittelbar dingliche, sondern nur obligatorische, d.h. schuldrechtliche Wirkung im Hinblick auf die Verpflichtung der Erben untereinander, die ihnen zugeteilten Gegenstände zu übertragen. Der Testamentsvollstrecker selbst verfügt dinglich zum Zweck der Auseinandersetzung über die Nachlassgegenstände anstelle der Erben.[365]

213

## 2. Auseinandersetzungsvereinbarung

Neben der Aufstellung des Auseinandersetzungsplanes durch den Testamentsvollstrecker besteht bei Einigung der Erben untereinander über die Auseinandersetzung des Nachlasses die Möglichkeit des Abschlusses eines **Auseinandersetzungsvertrags** (vgl. Muster Rn 222) zwischen ihnen und dem Testamentsvollstrecker, welcher dann an die Stelle des Auseinandersetzungsplanes tritt.[366]

214

Im Gegensatz zum Auseinandersetzungsplan, zu dem die Erben nur angehört werden müssen, § 2204 Abs. 2 BGB, bedarf der Auseinandersetzungsvertrag der Mitwirkung der Erben, da es sich um einen **gegenseitigen schuldrechtlichen Vertrag handelt**, welcher den

215

---

356 *Bengel/Reimann*, IV Rn 245 und 249.
357 *Bengel/Reimann*, IV Rn 235.
358 Anm.: Bei Beteiligung minderjähriger oder unter Betreuung stehender Erben bedarf es ggf. der Bestellung eines Ergänzungspflegers (§ 1909 BGB) oder Betreuers/Ergänzungsbetreuers (§§ 1896 ff. BGB), vgl. *Bengel/Reimann*, IV 250.
359 *Winkler*, Rn 519.
360 *Bengel/Reimann*, IV Rn 244.
361 MüKo-*Brandner*, § 2204 BGB Rn 6.
362 *Bengel/Reimann*, IV Rn 236.
363 Palandt/*Edenhofer*, § 2204 BGB Rn 4.
364 Palandt/*Edenhofer*, § 2204 BGB Rn 4.
365 *Winkler*, Rn 523.
366 BayObLG ZEV 1995, 370, 371.

Rechtsgrund für den Erwerb der Nachlassgegenstände durch die Erben bildet.[367] Dem Auseinandersetzungsvertrag kann daher ein vom Testamentsvollstrecker aufgestellter Auseinandersetzungsplan vorausgehen, welchem die Erben zustimmen und der damit zum Auseinandersetzungsvertrag wird.

216 Der Auseinandersetzungsvertrag ist grundsätzlich an keine besondere Form gebunden. Bei Vorhandensein von Grundstücken (§ 313 BGB) sowie bei GmbH-Anteilen (§ 15 Abs. 3 GmbHG) bedarf er allerdings der notariellen Beurkundung.[368] Soweit einer der Erben unter Vormundschaft, Pflegschaft oder Betreuung steht, bedarf der Auseinandersetzungsvertrag der **vormundschaftsgerichtlichen Genehmigung** nach § 1822 Nr. 2 BGB.[369]

217 Wie bei dem vom Testamentsvollstrecker aufgestellten Teilungsplan bedarf es beim Auseinandersetzungsvertrag zum Vollzug noch der **dinglichen Übertragung** der Nachlassgegenstände auf die Erben.

### 3. Vollzug des Aufteilungsplanes/Auseinandersetzungsvertrags

218 Wie oben dargestellt, haben Aufteilungsplan und Auseinandersetzungsvertrag nur schuldrechtliche Wirkung. Die Durchführung der Auseinandersetzung bedarf daher noch der dinglichen Übertragungsakte bezüglich der Nachlassgegenstände. Im Einzelnen also:
– Übergabe von beweglichen Sachen nach §§ 929 ff. BGB,
– Abtretung von Forderungen nach §§ 398 ff. BGB,
– Auflassung (§ 925 BGB) und Eigentumsumschreibung (§ 873 BGB) bei Grundstücken,
– Übertragung eines Geschäftsanteiles einer GmbH nach § 15 GmbHG.

219 Die schuldrechtlichen Wirkungen von Aufteilungsplan und Auseinandersetzungsvertrag verpflichten die Erben zur Mitwirkung bei den entsprechenden Übertragungsakten, was der Testamentsvollstrecker nötigenfalls im **Klageweg** erzwingen kann.[370]

### 4. Muster

a) Muster: Auseinandersetzungsplan (§ 2204 BGB)[371]

220
Plan

über die Auseinandersetzung des Nachlasses

des am           verstorbenen

*I. Feststellungen zur Erbfolge und zur Testamentsvollstreckung*

Ausweislich der sich bei den Akten des Amtsgerichts           – Nachlassgericht – befindlichen Sterbeurkunde-Todesanzeige (Standesamt           Nr.           ) ist           in           , zuletzt wohnhaft           , geboren am           , am           verstorben.

Der Erblasser hat mit letztwilliger Verfügung vom           , eröffnet durch das Amtsgericht           – Nachlassgericht – als einziges vorhandenes Testament zu seinen Erben folgende Personen eingesetzt:
1.           mit einer Erbquote zu

---

367 *Bengel/Reimann*, IV Rn 259.
368 *Palandt/Edenhofer*, § 2204 BGB Rn 4.
369 *Bengel/Reimann*, IV Rn 264 m. w. Anm. zu Sonderfällen hinsichtlich der Notwendigkeit eines Ergänzungspflegers i.F.d. §§ 1629 Abs. 2, 1795 BGB; *Palandt/Edenhofer*, § 2042 BGB Rn 7 zusätzlich zu dem Erfordernis der familiengerichtlichen Genehmigung i.F.d. § 1643 Abs. 1 BGB.
370 *Bengel/Reimann*, IV Rn 256.
371 Der Formulierungsvorschlag wurde teilweise dem Muster bei *Winkler*, Rn 883 entnommen.

2. ▮ mit einer Erbquote zu ▮
3. ▮ mit einer Erbquote zu ▮

Der Erblasser hat in der gleichen Verfügung folgende Teilungsanordnungen unter Anrechnung auf den jeweiligen Erbteil/Erbquote bestimmt:
1. ▮ erhält ▮
2. ▮ erhält ▮
3. ▮ erhält ▮

*(Auflistung unter Angabe etwaiger Anrechnungsbestimmungen, Bestimmungen über Ausgleichszahlungen, etc.)*

Ferner wurde durch den Erblasser in diesem Testament die Testamentsvollstreckung angeordnet und ▮ zum alleinigen Testamentsvollstrecker für seinen gesamten Nachlass ernannt. Beschränkungen der Tätigkeit des Testamentsvollstreckers sind im Testament nicht vorgesehen. Mangels abweichender Bestimmungen von Seiten des Erblassers liegt der gesetzliche Regelfall einer Abwicklungs- und Auseinandersetzungsvollstreckung nach §§ 2203, 2204 BGB vor.

Sämtliche Erben haben die Erbschaft ausdrücklich durch Erklärung gegenüber dem Amtsgericht ▮ – Nachlassgericht – ▮ angenommen. Durch das Nachlassgericht wurde auf der Grundlage der letztwilligen Verfügung des Erblassers am ▮ ein Erbschein erteilt.

Mit Erklärung vom ▮ wurde durch den Testamentsvollstrecker gegenüber dem Nachlassgericht die Annahme des Amtes als Testamentsvollstrecker erklärt.

Das Testamentsvollstreckerzeugnis wurde vom Amtsgericht ▮ – Nachlassgericht – am ▮ erteilt.

*II. Feststellung des Nachlasses zum Todeszeitpunkt bzw. zu Beginn des Amtes*

Der vom Erblasser hinterlassene Nachlass wurde durch den Testamentsvollstrecker zu Beginn seines Amtes durch Erstellung des Nachlassverzeichnisses vom ▮ festgestellt. Nachträglich bekannt gewordene Nachlassgegenstände (Aktiva/Passiva) wurden in dem zuletzt berichtigten Nachlassverzeichnis vom ▮ festgestellt.

Auf das (berichtigte) Nachlassverzeichnis vom ▮ wird ausdrücklich Bezug genommen und ist in Abschrift diesem Teilungsplan nochmals als Anlage beigefügt.

*III. Feststellung des für die Auseinandersetzung maßgeblichen Nachlasses*

Nach Abwicklung der Nachlassverbindlichkeiten und – soweit eine Einigung der Erben nicht zu erzielen war – Verkauf der unteilbaren Nachlassgegenstände bzw. Verwertung des unteilbaren Grundbesitzes, soweit hierüber nicht vom Erblasser im Wege der Teilungsanordnung eine Zuteilung an einen der Erben erfolgt ist, ergibt sich folgender für die nunmehr zu erfolgende Auseinandersetzung maßgebliche Nachlass:

1. ▮ EUR
2. ▮ EUR
   zu verteilender Reinnachlass ▮ EUR

*(Aufstellung des Nachlasses in Anlehnung an das Nachlassverzeichnis)*

*IV. Teilung des Nachlasses*

Aus dem festgestellten Wert des Reinnachlasses von ▮ EUR ergibt sich entsprechend der Erbquoten der Erben folgende Verteilung:

1. ▮ mit einer Erbquote zu ▮ ein Anteil von ▮ EUR
2. ▮ mit einer Erbquote zu ▮ ein Anteil von ▮ EUR
3. ▮ mit einer Erbquote zu ▮ ein Anteil von ▮ EUR
   ergibt Reinnachlass von ▮ EUR

## V. Ausgleichung

▓▓▓

*(Berücksichtigung von Ausgleichungspflichten unter den Abkömmlingen nach §§ 2050 ff. BGB und ggf. Berichtigung der Verteilung unter Ziff. IV)*

## VI. Auseinandersetzungsplan

Unter Berücksichtigung der Erbquoten und der vom Erblasser bestimmten Teilungsanordnungen *(und ggf. Ausgleichungspflichten)* ergibt sich folgende Teilung des Reinnachlasses:

| | | | Wert |
|---|---|---|---|
| 1. | ▓▓▓ erhält: | | |
| a) | Grundbesitz ▓▓▓ **(Beschreibung)** | | ▓▓▓ EUR |
| b) | Anteil am Geldvermögen | | ▓▓▓ EUR |
| c) | Sonstige Nachlassgegenstände | | ▓▓▓ EUR |
| d) | ▓▓▓ | | |
| e) | ▓▓▓ | | |
| | Wert gemäß Anteil am Nachlass gesamt | | ▓▓▓ EUR |
| 2. | ▓▓▓ erhält: | | |
| a) | Grundbesitz ▓▓▓ **(Beschreibung)** | | ▓▓▓ EUR |
| b) | Anteil am Geldvermögen | | ▓▓▓ EUR |
| c) | Sonstige Nachlassgegenstände | | ▓▓▓ EUR |
| d) | ▓▓▓ | | |
| e) | ▓▓▓ | | |
| | Wert gemäß Anteil am Nachlass gesamt | | ▓▓▓ EUR |
| 3. | ▓▓▓ erhält: | | |
| a) | Grundbesitz ▓▓▓ **(Beschreibung)** | | ▓▓▓ EUR |
| b) | Anteil am Geldvermögen | | ▓▓▓ EUR |
| c) | Sonstige Nachlassgegenstände | | ▓▓▓ EUR |
| d) | ▓▓▓ | | |
| e) | ▓▓▓ | | |
| | Wert gemäß Anteil am Nachlass gesamt | | ▓▓▓ EUR |
| | ergibt Reinnachlass | | ▓▓▓ EUR |

## VII. Vollzug des Auseinandersetzungsplanes

1. Die Erben haben die ihnen zugeteilten Nachlassgegenstände anzunehmen. Bei der Zuteilung von Grundbesitz ist der jeweilige Empfänger verpflichtet, bei der Beurkundung der Auflassung des Grundbesitzes mitzuwirken.
2. Von den den Erben jeweils zustehenden Anteilen am Geldvermögen werden zur Berichtigung der gemäß bestandskräftigem Erbschaftsteuerbescheid des Finanzamtes ▓▓▓ vom ▓▓▓ festgesetzten Erbschaftsteuern diese durch den Testamentsvollstrecker an das Finanzamt vor Vollzug des Teilungsplanes abgeführt.
3. Die Vergütung des Testamentsvollstreckers beläuft sich nach der Vereinbarung zwischen dem Testamentsvollstrecker und den Erben vom ▓▓▓ auf ▓▓▓ EUR. Sie wird von den Erben entsprechend ihrer Erbquoten getragen und vom Testamentsvollstrecker bei Ausbezahlung des Geldvermögens an die Erben jeweils anteilig in Abzug gebracht.
4. Nach Vollzug der Auseinandersetzung, insbesondere Vollzug sämtlicher Auflassungen im Grundbuch, ist das Amt des Testamentsvollstreckers infolge Erledigung sämtlicher ihm obliegender Aufgaben erledigt. Der Testamentsvollstrecker wird dies dem Amtsgericht ▓▓▓ – Nachlassgericht – umgehend mitteilen und die in seinem Besitz befindliche Ausfertigung des Testamentsvollstreckerzeugnisses zurückgeben.

*(Testamentsvollstrecker)*

## b) Muster: Anhörung der Erben zum Auseinandersetzungsplan

An[372]

*Testamentsvollstreckung für den Nachlass nach* _____, *zuletzt wohnhaft* _____, *verstorben am* _____

Nach Erledigung und Abwicklung der sonstigen mir als Testamentsvollstrecker von Seiten des Erblassers übertragenen Aufgaben kann nunmehr die Auseinandersetzung des Nachlasses erfolgen.

Ich habe daher auf der Grundlage des eigenhändigen Testamentes des Erblassers vom _____, eröffnet durch das Amtsgericht _____ – Nachlassgericht – und unter Beachtung der gesetzlichen Vorschriften den in der Anlage beigefügten Auseinandersetzungsplan aufgestellt.

Ich gebe Ihnen hiermit die Möglichkeit, zu dem Plan Stellung zu nehmen.

Sollte ich nicht bis längstens _____ eine gegenteilige **schriftliche Stellungnahme** von Ihnen bzw. den weiteren Miterben erhalten, gehe ich von dem Einverständnis der Miterben zu dem aufgestellten Auseinandersetzungsplan aus.

Ich werde dann die im Teilungsplan zum Vollzug der Auseinandersetzung vorgesehenen Schritte veranlassen und mich bezüglich der Übertragung der Ihnen zugeteilten Vermögensgegenstände mit Ihnen in Verbindung setzen.

(Testamentsvollstrecker)

## c) Muster: Auseinandersetzungsvereinbarung (§ 2204 BGB)

Vereinbarung

über die Auseinandersetzung des Nachlasses

des am _____ verstorbenen _____

Zwischen

_____, in seiner Eigenschaft als Testamentvollstrecker für den Nachlass des am _____ verstorbenen _____

– Testamentsvollstrecker –

und

1. _____
2. _____
3. _____

– Erben –

*Präambel:*

Ausweislich der sich bei den Akten des Amtsgerichts _____ – Nachlassgericht – befindlichen Sterbeurkunde-Todesanzeige (Standesamt _____ Nr. _____) ist _____ in _____, zuletzt wohnhaft _____, geboren am _____, am _____ verstorben.

Der Erblasser hat mit letztwilliger Verfügung vom _____, eröffnet durch das Amtsgericht _____ – Nachlassgericht – als einziges vorhandenes Testament zu seinen Erben folgende Personen eingesetzt:
1. _____ mit einer Erbquote zu _____
2. _____ mit einer Erbquote zu _____
3. _____ mit einer Erbquote zu _____

---

[372] Vgl. auch Formulierungsvorschläge bei *Bengel/Reimann*, IV Rn 238; *Winkler*, Rn 884.

Der Erblasser hat in der gleichen Verfügung folgende Teilungsanordnungen unter Anrechnung auf den jeweiligen Erbteil/Erbquote bestimmt:
1. ▓▓▓▓ erhält ▓▓▓▓
2. ▓▓▓▓ erhält ▓▓▓▓
3. ▓▓▓▓ erhält ▓▓▓▓

(*Auflistung unter Angabe etwaiger Anrechnungsbestimmungen, Bestimmungen über Ausgleichszahlungen, etc.*)

Ferner wurde durch den Erblasser in diesem Testament die Testamentsvollstreckung angeordnet und ▓▓▓▓ zum alleinigen Testamentsvollstrecker für den gesamten Nachlass ernannt. Beschränkungen der Tätigkeit des Testamentsvollstreckers sind im Testament nicht vorgesehen. Mangels abweichender Bestimmungen von Seiten des Erblassers liegt der gesetzliche Regelfall einer Abwicklungs- und Auseinandersetzungsvollstreckung nach §§ 2203, 2204 BGB vor.

Sämtliche Erben haben die Erbschaft ausdrücklich durch Erklärung gegenüber dem Amtsgericht ▓▓▓▓ – Nachlassgericht – angenommen. Durch das Nachlassgericht wurde auf der Grundlage der letztwilligen Verfügung des Erblassers am ▓▓▓▓ ein Erbschein erteilt.

Mit Erklärung vom ▓▓▓▓ wurde durch den Testamentsvollstrecker gegenüber dem Nachlassgericht die Annahme des Amtes als Testamentsvollstrecker erklärt.

Das Testamentsvollstreckerzeugnis wurde vom Amtsgericht ▓▓▓▓ – Nachlassgericht – am ▓▓▓▓ erteilt.

Unter diesen Voraussetzungen schließen die Parteien mit der Maßgabe der folgenden Feststellungen folgende Vereinbarung über die Auseinandersetzung des Nachlasses des am ▓▓▓▓ verstorbenen ▓▓▓▓:

I. ▓▓▓▓ (*vgl. I. – V. im Muster zum Teilungsplan, § 13 Rn 220, soweit Grundbesitz oder GmbH-Anteile vorhanden ist, bedarf die Vereinbarung allerdings der notariellen Beurkundung*)

(Testamentsvollstrecker) (Erbe 1)
(Erbe 2) (Erbe 3)

d) **Muster: Klage des Erben auf Feststellung der Unwirksamkeit eines vom Testamentsvollstrecker aufgestellten Teilungsplans**

An das

Landgericht – Zivilkammer –

▓▓▓▓

*Klage*

des ▓▓▓▓

– Klägers –

Prozessbevollmächtigter: Rechtsanwalt ▓▓▓▓

gegen

▓▓▓▓, in seiner Eigenschaft als Testamentsvollstrecker für den Nachlass nach ▓▓▓▓

– Beklagten –

auf Feststellung.

Vorläufiger Gegenstandswert: ▓▓▓▓

Namens und in Vollmacht des Klägers erhebe ich Klage zum Landgericht ▓▓▓▓ mit der Bitte um Anberaumung eines möglichst nahen Termins zur mündlichen Verhandlung, für die die Stellung folgender Anträge angekündigt wird:

*Littig*

1. Es wird festgestellt, dass der vom Beklagten aufgestellte und für verbindlich erklärte Teilungsplan vom ▓▓▓ zur Auseinandersetzung des Nachlasses des am ▓▓▓ in ▓▓▓ verstorbenen ▓▓▓ unwirksam ist.
2. Der Beklagte hat die Kosten des Rechtsstreits zu tragen.
3. Das Urteil ist bezüglich der Kosten vorläufig vollstreckbar.

*Begründung:*

I. Am ▓▓▓ ist ▓▓▓ in ▓▓▓ verstorben. Der Beklagte wurde zum Testamentsvollstrecker für den gesamten Nachlass ernannt. Beschränkungen der Rechte des Testamentsvollstreckers hat der Erblasser nicht angeordnet. Er hat das Amt mit Erklärung vom ▓▓▓ gegenüber dem Nachlassgericht angenommen. Der Kläger ist ausweislich des Erbscheines des Amtsgerichtes ▓▓▓ – Nachlassgericht – zum Miterben neben dem weiteren Abkömmling des Erblassers, ▓▓▓, nach dem verstorbenen Erblasser berufen.

*Beweis:* Nachlassakten des Amtsgerichtes ▓▓▓ – Nachlassgericht –, Az. ▓▓▓, deren Beiziehung im vorliegenden Verfahren beantragt wird.

II. Der Kläger begehrt mit vorliegender Klage die Feststellung der Unwirksamkeit des vom Beklagten in seiner Eigenschaft als Testamentsvollstrecker aufgestellten Teilungsplanes zur Auseinandersetzung des Nachlasses des am ▓▓▓ verstorbenen ▓▓▓.

Das Feststellungsinteresse des Klägers ergibt sich aus der Tatsache, dass der Beklagte im Rahmen des von ihm für verbindlich erklärten Teilungsplanes eine notwendigerweise nach § 2050 Abs. 1 BGB zugunsten des Klägers vorzunehmende Ausgleichung unter den Abkömmlingen nicht berücksichtigt hat. Nachdem der vom Testamentsvollstrecker aufzustellende Teilungsplan die Grundlage der Auseinandersetzung des Nachlasses unter den Miterben bildet und der Testamentsvollstrecker mit seiner Erklärung, wonach der Teilungsplan verbindlich und endgültig ist, die Auseinandersetzung auf der Grundlage des Teilungsplanes beabsichtigt, hat der Kläger ein Interesse an der beantragten Feststellung. Die Erhebung einer Leistungsklage ist dem Kläger nicht möglich, da erst mit Feststellung der vorzunehmenden Ausgleichung und der daraus resultierenden Unwirksamkeit des Teilungsplanes der ausgleichungspflichtige Mehrempfang des weiteren Miterben durch den Beklagten als Testamentsvollstrecker zu ermitteln ist. Erst danach kann unter Zugrundelegung des Wertes der Ausgleichung ein neuer Teilungsplan aufgestellt werden.

III. ▓▓▓ *(es folgt die Darlegung des Sachverhaltes, welcher zu einer Ausgleichungsverpflichtung führt)*

(Rechtsanwalt)

e) Muster: Klageantrag des Erben gegen den Testamentsvollstrecker und die Miterben auf anderweitige Auseinandersetzung als in dem vom Testamentsvollstrecker aufgestellten Teilungsplan

1. Die Beklagten werden verurteilt,[373] der Auseinandersetzung des Nachlasses des am ▓▓▓ in ▓▓▓ verstorbenen ▓▓▓ gemäß folgendem Teilungsplan zuzustimmen: ▓▓▓ (der vom Kläger aufzustellende Teilungsplan).
2. Der Beklagte zu 1) wird verurteilt, in seiner Eigenschaft als Testamentsvollstrecker in Ausführung des unter Ziff. 1 dargestellten Teilungsplanes an den Kläger folgende Nachlassgegenstände herauszugeben:
   a) ▓▓▓
   b) ▓▓▓
3. Der Beklagte zu 1) wird verurteilt, in seiner Eigenschaft als Testamentsvollstrecker in Ausführung des unter Ziff. 1 dargestellten Teilungsplanes an den Kläger als Alleineigentümer den im Grundbuch des Amtsgerichts ▓▓▓ von ▓▓▓ Blatt ▓▓▓ eingetragenen Grundbesitz aufzulassen und in die entsprechende Umschreibung des Grundbuches einzuwilligen.

---

373 Antragswortlaut in Anlehnung an Antrag zur Erbauseinandersetzungsklage in *Locher/Mes*, Beck'sches Prozessformularhandbuch, 9. Auflage 2003, S. 676.

f) Muster: Klageantrag des Testamentsvollstreckers bei Klage zur Mitwirkung bei den Übertragungsakten entsprechend dem vom Testamentsvollstrecker aufgestellten Teilungsplan

225
1. Der Beklagte wird verurteilt, in Ausführung des vom Kläger in seiner Eigenschaft als Testamentsvollstrecker für den Nachlass des am ▬▬▬ verstorbenen ▬▬▬ aufgestellten Teilungsplans vom ▬▬▬ folgende Nachlassgegenstände entgegenzunehmen:
   a) ▬▬▬
   b) ▬▬▬
2. Der Beklagte wird verurteilt, in Ausführung des vom Kläger in seiner Eigenschaft als Testamentsvollstrecker für den Nachlass des am ▬▬▬ verstorbenen ▬▬▬ aufgestellten Teilungsplans vom ▬▬▬, in die Auflassung des im Grundbuch des Amtsgerichts ▬▬▬ von ▬▬▬ Blatt ▬▬▬ eingetragenen Grundstückes an ihn einzuwilligen.

## IX. Beendigung des Amtes

226 Zu unterscheiden ist zunächst die Frage, ob lediglich das Amt des zunächst bestellten Testamentsvollstreckers endet oder ob die Testamentsvollstreckung insgesamt beendet wird, d.h. die Verfügungsbefugnis nunmehr den Erben zusteht und die Wirkungen des § 2214 BGB entfallen, folglich nunmehr Eigengläubiger eines Erben Zugriff auf den Nachlass haben. Gesetzliche Grundlagen für die Dauer der Testamentsvollstreckung bzw. vorzeitige Beendigung der Testamentsvollstreckung finden sich in §§ 2209, 2210, 2225–2227 BGB, wobei die gesetzlichen Regelungen unvollständig sind.[374] Es empfiehlt sich daher bereits bei der Gestaltung des Testamentes eine klare Formulierung mit aufzunehmen, insbesondere, ob mit der Beendigung des konkreten Testamentsvollstreckeramtes auch die Testamentsvollstreckung insgesamt beendet sein soll oder mit einem Nachfolger fortgesetzt wird.[375]

Herrscht Streit über die Frage, ob nur das Amt eines bestimmten Testamentsvollstreckers erloschen ist oder die Testamentsvollstreckung insgesamt beendet ist, so entscheidet hierüber das Prozessgericht, nicht das Nachlassgericht[376] (vgl. Muster Rn 251).

### 1. Beendigungstatbestände

#### a) Gründe in der Person des Testamentsvollstreckers

##### aa) Tod des Testamentsvollstreckers, § 2225 BGB

227 Mit dem Tod des Testamentsvollstreckers endet auch sein Amt, es geht nicht auf seine Erben über. Der Erbe ist allerdings gem. § 2218 Abs. 1 i.V.m. § 673 S. 2 BGB anzeige- und einstweilen besorgungspflichtig.[377] Ist von Seiten des Erblassers oder eines Bestimmungsberechtigten ein Nachfolger benannt und die Frist des § 2210 BGB noch nicht abgelaufen bzw. keine Aufgabenerledigung eingetreten, so endet lediglich das Amt des Testamentsvollstreckers, die Testamentsvollstreckung als solche bleibt jedoch bestehen und wird durch einen Nachfolger bzw. vorhandenen Mitvollstrecker, § 2224 BGB, fortgeführt. Soweit kein Mitvollstrecker vorhanden ist, so ist in der Zwischenzeit bis zur Annahme des Amtes durch den Nachfolger bei Handlungsbedarf die Bestellung eines **Pflegers** durch das Vormundschaftsgericht möglich, ggf. auch die Anordnung einer **Nachlasspflegschaft** in analoger

---

374 *Bengel/Reimann*, VII Rn 3.
375 *Bengel/Reimann*, VII Rn 4.
376 *Bengel/Reimann*, VII Rn 85; BGHZ 41, 23 im Rahmen der Entscheidung zur Beendigung wegen Aufgabenerledigung.
377 MüKo-*Brandner*, § 2225 BGB Rn 4.

Anwendung des § 1960 BGB (vgl. auch Ausführungen zur Sicherung des Nachlasses vor Annahme des Amtes durch einen Testamentsvollstrecker, siehe Rn 72).[378] Anderenfalls tritt mit der Amtsbeendigung durch Tod des Testamentsvollstreckers auch das Ende der Testamentsvollstreckung als solche ein.[379]

bb) Amtsunfähigkeit des Testamentsvollstreckers, § 2225 i.V.m. § 2201 BGB

Treten in der Person des Testamentsvollstreckers Gründe i.S.d. § 2201 BGB ein, also Geschäftsunfähigkeit (§ 104 BGB), beschränkte Geschäftsfähigkeit (§ 106 BGB) oder ist gem. § 1896 BGB ein **Betreuer zur Besorgung der Vermögensangelegenheiten** bestellt, endet ebenfalls das Amt des Testamentsvollstreckers, § 2225 BGB. Für die Frage der Beendigung der Testamentsvollstreckung als solcher kann auf die Ausführung zum Tod des Testamentsvollstreckers verwiesen werden.

228

cc) Verlust der Rechtsfähigkeit von juristischen Personen, welche als Testamentsvollstrecker bestellt waren, § 2225 BGB analog

Soweit eine juristische Person als Testamentsvollstrecker bestellt ist, endet dieses Amt mit dem **Verlust der eigenen Rechtsfähigkeit**.[380] Dies gilt auch, soweit das Vermögen der juristischen Person im Wege der Gesamtrechtsnachfolge auf einen anderen Rechtsträger übergeht.[381]

229

dd) Kündigung durch den Testamentsvollstrecker, § 2226 BGB

Nach § 2226 BGB kann der Testamentsvollstrecker das Amt jederzeit kündigen. Die Kündigung steht im Belieben des Testamentsvollstreckers und ist formlos möglich.[382] Sie ist unwiderruflich[383] und hat gegenüber dem Nachlassgericht zu erfolgen, § 2226 S. 2 BGB (vgl. Muster Rn 252). Die Kündigung ist allerdings unter den Voraussetzungen der §§ 119, 123 BGB anfechtbar.[384] Gemäß § 2226 S. 3 BGB findet für das Kündigungsrecht § 671 Abs. 2 und 3 BGB Anwendung, was zur Folge hat, dass sich der Testamentsvollstrecker bei unzeitiger Kündigung ohne wichtigen Grund **schadensersatzpflichtig** macht. Das Recht zur Kündigung kann der Erblasser nicht ausschließen, sondern nur durch vertraglichen Kündigungsverzicht mit dem Testamentsvollstrecker – unabhängig von dem nicht ausschließbaren Recht zur Kündigung bei Vorliegen eines wichtigen Grundes – vereinbaren.[385] Die Kündigung kann auf einen **Teil des Amtes** beschränkt werden, wenn sich seine Berechtigung hierzu aus der letztwilligen Verfügung des Erblassers entnehmen lässt.[386] Auch eine Vereinbarung zur Verpflichtung des Testamentsvollstreckers zur Amtsniederlegung mit den Erben ist möglich, führt aber nicht automatisch zum Erlöschen des Amtes, sondern begründet allenfalls eine Verpflichtung des Testamentsvollstreckers zur Amtsniederlegung durch Erklärung gegenüber dem Nachlassgericht.[387]

230

---

378 *Winkler*, Rn 786.
379 MüKo-*Brandner*, § 2225 BGB Rn 6.
380 *Winkler*, Rn 785.
381 *Bengel/Reimann*, VII Rn 12 mit Ausführungen zu den einzelnen Fallgestaltungen bei handelsrechtlichen Umwandlungen nach dem UmwG.
382 Palandt/*Edenhofer*, § 2226 BGB Rn 1.
383 *Winkler*, Rn 788.
384 *Bengel/Reimann*, VII Rn 16.
385 MüKo-*Brandner*, § 2226 BGB Rn 1.
386 *Bengel/Reimann*, VII Rn 18.
387 BGH NJW 1962, 912, 913.

231 Mit dem **Zugang der Kündigung** beim Nachlassgericht endet das Amt des Testamentsvollstreckers, soweit nicht in der Kündigung ein späterer Zeitpunkt festgelegt wurde, zu dem die Kündigung wirken soll.[388] Auch hier richtet sich die Frage der gleichzeitigen Beendigung der Testamentsvollstreckung als solcher danach, inwieweit ein Nachfolger bestimmt wurde oder sich aus den Umständen des Einzelfalles ergibt, dass durch das Nachlassgericht, etwa bei angeordneter Dauertestamentsvollstreckung, ein Nachfolger benannt wird.[389]

ee) Entlassung des Testamentsvollstreckers durch das Nachlassgericht, § 2227 BGB

232 Nach § 2227 BGB hat das Nachlassgericht auf Antrag eines der Beteiligten den Testamentsvollstrecker zu entlassen, wenn ein **wichtiger Grund,** insbesondere grobe Pflichtverletzung oder Unfähigkeit zur ordnungsgemäßen Geschäftsführung durch den Testamentvollstrecker vorliegt (vgl. Muster Rn 253).

233 Die Voraussetzungen zu der Entlassung eines Testamentsvollstreckers sind dabei:
– gültige Ernennung des Testamentsvollstreckers (auch schon vor Amtsannahme und Amtsantritt),[390]
– keine bereits erfolgte Erlöschung des Amtes,[391]
– Vorliegen eines wichtigen Grundes,
– Antrag eines Beteiligten.

234 Ein **wichtiger Grund** ist nicht nur bei den in § 2227 BGB genannten Beispielsfällen gegeben. Ein wichtiger Grund zur Entlassung kann sich auch in den Fällen ergeben, in denen ohne Rücksicht auf sein Verschulden begründeter Anlass zu der Annahme besteht, dass ein längeres Verbleiben im Amt der Ausführung des letzten Willens des Erblassers hinderlich sein oder sich dadurch eine Schädigung oder erhebliche Gefährdung der Interessen der an der Ausführung oder dem Nachlass Beteiligten ergeben würde.[392] Bei Vorliegen wichtiger Gründe für eine Entlassung ist durch das Nachlassgericht nach pflichtgemäßem Ermessen zu überprüfen, ob gleichwohl überwiegende Gründe für das Verbleiben des Testamentsvollstreckers im Amt sprechen.[393] Allein die subjektive Ablehnung, die die Erben der Person des Testamentsvollstreckers aufgrund seiner Tätigkeit als anwaltlicher Interessenvertreter des Erblassers entgegenbringen, reicht dabei nicht für die Annahme eines wichtigen Grundes i.S.d. § 2227 BGB aus.[394] Allerdings stellt das Fehlen eines Ersuchens des Erblassers an das Nachlassgericht um die Ernennung eines Testamentsvollstreckers einen wichtigen Grund zur Entlassung des Testamentsvollstreckers dar.[395] Kein wichtiger Grund liegt aber bspw. bereits dann vor, wenn zwischen dem Erben und dem Testamentsvollstrecker Differenzen in einer strittigen Auslegungsfrage vorliegen und zwar auch dann, wenn der Testamentsvollstrecker eine ihm als Vermächtnisnehmer günstige Testamentsauslegung vertritt. Maßgeblich sind auch hier alle Umstände des Einzelfalls.[396] Allein die Dauer einer Abwicklungsvollstreckung von 10 Jahren ist für sich allein kein Grund von der Unfähigkeit des Testamentsvollstreckers auszugehen.[397] Wichtiger Grund kann demnach sein:

---

388 *Bengel/Reimann*, VII Rn 15.
389 *Winkler*, Rn 791.
390 Palandt/*Edenhofer*, § 2227 BGB Rn 1.
391 *Bengel/Reimann*, VII Rn 22.
392 *Bengel/Reimann*, VII Rn 16; OLG Köln, Beschl. v. 27.10.2004 – Wx 29/04.
393 OLG Karlsruhe, Beschl. v. 15.9.2004 – 14 Wx 73/03.
394 OLG Hamm ZEV 2001, 278.
395 *Winkler*, Rn 793, MüKo-*Brandner*, § 2227 BGB Rn 12.
396 BayObLG ZEV 2002, 155; BayObLG, Beschl. v. 15.9.2004 – 1 ZBR 61/04.
397 OLG Köln, Beschl. v. 27.10.2004 – AZ Wx 29/04.

- eine grobe Pflichtverletzung, d.h. eine erhebliche und zudem schuldhafte Zuwiderhandlung durch den Testamentsvollstrecker gegen die ihm kraft Gesetzes obliegenden Pflichten, wie Missachtung der Erblasseranordnungen oder der Grundsätze der ordnungsgemäßen Verwaltung, eigennütziges Verhalten,[398] insbesondere die Unterbreitung eines eigennützigen Auseinandersetzungsvorschlages,[399] Nichtvorlage eines Nachlassverzeichnisses,[400] Bevorzugung oder Benachteiligung einzelnen Erben, insbesondere Zuwendung von Beträgen aus dem Nachlass an einen seiner Verwanden ohne Unterrichtung der übrigen Miterben,[401] völlige Untätigkeit, etc.[402]
- Unfähigkeit zur ordnungsgemäßen Geschäftsführung, was nicht das Vorliegen eines Verschuldens des Testamentsvollstreckers voraussetzt.[403]
- Sonstige verschuldensunabhängige Gründe wie Feindschaft und Spannungen[404] zwischen Erben und Testamentsvollstrecker, längere Abwesenheit oder Krankheit des Testamentsvollstreckers, erheblicher Interessenkonflikt zwischen Testamentsvollstrecker und Erben etc.[405]
- das Unterlassen von notwendigen Maßnahmen zur Verwaltung oder Verwertung von Gegenständen, die der Testamentsvollstrecker – wenn auch objektiv zu Unrecht, beispielsweise bei Nachlassspaltung – in Anspruch nimmt.[406]

Die Entlassung setzt nach § 2227 BGB einen **Antrag** voraus, erfolgt daher nicht von Amts wegen und kann auch nicht durch das Nachlassgericht durch Rücknahme der gerichtlichen Ernennung (§ 2200 BGB) erfolgen,[407] was sich bereits aus der fehlenden Aufsichtsverpflichtung des Nachlassgerichtes ergibt. Der Antrag kann bis zur Rechtskraft[408] der Entscheidung zurückgenommen werden.[409] Das Antragsrecht der Beteiligten kann der Erblasser nicht ausschließen.[410]

**Antragsberechtigt** ist nach § 2227 BGB jeder Beteiligte, der ein rechtliches Interesse an der Testamentsvollstreckung hat, was allerdings dem gewöhnlichen Nachlassgläubiger aufgrund der fehlenden Rechtsbeziehung zum Testamentsvollstrecker im Hinblick auf die Art der Verwaltung nach der herrschenden Meinung abgesprochen wird.[411] Für die Eingrenzung des Kreises der antragsberechtigten Beteiligten i.F.d. § 2227 BGB spricht auch das Bedürfnis nach Fernhaltung unnötiger Verwaltungsstörungen.[412] Antragsberechtigt ist daher jeder Erbe, auch der Miterbe, der seinen Erbteil nach § 2033 veräußert oder verpfändet hat, der Nacherbe, der Vermächtnisnehmer (Begründung: § 2219 Abs. 1 BGB), der Pflichtteilsbe-

---

398 BayObLG, Beschl. v. 19.11.2004 – 1 Z BR 85/04.
399 OLG Karlsruhe, Beschl. v. 15.9.2004 – 14 Wx 73/03.
400 BayObLG, Beschl. vom 28.7.2003 – 1 ZBR 140/02.
401 BayObLG ZEV 2000, 315.
402 Siehe hierzu die Beispielsfälle mit Rspr.-Hinweisen bei Palandt/*Edenhofer*, § 2227 BGB Rn 3, MüKo-*Brandner*, § 2227 BGB Rn 8, *Bengel/Reimann*, VII Rn 20.
403 Palandt/*Edenhofer*, § 2227 BGB Rn 4.
404 OLG Düsseldorf ZEV 1994, 302.
405 Siehe hierzu die Beispielsfälle mit Rspr.-Hinweisen bei Palandt/*Edenhofer*, § 2227 BGB Rn 4; MüKo-*Brandner*, § 2227 BGB Rn 9–11; *Bengel/Reimann*, VII Rn 22.
406 BayObLG, Beschl. v. 26.11.2004 – 1 ZBR 74/04.
407 Palandt/*Edenhofer*, § 2227 BGB Rn 6.
408 Anm.: §§ 63, 22 FamFG 1 Monat nach Bekanntgabe der Entscheidung durch das Nachlassgericht an den Beschwerdeführer.
409 MüKo-*Brandner*, § 2227 BGB Rn 2.
410 *Bengel/Reimann*, VII Rn 31.
411 BGHZ 35, 296, 300 f.
412 MüKo-*Brandner*, § 2227 BGB Rn 4.

rechtigte,[413] der Auflagenberechtigte (§ 2194 BGB; nicht der Auflagenbegünstigte), der Mitvollstrecker.[414] Hingegen nicht berechtigt ist der Miterbe, dessen Anteil nicht der Testamentsvollstreckung unterliegt.[415]

237 Für die **Entscheidung über den Entlassungsantrag** ist das Nachlassgericht nach §§ 354, 352 FamFG zuständig. Es entscheidet der Nachlassrichter (§ 16 Abs. 1 Nr. 5 RPflG). Das Nachlassgericht hat im Gegensatz zur fehlenden Berechtigung die Entlassung von Amts wegen durchzuführen, nach Vorliegen eines Antrages alle erforderlichen Ermittlungen von Amts wegen vorzunehmen und darf sich nicht auf die Prüfung der im Antrag enthaltenen Gründe beschränken,[416] wobei es sich um eine Ermessensentscheidung („kann") handelt.[417] Dabei ist für die Prüfung der Frage, ob die Voraussetzungen für die Annahme eines wichtigen Grundes vorliegen auf den „Erblasserwillen als oberste Norm für die Aufgaben und Befugnisse des Testamentsvollsteckers" abzustellen.[418] Der Testamentsvollstrecker[419] ist anzuhören. Die übrigen Hauptbeteiligten, insbesondere der Antragsteller, sind nach Möglichkeit zu hören.[420]

238 Das Amt des Testamentsvollstreckers endet mit der Zustellung des Beschlusses an den Entlassenen ohne Rücksicht auf die Rechtskraft der Entscheidung.[421] Gegen den Beschluss der Entlassung besteht für den Testamentsvollstrecker das Rechtsmittel der **Beschwerde** nach §58 FamFG Der Antragsteller kann einen ablehnenden Beschluss ebenfalls mit der Beschwerde (§ 58 FamFG) anfechten. Eine zeitweise Entlassung, sowie eine durch einstweilige Anordnung des Nachlassgerichtes vorläufige Amtsenthebung sind unzulässig.[422] Nimmt das Beschwerdegericht die Voraussetzungen für die Entlassung des Testamentsvollstreckers an, so darf es die Entlassung nicht selbst aussprechen, vielmehr hat es das Nachlassgericht hierzu anzuweisen.[423]

239 Mit der Entlassung des Testamentsvollstreckers endet zunächst lediglich das Amt des Testamentsvollstreckers; dies kann aber auch das Ende der Testamentsvollstreckung selbst zur Folge haben, wenn für einen Nachfolger durch den Erblasser keine Sorge getragen wurde[424] und ein Ersuchen des Erblassers nach § 2200 BGB aus den Umständen des Falles nicht zu schließen ist.[425]

b) Erledigung der Aufgaben

240 Das Amt des Testamentsvollstreckers und damit die Testamentsvollstreckung als solche endet mit der vollständigen Erledigung sämtlicher ihm übertragenen Aufgaben.[426]

---

[413] KG ZEV 2002, 194 (Ls) = NJW-RR 2002, 439; a.A. AG Berlin-Schöneberg ZEV 2000, 32.
[414] MüKo-*Brandner*, § 2227 BGB Rn 5.
[415] OLG München ZEV 2006, 31; dagegen unterstellt OLG Celle offensichtlich grundsätzlich auch für den unbelasteten Miterben ein solches Antragsrecht: OLG Celle, Beschl. v. 3.1.2005 – 6 W 125/04.
[416] Palandt/*Edenhofer*, § 2227 BGB Rn 9.
[417] OLG Zweibrücken FamRZ 1999, 472; OLG Oldenburg FamRZ 1999, 472, 473; OLG Karlsruhe, Beschl. v. 15.9.2004 – 14 Wx 73/03.
[418] BayObLG NJW-FER 2000, 212.
[419] BayObLG FamRZ 1998, 325.
[420] Palandt/*Edenhofer*, § 2227 BGB Rn 9.
[421] Bengel/Reimann, VII Rn 36.
[422] *Winkler*, Rn 804.
[423] OLG Karlsruhe, Beschl. v. 15.9.2004 – 14 Wx 73/03.
[424] MüKo-*Brandner*, § 2227 BGB Rn 18.
[425] *Winkler*, Rn 811.
[426] BayObLG ZEV 1995, 370.

Im Falle der Abwicklungs-/Auseinandersetzungsvollstreckung (§§ 2203, 2204 BGB) also 241
mit der Ausführung der letztwilligen Verfügungen des Erblassers und bei Vorhandensein
mehrerer Erben mit der Auseinandersetzung des Nachlasses unter den Erben. **Vereinbaren
die Erben**, dass die Auseinandersetzung auf Dauer oder auf bestimmte Zeit unterbleiben
soll und sind die übrigen Aufgaben vom Testamentsvollstrecker erledigt, so endet die
Testamentvollstreckung auch schon vor Bewirken der Auseinandersetzung.[427] Hinsichtlich
einzelner Nachlassgegenstände endet die Testamentsvollstreckung mit der Freigabe nach
§ 2217 BGB bzw. der Veräußerung.[428]

Bei **Nacherbenvollstreckung** nach § 2222 BGB endet das Amt mit Eintritt der Nacherb- 242
folge (§ 2139 BGB),[429] da dann auch der Zweck der Nacherbenvollstreckung, also die
Wahrnehmung der Rechte und Erfüllung der Pflichten des Nacherben gegenüber dem
Vorerben durch den Testamentsvollstrecker wegfällt.

Wenn die Aufgaben des Testamentsvollstreckers erledigt sind, so erlischt sein Amt, ohne 243
dass es einer Anzeige an das Nachlassgericht, einer Aufhebung der Testamentsvollstreckung
oder einer Entlassung des Testamentsvollstreckers bedarf.[430] In einem anhängigen Entlas-
sungsverfahren nach § 2227 Abs. 1 BGB tritt damit auch die Erledigung in der Hauptsache
ein.[431]

### c) Zeitablauf/Bedingungseintritt

Hat der Erblasser in der letztwilligen Verfügung einen Endtermin für die Testamentsvoll- 244
streckung bestimmt, so erlischt das Amt des Testamentsvollstreckers und damit die Testamentsvollstreckung als solche mit dem Eintritt des Endtermins. Gleiches gilt für den Fall
der Bestimmung einer auflösenden Bedingung mit Eintritt der Bedingung.[432]

Unabhängig von diesen vom Erblasser vorgesehenen Endterminen endet in den Fällen 245
der angeordneten Verwaltungsvollstreckung nach § 2209 BGB die Testamentsvollstreckung
jedenfalls mit Ablauf von 30 Jahren nach dem Erbfall, § 2210 S. 1 BGB. Für die Abwicklungsvollstreckung gilt diese Grenze des § 2210 S. 1 BGB nicht, da diese regelmäßig zu
einem früheren Zeitpunkt endet.[433] Eine Verlängerung dieser Frist von 30 Jahren kann der
Erblasser dadurch erreichen, dass er gem. § 2210 S. 2 BGB anordnet, dass die Verwaltung
bis zum Tod eines Erben oder des Testamentsvollstreckers oder bis zum Eintritt eines
anderen Ereignisses in der Person des Erben oder Testamentsvollstreckers fortdauern soll.
Wegen § 2210 S. 3 i.V.m. § 2163 Abs. 2 BGB verbleibt es bei der 30-jährigen Frist im Falle
der Einsetzung einer juristischen Person als Erbe oder Testamentsvollstrecker.

Hat der Erblasser angeordnet, dass beim Tod eines Testamentsvollstreckers ein Nachfolger 246
zu ernennen sei, so kann dadurch die 30-Jahres-Frist nur verlängert werden, soweit der
Nachfolger zum Zeitpunkt des Erbfalles bereits gelebt hat[434] oder noch vor Ablauf der 30-
Jahres-Frist ernannt wurde.[435]

---

427 *Bengel/Reimann*, VII Rn 60.
428 *Bengel/Reimann*, VII Rn 66 ff., 72 ff.
429 Palandt/*Edenhofer*, § 2222 BGB Rn 6.
430 *Bengel/Reimann*, VII Rn 44.
431 OLG Hamm, Beschl. v. 11.4.2002, ZEV 2003, 27.
432 *Bengel/Reimann*, VII Rn 45.
433 Palandt/*Edenhofer*, § 2210 BGB Rn 1.
434 MüKo-*Brandner*, § 2210 BGB Rn 6.
435 *Bengel/Reimann*, VII Rn 51 ff..

## 2. Folgen der Beendigung

**247** Soweit das Amt des Testamentsvollstreckers endet, endet abgesehen von den Fällen der Ernennung eines Nachfolgers bzw. Vorhandensein eines Mitvollstreckers (§ 2224 BGB) auch die Testamentsvollstreckung als solche (zu den Beendigungstatbeständen im Einzelnen siehe oben Rn 227 ff). Mit der Beendigung des Amtes verliert der Testamentsvollstrecker seine Verwaltungs-, Verfügungs- und Verpflichtungsbefugnis.[436] Eine dem Testamentsvollstrecker in seiner Eigenschaft erteilte Vollmacht erlischt mit der Beendigung.[437] Auch die durch einen Testamentsvollstrecker an einen Anderen erteilte Vollmacht erlischt mit dem Wegfall des vertretenen Testamentsvollstreckers.[438] Vertritt der Testamentsvollstrecker die irrige Ansicht, seine Aufgaben seien erledigt, erlischt damit noch nicht sein Amt, vielmehr kann er sein Amt genauso wie bei nachträglich bekannt werdenden neuen Aufgaben ohne weiteres wieder aufnehmen.[439]

**248** Mit der Beendigung des Amtes tritt der Erbe in **schwebende Prozesse** als Rechtsträger ein, wobei aufgrund entsprechender Anwendung der §§ 239, 246 ZPO der Rechtsstreit unterbrochen und ggf. auszusetzen ist.[440]

**249** Nach Beendigung der Testamentsvollstreckung bzw. Ende seines Amtes hat der Testamentsvollstrecker den **Nachlass an den Erben herauszugeben und Rechenschaft abzulegen** (vgl. oben Rn 136, 152 ff.).

**250** Das **Testamentsvollstreckerzeugnis** ist nach Beendigung des Amtes, obwohl es bereits kraft Gesetzes nach § 2368 Abs. 3 Hs. 2 BGB kraftlos geworden ist, an das Nachlassgericht zurückzugeben.[441] Der erteilte Erbschein ist wegen § 2364 BGB mit der Beendigung des Amtes unrichtig und daher einzuziehen, § 2361 BGB. Der im **Grundbuch eingetragene Testamentsvollstreckervermerk**, § 52 GBO, ist zu löschen. Die Löschung erfolgt auf Antrag und zählt zu den letzten Aufgaben des Testamentsvollstreckers, wobei einen solchen Antrag auch der Erbe oder jeder Miterbe allein stellen kann.[442]

## 3. Muster

### a) Muster: Klageantrag des Erben auf Feststellung der Beendigung der Testamentsvollstreckung insgesamt

**251** Es wird festgestellt, dass die Testamentsvollstreckung über den Nachlass des am ▇ in ▇ verstorbenen ▇ mit dem Tod des Testamentsvollstreckers Herrn/Frau ▇ am ▇ beendet ist.

### b) Muster: Kündigung des Amtes durch den Testamentsvollstrecker (§ 2226 BGB)

**252** An das

Amtsgericht
– Nachlassgericht – (Baden-Württemberg: Staatl. Notariat)

Az. ▇

---

436 *Bengel/Reimann*, VII Rn 86.
437 *Winkler*, Rn 825.
438 OLG Düsseldorf ZEV 2001, 281.
439 *Winkler*, Rn 820.
440 Palandt/*Edenhofer*, § 2212 BGB Rn 3.
441 *Winkler*, Rn 828.
442 *Winkler*, Rn 830.

*Nachlassverfahren* ▓, *zuletzt wohnhaft* ▓, *verstorben am* ▓

*Hier: Kündigung des Amtes*[443]

Hiermit kündige ich das Amt als Testamentsvollstrecker des am ▓ in ▓ verstorbenen ▓ mit sofortiger Wirkung.

Zu meiner Entlastung gebe ich die in meinem Besitz befindliche Ausfertigung des Testamentsvollstreckerzeugnisses zurück. Weitere Ausfertigungen des Zeugnisses befinden sich nicht in meinem Besitz und wurden nach meiner Kenntnis auch nicht erteilt.

(Unterschrift)

c) Muster: Antrag auf Entlassung des Testamentsvollstreckers aus wichtigem Grund (§ 2227 BGB)

An das

Amtsgericht
– Nachlassgericht – (Baden-Württemberg: Staatl. Notariat)

Az. ▓

*Nachlassverfahren* ▓, *zuletzt wohnhaft* ▓, *verstorben am* ▓

Ich zeige unter Vollmachtsvorlage an, dass ich ▓, wohnhaft ▓, vertrete.

Mein Mandat ist ausweislich des Erbscheins des Amtsgerichts ▓ – Nachlassgericht – als Miterbe nach dem am ▓ verstorbenen ▓ berufen. Es ist Testamentsvollstreckung angeordnet. ▓ wurde zum Testamentsvollstrecker ernannt und hat das Amt mit Erklärung vom ▓ gegenüber dem Nachlassgericht angenommen. Auf Antrag des Testamentsvollstreckers wurde ihm ein Testamentsvollstreckerzeugnis erteilt. Auf die Nachlassakten (Az. ▓) nehme ich Bezug.

Namens und in Vollmacht meines Mandanten beantrage ich,

▓ aus dem Amt des Testamentsvollstreckers aus wichtigem Grund zu entlassen.

*Begründung:*

Der Testamentsvollstrecker hat nach Annahme seines Amtes zwar den Nachlass in Besitz genommen, allerdings trotz mehrfacher schriftlicher Aufforderung sämtlicher Erben ein Nachlassverzeichnis nach § 2215 Abs. 1 BGB nicht aufgestellt. Ich überreiche in der Anlage Abschriften der jeweiligen Schreiben der Erben vom ▓.

Der Testamentsvollstrecker unterließ auch die zur ordnungsgemäßen Verwaltung des Nachlasses notwendigen Verwaltungsmaßnahmen, § 2216 BGB, indem er trotz vorhandener ausreichender Nachlassmittel (vgl. Kopie der Meldung der kontoführenden Banken an das Finanzamt – Erbschaftsteuerstelle) die Begleichung der offenen Nachlassverbindlichkeiten, insbesondere der Kosten der Beerdigung, unterließ. Die Erben wurden hiervon durch die Nachlassgläubiger mit Schreiben vom ▓ informiert.

Der Testamentsvollstrecker verweigert zudem den Erben sämtliche Auskünfte über den Bestand des Nachlasses und hat, trotz mehrfacher Aufforderung, über seine Tätigkeit seit nunmehr mehr als einem Jahr noch keine Rechnung gelegt.

Die Untätigkeit des Testamentsvollstreckers stellt eine grobe Pflichtverletzung dar und legt den Schluss nahe, dass der Testamentsvollstrecker zur ordnungsgemäßen Geschäftsführung unfähig ist. Es liegt daher ein wichtiger Grund zur Entlassung des Testamentsvollstreckers i.S.d. § 2227 BGB vor.

(Rechtsanwalt)

---

[443] Vgl. auch *Winkler*, Rn 873 u. *Bengel/Reimann*, VII Rn 10; sowie zur Formulierung einer Kündigung mit Ernennung eines Nachfolgers vgl. Rn 34.

## G. Haftung des Testamentsvollstreckers

### I. Haftungsgrundlagen

254 Für die Haftung des Testamentsvollstreckers enthält § 2219 BGB eine eigene Regelung, nachdem zwischen Testamentsvollstrecker und Erben keine vertragliche Beziehung besteht und daher vertragliche Haftungsgrundlagen nicht anwendbar sind. Dem Erben haftet der Testamentsvollstrecker für **schuldhafte Pflichtverletzungen,** die aus seiner freien Stellung entstehen und durch die er gegenüber dem Erben Schuldner eines gesetzlichen Schuldverhältnisses ist.[444] Die Haftung nach § 2219 BGB geht dabei regelmäßig auch den berufsrechtlichen Haftungsvorschriften, wie z.B. § 51b BRAO, § 19 BNotO voraus, soweit der Testamentsvollstrecker einer der entsprechenden Berufsgruppen angehört. Ergänzend kommen diese Haftungsvorschriften lediglich dann zur Anwendung, wenn der Testamentsvollstrecker ein besonderes Mandat, z.B. als Rechtsanwalt zur Prozessführung übernimmt, wobei hier regelmäßig Abgrenzungsfragen auftreten und wohl nahezu sämtliche Tätigkeiten der Nachlassverwaltung zugeordnet werden können.[445] Hieraus folgt auch, dass Schadensersatzansprüche gegen einen als Testamentsvollstrecker tätigen Rechtsanwalt nach § 2219 Abs. 1 BGB erst nach 30 Jahren seit Entstehung **verjähren.**[446]

255 Aus § 2220 BGB ergibt sich, dass der Erblasser den Testamentsvollstrecker nicht von der Haftung des § 2219 BGB befreien kann. Allerdings kann der Erbe dem Testamentsvollstrecker, außer bei Vorsatz (§ 276 Abs. 1 BGB), die Haftung durch individuelle Vereinbarung erlassen und nachträglich auf einen Schadensersatzanspruch verzichten. Gleiches gilt, soweit der Testamentsvollstrecker eine Verwaltungsmaßnahme mit Zustimmung der Erben vornimmt bzw. er bei Eingehung von Verbindlichkeiten gegen die Erben seinen Anspruch auf Einwilligung (§ 2206 Abs. 2 BGB) durchsetzt.[447]

256 Neben der speziellen Haftungsnorm des § 2219 BGB kommt als Haftungsgrundlage auch die Haftung des Testamentsvollstreckers aus **unerlaubter Handlung** nach §§ 823 ff. BGB in Frage. § 2219 BGB ist jedoch umfassender, da sie anders als die §§ 823 ff. BGB auch bei Fahrlässigkeit des Testamentsvollstreckers die Haftung für Vermögensschäden umfasst.[448] Da § 2219 BGB jedoch lediglich den Erben und den Vermächtnisnehmer als Anspruchsgläubiger nennt, ist die Haftung des Testamentsvollstreckers aus unerlaubter Handlung für das Verhältnis zu den sonstigen Beteiligten von Bedeutung.

257 Als weitere Haftungsnorm kommt § 69 AO wegen der **steuerlichen Pflichten** des Testamentsvollstreckers in Betracht.

### II. Wem haftet der Testamentsvollstrecker?

258 Aus § 2219 BGB ergibt sich, dass die Haftungsnorm lediglich im Verhältnis zwischen Testamentsvollstrecker und Erben sowie Vermächtnisnehmer einschlägig ist. Für sonstige Beteiligte, zu denen auch Pflichtteilsberechtigte, Auflagenbegünstigte, Nachlassgläubiger und Nachlassschuldner gehören, besteht kein Anspruch aus § 2219 BGB. Diesen gegenüber

---

444 Palandt/*Edenhofer*, § 2219 BGB Rn 1.
445 *Bengel/Reimann*, XII Rn 3 ausführlich zu diesem Problemkreis.
446 BGH ZErb 2002, 356 = ZEV 2002, 499.
447 MüKo-*Brandner*, § 2219 BGB Rn 3.
448 *Bengel/Reimann*, XII Rn 9.

haftet der Testamentsvollstrecker persönlich aus unerlaubter Handlung, auch wenn er diese bei der Verwaltung des Nachlasses begangen hat.⁴⁴⁹

Zu den nach § 2219 BGB geschützten **Anspruchsinhabern** gehören neben dem Erben und Vermächtnisnehmer auch der Nacherbe, wenn der Nacherbfall eintritt, nicht der Schlusserbe. Bei der Nacherbenvollstreckung nach § 2222 BGB gilt § 2219 BGB entsprechend.⁴⁵⁰

259

Soweit anspruchsberechtigte Gläubiger die Erben sind, handelt es sich um einen Anspruch des Nachlasses gem. §§ 2039, 2040, 2041 BGB.⁴⁵¹ Die Geltendmachung des Schadensersatzanspruchs obliegt wegen § 2212 BGB dem neuen Testamentsvollstrecker bzw., wenn ein solcher nicht bestellt ist, dem Erben oder der Erbengemeinschaft, und zwar auch schon, während der in Anspruch genommene Testamentsvollstrecker noch im Amt ist. Die Klage des einzelnen Erben kann, außer in den Fällen, in denen er alleine, z.B. bei der Erbauseinandersetzung, geschädigt ist, nur auf Leistung an die Erbengemeinschaft erhoben werden.⁴⁵²

260

## III. Haftungsvoraussetzungen

Die Haftung des Testamentsvollstreckers setzt eine (objektive) Verletzung der ihm obliegenden Verpflichtungen und ein (subjektives) Verschulden voraus. Beide Anspruchsvoraussetzungen muss der Anspruchsteller beweisen, wobei an die **Sorgfaltspflichten des Testamentsvollstreckers** hohe Anforderungen gestellt werden.⁴⁵³

261

### 1. Objektive Pflichtverletzung

Maßstab für das Vorliegen einer Pflichtverletzung sind die dem Testamentsvollstrecker durch das Gesetz auferlegten Pflichten (§§ 2203–2209, 2215–2218, 2226 S. 3 i.V.m. § 671 Abs. 2 S. 3 BGB) und die Anordnungen des Erblassers,⁴⁵⁴ nicht jedoch die Weisungen der Erben.⁴⁵⁵ Auch der Wille des Erblassers kann bei der Ermittlung der Pflichten des Testamentsvollstreckers Bedeutung haben.⁴⁵⁶ Bei der Bemessung der dem Testamentsvollstrecker obliegenden Pflichten handelt es sich hauptsächlich darum, die ihm übertragenen Aufgaben richtig abzugrenzen und das generalklauselartige Gebot der ordnungsgemäßen Verwaltung (§ 2216 Abs. 1 BGB) anzuwenden.⁴⁵⁷

262

### 2. Verschulden

Der Testamentsvollstrecker haftet aus § 2219 BGB nur bei Verschulden. Verschuldensmaßstab ist dabei § 276 Abs. 1 BGB, also Vorsatz und Fahrlässigkeit. Während – außer der Frage der Beweisführung – die Fälle des vorsätzlichen Handelns unproblematisch sind, ist in den Fällen des Fahrlässigkeitsvorwurfes festzustellen, ob der Testamentsvollstrecker die im Verkehr erforderliche Sorgfalt außer Acht gelassen hat (§ 276 Abs. 1 S. 2 BGB). Beim Testamentsvollstrecker ist dabei nicht auf eine objektive Betrachtung abzustellen, vielmehr

263

---

449 MüKo-*Brandner*, § 2219 BGB Rn 8.
450 *Bengel/Reimann*, XII Rn 12, 13.
451 MüKo-*Brandner*, § 2219 BGB Rn 6.
452 *Bengel/Reimann*, XII Rn 128.
453 MüKo-*Brandner*, § 2219 BGB Rn 11.
454 Anm.: Soweit nicht ein Antrag auf Außerkraftsetzung beim Nachlassgericht gem. § 2216 Abs. 2 S. 2 BGB gestellt wurde.
455 MüKo-*Brandner*, § 2219 BGB Rn 12.
456 *Bengel/Reimann*, XII Rn 34 ff.
457 MüKo-*Brandner*, § 2219 BGB Rn 13.

ist entscheidend, welche Sorgfalt gerade von diesem Testamentsvollstrecker im Hinblick auf seine Vorbildung, seine berufliche Tätigkeit und sein Alter bei **gewissenhafter Amtsführung** zu erwarten ist.[458] Verschulden eines Gehilfen hat sich der Testamentsvollstrecker gem. § 278 BGB zurechnen zu lassen. Trifft den Erben bei der Entstehung des Schadens ein Mitverschulden, so vermindert sich die Haftung des Testamentsvollstreckers gem. § 254 BGB.[459]

### 3. Kausalität

264 Weitere Haftungsvoraussetzung ist – wie bei Schadensersatzansprüchen üblich – das Vorliegen der **haftungsbegründenden und haftungsausfüllenden** Kausalität. Es ist daher zu prüfen, welchen Verlauf die Dinge bei pflichtgemäßem Verhalten genommen hätten und wie die Vermögenslage des Erben oder Vermächtnisnehmers sein würde, wenn der Testamentsvollstrecker die Pflichtverletzung nicht begangen, sondern pflichtgemäß gehandelt hätte.[460]

### 4. Haftungsschuldner

265 Haftungsschuldner nach § 2219 BGB ist der Testamentsvollstrecker persönlich. Ein Verschulden eines Gehilfen hat er nach § 278 BGB wie eigenes zu vertreten.[461]

266 Sind **mehrere Testamentsvollstrecker** bestellt, denen ein Verschulden zur Last fällt, so haften sie gem. § 2219 Abs. 2 BGB als Gesamtschuldner. Ist jedoch jedem durch den Erblasser ein bestimmtes Tätigkeitsgebiet übertragen, so liegt keine gemeinschaftliche Amtsführung i.S.d. § 2224 BGB vor, weswegen eine gesamtschuldnerische Haftung ausscheiden müsste.[462]

267 Ist eine juristische Person als Testamentsvollstrecker bestellt, so haftet sie als solche. Bei unerlaubter Handlung haftet auch ihr handelndes Organ.[463]

## IV. Muster: Klage des Erben gegen den sich noch im Amt befindenden Testamentsvollstrecker auf Schadensersatz an die Erbengemeinschaft (§ 2219 Abs. 1 BGB)

378 An das

268 Amtsgericht

*Klage*

des

– Klägers –

Prozessbevollmächtigter: Rechtsanwalt

gegen

---

458 *Bengel/Reimann*, XII Rn 48.
459 *Winkler*, Rn 564.
460 *Bengel/Reimann*, XII Rn 54.
461 MüKo-*Brandner*, § 2219 BGB Rn 4.
462 *Bengel/Reimann*, XII Rn 61.
463 *Winkler*, Rn 561.

▨▨▨, in seiner Eigenschaft als Testamentsvollstrecker für den Nachlass nach ▨▨▨

– Beklagten –

wegen Schadensersatz.

Vorläufiger Gegenstandswert: ▨▨▨

Namens und in Vollmacht des Klägers erhebe ich Klage zum Landgericht ▨▨▨ mit der Bitte um Anberaumung eines möglichst nahen Termins zur mündlichen Verhandlung, für die die Stellung folgender Anträge angekündigt wird:
1. Der Beklagte wird verurteilt, an die Erbengemeinschaft nach dem am ▨▨▨ verstorbenen Erblasser ▨▨▨, bestehend aus
   a. ▨▨▨
   b. ▨▨▨
   c. ▨▨▨,
   ▨▨▨ EUR nebst jährlich 5 %-Punkte über dem Basiszinssatz seit Rechtshängigkeit zu bezahlen.
2. Der Beklagte hat die Kosten des Rechtsstreits zu tragen.
3. Das Urteil ist – ggf. gegen Sicherheitsleistung – vorläufig vollstreckbar.

Für den Fall der Anordnung des schriftlichen Vorverfahrens beantrage ich schon jetzt:
4. Für den Fall der Säumnis des Beklagten den Erlass eines Versäumnisurteils gem. § 331 Abs. 3 ZPO.
5. Für den Fall des Anerkenntnisses den Erlass eines Anerkenntnisurteils nach § 307 ZPO.

*Begründung:*

I. Am ▨▨▨ ist ▨▨▨ in ▨▨▨ verstorben. Der Beklagte wurde zum Testamentsvollstrecker für den gesamten Nachlass ernannt. Beschränkungen der Rechte des Testamentsvollstreckers hat der Erblasser nicht angeordnet. Er hat das Amt mit Erklärung vom ▨▨▨ gegenüber dem Nachlassgericht angenommen. Der Kläger ist ausweislich des Erbscheines des Amtsgerichtes ▨▨▨ – Nachlassgericht – neben seinen zwei Geschwistern zum Miterben nach dem verstorbenen Erblasser berufen.

*Beweis:* Nachlassakten des Amtsgerichtes ▨▨▨ – Nachlassgericht –, Az. ▨▨▨, deren Beiziehung im vorliegenden Verfahren beantragt wird.

II. Der Kläger macht mit vorliegender Klage gegen den Beklagten als Testamentsvollstrecker einen Anspruch auf Schadensersatz gem. § 2219 Abs. 1 BGB geltend.

Der Beklagte ist weiterhin im Amt. Mit einer Beendigung der Testamentsvollstreckung durch Erledigung sämtlicher Aufgaben kann zum gegenwärtigen Zeitpunkt noch nicht gerechnet werden. Der Kläger macht folglich den Schadensersatzanspruch gegen den Beklagten als Nachlassforderung gem. § 2039 BGB als Anspruch auf Leistung an die Erbengemeinschaft, folglich auf Leistung an den vom Beklagten als Testamentsvollstrecker verwalteten Nachlass geltend.

III. Im Einzelnen ist hierzu auszuführen:

Ausweislich des vom Beklagten aufgestellten Nachlassverzeichnisses vom ▨▨▨ gehören zum Nachlass mehrere bei der ▨▨▨ Bank geführte Bankkonten.

*Beweis:* Nachlassverzeichnis vom ▨▨▨, in Kopie anbei.

Ausweislich der Meldung der ▨▨▨ Bank nach § 33 ErbStG an das Erbschaftssteuerfinanzamt, welche dem vom Testamentsvollstrecker aufgestellten Nachlassverzeichnis als Anlage beigefügt gewesen ist, wiesen die Bankkonten folgende Kontostände zum Todeszeitpunkt auf:
1. Girokonto Nr.: ▨▨▨    ▨▨▨ EUR (Haben)
2. Girokonto Nr.: ▨▨▨    ▨▨▨ EUR (Soll)

*Beweis:* Meldung der ▨▨▨ Bank nach § 33 ErbStG an das Erbschaftssteuerfinanzamt vom ▨▨▨, in Kopie anbei.

*Littig*

Durch den Zeitablauf bis zum Beginn des Amtes durch den Beklagten, Inbesitznahme des Nachlasses und der Konstituierung des Nachlasses ergaben sich Veränderungen durch aufgelaufene Sollzinsen, Kontoführungsentgelte etc., weswegen die Konten nach dem auf den Zeitpunkt der Amtsannahme folgenden Kontoabschluss zum 31. ▓▓▓ folgende Kontostände aufwiesen:
1. Girokonto Nr.: ▓▓▓ EUR (Haben)
2. Girokonto Nr.: ▓▓▓ EUR (Soll)

*Beweis:* 1. Kontoabschluss zum 31. ▓▓▓ . für Konto Nr. ▓▓▓ , in Kopie anbei.
    2. Kontoabschluss zum 31. ▓▓▓ . für Konto Nr. ▓▓▓ , in Kopie anbei.

Nach der vom Beklagten als Testamentsvollstrecker vorgenommenen Rechnungslegung für den Zeitraum von Beginn des Amtes bis zum 31.12. ▓▓▓ ergab sich, dass durch den Beklagten keinerlei Verwaltungsmaßnahmen vorgenommen wurden, um den Anfall von Verzugszinsen (Überziehungszinsen) auf dem mit ▓▓▓ EUR im Soll valutierenden Girokonto Nr. ▓▓▓ zu verhindern. Ein Ausgleich des Sollstandes auf diesem Konto wäre jederzeit durch Umbuchung des zum Ausgleich erforderlichen Betrages von dem im Haben valutierenden Girokonto Nr. ▓▓▓ möglich gewesen. Das auf diesem Konto vorhandene Guthaben wurde durch den Testamentsvollstrecker auch nicht für die Begleichung von Nachlassverbindlichkeiten benötigt, vielmehr wurden diese durch den Beklagten von dem weiteren Girokonto bei der Stadtsparkasse ▓▓▓ bezahlt.

*Beweis:* Rechnungslegung des Beklagten für die Zeit vom ▓▓▓ bis ▓▓▓ , in Kopie anbei.

Der Beklagte hat gegen seine Verpflichtung zur ordnungsgemäßen Verwaltung des Nachlasses nach § 2216 Abs. 1 BGB verstoßen, da er nicht, jedenfalls nach Inbesitznahme des Nachlasses, Aufstellung des Nachlassverzeichnisses und Kenntnis des erheblichen Sollstandes auf dem Girokonto Nr. ▓▓▓ , eine Umbuchung vom Girokonto Nr. ▓▓▓ vorgenommen hat und dadurch einen erheblichen Schaden für den Nachlass durch Berechnung der Überziehungs- und Verzugszinsen vermieden hätte.

Dem Beklagten ist hierbei auch ein Verschulden vorzuwerfen, da er mit Inbesitznahme des Nachlasses Kenntnis von dem obigen Sachverhalt hatte, jedoch erst nach mehrfacher schriftlicher Aufforderung der Erben am ▓▓▓ , welche durch die Rechnungslegung des Beklagten für die Zeit vom ▓▓▓ bis ▓▓▓ Kenntnis hiervon hatten, am ▓▓▓ den Ausgleich des Sollstandes auf dem Girokonto Nr. ▓▓▓ durch Überweisung des erforderlichen Betrages vom Girokonto Nr. ▓▓▓ vornahm. Ein Mitverschulden der Erben liegt nicht vor, da diese bis zur Rechnungslegung von diesem Sachverhalt keine Kenntnis hatten.

Hätte der Beklagte aufgrund seiner alleinigen Verfügungsbefugnis als Testamentsvollstrecker nach §§ 2205, 2211 BGB den Kontenausgleich unverzüglich nach Amtsbeginn und Kenntnis vorgenommen, wäre dem Nachlass jedenfalls ab dem ▓▓▓ kein weiterer Verzugs- und Überziehungszins berechnet worden und der Nachlass nicht in Höhe dieser angefallenen Zinsen geschmälert. Nachdem für das Guthaben auf dem Girokonto Nr. ▓▓▓ von Seiten der ▓▓▓ Bank keine Guthabenzinsen vergütet wurden, kann sich der Beklagte auch nicht auf einen durch den Ausgleich entstehenden Zinsverlust berufen.

Der dem Nachlass entstandene und vom Beklagten zu ersetzende Schaden berechnet sich daher aus den von der ▓▓▓ Bank in der Zeit vom Kontoabschluss zum ▓▓▓ bis zum Zeitpunkt der vom Beklagten vorgenommenen Umbuchung berechneten Überziehungs- und Verzugszinsen wie folgt:

1. Verzugs- und Überziehungszinsen vom ▓▓▓ bis ▓▓▓   ▓▓▓ EUR
2. Verzugs- und Überziehungszinsen vom ▓▓▓ bis ▓▓▓   ▓▓▓ EUR
3. Verzugs- und Überziehungszinsen vom ▓▓▓ bis ▓▓▓   ▓▓▓ EUR
4. Verzugs- und Überziehungszinsen vom ▓▓▓ bis ▓▓▓   ▓▓▓ EUR
Gesamtschaden   ▓▓▓ EUR

*Beweis:* 1. Kontoabschluss zum 31. ▓▓▓ . für Konto Nr. ▓▓▓ , in Kopie anbei.
    2. Kontoabschluss zum 31. ▓▓▓ . für Konto Nr. ▓▓▓ , in Kopie anbei.
    3. Kontoabschluss zum 31. ▓▓▓ . für Konto Nr. ▓▓▓ , in Kopie anbei.

    4. Kontoabschluss zum 31. _____ . für Konto Nr. _____ , in Kopie anbei.

Der Beklagte wurde mit Schreiben des Unterfertigten vom _____ zum Ausgleich des Schadens in oben bezifferter Höhe an den Nachlass unter Fristsetzung zum _____ aufgefordert.

*Beweis:* Schreiben des Unterfertigten vom _____ , in Kopie anbei.

Der Beklagte hat mit Schreiben vom _____ jegliche Verpflichtung zum Schadensersatz abgelehnt.

*Beweis:* Schreiben des Unterfertigten vom _____ , in Kopie anbei.

Es ist daher Klage geboten.

(Rechtsanwalt)

## H. Vergütung des Testamentsvollstreckers

### I. Allgemeine Grundlagen des Vergütungsanspruchs

Nach § 2221 BGB kann der Testamentsvollstrecker für die Führung des Amtes eine angemessene Vergütung verlangen, sofern nicht der Erblasser etwas anderes bestimmt hat. Danach ergibt sich zunächst der **Vorrang und die Maßgeblichkeit des Erblasserwillens**.[464] Liegt eine Erblasseranordnung über Höhe und Zahlungsweise der Vergütung nicht vor, wobei auch der wirkliche oder mutmaßliche Wille des Erblassers zu erforschen ist,[465] hat der Testamentsvollstrecker Anspruch auf die angemessene Vergütung nach § 2221 BGB. Für diese gibt es keine gesetzliche Regelung,[466] insbesondere keine gesetzliche Vergütungsordnung.[467] Eine gesetzliche Regelung, welche für die Ansprüche des Testamentsvollstreckers aus seiner Tätigkeit von Bedeutung ist, enthalten § 2218 Abs. 2 i.V.m. § 670 BGB. Diese Regelung aus dem Auftragsrecht hat jedoch lediglich Bedeutung für einen Aufwendungsersatz des Testamentsvollstreckers, nicht jedoch auf den Vergütungsanspruch als solchen.

### II. Vergütungsanspruch aufgrund Erblasseranordnung

Wie sich unmittelbar aus § 2221 BGB ergibt, sind in erster Linie die Bestimmungen des Erblassers – ohne Rücksicht auf ihre Angemessenheit – maßgebend. Hat der Erblasser die Höhe,[468] ggf. durch Bezugnahme auf eine Vergütungstabelle,[469] und Zahlungsweise der Vergütung festgelegt oder die Vergütung insgesamt ausgeschlossen, so findet eine gerichtliche Überprüfung nicht statt.[470] Es liegt dann an dem Ernannten, das Amt abzulehnen oder nach § 2226 BGB zu kündigen.[471] Ferner besteht in diesen Fällen die Möglichkeit, mit den Erben eine **Vereinbarung über die Höhe der Vergütung** zu treffen,[472] was zudem auch in den Fällen der fehlenden Erblasseranordnungen den oft langwierigen Streit um die Angemessenheitsfrage umgeht.[473]

---

464 *Bengel/Reimann*, X Rn 1.
465 *Winkler*, Rn 570.
466 Palandt/*Edenhofer*, § 2221 BGB Rn 1.
467 MüKo-*Brandner*, § 2221 BGB Rn 9.
468 Vgl. zu den empfehlenswertesten Bestimmungen der Berechnung *Winkler*, Rn 626 ff.
469 *Reithmann*, ZEV 2001, 385.
470 *Bengel/Reimann*, X Rn 1.
471 MüKo-*Brandner*, § 2221 BGB Rn 4.
472 *Bengel/Reimann*, X Rn 2.
473 MüKo-*Brandner*, § 2221 BGB Rn 6.

271 Bei Festlegung einer unangemessen hohen Vergütung durch den Erblasser ist der die angemessene Vergütung **überschießende Betrag als Vermächtnis** anzusehen,[474] welches unter der Bedingung der Amtsannahme steht.[475] Eine durch den Erblasser angeordnete, unangemessen hohe Vergütung stellt allerdings keine aufhebbare Verwaltungsanordnung i.S.d. § 2216 Abs. 2 S. 2 BGB dar.[476] Denkbar ist auch, dass der Erblasser letztwillig verfügt, dass die Vergütung durch einen Dritten oder durch den Testamentsvollstrecker[477] selbst festgesetzt werden soll (§§ 315 ff. BGB), wobei bei Unbilligkeit der Festsetzung auf Abänderung zu klagen ist.[478]

272 Erfährt der Testamentsvollstrecker erst durch ein später aufgefundenes Testament, dass seine Vergütung ausgeschlossen ist, so wird ihm gleichwohl für seine bisherige Tätigkeit eine angemessene Vergütung samt Auslagenersatz zuzubilligen sein.[479]

## III. Angemessene Vergütung nach § 2221 BGB

### 1. Grundlagen

273 Nach den vom BGH in seinem Urteil vom 28.11.1962[480] aufgestellten Grundsätzen gilt für die Vergütung des Testamentsvollstreckers maßgebend,

274 *„der ihm im Rahmen der Verfügung von Todes wegen obliegende Pflichtenkreis, der Umfang der ihn treffenden Verantwortung und die von ihm geleistete Arbeit, wobei die Schwierigkeit der gelösten Aufgaben, die Dauer der Abwicklung oder Verwaltung, die Verwertung besonderer Kenntnisse und Erfahrungen und auch die Bewährung einer sich im Erfolg auswirkenden Geschicklichkeit zu berücksichtigen sind."*

275 Als **Bemessungsgrundlage** für eine angemessene Vergütung muss daher auf den konkreten Aufgabenbereich des Testamentsvollstreckers abgestellt werden.[481] Die Höhe der angemessenen Vergütung hängt also von den Verhältnissen des einzelnen Falles ab[482] und verweist durch Bezugnahme auf den Pflichtenkreis auf die regelmäßige Maßgeblichkeit des Wertes des verwaltungsunterworfenen Nachlasses.[483] Umfasst daher die Testamentsvollstreckung den gesamten Nachlass, ist vom **Bruttowert (Aktivnachlass)** auszugehen, wobei ein Schuldenabzug nicht zu erfolgen hat, wenn die Regulierung der Schulden von der Testamentsvollstreckung ebenfalls erfasst wird.[484] Die teilweise in der Literatur angesprochene Gebührenberechnung nach Zeitaufwand,[485] welche sich an die Vergütung des Nachlasspfleger und des Berufsvormundes anlehnt, soll hier nicht näher diskutiert werden.

---

474 *Lange/Kuchinke*, § 31 VII 3.
475 Palandt/*Edenhofer*, § 2221 BGB Rn 1.
476 MüKo-*Brandner*, § 2216 BGB Rn 20.
477 MüKo-*Brandner*, § 2221 BGB Rn 4.
478 *Winkler*, Rn 627.
479 *Winkler*, Rn 629.
480 Vgl. BGH NJW 1963, 487 (Anm.: Auf diese Entscheidung nimmt der BGH auch in der Folgezeit Bezug, z.B.: BGH NJW 1967, 2400); BGH, Urt. v. 27.11.2004 – IV ZR 243/03.
481 *Bengel/Reimann*, X Rn 6.
482 *Winkler*, Rn 573.
483 MüKo-*Brandner*, § 2221 BGB Rn 8.
484 *Bengel/Reimann*, X Rn 20; zur Berechnungsgrundlage bei Erbteilstestamentsvollstreckung *von Morgen*, Anm. zu BGH v. 22.1.1997, ZEV 1997, 116, 117.
485 Z.B. *Zimmermann*, ZEV 2001, 334.

Bei der Bestimmung seiner Vergütung und deren Angemessenheit steht dabei dem Testamentsvollstrecker kein Ermessen zu, was im Rahmen einer gerichtlichen Überprüfung der Höhe der Testamentsvollstreckervergütung dann vielmehr dem entscheidenden Gericht den Ermessensspielraum gibt.[486]

Neben dem Nachlasswert ist nach den obigen Grundsätzen auch auf die unterschiedlichen Tätigkeiten bzw. Vollstreckungshandlungen abzustellen, für die neben der **Regelvergütung** ggf. auch weitere **Sondergebühren** beansprucht werden können. Zur Darstellung der einzelnen Vollstreckungshandlungen und daraus resultierender Gebührentatbestände eignet sich folgende von *Tiling*[487] entwickelte Tabelle:

| Vollstreckungshandlungen | Gebührentatbestände |
|---|---|
| Abwicklungsvollstreckung<br>(normal verlaufende Abwicklung)<br>mit<br>– Konstituierung<br>– Auseinandersetzung<br>– die dafür erforderliche Verwaltung des Nachlasses | Regelmäßige Vergütung<br>+ ggf. einer Konstituierungsgebühr bei besonders schwieriger Konstituierung |
| Verwaltungsvollstreckung<br>daneben keine Konstituierung und keine Auseinandersetzung | Verwaltungsgebühr |
| Dauervollstreckung<br>Nach Konstituierung und nach Auseinandersetzung<br>Nach Konstituierung und vor Auseinandersetzung<br>daneben ggf. weitere Aufgaben wie Ausführung der letztwilligen Verfügungen (§ 2203 BGB) und Auseinandersetzung (§ 2204 BGB) | Verwaltungsgebühr<br>+ ggf. Auseinandersetzungsgebühr (str.) |

### 2. Gebührentatbestände

Neben der **Regelvergütung** oder auch **Abwicklungsvergütung**,[488] welche als einmalig zu zahlende Vergütung i.S.d. § 2221 BGB für die normal verlaufende Abwicklungsvollstreckung vorgesehen ist,[489] werden regelmäßig von Literatur und Rechtsprechung auch **Sondergebührentatbestände** zuerkannt, wenn besondere Umstände, wie Dauer der Verwaltung oder besondere Arbeitsintensität bei Konstituierung des Nachlasses vorliegen. Allerdings ist in der Praxis unklar, in welchem Verhältnis die Gebührenarten zueinander stehen und welche Wechselwirkung sie zueinander haben.[490] In jedem Fall muss jedoch bei der

---

486 OLG Köln, Beschl. v. 2.5. 2007 – 2 U 126/06.
487 *Tiling*, ZEV 1998, 331.
488 MüKo-*Brandner*, § 2221 BGB Rn 12; Palandt/*Edenhofer*, § 2221 BGB Rn 4.
489 Palandt/*Edenhofer*, § 2221 BGB Rn 4.
490 *Klingelhöffer*, ZEV 1994, 120.

Aufspaltung der Gesamtvergütung in mehrere Gebühren die Angemessenheit der Gesamtvergütung gewahrt bleiben.[491]

#### a) Regelvergütung

278 Die Regelvergütung wird auch als Abwicklungsvergütung[492] oder Vollstreckungsgebühr[493] bezeichnet. Wenn dem Testamentsvollstrecker eine Abwicklungs- und Auseinandersetzungsvollstreckung obliegt (§§ 2203, 2004 BGB), sieht § 2221 BGB auch bei unterschiedlichem Umfang eine einmalig zu zahlende Vergütung vor, die sich mangels fehlender Erblasserbestimmung als Prozentsatz (zu den verschiedenen Tabellen siehe unten Rn 282 ff.) vom Bruttonachlass errechnet.[494] Eine zusätzliche Konstituierungsgebühr oder Auseinandersetzungsgebühr fällt daneben nur in Ausnahmefällen an. Besonderen Schwierigkeiten bei der Aufstellung und Ausführung des Teilungsplanes ist durch Erhöhung der Normalvergütung Rechnung zu tragen.[495]

#### b) Konstituierungsgebühr

279 Es handelt sich um eine Art Grund- oder Kerngebühr zur Abgeltung der Arbeit des Testamentsvollstreckers zu Beginn seiner Tätigkeit im Zusammenhang mit der Ermittlung und Inbesitznahme des Nachlasses (§ 2205 BGB), der Aufstellung und Mitteilung des Nachlassverzeichnisses (§ 2215 BGB) und der Regulierung der Nachlassverbindlichkeiten.[496] Eine Konstituierungsgebühr kann der Testamentsvollstrecker verlangen, wenn dies mit den Erben vereinbart ist.[497] Im Übrigen ist ungeklärt, ob diese Gebühr neben der normalen Regelgebühr verlangt werden kann, da das Gesetz in § 2221 BGB von einer einheitlichen Vergütung ausgeht.[498] Letztlich wird man vom Anfall einer solchen Gebühr auszugehen haben, wenn einzelne Aufgaben im Vergleich zum Normalfall eigenes Gewicht haben und nicht nur jeweils kurze Durchgangsstadien bis zur Auseinandersetzung sind und der Testamentsvollstrecker während der Konstituierung des Nachlasses eine besonders arbeitsreiche und verantwortungsvolle Tätigkeit ausüben musste.[499]

#### c) Verwaltungsgebühr

280 Eine zusätzliche periodische Verwaltungsgebühr, die jährlich berechnet wird, kommt dann in Betracht, wenn sich an die Konstituierung eine längere Verwaltung anschließt oder wenn die Verwaltung eine besonders umfangreiche oder zeitraubende Tätigkeit erfordert.[500] Ebenso in den Fällen der angeordneten Verwaltungs- oder Dauervollstreckung nach § 2209 BGB.[501]

---

491 MüKo-*Brandner*, § 2221 BGB Rn 11.
492 MüKo-*Brandner*, § 2221 BGB Rn 12.
493 OLG Köln ZEV 1194, 118.
494 Palandt/*Edenhofer*, § 2221 BGB Rn 4.
495 MüKo-*Brandner*, § 2221 BGB Rn 12.
496 MüKo-*Brandner*, § 2221 BGB Rn 13.
497 *Winkler*, Rn 579.
498 Palandt/*Edenhofer*, § 2221 BGB Rn 7.
499 *Winkler*, Rn 579; Palandt/*Edenhofer*, § 2221 BGB Rn 7; MüKo-*Brandner*, § 2221 BGB Rn 13; *Bengel/Reimann*, X Rn 20.
500 Palandt/*Edenhofer*, § 2221 BGB Rn 8.
501 MüKo-*Brandner*, § 2221 BGB Rn 14.

### d) Auseinandersetzungsgebühr

Eine Auseinandersetzungsgebühr als zusätzliche Gebühr ist umstritten.[502] Der Anfall einer solchen Gebühr hängt wohl davon ab, inwieweit eine Auseinandersetzung erst nach längerer Verwaltungstätigkeit erfolgt und die im Rahmen der Konstituierung gefundenen Ergebnisse nicht mehr aktuell und damit für den Testamentsvollstrecker nicht mehr verwertbar sind.[503]

### 3. Berechnung und Höhe der Gebühren/Tabellen

Grundlage der Gebühren sind in der Praxis aufgestellte Vergütungstabellen, welche bei ihrer Anwendung jeweils zu vergleichbaren Ergebnissen führen, weil größere Unterschiede durch Zu- und Abschläge korrigiert werden.[504]

Auf der Grundlage der im Jahre 1918/1925 entwickelten „**Rheinischen Tabelle**"[505] wird für Fälle der normalen Verhältnisse und glatten Abwicklung eine auf dem Bruttowert aufbauende, mit steigendem Nachlasswert degressive Vergütung vorgesehen.[506]

| | |
|---|---|
| Bei einem Nachlasswert bis zu 20.000 RM* | 4 % |
| darüber hinaus bis zu 100.000 RM* | 3 % |
| darüber hinaus bis zu 1.000.000 RM* | 2 % |
| darüber hinaus | 1 % |

\* RM-Beträge verstanden sich später als DM-Beträge, bzw. heute gerundet auf den hälftigen Betrag als EUR-Wert.

Auch soweit hier offensichtlich in Rechtsprechung und Literatur Differenzen dahin gehend bestehen, inwieweit diese Berechnung für die Regelvergütung oder für die Berechnung einer anfallenden Konstituierungsgebühr allein gilt,[507] wird man davon ausgehen müssen, dass hiermit die einheitliche Vergütung nach § 2221 BGB für den „Normalfall" ermittelt wird.[508] Im Hinblick auf das Alter der Tabelle wird seit geraumer Zeit die Anpassung durch mehr oder minder große Zuschläge (von etwa 20 bis zu 40–50 %) diskutiert.[509]

Der deutsche Notarverein hat in 2000 mit der Begründung, dass sich mit der Rheinischen Tabelle aus dem Jahre 1925 eine „angemessene Vergütung nicht mehr ermitteln lässt eine „Neue Rheinische Tabelle" veröffentlicht.[510]

Danach wird in Fortentwicklung der Rheinischen Tabelle für die Ermittlung eines Vergütungsgrundbetrages folgende Gebührentabelle vorgeschlagen:

| | | |
|---|---|---|
| bis | 250.000 EUR | 4,0 % |
| bis | 500.000 EUR | 3,0 % |
| bis | 2.500.000 EUR | 2,5 % |
| bis | 5.000.000 EUR | 2,0 % |
| über | 5.000.000 EUR | 1,5 % |

---

502 Palandt/*Edenhofer*, § 2221 BGB Rn 9.
503 *Bengel/Reimann*, X Rn 89.
504 MüKo-*Brandner*, § 2221 BGB Rn 9.
505 *Winkler*, Rn 580.
506 MüKo-*Brandner*, § 2221 BGB Rn 9.
507 *Bengel/Reimann*, X Rn 26 ausführlich zu den unterschiedlichen Ansichten.
508 MüKo-*Brandner*, § 2221 BGB Rn 11.
509 *Bengel/Reimann*, X Rn 45; *Haas/Lieb*, ZErb 2002, 202.
510 Deutscher Notarverein, ZEV 2000, 181.

Der Vergütungsgrundbetrag deckt dabei die einfache Testamentsvollstreckung ab. Der Vorschlag des Deutschen Notarvereins sieht für etwaige Erschwernisse, z.B. aufwendige Grundtätigkeit im Rahmen der Ermittlung, Sichtung und Inbesitznahme des Nachlasses einen Zuschlag von 2/10 bis 10/10 vor. Weiterhin wird nach diesem Vorschlag ein Zuschlag jeweils in gleicher Höhe für die Aufstellung eines Teilungsplanes, für komplexe Nachlassverwaltung, aufwendige und schwierige Gestaltungsaufgaben und die Erledigung von Steuerangelegenheiten vorgesehen. Die Gesamtvergütung soll dabei in der Regel insgesamt das Dreifache des Vergütungsgrundbetrages nicht überschreiten. In den Fällen der Dauertestamentsvollstreckung errechnet sich eine Verwaltungsgebühr in Höhe von 1/3 bis 1/2 pro Jahr der Verwaltung des im Zeitpunkt der Erbschaftsteuerveranlagung gegebenen Nachlassbruttowertes oder – wenn höher – 2 % – 4 % des jährlichen Nachlassbruttoertrags.

286 Ein anderer Weg zur Anpassung der angemessenen Vergütung an die geänderten Lebensverhältnisse stellt die „**Möhringsche Tabelle**"[511] dar.

Bei einem Nachlasswert von

| | | | |
|---|---|---|---|
| 10.000 EUR | max. | 750 EUR | (7,5 %) |
| 50.000 EUR | max. | 2.160 EUR | (5,4 %) |
| 500.000 EUR | max. | 16.200 EUR | (3,6 %) |
| 1.000.000 EUR | max. | 9.000 EUR | (1,8 %) |

darüber hinaus zusätzlich 1 % aus dem über 1 Millionen EUR hinausgehenden Nachlass.

Die Anwendung der Tabelle nach *Möhring* wird verschiedentlich unter Hinweis auf das Alter der Tabellen des Rheinischen Notariats befürwortet.[512]

287 Daneben wurden in der Praxis noch **weitere Tabellen**[513] entwickelt, auf deren Darstellung hier allerdings verzichtet wird.

288 Unter besonderen Fallkonstellationen wird bei Anfall mehrerer Gebühren auch eine Herabsetzung der Gesamtvergütung bejaht, um zu einer angemessenen Vergütung zu gelangen, so z.B. wenn sich an die Konstituierung eine längere Verwaltungsphase anschließt. In diesem Fall wird eine Herabsetzung der Gesamtvergütung um 15 % vorgeschlagen, um lediglich die Konstitutionsarbeiten abzugelten.[514]

289 Für die periodisch zu berechnende **Verwaltungsgebühr** ist allerdings nicht von den obigen Tabellen auszugehen. Sie ist wesentlich niedriger und wird im Regelfall in Prozentsätzen etwa vom Bruttowert des Nachlasses (1/3 %–1/2 %) oder vom Jahresbetrag der Einkünfte (2 %–4 %) ermittelt.[515]

290 Hinsichtlich der oben zur Vollständigkeit aufgeführten **Auseinandersetzungsgebühr** fehlen im Schrifttum nähere Angaben über ihre Berechnungsart. Ggf. ist hier die Höhe auf der Grundlage der in der Praxis entwickelten Tabellen zu ermitteln und die Angemessenheit der Gesamtvergütung über etwaige Abschläge zu erreichen.

---

511 *MüKo-Brandner*, § 2221 BGB Rn 10; *Möhring/Beisswingert/Klingelhöffer*, H VI dd), S. 224 ff. mit einer ausführlichen Tabelle, aufgestellt nach Schritten à 1.000 EUR/5.000 EUR/10.000 EUR.
512 *Möhring/Beisswingert/Klingelhöffer*, H VI cc), S. 223 f.
513 Vgl. *Tiling*, ZEV 1998, 331, 336 mit einer Vergleichübersicht; *Winkler*, Rn 582; *MüKo-Brandner*, § 2221 BGB Rn 10; *Bengel/Reimann*, X Rn 42; *Haas/Lieb*, ZErb 2002, 202.
514 *Bengel/Reimann*, X Rn 88.
515 *Winkler*, Rn 595.

Ein **Höchstsatz für die Gesamtvergütung** kann dabei pauschal nicht angegeben werden. In der Literatur wird häufig von einer Höchstvergütung von 12 % des Bruttonachlasses ausgegangen.[516]

291

## IV. Auslagen des Testamentsvollstreckers/berufsmäßige Dienste

Gemäß § 2218 Abs. 1 i.V.m. § 670 BGB hat der Testamentsvollstrecker neben seiner Vergütung einen auf **Aufwendungsersatz** gerichteten Anspruch. Zu den zu ersetzenden Auslagen gehören die tatsächlichen Ausgaben (Reisekosten, Postgebühren, Telefongebühren etc.) und grundsätzlich die Kosten für Hilfspersonen des Testamentsvollstreckers.[517] Der Anspruch auf Auslagenersatz ist anders als der Vergütungsanspruch sofort fällig.[518]

292

Bezüglich der **Kosten für Hilfspersonen** ist eine Erstattungsfähigkeit dann zu bejahen, wenn er nach den Umständen des Einzelfalles die Einschaltung der Hilfspersonen für erforderlich halten durfte, also den Grundsätzen einer ordnungsgemäßen Amtsführung (Verwaltung) entspricht.[519] Dennoch kann die hiernach zulässige Einschaltung von Hilfspersonen mittelbar die Höhe der Vergütung beeinflussen, wenn damit die für die Bestimmung der Angemessenheit der Vergütung maßgeblichen Kriterien berührt werden.[520] Dienste, die „jedermann" leisten kann, sind jedoch durch die allgemeine Vergütung nach § 2221 BGB abgegolten, was dazu führt, dass bspw. ein Rechtsanwalt für den Schriftwechsel, den er als Testamentsvollstrecker führt, keine Schreibauslagen entsprechend des RVG verlangen kann.

293

Anders sind die Dienste, die in einer **berufsspezifischen Tätigkeit** liegen, neben der Vergütung als Auslagen zu ersetzen.[521] Hat der als Testamentsvollstrecker eingesetzte Rechtsanwalt für den Nachlass einen Prozess geführt, so kann er wie ein bevollmächtigter Rechtsanwalt die Gebühren nach dem RVG beanspruchen.[522]

294

## V. Fälligkeit der Vergütung/Vorschuss/Entnahme/Zurückbehaltungsrecht am Nachlass/Verjährung/Verwirkung

Regelmäßig wird die Vergütung erst mit Ende des Amtes **fällig**, wobei im Falle einer angemessenen Konstituierungsgebühr diese bereits mit Abschluss der Konstituierungsarbeiten verlangt werden kann, wenn sich eine längere Verwaltung anschließt. Bei einer Verwaltungs- oder Dauervollstreckung (§ 2209 BGB) kann die Vergütung nach Zeitabschnitten, meist jährlich vom Testamentsvollstrecker verlangt werden.[523]

295

Einen **Vorschuss** auf seine Vergütung kann der Testamentsvollstrecker zwar nicht verlangen, jedoch ist er berechtigt, in Fällen der länger andauernden Vollstreckung Teile seiner Vergütung, die ihm in der betreffenden Höhe zustehen, schon während der Dauer seines Amtes aus dem Nachlass zu entnehmen.[524]

296

---

516 *Tiling*, ZEV 1998, 331, 335; *Winkler*, Rn 601.
517 *Bengel/Reimann*, X Rn 119.
518 *MüKo-Brandner*, § 2221 BGB Rn 24, § 2218 BGB Rn 18.
519 *Winkler*, Rn 637.
520 *Bengel/Reimann*, X Rn 121.
521 *Bengel/Reimann*, X Rn 120.
522 *Winkler*, Rn 635, der dies auch auf Fälle der außerprozessualen Tätigkeit eines Rechtsanwaltes erweitert, soweit ein nicht juristisch vorgebildeter Testamentsvollstrecker einen Rechtsanwalt eingeschaltet hätte.
523 *MüKo-Brandner*, § 2221 BGB Rn 20.
524 *Winkler*, Rn 618.

297 Das **Entnahmerecht** des Testamentsvollstreckers hinsichtlich seiner Vergütung folgt aus § 181 BGB, da es sich bei der Vergütung um eine Nachlassverbindlichkeit handelt, wobei er das Risiko einer Zuvielentnahme trägt.[525] Hiermit ist jedoch nicht ohne weiteres das Recht verbunden, zur Begleichung der Vergütung Nachlassgegenstände zu veräußern, da dies den Grundsätzen der ordnungsgemäßen Verwaltung entsprechen muss.[526]

298 Ein **Zurückbehaltungsrecht** am Nachlass oder einzelnen Nachlassgegenständen wegen seiner Vergütung besteht wohl, kann allerdings unter besonderen Umständen gegen § 242 BGB verstoßen. Gegenüber dem Anspruch auf Auskunft oder Rechnungslegung sowie dem Anspruch auf vorzeitige Überlassung nach § 2217 Abs. 1 BGB besteht allerdings kein Zurückbehaltungsrecht wegen der Vergütung.[527]

299 Der Anspruch auf Vergütung **verjährt** in 30 Jahren ab Fälligkeit, wobei bei gröblicher Pflichtverletzung des Testamentsvollstreckers die **Verwirkung** des Anspruchs vorliegen kann. Eine solche Verwirkung kann vorliegen, wenn der Testamentsvollstrecker sich bewusst über die Interessen der Person hinwegsetzt, die er als (Dauer-)Testamentsvollstrecker betreut, nicht aber bereits dann, wenn er infolge irriger Beurteilung der Sach- und Rechtslage fehlerhafte Entscheidungen trifft.[528]

## VI. Schuldner der Vergütung

300 Die Vergütung belastet den Nachlass und muss somit von den Erben als Gesamtschuldnern getragen werden.[529] Grundsätzlich kann auch hier der Erblasser sowohl im Außen- als auch im Innenverhältnis eine Festlegung treffen.[530] Insbesondere in den Fällen der Erbteilsvollstreckung ist eine solche Regelung ratsam, wenn die Vergütung nicht die Erben in ihrer Gesamtheit treffen soll, nachdem nach wohl gesicherter Rechtsprechung die Kosten der Testamentsvollstreckung „nach dem Gesetz von allen Miterben in der ungeteilten Erbengemeinschaft zu tragen" sind.[531]

## VII. Mehrwertsteuer auf die Vergütung/Einkommensteuer

301 Inwieweit die Testamentsvollstreckervergütung der **Umsatzsteuer** unterliegt, hängt gem. §§ 1, 2 Abs. 1 UStG davon ab, ob der Testamentsvollstrecker das Amt in gewerblicher oder beruflicher Tätigkeit ausübt. Bei Rechtsanwälten und Steuerberatern ergibt sich hiernach wohl eindeutig eine Umsatzsteuerpflicht. Zweifel ergeben sich, wenn der Testamentsvollstrecker seine Tätigkeit einmalig ausübt. Zur Beurteilung ist hier auf die nachhaltige Ausübung zur Erzielung von Einnahmen (§ 2 Abs. 1 S. 2 UStG) abzustellen. Dies erscheint zwar bei der einmaligen Übernahme einer Testamentsvollstreckung zweifelhaft, jedoch kann der finanzgerichtlichen Rechtsprechung die Tendenz entnommen werden, dass die Umsatzsteuerpflicht auch bei einer einzigen Testamentsvollstreckung bejaht wird.[532] Verneint wird dies teilweise, soweit der z.B. als Testamentsvollstrecker tätige Miterbe trotz zahlreicher Einzelhandlungen und längerer Tätigkeitsdauer, die Tätigkeit nur aufgrund seiner Stellung als Miterbe übernommen und auch in der Vergangenheit bzw. in der Folgzeit

---

525 MüKo-*Brandner*, § 2221 BGB Rn 22.
526 *Bengel/Reimann*, X Rn 147.
527 Palandt/*Edenhofer*, § 2221 BGB Rn 15.
528 BGH, Beschl. v. 27.11.2004 – IV ZR 243/03.
529 *Winkler*, Rn 639; vgl. ausführlich zu verschiedenen Sonderfällen *Bengel/Reimann*, X Rn 131 ff.
530 *Bengel/Reimann*, X Rn 130.
531 BGH ZEV 1997, 116.
532 Vgl. ausführlich *Bengel/Reimann*, X Rn 124; *Kirnberger*, ZEV 1998, 342.

keine weiteren Testamentsvollstreckungen bzw. Nachlassverwaltungen durchgeführt hat.⁵³³ Soweit ein angestellter Steuerberater eine Testamentsvollstreckung übernimmt, beurteilt sich zudem die Frage, wer Leistender i.S.d. § 1 UStG ist danach, ob die Tätigkeit im Rahmen des Dienstverhältnisses erbracht wird – dann ist Leistender der Arbeitgeber.⁵³⁴ Besonderheiten ergeben sich bei der Frage des Umsatzsteuerausweises bei der Abrechnung der Vergütung des als Steuerberater oder Wirtschaftsprüfer tätigen Testamentsvollstreckers gegenüber Erben mit ausländischer Staatsbürgerschaft.⁵³⁵

Nach überwiegender Ansicht kann der Testamentsvollstrecker die auf seine Vergütung anfallende Umsatzsteuer nicht vom Erben ersetzt verlangen, ist allerdings berechtigt, die Umsatzsteuer als Kalkulationsfaktor auszuweisen.⁵³⁶ Es empfiehlt sich hier ggf. bereits eine Regelung im Rahmen der Anordnungen durch den Erblasser.⁵³⁷

302

Hinsichtlich der **Einkommensteuer** enthält § 18 Abs. 1 Nr. 3 EStG eine ausdrückliche Regelung, wonach die Vergütung des Testamentsvollstreckers der Einkommensteuer unterliegt. Bei Rechtsanwälten, Steuerberatern und Wirtschaftsprüfern gehört das Testamentsvollstreckeramt zu den Tätigkeiten des § 18 Abs. 1 Nr. 1 EStG.⁵³⁸ Eine vom Erblasser bestimmte überhöhte Vergütung des Testamentsvollstreckers kann zusätzlich der Erbschaftssteuer unterliegen,⁵³⁹ da es sich insoweit um ein Vermächtnis zugunsten des Testamentsvollstreckers handeln kann (vgl. oben Rn 271).

303

## VIII. Sonderfälle

Sind **mehrere Testamentsvollstrecker** nebeneinander bestellt (§ 2224 BGB), so wird für jeden die Vergütung individuell berechnet, wobei die angemessene Vergütung nach Maßgabe der Tätigkeit unter Berücksichtigung der durch die Verwaltungstätigkeit mehrerer Personen eintretende Arbeitserleichterung und Verantwortungsverteilung zu ermitteln ist.⁵⁴⁰

304

Eine Reduzierung des Anspruchs kann in den Fällen der **vorzeitigen Beendigung** des Amtes durch Kündigung, Entlassung oder aus sonstigem Grund gegeben sein, wenn dies dem mutmaßlichen Willen des Erblassers entspricht.⁵⁴¹

305

Bezüglich des Vergütungsanspruchs eines sog. **vermeintlichen Testamentsvollstreckers** ist je nach Einzelfall zu entscheiden, ob ihm tatsächlich eine Vergütung zusteht. In allen Fallkonstellationen wird im Ergebnis wohl auf den „guten Glauben" des Testamentsvollstreckers und den Vertrauensschutz bezüglich eines durch das Nachlassgericht erteilten Testamentsvollstreckerzeugnisses abzustellen sein.⁵⁴²

306

---

533 FG München, Urt. v. 9.12.2004 – 14 K 669/02.
534 FG Hamburg ZEV 2002, 124.
535 BFH, Urt. v. 5.6.2003 – V R 25/02.
536 MüKo-*Brandner*, § 2221 BGB Rn 14a mit der Anmerkung, dass im Hinblick auf eine gewisse Verschleierung die Mehrwertsteuer offen und zusätzlich abgerechnet werden kann.
537 *Kirnberger*, ZEV 1998, 342, 345 mit einem Formulierungsvorschlag.
538 *Bengel/Reimann*, X Rn 182, mit weiteren Ausführungen zu den verschiedenen Berufsgruppen und Einkunftsarten Rn 192 ff.
539 *Winkler*, Rn 653.
540 MüKo-*Brandner*, § 2221 BGB Rn 15.
541 MüKo-*Brandner*, § 2221 BGB Rn 18, 19, 17.
542 Vgl. im Einzelnen die Ausführungen bei *Winkler*, Rn 630 ff.; *Bengel/Reimann*, X Rn 167 ff.

## IX. Prozessuale Fragen

**307** Bei einem Streit über die Höhe oder Fälligkeit der Vergütung ist der Anspruch nicht beim Nachlassgericht, sondern beim sachlich und örtlich zuständigen Prozessgericht geltend zu machen. Eine Anordnung des Erblassers auf Festsetzung der Vergütung durch das Nachlassgericht ist nicht möglich, kann aber möglicherweise so ausgelegt werden, dass ein Mitglied des Nachlassgerichtes die Vergütung gem. § 317 BGB festlegen soll.[543] In der Regel muss der Testamentsvollstrecker in einer **Klage auf Festsetzung** seiner Vergütung deren Höhe im Klageantrag beziffern. Eine Ausnahme besteht nur in den Fällen, in denen eine Bezifferung nicht möglich oder nicht zumutbar ist.[544] In diesen Fällen soll allerdings ein Mindestbetrag im Klageantrag und die Bemessungsgrundlagen angegeben werden.[545]

**308** Bemerkenswert ist die Tatsache, dass weder in Rechtsprechung noch in der Literatur nähere Ausführungen zur Frage der **Klage der Erben** gegen den Testamentsvollstrecker bei zu hoher Vergütung diskutiert wird. Es finden sich lediglich jeweils kurze Ausführungen beim Entnahmerecht bzw. der Haftung und Schadensersatzverpflichtung des Testamentsvollstreckers. Man wird wohl die Klage der Erben auf Schadensersatz in Höhe der zu viel entnommenen Vergütung, beinhaltend die Festsetzung der angemessenen Vergütung, als richtigen prozessualen Weg erachten müssen.

**309** Im **Nachlassinsolvenzverfahren** hat die Vergütung des Testamentsvollstreckers den Rang einer Masseverbindlichkeit nach § 324 Abs. 1 Nr. 6 InsO.

## X. Muster: Klage des Testamentsvollstreckers gegen Erben auf Vergütungsfestsetzung mit beziffertem Klageantrag

**379**

**310** An das
Landgericht
– Zivilkammer –

*Klage*

, in seiner Eigenschaft als Testamentsvollstrecker für den Nachlass nach

– Klägers –

gegen
1.
2.

– Beklagte –

wegen Herausgabe.

Vorläufiger Gegenstandswert:

In meiner Eigenschaft als Testamentsvollstrecker für den Nachlass nach dem am verstorbenen Erblasser erhebe ich Klage zum Landgericht mit der Bitte um Anberaumung eines möglichst nahen Termins zur mündlichen Verhandlung, für die die Stellung folgender Anträge angekündigt wird:
1. Die Vergütung des Klägers für seine Tätigkeit als Testamentsvollstrecker für den Nachlass des am in verstorbenen wird auf EUR festgesetzt.

---

543 *Winkler*, Rn 620.
544 *Bengel/Reimann*, X Rn 159.
545 *MüKo-Brandner*, § 2221 BGB Rn 7.

2. Die Beklagen haben die Kosten des Rechtsstreits zu tragen.
3. Das Urteil ist – ggf. gegen Sicherheitsleistung – vorläufig vollstreckbar.

Für den Fall der Anordnung des schriftlichen Vorverfahrens beantrage ich schon jetzt:
4. Für den Fall der Säumnis der Beklagten den Erlass eines Versäumnisurteils gem. § 331 Abs. 3 ZPO.
5. Für den Fall des Anerkenntnisses den Erlass eines Anerkenntnisurteils nach § 307 ZPO.

*Begründung:*

I. Am _____ ist _____ in _____ verstorben. Der Kläger wurde zum Testamentsvollstrecker für den Nachlass ernannt. Eine Beschränkung der Rechte des Testamentsvollstreckers wurde nicht angeordnet. Er hat das Amt mit Erklärung vom _____ gegenüber dem Nachlassgericht angenommen. Der Beklagte ist ausweislich des Erbscheines des Amtsgerichtes _____ – Nachlassgericht – neben dem weiteren Abkömmling _____ zum Miterben nach dem verstorbenen Erblasser berufen.

*Beweis:* Nachlassakten des Amtsgerichtes _____ – Nachlassgericht –, Az. _____, deren Beiziehung im vorliegenden Verfahren beantragt wird.

Dem Kläger wurde am _____ über seine Stellung als Testamentsvollstrecker durch das Nachlassgericht ein Testamentsvollstreckerzeugnis erteilt.

*Beweis:* Testamentsvollstreckerzeugnis vom _____, in Kopie anbei.

II. Zwischen dem Kläger und den Beklagten besteht Streit über die dem Kläger für die Führung des Amtes zustehende angemessene Vergütung nach § 2221 BGB, da von Seiten des Erblassers keine Bestimmung hinsichtlich der Höhe der Vergütung getroffen wurde.

Der Kläger macht daher in seiner Eigenschaft als Testamentsvollstrecker gegen die Beklagten mit vorliegender Klage den Anspruch auf Festsetzung der Vergütung in der beantragten Höhe geltend.

III. Dem Kläger oblag in seiner Eigenschaft als Testamentsvollstrecker die Aufgabe der Inbesitznahme und Konstituierung des Nachlasses sowie Abwicklung des Nachlasses einschließlich der Erfüllung von Vermächtnissen und die Auseinandersetzung unter den Miterben.

*Beweis:* Testament des Erblassers vom _____, eröffnet durch das Nachlassgericht am _____, in Kopie anbei.

Dabei lag ein wesentliches Schwergewicht der Tätigkeit auf der Konstituierung des Nachlasses, was sich aus Folgendem ergibt:

Dem Kläger lagen nur unzureichende Unterlagen hinsichtlich der zum Nachlass gehörenden Gegenstände vor. Der Erblasser lebte in den letzten zehn Jahren vor seinem Tod allein und hatte keine geordneten Unterlagen hinterlassen, welche als Grundlage für die Ermittlung des Nachlasses herangezogen werden konnten. Auch Auskunftspersonen waren nur bedingt vorhanden. Wie sich schließlich herausstellte, hatte der Erblasser bei sechs verschiedenen Banken, teilweise im Ausland, Bankkonten unterhalten. Durch die Ermittlungen des Klägers ergab sich, das der Erblasser zudem Grundbesitz in verschiedenen Grundbuchbezirken hat und teilweise auch Miteigentümer bzw. als Mitglied von Erbengemeinschaften an Grundbesitz beteiligt gewesen ist. Der Erblasser bewohnte bis zu seinem Tod ein größeres Einfamilienhaus mit einer Wohnfläche von ca. 220 qm, in welchem zahlreiche Kunstgegenstände vorhanden waren, die in einem Nachlassverzeichnis erfasst werden mussten. Ferner befanden sich Nachlassgegenstände im Besitz Dritter, welche zunächst jeweils zur Herausgabe aufgefordert werden mussten. Dem Kläger oblag daneben eine erhebliche Verantwortung für die Sicherung des Nachlasses, da das vom Erblasser bewohnte Hausanwesen allein stehend und nicht ausreichend gegen unbefugten Zutritt gesichert war und daher zunächst die zahlreichen Kunstgegenstände aufgezeichnet und anschließend eingelagert werden mussten. Zudem musste auch für einen ausreichenden Versicherungsschutz für das Hausanwesen und die Einrichtungsgegenstände gesorgt werden. Darüber hinaus ergaben sich erhebliche Schwierigkeiten bei der Ermittlung der Nachlassverbindlichkeiten, nachdem der Kläger offensichtlich in den letzten Jahren vor seinem Tod nicht mehr in der Lage war, seine eigenen Vermögensangelegenheiten ordnungsgemäß zu besorgen. Aus teilweise ungeöffneter Post der letzten zwei Jahre vor dem Tod ergaben sich Verbindlichkeiten gegenüber einer großen Zahl von Gläubigern, welche im Einzelnen einer eingehenden Prüfung durch den Kläger unterzogen werden mussten.

Daneben waren vom Kläger noch ausstehende Einkommensteuererklärungen für die letzten drei Jahre vor dem Tod des Erblassers gegenüber dem örtlichen Finanzamt abzugeben. Die Erstellung der Erbschaftsteuererklärung gestaltete sich schwierig, weil erst die Erben bezüglich der zahlreichen Vorempfänge innerhalb der letzten 10 Jahre vor dem Tod zur Auskunft aufgefordert werden mussten.

Die vom Kläger vorzunehmenden Tätigkeiten zur Ermittlung, Inbesitznahme und Sicherung des Nachlasses waren daher äußerst umfangreich und zeitintensiv.

*Beweis:* 1. Nachlassverzeichnis vom _____, in Kopie anbei.
2. Schriftverkehr im Rahmen der Nachlasskonstituierung, welcher im Bestreitensfalle vorgelegt wird.

Der Wert des Bruttonachlasses (Aktivnachlasses) wurde nach diesen Ermittlungen ausweislich des Nachlassverzeichnisses vom _____ schließlich mit _____ EUR festgestellt, wobei der Verkehrswert des Grundbesitzes und der Wert der Kunstgegenstände durch Sachverständigengutachten ermittelt wurde.

*Beweis:* Nachlassverzeichnis vom _____, in Kopie anbei.

Neben der Konstituierung des Nachlasses waren vom Kläger die vom Erblasser angeordneten Vermächtnisse zu erfüllen und bis zur Aufstellung des Teilungsplanes der Nachlass für einen Zeitraum von zwei Jahren zu verwalten. Der Kläger hat über seine Verwaltung jährlich Rechnung gelegt und die Erben regelmäßig über den Stand des Verfahrens informiert.

*Beweis:* Rechnungslegung und Berichte, welche im Bestreitensfalle vorgelegt werden können.

Die Erben wurden bereits zum Teilungsplan angehört.

*Beweis:* Schreiben des Klägers vom _____, in Kopie anbei.

Dem Kläger steht nach § 2221 BGB für seine Tätigkeit als Testamentsvollstrecker im Rahmen der Abwicklungs- und Auseinandersetzungsvollstreckung neben der regelmäßig anfallenden Abwicklungsvergütung aufgrund der umfangreichen und verantwortungsvollen Tätigkeit im Rahmen der Konstituierung des Nachlasses zusätzlich eine Konstituierungsgebühr zu.

Zur Berechnung der Höhe der jeweiligen Gebühren ist nach der einschlägigen Rechtsprechung anerkannt, dass diese durch Ansatz eines Vomhundertsatz des Bruttonachlasses (Aktivnachlass) ermittelt wird. Einschlägig ist hierbei der Verkehrswert des Nachlasses, was insbesondere auch für Grundstücke Geltung hat. Für die Höhe des Vomhundertsatz wurden in der Praxis verschiedene Tabellenvorschläge unterbreitet, wobei hier die von der Rechtsprechung und Literatur anerkannte Vergütungstabelle von **Möhring** der Ermittlung der Gebührenhöhe zugrunde gelegt wurde.

Es ergibt sich daher bei einem Aktivnachlass von _____ EUR ein Vergütungssatz von _____ EUR, jeweils für die Abwicklungsvergütung und die Konstituierungsgebühr. Es errechnet sich hieraus die Gesamtvergütung von _____ EUR.

Der Kläger hat bei der Berechnung der Vergütung nicht die von ihm abzuführende Umsatzsteuer miteinbezogen, da nach wohl überwiegender Ansicht ein Erstattungsanspruch gegen die Erben nicht besteht. Der Kläger hat die Umsatzsteuer folglich aus der hier berechneten Vergütung noch abzuführen.

Die zur Festsetzung beantragte Vergütung ist im Verhältnis zum Wert des Aktivnachlasses unter Berücksichtigung der obigen Ausführungen zum Umfang der Tätigkeit des Klägers auch angemessen.

Die angefallenen Auslagen des Klägers wurden von diesem bereits dem Nachlass entnommen und sind unter Beifügung der Belege bereits in der Rechnungslegung erfasst worden. Von Seiten der Beklagten wurden hiergegen auch keine Einwendungen erhoben.

Der Kläger hat zusammen mit der Anhörung der Beklagten als Erben zum Teilungsplan die von ihm beanspruchte Vergütung unter Angabe der Berechnungsgrundlagen mitgeteilt.

*Beweis:* Schreiben des Klägers vom ▢, in Kopie anbei.

Die Beklagten haben hierauf mit gemeinsamen Schreiben vom ▢ der Angemessenheit der Vergütung widersprochen, da sie die Auffassung vertreten, dass im vorliegenden Fall der Kläger eine gesonderte Konstituierungsgebühr nicht verlangen könne.

*Beweis:* Schreiben der Beklagten vom ▢, in Kopie anbei.

Der Kläger hat in Vollzug des Teilungsplanes den Nachlass bis auf einen Betrag in Höhe von ▢ EUR an die Beklagten herausgegeben.

Aufgrund dieses Widerspruches der Beklagten beantragt der Kläger zur Vermeidung eines Rückforderungsanspruchs nach Entnahme aus dem Nachlass und Verteilung des restlichen Nachlasses an die Erben gemäß dem Teilungsplan die Festsetzung durch das Landgericht ▢. Der Vollständigkeit wegen wird darauf hingewiesen, dass der Kläger im Rahmen seiner Tätigkeit einen Vorschuss in Höhe von ▢ EUR dem Nachlass entnommen hat. Die Entnahme des Vorschusses wird jedoch durch den Kläger bei Entnahme der festgesetzten Vergütung berücksichtigt.

Die Vergütung ist daher antragsgemäß festzusetzen.

(Rechtsanwalt)

# § 14 Vor- und Nacherbfolge

*Elmar Steinbacher*

## Literatur

**Handbücher und Lehrbücher:**

*Brox/Walker*, Erbrecht, 23. Auflage 2009; *Ebenroth*, Erbrecht, 1992; *Kerscher/Krug*, Das erbrechtliche Mandat, 4. Auflage 2007; *Krug*, Erbrecht: Examenskurs für Rechtsreferendare, 3. Auflage 2002; *Lange/Kuchinke*, Lehrbuch des Erbrechts, 5. Auflage 2001; *Nieder/Kössinger*, Handbuch der Testamentsgestaltung, 3. Auflage 2008; *Tanck/Krug/Daragan*, Testamente in der anwaltlichen und notariellen Praxis, 3. Auflage 2006; *Wachenhausen*, Das neue Erbschaft- und Schenkungsteuerrecht, 1997.

**Aufsätze:**

*Avenarius*, Testamentsauslegung und „Fallgruppen typischer Sachlage" bei der Anordnung von Vor- und Nacherbfolge, NJW 1997, 2740; *Coing*, Die unvollständige Regelung der Nacherbfolge, NJW 1975, 521; *Daragan*, Die Vor- und Nacherbschaft aus zivilrechtlicher und steuerrechtlicher Sicht, ZErb 2001, 43; *Dillmann*, Verfügungen während der Vorerbschaft, RNotZ 2002, 1; *Ebenroth/Frank*, Die Übertragung des Besitzes vom Erblasser auf den Erben, JuS 1996, 794; *Gerken*, Verfassungswidrigkeit der Besteuerung bei Vor- und Nacherbschaft, ZErb 2003, 72; *Harder*, Unentgeltliche Verfügungen und ordnungsgemäße Nachlassverwaltung des Vorerben, DNotZ 1994, 822; *Kohler*, Die Fälle der Sicherheitsleistung im Bürgerlichen Gesetzbuch – Normgründe, Erfüllungszwang und einstweiliger Rechtsschutz, ZZP 102 (1989), 58; *Köster*, Vor- und Nacherbschaft im Erbscheinsverfahren, Rechtspfleger 2000, 90, 133; *Kroiß*, Das neue Nachlassverfahrensrecht, ZErb 2008, 300; *Krug*, Der Rechtshängigkeitsvermerk, ein Instrument des vorläufigen Rechtsschutzes im Erbrecht, ZEV 1999, 161; *Lüke*, Der Informationsanspruch im Zivilrecht, JuS 1986, 2; *Mayer*, Der superbefreite Vorerbe? – Möglichkeiten und Grenzen der Befreiung des Vorerben, ZEV 2000, 1; *Mayer*, Das Behindertentestament in der Zukunft, ZErb 1999, 60; 2000, 16; *Nieder*, Das notarielle Nachlassverzeichnis im Pflichtteilsrecht, ZErb 2004, 60; *Ordemann*, Die mündelsichere Anlage von Nachlassgeldern durch den Vorerben, MDR 1967, 642; *Ricken*, Die Verfügungsbefugnis des nicht befreiten Vorerben, AcP 202 (2002), 465; *Riedel*, Vor- und Nacherbschaft – eine Steuerfalle?, ZErb 2002, 316; *Ruby*, Behindertentestament: Häufige Fehler und praktischer Vollzug, ZEV 2006, 66; *Sarnighausen*, Formfreie Ausübung des Vorkaufsrechts nach § 505 Abs. 1 BGB im Hinblick auf Grundstückskaufverträge, NJW 1998, 37; *Sarres*, Auskunftspflichten bei Vor- und Nacherbschaft, ZEV 2004, 56; *Schmitz*, Die Rechtsprechung des Bundesgerichtshofs zum Erbrecht, WM 1998, Sonderbeilage 3; *Tanck*, Die Bestimmung des Ersatzerben bei Vor- und Nacherbschaft, ZErb 2008, 33; *Vogg*, Einstweilige Feststellungsverfügung?, NJW 1993, 1357; *Wilhelm*, Wiederverheiratungsklausel, bedingte Erbeinsetzung und Vor- und Nacherbfolge, NJW 1990, 2857.

| | |
|---|---|
| A. „Erster Zugriff" und typische Sachverhalte ................ 1 | II. Wegfall des Nacherben ................ 24 |
| I. „Erster Zugriff" ................ 1 | 1. Rechtliche Grundlagen ................ 24 |
| II. Typische Sachverhalte ................ 2 | 2. Einstweiliger Rechtsschutz ................ 33 |
| B. Einführung ................ 3 | 3. Kosten ................ 34 |
| C. Auslegungsfragen ................ 10 | 4. Muster: Klage auf Feststellung, dass der Vorerbe die Stellung eines Vollerben erlangt hat ................ 35 |
| I. Abgrenzung zur Vollerbeneinsetzung ..... 10 | |
| 1. Rechtliche Grundlagen ................ 10 | |
| 2. Einstweiliger Rechtsschutz ................ 19 | III. Befreite und nicht befreite Vorerbschaft ... 36 |
| a) Feststellungsverfügung ................ 19 | 1. Rechtliche Grundlagen ................ 36 |
| b) Sicherungsverfügung ................ 20 | 2. Einstweiliger Rechtsschutz ................ 43 |
| c) Rechtshängigkeitsvermerk/Widerspruch ................ 21 | 3. Kosten ................ 44 |
| 3. Kosten ................ 22 | 4. Muster: Klage auf Feststellung des Bestehens einer befreiten Vorerbschaft .... 45 |
| 4. Muster: Klage auf Feststellung des Erbrechts aufgrund einer Nacherbeneinsetzung ................ 23 | D. Rechtsstellung des Vorerben ................ 46 |
| | I. Allgemeines ................ 46 |
| | II. Rechtsstellung des Vorerben im Prozess ... 48 |
| | 1. Prozessführungsbefugnis ................ 48 |

2. Eintritt des Nacherbfalls während des Prozesses .................... 49
   a) Vorerbe ist zur Verfügung über den Streitgegenstand befugt ........ 50
   b) Vorerbe bedarf zur Verfügung über den Streitgegenstand der Zustimmung des Nacherben ............ 51
3. Abgabe einer Willenserklärung .... 52
4. Erstreckung der Rechtskraft auf den Nacherben ........................ 54
   a) Rechtliche Grundlagen ........... 54
   b) Muster: Antrag auf Erteilung einer Vollstreckungsklausel ............. 58
   c) Muster: Klage auf Erteilung einer Vollstreckungsklausel nach § 731 ZPO ............................. 59
III. Rechtsstellung des Vorerben während der Zeit der Vorerbschaft ................. 60
1. Feststellung des Zustandes der zum Nachlass gehörenden Sachen ........ 60
   a) Rechtliche Grundlagen ........... 60
   b) Verfahren und Kosten ........... 61
   c) Muster: Antrag des Vorerben auf Feststellung des Zustandes der zum Nachlass gehörenden Sachen ...... 63
2. Zustimmung des Nacherben zu Verwaltungsmaßnahmen ................. 64
   a) Rechtliche Grundlagen ........... 64
      aa) Anwendungsbereich .......... 65
      bb) Anwendungsvoraussetzungen .. 71
      cc) Verfahren ................. 73
   b) Rechtsfolgen der Zustimmung ..... 76
   c) Muster: Aufforderungsschreiben zur Einwilligung in Grundstücksverfügung ............................. 77
   d) Checkliste: Klage auf Zustimmung zu Verwaltungsmaßnahmen ........ 78
   e) Muster: Klage des nicht befreiten Vorerben auf Zustimmung zur Übertragung des Eigentums an Nachlassgrundstück .................. 79
3. Zustimmung des Nacherben zur Verfügung über hinterlegte Wertpapiere ..... 80
   a) Rechtliche Grundlagen ........... 80
   b) Muster: Klageantrag des nicht befreiten Vorerben auf Bewilligung der Herausgabe und Zustimmung zur Verfügung über hinterlegte Wertpapiere ............................. 81
4. Wirtschaftsplan für Bergwerke und Wälder ............................ 82
   a) Rechtliche Grundlagen ........... 82
   b) Verfahren ...................... 83
   c) Kosten ......................... 84
   d) Muster: Aufforderung zur Zustimmung zu einem konkreten Wirtschaftsplan .................... 85
   e) Muster: Klage auf Zustimmung zu einem konkreten Wirtschaftsplan ... 86
5. Vorkaufsrecht des Vorerben bei Veräußerung des Nacherbenanwartschaftsrechts ............................. 87
   a) Rechtliche Grundlagen ........... 87
   b) Muster: Vertrag über Verkauf und Übertragung des Anwartschaftsrechts eines Nacherben auf Vorerben ....................... 91

   c) Checkliste: Klage auf Übertragung des Nacherbenanwartschaftsrechts .. 92
   d) Muster: Klage des Vorerben auf Übertragung des Nacherbenanwartschaftsrechts (gesetzliches Vorkaufsrecht) .. 93
IV. Rechtsstellung des Vorerben nach Eintritt des Nacherbfalles ................... 95
1. Duldung der Wegnahme eingebrachter Einrichtungen ...................... 96
   a) Rechtliche Grundlagen ........... 96
   b) Verfahren ..................... 100
   c) Checkliste: Wegnahme von Einrichtungen ........................ 103
   d) Muster: Aufforderungsschreiben Vorerbe an Nacherbe wegen Duldung der Wegnahme von Einrichtungen .. 104
   e) Muster: Klage des Vorerben auf Duldung der Wegnahme von Einrichtungen ........................ 105
2. Aufwendungsersatzansprüche des Vorerben ............................ 107
   a) Rechtliche Grundlagen .......... 107
      aa) Gewöhnliche Erhaltungskosten und Lasten ................. 108
      bb) Außergewöhnliche Erhaltungskosten und Lasten ............ 113
      cc) Sonstige Verwendungen ..... 119
      dd) Besonderheiten bei befreiter Vorerbschaft ............... 122
   b) Checkliste: Ersatz von Verwendungen ........................... 124
   c) Muster: Aufforderungsschreiben zur Freistellung von einer Verbindlichkeit ............................ 125
   d) Muster: Klage des Vorerben auf Ersatz außergewöhnlicher Erhaltungskosten ......................... 126
E. **Rechtsstellung des Nacherben** ........... 127
I. Allgemeines ........................... 127
II. Rechtsstellung des Nacherben während der Zeit der Vorerbschaft ................ 132
1. Erstellung eines Nachlassverzeichnisses .............................. 132
   a) Rechtliche Grundlagen .......... 132
   b) Verfahren ..................... 141
   c) Zwangsvollstreckung ............ 142
   d) Kosten ........................ 143
   e) Checkliste: Klage auf Erstellung eines Nachlassverzeichnisses durch den Vorerben ........................ 144
   f) Muster: Aufforderung Nacherbe an Vorerbe auf Erstellung eines Nachlassverzeichnisses ................. 145
   g) Muster: Klage Nacherbe gegen Vorerbe auf Erstellung eines Nachlassverzeichnisses ...................... 146
2. Feststellung des Zustandes der zum Nachlass gehörenden Sachen ....... 147
   a) Rechtliche Grundlagen .......... 147
   b) Verfahren und Kosten .......... 149
   c) Muster: Aufforderung Nacherbe an Vorerbe zur Feststellung des Zustandes zum Nachlass gehörender Sachen ......................... 152
   d) Muster: Antrag des Nacherben auf Feststellung des Zustandes zum Nachlass gehörender Gegenstände .. 153

3. Wirtschaftsplan für Bergwerke und
   Wälder .................................. 154
   a) Rechtliche Grundlagen ............ 154
   b) Verfahren .......................... 156
   c) Kosten ............................. 157
   d) Muster: Aufforderung zur Erstellung
      eines Wirtschaftsplanes ........... 158
   e) Muster: Klage auf Zustimmung zu
      einem konkreten Wirtschaftsplan ... 159
4. Hinterlegungs- und Anlagerechte ....... 160
   a) Wertpapiere ........................ 162
      aa) Rechtliche Grundlagen ......... 162
      bb) Rechtsfolgen ................... 164
      cc) Verfahren ...................... 165
      dd) Zwangsvollstreckung ........... 168
      ee) Checkliste: Klage auf Hinterlegung/Anlage ................... 169
      ff) Muster: Aufforderung zur Hinterlegung von Inhaberaktien ... 170
      gg) Muster: Antrag auf einstweilige Verfügung: Verpflichtung des Vorerben zur Hinterlegung von Wertpapieren ................ 171
   b) Buchforderungen gegen Bund und Länder ............................. 172
      aa) Rechtliche Grundlagen ......... 172
      bb) Zwangsvollstreckung ........... 174
      cc) Muster: Antrag auf einstweilige Verfügung: Eintragung eines Sperrvermerks in das Schuldbuch ............................ 175
   c) Geld ................................ 177
      aa) Rechtliche Grundlagen ......... 177
      bb) Checkliste: Klage auf Anlage von in der Vorerbschaft vorhandenen Geldern ..................... 184
      cc) Muster: Aufforderung zur mündelsicheren Anlage von Geld .............................. 185
      dd) Muster: Klage des Nacherben auf mündelsichere Anlage von Geld .............................. 186
5. Kontroll- und Sicherungsrechte bei Gefährdung des Nachlasses ................. 187
   a) Auskunft über den aktuellen Nachlassbestand ....................... 190
      aa) Rechtliche Grundlagen ......... 190
      bb) Verfahren ...................... 196
      cc) Muster: Aufforderung zur Auskunftserteilung bei Gefährdung des Nachlasses ................... 199
   b) Sicherheitsleistung .................. 200
      aa) Rechtliche Grundlagen ......... 200
      bb) Muster: Aufforderung zur Sicherheitsleistung ............... 212
      cc) Verfahren ...................... 213
      dd) Zwangsvollstreckung ........... 214
      ee) Checkliste: Klage auf Auskunft, Sicherheitsleistung, gerichtliche Verwaltung ....................... 215
      ff) Muster: Klage Nacherbe auf Auskunft über aktuellen Nachlassbestand (eidesstattliche Versicherung, Sicherheitsleistung) ..... 216
      gg) Einstweiliger Rechtsschutz ..... 217
      hh) Muster: Antrag des Nacherben auf einstweilige Verfügung gegen befreiten Vorerben, Sicherheitsleistung .................. 222
      ii) Muster: Klage auf Feststellung einer Pflichtverletzung des Vorerben ........................... 223
   c) Gerichtliche Verwaltung ............ 224
      aa) Rechtliche Grundlagen ......... 224
      bb) Rechtsfolgen ................... 226
      cc) Verfahren ...................... 227
      dd) Verwaltervergütung und Kosten der Zwangsverwaltung ........... 230
      ee) Checkliste: Antrag auf Anordnung der gerichtlichen Verwaltung ............................ 231
      ff) Muster: Antrag Nacherbe auf Anordnung der gerichtlichen Verwaltung ....................... 232
      gg) Muster: Antrag Nacherbe auf Erlass eines Ergänzungsbeschlusses ........................ 233
      hh) Muster: Antrag auf Eintragung der gerichtlichen Verwaltung in das Grundbuch ................. 234
      ii) Muster: Antrag auf Aufhebung der gerichtlichen Verwaltung ... 235
      jj) Einstweiliger Rechtsschutz ..... 236
      kk) Muster: Antrag Nacherbe auf einstweilige Verfügung, vorläufige Entziehung der Verwaltungsbefugnis ................... 237
6. Zugriff der Gläubiger des Vorerben auf den Nachlass ........................... 238
   a) Unwirksamkeit von Verfügungen in der Zwangsvollstreckung ......... 238
      aa) Rechtliche Grundlagen ......... 238
      bb) Verfahren ...................... 245
      cc) Checkliste: Drittwiderspruchsklage gegen die Gläubiger des Vorerben ........................ 247
      dd) Muster: Drittwiderspruchsklage des Nacherben gegen Verfügungen in der Zwangsvollstreckung ........................... 248
   b) Insolvenzverfahren über das Vermögen des Vorerben ................. 250
   c) Aufrechnungsverbot ................. 253
III. Rechtsstellung nach Eintritt des Nacherbfalles ................................. 254
   1. Herausgabe des Nachlasses durch den Vorerben ............................ 255
      a) Einführung ........................ 255
      b) Rechtliche Grundlagen ............ 258
      c) Beweisprobleme ................... 265
   2. Auskunfts- und Rechenschaftspflicht des Vorerben über die Verwaltung des Nachlasses ........................... 269
      a) Rechtliche Grundlagen ............ 269
         aa) Nicht befreite Vorerbschaft ... 270
         bb) Muster: Rechenschaftslegung über die Verwaltung eines Unternehmens ....................... 271
         cc) Befreite Vorerbschaft ......... 272
      b) Verfahren ......................... 275
      c) Checkliste: Klage auf Herausgabe des Nachlasses, Auskunft und Rechnungslegung ................... 276
      d) Muster: Aufforderungsschreiben an nicht befreiten Vorerben: Rechen-

schaftslegung, Herausgabe der Erbschaft und Zustimmung zur Grundbuchberichtigung ................ 277
e) Muster: Stufenklage gegen nicht befreiten Vorerben: Rechenschaftslegung, eidesstattliche Versicherung, Herausgabe der Erbschaft, Zustimmung zur Grundbuchberichtigung .. 278
f) Muster: Aufforderungsschreiben an den befreiten Vorerben: Auskunftserteilung, Herausgabe der Erbschaft, Zustimmung zur Grundbuchberichtigung ........................ 279
g) Muster: Stufenklage gegen befreiten Vorerben: Auskunftserteilung, eidesstattliche Versicherung, Herausgabe der Erbschaft, Zustimmung zur Grundbuchberichtigung .......... 280
3. Schadenersatzpflicht bei Verstoß gegen Grundsätze einer ordnungsgemäßen Verwaltung ................................. 281
a) Rechtliche Grundlagen ........... 281
b) Checkliste: Klage wegen nicht ordnungsgemäßer Verwaltung der Erbschaft ............................. 286
c) Muster: Klage gegen nicht befreiten Vorerben wegen Verstoßes gegen Grundsätze ordnungsgemäßer Verwaltung ................................ 287
4. Unentgeltliche Verfügung des Vorerben und arglistige Verminderung des Nachlasses ................................ 289
a) Rechtliche Grundlagen ........... 289
aa) Unentgeltliche Verfügungen .... 290

bb) Arglistige Verminderung des Nachlasses .................. 301
cc) Höhe ....................... 304
b) Verfahren ...................... 305
c) Checkliste: Unentgeltliche Verfügungen und arglistige Verminderung des Nachlasses ................. 306
d) Muster: Antrag auf dinglichen Arrest zur Sicherung des Schadensersatzanspruchs wegen unentgeltlicher Verfügungen des Vorerben ........... 307
5. Wertersatz für übermäßige Fruchtziehung .............................. 308
6. Wertersatz für Eigenverbrauch des Stammes der Erbschaft ............. 315
IV. Schenkungen des Vorerben an Dritte ..... 322
1. Auskunft über die Schenkungen des Vorerben ........................... 323
2. Herausgabe des Geschenkes/Grundbuchberichtigung .................. 326
3. Checkliste: Auskunfts-/Herausgabeklage bei Schenkungen des Vorerben an Dritte ............................ 334
4. Muster: Aufforderungsschreiben an den vom Vorerben Beschenkten: Auskunftserteilung, Herausgabe, Zustimmung zur Grundbuchberichtigung .......... 335
5. Muster: Stufenklage gegen den vom Vorerben Beschenkten: Auskunft, eidesstattliche Versicherung, Herausgabe, Zustimmung zur Grundbuchberichtigung .... 336
F. Unterhaltsanspruch der Mutter des ungeborenen Nacherben gegen den Nachlass .. 337

## A. „Erster Zugriff" und typische Sachverhalte

### I. „Erster Zugriff"

1 Abhängig von der Rechtstellung des Mandanten und der Phase, in der das Mandat übernommen wird, ergeben sich folgende Konstellationen:
- Der Mandant ist Vorerbe in der Zeit zwischen Erbfall und Nacherbfall (siehe Rn 10 und Rn 46 ff.).
- Der Mandant ist Vorerbe, der Nacherbfall ist bereits eingetreten (siehe Rn 95 ff.).
- Der Mandant ist Nacherbe in der Zeit zwischen Erbfall und Nacherbfall (siehe Rn 10 und Rn 127 ff.).
- Der Mandant ist Nacherbe, der Nacherbfall ist bereits eingetreten (siehe Rn 254 ff.).

### II. Typische Sachverhalte

2
- Wiederverheiratung des überlebenden Ehegatten (siehe Rn 40, 45)
- Verfügungen des Vorerben (siehe Rn 64)
- Grundstücksveräußerung durch den Vorerben (siehe Rn 66 ff.)
- Instandsetzungsarbeiten an einem Nachlassgrundstück durch den Vorerben (siehe Rn 107 ff.)
- Kreditaufnahme durch den Vorerben (siehe Rn 72, 118)
- Verpflichtung zur Geldanlage (siehe Rn 160 ff.)
- Riskante Kapitalanlagen (siehe Rn 287)

- Gefährdung des Nachlasses (siehe Rn 187 ff.)
- Ungünstige Vermögenslage des Vorerben (siehe Rn 202)
- „Verschleuderung" des Nachlasses durch den Vorerben (siehe Rn 187 ff.)
- Gemischte Schenkungen (siehe Rn 222)
- Schenkungen des Vorerben an Dritte (siehe Rn 322 ff.)
- Zwangsvollstreckung durch Gläubiger des Vorerben (siehe Rn 238 ff.)
- Wegnahme einer vom Vorerben eingebrachten Einbauküche (siehe Rn 96 ff.)
- Vorkaufsrecht des Vorerben (siehe Rn 87)

## B. Einführung

Der Erblasser kann mit der Anordnung von Vor- und Nacherbfolge seinen Nachlass verschiedenen Personen zeitlich gestaffelt, also nacheinander zukommen lassen.

Mit dem Eintritt eines bestimmten Zeitpunkts oder Ereignisses hört der Vorerbe auf, Erbe zu sein (§§ 2100, 2139 BGB). Er ist damit lediglich „Erbe auf Zeit".[1] Der Nacherbe wird ab diesem Zeitpunkt Erbe des Erblassers, nicht des Vorerben. Möglich ist die Erbeinsetzung des Nacherben sowohl unter einer Befristung (Zeitbestimmung) als auch unter einer Bedingung. Im Hinblick auf den Grundsatz der Unmittelbarkeit der Erbfolge ist eine Erbeinsetzung unter einer Bedingung oder Zeitbestimmung rechtssystematisch immer eine Vor- und Nacherbeneinsetzung.[2]

Die Anordnung von Vor- und Nacherbfolge ermöglicht es dem Erblasser, die Erben in ihren Dispositionsmöglichkeiten über den Nachlass zu beschränken und den Vermögensfluss über mehrere Generationen hinweg zu steuern. Auf diese Weise kann eine Abwanderung des hinterlassenen Vermögens aus der Familie des Erblassers vermieden werden.[3]

Als Gestaltungsmöglichkeit kommt die Vor- und Nacherbfolge beispielsweise in den Fällen in Betracht, in denen der Erblasser die Nutzungen seines Vermögens zunächst seinem Ehegatten zuwenden will, um dessen Versorgung sicherzustellen, ohne gleichzeitig seine Kinder und Enkel vollständig von der Erbfolge ausschließen zu müssen (vgl. aber § 2269 Abs. 1 BGB, siehe Rn 12 ff.). Auch Wiederverheiratungsklauseln greifen nicht selten auf die Konstruktion der Vor- und Nacherbfolge zurück.[4] Schließlich kommt die Vor- und Nacherbfolge auch als Gestaltungsmöglichkeit beim Behindertentestament in Betracht. Das behinderte Kind wird hier als Vorerbe eingesetzt, seine Abkömmlinge oder Geschwister werden Nacherben. Dadurch wird der Zugriff des Sozialamts auf das Erbe vermieden.[5]

Der Erblasser kann grundsätzlich anordnen, dass sich an die erste Nacherbfolge weitere anschließen (mehrfache Nacherbfolge). Der erste Nacherbe ist dann gegenüber seinem Nachfolger Vorerbe.[6]

Eine **zeitliche Schranke** ergibt sich aus § 2109 Abs. 1 S. 1 BGB: Eine Nacherbeneinsetzung wird nach Ablauf von **30 Jahren** unwirksam, wenn nicht zuvor das den Nacherbfall auslö-

---

1 Soergel/Harder/Wegmann, vor § 2100 BGB Rn 1.
2 Krug, Kap. 8 II; MüKo-Leipold, § 2074 BGB Rn 13; a.A. Müko-Musielak, § 2269 BGB Rn 57.
3 Tanck, in: Tanck/Krug/Daragan, § 12 Rn 2; Ebenroth, Rn 541; ausführlich zu den gebräuchlichen Fallgruppen: Dillmann, RNotZ 2002, 1, 3; zu den verfassungsrechtlichen Grenzen: BVerfG NJW 2000, 2495 und BGHZ 140, 118 = BGH NJW 1999, 566.
4 Tanck, in: Tanck/Krug/Daragan, § 20 Rn 67 ff., 76 ff.; Wilhelm, NJW 1990, 2857.
5 Mayer, ZErb 1999, 60; ders., ZErb 2000, 16.
6 MüKo-Grunsky, § 2100 BGB Rn 14; Palandt/Edenhofer, § 2100 BGB Rn 1.

sende Ereignis eingetreten ist. Mit dem Wegfall der Nacherbenanordnung wird der Nachlass freies Vermögen des zu diesem Zeitpunkt eingesetzten Vorerben, dieser wird Vollerbe.

8 Diese Regel erfährt jedoch zwei bedeutsame Ausnahmen: Die Begrenzung gilt nicht für Nacherbeneinsetzungen, die Ereignisse in der Person des Vor- oder Nacherben als Bezugspunkt bestimmen, und diese Person zur Zeit des Erbfalls lebt oder wenigstens erzeugt ist (§ 2109 Abs. 1 S. 2 Nr. 1 BGB). Wichtigster Anwendungsfall ist die Bestimmung des Todes des Vorerben als Nacherbfall (vgl. § 2106 Abs. 1 BGB). Die Nacherbeneinsetzung bleibt hier auch dann wirksam, wenn der Vorerbe im Zeitpunkt des Todes des Erblassers bereits lebt und diesen um mehr als 30 Jahre überlebt.

9 Die zweite Ausnahme besteht für ungeborene Geschwister des Vor- oder Nacherben, die als Nacherben eingesetzt werden (§ 2109 Abs. 1 S. 2 Nr. 2 BGB). Hierunter fallen auch Halbgeschwister, bei Adoptivgeschwistern ist die Zuordnung umstritten.[7] Die zeitliche Begrenzung ergibt sich hier aus der Lebensdauer der Eltern des erzeugten Geschwisters, das Nacherbe werden soll.

Bei juristischen Personen verbleibt es demgegenüber bei der 30-Jahres-Frist (§ 2109 Abs. 2 BGB).

## C. Auslegungsfragen

### I. Abgrenzung zur Vollerbeneinsetzung

#### 1. Rechtliche Grundlagen

10 Ob der Erblasser eine Vor- und Nacherbschaft angeordnet hat, muss durch **Auslegung** der letztwilligen Verfügung unter Heranziehung der allgemeinen Auslegungsgrundsätze ermittelt werden. Dabei kommt dem Wortlaut keine entscheidende Bedeutung zu.[8] Die Anordnung von Vor- und Nacherbschaft setzt nicht voraus, dass der Erblasser diese Begriffe verwendet hat.[9] Auch in dem Gebrauch objektiv falscher Bezeichnungen – z.B. „Alleinerbe", „Ersatzerbe" oder „Nießbrauch" – kann die Anordnung einer Vor- und Nacherbschaft liegen, sofern Anhaltspunkte für einen dahin gehenden Willen des Erblassers ermittelt werden können.[10] Entscheidend ist vielmehr, dass sich aus der letztwilligen Verfügung der Wille des Erblassers ergibt, die Erbschaft mehreren Personen nacheinander zuwenden zu wollen.[11]

11 Lässt sich der wirkliche Wille des Erblassers nicht ermitteln, sind neben den allgemeinen Auslegungsregeln die besonderen **Auslegungs- und Ergänzungsregeln der §§ 2101–2107 BGB** heranzuziehen. Diese betreffen die Fragen, ob der Erblasser überhaupt eine Vor- und

---

7 Für die Anwendung des § 2109 Abs. 1 S. 2 Nr. 2 BGB auf minderjährig als Kind Angenommene: MüKo-*Grunsky*, § 2109 BGB Rn 5; Erman/*M. Schmidt*, § 2109 BGB Rn 2; Bamberger/Roth/*Litzenburger*, § 2109 Rn 3; AnwK-BGB/*Gierl*, § 2109 BGB Rn 9; dagegen: Soergel/*Harder/Wegmann*, § 2109 BGB Rn 4; Staudinger/*Avenarius*, § 2109 BGB Rn 9; Palandt/*Edenhofer*, § 2109 BGB Rn 5; Damrau/*Hennicke*, § 2109 BGB Rn 5.
8 BGH NJW 1983, 277.
9 BayObLG NJW-RR 2002, 296, 297.
10 *Spanke*, in: Kerscher/Krug, § 11 Rn 212 ff.; *Ebenroth*, Rn 547 m.w.N.; zur Auslegung von Pflichtteilsklauseln: OLG Düsseldorf NJW-RR 1997, 136.
11 BayObLG NJW-RR 2002, 296, 297.

Nacherbschaft angeordnet hat, welche Personen als Vor- oder Nacherben berufen wurden und schließlich den Zeitpunkt des Eintritts des Nacherbfalls.

Haben **Ehegatten** in einer letztwilligen Verfügung ihr Vermögen zunächst dem Überlebenden und anschließend auf den Tod des Zweitversterbenden einem Dritten – in der Regel den gemeinschaftlichen Kindern – zugewandt, so kommen verschiedene Gestaltungsmöglichkeiten in Betracht. Gleiches gilt für **Lebenspartner**, auf deren Gemeinschaftliches Testament gemäß § 10 Abs. 4 S. 2 LPartG die §§ 2266–2273 BGB entsprechend anzuwenden sind.

Welche Lösung dem wirklichen Willen des Erblassers entspricht, ist wiederum durch Auslegung zu ermitteln:

– **Trennungslösung**: Jeder Partner setzt den anderen zum Vorerben und den Dritten zum Nacherben ein. Zugleich bestimmen die Partner den Dritten für den Fall, dass der andere Partner zuerst stirbt, zum (Ersatz-)Erben. Unterbleibt die Einsetzung eines Ersatzerben, greift die Auslegungsregel des § 2102 Abs. 1 BGB ein, die besagt, dass die Einsetzung als Nacherbe im Zweifel auch die Einsetzung als Ersatzerbe umfasst.
Dem überlebenden Partner stehen in diesem Fall zwei rechtlich getrennte Vermögensmassen zu, das Vorerbenvermögen und sein Eigenvermögen. Nach dem Tode des Letztversterbenden fällt der Nachlass dem Dritten aus zwei verschiedenen Berufungsgründen an, er ist Nacherbe des Erstversterbenden und zugleich Vollerbe des Letztversterbenden. Man spricht deshalb von der „Trennungslösung", weil zwei getrennte Vermögensmassen bestehen.

– **Einheitslösung** (Vollerbenlösung): Die Partner setzen sich gegenseitig zu alleinigen Vollerben ein. Auf den Tod des Längerlebenden wird ein Dritter Schlusserbe für das gemeinschaftliche Vermögen beider Partner.
Bei dieser Lösung verschmelzen die Vermögen des Erstversterbenden und des Überlebenden auch rechtlich zu einer Vermögensmasse. Der Dritte wird Vollerbe des Letztversterbenden. Er erhält den Nachlass nur aus einem Berufungsgrund, daher die Bezeichnung „Einheitslösung".

– **Nießbrauchsvermächtnis**: Dem überlebenden Partner wird vermächtnisweise lediglich der Nießbrauch (§§ 1089, 1085 ff., 2147 ff. BGB) am gesamten Nachlass des Erstversterbenden eingeräumt. Der Dritte wird Vollerbe beider Partner.

Verbleiben nach der Auslegung noch **Zweifel**, welche der aufgezeigten Gestaltungsmöglichkeiten dem wirklichen Willen des Erblassers entspricht, greift die **Auslegungsregel des § 2269 Abs. 1 BGB** ein: Die Vermutung spricht für das Einheitsprinzip. Wer sich auf das Trennungsprinzip – also Vor- und Nacherbfolge – beruft, trägt deshalb die **Beweislast**.[12]

Die Zuordnung hat praktische Konsequenzen im **Pflichtteilsrecht**. Durch die Nacherbeneinsetzung wird der Dritte nicht von der Erbfolge ausgeschlossen, er kann seinen Pflichtteil erst nach Ausschlagung der Nacherbschaft verlangen (§ 2306 Abs. 1, Abs. 2 BGB).

Daneben ergeben sich unterschiedliche Konsequenzen auch bei der **Erbschaftsteuerpflicht**.[13]

Weiterführend zu den Gesichtspunkten, die bei der Gestaltung einer letztwilligen Verfügung für und gegen eine Vor- und Nacherbfolge sprechen: Staudinger/*Avenarius*, vor § 2100 Rn 11 ff. und *Tanck*, in: Tanck/Krug/Daragan, § 12 Rn 2 ff.

---

12 BGHZ 22, 364, 366; Baumgärtel/*Schmitz*, § 2269 BGB Rn 1–4.
13 *Daragan*, in: Tanck/Krug/Daragan, § 23 Rn 63 ff., 74.; *Wachenhausen*, § 2 Rn 149 ff.; *Daragan*, ZErb 2001, 43, 45; *Riedel*, ZErb 2002, 316; *Gerken*, ZErb 2003, 72.

**18** Schwierigkeiten kann die Abgrenzung der Vor- und Nacherbschaft zur **Ersatzerbschaft** (§ 2096 BGB) bereiten. Der Eintritt der Ersatzerbfolge steht immer unter der Bedingung, dass der zunächst Berufene nicht Erbe wird, weil er, beispielsweise aufgrund von Tod oder Ausschlagung, vor oder nach dem Erbfall weggefallen ist. Demgegenüber sollen bei der Anordnung einer Vor- und Nacherbfolge zeitlich gestaffelt sowohl der Vorerbe als auch der Nacherbe Rechtsnachfolger des Erblassers werden. Entscheidend für die Abgrenzung ist deshalb der Wille des Erblassers, die Rechtsnachfolge nur einmal (dann Ersatzerbschaft) oder mehrfach (dann Vor- und Nacherbschaft) eintreten lassen zu wollen.[14] Verbleiben Zweifel, ob eine Berufung als Ersatzerbe oder als Nacherbe erfolgen soll, so gilt die Einsetzung gem. § 2102 Abs. 2 BGB als Ersatzerbeneinsetzung.

### 2. Einstweiliger Rechtschutz

#### a) Feststellungsverfügung

**19** Ob eine einstweilige Verfügung eine Feststellung – hier: die Feststellung der Anordnung von Vor- und Nacherbfolge – zum Inhalt haben kann, ist streitig.

Gegen die Zulässigkeit wird insbesondere eingewandt, eine Verfügung mit feststellendem Inhalt nehme die Hauptsache vorweg, was im vorläufigen Rechtschutz unstatthaft sei. Eine entsprechende Verfügung könne auch nicht vollstreckt werden und wegen ihres vorläufigen Charakters ein Rechtsverhältnis nicht abschließend regeln.[15]

Die wohl überwiegende Meinung in der Literatur bejaht demgegenüber die Zulässigkeit einer Verfügung mit feststellendem Inhalt.[16] Grundsätzlich muss der Antragsteller beim Verfügungsgrund die bessere Berechtigung haben als der Antragsgegner. Ein Verfügungsgrund kann angenommen werden, wenn allein durch das Zuwarten bis zum Erlass einer Hauptsacheentscheidung die Gefahr eines unverhältnismäßig schweren Nachteils bestehen würde, der für den Antragsteller unzumutbar wäre.

Allerdings ist eine vorläufige feststellende Verfügung nicht vollstreckbar. Es besteht auch keine Bindung für den Hauptsache-Rechtsstreit. Im Ergebnis ist der Antragsteller somit darauf angewiesen, dass der Antragsgegner sich an die Verfügung hält. Aus diesem Grund wird ein Rechtschutzbedürfnis für eine feststellende Verfügung von manchen Gerichten nur dann angenommen, wenn der Antragsgegner zuvor erklärt hat, er werde sich an eine Feststellungsverfügung halten.

Zuständig für den Erlass einer einstweiligen Verfügung ist das **Gericht der Hauptsache**, in dringenden Fällen auch das Amtsgericht, in dessen Bezirk sich der Streitgegenstand befindet, §§ 937, 943, 942 ZPO.

#### b) Sicherungsverfügung

**20** Eine weitere Möglichkeit stellt die Beantragung einer Sicherungsverfügung (§ 940 ZPO) dar, welche dem Antragsgegner untersagt, über den Nachlass bis zur Entscheidung über eine Hauptsacheklage zu verfügen (Verfügungsverbot[17]). Dies vermag allerdings einen gutgläubigen Erwerb durch Dritte nicht zu verhindern, §§ 136, 135 Abs. 2 BGB. Weitergehende

---

14 *Ebenroth*, Rn 548.
15 KG WRP 1996, 556; LAG Rheinland-Pfalz, BB 1997, 643.
16 *Vogg*, NJW 1993, 1357 m.w.N.
17 Vgl. *Crückeberg*, § 2 Rn 14, 12.

Sicherheit schafft die Anordnung einer Sequestration bezüglich des Nachlasses, die jedoch erhebliche Verwaltungskosten nach sich ziehen kann.

#### c) Rechtshängigkeitsvermerk/Widerspruch

Sofern Grundstücke in den Nachlass fallen und der Antragsgegner als Berechtigter im Grundbuch eingetragen ist, bietet sich nach Zustellung der Hauptsacheklage die Eintragung eines **Rechtshängigkeitsvermerks**[18] an (siehe auch § 10 Rn 80 ff.). Dessen Vorteil ist ein schneller Rechtsschutz, der an keine weiteren materiellen Voraussetzungen geknüpft ist.

Eine weitere Handlungsalternative stellt die Eintragung eines **Widerspruchs** (§§ 899, 894 BGB) im Wege der einstweiligen Verfügung dar. Hier ist lediglich der Verfügungsanspruch – also der materielle Anspruch –, nicht aber der Verfügungsgrund – also die Gefährdung eines Rechts des Antragstellers – glaubhaft zu machen, § 899 Abs. 2 S. 2 BGB. Letzterer ergibt sich bereits aus der jederzeitigen Möglichkeit des gutgläubigen Erwerbs nach § 892 BGB. (Weiterführend zur Frage des einstweiligen Rechtsschutzes bei Feststellungsklagen siehe § 9 Rn 229 ff.)

### 3. Kosten

Der Streitwert für die positive Feststellungsklage – hier: gerichtet auf die Feststellung, dass Vor- und Nacherbfolge vorliegt – richtet sich regelmäßig nach dem Interesse des Klägers an der begehrten Feststellung, also dem für ihn aus der Feststellung resultierenden wirtschaftlichen Vorteil[19] – also nicht ohne weiteres nach dem Wert des gesamten Nachlasses!

Bei positiven Feststellungsklagen ist ein Abschlag von 20 % gegenüber dem Wert einer entsprechenden Leistungsklage zu machen. Die zweifelhafte Realisierbarkeit eines Anspruchs kann im Einzelfall einen höheren Abschlag rechtfertigen. Demgegenüber ist bei negativen Feststellungsklagen die Höhe des Wertes maßgeblich, dessen sich der Gegner berühmt.[20]

### 4. Muster: Klage auf Feststellung des Erbrechts aufgrund einer Nacherbeneinsetzung

An das

Landgericht[21]
– Zivilkammer –

*Klage*

der Frau

– Klägerin –

Prozessbevollmächtigter: Rechtsanwalt

gegen

---

18 Dazu eingehend: *Krug*, ZEV 1999, 161.
19 *Zöller/Herget*, § 3 ZPO Rn 16, Stichwort „Erbrechtliche Ansprüche" m.w.N.
20 *Zöller/Herget*, § 3 ZPO Rn 16, Stichwort „Feststellungsklage" m.w.N.
21 Örtliche Zuständigkeit: § 27 ZPO ist auch bei Klagen zur Feststellung des Nacherbenrechts einschlägig, vgl. Stein/Jonas/*Schumann*, § 27 ZPO Rn 10; MüKo-*Patzina*, § 27 ZPO Rn 5.

Herrn ▮

– Beklagten –

wegen Feststellung des Erbrechts.

In Vollmacht der Klägerin erhebe ich Klage gegen den Beklagten und bitte um Anberaumung eines frühen ersten Termins, in dem ich folgenden Antrag stellen werde:

Es wird festgestellt, dass die Klägerin Nacherbin ihrer am ▮ in ▮ verstorbenen Mutter, Frau ▮ , geboren am ▮ , zuletzt wohnhaft in ▮ , ist.

Es wird ferner festgestellt, dass der Beklagte bezüglich des Nachlasses der Frau ▮ die Rechtsstellung eines nicht befreiten Vorerben hat.

Falls die Voraussetzungen des § 331 Abs. 3 ZPO vorliegen, bitte ich um Erlass eines Versäumnisurteils ohne mündliche Verhandlung

*Begründung:*

Die Klägerin klagt auf Feststellung ihrer testamentarischen Nacherbeneinsetzung.

Am ▮ verstarb die Mutter der Klägerin. Die Klägerin war das einzige Kind der Erblasserin. Der Vater der Klägerin ist vorverstorben. Der Beklagte ist der Onkel der Klägerin.

In einem am ▮ errichteten privatschriftlichen Testament hat die Klägerin folgende Anordnung getroffen:

„*Alleinerbe meines gesamten Vermögens soll mein Bruder* ▮ *sein. Er erhält die Erbschaft jedoch nur zu treuen Händen und hat sie an meine Tochter* ▮ *an deren 21. Geburtstag herauszugeben.*"

*Beweis:* Beglaubigte Abschriften
- des eigenhändigen Testaments vom ▮
- der Eröffnungsniederschrift des Nachlassgerichts ▮

Die Klägerin ist aufgrund dieses Testamentes Nacherbin der Erblasserin. Dies ergibt sich daraus, dass die Erblasserin dem Beklagten und der Klägerin ihren Nachlass zeitlich nacheinander zugewandt hat. Das Erbrecht des Beklagten soll mit dem 21. Geburtstag der Klägerin enden. Bei einer Erbeinsetzung unter einer Bedingung handelt es sich aber immer um die Anordnung einer Vor- und Nacherbfolge.

Der Beklagte ist von den Beschränkungen und Verpflichtungen, welche den Vorerben treffen, nicht befreit. Hierfür spricht die Formulierung in dem Testament, wonach der Beklagte die Erbschaft lediglich „zu treuen Händen" erhält. Die Erblasserin hat damit zum Ausdruck gebracht, dass der Vorerbe in seiner Verfügung über die Erbschaft gerade nicht frei sein soll. Sie hat vielmehr das Gegenteil dessen angeordnet, was nach der Auslegungsregel des § 2137 Abs. 2 BGB zu einer Befreiung des Vorerben führt. Im Übrigen ist darauf hinzuweisen, dass der Beklagte, wenn er sich auf die Stellung als befreiter Vorerbe beruft, hierfür die Beweislast trägt (vgl. MüKo-*Grunsky*, BGB, 4. Auflage; § 2136 Rn 2; Soergel/*Harder*/*Wegmann*, BGB, 13. Auflage, § 2136 Rn 5).

Der Beklagte hat beim Amtsgericht ▮ als Nachlassgericht die Erteilung eines Erbscheins beantragt, der ihn als Vollerbe der Erblasserin ausweist. Das Erbscheinsverfahren ist noch nicht abgeschlossen, die Klägerin hat der Erteilung eines Erbscheins unter Hinweis auf ihre oben dargelegte Auffassung widersprochen.

*Beweis:* Beiziehung der Nachlassakten ▮ *(näher bezeichnet)*

Die Klägerin hat somit ein rechtliches Interesse an der Feststellung ihrer Stellung als Nacherbin. Es ist unstreitig, dass das beim Nachlassgericht in Gang gesetzte Erbscheinserteilungsverfahren der Erhebung einer Feststellungsklage über das streitige Erbrecht nicht entgegensteht.

(Rechtsanwalt)

## II. Wegfall des Nacherben

### 1. Rechtliche Grundlagen

Eine vom Erblasser angeordnete Nacherbeneinsetzung kann im Laufe der Zeit aus unterschiedlichen Gründen nicht mehr realisierbar sein. Es stellt sich die Frage, wem die Nacherbschaft dann anfällt.

a) Fällt der Nacherbe **vor dem Erbfall** weg, sei es durch Vorversterben oder durch einen Wegfallgrund, der zurückwirkt (Ausschlagung, Erbverzicht oder Erbunwürdigkeitserklärung), so wird die Anordnung der Nacherbfolge gegenstandslos. Die Erbschaft verbleibt, soweit der Erblasser nichts anderes bestimmt hat, dem Vorerben.[22] Für die Ausschlagung ist dies ausdrücklich in § 2142 Abs. 2 BGB geregelt.

– Eine anderweitige Bestimmung des Erblassers liegt insbesondere in der Einsetzung eines **Ersatznacherben** (§ 2096 BGB). In diesem Zusammenhang ist die **Ergänzungsregel des § 2069 BGB** zu beachten: Ist der zunächst eingesetzte und später weggefallene Nacherbe ein **Abkömmling** des Erblassers und hat der Nacherbe selbst wieder Abkömmlinge, so treten diese regelmäßig an seine Stelle.

– Eine Ausnahme ist jedoch in den Fällen zu machen, in denen der Abkömmling die Nacherbschaft ausschlägt, um den **Pflichtteil** verlangen zu können (§ 2306 Abs. 1, Abs. 2 BGB). Es entspricht hier erfahrungsgemäß nicht dem Willen des Erblassers, dass durch die ersatzweise Berufung der Abkömmlinge des Ausschlagenden dessen Stamm – durch die Zuwendung von Erbteil **und** Pflichtteil – bevorzugt wird. § 2069 BGB ist deshalb in dieser Fallgestaltung nicht anwendbar.[23]

– Sind **mehrere Nacherben** vorhanden, geht auch das **Anwachsungsrecht** des § 2094 BGB dem Recht des Vorerben vor.[24] Etwas anderes gilt nur dann, wenn der Erblasser die Anwachsung ausgeschlossen hat (§ 2094 Abs. 3 BGB).

– Der Vorerbe wird ferner dann nicht Vollerbe, wenn er nach dem Willen des Erblassers die Erbschaft eindeutig nur bis zu einem **bestimmten Zeitpunkt** behalten sollte („absolute Beschränkung").[25] Es sind dann in entsprechender Anwendung des § 2104 BGB die gesetzlichen Erben des Erblassers als Nacherben berufen.[26]
Beispiel: Die Vorerbschaft soll im Falle der Scheidung des Vorerben enden.[27]

b) Verstirbt der Nacherbe **nach** dem Erbfall und vor Eintritt des Nacherbfalls, verbleibt die Erbschaft dem Vorerben nur, wenn der Erblasser die **Vererblichkeit des Nacherbenanwartschaftsrechts (§ 2108 Abs. 2 BGB) ausgeschlossen** und **keine Ersatzerbfolge** (§§ 2096, 2069 BGB) angeordnet hat.
Dabei geht die Auslegungsregel des § 2108 Abs. 2 S. 1 BGB von der Vererblichkeit des Nacherbenanwartschaftsrechts aus. Dementsprechend trägt derjenige, der sich auf einen Ausschluss der Vererblichkeit beruft, hierfür die Beweislast.[28]

---

22 Soergel/*Harder/Wegmann*, § 2142 BGB Rn 5; Palandt/*Edenhofer*, § 2142 BGB Rn 3; a.A. MüKo-*Grunsky*, § 2142 BGB Rn 4.
23 BGHZ 33, 60, 63; Soergel/*Harder/Wegmann*, § 2142 BGB Rn 6; *Brox/Walker*, Rn 360; *Ebenroth*, Rn 602.
24 BayObLGZ 1962, 239, 246; MüKo-*Grunsky*, § 2142 BGB Rn 5; Soergel/*Harder/Wegmann*, § 2142 BGB Rn 5; Palandt/*Edenhofer*, § 2142 BGB Rn 3; *Ebenroth*, Rn 602; a.A. Soergel/*Loritz*, § 2094 BGB Rn 8.
25 Vgl. *Coing*, NJW 1975, 521, 524.
26 BayObLG NJW-RR 2002, 296; MüKo-*Grunsky*, § 2104 BGB Rn 3; Palandt/*Edenhofer*, § 2104 BGB Rn 3.
27 *Lange/Kuchinke*, § 28 II 1e.
28 OLG Karlsruhe, ZErb 2009, 244 m. w. N.

Allgemein stellt sich in dieser Fallkonstellation die Frage nach dem Verhältnis zwischen dem Anwartschaftsrecht des Nacherben gem. § 2108 Abs. 2 BGB und der Ersatzerbeneinsetzung nach §§ 2096, 2069 BGB. Maßgeblich ist insoweit der durch Auslegung im Einzelfall zu ermittelnde Erblasserwille. Weder der Vererblichkeitsregelung des § 2108 Abs. 2 BGB noch der Ergänzungsregel des § 2069 BGB gebührt dabei ein genereller Vorrang.[29]

31 c) Der Vorerbe wird schließlich auch dann Vollerbe, wenn die vom Erblasser für den Eintritt des Nacherbfalls gesetzte **Bedingung objektiv nicht mehr eintreten kann**.

32 **Beispiel**
„Zum Nacherben bestimme ich meinen Sohn X unter der Voraussetzung, dass er die Zweite juristische Staatsprüfung erfolgreich ablegt. Der Nacherbfall tritt mit dem Bestehen der Prüfung ein."
Falls X das Examen endgültig nicht bestanden hat, wird die Nacherbeneinsetzung gegenstandslos. Sofern kein Ersatznacherbe bestimmt ist, erwirbt der Vorerbe den Nachlass als Vollerbe des Erblassers.

## 2. Einstweiliger Rechtschutz

33 Zur Frage des einstweiligen Rechtsschutzes bei Feststellungsklagen vgl. Rn 19 ff.

## 3. Kosten

34 Zur Kostenfrage bei Feststellungsklagen vgl. Rn 22.

## 4. Muster: Klage auf Feststellung, dass der Vorerbe die Stellung eines Vollerben erlangt hat

An das

35 Landgericht[30]
– Zivilkammer –

*Klage*

der Frau

– Klägerin –

Prozessbevollmächtigter: Rechtsanwalt

gegen

den eingetragenen Verein ,

vertreten durch den Vorstand

– Beklagten –

wegen Feststellung des Erbrechts.

---

29 BayObLG NJW-RR 1994, 460; *Tanck*, in: Tanck/Krug/Daragan, § 12 Rn 27 f.; *Tanck*, ZErb 2008, 334; ausführlich zum Streitstand: *Nieder/Kössinger*, § 10 Rn 65; zur Auslegung des § 2108 Abs. 2 BGB: OLG Karlsruhe FamRZ 2000, 63.
30 Örtliche Zuständigkeit: § 27 ZPO ist auch bei Klagen zur Feststellung des Nacherbenrechts einschlägig, vgl. Stein/Jonas/*Schumann*, § 27 Rn 10; MüKo-*Patzina*, § 27 ZPO Rn 5.

In Vollmacht der Klägerin erhebe ich Klage gegen den Beklagten und bitte um Anberaumung eines frühen ersten Termins, in dem ich folgenden Antrag stellen werde:

Es wird festgestellt, dass die Klägerin Vollerbin ihrer am ▓▓▓ in ▓▓▓ verstorbenen Mutter, Frau ▓▓▓, geboren am ▓▓▓, zuletzt wohnhaft in ▓▓▓, ist.

Der Beklagte wird verpflichtet, die Löschung des im Grundbuch von ▓▓▓ (genaue Beschreibung) in Abt. II Nr. ▓▓▓ eingetragenen Nacherbenvermerks zu bewilligen.

Falls die Voraussetzungen des § 331 Abs. 3 ZPO vorliegen, bitte ich um Erlass eines Versäumnisurteils ohne mündliche Verhandlung.

*Begründung:*

Die Klägerin klagt auf Feststellung, dass sie Vollerbin der am ▓▓▓ verstorbenen Frau ▓▓▓ geworden ist, nachdem der in dem Testament vom ▓▓▓ berufene Nacherbe zwischenzeitlich weggefallen ist.

Am ▓▓▓ verstarb die Schwester der Klägerin, Frau ▓▓▓, zuletzt wohnhaft gewesen in ▓▓▓. Die Erblasserin hat in einem am ▓▓▓ bei dem Notar ▓▓▓ in ▓▓▓, UR-Nr. ▓▓▓, errichteten Testament hinsichtlich ihres gesamten Vermögens Nacherbfolge angeordnet. Vorerbin ist die Klägerin, als Nacherbe war der Sohn der Erblasserin ▓▓▓ eingesetzt.

*Beweis:* Beglaubigte Abschriften
- des notariellen Testaments vom ▓▓▓
- der Eröffnungsniederschrift des Nachlassgerichts ▓▓▓

Der Sohn der Erblasserin (Nacherbe) ist nach dem Erbfall, am ▓▓▓, verstorben. Er hinterließ keine Abkömmlinge.

*Beweis:* Sterbeurkunde des Standesamtes ▓▓▓ vom ▓▓▓ und beglaubigte Abschrift aus dem Familienbuch des Nacherben

Erbe des Sohnes der Erblasserin wurde der Beklagte, ein Verein zur Förderung des ▓▓▓.

*Beweis:* Beglaubigte Abschriften
- des eigenhändigen Testaments vom ▓▓▓
- der Eröffnungsniederschrift des Nachlassgerichts ▓▓▓

Die Klägerin begehrt die Feststellung, dass sie infolge des Wegfalls des Nacherben Alleinerbin der Erblasserin geworden ist. Ersatznacherben hat die Erblasserin in ihrem notariellen Testament nicht benannt. Abkömmlinge ihres Sohnes, die aufgrund der Ergänzungsregel des § 2069 BGB als Ersatznacherben berufen sein könnten, gibt es nicht. Schließlich hat die Erblasserin die Vererblichkeit des Anwartschaftsrechts des Nacherben (§ 2108 Abs. 2 BGB) in Ziff. ▓▓▓ des Testaments ausdrücklich ausgeschlossen.

Die Nacherbeneinsetzung ist somit durch den Tod des Sohnes der Erblasserin gegenstandslos geworden, die Klägerin demzufolge Vollerbin der Erblasserin. Der Beklagte berühmt sich zu Unrecht der Nacherbenstellung hinsichtlich des Nachlasses der Erblasserin.

(Rechtsanwalt)

## III. Befreite und nicht befreite Vorerbschaft

### 1. Rechtliche Grundlagen

Die Regelungen über die Vor- und Nacherbschaft sind nur zum Teil zwingendes Recht. In dem von **§ 2136 BGB** vorgegebenen Umfang kann der Erblasser den Vorerben von seinen gesetzlichen Verpflichtungen gegenüber dem Nacherben befreien. Dabei gibt § 2136 BGB

36

nur die **äußerste Grenze der Befreiungsmöglichkeiten** vor.[31] Es bleibt dem Erblasser unbenommen, die Befreiung auf einzelne Verpflichtungen zu beschränken.

37 Nicht möglich ist eine Befreiung von folgenden Beschränkungen:[32]
- von dem **Verbot der unentgeltlichen Verfügung** über Nachlassgegenstände (§ 2113 Abs. 2 BGB) und der aus einer Verletzung dieser Vorschrift resultierenden Verpflichtung zum **Schadensersatz** (§ 2138 Abs. 2 BGB);
- von der Verpflichtung zur Erstellung eines **Nachlassverzeichnisses** (§ 2121 BGB);
- von der Verpflichtung, den Zustand des Nachlasses durch einen Sachverständigen feststellen zu lassen (§ 2122 S. 2 BGB);
- von dem **Surrogationsgrundsatz** (§ 2111 BGB);
- von der Beschränkung der Eigengläubiger des Vorerben bei Vollstreckungshandlungen und Verfügungen des Insolvenzverwalters (§ 2115 BGB) – eine Abbedingung dieser Beschränkungen wird allerdings, da sie dem Erhalt des Nachlasses dienen, regelmäßig nicht gewollt sein.

38 Eine Besserstellung des Vorerben über die Befreiungen des § 2136 BGB hinaus kann beispielsweise durch die Zuwendung eines Vorausvermächtnisses (§ 2110 Abs. 2 BGB) erzielt werden.[33]

Demgegenüber ist die Einsetzung des **alleinigen** Vorerben als Nacherbentestamentsvollstrecker (§ 2222 BGB) nach herrschender Meinung unwirksam.[34] Sie würde zumindest bei unentgeltlichen Verfügungen ins Leere laufen, da auch der Testamentsvollstrecker nicht zu unentgeltlichen Verfügungen berechtigt ist (§ 2205 S. 3 BGB).[35]

39 Die **Befreiung** muss in der **letztwilligen Verfügung angeordnet** sein. Eine ausdrückliche Anordnung ist nicht erforderlich, wie schon ein Blick auf die Regelung in § 2137 BGB zeigt.[36] Es gelten vielmehr die allgemeinen Auslegungsgrundsätze, insbesondere muss ein entsprechender Wille des Erblassers zumindest andeutungsweise in der letztwilligen Verfügung zum Ausdruck kommen.[37] Ist dies der Fall, können auch außerhalb des Testaments liegende Umstände zur Auslegung herangezogen werden.[38]

40 Zur Frage, welche Formulierung in einer letztwilligen Verfügung als Anordnung einer befreiten Vorerbschaft zu verstehen ist, gibt es zahlreiche Entscheidungen vor allem in der älteren Judikatur.[39] Gesetzlich geregelt sind in § 2137 BGB die Fälle der **Einsetzung auf den Überrest** und der **Überlassung zur freien Verfügung**. Daneben liegt die Annahme einer befreiten Vorerbschaft nahe, wenn der überlebende Partner zunächst als Vollerbe eingesetzt wird, die Vollerbschaft aber für den Fall der **Wiederverheiratung** auflösend bedingt und zugleich der Eintritt einer aufschiebend bedingten Vorerbschaft angeordnet

---

31 BGHZ 7, 274, 276; MüKo-*Grunsky*, § 2136 BGB Rn 5; Soergel/*Harder/Wegmann*, § 2136 BGB Rn 1.
32 Vgl. *Mayer*, ZEV 2000, 1, 2 m.w.N.
33 Weiterführend: *Mayer*, ZEV 2000, 1, 2 ff.
34 RGZ 77, 177; OLG Karlsruhe MDR 1981, 943; *Tanck*, in: Tanck/Krug/Daragan, § 12 Rn 59; MüKo-*Zimmermann*, § 2222 BGB Rn 4; Soergel/*Damrau*, § 2222 BGB Rn 6; Damrau/*Bonefeld*, § 2222 BGB Rn 2.
35 *Ebenroth*, Rn 598.
36 MüKo-*Grunsky*, § 2136 BGB Rn 2.
37 Andeutungs-/Anhaltstheorie, vgl. BGHZ 80, 242 = NJW 1981, 1737; Soergel/*Loritz*, § 2084 BGB Rn 8 ff.
38 Soergel-*Harder/Wegmann*, § 2136 BGB Rn 5.
39 Vgl. die Nachweise bei: MüKo-*Grunsky*, § 2136 BGB Rn 3 f.; Soergel/*Harder/Wegmann*, § 2136 BGB Rn 6; *Avenarius*, NJW 1997, 2740.

ist.⁴⁰ Der auf diese Weise eingesetzte Überlebende unterliegt aber bereits vor einer Wiederverheiratung den Beschränkungen eines befreiten Vorerben.

Generell ist für die Abgrenzung von Bedeutung, ob der Nachlass nach dem Willen des Erblassers dazu dienen soll, dem **Vorerben für den Rest seines Lebens ein sicheres Auskommen** zu ermöglichen. Je stärker die Anordnung auf diesem Motiv beruht, umso eher wird eine Befreiung anzunehmen sein. Dies gilt insbesondere, wenn das Auskommen nur aus dem Stamm der Erbschaft sichergestellt werden kann. Dagegen spricht der Wille des Erblassers, das Vermögen als Einheit erhalten zu wollen, gegen die Annahme einer Befreiung.⁴¹

Die Beweislast für das Vorliegen einer Befreiung trägt derjenige, der sich auf die Befreiung beruft.⁴² Kann durch Auslegung eine Befreiung ermittelt werden, so ist eine **Gesamtbefreiung** als das üblicherweise Gewollte anzusehen.⁴³

### 2. Einstweiliger Rechtschutz

Zur Frage des einstweiligen Rechtsschutzes bei Feststellungsklagen vgl. Rn 19 ff.

### 3. Kosten

Zur Kostenfrage bei Feststellungsklagen vgl. Rn 22.

### 4. Muster: Klage auf Feststellung des Bestehens einer befreiten Vorerbschaft

An das
Landgericht⁴⁴
– Zivilkammer –

**Klage**

der Frau

– Klägerin –

Prozessbevollmächtigter: Rechtsanwalt

gegen
1.
2.

– Beklagten –

wegen Feststellung des Erbrechts.

---

40 BGH FamRZ 1961, 275; Staudinger/*Avenarius*, § 2136 BGB Rn 22; MüKo-*Grunsky*, § 2136 BGB Rn 4; Palandt/*Edenhofer*, § 2136 BGB Rn 5; Baumgärtel/*Schmitz*, § 2136 BGB Rn 2; *Ebenroth*, Rn 597; Brox/*Walker*, Rn 381; a.A. Soergel/*Harder/Wegmann*, § 2136 BGB Rn 6; *Lange/Kuchinke*, § 28 VI 2c Fn 232.
41 MüKo-*Grunsky*, § 2136 BGB Rn 3.
42 Baumgärtel/*Schmitz*, § 2136 BGB Rn 1.
43 Staudinger/*Avenarius*, § 2136 BGB Rn 1; *Tanck*, in: Tanck/Krug/Daragan, § 12 Rn 35; *Mayer*, ZEV 2000,1, 3.
44 Örtliche Zuständigkeit: § 27 ZPO ist auch bei Klagen zur Feststellung des Nacherbenrechts einschlägig, vgl. Stein/Jonas/*Schumann*, § 27 ZPO Rn 10; MüKo-*Patzina*, § 27 ZPO Rn 5.

Namens und in Vollmacht des Klägers erhebe ich Klage gegen die Beklagten und werde in dem zu bestimmenden Termin beantragen, für Recht zu erkennen:

Es wird festgestellt, dass die Klägerin als Vorerbin ihres am ▓▓▓ in ▓▓▓ verstorbenen Ehemannes, Herrn ▓▓▓, geboren am ▓▓▓, zuletzt wohnhaft in ▓▓▓, von sämtlichen den Vorerben treffenden Beschränkungen und Verpflichtungen – soweit gesetzlich zulässig (§ 2136 BGB) – befreit ist.

Falls die Voraussetzungen des § 331 Abs. 3 ZPO vorliegen, bitte ich um Erlass eines Versäumnisurteils ohne mündliche Verhandlung.

*Begründung:*

I. Die Klägerin klagt auf Feststellung, dass sie hinsichtlich einer für den Fall der Wiederverheiratung angeordneten Vor- und Nacherbschaft die Rechtsstellung einer befreiten Vorerbin erlangt hat.

Die Klägerin ist die Witwe des am ▓▓▓ verstorbenen ▓▓▓, zuletzt wohnhaft gewesen in ▓▓▓. Die Ehe zwischen dem Erblasser und der Klägerin bestand zum Zeitpunkt des Erbfalls noch, die Eheleute lebten weder getrennt, noch war ein Scheidungsverfahren anhängig. Die Beklagten sind die gemeinsamen ehelichen Kinder des Erblassers und der Klägerin, weitere Kinder hat der Erblasser nicht.

Die Klägerin und der Erblasser haben am ▓▓▓ bei dem Notar ▓▓▓ in ▓▓▓, UR-Nr. ▓▓▓, ein gemeinschaftliches Testament errichtet, wonach der Überlebende Vollerbe des gesamten Vermögens des Erststerbenden werden sollte. Als Schlusserben nach dem Tod des Zweitsterbenden wurden die beiden Beklagten zu gleichen Teilen, ersatzweise deren Abkömmlinge nach den Regeln der gesetzlichen Erbfolge, bestimmt. Für den Fall der Wiederverheiratung des Überlebenden wurde in dem Testament folgende Regelung getroffen: „Heiratet der überlebende Ehegatte wieder, so hat er ab dem Zeitpunkt der Wiederverheiratung bezüglich des Nachlasses des Erststerbenden nur die Rechtsstellung eines Vorerben." Als Nacherben nach dem Tod des Zweitsterbenden wurden wiederum die beiden Beklagten eingesetzt.

Das gemeinschaftliche Testament war beim Amtsgericht ▓▓▓ verwahrt worden, wurde von dort an das Nachlassgericht ▓▓▓ abgeliefert und von diesem am ▓▓▓ unter Az. ▓▓▓ eröffnet.

*Beweis:* Beglaubigte Abschriften
- des notariellen gemeinschaftlichen Testaments vom ▓▓▓
- der Eröffnungsniederschrift des Nachlassgerichts ▓▓▓

Die Fristen für die Ausschlagung der Erbschaft sind zwischenzeitlich abgelaufen, eine Ausschlagung ist nicht erfolgt.

Die Klägerin macht geltend, dass sie aufgrund des gemeinschaftlichen Testaments befreite Vorerbin des Erblassers geworden ist. Zwar war es Wunsch beider Eheleute, eine Weitergabe von Vermögenswerten an Dritte, vor allem an einen späteren Lebensgefährten des Überlebenden, zu verhindern. Abgesehen von dieser Einschränkung war es aber das zentrale Motiv der Eheleute bei der Errichtung des Testamentes, dem Überlebenden von ihnen ein sicheres Auskommen für den Rest seines Lebens zu ermöglichen. Ihr Vermögen bestand im Wesentlichen aus einer Eigentumswohnung, die in je hälftigem Miteigentum der Eheleute stand, und verschiedenen Vermögensanlagen bei der X-Bank in einem Gesamtwert von ca. 150.000 EUR. Die Eheleute haben sich diese Werte während der über 30 Jahre dauernden Ehezeit gemeinsam erarbeitet. Sie waren sich bewusst, dass die zu erwartenden Renten des Ehemannes aus der gesetzlichen und betrieblichen Altersversorgung bzw. der Klägerin aus einer Witwenrente nicht ausreichen würden, um den bisherigen Lebensstandard zu halten. Das ersparte Vermögen sollte diese Lücke schließen und – sowohl die Zinsen als auch der Stamm des Vermögens – dem Überlebenden ohne Einschränkungen für seine Bedürfnisse zur Verfügung stehen.

*Beweis:* Parteivernehmung der Klägerin

So hat der Erblasser im Rahmen des Beurkundungstermins am ▓▓▓ gegenüber dem Notar erklärt, die gemeinsamen Kinder hätten sichere Arbeitsplätze und verfügten über ein ausreichendes eigenes Einkommen. Er wolle deshalb vor allem sichergestellt wissen, dass es seiner Ehefrau nach seinem Tod „an nichts fehle". Was dann noch übrig bleibe, solle den gemeinsamen Kindern zu Gute kommen.

*Steinbacher*

*Beweis:* Zeugnis des Notars

Die Klägerin entbindet in diesem Zusammenhang den Notar ausdrücklich von seiner Verpflichtung zur Berufsverschwiegenheit (§ 18 BNotO). Sollte eine weitere Befreiung des Notars von der Schweigepflicht erforderlich sein, so wird gebeten, diese beim zuständigen Landgerichtspräsidenten einzuholen.

II. Es ist anerkannt, dass bei der vorliegenden Fallgestaltung, die eine gegenseitige Einsetzung der Ehegatten als Vollerben vorsieht und nur für den Fall der Wiederverheiratung den Eintritt der Vor- und Nacherbfolge anordnet (bedingte Vor- und Nacherbschaft), eine tatsächliche Vermutung für das Vorliegen einer befreiten Vorerbschaft spricht (BGH FamRZ 1961, 275, 276; *Nieder/Kössinger*, Handbuch der Testamentsgestaltung, 3. Auflage 2008, § 10 Rn 68 und 39 m.w.N.).

Die Klägerin verkennt nicht, dass ihr die Darlegungs- und Beweislast für das Vorliegen einer Befreiung obliegt. Insoweit hat die Klägerin ihren Vortrag, die Eheleute seien sich anlässlich der Beurkundung ihres Testamentes darüber einig gewesen, dass der Überlebende von ihnen berechtigt sein sollte, die Vorerbschaft für sich zu verbrauchen, bereits unter Beweis gestellt. Das Recht, den Stamm der Erbschaft für sich zu verbrauchen, steht aber nur dem befreiten Vorerben zu. Demgegenüber ist der nicht befreite Vorerbe darauf beschränkt, die Nutzungen der Erbschaft für sich zu verwenden. Diese sind aber nicht ausreichend, um der Klägerin ein Leben entsprechend ihrem bisherigen Lebensstandard zu ermöglichen.

Die Klägerin hat ein rechtliches Interesse an einer verbindlichen Klärung dieser Frage, obwohl sie nicht beabsichtigt, in absehbarer Zeit wieder zu heiraten. Denn die Beschränkungen der §§ 2113 ff. BGB greifen auch zugunsten eines nur aufschiebend bedingt eingesetzten Nacherben ein.

(Rechtsanwalt)

## D. Rechtsstellung des Vorerben

### I. Allgemeines

Die Stellung des **nicht befreiten Vorerben** ist wirtschaftlich vergleichbar der eines Nießbrauchers. Im Verhältnis zum Nacherben gebühren ihm die gesamten Nutzungen (§ 100 BGB) der Erbschaft, im Gegenzug treffen ihn die gewöhnlichen Erhaltungskosten (§ 2124 Abs. 1 BGB) sowie die Kosten der Fruchtziehung.[45] Jedoch ist er für die Dauer der Vorerbschaft „wahrer" Erbe,[46] also Eigentümer des Nachlasses und daher nach § 2112 BGB (mit gewichtigen Ausnahmen, §§ 2113 f. BGB) zur Verfügung über Nachlassgegenstände berechtigt.

46

Nach dem Eintritt des Nacherbfalls ist der nicht befreite Vorerbe gem. **§ 2130 Abs. 1 S. 1 BGB** verpflichtet, dem Nacherben die Erbschaft in dem Zustand herauszugeben, der sich bei einer bis zur Herausgabe ordnungsmäßigen Verwaltung ergibt. Er ist deshalb gehalten, nicht gegen die Grundsätze einer ordnungsgemäßen Verwaltung zu verstoßen. Die Auskunfts- und Sicherungsrechte des Nacherben gegenüber dem nicht befreiten Vorerben aus §§ 2127, 2128 BGB machen aus der Abrechnungspflicht eine **Verwaltungspflicht im Erbschaftsinteresse des Nacherben**.[47] Zwischen Vor- und Nacherbe besteht ein gesetzliches Schuldverhältnis, das bei einem Verstoß zu Schadenersatzansprüchen führen kann.[48]

47

Hat der Erblasser den Vorerben demgegenüber von den **gesetzlichen Beschränkungen und Verpflichtungen** im Rahmen des Möglichen (§ 2136 BGB) **befreit**, ist dessen Rechtsposition

---

45 BGH NJW-RR 1986, 1069; vgl. Staudinger/*Avenarius*, § 2124 BGB Rn 1.
46 *Ricken*, AcP 202 (2002), 465, 466.
47 *Lange/Kuchinke*, § 28 V 2.
48 *Spanke*, in: Kerscher/Krug, § 12 Rn 4.

wesentlich komfortabler: Der Vorerbe darf den Nachlass für sich verbrauchen, herauszugeben ist nur, was übrig bleibt.

## II. Rechtsstellung des Vorerben im Prozess

### 1. Prozessführungsbefugnis

48 Der Vorerbe ist uneingeschränkt für sämtliche den Nachlass betreffende Klagen aktiv und passiv **prozessführungsbefugt**. Dies gilt auch soweit er in seiner Verfügungsbefugnis nach §§ 2113 f. BGB beschränkt ist, denn die Prozessführung als solche stellt keine Verfügung über das streitbefangene Recht dar.[49]

### 2. Eintritt des Nacherbfalls während des Prozesses

49 Tritt der **Nacherbfall während des Prozesses** ein, so ist zu unterscheiden, ob der Vorerbe
– zur Verfügung über den Streitgegenstand befugt ist (vgl. Rn 50) oder
– zur Verfügung über den Streitgegenstand der Zustimmung des Nacherben bedarf (vgl. Rn 51).

#### a) Vorerbe ist zur Verfügung über den Streitgegenstand befugt

50 Wenn der Vorerbe ohne Zustimmung des Nacherben über den der Nacherbfolge unterliegenden Streitgegenstand verfügen konnte, wird der Rechtsstreit zwischen dem Vorerben und dem Dritten nach §§ 242, 239 Abs. 1 ZPO unterbrochen. Die Parteistellung geht auf den Nacherben über, dieser wird prozessual wie der Rechtsnachfolger des Vorerben behandelt.[50] War der Vorerbe durch einen Prozessbevollmächtigten vertreten, tritt nach § 246 ZPO keine Unterbrechung ein, das Verfahren ist jedoch auf Antrag auszusetzen.

#### b) Vorerbe bedarf zur Verfügung über den Streitgegenstand der Zustimmung des Nacherben

51 Führt demgegenüber der Vorerbe einen **Aktivprozess** über einen Streitgegenstand, über den er nur mit Zustimmung des Nacherben verfügen konnte, entfällt seine Aktivlegitimation. Der Vorerbe kann, um eine Klageabweisung zu vermeiden, nur die einseitige Erledigung der Hauptsache erklären.[51] Allerdings kann der Nacherbe die Prozessführung noch im Nachhinein – auch nach Eintritt des Nacherbfalls – genehmigen.[52]

Wurde der Vorerbe mit einem **Passivprozess** überzogen, der einen Nachlassgegenstand betraf, über den er nur mit Zustimmung des Nacherben verfügen konnte, scheidet ein gesetzlicher Übergang der Parteistellung ebenfalls aus.[53] Das Verfahren kann hier fortgeführt werden, soweit der Vorerbe für Nachlassverbindlichkeiten nach § 2145 BGB weiter haftet. Andernfalls muss der Kläger die Hauptsache für erledigt erklären, um einer Klageabweisung zu entgehen.

---

49 BFH NJW 1970, 79; Soergel/*Harder/Wegmann*, vor § 2100 BGB Rn 23 und § 2112 BGB Rn 4; MüKo-*Grunsky*, § 2100 BGB Rn 21; Palandt/*Edenhofer*, vor § 2100 BGB Rn 2; AnwK-BGB/*Gierl*, § 2100 BGB Rn 36.
50 MüKo-*Grunsky*, § 2100 BGB Rn 22 m.w.N.
51 *Ebenroth*, Rn 589.
52 MüKo-*Grunsky*, § 2100 BGB Rn 22.
53 MüKo-*Grunsky*, § 2100 BGB Rn 22.

## 3. Abgabe einer Willenserklärung

Bei einer Klage gegen den Vorerben auf **Abgabe einer Willenserklärung** (§§ 894, 895 ZPO) ist zu beachten, dass eine Verurteilung nicht mehr bewirken kann als eine von dem Vorerben vorgenommene rechtsgeschäftliche Verfügung.[54] Dies bedeutet, dass der Nacherbe nur dann ein Urteil gegen sich gelten lassen muss, wenn der Vorerbe insoweit ohne seine Zustimmung über den Streitgegenstand verfügen könnte. Der Nacherbe ist daher in den Fällen der §§ 2113, 2114 BGB nicht an das Urteil gebunden.

> **Hinweis**
> Damit sich die Bindungswirkung auf den Nacherben erstreckt, muss dieser in den Fällen der §§ 2113, 2114 BGB mitverklagt werden. Vorerbe und Nacherbe sind in diesem Fall notwendige Streitgenossen.[55] Die Klage gegen den Nacherben ist allerdings nur dann begründet, wenn der Nacherbe verpflichtet ist, der Verfügung zuzustimmen[56] (§ 2120 BGB, vgl. Rn 64).

## 4. Erstreckung der Rechtskraft auf den Nacherben

### a) Rechtliche Grundlagen

Ein gegen den Vorerben ergangenes Urteil wirkt nur unter den Voraussetzungen des § 326 ZPO gegen den Nacherben. § 325 ZPO greift nicht ein, da der Nacherbe Rechtsnachfolger des Erblassers, nicht aber des Vorerben ist.

§ 326 ZPO setzt zunächst voraus, dass das fragliche Urteil vor Eintritt des Nacherbfalls **rechtskräftig** geworden ist.

Im Übrigen ist zu unterscheiden:
- Ist Streitgegenstand des Prozesses eine **Nachlassverbindlichkeit** (§ 1967 Abs. 2 BGB), so wirkt nur ein dem Vorerben günstiges Urteil auch gegenüber dem Nacherben (§ 326 Abs. 1 Alt. 1 ZPO).
- Betrifft das Urteil demgegenüber einen **Nachlassgegenstand**, so wirkt es stets für und gegen den Nacherben, wenn der Vorerbe ohne dessen Zustimmung über den Streitgegenstand verfügen konnte (§ 326 Abs. 2 ZPO).
  Soweit der Vorerbe nach §§ 2113 f. BGB in der Verfügung über den Streitgegenstand beschränkt ist, tritt die Rechtskrafterstreckung nur bei einem dem Nacherben günstigen Urteil ein (§ 326 Abs. 1 Alt. 2 ZPO).
  Ein **teilweise günstiges, teilweise ungünstiges Urteil** wirkt nur in seinem günstigen Teil auch gegenüber dem Nacherben.[57] Voraussetzung ist allerdings, dass der Streitgegenstand teilbar ist, mithin über den günstigen Teil ein Teilurteil hätte ergehen können.[58]

Soweit eine Entscheidung auch gegen den Nacherben wirkt, erteilt das Vollstreckungsgericht aufgrund der §§ 728 Abs. 1, 727 ZPO eine entsprechende **Vollstreckungsklausel**.

Vollstreckungsgericht ist das **Gericht des ersten Rechtszugs** (§ 724 Abs. 2 ZPO), im Mahnverfahren das Gericht, das den Vollstreckungsbescheid erlassen hat.[59]

---

54 Soergel/*Harder/Wegmann*, § 2112 BGB Rn 4; MüKo-*Grunsky*, § 2100 BGB Rn 21; Damrau/*Hennicke*, § 2100 BGB Rn 27.
55 MüKo-*Grunsky*, § 2100 BGB Rn 21.
56 Damrau/*Hennicke*, § 2100 BGB Rn 27.
57 MüKo-*Grunsky*, § 2100 BGB Rn 23.
58 *Musielak*, § 326 ZPO Rn 2; Zöller/*Vollkommer*, § 326 ZPO Rn 2.
59 BGH NJW 1993, 3141.

Der Nachweis sämtlicher Voraussetzungen für die Klauselerteilung ist dabei durch öffentliche oder öffentlich beglaubigte Urkunden zu führen (§ 727 Abs. 1 ZPO). Dies kann dem Gläubiger Schwierigkeiten bereiten, etwa, wenn durch Urkunden nicht zu klären ist, ob der Streitgegenstand Teil der Erbschaft oder des Eigenvermögens des Vorerben ist. In diesem Fall kann der Gläubiger beantragen, den Nacherben im Klauselverfahren nach § 730 ZPO zu hören und diesen zugleich aufzufordern, das Vorliegen der Voraussetzungen für die Klauselerteilung (Rechtskraft des Urteils vor Eintritt der Nacherbfolge, Nachlassverbindlichkeit als Prozessgegenstand, Gegenstand unterliegt der Nacherbfolge, Verfügungsbefugnis des Vorerben) zuzugestehen. Der Nachweis durch öffentliche oder öffentlich beglaubigte Urkunden ist bei zugestandenen Tatsachen dann entbehrlich.

57  Lehnt das Vollstreckungsgericht die Erteilung einer Vollstreckungsklausel gegen den Nacherben ab, so kann **Klage auf Erteilung einer Vollstreckungsklausel** erhoben werden, § 731 ZPO. Zuständig ist das **Prozessgericht** des ersten Rechtszugs. Bei der Klauselklage handelt es sich um eine **Feststellungsklage** dahin gehend, dass hinsichtlich der streitbefangenen Forderungen bzw. des streitbefangenen Gegenstands Nacherbfolge eingetreten ist.

b) Muster: Antrag auf Erteilung einer Vollstreckungsklausel

An das

58  Land-/Amtsgericht
– Vollstreckungsgericht –

*Antrag auf Erteilung einer Vollstreckungsklausel nach §§ 728, 727 ZPO*

In der Vollstreckungssache

              ./.

beantrage ich namens und in Vollmacht des Herrn           **(Nacherbe)**,

eine vollstreckbare Ausfertigung des Urteils vom           für Herrn           als Nacherben der am           verstorbenen Gläubigerin zu erteilen.

*Begründung:*

Die Gläubigerin, Frau          , ist am           verstorben. Sie war nicht befreite Vorerbin ihres Ehemannes, des am           vorverstorbenen Herrn          . Nacherbe ist der Antragsteller. Zum Nachweis der Rechtsnachfolge lege ich eine Ausfertigung des Erbscheins des Nachlassgerichts           vom           vor.

Die mit Urteil vom           zugesprochene Forderung ist Teil der Vorerbschaft, nicht des Eigenvermögens der Gläubigerin. Ich verweise insoweit auf den Tatbestand des Urteils vom           (Bl.          ). Damit liegen die Voraussetzungen für eine Klauselerteilung nach §§ 728 Abs. 1, 727 ZPO vor.

Die der ursprünglichen Gläubigerin erteilte vollstreckbare Ausfertigung gebe ich zurück.

(Rechtsanwalt)

### c) Muster: Klage auf Erteilung einer Vollstreckungsklausel nach § 731 ZPO

An das

Landgericht
– Zivilkammer –

*Klage*

des Herrn

– Klägers –

Prozessbevollmächtigter: Rechtsanwalt

gegen

1. Herrn

2. Haftpflichtversicherung

– Beklagten –

wegen Feststellung.

Namens und in Vollmacht des Klägers erhebe ich Klage gegen die Beklagten und werde in dem zu bestimmenden Termin beantragen, für Recht zu erkennen:

Es wird festgestellt, dass der Kläger Rechtsnachfolger der Frau           hinsichtlich der durch Urteil des Landgerichts           vom           (Az.           ) titulierten Forderung ist. Dem Kläger ist die Vollstreckungsklausel für die Vollstreckung aus diesem Urteil zu erteilen.

Falls die Voraussetzungen des § 331 Abs. 3 ZPO vorliegen, bitte ich um Erlass eines Versäumnisurteils ohne mündliche Verhandlung.

*Begründung:*

Der Kläger begehrt mit der Klage die Feststellung, dass er Rechtsnachfolger der Frau           hinsichtlich der durch Urteil des Landgerichts vom           titulierten Forderung geworden und ihm demzufolge eine entsprechende Vollstreckungsklausel zu erteilen ist.

Frau           hat das im Antrag bezeichnete Urteil erstritten. Die Beklagten wurden verurteilt, an die damalige Klägerin           EUR nebst           % Zinsen seit           zu bezahlen. Das Urteil ist mittlerweile rechtskräftig. Gegenstand des Verfahrens war ein Verkehrsunfall, bei dem der Beklagte Ziff. 1 mit seinem bei der Beklagten Ziff. 2 versicherten Kraftfahrzeug der damaligen Klägerin die Vorfahrt genommen und deren Pkw beschädigt hat. Es lag ein wirtschaftlicher Totalschaden vor.

*Beweis:* Beiziehung der Akten

Frau           ist am           verstorben. Sie war nicht befreite Vorerbin ihres Ehemannes, des am           vorverstorbenen Herrn           . Nacherbe ist der Kläger.

*Beweis:* Beglaubigte Abschriften
- des notariellen Testaments vom
- der Eröffnungsniederschrift des Nachlassgerichts

Die mit Urteil vom           zugesprochene Forderung ist Teil der Vorerbschaft, nicht des Eigenvermögens der Vorerbin. Der Kläger ist jedoch nicht in der Lage, dies anhand von öffentlichen oder öffentlich beglaubigten Urkunden nachzuweisen. Ihm steht als Beweismittel lediglich ein von der Vorerbin erstelltes handschriftliches Bestandsverzeichnis der Vorerbschaft zur Verfügung. Aus diesem ergibt sich, dass das beschädigte Fahrzeug der Vorerbschaft unterfiel. Der zugesprochene Schadenersatzanspruch der damaligen Klägerin fällt mithin als Surrogat in die Vorerbschaft. Zudem wird der Bruder der Vorerbin als Zeuge dafür benannt, dass das Fahrzeug ursprünglich von dem Ehemann der Vorerbin – dem Erblasser – angeschafft wurde. Dieser hat gegenüber dem Zeugen mehrfach stolz bestätigt, dass es sich hierbei um sein Fahrzeug handele.

Beweis: Handschriftliches Bestandsverzeichnis vom
Zeugnis des Herrn

Die Voraussetzungen für eine Klage auf Erteilung einer Vollstreckungsklausel nach § 731 ZPO liegen somit vor. Der Kläger hat vorprozessual die Klauselerteilung nach §§ 728 Abs. 1, 727 Abs. 1 ZPO betrieben. Er hat beantragt, die Beklagten nach § 730 ZPO zu hören und diese zugleich aufgefordert, die Rechtsnachfolge zuzugestehen. Die Beklagten haben im Klauselverfahren jedoch keine Stellungnahme abgegeben. Der Rechtspfleger hat deshalb mangels Urkundsbeweises die Erteilung einer Vollstreckungsklausel abgelehnt.

(Rechtsanwalt)

### III. Rechtsstellung des Vorerben während der Zeit der Vorerbschaft

#### 1. Feststellung des Zustandes der zum Nachlass gehörenden Sachen

##### a) Rechtliche Grundlagen

60 Dem **Schutz des Vorerben vor Ersatzansprüchen**[60] des Nacherben nach dem Eintritt des Nacherbfalls dient § 2122 S. 1 BGB. Danach kann der Vorerbe den tatsächlichen Zustand der zur Erbschaft gehörenden Sachen auf seine Kosten durch einen oder mehrere Sachverständige feststellen lassen.

Das Feststellungsverlangen kann sich auch auf einzelne Sachen beschränken,[61] nicht aber ausschließlich auf den Wert der Nachlassgegenstände.[62] Damit scheiden Rechte als zu kontrollierende Gegenstände aus.[63]

Der Nacherbe hat nach § 809 BGB das Recht, die zum Nachlass gehörenden Sachen zu besichtigen.

##### b) Verfahren und Kosten

61 Es handelt sich um ein Verfahren der **freiwilligen Gerichtsbarkeit**. Mit dem **FGG-Reformgesetz** wurde das Verfahren zum 1.9.2009 in das 6. Buch des FamFG (Verfahren in weiteren Angelegenheiten der freiwilligen Gerichtsbarkeit) überführt und dort unter § 410 Nr. 2 FamFG normiert (bislang § 164 FGG). Sachliche Änderungen sind damit nicht verbunden.

Zuständig ist das Amtsgericht, in dessen Bezirk sich die Sache befindet (§ 411 Abs. 2 S. 1 FamFG). Durch ausdrückliche Vereinbarung der Beteiligten kann auch die Zuständigkeit eines anderen Amtsgerichts begründet werden (§ 411 Abs. 2 S. 2 FamFG).

62 Die Kosten des Verfahrens trägt der Antragsteller, hier also der Vorerbe (vgl. § 2122 S. 1 BGB).

Gerichtskosten: eine Gebühr, §§ 120 Nr. 1, 32 KostO.

---

60 Palandt/*Edenhofer*, § 2122 BGB Rn 1; Damrau/*Hennicke*, § 2122 BGB Rn 1.
61 Soergel/*Harder/Wegmann*, § 2122 BGB Rn 2; Staudinger/*Avenarius*, § 2122 BGB Rn 2.
62 MüKo-*Grunsky*, § 2122 BGB Rn 2; Palandt/*Edenhofer*, § 2122 BGB Rn 1; AnwK-BGB/*Gierl*, § 2122 BGB Rn 2.
63 MüKo-*Grunsky*, § 2122 BGB Rn 2.

## c) Muster: Antrag des Vorerben auf Feststellung des Zustandes der zum Nachlass gehörenden Sachen

An das

Amtsgericht
– Nachlassgericht – (Baden-Württemberg: Staatliches Notariat)[64]

Az.

*Antrag auf Feststellung des Zustandes der zum Nachlass gehörenden Sachen*

Unter Vorlage der beiliegenden Vollmacht zeige ich die Vertretung des Herrn ▇▇▇▇ an.

In seinem Namen beantrage ich in der Nachlasssache ▇▇▇▇ die Feststellung des Zustandes der zum Nachlass gehörenden Sachen.

*Begründung:*

Die Erblasserin, Frau ▇▇▇▇, zuletzt wohnhaft in ▇▇▇▇, ist am ▇▇▇▇ gestorben. Das Nachlassgericht hat am ▇▇▇▇ unter Az. ▇▇▇▇ das notarielle Testament der Erblasserin vom ▇▇▇▇ eröffnet. Folgende Urkunden (Sterbeurkunde, Testament und Eröffnungsprotokoll) liegen dem Nachlassgericht bereits vor, so dass ich darauf Bezug nehme: ▇▇▇▇

Mein Mandant ist Sohn der Erblasserin. Auf Grund des notariellen Testaments vom ▇▇▇▇ ist er Vorerbe bezüglich des gesamten Nachlasses der Erblasserin, Nacherben sind seine Kinder, ▇▇▇▇ und ▇▇▇▇.

Das Recht meines Mandanten, die Feststellung des Zustandes der zum Nachlass gehörenden Sachen zu verlangen, ergibt sich aus § 2122 S. 1 BGB. Der Antrag wird ausdrücklich auf die Feststellung des Zustandes folgender, der Vorerbschaft unterfallender Sachen beschränkt:

- Grundstück bebaut mit einem Einfamilienhaus, eingetragen im Grundbuch von ▇▇▇▇, Band ▇▇▇▇, Heft ▇▇▇▇, Bestandsverzeichnis Nr. ▇▇▇▇, Markung ▇▇▇▇, ▇▇▇▇-Straße, Flst.-Nr. ▇▇▇▇.
- Sammlung von Oldtimer-Fahrzeugen, untergestellt in ▇▇▇▇.

Als Sachverständige schlage ich für das Grundstück Frau ▇▇▇▇ und für die Oldtimer-Fahrzeuge Herrn ▇▇▇▇ vor.

Der Wert des zu begutachtenden Teils des Nachlasses beträgt circa ▇▇▇▇ EUR.

(Rechtsanwalt)

## 2. Zustimmung des Nacherben zu Verwaltungsmaßnahmen

### a) Rechtliche Grundlagen

Der Vorerbe ist grundsätzlich zur Verfügung über den Nachlass befugt, § 2112 BGB. Diese Befugnis erfährt im Interesse des Nacherben allerdings erhebliche Einschränkungen (§§ 2113 f., 2116–2118 BGB). Als Korrektiv ist der Nacherbe gem. **§ 2120 BGB** verpflichtet, seine Zustimmung zu solchen (auch einseitigen)[65] **Verfügungen** des Nacherben zu erteilen, die im Rahmen einer **ordnungsgemäßen Verwaltung des Nachlasses** erforderlich sind.

---

[64] Nachlassgericht ist das Amtsgericht (§ 23a Abs. 1 Nr. 2, Abs. 2 Nr. 2 GVG), in Baden-Württemberg das staatliche Notariat (Art. 147 EGBGB i.V.m. §§ 1, 38 bwLFGG). Die örtliche Zuständigkeit bestimmt sich nach dem letzten Wohnsitz bzw. Aufenthalt des Erblassers (§ 343 FamFG). Zu den Änderungen durch das FamFG: *Kroiß*, Das neue Nachlassverfahrensrecht, ZErb 2008, 300.
[65] BGH NJW 1999, 2037, 2038.

Von Bedeutung ist für die Praxis insbesondere die Veräußerung eines zum Nachlass gehörenden **Grundstücks** durch den nicht befreiten Vorerben. Demgegenüber bedürfen im Rahmen einer befreiten Vorerbschaft nur unentgeltliche Verfügungen (§§ 2136, 2113 Abs. 2 BGB) der Zustimmung des Nacherben.[66]

aa) Anwendungsbereich

65 (1) Auf **Verpflichtungsgeschäfte**, die auf die Eingehung einer genehmigungsbedürftigen Verfügung gerichtet sind, ist § 2120 BGB entsprechend anzuwenden.[67] Dies dient der Klarstellung, ob die beabsichtigte Verfügung wirksam ist und auch der Nacherbe für die entstehende Nachlassverbindlichkeit haftet.[68]

66 (2) Einen Sonderfall stellt die **Verfügung eines befreiten Vorerben über ein Nachlassgrundstück** dar. Hier bedarf es zur Löschung des Nacherbenvermerks (§ 51 GBO) der Zustimmung des Nacherben an sich nicht (§§ 2136, 2113 Abs. 1 BGB). Gleichwohl können beim grundbuchmäßigen Vollzug des Veräußerungsgeschäfts Schwierigkeiten auftreten: Da sich die Befreiung des Vorerben nicht auf unentgeltliche Verfügungen erstreckt, muss er gegenüber dem Grundbuchamt den Nachweis der vollen Entgeltlichkeit[69] der Veräußerung durch Vorlage öffentlicher Urkunden (§ 29 Abs. 1 S. 2 GBO) erbringen. Dies dürfte nur selten möglich sein. Die Praxis behilft sich daher mit einer Reihe von Erleichterungen, insbesondere hält sie den Nachweis für erbracht, wenn die Verfügung Bestandteil eines zweiseitigen entgeltlichen Veräußerungsvertrages mit einem Nichterben ist, zwischen dem veräußernden Vorerben und dem Erwerber kein Näheverhältnis besteht[70] und keine Anhaltspunkte dafür ersichtlich sind, dass die Gegenleistung nur zum Schein vereinbart worden ist oder dass zwischen Leistung und Gegenleistung ein grobes Missverhältnis besteht.[71] Im Zweifel kann das Grundbuchamt gleichwohl verlangen, dass ihm die Zustimmungserklärung des Nacherben vorgelegt wird.[72]

67 Dem befreiten Vorerben wird deshalb in analoger Anwendung des § 2120 BGB ein Anspruch gegen den Nacherben auf Zustimmung zu Grundstücksverfügungen zugebilligt, wenn
– die grundbuchmäßige Erledigung nur mit Zustimmung des Nacherben möglich ist oder
– der Vertragspartner des Vorerben diese Zustimmung fordert oder
– andere berechtigte Gründe vorliegen.[73]

68 Da bereits Zweifel über die Rechtslage die Veräußerung behindern können, lässt die Rechtsprechung eine gerichtliche Klärung durch den Vorerben schon dann zu, wenn die **Zustimmungsbedürftigkeit nur zweifelhaft** ist.[74]

In diesem Fall kann der Vorerbe eine **Feststellungsklage** mit dem Inhalt erheben, eine beabsichtigte, konkrete Verfügung unterliege nicht der Zustimmungspflicht des Nacher-

---

66 *Lange/Kuchinke*, § 28 IV 4c; Soergel/*Harder/Wegmann*, § 2120 BGB Rn 2.
67 RGZ 90, 91, 96; MüKo-*Grunsky*, § 2120 BGB Rn 3; Soergel/*Harder/Wegmann*, § 2120 BGB Rn 3.
68 Palandt/*Edenhofer*, § 2120 BGB Rn 1; AnwK-BGB/*Gierl*, § 2120 BGB Rn 5.
69 Vgl. zum Problem der gemischten Schenkung: *Spanke*, in: *Kerscher/Krug*, § 12 Rn 19, 22.
70 OLG Düsseldorf NJW-RR 2009, 26, 28.
71 *Krug*, in: Kerscher/Krug, § 22 Rn 69; Baumgärtel-Schmitz, § 2113 BGB Rn 4; *Nieder/Kössinger*, § 10 Rn 106 f.; vgl. auch OLG Hamm NJW-RR 1996, 1230, 1231.
72 *Lange/Kuchinke*, § 28 IV 6 f. m.w.N.; Dillmann, RNotZ 2002, 1, 14 f.
73 RGZ 148, 385, 390 f.; Soergel/*Harder/Wegmann*, § 2120 BGB Rn 3; *Lange/Kuchinke*, § 28 IV 4c.
74 OLG Karlsruhe ZEV 1994, 45, 46; Soergel/*Harder/Wegmann*, § 2120 BGB Rn 3; MüKo-*Grunsky*, § 2120 BGB Rn 3; *Nieder/Kössinger*, § 10 Rn 22.

ben.⁷⁵ Voraussetzung ist allerdings, dass der Nacherbe die Zustimmungsbedürftigkeit der Verfügung behauptet, mithin überhaupt ein Streit besteht.

(3) Sind mehrere Vorerben eingesetzt, so bilden diese eine Miterbengemeinschaft. Sind zum Vollzug der **Auseinandersetzung dieser Miterbengemeinschaft** Verfügungen erforderlich, die unter die Beschränkungen der §§ 2113 Abs. 1, 2114 BGB fallen, bedürfen diese der Zustimmung des Nacherben. Der Nacherbe kann die Zustimmung nicht verweigern, da er durch die Surrogation hinreichend geschützt ist.⁷⁶

(4) **Nicht zustimmungsbedürftig** sind nach weit überwiegender Meinung Verfügungen nach § 2113 Abs. 1 BGB, die lediglich der **Berichtigung von Nachlassverbindlichkeiten** dienen, insoweit wird im Einzelfall entweder eine fehlende Beeinträchtigung des Nacherben bzw. eine Befreiung von der Verpflichtung aus § 2113 Abs. 1 BGB angenommen.⁷⁷ Hingegen verlangt ein Teil der Literatur eine Zustimmung des Nacherben, zu deren Erteilung er allerdings regelmäßig verpflichtet sein soll. Das Gesetz gehe bei der Beurteilung der Frage, ob eine Verfügung den Nacherben benachteilige (§ 2113 BGB), von einer rechtlichen Betrachtungsweise aus. Eine Verfügung sei für den Nacherben aber selbst dann nachteilig, wenn sie zur Befreiung von einer Nachlassverbindlichkeit führe.⁷⁸

Behauptet in dieser Konstellation der Nacherbe die Zustimmungsbedürftigkeit, kann eine Klärung wiederum über eine Feststellungsklage erfolgen.

### bb) Anwendungsvoraussetzungen

Bei der Prüfung, ob eine Maßnahme die **Anforderungen an eine ordnungsgemäße Verwaltung** nach § 2120 BGB erfüllt, ist ein strenger Maßstab anzulegen.⁷⁹ Insbesondere ist das auf Substanzerhaltung und -erlangung gerichtete Interesse des Nacherben (Erbschaftsinteresse) ausreichend zu berücksichtigen.⁸⁰ Ausgehend hiervon bestimmt sich eine ordnungsgemäße Verwaltung in erster Linie nach wirtschaftlichen Gesichtspunkten, der Vorerbe muss den wirtschaftlichen Wert des Nachlasses so gut wie möglich erhalten bzw. vermehren.⁸¹ Nur im Ausnahmefall kann im Verzicht auf das Eigentum eine Maßnahme der ordnungsgemäßen Verwaltung liegen, wenn die Sache bei der gebotenen wirtschaftlichen Betrachtungsweise keinen Vermögenswert mehr darstellt.⁸²

So kann sich bei einer **Kreditaufnahme durch den Vorerben** zu Lasten des Nachlasses die Gefahr einer missbräuchlichen Verwendung der Kreditmittel oder einer Auszehrung der Substanz des Nachlasses ergeben.⁸³ In diesem Fall müssen Vorkehrungen getroffen werden, um die Interessen des Nacherben zu schützen. In Betracht kommt etwa die Einschaltung

---

75 Staudinger/*Avenarius*, § 2113 BGB Rn 41; vgl. BGHZ 52, 269, 271.
76 *Nieder/Kössinger*, § 10 Rn 77.
77 BayObLG NJW-RR 2001, 1665: ausdrücklich offen bleibt in dieser Entscheidung, ob der Nachweis nur durch öffentliche Urkunden geführt werden kann; OLG Hamm FGPrax 1995, 7, 8; Staudinger/*Avenarius*, § 2113 BGB Rn 54; Soergel/*Harder/Wegmann*, § 2113 BGB Rn 6; AnwK-BGB/*Gierl*, § 2120 BGB Rn 7; Palandt/*Edenhofer*, § 2113 BGB Rn 5; *Nieder/Kössinger*, § 10 Rn 20; *Köster*, Rechtspfleger 2000, 95 (Fn 106); *Dillmann*, RNotZ 2002, 1, 10; *Ricken*, AcP 202 (2002), 465, 479; *Ruby*, ZEV 2006, 66, 67; weiter gehend *Harder*, DNotZ 1994, 822.
78 Der Streitstand ist dargestellt bei *Lange/Kuchinke*, § 28 IV 4b (Fn 82); MüKo-*Grunsky*, § 2113 BGB Rn 13; *Ebenroth*, Rn 564; *Brox/Walker*, Rn 362.
79 OLG Düsseldorf NJW-RR 1996, 905, 906.
80 BGH NJW 1993, 1582, 1583; *Ricken*, AcP 202 (2002), 465, 492.
81 MüKo-*Grunsky*, § 2120 BGB Rn 6.
82 BGH NJW 1999, 2037, 2038.
83 BGH NJW 1990, 1237, 1238; *Schmitz*, WM 1998, Sonderbeilage 3, 8.

eines erfahrenen und zuverlässigen Treuhänders, ohne dessen Zustimmung Verfügungen über die Kreditmittel nicht möglich sind.[84]

Verlangt der Vorerbe im Zusammenhang mit einer Kreditaufnahme vom Nacherben die Zustimmung zur Belastung eines Nachlassgrundstücks, so muss er gegebenenfalls geeignete – die skizzierten oder andere im Einzelfall angemessene – Maßnahmen zur Absicherung des Nacherben anbieten. Überdies entspricht die Aufnahme eines Kredits nur dann den Grundsätzen einer ordnungsgemäßen Verwaltung, wenn die anfallenden Zinsen und eine angemessene Tilgung aus den Erträgen der durch die finanzierte Maßnahme erhaltenen oder erhöhten Nutzungen des Nachlassgegenstandes bestritten werden können.[85]

cc) Verfahren

73  Auf Verlangen des Vorerben hat der Nacherbe die Zustimmung in **öffentlich beglaubigter Form** (§ 129 BGB) abzugeben. Dies kann zu Beweiszwecken sinnvoll sein. Die Kosten der Beurkundung trägt der Vorerbe als gewöhnliche Erhaltungskosten persönlich, nicht der Nachlass (§ 2120 S. 2 u. 3 BGB).

74  Die Zustimmung kann sowohl dem Vorerben als auch dem Dritten gegenüber erklärt werden.[86] Sind mehrere Nacherben eingesetzt, so bedarf es der Zustimmung aller,[87] auch bedingter Nacherben und weiterer (Nach-)Nacherben.[88] Bei minderjährigen Nacherben ist die Zustimmung des gesetzlichen Vertreters maßgebend. Dieser bedarf seinerseits bei einer Verfügung über ein Grundstück oder über ein Recht an einem Grundstück nach §§ 1643, 1821 Abs. 1 Nr. 1 BGB der Genehmigung durch das Familiengericht[89] (Kindschaftssache nach § 151 Nr. 4 FamFG). Für den noch nicht erzeugten oder erst durch ein zukünftiges Ereignis bestimmten Nacherben ist die Zustimmung eines Pflegers für unbekannte Nacherben (§ 1913 S. 2 BGB) erforderlich.[90] Der Pfleger wird durch das Betreuungsgericht („betreuungsgerichtliche Zuweisungssache" nach § 340 Abs. 1 Nr. 1 FamFG)[91] bestellt. Der Zustimmung des Ersatznacherben bedarf es demgegenüber nicht.[92]

75  Vor Erhebung einer Klage muss der Vorerbe den Nacherben **ordnungsgemäß zur Zustimmung auffordern**. Dabei sind folgende Anforderungen, die in gleicher Weise an eine Klageschrift zu stellen sind, zu beachten:[93]
– Der Nacherbe ist zur Abgabe der Zustimmungserklärung aufzufordern. Wird die Zustimmung zur Veräußerung eines Nachlassgrundstücks begehrt, ist die Aufforderung auf eine **notariell beurkundete Zustimmung** (§ 311b Abs. 1 BGB) zu richten.[94]

---

84  BGH NJW 1993, 1582, 1583; MüKo-*Grunsky*, § 2120 BGB Rn 5, lehnt diese Rechtsprechung als zu weitgehend ab.
85  BGH NJW 1993, 3198; Damrau/*Hennicke*, § 2120 BGB Rn 6.
86  MüKo-*Grunsky*, § 2120 BGB Rn 7.
87  MüKo-*Grunsky*, § 2113 BGB Rn 16; Soergel/*Harder/Wegmann*, § 2120 BGB Rn 9.
88  Damrau/*Hennicke*, § 2120 BGB Rn 8.
89  Staudinger/*Avenarius*, § 2113 BGB Rn 18; MüKo-*Grunsky*, § 2120 BGB Rn 1.
90  Soergel/*Harder/Wegmann*, § 2120 BGB Rn 9.
91  Betreuungsgericht ist das Amtsgericht (§ 23a Abs. 2 Nr. 1 GVG), im württembergischen Rechtsgebiet das Amtsgericht und das staatliche Notariat (Art. 147 EGBGB i.V.m. §§ 1, 36 bwLFGG) nach Maßgabe der Abgrenzung in § 37 bwLFGG. Zur örtlichen Zuständigkeit: §§ 341, 272 FamFG.
92  RGZ 145, 316, 321; BayObLG NJW-RR 2005, 956; Soergel/*Harder/Wegmann*, § 2120 BGB Rn 8.
93  OLG Düsseldorf NJW-RR 1996, 905 f.
94  BGH NJW 1972, 580, 581; MüKo-*Grunsky*, § 2120 BGB Rn 8.

- Da die Kosten der Beurkundung vom Vorerben zu tragen sind (§ 2120 S. 3 BGB), muss diese für den Nacherben kostenneutral sein. Es ist deshalb erforderlich, dass der Vorerbe sich zur **Übernahme der Beurkundungskosten verpflichtet**.
- Zur Begründung ist zum einen darzulegen, welche **konkrete Verfügung** (Vertragsmodalitäten, insbesondere die Höhe der geplanten Belastung) vorgenommen werden soll. Dies kann durch die Beifügung eines Vertragsentwurfs geschehen.
- Zum anderen sind detailliert und nachvollziehbar die **Gründe** aufzuführen, weshalb die beabsichtigte Verfügung im Rahmen einer ordnungsgemäßen Verwaltung erforderlich ist. Der Nacherbe muss durch die Angaben in die Lage versetzt werden, selbst überprüfen zu können, ob die beabsichtigte Verfügung der ordnungsgemäßen Verwaltung dient.

(Zur Grundbuchberichtigung siehe § 10 Rn 214 ff.).

#### b) Rechtsfolgen der Zustimmung

Durch seine Zustimmung erkennt der Nacherbe die Verfügung des Vorerben als Maßnahme ordnungsgemäßer Verwaltung verbindlich an mit der Folge, dass Schadenersatzansprüchen des Nacherben die Grundlage entzogen ist.[95] Daneben dient die Zustimmung der Legitimation des Vorerben gegenüber Dritten.[96]

#### c) Muster: Aufforderungsschreiben zur Einwilligung in Grundstücksverfügung

An

Herrn

Hiermit zeige ich die anwaltliche Vertretung von Herrn ▬ an. Eine entsprechende Vollmacht ist beigefügt.

Wie Sie wissen, ist mein Mandant nicht befreiter Vorerbe des am ▬ verstorbenen ▬. Sie sind als Nacherbe eingesetzt.

Mein Mandant führt das zur Erbschaft gehörende Autohaus fort. Der von dem Erblasser geplante und begonnene Bau einer neuen Betriebsstätte in X-Dorf ist mittlerweile fertig gestellt. Die bauausführenden Handwerker haben ihre Schlussrechnungen gestellt, zudem macht die Gemeinde X-Dorf Erschließungskosten geltend. Die Forderungen belaufen sich insgesamt auf ▬ EUR. Kopien der Handwerkerrechnungen sowie des Bescheides der Gemeinde X-Dorf vom ▬ sind diesem Schreiben als Anlagen beigefügt.

Zur Begleichung dieser Forderungen stehen dem Autohaus keine ausreichenden liquiden Mittel zur Verfügung. Sie sind auch im weiteren Nachlass des Erblassers nicht vorhanden, was Ihnen aufgrund des von meinem Mandanten erstellten Nachlassverzeichnisses bekannt sein dürfte. Eine Kreditaufnahme scheidet ebenfalls aus, da aufgrund des Neubaus die Kreditlinie des Autohauses bei den Banken nahezu vollständig ausgeschöpft ist. Zur Verdeutlichung der finanziellen Situation des Autohauses füge ich eine Kopie des Jahresabschlusses vom ▬ bei. Vor diesem Hintergrund ist es erforderlich, das zum Nachlass gehörende Grundstück in ▬, ▬-Straße, zu veräußern.

Mein Mandant hat zwischenzeitlich einen geeigneten Käufer gefunden. Er hat mit der Firma Bauträger GmbH am ▬ einen notariellen Kaufvertrag über das Grundstück geschlossen. Als Kaufpreis wurden ▬ EUR vereinbart. Der Vertragsschluss steht jedoch unter dem Vorbehalt, dass Sie der beabsichtigten

---

95 RGZ 148, 385, 391; *Ebenroth*, Rn 565: „Volenti non fit iniuria." Einschränkend für den Fall, dass nicht alle zur Beurteilung der Notwendigkeit einer Verfügung erforderlichen Umstände korrekt mitgeteilt wurden: MüKo-*Grunsky*, § 2120 BGB Rn 2.
96 OLG Düsseldorf NJW-RR 1996, 905; MüKo-*Grunsky*, § 2120 BGB Rn 2.

Verfügung zustimmen. Wegen der näheren Einzelheiten darf ich auf den in Kopie beigefügten Kaufvertrag verweisen.

Sie sind nach § 2120 S. 1 BGB verpflichtet, dem beabsichtigten Verkauf zuzustimmen. Dieser entspricht auch unter Berücksichtigung Ihres Interesses an einer Erhaltung der Nachlasssubstanz den Regeln einer ordnungsgemäßen Verwaltung. Denn es gibt – wie oben dargelegt – zu der vorgeschlagenen Vorgehensweise keine Alternative. Ohne die Veräußerung des Grundstückes ist der Fortbestand des Autohauses, das den wesentlichen Teil des Nachlasses darstellt, gefährdet.

Ich fordere Sie daher auf, der Übertragung des Eigentums an dem genannten Grundstück auf die Firma Bauträger GmbH zuzustimmen. Die Zustimmung ist in notariell beglaubigter Form abzugeben. Ich habe daher am _____ einen Termin bei dem Notar _____ in _____, _____-Straße, für Sie vereinbart. Sollte Ihnen die Wahrnehmung dieses Termins nicht möglich sein, bitte ich Sie, sich direkt mit der Kanzlei des Notars in Verbindung zu setzen und einen Ersatztermin zu vereinbaren. Die Beglaubigung ist für sie kostenfrei, mein Mandant hat sich gegenüber dem Notar zur Übernahme sämtlicher anfallender Kosten verpflichtet.

(Rechtsanwalt)

d) Checkliste: Klage auf Zustimmung zu Verwaltungsmaßnahmen

78
- Sachliche Zuständigkeit
- Örtliche Zuständigkeit: §§ 12, 13 ZPO
- Wer ist Kläger: Vorerbe
- Wer ist Beklagter: Nacherbe
- Bei Grundstücken: grundbuchmäßige Bezeichnung
- Ist der Vorerbe befreit oder nicht befreit?
- Verfügungen des **nicht befreiten** Vorerben:
  - über Grundstücke
  - bei Unentgeltlichkeit, soweit die Verfügung ausnahmsweise einer ordnungsgemäßen Verwaltung entspricht
  - wenn die Zustimmungsbedürftigkeit vom Nacherben behauptet wird
- Verfügungen des **befreiten** Vorerben:
  - über Grundstücke nur, wenn bei der Grundbucheintragung Probleme auftreten oder der Vertragspartner des Vorerben dies fordert
  - bei Unentgeltlichkeit, soweit die Verfügung ausnahmsweise einer ordnungsgemäßen Verwaltung entspricht
  - wenn die Zustimmungsbedürftigkeit vom Nacherben behauptet wird
- Verpflichtungsgeschäfte, die auf Eingehung einer genehmigungspflichtigen Verfügung gerichtet sind
- Zustimmungsbedürftige Verfügung entspricht Grundsätzen einer ordnungsgemäßen Verwaltung
- Vorkehrungen gegen missbräuchliche Kreditverwendung sind getroffen
- Vorgerichtliche Aufforderung, bei Grundstücken unter Übernahme der Beurkundungskosten

e) Muster: Klage des nicht befreiten Vorerben auf Zustimmung zur Übertragung des Eigentums an Nachlassgrundstück

An das

Landgericht
- Zivilkammer -

*Klage*

des Herrn

– Klägers –

Prozessbevollmächtigter: Rechtsanwalt

gegen

Herrn

– Beklagten –

wegen Zustimmung.

Namens und in Vollmacht des Klägers erhebe ich Klage gegen den Beklagten und werde in dem zu bestimmenden Termin beantragen, für Recht zu erkennen:

Der Beklagte wird verurteilt, seine Zustimmung zur Übertragung des Eigentums an dem Grundstück Markung          Flst.-Nr.          , eingetragen im Grundbuch von          , Band          , Heft          , Bestandsverzeichnis Nr.          , auf Herrn          zu erteilen und die Umschreibung des Eigentums an dem bezeichneten Grundstück auf Herrn          zu bewilligen.

Falls die Voraussetzungen des § 331 Abs. 3 ZPO vorliegen, bitte ich um Erlass eines Versäumnisurteils ohne mündliche Verhandlung.

*Begründung:*

Der Kläger erstrebt mit der Klage die Zustimmung des Beklagten als Nacherben des am          verstorbenen          zu der Eigentumsübertragung an einem der Vorerbschaft unterfallenden Grundstück. Die Verfügung ist zur ordnungsgemäßen Verwaltung des Nachlasses erforderlich.

Der Kläger ist der Bruder des am          verstorbenen          , zuletzt wohnhaft gewesen in          . Der Erblasser hat den Kläger in einem am          bei dem Notar          in          , UR-Nr.          , errichteten Testament als Vorerben für sein gesamtes Vermögen eingesetzt. Er hat die Stellung eines nicht befreiten Vorerben. Nacherbe ist der Beklagte, ein Neffe des Klägers.

*Beweis:* Beglaubigte Abschrift des Erbscheins vom          , ausgestellt vom Nachlassgericht

Vor- und Nacherbe haben die Erbschaft angenommen.

Teil der Vorerbschaft ist das Grundstück          . Es handelt sich dabei um Bauland. Der Kläger hat durch notariellen Kaufvertrag vom          dieses Grundstück an die Firma Bauträger GmbH zu einem Preis von          EUR veräußert. Der Vertragsschluss erfolgte unter der aufschiebenden Bedingung der Zustimmung des Nacherben zu der beabsichtigten Eigentumsübertragung.

*Beweis:* Beglaubigte Abschrift des notariellen Kaufvertrags vom          , beurkundet von Notar          unter UR-Nr.          

Der vereinbarte Kaufpreis entspricht dem tatsächlichen Wert des Grundstücks.

Steinbacher

*Beweis:* Sachverständigengutachten

Der Kläger benötigt den Erlös des Grundstücksverkaufs zur ordnungsgemäßen Verwaltung des Nachlasses. Der Erblasser betrieb ein Autohaus mit 40 Mitarbeitern in der Rechtsform einer Einzelfirma. Der Kläger führt dieses Unternehmen fort. Noch zu Lebzeiten des Erblassers wurde ein Neubau, einhergehend mit einer wesentlichen Erweiterung der Betriebsstätte in X-Dorf geplant, ein entsprechendes Grundstück erworben und mit dem Bau begonnen. Während der Bauausführung verstarb der Erblasser. Nunmehr sind offene Handwerkerrechnungen für Leistungen, die nach dem Tod des Erblassers in Auftrag gegeben und ausgeführt wurden, in Höhe von ▓▓▓▓▓ EUR sowie Erschließungskosten in Höhe von ▓▓▓▓▓ EUR aufgrund des Bescheides der Gemeinde X-Dorf vom ▓▓▓▓▓ zu begleichen.

*Beweis:* Rechnung vom ▓▓▓▓▓

Bescheid der Gemeinde X-Dorf vom ▓▓▓▓▓

Zum Ausgleich dieser Forderung ist der Verkauf des oben genannten Grundstücks erforderlich. Liquide Mittel in der benötigten Größenordnung stehen dem Autohaus nicht zur Verfügung. Sie sind auch im Übrigen Nachlass des Erblassers nicht vorhanden.

*Beweis:* Jahresabschluss des Autohauses zum ▓▓▓▓▓ (Datum)

Bestandsverzeichnis des Nachlasses vom ▓▓▓▓▓

Der Beklagte ist nach § 2120 Abs. 1 BGB zur Zustimmung zu dem beabsichtigten Verkauf des Grundstücks verpflichtet. Die Eingehung der genannten Verbindlichkeiten war erforderlich, um den noch von dem Erblasser begonnenen Neubau zu Ende zu führen. Ein Abbruch des Bauvorhabens wäre mit hohen Verlusten verbunden gewesen. Der Verkauf des Grundstückes stellt deshalb auch unter Berücksichtigung des Substanzerhaltungsinteresses des Nacherben die einzige mögliche Entscheidung dar, die unter wirtschaftlichen Gesichtspunkten einer ordnungsgemäßen Verwaltung entspricht. Demgegenüber wäre beispielsweise eine Kreditaufnahme zur Finanzierung der offenen Verpflichtungen keine taugliche Alternative. Die Kreditlinie des Autohauses bei den Banken ist durch den Neubau bereits nahezu vollständig ausgeschöpft.

Der Kläger ist auch nicht verpflichtet, den Aufwand für den Neubau und die Erweiterung der Betriebsstätte sowie die Erschließungskosten aus den Nutzungen der Erbschaft und damit aus eigenen Mitteln zu bestreiten. Diese Aufwendungen sind vielmehr als außergewöhnliche Erhaltungskosten bzw. als außergewöhnliche Lasten zu qualifizieren und deshalb von dem Nachlass zu tragen (§§ 2124 Abs. 2, 2126 BGB).

Der Kläger hat mit Schreiben vom ▓▓▓▓▓ den Beklagten vorprozessual unter Zusicherung der Übernahme der entstehenden Beurkundungskosten zur Zustimmung zu der beabsichtigten Auflassung und zur Abgabe einer entsprechenden Eintragungsbewilligung aufgefordert. Der Beklagte hat sich geweigert, diese Erklärungen abzugeben.

(Rechtsanwalt)

### 3. Zustimmung des Nacherben zur Verfügung über hinterlegte Wertpapiere

#### a) Rechtliche Grundlagen

80 Auch zur Verfügung über **hinterlegte Wertpapiere** bedarf der Vorerbe der Zustimmung des Nacherben, § 2116 Abs. 2 BGB (zur Verpflichtung des nicht befreiten Vorerben, zur Erbschaft gehörende Wertpapiere zu hinterlegen, siehe unten Rn 160 ff.). Die Verpflichtung des Nacherben zur Zustimmung richtet sich ebenfalls nach dem Maßstab des § 2120 BGB.[97]

---

[97] MüKo-*Grunsky*, § 2116 BGB Rn 2; Soergel/*Harder/Wegmann*, § 2116 BGB Rn 5; Palandt/*Edenhofer*, § 2116 BGB Rn 3.

Der Erblasser kann den Vorerben von der Verpflichtung aus § 2116 Abs. 2 BGB befreien, vgl. § 2136 BGB.

b) Muster: Klageantrag des nicht befreiten Vorerben auf Bewilligung der Herausgabe und Zustimmung zur Verfügung über hinterlegte Wertpapiere

Namens und in Vollmacht des Klägers erhebe ich Klage gegen den Beklagten und werde in dem zu bestimmenden Termin beantragen, für Recht zu erkennen:

Der Beklagte wird verurteilt, seine Zustimmung zu der Herausgabe der bei der ▮▮▮ (Name der Bank) unter der Depot-Nr. ▮▮▮ hinterlegten ▮▮▮ (Bezeichnung der Wertpapiere) an den Kläger zu erteilen.

Der Beklagte wird ferner verurteilt, dem Verkauf der in Ziff. 1 genannten Wertpapiere zum Zwecke der Tilgung folgender Verbindlichkeiten zuzustimmen: ▮▮▮ (genaue Bezeichnung der Verbindlichkeiten).

### 4. Wirtschaftsplan für Bergwerke und Wälder

a) Rechtliche Grundlagen

Gehört ein Wald, ein Bergwerk oder eine vergleichbare Anlage zur Erbschaft, kann der Vorerbe von dem Nacherben zur Vermeidung von Streitigkeiten darüber, ob der Vorerbe die Regeln einer ordnungsgemäßen Wirtschaft einhält, nach § 2123 BGB die Zustimmung zu einem bestimmten **Wirtschaftsplan** verlangen.

Eine **Verpflichtung** des Vorerben zur Aufstellung des Wirtschaftsplanes besteht nur dann, wenn der Erblasser ihn hiervon nicht befreit hat, vgl. § 2136 BGB. Gleichwohl hat auch der befreite Vorerbe das **Recht**, einen Wirtschaftsplan aufzustellen und hierfür die Zustimmung des Nacherben einzufordern.[98] Ein entsprechendes Vorgehen ist aus Sicht des Vorerben insbesondere dann sinnvoll, wenn während der Dauer der Vorerbschaft Streit mit dem Nacherben über die Ordnungsmäßigkeit der Bewirtschaftung entsteht. Die frühzeitige Feststellung eines Wirtschaftsplanes entzieht insbesondere Schadenersatzforderungen des Nacherben nach Eintritt des Nacherbfalls die Grundlage.

Der Wirtschaftsplan ist für beide Parteien bindend. Die Einhaltung des Planes kann im Klagewege erzwungen werden, bei schuldhaften Verstößen ist der Vorerbe zum Schadenersatz nach § 280 Abs. 1 BGB verpflichtet.[99] Nur bei erheblichen Veränderungen kann jede Seite die Änderung des Planes verlangen (§ 2123 Abs. 1 S. 2 BGB, Störung der Geschäftsgrundlage).

b) Verfahren

Der Vorerbe kann den Anspruch auf Zustimmung zu einem Wirtschaftsplan im Klagewege durchsetzen. Der Klageantrag ist auf **Zustimmung zu einem bestimmten Plan** zu richten.[100]

Da der Wirtschaftsplan im Prozess gegebenenfalls der Überprüfung durch einen Sachverständigen standhalten muss, sind für dessen Aufstellung hinreichende Fachkenntnisse erfor-

---

98 Staudinger/*Avenarius*, § 2123 Rn 2.
99 Zu der dem § 2123 BGB entsprechenden Regelung in § 1038 BGB: MüKo-*Pohlmann*, § 1038 BGB Rn 6.
100 Zu der dem § 2123 BGB entsprechenden Regelung in § 1038 BGB: MüKo-*Pohlmann*, § 1038 BGB Rn 4; Palandt/*Bassenge*, § 1038 BGB Rn 1.

derlich. Soweit diese beim Vorerben nicht vorhanden sind, sollte die Unterstützung des zuständigen staatlichen Forstamts in Anspruch genommen werden.

Die Vollstreckung des auf Zustimmung zu einem konkreten Wirtschaftsplan lautenden Urteils erfolgt nach § 894 ZPO.

### c) Kosten

**84** Die Kosten für die Aufstellung des Wirtschaftsplans sind Nachlassverbindlichkeit, § 2123 Abs. 1 S. 3 BGB.

### d) Muster: Aufforderung zur Zustimmung zu einem konkreten Wirtschaftsplan

**85** An

Herrn

Hiermit zeige ich die anwaltliche Vertretung von Herrn           an. Eine entsprechende Vollmacht ist beigefügt.

Wie Sie wissen, ist mein Mandant Vorerbe Ihres am           verstorbenen Großvaters          . Sie selbst sind als Nacherbe eingesetzt. Zu der Erbschaft gehört auch das Waldgrundstück in          .

In der Vergangenheit ist es wiederholt zwischen Ihnen und meinem Mandanten zu Auseinandersetzungen über die Nutzung dieses Waldes, insbesondere über den Umfang des jährlichen Baumeinschlags, gekommen. Zur Vermeidung von zukünftigen Streitigkeiten hat mein Mandant zwischenzeitlich mit fachkundiger Unterstützung einen Wirtschaftsplan für dieses Waldgrundstück aufgestellt.

Ich übergebe Ihnen in der Anlage den vom Forstamt           erstellten Wirtschaftsplan vom          .

Namens meines Mandanten fordere ich Sie auf, diesem Wirtschaftsplan bis spätestens           zuzustimmen. Sie sind hierzu nach § 2123 Abs. 1 BGB verpflichtet. Sollte mir bis zu dem oben genannten Datum keine Zustimmungserklärung vorliegen, wird mein Mandant gerichtliche Hilfe in Anspruch nehmen.

(Rechtsanwalt)

### e) Muster: Klage auf Zustimmung zu einem konkreten Wirtschaftsplan

**86** An das

Landgericht
– Zivilkammer –

*Klage*

des Herrn

– Klägers –

Prozessbevollmächtigter: Rechtsanwalt

gegen

Herrn

– Beklagten –

wegen Zustimmung.

*Steinbacher*

Namens und in Vollmacht des Klägers erhebe ich Klage gegen den Beklagten und werde in dem zu bestimmenden Termin beantragen, für Recht zu erkennen:

Der Beklagte wird verurteilt, dem von dem Forstamt ▆▆▆ am ▆▆▆, Az. ▆▆▆, erstellten Wirtschaftsplan für den auf der Markung ▆▆▆ gelegenen Wald ▆▆▆ *(genaue Beschreibung)* zuzustimmen.

Falls die Voraussetzungen des § 331 Abs. 3 ZPO vorliegen, bitte ich um Erlass eines Versäumnisurteils ohne mündliche Verhandlung.

*Begründung:*

Der Kläger erstrebt mit der Klage die Zustimmung zu einem vom Forstamt ▆▆▆ aufgestellten Wirtschaftsplan für das in ▆▆▆ gelegene Waldgrundstück.

I. Der Kläger ist der Bruder des am ▆▆▆ verstorbenen Herrn ▆▆▆, zuletzt wohnhaft gewesen in ▆▆▆. Der Erblasser hat in einem am ▆▆▆ bei dem Notar ▆▆▆ in ▆▆▆, UR-Nr. ▆▆▆, errichteten Testament hinsichtlich seines gesamten Vermögens Nacherbfolge angeordnet. Der Kläger ist als alleiniger Vorerbe eingesetzt. Nacherbe ist der Beklagte, ein Enkel des Klägers. Vor- und Nacherbe haben die Erbschaft angenommen.

*Beweis:* Beglaubigte Abschriften
- des notariellen Testaments vom ▆▆▆
- der Eröffnungsniederschrift des Nachlassgerichts ▆▆▆

Zu der Vorerbschaft gehört auch in ▆▆▆ gelegenes Waldgrundstück Markung ▆▆▆, ▆▆▆ *(weitere Beschreibung)*.

*Beweis:* Nachlassverzeichnis vom ▆▆▆

II. Der Kläger macht hinsichtlich dieses Grundstücks den Anspruch auf Erstellung eines Wirtschaftsplanes geltend. Nach § 2123 Abs. 1 BGB ist auf Verlangen sowohl des Vorerben als auch des Nacherben für einen dem Nacherbenrecht unterliegenden Wald ein Wirtschaftsplan aufzustellen.

Die Klage aus § 2123 BGB ist nach übereinstimmender Ansicht auf Zustimmung des Nacherben zu einem konkreten Wirtschaftsplan zu richten (Zur Parallelvorschrift § 1038 BGB vgl. MüKo-*Pohlmann*, 4. Auflage, § 1038 BGB Rn 4; Palandt/*Bassenge*, BGB, 69. Auflage, § 1038 Rn 1). Der Kläger hat deshalb das Forstamt ▆▆▆ gebeten, für das hier streitgegenständliche Waldgrundstück einen Wirtschaftsplan auszuarbeiten. Mit Datum vom ▆▆▆ hat das Forstamt ▆▆▆ einen entsprechenden Plan vorgelegt.

*Beweis:* Wirtschaftsplan des Forstamtes ▆▆▆ vom ▆▆▆

Dieser Wirtschaftsplan stellt die Grundlage des Klageantrags dar.

Der vorgelegte Plan entspricht auch den Regeln einer ordnungsgemäßen Bewirtschaftung der streitgegenständlichen Waldgrundstücke nach forstwirtschaftlichen Grundsätzen.

*Beweis:* Sachverständigengutachten

Der Kläger hat den Beklagten vorprozessual unter Fristsetzung aufgefordert, dem vom Forstamt ▆▆▆ aufgestellten Wirtschaftsplan zuzustimmen. Der Beklagte hat die Frist verstreichen lassen und sich bis heute nicht geäußert.

(Rechtsanwalt)

## 5. Vorkaufsrecht des Vorerben bei Veräußerung des Nacherbenanwartschaftsrechts

### a) Rechtliche Grundlagen

87   Das Anwartschaftsrecht des Nacherben ist zwischen Erbfall und Nacherbfall übertragbar. Der Erblasser kann die Veräußerlichkeit auch nicht mit dinglicher Wirkung ausschließen.[101] Gesetzlich vorgesehen ist lediglich der Ausschluss der Vererblichkeit (§ 2108 Abs. 2 S. 1 BGB). Demzufolge kann der Nacherbe zwar eine unvererbliche Anwartschaft veräußern,[102] jedoch verliert der Erwerber das (auflösend bedingte) Anwartschaftsrecht mit dem Eintritt des Ersatzfalles wieder. Der Erwerber sollte sich deshalb in dieser Fallkonstellation unbedingt auch das Anwartschaftsrecht des Ersatznacherben übertragen lassen, um am Ende nicht mit leeren Händen da zu stehen.

88   Bei einer Veräußerung des Anwartschaftsrechts – die der notariellen Form bedarf, §§ 2371, 2385, 2033 BGB[103] – steht zunächst etwaigen Mitnacherben ein Vorkaufsrecht zu. Sind Mitnacherben nicht vorhanden oder üben sie das Vorkaufsrecht nicht aus, steht nach Auffassung der Literatur[104] – soweit diese zu der Frage Stellung nimmt – auch dem Vorerben in analoger Anwendung des § 2034 BGB ein Vorkaufsrecht zu.

89   Die Geltendmachung des Vorkaufsrechts muss innerhalb einer Frist von zwei Monaten nach der Mitteilung des Kaufvertragsschlusses gegenüber dem Nacherben erfolgen (§§ 2034 Abs. 2 S. 1, 469, 464 Abs. 1 BGB). Die Erklärung bedarf nach herrschender Meinung im Hinblick auf den Wortlaut des § 464 Abs. 1 S. 2 BGB nicht der Form des zugrunde liegenden Kaufvertrages.[105] Es wird ein selbstständiger Kaufvertrag zwischen dem Vorerben und dem Nacherben begründet (§ 464 Abs. 2 BGB), aus dem sich die Verpflichtung zur Übertragung des Nacherbenanwartschaftsrechts (in notarieller Form,[106] § 2033 Abs. 1 BGB) ergibt.

90   Eintritt des Vorkaufsberechtigten in fünf Schritten:

1. Schritt:   Abschluss eines Anwartschaftsrechtskaufvertrages, § 2371 BGB
2. Schritt:   Anzeige nach § 469 BGB
3. Schritt:   Vorkaufserklärung des Vorkaufsberechtigten nach § 464 BGB
4. Schritt:   Entstehung eines Schuldverhältnisses zwischen Verkäufer und Vorkaufsberechtigtem nach § 464 Abs. 2 BGB
5. Schritt:   Anwartschaftsrechtsübertragung analog § 2033 Abs. 1 BGB als Erfüllungs-Rechtsgeschäft.

---

101   Staudinger/*Avenarius*, § 2100 BGB Rn 76.
102   BayObLG NJW 1970, 1794, 1795.
103   MüKo-*Grunsky*, § 2100 BGB Rn 28.
104   MüKo-*Grunsky*, § 2100 BGB Rn 28; Soergel/*Harder*/*Wegmann*, § 2100 BGB Rn 14; Bamberger/Roth/ *Litzenburger*, § 2100 BGB Rn 26; Palandt/*Edenhofer*, § 2108 BGB Rn 9; *Lange*/*Kuchinke*, § 28 VII 3c; *Ebenroth*, Rn 601.
105   MüKo-*Heldrich*, § 2034 BGB Rn 26; vgl. Sarnighausen, NJW 1998, 37, 38.
106   MüKo-*Grunsky*, § 2100 BGB Rn 28 m.w.N.

b) Muster: Vertrag über Verkauf und Übertragung des Anwartschaftsrechts eines Nacherben auf Vorerben

(Notarielle Urkundenformalien)

Anwesend sind:

1. Frau W

2. Herr A

3. Herr B

Die Anwesenden erklären mit der Bitte um Beurkundung:

Wir schließen folgenden

*Nacherben-Anwartschaftsrechts-Kauf- und Übertragungsvertrag*

*I. Rechtsverhältnisse*

Am             ist Herr            , zuletzt wohnhaft in          , gestorben. Er war in zweiter Ehe verheiratet mit Frau W – der Anwesenden zu Ziff. 1 –. Seine erste Ehefrau ist gestorben. Aus dieser ersten Ehe sind zwei Kinder hervorgegangen, die Herren A und B – Anwesende zu Ziff. 2 und 3 –.

In seinem notariellen Testament vom           , beurkundet von Notar           in           unter UR-Nr.          , hat der Erblasser seine zweite Ehefrau, Frau W, zu seiner alleinigen Vorerbin eingesetzt, die Kinder aus der ersten Ehe, die Herren A und B, je zur Hälfte zu Nacherben. Das Testament wurde am          vom Nachlassgericht           unter Az.           eröffnet.

Die Übertragbarkeit der Nacherbenanwartschaftsrechte ist nicht ausgeschlossen.

*II. Verkauf der Nacherbenanwartschaftsrechte*

1. Die Herren A und B verkaufen ihre Nacherbenanwartschaftsrechte am Nachlass ihres verstorbenen Vaters, Herrn         , an dessen Witwe, Frau W.
2. Der Kaufpreis beträgt          EUR. Er ist wie folgt zahlungsfällig:
3. Die Gewährleistung richtet sich nach dem Gesetz. Frau W kennt den Nachlass in allen Einzelheiten. Ihr ist auch bekannt, welche Gegenstände zum Nachlass gehören.
4. Die Herren A und B versichern, dass ihnen die Anwartschaftsrechte ungeschmälert zustehen und Rechte Dritter daran nicht bestehen.
5. Die Übertragung der Anwartschaftsrechte erfolgt bereits heute, obwohl der Kaufpreis noch nicht bezahlt ist. Auf die Gefahr der Vorleistung hat der Notar hingewiesen.
6. Der Notar wird beauftragt, dem Nachlassgericht          eine beglaubigte Abschrift dieser Urkunde als Anzeige im Sinne von § 2384 BGB zu übersenden.
7. Die Kosten dieser Urkunde und ihres Vollzugs sowie etwa entstehende Verkehrssteuern trägt die Käuferin.

*III. Übertragung der Nacherbenanwartschaftsrechte*

Wir sind uns darüber einig, dass die zuvor näher bezeichneten Nacherbenanwartschaftsrechte der Herren A und B auf Frau W übergehen.

Die Beteiligten sind sich darüber einig, dass Frau W nunmehr die rechtliche Stellung einer unbeschränkten alleinigen Vollerbin des Herrn          erlangt hat.

Zum Nachlass gehört das Grundstück          , eingetragen im Grundbuch von          Band          Heft          , BV-Nr.          , Flst.-Nr.          . Als Eigentümerin ist Frau W eingetragen, in Abt. II des Grundbuchs ist der Nacherbenvermerk eingetragen.

Die Herren A und B bewilligen, Frau W beantragt hiermit die Löschung des Nacherbenvermerks im Grundbuch.

Steinbacher

Diese Niederschrift wurde vom Notar den Anwesenden vorgelesen, von ihnen genehmigt und von ihnen und dem Notar unterschrieben:

c) Checkliste: Klage auf Übertragung des Nacherbenanwartschaftsrechts

92
- Sachliche Zuständigkeit
- Örtliche Zuständigkeit: §§ 12, 13 ZPO
- Wer ist Kläger: Vorerbe
- Wer ist Beklagter: Der sein Anwartschaftsrecht verkaufende Nacherbe
- Veräußerung des Nacherbenanwartschaftsrechts
- Mitnacherben sind nicht vorhanden oder haben auf die Geltendmachung des Vorkaufsrechts verzichtet
- Ausübung des Vorkaufsrechts gegenüber dem Nacherben
- Fristlauf: zwei Monate
- Beginn: mit Mitteilung des Kaufvertragsschlusses, §§ 2034 Abs. 2 S. 1, 469, 464 Abs. 1 BGB

d) Muster: Klage des Vorerben auf Übertragung des Nacherbenanwartschaftsrechts (gesetzliches Vorkaufsrecht)

93 **Hinweis**
Das Vorkaufsrecht des Vorerben ergibt sich nicht unmittelbar aus dem Gesetz. Es ist jedoch in der Literatur anerkannt, veröffentlichte Rechtsprechung zu dieser Frage gibt es – soweit ersichtlich – nicht. Die Erhebung einer Klage ist somit mit einem **erheblichen Prozessrisiko** verbunden.

392 An das

94 Landgericht
– Zivilkammer –

*Klage*

des Herrn

– Klägers –

Prozessbevollmächtigter: Rechtsanwalt

gegen

Frau

– Beklagte –

wegen Zustimmung.

Namens und in Vollmacht des Klägers erhebe ich Klage gegen die Beklagte und werde in dem zu bestimmenden Termin beantragen, für Recht zu erkennen:

Die Beklagte wird verurteilt, ihr Anwartschaftsrecht als Nacherbin an dem Nachlass des am verstorbenen Herrn auf den Kläger zu übertragen, Zug um Zug gegen Zahlung von EUR.

Es wird festgestellt, dass sich die Beklagte mit der Entgegennahme des Kaufpreises in Annahmeverzug befindet.

Falls die Voraussetzungen des § 331 Abs. 3 ZPO vorliegen, bitte ich um Erlass eines Versäumnisurteils ohne mündliche Verhandlung.

*Steinbacher*

*Begründung:*

Der Kläger erstrebt aufgrund eines gesetzlichen Vorkaufsrechts mit der Klage die Zustimmung der Beklagten zu der Übertragung ihres Nacherbenanwartschaftsrechts.

Der Kläger ist alleiniger Vorerbe des am ▓▓▓▓ verstorbenen ▓▓▓▓, zuletzt wohnhaft gewesen in ▓▓▓▓. Die Beklagte und ihre Schwester ▓▓▓▓ sind Nacherbinnen jeweils zu ½. Der Erblasser hinterließ keine Kinder, Ersatznacherben wurden nicht berufen.

*Beweis:* Beglaubigte Abschriften
- des eigenhändigen Testaments vom ▓▓▓▓
- der Eröffnungsniederschrift des Nachlassgerichts ▓▓▓▓

Die Beklagte hat ihr Anwartschaftsrecht mit notariell beurkundetem Kaufvertrag vom ▓▓▓▓ (Urkunde des Notars ▓▓▓▓ in ▓▓▓▓, UR – Nr. ▓▓▓▓) an Herrn ▓▓▓▓ zu einem Preis von ▓▓▓▓ EUR verkauft.

*Beweis:* Beglaubigte Abschrift des notariellen Kaufvertrags vom ▓▓▓▓

Der Kläger hat von dem Verkauf des Anwartschaftsrechts nur durch Zufall über einen Bekannten, der seinerseits mit dem Käufer der Anwartschaft befreundet ist, Kenntnis erlangt. Auf eine entsprechende Aufforderung hat ihm der Käufer am ▓▓▓▓ eine Kopie des Kaufvertrages übersandt.

Der Beklagte hat sodann zunächst die Schwester der Beklagten um eine Mitteilung gebeten, ob sie ihrerseits von dem Vorkaufsrecht als Mit-Nacherbin Gebrauch macht. Frau ▓▓▓▓ hat mit Schreiben vom ▓▓▓▓ gegenüber dem Kläger auf die Geltendmachung des Vorkaufsrechts verzichtet.

*Beweis:*   Schreiben der Frau ▓▓▓▓ vom ▓▓▓▓

Zeugnis der Frau ▓▓▓▓

Der Kläger hat daraufhin sein Vorkaufsrecht an dem Anwartschaftsrecht der Beklagten ausgeübt.

*Beweis:* Schreiben des Klägers vom ▓▓▓▓

*Zur Rechtslage:*

Die Veräußerlichkeit des Anwartschaftsrechts des Nacherben ist gewohnheitsrechtlich anerkannt. Der Abschluss eines auf die Veräußerung des Anwartschaftsrechts gerichteten Verpflichtungsgeschäfts löst ein Vorkaufsrecht der Mit-Nacherben aus. Üben die Mit-Nacherben ihr Vorkaufsrecht nicht aus, so ist der Vorerbe in analoger Anwendung des § 2034 BGB zum Vorkauf berechtigt (MüKo-*Grunsky*, BGB, 4. Auflage, § 2100 Rn 28; Soergel/*Harder*/*Wegmann*, BGB, 13. Auflage, § 2100 Rn 14; Palandt/*Edenhofer*, BGB, 69. Auflage, § 2100 Rn 14).

Nachdem die Mit-Nacherbin auf die Geltendmachung des Vorkaufsrechts an der Anwartschaft der Beklagten verzichtet hat, steht dieses nunmehr dem Kläger zu. Er hat das Vorkaufsrecht durch eine Erklärung gegenüber der Beklagten ausgeübt. Demzufolge ist zwischen dem Kläger und der Beklagten ein Kaufvertrag zu Stande gekommen (§ 464 Abs. 2 BGB), aus dem sich die Verpflichtung der Beklagten zur Übertragung des Anwartschaftsrechts ergibt.

Der Kläger hat der Beklagten vorprozessual die Zahlung des zwischen ihr und dem damaligen Käufer ▓▓▓▓ vereinbarten Kaufpreises Zug um Zug gegen notarielle Beurkundung der Übertragung des Anwartschaftsrechts angeboten. Die Beklagte ist zu dem anberaumten und ihr rechtzeitig mitgeteilten Notartermin nicht erschienen. Sie befindet sich somit in Annahmeverzug.

(Rechtsanwalt)

## IV. Rechtsstellung des Vorerben nach Eintritt des Nacherbfalles

95 Nach dem Eintritt des Nacherbfalls ist der Vorerbe verpflichtet, dem Nacherben die Erbschaft herauszugeben (§ 2130 Abs. 1 BGB). Tritt der Nacherbfall mit dem Tod des Vorerben ein, trifft die Verpflichtung seine Erben. Da Vorerbe und Nacherbe zeitlich nacheinander Erben sind (§ 2100 BGB), findet zwischen ihnen eine Erbauseinandersetzung nicht statt. Gleichwohl gibt es eine Reihe aus der Abwicklung der Vorerbschaft resultierende Ansprüche, die der Vorerbe gegenüber dem Nacherben geltend machen kann.

### 1. Duldung der Wegnahme eingebrachter Einrichtungen

#### a) Rechtliche Grundlagen

96 Der Vorerbe ist gem. **§ 2125 Abs. 2 BGB** berechtigt, **Einrichtungen wegzunehmen**, mit denen er eine zur Erbschaft gehörende Sache versehen hat. Unter dem Begriff der Einrichtung ist eine Sache zu verstehen, die mit einer anderen körperlich verbunden ist und deren wirtschaftlichen Zwecken dient.[107] Hierunter fallen insbesondere Inventarstücke (Einbauschränke, Holzvertäfelungen, Öfen, Beleuchtungsanlagen), auch wenn sie wesentlicher Bestandteil eines Nachlassgrundstücks geworden sind.[108]

97 Bei dem wichtigsten Anwendungsfall in der Praxis – der **Einbringung von Inventar in ein Grundstück** – stellt sich jedoch das Problem des **Verhältnisses von Wegnahmerecht und Surrogation**: Nach § 2111 Abs. 2 BGB werden von der Surrogation sämtliche von dem Vorerben in ein Nachlassgrundstück eingebrachte Inventarstücke erfasst. Es ist dabei unbeachtlich, ob diese aus Mitteln der Erbschaft (dann greift bereits § 2111 Abs. 1 BGB ein) oder aus Eigenmitteln des Vorerben (dann greift § 2111 Abs. 2 BGB ein) angeschafft wurden.

98 Streitig und bislang obergerichtlich nicht entschieden ist die Frage, ob das Wegnahmerecht auch die im Wege der Surrogation nach § 2111 Abs. 2 BGB zum Nachlass gelangten Inventarstücke erfasst. Dies dürfte zumindest in den Fällen zu bejahen sein, in denen die Anschaffung der Inventarstücke aus **Eigenmitteln des Vorerben** erfolgte und bei einer Versagung des Wegnahmerechts keine Ersatzansprüche nach §§ 2124, 2125 Abs. 1 BGB bestehen.[109] Andernfalls würde das Wegnahmerecht des § 2125 Abs. 2 BGB weitgehend leer laufen.

99 Der Vorerbe ist zur **Wegnahme nicht verpflichtet**,[110] der Nacherbe kann auch nicht unter Hinweis auf das Wegnahmerecht seine Ersatzpflicht nach §§ 2124, 2125 Abs. 1 BGB verneinen.[111] Die Wegnahme ist deshalb aus Sicht des Vorerben vor allem dann sinnvoll, wenn ihm kein Verwendungsersatzanspruch zusteht, beispielsweise weil eine Verwendung nicht den strengen Anforderungen der Geschäftsführung ohne Auftrag (§ 2125 Abs. 1 i.V.m. § 683 BGB) genügt.

---

107 Palandt/*Grüneberg*, § 258 BGB Rn 1.
108 Soergel/*Harder/Wegmann*, § 2125 BGB Rn 3; Palandt/*Edenhofer*, § 2125 BGB Rn 2; AnwK-BGB/*Gierl*, § 2125 BGB Rn 5; Damrau/*Hennicke*, § 2125 BGB Rn 3; a.A. Staudinger/*Avenarius*, § 2125 BGB Rn 4.
109 Soergel/*Harder/Wegmann*, § 2125 BGB Rn 3; Damrau/*Hennicke*, § 2125 BGB Rn 3; für die Zulässigkeit der Wegnahme ferner: MüKo-*Grunsky*, § 2125 BGB Rn 3; *Brox/Walker*, Rn 610, a.A. Staudinger/*Avenarius*, § 2125 BGB Rn 5; AnwK-BGB/*Gierl*, § 2125 BGB Rn 5 a.E; Palandt/*Edenhofer*, § 2125 BGB Rn 2.
110 MüKo-*Grunsky*, § 2125 BGB Rn 3; Palandt/*Edenhofer*, § 2125 BGB Rn 2.
111 MüKo-*Grunsky*, § 2125 BGB Rn 3.

## b) Verfahren

Solange der Vorerbe Besitz an der Sache hat, steht ihm ein **Trennungsrecht**, bei wesentlichen Bestandteilen eines Nachlassgegenstandes zugleich ein **Aneignungsrecht** zu.[112] Dabei ist zu beachten, dass der Vorerbe auch nach dem Eintritt des Nacherbfalls – obwohl er aufhört, Erbe zu sein (§ 2139 BGB) – noch berechtigter Besitzer des Nachlasses ist. Denn nach einhelliger Meinung[113] geht der Nachlassbesitz nach § 857 BGB nur an den Sachen auf den Nacherben über, an denen der Vorerbe keinen Verkehrsbesitz, also keine tatsächliche Gewalt, erlangt hatte. Auch wenn der Nacherbfall mit dem Tod des Vorerben eintritt, entsteht Erbenbesitz nur beim Erben des Vorerben, nicht beim Nacherben. Der Besitzübergang erfolgt durch die Herausgabe des Nachlasses gem. § 2130 Abs. 1 BGB.

Nach dem Besitzübergang besteht nach § 258 S. 2 BGB ein dinglicher Anspruch gegen den Nacherben auf **Gestattung der Wegnahme**.[114]

Der Vorerbe ist im Gegenzug zur Wegnahme verpflichtet, die Sache auf seine Kosten wieder in den ursprünglich Zustand zu versetzen, § 258 S. 1 BGB. Ist dies nicht oder nur mit unverhältnismäßig hohen Kosten möglich, so ist er zum Schadenersatz verpflichtet (§ 251 Abs. 1 BGB analog).[115] Dem Nacherben steht ein Zurückbehaltungsrecht (§§ 273 f. BGB) zu, bis der Vorerbe ihm für den mit der Wegnahme verbundenen Schaden Sicherheit geleistet hat.

## c) Checkliste: Wegnahme von Einrichtungen
- Sachliche Zuständigkeit
- Örtliche Zuständigkeit: §§ 12, 13 ZPO
- Wer ist Kläger: Vorerbe
- Wer ist Beklagter: Nacherbe(n)
- Gegenstand wurde von dem Vorerben eingebracht/aus Eigenmitteln des Vorerben finanziert
- Besteht ein Verwendungsersatzanspruch?
    - Ist dessen Geltendmachung der Wegnahme vorzuziehen?
- Zurückbehaltungsrecht des Nacherben wegen Instandsetzungsmaßnahmen?

## d) Muster: Aufforderungsschreiben Vorerbe an Nacherbe wegen Duldung der Wegnahme von Einrichtungen

An

Herrn

Hiermit zeige ich die anwaltliche Vertretung von Frau ▇▇▇ an. Eine entsprechende Vollmacht ist beigefügt.

Wie Sie wissen, ist meine Mandantin Vorerbin des am ▇▇▇ verstorbenen ▇▇▇. Sie sind als Nacherbe eingesetzt, der Nacherbfall – Ihr 25. Geburtstag – ist mittlerweile eingetreten.

---

112 BGHZ 81, 146, 150; Palandt/*Grüneberg*, § 258 BGB Rn 2.
113 *Ebenroth/Frank*, JuS 1996, 794, 797; MüKo-*Grunsky*, § 2139 BGB Rn 2; *Brox/Walker*, Rn 371.
114 BGHZ 81, 146, 150.
115 MüKo-*Krüger*, § 258 BGB Rn 8; Palandt/*Grüneberg*, § 258 BGB Rn 3.

Meine Mandantin hat während der Zeit der Vorerbschaft die zur Erbschaft gehörende Eigentumswohnung im Erdgeschoss des Gebäudes ▓▓▓ in ▓▓▓ genutzt. Auf Ihren ausdrücklichen Wunsch ist sie noch vor Eintritt des Nacherbfalls aus der Wohnung ausgezogen.

Wie meine Mandantin Ihnen bereits anlässlich der Wohnungsübergabe am ▓▓▓ mitgeteilt hat, war es ihr nicht möglich, beim Auszug die Einbauküche mitzunehmen, da diese für ihre neue Wohnung zu groß dimensioniert ist. Unabhängig hiervon steht die Kücheneinrichtung meiner Mandantin zu. Sie hat diese bei ihrem Einzug im Jahre ▓▓▓ bei der Firma Wohnkaufhaus X aus eigenen Mitteln erworben, nachdem die letzten Mieter die vorhergehende Einrichtung bei ihrem Auszug mitgenommen hatten.

Meine Mandantin wäre bereit, Ihnen die Kücheneinrichtung zum Zeitwert zu überlassen. Die Einrichtung wurde im Jahre ▓▓▓, wie Sie aus der in Fotokopie beiliegenden Rechnung ersehen können, zum Preis von ▓▓▓ EUR erworben. Sie befindet sich in einem sehr gepflegten Erhaltungszustand. Gleichwohl ist sich meine Mandantin bewusst, dass für gebrauchte Möbel erhebliche Abschläge zu machen sind. Sie bietet Ihnen deshalb, unter Ausschluss jedweder Gewährleistung für Sachmängel, die komplette Kücheneinrichtung samt Einbaugeräten, bestehend aus ▓▓▓ *(Aufzählung)*, zum Preis von ▓▓▓ EUR zur Übernahme an. An dieses Angebot hält sich meine Mandantin bis zum ▓▓▓ gebunden. Sollten Sie mit dem genannten Preis nicht einverstanden sein, könnte sich meine Mandantin vorstellen, den Zeitwert der Einrichtung durch einen öffentlich bestellten und vereidigten Sachverständigen der Industrie- und Handelskammer ermitteln zu lassen. Der von dem Sachverständigen ermittelte Wert wäre für beide Seiten bindend und in voller Höhe als Übernahmepreis zu entrichten. Die Kosten für die Beauftragung des Sachverständigen hätten beide Parteien je zur Hälfte zu tragen.

Sollten Sie hingegen kein Interesse an dem Erwerb der Kücheneinrichtung haben, fordere ich Sie schon heute auf, Ihr Einverständnis zur Entfernung der Einbauküche zu erklären und mir einen Termin zu benennen, an dem ein von meiner Mandantin beauftragter Schreiner die Einbauküche aus der Wohnung entfernen kann. Nach §§ 2125 Abs. 2, 258 Abs. 2 BGB sind Sie verpflichtet, die Wegnahme der Kücheneinrichtung zu dulden.

Sollten Sie Ihre Bereitschaft zur Abholung der Kücheneinrichtung nicht bis spätestens ▓▓▓ erklärt haben, wird meine Mandantin umgehend gerichtliche Hilfe in Anspruch nehmen.

(Rechtsanwalt)

e) Muster: Klage des Vorerben auf Duldung der Wegnahme von Einrichtungen

**105**

> **Hinweis**
> Bei einer Klage auf Wegnahme von Inventarstücken, die einem Nachlassgrundstück einverleibt wurden, besteht ein **erhebliches Prozessrisiko**. Denn die Frage, ob insoweit ein Wegnahmerecht trotz Surrogation besteht, ist umstritten (vgl. Rn 96 f.).

**106**

An das
Landgericht
– Zivilkammer –
▓▓▓

*Klage*

der Frau ▓▓▓

– Klägerin –

Prozessbevollmächtigter: Rechtsanwalt ▓▓▓

gegen

Herrn ▓▓▓

– Beklagten –

*Steinbacher*

wegen Duldung der Wegnahme.

Namens und in Vollmacht der Klägerin erhebe ich Klage gegen den Beklagten und werde in dem zu bestimmenden Termin beantragen, für Recht zu erkennen:

Der Beklagte wird verurteilt, die Wegnahme der in der Erdgeschosswohnung des Gebäudes ▒▒▒▒▒ eingebauten Einbauküche Marke ▒▒▒▒▒, bestehend aus ▒▒▒▒▒ *(genaue Beschreibung, Aufzählung der Möbelstücke/der eingebauten Geräte)*, zu dulden.

Falls die Voraussetzungen des § 331 Abs. 3 ZPO vorliegen, bitte ich um Erlass eines Versäumnisurteils ohne mündliche Verhandlung.

*Begründung:*

Die Klägerin erstrebt mit der Klage die Duldung der Wegnahme einer von ihr erworbenen Einbauküche, die sich zurzeit im Besitz des Beklagten befindet.

Die Klägerin war Vorerbin des am ▒▒▒▒▒ verstorbenen ▒▒▒▒▒, zuletzt wohnhaft gewesen in ▒▒▒▒▒. Der Beklagte ist der alleinige Nacherbe des Erblassers. Der Nacherbfall ist mit der Vollendung des 25. Lebensjahres des Beklagten am ▒▒▒▒▒ eingetreten.

*Beweis:* Beglaubigte Abschriften
- des eigenhändigen Testaments des ▒▒▒▒▒ vom ▒▒▒▒▒
- der Eröffnungsniederschrift des Nachlassgerichts ▒▒▒▒▒

Zu der Erbschaft gehörte auch die Eigentumswohnung im Erdgeschoss des Gebäudes ▒▒▒▒▒ in ▒▒▒▒▒. Die Klägerin hat diese Wohnung während der Dauer der Vorerbschaft selbst genutzt. Bei ihrem Einzug im Jahre ▒▒▒▒▒ hat sie durch die Firma Wohnkaufhaus X eine neue Küche einbauen lassen. Die Vorbesitzer hatten ihrerseits die Kücheneinrichtung, die sich zuvor in der Wohnung befunden hatte, beim Auszug mitgenommen.

*Beweis:* Rechnung der Firma Wohnkaufhaus X vom ▒▒▒▒▒

Zeugnis der ▒▒▒▒▒ *(Vorbesitzer)*

Zwei Wochen vor Eintritt des Nacherbfalls ist die Klägerin aus der Wohnung ausgezogen und hat diese an den Beklagten übergeben.

Die Kücheneinrichtung hat die Klägerin zunächst in ihrer bisherigen Wohnung zurückgelassen und dem Beklagten angeboten, diese zum Zeitwert zu übernehmen. Der Beklagte weigerte sich mit der Begründung, die Kücheneinrichtung sei wesentlicher Bestandteil der Wohnung und daher sein Eigentum. Er habe weder eine Ausgleichszahlung zu leisten, noch die Einrichtung herauszugeben. Am ▒▒▒▒▒ hat der Beklagte der Klägerin nochmals ausdrücklich untersagt, die Kücheneinrichtung zu entfernen.

*Zur Rechtslage:*

Der Klägerin steht ein Wegnahmerecht bezüglich der Kücheneinrichtung zu, das sich aus §§ 2125 Abs. 2, 258 Abs. 2 BGB ergibt. Der Beklagte hat die Wegnahme zu dulden.

Die Einbauküche wurde von der Klägerin aus eigenen Mitteln – nicht aus Geldern des Nachlasses – angeschafft. Sie ist durch das Aufstellen in der Wohnung auch nicht wesentlicher Bestandteil des Gebäudes geworden. Maßgeblich ist insoweit die Verkehrsanschauung, die in Deutschland regional divergiert (vgl. die Nachweise bei Palandt/*Ellenberger*, BGB, 69. Auflage, § 93 Rn 5). Hierauf kommt es aber letztlich nicht an, da im Rahmen des § 2125 Abs. 2 BGB auch Inventarstücke weggenommen werden dürfen, wenn sie wesentlicher Bestandteil des Grundstücks geworden sind (Soergel/*Harder/Wegmann*, BGB, 13. Auflage, § 2125 Rn 3).

Schließlich wurde die Kücheneinrichtung aufgestellt, ohne die Bausubstanz zu verändern. Eine Beeinträchtigung des Küchenraumes kann deshalb allenfalls von den Bohrlöchern für die Einbauschränke herrühren. Hierbei handelt es sich nur um minimale Beschädigungen. Die Klägerin sagt zu, diese Löcher im Zuge der

Wegnahme der Einbauküche fachmännisch schließen zu lassen. Ein Zurückbehaltungsrecht des Beklagten bis zu einer Sicherheitsleistung nach § 258 S. 2 Hs. 2 BGB besteht deshalb nicht.

(Rechtsanwalt)

### 2. Aufwendungsersatzansprüche des Vorerben

#### a) Rechtliche Grundlagen

107 Die Frage, ob und unter welchen Voraussetzungen der Vorerbe für die Zeit der Vorerbschaft vom Nacherben Aufwendungen ersetzt verlangen kann, regeln die §§ 2124–2126 BGB. Das Gesetz unterscheidet dabei zwischen gewöhnlichen und außergewöhnlichen **Erhaltungskosten**, gewöhnlichen und außergewöhnlichen **Lasten** sowie sonstigen **Verwendungen**.

#### aa) Gewöhnliche Erhaltungskosten und Lasten

108 Die **gewöhnlichen Erhaltungskosten** und die **gewöhnlichen Lasten** muss der Vorerbe selbst tragen (§§ 2124 Abs. 1, 103 BGB). Unter den Begriff der gewöhnlichen Erhaltungskosten fallen insbesondere **regelmäßig wiederkehrende Aufwendungen** zur Erhaltung des Nachlasses, die aus den jährlichen Nutzungen gedeckt werden können.[116]

109 **Beispiele für gewöhnliche Erhaltungskosten**
Normale Instandsetzungsarbeiten an Nachlassgrundstücken und Verschleißreparaturen,[117] z.B. der Kauf neuer Reifen für den zur Erbschaft gehörenden Pkw, weil die alten abgefahren sind.[118]

110 **Hinweis**
Soweit jedoch die Amortisation der Aufwendungen (insbesondere für die Instandsetzung von Nachlassgrundstücken) erst längerfristig zu erwarten ist, können die Erhaltungskosten als außergewöhnlich angesehen werden.[119]

111 **Beispiele für gewöhnliche Lasten**[120]
Auf Erbschaftsgegenstände anfallende Steuern (Grundsteuer, Kfz-Steuer), Zinsen auf Nachlassschulden (Tilgungsleistungen fallen hingegen als außergewöhnliche Erhaltungskosten bzw. außergewöhnliche Lasten dem Nachlass zur Last),[121] Versicherungsprämien.[122]

112 Gehört ein **Unternehmen** zur Erbschaft, fallen dem Vorerben auch die laufenden Betriebsausgaben wie Löhne, Einkauf von Rohstoffen, Werbung und Steuern zur Last.[123] Dies gilt auch für kleinere Investitionen und die Kosten einer normalen Expansion des Unternehmens, da das Wahrnehmen von Marktchancen Teil einer ordnungsgemäßen Verwaltung des Nachlasses ist.[124]

---

[116] BGH NJW 1993, 3198, 3199; vgl. Staudinger/*Avenarius*, § 2124 BGB Rn 4.
[117] BGH NJW 1993, 3198, 3199; *Nieder/Kössinger*, § 10 Rn 9.
[118] *Ebenroth*, Rn 610.
[119] Staudinger/*Avenarius*, § 2124 BGB Rn 5 m.w.N.
[120] Vgl. Damrau/*Hennicke*, § 2124 BGB Rn 3.
[121] BGH NJW 2004, 2981, 2982; MüKo-*Grunsky*, § 2126 BGB Rn 3.
[122] *Nieder/Kössinger*, § 10 Rn 9.
[123] Staudinger/*Avenarius*, § 2124 BGB Rn 6; *Ebenroth*, Rn 610; a.A. MüKo-*Grunsky*, § 2124 BGB Rn 3.
[124] MüKo-*Grunsky*, § 2111 BGB Rn 27.

### bb) Außergewöhnliche Erhaltungskosten und Lasten

Die **außergewöhnlichen Erhaltungskosten** sowie die **außergewöhnlichen Lasten** fallen dem Nachlass zur Last (§§ 2124 Abs. 2 S. 1, 2126 BGB). Unter außergewöhnlichen Erhaltungskosten sind vor allem **Aufwendungen mit langfristig wertsteigernder Wirkung** zu verstehen.[125] Außergewöhnliche Lasten werden dadurch charakterisiert, dass sie nur einmalig anfallen.[126]

> **Beispiele für außergewöhnliche Erhaltungskosten**
> Notwendige größere Reparaturen, z.B. Modernisierung einer Heizungsanlage, Einbau von Isolierglasfenstern,[127] Rationalisierung eines Maschinenparks, Beseitigung von Zerstörungen, Kosten eines im Interesse des Nachlasses geführten Rechtsstreits,[128] Tilgungsleistungen auf Grundschulden und Hypothekendarlehen.[129]

> **Beispiele für außergewöhnliche Lasten**
> Erblasserschulden, die meisten Erbfallschulden,[130] Vermächtnisse und Auflagen, die nicht allein dem Vorerben auferlegt sind, Pflichtteilslasten, Erschließungsbeiträge der Nachlassgrundstücke,[131] Erbschaftsteuer,[132] Einkommensteuer aus Veräußerungsgewinn.[133]

Soweit der Vorerbe die Aufwendungen nicht aus Mitteln der Erbschaft, sondern aus seinem eigenen Vermögen bestritten hat, kann er diese entweder bereits während der Dauer der Vorerbschaft aus dem Nachlass entnehmen[134] oder nach Eintritt des Nacherbfalls gem. §§ 2124 Abs. 2 S. 2, 2126 BGB gegenüber dem Nacherben geltend machen.

Ab dem Eintritt des Nacherbfalls kann der Vorerbe neben dem Aufwendungsersatz **Zinsen** und **Befreiung** von den Verbindlichkeiten nach §§ 256, 257 BGB verlangen.

Bei einer **Kreditaufnahme** zur Bestreitung außergewöhnlicher Aufwendungen muss der Vorerbe nach der Rechtsprechung des BGH in der Lage sein, die anfallenden **Zinsen aus seinem Eigenvermögen** – wozu auch die Erträge der Erbschaft zählen – zu bestreiten, die **Tilgung** darf er nicht vollständig dem Nacherben überlassen.[135] Dementsprechend kann er insoweit keinen Ersatz vom Nacherben verlangen. Dem Vorerben stehen als Ausgleich lediglich die durch die finanzierten Investitionen erhöhten Erträge der Erbschaft zu. Eine Ausnahme von diesem Grundsatz muss aber für den befreiten Vorerben gelten. Da dieser befugt ist, die Nachlasssubstanz für sich selbst zu verwenden (§§ 2136, 2134 BGB), muss ihm erst recht die Verwendung der entnommenen Beträge für den Nachlass gestattet werden.[136]

---

125 BGH NJW 1993, 3198, 3199; Soergel/*Harder/Wegmann*, § 2124 BGB Rn 5; *Brox/Walker*, Rn 375
126 MüKo-*Grunsky*, § 2126 BGB Rn 1 m.w.N.
127 BGH NJW 1993, 3198.
128 AnwK-BGB/*Gierl*, § 2124 BGB Rn 7.
129 BGH NJW 2004, 2981, 2982; Damrau/*Hennicke*, § 2124 BGB Rn 4.
130 Im Einzelnen hierzu: MüKo-*Grunsky*, § 2126 BGB Rn 2.
131 *Nieder/Kössinger*, § 10 Rn 9.
132 Palandt/*Edenhofer*, § 2126 BGB Rn 1; Soergel/*Harder/Wegmann*, § 2126 BGB Rn 4.
133 BGH NJW 1980, 2466.
134 BGH NJW 1993, 3198, 3199; Staudinger/*Avenarius*, § 2124 BGB Rn 15.
135 BGH NJW 1993, 3198; ablehnend zur Verpflichtung des Vorerben, auch Tilgungsleistungen erbringen zu müssen: *Voith*, ZEV 1994, 138; Staudinger/*Avenarius*, § 2124 BGB Rn 2.
136 Staudinger/*Avenarius*, § 2124 BGB Rn 3.

### cc) Sonstige Verwendungen

**119** **Sonstige Verwendungen** kann der Vorerbe schließlich gem. § 2125 Abs. 1 BGB nur unter den engeren Voraussetzungen der Geschäftsführung ohne Auftrag (§§ 683 f. BGB) ersetzt verlangen. Dazu gehören zum einen Verwendungen, die nicht dem Erhalt, sondern der Veränderung des Nachlasses dienen, zum anderen Verwendungen, die nach den Grundsätzen einer ordnungsgemäßen Verwaltung als unzweckmäßig anzusehen sind und daher nicht unter § 2124 Abs. 2 BGB fallen.[137]

**120** **Beispiele für sonstige Verwendungen**
Betriebserweiterungen größeren Umfangs, Luxusanschaffungen, Kosten eines unnötigen Prozesses.[138]

**121** Voraussetzung für den Anspruch aus berechtigter Geschäftsführung ohne Auftrag ist zum einen, dass der Vorerbe die Aufwendungen für erforderlich halten durfte (§§ 683, 670 BGB), zum anderen, dass der verfolgte Zweck dem wirklichen oder mutmaßlichen Willen des Nacherben entspricht (§ 683 BGB). Sind Verwendungen im Einverständnis mit dem Nacherben gemacht worden, darf sie der Vorerbe immer als erforderlich ansehen.[139] Sofern der Nacherbe die Aufwendungen genehmigt, steht dem Vorerben ebenfalls voller Ersatz zu (§ 684 S. 2 BGB). Im Übrigen hat es mit einem Bereicherungsanspruch sein Bewenden (§ 684 S. 1 BGB).

### dd) Besonderheiten bei befreiter Vorerbschaft

**122** Dem **befreiten Vorerben** steht kein Verwendungsersatzanspruch nach den §§ 2124, 2125 BGB zu, soweit er für im Nacherbfall nicht mehr vorhandene Gegenstände keinen Ersatz schuldet (§ 2138 Abs. 1 S. 2 BGB). Dies bedeutet, dass Aufwendungen nur ersetzt verlangt werden können, soweit der betreffende Gegenstand auch tatsächlich an den Nacherben herausgegeben wird.

Voraussetzung für den Ausschluss ist jedoch, dass der Vorerbe gerade wegen der Befreiung (vgl. den Wortlaut: „infolge der Befreiung") – weil er die Erbschaftsgegenstände für sich verbrauchen darf – zur Herausgabe außer Stande ist. Der Ersatzanspruch des Vorerben wird demgegenüber nicht berührt, wenn der Herausgabeanspruch aus einem anderen Grund, der auch bei dem nicht befreiten Vorerben zu einer Entlastung führen würde, entfällt.[140] Beispiel: zufällige Zerstörung der Sache.

**123** **Hinweis**
Dem Herausgabeanspruch des Nacherben aus § 2130 Abs. 1 BGB kann der Vorerbe wegen eines ihm zustehenden Aufwendungsersatzes unter den Voraussetzungen des § 273 Abs. 2 BGB ein **Zurückbehaltungsrecht** am Nachlass entgegen halten.[141]

### b) Checkliste: Ersatz von Verwendungen

**124**
– Sachliche Zuständigkeit
– Örtliche Zuständigkeit: Nur §§ 12, 13 ZPO, kein besonderer Gerichtsstand der Erbschaft
– Wer ist Kläger: Vorerbe
– Wer ist Beklagter: Nacherbe(n)

---

[137] Staudinger/*Avenarius*, § 2125 BGB Rn 1; *Ebenroth*, Rn 612.
[138] Staudinger/*Avenarius*, § 2125 BGB Rn 2 f.; teilweise a.A. MüKo-*Grunsky*, § 2125 BGB Rn 1.
[139] *Nieder/Kössinger*, § 10 Rn 10.
[140] MüKo-*Grunsky*, § 2138 BGB Rn 3; Palandt/*Edenhofer*, § 2138 BGB Rn 1.
[141] Staudinger/*Avenarius*, § 2124 BGB Rn 19; *ders.*, § 2130 Rn 17; Palandt/*Edenhofer*, § 2130 BGB Rn 7.

- Außergewöhnliche Erhaltungskosten?
- Außergewöhnliche Lasten?
- Gewöhnliche Erhaltungskosten, Amortisation tritt erst längerfristig ein?
- „Sonstige Verwendungen" sind nur nach den Regeln der Geschäftsführung ohne Auftrag ersatzfähig
- Wurden Aufwendungen von dem Vorerben aus Eigenmitteln (auch ihm zustehende Nutzungen) verauslagt?
- Sonderfall Kreditaufnahme: kein Ersatz für Zins und Tilgung während der Dauer der Vorerbschaft
- Anspruchsinhalt
  - Verwendungsersatz
  - Befreiung z.B. von einer Kreditverbindlichkeit (§ 257 BGB)
  - Zinsen ab Eintritt des Nacherbfalls (§ 256 S. 2 BGB)

c) Muster: Aufforderungsschreiben zur Freistellung von einer Verbindlichkeit

An

Frau

Herrn

Hiermit zeige ich die anwaltliche Vertretung von Frau          an. Eine entsprechende Vollmacht ist beigefügt.

Wie Sie wissen, ist meine Mandantin – Ihre Mutter – Vorerbin des am          verstorbenen          . Sie sind als gemeinschaftliche Kinder des Erblassers und meiner Mandantin je zur Hälfte als Nacherben eingesetzt, der Nacherbfall ist mit der Wiederverheiratung meiner Mandantin am          eingetreten.

Zur Erbschaft gehört das Mehrfamilienhaus in der          -Straße in          . Meine Mandantin hat dieses Gebäude während der Dauer der Vorerbschaft von Grund auf sanieren lassen, unter anderem wurde eine Zentralheizung eingebaut und sämtliche Wohnungen mit Isolierglasfenstern ausgestattet. Hierfür entstanden Kosten in Höhe von          EUR, die entsprechenden Handwerkerrechnungen füge ich zu Ihrer Information in Kopie bei. Die ergriffenen Maßnahmen waren angesichts des eingetretenen Modernisierungsstaus dringend erforderlich, um das Haus auf Dauer in einem vermietungsfähigen Zustand zu erhalten.

Meine Mandantin hat sämtliche Rechnungen zu Lasten ihres Eigenvermögens beglichen. Um die Maßnahmen finanzieren zu können, musste sie bei der          -Bank einen Kredit aufnehmen, zu dessen Rückführung sie weiterhin persönlich verpflichtet ist. Zum Zeitpunkt des Eintritts des Nacherbfalls betrug die Restschuld aus diesem Darlehensvertrag          EUR.

Seit dem Eintritt des Nacherbfalls fließen meiner Mandantin keine Mieteinnahmen mehr zu, sie ist deshalb auch nicht mehr verpflichtet, die insoweit korrespondierenden Aufwendungen für die Bedienung der Kreditverbindlichkeiten zu tragen. Vielmehr haben Sie als neue Eigentümer des Mehrfamilienhauses meine Mandantin von sämtlichen nach dem Eintritt des Nacherbfalls entstandenen und noch entstehenden Aufwendungen zur Rückführung des Kredites freizustellen. Dies gilt sowohl für die Zins- als auch die Tilgungsbelastung.

Ich fordere Sie deshalb auf, bis spätestens          eine entsprechende Verpflichtungserklärung gegenüber meiner Mandantin abzugeben. Zur Vereinfachung der Abwicklung wäre meine Mandantin daran interessiert, gemeinsam mit Ihnen und der          -Bank eine Übernahme des Vertragsverhältnisses zu vereinbaren.

(Rechtsanwalt)

### d) Muster: Klage des Vorerben auf Ersatz außergewöhnlicher Erhaltungskosten

An das

Landgericht
– Zivilkammer –

*Klage*

der Frau

– Klägerin –

Prozessbevollmächtigter: Rechtsanwalt

gegen
1. Frau
2. Herrn

– Beklagten –

wegen Befreiung von einer Verbindlichkeit.[142]

Namens und in Vollmacht des Klägers erhebe ich Klage gegen den Beklagten und werde in dem zu bestimmenden Termin beantragen, für Recht zu erkennen:

Die Beklagten werden als Gesamtschuldner verurteilt, die Klägerin ab dem (Zeitpunkt des Eintritts des Nacherbfalls) von sämtlichen Verbindlichkeiten aus dem Kreditvertrag mit der -Bank vom , Nr. , in Höhe von EUR (Restschuld zum Zeitpunkt des Eintritts des Nacherbfalls) zuzüglich Zinsen und Kreditkosten freizustellen oder nach ihrer Wahl Sicherheit in Höhe von EUR zuzüglich Zinsen und Kreditkosten zu leisten.

Falls die Voraussetzungen des § 331 Abs. 3 ZPO vorliegen, bitte ich um Erlass eines Versäumnisurteils ohne mündliche Verhandlung.

*Begründung:*

Die Klägerin erstrebt mit der Klage die Freistellung von einer Kreditverbindlichkeit, welche sie zum Zwecke der Modernisierung eines zur Erbschaft gehörenden Mehrfamilienhauses eingegangen ist.

Die Klägerin ist die Witwe des am verstorbenen , zuletzt wohnhaft gewesen in . Der Erblasser war deutscher Staatsangehöriger. Die Beklagten sind die gemeinsamen Kinder des Erblassers und der Klägerin.

Der Erblasser und die Klägerin haben am vor dem Notar ein gemeinschaftliches Testament errichtet. Darin haben sich die Eheleute gegenseitig als nicht befreite Vorerben eingesetzt. Der Nacherbfall sollte mit der Wiederverheiratung, spätestens mit dem Tode des Überlebenden eintreten. Die Beklagten wurden je zur Hälfte als Nacherben eingesetzt.

*Beweis:* Beglaubigte Abschriften
- des gemeinschaftlichen Testaments vom , UR-Nr. des Notars in
- der Eröffnungsniederschrift des Nachlassgerichts

Die Klägerin hat am wieder geheiratet. Damit ist der Nacherbfall eingetreten. Die Klägerin hat die gesamte Vorerbschaft zwischenzeitlich an die Beklagten herausgegeben.

---

[142] Die Vollstreckung erfolgt nach § 887 ZPO: BGHZ 25, 7; Palandt/*Grüneberg*, § 257 BGB Rn 2.

Die Klägerin hat am ▓▓▓, also während der Dauer der Vorerbschaft, bei der ▓▓▓-Bank einen Kreditvertrag geschlossen, die Darlehenssumme betrug ▓▓▓ EUR. Die Klägerin ist aus diesem Vertrag persönlich zur Rückzahlung verpflichtet.

*Beweis:* Kreditvertrag vom ▓▓▓

Zeugnis der Frau ▓▓▓ (Sachbearbeiterin der Bank)

Zum Zeitpunkt des Eintritts des Nacherbfalls betrug die Restschuld aus diesem Darlehensvertrag ▓▓▓ EUR.

*Beweis:* Darlehenskontoauszug vom ▓▓▓

Mit der ausgezahlten Darlehensvaluta hat die Klägerin das zur Vorerbschaft gehörende Mehrfamilienhaus ▓▓▓ in ▓▓▓ saniert. So wurde im Jahre ▓▓▓ eine neue Zentralheizung an Stelle der bis dahin verwandten Einzel-Öl-Öfen eingebaut. Hierfür entstanden Kosten in Höhe von ▓▓▓ EUR. Ferner hat die Klägerin sämtliche Wohnungen mit Isolierglasfenstern ausstatten lassen. Insoweit wurden von der Fensterbaufirma X insgesamt ▓▓▓ EUR in Rechnung gestellt. Sämtliche Forderungen der Handwerker wurden durch Überweisung von dem bei der ▓▓▓-Bank eingerichteten Darlehenskonto beglichen.

*Beweis:* – Rechnung der Firma Flaschner & Heizungsbau vom ▓▓▓ über ▓▓▓ EUR
– Rechnungen der Firma Fensterbau X vom ▓▓▓ über ▓▓▓ EUR
– Kontoauszüge des Darlehenskontos Nr. ▓▓▓ vom ▓▓▓ (Überweisungen)
– Zeugnis der Frau ▓▓▓ (Sachbearbeiterin der Bank)

Die Beklagten haben vorprozessual erklärt, die Klägerin habe als Vorerbin den gesamten Aufwand für die Modernisierung als gewöhnliche Erhaltungskosten der Erbschaft selbst zu tragen und sei deshalb auch allein zur Rückzahlung des Darlehens verpflichtet. Sie haben eine Freistellung der Klägerin von den Kreditverbindlichkeiten abgelehnt.

*Zur Rechtslage:*

Die Verpflichtung der Beklagten, die Klägerin von den für die Modernisierung des Mehrfamilienhauses aufgenommenen Kreditverbindlichkeiten freizustellen, ergibt sich aus § 2124 Abs. 2 i.V.m. § 257 BGB.

Sowohl bei der erstmaligen Installation einer Zentralheizung als auch bei dem Einbau von Isolierglasfenstern handelt es sich um einmalige Aufwendungen mit langfristig wertsteigerndem Charakter. Sie konnten aus den laufenden Mieteinnahmen des Mehrfamilienhauses, die wegen des eingetretenen Modernisierungsstaus ohnehin gering waren, nicht bestritten werden. Sie waren aber gleichwohl erforderlich, um das Haus auf Dauer in einem vermietungsfähigen Zustand zu erhalten.

*Beweis im Bestreitensfalle:* Einholung eines Sachverständigengutachtens

Die entsprechenden Aufwendungen sind daher als außergewöhnliche Erhaltungskosten im Sinne des § 2124 Abs. 2 BGB zu qualifizieren.

Die Klägerin hat während der Dauer der Vorerbschaft den Kredit laufend aus ihren eigenen Mitteln – zu denen auch die Nutzungen der Erbschaft (Mieteinnahmen) gehören – bedient. Dies gilt sowohl für die Zins- als auch die Tilgungsbelastung. Nachdem nunmehr der Nacherbfall eingetreten ist, der Klägerin damit keine Mieteinnahmen aus dem Mehrfamilienhaus mehr zufließen, ist sie auch nicht mehr verpflichtet, die insoweit korrespondierenden Aufwendungen – Bedienung der Kreditverbindlichkeiten – für die Immobilie zu tragen. Die Beklagten haben demzufolge die Klägerin von den in der Zeit nach dem Eintritt des Nacherbfalls entstandenen und noch entstehenden Aufwendungen zur Rückführung des Krediates freizustellen bzw. für nicht fällige Verbindlichkeiten aus dem Kreditvertrag Sicherheit zu leisten (vgl. § 257 BGB).

(Rechtsanwalt)

## E. Rechtsstellung des Nacherben

### I. Allgemeines

127 Mit dem Eintritt des Erbfalls ist der Nacherbe zwar noch nicht Erbe geworden. Seine Rechtsstellung ist jedoch bereits so weit erstarkt, dass ihm ein **Anwartschaftsrecht** zugebilligt wird.[143] Dieses genießt als absolutes Recht den deliktischen Schutz des § 823 Abs. 1 BGB.[144]

128 Das Anwartschaftsrecht kann veräußert und vererbt (§ 2108 Abs. 2 BGB) werden, soweit der Erblasser im Einzelfall die Übertragbarkeit oder die Vererblichkeit nicht ausgeschlossen hat.[145] Die Verfügung über das Anwartschaftsrecht bedarf in analoger Anwendung des § 2033 BGB der notariellen Beurkundung.[146] Das zugrunde liegende schuldrechtliche Geschäft ist in analoger Anwendung der §§ 2371, 2385 BGB ebenfalls formbedürftig.[147]

Der Erwerber tritt voll in die Rechtsstellung des Nacherben ein. Er wird zwar nicht Erbe, gleichwohl fällt der Nachlass dem Erwerber mit Eintritt des Nacherbfalls ohne Durchgangserwerb bei dem vom Erblasser bestimmten Nacherben an.[148]

129 Überträgt der Nacherbe die Anwartschaft auf den Vorerben, so wird dieser von den Beschränkungen der Nacherbschaft befreit. Vollerbe wird er nur, wenn keine Ersatznacherbfolge angeordnet ist.[149] Insbesondere in einem „Verzicht" des Nacherben auf seine Rechte zugunsten des Vorerben wird häufig eine Übertragung der Anwartschaft zu sehen sein.[150] Auch in diesem Fall ist aber ein Vertrag zwischen Vor- und Nacherben erforderlich, der den Vorschriften der §§ 2033, 2371, 2385 BGB entsprechen muss.[151] Ein einseitiger oder formloser Verzicht des Nacherben zugunsten des Vorerben ist unwirksam.

130 Die Sicherung des Nacherben während der Zeit der Vorerbschaft erfolgt zum einen im Innenverhältnis zum Vorerben mit schuldrechtlichen Mitteln durch Kontroll- und Aufsichtsrechte – von der Auskunft über Sicherungsmaßnahmen bis hin zur Entziehung der Verwaltung –, zum anderen im Außenverhältnis durch die Verfügungsbeschränkungen nach §§ 2113 ff. BGB.[152]

131 Die Wahrnehmung der Rechte des Nacherben gegenüber dem Vorerben kann auch auf einen Testamentsvollstrecker – den Nacherben-Testamentsvollstrecker gem. § 2222 BGB – übertragen werden.

---

143 Vgl. BGHZ 87, 367 = NJW 1983, 2244, 2245 f.
144 *Ebenroth*, Rn 600.
145 MüKo-*Grunsky*, § 2100 BGB Rn 27.
146 RGZ 103, 354, 358; 170, 163, 168 f.; Palandt/*Edenhofer*, § 2108 BGB Rn 9; *Brox/Walker*, Rn 358.
147 MüKo-*Grunsky*, § 2100 BGB Rn 28; *Lange/Kuchinke*, § 28 VII 3d.
148 Palandt/*Edenhofer*, § 2108 BGB Rn 10; *Lange/Kuchinke*, § 28 VII 3e.
149 Soergel/*Harder/Wegmann*, § 2100 BGB Rn 15.
150 MüKo-*Grunsky*, § 2100 BGB Rn 27.
151 *Ebenroth*, Rn 602.
152 *Lange/Kuchinke*, § 28 III 2.

## II. Rechtsstellung des Nacherben während der Zeit der Vorerbschaft

### 1. Erstellung eines Nachlassverzeichnisses

#### a) Rechtliche Grundlagen

Der Nacherbe kann von dem Vorerben die Erstellung eines Verzeichnisses der vorhandenen Nachlassgegenstände verlangen, § 2121 Abs. 1 BGB. Damit soll ein Beweismittel geschaffen werden, das nach dem Eintritt des Nacherbfalls die vermögensrechtliche Auseinandersetzung zwischen Vor- und Nacherben erleichtert.[153]

Eine **Befreiung des Vorerben** von dieser Verpflichtung ist **nicht möglich**, vgl. § 2136 BGB.

**Anspruchsinhaber** ist der Nacherbe. Sind mehrere Nacherben vorhanden, können sie den Anspruch unabhängig voneinander, auch gegen den Willen der anderen Nacherben, geltend machen.[154] Ist ein Nacherben-Testamentsvollstrecker bestellt, kann das Recht aus § 2121 BGB nur von diesem, nicht von den Nacherben, geltend gemacht werden. Der Testamentsvollstrecker seinerseits muss den Nacherben so unterrichten, wie wenn dieser selbst den Anspruch aus § 2121 BGB geltend gemacht hätte.[155] Dem Ersatznacherben steht hingegen vor Eintritt des Ersatzfalls der Anspruch nicht zu.[156]

Die Verpflichtung trifft den Vorerben. Bilden mehrere Vorerben eine Erbengemeinschaft, so müssen sie das Verzeichnis gemeinsam erstellen.[157]

Weitergehende **materielle Voraussetzungen** für die Geltendmachung bestehen nicht. Insbesondere ist es nicht erforderlich, dass Grund zu der Annahme besteht, der Vorerbe habe Rechte des Nacherben verletzt. Insoweit unterscheidet sich der Anspruch auf Mitteilung eines Nachlassverzeichnisses von dem Auskunftsanspruch nach § 2127 BGB.

Das Nachlassverzeichnis muss schriftlich erstellt und vom Vorerben unter Angabe des Datums unterschrieben werden. Der Nacherbe kann verlangen, dass das Verzeichnis nach § 2121 Abs. 3 BGB amtlich aufgenommen und er nach § 2121 Abs. 2 BGB bei der Aufnahme hinzugezogen wird. Eine amtliche Aufnahme sollte jedenfalls dann erfolgen, wenn der Zeitpunkt des Eintritts des Nacherbfalls der Tod des Vorerben ist, da hier die Klärung der Nachlasszugehörigkeit oftmals schwierig sein wird und Streit vorprogrammiert ist.[158]

> **Hinweis**
> Versucht der Vorerbe, sich der Erteilung des Nachlassverzeichnisses nach § 2121 BGB zu entziehen, obwohl die Aufstellung keine besonderen Schwierigkeiten bereiten würde, oder legt er ein unrichtiges Verzeichnis vor, kann dies einen Anspruch auf Sicherheitsleistung nach § 2128 BGB auslösen (Näheres siehe Rn 200 ff.).

**Das Verzeichnis muss lediglich den Aktivnachlass wiedergeben.**[159] Aussagen zu den Nachlassverbindlichkeiten und Wertangaben[160] sind nicht erforderlich. Bei einer Gesellschaft sind nicht die einzelnen Vermögensgegenstände, sondern die Beteiligung als solche

---

153 MüKo-*Grunsky*, § 2121 BGB Rn 1.
154 BGHZ 127, 360, 365 = NJW 1995, 456, 457; MüKo-*Grunsky*, § 2121 BGB Rn 1.
155 BGHZ 127, 360, 364 f. = NJW 1995, 456, 457; Palandt/*Edenhofer*, § 2121 BGB Rn 1.
156 RGZ 145, 316, 319; Soergel/*Harder/Wegmann*, § 2121 BGB Rn 5; MüKo-*Grunsky*, § 2102 BGB Rn 11, der aber bei einem „demnächstigen Wegfall" des Nacherben Ausnahmen zulassen will.
157 MüKo-*Grunsky*, § 2121 BGB Rn 2.
158 *Spanke*, in: Kerscher/Krug, § 12 Rn 7.
159 Staudinger/*Avenarius*, § 2121 BGB Rn 4; Soergel/*Harder/Wegmann*, § 2121 BGB Rn 2.
160 BGH NJW 1981, 2051, 2052; *Sarres*, ZEV 2004, 56.

anzugeben.[161] Ein Anspruch auf Erstellung einer **Bilanz** folgt aus § 2121 BGB ebenfalls nicht.[162]

**Maßgeblicher Zeitpunkt** ist die Aufnahme des Verzeichnisses, nicht der Erbfall.[163] Nach dem Erbfall zum Nachlass gekommene **Surrogate** sind deshalb aufzunehmen, nicht aber zwischenzeitlich aus dem Nachlass ausgeschiedene Gegenstände.[164] Über deren Verbleib kann nur im Rahmen des Anspruchs aus § 2127 BGB Auskunft verlangt werden.

139 **Grenzen:**

Die Mitteilung eines Nachlassverzeichnisses kann von jedem Nacherben grundsätzlich **nur einmal geltend gemacht werden.**[165]

**Ausnahmen:**

- Sind **mehrere Nacherben** vorhanden, muss der Vorerbe mehrere aktualisierte Verzeichnisse vorlegen, wenn die Nacherben den Anspruch unabhängig voneinander geltend machen.[166]
- Bei **späteren Veränderungen** des Nachlassbestandes kann der Nacherbe Ergänzung der Auskunft lediglich unter den Voraussetzungen des § 2127 BGB verlangen.
- Daneben wird von der Rechtsprechung ein **ergänzender Auskunftsanspruch aus § 242 BGB** erwogen. Dieser wurde beispielsweise für die Anlage von Geld bejaht, das **erst nach Erteilung des Nachlassverzeichnisses im Wege der Surrogation zum Nachlass gekommen** war.[167] Der Vorteil eines auf § 242 BGB gestützten Auskunftsanspruchs ist, dass es im Gegensatz zu § 2127 BGB keines Nachweises einer Gefährdung des Nachlasses bedarf.

Der Anspruch **erlischt mit dem Eintritt des Nacherbfalls**. Ab diesem Zeitpunkt ist der nicht befreite Vorerbe nach §§ 2130 Abs. 2, 259 f. BGB rechenschaftspflichtig,[168] den befreiten Vorerben trifft lediglich die Verpflichtung aus §§ 2138, 260 BGB zur Vorlage eines Bestandsverzeichnisses.

140 Das aufgenommene Verzeichnis stellt eine frei zu würdigende Beweisurkunde dar, der keine Vollständigkeitsvermutung zukommt.[169] Im Verhältnis zu den Nachlassgläubigern hat das Verzeichnis keine Wirkung, es sind hier allein die Vorschriften über das Nachlassinventar (§§ 1993 ff. BGB) maßgeblich.

### b) Verfahren

141 Der Anspruch kann nur vor dem Prozessgericht, nicht aber im Verfahren der freiwilligen Gerichtsbarkeit durchgesetzt werden.[170] Eine eidesstattliche Versicherung der Vollständig-

---

161 Staudinger/*Avenarius*, § 2121 BGB Rn 4.
162 Erman/*M. Schmidt*, § 2121 BGB Rn 1; MüKo-*Grunsky*, § 2121 BGB Rn 5; *Sarres*, ZEV 2004, 56.
163 BGHZ 127, 360, 365 = NJW 1995, 456, 457; OLG Celle, ZEV 2006, 361.
164 MüKo-*Grunsky*, § 2121 BGB Rn 5.
165 BGHZ 127, 360, 366; *Spanke*, in: Kerscher/Krug, § 12 Rn 7; *Sarres*, ZEV 2004, 56, 57; Damrau/*Hennicke*, § 2121 BGB Rn 3; einschränkend Staudinger/*Avenarius*, § 2121 BGB Rn 1 für den Fall der lang andauernden Vorerbschaft, mit der starke Veränderungen des Nachlasses einhergehen.
166 Soergel/*Harder/Wegmann*, § 2121 BGB Rn 5; *Lange/Kuchinke*, § 28 V 6a Fn 217; Staudinger/*Avenarius*, § 2121 BGB Rn 2; Erman/*M. Schmidt*, § 2121 BGB Rn 2; a.A. MüKo-*Grunsky*, § 2121 BGB Rn 3: Vorerbe muss auch bei mehreren Nacherben nur einmal ein Nachlassverzeichnis aufstellen.
167 LG Berlin, ZEV 2002, 160 m. Anm. *Krug*.
168 RGZ 98, 25, 26 f.; Soergel/*Harder/Wegmann*, § 2121 BGB Rn 4; Palandt/*Edenhofer*, § 2121 BGB Rn 1.
169 Soergel/*Harder/Wegmann*, § 2121 BGB Rn 1; Staudinger/*Avenarius*, § 2121 BGB Rn 6.
170 MüKo-*Grunsky*, § 2121 BGB Rn 4; Palandt/*Edenhofer*, § 2121 BGB Rn 4; *Lange/Kuchinke*, § 28 V 6a.

keit und Richtigkeit des Verzeichnisses kann nicht verlangt werden.[171] Erzwungen werden kann eine eidesstattliche Versicherung nur im Rahmen des Auskunftsanspruchs nach §§ 2127, 260 BGB.

#### c) Zwangsvollstreckung

Die Vollstreckung eines obsiegenden Urteils auf Auskunft richtet sich nach § 888 ZPO. 142

#### d) Kosten

Die Kosten für die Erstellung des Nachlassverzeichnisses auf Anforderung des Nacherben 143
fallen dem Nachlass zur Last, § 2121 Abs. 4 BGB. Es handelt sich um eine Nachlassverbindlichkeit.

Erstellt der Vorerbe demgegenüber von sich aus ein Verzeichnis, so stellt dies eine Verwaltungsmaßnahme dar, deren Ersatzfähigkeit sich nach §§ 2124 ff. BGB beurteilt.

Zur Höhe der Kosten: § 52 KostO.

#### e) Checkliste: Klage auf Erstellung eines Nachlassverzeichnisses durch den Vorerben
144
- Sachliche Zuständigkeit
- Örtliche Zuständigkeit: §§ 12, 13 ZPO
- Wer ist Kläger: Nacherbe
- Wer ist Beklagter: Vorerbe(n)
- Anspruchsinhaber: jeder Nacherbe einzeln
- Anspruchsverpflichtete: bei mehreren Vorerben die Vorerbengemeinschaft
- Der Anspruch kennt keine weiteren materiellen Voraussetzungen, eine Gefährdung der Position des Nacherben ist nicht erforderlich
- Aufnahme durch den Notar?
- Anwesenheit des Nacherben bei der Aufnahme?
- Der Anspruch besteht nur bis zum Eintritt des Nacherbfalls, dann sind die §§ 2130, 2138 BGB einschlägig (vgl. Rn 269 ff.).
- Bei einer Verletzung der Rechte des Nacherben greifen die §§ 2127 ff. BGB ein (vgl. Rn 187 ff.).

#### f) Muster: Aufforderung Nacherbe an Vorerbe auf Erstellung eines Nachlassverzeichnisses

An
145

Hiermit zeige ich die anwaltliche Vertretung von Herrn ▨▨▨ an. Eine entsprechende Vollmacht ist beigefügt.

Wie Sie wissen, sind mein Mandant und sein Bruder ▨▨▨ Nacherben der am ▨▨▨ verstorbenen ▨▨▨. Sie sind als befreite Vorerben eingesetzt.

Als Vorerben sind sie gem. § 2121 BGB verpflichtet, auf Verlangen des Nacherben ein amtlich aufgenommenes Nachlassverzeichnis vorzulegen. Ich weise Sie ausdrücklich darauf hin, dass mein Mandant berechtigt ist, den Anspruch auf Erstellung eines Nachlassverzeichnisses auch gegen den Willen des weiteren Nacherben, seines Bruders ▨▨▨, geltend zu machen (vgl. BGH NJW 1995, 456, 457).

---

171 Soergel/*Harder*/*Wegmann*, § 2121 BGB Rn 3; Staudinger/*Avenarius*, § 2121 BGB Rn 7; *Lange/Kuchinke*, § 28 V 6a.

Ich fordere Sie daher auf, durch einen Notar ein Verzeichnis sämtlicher zum Nachlass der Erblasserin gehörender Gegenstände, einschließlich etwaiger zwischenzeitlich zum Nachlass gekommener Surrogate, erstellen und mir zukommen zu lassen.

Mein Mandant macht ausdrücklich von seinem Recht Gebrauch, bei der Aufnahme des Nachlassverzeichnisses anwesend zu sein (§ 2121 Abs. 2 BGB). Bitte teilen Sie mir deshalb rechtzeitig den von dem Notar für die Aufnahme des Nachlasses anberaumten Termin mit.

Sofern ich bis zum _____ keine Nachricht über einen Termin zur Aufnahme des Nachlassverzeichnisses erhalte, werde ich im Auftrag meines Mandanten gerichtliche Schritte einleiten.

(Rechtsanwalt)

g) Muster: Klage Nacherbe gegen Vorerbe auf Erstellung eines Nachlassverzeichnisses

An das

Landgericht
– Zivilkammer –

_____

*Klage*

des Herrn _____

– Klägers –

Prozessbevollmächtigter: Rechtsanwalt _____

gegen
1. Herrn _____
2. Frau _____

– Beklagten –

wegen Erstellung eines Nachlassverzeichnisses.

Namens und in Vollmacht des Klägers erhebe ich Klage gegen die Beklagten und werde in dem zu bestimmenden Termin beantragen, für Recht zu erkennen:

Die Beklagten werden als Gesamtschuldner verurteilt, dem Kläger ein von einem Notar aufgenommenes Verzeichnis sämtlicher zum Nachlass der am _____ in _____ verstorbenen Frau _____, zuletzt wohnhaft in _____, gehörenden Gegenstände, einschließlich der Surrogate, vorzulegen.

Falls die Voraussetzungen des § 331 Abs. 3 ZPO vorliegen, bitte ich um Erlass eines Versäumnisurteils ohne mündliche Verhandlung.

*Begründung:*

Der Kläger erstrebt mit der Klage die Erstellung eines amtlich aufgenommenen Verzeichnisses des Nachlasses der am _____ verstorbenen Frau _____.

Der Kläger ist der Enkel der am _____ verstorbenen Frau _____, zuletzt wohnhaft gewesen in _____. Die Erblasserin hat in einem am _____ bei dem Notar _____ in _____, UR-Nr. _____, errichteten Testament hinsichtlich ihres gesamten Vermögens Nacherbfolge angeordnet. Befreite Vorerben sind die Beklagten, die Eltern des Klägers. Nacherben sind der Kläger und sein Bruder _____. Vor- und Nacherben haben die Erbschaft angenommen.

Beweis:  Beglaubigte Abschriften
– des notariellen Testaments vom _____
– der Eröffnungsniederschrift des Nachlassgerichts _____

Der Kläger macht den Anspruch auf Vorlage eines amtlich aufgenommenen Verzeichnisses der Nachlassgegenstände nach § 2121 BGB geltend. Es ist in der Rechtsprechung anerkannt, dass jeder Nacherbe den Anspruch für sich, auch gegen den Willen der anderen Nacherben, geltend machen kann (vgl. BGH NJW 1995, 456, 457).

Die Beklagten, welche das Verzeichnis gemeinsam zu erstellen haben, weigern sich, ein Nachlassverzeichnis vorzulegen. Sie verweisen darauf, dass der mit der Aufnahme verbundene erhebliche Aufwand innerhalb einer Familie nicht erforderlich sei und auch nicht dem Willen des Erblassers entspreche.

Diese Einwände greifen nicht durch. Der Anspruch des Nacherben nach § 2121 BGB kennt keine weiter gehenden materiellen Voraussetzungen. Auch der befreite Vorerbe – wie im vorliegenden Fall – ist zur Vorlage eines Verzeichnisses der Nachlassgegenstände verpflichtet. Eine Befreiung von dieser Verpflichtung ist nicht möglich (vgl. § 2136 BGB). Ein entgegenstehender Wille des Erblassers, dessen Vorliegen der Kläger bestreitet und der keinen Anhalt im Testament findet, wäre somit unbeachtlich.

Der Kläger erklärt schon heute ausdrücklich, dass er darauf besteht, bei der Aufnahme des Nachlassverzeichnisses anwesend zu sein (§ 2121 Abs. 2 BGB). Er fordert daher die Beklagten auf, ihm den Termin rechtzeitig mitzuteilen.

(Rechtsanwalt)

## 2. Feststellung des Zustandes der zum Nachlass gehörenden Sachen

### a) Rechtliche Grundlagen

Zur Beweissicherung kann der Nacherbe gem. § 2122 S. 2 BGB den Zustand der zur Erbschaft gehörenden Sachen, einschließlich der Surrogate (§ 2111 BGB),[172] durch einen oder mehrere Sachverständige feststellen lassen. Der Nacherbe kann die Feststellung mehrfach verlangen, als Schranke sind das Schikaneverbot (§ 226 BGB) und rechtsmissbräuchliches Verhalten (§ 242 BGB) zu beachten.[173]

Eine **Befreiung des Vorerben** von dieser Verpflichtung ist **nicht möglich**, vgl. § 2136 BGB.

Das Feststellungsverlangen kann sich auf einzelne Sachen beschränken, nicht aber ausschließlich auf den Wert der Nachlassgegenstände. Da Ziel des Anspruchs nicht die Wertermittlung, sondern die Feststellung des tatsächlichen Zustandes der Erbschaft ist, scheiden **Rechte** als Gegenstand der Feststellung aus. Der Nacherbe hat aus § 2122 BGB auch keinen Anspruch auf Vorlage einer **Bilanz**.[174]

Der Anspruch des Nacherben auf Feststellung des Zustandes der Nachlassgegenstände besteht nur bis zum Eintritt des Nacherbfalls.[175]

### b) Verfahren und Kosten

**Zuständigkeit:** Es handelt sich um ein Verfahren der freiwilligen Gerichtsbarkeit. Mit dem **FGG-Reformgesetz** wurde das Verfahren zum 1.9.2009 in das 6. Buch des FamFG (Verfahren in weiteren Angelegenheiten der freiwilligen Gerichtsbarkeit) überführt und dort unter § 410 Nr. 2 FamFG normiert (bislang § 164 FGG). Sachliche Änderungen sind damit nicht verbunden.

---

172 MüKo-*Grunsky*, § 2122 BGB Rn 2.
173 Soergel/*Harder*/*Wegmann*, § 2122 BGB Rn 2; MüKo-*Grunsky*, § 2122 BGB Rn 2; Damrau/*Hennicke*, § 2122 BGB Rn 2.
174 MüKo-*Grunsky*, § 2122 BGB Rn 2.
175 Soergel/*Harder*/*Wegmann*, § 2122 BGB Rn 2.

Zuständig ist das Amtsgericht, in dessen Bezirk sich die Sache befindet, § 411 Abs. 2 S. 1 FamFG. Durch ausdrückliche Vereinbarung der Beteiligten kann auch die Zuständigkeit eines anderen Amtsgerichts begründet werden, § 411 Abs. 2 S. 2 FamFG.

150 **Vorlageanspruch:** Der Vorerbe ist gem. **§ 809 BGB** verpflichtet, die zum Nachlass gehörenden Sachen dem vom Gericht bestellten Sachverständigen vorzulegen bzw. deren Besichtigung zu gestatten.

Der Vorlageanspruch kann auch im Wege der einstweiligen Verfügung durchgesetzt werden.[176]

Die Zwangsvollstreckung des **Vorlageanspruchs** richtet sich nach § 883 ZPO,[177] wird also wie bei einem Herausgabeanspruch durchgeführt, obwohl es sich um ein Verfahren der freiwilligen Gerichtsbarkeit handelt.

151 **Kosten:** Die Kosten des Verfahrens trägt der Antragsteller, hier also der Nacherbe.

Zur Höhe der Gerichtskosten: Eine Gebühr, §§ 120 Nr. 1, 32 KostO.

c) Muster: Aufforderung Nacherbe an Vorerbe zur Feststellung des Zustandes zum Nachlass gehörender Sachen

399 An

152 Frau

Hiermit zeige ich die anwaltliche Vertretung von ▮▮▮▮ und ▮▮▮▮ – Ihrer Söhne – an. Eine entsprechende Vollmacht ist beigefügt.

Wie Sie wissen, sind meine Mandanten Nacherben Ihrer am ▮▮▮▮ verstorbenen Mutter ▮▮▮▮. Sie selbst sind als Vorerbin eingesetzt.

Als Vorerbin sind Sie gem. § 2122 S. 2 BGB verpflichtet, auf Verlangen der Nacherben den Zustand der zur Vorerbschaft gehörenden Sachen durch einen Sachverständigen feststellen zu lassen.

Meine Mandanten bestehen darauf, dass zur Beweissicherung – und damit auch zur Vermeidung von späterem Streit – entsprechende Feststellungen getroffen werden. Sie sind jedoch bereit, die Feststellung auf das Einfamilienhaus in der ▮▮▮▮-Straße in ▮▮▮▮ sowie die Sammlung von Oldtimer-Fahrzeugen, die in ▮▮▮▮ untergestellt ist, zu beschränken. Als Sachverständige schlage ich Ihnen für das Gebäude Herrn ▮▮▮▮ und für die Oldtimer-Fahrzeuge Herrn ▮▮▮▮ vor. Beide Herren sind öffentlich bestellte und vereidigte Sachverständige.

Sollten Sie mit dieser Vorgehensweise einverstanden sein, bitte ich Sie, bis spätestens ▮▮▮▮ Ihr Einverständnis zur Beauftragung der Sachverständigen zu erklären. Andernfalls werde ich im Auftrag meines Mandanten gerichtliche Schritte einleiten.

(Rechtsanwalt)

---

176 OLG Karlsruhe, NJW-RR 2002, 951.
177 OLG Hamm NJW 1974, 653; OLG Köln NJW-RR 1988, 1210; MüKo-*Schilken*, § 883 ZPO Rn 7 m.w.N.; Palandt/*Sprau*, § 809 BGB Rn 13; a.A. MüKo-*Hüffer*, § 809 BGB Rn 17: Vollstreckung nach §§ 887, 888 ZPO.

**d) Muster: Antrag des Nacherben auf Feststellung des Zustandes zum Nachlass gehörender Gegenstände**

An das
Amtsgericht
– Nachlassgericht – (Baden-Württemberg: Staatliches Notariat)

Az.

*Antrag auf Feststellung des Zustandes der zum Nachlass gehörenden Sachen*

Unter Vorlage der beiliegenden Vollmacht zeige ich die Vertretung der Herren         und         an.

In ihrem Namen beantrage ich in der Nachlasssache         die Feststellung des Zustandes der zum Nachlass gehörenden Sachen.

*Begründung:*

Die Erblasserin, Frau         , zuletzt wohnhaft in         , ist am         gestorben. Das Nachlassgericht hat am         unter Az.         das notarielle Testament der Erblasserin vom         eröffnet. Folgende Urkunden (Sterbeurkunde, Testament und Eröffnungsprotokoll) liegen dem Nachlassgericht bereits vor, so dass ich darauf Bezug nehme:

Meine Mandanten sind die Enkelkinder der Erblasserin. Auf Grund des notariellen Testaments vom         sind sie Nacherben bezüglich des gesamten Vermögens der Erblasserin. Vorerbin ist ihre Mutter, Frau         .

Das Recht meiner Mandanten, die Feststellung des Zustandes der zum Nachlass gehörenden Sachen zu verlangen, ergibt sich aus § 2122 S. 2 BGB. Die Beklagte ist nach § 809 BGB verpflichtet, die Besichtigung der zum Nachlass gehörenden Gegenstände durch den gerichtlich bestellten Sachverständigen zu gestatten.

Der Antrag wird ausdrücklich auf die Feststellung des Zustandes folgender, der Vorerbschaft unterfallender Sachen beschränkt:
– Grundstück bebaut mit einem Einfamilienhaus, eingetragen im Grundbuch von         , Band         , Heft         , Bestandsverzeichnis Nr.         , Flst.-Nr.         , Gemarkung         .
– Sammlung von Oldtimer-Fahrzeugen, untergestellt in         .

Als Sachverständigen schlage ich für das Gebäude Herrn         und für die Oldtimer-Fahrzeuge Herrn         vor.

Der Wert des zu begutachtenden Teils des Nachlasses beträgt circa         EUR.

(Rechtsanwalt)

### 3. Wirtschaftsplan für Bergwerke und Wälder

#### a) Rechtliche Grundlagen

Gehört ein Wald, ein Bergwerk oder eine vergleichbare Anlage zu der Erbschaft, kann sowohl der Vorerbe als auch der Nacherbe zur Vermeidung von Streitigkeiten, ob der Vorerbe die Regeln einer ordnungsgemäßen Wirtschaft einhält, nach § 2123 BGB die Aufstellung eines **Wirtschaftsplanes** verlangen.

Der Wirtschaftsplan ist für die Parteien bindend. Nur bei erheblichen Veränderungen kann jede Seite die Änderung des Planes verlangen (§ 2123 Abs. 1 S. 2 BGB, Störung der Geschäftsgrundlage).

Die Einhaltung des Planes kann im Klagewege erzwungen werden, bei schuldhaften Verstößen ist der Vorerbe nach § 280 Abs. 1 BGB schadenersatzpflichtig.[178]

**155**

> **Hinweis**
> **Befreiungsmöglichkeit**: Der Erblasser kann den Vorerben von der Verpflichtung zur Aufstellung eines Wirtschaftsplanes befreien, vgl. § 2136 BGB.

### b) Verfahren

**156** Vor- und Nacherbe können den Anspruch auf Erstellung eines Wirtschaftsplans im **Klagewege** durchsetzen. Der Klageantrag ist auf **Zustimmung zu einem bestimmten Plan** zu richten.[179]

Da der Wirtschaftsplan im Prozess gegebenenfalls der Überprüfung durch einen Sachverständigen standhalten muss, sind für dessen Aufstellung hinreichende Fachkenntnisse erforderlich. Soweit diese beim Vorerben nicht vorhanden sind, sollte die Unterstützung des zuständigen staatlichen Forstamtes in Anspruch genommen werden.

Die Vollstreckung des auf Zustimmung zu einem konkreten Wirtschaftsplan lautenden Urteils erfolgt nach § 894 ZPO (Fiktion der Zustimmung mit Eintritt der Rechtskraft).

### c) Kosten

**157** Die Kosten für die Aufstellung des Wirtschaftsplans sind Nachlassverbindlichkeit, § 2123 Abs. 1 S. 3 BGB.

### d) Muster: Aufforderung zur Erstellung eines Wirtschaftsplanes

**401** An

**158** Herrn

Hiermit zeige ich die anwaltliche Vertretung von Herrn ▓▓▓ an. Eine entsprechende Vollmacht ist beigefügt.

Wie Sie wissen, ist mein Mandant Nacherbe Ihres am ▓▓▓ verstorbenen Vaters ▓▓▓. Sie selbst sind als Vorerbe eingesetzt. Zu der Erbschaft gehört auch das Waldgrundstück in ▓▓▓.

Ich fordere Sie namens meines Mandanten auf, gemeinsam mit meinem Mandanten einen Wirtschaftsplan für den genannten Wald aufzustellen. Sie sind hierzu nach § 2123 Abs. 1 BGB verpflichtet.

Ich habe das Forstamt ▓▓▓ gebeten, Sie und meinen Mandanten bei der Aufstellung des Wirtschaftsplanes fachkundig zu beraten. Das Forstamt ▓▓▓ ist dazu auch bereit. Es hat für den ▓▓▓ (Datum) um ▓▓▓ Uhr eine erste Besprechung in dieser Angelegenheit angesetzt.

Demgemäß fordere ich Sie auf, an der genannten Besprechung teilzunehmen und an der Erstellung eines Wirtschaftsplanes mitzuwirken. Sollten Sie hierzu nicht bereit sein, wird mein Mandant gleichwohl einen Plan erstellen und Sie sodann im Klagewege auf Zustimmung zu dem erarbeiteten Wirtschaftsplan in Anspruch nehmen.

(Rechtsanwalt)

---

[178] Zu der dem § 2123 BGB entsprechenden Regelung in § 1038 BGB: MüKo-*Pohlmann*, § 1038 BGB Rn 6.
[179] Zu der dem § 2123 BGB entsprechenden Regelung in § 1038 BGB: MüKo-*Pohlmann*, § 1038 BGB Rn 4; Palandt/*Bassenge*, § 1038 BGB Rn 1.

e) **Muster: Klage auf Zustimmung zu einem konkreten Wirtschaftsplan**

An das
Landgericht
– Zivilkammer –

*Klage*

des Herrn

– Klägers –

Prozessbevollmächtigter: Rechtsanwalt

gegen

Herrn

– Beklagten –

wegen Zustimmung.

Namens und in Vollmacht des Klägers erhebe ich Klage gegen den Beklagten und werde in dem zu bestimmenden Termin beantragen, für Recht zu erkennen:

Der Beklagte wird verurteilt, dem von dem Forstamt am , Az. , erstellten Wirtschaftsplan für den auf der Markung gelegenen Wald *(genaue Beschreibung)* zuzustimmen.

Falls die Voraussetzungen des § 331 Abs. 3 ZPO vorliegen, bitte ich um Erlass eines Versäumnisurteils ohne mündliche Verhandlung.

*Begründung:*

Der Kläger erstrebt mit der Klage die Zustimmung zu einem vom Forstamt aufgestellten Wirtschaftsplan für das in gelegene Waldgrundstück.

Der Kläger ist der Enkel des am verstorbenen Herrn , zuletzt wohnhaft gewesen in . Der Erblasser hat in einem am bei dem Notar in , UR-Nr. , errichteten Testament hinsichtlich seines gesamten Vermögens Nacherbfolge angeordnet. Vorerbe ist der Beklagte, ein Onkel des Klägers. Der Beklagte ist von den Beschränkungen des § 2136 BGB **nicht** befreit. Alleiniger Nacherbe ist der Kläger. Vor- und Nacherbe haben die Erbschaft angenommen.

*Beweis:* Beglaubigte Abschriften
- des notariellen Testaments vom
- der Eröffnungsniederschrift des Nachlassgerichts

Zu der Vorerbschaft gehört auch ein in gelegenes Waldgrundstück, Markung , *(weitere Beschreibung)*.

*Beweis:* Nachlassverzeichnis vom

Der Kläger macht hinsichtlich dieses Grundstücks den Anspruch auf Erstellung eines Wirtschaftsplanes geltend. Nach § 2123 BGB ist auf Verlangen sowohl des Vorerben als auch des Nacherben für einen dem Nacherbenrecht unterliegenden Wald ein Wirtschaftsplan aufzustellen. Der Erblasser hat den Beklagten von dieser Verpflichtung nicht befreit.

*Beweis:* Notarielles Testament vom , bereits vorgelegt in Anlage

Die Klage aus § 2123 BGB ist nach übereinstimmender Ansicht in der Literatur auf Zustimmung des Nacherben zu einem konkreten Wirtschaftsplan zu richten (Zur Parallelvorschrift § 1038 BGB vgl. MüKo-

*Steinbacher*

*Pohlmann*, 4. Auflage, § 1038 BGB Rn 4; Palandt/*Bassenge*, BGB, 69. Auflage, § 1038 Rn 1). Der Kläger hat deshalb das Forstamt ▇▇▇ gebeten, für das hier streitgegenständliche Waldgrundstück einen Wirtschaftsplan auszuarbeiten. Mit Datum vom ▇▇▇ hat das Forstamt ▇▇▇ einen entsprechenden Plan vorgelegt.

*Beweis:* Wirtschaftsplan des Forstamtes ▇▇▇ vom ▇▇▇

Dieser Wirtschaftsplan stellt die Grundlage des Klageantrags dar.

Der vorgelegte Plan entspricht auch den Regeln einer ordnungsgemäßen Bewirtschaftung der streitgegenständlichen Waldgrundstücke nach forstwirtschaftlichen Grundsätzen.

*Beweis:* Sachverständigengutachten

Der Kläger hat den Beklagten vorprozessual aufgefordert, gemeinsam mit Unterstützung des Forstamts ▇▇▇ einen Wirtschaftsplan für das zur Erbschaft gehörende Waldgrundstück zu erstellen. Der Beklagte hat hierauf lapidar erklärt, den Beklagten ginge die Angelegenheit vor Eintritt des Nacherbfalles nichts an.

(Rechtsanwalt)

### 4. Hinterlegungs- und Anlagerechte

160 Aus Sicht des Nacherben besonders wichtig sind die **Hinterlegungs- und Anlagerechte** der §§ 2116–2119 BGB. Sie bieten dem Nacherben Schutz gegen Verfügungen des Vorerben über besonders verkehrsgängige Papiere und Bargeld.

161 **Hinweis**
**Befreiungsmöglichkeit:** Der Erblasser kann den Vorerben von den Verpflichtungen aus §§ 2116–2119 BGB befreien, vgl. § 2136 BGB.

a) Wertpapiere

aa) Rechtliche Grundlagen

162 Eine „**vorgelagerte Herausgabepflicht**" statuiert § 2116 BGB. Auf ein entsprechendes Verlangen des Nacherben müssen Wertpapiere vom Vorerben gesperrt hinterlegt werden, sodass eine Herausgabe nur mit Zustimmung des Nacherben erfolgen kann.

Der Anspruch kennt **keine besonderen materiellen Voraussetzungen**, insbesondere ist der Nachweis einer Gefährdung der Rechte des Nacherben nicht erforderlich.[180]

(Zur **Auskunftspflicht** des Vorerben über die Anlage von Geld vgl. Rn 132 ff.)

163 Folgende Wertpapiere sind zu hinterlegen:[181]
- **Inhaberpapiere,** insbesondere **Schuldverschreibungen auf den Inhaber** (§§ 793 ff. BGB), Inhabergrundschuldbriefe (§ 1195 BGB), Inhaberrentenschuldbriefe (§ 1199 BGB) und **Inhaberaktien** (§§ 10, 278 Abs. 3 AktG).
**Nicht** zu hinterlegen sind nach § 2116 Abs. 1 S. 2 BGB Inhaberpapiere, die verbrauchbare Sachen i.S.d. § 92 BGB darstellen, insbesondere **Banknoten** (hier ist aber § 2119 BGB zu beachten; vgl. Rn 167 ff.); ferner **Legitimationspapiere** (§ 808 BGB), wie z.B. **Sparbücher** und Pfandscheine.
- **Orderpapiere mit Blankoindossament,** also **Wechsel, Schecks** und kaufmännische Orderpapiere (§§ 363, 365 HGB) sowie Namensaktien (§ 68 AktG).

---

[180] *Lange/Kuchinke*, § 28 IV 9b; MüKo-*Grunsky*, § 2116 BGB Rn 1.
[181] Vgl. MüKo-*Grunsky*, § 2116 BGB Rn 3 f.

**Nicht** zu hinterlegen sind Papiere, die verbrauchbare Sachen i.S.d. § 92 BGB darstellen: zu denken ist hier in erster Linie an zum Betriebsvermögen gehörende Wechsel und Schecks.

### bb) Rechtsfolgen

**Bis zur Hinterlegung** ist der Vorerbe in seiner Verfügungsbefugnis über die Papiere frei (§ 2112 BGB). Auch ein Hinterlegungsverlangen des Nacherben führt noch nicht zu einer Verfügungsbeschränkung. Es gelten insoweit jedoch die allgemeinen Beschränkungen, insbesondere das Verbot der unentgeltlichen Verfügung nach § 2113 Abs. 2 BGB.

Eine **nach der Hinterlegung** vorgenommene Verfügung des Vorerben ist ohne die Zustimmung des Nacherben unwirksam, denn die Beschränkung des § 2116 Abs. 2 BGB ist dinglicher Natur.[182] Soweit eine Verfügung über die Papiere für eine ordnungsgemäße Verwaltung des Nachlasses erforderlich ist, kann der Vorerbe von dem Nacherben unter den Voraussetzungen des § 2120 BGB (vgl. Rn 62 ff.) die Zustimmung zur Herausgabe der Papiere verlangen.[183]

### cc) Verfahren

Das **Hinterlegungsverfahren** richtet sich nach der Hinterlegungsordnung.[184] Hinterlegungsstellen sind die Amtsgerichte (§ 1 Abs. 2 HintO), daneben speziell für die Hinterlegung von Wertpapieren die Deutsche Bundesbank (vgl. § 27 HintO), ferner die DekaBank Anstalt des öffentlichen Rechts (in der die Deutsche Girozentrale – Deutsche Kommunalbank aufgegangen ist).[185] Die Hinterlegung bei einer Bank (Depotvertrag mit Sperrungsabrede) ist der Hinterlegung beim Amtsgericht vorzuziehen, da in diesem Fall das relativ schwerfällige formelle Hinterlegungsrecht nicht gilt.[186]

Der Vorerbe kann nach § 2117 S. 1 BGB die **Hinterlegung von Inhaberpapieren abwenden**, indem er sie gem. § 806 BGB in Namenspapiere umschreiben lässt und zugleich bestimmt, dass er nur noch mit der Zustimmung des Nacherben über sie verfügen kann. Mit dem gleichen **Sperrvermerk** kann er vom Bund oder den Ländern ausgestellte Papiere nach § 2117 S. 2 BGB in Schuldbuchforderungen umwandeln lassen. § 2117 S. 2 BGB gilt für Inhaberpapiere kommunaler Gebietskörperschaften entsprechend.[187] Die Umschreibung bzw. Umwandlung kann auch noch nach der Geltendmachung des Hinterlegungsverlangens erfolgen.[188]

Das Hinterlegungsverlangen ist vor dem **Prozessgericht** durchzusetzen.[189]

---

[182] MüKo-*Grunsky*, § 2116 BGB Rn 2.
[183] AnwK-BGB/*Gierl*, § 2116 BGB Rn 6.
[184] Die Hinterlegungsordnung ist gemäß Art. 17 Abs. 2 Nr. 1 des Zweiten Gesetzes über die Bereinigung von Bundesrecht im Zuständigkeitsbereich des Bundesministeriums der Justiz (BGBl I 2007, 2614) ab 1. Dezember 2010 als Bundesrecht aufgehoben. Das formelle Hinterlegungsrecht wird künftig durch Landesrecht geregelt. Die Landesjustizverwaltungen haben einen Musterentwurf für ein Hinterlegungsgesetz erarbeitet, der sich an den Vorgaben der Hinterlegungsordnung orientiert.
[185] Eingehend Staudinger/*Avenarius*, § 2116 BGB Rn 6.
[186] Staudinger/*Avenarius*, § 2116 BGB Rn 6; Damrau/*Hennicke*, § 2116 BGB Rn 5.
[187] Soergel/*Harder/Wegmann*, § 2117 BGB Rn 3; MüKo-*Grunsky*, § 2117 BGB Rn 3; Staudinger/*Avenarius*, § 2117 BGB Rn 4; Palandt/*Edenhofer*, § 2117 BGB Rn 1.
[188] MüKo-*Grunsky*, § 2117 BGB Rn 1.
[189] Soergel/*Harder/Wegmann*, § 2116 BGB Rn 1; MüKo-*Grunsky*, § 2116 BGB Rn 1.

#### dd) Zwangsvollstreckung

**168** Die **Vollstreckung** erfolgt in entsprechender Anwendung des § 883 ZPO.[190] Der Gerichtsvollzieher hat die Papiere wegzunehmen und an die Hinterlegungsstelle zu übergeben.

#### ee) Checkliste: Klage auf Hinterlegung/Anlage

**169**
- Sachliche Zuständigkeit
- Örtliche Zuständigkeit: §§ 12, 13 ZPO
- Wer ist Kläger: Nacherbe
- Wer ist Beklagter: Vorerbe(n)
- Nur gegenüber dem **nicht befreiten** Vorerben
- Zu hinterlegen sind: Inhaberaktien, Inhaberschuldverschreibungen, Inhabergrundschuldbriefe, Wechsel, Schecks, kaufmännische Orderpapiere
  Ausnahme: Papiere, die zum Betriebsvermögen eines Unternehmens gehören
- **Nicht** zu hinterlegen sind: Banknoten, Sparbücher und Pfandscheine
- **Sperrvermerke** für Buchforderungen des Bundes und der Länder

#### ff) Muster: Aufforderung zur Hinterlegung von Inhaberaktien

**170** An

Herrn

Hiermit zeige ich die anwaltliche Vertretung von Frau ▇▇▇ an. Eine entsprechende Vollmacht ist beigefügt.

Wie Sie wissen, ist meine Mandantin alleinige Nacherbin des am ▇▇▇ verstorbenen ▇▇▇. Sie selbst sind als nicht befreiter Vorerbe eingesetzt. Aus dem von Ihnen zwischenzeitlich vorgelegten Nachlassverzeichnis ergibt sich, dass der Vorerbschaft unter anderem 2.500 Inhaberaktien der ▇▇▇-AG sowie Schuldverschreibungen der ▇▇▇-Bank, Wertpapier-Kennnummer: ▇▇▇, Nennwert: ▇▇▇ EUR, unterliegen.

Nach §§ 2216, 2217 BGB sind Sie verpflichtet, die zur Vorerbschaft gehörenden Wertpapiere bei einem Amtsgericht zu hinterlegen bzw. sie in Namenspapiere mit einem entsprechenden Sperrvermerk (beschränkt auf die Hauptforderung) umschreiben zu lassen. Meine Mandantin ist auch mit einer Hinterlegung bei einer Bank einverstanden, sofern der Depotvertrag eine eindeutige Sperrungsabrede zugunsten meiner Mandantin enthält.

Ich fordere Sie daher auf, umgehend entsprechende Maßnahmen zur Sicherung der Inhaberaktien und der Schuldverschreibungen zu ergreifen und diese mir gegenüber durch Vorlage entsprechender Belege (Depotvertrag, Hinterlegungsschein etc.) nachzuweisen. Sollten mir bis zum ▇▇▇ keine entsprechenden Unterlagen vorliegen, wird meine Mandantin gerichtliche Hilfe in Anspruch nehmen.

(Rechtsanwalt)

---

[190] AnwK-BGB/*Gierl*, § 2116 BGB Rn 7.

### gg) Muster: Antrag auf einstweilige Verfügung: Verpflichtung des Vorerben zur Hinterlegung von Wertpapieren

An das

Landgericht
– Zivilkammer –

Eilt sehr! Bitte sofort vorlegen!

*Antrag auf Erlass einer einstweiligen Verfügung*

der Frau

– Antragstellerin –

Verfahrensbevollmächtigter: Rechtsanwalt

gegen

Herrn

– Antragsgegner –

Namens und im Auftrag der Antragstellerin beantrage ich, folgende einstweilige Verfügung – wegen der Dringlichkeit ohne mündliche Verhandlung (§ 937 Abs. 2 ZPO) – zu erlassen:

Dem Antragsgegner wird geboten, die zum Nachlass des am          verstorbenen Herrn          gehörenden 2.500 Inhaberaktien der X-AG sowie die Schuldverschreibungen der Y-Bank, Wertpapier-Kennnummer:          , Nennwert:          EUR, zu hinterlegen oder diese nach seiner Wahl auf seinen Namen mit der Bestimmung umschreiben zu lassen, dass er über die Hauptforderung nur mit Zustimmung des Nacherben verfügen kann.

*Begründung:*

Die Antragstellerin erstrebt mit dem Antrag auf Erlass einer einstweiligen Verfügung die Sicherung ihres Anspruchs auf Hinterlegung der zum Nachlass des          gehörenden Inhaberpapiere.

Die Antragstellerin ist alleinige Nacherbin des am          verstorbenen          , zuletzt wohnhaft gewesen in          . Vorerbe ist der Antragsgegner, ein Onkel der Antragstellerin. Er hat die Rechtsstellung eines nicht befreiten Vorerben.

*Glaubhaftmachung:* Beglaubigte Abschriften
- des notariellen Testaments vom
- der Eröffnungsniederschrift des Nachlassgerichts

Mit Datum vom          hat der Antragsgegner ein Verzeichnis der Gegenstände, welche der Vorerbschaft unterliegen, erstellt und der Antragstellerin übergeben. Aus der Aufstellung ergibt sich, dass zu der Vorerbschaft unter anderem 2.500 Inhaberaktien der X-AG sowie Schuldverschreibungen der Y-Bank, Wertpapier-Kennnummer:          , Nennwert:          EUR, gehören.

*Glaubhaftmachung:* Verzeichnis der Erbschaftsgegenstände vom

Die Antragstellerin hat den Antragsgegner nach Vorlage des Nachlassverzeichnisses am          in Anwesenheit von Frau          mündlich aufgefordert, die zu der Vorerbschaft gehörenden Wertpapiere bei dem Amtsgericht zu hinterlegen. Der Antragsgegner – von Beruf Bankfachwirt – hat daraufhin erklärt, Aktien und insbesondere Schuldverschreibungen seien nicht lukrativ, sie brächten zu geringe Erträge. Er werde sie deshalb schnellstmöglich veräußern und den Erlös an außereuropäischen Bankplätzen in Optionsscheinen auf Währungen investieren. Auf eine weitere, schriftliche Aufforderung der Antragstellerin zur Hinterlegung der Wertpapiere hat der Antragsgegner nicht reagiert.

*Glaubhaftmachung:* Eidesstattliche Versicherung der Antragstellerin vom ▇▇▇

Eidesstattliche Versicherung der Zeugin ▇▇▇ vom ▇▇▇

Schreiben der Antragstellerin vom ▇▇▇

Der Antragsgegner ist nach §§ 2116, 2117 BGB verpflichtet, die zur Vorerbschaft gehörenden Wertpapiere auf eine entsprechende Aufforderung des Nacherben zu hinterlegen bzw. sie in Namenspapiere mit einem entsprechenden Sperrvermerk umschreiben zu lassen. Er ist dieser Verpflichtung trotz wiederholter Aufforderung nicht nachgekommen. Dennoch steht dem Vorerben weiterhin ein Wahlrecht zwischen Hinterlegung und Umschreibung der Wertpapiere mit Eintragung eines Sperrvermerks zu. Im zweiten Fall ist der Sperrvermerk, da die Nutzungen der Erbschaft dem Vorerben zustehen, auf die Hauptforderung zu beschränken.

Ein Verfügungsgrund liegt ebenfalls vor. Auf Grund der Bekundungen des Antragsgegners gegenüber der Antragstellerin und der Zeugin ▇▇▇ spricht eine hohe Wahrscheinlichkeit dafür, dass der Verkauf der zur Vorerbschaft gehörenden Aktien und Schuldverschreibungen durch den Antragsgegner unmittelbar bevorsteht.

Die von dem Antragsgegner beabsichtigte Investition des Verkaufserlöses in spekulativen Anlageformen, wie dies Währungsoptionsscheine darstellen, verstößt gegen die Verpflichtung des nicht befreiten Vorerben zur mündelsicheren Anlage von Geld (§ 2119 BGB). Durch einen Abfluss des Verkaufserlöses in das Ausland, der im Übrigen für die Antragstellerin im Einzelnen nur schwer nachzuvollziehen sein dürfte, wird die Durchsetzung ihres Anspruchs auf mündelsichere Anlage des Erlöses erheblich erschwert, wenn nicht sogar ausgeschlossen.

Die Antragstellerin befürchtet, dass der Antragsgegner die Aktien umgehend veräußern und den Erlös in das Ausland transferieren wird, wenn er von dem Verfügungsantrag erfährt. Dies ist bei verkehrsgängigen Wertpapieren innerhalb von Minuten möglich. Eine Entscheidung ohne mündliche Verhandlung (§ 937 Abs. 2 ZPO) ist deshalb angezeigt und wird hiermit ausdrücklich beantragt.

(Rechtsanwalt)

### b) Buchforderungen gegen Bund und Länder

#### aa) Rechtliche Grundlagen

172 Für **Buchforderungen** gegen den Bund und die Länder sieht **§ 2118 BGB** eine eigene Sicherungsmöglichkeit vor: Auf ein entsprechendes Verlangen des Nacherben hat der Vorerbe einen **Sperrvermerk** in das Schuldbuch eintragen zu lassen, wonach er über die Forderung nur mit Zustimmung des Nacherben verfügen kann.

Auch hier wird mit der Eintragung die Verfügungsbeschränkung des Vorerben wirksam (vgl. § 399 BGB). Eine Verfügung ohne Zustimmung des Nacherben ist wirkungslos. Eine Verpflichtung des Nacherben zur Einwilligung in eine Verfügung besteht wiederum unter den Voraussetzungen des § 2120 BGB (vgl. Rn 64 ff.).

173 Zu beachten ist, dass sich die **Sperrwirkung nur auf den Stamm der Forderung bezieht**. Demgegenüber stehen die Zinsen dem Vorerben als Nutzungen der Erbschaft zu.[191]

#### bb) Zwangsvollstreckung

174 Die **Durchsetzung** erfolgt auch hier im Klagewege vor dem Prozessgericht.[192] Die Zwangsvollstreckung erfolgt über § 894 ZPO.[193]

---

191 MüKo-*Grunsky*, § 2118 BGB Rn 2.
192 AnwK-BGB/*Gierl*, § 2118 BGB Rn 2.
193 Vgl. für Registereintragungen: Musielak/*Lackmann*, § 894 ZPO Rn 4 f.; MüKo-*Schilken*, § 894 ZPO Rn 3.

cc) Muster: Antrag auf einstweilige Verfügung: Eintragung eines Sperrvermerks in das Schuldbuch

Namens und im Auftrag der Antragstellerin beantrage ich, folgende einstweilige Verfügung – wegen der Dringlichkeit ohne mündliche Verhandlung (§ 937 Abs. 2 ZPO) – zu erlassen:

Es wird die Eintragung eines Sperrvermerks zugunsten des Antragstellers bezüglich des bei der Bundesrepublik Deutschland – Finanzagentur GmbH geführten Schuldbuchkontos Nr. _____, lautend auf Herrn _____ (Name des Erblassers/Vorerben nach Umschreibung) angeordnet.

Der Sperrvermerk bezieht sich ausschließlich auf die Hauptforderung.

**Alternativ:** Nur ein Teil der auf dem Schuldbuchkonto geführten Wertpapiere fällt in die Vorerbschaft:
- Es wird die Eintragung eines Sperrvermerks zugunsten des Antragstellers angeordnet bezüglich folgender Schuldbuchforderungen, die bei der Bundesrepublik Deutschland – Finanzagentur GmbH unter der Schuldbuchkonto-Nr. _____, lautend auf Herrn _____ (Name des Erblassers/Vorerben nach Umschreibung) geführt werden:
- Bundesschatzbrief, Kenn-Nr. _____, Nennwert _____ EUR
- Finanzierungsschätze, Kenn-Nr. _____, Nennwert _____ EUR
- Der Sperrvermerk bezieht sich ausschließlich auf die Hauptforderung.

**Hinweis**
Die Adresse der Bundesrepublik Deutschland – Finanzagentur GmbH (Deutsche Finanzagentur), in der zum 1. August 2006 die Bundeswertpapierverwaltung aufgegangen ist, lautet:
Bundesrepublik Deutschland – Finanzagentur GmbH
Lurgiallee 5, 60295 Frankfurt/Main
Telefon: 069/25616–0; Telefax: 069/25616–1476
E-Mail: info@deutsche-finanzagentur.de
Internet: *www.deutsche-finanzagentur.de*

c) Geld

aa) Rechtliche Grundlagen

**§§ 2119, 1806 BGB** begründen eine Verpflichtung des Vorerben zur **mündelsicheren Anlage von Geld**, das nach den Regeln einer ordnungsgemäßen Verwaltung dauernd anzulegen ist. Damit soll verhindert werden, dass der Nacherbe anstelle der Nachlasssubstanz nur Schadenersatzansprüche gegen den Vorerben erhält.

Die Verpflichtung des Vorerben zur mündelsicheren Anlage besteht – im Gegensatz zu den §§ 2116, 2118 BGB – unabhängig von einem entsprechenden Verlangen des Nacherben.[194]

Bei der Prüfung, ob im Nachlass vorhandene Gelder – wozu auch nach dem Erbfall in den Nachlass gelangte Surrogate (§ 2111 BGB) gehören – mündelsicher anzulegen sind, ist zu differenzieren:
(1) Soweit der Vorerbe das Geld **kurzfristig zur Verwaltung des Nachlasses benötigt**, besteht schon keine Verpflichtung zur mündelsicheren Anlage. Hierunter fallen beispielsweise laufende Betriebsmittel für ein Unternehmen und Bankguthaben zur laufenden Verwaltung des Nachlasses. Die Haftung des Vorerben richtet sich hier nach dem Maßstab des § 2131 BGB (eigenübliche Sorgfalt).

---

194 MüKo-*Grunsky*, § 2119 BGB Rn 3.

**180** (2) Soweit der **Erblasser Gelder in nicht mündelsicherer Weise angelegt** hat, besteht keine Verpflichtung des Vorerben, die Anlage in eine mündelsichere umzuwandeln.[195] Dies gilt auch für spekulative Kapitalanlagen; erst wenn ein Verlust droht, muss der Vorerbe eine Umwandlung vornehmen.[196] Auch insoweit gilt der Haftungsmaßstab des § 2131 BGB.[197]

**181** (3) Soweit danach noch Gelder vorhanden sind – z.B. bei Rückflüssen aus Kapitalanlagen des Erblassers –, die für eine mündelsichere Anlage in Betracht kommen, wird bei der **Prüfung der Anlagepflicht** nicht § 2131 BGB, sondern der **Maßstab des § 2119 BGB** zugrunde gelegt. Ob vorhandenes Geld nach den Regeln einer ordnungsgemäßen Wirtschaft dauerhaft anzulegen ist, richtet sich deshalb **objektiv nach wirtschaftlichen Kriterien** und nicht nach den persönlichen Verhältnissen und Bedürfnissen des Vorerben.[198]

**182** Nach überwiegender Meinung[199] bezieht sich die Verweisung in § 2119 BGB nur auf die §§ 1806 f. BGB. Demgegenüber soll § 1809 BGB, der für Anlagen bei einer Bank oder Sparkasse einen Sperrvermerk vorsieht, nicht entsprechend anwendbar sein. Eine Abhebung bei diesen Instituten bedarf deshalb auch nicht der Zustimmung des Nacherben.

**183** Der Nacherbe kann die mündelsichere Anlage im **Klagewege** durchsetzen.[200]

bb) Checkliste: Klage auf Anlage von in der Vorerbschaft vorhandenen Geldern

**184**
– Sachliche Zuständigkeit
– Örtliche Zuständigkeit: §§ 12, 13 ZPO
– Wer ist Kläger: Nacherbe
– Wer ist Beklagter: Vorerbe(n)
– Nur gegenüber dem **nicht befreiten** Vorerben
– Anlagepflicht auch hinsichtlich der zur Vorerbschaft gelangten Surrogate
– keine Anlagepflicht, soweit Gelder kurzfristig zur Verwaltung des Nachlasses benötigt werden
– keine Verpflichtung des Vorerben, nicht mündelsichere Anlagen des Erblassers umzuwandeln
  Ausnahme: Verlust der Kapitalanlage droht
– Maßstab für die Anlagepflicht: objektiv wirtschaftliche Kriterien

cc) Muster: Aufforderung zur mündelsicheren Anlage von Geld

An

**185** Herrn

Hiermit zeige ich die anwaltliche Vertretung von Herrn        – Ihres Sohnes – an. Eine entsprechende Vollmacht ist beigefügt.

---

195 *Dillmann*, RNotZ 2002, 1, 7.
196 MüKo-*Grunsky*, § 2119 BGB Rn 1.
197 Staudinger/*Avenarius*, § 2119 BGB Rn 5.
198 RGZ 73, 4, 6 f.; Palandt/*Edenhofer*, § 2119 BGB Rn 2.
199 RGZ 73, 4, 8; Staudinger/*Avenarius*, § 2119 BGB Rn 6; Soergel/*Harder*/*Wegmann*, § 2119 BGB Rn 3; RGRK-*Johannsen*, § 2119 BGB Rn 2; Damrau/*Hennicke*, § 2118 BGB Rn 4; a.A. *Ordemann*, MDR 1967, 642; MüKo-*Grunsky*, § 2119 BGB Rn 4.
200 RGZ 73, 4, 8; Soergel/*Harder*/*Wegmann*, § 2119 BGB Rn 1.

Wie Sie wissen, ist mein Mandant alleiniger Nacherbe des am ▨ verstorbenen ▨. Sie selbst sind als nicht befreiter Vorerbe eingesetzt.

Aus dem von Ihnen zwischenzeitlich vorgelegten Nachlassverzeichnis ergibt sich, dass der Vorerbschaft unter anderem die Bundesschatzbriefe mit der Wertpapier-Kennnummer: ▨, Nennbetrag: ▨ EUR, unterliegen. Die Bundesschatzbriefe wurden am ▨ zur Rückzahlung fällig und zwischenzeitlich auf Ihrem Girokonto bei der X-Bank gutgeschrieben.

Sie sind gem. § 2119 BGB verpflichtet, das der Vorerbschaft unterfallende Geld in mündelsicherer Art und Weise anzulegen. Dies gilt auch für nach dem Erbfall als Surrogate zur Vorerbschaft gelangte Beträge, wie hier für die Rückzahlung der Bundesschatzbriefe. Welche Anlageformen mündelsicher sind, ergibt sich aus § 1807 BGB. Hierunter fallen beispielsweise inländische Hypothekenforderungen, Pfandbriefe, Wertpapiere und Schuldverschreibungen öffentlicher Körperschaften sowie Anlagen bei einer inländischen öffentlichen Sparkasse oder einer zur mündelsicheren Anlage für geeignet erklärten Bank.

Ich fordere Sie daher auf, umgehend entsprechende Maßnahmen zur mündelsicheren Anlage des Erlöses aus der Rückzahlung der Bundesschatzbriefe (ohne Zinsen) zu ergreifen und diese mir gegenüber durch Vorlage entsprechender Belege nachzuweisen. Sollten mir bis zum ▨ keine entsprechenden Unterlagen vorliegen, wird mein Mandant gerichtliche Hilfe in Anspruch nehmen.

(Rechtsanwalt)

dd) Muster: Klage des Nacherben auf mündelsichere Anlage von Geld

An das

Landgericht
– Zivilkammer –

▨

*Klage*

des Herrn ▨

– Klägers –

Prozessbevollmächtigter: Rechtsanwalt ▨

gegen

Herrn ▨

– Beklagten –

wegen mündelsicherer Anlage von Geld.

Namens und in Vollmacht des Klägers erhebe ich Klage gegen den Beklagten und werde in dem zu bestimmenden Termin beantragen, für Recht zu erkennen:

Der Beklagte wird verurteilt, den sich aus der Rückzahlung der Bundesschatzbriefe Wertpapier-Kennnummer: ▨, Nennbetrag: ▨ EUR, ergebenden Erlös (ohne Zinsen) mündelsicher anzulegen.

Falls die Voraussetzungen des § 331 Abs. 3 ZPO vorliegen, bitte ich um Erlass eines Versäumnisurteils ohne mündliche Verhandlung.

*Begründung:*

Der Kläger erstrebt mit der Klage die Verpflichtung des Beklagten zu der mündelsicheren Anlage von Geld, welches zum Nachlass des am ▨ verstorbenen Herrn ▨ gehört.

Der Kläger ist der Enkel des am ▨ verstorbenen ▨, zuletzt wohnhaft gewesen in ▨. In einem am ▨ bei dem Notar ▨ in ▨, UR-Nr. ▨, errichteten Testament hat der

Erblasser den Beklagten, den Vater des Klägers, als Vorerben für sein gesamtes Vermögen eingesetzt. Er hat die Stellung eines nicht befreiten Vorerben. Nacherbe ist der Kläger. Vor- und Nacherbe haben die Erbschaft angenommen.

*Beweis:* Beglaubigte Abschrift des Erbscheins des Nachlassgerichts ▒▒▒▒ vom ▒▒▒▒

Zu der Vorerbschaft gehörten unter anderem folgende Bundesschatzbriefe:

Wertpapier-Kennnummer: ▒▒▒▒ , Nennbetrag: ▒▒▒▒ EUR.

*Beweis:* Nachlassverzeichnis vom ▒▒▒▒

Die Bundesschatzbriefe wurden am ▒▒▒▒ zur Rückzahlung fällig. Der Rückzahlungsbetrag in Höhe von ▒▒▒▒ EUR wurde nach den eigenen Bekundungen des Beklagten zwischenzeitlich auf dessen Girokonto bei der X-Bank überwiesen. Der Beklagte hat gegenüber dem Kläger in Anwesenheit von Frau ▒▒▒▒ erklärt, er beabsichtige vorerst nicht, das Geld wieder anzulegen, er wolle es lieber auf dem Girokonto jederzeit verfügbar haben. Trotz einer eindeutigen Aufforderung des Klägers, das Geld umgehend mündelsicher anzulegen, beharrte der Beklagte auf seinem Standpunkt.

*Beweis:* Zeugnis der Frau ▒▒▒▒

Parteivernehmung des Klägers/des Beklagten

Der Beklagte ist nach § 2119 BGB verpflichtet, das der Vorerbschaft unterfallende Geld in mündelsicherer Art und Weise anzulegen. Dies gilt auch für – wie hier – nach dem Erbfall als Surrogate zur Vorerbschaft gelangte Beträge. Die Verpflichtung des Vorerben zur mündelsicheren Anlage besteht im Übrigen unabhängig von einer entsprechenden Aufforderung durch den Nacherben.

Im vorliegenden Fall hat sich der Beklagte trotz einer Aufforderung des Klägers nicht bereit erklärt, eine mündelsichere Anlage des Rückzahlungsbetrages vorzunehmen. Hierzu ist er aber nach den Regeln einer ordnungsgemäßen Wirtschaft, die sich objektiv an wirtschaftlichen Kriterien und nicht an den persönlichen Verhältnissen und Bedürfnissen des Vorerben zu orientieren hat, verpflichtet. Dies gilt insbesondere angesichts der Höhe des zurückgezahlten Betrages ( ▒▒▒▒ EUR). Es ist ausgeschlossen, dass der Beklagte diesen Betrag kurzfristig zur Verwaltung der Vorerbschaft benötigt, zumal der Nachlass im Wesentlichen aus Wertpapieren besteht und größere Aufwendungen – wie diese etwa bei Grundeigentum anfallen können – hier nicht zu erwarten sind.

Der Kläger behält sich ausdrücklich vor, die Klage um einen Antrag auf Sicherheitsleistung (§ 2128 BGB) zu erweitern, sollte sich der Beklagte weiterhin beharrlich weigern, den auf seinem Girokonto gebuchten Rückzahlungsbetrag mündelsicher anzulegen.

(Rechtsanwalt)

### 5. Kontroll- und Sicherungsrechte bei Gefährdung des Nachlasses

187 Einen vorbeugenden Schutz vor einer wirtschaftlichen Verschlechterung des Nachlasses[201] bieten die **§§ 2127–2129 BGB**. Dem Nacherben steht bei einer **Gefährdung seiner Rechte** ein außerordentliches **Auskunftsrecht** über den gegenwärtigen Bestand des Nachlasses zu (§ 2127 BGB). Er kann von dem Vorerben **Sicherheitsleistung** verlangen (§ 2128 Abs. 1 BGB) und schließlich im Falle des Ausbleibens der Sicherheitsleistung die Anordnung der **gerichtlichen Verwaltung** (§§ 2128 Abs. 2, 1052 BGB) beantragen.

188 Weitergehende Rechte hat der Nacherbe während der Zeit der Vorerbschaft nicht, insbesondere kann er **keine Schadenersatzansprüche** gegen den Vorerben geltend machen.

---

[201] Staudinger/*Avenarius*, vor § 2127–2129 BGB Rn 1.

> **Hinweis**
> **Befreiungsmöglichkeit:** Der Erblasser kann den Vorerben von den Verpflichtungen der §§ 2127–2129 BGB freistellen, vgl. § 2136 BGB.
> Ein Vorgehen gegen den befreiten Vorerben ist nur mit den allgemeinen Sicherungsmitteln der ZPO – Arrest und einstweilige Verfügung – möglich (vgl. unten Rn 217 ff.).

189

a) Auskunft über den aktuellen Nachlassbestand

aa) Rechtliche Grundlagen

Der Nacherbe kann im Falle der Gefährdung seiner Rechte **Auskunft über den gegenwärtigen Bestand des Nachlasses** unter Vorlage eines Bestandsverzeichnisses verlangen, **§§ 2127, 260 BGB**. Der Auskunftsanspruch dient zur Sicherung von Beweismitteln für eine Schadenersatzklage nach Eintritt der Nacherbfalls. Er schafft darüber hinaus eine Basis für die weiteren Entscheidungen, ob eine Sicherheitsleistung verlangt und eine gerichtliche Verwaltung beantragt werden soll.

190

Die Auskunftspflicht bezieht sich nur auf den gegenwärtigen Bestand des Nachlasses.[202] Ein Anspruch auf Auskunft über den Verbleib von Erbschaftsgegenständen oder auf Rechenschaft besteht im Rahmen des § 2127 BGB nicht.[203] Der Auskunftsanspruch kann wiederholt geltend gemacht werden, sofern ein neuer Grund (Gefährdungstatbestand) vorhanden ist.[204]

191

> **Hinweis**
> **Befreiungsmöglichkeit:** Der Erblasser kann den Vorerben von der außerordentlichen Auskunftsverpflichtung nach § 2127 BGB befreien. Dem Nacherben bleiben dann lediglich die ordentlichen und unabdingbaren Auskunfts- und Feststellungsrechte nach §§ 2121, 2122 BGB (vgl. oben Rn 132 ff.).

192

Als Voraussetzung für den Anspruch muss **Grund zu der Annahme** bestehen, dass der Vorerbe durch seine Verwaltung Rechte des Nacherben erheblich verletzt. Besteht lediglich der nicht belegbare **Verdacht** einer Rechtsverletzung, so ist der Nacherbe wehrlos.[205] Soweit eine Interessenabwägung dies rechtfertigt, räumt der BGH allerdings dem Nacherben einen Auskunftsanspruch gegen den vom Vorerben Beschenkten ein (vgl. Rn 322 ff.).

193

Geschützt wird der künftige Herausgabeanspruch des Nacherben nach § 2130 BGB. Die beanstandete Maßnahme muss objektiv eine **Rechtsverletzung** darstellen, im Gegensatz zu § 2128 BGB genügt daher eine ungünstige Vermögenslage des Vorerben nicht.[206] Ausreichend ist die Gefahr einer künftigen Verletzung, ein Verschulden des Vorerben ist nicht erforderlich. Erheblich ist eine Verletzung, wenn sie sich auf nicht ganz unwesentliche Teile der Erbschaft bezieht.[207] Soweit eine Maßnahme zur ordnungsgemäßen Verwaltung des Nachlasses erforderlich und der Nacherbe nach § 2120 BGB zur Zustimmung verpflichtet ist, können dessen Rechte nicht verletzt werden.[208]

194

---

202 OLG Celle ZEV 2006, 361.
203 Staudinger/*Avenarius*, § 2127 BGB Rn 9; Soergel/*Harder/Wegmann*, § 2127 BGB Rn 4; zum Umfang des Auskunftsanspruchs: *Lüke*, JuS 1986, 2, 3.
204 MüKo-*Grunsky*, § 2127 BGB Rn 2; Palandt/*Edenhofer*, § 2127 BGB Rn 2; *Sarres*, ZEV 2004, 56, 57.
205 *Spanke*, in: Kerscher/Krug, § 12 Rn 10; *Lange/Kuchinke*, § 28 V 6a; *Sarres*, ZEV 2004, 56, 57.
206 MüKo-*Grunsky*, § 2127 BGB Rn 3; Staudinger/*Avenarius*, § 2127 BGB Rn 6.
207 Soergel/*Harder/Wegmann*, § 2127 BGB Rn 2; Damrau/*Hennicke*, § 2127 BGB Rn 2.
208 RGZ 149, 65, 68.

**195** Insbesondere in einer Verletzung der gesetzlichen Beschränkungen der Rechtsstellung des Vorerben wird regelmäßig ein pflichtwidriges Verhalten zu erblicken sein. Dabei ist an folgende Fallkonstellationen zu denken:[209]
- Eigenmächtige Vornahme von Verfügungen, die bei Eintritt der Nacherbfolge nach § 2113 Abs. 1 oder Abs. 2 BGB unwirksam werden;[210]
- Einziehung einer Hypothekenforderung, einer Grundschuld oder einer Rentenschuld entgegen den Beschränkungen in § 2114 BGB;
- Verstoß gegen die Pflichten im Zusammenhang mit der Verwaltung von Wertpapieren und Geld, §§ 2116–2119 BGB;
- Bestreiten der Rechte des Nacherben, insbesondere der Gültigkeit einer letztwilligen Verfügung, wenn dies den Schluss nahe legt, der Vorerbe werde bei der Nachlassverwaltung keine Rücksicht auf die Rechte des Nacherben nehmen;[211]
- Bestreiten der Zugehörigkeit von Surrogaten (§ 2111 BGB) zum Nachlass,[212] bspw. durch Zurechnung zum Eigenvermögen des Vorerben;
- Zwangsverfügungen, die von Eigengläubigern des Vorerben im Wege der Zwangsvollstreckung oder im Rahmen eines Insolvenzverfahrens getroffen werden, beruhen zwar nur mittelbar auf der Verwaltung des Vorerben. Gleichwohl kommt hier ein Auskunftsanspruch analog § 2127 BGB in Betracht, soweit dieser erforderlich ist, um dem Nacherben die Geltendmachung seiner Rechte (§ 2115 BGB) gegen solche Verfügungen zu ermöglichen.[213]

(Weiterführend zur Auskunft siehe § 9 Rn 143 ff.).

### bb) Verfahren

**196** Mehrere Nacherben können den Auskunftsanspruch unabhängig voneinander geltend machen, auch gegen den Willen der anderen. Der klagende Miterbe kann als gesetzlicher Prozessstandschafter nach § 2039 BGB den Auskunftsanspruch zur Leistung an alle Miterben geltend machen.[214] Ist ein Nacherben-Testamentsvollstrecker bestellt, kann nur dieser das Auskunftsrecht wahrnehmen. Dem Ersatznacherben steht vor Eintritt des Ersatzfalls hingegen der Anspruch nicht zu.[215]

**197** Der Auskunftsanspruch ist im **Klageweg** durchzusetzen. Der Nacherbe ist für die Voraussetzungen des Anspruchs darlegungs- und beweispflichtig. Eine eidesstattliche Versicherung kann der Nacherbe unter den Voraussetzungen des § 260 Abs. 2 BGB verlangen.[216]

**198** Da während der Zeit der Vorerbschaft **kein Schadenersatzanspruch** gegen den Vorerben wegen nicht ordnungsgemäßer Verwaltung des Nachlasses geltend gemacht werden kann, kommt eine Stufenklage auf Auskunft und Zahlung nicht in Betracht.

---

209 Staudinger/*Avenarius*, § 2127 BGB Rn 7.
210 RGZ 149, 65, 68.
211 Staudinger/*Avenarius*, § 2128 BGB Rn 3.
212 BGHZ 127, 360, 366 = NJW 1995, 456, 457; vgl. auch BGHZ 44, 336.
213 Staudinger/*Avenarius*, § 2127 BGB Rn 8.
214 BGHZ 127, 360 = NJW 1995, 456 m.w.N.
215 RGZ 145, 316, 319; Staudinger/*Avenarius*, § 2127 BGB Rn 11.
216 Soergel/*Harder/Wegmann*, § 2127 BGB Rn 4; Erman/*M. Schmidt*, § 2127 BGB Rn 1.

### cc) Muster: Aufforderung zur Auskunftserteilung bei Gefährdung des Nachlasses

An

Herrn ▬▬▬

Hiermit zeige ich die anwaltliche Vertretung von Herrn ▬▬▬ an. Eine entsprechende Vollmacht ist beigefügt.

Wie Sie wissen, ist mein Mandant Nacherbe des am ▬▬▬ verstorbenen ▬▬▬. Sie sind als nicht befreiter Vorerbe eingesetzt.

Mein Mandant hat davon Kenntnis erlangt, dass Sie damit begonnen haben, Teile der zur Vorerbschaft gehörenden Antiquitätensammlung weit unter dem Verkehrswert zu veräußern, um damit Ihre privaten Gläubiger zu befriedigen. Ich darf in diesem Zusammenhang hinweisen auf die von Ihnen geschaltete Annonce in der Antiquitäten-Zeitschrift ▬▬▬, Heft ▬▬▬. Die dort genannten Preise liegen weit unter dem Verkehrswert der Antiquitäten.

Diese Umstände geben meinem Mandanten Grund zu der Annahme, dass Sie die Ihnen hinsichtlich der Vorerbschaft obliegenden Verpflichtungen nachhaltig verletzen. Als nicht befreiter Vorerbe sind Sie zu einer ordnungsgemäßen Verwaltung des Nachlasses verpflichtet. Der Weiterverkauf der Antiquitäten ohne zwingenden Grund und weit unter dem tatsächlichen Verkehrswert stellt zweifellos eine Verletzung dieser Pflicht dar. Dies gilt in gleicher Weise für die Entnahme der Verkaufserlöse zu privaten Zwecken, da diese als Surrogate der Antiquitäten dem Nachlass zufließen und zum Stamm der Erbschaft zu rechnen sind.

Bei dieser Sachlage sind Sie gem. §§ 2127, 260 BGB verpflichtet, über den gegenwärtigen Bestand des Nachlasses Auskunft zu geben. Ich fordere Sie daher auf, ein Verzeichnis sämtlicher zum Nachlass des Erblassers gehörender Gegenstände, einschließlich etwaiger zwischenzeitlich zum Nachlass gekommener Surrogate, zu erstellen und mir bis spätestens ▬▬▬ zukommen zu lassen.

(Rechtsanwalt)

### b) Sicherheitsleistung

#### aa) Rechtliche Grundlagen

Das erste **Sicherungsmittel**, welches das Gesetz dem Nacherben an die Hand gibt, ist das Verlangen einer Sicherheitsleistung nach **§ 2128 Abs. 1 BGB**. Geschützt wird das Recht des Nacherben auf Herausgabe der Erbschaft im Zustand einer fortgesetzt ordnungsgemäßen Verwaltung, § 2130 BGB.

> **Hinweis**
> **Befreiungsmöglichkeit**: Der Erblasser kann den Vorerben von der Verpflichtung zur Sicherheitsleistung nach § 2128 Abs. 1 BGB befreien, vgl. § 2136 BGB.

**Voraussetzung** für den Anspruch ist die Besorgnis einer erheblichen Verletzung der Rechte des Nacherben entweder durch ein **gefährdendes Verhalten** (1) oder durch eine **ungünstige Vermögenslage** (2) des Vorerben.

(1) Ein **gefährdendes Verhalten** liegt insbesondere in einer Verletzung der den Vorerben treffenden gesetzlichen Beschränkungen und Verpflichtungen. Insoweit können die zu § 2127 BGB gebildeten Fallgruppen herangezogen werden:
- Eigenmächtige Vornahme von Verfügungen, die bei Eintritt der Nacherbfolge nach § 2113 BGB unwirksam werden;
- Einziehung einer Hypothekenforderung, einer Grundschuld oder einer Rentenschuld entgegen den Beschränkungen in § 2114 BGB;

- Verstoß gegen die Pflichten im Zusammenhang mit der Verwaltung von Wertpapieren und Geld, §§ 2116–2119 BGB;
- Bestreiten der Rechte des Nacherben, insbesondere der Gültigkeit einer letztwilligen Verfügung, wenn dies den Schluss nahe legt, der Vorerbe werde bei der Nachlassverwaltung keine Rücksicht auf die Rechte des Nacherben nehmen;
- Bestreiten der Zugehörigkeit von Surrogaten (§ 2111 BGB) zum Nachlass, bspw. durch Zurechnung zum Eigenvermögen des Vorerben.

204 **Hinweis**
Parallel zu dem Verlangen nach Sicherheitsleistung besteht auch ein Anspruch auf **Einhaltung der verletzten Norm**. Der Nacherbe kann deshalb bspw. die mündelsichere Anlage von Geld (§ 2119 BGB) verlangen.

205 Daneben wird die Besorgnis einer erheblichen Verletzung der Rechte des Nacherben in weiteren Konstellationen nahe liegen:[217]
- Bei dem Versuch des Vorerben, sich der Erteilung eines Nachlassverzeichnisses nach § 2121 BGB zu entziehen, obwohl die Aufstellung keine besonderen Schwierigkeiten bereiten würde.
- Bei unrichtigen Angaben in einem Nachlassverzeichnis. Unerheblich ist es dabei, ob der Vorerbe zur Mitteilung des konkreten Umstands verpflichtet war.

206 **Beispiel**
Falsche Angaben zu Nachlassverbindlichkeiten, obwohl deren Mitteilung im Rahmen eines Nachlassverzeichnisses nach § 2121 BGB nicht verlangt werden kann.

207 Das beanstandete Verhalten muss nach überwiegender Meinung – im Gegensatz zu § 2127 BGB – keine Pflichtverletzung gegenüber dem Nacherben darstellen, ein Verschulden des Vorerben ist ebenfalls nicht erforderlich. Deshalb kann im Extremfall auch eine allgemein **schlechte Verwaltung** des eigenen Vermögens durch den Vorerben für die Bejahung des Anspruchs auf Sicherheitsleistung ausreichen.[218]

208 Eine Verletzung der Rechte des Nacherben ist schließlich dann erheblich im Sinne des § 2128 Abs. 1 BGB, wenn sie sich auf nicht ganz unwesentliche Teile der Erbschaft bezieht. Ausreichend ist die Gefahr einer künftigen Verletzung. Soweit eine Maßnahme zur ordnungsgemäßen Verwaltung des Nachlasses erforderlich und der Nacherbe nach § 2120 BGB zur Zustimmung verpflichtet ist, können dessen Rechte nicht verletzt werden (vgl. Rn 64 ff.).

209 (2) Eine **ungünstige Vermögenslage** – Beispiel: hohe Verschuldung – des Vorerben begründet insbesondere dann die Besorgnis einer Verletzung der Rechte des Nacherben,[219]
- wenn Zwangsverfügungen der Eigengläubiger des Vorerben zu erwarten sind. Der Vorerbe kann den Nacherben in diesem Zusammenhang nicht auf die Rechte aus § 2115 BGB verweisen;
- wenn das Vermögen des Vorerben nicht ausreicht, um dem Grunde nach bereits entstandene Ersatzansprüche des Nacherben zu decken.

---

217 MüKo-*Grunsky*, § 2128 BGB Rn 1; Staudinger/*Avenarius*, § 2128 BGB Rn 3.
218 Staudinger/*Avenarius*, § 2128 BGB Rn 3; Soergel/*Harder/Wegmann*, § 2128 BGB Rn 1; a.A. MüKo-*Grunsky*, § 2128 BGB Rn 1.
219 Staudinger/*Avenarius*, § 2128 BGB Rn 6.

Auch hier kommt es auf ein Verschulden des Vorerben – etwa im Sinne einer vorwerfbaren Misswirtschaft – nicht an. Es ist zudem unerheblich, ob die ungünstige Vermögenslage bereits bei Anfall der Vorerbschaft gegeben war oder erst später eingetreten ist.[220]

Mehrere Nacherben können den Anspruch auf Sicherheitsleistung unabhängig voneinander geltend machen. Ist ein Nacherben-Testamentsvollstrecker bestellt, so kann nur dieser den Anspruch wahrnehmen. Demgegenüber kann der Ersatznacherbe vor Eintritt des Ersatzfalls keine Sicherheitsleistung verlangen.[221]

Die Pflicht zur Sicherheitsleistung ist eine persönliche Schuld des Vorerben. Er ist deshalb verpflichtet, wenn die Mittel der Vorerbschaft nicht zur Sicherheitsleistung ausreichen, auch sein **Eigenvermögen** einzusetzen.[222] Unter den in § 232 BGB aufgeführten Sicherungsmitteln hat der Vorerbe die Wahl. Erst in der Zwangsvollstreckung geht das Wahlrecht auf den Nacherben über.

Zur **Höhe der Sicherheitsleistung**: Sicherheit kann regelmäßig in Höhe des Wertes des gesamten Nachlasses verlangt werden. Etwas anderes kann nur dann gelten, wenn im Einzelfall ein geringerer Schaden droht oder nur ein Teil der Erbschaft gefährdet ist, weil der Vorerbe über Teile des Nachlasses nicht verfügen kann.[223]

Beispiel **Grundstücke**: Verfügungen des nicht befreiten Vorerben über zum Nachlass gehörende Grundstücke sind unter den Voraussetzungen des § 2113 Abs. 1 BGB unwirksam. Der Nacherbe ist durch einen entsprechenden Vermerk im Grundbuch (§ 51 GBO) ausreichend gesichert. Sicherheitsleistung kann deshalb insoweit nicht verlangt werden.

bb) Muster: Aufforderung zur Sicherheitsleistung

(Wie Muster Rn 199, zusätzlich ist am Ende anzufügen:)

Darüber hinaus haben Sie gem. § 2128 BGB Sicherheit für den Nachlass zu leisten. Hierfür ist bereits ausreichend, dass Sie sich in einer ungünstigen Vermögenslage befinden. Meinem Mandanten liegen Informationen vor, wonach eine Ihrer Gläubigerinnen bereits einen Pfändungs- und Überweisungsbeschluss hinsichtlich Ihres Girokontos bei der _____-Bank erwirkt hat.

Mein Mandant verlangt eine Sicherheitsleistung in Höhe von _____ EUR. Die Höhe der geltend gemachten Sicherheit basiert auf dem von Ihnen am _____ vorgelegte Nachlassverzeichnis sowie der Ermittlung des Zustandes der zum Nachlass gehörenden Oldtimersammlung durch den Sachverständigen _____. Der Sachverständige hat auf meine Anforderung ergänzend den Wert der Sammlung auf ca. _____ EUR geschätzt. Ausgenommen von der Sicherheitsleistung sind die zum Nachlass gehörenden Grundstücke, insoweit ist mein Mandant durch den Nacherbenvermerk im Grundbuch bereits ausreichend geschützt.

Ich fordere Sie daher auf, mir die geforderte Sicherheit bis spätestens _____ zur Verfügung zu stellen. Mein Mandant ist ausdrücklich damit einverstanden, dass die Sicherheitsleistung durch eine Bankbürgschaft erbracht wird. Sollten Sie die genannte Frist verstreichen lassen, wird mein Mandant umgehend gerichtliche Hilfe in Anspruch nehmen, um Ihnen die Verwaltung des Nachlasses entziehen zu lassen.

(Rechtsanwalt)

---

[220] Soergel/*Harder/Wegmann*, § 2128 BGB Rn 3; MüKo-*Grunsky*, § 2128 BGB Rn 2.
[221] Staudinger/*Avenarius*, § 2128 BGB Rn 7.
[222] Soergel/*Harder/Wegmann*, § 2128 BGB Rn 4; MüKo-*Grunsky*, § 2128 BGB Rn 3.
[223] Staudinger/*Avenarius*, § 2128 BGB Rn 8; MüKo-*Grunsky*, § 2128 BGB Rn 3; Palandt/*Edenhofer*, § 2128 BGB Rn 1.

#### cc) Verfahren

**213** Die Geltendmachung erfolgt auch hier im Klageweg vor dem **Prozessgericht**.[224] Da beim Ausbleiben der Sicherheitsleistung die Anordnung der gerichtlichen Verwaltung verlangt werden kann, sollte die hierfür nach §§ 2128 Abs. 2, 1052 Abs. 1 S. 2 BGB erforderliche gerichtliche Fristsetzung in den Klageantrag aufgenommen werden (vgl. § 255 Abs. 2 ZPO).

#### dd) Zwangsvollstreckung

**214** Die **Vollstreckung** der Sicherheitsleistung erfolgt nach § 887 ZPO.[225] Das Wahlrecht unter verschiedenen Sicherungsmitteln nach § 232 BGB geht dann analog § 264 BGB auf den Nacherben über.[226] Regelmäßig wird aber der Zwangsvollstreckung des Anspruchs auf Sicherheitsleistung der Antrag auf Anordnung der gerichtlichen Verwaltung nach §§ 2128 Abs. 2, 1052 BGB (siehe unten Rn 224 ff.) vorzuziehen sein.

#### ee) Checkliste: Klage auf Auskunft, Sicherheitsleistung, gerichtliche Verwaltung

**215**
- Sachliche Zuständigkeit
- Örtliche Zuständigkeit: §§ 12, 13 ZPO
- Einstweilige Verfügung: §§ 936, 919 ZPO
- Wer ist Kläger: Nacherbe
- Wer ist Beklagter: Vorerbe(n)
- Nur gegenüber dem **nicht befreiten** Vorerben – Gegenüber dem befreiten Vorerben nur in Ausnahmefällen mit den Sicherungsmitteln der ZPO –
- Anspruchsberechtigter: jeder Nacherbe allein
- Voraussetzung für den Anspruch auf **Auskunft**:
  - **Grund zu der Annahme,** dass Vorerbe die Rechte des Nacherben erheblich verletzt, insbesondere bei einem Verstoß gegen die gesetzlichen Beschränkungen des Vorerben
  - Objektive Rechtsverletzung, Verschulden des Vorerben ist nicht erforderlich
- Voraussetzungen für den Anspruch auf **Sicherheitsleistung**:
  - Ein die Position des Nacherben **gefährdendes Verhalten,** insbesondere bei einem Verstoß gegen die gesetzlichen Beschränkungen des Vorerben; eine Pflichtverletzung ist nicht erforderlich, eine **schlechte Verwaltung** genügt
  oder
  - **Ungünstige Vermögenslage** des Vorerben, Verschulden ist nicht erforderlich
- **Höhe der Sicherheitsleistung**: Wert des Nachlasses abzüglich anderweitig gesicherter Gegenstände (z.B. Grundstücke durch Nacherbenvermerk)
- Im Falle der Verletzung einer gesetzlichen Beschränkung des Vorerben besteht parallel der Anspruch auf **Einhaltung der verletzten Norm**: Zusätzlicher Klageantrag?
- Antrag auf **Fristsetzung für Anordnung der gerichtlichen Verwaltung**

---

[224] Soergel/*Harder/Wegmann*, § 2128 BGB Rn 4; MüKo-*Grunsky*, § 2128 BGB Rn 3.
[225] MüKo-*Grunsky*, § 2128 BGB Rn 5; AnwK-BGB/*Gierl*, § 2128 BGB Rn 4; MüKo-*Schilken*, § 887 ZPO Rn 3; Musielak/*Lackmann*, § 887 ZPO Rn 3.
[226] OLG Düsseldorf FamRZ 1984, 704; Palandt/*Grüneberg*, § 232 BGB Rn 1; *Kohler*, ZZP 102, 58, 63 f.

**ff) Muster: Klage Nacherbe auf Auskunft über aktuellen Nachlassbestand (eidesstattliche Versicherung, Sicherheitsleistung)**

An das

Landgericht
– Zivilkammer –

*Klage*

des Herrn

– Klägers –

Prozessbevollmächtigter: Rechtsanwalt

gegen

Herrn

– Beklagten –

wegen Auskunft und Sicherheitsleistung.

Namens und in Vollmacht des Klägers erhebe ich Klage gegen den Beklagten und werde in dem zu bestimmenden Termin beantragen, für Recht zu erkennen:

1. Der Beklagte wird verurteilt, dem Kläger Auskunft zu erteilen über den gegenwärtigen Bestand des Nachlasses des am            verstorbenen            durch Vorlage eines Verzeichnisses.
2. Für den Fall, dass das Verzeichnis nicht mit der erforderlichen Sorgfalt aufgestellt worden sein sollte, wird der Beklagte weiter verurteilt, zu Protokoll an Eides statt zu versichern, dass er nach bestem Wissen den Bestand so vollständig angegeben hat, als er dazu im Stande ist.
3. Der Beklagte wird des Weiteren verurteilt, für die Vorerbschaft dem Nacherben eine Sicherheitsleistung in Höhe von           EUR zu erbringen.
4. Dem Kläger wird zur Erbringung der Sicherheitsleistung nach Ziff. 3 eine Frist von zwei Wochen ab Eintritt der Rechtskraft des Urteils gesetzt.

Falls die Voraussetzungen des § 331 Abs. 3 ZPO vorliegen, bitte ich um Erlass eines Versäumnisurteils ohne mündliche Verhandlung.

*Begründung:*

Mit der Klage erstrebt der Kläger wegen einer Gefährdung seines Nacherbenrechts durch Zwangsvollstreckungsmaßnahmen der Eigengläubiger des Beklagten Auskunft über den aktuellen Nachlassbestand sowie Sicherheitsleistung.

Der Kläger ist der Enkel des am            verstorbenen           , zuletzt wohnhaft gewesen in           . In einem am            bei dem Notar            in           , UR-Nr.           , errichteten Testament hat der Erblasser den Beklagten, einen Onkel des Klägers, als Vorerben für sein gesamtes Vermögen eingesetzt. Er hat die Stellung eines nicht befreiten Vorerben. Nacherbe ist der Kläger. Vor- und Nacherbe haben die Erbschaft angenommen.

*Beweis:* Beglaubigte Abschriften
– des notariellen gemeinschaftlichen Testaments vom
– der Eröffnungsniederschrift des Nachlassgerichts

Der Beklagte ist hoch verschuldet. Seine Gläubiger haben mit der Vollstreckung in das Eigenvermögen des Beklagten begonnen. Es ist davon auszugehen, dass auch die Vollstreckung in Gegenstände, welche der Vorerbschaft unterliegen, unmittelbar bevor steht.

Steinbacher

*Beweis:* — Vorlage des von der X-AG erwirkten Pfändungs- und Überweisungsbeschlusses des Amtsgerichts ▊ vom ▊ in Kopie
— Zeugnis des zuständigen Sachbearbeiters der X-AG (Gläubigerin), Herrn ▊

Vor dem Hintergrund seiner desolaten wirtschaftlichen Situation versucht der Beklagte offenbar, Vermögenswerte zu veräußern, um seine Privatgläubiger zu befriedigen. So hat er wertvolle, der Vorerbschaft unterliegende Antiquitäten in der Zeitschrift ▊ zum Verkauf annonciert.

*Beweis:* — Anzeige in der Zeitung vom ▊

Der Beklagte ist als nicht befreiter Vorerbe nach §§ 2127, 260 BGB verpflichtet, über den gegenwärtigen Bestand des Nachlasses Auskunft zu geben. Der Versuch des Beklagten, zur Vorerbschaft gehörende Gegenstände weit unter Wert zu veräußern, stellt einen Verstoß gegen die Grundsätze einer ordnungsgemäßen Verwaltung des Nachlasses dar.

Zudem beabsichtigte der Beklagte, den Verkaufserlös zur Befriedigung seiner persönlichen Verbindlichkeiten zu verwenden. Mit einer solchen Vorgehensweise würde der Beklagte dem Nachlass keinen Gegenwert zufließen lassen, mithin unter Verstoß gegen § 2113 Abs. 2 BGB unentgeltlich verfügen (BGHZ 7, 274, 277).

Es besteht somit Grund zu der Annahme, dass der Beklagte die ihm als Vorerben bei der Verwaltung des Nachlasses obliegenden Beschränkungen massiv verletzt hat. Durch den Verkauf der wertvollen Antiquitätensammlung ist auch eine erhebliche Schmälerung des Stammes der Erbschaft und damit der Rechte des Klägers als Nacherben zu erwarten. Der Kläger kann sich nur durch einen Vergleich des neu zu erstellenden Bestandsverzeichnisses mit dem unmittelbar nach dem Tod des Erblassers erstellten Nachlassverzeichnis einen Überblick verschaffen, in welchem Umfang der Beklagte bereits Gegenstände dem Nachlass entzogen hat.

Auf Grund der unter Beweis gestellten Vorgänge ist der Beklagte zudem nach § 2128 BGB verpflichtet, für den Nachlass Sicherheit zu leisten. Dies ergibt sich zum einen aus dem dargelegten Verstoß gegen die Grundsätze einer ordnungsgemäßen Verwaltung, der die Position des Nacherben erheblich gefährdet. Zum anderen ist im Rahmen des § 2128 BGB bereits eine ungünstige Vermögenslage ausreichend, um die Verpflichtung zur Sicherheitsleistung auszulösen. Auf ein Verschulden des Beklagten kommt es dabei nicht an. Wie oben dargelegt, haben Eigengläubiger des Vorerben Vollstreckungstitel erstritten und mit der Zwangsvollstreckung in das Vermögen des Vorerben begonnen. Dies rechtfertigt die Annahme einer ungünstigen Vermögenslage bei dem Beklagten. Der Kläger muss sich insoweit nicht auf seine Rechte gegenüber den Gläubigern des Vorerben aus § 2115 BGB verweisen lassen.

Bei der Berechnung der Höhe der Sicherheitsleistung ist der Kläger davon ausgegangen, dass grundsätzlich für den gesamten Nachlass Sicherheit zu leisten ist. Abzusetzen hiervon ist jedoch der Wert der zu der Vorerbschaft gehörenden Grundstücke, da der Kläger insoweit durch den Nacherbenvermerk gem. § 51 GBO bereits ausreichend gegen Verfügungen des Vorerben geschützt ist.

Schließlich hat der Kläger ein Interesse, dass bei einem – angesichts der finanziellen Situation des Beklagten wahrscheinlichen – Ausbleiben der Sicherheitsleistung gem. § 2129 Abs. 1 in Verbindung mit § 1052 Abs. 1 S. 2 BGB die gerichtliche Verwaltung angeordnet werden kann. Die hierfür erforderliche Nachfristsetzung kann bereits in dem Urteil erfolgen, das in dem Verfahren auf Verpflichtung zur Sicherheitsleistung ergeht (§ 255 Abs. 2 ZPO). Eine entsprechende Fristsetzung wird mit dem Klageantrag Ziff. 4 begehrt.

(Rechtsanwalt)

### gg) Einstweiliger Rechtsschutz

**217** Bis zum Erlass eines vollstreckbaren Urteils auf Sicherheitsleistung kann im Wege des einstweiligen Rechtsschutzes auch ein Arrest oder eine einstweilige Verfügung beantragt werden.

**Arrest und einstweilige Verfügung sind auch gegen den befreiten Vorerben möglich.**[227] Sie sind überhaupt die einzigen Sicherungsmittel, die dem Nacherben gegenüber dem befreiten Vorerben zur Verfügung stehen. Einen Auskunftsanspruch analog § 2127 BGB hat der Nacherbe gegenüber dem befreiten Vorerben allerdings nicht.[228]

Der befreite Vorerbe hat jedoch bei der Verwaltung des Nachlasses einen weiten Spielraum. Eine Verletzung seiner Rechte wird deshalb nur in engen Grenzen, insbesondere bei Gesetzesverstößen, anzunehmen sein.

> **Beispiel**
> Vornahme unentgeltlicher Verfügungen durch den Vorerben entgegen des Verbots in § 2113 Abs. 2 BGB.

> **Hinweis**
> Ein Antrag auf Sicherheitsleistung wegen einer konkreten Gefährdung des Nachlasses steht in offenem **Widerspruch zu der Entscheidung des Gesetzgebers**, dass der befreite Vorerbe gerade nicht zur Sicherheitsleistung und erst nach dem Eintritt des Nacherbfalls zur Leistung von Schadenersatz verpflichtet sein soll.[229]

Von dem Instrumentarium des einstweiligen Rechtsschutzes sollte deshalb gegenüber dem befreiten Vorerben nur Gebrauch gemacht werden, wenn besondere Gründe die Eingehung des **hohen Prozessrisikos** rechtfertigen. Die Erhebung einer Feststellungsklage ist demgegenüber schon vor Eintritt des Nacherbfalles unbedenklich.

**hh) Muster: Antrag des Nacherben auf einstweilige Verfügung gegen befreiten Vorerben, Sicherheitsleistung**

An das

Landgericht
– Zivilkammer –

*Eilt sehr! Bitte sofort vorlegen!*

*Antrag auf Erlass einer einstweiligen Verfügung*

der Frau

– Antragstellerin –

Verfahrensbevollmächtigter: Rechtsanwalt

gegen

Herrn

– Antragsgegner –

Namens und im Auftrag der Antragstellerin beantrage ich, folgende einstweilige Verfügung – wegen der Dringlichkeit ohne mündliche Verhandlung (§ 937 Abs. 2 ZPO) – zu erlassen:

---

227 Staudinger/*Avenarius*, § 2128 BGB Rn 17; Soergel/*Harder/Wegmann*, § 2128 BGB Rn 5; MüKo-*Grunsky*, § 2128 BGB Rn 5; Palandt/*Edenhofer*, § 2128 BGB Rn 2; Damrau/*Hennicke*, § 2128 BGB Rn 6; *Dillmann*, RNotZ 2002, 1, 8.
228 Staudinger/*Avenarius*, Vor §§ 2127–2129 BGB Rn 2.
229 Diese Bedenken formuliert: Staudinger/*Avenarius*, § 2138 BGB Rn 18.

Dem Antragsgegner wird geboten, für den geplanten Verkauf des Pkw Marke ▇▇▇, amtliches Kennzeichen: ▇▇▇, Sicherheit in Höhe von ▇▇▇ EUR *(Verkehrswert des Fahrzeugs)* zu leisten.

*Begründung:*

Die Antragstellerin erstrebt mit dem Antrag auf Erlass einer einstweiligen Verfügung die Sicherung ihres Nacherbenrechts gegenüber einer geplanten unentgeltlichen Verfügung des Antragsgegners als Vorerben.

Die Antragstellerin ist alleinige Nacherbin des am ▇▇▇ verstorbenen ▇▇▇, zuletzt wohnhaft gewesen in ▇▇▇. Der Nacherbfall tritt mit dem Bestehen des Zweiten juristischen Staatsexamens durch die Antragstellerin ein. Den schriftlichen Teil der Prüfung hat die Antragstellerin beim Prüfungsamt des Landes ▇▇▇ bereits abgelegt, die mündliche Prüfung ist auf den ▇▇▇ angesetzt.

Vorerbe ist der Antragsgegner, ein Onkel der Antragstellerin. Der Antragsgegner ist von den gesetzlichen Verfügungsbeschränkungen des Vorerben im gesetzlich zulässigen Umfang (§ 2136 BGB) befreit.

*Glaubhaftmachung:* Beglaubigte Abschriften
- des Testaments vom ▇▇▇
- der Eröffnungsniederschrift des Nachlassgerichts ▇▇▇
- Kopie der Mitteilung des Landesjustizprüfungsamtes ▇▇▇ vom ▇▇▇

Zur Vorerbschaft gehört auch der Pkw des Erblassers, ein neuwertiger ▇▇▇, amtliches Kennzeichen ▇▇▇.

*Glaubhaftmachung:* Verzeichnis der Erbschaftsgegenstände vom ▇▇▇
Eidesstattliche Versicherung des Herrn ▇▇▇ *(Verkäufer Autohaus)*

Das Fahrzeug hat derzeit einen Verkehrswert von ▇▇▇ EUR. *(im Beispiel: 40.000 EUR)*

*Glaubhaftmachung:* Kurz-Expertise des Kfz-Sachverständigen ▇▇▇ vom ▇▇▇ *(Ermittlung des Fahrzeugwertes anhand von bekannten Daten)*

Die Parteien haben sich aus verschiedenen Gründen, die im familiären Bereich liegen, zerstritten. Im Hinblick auf den unmittelbar bevorstehenden Eintritt des Nacherbfalls hat der Antragsgegner nun damit begonnen, die Erbschaft systematisch zu entwerten durch den Verkauf von Erbschaftsgegenständen deutlich unter deren tatsächlichem Wert. So hat die Antragstellerin davon Kenntnis erlangt, dass der Antragsgegner den Pkw des Erblassers in seinem Bekanntenkreis zu dem „Freundschaftspreis" von ▇▇▇ EUR *(im Beispiel: 5.000 EUR)* angeboten hat. Mitgeteilt bekommen hat die Antragstellerin diesen Sachverhalt von Frau ▇▇▇, welcher der Antragsgegner das Fahrzeug am ▇▇▇ zum Kauf angeboten hat. Ihr gegenüber hat der Antragsgegner wörtlich erklärt: „Zahlen Sie, was Sie wollen. Hauptsache, ich werde das Auto in der nächsten Woche los."

*Glaubhaftmachung:* Eidesstattliche Versicherung der Frau ▇▇▇ vom ▇▇▇

Ob ein Kaufvertrag bereits zu Stande gekommen ist, entzieht sich der Kenntnis der Antragstellerin. Nachdem das Fahrzeug bis heute vor der Garage des Antragsgegners steht, geht die Antragstellerin davon aus, dass jedenfalls eine Übereignung noch nicht stattgefunden hat.

Der geplante Verkauf des Pkw stellt eine gemischte Schenkung dar, da bei einer wirtschaftlichen Betrachtungsweise der von dem Antragsgegner verlangte Kaufpreis kein dem Wert des Fahrzeugs entsprechendes Entgelt darstellt. Bei einem derart groben Missverhältnis von Leistung und Gegenleistung wie im vorliegenden Fall – verlangt wird lediglich $1/_8$ des Verkehrswertes – spricht eine tatsächliche Vermutung dafür, dass die Parteien des Kaufvertrages sich über die teilweise Unentgeltlichkeit der Zuwendung einig waren. Zu einer unentgeltlichen Verfügung ist aber auch der befreite Vorerbe nicht befugt (§ 2113 Abs. 2 BGB). Sie beeinträchtigt das Recht des Nacherben. Gegenüber einer solchen Rechtsverletzung kann sich auch der nicht befreite Vorerbe während der Dauer der Vorerbschaft – nicht mit dem Instrumentarium der §§ 2127 ff.

*Steinbacher*

BGB, wohl aber mit den allgemeinen Sicherungsmitteln der ZPO – zur Wehr setzen (vgl. Staudinger/*Avenarius*, BGB, 13. Auflage, § 2128 Rn 17; Soergel/*Harder/Wegmann*, BGB, 13. Auflage, § 2128 Rn 5; MüKo-*Grunsky*, BGB, 4. Auflage, § 2128 Rn 5; Palandt/*Edenhofer*, BGB, 69. Auflage, § 2128 Rn 2).

Ein Verfügungsgrund ist gegeben. Das durch § 2113 Abs. 2 BGB geschützte Interesse des Nacherben, den Wert der Erbschaft zu erhalten, ist durch die Verkaufsbemühungen des Antragsgegners unmittelbar gefährdet. Die Antragstellerin kennt die Person des Käufers nicht. Sie braucht sich schon wegen der daraus resultierenden Unsicherheit nicht auf einen Herausgabeanspruch gegen den Erwerber – im Falle eines gutgläubigen Erwerbs des Fahrzeugs lediglich über § 816 Abs. 1 S. 2 BGB – verweisen zu lassen. Auch der erst mit dem Eintritt des Nacherbfalls entstehende Schadensersatzanspruch aus § 2138 Abs. 2 BGB stellt für die Antragstellerin keine ausreichende Absicherung dar. Denn der Antragsgegner verfügt außerhalb der Vorerbschaft nicht über nennenswerte Vermögenswerte, in welche mit Aussicht auf Erfolg eine Zwangsvollstreckung betrieben werden könnte. Ein etwaiger Schadensersatzanspruch wäre mithin nicht werthaltig.

*Glaubhaftmachung:* Eidesstattliche Versicherung der Antragstellerin vom

Es ist zu befürchten, dass der Antragsgegner, wenn er von dem Verfügungsantrag erfährt, das Fahrzeug sofort veräußern und übereignen wird. Eine Entscheidung ohne mündliche Verhandlung (§ 937 Abs. 2 ZPO) ist deshalb angezeigt.

(Rechtsanwalt)

ii) Muster: Klage auf Feststellung einer Pflichtverletzung des Vorerben

An das

Landgericht
– Zivilkammer –

*Klage*

der Frau

– Klägerin –

Verfahrensbevollmächtigter: Rechtsanwalt

gegen

Herrn

– Beklagten –

wegen Feststellung.

Namens und in Vollmacht der Klägerin erhebe ich Klage gegen den Beklagten und werde in dem zu bestimmenden Termin beantragen, für Recht zu erkennen:

Es wird festgestellt, dass der Beklagte durch die Übereignung des Pkw Marke            , amtliches Kennzeichen:         , aufgrund des Kaufvertrages vom          gegen die ihn als Vorerben treffende Verpflichtung, nicht unentgeltlich über Nachlassgegenstände zu verfügen, verstoßen hat.

Falls die Voraussetzungen des § 331 Abs. 3 ZPO vorliegen, bitte ich um Erlass eines Versäumnisurteils ohne mündliche Verhandlung.

*Begründung:*

Die Klägerin erstrebt die Feststellung, dass eine von dem Beklagten vorgenommene, teilweise unentgeltliche Verfügung ihr Nacherbenrecht beeinträchtigt.

Die Klägerin ist alleinige Nacherbin des am            verstorbenen           , zuletzt wohnhaft gewesen in          . Der Nacherbfall tritt mit dem Bestehen des Zweiten juristischen Staatsexamens durch die

Antragstellerin ein. Vorerbe ist der Antragsgegner, ein Onkel der Antragstellerin. Der Antragsgegner ist von den gesetzlichen Verfügungsbeschränkungen des Vorerben im gesetzlich zulässigen Umfang (§ 2136 BGB) befreit.

*Beweis:* Beglaubigte Abschriften
- des Testaments vom
- der Eröffnungsniederschrift des Nachlassgerichts

Zur Vorerbschaft gehörte auch der Pkw des Erblassers, ein neuwertiger , amtliches Kennzeichen .

*Beweis:* Verzeichnis der Erbschaftsgegenstände vom
Zeugnis des Herrn *(Verkäufer Autohaus)*

Das Fahrzeug hat derzeit einen Verkehrswert von EUR *(im Beispiel: 40.000 EUR).*

*Beweis:* Kurz-Expertise des Kfz-Sachverständigen vom *(Ermittlung des Fahrzeugwertes anhand von bekannten Daten)*

Der Beklagte hat diesen Pkw in seinem Bekanntenkreis zu dem „Freundschaftspreis" von 5.000 EUR angeboten und schlussendlich am an Herrn verkauft. Das Fahrzeug wurde zwischenzeitlich auch übereignet. Fahrzeugbrief und Fahrzeugschein befinden sich bei Herrn , welcher das Fahrzeug auf seinen Namen zugelassen hat.

*Beweis:* Zeugnis des Herrn *(Käufer)*
Formular-Kaufvertrag vom

*Zur Rechtslage:*

Der Verkauf des Pkw stellt eine gemischte Schenkung dar, da bei einer wirtschaftlichen Betrachtungsweise der von dem Antragsgegner verlangte Kaufpreis kein dem Wert des Fahrzeugs entsprechendes Entgelt darstellt. Bei einem derart groben Missverhältnis von Leistung und Gegenleistung wie im vorliegenden Fall – verlangt wird lediglich ein Achtel des Verkehrswertes – spricht eine tatsächliche Vermutung dafür, dass die Parteien des Kaufvertrages sich über die teilweise Unentgeltlichkeit der Zuwendung einig waren. Zu einer unentgeltlichen Verfügung ist aber auch der befreite Vorerbe nicht befugt, § 2113 Abs. 2 BGB.

Die Klägerin hat ein Interesse an der begehrten Feststellung, da diese als Grundlage für ein Schadenersatzverlangen nach § 2138 Abs. 2 BGB dienen soll, das jedoch erst nach Eintritt des Nacherbfalls geltend gemacht werden kann. Es ist in der Rechtsprechung anerkannt, dass entsprechende Feststellungsklagen des Nacherben zur Vorbereitung eines späteren Schadenersatzprozesses bereits während der Dauer der Vorerbschaft zulässig sind (BGH NJW 1977, 1631, 1632; MüKo-*Grunsky*, BGB, 4. Auflage, § 2138 Rn 5; Soergel/*Harder*/*Wegmann*, BGB, 13. Auflage, § 2138 Rn 5).

(Rechtsanwalt)

c) Gerichtliche Verwaltung

aa) Rechtliche Grundlagen

**224** Ist der Vorerbe rechtskräftig zur Sicherheitsleistung verurteilt und die gerichtlich gesetzte Frist zur Sicherheitsleistung fruchtlos verstrichen, kann nach § 2128 Abs. 2 i.V.m. § 1052 BGB beim **Vollstreckungsgericht** (§ 764 ZPO) die **Entziehung der Verwaltung** und die **Bestellung eines Verwalters** beantragt werden. Enthält das zugrunde liegende Urteil keine Fristsetzung für die Sicherheitsleistung, so kann diese vom Vollstreckungsgericht nachgeholt werden.

Ist Gegenstand der Vorerbschaft ein **Unternehmen**, sind folgende Besonderheiten zu beachten:²³⁰
- nicht zulässig ist die Führung eines einzelkaufmännischen Handelsgeschäfts durch einen Verwalter;
- nicht zulässig ist auch die Anordnung einer Verwaltung hinsichtlich einer Beteiligung an einer OHG;
- zulässig ist die Anordnung jedoch bezüglich einer Kommanditbeteiligung an einer KG;
- zulässig ist die Anordnung schließlich im Hinblick auf eine Beteiligung an einer Kapitalgesellschaft.

Als Verwalter kann auch der Nacherbe eingesetzt werden (vgl. § 1052 Abs. 2 S. 2 BGB).²³¹

bb) Rechtsfolgen

Mit der Vollstreckbarkeit des die Entziehung anordnenden Beschlusses verliert der Vorerbe die **Verfügungsbefugnis** über die Erbschaftsgegenstände (§ 2129 Abs. 1 BGB). Das Verfügungsrecht geht in dem Umfang, in dem es dem Vorerben zugestanden hat, auf den Verwalter über (vgl. § 2129 Abs. 1 BGB). Zudem verliert der Vorerbe das **Verwaltungsrecht** über den Nachlass, er hat die Erbschaft dem Verwalter herauszugeben (vgl. § 1052 Abs. 2 S. 1 BGB i.V.m. §§ 150, 152 ff. ZVG). Streitig ist, ob Voraussetzung für die Vollstreckung der Herausgabe ist, dass die herauszugebenden Gegenstände in dem die gerichtliche Verwaltung anordnenden Beschluss im Einzelnen bezeichnet sind.²³² Erforderlichenfalls kann beim Vollstreckungsgericht ein Ergänzungsbeschluss beantragt werden.

cc) Verfahren

**Abwendungsbefugnis**: Die gerichtliche Verwaltung dauert bis zum Nacherbfall. Sie ist jedoch aufzuheben, wenn die Sicherheitsleistung erbracht wird, § 2128 Abs. 2 i.V.m. § 1052 Abs. 3 BGB.

**Grundbucheintragung**: Um einen gutgläubigen Erwerb eines Dritten von dem nicht mehr verfügungsbefugten Vorerben zu verhindern (§§ 2129 Abs. 2, 892 Abs. 1 S. 2 BGB), ist die Eintragung der gerichtlichen Verwaltung in das Grundbuch erforderlich. Eine Eintragung von Amts wegen erfolgt nicht, vielmehr ist ein entsprechender Antrag des Verwalters oder des Nacherben erforderlich (Grundbuchberichtigung, §§ 13, 22 GBO). Möglich ist auch, aufgrund eines Antrags des Nacherben, ein Ersuchen des Vollstreckungsgerichts (§ 38 GBO).

Keinen vollkommenen Schutz kann in diesem Zusammenhang der von Amts wegen einzutragende Nacherbenvermerk (§ 51 GBO) bieten, denn Verfügungen des Vorerben sind nach § 2113 Abs. 1 BGB zumindest bis zum Eintritt des Nacherbfalls wirksam.

**Erbschein**: Der Erbschein des Vorerben schützt einen gutgläubigen Dritten nicht, da die Entziehung der Verwaltung nicht zu den im Erbschein aufzuführenden Beschränkungen (§§ 2365, 2366 BGB) gehört,²³³ sich mithin auf deren Nichtvorhandensein kein guter Glaube stützen kann.

---

230 Staudinger/*Avenarius*, § 2128 BGB Rn 12.
231 Staudinger/*Avenarius*, § 2128 BGB Rn 15; *Lange/Kuchinke*, § 28 V 6b Fn 221 m.w.N.
232 Bejahend: Staudinger/*Avenarius*, § 2129 BGB Rn 4; Soergel/*Harder/Wegmann*, § 2129 Rn 2; verneinend: MüKo-*Grunsky*, § 2129 Rn 2; AnwK-BGB/*Gierl*, § 2129 Rn 6 m.w.N.
233 Staudinger/*Avenarius*, § 2129 BGB Rn 9.

#### dd) Verwaltervergütung und Kosten der Zwangsverwaltung

230 – Die **Verwaltervergütung** bestimmt sich nach §§ 17–22 Zwangsverwalterverordnung vom 19.12.2003.[234] Die Festsetzung der Vergütung erfolgt auf Antrag des Verwalters durch das Vollstreckungsgericht (§ 153 ZVG, § 22 Zwangsverwalterverordnung). Die Vergütung des Verwalters ist in erster Linie aus den Nutzungen der Erbschaft (die an sich dem Vorerben zustehen!) zu bestreiten, soweit diese nicht ausreichend sind, auch aus dem Stamm der Erbschaft.[235]
– Die **Gerichtskosten** richten sich nach § 55 GKG; zur Höhe: Nr. 2220, 2210 GKG-KV; Vorschusspflicht: § 15 Abs. 2 GKG.
– Die **Anwaltsgebühren** richten sich nach § 27 RVG. Maßgeblich für den Gegenstandswert ist der Anspruch (einschließlich Nebenforderung), wegen dessen das Verfahren beantragt wird.

#### ee) Checkliste: Antrag auf Anordnung der gerichtlichen Verwaltung

231 – Rechtskräftige Verurteilung zur Sicherheitsleistung
– Sicherheitsleistung nicht erbracht
– Fristsetzung im Urteil oder nachträglich durch das Vollstreckungsgericht
– **Nicht** zulässig ist die Verwaltung hinsichtlich eines einzelkaufmännischen Unternehmens und der Beteiligung an einer OHG
– Antrag zur Verwalterbestellung: auch der Nacherbe kann zum Verwalter bestellt werden
– Eintragung der Anordnung der gerichtlichen Verwaltung im Grundbuch
– Antrag auf einstweilige Anordnung der gerichtlichen Verwaltung schon vor Fristablauf?

#### ff) Muster: Antrag Nacherbe auf Anordnung der gerichtlichen Verwaltung

413 An das

232 Amtsgericht[236]
– Vollstreckungsgericht –

*Antrag auf Anordnung der gerichtlichen Verwaltung gem. §§ 2128 Abs. 2, 1052 BGB*
In der Vollstreckungssache

./.

beantrage ich namens und in Vollmacht des Gläubigers,
1. bezüglich des Nachlasses des am          in          verstorbenen          , zuletzt wohnhaft gewesen in          , die gerichtliche Verwaltung anzuordnen,
2. den Schuldner zu verpflichten, sämtliche zum Nachlass gehörenden Gegenstände gemäß dem beiliegenden Bestandsverzeichnis vom          (z.B. Verzeichnis nach § 2127 BGB) an den Verwalter herauszugeben.[237]
3. Ich rege an, Herrn          (Nacherbe!) zum Verwalter zu bestellen.

---

234 BGBl I 2003, 2804.
235 MüKo-*Grunsky*, § 2128 BGB Rn 4 a.E.
236 Zur Zuständigkeit: § 764 ZPO; vgl. Palandt/*Edenhofer*, § 2129 BGB Rn 1.
237 Sofern die Nachlassgegenstände in dem Beschluss zur Verwalterbestellung aufgeführt sind, kann dieser als Vollstreckungstitel für die Herausgabe des Nachlasses dienen. Andernfalls muss das Gericht einen geeigneten Ergänzungsbeschluss fassen (§ 1052 Abs. 2 BGB, §§ 150, 152 ff. ZVG).

*Begründung:*

Der Gläubiger ist Nacherbe, der Schuldner nicht befreiter Vorerbe des am ▮ in ▮ verstorbenen ▮, zuletzt wohnhaft ▮.

Der Schuldner wurde durch Urteil des Landgerichts ▮ vom ▮, Az. ▮, verurteilt, eine Sicherheitsleistung in Höhe von ▮ EUR zu erbringen. Zugleich wurde ihm eine Frist zur Erbringung der Sicherheitsleistung von ▮ Wochen, beginnend mit Rechtskraft des Urteils, gesetzt. Das Urteil ist seit ▮ rechtskräftig. Eine vollstreckbare Ausfertigung des Urteils ist beigefügt.

Der Schuldner hat innerhalb der gesetzten Frist keine Sicherheitsleistung erbracht. Der Gläubiger kann deshalb gem. § 2128 Abs. 2 in Verbindung mit § 1052 BGB die Anordnung der gerichtlichen Verwaltung verlangen.

Der Gläubiger regt an, ihn selbst zum Verwalter zu bestimmen. Dies ist zulässig (vgl. § 1052 Abs. 2 S. 2 BGB).

Der gerichtlichen Verwaltung unterliegen folgende Grundstücke: ▮ (vgl. das beigefügte Bestandsverzeichnis vom ▮). Das Gericht wird gebeten, insoweit das Grundbuchamt um Eintragung der Verfügungsbeschränkung zu ersuchen (§ 38 GBO, §§ 146, 19 ZVG).

(Rechtsanwalt)

gg) Muster: Antrag Nacherbe auf Erlass eines Ergänzungsbeschlusses

An das
Amtsgericht
– Vollstreckungsgericht –

Az. ▮

*Antrag auf Ergänzung des Beschlusses über die Anordnung der gerichtlichen Verwaltung*

In der Vollstreckungssache

▮ ./. ▮

beantrage ich namens und in Vollmacht des Gläubigers, den Beschluss des Amtsgerichts ▮ – Vollstreckungsgericht – vom ▮ wie folgt zu ergänzen:

Der Schuldner wird verpflichtet, sämtliche zum Nachlass des am ▮ in ▮ verstorbenen ▮ gehörenden Gegenstände gemäß dem beiliegenden Bestandsverzeichnis vom ▮ *(z.B. Verzeichnis nach § 2127 BGB)* an den Verwalter herauszugeben.

*Begründung:*

Der Gläubiger ist Nacherbe, der Schuldner nicht befreiter Vorerbe des am ▮ in ▮ verstorbenen ▮, zuletzt wohnhaft ▮.

Das Vollstreckungsgericht hat in dieser Sache durch Beschluss vom ▮ – Az. ▮ – hinsichtlich des gesamten Nachlasses die gerichtliche Verwaltung angeordnet und den Gläubiger zum Verwalter bestellt.

Dem Antrag war kein Verzeichnis der zum Nachlass gehörenden Gegenstände beigefügt. Dementsprechend hat der stattgebende Beschluss, der den Schuldner lediglich allgemein zur Herausgabe des Nachlasses verpflichtet, keinen vollstreckungsfähigen Inhalt.

Es wird nunmehr das zwischenzeitlich dem Gläubiger von dem Schuldner überlassene und von diesem erstellte Bestandsverzeichnis vom ▮ vorgelegt. Zugleich wird beantragt, den oben genannten Beschluss des Vollstreckungsgerichts dahin gehend zu ergänzen, dass der Schuldner zur Herausgabe der in dem Bestandsverzeichnis aufgeführten Gegenstände verpflichtet ist.

(Rechtsanwalt)

hh) Muster: Antrag auf Eintragung der gerichtlichen Verwaltung in das Grundbuch

An

Amtsgericht/Gemeinde
– Grundbuchamt –

*Antrag auf Eintragung der Anordnung der gerichtlichen Verwaltung gem. §§ 2129 Abs. 1, 1052 BGB*

Unter Vorlage der beiliegenden Vollmacht zeige ich die Vertretung des Herrn           an.

Im Grundbuch von           , Blatt           , ist in Abteilung I Frau           als Eigentümerin des Grundstücks Bestandesverzeichnis Nr. 1, Markung           ,           *(weitere Beschreibung)* eingetragen. Das Grundstück ist Bestandteil des Nachlasses des am           verstorbenen           , zuletzt wohnhaft           . Es unterliegt der von dem Erblasser hinsichtlich seines gesamten Nachlasses angeordneten Nacherbfolge. Die Stellung der Eigentümerin           als nicht befreite Vorerbin ergibt sich aus dem in Abteilung II eingetragenen Nacherbenvermerk. Im Übrigen nehme ich auf das in den Nachlassakten des Amtsgerichts           , Az.           , befindliche Testament vom           sowie die Eröffnungsniederschrift vom           Bezug.

Das Amtsgericht           – Vollstreckungsgericht – hat mit Beschluss vom           , Az.           , bezüglich sämtlicher der Vorerbschaft der Frau           unterliegender Gegenstände – somit auch des oben genannten Grundstücks – die gerichtliche Verwaltung angeordnet. Zum Verwalter wurde Herr           bestellt. Eine Ausfertigung des Beschlusses füge ich bei.

Ich beantrage,

die Anordnung der gerichtlichen Verwaltung im Wege der Grundbuchberichtigung in das Grundbuch einzutragen.

(Rechtsanwalt)

ii) Muster: Antrag auf Aufhebung der gerichtlichen Verwaltung

An das

Amtsgericht
– Vollstreckungsgericht –

Az.

*Antrag auf Aufhebung der gerichtlichen Verwaltung*

In der Vollstreckungssache

          ./.           

beantrage ich namens und in Vollmacht des Gläubigers,

die mit Beschluss des Amtsgerichts           – Vollstreckungsgericht – vom           angeordnete gerichtliche Verwaltung bezüglich des Nachlasses des am           in           verstorbenen           wird aufgehoben.

## E. Rechtsstellung des Nacherben

*Begründung:*

Der Gläubiger ist Nacherbe, der Schuldner nicht befreiter Vorerbe des am         in         verstorbenen         , zuletzt wohnhaft         .

Das Vollstreckungsgericht hat in dieser Sache durch Beschluss vom         – Az.         – hinsichtlich des gesamten Nachlasses die gerichtliche Verwaltung angeordnet und den Gläubiger zum Verwalter bestellt.

Der Schuldner hat zwischenzeitlich die ihm durch Urteil des Landgerichts         vom         , Az.         , auferlegte Verpflichtung zur Sicherheitsleistung erfüllt und eine Bankbürgschaft über den vollen Betrag in Höhe von         EUR erbracht. Die Anordnung der gerichtlichen Verwaltung ist deshalb gem. § 2128 Abs. 2 in Verbindung mit § 1052 Abs. 3 BGB aufzuheben.

Der gerichtlichen Verwaltung unterliegen folgende Grundstücke:         (vgl. das beigefügte Bestandsverzeichnis vom         ). Das Gericht wird gebeten, insoweit das Grundbuchamt um Löschung der Verfügungsbeschränkung zu ersuchen (§ 38 GBO).

(Rechtsanwalt)

### jj) Einstweiliger Rechtsschutz

Durch eine einstweilige Verfügung kann dem Vorerben die Verwaltung des Nachlasses vorläufig entzogen werden, wenn die Voraussetzungen der §§ 940, 938 ZPO vorliegen. Sofern bereits eine rechtskräftige Verurteilung zur Sicherheitsleistung vorliegt, kann der Antrag vor Ablauf der Nachfrist gestellt werden.[238]

### kk) Muster: Antrag Nacherbe auf einstweilige Verfügung, vorläufige Entziehung der Verwaltungsbefugnis

An das

Landgericht[239]
– Zivilkammer –

*Eilt sehr! Bitte sofort vorlegen!*

*Antrag auf Erlass einer einstweiligen Verfügung*

des Herrn

– Antragstellers –

Verfahrensbevollmächtigter: Rechtsanwalt

gegen

Herrn

– Antragsgegner –

Namens und im Auftrag der Antragstellerin beantrage ich, folgende einstweilige Verfügung – wegen der Dringlichkeit ohne mündliche Verhandlung (§ 937 Abs. 2 ZPO) – zu erlassen:

1. Bezüglich des Nachlasses des am         in         verstorbenen         , zuletzt wohnhaft gewesen in         , wird die vorläufige gerichtliche Verwaltung angeordnet. Die §§ 2128, 2129, 1052 BGB gelten für die vorläufige Verwaltung entsprechend.

---

238 Staudinger/*Avenarius*, § 2128 BGB Rn 12; kritisch: *Kohler*, ZZP 102, 58, 71 f.
239 Zur Zuständigkeit: §§ 937, 943, 942 ZPO.

Die Anordnung endet ▒▒▒ (entsprechend Fristsetzung im Urteil) Wochen nach Eintritt der Rechtskraft des Urteils des Landgerichts ▒▒▒ vom ▒▒▒, Az. ▒▒▒.
2. Dem Antragsgegner wird untersagt, über den Nachlass zu verfügen.
3. Zum vorläufigen Verwalter wird Herr ▒▒▒ (Antragsteller = Nacherbe) bestellt.
4. Dem Antragsgegner wird geboten, sämtliche zum Nachlass gehörende Gegenstände gemäß dem beiliegende Bestandsverzeichnis vom ▒▒▒ an den vorläufigen Verwalter herauszugeben.

*Begründung:*

Der Antragsteller erstrebt mit dem Antrag auf Erlass einer einstweiligen Verfügung gem. §§ 938, 940 ZPO die Sicherung seiner Rechte als Nacherbe an dem Nachlass des ▒▒▒.

Der Antragsteller ist alleiniger Nacherbe des am ▒▒▒ verstorbenen ▒▒▒, zuletzt wohnhaft gewesen in ▒▒▒. Vorerbe ist der Antragsgegner, ein Onkel des Antragstellers. Er hat die Rechtsstellung eines nicht befreiten Vorerben.

*Glaubhaftmachung:* Beglaubigte Abschriften
- des notariellen Testaments vom ▒▒▒
- der Eröffnungsniederschrift des Nachlassgerichts ▒▒▒

Wegen verschiedener Unregelmäßigkeiten in der Verwaltung der Vorerbschaft hat das Landgericht ▒▒▒ den Antragsgegner durch Urteil vom ▒▒▒, Az. ▒▒▒, gem. § 2128 BGB zu einer Sicherheitsleistung in Höhe von ▒▒▒ EUR verurteilt. Zugleich wurde dem Antragsgegner für die Erbringung der Sicherheit eine Frist von ▒▒▒ Wochen ab Eintritt der Rechtskraft des Urteils gesetzt.

*Glaubhaftmachung:* Ausfertigung des Urteils des Landgerichts ▒▒▒ vom ▒▒▒

Der Antragsgegner hat gegen das Urteil des Landgerichts Berufung eingelegt. Er hat bislang keine Sicherheitsleistung erbracht.

*Glaubhaftmachung:* Eidesstattliche Versicherung des Antragstellers vom ▒▒▒

Nach Zustellung des erstinstanzlichen Urteils hat der Antragsgegner damit begonnen, der Vorerbschaft unterliegende Gegenstände zu veräußern und den Erlös im Spielcasino für sich zu verbrauchen. Gegenüber der Mutter des Antragstellers hat der Antragsgegner den soeben geschilderten Sachverhalt bestätigt und erklärt, er werde dafür sorgen, dass bis zum Ende des Prozesses bei ihm nichts mehr zu holen sei.

*Glaubhaftmachung:* Eidesstattliche Versicherung der Frau ▒▒▒

*Zur Rechtslage:*

Der Antragsteller ist gem. §§ 2128 Abs. 2, 1052 BGB berechtigt, nach Rechtskraft des die Verpflichtung zur Sicherheitsleistung aussprechenden Urteils und nach fruchtlosem Ablauf der Nachfrist die Anordnung der gerichtlichen Verwaltung zu beantragen.

Daneben kann der Nacherbe aber im Wege der einstweiligen Verfügung schon vor der rechtskräftigen Verurteilung und vor dem Ablauf der für die Sicherheitsleistung zu setzenden Frist im Wege der einstweiligen Verfügung die Anordnung einer vorläufigen Verwaltung beantragen, sofern dies zur Abwendung wesentlicher Nachteile erforderlich erscheint (Staudinger/*Avenarius*, BGB, 13. Bearbeitung, § 2128 Rn 13, 17 m.w.N.; MüKo-*Grunsky*, BGB, 4. Auflage, § 2128 Rn 5).

Diese Voraussetzungen liegen hier vor. Auf Grund der Bekundungen des Antragsgegners gegenüber der Mutter des Antragstellers spricht eine hohe Wahrscheinlichkeit dafür, dass der Antragsgegner – solange er die Möglichkeit dazu hat – wesentliche Teil der Erbschaft verschleudern und dadurch das auf Erhaltung des Stammes der Erbschaft gerichtete Interesse des Nacherben beeinträchtigen wird. Dem kann wirksam nur begegnet werden, indem dem Antragsgegner die Verfügungsbefugnis über den Nachlass entzogen wird.

In diesem Zusammenhang kann der Antragsteller nicht darauf verwiesen werden, aus dem für vorläufig vollstreckbar erklärten Urteil des Landgerichts im Wege der Einzelzwangsvollstreckung vorzugehen und seinen Anspruch auf Sicherheitsleistung durchzusetzen. Deren Erfolgsaussichten sind ungewiss. Der Antragsgegner kann zudem bis zur Pfändung durch den Gerichtsvollzieher, die frühestens in ▓▓▓▓ Wochen stattfinden könnte, weiter wirksam über den Nachlass verfügen und auf diese Weise das Nacherbenrecht des Antragstellers beeinträchtigen.

(Rechtsanwalt)

### 6. Zugriff der Gläubiger des Vorerben auf den Nachlass

#### a) Unwirksamkeit von Verfügungen in der Zwangsvollstreckung

##### aa) Rechtliche Grundlagen

Die Gläubiger des Vorerben können aus einem gegen den Vorerben erwirkten Titel die Zwangsvollstreckung in den Nachlass betreiben. Dies unabhängig davon, ob es sich bei der zugrunde liegenden Forderung um eine Nachlassverbindlichkeit oder eine Eigenverbindlichkeit des Vorerben handelt.[240]

Jedoch soll der Nacherbe nicht mit der Erbschaft für die persönlichen Verbindlichkeiten des Vorerben einstehen müssen. Eine in der Zwangsvollstreckung sowie in Vollziehung eines Arrestes gegen den Vorerben getroffene **Verfügung** ist nach § 2115 S. 1 BGB absolut unwirksam, soweit die Rechtsstellung des Nacherben beeinträchtigt wird und nicht eine der in § 2115 S. 2 BGB genannten Ausnahmen vorliegt:

- Zulässig ist die Vollstreckung durch einen **Nachlassgläubiger**. Denn das Recht des Nacherben muss wie das Recht jedes anderen Erben den Ansprüchen von Nachlassgläubigern weichen. Hierunter fallen auch Nachlasserbenschulden, also Eigenverbindlichkeiten des Vorerben, die dieser zur ordnungsgemäßen Verwaltung des Nachlasses (§ 2120 BGB) eingehen durfte und die daher zugleich Nachlassverbindlichkeiten begründen.[241]
- Wirksam sind ferner Zwangsverfügungen, die aufgrund eines an einem **Nachlassgegenstand wirksam bestellten Rechts** (beispielsweise eines Pfandrechts) durchgeführt werden. Hierunter fallen nicht nur die von dem Erblasser, sondern ebenso die von dem Vorerben mit Wirkung gegen den Nacherben an Erbschaftsgegenständen begründeten Rechte.[242]

> **Beispiel**
> Im Rahmen einer befreiten Vorerbschaft bestellt der Vorerbe eine Hypothek für eine persönliche Verbindlichkeit.

Erfasst wird von § 2115 BGB nur die Zwangsvollstreckung zur Beitreibung von Geldforderungen.[243] Bei einer Verurteilung zur Abgabe einer Willenserklärung richtet sich die Zulässigkeit ausschließlich nach §§ 2112, 2113 BGB. Anwendbar ist § 2115 BGB auch bei der Kündigung einer **Personenhandelsgesellschaft** durch die Gläubiger des Vorerben (§ 135 HGB).[244]

Nicht erfasst werden von § 2215 BGB Vollstreckungsmaßnahmen in die **Nutzungen** der Erbschaft, da diese freies Vermögen des Vorerben sind.[245] Auch **Teilungsversteigerungen** von Nachlassgrundstücken unter mehreren Vorerben muss der Nacherbe gegen sich gelten lassen. Denn die Teilungsversteigerung ist kein Akt der Zwangsvollstreckung, sondern Teil

---

240 MüKo-*Grunsky*, § 2100 BGB Rn 24.
241 MüKo-*Grunsky*, § 2115 BGB Rn 4; Soergel/*Harder/Wegmann*, § 2115 BGB Rn 11.
242 MüKo-*Grunsky*, § 2115 BGB Rn 5.
243 Vgl. Soergel/*Harder/Wegmann*, § 2115 BGB Rn 2 m.w.N.
244 Soergel/*Harder/Wegmann*, § 2115 BGB Rn 4; Palandt/*Edenhofer*, § 2115 BGB Rn 1.
245 MüKo-*Grunsky*, § 2115 BGB Rn 3; Erman/*M. Schmidt*, § 2115 BGB Rn 5 a.E.

der Erbauseinandersetzung.²⁴⁶ Der Erlös fällt als Surrogat in den Nachlass und unterliegt damit der Nacherbfolge. Auch § 2113 Abs. 1 BGB ist insoweit weder direkt noch entsprechend anwendbar, da der Eigentumsübergang nicht auf einer Verfügung des Vorerben beruht.²⁴⁷

(Zur Teilungsversteigerung vgl. § 20).

243  Soweit Zwangsvollstreckungsmaßnahmen gegenüber dem Nacherben unwirksam sind, kommt ein **gutgläubiger Erwerb** durch den Dritten regelmäßig nicht in Betracht, da es sich um keinen rechtsgeschäftlichen Erwerb handelt. Ausnahmen gelten jedoch für die freihändige Veräußerung nach § 825 ZPO sowie für den Zuschlag bei der Versteigerung (Eigentumserwerb kraft Hoheitsakt). Der Nacherbe hat in diesen Fällen nur einen Bereicherungsanspruch gegen den die Zwangsvollstreckung betreibenden Gläubiger.²⁴⁸

244  Die Unwirksamkeit einer Zwangsverfügung macht jedoch die Zwangsvollstreckung als solche nicht unzulässig. Die verfahrensrechtlichen Konsequenzen ergeben sich aus **§ 773 S. 1 ZPO**: Ist eine Verfügung dem Nacherben gegenüber bei Eintritt des Nacherbfalls unwirksam, so soll keine Veräußerung des gepfändeten Gegenstandes und keine Überweisung der beschlagnahmten Forderung erfolgen. Zulässig sind aber Vollstreckungsmaßnahmen, die unterhalb dieser Schwelle liegen, beispielsweise die Pfändung, die Bestellung einer Zwangshypothek, die Durchführung der Zwangsverwaltung oder die bloße Anordnung der Zwangsversteigerung.²⁴⁹

bb) Verfahren

245  Der Nacherbe kann sich gegen Veräußerung und Überweisung mit der **Drittwiderspruchsklage** (§§ 773 S. 2, 771 ZPO) wehren. Bei den soeben aufgezählten Vollstreckungsmaßnahmen, die keine Verfügungen darstellen, kann er während der Zeit der Vorerbschaft nur unter den Voraussetzungen des § 2128 BGB (vgl. Rn 224 ff.) von dem Vorerben Sicherheitsleistung verlangen.²⁵⁰ Ein Vorgehen gegen die Gläubiger des Vorerben ist insoweit erst nach dem Eintritt des Nacherbfalls möglich.

246  **Hinweis**
Die Gläubiger benötigen zur Vollstreckung gegen den Vorerben keinen Duldungstitel gegen den Nacherben.²⁵¹ Um einer Drittwiderspruchsklage den Boden zu entziehen, kann es im Einzelfall aber sinnvoll sein, in dem Prozess gegen den Vorerben den Nacherben mit zu verklagen. Der Klageantrag ist auf Duldung der Zwangsvollstreckung zu richten.

cc) Checkliste: Drittwiderspruchsklage gegen die Gläubiger des Vorerben
247  – Sachliche Zuständigkeit
– Örtliche Zuständigkeit: §§ 771 Abs. 1, 802 ZPO
– Wer ist Kläger: Nacherbe
– Wer ist Beklagter: Gläubiger des Vorerben
– Vollstreckungsmaßnahme zur Beitreibung von Geldforderungen

---

246  AnwK-BGB/*Gierl*, § 2115 BGB Rn 7; Damrau/*Hennicke*, § 2115 BGB Rn 2.
247  Soergel/*Harder/Wegmann*, § 2115 BGB Rn 6; Palandt/*Edenhofer*, § 2115 BGB Rn 3.
248  MüKo-*Grunsky*, § 2115 BGB Rn 11; Palandt/*Edenhofer*, § 2115 BGB Rn 2.
249  Soergel/*Harder/Wegmann*, § 2115 BGB Rn 9; Palandt/*Edenhofer*, § 2115 BGB Rn 4.
250  Palandt/*Edenhofer*, § 2115 BGB Rn 4 a.E.
251  MüKo-*Grunsky*, § 2115 BGB Rn 4 m.w.N.

- Nur gegen Zwangs**verfügungen**, nicht gegen Pfändungen, Bestellung einer Zwangshypothek, Zwangsverwaltung oder Anordnung der Zwangsversteigerung
- Vollstreckung erfolgt ausschließlich wegen persönlicher Verbindlichkeiten des Vorerben, d.h. nicht wegen Nachlassverbindlichkeiten (Von dem Vorerben für den Nachlass eingegangene Verbindlichkeit?)
- Vollstreckung erfolgt nicht aufgrund eines an einem Nachlassgegenstand wirksam bestellten Rechts
- Vollstreckung erfolgt in den Stamm der Vorerbschaft (Nutzungen stehen dem Vorerben zu)
- Zusätzlich Klage auf Sicherheitsleistung (siehe Rn 189 ff.) gegen den Vorerben?

dd) Muster: Drittwiderspruchsklage des Nacherben gegen Verfügungen in der Zwangsvollstreckung

An das

    -gericht

*Klage*

des Herrn

    – Klägers –

Prozessbevollmächtigter: Rechtsanwalt

gegen

– Beklagten –

wegen Unzulässigkeit der Zwangsvollstreckung.

Namens und in Vollmacht des Klägers erhebe ich Klage gegen den Beklagten und werde in dem zu bestimmenden Termin beantragen, für Recht zu erkennen:

Die Überweisung im Wege der Zwangsvollstreckung des gepfändeten Auszahlungsanspruchs bezüglich des Guthabens auf dem Konto Nr.     bei der    -Bank, Kontoinhaber:    , wird in Höhe eines Betrages von     EUR *(Guthaben im Zeitpunkt des Erbfalles)* für unzulässig erklärt.

Falls die Voraussetzungen des § 331 Abs. 3 ZPO vorliegen, bitte ich um Erlass eines Versäumnisurteils ohne mündliche Verhandlung.

*Begründung:*

Der Kläger wendet sich gegen Zwangsvollstreckungsmaßnahmen der Beklagten, durch die seine Rechtsposition als Nacherbe des     beeinträchtigt wird.

Der Kläger ist der Enkel des am     verstorbenen    , zuletzt wohnhaft gewesen in    . In einem am     bei dem Notar     in    , UR-Nr.    , errichteten Testament hat der Erblasser Herrn    , den Vater des Klägers, als Vorerben für sein gesamtes Vermögen eingesetzt. Nacherbe ist der Kläger.

*Beweis:*    Beglaubigte Abschriften
- des notariellen Testaments vom
- der Eröffnungsniederschrift des Nachlassgerichts

Der Vorerbschaft unterliegt auch das bei der    -Bank unter der Konto-Nr.     geführte Sparkonto. Es wies im Zeitpunkt des Todes des Erblassers ein Guthaben von     EUR auf.

*Beweis:*
- Nachlassverzeichnis vom ▮
- Vorlage des Kontoauszugs/Sparbuchs
- Zeugnis des Herrn ▮ *(Vorerbe)*
- Zeugnis der Frau ▮ *(Sachbearbeiterin Bank zu Lebzeiten des Erblassers)*

Die Beklagte ist ein Kreditinstitut. Sie betreibt aus einem rechtskräftigen Urteil des Landgerichts ▮ vom ▮ wegen eines Betrages von ▮ EUR die Zwangsvollstreckung gegen den Vater des Klägers. Im Rahmen der Zwangsvollstreckung erwirkte die Beklagte einen Pfändungs- und Überweisungsbeschluss hinsichtlich des Guthabensaldos des oben erwähnten Sparbuchs.

*Beweis:* Vorlage des Pfändungs- und Überweisungsbeschlusses des Amtsgerichts ▮ vom ▮ in Kopie

Der Verurteilung durch das Landgericht lag eine Forderung der Beklagten aus einem gekündigten Darlehensvertrag zugrunde. Das Darlehen diente ausschließlich der Finanzierung des Baus eines Einfamilienhauses durch den Vorerben. Der Kredit wurde bereits vor dem Erbfall aufgenommen.

*Beweis:*
- Urteil des Landgerichts ▮ vom ▮
- Kreditvertrag vom ▮
- Zeugnis des Herrn ▮ *(Vorerbe)*

Die von der Beklagten betriebene Zwangsvollstreckung ist gem. §§ 773, 771 ZPO i.V.m. § 2115 BGB insoweit unwirksam, als nicht nur die Pfändung, sondern auch die Überweisung des Sparguthabens angeordnet wurde. Das auf dem Sparkonto befindliche Guthaben unterliegt in Höhe des Saldos zum Zeitpunkt des Erbfalles – die später angefallenen Zinsen stehen dem Vorerben als Nutzungen der Erbschaft zu – dem Nacherbenrecht des Klägers. Bei den Verpflichtungen des Vorerben handelt es sich um persönliche Verbindlichkeiten, die mit dem Nachlass nichts zu tun haben. Durch eine Verwertung des Guthabens würde in die Substanz des Nachlasses eingegriffen und damit die Rechtsstellung des Klägers als Nacherben verletzt.

(Rechtsanwalt)

249 **Hinweis**
In allgemeiner Form lautet der Antrag für eine Drittwiderspruchsklage des Nacherben: „Die Veräußerung/Überweisung folgender Gegenstände im Wege der Zwangsvollstreckung wird für unzulässig erklärt: ▮ *(genaue Bezeichnung der Gegenstände)*."

b) Insolvenzverfahren über das Vermögen des Vorerben

250 Im **Insolvenzverfahren über das Vermögen des Vorerben** hat der Nacherbe **kein Aussonderungsrecht**. Dieses entsteht erst mit dem Eintritt des Nacherbfalls.[252]

Jedoch begründet **§ 83 Abs. 2 InsO** i.V.m. **§ 2115 BGB** ein **Verbot der Verwertung** von Nachlassgegenständen.[253] Der Insolvenzverwalter darf die Eigengläubiger des Vorerben nicht aus dem Nachlass befriedigen oder vom Vorerben eingegangene Verpflichtungen zur Veräußerung bestimmter Nachlassgegenstände nicht erfüllen.[254] Zulässig sind aber Vollstreckungsmaßnahmen, die nur sichernden Charakter haben.

251 Als Ausnahme von diesem Grundsatz sind Verfügungen des Insolvenzverwalters insoweit zulässig, als sie der Befriedigung von **Nachlassgläubigern** dienen. Da diese Verfügungen nach § 2115 S. 2 BGB dem Nacherben gegenüber wirksam sind, dürfen sie auch vom

---

[252] MüKo-*Grunsky*, § 2100 BGB Rn 26a; MüKo/InsO-*Schumann*, § 83 InsO Rn 20; *Ebenroth*, Rn 578.
[253] MüKo/InsO-*Schumann*, § 83 InsO Rn 20; *Palandt/Edenhofer*, § 2115 BGB Rn 2.
[254] *Soergel/Harder/Wegmann*, § 2115 BGB Rn 8; MüKo-*Grunsky*, § 2100 BGB Rn 26.

Insolvenzverwalter vorgenommen werden.²⁵⁵ Gleiches gilt für Verfügungen, denen der Vorerbe zugestimmt hat oder die zur ordnungsgemäßen Verwaltung des Nachlasses erforderlich sind.²⁵⁶

Die **Nutzungen und Früchte** des Nachlasses stehen dem Vorerben zu und können deshalb zur Befriedigung der Gläubiger verwendet werden.²⁵⁷

Gegen die Verwertung durch den Insolvenzverwalter kann sich der Nacherbe mit der **Drittwiderspruchsklage** nach §§ 773 S. 2, 771 ZPO wenden.

### c) Aufrechnungsverbot

Der Schutz des Nacherben durch das Verbot von Zwangsverfügungen wäre unvollkommen, wenn die persönlichen Gläubiger der Vorerben gegen Nachlassforderungen aufrechnen könnten. *Harder/Wegmann*²⁵⁸ sprechen hier von einer „Form der außerprozessualen Zwangsbefriedigung": Die Aufrechnung sei mit der Überweisung im Rahmen der Zwangsvollstreckung vergleichbar, da sie eine Forderung des Nachlasses vernichte. Dem persönlichen Gläubiger des Vorerben wird deshalb insoweit in analoger Anwendung des § 394 BGB die Aufrechnung gegen Nachlassforderungen verwehrt.²⁵⁹

## III. Rechtsstellung nach Eintritt des Nacherbfalles

Mit dem Eintritt des Nacherbfalles endet die Zeit der Vorerbschaft (§ 2139 BGB). Da Vorerbe und Nacherbe zeitlich nacheinander Erben sind (vgl. § 2100 BGB), findet zwischen ihnen keine Erbauseinandersetzung statt. Die Abwicklung erfolgt vielmehr über die Spezialregelungen in den §§ 2130 ff. BGB.

### 1. Herausgabe des Nachlasses durch den Vorerben

#### a) Einführung

Der zentrale Anspruch des Nacherben ergibt sich aus **§ 2130 Abs. 1 BGB**: Der Vorerbe hat die **Erbschaft als Ganzes** an den Nacherben herauszugeben. Tritt der Nacherbfall mit dem Tod des Vorerben ein, so trifft die Verpflichtung dessen Erben.²⁶⁰ Die Vorschrift des § 2130 Abs. 1 BGB ist lex specialis zu dem Erbschaftsanspruch aus § 2018 BGB, auch soweit der Vorerbe die Nacherbfolge oder den Eintritt des Nacherbfalls bestreitet.²⁶¹

---

255 MüKo/InsO-*Schumann*, § 83 InsO Rn 22; Palandt/*Edenhofer*, § 2115 BGB Rn 5.
256 MüKo/InsO-*Schumann*, § 83 InsO Rn 22.
257 MüKo/InsO-*Schumann*, § 83 InsO Rn 20; AnwK-BGB/*Gierl*, § 2115 BGB Rn 11.
258 Soergel/*Harder/Wegmann*, § 2115 BGB Rn 3.
259 RGZ 80, 30, 33; Soergel/*Harder/Wegmann*, § 2115 BGB Rn 3; MüKo-*Grunsky*, § 2115 BGB Rn 9; AnwK-BGB/*Gierl*, § 2115 BGB Rn 5; Damrau/*Hennicke*, § 2115 BGB Rn 3; Palandt/*Edenhofer*, § 2115 BGB Rn 1; *Ebenroth*, Rn 579.
260 OLG Frankfurt/M. FamRZ 1995, 446 m.w.N; Damrau/*Hennicke*, § 2130 BGB Rn 2.
261 BGH NJW 1983, 2874; Staudinger/*Avenarius*, § 2130 BGB Rn 23; Soergel/*Dieckmann*, § 2018 BGB Rn 7; Erman/*M. Schmidt*, § 2130 BGB Rn 3; AnwK-BGB/*Fleindl*, § 2018 BGB Rn 17; Damrau/*Hennicke*, § 2130 BGB Rn 2; Palandt/*Edenhofer*, § 2130 BGB Rn 2; *Lange/Kuchinke*, § 28 VIII 4, § 40 II 2 Fn 31 m.w.N.; *Ebenroth*, Rn 606; *Brox/Walker*, Rn 577; für die Anwendung von § 2018 BGB: RGZ 163, 51, 53; MüKo-*Grunsky*, § 2130 BGB Rn 2; Soergel/*Harder/Wegmann*, § 2130 BGB Rn 6.

256 Die Herausgabe **einzelner**, zum Nachlass gehörender **Gegenstände** oder bei **Grundstücken die Grundbuchberichtigung** kann der Nacherbe von dem Vorerben nach **§§ 985, 894 BGB** verlangen.[262]

257 Der Anspruch aus § 2130 BGB besteht nur gegenüber dem Vorerben. Gegen **Dritte** kann der Nacherbe nur aufgrund von **§ 2018 BGB** oder aus seinen Rechten an einzelnen Nachlassgegenständen vorgehen.

b) Rechtliche Grundlagen

258 Der **Umfang der Herausgabepflicht** richtet sich danach, ob eine befreite oder eine nicht befreite Vorerbschaft vorliegt:
(1) Der **nicht befreite Vorerbe** hat den Nachlass in dem Zustand herauszugeben, der sich bei einer fortgesetzt ordnungsgemäßen Verwaltung ergibt (§ 2130 Abs. 1 S. 1 BGB). Ein Verstoß gegen die Verpflichtung zur ordnungsgemäßen Verwaltung löst Schadenersatzansprüche des Nacherben aus (vgl. Rn 281 ff.).

259 (2) Demgegenüber beschränkt sich die Herausgabepflicht des **(völlig) befreiten Vorerben** auf die im Zeitpunkt des Nacherbfalls noch vorhandenen Gegenstände (§ 2138 Abs. 1 S. 1 BGB). Nachdem der befreite Vorerbe Erbschaftsgegenstände für sich verwenden darf, besteht insoweit auch kein Anspruch des Nacherben auf Wert- oder Schadenersatz.[263]

**Ausnahme: Unentgeltliche Verfügungen** darf auch der befreite Vorerbe nicht vornehmen (§§ 2138 Abs. 2, 2113 Abs. 2 BGB).

260 **Einzelheiten zum Umfang der Herausgabepflicht:**

Der Herausgabeanspruch umfasst sämtliche Erbschaftsgegenstände, einschließlich der **Surrogate** (§ 2111 BGB; auch eine aus Mitteln der Erbschaft erbrachte Kommanditeinlage).[264] Die Darlegungs- und Beweislast für den Eintritt der Surrogation trägt der Nacherbe.[265]

Ein Gegenstand, der **verkauft, aber noch nicht übereignet** ist, gehört ebenfalls zur Erbschaft. Der Vorerbe kann hier von dem Nacherben Befreiung von seiner Verbindlichkeit gegenüber dem Käufer verlangen. Wenn eine Befreiung erfolgt, steht der Kaufpreis dem Nacherben als Surrogat der Erbschaft zu.[266]

Herauszugeben sind ferner Dinge (insb. **Urkunden**), die der Vorerbe in Bezug auf Erbschaftsgegenstände erlangt hat, beispielsweise die vollstreckbare Schuldurkunde über eine Nachlassforderung oder die Police eines von ihm abgeschlossenen Versicherungsvertrages.[267]

261 Nicht herauszugeben sind die **Nutzungen** (Früchte und Gebrauchsvorteile, §§ 100, 99 BGB), die während der Dauer der Vorerbschaft angefallen sind. Diese stehen dem Vorerben zu,[268] soweit der Erblasser nichts anderes bestimmt hat.[269] Die Verteilung zwischen Vor-

---

262 *Lange/Kuchinke*, § 28 VIII 4.
263 BGH NJW 1983, 2874 m.w.N.
264 BGH NJW 1990, 514.
265 BGH NJW 1983, 2874; bei wechselndem Kontostand: OLG Celle NJW-RR 1992, 141.
266 Palandt/*Edenhofer*, § 2138 BGB Rn 1.
267 RGZ 163, 51, 55; Erman/*M. Schmidt*, § 2130 BGB Rn 2.
268 BGHZ 78, 177, 188 = NJW 1981, 115, 117.
269 Der Erblasser kann die Nutzungen dem Nacherben beispielsweise durch ein Vermächtnis oder eine Auflage zuwenden, Soergel/*Harder/Wegmann*, § 2111 BGB Rn 15.

und Nacherbe richtet sich, sofern die Fruchtziehung tatsächlich erfolgt ist,[270] nach § 101 BGB.

Gehört zum Nachlass ein **Unternehmen**, so ist zwischen Nutzungen, die grundsätzlich dem Vorerben zustehen, und Surrogaten, die in den Nachlass fallen, abzugrenzen:
- Bei einem einzelkaufmännischen Unternehmen richtet sich die Höhe der Nutzungen nach dem Reingewinn, der nach Maßgabe einer jährlichen Handelsbilanz zu ermitteln ist.[271]
- Bei einer Personengesellschaft stehen dem Vorerben als Nutzungen die ausgeschütteten Gewinnanteile und unabhängig vom Gewinn das Recht zur Entnahme von jährlich 4 % seines Kapitalanteils (§ 122 HGB) zu.[272]
- Dividenden und Gewinnanteile aus Aktien und GmbH-Anteilen stellen Nutzungen dar. Sie gebühren dem Vorerben.
- Bezugsrechte auf neue Aktien[273] und neue Anteilsrechte aufgrund einer Kapitalerhöhung aus Gesellschaftsmitteln[274] fallen in den Nachlass.

Mit der Trennung gelangen die **Früchte** in das freie Vermögen des Vorerben (§§ 100, 953 BGB). Hat der Vorerbe von seinem Entnahmerecht während der Dauer der Vorerbschaft keinen Gebrauch gemacht, ändert sich an der rechtlichen Zuordnung nichts. Der Vorerbe hat einen Anspruch auf Übertragung gegen den Nacherben.[275]

Nicht zu ersetzen sind die durch den **befreiten Vorerben** aus Mitteln des Nachlasses bestrittenen **gewöhnlichen Erhaltungskosten und Lasten**: Das Gesetz sieht zwar die Möglichkeit einer Befreiung des Vorerben von der Verpflichtung, die gewöhnlichen Erhaltungskosten und Lasten (§§ 2124 Abs. 1 BGB) zu tragen, nicht vor (§ 2136 BGB). Gleichwohl kann der befreite Vorerbe die gewöhnlichen Erhaltungskosten und Lasten aus dem Nachlass bestreiten, ohne dem Nacherben zum Ersatz verpflichtet zu sein. Denn der befreite Vorerbe ist befugt, die Nachlasssubstanz für sich selbst zu verwenden (§§ 2136, 2134 BGB), ohne zum Wertersatz verpflichtet zu sein. Es muss ihm deshalb erst recht die Verwendung der entnommenen Mittel für den Nachlass gestattet werden.[276]

c) Beweisprobleme

Die Geltendmachung des Herausgabeanspruchs kann für den Nacherben mit erheblichen prozessualen Schwierigkeiten verbunden sein, insbesondere wenn der Nacherbe nicht zugleich Erbe des Vorerben ist. Nach den allgemeinen Beweislastgrundsätzen muss der Nacherbe im Einzelnen darlegen, welche Vermögenswerte zum Nachlass gehören und im Falle eines Bestreitens deren Zugehörigkeit zur Nacherbschaft beweisen. Schwierigkeiten bereitet dabei oftmals die **Abgrenzung zwischen Nacherbschaft und Eigenvermögen des Vorerben**, wenn der Vorerbe bei Vermögensmassen nicht strikt getrennt hat.

Folgende Überlegungen können vor einer Klageerhebung angestellt werden:
- Während der Zeit der Vorerbschaft steht dem Nacherben gegen den Vorerben nach § 2121 BGB ein Anspruch auf Erstellung eines Nachlassverzeichnisses zu (vgl. oben Rn 132 ff.). Dieser sollte geltend gemacht werden, um dem Nacherben einen zuverlässigen Überblick

---

270 BGH NJW 1995, 1027, 1029.
271 Staudinger/*Avenarius*, § 2111 BGB Rn 40.
272 *Ebenroth*, Rn 596 m.w.N.
273 Staudinger/*Avenarius*, § 2111 BGB Rn 39 m.w.N.
274 *Ebenroth*, Rn 596.
275 MüKo-*Grunsky*, § 2111 BGB Rn 24.
276 Staudinger/*Avenarius*, § 2124 BGB Rn 12.

über die Nacherbschaft zu verschaffen und eine Basis für eine Herausgabeklage nach Eintritt des Nacherbfalls zu bereiten.

– Nach dem Eintritt des Nacherbfalls kann der Nacherbe vom Erben des Vorerben die Vorlage eines Bestandsverzeichnisses und vom Erben des nicht befreiten Vorerben darüber hinaus Rechenschaft über die Verwaltung des Nachlasses verlangen (vgl. unten Rn 270 ff.). Prozessual kann dieser Anspruch in einer Stufenklage mit dem Herausgabeanspruch verbunden werden.

Oftmals dürfte die Geltendmachung des Auskunfts- und Rechenschaftsanspruchs aber ins Leere laufen, weil die Erben des Vorerben aus tatsächlichen Gründen nicht zu einer Auskunftserteilung in der Lage sind. Allerdings dürfen es sich die Erben des Vorerben insoweit nicht zu einfach machen. Sie sind verpflichtet, sich anhand der für sie erreichbaren Erkenntnisquellen bis zur Grenze der Unzumutbarkeit eigenes Wissen zu verschaffen und solches – notfalls mit Unterstützung durch Hilfspersonen – zu vervollständigen.[277]

**267** Bleibt die Auskunft gleichwohl unergiebig, so stellt sich die Frage, ob der Nacherbe sich auf **Beweiserleichterungen** berufen kann. So könnte dem Vorerben eine zumindest fahrlässige Beweisvereitelung vorzuwerfen sein, wenn dieser bei Antritt der Vorerbschaft keine Aufstellung des ererbten Vermögens angefertigt und in der Folgezeit Eigenvermögen und Vorerbschaft nicht getrennt verwaltet hat. Denn durch die Vermischung der Vermögensmassen hat es der Vorerbe dem Nacherben unmöglich gemacht, auf der Basis einer Rechnungslegung die zum Nachlass gehörenden Gegenstände hinreichend bestimmt zu bezeichnen und herauszuverlangen zu können[278]

Allerdings werden die Erben des Vorerben insoweit einwenden, dass es der Nacherbe während der Zeit der Vorerbschaft ebenfalls schuldhaft unterlassen hat, das ihm zu Verfügung stehende rechtliche Instrumentarium zur Beweissicherung (Auskunftsanspruch aus § 2121 BGB, Wertermittlungsanspruch nach § 2122 BGB) einzusetzen.

Ursache für die Unkenntnis des Nacherben ist folglich nicht allein das Verhalten des Vorerben, sondern in gleicher Weise die Unterlassung von Sicherungsmaßnahmen durch den Nacherben während der Zeit der Vorerbschaft. Eine Beweiserleichterung zugunsten des Nacherben erscheint in dieser Fallkonstellation deshalb nicht gerechtfertigt.[279]

**268** > **Hinweis**
> Dem Herausgabeanspruch des Nacherben aus § 2130 Abs. 1 BGB kann der Vorerbe wegen eines ihm zustehenden Aufwendungsersatzes unter den Voraussetzungen des § 273 Abs. 2 BGB ein **Zurückbehaltungsrecht** am Nachlass entgegenhalten.[280]

---

277 BGHZ 104, 369, 373 = NJW 1988, 2729.
278 *Damrau*, ZErb 2003, 281, 282 f.
279 *Damrau*, ZErb 2003, 281, 283, nimmt eine Beweiserleichterung an und schlägt eine Zuordnung der Nachlassgegenstände in Anwendung des Prinzips des § 254 BGB vor.
280 Staudinger/*Avenarius*, § 2124 BGB Rn 16; *ders.*, § 2130 BGB Rn 17; Palandt/*Edenhofer*, § 2130 BGB Rn 7.

## 2. Auskunfts- und Rechenschaftspflicht des Vorerben über die Verwaltung des Nachlasses

### a) Rechtliche Grundlagen

Hier ist zu unterscheiden, ob eine nicht befreite oder eine befreite Vorerbschaft vorliegt:

269

#### aa) Nicht befreite Vorerbschaft

Der **nicht befreite Vorerbe** ist auf Verlangen des Nacherben verpflichtet, über die Verwaltung des Nachlasses **Rechenschaft** abzulegen (**§§ 2130 Abs. 2, 259 BGB**). Die Rechenschaftslegung erfordert eine detaillierte, übersichtliche und in sich verständliche Zusammenstellung der Einnahmen und Ausgaben.[281] Auch die Entwicklungen der Vorerbschaft sind im Einzelnen aufzuzeigen, die bloße Vorlage von Belegen mit dem Angebot einer mündlichen Erläuterung genügt nicht.[282] Bei Unvollständigkeit der Rechnungslegung besteht ein Anspruch auf Ergänzung.[283]

270

Die Rechenschaftslegung geht damit inhaltlich weit über die Erteilung einer Auskunft hinaus, beinhaltet diese aber. Wenn Rechnung gelegt ist, kann daher insoweit keine Auskunft mehr verlangt werden.[284]

Die Rechenschaftspflicht umfasst nur den Stamm der Erbschaft, nicht die dem Vorerben zustehenden Nutzungen und die von dem Vorerben allein zu tragenden Erhaltungskosten.[285]

(Weiterführend zu Auskunft- und Rechenschaftslegung siehe § 9 Rn 146 ff.).

#### bb) Muster: Rechenschaftslegung über die Verwaltung eines Unternehmens

A. Geschäftliche Entwicklung
I. Rückblick
II. Ausblick

B. Einnahmen und Ausgaben

C. Veränderungen im Nachlassbestand seit der Erstellung des letzten Verzeichnisses
I. Zugänge
II. Abgänge

D. Nachlassverzeichnis per Stand
I. Grundstücke
II. Bewegliche Sachen
III. Forderungen
  1. Gegen Banken
  2. Gegen Private
    a) Gesicherte
    b) Ungesicherte
  3. Sonstige
IV. Verbindlichkeiten
  1. Gesicherte
  2. Ungesicherte

271

---

281 Palandt/*Grüneberg*, § 259 BGB Rn 8; *Nieder*, ZErb 2004, 60, 61.
282 OLG Köln NJW-RR 1989, 528.
283 BGH NJW 1984, 2822, 2824.
284 BGH NJW 1985, 1693, 1694.
285 Soergel/*Harder/Wegmann*, § 2130 BGB Rn 7; Erman/*M. Schmidt*, § 2130 BGB Rn 5.

cc) Befreite Vorerbschaft

272 Der **befreite Vorerbe** ist hingegen nicht zur Rechenschaft verpflichtet. Jedoch resultiert aus seiner Verpflichtung zur Herausgabe des Nachlasses die Pflicht zur Erstellung eines **Bestandsverzeichnisses (§§ 2130 Abs. 1, 260 BGB)**. Diese Verpflichtung ist nicht abdingbar.[286]

273 Der Vorerbe kann bei der Auskunft auf ein bereits zuvor aufgestelltes und dem Nacherben mitgeteiltes Verzeichnis nach § 2121 BGB oder eine Auskunft nach § 2127 BGB Bezug nehmen. Der Vorerbe muss dann lediglich die zwischenzeitlich eingetretenen Veränderungen ergänzen.[287]

Sowohl aus der Verpflichtung zur Rechnungslegung als auch aus der einfachen Auskunftspflicht kann sich ein Anspruch des Nacherben auf Abgabe einer **eidesstattlichen Versicherung (§ 259 Abs. 2 BGB bzw. § 260 Abs. 2 BGB)** ergeben.

(Weiterführend zur Auskunft und Rechenschaftslegung siehe § 9 Rn 146 ff.).

274 **Hinweis**
Ist die Durchsetzung der Rechenschaftspflicht für den Nacherben mit Schwierigkeiten verbunden, kann ihm nach Treu und Glauben ein **Auskunftsanspruch gegen den vom Vorerben Beschenkten** zustehen (vgl. Rn 322 ff.).

b) Verfahren

275 Der Anspruch ist vor dem Prozessgericht geltend zu machen.[288] Er kann im Wege der Stufenklage (§ 254 ZPO) mit dem Anspruch auf Herausgabe verbunden werden.

(Zur Grundbuchberichtigung vgl. § 10).

c) Checkliste: Klage auf Herausgabe des Nachlasses, Auskunft und Rechnungslegung

276 – Sachliche Zuständigkeit
– Örtliche Zuständigkeit: §§ 12, 13 ZPO
– Wer ist Kläger: Nacherbe
– Wer ist Beklagter: Vorerbe(n) bzw. dessen Erben
1. **Nicht befreite Vorerbschaft**
– Rechenschaftslegung über Einnahmen und Ausgaben sowie Entwicklung der Erbschaft, Vorlage eines Bestandsverzeichnisses
– Herausgabe des Nachlasses in einem Zustand, der einer fortgesetzt ordnungsgemäßen Verwaltung entspricht (Schadenersatzpflicht bei Verstoß gegen diese Verpflichtung, vgl. Rn 281 ff.),
Nutzungen, sind nicht herauszugeben
– Zurückbehaltungsrecht des Vorerben aufgrund von Aufwendungsersatzansprüchen?
– Eidesstattliche Versicherung?
– Zusätzlich Auskunftsklage gegen einen vom Vorerben beschenkten Dritten?
2. **Befreite Vorerbschaft**
– keine Rechenschaftslegung, nur Auskunft durch Vorlage eines Bestandsverzeichnisses
– Herausgabepflicht nur bezüglich der im Zeitpunkt des Nacherbfalls noch vorhandenen Gegenstände (Schadenersatzpflicht bei unentgeltlichen Verfügungen oder arglistiger Verminderung des Nachlasses, vgl. unten Rn 289 ff.)

---

286 Soergel/*Harder*/*Wegmann*, § 2138 BGB Rn 5.
287 Erman/*M. Schmidt*, § 2130 BGB Rn 5; Palandt/*Edenhofer*, § 2130 BGB Rn 5.
288 MüKo-*Grunsky*, § 2130 BGB Rn 8; Erman/*M. Schmidt*, § 2130 BGB Rn 5.

- Nutzungen sind nicht herauszugeben
- Zurückbehaltungsrecht des Vorerben aufgrund von Aufwendungsersatzansprüchen?
- Eidesstattliche Versicherung?
- Zusätzlich Auskunftsklage gegen einen vom Vorerben beschenkten Dritten?

**d) Muster: Aufforderungsschreiben an nicht befreiten Vorerben: Rechenschaftslegung, Herausgabe der Erbschaft und Zustimmung zur Grundbuchberichtigung**

An

Herrn

Hiermit zeige ich die anwaltliche Vertretung von Herrn               an. Eine entsprechende Vollmacht ist beigefügt.

Wie Sie wissen, ist mein Mandant alleiniger Nacherbe des am               verstorbenen               – Ihres Großvaters. Ihr am               verstorbener Vater war als Vorerbe eingesetzt. Mit dem Tode Ihres Vaters ist der Nacherbfall eingetreten.

Sie selbst sind nach den Informationen meines Mandanten Alleinerbe Ihres Vaters geworden und haben die Erbschaft angenommen.

Als Erbe des Vorerben sind Sie nach § 2130 Abs. 1 BGB verpflichtet, die Vorerbschaft an meinen Mandanten herauszugeben. Nachdem Ihr Vater von den gesetzlichen Beschränkungen und Verpflichtungen der Rechtsstellung des Vorerben nicht befreit war, sind Sie darüber hinaus verpflichtet, über die Verwaltung des Nachlasses Rechenschaft abzulegen. Dies bedeutet, dass Sie eine detaillierte, übersichtliche und in sich verständliche Zusammenstellung der Einnahmen und Ausgaben für die Dauer der Vorerbschaft vorlegen müssen, anhand derer sich die Entwicklung der Vorerbschaft nachvollziehen lässt. Aufzunehmen sind auch Gegenstände, die während der Dauer der Vorerbschaft aus Mitteln der Vorerbschaft angeschafft wurden, sowie Erlöse, die im Zuge der Veräußerung von Nachlassgegenständen der Vorerbschaft zugeflossen sind. Der Darstellung sind – soweit vorhanden – Belege beizufügen.

Schon heute möchte ich Sie darauf hinweisen, dass sie verpflichtet sind, an Eides statt die Vollständigkeit der von Ihnen gemachten Angaben zu versichern, falls Sie bei der Zusammenstellung nicht die erforderliche Sorgfalt aufwenden.

Teil der Vorerbschaft ist das Grundstück in               . Dessen Zugehörigkeit zur Vorerbschaft steht fest, sie ergibt sich aus dem von dem Vorerben nach § 2121 BGB erstellten Nachlassverzeichnis vom               .

Ich fordere Sie daher auf, bis spätestens               schriftlich Rechenschaft über die Verwaltung der Vorerbschaft zu legen. Ferner fordere ich Sie auf, bis zu diesem Datum meinem Mandanten den unmittelbaren Besitz an dem Grundstück in               einzuräumen sowie in notariell beglaubigter Form (§ 29 GBO) die Eintragung meines Mandanten als Eigentümer dieses Grundstücks in das Grundbuch zu bewilligen. Zur Vereinbarung eines Übergabetermins bitte ich Sie, sich mit meiner Kanzlei in Verbindung zu setzen.

Sollten Sie bis zu dem oben genannten Datum die von Ihnen geforderten Handlungen – Rechenschaftslegung, Bewilligung der Grundbuchberichtigung sowie Übergabe des Hausgrundstücks – nicht vorgenommen haben, wird mein Mandant gerichtliche Hilfe in Anspruch nehmen.

(Rechtsanwalt)

e) **Muster: Stufenklage gegen nicht befreiten Vorerben: Rechenschaftslegung, eidesstattliche Versicherung, Herausgabe der Erbschaft, Zustimmung zur Grundbuchberichtigung**

An das

Landgericht

*Stufenklage*

des Herrn

– Klägers –

Prozessbevollmächtigter: Rechtsanwalt

gegen

Herrn

– Beklagten –

wegen Rechenschaftslegung und Herausgabe.

Namens und in Vollmacht des Klägers erhebe ich Klage gegen den Beklagten und werde in dem zu bestimmenden Termin beantragen – zunächst hinsichtlich der Anträge Ziff. 1 und 4 –, für Recht zu erkennen:

1. Der Beklagte wird verurteilt, dem Kläger Rechenschaft zu legen über die Verwaltung des Nachlasses des am            verstorbenen            durch Vorlage eines Bestandsverzeichnisses, einer geordneten Zusammenstellung der Einnahmen und der Ausgaben sowie der vorhandenen Belege.
2. Für den Fall, dass das Bestandsverzeichnis nicht mit der erforderlichen Sorgfalt aufgestellt worden sein sollte, wird der Beklagte weiter verurteilt, zu Protokoll an Eides statt zu versichern, dass er nach bestem Wissen den Bestand so vollständig angegeben hat, als er dazu im Stande ist.
Für den Fall, dass die in der Rechnungslegung enthaltenen Angaben über die Einnahmen nicht mit der erforderlichen Sorgfalt gemacht worden sein sollten, wird der Beklagte weiter verurteilt, zu Protokoll an Eides statt zu versichern, dass er nach bestem Wissen die Einnahmen so vollständig angegeben hat, als er dazu im Stande ist.
3. Der Beklagte wird des Weiteren verurteilt, an den Kläger die nach Erteilung der Rechnungslegung noch zu bezeichnenden Nachlassgegenstände herauszugeben.
4. Der Beklagte wird verurteilt, der Eintragung des Klägers im Wege der Grundbuchberichtigung als Eigentümer des Grundstücks            , eingetragen im Grundbuch von            ; Band            , Heft            , Bestandsverzeichnis-Nr.            , Flst.-Nr.            , Gemarkung            , zuzustimmen. Ferner hat er dem Kläger an diesem Grundstück den unmittelbaren Besitz einzuräumen.

Falls die Voraussetzungen des § 331 Abs. 3 ZPO vorliegen, bitte ich um Erlass eines Versäumnisurteils ohne mündliche Verhandlung.

*Begründung:*

Der Kläger macht nach Eintritt des Nacherbfalles Ansprüche auf Rechenschaftslegung und Herausgabe der Vorerbschaft geltend.

Der Kläger ist der Enkel des am            verstorbenen            , zuletzt wohnhaft gewesen in            . In einem am            bei dem Notar            in            , UR-Nr.            , errichteten Testament hat der Erblasser seinen Bruder als nicht befreiten Vorerben für sein gesamtes Vermögen eingesetzt. Der Nacherbfall sollte mit dem Tod des Vorerben eintreten. Nacherbe ist der Kläger.

*Steinbacher*

*Beweis:* Beglaubigte Abschriften
- des notariellen Testaments vom ▇▇▇▇▇
- der Eröffnungsniederschrift des Nachlassgerichts ▇▇▇▇▇ vom ▇▇▇▇▇

Der Vorerbe, Herr ▇▇▇▇▇, ist am ▇▇▇▇▇ verstorben. Alleinerbe des Herrn ▇▇▇▇▇ ist aufgrund gesetzlicher Erbfolge dessen einziger Sohn, der Beklagte.

*Beweis:*
- Vorlage des Erbscheins durch den Beklagten
- Parteivernehmung des Beklagten

Zu der Vorerbschaft gehört unter anderem das Grundstück ▇▇▇▇▇ (genaue Beschreibung).

*Beweis:*
- Von dem Vorerben am ▇▇▇▇▇ erstelltes Bestandsverzeichnis,
- unbeglaubigte Grundbuch-Blatt-Abschrift betreffend das bezeichnete Grundstück.

Der Kläger macht im Wege der Stufenklage zunächst einen Anspruch auf Rechenschaftslegung (§ 2130 Abs. 2 BGB) über die Verwaltung des Nachlasses während der Dauer der Vorerbschaft geltend. Der Erblasser hat den Vorerben von dieser Verpflichtung in dem notariellen Testament vom ▇▇▇▇▇ nicht befreit. Verpflichtet ist der Beklagte als Gesamtrechtsnachfolger des Vorerben. Der Beklagte wird hier ein Bestandsverzeichnis sowie eine detaillierte, übersichtliche und in sich verständliche Zusammenstellung der Einnahmen und Ausgaben vorzulegen haben, welche die Entwicklung der Vorerbschaft aufzeigt und dem Kläger eine Überprüfung ohne fremde Hilfe ermöglicht. Schon heute weist der Kläger darauf hin, dass der Beklagte im Rahmen der Rechenschaftslegung insbesondere auf die während der Dauer der Vorerbschaft zum Nachlass gekommenen Surrogate (§ 2111 BGB) einzugehen haben wird. Dem Kläger ist beispielsweise aus Gesprächen mit dem Vorerben bekannt, dass dieser den Pkw ▇▇▇▇▇ des Erblassers veräußert und von dem erzielten Kaufpreis ein gebrauchtes Fahrzeug angeschafft hat.

Schließlich ist dem Kläger aus dem bereits von dem Vorerben gem. § 2121 BGB vorgelegten Bestandsverzeichnis bekannt, dass zu der Vorerbschaft das mit einem Einfamilienhaus bebaute Grundstück ▇▇▇▇▇ gehört. Insoweit macht der Kläger schon heute einen Anspruch auf Berichtigung des Grundbuches (§ 894 BGB) sowie auf Einräumung des unmittelbaren Besitzes an dem Grundstück geltend.

(Rechtsanwalt)

f) Muster: Aufforderungsschreiben an den befreiten Vorerben: Auskunftserteilung, Herausgabe der Erbschaft, Zustimmung zur Grundbuchberichtigung

An

Herrn ▇▇▇▇▇

Hiermit zeige ich die anwaltliche Vertretung von Herrn ▇▇▇▇▇ an. Eine entsprechende Vollmacht ist beigefügt.

Wie Sie wissen, ist mein Mandant alleiniger Nacherbe des am ▇▇▇▇▇ verstorbenen ▇▇▇▇▇ – Ihres Großvaters. Ihr am ▇▇▇▇▇ verstorbener Vater war als befreiter Vorerbe eingesetzt. Mit dem Tode Ihres Vaters ist der Nacherbfall eingetreten.

Sie selbst sind nach den Informationen meines Mandanten Alleinerbe Ihres Vaters geworden und haben die Erbschaft angenommen.

Als Erbe des Vorerben sind Sie verpflichtet, die Vorerbschaft an meinen Mandanten herauszugeben. Ferner haben Sie ein Verzeichnis der zum Nachlass gehörenden Gegenstände vorzulegen, in das auch diejenigen Gegenstände aufzunehmen sind, die während der Dauer der Vorerbschaft aus Mitteln der Vorerbschaft angeschafft wurden.

*Steinbacher*

Schon heute möchte ich Sie darauf hinweisen, dass sie verpflichtet sind, an Eides statt die Vollständigkeit der von Ihnen gemachten Angaben zu versichern, falls Sie bei der Zusammenstellung nicht die erforderliche Sorgfalt aufwenden.

Teil der Vorerbschaft ist das Grundstück in ▓▓▓▓. Dessen Zugehörigkeit zur Vorerbschaft steht fest, sie ergibt sich aus dem von dem Vorerben nach § 2121 BGB erstellten Nachlassverzeichnis vom ▓▓▓▓.

Ich fordere Sie daher auf, bis spätestens ▓▓▓▓ ein Verzeichnis sämtlicher zur Vorerbschaft gehörender Gegenstände zu erstellen und mir zukommen zu lassen. Stichtag ist der Todestag des Vorerben. Ferner fordere ich Sie auf, bis zu diesem Datum meinem Mandanten den unmittelbaren Besitz an dem Grundstück in ▓▓▓▓ einzuräumen sowie in notariell beglaubigter Form (§ 29 GBO) die Eintragung meines Mandanten als Eigentümer dieses Grundstücks in das Grundbuch zu bewilligen. Zur Vereinbarung eines Übergabetermins bitte ich Sie, sich mit meiner Kanzlei in Verbindung zu setzen.

Sollten Sie bis zu dem oben genannten Datum die von Ihnen geforderten Handlungen – Vorlage eines Bestandsverzeichnisses, Bewilligung der Grundbuchberichtigung sowie Übergabe des Hausgrundstücks – nicht vorgenommen haben, wird mein Mandant gerichtliche Hilfe in Anspruch nehmen.

(Rechtsanwalt)

### g) Muster: Stufenklage gegen befreiten Vorerben: Auskunftserteilung, eidesstattliche Versicherung, Herausgabe der Erbschaft, Zustimmung zur Grundbuchberichtigung

An das

Landgericht

▓▓▓▓

*Stufenklage*

des Herrn ▓▓▓▓

– Klägers –

Prozessbevollmächtigter: Rechtsanwalt ▓▓▓▓

gegen

Herrn ▓▓▓▓

– Beklagten –

wegen Auskunft und Herausgabe.

Namens und in Vollmacht des Klägers erhebe ich Klage gegen den Beklagten und werde in dem zu bestimmenden Termin beantragen – zunächst hinsichtlich der Anträge Ziff. 1 und 4 –, für Recht zu erkennen:

1. Der Beklagte wird verurteilt, dem Kläger Auskunft zu erteilen über den Bestand des Nachlasses einschließlich der Surrogate des am ▓▓▓▓ verstorbenen ▓▓▓▓ zum Stichtag ▓▓▓▓ **(Eintritt des Nacherbfalles)** durch Vorlage eines Verzeichnisses.
2. Für den Fall, dass das Verzeichnis nicht mit der erforderlichen Sorgfalt aufgestellt worden sein sollte, wird der Beklagte weiter verurteilt, zu Protokoll an Eides statt zu versichern, dass er nach bestem Wissen den Bestand so vollständig angegeben hat, als er dazu im Stande ist.
3. Der Beklagte wird des Weiteren verurteilt, an den Kläger die nach Erteilung der Auskunft noch zu bezeichnenden Nachlassgegenstände herauszugeben.
4. Der Beklagte wird verurteilt, der Eintragung des Klägers als Eigentümer des Grundstücks ▓▓▓▓, eingetragen im Grundbuch von ▓▓▓▓; Band ▓▓▓▓, Heft ▓▓▓▓, Bestandsverzeichnis-Nr. ▓▓▓▓, Flst.-Nr. ▓▓▓▓, Gemarkung ▓▓▓▓, im Wege der Grundbuchberichtigung zuzustimmen. Ferner hat er dem Kläger an diesem Grundstück den unmittelbaren Besitz einzuräumen.

*Steinbacher*

Falls die Voraussetzungen des § 331 Abs. 3 ZPO vorliegen, bitte ich um Erlass eines Versäumnisurteils ohne mündliche Verhandlung.

*Begründung:*

Der Kläger macht nach Eintritt des Nacherbfalles Ansprüche auf Auskunft und Herausgabe der Vorerbschaft geltend.

Der Kläger ist der Enkel des am ▮▮▮ verstorbenen ▮▮▮, zuletzt wohnhaft gewesen in ▮▮▮. In einem am ▮▮▮ bei dem Notar ▮▮▮ in ▮▮▮, UR-Nr. ▮▮▮, errichteten Testament hat der Erblasser seinen Bruder als befreiten Vorerben für sein gesamtes Vermögen eingesetzt. Der Nacherbfall sollte mit dem Tod des Vorerben eintreten. Nacherbe ist der Kläger.

*Beweis:* Beglaubigte Abschriften
- des notariellen Testaments vom ▮▮▮
- der Eröffnungsniederschrift des Nachlassgerichts ▮▮▮ vom ▮▮▮

Der Vorerbe, Herr ▮▮▮, ist am ▮▮▮ verstorben. Alleinerbe des Herrn ▮▮▮ ist aufgrund gesetzlicher Erbfolge dessen einziger Sohn, der Beklagte.

*Beweis:*
- Vorlage des Erbscheins durch den Beklagten
- Parteivernehmung des Beklagten

Zu der Vorerbschaft gehört unter anderem das Grundstück ▮▮▮ (genaue Beschreibung).

*Beweis:* Von dem Vorerben am ▮▮▮ erstelltes Bestandsverzeichnis, unbeglaubigte Grundbuch-Blatt-Abschrift betreffend das bezeichnete Grundstück.

Der Kläger macht im Wege der Stufenklage zunächst einen Anspruch auf Auskunft (§ 2138 Abs. 1, 260 BGB) über den Bestand des Nachlasses im Zeitpunkt des Eintritts des Nacherbfalls (Tod des Vorerben am ▮▮▮) geltend. Verpflichtet ist der Beklagte als Gesamtrechtsnachfolger des Vorerben. Des Weiteren ist dem Kläger aus dem bereits von dem Vorerben gem. § 2121 BGB vorgelegten Bestandsverzeichnis bekannt, dass zu der Vorerbschaft das mit einem Einfamilienhaus bebaute Grundstück ▮▮▮ gehört. Insoweit macht der Kläger schon heute einen Anspruch auf Berichtigung des Grundbuches (§ 894 BGB) sowie auf Einräumung des unmittelbaren Besitzes an dem Grundstück geltend.

(Rechtsanwalt)

## 3. Schadenersatzpflicht bei Verstoß gegen Grundsätze einer ordnungsgemäßen Verwaltung

### a) Rechtliche Grundlagen

Der Vorerbe kann sich wegen einer nicht den gesetzlichen Vorgaben entsprechenden Verwaltung des Nachlasses schadensersatzpflichtig machen.

Jedoch kann der Erblasser den Vorerben von der Verpflichtung zur ordnungsgemäßen Verwaltung weitgehend befreien. Nicht abdingbar ist nur die Verpflichtung zum Schadenersatz wegen unentgeltlicher Verfügungen[289] oder arglistiger Verminderung des Nachlasses (§ 2138 Abs. 2 BGB).

Der **nicht befreite Vorerbe** ist nach § 2130 Abs. 1 S. 1 BGB zu einer **fortgesetzt ordnungsgemäßen Verwaltung** der Erbschaft verpflichtet. Verstößt er gegen dieses Gebot, so macht er sich schadensersatzpflichtig. Zu beachten ist jedoch, dass der Nacherbe nur für die

---

[289] Der Erblasser kann aber den Nacherben durch ein Vermächtnis beschweren, bestimmten unentgeltlichen Verfügungen des Vorerben zuzustimmen, OLG Düsseldorf NJW-RR 2000, 375.

Erhaltung der wertmäßigen Substanz des Nachlasses, nicht aber für die Erhaltung der konkreten Nachlassgegenstände haftet.[290]

282 Der **Haftungsmaßstab** wird durch **§ 2131 BGB** bestimmt: Der Vorerbe haftet nur für die Außerachtlassung der Sorgfalt, die er in eigenen Angelegenheiten anzuwenden pflegt (diligentia quam in suis). Bestehen bleibt die Haftung für grob fahrlässiges Fehlverhalten (§ 277 BGB). Der Vorerbe trägt die Beweislast, dass er auch in eigenen Angelegenheiten nicht sorgfältiger verfährt.[291]

283 Abweichend hiervon haftet der Vorerbe jedoch bereits für **einfache Fahrlässigkeit**, wenn er eine der ihm von Gesetzes wegen bezüglich der Verwaltung des Nachlasses obliegenden Verpflichtungen (§§ 2113–2119, 2123 BGB) verletzt.[292]

Der Vorerbe verletzt seine Verpflichtung zur ordnungsgemäßen Verwaltung des Nachlasses insbesondere dann, wenn er die **gesetzlichen Regelungen zur Absicherung des Nacherben** missachtet:
– Bei einem Verstoß gegen die Verpflichtung zur mündelsicheren Anlage von Geld (§ 2119 BGB), wobei zu beachten ist, dass die Anlage auch ohne eine entsprechende Aufforderung des Nacherben zu erfolgen hat (vgl. oben Rn 177 ff.);
– Wenn der Vorerbe einem Verlangen des Nacherben auf Hinterlegung nach §§ 2216–2218 BGB nicht nachkommt;
– Bei einer Verfügung des Vorerben unter Verstoß gegen § 2113 BGB. Insoweit braucht sich der Nacherbe nicht auf Ansprüche gegen den Dritten verweisen zu lassen. Er kann vielmehr gegen Abtretung dieser Ansprüche von dem Vorerben Schadenersatz verlangen[293] (vgl. Rn 289 ff.).

284 Darüber hinaus sind die **Kriterien** für die Beurteilung der Ordnungsmäßigkeit einer Verwaltung (§ 2120 BGB; vgl. oben Rn 64 ff.) wenig griffig:
– Bei der Prüfung ist ein strenger Maßstab anzulegen, insbesondere ist das Substanzerhaltungsinteresse des Nacherben ausreichend zu berücksichtigen.
– Maßgebend sind wirtschaftliche Gesichtspunkte. Im Rahmen der Führung eines Unternehmens kann als Maßstab nur eine unternehmerische Leitung angelegt werden.[294]
– Es kommt nicht auf die Ordnungsmäßigkeit einzelner Verwaltungshandlungen, sondern auf das Gesamtergebnis der Verwaltung während der Dauer der Vorerbschaft an.[295] Die Konkretisierung hat nach den näheren Umständen des Einzelfalls zu erfolgen.[296]
– Die Ersatzpflicht wird nicht dadurch ausgeschlossen, dass sich die Erbschaft zeitweise in einem überobligationsmäßig guten Zustand befand und das wirtschaftliche Gesamtergebnis daher den Anforderungen noch entspricht. Umgekehrt ist es aber möglich, dass der Vorerbe zunächst eingetretene Verluste durch spätere besondere Sorgfalt kompensiert.[297]

285 Schließlich haftet der Vorerbe im Rahmen der ordnungsgemäßen Verwaltung auch für eine **Verschlechterung eines Erbschaftsgegenstandes**, die durch eine nicht ordnungsgemäße

---

[290] *Nieder/Kössinger*, § 10 Rn 7; *Damrau/Hennicke*, § 2130 BGB Rn 6.
[291] *Baumgärtel/Schmitz*, § 2131 BGB Rn 2; *Soergel/Harder/Wegmann*, § 2131 BGB Rn 1.
[292] *MüKo-Grunsky*, § 2131 BGB Rn 2; *Soergel/Harder/Wegmann*, § 2131 BGB Rn 2.
[293] *MüKo-Grunsky*, § 2130 BGB Rn 7.
[294] Weiterführend: *Staudinger/Avenarius*, § 2130 BGB Rn 9; *Erman/M. Schmidt*, § 2130 BGB Rn 4.
[295] *Soergel/Harder/Wegmann*, § 2130 BGB Rn 1.
[296] *Staudinger/Avenarius*, § 2130 BGB Rn 7.
[297] *MüKo-Grunsky*, § 2130 BGB Rn 6.

Benutzung herbeigeführt wird, §§ 2130 Abs. 1, 2132 BGB. Bei der Beurteilung der Ordnungsmäßigkeit ist wiederum der subjektive Maßstab des § 2131 BGB anzulegen.

**Beweislast**: Ist eine Verschlechterung eines Erbschaftsgegenstandes eingetreten, so trifft den Vorerben die Beweislast, dass die Verschlechterung auf eine ordnungsgemäße bzw. seinen Gepflogenheiten entsprechende (§ 2131 BGB) Benutzung zurückzuführen ist. Kann der Vorerbe diesen Beweis nicht erbringen, muss er für die Verschlechterung einstehen.[298]

b) Checkliste: Klage wegen nicht ordnungsgemäßer Verwaltung der Erbschaft
- Sachliche Zuständigkeit
- Örtliche Zuständigkeit: §§ 12, 13 ZPO
- Nur gegen den **nicht befreiten** Vorerben
  (Befreiter Vorerbe siehe Rn 289 ff.)
- Fallgruppe 1:
  - Verstoß gegen die gesetzlichen Vorgaben für die Verwaltung der Vorerbschaft, §§ 2113, 2116–2119 BGB
  - Haftungsmaßstab: einfache Fahrlässigkeit genügt
- Fallgruppe 2:
  - Kein Verstoß gegen die gesetzlichen Vorgaben für die Verwaltung der Vorerbschaft, allgemein schlechte Verwaltung
  - Kriterien: Strenger Maßstab, Substanzerhaltungsinteresse des Nacherben ist zu berücksichtigen; maßgebend sind wirtschaftliche Gesichtspunkte, es ist auf das Gesamtergebnis der Verwaltung abzustellen.
  - Haftungsmaßstab: Eigenübliche Sorgfalt, § 2131 BGB
- Fallgruppe 3:
  - Verschlechterung/außergewöhnliche Abnutzung eines Erbschaftsgegenstandes, § 2132 BGB
  - Haftungsmaßstab: Eigenübliche Sorgfalt, § 2131 BGB

c) Muster: Klage gegen nicht befreiten Vorerben wegen Verstoßes gegen Grundsätze ordnungsgemäßer Verwaltung

An das

Landgericht
- Zivilkammer -

*Klage*

des Herrn

— Klägers —

Prozessbevollmächtigter: Rechtsanwalt

gegen

Herrn

— Beklagten —

wegen Schadenersatz.

---

[298] Baumgärtel/*Schmitz*, § 2132 BGB Rn 1.

Namens und in Vollmacht des Klägers erhebe ich Klage gegen den Beklagten und werde in dem zu bestimmenden Termin beantragen, für Recht zu erkennen:

Der Beklagte wird verurteilt, an den Kläger ▮▮▮ EUR nebst Zinsen in Höhe von 5 % bzw. 8 %[299] über dem jeweiligen Basiszinssatz[300] seit Zustellung der Klage zu bezahlen.

Falls die Voraussetzungen des § 331 Abs. 3 ZPO vorliegen, bitte ich um Erlass eines Versäumnisurteils ohne mündliche Verhandlung.

*Begründung:*

Der Kläger macht mit der Klage einen Schadenersatzanspruch wegen eines Verstoßes gegen die Grundsätze einer ordnungsgemäßen Verwaltung der Vorerbschaft geltend. Der Beklagte hat zum Nachlass gehörendes Geld nicht mündelsicher, sondern in Währungsoptionsscheinen angelegt, die er nur mit hohem Verlust weiterveräußern konnte.

Der Kläger ist der Enkel des am ▮▮▮ verstorbenen ▮▮▮, zuletzt wohnhaft gewesen in ▮▮▮. In einem am ▮▮▮ bei dem Notar ▮▮▮ in ▮▮▮, UR-Nr. ▮▮▮, errichteten Testament hat der Erblasser den Beklagten, den Vater des Klägers, als Vorerben für sein gesamtes Vermögen eingesetzt. Dieser hat die Rechtsstellung eines nicht befreiten Vorerben. Nacherbe ist der Kläger. Vor- und Nacherbe haben die Erbschaft angenommen.

*Beweis:* Beglaubigte Abschrift des Erbscheins des Nachlassgerichts ▮▮▮ vom ▮▮▮

Der Nacherbfall ist zwischenzeitlich mit dem 25. Geburtstag des Klägers eingetreten. Der Beklagte hat den Nachlass auch an den Kläger herausgegeben.

Zu der Vorerbschaft gehörten unter anderem Bundesschatzbriefe, die am ▮▮▮ zur Rückzahlung fällig wurden. Der Rückzahlungsbetrag belief sich auf ▮▮▮ EUR und wurde an den Beklagten überwiesen.

*Beweis:* – Nachlassverzeichnis vom ▮▮▮
– Depotauszug vom ▮▮▮
– Parteivernehmung des Beklagten

Der Beklagte, von Beruf Bankkaufmann, hat den Rückzahlungsbetrag in Währungsoptionsscheinen ▮▮▮ **(weitere Beschreibung)** angelegt. Die Spekulation missglückte, der Beklagte konnte die Optionsscheine am ▮▮▮ nur noch mit großem Verlust zu einem Preis von ▮▮▮ EUR verkaufen.

*Beweis:* – Zeugnis der Frau ▮▮▮ *(Mitarbeiterin Bank)*
– Parteivernehmung des Beklagten

Der Beklagte ist dem Kläger gem. § 2130 Abs. 1 BGB wegen einer nicht ordnungsgemäßen Verwaltung der Vorerbschaft zum Schadenersatz verpflichtet. Er hat den Rückzahlungsbetrag aus den fällig gewordenen Bundesschatzbriefen – der als Surrogat (§ 2111 BGB) Teil der Vorerbschaft geworden ist – entgegen der ihn als nicht befreiten Vorerben treffenden Verpflichtung aus § 2119 BGB nicht in mündelsicherer Art und Weise, sondern in hoch spekulativen Papieren angelegt. Für den dadurch entstandenen Schaden hat er einzustehen.

Da er eine ihm von Gesetzes wegen obliegende Verpflichtung – hier zur mündelsicheren Anlage – missachtet hat, kann sich der Beklagte auch nicht auf den Haftungsmaßstab der eigenüblichen Sorgfalt nach § 2131 BGB berufen (Staudinger/*Avenarius*, 13. Auflage 2003, § 2131 BGB Rn 3; MüKo-*Grunsky*, BGB, 4. Auflage, § 2131 Rn 2; Soergel/*Harder*/*Wegmann*, BGB, 13. Auflage, § 2131 Rn 2). Es genügt hier bereits einfache Fahrlässigkeit, § 276 BGB. Diese ist gegeben, der Beklagte wusste als Bankkaufmann über die Risiken

---

299 Vgl. §§ 291, 288 Abs. 1 S. 2, Abs. 2 BGB.
300 Der Basiszinssatz nach § 247 BGB beträgt seit 1. Juli 2009 0,12 %. Er wird zum 1. Januar und 1. Juli jeden Jahres angepasst. Der aktuelle Zinssatz kann abgerufen werden unter *www.bundesbank.de/info/info_zinssaetze.php*.

derartiger Anlagenformen Bescheid. Gleichwohl hat er von dem Kauf der Optionsscheine nicht Abstand genommen, wohl weil er sich davon hohe Renditen versprach, die er als Vorerbe – weil Nutzungen der Erbschaft – hätte behalten dürfen.

Der Schaden des Klägers besteht in der Differenz zwischen dem Rückzahlungsbetrag der Bundesobligationen und dem noch im Nachlass befindlichen (geringen) Erlös aus dem Verkauf der Währungsoptionsscheine.

(Rechtsanwalt)

> **Hinweis**
> Keine Schadensposition sind die nicht gezogenen Zinsen wegen des Unterlassens einer mündelsicheren Anlage, da diese dem Vorerben als Nutzungen der Erbschaft ohnehin zugestanden hätten.

288

### 4. Unentgeltliche Verfügung des Vorerben und arglistige Verminderung des Nachlasses

#### a) Rechtliche Grundlagen

Eine Schadenersatzpflicht sowohl des befreiten als auch des nicht befreiten Vorerben besteht bei unentgeltlichen Verfügungen unter Verstoß gegen § 2113 Abs. 2 BGB sowie bei einer arglistigen Verminderung des Nachlasses.

289

#### aa) Unentgeltliche Verfügungen

Verfügt der Vorerbe unter **Verstoß gegen § 2113 Abs. 2 BGB** unentgeltlich über Erbschaftsgegenstände, so ist er dem Nacherben zum Schadenersatz verpflichtet. Für den befreiten Vorerben ergibt sich diese Verpflichtung aus **§ 2138 Abs. 2 BGB**. Gegenüber dem nicht befreiten Vorerben – für den § 2138 BGB nicht gilt – ist Anspruchsgrundlage **§ 2130 Abs. 1 BGB**[301] (Verstoß gegen die Grundsätze einer ordnungsgemäßen Verwaltung, vgl. oben Rn 281 ff.).

290

**Unentgeltlichkeit** liegt dann vor, wenn – objektiv – der Verfügung keine gleichwertige Leistung gegenüber steht und – subjektiv – der Vorerbe dies weiß oder bei ordnungsgemäßer Verwaltung des Nachlasses hätte erkennen müssen.[302] Bei einem groben Missverhältnis von Leistung und Gegenleistung besteht eine tatsächliche Vermutung dafür, dass die Parteien sich über die (teilweise) Unentgeltlichkeit der Zuwendung einig waren.[303]

291

Zudem liegt ein Entgelt im Sinne des § 2113 Abs. 2 BGB bei einer Verfügung des **nicht befreiten** Vorerben nur vor, wenn die Gegenleistung in den Nachlass fließt.[304] Allerdings wird die Gegenleistung in der Regel als Surrogat kraft Gesetzes in den Nachlass fallen, ohne dass der Vorerbe dies beeinflussen kann.[305]

Bei **befreiter** Vorerbschaft ist eine Verfügung grundsätzlich auch dann entgeltlich, wenn die Gegenleistung in das Eigenvermögen des Vorerben fließt. Jedoch muss die Eingehung der Verbindlichkeit durch den befreiten Vorerben im Rahmen einer ordnungsmäßigen Verwaltung des Nachlasses erfolgt sein, da anderenfalls die auch für ihn geltende Schranke des § 2113 Abs. 2 BGB unterlaufen werden könnte.[306]

---

301 Vgl. Palandt/*Edenhofer*, § 2138 BGB Rn 3.
302 BGH NJW 1991, 842; NJW 1984, 366, 367.
303 Staudinger/*Avenarius*, § 2113 BGB Rn 68 m.w.N.
304 BGHZ 7, 274, 277; Staudinger/*Avenarius*, § 2113 BGB Rn 71.
305 MüKo-*Grunsky*, § 2113 BGB Rn 23.
306 BGH NJW 1984, 366, 367.

292 Umstritten ist in diesem Zusammenhang die Behandlung von teilweise unentgeltlichen Verfügungen (**gemischten Schenkungen**). Die Unwirksamkeit erfasst hier nach der Rechtsprechung des Bundesgerichtshofs die gesamte Verfügung, also auch den entgeltlichen Teil.[307] Der Nacherbe hat dann die Wahl: Er kann entweder einen Schadenersatzanspruch gegen den Vorerben geltend machen oder einen Herausgabeanspruch gegenüber dem beschenkten Dritten (siehe unten Rn 322 ff.).

293 Auch **unbenannte Zuwendungen** zwischen Ehegatten stellen eine unentgeltliche Verfügung im Sinne des § 2113 Abs. 2 BGB dar.[308] Das Gleiche gilt für Zuwendungen unter Lebenspartnern.[309]

294 Die Zustimmung eines **Gesellschafter-Vorerben** zur Änderung eines Gesellschaftsvertrages kann eine unentgeltliche Verfügung über den Gesellschaftsanteil darstellen, wenn dadurch in die Mitgliedschaftsrechte der Vorerben eingegriffen wird. Eine Änderung des Gesellschaftsvertrages ist nur dann entgeltlich, wenn entweder auch die Mitgliedschaftsrechte der übrigen Gesellschafter in gleicher Weise betroffen oder die übrigen Gesellschafter nur im Falle der Abänderung des Gesellschaftsvertrages zu Investitionen bereit sind.[310]

295 Schließlich kann das freiwillige Ausscheiden des Vorerben aus einer Personengesellschaft eine teilweise unentgeltliche Verfügung darstellen, wenn der **Abfindungsanspruch** objektiv nicht vollwertig ist.[311] Dies ist dann der Fall, wenn wesentliche Vermögensbestandteile der Gesellschaft – stille Reserven, „good will", schwebende Geschäfte – in die Abrechnung nicht einbezogen worden sind.[312]

296 **Rechtsgrundlose Verfügungen** werden den unentgeltlichen Verfügungen gleichgestellt.[313]

297 (Zum Nachweis der Entgeltlichkeit als Voraussetzung für die **Löschung eines Nacherbenvermerks** (§ 51 GBO) im Grundbuch vgl. oben Rn 66 ff.).

298 Umstritten ist, ob die Vornahme der unentgeltlichen Verfügung in **Benachteiligungsabsicht** erfolgen muss oder schuldhaftes Verhalten ausreichend ist. Der Bundesgerichtshof hat in einer älteren Entscheidung[314] ein Handeln des Vorerben in Benachteiligungsabsicht gefordert. Dem ist die Literatur unter Hinweis auf die eindeutige Formulierung des Gesetzestextes, der eine Benachteiligungsabsicht nur in der 2. Alternative des § 2138 Abs. 2 BGB (arglistige Verminderung der Erbschaft) vorsieht, entgegengetreten.[315]

299 Als weitere Voraussetzung für einen Verstoß gegen § 2113 BGB muss die Verfügung des Vorerben zu einer **Beeinträchtigung oder Vereitelung der Rechtsstellung des Nacherben** geführt haben. Diese liegt bei unentgeltlichen Verfügungen regelmäßig in dem Verlust des weggegebenen Gegenstandes. Bei einer gemischten Schenkung liegt die Beeinträchtigung lediglich in der Differenz, um welche die Gegenleistung wertmäßig hinter dem weggegebenen Nachlassgegenstand zurückbleibt.[316]

---

307 BGH NJW 1985, 382, 383; Staudinger/*Avenarius*, § 2113 BGB Rn 65 f.; Soergel/*Harder/Wegmann*, § 2113 BGB Rn 22; a.A. MüKo-*Grunsky*, § 2113 BGB Rn 28; *Brox/Walker*, Rn 363.
308 MüKo-*Grunsky*, § 2113 BGB Rn 25; AnwK-BGB/*Gierl*, § 2113 BGB Rn 52.
309 *Krug, in: Kerscher/Krug*, § 35 Rn 148 m.w.N.
310 BGHZ 78, 177 = NJW 1981, 115.
311 BGH NJW 1984, 362.
312 MüKo-*Grunsky*, § 2113 BGB Rn 22a.
313 Staudinger/*Avenarius*, § 2113 Rn 77.
314 BGHZ 26, 378, 383 = NJW 1958, 708.
315 Staudinger/*Avenarius*, § 2138 BGB Rn 9; Soergel/*Harder/Wegmann*, § 2138 BGB Rn 3; MüKo-*Grunsky*, § 2138 BGB Rn 4.
316 BGH NJW 1995, 382, 383.

Der Erblasser kann den Vorerben mittelbar – auf schuldrechtlicher Ebene – von der Schadenersatzpflicht befreien, indem er den Nacherben mit einem Vermächtnis beschwert, Schenkungen des Vorerben zu genehmigen.[317] Dies wird man jedoch allenfalls dann für zulässig erachten können, wenn die gestattete Verfügung in der Vermächtnisanordnung genau bezeichnet wird. Demgegenüber ist die generelle Anordnung einer Zustimmungsverpflichtung als Umgehung der zwingenden Grenzen des § 2136 BGB als unwirksam anzusehen.[318]

#### bb) Arglistige Verminderung des Nachlasses

Eine Schadenersatzpflicht besteht auch im Falle der arglistigen Verminderung des Nachlasses. Anspruchsgrundlage bezüglich des befreiten Vorerben ist wiederum **§ 2138 Abs. 2 BGB**, hinsichtlich des nicht befreiten Vorerben **§ 2130 Abs. 1 BGB** (Verstoß gegen die Grundsätze einer ordnungsgemäßen Verwaltung). Erfüllt ist regelmäßig auch der Tatbestand des § 826 BGB, da ein solches Verhalten den guten Sitten widerspricht.[319]

Erforderlich ist ein Handeln in **Benachteiligungsabsicht**. Hierfür ist ausreichend, dass der Nacherbe die aus seinem Verhalten resultierende Beeinträchtigung des Nacherben erkennt. Es genügt also ein den schädigenden Erfolg umfassender Vorsatz einschließlich des dolus eventualis.[320]

Eine Freistellung des Vorerben von der Verpflichtung zum Schadenersatz wegen vorsätzlichen Verhaltens ist nicht möglich (§§ 276 Abs. 3, 226 BGB).

#### cc) Höhe

Maßgebend für die **Höhe** des Schadenersatzanspruchs ist der Zeitpunkt der Ersatzleistung, nicht der Zeitpunkt der Verminderung der Erbschaft.[321]

### b) Verfahren

Der Schadenersatzanspruch kann erst nach Eintritt des Nacherbfalls mit einer **Zahlungsklage** geltend gemacht werden. Zuvor besteht für den Nacherben aber die Möglichkeit, eine **Feststellungsklage** (siehe **Muster:** Klage des Nacherben auf Feststellung einer Pflichtverletzung des Vorerben Rn 223) zu erheben.[322]

### c) Checkliste: Unentgeltliche Verfügungen und arglistige Verminderung des Nachlasses
- Befreiter Vorerbe (Anspruchsgrundlage: § 2138 Abs. 2 BGB) und nicht befreiter Vorerbe (Anspruchsgrundlage: § 2130 Abs. 1 BGB)
- Die Höhe des Schadenersatzanspruchs bemisst sich nach dem Zeitpunkt der Ersatzleistung
- Vor Eintritt des Nacherbfalls nur Feststellungsklage

---

317 OLG Düsseldorf NJW-RR 2000, 375; Staudinger-*Avenarius*, § 2113 BGB Rn 57; AnwK-BGB/*Gierl*, § 2138 BGB Rn 18; kritisch hierzu: Erman-*M. Schmidt*, § 2138 BGB Rn 3; vgl. zum Streitstand: *Mayer*, ZEV 2000, 1, 4.
318 Damrau-*Hennicke*, § 2138 Rn 6.
319 Staudinger-*Avenarius*, § 2138 BGB Rn 14.
320 Staudinger-*Avenarius*, § 2138 BGB Rn 14.
321 Soergel/*Harder*/*Wegmann*, § 2138 BGB Rn 5; Palandt/*Edenhofer*, § 2138 BGB Rn 3.
322 BGH NJW 1977, 1631, 1632; MüKo-*Grunsky*, § 2138 BGB Rn 5; Damrau/*Hennicke*, § 2138 BGB Rn 5.

1. **Unentgeltliche Verfügungen**
   - Unentgeltlichkeit
     - objektiv: der Verfügung steht keine gleichwertige Gegenleistung gegenüber
     - subjektiv: der Vorerbe kennt den Mangel der Gleichwertigkeit oder hätte ihn bei ordnungsgemäßer Verwaltung erkennen müssen
   - Teilweise Unentgeltlichkeit (gemischte Schenkung) ist der vollständigen Unentgeltlichkeit gleichgesetzt
   - Unbenannte Zuwendungen unter Ehegatten oder Lebenspartnern sind unentgeltlich i.S.d. § 2113 Abs. 2 BGB
   - Das Ausscheiden aus einer Gesellschaft kann unentgeltlich sein, wenn wesentliche Vermögensbestandteile in die Abrechnung nicht einbezogen werden
   - Rechtsgrundlose Verfügungen werden unentgeltlichen Verfügungen gleichgestellt
   - Benachteiligungsabsicht? (zumindest nach älterer Rechtsprechung des BGH)
   - Beeinträchtigung der Rechtsstellung des Nacherben (bei gemischten Schenkungen nur die Differenz zwischen Wert und Gegenleistung)

2. **Arglistige Verminderung des Nachlasses**
   - Verminderung des Nachlasses
   - Benachteiligungsabsicht
   - Freistellung durch den Erblasser (z.B. durch ein Vermächtnis) ist nicht möglich

d) Muster: Antrag auf dinglichen Arrest zur Sicherung des Schadensersatzanspruchs wegen unentgeltlicher Verfügungen des Vorerben

An das

Landgericht
– Zivilkammer –

*Eilt sehr! Bitte sofort vorlegen!*

*Antrag auf dinglichen Arrest und Arrestpfändung*

der Frau

– Antragstellerin –

Verfahrensbevollmächtigter: Rechtsanwalt

gegen

Herrn

– Antragsgegner –

Namens und im Auftrag der Antragstellerin beantrage ich, ohne mündliche Verhandlung folgenden Arrest- und Pfändungsbeschluss zu erlassen:

1. Wegen eines Schadenersatzanspruchs der Antragstellerin in Höhe von           EUR wird der dingliche Arrest in das gesamte Vermögen des Antragsgegners angeordnet.
2. Die Vollziehung des Arrests wird durch Hinterlegung von           EUR durch den Antragsgegner gehemmt.
3. In Vollziehung des Arrests wird die angebliche Forderung des Antragsgegners aus der Kontoverbindung mit der           -Bank, insbesondere zur Konto-Nummer           , bis zu einem Höchstbetrag von           EUR gepfändet. Der Antragsgegner hat sich jeder Verfügung über die Forderung zu enthalten. Der Drittschuldner darf an den Antragsgegner nicht mehr leisten.

*Begründung:*

Die Antragstellerin erstrebt mit dem Antrag auf Anordnung eines dinglichen Arrestes die Sicherung ihres Schadenersatzanspruchs wegen einer unentgeltlichen Verfügung des Beklagten als Vorerbe des am ▓▓▓▓ verstorbenen ▓▓▓▓.

Die Antragstellerin ist alleinige Nacherbin des Erblassers. Der Nacherbfall ist mit dem Bestehen des Zweiten juristischen Staatsexamens durch die Antragstellerin am ▓▓▓▓ eingetreten. Befreiter Vorerbe war der Antragsgegner, ein Onkel der Antragstellerin.

| | |
|---|---|
| *Glaubhaftmachung:* | Beglaubigte Abschriften |
| | – des Testaments vom ▓▓▓▓ |
| | – der Eröffnungsniederschrift des Nachlassgerichts ▓▓▓▓ vom ▓▓▓▓ |

Zur Vorerbschaft gehörte auch der Pkw des Antragstellers, ein neuwertiger ▓▓▓▓, amtliches Kennzeichen ▓▓▓▓.

| | |
|---|---|
| *Glaubhaftmachung:* | Verzeichnis der Erbschaftsgegenstände vom ▓▓▓▓ |
| | Eidesstattliche Versicherung des Herrn ▓▓▓▓ vom ▓▓▓▓ *(Verkäufer Autohaus)* |

Das Fahrzeug hatte einen Verkehrswert von ▓▓▓▓ EUR.

| | |
|---|---|
| *Glaubhaftmachung:* | Kurz-Expertise des Kfz-Sachverständigen ▓▓▓▓ vom ▓▓▓▓ *(Ermittlung des Fahrzeugwertes anhand von bekannten Daten)* |

Der Antragsgegner hat dieses Fahrzeug während der Dauer der Vorerbschaft an seinen Bekannten ▓▓▓▓ zu einem „Freundschaftspreis" von ▓▓▓▓ EUR verkauft. Sowohl der Antragsgegner als auch der Käufer wussten, dass dieser Preis nur einem Bruchteil des tatsächlichen Wertes des Fahrzeugs entsprach. Anlässlich des Verkaufsgespräches hat der Bekannte des Antragsgegners sich nach dem Grund für den günstigen Preis erkundigt. Die Sache müsse doch einen Haken haben, der geforderte Preis sei allenfalls bei einem gravierenden Unfallschaden realistisch. Daraufhin erklärte der Antragsgegner, er müsse den Wagen in wenigen Tagen ohnehin herausgeben, da sei ihm „alles egal".

| | |
|---|---|
| *Glaubhaftmachung:* | Eidesstattliche Versicherung des Herrrn ▓▓▓▓ vom ▓▓▓▓ *(Käufer)* |

Der Antragsgegner ist aufgrund dieses Sachverhaltes der Antragstellerin gem. § 2138 Abs. 2 Alt. 1 BGB zum Schadenersatz verpflichtet. Ob auch die Voraussetzungen der zweiten Alternative (arglistige Verminderung des Nachlasses) vorliegen, kann dahingestellt bleiben. Der Verkauf des Fahrzeugs stellt eine gemischte Schenkung dar, da bei einer wirtschaftlichen Betrachtungsweise der bezahlte Kaufpreis kein dem Wert des Fahrzeugs entsprechendes Entgelt darstellt. Bei einem solch groben Missverhältnis von Leistung und Gegenleistung wie im vorliegenden Fall spricht eine tatsächliche Vermutung dafür, dass die Parteien des Kaufvertrages sich über die teilweise Unentgeltlichkeit der Zuwendung einig waren. Der Schaden der Antragstellerin besteht in der Differenz zwischen dem Verkehrswert des Pkw und dem tatsächlich bezahlten Kaufpreis, der als Surrogat in den Nachlass gelangt ist *(falls nicht: Schadenersatz in Höhe des vollen Fahrzeugwertes)*.

| | |
|---|---|
| *Glaubhaftmachung:* | Kauf-Angebot des Autohauses ▓▓▓▓ vom ▓▓▓▓ |

Der Antragsgegner hat während der Zeit der Vorerbschaft weitere Gegenstände, die dem Stamm der Vorerbschaft zuzuordnen sind, veräußert und für sich verbraucht. Er hat zudem in den letzten Monaten nahezu sein gesamtes Vermögen, insbesondere seine Eigentumswohnung in ▓▓▓▓ auf seine Ehefrau übertragen. Dies ist der Antragstellerin von mehreren Seiten zugetragen worden. Offensichtlich dient das Verhalten den Antragsgegners allein dem Zweck, sich „arm zu machen", um sich auf diese Weise Regressansprüchen nach dem Eintritt des Nacherbfalls zu entziehen.

| *Glaubhaftmachung:* | Grundbuchauszug |
| | Eidesstattliche Versicherung der Antragstellerin |

Die Antragstellerin muss deshalb befürchten, dass eine Zwangsvollstreckung erfolglos verliefe, wenn sie zunächst den Ausgang einer Zahlungsklage abwarten würde. Ein Arrestgrund liegt somit vor.

Der Antragsgegner hat mehrere Konten bei der ▬▬▬▬-Bank, u.a. das Konto mit der Nummer ▬▬▬▬. Die Guthaben sollen in Vollziehung des Arrestes gepfändet werden (§ 930 Abs. 1 S. 3 ZPO).

(Rechtsanwalt)

### 5. Wertersatz für übermäßige Fruchtziehung

308 Der Vorerbe wird gem. § 953 BGB Eigentümer der von ihm gezogenen Früchte, dies gilt auch für die Übermaßfrüchte. Im Gegenzug gewährt **§ 2133 BGB** dem Nacherben in Abweichung von § 101 BGB einen verschuldensunabhängigen[323] Anspruch auf **Wertersatz**. Ein Anspruch auf Herausgabe der Übermaßfrüchte ergibt sich aus § 2133 BGB demgegenüber nicht.[324]

309 Für den Anspruch aus § 2133 BGB ist es unerheblich, ob die übermäßige Fruchtziehung auf einen Raubbau oder auf besondere Ereignisse (beispielsweise vermehrter Holzeinschlag aufgrund eines Sturmes) zurückzuführen ist.[325] Bei nicht ordnungsgemäßer Bewirtschaftung besteht jedoch neben dem Anspruch aus § 2133 BGB ein Schadenersatzanspruch aus §§ 2130, 2131 BGB (vgl. oben Rn 281 ff.).

310 **Hinweis**
**Befreiungsmöglichkeit:** Der befreite Vorerbe ist nicht zum Wertersatz verpflichtet (vgl. § 2136 BGB). Ihm steht auch der durch die Übermaßfrüchte repräsentierte Substanzwert zu. Die Grenze der Befreiung verläuft dort, wo die übermäßige Fruchtziehung durch den Vorerben in der Absicht erfolgt, den Nacherben zu benachteiligen. Dann besteht ein Schadenersatzanspruch nach § 2138 Abs. 2 BGB.

311 Die Ermittlung der **Höhe des Wertersatzes** kann nach folgendem Schema vorgenommen werden:
– Im Grundsatz gebührt der Wert der Übermaßfrüchte dem Nacherben.
– Ausnahmsweise darf der Vorerbe den Wertanteil der Früchte behalten, soweit sich in den folgenden Wirtschaftsperioden der ordnungsgemäße Ertrag durch die übermäßige Fruchtziehung vermindert hat.
– Dies gilt jedoch nicht, soweit der Übermaßertrag zur Wiederherstellung der Sache hätte verwendet werden müssen.

312 Reicht der Ertrag der im Übermaß gezogenen Früchte zur Wiederherstellung der Sache (bzw. ihrer Ertragsfähigkeit) nicht aus, so kann der Vorerbe nach den Regeln einer ordnungsgemäßen Wirtschaft verpflichtet sein, weitere (Nachlass-)Mittel einzusetzen. Soweit er die erforderlichen Maßnahmen selbst finanziert, kann ihm ein Verwendungsersatzanspruch nach §§ 2124 Abs. 2 S. 2, 2126 BGB gegen den Nacherben zustehen.[326]

313 **Beispiel**
(teilweise nach Münchener Kommentar, 4. Auflage, § 2133 BGB Rn 2)

---

323 Staudinger/*Avenarius*, § 2133 BGB Rn 5; Damrau/*Hennicke*, § 2133 BGB Rn 2.
324 MüKo-*Grunsky*, § 2133 BGB Rn 1; Staudinger/*Avenarius*, § 2133 BGB Rn 1; Soergel/*Harder/Wegmann*, § 2133 BGB Rn 4; AnwK-BGB/*Gierl*, § 2133 Rn 3.
325 Staudinger/*Avenarius*, § 2133 BGB Rn 4.
326 MüKo-*Grunsky*, § 2133 BGB Rn 3.

> Ein Wald hat einen üblichen Ertrag von jährlich 100. In Folge eines Windbruchs fällt in einem Jahr ein Ertrag von insgesamt 500 an. In den nächsten beiden Jahren beträgt der Ertrag nur 50. Für die Wiederaufforstung sind weitere 200 erforderlich.
> Dem Vorerben stehen hier für drei Jahre jeweils 100 („üblicher Ertrag") = 300 zu. Tatsächlich gezogen wurden jedoch 500 + 50 + 50 = 600. Der Vorerbe muss deshalb insoweit 300 ausgleichen. Hinzuzurechnen ist jedoch noch der Aufwand für die Wiederaufforstung (= 200), so dass der Vorerbe letztendlich (soweit er die Wiederaufforstung nicht mit eigenen Mitteln durchgeführt hat) 500 Wertersatz zu leisten hat.

Eine Pflicht zur **Sicherheitsleistung** besteht im Rahmen des § 2133 BGB – anders als bei der Parallelvorschrift § 1039 Abs. 1 S. 2 BGB für den Nießbrauch – nicht. Eine Sicherheitsleistung kann von dem Vorerben aber unter den Voraussetzungen des § 2128 BGB gefordert werden[327] (vgl. oben Rn 200 ff.).

### 6. Wertersatz für Eigenverbrauch des Stammes der Erbschaft

Dem **nicht befreiten Vorerben** stehen lediglich die Nutzungen der Erbschaft zu, der Stamm der Erbschaft soll demgegenüber dem Nacherben erhalten werden. Vor diesem Hintergrund ist der nicht befreite Vorerbe nach **§ 2134 S. 1 BGB** verpflichtet, für den durch eine Verwendung von Erbschaftsgegenständen zu eigenen Zwecken eingetretenen Substanzverlust Ersatz zu leisten. Der Anspruch setzt **kein Verschulden** voraus,[328] was sich bereits aus der Systematik der Vorschrift – nach § 2134 S. 2 BGB bleibt eine weiter gehende Haftung wegen Verschuldens unberührt – ergibt. Die Verpflichtung entsteht erst mit Eintritt des Nacherbfalls.[329]

> **Hinweis**
> **Befreiungsmöglichkeit**: Der befreite Vorerbe ist nicht zum Ersatz für eine eigennützige Verwendung von Nachlassgegenständen verpflichtet (vgl. § 2136 BGB). In seinem Fall hat es mit der Herausgabepflicht nach § 2138 Abs. 1 in Verbindung mit § 2111 BGB sein Bewenden.

Im Falle einer entgeltlichen Verfügung geht die **Surrogation** nach § 2111 BGB dem Anspruch aus § 2134 S. 1 BGB vor.[330] Der Nacherbe erleidet keinen Nachteil, weil an Stelle des ausgeschiedenen Erbschaftsgegenstandes automatisch das dingliche Surrogat in die Erbschaft fällt. Ein Wertersatz ist deshalb überflüssig.

Bei einer nach § 2113 BGB **unwirksamen Verfügung** hat der Nacherbe die Wahl: Er kann entweder die Unwirksamkeit der Verfügung geltend machen oder diese genehmigen und Wertersatz verlangen.[331]

Die Vorschrift des § 2134 BGB zielt in erster Linie auf Geld und andere verbrauchbare Sachen. Unter den **Begriff der Verwendung** eines Erbschaftsgegenstandes fallen aber alle wirksamen Verfügungen über Erbschaftsgegenstände, soweit im Gegenzug kein Surrogat in die Erbschaft gelangt ist. In Betracht kommen ferner Verbindung, Vermischung und Verarbeitung (§§ 946 ff. BGB).

---

327 Damrau/*Hennicke*, § 2133 BGB Rn 5.
328 MüKo-*Grunsky*, § 2134 BGB Rn 1; Damrau/*Hennicke*, § 2134 BGB Rn 4.
329 Staudinger/*Avenarius*, § 2134 BGB Rn 1.
330 BGHZ 40, 115, 124; Staudinger/*Avenarius*, § 2134 BGB Rn 1.
331 MüKo-*Grunsky*, § 2134 BGB Rn 2.

**319** | **Beispiele**
Verbrauch von Nachlassgegenständen – insbesondere Geld – durch den Vorerben, Tilgung persönlicher Verbindlichkeiten mit Mitteln des Nachlasses.

**320** Kein Wertersatz ist zu leisten, wenn der Erbe die Erbschaftsgegenstände im Rahmen einer ordnungsgemäßen Wirtschaft verbrauchen durfte.[332]

**321** Maßgeblich für die **Höhe des Wertersatzes** ist der objektive Wert des Gegenstandes im Zeitpunkt der Verwendung.[333] Eine spätere Werterhöhung kann nur im Rahmen eines Schadenersatzanspruchs nach §§ 2130, 2131 BGB ersetzt verlangt werden.

### IV. Schenkungen des Vorerben an Dritte

**322** Die unentgeltliche Verfügung des Vorerben über Mittel der Erbschaft stellt einen Verstoß gegen § 2113 Abs. 2 BGB dar, soweit es sich nicht um eine Anstandsschenkung handelt oder die Maßnahme ausnahmsweise einer ordnungsgemäßen Verwaltung entspricht. Mit dem Eintritt des Nacherbfalls ist eine solche Verfügung absolut unwirksam.[334] Zu Gunsten des Beschenkten kann jedoch der Gutglaubensschutz nach § 2113 Abs. 3 BGB eingreifen.

#### 1. Auskunft über die Schenkungen des Vorerben

**323** Die Durchsetzung eines **Herausgabe- oder Bereicherungsanspruchs** gegen den Beschenkten stellt den Nacherben oftmals vor erhebliche Probleme. Insbesondere dann, wenn der Nacherbfall mit dem Tod des Vorerben eintritt, kann sich die Ermittlung der Person des Beschenkten sowie von Art und Umfang der Zuwendung schwierig gestalten.

Die Rechtsprechung gewährt deshalb dem Nacherben einen aus **§ 242 BGB** abgeleiteten Auskunftsanspruch gegen den vom Vorerben Beschenkten, soweit dies nach den **Umständen des Einzelfalls** und einer **Abwägung der Interessen** von Nacherben und Beschenkten gerechtfertigt ist.[335]

**324** Folgende **Voraussetzungen** für den Auskunftsanspruch sind zu beachten:[336]
- Der Vorerbe bzw. dessen Erben dürfen nicht in der Lage sein, die Auskunft selbst zu erteilen (Der Auskunftsanspruch aus § 242 BGB ist subsidiär gegenüber einem Anspruch aus § 2130 Abs. 2 bzw. §§ 2130, 260 BGB).
  Hauptanwendungsfall: Die Nacherbfolge tritt mit dem Tod des Vorerben ein.
- Der Nacherbe muss gewisse Anhaltspunkte für eine unentgeltliche Zuwendung darlegen, denn das Auskunftsverlangen darf keine unzumutbare Ausforschung des Dritten darstellen. Ausreichend hierfür ist, dass zwischen dem Dritten und dem Vorerben Beziehungen bestanden haben, „die nach den gegebenen besonderen Umständen" die Vermutung einer unentgeltlichen Zuwendung aus dem Nachlass nahe legen.
- Der Dritte muss in zumutbarer Weise zur Auskunftserteilung in der Lage sein.

**325** Der Auskunftsanspruch erstreckt sich auf alles, was der Beschenkte durch Verfügungen jeglicher Art von dem Vorerben erlangt hat.[337]

---

[332] Soergel/*Harder*/*Wegmann*, § 2134 BGB Rn 2.
[333] Soergel/*Harder*/*Wegmann*, § 2134 BGB Rn 3; Erman/*M. Schmidt*, § 2134 BGB Rn 1; AnwK-BGB/*Gierl*, § 2134 BGB Rn 4.
[334] Staudinger/*Avenarius*, § 2113 BGB Rn 24.
[335] BGHZ 58, 237, 239 f.; OLG Celle ZEV 2006, 361; Staudinger/*Avenarius*, § 2113 BGB Rn 92.
[336] BGHZ 58, 237, 239 f.
[337] BGHZ 58, 237, 240; Soergel/*Harder*/*Wegmann*, § 2130 BGB Rn 7.

## 2. Herausgabe des Geschenkes/Grundbuchberichtigung

Die Unwirksamkeit einer unentgeltlichen Verfügung des Vorerben über Nachlassgegenstände wirkt absolut, also gegenüber jedermann. Sie ist aufschiebend bedingt und tritt mit dem Nacherbfall ein.[338] Der Nacherbe kann deshalb als wahrer Eigentümer von dem Beschenkten die **Herausgabe** des betreffenden Nachlassgegenstandes nach § 985 BGB bzw. die **Berichtigung des Grundbuches** nach § 894 BGB verlangen. 326

Jedoch kommt auch bei unentgeltlichen Zuwendungen ein **gutgläubiger Erwerb** des Beschenkten nach § 2113 Abs. 3 i.V.m. § 892 bzw. §§ 932 ff. BGB in Betracht. 327

Der **gute Glaube** kann zum einen auf der Unkenntnis beruhen, dass der veräußerte Gegenstand durch Nacherbfolge gebunden ist, zum anderen auf der irrtümlichen Annahme einer Befreiung des Vorerben (die gem. § 51 GBO ebenfalls in das Grundbuch einzutragen ist).[339] Der gute Glaube ersetzt die fehlende Verfügungsbefugnis des Vorerben.[340]

Bei **beweglichen Sachen** verhindert eine grob fahrlässige Unkenntnis der Nacherbenbindung einen gutgläubigen Erwerb (§ 932 Abs. 2 BGB). Wurde hingegen ein **Erbschein** erteilt, der die Anordnung der Nacherbfolge nicht enthält oder zu Unrecht einen Gegenstand von der Nacherbfolge ausnimmt, so schadet nur Kenntnis von der Unrichtigkeit des Erbscheins bzw. von der Rückforderung durch das Nachlassgericht. Insoweit sind die Gutglaubensregelungen der §§ 2365–2367 BGB unmittelbar anwendbar.[341] 328

Bei Verfügungen über **Grundstücke** und Rechten an Grundstücken ist ein gutgläubiger Erwerb ausgeschlossen, wenn sich die Verfügungsbeschränkung aus einem im Grundbuch eingetragenen Nacherbenvermerk (§ 51 GBO) ergibt. Erwirbt der Dritte das Grundstück ohne Voreintragung des Vorerben (§§ 40 Abs. 1, 35 GBO), so kann der Gutglaubensschutz des Erbscheins eingreifen.[342] Dem Nachweis der Erbfolge durch eine in einer öffentlichen Urkunde errichtete Verfügung von Todes wegen (§ 35 GBO) allein kommt jedoch kein öffentlicher Glaube zu. 329

Ein gutgläubiger Erwerb von **Gesellschaftsanteilen** durch den Dritten scheitert an dem Fehlen einer Gutglaubensvorschrift für Verfügungen über Forderungen und ähnliche Rechte (§§ 398, 413 BGB, § 15 GmbHG).[343] 330

Wird der Beschenkte aufgrund eines gutgläubigen Erwerbs Eigentümer des Nachlassgegenstandes, so ist er – schuldrechtlich – dem Nacherben gegenüber gleichwohl nach § 816 Abs. 1 S. 2 BGB zur Herausgabe verpflichtet.[344] 331

> **Hinweis** 332
> Der Beschenkte kann für auf den Erbschaftsgegenstand getätigte **Verwendungen** unter den Voraussetzungen der §§ 987 ff. BGB Ersatz verlangen. Ihm steht insoweit ein Zurückbehaltungsrecht (§§ 273, 274 BGB) zu.

Bei einer **gemischten Schenkung** kann der Nacherbe die Herausgabe ebenfalls nur Zug um Zug gegen Rückgewähr der von dem Dritten erbrachten Gegenleistung fordern.[345] 333

---

338 Staudinger/*Avenarius*, § 2113 BGB Rn 24.
339 Palandt/*Edenhofer*, § 2113 Rn 16, *Ebenroth*, Rn 566.
340 Staudinger/*Avenarius*, § 2113 BGB Rn 97.
341 Staudinger/*Avenarius*, § 2113 BGB Rn 99.
342 Staudinger/*Avenarius*, § 2113 BGB Rn 100; *Ebenroth*, Rn 567.
343 *Ebenroth*, Rn 575.
344 Staudinger/*Avenarius*, § 2113 BGB Rn 103 m.w.N.
345 BGH NJW 1985, 382, 383; a.A. *Brox/Walker*, Rn 363.

### 3. Checkliste: Auskunfts-/Herausgabeklage bei Schenkungen des Vorerben an Dritte

334
- Sachliche Zuständigkeit
- Örtliche Zuständigkeit: §§ 12, 13 ZPO
- Wer ist Kläger: Nacherbe
- Wer ist Beklagter: vom Vorerben Beschenkter
- Schenkung des Vorerben
- Gutgläubiger Erwerb des Beschenkten?
- Grundstücke: Nacherbenvermerk eingetragen?
- Erbschein: Nacherbfolge ausgewiesen?
- Auskunft:
  - Vorerbe ist zur Auskunftserteilung nicht in der Lage.
  - Anhaltspunkte für unentgeltliche Verfügungen.
  - Auskunftserteilung ist dem Beschenkten zumutbar.
- Gemischte Schenkung?
  Rückgabe nur Zug um Zug gegen Rückgewähr der Gegenleistung
- Aufwendungen des Beschenkten auf den Gegenstand?
  Rückgabe nur Zug um Zug gegen Ersatz für die Aufwendungen

### 4. Muster: Aufforderungsschreiben an den vom Vorerben Beschenkten: Auskunftserteilung, Herausgabe, Zustimmung zur Grundbuchberichtigung

335

An

Frau

Hiermit zeige ich die anwaltliche Vertretung von Herrn           an. Eine entsprechende Vollmacht ist beigefügt.

Wie Sie wissen, ist mein Mandant Nacherbe der am           verstorbenen          , seiner Mutter. Der Vater meines Mandanten, welcher am           verstorben ist, hatte nach dem Tod der Mutter die Rechtsstellung eines befreiten Vorerben inne.

Seit dem Jahre           bis zu seinem Tode hat der Vater meines Mandanten mit Ihnen in häuslicher Gemeinschaft gelebt. Er hat Ihnen in dieser Zeit unter anderem ein Diamantcollier geschenkt, welches zuvor im Eigentum der Erblasserin stand, mithin der Nacherbschaft unterfiel. Um eine „Anstandsschenkung", die Sie behalten dürften, handelt es sich dabei angesichts des hohen Wertes des Colliers von circa           EUR gewiss nicht mehr. Ferner hat der Vater meines Mandanten zu Ihren Gunsten unentgeltlich ein lebenslanges Wohnungsrecht an der Eigentumswohnung in           bestellt, die zuvor im Eigentum der Erblasserin stand und somit der Vorerbschaft unterfällt.

Der Vater meines Mandanten war nicht berechtigt, über Teile der Vorerbschaft unentgeltlich zu verfügen (§ 2113 Abs. 2 BGB). Die entsprechenden Verfügungen sind mit dem Eintritt der Nacherbfolge unwirksam geworden.

Ich fordere Sie daher auf, bis spätestens           das Diamantcollier an meinen Mandanten herauszugeben und der Löschung des Wohnungsrechts in öffentlich beglaubigter Form zuzustimmen. Zur Aufnahme entsprechender Erklärungen ist jeder Notar befugt.

Darüber hinaus sind Sie verpflichtet, meinem Mandanten Auskunft über sämtliche Gegenstände zu erteilen, die Sie von dem Vater meines Mandanten unentgeltlich zugewandt bekommen haben (BGHZ 58, 237). Wegen der jahrelangen engen Beziehungen zwischen Ihnen und dem Vater meines Mandanten sowie aufgrund der bereits bekannten Schenkungen liegt die Vermutung nahe, dass Sie noch weitere Geschenke erhalten haben. Insoweit sehe ich dem Eingang Ihrer Auskunft bis spätestens           entgegen.

Sollten Sie die oben genannten Fristen verstreichen lassen, ohne die berechtigten Forderungen meines Mandanten zu erfüllen, werde ich umgehend gerichtliche Schritte einleiten.

(Rechtsanwalt)

### 5. Muster: Stufenklage gegen den vom Vorerben Beschenkten: Auskunft, eidesstattliche Versicherung, Herausgabe, Zustimmung zur Grundbuchberichtigung

An das
Landgericht
– Zivilkammer –

Stufenklage

des Herrn ▓▓▓▓▓ – Klägers –

Prozessbevollmächtigter: Rechtsanwalt ▓▓▓▓▓

gegen

Frau ▓▓▓▓▓ – Beklagte –

wegen Auskunft und Herausgabe.

Namens und in Vollmacht des Klägers erhebe ich Klage gegen die Beklagte und werde in dem zu bestimmenden Termin beantragen, für Recht zu erkennen:

1. Die Beklagte wird verurteilt, dem Kläger Auskunft zu erteilen über sämtliche unentgeltliche Zuwendungen, die sie von Herrn ▓▓▓▓▓ in der Zeit vom ▓▓▓▓▓ bis ▓▓▓▓▓ *(Dauer der Vorerbschaft)* erhalten hat.
2. Die Beklagte wird des Weiteren verurteilt, an den Kläger ein Diamantcollier ▓▓▓▓▓ *(nähere Beschreibung)* sowie weitere, nach Erteilung der Auskunft noch zu bezeichnende Geschenke herauszugeben.
3. Die Beklagte wird ferner verurteilt, im Wege der Grundbuchberichtigung der Löschung des zu ihren Gunsten im Wohnungsgrundbuch von ▓▓▓▓▓, Band ▓▓▓▓▓, Blatt ▓▓▓▓▓, Abt. II Nr. 1 zu Lasten der Eigentumswohnung ▓▓▓▓▓ *(weitere Beschreibung)* eingetragenen Wohnungsrechts zuzustimmen.
(Ist Anspruchsgrundlage für die Eintragung wegen eines vorangegangenen gutgläubigen Erwerbs des Beschenkten – bei Fehlen eines Nacherbenvermerks im Grundbuch – § 816 Abs. 1 S. 2 BGB (lediglich schuldrechtlicher Anspruch), so muss der Antrag Ziff. 3 folgendermaßen lauten:
Die Beklagte wird verurteilt, der Löschung des zu ihren Gunsten im Wohnungsgrundbuch von ▓▓▓▓▓, Band ▓▓▓▓▓, Blatt ▓▓▓▓▓, Abt. II Nr. 1 zu Lasten der Eigentumswohnung ▓▓▓▓▓ *(weitere Beschreibung)* eingetragenen Wohnungsrechts zuzustimmen und die entsprechende Eintragung (Löschung) im Grundbuch zu bewilligen.)

Falls die Voraussetzungen des § 331 Abs. 3 ZPO vorliegen, bitte ich um Erlass eines Versäumnisurteils ohne mündliche Verhandlung.

*Begründung:*

Der Kläger macht nach Eintritt des Nacherbfalles gegen die von dem Vorerben beschenkte Beklagte Ansprüche auf Auskunft und Herausgabe der Geschenke geltend.

Der Kläger ist der Sohn der Eheleute ▓▓▓▓▓ und ▓▓▓▓▓. In einem am ▓▓▓▓▓ bei dem Notar ▓▓▓▓▓ in ▓▓▓▓▓, UR-Nr. ▓▓▓▓▓, errichteten Erbvertrag haben sich die Eheleute gegenseitig zu befreiten Vorerben und den Beklagten als Nacherben des Erstversterbenden sowie als Erben des Zweitversterbenden eingesetzt. Die Mutter des Klägers, Frau ▓▓▓▓▓, ist am ▓▓▓▓▓ vorverstorben.

Steinbacher

*Beweis:* Beglaubigte Abschriften
- des Erbvertrags vom ▮
- der Eröffnungsniederschrift des Nachlassgerichts ▮ vom ▮

Nach dem Tod der Mutter des Klägers wandte sich sein Vater der Beklagten zu. Beide lebten seit ▮ in häuslicher Gemeinschaft. Während der Zeit des gemeinsamen Zusammenlebens machte der Vater des Klägers der Beklagten häufig Geschenke. So wandte er ihr unter anderem ein wertvolles Diamantcollier ▮ (nähere Beschreibung) zu, das die Beklagte bei Feiern im Familienkreis zur Schau stellte.

*Beweis:* Zeugnis der ▮ (Familienangehörige)

Dieses Diamantcollier war zuvor der Mutter des Klägers zum 25. Hochzeitstag geschenkt worden. Es war mithin Teil der Vorerbschaft.

*Beweis:* Zeugnis der ▮ (Familienangehörige; wie oben)
Bestandsverzeichnis des Nachlasses vom ▮

Schließlich bestellte der Vater des Klägers der Beklagten ein unentgeltliches lebenslanges Wohnungsrecht an der Eigentumswohnung ▮, in welcher der Vater des Klägers und die Beklagte gemeinsam lebten. Diese Wohnung stand zuvor im Eigentum der Erblasserin, sie unterfällt mithin der Vorerbschaft.

*Beweis:* Grundbuchauszug (Wohnungsgrundbuch) ▮

Der Kläger hat die Beklagte vorgerichtlich zur Herausgabe des Diamantcolliers sowie zur Zustimmung zur Berichtigung des Grundbuches aufgefordert. Die Beklagte hat dies mit der Begründung abgelehnt, sie habe das Diamantcollier von dem Vater des Klägers geschenkt bekommen. Es entspreche dessen Willen, wenn sie das Collier weiter trage. Ferner sei es auch der Wille des Vaters des Klägers gewesen, sie mit dem Wohnungsrecht bis an ihr Lebensende abzusichern, da sie selbst nur über eine kleine Rente verfüge.

*Zur Rechtslage:*

Die Beklagte ist zur Herausgabe des Diamantcolliers und zur Zustimmung zur Löschung des Wohnungsrechts verpflichtet. Beide Zuwendungen waren unentgeltlich und erfolgten aus der Vorerbschaft. Die insoweit von dem Vater des Klägers getroffenen Verfügungen sind demzufolge mit Eintritt des Nacherbfalls nach § 2113 Abs. 2 BGB unwirksam, denn sie schmälern die Nacherbschaft des Klägers.

Der Kläger kann darüber hinaus von der Beklagten Auskunft über sämtliche Gegenstände verlangen, welche diese von dem Vater des Klägers unentgeltlich erlangt hat. Dieser Anspruch ergibt sich aus § 242 BGB (BGHZ 58, 237). Der Kläger ist nicht in der Lage, sich diese Informationen auf andere Weise zu beschaffen. Auf Grund der unter Beweis gestellten Schenkung des Diamantcolliers der Erblasserin sowie der jahrelangen engen Beziehungen zwischen der Beklagten und dem Vater des Klägers liegt die Vermutung nahe, dass die Beklagte über die bekannten Zuwendungen hinaus weitere Geschenke erhalten hat. Gründe, welche die Auskunftserteilung unzumutbar erscheinen lassen könnten, sind nicht ersichtlich.

(Rechtsanwalt)

## F. Unterhaltsanspruch der Mutter des ungeborenen Nacherben gegen den Nachlass

337 Der Mutter eines im Zeitpunkt des Eintritts des **Nacherbfalls bereits erzeugten, aber noch nicht geborenen Nacherben** (nasciturus) steht nach **§§ 2141, 1963 BGB** ein Unterhaltsanspruch für die Zeit bis zur Entbindung zu. Der Anspruch richtet sich gegen den durch den Pfleger des Kindes vertretenen Nachlass.[346]

---

346 Erman/*M. Schmidt*, § 2141 BGB Rn 1; vgl. *Eulberg/Ott-Eulberg*, Die Nachlasspflegschaft, § 1 Rn 14.

Die Vorschrift des § 2141 BGB enthält eine Rechtsgrundverweisung auf § 1963 BGB.[347] Die Mutter des Kindes muss also außer Stande sein, sich selbst zu unterhalten (§§ 1602, 1610 BGB). Der den Unterhalt beanspruchenden Mutter obliegt die Darlegungs- und **Beweislast** für das Vorliegen der Anspruchsvoraussetzungen. Sie muss das Bestehen der Schwangerschaft sowie ihre eigene Bedürftigkeit nachweisen.[348]

**Entsprechend anwendbar** sind die §§ 2141, 1963 BGB, wenn der **Nacherbfall erst mit der Geburt des Nacherben eintritt** (vgl. §§ 2101 Abs. 1, 2106 Abs. 2 S. 1 BGB).[349] Der Unterhaltsanspruch besteht erst ab dem Beginn der Schwangerschaft.[350] Er richtet sich gegen den Vorerben, der ihn aus dem Stamm der Erbschaft erfüllen kann.

Der Anspruch kann im Wege der **Einstweiligen Verfügung** (§ 940 ZPO) geltend gemacht werden.[351]

Die Forderung genießt **Pfändungsschutz** nach § 850b Abs. 1 Nr. 2 ZPO, nach § 394 BGB besteht ein **Aufrechnungsverbot**.

---

347 MüKo-*Grunsky*, § 2141 BGB Rn 1; AnwK-BGB/*Gierl*, § 2141 BGB Rn 4.
348 Baumgärtel/*Schmitz*, § 1963 BGB Rn 1 f.
349 Staudinger/*Avenarius*, § 2141 BGB Rn 2; MüKo-*Grunsky*, § 2141 BGB Rn 2; Palandt/*Edenhofer*, § 2141 BGB Rn 1.
350 MüKo-*Grunsky*, § 2141 BGB Rn 2.
351 Palandt/*Edenhofer*, § 1963 BGB Rn 3; Damrau/*Boecken*, § 1963 BGB Rn 31.

# § 15 Vermächtniserfüllung

*Walter Krug*

## Literatur

**Kommentare, Handbücher:**

*Ann*, Die Erbengemeinschaft, Köln 2001; *Bonefeld/Kroiß/Tanck*, Der Erbprozess, 3. Auflage 2009; *Dauner-Lieb/Heidel/Lepa/Ring* (Hrsg.), AnwaltKommentar BGB, Band 2, Schuldrecht, 2005; *Dauner-Lieb/Heidel/Ring* (Ges.-Hrsg.), *Kroiß/Ann/Mayer* (Band-Hrsg.), AnwaltKommentar BGB, Band 5, Erbrecht, 2. Auflage 2007; *Firsching/Graf*, Nachlassrecht, 9. Auflage 2008; *Frieser*, Anwaltliche Strategien im Erbschaftsstreit, 2. Auflage 2004; *Kerscher/Krug*, Das erbrechtliche Mandat, 4. Auflage 2007; *Klingelhöffer*, Pflichtteilsrecht, 2. Auflage 2003; *Krug*, Erbrecht – Examenskurs für Rechtsreferendare, 4. Auflage 2009; *Krug*, Schuldrechtsmodernisierungsgesetz und Erbrecht, 2002; *Krug/Daragan*, Die Immobilie im Erbrecht, 2010; *Nieder/Kössinger*, Handbuch der Testamentsgestaltung, 3. Auflage 2008; *Reimann/Bengel/J. Mayer*, Testament und Erbvertrag, 5. Auflage 2006; *Ritter*, Der Konflikt zwischen einer erbrechtlichen Bindung aus erster Ehe und einer Verfügung des überlebenden Ehegatten zugunsten eines neuen Lebenspartners, 1999; *Schuschke/Walker*, Vollstreckung und Vorläufiger Rechtsschutz, 4. Auflage 2008; *Tanck/Krug/Daragan*, Testamente in der anwaltlichen und notariellen Praxis, 3. Auflage 2006.

**Aufsätze:**

*Amend*, Schuldrechtsreform und Mängelhaftung beim Gattungsvermächtnis, ZEV 2002, 227; *Baltzer*, Die Vermächtnislösung lebt! – Zur Anspruchskonkurrenz zwischen Nachvermächtnisnehmer und anderen Gläubigern, insbesondere dem Sozialhilfeträger -, ZEV 2008, 116; *Berringer*, Schuldrechtliches Vorkaufsrecht für mehrere Vorkaufsfälle?, MittBayNot 2003, 34; *Bornhorst*, Die einstweilige Verfügung zur Sicherung von Herausgabeansprüchen, WM 1998, 1668; *Bühler*, Das Verschaffungsvermächtnis, Inhalt und Durchsetzung, DNotZ 1964, 581; *Demuth*, Nachfolgegestaltung für eine Personenhandelsgesellschaft durch Aussetzung von Vermächtnissen: zivilrechtliche und steuerliche Probleme mit Lösungsvorschlägen, BB 2001, 945; *Dütz*, Vorläufiger Rechtsschutz im Arbeitskampf, BB 1980, 533; *Geck*, Gestaltungsüberlegungen bei Grundstücksvermächtnissen unter Berücksichtigung des obiter dictum des BFH, ZEV 2006, 201; *Habersack*, Das Anwartschaftsrecht des Auflassungsempfängers – gesicherter Bestand des Zivilrechts oder überflüssiges Konstrukt der Wissenschaft?, JuS 2000, 1145; *Helms*, Erbrechtliches Drittbestimmungsverbot und kautelarjuristische Praxis, ZEV 2007, 1; *Ivo*, Die Zuwendung von Personengesellschaftsanteilen durch Vermächtnis, FAErbR 2005, 29; *Kannowski*, Arrest und einstweilige Verfügung (§§ 916 f. ZPO) neben einem bereits vorliegenden Titel, JuS 2001, 482; *Keilbach*, Die Auskunftsrechte des Vermächtnisnehmers, FamRZ 1996, 1191; *Krauß*, Gestaltungsmöglichkeiten im Konfliktbereich zwischen Erbrecht und Sozialrecht, FachanwErbR 2005, 24; *Krug*, Der Rechtshängigkeitsvermerk – ein Instrument des vorläufigen Rechtsschutzes im Erbrecht, ZEV 1999, 161; *Krug*, Die Auswirkungen der ZPO-Reform 2002 auf den Erbprozess, ZEV 2002, 58; *Lettmann*, Die Beschränkung der Erbenhaftung, RNotZ 2002, 537; *Lindemeier*, Die Belastung des Gesamthandanteils im Grundbuch des zum Gesamthandsvermögen gehörenden Grundstücks – Zugleich ein Beitrag zu Zulässigkeit und Ausgestaltung des Nießbrauchs am Anteil einer Personengesellschaft, DNotZ 1999, 876; *Marotzke*, Das Wahlrecht des pflichtteilsberechtigten Erben bei ungünstigem Testament, AcP 1991, 563; *Mayer*, Erbteil oder Pflichtteil? Frist läuft, DNotZ 1996, 422; *Nieder*, Das Geschiedenentestament und seine Ausgestaltung, ZEV 1994, 158; *Oertzen v.*, Wertsicherungsklauseln in letztwilligen Verfügungen, ZEV 1994, 160; *Reul*, Die Umstellung von Wertsicherungsklauseln auf den Verbraucherpreisindex für Deutschland auf der Basis 2000 = 100, DNotZ 2003, 92; *Reul*, Aufhebung der Genehmigungspflicht bei Wertsicherungsklauseln – Das neue Preisklauselgesetz (PreisklauselG), MittBayNot 2007, 445; *Reul*, Lösungsklauseln in notariellen Übergabeverträgen – Zugleich Anmerkungen zum Urt. des BGH v. 19. 4. 2007 – IX ZR 59/06- DNotZ 2007; *Rossak*, Pfändbarkeit, Pfändung und Pfandverwertung von Nießbrauch und Wohnungsrecht, MittBayNot 2000, 383; *Schlitt*, Der mit einem belasteten Erbteil und einem Vermächtnis bedachte Pflichtteilsberechtigte, ZEV 1998, 216; *Schultz*, Der Wirksamkeitsvermerk als Gestaltungsalternative zu Rangvorbehalt und Rangrücktritt der Auflassungsvormerkung, RNotZ 2001, 541; *Streuer*, Verfügungsbeschränkungen und Eigentumsvormerkung in der Zwangsversteigerung des Grundstücks, Rpfleger 2000, 357; *Tanck*, Die Durchsetzung der Ansprüche bei vertragsmäßigem oder bindend gewordenem Vermächtnis (§ 2288 BGB), ZErb 2003, 198; *Wolfsteiner*, Zur Voreintragung des Erben bei der Veräußerung eines Nachlassgrundstückes, NotBZ 2001, 134.

| | |
|---|---|
| **A. Typischer Sachverhalt** | 1 |
| **B. Vermächtnisanspruch** | 2 |
|   I. Schuldrechtlicher Anspruch | 2 |
|   II. Überblick über das Vermächtnisrecht | 3 |
|     1. Anordnung des Vermächtnisses | 3 |
|     2. Auslegungsregel des § 2087 Abs. 2 BGB | 4 |
|     3. Schuldner des Vermächtnisanspruchs | 6 |
|     4. Subsidiäre Geltung des allgemeinen Schuldrechts | 8 |
|     5. Gegenstand des Vermächtnisses | 9 |
|     6. Arten des Vermächtnisses | 10 |
|     7. Anfall des Vermächtnisses | 11 |
|     8. Haftung | 12 |
|     9. Erfüllung des Vermächtnisanspruchs | 13 |
|     10. Auskunftsrechte des Vermächtnisnehmers | 14 |
|     11. Gegenrechte des Vermächtnisbelasteten | 16 |
|     12. Verjährung des Vermächtnisanspruchs | 17 |
|       a) Allgemeines | 17 |
|       b) Verjährungsrecht | 18 |
|         aa) Verjährungshemmung | 18 |
|         bb) Hemmungstatbestände | 19 |
|         cc) Ablaufhemmung | 21 |
|         dd) Beendigung der Hemmung durch Stillstand des Verfahrens | 22 |
|         ee) Hemmung bei Verhandlungen | 23 |
|         ff) Ablaufhemmung bei nicht voll geschäftsfähigen Personen | 24 |
|         gg) Verjährungsbeginn | 25 |
|       c) Neubeginn der Verjährung | 26 |
|       d) Verlängerung von Verjährungsfristen | 27 |
|     13. Allgemeine Regeln des Schuldrechts im Vermächtnisrecht | 28 |
|       a) Verzug | 28 |
|       b) Unmögliches oder ungesetzliches Vermächtnis | 31 |
|       c) Haftung für Rechtsmängel beim Vermächtnis | 33 |
|       d) Haftung für Sachmängel beim Vermächtnis | 39 |
|       e) Positive Forderungsverletzung | 42 |
|       f) Wegfall bzw. Störung der Geschäftsgrundlage | 43 |
|     14. Vindikationslegat ausländischen Rechts | 44 |
|     15. Kein Beschwerderecht des Vermächtnisnehmers im Erbscheinsverfahren | 45 |
|   III. Wirksamkeitserfordernisse | 46 |
|     1. Bestimmtheit der Vermächtnisanordnung | 46 |
|     2. Wirksamkeitsprobleme nach § 2306 Abs. 1 BGB a.F. | 48 |
|       a) Beschwerung des Pflichtteilsberechtigten mit Vermächtnissen | 48 |
|       b) Muster: Aufforderung zur Anerkennung der Unwirksamkeit eines Vermächtnisses (Erbfall vor dem 1.1.2010) | 55 |
|       c) Größe des „hinterlassenen Erbteils" | 56 |
|       d) Ausschlagungsfrist im Fall des § 2306 Abs. 1 S. 2 BGB a.F. | 60 |
|       e) Erbenmehrheit und § 2306 Abs. 1 S. 1 BGB a.F. | 61 |
|       f) Anfechtung der Ausschlagung im Zusammenhang mit § 2306 BGB | 64 |
|       g) Wer trägt das Vermächtnis und den Pflichtteil des Ausschlagenden? | 65 |
|       h) Anfechtung der Erbschaftsannahme wegen Irrtums | 66 |
|       i) Neuerungen durch die Erbrechtsreform | 67 |
|   IV. Annahme und Ausschlagung des Vermächtnisses | 74 |
|     1. Annahme des Vermächtnisses | 74 |
|       a) Formlose Erklärung | 74 |
|       b) Muster: Annahme eines Vermächtnisses | 75 |
|     2. Ausschlagung des Vermächtnisses | 76 |
|       a) Formlose Erklärung | 76 |
|       b) Muster: Ausschlagung eines Vermächtnisses | 77 |
|   V. Pflichtteilsberechtigter als Vermächtnisnehmer | 78 |
|     1. Wahlrecht für den Vermächtnisnehmer | 79 |
|     2. Ausschlagung des Vermächtnisses | 80 |
|     3. Muster: Fristsetzung zur Annahme eines Vermächtnisses | 81 |
|     4. Annahme des Vermächtnisses | 82 |
|     5. Außerordentliches Anfechtungsrecht | 85 |
|   VI. Erfüllung des Vermächtnisses durch den Testamentsvollstrecker | 86 |
| **C. Gegenstand des Vermächtnisanspruchs** | 87 |
|   I. Grundstücksvermächtnis | 87 |
|     1. Begründung der Übertragungsverpflichtung | 87 |
|     2. Erfüllung der Übertragungsverpflichtung | 88 |
|       a) Notariell beurkundete Auflassung | 88 |
|       b) Grundbuchrechtliche Erfordernisse | 89 |
|       c) Vertretung minderjähriger Erben | 90 |
|       d) Kosten der Grundstücksübertragung | 91 |
|       e) Lastentragung | 92 |
|       f) Mängelhaftung | 93 |
|       g) Früchte und Nutzungen | 94 |

h) Muster: Auflassung eines Vermächtnisgrundstücks .......... 95
3. Erfüllung des Vermächtnisses durch Bevollmächtigung des Vermächtnisnehmers .......................... 96
4. Muster: Vermächtniserfüllung durch den Vermächtnisnehmer als Bevollmächtigten ....................... 99
5. Vorläufige Sicherung des Vermächtnisanspruchs durch Vormerkung .... 100
   a) Keine Vormerkung vor dem Erbfall ........................... 100
   b) Vormerkung nach dem Erbfall ... 101
   c) Muster: Bewilligung einer Eigentumsübertragungsvormerkung ... 107
   d) Muster: Antrag des vertretenden Rechtsanwalts auf Eintragung einer Eigentumsübertragungsvormerkung ..................... 108
6. Klage auf Erfüllung eines Grundstücksvermächtnisses .............. 109
   a) Muster: Klage auf Zustimmung zur Auflassung ............... 110
   b) Rechtswirkungen des ergehenden Urteils ..................... 111
      aa) Vorläufig vollstreckbares Urteil ...................... 111
      bb) Rechtskräftiges Urteil ...... 112
   c) „Dingliche Einigung" nach Verurteilung des Auflassungsschuldners ...................... 113
   d) Kosten ...................... 116
   e) Besonderheit bei Zug-um-Zug-Verurteilung ................ 117
   f) Zwangsvollstreckung bei Zug-um-Zug-Verurteilung ............ 118
   g) Muster: Auflassungserklärung des Klägers ..................... 119
7. Geltendmachung von Gegenrechten ............................ 120
   a) Übernahmerecht ............. 120
      aa) Übernahmerecht als Vorausvermächtnis .............. 120
      bb) Muster: Grundstücksübertragung gegen Zahlung des Übernahmepreises (Übernahmerecht als Vorausvermächtnis) ..................... 124
      cc) Muster: Klage auf Zustimmung zur Auflassung Zug-um-Zug gegen Erbringung einer Gegenleistung ........ 125
   b) Vermächtniskürzungsrecht ...... 126
      aa) Ausgangslage ............. 126
      bb) Vermächtniskürzungsrecht als Erfüllungsverweigerung ... 128
      cc) Muster: Vermächtniserfüllung gegen Vermächtniskürzung .................. 129
      dd) Kürzungsrecht bei Untervermächtnis ................ 130
      ee) Zug-um-Zug-Verurteilung zur Durchführung der Vermächtniskürzung .......... 131
      ff) Beschränkungen des Kürzungsrechts ............. 134
      gg) Muster: Klageerwiderung gegen Grundstücksübertragungsklage (Vermächtniskürzung) ................. 140
   c) Überschwerungseinrede ....... 141
      aa) Nichtabziehbarkeit von Vermächtnissen bei der Überschuldungsprüfung ........ 141
      bb) Umwandlung Stückvermächtnis in Geldvermächtnis ....................... 149
      cc) Haftungsbeschränkungsvorbehalt im Urteil .......... 150
      dd) Untervermächtnis ......... 153
8. Genehmigungserfordernisse ........ 154
9. Vergleich ...................... 155
10. Vorläufiger Rechtsschutz .......... 156
    a) Allgemeines ................. 156
    b) Möglichkeiten des vorläufigen Rechtsschutzes bei einem Grundstücksvermächtnis ........... 158
    c) Vormerkung ................. 161
       aa) Vormerkung nach Eintritt des Erbfalls ................. 161
       bb) Kosten .................. 163
    d) Einstweilige Verfügung zur Eintragung einer Vormerkung im Grundbuch auf Eigentumsübertragung ..................... 164
       aa) Glaubhaftmachung der Anspruchsvoraussetzungen .... 165
       bb) Inhalt der Glaubhaftmachung .................... 166
    e) Hauptprozess und Verfahren auf Erlass einer einstweiligen Verfügung ....................... 169
    f) Muster: Antrag auf Erlass einer einstweiligen Verfügung (Sicherung der Eigentumsübertragung) ....................... 170
    g) Checkliste: Antrag auf Erlass einer einstweiligen Verfügung zur Eintragung einer Vormerkung im Grundbuch ................. 171
    h) Rechtsposition des Klägers nach Verurteilung des Auflassungsschuldners ................. 172
       aa) Vorläufig vollstreckbares Urteil ...................... 172
       bb) Kosten einer Vormerkung ... 175
    i) Muster: Antrag auf Eintragung einer Eigentumsübertragungsvormerkung ..................... 176
II. Nießbrauchsvermächtnis ............ 177
1. Freiwillige Erfüllung ............. 177
2. Muster: Nießbrauchseinräumung (Untervermächtnis) an einem Grundstück ........................ 179
3. Muster: Bewilligung der Eintragung eines Grundstücksnießbrauchs ...... 181
4. Muster: Antrag des vertretenden Rechtsanwalts auf Eintragung eines Grundstücksnießbrauchs .......... 182
5. Klage auf Einräumung des Grundstücksnießbrauchs ................ 183
   a) Dingliche Nießbrauchsbestellung und Besitzeinräumung .......... 183
   b) Muster: Klage auf Nießbrauchsbestellung und Herausgabe ........ 184
6. Formen des Nießbrauchs .......... 185

7. Muster: Nießbrauchseinräumung an einem Erbteil .................. 191
8. Klage auf Einräumung des Nießbrauchs an einem Erbteil ........ 193
   a) Dingliche Nießbrauchsbestellung ........................... 193
   b) Muster: Klage auf Nießbrauchsbestellung an einem Erbteil und Einräumung des Mitbesitzes am Nachlass .................. 194
9. Nießbrauch an Gesellschaftsanteilen ............................ 195
10. Vermächtniskürzung ............. 197
11. Vorläufiger Rechtsschutz ......... 198
III. Wohnungsrechtsvermächtnis ........ 199
1. Wohnungsrecht als beschränkte persönliche Dienstbarkeit ........ 199
2. Muster: Vereinbarung zur Bestellung eines dinglichen Wohnungsrechts ... 201
3. Klageweise Durchsetzung der Wohnungsrechtsbestellung ............ 203
4. Abgabe der dinglichen Einigungserklärung durch den Erblasser ...... 206
   a) Aufnahme der dinglichen Einigungserklärung des Erblassers in notarielle Urkunde ............. 206
   b) Muster: Testamentarisch erklärte Einigung zur Bestellung eines Wohnungsrechts ............... 207
5. Vermächtniskürzung ............. 208
6. Wohnungsrechtsvermächtnis als Verschaffungsvermächtnis .......... 209
7. Vorläufiger Rechtsschutz ......... 210
8. Lastentragung ..................... 211
9. Unentgeltliches Wohnrecht als Leihe .......................... 212
10. Nur ausnahmsweise Umwandlung des Wohnungsrechts in einen Geldanspruch ........................ 213
IV. Rentenvermächtnis ................ 214
1. Allgemeines ...................... 214
2. Leistungsstörungen ............... 217
3. Wertsicherung nach bisherigem Recht (bis 13.9.2007) ................. 218
   a) Ratenzahlung ................. 219
   b) Leistungsvorbehalt ........... 221
   c) Genehmigungspflichtige Wertsicherungsklausel ............... 222
      aa) Allgemeines .............. 222
      bb) Zeitraum zwischen Testamentserrichtung und Erbfall ..................... 226
      cc) Anpassung nach dem Tod des Erblassers ................ 227
      dd) Umstellung bereits bestehender Wertsicherungsklauseln auf den Verbraucherpreisindex für Deutschland auf der Basis 2000 = 100 bzw. Basis 2005 = 100 ............... 229
4. Wertsicherung nach neuem Recht (seit 14.9.2007, dem Inkrafttreten des neu gefassten Preisklauselgesetzes) .. 232
5. Grundbuchmäßige Absicherung mittels Reallast .................... 233

V. Vorläufiger Rechtsschutz bei beweglichen Sachen ........................ 235
1. Leistungsverfügung als Ausnahme ... 235
2. Muster: Antrag auf Erlass einer einstweiligen Verfügung zur Herausgabe beweglicher Sachen ............. 237
VI. Klage im Urkundenprozess bei Geldvermächtnis ........................ 238
VII. Sicherung eines Geldvermächtnisses ..... 242
VIII. Beweissicherung ................... 244
IX. Vorkaufsrechtsvermächtnis ........ 245
1. Allgemeines ...................... 245
2. Arten des Vorkaufsrechts ......... 246
3. Entstehung des dinglichen Vorkaufsrechts ........................ 247
4. Sicherung des schuldrechtlichen Vorkaufsrechts ...................... 248
5. Belastungsobjekt ................. 249
6. Vorkaufsberechtigter ............. 250
7. Inhalt des Vorkaufsrechts ........ 251
8. Ausübung des Vorkaufsrechts ...... 252
   a) Ausübung nur bei Abschluss eines Kaufvertrags ................. 252
   b) Mitteilung des Kaufvertrages ... 253
9. Erlöschen des Vorkaufsrechts ..... 254
10. Unterschied zwischen dinglichem und schuldrechtlichem Vorkaufsrecht ............................ 255
X. Ankaufsrechtsvermächtnis ......... 256
XI. Vermächtnis auf Abschluss eines verjährungsändernden Vertrages ......... 257
1. Vertrag über Verjährungsfristen ... 257
   a) Verlängerung der Verjährungsfrist ........................ 258
   b) Abkürzung der Verjährungsfrist für Ansprüche gegen Testamentsvollstrecker ............. 261
2. Muster: Vereinbarung über die Verlängerung der Verjährungsfrist von Pflichtteilsansprüchen ........... 262
D. Vermächtnis-„Formen" ............. 263
I. Verschaffungsvermächtnis ......... 264
1. Allgemeines ...................... 264
2. Auslegung und Beweislast ......... 266
3. Praktische Anwendung und Grenzen ............................ 267
4. Verhältnis von § 2169 BGB zu § 2288 BGB ............................. 268
5. Muster: Wohnungsrecht, teilweise als Verschaffungsvermächtnis ........ 269
6. Muster: Vertrag zur Begründung eines Wohnungsrechts, teilweise als Verschaffungsvermächtnis ........ 270
II. Gattungsvermächtnis .............. 271
III. Untervermächtnis ................. 272
IV. Vorausvermächtnis ................ 273
1. Begriff .......................... 273
2. Abgrenzung der Teilungsanordnung vom Vorausvermächtnis ............ 274
E. Bereicherungsansprüche des enterbten Vermächtnisnehmers ................. 281
F. Übersichten zum Vermächtnisrecht ... 282

## A. Typischer Sachverhalt

Der Erblasser hat ein Testament hinterlassen, wonach Erben seine Angehörigen nach gesetzlichem Erbrecht werden sollen. Ein Bruder des Erblassers, der nicht zu den gesetzlichen Erben gehört, der seit vielen Jahren an einer unheilbaren Krankheit leidet und deshalb auch seit Jahren nicht mehr berufstätig sein kann, soll in einem der Häuser des Erblassers ein lebenslanges Wohnungsrecht an einer Drei-Zimmer-Wohnung erhalten.

## B. Vermächtnisanspruch

### I. Schuldrechtlicher Anspruch

Nach der Erbeinsetzung ist die wichtigste und häufigste testamentarische Anordnung das Vermächtnis. Es beinhaltet die Zuwendung eines Vermögensvorteils, ohne dass der Bedachte Gesamtrechtsnachfolger des Erblassers würde, § 1939 BGB. Für den Vermächtnisnehmer wird ein **Forderungsrecht** gegen den Beschwerten – das kann der Erbe oder ein anderer Vermächtnisnehmer sein – begründet, § 2174 BGB. Schuldner und damit Beschwerter des Vermächtnisanspruchs ist in der Regel der Erbe bzw. bei mehreren Erben die Erbengesamtheit, § 2174 BGB. Mehrere Erben oder Vermächtnisnehmer haften im Außenverhältnis als Gesamtschuldner, § 2058 BGB, und tragen im Innenverhältnis die Vermächtnislast im Verhältnis der Erbteile bzw. im Verhältnis des Wertes der Vermächtnisse, § 2148 BGB.

Das Vermächtnis ist der häufigste Fall eines **einseitigen Schuldverhältnisses** nach §§ 241–304, 311 BGB.

### II. Überblick über das Vermächtnisrecht

#### 1. Anordnung des Vermächtnisses

Das Vermächtnis kann durch **Testament** (§ 1939 BGB) oder **Erbvertrag** (§ 1941 BGB), im letzteren Falle vertragsmäßig (§ 2278 Abs. 2 BGB) oder einseitig, angeordnet werden, in einem gemeinschaftlichen Testament wechselbezüglich, § 2270 Abs. 3 BGB.

Die Entstehung des Vermächtnisses regeln die §§ 2176 ff. BGB; vor dem Erbfall besteht lediglich eine Hoffnung, aber keine gesicherte Anwartschaft.[1] Bezüglich der **formalen Erfordernisse** gilt formelles Testaments- bzw. Erbvertragsrecht.

Hierzu OLG Naumburg:[2]

> „Der unterzeichnete und mit der Jahreszahl versehene schriftliche Vermerk des Erblassers auf einem Grundbuchauszug, in dem er erklärt, jemandem Grundstücksmiteigentum zuwenden zu wollen, kann sich als wirksames Vermächtnis darstellen, auch wenn daneben weitere letztwillige Verfügungen existieren."

#### 2. Auslegungsregel des § 2087 Abs. 2 BGB

Wird einer Person ein **bestimmter Anteil des Nachlasses** zugewendet (als Bruchteil oder als Prozentsatz des Vermögens), so ist mit der Auslegungsregel des § 2087 Abs. 1 BGB –

---

1 BGH NJW 1961, 1916.
2 OLG Naumburg FamRZ 2003, 407 = OLGR 2002, 538.

sofern kein anderer Erblasserwille vorrangig festzustellen ist –, also bei verbleibenden Zweifeln, davon auszugehen, dass der Zuwendungsempfänger als Erbe eingesetzt ist. Jedoch steht es dem Erblasser frei, dem Zuwendungsempfänger einen bestimmten Bruchteil des Nachlasswertes nach Erfüllung der Nachlassverbindlichkeiten als sog. Quotenvermächtnis[3] zuzuwenden.

**Auslegungsregel:** § 2087 Abs. 2 BGB; bestimmte Worte sind nicht erforderlich. Die Zuwendung eines bestimmten Gegenstandes ist i.d.R. Vermächtnisanordnung.[4] Allerdings ist die Höhe des Vermächtnisses nicht beschränkt.[5] Es kann auch den gesamten Nachlass aufzehren, so dass dem Erben nichts mehr verbleibt, sog. Universalvermächtnis. D.h.: Die Auslegung eines Testaments im Sinne einer Erbeinsetzung setzt nicht notwendig voraus, dass dem Erben dem Wert nach der größte Teil des Nachlasses verbleibt.[6] Beim Universalvermächtnis ist auch eine Drittbestimmung gem. § 2151 BGB möglich.[7]

Das BayObLG zur Abgrenzung von Erbeinsetzung und Vermächtnis, wenn 38 Personen mit den Nachlass erschöpfenden Geldbeträgen bedacht werden:[8]

> *Nach der Auslegungsregel des § 2087 BGB „ist eine Verfügung als Erbeinsetzung anzusehen, wenn der Erblasser dem Bedachten sein Vermögen oder einen Bruchteil seines Vermögens zuwendet, auch wenn der Bedachte nicht als Erbe bezeichnet ist. Andererseits ist im Zweifel nicht anzunehmen, dass der Bedachte Erbe sein soll, wenn ihm nur einzelne Gegenstände zugewendet werden, auch wenn er als Erbe bezeichnet ist. Der Vorschrift kann entnommen werden, dass es auf die (fehlende) Bezeichnung als Erbe nicht entscheidend ankommt, vielmehr auf den Inhalt der Verfügung.[9] Schon daraus ergibt sich, dass die Bezeichnung aller Bedachten als „Miterben" an einer Stelle des Testaments nicht ausschlaggebend sein kann. ... Aus der Verteilung des gesamten Nachlasses auf insgesamt 38 Bedachte folgt jedoch noch nicht, dass alle bedachten Personen zu Erben eingesetzt sind, während den anderen lediglich Vermächtnisse zugewendet sind. Es liegt insbesondere nahe, eine Person, der der Hauptnachlassgegenstand zugewiesen ist, als Alleinerben anzusehen, und andere, die nur Gegenstände von geringem Wert erhalten sollen, als Vermächtnisnehmer."*[10]

5 Die Zuwendung einzelner Nachlassgegenstände spricht nach der Auslegungsregel des § 2087 Abs. 2 BGB zwar für eine Vermächtnisanordnung, diese Auslegungsregel ist jedoch dann **nicht anzuwenden**, wenn sich ein abweichender Wille des Erblassers feststellen lässt. Ein solcher abweichender Wille des Erblassers liegt in der Regel nahe, wenn die zugewendeten Vermögensbestandteile das im Testament nicht weiter genannte Vermögen an Wert erheblich übertreffen, insbesondere wenn angenommen werden kann, der Erblasser habe in diesen Gegenständen – wie dies gerade bei Immobilienvermögen häufig der Fall ist – im Wesentlichen seinen Nachlass erblickt.[11] Für die Feststellung, in welchem Verhältnis der

---

3 BGH NJW 1960, 1759; DNotZ 1978, 487 = WM 1978, 377.
4 BGH NJW-RR 1990, 391; BayObLG NJW-RR 1998, 1230.
5 BGH NJW 2004, 3558 = ZEV 2004, 374; BayObLG FamRZ 2003, 119, 120.
6 BGH NJW 2004, 3558 = ZEV 2004, 374.
7 *Helms*, ZEV 2007, 1.
8 BayObLG FamRZ 2002, 1745 = NJW-RR 2002, 873 = BayObLGR 2002, 359; vgl. auch OLG München FamRZ 2008, 725.
9 OLG Köln FamRZ 1991, 1481.
10 BayObLG FamRZ 1995, 246, 248; BayObLG FamRZ 1999, 59, 60.
11 BayObLG FGPrax 2005, 162 = BayObLGR 2005, 465 = FamRZ 2006, 226; BayObLGZ 1992, 296, 299; BayObLG FamRZ 1995, 246, 248; BayObLG FamRZ 1997, 1177, 1178; BayObLG FamRZ 1999, 62, 63; BayOblG FamRZ 2000, 60, 61.

Wert des zugewendeten Gegenstands zum übrigen Vermögen des Erblassers steht, sind insoweit, also hinsichtlich der Frage einer Erbeinsetzung, die Vorstellungen des Erblassers zur Zeit der Testamentserrichtung maßgebend.[12] Da eine Erbeinsetzung auf einen bestimmten Gegenstand dem deutschen Recht fremd ist, ist die Erbquote in diesem Fall in der Regel nach dem Wertverhältnis der zugewendeten Gegenstände zum Gesamtnachlass zu bestimmen; zugleich kann eine Teilungsanordnung (§ 2048 BGB) vorliegen. Ob für die Erbquote bei wesentlichen Wertveränderungen zwischen Testamentserrichtung und Erbfall der Wert im Zeitpunkt der Testamentserrichtung oder derjenige im Zeitpunkt des Erbfalls maßgebend ist, hängt davon ab, ob der Erblasser durch die Zuwendung der Gegenstände auch eine wertmäßige Verteilung des Nachlasses zum Ausdruck bringen wollte, oder ob er die Gegenstände den jeweils Bedachten zuwenden wollte, ohne dass diesen gegebenenfalls eine wertmäßige Ausgleichsverpflichtung treffen sollte.[13]

Vorrangig vor der Anwendung der Auslegungsregel des § 2087 Abs. 2 BGB ist die individuelle Auslegung. Hat der Erblasser testamentarisch Einzelzuwendungen von Gegenständen oder Vermögensgruppen vorgenommen, die nach seiner Vorstellung bei Testamentserrichtung praktisch sein gesamtes Vermögen ausmachen, ist entgegen § 2087 Abs. 2 BGB regelmäßig von Erbeinsetzung auszugehen; denn es kann nicht angenommen werden, dass der Erblasser seinen gesamten wesentlichen Nachlass verteilt, ohne einen oder mehrere Erben einsetzen zu wollen. Die Auslegung kann ergeben, dass ein Bedachter Alleinerbe ist, wenn ihm ein das übrige Vermögen an Wert so sehr übersteigender Gegenstand zugewandt ist, dass die Annahme nahe liegt, der Erblasser habe im Wesentlichen in diesem Gegenstand seinen Nachlass erblickt.[14] Sie kann auch ergeben, dass alle Bedachten Erben sind, wobei dann die Erbquoten anhand des wirtschaftlichen Wertverhältnisses der zugewandten Gegenstände oder Vermögensgruppen zu ermitteln sind.[15]

Erklärt der Erblasser ausdrücklich, dass dem testamentarischen Erben ein bestimmter Erbschaftsgegenstand nicht zufallen soll, gilt er gem. § 2149 BGB im Zweifel als dem gesetzlichen Erben vermacht. Den testamentarischen Erben trifft die Beweislast für einen davon abweichenden Erblasserwillen, insbesondere auch für einen Vorbehalt i.S.v. § 2086 BGB, der Erblasser habe das Testament später ergänzen wollen.[16]

### 3. Schuldner des Vermächtnisanspruchs

**Schuldner = Beschwerter** ist in der Regel der Erbe bzw. die Erbengesamtheit, § 2147 BGB. Das Vermächtnis ist Nachlassverbindlichkeit, § 1967 BGB, das bei einer Erbenmehrheit vor der Erbteilung zu erfüllen ist, § 2046 BGB. Mehrere Erben oder Vermächtnisnehmer haften im **Außenverhältnis** als Gesamtschuldner (§ 2058 BGB) und tragen im **Innenverhältnis** die Vermächtnislast im Verhältnis der Erbteile bzw. im Verhältnis des Wertes der Vermächtnisse, § 2148 BGB. Der Erblasser kann Abweichendes bestimmen.

**Die Haftung** für den Vermächtnisanspruch setzt voraus, dass der Schuldner die zur Erfüllung erforderliche Deckungsmasse aus dem Nachlass erlangt hat. Die Haftung ist begrenzt durch den Umfang des erbschaftlichen Erwerbs (für den Erben: § 1992 BGB, für den

---

12 BayObLG FGPrax 2005, 162 = BayObLGR 2005, 465 = FamRZ 2006, 226; BayObLG FamRZ 1997, 251, 252; BayObLG FamRZ 1997, 1177, 1178.
13 BayObLG FGPrax 2005, 162 = BayObLGR 2005, 465 = FamRZ 2006, 226.
14 OLG München FamRZ 2008, 187 = NJW-RR 2007, 1162 = ZEV 2007, 383; BayObLGZ 1992, 296/299; 2003, 149.
15 BGH FamRZ 1990, 396.
16 OLG Stuttgart ZEV 2008, 434.

Vermächtnisnehmer: § 2187 BGB). Der Vermächtnisnehmer als Nachlassgläubiger hat bei unzulänglichem Nachlass **Nachrang** nach anderen Gläubigern, §§ 1992–1994, 1980, 2318 BGB; §§ 322, 327, 328 InsO; § 5 AnfG.

### 4. Subsidiäre Geltung des allgemeinen Schuldrechts

8   **Subsidiär** gilt Schuldrecht, soweit spezielle Regelungen im Vermächtnisrecht fehlen. Das Vermächtnis ist der häufigste Fall eines **einseitigen Schuldverhältnisses** nach nach §§ 241–305, 311 BGB.

Die zusätzlich zum erbvertraglich vereinbarten Vermächtnis gegebene formfreie Verpflichtung zur Nichtverfügung über den Vermächtnisgegenstand kann bei Verstößen Schadensersatzpflicht auslösen, §§ 137 S. 2 BGB, 280 Abs. 1 BGB.[17]

### 5. Gegenstand des Vermächtnisses

9   **Gegenstand des Vermächtnisanspruchs** kann alles sein, was auch Gegenstand eines **Schuldverhältnisses** sein könnte, also jedes rechtserhebliche Tun oder Unterlassen, das auf die Verbesserung der Vermögenslage des Bedachten abzielt. In der Praxis finden sich am häufigsten:[18]
- Sachvermächtnis:
    - Grundstücksvermächtnis,
    - Vermächtnis bzgl. einer Eigentumswohnung,
    - Hausratsvermächtnis.
- Geldvermächtnis:[19]
    - bestimmter Geldbetrag,
    - wertbezogenes Geldvermächtnis,
    - Pflegevergütungsvermächtnis,
    - Rentenvermächtnis.
- Nießbrauchsvermächtnis;
- Vermächtnis betr. Unternehmen oder Unternehmensanteil;[20]
- Wohnungsrechtsvermächtnis;
- Forderungsvermächtnis;
- Vorkaufsrechtsvermächtnis:
    - dinglich,
    - schuldrechtlich.
- Ankaufsrechtsvermächtnis;
- Schuldbefreiungsvermächtnis;
- Vermächtnis betr. ausgleichungspflichtige Vorempfänge,
- Vermächtnis betreffend Vereinbarungen über Verlängerung oder Verkürzung von Verjährungsfristen (§ 202 BGB; siehe auch Rn 245).[21]

---

17   BGH NJW 1959, 2252; BGH NJW 1963, 1602.
18   Vgl. im Einzelnen *Tanck/Krug/Daragan*, § 15 Rn 65 ff.
19   Vgl. zur vermächtnisweisen Zuwendung von Sparguthaben OLG Karlsruhe ZErb 2006, 57.
20   Vgl. *Ivo*, FAErb 2005, 29.
21   Vgl. *Krug*, Schuldrechtsmodernisierungsgesetz und Erbrecht, Rn 138.

## 6. Arten des Vermächtnisses

Das Gesetz kennt folgende besondere Arten von Vermächtnissen:
- **Ersatzvermächtnis** (§ 2190 BGB),
- **Nachvermächtnis** (§ 2191 BGB),
- **Verschaffungsvermächtnis** (§ 2170 BGB),
- **Untervermächtnis** (§ 2147 S. 1 Alt. 2 BGB),
- **Gattungsvermächtnis** (§ 2155 BGB),
- **Zweckvermächtnis** (§ 2156 BGB),
- **Vorausvermächtnis** (§ 2150 BGB)[22] und
- **Wahlvermächtnis** (§ 2154 BGB).

## 7. Anfall des Vermächtnisses

Der Vermächtnisanspruch entsteht grundsätzlich **mit dem Erbfall** (§ 2176 BGB), allerdings **auflösend bedingt** durch die Ausschlagung des Vermächtnisses (§ 2180 BGB).[23] Anfall des Vermächtnisses ist nicht gleich **Fälligkeit des Vermächtnisanspruchs**. Beides kann zusammenfallen (§ 271 BGB), dies ist in der Praxis der Regelfall. Aber häufig hat der Erblasser eine Stundung oder eine Zahlung in Raten vorgesehen. Vgl. im Übrigen §§ 2176–2178 BGB.

## 8. Haftung

**Für die Vermächtnisforderung** gelten die Haftungsvorschriften der §§ 275, 276, 278, 280–284 BGB, die Vorschriften über den Leistungsort und die Gefahrtragung (§§ 269, 270 BGB) sowie über den Verzug (§§ 286 ff. BGB). Wird der Vermächtnisgegenstand von einem Dritten zerstört, haftet dieser nach den Grundsätzen der Drittschadensliquidation.[24] Ist der Nachlass infolge der Anordnung von Vermächtnissen überschuldet, so steht dem Erben die **Überschwerungseinrede** nach § 1992 BGB zu (vgl. dazu § 11 Rn 229 ff.)

## 9. Erfüllung des Vermächtnisanspruchs

Der Vermächtnisanspruch wird durch die jeweiligen sachenrechtlichen Übertragungsakte erfüllt, bei Grundstücken insbesondere durch Auflassung und Eintragung im Grundbuch, §§ 873, 925 BGB, bei beweglichen Sachen durch Einigung und Übergabe, § 929 BGB, bei Forderungen durch Abtretung, § 398 BGB, bei Schuldenerlass durch Einigung nach § 397 BGB, bei Schuldübernahme nach §§ 414 ff. BGB.

## 10. Auskunftsrechte des Vermächtnisnehmers

In Fällen des wertbezogenen Vermächtnisses, bspw. ist ein Vermächtnis in Höhe des Geldwertes eines Bruchteils des Nachlasses zugewandt, hat der Vermächtnisnehmer gegen den Erben Anspruch auf Auskunft über die Höhe des Nachlasses (Muster für Auskunftsklagen siehe § 9 Rn 299, 305).[25]

---

22 Abgrenzung zur Teilungsanordnung: BGHZ 82, 279; BGH FamRZ 1987, 476; BGH NJW 1985, 52; BGH FamRZ 1985, 63; BGH FamRZ 1995, 228; OLG Braunschweig ZEV 1996, 69.
23 Eine „antezipierte" Annahme des Vermächtnisses noch vor dem Erbfall erscheint nicht möglich, vgl. Gutachten DNotI in DNotI-Report 2007, 132.
24 BGH NJW 1992, 2152.
25 BGH WM 1964, 950 = VersR 1964, 1100 = DB 1964, 1370; *Keilbach*, FamRZ 1996, 1191.

■ **Wertermittlungsanspruch des Vermächtnisnehmers**

15  Ist einem Vermächtnisnehmer ein Anteil eines Nachlassgrundstücks als Geldanspruch zugewandt, dann steht dem Vermächtnisnehmer ein Anspruch auf Wertermittlung des Nachlassgrundstücks zum Stichtag des Erbfalls gem. § 242 BGB zu, wenn er die Kenntnis zur Geltendmachung seines Vermächtnisanspruchs benötigt. Der belastete Erbe hat die Kosten der Wertermittlung zu tragen.[26]

### 11. Gegenrechte des Vermächtnisbelasteten

16  Dem mit dem Vermächtnis beschwerten Erben oder Vermächtnisnehmer können Gegenansprüche gegen den Vermächtnisnehmer zustehen. Dies kann eine Gegenleistung bei einem als Übernahmerecht ausgestalteten Vermächtnis sein, Ansprüche wegen Verwendungen auf den Vermächtnisgegenstand, § 2185 BGB, Ansprüche aus dem Vermächtniskürzungsrecht nach § 2318 BGB oder im Rahmen der Erbenhaftung eine reduzierte Leistungspflicht bei Geltendmachung der Überschwerungseinrede nach § 1992 BGB.

### 12. Verjährung des Vermächtnisanspruchs

#### a) Allgemeines

17  **Vorbemerkung zur Erbrechtsreform:** Mit dem Gesetz zur Änderung des Erb- und Verjährungsrechts vom 24.9.2009[27] wurde die Verjährung erbrechtlicher Ansprüche dem allgemeinen Verjährungsrecht angepasst, d.h. es gilt jetzt auch für Vermächtnisansprüche die dreijährige Verjährungsfrist des § 195 BGB, §§ 195, 197 Abs. 1 Nr. 1 BGB n.F. Die Neuregelung gilt für alle Erbfälle, die seit dem 1.1.2010 eingetreten sind, für Erbfälle, die bis zum 31.12.2009 eingetreten sind, gilt bisheriges Recht, Art. 229 § 23 EGBGB mit der Maßgabe, dass für solche erbrechtlichen Ansprüche, die am 31.12.2009 noch nicht verjährt sind, noch eine dreijährige Frist läuft, es sei denn, dass die bisherige Frist noch vorher ablaufen würde, dann gilt die bisherige Frist.

Die Verjährung des Vermächtnisanspruchs tritt nach bisherigem, bis 31.12.2009 geltendem Recht nach 30 Jahren ein, §§ 194, 195, 197 Abs. 1 Nr. 2 BGB a.F.; der Vermächtnisanspruch ist ein originär erbrechtlicher Anspruch. Die Frist beginnt mit dem Anfall des Vermächtnisses, § 200 BGB a.F., §§ 2176 ff. BGB. Zur Hemmung der Verjährung siehe § 204 BGB a.F.

#### b) Verjährungsrecht

##### aa) Verjährungshemmung

18  Mit den durch die Schuldrechtsreform ins BGB gekommenen Verjährungsvorschriften wurde die Verjährungsunterbrechung zurückgedrängt; nunmehr ist in den meisten Fällen die **Verjährungshemmung** an die Stelle der früheren Verjährungsunterbrechung, des heutigen Neubeginns der Verjährung getreten, §§ 203–213 BGB. Mit der Hemmung wird die Verjährungsfrist, die zu laufen begonnen hat, angehalten; sie läuft erst später weiter, § 209 BGB.

Andere Fälle sieht das Gesetz vor, die zu einem **Neubeginn** des Fristlaufs führen. Der Begriff Neubeginn ist an die Stelle des früheren vom allgemeinen Sprachgebrauch abweichenden Begriffs der „Unterbrechung" getreten (§ 212 BGB).

---

26 LG Karlsruhe ZErb 2005, 130.
27 BGBl I 2009, 3142.

## bb) Hemmungstatbestände

Die vor Inkrafttreten der Schuldrechtsreform am 1.1.2002 geregelten Unterbrechungstatbestände wurden in die Hemmungstatbestände des § 204 BGB übergeführt. Darüber hinaus sind in § 204 BGB mehrere **neue Hemmungsgründe** aufgenommen worden, bspw. die Zustellung[28] des Antrags zur Durchführung eines selbstständigen Beweisverfahrens, § 204 Abs. 1 Nr. 7 BGB.

- **Hemmungsgründe des § 204 Abs. 1 BGB:**
- Nr. 1: Klageerhebung
  Hemmung beginnt mit **Klageeinreichung, wenn Zustellung demnächst** erfolgt, § 270 Abs. 3 ZPO.
- Nr. 6: **Streitverkündung**: Hemmung beginnt mit Einreichung des Schriftsatzes, wenn Zustellung demnächst erfolgt, § 270 Abs. 3 ZPO.
- Nr. 7: **Selbstständiges Beweisverfahren**: Hemmung beginnt mit der Zustellung des Antrags (jetzt generell und nicht nur für Miet-, Kauf- und Werkvertrag).
- Nr. 8: **Vereinbartes Begutachtungsverfahren** (anstelle des gerichtl. Beweisverfahrens) **Empfehlung**: In der Vereinbarung Anfang und/oder Ende der Hemmung festlegen.
- Nr. 9: **Antrag auf einstweiligen Rechtsschutz** (Arrest, einstweilige Verfügung)
- Nr. 11: **Beginn des Schiedsverfahrens**
- Nr. 14: **Erstmaliger PKH-Antrag**.

## cc) Ablaufhemmung

Nicht nur für die Dauer der in § 204 Abs. 1 BGB genannten jeweiligen Verfahren wird die Verjährung gehemmt, vielmehr endet sie gem. § 204 Abs. 2 S. 1 BGB erst sechs Monate nach rechtskräftiger Entscheidung oder anderweitiger Beendigung des eingeleiteten Verfahrens.

## dd) Beendigung der Hemmung durch Stillstand des Verfahrens

Gerät das Verfahren dadurch in Stillstand, dass die Parteien es nicht betreiben, so endet die Hemmung mit der letzten Verfahrenshandlung; sie beginnt dann erneut, wenn eine der Parteien das Verfahren weiter betreibt, § 204 Abs. 2 S. 2, 3 BGB:
- **Bei Stillstand**: An die Stelle des Abschlusses des Verfahrens tritt die letzte Verfahrenshandlung der Parteien.
- Stillstand ist zu bejahen, wenn die **Parteien** das Verfahren nicht betreiben.
  - aber: kein Stillstand, wenn das Gericht nicht betreibt,
  - und: kein Stillstand bei langer Dauer eines SV-Gutachtens.

## ee) Hemmung bei Verhandlungen

Verhandlungen sollen nicht unter dem Druck einer drohenden Verjährung stehen, deshalb sieht § 203 S. 1 BGB hier einen Hemmungstatbestand vor.[29]

## ff) Ablaufhemmung bei nicht voll geschäftsfähigen Personen

Der praktisch wichtigste Fall ist der Anspruch **minderjähriger** Kinder gegen einen Elternteil. Hier endet nach § 210 Abs. 1 BGB die Verjährung nicht vor Ablauf von sechs Monaten nach Eintritt der Volljährigkeit des minderjährigen Vermächtnisnehmers bzw. nach Behe-

---

28 Die Zustellung von Amts wegen ist der Regelfall, §§ 166–190 ZPO.
29 BT-Drucks 14/6040, 111.

bung des Vertretungsmangels. Das Besondere an § 210 Abs. 1 BGB ist, dass die Ablaufhemmung auch für die Fälle gilt, dass der **Schuldner** nicht voll geschäftsfähig ist.

gg) Verjährungsbeginn

25 Bei der 30-jährigen Verjährungsfrist des § 197 Abs. 1 Nr. 2 BGB handelt es sich nicht um die Regelverjährung, deshalb gilt nicht der subjektive Fristbeginn des § 199 BGB, sondern der objektive Fristbeginn des § 200 BGB.

Die Verjährungsfrist beginnt mit der Entstehung des Anspruchs zu laufen, § 200 BGB, gleichgültig, ob der Gläubiger Kenntnis davon hat oder nicht – objektive Frist.

c) Neubeginn der Verjährung

26 Nur in **zwei Fällen** kennt das Gesetz den Neubeginn der Verjährung, § 212 BGB:

(1) bei **Anerkennung** des Anspruchs durch
– Abschlagszahlung,
– Zinszahlung,
– Sicherheitsleistung oder
– in anderer Weise,

(2) wenn eine gerichtliche oder behördliche **Vollstreckungshandlung** vorgenommen oder beantragt wird.

d) Verlängerung von Verjährungsfristen

27 Es besteht aber die Möglichkeit, gesetzliche Verjährungsfristen durch vertragliche Vereinbarung auf der Grundlage allgemeiner Vertragsfreiheit (§ 311 Abs. 1 BGB) zu verlängern oder zu verkürzen, § 202 BGB. Möglich ist aber auch die Vereinbarung der **Hemmung** oder des **Neubeginns** der Verjährung. § 202 Abs. 1 BGB beschränkt die Vertragsfreiheit lediglich insofern, als keine Verjährungserleichterung für Vorsatzhaftung vor Entstehung des Anspruchs vereinbart werden kann. § 202 Abs. 2 BGB verbietet eine Verjährungsverlängerung über 30 Jahre hinaus. Für das Erbrecht bedeutet dies, dass außer der Fristverlängerung oder -verkürzung durch freie Vereinbarung zwischen Gläubiger und Schuldner eines erbrechtlichen Anspruchs auch der Erblasser im Wege des Vermächtnisses oder der Auflage dem Schuldner eines Anspruchs auferlegen kann, mit dem Gläubiger eine Verlängerung der Verjährungsfrist zu vereinbaren oder dem Gläubiger eines Anspruchs, eine Verkürzung der Verjährungsfrist mit dem Schuldner zu vereinbaren. Die Verjährungsabrede ist grundsätzlich nicht an eine Form gebunden.

Denkbar wäre bspw. die Vereinbarung in einem gerichtlichen Protokoll oder in Schriftsätzen.

> **Formulierungsbeispiel**
> Die Parteien sind sich darüber einig, dass die Verjährung der klägerischen Ansprüche bis zum endgültigen Abschluss des Verfahrens gehemmt sein soll.

**13. Allgemeine Regeln des Schuldrechts im Vermächtnisrecht**

a) Verzug

28 Es gelten die allgemeinen Verzugsvorschriften. Verzug kann auch ohne Mahnung bei kalendermäßig berechenbarer Leistungszeit eintreten, § 286 Abs. 2 Nr. 2 BGB.

> **Beispiel**
> Fälligkeit drei Monate nach Erbfall, nach der Bekanntgabe der betreffenden Verfügung von Todes wegen oder nach Erklärung der Vermächtnisannahme gegenüber dem Beschwerten.

Es gelten natürlich auch die Vorschriften über die Verzugszinsen.

### b) Unmögliches oder ungesetzliches Vermächtnis

§ 2171 Abs. 1 BGB erfasst die anfängliche objektive Unmöglichkeit eines Vermächtnisses und stellt nicht auf den Zeitpunkt der Abgabe der Erklärung, sondern konsequenterweise auf den Zeitpunkt des Erbfalls ab, weil eine Vermächtnisanordnung zwar im Zeitpunkt der Testamentserrichtung existent aber noch nicht rechtswirksam wird.

Ist die Wirksamkeit eines Vermächtnisses von einer behördlichen Genehmigung abhängig, bspw. nach GrundstVG,[30] so ist die Anordnung bis zur Erteilung der Genehmigung schwebend unwirksam. Bei Versagung der Genehmigung tritt nachträgliche Unmöglichkeit ein.[31]

Dazu der BGH:[32]

> „... Denn eine Leistung, die behördlicher Genehmigung bedarf, ist nicht von Anfang an unmöglich; sie wird es erst nachträglich dann, wenn die Genehmigung endgültig versagt wird, und ist bis zu diesem Zeitpunkt als möglich anzusehen (RGZ 149, 348149; RG HRR 1936, 388; vgl. RGZ 102, 292, 294; ...; vgl. Planck/Siber, BGB 4. Aufl. Vorbem. II 2 zu §§ 272–292). Dass die Erfüllbarkeit der Verpflichtung tatsächlich ungewiss ist, beeinträchtigt die Wirksamkeit der Verpflichtung also nicht; in Betracht kommt nicht Unwirksamkeit des Geschäfts von vornherein (§ 2171; vgl. § 306 BGB), sondern nur späterer Wegfall der Leistungspflicht bei Genehmigungsversagung (§ 275; vgl. §§ 280, 324, 125 BGB)."

### c) Haftung für Rechtsmängel beim Vermächtnis

Das Vermächtnisrecht differenziert nach Rechtsmängeln (§ 2182 BGB) und Sachmängeln (§ 2183 BGB), und zwar auch bei den Rechtsfolgen – im Gegensatz zum Kaufrecht, wo die Rechtsfolgen für Rechts- und Sachmängel in § 433 Abs. 1 S. 2 BGB nicht unterschieden werden.

In § 2182 BGB ist bezüglich der Haftung für Rechtsmängel beim **Gattungsvermächtnis** – nicht auch beim Stückvermächtnis – weitgehend auf das Kaufrecht verwiesen. Für die **Definition des Rechtsmangels** ist § 435 BGB entsprechend anzuwenden.[33]

Die Rechtsmängelhaftung des Vermächtnisrechts differenziert nach
- **Stückvermächtnis,**
- **Gattungsvermächtnis** und
- **Verschaffungsvermächtnis.**

Beim **Stückvermächtnis** haftet der Beschwerte grundsätzlich nicht für Rechtsmängel, vgl. §§ 2165–2168 BGB.

---

30 Zum Vermächtnis eines landwirtschaftlichen Grundstücks an einen Nichtlandwirt vgl. OLG Stuttgart BWNotZ 1964, 335.
31 BGHZ 37, 233 = MDR 1962, 727 = NJW 1962, 1715 = BB 1962, 983 = WM 1962, 1058.
32 BGHZ 37, 233, 240.
33 Vgl. hierzu *Amend*, ZEV 2002, 227.

Beim **Gattungsvermächtnis** (§ 2155 BGB) wird auf das Kaufrecht verwiesen. Die Verweisung auf § 436 BGB betrifft öffentliche Lasten bei Grundstücken. Allerdings dürfte ein Grundstücksvermächtnis in der Form des Gattungsvermächtnisses kaum vorkommen.

36 Die Verweisungen auf §§ 452 und 453 BGB betreffen den Schiffs- und Rechtskauf bzw. das Schiffs- und Rechtsübertragungsvermächtnis in der Form des Gattungsvermächtnisses; auch diese Alternativen werden in der Praxis selten vorkommen.

37 Die Verweisung auf § 444 BGB bedeutet: Beim Gattungsvermächtnis haftet der Beschwerte doch, wenn er einen Mangel arglistig verschwiegen oder eine Garantie für die Beschaffenheit der Sache übernommen hat.

38 Beim **Verschaffungsvermächtnis** kommt es darauf an, ob es sich um ein Stückvermächtnis oder ein Gattungsvermächtnis handelt. Für jede Vermächtnisart gelten die allgemeinen, zuvor dargestellten Regeln. Hinzu kommt bei beiden noch die Haftungsbeschränkung nach § 2170 Abs. 2 BGB, wonach bei subjektiver Unmöglichkeit unabhängig vom Vertretenmüssen ein Wertersatzanspruch an die Stelle des Vermächtnisanspruchs tritt.

### d) Haftung für Sachmängel beim Vermächtnis

39 Das Vermächtnisrecht unterscheidet eine Haftung für Rechtsmängel (§ 2182 BGB) und eine solche für Sachmängel (§ 2183 BGB).

Die Sachmängelhaftung des Vermächtnisrechts differenziert nach
- **Stückvermächtnis** und
- **Gattungsvermächtnis**.

Bei einem Stückvermächtnis haftet der Beschwerte nicht für etwaige Sachmängel. Die Sache wird in dem Zustand geschuldet wie sie ist. Dies gilt auch, wenn das Stückvermächtnis als Verschaffungsvermächtnis angeordnet ist.[34]

40 In § 2183 S. 3 BGB ist bezüglich der Haftung für Sachmängel beim **Gattungsvermächtnis** – nicht auch beim Stückvermächtnis – hinsichtlich der Sekundäransprüche auf das Kaufrecht verwiesen. Ähnlich wie in § 439 BGB hat der Vermächtnisnehmer einen Anspruch auf Nachlieferung einer mangelfreien Sache. Einen Anspruch auf Nachbesserung könnte nur der Erblasser mit der Anordnung des Vermächtnisses selbst gewähren. Es besteht kein Recht auf Minderung. Insofern hat sich beim Gattungsvermächtnis durch die Schuldrechtsreform nichts geändert; der Nachlieferungsanspruch bestand auch schon nach bisherigem Recht. Für die **Definition des Sachmangels** ist § 434 BGB entsprechend anzuwenden.

41 Bei arglistigem Verschweigen eines Sachmangels von Seiten des Vermächtnisbeschwerten haftet dieser auf Schadensersatz wegen Nichterfüllung entsprechend den kaufrechtlichen Vorschriften, § 2183 S. 1 und 2 i.V.m. §§ 442, 280 BGB.

### e) Positive Forderungsverletzung

42 Für Fälle der positiven Forderungsverletzung im Zusammenhang mit der Vermächtniserfüllung gilt die allgemeine Vorschrift über die Pflichtverletzung, § 280 BGB. Allerdings haftet der Vermächtnisbeschwerte für solche Schadensersatzansprüche nicht beschränkt auf den Nachlass (wenn der Erbe beschwert ist, §§ 1967 Abs. 2, 1975 BGB) bzw. mit dem Hauptvermächtnis (wenn es sich um ein Untervermächtnis handelt, § 2187 BGB), sondern mit dem

---

34 Palandt/*Edenhofer*, § 2183 Rn 2.

Privatvermögen, weil die Haftung aus einer eigenen Handlung des Vermächtnisbeschwerten entstanden ist.[35]

f) Wegfall bzw. Störung der Geschäftsgrundlage

Die Regeln über den Wegfall der Geschäftsgrundlage und auch § 313 BGB („Störung der Geschäftsgrundlage") finden grundsätzlich auf das Vermächtnisrecht keine Anwendung, vielmehr sind die Grundsätze über die (hypothetische) Auslegung von Verfügungen von Todes wegen heranzuziehen.[36] Allerdings dürfte für den Fall eines ergebnislosen Auslegungsversuchs doch in letzter Linie § 313 BGB anwendbar sein.[37] BGH[38] zum Recht vor der Schuldrechtsreform, das den Wegfall der Geschäftsgrundlage bei § 242 BGB angesiedelt hatte:

*"...Ohne Rechtsverstoß geht das Berufungsgericht davon aus, dass auch Vermächtnisansprüche unter dem Gebot von Treu und Glauben (§ 242 BGB) stehen. Es ist allerdings zweifelhaft, ob der Tatrichter mit der unveränderten Heranziehung der im Wesentlichen für Verträge mit gegenseitigem Leistungsaustausch entwickelten Grundsätze vom Fehlen oder Wegfall der Geschäftsgrundlage nicht einen für die Revisionsklägerin zu günstigen Ausgangspunkt zugrunde legt. Beim Vermächtnis handelt es sich nicht um einen gegenseitigen Leistungsaustausch auf der Ebene des Schuldrechts, sondern um eine einseitige unentgeltliche Zuwendung erbrechtlicher Natur. Der Erbe hat die Wahl, die Erbschaft anzunehmen oder auszuschlagen (§ 1942 BGB). Nimmt er sie an, so hat er ein Vermächtnis grundsätzlich bis zur völligen Erschöpfung des Nachlasses zu erfüllen; das ergibt sich aus der Vorschrift des § 1992 BGB, die auch für den Fall, dass der Nachlass durch das Vermächtnis überschuldet wird, dem Erben ein Befriedigungsweigerungsrecht nur insoweit gibt, als der Nachlass nicht ausreicht (§ 1990 BGB), und ihm für diesen Fall nur die Herausgabe der noch vorhandenen Nachlassgegenstände oder die Zahlung ihres Wertes zur Wahl stellt. ..."*

### 14. Vindikationslegat ausländischen Rechts

Nach Art. 25 Abs. 1 EGBGB bestimmt sich das Erbstatut nach der Staatsangehörigkeit des Erblassers im Zeitpunkt seines Todes. In vielen ausländischen Rechtsordnungen, die zum romanischen Rechtskreis gehören, ist das Vermächtnis kein schuldrechtlicher Anspruch, sondern ein dinglich wirkendes Recht – „Vindikationslegat". Solche dinglichen Vermächtnisse, die sich auf ein in Deutschland belegenes Grundstück beziehen, sind als schuldrechtliche Ansprüche zu deuten.[39]

### 15. Kein Beschwerderecht des Vermächtnisnehmers im Erbscheinsverfahren

Der Vermächtnisnehmer hat im Erbscheinsverfahren kein Beschwerderecht.[40]

---

35 Palandt/*Edenhofer*, § 2183 Rn 1.
36 BGH NJW 1993, 850; OLG Düsseldorf FamRZ 1996, 1303 mit Anm. *Medicus*, ZEV 1996, 467.
37 Vgl. Palandt/*Heinrichs*, § 242 Rn 18.
38 BGHZ 37, 233, 241.
39 BGH NJW 1995, 58 mit Anm. *Birk*, ZEV 1995, 283.
40 BayObLG FamRZ 2004, 1818 = BayObLGZ 2004, 37 = BayObLGR 2004, 276.

## III. Wirksamkeitserfordernisse

### 1. Bestimmtheit der Vermächtnisanordnung

46 **Die Bestimmung der Person des Vermächtnisnehmers:** Der Erblasser hat nach § 2065 Abs. 2 BGB grundsätzlich die Person des Bedachten und den zugewandten Gegenstand **höchstpersönlich** zu bestimmen. Dies gilt streng bei der **Erbeinsetzung**. Im Vermächtnisrecht ist der Grundsatz jedoch abgemildert.

47 Der Erblasser kann es in den Fällen der §§ 2151, 2152 BGB (mehrere und wahlweise Bedachte) **einem anderen** überlassen, aus einem **überschaubaren Personenkreis** die Person des Vermächtnisnehmers zu bestimmen. Der Erblasserwille entscheidet, ob der Bestimmungsberechtigte bei seiner Auswahl frei ist oder nach billigem Ermessen zu handeln hat.[41]

### 2. Wirksamkeitsprobleme nach § 2306 Abs. 1 BGB a.F.

#### a) Beschwerung des Pflichtteilsberechtigten mit Vermächtnissen

48 **Vorbemerkung zur Erbrechtsreform:** Mit dem Gesetz zur Änderung des Erb- und Verjährungsrechts vom 24.9.2009[42] wurde § 2306 Abs. 1 BGB neu gefasst (zur Neuregelung vgl. unten Rn 67 ff.). Die Neuregelung gilt für alle Erbfälle, die seit dem 1.1.2010 eingetreten sind; für Erbfälle, die bis zum 31.12.2009 eingetreten sind, gilt bisheriges Recht, Art. 229 § 23 EGBGB. Der Rechtsanwender wird also noch jahrelang altes und neues Recht nebeneinander anzuwenden haben. Im Folgenden wird zunächst der bisherige Rechtszustand dargestellt.

Das Pflichtteilsrecht hat den Zweck, dem Pflichtteilsberechtigten den Pflichtteilsanspruch ohne Abstriche zukommen zu lassen. Um den Pflichtteil „auf kaltem Wege" auszuhöhlen, könnte ein Erblasser auf den Gedanken kommen, einen Pflichtteilsberechtigten zwar zum Erben einzusetzen, ihn aber mit Vermächtnissen, Auflagen etc. so zu beschweren, dass dem Pflichtteilsberechtigten letztlich nichts oder nur viel weniger als sein rechnerischer Pflichtteil verbliebe.

49 **Beispiel**
Erblasser E, gestorben im Jahr 2009, hinterlässt seinen Sohn S und seine Tochter T. In einem Testament setzt er S zu ¼, T zu ¾ zu Erben ein. Außerdem ordnet er an, dass S als Vermächtnis an den Sportverein (e.V.) des E 10.000 EUR zu zahlen habe.
Hier ist offenkundig, dass S letztlich weniger als der Pflichtteil verbliebe: Sein Pflichtteil beträgt ¼ des Nachlasses, also dieselbe Quote wie sein testamentarischer Erbteil. Hat er das Vermächtnis an den Sportverein zu zahlen, so verbleibt ihm weniger, als wenn er nur den Pflichtteil erhielte.

50 **Beispiel (Variante)**
Erblasser E hinterlässt seine Kinder S und T. In einem Testament ordnet er ein Vermächtnis zugunsten seines Sportvereins in Höhe von 30.000 EUR an, das vom Erbteil des Sohnes S zu zahlen sei. Über die Erbfolge selbst ist im Testament nichts ausgesagt. Der reine Nachlasswert beträgt 100.000 EUR. Da die Erbfolge nicht geregelt ist, werden S und T gesetzliche Erben. S erbt also die Hälfte, was wertmäßig 50.000 EUR ergibt. Hat er das Vermächtnis in Höhe von 30.000 EUR zu erfüllen, so verbleiben ihm 20.000 EUR.

---

41 *Lange/Kuchinke*, § 29 III 2.
42 BGBl I 2009, 3142.

Sein Pflichtteil wäre ¼ oder 25.000 EUR. Ihm blieben also 5.000 EUR weniger, als wenn er nur den Pflichtteil erhielte.

Die Rechtsfolgen dieser zwei Fallvarianten sind in § 2306 BGB geregelt: Ist der dem pflichtteilsberechtigten Erben hinterlassene Erbteil **gleich hoch oder kleiner als der Pflichtteil**, so sind die zu Lasten des Erbteils angeordneten Vermächtnisse unwirksam, § 2306 Abs. 1 S. 1 BGB (sofern der Erbfall vor dem 1.1.2010 eingetreten ist). Gegebenenfalls steht dem Erben noch der Zusatzpflichtteil nach § 2305 BGB zu. Im ersten Beispielsfall ist die Vermächtnisanordnung zugunsten des Sportvereins also unwirksam.

Ist der dem pflichtteilsberechtigten Erben hinterlassene Erbteil **größer als der Pflichtteil** und sind zu seinen Lasten Vermächtnisse angeordnet, so hat der pflichtteilsberechtigte Erbe die Möglichkeit, den Erbteil auszuschlagen. Er kann dann den Pflichtteil verlangen, § 2306 Abs. 1 S. 2 BGB. Macht er von seinem Ausschlagungsrecht keinen Gebrauch, so bleiben die Vermächtnisse bestehen, sie sind also zu erfüllen, gleichgültig, ob wertmäßig der Pflichtteil tangiert wird oder nicht. Der Erbe muss in diesem Falle die Vermächtnisse bis zur völligen Erschöpfung des Nachlasses erfüllen. Dies ergibt sich aus § 1992 BGB (Überschwerungseinrede).

Dazu der BGH:[43]

> „... Der Erbe hat die Wahl, die Erbschaft anzunehmen oder auszuschlagen (§ 1942 BGB). Nimmt er sie an, so hat er ein Vermächtnis grundsätzlich bis zur völligen Erschöpfung des Nachlasses zu erfüllen; das ergibt sich aus der Vorschrift des § 1992 BGB, die auch für den Fall, dass der Nachlass durch das Vermächtnis überschuldet wird, dem Erben ein Befriedigungsweigerungsrecht nur insoweit gibt, als der Nachlass nicht ausreicht (§ 1990 BGB), und ihm für diesen Fall nur die Herausgabe der noch vorhandenen Nachlassgegenstände oder die Zahlung ihres Wertes zur Wahl stellt. ..."

Im Beispiel der Fallvariante hat S also ein Wahlrecht:
– Er kann die Erbschaft ausschlagen, dann steht ihm der Pflichtteil zu.
– Er kann die Erbschaft annehmen, dann muss er das Vermächtnis zugunsten des Sportvereins in Höhe von 30.000 EUR erfüllen, obwohl ihm dann wertmäßig weniger verbleibt als sein Pflichtteil.

Ist ein Vermächtnis (oder eine andere Beschwerung eines Erbteils) nach § 2306 Abs. 1 S. 1 BGB a.F. unwirksam (sofern der Erbfall vor dem 1.1.2010 eingetreten ist), so empfiehlt es sich, aus Gründen der Rechtssicherheit und -klarheit vom Vermächtnisnehmer eine schriftliche Bestätigung einzuholen, dass er die Unwirksamkeit des Vermächtnisses anerkennt (vgl. hierzu das nachfolgende Muster Rn 55).

**b) Muster: Aufforderung zur Anerkennung der Unwirksamkeit eines Vermächtnisses (Erbfall vor dem 1.1.2010)**

*Einschreiben mit Rückschein*

An den

Vermächtnisnehmer

Sportverein

*Nachlasssache des Herrn            , zuletzt wohnhaft in            , gestorben am*

*hier: Geldvermächtnis in Höhe von            EUR zugunsten Ihres Vereins im Testament des Herrn*

---

43 BGHZ 37, 233, 241.

Hiermit zeige ich an, dass Herr ▇▇▇ mich mit der Wahrnehmung seiner Interessen in der o.g. Nachlasssache beauftragt hat. Schriftliche Vollmacht füge ich diesem Schreiben bei.

Herr ▇▇▇ hat mir eine beglaubigte Abschrift des Testaments des verstorbenen Herrn ▇▇▇ vom ▇▇▇ vorgelegt. Nach dessen Inhalt wurde er Erbe des Herrn ▇▇▇, seines Vaters, in Höhe von einem Viertel des Nachlasses.

In Ziff. ▇▇▇ desselben Testaments ist dem Sportverein ▇▇▇ ein Vermächtnis in der Form eines Geldvermächtnisses in Höhe von ▇▇▇ EUR zugewandt, das am ▇▇▇ fällig sein sollte.

Eine Abschrift des Testaments dürfte Ihnen zwischenzeitlich vom Amtsgericht ▇▇▇ – Nachlassgericht – übersandt worden sein, so dass Sie Kenntnis von der Vermächtnisanordnung und der Erbeinsetzung meines Mandanten haben.

Namens meines Mandanten teile ich Ihnen mit, dass dieses Vermächtnis ihm gegenüber unwirksam ist.

Der Erblasser war verwitwet, er hat zwei Kinder hinterlassen, meinen Mandanten als seinen Sohn, und die Schwester meines Mandanten, Frau ▇▇▇. Mein Mandant wäre gesetzlich zur Hälfte als Erbe berufen gewesen (§ 1924 BGB). Nach dem Testament seines Vaters erbt er jedoch nur ein Viertel des Nachlasses. Diese Quote von einem Viertel ist gleich hoch wie sein Pflichtteil, der nach § 2303 BGB die Hälfte des gesetzlichen Erbteils beträgt.

In einem solchen Fall ist nach § 2306 Abs. 1 S. 1 BGB, der für die vorliegende Angelegenheit noch gilt, weil der Erbfall vor dem 1.1.2010 eingetreten ist, ein Vermächtnis gegenüber dem Erben unwirksam, dessen Erbteil nicht höher ist als sein Pflichtteil. Dieser Fall liegt im Verhältnis zwischen dem Sportverein ▇▇▇ und meinem Mandanten vor.

Zur ordnungsgemäßen Abwicklung der Nachlassangelegenheit und zur Klärung der anstehenden Rechtsfragen darf ich Sie bitten, auf der beiliegenden Kopie dieses Schreibens zu bestätigen, dass Sie die Unwirksamkeit der Vermächtnisanordnung gegenüber meinem Mandanten anerkennen. Ein Freiumschlag liegt bei. Die Angelegenheit ist dann im Verhältnis zwischen Ihnen und meinem Mandanten erledigt.

(Rechtsanwalt)

### c) Größe des „hinterlassenen Erbteils"

**56** Grundsätzlich kommt es bei der Bestimmung dessen, was dem pflichtteilsberechtigten Erben hinterlassen ist, **nicht auf den Wert** des Erbteils an, sondern auf die **Bruchteilsgröße**.[44] Auch der Begriff „Hälfte des gesetzlichen Erbteils" bestimmt sich nach der **Erbquote – Quotentheorie**.[45] Quotentheorie und Werttheorie spielen nur noch bei den Erbfällen eine Rolle, die bis zum 31.12.2009 eingetreten sind, nicht aber bei Erbfällen, die seit dem Inkrafttreten des Gesetzes zur Änderung des Erb- und Verjährungsrechts,[46] dem 1.1.2010 eingetreten sind, weil § 2306 Abs. 1 BGB n.F. eine entsprechende Änderung vorsieht (vgl. zur Reform Rn 67 ff.).

Bei durch Tod beendeter **Zugewinngemeinschaft** ist der **erhöhte gesetzliche Erbteil** des Überlebenden – und damit auch der **„große Pflichtteil"** – maßgebend.[47] Die Quotentheorie erfährt jedoch dann eine Ausnahme, wenn Anrechnungs- und/oder Ausgleichungspflichten nach §§ 2315, 2316 BGB zum Tragen kommen. In diesen Fällen können sich große Unterschiede zwischen dem konkret errechneten Pflichtteilsbetrag und dem Wert der Pflichtteilsquote ergeben; dann ist der Wert maßgebend – **Werttheorie**.[48] Die Unterscheidung ist

---

44 BGHZ 19, 309.
45 BGH WM 1968, 543.
46 V. 24.9.2009, BGBl I, 3142.
47 MüKo-*Frank*, § 2306 BGB Rn 2.
48 RGZ 93, 3; RGZ 113, 45.

wichtig für die Abgrenzung der Fälle des § 2306 Abs. 1 S. 1 BGB a.F. und des § 2306 Abs. 1 S. 2 BGB a.F. und damit für die Frage: Muss der pflichtteilsberechtigte Erbe ausschlagen, um den Pflichtteil zu erhalten (S. 2), oder sind die Beschwerungen kraft Gesetzes unwirksam (S. 1)? Läge ein Fall des § 2306 Abs. 1 S. 1 BGB a.F. vor, so würde im Falle der Ausschlagung der pflichtteilsberechtigte Erbe seinen Pflichtteilsanspruch verlieren und hätte ggf. noch Anspruch auf den Restpflichtteil gem. § 2305 BGB.

**Beispiel (in Anlehnung an das vorausgehende Beispiel)** 57
Erblasser E hinterlässt Sohn S und Tochter T; Vermächtnis zugunsten des Sportvereins über 30.000 EUR zu Lasten des Erbteils des S. Der Nachlasswert beträgt 100.000 EUR. Tochter T hat eine ausgleichungspflichtige Zuwendung im – indexierten – Wert von 60.000 EUR erhalten.

Der Pflichtteil von S errechnet sich wie folgt:
Nachlasswert: 100.000 EUR
zuzüglich Zuwendungen an T: 60.000 EUR
160.000 EUR
Erbteil ½ = 80.000 EUR
abzüglich Vermächtnis 30.000 EUR
dem S verbleiben 50.000 EUR
Sein Pflichtteil beträgt 40.000 EUR (Hälfte aus 80.000 EUR).

Unter Berücksichtigung der Ausgleichungspflicht ist der Pflichtteil des S niedriger als sein 58
Erbteil und niedriger als das, was ihm nach Abzug des Vermächtnisses von seinem Erbteil verbleibt. Es liegt also kein Fall des § 2306 Abs. 1 S. 1 BGB vor. Das Vermächtnis ist wirksam. S wird auch nicht gem. § 2306 Abs. 1 S. 2 BGB ausschlagen, weil sein Pflichtteil um 10.000 EUR niedriger wäre. Würde S jedoch ausschlagen, um der Vermächtnislast zu entgehen und um den ungeschmälerten Pflichtteil verlangen zu können, so würde an seine Stelle ein Ersatzerbe treten, der gem. § 2320 BGB (Abs. 1 gesetzlicher Ersatzerbe, Abs. 2 testamentarischer Ersatzerbe) die Pflichtteilslast und gem. § 2161 BGB das Vermächtnis des Sportvereins zu tragen hätte. Für diesen Fall bestimmt § 2322 BGB, dass der Ersatzerbe, dem die Ausschlagung zustatten gekommen ist, berechtigt ist, das Vermächtnis soweit zu kürzen, dass ihm der zur Deckung der Pflichtteilslast erforderliche Betrag verbleibt.[49] Reicht der Erbteil nicht für beide Nachlassverbindlichkeiten, so steht dem Ersatzerben gegenüber dem Vermächtnisnehmer gem. § 1992 BGB die **Überschwerungseinrede** zu. Er hat zuerst den vorrangigen Pflichtteilsanspruch und danach den nachrangigen Vermächtnisanspruch entsprechend den Vorschriften des Insolvenzrechts zu erfüllen, §§ 1992 S. 1, 1991 Abs. 4 BGB, 327 InsO.

**Beispiel (Variante)** 59
S ist zu ⅓ zum Miterben eingesetzt, T zu ⅔.

Testamentarischer Erbteil des S:
Nachlass: 100.000 EUR
⅓ = 33.333 EUR
Hier gilt die Ausgleichungspflicht nicht, weil § 2050 Abs. 1 BGB gesetzliche Erbfolge bzw. § 2052 BGB Quoten wie bei gesetzlicher Erbfolge voraussetzt.

---

49 BGHZ 19, 309, 311.

Pflichtteil des S:
Nachlass: 100.000 EUR
Vorempfang T: 60.000 EUR
_____
160.000 EUR
Gesetzlicher Erbteil ½ = 80.000 EUR
Pflichtteil hieraus ½ = 40.000 EUR

Ein Vergleich zeigt, dass der Wert des Pflichtteils höher ist als der Wert des Erbteils. Das Vermächtnis zugunsten des Sportvereins ist damit gem. § 2306 Abs. 1 S. 1 BGB unwirksam.

d) Ausschlagungsfrist im Fall des § 2306 Abs. 1 S. 2 BGB a.F.

60 Vorbemerkung zur Erbrechtsreform: Das Gesetz zur Änderung des Erb- und Verjährungsrechts vom 24.9.2009 (BGBl I 2009 S. 3142) sieht die Aufhebung der Differenzierung in § 2306 Abs. 1 BGB nach Satz 1 (hinterlassener Erbteil kleiner oder gleich groß wie Pflichtteil) einerseits und Satz 2 (hinterlassener Erbteil größer als Pflichtteil) andererseits vor (vgl. zu den Einzelheiten der Reform Rn 67 ff.).

Die Ausschlagungsfrist beginnt nach allgemeiner Regel nicht vor der Verkündung der Verfügung von Todes wegen, § 1944 Abs. 2 S. 2 BGB. § 2306 Abs. 1 S. 2 Hs. 2 BGB sieht eine **Verzögerung des Fristbeginns** vor: Sie beginnt erst, wenn der Pflichtteilsberechtigte von der Beschränkung oder Beschwerung Kenntnis hat.

Hierzu der BGH im Urteil vom 5.7.2000:[50]

*„1. Die Ausschlagungsfrist des § 1944 BGB beginnt erst, wenn der Erbe zuverlässige Kenntnis vom Anfall der Erbschaft und dem Grund seiner Berufung hat.*
*2. Dass die Frist abgelaufen und damit das Ausschlagungsrecht des Erben weggefallen ist (§ 1943 BGB), hat der Gegner zu beweisen.*
*3. Der ausschlagende Erbe trägt jedoch die Beweislast für seine Behauptung, er sei nicht geschäftsfähig und der Lauf der Frist deshalb gehemmt gewesen (§ 1944 Abs. 2 S. 2 i.V.m. § 206 BGB). ...*
*Aus den Gründen:*
*Für den Beginn der Ausschlagungsfrist ist gem. § 1944 Abs. 2 S. 1 BGB Kenntnis von Anfall und Grund der Berufung erforderlich. Die Berufung kraft Testamentes, von der das Berufungsgericht ausgeht, ist ein anderer Grund als die Berufung kraft Gesetzes, wie § 1948 Abs. 1 BGB zeigt.*
*Es ist nicht Sache der Klägerin, das Fehlen ihrer Kenntnis des Berufungsgrundes zu beweisen. Sie stützt sich zwar auf die Wirksamkeit ihrer Ausschlagung. Dafür muss sie deren Existenz, Zeitpunkt und Formwirksamkeit beweisen. Dass das Ausschlagungsrecht aber bereits durch Fristablauf weggefallen sei, hat der Gegner zu beweisen, hier also die Beklagten (MüKo/Leipold BGB 3. Aufl. § 1944 Rn 26; Staudinger/Otte BGB 13. Aufl. § 1944 Rn 30; BGB-RGRK/Johannsen 12. Aufl. § 1944 Rn 27 f.; Baumgärtel/Schmitz Handbuch der Beweislast im Privatrecht, 2. Aufl. § 1944 Rn 2 f.; a.A. Soergel/Stein BGB 12. Aufl. § 1944 Rn 22). ..."*

§ 1944 Abs. 2 S. 3 i.V.m. § 206 BGB zeigt, dass die Frist nicht abläuft, solange der Erbe geschäftsunfähig ist. Er hat nach Wiedererlangung der Geschäftsfähigkeit sechs Wochen Zeit zur Ausschlagung. Für die Hemmung des Fristablaufs ist der Erbe beweispflichtig.

---

[50] BGH Rpfleger 2000, 500 = ZEV 2000, 401 = MDR 2000, 1193 = ZNotP 2000, 432 = NJW-RR 2000, 1530 = WM 2000, 2246 = FamRZ 2000, 1504 = MittBayNot 2000, 561.

### e) Erbenmehrheit und § 2306 Abs. 1 S. 1 BGB a.F.

Bei einer Erbenmehrheit kann das Vermächtnis einem Erben gegenüber unwirksam sein, anderen gegenüber aber wirksam.

**Beispiel**
Der Erblasser hinterlässt die drei Söhne S1, S2 und S3. Zu Erben hat er eingesetzt S1 zu $1/6$, S2 zu $5/12$ und S3 zu $5/12$. Außerdem hat er seinem Sportverein ein Geldvermächtnis von 10.000 EUR ausgesetzt. Gegen wen klagt der Sportverein das Vermächtnis ein?

Das Vermächtnis ist gegenüber dem S1 gem. § 2306 Abs. 1 S. 1 BGB nicht wirksam, weil sein Erbteil gleich seinem Pflichtteil ist. Das Vermächtnis ist Nachlassverbindlichkeit, für das die Erben gem. §§ 1967, 2058 BGB gesamtschuldnerisch haften. Der Vermächtnisgläubiger muss damit rechnen, dass der/die beklagten Erbe/n einen Haftungsbeschränkungsvorbehalt gem. § 780 ZPO in das Urteil aufnehmen lässt/lassen, er also nur in den Nachlass vollstrecken kann. § 747 ZPO gestattet die Zwangsvollstreckung in den Nachlass aber nur, wenn ein Titel gegen sämtliche Erben ergangen ist. Deshalb bleibt dem Gläubiger nichts anderes übrig, als die Erben S2 und S3 auf Zahlung und den Erben S1 auf Duldung der Zwangsvollstreckung in den Nachlass zu verklagen. Sollte der Gläubiger S2 oder S3 verklagen, so könnte er mit dem ergehenden Urteil den Erbteil des Betreffenden pfänden und damit die Auseinandersetzung des Nachlasses gem. § 1258 Abs. 2 BGB betreiben. Gemäß § 1258 Abs. 3 BGB würde sich das Pfandrecht an dem Auseinandersetzungsguthaben fortsetzen. S2 und S3 können von S1 keinen Gesamtschuldnerausgleich verlangen, weil ihm gegenüber das Vermächtnis nicht wirksam ist.

### f) Anfechtung der Ausschlagung im Zusammenhang mit § 2306 BGB

Im Zusammenhang mit § 2306 BGB hat das das LG München I festgestellt:[51]

> *„Eine Erbausschlagungserklärung ist wegen Inhaltsirrtums anfechtbar, wenn eine Fallgestaltung des § 2306 Abs. 1 S. 1 BGB vorliegt, der Ausschlagende aber davon ausgeht, dass er die Erbschaft wegen der irrigen Annahme der Voraussetzungen des § 2306 Abs. 1 S. 2 BGB ausschlagen müsse, um sich selbst oder einem Dritten einen Pflichtteilsanspruch zu verschaffen."*

### g) Wer trägt das Vermächtnis und den Pflichtteil des Ausschlagenden?

Hat der pflichtteilsberechtigte Erbe die Erbschaft ausgeschlagen, so werden die angeordneten Beschränkungen und Beschwerungen keineswegs unwirksam, sondern treffen den an die Stelle des Ausschlagenden tretenden Ersatzerben (§§ 2161, 2192 BGB).

Ersatzerbe wird derjenige, dem die Erbschaft angefallen wäre, wenn der Ausschlagende vor dem Erbfall weggefallen wäre, diesen Zeitpunkt also gar nicht erlebt hätte (§ 1953 BGB). Den Ersatzerben trifft nunmehr die Verpflichtung, den Pflichtteil des Ausschlagenden zu zahlen, die sog. Pflichtteilslast (§ 2320 BGB Abs. 1 gesetzlicher Ersatzerbe, Abs. 2 testamentarischer Ersatzerbe).

Er kann aber eventuell das Vermächtnis oder die Auflage wegen der ihn treffenden Pflichtteilslast kürzen (§ 2322 BGB).

---

51 LG München I FamRZ 2004, 1326 m. Anm. *Bestelmeyer*.

### h) Anfechtung der Erbschaftsannahme wegen Irrtums

66 Zur Anfechtung der Erbschaftsannahme wegen Irrtums über das Pflichtteilsrecht urteilte das OLG Düsseldorf:[52]

> „Wird eine Erbschaft in Unkenntnis der Tatsache angenommen, dass der Alleinerbe den Pflichtteil nur verlangen kann, wenn er die Erbschaft ausschlägt, liegt ein im Sinne von § 119 Abs. 1 Alt. 1 BGB beachtlicher Rechtsfolgenirrtum vor.
> Aus dem Sachverhalt:
> Die Erblasserin hatte ihren Sohn zum Alleinerben eingesetzt und ihn mit Vermächtnissen beschwert. Bei der Annahme der Erbschaft (durch Stellung eines Erbscheinsantrags) war er sich im Klaren, mit dem Erbteil einen Wert zu erhalten, der geringer war als der Wert der Vermächtnisse. Er war jedoch der Meinung, er könne zusätzlich seinen Pflichtteil (gegen den Vermächtnisnehmer) geltend machen.
> Aus den Gründen:
> Tatsächlich hätte der Sohn wegen der Geltung der Quotentheorie zu § 2306 Abs. 1 S. 2 BGB als Alleinerbe den Pflichtteil nur verlangen können, wenn er die Erbschaft ausgeschlagen hätte, weil seine Alleinerbenstellung auf jeden Fall quotal höher ist als seiner Pflichtteilsquote entspricht.
> Diese rechtliche Bewertung der Fehlvorstellung ist ein beachtlicher Rechtsirrtum i.S.v. § 119 BGB. Seit der grundlegenden Entscheidung des RG[53] ist in der Rechtsprechung anerkannt, dass der Rechtsfolgenirrtum dann als Inhaltsirrtum zu qualifizieren ist, wenn „infolge Verkennung oder Unkenntnis seiner rechtlichen Bedeutung ein Rechtsgeschäft erklärt ist, das nicht die mit seiner Vornahme erstrebte, sondern eine davon wesentlich verschiedene Rechtswirkung, die nicht gewollt ist, hervorbringt."[54]

Die sechswöchige Anfechtungsfrist nach § 1954 BGB beginnt mit der Kenntnis vom Anfechtungsgrund. – In diesem Falle, als der Sohn im gerichtlichen Erörterungstermin über die Rechtslage aufgeklärt wurde.

### i) Neuerungen durch die Erbrechtsreform

67 Das Gesetz zur Änderung des Erb- und Verjährungsrechts vom 24.9.2009[55] sieht die Aufhebung der Differenzierung in § 2306 Abs. 1 BGB nach Satz 1 (hinterlassener Erbteil kleiner oder gleich groß wie Pflichtteil) einerseits und Satz 2 (hinterlassener Erbteil größer als Pflichtteil) andererseits vor.

Hält der Erbe die Erbschaft nämlich fälschlicherweise für größer als den Pflichtteil und schlägt er sie deshalb aus, um sich von den Belastungen zu lösen, verliert er auch den Pflichtteil.[56]

**Diese nach altem Recht (für bis 31.12.2009 eingetretene Erbfälle) für den Erben unübersichtliche und deshalb auch gefährliche Regelung wird für die seit 1.1.2010 eingetretenen Erbfälle vereinfacht.**

---

52 OLG Düsseldorf RNotZ 2001, 283 = NJWE-FER 2001, 23 = ZEV 2001, 109 = FamRZ 2001, 946.
53 RGZ 88, 278, 284.
54 RGZ 88, 278, 284; RGZ 89, 29, 33; RGZ 98, 136, 139; RGZ 134, 195, 197; OLG Hamm OLGZ 1982, 41, 49; BayObLGZ 1983, 153; OLG Düsseldorf DNotZ 1998, 839 = OLGR Düsseldorf 1997, 355 = NJW-RR 1998, 150 = FGPrax 1998, 25 = FamRZ 1998, 387 = MittBayNot 1998, 266 = ZEV 1998, 429.
55 BGBl I 2009, 3142.
56 BGH Rpfleger 2000, 500; RhNotZ 2001, 283.

Jeder pflichtteilsberechtigte Erbe, der Beschränkungen oder Beschwerungen unterliegt, soll künftig das Erbe ohne Rücksicht auf dessen Höhe ausschlagen und statt seines Erbteils den Pflichtteil verlangen können.

Ist der Erbteil kleiner als die Pflichtteilsquote, so kann der Pflichtteilsberechtigte gem. § 2305 BGB den **Zusatzpflichtteil** verlangen.

In § 2306 Abs. 1 BGB werden die Wörter „so gilt die Beschränkung oder die Beschwerung als nicht angeordnet, wenn der ihm hinterlassene Erbteil die Hälfte des gesetzlichen Erbteils nicht übersteigt. Ist der hinterlassene Erbteil größer, so kann der Pflichtteilsberechtigte" durch die Wörter „so kann er" ersetzt.

> **Hinweise** 68
> (1) Nach der Reform entfällt die bisherige Unterscheidung, ob das Hinterlassene die Hälfte des gesetzlichen Erbteils übersteigt oder nicht. Vielmehr muss der Erbe jetzt auch in diesem Falle die Erbschaft ausschlagen, damit er seinen Pflichtteilsanspruch erlangt.
> (2) Dem belasteten pflichtteilsberechtigten Erben steht in Zukunft – gleichgültig, ob das ihm Hinterlassene kleiner, gleich groß oder größer als sein Pflichtteil ist – ein Wahlrecht zu:
> (a) Er kann die Erbschaft mit allen Belastungen annehmen – und muss diese auch unter Verletzung seines Pflichtteilsanspruchs erfüllen[57]
> oder
> (b) er schlägt die Erbschaft aus und verlangt den Pflichtteil.
> **Quotentheorie und Werttheorie werden entfallen.**
> (3) Die Neufassung von § 2306 Abs. 1 BGB gilt für alle Erbfälle, die seit dem 1.1.2010 eingetreten sind.
> Die bis zum Inkrafttreten der Reform, also bis 31.12.2009 eingetretenen Erbfälle werden nach altem Recht beurteilt, Art. 229 § 23 EGBGB.
> **Der Rechtsanwender wird jahrelang altes und neues Recht nebeneinander anzuwenden haben!**

Ist der Erbteil kleiner als die Pflichtteilsquote, so kann der Pflichtteilsberechtigte gem. 69
§ 2305 BGB den Zusatzpflichtteil verlangen.

Diese Neuregelung bringt sehr viel mehr Rechtssicherheit für den Erblasser (und seine Berater) und ist deshalb zu begrüßen.

**Aber:** Die kurze Ausschlagungsfrist von sechs Wochen (§ 1944 Abs. 1 BGB) ist gerade für die Bewertung der Belastungen nach wie vor ein praktisches Problem. Nur ausnahmsweise beträgt die Ausschlagungsfrist bei Auslandsbezug sechs Monate, § 1944 Abs. 3 BGB. Bewertungsfragen sind auch für die Höhe eines evtl. Anspruchs auf einen Zusatzpflichtteil (§ 2305 BGB) zu lösen.

Mit der Vereinfachung der Regelung von § 2306 Abs. 1 BGB soll der Erbe ein generelles 70
Wahlrecht ohne Unterscheidung, ob der dem Erben hinterlassene Erbteil kleiner oder größer ist als der Pflichtteil, erhalten. Ist der Erbteil kleiner als der Pflichtteil, so bleiben auch in Zukunft die angeordneten Beschränkungen und Beschwerungen wirksam. Der Pflichtteilsberechtigte hat lediglich ein Wahlrecht, ob er die Erbschaft annehmen oder sie ausschlagen will. Die Änderung von § 2306 Abs. 1 BGB wirkt sich damit auch auf § 2305 BGB aus.

---

57 BGHZ 168, 210 = FamRZ 2006, 1519 = NJW 2006, 3353 = ZEV 2006, 498 m. Anm. *Leipold* = ZErb 2006, 378 m. Anm. *Keim*.

Deshalb wird dem § 2305 BGB folgender Satz angefügt:

*„Bei der Berechnung des Wertes bleiben Beschränkungen und Beschwerungen der in § 2306 BGB bezeichneten Art außer Betracht."*

Damit wird künftig ausdrücklich geregelt, dass Beschränkungen und Beschwerungen bei der Berechnung des Wertes des Zusatzpflichtteils außer Betracht bleiben. Der Pflichtteilsberechtigte erhält also in Zukunft netto weniger als bisher, weil der nicht ausgeschlagene Erbteil mit den Beschränkungen und Beschwerungen belastet bleibt und dies nicht durch eine Erhöhung des Zusatzpflichtteils ausgeglichen wird.

71 **Hinweis**
Bei § 2305 BGB erhält der Pflichtteilsberechtigte in Zukunft weniger, weil er **insgesamt nur den Pflichtteil erhält und zusätzlich (wie bei § 2306 Abs. 1 BGB n.F.)** die Belastungen zu tragen hat.

72 **Beispiel**
Der unverheiratete Erblasser E, gestorben im Jahr 2010, hinterlässt als einziges Kind seinen Sohn S, den er testamentarisch zu einem Viertel als Erben einsetzt. Außerdem beschwert er S mit einem Vermächtnis in Höhe von 1.000 EUR. Der reine Nachlasswert beträgt 10.000 EUR.
Nach altem Recht (Erbfall vor dem 1.1.2010) ist das Vermächtnis gem. § 2306 Abs. 1 S. 1 BGB a.F. unwirksam, weil der Erbteil unter der Pflichtteilsquote von ½ (50 % aus $^1/_1$) liegt. Damit erhält in diesem Falle der Sohn S wertmäßig 2.500 EUR als Erbteil und gem. § 2305 BGB weitere 2.500 EUR als Zusatzpflichtteil, damit er insgesamt 50 % des Nachlasses hat.
In Zukunft (Erbfall seit 1.1.2010) ist das Vermächtnis wirksam, weil § 2306 Abs. 1 S. 1 BGB a.F. beseitigt wird. Der hinterlassene Erbteil des S beträgt wertmäßig 2.500 EUR, davon ist das Vermächtnis in Höhe von 1.000 EUR noch zu erfüllen, so dass dem S von seinem Erbteil netto 1.500 EUR verbleiben. Zusätzlich erhält er den Zusatzpflichtteil gem. § 2305 BGB n.F. der – wie zuvor dargestellt – 2.500 EUR beträgt. Insgesamt erhält S damit 4.000 EUR (1.500 + 2.500) und damit 1.000 EUR weniger als nach bisherigem Recht, weil er jetzt noch das Vermächtnis zu erfüllen hat, das nach altem Recht unwirksam ist.

73 Diese neue Rechtslage entspricht damit sowohl der Neuregelung des § 2306 Abs. 1 BGB n.F. als auch der Vorschrift des § 2307 BGB, weil auch dort bei der Berechnung des Wertes des Vermächtnisses die Beschränkungen und Beschwerungen nicht wertmindernd abgezogen werden.

## IV. Annahme und Ausschlagung des Vermächtnisses

### 1. Annahme des Vermächtnisses

a) Formlose Erklärung

74 Das Vermächtnis kann durch formlose Erklärung gegenüber den beschwerten Erben angenommen werden.

### b) Muster: Annahme eines Vermächtnisses

*Einschreiben mit Rückschein*

An die Erben

1. _____, 2. _____, 3. _____

*Nachlasssache des Herrn _____, zuletzt wohnhaft in _____, gestorben am _____*

*hier: Geldvermächtnis zugunsten von _____ im Testament des Herrn _____*

Hiermit zeige ich an, dass Herr _____ mich mit der Wahrnehmung seiner Interessen in der o.g. Nachlasssache beauftragt hat. Schriftliche Vollmacht füge ich diesem Schreiben bei.

Herr _____ hat mir eine beglaubigte Abschrift des Testaments des verstorbenen Herrn _____ vom _____ vorgelegt. Nach dessen Inhalt wurden Sie seine Erben. In Ziff. _____ desselben Testaments ist meinem Mandanten ein Vermächtnis in der Form eines Geldvermächtnisses in Höhe von _____ EUR zugewandt, das am _____ fällig ist.

Namens meines Mandanten **nehme ich hiermit dieses Vermächtnis an.** Wegen der Abwicklung im Einzelnen werde ich mich zu gegebener Zeit wieder an Sie wenden. Ich darf Sie zunächst bitten, auf der beiliegenden Mehrfertigung den Erhalt dieses Schreibens zu bestätigen und außerdem zu bestätigen, dass Sie die rechtliche Verbindlichkeit des Vermächtnisses anerkennen.

(Rechtsanwalt)

### 2. Ausschlagung des Vermächtnisses

#### a) Formlose Erklärung

Das Vermächtnis kann durch formlose empfangsbedürftige Willenserklärung gegenüber den beschwerten Erben ausgeschlagen werden, §§ 2176, 2180 BGB. Die **Ausschlagung** ist sowohl bedingungs- als auch befristungsfeindlich und nach Annahme des Vermächtnisses nicht mehr möglich.[58] Insoweit besteht auch die Möglichkeit für den Erblasser, anzuordnen, dass das Vermächtnis entfällt, wenn der Bedachte es nicht binnen einer bestimmten Frist ausdrücklich annimmt.[59]

#### b) Muster: Ausschlagung eines Vermächtnisses

*Einschreiben mit Rückschein*

An die Erben

1. _____, 2. _____, 3. _____

*Nachlasssache des Herrn _____, zuletzt wohnhaft in _____, gestorben am _____*

*hier: Geldvermächtnis zugunsten von _____ im Testament des Herrn _____*

Hiermit zeige ich an, dass Herr _____ mich mit der Wahrnehmung seiner Interessen in der o.g. Nachlasssache beauftragt hat. Schriftliche Vollmacht füge ich diesem Schreiben bei.

Herr _____ hat mir eine beglaubigte Abschrift des Testaments des verstorbenen Herrn _____ vom _____ vorgelegt. Nach dessen Inhalt wurden Sie seine Erben. In Ziff. _____ desselben Testaments ist meinem Mandanten ein Vermächtnis in der Form eines Geldvermächtnisses in Höhe von _____ EUR zugewandt.

---

58 MüKo-*Schlichting*, § 2180 BGB Rn 5.
59 *Nieder/Kössinger*, Rn 504.

Namens meines Mandanten *schlage ich hiermit dieses Vermächtnis aus.*

Ich darf Sie bitten, auf der beiliegenden Mehrfertigung den Erhalt dieses Schreibens zu bestätigen.

(Rechtsanwalt)

## V. Pflichtteilsberechtigter als Vermächtnisnehmer

78   Soweit ein Pflichtteilsberechtigter ein Vermächtnis angenommen hat, wird dieses auf den Pflichtteil angerechnet, § 2307 BGB. Hier findet ein Vorteilsausgleich statt: Der Pflichtteilsberechtigte soll nicht weniger – aber auch nicht mehr – als den Pflichtteil erhalten. Der weiter gehende, über die Zuwendung hinausgehende Pflichtteilsanspruch ist der Zusatzpflichtteil (nicht zu verwechseln mit dem Ergänzungspflichtteil!).

§ 2307 BGB findet auch auf das Untervermächtnis[60] und für befristete[61] und bedingte[62] Vermächtnisse (z.B. Vor- und Nachvermächtnis) Anwendung. Erhält der Pflichtteilsberechtigte neben dem Vermächtnis noch einen Erbteil, so schließt das die Anwendung des § 2307 BGB nicht aus.[63]

Wurde einem pflichtteilsberechtigten Vermächtnisnehmer als Vermächtnis ein Landgut zugewandt und hat das Vermächtnis Pflichtteilsersatzfunktion, so ist das Landgut auch in diesem Falle gem. § 2312 BGB lediglich mit dem Ertragswert zu bewerten und nicht mit dem Verkehrswert.[64]

### 1. Wahlrecht für den Vermächtnisnehmer

79   § 2307 BGB sieht für den pflichtteilsberechtigen Vermächtnisnehmer **ein Wahlrecht** vor:
– Ausschlagung des Vermächtnisses und Geltendmachung des Pflichtteils,
– Annahme des Vermächtnisses und Geltendmachung des Zusatzpflichtteils.

### 2. Ausschlagung des Vermächtnisses

80   Der pflichtteilsberechtigte Vermächtnisnehmer kann das **Vermächtnis ausschlagen** und den Pflichtteil geltend machen, gleichgültig, ob der Wert des Vermächtnisses den Pflichtteilsanspruch erreicht oder ihn sogar übersteigt. Die Ausschlagung ist weder an eine Form noch an eine Frist gebunden; sie ist gegenüber demjenigen zu erklären, der mit dem Vermächtnis beschwert ist, § 2180 Abs. 2 S. 1 BGB.

Damit sich der pflichtteilsbeschwerte Erbe Klarheit verschaffen kann, ob er das Vermächtnis oder den Pflichtteil zu erfüllen hat, kann er dem Vermächtnisnehmer eine Frist setzen, sich darüber zu erklären, ob er das Vermächtnis annimmt: § 2307 Abs. 2 S. 1 BGB (vgl. das Muster in Rn 81). Die gesetzte Frist muss **angemessen** sein im Hinblick auf die vom pflichtteilsberechtigten Vermächtnisnehmer zu treffende Entscheidung. Die Frist wird des-

---

60   Staudinger/*Ferid*/*Cieslar*, § 2307 Rn 3.
61   Staudinger/*Ferid*/*Cieslar*, § 2307 Rn 5.
62   Staudinger/*Ferid*/*Cieslar*, § 2307 Rn 5.
63   Über die einzelnen Folgen bei Erb- und Vermächtniseinsetzung siehe die übersichtliche Darstellung bei Staudinger/*Ferid*/*Cieslar*, § 2307 Rn 4 ff.
64   BGH FamRZ 2008, 40 = ZEV 2008, 140; OLG München ZErb 2009, 182 = ZEV 2009, 301; vgl. auch *Krug*, jurisPR-FamR 13/2009 Anm. 2.

halb nicht vor Auskunftserteilung gem. § 2314 BGB ablaufen.[65] Eine zu kurze Fristsetzung setzt – wie in anderen Rechtsgebieten auch – eine angemessene in Gang.[66]

Lässt der Vermächtnisnehmer die Frist ohne Erklärung verstreichen, so **gilt** das Vermächtnis als ausgeschlagen, § 2307 Abs. 2 S. 2 BGB. Danach kann der Pflichtteilsanspruch in voller Höhe verlangt werden. Es handelt sich um eine **Fiktion**, deshalb tritt unabhängig vom Willen des Pflichtteilsberechtigten die Wirkung der Ausschlagung ein.[67] Aber die Fristversäumung kann trotzdem gem. §§ 2308 Abs. 2 S. 1, 1956 BGB angefochten werden.[68]

Mehrere Erben können die Frist nur gemeinsam setzen.[69]

### 3. Muster: Fristsetzung zur Annahme eines Vermächtnisses

*Einschreiben mit Rückschein*

An den

Vermächtnisnehmer

*Nachlasssache des Herrn            , zuletzt wohnhaft in        , gestorben am*

*hier: Geldvermächtnis in Höhe von          EUR zu Ihren Gunsten im Testament des Herrn*

Hiermit zeige ich an, dass die Erben des verstorbenen Herrn          , 1.         , 2.        , 3. mich mit der Wahrnehmung ihrer Interessen in der o.g. Nachlasssache beauftragt haben. Schriftliche Vollmachten füge ich diesem Schreiben bei.

Mir liegt eine beglaubigte Abschrift des Testaments des verstorbenen Herrn         vom         vor. Nach dessen Inhalt (Ziff.       ) wurde Ihnen ein Vermächtnis in der Form eines Geldvermächtnisses in Höhe von         EUR zugewandt, das am         fällig ist.

Eine Abschrift des Testament dürfte Ihnen zwischenzeitlich vom Amtsgericht         – Nachlassgericht – übersandt worden sein, so dass Sie Kenntnis von der Vermächtnisanordnung haben.

Um eine ordnungsgemäße Abwicklung des Nachlasses vornehmen zu können, wozu auch die Erfüllung des Vermächtnisses gehört (§§ 1967, 2046 BGB), darf ich Sie namens meiner Mandanten bitten, bis spätestens zum         mir mitzuteilen, ob Sie das Vermächtnis annehmen oder nicht.

Ich darf Sie darauf hinweisen, dass nach der gesetzlichen Bestimmung von § 2307 Abs. 2 S. 2 BGB das Vermächtnis als ausgeschlagen gilt, wenn Sie die Annahme des Vermächtnisses nicht bis zu dem genannten Termin erklären.

(Rechtsanwalt)

### 4. Annahme des Vermächtnisses

Nimmt der pflichtteilsberechtigte Vermächtnisnehmer das Vermächtnis an, so ist ein Vergleich zwischen dem Wert des Vermächtnisses und dem Pflichtteilsanspruch vorzunehmen. Reicht der Wert des Vermächtnisses nicht an die Höhe des Pflichtteilsanspruchs heran, so hat der pflichtteilsberechtigte Vermächtnisnehmer einen **Pflichtteilsrestanspruch** in Höhe

---

65 Soergel/*Dieckmann*, § 2307 Rn 12.
66 RG Recht 1908 Nr. 350.
67 Staudinger/*Haas*, § 2307 Rn 27; *Gottwald*, § 2307 Rn 13.
68 Staudinger/*Haas*, § 2308 Rn 12.
69 OLG München FamRZ 1987, 752.

der Differenz. Das Vermächtnis hat dann teilweise Pflichtteilsersatzfunktion. Ist das Vermächtnis seinerseits mit Beschränkungen oder Beschwerungen versehen (bspw. mit einem Untervermächtnis), so bleiben diese nicht nur bestehen, sie werden bei der Wertermittlung des Vermächtnisses nicht einmal berücksichtigt, § 2307 Abs. 1 S. 2 Hs. 2 BGB. Der Vermächtnisnehmer hat sie – wenn er das Vermächtnis einmal angenommen hat – zu erfüllen, auch wenn sein Pflichtteil dadurch geschmälert wird.[70] Die Vorschrift stellt klar, dass der Vermächtnisnehmer die Beschränkung oder Beschwerung zu erfüllen hat, wenn er das Vermächtnis angenommen hat. Eine dem § 2306 Abs. 1 S. 2 BGB entsprechende Regelung sieht § 2307 BGB nicht vor. Das bedeutet, dass die Beschwerung auch dann nicht wegfällt, wenn das zugewandte Vermächtnis geringer als die Hälfte des gesetzlichen Erbteils ist.[71]

83 **Beispiel**
Der Sohn S des Erblassers E ist mit einem Geldvermächtnis in Höhe von 50.000 EUR bedacht, sein Pflichtteilsanspruch würde 40.000 EUR betragen. S ist mit einem Untervermächtnis zugunsten eines Neffen in Höhe von 20.000 EUR beschwert.
S kann das Vermächtnis ausschlagen und den Pflichtteil in Höhe von 40.000 EUR verlangen. Nimmt er das Vermächtnis an, so hat er das Untervermächtnis in Höhe von 20.000 EUR zu erfüllen; ihm verbleiben damit noch 30.000 EUR und damit 10.000 EUR weniger als sein Pflichtteil. S hat jetzt nicht etwa Anspruch auf die zum Pflichtteil fehlenden 10.000 EUR.

84 Darüber hinaus enthält § 2320 Abs. 1 Hs. 2 BGB eine Sonderregelung. Hiernach hat grundsätzlich der **Ersatzmann**, der an die Stelle des pflichtteilsberechtigten Miterben tritt, das vom Pflichtteilsberechtigten angenommene pflichtteilsersetzende Vermächtnis (§ 2307 Abs. 1 S. 2 BGB) in Höhe seines Vorteils zu tragen.[72]

Der Erfüllung des Vermächtnisanspruchs gehen grundsätzlich **Erblasserschulden** und **Pflichtteilsansprüche** vor (§ 327 InsO). Bezüglich anderer Vermächtnisse und Auflagen, die untereinander gleichrangig sind, kann der Erblasser nach § 2189 BGB eine **Rangfolge** festsetzen.

### 5. Außerordentliches Anfechtungsrecht

85 In den Fällen der §§ 2306 und 2307 BGB stellen sehr häufig die vorhandenen Beschränkungen und Beschwerungen das Motiv für eine Ausschlagung der Erbschaft (vgl. zur Anfechtung der Erbschaftsausschlagung § 7 Rn 172 ff.) oder des Vermächtnisses dar. Waren Beschränkungen oder Beschwerungen im Zeitpunkt der Ausschlagung bereits weggefallen und der Wegfall dem Ausschlagenden nicht bekannt, so kann der Pflichtteilsberechtigte seine Ausschlagungserklärung anfechten, § 2308 Abs. 1 BGB. Die Anfechtung richtet sich – gleichgültig, ob die Ausschlagung einer Erbschaft oder eines Vermächtnisses angefochten wird – nach den Vorschriften über die Anfechtung der Ausschlagung einer Erbschaft, § 2308 Abs. 2 S. 1 BGB.

## VI. Erfüllung des Vermächtnisses durch den Testamentsvollstrecker

86 Zur Sicherstellung der Vermächtniserfüllung kann der Erblasser Testamentsvollstreckung anordnen (§ 2223 BGB) und dem Testamentsvollstrecker die Aufgabe zuweisen, nach dem Erbfall den Vermächtnisgegenstand zu übertragen. Er kann aber auch den **Vermächtnisneh-**

---

70 BGH NJW 1991, 188.
71 KG OLGE 11, 233.
72 MüKo-*Frank*, § 2320 BGB Rn 7.

mer selbst zu seinem **Testamentsvollstrecker** ernennen mit der alleinigen Befugnis, sich nach dem Erbfall das Vermächtnis zu erfüllen. § 181 BGB wird davon nicht tangiert, weil damit eine Verbindlichkeit erfüllt wird.[73]

## C. Gegenstand des Vermächtnisanspruchs

### I. Grundstücksvermächtnis

#### 1. Begründung der Übertragungsverpflichtung

Bei einem Grundstücksvermächtnis aufgrund privatschriftlichen Testaments (§§ 2247, 2267 BGB, § 10 LPartG) wird eine Übertragungsverpflichtung für eine Immobilie begründet, ohne dass das Kausalgeschäft notariell beurkundet worden wäre. Gegenstand eines Grundstücksvermächtnisses kann auch eine **Eigentumswohnung** oder ein (gewerblich genutztes) **Teileigentum** sein. Dabei handelt es sich sachenrechtlich um einen Miteigentumsanteil an einem Gebäudegrundstück, der mit bestimmten Räumen verbunden ist. Besondere Bedeutung hat das Grundstücksvermächtnis, wenn es in der Form des Vorausvermächtnisses (§ 2150 BGB) zugunsten eines Miterben angeordnet ist. Als Nachlassverbindlichkeit kann seine Erfüllung vor der Erbteilung verlangt werden, §§ 1967, 2046 BGB.

87

#### 2. Erfüllung der Übertragungsverpflichtung

##### a) Notariell beurkundete Auflassung

Im Falle des Grundstücksvermächtnisses ist neben der Einigung nach § 925 BGB die Eintragung in das Grundbuch (§ 873 BGB) erforderlich aufgrund Bewilligung des/der Erben und Antrags des Vermächtnisnehmers, §§ 19, 13 GBO. Der Rechtsanwalt, der den Vermächtnisnehmer vertritt, bedarf einer schriftlichen Vollmacht nach § 30 GBO zur Stellung des Eintragungsantrags; allerdings dürfte der Eintragungsantrag fast immer in der Auflassungsurkunde bzw. im gerichtlichen Vergleich enthalten sein.

88

##### b) Grundbuchrechtliche Erfordernisse

Der Voreintragung des Erben bedarf es nicht, § 40 Abs. 1 GBO. Allerdings muss der Erblasser schon im Grundbuch voreingetragen sein, § 39 GBO. Zu erbringen ist lediglich der **Erbnachweis** nach § 35 GBO, also entweder Vorlage einer Ausfertigung des vom Nachlassgericht erteilten Erbscheins oder beglaubigter Abschriften der die Erbfolge regelnden notariell beurkundeten Verfügung von Todes wegen einschließlich des nachlassgerichtlichen Eröffnungsprotokolls – der reine Eröffnungsvermerk auf der Verfügung von Todes wegen hat nicht die Qualität eines Eröffnungsprotokolls. Wird beispielsweise ein Erbschein vorgelegt, so kann nicht zusätzlich die Vorlage einer Abschrift des Testaments und der Urkunde über seine Eröffnung verlangt werden. § 925a BGB begründet eine Vorlegungspflicht nur für Veräußerungsverträge und gilt nur für den die Auflassung beurkundenden Notar.

89

---

73 Palandt/*Heinrichs*, § 181 Rn 22.

### c) Vertretung minderjähriger Erben

90 Soweit einer der Erben minderjährig ist, kann er bei der Auflassung gleichwohl durch den miterbenden gesetzlichen Vertreter vertreten werden. Beide stehen auf der gleichen Seite des Übertragungsvorganges, der gesetzliche Vertreter tritt mit seinem minderjährigen Kind nicht in rechtsgeschäftliche Beziehungen; und auch zwischen mehreren erbenden minderjährigen Kindern selbst findet im Fall der Vermächtniserfüllung eine Auseinandersetzung nicht statt.

Auch eine in einem notariellen Testament enthaltene postmortale Vollmacht an den Vermächtnisnehmer zur Vornahme der Auflassung ist möglich und zulässig.[74] Allerdings kann ein Elternteil, der minderjährige Kinder vertritt, nicht gleichzeitig das Testamentsvollstreckeramt ausüben und die Kinder vertreten, auch nicht als Mit-Testamentsvollstrecker.[75] In einem solchen Falle ist für jedes Kind ein Ergänzungspfleger gem. § 1909 BGB zu bestellen.

### d) Kosten der Grundstücksübertragung

91 Der mit dem Grundstücksvermächtnis Beschwerte hat die Kosten der Grundstücksumschreibung zu tragen.[76]

### e) Lastentragung

92 Die **Lastentragung** ist bei Grundstücksvermächtnissen von praktischer Bedeutung. Schulden sind Nachlassverbindlichkeiten, die nach §§ 1967, 2058 BGB von den Erben zu tragen sind. Im Zweifel sind Belastungen nicht zu beseitigen, §§ 2165 ff. BGB. Trotzdem können Auslegungsfragen entstehen, wenn die auf dem Vermächtnisgrundstück dinglich gesicherten Verbindlichkeiten zum Erwerb der Immobilie eingegangen wurden. Deshalb ist anhand der Kreditverträge zu klären, welche Verbindlichkeiten mit den Grundpfandrechten gesichert wurden.

### f) Mängelhaftung

93 Beim Stückvermächtnis haftet der Vermächtnisbelastete nicht für Sachmängel; beim Gattungsvermächtnis besteht eine verkäuferähnliche Haftung nach § 2183 BGB. Beim Verschaffungsvermächtnis gilt je nach Situation Mängelhaftungsrecht entweder wie beim Stückvermächtnis oder wie beim Gattungsvermächtnis (vgl. zum Mängelhaftungsrecht Rn 33 ff.).

### g) Früchte und Nutzungen

94 Bei einem Stückvermächtnis hat der Vermächtnisbelastete die seit dem Anfall des Vermächtnisses gezogenen Früchte herauszugeben, § 2184 BGB. Für Nutzungen, die nicht zu den Früchten gehören, also für Gebrauchsvorteile nach § 100 Hs. 2 BGB, hat der Vermächtnisbelastete keinen Ersatz zu leisten. Er schuldet auch keinen Ersatz für nicht gezogene Früchte, § 2184 S. 2 BGB.

---

[74] OLG Köln DNotZ 1993, 136 = Rpfleger 1992, 299 = FamRZ 1992, 859 = MittRhNotK 1992, 88 = NJW-RR 1992, 1357.
[75] OLG Nürnberg OLGR 2001, 293 = NJWE-FER 2001, 316 = MDR 2001, 1117 = FamRZ 2002, 272 = ZEV 2002, 158 = MittBayNot 2002, 403.
[76] BGH NJW 1963, 1602.

## h) Muster: Auflassung eines Vermächtnisgrundstücks

*(Notarielle Urkundenformalien)*

Anwesend sind
1. Herr ▒▒▒▒ (Erbe)
2. Herr ▒▒▒▒ (Vermächtnisnehmer)

Sie erklären mit der Bitte um notarielle Beurkundung folgenden

*Vermächtniserfüllungsvertrag*

### I. Vorwort

1. Im Grundbuch des Amtsgerichts ▒▒▒ für ▒▒▒, Band ▒▒▒, Heft ▒▒▒, ist in Abt. I Nr. 1 Frau ▒▒▒ als Alleineigentümerin des Grundstücks BV Nr. ▒▒▒, Gemarkung ▒▒▒ Flst. Nr. ▒▒▒ Größe: ▒▒▒ eingetragen.

Frau ▒▒▒ ist am ▒▒▒ gestorben. Sie wurde nach dem Erbschein des Amtsgerichts – Nachlassgericht – ▒▒▒ vom ▒▒▒, Az. ▒▒▒, von dem eine Ausfertigung heute vorliegt, allein beerbt von dem Erschienenen Ziff. 1, Herrn ▒▒▒.

2. In ihrem privatschriftlichen Testament vom ▒▒▒, das am ▒▒▒ unter Az. ▒▒▒ vom Amtsgericht – Nachlassgericht – ▒▒▒ eröffnet wurde, hat Frau ▒▒▒ unter Ziff. ▒▒▒ angeordnet, dass der Erschienene Ziff. 2, Herr ▒▒▒, das zuvor in Ziff. 1 näher bezeichnete Grundstück im Wege des Vermächtnisses erhalten soll.

Je eine beglaubigte Abschrift des bezeichneten Testaments und des Testamentseröffnungsprotokolls vom ▒▒▒ liegen heute ebenfalls vor.

Mit Schreiben vom ▒▒▒ hat der Erschienene Ziff. 2 das ihm zugewandte Vermächtnis angenommen. Dieses Schreiben ist dem Erschienenen Ziff. 1 am ▒▒▒ zugegangen. Er hat die Wirksamkeit des Testaments und insbesondere der Vermächtnisanordnung sowie der sich daraus ergebenden Verpflichtung zur Übertragung des Eigentums an dem Grundstück auf den Erschienenen Ziff. 2 anerkannt. Dabei verbleibt es.

### II. Auflassung und Grundbuchantrag

Sodann erklären die Erschienenen folgende

*Auflassung*

Wir sind uns darüber einig, dass das Eigentum an dem in Abschn. I/Ziff. 1 bezeichneten Grundstück auf den Erschienenen Ziff. 2 übergehen soll. Der Erschienene Ziff. 1 bewilligt, der Erschienene Ziff. 2 beantragt die Eintragung der Eigentumsänderung im Grundbuch.

### III. Sonstiges

1. Die Beteiligten werden darauf hingewiesen, dass zur Eigentumseintragung die Vorlage der grunderwerbsteuerlichen Unbedenklichkeitsbescheinigung des Finanzamts erforderlich ist.

2. Eine vorläufige Sicherung des Eigentumsübertragungsanspruchs durch Eintragung einer Eigentumsübertragungsvormerkung im Grundbuch wünscht der Erwerber nicht. Der Notar hat auf die Risiken fehlender Sicherheit hingewiesen. Der Veräußerer bewilligt aber die Eintragung einer Eigentumsübertragungsvormerkung zu Lasten des in Abschn. I/Ziff. 1 bezeichneten Grundstücks zugunsten des Erwerbers im Grundbuch. Die Antragstellung bleibt dem Erwerber überlassen.

3. Die Kosten der Eigentumsübertragung und ihres Vollzugs trägt der Veräußerer. Eine etwaige Erbschaftsteuer ist vom Erwerber zu tragen. Der Wert des Grundstücks beträgt ▒▒▒ EUR.

Diese Niederschrift wurde vom Notar den Anwesenden vorgelesen, von diesen genehmigt und von ihnen und dem Notar eigenhändig unterschrieben:

*Krug*

## 3. Erfüllung des Vermächtnisses durch Bevollmächtigung des Vermächtnisnehmers

96 Der **Erfüllungsanspruch** des Vermächtnisnehmers kann auch dadurch „gesichert" werden, dass der Vermächtnisnehmer selbst unter Befreiung von der Beschränkung des § 181 BGB vom Erblasser in der Verfügung von Todes wegen bevollmächtigt wird, das vermachte Eigentum auf sich zu übertragen oder zu Lasten einzelner Nachlassgegenstände dingliche Rechte zu bestellen. Die **Vollmacht** ist materiellrechtlich zwar eine empfangsbedürftige Willenserklärung, § 130 Abs. 1 BGB; die Vorschriften über die Testaments- und Erbvertragseröffnung sowie über die Benachrichtigung der Verfahrensbeteiligten stellen aber sicher, dass der Bevollmächtigte Kenntnis von der Vollmachtserteilung erlangt. Auf die Wirksamkeit der Willenserklärung (= Vollmachtserteilung) ist der Tod des Erblassers ohne Einfluss, § 130 Abs. 2 BGB.

97 An der Zulässigkeit einer Bevollmächtigung über den Tod hinaus bestehen keine Zweifel. Wurde die Vollmacht im Interesse des Vermächtnisnehmers zur Durchsetzung seines Anspruchs nach § 2174 BGB erteilt, so kann auch ohne ausdrückliche Erklärung auf die Unwiderruflichkeit der Vollmacht durch die Erben geschlossen werden.[77] Für die rechtliche Gestaltung empfiehlt es sich jedoch, ausdrücklich diese Unwiderruflichkeit bis zur vollständigen Erfüllung des Vermächtnisanspruchs in die Verfügung von Todes wegen aufzunehmen. Die Vollmacht kann auch von vornherein auf den Tod des Erblassers beschränkt werden (postmortale Vollmacht), so dass der bevollmächtigte Vermächtnisnehmer erst für die Erben des Erblassers handeln kann.

98 Für den Nachweis der Vollmacht gegenüber dem **Grundbuchamt** ist zwar grundsätzlich die Vorlage einer Ausfertigung der Vollmachtsurkunde erforderlich (§§ 29 GBO, 47 BeurkG). Da das Nachlassgericht von einer Verfügung von Todes wegen aber lediglich eine beglaubigte Abschrift nebst Eröffnungsprotokoll erteilt, die nach § 35 Abs. 1 S. 2 GBO auch zum Nachweis des Erbrechts und zur Berichtigung des Grundbuchs ausreicht, dürfte auch für den Nachweis der Vollmacht eine solche beglaubigte Abschrift ausreichen.[78]

## 4. Muster: Vermächtniserfüllung durch den Vermächtnisnehmer als Bevollmächtigten

**433** (Notarielle Urkundenformalien)

99 Anwesend ist

Herr _____, handelnd im eigenen Namen und als Bevollmächtigter aufgrund Vollmacht im notariellen Testament der am _____ verstorbenen Frau _____, das als Abschrift vorliegt und dieser Urkunde beigefügt wird.

Er erklärt mit der Bitte um notarielle Beurkundung folgende

*Auflassung*

*als Vermächtniserfüllung*

I. Vorwort

1. Im Grundbuch des Amtsgerichts _____ für _____, Band _____, Heft _____, ist in Abt. I Nr. 1 Frau _____ als Alleineigentümerin des Grundstücks BV Nr. _____, Gemarkung _____, Flst. Nr. _____, Größe: _____, eingetragen. Das Grundstück ist weder nach Abt. II noch nach Abt. III des Grundbuchs belastet.

---

[77] BayObLG MittBayNot 1989, 308 = FamRZ 1990, 98.
[78] *Mayer*, BWNotZ 1997, 62, 63.

Frau ▮ ist am ▮ gestorben. Sie wurde nach dem Erbschein des Amtsgerichts – Nachlassgericht – ▮ vom ▮, Az. ▮, von dem eine Ausfertigung heute vorliegt, allein beerbt von Frau ▮.

2. In ihrem notariell beurkundeten Testament vom ▮ (UR-Nr. ▮ des Notars ▮ in ▮), das am ▮ unter Az. ▮ vom Amtsgericht – Nachlassgericht – ▮ eröffnet wurde, hat Frau ▮ unter Ziff. ▮ angeordnet, dass der Erschienene, Herr ▮, das zuvor in Ziff. 1 näher bezeichnete Grundstück im Wege des Vermächtnisses erhalten soll. Sie hat ihm in derselben Urkunde unter Befreiung von § 181 BGB die unwiderrufliche Vollmacht erteilt, die Auflassung des Vermächtnisgrundstücks auf sich selbst vorzunehmen.

Je eine beglaubigte Abschrift des bezeichneten Testaments und des Testamentseröffnungsprotokolls vom ▮ liegen heute ebenfalls vor.

3. Mit an die Alleinerbin, Frau ▮, gerichtetem Schreiben vom ▮ hat der Erschienene das ihm zugewandte Vermächtnis angenommen. Dieses Schreiben ist der Alleinerbin am ▮ zugegangen. Sie hat die Wirksamkeit des Testaments und insbesondere der Vermächtnisanordnung sowie der sich daraus ergebenden Verpflichtung zur Übertragung des Eigentums an dem Grundstück auf den Erschienenen anerkannt.

*II. Auflassung und Grundbuchantrag*

Sodann erklärt der Erschienene in Erfüllung der Vermächtnisanordnung folgende

*Auflassung*

Ich übertrage hiermit das Eigentum an dem in Abschn. I/Ziff. 1 bezeichneten Grundstück auf mich selbst und nehme diese Übertragung hiermit an. Ich bewillige und beantrage die Eintragung der Eigentumsänderung auf mich im Grundbuch.

*III. Sonstiges*

1. Es wird darauf hingewiesen, dass zur Eigentumseintragung die Vorlage der grunderwerbsteuerlichen Unbedenklichkeitsbescheinigung des Finanzamts erforderlich ist.

2. Eine vorläufige Sicherung des Eigentumsübertragungsanspruchs durch Eintragung einer Eigentumsübertragungsvormerkung im Grundbuch wünscht der Erwerber nicht. Der Notar hat auf die Risiken fehlender Sicherheit hingewiesen. Der Erschienene bewilligt aber die Eintragung einer Eigentumsübertragungsvormerkung zu Lasten des in Abschn. I/Ziff. 1 bezeichneten Grundstücks und zu seinen Gunsten im Grundbuch. Die Antragstellung bleibt ihm überlassen.

3. Die Kosten der Eigentumsübertragung und ihres Vollzugs trägt der Nachlass. Eine etwaige Erbschaftsteuer für das Vermächtnis ist vom Erwerber zu tragen. Der Wert des Grundstücks beträgt ▮ EUR.

Diese Niederschrift wurde vom Notar dem Anwesenden vorgelesen, von diesem genehmigt und von ihm und dem Notar eigenhändig unterschrieben:

## 5. Vorläufige Sicherung des Vermächtnisanspruchs durch Vormerkung

### a) Keine Vormerkung vor dem Erbfall

Vor Eintritt des Erbfalls erlangt der Vermächtnisnehmer, selbst wenn das Vermächtnis auf einem Erbvertrag beruht, weder einen künftigen Anspruch noch eine rechtlich gesicherte Anwartschaft, sondern lediglich eine tatsächliche Aussicht. Selbst wenn der Erblasser aufgrund eines solchen Erbvertrags die Eintragung einer Eigentumsübertragungsvormerkung bewilligen sollte, könnte sie nicht eingetragen werden.[79] Dies gilt auch, wenn der Erblasser

---

[79] BGHZ 12, 115.

sich in einem gesonderten Vertrag verpflichtet hat, zu Lebzeiten nicht über das Vermächtnisgrundstück zu verfügen.[80]

### b) Vormerkung nach dem Erbfall

101 Nach Eintritt des Erbfalls und bis zur Eigentumsumschreibung des Vermächtnisgrundstücks auf den Vermächtnisnehmer ist der Erbe bzw. sind die mehreren Erben rechtmäßige Eigentümer des Grundstücks, weil das Eigentum auf sie nach § 1922 BGB kraft Gesetzes übergegangen ist; solange der Erblasser noch im Grundbuch als Eigentümer eingetragen ist, ist das Grundbuch insoweit unrichtig.

102 Die Übertragung des Grundstücks auf den Vermächtnisnehmer kann sich aus den verschiedensten Gründen verzögern, bspw. allein dadurch, dass die steuerliche Unbedenklichkeitsbescheinigung wegen der Grunderwerbsteuer auf sich warten lässt. Die Erben könnten in der Zwischenzeit an einen Dritten veräußern, sie sind rechtmäßige Eigentümer; auf einen etwaigen guten Glauben des Dritten käme es gar nicht an. Möglich wären aber auch **Zwangsvollstreckungsmaßnahmen** in das Grundstück, die die Übertragung auf den Vermächtnisnehmer gefährden könnten.

103 Und nicht zuletzt könnten die Erben wegen Überschuldung des Nachlasses – ob schon beim Erbfall eingetreten oder erst später, ist gleichgültig – eine Haftungsbeschränkung herbeiführen, die ebenfalls die Übertragung des Grundstücks auf den Vermächtnisnehmer gefährden würde.

104 Gegen all dies kann die Eintragung einer Vormerkung sichern, § 883 BGB. Und nach Eintragung einer Vormerkung kann sich auch der Erbe nicht mehr auf die Beschränkung seiner Haftung berufen, § 884 BGB. Im Hinblick auf etwa drohende Zwangsvollstreckungsmaßnahmen in das zu übertragende Grundstück ist auf eine frühzeitige Sicherung des Anspruchs mit guter Rangstelle der Vormerkung im Grundbuch zu achten; es könnte andernfalls der Ausfall des Vormerkungsgläubigers in einer etwaigen Zwangsversteigerung drohen.[81] In letzter Zeit wurde zweifelhaft, ob eine Eigentumsübertragungsvormerkung rangfähig ist i.S.v. §§ 879 ff. BGB. Von der h.M. wird die Rangfähigkeit jedoch bejaht.[82]

Allerdings ist streitig, ob § 884 BGB auch für solche Vormerkungen gilt, die erst nach dem Erbfall entstanden sind. Das neuere Schrifttum ist sich weitgehend darin einig, dass § 884 BGB dann angewandt werden muss, wenn eine Vormerkung zwar erst nach dem Erbfall, aber aufgrund einer Bewilligung des Erblassers eingetragen worden ist.[83]

Wenn die Vormerkung für eine Nachlassverbindlichkeit erst vom Erben bewilligt worden ist, erübrigt sich nach h.M. die Heranziehung des § 884 BGB, weil dem Erben ohnehin schon aus einem anderen Grund die Berufung auf die Haftungsbeschränkung versagt ist. In der Vormerkungsbewilligung muss nämlich ein konkludenter Verzicht auf die Haftungsbeschränkung gesehen werden.[84] Teilweise wird aber auch die Meinung vertreten, hier sei eine unmittelbare Anwendung von § 884 BGB angezeigt.[85]

---

80 BGHZ 12, 115.
81 Vgl. *Streuer*, Rpfleger 2000, 357.
82 BGH DNotZ 1999, 1000 = FGPrax 1999, 128 = Rpfleger 1999, 383; BGH NJW 2000, 805 = ZNotP 2000, 109 und die ausführliche Darstellung in DNotI DNotI-Report 2000, 89.
83 Staudinger/*Gursky*, § 884 Rn 6 m.w.N.
84 Staudinger/*Gursky*, § 884 Rn 6 m.w.N.
85 Palandt/*Bassenge*, § 884 Rn 1.

Auch wenn der Erblasser im Testament nichts dazu gesagt hat, dass zugunsten des Vermächtnisnehmers eine Eigentumsübertragungsvormerkung eingetragen werden soll, geht das OLG Hamm[86] davon aus, die Bewilligung einer Vormerkung sei eine gesetzliche Nebenpflicht und deshalb mit dem Vermächtnis eines Auflassungsanspruchs der Anspruch auf Bewilligung einer Vormerkung verbunden, solange sich aus dem Testament nichts anderes ergebe. Dies ist gerade im Hinblick auf die Vorschrift des § 884 BGB über die unbeschränkbare Haftung des Erben gegenüber dem Vormerkungsberechtigten von erheblicher praktischer Bedeutung.

Die Eintragung erfolgt aufgrund einer Bewilligung des Vermächtnisbelasteten, i.d.R. des Erben, §§ 883 BGB, 19 GBO. Wollte der Rechtsanwalt als Vertreter des Vermächtnisbelasteten die Eintragung der Vormerkung bewilligen, so bedürfte er der notariell beglaubigten Vollmacht, §§ 29, 30 GBO. Den Eintragungsantrag kann entweder der Vermächtnisbelastete oder der Vermächtnisnehmer stellen, § 13 GBO. Der den Antragsteller vertretende Rechtsanwalt bedarf für den Antrag lediglich schriftlicher Vollmacht, § 30 GBO. Einer Voreintragung des Vermächtnisbelasteten als Eigentümer im Grundbuch bedarf es nicht, § 40 GBO.

c) Muster: Bewilligung einer Eigentumsübertragungsvormerkung

*Bewilligung der Eintragung einer Eigentumsübertragungsvormerkung aufgrund Vermächtnisses*

I. Rechtsverhältnisse

1. Im Grundbuch des Amtsgerichts         für        , Band      , Heft       , ist in Abt. I Nr. 1 Frau         als Alleineigentümerin des Grundstücks BV Nr.       , Gemarkung          , Flst. Nr.      , Größe:      , eingetragen. Belastungen sind weder in Abt. II noch in Abt. III des Grundbuchs eingetragen.

Frau         ist am         gestorben. Sie wurde nach dem Erbschein des Amtsgerichts – Nachlassgericht – vom         , Az.        , von dem eine Ausfertigung heute vorliegt, allein beerbt von dem Unterzeichner, Herrn         .

2. In ihrem privatschriftlichen Testament vom         , das am         unter Az.         vom Amtsgericht – Nachlassgericht –         eröffnet wurde, hat Frau         unter Ziff.         angeordnet, dass Herr         das zuvor in Ziff. 1 näher bezeichnete Grundstück im Wege des Vermächtnisses erhalten soll.

Je eine beglaubigte Abschrift des bezeichneten Testaments und des Testamentseröffnungsprotokolls vom         liegen heute ebenfalls vor.

Mit Schreiben vom         hat Herr         das ihm zugewandte Vermächtnis angenommen. Dieses Schreiben ist dem Erben, Herrn         , am         zugegangen. Er hat die Wirksamkeit des Testaments und insbesondere der Vermächtnisanordnung sowie der sich daraus ergebenden Verpflichtung zur Übertragung des Eigentums an dem Grundstück auf den Vermächtnisnehmer anerkannt. Dabei verbleibt es.

II. Bewilligung einer Eigentumsübertragungsvormerkung

Der Unterzeichner bewilligt hiermit die Eintragung einer Eigentumsübertragungsvormerkung zugunsten von Herrn         und zu Lasten des oben in Abschn. I/Ziff. 1 näher bezeichneten Grundstücks. Einer Voreintragung des Erben bedarf es gem. § 40 GBO nicht.

Der Grundstückswert wird mit         EUR angegeben. Die Kosten des Grundbuchvollzugs trägt der Unterzeichner.

(Unterschrift des Vermächtnisbelasteten)

Notarielle Unterschriftsbeglaubigung (§ 29 GBO)

---

86 OLG Hamm MDR 1984, 402.

### d) Muster: Antrag des vertretenden Rechtsanwalts auf Eintragung einer Eigentumsübertragungsvormerkung

**435**

**108**

An das

Amtsgericht
– Grundbuchamt –

Grundstück des Herrn _____, zuletzt wohnhaft in _____, gestorben am _____, eingetragen im Grundbuch des Amtsgerichts _____ für _____, Band _____, Heft _____, BV Nr. _____, Gemarkung _____, Größe:

Herr _____ ist als Eigentümer des oben näher bezeichneten Grundstücks eingetragen. Er ist am _____ gestorben und wurde nach dem Erbschein des Amtsgerichts – Nachlassgericht – _____ vom _____ Az. _____ beerbt von Herrn _____.

Beweis: Beiliegende Ausfertigung des Erbscheins vom _____, von dem eine unbeglaubigte Fotokopie für die dortigen Akten als Anlage 1 beigefügt ist. Um Rückgabe der Ausfertigung wird gebeten.

Gemäß beiliegender Vollmacht vertrete ich Herrn _____, dem der Erblasser in seinem Testament vom _____ das oben näher bezeichnete Grundstück vermächtnisweise zugewandt hat. Der Alleinerbe hat dieses Vermächtnis als rechtsverbindlich anerkannt und die Eintragung einer Eigentumsübertragungsvormerkung zugunsten meines Mandanten bewilligt. Die notariell beglaubigte Eintragungsbewilligung vom _____ – UR-Nr. _____ des Notars _____ in _____ – füge ich als Anlage 2 bei.

Im Namen des Vermächtnisnehmers beantrage ich die Eintragung der Eigentumsübertragungsvormerkung zu seinen Gunsten im Grundbuch und zu Lasten des zuvor bezeichneten Grundstücks. Einer Voreintragung des Erben bedarf es gem. § 40 GBO nicht.

Der Wert des Grundstücks beträgt _____ EUR.

Die Kostenrechnung und die Eintragungsnachricht nach § 55 GBO können mir übersandt werden.

(Rechtsanwalt)

### 6. Klage auf Erfüllung eines Grundstücksvermächtnisses

**109** Wird der Vermächtnisanspruch nicht freiwillig erfüllt, so ist er einzuklagen (vgl. zum vorläufigen Rechtsschutz Rn 156 ff.). Im Hinblick darauf, dass Miterben nach § 2040 Abs. 1 S. 1 BGB nur gemeinschaftlich über einen Nachlassgegenstand verfügen können, sind sie notwendige Streitgenossen nach § 62 ZPO, sofern sie alle mit dem Vermächtnis beschwert sind.

Die Klage richtet sich auf Zustimmung zur Auflassung und Abgabe der grundbuchrechtlichen Eintragungsbewilligung auf Eigentumsumschreibung, §§ 925 BGB, 19 GBO. Die Ausschlagung der Erbschaft durch den vom Vermächtnisnehmer in Anspruch genommenen Erben stellt ein Erledigungsereignis i.S.v. § 91a ZPO dar.[87]

Mit Rechtskraft des Urteils gelten die Zustimmung zur Auflassung und die grundbuchrechtliche Bewilligung als abgegeben, § 894 ZPO. Da der Vermächtnisnehmer auch den Besitz am Grundstück begehrt, ist die Klage auch auf Herausgabe zu richten. Zwar ist der Vermächtnisnehmer im Zeitpunkt der Klageerhebung noch nicht Eigentümer des Grundstücks,

---

[87] BGHZ 106, 366.

trotzdem kann er gem. § 259 ZPO schon zusammen mit der Klage auf Erfüllung des Vermächtnisanspruchs die Herausgabe geltend machen, wenn zu besorgen ist, dass der Erbe als Schuldner sich der rechtzeitigen Leistung entziehen wird. Dies gilt auch dann, wenn die Eigentumsübertragung von einer Gegenleistung (bspw.) Übernahmepreis abhängig ist und deshalb eine Zug-um-Zug-Verurteilung erfolgt.[88]

a) Muster: Klage auf Zustimmung zur Auflassung

An das

Landgericht
– Zivilkammer –

*Klage*

des Herrn

– Klägers –

Prozessbevollmächtigter: Rechtsanwalt

gegen

Frau

– Beklagte –

wegen Zustimmung zur Eigentumsübertragung und Herausgabe eines Gebäudegrundstücks.

Namens und in Vollmacht des Klägers erhebe ich Klage gegen die Beklagte und werde in dem zu bestimmenden Termin beantragen, für Recht zu erkennen:
1. Die Beklagte wird verurteilt, der Übertragung des Grundstücks , eingetragen im Grundbuch des Amtsgerichts für , Band , Heft , Gemarkung , BV Nr. , Flst. Nr. , Größe: , auf den Kläger zuzustimmen und die Eintragung des Klägers als Eigentümer im Grundbuch zu bewilligen.
2. Die Beklagte wird weiter verurteilt, das zuvor Ziff. 1 bezeichnete Grundstück in geräumtem Zustand an den Kläger herauszugeben.
   Falls die Voraussetzungen des § 331 Abs. 3 bzw. § 307 ZPO vorliegen, bitte ich um Erlass eines **Versäumnis- bzw. Anerkenntnisurteils**[89] ohne mündliche Verhandlung.

*Begründung:*

Die Beklagte ist Alleinerbin der am verstorbenen Frau . Diese hat in ihrem privatschriftlichen Testament vom , das am vom Amtsgericht als Nachlassgericht unter Az. eröffnet wurde, dem Kläger ein Vermächtnis des Inhalts ausgesetzt, dass der Kläger das Alleineigentum an dem im Klageantrag Ziff. 1 bezeichneten Grundstück erhalten soll.

Trotz Aufforderung und Mahnung hat die Beklagte sich bisher nicht bereit erklärt, die Auflassung formgemäß zu erklären und die entsprechende Eintragungsbewilligung abzugeben. Klage ist deshalb geboten.

Zum Beweis der Vermächtnisanordnung wird jeweils eine beglaubigte Fotokopie des privatschriftlichen Testaments vom – Anlage K 1 – und der Eröffnungsniederschrift vom – Anlage K 2 – vorgelegt.

---

[88] BGH MDR 2005, 1364, 1365.
[89] Zur ZPO-Reform 2002 vgl. *Krug*, ZEV 2002, 58.

Weiter wird vorgelegt eine beglaubigte Grundbuchblattabschrift (– Anlage K3 –), woraus sich ergibt, dass die Erblasserin als Alleineigentümerin des bezeichneten Grundstücks im Grundbuch eingetragen und das Grundstück weder nach Abt. II noch nach Abt. III des Grundbuchs belastet ist.

Zwar ist der Kläger noch nicht Eigentümer des Grundstücks, trotzdem kann er gem. § 259 ZPO schon jetzt die Herausgabe geltend machen, da angesichts der Weigerung der Beklagten, den Vermächtnisanspruch zu erfüllen, zu besorgen ist, dass sie sich der rechtzeitigen Besitzeinräumung entziehen wird.

Das Grundstück hat einen Verkehrswert von ▓▓▓▓▓ EUR. Dies entspricht dem Streitwert.

(Rechtsanwalt)

### b) Rechtswirkungen des ergehenden Urteils

#### aa) Vorläufig vollstreckbares Urteil

111  Mit dem vorläufig vollstreckbaren Urteil auf Eigentumsübertragung kann nach § 895 ZPO auf Antrag des Vermächtnisnehmers eine Eigentumsübertragungsvormerkung im Grundbuch eingetragen werden (siehe hierzu Rn 176 ff.) Einer Voreintragung des Erben bedarf es nicht, weil ein Ausnahmefall gem. § 40 GBO vorliegt.

Wird das vorläufig vollstreckbare Urteil aufgehoben, so erlischt die Vormerkung, § 895 S. 2 ZPO. Die Löschung im Grundbuch kann ohne Zustimmung des Vormerkungsberechtigten erfolgen, § 25 GBO.

#### bb) Rechtskräftiges Urteil

112  Das klagestattgebende rechtskräftige Urteil ersetzt die Auflassungserklärung, soweit es den Beklagten betrifft (§ 925 BGB), und die Bewilligung der Eintragung der Eigentumsänderung auf den Kläger (§ 19 GBO). Eine zuvor nach § 895 ZPO aufgrund des vorläufig vollstreckbaren Urteils eingetragene Vormerkung kann ohne Zustimmung des Gegners gelöscht werden, § 25 GBO. Letzteres ist u.a. für die Kosten bedeutsam, weil eine notariell beglaubigte Zustimmungserklärung (§ 29 GBO) nicht erforderlich ist.

### c) „Dingliche Einigung" nach Verurteilung des Auflassungsschuldners

113  Ist der Erbe rechtskräftig zur Auflassung verurteilt, so muss die Einigungserklärung des Vermächtnisnehmers gleichwohl noch beurkundet werden (vgl. das nachfolgende Muster Rn 119, vgl. zur Zug-um-Zug-Verurteilung Rn 117).[90]

Eine reine Beglaubigung der Unterschrift des Vermächtnisnehmers reicht nicht aus.[91] Die gleichzeitige Anwesenheit der Parteien, wie sie in § 925 BGB vorgesehen ist, ist hier nicht notwendig,[92] aber die Erklärung des Vermächtnisnehmers ist nur dann formwirksam abgegeben, wenn im Zeitpunkt ihrer Abgabe das rechtskräftige Urteil vorliegt; eine Beurkundung der Erklärung des Vermächtnisnehmers vor Vorliegen der rechtskräftigen Verurteilung zur Auflassung ist formunwirksam.[93]

---

90  KG DNotZ 1936, 204.
91  OLG Celle DNotZ 1979, 308.
92  Hier wird die Anwesenheit des verurteilten Auflassungsschuldners fingiert, vgl. BayObLGZ 1983, 181, 185 = Rpfleger 1983, 390 und BayObLG ZNotP 2005, 277 = NotBZ 2005, 216 = Rpfleger 2005, 488 = RNotZ 2005, 362 = FGPrax 2005, 178.
93  BayObLG DNotZ 1984, 628.

**Hinweis**
Der Vermächtnisnehmer muss mit einer Ausfertigung des rechtskräftigen Urteils einen Notar aufsuchen und dort die Auflassung beurkunden lassen, sonst wäre der Form des § 925 BGB nicht genügt. Eine Ausfertigung der Auflassung und die Ausfertigung des rechtskräftigen Urteils sind dem Grundbuchamt zur Eigentumsumschreibung vorzulegen. Der Eintragungsantrag des Vermächtnisnehmers nach § 13 GBO bedarf lediglich der Schriftform. Der Anwalt des Vermächtnisnehmers kann mit schriftlicher Vollmacht (§ 30 GBO) den Eintragungsantrag stellen.

Eine Vollstreckungsklausel und deren Zustellung an den Beklagten sind nicht erforderlich, weil das Urteil keiner weiteren Vollstreckung bedarf.

d) Kosten
- Kosten der **Auflassungsbeurkundung**
  $5/10$ Gebühr, § 38 Abs. 2 Nr. 6a KostO.
  Gegenstandswert: Verkehrswert des Grundstücks.
- Kosten der **Eigentumsumschreibung beim Grundbuchamt**
  $10/10$ Gebühr, § 60 KostO.
  Gegenstandswert: Verkehrswert des Grundstücks.
- Kosten der **Löschung der Eigentumsübertragungsvormerkung**
  $2,5/10$ Gebühr, §§ 68, 66, 60 KostO.
  Gegenstandswert: Mindestwert, wenn Vormerkung gegenstandslos geworden ist.

e) Besonderheit bei Zug-um-Zug-Verurteilung

Nur für den Fall, dass die Auflassung von einer Zug-um-Zug-Zahlung aus irgendeinem Grunde abhängig wäre (bspw. bezüglich Verwendungsersatzansprüchen, Vermächtniskürzungsbeträgen), muss eine vollstreckbare Ausfertigung im Zeitpunkt der Erklärung der Auflassung erteilt sein (§§ 894 Abs. 1, 726, 730 ZPO). Das Grundbuchamt hat jedoch nicht zu prüfen, ob bei einer Zug-um-Zug-Verurteilung die Gegenleistung erbracht ist, dies erfolgt vielmehr im Klauselerteilungsverfahren.[94]

f) Zwangsvollstreckung bei Zug-um-Zug-Verurteilung

Die Zwangsvollstreckung erfolgt bei der Verurteilung zur Abgabe einer Willenserklärung, wenn Gegenansprüche begründet sind, im Falle einer Zug-um-Zug-Verurteilung (§§ 273 Abs. 2, 274 BGB) nach § 726 Abs. 2 ZPO. Bei der Verurteilung zur Leistung beweglicher Sachen erfolgt die Zwangsvollstreckung des Zug-um-Zug-Urteils nach § 756 ZPO. Der Annahmeverzug, der nach dieser Bestimmung das tatsächliche Angebot entbehrlich macht, kann durch Tatbestand, Entscheidungsgründe, aber auch durch den Ausspruch im Urteilstenor nachgewiesen werden.[95]

---

[94] BayObLG DNotZ 1985, 47.
[95] OLG Köln NJW-RR 1991, 383; Thomas/Putzo, § 756 ZPO Rn 8.

### g) Muster: Auflassungserklärung des Klägers

*(Notarielle Urkundenformalien)*

Anwesend ist Herr ▓▓▓ und erklärt mit der Bitte um notarielle Beurkundung folgende

*Auflassung*

*I. Vorwort*

Im Grundbuch des Amtsgerichts ▓▓▓ für ▓▓▓, Band ▓▓▓, Heft ▓▓▓, ist in Abt. I Nr. 1 Frau ▓▓▓ als Alleineigentümerin des Grundstücks BV Nr. ▓▓▓, Gemarkung ▓▓▓, Flst. Nr. ▓▓▓, Größe: ▓▓▓, eingetragen. Das Grundstück ist nach Abt. II und Abt. III des Grundbuchs nicht belastet.

Durch rechtskräftiges Urteil des ▓▓▓gerichts ▓▓▓ vom ▓▓▓, Az. ▓▓▓, wurde Frau ▓▓▓ verurteilt, das Eigentum an dem zuvor bezeichneten Grundstück auf mich, den Anwesenden, zu übertragen und die Eintragung der Eigentumsänderung im Grundbuch zu bewilligen. Mit der Rechtskraft des Urteils, die am ▓▓▓ eingetreten ist, gelten die dingliche Eigentumsübertragungserklärung und die Eintragungsbewilligung nach § 894 ZPO als abgegeben.

Eine Ausfertigung des bezeichneten Urteils samt Rechtskraftvermerk übergebe ich hiermit.

*II. Auflassung und Grundbuchantrag*

Hiermit erkläre ich die nach § 925 BGB erforderliche Einigung zur Übertragung des Eigentums an dem bezeichneten Grundstück auf mich (Auflassung). Ich nehme die Eigentumsübertragung hiermit an und beantrage die Eintragung der Eigentumsänderung im Grundbuch auf mich. Gleichzeitig bewillige und beantrage ich die Löschung der zu meinen Gunsten bei dem bezeichneten Grundstück eingetragenen Eigentumsübertragungsvormerkung.

Von dieser Löschungsbewilligung darf nur Gebrauch gemacht werden, wenn im Rang nach dieser Vormerkung weder Eintragungen bei dem bezeichneten Grundstück im Grundbuch erfolgt noch entsprechende Anträge beim Grundbuchamt eingegangen sind.

Der Wert des Grundstücks beträgt ▓▓▓ EUR.

Diese Niederschrift wurde vom Notar dem Anwesenden vorgelesen, von diesem genehmigt und von ihm und dem Notar eigenhändig unterschrieben:

### 7. Geltendmachung von Gegenrechten

#### a) Übernahmerecht

##### aa) Übernahmerecht als Vorausvermächtnis

Unter einem Übernahmerecht versteht man die Zuweisung eines bestimmten Nachlassgegenstands an einen Miterben mit der Bestimmung, dass dieser das Recht haben soll, den betreffenden Gegenstand zu übernehmen, und zwar entweder zum Verkehrswert oder zu einem vom Erblasser festgesetzten Übernahmepreis.

Das Übernahmerecht unterscheidet sich von der reinen Teilungsanordnung dadurch, dass der Miterbe beim **Übernahmerecht** nicht verpflichtet ist, den zugewandten Gegenstand zu übernehmen, sondern frei über eine eventuelle Übernahme entscheiden kann.[96] Liegt der Übernahmepreis unter dem Verkehrswert, so dürfte i.d.R. ein Vorausvermächtnis anzunehmen sein. Auch wenn es sich um ein Vorausvermächtnis handelt, hat die Übertragung des zugewandten Grundstücks vor der Erbteilung zu erfolgen, weil auch das Vorausvermächtnis

---

[96] *Langenfeld*, Rn 174.

eine Nachlassverbindlichkeit nach § 1967 BGB ist, die noch vor der Erbauseinandersetzung zu erfüllen ist, § 2046 BGB.

Probleme kann es geben, wenn sich die Differenz zwischen Verkehrswert und dem vom Erblasser festgelegten Übernahmepreis bis zum Eintritt des Erbfalls entscheidend ändert. Nach BGH ist in solchen Fällen eine Lösung nach Treu und Glauben gem. § 242 BGB zu suchen.[97]

**Zug-um-Zug-Leistungspflicht:** Besteht materiellrechtlich keine Vorleistungspflicht auf Seiten einer Partei, so ist grundsätzlich Zug-um-Zug zu leisten. Dies hat auch prozessuale Konsequenzen: Um einer teilweisen Klageabweisung zu entgehen, die erfolgen würde, wenn unbedingte Verurteilung bei tatsächlich bestehender Zug-um-Zug-Leistungspflicht beantragt wird, und damit eine Kostentragungspflicht nach § 92 Abs. 1 S. 1 ZPO zu vermeiden, muss der Kläger in solchen Fällen auf Erbringung der Leistung Zug-um-Zug gegen Zahlung klagen (vgl. dazu das Muster Rn 125).

Ist der Übernahmepreis Zug-um-Zug gegen Übertragung des Grundstücks zu erbringen, so macht dies in der Praxis gewisse Schwierigkeiten, weil der Eigentumserwerb ein gestreckter mehraktiger Tatbestand ist, der mit der Eintragung des Erwerbers im Grundbuch endet. Um eine reine Vorleistungspflicht eines Vertragsteils zu vermeiden, ist zu empfehlen, dass eine Eigentumsübertragungsvormerkung im Grundbuch eingetragen wird. Erst nach deren ranggerechter Eintragung ist der Übernahmepreis zu zahlen. Danach erfolgen Auflassung und Eintragung (vgl. hierzu das nachfolgende Muster Rn 124).

bb) Muster: Grundstücksübertragung gegen Zahlung des Übernahmepreises (Übernahmerecht als Vorausvermächtnis)

▬▬▬ (Notarielle Urkundenformalien)

Anwesend sind
1. Herr ▬▬▬ (Erbe)
2. Herr ▬▬▬ (Erbe und Vorausvermächtnisnehmer)

Sie erklären mit der Bitte um notarielle Beurkundung:
Wir schließen folgenden

*Vermächtniserfüllungsvertrag*

*I. Vorwort*

1. Im Grundbuch des Amtsgerichts ▬▬▬ für ▬▬▬, Band ▬▬▬, Heft ▬▬▬, ist in Abt. I Nr. 1 Frau ▬▬▬ als Alleineigentümerin des Grundstücks BV Nr. ▬▬▬, Gemarkung ▬▬▬, Flst. Nr. ▬▬▬, Größe: ▬▬▬, eingetragen. Das Grundstück ist nach Abt. II und Abt. III des Grundbuchs nicht belastet.

2. Frau ▬▬▬ ist am ▬▬▬ gestorben. Sie wurde nach dem Erbschein des Amtsgerichts – Nachlassgericht – ▬▬▬ vom ▬▬▬, Az. ▬▬▬, von dem eine Ausfertigung heute vorliegt, je zur Hälfte beerbt von den beiden Anwesenden.

3. In ihrem privatschriftlichen Testament vom ▬▬▬, das am ▬▬▬ unter Az. ▬▬▬ vom Amtsgericht – Nachlassgericht – ▬▬▬ eröffnet wurde, hat Frau ▬▬▬ unter Ziff. ▬▬▬ angeordnet, dass der Erschienene Ziff. 2, Herr ▬▬▬, das zuvor in Ziff. 1 näher bezeichnete Grundstück im Wege des Vorausvermächtnisses gegen Zahlung eines Übernahmepreises in Höhe von 75 % des Schätzungswerts des Städtischen Gutachterausschusses der Stadt ▬▬▬ erhalten soll.

---

97 BGH NJW 1960, 1759.

Je eine beglaubigte Abschrift des bezeichneten Testaments und des Testamentseröffnungsprotokolls vom ▓▓▓▓▓ liegen heute ebenfalls vor.

Mit Schreiben vom ▓▓▓▓▓ hat der Erschienene Ziff. 2 das ihm zugewandte Vermächtnis angenommen. Dieses Schreiben ist dem Erschienenen Ziff. 1 am ▓▓▓▓▓ zugegangen. Er hat die Wirksamkeit des Testaments und insbesondere der Vermächtnisanordnung sowie der sich daraus ergebenden Verpflichtung zur Übertragung des Eigentums an dem Grundstück auf den Erschienenen Ziff. 2 anerkannt. Dabei verbleibt es.

4. Der Gutachterausschuss der Stadt ▓▓▓▓▓ hat am ▓▓▓▓▓ das in Ziff. 1 näher bezeichnete Grundstück auf 800.000 EUR geschätzt. Als Übernahmepreis hat der Anwesende Ziff. 2 75 % dieses Betrages, also 600.000 EUR zu zahlen, der aber sofort im Wege der teilweisen Erbauseinandersetzung unter den beiden Erben aufgeteilt wird.

*II. Die näheren Übertragungsbestimmungen*

1. Der Anwesende Ziff. 2 hat den hälftigen auf den Anwesenden Ziff. 1 entfallenden Übernahmepreis von 300.000 EUR auf dessen Konto Nr. ▓▓▓▓▓ bei der ▓▓▓▓▓ Bank zu überweisen, sobald für ihn im Grundbuch bei dem zu übertragenden Grundstück eine Eigentumsübertragungsvormerkung an erster Rangstelle eingetragen ist. Der Nachweis der Eintragung wird durch eine beglaubigte Grundbuchblattabschrift geführt.

2. Die Besitzübergabe erfolgt sofort. Nutzungen und Lasten gehen mit Rückwirkung auf den Todestag der Erblasserin auf den Anwesenden Ziff. 2 über.

3. Beide Anwesende bewilligen die Eintragung einer Eigentumsübertragungsvormerkung zugunsten des Anwesenden Ziff. 2 und zu Lasten des in Abschn.I/Ziff. 1 bezeichneten Grundstücks im Grundbuch. Der Anwesende Ziff. 2 beantragt die Eintragung dieser Vormerkung hiermit.

4. Die Auflassung wird sofort erklärt. Der beurkundende Notar darf jedoch eine Ausfertigung und Abschriften dieser Urkunde, die auch die Auflassung enthalten, erst erteilen, wenn ihm der Anwesende Ziff. 1 schriftlich mitgeteilt hat, dass der auf ihn entfallende Teil des Übernahmepreises ordnungsgemäß bezahlt wurde.

5. Die Kosten dieses Vertrags und seines Vollzugs tragen die beiden Erben in Erbengemeinschaft.

*III. Auflassung und Grundbuchantrag*

Sodann erklären die Erschienenen folgende

*Auflassung*

Wir sind uns darüber einig, dass das Eigentum an dem in Abschn. I/Ziff. 1 bezeichneten Grundstück auf den Erschienenen Ziff. 2 übergehen soll. Beide Erschiene bewilligen, der Erschienene Ziff. 2 beantragt die Eintragung der Eigentumsänderung im Grundbuch.

Diese Niederschrift wurde vom Notar den Anwesenden vorgelesen, von diesen genehmigt und von ihnen und dem Notar eigenhändig unterschrieben:

*Krug*

cc) Muster: Klage auf Zustimmung zur Auflassung Zug-um-Zug gegen Erbringung einer Gegenleistung

An das

Landgericht
– Zivilkammer –

*Klage*

des Herrn

– Klägers –

Prozessbevollmächtigter: Rechtsanwalt

gegen

Herrn

– Beklagten –

Prozessbevollmächtigter: Rechtsanwalt

Namens und in Vollmacht des Klägers erhebe ich Klage gegen den Beklagten und werde in dem zu bestimmenden Termin beantragen, für Recht zu erkennen:

Der Beklagte wird verurteilt, die Zustimmung zur Auflassung des nachfolgend bezeichneten Grundstücks auf den Kläger zu erteilen und die entsprechende Grundbuchbewilligung zur Eintragung der Eigentumsänderung auf den Kläger im Grundbuch bezüglich des nachgenannten Grundstücks zu bewilligen sowie das nachgenannte Grundstück in geräumtem Zustand an den Kläger herauszugeben, und zwar Zug-um-Zug gegen Bezahlung von          EUR: Grundbuch von          , Blatt          , BV Nr.          , Gemarkung          , Flst. Nr.          , Größe:          .

Falls die Voraussetzungen des § 331 Abs. 3 bzw. § 307 ZPO vorliegen, bitte ich um Erlass eines **Versäumnis- bzw. Anerkenntnisurteils**[98] ohne mündliche Verhandlung.

*Begründung:*

Der Beklagte ist Alleinerbe der am          verstorbenen Frau          . Diese hat in ihrem privatschriftlichen Testament vom          , das am          vom Amtsgericht          als Nachlassgericht unter Az.          eröffnet wurde, dem Kläger ein Vermächtnis des Inhalts ausgesetzt, dass der Kläger das Alleineigentum an dem im Klagantrag Ziffer 1 bezeichneten Grundstück gegen Zahlung von 80 % des vom Gutachterausschuss der Stadt          ermittelten Verkehrswerts des Grundstücks erhalten soll.

Beweis:   Jeweils eine beglaubigte Abschrift
        a)  des privatschriftlichen Testaments vom          – Anlage K 1 –
        b)  der Eröffnungsniederschrift des Nachlassgerichts vom          – Anlage K 2 –

Auf Antrag des Klägers hat der Gutachterausschuss der Stadt          im Verkehrswertgutachten vom          – Az.          – den Verkehrswert des Grundstücks auf          EUR geschätzt.

Beweis: Beglaubigte Fotokopie des Verkehrswertgutachtens vom          – Anlage K 3 –

Trotz Aufforderung und Mahnung hat der Beklagte sich bisher nicht bereit erklärt, die Auflassung formgemäß zu erklären und die entsprechende Eintragungsbewilligung abzugeben. Der Kläger hat dem Beklagten auch die Bezahlung von 80 % des geschätzten Verkehrswertes, also den Betrag von          EUR, angeboten.

---

98  Zu den Einzelheiten der ZPO-Reform 2002 vgl. *Krug*, ZEV 2002, 58.

*Krug*

*Beweis:* Kopie des Schreibens des Klägers vom ▬▬▬ – Anlage K 4 –

Auf all dies ist der Beklagte nicht eingegangen; er behauptet vielmehr, das Gutachten habe den Wert zu niedrig festgestellt, ohne im Einzelnen zu sagen, welche Punkte des Gutachtens er angreift. Klage ist deshalb geboten.

Das Grundstück hat einen Verkehrswert von ▬▬▬ EUR.

(Rechtsanwalt)

b) Vermächtniskürzungsrecht

aa) Ausgangslage

126 Das Vermächtnis ist Nachlassverbindlichkeit (§ 1967 Abs. 2 BGB). In der Regel ist der Erbe bzw. sind die Erben Schuldner des Vermächtniserfüllungsanspruchs, wobei Miterben im Grundsatz als Gesamtschuldner haften (§ 2058 BGB).

127 Außer den Ansprüchen von Vermächtnisgläubigern hat der Erbe möglicherweise auch Ansprüche von Pflichtteilsberechtigten zu erfüllen. Bei der Ermittlung des um Nachlassverbindlichkeiten bereinigten Nachlassbestandes zur Pflichtteilsberechnung werden nach § 2311 BGB Vermächtnisverbindlichkeiten nicht abgezogen. Bei der Pflichtteilsberechnung ignoriert das Gesetz also die Verbindlichkeiten des Erben aus Vermächtnisanordnungen – das ist konsequent, weil der Erblasser sonst durch Vermächtnisanordnungen Pflichtteilsrechte schmälern könnte. Diese „Ungerechtigkeit" gegenüber dem Erben korrigiert das Gesetz wieder in den Vorschriften über das **Vermächtniskürzungsrecht** der §§ 2318 ff. BGB.

bb) Vermächtniskürzungsrecht als Erfüllungsverweigerung

128 Hat der Erbe außer dem Vermächtnis auch einen Pflichtteilsanspruch zu erfüllen, so kann er nach § 2318 Abs. 1 BGB das Vermächtnis in der Weise kürzen (Erfüllungsverweigerung), dass Erbe und Vermächtnisnehmer die Pflichtteilslast im Verhältnis ihres jeweiligen Erwerbs tragen (vgl. das Berechnungsbeispiel in Rn 140).

Dieses Kürzungsrecht steht dem Erben erst dann zu, wenn der Pflichtteilsanspruch auch tatsächlich geltend gemacht wird. Andernfalls wäre der Erbe zu Lasten des Vermächtnisnehmers bevorzugt.[99] Erfüllt der Erbe eine Vermächtnisforderung ohne Kenntnis der Pflichtteilsforderung, so kann er, sobald er den Pflichtteil bezahlt, den Kürzungsbetrag vom Vermächtnisnehmer gem. § 813 BGB zurückfordern.[100]

---

99 Palandt/*Edenhofer*, § 2318 Rn 1.
100 KG FamRZ 1977, 267.

### cc) Muster: Vermächtniserfüllung gegen Vermächtniskürzung

*(Notarielle Urkundenformalien)*

Anwesend sind
1. Herr         (Erbe)
2. Herr         (Vermächtnisnehmer)

Sie erklären mit der Bitte um notarielle Beurkundung folgenden

*Vermächtniserfüllungsvertrag*

*I. Vorwort*

1. Im Grundbuch des Amtsgerichts        für       , Band        , Heft        , ist in Abt. I Nr. 1 Frau        als Alleineigentümerin des Grundstücks BV Nr.        , Gemarkung        , Flst. Nr.        , Größe:        , eingetragen. Belastungen nach Abt. II oder Abt. III des Grundbuchs bestehen nicht.

2. Frau        ist am        gestorben. Sie wurde nach dem Erbschein des Amtsgerichts – Nachlassgericht –        vom       , Az.       , von dem eine Ausfertigung heute vorliegt, allein beerbt von dem Erschienenen Ziff. 1, Herrn        .

3. In ihrem privatschriftlichen Testament vom       , das am        unter Az.        vom Amtsgericht – Nachlassgericht –        eröffnet wurde, hat Frau        unter Ziff.        angeordnet, dass der Erschienene Ziff. 2, Herr       , das zuvor in Ziff. 1 näher bezeichnete Grundstück im Wege des Vermächtnisses erhalten soll.

Je eine beglaubigte Abschrift des bezeichneten Testaments und des Testamentseröffnungsprotokolls vom        liegen heute ebenfalls vor.

Mit Schreiben vom        hat der Erschienene Ziff. 2 das ihm zugewandte Vermächtnis angenommen. Dieses Schreiben ist dem Erschienenen Ziff. 1 am        zugegangen. Er hat die Wirksamkeit des Testaments und insbesondere der Vermächtnisanordnung sowie der sich daraus ergebenden Verpflichtung zur Übertragung des Eigentums an dem Grundstück auf den Erschienenen Ziff. 2 anerkannt. Dabei verbleibt es.

4. Der Sohn der Erblasserin, Herr       , hat, da er im Testament nicht bedacht wurde, gegenüber dem Alleinerben den Pflichtteil geltend gemacht. Der Alleinerbe hat aufgrund einer Pflichtteilsberechnung im Schreiben seines Prozessbevollmächtigten vom        insgesamt        EUR als Pflichtteil an den Sohn der Erblasserin bezahlt. Die Beteiligten des heutigen Vertrages sind sich darüber einig, dass dem Alleinerben bei der Erfüllung des Vermächtnisses ein Kürzungsrecht nach § 2318 BGB zusteht.

5. Das vermächtnisweise zugewandte Grundstück wurde vom Sachverständigen        im Gutachten vom        auf        EUR geschätzt. Beide Vertragsparteien anerkennen dieses Schätzungsgutachten und den dort ermittelten Wert als verbindlichen Verkehrswert für die Vermächtnisangelegenheit. Der gesamte Nachlass der Erblasserin beträgt        EUR. Auch dieser Wertbetrag wird von beiden Parteien als verbindlich anerkannt.

*II. Die näheren Übertragungsbestimmungen*

1. Auf der Grundlage der zuvor genannten Zahlen sind sich die Anwesenden darüber einig, dass der Erschienene Ziff. 2 im Zusammenhang mit der Vermächtniserfüllung an den Alleinerben, den Erschienenen Ziff. 1, einen Kürzungsbetrag im Sinne von § 2318 BGB in Höhe von        EUR zu zahlen hat. Dieser Betrag ist auf das Konto des Erschienenen Ziff. 1 Nr.        bei der        Bank zu überweisen, sobald für den Erschienenen Ziff. 2 im Grundbuch bei dem zu übertragenden Grundstück eine Eigentumsübertragungsvormerkung an erster Rangstelle eingetragen ist. Der Nachweis der Eintragung wird durch eine beglaubigte Grundbuchblattabschrift geführt.

2. Die Besitzübergabe erfolgt sofort. Nutzungen und Lasten gehen mit Rückwirkung auf den Todestag der Erblasserin auf den Erschienenen Ziff. 2 über.

*Krug*

3. Beide Anwesende bewilligen die Eintragung einer Eigentumsübertragungsvormerkung zugunsten des Erschienenen Ziff. 2 und zu Lasten des in Abschn. I/Ziff. 1 bezeichneten Grundstücks im Grundbuch. Der Erschienene Ziff. 2 beantragt die Eintragung dieser Vormerkung hiermit.

4. Die Auflassung wird sofort erklärt. Der beurkundende Notar darf jedoch eine Ausfertigung und Abschriften dieser Urkunde, die auch die Auflassung enthalten, erst erteilen, wenn ihm der Erschienene Ziff. 1 schriftlich mitgeteilt hat, dass der Kürzungsbetrag ordnungsgemäß bezahlt wurde.

5. Die Kosten dieses Vertrags und seines Vollzugs trägt der Alleinerbe.

*III. Auflassung und Grundbuchantrag*

Sodann erklären die Erschienenen folgende

*Auflassung*

Wir sind uns darüber einig, dass das Eigentum an dem in Abschn. I/Ziff. 1 bezeichneten Grundstück auf den Erschienenen Ziff. 2 übergehen soll. Der Erschienene Ziff. 1 bewilligt, der Erschienene Ziff. 2 beantragt die Eintragung der Eigentumsänderung im Grundbuch.

*IV. Sonstiges*

1. Die Beteiligten werden darauf hingewiesen, dass zur Eigentumseintragung die Vorlage der grunderwerbsteuerlichen Unbedenklichkeitsbescheinigung des Finanzamts erforderlich ist.

2. Eine etwaige Erbschaftsteuer für das Vermächtnis ist vom Erwerber zu tragen. Der Wert des Grundstücks beträgt            EUR.

Diese Niederschrift wurde vom Notar den Anwesenden vorgelesen, von diesen genehmigt und von ihnen und dem Notar eigenhändig unterschrieben:

dd) Kürzungsrecht bei Untervermächtnis

130  Das Kürzungsrecht steht im Falle der Anordnung eines Untervermächtnisses nach § 2188 BGB auch dem mit dem Untervermächtnis belasteten Hauptvermächtnisnehmer zu. Allerdings kann der Erblasser sowohl das Kürzungsrecht des Erben als auch das des Hauptvermächtnisnehmers durch Verfügung von Todes wegen modifizieren, §§ 2324, 2188 BGB.

ee) Zug-um-Zug-Verurteilung zur Durchführung der Vermächtniskürzung

131  Besteht der Vermächtnisanspruch in einer teilbaren Leistung, so ist die Durchführung der Kürzung problemlos. Handelt es sich bei dem Vermächtnis jedoch um einen unteilbaren Gegenstand, bspw. um ein Grundstück, einen Nießbrauch oder ein Wohnungsrecht, so kann der Vermächtnisschuldner bei Geltendmachung des Vermächtnisses im Gegenzug den Kürzungsbetrag verlangen.[101]

Dazu der BGH:[102]

> „Bildet eine unteilbare Leistung, z.B. die Bestellung eines Nießbrauchs an einer Anzahl verschiedener Sachen, den Gegenstand des Vermächtnisses, dann hat die Kürzung wegen der Ansprüche eines Pflichtteilsberechtigten grundsätzlich in der Weise zu geschehen, dass der Vermächtnisnehmer einen Ausgleichsbetrag an den Erben zahlt."

Für den Prozess heißt dies, dass der Vermächtnisnehmer nur **Erfüllung Zug-um-Zug gegen Zahlung des Kürzungsbetrages** verlangen kann (vgl. das Muster Rn 138).

---

101 BGHZ 19, 309.
102 BGHZ 19, 309.

Lehnt der Vermächtnisnehmer die Zahlung des Kürzungsbetrages ab, so ist der Vermächtnisschuldner berechtigt, dem Vermächtnisnehmer den Wert des Vermächtnisses unter Abzug des Kürzungsbetrages auszuzahlen.[103]

Dazu der BGH:[104]

> „Eine eigentliche Kürzung des Vermächtnisses ist nur möglich, wenn der Anspruch aus dem Vermächtnis auf eine teilbare Leistung geht. Richtet er sich auf eine unteilbare Leistung, z.B. wie hier auf die Einräumung des Nießbrauchs am Nachlass, dann ist der Wert des Vermächtnisses zu schätzen. Der belastete Erbe kann dann von dem Vermächtnisnehmer nur fordern, dass ihm gegen die Erfüllung des Vermächtnisses ein Betrag gezahlt wird, der dem Unterschiedsbetrag zwischen dem Wert des Vermächtnisses zuzüglich des Pflichtteilsanspruchs und dem Wert des ihm hinterlassenen Nachlasses entspricht. Weigert sich der Vermächtnisnehmer, diesen Betrag zu zahlen, dann kann der belastete Erbe die Erfüllung des Vermächtnisses verweigern. Er muss aber an Stelle dessen dem Vermächtnisnehmer einen Betrag zahlen, der dem Wert des Vermächtnisses unter Abzug des sonst von dem Vermächtnisnehmer zu erstattenden Betrages entspricht."

Ist der Vermächtnisgegenstand keine Geldforderung, so stellen sich auch hier Bewertungsfragen wie bei § 2311 BGB. Maßgebender Stichtag für die Bewertung des Vermächtnisgegenstandes ist hier allerdings die Erfüllung des Vermächtnisses, d.h. im Prozess der Zeitpunkt der letzten mündlichen Tatsachenverhandlung. Entsprechend der Rechtsprechung bei der Bewertung von Nießbrauchs- und Wohnungsrechten im Recht des Ergänzungspflichtteils dürfte nach heutiger Ansicht keine Schätzung mehr in Betracht kommen, sondern eine Bewertung des Nießbrauchs bzw. Wohnungsrechts nach dem BewG.[105]

ff) Beschränkungen des Kürzungsrechts

Abgesehen von den vom Erblasser selbst angeordneten Abweichungen von den gesetzlichen Regeln der Vermächtniskürzung nach §§ 2324, 2188 BGB darf dem **selbst pflichtteilsberechtigten Vermächtnisnehmer gegenüber** der Vermächtnisanspruch nach § 2318 Abs. 2 BGB nur insoweit gekürzt werden, dass ihm selbst der Pflichtteil verbleibt. Diese Vorschrift ist vom Erblasser nicht abänderbar, weil sich § 2324 BGB nur auf Absatz 1 von § 2318 BGB bezieht und der Erblasser andernfalls in das Pflichtteilsrecht des Vermächtnisnehmers eingreifen würde.

Ist im Falle der Zugewinngemeinschaft der überlebende Ehegatte der Vermächtnisnehmer, so richtet sich die Grenze der Kürzungsmöglichkeit nach dem sog. großen Pflichtteil, was wiederum Auswirkungen auf die Höhe der Pflichtteilsquoten der anderen Pflichtteilsberechtigten hat.

Ist der pflichtteils- und vermächtnisbelastete **Erbe seinerseits selbst pflichtteilsberechtigt**, so kann er nach § 2318 Abs. 3 BGB das Vermächtnis wegen der Pflichtteilslast – nicht auch wegen seines eigenen Pflichtteils – soweit kürzen, dass ihm sein eigener Pflichtteil verbleibt.

---

103 BGHZ 19, 309, 311.
104 BGHZ 19, 309, 311, 312.
105 OLG Celle RNotZ 2003, 55 m.w.N. = OLGR Celle 2002, 234 = NJW-RR 2002, 1448 = ZEV 2003, 83.

> **Hinweis**
> Hat der Erbe die Erbschaft mit allen Belastungen angenommen, so muss er diese auch unter Verletzung seines eigenen Pflichtteils erfüllen.[106]

137 Da eine Vermächtnisanordnung nach § 2306 Abs. 1 S. 1 BGB ohnehin dann unwirksam ist, wenn dem pflichtteilsberechtigten Erben ein Erbteil hinterlassen ist, der geringer ist als der Pflichtteil, findet § 2318 Abs. 3 BGB nur dann Anwendung, wenn der hinterlassene Erbteil größer ist als der Pflichtteil und der Erbe seinerseits nicht selbst nach § 2306 Abs. 1 S. 2 BGB ausgeschlagen hat, um den Pflichtteil zu verlangen.

138 **Neuerungen durch die Erbrechtsreform:**

Für alle seit 1.1.2010 eingetretenen Erbfälle wird die Differenzierung in § 2306 Abs. 1 BGB a.F. nach Satz 1 (hinterlassener Erbteil kleiner oder gleich groß wie Pflichtteil) einerseits und Satz 2 (hinterlassener Erbteil größer als Pflichtteil) andererseits aufgehoben.

Hielt der Erbe nach bisherigem (bis 31.12.2009 geltendem) Recht die Erbschaft fälschlicherweise für größer als den Pflichtteil und schlug er sie deshalb aus, um sich von den Belastungen zu lösen, verlor er auch den Pflichtteil.[107]

**Diese für den Erben unübersichtliche und deshalb auch gefährliche Regelung wird vereinfacht.**

Jeder pflichtteilsberechtigte Erbe, der Beschränkungen oder Beschwerungen unterliegt, soll in den seit 1.1.2010 eingetretenen Erbfällen das Erbe ohne Rücksicht auf dessen Höhe ausschlagen und statt seines Erbteils den Pflichtteil verlangen können.

Ist der Erbteil kleiner als die Pflichtteilsquote, so kann der Pflichtteilsberechtigte gem. § 2305 BGB den **Zusatzpflichtteil** verlangen.

Dem § 2305 BGB wurde folgender Satz angefügt:

> „Bei der Berechnung des Wertes bleiben Beschränkungen und Beschwerungen der in § 2306 bezeichneten Art außer Betracht."

In § 2306 Abs. 1 wurden die Wörter „so gilt die Beschränkung oder die Beschwerung als nicht angeordnet, wenn der ihm hinterlassene Erbteil die Hälfte des gesetzlichen Erbteils nicht übersteigt. Ist der hinterlassene Erbteil größer, so kann der Pflichtteilsberechtigte" durch die Wörter „so kann er" ersetzt.

Nach der Reform entfällt die bisherige Unterscheidung, ob das Hinterlassene die Hälfte des gesetzlichen Erbteils übersteigt oder nicht. Vielmehr muss der Erbe jetzt auch in diesem Falle die Erbschaft ausschlagen, damit er seinen Pflichtteilsanspruch erlangt.

139 > **Hinweise**
> Nach neuem Recht sind Belastungen eines Erbteils auch dann wirksam, wenn der Erbteil unter der Pflichtteilsquote liegt.
> Dem belasteten pflichtteilsberechtigten Erben steht in den seit 1.1.2010 eingetretenen Erbfällen – gleichgültig, ob das ihm Hinterlassene kleiner, gleich groß oder größer als sein Pflichtteil ist – ein Wahlrecht zu:

---

106 BGHZ 168, 210 = FamRZ 2006, 1519 = NJW 2006, 3353 = ZEV 2006, 498 m. Anm. *Leipold* = ZErb 2006, 378 m. Anm. *Keim*.
107 BGH Rpfleger 2000, 500; RhNotZ 2001, 283.

(1) Er kann die Erbschaft mit allen Belastungen annehmen – und muss diese auch unter Verletzung seines Pflichtteilsanspruchs erfüllen[108]
oder
(2) er schlägt die Erbschaft aus und verlangt den Pflichtteil.
**Quotentheorie und Werttheorie entfallen.**
Ist der Erbteil kleiner als die Pflichtteilsquote, so kann der Pflichtteilsberechtigte gem. § 2305 BGB den Zusatzpflichtteil verlangen.
Seit Inkrafttreten des Reformgesetzes zum 1.1.2010 gelten die §§ 2305, 2306 BGB n.F, für alle neuen Erbfälle.
Die bis zum 31.12.2009 eingetretenen Erbfälle werden nach altem Recht beurteilt.
**Der Rechtsanwender wird also jahrelang altes und neues Recht nebeneinander anzuwenden haben!**

gg) Muster: Klageerwiderung gegen Grundstücksübertragungsklage (Vermächtniskürzung)

An das
Landgericht
– Zivilkammer –

zu Az.

*Klageerwiderung*

*in der Rechtssache*

des Herrn

– Kläger –

Prozessbevollmächtigter: Rechtsanwalt

gegen

Frau

– Beklagte –

Prozessbevollmächtigter: Rechtsanwalt

wegen Übertragung und Herausgabe eines Grundstücks.

Namens und in Vollmacht der Beklagten beantrage ich
1. in erster Linie Klageabweisung bezüglich der vom Kläger erhobenen Klage auf Zustimmung zur Grundstücksübertragung und zur Herausgabe,
2. in zweiter Linie hilfsweise Zug-um-Zug-Verurteilung gegen Zahlung von 50.000 EUR an die Beklagte.[109]

*Begründung:*
Zum Klageabweisungsantrag:

Zum Hilfsantrag auf Zug-um-Zug-Verurteilung:

Sollte die Klage zulässig und begründet sein, so kann eine Verurteilung auf Zustimmung zur Eigentumsübertragung und zur Herausgabe des Grundstücks nur erfolgen, wenn der Kläger Zug-um-Zug zur Zahlung eines Vermächtniskürzungsbetrages in Höhe von 50.000 EUR verurteilt wird.

---

108 BGHZ 168, 210 = FamRZ 2006, 1519 = NJW 2006, 3353 = ZEV 2006, 498 m. Anm. *Leipold* = ZErb 2006, 378 m. Anm. *Keim*.
109 Die Zwangsvollstreckung eines solchen Urteils erfolgt nach § 726 Abs. 2 ZPO.

*Krug*

Die Beklagte ist Alleinerbin des Erblassers. Dessen Sohn, Herr ▓▓▓, der von der Erbfolge an seinem Vater ausgeschlossen war, hat gegenüber der Beklagten den Pflichtteil geltend gemacht und zur Abgeltung seiner diesbezüglichen Ansprüche den Betrag von 250.000 EUR auch erhalten.

*Beweis:* Beglaubigte Kopie des Kontoauszugs betr. Konto Nr. ▓▓▓ bei der ▓▓▓ Bank – Anlage B 1 –

Die Pflichtteilsberechnung erfolgte gemäß Schriftsatz des Unterzeichners vom ▓▓▓. Sie wurde vom Pflichtteilsberechtigten mit Schreiben vom ▓▓▓ anerkannt. Daraufhin wurde der Pflichtteilsbetrag überwiesen.

*Beweis:* Je beglaubigte Kopie
   a) des Schriftsatzes des Unterzeichners vom ▓▓▓ – Anlage B 2 –
   b) des Schreibens des Pflichtteilsberechtigten vom ▓▓▓ – Anlage B 3 –

Nach § 2318 BGB ist die Beklagte als Alleinerbin des Erblassers befugt, im Wege des Vermächtniskürzungsrechts den Kläger als Vermächtnisnehmer an der Pflichtteilslast zu beteiligen. Da das Vermächtnis in einem unteilbaren Gegenstand besteht, kommt kein rechnerischer Abzug am Vermächtnis in Betracht, sondern eine Zug-um-Zug-Verurteilung, Leistung des Vermächtnisgegenstandes gegen Zahlung des Kürzungsbetrages (BGHZ 19, 309, 311).

Die Art der Berechnung des Kürzungsbetrages ist in der Literatur umstritten (vgl. Palandt/*Edenhofer*, § 2318 BGB Rn 2).

Der Kürzungsbetrag wird hier nach folgender Formel berechnet:

Der Vermächtnisnehmer ist an der Pflichtteilslast mit dem gleichen Prozentsatz wie am Nachlass zu beteiligen.

Der Nachlasswert beträgt 1 Million EUR, der Wert des Vermächtnisses 200.000 EUR, der Pflichtteil 250.000 EUR.

Damit ist der Kläger als Vermächtnisnehmer mit 20 % am Nachlass beteiligt, die Beklagte als Alleinerbin mit 80 %.

Die Kürzung des Vermächtnisses hat demnach um 20 % des Pflichtteilsbetrages zu erfolgen, also um 50.000 EUR. Diesen Betrag schuldet der Kläger Zug-um-Zug gegen Übertragung und Herausgabe des Vermächtnisgrundstücks.

Dabei wird gemäß Anlage B 2 von einem reinen Gesamtnachlasswert von 1 Million EUR, von dem geleisteten Pflichtteilsbetrag von 250.000 EUR und von einem Wert des Vermächtnisgrundstücks von 200.000 EUR ausgegangen.

*Beweis:* Im Bestreitensfalle Sachverständigengutachten

Eine Verurteilung der Beklagten zur Herausgabe und zur Abgabe der Auflassungserklärung samt Grundbucheintragungsbewilligung kann nur erfolgen, wenn sichergestellt ist, dass die Beklagte ihrerseits den Kürzungsbetrag erhält.

(Rechtsanwalt)

c) Überschwerungseinrede

aa) Nichtabziehbarkeit von Vermächtnissen bei der Überschuldungsprüfung

141 Bei der Überprüfung einer etwaigen Überschuldung des Nachlasses im Sinne des Insolvenzrechts und der Insolvenzantragspflicht aus § 1980 BGB bleiben die Vermächtnisse als Nachlassverbindlichkeiten außer Betracht, §§ 1980 Abs. 1 S. 3 BGB, 317 InsO.

Beruht die Überschuldung des Nachlasses aber auf den Verbindlichkeiten aus Vermächtnissen und Auflagen, so stellt das Gesetz dem Erben eine einfachere Haftungsbeschränkungsmaßnahme zur Verfügung als die Nachlassinsolvenz: **die Überschwerungseinrede des § 1992 BGB.**

Das Gesetz vermutet, der Erblasser habe durch seine Anordnungen keine Nachlassinsolvenz herbeiführen wollen.

Deshalb ist im Falle der Überschwerung des Nachlasses durch Vermächtnisse bzw. Auflagen auch immer im Wege der – evtl. hypothetischen – Auslegung zu prüfen, ob der Erblasser die Anordnungen in dieser Höhe beibehalten wollte, wenn er gewusst hätte, dass der Nachlass dafür nicht ausreicht.
**Die ergänzende (hypothetische) Testamentsauslegung hat Vorrang vor der Überschwerungseinrede.**

Der Fall einer Überschuldung durch Vermächtnisse und Auflagen kann eintreten, wenn der Erblasser bei Testamentserrichtung ausreichend Vermögen zur Erfüllung seiner Anordnungen hatte, dieses Vermögen sich aber bis zu seinem Tode so weit verringert hat, dass eine Überschwerung eintritt.

> **Hinweis für die Rechtsgestaltung**
> Bei Geldvermächtnissen sollte eine Obergrenze festgelegt werden: „… EUR, höchstens jedoch … % meines dereinstigen Netto-Nachlasses".

Der Erbe kann nach Erhebung der Einrede die Vermächtnisnehmer nach §§ 1990, 1991 BGB auf den Restnachlass verweisen und den Nachlass zum Zwecke der Befriedigung des Vermächtnisnehmers im Wege der Zwangsvollstreckung herausgeben. Erfüllt er die Verbindlichkeiten selbst, so ist er gem. §§ 1992, 1991 Abs. 4 BGB an die Reihenfolge des § 327 InsO gebunden.

> **Hinweis**
> Zeichnet sich eine Überschwerung (oder auch eine Dürftigkeit nach § 1990 BGB) ab, so sollte der Erbe auf eine genaue Sonderung der Nachlassgegenstände von seinem Eigenvermögen achten und sie erforderlichenfalls in einem besonderen Raum lagern, damit im Ernstfall der Nachlass auch tatsächlich zur Verwertung herausgegeben werden kann.

Hier konkretisiert sich das Recht der Haftungsbeschränkung in der Weise, dass dem Gläubiger seine Haftungsgrundlage – der Nachlass – in corpore zur Verfügung gestellt wird.

Allerdings hat der Erbe wahlweise statt der Herausgabe ein Abfindungsrecht nach § 1992 S. 2 BGB: Zahlung des Wertes der Nachlassgegenstände an die Vermächtnisgläubiger.

### bb) Umwandlung Stückvermächtnis in Geldvermächtnis

Ist ein bestimmter Nachlassgegenstand vermacht, so wandelt sich der Vermächtnisanspruch nach Erhebung der Überschwerungseinrede in einen verhältnismäßig gekürzten Geldanspruch um. Der Vermächtnisnehmer kann aber die Übertragung des Gegenstands verlangen, wenn er Zug-um-Zug den erforderlichen Kürzungsbetrag leistet.[110]

Der *Pflichtteil* muss dem pflichtteilsberechtigten Erben aber verbleiben, weil Vermächtnisse ihm gegenüber nachrangig sind.

---

110 BGH NJW 1964, 2298.

cc) Haftungsbeschränkungsvorbehalt im Urteil

150 **Im Prozess** des Vermächtnisnehmers gegen den Erben muss der Erbe nach Erhebung der Einrede einen Haftungsbeschränkungsvorbehalt nach § 780 ZPO in den **Urteilstenor** aufnehmen lassen (Aufnahme des Vorbehalts in die Urteilsgründe reicht nicht). Steht fest, dass der Nachlass überschwert ist, so kann dies sofort im Prozess berücksichtigt werden bei der Entscheidung über die Vermächtnisforderung (teilweises Zusprechen der Klageforderung). Darauf sollte immer gedrängt werden, wenn die Rechtslage dies zulässt. Andernfalls muss die Verwirklichung der Haftungsbeschränkung in der Zwangsvollstreckung erfolgen mittels einer Vollstreckungsgegenklage nach §§ 781, 785, 767 ZPO.[111] Und ein zweiter Prozess sollte bei einem ohnehin unzulänglichen Nachlass schon aus Kostengründen tunlichst vermieden werden (vgl. hierzu § 11 Rn 229 ff.).

151 **Hinweis**
Der Rechtsanwalt ist grundsätzlich verpflichtet, den Vorbehalt nach § 780 ZPO in das Urteil aufnehmen zu lassen – und sei es nur vorsorglich –, weil er sich andernfalls der Haftung ausgesetzt sehen kann.[112]

152 Die Rechte aus § 1992 BGB können an Stelle des Erben auch vom Testamentsvollstrecker, Nachlassverwalter und Nachlasspfleger geltend gemacht werden.[113]

dd) Untervermächtnis

153 Im Verhältnis zwischen **Hauptvermächtnisnehmer** und **Untervermächtnisnehmer** gelten nach § 2187 Abs. 3 BGB die gleichen Regeln.

Der Hauptvermächtnisnehmer haftet nur bis zur Höhe seines Hauptvermächtnisses für die Erfüllung des Untervermächtnisses. § 1992 BGB gilt nach Abs. 3. Damit ist auch die Aufnahme eines Haftungsbeschränkungsvorbehalts nach § 780 ZPO erforderlich.

### 8. Genehmigungserfordernisse

154 Eine zur Auflassung etwa erforderliche Genehmigung des Vormundschaftsgerichts ist bei Verurteilung zur Auflassung dem Grundbuchamt nicht besonders nachzuweisen.[114] Dagegen werden behördliche Genehmigungen durch das Urteil nicht ersetzt, sie sind dem Prozessgericht spätestens in der letzten mündlichen Tatsachenverhandlung von Seiten des Klägers vorzulegen.[115]

**Neuerungen durch das FamFG:**[116] Seit dem Inkrafttreten des FamFG, dem 1.9.2009, gilt Folgendes: Die Verteilung der Aufgaben des Vormundschaftsgerichts auf Familien- und Betreuungsgericht folgt aus der Abschaffung des Vormundschaftsgerichts. Für die Genehmigung ist seit 1.9.2009 das Familiengericht zuständig. Für bis 31.8.2009 angefallene Verfahren gilt das bisherige Recht, Art. 111, 112 FGG-ReformG.

Etwa erforderliche Erklärungen eines Testamentsvollstreckers werden durch die Verurteilung des Erben nicht ersetzt. Dessen Zustimmung müsste entweder in beurkundeter oder

---

111 BGH NJW 1964, 2300.
112 BGH NJW 1991, 2839.
113 Soergel/*Stein*, § 1992 BGB Rn 3, aber streitig.
114 BayObLG MDR 1953, 561.
115 Beispielsweise Genehmigungserfordernis nach Grundstückverkehrsgesetz, vgl. BGHZ 82, 292 = NJW 1982, 881.
116 FGG-ReformG v. 17.12.2008, BGBl I 2008, 2586.

beglaubigter Form, §§ 29, 19, 20 GBO, oder in der Form eines rechtskräftigen Urteils nachgewiesen werden.

### 9. Vergleich

Auf vollstreckbare Vergleiche findet § 894 ZPO keine Anwendung. Aus ihnen muss, soweit sie nicht bereits die Auflassung oder die Bewilligung nach § 19 GBO enthalten, nach § 888 ZPO vollstreckt werden.

Vergleiche können vor jedem Gericht geschlossen werden; sie ersetzen die notarielle Beurkundung (§ 127a BGB).

Neuerung durch das FamFG: Nach § 36 FamFG ist eine Vergleichsmöglichkeit ausdrücklich kodifiziert. Die Beteiligten können einen Vergleich schließen, soweit sie über den Gegenstand des Verfahrens verfügen können. Das Gericht soll außer in Gewaltschutzsachen auf eine gütliche Einigung der Beteiligten hinwirken.

Für die Kostentragungspflicht im Falle einer vergleichsweisen Einigung – falls sich die Beteiligten insoweit nicht geeinigt haben sollten – trifft § 83 Abs. 1 FamFG eine Regelung des Inhalts, dass die Gerichtskosten jedem Teil zu gleichen Teilen zur Last fallen und dass die außergerichtlichen Kosten jeder Beteiligte selbst trägt.

Allerdings wird bei der Vermächtniserfüllung der Vergleich nach FamFG eher eine untergeordnete Rolle spielen; hier kommt in der Regel ein Vergleich nach ZPO in Betracht.

### 10. Vorläufiger Rechtsschutz

#### a) Allgemeines

Dass eine Vormerkung zur Sicherung des Eigentumsübertragungsanspruchs nach herrschender Rechtsprechung vor dem Erbfall nicht in Betracht kommt, wurde bereits oben (vgl. Rn 100) dargestellt.

In streitigen Fällen wird nach dem Erbfall der zur Erlangung der Eigentumsübertragungserklärung (Auflassung, § 925 BGB) und Grundbucheintragungsbewilligung (§ 19 GBO) zu führende Prozess im Regelfall bei umfangreicher Beweisaufnahme eine nicht unerhebliche Zeitdauer in Anspruch nehmen, insbesondere vor dem Hintergrund häufig hoher Streitwerte bei Grundstücken, bei denen das Durchlaufen einer zweiten Instanz nicht unwahrscheinlich ist.

Da eine Überschuldung des Nachlasses und damit die Möglichkeit einer beschränkten Erbenhaftung auch noch erst längere Zeit nach dem Erbfall eintreten kann, ist die Eintragung einer Vormerkung im Grundbuch für den Vermächtnisnehmer durch Bewilligung des Erben im Hinblick auf die Regelung in § 884 BGB von besonderer Bedeutung, weil damit ihm gegenüber der Erbe sich nicht auf die Beschränkung seiner Haftung berufen kann. Außerdem ist die Vormerkung vollstreckungs- und insolvenzfest, § 883 Abs. 2 BGB, §§ 106, 254 Abs. 2 S. 1 InsO.

Auch wenn der Erblasser im Testament nichts dazu gesagt hat, dass zugunsten des Vermächtnisnehmers eine **Eigentumsübertragungsvormerkung** eingetragen werden soll, geht das OLG Hamm[117] davon aus, die Bewilligung einer Vormerkung sei eine gesetzliche Nebenpflicht und deshalb mit dem Vermächtnis eines Auflassungsanspruchs der Anspruch

---

117 OLG Hamm MDR 1984, 402.

auf Bewilligung einer Vormerkung verbunden, solange sich aus dem Testament nichts anderes ergebe. Dies ist gerade im Hinblick auf die Vorschrift des § 884 BGB über die unbeschränkbare Haftung des Erben gegenüber dem Vormerkungsberechtigten von erheblicher praktischer Bedeutung.

Allerdings dürfte kein Grundbuchamt aufgrund lediglich stillschweigend bewilligter Eigentumsübertragungsvormerkung eine solche Eintragung im Grundbuch vornehmen.

Deshalb und um einer hohen Sicherheitsleistung zur Vollziehung eines vorläufig vollstreckbaren Urteils i.S.v. § 895 ZPO zu entgehen, empfiehlt es sich, dem Grundstücksvermächtnisnehmer bereits im Testament einen Anspruch auf Bestellung und Eintragung der Vormerkung zusätzlich vermächtnisweise zuzuwenden und im Falle eines notariellen Testaments schon die Bewilligung der Eintragung gem. § 19 GBO zu erklären mit der Folge, dass diese gem. § 873 Abs. 2 BGB bindend wird.

b) Möglichkeiten des vorläufigen Rechtsschutzes bei einem Grundstücksvermächtnis

158 Bei Ansprüchen auf Grundstücksübertragung kommen je nach Verfahrensstadium folgende Möglichkeiten des vorläufigen Rechtsschutzes in Betracht:
– Sobald die anspruchsbegründenden Tatsachen glaubhaft gemacht werden können, **einstweilige Verfügung** auf Eintragung einer **Vormerkung** nach §§ 883, 885 BGB.
– U.U. könnte in besonderen Fällen auch eine einstweilige Verfügung auf Eintragung eines **Veräußerungsverbots** in Betracht kommen (§ 938 Abs. 2 ZPO).
– Nach Erlass des erstinstanzlichen vorläufig vollstreckbaren Urteils auf Eigentumsübertragung die Eintragung einer **Vormerkung** nach § 895 ZPO. Zu beachten ist aber die nach §§ 709, 711 ZPO zu leistende Sicherheit, die im Einzelfall sehr hoch sein kann (vgl. dazu im Einzelnen Rn 172 ff.).

Die Voreintragung des Erben im Grundbuch (§ 39 GBO) ist nicht erforderlich, weil ein Ausnahmefall des § 40 Abs. 1 GBO (Veräußerung des Grundstücks) vorliegt.

159 **Kein Rechtshängigkeitsvermerk:** Bei der Geltendmachung eines schuldrechtlichen Anspruchs auf Übereignung eines Grundstücks – wie dies bei einem Vermächtnis der Fall ist (§ 2174 BGB) – wird nicht das Grundstück selbst streitbefangen, sondern lediglich das betreffende Forderungsrecht (zum Rechtshängigkeitsvermerk im Einzelnen siehe § 10 Rn 80 ff.).[118] Deshalb können schuldrechtliche Übertragungsansprüche nicht mit dem Rechtshängigkeitsvermerk gesichert werden, also insbesondere keine Vermächtnisansprüche.[119]

160 Lediglich das OLG München[120] hatte ursprünglich die Zulässigkeit eines Rechtshängigkeitsvermerks bejaht, wenn ein obligatorischer Anspruch auf Eigentumsübertragung im Streit

---

118 Der BGH stellt in BGHZ 39, 21 fest, dass das Grundstück selbst in einem Prozess über einen durch Vormerkung gesicherten Anspruch gegen den persönlichen Schuldner nicht streitbefangen ist i.S.d. § 265 Abs. 1 ZPO. In gleichem Sinne führt das OLG Braunschweig (MDR 1992, 74, 75) aus: „*Aus der Zulässigkeit des Rechtshängigkeitsvermerks folgt, dass er wegen seiner Grundlage in § 265 ZPO die Streitbefangenheit der Sache voraussetzt. Diese ist aber nur zu bejahen, wenn auf der rechtlichen Beziehung zu der Sache die Sachlegitimation des Kl. oder des Bekl. beruht, wenn also eine solche Berechtigung den unmittelbaren Gegenstand des Rechtsstreits bildet. Das ist bei der Verfolgung eines schuldrechtlichen Anspruchs auf Auflassung nicht der Fall.*" So auch OLG Schleswig FamRZ 1996, 175; OLG Stuttgart Rpfleger 1997, 15 = FGPrax 1996, 208; Demharter, GBO, Anh. zu § 13 Rn 22.
119 So auch OLG Schleswig FamRZ 1996, 175; OLG Stuttgart Rpfleger 1997, 15 = FGPrax 1996, 208; Demharter, GBO, Anh. zu § 13 Rn 22.
120 OLG München NJW 1966, 1030.

ist. Dieser Einzelmeinung haben sich weder Literatur noch die übrige Rechtsprechung angeschlossen. Und auch das OLG München hat diese Rechtsmeinung zwischenzeitlich aufgegeben.[121]

c) Vormerkung

aa) Vormerkung nach Eintritt des Erbfalls

Die Vormerkung soll einen Anspruch auf Einräumung oder Aufhebung eines Rechts an einem Grundstück sichern, § 883 Abs. 1 S. 1 BGB; dafür reicht ein künftiger oder bedingter Anspruch aus, § 883 Abs. 1 S. 2 BGB. Es soll also ein im Grundbuch verlautbarter Rechtszustand geändert werden; die Vormerkung bereitet diese Änderung vor und sichert ihre Durchführung. Ist auf der Grundlage eines Vermächtnisanspruchs ein Grundstück zu übertragen, so ist dieser Eigentumsübertragungsanspruch nach Eintritt des Erbfalls mit einer Vormerkung im Grundbuch sicherbar.[122]

Die Vormerkung schützt nach § 883 Abs. 2 S. 1 BGB vor rechtsgeschäftlichen Verfügungen des Erben, vor Zwangsvollstreckungsmaßnahmen in das zu übertragende Grundstück, § 883 Abs. 2 S. 2 BGB, und vor Haftungsbeschränkungsmaßnahmen des Erben, § 884 BGB. Außerdem ist sie insolvenzfest, §§ 106, 254 Abs. 2 S. 1 InsO. In der Zwangsversteigerung ist der Vormerkungsberechtigte Beteiligter, § 9 Nr. 1 ZVG.

bb) Kosten

Bei der **Eintragung einer Vormerkung** fallen folgende Gebühren an:
– Eintragungsgebühren bei der Begründung eines Rechts: §§ 66, 60, 62 KostO: 5/10 Gebühr. Gegenstandswert: Verkehrswert.
– Eintragungsgebühren bei der Aufhebung eines Rechts: §§ 66, 68, 62 KostO: 2,5/10 Gebühr. Gegenstandswert: Verkehrswert des aufzuhebenden Rechts.

Bei der **Löschung einer Vormerkung** fallen folgende Gebühren an:
– Die Hälfte der für die Eintragung der Vormerkung bestimmten Gebühr, § 68 KostO. Allerdings kann nicht mehr der Verkehrswert des begehrten Vollrechts zugrunde gelegt werden, wenn die Vormerkung gegenstandslos geworden ist.

d) Einstweilige Verfügung zur Eintragung einer Vormerkung im Grundbuch auf Eigentumsübertragung

Bewilligt der Vermächtnisbelastete die Eintragung einer Vormerkung nicht, so hat der Vermächtnisnehmer die Möglichkeit, eine einstweilige Verfügung nach §§ 935 ff. ZPO zur Eintragung einer Vormerkung im Grundbuch zu erwirken (zur fingierten Bewilligung einer Vormerkung nach § 895 ZPO siehe Rn 172 ff. und Muster unter Rn 176).

aa) Glaubhaftmachung der Anspruchsvoraussetzungen

Um eine einstweilige Verfügung nach § 935 ZPO vor Eintritt der Fiktion des § 895 ZPO zu erlangen, braucht der Vermächtnisnehmer lediglich seinen materiell-rechtlichen Übertragungsanspruch glaubhaft zu machen, §§ 936, 920 Abs. 2 ZPO. Nicht aber glaubhaft zu

---

121 OLG München MittBayNot 2000, 40 = Rpfleger 2000, 106 = NJW-RR 2000, 384 = OLGR 2000, 84 = MDR 2000, 782 = ZfIR 2000, 582; neuerdings auch OLG Frankfurt/M. FGPrax 2009, 250 m. Anm. *Krug*.
122 BGHZ 12, 115; OLG Hamm MDR 1984, 402.

machen braucht er die Gefährdung seines Übertragungsanspruchs, also den Verfügungsgrund, weil sich die Dringlichkeit bereits aus der Möglichkeit eines Rechtsverlusts durch Eigentumsübertragung an einen Erwerber ergibt, §§ 883, 885 Abs. 1 S. 2 BGB. Der Vermächtnisbelastete ist rechtmäßiger Eigentümer, er ist lediglich schuldrechtlich zur Eigentumsübertragung und Herausgabe an den Vermächtnisnehmer verpflichtet.

bb) Inhalt der Glaubhaftmachung

166 Mit welchen Beweismitteln die **Glaubhaftmachung** erfolgen kann, regelt § 294 ZPO. Zunächst unterscheidet sich die Glaubhaftmachung von der vollen Beweisführung nach § 286 ZPO dadurch, dass beim Richter keine volle Überzeugung bezüglich der anspruchsbegründenden Tatsachen herbeigeführt werden muss; es reicht vielmehr die überwiegende Wahrscheinlichkeit für einen bestimmten von mehreren in Betracht kommenden – streitigen – Sachverhalten. Unstreitiges braucht nach § 138 Abs. 3 ZPO nicht glaubhaft gemacht zu werden.

167 Zur Glaubhaftmachung dienen alle Beweismittel der ZPO – sofern sie präsent sind, § 294 Abs. 1 und 2 ZPO – und zusätzlich die **eidesstattliche Versicherung** sowohl des Antragstellers im Verfügungsverfahren als auch all der Personen, die als Zeugen in Betracht kommen.

168 Ein gerichtliches Sachverständigengutachten wird, weil ein solches in den meisten Fällen nicht präsent sein dürfte, kaum als Mittel der Glaubhaftmachung dienen können. Allenfalls könnte ein Parteigutachten vorgelegt werden, das dann aber nicht die Beweisqualität eines Sachverständigengutachtens hätte, sondern die einer Urkunde bzw. des Parteivortrags. Denkbar wäre auch, dass aus einem früher oder parallel geführten Prozess bereits ein verwertbares Gutachten vorliegt. Ein in einem anderen Verfahren eingeholtes Sachverständigengutachten ist gem. § 411a ZPO verwertbar.

e) Hauptprozess und Verfahren auf Erlass einer einstweiligen Verfügung

169 Das Verfahren auf Erlass einer einstweiligen Verfügung führt nicht zur Rechtshängigkeit des materiellrechtlichen Anspruchs, weil sein Streitgegenstand nicht der Anspruch selbst ist, sondern die Zulässigkeit seiner vorläufigen Sicherung.[123] Aus diesem Grund können Hauptprozess und Verfügungsverfahren parallel geführt werden. Wird im Hauptprozess ein Sachverständigengutachten eingeholt bzw. werden Zeugen vernommen, so können das Gutachten und das Protokoll über die Sachverständigen- bzw. eine Zeugenvernehmung im Verfügungsverfahren als Urkunden und damit als präsente Beweismittel i.S.v. § 294 ZPO vorgelegt werden.

---

123 OLG Stuttgart NJW 1969, 1721.

### f) Muster: Antrag auf Erlass einer einstweiligen Verfügung (Sicherung der Eigentumsübertragung)

An das

Landgericht
– Zivilkammer –

*Eilt sehr! Bitte sofort vorlegen!*

*Antrag
auf Erlass einer einstweiligen Verfügung*

des Herrn

– Antragstellers –

Verfahrensbevollmächtigter: Rechtsanwalt

gegen

Frau

– Antragsgegnerin –

zur Eintragung einer Eigentumsübertragungsvormerkung.

Namens und im Auftrag des Antragstellers beantrage ich, folgende einstweilige Verfügung – wegen der Dringlichkeit ohne mündliche Verhandlung (§ 937 Abs. 2 ZPO) – zu erlassen:

Zu Lasten des im Grundbuch des Amtsgerichts          für         , Band        , Heft        , BV Nr.         eingetragenen Grundstücks Gemarkung         , Flst. Nr.         , Größe:         , ist für den Antragsteller eine **Vormerkung** auf Übertragung des Eigentums an dem zuvor bezeichneten Grundstück auf den Antragsteller einzutragen.

Das Gericht wird gebeten, nach Erlass der einstweiligen Verfügung das zuständige Grundbuchamt um die Eintragung der Vormerkung im Grundbuch zu ersuchen, § 941 ZPO.

*Begründung:*

Es geht um eine Erbrechtsstreitigkeit. Der Antragsteller macht gegen die Antragsgegnerin einen Eigentumsübertragungsanspruch aus einem Vermächtnis geltend.

*I. Sachverhalt*

Am         ist Herr         , zuletzt wohnhaft in         , gestorben (nachfolgend Erblasser genannt).

Der Antragsteller ist der Neffe des Erblassers. Die Antragsgegnerin ist die langjährige Lebensgefährtin des Erblassers, mit der dieser nach dem Tod seiner Ehefrau zusammen gelebt hat und die seine Alleinerbin geworden ist. Abkömmlinge hat der Erblasser nicht hinterlassen.

Der Erblasser hat ein notarielles Testament errichtet, das am         von Notar         unter UR-Nr.         beurkundet wurde. Aufgrund dieses Testaments wurde die Beklagte seine Alleinerbin. Im selben Testament wurde dem Kläger unter Ziff.         als Vermächtnis das im Antrag näher bezeichnete Grundstück zugewandt. Das Testament wurde am         vom Nachlassgericht         unter Az.         eröffnet. Die Beklagte hat die Alleinerbschaft angenommen, der Kläger hat das Vermächtnis durch Schreiben des Unterzeichners vom         ebenfalls angenommen.

*Glaubhaftmachung:* Je eine beglaubigte Abschrift
    a) des Testaments vom         – Anlage K 1 –
    b) des Testamentseröffnungsprotokolls vom         – Anlage K 2 –
    c) des Schriftsatzes des Unterzeichners vom         – Anlage K 3 –
    d) des Grundbuchblattes         – Anlage K 4 –

Ohne triftige Gründe hat die Beklagte bisher die Vermächtniserfüllung abgelehnt.

*II. Verfügungsanspruch*

Der Antragsteller hat gegen die Antragsgegnerin aus §§ 2147, 2174 BGB einen Anspruch auf Übertragung des ihm vom Erblasser vermächtnisweise zugewandten Hausgrundstücks wie es im Antrag näher bezeichnet ist. Mit einem Grundstücksvermächtnis gilt grundsätzlich ein Anspruch auf dessen Sicherung durch Vormerkung als mit zugewandt (OLG Hamm MDR 1984, 402).

*III. Verfügungsgrund*

Einer Glaubhaftmachung der Gefährdung des Anspruchs des Antragstellers bedarf es nach § 885 Abs. 1 S. 2 BGB nicht.

*IV. Streitwert*

Das Grundstück hat einen Verkehrswert von ▓▓▓▓▓ EUR. Davon kann $^1/_3$ als Streitwert angenommen werden.

(Rechtsanwalt)

g) Checkliste: Antrag auf Erlass einer einstweiligen Verfügung zur Eintragung einer Vormerkung im Grundbuch

- Sachliche Zuständigkeit: Amts-/Landgericht der Hauptsache
- Örtliche Zuständigkeit: §§ 12, 13; 27; 936, 919 ZPO
- Ist der Erblasser im Grundbuch als Berechtigter eingetragen? – Der Erbe (als Antragsgegner) braucht nicht voreingetragen zu sein, weil der Ausnahmetatbestand des § 40 GBO in der Variante der Grundstücksübertragung vorliegt.
- Ist der Antragsteller als Vermächtnisnehmer Inhaber des Grundstücksübertragungsanspruchs?
- Ist der Antragsteller alleiniger Inhaber des Anspruchs oder nur Teilgläubiger?
- Glaubhaftmachung aller anspruchsbegründenden Tatsachen (§ 294 ZPO)
  - Präsente Beweismittel der ZPO, insbesondere begl. Abschriften der Verfügung von Todes wegen samt Eröffnungsprotokoll, der betr. Verträge, des Grundbuchs etc.
  - Eidesstattliche Versicherung des Antragstellers und/oder aller als Zeugen in Betracht kommenden Personen
  - (Keine Glaubhaftmachung der Gefährdung der Durchsetzung des Anspruchs, § 885 Abs. 1 S. 2 BGB)
- Grundbuchmäßige Bezeichnung des Grundstücks, § 28 GBO
- Nach Erlass der einstweiligen Verfügung: Antrag beim Grundbuchamt auf Eintragung der Vormerkung, sofern das Prozessgericht nicht um die Eintragung ersucht hat (Vollziehung, Vollziehungsfrist, § 929 ZPO)
- Voreintragung des Vermächtnisbelasteten ist nicht erforderlich, § 40 GBO, wohl aber die des Erblassers, § 39 GBO.

h) Rechtsposition des Klägers nach Verurteilung des Auflassungsschuldners

aa) Vorläufig vollstreckbares Urteil

Mit dem vorläufig vollstreckbaren Urteil kann eine Vormerkung im Grundbuch eingetragen werden.

In § 895 ZPO sieht das Gesetz eine vorläufige Sicherung des Eigentumsübertragungsanspruchs vor, indem mittels einer Fiktion mit Erlass des **vorläufig vollstreckbaren Urteils** auf Abgabe der Auflassungserklärung und der Eintragungsbewilligung die Eintragung einer

Vormerkung als bewilligt gilt. Die Vorlage einer vollstreckbaren Ausfertigung des Urteils beim Grundbuchamt ist für die Eintragung der Vormerkung nicht erforderlich.[124]

Ist das Urteil nach § 709 ZPO nur gegen Sicherheitsleistung vorläufig vollstreckbar, was fast immer der Fall sein wird, so kann die Vormerkung erst nach Leistung der Sicherheit durch den Kläger eingetragen werden.[125] Diese kann im Einzelfall, weil sie nach dem klägerischen Interesse bzw. zur Sicherung eines etwaigen Schadensersatzanspruchs des Beklagten festzusetzen ist, sehr hoch sein. Außerdem ist die Eintragung der Vormerkung auch nur dann möglich, wenn die Zwangsvollstreckung nicht nach §§ 711, 712 ZPO abgewendet, beschränkt oder eingestellt ist.

173

Um dem Vermächtnisnehmer die Sicherheitsleistung zu ersparen, kann der Erblasser zusätzlich vermächtnisweise einen Anspruch auf Bestellung und Eintragung einer Eigentumsübertragungsvormerkung zuwenden und bei einem notariellen Testament die Bewilligung der Eintragung gem. § 19 GBO sofort erklären, damit tritt Bindung gem. § 873 Abs. 2 BGB ein.

Allerdings kann im Falle der Aufhebung des vorläufig vollstreckbaren Urteils eine **Schadensersatzpflicht** nach § 717 Abs. 2 und 3 ZPO entstehen.

174

Mit Rechtskraft des Urteils gelten die Zustimmung zur Eigentumsübertragung und die Eintragungsbewilligung nach § 894 ZPO als ersetzt (für einen Antrag auf Eintragung einer Vormerkung siehe das nachfolgende Muster Rn 176).

bb) Kosten einer Vormerkung

Bei der **Eintragung einer Vormerkung** fallen folgende Gebühren an:
- Eintragungsgebühren bei der Begründung eines Rechts: §§ 66, 60, 62 KostO: $^{5}/_{10}$ Gebühr. Gegenstandswert: Verkehrswert.
- Eintragungsgebühren bei der Aufhebung eines Rechts: §§ 66, 68, 62 KostO: $^{2,5}/_{10}$ Gebühr. Gegenstandswert: Verkehrswert des aufzuhebenden Rechts.

175

Bei der **Löschung einer Vormerkung** fallen folgende Gebühren an:
- Die Hälfte der für die Eintragung der Vormerkung bestimmten Gebühr, § 68 KostO. Allerdings kann nicht mehr der Verkehrswert des begehrten Vollrechts zugrunde gelegt werden, wenn die Vormerkung gegenstandslos geworden ist.

i) Muster: Antrag auf Eintragung einer Eigentumsübertragungsvormerkung

An das

Amtsgericht
– Grundbuchamt –

176

*Eigentumswohnung, eingetragen im Wohnungsgrundbuch des Amtsgerichts          für          , Band          , Heft          , BV Nr.*

*hier: Eintragung einer Vormerkung auf Eigentumsübertragung*

Namens meines Mandanten, Herrn          , dessen schriftliche Vollmacht ich in Anlage 1 beifüge, beantrage ich hiermit,

---

124 BGH Rpfleger 1969, 425.
125 *Thomas/Putzo*, § 895 ZPO Rn 2.

bei der zuvor bezeichneten Eigentumswohnung eine **Vormerkung** auf Eigentumsübertragung zugunsten meines Mandanten im Grundbuch einzutragen.

Frau ▮ ist im Grundbuch als Eigentümerin der oben näher bezeichneten Eigentumswohnung eingetragen. Gegen sie hat das ▮ gericht ▮ am ▮ unter Az. ▮ als Beklagte ein vorläufig vollstreckbares Urteil verkündet, wonach das Eigentum an der zuvor bezeichneten Wohnung auf meinen Mandanten als Vermächtnisnehmer zu übertragen und die Eigentumswohnung an ihn herauszugeben ist.

*Beweis:* Beiliegende Ausfertigung des zuvor näher bezeichneten Urteils – Anlage 2 –

Das Urteil ist noch nicht rechtskräftig, deshalb sind Auflassungserklärung und Eintragungsbewilligung nach § 894 ZPO noch nicht als ersetzt anzusehen. Nach § 895 ZPO gilt jedoch mit dem Erlass des vorläufig vollstreckbaren Urteils die Eintragung einer Vormerkung als bewilligt.

Diese Vormerkung soll aufgrund des vorliegenden Antrags eingetragen werden. Die im Urteil geforderte Sicherheitsleistung ist durch Vorlage einer Bankbürgschaft der ▮ Bank in Höhe von ▮ EUR erbracht.

*Beweis:* Bestätigung des ▮ gerichts vom ▮ – Anlage 3 –

Der vollständige grundbuchmäßige Beschrieb der Eigentumswohnung lautet: ▮

Der Wert der Wohnung beträgt ▮ EUR.

Die Kostenrechnung und die Eintragungsnachricht nach § 55 GBO können mir übersandt werden.

(Rechtsanwalt)

## II. Nießbrauchsvermächtnis

### 1. Freiwillige Erfüllung

177 Die Zuwendung eines Nießbrauchs an einem Gegenstand begründet den Anspruch des Vermächtnisnehmers auf dingliche Bestellung des Nießbrauchs als einem beschränkten dinglichen Recht.

Im Falle des Nießbrauchsrechts an einem Grundstück (häufig an einem Gebäude) ist die dingliche Einigung nach § 873 BGB zwischen dem Erben und dem Vermächtnisnehmer erforderlich sowie die Eintragung im Grundbuch.

**Zulässigkeit eines Quotennießbrauchs an einem Miteigentumsanteil:** Die Eintragung eines Quotennießbrauchs an einem Miteigentumsanteil an einem Grundstück kann im Grundbuch eingetragen werden.[126]

178 In diesem Falle bedarf es der Voreintragung des Erben als Eigentümer im Grundbuch nach § 39 GBO. Außerdem hat der Erbe als Grundstückseigentümer die Eintragungsbewilligung nach § 19 GBO in der Form des § 29 GBO (notarielle Beurkundung oder Beglaubigung) abzugeben, der Vermächtnisnehmer kann einen formlosen Eintragungsantrag nach § 13 GBO stellen. Die Einigung über die Nießbrauchsbestellung selbst bedarf keiner Form. Es empfiehlt sich jedoch, sie zur Beweissicherung und zur Klarheit für den Inhalt des Nießbrauchsrechts in Schriftform abzufassen.

---

126 OLG Schleswig, RNotZ 2009, 401.

## 2. Muster: Nießbrauchseinräumung (Untervermächtnis) an einem Grundstück

*Vertrag über die Einräumung eines Grundstücksnießbrauchs*

*I. Rechtsverhältnisse*

Der Unterzeichnete _____ wurde Miterbe am Nachlass seines am _____ verstorbenen Vaters _____. In dessen privatschriftlichem Testament vom _____, das das Nachlassgericht _____ am _____ unter Az. _____ eröffnet hat, wurde dem Unterzeichneten als Vorausvermächtnis das Grundstück _____ zugewandt. Darüber hinaus enthält das Testament die Anordnung, dass der überlebenden Ehefrau der lebenslange Nießbrauch an diesem Grundstück zustehen soll. Die nunmehrige Witwe hat dieses Nießbrauchsvermächtnis angenommen.

*II. Nießbrauchs-Bestellung*

In Erfüllung der Verpflichtung des Vorausvermächtnisnehmers aus dem bezeichneten Testament bestellt er hiermit seiner Mutter, Frau _____, den lebenslangen Nießbrauch an dem bezeichneten Grundstück. Das Nießbrauchsrecht hat den gesetzlichen Inhalt der §§ 1030 ff. BGB. Abweichende Vereinbarungen über die Lastentragung nach § 1047 BGB werden nicht getroffen.

Grundstückseigentümer und Nießbraucher sind sich über die Bestellung des Nießbrauchsrechts einig. Die Vertragsparteien verpflichten sich, sich so zu stellen, als wäre der Nießbrauch mit Wirkung ab Todestag des Erblassers eingeräumt worden.

Der Grundstückseigentümer wird eine formrichtige Eintragungsbewilligung gegenüber dem Grundbuchamt _____ abgeben. Die Antragstellung auf Eintragung des Nießbrauchs wird der Nießbraucherin überlassen.

Die Kosten der Nießbrauchsbestellung und ihres Vollzugs trägt _____.

Der Jahreswert des Nießbrauchs beträgt _____ EUR. Die Nießbrauchsberechtigte ist _____ Jahre alt.

(Grundstückseigentümer)

(Nießbraucherin)

Die Angaben des Alters des Nießbrauchers und des Jahreswerts sind erforderlich für die Gegenstandswertermittlung durch das Grundbuchamt (§ 24 KostO). Der dingliche Vertrag über die Nießbrauchsbestellung (§ 873 BGB) bedarf keiner Form. Lediglich die Eintragungsbewilligung des Eigentümers (§ 19 GBO) bedarf der Beglaubigung nach § 29 GBO.

## 3. Muster: Bewilligung der Eintragung eines Grundstücksnießbrauchs

*Bewilligung der Eintragung eines Nießbrauchs*

*aufgrund Vermächtnisses*

*I. Rechtsverhältnisse*

1. Im Grundbuch des Amtsgerichts _____ für _____, Band _____, Heft _____, ist in Abt. I Nr. 1 Frau _____ als Alleineigentümerin des Grundstücks BV Nr. _____, Gemarkung _____, Flst. Nr. _____, Größe: _____, eingetragen.

Frau _____ ist am _____ gestorben. Sie wurde nach dem Erbschein des Amtsgerichts – Nachlassgericht – _____ vom _____, Az. _____, von dem eine Ausfertigung heute vorliegt, allein beerbt von dem Unterzeichner, Herrn _____.

2. In ihrem privatschriftlichen Testament vom _____, das am _____ unter Az. _____ vom Amtsgericht – Nachlassgericht – _____ eröffnet wurde, hat Frau _____ unter Ziff. _____ Herrn _____ das lebenslange unentgeltliche Nießbrauchsrecht an dem zuvor in Ziff. 1 näher bezeichneten Grundstück im Wege des Vermächtnisses eingeräumt.

*Krug*

Je eine beglaubigte Abschrift des bezeichneten Testaments und des Testamentseröffnungsprotokolls vom _____ liegen heute ebenfalls vor.

Mit Schreiben vom _____ hat Herr _____ das ihm zugewandte Nießbrauchsvermächtnis angenommen. Dieses Schreiben ist dem Erben, Herrn _____, am _____ zugegangen. Er hat die Wirksamkeit des Testaments und insbesondere der Vermächtnisanordnung sowie der sich daraus ergebenden Verpflichtung zur Einräumung des Nießbrauchs an dem Grundstück für den Vermächtnisnehmer anerkannt.

3. Mit privatschriftlichem Vertrag vom _____ haben der Erbe und der Vermächtnisnehmer die Einigung über die Bestellung des Nießbrauchsrechts erklärt.

*II. Bewilligung der Eintragung eines Grundstücksnießbrauchs*

Der Unterzeichner bewilligt hiermit die Eintragung eines Nießbrauchsrechts zugunsten von Herrn _____ und zu Lasten des oben in Abschn. I/Ziff. 1 näher bezeichneten Grundstücks. Der Nießbrauch hat den gesetzlichen Inhalt nach dem Bürgerlichen Gesetzbuch.

Der Jahreswert des Nießbrauchs beträgt _____ EUR. Der Nießbrauchsberechtigte ist _____ Jahre alt.

Die Kosten des Grundbuchvollzugs trägt der Unterzeichner.

(Vermächtnisschuldner)

(Notarielle Unterschriftsbeglaubigung, § 29 GBO)

### 4. Muster: Antrag des vertretenden Rechtsanwalts auf Eintragung eines Grundstücksnießbrauchs

An das

Amtsgericht
– Grundbuchamt –

_____

*Grundstück des Herrn* _____, *zuletzt wohnhaft in* _____, *gestorben am* _____, *eingetragen im Grundbuch des Amtsgerichts* _____ *für* _____, *Band* _____, *Heft* _____, *BV Nr.* _____, *Gemarkung* _____, *Größe:*

Herr _____ ist als Eigentümer des oben näher bezeichneten Grundstücks eingetragen. Er ist am _____ gestorben und wurde nach dem Erbschein des Amtsgerichts – Nachlassgericht – _____ vom _____ Az. _____ beerbt von Herrn _____.

Beweis: Beiliegende Ausfertigung des Erbscheins vom _____, von dem eine unbeglaubigte Fotokopie für die dortigen Akten als Anlage 1 beigefügt ist. Um Rückgabe der Ausfertigung wird gebeten.

Gemäß beiliegender Vollmacht vertrete ich Herrn _____, dem der Erblasser in seinem Testament vom _____ das lebenslange Nießbrauchsrecht an dem oben näher bezeichneten Grundstück vermächtnisweise zugewandt hat. Der Alleinerbe hat dieses Vermächtnis als rechtsverbindlich anerkannt und die Eintragung eines Nießbrauchsrechts zugunsten meines Mandanten bewilligt. Die notariell beglaubigte Eintragungsbewilligung vom _____ – UR-Nr. _____ des Notars _____ in _____ – füge ich als Anlage 2 bei. Der Alleinerbe hat bereits die Berichtigung des Grundbuchs bezüglich seines Eigentums beantragt.

Im Namen des Vermächtnisnehmers beantrage ich die Eintragung des bewilligten Nießbrauchsrechts zu seinen Gunsten im Grundbuch zu Lasten des zuvor bezeichneten Grundstücks.

Der Jahreswert des Nießbrauchs beträgt _____ EUR. Der Nießbrauchsberechtigte ist _____ Jahre alt.

Die Kostenrechnung und die Eintragungsnachricht nach § 55 GBO können mir übersandt werden.

(Rechtsanwalt)

## 5. Klage auf Einräumung des Grundstücksnießbrauchs

### a) Dingliche Nießbrauchsbestellung und Besitzeinräumung

Erfüllt der Grundstückseigentümer den Anspruch des Nießbrauchsvermächtnisnehmers nicht freiwillig, so ist Klage auf Abgabe der dinglichen Einigungserklärung nach § 873 BGB samt Eintragungsbewilligung nach § 19 GBO zu erheben. Die Ausschlagung der Erbschaft durch den vom Vermächtnisnehmer in Anspruch genommenen Erben stellt ein Erledigungsereignis i.S.v. § 91a ZPO dar.[127]

Mit Rechtskraft des Urteils sind die Willenserklärungen des Beklagten ersetzt, § 894 ZPO. Der Nießbrauch berechtigt aber auch zum Besitz, deshalb ist nicht nur auf Abgabe der Willenserklärung zu klagen, sondern auch auf Herausgabe. Zwar ist der Kläger noch nicht dinglich berechtigter Nießbraucher, trotzdem kann er gem. § 259 ZPO schon jetzt die Herausgabe geltend machen, wenn zu besorgen ist, dass der Erbe sich der rechtzeitigen Besitzeinräumung entziehen wird.

Die sofortige Fälligkeit des Vermächtnisanspruchs nach §§ 2181, 271 BGB ist vor allem für den Vorausvermächtnisnehmer (§ 2150 BGB) von Bedeutung, weil er die Erfüllung des Vermächtnisanspruchs als einer Nachlassverbindlichkeit (§ 1967 BGB) noch vor der Erbteilung verlangen kann, § 2046 BGB. Setzt ein Erblasser eine Person zum einen als Nacherben, zum anderen als Vermächtnisnehmer ein, so ist das Vermächtnis grundsätzlich nach dem Tode des Erblassers vom Erben zu erfüllen.[128]

### b) Muster: Klage auf Nießbrauchsbestellung und Herausgabe

An das
Landgericht

*Klage*

des Herrn

– Klägers –

Prozessbevollmächtigter: Rechtsanwalt

gegen

Herrn

– Beklagten –

Prozessbevollmächtigter: Rechtsanwalt

wegen Einräumung eines Grundstücksnießbrauchs und Herausgabe.

Namens und in Vollmacht des Klägers erhebe ich Klage gegen den Beklagten. In dem anzuberaumenden Verhandlungstermin werde ich beantragen, für Recht zu erkennen:

1. Der Beklagte wird verurteilt, dem Kläger an dem Grundstück, eingetragen im Grundbuch von           für          , Blatt        , BV Nr.        , Gemarkung        , Flst. Nr.        , Größe:        , den Nießbrauch mit dem gesetzlichen Inhalt der §§ 1030 ff. BGB zu bestellen und die Eintragung des Nießbrauchs zugunsten des Klägers und zu Lasten des bezeichneten Grundstücks im Grundbuch zu bewilligen.

---

127 BGHZ 106, 366.
128 OLG Naumburg, Urt. v. 20.10.2006 – 10 U 33/06.

2. Der Beklagte hat das bezeichnete Gebäudegrundstück an den Kläger in geräumtem Zustand herauszugeben.
Falls die Voraussetzungen des § 331 Abs. 3 bzw. § 307 ZPO vorliegen, bitte ich um Erlass eines **Versäumnis- bzw. Anerkenntnisurteils**[129] ohne mündliche Verhandlung.

*Begründung:* (entsprechend dem Muster siehe Rn 182).

### 6. Formen des Nießbrauchs

185 Der Nießbrauch kann bestellt werden an Grundstücken, Erbbaurechten, grundstücksgleichen Rechten, Wohnungseigentum, Dauerwohn- und -nutzungsrechten sowie an Grundpfandrechten, Forderungen und anderen Rechten und Beteiligungen. Besondere Bedeutung für die Praxis hat die Einräumung des Nießbrauchsrechts an einem Erbteil. Beim Nießbrauch an einem Vermögen, bspw. am Nachlass (§ 1085 BGB), muss das Nießbrauchsrecht durch Einzelakte an den einzelnen Vermögensgegenständen begründet werden.

Der Nießbrauch kann auch an einer realen Teilfläche eines Grundstücks begründet werden (§§ 7 Abs. 2; 2 Abs. 3 GBO).[130]

Auch an einem ideellen Bruchteil (Miteigentumsanteil nach § 741 BGB) kann ein Nießbrauch bestellt werden. Selbst der Alleineigentümer kann an einem ideellen Grundstücksbruchteil einen Nießbrauch begründen, weil eine dem § 1114 BGB entsprechende Beschränkung fehlt.[131]

Zulässig ist auch die Bestellung eines Nießbrauchs an einem ganzen Grundstück, beschränkt jedoch auf einen reinen Bruchteil.[132]

Der Nießbrauch ist nach § 1059 BGB zwingend unübertragbar und erlischt gemäß § 1061 BGB zwingend mit dem Tod des Nießbrauchers, wenn er nicht einer juristischen Person zusteht. Wenn ein Nießbrauch für mehrere, nicht als Gesamtberechtigte, sondern zu Bruchteilen bestellt ist, verhindert im Fall des Todes eines Bruchteilsberechtigten die fehlende Vererblichkeit sowohl einen Übergang auf andere Bruchteilsberechtigte als auch auf den Eigentümer. Mangels Abtretbarkeit kann aber auch nicht im Weg der Vorausabtretung durch den Eigentümer der Übergang auf den Längstlebenden erreicht werden. Deshalb entsteht das Nießbrauchsrecht für den Längstlebenden nach dem Tod eines der Bruchteilsberechtigten insoweit neu und ist nicht identisch mit dem Bruchteilsnießbrauch. Die Verknüpfung des Bruchteilsnießbrauchs mit dem Nießbrauch für den Längstlebenden durch die auflösende bzw. aufschiebende Bedingung des Todes eines Bruchteilsberechtigten ersetzt nicht den Tatbestand des Rechtsübergangs selbst. Da mehrere Nießbrauchsrechte vorliegen mit der Folge, dass für mehrere Rechte auch mehrere Eintragungen unter verschiedenen laufenden Nummern im Grundbuch vorzunehmen sind, müssen die Bewilligung und der Eintragungsantrag der Antragsteller dies deutlich zum Ausdruck bringen. Wird bei der Übertragung von Grundbesitz ein Nießbrauch bestellt, der zunächst den Übertragenden zu ideellen Bruchteilen und nach dem Tod des Erstversterbenden dem überlebenden allein zustehen soll, so liegen mehrere Nießbrauchsrechte vor, die entsprechend zu bewilligen sind. Für einen Bruchteilsnießbrauch und den aufschiebend bedingten Nießbrauch eines

---

129 Zu den Einzelheiten der ZPO-Reform 2002 vgl. *Krug*, ZEV 2002, 58.
130 LG Tübingen BWNotZ 1981, 140.
131 KG DNotZ 1936, 817.
132 Sog. Quotennießbrauch; vgl. BGH FamRZ 2003, 1273 = NJW-RR 2003, 1290 = ZEV 2003, 417; LG Wuppertal MittRhNotK 1994, 317 = Rpfleger 1995, 209.

Überlebenden sind selbstständige Rechte unter verschiedenen laufenden Nummern im Grundbuch einzutragen.[133]

Weit verbreitet ist der **Nießbrauch an Erbteilen** – zumeist des überlebenden Ehegatten an Erbteilen der Kinder. Für die Bestellung des Nießbrauchs an einem Erbteil ist notarielle Form erforderlich, weil nach § 1069 BGB die Vorschriften für die Übertragung – in diesem Fall § 2033 BGB – gelten. Gehört zum Nachlass ein Grundstück, so kann die Belastung des Erbteils mit dem Nießbrauch bei den Nachlassgrundstücken im Wege der Grundbuchberichtigung (in Abt. II) vermerkt werden,[134] weil es sich bei der Nießbrauchsbelastung um eine Verfügungsbeschränkung handelt (§§ 1068 Abs. 2, 1078 BGB). Voraussetzung ist in diesem Fall allerdings, dass die Miterben zuvor im Grundbuch als Eigentümer des Nachlassgrundstücks eingetragen werden (§§ 39, 47 GBO). Der überlebende Elternteil, dem der Nießbrauch an den Erbteilen der minderjährigen Kinder eingeräumt ist, kann die Kinder bei der Bestellung des Nießbrauchs vertreten, weil es sich um die Erfüllung einer Verbindlichkeit handelt, für die § 181 BGB nicht gilt.

> **Hinweis**
> Die wirksame Bestellung des Nießbrauchs am Erbteil ist erforderlich, damit der Nießbraucher bei der Aufhebung der Erbengemeinschaft nicht übergangen werden kann; nach § 1066 Abs. 2 BGB können nur Miterbe und Nießbraucher **gemeinsam** die Aufhebung der Erbengemeinschaft (evtl. in der Variante der Teilungsversteigerung) verlangen.

Bestellt der Miterbe, der zur Einräumung des Nießbrauchs verpflichtet ist, den Nießbrauch nicht freiwillig (in notariell beurkundeter Form), so ist Klage gegen ihn zu erheben. Mit Rechtskraft des Urteils wird die von ihm abzugebende Willenserklärung ersetzt, § 894 ZPO. Da notarielle Beurkundung für den gesamten Einigungsakt vorgeschrieben ist, muss der Kläger seine Erklärung unter Vorlage einer Ausfertigung des rechtskräftigen Urteils noch vor einem Notar vornehmen. Erst dann ist die Form des § 2033 BGB gewahrt.

Auch in diesem Fall erscheint es zweckmäßig, in den Klageantrag die Bewilligung der Berichtigung des Grundbuchs dahin gehend aufzunehmen, dass der Nießbrauch im Grundbuch vermerkt werden kann (§§ 19, 22 GBO).

Im Rahmen eines **gerichtlichen Vergleichs** kann ebenfalls die Einigung über die Nießbrauchsbestellung am Erbteil erfolgen. Die Protokollierung des Vergleichs ersetzt die notarielle Beurkundung nach § 127a BGB.

Auch hierbei sollte darauf geachtet werden, dass die Grundbuchberichtigungsbewilligung bezüglich des Vermerks über die Nießbrauchsbestellung am Erbteil eines Nachlasses, zu dem ein Grundstück gehört, nach §§ 22, 19 GBO in den Vergleichstext mit aufgenommen wird, damit nicht eine weitere notarielle Beglaubigung erforderlich wird.

> **Formulierungsbeispiel**
> Der Beklagte bewilligt die Berichtigung des Grundbuchs dahin gehend, dass zu Lasten des Nachlassgrundstücks eingetragen im Grundbuch von ▆▆▆ Band ▆▆▆ Heft ▆▆▆ BV Nr. ▆▆▆ Markung ▆▆▆ Flst. Nr. ▆▆▆ die Bestellung des Nießbrauchs am Erbteil des Klägers in Abt. II des Grundbuchs vermerkt wird.

---

133 OLG Frankfurt/M. DNotZ 2008, 846.
134 OLG Hamm DNotZ 1977, 376.

## 7. Muster: Nießbrauchseinräumung an einem Erbteil

(Notarielle Urkundenformalien)

Anwesend sind heute:
1. Herr
2. Herr

Sie erklären mit der Bitte um Beurkundung:

Wir schließen folgenden

*Vertrag über die Einräumung eines Nießbrauchs an einem Erbteil*

### I. Rechtsverhältnisse

Der Unterzeichnete        wurde zu einem Bruchteil von einem Drittel Miterbe am Nachlass seines am        verstorbenen Vaters        . In dessen privatschriftlichem Testament vom        , das das Nachlassgericht        am        unter Az.        eröffnet hat, wurde Herrn        als Vermächtnis das lebenslange Nießbrauchsrecht an dem Erbteil des Herrn        von einem Drittel zugewandt.

Herr        hat dieses Nießbrauchsvermächtnis angenommen.

### II. Nießbrauchsbestellung

In Erfüllung der Verpflichtung des Vorausvermächtnisnehmers aus dem bezeichneten Testament bestellt er hiermit Herrn        den lebenslangen Nießbrauch an dem bezeichneten Erbteil. Das Nießbrauchsrecht hat den gesetzlichen Inhalt der §§ 1030 ff. BGB. Abweichende Vereinbarungen über die Lastentragung nach § 1047 BGB werden nicht getroffen. Erbe und Nießbraucher sind sich über die Bestellung des Nießbrauchsrechts einig. Die Vertragsparteien verpflichten sich, sich so zu stellen, als wäre der Nießbrauch mit Wirkung ab Todestag des Erblassers eingeräumt worden.

### III. Grundbuchbewilligung und Antrag

Zum Nachlass gehört das Grundstück        , eingetragen im Grundbuch des Amtsgerichts        für        , Band        , Blatt        , BV Nr.        , Gemarkung        , Flst. Nr.        , Größe:        .

Der Erbe bewilligt hiermit die Eintragung eines Vermerks über die Bestellung des Nießbrauchs am Erbteil des Herrn        bei dem bezeichneten Grundstück im Grundbuch. Der Vermächtnisnehmer beantragt die Eintragung dieses Vermerks hiermit im Grundbuch.

Die Kosten der Nießbrauchsbestellung und ihres Vollzugs trägt        .

Der Jahreswert des Nießbrauchs beträgt        EUR. Der Nießbrauchsberechtigte ist        Jahre alt.

Diese Niederschrift wurde vom Notar den Anwesenden vorgelesen, von ihnen genehmigt und von ihnen und dem Notar wie folgt eigenhändig unterschrieben:

Die Angaben des Alters des Nießbrauchers und des Jahreswerts sind erforderlich für die Gegenstandswertermittlung durch das Grundbuchamt (§ 24 KostO). Die Eintragungsbewilligung des Miterben bezüglich des Nießbrauchsvermerks am Grundstück bedarf der notariellen Beglaubigung oder Beurkundung nach § 29 GBO.

## 8. Klage auf Einräumung des Nießbrauchs an einem Erbteil

### a) Dingliche Nießbrauchsbestellung

Erfüllt der Erbe den Anspruch des Nießbrauchsvermächtnisnehmers nicht freiwillig, so ist Klage auf Abgabe der dinglichen Einigungserklärung nach § 1069 BGB zu erheben. Mit Rechtskraft des Urteils sind die Willenserklärungen des Beklagten ersetzt, § 894 ZPO. Der

Nießbrauch berechtigt aber auch zum Mitbesitz am Nachlass, deshalb ist nicht nur auf Abgabe der Willenserklärung zu klagen, sondern auch auf Einräumung des Mitbesitzes. Zwar ist der Kläger noch nicht Miteigentümer der Nachlassgegenstände, trotzdem kann er gem. § 259 ZPO schon jetzt die Einräumung des Mitbesitzes geltend machen, wenn zu besorgen ist, dass der Erbe sich der rechtzeitigen Einräumung des Mitbesitzes entziehen wird.

Außerdem muss der Nießbrauchsberechtigte unter Vorlage einer Ausfertigung des Urteils beim Notar seine Erklärung zur Nießbrauchseinräumung noch beurkunden lassen, weil für die Nießbrauchseinräumung gem. §§ 1069, 2033 BGB notarielle Beurkundung erforderlich ist. Hier gilt Entsprechendes wie bei der Auflassung (vgl. Rn 119).

b) Muster: Klage auf Nießbrauchsbestellung an einem Erbteil und Einräumung des Mitbesitzes am Nachlass

An das

Landgericht

*Klage*

des Herrn

– Klägers –

Prozessbevollmächtigter: Rechtsanwalt

gegen

Herrn

– Beklagten –

Prozessbevollmächtigter: Rechtsanwalt

wegen Einräumung des Nießbrauchs an einem Erbteil und Einräumung des Mitbesitzes am Nachlass.

Namens und in Vollmacht des Klägers erhebe ich Klage gegen den Beklagten. In dem anzuberaumenden Verhandlungstermin werde ich beantragen, für Recht zu erkennen:
1. Der Beklagte wird verurteilt, dem Kläger an seinem Erbteil von einem Drittel am Nachlass des am ▒▒▒▒ verstorbenen Herrn ▒▒▒▒, zuletzt wohnhaft in ▒▒▒▒, den Nießbrauch mit dem gesetzlichen Inhalt der §§ 1030 ff. BGB einzuräumen und der Nießbrauchsbestellung zuzustimmen sowie die Eintragung eines Nießbrauchsvermerks an dem Nachlassgrundstück ▒▒▒▒ im Grundbuch zu bewilligen.
2. Der Beklagte hat dem Kläger den Mitbesitz an den Nachlassgegenständen des in Ziff. 1 bezeichneten Erblassers einzuräumen.
Falls die Voraussetzungen des **§ 331 Abs. 3** bzw. **§ 307** ZPO vorliegen, bitte ich um Erlass eines **Versäumnis-** bzw. **Anerkenntnisurteils**[135] ohne mündliche Verhandlung.

*Begründung:* (entsprechend Muster oben Rn 191).

### 9. Nießbrauch an Gesellschaftsanteilen

Der Nießbrauch an einem Anteil einer Personengesellschaft wird gemäß § 1069 BGB durch Vereinbarung bestellt; die Zustimmung aller Gesellschafter ist hierzu nötig (für die BGB-

---

135 Zu den Einzelheiten der ZPO-Reform 2002 vgl. *Krug*, ZEV 2002, 58.

Gesellschaft: § 719 BGB). Diese Zustimmung kann allerdings bereits im Vorhinein im Gesellschaftsvertrag erteilt worden sein.

196 Gehört zum Gesellschaftsvermögen ein Grundstück, so ist streitig, ob die Nießbrauchsbestellung am Gesellschaftsanteil im Wege der Grundbuchberichtigung in das Grundbuch eingetragen werden kann.[136] Da Rechtsprechung zu diesem Problem nicht veröffentlicht ist, empfiehlt es sich, vorher beim zuständigen Grundbuchamt anzufragen, welche Ansicht dort vertreten wird. Die Bestellung eines Nießbrauchs an einem GmbH-Anteil bedarf gemäß §§ 1069 BGB, 15 GmbH-Gesetz der notariellen Beurkundung.

### 10. Vermächtniskürzung

197 Da der Nießbrauch i.d.R. ein nicht teilbares Recht ist, kann die Vermächtniskürzung i.S.v. § 2318 BGB nur so erfolgen, dass der Nießbrauchsvermächtnisnehmer dem Vermächtnisbelasteten den Kürzungsbetrag zahlt, im Prozess Zug-um-Zug gegen Einräumung des Nießbrauchs (vgl. hierzu im Einzelnen oben Rn 126 ff.).

### 11. Vorläufiger Rechtsschutz

198 Die Bestellung eines Grundstücksnießbrauchs als einem beschränkten dinglichen Recht kann nach § 883 BGB durch Vormerkung gesichert werden, entweder aufgrund Bewilligung des Vermächtnisbelasteten oder aufgrund einstweiliger Verfügung. Nach Erlass eines vorläufig vollstreckbaren Urteils im Prozess über die Einräumung des Grundstücksnießbrauchs kann nach § 895 ZPO eine Vormerkung zur Sicherung des Anspruchs auf Nießbrauchsbestellung eingetragen werden.

Es gilt das Entsprechende wie bei der Grundstücksübertragung (vgl. oben Rn 156 ff.).

## III. Wohnungsrechtsvermächtnis

### 1. Wohnungsrecht als beschränkte persönliche Dienstbarkeit

199 Nicht selten ist die vermächtnisweise Zuwendung eines dinglichen Wohnungsrechts an einer Wohnung zugunsten des überlebenden Ehegatten bzw. zugunsten unverheirateter oder behinderter Kinder. Dingliches Wohnungsrecht einerseits und Mietverhältnis andererseits sind rechtlich voneinander verschieden. Rechtsgrund für das Wohnungsrecht ist bei seiner vermächtnisweisen Zuwendung das sich aus dem Vermächtnis ergebende schuldrechtliche Rechtsverhältnis und nicht ein etwa zusätzlich abgeschlossener Mietvertrag über die von dem dinglichen Recht erfasste Wohnung. Die Kündigung des Mietverhältnisses berührt das dingliche Wohnungsrecht grundsätzlich nicht.[137]

200 Das Wohnungsrecht ist eine beschränkte persönliche Dienstbarkeit (§§ 1093 BGB). Für seine Eintragung im Grundbuch ist die dingliche Einigung nach § 873 BGB erforderlich. Die Eintragungsbewilligung ist in der Form des § 29 GBO abzugeben, der Eintragungsantrag kann vom Wohnungsberechtigten formlos gestellt werden (§ 13 GBO). Die Voreintragung des Erben als Grundstückseigentümer im Grundbuch ist erforderlich (§ 39 GBO).

---

136 Müko-*Ulmer*, § 705 BGB Rn 85; *Baumbach/Hopt*, § 124 HGB Anm. 2 D.
137 BGH NJW-RR 1999, 376 = ZfIR 1999, 20 = Rpfleger 1999, 122 = MittRhNotK 1999, 107 = DNotZ 1999, 500.

Statt des dinglichen Wohnungsrechts kann der Erblasser auch ein schuldrechtliches Wohnrecht einräumen.[138]

## 2. Muster: Vereinbarung zur Bestellung eines dinglichen Wohnungsrechts

*Bestellung eines dinglichen Wohnungsrechts*

*I.*

Die Unterzeichneten sind Geschwister. Ihr Vater, Herr _____, ist am _____ in _____ gestorben. Dem Unterzeichneten, Herrn _____, wurde im Wege des Vorausvermächtnisses das Alleineigentum an dem Gebäudegrundstück _____ zugewandt. Gleichzeitig wurde der Unterzeichneten, der Schwester des Vorausvermächtnisnehmers, Frau _____, das Wohnungsrecht an der im Dachgeschoss gelegenen Wohnung, bestehend aus zwei Zimmern, Küche, Bad und WC und einem Abstellraum im Untergeschoss, auf Lebenszeit ohne Verpflichtung zur Zahlung einer Gegenleistung eingeräumt.

*II.*

In Erfüllung dieser Vermächtnisverpflichtung bestellt Herr _____ seiner Schwester, Frau _____, hiermit an der bezeichneten Wohnung und zu Lasten des bezeichneten Gebäudegrundstücks das lebenslange Wohnungsrecht mit dem Inhalt des § 1093 BGB.

Herr _____ wird die nach § 19 GBO erforderliche Eintragungsbewilligung in notariell beglaubigter Form abgeben; die Antragstellung wird der Wohnungsberechtigten überlassen.

Die Unterzeichneten sind sich über die Bestellung des Wohnungsrechts einig. Die Kosten der Wohnungsrechtsbestellung und ihres Vollzugs trägt _____.

Die Wohnungsberechtigte ist _____ Jahre alt; der Jahreswert des Wohnungsrechts beträgt _____ EUR.

(Grundstückseigentümer)

(Wohnungsberechtigte)

Die Angabe des Alters des Wohnungsberechtigten und des Jahreswerts des Wohnungsrechts ist erforderlich, damit das Grundbuchamt den Gegenstandswert und die Gebühren ermitteln kann, § 24 KostO.

## 3. Klageweise Durchsetzung der Wohnungsrechtsbestellung

Erfüllt der Grundstückseigentümer den Vermächtnisanspruch des Wohnungsberechtigten nicht freiwillig, so ist er
- auf Abgabe der **Einigungserklärung** nach § 873 BGB und
- der **Eintragungsbewilligung** nach § 19 GBO
- sowie zur **Besitzeinräumung** an den betreffenden Räumlichkeiten

zu verklagen; mit Rechtskraft des Urteils gelten die Willenserklärungen als abgegeben, § 894 ZPO. Die Ausschlagung der Erbschaft durch den vom Vermächtnisnehmer in Anspruch genommenen Erben stellt ein Erledigungsereignis i.S.v. § 91a ZPO dar.[139] Zwar ist der Vermächtnisnehmer noch nicht dinglicher Wohnungsberechtigter, trotzdem kann er gem. § 259 ZPO schon jetzt die Besitzeinräumung an der Wohnung geltend machen, wenn zu besorgen ist, dass sich der Erbe der rechtzeitigen Besitzeinräumung entziehen wird.

Da die Wohnungsrechtsbestellung materiellrechtlich keiner besonderen Form bedarf, kann das Urteil dem Grundbuchamt mit dem entsprechenden Eintragungsantrag vorgelegt wer-

---

138 OLG Frankfurt/M. MittBayNot 2007, 402.
139 BGHZ 106, 366.

den. Es ist darauf zu achten, dass die grundbuchrechtlich erforderliche Bewilligung nach § 19 GBO sofort in den Klageantrag und damit in das Urteil aufgenommen wird.

Auch in einem gerichtlichen Vergleich oder in einem Schiedsspruch mit vereinbartem Wortlaut (§ 1053 ZPO) können die dingliche Einigung nach § 873 BGB und die Eintragungsbewilligung nach § 19 GBO erklärt werden.

**205**

**Hinweis**
Die Eintragungsbewilligung nach § 19 GBO sollte nicht vergessen werden. Andernfalls wäre noch eine notarielle Unterschriftsbeglaubigung des Grundstückseigentümers (= Beklagter) erforderlich. Und diese würde weitere Kosten verursachen.

### 4. Abgabe der dinglichen Einigungserklärung durch den Erblasser

#### a) Aufnahme der dinglichen Einigungserklärung des Erblassers in notarielle Urkunde

**206** Beim Vermächtnis über dingliche Rechte an Grundstücken, wie Nießbrauch oder Wohnungsrecht, kann die zu ihrer Entstehung konstitutiv erforderliche **dingliche Einigung** (§ 873 BGB) bezüglich des den Erblasser betreffenden Teils direkt in die notariell beurkundete Verfügung von Todes wegen aufgenommen werden. Die Einigungserklärungen beider Teile müssen hier – anders als bei der Auflassung – auch nicht gleichzeitig abgegeben werden. Der Vermächtnisnehmer kann seine dingliche Einigungserklärung auch noch später, nach Eintritt des Erbfalls, abgeben.[140] An diese bleiben die Erben als Gesamtrechtsnachfolger gebunden, sofern die in § 873 Abs. 2 BGB genannten Formalien erfüllt sind (Abgabe der Eintragungsbewilligung nach § 19 GBO in notariell beurkundeter oder beglaubigter Form, § 29 GBO).

#### b) Muster: Testamentarisch erklärte Einigung zur Bestellung eines Wohnungsrechts

**451** _(Notarielle Urkundenformalien)_

**207** _Wohnungsrechtsvermächtnis_

Das Wohnungsrecht soll unverzüglich im Grundbuch eingetragen werden. Dazu erkläre ich schon jetzt mit Wirkung für meine Alleinerbin die dingliche Einigung zur Bestellung des dinglichen Wohnungsrechts gemäß § 873 BGB. Zur Löschung des Wohnungsrechts soll der Nachweis des Todes des Berechtigten genügen.

Darüber hinaus bewillige ich schon heute die Eintragung des Wohnungsrechts zu Lasten des bezeichneten Grundstücks im Grundbuch.

### 5. Vermächtniskürzung

**208** Da das Wohnungsrecht i.d.R. ein nicht teilbares Recht ist, kann die Vermächtniskürzung i.S.v. § 2318 BGB nur so erfolgen, dass der Wohnungsrechtsvermächtnisnehmer dem Vermächtnisbelasteten den Kürzungsbetrag zahlt, im Prozess Zug-um-Zug gegen Einräumung des Wohnungsrechts. (vgl hierzu im Einzelnen Rn 126 ff.).

---

140 _Mayer_, BWNotZ 1997, 62.

## 6. Wohnungsrechtsvermächtnis als Verschaffungsvermächtnis

Hierzu OLG Bremen:[141]

> „1. Hat der Erblasser dem Vermächtnisnehmer einen Gegenstand zugewandt, der sich weder zur Zeit der Testamentserrichtung noch beim Erbfall im Nachlass befand, so handelt es sich nicht um ein – unwirksames – Stückvermächtnis nach § 2169 BGB, sondern um ein Verschaffungsvermächtnis nach § 2170 BGB, das wiederum als Wahlvermächtnis nach § 2154 BGB, als Gattungsvermächtnis nach § 2155 BGB oder als Zweckvermächtnis nach § 2156 BGB ausgestaltet sein kann.
> 2. Auch wenn § 2155 BGB seinem Wortlaut nach nur auf Sachen i.S.v. § 90 BGB anwendbar ist, so ist doch eine entsprechende Anwendung auf Ansprüche, die die Einräumung eines Wohnrechts betreffen, geboten, da solche Ansprüche eng mit der Einräumung des Besitzes an einer Sache (Wohnung) verbunden sind."

## 7. Vorläufiger Rechtsschutz

Die Bestellung eines Wohnungsrechts als einem beschränkten dinglichen Recht kann nach § 883 BGB durch Vormerkung gesichert werden, entweder aufgrund Bewilligung des Vermächtnisbelasteten oder aufgrund einstweiliger Verfügung. Nach Erlass eines vorläufig vollstreckbaren Urteils im Prozess über die Einräumung des Wohnungsrechts kann nach § 895 ZPO eine Vormerkung zur Sicherung des Anspruchs auf Wohnungsrechtsbestellung eingetragen werden.

Es gilt das Entsprechende wie bei der Grundstücksübertragung (vgl. Rn 156 ff.).

## 8. Lastentragung

**Verbrauchskosten** wie Strom, Heizöl, Wasser, Abwasser, Müllgebühren und Reinigung sind Kosten der Lebensführung des Wohnungsberechtigten und deshalb ausschließlich von ihm zu tragen.[142]

Nach den gesetzlichen Bestimmungen der §§ 1093, 1041 BGB sind die **gewöhnlichen Unterhaltungskosten** des Anwesens vom Wohnungsberechtigten allein zu tragen.[143] Zu der gewöhnlichen, dem Wohnungsberechtigten (und Nießbraucher) obliegenden Unterhaltung der Sache zählen nur solche Maßnahmen, die bei ordnungsgemäßer Bewirtschaftung regelmäßig, und zwar wiederkehrend innerhalb kürzerer Zeitabstände zu erwarten sind.[144]

**Außergewöhnliche Unterhaltungskosten** sowie die Sachversicherung und die öffentlichen Lasten (bspw. Grundsteuer) sind vom Eigentümer zu tragen. Dies ergibt sich daraus, dass in § 1093 BGB auf die §§ 1045, 1047 BGB nicht verwiesen ist. Außergewöhnlicher Unterhaltungsaufwand ist vom Eigentümer nach den Gesichtspunkten einer Geschäftsführung ohne Auftrag im Innenverhältnis zu tragen. Außergewöhnliche Lasten sind in der Regel solche, die nicht aus Erträgen getragen werden, sondern aus der Substanz der Sache bestritten werden.[145] Zum Begriff einer ordnungsgemäßen Verwaltung vgl. § 745 Abs. 1 S. 1 BGB.

---

141 OLG Bremen NJWE-FER 2001, 239 = ZEV 2001, 359.
142 LG Duisburg WuM 1988, 167 = DWW 1989, 135.
143 BayObLGZ 85, 414; BayObLG NJW-RR 1989, 14.
144 BGH NotBZ 2003, 310 = FamRZ 2003, 1273 = NJW-RR 2003, 1290 = ZEV 2003, 417 = MDR 2003, 1170 = WM 2003, 2424 = ZfIR 2004, 20 = DNotZ 2004, 140.
145 BGH NJW 1956, 1070.

### 9. Unentgeltliches Wohnrecht als Leihe

212 Rein schuldrechtliches unentgeltliches Wohnrecht ist Leihe.[146]
Hierzu das OLG Köln:[147]

> *„1. Räumt eine Erblasserin ihrem langjährigen Lebensgefährten zu Lebzeiten ein lebenslanges unentgeltliches Wohn- und Nutzungsrecht an einem von ihm schon (mit-)bewohnten Haus ein, dann handelt es sich um einen Leihvertrag (§ 598 BGB), der keiner besonderen Form bedarf.*
> *2. Machen die Erben der Erblasserin geltend, sie bedürften des verliehenen Hausgrundstücks, weil sie ohne dessen Verwertung nicht in der Lage seien, rückständige Heimkosten eines verstorbenen Miterben zu tilgen, dann haben sie ein Kündigungsrecht nach § 605 Nr. 1 BGB nur dann, wenn sie darlegen und gegebenenfalls beweisen, dass sämtliche Miterben in diesem Sinne bedürftig sind.*
> *3. Veräußert der Verleiher ein verliehenes Hausgrundstück, dann gilt die Schutzbestimmung des § 571 BGB zugunsten des Entleihers nicht."*

### 10. Nur ausnahmsweise Umwandlung des Wohnungsrechts in einen Geldanspruch

213 Kraft ausdrücklicher gesetzlicher Regelung ist das Wohnungsrecht nicht übertragbar, §§ 1093 Abs. 2 S. 1; 1092 Abs. 1 S. 1 BGB. Allerdings kann die Ausübung des Rechts durch einen anderen gestattet werden, §§ 1093 Abs. 1 S. 1, 1092 Abs. 1 S. 2 BGB. Über diesen Punkt sollten zweifelsfreie Bestimmungen in die Vermächtnisanordnung aufgenommen werden. Zu klären ist auch die Frage, ob der Wohnungsberechtigte eine Entschädigung verlangen kann, wenn er für eine gewisse Zeit oder auf Dauer das Wohnungsrecht nicht ausüben kann, bspw. bei längerer Krankheit oder Übersiedelung in ein Altenheim oder in eine andere Wohnung.

Zieht der Wohnungsberechtigte in ein Altenheim, dann wird ihm die Ausübung des Wohnungsrechts subjektiv unmöglich. Das Wohnungsrecht erlischt deshalb jedoch nicht.[148]

Die Bestellung eines Wohnungsrechts in einem Übergabevertrag ist nicht gleichbedeutend mit einem Altenteilsvertrag, für den nach Landesrecht Sonderregeln gem. Art. 96 EGBGB i.V.m. den entsprechenden Vorschriften des Landesrechts gelten könnten.[149]

Die landesrechtlichen Vorschriften zu Art. 96 EGBGB sind grundsätzlich einschränkend anzuwenden.[150]

Aus einem lebenslangen Wohnungsrecht kann ein Zahlungsanspruch werden, wenn das Wohnungsrecht zeitweilig nicht ausgeübt werden kann.

---

[146] OLG Köln NZM 2000, 111 = OLGR Köln 1999, 272 = MittRhNotK 1999, 278 = MDR 1999, 1271 = BWNotZ 1999, 169 = NJW-RR 2000, 152.
[147] OLG Köln NJW-RR 2000, 152 = OLGR Köln 1999, 272 = MittRhNotK 1999, 278 = MDR 1999, 1271 = BWNotZ 1999, 169.
[148] OLG Zweibrücken OLGZ 1987, 27; OLG Oldenburg NJW-RR 1994, 1041, 1042; OLG Düsseldorf MDR 2001, 1287; *Schneider*, MDR 1999, 87.
[149] BGH NJW-RR 1989, 451; OLG Köln FamRZ 1989, 431; OLG Düsseldorf MDR 2001, 1287; LG Koblenz, Urt. v. 23.9.2004 – 10 O 109/04 – n.v.
[150] BGH NJW 1981, 2568; OLG Düsseldorf NJW-RR 1994, 201, 202; OLG Düsseldorf MDR 2001, 1287.

Dazu neue Rechtsprechung des BGH im Urteil vom 19.1.2007 – V ZR 163/06:[151]

„*1. Ein in der Person des Berechtigten liegendes Ausübungshindernis führt nicht generell zum Erlöschen des Wohnungsrechts, selbst wenn das Hindernis auf Dauer besteht.*
*2. Kann der Berechtigte sein auf Lebenszeit eingeräumtes Wohnungsrecht wegen eines medizinisch notwendigen Aufenthalts in einem Pflegeheim nicht ausüben, kommt die Begründung einer Zahlungspflicht des Verpflichteten im Wege der Vertragsanpassung nach den Grundsätzen der Störung der Geschäftsgrundlage nur in Betracht, wenn der Heimaufenthalt auf Dauer erforderlich ist und die Vertragsschließenden nicht mit dem Eintritt dieses Umstands gerechnet haben; fehlen diese Voraussetzungen, kann die ergänzende Vertragsauslegung einen Geldanspruch des Berechtigten begründen.*"

Dies gilt aber nur in Ausnahmefällen.[152]

**Vermieten** kann der Wohnungsberechtigte die Wohnung nur, wenn die Überlassung der Nutzung an einen Dritten ausdrücklich gestattet ist.

Bei einem Pflegeheimaufenthalt des Wohnungsberechtigten ist der Eigentümer grundsätzlich nicht zur Duldung der Vermietung verpflichtet.[153]

Das Wohnungsrecht ist **pfändbar**, wenn die Überlassung der Ausübung an einen Dritten gestattet ist.[154]

Zur Überleitung des Wohnungsrechts auf den Sozialhilfeträger vgl. OLG Düsseldorf Urt. v. 11.7.2005 – I-9 U 193/04, RNotZ 2005, 485, ZErb 2006, 59.

## IV. Rentenvermächtnis

### 1. Allgemeines

Zur Versorgung eines Ehepartners, eines eingetragenen Lebenspartners, eines nichtehelichen (nicht eingetragenen) Lebenspartners, eines Kindes oder einer sonstigen Person, die dem Erblasser nahe steht, kommt die Gewährung einer zeitlich befristeten oder lebenslangen Rente durch die Erben in Betracht. Das Rechtsinstitut der Leibrente ist in den §§ 759–761 BGB geregelt.

Entscheidend ist, dass sie nicht etwa eine Mehrzahl einzelner selbstständiger Ansprüche mit fortlaufenden aufeinander folgenden Fälligkeitsterminen darstellt, vielmehr setzt sie ein selbstständiges Rentenstammrecht voraus; die einzelnen Rentenzahlungen haben den Charakter von Rechtsfrüchten nach §§ 99, 100 BGB.[155] Die in § 761 BGB vorgesehene Schriftform ist bei der Errichtung einer Verfügung von Todes wegen und der vermächtnisweisen Zuwendung der Rente unproblematisch, weil hier die Formerfordernisse noch qualifizierter sind.

---

151 BGH FamRZ 2007, 632 = NJW 2007, 1884 = ZEV 2007, 391.
152 OLG Köln OLGR 1995, 98 = MDR 1995, 464 = ZMR 1995, 256 = MittRhNotK 1995, 175 = NJW-RR 1995, 1358 = FamRZ 1995, 1408; OLG Celle MDR 1998, 1344; a.M. LG Itzehoe Urt.v. 11.1.2006– 6 O 82/05 (nach „juris", Zeitschriftenveröffentlichung nicht feststellbar); Palandt/*Heinrichs*, § 313 Rn 14 f.
153 BGH FamRZ 2009, 598 = NJW 2009, 1348.
154 BGH NJW 1999, 643, 644; vgl. ausführlich dazu *Rossak*, MittBayNot 2000, 383, 386.
155 RGZ 89, 259; BGH BB 1966, 305.

215 Dem Einkommensteuerrecht entstammt der Begriff der **dauernden Last**. Sie ist eine Unterart wiederkehrender Bezüge.[156] Verpflichtungsgrund für eine Zahlung als dauernde Last kann auch ein Vermächtnis sein.

216 Renten und dauernde Lasten unterscheiden sich vor allem darin, dass Renten in regelmäßigen Zeitabständen und stets in gleicher Höhe fällig sind, während dauernde Lasten unregelmäßig und in unterschiedlicher Höhe geleistet werden können. Aber auch regelmäßige und gleich bleibende Zahlungen können als dauernde Last und unregelmäßige Zahlungen in unterschiedlicher Höhe als Rente zu beurteilen sein: Entscheidend ist, ob nach der Anordnung des Erblassers eine Änderungsklausel enthalten ist. Eine dauernde Last darf nur in analoger Anwendung von § 323 ZPO abänderbar sein, nicht aber eine Rente. Die Anpassung einer Rente im Wege der Wertsicherung führt aber nicht dazu, dass die Rente zur dauernden Last würde.[157] Bei ihr darf eine Änderung nach § 323 ZPO nicht vereinbart sein.[158]

**2. Leistungsstörungen**

217 Veränderungen der Geschäftsgrundlage können grundsätzlich gemäß § 313 BGB zu einer Anpassung der Leistungsverpflichtung führen (zur Wertsicherung siehe unten Rn 218). Dabei ist auf den Zweck der Rentenzuwendung (Unterhaltssicherung, Belohnung) abzustellen. In der Nachlassinsolvenz oder in der Privatinsolvenz des zahlungspflichtigen Erben ist das Rentenstammrecht zur Insolvenztabelle anzumelden; der Rentenanspruch gilt gemäß §§ 41–45 InsO als fällig und ist entsprechend der Lebenserwartung des Rentenberechtigten zu kapitalisieren.

**3. Wertsicherung nach bisherigem Recht (bis 13.9.2007)**

218 Seit 14.9.2007 gilt in Bezug auf Wertsicherungen neues Recht. Zunächst wird der alte Rechtszustand dargestellt.

Leistungen, die in Geldbeträgen zu erbringen sind, unterliegen der Kaufkraftveränderung. Wenn eine Rentenzahlung den Lebensunterhalt einer Person sicherstellen soll, ist die Frage zu klären, in welcher Weise sich Kaufkraftveränderungen auf die Leistungsverpflichtung auswirken sollen, damit der Lebensstandard des Vermächtnisnehmers mit fortschreitender Zeit auf dem Niveau gehalten werden kann, den die Geldzahlung zu Beginn des Schuldverhältnisses ermöglicht hat. Dafür bietet das Schuldrecht im Wesentlichen vier Lösungswege an:
– Die Verzinsung einer Ratenzahlungsschuld (keine währungsrechtliche Genehmigung erforderlich),
– den Leistungsvorbehalt (keine währungsrechtliche Genehmigung erforderlich),
– die Spannungsklausel (keine währungsrechtliche Genehmigung erforderlich),
– die Wertsicherungsklausel mit automatischer Anpassung (währungsrechtliche Genehmigungspflicht).

a) Ratenzahlung

219 Der Erblasser kann ein Geldvermächtnis aussetzen, das in Raten zu zahlen ist, und zwar entweder in einer bestimmten Gesamtsumme, auf Lebenszeit oder bis zum Eintritt eines Ereignisses (verzinslich oder unverzinslich).

---

156 GrS BFHE 165, 225 = BStBl II 92, 78.
157 BFH BStBl II 1983, 99.
158 BFHE 116, 501 = BStBl II 75, 881.

**Hinweis**  220
Soll die Höhe des Zinssatzes an die Höhe des Bundesbank-Diskontsatzes gekoppelt sein, so ist zu beachten, dass seit 1.1.1999 an die Stelle des Diskontsatzes der Bundesbank der Basiszinssatz der Europäischen Zentralbank (EZB) getreten ist. Der Basiszinssatz veränderte sich bis zum 31.12.2001 mit Beginn des 1. Januar, 1. Mai und 1. September jeden Jahres (Art. 1 § 1 EuroEG vom 9.6.1998, BGBl I 1998, 1242). Seit 1.1.2002 verändert er sich jeweils zum 1. Januar und 1. Juli jeden Jahres, vgl. § 247 BGB. Die neuesten Zahlen sind im Internet abrufbar unter *www.basiszins.de*.

### b) Leistungsvorbehalt

Die Höhe der Geldschuld kann sich nach einer Vergleichsgröße wie Lebenshaltungskostenindex, Beamtengehalt o.ä. richten, ohne dass damit eine automatische Anpassung in der Höhe der Leistungsverpflichtung verbunden wäre. Charakteristikum des Leistungsvorbehaltes ist, dass bei einer entsprechenden Veränderung der Bezugsgröße die Parteien des Schuldverhältnisses verpflichtet sind, Verhandlungen über eine Anpassung aufzunehmen. Der BGH[159] hielt eine enge Auslegung des bis 31.12.1998 geltenden § 3 Währungsgesetz im Hinblick auf die damit verbundene Beschränkung der Vertragsfreiheit für geboten. In Fällen, in denen sich die Bezifferung erst aufgrund eines Tätigwerdens der Parteien, insbesondere von Vertragsverhandlungen, ergibt, tritt keine automatische Anpassung der Leistungsverpflichtung ein; eine Genehmigungspflicht nach dem bis 31.12.1998 geltenden § 3 Währungsgesetz und nach dem seit 1.1.1999 geltenden § 2 des Preisangaben- und Preisklauselgesetzes ist deshalb nicht gegeben.[160]  221

### c) Genehmigungspflichtige Wertsicherungsklausel

#### aa) Allgemeines

In Betracht kommen Klauseln mit einer automatischen Anpassung der Leistungshöhe an bestimmte Gehälter (bspw. Beamtengehalt einer bestimmten Besoldungsgruppe) oder – am verbreitetsten – an den Lebenshaltungskostenindex. Die Genehmigungsfähigkeit von Anpassungsklauseln, die sich an Beamtengehältern orientieren, ist eingeschränkt.  222

Ist als Bezugsgröße der Lebenshaltungskostenindex gewählt, so ist nach bisheriger Genehmigungspraxis grundsätzlich mit der Erteilung der Genehmigung zu rechnen, wenn bestimmte Voraussetzungen erfüllt sind. Seit 1.1.1999 gilt das Preisangaben- und Preisklauselgesetz (PaPkG) vom 3.12.1984 in der Fassung des Euro-Einführungsgesetzes (EuroEG) vom 9.6.1998 (BGBl I 1998, 1242 ff.), durch welches § 3 Währungsgesetz per 1.1.1999 aufgehoben wurde. Die Genehmigungspraxis wird auf der neuen gesetzlichen Grundlage voraussichtlich unverändert bleiben.  223

In § 2 PaPkG wird eine Genehmigungspflicht von Wertsicherungsklauseln statuiert. Da mit der Einführung des Euro zum 1.1.1999 die Befugnisse der Deutschen Bundesbank auf die Europäische Zentralbank übertragen wurden, ist seit diesem Zeitpunkt nicht mehr die Bundesbank – mit ihren Außenstellen in Form der Landeszentralbanken – für die Erteilung währungsrechtlicher Genehmigungen zuständig, sondern das Bundesamt für Wirtschaft und Ausfuhrkontrolle (BAFA), Frankfurter Str. 29–31 – Postfach 5150, 65760 Eschborn/Taunus, Tel. 0 61 96/90 80. Dementsprechend enthält § 2 Abs. 2 PaPkG eine Verordnungsermächtigung für die Genehmigungsrichtlinien. Auf der bezeichneten Ermächtigungsgrund-  224

---

159 BGHZ 62, 737.
160 Vgl. auch *Dürkes*, Rn 46 ff.

lage wurde die Preisklauselverordnung (PrKV) vom 23.9.1998 (BGBl I 1998, 3043) erlassen, nach deren § 1 sich die Genehmigungsfähigkeit von Wertsicherungsklauseln seit 1.1.1999 richtet. Es gelten die gleichen Grundsätze wie bei Rechtsgeschäften unter Lebenden.

225 Zwei Zeiträume sind für die Frage der Anpassung der Rentenhöhe zu unterscheiden:
– die Zeit zwischen der Errichtung einer Verfügung von Todes wegen und dem Erbfall;
– die Zeit ab dem Erbfall.

### bb) Zeitraum zwischen Testamentserrichtung und Erbfall

226 Ein Rentenvermächtnis, das den Unterhalt des Vermächtnisnehmers sichern soll, muss sinnvollerweise der Entwicklung der Lebenshaltungskosten angepasst werden. Da eine Verfügung von Todes wegen mit ihrer Errichtung zwar existent, aber noch nicht rechtswirksam wird, ist auch die Zahlungsverpflichtung vor dem Erbfall noch nicht wirksam geworden. Aus diesem Grund bedarf die Anpassung der Rentenhöhe in der Zeit zwischen Testamentserrichtung und Erbfall keiner währungsrechtlichen Genehmigung.[161]

### cc) Anpassung nach dem Tod des Erblassers

227 Da das Testament mit dem Tod des Erblassers Rechtswirkungen erzeugt und das Schuldverhältnis zwischen Vermächtnisbegünstigtem und -belastetem mit diesem Zeitpunkt entsteht, bedarf eine Wertsicherungsklausel für diese Zeit der währungsrechtlichen Genehmigung. Dafür gelten seit 1.1.1999 die allgemeinen Grundsätze:

228 Die Genehmigungsfähigkeit richtet sich nach § 1 PrKV. Danach ist eine Anpassung nach Lebenshaltungskostenindex in einer letztwilligen Verfügung für Einmalzahlungen dann zulässig, wenn zwischen dem Entstehen der Verbindlichkeit, also dem Anfall des Vermächtnisses (in aller Regel Erbfall), und der Fälligkeit 10 Jahre liegen oder wenn die Zahlung erst nach dem Tode eines Beteiligten zu erfolgen hat. Basis ist zurzeit das Jahr 2000 (= 100); zur Anpassung alter Wertsicherungsklauseln auf den Verbraucherpreisindex für Deutschland zum 1.1.2003 vgl. Rn 229).

Es ist dringend zu empfehlen, eine etwa erforderliche Genehmigung bereits vor dem Erbfall einzuholen, damit der Erblasser Klarheit darüber erhält, ob das von ihm vorgesehene Rentenvermächtnis in seiner besonderen Ausgestaltung wirksam sein wird oder nicht. Bestehen Zweifel an der Genehmigungspflicht, so empfiehlt es sich, ein Negativattest ebenfalls vor dem Erbfall einzuholen.

### dd) Umstellung bereits bestehender Wertsicherungsklauseln auf den Verbraucherpreisindex für Deutschland auf der Basis 2000 = 100 bzw. Basis 2005 = 100

229 Mit der Umstellung des Preisindexes per 1.1.2003[162] auf das neue Basisjahr 2000 = 100 von bisher 1995 = 100 hat das Statistische Bundesamt gleichzeitig mitgeteilt, dass ab 1.1.2003 nur noch **zwei Verbraucherindices** verfügbar seien:
– der Preisindex für die Lebenshaltung aller privaten Haushalte in Deutschland = **Verbraucherpreisindex für Deutschland (VPI)**,
– der **„Harmonisierte Verbraucherpreisindex" (HVPI)** für die EU-Mitgliedstaaten.

---

161 Vgl. *von Oertzen*, ZEV 1994, 160.
162 Vgl. zur Umstellung alter Preisindices und zur Auslegung bestehender Verträge und ihre Anpassung das Rundschreiben der Bundesnotarkammer Nr. 31/2002 vom 29.11.2002; *Reul*, DNotZ 2003, 92 (mit vielen Nachweisen); *Rasch*, DNotZ 1999, 467; *Kluge*, MittRhNotK 2000, 409; *Limmer*, ZNotP 1999, 148; *v. Heynitz*, MittBayNot 1998, 398.

**Hinweis**
Bestehende Verfügungen von Todes wegen, bei denen der Erblasser noch lebt, sollten an die neue Rechtslage angepasst werden, um spätere Auslegungsschwierigkeiten zu vermeiden.

Das Statistische Bundesamt hat einen Service für die Umrechnung bestehender Wertsicherungsklauseln im Internet angeboten unter www.destatis.de/wsk/contractdata/question01.do. Dasselbe gilt für die Umrechnung auf Basis 2005 = 100.

### 4. Wertsicherung nach neuem Recht (seit 14.9.2007, dem Inkrafttreten des neu gefassten Preisklauselgesetzes)

PreisklauselG (Preisklauselgesetz) und PrKV (Preisklauselverordnung) sind neu gefasst im „Zweiten Gesetz zum Abbau bürokratischer Hemmnisse insbesondere in der mittelständischen Wirtschaft".[163]

Das Genehmigungserfordernis für Wertsicherungsklauseln durch das BAFA (Bundesamt für Wirtschaft- und Ausfuhrkontrolle) entfällt; stattdessen wurde ein gesetzliches Indexverbot statt Genehmigungsvorbehalt für Wertsicherungsklauseln eingeführt.[164]

Die bisher in der Preisklauselverordnung (PrKV) geregelten Ausnahmen vom Indexierungsverbot wurden direkt in das Gesetz übernommen. Vorgesehen ist die Unwirksamkeit der Klausel bei Verstoß grundsätzlich nur und erst ab rechtskräftiger Feststellung (§ 8 PreisklauselG).

Das bisherige Genehmigungserfordernis für Ausnahmen vom gesetzlichen Verbot automatisch wirkender Wertsicherungsklauseln (§ 2 PaPkG i.V.m. der Preisklauselverordnung – PrKV) wird ersetzt durch unmittelbar im Gesetz geregelte Legalausnahmen.

– Bei Wertsicherungsklauseln ist **keine Genehmigung** durch das BAFA (Bundesamt für Wirtschaft- und Ausfuhrkontrolle) mehr erforderlich.
– Die bisher in der Preisklauselverordnung (PrKV) geregelten **Ausnahmen vom Indexierungsverbot** wurden (weitgehend wörtlich) direkt in das Gesetz übernommen. Es sind darüber hinaus auch Wertsicherungsklauseln bei Zahlungen auf Lebenszeit eines Beteiligten zulässig (§ 3 Abs. 1 S. 2 Nr. 1a) PreisklauselG).
– Eine Genehmigung anderer als der im Gesetz aufgelisteten Klauseln ist damit nunmehr nicht mehr möglich. Die diesbezügliche **bisherige Generalklausel** (§ 3 Abs. 5 PrKV) **entfällt** im neuen Recht.
– Bei einem Verstoß tritt die **Unwirksamkeit nur und erst ab deren rechtskräftiger Feststellung** ein (§ 8 PreisklauselG), es sei denn die Beteiligten haben etwas anderes vereinbart.
– Nach der **Übergangsvorschrift** gilt das Genehmigungserfordernis noch, soweit die Genehmigung bis zur Verkündung des neuen Gesetzes beantragt wurde (§ 9 PreisklauselG). Ist für eine Wertsicherungsklausel bis dahin kein Genehmigungsantrag gestellt, gilt das neue Preisklauselgesetz, auch wenn die Klausel noch während der Geltung der alten Vorschriften vereinbart wurde.

---

163 BGBl 2007 I S. 2246.
164 Vgl. *Reul*, Aufhebung der Genehmigungspflicht bei Wertsicherungsklauseln – Das neue Preisklauselgesetz (PreisklauselG), MittBayNot 2007, 445 und *Reul*, Lösungsklauseln in notariellen Übergabeverträgen – Zugleich Anmerkungen zum Urt. des BGH v. 19. 4. 2007 – IX ZR 59/06- DNotZ 2007, 649. Vgl. auch die Gesetzes-Synopse auf der homepage des DNotI.

## 5. Grundbuchmäßige Absicherung mittels Reallast

233 Die Rentenzahlungspflicht kann durch eine im Grundbuch einzutragende Reallast gesichert werden. Ein gesetzlicher Anspruch darauf besteht nicht. Wenn der Erblasser dem Vermächtnisnehmer eine Absicherung durch Bestellung einer Reallast gewähren will, so muss sie zusätzlich zu dem Rentenversprechen vermächtnisweise gewährt werden. Damit erhält der Vermächtnisnehmer außer dem schuldrechtlichen Anspruch auf Zahlung der Rente einen dinglichen Anspruch auf Duldung der Zwangsvollstreckung in das belastete Grundstück (§§ 1105 Abs. 1, 1107, 1147 BGB). Weiterhin begründet die Reallast einen persönlichen Anspruch gegen den jeweiligen Eigentümer des belasteten Grundstücks auf Zahlung derjenigen Rententeilbeträge, die während der Dauer seines Eigentums fällig werden (§ 1108 Abs. 1 BGB).

Ist eine Wertsicherung vorgesehen, so kann auch diese als dinglicher Inhalt der Reallast im Grundbuch eingetragen werden.[165]

234 **Hinweis**
Die Anpassung einer Leistung sollte nicht nach Punkten eines Indexes erfolgen, sondern nach Prozenten, damit ist eine spätere Anpassung auf andere Indices leichter möglich.[166] Bei bereits existierenden grundbuchlich gesicherten Wertsicherungsklauseln sollte bei einer Umstellung auf den seit 1.1.2003 geltenden neuen Index die Eintragungsbedürftigkeit dieser Änderung überprüft werden.

## V. Vorläufiger Rechtsschutz bei beweglichen Sachen

### 1. Leistungsverfügung als Ausnahme

235 Eine Leistungs-(Befriedigungs-)Verfügung gem. § 940 ZPO kommt unter äußersten Umständen in Bezug auf Übertragungsansprüche gegen den Erben in Betracht.

An den Verfügungsgrund sind hohe Anforderungen zu stellen, weil in einem solchen Falle die Hauptsache zumindest zum Teil vorweggenommen wird. Nur wenn der Antragsteller auf eine Anspruchserfüllung dringend angewiesen ist und die reine Anspruchssicherung nicht ausreicht, können die Voraussetzungen für den Verfügungsgrund bejaht werden.[167]

236 Der Verfügungsgrund kann auch in einer Notlage des Vermächtnisnehmers liegen.[168] Soll sicher gestellt werden, dass bestimmte Gegenstände herausgegeben werden – und damit der Gläubiger nicht nur auf einen Wertersatzanspruch verwiesen werden muss –, so kommt eine Verwahrung der Gegenstände durch den Gerichtsvollzieher oder die Herausgabe an einen Sequester im Rahmen einer Anordnung nach § 938 Abs. 2 ZPO in Betracht.[169] Eine Sequestration kann allerdings nicht unerhebliche Kosten verursachen, weil der Sequester vergütet werden muss.

---

165 BayObLG NJW-RR 1993, 1171 = DNotZ 1993, 743; OLG Oldenburg NJW-RR 1990, 1174.
166 Vgl. *Reul*, DNotZ 2003, 92, 94.
167 OLG Köln NJW-RR 1995, 1088; OLG Frankfurt NJW 1975, 393; OLG Düsseldorf OLGZ 1968, 172; LG München NJW-RR 1987, 958; Zöller/*Vollkommer*, § 940 ZPO Rn 6.
168 OLG Düsseldorf NJW-RR 1992, 198; *Schuschke/Walker*, § 935 ZPO Rn 15 m.w.N.
169 Zöller/*Vollkommer*, § 938 ZPO Rn 7 ff.

## 2. Muster: Antrag auf Erlass einer einstweiligen Verfügung zur Herausgabe beweglicher Sachen

An das

Landgericht
– Zivilkammer –

*Eilt sehr! Bitte sofort vorlegen!*

*Antrag*

*auf Erlass einer einstweiligen Verfügung*

des Herrn

– Antragstellers –

Verfahrensbevollmächtigter: Rechtsanwalt

gegen

Herrn

– Antragsgegner –

zur Herausgabe beweglicher Sachen.

Namens und im Auftrag des Antragstellers beantrage ich, folgende einstweilige Verfügung – wegen der Dringlichkeit ohne mündliche Verhandlung (§ 937 Abs. 2 ZPO) – zu erlassen:

Der Antragsgegner wird verpflichtet, an den Antragsteller folgende Gegenstände herauszugeben:

a) den Barock-Sekretär

b) den Konzertflügel Marke         , Baujahr         , Maße:

Hilfsweise wird beantragt, die Gegenstände durch den zuständigen Gerichtsvollzieher verwahren zu lassen, in zweiter Linie hilfsweise wird Herausgabe an einen vom Gericht zu bestellenden Sequester beantragt.

*Begründung:*

Es geht um eine Erbrechtsstreitigkeit. Der Antragsteller macht gegen den Antragsgegner einen Vermächtnisanspruch nach § 2174 BGB geltend. Ein Rechtsstreit in der Hauptsache ist bereits beim Landgericht          unter Az.          rechtshängig.

*I. Sachverhalt*

Am         ist Herr         , zuletzt wohnhaft in         , gestorben (nachfolgend Erblasser genannt).

Der Antragsteller ist der Neffe des Erblassers; der Antragsgegner ist der Bruder des Erblassers.

Der Erblasser war verheiratet gewesen mit Frau         , die am         gestorben ist. Aus dieser Ehe sind keine Kinder hervorgegangen.

Mit notariellem Testament vom         , beurkundet von Notar         in         unter UR-Nr.         , hat der Erblasser den Antragsgegner zu seinem Alleinerben eingesetzt. Im selben Testament hat er vermächtnisweise die im Antrag bezeichneten Gegenstände dem Antragsteller zugewandt.

Das Testament wurde auf den Tod des Erblassers am         vom Nachlassgericht         unter Az.         eröffnet.

*Glaubhaftmachung:* Je eine beglaubigte Abschrift
    a) des notariellen Testaments vom         – Anlage K 1 –
    b) des Testamentseröffnungsprotokolls vom         – Anlage K 2 –

Der Antragsteller hat das ihm zugewandte Vermächtnis bezüglich beider Gegenstände mit Schreiben vom ▬▬ gegenüber dem Antragsgegner ausdrücklich angenommen.

*Glaubhaftmachung:* Beglaubigte Kopie des Schreibens des Antragstellers vom ▬▬ – Anlage K 3 –

Der Antragsgegner hat außergerichtlich eingewandt, das Vermächtnis sei nicht mehr wirksam, weil es der Erblasser ihm gegenüber mündlich widerrufen habe. Ein solcher formloser Widerruf wäre nicht rechtswirksam.

*II. Verfügungsanspruch*

Der Antragsteller hat gegen den Antragsgegner aus § 2174 BGB einen Anspruch auf Übertragung des Eigentums an den ihm vom Erblasser vermächtnisweise zugewandten Gegenständen wie sie im Antrag näher bezeichnet sind.

*III. Verfügungsgrund*

Die Durchsetzung des Herausgabeanspruchs ist gefährdet. Der Antragsgegner führt Verkaufsverhandlungen mit dem Antiquitätenhändler ▬▬ bezüglich des Barock-Sekretärs und des Konzertflügels.

*Glaubhaftmachung:* Eidesstattliche Versicherung des Antiquitätenhändlers ▬▬ – Anlage K 4 –

Weil es sich um Erinnerungsstücke an den Erblasser handelt, muss vermieden werden, dass eine Veräußerung erfolgt und der Antragsteller nur auf Ersatzansprüche angewiesen wäre.

Dem Antrag ist demnach wie beantragt stattzugeben. Sollte die Herausgabe an den Antragsteller selbst nicht angeordnet werden, so ist entsprechend dem ersten Hilfsantrag die Verwahrung der Gegenstände durch den zuständigen Gerichtsvollzieher anzuordnen. Sollte auch dies nicht in Betracht kommen, so ist nach dem zweiten Hilfsantrag die Herausgabe an einen Sequester anzuordnen (§ 938 Abs. 2 ZPO), um die Besitzübertragung auf einen potenziellen Erwerber auszuschließen.

Streitwert: Die Gegenstände haben zusammen einen Verkehrswert von ▬▬ EUR; davon kann $\frac{1}{3}$ als Streitwert angenommen werden.

(Rechtsanwalt)

## VI. Klage im Urkundenprozess bei Geldvermächtnis

238 Bei einem **Geldvermächtnis** kommt zur Beschleunigung der Sache eine Klage im Urkundenprozess nach §§ 592 ff. ZPO in Betracht. Das Vermächtnis muss immer auf einer Verfügung von Todes wegen beruhen, insofern liegt immer eine Urkunde vor, und zwar gleichgültig ob als notarielles oder privatschriftliches Testament. Lediglich die Beweiskraft ist unterschiedlich: § 415 ZPO beim notariell beurkundeten Testament, § 416 ZPO bzw. § 440 ZPO beim handschriftlichen Testament.

239 Zur Beweiskraft eines notariellen Testaments führt das BayObLG in einem Beschluss vom 21.10.1999[170] aus:

> „Die über die Errichtung des Testaments aufgenommene notarielle Urkunde ist eine öffentliche Urkunde i.S.v. § 415 ZPO. In der Frage, ob der Tatbestand einer Testamentserrichtung durch mündliche Erklärung gemäß § 2232 S. 1 BGB vorliegt, ist daher von der Beweiskraft der öffentlichen Urkunde gemäß § 415 Abs. 1 ZPO auszugehen (RGZ 85, 120, 124; OLG Hamm OLGZ 1989, 20, 23) ... Erforderlich ist der Nachweis der

---

[170] BayObLG FamRZ 2000, 1051 = ZNotP 1999, 484 = NotBZ 1999, 257 = MittRhNotK 1999, 349 = ZEV 2000, 66 = NJW-RR 2000, 456 = MittBayNot 2000, 236 = DNotZ 2000, 471.

*Unrichtigkeit; das bloße Erwecken von Zweifeln reicht nicht aus. Der Richter ist durch die Anordnung des vollen Beweises (§ 415 Abs. 1 ZPO) gehindert, vorhandenen Zweifeln an der formalen Richtigkeit des Urkundeninhalts Raum zu geben (MüKo – Schreiber, ZPO, Rn 26; Stein/Jonas/Leipold, ZPO, 21. Auflage, Rn 11 und 13, jeweils zu § 415). Die öffentliche Beurkundung besteht solange zu Recht, bis durch die etwa mögliche Aufklärung des Verlaufs der Verhandlung ihre Unrichtigkeit zur Gewissheit wird (RGZ 85, 120, 125). Die gesetzliche Vermutung des § 415 Abs. 1 ZPO ist nicht widerlegt, solange nicht alle Möglichkeiten ausgeräumt sind, die irgendwie für die Richtigkeit des Inhalts der Urkunde sprechen (vgl. RGZ 131, 284, 288 f.; BGHZ 16, 217, 227). ...*
*Die Vorinstanzen haben ... eine freie Beweiswürdigung des Ergebnisses der Vernehmung des Notars und der Schreibzeugin vorgenommen, ohne zu beachten, dass ihnen dies durch die gesetzliche Beweisregel des § 415 Abs. 1 ZPO verwehrt war (vgl. OLG Frankfurt NJW-RR 1990, 717; Stein/Jonas/Leipold, a.a.O., § 415 Rn 11)."*

Als weitere Urkunde ist aber noch die Niederschrift des Nachlassgerichts über die Eröffnung der Verfügung von Todes wegen vorzulegen, darin enthalten ist gleichzeitig der Nachweis über den Tod des Erblassers, häufig auch der Nachweis über die Annahme der Erbschaft durch den Erben und des Vermächtnisses durch den Vermächtnisnehmer.

Im Urkundenprozess kann der Beklagte rechtsvernichtende Einwendungen gegen die eingeklagte Forderung mit einer Niederschrift über richterliche Zeugenvernehmungen urkundlich belegen.[171]

**Zur Widerklage in der Form des Urkundenprozesses gegen eine „ordentliche" Klage:** Nach BGH[172] kann eine Widerklage auch in der Form des Urkundenprozesses gegen eine ordentliche Klage erhoben werden. Dieser prozessualen Befugnis steht nicht entgegen, dass in den Vorschriften über den Urkundenprozess nur die Klage und der Kläger angesprochen werden (§§ 593, 596, 597 ZPO), denn die Widerklage findet keine eigenständige Regelung in der ZPO.

### VII. Sicherung eines Geldvermächtnisses

Sind die Erben unbekannt, so ist es für den Vermächtnisnehmer problematisch, seinen Anspruch geltend machen zu können. In Betracht kommt in solchen Fällen die Beantragung einer Nachlasspflegschaft (§ 1960 Abs. 2 BGB) oder eine Klagepflegschaft nach § 1961 BGB. Mit dieser Möglichkeit kann die Lücke aus § 1958 BGB, wonach die gerichtliche Geltendmachung eines Anspruchs gegen einen Erben vor Annahme der Erbschaft unzulässig ist, geschlossen werden.

**Beispiel**
Sie vertreten als Rechtsanwalt/Rechtsanwältin einen Vermächtnisnehmer (Geldvermächtnis). Nach Anordnung der Klagepflegschaft erwirken Sie für den Vermächtnisnehmer einen endgültig vollstreckbaren Titel.
Ihnen kommt zu Ohren, der Erblasser sei Eigentümer einer Eigentumswohnung gewesen. Zu deren Lasten wollen Sie eine Zwangshypothek eintragen lassen.
Wie kommen Sie an die notwendigen Informationen und Unterlagen?

---

171 OLG Rostock OLGR Rostock 2003, 171.
172 NJW 2002, 751 = BGHZ 149, 222 = BB 2002, 274 = WM 2002, 459 = MDR 2002, 406 = ZIP 2002, 870.

**Lösung**
Grundbuchauskunft: Nach § 12 GBO können Sie Einsicht in das Grundbuch nehmen, weil Sie als Vertreter des Gläubigers (§ 10 FamFG[173] [bis 1.9.2009: § 13 FGG]) ein berechtigtes Interesse darlegen können. Sollten Sie die konkrete grundbuchmäßige Bezeichnung der Eigentumswohnung nicht kennen, so ist es Ihnen gestattet, in das entsprechende Eigentümer- bzw. Grundstücksregister des Grundbuchamts Einsicht zu nehmen (§ 12a GBO). Nach § 12 Abs. 2 GBO können Sie sogar eine Abschrift des betreffenden Grundbuch-Blattes bekommen (vgl. Muster in § 11 Rn 39).
Der Nachlasspfleger ist Vertreter der unbekannten Erben. Ein Sicherungsbedürfnis – wie dies bei § 1960 BGB vorgesehen ist – braucht nicht vorzuliegen, es reicht ein Rechtsschutzinteresse des Gläubigers.[174]
Eine Voreintragung – der hier unbekannten Erben – nach § 39 GBO ist nicht erforderlich, vgl. § 40 Abs. 1 Hs. 2 GBO.
Nunmehr können Sie die Eintragung der Zwangshypothek beantragen.

## VIII. Beweissicherung

244 Da der vermachte Gegenstand herauszugeben und auf den Vermächtnisnehmer zu übertragen ist, ist eine Beweissicherung im Wege des selbstständigen Beweisverfahrens nach §§ 485 ff. ZPO möglich. Wenn bspw. ein Haus vom Erben umgebaut werden soll, aber mit einem langwierigen Streit zu rechnen ist, dann könnte eine Beweissicherung nach § 485 Abs. 2 Nr. 1 ZPO zur Feststellung des Zustandes des Gebäudes, evtl. auch zu dessen Wertermittlung durch Einholung eines Sachverständigengutachtens in Betracht kommen.

## IX. Vorkaufsrechtsvermächtnis

### 1. Allgemeines

245 Nicht selten ist es das Anliegen des Erblassers, einem Verwandten oder einer befreundeten Person das Recht einzuräumen, einen bestimmten Gegenstand, insbesondere ein Grundstück, für den Fall des Verkaufs durch den zunächst Bedachten erwerben zu können. Diese Rechtsfolge kann der Erblasser dadurch erreichen, dass er dem Begünstigten vermächtnisweise ein Vorkaufsrecht an dem betreffenden Gegenstand einräumt.

### 2. Arten des Vorkaufsrechts

246 Mit dem Vorkaufsrecht wird dem Vorkaufsberechtigten die Befugnis eingeräumt, den vorkaufsbelasteten Gegenstand zu denselben Bedingungen zu kaufen, zu denen ihn der Verpflichtete (= Vermächtnisbeschwerte) rechtswirksam an einen Dritten verkauft hat. Zwischen dem Vorkaufsberechtigten (= Vermächtnisnehmer) und dem Verpflichteten (= Erbe oder Hauptvermächtnisnehmer) kommt mit der Erklärung über die Ausübung des Vorkaufsrechts ein neuer Kaufvertrag zustande.

Ein Vorkaufsrecht kann entweder **schuldrechtlicher** Natur (§§ 463–473 BGB) oder **dinglicher** Natur sein (§§ 1094–1104 BGB). Das schuldrechtliche Vorkaufsrecht kann sich beziehen auf unbewegliche oder bewegliche Sachen und Rechte, das dingliche Vorkaufsrecht kann nur an Grundstücken oder grundstücksgleichen Rechten eingeräumt werden.

---

173 FGG-ReformG v. 17.12.2008, BGBl I 2008, 2586.
174 BayObLGZ 60, 405; KG OLGZ 81, 151.

### 3. Entstehung des dinglichen Vorkaufsrechts

Das dingliche Vorkaufsrecht ist ein beschränktes dingliches Recht, das zu seiner Entstehung der Einigung und Eintragung im Grundbuch bedarf, § 873 BGB. Formalrechtlich ist zur Eintragung die Bewilligung des Eigentümers (= Erbe oder Hauptvermächtnisnehmer) gemäß § 19 GBO in beglaubigter Form (§ 29 GBO) und ein Antrag entweder des Vorkaufsberechtigten oder des Eigentümers nach § 13 Abs. 1 GBO erforderlich. Das Vorkaufsrecht kann im Grundbuch erst eingetragen werden, wenn der Eigentümer (= Erbe oder Hauptvermächtnisnehmer) voreingetragen ist, § 39 GBO.

### 4. Sicherung des schuldrechtlichen Vorkaufsrechts

Bezieht sich das schuldrechtliche Vorkaufsrecht auf ein Grundstück, so kann der bedingte Eigentumsübertragungsanspruch gemäß § 883 BGB durch Vormerkung gesichert werden.

Hierzu bedarf es gemäß § 19 GBO der Eintragungsbewilligung des Eigentümers (in notariell beglaubigter Form gemäß § 29 GBO) und des Eintragungsantrags entweder des Eigentümers oder des Vorkaufsberechtigten gemäß § 13 Abs. 1 GBO. Die Vormerkung kann im Grundbuch erst eingetragen werden, wenn der Eigentümer (= Erbe oder Hauptvermächtnisnehmer) im Grundbuch voreingetragen ist, § 39 GBO.

### 5. Belastungsobjekt

Die Bestellung eines dinglichen Vorkaufsrechts ist möglich an einem Grundstück,[175] an Miteigentumsanteilen an einem Grundstück, § 1095 BGB, an Wohnungs- und Teileigentum sowie an einem Erbbaurecht. Mehrere Grundstücke können nicht mit einem einheitlichen Vorkaufsrecht belastet werden, vielmehr sind Einzelrechte an jedem einzelnen Grundstück zu bestellen.[176]

### 6. Vorkaufsberechtigter

Das Vorkaufsrecht kann zugunsten einer natürlichen oder juristischen Person bestellt werden. Wird das dingliche Vorkaufsrecht mehreren Personen eingeräumt, so bestimmt § 472 BGB deren Gemeinschaftsverhältnis (§ 1098 Abs. 1 BGB). Nach diesen Vorschriften kann das Vorkaufsrecht nur insgesamt ausgeübt werden. Wird das Vorkaufsrecht durch mehrere Berechtigte nach § 472 BGB ausgeübt, so geht ihr Eigentumsübertragungsanspruch auf Übereignung in Bruchteilseigentum, sofern in der Verfügung von Todes wegen nichts anderes bestimmt wurde. Das Vorkaufsrecht kann auch für mehrere Berechtigte in Form der Gesamtgläubigerschaft nach § 428 BGB bestellt werden. Wird das Eigentum in einem solchen Fall auf einen der Gesamtgläubiger übertragen, so wirkt dies schuldbefreiend.[177]

Ist das dingliche Vorkaufsrecht einer juristischen Person eingeräumt, so kann das Recht auf den Rechtsnachfolger übergehen, sofern der Übergang nicht ausgeschlossen ist, §§ 1098, 1059a BGB.

---

175 Der Erwerb eines Grundstücks durch Ausübung eines durch Vermächtnis erworbenen, dinglichen Vorkaufsrechts unterliegt der Grunderwerbsteuer, FG Stuttgart v. 28.2.2007 – 2 K 128/05.
176 BayObLG DNotZ 1975, 607.
177 OLG Frankfurt DNotZ 1986, 239.

### 7. Inhalt des Vorkaufsrechts

251 Der Erblasser kann das Vorkaufsrecht auflösend oder aufschiebend bedingen oder befristen, §§ 158, 163 BGB. Denkbar wäre beispielsweise, dass das Vorkaufsrecht nur bis zu einem bestimmten Zeitpunkt eingeräumt wird, beispielsweise für den ersten Verkaufsfall innerhalb von fünf Jahren nach dem Todeszeitpunkt des Erblassers oder auch für alle Verkaufsfälle innerhalb von 10 Jahren nach dem Tod des Erblassers.

### 8. Ausübung des Vorkaufsrechts

#### a) Ausübung nur bei Abschluss eines Kaufvertrags

252 Begrifflich kann das Vorkaufsrecht nur ausgeübt werden, wenn der Eigentümer über den vorkaufsbelasteten Gegenstand einen Kaufvertrag schließt. Die Ausübung ist also ausgeschlossen, wenn ein Ausstattungs-, Schenkungs- (auch gemischte Schenkung) oder ein Erbauseinandersetzungsvertrag geschlossen wird. Ausnahmsweise ist sogar bei Abschluss eines Kaufvertrags die Ausübung des Vorkaufsrechts ausgeschlossen, und zwar dann, wenn der Verkauf mit Rücksicht auf ein künftiges Erbrecht an einen gesetzlichen Erben erfolgt, § 470 BGB; vgl. zum Ankaufsrecht Rn 256).

#### b) Mitteilung des Kaufvertrages

253 Der Vorkaufsrechtsverpflichtete (= Eigentümer) hat nach Abschluss des Kaufvertrags mit dem Dritten dem Vorkaufsberechtigten den Inhalt dieses Kaufvertrags durch Übermittlung einer Vertragsabschrift unverzüglich mitzuteilen. Diese Mitteilung kann auch vom Dritten übernommen werden, § 469 BGB. Die Ausübung des Vorkaufsrechts muss innerhalb der gesetzlichen Frist von zwei Monaten erklärt werden. Der Erblasser kann allerdings eine längere oder kürzere Frist bestimmen, § 469 Abs. 2 S. 2 BGB. Fristbeginn ist der Tag des Zugangs der Mitteilung über den Verkauf beim Vorkaufsberechtigten, § 469 Abs. 3 BGB. Die Frist ist eine **Ausschlussfrist**.

Wird das Vorkaufsrecht fristgemäß ausgeübt, so kommt damit zwischen dem Vorkaufsberechtigten und dem Eigentümer ein Kaufvertrag mit dem Inhalt zustande, den der vorkaufsverpflichtete Eigentümer mit dem Dritten geschlossen hat, § 464 Abs. 2 BGB.

### 9. Erlöschen des Vorkaufsrechts

254 Als beschränktes dingliches Recht kann das Vorkaufsrecht jederzeit durch Einigung und Eintragung aufgehoben werden, § 875 BGB. Zu seiner Löschung im Grundbuch ist die Löschungsbewilligung des Vorkaufsberechtigten (= Vermächtnisnehmer) gemäß § 19 GBO (in notariell beglaubigter Form, § 29 GBO) und ein Antrag gemäß § 13 Abs. 1 GBO entweder des Vorkaufsberechtigten oder des Eigentümers erforderlich. Wurde das Vorkaufsrecht nur für den **ersten Verkaufsfall** eingeräumt, so erlischt es, wenn es nicht fristgemäß bei Vorliegen eines Verkaufsfalles ausgeübt wurde.

Das Vorkaufsrecht erlischt aber auch dann, wenn es deshalb nicht ausgeübt werden konnte, weil der Eigentümer keinen Kaufvertrag, sondern einen anders gearteten Übertragungsvertrag geschlossen hat. Das Vorkaufsrecht beschränkt sich nämlich auf den Fall des Verkaufs durch den Eigentümer, dem das Grundstück zur Zeit der Bestellung des Vorkaufsrechts gehört oder durch dessen Erben, § 1097 BGB. Es erlischt, wenn das Grundstück auf andere Weise als durch Verkauf übertragen wird.[178] Da das Vorkaufsrecht in einem solchen Fall

---

178 OLG Zweibrücken NJW-RR 2000, 94 = MittBayNot 2000, 109; *Haegele*, Rpfleger 1957, 330.

ohne weiteres Zutun erlischt, ist das Grundbuch insofern unrichtig geworden. Der neue Eigentümer hat Anspruch auf Grundbuchberichtigung nach § 894 BGB. Formal hat der Vorkaufsberechtigte die Berichtigung des Grundbuchs gemäß §§ 22, 19 GBO zu bewilligen und zwar in notariell beglaubigter Form, § 29 GBO.

Wurde das Vorkaufsrecht für **mehrere oder alle Verkaufsfälle** eingeräumt, so bleibt es auch bei späteren Verkäufen und bei Nichtausübung bestehen – bis die betreffende Zahl der Verkaufsfälle erreicht ist. Wurde es einmal ausgeübt, so ist streitig, ob es damit erlischt, weil das dem Vorkaufsberechtigten eingeräumte Recht damit verbraucht sein könnte.[179] Folgt man der Ansicht, dass das Vorkaufsrecht mit seiner Ausübung verbraucht ist, wofür vieles spricht,[180] so ist es gleichzeitig mit der Eintragung des Vorkaufsberechtigten als neuer Eigentümer im Grundbuch zu löschen. Der Erblasser kann das aber in seiner Verfügung von Todes wegen klarstellen und sollte dies auch tun.

Das einer natürlichen Person eingeräumte Vorkaufsrecht erlischt mit deren Tod; es ist weder vererblich noch übertragbar, §§ 1098 Abs. 1, 473 BGB. Allerdings kann der Erblasser etwas anderes anordnen. Deshalb sollte das Testament dazu eine Aussage machen.

### 10. Unterschied zwischen dinglichem und schuldrechtlichem Vorkaufsrecht

Während das dingliche Vorkaufsrecht sowohl für den ersten Verkaufsfall als auch für mehrere oder für alle Verkaufsfälle bestellt werden kann, besteht das schuldrechtliche Vorkaufsrecht grundsätzlich nur für einen Verkaufsfall.[181] Die im Schuldrecht bestehende Vertragsfreiheit lässt es aber zu, ein Vermächtnis über ein schuldrechtliches Vorkaufsrecht in der Weise zuzuwenden, dass dieses vom Berechtigten (= Vermächtnisnehmer) auch bei jedem Verkauf des Grundstücks durch den Vermächtnisbeschwerten oder einen Rechtsnachfolger ausgeübt werden können soll.

Wird ein schuldrechtliches Vorkaufsrecht vermächtnisweise zugewandt, so empfiehlt es sich, dem Vermächtnisnehmer auch einen Anspruch auf Sicherung durch Vormerkung im Grundbuch mit zuzuwenden. Gerade für den Fall der Ausübbarkeit des schuldrechtlichen Vorkaufsrechts bei mehreren Verkaufsfällen ist eine Sicherung durch Vormerkung nahezu unabdingbar, weil andernfalls jeder Dritterwerber in Unkenntnis des bestehenden Vorkaufsrechts den Kaufvertrag abschließen würde. Ein Anspruch auf Sicherung durch Vormerkung besteht kraft Gesetzes nicht, deshalb muss dieser besonders zugewandt werden.

Ein weiterer wesentlicher Unterschied zwischen dinglichem und schuldrechtlichem Vorkaufsrecht besteht darin, dass das schuldrechtliche Vorkaufsrecht mit einem vom Erblasser bestimmten Kaufpreis für den Vorkaufsfall eingeräumt werden kann, während beim dinglichen Vorkaufsrecht ein bestimmter fester Kaufpreis entsprechend den gesetzlichen Vorschriften gilt. Will der Erblasser den vorkaufsberechtigten Vermächtnisnehmer also in der Weise begünstigen, dass er nicht nur in einen Kauf eintreten kann, sondern auch noch zu einem günstigeren Kaufpreis erwerben können soll als der Vertrag mit dem Dritten geschlossen wurde, so kann dies beim schuldrechtlichen Vorkaufsrecht im Testament bestimmt werden.

---

179 Vgl. hierzu Gutachten des DNotI in DNotI-Report 1999, 149.
180 Vgl. RG, Entscheidung vom 28.1.1932 (HRR 1932 Nr. 1208).
181 BGH NJW 1993, 324 = WM 1993, 117 = MDR 1993, 347 = Rpfleger 1993, 206 = DNotZ 1993, 506.

## X. Ankaufsrechtsvermächtnis

256 Als Abwandlung des Vorkaufsrechts kann einem Vermächtnisnehmer auch das Ankaufsrecht eingeräumt werden, einen Gegenstand, der sich im Nachlass befindet, insbesondere ein Grundstück, dann zu erwerben, wenn eine Veräußerung stattfindet, ohne dass es sich um einen Verkauf handelt. Insoweit kann mit dem Ankaufsrecht die Lücke geschlossen werden, die beim Vorkaufsrecht besteht, weil dort nur der Fall eines Verkaufs abgedeckt werden kann.

Praxisrelevant kann ein solcher Fall werden, wenn der Erblasser wünscht, dass auch außerhalb von Verkaufsvorgängen – die mit einem Vorkaufsrecht gesichert werden könnten – bestimmte Vermögenswerte in der Familie bleiben. Ein Ankaufsrecht kann auch in der Weise ausgestaltet sein, dass Voraussetzung für seine Ausübung nicht ein Veräußerungsvorgang ist, sondern dass dem Vermächtnisnehmer als reine Option das Recht eingeräumt wird, unter Anbietung einer Gegenleistung als Kaufpreis die Übertragung eines bestimmten Gegenstandes aus dem Nachlass verlangen zu können. Handelt es sich dabei um ein Grundstück, so kann das testamentarisch vermachte Ankaufsrecht auch im Grundbuch durch Eintragung einer Vormerkung gesichert werden.[182]

Ist derselben Person sowohl ein Vorkaufsrecht als auch ein Ankaufsrecht eingeräumt worden, so genügt für beide Rechte eine einheitliche Vormerkung im Grundbuch, es müssen also nicht zwei getrennte Vormerkungen für jedes Recht eingetragen werden.[183]

## XI. Vermächtnis auf Abschluss eines verjährungsändernden Vertrages

### 1. Vertrag über Verjährungsfristen

257 Gemäß § 202 BGB können Verträge über die Verjährung geschlossen werden. Gegenstand eines Vermächtnisses kann auch der Anspruch auf Abschluss eines verjährungsverlängernden Vertrages sein. Die Vereinbarung ist grundsätzlich nicht an eine Form gebunden.[184]

### a) Verlängerung der Verjährungsfrist

258 Vermächtnisweise kann bspw. bei angeordneter Alleinerbeinsetzung des überlebenden Ehegatten/Lebenspartners pflichtteilsberechtigten Kindern der Anspruch zugewandt werden, dass der Überlebende eine Verlängerung der Verjährungsfrist für Pflichtteilsansprüche mit den Kindern vereinbart.

> **Beispiel**
> In einem gemeinschaftlichen Testament wäre es auch möglich, dass jeder Ehegatte/Lebenspartner als Überlebender schon im Testament erklärt, er werde auf die **Einrede der Verjährung des Pflichtteilsanspruchs der (auf den Tod des Erststerbenden enterbten) Abkömmlinge für die Dauer von 30 Jahren seit dem Erbfall des Erststerbenden verzichten**. Trotzdem soll aber der Pflichtteilsanspruch nicht gegen den Willen des Überlebenden geltend gemacht werden.

---

182 BGH ZEV 2001, 362 = BGHZ 148, 187 = ZNotP 2001, 354 = NJW 2001, 2883 = FamRZ 2001, 1297 = NotBZ 2001, 339 = DNotZ 2001, 805 = ZEV 2001, 362 = MittBayNot 2001, 489 = WM 2001, 2266 = ZErb 2002, 19 = JR 2002, 195.
183 BayObLG BayObLGZ 2002, 350 = ZfIR 2003, 157 = NotBZ 2003, 72 = RNotZ 2003, 48 = NJW-RR 2003, 450 = FGPrax 2003, 55 = DNotZ 2003, 434 = Rpfleger 2003, 352.
184 Vgl. *Krug*, Schuldrechtsmodernisierungsgesetz und Erbrecht, Rn 138.

**Anderes Beispiel**
Dem Testamentsvollstrecker wird das Vermächtnis zugewandt, dass die Erben mit ihm eine Verkürzung der Verjährungsfrist für Schadensersatzansprüche auf drei Jahre vereinbaren.[185]

■ **Verjährungshemmung bei Stundung des Pflichtteils nach § 2331a BGB**

Die seit der Schuldrechtsreform geltende Vorschrift des § 205 BGB sieht eine Hemmung der Verjährung vor, wenn das Leistungsverweigerungsrecht „aufgrund einer Vereinbarung mit dem Gläubiger" besteht. Es ist zweifelhaft, ob § 205 BGB auf die Fälle der gerichtlichen Stundung nach § 2331a BGB analog angewandt werden kann. Jedenfalls könnte dem Schuldner, dem auf seinen Antrag hin die Stundung gewährt wurde, gegen die Erhebung der Verjährungseinrede der Einwand des „venire contra factum proprium" entgegen gehalten werden.

b) **Abkürzung der Verjährungsfrist für Ansprüche gegen Testamentsvollstrecker**

Der Anspruch der Erben gegen den Testamentsvollstrecker auf Rechnungslegung aus § 2218 BGB in Verbindung mit Vorschriften des Auftragsrechts ist ein genuin erbrechtlicher Anspruch; er verjährt deshalb gem. § 197 Abs. 1 Nr. 2 BGB in 30 Jahren.[186]

Für § 2219 BGB (Haftung des Testamentsvollstreckers) gilt nach BGH[187] die **Verjährungsfrist** des § 197 Abs. 1 Nr. 2 BGB n.F. von 30 Jahren, weil es sich um einen originär erbrechtlichen Anspruch handelt, und zwar auch dann, wenn der Testamentsvollstrecker Rechtsanwalt ist. Für einen Testamentsvollstrecker stellt sich deshalb die Frage, ob er gem. § 202 BGB vor Annahme des Amtes mit den Erben eine kürzere Verjährungsfrist vereinbart.

### 2. Muster: Vereinbarung über die Verlängerung der Verjährungsfrist von Pflichtteilsansprüchen

Zwischen Frau ▓▓▓▓, einerseits und
1. ▓▓▓▓
2. ▓▓▓▓

andererseits

wird Folgendes vereinbart:

I. Am ▓▓▓▓ ist Herr ▓▓▓▓, zuletzt wohnhaft in ▓▓▓▓, gestorben (nachfolgend Erblasser genannt).

Der Erblasser war verheiratet gewesen mit Frau ▓▓▓▓.

Mit notariellem Testament vom ▓▓▓▓, beurkundet von Notar ▓▓▓▓ in ▓▓▓▓ unter UR-Nr. ▓▓▓▓, hat der Erblasser seine Ehefrau und jetzige Witwe, Frau ▓▓▓▓ (siehe oben) zu seiner Alleinerbin eingesetzt. Im selben Testament hat er in dessen Ziff. ▓▓▓▓ den auf seinen Tod enterbten Kindern – zuvor Ziff. 1 und 2 – vermächtnisweise den Anspruch gegen die Witwe zugewandt, mit ihnen einen Vertrag des Inhalts zu schließen, dass die Verjährungsfrist für deren Pflichtteilsansprüche auf 30 Jahre verlängert wird. Das Testament wurde auf den Tod des Erblassers am ▓▓▓▓ vom Nachlassgericht ▓▓▓▓ unter Az. ▓▓▓▓ eröffnet.

---
185 Vgl. auch OLG Celle OLGR 2006, 122 – zum Verzicht auf Verjährungseinrede.
186 BGH FamRZ 2007, 1097 = ZEV 2007, 322 = NJW 2007, 2174 = ZErb 2007, 260 = NotBZ 2007, 250 = ErbR 2007, 151 = MDR 2007, 1136 = MittBayNot 2007, 411. So schon *Krug*, Schuldrechtsmodernisierungsgesetz und Erbrecht 1. Aufl. 2002, X. 9. Rn 121.
187 BGH ZErb 2002, 356 = FamRZ 2002, 92; Anm. *Otte*, ZEV 2002, 499.

II. Dieses Vermächtnis wird mit der vorliegenden Vereinbarung erfüllt.

Die Vertragsparteien anerkennen die Rechtswirksamkeit des bezeichneten Testaments und insbesondere der bezeichneten Vermächtnisanordnung. Die Frist für die Verjährung der Pflichtteilsansprüche der beiden Kinder des Erblassers wird hiermit auf 30 Jahre ab dem Todestag, dem ▬▬▬, verlängert. Eine Sicherung der Pflichtteilsansprüche wird nicht vereinbart.

(Ort, Datum, Unterschriften)

## D. Vermächtnis-„Formen"

263 Bei der Anordnung von Vermächtnissen ist zwischen der **Vermächtnisform** und dem **Vermächtnisgegenstand** (Inhalt) zu unterscheiden. Bei der Vermächtnisform handelt es sich um die vom Gesetz jeweils vorgesehenen Möglichkeiten, die Art der Vermächtnisanordnung zu wählen. So kann z.B. ein Gegenstand durch Verschaffungsvermächtnis zugewandt werden oder dem Bedachten kann durch Anordnung eines Wahlvermächtnisses die Entscheidung, welchen Gegenstand er erhalten will, selbst überlassen werden.

### I. Verschaffungsvermächtnis

#### 1. Allgemeines

264 Grundsätzlich kann Inhalt eines Vermächtnisses jeder im Nachlass befindliche Gegenstand oder jedes durch den Erben einräumbare Recht sein. Beim **Verschaffungsvermächtnis**[188] besteht im Gegensatz zur sonstigen Vermächtnisanordnung die Besonderheit, dass ein nicht (mehr) zum Nachlass gehörender bestimmter Gegenstand oder ein Recht vermacht wird, indem der Beschwerte verpflichtet wird, dem Bedachten den entsprechenden Gegenstand oder das Recht nach dem Erbfall zu verschaffen, § 2170 BGB.

265 Aus der Anordnung des Erblassers muss sich ergeben, dass er das Vermächtnis auch gerade für diesen Fall angeordnet hat.[189] Ist der mit dem Verschaffungsvermächtnis Beschwerte nicht in der Lage, das Vermächtnis zu erfüllen, so hat er gem. § 2170 Abs. 2 S. 1 BGB den Wert zu ersetzen. Sofern die Verschaffung des Vermächtnisgegenstandes nur mit unverhältnismäßigem Aufwand möglich ist, kann sich der Beschwerte durch Entrichtung des Wertersatzes hiervon befreien (§ 2170 Abs. 2 S. 2 BGB).

Wird das Vermächtnis durch **Erbvertrag** angeordnet, ist § 2288 Abs. 2 BGB zu beachten. Falls der Erblasser den vermachten Gegenstand vor dem Erbfall in Beeinträchtigungsabsicht veräußert oder belastet hat, so ist der Erbe automatisch auch ohne besondere Anordnung verpflichtet, dem Bedachten den Gegenstand zu verschaffen oder die Belastung zu beseitigen (vgl. Rn 268).

#### 2. Auslegung und Beweislast

266 Gemäß § 2169 BGB wird vermutet, ein Vermächtnis sei unwirksam, wenn der Gegenstand zum Zeitpunkt des Erbfalls nicht mehr im Nachlass vorhanden ist. Deshalb trägt der mit dem Vermächtnis Bedachte die **Beweislast** dafür, dass der Erblasser ihm entgegen § 2169

---

[188] Vgl. zum Verschaffungsvermächtnis auch BGH DB 1983, 1037 und *Bühler*, DNotZ 1964, 581.
[189] MüKo-*Skibbe*, § 2170 BGB Rn 1.

Abs. 1 BGB den nachlassfremden Gegenstand zuwenden wollte.[190] Indiz hierfür ist das Wissen des Erblassers im Anordnungszeitpunkt, dass der Gegenstand nicht zum Nachlass gehören würde, oder sein Irrtum, der Gegenstand gehöre zum Vermögen.

Nach § 2169 Abs. 1 BGB tritt nämlich im Falle der Veräußerung des vermachten Gegenstandes durch den Erblasser der Erlös grundsätzlich nicht an die Stelle des Vermächtnisgegenstandes.[191]

Ein Verschaffungsvermächtnis ist auch dann anzunehmen, wenn der Erblasser dem Bedachten den vermachten Gegenstand unbedingt zukommen lassen wollte und er **wirtschaftlich** im Nachlass enthalten ist.[192] In der konkreten Gestaltung bietet sich die ausdrückliche Anordnung gerade auch für den Fall an, dass der Gegenstand im Zeitpunkt des Erbfalls nicht mehr vorhanden ist; besser ist, das Vermächtnis zusätzlich ausdrücklich als Verschaffungsvermächtnis zu bezeichnen.

### 3. Praktische Anwendung und Grenzen

In der Praxis kommen Verschaffungsvermächtnisse bei Gesamthands- oder Miteigentum vor oder bei Herausgabevermächtnissen, bei denen ein Inbegriff von Gegenständen oder ein Bestand von Zubehörstücken herauszugeben ist. Die Erben oder sonstigen Bedachten können aber nicht unbegrenzt mit einem Verschaffungsvermächtnis belastet werden. Eine **Grenze** bildet insoweit die beschränkte Erbenhaftung[193] sowie die Beschränkung eines Untervermächtnisses auf den Wert des Hauptvermächtnisses gem. § 2187 Abs. 1 BGB. Danach sind dem Verschaffungsvermächtnis insoweit Grenzen gesetzt, als der Wert des zu verschaffenden Gegenstandes **wirtschaftlich** im Nachlass enthalten sein muss, da die Erben nur in Höhe des Nachlasswertes für die Verbindlichkeiten haften.

267

### 4. Verhältnis von § 2169 BGB zu § 2288 BGB

Eine Vermächtnisanordnung ist unwirksam, wenn der vermachte Gegenstand beim Erbfall nicht mehr zum Nachlass gehört und wenn der Erblasser auch nicht wollte, dass der Gegenstand dem Bedachten verschafft werden solle, § 2169 Abs. 1 BGB. Die Vorschriften zum Verschaffungsvermächtnis, §§ 2169, 2170 BGB, gelten sowohl für das einseitig verfügte Vermächtnis als auch für das erbvertragliche. Nur für das erbvertraglich oder testamentarisch bindend angeordnete Vermächtnis gilt zusätzlich der Schutz des § 2288 BGB. Der Erblasser kann über den Vermächtnisgegenstand frei unter Lebenden verfügen, § 2286 BGB. Im Interesse des Vertragsvermächtnisnehmers beugt § 2288 BGB dem Fall vor, dass sich der Erblasser trotz des bestehenden bindenden Erbvertrags durch Zerstörung, Beschädigung oder Beiseiteschaffen des vermachten Gegenstandes seiner vertraglichen Bindung entzieht (vgl. zum Wohnungsrecht als Verschaffungsvermächtnis Rn 269[194] und zu § 2288 BGB § 21 Rn 161 ff.).

268

---

190 MüKo-*Skibbe*, § 2169 BGB Rn 10.
191 BGHZ 31, 13, 22; BayObLG FamRZ 2005, 480.
192 BGH NJW 1983, 937.
193 MüKo-*Siegmann*, § 1990 BGB Rn 9.
194 Siehe hierzu OLG Bremen NJWE-FER 2001, 239 = ZEV 2001, 359.

## 5. Muster: Wohnungsrecht, teilweise als Verschaffungsvermächtnis

(Notarielle Urkundenformalien)

*Wohnungsrechtsvermächtnis*

Meinem zweiten Ehemann, Herrn ........., wohnhaft in ........., wende ich im Wege des Vermächtnisses das lebenslange Wohnungsrecht an dem Wohnhaus ........., eingetragen im Grundbuch von ......... für ........., Band ........., BV Nr. ........., Gemarkung ........., Flst. Nr. ........., Größe: ........., zu.

Das Gebäudegrundstück gehört mir zur Hälfte und zur anderen Hälfte der Erbengemeinschaft, die nach dem Tod meines vorverstorbenen ersten Ehemannes entstanden ist, bestehend aus mir und meiner erstehelichen Tochter ..........

Da das Gebäudegrundstück mir nicht alleine gehört, hat das Wohnungsrechtsvermächtnis zugunsten meines zweiten Ehemannes teilweise den Charakter eines Verschaffungsvermächtnisses.

Der Wohnungsberechtigte hat sämtliche Betriebskosten des Gebäudes und darüber hinaus den gesamten laufenden Erhaltungsaufwand und die laufenden öffentlichen Abgaben wie Grundsteuer, Gebäudeversicherung und dergleichen zu tragen.

Das Wohnungsrecht soll unverzüglich im Grundbuch eingetragen werden. Dazu erkläre ich schon jetzt mit Wirkung für meine Alleinerbin die dingliche Einigung zur Bestellung des dinglichen Wohnungsrechts gem. § 873 BGB. Zur Löschung des Wohnungsrechts soll der Nachweis des Todes des Berechtigten genügen.

## 6. Muster: Vertrag zur Begründung eines Wohnungsrechts, teilweise als Verschaffungsvermächtnis

*Vertrag über die Begründung eines Wohnungsrechts (Vermächtniserfüllung)*

I. Bestehender Rechtszustand

1. Im Grundbuch des Amtsgerichts ......... für ........., Band ........., Heft ........., ist in Abt. I Nr. 1 Frau ......... als Miteigentümerin zur Hälfte des Grundstücks BV Nr. ........., Gemarkung ........., Flst. Nr. ........., Größe: ........., eingetragen. Das Grundstück ist nach Abt. II und Abt. III des Grundbuchs nicht belastet.

Frau ......... ist am ......... gestorben; sie wurde nach dem Erbschein des Nachlassgerichts ......... vom ......... Az. ......... beerbt von 1. ........., 2. ......... und 3. ..........

2. Die andere Miteigentumshälfte an dem in Ziff. 1 bezeichneten Grundstück ist eingetragen auf die Erblasserin, Frau ........., mit ihrer Tochter ......... in Erbengemeinschaft nach dem Tod des ersten Ehemannes der Erblasserin, des Herrn ..........

3. Im Wege des Vermächtnisses hat die Erblasserin in ihrem Testament vom ........., dort in Ziff. ........., ihrem zweiten Ehemann, dem mitunterzeichneten Herrn ........., das lebenslange Wohnungsrecht an dem in Ziff. 1 näher bezeichneten Wohnhaus eingeräumt. Dieser hat das Vermächtnis mit Schreiben vom ......... gegenüber den Erben der Frau ......... angenommen.

Da das Gebäudegrundstück der Erblasserin nicht allein gehörte, hat sie das Vermächtnis in der Form des Verschaffungsvermächtnisses angeordnet.

Der Wohnungsberechtigte hat nach Ziff. ......... des bezeichneten Testaments sämtliche Betriebskosten des Gebäudes und darüber hinaus den gesamten laufenden Erhaltungsaufwand und die laufenden öffentlichen Abgaben wie Grundsteuer, Gebäudeversicherung und dergleichen zu tragen.

II. Vertrag zwischen den Erben der Frau ......... und den Grundstückseigentümern

1. Die Erben der Frau ........., nämlich 1. ........., 2. ......... und 3. ........., einerseits und die Tochter von Frau ........., ......... andererseits vereinbaren Folgendes: Damit die Erben der Frau ......... das zugunsten von Herrn ......... angeordnete Wohnungsrechtsverschaffungsvermächtnis erfüllen können,

*Krug*

stimmt die Tochter von Frau ▨ als Miteigentümerin des bezeichneten Gebäudegrundstücks der Eintragung des Wohnungsrechts zugunsten des Herrn ▨ hiermit zu.

2. Als Gegenleistung für die Zustimmung zur Eintragung des Wohnungsrechts verpflichten sich die Erben der Frau ▨, an die Tochter, Frau ▨, den einmaligen Betrag von ▨ EUR zu zahlen. Dieser Betrag ist sofort zur Zahlung fällig und auf das Konto der Frau ▨ zu überweisen.

*III. Grundbuchberichtigung*

Die Erben der Frau ▨ beantragen die Berichtigung des o.g. Grundbuchs dahin gehend, dass sie anstelle der Erblasserin im oben näher bezeichneten Grundbuch als Miteigentümer des bezeichneten Gebäudegrundstücks eingetragen werden.

*IV. Wohnungsrechtsbestellung*

Die Eigentümer des zuvor bezeichneten Gebäudegrundstücks einerseits und Herr ▨ andererseits sind sich über die Bestellung des lebenslangen Wohnungsrechts zugunsten von Herrn ▨ an dem bezeichneten Gebäudegrundstück einig.

Der Wohnungsberechtigte hat sämtliche Betriebskosten des Gebäudes und darüber hinaus den gesamten laufenden Erhaltungsaufwand und die laufenden öffentlichen Abgaben wie Grundsteuer, Gebäudeversicherung und dergleichen zu tragen.

Zur Löschung des Wohnungsrechts genügt der Nachweis des Todes des Berechtigten.

Die Grundstückseigentümer bewilligen, der Wohnungsberechtigte beantragt die Eintragung des Wohnungsrechts mit dem bezeichneten Inhalt im Grundbuch zu Lasten des genannten Grundstücks.

Der Wohnungsberechtigte ist geboren am ▨.

Der Jahreswert des Wohnungsrechts beträgt ▨ EUR. Der Wert des Gebäudes beträgt ▨ EUR. Bezüglich des Grundbuchberichtigungsantrags nehmen die Erben Befreiung von den Gerichtsgebühren nach § 60 Abs. 4 KostO in Anspruch, weil die Berichtigung binnen zwei Jahren nach dem Erbfall erfolgt.

(Grundstückseigentümer)

(Wohnungsberechtigter)

(Notarielle Unterschriftsbeglaubigung, § 29 GBO)

## II. Gattungsvermächtnis

Der Erblasser kann den Vermächtnisgegenstand gem. § 2155 BGB auch nur der **Gattung** nach bestimmen. Geschuldet wird nicht etwa eine Sache mittlerer Art und Güte im Sinne des § 243 Abs. 1 BGB, sondern eine den Verhältnissen des Bedachten entsprechende Sache.[195] Grundsätzlich erfolgt die Bestimmung der konkret geschuldeten Sache durch den Beschwerten, falls nicht der Erblasser die Bestimmung auf den Bedachten selbst oder auf einen Dritten übertragen hat.[196]

Beim Gattungsvermächtnis kommt es nicht darauf an, ob sich der oder die zu übertragenden Gegenstände zum Zeitpunkt des Erbfalls im Nachlass befinden, da § 2169 BGB nur für das Stückvermächtnis gilt.[197] Entgegen dem Wortlaut des § 2155 BGB ist die Vorschrift über

271

---

[195] MüKo-*Skibbe*, § 2155 BGB Rn 4.
[196] MüKo-*Skibbe*, § 2155 BGB Rn 5.
[197] Staudinger/*Otte*, § 2155 Rn 3.

das Gattungsvermächtnis nicht nur auf Sachen im klassischen Sinne (körperliche Gegenstände),[198] sondern auch auf Rechte und Dienstleistungen anzuwenden.[199]

### III. Untervermächtnis

272 Das Untervermächtnis ist gesetzlich nicht geregelt, wobei aber sowohl § 2147 BGB als auch § 2186 BGB von einer solchen Möglichkeit ausgehen.[200] Beschwert der Erblasser einen Vermächtnisnehmer seinerseits mit einem Vermächtnis, dann muss der Hauptvermächtnisnehmer das Untervermächtnis nur erfüllen, wenn der Wert des Untervermächtnisses nicht den des Hauptvermächtnisses übersteigt, § 2187 BGB.

### IV. Vorausvermächtnis

#### 1. Begriff

273 Unter einem Vorausvermächtnis versteht man die vermächtnisweise Zuwendung eines Gegenstandes oder Rechtes an einen der Miterben oder den Alleinerben (vgl. Muster über die Erfüllung eines Vorausvermächtnisses Rn 120).

Will der Erblasser einen bestimmten Bedachten gegenüber den übrigen Miterben wertmäßig besser stellen, so kann er dies durch Anordnung eines **Vorausvermächtnisses** (§ 2150 BGB) erreichen.[201]

#### 2. Abgrenzung der Teilungsanordnung vom Vorausvermächtnis

274 Die Teilungsanordnung entfaltet ihre Wirkung erst bei der Nachlassteilung. Das Vermächtnis hingegen ist Nachlassverbindlichkeit (§ 1967 Abs. 2 BGB) und ist deshalb vor der Teilung zu erfüllen (§ 2046 BGB).

Im Einzelfall kann es schwierig sein, festzustellen, ob die Anordnung des Erblassers den Charakter einer Teilungsanordnung oder eines Vorausvermächtnisses nach § 2150 BGB hat. Hat der Erblasser keine insoweit eindeutige Erklärung abgegeben, so ist der Wille durch Auslegung zu ermitteln.

275 Während die Teilungsanordnung den Erbteil quasi konkretisiert, wird das Vorausvermächtnis **zusätzlich** zum Erbteil gewährt. Nach der neueren Rechtsprechung des BGH handelt es sich um eine Teilungsanordnung, wenn die Höhe des Erbteils durch die Besonderheit der Auseinandersetzung nicht verändert werden soll. Ein etwaiger höherer Wert des zugeteilten Nachlassgegenstandes, als dem Auseinandersetzungsguthaben entspräche, ist unter den Erben auszugleichen.

276 Soll dagegen dem betreffenden Miterben ein nicht ausgleichungspflichtiger Mehrwert in Form eines besonderen Vermögensvorteils zufließen, so liegt ein Vorausvermächtnis vor.[202] Der BGH stellt darauf ab, ob der Erblasser dem Begünstigten einen Vermögensvorteil

---

198 Zu der Frage, ob es sich bei einem Geldvermächtnis um ein Gattungsvermächtnis handelt vgl. *Lange/Kuchinke*, § 27 V 2d a.E., hinsichtlich Quote BGH NJW 1960, 1759; Palandt/*Edenhofer*, vor § 2147 Rn 4; BGH WM 1978, 377= LM § 2084 Nr. 14.
199 MüKo-*Skibbe*, § 2155 BGB Rn 2.
200 Vgl. auch MüKo-*Schlichting*, § 2186 BGB Rn 2.
201 Vgl. im Einzelnen *Tanck/Krug/Daragan*, § 13 Rn 8 ff.
202 BGH NJW 1985, 51, 52; BGH FamRZ 1987, 475, 476; BGH NJW-RR 1990, 1220.

verschaffen wollte, ob er ihn also gegenüber den anderen Miterben begünstigen wollte – Stichwort: **Begünstigungswille**.[203]

Oder – anders ausgedrückt:

> *„Eine vom Erblasser in letztwilliger Verfügung getroffene Anordnung für die Auseinandersetzung unter den Miterben stellt dann eine Teilungsanordnung dar, wenn er die zuvor festgelegten Erbquoten durch seine Verfügung nicht verschieben, sondern unangetastet lassen wollte.*
> *Eine Teilungsanordnung – mit der Folge, dass der die Erbquote übersteigende Wert ausgeglichen werden muss – liegt auch dann vor, wenn dem Bedachten objektiv ein zusätzlicher Vermögensvorteil zugewendet worden ist, ohne dass der Erblasser ihn gegenüber den Miterben bevorzugen wollte. Ob eine solche Bevorzugung nicht gewollt war, ist im Wege der Auslegung der letztwilligen Verfügung zu ermitteln."*[204]

Die wesentliche Unterscheidung nach Teilungsanordnung und Vorausvermächtnis anhand eines Vermögensvorteils und eines Begünstigungswillens ist aber nicht das einzige Abgrenzungskriterium. Im Urteil vom 7.12.1994[205] hat der BGH klargestellt, dass der Erblasser grundsätzlich auch einen von der Erbeinsetzung unabhängigen Grund haben kann, einem Miterben einen bestimmten Gegenstand zuzuwenden. Dies kann bspw. dann der Fall sein, wenn der Erbe seinen Erbteil ausschlägt, er nach dem Willen des Erblassers den Gegenstand aber dennoch erhalten soll. Die wertmäßige Begünstigung ist demnach nur ein wichtiges Indiz, nicht aber zwingende Voraussetzung für die Auslegung als Vorausvermächtnis.[206]

Der Miterbe kann nach Annahme der Erbschaft die Übernahme des ihm durch Teilungsanordnung zugedachten Gegenstandes grundsätzlich nicht verweigern. Demgegenüber kann ein Vorausvermächtnis ohne weiteres ausgeschlagen werden. Bei Ausschlagung der Erbschaft wird die mit einem Erbteil verbundene Teilungsanordnung eo ipso gegenstandslos, nicht dagegen ein Vorausvermächtnis, das grundsätzlich – soweit der Erblasser nichts anderes angeordnet hat – unabhängig vom Erbteil weiter besteht.

Ist eine Teilungsanordnung im gemeinschaftlichen Testament oder Erbvertrag enthalten, so ist sie jederzeit widerruflich, weil sie nicht bindend angeordnet werden kann. Anders dagegen das Vorausvermächtnis: Es kann mit Bindungswirkung angeordnet werden. Im Falle erbvertraglicher Anordnung genießt der durch Vorausvermächtnis Bedachte schon vor dem Erbfall den Schutz des § 2288 BGB gegen eine beeinträchtigende Verfügung unter Lebenden.

Der Erblasser kann auch den Wert, der der Berechnung des Ausgleichsbetrags zugrunde gelegt werden soll, testamentarisch bestimmen.[207]

Legt der Erblasser für einen Nachlassgegenstand (häufig Grundstück) einen Übernahmepreis (in der Auseinandersetzung anzurechnender Betrag) fest, so ist zu differenzieren:
- Ist der objektive Wert höher als der Übernahmepreis, so liegt in Höhe der Differenz ein Vorausvermächtnis für den begünstigten Miterben vor.
- Ist der objektive Wert niedriger als der Übernahmepreis, so ist ein Vorausvermächtnis zugunsten der anderen, nicht übernahmeberechtigten Miterben angeordnet.

---

203 BGH NJW-RR 1990, 1220 = WM 1990, 1760 = FamRZ 1990, 1112, 1220 = DB 1990, 2164 = MDR 1991, 135.
204 OLG Braunschweig ZEV 1996, 69 = OLGR Braunschweig 1995, 58.
205 BGH ZEV 1995, 144.
206 OLG Frankfurt/M. Urt. v. 5.10.2007 – 3 U 272/06; *Skibbe*, ZEV 1995, 145.
207 OLG Frankfurt/M. Urt. v. 5.10.2007 – 3 U 272/06.

Darlegungs- und Beweislast: Wer Vorausvermächtnis behauptet, macht für sich einen rechtlichen Vorteil geltend und hat deshalb die Darlegungs- und Beweislast dafür, dass es sich um ein Vorausvermächtnis und nicht um eine Teilungsanordnung handle.

## E. Bereicherungsansprüche des enterbten Vermächtnisnehmers

281  OLG München:[208]

*„Tilgt ein Abkömmling die Schulden seiner Eltern im Hinblick auf eine Immobilie, die ihm vermächtnisweise zugewendet ist, und wird er diesbezüglich in einem späteren Testament enterbt, dann steht ihm ein bereicherungsrechtlicher Anspruch nach § 812 Abs. 1 S. 2 Alt. 2 BGB (condictio ob rem) gegenüber dem Erben zu."*

---

[208] ZErb 2003, 350 = ZEV 2004, 292.

# F. Übersichten zum Vermächtnisrecht

## Übersicht: Unterschiede Erbe/Vermächtnisnehmer

282

| Rechtsbegriff | Erbe | Vermächtnisnehmer |
|---|---|---|
| Rechtsfähigkeit des nasciturus | Ja, § 1923 BGB<br>Beim NachE: § 2108 Abs. 1 BGB;<br>Nicht gezeugter NachE: § 2101 BGB | Ja, § 2178 BGB<br>Auch noch nicht Gezeugter |
| Bestimmtheit der Berufung | Erblasser höchstpersönlich, § 2065 Abs. 2 BGB | Beschwerter oder Dritter kann Vermächtnisnehmer auswählen, § 2151 BGB |
| Rechtserwerb | Vonselbsterwerb, § 1922 BGB | Schuldrechtlicher Anspruch – Forderungsentstehung mit Erbfall, § 2176 BGB, (Anfall des Verm.), – Fälligkeit mit Erbfall (sofort), § 271 BGB, – Dingliche Übertragungsakte je nach Verm.gegenstand.<br>**Ausnahme dingliches Vermächtnis:** Vorausvermächtnis des Vorerben, § 2110 Abs. 2 BGB |

283

| Rechtsbegriff | Erbe | Vermächtnisnehmer |
|---|---|---|
| Annahme | Ausdrücklich oder konkludent, § 1943 BGB,<br>Verstreichenlassen der Ausschlagungsfrist | Ausdrücklich oder konkludent gegenüber Beschwertem, § 2180 BGB |
| Ausschlagung | | |
| – Frist | – 6 Wochen bzw. 6 Monate, § 1944 BGB | – Keine gesetzliche Frist,<br>– im Falle des § 2307 BGB Fristsetzung möglich |
| – Form | – Unterschriftsbeglaubigung. oder Niederschrift Nachlassgericht, § 1945 BGB | – Formlos, § 2180 BGB |
| – Empfänger | – Nachlassgericht, § 1945 BGB | – Beschwerter, § 2180 BGB |
| – Wirkung | – Wegfall rückwirkend auf Erbfall, § 1953 Abs. 1 BGB | – Wegfall rückwirkend auf Erbfall, §§ 2180 Abs. 3, 1953 Abs. 1 BGB |

| Rechtsbegriff | Erbe | Vermächtnisnehmer |
|---|---|---|
| **Anfechtung der Annahme und der Ausschlagung** | Allg. Irrtums-, Täuschungs- und Drohungsanfechtung, §§ 119, 123 | Allg. Irrtums-, Täuschungs- und Drohungsanfechtung, §§ 119, 123 |
| – Frist | – 6 Wochen, § 1954 BGB | – Unverzüglich, § 121 BGB (spätestens 10 Jahre!!!), 1 Jahr, § 124 |
| – Form | – U'beglaubigg. oder Niederschrift Nachlassgericht, §§ 1955, 1945 BGB | – Formlos |
| – Empfänger | – Nachlassgericht, § 1955 BGB | – Beschwerter, § 143 Abs. 1 BGB, |
| – Wirkung | – Anfechtung der Annahme = Ausschlagung, § 1957 BGB<br>– Anfechtung der Ausschlagung = Annahme | – Nichtig rückwirkend, § 142 BGB |
| **Ersatzbedachter**<br>Anwachsung | Ausdrücklich bestimmt, durch Auslegung zu ermitteln oder subsidiäre Geltung der Auslegungsregeln §§ 2068 ff. BGB<br>Bei gesetzl. Erbfolge: Erbteilserhöhung § 1935 BGB; bei test. Erbfolge: Anwachsung § 2094 BGB, aber Ersatzerbfolge hat Vorrang: § 2099 BGB. | Kein gesetzlicher Ersatzvermächtnisnehmer § 2160, aber evtl. analoge Anwendung von<br>§ 2069 BGB (Abkömmling!)<br>Ja, §§ 2158, 2159 BGB |
| **Erbvertragliche/ Wechselbezügliche Anordnung** | ErbV: Ja § 2278 Abs. 2 BGB<br>Wechs.bez.: Ja § 2270 Abs. 3 BGB | ErbV: Ja § 2278 Abs. 2 BGB<br>Wechs.bez.: Ja § 2270 Abs. 3 BGB |

| Rechtsbegriff | Erbe | Vermächtnisnehmer |
|---|---|---|
| Haftung | | |
| – Für allg. Nachlassverbindlichkeiten | – Unbeschränkt aber beschränkbar | – Keine |
| – – Für Vermächtnisse | – Beschränkt → § 1992 BGB (Überschwerungseinrede) | – Für Untervermächtnis beschränkt, § 2187 BGB → § 1992 BGB (**Überschwerungseinrede**) |
| – Für Pflichtteil | – Ja, § 1967 BGB | – Nicht extern, aber interne Belastung durch **Vermächtniskürzung**, § 2318 BGB |
| Zuwendung fremder Gegenstände | Bei mehreren Erben: Voraus-Verschaffungsvermächtnis | Ja §§ 2169, 2170 BGB Verschaffungs-Vermächtnis |
| „Gewährleistung" für Nachlassgegenstände | Bei mehreren Erben: Für Voraus-Gattungs-Verschaffungs-Vermächtnis | Beim Gattungsvermächtnis, §§ 2182, 2183 BGB |

| Rechtsbegriff | Erbe | Vermächtnisnehmer |
|---|---|---|
| **Bedachter ist Pflichtteilsberechtigter** | | |
| – Zusatz-Pflichtteil | Ja § 2305 BGB | Ja § 2307 Abs. 1 S. 2 BGB |
| – Unwirksamkeit von Beschwerungen | Ja, wenn Erbteil = oder < als Pflichtteil § 2306 Abs. 1 S. 1 BGB | – |
| – Ausschlagung mit nachfolgendem Pflichtteilsanspruch | Ja, wenn Erbteil beschwert und > als Pflichtteil, § 2306 Abs. 1 S. 2 BGB (für Erbfälle bis 31.12.2009). Für Erbfälle ab 1.1.2010 kommt es auf „kleiner als", „gleich groß" u. „größer als" nicht mehr an, § 2306 Abs. 1 BGB n.F; vgl. § 15 Rn 67 ff. | Ja § 2307 Abs. 1 S. 1 BGB |
| – Sonder-Anfechtung der Ausschlagung wg. Irrtums über Wegfall der Beschwerung | Ja, § 2308 BGB | Ja, § 2308 BGB |
| **Zeitlich gestaffelte Einsetzung** Zeitliche Höchstdauer bei befristeter oder bedingter Einsetzung | Vor- und Nacherbfolge, §§ 2100 ff. BGB **Grundsatz:** Max. 30 Jahre – mit Ausnahmen, § 2109 BGB | Vor- und Nachvermächtnis, § 2191 BGB **Grundsatz:** Max. 30 Jahre – mit Ausnahmen, §§ 2162, 2163 BGB |
| **Schutz des vertraglich bzw. testamentarisch-bindend Bedachten vor missbräuchlicher Verfügung** | Ja, § 2287 BGB | Ja, § 2288 BGB (auch gegen Zerstörung, Beiseiteschaffen und Beschädigung – umfassender als Vertragserbe) |

| | Abgrenzung Vorausvermächtnis/Teilungsanordnung | |
|---|---|---|
| Rechtsbegriff | Vorausvermächtnis | Teilungsanordnung |
| Anordnung | | |
| – Einseitig | Ja | Ja |
| – Wechselbezüglich | Ja, § 2270 Abs. 3 BGB | Nein |
| – Erbvertraglich | Ja, § 2278 Abs. 2 BGB | Nein |
| Inhalt | **Begünstigungswille** des Erblassers (BGH) | Keine Verschiebung der Beteiligungsquote; bei „überquotaler" Teilungsanordnung Ausgleichszahlung (evtl. Grunderwerbsteuer-Problem!!) |
| Anfall | Forderung mit Erbfall, § 2176 BGB | Mit Erbfall, § 1922 BGB |

| Rechtsbegriff | Vorausvermächtnis | Teilungsanordnung |
|---|---|---|
| Annahme | Nach Vermächtnisrecht, § 2180 BGB | Wie Erbschaft, da mit ihr verbunden |
| – Frist | Keine gesetzliche; vom Erblasser gesetzte; Beschwerter kann iFd § 2307 BGB Frist setzen | Nach Ablauf der Ausschlagungsfrist gilt sie als angenommen, § 1943 |
| – Form | Keine gesetzliche – Ausdrücklich oder konkludent | Keine gesetzliche – Ausdrücklich oder konkludent |
| Ausschlagung | Getrennt vom Erbteil möglich | Nicht getrennt vom Erbteil |
| – Frist | Keine gesetzliche; vom Erblasser gesetzte; Beschwerter kann iFd § 2307 BGB Frist setzen | 6 Wochen/6 Monate § 1944 BGB |
| – Form | Keine | Beglaubigung, § 1945 BGB |
| – Empfänger | Beschwerter, § 2180 BGB | Nachlassgericht, § 1945 BGB |
| Rechtswirkung unter den Erben | Schuldrechtlich | Schuldrechtlich |

| Rechtsbegriff Vollzug | Vorausvermächtnis | Teilungsanordnung |
|---|---|---|
| – Fälligkeit | Sofort, § 271 BGB | Jederzeit, § 2042 Abs. 1 BGB |
| – Erfüllungszeitpunkt | **Vor der Erbteilung**, § 2046 BGB | **Bei der Erbteilung**, § 2047 BGB |
| – Übertragungsakt | Je nach Vermächtnisgegenstand nach sachenrechtlichen Grundsätzen | Je nach Gegenstand nach sachenrechtlichen Grundsätzen |
| **Aufhebung der Verpflichtung** | Erlassvertrag (§ 397 BGB) zwischen Vermächtnisnehmer und Beschwertem | Einigung aller Erben |

**Darlegungs- und Beweislast:** Wer Vorausvermächtnis behauptet.

# § 16 Selbstständige und unselbstständige Stiftungen bei der Erb- und Nachfolgegestaltung

*Dr. K. Jan Schiffer*

## Literatur

**Lehrbücher, Handbücher, Kommentare:**

*Andrick/Suerbaum*, Stiftung und Aufsicht, 2001; *Andrick/Suerbaum*, Stiftung und Aufsicht, Nachtrag: Das modernisierte Stiftungsrecht (Stand: September 2002), 2002; *Berndt/Götz*, Stiftung und Unternehmen, 8. Auflage 2009; *Brandmüller/Lindner*, Gewerbliche Stiftungen, 3. Auflage 2005; *Buchna*, Gemeinnützigkeit und Steuerrecht, 9. Auflage 2008; *Bundesverband Deutscher Stiftungen* (Hrsg.), Bürgerstiftungen in Deutschland – Entstehung. Struktur. Projekte. Netzwerke (Forum Deutscher Stiftungen Bd. 15), 2002; *Bundesverband Deutscher Stiftungen*, Verzeichnis Deutscher Stiftungen, 2008; *Dauner-Lieb/Heidel/Ring* (Hrsg.), AnwaltKommentar BGB, Band 2, Schuldrecht, 2005; *Dauner-Lieb/Heidel/Ring* (Hrsg.), AnwaltKommentar BGB, Band 5, Erbrecht, 2. Auflage 2007 (zit.: AnwK-BGB/*Bearbeiter*); *Frieser/Sarres/Stückemann/Tschichoflos* (Hrsg.), Handbuch des Fachanwalts Erbrecht, 3. Auflage 2009; *Fritz*, Stifterwille und Stiftungsvermögen, 2009; *Haegele/Winkler*, Der Testamentsvollstrecker, 19. Auflage 2008; *Hopt/Reuter* (Hrsg.), Stiftungsrecht in Europa, 2001; *Hüttemann*, Gemeinnützigkeits- und Spendenrecht, 2008; *Klein*, Abgabenordnung Kommentar, 10. Auflage, 2009; *v. Löwe*, Familienstiftung und Nachfolgegestaltung, 1999; *Lorz/Kirchdörfer*, Unternehmensnachfolge – Rechtliche und steuerliche Gestaltungen, 2002; *Mecking/Schindler/Steinsdörfer*, Stiftung und Erbe, 3. Auflage 1997 (Materialien aus dem Stiftungszentrum, Heft 21); *Meincke*, ErbStG, 15. Auflage 2009; *Meyn/Richter/Koss*, Die Stiftung, 2. Auflage 2009; *Muscheler*, Stiftungsrecht, 2005; *Palandt*, Bürgerliches Gesetzbuch, 69. Auflage 2010; *Peiker*, Kommentar zum Hessischen Stiftungsgesetz, 3. Auflage 2005; *Pues/Scheerbarth*, Gemeinnützige Stiftungen im Zivil- und Steuerrecht, 3. Auflage 2008; *Richter/Wachter*, Handbuch des internationalen Stiftungsrechts, 2007; *Rott/Kornau/Zimmermann*, Testamentsvollstreckung. Vermögensnachfolgegestaltung für Steuerberater und Vermögensverwalter, 2008; *Sauter/Schweyer/Waldner*, Der eingetragene Verein, 18. Auflage 2006; *Schauhoff* (Hrsg.), Handbuch der Gemeinnützigkeit – Verein – Stiftung – GmbH, 2. Auflage 2005; *Schiffer*, Die Stiftung in der Beraterpraxis, 2. Auflage 2009; *Schneider/Wolf* (Hrsg.), AnwaltKommentar RVG, 5. Auflage 2009 (zit.: AnwK-RVG/*Bearbeiter*); *Seifart/v. Campenhausen*, Handbuch des Stiftungsrechts, 3. Auflage 2009; *Wachter*, Stiftungen – Zivil- und Steuerrecht in der Praxis, 2001; *Weinläder*, Unternehmensnachfolge – Strategien, Praxis, Recht, 1998.; *Weirich*, Erben und Vererben – Handbuch des Erbrechts und der vorweggenommenen Vermögensnachfolge, 6. Auflage 2008; *Weitz* u.a. (Hrsg.), Rechtshandbuch für Stiftungen, Losblatt, Stand: 2005; *Werner/Saenger* (Hrsg.), Die Stiftung, 2008.

**Aufsätze (Auswahl):**

*Christoffel*, Erbschaftsteuer-Hinweise, Erbfolgebesteuerung 2003, 16, 35; *Daragan*, Letztwillige Zuwendungen an eine Stiftung, Die Roten Seiten zum Magazin Stiftung & Sponsoring 01/2000; *Hennerkes/Schiffer*, Regelung der Unternehmensnachfolge durch Stiftungskonstruktionen? BB 1992, 1940; *Hüttemann*, Der Grundsatz der Vermögenserhaltung im Stiftungsrecht, FG für Flume zum 90. Geburtstag, 1998, 59; *Peiker*, Stiftungen und Stiftungsaufsicht in Frankfurt am Main, Stiftung & Sponsoring 02/2000, 8; *Schiffer/v. Schubert*, Unternehmensnachfolger als Gründer: Einsatz unternehmensverbundener Stiftungen? DB 2000, 437; *Schiffer*, Stiftungen und Familienstiftungen in der Unternehmensnachfolge – Eine Bestandsaufnahme in: 10 Jahre DVEV 1995–2005, S. 135 ff.; *Schiffer*, Das Stiftungszivilrecht bleibt liberal, BB 42/2002, 1 (Kommentar); *Schiffer*, Zur Entwicklung des Stiftungszivilrechts in den Jahren 2000 – 2003, NJW 2004, 2497; *Schwarz*, Die Stiftung als Instrument für die mittelständische Unternehmensnachfolge, BB 2001, 2381; *Spiegel*, Die Bestandserhaltung des Stiftungsvermögens im Rahmen der Rechnungslegung, Rote Seiten zum Magazin Stiftung & Sponsoring 03/2000; *Spiegel*, Haftung – Haftungsprobleme der Stiftungsverwaltung, Die Roten Seiten zum Magazin Stiftung & Sponsoring 02/1998; *Turner/Doppstadt*, Die Stiftung – eine Möglichkeit individueller Nachfolgegestaltung, DStR 1996, 1448; *Wachter*, Rechtliche Fragen bei der Anlage von Stiftungsvermögen, Rote Seiten zum Magazin Stiftung & Sponsoring 06/2002; *Weger*, Führung und Management gemeinnütziger Stiftungen, Die Roten Seiten zum Magazin Stiftung & Sponsoring 03/1999.

A. **Typische Sachverhalte aus der Praxis** .... 1
B. **Rechtsgrundlagen** ................... 8
 I. Stiftung: Eine besondere juristische Person ................... 8
 II. Stiftungen vermeiden keine Pflichtteilsansprüche ................... 13
 III. Fachliche Beratung ist zwingend ....... 14
 IV. Aktuelles Stiftungszivilrecht .......... 15
  1. Politik und Stiftungsrecht ......... 16
  2. Regelungen im BGB ............. 17
  3. Stiftungsgeschäft, Satzung und Anerkennung ................... 23
  4. Vorteil: Großer Gestaltungsspielraum in der Praxis ................... 41
 V. Rechnungslegung und Prüfung von Stiftungen ................... 44
 VI. Oft unterschätzt: Haftungsfragen ....... 49
  1. Einzelheiten ................... 53
   a) Allgemeine Haftungsverschärfung durch KonTraG, Rechtsprechung und modernisiertes Schuldrecht ... 53
   b) Haftung der Stiftung und der Organmitglieder ................... 56
    aa) Außenhaftung der Stiftung ... 56
    bb) Innenhaftung – Rückgriff der Stiftung ................... 58
    cc) Rolle der Stiftungsaufsicht .... 66
  2. Haftungsbeschränkung, Haftungsfreistellung und D&O-Versicherung ... 70
   a) Privilegierung nach § 619a BGB? .. 72
   b) Haftungsmilderung bei schadensträchtiger Aufgabe ................... 73
   c) Regelung in der Satzung oder stillschweigender Haftungsausschluss ................... 74
   d) D&O-Versicherung ............. 78
C. **Stiftung als Rechtsform zur Erb- und Nachfolgeregelung** ................... 79
 I. Selbstständige Stiftung ............... 79
 II. Familienstiftung ................... 80
 III. Unternehmensverbundene Stiftung ...... 84
  1. Arten der unternehmensverbundenen Stiftung ................... 85
  2. Stiftung & Co. (KG) ............. 88
  3. Doppelstiftung ................... 94
  4. Praxishinweise zur unternehmensverbundenen Stiftung ................... 96
 IV. Steuerbegünstigung einer Stiftung ...... 103
  1. Steuerbefreiung wegen Gemeinnützigkeit oder Mildtätigkeit .......... 103
   a) Gemeinnützige Zwecke ......... 104
   b) Mildtätige Zwecke ............. 107
   c) Reichweite der Steuerbefreiung ... 108
  2. Neues Stiftungssteuerrecht ........ 111
   a) Überblick (erste Verbesserungsstufe) ................... 113
   b) „Hilfen für Helfer": Neues Spenden- und Gemeinnützigkeitsrecht ................... 116
  3. Steuerbefreite „Familienstiftungen" ... 124
   a) „Gemeinnützige Familienstiftung" ................... 124
   b) „Mildtätige Familienstiftung" ..... 126
  4. Europarecht ................... 133
 V. Bürgerstiftungen ................... 140
 VI. Ausländische Stiftungen ............. 143
 VII. Unselbstständige Stiftung ............. 149
 VIII. Ersatzformen ................... 160
D. **Stiftungserrichtung zu Lebzeiten oder von Todes wegen?** ................... 167
E. **Stiftungen im Erbfall** ................... 176
 I. Stiftungen als Erben ................... 177
 II. Unselbstständige Stiftung im Erbfall ... 179
 III. Erbrechtliches ................... 185
  1. Erbenstellung ................... 185
  2. Vermächtnis ................... 193
  3. Begünstigung durch eine Auflage ... 194
  4. Testamentsvollstreckung ......... 195
 IV. Besteuerung ................... 196
  1. Besteuerung nach den allgemeinen Grundsätzen ................... 196
  2. Vererbung von Verlusten ......... 199
F. **Hinweise zum Rechtsanwaltshonorar** .... 201
G. **Checkliste: Beratung bei einem Stiftungsprojekt – wichtige Fragen und wesentliche Punkte** ................... 206
H. **Muster** ................... 210
 I. Muster: Stiftungsgeschäft unter Lebenden ................... 211
 II. Muster: Testament zur Errichtung einer rechtsfähigen Stiftung ................... 212
 III. Muster: Testament zur Einsetzung einer Stiftung als Erbin ................... 213
 IV. Muster: Testament mit Vermächtnis für eine Stiftung ................... 214
 V. Muster: Testament zur Einsetzung einer Stiftung als Nacherbin ................... 215
 VI. Muster: Satzung einer selbstständigen steuerbegünstigten Stiftung ................... 216
  1. Muster: Satzung einer selbstständigen steuerbegünstigten Stiftung (einfach) .. 216
  2. Vorgaben zur Mustersatzung nach der Abgabenordnung zu § 60 AO ....... 218
  3. Mustersatzung nach Anlage 1 zu § 60 AO ................... 219
  4. Muster: Satzung einer selbstständigen steuerbegünstigten Stiftung (ausführlich) ................... 222
 VII. Muster: Verfassung einer unternehmensverbundenen Familienstiftung (Stiftung & Co. KG) ................... 224
 VIII. Muster: Satzung und Organisationsvertrag einer unselbstständigen Stiftung .... 225

## A. Typische Sachverhalte aus der Praxis

Stiftungen sind in der Fachliteratur vielfach als Ansatz zur Gestaltung der Unternehmensnachfolge Gegenstand der Diskussion.[1] Nach der Reform des deutschen Stiftungszivilrechts im Jahre 2002 fanden sich einige geradezu euphorische Äußerungen.[2] Eine Mindermeinung sieht das kritischer.[3] Außerhalb des unternehmerischen Bereiches gewinnt die **steuerbegünstigte Stiftung** aktuell erheblich an Bedeutung im Zusammenhang mit der Nach- und Erbfolgeregelung.[4] Das zeigt sich u.a. in der großen Anzahl einschlägiger Publikationen[5] und in der Zahl der Neuerrichtungen. Mehr als 800 rechtsfähige (selbstständige) Stiftungen wurden beispielsweise im sog. Boom-Jahr 2001 neu errichtet. Wahrscheinlich aufgrund der erneuten Reform des Gemeinnützigkeitsrechts waren es 2007 sogar über 1.100. Insgesamt wurden in diesem Jahrzehnt mehr als doppelt so viele Stiftungen gegründet als in der 90er Jahren des letzten Jahrhunderts. Aktuell werden ca. bis 900 – 1.000 rechtsfähige Stiftungen bürgerlichen Rechts pro Jahr errichtet.[6] Die jährlich neu hinzukommenden **unselbstständigen** Stiftungen sind ungezählt.

Die Stiftung ist damit zunehmend ein Thema für die rechts- und steuerberatende Praxis. Man spricht von einer **Renaissance der Stiftungskultur**.[7]

Es lassen sich **drei Hauptgruppen von Motiven** für die Errichtung von Stiftungen unterscheiden, die einzeln oder auch kombiniert auftreten können:
- Gemeinnützige und mildtätige Motive;
- der Wunsch, die Selbstständigkeit eines (Familien-)Unternehmens aufrechtzuerhalten, die Unternehmensnachfolge zu sichern, das eigene Lebenswerk oder das Werk, das von der Familie über viele Generationen aufgebaut wurde, zu erhalten;

---

1 Siehe etwa: *Hennerkes/Schiffer*, BB 1992, 1940 ff.; *Wochner*, MittRhNotK 1994, 98 ff.; *Turner/Doppstadt*, DStR 1996, 1448 ff.; *App*, NotBZ 1998, 49 ff.; *Schiffer/v. Schubert*, DB 2000, 437 ff.; *Nietzer/Stadie*, NJW 2000, 3547 ff.; *Schnitger*, ZEV 2002, 104 ff.; *Schwarz*, BB 2001, 2381 ff.; *Schiffer/v. Schubert*, BB 2002, 265 ff.; *Oltmann*, Bankmagazin, 3/2002, 52; *Mainczyk*, Stbg 2002, 76 ff.; *Freundl*, DStR 2004, 1509 ff.; *Kirnberger/Werz*, ErbStB 2004, 145 ff.; *Kußmaul/Meyering*, StB 2004, 135 ff.; *Muscheler*, S. 317 ff.; *Söffing/Thoma*, ErbStB 2005, 212 ff.; *Söffing/Thoma*, ErbStB 2005, 315 ff; *Feick*, BB-Special 6 2006, 13; *Richter/Sturm*, ZErB 2006, 75 ff.; *Werner*, ZEV 2006, 539 ff.; *Richter/Brunner/Sturm*, Stiftung & Sponsoring 06/2006, 26 f.; *Richter/Sturm*, ZEV 2006, 539 ff.; *Götz*, NWB 2008, F. 2, 10107 ff.; *ders*. INF 2004, 628 ff. und 669 ff.; *Saenger*, in: Werner/Saenger, Rn 868 ff.; *Mecking/Schlichting*, Stiftung & Sponsoring 3/2009, 46 f.; ausf. *Schiffer*, § 11 Rn 1 ff. Insbesondere zur Doppelstiftung siehe auch schon *Schiffer* in: Eiselsberger (Hrsg.), Jahrbuch Stiftungsrecht 07, 2007, S. 175 ff.
2 *Freundl*, DStR 2004, 1509, 1515 („… dafür geschaffen …"; „… hervorragende Chance …"). IFU-Institut: Seminarankündigung für 2005 „Die Stiftung als attraktive Nachfolgeregelung". Siehe auch die zahlreichen Bücher zum Thema (Auswahl): *Berndt/Götz*, Stiftung und Unternehmen, 8. Auflage 2003; *Brandmüller/Lindner*, Gewerbliche Stiftungen, 3. Auflage 2005; *Holler*, Stiftungssatzungen, 2004; *Holt/Koch*, Stiftungssatzung, 2004 (siehe dort S. 7 f., 46 f.); *Milatz/Kemcke/Schütz*, Stiftungen im Zivil- und Steuerrecht, 2004 (siehe dort, S. 22 ff.).
3 Siehe etwa MüKo-*Reuter*, 5. Auflage 2006, §§ 80, 81 BGB Rn 88 ff.; *K. Schmidt*, ZHR 166 (2002), 149; *Eglau*, Erbe, Macht & Liebe – Unternehmerfamilien zwischen Interessen und Emotionen, 2001, 121 („Vorsicht mit Stiftungen!").
4 Siehe schon *Schiffer* in: Frieser/Sarres/Stückemann/Tschichoflos, Kap. 4 Rn 1 ff.
5 Siehe nur die Nachweise im Literaturverzeichnis.
6 Zu den Zahlen vgl. auf der Internetseite des Bundesverbandes Deutscher Stiftungen (http://www.stiftungen.org/index.php?strg=87_106_226&baseID=611), aufgerufen am 14.12.2009.
7 Z.B. der Stifterverband für die deutsche Wissenschaft in seiner gleichnamigen Schrift. Zur Stiftungslandschaft in Deutschland siehe: *Mecking*, Stiftung & Sponsoring – Rote Seiten 02/2005; *Schlüter*, ZSt 2006, 51 ff.

– der Wunsch nach einer langfristigen finanziellen Absicherung der Familie.

3 Stiftungen werden heute nicht mehr nur von vermögenden Privatleuten errichtet, die ihr Vermögen nach ihrem Tod für einen guten Zweck arbeiten lassen wollen, sondern von breiteren Kreisen der deutschen Bevölkerung. Die von der Nachkriegsgeneration erarbeiteten Vermögen stehen zur Vererbung und Übergabe an. Der **Fall der gemeinnützigen Stiftung vermögender Privatpersonen** ist zwar wohl derjenige, der in der Öffentlichkeit am bekanntesten ist, aber Stiftungen werden zur Vermögenssicherung nach wie vor gerade auch unternehmensbezogen gegründet. Am Beispiel eines Unternehmers lassen sich auch die wesentlichen Grundfragen des Stiftungsrechts für einen (potenziellen) Stifter besonders gut verdeutlichen.

4 Nehmen wir das typisierte **Praxisbeispiel eines Unternehmers** ohne Nachkommen, der die Mehrheitsbeteiligung an einem Unternehmen hält, das bereits von seinen Großeltern gegründet worden ist. Darüber hinaus verfügt er über ein nicht unerhebliches von ihm selbst geschaffenes oder vermehrtes Privatvermögen.
   – Der Unternehmer wird typischerweise bestrebt sein, die Selbstständigkeit des „Familienunternehmens" zu erhalten und möchte gegebenenfalls einen sinnvollen Beitrag zum Gemeinwohl leisten.
   – Hat er, wie in unserem Beispielsfall, keine eigenen Kinder, so würde bereits die besonders hohe (und durch die Erbschaftsteuerreform noch gestiegene) Erbschaftsteuerbelastung für entfernte Verwandte regelmäßig den Zwang bedeuten, Gesellschaftsanteile zu veräußern, soweit das Privatvermögen für die Steuer nicht ausreicht. Die Mehrheitsbeteiligung an dem Unternehmen wäre zumindest gefährdet oder ginge sogar verloren. Die Einsetzung einer gemeinnützigen und deshalb steuerbefreiten Stiftung zum Erben des Unternehmers oder zumindest wesentlicher Anteile könnte dieses Problem möglicherweise lösen. Der Unternehmer könnte etwa Wissenschaft und Forschung, Natur- und Umweltschutz oder auch das Wohlfahrtswesen fördern.
   – Gegebenenfalls könnte er zusätzlich Mittel aus seinem Privatvermögen der gemeinnützigen Stiftung übertragen.
   – In jedem Fall muss er aber wegen der Schenkung-/Erbschaftsteuerbelastung Vorsorge treffen, will er das Unternehmen nicht gefährden. Er hat entweder entsprechende Mittel für die Steuer zur Verfügung zu stellen oder er wählt den Weg über eine Steuerbefreiung wegen Gemeinnützigkeit.

5 Als **prominente Namen** im Zusammenhang mit Stiftungen sind etwa zu nennen: *Hopp* und *Tschira* (beide SAP), *Mohn*, *Würth* („Ikea"), *Kirch*, *Eckernkamp* (Vogel-Verlag), *Brandstätter* („Playmobil") oder auch *Michael Stich*, *Jürgen Klinsmann* und *Thomas Gottschalk*. Ganz aktuell ist das Beispiel *Wiedeking*.

6 Es gibt gegenwärtig etwa **16.400 selbstständige Stiftungen in Deutschland**, die ganz überwiegend gemeinnützig[8] sind. Auf etwa 100 GmbHs kommt in Deutschland statistisch eine Stiftung.[9] Unternehmensverbundene Stiftungen und Familienstiftungen gibt es in Deutschland wohl einige hundert.[10]

7 Da das Thema nicht unbedingt jedem Berater geläufig ist, wird nachfolgend zunächst ein Überblick über das Stiftungsrecht und das Stiftungswesen in einer kompakten Gesamtdar-

---

8 Hier wird für alle Fälle der steuerbefreiten Stiftung wie üblich schlagwortartig von „gemeinnütziger" Stiftung gesprochen.
9 Zu den aktuellen Zahlen siehe www.stiftungen.org unter Service: Zahlen, Daten, Fakten.
10 Siehe etwa *Berndt*, Stiftung und Unternehmen, 7. Aufl. 2003, S. 479 ff.

stellung gegeben und anschließend finden sich verschiedene Muster für wesentliche Fälle von Stiftungsgestaltungen.[11]

## B. Rechtsgrundlagen

### I. Stiftung: Eine besondere juristische Person

Die **rechtsfähige Stiftung** des Privatrechts[12] ist als eine Zusammenfassung von vermögenswerten Gegenständen auf Dauer[13] angelegt.[14] Eine Stiftung hat keine Mitglieder oder Gesellschafter. Sie hat nur Nutzer (Destinatäre).

> **Hinweis**
> Als **Destinatäre**[15] werden diejenigen natürlichen oder juristischen Personen bezeichnet, denen die Vorteile der Stiftung (Stiftungsleistungen) zugute kommen sollen. Sie haben als Destinatäre keinen einklagbaren Anspruch gegen die Stiftung, es sei denn, es ist etwas anderes in der Stiftungsverfassung festgelegt.[16]

Das Vermögen[17] einer Stiftung darf in seiner Substanz grundsätzlich nicht angegriffen werden ("**Grundsatz der Vermögenserhaltung**").[18] Das muss dem Stifter unbedingt bewusst sein. Die Erträge aus dem Vermögen sind dabei nur für die Zwecke der Stiftung einzusetzen.

Die Stiftung ist entgegen manchem Missverständnis und Vorurteil eine **wertneutrale, steuerpflichtige**[19] **juristische Person**, die – wie andere Rechtsformen (in der Praxis insb. Vereine und GmbHs, Paradebeispiel: Robert Bosch Stiftung GmbH) auch – gemeinnützig im Sinne der §§ 51 ff. AO sein kann, aber nicht sein muss.

Sofern eine Stiftung unmittelbar oder mittelbar unternehmerisch tätig ist, kann sie sich den Gesetzmäßigkeiten des Wirtschaftslebens nicht entziehen. Dennoch haben manche das falsche Vorverständnis, eine Stiftung habe zwangsläufig einen gemeinwohlfördernden oder sogar gemeinnützigen Charakter.[20]

Die einmal errichtete Stiftung genießt mit ihrem jeweiligen spezifischen Stiftungszweck staatlichen Bestandsschutz – und zwar auch gegenüber dem Stifter (wichtiges Stichwort dazu: **Stiftungsreife**) (siehe Rn 14).

---

11 Ausführlich zu alledem *Schiffer* mit weiteren Mustern.
12 Hier werden kirchliche Stiftungen und Stiftungen des öffentlichen Rechts nicht behandelt; siehe dazu bei *Schiffer*, § 2 Rn 4 ff., 8 ff. m.w.N.
13 Auch eine sog. **Verbrauchsstiftung** ist möglich: *Fritz*, S. 89 ff.; *Schiffer*, § 2 Rn 10 ff.; *Wallenhorst*, DStR 2002, 984 ff. A.A. *Muscheler*, in: FS O. Werner, 2009, S. 129 ff.
14 Zur umstrittenen sog. **Vorstiftung** siehe *Hüttemann*, in: FS Spiegelberger, 2009, S. 1292 ff.; *Schiffer*, § 5 Rn 95 ff.
15 Ausf. AnwK-BGB/*Schiffer*, § 80 Rn 46 ff.
16 Vgl. BGH, Urt. v. 7.10.2009 – Xa ZR 8/08 (abrufbar unter http://www.bundesgerichtshof.de/entscheidungen/entscheidungen.php).
17 Ausf. *Schiffer*, § 6 Rn 39 ff.
18 Ausf. dazu etwa *Schiffer*, § 6 Rn 40 ff.; Rn 51 ff.
19 Näher zur Steuerpflicht siehe etwa *Schiffer*, § 9 Rn 1 ff. Siehe auch die regelmäßigen Darstellungen in DStR.
20 Das zeigt sich etwa bei der durch das neue Stiftungszivilrecht überholten Diskussion zur Zulässigkeit der unternehmensverbundenen Stiftung, siehe dazu *Schiffer*, ZSt 2003, 252 ff.

## II. Stiftungen vermeiden keine Pflichtteilsansprüche

13 Um eine immer wieder gestellte Frage vorweg zu beantworten: Durch eine Stiftung lassen sich Pflichtteilsansprüche nicht vermeiden. Die völlig herrschende Meinung bejaht zwischenzeitlich Pflichtteils- und Pflichtteilsergänzungsansprüche der enterbten Erben auch bei Stiftungsgestaltungen.[21] Das gilt auch angesichts einer etwas missverständlichen Entscheidung des OLG Dresden.[22] Das hat unter Aufhebung des Urteils des OLG Dresden auch der BGH[23] klargestellt.

Zur Pflichtteilsvermeidung kann eine Stiftung also nicht eingesetzt werden. Auch hier bleibt insoweit nur der Weg über Erb-/Pflichtteilsverzichtsverträge nach §§ 2346 ff. BGB.

## III. Fachliche Beratung ist zwingend

14 Das Stiftungszivilrecht und das Stiftungssteuerrecht sind zu kompliziert und zu komplex, als dass der Laie sich alleine zurechtfinden könnte.

Selbst unter den Juristen und Steuerberatern findet man nur selten einen Stiftungsfachmann, so dass auch von diesen üblicherweise ein Stiftungsfachmann als Zweitberater hinzugezogen wird. (Es verwundert nicht, dass bei dieser Sachlage die ersten Stimmen laut werden, die nach Zertifizierung rufen. Jeder mag für sich selbst beurteilen, ob das sinnvoll ist.)

In jedem Fall ist es für einen potentiellen Stifter schon aufgrund der Vielzahl einschlägiger Gesetze unerlässlich, sich intensiv mit seinem Stiftungsprojekt zu beschäftigen und vor allem sich fachlich kompetent beraten zu lassen.

Eine Stiftung ist und bleibt eine spezielle Rechtsfigur für spezielle Fälle. Dabei muss ein Stifter bestimmte persönliche Qualifikationen erfüllen, die sich parallel zu dem Begriff „Börsenreife", den wir vor allem im Zusammenhang mit Börseneinführungen kennen, als **„Stiftungsreife"** bezeichnen lassen.[24] Ein Stifter und seine Familie müssen vor allem gewillt sein, zu akzeptieren, dass mit der Stiftung eine eigenständige, von ihrem zukünftigen Willen unabhängige juristische Person ins Leben gerufen wird, der das erforderliche Stiftungsvermögen dauerhaft übertragen wird, so dass man mit diesem Vermögen dann nicht mehr wie mit eigenem Vermögen verfahren darf. Die einmal genehmigte Stiftung genießt mit ihrem jeweiligen spezifischen Stiftungszweck staatlichen Bestandsschutz – und zwar auch gegenüber dem Stifter. Das ist von potentiellen Stiftern und Stiftungsberatern zu beachten.

In der Praxis findet man aber leider immer wieder Äußerungen folgender Art von (prominenten) Stiftern zu „ihren" Stiftungen:

*„Was soll das? Kann ich jetzt nicht einmal mehr über mein eigenes Geld verfügen?"*

*„Da reden die Behörden dann bei meinem Geld mit, dass ich der Gemeinnützigkeit gegeben habe."*

---

21 *Fritsche*, in: Werner/Saenger, Rn 662 m.w.N.; *Hof*, in: Seifart/v. Campenhausen, § 6 Rn 75; *Medicus*, in: FS Heinrichs, 1998, S. 381 (390); AnwK-BGB/*Schiffer*, § 80 Rn 94 ff.; *Schwake*, in: Münch. Hdb. GesR, Bd. V, § 79 Rn 177.
22 OLG Dresden NJW 2002, 3181 ff. Zu dem Urteil siehe *Rawert*, NJW 2002, 151 ff.; *Schiffer*, DStR 2003, 14 ff.
23 Siehe *BGHZ* 157, 178= NJW 2004, 1382 m. Anm. *Schiffer*, NJW 2004, 1565.
24 Ausf. *Schiffer/Bach*, Stiftung & Sponsoring, 04/1999, 16 und 05/1999, 21; *Schiffer/v. Schubert*, DB 2000, 437; dem dort entwickelten Ansatz ausdrücklich folgend *Wachter*, 32; zusammenfassend *Schiffer*, § 14 Rn 16 ff.

Solche Äußerungen zeigen, wie wichtig es ist, als Berater mit potentiellen Stiftern über das Thema Stiftungsreife zu sprechen.

## IV. Aktuelles Stiftungszivilrecht

Neben dem **BGB**, das die privatrechtliche Stiftung näher behandelt, wirkt der Bundesgesetzgeber über das **Steuerrecht** wesentlich auf die Stiftungen ein. Der Schwerpunkt des materiellen Stiftungsrechtes lag zuvor im **Länderrecht**. Dieser Schwerpunkt hat sich durch die Einführung des aktuellen Stiftungszivilrechts eindeutig zum BGB verschoben.

### 1. Politik und Stiftungsrecht

Die „Politik" entdeckte vor geraumer Zeit, nicht zuletzt angesichts der leeren öffentlichen Kassen, die Stiftung als Thema. Zunächst wurden das Stiftungssteuerrecht (vgl. Rn 111 ff.) und das Spendenrecht[25] reformiert. Sodann wurde die Reform des Stiftungszivilrechts intensiv diskutiert[26] und die Parteien taten sich mit unterschiedlich gelungenen Vorschlägen hervor.[27] Nachdem noch einige Bundesländer Gesetzesanträge gestellt hatten,[28] legte die von der Bundesjustizministerin eingesetzte interne **Bund-/Länder-Arbeitsgruppe zur Reform des Stiftungs(zivil)rechts** ihren Abschlussbericht im Oktober 2001[29] vor und schlug sowohl einen Rechtsanspruch auf Anerkennung einer Stiftung als auch ein strafferes Anerkennungsverfahren vor.[30]

In der Zwischenzeit wurde das Stiftungssteuerrecht und das Spendenrecht erneut durch das Gesetz „Hilfen für Helfer" reformiert, um die Gründung von Stiftungen noch attraktiver zu machen (siehe Rn 116 ff.).[31]

### 2. Regelungen im BGB

Für das Gesetz[32] wurde ausgehend von den gründlichen Analysen der Arbeitsgruppe ein praxisnaher Ansatz ohne wesentliche materielle Neuerungen gewählt.[33]

Die Neuregelung[34] hat vor allem die **Stifterfreiheit** gestärkt, indem sie durch eine **bundeseinheitliche Regelung die rechtlichen Anforderungen für die Errichtung einer Stiftung** transparenter und einfacher gestaltet (insb. § 81 BGB).

Ausdrücklich stellt das Recht nun auch klar, dass die Rechtsfähigkeit der Stiftung anzuerkennen ist, wenn die gesetzlichen Voraussetzungen erfüllt sind. Damit ist ein **Recht auf die Errichtung von Stiftungen festgeschrieben** (§ 80 Abs. 2 BGB).

---

25 *Buchna*, 300 ff.
26 Siehe dazu etwa *Pluskat*, DStR 2002, 915 ff.
27 Siehe *Schiffer*, § 3 Rn 1 ff.
28 Siehe *Wachter*, 270 ff.
29 Bericht vom 19.1.2002; siehe dazu *Schiffer*, Stiftung & Sponsoring 6/2001, 17; *Schiffer/v. Schubert*, BB 2002, 265, siehe auch *Nissel* (Vorsitzender der Arbeitsgruppe), Das neue Stiftungsrecht, 2002.
30 Der Verfasser war Teilnehmer der Expertenanhörung im Bundesjustizministerium.
31 Übersicht bei *Augsten/Höreth/Franken*, ZErb 2007, 153; *Schauhoff/Kirchhain*, DStR 2007, 1985. Ausf. *Manteuffel*, Stiftung & Sponsoring – Rote Seiten 04/2007.
32 Gesetz zur Modernisierung des Stiftungsrechts vom 15.7.2002 (BGBl I 2002, 2634).
33 Siehe die hilfreiche Synopse von altem und neuem Recht bei *Schwarz*, DStR 2002, 1771 ff.
34 Näher dazu *Andrick/Suerbaum*, Nachtrag; *Andrick/Suerbaum*, NJW 2002, 2905; *Schwarz*, DStR 2002, 1718 ff. und 1767 ff.

19  Dem Stifterwillen wird dadurch besonderes Gewicht beigemessen werden, dass für Stiftungen **alle gemeinwohlkonformen Zwecke** zulässig sind (§ 80 Abs. 2 BGB aE: „*... und der Stiftungszweck das Gemeinwohl nicht gefährdet.*"). Die von verschiedenen Seiten andiskutierten Vorbehalte gegenüber Familienstiftungen und unternehmensverbundenen Stiftungen sind ins Leere gegangen.

20  Bis zur Grenze der Gemeinwohlgefährdung darf nach dem neuen Stiftungszivilrecht eine Stiftung jeden beliebigen privatnützigen Zweck verfolgen und jede beliebige privatnützige Ausrichtung haben. Es muss insbesondere nicht eine Familienstiftung, eine unternehmensverbundene Stiftung oder gar eine wegen Gemeinnützigkeit steuerbefreite Stiftung sein, sondern es kann auch eine allgemein privatnützige Stiftung sein. Das Gesetz kennt hier keine Zweckvorgaben, wie man sie früher vereinzelt im Landesstiftungsrecht fand, wonach z.B. unternehmensverbundene Stiftungen nicht genehmigungsfähig sein sollten.[35]

21  Für die Errichtung einer Stiftung hat sich im Ergebnis nichts wirklich Grundlegendes gegenüber den vorherigen Regelungen und deren Auslegung durch die h.M. geändert:
 – Das **Stiftungsgeschäft** unter Lebenden bedarf nach wie vor der Schriftform (§ 81 Abs. 1 S. 1 BGB; Stiftungsgeschäft)
 – Der Stifter muss wie bisher verbindlich erklären, ein so genanntes Vermögen (Bargeld oder Sachwerte) zur Erfüllung eines von ihm vorgegebenen Zweckes zu widmen (§ 81 Abs. 1 S. 2 BGB).
 – Durch das Stiftungsgeschäft muss die Stiftung eine Satzung erhalten, die nach dem insoweit bundesweit geltenden Recht entgegen den bisher auch insoweit geltenden Landesstiftungsgesetzen nur noch die folgenden Punkte regeln muss: 1. den Namen der Stiftung, 2. den Sitz der Stiftung, 3. den Zweck der Stiftung, 4. das Vermögen der Stiftung und 5. die Bildung des Vorstandes der Stiftung (§ 81 Abs. 1 S. 3 BGB).
 – Weitere Grundvoraussetzung ist und bleibt, dass **die nachhaltige Erfüllung des Stiftungszwecks** gesichert erscheint (§ 80 Abs. 2 BGB). Der Zweck muss auf jeden Fall erreicht werden können. Die **Vermögensausstattung** (näher siehe Rn 38) muss dazu für die Aufgaben angemessen sein, die die Stiftung zur Erfüllung ihres Zwecks zu erledigen hat. Dazu soll es nach der Begründung für das Gesetz ausreichen, dass weitere Bar- und Sachmittel mit einer gewissen Sicherheit zu erwarten sind.
 – Der Begriff der „Genehmigung" einer Stiftung wurde durch „**Anerkennung**" ersetzt (§ 80 Abs. 2 BGB), um das Stiftungsrecht von „obrigkeitsstaatlichem Muff" zu befreien. Das ist durchaus auch als Aufforderung an die Stiftungsbehörden gemeint, Stiftungsprojekte positiv zu unterstützen.

22  Mit dem Bundesstiftungsrecht im BGB sind die Voraussetzungen für das Entstehen einer rechtsfähigen Stiftung bundeseinheitlich geregelt. Vor allem durch die geänderten §§ 80, 81 BGB wurden viele Vorschriften in den zuvor geltenden Landesstiftungsgesetzen obsolet.[36] Die Landesgesetzgeber standen vor der Aufgabe, ihre Stiftungsgesetze anzupassen. Dazu haben sich *Hüttemann* und *Rawert* erfreulicherweise die Mühe gemacht, einen **Modellentwurf eines Landesstiftungsgesetzes** vorzulegen.[37] Die nunmehr reformierten aktuellen Landesstiftungsgesetze finden sich u.a. auf der Internetseite des Bundesverbandes Deutscher Stiftungen (www.stiftungen.org). Für einige Regelungen der Landesstiftungsgesetze wird diskutiert, ob sie wegen des Vorrangs des Bundesrechts (Art. 31 GG) unwirksam sind, so z.B. Regelungen zu Haftungsbeschränkungen für Mitglieder der Stiftungsorgane.[38]

---

35 *Schiffer*, NJW 2004, 2497, 2498 bei Fn 21.
36 *Hüttemann/Rawert*, ZIP 2002, 2019.
37 *Hüttemann/Rawert*, ZIP 2002, 2019 ff.
38 Siehe *Schiffer*, § 6 Rn 25 m.w.N.

## 3. Stiftungsgeschäft, Satzung und Anerkennung[39]

Nach § 80 BGB ist zur Entstehung einer rechtsfähigen Stiftung des Privatrechts nach Verabschiedung des neuen Stiftungszivilrechts neben dem **Stiftungsgeschäft**[40] die **Anerkennung durch die zuständige Behörde**[41] in dem Bundesland erforderlich, in dessen Gebiet die Stiftung ihren Sitz haben soll. Die Stiftung ist nach § 80 Abs. 2 BGB anzuerkennen („Recht auf Stiftung"), wenn
- das Stiftungsgeschäft den Anforderungen des § 81 Abs. 1 BGB genügt,
- die nachhaltige Erfüllung des Stiftungszwecks gesichert erscheint und
- der Stiftungszweck das Gemeinwohl nicht gefährdet.

Bei dem **Stiftungsgeschäft** ist zwischen einem solchen unter Lebenden und dem Stiftungsgeschäft von Todes wegen zu unterscheiden, worauf sogleich gesondert näher eingegangen wird. In den meisten Fällen wird eine Stiftung zu Lebzeiten des Stifters errichtet.

Neben dem neuen Stiftungszivilrecht im BGB gelten weiterhin die verschiedenen Landesstiftungsgesetze, soweit nicht im BGB eine vorrangige materiellrechtliche Regelung getroffen wurde,[42] was insbesondere bei der Regelung der Anerkennung von Stiftungen der Fall ist (siehe auch Rn 18).

Sowohl **natürliche Personen** als auch **juristische Personen** können Stifter sein. So können etwa auch Stiftungen wiederum Stiftungen, d.h. „**Unterstiftungen**" errichten. Der Stifter muss unbeschränkt geschäftsfähig sein. Er ruft durch Vorgabe des Stiftungszwecks und durch Übertragung von Vermögen auf die Stiftung zu Lebzeiten oder von Todes wegen seine Stiftung ins Leben. Durch das **Stiftungsgeschäft** und die Satzung drückt er seinen Stifterwillen aus,[43] der über die Stiftungssatzung für die Stiftung auch nach seinem Tode bestimmend bleibt. Das Stiftungsgeschäft muss der Stifter nicht höchstpersönlich vornehmen, er kann sich durch einen Bevollmächtigten vertreten lassen. Auch mehrere Stifter können die Stiftung gemeinsam **errichten** – in einer Urkunde oder durch gesonderte Erklärungen.

Das Stiftungsgeschäft ist als **einseitige, nicht empfangsbedürftige Willenserklärung** grundsätzlich bedingungsfeindlich,[44] denn jede Unsicherheit über die Existenz der Stiftung muss im Interesse des Rechtsverkehrs vermieden werden. Eine nur bedingt entstandene Stiftung gibt es nicht. Nicht möglich wäre also etwa die Errichtung einer Stiftung für den Fall des Eintritts eines bestimmten Ereignisses.

> **Beispiel:**
> Nicht möglich ist die Errichtung einer Stiftung unter der Bedingung, dass Enkel des Stifters geboren werden.

Nach § 81 Abs. 1 BGB bedarf das Stiftungsgeschäft unter Lebenden der **schriftlichen Form**. Die Stiftungsurkunde ist eigenhändig von dem Stifter oder den Stiftern zu unterschreiben oder notariell zu beurkunden. Die einfache Schriftform genügt nach h.M. sogar auch dann, wenn im Stiftungsgeschäft die Übertragung von **Grundstücken** oder von Geschäftsanteilen an einer GmbH auf die Stiftung vorgesehen ist, denn die Sonderformvorschriften für die Übertragung von Grundstücken und GmbH-Anteilen gelten nur für Verträge – also nicht

---

39 Ausführlich *Schiffer*, § 5 Rn 1 ff.
40 Näher dazu *Schiffer*, § 5 Rn 7 ff.
41 Näher dazu *Schiffer*, § 5 Rn 89 ff.
42 Siehe nur Palandt/*Ellenberger*, vor § 80 BGB Rn 13.
43 Ausf. zum Stifterwillen AnwK-BGB/*Schiffer*, § 80 Rn 28 f.
44 Zu Ausnahmen *Hof*, in: Seifart/v. Campenhausen, § 6 Rn 14.

für einseitige Erklärungen wie ein Stiftungsgeschäft. Außerdem hat das stiftungsrechtliche Anerkennungsverfahren dieselbe Richtigkeitsgewähr wie die ansonsten erforderliche notarielle Form.[45]

30 Der Stifter ist bei der Wahl des **Namens der Stiftung** grundsätzlich frei. Eine gesetzlich geschützte Firma oder ein anderweitig geschützter Name dürfen allerdings nicht verletzt werden. Durch den Namen der Stiftung kann insbesondere deren Zwecksetzung umrissen werden (Beispiel: „Studienstiftung des deutschen Volkes"). Um die Erinnerung an den Stifter wach zu halten, kann auch dessen Name in den **Namen der Stiftung** aufgenommen werden.

31 **Hinweis**
Ist die Stiftung an einem Unternehmen beteiligt oder betreibt sie ein solches, hat sie für die Firma des Unternehmens das Firmenrecht zu beachten.

32 Nach § 83 S. 3 BGB gilt bei von Todes wegen errichteten Stiftungen, sofern im Stiftungsgeschäft oder in der Stiftungssatzung nichts anderes festgelegt ist, der Ort, an dem die Verwaltung der Stiftung geführt wird, als **Sitz der Stiftung**. Bei zu Lebzeiten errichteten Stiftungen muss die Stiftung eine Satzungsregelung erhalten, die den Sitz der Stiftung festlegt (§ 81 Abs. 1 S. 3 Nr. 3 BGB). Nach dem Sitz der rechtsfähigen Stiftung des Privatrechts bestimmen sich das für diesen maßgebende Stiftungsgesetz und die zuständige Anerkennungsbehörde. Über die ihm freistehende Wahl des Sitzes der Stiftung hat der Stifter in der Praxis also die Möglichkeit, gleichzeitig auch das für die Stiftung einschlägige Landesstiftungsgesetz, d.h. ein seinem Vorhaben ggf. freundlicher gesinntes Bundesland zu wählen.

33 Regelmäßig stellen potenzielle Stifter die Frage nach der **Endgültigkeit** ihrer Erklärungen im Zusammenhang mit der Errichtung einer Stiftung. Hier sind verschiedene Fälle zu unterscheiden.
– Die Umgestaltung der von ihm gewählten Stiftungskonstruktion und -konzeption kann der Stifter nach der Anerkennung durch eine in der Satzung vorbehaltene **Änderung der Stiftungssatzung** erreichen.
– Nur bis zur Anerkennung der Stiftung kann der Stifter das Stiftungsgeschäft **widerrufen** (§ 81 Abs. 2 BGB). Widerruft er das Stiftungsgeschäft tatsächlich, so ist die Entstehung der Stiftung ausgeschlossen. Hat der Stifter bereits bei der zuständigen Stiftungsbehörde wegen der Anerkennung nachgesucht, so kann der Widerruf nur der Behörde gegenüber erklärt werden.
– Ist die Anerkennung einer Stiftung einmal erfolgt, kann das Stiftungsgeschäft nicht mehr widerrufen, sondern nur noch wegen Irrtums, Täuschung oder Drohung angefochten werden. Solche Fälle sind allerdings kaum praxisrelevant. Seine **Anfechtungserklärung** hat der Stifter an die Stiftung zu richten. Für die Stiftung ist dann ggf. ein Pfleger durch das Amtsgericht zu bestellen, der die Frage der rechtsgültigen Anfechtung des Stiftungsgeschäftes im Wege der Feststellungsklage klären lassen kann. Ein angefochtenes Stiftungsgeschäft wird als von Anfang an nichtig angesehen. Die Stiftung als Organisation und Körperschaft wird durch die Anfechtung nach richtiger Ansicht jedoch nicht in ihrem Bestand berührt. Faktisch wird das Erreichen des Stiftungszwecks in einem solchen Fall regelmäßig unmöglich werden, da die wirksame Anfechtung den Anspruch der Stiftung gegen den Stifter auf Übertragung des Stiftungsvermögens hemmt. Die Stiftung ist dann von der Anerkennungsbehörde richtigerweise aufzuheben (§ 87 Abs. 1 BGB).

---

45 Zum Streitstand siehe die Nachweise bei *Schiffer*, § 5 Rn 11.

– Fehlt dem Stiftungsgeschäft die vorgeschriebene Form, verstößt das Stiftungsgeschäft gegen gesetzliche Vorschriften, ist es sittenwidrig oder ist gar der Stifter geschäftsunfähig, so ist das **Stiftungsgeschäft ebenfalls nichtig** und zwar mit den entsprechenden Folgen wie bei der wirksamen Anfechtung.

Auch eine Stiftung kann **insolvent** werden.[46] Sie ist von daher nicht absolut endgültig.

Bei der Gestaltung einer **Stiftungsverfassung (Stiftungssatzung)** ist zwischen dem notwendigen und dem möglichen Inhalt zu unterscheiden.[47] **Notwendig und zwingend** für eine Stiftungsverfassung sind Angaben zu Namen, Sitz, Zweck und Vermögen der Stiftung sowie zur Bildung des Vorstandes.[48]

Neben den genannten notwendigen Angaben kann eine Stiftungssatzung zahlreiche weitere Regelungen enthalten. Durch Regelungen in der Stiftungssatzung können vor allem die Wege zur Erreichung des Stiftungszwecks näher konkretisiert werden, Vorgaben zur Art und Weise der Vermögensverwaltung der Stiftung gegeben oder neben dem Vorstand weitere Organe (den Vorstand beaufsichtigender **Stiftungsrat**, den Vorstand beratendes **Kuratorium**) für die Stiftung festgelegt werden. Das hier wiedergegebene Beispiel der ausführlichen Satzung einer gemeinnützigen Stiftung (siehe Rn 222) verdeutlicht einige der hier für den Stifter bestehenden zahlreichen Möglichkeiten. Letztlich lässt sich für jedes konkrete Stiftungsprojekt eine maßgeschneiderte Satzung entwerfen. Es besteht ein **breiter Gestaltungsspielraum**, worauf sogleich näher einzugehen sein wird.

**Die drei Schritte zur Errichtung einer Stiftung:**
1. Entwicklung und Konkretisierung einer Stiftungsidee und eines Stiftungszwecks, entsprechende Auswahl der Stiftungsform (gemeinnützige Stiftung, Familienstiftung, unternehmensverbundene Stiftung, sonstige Stiftung);
2. Entwicklung und Entwurf des Stiftungsgeschäfts und der Stiftungsverfassung;
3. Anerkennungsverfahren (Regierungspräsidium) – unter Einbindung der Finanzverwaltung bei der gemeinnützigen Stiftung.

Zur Verwirklichung des Stiftungszwecks muss das **Vermögen der Stiftung** erhalten bleiben. Es darf grundsätzlich nicht zur Erfüllung des Stiftungszwecks verbraucht werden (Ausnahme: Verbrauchsstiftung).[49] Man spricht von dem **Grundsatz der Vermögenserhaltung**.[50]

Eine für die Erfüllung des Stiftungszwecks **angemessene Vermögensausstattung** ist gesetzliche Voraussetzung für die Anerkennung der Stiftung. Es ist jedoch nirgendwo gesetzlich geregelt, um welche Mindestausstattung es sich handeln muss. Der Gedanke einer festen Mindestkapitalausstattung für Stiftungen ist bei der Reform des Stiftungszivilrechts zu Recht verworfen worden. Zu groß sind in der Praxis die Unterschiede zwischen den einzelnen Stiftungen. Es besteht damit in jedem Einzelfall für die Vermögensausstattung der Stiftung ein erheblicher Ermessensspielraum. Die Beantwortung der Frage nach der ausreichenden Vermögensausstattung hängt vorrangig vom jeweiligen Stiftungszweck und von der konkreten Praxis der einzelnen Stiftungsbehörden ab. Für selbstständige unternehmensverbundene Stiftungen wird man zum gegenwärtigen Zeitpunkt wohl sagen müssen, dass **grundsätzlich jedenfalls** ein Mindestkapital in Höhe von **50.000 EUR** erforderlich ist, das dann ggf. später durch **Zustiftungen** aufgestockt wird. Verschiedene Stiftungsbehörden

---

46 Ausf. *Fritsche*, in: Werner/Saenger, Rn 776 ff.; *Schiffer*, § 7 Rn 46 f.
47 AnwK-BGB/*Schiffer*, § 85 Rn 2 ff.
48 Zu den Organen der Stiftung siehe *Schiffer*, § 5 Rn 45 ff.
49 Näher *Schiffer*, § 2 Rn 10 ff.
50 Ausf. *Schiffer*, § 6 Rn 37 ff.

forderten in der Vergangenheit allerdings deutlich niedrigere oder höhere Mindestbeträge.[51] Für nicht unternehmensbezogene Stiftungen gilt ähnliches. **Umschichtungen des Stiftungsvermögens**, d.h. Veränderungen in der Zusammensetzung des zu erhaltenden Vermögens sind, falls sich aus der Satzung nicht etwas anderes ergibt, grundsätzlich zulässig,[52] was nunmehr auch in einigen Landesstiftungsgesetzen ausdrücklich geregelt ist.[53] Erzielte Buchgewinne sind keine Erträge; sie fließen dem zu erhaltenden Vermögen („Grundstock") zu.[54]

39   Eine gegenwärtig heftig diskutierte und insbesondere vor dem Hintergrund der Finanzkrise für viele Stiftungen besonders dringliche Frage ist die nach der **Bewirtschaftung des Stiftungsvermögens**: Wie darf, soll, muss ein Stiftungsvermögen verwaltet werden?[55] Einige Stiftungsgesetze enthalten Vorschriften zur Vermögensverwaltung durch Stiftungen,[56] doch handelt es sich in der Regel um „wenig hilfreiche Gemeinplätze".[57] Maßgebend ist auch hier der Stifterwille.[58] Eine Stiftungssatzung sollte deshalb Vorgaben zur Verwaltung des Stiftungsvermögens enthalten, die einerseits den Stiftungsorganen eine Leitlinie geben (Welches Risiko dürfen wir gehen?) und andererseits wegen der naturgemäß nicht absehbaren Zukunft eine hinreichende Flexibilität ermöglichen. In der Praxis klagen Stiftungen zunehmend über die schlechte Verwaltung und Betreuung ihres Vermögens durch Banken.[59] Es mag hier dahinstehen, ob eine solche Klage im Einzelfall tatsächlich berechtigt ist oder nicht. Jedenfalls ist es grundsätzlich schwierig, eine gute **Vermögensverwaltung** zu definieren, zumal man den Erfolg ernsthaft oft erst nach Jahren beurteilen kann. Gerade bei einer Stiftung kommt es typischerweise auf einen regelmäßigen und sicheren sowie möglichst hohen Ertrag an. Dieses Ziel erinnert an die berühmte „Quadratur des Kreises". Jedenfalls ist es aber für den in Stiftungsangelegenheiten beratenden Anwalt sinnvoll und lohnend, sich für seine Mandanten auch um dieses Thema zu kümmern und Stiftungen hier dauerhaft kritisch zu begleiten.

40   Die **professionelle Führung und das Management** auch gemeinnütziger Stiftungen[60] wird nicht nur angesichts der Kompliziertheit des Steuerrechts, der Verschärfung des Haftungsrechts der Situation an den Kapitalmärkten und der zunehmenden teilweisen Verschiebungen von Aufgaben aus dem staatlichen Bereich in das Stiftungswesens immer wichtiger. Hier wird sich mancher ehrenamtliche Stiftungsvorstand noch deutlich umstellen müssen. Die Beraterzunft wird die Organmitglieder dabei zu begleiten haben.

### 4. Vorteil: Großer Gestaltungsspielraum in der Praxis

41   Da Bundes- und Landesgesetzgeber von ihrer Befugnis, die Satzung privatrechtlicher Stiftungen zu regeln, nur in begrenztem Umfange Gebrauch gemacht haben, ergeben sich

---

51  *Hennerkes/Schiffer/Fuchs*, BB 1995, 209 ff.
52  Ausf. *Fritz*, in: Werner/Saenger, Rn 488 ff., 500 ff.; *Schiffer*, § 6 Rn 82 ff. jew. m.w.N.
53  Siehe § 4 Abs. 2 S. 1 Hs. 2 StiftG HH; § 4 Abs. 2 S. 2 StiftG NRW, § 7 Abs. 2 S. 1 Hs. 2 StiftG RP.
54  Umstritten! Näher zum Streitstand *Schiffer*, § 6 Rn 84.
55  Grundlegend: *Hüttemann*, FG für *Flume*, 1998, S. 59 ff.; *Hüttemann/Schön*, Vermögensverwaltung und Vermögenserhaltung im Stiftungs- und Gemeinnützigkeitsrecht, 2007; siehe auch *Schiffer*, § 6 Rn 41 ff., 51 ff., 73 ff. m.w.N.
56  Z.B. § 4 Abs. 1 S. 2 StiftG-NRW.
57  So kritisiert deutlich etwa *Henß*, ZSt 2004, 83.
58  Wie hier schon und ausführlich *Hüttemann*, FG für Flume, 1998, S. 68 ff.
59  Siehe Handesblatt vom 29.3.2005, 18.
60  Siehe dazu etwa *Weger*, Stiftung & Sponsoring – Rote Seiten 03/1999; *Wambach, Richter*, Stiftung & Sponsoring – Rote Seiten 02/2006 (auch zum Risikomanagement).

für die einzelne Stiftung die stiftungsrechtlichen Regelungen im Wesentlichen aus ihrer Stiftungssatzung, auch Stiftungsverfassung genannt. (Der Sprachgebrauch in den einzelnen Landesstiftungsgesetzen ist unterschiedlich.) Unter Beachtung des BGB und des für die betreffende Stiftung geltenden Landesstiftungsgesetzes kann ein Stifter eine **konkret auf seine Wünsche zugeschnittene Stiftungssatzung** festlegen. Nicht umgehen kann er grundsätzlich allerdings die staatliche Stiftungsaufsicht, welche in erster Linie dem öffentlichen Interesse an der Verwirklichung des Stifterwillens dient. Die Aufsicht ist reine Rechtsaufsicht, also nicht etwa auch Fachaufsicht. In den neuen Landesstiftungsgesetzen findet sich eine Tendenz zur Beschränkung auf eine sog. „**Anlass-Aufsicht**".[61] Zahlreiche früher bestehende Genehmigungserfordernisse für Geschäfte einer Stiftung sind entfallen. Das ist in jedem Einzelfall nach dem aktuellen Landesstiftungsgesetz zu prüfen.

Die **Rechtsaufsicht**[62] betrifft nur die Beaufsichtigung der Einhaltung der Rechtsvorschriften des jeweiligen Stiftungsrechts, schließt also die Aufsicht hinsichtlich fachlicher Fragen der Stiftungsverwaltung durch dessen Organe (Fachaufsicht) nicht mit ein. Die Stiftungsorgane sind in ihrer Entscheidungen zur Art und Weise der Verwaltung der Stiftung insoweit also frei. In gewissem Maße lässt sich die Stiftungsaufsicht je nach Landesstiftungsgesetz für Familienstiftungen vermeiden. Nicht umgehen kann der Stifter, dass als notwendige Grundvoraussetzung einer Stiftungsorganisation ein Stiftungsvorstand einzusetzen ist, der die Stiftung nach außen vertritt und für sie handelt (Einzelheiten zur Formulierung einer Stiftungssatzung finden sich in den Mustern siehe Rn 210 ff.).

42

Gerade im Stiftungsrecht ist eine auf die besonderen Erfordernisse des jeweiligen Einzelfalls zugeschnittene Satzung unerlässlich. Vor allem die „**Verewigung des Stifterwillens**" auch für die Zeit nach dem Tod des Stifters erfordert eine sehr sorgfältig gestaltete Stiftungssatzung, die einerseits den Stifterwillen ausreichend konkret festschreibt, andererseits aber in der Zukunft – soweit rechtlich zulässig – eine Anpassung an etwaig zwischenzeitlich geänderte Verhältnisse durch eine entsprechende Flexibilität der Stiftungssatzung ermöglicht. Anders als beispielsweise bei den Handelsgesellschaften, deren Gesellschaftsverträge nach dem Willen ihrer Gesellschafter geänderten Umständen jederzeit angepasst werden können, ist die Änderung von Stiftungssatzungen nach dem Tod des Stifters nur in sehr eingeschränktem Umfange möglich.[63]

43

## V. Rechnungslegung und Prüfung von Stiftungen

Die Rechnungslegung bei Stiftungen[64] dient den Stiftungsorganen und der Finanzverwaltung, aber auch der Stiftungsaufsicht als **Informationsquelle** und im Rahmen ihrer jeweiligen Aufgaben als **Entscheidungsgrundlage**. In den einzelnen Landesstiftungsgesetzen finden sich üblicherweise einschlägige Vorschriften. Außerdem finden sich Vorschriften im BGB (§ 86 i.V.m. §§ 27 Abs. 3, 259, 260, 666 BGB), im Handelsrecht (§§ 238 ff. HGB) und in der Abgabenordnung (§§ 140, 141, 63 Abs. 3 AO). Eine Stiftung kann sich auch freiwillig oder nach ihrer Satzung einer Prüfung durch einen Wirtschaftsprüfer oder eine sonstige

44

---

61 Näher zu den Aufsichtsmitteln *Schiffer*, § 8 Rn 6 ff.
62 Näher dazu *Backert*, in: Werner/Saenger, Rn 1275 ff.
63 Ausführlich dazu *Schiffer*, § 8 Rn 27 ff.
64 Näher dazu *Bundesverband Deutscher Stiftungen* (Hrsg.), Das Rechnungswesen einer Stiftung, 2004; *Haase-Theobald*, in; Wigand/Haase-Theobald/Heuel/Stolte, Stiftungen in der Praxis, 2007, § 6 S. 135 ff.; *Kußmaul/Meyering*, DStR 2004, 371; *Merl*, in: Bertelsmann Stiftung (Hrsg.), Handbuch Stiftungen, 2. Aufl. 2003, S. 889 ff.; *Wambach/Etterer*, Stiftung & Sponsoring – Rote Seiten 2/2006, 16 ff. Ausf. auch *Orth*, in: Seifart/v. Campenhausen, § 37 (S. 631 ff.) m.w.N.

anerkannte Prüfungseinrichtung unterwerfen. Sie kann dann natürlich auch freiwillig den Prüfungsbericht der Stiftungsaufsichtsbehörde vorlegen.

45 Der **Hauptfachausschuss (HFA) des Instituts der Wirtschaftsprüfer in Deutschland (IDW)** hat, weil die Wirtschaftsprüfer Stiftungen zunehmend als Klientel entdeckten, am 25.2.2000 eine Stellungnahme zur Rechnungslegung und Prüfung von Stiftungen vorgelegt.[65] Bedauerlicherweise kommt es aber dennoch immer wieder einmal vor, dass Prüfer die Besonderheiten bei Stiftungen nicht kennen oder verkennen, ja sogar, dass ihnen die „IDW-Grundsätze" für Stiftungen unbekannt sind. Besonders problematisch im Rahmen der Rechnungslegung[66] und der Prüfung von Stiftung erscheint die Frage nach der Vermögenserhaltung (vgl. Rn 37 ff.). Ganz wesentlich in diesem Zusammenhang ist die diskussionsträchtige Frage der **Bewertung des Stiftungsvermögens**.[67] Hier kommt es bezogen auf die Vermögenserhaltung entgegen der sonstigen Tätigkeit der Wirtschaftsprüfer nicht auf reine Zahlen, sondern, wie oben dargelegt, auf den Stifterwillen als Maßstab an (vgl. Rn 39). Das ist immer wieder eine Quelle für endlose Diskussionen mit Wirtschaftsprüfern, die sich hier oftmals ohne nähere fachliche Kenntnis den stiftungsrechtlichen Rahmenbedingungen verweigern.

46 In der Praxis regen die Anerkennungsbehörden bei Errichtung größerer Stiftungen nicht selten an, eine **Prüfungspflicht** in der Satzung festzuschreiben, um so auch die Stiftungsaufsicht etwa bei unternehmensverbundenen Stiftungen zu erleichtern.[68] Das sollte nicht etwa als „Gängelung" verstanden werden. Die Prüfungspflicht ist regelmäßig eine sinnvolle Grundlage für eine erfolgreiche Stiftungsarbeit.

Kleinere Stiftungen können sich eine Prüfung oft gar nicht leisten, da ihre Einkünfte zu gering sind. Für diese Stiftungen bietet sich ggf. an, ehrenamtliche Rechnungsprüfer aus ihrem Umfeld zu wählen. Das entspricht dem bekannten Model aus der Vereinswelt, wo Rechnungsprüfer aus der Mitgliederversammlung gewählt werden, die die „Kassenführung" überprüfen.

47 Auch bei Stiftung und insbesondere bei gemeinnützigen Stiftungen finden sich in der Praxis **Außenprüfungen** (§ 193 Abs. 2 Nr. 2 AO). Bei gemeinnützigen Stiftungen wird vor allem überprüft, ob die tatsächliche Geschäftsführung den steuerrechtlich relevanten Vorschriften der Stiftungssatzung und den gesetzlichen Gemeinnützigkeitsvorschriften entspricht.[69] Wie die Praxis leider zeigt, ist es durchaus möglich, dass bei echten oder vermeintlichen erheblichen Verstößen die Gemeinnützigkeit kurzfristig entzogen wird. Die Stiftungsorgane sollten generell vor allem folgende Punkte bedenken und beachten:[70]

Die Finanzverwaltung verfügt über moderne, EDV-gestützte Prüfungsmethoden etwa auch zur Barkassenprüfung und zur elektronischen Betriebsprüfung.

Der Steuerpflichtige hat umfangreiche Mitwirkungs- und Aufklärungspflichten, die bei Auslandssachverhalten noch gesteigert sind.

---

65 Siehe IDW RS HFA 5, IDW-Nachrichten 2000, 129 = WPg 2000, 391; IDW PS 740, IDW-Nachrichten 2000, 142 = WPg 2000, 385. Siehe auch *Hermann*, ZSt 2009, 66 zur **Rechnungslegung spendensammelnder Stiftungen** und zum Entwurf der IDW-Verlautbarung ERS HFA 21 n.F.
66 Dazu *Spiegel*, Stiftung & Sponsoring – Rote Seiten 03/2000.
67 Dazu *Merl/Koss*, Stiftung & Sponsoring – Rote Seiten 05/1998; *Orth* in: Sefart/v. Campenhausen, § 37 Rn 139 ff.
68 Siehe auch § 8 Abs. 1 Nr. 2, Abs. 2 StiftG Berlin.
69 Siehe *Schiffer*, § 10 Rn. 3, 19, 59, 212 ff.
70 Generell zu Außenprüfungen siehe: *Schiffer*, Steuerprüfung, 2009.

Kooperationsbereitschaft hat sich in vielen Fällen bewährt. Verzögern der Steuerpflichtige oder von ihm benannte Auskunftspersonen wiederholt den Ablauf der Prüfung, ist auch die Anwendung von Zwangsmitteln (§ 328 AO) – vor allem Zwangsgeld – oder die Vornahme einer Schätzung zulässig, wenn andere Bemühungen keine Abhilfe geschaffen haben.

**Beispielhaft** sei hier abschließend § **12 des StiftG Hessen** zitiert, wo es zur Prüfung einer Stiftung heißt: 48

*§ 12 Unterrichtung und Prüfung*
*(1) Die Aufsichtsbehörde kann sich über die Angelegenheiten der Stiftung unterrichten, soweit es zur ordnungsgemäßen Aufsicht erforderlich ist. Sie kann insbesondere Einrichtungen der Stiftung besichtigen, Berichte, Akten und sonstige Unterlagen anfordern sowie die Geschäfts- und Kassenführung prüfen oder sie auf Kosten der Stiftung prüfen lassen.*
*(2) Die Aufsichtsbehörde kann verlangen, dass eine Stiftung durch Wirtschaftsprüfer oder andere zur Erteilung eines gleichwertigen Bestätigungsvermerks befugte Personen oder Gesellschaften geprüft wird. Der Prüfungsauftrag muss sich auf die Erhaltung des Stiftungsvermögens und die satzungsgemäße Verwendung der Stiftungsmittel erstrecken. Liegt ein entsprechender Bestätigungsvermerk vor, so kann die Aufsichtsbehörde von einer eigenen Prüfung absehen.*
*(3) Wird eine Stiftung durch einen unabhängigen Wirtschaftsprüfer oder eine andere zur Erteilung eines gleichwertigen Bestätigungsvermerks befugte unabhängige Person oder Gesellschaft geprüft, so muss sich die Prüfung auch auf die Erhaltung des Stiftungsvermögens und die satzungsgemäße Verwendung der Stiftungsmittel erstrecken. Liegt ein entsprechender Bestätigungsvermerk vor, kann die Aufsichtsbehörde von einer eigenen Prüfung absehen.*
*(4) Die Aufsichtsbehörde kann verlangen, dass eine Stiftung durch einen unabhängigen Wirtschaftsprüfer oder andere zur Erteilung eines gleichwertigen Bestätigungsvermerks befugte unabhängige Personen oder Gesellschaften geprüft wird. Der Prüfungsauftrag muss sich auf die Erhaltung des Stiftungsvermögens und die satzungsgemäße Verwendung der Stiftungsmittel erstrecken. Liegt ein entsprechender Bestätigungsvermerk vor, so kann die Aufsichtsbehörde von einer eigenen Prüfung absehen.*

## VI. Oft unterschätzt: Haftungsfragen[71]

Die Frage der Haftung von ehrenamtlichen Organmitgliedern bei (gemeinnützigen) Stiftungen[72] wird in der Praxis oftmals auf die leichte Schulter genommen. Nach einer nicht näher begründeten Meinung aus der Wissenschaft soll die Haftung von Stiftungsorganmitgliedern in der Praxis so gut wie keine Rolle spielen.[73] Aktuelle Fälle aus der Beratungspraxis zeigen das Gegenteil – und das mit oftmals „überraschenden" Folgen vor allem für ehrenamtlich tätige Stiftungsorganmitglieder, was aktuell den Gesetzgeber auf den Plan gerufen hat (siehe Rn 51) 49

---

71 Siehe auch *Schiffer*, § 6 Rn 1 ff.; *Kilian*, in: Werner/Saenger, Rn 528 ff.
72 Näher zum Thema: *Kilian*, in: Werner/Saenger, Rn 528 ff.; *Küntzel*, DB 2004, 2303; *Schiffer*, in: AnwK-BGB, Bd. I, § 81 Rn 40 ff.; *ders.*, Stiftung & Sponsoring 3/2006, 26; *ders.*, Stiftung & Sponsoring, 6/2004, 15; *ders.*, NJW 2004, 2497 (2499 f.); *Wehnert*, ZSt 2007, 67 jeweils m.w.N. Siehe im Zusammenhang mit dem KonTraG auch *Schüller*, Stiftung & Sponsoring – Rote Seiten 03/2002.
73 *Reuter*, in: Kötz/Rawert/Schmidt/Walz (Hrsg.), Non Profit Law Yearbook 2002, S. 157 (176). Von einem „praktischen Ausnahmefall" spricht ohne weitere Begründung auch *Kilian*, in: Werner/Saenger, Rn 528 Fn 3.

50 Die Stiftung haftet gegenüber Dritten nach dem Bürgerlichen Gesetzbuch zwingend für jeden Schaden, den ein Stiftungsorgan, ein Organmitglied oder ein sonstiger für die Stiftung Mitwirkender in Ausführung der ihm übertragenen Aufgaben schuldhaft verursacht (**Außenhaftung,** § 86 S. 1 BGB i.V.m. § 31 BGB); grundsätzlich kann die Stiftung Rückgriff gegenüber den betreffenden Organmitgliedern nehmen (**Innenhaftung**). Um es einmal plastisch auszudrücken: „**Es reicht nicht, Gutes zu tun, man muss es auch gut tun.**"

Aktuell gibt es in diesem Zusammenhang erfreulicherweise eine Diskussion zur **Corporate Governance bei Stiftungen**.[74] Zur Corporate Governance werden hier Fragen nach der Kontrolle der Stiftungsorgane,[75] nach den Grundsätzen einer ordnungsgemäßen Stiftungsverwaltung[76] oder nach den Grundsätzen guter Stiftungspraxis[77] gestellt.

51 Auch der Bundesgesetzgeber ist sich der Problematik schon länger bewusst und nunmehr auf Initiative insbesondere des Saarlandes auch aktiv geworden. Das Gesetz zur Begrenzung der Haftung von ehrenamtlich tätigen Vereinsvorständen enthält Haftungserleichterungen für Vereinsvorstände (§ 31a BGB-neu) und Stiftungsvorstände (§ 86 BGB-neu verweist auch auf § 31a BGB-neu), die unentgeltlich tätig sind oder für ihre Tätigkeit ein geringfügiges Honorar von maximal 500 EUR im Jahr erhalten. Diese Wertgrenze orientiert sich an dem Steuerfreibetrag für Vereinsvorstände. Besagte ehrenamtlich tätige Vorstandsmitglieder haften für ihre Vorstandstätigkeit gegenüber der Körperschaft nach dem neuen Gesetz nur noch bei Vorsatz und grober Fahrlässigkeit. Schädigt das Vorstandsmitglied nicht den Verein oder dessen Mitglieder, sondern Dritte, wird die Haftung gegenüber dem Dritten nicht beschränkt. Der Verein hat das Vorstandsmitglied auf dessen Verlangen (!) hin allerdings von dieser Außenhaftung intern freizustellen, sofern das Vorstandsmitglied nicht grob fahrlässig oder vorsätzlich gehandelt hat.

52 Grundsätzlich ist diese gesetzliche Haftungserleichterung zu begrüßen. Bedauerlich ist allerdings, dass nur Stiftungsvorstandsmitglieder von der Haftungserleichterung profitieren und nicht auch sonstige ehrenamtliche Organmitglieder (etwa Stiftungsräte) und Helfer. Für diese bleibt es bei Haftungsproblemen (siehe Rn 50). Das greift nach meiner Ansicht in der Praxis zu kurz. Zudem erscheint hier ein Blick über die Grenzen nach **Österreich** sinnvoll. Dort findet sich zwar keine gesetzliche stiftungsspezifische Haftungsregelung, das Österreichische Vereinsgesetz enthält aber eine besondere Haftungsmaßstabsregelung für die Tätigkeit Ehrenamtlicher. § 24 Abs. 1 des österreichischen Vereinsgesetzes lautet:

> „*Bei der Beurteilung des Sorgfaltsmaßstabs ist eine Unentgeltlichkeit der Tätigkeit zu berücksichtigen.*"

Das lässt etwaig befassten Gerichten einen erheblichen Entscheidungsspielraum zur Beachtung der Besonderheiten im konkreten Fall („berücksichtigen"). Es bleibt deshalb abzuwarten, wie sich der deutsche Gesetzesentwurf im weiteren Gesetzesverfahren entwickeln wird.

---

74 Siehe *Saenger/Veltmann*, ZSt 2005, 67; *Schiffer*, ZCG 2006, 143. Siehe ferner § 14 Rn 21 ff.
75 *Steuber*, DStR 2006, 1182 („Kontrolle oder Moral").
76 *Neuhoff*, Stiftung & Sponsoring – Rote Seiten 2/2003 („Versuch einer Stiftungsethik").
77 Bundesverband Deutscher Stiftungen „Grundsätze guter Stiftungspraxis (03/2006); www.stiftungen.org, Stichwort „Stiftungspraxis".

## 1. Einzelheiten

### a) Allgemeine Haftungsverschärfung durch KonTraG, Rechtsprechung und modernisiertes Schuldrecht

Das Gesetz zur Kontrolle und Transparenz im Unternehmensbereich (KonTraG), das am 1.5.1998 in Kraft trat, hat auch für die Organe von Stiftungen zu wesentlichen Neuerungen geführt. Das Gesetz hat anerkanntermaßen eine erhebliche **psychologische Bedeutung** und strahlt weit über die Kapitalgesellschaften auf alle Körperschaften und damit auch auf Stiftungen aus; es verdeutlicht insbesondere die Risikoüberwachungspflicht für die Leitungsorgane.[78] Wer (mehr) Einfluss hat, hat auch (mehr) Verantwortung! Auf die Haftungsrisiken insbesondere von Aufsichtsorganen bleibt dies, wie Gerichtsentscheidungen zur Haftung von Aufsichtsräten[79] zeigen, nicht ohne Einfluss.

Besonders wesentlich ist außerdem die **weit reichende Rechtsprechung des BGH** zum **Organisationsverschulden**.[80] Bei der grundlegenden Entscheidung ging es vordergründig um den Eingriff in das Eigentum des Vorbehaltsverkäufers durch Weiterverarbeitung seitens des Vorbehaltskäufers. Der Eingriff war rechtswidrig, weil die Weiterverarbeitung ohne Vorausabtretung der jeweiligen Kundenforderungen stattfand, was, wie üblich, Voraussetzung war. Obwohl dem Unternehmensleiter eine persönliche Beteiligung an der Entscheidung zur Weiterverarbeitung des gelieferten Materials nicht (!) nachgewiesen werden konnte, wurde er dennoch dem Vorbehaltsverkäufer gegenüber zum Schadensersatz verurteilt. Zum Vorwurf wurde ihm mangelnde Organisation seines Betriebes gemacht. Als „Beschützergarant" für die dem Unternehmen anvertrauten Rechtsgüter Dritter hätte er nach Ansicht des BGH darauf hinwirken müssen, dass durch eine geeignete Organisation rechtswidrige Eingriffe in solche Rechtsgüter unterbleiben. Diese Entscheidung zum Organisationsmangel hat besonders weit reichende Auswirkungen, da sie für den Unternehmensleiter eine deliktische Haftung ohne direkte Tatbeteiligung begründet. Ihr Rechtsgedanke lässt sich auch bei anderen absolut geschützten Rechtsgütern problemlos einsetzen, wie z.B. im Bereich des Patentrechts oder des Produkthaftungsrechts.

Die allgemeinen Haftungsvoraussetzungen sind durch das Gesetz zur Modernisierung des Schuldrechts, das am 1.1.2002 in Kraft trat, zusätzlich verschärft worden. Nach § 280 Abs. 1 S. 2 BGB obliegt der Entlastungsbeweis, die Pflichtverletzung nicht zu vertreten zu haben, dem (Stiftungs-)Organmitglied als Schuldner. Verletzt der Schuldner eine Pflicht aus dem Schuldverhältnis, so kann der Gläubiger Ersatz des hierdurch entstehenden Schadens verlangen (§ 280 Abs. 1 S. 1 BGB). Als Schuldverhältnis zwischen z.B. dem Organmitglied und der Stiftung kommt der Bestellungsakt oder das organschaftliche Rechtsverhältnis, gegebenenfalls konkretisiert durch einen entsprechenden Anstellungsvertrag, oder ein Auftrag in Betracht. Typischerweise handelt es sich um einen Auftrag, für den keine Haftungserleichterung gegeben ist.[81]

---

78 Wie hier: *Schüller*, Stiftung & Sponsoring – Rote Seiten 03/2002, 4.
79 Jüngst etwa BGH BB 2007, 283.
80 BGHZ 109, 297 („Baustoff").
81 Palandt/*Sprau*, § 662 BGB Rn 11. Ausf., MüKo-*Seiler*, § 662 BGB Rn 54 ff. m.w.N. auch zu Gegenstimmen.

b) Haftung der Stiftung und der Organmitglieder

aa) Außenhaftung der Stiftung

56 Die Außenhaftung einer Stiftung bestimmt sich nach §§ 86, 31 BGB.[82] Eine Stiftung haftet danach gegenüber Dritten zwingend für jeden Schaden, den ein Stiftungsorgan (auch Stiftungsbeirat) oder ein Organmitglied **in Ausführung der ihm übertragenen Aufgaben schuldhaft** verursacht, da Wille und Handlungen der Organe der Stiftung dieser als eigene zuzurechnen sind. Voraussetzung der Haftung nach § 31 BGB ist aber ein innerer Zusammenhang zwischen der schädigenden Handlung und der Organtätigkeit. Auf die Vertretungsmacht und deren Grenzen kommt es dabei nicht an. Besteht die schädigende Handlung allerdings lediglich in einer Überschreitung der Vertretungsmacht, so haftet dafür nicht die Stiftung, sondern das Organmitglied selbst (§ 179 BGB). Auch Schadenszufügung „nur" bei Gelegenheit der Organtätigkeit führt nicht zu einer Haftung der Stiftung.

57 Für **unerlaubte Handlungen** haftet nach außen neben (!) der Stiftung auch das betreffende Organglied nach § 840 BGB, und zwar beide als Gesamtschuldner. Für ihre sonstigen Bediensteten und für **Bevollmächtigte** haftet die Stiftung nach den allgemeinen Vorschriften (§§ 278, 831 BGB). Es kommt außerdem eine gesonderte (Außen-)Haftung der Stiftung nach §§ 31, 823 BGB wegen **Verletzung von Organisations- und Aufsichtspflichten** in Betracht.

bb) Innenhaftung – Rückgriff der Stiftung

58 In allen Fällen der Außenhaftung der Stiftung stellt sich zugleich die Frage nach der **Innenhaftung** der Organe, d.h. nach dem Rückgriff der Stiftung auf die Organmitglieder wegen des ihr entstandenen Schadens. Diese Frage stellt sich natürlich auch, wenn der Stiftung ein Schaden nicht durch einen Fall der Außenhaftung, sondern etwa auf sonstige Weise (z.B. Vermögensverlust) entstanden ist.

59 Für den **Rückgriff** wurde vor der Schuldrechtsreform eine Haftung der Organmitglieder gegenüber der Stiftung im Innenverhältnis aus einer positiven Forderungsverletzung der aus §§ 86, 27 Abs. 3 BGB resultierenden Geschäftsführungspflicht hergeleitet.[83] Soweit Stiftungsorgane im Rahmen eines Dienstvertrages, Geschäftsbesorgungsvertrages oder Auftrages tätig werden, ergibt sich nach der Schuldrechtsreform eine Anspruchsgrundlage für den Rückgriff unmittelbar aus § 280 Abs. 1 BGB wegen Verletzung einer Pflicht aus dem jeweiligen Schuldverhältnis.[84]

60 Welche Pflichten, die verletzt werden können, kommen typischerweise in Betracht? Für die Mitglieder des Stiftungsvorstandes ebenso wie für die „sonstigen Mitarbeiter" gegenüber der Stiftung insbesondere folgende zwei „Pflichten" und ein korrespondierendes Verbot:[85]
– Die Pflicht zur Verwirklichung des Stiftungszwecks.
– Die Vermögenserhaltungspflicht (Grundsatz der Vermögenserhaltung).[86]

---

82 *Hof*, in: Seifart/v. Campenhausen, § 9 Rn 283 ff.
83 *Hof, in:* Seifart/v. Camphausen (2. Aufl. 1999), § 9 Rn 218.
84 Siehe auch *Kilian*, in: Werner/Saenger, Rn 547.
85 *Reuter*, in: Kötz/Rawert/Schmidt/Walz, Non Profit Year-Book 2002, S. 157 (158 ff.).
86 Haftungsträchtig sind neben der Fehlverwendung von Stiftungsmitteln insbesondere **fehlerhafte Anlageentscheidungen** (siehe dazu etwa *Rödel*, NZG 2004, 754; *Wachter*, Stiftung & Sponsoring – Rote Seiten 06/2002, 9) und das **Spendenrecht** (siehe dazu *Geserich*, Stiftung & Sponsoring – Rote Seiten 03/2001, 8).

– Das Verbot der Förderung eigener Interessen und der Interessen dritter Personen zulasten der Stiftung.

Wer für eine Stiftung tätig ist, unterliegt diesen hier skizzierten Pflichten im Rahmen der von ihm übernommen Aufgaben: Sei er Mitglied des Vorstandes, des Aufsichtsorgans (z.B. Stiftungsrat), sei er Bediensteter/Angestellter/Beauftragter/Dienstleister oder „ehrenamtlicher Helfer" der Stiftung. Verletzt er eine seiner Pflichten, so haftet er gegenüber der Stiftung gemäß § 280 Abs. 1 S. 1 BGB. Daneben steht die Haftung wegen unerlaubten Handlungen (§§ 823 und 826 BGB). Sowohl die Pflichtverletzung aus einem Schuldverhältnis als auch die unerlaubte Handlung setzt ein Verschulden des Organmitglieds voraus, wobei nach § 276 Abs. 1 BGB für Vorsatz und Fahrlässigkeit gehaftet wird. Die Schwelle zur leichten Fahrlässigkeit ist sehr schnell überschritten, denn im deutschen Zivilrecht gilt, anders als im Strafrecht, kein individueller, sondern ein objektiv abstrakter Sorgfaltsmaßstab.[87] Mit dem Volksmund (und juristisch nicht ganz korrekt) gesagt: „Unwissenheit schützt nicht vor Strafe."

Im Widerspruch dazu soll nach einer Ansicht eine Innenhaftung/ein Rückgriff bei Verletzung beispielsweise des Grundsatzes der Vermögenserhaltung gegen Organmitglieder nur dann in Frage kommen, wenn diese „bei deutlich erkennbaren, konkreten Vermögensverlusten grob pflichtwidrig (!) im Einzelfall tatsächlich und rechtlich verfügbare und Erfolg versprechende Gegenmaßnahmen unterlassen haben".[88] Gehaftet wird nach § 276 Abs. 1 BGB aber grundsätzlich für Vorsatz und jede Art von Fahrlässigkeit. Die Fahrlässigkeitshaftung beschränkt sich nach dem Gesetz nicht auf Fälle grober Fahrlässigkeit. Die genannte Ansicht verliert weiter an Überzeugungskraft, wenn man sich nicht am Leitbild eines ehrenamtlich handelnden Vorstandes, sondern etwa an dem einer unternehmensverbundenen Stiftung orientiert. Natürlich kann aber ein die Haftung begründendes Verschulden nicht vorliegen, wenn es im konkreten Fall überhaupt keine tatsächlich und rechtlich verfügbaren und Erfolg versprechenden Gegenmaßnahmen gab, denn dann war ein anderes, den Schaden vermeidendes oder abwendendes Verhalten nicht möglich. Das ist indessen eine Selbstverständlichkeit.

61

**Regressansprüche der Stiftung erlöschen**, wenn dem für den Schaden verantwortlichen Organ von dem zuständigen Kontrollgremium der Stiftung **Entlastung** erteilt wird, da dieses über die Rechte der Stiftung mit der Entlastung verfügt. Das gilt aber **nur dann, wenn die die Haftungsfrage betreffenden Umstände bekannt waren oder hätten bekannt sein müssen**,[89] was in der Praxis typischerweise nicht der Fall sein wird. Die Entlastung betrifft zudem nur den Stiftungsvorstand, der durch das Kontrollorgan entlastet werden kann. Für das Kontrollorgan (Stiftungsrat) selbst existiert grundsätzlich kein „Entlastungsorgan"! Eine etwaige Entlastung wirkt im Übrigen nicht gegenüber Dritten, sondern nur stiftungsintern.

62

Mehrere Organmitglieder haften als **Gesamtschuldner**. Dabei ist besonders zu berücksichtigen, dass die Organe, vor allem der Vorstand, hinsichtlich der Vermögensinteressen der Stiftung eine treuhänderische Funktion besitzen, deren Bindungskraft besonders beim Fehlen eines Kontrollorgans beträchtlich höher als bei normalen Anstellungsverträgen zu veran-

63

---

87 Palandt/*Grüneberg*, § 276 Rn 15.
88 *Hof*, in: Seifart/v. Campenhausen, § 9 Rn 185 unter irrtümlichen Verweis auf *Burgard*, Gestaltungsfreiheit im Stiftungsrecht, 2006, S. 167. *Burgard* vertritt diese Auffassung aber gerade nicht! Siehe vielmehr *Burgard*, Gestaltungsfreiheit im Stiftungsrecht, 2006, S. 603 f.
89 Siehe *Kilian*, in: Werner/Saenger, Rn 556 m.w.N.

schlagen ist. Im Umkehrschluss wirft dieser Zusammenhang zugleich ein deutliches Licht auf die Haftungsmaßstäbe für Organmitglieder eines entsprechenden Kontrollorgans.

64 Organmitglieder haben für etwaige rechtswidrige Handlungen, die sie im Interesse der Stiftung begehen, ggf. **strafrechtlich** persönlich einzustehen. Nach § 30 OWiG kann auch gegen die Stiftung ein **Bußgeld** (Verbandsbußgeld) verhängt werden, wenn etwa ein vertretungsberechtigtes Organ oder ein Mitglied eines solchen Organs eine Straftat oder Ordnungswidrigkeit in Ausübung seiner Funktion begeht.[90] Auch Einziehung und Verfall gem. §§ 22 ff. OWiG bzw. §§ 73 ff. StGB kommen in Betracht.

65 Stiftungsorgane und sonstige Helfer im Stiftungssektor sind nach alledem **in einer verzwickten Haftungslage**: Obwohl sie typischerweise unentgeltlich und ehrenamtlich mit oftmals mehr gutem Willen als Erfahrung und Problembewusstsein tätig sind, haften sie wie gut entlohnte Profis gemäß § 276 Abs. 1 BGB. Zusammenfassend lässt sich festhalten, dass Stiftungsorganmitglieder und die sonstigen Helfer grundsätzlich schon bei nur leicht fahrlässigen Pflichtverletzungen einem erheblichen Haftungsrisiko ausgesetzt sind. Das neue Gesetz zur Haftungsbeschränkung (siehe Rn 51) wird das Problem nur teilweise entschärfen, denn es beschränkt die Haftung nur bei ehrenamtlich tätigen Vorstandsmitgliedern, und das auch nur, wenn deren Vergütung nicht über 500 EUR liegt. Im Übrigen bleibt es bei der hier beschriebenen Haftungslage.

cc) Rolle der Stiftungsaufsicht

66 Als wichtiger „Sonderfaktor" tritt bei Haftungsfragen im Zusammenhang mit Stiftungen – anders als bei anderen Körperschaften, wo diese Instanz fehlt – die **staatliche Stiftungsaufsicht** hinzu. Wird etwa der z.B. in § 7 Nr. 2 StiftG Hess vorgeschriebene **Rechenschaftsbericht** des Stiftungsvorstandes von der Aufsichtsbehörde gebilligt, so kann darin keine (!) Entlastung des Vorstandes gesehen werden.[91] Etwa bestehende Regressansprüche der Stiftung gegen Organmitglieder entfallen durch eine Billigung seitens der Stiftungsaufsicht in keinem Fall, denn die Aufsichtsbehörde hat lediglich auf gesetzes- und satzungsgetreues Verhalten der Stiftungsorgane zu achten und ist zur Verfügung über Rechte der Stiftung nicht befugt. Wenn sie ein Verhalten der Organe „billigt", heißt das nur, dass sie von sich aus kein Aufsichtsmittel ergreifen wird.

67 **Hinweis**
Hat der Stiftungsvorstand Mittel der Stiftung satzungswidrig, d.h. entgegen dem Stiftungszweck, verwendet, so soll er der Stiftung dafür nicht haften, wenn der Aufsichtsbehörde der Sachverhalt in vollem Umfang (!) bekannt war und sie ihn gleichwohl nicht beanstandet hat.[92] In der Praxis wird eine so umfassende Information der Stiftungsaufsicht indes kaum einmal gegeben sein. Unabhängig davon hat die Stiftungsaufsicht in Haftungsfragen anders als der Stiftungsrat für den Stiftungsvorstand (siehe Rn 62) keine Entlastungsfunktion.[93]

68 Eine etwaige **Haftung der Aufsichtsbehörde** bestimmt sich nach Art. 34 GG, § 839 BGB.[94] Eine Haftung setzt hier vor allem voraus, dass die Behörde eine gerade gegenüber dem Anspruchsteller bestehende Amtspflicht verletzt hat. Solche Amtspflichten bestehen auf-

---

90 Zum Ganzen siehe *Th. Maier*, in: Werner/Saenger, Rn 845 ff.
91 So auch *Hof*, in: Seifart/v. Campenhausen, § 8 Rn 297; *Kilian*, in: Werner/Saenger, Rn 552 jew. m.w.N.
92 KG StiftRspr. III, S. 35 ff.
93 Kritisch zum Urteil des KG auch *Kilian*, in: Werner/Saenger, Rn 552.
94 Zur Haftung der Stiftungsaufsicht siehe *Hof*, in: Seifart/v. Campenhausen, § 10 Rn 388 ff.; *Schwintek*, Stiftung & Sponsoring 02/2003, 14.

grund der gesetzlichen Aufsichtsbefugnisse zunächst gegenüber der einzelnen Stiftung. Erfährt die Behörde auf irgendeine Weise davon, dass der Stiftung Schaden droht, so verstößt sie gegen ihre Aufsichts- und Beratungspflichten, wenn sie die ihr verfügbaren Aufsichtsmittel nicht oder nur unzureichend nutzt. Damit verletzt sie zugleich ihre Amtspflichten gegenüber der Stiftung.[95] Das gilt insbesondere, wenn die Behörde nicht gegen eine zweckwidrige Verwendung von Stiftungsmitteln durch Stiftungsorgane einschreitet oder einen Zugriff auf das Stiftungskapital zulässt, den die Satzung nicht erlaubt.

Ansprüche der Stiftung gegen Mitglieder vertretungsberechtigter Organe können, was nicht ganz selten in der Praxis übersehen wird, von der Stiftungsaufsicht im Namen und auf Kosten der Stiftung geltend gemacht werden.[96] Es liegt auf der Hand, dass die Stiftungsbehörde in der Regel entsprechend vorgehen wird, wenn die Frage ihrer etwaigen Haftung auch nur im Raume steht. Nach § 839 Abs. 1 S. 2 BGB scheidet ein **Amtshaftungsanspruch** bei wohl allenfalls in Frage stehendem fahrlässigem Verhalten der Aufsichtsbehörde nämlich aus, soweit die Stiftung ihr pflichtwidrig handelndes Organmitglied in Anspruch nehmen kann. Das ist von der Aufsichtsbehörde zu prüfen und notfalls durchzusetzen. Im Verhältnis zum Stifter können Amtspflichten insoweit in Betracht kommen, als die Behörde ihm die Überwachung der Einhaltung seines Stifterwillens garantieren muss oder Beratungsfunktionen ihm gegenüber wahrgenommen hat, und daraus für ihn selbst (!) ein Schaden entsteht. Wie die Stiftungsaufsicht in einem konkreten Fall tatsächlich reagieren wird, lässt sich kaum vorhersagen. 69

## 2. Haftungsbeschränkung, Haftungsfreistellung und D&O-Versicherung

Für Organmitglieder und die sonstigen Helfer im Stiftungsrecht gibt es entgegen manchem Vorurteil keine gesetzlichen Haftungserleichterungen.[97] Das neue Gesetz zur Haftungserleichterung, gewährt diese nur ehrenamtlich tätigen Vorstandsmitgliedern einer Stiftung (siehe Rn 52). 70

In den Landesstiftungsgesetzen von Hessen und Bayern finden sich allerdings Tatbestände zur Haftung der Stiftungsorgane, die Anlass zu Missverständnissen geben.[98]
– Sowohl § 8 S. 2 StiftG Hess als auch Art. 7 S. 2 StiftGBay[99] „beschränken" die Haftung aller Organmitglieder auf Vorsatz und grobe Fahrlässigkeit, ohne nach Entgeltlichkeit oder Unentgeltlichkeit[100] zu differenzieren.
– § 8 S. 2 StiftG Hess enthält in diesem Zusammenhang allerdings die Klarstellung, dass Organmitglieder bei einer vorsätzlichen oder grob fahrlässigen Verletzung ihrer Obliegenheiten „unbeschadet von Haftungsvorschriften in anderen Gesetzen" der Stiftung gegenüber zum Schadensersatz verpflichtet sind.

Mit § 8 S. 2 HessStiftG soll nach einer älteren Ansicht gerade dem Umstand Rechnung getragen werden, dass viele Organmitglieder ehrenamtlich tätig sind.[101] *Peiker* deutet die

---

95 *Hof*, in: Seifart/v. Campenhausen, § 10 Rn 389 m.w.N.
96 Ausdrücklich geregelt in Art. 15 S. 1 StiftG Bayern für den Fall, dass der Anspruch nicht in angemessener Zeit vom zuständigen Stiftungsorgan geltend gemacht wird. Ausf. zur Durchsetzung der Regressforderung *Kilian*, in: Werner/Saenger, Rn 560 ff. Zur Durchsetzung durch die Stiftungsaufsicht siehe dort Rn 561.
97 Für den Fall der Haftung des ehrenamtlichen Vorstandmitgliedes einer Genossenschaft siehe auch BGH DStR 2004, 513 (515): „Ehrenamtliche Tätigkeit [...] befreit nicht von Haftung".
98 Siehe ferner § 6 Abs. 3 S. 2 StiftG Nds.; § 12 Abs. 2 StiftG SachsA.
99 Siehe dazu *Backert*, Stiftung & Sponsoring 05/2008, 34.
100 So differenzierend dagegen § 12 Abs. 2 StiftG SachsA.
101 *Stengel*, HessStiftG-Kommentar, 2. Aufl. 2000, § 8 Anm. 1.

Vorschrift anders.[102] Danach gilt die Vorschrift ausschließlich für das Verhältnis zwischen Stiftungsaufsichtsbehörde und Organen der Stiftung. Dem ist zu folgen, denn landesrechtliche Vorschriften können mangels entsprechender Gesetzgebungskompetenz des Landesgesetzgebers[103] nicht zivilrechtlich in das Verhältnis zwischen Stiftung und haftendem Organmitglied sowie zwischen Geschädigtem und Organmitglied eingreifen, weil Bundesrecht nach Art. 31 GG nun einmal Landesrecht „bricht". Die Vorschriften können demnach allenfalls so verstanden werden, dass bei Vorsatz und grober Fahrlässigkeit ein Einschreiten der Stiftungsbehörde zwingend ist.

71 Unabhängig von den gerade behandelten, umstrittenen landesrechtlichen Regelungen stellt sich die Frage, ob sich nicht schon aufgrund der geltenden Rechtslage Haftungserleichterungen für „Ehrenamtler" bei Stiftungen ergeben. Es finden sich hier verschiedene Ansätze:

a) Privilegierung nach § 619a BGB?

72 Eine Verschärfung der Haftung bei der Stiftung hat es, wie bereits oben angesprochen, durch die Schuldrechtsreform in § 280 BGB insoweit gegeben, als dem Schuldner der Entlastungsbeweis dafür obliegt, dass er die Pflichtverletzung nicht zu vertreten hat.[104] Für Arbeitnehmer (!) hat der Gesetzgeber diese Haftungsverschärfung durch die Privilegierung in § 619a BGB dadurch korrigiert, dass der Arbeitgeber das Verschulden des Arbeitnehmers zu beweisen hat. Natürlich wird die Frage gestellt, ob und ggf. inwieweit jedenfalls ehrenamtlich tätige Stiftungsorgane oder Helfer in den Genuss dieser Privilegierung kommen können. Diese Frage ist grundsätzlich mit Nein zu beantworten, da Organmitglieder und Helfer einer Stiftung typischerweise keine Arbeitnehmer sind. Das Argument, dass ehrenamtlich Tätige doch sogar noch schützenswerter seien als Arbeitnehmer, greift angesichts des klaren Wortlauts der Vorschrift (leider) bisher nicht. Sogar arbeitnehmerähnlichen Personen hat die Rechtsprechung bislang das Haftungsprivileg des § 619a BGB versagt.[105] Im Einzelfall sollte geprüft werden, ob sich die gesetzliche Wertung nicht auf den konkret ehrenamtlich tätig gewordenen „Stiftungshelfer", Vorstand, Stiftungsrat, etc. übertragen lässt, so dass § 619a BGB doch zur Anwendung kommt.[106] In diese Richtung geht auch der nächste Ansatz zur Haftungserleichterung.

b) Haftungsmilderung bei schadensträchtiger Aufgabe

73 Von der Haftung eines Ehrenamtlers wegen Fahrlässigkeit sieht der BGH[107] dann ab, wenn ihm als „Mitarbeiter" eine schadensträchtige Aufgabe übertragen wurde. In diesem Fall findet die aus dem Arbeitsrecht entwickelte Haftungsmilderung für Arbeitnehmer Anwendung. Das soll für Vorstandsmitglieder indessen nur gelten, wenn sie ausnahmsweise die Stellung einer arbeitnehmerähnlichen Person haben,[108] was in der Praxis eher selten der Fall

---

102 *Peiker*, HessStiftG-Kommentar, 3. Aufl. 2005, § 8 Anm. 1.
103 Siehe dazu etwa *Andrick*, ZSt 2005, 155 (159); *Kilian*, in: Werner/Saenger, Rn 553; *Lüke*, in: Münch. Hdb. GesR, Bd. V, § 94 Rn 22; *Rawert/Hüttemann*, Stiftung & Sponsoring 1/2003 19; *Schwintek*, ZSt 2005, 108 (112); Staudinger/*Rawert*, § 86 BGB Rn 13; MüKo-*Reuter*, § 86 BGB Rn 19; *Werner*, in Werner/Saenger, Rn 34. A.A.: *Wehnert*, ZSt 2007, 67 (70).
104 Palandt/*Grüneberg*, § 280 Rn 40.
105 BGH AP § 611 Nr. 28 – Haftung des Arbeitnehmers – mit zust. Anm. von *Hueck*; LAG Berlin LAGE Nr. 15 zu § 611 – Arbeitnehmerhaftung; a.A. *Otto*, in: Schwarze, Die Haftung des Arbeitnehmers, 3. Auflage 1988, Rn 133 m.w.N.
106 Ähnlich MüKo-*Henssler*, § 619a BGB Rn 18.
107 BGHZ 89 S. 153 (157); BGH NJW 2005 981. Siehe auch Palandt/*Ellenberger*, § 27 Rn 7 für Verein.
108 So LG Bonn NJW-RR 1995 S. 1435.

sein dürfte. Die Einzelheiten sind umstritten.[109] Zudem ist die besagte Rechtsprechung zu Vereinen ergangen. Zwar erscheint die Stiftung, was das Ehrenamt angeht, dem Verein grundsätzlich vergleichbar,[110] das muss jedoch nicht für jeden konkreten Einzelfall gelten. Folgt man dem BGH und wendet die Haftungsmilderung für Arbeitnehmer analog auf Stiftungen an, so haftet der Ehrenamtler für vorsätzliche Schädigungen im vollen Umfang. Bei Übertragung schadensträchtiger Aufgaben muss im Einzelfall entschieden werden: Bei nur leichter Fahrlässigkeit, haftet der Ehrenamtler nicht, bei normaler Fahrlässigkeit hat er den Schaden zumindest anteilig zu tragen.[111]

c) Regelung in der Satzung oder stillschweigender Haftungsausschluss

Es empfiehlt sich, was aufgrund der Satzungsautonomie möglich ist, in der **Stiftungssatzung** für die Organmitglieder den Rückgriff auf Fälle von Vorsatz und grober Fahrlässigkeit zu beschränken.[112] Ein entsprechender Haftungsausschluss kann im Einzelfall **auch stillschweigend** (konkludent) vereinbart worden sein oder sich aus einer ergänzenden Vertragsauslegung ergeben.[113] Letztere kommt etwa dann im Innenverhältnis zur Stiftung in Betracht, wenn feststeht, dass das Stiftungsorganmitglied, wenn die Rechtslage vorher besprochen worden wäre, einen Haftungsausschluss gefordert hätte und die geschädigte Stiftung diesen billigerweise nicht hätte ablehnen dürfen.[114]

74

> **Hinweis: Haftungsbeschränkung**
> Eine (vertragliche/satzungsmäßige) Haftungsbeschränkung auf grobe Fahrlässigkeit und Vorsatz ist grundsätzlich sinnvoll, weil unangemessen strenge Haftungsregeln die Akteure typischerweise verunsichern und zu einer „**Rückversicherungsmentalität**" führen können, die der Entschlusskraft der Stiftungsorgane und der Stiftungsautonomie abträglich ist.[115] So könnte beispielsweise in dem unternehmerischen Bereich (unternehmensverbundene Stiftung, siehe Rn 84 ff.) die Zusammenarbeit der Organe leiden. Es besteht z.B. die Gefahr, die Besonderheiten in Familienunternehmen nicht hinreichend zu beachten und sich für diesen untypischen „Konzernstrukturen" anzunähern. („*Jeder berichtet vorsorglich an jeden und keiner entscheidet.*")
> Nicht verkannt werden darf aber auch, dass eine Haftungsbeschränkung auf Vorsatz und grobe Fahrlässigkeit theoretisch zu einer „lässigen Haltung" des Betreffenden führen kann. Dem kann in der Praxis ggf. dadurch entgegengewirkt werden, dass der Stiftungsberater den Organmitgliedern die fließenden Grenzen von leichter zu grober Fahrlässigkeit und das damit verbundene Risiko verdeutlicht und vor Augen führt.

75

Wird von außen, d.h. von Dritten, eine Schadensersatzhaftung eines Organmitgliedes geltend gemacht, kann eine interne **Haftungsbeschränkung gegenüber** dem **Dritten nicht** greifen. Zu Lasten Dritter kann die Stiftung ersichtlich nicht intern (!) eine Haftungsbeschränkung festlegen. Eine solche Haftungsbeschränkung kann sich aber aus dem Verhältnis zwischen dem potenziell haftenden Organmitglied und dem Dritten selbst ergeben.

76

---

109 Siehe etwa *Hof*, in: Seifart/v. Campenhausen § 8 Rn 292 m.w.N. in Fn 479 f.
110 Das bestätigt auch das Gesetz zur Haftungsbeschränkung für ehrenamtlich tätige Vereins- und Stiftungsvorstände (siehe Rn 51).
111 So z.B. BAG NZA 2003, 37.
112 Zu dieser Möglichkeit siehe *Schwintek*, ZSt 2005, 108 (111 f.). Siehe dort auch zu den Argumenten gegen die Ansicht: MüKo-*Reuters*, § 86 BGB Rn 20), der eine Einschränkung der Haftung in der Satzung für nicht möglich hält.
113 Palandt/*Grüneberg*, § 276 Rn 37 m.w.N.
114 Siehe etwa BGH NJW 1989, 3273 (3276); NJW 2003, 578.
115 So auch *Hof*, in: Seifart/v. Campenhausen, § 8 Rn 288.

77 Im Gegensatz zu der Haftungsbeschränkung, die eine Haftung insoweit gar nicht erst entstehen lässt, bedeutet eine echte **„Haftungsfreistellung"** (im eigentlichen Sinne), dass die an sich haftende Person durch einen anderen von der Haftung freigestellt wird, der die Haftung „übernimmt", d.h. im Innenverhältnis den Schadensersatz für die Außenhaftung gegenüber dem Haftenden finanziell ausgleicht. Ein solches Modell macht jedoch grundsätzlich nur Sinn, wenn entweder nur geringe Schadensbeträge drohen oder der Dritte, der freistellt, über ganz erhebliche freie Mittel verfügt. Letzteres wird tendenziell bei einer Stiftung nicht der Fall sein. Bei geringen Schadensbeträgen ist eine Haftungsfreistellung grundsätzlich überflüssig. Das führt uns zur Frage nach Versicherungen.

### d) D&O-Versicherung

78 Wegen der verhältnismäßig eingeengten und oft unpraktikablen Haftungsbeschränkungsmöglichkeiten ist auch die Versicherungsdeckung in der Praxis ein wichtiges Thema (D & O-Policen, abgeleitet von directors und officers liability insurance).[116] Für das Organmitglied kann sich daraus sogar ein Freistellungsanspruch gegenüber der Stiftung ergeben; die Stiftung ist aufgrund von § 242 BGB gehalten, sich vorrangig an die Versicherung zu halten.[117] Leider kennt sich noch lange nicht jeder Versicherer mit dem Phänomen Stiftung aus. Hier ist besondere Sorgfalt bei der Auswahl des Versicherers erforderlich. Die Versicherbarkeit dieser Risiken ist im Übrigen in neuerer Zeit von den Versicherungsgesellschaften generell eingeschränkt worden; die Versicherungsprämien sind deutlich heraufgesetzt worden.

## C. Stiftung als Rechtsform zur Erb- und Nachfolgeregelung

### I. Selbstständige Stiftung

79 Die (rechtsfähige) Stiftung des Privatrechts ist als eine Zusammenfassung vermögenswerter Gegenstände eine juristische Person ohne Gesellschafter. Sie ist grundsätzlich auf ewig angelegt. Sie kann in verschiedener Weise gestaltet werden. Das soll hier an einigen Gestaltungsansätzen beispielhaft erläutert werden. Außerdem gibt es einige stiftungsähnliche Gestaltungsformen, die in der Beratungspraxis eine Rolle spielen.

### II. Familienstiftung

80 Die sog. Familienstiftung[118] ist keine gesonderte Stiftungsart, sondern eine **Unterart der rechtsfähigen Stiftung des Privatrechts**. Die Familienstiftung dient typischerweise dazu, größere **Vermögen zusammenzuhalten** und die **Familie** zu **versorgen**. Damit sind nicht nur die sogleich noch näher zu behandelnden Fälle der unternehmensverbundenen Stiftungen gemeint: auch nicht unternehmerisch orientierte Vermögen lassen sich natürlich in einer Familienstiftung zusammenhalten. In der Praxis finden sich hier oft Mischfälle. Der Umfang

---

116 Näher dazu etwa *Kiethe*, BB 2003, 537; *Sandberg/Magdeburg*, Stiftung & Sponsoring 3/2006, 32.
117 LG Bonn NJW-RR 1995, 1435 für Vereinsvorstand.
118 *Brandmüller/Lindner*, Gewerbliche Stiftungen, 3. Auflage 2005, S. 94 ff.; *Lehleiter*, Die Familienstiftung als Instrument zur Sicherung der Unternehmenskontinuität bei Familienunternehmen, 1996; *Leisner*, DB 2005, 2434; *Muscheler*, S. 317 ff.; *Pöllath/Richter*, in: Seifart/v. Campenhausen, § 13; *Saenger*, in: Werner/Saenger, Rn 185 ff.; *Saenger*, in: FS Kollhosser, 2004, S. 591 ff.; *Schindler*, Familienstiftungen, 1975; *Sorg*, Die Familienstiftung, 1984; *v. Löwe*, Die Familienstiftung als Instrument der Nachfolgegestaltung, 1998.

der Versorgung der Familie reicht von regelmäßigen Zahlungen an die betreffenden Familienmitglieder bis zur Unterstützung „nur" bei der Ausbildung und in Notlagen.

Welchen Umfang diese Familienförderung haben muss, ist allerdings beinahe schon „traditionell" umstritten. Die Frage wird zudem für das Stiftungszivilrecht anders beantwortet als für das Stiftungssteuerrecht.[119]

Der Begünstigtenkreis (**Destinatäre**), der die Familienstiftung kennzeichnet, wird ebenfalls nicht einheitlich definiert. Die Abgrenzungsansätze reichen von der Person des Stifters und seinen in gerader Linie mit ihm Verwandten bis hin zu mehreren Familien im Sinne der viel weiteren Definition der Familie in der AO. Die Art und Weise der Familienbegünstigung ist ebenfalls nicht in allen Gesetzen gleich definiert. So wird in den stiftungsrechtlichen, d.h. zivilrechtlichen Definitionen zumeist eine immaterielle Begünstigung als ausreichend angesehen, im Steuerrecht hingegen auch ein materieller Vorteil gefordert.

Eine Familienstiftung ist nach Auffassung der Finanzverwaltung (R 2 Abs. 2 ErbStR 2003) gegeben, wenn nach der Stiftungssatzung der Stifter, seine Angehörigen und deren Abkömmlinge entweder zu mehr als 50 % bezugs- oder anfallsberechtigt sind[120] oder wenn sie zu mehr als 25 % bezugs- oder anfallsberechtigt sind und wenn zugleich zusätzliche Merkmale ein Familieninteresse belegen. Entgegen dieser Auffassung ist für die Einstufung als Familienstiftung zu fordern, dass den begünstigten Familienangehörigen (Destinatären) entweder mindestens 75 % der laufenden Bezüge und des bei der Auflösung der Stiftung anfallenden Vermögens zugesagt sein müssen („Löwenanteilstheorie") oder aber zumindest $1/3$, wobei dann weitere qualitative Indizien für ein besonderes Vermögensinteresse der Familie hinzukommen müssen.[121]

**Außerhalb des Steuerrechts** entscheidet die Einordnung als Familienstiftung vor allem darüber, ob und in welchem Umfang die jeweilige Stiftung der staatlichen Stiftungsaufsicht unterliegt. So entfällt beispielsweise bei der Familienstiftung nach dem Stiftungsgesetz Baden-Württemberg die ansonsten für die Stiftung geltende Verpflichtung, bestimmte Rechtsgeschäfte der Stiftung im Voraus anzuzeigen.

## III. Unternehmensverbundene Stiftung

Familienstiftungen sind insb. **im Unternehmensbereich** beliebt. Über eine Familienstiftung kann, unabhängig von der Familie, die Sicherung der Zukunft des Unternehmens bei gleichzeitiger finanzieller Versorgung der Familienangehörigen erreicht werden.

### 1. Arten der unternehmensverbundenen Stiftung

Man kann ausgehend von der Zweckrichtung und den Motiven des Stifters zwei **Grundtypen der unternehmensverbundenen Stiftung** unterscheiden.[122]

---

119 *Schiffer*, DStR 2005, 510 f.
120 Siehe § 15 Abs. 2 AStG.
121 Für eine ausf. Darstellung auch der Rechtsprechung sowie die Herleitung dieser Kriterien siehe *Schiffer*, § 9 Rn 45 ff., Rn 67 ff.
122 Ausf. zu dieser Stiftungsform etwa *Berndt/Götz*, Rn 1681 ff.; *Herrman*, Unternehmenskontrolle durch Stiftungen, 1996; *Heuel*, Die Entwicklung der Unternehmensträgerstiftung in Deutschland, 2001; *Saenger*, in: Werner/Saenger, Rn 194 ff.; *Schurr*, Die Stiftung mit unternehmerischer Verantwortung, 1998. Näher zu „Gestaltungsversuchen" in diesem Bereich *Schiffer/Fries*, ZErb 2006, 115 ff.

- Eine **Unternehmensträgerstiftung** betreibt das Unternehmen unmittelbar selbst. Die Unternehmensträgerstiftung ist wenig praktikabel und hat sich deshalb in der Praxis nicht durchgesetzt. Sie ist für eine Nachfolgegestaltung grundsätzlich uninteressant.
- Hält eine Stiftung eine Beteiligung an einer Personen- oder Kapitalgesellschaft, so bezeichnet man sie als **Beteiligungsträgerstiftung**. Diese Form der unternehmensverbundenen Stiftung ist bei richtiger Gestaltung durchaus praktikabel. Die Stiftung ist alleinige Gesellschafterin oder Mitgesellschafterin. Das Unternehmen wird als Personen- oder Kapitalgesellschaft betrieben, so dass das Unternehmen den Vorschriften für diese Rechtsformen unterfällt und die erforderliche Flexibilität des Unternehmens selbst grundsätzlich erhalten bleibt. Eine Beteiligungsträgerstiftung kann für eine Nachfolgegestaltung interessant sein. Welche Formen dieser Stiftungsart finden sich in der Praxis?

86 Die Beteiligungsträgerstiftung kann als **Dotationsquelle** für durchaus verschiedene Zwecke, als Familientreuhänder oder auch als Führungsinstrument für das Unternehmen dienen. Dabei können die genannten Aufgaben im Einzelfall auch miteinander kombiniert werden. Bei der Stiftung als Dotationsquelle steht das Motiv des Stifters im Vordergrund, die für die Erfüllung des Stiftungszwecks erforderlichen Mittel über die Unternehmensbeteiligung bereitzustellen. Die Unternehmensbeteiligung ist für diese in der Praxis regelmäßig gemeinnützigen Stiftungen folglich nur das Mittel zur Erfüllung des Stiftungszwecks.

87 Ist eine Stiftung als **Familientreuhänder** eingesetzt, soll sie vorrangig dafür Sorge tragen, dass bei einer Unternehmensbeteiligung die Beteiligungsrechte im Sinne des Stifters/der Familie ausgeübt werden und dass die Beteiligung der Familie erhalten bleibt. In einem solchen Fall erhalten die Familienmitglieder regelmäßig keinen Zugriff auf die in der Beteiligung enthaltene Unternehmenssubstanz. Als Begünstigte der Stiftung kommen sie aber in den Genuss der Unternehmenserträge. Steuerlich ist diese Familienstiftung nicht begünstigt, sondern wird neben den „normalen" Steuerpflichten in Analogie zu dem Fall einer natürlichen Person als Erbe sogar zusätzlich mit der sog. Erbersatzsteuer belastet. Deshalb ist bei genauer Betrachtung der Vorwurf der angeblichen „Feudalisierung" großer Familien-Vermögen über Stiftungsgestaltungen[123] nicht nachvollziehbar. Als Hauptfall des Einsatzes einer Stiftung als Führungsinstrument ist der der **Stiftung & Co. KG** zu nennen.

### 2. Stiftung & Co. (KG)

88 Bei der an die GmbH & Co. (KG) angelehnten Stiftung & Co. (KG) übernimmt die Stiftung die Rolle der Komplementärin. Über ihre Führungsrolle als Komplementärin der Gesellschaft ist die Stiftung bei der **Stiftung & Co. KG** in der Lage, nach dem Tod des Stifters eine Art Garantie für die Durchsetzung dessen Willens zu übernehmen. Die Stiftung dient hier in Zusammenwirkung mit der Stiftungsaufsicht, – wenn die Stiftung nicht als von der Stiftungsaufsicht teilweise „befreite" Familienstiftung ausgestattet ist –, als verlängerter Arm des Stifters weit über dessen Tod hinaus. Die Aufhebung der Stiftung und auch jede Satzungsänderung bedürfen der Anerkennung der Stiftungsbehörde, die nur erteilt wird, wenn sie dem erklärten oder mutmaßlichen Willen des Stifters entspricht.

89 Ebenso wie die GmbH & Co. KG genießt die Stiftung & Co. KG die **Vorteile einer Personengesellschaft bei gleichzeitiger Vermeidung des Haftungsnachteils**. Bei der Komplementärstiftung als rechtsfähigem Sondervermögen ohne Gesellschafter ist eine **Durchgriffshaftung ausgeschlossen**, während eine solche Haftung für die hinter einer Komplementär-GmbH stehenden Gesellschafter durchaus möglich ist.

---

123 Siehe das Interview mit Frau *Vollmer*, in: Stiftung & Sponsoring 2/98, 8.

Die Stiftung ist keine Kapitalgesellschaft. Sie gehört nicht zu den im Mitbestimmungsgesetz abschließend aufgezählten Gesellschaften. Sie ist daher ebenso wie die Stiftung & Co. von der **Mitbestimmung** nach dem Mitbestimmungsgesetz befreit. Möglich bleibt jedoch die Mitbestimmung nach dem Betriebsverfassungsgesetz. 90

Eine Änderung gegenüber der gegenwärtigen Rechtslage hat sich bei der **Publizität** für die Stiftung & Co. KG ergeben, was hier besonders erwähnt werden soll, weil gerade mittelständische Unternehmen (fälschlicherweise?) als recht publizitätsscheu gelten. Die Stiftung & Co. fällt auch unter die sog. GmbH & Co. Richtlinie.[124] Ob in einer solchen Publizität tatsächlich ein Nachteil liegt, ist zu bezweifeln. „Publizität" wird in modernen Unternehmen sinnvollerweise als **Marketinginstrument** genutzt. 91

Eine Stiftung kann sich an jeder Art von Gesellschaft, d.h. etwa auch an einer Gesellschaft bürgerlichen Rechts beteiligen – und zwar auch an Personengesellschaften. Sie kann persönlich haftende Gesellschafterin einer Offenen Handelsgesellschaft oder Kommanditgesellschaft (Stiftung & Co. KG) werden, aber auch Kommanditistin einer Kommanditgesellschaft. Die Stiftung ist hier als selbstständige Stiftung „ganz normal" **steuerpflichtig**,[125] wenn sie nicht die Voraussetzungen der §§ 51 ff. AO erfüllt (siehe Rn 11, 103 ff.). 92

Als weithin bekannte **Praxisbeispiele** für die Stiftung & Co. KG seien hier nur die Schickedanz Holding Stiftung & Co. KG, Fürth, und die Vorwerk Elektrowerke Stiftung & Co. KG, Wuppertal, und die Lidl u. Schwarz Stiftung & Co. KG, Neckarsulm, genannt.[126] Die Praxis zeigt allerdings, dass eine Stiftung ebenso wenig, wie sie ein Steuersparmodell ist, eine Allzweckwaffe zur Regelung der Unternehmensnachfolge ist. Einige bekannte Stiftungen, die im Zuge einer Unternehmensnachfolgeregelung errichtet wurden, mussten ihre Beteiligungen wieder veräußern, weil sich die Rahmenbedingungen geändert hatten, so dass die Unternehmen beispielsweise mehr Kapital benötigten, als von der Stiftung bereitgestellt werden konnte. Als Beispiele seien hier genannt:[127] die Nixdorf-Stiftung, die Max Grundig-Stiftung, die Breuninger-Stiftung (Stuttgart), Krups-Familienstiftung (Solingen), die Theo und Friedel Schöller-Stiftung (Nürnberg) und die Klöckner-Moeller-Stiftung (Bonn). 93

### 3. Doppelstiftung

In der Praxis findet sich die Kombination einer Familienstiftung mit einer gemeinnützigen Stiftung (sog. Doppelstiftung). Das Modell der **Doppelstiftung** kombiniert die Vorteile einer unternehmensverbundenen Stiftung mit den Steuervorteilen einer gemeinnützigen Stiftung. Es lässt sich wie folgt kennzeichnen:[128] 94

| | |
|---|---|
| 1. Schritt: | Der Familienunternehmer überträgt beispielsweise alle seine Gesellschaftsanteile, die nicht benötigt werden, um den Unterhalt der Familie nachhaltig zu sichern, auf eine steuerbefreite, gemeinnützige Stiftung. |
| 2. Schritt: | Die restlichen Anteile überträgt er auf eine Familienstiftung, die die unternehmerische Verantwortung dadurch trägt, dass das Stimmrecht für die von der gemeinnützigen Stiftung gehaltene Anteile ausgeschlossen wird. Dabei wird die gemeinnützige Stiftung gerade nicht mitunternehmerisch an einer |

---

124 *Ernst*, DStR 1999, 903, 904.
125 Zur Besteuerung der Stiftung siehe *Schiffer*; § 9 sowie § 10 zur Steuerbefreiung.
126 *Berndt*, Stiftung und Unternehmen, 7. Aufl. 2007, S. 479 ff. nennt zahlreiche weitere Beispiele.
127 *Binz/Sorg*, Unternehmermagazin 10/2004, 36.
128 Näher dazu *Schiffer*, in: Eiselsberger (Hrsg.) Jahrbuch Stiftungsrecht 07 (Österreich), 2007, S. 175 ff.; *Schiffer*, § 11 Rn 28 ff.

Personengesellschaft beteiligt. Sie führt keinen wirtschaftlichen Geschäftsbetrieb.

95 Mit ihrer gegenseitigen Funktionsbezogenheit arbeiten im Fall der Doppelstiftung beide Stiftungen in Verantwortung für das Unternehmen zur Erhaltung und Vermehrung der Vermögenssubstanz zusammen. Dabei besteht in der Regel eine weitgehende organisatorische und personelle Übereinstimmung zwischen den beiden Stiftungen. Gleichzeitig wird nachhaltig ein gemeinnütziger Zweck gefördert. Die Doppelstiftung kombiniert damit auch im besten Sinne des Wortes die **„Sinn-Stiftung"** in der Form der gemeinnützigen Stiftung mit der Unternehmenssicherung in Form der gesamten Stiftungsgestaltung. Sie ist damit Ausdruck eines verantwortungsbewussten und eigenverantwortlichen Unternehmertums.

### 4. Praxishinweise zur unternehmensverbundenen Stiftung

96 Die **Praxis der einzelnen Landesstiftungsbehörden** bei der Anerkennung von unternehmensverbundenen Familienstiftungen war vor einigen Jahren in hohem Maße unterschiedlich und oft bedenklich,[129] was angesichts der relativ wenigen Stiftungsgestaltungen in der Praxis allerdings auch kaum überraschen konnte. Es hatte sich ob der geringen Zahl unternehmensverbundener Stiftungen in der Vergangenheit keine bundesweit einheitliche Praxis ausgebildet. Man sprach – überspitzt formuliert – von „stiftungsfreundlichen" und „stiftungsfeindlichen" Bundesländern, wenngleich es natürlich immer auf den im Einzelfall tätigen Stiftungsreferenten ankam. Es ist davon auszugehen, dass dieser Befund angesichts des insoweit klaren aktuellen Stiftungszivilrechts[130] überholt ist.

97 Eine Stiftungskonstruktion im Unternehmensbereich bietet dem Unternehmer, seinem Nachfolger und dem Unternehmen als sozialer Einheit vor allem den Vorteil der **Sicherung der Unternehmenskontinuität**.[131] Damit kann insbesondere im objektivierten Interesse aller Beteiligten auch den Gefahren wirkungsvoll begegnet werden, die sich für Familienunternehmen bei einer Mehrzahl von Erben ergeben. Dieser besondere Vorteil der Kontinuität kann jedoch im negativen Fall mit mangelnder Flexibilität einhergehen.

98 > **Hinweis**
> Die Sicherung der Unternehmenskontinuität ist einer der hervorragenden Gründe, warum mittelständische Unternehmer sich in ganz bewusster Wahrnehmung ihrer Verantwortung für das Unternehmen und die Unternehmerfamilie für Stiftungslösungen zur Regelung der Unternehmensnachfolge interessieren und sich gegebenenfalls zu einer solchen Lösung entschließen. Mögliche Wünsche nach Veräußerung oder Auszahlung der Anteile zu Lasten der Unternehmensliquidität entfallen bei einer Stiftungskonstruktion. Dieser besondere Vorteil der Kontinuität kann jedoch im negativen Fall mit mangelnder Flexibilität einhergehen.

99 Der Stifter/Unternehmer sollte deshalb, wenn er eine Stiftungsgestaltung im Interesse des Unternehmens wählt, gemeinsam mit seinem Berater besonders darauf achten, dass die Stiftungsgestaltung die für das Unternehmen **erforderliche Flexibilität** gewährt. Die Stiftungssatzung kann nur in dem durch den tatsächlich geäußerten oder mutmaßlichen Willen des Stifters gesetzten (engen) Rahmen geändert werden; für die Änderung ist außerdem grundsätzlich die Zustimmung der Stiftungsaufsicht erforderlich. Folglich können auch Unternehmen, die in Form von Stiftungskonstruktionen gestaltet sind, auf Änderungen

---

129 *Hennerkes/Schiffer/Fuchs*, BB 1995, 207.
130 Ausführlich dazu *Schiffer*, § 2 Rn 23 ff.
131 Siehe etwa: *Berndt/Götz*, Rn 1611 ff.

ihres Marktes und der wirtschaftlichen Rahmenbedingungen durch eine Änderung der Unternehmensstruktur nur bedingt reagieren – jedenfalls solange die Stiftungskonstruktion beibehalten werden soll.

> **Hinweis zur Satzungsgestaltung insb. bei einer unternehmensverbundenen Stiftung** 100
> Durch eine **sorgfältige Gestaltung** der Stiftungskonstruktion und eine überlegte Formulierung der Stiftungsverfassung kann allerdings ein erhöhtes Maß an Flexibilität erreicht werden.
> 
> – So kann den Stiftungsorganen in der Stiftungsverfassung beispielsweise ausdrücklich die Möglichkeit eingeräumt werden, Anpassungen an veränderte wirtschaftliche Verhältnisse im Bereich der Stiftung durchzuführen. Die Stiftungsaufsichtsbehörde darf, da sie den in der Satzung dokumentierten Stifterwillen zu beachten hat, die Zustimmung zu einem geänderten, den neuen wirtschaftlichen Rahmenbedingungen entsprechenden Verhalten der Stiftung grundsätzlich nicht verweigern.
> 
> – Denkbar ist außerdem z.B. eine Ermächtigung in der Stiftungssatzung zu einem Wechsel der Rechtsform des Unternehmens in besonderen Fällen. Hinzuweisen ist auch auf die Möglichkeit, in dem Gesellschaftsvertrag einer Stiftung & Co. (KG) den Ausschluss der Komplementär-Stiftung im Wege eines Mehrheitsbeschlusses der Kommanditisten vorzusehen. Ersichtlich ergibt sich in diesen Fällen als Preis für die erhöhte Flexibilität aber die Konsequenz, dass die möglicherweise vom Stifter gewünschte „ewige" Verbindung zwischen Unternehmen und Stiftung in letzter Konsequenz gelöst werden könnte.
> 
> Diese Möglichkeiten sollten allerdings nicht darüber hinwegtäuschen, dass die Flexibilität von Personen- und Kapitalgesellschaften bei einer Stiftungskonstruktion nicht erreicht werden kann.

Es ist ein allgemein beklagter Umstand, dass die Kapitaldecke deutscher Unternehmen – 101
insbesondere deutscher Familienunternehmen – oftmals recht dünn ist. Die finanziellen Möglichkeiten der Unternehmerfamilien reichen gerade in Zeiten neuer wirtschaftlicher Herausforderungen nur bedingt aus, um das für das Unternehmen erforderliche Kapital zur Verfügung zu stellen. Ab Ende der 80er-Jahre haben sich daher zahlreiche Unternehmerfamilien dazu entschlossen, mit ihren Unternehmen an die **Börse** zu gehen, um dort das erforderliche **Kapital zu beschaffen** und so die Kapitalbasis für ihr Unternehmen zu verbreitern. Unternehmen, die in Form einer Stiftungskonstruktion gestaltet sind, ist das jedenfalls auf direktem Weg verschlossen. Da gegenwärtig allein der Aktiengesellschaft und der Kommanditgesellschaft auf Aktien der direkte Zugang zum Kapitalmarkt möglich ist, besteht für unternehmensverbundene Stiftungen, die nicht an einem Unternehmen in einer der genannten Rechtsformen der Rechtsformen beteiligt sind, keine Möglichkeit der Kapitalbeschaffung über die Börse. Die Umwandlung einer Stiftung in eine andere Rechtsform ist ausgeschlossen. Insgesamt ist festzuhalten, dass es einer unternehmensverbundenen Stiftung in aller Regel tendenziell deutlich schwerer fallen wird, das für anstehende größere Investitionen erforderliche Kapital zur Verfügung zu stellen. Aber auch hier lassen sich Gestaltungen etwa über Tochtergesellschaften, die an die Börse gehen, oder über die Gestaltung einer Kommanditgesellschaft auf Aktien (KGaA) oder, wie das Beispiel *Würth* zeigt, über die **Platzierung einer Anleihe** finden, um eine Kapitalbeschaffung am Kapitalmarkt zu ermöglichen.

102 Im **Unternehmensbereich** kann auch eine **gemeinnützige Stiftung** eine sinnvolle Rolle spielen und gleichzeitig der Allgemeinheit dienen.[132]
- Unternehmenseinkünfte können z.B. dem eventuellen Wunsch der Familie entsprechend ganz oder teilweise gemeinnützigen Zwecken zugeführt werden, was durchaus als positiver Marketingeffekt für das Unternehmen genutzt werden kann. Ohne eine gemeinnützige Stiftung könnte das über steuerbegünstigte Spenden nur in begrenztem Umfang geschehen. Vor allem „Bertelsmann" gibt dafür immer wieder interessante Beispiele.
- Eine gemeinnützige Stiftung kann, wenn Sie nicht unmittelbar an dem Unternehmen beteiligt ist, als Kreditgeber für das Unternehmen fungieren.[133] Sie erwirtschaftet dann entsprechend ihrem Satzungszweck ihr Einkommen durch zinspflichtige Darlehensgewährung an das Unternehmen. Dabei müssen die Bedingungen des Darlehens (Verzinsung, Sicherung, ...) zur steuerrechtlichen Anerkennung grundsätzlich dem Vergleich mit einem von dritter Seite gewährten Darlehen standhalten.

### IV. Steuerbegünstigung einer Stiftung

#### 1. Steuerbefreiung wegen Gemeinnützigkeit oder Mildtätigkeit

103 Grundsätzlich ist die Errichtung und die Tätigkeit einer Stiftung mit unterschiedlichen **steuerlichen Belastungen** verbunden (Schenkungsteuer, Körperschaftsteuer, ...). Gemeinnützige Stiftungen oder andere Stiftungen, die sonstige steuerbegünstigte Zwecke im Sinne der §§ 51 ff. AO verfolgen, d.h. etwa mildtätig sind, sind im Gegensatz dazu nach den einschlägigen Steuergesetzen beinahe vollständig von den betreffenden Steuern befreit.[134] Die Steuerbefreiung setzt voraus, dass eine Stiftung nach ihrer Satzung und tatsächlichen Geschäftsführung ausschließlich und unmittelbar gemeinnützige, mildtätige oder kirchliche Zwecke verfolgt.[135] Im Bereich der Gemeinnützigkeit und der Mildtätigkeit unterscheidet man vor allem **Förderstiftungen** und **Anstalts-/Trägerstiftungen**.

#### a) Gemeinnützige Zwecke

104 **Gemeinnützige Zwecke** (§ 52 AO) verfolgt eine Stiftung, wenn ihre Tätigkeit darauf gerichtet ist, die Allgemeinheit (!) auf materiellem, geistigem oder sittlichem Gebiet selbstlos zu fördern.

105 **Beispiele für gemeinnützige Zwecke**
Förderung von Wissenschaft und Forschung, Bildung und Erziehung, Kunst und Kultur, der Religion, der Völkerverständigung, des Umweltgedankens, der Jugend- und Altenhilfe, des Sports und des Wohlfahrtswesens. Diskutiert wird aktuell etwa auch der Zweck der Beschäftigungsförderung.[136]

---

[132] Zur Besteuerung gemeinnütziger Stiftungen bei Beteiligung an Unternehmen: *Eversberg*, Stiftung & Sponsoring – Rote Seiten 06/2005. Siehe auch *Schiffer*, § 10 Rn 71.
[133] Näher zu dem Thema „Stiftung als Familienbank" siehe *Schiffer*, DStR 2002, 1208 f.
[134] Ausführlich *Schiffer*, § 10. Ausführlich zur Gemeinnützigkeit insgesamt: *Buchna*, S. 31 ff.
[135] Ausf. *Buchna*, Gemeinnützigkeit und Steuerrecht, 9. Auflage 2008 (Standardwerk der Finanzverwaltung); siehe ferner *Schiffer*, § 10; *Patt/Patt*, DStR 2005, 1509. Zur Spezialfrage der Angemessenheit der Aufwendungen gemeinnütziger Stiftungen für Verwaltung und Spendenwerbung siehe *Geserich*, DStR 2001, 604 ff.; *Schiffer*, § 10 Rn 67.
[136] *Dehesselles*, DB 2005, 72 ff.

Um ein recht häufiges Missverständnis zu vermeiden, sei ausdrücklich betont:

> **Hinweis zur Förderung der Allgemeinheit**
> Von einer **Förderung der Allgemeinheit** kann man dann nicht mehr sprechen, wenn der Kreis der Personen, denen die Förderung durch die Stiftung zugute kommt, geschlossen ist. Ein solcher geschlossener Kreis ist etwa bei einer Familie oder der Belegschaft eines Unternehmens gegeben – aber auch wenn die betreffenden Personen nach ihrer Abgrenzung, vor allem nach räumlichen oder beruflichen Merkmalen, dauernd nur einen kleinen Kreis bilden. Errichtet ein Unternehmen oder der Unternehmer eine gemeinnützige Stiftung, kann er also damit nicht etwa – ausschließlich – seine Belegschaft fördern, zu fördern ist die Allgemeinheit, zu der aber natürlich auch die Belegschaftsmitglieder gehören können. Überdies bietet eine solche gemeinnützige Stiftung für das Unternehmen (gleichzeitig) die Möglichkeit einer positiven Öffentlichkeitsarbeit – etwa im Sinne eines Mäzenatentums des Unternehmers, das dieser über die Stiftung ausführt.

106

### b) Mildtätige Zwecke

**Mildtätige Zwecke** (§ 53 AO) verfolgt eine Stiftung, wenn ihre Tätigkeit darauf gerichtet ist, Personen selbstlos zu unterstützen, die infolge ihres körperlichen, geistigen oder seelischen Zustandes oder auch aufgrund ihrer wirtschaftlichen Situation (näher: § 53 Nr. 2 AO) auf die Hilfe anderer angewiesen sind. Hier ist die Leistung der Stiftung also an einzelne (!) Personen oder Personenkreise möglich, die auch aus der Familie und/oder dem Unternehmen des Stifters stammen können. Die Bedürftigkeit im Sinne des § 53 AO ist im Einzelfall zu prüfen und nachzuweisen. Die Finanzverwaltung stellt zunehmend höhere Ansprüche an den Nachweis der finanziellen Bedürftigkeit (Einkommen und Vermögen!).

107

### c) Reichweite der Steuerbefreiung

Die Steuerbefreiungen werden in den einzelnen Steuergesetzen in der Regel soweit aufgehoben wie die gemeinnützige Stiftung keine reine Vermögensverwaltung betreibt, sondern einen wirtschaftlichen Geschäftsbetrieb (§ 64 AO).[137] Nach Ansicht der Finanzverwaltung kann eine Stiftung dadurch die Gemeinnützigkeit verlieren.[138] Die Beteiligung einer Stiftung an einer GmbH ist anders als die Beteiligung an einer Personengesellschaft steuerlich regelmäßig der steuerunschädlichen Vermögensverwaltung zuzuordnen und ist also auch für eine steuerbefreite Stiftung grundsätzlich ohne weiteres möglich. Ein zunehmendes Praxisthema ist in diesem Zusammenhang die „Auslagerung und Ausgliederung/Ausgrundung" (**Outsourcing**) bei steuerbefreiten Stiftungen.[139]

108

Eine steuerbefreite Stiftung darf im übrigen (anders als andere steuerbefreite Körperschaften) bis zu einem Drittel ihres steuerfreien Einkommens dazu verwenden, um in angemessener Weise den Stifter und seine nächsten Angehörigen zu unterhalten, deren Gräber zu pflegen und deren Andenken zu ehren, ohne dass die Stiftung dadurch die Steuerbefreiung verliert (§ 58 Nr. 6. AO – **„steuerbefreite Familienstiftung"**).[140]

109

Beim Zusammenwirken gemeinnütziger Körperschaften stoßen wir auf ein erhebliches Problem, das sich vielfach als Hemmnis in der Praxis herausstellt: Der Hilfspersonenansatz als Ausnahme von dem Erfordernis der Unmittelbarkeit. Bei der Frage nach der für die

110

---

137 Ausführlich, *Schiffer*, § 10 Rn 64 ff. Insb. zu Abgrenzungsfragen (Stichwort: Geprägetheorie) siehe dort auch Rn 100 ff.
138 Siehe dazu *Schiffer*, DStR 2002, 1206 ff.; *Eversberg*, Stiftung & Sponsoring – Rote Seiten 05/2001.
139 Näher dazu *Schiffer*, § 7 Rn 30 ff.
140 Ausf. dazu *Schiffer*, § 10 Rn 133 ff.; *ders.*, Der Fachanwalt für Erbrecht, 2006, S. 51 (Beilage ZErb).

Steuerbefreiung erforderlichen unmittelbaren Erfüllung der steuerbegünstigten Zwecke im Fall des Einsatzes von Hilfspersonen[141] ergeben sich in der Praxis immer wieder Schwierigkeiten und Fragen.[142]

## 2. Neues Stiftungssteuerrecht

111 Der Gesetzgeber hat Anfang des Jahrtausends ein modernes Stiftungssteuerrecht geschaffen und es im Jahr 2007 noch weiter verbessert. Es soll hier zumindest im Überblick dargestellt werden.

Der Staat kann ganz offensichtlich nur noch eingeschränkt Mittel für die Bereiche Soziales und Kulturelles zur Verfügung stellen. Vor allem auch neue Stiftungen sollen helfen, dieses Defizit vor dem Hintergrund zunehmender Millionenvermögen zumindest teilweise ausgleichen. Das Gesetz zur weiteren steuerlichen Förderung von Stiftungen, das am 26.7.2000 verkündet worden ist, und „Hilfen für Helfer" sind hier die wesentlichen Stichworte.

112 Kernpunkte der neuen Gesetze waren/sind:
– Erhöhung des Spendenabzugs für Zuwendungen an Stiftungen und
– Verbesserungen hinsichtlich der Möglichkeit der Rücklagenbildung, die auf alle gemeinnützigen Körperschaften Anwendung finden.

### a) Überblick (erste Verbesserungsstufe)

113 Die bedeutendsten Veränderungen brachte das damals neue Stiftungssteuerrecht aus Sicht der (potentiellen) Stifter durch die in den § 10b Abs. 1 S. 3 und § 10b Abs. 1a EStG eingeführten einkommensunabhängigen und kumulativ anwendbaren jährlichen Höchstbeträge über 20.450 EUR (laufende Zuwendung) und 307.000 EUR (damaliges Stichwort: „Errichtungsdotation"). Beide Neuregelungen waren entgegen der bisherigen Systematik des Spendenrechts beschränkt auf Zuwendungen an Stiftungen des öffentlichen Rechts (einschließlich kirchlicher Stiftungen) und an nach § 5 Abs. 1 Nr. 9 des KStG steuerbefreite Stiftungen des privaten Rechts. Nicht erfasst waren andere steuerbefreite Körperschaften – etwa in der Rechtsform des eingetragenen Vereins oder der GmbH!

114 Der BFH hat mit Urteil vom 3.8.2005 zu dem Abzugshöchstbetrag des § 10b Abs. 1 S. 3 EStG bei jeweiligen Zuwendungen durch zusammen veranlagte Ehegatten entschieden, dass der Abzugshöchstbetrag für jeden der Ehegatten zu berücksichtigen ist. Jeder Ehepartner könne individuelle Motive haben und unterschiedliche Zuwendungszwecke bei ganz verschiedenartigen Stiftungen verfolgen. Er habe Anspruch darauf, insoweit für seine Person nicht schlechter gestellt zu werden als ein lediger Spender. Es läge eine Benachteiligung vor, wenn Ehepartner wegen ihrer Ehe von Steuerentlastungen ausgeschlossen werden. Das wäre mit den Grundrechten nicht zu vereinbaren. Errichtungsdotationen nach § 10b Abs. 1a EStG standen in dem vom BFH entschiedenen Fall nicht in Frage. Die Erwägungen des BFH zu dem Abzugshöchstbetrag des § 10b Abs. 1 S. 3 EStG bei Zuwendungen an Stiftungen gelten aber nach herrschender Auffassung ohne weiteres auch für Errichtungsdotationen von zusammen veranlagten Eheleuten.

115 **Hinweis: Geltung auch für die treuhänderische Stiftung**
Alle diese Steuervorteile gelten auch für die nicht rechtsfähigen treuhänderischen Stiftungen. Allerdings ist diese Privilegierung, schon weil hier ein Anerkennungsverfahren fehlt,

---

141 § 57 Abs. 1 S. 2 AO.
142 Ausf. dazu *Buchna*, S. 175 f., S. 219 f.; *Holland*, DStR 2006, 1783; *Schiffer*, § 10 Rn 189 ff.; ders. DStR 2003, 1015 ff.

anders als bei der selbstständigen Stiftung durchaus kritisch zu beurteilen. Angesichts der klaren Formulierung des Gesetzes und der dem Gesetzeswortlaut folgenden Praxis der Finanzverwaltung genießen betroffene Stifter einer treuhänderischen Stiftung indessen jedenfalls Vertrauensschutz.

b) „Hilfen für Helfer": Neues Spenden- und Gemeinnützigkeitsrecht

„Hilfen für Helfer" ist ein grundsätzlich erfreuliches Stichwort für das Stiftungswesen. Der Bundestag hat am 6.7.2007 das Gesetz zur weiteren Stärkung des bürgerschaftlichen Engagements[143] verabschiedet. Der Bundesrat hat das Gesetz im September abschließend beraten und ihm zugestimmt. Das Gesetz ist ab 1.1.2007 rückwirkend (!) in Kraft getreten, wobei Übergangsregelungen Wahlrechte hinsichtlich der Anwendung neuen oder alten Spendenrechts für den Veranlagungszeitraum 2007 enthalten.

116

**Betrachten wir die wesentlichsten Punkte für die Praxis!**

117

Die **Höchstgrenzen für den Spendenabzug** in § 10b EStG sind auf einheitlich 20 % des Gesamtbetrags der Einkünfte angehoben worden.
– Bisher lagen die Grenzen bei 5 % bzw. 10 %.
– Der Sonderabzugsbetrag von 20.450 EUR pro Jahr für Stiftungen ist im Gegenzug entfallen. (Achtung: Wahlrecht für 2007)

Für **Spenden bis 200 EUR** reicht der Bareinzahlungsbeleg bzw. eine Buchungsbestätigung als Nachweis.
– Bisher lag die Grenze bei 100 EUR.

118

Die **Besteuerungsgrenze für wirtschaftliche Betätigungen** gemeinnütziger Körperschaften ist von 30.678 EUR auf 35.000 EUR angehoben worden.
– Das ist letztlich nur eine Inflationsanpassung.

119

Die besonders **förderungswürdigen Zwecke** der Einkommensteuerdurchführungsverordnung (bisher: Anlage zu § 48 EStDV) und die gemeinnützigen Zwecke der Abgabenordnung sind vereinheitlicht worden. Die Definition der steuerbegünstigten förderungswürdigen Zwecke findet sich in §§ 52–54 AO.
– Inhaltlich ist damit nach der Gesetzesbegründung aus dem Regierungsentwurf letztlich keine Änderung des „status quo" verbunden. Hier würde für die Vergangenheit zudem Vertrauensschutz gelten.
– Es handelt sich entgegen ursprünglichen Planungen des Gesetzgebers auch nicht um eine abschließende Regelung. Das Gesetz enthält eine **Öffnungsklausel**, um der Lebendigkeit des gemeinnützigen Sektors Rechnung zu tragen. Die obersten Finanzbehörden der Länder bestimmen künftig jeweils eine Finanzbehörde, die neue Zwecke für gemeinnützig erklären kann. Es bleibt abzuwarten, wie sich dieses Verfahren bewährt.

120

Alle förderungswürdigen Zwecke sind nun auch gleichzeitig spendenbegünstigt.

Der **Vermögensstockspendenbetrag** für Stiftungen (§ 10b Abs. 1a EStG), der nach wie vor auch für Förderstiftungen gilt, ist von 307.000 EUR auf 1 Mio. (!) EUR (zunächst waren nur 750.000 EUR angedacht) heraufgesetzt worden.
– Die Beschränkung der Abzugsfähigkeit auf die Neugründung und ein Jahr danach ist entfallen. Es handelt sich also nicht mehr um eine „Errichtungsdotation". Somit fallen auch Zustiftungen unter diese Regelung. Das war/ist eine ganz wesentliche Verbesserung! („Vermögensstockspende")

121

---

143 BGBl. I 2007, 2332.

- Auch künftig kann der Abzugsbetrag innerhalb von 10 Jahren nur einmal in Anspruch genommen werden – allerdings nach wie vor gemäß der Rechtsprechung des BFH[144] jeweils getrennt durch beide Ehepartner.
- Der besondere Abzugsbetrag von 1 Mio. EUR wird nur auf Antrag des Steuerpflichtigen gewährt. Ohne Antrag wendet die Finanzverwaltung die allgemeinen Abzugsregelungen des § 10b Abs. 1 S. 1 EStG an.

122 Es gibt auch noch einige – genau betrachtet – „Kleinigkeiten":
- Der Übungsleiterfreibetrag ist von 1.848 EUR auf 2.100 EUR angehoben worden.
- Wer sich nebenberuflich im mildtätigen, im gemeinnützigen oder im kirchlichen Bereich engagiert, darf einen neuen Steuerfreibetrag in Höhe von **500 EUR im Jahr** (!) geltend machen, sofern er hier nicht schon von anderen Steuervorteilen profitiert (z.B. Übungsleiterfreibetrag). Voraussetzung ist, dass er diese 500 EUR tatsächlich von den Organisationen erhalten hat.

123 Das aktuelle Recht verfolgt mit den besagten Regelungen auch folgende Ziele:[145]
1. Bessere Abstimmung und Vereinheitlichung der förderungswürdigen Zwecke im Gemeinnützigkeits- und Spendenrecht. Weder der Kreis der gemeinnützigen noch der Kreis der spendenbegünstigten Zwecke wird verkleinert.
2. Bürokratieabbau durch Rechts- und Verwaltungsvereinfachung.

Das Gesetz ist ein Schritt in die richtige Richtung, wenngleich man sich z.B. einen höheren Betrag für Vermögensstockspenden bei Stiftungen gewünscht hätte. Außerdem sollte vor allem der Bürokratieabbau weiter betrieben werden, da gerade die Bürokratie potentielle Ehrenamtler abschreckt. Sie wollen „ihrer" guten Sache dienen und nicht im Paragraphendschungel versinken.

### 3. Steuerbefreite „Familienstiftungen"

#### a) „Gemeinnützige Familienstiftung"

124 Auf die „gemeinnützige Familienstiftung", die der Gesetzgeber in § 58 Nr. 5 AO erfunden hat, ist bereits oben eingegangen worden.

125 **Hinweis**
Bei jeder gemeinnützigen Stiftung sollte dieser Aspekt – und sei es als Notfallvorsorge – mit dem potenziellen Stifter erörtert werden.

#### b) „Mildtätige Familienstiftung"

126 Bei der sog. „mildtätigen Familienstiftung" muss nicht die Allgemeinheit gefördert werden. Mildtätigkeit bedeutet vielmehr die Unterstützung einzelner bedürftiger Personen.

127 **Hinweis**
Soweit die wirtschaftliche oder persönliche Hilfsbedürftigkeit im Sinne des § 53 AO vorliegt, können über eine mildtätige Stiftung auch **Familienangehörige** oder **Angehörige eines Unternehmens** gefördert werden.

128 Allerdings ist der **Anwendungserlass zur Abgabenordnung** (AEAO) zu den §§ 51–68 AO[146] **geändert** worden.[147]

---

144 BFH BStBl II 2006, 121; *Schiffer*, StB 2006, 217 ff.
145 Siehe auch DStR 1/2007, S. VI.
146 BStBl I 2002, 867 ff.
147 Siehe dazu schon *Schiffer*, DStR 2003, 14, 18.

Nach Nr. 3 AEAO zu § 53 AO kann eine Körperschaft, zu deren Satzungszwecken die Unterstützung von hilfsbedürftigen Verwandten der Mitglieder, Gesellschafter, Genossen und Stifter gehört, nicht als steuerbegünstigt anerkannt werden. Bei einer derartigen Körperschaft stehe nicht die Förderung mildtätiger Zwecke, sondern die Förderung der Verwandtschaft im Vordergrund. Die Tätigkeit sei entgegen § 53 AO nicht selbstlos. § 58 Nr. 5 AO stehe dem als Ausnahmevorschrift von dem Gebot der Selbstlosigkeit nicht entgegen.

**Hinweis**
In dieser absoluten Formulierung dürfte diese Wertung des AEAO keine Stütze im Gesetz finden. Bedenklich stimmt schon, dass § 55 AO zur Selbstlosigkeit nur von „Mitgliedern und Gesellschaftern", aber nicht von deren Verwandten spricht. Auch in § 53 AO findet sich kein solcher Hinweis. Was die steuerschädliche „Förderung der Verwandtschaft" heißen soll, sagt der AEAO auch nicht. Sprachlich ist es ganz einfach: entweder besteht ein Verwandtschaftsverhältnis oder es besteht nicht – im eigentlichen Sinne „zu fördern" ist da nichts. Solche sprachlichen Ungenauigkeiten sind keine Kleinigkeiten. Sie bringen hier nicht die von den Verfassern der AEAO gewollte überzeugende Begründung für die Auffassung der Finanzverwaltung und führen zu unnötigen Diskussionen. Die sprachliche Ungenauigkeit setzt sich fort und überschreitet dabei die Grenze zur rechtlichen Ungenauigkeit. Die Begriffe „Angehörige" (§ 14 AO) und „Verwandte" werden undifferenziert verwendet.

Wenn die AEAO schon einen Blick auf § 58 Nr. 5 AO bemüht, dann hätte es nahe gelegen, die Förderung bedürftiger Stifter und deren nächster Angehörigen als nicht unter § 53 AO fallend anzusehen, aber nicht generell alle Verwandten auszuschließen und damit wohl die Angehörigen im Sinne des § 14 AO zu meinen, obwohl die AEAO **anstatt von „Angehörigen" von „Verwandten" spricht**. Soll das auch die Verwandtschaft in Nebenlinien treffen (Neffen und Nichten etwa)? Der AEAO ist hier **bedenklich ungenau formuliert**.

**Hinweis**
Ganz wohl scheint den Verfassern der AEAO bei ihrer Wertung ohnehin nicht zu sein. Bei der tatsächlichen Geschäftsführung soll die Unterstützung von hilfsbedürftigen „Angehörigen" (!) nicht schädlich für die Steuerbegünstigung sein. Die Verwandtschaft (!) dürfe jedoch kein Kriterium für die Förderleistung der Körperschaft sein. „Hilfsbedürftig" und (zufällig) auch „verwandt" dürfen die geförderten Personen also sein, aber nicht (ersichtlich) „verwandt" und „hilfsbedürftig". Wie soll denn hier abgesehen von dem steuerrechtlich unklaren Begriff der Verwandtschaft abgegrenzt werden? **Das BMF wird klarzustellen haben, was es meint.**

### 4. Europarecht

Europarechtlich wurde im Zusammenhang mit der Niederlassungs- und Dienstleistungsfreiheit zu grenzüberschreitenden Tätigkeiten bereits früher vor allem die bevorzugte Stellung inländischer gemeinnütziger Einrichtungen im Vergleich zu ausländischen gemeinnützigen und kommerziellen Anbietern von Dienstleistungen problematisiert (§ 5 Abs. 2 Nr. 2 KStG a.F.).

Das deutsche Gemeinnützigkeitsrecht stand wegen dieser Bevorzugung im Jahre 2006 durch einen Vorlagebeschluss des BFH an den EuGH ganz grundsätzlich auf dem Prüfstand. In dem besagten Fall erzielte eine Stiftung italienischen Rechts (Centro di Musicologia Walter Stauffer) mit Sitz in Italien aus einem Geschäftsgrundstück in Deutschland Einkünfte aus Vermietung und Verpachtung. Die Stiftung verfolgt Ausbildungs- und Erziehungszwecke und fördert über Stipendien den Aufenthalt junger Schweizer in Italien. Das deutsche

Finanzamt wollte die Vermietungseinkünfte der Körperschaftsteuer unterwerfen. Der 1. Senat des BFH hatte in seinem Vorlagebeschluss bezweifelt, ob die (damalige) Einschränkung der Körperschaftsteuerbefreiung nach § 5 Abs. 2 Nr. 2 a.F. des deutschen KStG gemeinschaftsrechtlichen Anforderungen genüge. Am 14.9.2006 entschied der EUGH, dass es nicht mit Art. 73b EGV i.V.m. Art. 73d EGV vereinbar ist, wenn ein Mitgliedstaat inländische Vermietungseinkünfte einer als gemeinnützig anerkannten, grundsätzlich unbeschränkt steuerpflichtigen Stiftung mit Niederlassung in diesem Staat von der Körperschaftsteuer befreit, die gleiche Befreiung aber für entsprechende Einkünfte einer als gemeinnützig anerkannten Stiftung des privaten Rechts mit Niederlassung in einem anderen Mitgliedsstaat verweigert, weil diese im Inland nur beschränkt steuerpflichtig ist.

135 Mit der Entscheidung hat der EuGH allerdings keine zwangsläufige Gleichbehandlung von Körperschaften, die das nationale Gemeinwohl fördern, mit solchen, die nur nicht nationalen Belangen dienen, gefordert. Er hat vielmehr Spielraum für eine auf Förderung des nationalen Gemeinwohls gerichtete Gestaltung des steuerlichen Gemeinnützigkeitsrechts belassen. Der deutsche Gesetzgeber hat zwischenzeitlich mit dem neuen § 51 Abs. 2 AO, auf den sogleich näher einzugehen sein wird, und mit einer Änderung des § 5 Abs. 2 Nr. 2 KStG reagiert.

136 Der EuGH hatte Anfang 2009 im Fall Persche erneut über einen Vorlagebeschluss des BFH zu entscheiden, der aus dem Jahre 2007 stammte. Ein deutscher Staatsangehöriger hatte für eine Heimeinrichtung für Alte und Kinder in Portugal verschiedene Gegenstände im Wert von ca. 18.000 EUR gespendet. Diese Sachspende hat er dann in seiner Einkommensteuererklärung als Sonderausgabe geltend gemacht. Das zuständige Finanzamt lehnte den begehrten Spendenabzug jedoch mit der Begründung ab, dass der Spendenempfänger, das portugiesische Alten- und Kinderheim, nicht in Deutschland ansässig war und die portugiesische Bescheinigung über die Spende nicht den in Deutschland geltenden Anforderungen an eine Zuwendungsbestätigung genügte. Mit Urteil vom 27.1.2009 hat der EuGH inzwischen entschieden, dass Spenden an ausländische gemeinnützige Organisationen zum Spendenabzug berechtigen. Nach Ansicht des EuGH liegt bei einer Abzugsbeschränkung ein Verstoß gegen die gemeinschaftsrechtliche Kapitalverkehrsfreiheit vor. Im entschiedenen Fall waren die durch die Sachspende geförderten Zwecke sowohl nach deutschen als auch nach portugiesischem Recht als steuerbegünstigt anerkannt, so dass es nach Ansicht des EuGH keinen Grund gab, diese Spende in der deutschen Steuererklärung unberücksichtigt zu lassen. Der Argumentation der Finanzbehörde, sie könne bei einer ausländischen Einrichtung die Voraussetzungen der Steuerbegünstigung nicht überprüfen, ist der EuGH nicht gefolgt. Vielmehr führt der EuGH in seinen Urteilsgründen aus, der in Deutschland Steuerpflichtige müsse die Möglichkeit haben, das Vorliegen der Steuerbefreiung des ausländischen Spendenempfängers nachzuweisen. Das müsste er dann allerdings auch tatsächlich tun – und da wird in der Praxis typischerweise das Problem liegen.

137 Es bleibt abzuwarten, ob und wie die deutschen Finanzbehörden das EuGH-Urteil vor dem Hintergrund der Änderungen in § 5 Abs. 2 Nr. 2 KStG und des neuen § 51 Abs. 2 AO umsetzen werden. Der EuGH hat den deutschen Finanzbehörden im Falle des Nachweises der Steuerbefreiung des ausländischen Spendenempfängers durch den Spender das Recht der Prüfung ausdrücklich eingeräumt. Die Ablehnung des Spendenabzuges sei, so der EuGH, weiterhin möglich, wenn die vom steuerpflichtigen Spender vorgelegten Belege und Nachweise nicht stichhaltig die Gemeinnützigkeit des ausländischen Spendenempfängers im Sinne der nationalen (deutschen) Vorschriften nachweise. Dies könnte für den Spender insoweit schwierig werden, wenn die Finanzbehörden die Nachweispflichten präzisieren und verschärfen. Letztlich entscheidend wird sein, ob und wie der deutsche Gesetzgeber reagieren wird.

Der BFH wird sich in dem noch von ihm in der Sache abzusetzenden Urteil selbstverständlich nach den europäischen Vorgaben zu richten haben. An der Übernahme der EuGH-Rechtsprechung durch den BFH bestehen daher keine Zweifel. Allerdings hat das Urteil des EuGH weder die Unwirksamkeit der deutschen Gesetzesvorschriften zur Folge, noch kommt dem BFH hier ein Verwerfungsmonopol für die gesetzlichen Regelungen zu. Nach geltender Rechtslage muss eine Organisation mit Sitz in der EU in Deutschland zumindest beschränkt steuerpflichtig sein, um von den deutschen Finanzbehörden als steuerbegünstigt anerkannt zu werden. Diese Anerkennung ist Voraussetzung für die Erteilung von Zuwendungsbestätigungen, die den begehrten Sonderabzug gemäß § 10b Abs. 1 S. 1 EStG beim Spender ermöglichen. Eine Anpassung der Gesetzeslage an europäische Vorgaben könnte nur durch den deutschen Gesetzgeber erfolgen.

Wie der Gesetzgeber auf das Urteil konkret reagieren wird, bleibt abzuwarten, zumal er mit der im Rahmen des JStG 2009 erfolgten Verschärfung des § 51 Abs. 2 AO (struktureller Inlandsbezug) der vorliegenden EuGH-Rechtsprechung mit Blick auf das oben angesprochene Stauffer-Urteil zumindest teilweise zuvor gekommen ist. Nach dem strukturellen Inlandsbezug setzt die Steuervergünstigung bei der Verwirklichung steuerbegünstigter Zwecke im Ausland ab 1.1.2009 voraus, dass natürliche Personen mit Wohnsitz oder gewöhnlichem Aufenthalt im Inland gefördert werden oder die Tätigkeit zumindest zum Ansehen der Bundesrepublik Deutschland im Ausland beitragen kann. Zunächst sollte hier eine Förderung der Allgemeinheit Voraussetzung sein. Der aktuell als Tatbestandsvoraussetzung für die Steuervergünstigung gültige Inlandsbezug strahlt nicht auf die weiteren Tatbestandsvoraussetzungen für eine Steuerbefreiung aus, hat also insbesondere keinen Einfluss auf Inhalt und Umfang der förderungswürdigen Zwecke in § 52 AO. Da § 10b Abs. 1 S. 1 EStG weiterhin gültig ist, bleibt die Praxis der Finanzbehörden im Falle europaweiter Spenden abzuwarten.

So wichtig und begrüßenswert das Urteil des EuGH für den Kläger auch sein mag, so unsicher ist die generelle Umsetzung in der Praxis. Es kann nicht verlässlich vorhergesagt werden, wie der Gesetzgeber und die Finanzbehörden auf das Urteil reagieren werden. Es ist hier einmal mehr zu empfehlen, den Kontakt und das Gespräch mit dem zuständigen Finanzamt zu suchen, um eine konstruktive Zusammenarbeit zu ermöglichen. Man sollte sich hier im Übrigen nichts vormachen: Es geht auch um einen Wettbewerb der nationalen Steuerordnungen. Eine Prognose, wie dieser Wettbewerb ausgehen wird, lässt sich kaum geben. Man geht aber wohl nicht fehl, wenn man sich darauf vorbereitet, dass der EuGH im Fall des Falles weiterhin einen durchaus kritischen Blick auf das deutsche „Stiftungssteuerrecht" werfen wird. Die noch zu ziehenden Schlüsse werden nicht unbedingt mit unseren traditionellen Rechtsauffassungen übereinstimmen.

## V. Bürgerstiftungen

Mit dem zur Vererbung anstehenden Vermögen der Nachkriegsgeneration gewinnt nicht nur traditionelles soziales Engagement an Bedeutung, sondern etwas, was man als **bürgerschaftliches Engagement** beschreiben kann. Bürger setzen sich vor Ort konkret für ihr Gemeinwesen ein. Eine Auswirkung dieses Engagements vor Ort sind die sog. **Bürgerstiftungen**[148] als eine Sonderform der steuerbefreiten Stiftung.

---

148 Ausf. dazu: *Bertelsmann Stiftung* (Hrsg.), Handbuch Bürgerstiftungen, 2. Auflage 2004; *Bundesverband Deutscher Stiftungen* (Hrsg.), Bürgerstiftungen stellen sich vor, 2006; *Hof*, in: Seifart/v. Campenhausen, § 14; *Kaper*, Bürgerstiftungen, 2005 *Werner*, in: Werner/Saenger, Rn 365 ff.

**Stifter** sind vielfach Bürger mit einem durchaus überschaubaren Vermögen, die ihrerseits nicht unbedingt alleine eine Stiftung errichten würden, andererseits aber dieser modernen Form der Unterstützung des Gemeinwohls aufgeschlossen gegenüber stehen. In aller Regel sind die Bürgerstiftungen operativ tätig. Neben den Geld-Spendern leisten die „Zeit-Spender" und die „Ideen-Spender" einen ganz wichtigen Beitrag zu der Arbeit der Bürgerstiftungen.

141 Wie Erfolg versprechend der Gedanke ist, zeigt sich auch darin, dass über das „reine" Modell der „Stiftung von Bürgern für Bürger" hinaus **auch große Institutionen** sich diesem Gedanken anschließen und Stiftungen errichten, die um Zustiftungen von Bürgern werben und die sie Bürgerstiftungen nennen. Die aktuell dazu geführte Diskussion, welche Art von Stiftung sich „Bürgerstiftung" nennen darf,[149] scheint bei genauer Betrachtung überflüssig, falls nicht im Einzelfall ein echter Missbrauch vorliegt, denn bei der Bezeichnung „Bürgerstiftung" handelt es sich nur um ein Schlagwort. Aus dem Schlagwort an sich sind keine rechtlichen und/oder steuerlichen Folgerungen abzuleiten. Entscheidend erscheint ohnehin nur, dass ausreichende Mittel für den gemeinnützigen Zweck der jeweiligen Bürgerstiftung aufgebracht werden.

142 Aktuell soll es **rund 100 Bürgerstiftungen** und zahlreiche Gründungsinitiativen geben. Bürgerstiftungen lassen sich definieren als Stiftungen von Bürgern für Bürger zur Förderung sozialer, kultureller oder ökologischer Zwecke vor Ort oder als „selbstständige und unabhängige Institutionen zur Förderung verschiedener gemeinnütziger und mildtätiger Zwecke in einem geographisch begrenzten, d.h. lokalen oder regionalen Wirkungsraum, die einen langfristigen Vermögensaufbau betreiben und ihre Organisationsstruktur und Mittelvergabe transparent machen".[150] Das Ziel der so definierten Bürgerstiftung wird dabei dahin beschrieben,[151] dass sie es einer größeren Zahl von Bürgerinnen und Bürgern sowie Unternehmen (Corporate Citizens) ermöglicht, ihre spezifischen Beiträge zum Gemeinwohl unter einem gemeinsamen Dach zu verfolgen. Sie diene dabei als ein Sammelbecken für Spenden und Zustiftungen.

## VI. Ausländische Stiftungen

143 Auch ausländische Stiftungen sind alternative Ansätze zu der Wahl einer Stiftung nach deutschem Recht. Das gilt unabhängig davon, dass auch die Gemeinnützigkeit deutscher Stiftungen nicht an der Staatsgrenze endet, d.h. es können auch gemeinnützige Zwecke im Ausland verwirklicht werden (siehe Rn 133 ff.).

144 Besonders „beliebt" sind in der Praxis die sehr einfach zu errichtenden und grundsätzlich verschwiegenen **Stiftungen in Liechtenstein**,[152] die allerdings zunehmend auch bei einzelnen Steuerhinterziehungsfällen genannt werden. Schwarze Schafe gibt es aber überall. Die liechtensteinische Stiftung ist aufgrund eines Urteils des FG Rheinland-Pfalz vom 14.3.2005[153] im Zusammenhang mit der „Steueramnestie" wieder besonders in das Interesse der Fachöffentlichkeit geraten.[154] Zunehmend wichtig in der Beratungspraxis ist auch das **österreichische Stiftungsrecht** geworden.[155] Die Details sind hier nicht darzustellen. Das

---

149 Siehe auch www.die-deutschen-buergerstiftungen.de (definierte Merkmale, Gütesiegel).
150 Siehe www.die-deutschen-buergerstiftungen.de unter Grundlagen.
151 Siehe www.die-deutschen-buergerstiftungen.de unter Grundlagen.
152 *Hennerkes/Schiffer*, S. 168 ff.
153 FG Rheinland-Pfalz DStR 2005, 738.
154 *Löwe/Pelz*, BB 2005, 1601.
155 *Wachter*, DStR 2000, 474 und 1037.

Thema kann nur grundsätzlich betrachtet werden. Wegen einzelner Stiftungsländer sei auf die im Literaturverzeichnis genannten Bücher von *Hopt/Reuter* und *Richter/Wachter* verwiesen, die zahlreiche Länderberichte enthalten.

**Hinweis** 145
Nach § 15 **Außensteuergesetz** (AStG) sind Vermögen und Einkommen auch einer Familienstiftung, die Geschäftsleitung und Sitz außerhalb Deutschlands hat, dem Stifter zuzurechnen, wenn er in Deutschland unbeschränkt steuerpflichtig ist, ansonsten anteilig den unbeschränkt steuerpflichtigen Personen, die bei der Stiftung bezugs- und anfallberechtigt sind (Destinatäre). **Familienstiftungen i.S.d. Außensteuerrechts** sind solche, bei denen der Stifter, seine Angehörigen oder seine Abkömmlinge zu mehr als der Hälfte bezugs- oder anfallberechtigt sind. Unter bestimmten Voraussetzungen sind auch unternehmensverbundene Stiftungen als solche Familienstiftungen (siehe § 15 Abs. 3 AStG). Weil die gesetzliche Zurechnungsregelung nach ihrem Wortlaut allein die Vermögens- und Einkommensbesteuerung betrifft, hat sie bei einer unternehmensverbundenen Familienstiftung keinen Einfluss auf Gewerbeertrag und Betriebsvermögen und ist mithin für die **Gewerbesteuer** bedeutungslos. Eine Auswirkung auf die Erbschaft- und Schenkungsteuer ist nach dem ausdrücklichen Wortlaut des Gesetzes ebenfalls ausgenommen (Praxisstichwort: **Ersparnis von Ersatzerbschaftsteuer**).

Unabdingbare Voraussetzung für die gewünschte Steuerersparnis ist, dass die Familienstiftung **weder ihren Sitz, noch ihre Geschäftsleitung in Deutschland** hat. Hier wird in der Praxis häufig übersehen, dass aufgrund einer ungeschickten Handhabung der Leitung der ausländischen Familienstiftung sich deren Geschäftsleitung sehr leicht unabsichtlich nach Deutschland verlagern kann.[156] 146

Der **Ort der Geschäftsleitung** ist der Mittelpunkt der tatsächlichen geschäftlichen Oberleitung der Stiftung. Er befindet sich dort, wo der für die Geschäftsführung maßgebende Wille gebildet wird, d.h. wo alle für die Geschäftsführung nötigen Maßnahmen von einiger Wichtigkeit angeordnet werden, was sich nach dem Gesamtbild der tatsächlichen Verhältnisse des Einzelfalles bestimmt. 147

Die Bewertung der Angelegenheit durch Finanzbehörden und Finanzgerichte erfolgt also nicht abstrakt, sondern konkret für den jeweiligen Einzelfall aufgrund der diesem zugrunde liegenden Sachverhaltseinzelheiten. Dabei kann sich die tatsächliche geschäftliche Oberleitung der Stiftung auch in den Händen anderer als der offiziellen Stiftungsorgane befinden, etwa auch bei einem aktiven Stifter, der keine Organstellung innehat. Entscheidend ist jeweils, wo die maßgebenden Personen tätig sind. In der Rechtsprechung sind hierfür verschiedene Anhaltspunkte herausgearbeitet worden. So hat der BFH[157] insbesondere als maßgeblich erörtert, 148
– ob sich ein Büro zur Geschäftsleitung am Sitz der Stiftung befindet,
– wo die Geschäftsunterlagen aufbewahrt werden,
– wo die Korrespondenz geführt wird,
– wo sonstige Kontorarbeiten erledigt werden.
Besonders leicht schleichen sich Fehler mit der Folge einer unabsichtlichen Verlegung des Stiftungssitzes nach Deutschland bei den drei letztgenannten Punkten ein.

---

156 Näher *Schiffer*, § 13 Rn 34 ff.
157 BFH BStBl II 1991, 154; vgl. auch *Nieders*, FG, EFG 1970, 316.

## VII. Unselbstständige Stiftung

149 Aktuell wird der „Stiftungsfachmann" vermehrt auf die unkompliziert zu errichtende unselbstständige Stiftung angesprochen.

Die unselbstständige Stiftung[158] (auch treuhänderische oder fiduziarische Stiftung genannt) unterscheidet sich von der Stiftung des Privatrechts dadurch, dass sie **keine juristische Person** ist. Der Stifter überträgt vielmehr einer bereits bestehenden – natürlichen oder juristischen – Person als Treuhänder Vermögenswerte zur – grundsätzlich – dauerhaften Verfolgung des von ihm vorgegebenen Stiftungszweckes. Der Treuhänder kann natürlich auch eine (selbstständige) Stiftung sein. **Auch die unselbstständige Stiftung soll wie die selbstständige Stiftung als Verbrauchsstiftung** zulässig sein.[159]

150 Weder die Vorschriften des BGB noch die Landesstiftungsgesetze finden grundsätzlich auf diese rein schuldrechtliche Form der Stiftung Anwendung.[160] Die Errichtung solcher Stiftungen erfordert **kein staatliches Anerkennungsverfahren**.

151 Die unselbstständige Stiftung **unterliegt keiner staatlichen Aufsicht**. Im Fall der Steuerbefreiung wacht aber natürlich die Finanzverwaltung über die Einhaltung der einschlägigen Steuervorschriften (insb. §§ 51 ff. AO). Die unselbstständige Stiftung ist eine recht unkomplizierte Form für den Stifter, Vermögenswerte nachhaltig einem bestimmten Zweck zu widmen. Sie hängt allerdings in ihrem Schicksal naturgemäß ganz von der Person des Treuhänders ab. Für diese Art der Stiftung kann eine ähnliche Verfassung verabschiedet (= mit dem Treuhänder vereinbart werden) wie bei der selbstständigen Stiftung (siehe Muster Rn 225). Die Stiftung kann unter Lebenden oder von Todes wegen errichtet werden.

152 Das Stiftungsgeschäft unter Lebenden ist hier ein Vertrag zwischen dem Stifter und dem Stiftungsträger. Der Stifter überträgt in der Regel der von ihm gewählten Person seines Vertrauens die von ihm dem Stiftungszweck gewidmeten Vermögenswerte unter der **Auflage**, sie entsprechend zu verwenden (Schenkung unter Auflage oder Zweckschenkung), oder vereinbart mit der betreffenden Person direkt ein **Treuhandverhältnis**. Für das Treuhandverhältnis gilt bei Unentgeltlichkeit das Auftragsrecht (§§ 662 ff. BGB). Bei Entgeltlichkeit findet das Recht der Geschäftsbesorgung Anwendung (§ 675 BGB). Der **Stiftungsträger** wird (treuhänderisch) Eigentümer der Vermögenswerte. Die Einzelheiten wird der Stifter mit dem Stiftungsträger aushandeln und in einer Stiftungssatzung festhalten, die man richtigerweise als **"Organisationsvertrag"** bezeichnen sollte

153 Will der Stifter nicht auf die bereits vorhandene Organisation eines Stiftungsträgers – etwa auf die des **Stifterverbandes für die Deutsche Wissenschaft** in Essen[161] – zurückgreifen, so wird er sich zur Schaffung der internen Organisation der treuhänderischen Stiftung im Rahmen des Stiftungsträgers an den für die privatrechtliche selbstständige Stiftung entwickelten Modellen orientieren, die nachfolgend behandelt werden. Dabei kann und sollte der unselbstständigen Stiftung durchaus ein **eigener Name** – etwa zur Erinnerung an den Stifter – gegeben werden.

Ersichtlich ist bei der **Auswahl des treuhänderischen Stiftungsträgers** für die unselbstständige Stiftung besondere Sorgfalt anzuwenden. Die Auswahl einer juristischen Person – vor allem des öffentlichen Rechts – hat den Vorteil, dass diese ebenso wie die unselbstständige Stiftung, aber anders als natürliche Personen, zumindest potentiell unsterblich ist.

---

[158] Näher dazu *Schiffer*, § 2 Rn 40 ff.
[159] *Wallenhorst*, DStR 2002, 986.
[160] *Schindler/Steinsdörfer*, S. 6.
[161] Näher zu dem Verband etwa: *Schindler/Steinsdörfer*, S. 17 ff.

Der Stifter sollte dabei besonderen Wert darauf legen, dass der Stiftungsträger über eine Organisation verfügt, deren Kontrollmechanismen (insbesondere Aufsichtsorgane wie z.B. Beirat) die Verwendung der treuhänderisch übertragenen Mittel für den gewählten Stiftungszweck sicherstellen.

Auch eine unselbstständige Stiftung **kann** etwa wegen Mildtätigkeit oder Gemeinnützigkeit **steuerbefreit** sein.

154

Dabei ist die Gemeinnützigkeit des Trägers der unselbstständigen Stiftung nicht erforderlich, allerdings ist in Stiftungsgeschäft und Satzung der unselbstständigen Stiftung die Gemeinnützigkeit festzulegen und festzuhalten, dass die Mittel nur für die vom Stifter festgelegten steuerbegünstigten Zwecke verwendet werden können. Hier wird in der Regel eine sehr genaue Abstimmung des Stiftungszwecks mit dem Aufgabenbereich des vorgesehenen Trägers/Treuhänders erforderlich sein. Das spricht dafür, eine unselbstständige Stiftung bereits zu Lebzeiten zu errichten.

Sie ist insbesondere auch für Fälle geeignet, in denen **kleinere Vermögen** gestiftet werden sollen und in denen **schnell** vor Ablauf eines Jahres zur Ausnutzung der Steuervorteile noch in dem Jahr gestiftet werden soll.

Bei gemeinnützigen oder mildtätigen treuhänderischen Stiftungen entscheidet die Finanzverwaltung darüber, ob die entsprechende Steuerbefreiung gewährt wird, weil die gesetzlichen Voraussetzungen (insb. §§ 51 ff. AO) vorliegen. Die Finanzverwaltung ist also hier die einzige staatliche Behörde, die eine „Aufsicht" über die treuhänderische Stiftung wahrnimmt. Diese Aufsicht ist an sich auf die Auswirkungen der Vorschriften des Steuerrechts zu beschränken, gleichwohl geht, wie die aktuelle Praxis zeigt, die **Oberfinanzdirektion Rheinland (Köln/Düsseldorf)** über ihre steuerrechtlichen Aufgaben hinaus. Diese OFD fordert entgegen der herrschenden Meinung und ohne irgendeine einschlägige öffentliche Verlautbarung (!), dass einer treuhänderischen Stiftung zum Zeitpunkt der Gründung ein Vermögen von mindestens 25.000 EUR zur Verfügung steht, für das ein entsprechender Nachweis erbracht werden muss. Damit bewegt sich die OFD Rheinland in das Terrain des Stiftungszivilrechts. Mündlich begründet sie ihre Auffassung damit, dass das Vermögen der Stiftung ausreichen müsse, damit die treuhänderische Stiftung ihren jeweiligen Zweck erfüllen könne. Das wohne auch dem Gemeinnützigkeitsrecht als Anforderung inne.

155

Das Stiftungszivilrecht geht hier dem Steuerrecht vor, denn die Errichtung der Stiftung, an die dann das Gemeinnützigkeitsrecht mit den steuerlichen Rechtsfolgen (Steuerbefreiung ja oder nein?) anknüpft, erfolgt nach Zivilrecht[162] (Treuhandvertrag).[163] Im Stiftungszivilrecht findet aber die Rechtsauffassung der OFD Rheinland keine Grundlage. Das gilt erst recht für die generelle Forderung nach einem bestimmten Mindestvermögen. Die §§ 80 ff. BGB, die in § 80 Abs. 2 BGB eine generelle Regelung zum Stiftungsvermögen nur für rechtsfähige Stiftungen enthalten, sind auf die treuhänderische Stiftung gerade nicht anwendbar.[164] Im sonstigen Stiftungszivilrecht findet sich keine Vorschrift, die die Auffassung der OFD Rheinland stützen würde und ihr das Recht gäbe, zu entscheiden, ab welchem Vermögensbetrag eine konkrete treuhänderische Stiftung in der Lage ist, ihren jeweiligen spezifischen Zweck, aus dem sich im Einzelfall die finanziellen und Vermögenserfordernisse ergeben,[165] zu erfüllen. Für die rechtsfähige Stiftung findet sich eine solche Vorschrift, wie gesagt, in § 80

156

---

162 Ausführlich zu diesem grundsätzlichen Anknüpfungsprinzip siehe *Tipke*, Die Steuerrechtsordnung, Band I, 1992, 90 f.
163 Palandt/*Ellenberger*, vor § 80 BGB Rn 10.
164 AnwK/*Schiffer*, § 80 BGB Rn 119; Palandt/*Ellenberger*, vor § 80 BGB Rn 10.
165 *Schindler/Steinsdörfer*, S. 26.

Abs. 2 BGB. Dort besteht also die erforderliche Rechtsgrundlage, bei der treuhänderischen Stiftung aber eben gerade nicht. Die Bestimmung der Höhe des Stiftungsvermögens bei einer treuhänderischen Stiftung unterliegt damit der Privatautonomie des Stifters.

157 Im Gemeinnützigkeitsrecht ist eine entsprechende Rechtsgrundlage für die Auffassung der OFD Rheinland ebenfalls nicht zu finden. Eine Mindestvermögensanforderung findet sich im weitgehend rechtsformneutralen Gemeinnützigkeitsrecht überhaupt nicht. Man hört deshalb etwa auch nicht, dass eine solche Forderung für gemeinnützige Vereine erhoben würde. Der allgemeine Hinweis, die Anforderung wohne dem Gemeinnützigkeitsrecht inne, reicht nicht für ein restriktives Verwaltungshandeln, das einer treuhänderischen Stiftung die „Anerkennung" als gemeinnützig und damit Steuervorteile versagt. Eine solche pauschale Begründung kann bei allem Verständnis für die praktischen Anforderungen einer Massenverwaltung, die die Finanzverwaltung heute notwendigerweise darstellt, nicht hingenommen werden.

158 Die Auffassung der OFD Rheinland widerspricht dem Grundsatz der Gesetzmäßigkeit der Besteuerung, der sich auch auf Steuervergünstigungen, wie sie hier in Frage stehen, erstreckt.[166] Die hier skizzierten Einwände gelten umso mehr, als die Auffassung der OFD Rheinland der herrschenden Meinung und Praxis widerspricht.

159 Entsprechenden Ansinnen der Finanzverwaltung sollte in der Beratungspraxis unter Hinweis auf die herrschende Auffassung deutlich entgegengetreten werden. Ggf. kann die treuhänderische Stiftung im Bereich einer stiftungsfreundlicheren OFD errichtet werden. Die OFD Rheinland ist aufgefordert, ihre rechtswidrige Praxis aufzugeben.

## VIII. Ersatzformen

160 Nicht jedem potentiellen Stifter liegt tatsächlich die selbstständige Stiftung als Rechtsform.[167]

Da ein **Verein** oder auch eine **GmbH** als Zusammenschluss von Mitgliedern anders als die Stiftung grundsätzlich nicht auf Ewigkeit angelegt sind, sind die typischen Merkmale dieser Organisationsformen "zu unterdrücken", um die Dauerhaftigkeit wie bei einer Stiftung sicherzustellen. In der Praxis wird die **Bezeichnung „Stiftung"** in der Tat nicht nur für Stiftungen im eigentlichen Sinne verwandt, sondern auch für Vereine oder die GmbH.[168]

161 Die eher verwirrende Verwendung des Schlagwortes „Stiftung" in der Firma einer GmbH ist jedenfalls zulässig, wenn die Gesellschaft ein einem bestimmten Zweck gewidmetes Vermögen verwaltet.[169]

162 Entsprechend muss auch ein **Stiftungs-Verein**[170] anders als ein "normaler" gemeinnütziger Verein (gVerein) über eine kapitalartige Vermögensausstattung oder jedenfalls über eine gesicherte Anwartschaft darauf verfügen, damit eine dem Wesen einer Stiftung entsprechende Aufgabenerfüllung zumindest über einen gewissen Zeitraum sichergestellt ist. Verfolgt ein Verein seinen Zweck alleine mit Mitgliedsbeiträgen und/oder Spenden, darf er sich nicht "Stiftung" nennen.

---

166 *Tipke*, Die Steuerrechtsordnung, Band I, 1992, 162 f. m.w.N.
167 Ausführlich *Schauhoff*, S. 39 ff. (Verein), S. 185 ff. (GmbH); *Schiffer*, § 4 Rn 1 ff.
168 Siehe auch *Berndt/Götz*, Rn 1981 m.w.N.
169 OLG Stuttgart NJW 1964, 1231.
170 Siehe *Sauter/Schweyer/Waldner*, Rn 59.

Ein bekanntes Praxisbeispiel ist die **Konrad-Adenauer-Stiftung e.V.**, die gemeinnützige Zwecke auf christlich-demokratischer Grundlage fördert und insbesondere politische Bildung vermittelt sowie die wissenschaftliche Aus- und Fortbildung begabter junger Menschen fördert. Für den Unternehmensbereich ist die **"Robert Bosch Stiftung GmbH"** zu nennen. Sie ist mit über 90 % an der Unternehmung Robert Bosch GmbH, Stuttgart beteiligt.

163

Hier ist in jedem Fall ausgefeilte juristische Vertragstechnik gefragt:
- Die Zahl der Mitglieder ist langfristig bewusst klein zu halten.
- Die Mitgliedschaftsrechte, Geschäftsanteile und Aktien sollten nur treuhänderisch übertragen werden, wobei sicherzustellen ist, dass sie unveräußerlich und nicht vererblich sind.
- Satzungsänderungen und Zweckänderungen sind durch Einstimmigkeitserfordernisse und/oder Anerkennungserfordernisse (Beirat/Stiftungsrat) zu erschweren.

164

Der konkrete Einzelfall gibt jeweils vor, wie die Satzung solcher "Stiftungen" zu gestalten ist.

Insgesamt wird man sagen müssen, dass "Stiftungen" im Sinne einer Vermögensverselbstständigung unter eigenständiger Organisation (mit einer Aufsichtsbehörde!) zu einem auf Dauer angelegten Zweck am ehesten über die Rechtsform der rechtsfähigen Stiftung des Privatrechts vollzogen werden. Die genannten Ersatzformen sind nur „Lösungen zweiter Klasse", die versuchen, den Stiftungsansatz künstlich zu imitieren.

165

Es sei im Übrigen hervorgehoben, dass die steuerliche Vergünstigung nach **§ 58 Nr. 5 AO nur für Stiftungen** gilt. Danach ist es steuerlich nur bei einer steuerbefreiten Stiftung und nicht bei anderen Rechtsformen unschädlich, ein Drittel ihres Einkommens, also auch der Erträge, zu verwenden, um in angemessener Weise den Stifter ("Gründer") und seine nächsten Angehörigen zu unterhalten. Auch das "Stiftungssteuerrecht" bietet wesentliche Steuervorteile nur für Stiftungen (siehe Rn 103 ff.).

166

## D. Stiftungserrichtung zu Lebzeiten oder von Todes wegen?[171]

Eine Stiftung kann nach dem Tod des Stifters errichtet werden (§§ 83, 84 BGB).[172] Das Stiftungsgeschäft kann in einer **Verfügung von Todes wegen** bestehen, wobei die Vermögenszuwendung an die Stiftung durch **Erbeinsetzung, Vermächtnis** oder **Auflage** erfolgt.

167

Das Stiftungsgeschäft unterliegt dann den besonderen **erbrechtlichen Formvorschriften**, d.h. es kann als handschriftliches oder notarielles Testament oder in einem Erbvertrag nur vom Stifter persönlich verfasst werden. Die Stellvertretung ist beim Stiftungsgeschäft von Todes wegen ausgeschlossen. **Regelmäßig** wird für die Stiftungserrichtung durch Verfügung von Todes wegen ein **Testament des Stifters** in Frage kommen.

Die Errichtung einer Stiftung von Todes wegen kann in der Weise erfolgen, dass der Erblasser in der letztwilligen Verfügung seinen Stifterwillen, die Errichtung der Stiftung und die Vermögenszuwendung ohne alle Einzelheiten festlegt. In diesem Falle ist die Einsetzung eines Testamentsvollstreckers, der den Willen des Stifters umsetzt, zu empfehlen. Der

168

---

171 Ausführlich *Schiffer*, § 5 Rn 16 ff., 27 ff.
172 Ausf. *Schiffer*, § 9; *v. Oertzen*, Stiftung & Sponsoring – Rote Seiten 01/1999; AnwK-BGB/*Schiffer*, § 83 Rn 2 ff.; § 84 Rn 2 ff.; *Schewe*, ZSt 2004, 270 und 301; *Schmidt/Schick*, ZSt 2004, 239 (steuerliche Aspekte).

**Testamentsvollstrecker** hat insbesondere für die Einholung der Anerkennung der Stiftung Sorge zu tragen. Es ist auch möglich und oftmals sinnvoll, die Satzung der Stiftung in ihrer endgültigen Fassung dem Testament beizufügen. Es sollte in jedem Fall aber vorsorglich besonders darauf geachtet werden, dass der Erblasser in seinem Testament unmittelbar selbst seinen **Stifterwillen formgültig mit den wesentlichen Merkmalen festlegt**, die eine Stiftung kennzeichnen, wie das LG Berlin umfassend noch zu der alten Rechtslage forderte.[173]

169 Genügt das Stiftungsgeschäft nicht den Erfordernissen des § 81 Abs. 1 S. 3 BGB, wird nach dem neuen Stiftungszivilrecht (§ 83 S. 2 BGB) nunmehr in deutlich liberalerer Haltung, als sie das LG Berlin eingenommen hatte, der Stiftung durch die zuständige Behörde vor der Anerkennung eine Satzung gegeben oder eine unvollständige Satzung ergänzt; dabei soll der Wille des Stifters berücksichtigt werden. Der Gesetzgeber geht jetzt hier von einem heilbaren Rechtsmangel aus.[174]

170 **Hinweis**
Das ist konsequent, gilt doch für letztwillige Verfügungen die vom BGH entwickelte sog. **Andeutungstheorie**,[175] wonach dem letzten Willen auch bei einer nur geringen Andeutung in der Verfügung mit Blick auf die Unwiederholbarkeit der Erklärung des Erblassers wenn eben möglich zur Geltung verholfen wird.

171 Eine entsprechende Satzungsergänzung durch die Anerkennungsbehörde dürfte dennoch nur in Betracht kommen, wenn im Stiftungsgeschäft/in der letztwilligen Verfügung der Stifter/Erblasser den Stiftungszweck eindeutig angibt und wenn er zugleich eine verbindliche Vermögenszusage macht.[176] Zumindest diese beiden Grundelemente sind unverzichtbar.[177] Sie lassen sich nicht andeuten und dann ergänzen.
- Es reicht also nicht aus, diese beiden zentralen Elemente einfach **nur** und ohne weiteres in einer maschinenschriftlich abgefassten Satzung als Anlage zu dem handschriftlichen Testament festzulegen.
- Der Stifter kann seiner letztwilligen Verfügung unter den genannten Voraussetzungen (!) die von ihm vorgesehene Satzung der Stiftung beifügen, anstatt den Testamentsvollstrecker mit der Fertigung einer Satzung gemäß der letztwilligen Verfügung zu beauftragen. Regelmäßig wird das sinnvoll sein, da der Stifter ja seinen konkreten Willen umsetzen will. Er wird seinen Stifterwillen deshalb in der Regel nicht von dem Testamentsvollstrecker ausformulieren lassen wollen, sondern zu Lebzeiten mit einem Fachmann selbst verfassen.
- Sinnvollerweise wird der Stifter den Testamentsvollstrecker bevollmächtigen, etwaige Mängel des Stiftungsgeschäftes bzw. der Stiftungssatzung durch entsprechende Änderungen und Ergänzungen zu beheben.

172 **Hinweis: Vermeidung eines Pflegers**
Ist kein Testamentsvollstrecker bestellt, die Stiftung aber zur Erbin bestimmt worden, wird vom Nachlassgericht nach Eröffnung des Testamentes ein so genannter **Nachlasspfleger** als gesetzlicher Vertreter der zu errichtenden Stiftung bestimmt (§ 1960 BGB).[178] Ist die Stiftung nur Miterbin oder Vermächtnisnehmerin, so reicht die Bestellung eines Pflegers nach § 1913 BGB.

---

173 Siehe LG Berlin FamRZ 2001, 450 noch zur alten Rechtslage.
174 RegE, BT-Drucks 14/8765, 11.
175 Näher dazu etwa: *Weirich*, S. 165 ff.; BGHZ 86, 41; BGHZ 94, 36.
176 RegE, BT-Drucks 14/8765, 11; Rechtsausschuss, BT-Drucks 14/8894, 11.
177 *Schwarz*, DStR 2002, 1723.
178 *Hof*, in: Seifart/v. Campenhausen, § 6 Rn 78.

Hierzu sollte es ein Stifter nicht kommen lassen. Er sollte nicht die Möglichkeit versäumen, durch die Einsetzung eines Testamentsvollstreckers seiner Wahl auf die Einsetzung seines Stiftungsprojektes nach seinem Tode einzuwirken.

Die rechtsfähige Stiftung des Privatrechts entsteht auch bei einem Stiftungsgeschäft von Todes wegen **formal erst** mit der **Anerkennung** (§ 83 BGB). Die Anerkennung gilt jedoch für die Zuwendungen des Stifters/Erblassers **rückwirkend** als schon vor dessen Tode entstanden (§ 84 BGB).

Die Stifter „verschenken" bei einer Stiftung von Todes wegen die Möglichkeit, maßgeblichen und aktiven Einfluss auf „ihre" Stiftung und deren Arbeit zu nehmen. Deutlich sinnvoller ist es in der Regel, die Stiftung bereits **zu Lebzeiten** mit einem vergleichsweise geringen Vermögen zu **errichten** und das Vermögen der Stiftung durch Zustiftungen **von Todes wegen aufzustocken**.[179] Auf diese Weise behalten die Stifter zu Lebzeiten die finanzielle Absicherung durch ihr eigenes Vermögen und erhalten gleichzeitig die Gelegenheit, die Stiftung in ihren Gründungsjahren – sei es als Vorstands- oder Stiftungsratsmitglied – wesentlich **mitzugestalten** und die Stiftung über den Text der Stiftungsverfassung hinaus deutlich **zu prägen**. Die Stiftungserrichtung zu Lebzeiten und deren sukzessive Ausstattung mit größeren Vermögenswerten durch Zustiftungen zu Lebzeiten und von Todes wegen ist deshalb grundsätzlich empfehlenswert. Das gilt vor allem für die gemeinnützige Stiftung. Steuerliche Nachteile gibt es hier wegen der Steuerbefreiung nicht. Auch die **Zustiftung** genießt nunmehr bei der steuerbefreiten Stiftung **dieselbe Steuerprivilegierung** wie die „Errichtungsdotation" („Vermögensstockspende", vgl. Rn 121).[180]

**Hinweis**
Auch im Bereich der **Familienstiftung** ist das Modell bedenkenswert. Auf diese Weise kann flexibel auf steigende Versorgungsbedürfnisse der Familie reagiert werden, allerdings ist hier die steuerliche Benachteiligung von Zustiftungen zu beachten (siehe § 15 Abs. 2 ErbStG; § 3 Abs. 1 Nr. 1, 2, 4 ErbStG).

# E. Stiftungen im Erbfall[181]

„Private" Stiftungen kommen für die Erbfolgegestaltung vor allem als Familienstiftungen, als gemeinnützige Stiftungen und als mildtätige Stiftungen in Betracht.[182] Die rechtlichen Grundlagen dieser Stiftungsformen wurden oben bereits näher dargestellt. Auch treuhänderische Stiftungen können (wirtschaftlich) Erben sein.

## I. Stiftungen als Erben

In Deutschland herrscht über Art. 14 Abs. 1 S. 1 GG der **Grundsatz der Testierfreiheit** – allerdings mit Einschränkungen durch das Pflichtteilsrecht und (wirtschaftlich betrachtet) zusätzlich durch das Erbschaftsteuerrecht. Das gilt auch für Stiftungen. Es gibt kein Sondererbrecht für Stiftungen.

---

179 *Martin/Wiedemeier/Schiffer*, S. 24.
180 Den vorherigen Umstand hat nachdrücklich etwa *Mecking*, Deutsche Stiftungen – Mitteilungen des Bundesverbandes Deutscher Stiftungen 02/2002, 77, 83 kritisiert.
181 Ausf. etwa *Schiffer/Kotz*, ZErb 2004, 115; *Wachter*, S. 17 ff.
182 Ausführlich dazu *Schiffer*, § 11 Rn 1 ff.

178 Eine **zukünftige Stiftung** kann im Rahmen der gesetzlichen Fiktion in § 84 BGB („Städel-Paragraph")[183] ebenfalls letztwillig bedacht werden.

## II. Unselbstständige Stiftung im Erbfall

179 Auch treuhänderische Stiftungen können wirtschaftlich Erben oder Vermächtnisnehmer sein. Da sie keine eigene rechtliche Persönlichkeit bilden, wird in ihrem Fall der **Treuhänder** Erbe oder Vermächtnisnehmer, der dann erbrechtlich per Auflage und/oder aufgrund des Treuhandvertrages verpflichtet wird/ist, den zugewendeten Vermögenswert „für" die Stiftung zu verwenden.

180 **Erbschaftsteuerlich** wird die unselbstständige Stiftung als Zweckzuwendung nach § 1 Abs. 3 und § 8 ErbStG behandelt.[184]

181 Eine **Zweckzuwendung** ist eine Zuwendung von Todes wegen oder eine freigebige Zuwendung unter Lebenden, die mit der Auflage verbunden ist, zugunsten eines bestimmten Zwecks verwendet zu werden, oder die von der Verwendung zugunsten eines bestimmten Zwecks abhängig ist, soweit hierdurch die Bereicherung des Erwerbers gemindert wird. Eine Zweckzuwendung ist nur gegeben, wenn die Zweckbindung zu einer Minderung der Bereicherung des Erwerbers führt.[185]

182 **Hinweis**
Eine Bereicherungsminderung fehlt, wenn die Erfüllung des Zwecks im eigenen Interesse des Beschwerten liegt (§ 10 Abs. 9 ErbStG). Daher mindert beispielsweise die Auflage an eine Stiftung, das ihr Zugesagte satzungsgemäß (!) zu verwenden, die Bereicherung nicht.

183 **Steuerschuldner** bei der Zweckzuwendung ist nach § 20 Abs. 1 ErbStG der mit der Ausführung der Zuwendung Beschwerte. Der Gesetzgeber geht dabei von der Annahme aus, dass der Beschwerte den zur Zweckerfüllung aufzuwendenden Betrag um die Steuerschuld kürzen darf, was mangels anderer ausdrücklicher Anordnung, die möglich ist, im Zweifelsfall durch Auslegung der Zweckzuwendung zu entnehmen ist.[186]

184 § 29 Abs. 1 Nr. 4 ErbStG („Erlöschen der Steuer wegen „Weitergabe" innerhalb von 24 Monaten an **gemeinnützige Stiftung**") findet entsprechend auch auf die unselbstständige Stiftung Anwendung, so dass im Ergebnis bei einer gemeinnützigen unselbstständigen Stiftung regelmäßig keine Erbschaftsteuer anfällt.

## III. Erbrechtliches

### 1. Erbenstellung

185 Eine Stiftung tritt als Erbin ggf. gemeinsam mit weiteren (Mit-)Erben (Erbengemeinschaft) die **Gesamtrechtsnachfolge** nach dem Erblasser an und haften damit auch für etwaige Verbindlichkeiten.

186 **Hinweis**
Die Stiftung kann als Mitglied einer etwaigen **Erbengemeinschaft** deren Auflösung fordern (§ 2042 BGB). Um unsinnige Auseinandersetzungen und Streitereien zu vermei-

---

[183] Siehe dazu *Wachter*, S. 20.
[184] *Wachter*, S. 188.
[185] *Meincke*, § 8 ErbStG Rn 7.
[186] *Meincke*, § 8 ErbStG Rn 10.

den, sollte der Erblasser grundsätzlich im Wege einer **Teilungsanordnung** bestimmen, wer welche Nachlassgegenstände erhält.

Eine letztwillige Zuwendung an eine bereits bestehende Stiftung ist eine **Zustiftung**, wenn der Erblasser nichts anderes verfügt. 187

> **Hinweis** 188
> In der Stiftungssatzung sollte vorgesehen sein, dass die Stiftung Zustiftungen annehmen darf.

Eine Stiftung kann auch als **Nacherbin**[187] eingesetzt werden. Grundsätzlich tritt die Nacherbfolge mit dem Tod des Vorerben ein (§ 2106 BGB). 189
- Nicht übersehen werden darf, dass die Einsetzung eines Nacherben nach Ablauf von 30 Jahren nach dem Erbfall unwirksam wird (§ 2109 Abs. 1 S. 1 BGB). Die Nacherbschaft bleibt allerdings dann auch nach dem Ablauf der Frist wirksam (§ 2109 Abs. 1 S. 2 BGB), wenn die Nacherbfolge für den Fall angeordnet ist, dass in der Person des Vorerben oder des Nacherben ein bestimmtes Ereignis (Beispiele: Tod des Vorerben, die Wiederheirat des Vorerben) eintritt und
- der, in dessen Person das Ereignis eintreten soll, zur Zeit des Erbfalls lebt (§ 2109 Abs. 1 S. 2 Nr. 1 BGB),
- wenn dem Vorerben oder einem Nacherben für den Fall, dass ihm ein Bruder oder eine Schwester geboren wird, der Bruder oder die Schwester als Nacherbe bestimmt ist (§ 2109 Abs. 1 S. 2 Nr. 1 BGB).
- Gehört ein **Grundstück** oder ein Recht an einem solchen zur Erbschaft, ist das Recht der Stiftung als Nacherbin in das Grundbuch einzutragen (§ 51 GBO).

Eine Stiftung als **Vorerbin** einzusetzen, wird regelmäßig keinen Sinn machen, ist aber anders als *Wachter*[188] und wohl auch *Hof*[189] meinen, nicht etwa ausgeschlossen. Eine bereits errichtete Stiftung kann ein Vermögen sehr wohl als Vorerbin nutzen. Voraussetzung ist, dass sie in ihrer Zweckerfüllung nicht davon abhängig ist, d.h. auch ohne die Vorerbschaft über ein Vermögen verfügt, dass die nachhaltige Erfüllung des Stiftungszwecks sicherstellt. 190

> **Hinweis** 191
> Eine Stiftung bei ihrer **Errichtung von Todes wegen** nur als Vorerbin mit Vermögen auszustatten, wird regelmäßig nicht ausreichen, erscheint aber immerhin bei einem entsprechend zeitlich **begrenzten Stiftungszweck** als nicht ausgeschlossen.

Unter Beachtung dieser Zusammenhänge kann eine Stiftung auch als **Ersatzerbin** eingesetzt werden. 192

### 2. Vermächtnis

Eine Stiftung kann auch als Vermächtnisnehmerin eingesetzt werden. Sie wird dann zwar nicht Rechtsnachfolger des Erblassers, erwirbt aber mit dem Erbfall einen **Anspruch gegen den oder die Erben** auf Übereignung des vermachten Gegenstandes (§ 2174 BGB). Die Annahme und die etwaige Ausschlagung des Vermächtnisses erfolgen gegenüber dem Beschwerten, d.h. in der Regel gegenüber dem Erben. 193
- Durch das Vermächtnis kann der Erblasser der Stiftung einen ganz bestimmten Gegenstand zuwenden, aber bei einem **Wahlvermächtnis** (§ 2154 BGB) und einem **Gattungs-**

---

187 Ausführlich zur insb. steuerlich nachteiligen (Regelfall = weitgehende Doppelbesteuerung) Vor- und Nacherbschaft siehe etwa: *Krug/Rudolf/Kroiß/Steinbacher*, § 14 Rn 1 ff.
188 *Wachter*, S. 17.
189 *Hof*, in: Seifart/v. Campenhausen, § 6 Rn 83 („prinzipiell").

vermächtnis (§ 2155 BGB) die „Auswahl" des Gegenstandes auch einem Dritten oder dem Bedachten übertragen. Das mag es in Einzelfällen der etwaig an der Sinnhaftigkeit der Stiftung „zweifelnden" Familie des Erblassers/Stifters erleichtern, die Vermögensübertragung auf die Stiftung innerlich zu akzeptieren. Wenn der Erblasser den Zweck der Zuwendung hinreichend bestimmt hat, kann er sogar die Bestimmung der konkreten Leistung an die Stiftung ebenfalls dem Beschwerten oder einem Dritten überlassen (**Zweckvermächtnis**, § 2156 BGB).
- Ist ein **Grundstück** Gegenstand des Vermächtnisses, haftet der Beschwerte im Zweifel nicht für die Lastenfreiheit des Grundstücks von Grunddienstbarkeiten, beschränkten persönlichen Dienstbarkeiten und Reallasten (§ 2182 Abs. 3 BGB).

### 3. Begünstigung durch eine Auflage

194 Der Erblasser kann eine bereits existierende Stiftung letztwillig auch mit einer Auflage bedenken. Die Stiftung hat dann allerdings **kein Recht, die Leistung zu fordern** (§§ 1940, 2192 ff. BGB). Dennoch ist die Auflage für den Erben oder Vermächtnisnehmer bindend.
- Die **Vollziehung einer Auflage** (§ 2194 S. 1 BGB) können Erben, Miterben und diejenigen verlangen, denen der Wegfall des mit der Auflage zunächst Beschwerten unmittelbar zustatten kommen würde, wie zum Beispiel der Nacherbe oder Ersatzerbe.
- Außerdem kann auch der in einem solchen Fall sinnvollerweise einzusetzende **Testamentsvollstrecker** die Vollziehung der Auflage verlangen (§ 2208 Abs. 2 BGB).
- Liegt die Vollziehung einer Auflage im öffentlichen Interesse, was bei der einer Auflage zugunsten einer gemeinnützigen Stiftung regelmäßig der Fall sein dürfte,[190] kann auch die zuständige Behörde die **Vollziehung** der Auflage verlangen (§ 2194 S. 2 BGB). Diese ist nicht etwa mit der Stiftungsbehörde identisch, sondern nach Landesrecht durch die jeweiligen AGBGB bestimmt.[191]

### 4. Testamentsvollstreckung

195 Im Zusammenhang mit der Errichtung einer Stiftung von Todes wegen wurde bereits auf den Einsatz eines Testamentsvollstreckers eingegangen. Der Testamentsvollstrecker[192] verwaltet den Nachlass, nimmt ihn in Besitz und verfügt über die Nachlassgegenstände (§ 2205 BGB).
- Die Erben können im Fall der Testamentsvollstreckung nicht selbstständig über den Nachlass verfügen.
- Zu unterscheiden ist die **Abwicklungsvollstreckung**, bei der der Testamentsvollstrecker den Nachlass in Besitz nimmt und nach dem Willen des Erblassers die Erbauseinandersetzung herbeiführt, von der **Dauertestamentsvollstreckung**.
- Eine Testamentsvollstreckung kann auch lediglich zur Vollstreckung von Nacherbenrechten oder Vermächtnissen angeordnet werden.

---

190 Wie hier *Wachter*, S. 19.
191 Palandt/*Edenhofer*, § 2194 BGB Rn 2.
192 Sehr praxisnah behandeln die Fragen der Testamentsvollstreckung *Haegele/Winkler; Rott/Kornau/ Zimmermann*.

## IV. Besteuerung

### 1. Besteuerung nach den allgemeinen Grundsätzen

Die Besteuerung der Stiftung im Erbfall erfolgt nach den allgemeinen Grundsätzen und Regeln insbesondere der Erbschaftsteuer.[193]

In gleich lautenden **neuen Ländererlassen** vom 31.7.2002[194] sind wesentliche Anpassungen und Ergänzungen bei den bisherigen Erbschaftsteuer-Hinweisen vorgenommen worden.[195] Betroffen sind:
- Die Übernahme der Schenkungsteuer durch den Schenker in den Fällen des § 25 ErbStG,
- der wirtschaftliche Zusammenhang von Schulden und Lasten mit steuerbefreiten Vermögensgegenständen,
- nach § 13a ErbStG begünstigte Erwerbe durch Schenkung unter Lebenden,
- die Zusammenrechnung mit früheren Erwerben beim Verzicht auf Renten oder Nutzungsrechte,
- die Tarifbegrenzung nach § 19a ErbStG bei Zusammenrechnung,
- die Anrechnung ausländischer Erbschaftsteuer,
- die Stundung nach § 25 ErbStG in Sonderfällen,
- Forderungen und Schulden bei Beteiligung an einer Personengesellschaft und
- die Ermittlung und Aufteilung des Werts des Betriebsvermögens von Personengesellschaften und Anpassung des Bodenrichtwerts an abweichende Grundstücksmerkmale.

Diese Neuerungen können sich natürlich auch im Zusammenhang mit Stiftungen auswirken.

Über § 29 Abs. 1 Nr. 4 ErbStG („Erlöschen der Steuer wegen „Weitergabe" an **gemeinnützige Stiftung**") kann ein Erbe ggf. steuerliche Vorteile durch den Weg in die Gemeinnützigkeit auch noch nach dem Erbfall erlangen. Der Gesetzgeber gibt ihm dafür eine Frist von **24 Monaten**.

### 2. Vererbung von Verlusten

Die sog. „Vererbung von Verlusten" ist ein gestalterisches Dauerthema, das leider von recht unwägbarer Rechtsprechung begleitet wird.[196] Der **BFH** hat dazu betreffend Stiftungen jedenfalls folgende **Grundsätze** aufgestellt:
- Ein vom Erblasser mangels positiver Einkünfte nicht ausgeglichener Verlust ist bei der Veranlagung des Erben für das Jahr des Erbfalls zu berücksichtigen.[197]
- Der Verlustausgleich bei der Veranlagung des Erben findet auch dann statt, wenn es sich bei dem Erben um eine **steuerbefreite Stiftung** handelt.[198] Die steuerbefreite Stiftung kann solche Verluste also mit anderweitigen steuerpflichtigen Einkünften aus wirtschaftlichem Geschäftsbetrieb verrechnen.[199]

---

193 *Schiffer*, S. 206 ff.; siehe zu Fragen der steuerlichen Optimierung und Gestaltung etwa auch: *Weinläder*, S. 107 ff. und *Lorz/Kirchdörfer*, passim.
194 BStBl I 2002, 668 ff.
195 Ausführlich dazu *Christoffel*, Erbfolgebesteuerung 2003, S. 16 ff. und 35 ff.
196 Siehe zu der leider wechselhaften Rechtsprechung etwa die Urteilsanmerkung von *Rettig*, BB 2002, 31 f.; *Schiffer*, StuB 2001, 923.
197 BFH BStBl II 1972, 621 ff.; BFH BB 2002, 29 ff.
198 BFH BB 2002, 29 ff.
199 So ausdrücklich BFH BB 2002, 31.

200 Dabei spricht sich der BFH dabei ganz allgemein für die Möglichkeit der Vererblichkeit von Verlusten auch bei einer **Stiftung** aus, beschränkt dies also nicht etwa auf gemeinnützige Stiftungen.[200]

## F. Hinweise zum Rechtsanwaltshonorar

201 Bereits ein kurzer Blick auf seinen Inhalt zeigt, dass das RVG ganz überwiegend die herkömmlichen Tätigkeiten eines Rechtsanwalts als **Prozessvertreter** und Strafverteidiger regelt. Das RVG räumt der Vergütung der forensischen Tätigkeit breiten Raum ein. Der Anwalt, der vor allem rechtsberatend, wie etwa bei der Gestaltung von Stiftungen, tätig ist,[201] findet nur wenige Vorschriften, die seinen Vergütungsanspruch betreffen (z.B. Nr. 2300 RVG-VV).[202]

202 Eine wesentliche Besonderheit der Tätigkeit des beratenden Anwalts ist, dass er häufig im Rahmen von Dauermandaten tätig ist, d.h. er betreut für diese Mandanten mehr oder weniger intensiv zur gleichen Zeit verschiedene Angelegenheiten oder eben auf Dauer eine Stiftung. Ein aussagekräftiger Gegenstandswert lässt sich dabei regelmäßig nur schwer feststellen. Auch der Tätigkeitsumfang für eine konkrete Angelegenheit ist häufig schwierig abzugrenzen. Wie soll z.B. ein Besprechungstermin zwischen einem Stiftungsvorstand und dem Anwalt der Stiftung, bei dem zahlreiche Angelegenheiten einer unternehmensverbundenen Stiftung unterschiedlich intensiv angesprochen werden, honorartechnisch auf die einzelnen Angelegenheiten aufgeteilt werden? **Hier hilft das im Wesentlichen streitwertorientierte RVG kaum weiter.** Das Honorar nach RVG ist regelmäßig nicht angemessen. Typischerweise ist es zu niedrig, weil es dem Aufwand in keiner Weise entspricht (Beispiel: Gründung einer kleinen privaten Stiftung), oder aus demselben Grunde zu hoch (Beispiel: Unternehmensnachfolgegestaltung unter Einsatz einer Stiftung). Dementsprechend ist für den Anwalt die Abrechnung nach RVG in außergerichtlichen Angelegenheiten nicht die Regel, sondern eher die Ausnahme. Der Normalfall ist das Stunden- oder das Pauschalhonorar. Letzteres trägt allerdings für beide Seiten das Risiko der Fehlkalkulation in sich.

203 Honorare und Konditionen der Beratung sind heute auch **Marketinginstrumente** des Anwalts. Der Anwalt wird die Honorarfrage im Gespräch mit seinem Mandanten jedenfalls sinnvollerweise zu einem frühen Zeitpunkt offensiv und mit größter Selbstverständlichkeit sowie Offenheit angehen und eine schriftliche Honorarvereinbarung treffen. Beide Seiten sollten frühzeitig wissen, woran sie sind, was unangenehme Missverständnisse ausschließt.

204 Zur Höhe von echten und angeblichen **Rechtsanwaltsstundenhonoraren** hört man die unterschiedlichsten Angaben. Es werden in kollegialen Gesprächen durchaus Stundenhonorare bis 800 EUR (netto) für die Beratung großer Unternehmen in Spezialfragen genannt. Für die Beratung von KMU (Stichwort: Unternehmensnachfolge) und von Privatpersonen (Stichwort: Stiftungen als Erben) erscheint das als eher utopisch. Für Stiftungsangelegenheiten sollte ein Stundenhonorar auch bei gemeinnützigen Stiftungen jedoch **nicht unter 200 EUR (netto)** liegen. Das Stiftungswesen ist eine Spezialmaterie, die regelmäßig besonderes Querschnittswissen und besondere Erfahrung erfordert.

205 Der Anwalt sollte, um nicht zu hohe Honorarsummen auflaufen zu lassen, sein Honorar spätestens vierteljährlich abrechnen. Eine **monatliche Abrechnung** ist grundsätzlich noch

---

200 BFH BB 2002, 31.
201 Ausführlich dazu *Schiffer*, § 14 Rn 1 ff.
202 Siehe AnwK-RVG/*Onderka*, VV 2300 Rn 1 ff.

sinnvoller. Unerlässlich für ein Erfolg versprechendes Gebührenmanagement ist es, dass der Anwalt das Honorar für die von ihm erbrachte Tätigkeit seinen Mandanten nachvollziehbar verdeutlicht. „Leistungstransparenz" heißt das Stichwort. Der Anwalt wird also für erbrachte Stunden z.B. einen Tätigkeitsnachweis („Stundenzettel") vorlegen, es sei denn der Mandant verzichtet ausdrücklich darauf. Zudem wird er jeweils eine Gelegenheit finden, seinem Mandanten in geeigneter, zurückhaltender Form den „Mehrwert" seiner Tätigkeit zu verdeutlichen.

## G. Checkliste: Beratung bei einem Stiftungsprojekt – wichtige Fragen und wesentliche Punkte

Die Beratung in einem Stiftungsprojekt lässt sich ob der Vielfalt der möglichen Ansätze kaum standardisieren. Eine Standardberatung ist regelmäßig auch weder angemessen, noch wird sie in diesem Bereich von Mandanten geschätzt. Sind die potentiellen Stifter natürliche Personen, befassen sie sich bei einem Stiftungsprojekt immer auch mit ihrem Tod und der Zeit danach. Da ist – anders als etwa bei der Errichtung einer GmbH – eine Beratung weit über die übliche Rechtstechnik hinaus erforderlich. Die nachfolgende Checkliste versucht das einzufangen. Der Verfasser ist sich der Unzulänglichkeit des Versuchs bewusst.

1. Der Weg:
- **Gemeinsame Konkretisierung der Vorstellungen des Stifters**
    - In welcher Richtung will der potenzielle Stifter fördern?
    - Was ist der Hintergrund seines Gedankens?
    - Hat sich der Stifter mit seiner Familie abgestimmt?
    - Wie aktiv will der potenzielle Stifter sich in das Projekt einbringen?
    - Welche ähnlichen Ansätze gibt es schon?
    - Gibt es potenzielle Mitstreiter?
    - Welche Kontakte sollten hergestellt werden?
    - Hat der potenzielle Stifter das Projekt schon einmal durchkalkuliert?
    - ...*(Aufzählung ist nicht abschließend)*
- **Weiterentwicklung der Grundidee (siehe auch Checklisten 2 und 3)**
    - Wie will der Stifter mit der Stiftung arbeiten?
    - Selbstständige oder unselbstständige Stiftung?
    - Wird die Grundidee sinnvollerweise zugespitzt auf ganze konkrete Bereiche?
    - Mit welchem Vermögen kann und mit welchem Vermögen muss die Stiftung mindestens ausgestattet werden?
    - Stiftung zu Lebzeiten oder von Todes wegen?
    - Wie soll die Stiftung und deren Tätigkeit organisiert werden?
    - Wer kommt als Organmitglied in Frage?
    - Soll ein Stiftungsrat und ggf. ein Kuratorium eingerichtet werden?
    - ...*(Aufzählung ist nicht abschließend)*
- **Zugleich: Heranführen des Stifters an die juristischen, steuerlichen und ggf. menschlichen Fragen (Rechtstechnik ist Sache des Beraters)**
    - Was lässt der rechtliche und steuerrechtliche Rahmen zu?
    - Was sollte sinnvollerweise wie (konkret) geregelt werden?
    - ...*(Aufzählung ist nicht abschließend)*

208  2. Das Ziel:

Nachvollziehbare und praktikable, jedoch nicht halbherzige Lösungen, die zu dem jeweiligen Stifter, seiner Familie und der Situation passen.

209  3. Entwicklung eines spezifischen Stiftungsmodells

*(selbstständige gemeinnützige Stiftung, treuhänderische Stiftung, Familienstiftung, Zustiftungen, Spenden, etc.)*
- Stiftung zu Lebzeiten oder von Todes wegen? Erben als Stifter?
- Stiftungen für die Familie – Unternehmensverbundene Stiftungen
- Steuerliche Sondervorteile für die gemeinnützige/mildtätige Stiftung
- Besondere Möglichkeiten einer „mildtätigen Familienstiftung"
- Stiftungsgeschäft und die passende Stiftungssatzung
- Abstimmung mit der Stiftungsbehörde und der Finanzverwaltung
- Die erforderliche Vermögensausstattung
- Stiftungsvorstand und Stiftungsrat *(Auswahl geeigneter Persönlichkeiten, Geschäftsordnungen, etc.)*
- Treuhänder bei der unselbstständigen Stiftung
- Die Stiftungsarbeit im Alltag *(die Stiftung als Initiator, Geld sammeln für einen guten Zweck, etc.)*

## H. Muster

210  Die nachfolgenden Muster gehen auf Praxisfälle zurück und sind jeweils mit den zuständigen Behörden abgestimmt worden.[203] Vor allem die „Verewigung des Stifterwillens" auch für die Zeit nach dem Tod des Stifters erfordert eine sehr sorgfältig gestaltete Stiftungssatzung, die einerseits den Stifterwillen ausreichend konkret festschreibt, andererseits aber in der Zukunft – soweit rechtlich zulässig – eine Anpassung an etwaig zwischenzeitlich geänderte Verhältnisse ermöglicht. Anders als beispielsweise bei den Handelsgesellschaften, deren Gesellschaftsverträge nach dem Willen ihrer Gesellschafter geänderten Umständen angepasst werden können, ist die Änderung von Stiftungssatzungen nach dem Tod des Stifters nur in eingeschränktem Umfange möglich. Die Formulierungen sind nur Beispiele. Sie sind ausdrücklich keine verbindlichen Muster und im Einzelfall mit der Anerkennungsbehörde und bei einer steuerbefreiten Stiftung auch mit der zuständigen Finanzbehörde abzustimmen. Die Landesstiftungsgesetze sind nach wie vor nicht einheitlich, was zu unterschiedlichen Anforderungen an die Formulierungen führen kann. Die Praxis divergiert zudem nach wie vor teilweise von Behörde zu Behörde und mitunter selbst innerhalb einer Behörde. So stößt man beispielsweise auf „Lieblingsformulierungen", die über Jahre erprobt sind. Daran hat sich auch durch das neue Stiftungszivilrecht (siehe Rn 16) leider nichts geändert. Oftmals lohnt sich hier eine Diskussion mit den Behörden im Sinne der Sache nicht.

Die nachstehenden Muster für letztwillige Verfügungen können natürlich auch kombiniert und zusammengefasst werden, sie sind überdies zumeist Teil einer größeren Urkunde. Die letztwilligen Formvorschriften sind zu beachten.

---

203 Siehe dazu mit weiteren Beispielen auch den Anhang bei *Schiffer*.

## I. Muster: Stiftungsgeschäft unter Lebenden

Stiftungsgeschäft der Eheleute ▒

Hiermit errichten wir unter Bezugnahme auf das BGB und das Stiftungsgesetz des Landes ▒ die rechtsfähige und **gemeinnützige** ▒ Stiftung für ▒ mit dem Sitz in ▒ .

Zweck der Stiftung ist ▒ . Wir sichern der Stiftung ein Vermögen in Höhe von ▒ EUR in bar zu.

Organe der Stiftung sind ein aus bis zu zwei Personen bestehender Vorstand und ein dreiköpfiger Stiftungsrat. Zu Mitgliedern des ersten Vorstandes benennen wir gem. § ▒ der anliegenden Stiftungsverfassung uns als Stifter. Zu Mitgliedern des ersten Stiftungsrates ernennen wir: ▒ .

Wir geben der Stiftung die als Anlage beigefügte Stiftungssatzung. Diese ist ausdrücklich Bestandteil dieses Stiftungsgeschäftes.

(Unterschrift)

## II. Muster: Testament zur Errichtung einer rechtsfähigen Stiftung

...

Ich berufe zu meiner alleinigen Erbin die nach meinem Tode nach Maßgabe dieses Testaments zu errichtende rechtsfähige und gemeinnützige ▒ Stiftung.

Diese soll ihren Sitz in Essen haben. Sie soll vom Stifterverband für die Deutsche Wissenschaft, Essen, verwaltet werden.

Zweck der Stiftung ist es ▒ zu fördern.

Ich ordne Testamentsvollstreckung an und bestimme zum Testamentsvollstrecker Herrn Rechtsanwalt ▒ , der insbesondere für die Anerkennung der Stiftung gemäß der beigefügten Satzung und deren Steuerbefreiung Sorge tragen soll.

*(Ersatzregelungen, Benennungsrecht des Nachlassgerichts)*

Die Stiftung hat einen dreiköpfigen Vorstand, zu dessen ersten Mitgliedern ernenne ich: ▒ .

Soweit diese Personen aus irgendeinem Grund ihr Amt nicht antreten, ernennt der Testamentsvollstrecker die ersten Vorstandsmitglieder.

(Unterschrift)

## III. Muster: Testament zur Einsetzung einer Stiftung als Erbin

...

Zu meiner Alleinerbin bestimme ich, ▒ , die am ▒ errichtete und am ▒ genehmigte gemeinnützige, rechtsfähige Stiftung bürgerlichen Rechts ▒ Stiftung mit Sitz in ▒ . Das Erbe der Stiftung wird der Stiftung in deren Stiftungsvermögen zugeführt.

Ich ordne Testamentsvollstreckung an. Zum Testamentsvollstrecker bestelle ich: ▒

*(Ersatzregelungen, Benennungsrecht des Nachlassgerichts)*

Der Testamentsvollstrecker hat die Durchführung dieses Testaments und insbesondere den Vermögensübergang auf die Stiftung sicherzustellen und zu überwachen. Zur Vergütung des Testamentsvollstreckers bestimme ich ▒ .

(Unterschrift)

## IV. Muster: Testament mit Vermächtnis für eine Stiftung

...

Hiermit widerrufe ich, _____, alle früheren Verfügungen von Todes wegen und vererbe meinen gesamten Nachlass an meine Ehefrau, _____.

Für die am _____ errichtete und am _____ genehmigte gemeinnützige, rechtsfähige Stiftung bürgerlichen Rechts _____ Stiftung mit dem Sitz in _____ setze ich ein Vermächtnis in Höhe von _____ EUR aus. Das Vermächtnis der Stiftung wird der Stiftung in deren Stiftungsvermögen zugeführt.

*(Ggf. Testamentsvollstreckungsanordnung wie in dem vorhergehenden Beispiel.)*

(Unterschrift)

## V. Muster: Testament zur Einsetzung einer Stiftung als Nacherbin

...

Ich vererbe meinen gesamten Nachlass an meine Ehefrau, _____. Meine Ehefrau soll jedoch nur nichtbefreite Vorerbin sein.

Nacherbin meiner Ehefrau ist die am _____ errichtete und am _____ genehmigte gemeinnützige, rechtsfähige Stiftung bürgerlichen Rechts _____ Stiftung mit dem Sitz in _____.

Die Erbschaft der Stiftung wird der Stiftung in deren Stiftungsvermögen zugeführt.

Der Nacherbfall tritt mit dem Tode meiner Ehefrau ein.

(Unterschrift)

(Achtung: Pflichtteilsproblematik beachten, siehe Rn 13)

## VI. Muster: Satzung einer selbstständigen steuerbegünstigten Stiftung[204]

### 1. Muster: Satzung einer selbstständigen steuerbegünstigten Stiftung (einfach)

§ 1 Name, Rechtsform, Sitz, Geschäftsjahr

_____

§ 2 Stiftungszweck

(1) Zweck der Stiftung ist die Förderung von Kunst und Kultur auf dem Gebiet _____.

(2) Der Stiftungszweck wird insbesondere verwirklicht durch _____ *(Konkretisierung des Zwecks durch beispielhafte Tätigkeiten)*:
- Zuwendungen an das _____ Museum zum Aufbau einer _____ Sammlung;
- Förderung von Veranstaltungen dieses Museums;
- Vergabe von Stipendien an Künstler im Bereich von _____, die sich mit _____ beschäftigen.

§ 3 Gemeinnützigkeit und Steuerbefreiung

(1) Die Stiftung verfolgt ausschließlich und unmittelbar gemeinnützige Zwecke im Sinne des Abschnitts „Steuerbegünstigte Zwecke" der Abgabenordnung. Sie ist selbstlos tätig und verfolgt nicht in erster Linie eigenwirtschaftliche Zwecke. Die Mittel der Stiftung dürfen nur für die satzungsmäßigen Zwecke verwendet werden. Keine Person darf durch Ausgaben, die dem Zweck der Stiftung fremd sind, oder durch unverhältnismäßig hohe Vergütungen begünstigt werden.

---

204 Siehe auch die Mustersatzung in Anlage 3 („andere Körperschaften") zum AEAO.

(2) Die Stiftung erfüllt ihre Aufgaben selbst oder durch eine Hilfsperson im Sinne des § 57 Abs. 1 S. 2 AO, sofern sie nicht im Wege der Mittelbeschaffung gemäß § 58 Nr. 1 AO tätig wird. Beim Einsatz von Hilfspersonen ist Nr. 6 AEAO 2002 zu § 57 AO Nr. 2 bzw. eine entsprechende Nachfolgevorschrift zu beachten. Die Stiftung kann zur Verwirklichung des Stiftungszwecks Zweckbetriebe unterhalten.

*§ 4 Stiftungsvermögen*

*§ 5 Stiftungsvorstand*

(1) Der Vorstand besteht aus einer Person, die auf jeweils bis zur Vollendung ihres 70. Lebensjahres ernannt wird. Der erste Vorstand wird im Stiftungsgeschäft ernannt. Ein jeder Stiftungsvorstand ernennt seinen Nachfolger nach eigenem Ermessen. Kommt auf diese Weise die Besetzung des Vorstandes nicht zustande, so wird er jeweils vom Präsidenten des Bundesverbandes Deutscher Stiftungen, Berlin, ernannt.

(2) Der Vorstand führt die Geschäfte der Stiftung und vertritt die Stiftung nach Maßgabe der Gesetze und dieser Satzung.

> **Anmerkung**
> Eine solche Satzung, deren Inhalt kaum über den gesetzlichen Mindestinhalt hinausgeht, wird wie in dem vorhergehenden Beispiel für eine gemeinnützige Stiftung kaum einmal sinnvoll sein. **Es ist zudem ab 2009 zumindest nach Auffassung der Finanzverwaltung die Formulierungen der Mustersatzung wörtlich zu verwenden**[205] (siehe auch die sogleich folgende Rn 218).
> In einem solchen Fall, wie er diesem Beispiel zugrunde liegt, und wenn der Stifter ohnehin keinen konkreten Willen selbst umsetzen will, wäre zu überlegen, ob der Stifter nicht eher eine Zustiftung zu einer ihm „sympathischen" Stiftung vornimmt oder eine unselbstständige Stiftung errichtet.

**2. Vorgaben zur Mustersatzung nach der Abgabenordnung zu § 60 AO**

*§ 60 AO (Anforderungen an die Satzung)*[206]

*(1) Die Satzungszwecke und die Art ihrer Verwirklichung müssen so genau bestimmt sein, dass aufgrund der Satzung geprüft werden kann, ob die satzungsmäßigen Voraussetzungen für Steuervergünstigungen gegeben sind. Die Satzung muss die in der Anlage 1* **bezeichneten Festlegungen** *enthalten.*
*(2) Die Satzung muss den vorgeschriebenen Erfordernissen bei der Körperschaftsteuer und bei der Gewerbesteuer während des ganzen Veranlagungs- oder Bemessungszeitraums, bei den anderen Steuern im Zeitpunkt der Entstehung der Steuer entsprechen.*

**3. Mustersatzung nach Anlage 1 zu § 60 AO**

§ 1
(1) Der/Die _____ (Körperschaft) mit Sitz in _____ verfolgt ausschließlich und unmittelbar – gemeinnützige/mildtätige/kirchliche – Zwecke (nicht verfolgte Zwecke streichen) im Sinne des Abschnitts „Steuerbegünstigte Zwecke" der Abgabenordnung.
(2) Zweck der Körperschaft ist _____ (z.B. die Förderung von Wissenschaft und Forschung, Jugend- und Altenhilfe, Erziehung, Volks- und Berufsbildung, Kunst und Kultur, Landschaftspflege, Umweltschutz, des öffentlichen Gesundheitswesens, des Sports, Unterstützung hilfsbedürftiger Personen).

---

205 Näher *Schiffer*, § 10 Rn 207 ff.
206 Hervorhebung vom Autor.

(3) Der Satzungszweck wird verwirklicht insbesondere durch ▒▒▒▒ (z.B. Durchführung wissenschaftlicher Veranstaltungen und Forschungsvorhaben, Vergabe von Forschungsaufträgen, Unterhaltung einer Schule, einer Erziehungsberatungsstelle, Pflege von Kunstsammlungen, Pflege des Liedgutes und des Chorgesanges, Errichtung von Naturschutzgebieten, Unterhaltung eines Kindergartens, Kinder-, Jugendheimes, Unterhaltung eines Altenheimes, eines Erholungsheimes, Bekämpfung des Drogenmissbrauchs, des Lärms, Förderung sportlicher Übungen und Leistungen).

§ 2

Die Körperschaft ist selbstlos tätig; sie verfolgt nicht in erster Linie eigenwirtschaftliche Zwecke.

§ 3

Mittel der Körperschaft dürfen nur für die satzungsmäßigen Zwecke verwendet werden. Die Mitglieder erhalten keine Zuwendungen aus Mitteln der Körperschaft.

§ 4

Es darf keine Person durch Ausgaben, die dem Zweck der Körperschaft fremd sind, oder durch unverhältnismäßig hohe Vergütungen begünstigt werden.

§ 5

Bei Auflösung oder Aufhebung der Körperschaft oder bei Wegfall steuerbegünstigter Zwecke fällt das Vermögen der Körperschaft
1. an den/die/das ▒▒▒▒ (Bezeichnung einer juristischen Person des öffentlichen Rechts oder einer anderen steuerbegünstigten Körperschaft) – der/die/das es unmittelbar und ausschließlich für gemeinnützige, mildtätige oder kirchliche Zwecke zu verwenden hat.

oder

2. an eine juristische Person des öffentlichen Rechts oder eine andere steuerbegünstigte Körperschaft zwecks Verwendung für ▒▒▒▒ (Angabe eines bestimmten gemeinnützigen, mildtätigen oder kirchlichen Zwecks, z.B. Förderung von Wissenschaft und Forschung, Erziehung, Volks- und Berufsbildung, der Unterstützung von Personen, die im Sinne von § 53 AO wegen ▒▒▒▒ bedürftig sind, Unterhaltung des Gotteshauses in ▒▒▒▒ ).

220 **Weitere Hinweise**

Bei Betrieben gewerblicher Art von juristischen Personen des öffentlichen Rechts, bei den von einer juristischen Person des öffentlichen Rechts verwalteten unselbstständigen Stiftungen und bei geistlichen Genossenschaften (Orden, Kongregationen) ist folgende Bestimmung aufzunehmen:

221 § 3 Abs. 2:

„Der/die/das ▒▒▒▒ erhält bei Auflösung oder Aufhebung der Körperschaft oder bei Wegfall steuerbegünstigter Zwecke nicht mehr als – seine/ihre – eingezahlten Kapitalanteile und den gemeinen Wert seiner/ihrer geleisteten Sacheinlagen zurück." Bei Stiftungen ist diese Bestimmung nur erforderlich, wenn die Satzung dem Stifter einen Anspruch auf Rückgewähr von Vermögen einräumt. Fehlt die Regelung, wird das eingebrachte Vermögen wie das übrige Vermögen behandelt. Bei Kapitalgesellschaften sind folgende ergänzende Bestimmungen in die Satzung aufzunehmen:

1. § 3 Abs. 1 S. 2:

„Die Gesellschafter dürfen keine Gewinnanteile und auch keine sonstigen Zuwendungen aus Mitteln der Körperschaft erhalten."

2. § 3 Abs. 2:

„Sie erhalten bei ihrem Ausscheiden oder bei Auflösung der Körperschaft oder bei Wegfall steuerbegünstigter Zwecke nicht mehr als ihre eingezahlten Kapitalanteile und den gemeinen Wert ihrer geleisteten Sacheinlagen zurück."

## 3. § 5:

„Bei Auflösung der Körperschaft oder bei Wegfall steuerbegünstigter Zwecke fällt das Vermögen der Körperschaft, soweit es die eingezahlten Kapitalanteile der Gesellschafter und den gemeinen Wert der von den Gesellschaftern geleisteten Sacheinlagen übersteigt, ..."

§ 3 Abs. 2 und der Satzteil „soweit es die eingezahlten Kapitalanteile der Gesellschafter und den gemeinen Wert der von den Gesellschaftern geleisteten Sacheinlagen übersteigt," in § 5 sind nur erforderlich, wenn die Satzung einen Anspruch auf Rückgewähr von Vermögen einräumt."

## 4. Muster: Satzung einer selbstständigen steuerbegünstigten Stiftung (ausführlich)

*Satzung der Stiftung* ▓▓▓▓▓

– gemeinnützige Stiftung für ▓▓▓▓▓ –

mit Sitz in ▓▓▓▓▓

*Präambel*

▓▓▓▓▓ *(In der Präambel können z.B. Angaben zum Hintergrund der Stiftungsgründung, die den Stifterwillen näher erläutern, niedergelegt werden. Sie sind später oft eine wichtige Auslegungshilfe.)*

**§ 1 Name, Sitz, Rechtsform, Geschäftsjahr**

(1) Die Stiftung führt den Namen ▓▓▓▓▓. Sie hat ihren Sitz in ▓▓▓▓▓.

(2) Die Stiftung ist eine auf unbestimmte Zeit errichtete rechtsfähige Stiftung des bürgerlichen Rechts, die nach dem Stiftungsgesetz für Nordrhein-Westfalen errichtet worden ist. Ihr Geschäftsjahr ist das Kalenderjahr. Das erste Geschäftsjahr ist ein Rumpfgeschäftsjahr.

**§ 2 Stiftungszweck**

(1) Die Stiftung verfolgt ausschließlich gemeinnützige Zwecke im Sinne des Abschnitts „Steuerbegünstigte Zwecke" der Abgabenordnung.

(2) Zwecke der Stiftung sind die Förderung der Wissenschaft und Forschung, bezogen auf, national wie international. Die Zwecke werden verwirklicht insbesondere durch
a) die Unterstützung und Durchführung wissenschaftlicher Veranstaltungen, die dem Zweck der Stiftung dienen,
b) die Unterstützung von Forschungsvorhaben, die dem Zweck der Stiftung dienen,
c) die Vergabe von Forschungsaufträgen und Stipendien, die dem Zweck der Stiftung dienen,
d) die Herausgabe und sonstige Förderung einschlägiger Publikationen und Veröffentlichungen,
e) die Unterstützung von sonstigen Institutionen, Einrichtungen, Vereinigungen etc., die dem Zweck der Stiftung dienen,
f) ▓▓▓▓▓.

Bei alledem soll insbesondere in Richtung innovativer und ressourceschonender sowie gesundheitsfreundlicher und -fördernder Verfahren sowie Produkte gefördert werden.

(3) Ein Rechtsanspruch auf Gewährung von Leistungen der Stiftung besteht nicht.

**§ 3 Gemeinnützigkeit**

(1) Die Stiftung ist unmittelbar selbstlos tätig. Sie verfolgt nicht in erster Linie eigenwirtschaftliche Zwecke.

(2) Mittel der Stiftung dürfen nur für die satzungsmäßigen Zwecke verwendet werden. Die Stifter und ihre Rechtsnachfolger erhalten keine über die in § 58 Nr. 5 der Abgabenordnung genannten Beträge hinausgehenden Zuwendungen. Näheres regelt § 6 dieser Stiftungssatzung.

(3) Es darf keine Person durch Ausgaben, die dem Zweck der Stiftung fremd sind, oder durch unverhältnismäßig hohe Vergütungen begünstigt werden.

(4) Die sog. ⅓-Regelung des § 58 Nr. 5 der Abgabenordnung findet auf die Stifter und deren nächste Angehörigen Anwendung.

(5) Die Stiftung muss nicht alle Zwecke gleichzeitig und in gleichem Maße verfolgen. Der Vorstand entscheidet darüber, welche Zwecke jeweils vorrangig verfolgt werden.

(6) Die Stiftung wird ihre gemeinnützigen Zwecke auch unmittelbar selbst verwirklichen. Sie kann hierzu Projekte durchführen, Einrichtungen und Zweckbetriebe unterhalten. Die steuerlich unschädlichen Betätigungen im Rahmen des § 58 AO sind zulässig. Die Stiftungszwecke können insbesondere auch gemäß § 58 Nr. 1 AO verwirklicht werden durch die Beschaffung von Mitteln für die Verwirklichung steuerbegünstigter Zwecke nach § 2 durch eine andere steuerbegünstigte Körperschaft oder eine Körperschaft des öffentlichen Rechts.

(7) Die Stiftung darf ferner gemäß § 58 Nr. 2 AO ihre Mittel teilweise, d.h. bis zu 50 v.H. auch anderen steuerbegünstigten Körperschaften oder juristischen Personen des öffentlichen Rechts zur Verwendung zu steuerbegünstigten Zwecken zuwenden.

(8) Die Stiftung kann sich zur Erfüllung ihrer Aufgaben in- und ausländischer Hilfspersonen im Sinne des § 57 Abs. 1 S. 2 AO bedienen, soweit sie die Aufgaben nicht selbst wahrnimmt. Die rechtlichen und tatsächlichen Beziehungen zu solchen Hilfspersonen wird die Stiftung jeweils so ausgestalten, dass das Wirken der Hilfspersonen wie eigenes Wirken der Stiftung anzusehen ist.

(9) Soweit die Stiftung ihre Zwecke im Ausland verwirklicht, wird sie entsprechend den jeweiligen steuerlichen Anforderungen die satzungsmäßige Mittelverwendung durch eine entsprechende Aufzeichnung der für die betreffenden Projekte getätigten Ausgaben führen und ggf. erforderliche Unterlagen für die Finanzverwaltung vorlegen.

## § 4 Stiftungsvermögen, flüssige Mittel

(1) Die Stiftung wird zunächst mit einem Barvermögen von 250.000 EUR ausgestattet. Im Interesse des langfristigen Bestandes der Stiftung ist das Stiftungsvermögen durch geeignete Maßnahmen in seinem Wert zu erhalten. Es ist von den übrigen Vermögensmassen der Stiftung stets so getrennt zu halten, dass es als selbstständiges Vermögen (Grundstockvermögen) erkennbar ist und ausgewiesen werden kann. Der Stand des Vermögens ist in einem Verzeichnis aufzunehmen. Die Zu- und Abgänge sind laufend ersichtlich zu machen.

(2) Außerdem haben die Stifter die Stiftung mit handschriftlichem Testament vom ▬▬▬▬ bedacht.

(3) Dem Vermögen wachsen Zuwendungen der Stifter oder Dritter zu, sofern diese Zuwendungen (Zustiftungen) ausdrücklich dazu bestimmt sind.

(4) Flüssige Mittel (Kassenbestand, Bankguthaben) sind, soweit sie nicht den steuerrechtlichen Anforderungen an die Steuerbefreiung der Stiftung nach § 52 Abgabenordnung entsprechend zur Erfüllung des Stiftungszwecks zeitnah unmittelbar zu verwenden sind, wiederum ertragsbringend anzulegen.

(5) Vermögensumschichtungen sind nach den Regeln ordentlicher Wirtschaftsführung zulässig, wenn sie der dauernden und nachhaltigen Verwirklichung des Stiftungszwecks oder der Steigerung der Stiftungsleistung dienlich sind.

## § 5 Zuwendungen

(1) Zuwendungen können ausdrücklich für die Erhöhung des Stiftungsvermögens bestimmt sein (Zustiftungen) oder zur unmittelbaren Verwendung für die Zwecke der Stiftung.

(2) Darlehen dürfen nur zur unmittelbaren Verwendung für Zwecke der Stiftung angenommen werden. Bei der Entgegennahme von Darlehen ist die Vollstreckung wegen eines Darlehensrückgewährungsanspruches in das Stiftungsvermögen auszuschließen.

### § 6 Mittelverwendung

(1) Mittel der Stiftung im Sinne dieses Paragraphen sind diejenigen Zuwendungen bzw. Erträge aus der Vermögensverwaltung, die nicht dazu bestimmt worden sind, das Stiftungsvermögen zu erhöhen. Die Verwaltungskosten sind auf ein Mindestmaß zu beschränken.

(2) Die Erträge des Stiftungsvermögens und die ihm nicht zuwachsenden Zuwendungen sind zur Erfüllung des Stiftungszwecks zeitnah zu verwenden.

(3) Die Stiftung darf gemäß § 58 Nr. 7a) der Abgabenordnung höchstens ein Drittel des Überschusses der Einnahmen über die Unkosten aus Vermögensverwaltung und darüber hinaus höchstens 10 % ihrer sonstigen nach § 55 Abs. 1 Nr. 5 der Abgabenordnung zeitnah zu verwendenden Mittel einer freien Rücklage zuführen.

(4) Die Stiftung kann ihre Mittel teilweise einer anderen, ebenfalls steuerbegünstigten Körperschaft oder einer Körperschaft des öffentlichen Rechts zur Verwendung zu steuerbegünstigten Zwecke zuwenden.

(5) Die Entscheidung über Art und Weise der Verwendung der Mittel der Stiftung trifft der Vorstand durch einstimmigen Beschluss.

(6) Die Jahresabrechnung, die Vermögensübersicht sowie der Bericht über die Erfüllung des Stiftungszwecks sind nach Verabschiedung durch den Stiftungsrat der Stiftungsaufsichtsbehörde vorzulegen.

### § 7 Organe der Stiftung

Organe der Stiftung sind der Vorstand und der Stiftungsrat.

### § 8 Stiftungsvorstand

(1) Der Stiftungsvorstand ist der gesetzliche Vertreter der Stiftung. Er verwaltet die Stiftung und führt den Willen der Stifter aus.

(2) Der Vorstand besteht aus ein oder zwei Personen. Besteht er aus zwei Personen, so wird die Stiftung durch zwei Vorstandsmitglieder gemeinschaftlich vertreten. Der Stiftungsrat kann mit einfacher Mehrheit Vorstandsmitglieder von den Beschränkungen des § 181 BGB befreien und einem Vorstandsmitglied Einzelvertretungsmacht erteilen.

(3) Vorbehaltlich der Regelung in Abs. 5 beträgt die Amtszeit eines Vorstandsmitgliedes drei Jahre, wenn nicht bei seiner Bestellung etwas anderes bestimmt wird. Vorbehaltlich der Regelung in Abs. 5 scheidet ein Vorstandsmitglied mit Vollendung seines 70. Lebensjahres aus dem Vorstand aus.

(4) Der Stiftungsrat kann nach Anhörung des Vorstandes mit einfacher Mehrheit ein Vorstandsmitglied zum Vorsitzenden ernennen.

(5) Zu dem ersten Vorstandsmitglied wird lebenslänglich der Stifter Herr _____ bestellt. Er hat das Recht, sein Amt jederzeit niederzulegen. Verstirbt Herr _____ oder legt sein Amt nieder, wird die Stifterin Frau _____, sofern sie den Stifter Herrn _____ überlebt, alleiniger Vorstand, es sei denn, die Stifterin oder der Stiftungsrat bestellt eine andere Person. Der betreffende Beschluss des Stiftungsrates bedarf der einfachen Mehrheit.

(6) Der Stiftungsrat kann vorbehaltlich der Regelungen in Abs. 5 die Bestellung zum Vorstandsmitglied und die Ernennung zum Vorsitzenden jederzeit mit einfacher Mehrheit widerrufen. Bis seine Unwirksamkeit rechtswirksam festgestellt worden ist, ist ein Widerruf wirksam.

(7) Soweit erforderlich, gibt sich der Stiftungsvorstand eine schriftliche Geschäftsordnung, die außer bei einem Stiftungsvorstand gem. Abs. 5 der Zustimmung des Stiftungsrates bedarf.

(8) § 10 Abs. 7 der Stiftungssatzung gilt entsprechend für die Vergütung des Vorstandes. Nach dem Tod der Stifter entscheidet der Stiftungsrat mit qualifizierter Mehrheit.

*§ 9 Aufgaben des Vorstandes; Zustimmung des Stiftungsrates*

(1) Dem Stiftungsvorstand steht die Leitung und Verwaltung der Stiftung und die Beschlussfassung über alle ihre Angelegenheiten zu.

(2) Der Stiftungsvorstand hat über Einnahmen und Ausgaben der Stiftung Buch zu führen und nach Ablauf des Kalenderjahres unverzüglich einen Jahresabschluss zu fertigen, den er dem Stiftungsrat zur Feststellung vorlegt. Er hat, nach dem Tod beider Stifter oder deren Rücktritt aus dem Vorstand, dem Stiftungsrat zwei Monate vor Jahresablauf seine Planung für das nächste Jahr (insbesondere Einnahmen- und Ausgabenplanung – soweit möglich unter Nennung der beabsichtigten Förderungsmaßnahmen) zur Genehmigung vorzulegen.

(3) Nach dem Tod beider Stifter oder dem Rücktritt beider Stifter aus dem Vorstand benötigt der Stiftungsvorstand die vorherige Zustimmung des Stiftungsrates in sämtlichen Angelegenheiten, die über den gewöhnlichen Betrieb der Stiftung hinausgehen, d.h. insbesondere in folgenden Angelegenheiten:
a) Übernahme von Bürgschaften und Garantien
b) Aufnahme oder Gewährung von Krediten
c) Investitionsvorhaben
d) ▓▓▓▓▓▓▓.

*§ 10 Stiftungsrat*

(1) Der Stiftungsrat ist Organ, aber kein Vertreter der Stiftung.

(2) Der Stiftungsrat besteht aus fünf Personen. Zwei Mitglieder des Stiftungsrates sollen geeignete Persönlichkeiten aus dem Bereich des Umweltschutzes sein. Ein Mitglied des Stiftungsrates soll ein Jurist mit Wirtschaftserfahrung sein.

(3) Zu Lebzeiten der Stifter bestimmen die beiden Stifter oder der letztlebende Stifter die Mitglieder des Stiftungsrates. Bei Ausscheiden eines Mitgliedes aus dem Stiftungsrat nach dem Tod beider Stifter bestimmen die verbleibenden Mitglieder des Stiftungsrates den Nachfolger des ausgeschiedenen Mitgliedes durch Zuwahl (Kooptation). Die Wahl des Nachfolgers eines Stiftungsratsmitgliedes soll so rechtzeitig erfolgen, dass die Mitwirkung des ausscheidenden Stiftungsratsmitgliedes bei der Wahl möglich ist.

(4) Ein Mitglied des Stiftungsrates kann sein Amt durch schriftliche Erklärung gegenüber dem Vorstand der Stiftung mit einer Frist von drei Monaten ohne Angabe von Gründen jederzeit niederlegen. Die Stifter oder der letztlebende Stifter können ein von ihnen ernanntes Stiftungsratsmitglied jederzeit ohne Angabe von Gründen abberufen.

(5) Die Mitglieder des Stiftungsrates sollen nicht älter als siebzig Jahre sein. Ein Stiftungsratsmitglied, das diese Altersgrenze erreicht, scheidet mit Ende des laufenden Geschäftsjahres aus dem Gremium aus, sofern der Stiftungsrat nicht mit qualifizierter Mehrheit einen ausdrücklichen gegenteiligen Beschluss fasst, der eine weitere Amtszeit von einem Jahr vorsieht. Ein solcher Beschluss kann betreffend ein- und dieselbe Person mehrfach gefasst werden.

(6) Der Stiftungsrat wählt aus seinen Reihen einen Sprecher und dessen Stellvertreter.

(7) Die Stiftungsratsmitglieder erhalten für ihre Tätigkeit eine Vergütung, die nach dem Tod der Stifter unter Beachtung von § 3 Abs. 3 dieser Satzung mit qualifizierter Mehrheit in der Geschäftsordnung für den Stiftungsrat zu regeln ist. Zu ihren Lebzeiten legen die Stifter diese Vergütung fest. Die Stiftungsratsmitglieder können außerdem notwendige und nachgewiesene Auslagen erstattet erhalten.

*§ 11 Beschlussfassungen des Stiftungsrates*

(1) Der Stiftungsrat erfüllt seine Aufgaben durch Beschlussfassung grundsätzlich in Sitzungen oder, wenn alle Stiftungsratsmitglieder einverstanden sind, durch Beschlüsse im schriftlichen Verfahren, per Telefax oder unter Ausnutzung der modernen Medien. Beschlüsse des Stiftungsrates sind in jedem Fall schriftlich festzuhalten.

*Schiffer*

(2) Beschlüsse werden mit der einfachen Mehrheit der abgegebenen Stimmen gefasst, es sei denn, diese Stiftungssatzung oder die Geschäftsordnung für den Stiftungsrat bestimmen etwas anderes. Jedes Stiftungsratsmitglied hat eine Stimme. Enthaltungen zählen als nicht abgegebene Stimmen. Bei Stimmengleichheit entscheidet die Stimme des Sprechers bzw. des stellvertretenden Sprechers, wenn der Sprecher nicht anwesend ist. Eine qualifizierte Mehrheit im Sinne dieser Stiftungssatzung erfordert drei Stimmen einschließlich der Stimme des Sprechers oder seines Stellvertreters.

(3) Der Stiftungsrat ist beschlussfähig, wenn mindestens drei seiner Mitglieder, unter ihnen der Sprecher oder sein Stellvertreter, anwesend sind.

(4) Weitere Einzelheiten regelt eine Geschäftsordnung, die sich der Stiftungsrat spätestens innerhalb von drei Monaten nach seiner Konstituierung selbst gibt. Er beschließt hierüber und auch über Änderungen der Geschäftsordnung mit qualifizierter Mehrheit.

*§ 12 Aufgaben des Stiftungsrates*

(1) Der Stiftungsrat berät und überwacht den Stiftungsvorstand nach Maßgabe dieser Stiftungssatzung.

(2) Aufgaben des Stiftungsrates sind insbesondere
a) die Beratung des Stiftungsvorstandes in allen den Stiftungszweck betreffenden Fragen
b) die Beschlussfassung über die vorgelegte Jahresplanung und über zustimmungspflichtige Geschäfte
c) die Beschlussfassung über Änderungen der Stiftungssatzung nach dem Tod beider Stifter
d) die Bestellung des Stiftungsvorstandes nach dem Tod oder Rücktritt beider Stifter
e) die Entlastung des Stiftungsvorstandes nach dem Tod der Stifter
f) die Feststellung des Jahresabschlusses
g) die etwaige Wahl eines Prüfers für den Jahresabschluss.

*§ 13 Änderungen der Stiftungssatzung*

(1) Änderungen dieser Stiftungssatzung sollen die nachhaltige Erfüllung des Zwecks der Stiftung nach dem Willen und den Vorstellungen der Stifter im Wandel der Verhältnisse ermöglichen.

(2) Zu Lebzeiten der Stifter können Änderungen der Stiftungssatzung nur aufgrund übereinstimmender Erklärung beider Stifter oder einer Erklärung des länger lebenden der beiden Stifter erfolgen.

(3) Nach dem Tod beider Stifter erfordern Änderungen der Stiftungssatzung einen Beschluss des Stiftungsrates mit qualifizierter Mehrheit. Der Stiftungsrat wird den Vorstand jeweils vorher informieren und angemessen anhören.

(4) Die Änderung der Stiftungssatzung bedarf der Genehmigung der Stiftungsaufsichtsbehörde und ist, soweit die Möglichkeit besteht, dass die in jedem Fall zu erhaltene Gemeinnützigkeit der Stiftung betroffen ist, vor der Änderung der Stiftungssatzung mit der zuständigen Finanzbehörde abzustimmen.

*§ 14 Auflösung der Stiftung und Vermögensanfall*

(1) Der Stiftungsrat kann nach dem Tod beider Stifter die Auflösung der Stiftung beschließen, wenn die Erfüllung des Stiftungszwecks entsprechend dem Willen und den Vorstellungen der Stifter rechtlich oder tatsächlich nicht mehr möglich ist oder sich die grundlegenden Verhältnisse seit Errichtung der Stiftung wesentlich geändert haben. Vorher entscheiden beide Stifter bzw. der letztlebende Stifter über die Auflösung.

(2) Der Beschluss des Stiftungsrates ist mit qualifizierter Mehrheit zu fassen. Der Stiftungsrat wird den Vorstand vorher informieren und angemessen anhören. Der Beschluss bedarf der Genehmigung der Stiftungsaufsichtsbehörde.

(3) Bei Auflösung oder Aufhebung der Stiftung fällt das Vermögen an die Deutsche Bundesstiftung Umwelt, Osnabrück, die es unmittelbar und ausschließlich für gemeinnützige Zwecke zu verwenden hat.

*§ 15 Unterrichtung der Stiftungsaufsichtsbehörde*

(1) Stiftungsaufsichtsbehörde ist die Bezirksregierung in Düsseldorf. Oberste Stiftungsaufsichtsbehörde ist das Innenministerium des Landes Nordrhein-Westfalen. Die stiftungsaufsichtsbehördlichen Genehmigungs- und Zustimmungsbefugnisse sind zu beachten.

(2) Die Stiftungsaufsichtsbehörde ist auf deren Wunsch jederzeit über alle Angelegenheiten der Stiftung zu unterrichten. Ihr ist unabhängig von sonstigen Informationspflichten jeweils unverzüglich und unaufgefordert der Jahresabschluss vorzulegen.

*§ 16 Finanzverwaltung*

(1) Unbeschadet der sich aus dem Stiftungsgesetz Nordrhein-Westfalen ergebenden Genehmigungspflichten sind Beschlüsse über eventuelle Satzungsänderungen und über die etwaige Auflösung der Stiftung dem zuständigen Finanzamt anzuzeigen.

(2) Bei eventuellen Satzungsänderungen, die den Zweck der Stiftung betreffen, ist in jedem Fall zuvor die Einwilligung des zuständigen Finanzamtes zur Steuerbegünstigung einzuholen.

▬▬▬▬ , den ▬▬▬▬

▬▬▬▬ (Unterschriften)

**223** **Anmerkungen**

Diesem Beispiel einer Stiftungssatzung liegen mehrere Fälle aus der Praxis zugrunde, in denen die Formulierungen mit der Stiftungsbehörde und der Finanzverwaltung abgeklärt wurden. **Es ist ab 2009 zumindest nach Auffassung der Finanzverwaltung die Formulierungen der Mustersatzung wörtlich zu verwenden** (siehe die vorangehenden Rn 217 f.).

Die Usancen können auch nach Verabschiedung des neuen Stiftungszivilrechts von Bundesland zu Bundesland und von Stiftungsbehörde zu Stiftungsbehörde unterschiedlich sein. Die konkreten Formulierungen sollten deshalb jeweils vor der formellen Einreichung des Genehmigungsantrages mit der Genehmigungsbehörde und der Finanzverwaltung (Steuerbefreiung) abgestimmt werden. Das ist in der Praxis regelmäßig unproblematisch.

## VII. Muster: Verfassung einer unternehmensverbundenen Familienstiftung (Stiftung & Co. KG)

*§ 1 Name, Sitz, Rechtsform und Geschäftsjahr*

**224** ▬▬▬▬

*§ 2 Zweck der Stiftung*

(1) Die Stiftung soll dem Wohl der Nachkommen des Vaters des Stifters, Herrn ▬▬▬▬ dienen. Sie erfüllt diesen Zweck durch:
 (a) Die Unterstützung der Familienzugehörigen und deren ehelichen Abkömmlingen durch laufende oder einmalige Zuwendungen oder durch unentgeltliche bzw. entgeltliche Überlassung von Teilen des Stiftungsvermögens;
 (b) die Übernahme der Stellung eines persönlich haftenden Gesellschafters oder eines Kommanditisten bei der Kommanditgesellschaft ▬▬▬▬ mit Sitz in ▬▬▬▬ um – wenn möglich – den Charakter der Gesellschaft als Familiengesellschaft zu bewahren und die Fortführung des Unternehmens auf gesicherter finanzieller Grundlage zu gewährleisten.

(2) Zur Erfüllung des Stiftungszwecks gemäß Abs. 1 kann die Stiftung gewerbliche Unternehmen jeder Art gründen oder sich daran beteiligen.

*§ 3 Stiftungsvermögen*
(1) Die Stiftung wird mit einem Kapital von ▨▨▨▨▨ EUR ausgestattet. Außerdem hat der Stifter der Stiftung Geschäftsanteile an folgenden Unternehmungen zugewendet: ▨▨▨.
(2) Die Stiftung hat ihren Gewinn, der nach Abzug der Zuwendungen gem. § 2 Abs. 1(a) der Stiftungsverfassung verbleibt, in die offenen Rücklagen einzustellen, um ihren satzungsmäßigen Zweck nachhaltig erfüllen zu können.

*§ 4 Verwendung der Stiftungserträge*
(1) Aus den der Stiftung zufließenden Erträgen sind zunächst die Kosten der Stiftungsverwaltung und die gesetzlichen Abgaben zu decken. Im Übrigen sind die Erträge zur Erfüllung des Stiftungszwecks gem. § 2 zu verwenden.
(2) Die Unterstützung von Destinatären erfolgt bei Bedürftigkeit. Bedürftigkeit ist anzunehmen, wenn ein Nachkomme des Stifters nicht in der Lage ist, aus eigener Kraft für einen angemessenen Lebensunterhalt zu sorgen. Die Art und Höhe der Unterstützung beschließt der Stiftungsrat nach pflichtgemäßem Ermessen. Einzelheiten hierzu regelt die Geschäftsordnung des Stiftungsrates.
(3) Außer in den Fällen des Abs. 2 kann der Stiftungsrat nach pflichtgemäßem Ermessen weitere Zuwendungen an Destinatäre beschließen, beispielsweise Erziehungs- und Ausbildungsbeihilfen. Ausschüttungen an die Destinatäre erfolgen in jedem Fall freiwillig, sie werden ohne Rechtsansprüche der Destinatäre gewährt. Die Einzelheiten hierzu regelt die Geschäftsordnung des Stiftungsrates.

*§ 5 Stiftungsorgane*
Organe der Stiftung sind der Vorstand und der Stiftungsrat.

*§ 6 Zusammensetzung und Bestellung des Stiftungsvorstandes*

*§ 7 Stellung und Aufgaben des Vorstandes*

*§ 8 Zusammensetzung des Stiftungsrates*

*§ 9 Beschlussfassung durch den Stiftungsrat*

*§ 10 Stellung und Aufgabe des Stiftungsrates*

*§ 11 Satzungsänderungen*
Satzungsänderungen sollen die nachhaltige Erfüllung des Zwecks der Stiftung nach dem Willen und den Vorstellungen des Stifters im Wandel der Verhältnisse ermöglichen. Für Satzungsänderungen ist ein Beschluss des Stiftungsrates mit qualifizierter Mehrheit erforderlich. Der Stiftungsrat hat den Vorstand von der Satzungsänderung jeweils zu informieren und angemessen anzuhören.

*§ 12 Aufhebung der Stiftung*
Die Stiftung kann nur durch Beschluss des Stiftungsrates aufgehoben werden, und auch nur dann, wenn die Erfüllung des Stiftungszwecks entsprechend dem Willen und den Vorstellungen des Stifters rechtlich oder tatsächlich nicht mehr möglich ist oder bei einer wesentlichen Änderung der Verhältnisse. Der Beschluss bedarf der Genehmigung durch die Stiftungsaufsichtsbehörde. Bei Aufhebung der Stiftung fällt das Vermögen an die Destinatäre. Sind keine Destinatäre mehr vorhanden, fällt das Vermögen an die gemeinnützige ▨▨▨-Stiftung, ▨▨▨.

## VIII. Muster: Satzung und Organisationsvertrag einer unselbstständigen Stiftung

*§ 1 Name der Stiftung*

Die Stiftung führt den Namen „A-Stiftung für            . Sie ist eine unselbstständige (treuhänderische) Stiftung.

*§ 2 Treuhänderschaft*

Der Treuhänder, der die unselbstständige Stiftung verwaltet, ist die O-Stiftung, eine rechtsfähige Stiftung des bürgerlichen Rechts mit Sitz in            . Der Treuhänder hat diese Satzung in einer gesonderten Vereinbarung ausdrücklich als Bestandteil und Grundlage seines Treuhandauftrages anerkannt.

*§ 3 Stiftungszweck*

(1) Die Stiftung hat den Zweck            . Sie verfolgt damit ausschließlich und unmittelbar mildtätige Zwecke im Sinne des Abschnitts „Steuerbegünstigte Zwecke" der AO und ist selbstlos tätig. (Musterklausel der Finanzverwaltung).

(2) Der Stiftungszweck wird **insbesondere** verwirklicht durch            (Beispiele für konkrete Tätigkeiten).

*§ 4 Grundstockvermögen*

Das Grundstockvermögen der Stiftung, das aus einem Barkapital in Höhe von            EUR besteht, ist in seinem Bestand dauernd und ungeschmälert zu erhalten. Zu dem Grundstockvermögen zählen auch Zustiftungen oder sonstige Zahlungen an die Stiftung, die mit der Maßgabe erfolgen, dass sie dem Grundstockvermögen zugeführt werden. Die Anlage des Stiftungsvermögens erfolgt nach den Anweisungen des Vorstandes durch geeignete, von dem Vorstand benannte Personen und/oder Gesellschaften. Das übrige Vermögen der Stiftung ist gesondert zu verwalten.

*§ 5 Verwendung der Stiftungsmittel*

*§ 6 Geschäftsjahr, Jahresrechnung*

(1) Das Geschäftsjahr ist das Kalenderjahr.

(2) Der Treuhänder hat in den ersten fünf Monaten des Geschäftsjahres für das vorangegangene Geschäftsjahr eine Jahresrechnung mit einer Vermögensübersicht und einen Bericht über die Erfüllung des Stiftungszwecks der „XY Stiftung für            " im vorhergehenden Jahr aufzustellen, die dem Vorstand der „A-Stiftung für            " und auch dem Stifter vorzulegen sind.

*§ 7 Stiftungsvorstand, Zusammenarbeit mit dem Treuhänder*

(1) Organ der Stiftung ist der Stiftungsvorstand.

(2) Der Stiftungsvorstand besteht aus einer Person. Die Vorstandsmitglieder werden zu dessen Lebzeiten vom Stifter bestimmt. Nach dessen Tod werden sie von einer vom jeweiligen Oberbürgermeister der Stadt            ernannt, bei dem ein Exemplar dieser Satzung hinterlegt ist. Der Stiftungsvorstand soll sich durch            (Anforderungen an die Person) auszeichnen.

(3) Die Amtszeit des Stiftungsvorstands beträgt jeweils            Jahre ab dem Tage seiner Ernennung. Eine wiederholte Bestellung zum Stiftungsvorstand ist zulässig. Ein Vorstand kann jederzeit ohne Angabe von Gründen von seinem Amt zurücktreten. Er kann von derjenigen Person, die jeweils zur Ernennung des Vorstandes berechtigt ist nur aus wichtigem Grund vor Ablauf seiner Amtszeit abberufen werden. In jedem Fall scheidet ein Vorstand mit Ablauf des Jahres, in dem er sein 70. Lebensjahr vollendet hat, automatisch aus seinem Amt.

(4) Die Tätigkeit im Vorstand ist ehrenamtlich. Anfallende angemessene Auslagen werden ersetzt. Der Vorstand kann in angemessenem Umfang Hilfspersonal beschäftigen.

(5) Der Treuhänder hat gegenüber dem Vorstand der „A-Stiftung für            " insbesondere folgende Pflichten:

    (a) Die Erstellung des Jahresabschlusses, der dann durch einen Wirtschaftsprüfer geprüft wird, der, falls der Vorstand der „A-Stiftung für            " nicht ausdrücklich etwas anderes bestimmt, von der O-Stiftung bestimmt wird.

(b) Die geschäftliche Verwaltung des Kontos der „A-Stiftung für            ".
(c) Die Abwicklung der Stiftungsaktivitäten der „A-Stiftung für            " beispielsweise im Bereich von Spendenaktionen oder der Öffentlichkeitsarbeit nach Rücksprache mit dem Vorstand der „A-Stiftung für            ".
(d) Die Prüfung und Kontrolle von allen weiteren Projektunterstützungen – und zwar ausschließlich dahin gehend, dass die Vorschriften des Abschnittes „Steuerbegünstigte Zwecke" der AO eingehalten werden.
(e) Der Vorstand der „A-Stiftung für            " hat gegenüber dem Treuhänder insbesondere folgende Rechte:
(f) Die Entscheidung, auf welche Projekte und in welcher Form die Erträge des Stiftungsvermögens und die eingegangen Spenden verteilt werden.
(g) Die Entscheidung, ob bzw. welche weiteren Aktivitäten die Stiftung durchführt z.B. Spendenaktionen, Öffentlichkeitsarbeit etc.
(h) Die Entscheidung, über den oder die Vermögensverwalter und die Vermögensverwaltung.

## § 8 Satzungsänderungen

Satzungsänderungen können vom Vorstand des Treuhänders nach vorheriger Anhörung des Vorstand der „A Stiftung für            " durchgeführt werden, soweit dadurch die Vorschriften des Abschnittes „Steuerbegünstigte Zwecke" der AO nicht verletzt werden.

## § 9 Vermögensanfall

Bei Aufhebung oder Auflösung der Stiftung oder bei Wegfall des steuerbegünstigten Zweckes fällt das Stiftungsvermögen an den Treuhänder, soweit der Vorstand der „A-Stiftung für            " keine entsprechende andere gemeinnützige und/oder mildtätige Körperschaft bestimmt hat. Der Empfänger des Vermögens hat das Vermögen unter Beachtung des Stiftungszwecks unmittelbar und ausschließlich für mildtätige Zwecke zu verwenden.

# § 17 Geltendmachung von Pflichtteilsansprüchen

*Jan Bittler*

## Literatur

**Handbücher, Lehrbücher:**

*Bonefeld/Kroiß/Tanck*, Der Erbprozess, 3. Auflage 2008; *Egner*, Auskunftsanspruch des Pflichtteilsberechtigten, 2. Auflage 1995; *Kerscher/Riedel/Lenz*, Pflichtteilsrecht in der anwaltlichen Praxis, 3. Auflage 2002; *Klingelhöffer*, Pflichtteilsrecht, 2. Auflage 2003; *Mayer/Süß/Tanck/Bittler/Wälzholz*, Handbuch Pflichtteilsrecht, 2. Auflage 2009.

**Aufsätze:**

*Baumann*, Gestaltungsempfehlungen zu § 2338 BGB, ZEV 1996, 149; *Keim*, Die unergiebige Pfändung des Pflichtteilsanspruchs – Konsequenzen für die Testamentsgestaltung, ZEV 1998, 127; *Kerscher/Tanck*, Die „taktische" Ausschlagung im Pflichtteilsrecht, ZAP 1997, 689; *Kerscher/Tanck*, Die Ausstattung – ein fast vergessenes Rechtsinstitut, ZEV 1997, 354; *Klingelhöffer*, Die Stundung des Pflichtteilsanspruchs, ZEV 1998, 121; *Klumpp*, Der Pflichtteilsanspruch als Gegenstand des Rechtsverkehrs und als Vollstreckungsobjekt, ZEV 1998, 123; *Kuchinke*, Die Klage des Pflichtteilsberechtigten gegen den Erben auf Auskunft und Leistung des Offenbarungseides, NJW 1994, 1769; *Langenfeld*, Kein Abschied von der ehebedingten Zuwendung im Verhältnis zu den pflichtteilsberechtigten Abkömmlingen, ZEV 1997, 6; *Mauch*, Ist die Abfindug für einen Erb- oder Pflichtteilsverzicht Schenkung im Sinne von § 2325 BGB?, BWNotZ 1995, 88; *J. Mayer*, Nachträgliche Änderung von erbrechtlichen Anrechnungs- und Ausgleichungsbestimmungen, ZEV 1996, 441; *J. Mayer*, Wertermittlung des Pflichtteilsanspruchs, ZEV 1994, 331; *Rissmann*, Verzug und seine Folgen im Pflichtteilsrecht ZErb 2002, 181; *Sarres*, Auskunftspflichten zwischen Miterben bei gesetzlicher oder gewillkürter Erbfolge, ZEV 1996, 300, *Tanck*, Die Flucht in den Pflichtteilsergänzungsanspruch, ZErb 2000, 3; *Tanck*, § 2318 BGB schützt nur den „Pflichtteilskern", ZEV 1998, 132; *Tanck*, Keine Pflichtteilsreduzierung bei Ausgleichung und Anrechnung ZErb 2003, 41; *Pentz*, Haftung des Beschenkten nach § 2329 BGB, MDR 1998, 132.

| | |
|---|---|
| A. **Anwaltliches Mandat im Pflichtteilsrecht** . . . . . . . . . . . . . . . . . . . . . . . . . . . 1 | |
| I. Pflichtteilsrecht in der anwaltlichen Praxis . . . . . . . . . . . . . . . . . . . . . . . . . . . 1 | |
| 1. Beratung des Mandanten in Pflichtteilsangelegenheiten . . . . . . . . . . . . . . 1 | |
| 2. Muster: Beratungsschreiben an den Erben in einer Pflichtteilssache nach eingetretenem Erbfall . . . . . . . . . . . . . . . 2 | |
| 3. Kosten und Rechtsschutzversicherung . . . . . . . . . . . . . . . . . . . . . . . . . . . . . . . 11 | |
| a) Allgemeines . . . . . . . . . . . . . . . . . . . . . 11 | |
| b) Versicherbare Leistung . . . . . . . . . . 12 | |
| c) Versicherungsfall . . . . . . . . . . . . . . . 14 | |
| 4. Muster: Anschreiben an die Rechtsschutzversicherung (Erstes Beratungsgespräch mit Auslagenpauschale) . . . . . 17 | |
| 5. Haftung des Anwalts . . . . . . . . . . . . . . 18 | |
| a) Haftungsfallen im Pflichtteilsrecht . . . . . . . . . . . . . . . . . . . . . . . . . . . . . . . . 18 | |
| b) Haftungsbeschränkung der anwaltlichen Tätigkeit . . . . . . . . . . . . . . 22 | |
| 6. Muster: Haftungsbeschränkung zur Begrenzung von Ersatzansprüchen . . . 24 | |
| 7. Interessenkollision . . . . . . . . . . . . . . . . . 26 | |
| II. Pflichtteilsrecht in der notariellen Praxis . . . . . . . . . . . . . . . . . . . . . . . . . . . . 27 | |
| 1. Allgemeines . . . . . . . . . . . . . . . . . . . . . . 27 | |
| 2. Anrechnung auf den Erb- und Pflichtteil . . . . . . . . . . . . . . . . . . . . . . . . . . . . . . . . 28 | |
| a) Rechtliche Grundlagen . . . . . . . . . . 28 | |
| b) Muster: Anrechnung auf den Pflichtteil . . . . . . . . . . . . . . . . . . . . . . 30 | |
| c) Muster: Ausgleichung unter Abkömmlingen . . . . . . . . . . . . . . . . . . . . 31 | |
| d) Muster: Nachträgliche Anordnung einer Anrechnungs- und Ausgleichungsbestimmung . . . . . . . . . . . 33 | |
| B. **Allgemeines zum Pflichtteilsrecht** . . . . . . 34 | |
| I. Verfassungsmäßigkeit des Pflichtteilsrechts . . . . . . . . . . . . . . . . . . . . . . . . . . . . 34 | |
| II. Kein Verlust des Pflichtteilsanspruchs . . . 36 | |
| 1. Allgemeines . . . . . . . . . . . . . . . . . . . . . . 36 | |
| 2. Erb- und Pflichtteilsunwürdigkeit gem. §§ 2339, 2345 Abs. 2 BGB . . . . . . 37 | |
| a) Allgemeines . . . . . . . . . . . . . . . . . . . . 37 | |
| b) Gründe für die Erb- und Pflichtteilsunwürdigkeit . . . . . . . . . . . . . . 38 | |
| c) Gerichtliche Durchsetzung . . . . . . 39 | |
| 3. Entziehung des Pflichtteils nach §§ 2333–2335 BGB a.F. und § 2333 n.F. . . . . . . . . . . . . . . . . . . . . . . . . . . . . . 41 | |
| a) Allgemeines . . . . . . . . . . . . . . . . . . . . 42 |

b) Entziehung des Pflichtteils eines Abkömmlings oder Elternteils für Erbfälle bis einschließlich 31.12.2009 ........................ 43
c) Entziehung des Pflichtteils des Ehegatten für Erbfälle bis einschließlich 31.12.2009 ........... 44
d) Entziehung des Pflichtteils eines Abkömmlings gem. § 2333 BGB n.F. ................................. 46
e) Muster: Entziehung des Pflichtteils eines Abkömmlings durch Verfügung von Todes wegen gem. § 2333 BGB ................................. 49
4. Pflichtteilsbeschränkung in guter Absicht .................................... 50
a) Rechtliche Grundlagen ........ 50
b) Muster: Pflichtteilsbeschränkung in guter Absicht ................. 53
5. Erb- und Pflichtteilsverzicht nach § 2346 BGB ........................ 54
6. Verlust des Pflichtteils durch Ausschlagung ................................. 55
7. Die Ausschlagung als taktische Maßnahme ...................................... 56
a) Allgemeines ....................... 56
b) „Taktische" Ausschlagung des Erben nach § 2306 Abs. 1 S. 2 BGB a.F. bei Erbfällen bis zum 31.12.2009 ........................ 57
aa) Allgemeines ................. 57
bb) Feststellung der Höhe des hinterlassenen Erbteils ........ 59
cc) Sonderfälle (Werttheorie) ..... 61
c) „Taktische" Ausschlagung des Erben nach § 2306 Abs. 1 BGB n.F. bei Erbfällen ab dem 1.1.2010 .. 62
d) Ausschlagungsrecht des Vermächtnisnehmers ........................ 65
e) „Taktische" Ausschlagung des Ehegatten nach § 1371 Abs. 3 BGB ... 67
aa) Allgemeines ................. 67
bb) Wahlmöglichkeiten des überlebenden Ehegatten ......... 68
f) Ausschlagungsfrist ............. 71
aa) Ausschlagungsfrist des Erben ............................ 71
bb) Ausschlagungsfrist des Vermächtnisnehmers ........... 75
cc) Muster: Ausschlagung des Vermächtnisnehmers nach § 2307 BGB ............................ 77
g) Formbedürftigkeit der Ausschlagung der Erbschaft; Muster ...... 78
h) Anfechtung der Ausschlagung .... 80
i) Anfechtung der Annahme der Erbschaft ................................. 81
8. Verlust des Pflichtteilsanspruchs durch Verjährung ................................ 82
a) Verjährung bei Erbfällen vor dem 1.1.2010 ............................ 82
aa) Allgemeines und gesetzliche Regelung ....................... 82
bb) Kenntniserlangung ......... 85
cc) Verjährung des Auskunftsanspruchs nach § 2314 BGB .... 91
b) Verjährung bei Erbfällen ab dem 1.1.2010 ............................ 93

c) Haftungsrisiko des Anwalts ...... 94
9. Pfändung des Pflichtteilsanspruchs ... 97
a) Allgemeines ....................... 97
b) Anspruchsvoraussetzungen ....... 98
c) Pfändung als aufschiebend bedingtes Verwertungsrecht ............ 101
d) Antrag auf Pfändung eines Pflichtteilsanspruchs ........................ 104
e) Muster: Pfändung eines Pflichtteilsanspruchs ........................ 105
f) Muster: Pfändung eines noch nicht geltend gemachten Pflichtteilsanspruchs ................................. 106
C. Pflichtteilsanspruch ...................... 107
I. Einleitung ............................ 107
II. Ordentlicher Pflichtteilsanspruch (§§ 2303 ff. BGB) ..................... 108
1. Allgemeines ......................... 108
2. Kreis der pflichtteilsberechtigten Personen (Gläubiger) ................... 109
a) Allgemeines ....................... 109
b) Voraussetzungen des Pflichtteilsanspruchs ........................ 111
c) Pflichtteilsrecht entfernter Abkömmlinge und der Eltern nach § 2309 BGB .......................... 115
d) Pflichtteilsberechtigung des gleichgeschlechtlichen Lebenspartners ... 118
3. Höhe des Pflichtteilsanspruchs ...... 119
a) Allgemeines ....................... 119
b) Höhe der gesetzlichen Erbquote .. 121
c) Höhe des Pflichtteilsanspruchs des gleichgeschlechtlichen Lebenspartners ................................. 124
d) Bestand des Nachlasses .......... 125
e) Wert des Nachlasses („Aktiva") ... 129
f) Der Abzug von Nachlassverbindlichkeiten („Passiva") ............ 132
aa) Erblasserschulden ........... 133
bb) Erbfallschulden .............. 138
cc) Muster: Nachlassverzeichnis .. 140
III. Pflichtteilsrestanspruch nach § 2305 BGB ................................. 141
1. Rechtslage bei Erbfällen vor dem 1.1.2010 ............................ 141
2. Rechtslage bei Erbfällen ab dem 1.1.2010 ............................ 144
IV. Ausgleichungspflichtteilsanspruch nach §§ 2050, 2316 BGB ..................... 146
1. Allgemeines ......................... 146
2. Ausgleichung beim Pflichtteilsanspruch nach § 2316 BGB ............ 148
a) Anwendbarkeit .................. 148
b) Beteiligte des Ausgleichungspflichtteils ................................. 149
c) Ausgleichungspflichtige Vorempfänge ................................. 150
d) Berechnung des Pflichtteils (Ausgleichungspflichtteil) ............ 153
V. Anrechnungspflichtteilsanspruch nach § 2315 BGB ........................... 157
1. Allgemeines ......................... 157
2. Anwendbarkeit des § 2315 BGB ..... 158
3. Durchführung der Anrechnung nach § 2315 BGB .......................... 159
VI. Pflichtteilsergänzungsanspruch ......... 164
1. Allgemeines ......................... 164

2. Kreis der pflichtteilsergänzungsberechtigten Personen (Gläubiger) ........ 167
3. Schenkungsbegriff des § 2325 BGB ... 170
   a) Allgemeines .................. 170
   b) Anstandsschenkung nach § 2330 BGB ....................... 172
   c) Gemischte Schenkung und Auffassung der Parteien (Prinzip der subjektiven Äquivalenz) .......... 174
   d) Schenkung unter Auflage (§ 525 BGB) ....................... 181
   e) Ehebezogene Zuwendungen ...... 186
4. Zeitpunkt für die Bewertung der Schenkung; Niederstwertprinzip (§ 2325 Abs. 2 S. 2 BGB) ............... 187
5. Zehnjahresfrist des § 2325 Abs. 3 BGB ....................... 190
6. Berechnung des Pflichtteilsergänzungsanspruchs ................... 197
   a) Für Erbfälle vor dem 1.1.2010 .... 197
   b) Für Erbfälle ab dem 1.1.2010 .... 199
   c) Abzug nach § 2326 BGB ...... 200
   d) Eigengeschenke nach § 2327 BGB ....................... 201
   e) Leistungsverweigerungsrecht nach § 2328 BGB ............... 202
VII. Schuldner des Pflichtteilsanspruchs ...... 203
1. Allgemeines .................. 203
2. Haftung der Erben im Außenverhältnis ....................... 205
3. Haftung für den Pflichtteilsanspruch im Innenverhältnis ............ 209
   a) Pflichtteilslast zwischen den Miterben ....................... 209
   b) Pflichtteilslast zwischen Erben und Vermächtnisnehmer ........... 214
4. Einrede des § 2319 BGB ........ 215
VIII. Schuldner des Ergänzungsanspruchs nach § 2325 BGB und § 2329 BGB ........ 217
1. Allgemeines .................. 217
2. Durchgriff auf den Beschenkten nach § 2329 BGB ................... 220
3. Mehrere Beschenkte nach § 2329 Abs. 3 BGB ................... 225
D. Anspruch auf Auskunft und Wertermittlung ....................... 229
I. Auskunftsanspruch ............... 229
1. Auskunftsanspruch der gesetzlichen Erben über Vorempfänge nach §§ 2057, 2316 BGB ............ 229
2. Muster: Auskunftsbegehren des Erben gegen den Miterben über Vorempfänge nach §§ 2316, 2057 BGB ...... 230
3. Auskunftsanspruch des Pflichtteilsberechtigten nach § 2314 BGB ...... 231
   a) Allgemeines ............... 231
   b) Umfang und Inhalt des Auskunftsanspruchs ................... 238
   c) Form des Auskunftsanspruchs .... 242
   d) Auskunftsanspruch des pflichtteilsberechtigten Erben ............ 243
      aa) Allgemeines ............ 243
      bb) Muster: Außergerichtliches Auskunftsbegehren .......... 246
II. Wertermittlungsanspruch ............ 247
1. Wertermittlungsanspruch des pflichtteilsberechtigten Nichterben gegen den Erben ....................... 247

2. Muster: Außergerichtliches Anschreiben bezüglich Wertermittlung gegenüber dem Erben ............... 253
3. Wertermittlungsanspruch des pflichtteilsberechtigten Erben nach § 242 BGB ....................... 254
4. Muster: Außergerichtliches Anschreiben wegen Wertermittlung gegenüber dem Beschenkten ............ 256
III. Eidesstattliche Versicherung (§§ 2314, 260 BGB) ....................... 257
1. Rechtliche Grundlagen .......... 257
2. Muster: Aufforderung zur Abgabe der eidesstattlichen Versicherung ...... 261
E. Prozessuale Geltendmachung des Pflichtteilsanspruchs ................... 262
I. Allgemeines zur Vorgehensweise ...... 262
II. Zuständigkeit ................. 265
III. Klagearten ................... 267
1. Klage auf Auskunft und Wertermittlung ....................... 267
   a) Allgemeines ............... 267
   b) Streitwert, Kosten ............ 271
   c) Muster: Auskunftsklage des Pflichtteilsberechtigten gegen die Erben .. 272
2. Klage auf Pflichtteilszahlung ...... 273
   a) Geltendmachung des Pflichtteils im Wege der Leistungsklage ...... 273
   b) Geltendmachung des Pflichtteils im Wege der Stufenklage .......... 274
   c) Muster: Stufenklage auf Auskunft, Wertermittlung, Abgabe der eidesstattlichen Versicherung und Pflichtteilszahlung ............ 276
   d) Muster: Stufenklage auf Auskunft, Wertermittlung, Abgabe der eidesstattlichen Versicherung und Pflichtteilszahlung bei Erbengemeinschaft auf Beklagtenseite ..... 278
   e) Kosten und Streitwert ......... 279
3. Klage auf Pflichtteilsergänzung gegen den Erben nach § 2325 BGB ....... 284
4. Klage auf Pflichtteilsergänzung gegen den Beschenkten nach § 2329 BGB .. 286
   a) Rechtliche Grundlagen ........ 286
   b) Muster: Klage auf Pflichtteilsergänzung gegen den Beschenkten (Miterben) nach § 2329 BGB bei Grundstücksschenkung .......... 287
   c) Muster: Klage auf Pflichtteilsergänzung gegen den Beschenkten (Miterben) nach § 2329 BGB bei Schenkung einer Eigentumswohnung ... 288
5. Fragen zur Beweislast ............ 289
IV. Stundung des Pflichtteilsanspruchs ..... 290
1. Rechtliche Grundlagen für Erbfälle vor dem 1.1.2010 ............ 290
2. Rechtliche Grundlagen für Erbfälle nach dem 1.1.2010 ............ 291
3. Stundung ................... 292
4. Muster: Stundung des Pflichtteils nach § 2331a BGB n.F. ............... 293
V. Zinsen ....................... 294
F. Außergerichtliche Geltendmachung von Pflichtteilsansprüchen ............... 295

*Bittler*

| I. Vergleich über einen Pflichtteilsanspruch ............................ 295 | II. Muster: Außergerichtlicher Vergleich über einen Pflichtteilsanspruch ......... 296 |

## A. Anwaltliches Mandat im Pflichtteilsrecht

### I. Pflichtteilsrecht in der anwaltlichen Praxis

#### 1. Beratung des Mandanten in Pflichtteilsangelegenheiten

1 Der Beratungsbedarf in Pflichtteilsangelegenheiten liegt nach Eintritt des Erbfalls in der Geltendmachung und Abwehr von Pflichtteilsansprüchen. Vor dem Eintritt des Erbfalls geht es dem Mandanten i.d.R. um die Vermeidung von Pflichtteilsansprüchen. Beide Beratungssituationen verlangen vom Anwalt eine genaue Kenntnis der pflichtteilsrechtlichen Grundlagen und des aktuellen Standes der Rechtsprechung. Nach jedem Beratungsgespräch bietet es sich an, dem Mandanten die besprochene Rechtslage in einem Beratungsschreiben zusammenzufassen.

#### 2. Muster: Beratungsschreiben an den Erben in einer Pflichtteilssache nach eingetretenem Erbfall

2 An

*Pflichtteilsanspruch Ihrer Stieftochter*

Sehr geehrter Herr ,

wir nehmen Bezug auf unsere Besprechung vom , in welcher Sie mir angegeben hatten, dass Ihre Ehefrau verstorben und Sie aufgrund des Testaments vom als Alleinerbe eingesetzt sind. Die Tochter Ihrer Ehefrau aus erster Ehe, Frau , macht Ihnen gegenüber Pflichtteilsansprüche geltend. Nachfolgend fasse ich Ihnen unsere Besprechung in unserem Büro noch einmal wunschgemäß wie folgt zusammen:

3 *1. Das Pflichtteilsrecht*

Da der Erblasser aufgrund seiner Testierfreiheit die Möglichkeit hat, alle seine nächsten Angehörigen zu enterben, sieht das Gesetz in den §§ 2303 ff. BGB für diesen Personenkreis ein Pflichtteilsrecht vor. Das Pflichtteilsrecht schränkt den Grundsatz der Testierfreiheit ein. Es schafft einen Ausgleich zwischen den Grundsätzen der gesetzlichen und gewillkürten Erbfolge.

4 *2. Der ordentliche Pflichtteil*

*a) Allgemeine Ausführungen*

Unter dem ordentlichen Pflichtteilsanspruch versteht man grundsätzlich den aus dem realen Nachlass zu berechnenden Pflichtteil. Der reale Nachlass umfasst alle zum Zeitpunkt des Todes vorhandenen Gegenstände und Forderungen.

Den ordentlichen Pflichtteilsanspruch können die pflichtteilsberechtigten Personen geltend machen. Dazu gehören die Abkömmlinge des Erblassers und der überlebende Ehegatte und nur dann, wenn keine Abkömmlinge vorhanden sind, seine Eltern. Nicht pflichtteilsberechtigt (obwohl eventuell erbberechtigt) sind entferntere Verwandte wie Geschwister, Onkel, Tante, Neffen und Nichten oder der nichteheliche Lebensgefährte.

Der Pflichtteilsanspruch erzeugt nur einen persönlichen Anspruch auf Zahlung einer bestimmten Geldsumme gegen den oder die Erben. Der Pflichtteilsanspruch entsteht mit dem Erbfall, wenn der Pflichtteilsberechtigte durch eine Verfügung von Todes wegen ausdrücklich oder konkludent von der gesetzlichen

Erbfolge ausgeschlossen ist. Er ist nicht an den einzelnen Gegenständen des Nachlasses beteiligt, sondern Nachlassgläubiger einer Geldforderung.

*b) Höhe des Pflichtteils/Berechnungsgrundlage*

Die Höhe des Pflichtteilsanspruchs beträgt die Hälfte des gesetzlichen Erbteils und richtet sich nach dem Wert des Nachlasses zum Zeitpunkt des Erbfalls.

Der Nachlasswert ist gemäß den §§ 2311–2313 BGB zu ermitteln. Maßgebender Zeitpunkt für die Wertermittlung ist der Erbfall. Bei der Berechnung ist jeder Nachlassgegenstand in Geld zu bewerten und anschließend von der Summe des aktiven Nachlasses die Summe der Nachlassverbindlichkeiten abzuziehen.

In der Praxis führt dies zu den schwierigsten und umstrittensten Auseinandersetzungen zwischen den Erben und den Pflichtteilsberechtigten. Die häufige Annahme, dass eine Bewertung durch den Erblasser gegenüber dem Pflichtteilsberechtigten bindend ist, ist unzutreffend. Die Notwendigkeit der Bewertung der Nachlassgegenstände führt zu der prinzipiellen Frage, welche Bewertungsmaßstäbe der Ermittlung des Wertes zugrunde gelegt werden. Nach der allgemein anerkannten Rechtsprechung ist unter Wert der durch die allgemeine Verkehrsauffassung bestimmte allgemeine Wert zu verstehen. Der allgemeine Wert deckt sich mit dem Verkaufswert.

Vom hiernach ermittelten Brutto-Nachlass sind die Verbindlichkeiten abzuziehen, so dass sich der Netto-Nachlass ergibt.

**Dabei sind folgende Positionen abzusetzen:**
- Aufgebotsverfahrenskosten, §§ 1970 ff. BGB
- Erbfallschulden, Beerdigungskosten, § 1968 BGB
- Erblasserschulden
- Geschäftsführungskosten des vorläufigen Erben gem. § 1959 Abs. 1 BGB
- Inventarerrichtungskosten, § 1993 BGB
- Nachlassabsonderungskosten, § 1978 BGB
- Nachlassaufzeichnungskosten
- Nachlassbewertungskosten
- Nachlasserhaltungskosten
- Nachlasspflegerkosten
- Nachlasssicherungskosten
- Nachlassverwaltungskosten
- Zugewinnausgleich des überlebenden Ehegatten

**Nicht abzuziehen sind grundsätzlich:**
- Auflage
- Dreißigster
- Pflichtteilsansprüche
- Testamtsvollstreckerkosten
- Verbindlichkeiten gegenüber Ersatzberechtigten
- Vermächtnisse

*3. Vorempfänge, Ausstattungen*

Zu beachten ist weiter, dass Vorempfänge gem. §§ 2050 ff. BGB sowie gem. § 2315 BGB Einfluss auf die Höhe des Pflichtteilsanspruchs haben können. Sie hatten angegeben, dass nach Ihren Erkenntnissen keine ausstattungs- und anrechnungspflichtigen Schenkungen bislang an die Stieftochter erfolgt sind.

*4. Der Pflichtteilsergänzungsanspruch*

Vom oben erwähnten ordentlichen Pflichtteilsanspruch ist der sog. Pflichtteilsergänzungsanspruch zu unterscheiden, der sich grundsätzlich aus dem fiktiven Nachlass, das heißt aus den zu Lebzeiten des Erblassers getätigten Schenkungen berechnet.

Schenkungen im Sinne des § 2325 Abs. 1 BGB sind nur solche im Sinne des § 516 Abs. 1 BGB. Dies setzt einen Vertragsabschluss voraus. Gegenstand dieses Vertrags muss eine Zuwendung sein, die eine Verringerung des Vermögens des Schenkers und eine Bereicherung des Beschenkten bewirkt, § 516 Abs. 1 BGB. Ideelle Güter scheiden als Schenkungsgegenstand aus, so etwa Gebrauchsüberlassung einer Sache oder die Leistung von Diensten. Nach § 517 BGB liegt ebenfalls keine Schenkung vor, wenn jemand einen Vermögenserwerb unterlässt, auf ein angefallenes, noch nicht endgültig erworbenes Recht verzichtet oder eine Erbschaft oder ein Vermächtnis ausschlägt.

Gemäß § 2330 BGB sind aber Anstands- und Pflichtschenkungen von der Ausgleichspflicht ausgenommen. Eine Pflichtschenkung kann vorliegen,
- wenn die Altersversorgung oder der Lebensunterhalt eines langjährigen Lebenspartners gesichert werden soll;
- wenn bedürftige nahe Verwandte, die keinen rechtlichen Unterhaltsanspruch mehr haben, unterstützt werden sollen;
- wenn jemand, der viele Jahre unentgeltlich im Haushalt mitgearbeitet hat, beschenkt werden soll.

Unter den Begriff Anstandsschenkung fallen beispielsweise:
- Die gebräuchlichen Gelegenheitsgeschenke,
- Geschenke unter nahen Verwandten zu Geburtstagen, Hochzeitstagen, Weihnachten oder ähnlichen Gelegenheiten,
- Gastgeschenke,
- Spenden zu einer öffentlichen Sammlung.

In Ihrem konkreten Fall würden daher die lebzeitigen Zuwendungen (Schenkungen) in den Pflichtteilsanspruch Ihrer Stieftochter fallen.

### 5. Lebensversicherung (Vertrag zugunsten Dritter)

Nach herrschender Meinung fällt die Versicherungssumme einer Kapitallebensversicherung gemäß der Auslegungsregel des § 167 Abs. 2 VVG nicht in den Nachlass, wenn der Erbe als Empfänger bzw. Bezugsberechtigter benannt ist. Der Auszahlungsanspruch entsteht direkt beim Bezugsberechtigten, ohne dass vorher dieser Anspruch im Vermögen des Erblassers vorhanden gewesen ist.

Die Berechnung des Pflichtteilsergänzungsanspruch richtet sich nach dem dem Vertrag zugunsten Dritter zugrunde liegenden Valutaverhältnis. Liegt im Valutaverhältnis eine Schenkung vor, so fällt diese in den Pflichtteilsergänzungsanspruch. Derzeit umstritten ist, ob die gezahlten Prämien oder der Auszahlungsbetrag selbst hierunter fallen. Sind Sie selbst Bezugsberechtigter einer Lebensversicherung der Erblasserin, so fallen die Versicherungsprämien in den Pflichtteilsergänzungsanspruch.

### 6. Verjährung

Die Pflichtteilsansprüche und Pflichtteilsergänzungsansprüche verjähren innerhalb einer Frist von drei Jahren. Der ordentliche Pflichtteilsanspruch verjährt in drei Jahren gem. § 2332 Abs. 1 BGB. Diese dreijährige Verjährungsfrist gilt auch für den Pflichtteilsrestanspruch gem. §§ 2305, 2307 Abs. 1 S. 2 BGB, den Ausgleichsanspruch nach § 2316 BGB und den Pflichtteilsergänzungsanspruch nach §§ 2325, 2329 BGB.

Der Beginn der dreijährigen Verjährungsfrist setzt einerseits Kenntnis des Erbfalls und andererseits Kenntnis der beeinträchtigenden Verfügung voraus. Es ist demnach eine doppelte Kenntnis erforderlich. Der Pflichtteilsergänzungsanspruch gegen den Beschenkten nach § 2329 BGB verjährt unabhängig von einer Kenntnis innerhalb von drei Jahren.

### 7. Auskunftsrechte

Das Kernproblem des Pflichtteilsrechts liegt in der Praxis nicht so sehr darin, die teilweise komplizierten Rechtsnormen und Rechenmodelle auf den zu entscheidenden Sachverhalt anzuwenden, sondern den Nachlass, dessen Zusammensetzung und Wert zu ermitteln. In Zivilprozessen, auch in familienrechtlichen Streitigkeiten, verfügen beide Parteien häufig über Kenntnisse des Sachverhalts. Bei der Auseinandersetzung zwischen Pflichtteilsberechtigtem und Erben ist dies oft anders.

Da der Pflichtteilsberechtigte am Nachlass nicht beteiligt ist – sieht man vom Fall des § 2305 BGB ab – hat er meist auch keine Kenntnis über Umfang und Wert des Nachlasses. Dies trifft in besonderem Maße auf erwachsene Abkömmlinge zu, die über die wirtschaftlichen Verhältnisse des Erblassers nicht unterrichtet sind. Um diesem Ungleichgewicht abzuhelfen, gewährt das Gesetz in § 2314 BGB dem Pflichtteilsberechtigten einen Anspruch auf Auskunft über die Zusammensetzung und den Wert des Nachlasses. Ebenso wie beim Zugewinnausgleich (§ 1379 BGB) dient der Auskunftsanspruch dazu, dem Berechtigten diejenigen Kenntnisse zu vermitteln, die er zur Berechnung seines Anspruchs benötigt. Diesem Auskunftsanspruch muss der Erbe durch Vorlage eines Nachlassverzeichnisses nachkommen.

*8. Weiteres Vorgehen*

Wir hatten besprochen, dass (eventuell) ein Nachlassverzeichnis zu erstellen ist, in dem sämtliche Aktiva und Passiva enthalten sind. Auch möchten wir Sie bitten, alle Ihnen bekannten lebzeitigen Zuwendungen aufzustellen. Wir werden dann überprüfen, ob und in welcher Höhe diese gegebenenfalls zu berücksichtigen sind. Aus einem eventuell vorhandenen Überschuss sind dann die jeweiligen Pflichtteilsansprüche zu berechnen und auszuzahlen. Vorab würde es sich jedoch anbieten, ihre Stieftochter aufzufordern, über die vom Erblasser erhaltenen Vorempfänge Auskunft zu erteilen.

Für Fragen steht Ihnen der Unterzeichner gerne jederzeit zur Verfügung.

(Rechtsanwalt)

### 3. Kosten und Rechtsschutzversicherung

#### a) Allgemeines

Nicht selten stellt sich die Frage, ob bestimmte Leistungen des Anwalts durch eine Rechtsschutzversicherung abgedeckt sind. Dazu kann vorab festgestellt werden, dass im Rahmen erbrechtlicher Mandate lediglich über den Beratungsrechtsschutz in Familiensachen (und Erbrecht) eine Kostentragungspflicht des Rechtsschutzversicherers entstehen kann. Hierfür sind zwei grundsätzliche Feststellungen zu treffen: ob es sich um eine versicherbare Leistung handelt und ob ein Versicherungsfall eingetreten ist.

#### b) Versicherbare Leistung

Gemäß der Vorschrift des § 1 ARB hat der Versicherer die rechtlichen Interessen des Versicherungsnehmers wahrzunehmen und die dadurch anfallenden Kosten zu tragen. Um aber dem Risiko einer Ausuferung der Kostentragungspflicht entgegen zu wirken und eine Versicherung kalkulierbar zu machen,[1] sind nur die in § 2 ARB genannten Rechtsgebiete und die dort aufgezählten Versicherungsleistungen versicherbar. Nach § 2k ARB besteht ein so genannter Beratungsrechtsschutz im Familien- und Erbrecht.[2] Die Voraussetzungen dieser Vorschrift sind, dass die Beratung durch einen im Sinne der BRAO zugelassenen Rechtsanwalt erfolgt[3] und dass die Beratung nicht im Zusammenhang mit einer weiteren kostenpflichtigen Tätigkeit des beauftragten Anwalts erfolgt.

Der Beratungsrechtsschutz kann entfallen, wenn der Rat oder die Auskunft mit einer anderen gebührenpflichtigen anwaltlichen Tätigkeit zusammenfallen (§§ 25 Abs. 3, 26 Abs. 3 und 27 Abs. 3 ARB).[4] Da das Entfallen des Rechtschutzes aber kundenunfreundlich ist,

---

1 *Buschbell/Hering*, Der Rechtsschutzfall, § 9 Rn 1.
2 Ansonsten ist ein Versicherungsschutz in diesem Bereich ausgeschlossen (§ 3 Abs. 2 S. 2g ARB), *Buschbell/Hering*, § 9 Rn 101.
3 Nicht notwendig ist, dass der Beratung deutsches Recht zugrunde liegt. Der Anwalt kann im konkreten Fall auch hinsichtlich ausländischer Rechtsnormen Auskunft erteilen.
4 *Lenz* in: Mayer/Süß/Tanck/Bittler/Wälzholz, § 13 Rn 10.

hat z.B. die advocard Versicherung den Versicherungsschutz in § 2k ARB erweitert und übernimmt auch teilweise die Kosten einer außergerichtlichen Vertretung. Es ist für den Rechtsanwalt daher angezeigt, die jeweiligen Versicherungsbedingungen zu überprüfen.

### c) Versicherungsfall

14  Grundsätzlich entsteht der Anspruch auf den Versicherungsschutz im Erbrecht mit dem Eintritt des Versicherungsfalls. Der Versicherungsfall ist hier die **Änderung der Rechtslage** des Versicherungsnehmers oder einer bei ihm mitversicherten Person durch ein bestimmtes Ereignis (§ 4 ARB). Wann eine solche Veränderung der Rechtslage vorliegt, ist in erbrechtlichen Angelegenheiten allerdings umstritten.

15  Eine Änderung der Rechtslage liegt grundsätzlich vor, wenn der Erbfall eingetreten ist. Bejaht wird dies dann, wenn der Versicherungsnehmer gesetzlicher oder testamentarischer Erbe wird.[5] Gleiches gilt auch für jede andere testamentarische Begünstigung oder Benachteiligung. Eine Änderung der Rechtslage ist ohne Eintritt eines Erbfalls gegeben, wenn eine lebzeitige Hofübergabe im Sinne der HöfeO erfolgt. Letzterer Fall führt nämlich gem. § 17 HöfeO dazu, dass der Erbfall fingiert wird, soweit dies den Hof an sich betrifft, und daher eine dem Erbfall vergleichbare Situation gegeben ist.[6]

16  Der Versicherungsfall wird hingegen verneint, wenn sich der Versicherungsnehmer hinsichtlich einer Erstellung oder Änderung eines Testaments oder Erbvertrags beraten lässt. In solch einem Fall mangelt es an einer Änderung der Rechtslage.[7] Ein Versicherungsfall ist gleichfalls zu verneinen, wenn lediglich eine Veränderung der wirtschaftlichen Lage vorliegt und die Rechtsberatung eingeholt wird, weil etwa ein Abkömmling damit droht, seine Erbansprüche geltend zu machen.[8] Erfolgt eine rechtliche Beratung durch den Anwalt im Hinblick auf die Unterzeichnung eines Erb- und Pflichtteilsverzichts, so tritt erst nach Abschluss des Verzichtsvertrags eine Veränderung der Rechtslage ein, so dass auch hier ein Versicherungsfall letztlich zu verneinen ist.[9]

### 4. Muster: Anschreiben an die Rechtsschutzversicherung (Erstes Beratungsgespräch mit Auslagenpauschale)

An

17  Rechtsschutzversicherung

*Ihr Versicherungsnehmer*

*Versicherungsnummer*

Wir haben die Ehefrau Ihres Versicherungsnehmers         in einer erbrechtlichen Angelegenheit erstmalig beraten. Der Beratung lag folgender Sachverhalt zugrunde:

Ihre Versicherungsnehmerin bildet zusammen mit ihrer Mutter und einem Geschwister eine Erbengemeinschaft nach dem verstorbenen Vater. Die Erbengemeinschaft besteht seit         . Der Vater ist am         verstorben. Die nichteheliche Tochter des Erblassers, Frau         , begehrt nunmehr gegenüber der Erbengemeinschaft die Auszahlung eines Pflichtteilsanspruchs.

---

5  *Buschbell/Hering*, § 10 Rn 17.
6  AG Erkelenz zfs 1980, 212.
7  AG Frankfurt VersR 1989, 839; LG Köln zfs 1985, 275.
8  AG Düsseldorf zfs 1983, 209.
9  AG Gronau r + s, 1978, 69.

Das Beratungsgespräch erfolgt im Hinblick auf die Verpflichtung zur Erfüllung der Pflichtteilsansprüche als Nachlassverbindlichkeiten sowie die damit verbundenen Auskunfts- und Wertermittlungsansprüche nach § 2314 BGB. Des Weiteren erfolgte die Beratung dahin gehend, dass die Pflichtteilsberechtigte sich lebzeitige Zuwendungen auf den Pflichtteilsanspruch anrechnen lassen muss.

Die insoweit angefallenen Kosten, die im Rahmen eines ersten Beratungsgesprächs lagen, bitten wir auf das unten angegebene Konto unter Nennung des Geschäftszeichens zu begleichen. Da Ihre Versicherungsnehmerin eine schriftliche Zusammenfassung des Gesprächsverlauf wünschte, ist eine Porto- und Auslagenpauschale angefallen.

(Rechtsanwalt)

### 5. Haftung des Anwalts

a) Haftungsfallen im Pflichtteilsrecht

Mit zu den wichtigsten Pflichten im Rahmen eines erbrechtlichen Mandats gehört die Prüfung von Verjährungsfristen.[10] Hier muss der Anwalt sämtliche einschlägigen Verjährungsvorschriften kennen, gerade im Rahmen des Pflichtteilsrechts ist die Verjährungsvorschrift des § 2332 BGB zu beachten. Nach der Entscheidung des OLG Düsseldorf[11] muss der Anwalt, der im Rahmen der Geltendmachung eines Pflichtteilsanspruchs Klage zur Unterbrechung der Verjährungsfrist erhebt, den Mandanten ausdrücklich darauf hinweisen, dass er den Gerichtskostenvorschuss unverzüglich einzuzahlen hat, ansonsten läuft er Gefahr, dass der Anspruch (mangels Rechtshängigkeit) verjährt. Das Gericht fordert hier, dass der Anwalt den Mandanten nicht nur pauschal auf die Gefahr hinweist, sondern dass er ihm die Problemstellung und die daraus resultierenden möglichen Folgen genau erläutert.

Der Anwalt begeht im Rahmen seiner Betreuung des Mandanten nach Ansicht des OLG Düsseldorf[12] auch dann eine Pflichtverletzung, wenn er im Rahmen eines Pflichtteilsanspruchs die Zahlungsklage erhöht, ohne den Mandanten über die entsprechenden Risiken der Mehrkosten des Rechtsstreits zu belehren, zumindest dann, wenn er die Erfüllung des Auskunftsanspruchs nicht abwartet.

Gerade wenn es um die Frage der Ausschlagung der Erbschaft geht, wird in der Praxis oftmals übersehen, dass mit erklärter Ausschlagung mit Ausnahme der §§ 2306, 2307 BGB und § 1371 Abs. 3 BGB auch kein Pflichtteilsanspruch mehr besteht.[13] Deshalb gilt es, vor jeder Ausschlagung exakt zu prüfen, ob dem Mandanten dadurch nicht jeglicher Erb- und Pflichtteilsanspruch genommen wird. Andererseits verletzt der Anwalt seine Beratungspflicht, wenn er den Nacherben nicht darüber aufklärt, dass er erst nach Ausschlagung der Nacherbschaft Pflichtteilsansprüche geltend machen kann.

Gleiches gilt für den Fall des § 1948 BGB. Will der Mandant die testamentarische Verfügung ausschlagen, um sie als gesetzlicher Erbe anzunehmen, dann ist in jedem Fall zu prüfen, ob eine abschließende Verfügung im Sinne von § 1948 BGB vorlag.[14] Greift hier beispielsweise eine Ersatzerbenregelung (§ 2069 BGB) oder gar Anwachsung (§ 2094 BGB) ein, dann verliert der Mandant durch die Ausschlagung seine Ansprüche.

---

10 BGH NJW 1988, 1079.
11 OLG Düsseldorf FamRZ 92, 1223.
12 OLG Düsseldorf NJW 1985, 1154.
13 BGH DNotZ 1974, 597.
14 BGH VersR 1959, 997.

Auf der anderen Seite verletzt der Anwalt auch seine Beratungspflicht, wenn er den Mandanten nicht über die Möglichkeit der Ausschlagung und einen damit verbundenen möglichen (steuerlichen) Vorteil belehrt.[15]

### b) Haftungsbeschränkung der anwaltlichen Tätigkeit

22  Mit der umfassenden Neuregelung des anwaltlichen Berufsrechts vom 14.7.1987[16] erfolgte 1994 das Gesetz zur Neuordnung des Berufsrechts der Rechtsanwälte. Es brachte die Einführung der Pflichtversicherung gegen Haftpflichtrisiken gem. § 51 BRAO mit sich. Darüber hinaus wird in § 51a BRAO die Zulässigkeit von Haftungsbeschränkungen geregelt. Im Einzelnen bestehen drei Möglichkeiten der Haftungsbeschränkung, nämlich durch:
- schriftliche Vereinbarung einer Haftungsbeschränkung im **Einzelfall** bis zur Höhe der Mindestversicherungssumme von 250.000 EUR (§ 51a Abs. 1 S. 1 BRAO);
- vorformulierte Vertragsbedingungen (**AGB**) zur Haftungsbeschränkung bei einfacher Fahrlässigkeit auf den vierfachen Betrag der Mindestversicherungssumme, wenn insoweit Versicherungsschutz besteht (§ 51a Abs. 1 S. 2 BRAO) und
- eine Beschränkung der Haftung (Gesamtschuldnerschaft) auf namentlich benannte **Mitglieder** einer **Sozietät** in Form von vorformulierten Vertragsbedingungen.

Die durch die Neuregelung des § 51a BRAO eingeführte Klarstellung einer Haftungsbeschränkung lässt aber die bisherigen gesetzlichen Bestimmungen unberührt. So besteht beispielsweise keine Möglichkeit, eine Haftung des Anwalts für grobe Fahrlässigkeit durch allgemeine Geschäftsbedingungen auszuschließen, (für Mandatsverhältnisse ab dem 1.1.2002 gilt § 309 BGB, für „Altfälle" § 11 Nr. 7 AGBG). Ebenso wenig kann auch eine Haftung wegen Vorsatzes ausgeschlossen werden. Keine Möglichkeit besteht auch dahin gehend, eine Haftungsbeschränkung beispielsweise durch Vereinbarung einer Verkürzung von Verjährungsfristen für die Ersatzansprüche zu vereinbaren.

23  Für die Anerkennung von Individualvereinbarungen hat die Rechtsprechung außerordentlich hohe Anforderungen aufgestellt. Notwendig ist ein „freies Aushandeln" der **Einzelvereinbarung**. Hierzu sind folgende Kriterien zu beachten: Es muss ein freies „wirkliches" Aushandeln sein, d.h. dass der Mandant die Möglichkeit haben muss, auf das Ergebnis des Gesprächs einzuwirken. Beide Parteien müssen verhandeln wollen, und es muss auch für den Mandanten die reale Möglichkeit bestehen, auf den Gang und den Inhalt der Verhandlung einzuwirken. Es genügt nicht, wenn der Anwalt dem Mandanten seine Haftungsbeschränkung einseitig vorträgt.

### 6. Muster: Haftungsbeschränkung zur Begrenzung von Ersatzansprüchen

24  An

*Ihre Erbrechtsangelegenheit*

Sehr geehrter Herr _____ ,

in Ihrer obigen Erbrechtsangelegenheit fasse ich unsere Verhandlung vom _____ bezüglich eines Haftungsausschlusses meiner Tätigkeit in Ihrem Beisein wie folgt zusammen:
1.) Die Haftung des beauftragten Rechtsanwalts _____ wird für alle Fälle leichter Fahrlässigkeit auf einen Höchstbetrag von 250.000 EUR beschränkt. Unberührt hiervon bleibt eine Haftung für Vorsatz und grobe Fahrlässigkeit.

---

15 LG Köln NJW 1981, 351.
16 BVerfGE 76, 161; BVerfG NJW 1988, 191.

2.) Darüber hinaus wird vereinbart, dass dem Anwalt die Sache zur erbrechtlichen Bearbeitung übertragen wird. Eine Überprüfung von Fragen des Steuerrechts wird nicht mit übernommen. Dies gilt auch dann, wenn der Anwalt behilflich ist, einen Steuerberater ausfindig zu machen oder/und die Angelegenheit mit ihm bespricht.

(Rechtsanwalt)

> **Hinweis**
> Hat der Anwalt eine Vermögensschadenhaftpflichtversicherung mit einem Deckungsbeitrag von 1 Mio. EUR, so hat er die Möglichkeit, eine Haftungsbeschränkung auf diesen Betrag durch vorformulierte Vertragsbedingungen zu erreichen (§ 51a Abs. 1 Nr. 2 BRAO). Voraussetzung ist allerdings, dass die Versicherungssumme in dieser Höhe wirklich besteht und dass ein Fall einfacher Fahrlässigkeit vorliegt.

### 7. Interessenkollision

Im Rahmen der Vertretung mehrerer Pflichtteilsberechtigter besteht grundsätzlich keine **Interessenkollision**. Vielmehr sind sich die Pflichtteilsberechtigten, da alle enterbt, weitgehend einig und vertreten insoweit die gleichen Interessen gegenüber dem oder den Erben. Um aber sicherzugehen, dass zu einem späteren Zeitpunkt keine unerwarteten Sachverhaltsinformationen zutage treten, die eine Interessenkollision bewirken, sollte der Anwalt bereits im Vorgespräch klären, ob einer der Pflichtteilsberechtigten ausgleichspflichtige Vorempfänge nach § 2316 BGB erhalten hat. Ist dies der Fall, sollte lieber auf die Vertretung des weiteren Pflichtteilsberechtigten verzichtet werden, da sich im Rahmen der Ausgleichung nach § 2316 BGB zwangsläufig Auswirkungen auf den Pflichtteil des anderen Berechtigten ergeben. Eine Interessenkollision kann aber auch dann gegeben sein, wenn sich feststellen lässt, dass die Vermögensinteressen der Pflichtteilsberechtigten unterschiedlich sind. Dies soll bereits schon dann der Fall sein, wenn sich ein Pflichtteilsberechtigter nach § 2315 BGB Geschenke bzw. Vorempfänge anrechnen lassen muss.

## II. Pflichtteilsrecht in der notariellen Praxis[17]

### 1. Allgemeines

In der notariellen Praxis spielt die Frage des Pflichtteilsrechts insbesondere im Rahmen der lebzeitigen Übergabe von Vermögen (vorweggenommene Erbfolge) eine Rolle, und zwar zum einen bei der Frage der Bestimmung einer Anrechnungs- bzw. Ausgleichspflicht nach §§ 2050, 2316 BGB und § 2315 BGB und zum zweiten bei der Frage eines Pflichtteilsverzichtes (teilweisen Pflichtteilsverzichtes), wobei letzterer sowohl im Rahmen eines Übergabevertrags als auch eines Ehevertrags eine Rolle spielen kann.

### 2. Anrechnung auf den Erb- und Pflichtteil

#### a) Rechtliche Grundlagen

In der Rechtspraxis werden die Anrechnungs- und Ausgleichungsbestimmungen, was ihre genaue Formulierung angeht, bislang leider eher stiefmütterlich behandelt. Eine nicht ordnungsgemäße Formulierung birgt aber ein erhebliches Streitpotential bei der späteren Erbauseinandersetzung in sich. So fehlt es in Übergabeverträgen oftmals an einer Differenzierung zwischen der Ausgleichung nach §§ 2050, 2316 BGB und der Anrechnung auf den

---

17 Vgl. hierzu *J. Mayer* in: Mayer/Süß/Tanck/Bittler/Wälzholz, § 11 Rn 25 ff.

Pflichtteil nach § 2315 BGB. Nach § 2315 BGB hat sich ein Pflichtteilsberechtigter einen lebzeitigen Vorempfang auf seinen Pflichtteilsanspruch anrechnen zu lassen, wenn eine entsprechende Anrechnungsbestimmung getroffen wurde.

29 Mit einer Anrechnung auf den Erbteil ist in der Praxis dagegen i.d.R. die Ausgleichung von lebzeitigen Vorempfängen unter Abkömmlingen nach §§ 2050 ff. BGB gemeint. Ob damit auch gleichzeitig die Anrechnung auf den Pflichtteil nach § 2315 BGB gemeint ist, ist strittig.[18] Über die Vorschrift des § 2316 BGB wirkt sich die Ausgleichung selbst aber schon auf das Pflichtteilsrecht aus.[19] Ein wichtiger Unterschied an dieser Stelle: Die Anrechnung nach § 2315 BGB trifft im Verhältnis zur Ausgleichung im Erbfall mit seiner Auswirkung auf den Pflichtteil (Ausgleichspflichtteil) jeden Pflichtteilsberechtigten, der die lebzeitige Zuwendung mit der Anrechnungsbestimmung erhalten hat, also auch Ehepartner und Eltern. Der Vorempfang, der im Erbfall nach den Vorschriften der §§ 2050 ff. BGB zur Ausgleichung zu bringen ist und der über § 2316 BGB auch zum Ausgleichungspflichtteil führt, trifft dagegen nur die Abkömmlinge des Erblassers, die untereinander zur Ausgleichung verpflichtet sind – also nicht den Ehegatten oder die Eltern.[20]

b) Muster: Anrechnung auf den Pflichtteil

30 Der Übernehmer hat sich den Wert des unter Ziff. ____ übertragenen Grundbesitzes, soweit er den Wert der unter Ziff. ____ übernommenen Gegenleistungen übersteigt, auf seinen Pflichtteilsanspruch gemäß der Vorschrift des § 2315 BGB anrechnen zu lassen. Für die Bewertung des anrechnungspflichtigen Vorempfangs ist auf den Zeitpunkt der Zuwendung – im vorliegenden Fall auf die Umschreibung im Grundbuch – abzustellen (Erfüllungsgeschäft). Der zu diesem Stichtag ermittelte Wert ist mit Hilfe des vom Statistischen Bundesamt ermittelten Lebenshaltungskostenindex eines Vier-Personen-Arbeitnehmerhaushaltes mit mittlerem Einkommen (2000 = 100) auf den Zeitpunkt des Erbfalles anzupassen. Eine Ausgleichung unter Abkömmlingen gemäß den Vorschriften der §§ 2050 ff., 2316 BGB wird ausdrücklich nicht vereinbart.

c) Muster: Ausgleichung unter Abkömmlingen

31 Der Übernehmer hat den Wert des unter Ziff. ____ übertragenen Grundbesitzes, soweit er den Wert der unter Ziff. ____ übernommenen Gegenleistungen übersteigt, im Verhältnis zu seinen Geschwistern gemäß der Vorschrift der §§ 2050 ff., 2316 BGB zur Ausgleichung zu bringen. Die Ausgleichung soll im Falle der gesetzlichen oder testamentarischen Erbfolge, sofern die Voraussetzungen des § 2052 BGB vorliegen, erfolgen und gem. § 2316 BGB auch bei Pflichtteilsgeltendmachung. Eine Anrechnung auf den Pflichtteil nach § 2315 BGB wird jedoch ausdrücklich nicht vereinbart, so dass es nicht zu einer Anwendung von § 2316 Abs. 4 BGB kommt.

Für die Bewertung des ausgleichungspflichtigen Vorempfangs ist auf den Zeitpunkt der Zuwendung – im vorliegenden Fall auf die Umschreibung im Grundbuch – abzustellen (Erfüllungsgeschäft). Der zu diesem Stichtag ermittelte Wert ist mit Hilfe des vom Statistischen Bundesamt ermittelten Lebenshaltungskostenindex eines Vier-Personen-Arbeitnehmerhaushaltes mit mittlerem Einkommen (2000 = 100) auf den Zeitpunkt des Erbfalles, sofern es um die Geltendmachung des Pflichtteilsanspruchs geht, und ansonsten auf den Zeitpunkt der Auseinandersetzung der Erbengemeinschaft anzupassen.

32 **Hinweis**
Für den Fall, dass eine Zuwendung ausgleichungs- und anrechnungspflichtig ist, gilt es die Vorschrift des § 2316 Abs. 4 BGB zu berücksichtigen, bei deren Anwendung ein

---

18 OLG Düsseldorf FamRZ 1994, 174.
19 Staudinger/*Haas*, § 2316 BGB Rn 1; OLG Nürnberg NJW 1992, 2303; MüKo-*Frank*, § 2316 BGB Rn 2.
20 *Kerscher/Riedel/Lenz*, § 5 Rn 46.

geringerer Pflichtteilsanspruch nur dann zu erwarten ist, wenn kein erbberechtigter überlebender Ehepartner vorhanden ist.[21]

d) Muster: Nachträgliche Anordnung einer Anrechnungs- und Ausgleichungsbestimmung

*(Notarielle Urkundenformalien)*

Mit notarieller Urkunde vom          , UR-Nr.          , des Notars          mit Amtssitz in          hat der Übergeber dem Übernehmer unter Ziff.          der vorbezeichneten Urkunde seinen Grundbesitz in          , eingetragen im Grundbuch von          Band          Blatt          Flst. Nr.          übertragen. Die Übertragung erfolgte unentgeltlich, soweit sie den Wert der unter Ziff.          vereinbarten Gegenleistung übersteigt. Die Parteien vereinbaren nun, dass sich der Übernehmer den Wert des unter Ziff.          übertragenen Grundbesitzes, soweit er den Wert der unter Ziff.          übernommenen Gegenleistungen übersteigt, auf seinen Pflichtteilsanspruch gemäß der Vorschrift des § 2315 BGB anrechnen zu lassen hat. Die Parteien vereinbaren weiter, dass der Übernehmer den Wert der Zuwendung, der den Wert der vereinbarten Gegenleistung übersteigt, im Verhältnis zu seinen Geschwistern gemäß der §§ 2050 ff., 2316 BGB zur Ausgleichung zu bringen hat. Für die Bewertung des Vorempfangs ist auf den Zeitpunkt der damaligen Zuwendung – im vorliegenden Fall auf die Umschreibung im Grundbuch – abzustellen. Die Umschreibung erfolgte gemäß Mitteilung des Grundbuchamtes am          . Der zu diesem Stichtag ermittelte Wert ist mit Hilfe des vom Statistischen Bundesamt ermittelten Lebenshaltungskostenindex eines Vier-Personen-Arbeitnehmerhaushaltes mit mittlerem Einkommen (2000 = 100) auf den Zeitpunkt des Erbfalles anzupassen.

## B. Allgemeines zum Pflichtteilsrecht

### I. Verfassungsmäßigkeit des Pflichtteilsrechts[22]

Das Erbrecht unterliegt als Individualgrundrecht und als Rechtsinstitut selbst dem verfassungsrechtlichen Schutz des Art. 14 GG.[23] Nach Ansicht des BVerfG und des BGH steht das Pflichtteilsrecht unter dem verfassungsrechtlichen Schutz des Art. 14 und des Art. 6 GG.[24]

Die grundsätzlich unentziehbare und bedarfsunabhängige wirtschaftliche Mindestbeteiligung der Kinder des Erblassers an dessen Nachlass wird durch die Erbrechtsgarantie des Art. 14 Abs. 1 S. 1 in Verbindung mit Art. 6 Abs. 1 GG gewährleistet. Die Normen über das Pflichtteilsrecht der Kinder des Erblassers (§ 2303 Abs. 1 BGB) und über die Pflichtteilsentziehungsgründe des § 2333 Nr. 1 und 2 BGB sind mit dem Grundgesetz vereinbar.[25]

### II. Kein Verlust des Pflichtteilsanspruchs

#### 1. Allgemeines

Einer jeden Geltendmachung des Pflichtteilsanspruchs sollte die Prüfung vorausgehen, ob der Pflichtteilsanspruch nicht erloschen ist. So kann der Pflichtteilsberechtigte bspw. bereits

---

21 Vgl. *Tanck*, ZErb 2003, 41.
22 BVerfG, Beschl. v. 19.4.2005 – 1 BvR 1644/00 und 1 BvR 188/03; BVerfG NJW 1985, 1455; BGH NJW 1990, 911; *Strätz*, FamRZ 1998, 1553, 1566; *Haas*, ZEV 2000, 249; *Herzog*, FF 2003, 19.
23 BVerfGE 91, 346.
24 BGHZ 98, 226.
25 BVerfG, Beschl. v. 19.4.2005 – 1 BvR 1644/00 und 1 BvR 188/03.

zu Lebzeiten auf sein Pflichtteilsrecht verzichtet haben. Des Weiteren kann der Pflichtteilsanspruch aufgrund einer Erb- und Pflichtteilsunwürdigkeit oder einer rechtmäßigen Pflichtteilsentziehung durch den Erblasser entfallen. Auch die Ausschlagung des Erbteils kann unter den falschen Voraussetzungen zu einem Verlust des Erb- und Pflichtteilsrechts führen.

### 2. Erb- und Pflichtteilsunwürdigkeit gem. §§ 2339, 2345 Abs. 2 BGB

#### a) Allgemeines

37 Eine Erb- und Pflichtteilsunwürdigkeit liegt vor, wenn der Erbe sich eines der in § 2339 BGB aufgelisteten Vergehen gegenüber dem Erblasser schuldig gemacht hat. Dabei werden von dem Begriff der Erbunwürdigkeit nicht nur die **Erben**, sondern auch **Vermächtnisnehmer** und **Pflichtteilsberechtigte** umfasst (§ 2345 BGB). Eine Erbunwürdigkeit zieht demnach eine Pflichtteilsunwürdigkeit nach sich. Erb- und Pflichtteilsunwürdigkeit bedeutet, dass dem durch Erbfolge Berechtigten das Erbrecht im **Nachhinein** entzogen wird.

#### b) Gründe für die Erb- und Pflichtteilsunwürdigkeit

38 Die Gründe für die Pflichtteilsunwürdigkeit sind in § 2339 BGB geregelt. Unwürdig ist danach, wer den Erblasser vorsätzlich oder widerrechtlich getötet oder zu töten versucht hat. Gleiches gilt für den Fall, dass der Unwürdige den Erblasser in einen Zustand versetzt hat, der es dem Erblasser bis zum Tode unmöglich gemacht hat, eine Verfügung von Todes wegen zu errichten (§ 2339 Abs. 1 Nr. 1 BGB). Der Tatbestand der Pflichtteilsunwürdigkeit ist auch dann erfüllt, wenn der Pflichtteilsberechtigte den Erblasser durch arglistige Täuschung oder Drohung gehindert hat, ein Testament zu errichten oder aber auch zu vernichten. Unter § 2339 Abs. 1 Nr. 2 BGB fällt auch der Fall, dass der Pflichtteilsberechtigte es absichtlich unterlässt, dem Willen des Erblassers auf Vernichtung eines Testamentes nachzukommen, oder wenn er den Erblasser in den Glauben versetzt, es genüge für die Errichtung einer Verfügung von Todes wegen eine Form, die in Wirklichkeit nicht ausreichend ist. Letztlich ist auch derjenige unwürdig, der durch arglistige Täuschung oder Drohung den Erblasser dazu bestimmt hat, eine Verfügung von Todes wegen zu errichten (§ 2339 Abs. 1 Nr. 3 BGB), oder der sich in Ansehung einer Verfügung von Todes wegen der Urkundenfälschung strafbar gemacht hat. Die Gründe, die eine Erbunwürdigkeit bestimmen, sind nicht identisch mit denen in § 1381 BGB. Deshalb ist bei festgestellter Erbunwürdigkeit des Ehegatten sein Anspruch auf den Zugewinnausgleich nicht ausgeschlossen. Dieser kann ihm nur gem. § 1381 BGB bei grober Unbilligkeit aus wirtschaftlichen Gründen verweigert werden.[26]

#### c) Gerichtliche Durchsetzung

39 Die **Erbunwürdigkeit** kann durch **Anfechtungsklage** gegenüber dem Unwürdigen festgestellt werden. Ist der Erbe selbst pflichtteilsberechtigt, dann ist in dem Antrag auf Feststellung der Erbunwürdigkeit in der Regel auch eine Anfechtungserklärung nach § 2345 BGB zu sehen.[27] Anfechtungsberechtigt ist der Erben oder derjenigen, dem der Wegfall zustatten kommt. Die Anfechtungsklage ist nach § 2340 Abs. 2 S. 1 BGB erst nach dem Anfall der Erbschaft zulässig. Die Wirkung der Anfechtung tritt erst mit Rechtskraft des stattgebenden Urteils ein, § 2342 Abs. 2 BGB. Gemäß §§ 2340 Abs. 3, 2082 BGB beträgt die **Anfechtungsfrist** ein Jahr und beginnt mit Kenntnis des Anfechtungsgrundes.[28] Im Fall des § 2339 Abs. 1

---

26 Palandt/*Brudermüller*, § 1381 Rn 2 ff.
27 MüKo-*Helms*, § 2342 BGB Rn 1.
28 BGH NJW 1989, 3214.

Nr. 1 BGB soll es ergänzend erforderlich sein, dass der Anfechtungsberechtigte neben den objektiven und subjektiven Tatbestandsmerkmalen auch Kenntnis der schuldbegründenden Merkmale hat.[29] Die Anfechtungsklage muss vor den ordentlichen Gerichten geltend gemacht werden, eine Geltendmachung bspw. im Erbscheinsverfahren ist nicht möglich.[30] Nach h.M. handelt es sich bei der Anfechtungsklage um eine Gestaltungs- und nicht um eine Feststellungsklage, da die Wirkung der Anfechtungsklage durch stattgebendes Urteil die materielle Rechtslage ändert und daher gegenüber jedermann wirkt.[31]

Die separate Feststellung der **Pflichtteilsunwürdigkeit** hat grundsätzlich nur dann Bedeutung, wenn der Pflichtteilsberechtigte enterbt wurde und eine Pflichtteilsentziehung in der Verfügung von Todes wegen nicht erfolgte.[32] Anders als die Feststellung der Erbunwürdigkeit durch Anfechtungsklage, genügt für die Geltendmachung der Pflichtteilsunwürdigkeit die **formlose Erklärung** (§ 143 Abs. 1, Abs. 4 S. 1 BGB) gegenüber dem Unwürdigen, was auch im Wege der Einrede und der Leistungsverweigerung erfolgen kann.[33] Die h.M. begründet dies mit einem geringen öffentlichen Interesse, da es sich bei dem Pflichtteilsanspruch lediglich um einen schuldrechtlichen Anspruch handelt und die Vorschriften der §§ 2342, 2344 BGB in § 2345 Abs. 1 S. 2 BGB keine Erwähnung finden.[34] Für die Anfechtungsfrist gilt auch hier grundsätzlich die Jahresfrist nach § 2340 BGB (obwohl in § 2345 Abs. 1 BGB nicht erwähnt). Nach Ablauf der Anfechtungsfrist kann die Pflichtteilsunwürdigkeit aber im Wege der **Einrede** geltend gemacht werden, §§ 2345 Abs. 1 S. 2 i.V.m. 2083 BGB.[35] Hat der Erbe den Anspruch bereits erfüllt, steht ihm ein bereicherungsrechtlicher Herausgabeanspruch gegenüber dem Unwürdigen zu.[36]

### 3. Entziehung des Pflichtteils nach §§ 2333–2335 BGB a.F. und § 2333 n.F.

> **Hinweis zu der am 1.1.2010 in Kraft getretenen Reform des Erbrechts**
> § 2334 BGB – Entziehung des Elternpflichtteils wurde aufgehoben und überführt in den neuen § 2333 BGB – Entziehung des Pflichtteils; auch § 2335 BGB wurde aufgehoben und in den neuen § 2333 BGB mit einbezogen.

#### a) Allgemeines

Der Erblasser hat gem. § 2333 BGB n.F. und den §§ 2334, 2335 BGB a.F. die Möglichkeit, das Pflichtteilsrecht den nahen Angehörigen zu entziehen, wenn hierfür besondere Gründe vorliegen. Die Entziehung des Pflichtteils kann nur aus den gesetzlich genannten Gründen erfolgen.[37] Die Aufzählung der Gründe ist abschließend. Eine analoge Anwendung auf weitere Tatbestände wird von der h.M. abgelehnt.[38] Der Grund für die Pflichtteilsentziehung muss zum Zeitpunkt der Entziehung bereits vorliegen und in der letztwilligen Verfügung angegeben werden.[39] Die Angaben in der letztwilligen Verfügung haben dabei einen Sachverhaltskern zu schildern nach Zeit, Ort und Art der Taten. Der Kreis der Vorfälle ist

---

29 *Bonefeld/Kroiß/Tanck*, § 7 Rn 9; OLG Düsseldorf NJW-FER 2000, 156.
30 BayObLG Rpfleger 1975, 243.
31 Palandt/*Edenhofer*, § 2342 BGB Rn 1; vgl. zum Streitstand MüKo-*Helms*, § 2342 BGB Rn 7.
32 MüKo-*Helms*, § 2345 BGB Rn 7.
33 Soergel/*Damrau*, § 2345 BGB Rn 1.
34 *Lange/Kuchinke*, § 6 V 1.
35 MüKo-*Helms*, § 2345 BGB Rn 5.
36 MüKo-*Helms*, § 2345 BGB Rn 10.
37 BGH NJW 1974, 1084.
38 BGH NJW 1974, 1084.
39 BGHZ 94, 36.

praktisch einzugrenzen.[40] Die Pflichtteilsentziehung setzt auch immer ein Verschulden des Pflichtteilsberechtigten voraus.[41] Sie muss in der Form eines Testaments erfolgen.[42] Von der Pflichtteilsentziehung mit umfasst ist auch das Recht auf den Pflichtteilsergänzungsanspruch nach § 2325 BGB, auf den Restpflichtteil nach §§ 2305, 2307 BGB und das Recht auf den Auskunftsanspruch nach § 2314 BGB.[43] Das Recht zur Pflichtteilsentziehung erlischt durch Verzeihung (§ 2337 BGB).

b) Entziehung des Pflichtteils eines Abkömmlings oder Elternteils für Erbfälle bis einschließlich 31.12.2009

43 Die Voraussetzungen für die Entziehung des Pflichtteils eines Abkömmlings regelt § 2333 a.F. BGB. Danach kann der Erblasser den Pflichtteil entziehen, wenn
– der Abkömmling dem Erblasser nach dem Leben trachtet,
– der Abkömmling sich einer vorsätzlichen körperlichen Misshandlung des Erblassers oder seiner Ehefrau schuldig gemacht hat, letzteres aber nur, wenn der Abkömmling auch von dieser stammt,[44]
– der Abkömmling sich eines Verbrechens oder eines schweren vorsätzlichen Vergehens[45] gegenüber dem Erblasser oder seiner Ehefrau schuldig gemacht hat – in diesem Fall auch dann, wenn der Pflichtteilsberechtigte nicht vom Ehegatten abstammt,[46]
– der Abkömmling seine gesetzliche Unterhaltspflicht gegenüber dem Erblasser böswillig verletzt hat,
– der Abkömmling entgegen dem Willen des Erblassers einen unsittlichen und ehrlosen Lebenswandel führt.[47]

Für die Entziehung des Pflichtteils eines Elternteils verweist § 2334 BGB a.F. auf § 2333 Nr. 1, 3 und 4 BGB a.F.

c) Entziehung des Pflichtteils des Ehegatten für Erbfälle bis einschließlich 31.12.2009

44 Der Pflichtteil des Ehegatten kann unter den in § 2335 BGB a.F. genannten Voraussetzungen entzogen werden. Sie liegen vor, wenn der Ehegatte
– dem Erblasser oder einem Abkömmling nach dem Leben trachtet,
– ihn vorsätzlich körperlich misshandelt,
– ein Verbrechen oder ein schweres vorsätzliches Vergehen an ihm begeht,
– oder die gesetzliche Unterhaltspflicht böswillig verletzt.

45 Eine schuldhafte Eheverfehlung kann hingegen seit der Einführung des Zerrüttungsprinzips im Scheidungsrecht nicht mehr zur Entziehung des Pflichtteils führen. Hat der Ehegatte

---

40 Vgl. OLG Hamm FamRZ 2008, 94.
41 *Kipp/Coing*, S. 103.
42 BGH NJW 1985, 1554.
43 Palandt/*Edenhofer*, § 2333 BGB Rn 1.
44 Es genügt hier nicht, wenn die Tochter die Schwiegermutter misshandelt.
45 BGH LM § 2333 Nr. 1; entscheidend ist bei dieser Fallgruppe nicht, dass eine Strafanzeige gestellt wurde, allerdings ist im Zivilprozess der Vorsatz positiv festzustellen BGH NJW 1968, 944; NJW 1974, 1084 BGB.
46 *Kipp/Coing*, S. 102.
47 Zu beachten ist bei dieser problematischen Fallgruppe, dass hier ein schutzwürdiges Interesse des Erblassers, wie beispielsweise die Familienehre, verletzt sein muss; BGHZ 76, 109; BGH NJW-RR 1990, 130; z.B. wird dies bejaht bei Prostitution, gewerbsmäßigem Glücksspiel und unverbesserlicher Rauschgiftsucht, NJW 1983, 1067; sie wird verneint bei Trunksucht, Homosexualität und außerehelichem Zusammenleben entgegen dem Willen des Erblassers, FamRZ 1988, 106.

sein Pflichtteilsrecht bereits aufgrund rechtsgültiger Scheidung verloren, so kann wegen des Unterhaltsanspruchs nach §§ 1933 S. 3, 1586b BGB, der auf den fiktiven Pflichtteil begrenzt ist, eine Entziehung dennoch sinnvoll sein.[48]

d) Entziehung des Pflichtteils eines Abkömmlings gem. § 2333 BGB n.F.

> *§ 2333 BGB n.F. Entziehung des Pflichtteils*
> *(1) Der Erblasser kann einem Abkömmling den Pflichtteil entziehen, wenn der Abkömmling*
>   1. *dem Erblasser, dem Ehegatten des Erblassers, einem anderen Abkömmling oder einer dem Erblasser ähnlich nahestehenden Person nach dem Leben trachtet,*
>   2. *sich eines Verbrechens oder eines schweren vorsätzlichen Vergehens gegen eine der in Nr. 1 bezeichneten Personen schuldig macht,*
>   3. *die ihm dem Erblasser gegenüber gesetzlich obliegende Unterhaltspflicht böswillig verletzt oder*
>   4. *wegen einer vorsätzlichen Straftat zu einer Freiheitsstrafe von mindestens 1 Jahr ohne Bewährung rechtskräftig verurteilt und die Teilhabe des Abkömmlings am Nachlass deshalb für den Erblasser unzumutbar ist. Gleiches gilt, wenn die Unterbringung des Abkömmlings in einem psychiatrischen Krankenhaus oder in einer Entziehungsanstalt wegen einer ähnlich schwerwiegenden vorsätzlichen Tat rechtskräftig angeordnet wird.*
>
> *(2) Abs. 1 gilt entsprechend für die Entziehung des Eltern- oder Ehegattenpflichtteils.*

Seit dem 1.1.2010 gelten für alle Pflichtteilsberechtigten einheitliche Regelungen wegen der Pflichtteilsentziehungsgründe. Wesentliches Merkmal ist dabei, dass eine Pflichtteilsentziehung möglich ist bei einem schweren Fehlverhalten gegenüber dem Erblasser oder ihm nahestehenden Personen sowie bei allgemeinem schwerem sozialwidrigem Verhalten. Der Entziehungsgrund des „ehrlosen und unsittlichen Lebenswandels" wurde ersetzt durch die Entziehung bei einer rechtskräftigen Verurteilung zu einer Freiheitsstrafe von mehr als 1 Jahr ohne Bewährung; bei Straftaten, die im Zustand der Schuldunfähigkeit begangen wurden, gilt dasselbe.

> **Hinweis**
> Für Erbfälle bis einschließlich 31.12.2009 gilt das alte Recht noch fort, der § 2333 BGB n.F. gilt dann für alle Erbfälle ab in Krafttreten der Erbrechtsreform am 1.1.2010.

e) Muster: Entziehung des Pflichtteils eines Abkömmlings durch Verfügung von Todes wegen gem. § 2333 BGB

Ich, _____ , entziehe hiermit meinem Sohn _____ seinen Pflichtteil, weil er mich am _____ um _____ Uhr in _____ vorsätzlich körperlich misshandelt hat, indem er mir einen heftigen Faustschlag ins Gesicht versetzte, so dass ich mehrere Wochen lang starke Schmerzen und ein ausgedehntes Hämatom hatte. Der Vorfall wiederholte sich am _____ erneut. Ich wurde abermals von meinem Sohn angegriffen und schwer körperlich misshandelt. Durch einen weiteren Faustschlag ins Gesicht brach er mir das Nasenbein. Diese Misshandlungen habe ich ihm nie verziehen.

Zum Beweis: Ärztliche Bescheinigung von _____ beigefügt. Des Weiteren entbinde ich den mich behandelnden Arzt _____ von seiner ärztlichen Schweigepflicht.

Als weitere Zeugen des oben geschilderten Vorgangs sind zu nennen:
a) Meine Ehefrau _____ , wohnhaft _____ ,

---

48 Soergel/*Dieckmann*, § 2335 BGB Rn 3.

b) Meine Tochter _____, wohnhaft _____,
c) Mein Schwiegersohn _____, wohnhaft _____,
d) Unsere Nachbarn _____, wohnhaft _____.

(Ort/Datum/Unterschrift)

### 4. Pflichtteilsbeschränkung in guter Absicht

#### a) Rechtliche Grundlagen

**50** Gemäß § 2338 BGB hat der Erblasser die Möglichkeit, den Pflichtteil eines Abkömmlings, auch eines nichtehelichen oder adoptierten Kindes, in guter Absicht zu beschränken. § 2338 BGB findet keine Anwendung gegenüber dem Ehegatten und den Eltern des Erblassers. Die Beschränkung in guter Absicht ist möglich, wenn der spätere Erwerb der Erbschaft durch Verschwendungssucht oder durch erhebliche Verschuldung des erbenden Abkömmlings gefährdet ist. Ziel der Pflichtteilsbeschränkung in guter Absicht ist es einerseits, die Erbschaft vor dem Zugriff der Gläubiger zu schützen und andererseits, den pflichtteilsberechtigten Erben daran zu hindern, seine Erbschaft zu verschwenden. Hierfür stellt das Gesetz in § 2338 BGB zwei Möglichkeiten zur Verfügung, die aber auch nebeneinander angewendet werden können.

**51** Nach § 2338 S. 1 BGB kann der Erblasser dem Erben seinen Erb- oder Pflichtteil nur als **Vorerben** bzw. Vorvermächtnisnehmer zukommen lassen und die gesetzlichen Erben des Pflichtteilsberechtigten zu dessen **Nacherben** bzw. Nachvermächtnisnehmern bestimmen. Dies hat zur Folge, dass durch die Vorerbschaft nicht nur der Pflicht- bzw. Erbteil der Pfändung entzogen ist, sondern gem. § 863 ZPO auch die Nutzungen, soweit diese für den standesgemäßen Unterhalt des Pflichtteilsberechtigten und der ganzen Familie erforderlich sind. Gleiches gilt für die nach § 2338 Abs. 1 S. 2 BGB bestehende Möglichkeit, eine **Dauertestamentsvollstreckung** anzuordnen.

**52** Die Pflichtteilsbeschränkung in guter Absicht muss in der Form einer letztwilligen Verfügung erfolgen. Liegen die Voraussetzungen des § 2338 BGB vor, dann greift die Pflichtteilsbeschränkung auch in Bezug auf den Pflichtteilsrestanspruch nach § 2305 BGB oder den Pflichtteil nach §§ 2315, 2316 BGB. Die Wirkung des § 2338 BGB tritt auch dann ein, wenn der Erbe nach § 2306 BGB ausschlägt und seinen Pflichtteil verlangen will, da der ihm zustehende Pflichtteil den Beschränkungen des § 2338 BGB unterliegt. Der Pflichtteil kann bei wirksamer Beschränkung nicht geltend gemacht werden. Die Vorschrift ist insoweit lex specialis zu § 2306 BGB, was letztlich auch dazu führt, dass entgegen § 2306 Abs. 1 S. 1 BGB die **Beschränkung** nach § 2338 BGB bestehen bleibt, wenn der dem Abkömmling hinterlassene Erbteil gleich oder geringer als der Pflichtteil ist.

#### b) Muster: Pflichtteilsbeschränkung in guter Absicht

**53** Ich bestimme meine beiden Kinder _____, geb. am _____ in _____, und _____, geb. am _____ in _____, zu meinen Erben zu jeweils gleichen Teilen. Meine Tochter _____, geb. am _____ in _____, erhält ihren Erbteil jedoch nur als Vorerbin. Ein Ersatzvorerbe wird entgegen jeder anders lautenden gesetzlichen oder richterlichen Auslegungs- und Vermutungsregel nicht benannt, es gilt die Vorschrift des § 2102 Abs. 1 BGB.

Zu Nacherben bestimme ich die Abkömmlinge meiner Tochter, ersatzweise deren Abkömmlinge. Die Nacherbenanwartschaft ist weder vererblich noch übertragbar. Der Nacherbfall tritt mit dem Tod des Vorerben ein.

Sollte meine Tochter _____ die Erbschaft ausschlagen und ihren Pflichtteil verlangen, so soll dieser ebenfalls den gleichen Beschränkungen unterliegen. Ich habe die genannten Beschränkungen angeordnet, weil der spätere Erwerb durch eine erhebliche Überschuldung meiner Tochter ███████ gefährdet ist. Derzeit wird eine Zwangsversteigerung vor dem ███████ in das Haus meiner Tochter aufgrund erheblicher Bankschulden etc. betrieben (Az. ███████). Im Übrigen hat meine Tochter bei den Gläubigern ███████ weitere Verbindlichkeiten in Höhe von mindestens ███████ EUR.

Darüber hinaus ordne ich für die Zeit der Vorerbschaft Verwaltungstestamentsvollstreckung an. Der Testamentsvollstrecker hat die Aufgabe, den jährlichen Reinertrag des Erbteils an meine Tochter auszubezahlen. Die Testamentsvollstreckung soll auch dann bestehen bleiben, wenn die Gründe für die Pflichtteilsentziehung zum Zeitpunkt des Erbfalls nicht mehr vorliegen und unsere Tochter dies auch bewiesen hat. Zum Testamentsvollstrecker bestimme ich ███████, ersatzweise für den Fall, dass der Testamentsvollstrecker vor oder nach dem Amtsantritt entfällt ohne einen eigenen Nachfolger zu bestimmen, soll das Nachlassgericht einen geeigneten Testamentsvollstrecker bestimmen.

(Ort/Datum/Unterschrift)

### 5. Erb- und Pflichtteilsverzicht nach § 2346 BGB

Gemäß § 2346 BGB können die Verwandten und der Ehegatte auf das gesetzliche Erbrecht verzichten. Ein Erbverzicht umfasst dem Wortlaut des Gesetzes nach auch einen Pflichtteilsverzicht. Es wird in der Regel angenommen, dass der Verzichtende auch auf sein Pflichtteilsrecht verzichten will (§ 2346 Abs. 1 S. 2 Hs. 2 BGB). Dennoch ist es nach herrschender Ansicht möglich, dass der Verzichtende sich entgegen dem Wortlaut des § 2346 BGB sein Pflichtteilsrecht vorbehält.[49]

54

### 6. Verlust des Pflichtteils durch Ausschlagung

Schlägt der Erbe die Erbschaft aus, so gilt gem. § 1953 Abs. 1 BGB der Anfall der Erbschaft an den Erben als nicht erfolgt. Die Erbschaft fällt dann gem. § 1953 Abs. 2 BGB demjenigen zu, der erben würde, wenn der Ausschlagende den Erbfall nicht erlebt hätte. Durch die Ausschlagung verliert der Erbe gegebenenfalls auch seinen Pflichtteilsanspruch. Nur in Ausnahmefällen, wie die der Ausschlagungsmöglichkeit nach §§ 2306 Abs. 1 S. 2, 2307 BGB bei testamentarischer Erbeinsetzung oder bei § 1371 Abs. 3 BGB bleibt trotz Ausschlagung das Recht auf den Pflichtteil erhalten.

55

### 7. Die Ausschlagung als taktische Maßnahme

#### a) Allgemeines

Eine Ausnahme von dem Grundsatz, dass der pflichtteilsberechtigte Erbe seinen vollen Pflichtteilsanspruch verliert, wenn er die Erbschaft ausschlägt, bildet die Möglichkeit der so genannten **taktischen** Ausschlagung. Hierbei sind drei verschiedene Möglichkeiten zu unterscheiden, nämlich die Ausschlagung des Erbes nach § 2306 Abs. 1 BGB n.F. bzw. die nach § 2306 Abs. 1 S. 2 BGB a.F., die Ausschlagung des Vermächtnisses nach § 2307 BGB und letztlich die Ausschlagung der Zuwendung (Erbe oder Vermächtnis) an den Ehegatten nach § 1371 Abs. 3 BGB.

56

---

49 Palandt/*Edenhofer*, § 2346 BGB Rn 9.

### b) „Taktische" Ausschlagung des Erben nach § 2306 Abs. 1 S. 2 BGB a.F. bei Erbfällen bis zum 31.12.2009

#### aa) Allgemeines

57 Der pflichtteilsberechtigte Erbe hat nach § 2306 Abs. 1 S. 2 BGB a.F. die Möglichkeit, die Erbschaft auszuschlagen und seinen Pflichtteil zu verlangen, wenn ihm **mehr als die Hälfte** des gesetzlichen Erbteils zugewandt wurde und der Erbteil mit Beschränkungen oder Beschwerungen belastet ist. Das bedeutet, dass der Erbe mehr erhalten haben muss als seinen Pflichtteil. Hat er dagegen weniger als seinen Pflichtteil erhalten, so gilt § 2306 Abs. 1 S. 1 BGB a.F. Danach gelten Beschränkungen und Beschwerungen als nicht angeordnet, wenn der hinterlassene Erbteil die Hälfte des gesetzlichen Erbteils nicht übersteigt. Ist dem Erben also weniger als sein Pflichtteil zugewandt worden, dann hat er die in § 2306 Abs. 1 S. 1 BGB a.F. aufgezählten **Beschränkungen** und **Beschwerungen** nicht zu erfüllen.

58 Der Erbteil kann eingeschränkt sein durch Beschwerungen, nämlich durch ein Vermächtnis oder durch eine Auflage. Die Beschränkungen können in der Anordnung eines Nacherben, der Ernennung eines Testamentsvollstreckers oder einer Teilungsanordnung bestehen. Die Einsetzung des Pflichtteilsberechtigten als Nacherbe steht einer Beschränkung der Erbeinsetzung gleich (§ 2306 Abs. 2 BGB). Die Aufzählung in § 2306 Abs. 1 BGB ist abschließend, eine Ausdehnung auf andere Tatbestände ist abzulehnen. An dieser Stelle sei darauf hingewiesen, dass § 2306 BGB auch keine Anwendung auf lebzeitige Belastungen findet. Hat der Erblasser seiner Ehefrau bereits zu Lebzeiten ein Nießbrauchsrecht an seinem Grundstück eingeräumt, so geht dieses mit dem Grundstück auf die Erben über, ohne dass eine Anwendung des § 2306 BGB in Betracht käme. Entfällt eine Beschränkung oder Beschwerung bereits nach § 2306 Abs. 1 S. 1 BGB, dann kann der pflichtteilsberechtigte Erbe die Erbschaft nicht mehr ausschlagen, um seinen vollen Pflichtteil geltend zu machen. Insoweit ist er auch nicht mehr schutzbedürftig. Er hat dann nämlich noch die Möglichkeit, seinen Restpflichtteil, die Differenz zwischen dem erlangten Erbteil und seinem eigentlichen Pflichtteil, nach § 2305 BGB zu fordern. Schlägt der Pflichtteilsberechtigte ein ihn belastendes Vermächtnis nicht aus, so muss er dieses auch auf Kosten seines Pflichtteils dulden.[50]

#### bb) Feststellung der Höhe des hinterlassenen Erbteils

59 Im Rahmen des § 2306 BGB a.F. stellt sich das Problem, wie die Höhe des hinterlassenen Erbteils zu bemessen ist. Es gilt hier die so genannte **Quotentheorie**. Maßgebend für die Feststellung der Höhe des Erbteiles ist grundsätzlich allein die Quote des hinterlassenen Erbteils, ohne Berücksichtigung der Beschränkungen und Beschwerungen.[51] Dies bedeutet, dass Vermächtnisse und Auflagen nicht in Abzug zu bringen sind. Auch auf den konkreten Wert der Zuwendung kommt es grundsätzlich nicht an.[52] Es ist somit die konkrete Quote zu bestimmen.

60 Ist diese höher als die Hälfte der gesetzlichen Erbquote (Pflichtteilsquote), so greift die Ausschlagungsmöglichkeit des § 2306 Abs. 1 S. 2 BGB a.F. ein. Ist der Erbe auf eine konkrete Erbquote eingesetzt, die geringer als die Hälfte der gesetzlichen Erbquote ist, so gilt § 2306 Abs. 1 S. 1 BGB a.F., mit der Folge, dass die Beschränkungen und Beschwerungen gegenüber dem Pflichtteilsberechtigten als nicht angeordnet anzusehen sind. Ist in einer

---

50 OLG Celle ZEV 2003, 365.
51 BGH NJW 1983, 2378 ff.; BGH LM § 2306 BGB Nr. 4; BGHZ 19, 309 ff.
52 Soergel/*Dieckmann*, § 2306 BGB Rn 2.

Verfügung von Todes wegen keine quotale Verteilung⁵³ vorgenommen worden, so ist zunächst in einer Vorüberlegung nach den allgemeinen Regeln der Testamentsauslegung zu bestimmen, ob eine Erbeinsetzung gewollt war und in welcher Höhe. Danach ist dann zu prüfen, ob eine Ausschlagungsmöglichkeit nach § 2306 Abs. 1 S. 2 BGB a.F. besteht.

cc) Sonderfälle (Werttheorie)

Die Quotentheorie versagt aber dann, wenn zur Berechnung des Pflichtteils Werte heranzuziehen sind, die nicht effektiv im Nachlass enthalten sind. Dies ist bei Anwendung der Anrechnungsvorschriften gem. § 2315 BGB oder bei Anwendung der Ausgleichsvorschriften gem. § 2316 BGB der Fall. Denn hat der pflichtteilsberechtigte Erbe bereits einen ausgleichspflichtigen **Vorempfang** erhalten, dann ist sein **Pflichtteil** in Wirklichkeit nicht mehr die Hälfte der gesetzlichen Erbquote, sondern nur die Hälfte des durch Ausgleichung ermittelten Erbteils (§§ 2050 ff., 2316 BGB). In diesen Fällen, in denen die Erb- und Pflichtteilsquote durch die für Vorempfänge geltende Rechenoperation verändert wird, ist der **tatsächliche Wert** des Pflichtteils, also der Wert nach vollzogener Rechenoperation, nicht aber die Hälfte des gesetzlichen Erbteils (Quote), mit dem Wert des hinterlassenen Erbteils, der sich aus der Quote ergibt, zu vergleichen. Diesem, vom RG⁵⁴ so entschiedenen Vorgehen, hat sich auch die h.M. im Schrifttum angeschlossen.⁵⁵

c) „Taktische" Ausschlagung des Erben nach § 2306 Abs. 1 BGB n.F. bei Erbfällen ab dem 1.1.2010

Die neue Fassung des § 2306 Abs. 1 BGB lautet:

*(1) Ist ein als Erbe berufener Pflichtteilsberechtigter durch die Einsetzung eines Nacherben, die Ernennung eines Testamentsvollstreckers oder eine Teilungsanordnung beschränkt oder ist er mit einem Vermächtnis oder einer Auflage beschwert, so kann er den Pflichtteil verlangen, wenn er den Erbteil ausschlägt; die Ausschlagungsfrist beginnt erst, wenn der Pflichtteilsberechtigte von der Beschränkung oder der Beschwerung Kenntnis erlangt.*

Die bisherige Unterscheidung, ob das Hinterlassene die Hälfte des gesetzlichen Erbteils übersteigt oder nicht, entfällt. Der Erbe muss in jedem Fall die Erbschaft ausschlagen, damit er seinen Pflichtteilsanspruch erlangt. Dabei steht dem belasteten pflichtteilsberechtigten Erben immer ein Wahlrecht zu, unabhängig davon, ob das ihm Hinterlassene kleiner, gleich groß oder größer als sein Pflichtteil ist: Er kann die Erbschaft mit allen Belastungen annehmen und muss diese auch unter Verletzung seines Pflichtteilsanspruchs erfüllen oder er kann die Erbschaft ausschlagen und den Pflichtteil verlangen. Quoten- und Werttheorie sind daher ohne praktische Relevanz.

**Hinweis**
Ist der Erbteil kleiner als die Pflichtteilsquote, kann der Pflichtteilsberechtigte nach § 2305 BGB den Zusatzpflichtteil verlangen.

d) Ausschlagungsrecht des Vermächtnisnehmers

Das Ausschlagungsrecht des Vermächtnisnehmers ist in § 2307 BGB geregelt. § 2307 Abs. 1 S. 1 BGB bestimmt das allgemeine Ausschlagungsrecht des Vermächtnisnehmers und darüber hinaus in § 2307 Abs. 1 S. 2 Hs. 1 BGB die Anrechnungspflicht des nicht ausschlagenden

---

53 RG LZ 1932, 1050; MüKo-*Frank*, § 2306 BGB Rn 2.
54 RGZ 93, 3 ff.
55 *Kipp/Coing*, § 10 I 3; *Lange/Kuchinke*, § 39 Fn 6; a.A. OLG Stuttgart NJW 1959, 1735.

Vermächtnisnehmers im Hinblick auf den Restpflichtteil. § 2307 BGB findet auch auf das Untervermächtnis und auf befristete und bedingte Vermächtnisse (z.B. Vor- und Nachvermächtnis) Anwendung. Erhält der Pflichtteilsberechtigte neben dem Vermächtnis noch einen Erbteil, so schließt das die Anwendung des § 2307 BGB nicht aus.[56] Nach § 2307 Abs. 1 S. 1 BGB hat der mit einem Vermächtnis bedachte Pflichtteilsberechtigte nur dann den Anspruch auf den **vollen** Pflichtteil, wenn er das Vermächtnis ausschlägt.[57] Nimmt er das Vermächtnis an und ist dies geringer als der Pflichtteil, so kann er lediglich den Restpflichtteil verlangen (§ 2307 Abs. 1 S. 2 Hs. 1 BGB). Ist das Vermächtnis größer, so entfällt der Pflichtteil ganz.

66 Gemäß § 2307 Abs. 1 S. 2 Hs. 2 BGB sind Beschränkungen und Beschwerungen (z.B. ein Untervermächtnis) nicht in Ansatz zu bringen. Die Vorschrift stellt klar, dass der Vermächtnisnehmer die Beschränkung oder Beschwerung erfüllen muss, wenn er das Vermächtnis angenommen hat. Eine dem § 2306 Abs. 1 S. 2 BGB entsprechende Regelung sieht § 2307 BGB gerade nicht vor. Das bedeutet, dass die Beschwerung auch dann nicht wegfällt, wenn das dem Pflichtteilsberechtigten zugewandte Vermächtnis geringer als die Hälfte des gesetzlichen Erbteils ist.[58] Auf diesen, im Verhältnis zu § 2306 BGB wesentlichen Unterschied ist bei der Prüfung, ob der Pflichtteilsberechtigte das ihm zugewandte Vermächtnis ausschlagen soll, unbedingt zu achten.

e) „Taktische" Ausschlagung des Ehegatten nach § 1371 Abs. 3 BGB

aa) Allgemeines

67 Im Unterschied zur Ausschlagung wegen unzureichender Zuwendung kommt es bei der „taktischen" Ausschlagungsmöglichkeit des Ehegatten nach § 1371 Abs. 3 BGB zum einen nicht auf die Höhe des erlangten Erbteils an, und zum anderen greift die Ausschlagungsmöglichkeit nicht nur bei einer Erbeinsetzung durch Verfügung von Todes wegen, sondern auch dann, wenn es bei der gesetzlichen Erbfolge verbleibt. Hierin liegt ein wesentlicher Unterschied zu den vorgenannten Ausschlagungsmöglichkeiten. Hat der Ehegatte sowohl ein Vermächtnis, als auch einen Erbteil erhalten, so muss er allerdings beides ausschlagen.[59] Die „taktische" Ausschlagung steht dem Ehegatten somit unabhängig von der Höhe und der Art des erlangten Erbteils zu. Er hat, wenn er im gesetzlichen Güterstand der Zugewinngemeinschaft gelebt hat, in Bezug auf sein Pflichtteilsrecht folgende Wahlmöglichkeiten.

bb) Wahlmöglichkeiten des überlebenden Ehegatten

68 Wird der überlebende Ehegatte **gesetzlicher Miterbe**, dann kann er es hierbei belassen und eine konkrete Geltendmachung des ehegüterrechtlichen Zugewinnausgleiches scheidet aus (§ 1371 Abs. 1 BGB). Er hat aber auch die Möglichkeit, die Erbschaft auszuschlagen und den Pflichtteil nach §§ 1931, 2303 Abs. 2 BGB sowie den konkreten Zugewinnausgleich zu verlangen (§ 1371 Abs. 3 BGB = sog. **kleiner Pflichtteil**). Der Pflichtteil des Ehegatten berechnet sich in diesem Fall nach dem nicht erhöhten Erbteil des Ehegatten gem. § 1371 Abs. 2 Hs. 2 BGB. Des Weiteren ist zu berücksichtigen, dass der Zugewinnausgleich eine

---

56 Über die einzelnen Folgen bei Erb- und Vermächtniseinsetzung siehe die übersichtliche Darstellung bei Staudinger/*Ferid/Cieslar*, § 2307 BGB Rn 4 ff.
57 BGHZ 80, 263, 265.
58 Staudinger/*Haas*, § 2307 BGB Rn 2.
59 Palandt/*Brudermüller*, § 1371 BGB Rn 18.

Nachlassverbindlichkeit darstellt und sich die Pflichtteile nur vom Restwert des Nachlasses errechnen.⁶⁰

Wird der überlebende Ehegatte aufgrund **Verfügung von Todes wegen** Erbe, so ergeben sich folgende Möglichkeiten: 69
- Hat der überlebende Ehegatte durch Testament einen Erbteil oder ein Vermächtnis erhalten, welches kleiner ist als die Hälfte seines nach § 1371 Abs. 1 BGB erhöhten gesetzlichen Erbteils **(großer Pflichtteil)**, dann kann er gem. §§ 2305 Abs. 1, 2307 Abs. 1 BGB einen Zusatzpflichtteil auf die Hälfte des erhöhten gesetzlichen Erbteils verlangen. Er kann aber auch, wie oben bereits erwähnt, die Erbschaft ausschlagen und den konkreten Zugewinn in Verbindung mit dem **kleinen** Pflichtteil geltend machen.
- Ist der überlebende Ehegatte hingegen **enterbt** worden, so bleibt ihm nur die Möglichkeit, den konkreten Zugewinnausgleich und den **kleinen** Pflichtteil geltend zu machen. Er kann nicht den großen Pflichtteil verlangen,⁶¹ indem er den Pflichtteil aus dem nach §§ 1931, 1371 BGB erhöhten Erbteil berechnet. 70

f) Ausschlagungsfrist

aa) Ausschlagungsfrist des Erben

Grundsätzlich beträgt die Ausschlagungsfrist gem. § 1944 Abs. 1 BGB sechs Wochen und beginnt ab Kenntnis der Berufung zum Erben. Erfolgt diese aufgrund Verfügung von Todes wegen, so beginnt die Frist nicht vor Verkündung der Verfügung von Todes wegen zu laufen (§ 1944 Abs. 2 BGB). Für die Ausübung des Wahlrechts nach § 2306 Abs. 1 S. 2 BGB beginnt die Frist erst ab Kenntnis des Pflichtteilsberechtigten von den Beschränkungen und Beschwerungen.⁶² Bei Anwendung der Werttheorie kann die Frist somit erst mit dem Zeitpunkt zu laufen beginnen, in dem der Pflichtteilsberechtigte die Wertverhältnisse überblicken kann. 71

Ein in diesem Zusammenhang auftretendes Problem ist die Frage der Ausschlagung durch die Schlusserben, wenn die Ehegatten ein gegenseitiges Testament errichtet haben. Liegt ein gegenseitiges Testament in Form der **Einheitslösung** vor, so bedarf es einer Ausschlagung nicht, der pflichtteilsberechtigte Schlusserbe kann seinen Pflichtteil gleich geltend machen, da er für den ersten Sterbefall enterbt ist. 72

Liegt dagegen ein Ehegattentestament in der Form der **Trennungslösung** (Vor- und Nacherbschaft) vor, so muss der Nacherbe alsbald die Nacherbschaft ausschlagen, um seinen Pflichtteil geltend machen zu können, denn er ist, wenn auch nur als Nacherbe, Erbe geworden. 73

Für die Praxis stellt sich das Problem, dass bei einem von den Ehegatten selbst verfassten Testament nicht immer eindeutig geklärt ist, ob eine Vor- und Nacherbschaft oder eine Vollerbeneinsetzung des überlebenden Ehegatten gewollt ist. Bei einem „zweifelhaften" Ehegattentestament ist daher daran zu denken, vorsorglich die Ausschlagung zu erklären, zumindest wenn feststeht, dass der Pflichtteil geltend gemacht werden soll.⁶³ Die Ausschlagung sollte dann für den Fall erklärt werden, dass sich herausstellt, dass seitens des Erblassers eine Vor- und Nacherbschaft gewollt war. Es handelt sich in einem solchen Fall nicht um eine ausschlagungsfeindliche **Bedingung** i.S.v. § 1947 BGB. Denn die Tatsache bzw. der 74

---

60 BGH NJW 1962, 1719.
61 BGH NJW 1964, 2404; 1982, 2497.
62 Palandt/*Edenhofer*, § 2306 BGB Rn 13.
63 OLG Düsseldorf ZEV 1996, 310.

Wille des Erblassers, dass eine Vor- und Nacherbschaft vorliegt, steht zum Zeitpunkt der Ausschlagung bereits fest. Insoweit handelt es sich nicht um eine echte rechtsgeschäftliche Bedingung, sondern um eine so genannte unschädliche Gegenwartsbedingung.[64]

#### bb) Ausschlagungsfrist des Vermächtnisnehmers

75 Für das Ausschlagungsrecht des Vermächtnisnehmers nach § 2307 BGB besteht grundsätzlich keine Frist (§ 2180 BGB). Der Erbe, der mit dem Vermächtnis belastet ist, hat jedoch die Möglichkeit, dem Vermächtnisnehmer eine Frist zu setzen, innerhalb derer der Vermächtnisnehmer sich entscheiden muss, ob er das Vermächtnis annimmt. Es handelt sich hierbei um eine **Annahmefrist**, so dass gem. § 2307 Abs. 2 S. 2 BGB das Vermächtnis als ausgeschlagen gilt, wenn es nicht innerhalb der Frist angenommen wurde. Hierbei ist zu beachten, dass mehrere Erben die Frist nur gemeinsam setzen können.[65]

76 Für den Anwalt, der den Erben vertritt, stellt sich die Frage, ob der oder die Vermächtnisnehmer nicht alsbald zur Annahme des Vermächtnisses aufzufordern sind. Dies sollte schon deshalb geschehen, um klare Verhältnisse zu schaffen, zumal die eigene Frist für die Annahme der Erbschaft grundsätzlich nur sechs Wochen beträgt.

#### cc) Muster: Ausschlagung des Vermächtnisnehmers nach § 2307 BGB

An

77 den/die Erben

Der Erblasser _____, verstorben am _____, hat ein Testament hinterlassen, in dem mir vermächtnishalber _____ zugewendet wurde. Ich schlage hiermit das Vermächtnis aus, um meinen Pflichtteil geltend zu machen.

(Unterschrift)

### g) Formbedürftigkeit der Ausschlagung der Erbschaft; Muster

78 In der Praxis wird oftmals übersehen, dass die Ausschlagung des Erbteils formbedürftig ist. Hierbei ist darauf zu achten, dass die Ausschlagung des Erben nach § 2306 Abs. 1 BGB durch öffentlich **beglaubigte Form** zu erfolgen hat (Nachlassgericht oder Notar) und dem Nachlassgericht zur Wahrung der Ausschlagungsfrist auch innerhalb von sechs Wochen ab Fristbeginn zugehen muss.

---

64 MüKo-*Leipold*, § 1947 Rn 5; *Kerscher/Riedel/Lenz*, § 6 Rn 65; a.A. Soergel/*Dieckmann*, § 2305 BGB Rn 3 mit der Begründung, dass damit gegen den Zweck des § 1947 BGB verstoßen wird. Dem schließt sich *J. Mayer* (*Mayer/Süß/Tanck/Bittler/Wälzholz*, § 11 Rn 170) mit ähnlicher Begründung an, dass damit gegen den Zweck des § 1947 BGB, den Schwebezustand im Interesse der Rechtssicherheit möglichst kurz zu halten sei, verstoßen wird. Beide Ansichten übersehen scheinbar, dass der Schwebezustand nicht durch die Ausschlagungserklärung („bedingte") an sich, sondern durch eine auslegungsbedürftige Verfügung aufrechterhalten wird. Die mit einer Gegenwartsbedingung verknüpfte Ausschlagungserklärung trägt dagegen nicht dazu bei, den Schwebezustand aufrecht zu erhalten. Denn ist die Auslegung geklärt, dann steht auch die Annahme bzw. Ausschlagung der Erbschaft fest und der Schwebezustand ist in diesem Moment beendet.
65 OLG München FamRZ 1987, 752.

**Muster: Ausschlagung der Erbschaft des Nacherben bei zweifelhaftem „Berliner Testament"**

An das

Amtsgericht
– Nachlassgericht – (Baden-Württemberg: Staatl. Notariat)

*Nachlass des am ▮▮▮ in ▮▮▮ verstorbenen Erblassers ▮▮▮*

Der Erblasser ▮▮▮ ist am ▮▮▮ in ▮▮▮ verstorben. Er hinterließ ein eigenhändiges Testament, in dem zweifelhaft ist, ob ich als Nacherbe oder Schlusserbe eingesetzt bin. Für den Fall, dass das Testament so ausgelegt wird, dass ich Nacherbe bin, schlage ich meine Nacherbeneinsetzung hiermit aus, um meinen Pflichtteil verlangen zu können.

(Unterschrift)

*(Notarielle Unterschriftsbeglaubigung)*

### h) Anfechtung der Ausschlagung

Der Pflichtteilsberechtigte kann die Ausschlagung der Erbschaft nach § 2306 Abs. 1 S. 2 BGB gem. §§ 119, 120, 123 BGB anfechten. Die Anfechtungsfrist beträgt sechs Wochen (§ 1954 BGB). Eine Anfechtung wegen Motivirrtums ist jedoch nicht möglich. Dafür steht dem Pflichtteilsberechtigten gem. § 2308 BGB ein weiterer Anfechtungsgrund zu, wenn die Beschränkungen und Beschwerungen zwischen Erbfall und Ausschlagung weggefallen sind und der Pflichtteilsberechtigte hiervon keine Kenntnis hatte.

### i) Anfechtung der Annahme der Erbschaft

Unterliegt der Pflichtberechtigte dem Irrtum, er müsse ein beschwerte Erbschaft annehmen, weil er ansonsten seinen Pflichtteilsanspruch verlieren würde, so stellt dies einen beachtlichen Rechtsirrtum dar nach § 119 Abs. 1 BGB.[66] Die Annahme der Erbschaft kann dann angefochten werden.

## 8. Verlust des Pflichtteilsanspruchs durch Verjährung

### a) Verjährung bei Erbfällen vor dem 1.1.2010

#### aa) Allgemeines und gesetzliche Regelung

Der ordentliche Pflichtteilsanspruch verjährt grundsätzlich in drei Jahren (§ 2332 Abs. 1 BGB a.F.). Diese dreijährige Verjährungsfrist gilt auch für den Pflichtteilsrestanspruch gemäß den §§ 2305, 2307 Abs. 1 S. 2 BGB, den Ausgleichsanspruch nach § 2316 BGB und den Pflichtteilsergänzungsanspruch nach §§ 2325, 2329 BGB. Die relativ kurze Verjährungsfrist dient dazu, eine rasche Klärung und eine schnelle, endgültige Abwicklung des Nachlasses herbeizuführen. Spätestens verjähren Pflichtteils- und Pflichtteilsergänzungsansprüche in dreißig Jahren nach § 197 Abs. 1 Nr. 2 BGB.

Der Beginn der dreijährigen Verjährungsfrist setzt einerseits Kenntnis des Erbfalles und andererseits Kenntnis der beeinträchtigenden Verfügung voraus. Es ist demnach eine **doppelte** Kenntnis erforderlich. Eine beeinträchtigende Verfügung kann sowohl eine letztwillige Verfügung von Todes wegen sein, als auch eine Verfügung unter Lebenden (eine unentgeltli-

---

66 BGH ZErb 2006, 378.

che Zuwendung, etwa eine Schenkung). Diese positive doppelte Kenntniserlangung ist notwendig für den Beginn der Verjährungsfrist des Pflichtteilsanspruchs und Pflichtteilsergänzungsanspruchs gegen den Erben,[67] weil erst dann vom Berechtigten erwartet werden kann, dass er zur Durchsetzung seines Rechtes tätig wird.[68]

84 Richtet sich der Pflichtteilsergänzungsanspruch gegen den Beschenkten (§ 2329 BGB), so beginnt die Frist ohne Rücksicht auf die Kenntnis der beeinträchtigenden Verfügung unter Lebenden bereits mit dem Zeitpunkt des Erbfalls (§ 2332 Abs. 2 BGB a.F.).[69] In diesem Fall ist es unerheblich, ob der Beschenkte auch gleichzeitig Erbe ist. Der Beschenkte ist insoweit besser gestellt als der Erbe; er ist ja auch gewissermaßen nur „Ersatzschuldner" des Pflichtteilsergänzungsanspruchs. Der Pflichtteilsanspruch und der Pflichtteilsergänzungsanspruch sind grundsätzlich als zwei eigenständige, voneinander unabhängige Ansprüche – allerdings mit der gleichen Zielrichtung – anzusehen und deshalb auch getrennt zu untersuchen.

### bb) Kenntniserlangung

85 Erforderlich ist generell die Kenntnis des wesentlichen Inhaltes der beeinträchtigenden Verfügung. Auch muss der Berechtigte erkannt haben, dass er aufgrund der Verfügung von der Erbfolge ausgeschlossen ist. Dazu ist keine in Einzelheiten gehende Prüfung der Verfügung und keine fehlerfreie Bestimmung ihrer rechtlichen Natur notwendig.[70] Ebenso wenig muss eine genaue Kenntnis des Standes und des Wertes des Nachlasses vorliegen. Die Kenntnis von der Verfügung kann vielmehr auch auf einer mündlichen Mitteilung beruhen.

Ist der Pflichtteilsberechtigte somit allein durch eine Verfügung von Todes wegen beeinträchtigt, dann stellt diese Verfügung die Beeinträchtigung dar, auf die sich die Kenntnis beziehen muss.

86 Besteht die Benachteiligung des Pflichtteilsberechtigten dagegen nur in der Tatsache, dass der Erblasser zu Lebzeiten einen Vermögensgegenstand verschenkt hat, dann handelt es sich bei der beeinträchtigenden Verfügung gerade um diese Schenkung, auf die sich die Kenntnis i.S.v. § 2332 BGB a.F. beziehen muss. Bei mehreren Schenkungen können je nach Zeitpunkt der Kenntniserlangung unterschiedliche Verjährungsfristen zu laufen beginnen.

87 Schwierig sind solche Fälle, in denen der Berechtigte sowohl einen Anspruch auf den ordentlichen Pflichtteil, als auch auf den Ergänzungspflichtteil hat und er zu unterschiedlichen Zeitpunkten von seiner Berechtigung erfährt. Es stellt sich in solch einem Fall die Frage, welcher Zeitpunkt der Kenntniserlangung als Beginn für die Verjährungsfrist angenommen wird.

88 Erfährt der Berechtigte zunächst von einer beeinträchtigenden letztwilligen Verfügung von Todes wegen, so beginnt der Fristablauf mit dem Zeitpunkt des Erbfalls, also in dem Moment, in dem der Berechtigte vom Tode des Erblassers erfährt. Zu einem späteren Zeitpunkt erlangt er dann auch noch Kenntnis von einer beeinträchtigenden Verfügung unter Lebenden (Schenkung); zu diesem Zeitpunkt beginnt dann die Verjährungsfrist für den Pflichtteilsergänzungsanspruch.

---

67 BGH NJW 1964, 297.
68 BGH LM § 2332 Nr. 1: Fahrlässige Unkenntnis genügt nicht, um die Verjährungsfrist auszulösen, wenn der Pflichtteilsberechtigte zwar die Existenz eines Testamentes, aber nicht den Inhalt kennt, auch dann nicht, wenn er den Inhalt hätte in Erfahrung bringen können.
69 BGH FamRZ 1968,150; BGH JR 1986, 110.
70 BGH NJW 1995, 1157; RGZ 104, 195, 197.

Liegt der umgekehrte Fall vor, dass der Berechtigte erst von der lebzeitigen Verfügung und 89
dann von der letztwilligen Verfügung Kenntnis erlangt, ist der Beginn der Verjährungsfrist
nicht vor Kenntniserlangung der letztwilligen Verfügung anzusetzen.[71] Folglich können die
Verjährungsfristen von Pflichtteils- und Pflichtteilsergänzungsansprüchen zu unterschiedlichen Zeitpunkten zu laufen beginnen. Es ist demnach möglich, dass der Anspruch auf den
ordentlichen Pflichtteil bereits verjährt ist, der Anspruch auf die Pflichtteilsergänzung aber
noch nicht.

Allgemein ist zur Kenntniserlangung noch zu erwähnen, dass der Pflichtteilsschuldner die 90
Beweislast dafür trägt, dass der Pflichtteilsgläubiger Kenntnis von der beeinträchtigenden
Verfügung unter Lebenden oder der von Todes wegen hat. Verjährt der Pflichtteilsergänzungsanspruch nach dem ordentlichen Pflichtteilsanspruch, muss der Erbe die Kenntnis
von der lebzeitigen Zuwendung darlegen und beweisen. Das Gericht kann nicht unterstellen, dass der Pflichtteilsberechtigte bald nach dem Erbfall Kenntnis von der lebzeitigen
Zuwendung erlangt hat.

cc) Verjährung des Auskunftsanspruchs nach § 2314 BGB

Für die Verjährung des Auskunftsanspruchs gilt die dreißigjährige Frist des § 197 BGB. 91
Dabei ist zu beachten, dass der Auskunftsanspruch nach § 2314 BGB nach der Rechtsprechung des BGH als Hilfsanspruch nicht später als der Hauptanspruch verjähren kann.[72]
Sinn und Zweck dieser Rechtsprechung war, dass der Erbe oder der Beschenkte nicht mit
einem Auskunftsanspruch belastet werden soll, obwohl die Durchsetzung des Pflichtteilsanspruchs aufgrund Verjährung nicht mehr möglich wäre. Dem Anspruchsberechtigten sollte
so die Möglichkeit genommen werden, aus reiner Neugierde seinen Anspruch geltend zu
machen.[73]

Diese strikte Begrenzung auf den Zeitpunkt der Verjährung des Hauptanspruchs führt aber 92
in bestimmten Fällen zu Problemen. So kann es beispielsweise sein, dass ein Anspruch
gegen den Erben nach § 2325 BGB verjährt ist, ein solcher gegen den Beschenkten nach
§ 2329 BGB wegen einer möglichen Unterbrechung der Verjährung noch nicht. Auch im
Falle einer Geltendmachung eines Schadensersatzanspruchs gegenüber einem Rechtsanwalt
wegen fehlerhafter Beratung über einen Pflichtteilsanspruch benötigt der Pflichtteilsberechtigte die entsprechenden Auskünfte des Erben, um seine Forderung beziffern zu können.

Dies hat dazu geführt, dass der BGH[74] in seiner Entscheidung vom 3.10.1984 von der
bisherigen Rechtsprechung abgewichen ist und dem Pflichtteilsberechtigten einen Auskunftsanspruch immer dann gewährt, wenn dieser darlegen kann, dass er die geforderten
Informationen benötigt. Ist also der Pflichtteilsanspruch verjährt und stellt der Pflichtteilsberechtigte dennoch das Auskunftsbegehren, dann muss er vortragen, warum er die Auskunft dennoch fordert. Fehlt es an einem besonderen Bedürfnis, dann ist das Auskunftsverlangen als unbegründet abzuweisen.

b) Verjährung bei Erbfällen ab dem 1.1.2010

§ 2332 S. 1 BGB a.F. wurde gestrichen: Damit gilt grundsätzlich für pflichtteilsrechtliche 93
Ansprüche die regelmäßige Verjährungsfrist nach § 195 BGB von drei Jahren. Diese beginnt
gem. § 199 Abs. 1 BGB mit dem Schluss des Jahres, in dem der Anspruch entstanden ist

---

71 BGH NJW 1972, 760; BGHZ 95, 76, 80.
72 BGHZ 33, 373.
73 *Dieckmann*, FamRZ 1985, 589.
74 BGH FamRZ 1985, 178.

und der Pflichtteilsberechtigte von seinem Pflichtteilsanspruch Kenntnis erlangt hat bzw. ohne grobe Fahrlässigkeit Kenntnis erlangen müsste.

Nur die Verjährungsfrist des dem Pflichtteilsberechtigten nach § 2329 BGB gegen den Beschenkten zustehenden Anspruchs beginnt nach wie vor mit dem Erbfall, § 2332 Abs. 1 n.F. BGB.

Der Auskunftsanspruch nach § 2314 BGB unterliegt der Regelverjährung des § 195 BGB.

Die Verjährungshöchstfrist ist für kenntnisabhängige und kenntnisunabhängige Ansprüche auf 30 Jahre ab Entstehung des Anspruchs festgesetzt, § 199 Abs. 3a und 4 BGB.

### c) Haftungsrisiko des Anwalts

94 Gerade in den Fällen mit Verjährungsproblematiken besteht für den Anwalt aufgrund der zu unterschiedlichen Zeitpunkten beginnenden Fristen des ordentlichen Pflichtteils- und Pflichtteilsergänzungsanspruchs und der Schwierigkeit, den Zeitpunkt der Kenntniserlangung zu ermitteln und auch zu beweisen, ein großes Haftungspotential.

95 Ist der Anwalt beispielsweise aufgrund einer nahenden Verjährung gezwungen, Klage zu erheben, dann trifft ihn die Pflicht, den Mandanten über alle Risiken aufzuklären, insbesondere auch über die Tatsache, dass die Verjährung dann nicht unterbrochen wird, wenn der Gerichtskostenvorschuss nicht rechtzeitig bezahlt wird.[75] Denn nach Ansicht des BGH entfällt die materiellrechtliche Wirkung des § 270 Abs. 3 ZPO, wenn der Kläger durch nachlässiges Verhalten eine nicht nur geringfügige Verzögerung der Zustellung provoziert.[76] Eine nicht nur geringfügige Verspätung wird bereits bei einer Verzögerung von 18 bis 20 Tagen anzunehmen sein.[77]

96 Der Anwalt sollte daher seinen Mandanten spätestens bei der Zusendung der Aufstellung über die vorläufigen Gerichtskosten und dem Vorschussbegehren die Eilbedürftigkeit durch einen sichtbaren Hinweis klarmachen. Besser ist es, bereits in der Vorbesprechung darauf hinzuweisen. Kommt der Anwalt seiner Aufklärungspflicht nicht nach, begibt er sich in eine eigene Haftung.[78]

### 9. Pfändung des Pflichtteilsanspruchs

#### a) Allgemeines

97 Die Pfändbarkeit eines Pflichtteilsanspruchs richtet sich nach § 852 Abs. 1 ZPO. Danach ist eine Pfändung möglich, wenn der Pflichtteilsanspruch durch Vertrag **anerkannt** oder **rechtshängig** geworden ist. Sinn und Zweck dieser Regelung ist es, in die Entscheidungsfreiheit des Pflichtteilsberechtigten, den Anspruch gegen den Erben geltend zu machen, nicht einzugreifen. Der Gläubiger soll diese Entscheidung nicht ausüben können, da er ansonsten die Stellung des Pflichtteilsberechtigten im Familienverbund beeinträchtigen oder gar gefährden könnte. Hat der Pflichtteilsberechtigte sich in einer nach § 852 Abs. 1 ZPO angegebenen Weise aber entschieden, den Anspruch geltend zu machen, sind seine persönlichen Interessen nicht mehr schützenswert und eine Pfändung zulässig.

---

75 BGH NJW 1974, 2318.
76 BGHZ 103, 20, 28 ff.
77 BGH NJW 1967, 779.
78 OLG Düsseldorf FamRZ 1992, 1223.

## b) Anspruchsvoraussetzungen

Gemäß § 852 ZPO ist der Pflichtteilsanspruch des Schuldner nur dann pfändbar, wenn er durch Vertrag anerkannt oder rechtshängig geworden ist.

Jede Art der Einigung zwischen dem oder den Erben und dem Pflichtteilsberechtigten über das Bestehen des Anspruchs fällt unter den Begriff **Anerkenntnis**. Eine Schriftform ist nicht erforderlich. Eine Anerkennung dem Grunde nach ist ausreichend. Ebenso ist auch die Festlegung der Höhe des Anspruchs nicht notwendig. Ausreichend ist für ein Anerkenntnis vielmehr jede Vereinbarung, die den Willen erkennen lässt, den Pflichtteilsanspruch geltend zu machen. Hierfür genügt auch die Abtretung des Anspruchs nach §§ 2317 Abs. 2, 398 BGB.

Mit Zustellung der Klage an den oder die Erben tritt **Rechtshängigkeit** ein (§§ 261 Abs. 1 und 2, 253 Abs. 1 ZPO). Im Mahnverfahren tritt die Rechtshängigkeit nach §§ 696 Abs. 3, 700 Abs. 2 ZPO ein. Die Stellung eines Prozesskostenhilfeantrages sowie der Antrag auf Erlass eines Mahnbescheides führen nicht zur Rechtshängigkeit. Die Beantragung einer einstweiligen Verfügung oder eines Arrestes führt ebenfalls nicht zur Rechtshängigkeit des Hauptanspruchs. Die Rechtshängigkeit muss zum Zeitpunkt der Pfändung noch andauern bzw. das Erkenntnisverfahren muss schon abgeschlossen sein. Nach Rücknahme der Klage ist eine Pfändung nicht mehr möglich. Ist jedoch eine Pfändung erfolgt und nimmt der Schuldner danach seine Klage zurück, hat dies keine Auswirkungen mehr auf das einmal entstandene Pfandrecht. Eine Rechtshängigkeit des Pflichtteilsanspruchs liegt nicht vor, wenn der Berechtigte lediglich Auskunftsklage erhoben hat.[79] Durch die Pfändung des Pflichtteilsanspruchs entsteht andererseits beim Pflichtteilsberechtigten auch kein Verlust des Auskunftsanspruchs, ebenso wenig im Insolvenzverfahren. Der Erbe ist nach der Pfändung vielmehr verpflichtet, sowohl dem Pflichtteilsberechtigten, als auch dem Pfändungsgläubiger Auskunft zu erteilen. Hat er dies einmal getan, dann kann er sich bezüglich eines weiteren Begehrens darauf berufen und die gleiche Auskunft erneut erteilen.[80]

## c) Pfändung als aufschiebend bedingtes Verwertungsrecht

Die Rechtsprechung hat die Pfändbarkeit des Pflichtteilsanspruchs erweitert. Zunächst hielt die Rechtsprechung eine bedingte Pfändung für den Fall, dass die vorgenannten Voraussetzungen erst künftig eintreten, für unzulässig. Bereits im Jahre 1993 hat der BGH[81] dieser Ansicht widersprochen und hielt eine Pfändung des Pflichtteilsanspruchs bereits vor einer Anerkennung durch Vertrag oder Rechtshängigkeit für möglich. Es handelt sich um eine Pfändung eines aufschiebend bedingten Anspruchs.[82] Frühestmöglicher Zeitpunkt für eine Pfändung ist jedoch der Erbfall.

Ein vollwertiges Pfändungspfandrecht erwirbt der Gläubiger jedoch erst zu einem späteren Zeitpunkt, und zwar erst bei Eintritt der Verwertungsvoraussetzungen, wie sie § 852 Abs. 1 ZPO vorgibt. Der Rang dieses Pfandrechts richtet sich dann allerdings nach dem Zeitpunkt der Pfändung.

Der Gläubiger erwirbt mit der Pfändung eines aufschiebend bedingten Pflichtteilsanspruchs jedoch nicht das Recht, den Anspruch gegen die Erben in Prozessstandschaft geltend zu

---

79 RGZ 115, 27.
80 *Bonefeld/Kroiß/Tanck*, § 7 Rn 300.
81 BGH NJW 1993, 2876.
82 Ebenso OLG Düsseldorf FamRZ 2000, 367.

machen. Der Schuldner kann nach wie vor selbst entscheiden, ob er seinen Pflichtteilsanspruch gegen die Erben geltend macht. Tut er es nicht, geht die Pfändung ins Leere.

102 Für den Fall, dass der Pflichtteilsanspruch noch nicht vertraglich anerkannt bzw. noch nicht rechtshängig ist, sind bei dem Antrag auf Erlass eines Pfändungs- und Überweisungsbeschlusses keine Besonderheiten zu beachten. Ausführungen zur Tatsache, dass es sich um die Pfändung eines aufschiebend bedingten Anspruchs handelt, bedarf es grundsätzlich nicht.

103 Falls der Schuldner den Pflichtteilsanspruch gegen die Erben nicht geltend macht, d.h. eine Leistungsklage nicht freiwillig erhebt, gibt es keine Möglichkeit, ihn zu zwingen, den Anspruch gegen den oder die Erben rechtshängig zu machen. Es ist darüber hinaus nicht möglich, den Anspruch des Schuldners auf gerichtliche Geltendmachung des Pflichtteilsanspruchs zu pfänden und danach im Wege der Prozessstandschaft Klage gegen den oder die Erben zu erheben. Hierbei handelt es sich um eine Umgehung des § 852 ZPO.

### d) Antrag auf Pfändung eines Pflichtteilsanspruchs

104 Die Pfändung des vertraglich anerkannten bzw. rechtshängigen Pflichtteilsanspruchs erfolgt nach den Bestimmungen, die für die Pfändung gewöhnlicher Geldforderungen gelten (§§ 828 ff. ZPO). Der Pfändungsgläubiger muss das Anerkenntnis oder die Rechtshängigkeit des zu pfändenden Anspruchs darlegen. Ein Nachweis derselben ist nicht erforderlich. Drittschuldner ist, auch bei einer angeordneten Testamentsvollstreckung, gem. § 2213 BGB der Erbe.

### e) Muster: Pfändung eines Pflichtteilsanspruchs

**476**

105 Gepfändet wird der angebliche Anspruch des Schuldners gegen _____ *(Bezeichnung des oder der Erben)* auf Auszahlung des Pflichtteils nach dem am _____ in _____ verstorbenen Erblasser _____.
- Der Erbe _____, wohnhaft _____, hat/die Erben _____, wohnhaft _____, haben den Pflichtteilsanspruch durch Vertrag vom _____ anerkannt.
- Der Pflichtteilsanspruch wurde durch die Zustellung der darauf gerichteten Klage am _____ rechtshängig.

Der gepfändete Anspruch wird dem Gläubiger zur Einziehung überwiesen.

### f) Muster: Pfändung eines noch nicht geltend gemachten Pflichtteilsanspruchs

**477**

106 Gepfändet wird der angebliche Anspruch des Schuldners gegen _____ *(Bezeichnung des oder der Erben)* auf Auszahlung des Pflichtteils nach dem am _____ in _____ verstorbenen Erblasser _____.

Der gepfändete Anspruch wird dem Gläubiger zur Einziehung überwiesen.

Der Anspruch ist weder vertraglich anerkannt noch rechtshängig, es wird insoweit der aufschiebend bedingte Anspruch gepfändet. Diese Pfändung ist nach der Rechtsprechung des BGH (BGH NJW 1993, 2876) möglich.

## C. Pflichtteilsanspruch

### I. Einleitung

107 Da der Erblasser aufgrund seiner Testierfreiheit die Möglichkeit hat, alle seine nächsten Angehörigen zu enterben, sieht das Gesetz in den §§ 2303 ff. BGB für diesen Personenkreis

ein Pflichtteilsrecht vor. Der Aufnahme eines solchen Pflichtteilsrechts durch den Gesetzgeber lag der Gedanke zugrunde, dass den Erblasser eine über seinen Tod hinausgehende Sorgfaltspflicht gegenüber dem genannten Personenkreis trifft. Damit der Erblasser den Pflichtteilsanspruch nicht zu Lebzeiten umgehen kann, steht dem Pflichtteilsberechtigten ein so genannter Pflichtteilsergänzungsanspruch zu, wenn der Erblasser zu Lebzeiten (innerhalb von zehn Jahren vor seinem Tod) Schenkungen gemacht hat. Einen weiteren Schutz des Pflichtteils bieten die Vorschriften der Anrechnung und Ausgleichung nach §§ 2315, 2316 BGB, wenn Erbe oder Pflichtteilsberechtigter bereits einen anrechnungspflichtigen Vorempfang erhalten haben. Für den Fall, dass der Pflichtteilsberechtigte einen zu geringen Erbteil (oder Vermächtnis) erhalten hat, gewähren ihm die Vorschriften der §§ 2305–2308 BGB zusätzliche Rechte.

## II. Ordentlicher Pflichtteilsanspruch (§§ 2303 ff. BGB)

### 1. Allgemeines

Unter dem ordentlichen Pflichtteilsanspruch versteht man grundsätzlich den aus dem **realen Nachlass** zu berechnenden Pflichtteil. Der reale Nachlass umfasst alle zum Zeitpunkt des Todes vorhandenen Gegenstände und Forderungen. Hiervon ist der Pflichtteilsergänzungsanspruch zu unterscheiden, der sich grundsätzlich aus dem **fiktiven Nachlass**, d.h. aus den zu Lebzeiten des Erblassers getätigten Schenkungen berechnet.

### 2. Kreis der pflichtteilsberechtigten Personen (Gläubiger)

#### a) Allgemeines

Vor der Berechnung des Pflichtteilsanspruchs ist zunächst zu prüfen, ob die jeweilige Person überhaupt zum Kreis der pflichtteilsberechtigten Personen gehört. Wer pflichtteilsberechtigt ist, bestimmt § 2303 BGB und die oftmals missverstandene Vorschrift des § 2309 BGB.

Zu den pflichtteilsberechtigten Personen gehören die Abkömmlinge des Erblassers und seine Ehefrau und nur, wenn keine Abkömmlinge vorhanden sind, seine Eltern. Dabei steht den Eltern des Erblassers und entfernteren Abkömmlingen (Enkel) nur dann ein Pflichtteil zu, wenn nähere Abkömmlinge (Kinder) nicht mehr vorhanden sind (§§ 2303, 2309 BGB). Nicht pflichtteilsberechtigt sind hingegen die Geschwister des Erblassers und die Großeltern. Gleiches gilt auch für Stiefkinder, wenn sie nicht vom Erblasser adoptiert wurden.

Dem überlebenden Ehegatten steht ein Pflichtteilsrecht zu, wenn zum Zeitpunkt des Erbfalls die Ehe noch wirksam bestand. Ein Pflichtteilsrecht besteht dann nicht mehr, wenn der Erblasser Antrag auf Scheidung oder auf Aufhebung der Ehe eingereicht hatte. Gleiches gilt für den Fall, dass der Erblasser einem Scheidungsantrag zugestimmt hatte und zum Zeitpunkt des Erbfalls die Voraussetzungen der Scheidung oder der Aufhebung der Ehe vorlagen.

#### b) Voraussetzungen des Pflichtteilsanspruchs

Ein Pflichtteilsanspruch ist dann gegeben, wenn die Berechtigten nach der gesetzlichen Erbfolge Erben geworden wären, sie aber im konkreten Fall durch eine Verfügung von Todes wegen **enterbt** wurden. Handlungen des Berechtigten selbst, die zum Verlust des gesetzlichen Erbrechts führen, führen auch in der Regel zum Verlust des Pflichtteilsrechts (z.B. der Erbverzicht, Erbausschlagung etc.).

*Bittler*

112  Einen Pflichtteilsanspruch hat also grundsätzlich nur derjenige, der enterbt ist. Hiervon gibt es einige Ausnahmen. Es handelt sich um die Fälle der so genannten „taktischen" Ausschlagung. So kann der Pflichtteilsberechtigte nach § 2306 Abs. 1 BGB (neue und alte Fassung) beispielsweise die Erbschaft ausschlagen, wenn sein Erbe beschwert ist. Ebenso hat der überlebende Ehegatte in den Fällen des § 1371 Abs. 2 und 3 BGB die Möglichkeit, die Erbschaft auszuschlagen und seinen konkreten Zugewinnausgleich und daneben seinen kleinen Pflichtteil geltend zu machen.

113  Der Erblasser muss also den Willen gehabt haben, den Pflichtteilsberechtigten zu enterben. Er kann dies ausdrücklich in seiner Verfügung von Todes wegen tun. Es genügt aber auch, wenn er es konkludent zum Ausdruck bringt, indem er beispielsweise eine andere Person zu seinem Alleinerben einsetzt. Hat der Erblasser dagegen einen Pflichtteilsberechtigten lediglich übersehen, führt dies nach § 2079 BGB zu einem Anfechtungsrecht und dadurch zum Eintritt der gesetzlichen Erbfolge. Der Pflichtteilsberechtigte kann aber statt der Anfechtung auch seinen Pflichtteil verlangen.

114  **Kein Pflichtteilsrecht** hat demnach
   – wer darauf verzichtet hat (§ 2346 BGB),
   – auf wen sich ein Verzicht auswirkt (§ 2349 BGB),[83]
   – wer für erbunwürdig erklärt ist (§§ 2344 ff. BGB),
   – wem der Pflichtteil wirksam entzogen ist (§§ 2333 ff. BGB a.F., § 2333 BGB n.F.),
   – wer einen vorzeitigen Erbausgleich vereinbart hat (§ 2338a BGB),
   – wer sein Erbe ausgeschlagen hat.[84]

### c) Pflichtteilsrecht entfernter Abkömmlinge und der Eltern nach § 2309 BGB

115  Entfernte Abkömmlinge (Enkel) und die Eltern des Erblassers sind nur dann pflichtteilsberechtigt, wenn sie bei Eintritt der gesetzlichen Erbfolge Erben werden würden. Voraussetzung ist zum einen, dass die Abkömmlinge nicht durch nähere Abkömmlinge und die Eltern nicht durch Abkömmlinge des Erblassers von der gesetzlichen Erbfolge ausgeschlossen sind und dass sie zum anderen ebenfalls durch den Erblasser enterbt wurden. Die Tatsache, dass auch die entfernten Abkömmlinge und die Eltern nur pflichtteilsberechtigt sind, wenn sie enterbt wurden, wird oftmals übersehen, wobei zu bemerken ist, dass dies in der Praxis eher selten der Fall ist, da kaum ein Erblasser daran denkt, auch seine Enkel oder seine Eltern zu enterben.

116  Ein näherer Pflichtteilsberechtigter entfällt gem. § 2309 BGB nur dann, wenn er vor dem Erbfall verstorben ist, er nach § 1953 BGB ausgeschlagen hat oder er für erbunwürdig erklärt wurde. Gleiches gilt für den Fall, dass ihm der Pflichtteil vom Erblasser wirksam entzogen wurde oder er einen Erb- und Pflichtteilsverzicht abgegeben hat, der sich nicht auf die Abkömmlinge erstreckt.

117  Nicht pflichtteilsberechtigt sind entferntere Abkömmlinge und Eltern, wenn der nähere Abkömmling den Pflichtteil verlangen kann, wobei er hierzu nicht verpflichtet ist, er nach §§ 2306, 2307 BGB ausgeschlagen hat und letztlich auch dann, wenn er das ihm Zugewandte annimmt. Ziel und Zweck des § 2309 BGB ist, dass es nicht zu einer **Doppelbegünstigung** desselben Stammes kommt, indem ihm mehrere Pflichtteilsrechte zustehen.

---

[83] Verzichtet ein Abkömmling oder ein Seitenverwandter des Erblassers auf das gesetzliche Erbrecht, so erstreckt sich die Wirkung des Verzichts auf seine Abkömmlinge, sofern nicht ein anderes bestimmt wird.

[84] Außer es liegt ein Fall der Ausschlagung nach §§ 2306 Abs. 1 (alte oder neue Fassung), 2307, 1371 Abs. 3 BGB vor.

### d) Pflichtteilsberechtigung des gleichgeschlechtlichen Lebenspartners

Der Partner einer eingetragenen gleichgeschlechtlichen Lebenspartnerschaft ist nach § 10 Abs. 6 LPartG pflichtteilsberechtigt, wenn die Lebenspartnerschaft zum Zeitpunkt des Erbfalls bestand (§ 10 Abs. 6 S. 1 LPartG),[85] und der überlebende Partner durch Verfügung von Todes wegen von der Erbfolge ausgeschlossen wurde. § 10 Abs. 6 S. 2 LPartG bestimmt dabei, dass hinsichtlich des Pflichtteilsrechts des Lebenspartners die Vorschriften des Bürgerlichen Gesetzbuches mit der Maßgabe Anwendung finden, dass der Lebenspartner wie ein Ehegatte zu behandeln ist.

### 3. Höhe des Pflichtteilsanspruchs

#### a) Allgemeines

Die Höhe des Pflichtteilsanspruchs wird von zwei Faktoren bestimmt, zum einen von der Höhe der **gesetzlichen Erbquote** und zum anderen von dem Wert und dem **Bestand** des Nachlasses zum Zeitpunkt des Erbfalls (§§ 2303 Abs. 1 S. 2, 2311 BGB). Der Pflichtteil beträgt die Hälfte der gesetzlichen Erbquote. Es ist somit die Pflichtteilsquote zu bestimmen und dann der Pflichtteilsanspruch entsprechend dem Wert des Nachlasses zu errechnen.

Für die konkrete Ermittlung des Nachlasswertes ist so vorzugehen, dass in einem ersten Schritt der Bestand des Nachlasses festzustellen ist, d.h., dass diejenigen Vermögenspositionen vom Nachlass auszusondern sind, die für die Berechnung des Pflichtteilsanspruchs nicht berücksichtigt werden dürfen, wie beispielsweise Verträge zugunsten Dritter auf den Todesfall (**Lebensversicherungen**). Nachdem der Bestand des Nachlasses feststeht, ist der Wert der Nachlassgegenstände (Aktiva) zu ermitteln. Von den Aktiva des Nachlasses sind dann die Passiva, die sog. Erblasserschulden, und die Erbfallkosten abzuziehen. Nach der Ermittlung des Nachlassbestandes ist aus dem Vergleich zwischen Aktiva und Passiva der Pflichtteil entsprechend der Quote zu berechnen.

#### b) Höhe der gesetzlichen Erbquote

Die Höhe des gesetzlichen Erbteils hängt von der Zahl der „gesetzlichen Miterben" ab, da sich danach die Erbquote bestimmt. Bei der Bestimmung der Erbquote werden auch die Enterbten (§ 1938 BGB), die für erbunwürdig Erklärten (§§ 2339 ff. BGB) und diejenigen, die die Erbschaft ausgeschlagen haben, mitgezählt. Auch das nichteheliche Kind wird bei der Bestimmung des Pflichtteils eines anderen Pflichtteilsberechtigten mitgezählt.[86] Nicht mitgezählt werden dagegen diejenigen, die zum Zeitpunkt des Erbfalls vorverstorben sind, und diejenigen, welche auf ihren Erbteil verzichtet haben (§ 2310 BGB). Ein Erbverzicht wirkt also für die übrigen Beteiligten pflichtteilserhöhend.

Durch den gesetzlichen Güterstand der **Zugewinngemeinschaft** kann es zu einer Verschiebung der Erbquoten und folglich zu einer Veränderung der Pflichtteilsquoten kommen. Wird der **Ehegatte** aufgrund Enterbung oder Ausschlagung weder Erbe noch Vermächtnisnehmer,[87] so bestimmt sich sein Pflichtteil nach der nicht erhöhten Erbquote gem. §§ 1931, 1371 Abs. 2 BGB. Neben Erben erster Ordnung hat der Ehegatte einen Pflichtteil von $1/8$. Zu beachten ist, dass sich in einem solchen Fall auch der Pflichtteil anderer Pflichtteilsberechtigter erhöht (§ 1371 Abs. 2 S. 2 BGB).

---

85 *Bonefeld*, ZErb 2001, 1 ff.
86 Palandt/*Edenhofer*, § 2310 BGB Rn 3.
87 Palandt/*Edenhofer*, § 2303 BGB Rn 6.

**123** Wird der Ehegatte dagegen **Alleinerbe**, so bemisst sich der Pflichtteil eines Abkömmlings unter Heranziehung von § 1371 Abs. 1 BGB nach einer Erbquote von 1/2 auf 1/4. Der Pflichtteil von Eltern auf 1/8.[88] Haben die Ehegatten im Güterstand der Gütertrennung gelebt, dann verändert sich die gesetzliche Erb- und Pflichtteilsquote, wenn neben dem überlebenden Ehepartner ein oder zwei Kinder als gesetzliche Erben berufen sind (§ 1931 Abs. 4 BGB).

### c) Höhe des Pflichtteilsanspruchs des gleichgeschlechtlichen Lebenspartners

**124** Die Höhe der Pflichtteilsquote des Lebenspartners beträgt die Hälfte der gesetzlichen Erbquote. Nach § 10 Abs. 1 LPartG beläuft sich das gesetzliche Erbrecht des überlebenden Lebenspartners neben Verwandten der ersten Ordnung auf 1/4, neben Verwandten der zweiten Ordnung auf die Hälfte (entsprechend § 1931 Abs. 1 BGB), wobei es hierbei zu berücksichtigen gilt, dass in Abweichung zum gesetzlichen Erbteil des Ehegatten die Vorschrift des § 1931 Abs. 1 S. 2 BGB wohl keine Anwendung findet.[89] Das bedeutet, dass der Anteil eines weggefallenen Großelternteils nicht dem Lebenspartner zufällt, wenn der Großelternteil Abkömmlinge hat.[90] Sind weder die Verwandten der ersten noch der zweiten Ordnung noch Großeltern vorhanden, dann erhält der überlebende Lebenspartner die gesamte Erbschaft (§ 10 Abs. 2 LPartG).

Ebenso wie beim Erbrecht des Ehegatten ist die Höhe der gesetzlichen Erbquote abhängig vom Güterstand (beim Lebenspartner **Vermögensstand**). Nach der Bestimmung des gesetzlichen Erbteils ohne Rücksicht auf die güterrechtlichen Verhältnisse ist daher im Anschluss zu prüfen, ob sich der Erbteil aufgrund einer bestehenden Ausgleichsgemeinschaft der Lebenspartner erhöht.[91] Besteht eine **Ausgleichsgemeinschaft**, so erhält der überlebende Lebenspartner nach § 6 Abs. 2 LPartG, § 1371 Abs. 1 BGB ein weiteres Viertel. Ebenso wie beim Erbrecht des Ehegatten wird hiermit pauschal ein eventuell bestehender Ausgleichsanspruch des überlebenden Lebenspartners abgegolten. Der gesetzliche Erbteil des überlebenden Lebenspartners beträgt daher bei bestehender Ausgleichsgemeinschaft 1/2. Gleiches gilt für den Fall, dass der überlebende Lebenspartner neben Verwandten der zweiten Ordnung gesetzlicher Erbe wird. Hier erhöht sich sein gesetzlicher Erbteil von 1/2 ebenfalls um ein zusätzliches 1/4 auf insgesamt 3/4 (§ 6 Abs. 2 S. 4 LPartG, § 1371 Abs. 1 BGB). Der überlebende Lebenspartner kann aber anstelle der pauschalen Erhöhung auch seinen konkreten Ausgleichsanspruch und den „kleinen" Pflichtteilsanspruch verlangen (§ 6 Abs. 2 S. 4 LPartG, § 1371 Abs. 3 BGB).

Haben die Lebenspartner den Vermögensstand der Vermögenstrennung gewählt, so verändert sich dadurch nicht die Höhe der Erb- und Pflichtteilsquote. Die Vorschrift des § 1931 Abs. 4 BGB findet für die eingetragene Lebenspartnerschaft keine Anwendung.[92]

### d) Bestand des Nachlasses

**125** Bei der Feststellung des Nachlassbestands sind diejenigen Vermögenspositionen abzuziehen, die unvererblich sind, oder die außerhalb des Nachlasses auf Dritte übergehen, so z.B.

---

[88] BGHZ 37, 58.
[89] *Leipold*, ZEV 2001, 218; *J. Mayer* in: Mayer/Süß/Tanck/Bittler/Wälzholz, § 2 Rn 16.
[90] *Leipold*, ZEV 2001, 218, 219, der zu Recht darauf hinweist, dass dann die Abkömmlinge vorverstorbener Großeltern neben dem Lebenspartner erben, während der Lebenspartner Alleinerbe wird, wenn kein Großelternteil mehr vorhanden ist.
[91] *Krug* in *Krug/Zwißler*, Kapitel 3 Rn 38.
[92] *Krug* in *Krug/Zwißler*, Kapitel 3 Rn 61; *Bonefeld*, ZErb 2001, 80.

die Lebensversicherung, wenn ein Bezugsberechtigter benannt ist. Nicht mit zu bewerten sind auch diejenigen Gegenstände, auf die sich z.B. ein gegenständlich bezogener Pflichtteilsverzicht nach §§ 2346 ff. BGB erstreckt. Verbindlichkeiten, die auf wiederkehrende Leistungen gerichtet sind, werden mit ihrem Kapitalwert berücksichtigt. Unberücksichtigt bleiben hingegen aufschiebend bedingte Rechte und Verbindlichkeiten (§ 2313 Abs. 1 S. 1 BGB). Auflösend bedingte Rechte kommen dagegen voll zum Ansatz (§ 2313 Abs. 1 S. 2 BGB). Differenzen, die sich nach Bedingungseintritt ergeben, sind später auszugleichen (§ 2313 BGB).

Nicht zum Bestand des Nachlasses gehört das Sondervermögen des Erblassers wie beispielsweise der Anteil des Ehegatten am Gesamtgut bei der fortgesetzten Gütergemeinschaft oder die Vorerbschaft des Erblassers, da diese mit dem Tod des Erben direkt an die Nacherben fällt. Beides ist somit aus dem Bestand des Nachlasses herauszurechnen. 126

Nicht abgezogen vom Bestand des Nachlasses werden hingegen die **Auflagen** und sonstigen **Vermächtnisse**. Dies ergibt sich nicht zuletzt aus § 1991 Abs. 4 BGB i.V.m. § 327 InsO. Gemäß § 1991 Abs. 4 BGB hat der Erbe Verbindlichkeiten und Auflagen so zu berichtigen, wie sie im Falle des Insolvenzverfahrens zur Berichtigung kommen würden. Im Falle eines Insolvenzverfahrens ist nach § 327 InsO folgende Rangfolge vorgesehen: 127
– Nr. 1: Verbindlichkeiten gegenüber Pflichtteilsberechtigten
– Nr. 2: Verbindlichkeiten aus Vermächtnissen und Auflagen.

Vermächtnis und Auflage gehen daher dem Pflichtteilsrecht nach. Sie können deshalb bei der Berechnung des Pflichtteils nicht abgezogen werden. Gleiches gilt auch für den Pflichtteilsanspruch selbst.[93] 128

### e) Wert des Nachlasses („Aktiva")

Die Feststellung des **Nachlasswertes**[94] bereitet dem Anwalt in der Praxis erhebliche Schwierigkeiten. In manchen Fällen ist die exakte Bestimmung des Wertes gar nicht möglich.[95] Während das Steuerrecht durch das Bewertungsgesetz und verschiedene Verwaltungserlasse eine umfangreiche Unterstützung bietet, mangelt es im zivilrechtlichen Bereich an solchen Vorschriften.[96] Die Zentralnorm im BGB für die Wertbestimmung ist § 2311 Abs. 1 S. 1 BGB. Maßgeblich sind der Bestand und der gemeine Wert der Nachlassgegenstände im Zeitpunkt des Erbfalls. Bestimmungen des Erblassers sind insoweit unverbindlich (§ 2311 Abs. 2 S. 2 BGB). Die Wertermittlung erfolgt nach dem **Stichtagsprinzip**, d.h. grundsätzlich ist der Wert zum Zeitpunkt des Erbfalls maßgebend. Nachträgliche Wertsteigerungen oder Wertminderungen müssen deshalb außer Betracht bleiben.[97] Eine bestimmte Bewertungsmethode ist hierbei, mit Ausnahme des § 2312 BGB, aber nicht vorgeschrieben. 129

Der Pflichtteilsberechtigte ist wirtschaftlich so zu stellen, als sei der Nachlass beim Tod des Erblassers in Geld umgesetzt worden. Daher ist grundsätzlich auf den gemeinen Wert abzustellen, der dem **Verkaufswert** (Verkehrswert) entspricht. Eine bestimmte Methode der Wertberechnung ist, wie bereits erwähnt, im BGB nicht vorgeschrieben.[98] Sie obliegt, wie *J. Mayer*[99] zutreffend feststellt, dem Ermessensspielraum der Gerichte. Vorrangig gilt 130

---

93 MüKo-*Lange*, § 2311 BGB Rn 11.
94 Vgl. hierzu ausführlich *J. Mayer*, in: Mayer/Süß/Tanck/Bittler/Wälzholz, § 5 Rn 10 ff.
95 BGHZ 29, 217 für individuell bebaute Grundstücke.
96 BGH NJW 1993, 131 spricht vom erbrechtlichen Bewertungsrecht.
97 BGH NJW 1952, 1173.
98 BGH NJW 1972, 1269.
99 *J. Mayer*, ZEV 1994, 331.

eine Bewertung, die sich an einen tatsächlichen Verkauf des zu bewertenden Nachlassgegenstandes anlehnen kann. § 2311 Abs. 2 S. 1 BGB bestimmt aber, dass der Wert des Nachlassgegenstandes im Zweifel zu schätzen, gegebenenfalls durch Sachverständigengutachten zu ermitteln ist.[100]

131 Die Schätzung ist nach gefestigter Rechtsprechung des BGH[101] dann nachrangig, wenn der Nachlassgegenstand alsbald nach dem Erbfall veräußert wurde.[102] Der BGH begründet dies damit, dass jede Schätzung mit einem Unsicherheitsfaktor belastet ist und es deshalb im erbrechtlichen Bewertungsrecht nicht sachgerecht ist, die „gesicherte Ebene" des tatsächlich erzielten Verkaufserlöses außer Acht zu lassen.[103] Wann eine Veräußerung **zeitnah** ist und somit als Bewertungsmaßstab dienen kann, liegt im richterlichen Ermessen. Grundstücks- und Betriebsveräußerungen von bis zu einem Jahr nach dem Erbfall werden vom BGH als zeitnah angesehen.[104] Das OLG Frankfurt hält eine Veräußerung innerhalb von 28 Monaten nach dem Erbfall noch für zeitnah.[105] In Ausnahmefällen, wenn die Marktverhältnisse sich nicht wesentlich verändert haben, kann auch ein Verkaufserlös, der fünf Jahre nach dem Erbfall erzielt wurde, ausschlaggebend sein.[106] Nach BGH[107] hat somit eine grundsätzliche Orientierung am tatsächlichen Verkaufserlös zu erfolgen, wenn nicht:
- seit dem Erbfall wesentliche Veränderungen der Marktverhältnisse eingetreten sind,
- beim Verkauf von Grundstücken wesentliche Veränderungen der Bausubstanz dargelegt werden können
- oder außergewöhnliche Verhältnisse vorliegen, die ein Zugrundelegen des Verkaufserlöses nicht rechtfertigen.

f) Der Abzug von Nachlassverbindlichkeiten („Passiva")

132 Nachdem der Bestand des Nachlasses und der Wert der Aktiva festgestellt sind, sind hiervon die Nachlassverbindlichkeiten (Passiva) in Abzug zu bringen. Bei den Nachlassverbindlichkeiten unterscheidet man zwei grundsätzliche Kategorien. Zum einen die **Erblasserschulden** und zum anderen die Erbfallschulden.

aa) Erblasserschulden

133 Zu den Erblasserschulden zählen alle **Verbindlichkeiten**, die der Erblasser vor seinem Tod eingegangen ist. Dies sind zunächst alle Schulden des Erblassers, wie beispielsweise unbezahlte Rechnungen, Darlehen, Bankschulden oder Beitragsrückstände. Hierbei ist darauf zu achten, in welcher Höhe die Schulden den Erblasser selbst treffen und inwieweit er die Schulden auf andere abwälzen kann, oder ihm gar ein Erstattungsanspruch zusteht. Ist beispielsweise noch eine offene Arztrechnung vorhanden, so stellt dies eine Nachlassverbindlichkeit dar, wobei aber gegebenenfalls ein vorhandener Anspruch gegenüber einer Krankenversicherung in Abzug zu bringen ist. Des Weiteren ist darauf zu achten, dass bei gemeinsamen Schulden von Ehegatten, beispielsweise ein gemeinsam aufgenommener

---

100 Vgl. hierzu *Bonefeld/Kroiß/Tanck*, § 7 Rn 54 ff.
101 BGH NJW-RR 1991, 901; NJW-RR 1993, 131.
102 BGH ZEV 1994, 361.
103 BGH NJW-RR 1993, 131.
104 BGH ZEV 1994, 361.
105 OLG Frankfurt ZEV 2003, 264.
106 BGH NJW-RR 1993, 131.
107 Wurde vom BGH 1982 erstmals für die Beteiligung an GmbH-Anteilen entschieden und für den Verkauf von Grundstücken übernommen, ZEV 1994, 331.

Kredit, für die sie gesamtschuldnerisch haften, nur die Hälfte, also der im Innenverhältnis auf den Erblasser fallende Teil, in Abzug zu bringen ist.

Zu den Erblasserschulden zählen insbesondere auch alle noch offenen **Steuerschulden**, soweit sie in der Person des Erblassers entstanden sind. Dies gilt unabhängig davon, ob die Steuer bereits veranlagt wurde.

Fraglich ist, ob rückständige Einkommensteuerschulden auch dann voll in Abzug zu bringen sind, wenn die Ehegatten gemeinsam veranlagt wurden, aber nur der Erblasser gearbeitet hat. Der BGH[108] hat für den Fall der gemeinsamen Veranlagung entschieden, dass dies nicht zur Folge hat, dass beide Ehegatten gem. § 426 Abs. 1 S. 1 BGB zu gleichen Teilen die Steuern tragen müssen. Dies ergibt sich nicht zuletzt aus der güterrechtlichen Beziehung der Ehegatten zueinander. Denn ebenso getrennt wie das Vermögen im gesetzlichen Güterstand der Zugewinngemeinschaft sind auch die Schulden zu behandeln. Deshalb hat jeder Ehegatte für die auf seine Einkünfte fallenden Steuern selbst aufzukommen. Hat also wie im genannten Fall lediglich der Erblasser Einkünfte gehabt, sind die Ehegatten aber gemeinsam veranlagt worden, dann sind die noch offenen Steuerschulden insgesamt als Passiva in Abzug zu bringen. Der Pflichtteilsberechtigte muss sich diese voll entgegenhalten lassen.

Nicht als Nachlassverbindlichkeit anzusetzen ist jedoch die **Erbschaftsteuerschuld**.[109] Gleiches gilt nach Ansicht des BGH[110] für die bei Aufgabe eines Gewerbebetriebs nach § 16 EStG anfallende Ertragsteuer. Die für den Veräußerungsgewinn anfallende Ertragsteuer kann jedoch bei der Bewertung des Unternehmens zu berücksichtigen sein. Auch die **Rückforderungsansprüche** des **Sozialhilfeträgers** nach § 102 SGB XII sind abzugsfähige Erblasserschulden.[111] Gleiches gilt für Ansprüche von als Darlehen bewilligtem Unterhaltsgeld im Rahmen des AFG.[112] Ebenso zählen Verbindlichkeiten, die aus unerlaubter Handlung entstanden sind, zum Passivbestand des Nachlasses.[113] Zu beachten ist, dass **Grundschulden** und **Hypotheken** bei der Bemessung der Nachlasspassiva nur in Höhe ihrer Valutierung zu berücksichtigen sind.[114]

Problematisch ist, inwieweit eine bestehende **Unterhaltsverpflichtung** des Erblassers eine Nachlassverbindlichkeit darstellt. Vom Aktivnachlass in Abzug zu bringen sind diejenigen Unterhaltsansprüche gegen den Erblasser, die durch den Tod nicht erloschen sind. Hierunter fällt beispielsweise der Unterhaltsanspruch des geschiedenen Ehegatten nach § 1586b BGB, allerdings begrenzt auf den fiktiven Pflichtteil des Ehegatten, die Ansprüche der Mutter eines nichtehelichen Kindes nach §§ 1615k, 1615l BGB und wohl auch der Unterhaltsanspruch einer werdenden Mutter nach § 1963 BGB.[115] Nach Ansicht des BGH[116] ist auch der Unterhaltsanspruch des nichtehelichen Kindes als Nachlassverbindlichkeit bei der Berechnung des Pflichtteils abzuziehen. Der BGH hat dies zumindest für den Fall entschieden, in dem der Erblasser seine nichtehelichen Kinder als Alleinerben eingesetzt hatte.

---

108 BGH NJW 1979, 546.
109 MüKo-*Lange*, § 2311 BGB Rn 11; RGRK-*Johannsen*, § 2311 BGB Rn 7.
110 BGH NJW 1972, 1269.
111 Palandt/*Edenhofer*, § 2311 BGB Rn 5.
112 Landessozialgericht Baden-Württemberg v. 13.4.1996 – L 13 Ar 2184/95.
113 *Nieder*, Rn 245.
114 *Klingelhöffer*, Rn 265.
115 *Kuchinke*, § 37 Fn 308, aber strittig.
116 BGH NJW 1975, 1123.

bb) Erbfallschulden

**138** Die zweite Kategorie der Nachlasspassiva umfasst die Erbfallschulden. Dies sind grundsätzlich diejenigen Verbindlichkeiten, die durch den Tod des Erblassers selbst entstehen. Hierunter fallen im Einzelnen die **Beerdigungskosten** (§ 1968 BGB), die Kosten für das **Grabmal** und die **Grabstätte** sowie die **Zugewinnausgleichsforderung** des überlebenden Ehegatten.[117] Ebenfalls als Abzugsposten zu berücksichtigen sind die Kosten der Ermittlung der Nachlassgläubiger sowie die Kosten der Wertermittlung des Nachlasses nach § 2314 Abs. 2 BGB.[118]

**139** Die Kosten einer **Testamentsvollstreckung** sind nach der Rechtsprechung des BGH[119] in der Regel keine Nachlassverbindlichkeiten und deshalb nicht in Abzug zu bringen, es sei denn, dass die Testamentsvollstreckung für den Pflichtteilsberechtigten einen Vorteil darstellt. Ebenfalls keine Nachlassverbindlichkeit i.S.v. § 2311 BGB ist der Erbersatzanspruch des nichtehelichen Kindes und der Anspruch auf den Dreißigsten nach § 1969 BGB.

cc) Muster: Nachlassverzeichnis

### Nachlassverzeichnis

**140** des am _____ in _____ verstorbenen Erblassers _____. Erstellt am _____ durch _____, welche durch Erbschein des AG _____ – Nachlassgericht – als Erben zu jeweils _____ ausgewiesen sind. Das Nachlassverzeichnis beinhaltet den Aktiv- und Passivnachlass des Erblassers zum Zeitpunkt des Erbfalls am _____.

Aktiva

1. Geldvermögen

a) Guthaben Girokonto bei der _____ Bank, Kto. Nr. _____ EUR
b) Guthaben Sparbuch bei der _____ Sparkasse, Kto. Nr. _____ EUR
c) Guthaben Sparbrief bei der Postbank in _____, Kto. Nr. _____ EUR
d) Barvermögen _____ EUR
e) Wertpapierdepot bei der _____ Bank, Kto. Nr. _____ EUR

2. Immobilienvermögen

a) Bebautes Grundstück _____ Straße Nr. _____ in _____, Grundbuch _____ Flst. Nr. _____ EUR
b) Unbebautes Grundstück in _____, Grundbuch _____ Flst. Nr. _____ EUR
c) Eigentumswohnung _____ Straße Nr. _____ in _____, Grundbuch _____ Flst. Nr. _____ EUR

3. Wertgegenstände

a) Münzsammlung: _____ Stück aus den Jahren _____ bis _____ EUR
b) Briefmarkensammlung: _____ Marken aus den Jahren _____ bis _____ EUR
c) Bilder: _____ Stück des Malers _____ aus dem Jahre _____ EUR
d) Schmuck: _____ Stück aus dem Jahre _____ (Damen/Herrenschmuck) _____ EUR

---

[117] BGH NJW 1988, 136.
[118] BGH NJW 1975, 258.
[119] BGH NJW 1985, 2828.

## C. Pflichtteilsanspruch

e) Sonstige Kunstgegenstände                                                                 EUR

**4. Hausrat**

a) Kücheneinrichtung, bestehend aus _____ aus dem Jahre _____              EUR
b) Schlafzimmereinrichtung, bestehend aus _____ aus dem Jahre _____        EUR
c) Wohnzimmereinrichtung, bestehend aus _____ aus dem Jahre _____          EUR
d) Sonstige persönliche Gegenstände                                          EUR
e) Kraftfahrzeug der Marke _____, Baujahr _____, Fahrleistung _____       EUR

**5. Gesellschaftsbeteiligungen/Firmen**

a) Anteil an der _____ GmbH: _____ %                                       EUR
b) Sonstiges                                                                 EUR

**6. Lebzeitige Schenkungen (pflichtteilsrelevante und ausgleichspflichtige)**

a) Schenkung vom _____, UR-Nr. _____, an _____, Grundstück                EUR
b) Ausgleichspflichtige Zuwendung vom _____ an _____, Ausstattung für Kanzlei   EUR
c) Lebensversicherung von EUR _____ an _____ Prämienzahlung (der letzten 10 Jahre)   EUR

Aktiva gesamt                                                                EUR

**Passiva**

**1. Erblasserschulden**

a) Verbindlichkeiten bei der _____ Bank, Darlehenskonto _____              EUR
b) Verbindlichkeiten bei der Bausparkasse _____ Konto Nr. _____            EUR
c) Private Verbindlichkeiten bei _____ Darlehensvertrag vom _____          EUR
d) Steuerverbindlichkeiten beim Finanzamt _____                             EUR
e) Krankheits- und Arztkosten bei _____                                     EUR
f) Rückzahlung zu viel geleisteter Renten                                    EUR
g) Rückzahlung zu viel geleisteter Beträge aus der Pflegeversicherung        EUR
h) Zugewinnausgleichsanspruch                                                EUR
i) Unterhaltsansprüche                                                       EUR

**2. Erbfallkosten**

a) Beerdigungskosten                                                         EUR
b) Kosten für Grabstein                                                      EUR
c) Sonstige Kosten für Beerdigung (Blumen, Speisen etc.)                     EUR
d) Kosten für die Bewertung                                                  EUR
e) Sonstiges                                                                 EUR

Passiva gesamt                                                               EUR
Aktiva gesamt                                                                EUR
**Aktiva abzüglich Passiva ergibt einen Nettonachlass in Höhe von**          EUR

## III. Pflichtteilsrestanspruch nach § 2305 BGB

### 1. Rechtslage bei Erbfällen vor dem 1.1.2010

141 Ist der Pflichtteilsberechtigte nicht enterbt und steht ihm eine der oben genannten „taktischen" Ausschlagungsmöglichkeiten nicht zu, könnte er durch den Erblasser mittels einer geringfügigen testamentarischen Einsetzung (unterhalb seines Pflichtteils) „quasi" enterbt werden. Denn § 2306 Abs. 1 S. 2 BGB greift nur, wenn der Berechtigte mehr als seinen Pflichtteil erhalten hat. Der Pflichtteilsrestanspruch, oder auch **Zusatzpflichtteil**, greift also bei unzureichender testamentarischer Zuwendung im Falle des § 2306 Abs. 1 S. 1 BGB ein. Der Berechtigte kann die Differenz zwischen dem Erlangten und dem ihm zustehenden ordentlichen Pflichtteil verlangen.

142 **Fall**
Der verwitwete Erblasser E hinterlässt den Sohn S und die Tochter T. In einem Testament wird S Miterbe zu $5/6$ und T Miterbin zu $1/6$. Wie sollte sich T verhalten?
**Lösung**
Der T steht ein Pflichtteilsrestanspruch nach § 2305 BGB zu. Ihr gesetzlicher Erbteil beträgt $1/2$. Ihr Pflichtteil $1/4$. Zugewandt ist der T lediglich $1/6$. Die Differenz zwischen $1/4$ und $1/6$ beträgt $1/12$. Der Pflichtteilsrestanspruch beträgt daher $1/12$ aus 100.000 EUR = 8.333 EUR. Hätte man der T geraten, die Erbschaft auszuschlagen, so hätte sie jegliches Erb- und Pflichtteilsrecht verloren, denn § 2306 Abs. 1 S. 2 BGB greift nur ein, wenn der Erbe mehr erhalten hat als seinen Pflichtteil.
Nach h.M. könnte T, falls Sie die Erbschaft ausgeschlagen hätte, auch nicht gem. § 119 BGB anfechten, da sie sich nur über die Rechtsfolgen ihrer Erklärung im Irrtum befand.[120] Trotz der Ausschlagungserklärung würde T auf jeden Fall aber den Anspruch auf den Zusatzpflichtteil in Höhe von $1/12$ behalten.[121]

### 2. Rechtslage bei Erbfällen ab dem 1.1.2010

144 Die Änderung des § 2306 Abs. 1 BGB a.F. hat sich auch auf § 2305 BGB ausgewirkt. Nach § 2305 BGB n.F. gilt nunmehr, dass bei der Berechnung des Wertes Beschränkungen und Beschwerungen der in § 2306 BGB n.F. bezeichneten Art außer Betracht bleiben.

Das bedeutet, dass derjenige, der den Erbteil nicht ausschlägt, obwohl er mit einem Erbteil unterhalb seiner Pflichtteilsquote eingesetzt wurde, nach wie vor den Zusatzpflichtteil verlangen kann und zwar ohne Berücksichtigung von Beschränkungen und Beschwerungen. Der Gesetzgeber hat zur Berechnung des Pflichtteilsanspruchs folgendes Beispiel dargestellt:

145 **Beispiel**
Der nicht verheiratete Erblasser hinterlässt seinem einzigen Kind einen Erbteil von $1/4$. Im Testament wird ein Vermächtnis in Höhe von 1.000 EUR angeordnet. Der Nachlass hat einen Wert von 10.000 EUR.
**Lösung**
Nimmt der pflichtteilsberechtigte Abkömmling den Erbteil an, muss er nunmehr die Beschwerung durch das Vermächtnis gegen sich gelten lassen. Ausgehend davon, dass das Vermächtnis zu Lasten des Kindes angeordnet wurde, würde diesem ein Erbteil in

---

120 MüKo-*Frank*, § 2305 BGB Rn 2; *Ebenroth*, Rn 964; a.A. OLG Hamm MDR 1981, 1017.
121 BGH NJW 1973, 995.

Höhe von 1.500 EUR verbleiben. Daneben kann das Kind als pflichtteilsberechtigter Abkömmling einen Zusatzpflichtteil in Höhe von $1/4$ aus 10.000 EUR = 2.500 EUR geltend machen. Insgesamt erhält das Kind dann einen Betrag in Höhe von 4.000 EUR. Würde das Kind stattdessen den Erbteil ausschlagen und seinen Pflichtteilsanspruch insgesamt geltend machen, würde ihm ein Betrag von 5.000 EUR zustehen (nach der Altregelung ist eine Ausschlagung nicht notwendig, da die Beschränkung bzw. Beschwerung gemäß § 2306 Abs. 1 S. 1 BGB gegenüber dem pflichtteilsberechtigten Abkömmling als nicht angeordnet gilt).

## IV. Ausgleichungspflichtteilsanspruch nach §§ 2050, 2316 BGB

### 1. Allgemeines

Es ist heutzutage fast die Regel, dass der Erblasser zu seinen Lebzeiten zahlreiche Zuwendungen und Vermögensübertragungen an seine Abkömmlinge oder seinen Ehegatten vorgenommen hat. Gerade auch unter steuerlichen Gesichtspunkten hat die lebzeitige Übertragung (vorweggenommene Erbfolge) in den letzten Jahren enorm an Bedeutung gewonnen. Die Adressaten dieser Zuwendungen können sein: die Abkömmlinge (§§ 2050 ff., 2325 ff. BGB), der Ehegatte (§ 2325 BGB), Dritte (§ 2325 BGB). Im Mittelpunkt dieser Zuwendungskategorien steht das Regelwerk der **Ausgleichung und Anrechnung**.

146

Das Gesetz kennt, wie eingangs bereits erörtert, den Automatismus der „geborenen" Ausgleichung bei der Ausstattung, bei den Übermaßzuschüssen zu den Einkünften und bei den Übermaßaufwendungen zum Beruf. Sofern der Erblasser diesen Automatismus nicht außer Kraft setzt, ist nach dem Erbfall die Ausgleichung unter den Abkömmlingen vorzunehmen, unabhängig davon, wie lange diese Zuwendungen zurückliegen. Eine Zehnjahresfrist wie beim Pflichtteilsergänzungsanspruch gibt es hier nicht. Die Ausgleichung wirkt sich gem. § 2316 BGB auch auf den Pflichtteil aus. Darüber hinaus hat der Erblasser die Möglichkeit, eine Zuwendung mit der Bestimmung zu versehen, dass diese auf den Pflichtteil anzurechnen ist (§ 2315 BGB).

147

### 2. Ausgleichung beim Pflichtteilsanspruch nach § 2316 BGB

#### a) Anwendbarkeit

Die Anwendbarkeit der Ausgleichungsvorschrift des § 2316 BGB ist dann gegeben, wenn mehrere Abkömmlinge vorhanden sind, die im **hypothetischen Fall**, wenn es zu einer gesetzlichen Erbfolge kommen würde, gesetzliche Erben geworden wären. D.h. es ist hier nicht ausschlaggebend, welche letztwillige Verfügung der Erblasser hinterlassen hat, ob er einen Abkömmling enterbt hat[122] oder ein anderer Alleinerbe[123] geworden ist. Für die Berechnung des Pflichtteils nach den Ausgleichungsvorschriften kommt es vielmehr nur auf den hypothetischen gesetzlichen Erbteil an.

148

#### b) Beteiligte des Ausgleichungspflichtteils

Gemäß der §§ 2050, 2316 BGB sind nur die Abkömmlinge eines Erblassers am Ausgleichungsvorgang beteiligt. Der Pflichtteil des Ehegatten berechnet sich ohne Berücksichtigung der Vorempfänge. Nicht mit berücksichtigt werden nach § 2316 Abs. 1 S. 2 BGB

149

---

122 Palandt/*Edenhofer*, § 2316 BGB Rn 1.
123 BGH NJW 1993, 1197.

diejenigen Abkömmlinge, die einen Erbverzicht abgegeben oder einen vorzeitigen Erbausgleich nach § 1934d BGB geltend gemacht haben. Dies folgt aus § 2310 S. 2 BGB. Sie bleiben mit ihren Zuwendungen außen vor. Dies gilt nach Ansicht des BGH[124] aber nicht für denjenigen, der nur auf sein Pflichtteilsrecht verzichtet hat. Derjenige Abkömmling, der durch Verfügung von Todes wegen von der Erbfolge ausgeschlossen wurde, oder der die Erbschaft ausgeschlagen hat oder für erbunwürdig erklärt wurde, wird dagegen mit seinem Vorempfang voll berücksichtigt.

c) Ausgleichungspflichtige Vorempfänge

150   In § 2050 BGB nennt das Gesetz **vier Arten von Vorempfängen**, die eine Ausgleichungspflicht begründen können, wenn es sich um lebzeitige Zuwendungen des Erblassers handelt. Hierunter fallen im Einzelnen die Ausstattung, die Zuschüsse zu Einkünften, Aufwendungen für die Vorbildung zu einem Beruf und alle anderen Zuwendungen, bei denen der Erblasser ausdrücklich eine Ausgleichung angeordnet hat. Darüber hinaus sind auch Zuwendungen, die der Erblasser im Hinblick auf den Erbausgleich des nichtehelichen Kindes nach § 1934 BGB gezahlt und nicht zurückgefordert hat, obwohl es nicht zu dem Ausgleichungsverlangen gekommen ist, gem. § 1934d Abs. 4 BGB ausgleichungspflichtig. Ein weiterer Ausgleichungstatbestand ist in § 2057a BGB geregelt.

151   Das Gesetz kennt die **geborenen** Zuwendungen, die bereits ohne ausdrückliche Anordnung ausgleichungspflichtig sind (§ 2050 Abs. 1 und 2 BGB), und die **gekorenen** Zuwendungen, die erst durch die ausdrückliche Anordnung des Erblassers ausgleichungspflichtig werden.

Die in den Absätzen 1–3 des § 2050 BGB unterschiedlich geregelten Ausgleichungstatbestände haben den Begriff der Zuwendung gemeinsam. Eine Zuwendung liegt dann vor, wenn eine Vermögensverschiebung von dem Vermögen des Erblassers zu dem eines Abkömmlings stattfindet.[125] So ist beispielsweise die Einräumung eines Eintrittrechts zugunsten eines Abkömmlings in eine Gesellschaft durch den Erblasser keine Zuwendung i.S.v. § 2050 BGB.[126] Ebenso auch nicht die Leistungen, die zur Erfüllung einer Verbindlichkeit oder unter der Verpflichtung der Rückgewähr erfolgen.[127]

152   Für die Berechnung des Pflichtteils gilt in Bezug auf die Ausgleichung die Besonderheit, dass gem. § 2316 Abs. 3 BGB der Erblasser durch abweichende Anordnung die Berücksichtigung einer Ausstattung nicht gegenüber einem Pflichtteilsberechtigten ausschließen kann.[128] Die Ausstattung ist bei der Berechnung des Pflichtteils immer zu berücksichtigen. Eine gegenteilige Anordnung des Erblassers bleibt wirkungslos.

d) Berechnung des Pflichtteils (Ausgleichungspflichtteil)

153   Für die Berechnung des Pflichtteils im Rahmen der Ausgleichungsvorschriften ist wie folgt vorzugehen:

In einem ersten Schritt wird der **Ausgleichungsnachlass** durch Abzug der nicht an der Ausgleichung beteiligten Personen ermittelt. Dies sind der Ehegatte und der nach § 2056 BGB ausscheidende Abkömmling (s.o.). Der Ehegatte wird mit dem ihm „fiktiv" zustehenden gesetzlichen Erbteil abgesondert. Dann werden nach Maßgabe der §§ 2055–2057a BGB

---

124  BGH NJW 1982, 2497.
125  RG JW 1927, 1201.
126  Anders aber, wenn der Erblasser dafür besondere Aufwendungen machen musste, RG JW 1927, 1201.
127  RGZ 67, 308.
128  Palandt/*Edenhofer*, § 2050 BGB Rn 3.

dem Nachlass die zu berücksichtigenden ausgleichungspflichtigen Zuwendungen hinzugerechnet oder, bei Anwendung des § 2057a BGB, der Wert der besonderen Mitarbeit oder Pflegetätigkeit eines Abkömmlings vom Nachlass zunächst abgezogen.

Nun wird die **Ausgleichungserbquote** durch Teilung aller am Ausgleich beteiligten Personen ermittelt. Der Berechtigte muss sich dann den jeweiligen Vorempfang auf seinen **Ausgleichungserbteil** anrechnen lassen. Bei Anwendung des § 2057a BGB wird dem Ausgleichungserbteil der Wert der Mitarbeit oder Pflegeleistung wieder hinzuaddiert. Der Pflichtteil beträgt die Hälfte des so ermittelten Ausgleichungserbteils.

154

Der **Wert** der ausgleichungspflichtigen Zuwendung richtet sich in entsprechender Anwendung des § 2055 Abs. 2 BGB nach dem Wert, den die Leistung oder die Mitarbeit im Zeitpunkt der Zuwendung hatte. Zu beachten ist in diesem Zusammenhang auch, dass hierbei der Leistungszeitpunkt maßgebend ist und nicht der Zeitpunkt der Begründung der Leistungspflicht.

155

**Fall**
Erblasser E verstirbt 2002 und hinterlässt seine Ehefrau F und seine drei Kinder K1, K2 und K3 sowie einen Nachlass von 500.000 EUR. Die Eheleute lebten im gesetzlichen Güterstand der Zugewinngemeinschaft. K1 erhielt 1985 einen ausgleichungspflichtigen Vorempfang von 120.000 EUR, K2 erhielt 1985 ebenfalls einen ausgleichungspflichtigen Vorempfang von 100.000 EUR, K3 erhielt bisher keine Zuwendung. E hat seine Ehefrau F testamentarisch zur Alleinerbin eingesetzt. Wie hoch sind die einzelnen Pflichtteilsansprüche von K1, K2 und K3 gegenüber der Ehefrau F?

156

**Lösung**
Es ist zunächst der Ausgleichungsnachlass zu bilden. Zum Kreis der ausgleichungsberechtigten Personen zählt nicht die Ehefrau F. Sie ist vorab mit ihrem Erbteil in Höhe von $1/2$ = 250.000 EUR abzuziehen.

| | |
|---|---|
| Realer Nachlass | 500.000 EUR |
| abzüglich Anspruch der Ehefrau | 250.000 EUR |
| als Ausgleichungsnachlass | 250.000 EUR |

In einem weiteren Schritt ist nun der fiktive Ausgleichungsnachlass durch Hinzurechnung aller ausgleichungspflichtiger Vorempfänge zu bilden. Die jeweilige Zuwendung ist inflationsmäßig zu bereinigen.

| | |
|---|---|
| 120.000 EUR x 111[129] : 80,2 | 166.084,78 EUR |
| 100.000 EUR x 111 : 80,2 | 138.403,99 EUR |
| Dies ergibt einen fiktiven Nachlass von | 554.488,77 EUR |

Der Ausgleichungserbteil von K1 bis K3 beträgt daher jeweils $1/3$ aus 554.488,77 EUR = 184.829,59 EUR. Von dem Ausgleichungserbteil ist der jeweilige Vorempfang in Abzug zu bringen.
Demnach beträgt der Erbteil von K1 184.829,59 EUR abzüglich hochgerechnete Zuwendung 166.084,78 EUR, verbleiben für K1 18.744,81 EUR; für K2 184.829,59 EUR abzüglich hochgerechnete Zuwendung 138.403,99 EUR, verbleiben für K2 46.425,60 EUR und für K3 184.829,59 EUR.
Gemäß § 2303 Abs. 1 S. 2 BGB beträgt der Pflichtteil die Hälfte des gesetzlichen Erbteils.

---

129 Aktuelle Preisindices Palandt/*Brudermüller*, § 1376 BGB Rn 31.

Damit betragen die Pflichtteilsansprüche

| | |
|---|---:|
| für K1 | 9.372,40 EUR |
| für K2 | 23.212,80 EUR |
| für K3 | 92.414,80 EUR |

## V. Anrechnungspflichtteilsanspruch nach § 2315 BGB

### 1. Allgemeines

157 Bei der Anrechnung nach § 2315 BGB muss sich der Pflichtteilsberechtigte einen Vorempfang auf seinen Pflichtteilsanspruch anrechnen lassen, sofern der Erblasser die Zuwendung mit einer entsprechenden **Anrechnungsbestimmung** versehen hat. Dabei muss der Erblasser die Anrechnung spätestens im Zeitpunkt der Zuwendung bestimmt haben.[130] Im Unterschied zur Ausgleichung erfolgt die Berechnung für jeden Pflichtteilsberechtigten gesondert. Hierin liegt ein wesentlicher Unterschied. Darüber hinaus greift die Anrechnung für alle Pflichtteilsberechtigten ein, also auch bei Zuwendungen unter Ehegatten.

### 2. Anwendbarkeit des § 2315 BGB

158 Die Anwendbarkeit des § 2315 BGB setzt voraus, dass der Erblasser eine Zuwendung mit der Bestimmung gemacht hat, dass diese auf den Pflichtteilsanspruch anzurechnen ist. Zeitlich muss die Anrechnungsbestimmung gleichzeitig mit der Zuwendung dem Empfänger zugehen. Sie kann aber auch vorher für eine oder mehrere später folgende Zuwendungen erfolgen und auch von einer Bedingung abhängig gemacht werden. Nicht möglich ist es nach h.M., dass die Anrechnungsbestimmung nach der Zuwendung, z.B. durch Verfügung von Todes wegen, erfolgt. Der Erblasser kann aber eine einmal getroffene Anrechnungsbestimmung nachträglich durch einseitige Verfügung, auch von Todes wegen, wieder aufheben.[131] An die **äußere** Form der Anrechnungsbestimmung werden keine besonderen Anforderungen gestellt. Sie kann auch konkludent erfolgen.[132] Eine solche konkludente Anrechnungsbestimmung ist aber nur dann anzunehmen, wenn der Empfänger sie bewusst erkannt hat und dennoch die Zuwendung nicht zurückweist.[133] Die **innere** Form muss darauf gerichtet sein, dass die Zuwendung auf den Pflichtteil anzurechnen ist.

### 3. Durchführung der Anrechnung nach § 2315 BGB[134]

159 Das Anrechnungsverfahren vollzieht sich dergestalt, dass der Wert der Zuwendung dem Nachlasswert hinzugerechnet und ein so genannter **Anrechnungsnachlass** gebildet wird. Anschließend wird der Vorempfang von dem aus dem Anrechnungsnachlass bestimmten Pflichtteil in voller Höhe abgezogen. Im Gegensatz zur Bildung des Ausgleichungsnachlasses wird der Anrechnungsnachlass nicht durch Hinzurechnung aller anrechnungspflichtigen Zuwendungen gebildet, sondern für jeden Pflichtteilsberechtigten, der eine anrechenbare Zuwendung erhalten hat, wird eine gesonderte Berechnung durchgeführt.[135] Es kommt hier

---

130 Dem Pflichtteilsberechtigten soll die Möglichkeit der Zurückweisung der Zuwendung gegeben werden.
131 RGZ 67, 306.
132 Palandt/*Edenhofer*, § 2315 BGB Rn 2; *Kipp/Coing*, § 11 Fn 1.
133 BayOLGZ 1959, 77 ff.; *Lange/Kuchinke*, § 37, S. 863.
134 Vgl. zum Zusammentreffen von Anrechnung auf den Pflichtteil (§ 2315 BGB) und dem Zugewinnausgleichsanspruch (§ 1380 BGB) *Tanck*, in: Mayer/Süß/Tanck/Bittler/Wälzholz, § 7 Rn 81 ff.
135 Palandt/*Edenhofer*, § 2315 BGB Rn 4; MüKo-*Lange*, § 2315 BGB Rn 13.

auch nicht wie bei der Ausgleichung zu einem Abzug des Ehegattenanteils. Durch die Anrechnungsbestimmung sollen nicht die Rechte der anderen Abkömmlinge gestärkt werden, sondern der Erblasser will dadurch seine Verfügungsmöglichkeiten über sein Vermögen erweitern.

Nach der Bildung des Anrechnungsnachlasses ist der gesetzliche Erbteil des Pflichtteilsberechtigten unter Berücksichtigung von § 2310 BGB und § 1371 BGB zu ermitteln und daraus der so genannte **Anrechnungspflichtteil**. Von dem so ermittelten Anrechnungspflichtteil ist die Zuwendung abzuziehen, die dem realen Nachlass ursprünglich hinzugerechnet wurde.

160

Gemäß § 2315 Abs. 2 S. 2 BGB ist auch bei der Anrechnung der Wert der Zuwendung zum Zeitpunkt des Empfangs maßgeblich.[136] Der Erblasser kann jedoch hiervon abweichend anordnen, dass der Wert im Zeitpunkt des Erbfalles maßgeblich sein soll.[137] Hierbei ist auch die Geldentwertung bzw. der Kaufkraftschwund zu berücksichtigen. Der Wert des Gegenstands zum Zeitpunkt der Zuwendung ist wertmäßig auf den Zeitpunkt des Erbfalls hochzurechnen. Für die Bemessung des Kaufkraftschwundes ist der **Lebenshaltungskostenindex** heranzuziehen.[138] Es besteht aber grundsätzlich auch die Möglichkeit, dass der Erblasser eine bestimmte Festsetzung der anrechenbaren Werte vorgibt oder beispielsweise die Berücksichtigung des Lebenshaltungskostenindex ausschließt.

161

Die Anrechnung auf den Pflichtteil vollzieht sich im Einzelnen unter Berücksichtigung des Lebenshaltungskostenindex wie folgt:

162

**Fall**

163

Der verwitwete Erblasser E verstirbt 2002 und hinterlässt die Abkömmlinge K1 und K2. E hat K1 testamentarisch zum Alleinerben eingesetzt. K2 hatte von E bereits 1984 ein Vorempfang im Wert von 20.000 EUR erhalten mit der Bestimmung, dass sich K2 den Wert auf einen etwaigen Pflichtteilsanspruch anrechnen lassen müsse. Der Wert des Nachlasses beträgt 500.000 EUR. Wie hoch ist der Pflichtteilsanspruch von K2?

**Lösung**

Es ist nun zunächst der Anrechnungsnachlass zu bilden, indem die Vorempfänge des K2 (inflationsbereinigt) zum realen Nachlass hinzuaddiert werden.

| | |
|---|---|
| Tatsächlicher Nachlasswert | 500.000 EUR |
| Bildung des fiktiven Nachlasses | 20.000 EUR |
| dividiert durch 78,6 und multipliziert mit 111[139] | 28.244,27 EUR |
| ergibt einen Anrechnungsnachlass von | 528.244,27 EUR. |

Die Pflichtteilsquote von K2 beträgt ¼. Von dem so errechneten Anrechnungspflichtteil ist dann der Vorempfang abzuziehen.

| | |
|---|---|
| ¼ Pflichtteilsquote | 132.061,06 EUR |
| abzüglich Vorempfang | 28.244,27 EUR |
| ergibt einen Pflichtteil von | 103.816,79 EUR |
| K2 hat somit nur noch einen Pflichtteil in Höhe von | 103.816,79 EUR. |

---

136 Maßgebend ist hierbei auch der Wert zum Zeitpunkt der Vornahme der Leistung, nicht aber zur Zeit des Leistungsversprechens. Bei Grundstücken ist dies der Tag der Eintragung ins Grundbuch, NJW 1975, 2292.
137 OLG Nürnberg ZEV 2006, 361 ff. m. Anm. von *Keim*.
138 BGH NJW 1975, 2292; BGHZ 61, 385.
139 Bereinigt um den Kaufkraftschwund; vgl. Preisindex für die Lebenshaltung gemäß Palandt/*Brudermüller*, § 1376 BGB Rn 31.

## VI. Pflichtteilsergänzungsanspruch

### 1. Allgemeines

164 Der Pflichtteilsergänzungsanspruch, auch außerordentlicher Pflichtteil genannt,[140] ist ein vom ordentlichen Pflichtteil unabhängiger Anspruch eines Pflichtteilsberechtigten. Der Pflichtteilsergänzungsanspruch soll einen Ausgleich für die zu Lebzeiten des Erblassers getätigten Schenkungen schaffen und so verhindern, dass der Erblasser durch lebzeitige Zuwendungen den Nachlass vermindert und die Rechte der Pflichtteilsberechtigten umgeht. Haben die Ehegatten ein gemeinschaftliches Testament (§ 2269 BGB) hinterlassen, so ist als Erblasser i.S.v. § 2325 BGB immer nur der überlebende Ehegatte anzusehen.[141] Anders als bei den Ausgleichungsvorschriften nach §§ 2050 ff. BGB gilt hier nicht der so genannte erweiterte Erblasserbegriff.[142] Die Geschenke des vorverstorbenen Ehegatten finden demnach beim Tod des Überlebenden keine Berücksichtigung.

165 Der Pflichtteilsergänzungsanspruch ist ein **selbstständiger** Pflichtteilsanspruch,[143] der grundsätzlich auf eine Geldzahlung gerichtet ist (anders § 2329 BGB). Er steht dem Pflichtteilsberechtigten unabhängig vom ordentlichen Pflichtteil zu, was sich bereits aus der Klarstellung des § 2326 BGB ergibt. Er steht dem Berechtigten auch dann zu, wenn dieser nicht durch eine Verfügung von Todes wegen von der Erbfolge ausgeschlossen ist[144] oder die Erbschaft ausgeschlagen hat.[145] Rechtlich wird der Pflichtteilsergänzungsanspruch entsprechend dem ordentlichen Pflichtteilsanspruch behandelt, und zwar hinsichtlich seines Entstehens und seiner Übertragbarkeit. Gleiches gilt auch für die Auskunftspflicht und den Wertermittlungsanspruch, auch wenn dem Miterben gegenüber den anderen Miterben grundsätzlich kein Auskunftsanspruch zusteht.[146]

166 Gemäß § 2325 Abs. 1 BGB kann der Pflichtteilsberechtigte einen Pflichtteilsergänzungsanspruch gegen den oder die Erben geltend machen, wenn der Erblasser einem Dritten eine Schenkung zugewendet hat. Berücksichtigt werden grundsätzlich gem. § 2325 Abs. 3 BGB nur Schenkungen, die innerhalb der letzten zehn Jahre vor dem Erbfall getätigt wurden. Hiervon kann allerdings Ausnahme sein eine Grundstücksschenkung, die unter Vorbehaltsnießbrauch steht.[147] Erfolgte die Schenkung unter Ehegatten, so beginnt die Zehnjahresfrist nicht vor Auflösung der Ehe. Nach Ansicht des BGH[148] unterliegen auch die **ehebezogenen** Zuwendungen dem Pflichtteilsergänzungsanspruch. Die Höhe des Pflichtteilsergänzungsanspruchs ist der Betrag, um den sich der Pflichtteil erhöht hätte, wenn der verschenkte Gegenstand wertmäßig dem Nachlass hinzugerechnet worden wäre (fiktiver Nachlass oder auch so genannter **Ergänzungsnachlass**).

### 2. Kreis der pflichtteilsergänzungsberechtigten Personen (Gläubiger)

167 **Gläubiger** des Pflichtteilsergänzungsanspruchs ist der Pflichtteilsberechtigte. Voraussetzung ist aber nicht unbedingt, dass der Berechtigte im konkreten Fall auch pflichtteilsbe-

---

140 BGHZ 102, 333.
141 BGHZ 88, 102.
142 Staudinger/*Werner*, § 2052 Rn 6.
143 BGHZ 103, 333.
144 § 2326 S. 1 BGB.
145 BGHZ 43, 995.
146 Palandt/*Edenhofer*, § 2325 BGB Rn 2.
147 BGH ZEV 1994, 233 (vgl. Rn 192 ff.).
148 BGH FamRZ 1992, 300 ff.

rechtigt ist. Es genügt, wenn er dem Kreis der für diesen Erbfall pflichtteilsberechtigten Personen angehört. Aufgrund der Selbstständigkeit beider Ansprüche kann der Pflichtteilsberechtigte die Erbschaft annehmen und trotzdem seinen Ergänzungspflichtteil geltend machen.[149]

Der Personenkreis der Pflichtteilsberechtigten und der Ergänzungsberechtigten muss aber nicht immer übereinstimmen. Nach Ansicht des BGH[150] ist nämlich nur derjenige Pflichtteilsberechtigte auch ergänzungsberechtigt, der zum Zeitpunkt der Schenkung bereits zu dem pflichtteilsberechtigten Personenkreis gehörte (sog. **Doppelberechtigung**).

168

Die erst nach der Schenkung geborenen Kinder haben insofern keinen Pflichtteilsergänzungsanspruch. Ebenso steht auch Adoptivkindern kein Ergänzungsanspruch zu, wenn sie erst nach der Schenkung adoptiert wurden.[151] Ehegatten steht ein Ergänzungsanspruch nur bezüglich der nach der Heirat getätigten Schenkungen des anderen Ehegatten zu.

169

### 3. Schenkungsbegriff des § 2325 BGB

#### a) Allgemeines

Der Schenkungsbegriff des § 2325 Abs. 1 BGB deckt sich mit dem des § 516 Abs. 1 BGB. Danach sind zwei Voraussetzungen für das Vorliegen einer Schenkung maßgebend, zum einen die objektive Bereicherung des Dritten und zum andern das Einigsein zwischen Erblasser und Zuwendungsempfänger über die objektive Unentgeltlichkeit der Zuwendung. Entscheidend ist grundsätzlich nicht die Höhe des Vermögensabflusses, sondern das Maß der beim Zuwendungsempfänger bewirkten Bereicherung. Diese ist objektiv festzustellen.[152] Die Bemessungsgrundlage für den Pflichtteilsergänzungsanspruch ist somit der Wert der unentgeltlichen Zuwendung.

170

Streitig ist die Bewertung von Lebensversicherungen: z.T. wird hier auf die Auszahlungssumme abgestellt,[153] z.T auf die Höhe der erbrachten Prämienzahlungen.[154] Zwischenzeitlich wurde der Rechtsstreit dem BGH zur Entscheidung vorgelegt. Die Entscheidung bleibt abzuwarten.

171

#### b) Anstandsschenkung nach § 2330 BGB

Ein Pflichtteilsergänzungsanspruch kommt aber dann nicht in Betracht, wenn es sich um eine Anstandsschenkung handelt. Anstandsschenkungen im Sinne von § 2330 BGB sind Zuwendungen wie z.B. übliche Gelegenheitsgaben zu bestimmten Anlässen,[155] deren Vorliegen nach objektiven Kriterien (persönliche Beziehungen, Lebensstellung usw.) zu beurteilen ist. Darüber hinaus fallen unter § 2330 BGB auch diejenigen Schenkungen, die der Erblasser aus einer sittlichen Pflicht heraus zu erbringen hat.[156] Im Gegensatz zur Anstandsschenkung kann es sich bei dieser Fallgruppe auch um Geschenke größeren Umfangs handeln.[157]

172

---

149 BGH NJW 1973, 995 ff.
150 BGHZ 59, 210.
151 *Rohlfing*, § 5 Rn 198.
152 Palandt/*Putzo*, § 516 BGB Rn 6.
153 OLG Düsseldorf ZEV 2008, 292 ff.
154 OLG Stuttgart ZErb 2008, 57.
155 BGH NJW 1981, 111.
156 BGH NJW 1981, 111.
157 BGH NJW 1984, 2939.

173 Als **sittliche Pflicht** können gelten die Sicherung des Lebensunterhalts für den Partner einer nichtehelichen Lebensgemeinschaft,[158] die Unterhaltszahlungen für nahe Verwandte,[159] die Zuwendung eines Grundstücks für unbezahlte langjährige Dienste im Haushalt oder für unentgeltliche Pflege und Versorgung,[160] die belohnende Zuwendung für Pflegeleistungen o.Ä. dagegen nur, wenn besondere Umstände wie z.B. schwere persönliche Opfer vorliegen.[161] Hierbei handelt es sich aber nicht um allgemein gültige Kategorien. Die Frage, ob eine Schenkung i.S.v. § 2330 BGB ergänzungsfest ist, hängt stets vom Einzelfall ab!

Zuwendungen an Stiftungen, auch Zustiftungen unterliegen der Pflichtteilsergänzung.[162]

### c) Gemischte Schenkung und Auffassung der Parteien (Prinzip der subjektiven Äquivalenz)

174 Dem Pflichtteilsergänzungsanspruch unterliegt immer nur der unentgeltliche Teil einer Zuwendung. Bei der Bewertung des Ergänzungsanspruchs ist demnach im Rahmen einer **gemischten Schenkung** immer die Gegenleistung abzuziehen. In der Praxis ergibt sich oftmals die Schwierigkeit, dass nicht eindeutig geklärt ist, ob eine gemischte Schenkung vorliegt; zweitens stellt sich das Problem, dass die Gegenleistung bewertet werden muss, um den unentgeltlichen Teil ermitteln zu können.

175 Eine gemischte Schenkung liegt vor, wenn bei einem einheitlichen Vertrag der Wert der Leistung nur zum Teil dem Wert der Gegenleistung entspricht und die Parteien sich darüber einig sind, dass der überschießende Betrag unentgeltlich erfolgen soll (**subjektive Äquivalenz**). Somit ist grundsätzlich die Auffassung der Parteien entscheidend, ob eine Schenkung vorliegt. Fraglich ist, inwieweit die Parteien es in der Hand haben, die Entgeltlichkeit bzw. Unentgeltlichkeit zu bestimmen. Eine freie Bewertungsbefugnis der Parteien kommt nämlich dann nicht mehr in Betracht, wenn die getroffene Bewertung jeder sachlichen Grundlage entbehrt oder rein willkürlich ist.[163] Die Parteien der Übergabe verfügen nur über einen engen Spielraum, innerhalb dessen die subjektive Bestimmung eine an sich fehlende Gegenleistung ersetzen kann. Andernfalls hätten sie die Möglichkeit, durch eine willkürliche Bemessung von Leistung und Gegenleistung die Rechtsfolgen des § 2325 BGB zu umgehen.

176 Um den Pflichtteilsberechtigten nicht vor unlösbare Beweisprobleme zu stellen, wird seine Stellung durch eine Beweislastregelung verbessert. Stehen nämlich Leistung und Gegenleistung in einem **auffälligen** und **groben Missverhältnis**, spricht nach Auffassung des BGH[164] eine tatsächliche Vermutung dafür, dass sich die Parteien über die Unentgeltlichkeit der Wertdifferenz einig waren und dass dann eine gemischte Schenkung vorliegt.

177 Nach neuerer Rechtsprechung soll aber eine Anwendung der Beweislastregelung bereits dann möglich sein, wenn das Mehr der Leistung „**über ein geringes Maß deutlich hinausgeht**".[165] In der Rechtsprechung finden sich allerdings keine Prozentangaben wieder. Die **Beweislast** für das Vorliegen des Missverhältnisses zwischen Leistung und Gegenleistung trägt allerdings immer der Pflichtteilsberechtigte.[166] Greift die Beweiserleichterung ein, dann

---

158 BGH NJW 1983, 674.
159 MüKo-*Koch*, § 534 BGB Rn 4.
160 BGH WM 1977, 1410; BGH WM 1978, 905.
161 BGH NJW 1986, 1926.
162 BGH ZErb 2004, 129 ff.
163 BGHZ 59, 132, 136; BGH FamRZ 1989, 732.
164 BGH NJW 2002, 2469.
165 BGHZ 87, 980; BGH NJW 1995, 1349.
166 BGH NJW 1981, 2458 f.

muss sich der Übernehmer durch den Gegenbeweis entlasten, dass die getätigte Zuwendung seitens des Erblassers nicht unentgeltlich war.

Ein weiteres Problem in diesem Zusammenhang ist die **Bewertung** der Gegenleistung. Als typische Gegenleistung kann hier beispielsweise die Schuldübernahme oder die Einräumung eines Nießbrauchsrechts oder eines Wohnrechts vereinbart werden.[167] Die Gegenleistung kann in einem solchen Fall den für die Berechnung des Ergänzungsanspruchs maßgeblichen Wert mindern. Für die Bewertung selbst geht § 2325 Abs. 2 BGB von einer wirtschaftlichen Betrachtungsweise aus,[168] d.h. es ist der Wert des übergebenen Gegenstands unter Abzug der Gegenleistung zu ermitteln. Behält sich der Erblasser einen lebenslänglichen Nießbrauch an dem übergebenen Grundstück vor, so ist dieser in Höhe der kapitalisierten Nutzung in Abzug zu bringen,[169] soweit es auf den Zeitpunkt der Schenkung ankommt (§ 2325 Abs. 2 BGB). Nur der Restbetrag unterliegt dem Ergänzungsanspruch. Nach Ansicht des BGH[170] ist für die Bewertung des Nutzungsrechts auch zu berücksichtigen, inwieweit Reparatur- und Instandsetzungskosten eines Hauses über die reinen Reparaturkosten hinausgehen.

Ein weiteres Bewertungsproblem in diesem Zusammenhang ist die Frage, ob bei Abzug des Nießbrauchs von einem **abstrakten** kapitalisierten Wert auszugehen, oder ob, was bei der Berechnung des Pflichtteilsergänzungsanspruchs grundsätzlich möglich ist, die **tatsächliche** Lebensdauer des Erblassers zu berücksichtigen ist. In konsequenter Folge zur Rechtsprechung des BGH ist auf den abstrakten kapitalisierten Nießbrauchswert abzustellen, da es um die Ermittlung des Wertes zum Zeitpunkt der Schenkung geht.[171] Den für die Berechnung notwendigen abstrakten Nießbrauchswert erhält man durch Multiplikation des Jahreswertes mit der abstrakten Lebenserwartung des Berechtigten.[172]

Liegen allerdings im Zeitpunkt der Übertragung Besonderheiten vor, die eine kürzere bzw. kurze Lebenserwartung des Erblassers wahrscheinlich machen, so kann der Wert des Nießbrauchs sich reduzieren bzw. sogar gegen Null tendieren.[173]

### d) Schenkung unter Auflage (§ 525 BGB)

Anders als bei der gemischten Schenkung handelt es sich bei der mit einer Schenkung verbundenen Auflage um keine Gegenleistung, sondern um eine rechtlich selbstständige Leistungspflicht. Eine typische Auflage ist in der Praxis beispielsweise die Übernahme einer Pflegeverpflichtung.[174] Ob die Auflage bei der Berechnung des Pflichtteilsergänzungsanspruchs in Abzug zu bringen ist, ist umstritten. Nach einer Meinung in der Literatur soll eine Schenkung unter Auflage den Ergänzungsanspruch in voller Höhe auslösen, da die Auflage der Zuwendung ebenso wenig den Charakter einer Schenkung nehme, wie der zur Erfüllung der Auflage verwendete Geldbetrag.[175]

---

167 BGH ZEV 1996, 186; nach Rechtsprechung des BGH ist die Einräumung eines Wohnrechts als Auflage zu bewerten, die jedoch im Rahmen des Pflichtteilsergänzungsanspruchs wie eine Gegenleistung wertmindernd zu berücksichtigen ist.
168 BGHZ 125, 395.
169 BGHZ 118, 49; BGH FamRZ 1991, 552.
170 BGH ZEV 1996, 197.
171 BGH NJW 1994, 1791.
172 Die Kapitalisierung des Jahreswertes erfolgt nach Anlage 9 zu § 14 BewG.
173 OLG Köln OLG Report 1997, 79; vgl. auch OLG Koblenz ZEV 2002, 460.
174 A.A. *Gerke*, ZRP 1991, 426, 430, der in der Pflegeverpflichtung eine synallagmatische Hauptleistung sieht und hier eine gemischte Schenkung annimmt.
175 RGZ 60, 238.

182  Dieser Auffassung ist jedoch nicht zu folgen. Wie *Reiff*[176] zutreffend bemerkt, ist die Abgrenzung zwischen gemischter Schenkung und Auflagenschenkung in der Praxis äußerst schwierig und umstritten.[177] Eine Differenzierung bezüglich der Abzugsmöglichkeit bei der Bewertung des Pflichtteilsergänzungsanspruchs wäre unter diesen Umständen nicht gerechtfertigt; jedenfalls dann nicht, wenn der Beschenkte selbst die Auflage zu erfüllen hat. Der BGH[178] hat diesbezüglich keinen Unterschied gemacht. In seiner Entscheidung hat er die Einräumung eines Wohnrechts nicht als Gegenleistung, sondern als Schenkung unter Auflage (§ 525 BGB) angesehen. Bei der Ermittlung des Wertes für den Pflichtteilsergänzungsanspruch hat er das Nutzungsrecht jedoch in Abzug gebracht.[179] Der BGH führt aus, dass für die Pflichtteilsergänzung nur der Wert heranzuziehen ist, der über den Wert des kapitalisierten Nutzungsrechts hinausgeht. Eine Unterscheidung zwischen echter Gegenleistung und Auflage ist insoweit nicht vorzunehmen. So hat auch das OLG Hamburg[180] in seiner Entscheidung ohne Zweifel eine als Auflage vereinbarte Pflegeverpflichtung als Abzugsposten berücksichtigt. Das OLG Oldenburg hat demgegenüber ein Wohnungsrecht, welches nur 14 Monate eingeräumt war, nicht wertmindernd in Abzug gebracht.[181]

183  Fraglich ist aber bei der **Bewertung der Auflage**, ob hier auf den tatsächlichen Anfall oder aber, wie bei der gemischten Schenkung, auf den Zeitpunkt des Vollzugs der Schenkung abzustellen ist, mit der Folge, dass nicht, wie bei der Bewertung des Nießbrauchs, der kapitalisierte Wert, sondern nur die tatsächlich angefallenen Leistungen in Abzug zu bringen sind.

Die Frage ist bisher nicht höchstrichterlich geklärt. Die h.M. in der Literatur[182] neigt aber zu einer abstrakten Bewertung, die sich an der Lebenserwartung des Berechtigten orientiert. Die Bewertung ist somit ebenfalls aus einer ex-ante-Betrachtung vorzunehmen.

184  Unabhängig von der Frage, ob die Bewertung der Pflegeleistung aus ex-ante-Sicht nach der Lebenserwartung oder nach der tatsächlich erbrachten Leistung im Nachhinein vorzunehmen ist, stellt sich in der Praxis generell das Problem der Bewertung der Pflegeleistung. Eine durchgängige Rechtsprechung gibt es in diesem Bereich nicht. Das OLG Düsseldorf[183] hat in seinem Urteil vom 22.1.1996 eine monatliche Pflegeleistung in Höhe von 800 DM anerkannt. In der Literatur ist der Vorschlag gemacht worden, den Wert der Pflegeverpflichtung an die entsprechenden Leistungen des PflegeVG anzulehnen.[184]

185  **Hinweis**
Nach Ansicht des OLG Koblenz ist ein vertraglich vereinbartes Rückforderungsrecht wertmindernd in Abzug zu bringen (in der genannten Entscheidung 10 %), FamRZ 2002, 772 = ZErb 2002, 104.

---

176 *Reiff*, FamRZ 1992, 363.
177 BGH ZEV 1996, 186.
178 BGH ZEV 1996, 186.
179 BGH ZEV 1996, 186.
180 OLG Hamburg FamRZ 1992, 228.
181 OLG Oldenburg FamRZ 1999, 1315.
182 FamRZ 1994, 739, 744; ZEV 1996, 252.
183 OLG Düsseldorf DNotZ 1996, 652; teilweise werden auch Beträge von 2.500 DM, OLG Oldenburg FamRZ 1998, 516 und 3.000 DM anerkannt, OLG Oldenburg NJW-RR 1997, 263.
184 Für die gestaltende Praxis sei hier darauf hingewiesen, dass die Abtretung des Anspruchs auf das Pflegegeld zu einem Verlust der Gegenleistung führen kann, *Raststätter*, ZEV 1996, 281; *J. Mayer*, ZEV 1995, 269.

### e) Ehebezogene Zuwendungen

Ehebezogene Zuwendungen galten im Erbrecht, und damit auch im Verhältnis zum Pflichtteilsberechtigten, lange Zeit nicht **als Schenkung** im Sinne des § 2325 BGB. Zwar lag hier eine objektive Bereicherung vor, jedoch fehlte grundsätzlich das Einigsein über die objektive Unentgeltlichkeit. Wenn nämlich eine Zuwendung zur Verwirklichung oder Ausgestaltung der ehelichen Lebensgemeinschaft erfolgt, so nimmt dies der Zuwendung die objektive Unentgeltlichkeit. Der BGH[185] hat in seiner Entscheidung aus dem Jahre 1991 ausgeführt, dass dem Schenkungsbegriff in § 2325 BGB der gleiche Schenkungsbegriff wie in § 2287 BGB zugrunde zu legen sei. Dies führt dazu, dass auch die ehebezogene Zuwendung in der Regel einen objektiv unentgeltlichen Erwerb darstellt und somit unter den Pflichtteilsergänzungsanspruch nach § 2325 BGB fällt.

### 4. Zeitpunkt für die Bewertung der Schenkung; Niederstwertprinzip (§ 2325 Abs. 2 S. 2 BGB)

Für die Bewertung der Leistung, die dem Ergänzungsanspruch unterliegt, kommt es bei **verbrauchbaren Sachen** grundsätzlich auf den Zeitpunkt der Zuwendung an.[186] Unter verbrauchbaren Sachen (§ 92 BGB) versteht man grundsätzlich diejenigen Gegenstände, deren Existenz von einer Zeitdauer abhängt. Als verbrauchbare Sache wird aber auch das Geldgeschenk angesehen, wobei nach Ansicht des BGH[187] die Geldentwertung nach dem allgemeinen Lebenshaltungskostenindex auszugleichen ist. Auch der schenkweise Erlass von Schulden wird wie eine verbrauchbare Sache behandelt und mit dem damaligen Wert berücksichtigt. Bei verbrauchbaren Sachen ist es darüber hinaus unerheblich, ob die Zuwendung zwischenzeitlich verbraucht wurde oder verloren gegangen ist. Für andere **nicht verbrauchbare** Gegenstände, meist Immobilien, gilt das so genannte **Niederstwertprinzip** des § 2325 Abs. 2 S. 2 BGB. Für die Ermittlung des Wertes nach dem Niederstwertprinzip ist der Wert des Gegenstands an **zwei Stichtagen** festzustellen, nämlich zum Zeitpunkt der Schenkung und zum Zeitpunkt des Erbfalls. Der niedrigere Wert ist dann für die Berechnung des Ergänzungsanspruchs maßgebend. Hierbei ist so vorzugehen, dass zunächst der Wert des Gegenstands zum Zeitpunkt der Schenkung ermittelt wird. Dieser ist dann anhand des Lebenshaltungskostenindexes auf den Zeitpunkt des Erbfalls zu indizieren. Danach ist er mit dem Wert des Gegenstands zum Zeitpunkt des Erbfalls zu vergleichen. Der niedrigere Wert ist dann maßgebend für den Pflichtteilsergänzungsanspruch.

Der BGH lässt bei der Feststellung des Niederstwertes den Nießbrauch (die vorbehaltene Leistung) zunächst außer Betracht.[188] Ergibt die Ermittlung des Niederstwertes, dass der Wert des Gegenstands zum Zeitpunkt der Schenkung maßgebend ist, wird in einem zweiten Schritt für die konkrete Berechnung des Pflichtteilsanspruchs der Wert der Zuwendung unter Berücksichtigung des Nießbrauchs ermittelt. Ist dagegen der Wert des Gegenstandes zum Zeitpunkt des Erbfalls maßgebend, so bleibt der Nießbrauch unberücksichtigt.[189] Gleiches hat der BGH auch in seiner neuesten Entscheidung für die Einräumung eines Wohnungsrechts entschieden.[190]

Die Frage der Berücksichtigung des Nießbrauchs bei der Bewertung des Grundstücks darf aber nicht mit dem Problem verwechselt werden, dass ein Nießbrauch zu Lebzeiten durch

---

185 BGHZ 116, 167; BGH FamRZ 1992, 300.
186 BGH NJW 1964, 1323.
187 BGH NJW 1983, 1485.
188 BGH MDR 1992, 681.
189 BGH FamRZ 1991, 552.
190 BGH MittBayNot 1996, 307.

den Erblasser erlassen wird. Denn erlässt der Erblasser innerhalb der Zehnjahresfrist sein Nießbrauchsrecht, so ist dies als weiterer Schenkungstatbestand zu werten, zumindest dann, wenn keine Gegenleistung vereinbart oder der Nießbrauch nicht abgezinst wird. Beim Erlass des Nießbrauchs oder aber auch eines Rentenrechts ist der Wert zu diesem Zeitpunkt neu zu kapitalisieren und nicht, wie teilweise behauptet wird,[191] der tatsächliche Wert zum Zeitpunkt des Todes zu ermitteln.

### 5. Zehnjahresfrist des § 2325 Abs. 3 BGB

190  Gemäß § 2325 Abs. 3 BGB sind nur solche Schenkungen ergänzungspflichtig, die innerhalb von zehn Jahren vor dem Erbfall erfolgten. Fraglich ist, ab welchem Zeitpunkt die Frist zu laufen beginnt, da der in § 2325 Abs. 3 BGB genannte Zeitpunkt der „**Leistungserbringung**" ein durchaus dehnbarer Begriff ist. In Betracht kommen kann hier die bloße Leistungshandlung, aber auch der Leistungserfolg.[192] Der BGH[193] stellt grundsätzlich bei Mobilien und Immobilien auf den tatsächlichen Eigentumserwerb ab. Darüber hinaus hat der BGH[194] die Zehnjahresfrist dahin gehend erweitert, dass auch diejenigen Schenkungen, die nicht endgültig aus dem wirtschaftlichen Vermögensbereich des Erblassers ausgegliedert wurden und bei denen sozusagen ein „**Genussverzicht**" nicht vorliegt, unter den Pflichtteilsergänzungsanspruch fallen.

191  Bei **Grundstücksübertragungen** beginnt die Zehnjahresfrist mit vollständiger Ausgliederung des Vermögenswertes. Dies ist nach BGH[195] die Eintragung der Rechtsänderung im Grundbuch. Etwas anderes kann sich aber dann ergeben, wenn das Grundstück unter Nießbrauchsvorbehalt oder unter Einräumung eines Wohnrechts übertragen wurde.

192  Während man bei Schenkungen unter Ehegatten davon ausgeht, dass der Schenker weiterhin im Genuss des Schenkungsgegenstands bleibt und § 2325 Abs. 3 Hs. 2 BGB den Fristbeginn bereits von Gesetzes wegen bis zur Auflösung der Ehe hinausschiebt, hat der BGH weitere Fallgruppen gebildet, in denen die Frist ebenfalls nicht zu laufen beginnt. So beispielsweise für die Schenkung unter Nießbrauchsvorbehalt.

193  Der BGH hat in seinem Urteil vom 27.4.1994[196] ausgeführt, dass eine Leistung im Sinne des § 2325 Abs. 3 S. 1 BGB nur dann vorliegt, wenn der Erblasser nicht nur seine Rechtsstellung als Eigentümer endgültig aufgibt, sondern auch dann, wenn er darauf verzichtet hat, den verschenkten Gegenstand im Wesentlichen weiter zu nutzen, sei es aufgrund Vorbehalts seiner dinglichen Rechte oder durch Vereinbarung schuldrechtlicher Ansprüche.

194  Behält sich der Erblasser bei der Schenkung eines Grundstücks den Nießbrauch uneingeschränkt vor (**Vorbehaltsnießbrauch**), gibt er somit den „Genuss" des verschenkten Gegenstands nicht auf. Eine „Leistung" i.S.v. §§ 2325 Abs. 3 Hs. 1 BGB im Hinblick auf den verschenkten Gegenstand liegt daher trotz Umschreibung im Grundbuch nicht vor. Die Frist des § 2325 Abs. 3 BGB beginnt nicht zu laufen.

195  Nach h.M.[197] ist die Einräumung eines **Wohnrechts** dem Nießbrauch gleichzustellen. D.h., dass die Frist auch insoweit erst ab dem Zeitpunkt zu laufen beginnt, in dem das Wohnrecht

---

[191] MüKo-*Frank*, § 2325 BGB Rn 20.
[192] *Brox*, Rn 537; *Nieder*, DNotZ 1987, 319.
[193] BGH NJW 1988, 821.
[194] BGHZ 118, 49.
[195] BGH NJW 1988, 1921.
[196] BGH ZEV 1994, 233.
[197] *N. Mayer*, ZEV 1994, 325; *Wegmann*, MittBayNot 1994, 307.

erlischt bzw. der Berechtigte davon keinen Gebrauch mehr macht. Dies gilt zumindest dann, wenn das Wohnrecht die ganze Zuwendung erfasst.

Bei Schenkungen des Erblassers an den überlebenden **Ehegatten** beginnt die Zehnjahresfrist unabhängig vom Güterstand nicht vor Auflösung der Ehe (§ 2325 Abs. 3 S. 2 BGB). Die ratio dieser im Hinblick auf Artikel 6 Abs. 1, Abs. 3 S. 1 GG verfassungsrechtlich nicht unbedenklichen Sonderregelung für Zuwendungen an den Ehegatten ist neben der erhöhten Gefahr einer Verkürzungsabsicht von Pflichtteilsansprüchen der Umstand, dass der Erblasser bei Schenkungen an den Ehegatten noch kein spürbares Vermögensopfer erbringt.[198] § 2325 Abs. 3 Hs. 2 BGB setzt voraus, dass die Ehe zum Zeitpunkt der Schenkung bereits bestand. Eine entsprechende Anwendung der Vorschrift auf vor der Eheschließung vorgenommene Schenkungen unter künftigen Ehegatten wird von der h.M. jedoch abgelehnt.[199]

### 6. Berechnung des Pflichtteilsergänzungsanspruchs

#### a) Für Erbfälle vor dem 1.1.2010

Nach § 2325 BGB kann derjenige, der zum Kreis der Pflichtteilsberechtigten zählt, von den Erben als Ergänzung des Pflichtteils den Betrag verlangen, um den sich der Pflichtteil erhöht, wenn der verschenkte Gegenstand dem Nachlass hinzugerechnet wird. Dem Wortlaut zufolge ergibt dies, dass zum realen Nachlass (= die zum Zeitpunkt des Todes noch vorhandenen Gegenstände) sämtliche ergänzungspflichtigen Geschenke hinzuzuaddieren sind und sich hieraus, entsprechend der Pflichtteilsquote, ein Gesamtpflichtteil errechnet. Von diesem ist dann der ordentliche Pflichtteil abzuziehen, um die Höhe des Ergänzungsanspruchs zu ermitteln. Unter dem **Gesamtpflichtteil** versteht man also den Pflichtteil, der sich aus der Summe des realen Nachlasses einschließlich aller relevanten Schenkungen (auch fiktiver Nachlass genannt) ergibt.

> **Fall**[200]
> Erblasser E hinterlässt seine Ehefrau F und seine beiden Kinder K1 und K2. E setzt seine Ehefrau F zur Alleinerbin ein. Im Jahre 1988 hatte E seinem Freund D 10.000 EUR geschenkt. E stirbt 1996. K1 und K2 machen ihren Pflichtteil und ihren Pflichtteilsergänzungsanspruch geltend. Der Nachlass hat einen Wert von 20.000 EUR.
> **Lösung**
> K1 und K2 erhalten jeweils einen Pflichtteilsanspruch in Höhe von 2.500 EUR ($^1/_8$ von 20.000 EUR realer Nachlass) und einen Pflichtteilsergänzungsanspruch in Höhe von 1.250 EUR ($^1/_8$ von 10.000 EUR Schenkung an F). Die Ehefrau F erhält als Alleinerbin den gesamten Nachlass in Höhe von 20.000 EUR. Sie muss jedoch die Pflichtteile von jeweils 2.500 EUR und Pflichtteilsergänzungsansprüche von jeweils 1.250 EUR auszahlen, da sie als Erbin die Pflichtteilsergänzungsansprüche zu tragen hat.

#### b) Für Erbfälle ab dem 1.1.2010

Bei Erbfällen, die nach dem 1.1.2010 eintreten, gilt die sogenannte „Pro-Rata"-Lösung: Nur im ersten Jahr vor dem Erbfall wird die Schenkung im vollen Umfang für die Pflichtteilser-

---

[198] MüKo-*Frank*, § 2325 BGB Rn 26; die Kommission für die zweite Lesung des BGB-Entwurfes sah die Verschiebung des Fristbeginns als gerechtfertigt an, da davon auszugehen sei, dass der verschenkte Gegenstand unter Ehegatten gemeinschaftliches Vermögen bleibe und der Schenker somit nicht auf den Genuss des Gegenstandes zu verzichten brauche.
[199] A.A. OLG Zweibrücken FamRZ 1994, 1492.
[200] Fall ohne Berücksichtigung der inflationsmäßigen Hochrechnung.

gänzung herangezogen. Innerhalb jedes weiteren Jahres vor dem Erbfall wird sie dann jeweils um $1/10$ weniger berücksichtigt. Sind schließlich 10 Jahre seit der Leistung des verschenkten Gegenstands verstrichen, bleibt die Schenkung unberücksichtigt. Bei Schenkungen an Ehegatten gilt, dass die Frist nicht vor Auflösung der Ehe beginnt. Der Gesetzgeber hat keine Ausführungen dazu gemacht, ob die bisherige Rechtsprechung des BGH zum Genussverzicht dazu führt, dass die Frist gar nicht in Gang gesetzt wird. Es bleibt abzuwarten, ob in den Fällen eines mangelnden Genussverzichts Schenkungen in voller Höhe in die Pflichtteilsergänzung fallen und eine Frist nach § 2325 Abs. 3 BGB im Sinne der Pro-Rata-Lösung gar nicht erst in Gang gesetzt wird.[201]

#### c) Abzug nach § 2326 BGB

200    Nach § 2326 S. 2 BGB kann der Pflichtteilsberechtigte den Ergänzungsanspruch auch dann fordern, wenn er selbst als Erbe eingesetzt ist. § 2326 S. 2 BGB hat aber lediglich klarstellende Funktion. Ist der pflichtteilsberechtigte **Erbe** aber auf mehr als seinen Pflichtteil eingesetzt, dann hat er sich gem. § 2326 S. 2 BGB denjenigen Betrag auf seinen Ergänzungsanspruch anrechnen zu lassen, der den ordentlichen Pflichtteil übersteigt.[202] Der Anrechnungsbetrag nach § 2326 S. 2 BGB entspricht somit dem Erbteil (Quote) abzüglich des ordentlichen Pflichtteils. Hierbei ist darauf zu achten, dass bei der Ermittlung des Erbteils keine Belastungen und Beschwerungen abgezogen werden dürfen, d.h., dass für die Ermittlung des Abzugbetrags nach § 2326 S. 2 BGB zunächst die reine Erbquote maßgebend ist und nicht der Wert der Zuwendung. Die Literatur begründet dies damit, dass § 2326 BGB im Rahmen von § 2306 BGB zu sehen ist und der Erbe seinen Erbteil ausschlagen muss, um sich von den Belastungen oder Beschwerungen zu befreien.[203] Dem Berechtigten ist aber dann insoweit ein Anfechtungsrecht einzuräumen, wenn er von den Beschwerungen oder Belastungen bei Annahme der Erbschaft keine Kenntnis hatte.[204]

#### d) Eigengeschenke nach § 2327 BGB

201    Nach § 2327 BGB muss sich der Pflichtteilsberechtigte **Eigengeschenke**, die er vom Erblasser erhalten hat, auf seinen Pflichtteilsergänzungsanspruch anrechnen lassen. Bei der Ermittlung des Ergänzungsnachlasses ist das Eigengeschenk dem Nachlass hinzuzurechnen und von dem daraus ermittelten Ergänzungsanspruch in voller Höhe abzuziehen.[205] Zu beachten ist, dass im Rahmen des § 2327 BGB bei der Anrechnung des Eigengeschenks die Zehnjahresfrist des § 2325 Abs. 3 BGB keine Rolle spielt.[206] Des Weiteren ist zu beachten, dass das Eigengeschenk des Pflichtteilsberechtigten im Rahmen des § 2327 BGB nur auf den Ergänzungspflichtteil und nicht auch auf den ordentlichen Pflichtteil anzurechnen ist. Ist somit das Eigengeschenk größer als der dem Pflichtteilsberechtigten zustehende Ergänzungspflichtteil, so ist dieser nicht verpflichtet, etwas in den Nachlass zu zahlen oder das Eigengeschenk gar mit dem ordentlichen Pflichtteil zu verrechnen.

Wie eingangs bereits erwähnt, gilt die Zeitschranke des § 2325 Abs. 3 BGB nicht im Rahmen des § 2327 BGB für die Anrechnung der Eigengeschenke des Pflichtteilsberechtigten.

---

201 Vgl. hierzu *Bonefeld/Lang/Tanck*, ZErb 2007, 292, Die geplante Reform des Pflichtteilsrechts.
202 *Lange/Kuchinke*, § 37 IX S. 881.
203 MüKo-*Lange*, § 2326 BGB Rn 2.
204 Palandt/*Edenhofer*, § 2326 BGB Rn 3.
205 BGH NJW 1983, 2875.
206 BGH LM § 2327 Nr. 1.

### e) Leistungsverweigerungsrecht nach § 2328 BGB

Der pflichtteilsberechtigte Erbe hat neben der Dürftigkeitseinrede nach § 1990 BGB auch ein Leistungsverweigerungsrecht nach § 2328 BGB. Die Einrede des § 2328 BGB steht dem pflichtteilsberechtigten Erben aber nur gegenüber dem Ergänzungsanspruch, nicht auch gegenüber dem ordentlichen Pflichtteilsanspruch zu. Der pflichtteilsberechtigte Erbe kann danach die Einrede in der Höhe erheben, in der ihm sein ordentlicher Pflichtteil und sein Ergänzungspflichtteil verbleiben.[207] Ausschlaggebend soll hierbei die Höhe des ordentlichen Pflichtteils unter Berücksichtigung von Anrechnungs- und Ausgleichungsvorschriften sein.[208] Nach h.M.[209] steht das Leistungsverweigerungsrecht auch in analoger Anwendung dem nach § 2329 BGB als Beschenkten in Anspruch genommenen Pflichtteilsberechtigten zu. Die Einrede des § 2328 BGB findet in Ergänzung zu § 2319 BGB auch auf den Miterben Anwendung.[210]

202

## VII. Schuldner des Pflichtteilanspruchs

### 1. Allgemeines

Die Pflichtteilslasten haben gem. § 2303 BGB grundsätzlich die Erben zu tragen. Der Pflichtteilsberechtigte kann sowohl gegen einen Einzelnen, als auch gegen alle Miterben gemeinsam vorgehen. Die Erbengemeinschaft haftet als Gesamtschuldner gem. §§ 2058 ff. BGB. Im Übrigen ist bezüglich der Haftung der Erben zu unterscheiden, ob der Pflichtteilsanspruch vor oder nach der Erbauseinandersetzung geltend gemacht wird.

203

Der Pflichtteilsanspruch kann nicht gegen den Vermächtnisnehmer gerichtet werden. Der Erbe hat jedoch das Recht, die von ihm im Außenverhältnis zum Pflichtteilsberechtigten allein getragene Pflichtteilslast im Innenverhältnis zu einem bestimmten Teil auf den Vermächtnisnehmer und den Auflagebegünstigten abzuwälzen.[211] Dies geschieht durch die Kürzung des Vermächtnisanspruchs nach den §§ 2318 ff. BGB. Hierbei ist zu beachten, dass die §§ 2318 ff. BGB, mit Ausnahme des § 2319 BGB, nur im Innenverhältnis zwischen Erben und Vermächtnisnehmer zur Anwendung kommen. Lediglich der Vorschrift des § 2319 BGB kommt auch Außenwirkung zu.

204

### 2. Haftung der Erben im Außenverhältnis

Vor der Teilung des Nachlasses haftet jeder Erbe für den Pflichtteilsanspruch. Jeder einzelne Miterbe kann jedoch erreichen, dass er dem Pflichtteilsgläubiger nur mit seinem Anteil an dem Nachlass, nicht aber mit seinem sonstigen Vermögen haftet, indem er die **Einrede des ungeteilten Nachlasses** nach § 2059 Abs. 1 S. 1 BGB erhebt. Das Gesetz geht vor der Erbauseinandersetzung davon aus, dass der Nachlass einerseits und das Eigenvermögen der Erben andererseits noch hinreichend voneinander abgesondert sind. Zu beachten ist, dass die Einrede bei der Zwangsvollstreckung nur dann Berücksichtigung findet, wenn sie gem. § 780 ZPO im Urteil vorbehalten wurde.[212]

205

---

207 BGHZ 85, 274.
208 Staudinger/*Olshausen*, § 2328 BGB Rn 5.
209 BGH NJW 1983, 1485.
210 MüKo-*Lange*, § 2328 BGB Rn 4.
211 MüKo-*Lange*, § 2318 BGB Rn 1.
212 *Rohlfing*, § 4 Rn 148.

206 Anderes gilt hingegen, wenn die Auseinandersetzung bereits durchgeführt wurde. Die Einrede des § 2059 BGB greift hier nicht. Nach der Nachlassteilung kann der einzelne Miterbe über die ihm zugefallenen Gegenstände frei verfügen, so dass der Nachlassgläubiger jetzt schutzwürdiger ist. Das Gesetz ordnet gem. § 2058 BGB nunmehr eine unbeschränkte, lediglich nach §§ 2061 ff. BGB beschränkbare und grundsätzlich gesamtschuldnerische Haftung des Miterben an. Ist der Erbe selbst pflichtteilsberechtigt, dann steht ihm aber zumindest in Höhe seines Pflichtteils die Einrede des § 2319 BGB zu.[213]

207 In diesem Zusammenhang stellt sich die Frage, wann die Auseinandersetzung einer Erbengemeinschaft erfolgt ist. Grundsätzlich tritt die Teilung des Nachlasses mit dem **Vollzug** der Auseinandersetzung ein. Es ist nicht erforderlich, dass die Erbengemeinschaft hinsichtlich keines Nachlassgegenstandes mehr besteht. Maßgeblich ist vielmehr das objektive Gesamtbild. Die Teilung ist vollzogen, wenn ein so erheblicher Teil der Nachlassgegenstände aus der Gesamthand in das Einzelvermögen der Miterben überführt ist, dass im Nachlass für die Berichtigung der Nachlassverbindlichkeiten keine ausreichenden Gegenstände mehr vorhanden sind.[214] Bei **wirtschaftlicher Betrachtungsweise** muss die Gesamthandgemeinschaft der Miterben praktisch als aufgelöst erscheinen.[215]

208 **Hinweis**
Eine gesamtschuldnerische Haftung aller Miterben kommt allerdings nur dann in Betracht, wenn es sich um eine gemeinschaftliche Nachlassverbindlichkeit handelt. Dies ist bspw. nicht der Fall, wenn ein Miterbe gegenüber den anderen Miterben einen Pflichtteilsergänzungsanspruch nach §§ 2325, 2326 BGB geltend macht.[216]

### 3. Haftung für den Pflichtteilsanspruch im Innenverhältnis

#### a) Pflichtteilslast zwischen den Miterben

209 Die Ausgangsnorm ist zunächst § 426 Abs. 1 BGB. Danach sind die Erben als Gesamtschuldner im Verhältnis zueinander zu gleichen Anteilen verpflichtet, soweit nicht ein anderes bestimmt ist. Für die Erbengemeinschaft greift jedoch die Sonderregelung der §§ 2032 ff. BGB ein.

210 Nach §§ 2047, 2038 Abs. 2, 748 BGB hat jeder Miterbe grundsätzlich die Pflichtteilslast nach dem **Verhältnis seines Anteils** zu tragen, wobei sich hier die Frage aufdrängt, ob die Erben die Pflichtteilslast im Verhältnis ihrer Erbquote oder in Höhe ihres Erbteils, gegebenenfalls unter Berücksichtigung der Ausgleichungsvorschriften, zu tragen haben. Meinungen im Schrifttum und in der Rechtsprechung sind zu dieser Frage nicht zu finden. Es fällt auf, dass immer wieder von Erbteil gesprochen wird, was sowohl **Quote**, als auch **Wert** sein kann. Lediglich vereinzelt wird konkret die Quote als Maßstab genannt.[217]

211 Mit Anteil ist wohl die Erbquote gemeint, so dass eventuelle Ausgleichungsvorgänge nach §§ 2050 ff. BGB außer Ansatz bleiben. Dies ergibt sich nicht zuletzt schon aus den Vorschriften der §§ 2046, 2047 BGB, wonach zunächst aus dem Nachlass die Verbindlichkeiten zu erfüllen sind und erst der Rest des Nachlasses unter den Erben entsprechend ihrer Erbquote oder, falls eine Ausgleichung durchzuführen ist, in Höhe ihres verbleibenden

---

213 *Kipp/Coing*, § 12 I 3.
214 Palandt/*Edenhofer*, § 2059 BGB Rn 3.
215 *Brox*, Rn 699.
216 Staudinger/*Marotzke*, § 2058 BGB Rn 13.
217 *Weirich*, Rn 514; *Klingelhöffer*, Rn 95.

Erbteils zu teilen ist.²¹⁸ Denn die Ausgleichung soll Gerechtigkeit unter den Abkömmlingen schaffen, nicht aber zu einer Verschiebung der Pflichtteilslast führen. D.h., dass die Erben grundsätzlich die **Pflichtteilslast** im Verhältnis ihrer **Erbquote** trifft.

Eine gesetzliche Ausnahme von der gleichmäßigen Tragung der Pflichtteilslast regelt der Fall des § 2320 BGB. Danach haftet der **Ersatzmann** in Höhe seines **erlangten Vorteils** zunächst voll für den Pflichtteil.

212

Gemäß § 2324 BGB kann der Erblasser auch die Pflichtteilslast nur einzelnen Erben auferlegen. Er kann auch von den Vorschriften der §§ 2318, 2320–2323 BGB **abweichende Anordnungen** treffen.

213

b) Pflichtteilslast zwischen Erben und Vermächtnisnehmer

Im Innenverhältnis verteilt das Gesetz in den §§ 2318–2323 BGB die Pflichtteilslast auf den Erben, den Vermächtnisnehmer und denjenigen, der durch eine Auflage begünstigt ist. Die Vorschriften der §§ 2318–2324 BGB regeln aber, mit Ausnahme der Einrede nach § 2319 BGB, nur das Innenverhältnis. Im Außenverhältnis bleibt es bei der alleinigen Haftung der Erben.

214

### 4. Einrede des § 2319 BGB

§ 2319 BGB gewährt dem pflichtteilsberechtigten Miterben nach der Teilung **ein Leistungsverweigerungsrecht in der Höhe seines eigenen Pflichtteils**. Für den Ausfall haften die übrigen Erben, die nicht pflichtteilsberechtigt sind. § 2319 BGB ist nur auf die Miterbengemeinschaft abgestimmt, er entfaltet für den Alleinerben keine Wirkung. Der Alleinerbe läuft nämlich nicht Gefahr, durch Hinzutreten eines weiteren Pflichtteilsberechtigten weniger als seinen Pflichtteil zu erhalten, da die Summe aller Pflichtteile insgesamt nur die Hälfte des Nachlasses ausmachen kann. Treten noch zusätzlich Pflichtteilsergänzungsansprüche hinzu, so ist der Erbe über die mit § 2319 BGB funktionsgleiche Vorschrift des § 2328 BGB hinreichend geschützt.²¹⁹

215

§ 2319 BGB wirkt sich aber auch auf das **Innenverhältnis** der Miterben aus. Einem pflichtteilsberechtigten Miterben dürfen bei der Nachlassteilung fremde Pflichtteile nur insoweit in Rechnung gestellt werden, als ihm sein eigener Pflichtteil erhalten bleibt.²²⁰ Dies gilt allerdings nur unter Berücksichtigung der §§ 2318 Abs. 3, 2306 Abs. 1 S. 2 BGB. Der Pflichtteil des Miterben ist bei der Nachlassteilung auch insoweit durch § 2320 BGB geschützt, als die Pflichtteilslast zunächst von den an die Stelle des Pflichtteilsberechtigten getretenen Miterben zu tragen ist. Kommt es aufgrund einer anderen Anordnung nach § 2324 BGB zu einer Belastung des Pflichtteils des Miterben, so greift der Schutz des § 2319 BGB, wie oben bereits erwähnt, auch im Innenverhältnis ein.²²¹ Die Vorschrift des § 2319 BGB ist, wie sich bereits aus dem Wortlaut des § 2324 BGB ergibt, auch nicht abdingbar.²²²

216

---

218 BGHZ 96, 174.
219 BGH FamRZ 1985, 1023 f.
220 MüKo-*Lange*, § 2319 BGB Rn 2.
221 *v. Olshausen*, FamRZ 1986, 524; *Kipp/Coing*, § 12 I 4.
222 MüKo-*Frank*, § 2324 BGB Rn 2 und § 2319 BGB Rn 6.

## VIII. Schuldner des Ergänzungsanspruchs nach § 2325 BGB und § 2329 BGB

### 1. Allgemeines

217 Bei der Frage, gegen wen der Pflichtteilsergänzungsanspruch zu richten ist, wird oftmals angenommen, dass der Beschenkte selbst Schuldner des Anspruchs ist. Dieser Irrtum ist wohl darauf zurückzuführen, dass sich zunächst der Gedanke aufdrängt, dass derjenige, der etwas vom Erblasser erhalten hat, auch für den daraus resultierenden Pflichtteilsergänzungsanspruch haften müsse. Dem ist nicht so. Wie bereits eingangs erwähnt, sind grundsätzlich der oder die **Erben** Schuldner der Nachlassverbindlichkeiten und insoweit auch des Pflichtteilsergänzungsanspruchs. Nur dann, wenn die Voraussetzungen des § 2329 BGB vorliegen und der Erbe selbst **nicht verpflichtet** ist, kann gegen den Beschenkten vorgegangen werden.

218 Der Anspruch aus § 2329 BGB ist, im Gegensatz zum Ergänzungsanspruch gegenüber dem Erben, nur ein bereicherungsrechtlicher Herausgabeanspruch. Der Beschenkte ist nach bereicherungsrechtlichen Grundsätzen[223] verpflichtet, den geschenkten Gegenstand zum Zwecke der Befriedigung wegen des fehlenden Betrags herauszugeben. Er kann aber auch nach § 2329 Abs. 2 BGB die Herausgabe durch Zahlung des fehlenden Betrags abwenden. Der Anspruch aus § 2329 BGB ist immer **subsidiär** gegenüber dem Anspruch aus § 2325 BGB.

219 Ist ein Pflichtteilsergänzungsanspruch nach § 2325 BGB nur teilweise erfüllt, weil der Erbe selbst Beschenkter ist, so kann er, soweit er nach § 2325 BGB nicht verpflichtet ist, bezüglich des restlichen Teils auch als Beschenkter nach § 2329 BGB in Anspruch genommen werden.[224] Ist der Beschenkte selbst pflichtteilsberechtigt, dann steht ihm ebenso wie dem pflichtteilsberechtigten Erben die Einrede des § 2328 BGB zu.[225]

### 2. Durchgriff auf den Beschenkten nach § 2329 BGB

220 Der Pflichtteilsergänzungsanspruch richtet sich nur dann nach § 2329 BGB gegen den Beschenkten, wenn der Erbe „nicht verpflichtet" ist.[226] Die Frage, wann der Erbe nicht mehr verpflichtet ist, führt aufgrund des durchaus dehnbaren Begriffs zu erheblichen Streitigkeiten. Insbesondere die Frage, ob unter diesen Begriff auch der Tatbestand zu subsumieren ist, dass der Erbe nicht mehr liquide ist, ruft in Rechtsprechung und Schrifttum erhebliche Meinungsverschiedenheiten hervor.[227]

221 Nach Ansicht des BGH ist der Erbe dann nicht verpflichtet, wenn er nur beschränkt (§§ 1975, 1990, 2060 BGB) für den Nachlass haftet und der Nachlass zur Pflichtteilsergänzung nicht ausreicht.[228] Gleiches gilt für den Fall, dass dem Erben die Einrede nach § 2328

---

223 Der Beschenkte haftet nach § 812 Abs. 3 BGB nicht mehr, wenn er entreichert ist. Ab Eintritt der Rechtshängigkeit trifft den Beschenkten aber die verschärfte Haftung der §§ 818 Abs. 4, 819 BGB. Die Bereicherung kann aber auch dadurch weggefallen sein, dass der Beschenkte den Gegenstand ebenfalls wieder verschenkt hat. Dann stellt sich die Frage, ob der neue Beschenkte nach § 822 BGB haftet. Dies ist streitig und hängt davon ab, ob man in § 822 BGB nur eine Rechtsfolgen- oder eine Rechtsgrundverweisung sieht. *Lange/Kuchinke*, Fn 534 bejahen eine Inanspruchnahme des neuen Beschenkten.
224 BGH FamRZ 1968, 150.
225 BGH FamRZ 1983, 377; BGH NJW 1983, 1485.
226 Die Beweislast trägt der Pflichtteilsberechtigte, RGZ 80, 135.
227 *Riedel/Lenz*, Die Geltendmachung von Pflichtteilsansprüchen gegen den vom Erblasser Beschenkten, ZErb 2002, 4.
228 BGH NJW 1961, 870.

BGB wegen seines eigenen Ergänzungspflichtteils zusteht. Das Problem in der Praxis besteht in der Frage, was gilt, wenn der Erbe es unterlässt, die Einrede nach § 2328 BGB (oder die Beschränkung der Erbenhaftung nach §§ 1990, 1991 Abs. 4 BGB) geltend zu machen, ob also der Beschenkte erst dann in Anspruch genommen werden kann, wenn der Erbe die Einrede auch erhoben hat. Während ein Teil[229] des Schrifttums die Geltendmachung der Einrede voraussetzt, genügt nach einem anderen Teil bereits das Bestehen, so dass es auf eine Geltendmachung nicht ankommt.[230]

Die Rechtsprechung des BGH[231] ging in dem genannten Fall, in dem der pflichtteilsberechtigte Miterbe direkt gegen den Beschenkten vorgegangen ist, davon aus, dass der ansonsten in Anspruch genommene Miterbe sich auf die Einrede berufen hätte. Der BGH wandte hier § 2329 Abs. 1 S. 2 BGB analog an. Ob dies auch für den pflichtteilsberechtigten Enterbten gilt, ist bisher nicht höchstrichterlich entschieden. Der Entscheidung lässt sich aber zumindest im Ansatz entnehmen, dass es nicht unbedingt auf eine tatsächliche Geltendmachung ankommen kann.

Nach der Rechtsprechung des RG[232] und des BGH[233] ist der Erbe auch dann nicht verpflichtet i.S.d. § 2329 Abs. 1 S. 2 BGB, wenn feststeht, dass ein **Nachlass** von vornherein **wertlos** bzw. **überschuldet** ist und zur Befriedigung von Pflichtteilsergänzungsansprüchen nicht ausreicht. Der BGH[234] wendet zumindest beim pflichtteilsberechtigten Miterben zu Recht § 2329 Abs. 1 S. 2 BGB analog an mit der Begründung, dass hier eine mit dem Alleinerben vergleichbare Lage vorliegt. Denn die zu kurz gekommenen Miterben dürfen letztlich nicht schlechter gestellt werden als der Alleinerbe, wenn sie infolge vorangegangener Schenkungen einen zur Befriedigung der Ansprüche nicht ausreichenden Nachlass erhalten, was unseres Erachtens letztlich auch für den pflichtteilsberechtigten Enterbten gelten muss.

222

Ein bisher in der Rechtsprechung noch nicht entschiedenes, aber in der Literatur umstrittenes Problem, ist die Frage, ob der Pflichtteilsberechtigte sich auch dann an den Beschenkten wenden kann, wenn der an sich verpflichtete und unbeschränkt haftende Erbe **zahlungsunfähig** ist. *Kipp/Coing*[235] bejaht einen Durchgriff auf den Beschenkten für den Fall, dass der verpflichtete Erbe zahlungsunfähig ist, mit der Begründung, dass in diesem Fall der unbeschränkten Haftung eine Lücke vorliege, die vom Gesetzgeber nicht bedacht worden sei. Es entspreche der Natur der Sache, dass dem Pflichtteilsergänzungsberechtigten nicht das Insolvenzrisiko aufzuerlegen sei. Dies sei auch trotz des Wortlautes des § 2329 BGB nicht gerechtfertigt. *Lange/Kuchinke*[236] lehnen dagegen den Durchgriff auf den Beschenkten ab, da sich aus dem Gesetz nicht entnehmen lasse, dass der Beschenkte auch das Insolvenzrisiko zu tragen habe.

223

Einen weiteren Fall, in dem direkt gegen den Beschenkten vorgegangen werden kann, stellt § 2329 Abs. 1 S. 2 BGB dar. Macht der **pflichtteilsberechtigte Alleinerbe** selbst unter Berücksichtigung von § 2326 BGB einen Ergänzungsanspruch geltend, dann ist dieser ebenfalls, ohne Unterscheidung, ob der Alleinerbe beschränkt oder unbeschränkt haftet, gegen den Beschenkten zu richten.[237]

224

---

229 MüKo-*Lange*, § 2329 BGB Rn 4.
230 Soergel/*Dieckmann*, § 2329 BGB Rn 7; *Kipp/Coing*, S. 96; RGRK-*Johannsen*, § 2329 BGB Rn 1.
231 BGHZ 80, 205.
232 RGZ 80, 126.
233 BGH FamRZ 1968, 150; BGH LM § 2325 Nr. 2.
234 BGH NJW 1981, 1446.
235 *Kipp/Coing*, S. 97.
236 *Lange/Kuchinke*, S. 895, 896.
237 *Kipp/Coing*, S. 98.

### 3. Mehrere Beschenkte nach § 2329 Abs. 3 BGB

225 Hat der Erblasser mehrere Personen beschenkt, so ist bezüglich der Haftung eine besondere Reihenfolge der Inanspruchnahme zu beachten. Es gilt der in § 2329 Abs. 3 BGB niedergelegte Grundsatz, dass vorrangig immer nur derjenige, der das jüngste Geschenk erhalten hat, haftet. Ein früherer Beschenkter haftet nur, wenn ein späterer nicht verpflichtet ist. An der Haftungsreihenfolge kann der Erblasser durch eigene Anordnung nichts ändern. Nach der Rechtsprechung des BGH[238] ist für die Bestimmung, welche Zuwendung zeitlich später erfolgte, auf den Vollzug der Schenkung abzustellen. Ist die Schenkung zum Zeitpunkt des Todes noch nicht vollzogen, so ist der Erbfall der maßgebliche Zeitpunkt.[239]

226 Reicht die Zuwendung an den zuletzt Beschenkten nicht aus, dann ist das nächstjüngere Geschenk in die Haftung zu nehmen. Zu beachten ist in diesem Zusammenhang auch die Frist des § 2325 Abs. 3 BGB. So kann beispielsweise der früher beschenkte Ehegatte, weil bei ihm die Frist nicht läuft, verpflichtet sein, während bei einem an sich später Beschenkten die Frist des § 2325 Abs. 3 BGB bereits abgelaufen ist und ihm gegenüber kein Ergänzungsanspruch mehr besteht.

227 Der früher Beschenkte ist für die Leistungsfähigkeit des zuletzt Beschenkten nicht in die Verantwortung zu ziehen.[240] Er haftet also nur, wenn der später Beschenkte nicht verpflichtet ist, nicht aber bei Zahlungsunfähigkeit des zuletzt Beschenkten.[241] Gerade im Hinblick auf die oben geführte Diskussion stellt sich die Frage, ob der früher Beschenkte nicht auch für die Liquidität des zuletzt Beschenkten einzustehen hat, um einen angemessenen Schutz für den Pflichtteilsberechtigten zu gewährleisten.

228 Von mehreren Pflichtteilsberechtigten kann jeder für sich den Anspruch geltend machen. Durch die Herausgabe des Geschenks an einen der Berechtigten entfällt bei ihm die Bereicherung und damit der Anspruch der anderen Berechtigten.

## D. Anspruch auf Auskunft und Wertermittlung

### I. Auskunftsanspruch

#### 1. Auskunftsanspruch der gesetzlichen Erben über Vorempfänge nach §§ 2057, 2316 BGB

229 Damit die Abkömmlinge des Erblassers die Möglichkeit haben, das ihnen zustehende Recht der Ausgleichung auch geltend zu machen, steht ihnen ein besonderer Auskunftsanspruch nach § 2057 BGB zu. Danach ist jeder Miterbe verpflichtet, Auskunft über Zuwendungen zu geben, die nach den §§ 2050 ff. BGB ausgleichspflichtig sein könnten. Auskunftsberechtigt sind nur Abkömmlinge, die gesetzliche Erben sind oder die i.S.v. § 2052 BGB testamentarisch auf ihre gesetzliche Erbquote eingesetzt wurden.[242] Der Auskunftsanspruch steht aber auch demjenigen pflichtteilsberechtigten Abkömmling zu, der nicht Erbe geworden ist, da dieser für die Berechnung seines Pflichtteilsanspruchs nach § 2316 BGB ebenso auf die Kenntnis von Vorempfängen angewiesen ist.[243] Darüber hinaus haben auch der

---

[238] BGH NJW 1983, 1485.
[239] BGH NJW 1983, 1485.
[240] *Kipp/Coing*, S. 98; BGH NJW 1955, 1185.
[241] *MüKo-Lange*, § 2329 BGB Rn 13.
[242] *Sarres*, Auskunftspflichten zwischen Miterben bei gesetzlicher oder gewillkürter Erbfolge, ZEV 1996, 300.
[243] RGZ 73, 372.

nichteheliche Abkömmling und der Testamentsvollstrecker, der mit der Auseinandersetzung beauftragt ist, einen Anspruch auf Auskunftserteilung gem. § 2057 BGB. Jeder Miterbe, der zu den ausgleichspflichtigen Personen gehört, und jeder pflichtteilsberechtigte Abkömmling[244] ist auskunftspflichtig hinsichtlich aller möglicherweise unter § 2050 BGB fallenden Zuwendungen. Der Anspruch umfasst auch die Angabe des Wertes des empfangenen Gegenstands,[245] den Zeitpunkt der Zuwendung und mögliche Anordnungen des Erblassers, die im Zusammenhang mit der Zuwendung erfolgten.

### 2. Muster: Auskunftsbegehren des Erben gegen den Miterben über Vorempfänge nach §§ 2316, 2057 BGB

An

Hiermit zeige ich an, dass ich ▬▬▬▬ anwaltlich vertrete. Die Bestätigung einer ordnungsgemäßen Bevollmächtigung ist beigefügt.

Mein Mandant hat mich mit der Geltendmachung seiner Rechte in Bezug auf den am ▬▬▬▬ verstorbenen Erblasser ▬▬▬▬ beauftragt.

Mein Mandant ist wie Sie Miterbe und Abkömmling des verstorbenen Erblassers. Gemäß § 2050 BGB sind die Abkömmlinge des Erblassers kraft Gesetzes verpflichtet, die zu Lebzeiten vom Erblasser erhaltenen Vorempfänge auszugleichen. Zur Durchsetzung seiner Rechte gewährt das Gesetz in § 2057 BGB dem Miterben einen Auskunftsanspruch gegenüber den übrigen Erben über den Umfang der erhaltenen Vorempfänge. Jeder Abkömmling ist danach verpflichtet, Auskunft über die vom Erblasser erhaltenen Vorempfänge zu geben.

Ausgleichspflichtige Vorempfänge können Schenkungen, Ausstattungen und sonstige Zuwendungen sein, die Ihnen seitens des Erblassers zugeflossen sind. Im Einzelnen können dies bspw. Geldzahlungen, Zuschüsse zu Einkünften, Sachleistungen, kostenlose Wohnungsüberlassung, der Erlass von Schulden, die Übernahme von Grundpfandrechten oder die Einräumung von Teilhaberschaften im elterlichen Betrieb sein.

Wir bitten Sie, uns die von unserem Mandanten gewünschte Auskunft über derartige oder ähnliche Leistungen seitens Ihrer beiden Eltern bis spätestens ▬▬▬▬ mitzuteilen.

Nur der Vollständigkeit halber möchten wir Sie darauf hinweisen, dass Sie bei nicht sorgfältiger Mitteilung diese eidesstattlich zu versichern hätten.

Für weitere Fragen und eine evtl. Besprechung der Angelegenheit stehen wir Ihnen gerne jederzeit zur Verfügung.

(Rechtsanwalt)

### 3. Auskunftsanspruch des Pflichtteilsberechtigten nach § 2314 BGB

#### a) Allgemeines

In der Praxis besteht häufig das Problem, dass der Pflichtteilsberechtigte die Höhe und den Wert des Nachlasses sowie die vom Erblasser zu Lebzeiten getätigten Zuwendungen nicht kennt und er nicht in der Lage ist, die Höhe seines Pflichtteils- und Pflichtteilsergänzungsanspruchs zu beziffern. Das Gesetz hat ihm deshalb einen Auskunftsanspruch gegen die Erben eingeräumt. Die Zentralnorm des Auskunftsbegehrens ist der § 2314 BGB. Er regelt

---

244 OLG Nürnberg NJW 1957, 1482.
245 BayOLG OLGE 37, 253.

letztlich drei voneinander unabhängige Auskunftsansprüche: den Auskunftsanspruch auf Vorlage eines privaten Bestandsverzeichnisses (§ 2314 Abs. 1 S. 1 BGB), den Anspruch auf Vorlage eines amtlichen Nachlassverzeichnisses (§ 2314 Abs. 1 S. 3 BGB) und den Anspruch auf Wertermittlung auf Kosten des Nachlasses (§ 2314 Abs. 1 S. 2 BGB). Die Ansprüche sind voneinander unabhängig und schließen sich grundsätzlich nicht gegenseitig aus.[246] Der Pflichtteilsberechtigte kann also die Vorlage eines notariellen Bestandsverzeichnisses auch dann noch fordern, wenn er bereits ein privates Nachlassverzeichnis erhalten hat.

232  Es darf an dieser Stelle bereits vorweggenommen werden, dass § 2314 BGB nur auf den pflichtteilsberechtigten **Nichterben**, nicht aber auch auf den pflichtteilsberechtigten Miterben angewendet werden kann.[247] Des Weiteren findet § 2314 BGB nach überwiegender Meinung analog Anwendung auf die Auskunft bezüglich des **fiktiven Nachlasses**, d.h. bezüglich der zu Lebzeiten des Erblassers getätigten Schenkungen.[248] Aber auch die analoge Anwendung des § 2314 BGB gegen den Beschenkten steht nach überwiegender Meinung nur dem pflichtteilsberechtigten Nichterben, nicht aber dem pflichtteilsberechtigten Miterben zu.[249] Der pflichtteilsberechtigte Erbe hat aber unter bestimmten Voraussetzungen einen Auskunftsanspruch nach § 242 BGB, vgl. §§ 255 ff. BGB.

233  Der Auskunftsanspruch nach § 2314 BGB steht nur dem begrenzten Personenkreis der Nichterben zu. Anspruchsberechtigt nach § 2314 BGB ist im Einzelnen: jeder Nichterbe aus dem Personenkreis der §§ 2303, 2309, 2338a BGB, der Abtretungsempfänger des Pflichtteilsanspruchs gem. §§ 2317, 398 BGB,[250] der nicht erbende Pflichtteilsberechtigte, auch gegenüber dem vom Erblasser beschenkten Dritten nach § 2314 BGB analog,[251] und der pflichtteilsberechtigte Ehegatte, der beim gesetzlichen Güterstand der Zugewinngemeinschaft die Erbschaft nach § 1371 Abs. 3 BGB ausgeschlagen hat.

234  Der Auskunftsanspruch steht jedem pflichtteilsberechtigten Nichterben als eigenständiger Anspruch zu. Sind mehrere Enterbte vorhanden, so kann jeder eigenständig auf Auskunft klagen, da sie nicht als Gesamtgläubiger zu behandeln sind. Erhält der Pflichtteilsberechtigte ein Vermächtnis, so hindert dies grundsätzlich die Auskunftsberechtigung nicht.[252]

---

246 BGHZ 33, 373.
247 BGH NJW 1973, 1876.
248 BGH NJW 1961, 602.
249 BGHZ 108, 393; BGH NJW 1981, 2051.
250 Wird der Pflichtteils- und Pflichtteilsergänzungsanspruch an verschiedene Gläubiger abgetreten, dann steht jedem Abtretungsempfänger ein eigener Auskunftsanspruch zu, denn der Auskunftsanspruch nach § 2314 BGB ist in dem Fall ein unselbstständig zu sicherndes Nebenrecht. Gleiches gilt auch, wenn der Ergänzungsberechtigte einmal den Anspruch nach § 2325 BGB gegen die Erben und den Restergänzungsanspruch gegen den Beschenkten nach § 2329 BGB an verschiedene Gläubiger abtritt; im Einzelnen dazu Staudinger/*Ferid/Cieslar*, § 2314 BGB Rn 13.
251 BGHZ 55, 378; BGHZ 89, 24, 27.
252 BGHZ 28, 177.

Keinen Auskunftsanspruch nach § 2314 BGB haben hingegen: der pflichtteilsberechtigte Erbe,[253] der pflichtteilsberechtigte Miterbe,[254] der Nacherbe,[255] der Nacherbe[256] im Bezug auf den vom Vorerben Beschenkten (§ 2314 BGB analog) und derjenige, dem der Pflichtteil rechtmäßig entzogen worden ist.[257]

235

Auskunftspflichtig ist der Erbe persönlich, mehrere Erben als Gesamtschuldner und schließlich der Beschenkte bezüglich der in den letzten zehn Jahren vor dem Erbfall erfolgten Geschenke gem. § 2314 BGB analog. Bei einer Vor- und Nacherbschaft trifft die Auskunftspflicht bis zum Eintritt des Nacherbfalls nur den Vorerben.

236

Nicht nach § 2314 BGB zur Auskunft verpflichtet ist dagegen der Testamentsvollstrecker, und zwar auch dann nicht, wenn eine Verwaltungsvollstreckung angeordnet ist (§ 2213 Abs. 1 S. 3 BGB).[258]

237

b) Umfang und Inhalt des Auskunftsanspruchs

Die Erben sind zur Auskunft über den Bestand des Nachlasses verpflichtet. Sie müssen über sämtliche **Aktiva** und **Passiva** des Nachlasses Auskunft erteilen.[259] Zweck des Auskunftsanspruchs ist das Offenlegen der Berechnungsfaktoren.[260] In der Praxis hat sich der Wortlaut der Vorschrift dafür als zu eng erwiesen, so dass die Rechtsprechung den Anwendungsbereich des § 2314 BGB nicht nur in persönlicher Hinsicht, sondern auch nach Art und Umfang der Auskunftspflichten ausgeweitet hat.

238

Der pflichtteilsberechtigte Nichterbe hat nach ständiger Rechtsprechung[261] nicht nur Anspruch auf Auskunft über die beim Erbfall tatsächlich vorhandenen Nachlassgegenstände und Nachlassverbindlichkeiten, sondern auch über den **fiktiven Nachlassbestand**. Der Erbe muss also auch alle Schenkungen der letzten zehn Jahre in das Nachlassverzeichnis mit aufnehmen. Erfolgte eine Schenkung an den Ehegatten des Erblassers, dann ist diese auch dann aufzunehmen, wenn sie länger als zehn Jahre zurückliegt. Da auch sog. unbenannte, ehebedingte Zuwendungen bei objektiver Unentgeltlichkeit erbrechtlich wie eine Schenkung behandelt werden,[262] muss auch hierüber Auskunft erteilt werden. Ist die Zuwendung in Form einer **gemischten Schenkung**[263] erfolgt, dann muss sich die Auskunft auch auf alle Vertragsbedingungen erstrecken, deren Kenntnisse wesentlich sind für die Beurteilung, ob und in welcher Höhe eine Schenkung und somit ein Pflichtteilsergänzungsanspruch vorliegt.[264] Ist die rechtliche Qualifikation als Schenkung unklar oder strittig,

239

---

253 BGHZ 61, 180.
254 Dem Miterben, der z.B. Ergänzungspflichtteilsansprüche geltend macht, steht kein Anspruch aus § 2314 BGB zu, BGH NJW 1993, 2737. Er kann sich als Gesamthänder jederzeit selbst über den Bestand und den Wert des Nachlasses in Kenntnis setzen und dazu gegebenenfalls Mitwirkung der übrigen Miterben verlangen, BGH NJW 1973, 1876; *Lorenz*, JuS 1995, 569. Ihm stehen schließlich die Ansprüche nach §§ 2027, 2028, 2038, 666, 681 BGB zu.
255 Er kann sich gem. §§ 2121, 2122 und 2127 BGB informieren. § 2314 BGB steht ihm auch dann nicht zu, wenn seine Rechtsstellung auflösend bedingt ist, BGH NJW 1981, 2051.
256 BGHZ 55, 378; BGHZ 58, 237.
257 OLG Hamm NJW 1983, 1067.
258 Palandt/*Edenhofer*, § 2314 BGB Rn 4.
259 BGH NJW 1961, 602.
260 BGHZ 33, 374.
261 BGHZ 89, 24.
262 BGHZ 116, 167.
263 BGH NJW 1962, 245.
264 BGH LM Nr. 5; *Coing*, NJW 1970, 732 f.; BGHZ 55, 378.

so ist die mit entsprechendem Vorbehalt aufzunehmen.[265] Bei einem notariell erstellten Verzeichnis empfiehlt es sich, die Einwendungen der Beteiligten mit aufzunehmen.[266] Ebenso anzugeben sind alle Zuwendungen, die eine Ausgleichungspflicht nach §§ 2050, 2316 BGB auslösen,[267] wobei in Erinnerung zu rufen ist, dass es sich dabei nicht unbedingt um Schenkungen handeln muss (Ausstattung ist nicht gleich Schenkung). Handelt es sich um keine Schenkung, dann besteht die Auskunftspflicht nach § 2057 BGB. Die Auskunftspflicht nach § 2314 BGB erstreckt sich auch auf Anstands- und Pflichtschenkungen i.S.v. § 2330 BGB.[268]

240 Eine Auskunftspflicht besteht auch darüber, in welchem **Güterstand**[269] der Erblasser gelebt hat und ob er ein ihm zugewandtes Vermächtnis angenommen hat.[270] Sie umfasst auch die Mitteilung über Gegenstände, die möglicherweise in den **Voraus** fallen, zumindest dann, wenn es um den Pflichtteil der Eltern des Erblassers geht.[271]

241 Der Auskunftsanspruch ist auf die Weitergabe von Wissen gerichtet. Hat der Erbe selbst nicht die erforderliche Kenntnis, so ist er grundsätzlich verpflichtet, sich das **notwendige Wissen** zu beschaffen. Befindet sich in dem Nachlass beispielsweise auch ein Erbanteil des Erblassers selbst an einem anderen Nachlass, so erstreckt sich die Auskunftspflicht auch hierauf. Der Erbe ist verpflichtet, auf Verlangen auch selbst Auskunft über den Anteil des Erblassers an diesem Nachlass einzuholen. Ein direktes Auskunftsrecht des pflichtteilsberechtigten Nichterben gegenüber den Erben des Nachlasses, an dem der Erblasser beteiligt war, besteht allerdings nicht.[272] Ebenso muss der Verpflichtete auch von seinem Auskunftsrecht gegenüber Kreditinstituten, welches mit dem Tod des Erblassers auf den Erben übergeht,[273] Gebrauch machen.[274] Nach der Rechtsprechung des BGH[275] kann der Verpflichtete den Auskunftsanspruch gegenüber Kreditinstituten nach §§ 398, 399, 675, 666 BGB aber auch an den nach § 2314 BGB Auskunftsberechtigten abtreten.

c) Form des Auskunftsanspruchs

242 Der Erbe hat den Auskunftsanspruch durch Vorlage eines **Bestandsverzeichnisses** über den gesamten tatsächlichen und fiktiven Nachlass gem. § 260 BGB zu erfüllen. Der Pflichtteilsberechtigte kann ein privat oder aber auch amtlich erstelltes Nachlassverzeichnis fordern. Das Verzeichnis muss alle Aktiva und Passiva des Nachlasses enthalten, jedoch im Zweifel nicht die Wertangaben der einzelnen Gegenstände.[276] Wertangaben müssen jedoch dann getätigt werden, wenn der Anspruchsgläubiger neben dem Auskunftsanspruch auch seinen Wertermittlungsanspruch geltend macht. § 260 BGB enthält explizit keine allgemeine Pflicht zur Rechenschaftslegung[277] und umfasst dem Wortlaut nach auch keine Pflicht zur Vorlage von Belegen. Die gegenständliche Begrenzung des Vorlegeanspruchs bei der Auskunftsertei-

---

265 Bonefeld/Kroiß/Tanck, § 7 Rn 181.
266 DNotI-Report 2007, 105.
267 BGH NJW 1961, 602.
268 BGH NJW 1962, 245.
269 OLG Düsseldorf NJW 1996, 3156.
270 Palandt/*Edenhofer*, § 2314 BGB Rn 5 a.E.
271 RGZ 1962, 109.
272 RGZ 1972, 389.
273 OLG Frankfurt MDR 1966, 503; OLG Frankfurt WM 1975, 238, 248.
274 BGH NJW 1989, 1601.
275 BGHZ 107, 104.
276 Palandt/*Edenhofer*, § 2314 BGB Rn 7.
277 Staudinger/*Haas*, § 2314 BGB Rn 12, vgl. hierzu auch: *Bittler*, in: Mayer/Süß/Tanck/Bittler/Wälzholz, § 9 Rn 24.

lung muss sich jedoch nach dem Zweck bestimmen, dem die Vorlegepflicht bei § 2314 BGB dient.[278] Den Bedürfnissen des Pflichtteilsberechtigten ist bei der Bestimmung des Umfangs und der Verwirklichung seiner Ansprüche Rechnung zu tragen. Die Auskunftserteilung muss ihn in die Lage versetzen, eine eigene Ermittlung des Nachlasswertes vorzunehmen. Da es ein immanentes Bedürfnis des Pflichtteilsberechtigten ist, den gesamten Wert des Nachlasses zuverlässig und nachvollziehbar selbst bestimmen zu können, besteht nach Auffassung des Verfassers eine Vorlagepflicht für Quittungen und Belege auf Seiten des auskunftsverpflichteten Erben.[279] In der Praxis kann es zudem nicht schaden, wenn der Erbe Wertangaben schon bei Erstellung des Bestandsverzeichnisses macht und diese möglichst auch belegt. Denn ein Entgegenkommen des Erben gegenüber dem Pflichtteilsberechtigten zahlt sich fast immer aus. Je mehr Bereitschaft der Erbe signalisiert, umso eher lässt sich die Auseinandersetzung gütlich beilegen.

#### d) Auskunftsanspruch des pflichtteilsberechtigten Erben

##### aa) Allgemeines

Der pflichtteilsberechtigte Erbe, dem nach h.M.[280] kein Auskunftsanspruch nach § 2314 BGB analog gegenüber den Miterben oder gegenüber dem Beschenkten zusteht, ist auf den allgemeinen Auskunftsanspruch nach § 242 BGB angewiesen. Dieser kann aber nur in Bezug auf die vom Erblasser zu Lebzeiten getätigten Zuwendungen gerichtet sein.[281]

243

Wie bereits erwähnt, kommt der allgemeine Auskunftsanspruch nach § 242 BGB nur unter bestimmten Voraussetzungen zum Tragen, die jedoch nach Auffassung des BGH im Falle des pflichtteilsberechtigten Erben gegeben sind.[282] Es müssen also die für den allgemeinen Auskunftsanspruch genannten Voraussetzungen vorliegen, dass der Berechtigte in entschuldbarer Weise über das Bestehen oder Nichtbestehen der Schenkung im Unklaren ist und deshalb auf die Mitwirkung des Beschenkten angewiesen ist. Darüber hinaus darf die Mitwirkung den Beschenkten nicht unbillig belasten.[283] Ob eine solche Belastung vorliegt, ist durch eine Interessenabwägung zu ermitteln. Diese Voraussetzung spielt hier keine bedeutende Rolle, da der Beschenkte die Auskunft in der Regel ohne jede größere Belastung erteilen kann.

244

Die Voraussetzung des BGH,[284] dass das Schenkungsverhältnis bereits feststehen muss, damit ein Auskunftsanspruch begründet werden kann, ist mittlerweile aufgegeben worden.[285] Der Berechtigte muss aber in jedem Fall Anhaltspunkte für die unentgeltlichen Verfügungen darlegen. Sein Auskunftsverlangen darf nach der Rechtsprechung des BGH[286] nicht auf eine „reine Ausforschung" hinauslaufen. Dem pflichtteilsberechtigten Erben steht

245

---

278 BGH NJW 1975, 1774 ff. für Unterlagen zur Bewertung eines Unternehmeranteils; OLG Zweibrücken FamRZ 1987, 1197.
279 Vgl. auch OLG Köln ZEV 1999, 110, *Klingelhöffer*, Rn 137.
280 BGH NJW 1973, 1876; BGH NJW 1986, 1755; a.A. *Coing*, NJW 1970, 729.
281 Denn bezüglich des Nachlasses stehen den Erben gegenüber den Miterben die Ansprüche nach §§ 2027, 2028, 2038 BGB zu; gegenüber dem Beschenkten kommt nur ein Pflichtteilsergänzungsanspruch in Betracht.
282 BGH NJW 1971, 842.
283 BGH NJW 1964, 1414.
284 BGHZ 18, 67.
285 BGHZ 55, 378.
286 BGH NJW 1972, 907.

somit nach h.M. ein Auskunftsanspruch sowohl gegen die Miterben, als auch gegen den Beschenkten zu.[287]

**bb) Muster: Außergerichtliches Auskunftsbegehren**

480

246

An

*Auskunftsbegehren über den Nachlass von _____, verstorben am _____ in _____.*

Hiermit zeigen wir an, dass wir _____ anwaltlich vertreten. Die Bestätigung einer ordnungsgemäßen Bevollmächtigung ist im Original beigefügt.

Unser Mandant hat uns mit der Geltendmachung seiner Ansprüche in Bezug auf den am _____ verstorbenen Erblasser _____ beauftragt. Unser Mandant ist als Abkömmling des Erblassers pflichtteilsberechtigt im Sinne der §§ 2303 ff. BGB. Unser Mandant ist durch Testament vom _____, welches am _____ vor dem Amtsgericht _____ – Nachlassgericht – eröffnet wurde, enterbt. Sie haben als testamentarischer Alleinerbe mit Schreiben vom _____ die Erbschaft angenommen.

Zur Durchsetzung der Pflichtteilsansprüche unseres Mandanten gewährt das Gesetz in § 2314 BGB einen so genannten Auskunftsanspruch über die Höhe und den Umfang des Nachlasses. Der Auskunftsanspruch richtet sich grundsätzlich gegen den Erben. Der Erbe ist daher als Schuldner eines Pflichtteilsanspruchs verpflichtet, ein Nachlassverzeichnis vorzulegen, welches den Bestand und den Umfang des Nachlasses zum Zeitpunkt des Todes aufweist. Alle Nachlassgegenstände bitten wir mit Wertangaben zu versehen und wenn möglich Quittungen und Belege für alle Aktiva und Passiva mit vorzulegen. Wir weisen ausdrücklich darauf hin, dass unserem Mandanten ein Wertermittlungsanspruch zusteht, den wir gegebenenfalls dann noch gesondert geltend machen werden.

Darüber hinaus ist der Erbe verpflichtet, im Nachlassverzeichnis alle vom Erblasser zu Lebzeiten getätigten Schenkungen (einschl. gemischter Schenkungen und ehebezogener Zuwendungen) anzugeben. Gleiches gilt für vorhandene Lebensversicherungen und sonstige Verträge zugunsten Dritter (Sparbücher etc.). Diese müssen ebenfalls im Nachlassverzeichnis mit aufgenommen werden.

Des Weiteren muss das Nachlassverzeichnis sämtliche Vorempfänge, die nach den §§ 2050 ff. BGB unter den Abkömmlingen zur Ausgleichung zu bringen sind, mit enthalten.

Neben allen Aktiva sind auch die Nachlassverbindlichkeiten anzugeben. Dies sind neben den Schulden des Erblassers auch die durch den Erbfall selbst entstandenen Verbindlichkeiten.

Sofern Sie nicht selbst in der Lage sind, die geforderten Informationen zu erteilen, sind Sie verpflichtet, sich diese ggf. bei den jeweiligen Kreditinstituten, den beschenkten Personen oder den entsprechenden Notaren zu besorgen.

Darüber hinaus sind Sie verpflichtet, den Güterstand, in dem der Erblasser gelebt hat, bekannt zu geben.

Wir fordern Sie auf, die von unserem Mandanten gewünschte Auskunft bis spätestens

_____

durch Vorlage des Nachlassverzeichnisses einschließlich einer Kopie der noch vorhandenen Quittungen und Belege zukommen zu lassen. Unser Mandant wäre grundsätzlich berechtigt, bei der Erstellung des Nachlassverzeichnisses hinzugezogen zu werden. Unser Mandant macht hiervon zunächst keinen Gebrauch. Darüber hinaus macht unser Mandant derzeit von seinem Recht, ein notarielles Nachlassverzeichnis zu erstellen, keinen Gebrauch. Die Geltendmachung wird jedoch ausdrücklich vorbehalten.

---

287 BGHZ 58, 237.

Der Vollständigkeit halber dürfen wir darauf hinweisen, dass bei nicht sorgfältiger Erstellung des Nachlassverzeichnisses Sie die Richtigkeit Ihrer Angaben eidesstattlich zu versichern haben.

(Rechtsanwalt)

## II. Wertermittlungsanspruch

### 1. Wertermittlungsanspruch des pflichtteilsberechtigten Nichterben gegen den Erben

Der Anspruch auf Wertermittlung ist, anders als der Anspruch auf Auskunft, nicht auf die Übermittlung von Wissen gerichtet, sondern auf die Verpflichtung, den Wert des Nachlasses oder einzelner Nachlassgegenstände zu ermitteln, meist also schätzen zu lassen. Der Anspruch auf Wertermittlung ist streng von dem auf Auskunft zu trennen und sollte auch im Klageantrag nicht vermischt werden. 247

In der Praxis erfolgt die Wertermittlung in der Regel durch Gutachten eines **unabhängigen Sachverständigen**. Hierbei genügt es, wenn die Unparteilichkeit eines Sachverständigen gegeben ist. Ein Anspruch auf ein Gutachten eines **öffentlich vereidigten** Sachverständigen besteht dagegen nicht.[288] 248

Das Gutachten ist für die Parteien grundsätzlich unverbindlich und soll dem Pflichtteilsberechtigten die Möglichkeit bieten, den Pflichtteilsanspruch im Klageantrag möglichst genau beziffern zu können. Dennoch sollte sich der Pflichtteilsberechtigte zweckmäßigerweise die Unverbindlichkeit des Gutachtens im Antrag vorbehalten, um einer eventuellen Auslegung in einen Schiedsgutachtervertrag vorzubeugen.[289] So hat das OLG Hamm[290] in dem genannten Fall, in dem es um die Bewertung der Zugewinnausgleichsforderung ging, aus dem Schriftwechsel der Anwälte geschlossen, dass die Zuziehung des Sachverständigengutachtens als einverständliche Grundlage der Bewertung und Abrechnung zugrunde gelegt werden sollte. Insoweit ist hier seitens des Anwaltes Vorsicht geboten. 249

Wie bereits erwähnt, ist der Auskunftsanspruch gem. § 2314 BGB analog auch gegenüber dem vom Erblasser Beschenkten anzuwenden. Beim Wertermittlungsanspruch ist aber darauf zu achten, dass dieser nur gegenüber dem Erben geltend gemacht werden kann,[291] da die Kosten dem Nachlass aufzuerlegen sind. 250

Nach Ansicht des BGH[292] besteht seitens des Pflichtteilsberechtigten der Anspruch auf Wertermittlung nur, wenn die Zugehörigkeit des zu schätzenden Gegenstands zum Nachlass unstreitig ist oder vom Pflichtteilsberechtigten bewiesen wird. Besteht lediglich ein Verdacht, dass ein bestimmter Gegenstand innerhalb der Frist des § 2325 BGB geschenkt wurde, dann steht dem Pflichtteilsberechtigten neben dem Auskunftsanspruch nicht auch noch der Wertermittlungsanspruch zu.[293] In der Praxis sei berücksichtigt, dass der Anspruch auf Wertermittlung somit nur dann gestellt werden sollte, wenn auch feststeht, dass der zu begutachtende Gegenstand zum Nachlass gehört. 251

Der Pflichtteilsberechtigte hat einen Anspruch auf ein Gutachten, welches ihm ermöglicht, sich ein umfassendes Bild über den Wert des Nachlasses zu machen. Hierfür reicht es 252

---

288 OLG Düsseldorf ZEV 1996, 431.
289 *Rohlfing*, § 5 Rn 225.
290 OLG Hamm FamRZ 1983, 883.
291 BGH NJW 1989, 2887.
292 BGH NJW 1986, 1755.
293 BGH NJW 1984, 487.

nach der Rechtsprechung des BGH[294] nicht aus, wenn sich der Sachverständige bei der Wertermittlung lediglich für ein Bewertungsverfahren (Ertragswertverfahren) entscheidet und nur dieses zur Disposition stellt. Um den Anspruch aus § 2314 BGB erfüllen zu können, muss der Sachverständige in seinem Gutachten alle Kriterien erfüllen, die notwendigerweise an die Sachverständigentätigkeit gestellt werden,[295] d.h. der Sachverständige hat nach wissenschaftlichen Grundsätzen zunächst alle Bewertungsverfahren heranzuziehen und sich dann, nach einem Vergleich, für eine Bewertungsmethode zu entscheiden. Er kann nicht, wie im obigen Fall geschehen, eine Einschränkung dadurch vornehmen, dass er sich von vornherein für nur eine Bewertungsmethode entscheidet.

## 2. Muster: Außergerichtliches Anschreiben bezüglich Wertermittlung gegenüber dem Erben

An

*Wertermittlung bezgl. des Grundstückes         -Straße Nr.        in        , das sich im Nachlass des am        verstorbenen Erblassers        befindet.*

Hiermit zeigen wir an, dass wir        anwaltlich vertreten. Die Bestätigung einer ordnungsgemäßen Bevollmächtigung ist im Original beigefügt.

Unser Mandant hat uns mit der Geltendmachung seiner Ansprüche in Bezug auf den am        verstorbenen Erblasser        beauftragt. Unser Mandant ist als Abkömmling des Erblassers pflichtteilsberechtigt im Sinne der §§ 2303 ff. BGB. Unser Mandant ist durch Testament vom        , welches am        vor dem Amtsgericht        – Nachlassgericht – eröffnet wurde, enterbt. Sie haben als testamentarischer Alleinerbe mit Schreiben vom        die Erbschaft angenommen. Unser Mandant hat Ihnen gegenüber mit Schreiben vom        seinen Pflichtteilsanspruch geltend gemacht und die Übersendung eines Nachlassverzeichnisses gefordert. Mit Schreiben vom        haben Sie unserem Mandanten das gewünschte Nachlassverzeichnis übersandt. Aus dem Nachlassverzeichnis geht hervor, dass sich im Nachlass des verstorbenen Erblassers ein Grundstück in        befindet. Sie haben im Nachlassverzeichnis einen Wert des Grundstückes in Höhe von        EUR angegeben. Unser Mandant ist der Auffassung, dass es sich bei diesem Wert nicht um den tatsächlichen Wert des Grundstückes handelt. Sie haben es bislang abgelehnt, ein Gutachten über den tatsächlichen Wert des Grundstückes erstellen zu lassen.

Namens unseres Mandanten dürfen wir sie daher auffordern, ein Gutachten über den Wert des Hausanwesens        -Straße Nr.        in        , eingetragen im Grundbuch von        , Bd.        , Flst. Nr.        , durch einen Sachverständigen erstellen zu lassen. Da das Grundstück zweifelsohne zum Nachlass des verstorbenen Erblassers gehört, steht unserem Mandanten dieser Wertermittlungsanspruch nach § 2314 BGB zu. Bezüglich der Auswahl des Sachverständigen empfehlen wir Ihnen, einen öffentlich vereidigten und somit auch bei Gericht anerkannten Gutachter auszuwählen. Wir dürfen darauf hinweisen, dass unser Mandant nicht an den Wert des Gutachtens gebunden ist und es ihm frei steht, auch nach Vorlage des Gutachtens seinen Pflichtteilsanspruch einzuklagen.

---

294 BGH NJW-RR 1988, 391.

295 Im Merkblatt der Industrie- und Handelskammer (herausgegeben vom deutschen Industrie- und Handelstag, „Sachverständige, Inhalt und Pflichten ihrer öffentlichen Bestellung", 3. Auflage, S. 45) ist nachzulesen, dass der Sachverständige sich mit unterschiedlichen Lehrmeinungen wissenschaftlich auseinander zu setzen hat.

Für die Vorlage des Gutachtens erlauben wir uns, Ihnen eine Frist bis zum

zu setzen. Sollte das Gutachten bis zu diesem Zeitpunkt nicht vorliegen, sehen wir uns gezwungen, den Wertermittlungsanspruch unseres Mandanten gerichtlich durchzusetzen.

(Rechtsanwalt)

### 3. Wertermittlungsanspruch des pflichtteilsberechtigten Erben nach § 242 BGB

Dem pflichtteilsberechtigten Erben steht gegenüber dem beschenkten **Miterben** neben dem Auskunftsanspruch nach § 242 BGB konsequenterweise auch ein Wertermittlungsanspruch zu. Problematisch und in der Rechtsprechung des BGH bisher unterschiedlich entschieden ist die Frage, ob auch dem pflichtteilsberechtigten Erben gegenüber dem **Beschenkten** im Sinne von § 2329 BGB nach § 242 BGB überhaupt ein Wertermittlungsanspruch zustehen kann.

Dies ist im Senatsurteil vom 4.12.1980[296] verneint worden. Der Auskunftsanspruch des pflichtteilsberechtigten Miterben nach § 242 BGB gegen den nach § 2329 BGB Beschenkten beinhaltet demnach grundsätzlich keinen Wertermittlungsanspruch.[297] Anders dagegen der BGH in seinem Urteil vom 8.7.1985.[298] Hier wurde dem Berechtigten ein Wertermittlungsanspruch zugesprochen. So hat letzlich auch der BGH[299] in seiner neueren Entscheidung entschieden und dem pflichtteilsberechtigten Erben einen Wertermittlungsanspruch nach § 242 BGB gegenüber dem nach § 2329 BGB Beschenkten zugesprochen, wenn der Pflichtteilsberechtigte die **Kosten** für die Wertermittlung **selbst** übernimmt.

### 4. Muster: Außergerichtliches Anschreiben wegen Wertermittlung gegenüber dem Beschenkten

An

*Wertermittlung des Grundstückes* -Straße Nr. in

Hiermit zeigen wir an, dass wir            anwaltlich vertreten. Die Bestätigung einer ordnungsgemäßen Bevollmächtigung ist im Original beigefügt.

Unser Mandant hat uns mit der Geltendmachung seiner Ansprüche in Bezug auf den am        verstorbenen Erblasser        beauftragt. Unser Mandant ist als Abkömmling des Erblassers pflichtteilsberechtigt im Sinne der §§ 2303 ff. BGB. Wie bekannt sein dürfte, sind Sie und unser Mandant gesetzliche Erben des am        in        verstorbenen Erblassers        .

Aus den uns vorliegenden Unterlagen geht hervor, dass der am        verstorbene Erblasser Ihnen das Grundstück        -Straße Nr.        in        unentgeltlich überschrieben hat. In der notariellen Urkunde des Notars        , UR-Nr.        , ist der ausdrückliche Hinweis aufgenommen worden, dass die Übertragung unentgeltlich und ohne Gegenleistung erfolgte. Damit unterliegt die Zuwendung, die noch innerhalb der letzten zehn Jahre vor dem Eintritt des Erbfalls erfolgte, dem Pflichtteilsergänzungsanspruch.

Da der Erblasser kein nennenswertes Vermögen hinterlassen hat, sind Sie als beschenkter Miterbe ggfs. zur Erfüllung des Pflichtteilsergänzungsanspruchs nach § 2329 BGB verpflichtet. Unserem Mandanten

---

296 LG Kleve NJW-RR 1987, 782; NJW 1981, 2051.
297 So auch BGHZ 107, 200 mit der Begründung, dass der Beschenkte mit dem Erlangten nur in Höhe eines Fehlbetrages nach § 2329 Abs. 2 BGB haftet.
298 BGH FamRZ 1985, 1249.
299 BGHZ 108, 393.

steht unter anderem auch ein sog. Wertermittlungsanspruch zu. Die Kosten der Wertermittlung trägt unser Mandant.

Namens unseres Mandanten dürfen wir sie daher auffordern, ein Gutachten über den Wert des

Hausanwesens ▬▬▬-Straße Nr. ▬▬▬ in ▬▬▬,

eingetragen im Grundbuch von ▬▬▬

Bd. ▬▬▬ Flst. Nr. ▬▬▬

durch einen Sachverständigen erstellen zu lassen. Bitte teilen Sie uns den von Ihnen ausgewählten Gutachter mit, damit wir die Kostenübernahme regeln können. Bezüglich der Auswahl des Gutachters schlagen wir vor, einen öffentlich vereidigten und somit bei Gericht anerkannten Gutachter zu beauftragen.

Wir dürfen darauf hinweisen, dass unser Mandant nicht an den ermittelten Wert des Gutachtens gebunden ist.

Für die Vorlage des Gutachtens erlauben wir uns, Ihnen eine Frist bis zum

▬▬▬

zu setzen. Sollte das Gutachten bis zu diesem Zeitpunkt nicht vorliegen, sehen wir uns gezwungen, den Wertermittlungsanspruch unseres Mandanten gerichtlich durchzusetzen.

(Rechtsanwalt)

## III. Eidesstattliche Versicherung (§§ 2314, 260 BGB)

### 1. Rechtliche Grundlagen

257 Auch wenn kein klagbarer Anspruch auf Ergänzung des Nachlassverzeichnisses besteht, ist es durchaus sinnvoll, den Schuldner zur Ergänzung aufzufordern, wenn der Verdacht besteht, dass das Nachlassverzeichnis nicht vollständig ist. Erst wenn endgültig feststeht, dass der Erbe nicht bereit ist, weitere Angaben zu machen, sollte der Antrag auf **eidesstattliche Versicherung** gestellt werden. Denn der einmal gestellte Antrag lässt eine weitere Ergänzung grundsätzlich ausscheiden.

258 Die eidesstattliche Versicherung dient der Bekräftigung, dass die gemachten Angaben richtig und vollständig sind. Voraussetzung ist, dass nach objektiven Kriterien Grund zu der Annahme besteht, dass das Verzeichnis nicht mit der erforderlichen Sorgfalt erstellt worden ist (§ 260 Abs. 2 BGB).[300] Solche Kriterien können beispielsweise sein, dass der Erbe erst nach mehrmaliger Aufforderung Auskunft erteilt hat, oder dass er dem Verlangen nur widerwillig oder nur zum Teil nachgekommen ist.

259 Bei der Stufenklage nach § 254 ZPO sollte jedoch beachtet werden, dass eine Entscheidung über die Abgabe der eidesstattlichen Versicherung erst dann getroffen werden kann, wenn aufgrund vorangegangener Verurteilung ein Nachlassverzeichnis gem. § 260 Abs. 1 BGB erstellt wurde.[301]

260 Ist der Erbe bereit, die eidesstattliche Versicherung abzugeben, so ist das Nachlassgericht zuständig, ansonsten das Vollstreckungsgericht. Die zwangsweise Durchsetzung der eidesstattlichen Versicherung erfolgt hierbei nach §§ 889, 888 ZPO durch Beugehaft.

---

300 OLG Zweibrücken FamRZ 1969, 230.
301 BGHZ 10, 385.

## 2. Muster: Aufforderung zur Abgabe der eidesstattlichen Versicherung

An

*Ihre Auskunftserteilung vom            und vom*

In vorbezeichneter Angelegenheit hat uns Herr            mit der Wahrnehmung seiner Interessen bezüglich des Nachlasses des am            verstorbenen Erblassers            beauftragt.

Sie sind der alleinige Erbe Ihres verstorbenen Vaters            . Unser Mandant ist als nichtehelicher Abkömmling des Erblassers pflichtteilsberechtigt. Unser Mandant hat sie mit Schreiben vom            und mit weiterem Schreiben von            aufgefordert, Auskunft über den Bestand des Nachlasses zu erteilen. Sie haben unserem Mandanten zunächst mit Schreiben vom            ein Bestandsverzeichnis vorgelegt, welches Sie beim Amtsgericht für die Beantragung eines Erbscheins ausgefüllt haben. Nach dem zweiten Auskunftsverlangen unseres Mandanten vom            haben Sie ihm eine zusätzliche Liste über vorhandene Nachlassgegenstände vorgelegt.

Namens unseres Mandanten fordern wir Sie hiermit auf, eidesstattlich zu versichern, dass es sich bei der mit Schreiben vom            und vom            erteilten Auskunft durch Vorlage der beigefügten Bestandsverzeichnisse vom            und            um den gesamten tatsächlichen und fiktiven Nachlass des am            verstorbenen Erblassers            handelt.

Zur Abgabe der eidesstattlichen Versicherung erlauben wir uns, Ihnen eine Frist bis

zu setzen.

(Rechtsanwalt)

## E. Prozessuale Geltendmachung des Pflichtteilsanspruchs

### I. Allgemeines zur Vorgehensweise

Bei der Geltendmachung des Pflichtteilsanspruchs im Prozess kann der Berechtigte auf verschiedene Weise vorgehen. Je nach dem, ob der Berechtigte schon Kenntnis über den Nachlass hat – dann kann er gleich **Zahlungsklage** erheben – oder ob er erst noch Auskunft benötigt – dann hat er die Möglichkeit, **Stufenklage** zu erheben –, ist die richtige Vorgehensweise von unterschiedlichen Faktoren abhängig.

Der Berechtigte kann einzeln vorgehen, indem er zunächst **Auskunftsklage** erhebt und danach eine Zahlungsklage geltend macht. Nachteilig ist, dass ihm bei diesem Vorgehen in der Summe höhere Prozesskosten entstehen. Die Gebühren für die einzelnen Prozesse entstehen aus zwei getrennten Streitwerten, während bei der kumulativen Klagehäufung (Stufenklage) die Kosten aus einem Gesamtstreitwert ermittelt werden.

Will der Berechtigte, der zunächst Auskunft begehrt hat, den Antrag auf Abgabe der **eidesstattlichen Versicherung** erweitern, weil es für deren Notwendigkeit berechtigte Anzeichen gibt, so ist dies nach herrschender Meinung eine zulässige Klageerweiterung nach § 264 Nr. 2 ZPO.[302] Gleiches gilt auch für den Fall, dass zunächst Auskunftsantrag und Antrag auf eidesstattliche Versicherung gestellt wurde und der Berechtigte erst im Prozess einen Leistungsantrag mit einbezieht.[303]

---

302 *Kuchinke*, NJW 1957, 1175.
303 BGH NJW 1979, 925.

## II. Zuständigkeit

265 Zuständig für die jeweilige Klage ist gem. § 27 Abs. 1 ZPO das Gericht, an dem der Erblasser zum Zeitpunkt des Todes seinen Gerichtsstand hatte. In der Regel ist dies gem. § 13 ZPO der letzte Wohnsitz. Der Gerichtsstand des § 27 ZPO gilt sowohl für die Klage auf Feststellung des Erbrechts, als auch für die Klagen auf Auskunft und Zahlung des Pflichtteilsanspruchs. Hierunter fällt auch der Ergänzungsanspruch nach § 2329 BGB gegen den Beschenkten. Da § 27 ZPO jedoch keinen ausschließlichen Gerichtsstand begründet, können die Parteien den Prozess einverständlich auch an einem anderen Ort führen. Hatte der Erblasser seinen letzten Wohnsitz im Ausland, wird er jedoch nach deutschem Recht beerbt, dann ist das Gericht des letzten inländischen Wohnsitzes zuständig.

266 Macht ein pflichtteilsberechtigter Ehegatte neben seinem Pflichtteilsanspruch auch einen Zugewinnausgleichsanspruch geltend, gilt für die gerichtliche Zuständigkeit: Der Pflichtteilsanspruch ist vor dem Zivilgericht geltend zu machen, der Zugewinnausgleichsanspruch beim Familiengericht.

## III. Klagearten

### 1. Klage auf Auskunft und Wertermittlung

#### a) Allgemeines

267 Ist die Gefahr einer Verjährung nicht gegeben, dann kann der Berechtigte auch zunächst nur Auskunftsklage erheben. Muss nach Abschluss derselben Zahlungsklage erhoben werden, entstehen lediglich die eingangs bereits erwähnten höheren Prozesskosten. Ein Auskunftsanspruch kann grundsätzlich nicht durch einstweilige Verfügung erzwungen werden.

268 Schwierigkeiten bestehen in der Praxis aber oftmals bei der Antragstellung. Der **Antrag auf Auskunft** ist möglichst konkret zu fassen, damit er später gegebenenfalls vollstreckt werden kann.[304] Nach BGH[305] hat ein Nachlassverzeichnis grundsätzlich über die folgenden Punkte Auskunft zu geben, die sinnvollerweise auch der Antrag enthalten sollte, nämlich das Auskunftsbegehren
- über die beim Erbfall tatsächlich vorhandenen Gegenständen und Forderungen (Aktiva),
- über alle Nachlassverbindlichkeiten (Passiva),
- über alle Schenkungen, die der Erblasser zu Lebzeiten getätigt hat und die in den fiktiven Nachlass fallen könnten,
- über alle an Abkömmlinge erfolgten Zuwendungen, die nach §§ 2050 ff. BGB ausgleichspflichtig sind.

269 Unabhängig von einem konkret gefassten Antrag geht die Rechtsprechung[306] beim Auskunftsanspruch nach § 2314 BGB zu Recht davon aus, dass es einer genauen Umschreibung der einzelnen Handlungen zur Erfüllung der Auskunftspflicht aus prozessökonomischen Gründen nicht unbedingt bedürfe. Ausreichend ist es auch, lediglich auf Auskunft zu klagen und im anschließenden Vollstreckungsverfahren die geforderte Leistung nach den oben genannten Voraussetzungen zu präzisieren.

---

[304] Für die Angaben bei Auskünften über Grundstücke siehe umfassend *Rohlfing*, § 5 Rn 220.
[305] BGH LM BGB § 2314 Nr. 5.
[306] OLG Hamburg FamRZ 1988, 1213.

Das Urteil muss somit keine genaue Umschreibung der vorzunehmenden Auskunftserteilung enthalten. Dem Schutz des Vollstreckungsschuldners wird nach der Rechtsprechung[307] dadurch Rechnung getragen, dass der Pflichtteilsberechtigte zunächst seinen Antrag konkretisieren muss, über welchen Vertrag oder über welches Ereignis der Verpflichtete Auskunft zu geben hat. Dem Verpflichteten ist danach rechtliches Gehör zu gewähren und eine Frist zur Erbringung der geforderten Information unter Androhung des Zwangsmittels nach § 888 ZPO zu setzen. Erst nach Ablauf der Frist darf das Gericht das Zwangsmittel verhängen.[308]

b) Streitwert, Kosten

Der Streitwert der Auskunftsklage ist gem. § 3 ZPO nach Ermessen des Gerichtes zu entscheiden. In der Regel ist hierbei $1/10$ bis $1/4$ des zu erwartenden Zahlungsanspruchs als angemessen zugrunde zu legen.[309] Wird jemand zur Erteilung der Auskunft verurteilt, dann hat er die Kosten der Auskunftsklage unabhängig davon zu tragen, ob die Auskunft dazu geführt hat, dass ein Pflichtteilsanspruch besteht oder nicht.

c) Muster: Auskunftsklage des Pflichtteilsberechtigten gegen die Erben

An das

Landgericht

*Klage*

des            , wohnhaft

– Klägers –

Prozessbevollmächtigter: Rechtsanwalt

gegen

           , wohnhaft

– Beklagten –

Prozessbevollmächtigter: Rechtsanwalt

wegen Auskunft.

Vorläufiger Streitwert:            EUR

Namens und in Vollmacht des von mir vertretenen Klägers erhebe ich Klage und werde beantragen, den Beklagten im Wege der Leistungsklage zu verurteilen:
1. Auskunft über den Bestand des Nachlasses des am            in            verstorbenen Erblassers            zu erteilen, und zwar durch Vorlage eines Bestandsverzeichnisses, welches folgende Punkte umfasst:
   – alle beim Erbfall vorhandenen Sachen und Forderungen (Aktiva),
   – alle beim Erbfall vorhandenen Nachlassverbindlichkeiten (Erblasser und Erbfallschulden),
   – alle ergänzungspflichtigen Zuwendungen, die der Erblasser zu Lebzeiten getätigt hat,
   – alle unter Abkömmlingen ausgleichspflichtigen Zuwendungen, die der Erblasser zu Lebzeiten an seine Abkömmlinge getätigt hat,

---

307 BGH FamRZ 1983, 454; BGH NJW 1983, 1056.
308 OLG Hamburg FamRZ 1988, 1213; OLG Hamm NJW-RR 1987, 766; *Thomas/Putzo*, § 888 ZPO Anm. 3b cc.
309 OLG München MDR 1972, 247.

- den Güterstand, in dem der Erblasser verheiratet gewesen ist.
2. Der Beklagte trägt die Kosten des Rechtsstreits.
Für den Fall der Anordnung des schriftlichen Vorverfahrens beantrage ich schon jetzt den Erlass eines Versäumnisurteils gem. § 331 Abs. 3 ZPO, sobald hierfür die gesetzlichen Voraussetzungen gegeben sind.

*Begründung:*

(Rechtsanwalt)

## 2. Klage auf Pflichtteilszahlung

### a) Geltendmachung des Pflichtteils im Wege der Leistungsklage

273 Der Pflichtteilsberechtigte kann seinen Pflichtteilsanspruch grundsätzlich durch Zahlungsklage geltend machen. Er kann aber auch zuvor Auskunftsklage erheben oder beide Ansprüche durch Erhebung einer Stufenklage miteinander verbinden. Möglich ist auch, dass der Pflichtteilsberechtigte zunächst auf Feststellung einer Miterbenstellung und nur hilfsweise auf den Pflichtteilsanspruch klagt.[310] Klagt der Pflichtteilsberechtigte gleich auf Zahlung, dann sollte er zum einen sicher sein, dass er alle Nachlassgegenstände erfasst hat, und zum anderen sollte er konkrete Anhaltspunkte bezüglich deren Bewertung haben.

### b) Geltendmachung des Pflichtteils im Wege der Stufenklage

274 Der Pflichtteilsberechtigte geht prozessual am besten im Wege der Stufenklage (§ 254 ZPO) vor, wenn die positive Aussicht auf einen Zahlungsanspruch feststeht oder wenn sich Verjährungsprobleme stellen könnten. Da der Pflichtteilsberechtigte grundsätzlich keine Kenntnis über den Bestand des Nachlasses hat, ist ihm der Weg über die Stufenklage gestattet. Von der Stufenklage ist abzuraten, wenn ungewiss ist, ob überhaupt ein Zahlungsanspruch besteht und wenn keine Verjährung droht. Für die beratende Praxis sei hier darauf hingewiesen, dass bei getrennter Geltendmachung von Auskunfts- und Zahlungsklage die Verjährung des Pflichtteilsanspruchs stets im Auge zu behalten ist, zumal sich eine Auskunftsklage nicht selten über ein bis zwei Jahre hinzieht.

275 Bei der Stufenklage umfasst der Klageantrag in der ersten Stufe die Auskunftserteilung des Erben über den Bestand des Nachlasses (§§ 2314, 260 BGB) sowie die Wertermittlung, in der zweiten Stufe die Abgabe einer Versicherung an Eides statt (§ 260 Abs. 2 BGB) und in der dritten Stufe die Zahlung des sich aus dem Nachlasswert und der Pflichtteilsquote ergebenden Betrags.

Hat der Pflichtteilsberechtigte bereits über einen bestimmten Teil des Nachlasses und dessen Wert Kenntnis, so kann er bereits eine Teilklage auf den Mindestwert des Pflichtteils erheben und diese mit einer Stufenklage bezüglich des restlichen Teils verbinden.[311]

---

310 BGH NJW 1981, 1732.
311 *Stein/Jonas*, § 254 Abs. 3 S. 1 ZPO; *Coing*, NJW 1983, 1298.

c) Muster: Stufenklage auf Auskunft, Wertermittlung, Abgabe der eidesstattlichen Versicherung und Pflichtteilszahlung

An das

Landgericht

*Klage*

des ......, wohnhaft ......

– Klägers –

Prozessbevollmächtigter: Rechtsanwalt ......

gegen

......, wohnhaft ......

– Beklagten –

Prozessbevollmächtigter: Rechtsanwalt ......

wegen Auskunft, Wertermittlung, eidesstattlicher Versicherung und Zahlung des Pflichtteils.

Vorläufiger Streitwert: ...... EUR

Namens und in Vollmacht des von mir vertretenen Klägers erhebe ich Klage gegen den Beklagten und werde in dem zu bestimmenden Termin, im Wege der Stufenklage wie folgt beantragen:

1. Der Beklagte wird verurteilt Auskunft über den Bestand des Nachlasses des am ...... in ...... verstorbenen Erblassers ...... zum Stichtag des Erbfalles, dem ...... zu erteilen, und zwar durch Vorlage eines Bestandsverzeichnisses, welches folgende Punkte umfasst:
   - alle beim Erbfall vorhandenen Mobilien, Immobilien und Forderungen (Aktiva),
   - alle beim Erbfall vorhandenen Nachlassverbindlichkeiten (Erblasser- und Erbfallschulden),
   - alle pflichtteilsergänzungsrelevanten Zuwendungen, die der Erblasser zu Lebzeiten getätigt hat – ohne zeitliche Begrenzung auch über einen 10-Jahreszeitraum hinweg,
   - alle unter Abkömmlingen ausgleichspflichtigen Zuwendungen, die der Erblasser zu Lebzeiten an seine Abkömmlinge getätigt hat – ohne zeitliche Begrenzung auch über einen 10-Jahreszeitraum hinweg,
   - alle Güterstände, in denen der Erblasser während seiner Ehezeit gelebt hat.
2. Der Beklagte wird verurteilt, Werte zu allen im Bestandsverzeichnis angegebenen Positionen anzugeben und über den Wert von im Nachlass befindlichem Immobilien- und Betriebsvermögen Sachverständigengutachten vorzulegen.
3. Für den Fall, dass das Verzeichnis nicht mit der erforderlichen Sorgfalt erstellt sein sollte, wird der Beklagte weiterhin verurteilt, an Eides statt zu versichern, dass er den Bestand des Nachlasses und die darin enthaltenen Auskünfte über lebzeitige Zuwendungen und Vorempfänge sowie der Güterstände, in denen der Erblasser gelebt hat, nach bestem Wissen so vollständig angegeben hat, wie er dazu in der Lage war.
4. Der Beklagte wird verurteilt, an den Kläger nach Auskunftserteilung und Wertermittlung einen Pflichtteilsbetrag mit der sich aus der Auskunft ergebenden Pflichtteilsquote nebst Zinsen hieraus in Höhe von 5 %-Punkte über dem Basiszinssatz seit Rechtshängigkeit der Klage (oder seit Verzugseintritt am ......) zu bezahlen.
5. Die Kosten des Rechtsstreits trägt der Beklagte.
   Für den Fall der Anordnung des schriftlichen Vorverfahrens beantrage ich schon jetzt den Erlass eines Versäumnisurteils gem. § 331 Abs. 3 ZPO sobald hierfür die gesetzlichen Voraussetzungen gegeben sind.

*Begründung:* ......
(Rechtsanwalt)

*Bittler*

**Hinweis**
Besteht auf Beklagtenseite eine Erbengemeinschaft, empfiehlt es sich, den Antrag wie im nachfolgenden Muster zu stellen.

d) Muster: Stufenklage auf Auskunft, Wertermittlung, Abgabe der eidesstattlichen Versicherung und Pflichtteilszahlung bei Erbengemeinschaft auf Beklagtenseite

An das

Landgericht

*Klage*

des           , wohnhaft

– Klägers –

Prozessbevollmächtigter: Rechtsanwalt

gegen

          , wohnhaft

          , wohnhaft

als Gesamtschuldner

– Beklagten –

wegen Auskunft, Wertermittlung, eidesstattlicher Versicherung und Zahlung des Pflichtteils.

Vorläufiger Streitwert:            EUR

Namens und in Vollmacht des von mir vertretenen Klägers erhebe ich Klage gegen die Beklagten als Gesamtschuldner und werde in dem zu bestimmenden Termin im Wege der Stufenklage wie folgt beantragen:

1. Die Beklagten werden als Mitglieder der aus ihnen bestehenden Erbengemeinschaft nach dem am        in          verstorbenen Erblasser          gesamtschuldnerisch verurteilt, Auskunft über den Bestand des Nachlasses zum Stichtag des Erbfalls zu erteilen, und zwar durch Vorlage eines Bestandsverzeichnisses, welches folgende Punkte umfasst:
          .

e) Kosten und Streitwert

Geht der Kläger im Wege der Stufenklage vor und erteilt der Beklagte nach Rechtshängigkeitseintritt die begehrte Auskunft, so kann hinsichtlich des Auskunftsantrags die Hauptsache für erledigt erklärt werden.[312]

Ergibt sich nach Auskunftserteilung, dass kein Nachlass vorhanden und ein Zahlungsanspruch deshalb unbegründet ist, so war die anschließende prozessuale Verfahrensweise bzw. Kostentragungspflicht bisher ein umstrittenes Problem. Durch eine Hauptsacheerledigungserklärung bezüglich des Zahlungsantrags kann der Kläger die Prozesskostensituation allein nicht retten.

Nach Ansicht des BGH sind in diesem Falle dem Kläger die Kosten nach § 91a ZPO aufzuerlegen, da die Zahlungsklage unbegründet gewesen wäre. Auch eine analoge Anwen-

---

312 BGH MDR 1965, 641.

dung des Rechtsgedankens aus § 93 ZPO kommt nicht in Betracht. Im Ergebnis führt dies zu einer als ungerecht empfundenen Kostentragungspflicht des Auskunftsklägers, da er oft nur zur Vermeidung der Verjährung seines Zahlungsanspruchs diesen mit der Auskunftsklage verbunden hat und rechtshängig machte.[313]

Der BGH[314] löst das Problem dahin gehend, dass er dem Kläger einen materiellrechtlichen Schadensersatzanspruch in Bezug auf die angefallenen Kosten der – unbegründeten – Zahlungsklage zubilligt, wenn diese bei rechtzeitiger Auskunftserteilung vermeidbar gewesen wären. Diesen Schadensersatzanspruch kann der Kläger entweder in einem Folgeprozess oder aber im laufenden Prozessverfahren im Wege einer Klageänderung einfordern, welche nach Ansicht des BGH nach § 263 ZPO als sachdienlich angesehen wird. Hierbei besteht wiederum die Wahlmöglichkeit zwischen einer Feststellungsklage und einer direkt bezifferten Leistungsklage.

Bei der Bemessung des Streitwertes der Stufenklage nach § 254 ZPO sind folgende Konstellationen zu unterscheiden:

Kann der Kläger zum Zeitpunkt der Erhebung der Stufenklage den Zahlungsanspruch noch nicht beziffern, dann ist der Streitwert gem. § 3 ZPO zu schätzen. Ist es dagegen möglich, bereits einen Teilleistungsanspruch zu beziffern, dann ist dieser dem Streitwert zugrunde zu legen und zusätzlich gem. § 3 ZPO der Wert des Auskunftsinteresses zu schätzen. Ist der Zahlungsanspruch bereits endgültig festgelegt, dann ist § 18 GKG dem Streitwert zugrunde zu legen.

### 3. Klage auf Pflichtteilsergänzung gegen den Erben nach § 2325 BGB

Der Pflichtteilsergänzungsanspruch nach § 2325 BGB ist ein Zahlungsanspruch und richtet sich gegen den Erben. Es ist ein Zahlungsantrag zu stellen. Macht der Erbe im Prozess zu Recht die Einrede der Unzulänglichkeit des Nachlasses geltend, dann ist, wenn der Erbe zugleich der Beschenkte ist, der Antrag auf Duldung der Zwangsvollstreckung nach § 2329 BGB umzustellen. Das Gericht hat hierbei gem. § 139 ZPO auf die Änderung des Antrags hinzuweisen.[315]

Nach der Rechtsprechung des BGH[316] liegt in dem Übergang vom Zahlungsanspruch nach § 2325 BGB zu dem auf Duldung der Zwangsvollstreckung nach § 2329 BGB keine unzulässige Klageänderung. Ist der nach § 2325 BGB Beklagte identisch mit dem nach § 2329 BGB Beschenkten, so unterbricht der Zahlungsantrag auch die Verjährung des Herausgabeanspruchs nach § 2329 BGB. Der BGH[317] begründet dies damit, dass zwischen den Ansprüchen aus § 2325 BGB und § 2329 BGB dem Grunde und der Natur nach kein Unterschied besteht. Bei § 2329 BGB handelt es sich ebenfalls um einen Ergänzungsanspruch, der sich nur von der Art und dem Umfang der Haftung her unterscheidet.

### 4. Klage auf Pflichtteilsergänzung gegen den Beschenkten nach § 2329 BGB

#### a) Rechtliche Grundlagen

Die Klage auf Pflichtteilsergänzung gegen den Beschenkten geht grundsätzlich auf Duldung der Zwangsvollstreckung in den geschenkten Gegenstand in Höhe der Ergänzungsforde-

---

313 BGH NJW 1994, 2895; BGHZ 40, 265 ff.
314 BGHZ 79, 2075; BGH NJW 1981, 990.
315 BGH LM § 2325 Nr. 2.
316 BGH NJW 1974, 1327.
317 BGH NJW 1974, 1327.

rung.³¹⁸ Handelt es sich um ein Geldgeschenk oder liegt ein bereicherungsrechtlicher Wertersatzanspruch nach § 818 Abs. 2 BGB vor, ist ein Zahlungsantrag zu stellen.³¹⁹ Dieser kann auch schon hilfsweise mit dem Antrag auf Duldung der Zwangsvollstreckung für den Fall gestellt werden, dass der verschenkte Gegenstand nicht mehr vorhanden ist. Der Pflichtteilsberechtigte kann nach BGH³²⁰ auch Leistungsklage gegen den zuletzt Beschenkten und gleichzeitig Feststellungsklage gegen den früher Beschenkten erheben.

b) Muster: Klage auf Pflichtteilsergänzung gegen den Beschenkten (Miterben) nach § 2329 BGB bei Grundstücksschenkung

An das
Landgericht

*Klage*

des ........, wohnhaft ........

– Klägers –

Prozessbevollmächtigter: Rechtsanwalt ........

gegen

........, wohnhaft ........

– Beklagte –

Prozessbevollmächtigter: Rechtsanwalt ........

wegen Herausgabe zum Zwecke der Zwangsvollstreckung gem. § 2329 BGB.

Vorläufiger Streitwert: ........ EUR

Namens und in Vollmacht des von mir vertretenen Klägers erhebe ich Klage und werde beantragen:
1. Die Beklagte wird verurteilt, die Zwangsvollstreckung in das Grundstück ........, eingetragen im Grundbuch von ........, Band ........, Blatt ........, Flst. Nr. ........ mit einer Größe von ........ qm zum Zwecke der Befriedigung des dem Kläger zustehenden Anspruchs in Höhe von ........ nebst hieraus 5 %-Punkte über dem Basiszinssatz seit Rechtshängigkeit der Klage zu dulden.
2. Die Beklagte kann die Zwangsvollstreckung nach Ziff. 1 durch Bezahlung des Betrages in Höhe von ........ EUR zzgl. hieraus 5 %-Punkte über dem Basiszinssatz seit Rechtshängigkeit der Klage abwenden.
3. Die Beklagte trägt die Kosten des Rechtsstreits.
Für den Fall der Anordnung des schriftlichen Vorverfahrens beantrage ich schon jetzt den Erlass eines Versäumnisurteils gem. § 331 Abs. 3 ZPO sobald hierfür die gesetzlichen Voraussetzungen gegeben sind.

*Begründung:*

Der Kläger ist gesetzlicher Alleinerbe des am ........ in ........ verstorbenen Erblassers ........

*Beweis:* Erbschein des Amtsgerichts ........ – Nachlassgericht –

Die Beklagte ist eine langjährige Bekannte des Erblassers.

Mit Übergabevertrag vom ........ übertrug der Erblasser sein Hausgrundstück ........-Straße Nr. ........ in ........, eingetragen im Grundbuch von ........, Band ........, Blatt ........, Flst. Nr. ........ auf

---

318 BGHZ 85, 274; BGH LM § 2325 Nr. 2; BGH NJW 1983, 1485.
319 Palandt/*Edenhofer*, § 2329 BGB Rn 7.
320 BGHZ 17, 336.

die Beklagte. Die Übergabe war gemäß der notariellen Urkunde des Notars ▓▓▓ in ▓▓▓, UR-Nr. ▓▓▓, in vollem Umfang unentgeltlich, mithin eine Schenkung.

Beweis: Urkunde des Notars ▓▓▓, UR-Nr. ▓▓▓

Der Nachlass ist mehr oder minder wertlos. Der Erblasser hat neben einem Barvermögen in Höhe von 12.000 EUR keine weiteren Nachlassgegenstände hinterlassen.

Beweis: Mitteilung der ▓▓▓ Bank an die Erbschaftsteuerstelle ▓▓▓

Der Betrag in Höhe von 12.000 EUR wurde für die Beerdigung verbraucht. Der Kläger hat im Übrigen die Einrede des unzureichenden Nachlasses geltend gemacht.

Der Kläger kann somit von der Beklagten wegen des ihm zustehenden Pflichtteilsergänzungsanspruchs die Herausgabe des geschenkten Hausgrundstückes zum Zwecke der Zwangsversteigerung gem. § 2329 BGB verlangen.

Aus dem Sachverständigengutachten des ▓▓▓ vom ▓▓▓ ergibt sich, dass der Verkehrswert des Hausanwesens ▓▓▓ EUR beträgt.

Beweis: Gutachten des Sachverständigen ▓▓▓ vom ▓▓▓

Als alleinigem gesetzlichen Erben steht dem Kläger eine Pflichtteilsquote von $1/2$ zu.

Der Pflichtteilsergänzungsanspruch des Klägers beträgt ▓▓▓.

Die Beklagte hat trotz mehrmaliger Aufforderung den Anspruch des Klägers nicht erfüllt, so dass Klage geboten war.

(Rechtsanwalt)

c) Muster: Klage auf Pflichtteilsergänzung gegen den Beschenkten (Miterben) nach § 2329 BGB bei Schenkung einer Eigentumswohnung

An das

Landgericht

▓▓▓

*Klage*

des ▓▓▓, wohnhaft ▓▓▓

– Klägers –

Prozessbevollmächtigter: Rechtsanwalt ▓▓▓

gegen

▓▓▓, wohnhaft ▓▓▓

– Beklagten –

Prozessbevollmächtigter: Rechtsanwalt ▓▓▓

wegen Herausgabe zum Zwecke der Zwangsvollstreckung gem. § 2329 BGB.

Vorläufiger Streitwert: ▓▓▓ EUR

Namens und in Vollmacht des von mir vertretenen Klägers erhebe ich Klage und werde beantragen:
1. Der Beklagte wird verurteilt, die Zwangsvollstreckung in Höhe eines Betrages von ▓▓▓ EUR zzgl. 5 %-Punkte über dem Basiszinssatz seit Rechtshängigkeit der Klage in folgendes Grundeigentum zu dulden:
Wohnungsgrundbuch von ▓▓▓, Band ▓▓▓, Blatt ▓▓▓, Bestandsverzeichnis Nr. ▓▓▓, Miteigentumsanteil ▓▓▓ an dem Grundstück Gebäude- und Freifläche ▓▓▓ -Straße Nr. ▓▓▓,

verbunden mit dem Sondereigentum an der Wohnung im ▮▮▮ OG, den Kellerräumen ▮▮▮, im Aufteilungsplan bezeichnet mit Nr. ▮▮▮, auf der Flur ▮▮▮ mit einer Größe von ▮▮▮ qm.
2. Der Beklagte kann die Zwangsvollstreckung nach Ziff. 1 durch Bezahlung des Betrages in Höhe von ▮▮▮ EUR zzgl. 5 %-Punkte über dem Basiszinssatz seit Rechtshängigkeit der Klage abwenden.
3. Der Beklagte trägt die Kosten des Rechtsstreits.
Für den Fall der Anordnung des schriftlichen Vorverfahrens beantrage ich schon jetzt den Erlass eines Versäumnisurteils gem. § 331 Abs. 3 ZPO sobald hierfür die gesetzlichen Voraussetzungen gegeben sind.

*Begründung:* ▮▮▮

(Rechtsanwalt)

### 5. Fragen zur Beweislast

289    Der Pflichtteilsberechtigte ist grundsätzlich für die Voraussetzungen seines Pflichtteilsrechts beweispflichtig.[321] So trifft ihn nicht nur die Beweislast hinsichtlich der zum realen Nachlass gehörenden Gegenstände, sondern auch darüber, ob eine Schenkung vorliegt. Er muss dabei die Unentgeltlichkeit der Übertragung beweisen, das heißt, die Schenkung und deren Wert darlegen.[322] Bei gemischten Schenkungen bzw. einer Schenkung unter Auflage kann dies zu Beweisschwierigkeiten führen, da der Pflichtteilsberechtigte an dem lebzeitigen Rechtsgeschäft in der Regel nicht beteiligt war. Um dieser Konstellation Rechnung zu tragen, ist dem Erben hier die Verpflichtung auferlegt, im Wege des substantiierten Bestreitens die für die Entgeltlichkeit maßgebenden Tatsachen vorzutragen.[323]

Geht es im weiteren um die Frage der Bewertung von Leistung und Gegenleistung, so gilt, dass bei einem auffälligen und groben Missverhältnis eine tatsächliche Vermutung dafür spricht, dass sich die Parteien über die Unentgeltlichkeit der Wertdifferenz einig waren und insoweit eine gemischte Schenkung vorliegt.[324] Weitergehend wird hier teilweise auch ausgeführt, dass die Anwendung der Beweislastregelung auch schon dann möglich sein soll, wenn das Mehr der Leistung über ein geringes Maß deutlich hinausgeht.[325] Greift die Beweiserleichterung zugunsten des Pflichtteilsberechtigten ein, muss der Übernehmer sich durch den Gegenbeweis entlasten, dass die getätigte Zuwendung seitens des Erblassers entgeltlich war. Zu beachten ist aber, dass die Beweislast für das Vorliegen des Missverhältnisses zwischen Leistung und Gegenleistung immer der Pflichtteilsberechtigte trägt.[326]

An dieser Stelle sei darauf hingewiesen, dass die Urkunde des Übergabevertrages nicht als Beweis nach § 416 ZPO gilt, da dieser nur zwischen den Vertragsparteien selbst Wirkung entfalten kann.[327] Der Pflichtteilsberechtigte muss auch beweisen, ob der Erbe im Sinne von § 2329 BGB verpflichtet ist.[328]

Der oder die Erben müssen dagegen grundsätzlich die den Pflichtteil mindernden Tatsachen beweisen, wie beispielsweise die Anrechnungs- und Ausgleichungspflicht.

---

321 Vgl. hierzu ausführlich *Tanck*, in: Mayer/Süß/Tanck/Bittler/Wälzholz, § 14 Rn 176.
322 OLG Köln FamRZ 1997, 1437.
323 BGH NJW RR 1996, 705; BGHZ 86, 23; BGHZ 100, 190.
324 BGHZ 59, 132, 136; BGH FamRZ 1989, 732.
325 BGHZ 87, 980; BGH NJW 1995, 1349.
326 BGH NJW 1981, 2458, 2459.
327 BGH NJW 1990, 716; *Thomas/Putzo*, § 416 ZPO Rn 3.
328 RGZ 80, 135.

## IV. Stundung des Pflichtteilsanspruchs

### 1. Rechtliche Grundlagen für Erbfälle vor dem 1.1.2010

Nach der gesetzlichen Stundungsvorschrift des § 2331a BGB besteht die Möglichkeit, den Pflichtteil zu stunden, wenn die Erfüllung des Pflichtteilsanspruchs den Erben „**ungewöhnlich hart treffen**" würde. Die Voraussetzungen der Stundung liegen insbesondere vor, wenn die Pflichtteilslast den Verpflichteten zur Aufgabe seiner Familienwohnung oder zur Veräußerung eines Wirtschaftsguts zwingen würde, das für den Erben und seine Familie die wirtschaftliche Lebensgrundlage bildet. Stundung kann aber nur derjenige Erbe verlangen, der selbst pflichtteilsberechtigt ist.

### 2. Rechtliche Grundlagen für Erbfälle nach dem 1.1.2010

Nach § 2331a BGB n.F. kann der Erbe auch dann, wenn er selbst nicht pflichtteilsberechtigt ist, die Stundung des Pflichtteils verlangen, wenn die sofortige Erfüllung des Anspruchs für ihn wegen der Art der Nachlassgegenstände eine unbillige Härte wäre, insbesondere wenn sie ihn zur Aufgabe des Familienheims oder zur Veräußerung eines Wirtschaftsguts zwingen würde, das für ihn und seine Familie die wirtschaftliche Lebensgrundlage bildet. Dabei sind jedoch auch die Interessen des Pflichtteilsberechtigten angemessen zu berücksichtigen.

Statt der bisherigen Regelung, dass die Erfüllung des Pflichtteils den Erben ungewöhnlich hart treffen muss, ist zwar nunmehr eine unbillige Härte ausreichend. Die Anforderungen an eine Stundung sind jedoch nach wie vor hoch.

### 3. Stundung

Sind mehrere selbstständig pflichtteilsberechtigte Erben vorhanden, so ist bei der Entscheidung über die Stundung des Pflichtteilsanspruchs zu beachten, dass bis zur Teilung des Nachlasses bei beschränkter Erbenhaftung keiner der Erben den Pflichtteilsanspruch aus dem Privatvermögen erfüllen muss und sich die Vollstreckung nur gegen den ungeteilten Nachlass richten kann (§ 2059 Abs. 1 S. 1, Abs. 2 BGB). Ist von den Miterben nur einer selbst pflichtteilsberechtigt, so kann das Interesse des Pflichtteilsberechtigten die Stundung gebieten, obwohl die übrigen Miterben durch die sofortige Erfüllung nicht übermäßig hart getroffen werden.[329] Über die Stundung entscheidet das Nachlassgericht gem. § 1382 Abs. 2 bis 6 BGB. Die Regelungen über die Stundung des Zugewinnausgleichsanspruchs gelten entsprechend.

### 4. Muster: Stundung des Pflichtteils nach § 2331a BGB n.F.

An das

Amtsgericht
– Nachlassgericht – (in Baden-Württemberg: Staatl. Notariat)

Antragsteller: ▓▓▓▓▓ *(Erbe)*

Prozessbevollmächtigter: Rechtsanwalt ▓▓▓▓▓

Antragsgegner: ▓▓▓▓▓ *(Pflichtteilsberechtigter)*

---

329 Palandt/*Edenhofer*, § 2331a BGB Rn 4.

Prozessbevollmächtigter: Rechtsanwalt

wegen Stundung des Pflichtteils.

Der Antragsteller ist aufgrund Verfügung von Tode wegen der alleinige Erbe des am in verstorbenen Erblassers . Der Antragsgegner ist ein pflichtteilsberechtigter Abkömmling des Erblassers. Der Pflichtteilsanspruch wird anerkannt. Die sofortige Erfüllung des Anspruchs würde jedoch für den Antragsteller eine unbillige Härte bedeuten. Der Nachlass besteht lediglich aus einem kleinen Hausgrundstück, welches der Antragsteller bereits bewohnt. Es stellt auch den einzigen Vermögenswert dar. Der Antragsteller bezieht als Arbeiter ein geringes Einkommen, welches er für den Lebensunterhalt für sich und seine Familie benötigt. Der Antragsteller hat jedoch noch einen Bausparvertrag laufen, der in ca. elf Monaten fällig wird. Aus diesem Grund beantragt er die Stundung des Pflichtteils nach § 2331a BGB bis zur Auszahlung des Bausparvertrags am . Von der Festlegung einer Sicherheit bittet der Antragsteller Abstand zu nehmen und bietet eine Verzinsung des Pflichtteils in Höhe von 7,5 % jährlich an (§§ 2331a Abs. 2, 1382 BGB).

(Rechtsanwalt)

## V. Zinsen[330]

294 Die Pflichtteilsforderung ist ab dem Zeitpunkt des Verzugs oder der Rechtshängigkeit verzinslich.[331] Hier gilt die Besonderheit, dass der Verzug durch die Mahnung auch dann eintritt, wenn der Anspruch noch nicht beziffert werden kann[332] – ebenso auch bei nur hilfsweiser Anmahnung neben einem Hauptanspruch als Miterbe. Im Rahmen der Prüfung des Verzugs ist darauf zu achten, dass der Schuldner nur bei Verschulden haftet. So ist zum Beispiel eine Verzögerung durch einen Sachverständigen, die dem Verpflichteten nicht angelastet werden kann, zu berücksichtigen.

# F. Außergerichtliche Geltendmachung von Pflichtteilsansprüchen

## I. Vergleich über einen Pflichtteilsanspruch

295 Da die streitige Geltendmachung des Pflichtteilsanspruchs, vom Auskunftsbegehren zur eidesstattlichen Versicherung bis hin zum Zahlungsanspruch, oftmals ein langwieriger Prozess ist, sollte seitens des Anwalts auf eine außergerichtliche Einigung hingewirkt werden. Beim Pflichtteilsanspruch handelt es sich um einen schuldrechtlichen Zahlungsanspruch, so dass ein Vergleich hierüber grundsätzlich nicht notariell beurkundet werden muss.

## II. Muster: Außergerichtlicher Vergleich über einen Pflichtteilsanspruch

296 Dem Vergleich an sich sollte ein Nachlassverzeichnis zugrunde gelegt werden, und er sollte eine Zusicherung hinsichtlich etwaiger Vorempfänge enthalten. Darüber hinaus sollte eine Regelung hinsichtlich der späteren Ausgleichung nach § 2313 Abs. 1 S. 3 BGB erfolgen. Bezüglich der Werte der Nachlassgegenstände empfiehlt sich eine verbindliche Anerkennung. Vorsorglich ist auch an einen Verzicht auf die Einrede der Verjährung zu denken.

---

330 Vgl. *Rissmann*, ZErb 2002, 181.
331 BGH DRiZ 1969, 281.
332 BGH NJW 1981, 1732.

*Vereinbarung*

Zwischen

der Erbengemeinschaft nach ▭, gestorben am ▭, bestehend aus:

▭

– nachfolgend Erbengemeinschaft –

und

▭

vertreten durch Rechtsanwalt ▭

– nachfolgend Pflichtteilsberechtigter –

wird folgender außergerichtlicher Vergleich zur Regelung der Pflichtteilsansprüche des Pflichtteilsberechtigten geschlossen.

§ 1 Vergleichsgegenstand

(1) Die Erbengemeinschaft erkennt den Anspruch des Pflichtteilsberechtigten auf einen Pflichtteil gegenüber der Erbengemeinschaft in Höhe $^{1}/_{10}$ des Wertes des Nachlasses von ▭ an. Der Pflichtteilsquote wird zugrunde gelegt, dass der Erblasser, nach Angaben der Erbengemeinschaft, im gesetzlichem Güterstand der Zugewinngemeinschaft gelebt hat.

(2) Der Bestand des Nachlasses ergibt sich aus dem dieser Vereinbarung als wesentlicher Bestandteil beigefügten Nachlassverzeichnis und der darin gem. § 2311 BGB festgestellten Werte. Die Vertragsparteien erkennen die Wertfeststellung als verbindlich an.

(3) Ebenfalls mit geregelt mit dieser Vereinbarung werden die Pflichtteilsergänzungsansprüche des Pflichtteilsberechtigten, soweit sie im Nachlassverzeichnis als fiktive Nachlassgegenstände aufgeführt sind.

§ 2 Zahlung, Verzugsfolgen

(1) Dem Pflichtteilsberechtigten steht gegen die Erbengemeinschaft ein Pflichtteil in Höhe von ▭ EUR zu.

(2) Der Pflichtteil ist zur Zahlung fällig am ▭ (Zahlungseingang). Die Zahlung hat zu erfolgen auf das Rechtsanwalt-Anderkonto von Herrn Rechtsanwalt ▭, BLZ ▭ Konto-Nr. ▭ bei ▭ Bank.

(3) Für den Fall nicht fristgerechter Zahlung ist der rückständige Betrag mit 10 % p.a. zu verzinsen, ohne dass es einer besonderen Mahnung bedarf. Hierin liegt keine Stundungsvereinbarung.

(4) Es wird klargestellt, dass die Erbengemeinschaft den Pflichtteil als Gesamtschuldner schulden.

§ 3 Zusicherungen

(1) Die Erbengemeinschaft sichert ausdrücklich zu, dass das dem Vertrag beigefügte Nachlassverzeichnis vollständig ist und der Erblasser im gesetzlichen Güterstand gelebt hat.

(2) Die Erbengemeinschaft sichert ausdrücklich zu, dass ihr keine weiteren Umstände bekannt sind, die für die Höhe des Pflichtteils, insbesondere hinsichtlich der Bewertung, bedeutend sind.

(3) Die Erbengemeinschaft sichert ausdrücklich zu, dass ihr keine Schenkungen im Sinne von § 2325 BGB bekannt und dass keine ausgleichungspflichtigen Zuwendungen/Vorempfänge an die Miterben (Abkömmlinge) erfolgt sind.

(4) Der Pflichtteilsberechtigte sichert ausdrücklich zu, dass er keine ausgleichungspflichtigen Vorempfänge vom Erblasser erhalten hat.

(5) Ansprüche des Pflichtteilsberechtigten gem. § 2313 Abs. 1 S. 3 BGB bleiben von dieser Vereinbarung unberührt.

(6) Die Erbengemeinschaft verpflichtet sich zur unverzüglichen schriftlichen Offenlegung von nachträglich nach Unterzeichnung dieses Vertrages erlangten Erkenntnissen über eine etwaige Erweiterung des Nachlassbestands gegenüber dem Pflichtteilsberechtigten.

(7) Stellt sich heraus, dass eine der gegebenen Zusicherungen unzutreffend ist, so wird die gegen diese Zusicherung verstoßende Partei die andere Vertragspartei so stellen, wie diese stünde, wenn die Zusicherung zuträfe. Danach ist der Pflichtteil neu zu berechnen und ein gegebenenfalls entstehender Unterschiedsbetrag innerhalb von zwei Wochen nach schriftlicher Geltendmachung auszugleichen. § 2 Abs. 2 bis 4 dieses Vertrags gilt entsprechend. Gleiches gilt für nachträglich bekannt werdende Aktiva.

(8) Rein vorsorglich verzichtet die Erbengemeinschaft auf die Einrede der Verjährung.

301 **§ 4 Abgeltung, Verwirkung**

(1) Die Parteien sind sich darüber einig, dass alle finanziellen Ansprüche aus und in Verbindung mit dem Pflichtteil des Pflichtteilsberechtigten mit der Erfüllung dieser Vereinbarung erledigt sind, vorbehaltlich etwaiger Änderungen gem. § 3 dieses Vertrags. Der Auskunftsanspruch des Pflichtteilsberechtigten gem. § 2314 BGB ist damit nicht ausgeschlossen.

(2) Alle gegenseitigen Ansprüche aus dem Vertragsverhältnis sind nach Ablauf des ▓▓▓▓▓ verwirkt, sofern sie nicht innerhalb dieser Frist schriftlich und innerhalb eines weiteren Monats gerichtlich geltend gemacht sind. Ausgenommen von der Verwirkung bleiben die Ansprüche gem. § 3 dieses Vertrags.

302 **§ 5 Sonstige Bestimmungen**

(1) Sollte eine Bestimmung dieser Vereinbarung unwirksam sein, wird die Wirksamkeit der übrigen Bestimmungen davon nicht berührt. Die Parteien verpflichten sich, anstelle einer unwirksamen Bestimmung eine dieser Bestimmung möglichst nahe kommende wirksame Regelung zu treffen.

(2) Jede Partei trägt die mit diesem Vertrag zusammenhängenden Kosten, insbesondere des jeweiligen Rechtsberaters, selbst.

(3) Mündliche Abreden oder Nebenabreden sind nicht getroffen. Änderungen und Ergänzungen des Vertrags bedürfen zu ihrer Gültigkeit der Schriftform. Dies gilt auch für die Abweichung von dieser Schriftformklausel selbst.

(Ort, Datum, Unterschrift) (Ort, Datum, Unterschrift)

# § 18 Einvernehmliche Erbauseinandersetzung

*Prof. Dr. Wolfgang Burandt, LL.M., M.A., MBA (Wales)*

## Literatur

**Lehrbücher, Handbücher, Monographien:**

*Brambring/Jerschke* (Hrsg.), Beck'sches Notarhandbuch, 5. Auflage 2009; *Burandt*, Erbrechtliche Unternehmensnachfolge, 2002; *Burandt/Eberhardt*, Beratung im Erbrecht, 2. Auflage 2006; *Burandt/Leplow*, Immobilien in Erbschaft und Schenkung, 2001; *Burandt/Franke*, Unternehmertestament, 2003; *Schöner/Stöber*, Grundbuchrecht, 14. Auflage 2008; *Keller*, Die Formproblematik der Erbteilsveräußerung, 1995; *Kipp/Coing*, Erbrecht, 14. Auflage 1990; *Lange/Kuchinke*, Erbrecht, 5. Auflage 2001.

**Aufsätze:**

*Damrau*, Die Abschichtung, ZEV 1996, 361; *Haegele*, Rechtsfragen zu Erbschaftskauf und Erbteilsübertragung, BWNotZ 1971, 129 und 1972, 1; *Kaufhold*, Vereinbarungen über den Nachlass oder einzelne Nachlassgegenstände ohne Mitwirkung des künftigen Erblassers, ZEV 1996, 454; *Keller*, Ausscheidung eines Miterben aus der Erbengemeinschaft durch „Abschichtung", ZEV 1998, 281; *Krause*, Erbteilskaufvertrag, ZFE 2008, 459; *Kuchinke*, Anmerkung zum Urteil des BGH vom 11.5.1988, JZ 1990, 601 ff.; *Limmer*, Erbschaftsverträge nach § 312 BGB: Bestandsaufnahme und Neuorientierung, DNotZ 1998, 927; *Mauch*, Zur Sicherungsproblematik beim Erbteilskauf, BWNotZ 1993, 134; *Mayer*, Nachträgliche Änderung von erbrechtlichen Anrechnungs- und Ausgleichsbestimmungen, ZEV 1996, 441; *N. Mayer*, Sicherungsprobleme beim Erbteilskauf, ZEV 1997, 105; *Neusser*, Probleme des Erbteilskaufes, MittRhNotK 1979, 143; *Reimann*, Erbauseinandersetzung durch Abschichtung, ZEV 1998, 213; *Zunft*, Die Übertragung sämtlicher Nachlassgegenstände an einen Miterben gegen Abfindung der übrigen Miterben, JZ 1956, 550 ff.

| | |
|---|---|
| A. Typischer Sachverhalt ........... 1 | IV. Bestellung eines Nießbrauchs an einem Erbteil ........... 69 |
| B. Rechtsgrundlagen Erbschaftskauf ....... 2 | 1. Muster: Nießbrauchbestellung am Erbteil ........... 69 |
| I. Vertragsart ........... 2 | 2. Hinweise zum Muster ........... 77 |
| II. Kauf von Bruchteilen ........... 4 | V. Ausscheiden eines Miterben aus der Erbengemeinschaft durch Abschichtung ........... 81 |
| III. Allein- und Miterbe ........... 5 | 1. Muster: Abschichtungsvertrag ........... 81 |
| IV. Formelle Voraussetzungen des Vertrags ... 7 | 2. Hinweise zum Muster ........... 87 |
| V. Weitere Verfügungsmöglichkeiten ...... 9 | E. **Vorkaufsrecht der Miterben gem. §§ 2034 ff. BGB** ........... 92 |
| C. Erbschaftskauf ........... 11 | I. Rechtsgrundlagen ........... 92 |
| I. Kauf von einem ganzen Erbschaft ...... 11 | II. Gesetzliche Mitteilungspflicht des veräußernden Miterben ........... 94 |
| 1. Muster: Erbschaftskauf ........... 11 | 1. Muster: Mitteilungsschreiben an die Miterben ........... 94 |
| 2. Hinweise zum Muster ........... 20 | 2. Hinweise zum Muster ........... 95 |
| II. Anzeige an das Nachlassgericht gem. § 2384 BGB ........... 25 | III. Verzicht auf die Ausübung des Vorkaufsrechts ........... 96 |
| 1. Muster: Anzeige an das Nachlassgericht ........... 25 | 1. Muster: Verzichtserklärung ........... 96 |
| 2. Hinweise zum Muster ........... 26 | 2. Hinweise zum Muster ........... 97 |
| D. **Erbteilskauf und Erbteilsübertragung** ...... 27 | IV. Ausübung des Vorkaufsrechts gegenüber dem Miterben, § 2034 BGB ........... 98 |
| I. Kauf und Übertragung eines Erbteils .... 27 | 1. Muster: Ausübung des Vorkaufsrechts gegenüber dem Miterben ........... 98 |
| 1. Muster: Kauf und Übertragung eines Erbteils ........... 27 | 2. Hinweise zum Muster ........... 99 |
| 2. Hinweise zum Muster ........... 35 | V. Ausübung des Vorkaufsrechts gegenüber dem Käufer, § 2035 BGB ........... 105 |
| II. Verpfändung eines Erbteils ........... 53 | 1. Muster: Ausübung des Vorkaufsrechts gegenüber dem Käufer ........... 105 |
| 1. Muster: Verpfändung eines Erbteils .... 53 | |
| 2. Hinweise zum Muster ........... 58 | |
| III. Sicherungsübertragung eines Erbteils gem. § 2033 BGB ........... 64 | |
| 1. Muster: Sicherungsübertragung eines Erbteils ........... 64 | |
| 2. Hinweise zum Muster ........... 68 | |

|  |  |
|---|---|
| 2. Hinweise zum Muster ............ 106 | 2. Hinweise zum Muster ............ 145 |
| VI. Erbteilsübertragung des Käufers an die Miterben, die ihr Vorkaufsrecht ausgeübt haben ........................... 113 | G. Erbschaftsvertrag gem. § 311b Abs. 5 (§ 312 Abs. 2 a.F.) BGB ............ 156 |
| 1. Muster: Erbteilsübertragung an den vorkaufsberechtigten Miterben ........ 113 | I. Rechtsgrundlagen .................. 156 |
| 2. Hinweise zum Muster ............ 117 | II. Erbschaftsvertrag ................. 162 |
| F. Verträge mit analoger Anwendung der Normen des Erbschaftskaufs, § 2385 BGB ............................. 121 | 1. Muster: Erbschaftsvertrag ........ 162 |
| | 2. Hinweise zum Muster ............ 166 |
| I. Rechtsgrundlagen .................. 121 | H. Nachlassauseinandersetzungsverträge (Erbteilungsverträge) ............... 170 |
| II. Schenkung einer Erbschaft gem. § 2385 Abs. 2 BGB ........................ 128 | I. Rechtliche Grundlagen ............. 170 |
| 1. Muster: Erbschaftsschenkungsvertrag .. 128 | 1. Erbengemeinschaft ............... 170 |
| 2. Hinweise zum Muster ............ 131 | 2. Vertragsart ..................... 171 |
| III. Außergerichtlicher Vergleich über eine Erbschaft unter Erbschaftsbewerbern ..... 132 | 3. Formelle Anforderungen an den Vertrag ........................... 172 |
| 1. Muster: Außergerichtlicher Vergleich ... 132 | 4. Minderjährige Erben ............. 173 |
| 2. Hinweise zum Muster ............ 138 | II. Erbauseinandersetzungsvertrag ...... 174 |
| IV. Verkauf und Übertragung der Anwartschaft des Nacherben an den Vorerben .... 140 | 1. Muster: Erbauseinandersetzungsvertrag (Vollständige Auseinandersetzung) ..... 174 |
| 1. Muster: Verkauf und Übertragung der Anwartschaft des Nacherben an den Vorerben ........................ 140 | 2. Hinweise zum Muster ............ 184 |
| | 3. Muster: Erbauseinandersetzungs- und Erbteilsübertragungsvertrag bei angeordneter Vor- und Nacherbschaft sowie Testamentsvollstreckung ............ 194 |
| | 4. Hinweise zum Muster ............ 200 |

## A. Typischer Sachverhalt

1 Erben des Erblassers wurden seine vier Kinder. Ein Sohn lebt in den USA und ist dort geschäftlich sehr engagiert. Er möchte mit der Abwicklung des Nachlasses in Deutschland so wenig wie möglich zu tun haben und ist an seine Geschwister herangetreten, ihm seinen Erbteil abzukaufen.

## B. Rechtsgrundlagen Erbschaftskauf

### I. Vertragsart

2 Der Erbschaftskauf (§§ 2371–2384 BGB) ist ein spezieller schuldrechtlicher Kaufvertrag, für den insbesondere die §§ 320–326 BGB gelten. Seine Regeln sind weitgehend **dispositiv**: Zwingend sind lediglich die Vorschriften über die Form (§ 2371 BGB) und den Gläubigerschutz (§§ 2382, 2383 BGB).

3 **Kaufgegenstand** ist der Inbegriff des Nachlasses, also die Gesamtheit des dem Erben zugefallenen Nachlassvermögens, nicht das Erbrecht. Nach der Intention des Gesetzes soll der Käufer nur wirtschaftlich so gestellt werden, als ob er anstelle des Verkäufers der Erbe sei. Auch nach durchgeführtem Erbschaftsverkauf bleibt der Verkäufer also Erbe, so dass ihm nach wie vor die Rechte bzgl. der Auswahl des Testamentsvollstreckers usw. zustehen und der Käufer nicht im Erbschein aufgeführt wird. Indes haftet er neben dem Verkäufer von dem Abschluss des Kaufvertrages an als Gesamtschuldner für die Nachlassverbindlichkeiten.

### II. Kauf von Bruchteilen

4 Die Erbschaft kann im Ganzen oder zu einem Bruchteil verkauft werden. Bei letzterem erhält der Käufer an jedem Nachlassgegenstand einen dem Bruchteil entsprechenden quotalen Anteil. Einzelne Gegenstände können beim Verkauf einer Alleinerbschaft vom Verkauf

ausgenommen werden. Auch beim Verkauf eines einzelnen Gegenstandes kann es sich um einen Erbschaftskauf handeln, wenn der Käufer weiß, dass es sich um die ganze oder nahezu die ganze Erbschaft handelt.[1]

(Zur streitigen Erbauseinandersetzung vgl. § 19 Rn 1 ff.).

## III. Allein- und Miterbe

Bei einer Mehrheit von Erben besteht für jeden Miterben ebenfalls die Möglichkeit, seinen Anteil zu verkaufen. Die §§ 2371 ff. BGB gelten über § 1922 Abs. 2 BGB auch für den Verkauf eines Erbteils[2] bzw. eines Bruchteils[3] hiervon. Als Käufer können beliebige Dritte wie auch Miterben auftreten.

Bei der Erfüllung der Pflichten aus dem Erbschaftskauf ist zwischen Alleinerbe und Miterbe zu unterscheiden. Während der Alleinerbe die Nachlassposten einzeln nach den dafür einschlägigen Normen zu übertragen hat (z.B. §§ 929 ff., 873, 925 ff., 398 ff. BGB), kann und muss der **Miterbe** gem. § 2033 Abs. 1 S. 1 BGB über seinen Anteil am noch ungeteilten Nachlass **als Ganzes** verfügen. Die Verfügungsbeschränkung des Miterben gilt auch, wenn es sich bei dem Gesamthandvermögen nur um einen Gegenstand handelt.[4] Erfolgt die Auseinandersetzung des Nachlasses zwischen Verkauf des Miterbenanteils und Erfüllung des Kaufvertrags, hat der Käufer einen Anspruch auf Übertragung der dem Verkäufer bei der Auseinandersetzung zugefallenen Nachlassgegenstände. Ist sowohl das der Erbteilsübertragung zugrunde liegende Rechtsgeschäft als auch die dingliche Übertragung der Erbanteile nichtig, so gilt die Erbengemeinschaft als nicht wirksam aufgelöst. Die Nichtigkeit des Verpflichtungsgeschäfts allein führt indes nicht zur Wiederherstellung der durch die Übertragung der Erbanteile aufgelösten Erbengemeinschaft.[5]

## IV. Formelle Voraussetzungen des Vertrags

Der Erbschafts- bzw. Erbteilskauf bedarf der **notariellen Beurkundung**, auch in allen Nebenabreden.[6] Derselben Form bedarf der Vertrag, mit dem der Miterbe über seinen Anteil verfügt (§ 2033 Abs. 1 S. 2 BGB). Kauf und Übertragung eines Erbteils können in einer notariellen Urkunde zusammengefasst werden. Die notarielle Beurkundung der Verfügung gem. § 2033 Abs. 1 S. 2 BGB kann aber einem Formmangel des Grundgeschäfts gem. § 2371 BGB nicht abhelfen. Es tritt somit keine Heilung eines formnichtigen Vertrages durch Erfüllung ein, weder beim (Allein-) Erbschaftskauf noch beim Erbteilskauf.[7] Der veräußernde Miterbe kann bei Formnichtigkeit nach den Regeln des Bereicherungsrechts die Rückübertragung des Erbteils verlangen.

Zum Schutz der Nachlassgläubiger ist der Erbschafts- und Erbteilskauf dem Nachlassgericht anzuzeigen (§ 2384 BGB).

---

[1] BGH FamRZ 1965, 267; Palandt/*Edenhofer*, vor § 2371 BGB Rn 1.
[2] *Krause*, ZFE 2008, 459.
[3] Palandt/*Edenhofer*, § 1922 Rn 12, § 2371 Rn 1.
[4] Palandt/*Edenhofer*, § 2033 Rn 19.
[5] BGH ZEV 2005, 204.
[6] Palandt/*Edenhofer*, § 2371 BGB Rn 2.
[7] BGH NJW 1967, 1128; a.A. *Damrau*, ZEV 1996, 364 m.w.N., der Heilung entspr. § 313 S. 2 BGB annimmt.

## V. Weitere Verfügungsmöglichkeiten

9 Da § 2033 BGB Verfügungen über den Erbteil generell zulässt, kann jeder Miterbe seinen Anteil auch als Beleihungsobjekt heranziehen. Neben der **Sicherungsübereignung** lässt sich ein **Pfandrecht** oder ein **Nießbrauch** an dem Erbteil bestellen.

10 Das Pfandrecht wird an dem Erbteil als Recht am Nachlass bestellt, nicht an den einzelnen Nachlassgegenständen oder an dem Anteil des Miterben hieran. Eine Beschränkung auf einzelne Gegenstände ist nicht möglich. Der Pfandgläubiger erhält zum Schutz seines Pfandes die Befugnisse des verpfändenden Miterben neben diesem (nicht die höchstpersönlichen), etwa bzgl. der Verwaltung des Nachlasses und der Mitwirkung bei der Auseinandersetzung. Die Bestellung ist als Verfügung gem. § 2033 BGB notariell zu beurkunden. Das Pfandrecht erlischt mit der Tilgung der zu sichernden Forderung; eine Vereinbarung, nach der sich der Pfandgläubiger nur aus dem Erbteil befriedigen will und eine anderweitige Tilgung ausschließt, ist unzulässig.[8]

## C. Erbschaftskauf

### I. Kauf einer ganzen Erbschaft

#### 1. Muster: Erbschaftskauf

491 _____ (Notarielle Urkundenformalien)

11 Anwesend sind
1. _____, im Folgenden „Verkäufer" genannt,
2. _____, im Folgenden „Käufer" genannt,

alle ausgewiesen durch ihre amtlichen Personalausweise.

Nach Grundbucheinsicht beurkunde ich Folgendes:

12 **§ 1 Vertragsgegenstand**

(1) Die Urkunde betrifft den Nachlass von _____, der am _____ in _____ verstarb. Laut Erbschein des Amtsgerichts _____ vom _____ ist der Verkäufer alleiniger Erbe des Erblassers.

(2) Der Nachlass umfasst folgende Posten:
1. Unbelastet bebautes Grundstück in _____, Flst. Nr. _____
2. Wohnungseinrichtung im Hause auf oben benanntem Grundstück gemäß beiliegender Aufstellung
3. Weitere Gegenstände gemäß beiliegender Aufstellung
4. Ein Sparkonto bei der _____ Bank, Konto-Nr. _____
5. Verbindlichkeiten gegenüber der _____ Bank in Höhe von _____ EUR

Weitere Verbindlichkeiten sind nach Angaben des Verkäufers nicht vorhanden.

13 **§ 2 Erbschaftskauf**

(1) Der Verkäufer verkauft hiermit seine Erbschaft nach dem Erblasser an den Käufer. Der Kaufpreis beträgt _____ EUR, in Worten _____.

(2) Käufer und Verkäufer sind sich einig, dass weitere Erbschaftsgegenstände als die Aufgeführten nicht herauszugeben sind und für sie auch kein Ersatz zu leisten ist. Infolge des Erbfalls erloschene Rechtsverhält-

---

8 BGHZ 23, 293.

nisse zwischen Erblasser und Verkäufer gelten auch im Verhältnis zwischen den Vertragsparteien als erloschen. Nicht aufgeführte Nachlassverbindlichkeiten hat der Verkäufer ohne Ersatzanspruch zu erfüllen.

(3) Der Verkäufer hat keinerlei Anspruch auf Aufwendungen, die er auf die Erbschaft gemacht hat, und verzichtet auf jeglichen Ersatz von Abgaben und außerordentlichen Lasten, die auf die Erbschaft erhoben wurden. Speziell die vom Verkäufer zu zahlende Erbschaftsteuer trägt der Käufer nicht.

*§ 3 Zahlungsmodalitäten*

(1) Der Käufer übernimmt die oben aufgeführten Nachlassverbindlichkeiten zur ferneren Verzinsung und Tilgung zu den ihm bekannten Bedingungen der Darlehensverträge und verpflichtet sich, den Verkäufer davon zu befreien. Die Übernahme der Verbindlichkeiten ist bereits im Kaufpreis berücksichtigt. Die erforderlichen Gläubigergenehmigungen holen die Parteien selbst ein.

(2) Der Käufer zahlt sofort _____ EUR.

(3) Der Restkaufpreis nebst hieraus 5 %-Punkte über dem Basiszinssatz ab heute ist zahlbar bis zum _____.

*§ 4 Übergang und Haftung*

(1) Dem Verkäufer verbleiben die auf die Zeit vor dem Verkauf fallenden Nutzungen. Er trägt für diese Zeit die Lasten einschließlich der Zinsen für die Nachlassverbindlichkeiten.

(2) Der Käufer trägt von heute an die Gefahr des zufälligen Untergangs und einer zufälligen Verschlechterung der Erbschaftsgegenstände. Nutzungen und Lasten gehen mit dem heutigen Tag auf den Käufer über.

(3) Die Verpflichtung des Verkäufers zur Haftung wegen eines Rechtsmangels beschränkt sich auf die Haftung dafür, dass ihm das Erbrecht zusteht, dass es nicht durch das Recht eines Nacherben oder durch die Ernennung eines Testamentsvollstreckers beschränkt ist, dass nicht Vermächtnisse, Auflagen, Pflichtteilslasten, Ausgleichspflichten und Teilungsanordnungen bestehen und dass nicht unbeschränkte Haftung gegenüber den Nachlassgläubigern oder Einzelnen von ihnen eingetreten ist. Mängel einer zur Erbschaft gehörenden Sache hat der Verkäufer nicht zu vertreten.

*§ 5 Übertragung der Erbschaftsposten auf den Käufer*

(1) Verkäufer und Käufer sind sich darüber einig, dass das Eigentum an dem Grundstück _____ auf den Käufer übergehen soll und bewilligen und beantragen seine Eintragung als Eigentümer im Grundbuch.

(2) Die Wohnungseinrichtung sowie die sonstigen Nachlassgegenstände befinden sich im benannten Haus. Der Verkäufer überträgt dem Käufer das Eigentum hieran, wobei die Besitzverschaffung durch Aushändigung des Wohnungsschlüssels erfolgt.

(3) Der Verkäufer tritt die Forderung gegen die _____ Bank aus dem Sparkonto an den Käufer ab. Dieser nimmt die Abtretung an. Der Verkäufer übergibt dem Käufer das Sparbuch zu Eigentum.

*§ 6 Sicherungen*

(1) Zur Sicherung der Restkaufpreiszahlung gem. § 3 Abs. 3 wird eine brieflose Hypothek für den Verkäufer bestellt. Der Käufer unterwirft sich wegen dieser Forderung der sofortigen Zwangsvollstreckung, welche in Ansehung dieser Hypothek auch gegen den jeweiligen Eigentümer zulässig sein soll. Er bewilligt und beantragt die Eintragung der Hypothek einschließlich der dinglichen Vollstreckungsunterwerfung im Grundbuch.

(2) Zur Sicherung des Befreiungsanspruchs des Verkäufers bzgl. der benannten Verbindlichkeiten gem. § 3 Abs. 1 beantragt der Käufer die Eintragung einer zweiten Hypothek in das Grundbuch im Rang nach der Kaufpreishypothek gem. § 6 Abs. 1. Der Verkäufer bewilligt dies.

(3) Der Verkäufer beantragt, für den Käufer eine Vormerkung zur Sicherung des Rechts auf Eigentumsverschaffung an dem Grundstück einzutragen und sie wieder zu löschen, wenn der Käufer als Eigentümer eingetragen wird und inzwischen kein anderer Eintragungsantrag eingegangen ist.

*Burandt*

| | |
|---|---|
| 18 | **§ 7 Hinweise**

(1) Die Beteiligten werden von dem Notar darauf hingewiesen, dass der Verkauf der Erbschaft dem Nachlassgericht anzuzeigen ist. Ferner werden sie darauf hingewiesen, dass vor der Umschreibung des Eigentums die Unbedenklichkeitsbescheinigung des Finanzamts vorliegen muss, die an den Notar erbeten wird.

(2) Der im gesetzlichen Güterstand lebende Verkäufer erklärt, mit diesem Vertrag nicht über sein Vermögen im Ganzen oder Wesentlichen zu verfügen. |
| 19 | **§ 8 Kosten, Steuern**

Die Kosten dieser Urkunde und der Durchführung sowie eventuell anfallende Grunderwerbssteuern trägt der Käufer.

Diese Niederschrift wurde vom Notar den Anwesenden vorgelesen, von diesen genehmigt und von ihnen und dem Notar eigenhändig unterschrieben: |

## 2. Hinweise zum Muster

### ▪ Fallgestaltung

20 Das Muster geht davon aus, dass der Verkäufer als alleiniger Erbe seine ganze Erbschaft an B verkauft. In der Praxis erscheint dies eher selten. Es kommt etwa dann in Betracht, wenn der Erbe aus persönlichen Gründen bzw. großer räumlicher Distanz (Ausland) eine eigene Nachlassabwicklung und eine umständliche Einzelverwertung vermeiden will oder wenn er sofortige Barmittel benötigt.

Im Nachlass befinden sich verschiedene exemplarische Vermögenswerte. Dem Abstraktionsprinzip entsprechend werden sie als Gesamtheit verkauft, aber nach den jeweils für sie geltenden Vorschriften übertragen. Diese Nachlassgegenstände im Vertrag genau aufzuführen, ist nicht nur zur Fixierung des Vertragsgegenstands sinnvoll, sondern auch Pflicht des Verkäufers aus § 260 BGB.[9]

Der Alleinerbe hat naturgemäß verschiedene Möglichkeiten, sich seines Erbes zu entäußern, er kann die Nachlassgegenstände insbesondere einzeln verkaufen. Zu beachten ist aber, dass auch der Verkauf eines einzelnen Gegenstandes den §§ 2371 ff. BGB unterliegen kann, wenn der Käufer weiß, dass es sich um die ganze oder nahezu die ganze Erbschaft handelt.[10]

### ▪ Gestaltung des Rechtsverhältnisses

21 Der Grundsatz der gesetzlichen Regelung ist der Abschluss eines schuldrechtlichen Vertrags der Parteien, auf den die Bestimmungen des Schuldrechts über den Kauf (§§ 433 ff. BGB) und damit auch den gegenseitigen Vertrag (§§ 320 ff. BGB) Anwendung finden. Daneben gelten die Sonderregeln der §§ 2371 ff. BGB, da der Erbschaftskauf auch erbrechtlicher Natur ist.[11]

In der Praxis sind Abweichungen hiervon aber möglich (die §§ 2372–2381 BGB sind dispositiv) und in der Regel vorteilhaft, um Leistung und Gegenleistung besser aufeinander abzustimmen. Zum einen lässt sich der Umfang der sich im Nachlass befindlichen Vermögenswerte zum Zeitpunkt des Verkaufs meist nicht mit letzter Gewissheit angeben. Dieses Risiko lässt sich durch Modifizierungen eingrenzen. Zum anderen entstehen Aufwendungen und Abgaben auf den Nachlass. Die Parteien wollen sich hier nicht noch zusätzlichen

---

[9] Staudinger/*Olshausen*, vor §§ 2371 BGB Rn 43; MüKo-*Musielak*, vor § 2371 BGB Rn 8.
[10] BGH FamRZ 1965, 267.
[11] Staudinger/*Olshausen*, vor §§ 2371 BGB Rn 16.

gegenseitigen Erstattungspflichten ausgesetzt sehen. Sie können solche Kosten vielmehr in die Kalkulation des Kaufpreises einbeziehen.

Aus diesen Gründen weicht das Muster von § 2374 BGB ab, wonach der Verkäufer alle zur Zeit des Verkaufs vorhandenen Erbschaftsgegenstände sowie erlangte Surrogate für vorher in der Erbschaft befindliche Gegenstände herauszugeben hat. Des Weiteren hätte er Ersatz zu leisten für Erbschaftsgegenstände, die er in Unkenntnis des Käufers vor Verkauf verbraucht, unentgeltlich veräußert oder unentgeltlich belastet hat (§ 2375 Abs. 1 BGB). Auch diese Verpflichtung wird abbedungen, da der Kaufpreis auf die aufgeführten Erbschaftsgegenstände bemessen ist. Ebenfalls weicht das Muster aus o.g. Gründen von den §§ 2377, 2379 S. 3 und 2381 BGB ab.

Die **Erbschaftsteuer** im Besonderen ist eine nach § 20 Abs. 1 ErbStG dem Erben persönlich obliegende Abgabe (nicht Nachlassverbindlichkeit) und zugleich eine i.S.d. § 2379 S. 3 BGB außerordentliche Last, die als auf den Stammwert der Erbschaftsgegenstände gelegt anzusehen ist. Im Innenverhältnis hätte sie der Käufer zu tragen. Wenngleich dies im Muster geändert wurde, haftet der Käufer dem Verkäufer weiter für die Steuerschuld mit der erworbenen Erbschaft (§ 20 Abs. 3 ErbStG).

Der Käufer kann einen Erbschein nur auf den Namen des Erben beantragen. Nach Kaufabschluss besteht die Möglichkeit, nach § 729 ZPO die Vollstreckungsklausel auf den Käufer umschreiben zu lassen. Der Nachlassgläubiger kann nun aus dem vor Verkauf rechtskräftig gewordenen Urteil gegen den Erblasser oder den Verkäufer vorgehen.[12]

■ **Übergang und Haftung**

Es werden die gesetzlichen Regelungen der §§ 2376,[13] 2379 S. 1 und 2, 2380 BGB übernommen.

## II. Anzeige an das Nachlassgericht gem. § 2384 BGB

### 1. Muster: Anzeige an das Nachlassgericht

An das

Amtsgericht
– Nachlassgericht – (Baden-Württemberg: Staatl. Notariat)

---

12 MüKo-*Musielak*, § 2382 BGB Rn 3; Palandt/*Edenhofer*, § 2371 BGB Rn 6.
13 Mit dem Gesetz zur Änderung des Erb- und Verjährungsrechts von 24.9.2009, BGBl. I, 3142, wurde das Sach- und Rechtsmängelhaftungsrecht beim Erbschaftskauf an die Regelungen des Schuldrechtsmodernisierungsgesetzes angeglichen. Dementsprechend wurde der § 2376 BGB wie folgt geändert: Im Absatz 1 Satz 1 wurden die Wörter „*Verpflichtung des Verkäufers zur Gewährleistung wegen eines Mangels im Recht beschränkt sich auf die Haftung dafür*" durch die Wörter „*Haftung des Verkäufers für Rechtsmängel beschränkt sich darauf*" ersetzt. Absatz 2 wurde wie folgt gefasst: „*(2) Für Sachmängel eines zur Erbschaft gehörenden Gegenstandes haftet der Verkäufer nicht, es sei denn, dass er einen Mangel arglistig verschwiegen oder eine Garantie für die Beschaffenheit des Gegenstandes übernommen hat*". Während es sich bei der Formulierung des Absatzes 1 nur um eine redaktionelle Änderung handelt, mit der § 2376 Abs. 1 BGB an die Terminologie des Schuldrechtsmodernisierungsgesetzes angepasst wurde, wurde im neuen Absatz 2 klargestellt, dass eine Haftung des Verkäufers bei arglistigem Verschweigen eines Mangels oder bei Garantieübernahme besteht. Auch insoweit wurde die Vorschrift an die Regelung des Schuldrechtsmodernisierungsgesetzes angeglichen (vgl. §§ 442 Abs. 1 S. 2, 443 Abs. 1, 444 BGB).

Ich bin alleiniger Erbe des am ▓▓▓ in ▓▓▓ verstorbenen ▓▓▓.

Durch notariell beurkundeten Vertrag vom ▓▓▓, UR-Nr. ▓▓▓, des Notars ▓▓▓, mit Sitz in ▓▓▓, habe ich die Erbschaft dem ▓▓▓, wohnhaft in ▓▓▓, verkauft.

(Ort, Datum, Unterschrift)

### 2. Hinweise zum Muster

26 Der Verkäufer sowie jeder Veräußerer hat die Verpflichtung gegenüber den Nachlassgläubigern (§ 2384 BGB) zur **unverzüglichen Anzeige an das Nachlassgericht**. Wird dieses schuldhaft unterlassen, ist der Verkäufer gegenüber den Nachlassgläubigern schadenersatzpflichtig (§ 823 Abs. 2 BGB). Die Verpflichtung besteht nach § 2384 Abs. 1 S. 2 BGB auch bei Veräußerung eines Erbteils. Diese tritt nicht ein bei Anzeige durch den Käufer gem. § 2384 Abs. 1 S. 2 BGB.

## D. Erbteilskauf und Erbteilsübertragung

### I. Kauf und Übertragung eines Erbteils

#### 1. Muster: Kauf und Übertragung eines Erbteils

▓▓▓ (Notarielle Urkundenformalien)

27 Anwesend sind
1. ▓▓▓, im Folgenden „Verkäufer" genannt,
2. ▓▓▓, im Folgenden „Käufer" genannt,

alle ausgewiesen durch ihre amtlichen Personalausweise.

Nach Grundbucheinsicht beurkunde ich Folgendes:

28 **§ 1 Vertragsgegenstand**

(1) Die Urkunde betrifft den Nachlass von ▓▓▓. Laut Erbschein, Az. ▓▓▓, des Nachlassgerichts ▓▓▓ ist der Verkäufer zu ▓▓▓ Anteil Erbe des ▓▓▓.

(2) Zum ungeteilten Nachlass gehören noch:
1. Ein bebautes Grundstück, eingetragen im Grundbuch ▓▓▓, Band ▓▓▓, Blatt ▓▓▓
2. Darlehensforderung gegen die ▓▓▓ Bank (Sparbuch)
3. Folgende bewegliche Gegenstände: ▓▓▓
4. Folgende Nachlassverbindlichkeiten: ▓▓▓

Weitere Nachlassverbindlichkeiten sind nach Angaben des Verkäufers nicht vorhanden.

29 **§ 2 Erbteilskauf**

(1) Der Verkäufer verkauft hiermit seinen Erbanteil am Nachlass des ▓▓▓ an den Käufer zur alleinigen Berechtigung zum Kaufpreis von ▓▓▓ EUR, in Worten ▓▓▓.

(2) Der Verkäufer hat andere Nachlassgegenstände oder Surrogate als den Anteil an den aufgeführten Gegenständen nicht herauszugeben und hierfür auch keinen Ersatz zu leisten. Er hat seinerseits keinerlei Anspruch auf Aufwendungen, die er auf die Erbschaft gemacht hat und verzichtet auf jeglichen Ersatz von erfüllten Nachlassverbindlichkeiten, Abgaben, Lasten und sonstigen Kosten, die auf die Erbschaft erhoben wurden.

*§ 3 Zahlungsmodalitäten*

(1) Der Kaufpreis ist zahlbar spätestens am _____, jedoch nicht bevor:
1. dem Notar die Verzichtserklärungen sämtlicher vorkaufsberechtigter Miterben vorliegen oder die Frist zur Ausübung des Vorkaufsrechts abgelaufen ist;
2. die unten aufgeführte Eintragung der Verfügungsbeschränkung im Grundbuch erfolgt ist,
3. sonstige evtl. erforderliche Genehmigungen eingegangen sind, also
   - Genehmigung des Landwirtschaftsamts gem. § 2 Abs. 2 Nr. 2 GrdstVG
   - Genehmigung des Ehegatten gem. §§ 1365, 1423 BGB
   - Genehmigung des Vormundschaftsgerichts[14] bzw. seit 1.9.2009 des Familiengerichts oder des Betreuungsgerichts nach den §§ 1822 Nr. 1 und 10, 1821 Abs. 1 Nr. 5 BGB jeweils i.V.m. § 1643 Abs. 1 BGB.

(2) Der Käufer übernimmt die unter § 1 genannten Verbindlichkeiten zur ferneren Verzinsung und Tilgung zu dem dem quotalen Erbteil entsprechenden Bruchteil zu den ihm bekannten Bedingungen der Darlehensverträge und verpflichtet sich, den Verkäufer hiervon zu befreien. Die Übernahme dieser Verbindlichkeiten ist bereits im Kaufpreis berücksichtigt. Die erforderlichen Gläubigergenehmigungen holen die Beteiligten selbst ein. Darüber hinausgehende Verbindlichkeiten durch diese oder andere Gläubiger übernimmt im Innenverhältnis der Verkäufer.

*§ 4 Übergang und Gewähr*

(1) Die Nutzungen und Lasten gehen gemäß § 2380 BGB ab Kaufabschluss auf den Käufer über. Von da an trägt der Käufer auch die Gefahr des zufälligen Untergangs und der zufälligen Verschlechterung der Erbschaftsgegenstände.

(2) Die Verpflichtung des Verkäufers zur Haftung wegen eines Rechtsmangels beschränkt sich auf die Haftung dafür, dass ihm das Erbrecht zusteht, dass es nicht durch das Recht eines Nacherben oder durch die Ernennung eines Testamentsvollstreckers beschränkt ist, dass nicht Vermächtnisse, Auflagen, Pflichtteilslasten, Ausgleichspflichten oder Teilungsanordnungen bestehen und dass nicht unbeschränkte Haftung gegenüber den Nachlassgläubigern oder Einzelnen von ihnen eingetreten ist. Mängel einer zur Erbschaft gehörenden Sache hat der Verkäufer nicht zu vertreten.

Darüber hinaus sichert der Verkäufer dem Käufer zu,
- dass der benannte Grundbesitz zur Erbschaft gehört,
- dass keine weiteren als die aufgeführten Nachlassverbindlichkeiten bestehen,
- dass der Erbteil nicht anderweitig veräußert oder verpfändet wurde und auch nicht gepfändet oder mit sonstigen Rechten Dritter belastet ist,
- dass zwischen den Erben auch schuldrechtlich kein Auseinandersetzungsvertrag abgeschlossen wurde.

*§ 5 Erbteilsübertragung; Sicherungen*

(1) In Vollzug seiner Verpflichtung aus § 2 überträgt der Verkäufer hiermit gem. § 2033 BGB seinen oben genannten Erbteil dem Käufer, der diese Erbteilsübertragung annimmt.

(2) Die Übertragung erfolgt aufschiebend bedingt. Die Bedingung gilt als eingetreten, wenn der Kaufpreis vollständig bezahlt ist oder dem Grundbuchamt eine Berichtigungsbewilligung des Verkäufers vorgelegt wird, in der dieser die Eintragung des Käufers als neuen Rechtsinhaber des Erbteils bewilligt. Der Käufer bewilligt und beantragt bereits heute die Berichtigung des Grundbuchs durch seine Eintragung als neuen Berechtigten des vorstehend aufschiebend bedingt übertragenen Erbteils.

---

14 Am 1.9.2009 ist das FamFG in Kraft getreten, FGG-ReformG v. 17.12.2008, BGBl I 2008, 2586, Art. 111, 112. Das Vormundschaftsgericht gibt es seit diesem Zeitpunkt nicht mehr. Vielmehr kommt es zur Einführung des Großen Familiengerichts, welches u.a. die Zuständigkeit des bisherigen Vormundschaftsgerichts für Vormundschaft, Pflegschaft für Minderjährige und Adoption erhält. Betreuungssachen für Volljährige fallen hingegen in die Zuständigkeit eines ebenfalls neu geschaffenen Betreuungsgerichtes, §§ 1821, 1822, 1643 BGB n.F.

(3) Der Käufer beantragt die Berichtigung des Grundbuchs dahin gehend, dass sein aus der vorstehend vereinbarten aufschiebend bedingten Erbteilsübertragung resultierendes Anwartschaftsrecht im Grundbuch als Rechtsbegrenzung/Verfügungsbeschränkung des Verkäufers eingetragen wird.

**33**  § 6 *Vorkaufsrecht der Miterben*

(1) Der Notar hat die Beteiligten darauf hingewiesen, dass den Miterben gem. §§ 2034 ff. BGB ein gesetzliches Vorkaufsrecht an dem verkauften Erbteil zusteht, welches bis zwei Monate ab Mitteilung des Verkaufs ausgeübt werden kann. Es besteht die Pflicht, den Miterben den Verkauf und die vollzogene Erbteilsübertragung jeweils unverzüglich anzuzeigen. Für den Fall, dass Miterben von ihrem Vorkaufsrecht Gebrauch machen, übernimmt der Verkäufer alle aus diesem Vertrag dem Käufer entstandenen Kosten, soweit diese nicht vom Vorkaufsberechtigten zu tragen sind.

(2) Weiterhin tritt der Verkäufer für diesen Fall dem Käufer in Höhe des bereits bezahlten Anteils am Kaufpreis alle Ansprüche ab, die ihm gegenüber den das Vorkaufsrecht ausübenden Miterben zustehen. Der Käufer nimmt diese Abtretung an. Der Notar hat die Vertragsparteien auf die gem. § 409 Abs. 1 BGB gebotene Abtretungsanzeige hingewiesen. Dem Käufer stehen weitere Ansprüche nicht zu.

**34**  § 7 *Hinweise*

(1) Mit der Übertragung nach § 2033 BGB gehen alle noch im ungeteilten Nachlass befindlichen Vermögenswerte anteilig auf den Käufer über.

(2) Unbeschadet der Vereinbarungen in diesem Vertrag haftet der Käufer den Nachlassgläubigern neben dem weiterhin haftenden Verkäufer für die Nachlassschulden.

(3) Die Parteien sind gem. § 2384 Abs. 1 BGB verpflichtet, den Verkauf des Erbteils dem Nachlassgericht anzuzeigen.

§ 8 *Kosten, Steuern*

Die Kosten dieser Urkunde und deren Durchführung sowie die evtl. anfallende Grunderwerbsteuer trägt der Käufer.

Diese Niederschrift wurde vom Notar den Anwesenden vorgelesen, von diesen genehmigt und von ihnen und dem Notar eigenhändig unterschrieben:

**2. Hinweise zum Muster**

■ **Fallgestaltung**

**35**  Das Muster geht davon aus, dass der Verkäufer Miterbe einer Erbengemeinschaft ist und seinen Erbteil ganz an den Käufer verkauft und überträgt. Dies kommt insbesondere in den Fällen vor, in denen der Miterbe vorzeitig aus der Erbengemeinschaft ausscheiden will oder in denen ein Dritter als Erwerber sich in die Gesamthandgemeinschaft einkauft, um durch Verhandlung mit anderen Miterben oder durch Betreiben der Zwangsversteigerung nach den §§ 2042 ff. BGB, § 180 ZVG weitere Anteile oder bestimmte Gegenstände zu erwerben.

Seine Verfügungsmöglichkeiten sind durch § 2033 BGB festgelegt. Er kann als Miterbe im Unterschied zum Alleinerben nicht einzelne Gegenstände von der Verfügung ausnehmen bzw. über seinen Anteil an einzelnen Gegenständen verfügen. Die Verfügungsbeschränkung gilt auch dann, wenn es sich bei dem vorhandenen Gesamthandvermögen nur um einen Gegenstand handelt.[15] Verkauft er einen Bruchteil, muss er dem Käufer an jedem Nachlassgegenstand diesen quotalen Anteil verschaffen.[16] Über den Anspruch auf das künftige Auseinandersetzungsguthaben kann nach h.M. nicht verfügt werden, solange noch gemein-

---

[15] Palandt/*Edenhofer*, § 2033 Rn 19.
[16] BFH NJW 1975, 2119.

schaftliches Vermögen vorhanden ist.¹⁷ Auch eine Verfügung über einen künftigen Miterbenanteil ist nicht möglich, da der Anteil erst mit dem Erbfall verfügungsfähig ist.¹⁸ Möchte der Veräußerer einen Dritten zur Erbteilsübertragung bevollmächtigen, ist dann eine notarielle Beurkundung erforderlich, wenn sich der Vollmachtgeber nach seiner Überzeugung tatsächlich an die erteilte Vollmacht gebunden fühlt.¹⁹

■ **Gestaltung des Rechtsverhältnisses**

Für den Erbteilskauf gelten die §§ 2371 ff. BGB, nach deren Maxime der Käufer wirtschaftlich so gestellt werden soll, als ob er anstelle des Verkäufers Erbe geworden wäre (vgl. insofern die Hinweise zum Erbschaftskauf, siehe Rn 11 ff.). Dabei ist der spekulative Charakter des Geschäfts zu beachten, da der Käufer beim Kauf keine letzte Gewissheit über die Zusammensetzung des Nachlasses erlangen kann. Anders als der Alleinerbe (§ 260 BGB) ist der seinen Erbteil veräußernde Miterbe nicht verpflichtet, ein Bestandsverzeichnis der Nachlassgegenstände vorzulegen. Dennoch ist ein solches im Vertrag zu empfehlen. Kaufgegenstand und Kaufpreis lassen sich so besser aufeinander abstimmen. Zusätzlich werden Modifizierungen der weitgehend dispositiven Vorschriften über den Erbschaftskauf vorgenommen. 36

Im Muster wird aus oben genannten (siehe Rn 22) Gründen von § 2374 BGB abgewichen, wonach der Verkäufer verpflichtet ist, nicht nur die zum Zeitpunkt des Verkaufs vorhandenen Erbschaftsgegenstände an den Käufer herauszugeben, sondern auch die ab Erbfall erlangten Surrogate. Unbeschadet dessen trägt der Verkäufer weiterhin das Risiko, dass er seinen Anteil an sich später zeigenden Nachlassgegenständen mit übertragen muss und insofern ein schlechtes Geschäft macht. 37

Des Weiteren soll der Verkäufer nicht den nach § 2375 Abs. 1 BGB vorgesehenen Ersatz für Erbschaftsgegenstände leisten müssen, die er in Unkenntnis des Käufers vor Verkauf verbraucht, unentgeltlich veräußert oder unentgeltlich belastet hat. Der Käufer hingegen hat in Abweichung von § 2381 BGB Verwendungen des Verkäufers auf die Erbschaft nicht zu ersetzen.

■ **Kaufpreisfälligkeitsvoraussetzungen**

Die Koppelung der Fälligkeit des Kaufpreises an die **Verzichtserklärungen der vorkaufsberechtigten Miterben** bzw. an den Fristablauf für die Ausübung des Vorkaufsrechts gewährt dem Käufer diesbezüglich keine absolute Sicherheit. Die Miterben sind nicht zur Zusammenarbeit verpflichtet. Sie müssen ihr Vorkaufsrecht nur dem Verkäufer gegenüber geltend machen, solange der Erbteil noch nicht übertragen wurde. Dieser könnte aber Falschangaben bzgl. der fristgerechten Ausübung des Vorkaufsrechts machen, da er ein Interesse hat, die Fälligkeit des Kaufpreises nicht zu verzögern. Für diesen Fall sind im Muster unter Nr. 6 den Käufer hinreichend absichernde Vorausabtretungen aufgenommen worden. Die Aufnahme der genannten Kaufpreisfälligkeitsvoraussetzung erscheint dennoch sinnvoll, da der Käufer nach Möglichkeit erst gar nicht hier hinein gezogen werden will. 38

Die erforderlichen **behördlichen oder rechtsgeschäftlichen Genehmigungen** sind vorauszusetzen. Hat der Verkäufer bei Vertragsschluss noch keinen Erbschein erhalten, so sollte

---

17 Palandt/*Edenhofer*, § 2033 BGB Rn 5; RGZ 60, 126, 132; MüKo-*Heldrich*, § 2033 BGB Rn 12.
18 BGH NJW 1988, 2726.
19 BGH ZEV 1996, 462.

zum Schutz des Käufers das Nachreichen zur Kaufpreisfälligkeitsvoraussetzung gemacht werden, um wenigstens die anfängliche Erbenstellung des Verkäufers zu bescheinigen.[20]

### ■ Sicherungsproblematik; Lösungsmodelle

39 Der Erbteilskauf birgt für Käufer und Verkäufer spezifische Risiken in sich. In dem u.U. wirtschaftlich umfangreichen Geschäft möchte niemand vorleisten und später auf möglicherweise wertlose Bereicherungs- und Schadensersatzansprüche angewiesen sein. Da die Erfüllung der Verkäuferpflichten nicht wie beim Erbschaftskauf durch Übertragung der Einzelposten erfolgt, muss demgemäß ein anderes Sicherungsmodell gefunden werden.

40 Für den Käufer ergibt sich das Risiko, dass dem Verkäufer das Erbrecht nicht zusteht oder es belastet ist. Auch kann sich der Käufer über den Umfang des Nachlasses (Aktiva/Passiva) geirrt haben. Der Käufer könnte zudem über den Erbteil schon anderweitig verfügt haben. Die Regeln über den gutgläubigen Erwerb (§§ 892 ff., 932 ff., 2366 BGB) schützen den Käufer hinsichtlich dieser Risiken nicht, da hier nicht einzelne Gegenstände erworben werden.[21] Auch stehen die im Grundstücksrecht üblichen Sicherungsmittel nicht zur Verfügung, da hier mit der Verfügung nach § 2033 BGB bereits die dingliche Rechtsänderung durch Abtretung in der notariellen Urkunde außerhalb des Grundbuchs eintritt.[22] Der Verkäufer ist hingegen daran interessiert, seinen Erbteil nicht zu verlieren, bevor der Kaufpreis bezahlt worden ist.

41 Die im Muster dargestellte Lösung macht es sich zunutze, dass die Verfügung nach § 2033 BGB im Gegensatz zur Auflassung nach § 925 Abs. 2 BGB nicht bedingungsfeindlich ist. Die Erbteilsübertragung erfolgt **aufschiebend** bedingt durch die vollständige Kaufpreiszahlung. Kauf und Übertragung des Erbteils können so ohne Sicherungsverlust in einer Urkunde zusammengefasst werden, was praktisch und kostengünstig ist. Dem Interesse des Verkäufers wird dadurch Rechnung getragen, dass ihm – bis zur Erfüllung durch den Käufer – der Erbteil verbleibt. Der Käufer muss indes gegen Zwischenverfügungen während der Schwebezeit abgesichert sein. Dabei scheidet ein etwaiger gutgläubiger Erwerb nach § 161 Abs. 3 BGB aus, da für Verfügungen über den Erbteil die §§ 413, 398 ff. BGB einschlägig wären, die einen solchen nicht vorsehen. Da auch der Erbschein nicht zum gutgläubigen Erwerb eines Erbteils verhelfen kann, verbleibt für den Käufer das Risiko einer gemeinschaftlichen Verfügung der Erbengemeinschaft inklusive des Verkäufers bzgl. einzelner Nachlassgegenstände (§ 2040 Abs. 1 BGB). Zur Vermeidung des Risikos wird eine Verfügungsbeschränkung in das Grundbuch eingetragen. Der Kaufpreis wird erst mit deren Eintrag fällig (und dem Vorliegen der allgemeinen Voraussetzungen, siehe oben Rn 38).

42 Die h.M. bejaht die Zulässigkeit der Eintragung einer Verfügungsbeschränkung aus § 161 BGB, wenngleich mit unterschiedlichen Begründungen.[23] Ist der Kaufpreis bezahlt, muss der Bedingungseintritt schließlich dem Grundbuchamt nachgewiesen werden. Dies kann gem. § 22 GBO durch Unrichtigkeitsnachweis oder beiderseitige Berichtigungsbewilligung (§ 19 GBO) geschehen, allerdings jeweils in der Form des § 29 GBO (öffentliche Urkunde oder öffentliche Beglaubigung). Am einfachsten und kostengünstigsten wäre es, den Kaufpreis bei einem Kreditinstitut mit eigenem Stempelrecht zu leisten.[24] Hier lässt sich der Unrichtigkeitsnachweis per Bankquittung führen.

---

20 *Neusser*, MittRhNotK 1979, 143, 148.
21 Hierzu *Neusser*, MittRhNotK 1979, 143, 148.
22 *Mayer*, ZEV 1997, 105, 106.
23 *Neusser*, MittRhNotK 1979, 143, 149; *Mauch*, BWNotZ 1993, 134, 140; *Schöner/Stöber*, Rn 970; BayObLG MittBayNot 1994, 223.
24 Vgl. *Mauch*, BWNotZ 1993, 134, 141, auch zu den folgenden Möglichkeiten.

Der andere Weg ist der, dass der Erwerber bereits in der Kaufurkunde die Berichtigung bewilligt und beantragt, während der Verkäufer am selben Tag seine Bewilligung in getrennter Urkunde dem Notar überlässt. Letzterer erhält die Anweisung, die getrennte Bewilligung erst dann dem Grundbuchamt zu übergeben, wenn die Kaufpreiszahlung zu seiner Gewissheit erfolgt ist.

43

Nach einem dritten Vorschlag sollen beide Bewilligungen bereits in der Kaufurkunde erfolgen mit der Anweisung an den Notar, solange nur auszugsweise Ausfertigungen und Abschriften zu erteilen, bis er sich der Kaufpreiszahlung gewiss ist. Dieser Weg wurde nicht in das Muster aufgenommen, da er die Gefahr birgt, dass sich ein Gläubiger über § 792 ZPO doch eine vollständige Ausfertigung vor Kaufpreiszahlung aushändigen lässt, den Erbteil pfändet und über § 14 GBO eintragen lässt.

44

Die Sicherung kann auch dadurch erreicht werden, dass bei gleichzeitiger Beurkundung von Erbteilskauf und -übertragung Letztere unter eine auflösende Bedingung gestellt wird.[25] Dem Verkäufer wird ein Rücktrittsrecht wegen Zahlungsverzugs vorbehalten, dessen Ausübung die auflösende Bedingung darstellt. Um Zwischenverfügungen während der Schwebezeit zu vermeiden, wird die Berichtigung des Grundbuchs durch Eintragung des Käufers als neuem Berechtigtem im Kaufvertrag beantragt und bewilligt sowie eine Verfügungsbeschränkung aus § 161 BGB in Abteilung II des Grundbuchs beantragt. Die Eintragung der Verfügungsbeschränkung dient hier dem Schutz des Verkäufers. Deren Löschung kann ebenfalls bereits im Kaufvertrag vom Verkäufer bewilligt und vom Käufer beantragt werden, verbunden mit der Anweisung an den Notar, erst dann eine vollständige Ausfertigung dem Grundbuchamt zu erteilen, wenn ihm die Kaufpreiszahlung zu seiner Gewissheit nachgewiesen ist. Die oben angeführten Bedenken bzgl. § 792 ZPO, § 14 GBO bestehen bei der auflösenden Bedingung nicht.

45

Ungeschützt verbleibt für den Käufer noch der Zeitraum bis zum Vorliegen der nach § 22 GrEStG erforderlichen **Unbedenklichkeitsbescheinigung**. Hiergegen lässt sich ein **Widerspruch** gem. § 899 BGB gegen den Verkäufer als Miteigentümer in das Grundbuch eintragen, der vom Verkäufer bewilligt und vom Käufer beantragt wird. Der Käufer bewilligt und beantragt gleichzeitig die Löschung Zug-um-Zug gegen Berichtigung des Grundbuchs.

46

Schließlich sollte man den Weg der auflösenden Bedingung nicht wählen, wenn der Erbteil einem Miterben verkauft wird. Hält dieser die restlichen Erbteile, vereinigt sich die Erbschaft in seiner Hand und ein Rücktritt (auflösende Bedingung) bewirkt nur noch schuldrechtliche Ansprüche gegen ihn.

Sicherung können die Parteien auch dadurch erlangen, dass der Käufer den Kaufpreis zunächst auf ein **Notar- Anderkonto** hinterlegt. Ist dies geschehen, werden Verkauf und Übertragung gemeinsam beurkundet. Die Auskehrung an den Verkäufer erfolgt nach Vorliegen der Fälligkeitsvoraussetzungen.

47

Auch hier besteht für den Käufer das Risiko eines gutgläubigen Grundstückerwerbs in der Zeit bis zum Vorliegen der steuerlichen Unbedenklichkeitsbescheinigung. Dem wird wieder durch Eintragung eines Widerspruchs gem. § 899 BGB Rechnung getragen, welcher in dem Kaufvertrag zu beantragen und bewilligen ist. Der Käufer bewilligt und beantragt die Löschung Zug-um-Zug gegen seine Eintragung als Miteigentümer. Die Auskehrung wird an

48

---

25 Vgl. *Mayer*, ZEV 1997, 105, 106 f.; *Mauch*, BWNotZ 1993, 134, 141 f.

die Eintragung des Widerspruchs gebunden. Nachteilig an dieser Lösung sind die höheren Kosten.[26]

49 Von der scheinbar so einfachen und nahe liegenden Möglichkeit, zuerst den Verkauf und nach Kaufpreiszahlung die dingliche Übertragung **getrennt zu beurkunden**, ist abzuraten. Es besteht das Risiko, dass der Verkäufer nach Vertragsabschluss in Insolvenz fällt, seinen Erbteil anderweitig veräußert oder dieser gepfändet wird, während der Käufer in Unwissenheit dessen seinen Kaufpreis leistet. Die Eintragung einer Vormerkung ist nicht möglich, da es sich nicht um eine Verfügung über ein Grundstück handelt, was nach § 2040 Abs. 1 BGB auch nur allen Miterben gemeinschaftlich zustände, sondern über einen Erbteil. Zudem ist diese Vorgehensweise erheblich kostenintensiver.

### ■ Genehmigungen

50 Verfügt ein Minderjähriger, ist eine **familiengerichtliche Genehmigung** erforderlich, §§ 1822 Nr. 1, 1643 Abs. 1 BGB.[27] Ebenso ist der Erwerb durch Minderjährige an eine Genehmigung geknüpft nach § 1822 BGB i.V.m. § 2382 BGB.[28] Bei ehelicher Gütergemeinschaft ist eine Einwilligung nach § 1424 BGB nicht einzuholen, da über einen Anteil und nicht über einzelne Gegenstände verfügt wird.[29] Aus dem gleichen Grund scheidet eine Anwendung nach § 5 Abs. 1 ErbbauG (bisher: „ErbbauVO") aus.

### ■ Hinweispflicht

51 Der den Erbteilskauf beurkundende Notar muss auf das **Vorkaufsrecht der Miterben** hinweisen.[30]

### ■ Besteuerung

52 Die Übertragung eines Erbteils, zu dessen Nachlass Grundbesitz gehört, gilt als grunderwerbsteuerbarer Vorgang nach § 1 Abs. 1 Nr. 3 GrEStG.[31] Die Steuer entfällt jedoch nach § 3 Nr. 3 GrEStG, wenn die Übertragung an einen Miterben erfolgt.

Es entsteht indes bei dem an einen anderen Miterben veräußernden Miterben eine Einkommensteuerschuld, wenn er sich mit der Erbteilsübertragung von Verbindlichkeiten befreit hat. In diesem Fall kann der Veräußerer gegenüber dem Erwerber grundsätzlich keinen Anspruch auf Erstattung der Einkommensteuer geltend machen, es sei denn die Parteien haben eine entsprechende vertragliche Abrede getroffen.[32]

## II. Verpfändung eines Erbteils

### 1. Muster: Verpfändung eines Erbteils

494 _____ (Notarielle Urkundenformalien)

53 Anwesend sind
1. _____, im Folgenden „Erschienener zu 1)" genannt,

---

26 Ausführlich *Mauch*, BWNotZ 1993, 134, 137.
27 Vgl. oben Fn 14.
28 Vgl. oben Fn 14.
29 Staudinger/*Werner*, § 2033 BGB Rn 21.
30 Palandt/*Edenhofer*, § 2034 Rn 7.
31 BFHE 117, 270 = MittBayNot 1976, 45.
32 OLG Dresden ZErb 2003, 184.

2. _____, im Folgenden „Erschienener zu 2)" genannt,

alle ausgewiesen durch ihre amtlichen Personalausweise.

Nach Grundbucheinsicht beurkunde ich Folgendes:

*§ 1 Vertragsgegenstand*

(1) Laut vorliegender Ausfertigung des Erbscheins _____ des Nachlassgerichts _____ ist der Erschienene zu 1) zu _____ Anteil Erbe des verstorbenen E.

(2) Zum ungeteilten Nachlass gehören noch
1. Ein bebautes Grundstück, eingetragen im Grundbuch _____, Bd. _____, Blatt
2. Darlehensforderung gegen die _____ Bank
3. Folgende bewegliche Gegenstände: _____
4. Folgende Nachlassverbindlichkeiten: _____

Weitere Nachlassverbindlichkeiten sind nach Angaben des Erschienenen zu 1) nicht vorhanden.

*§ 2 Zu sichernde Forderung*

Der Erschienene zu 1) erkennt an, dem Erschienenen zu 2) einen Betrag in Höhe von _____ EUR nebst _____ % Zinsen jährlich hieraus zu schulden.

*§ 3 Verpfändung und Grundbuchberichtigung*

Zur Sicherung der oben genannten Forderung verpfändet der Erschienene zu 1) hiermit seinen Erbteil am Nachlass des E an den Erschienenen zu 2). Dieser nimmt die Verpfändung an. Die Erbengemeinschaft ist bereits als Eigentümerin des Grundstücks gem. § 1 Nr. 1 im Grundbuch eingetragen. Die Parteien bewilligen und beantragen, im Wege der Grundbuchberichtigung die Verpfändung des Erbteils des Erschienenen zu 1) im Grundbuch einzutragen.

*§ 4 Durchführung, Kosten*

(1) Der Notar wird beauftragt, die Grundbuchberichtigung vorzunehmen.

(2) Die Kosten der Urkunde und ihrer Durchführung trägt der Erschienene zu 1).

Diese Niederschrift wurde vom Notar den Anwesenden vorgelesen, von diesen genehmigt und von ihnen und dem Notar eigenhändig unterschrieben:

**2. Hinweise zum Muster**

■ **Sachverhalt**

Die Verpfändung eines Erbteils bietet sich u.a. in den Fällen an, in denen ein (Mit-)Erbe seine neuen wirtschaftlichen Möglichkeiten bereits vor Auseinandersetzung der Erbengemeinschaft nutzen will. Etwa zur Erlangung eines Darlehens kann er dann ein Pfandrecht an seinem Erbteil zur Sicherheit anbieten. Es entsteht durch beurkundungsbedürftiges Verfügungsgeschäft gemäß den §§ 1274 Abs. 1, 2033 Abs. 1 S. 2 BGB. Auch die Annahmeerklärung des Pfandgläubigers unterliegt dieser Formvorschrift, kann aber nach § 128 BGB getrennt beurkundet werden. In der Urkunde muss zur Gültigkeit der Verpfändung die Benennung des Erbteils als Pfandgegenstand ebenso enthalten sein wie der Ausdruck des Verpfändungswillens und die Bezeichnung der zu sichernden Forderung.[33] Einer Anzeige gem. § 1280 BGB an die übrigen Miterben bedarf es nach h.M. nicht, da keine Forderung, sondern ein Recht verpfändet wird.[34] Gleichwohl ist die Benachrichtigung anzuraten, da

---

[33] RGZ 148, 349, 351.
[34] RGZ 83, 27, 28; *Lange/Kuchinke*, § 42 II Nr. 5a; Staudinger/*Werner*, § 2033 BGB Rn 22; Palandt/*Edenhofer*, § 2033 BGB Rn 14.

die Erbengemeinschaft bestimmte Maßnahmen sonst wirksam ohne den Pfandgläubiger vornehmen kann.[35] Insbesondere Banken als Pfandgläubigerinnen verlangen bzgl. der zugrunde liegenden Forderung häufig ein abstraktes Schuldversprechen gem. § 780 BGB, außerdem eine Unterwerfung unter die sofortige Zwangsvollstreckung. Eine solche kann dem Muster hinzugefügt werden. Nach § 167 Abs. 2 BGB ist für die Vollmacht des Vertreters der Bank keine besondere Form erforderlich. Allerdings ist eine Vollmacht für die Bewilligung der Berichtigung des Grundbuchs gegenüber dem Grundbuchamt in der Form des § 29 GBO notwendig. Demnach ist diese öffentlich zu beglaubigen.

### ▪ Rechtsstellung von Pfandgläubiger und verpfändendem Miterben

59 Der Miterbe kann seinen Erbteil **ohne Zustimmung** der übrigen Erbengemeinschaft verpfänden. Der Pfandgläubiger wird nicht etwa Miterbe, aber dinglich Mitberechtigter. Für ihn gilt § 1258 BGB entsprechend. Er erhält bzgl. des Erbteils alle Befugnisse, die dem Verpfänder (auch weiterhin) zustehen, ausgenommen der höchstpersönlichen. Hierzu gehören das Verwaltungs- und Verfügungsrecht (§§ 2038 ff. BGB), das Mitwirkungsrecht bei der Auseinandersetzung (§ 2042 BGB, seit 1.9.2009: §§ 363 ff. FamFG[36] [„Teilungssachen"], bis 31.8.2009: § 86 Abs. 2 FGG), der Anspruch auf anteiligen Auseinandersetzungserlös (§ 2047 BGB) sowie der Anspruch auf Auskunft und Rechnungslegung (§§ 2027f. BGB).

60 Der Miterbe kann über seinen verpfändeten Anteil nicht mehr zum Nachteil des Pfandgläubigers ohne dessen Zustimmung verfügen, § 1276 Abs. 1 S. 1, Abs. 2 BGB. Da bei einer Anteilsübertragung die Belastung mit übergeht, ist diese aber nicht nachteilig und weiterhin eigenmächtig möglich.[37] Werden sämtliche Miterbenanteile ohne Zustimmung des Pfandgläubigers auf einen Miterben übertragen, ist die Folge die Aufhebung der ungeteilten Erbengemeinschaft. Gegenüber dem Pfandgläubiger ist sie unwirksam.[38]

### ▪ Grundbuchberichtigung

61 Befindet sich ein Grundstück im Nachlass, so gilt die im Pfandrecht liegende Verfügungsbeschränkung der Miterben als eintragungsfähig.[39] Da sich die Rechtsänderung durch dinglich wirkende Verfügung außerhalb des Grundbuchs vollzieht, hat die Eintragung im Wege der Berichtigung zu erfolgen. Voraussetzung hierfür ist die **Voreintragung der Erbengemeinschaft** als Berechtigte (§§ 39, 40 GBO), die selbst wiederum erst nach Nachweis des Erbrechts gem. § 35 GBO durch den Erbschein oder jeweils beglaubigter Abschrift von notarieller Verfügung von Todes wegen und nachlassgerichtlichem Eröffnungsprotokoll erfolgt. Der durch die Eintragung zu verhindernde **gutgläubige** Erwerb nach § 892 Abs. 1 S. 2 BGB bleibt bis zur Berichtigung möglich. Ist die Eintragung aber erfolgt, ist der Pfandgläubiger auch davor geschützt, dass ein anderer Miterbe durch Erwerb aller Anteile Alleinerbe wird.

### ▪ Befriedigung aus dem Pfand

62 Nach § 1277 S. 1 BGB muss der Pfandgläubiger zunächst einen dinglichen Duldungstitel gegen den nicht zahlenden Miterben erwirken. Damit kann er im Wege der Zwangsvollstreckung den Erbteil pfänden lassen. Der Pfändungsbeschluss ist sämtlichen Miterben, da sie nun Drittschuldner i.S.d. §§ 857, 829 ZPO sind, zuzustellen oder im anderen Falle dem

---

35 Staudinger/*Werner*, § 2033 BGB Rn 27; *Schöner/Stöber*, Rn 974.
36 FGG-ReformG v. 17.12.2008, BGBl I 2008, 2586.
37 Staudinger/*Werner*, § 2033 BGB Rn 27; *Lange/Kuchinke*, § 42 II 5b Fn 136 m.w.N.
38 Palandt/*Edenhofer*, § 2033 BGB Rn 18.
39 RGZ 90, 232 f.; *Lange/Kuchinke*, § 42 II 5b.

Testamentsvollstrecker, sofern ein solcher eingesetzt wurde.[40] Der Pfandgläubiger kann nun einerseits beim Vollstreckungsgericht die **öffentliche Versteigerung** oder den **freihändigen Verkauf** des Erbteils erwirken (§ 857 Abs. 5 ZPO) und sich aus dem erzielten Erlös befriedigen. Er kann sich andererseits auch den Erbteil zur Einziehung[41] überweisen lassen und die **Auseinandersetzung der Erbengemeinschaft** gem. § 2042 BGB verlangen, selbst wenn der Erblasser sie gem. § 2044 BGB ausgeschlossen hatte. Eine Überweisung an Zahlung Statt scheidet mangels Nennwert aus. Ein gutgläubiger Käufer des Miterbenanteils an einem aus einem Grundstück bestehenden Nachlasses erwirbt nur ein mit dem Pfandrecht belastetes Recht, wenn die Pfändung des Miterbenanteils nicht im Grundbuch eingetragen ist.[42] Der Schuldner selbst kann die Auseinandersetzung nicht betreiben, denn dieses würde zu einer Beeinträchtigung des Pfändungspfandrechts des Gläubigers führen. Auch die einstweilige Einstellung des womöglich schon veranlassten Zwangsvollstreckungsverfahrens nach § 180 Abs. 2 ZVG ist ihm verwehrt.[43] Möglich ist eine Abwendung der Zwangsversteigerung durch einen den Gläubiger befriedigenden Miterben in entsprechender Anwendung des § 268 Abs. 2 BGB.[44]

Erfolgt eine Auseinandersetzung ohne Zwangsvollstreckung, etwa durch Vermittlung des Nachlassgerichts (seit 1.9.2009: §§ 363 ff. FamFG[45] ["Teilungssachen"], bis 31.8.2009: § 86 Abs. 2 FGG), so ist streitig, ob das bloße rechtsgeschäftliche Pfandrecht sich gleichermaßen auf die entsprechenden Gegenstände erstreckt oder nur einen schuldrechtlichen Anspruch auf Bestellung eines Pfandrechts an diesen gem. § 1258 Abs. 3 BGB liefert.[46]

### III. Sicherungsübertragung eines Erbteils gem. § 2033 BGB

#### 1. Muster: Sicherungsübertragung eines Erbteils

_____ (Notarielle Urkundenformalien)

Anwesend sind
1. _____, im Folgenden „Erschienener zu 1)" genannt,
2. _____, im Folgenden „Erschienener zu 2)" genannt,

alle ausgewiesen durch ihre amtlichen Personalausweise.

Auf Ansuchen beurkunde ich ihren Erklärungen gemäß wie folgt:

§ 1 Vertragsgegenstand

(1) Ausweislich des am _____ vom Amtsgericht _____ erteilten Erbscheins (Az. _____) ist der Erschienene zu 1) Miterbe zu _____ Anteil der am _____ verstorbenen _____, geb. _____.

(2) Zum Nachlass gehört das im Grundbuch des Amtsgerichts _____, Bd. _____, Bl. _____ verzeichnete Grundstück.

(3) Der Erschienene zu 1) schuldet dem Erschienenen zu 2) laut notarieller Schuldurkunde vom _____ (UR-Nr. _____ des beurkundenden Notars) den Betrag von _____ EUR nebst _____ % Zinsen jährlich.

(4) Die Eintragung der Erben in ungeteilter Erbengemeinschaft in das Grundbuch ist beantragt.

---

40 Palandt/_Edenhofer_, § 2033 BGB Rn 16; RG 86, 294.
41 _Mauch_, BWNotZ 1993, 134, 143.
42 OLG Köln JMBl NW 1997, 44.
43 Palandt/_Edenhofer_, § 2033 BGB Rn 17.
44 OLG Karlsruhe NJW-RR 1992, 713.
45 FGG-ReformG v. 17.12.2008, BGBl 2008 I S. 2586.
46 Für eine Gleichstellung: BGHZ 52, 99, 105 = NJW 1969, 1347, 1348; _Lange/Kuchinke_, § 42 II 5d; Staudinger/_Werner_, § 2033 BGB Rn 30.

**§ 2 Sicherungsübertragung**

Hiermit überträgt der Erschienene zu 1) seinen Anteil an dem bisher ungeteilten Nachlass an den Erschienenen zu 2) zur Sicherung des vorbezeichneten Darlehens. Der Erschienene zu 2) nimmt die Übertragung an und beantragt die Eintragung seines Rechts in das Grundbuchs des Amtsgerichts ▓▓▓, Bd. ▓▓▓, Bl. ▓▓▓.

**§ 3 Grundbuchberichtigung**

Die Parteien bewilligen und beantragen, im Wege der Grundbuchberichtigung die Sicherungsübertragung des Erbteils des Erschienenen zu 1) im Grundbuch einzutragen.

**§ 4 Durchführung, Kosten**

(1) Der Notar wird beauftragt, die Grundbuchberichtigung vorzunehmen.

(2) Die Kosten der Urkunde und ihrer Durchführung, insbesondere der Eintragung in das Grundbuch, trägt der Erschienene zu 1).

Diese Niederschrift wurde vom Notar den Anwesenden vorgelesen, von diesen genehmigt und von ihnen und dem Notar eigenhändig unterschrieben:

### 2. Hinweise zum Muster

Durch die sicherungsweise Erbteilsübertragung tritt der Erwerber in die Rechte und Pflichten der Miterben ein und wird **Gesamthänder**. Die Sicherungsübereignung kann auch gem. § 158 Abs. 2 BGB mit einer auflösenden Bedingung verbunden werden, so dass bei Bedingungseintritt der Erbteil ohne weiteres wieder an den Sicherungsgeber zurückfällt.[47]

Wegen Zweifelhaftigkeit der Rechtslage empfiehlt es sich auch im Fall der Sicherungsübereignung die **notarielle Form** zu wählen. Dieses ist auch zweckmäßig und kostengünstig, da der schuldrechtliche und der dingliche Vertrag wie im vorliegenden Fall in einer Urkunde zusammengefasst werden können.[48]

## IV. Bestellung eines Nießbrauchs an einem Erbteil

### 1. Muster: Nießbrauchbestellung am Erbteil

▓▓▓ *(Notarielle Urkundenformalien)*

Anwesend sind
1. ▓▓▓, im Folgenden „Erschienener zu 1)" genannt,
2. ▓▓▓, im Folgenden „Erschienene zu 2)" genannt,

alle ausgewiesen durch ihre amtlichen Personalausweise.

Auf Ansuchen beurkunde ich Folgendes:

**§ 1 Vertragsgegenstand**

(1) Laut notariellem Testament vom ▓▓▓, das beim Nachlassgericht ▓▓▓ unter dem Az. ▓▓▓ am ▓▓▓ eröffnet worden ist, ist der Erschienene zu 1) Miterbe zu ▓▓▓ Anteil am Nachlass des C. In diesem Testament hat C seiner Ehefrau, der Erschienenen zu 2), den lebenslänglichen Nießbrauch an seinem gesamten Nachlass zugewandt.

---

47 Palandt/*Edenhofer*, § 2033 BGB Rn 8.
48 Palandt/*Edenhofer*, § 2033 BGB Rn 9.

(2) Zum ungeteilten Nachlass gehören noch:
1. Ein Grundstück, eingetragen im Grundbuch ▨▨▨▨, Bd. ▨▨▨▨, Bl. ▨▨▨▨,
2. Folgende bewegliche Gegenstände: ▨▨▨▨

### § 2 Nießbrauchbestellung

(1) Der Erschienene zu 1) bestellt hiermit an seinem in § 1 näher bezeichneten Erbanteil für die Erschienene zu 2) den lebenslänglichen Nießbrauch.

(2) Für den Nießbrauch gelten die gesetzlichen Bestimmungen. Hiernach stehen der Nießbrauchberechtigten der Besitz und alle Nutzungen zu. Sie hat alle laufenden Lasten zu tragen.

(3) Die Erschienene zu 2) nimmt die Nießbrauchbestellung an.

### § 3 Gegenleistung

Eine Gegenleistung hat die Erschienene zu 2) nicht zu erbringen. Die Nießbrauchbestellung erfolgt in Erfüllung der testamentarischen Vermächtnisanordnung. Wegen der restlichen Vermächtniserfüllung wird sich die Erschienene zu 2) mit den übrigen Miterben einigen.

### § 4 Nutzungen und Lasten

(1) Der Übergang von Nutzen und Lasten erfolgt rückwirkend auf den Todestag des Erblassers.

(2) Der Erschienene zu 1) haftet nur für die ungehinderte Entstehung des Nießbrauchs und dafür, dass der Erbanteil nicht mit Rechten Dritter belastet ist. Eine weitere Haftung seitens des Erschienenen zu 1) besteht nicht, insbesondere nicht für Güte und Ertragskraft des Erbteils oder für Zustand und Lastenfreiheit der im Nachlass befindlichen Gegenstände.

### § 5 Grundbuchberichtigung

Die Beteiligten bewilligen und beantragen, an der angegebenen Grundbuchstelle den Nießbrauch für die Erschienene zu 2) im Wege der Grundbuchberichtigung einzutragen, und zwar mit dem Zusatz, dass zur Löschung der Todesnachweis der Berechtigten genügen soll.

### § 6 Hinweise

Die Beteiligten wurden auf die rechtliche Wirkung des Nießbrauchs am Erbanteil hingewiesen. Ihnen ist bekannt, dass von dem Nießbrauch alle im ungeteilten Nachlassvermögen befindlichen Vermögenswerte betroffen sind.

### § 7 Kosten

Sämtliche Kosten trägt der Erschienene zu 1). Eine etwaige Erbschaftsteuer trägt jeder Erwerber für seinen Erwerb.

Diese Niederschrift wurde vom Notar den Anwesenden vorgelesen, von diesen genehmigt und von ihnen und dem Notar eigenhändig unterschrieben:

### 2. Hinweise zum Muster

#### ▪ Abgrenzung Nießbrauch am gesamten Nachlass und Nießbrauch am Erbteil

Es ist zu unterscheiden zwischen dem Nießbrauch am gesamten Nachlass, auf den gem. § 1089 BGB die Vorschriften über den Nießbrauch an einem Vermögen Anwendung finden, und dem Nießbrauch an einem Erbteil. Letzterer ist ein Nießbrauch an einem Recht gemäß den §§ 1068 ff. BGB; er besteht nicht an den Nachlassgegenständen selbst.[49] Die Bestellung erfolgt unmittelbar über § 2033 BGB. Sie haftet den Nachlassgegenständen demgemäß nur mittelbar an. Gehört zum Nachlass wie im Muster ein Grundstück, so wird dieses durch

---

49 Soergel/*Stürner*, § 1089 BGB Rn 4; Staudinger/*Frank*, § 1089 BGB Rn 25; *Lange/Kuchinke*, § 42 II 5a.

die Bestellung des Nießbrauchs am Erbteil nicht selbst belastet. Es tritt nur eine Einschränkung der Verfügungsbefugnis außerhalb des Grundbuchs ein.[50] Im Übrigen entsteht auch dann kein Nießbrauch am gesamten Nachlass i.S.v. § 1089 BGB, wenn sämtliche Miterben einer einzigen Person den Nießbrauch an ihren Erbteilen bestellen.[51]

### ■ Form

78 Maßgebend für die Bestellung eines Nießbrauchs sind die §§ 1068 ff., 2033 BGB, nach denen ein notariell beurkundeter Vertrag erforderlich ist, an dem beide Teile mitwirken müssen, welcher aber auch getrennt beurkundet werden kann (§ 128 BGB). Nur die dingliche Verfügungsbefugnis obliegt der notariellen Form, kann aber mit dem schuldrechtlichen Vertrag, der meistens auf die Versorgung des Nießbrauchers ausgerichtet ist, in einer Urkunde zusammengefasst werden. Die allgemeinen Vorschriften über den Nießbrauch nach den §§ 1066 ff. BGB gelten für den Nießbrauch am Erbteil entsprechend.

### ■ Rechte des Nießbrauchers

79 Der Nießbrauch entsteht mit Vertragsschluss. Dabei kommt ein gesetzliches Schuldverhältnis zwischen Nießbraucher und Besteller zustande, welches eingeschränkt vertraglich modifiziert werden kann. Der Nießbraucher hat nun die Rechte, die sich auf Besitz, Verwaltung und Nutzung des Erbteils beziehen. Nur wenn die Vermögenswerte zur Nachlassmasse gehören, werden sie von dem Nießbrauch am Erbteil mit umfasst. Da im oben aufgeführten Muster Grundbesitz zum Nachlass gehört, kann der Nießbrauch im Wege der Grundbuchberichtigung in Abteilung II des Grundbuchs eingetragen werden. Auch die Eintragung einer Verfügungsbeschränkung zur Sicherung ist entsprechend den Argumenten, wie sie beim Pfandrecht am Erbteil gelten, möglich.

Der Nießbraucher erhält den Reinerlös, kann aber daneben die Rechte aus § 1066 BGB geltend machen. Er wirkt neben dem Besteller bei der Auseinandersetzung mit (§ 1066 Abs. 2 BGB) und hat die Möglichkeit, die Vermittlung der Nachlassauseinandersetzung nach §§ 363 ff. FamFG[52] (bzw. bis 31.8.2009: § 86 Abs. 2 FGG) selbstständig zu beantragen. Eine Haftung des Nießbrauchers für die Nachlassverbindlichkeiten tritt nicht ein.[53]

### ■ Erbschaftsteuer

80 Die vom Erben zu entrichtende Erbschaftsteuer ist eine persönliche Schuld des Erben, aber trotz der Haftung des Nachlasses (§ 20 Abs. 3 ErbStG) keine Nachlassverbindlichkeit. Daher kann der Erbe nicht die Rückgabe der zur Befriedigung erforderlichen Gegenstände gem. § 1087 BGB fordern.[54]

---

50 *Lange/Kuchinke*, § 42 II 5b.
51 Staudinger/*Frank*, § 1089 BGB Rn 36.
52 FGG-ReformG v. 17.12.2008, BGBl I 2008, 2586.
53 RGZ 60, 126, 131.
54 Soergel/*Stürner*, § 1089 BGB Rn 7.

## V. Ausscheiden eines Miterben aus der Erbengemeinschaft durch Abschichtung

### 1. Muster: Abschichtungsvertrag

_____ *(Notarielle Urkundenformalien)*

Anwesend sind
1) _____ – im Folgenden „Erschienener zu 1)" genannt –
2) _____ – im Folgenden „Erschienener zu 2)" genannt –
3) _____ – im Folgenden „Erschienener zu 3)" genannt –

alle ausgewiesen durch ihre amtlichen Personalausweise.

Nach Grundbucheinsicht beurkunde ich Folgendes:

#### § 1 Vertragsgegenstand

(1) Die Erschienenen zu 1), 2) und 3) sind Miterben zu gleichen Anteilen des am _____ in _____ verstorbenen D. Auf die Nachlassverhandlung des Amtsgerichts – Nachlassgerichts – _____ vom _____, Az. _____, wird Bezug genommen.

(2) Im Grundbuch des Amtsgerichts _____, Bd. _____, Bl. _____, ist im Eigentum der Erbengemeinschaft folgender Grundbesitz der Gemarkung _____ eingetragen:

Flst. Nr. _____

Flst. Nr. _____

Das Grundstück Flst. Nr. _____ ist in Abteilung _____ und _____ lastenfrei. Das Grundstück Flst. Nr. _____ ist in Abteilung _____ des Grundbuchs belastet mit zwei Buchgrundschulden für die _____ Bank.

Die Grundschulden haben zum heutigen Tage einen Wert in Höhe von _____ EUR und _____ EUR.

(1) Der Erschienene zu 3) hat die Absicht, gegen Abfindung aus der Erbengemeinschaft auszuscheiden.

#### § 2 Ausscheidungsvereinbarung

(1) Die Erschienenen zu 1), 2) und 3) vereinbaren, dass der Erschienene zu 3) zum Ablauf des _____ aus der Erbengemeinschaft ausscheidet und an Gewinnen und Verlusten von zum Zeitpunkt seines Ausscheidens schwebenden Geschäften nicht partizipiert.

(2) Die Erschienenen zu 1) und 2) schulden dem Erschienenen zu 3) als Gegenleistung für das Ausscheiden des Erschienenen zu 3) aus der Erbengemeinschaft
1. die Übertragung des Grundstücks Flst. Nr. _____, Gemeinde _____, lastenfrei in Abteilung _____ und _____.
2. Zahlung eines Geldbetrages in Höhe von insgesamt _____ EUR, nach gleichen Anteilen unverzinst zu zahlen am _____.
3. Freistellung von allen Nachlassverbindlichkeiten im Außenverhältnis, mit Ausnahme der in § 1 Abs. 2 genannten Grundpfanddarlehen.
4. Die Erschienenen zu 1) und 2) sind verpflichtet, die Entlassung des Erschienenen zu 3) aus jeder Mithaftung für die genannten Bankdarlehen auch im Außenverhältnis durch Genehmigung des Gläubigers herbeizuführen. Bis zu diesem Zeitpunkt übernehmen die Erschienenen zu 1) und 2) im Innenverhältnis die Schuld des Erschienenen zu 3). Der Erschienene zu 3) hat das Recht, seine Entlassung aus der Mithaftung entsprechend Satz 1 herbeizuführen.
5. Die Erschienenen zu 1) und 2) stellen den Erschienenen zu 3) in analoger Anwendung des § 739 BGB von jedweden Ausgleichsansprüchen frei.

(3) Die Erfüllung der in § 2 Abs. 2 Nr. 1–3 genannten Bedingungen ist aufschiebende Bedingung für diesen Vertrag und insbesondere die Austrittsvereinbarung gem. § 2 Abs. 1.

*Burandt*

(4) § 2 Abs. 2 Nr. 1 ist erfüllt, wenn die in § 5 dieser Urkunde bewilligte Auflassungsvormerkung im Grundbuch ohne Vorgang von Belastungen eingetragen ist.

(5) Für § 2 Abs. 2 Nr. 3 genügt es, wenn die ▬▬▬ Bank schriftlich bestätigt hat, dass sie den Erschienenen zu 3) aus der Haftung für die eingetragenen Grundpfanddarlehen auflagefrei entlässt.

84 *§ 3 Grundbuchberichtigung*

(1) Die Vertragsteile beantragen die Berichtigung des Grundbuchs bezüglich des der Erbengemeinschaft verbleibenden Grundbesitzes Flst. Nr. ▬▬▬ im Grundbuch dahin, dass als Eigentümer nunmehr die Erschienenen zu 1) und 2) in Erbengemeinschaft eingetragen werden.

(2) Der Notar wird angewiesen, diesen Vertrag zum Vollzug der Grundbuchberichtigung erst dann dem Grundbuchamt vorzulegen, wenn ihm der Eintritt der aufschiebenden Bedingungen gem. § 2 Abs. 2 vom Erschienenen zu 3) bestätigt oder von den Erschienenen zu 1) und 2) nachgewiesen wurde oder ihm anderweitig bekannt geworden ist.

(3) Um Vollzugsmitteilung wird gebeten.

85 *§ 4 Steuern*

Die etwaige steuerliche Außenprüfung hat keine Auswirkung auf die Höhe des Abfindungsanspruchs des Erschienenen zu 3).

86 *§ 5 Erfüllung der Übereignungsverpflichtungen*

In Erfüllung der in § 2 Abs. 2 Nr. 1 eingegangenen Verpflichtung sind die Vertragsteile darüber einig, dass das Eigentum an dem Grundstück Flst. Nr. ▬▬▬, Gemeinde ▬▬▬ auf den Erschienenen zu 3) übergeht. Sie bewilligen und beantragen zugleich die Eintragung einer Eigentumsvormerkung für den Erschienenen zu 3) im Grundbuch. Diese Vormerkung ist Zug um Zug gegen Eintragung der Auflassung zu löschen. Entsprechender Grundbuchvollzug wird bereits heute bewilligt und beantragt.

Diese Niederschrift wurde vom Notar den Anwesenden vorgelesen, von diesen genehmigt und von ihnen und dem Notar eigenhändig unterschrieben.

## 2. Hinweise zum Muster

### ▪ Ausscheiden aus der Erbengemeinschaft durch Abschichtung

87 Eine Erbengemeinschaft kann nach h.M. neben der Teilung bzw. der Veräußerung der Nachlassgegenstände oder durch Übertragung von Erbteilen einen dritten Weg wählen, der zu einer persönlichen Teilauseinandersetzung führt.[55]

Ein Miterbe kann auch, meist gegen Abfindung, im Einvernehmen mit den/dem anderen Miterben aus der Erbengemeinschaft im Wege der Abschichtung ausscheiden. Die Abschichtung hat die **Aufgabe der Mitgliedschaftsrechte an der Erbengemeinschaft**, insbesondere auf das Auseinandersetzungsguthaben, zur Folge.

### ▪ Inhalt der Abschichtung

88 Die Abschichtung ist eine vom Gesetz formfrei zugelassene vertragliche Erbauseinandersetzung und nicht als Verfügung über den Erbteil im Sinne des § 2033 Abs. 1 BGB anzusehen. Privatschriftlich geschlossene Erbteilsübertragungsverträge können auch nicht im Rahmen der sog. „Abschichtungsrechtsprechung" als formwirksam angesehen werden, wenn sich die Parteien hinsichtlich der Formbedürftigkeit offenkundig nicht sicher waren.[56] Das Aus-

---

[55] BGHZ 86, 379, 381; BGH NJW 1998, 1557.
[56] OLG Dresden ZErb 2003, 184.

scheiden aus der Erbengemeinschaft hat zur Folge, dass der Erbteil des Ausgeschiedenen den verbleibenden Erben zuwächst.[57] Die Erbengemeinschaft ist dann beendet, wenn nur ein Erbe übrig bleibt und das Anwachsen zu Alleineigentum am Nachlass kraft Gesetzes führt.[58] Die Abschichtung unterscheidet sich vom Aufgeben des Erbanteils dadurch, dass der im Wege der Abschichtung aus der Erbengemeinschaft ausscheidende Miterbe lediglich auf seine Rechte als Mitglied der Erbengemeinschaft verzichtet, sie allerdings nicht auf bestimmte Rechtsnachfolger überträgt.

Soweit eine Gegenleistung (**Abfindung**) im Zusammenhang mit der Austrittserklärung steht, ist es zweckmäßig, den Vertrag **notariell beurkunden** zu lassen. So kann der Ausscheidende sicher gehen, dass er seine Mitgliedschaft in der Erbengemeinschaft erhält, sofern die vereinbarte Gegenleistung noch nicht erfolgt ist. Zur Sicherung der Gegenleistung kann ähnlich verfahren werden wie beim Erbschaftskauf. Insofern wird auf die dazu gemachten Ausführungen (siehe Rn 1 ff.) verwiesen.

89

Das Anwachsungsprinzip gilt entsprechend § 738 BGB für die Nachlassverbindlichkeiten. Jedoch ist der Miterbe durch die Abschichtung nicht von der Haftung im Außenverhältnis befreit. Zwischen den Miterben kann, wie im Muster dargestellt, rechtsgeschäftlich vereinbart werden, dass die verbleibenden Miterben sich zur Erwirkung der Freistellung des ausscheidenden Miterben von der bis dahin bestehenden Mithaftung verpflichten.

90

■ **Form des Abschichtungsvertrags**

Der Abschichtungsvertrag ist grundsätzlich als eine **formfreie** mögliche Erbauseinandersetzung nach § 2042 BGB zu betrachten. Die dingliche Wirkung erfolgt über das Anwachsungsprinzip in analoger Anwendung von § 738 BGB auf die Erbengemeinschaft. Die Abschichtungsvereinbarung stellt also keine Verfügung über den Erbteil dar, so dass die Formvorschriften des § 2033 Abs. 1 S. 2 BGB nicht eingreifen. Die Formbedürftigkeit ist jedoch dann zu bejahen, wenn im Wege des Vertrages ein Gegenstand von der Erbengemeinschaft auf den durch Abschichtung ausscheidenden Miterben übertragen wird und zur Übertragung dieses Vermögensgegenstandes sonst eine besondere Form vorgeschrieben ist. Dieses gilt für **Grundstücke** (§ 311b Abs. 1 S. 1 BGB) und **GmbH-Geschäftsanteile** (§ 15 Abs. 3 und 4 GmbHG). Auch aus Sicherheitsgründen wird regelmäßig eine notarielle Beurkundung geboten sein.

91

## E. Vorkaufsrecht der Miterben gem. §§ 2034 ff. BGB

### I. Rechtsgrundlagen

Verkauft ein Miterbe seinen Anteil an einen Dritten, so sind die übrigen Miterben vorkaufsberechtigt. Dieses Vorkaufsrecht des § 2034 BGB gibt den Miterben die Möglichkeit, Außenstehende aus der Erbengemeinschaft herauszuhalten. Auf die §§ 2034 ff. BGB finden die allgemeinen Vorschriften der §§ 463 ff. BGB Anwendung. Wenn ein Miterbe seinen Anteil an einen seiner Miterben oder an seinen künftigen gesetzlichen Erben verkauft, besteht das Vorkaufsrecht nicht.[59] Das Vorkaufsrecht besteht auch nicht im Falle anderer Veräußerungsgeschäfte wie Sicherungsübereignung, Tausch, Vergleich, Schenkung (auch nicht gemischte

92

---

57 BGH DNotZ 1999, 60; NJW 1998, 1557.
58 Palandt/*Edenhofer*, § 2042 BGB Rn 7.
59 Palandt/*Edenhofer*, § 2034 BGB Rn 2.

Schenkung), Verkauf in der Zwangsvollstreckung oder durch den Insolvenzverwalter entsprechend § 471 BGB.

Laut Gesetz steht das Vorkaufsrecht nur den übrigen Miterben zu, kann also nur von ihnen **gemeinschaftlich und im Ganzen** ausgeübt werden, sofern es nicht für einen von ihnen erloschen ist, oder einer der Miterben auf die Ausübung verzichtet (§ 472 BGB).

93 Soweit das Vorkaufsrecht der übrigen Miterben noch besteht, können einzelne Miterben es unter der ausdrücklichen oder stillschweigenden Bedingung ausüben, dass die anderen von ihrem Recht keinen Gebrauch machen. Die übrigen Miterben sind auch zum Vorkauf berechtigt, wenn der Erbe eines Miterben dessen Anteil einem Dritten verkauft.[60] Selbst der Miterbe, der sein Vorkaufsrecht gegenüber einem Käufer ausübt, obwohl er nur zu einem geringen Bruchteil Miterbe ist, handelt nicht in unzulässiger Art und Weise; auch ist die Wirksamkeit der Vorkaufserklärung nicht davon abhängig, ob und wie der Berechtigte seine sich daraus ergebenden Verpflichtungen erfüllen kann. Hat der Miterbe seinen Erbanteil an einen Dritten übertragen, ist er selbst nicht berechtigt, sein Vorkaufsrecht auszuüben. Dem Miterben steht kein Vorkaufsrecht zu, wenn die Erben eines anderen Miterben ihre Anteile an dessen Nachlass veräußern und dieser nicht ausschließlich aus dem Erbanteil des beerbten Miterben am Nachlass des von ihm beerbten Erblassers besteht.

Das Vorkaufsrecht ist überhaupt nicht ausgeübt, wenn sämtliche Miterben zwar erklärt haben, das Vorkaufsrecht ausüben zu wollen, die Erklärung eines von ihnen aber dahin ging, dass er Übertragung des verkauften Erbteils auf sich allein verlange. Tritt der Fall ein, dass ein Miterbe sein Vorkaufsrecht überhaupt nicht ausübt, so hat das gem. § 472 S. 2 BGB zur Folge, dass die übrigen Miterben berechtigt sind, gemeinsam ohne Teilnahme des ablehnenden Miterben das Vorkaufsrecht auszuüben. Kein Vorkaufsrecht der übrigen Miterben besteht mehr, wenn der letzte noch verbleibende Erbteil an den Erwerber der übrigen Anteile verkauft wird. Üben die Miterben ihr Vorkaufsrecht aus, erhalten sie einen **Anspruch auf Übertragung des Erbteils**. Dieser kann allerdings nicht hinsichtlich einzelner Nachlassgegenstände geltend gemacht werden. Wird der Erbteil durch den Erwerber weiterveräußert, entsteht kein neues Vorkaufsrecht.

## II. Gesetzliche Mitteilungspflicht des veräußernden Miterben

### 1. Muster: Mitteilungsschreiben an die Miterben

– Einschreiben mit Rückschein –

94 An
1. 
2. 

Ich habe durch notariellen Vertrag vom           , UR-Nr.        , des Notars        mit Sitz in        , meinen Anteil an dem Nachlass des        an        in        verkauft und übertragen.

Diesem Schreiben füge ich eine Abschrift des notariellen Kaufvertrages bei.

(Unterschrift)

---

60 Palandt/*Edenhofer*, § 2034 BGB Rn 3.

## 2. Hinweise zum Muster

Der Verkäufer hat den übrigen Miterben gem. § 469 BGB den Inhalt des von ihm mit einem Dritten geschlossenen Kaufvertrags unverzüglich mitzuteilen. Durch die Mitteilung wird die in § 2034 Abs. 2 BGB bestimmte Frist von zwei Monaten für die Ausübung des Vorkaufsrechts in Gang gesetzt. Die Mitteilung sollte zweckmäßigerweise durch **Übermittlung einer Abschrift des Vertrages** erfolgen.

Das Mitteilungsschreiben sollte als Einschreiben (mit Rückschein) sowohl an den Miterben als auch an dessen Bevollmächtigten gesandt werden.

## III. Verzicht auf die Ausübung des Vorkaufsrechts

### 1. Muster: Verzichtserklärung

– Einschreiben mit Rückschein –

An
1. 
2. 

Unter Bezugnahme auf das Mitteilungsschreiben des        vom        mit dem Inhalt, dass seinen Anteil an dem Nachlass des        an        verkauft (und übertragen) hat, erkläre ich hiermit, dass ich von meinem Vorkaufsrecht keinen Gebrauch mache. Dieses Recht steht nunmehr nur noch        zu, der neben mir und        alleiniger Miterbe ist.

(Unterschrift)

### 2. Hinweise zum Muster

Verzichtet ein Miterbe auf die Ausübung, steht das Vorkaufsrecht den anderen allein zu (§ 472 S. 2 BGB). **Durch Verzicht** sämtlicher Berechtigter **erlischt das Vorkaufsrecht**. Der Verzicht auf die Ausübung des Vorkaufsrechts bedarf ebenso wie die Ausübung des Rechts grundsätzlich keiner Form (§ 464 BGB) und kann schon vor der Mitteilung nach § 469 BGB erfolgen.[61]

Der vorkaufsberechtigte Miterbe kann bis zu dem Zeitpunkt, zu welchem ihm der Verkäufer oder der Erwerber Mitteilung von der Übertragung des Anteils macht, die Erklärung gegenüber dem Verkäufer abgeben. Gegenüber dem Käufer muss er diese ab dem Zeitpunkt Übertragung sogar abgeben. Zweckmäßig erscheint es, wenn er auch den Verkäufer von seinem Entschluss in Kenntnis setzt, auch wenn ihm die Übertragung schon mitgeteilt worden ist.

---

61 Palandt/*Edenhofer*, § 2034 BGB Rn 10.

## IV. Ausübung des Vorkaufsrechts gegenüber dem Miterben, § 2034 BGB

### 1. Muster: Ausübung des Vorkaufsrechts gegenüber dem Miterben

– Einschreiben mit Rückschein –

An

███████

Ich beziehe mich auf das Schreiben vom ███████, in welchem mir mitgeteilt wurde, dass Du Deinen Anteil an dem Nachlass des ███████ an ███████ in ███████ verkauft hast. Ich übe hiermit das mir als Miterben zustehende Vorkaufsrecht aus. Soweit mir bekannt ist, wollen die übrigen Miterben ihr Vorkaufsrecht nicht ausüben.

(Unterschrift)

### 2. Hinweise zum Muster

99  Wird das Vorkaufsrecht vor Übertragung des Anteils ausgeübt, so kommt ein Kaufvertrag zwischen dem berechtigten und dem verkaufenden Miterben zustande unter den Bedingungen, die der verkaufende Miterbe mit dem Käufer vereinbart hatte (§ 464 BGB).

100  Wird es nach der Übertragung ausgeübt, so ist es nach § 2035 Abs. 1 S. 2 BGB dem Verkäufer gegenüber erloschen und kann allein dem Käufer gegenüber geltend gemacht werden. Zwischen dem Erwerber und dem oder den Berechtigten kommt kein Vertrag zustande.

101  Es entsteht ein gesetzliches Schuldverhältnis, welches den Käufer zur (Rück-)Übertragung auf den Miterben verpflichtet. Dafür ist natürlich Voraussetzung, dass zuvor ein gültiger Kaufvertrag zwischen dem verkaufenden Miterben und dem Käufer zustande gekommen ist. Ein Erbschaftskauf liegt auch dann vor, wenn zur Sicherung eines Darlehens ein Erbteil übertragen wird und dessen Rückzahlung praktisch für immer ausgeschlossen ist.[62] Auf der anderen Seite haben die Miterben dem rückübertragenden Käufer den etwa schon gezahlten Kaufpreis nebst sonstigen Aufwendungen einschließlich der Kosten der Rückübertragung zu zahlen. Die Miterben haften als Gesamtschuldner gem. § 427 BGB.

102  Die Ausübung des Vorkaufsrechts erfolgt durch formlose Erklärung gegenüber den verpflichtenden Miterben (§ 464 BGB), nach der Übertragung durch Erklärung gegenüber dem Käufer (§ 2035 BGB).

103  Die Frist zur Ausübung beträgt gem. § 2034 Abs. 2 BGB zwei Monate. Der Fristbeginn ist der Empfang der Mitteilung über den Inhalt des abgeschlossenen Vertrags, zu welcher der Verkäufer verpflichtet ist (§ 469 BGB). Der Notar hat auf das Vorkaufsrecht hinzuweisen.[63] Ein Dritter im Sinne des § 469 Abs. 1 S. 2 BGB kann die Anzeige ersetzen.

104  Für jeden einzelnen Miterben erlischt das Vorkaufsrecht binnen zwei Monaten nach Empfang einer formlosen Mitteilung oder nach unmittelbarer Kenntnisnahme durch Teilnahme an der Beurkundung.[64] Die formlose Mitteilung nach § 469 BGB setzt die Frist nur in Lauf, wenn richtige, vollständige und klare Angaben zum Inhalte des Kaufvertrags gemacht werden (§ 469 Abs. 2 S. 1 BGB). Auch über eventuelle Genehmigungen sollte informiert werden.[65] Der Erbteilskäufer trägt die Beweislast für eine wirksame mündliche Mitteilung.

---

62  BGH NJW 1957, 1515.
63  § 17 BeurkG; Palandt/*Edenhofer*, § 2034 BGB Rn 7.
64  BGHZ 32, 375, 383.
65  Palandt/*Weidenkaff*, § 469 BGB Rn 2.

Spätestens mit der Übertragung nach § 2035 Abs. 1 S. 2 BGB erlischt das Vorkaufsrecht gegenüber dem Veräußerer.

## V. Ausübung des Vorkaufsrechts gegenüber dem Käufer, § 2035 BGB

### 1. Muster: Ausübung des Vorkaufsrechts gegenüber dem Käufer

– Einschreiben mit Rückschein –

An

Ich beziehe mich auf das Schreiben meines Bruders          , wonach dieser seinen Erbteil an Sie verkauft und übertragen hat. Meine Miterben         und         haben mit an Sie gerichteten Schreiben vom         und vom         auf die Ausübung des ihnen als Miterben zustehenden Vorkaufsrechts verzichtet.

Ich übe hiermit das mir als Miterben zustehende Vorkaufsrecht aus und fordere Sie auf, den Ihnen zu übertragenden Anteil an dem Nachlass auf mich zu übertragen. Zu der Übertragung sind Sie durch die Ausübung des Vorkaufsrechtes automatisch gesetzlich verpflichtet.

Einen Entwurf dieser Übertragungsaufforderung habe ich an das Notariat         gesandt. Ich darf Sie bitten, eine schriftliche Übertragungserklärung dort abzugeben. Alle anfallenden Kosten, insbesondere diejenigen Ihrer notariellen Erklärung und meiner Annahmeerklärung, trage ich. Des Weiteren bin ich verpflichtet, Sie von den Verbindlichkeiten, die Sie meinem Bruder gegenüber eingegangen sind, zu befreien. Eine Zahlung an meinen Bruder ist entsprechend dem Inhalt des Kaufvertrages noch nicht erfolgt. Diese Freistellung ist in einem entsprechenden Passus der von mir entworfenen Übertragungsurkunde berücksichtigt.

(Unterschrift)

### 2. Hinweise zum Muster

Macht der vorkaufsberechtigte Erbe gem. § 2035 Abs. 1 S. 1 BGB von seinem Vorkaufsrecht gegenüber dem Käufer Gebrauch, entsteht ein **gesetzliches Schuldverhältnis**. Der Käufer ist nun verpflichtet, den ihm zu übertragenden Anteil auf den Miterben zu übertragen.

Der Vorkaufsberechtigte wird erst mit der Übertragung Eigentümer, vor Übertragung ist er nicht einmal wirtschaftlicher Eigentümer. Der Anspruch auf Übertragung kann nicht durch eine Vormerkung gesichert werden. Unter Umständen kann aber ein Veräußerungsverbot gegenüber dem Käufer erwirkt werden.

Der Käufer wird so gestellt, als ob ein Kaufvertrag von Anfang an zwischen dem verkaufenden und den zum Vorkauf berechtigten Miterben zustande gekommen wäre und er dabei nur als Geschäftsführer ohne Auftrag gehandelt hätte. Gegen die Miterben steht ihm ein Anspruch auf Erstattung der Auslagen zu. Hierzu gehören neben den Kosten des Vertrags auch die an den Verkäufer bereits geleisteten Zahlungen. Er wird von den Verpflichtungen gegenüber den verkaufenden Miterben freigestellt. Die Vorkaufserwerber haben dem Käufer gesamtschuldnerisch nach § 427 BGB den gezahlten Preis zu erstatten oder ihn vom Kaufpreis freizustellen. Weiter haben sie Kostenersatz zu leisten sowie alle Aufwendungen zu ersetzen, die infolge ihrer Erklärung und deren Vollzug entstehen und vom Erwerber nicht ohnehin übernommen oder von ihm zweckwidrig aufgebracht worden sind.

Gemäß § 273 BGB oder nach § 320 BGB entsprechend dem § 1100 BGB hat der betroffene Erwerber an den Nachlassgegenständen ein Zurückbehaltungsrecht wegen eines fehlenden

Leistungsaustauschs im Gegenseitigkeitsverhältnis.[66] Die §§ 326 ff. BGB kommen nicht zur Anwendung.

110 Entsprechend der **Form** des § 2033 BGB wird der Anteil auf die Vorkaufsberechtigten übertragen. Der Anteil wächst ihnen entsprechend §§ 1935, 2094 BGB im Verhältnis ihrer Erbteile an. Eine gesetzliche Regelungslücke besteht in dem Fall, dass der Verkäufer das ausgeübte Vorkaufsrecht missachtet und den Anteil nicht an die Miterben, sondern an den Käufer oder an einen Dritten überträgt. Um den Schutzzweck der Norm zu erhalten, wird dem vorkaufsberechtigten Miterben in analoger Anwendung zu § 2035 BGB ein Anspruch auf Übereignung des Erbteils gegen den Erwerber zugebilligt.[67] Nach anderer Ansicht besteht nur ein Anspruch auf Schadenersatz gegen den Verkäufer gem. § 280 BGB nach Fristablauf.[68]

111 Das Vorkaufsrecht kann gem. § 2037 BGB auch gegenüber einem weiteren Erwerber geltend gemacht werden, der selbst nicht Miterbe ist, gleichgültig, ob die Übertragung auf Kauf oder einem anderen Rechtsgrund beruhte.

112 Da es sich nun nicht um ein neues Vorkaufsrecht, sondern um dasselbe handelt, welches dem Miterben gegenüber dem veräußernden Miterben gem. § 2034 BGB zusteht, kann es nur innerhalb der einmal gesetzten Frist nach § 2034 Abs. 2 BGB ausgeübt werden. Einer neuen Frist für den Vorkaufsberechtigten bedarf es nicht. Er kann bis zur Benachrichtigung von der Weiterveräußerung die Ausübung des Vorkaufsrechts gegenüber dem veräußernden Käufer oder auch gegenüber dem verkaufenden Miterben erklären. Der Weiterveräußernde hat jedes Mal nach § 2035 Abs. 2 BGB die Veräußerung anzuzeigen. Findet die dingliche Übertragung des Erbteils zwischen Veräußerer und Erwerber erst nach Ablauf der Zweimonatsfrist gem. § 2034 Abs. 2 S. 1 BGB statt, ist der Erwerber dennoch verpflichtet, den Miterbenanteil auf die ihr Vorkaufsrecht ausübenden Miterben zurück zu übertragen.[69]

## VI. Erbteilsübertragung des Käufers an die Miterben, die ihr Vorkaufsrecht ausgeübt haben

### 1. Muster: Erbteilsübertragung an den vorkaufsberechtigten Miterben

*(Notarielle Urkundenformalien)*

113 Anwesend sind
1. _____ , im Folgenden „Erschienener zu 1)" genannt,
2. _____ , im Folgenden „Erschienener zu 2)" genannt,
3. _____ , im Folgenden „Erschienener zu 3)" genannt,

alle ausgewiesen durch ihre amtlichen Personalausweise.

Auf Ansuchen beurkunde ich Folgendes:

114 **§ 1 Vertragsgegenstand**

Der am _____ verstorbene F ist aufgrund gesetzlicher Erbfolge von seinen vier Kindern, den Erschienenen zu 2) und 3), dem D und dem E, zu gleichen Teilen beerbt worden. Der E hat durch notariellen Vertrag vom _____ seinen Anteil an der Erbschaft an den Erschienenen zu 1) verkauft und übertragen. Von dem Verkauf und der Übertragung hat er seinen Miterben durch Schreiben vom _____ Mitteilung gemacht.

---

66 MüKo-*Heldrich*, § 2035 BGB Rn 5; Soergel/*Wolf*, § 2035 BGB Rn 4.
67 BGH ZEV 2002, 67.
68 Staudinger/*Werner*, § 2037 Rn 4; MüKo-*Heldrich*, § 2035 BGB Rn 7.
69 BGH ZEV 2002, 67.

*§ 2 Erbteilsübertragung*

D hat dem Erschienenen zu 1) durch Schreiben vom ▬▬▬ mitgeteilt, dass er von seinem Vorkaufsrecht keinen Gebrauch mache. Die Erschienenen zu 2) und 3) haben durch gemeinschaftliches Schreiben vom ▬▬▬ an den Erschienenen zu 1) das Vorkaufsrecht ausgeübt. Hiermit überträgt nun der Erschienene zu 1) den sich auf $1/4$ des Nachlasses des Erblassers F belaufenden Erbteil, den er von dem Miterben E gekauft hat, auf die Erschienenen zu 2) und 3) gemeinschaftlich und bekennt, dass sie ihm die ▬▬▬ EUR, die er als Teil des Kaufpreises an den E gezahlt hatte, erstattet haben.

*§ 3 Annahme der Erbteilsübertragung*

Die Erschienenen zu 2) und 3) nehmen die Übertragung des Erbteils auf sie an und erkennen an, gegenüber dem Erschienenen zu 1) zur Einlösung der Wechsel über insgesamt ▬▬▬ EUR verpflichtet zu sein, die gemäß dem zwischen dem E und dem Erschienenen zu 1) geschlossenen notariellen Kaufvertrag vom ▬▬▬, UR-Nr. ▬▬▬, zur Deckung des weiteren Kaufpreises dem E ausgestellt wurden und die der Erschienene zu 1) angenommen hat und die inzwischen der E an verschiedene Firmen gegeben hat.

*§ 4 Kosten*

Die Kosten dieser Verhandlung tragen die Erschienenen zu 2) und 3). Sie übernehmen gleichfalls die Kosten der Notariatsverhandlung Nr. ▬▬▬ über den Verlauf und die Übertragung des Erbteils, zu deren Tragung sich der Erschienene zu 1) gegenüber dem E verpflichtet hat.

Diese Niederschrift wurde vom Notar den Anwesenden vorgelesen, von diesen genehmigt und von ihnen und dem Notar eigenhändig unterschrieben:

### 2. Hinweise zum Muster

Hinsichtlich der gesetzlichen Verpflichtung des Käufers zur Rückübertragung des erworbenen Erbteils auf die Miterben, welche ihm gegenüber ihr Vorkaufsrecht ausgeübt haben, wird auf die obigen Hinweise (siehe Rn 99 ff.) verwiesen.

#### ■ Abwicklung des Übertragungsanspruches

Der Übertragungsanspruch kann lediglich von denjenigen Miterben ausgeübt werden, die ihren Erbteil weder veräußert noch auf ihr Vorkaufsrecht verzichtet haben. Die ihr Vorkaufsrecht ausübenden Miterben können gem. § 2039 BGB gemeinsam oder jeder für sich von dem Käufer Leistung an die (Erben-) Gemeinschaft verlangen. Der übertragene Erbteil fällt dann wieder zurück in die Erbengemeinschaft. Da darin auch die Miterben enthalten sind, die auf ihr Vorkaufsrecht verzichtet haben, erhöht sich der Anteil am Nachlass der Miterben, die ihr Vorkaufsrecht ausgeübt bzw. den Übertragungsanspruch geltend gemacht haben, verhältnismäßig.

#### ■ Haftung

Gemäß § 2036 BGB haftet der Käufer bis zum Zeitpunkt der Erbteilsübertragung für die Nachlassverbindlichkeiten, danach nur noch für etwaige Verwaltungshandlungen gemäß den §§ 1978–1980 BGB. Die Freistellung von der Haftung ab der Übertragung gilt selbst für Fälle, in welchen der Käufer in die unbeschränkte persönliche Haftung genommen wurde. In diesen Fällen geht die unbeschränkte Haftung dann auf die Miterben, die ihr Vorkaufsrecht ausgeübt haben, über, § 2007 BGB.

■ Form

120 Hinsichtlich der Form der Erbteilsübertragung des Käufers an die ihr Vorkaufsrecht ausübenden Miterben wird auf den entsprechenden Hinweis zum Muster (siehe Rn 110) verwiesen.

## F. Verträge mit analoger Anwendung der Normen des Erbschaftskaufs, § 2385 BGB

### I. Rechtsgrundlagen

121 Nach § 2385 BGB gelten die Vorschriften über den Erbschaftskauf entsprechend auch für Verträge, die auf Veräußerung einer Erbschaft gerichtet sind. Zunächst werden nach § 2385 Abs. 1 Alt. 1 BGB Kaufverträge mit umfasst, die nicht der Erbe selbst, sondern der Erwerber einer Erbschaft schließt. Unerheblich ist dabei, ob der Verkäufer die Erbschaft durch einen Erbschaftskauf oder einen anderen, auf die Übertragung der Erbschaft gerichteten Vertrag erworben hat; auch, ob dem Weiterveräußerer die verkaufte Erbschaft bereits übertragen war, ist unwesentlich.[70]

122 Daneben kommen gem. § 2385 Abs. 1 Alt. 2 BGB andere schuldrechtliche Verträge in Betracht, die eine Verpflichtung des einen Vertragspartners enthalten, dem anderen die Erbschaft zu übertragen. Darunter fallen sowohl der **Tausch** zweier Erbschaften als auch die **Schenkung** einer Erbschaft. Daneben ist noch die Hingabe an Zahlung Statt (§ 364 BGB) wie auch ein Vertrag zu nennen, welcher zum Verzicht auf das Nacherbenanwartschaftsrecht verpflichtet.

123 Nach den Umständen des Einzelfalls muss entschieden werden, ob ein Vergleich über die Gültigkeit eines Testaments unter den eingesetzten Erben und den gesetzlichen Erben als Vertrag im Sinne des § 2385 BGB anzusehen ist. Liegt der Fall vor, dass mehrere Erbanwärter über ihre Erbteile einen Vertrag schließen, so liegt darin die Verpflichtung zur Übertragung eines entsprechenden Anteil-Bruchteils.

124 Existiert nur ein Erbe, so ist der Vertrag als Auseinandersetzung mit der Verpflichtung zur Übertragung von Nachlasswerten entsprechend dem quotalen Anteil zu sehen.[71]

So kann auch vertragsmäßig anerkannt werden, dass eine gültige Verfügung von Todes wegen als nichtig gilt oder auch dass eine begründete Testamentsanfechtung oder eine Anfechtung eines Erbvertrags vertraglich anerkannt wird. Unerheblich ist insoweit, ob der die Rechtsänderung einleitende Vertrag entgeltlich oder unentgeltlich geschlossen wurde.

125 Verträge, die ausschließlich eine Vermögenssicherung zum Gegenstand haben, wie Verpfändung oder Sicherungsübereignung, sind nicht von der Regelung des § 2385 BGB umfasst. Verpflichtete sich jemand, eine ihm angefallene Erbschaft auszuschlagen, damit die infolge seiner Erbschaft zur Erbschaft berufene Person Erbe wird, ist dies weder ein Erbschaftskauf noch ein Vertrag im Sinne des § 2385 BGB.

126 Die allgemeinen Bestimmungen über Rechtsgeschäfte, insbesondere § 480 BGB hinsichtlich des Tauschs und § 516 BGB hinsichtlich der Schenkung, finden neben den Vorschriften der §§ 2371 ff. BGB auch Anwendung, wenn diese keine oder keine abschließende Regelung enthalten. Die Verweisung in § 2385 BGB auf die §§ 2371 ff. BGB macht es erforderlich,

---

[70] Soergel/*Damrau*, § 2385 BGB Rn 1.
[71] *Lange/Kuchinke*, § 45 I 3 Fn 19.

die Formerfordernisse einzuhalten. Ergeben sich Zweifel, ob es sich tatsächlich um einen Vertrag nach § 2385 BGB handelt, sollte vorsorglich die Form gewahrt sein. Bei der Vertragsgestaltung ist zu beachten, wann die Leistungspflicht im Sinne des § 2374 BGB eintreten soll, von welcher auch die zur Zeit der Weiterveräußerung vorhandenen Gegenstände umfasst sind. So kann der Fall eintreten, dass die besagten Gegenstände zur Zeit der Weiterveräußerung dem Veräußerer noch gar nicht übertragen waren. Auch hinsichtlich der §§ 2375, 2381, 2379 BGB ist der Zeitpunkt der Weiterveräußerung entscheidend. Der spätere Veräußerer haftet auch für Wertminderungen des Nachlasses durch seine Rechtsvorgänger analog § 2375 BGB.

Neben dem Erben haftet der erste und jeder weitere Erwerber der Erbschaft als Gesamtschuldner den Nachlassgläubigern gegenüber entsprechend § 2382 BGB. Handelt es sich um Verträge, die auf Bestellung eines Nießbrauchs an einer Erbschaft gerichtet sind, greifen statt der §§ 2382, 2383 BGB die §§ 1068, 1088 BGB.

## II. Schenkung einer Erbschaft gem. § 2385 Abs. 2 BGB

### 1. Muster: Erbschaftsschenkungsvertrag

    (Notarielle Urkundenformalien)

Anwesend sind
1.     , im Folgenden „Schenker" genannt,
2.     , im Folgenden „Beschenkte" genannt,

alle ausgewiesen durch ihre amtlichen Personalausweise.

Auf Ansuchen beurkunde ich Folgendes:

*§ 1 Vertragsgegenstand*

(1) Laut Testament der M vom     , der Großmutter des Schenkers und der Urgroßmutter der Beschenkten, war als Vorerbin die C und als Nacherbe der Schenker eingesetzt.

(2) Mit dem Tode der C am      ist der Nacherbfall eingetreten und der Schenker nunmehr alleiniger Erbe der M. Entsprechender Erbschein ist dem Schenker am      vom Amtsgericht      unter dem Az.      erteilt worden.

*§ 2 Schenkung*

(1) Der Schenker schenkt seiner Tochter, der Beschenkten, die Erbschaft und bewilligt und beantragt die Umschreibung der auf den Namen der C mit Nacherbenvermerk brieflos eingetragenen Hypothek in Höhe von      EUR, eingetragen im Grundbuch des Amtsgerichts     , Bl.     , Abt.     ,     , auf sie.

(2) Die zur Erbschaft gehörenden beweglichen Sachen befinden sich bereits in ihrem Besitz und werden ihr hiermit übereignet. Die zur Erbschaft gehörenden Forderungen werden ihr hiermit abgetreten.

Diese Niederschrift wurde vom Notar den Anwesenden vorgelesen, von diesen genehmigt und von ihnen und dem Notar eigenhändig unterschrieben:

### 2. Hinweise zum Muster

Bei Schenkung einer angefallenen Erbschaft ist dem Formerfordernis der §§ 2371, 2385 Abs. 2 BGB Rechnung zu tragen. Eine Beurkundung des Schenkungsversprechens allein reicht nicht aus. Sollte der Beschenkte minderjährig sein, so muss zuvor die Genehmigung des Familiengerichts gem. §§ 1643, 1822 Nr. 10 BGB eingeholt werden.[72] Der Grund liegt darin, dass auch dann, wenn es sich um eine Schenkung handelt, das zur Folge hat, dass Minderjährige neben dem die Erbschaft veräußernden Erben gesamtschuldnerisch für die Nachlassverbindlichkeiten haften.[73] Diese Haftung kann auch den Gläubigern gegenüber nicht ausgeschlossen werden (§ 2382 Abs. 2 BGB). Der Schenker haftet nicht für unentgeltliche Veräußerungen oder Belastungen von Erbschaftsgegenständen in der Zeit bis zum Erbschaftskauf. Nach § 2385 Abs. 2 S. 1 BGB ist § 2375 BGB auf die Schenkung nicht anwendbar.[74]

### III. Außergerichtlicher Vergleich über eine Erbschaft unter Erbschaftsbewerbern

#### 1. Muster: Außergerichtlicher Vergleich

**504**

**132** _(Notarielle Urkundenformalien)_

Anwesend sind
1. _____, im Folgenden „Erschienener zu 1)" genannt,
2. _____, im Folgenden „Erschienener zu 2)" genannt,

alle ausgewiesen durch ihre amtlichen Personalausweise.

Auf Ansuchen der Erschienenen beurkunde ich Folgendes:

**133** § 1 Vertragsgegenstand

(1) Am _____ verstarb C in _____. Laut Testament vom _____ ist der Erschienene zu 1) als Alleinerbe eingesetzt. Unter Widerruf dieses Testaments wurde der Erschienene zu 2) laut Testament vom _____ als Alleinerbe eingesetzt.

(2) Beide letztwilligen Verfügungen sind vom Amtsgericht _____ unter den Az. _____ und _____ eröffnet worden.

(3) Der Nachlass des C umfasst folgende Posten:
1. Unbelastetes bebautes Grundstück in _____, Flst. Nr. _____
2. Wohnungseinrichtung im Hause auf oben benanntem Grundstück gemäß beiliegender Aufstellung
3. Forderungen gegenüber _____
4. Wertpapiere bei der _____ Bank

(4) Die Rechtsgültigkeit des zweiten Testaments vom _____ ist unter den Erschienenen streitig.

**134** § 2 Vergleich

(1) Die Parteien einigen sich hiermit außergerichtlich zur Vermeidung eines Rechtsstreits darauf, dass jeder zu $^1/_2$ als Erbe eingesetzt sein soll. Der Erschienene zu 1) überlässt die ihm aufgrund des Testaments vom _____ angefallene Erbschaft dem Erschienenen zu 2) zur Hälfte. Der Erschienene zu 2) überlässt dem Erschienenen zu 1) die ihm aufgrund des Testaments vom _____ angefallene Erbschaft zur Hälfte.

(2) Zwischen den Parteien wird vereinbart, dass die angeordneten Vermächtnisse vom _____ und vom _____ erfüllt werden sollen.

(3) Die Nachlassverbindlichkeiten sind getilgt.

---

72 Vgl. oben Fn 14.
73 RGZ 75, 357.
74 Staudinger/_Olshausen_, § 2385 BGB Rn 26.

### § 3 Aufteilung des Nachlasses

(1) Die Erschienenen werden je zur Hälfte Miteigentümer des Grundstücks ▓▓▓▓, eingetragen im Grundbuch des Amtsgerichts ▓▓▓▓, Bl. ▓▓▓▓.

(2) Sie sind sich darüber einig, dass jeder Eigentümer zur Hälfte wird. Sie beantragen und bewilligen die Eintragung ins Grundbuch.

(3) Forderungen und Wertpapiere werden zwischen den Beteiligten nach einem Teilungsplan verteilt werden, mit dessen Aufstellung der ▓▓▓▓ in ▓▓▓▓ beauftragt wird und dessen Inhalt die Parteien hiermit vorab bereits als allein gültig anerkennen.

### § 4 Sach- und Rechtsmängelhaftung

Ansprüche aufgrund Sach- oder Rechtsmängelhaftung bestehen nicht.

### § 5 Kosten

Die Kosten dieses Vertrages tragen die Parteien je zur Hälfte.

Diese Niederschrift wurde vom Notar den Anwesenden vorgelesen, von diesen genehmigt und von ihnen und dem Notar eigenhändig unterschrieben:

### 2. Hinweise zum Muster

Wird ein **Vergleich** zwischen Erbschaftsbewerbern geschlossen, stellt dies einen Vertrag gem. § 2385 BGB dar, der auf Erbschaftsveräußerung gerichtet ist. Zu beachten ist, dass dieser Vertrag nur schuldrechtliche Wirkung ausübt. Der Abschluss des Vergleichs, der nur eine schuldrechtliche Wirkung unter den Parteien entfaltet, hat Vorteile für die Nachlassgläubiger, zu denen auch die Vermächtnisnehmer und die Pflichtteilberechtigten zählen.

Die Vergleichsparteien haften gem. § 2382 BGB den Gläubigern nach Abschluss des Vergleichs als Gesamtschuldner. Eine wirksame Anfechtung kann bewirken, dass die vom Erblasser angeordnete Beschränkung in der Form der Testamentsvollstreckung nicht mehr besteht. Die Parteien können aber durch die Vergleichsvereinbarungen dem Zweck der vom Erblasser gewünschten Testamentsvollstreckung näher kommen. Auch die Beschränkung in der Anordnung einer Nacherbfolge kann durch Vergleich entsprechend geregelt werden. Gehört ein Grundstück zum Nachlass, ist gem. § 35 GBO ein Erbschein zu beantragen. Auch im Erbscheinsverfahren sind die Parteien nicht daran gehindert, sich über die Verteilung des Nachlasses zu einigen.[75]

## IV. Verkauf und Übertragung der Anwartschaft des Nacherben an den Vorerben

### 1. Muster: Verkauf und Übertragung der Anwartschaft des Nacherben an den Vorerben

▓▓▓▓ *(Notarielle Urkundenformalien)*

Anwesend sind
1. ▓▓▓▓, im Folgenden „Erschienene zu 1)" genannt,
2. ▓▓▓▓, im Folgenden „Erschienene zu 2)" genannt,

alle ausgewiesen durch ihre amtlichen Personalausweise.

---

75 OLG Stuttgart MDR 1984, 403.

Auf Ansuchen der Erschienenen beurkunde ich Folgendes:

141 **§ 1 Vertragsgegenstand**

Laut Testament des am          in          verstorbenen C, des Ehemannes der Erschienenen zu 1), ist die Erschienene zu 1) als alleinige Erbin mit der Maßgabe eingesetzt, dass bei ihrem Tode oder bei ihrer Wiederverheiratung seine Schwester B, die Erschienene zu 2), Nacherbin wird.

142 **§ 2 Anwartschaftsübertragung**

(1) Die Erschienene zu 2) überträgt hiermit ihre Anwartschaft auf die Nacherbschaft an die Erschienene zu 1) gegen eine einmalige Zahlung in Höhe von          EUR und bekennt, diesen Betrag erhalten zu haben.

(2) Die Erschienene zu 1) erklärt sich mit der Übertragung einverstanden und nimmt sie an.

143 **§ 3 Kosten**

Die Kosten des Vertrags trägt die Erschienene zu 1).

144 **§ 4 Anzeige nach § 2384 BGB**

Die entsprechend § 2384 BGB zu erstattende Anzeige gegenüber dem Nachlassgericht werden die Vertragschließenden selbst vornehmen.

Diese Niederschrift wurde vom Notar den Anwesenden vorgelesen, von diesen genehmigt und von ihnen und dem Notar eigenhändig unterschrieben:

## 2. Hinweise zum Muster

145 Ab dem Zeitpunkt des Anfalls der Erbschaft an den Vorerben steht dem Nacherben eine **Anwartschaft** auf den Erwerb der Erbschaft zu. Dieses Recht ist grundsätzlich vererblich, es sei denn, der Wille des Erblassers steht dem entgegen (§ 2108 Abs. 2 BGB).

146 In dem Muster wird die Nacherbfolge durch den Eintritt einer **Bedingung** (Verheiratung) oder den Ablauf einer Frist (Tod der Vorerbin) herbeigeführt. Für die Vererblichkeit ist im Zweifel nur die Befristung maßgebend, da die Nachfolge auch ohne Rücksicht auf die Bedingung eintreten muss.

147 Der Nacherbe kann über seine Anwartschaft zwischen Erbfall und Nacherbfall in der Form des § 2033 BGB und von Todes wegen verfügen, unabhängig davon, ob er Allein- oder Miterbe ist. Anders, wenn der Erblasser etwas anderes bestimmt hat.[76]

148 Eine weitere Möglichkeit besteht für den Nacherben darin, die Verfügung von Todes wegen so zu gestalten, dass er die ihm anfallende Nacherbschaft einem Dritten als Vermächtnis zuwendet oder sie durch eine weitere Nacherbschaft oder die Anordnung einer Testamentsvollstreckung beschränkt.[77]

149 Wird die Anwartschaft gem. § 2033 BGB an den Vorerben veräußert, wird dieser **Vollerbe**.[78] Auch die Übertragung, Verpfändung oder Pfändung des Rechts ist eintragbar. Nicht selbstständig abtretbar ist der künftige Herausgabeanspruch des Nacherben.

150 Für die Übertragung gelten die §§ 2033, 2371, 2385 BGB analog. Daraus folgt die Formbedürftigkeit des Übertragungsgeschäfts und das Vorkaufsrecht der Mitnacherben – auch bei

---

[76] Palandt/*Edenhofer*, § 2108 BGB Rn 4.
[77] Palandt/*Edenhofer*, § 2108 BGB Rn 2.
[78] BFH ZEV 2001, 374.

einem Verkauf an den Vorerben – sowie ein Vorkaufsrecht des Vorerben bei Übertragung an Dritte. Der Nacherbe kann ohne Zustimmung eines Ersatznacherben verfügen.

Der Erwerber einer Anwartschaft kann sich nicht darauf verlassen, dass er seinen Erwerb nicht wieder verliert. Dieser Fall kann dann eintreten, wenn der Ersatznacherbfall eintritt. Sinnvoll ist es daher, sich bei Ersatznacherbfolge auch das Anwartschaftsrecht des Ersatznacherben übertragen zu lassen.

151

Der Erblasser kann die Übertragbarkeit des Anwartschaftsrechts nach h.M. ausschließen. Daneben gibt es die Möglichkeit des Ausschlusses der Vererblichkeit der Anwartschaft, etwa gem. § 2108 Abs. 2 S. 1 BGB, wenn zweifelsfrei Ersatznacherben auch für den Fall des Versterbens der zunächst in Betracht kommenden Nacherben vor dem Nacherbfall bestimmt sind.[79] Als mögliche Konsequenzen könnte die Nacherbschaft mit dem Tode des Nacherben entfallen und der Vorerbe Vollerbe werden oder der Erblasser hat diese Möglichkeit ausgeschlossen[80] und es rücken statt dessen ein oder mehrere Ersatznacherben kraft Gesetzes oder letztwilliger Verfügung auf.

152

Durch die Übertragung der Anwartschaft tritt der Erwerber unmittelbar in die Rechtsstellung des Erben ein. Der Nachlass fällt dem Erwerber mit Eintritt des Nacherbfalls ohne Durchgangserwerb des Nacherben an.

153

Das Anwartschaftsrecht hat nur erbrechtliche, nicht zugleich sachenrechtliche Wirkungen bezüglich der einzelnen Nachlassgegenstände. Es steht unter dem Vorbehalt der Ausschlagung, die der Nacherbe bis zur Annahme der Erbschaft bereits mit dem Erbfall erklären kann (§ 2142 BGB).

154

Der Erwerber wird mit Eintritt des Nacherbfalls Gesamtrechtsnachfolger des Erblassers und kann vom Vorerben die Herausgabe des Nachlasses gem. § 2130 BGB fordern. Auch haftet ihm dieser nach §§ 2130, 2131 BGB insbesondere für Pflichtverletzungen, die zeitlich vor der Übertragung der Anwartschaft liegen. Der Erwerber haftet den Nachlassgläubigern. Soweit der Vorerbe für Verfügungen auf die Zustimmung der Nacherben angewiesen ist, muss diese vom Erwerber erteilt werden.

155

## G. Erbschaftsvertrag gem. § 311b Abs. 5 (§ 312 Abs. 2 a.F.) BGB

### I. Rechtsgrundlagen

Grundsätzlich sind Verträge über den Nachlass, die zu Lebzeiten des Erblassers ohne dessen Beteiligung geschlossen werden, nach § 311b Abs. 4 BGB **nichtig**. Unwirksam sind entsprechend Verträge betreffend Vermächtnisse oder Pflichtteilsrechte aus dem Nachlass eines noch lebenden Dritten. Auch Abfindungsvereinbarungen zwischen Schlusserben eines Berliner Testaments sind gem. § 311b BGB nichtig.[81] Unter Umständen kann hier allerdings eine **Umdeutung in einen Erbverzichtsvertrag** erfolgen.

156

Eine **Ausnahme** hiervon macht **§ 311b Abs. 5 BGB**, wonach das Verbot dann nicht gilt, wenn es sich um einen Vertrag unter künftigen gesetzlichen Erben über den gesetzlichen Erbteil oder den Pflichtteil eines von ihnen handelt.

157

---

79 BayObLG ZEV 2001, 440.
80 OLG Karlsruhe NJW-FER 1999, 185.
81 BGHZ 37, 319, 323.

158 Verträge über testamentarische Erbteile und Vermächtnisse können ebenfalls entgegen dem Wortlaut des Gesetzes abgeschlossen werden, allerdings nur bis zur Höhe des gesetzlichen Erbteils.[82] Auch derjenige, der aufgrund letztwilliger Verfügung Erbe wird und nicht kraft Gesetzes, kann einen solchen Erbschaftsvertrag wirksam abschließen.[83]

159 Der Zweck des § 311b BGB liegt also darin begründet, zwischen den gesetzlichen Erben eine vorgezogene Auseinandersetzung zu ermöglichen. Nach h.M. handelt es sich bei diesen Verträgen um rein schuldrechtliche Verträge, deren dingliche Erfüllung erst nach dem Tod des Erblassers vorgenommen werden kann. So muss die Erbanteilsübertragung nach § 2033 BGB als Vollzugsgeschäft nach dem Erbfall durchgeführt werden.

160 Lediglich der Pflichtteilsanspruch lässt sich als zukünftige Forderung schon vorher abtreten. Handelt es sich um einen nach § 311b BGB **nichtigen Abfindungsvertrag**, kann eine Umdeutung in einen Erbverzichtsvertrag oder eine Verpflichtung zum Abschluss eines Erbverzichtsvertrags vorgenommen werden.[84]

161 Ein **nichtiger Erbvertrag** kann entsprechend in einen Vertrag nach § 311b Abs. 5 BGB umgedeutet werden. Die Wirksamkeit des Vertrages wird auch dann angenommen, wenn die Parteien, die sich verpflichtet haben, über ihren Anteil zu verfügen, nicht kraft Gesetzes, sondern aufgrund letztwilliger Verfügung Erben werden.[85] Voraussetzung ist, dass die Vertragsschließenden künftige gesetzliche Erben sind, ohne dass sie notwendigerweise zu den nächsten gesetzlichen Erben zählen müssen. Es reicht aus, dass sie bei Vertragsschluss zu dem in §§ 1924 ff. BGB genannten Personenkreis gehören, d.h. möglicherweise zur Erbfolge berufene Personen sind.

## II. Erbschaftsvertrag

### 1. Muster: Erbschaftsvertrag

_____ (Notarielle Urkundenformalien)

162 Anwesend sind
1. _____, im Folgenden „Erschienene zu 1)" genannt,
2. _____, im Folgenden „Erschienene zu 2)" genannt,
3. _____, im Folgenden „Erschienener zu 3)" genannt,

alle ausgewiesen durch ihre amtlichen Personalausweise.

Auf Ansuchen der Erschienenen beurkunde ich Folgendes:

163 § 1 Vertragsgegenstand

Die Erschienenen zu 1), 2) und 3) sind die leiblichen Kinder von V und M. V ist vor zwei Jahren verstorben. Aufgrund gemeinschaftlichen Testaments der Eltern sind die Kinder zu gleichen Teilen als Schlusserben eingesetzt. Durch diesen Vertrag wollen die anwesenden Parteien ihre zukünftigen erbrechtlichen Verhältnisse regeln.

164 § 2 Aufteilung der Erbschaft

(1) Die Erschienene zu 1) soll das Grundstück _____, Grundbuch _____, Bl. _____, mitsamt dem bis zum heutigen Tag von M bewohnten Elternhaus erhalten. Dazu soll ihr auch das in dem Haus befindliche

---

82 BGHZ 104, 279, 281 = NJW 1988, 2726, 2727; *Kuchinke*, JZ 1990, 599, 601.
83 Palandt/*Heinrichs*, § 311b BGB Rn 74.
84 BGHZ 37, 319, 328; Palandt/*Heinrichs*, § 311b BGB Rn 75.
85 BGH NJW 1956, 1151.

Mobiliar zukommen. Die Erschienenen zu 2) und 3) erkennen hierbei an, dass die in der Nähe des Grundstücks wohnende Erschienene zu 1) sich in besonderer Weise der M annimmt.

(2) Die Erschienene zu 2) erhielt im Rahmen ihrer Existenzgründung von den Eltern einen Betrag in Höhe von ▬▬▬▬ EUR. In Anerkennung dieser Zuwendung ist sie bereit, in dieser Höhe auf die ihr zufallende Erbschaft zu verzichten.

(3) Die Aufteilung des Nachlasses soll im Einzelnen wie folgt durchgeführt werden:
1. Die Erschienene zu 1) verpflichtet sich, die Erbschaft auszuschlagen.
2. Die Erschienenen zu 2) und 3) verpflichten sich, danach das Grundstück sowie das vereinbarte Mobiliar an die Erschienene zu 1) zu übereignen.
3. Die Bankguthaben werden in der Weise zwischen den Erschienenen zu 2) und 3) aufgeteilt, dass die Erschienene zu 3) den oben unter Abs. 2 genannten Betrag mehr erhält.

*§ 3 Kosten*

Die Kosten dieser Urkunde und ihrer späteren Durchführung tragen die Parteien zu je einem Drittel. Jeder Vertragsteil erhält eine Ausfertigung.

Diese Niederschrift wurde vom Notar den Anwesenden vorgelesen, von diesen genehmigt und von ihnen und dem Notar eigenhändig unterschrieben:

## 2. Hinweise zum Muster

Der Vertrag wirkt wegen seines schuldrechtlichen Charakters nur zwischen den Vertragsteilen und ihren Erben. Die schuldrechtliche Wirkung des Vertrages macht es bei solchen Verträgen notwendig, eine **Gegenleistung**, z.B. in Form einer Abfindung, nur in der Weise zu vereinbaren, dass diese erst nach dem Erbfall fällig gestellt wird.

Voraussetzung für den Bestand der Regelungen zwischen den gesetzlichen Erben ist, dass die **gesetzliche Erbfolge** oder das **Pflichtteilsrecht** eintreten. Wurde vom Erblasser letztwillig verfügt, gelten diese Bestimmungen bei dessen Tod. § 311b Abs. 5 BGB gilt nicht für testamentarische Zuwendungen.

Durch die Veräußerung tritt der Erwerber an die Stelle des Veräußerers in das Gesamthandsverhältnis der Erbengemeinschaft ein, ohne dass dieser seine Eigenschaft als Erbe verlieren würde.

Ist die Erbengemeinschaft bereits im Grundbuch eingetragen, kann auch der Erwerber im Wege der Berichtigung im Grundbuch an Stelle des Veräußerers mit eingetragen werden.

Hier tritt der Fall ein, dass sich durch weitere Verfügungen über Anteile am Nachlass sämtliche Erbteile in einer Hand vereinigen, wie es hier beim Erwerb des restlichen Anteils durch den Erwerber zutrifft.

Der Erwerber würde dann unter Auflösung der Erbengemeinschaft alleiniger Eigentümer der zur Erbschaft gehörenden beweglichen Sachen und Grundstücke werden und wäre im Wege der Berichtigung als Alleineigentümer im Grundbuch einzutragen, vgl. auch §§ 82, 82a GBO.

Grundsätzlich kann eine Hypothek an dem Anteil eines Miterben an einem zum Nachlass gehörenden Grundstück nicht bestellt werden; sie kann auch nicht wegen guten Glaubens an die Richtigkeit erworben werden (§ 1114 BGB).

In diesem Fall aber trifft der Erwerber eines Anteiles, der auch die übrigen Anteile erwerben will, schon vor dem Erwerb des Alleineigentums an den Nachlassgegenständen die erforderliche Einigung mit dem Hypothekengläubiger und bewirkt dann die Eintragung der Hypothek. Hiergegen bestehen keine rechtlichen Bedenken, denn für die Einigung über die

Bestellung einer Hypothek ist nicht erforderlich, dass der Besteller Eigentümer ist und die Befugnis zur Abgabe der Eintragungsbewilligung besteht schon vor Eintragung des Bewilligenden.

## H. Nachlassauseinandersetzungsverträge (Erbteilungsverträge)

### I. Rechtliche Grundlagen

#### 1. Erbengemeinschaft

170 Die Erbengemeinschaft ist nach dem Gesetz keine Dauergemeinschaft, sondern nur zur Abwicklung und Aufteilung der Hinterlassenschaft des Erblassers geschaffen. Die Miterbengemeinschaft ist zur Auflösung bestimmt. Jeder Miterbe kann jederzeit die Auseinandersetzung beantragen, wenn diese nicht vom Erblasser oder durch Vereinbarung der Miterben ausgeschlossen ist (§ 2042 BGB). Ausnahmsweise ist auch die unmittelbare Zahlungsklage eines Miterben gegen nur einen von mehreren weiteren Miterben, ohne Teilungsplan, zulässig, wenn der verklagte Miterbe im alleinigen Besitz des verbliebenen Nachlasses ist und die übrigen Miterben im Wege der Abschichtung aus der Erbengemeinschaft geschieden sind.[86] Die Auseinandersetzung kann von den Mitgliedern der Erbengemeinschaft – ganz oder teilweise – vertraglich nach ihren Wünschen geregelt werden.[87] Kein Miterbe kann zu einer bestimmten Art der Aufteilung des Nachlasses gezwungen werden. Können sich die Erben nicht einigen, so besteht ein Anspruch auf Teilung nach den gesetzlichen Vorschriften (§ 2042 Abs. 2 BGB). Die durch Teilauseinandersetzung aus einer Erbengemeinschaft ausgeschiedenen Anteile von Miterben wachsen den in der Erbengemeinschaft verbleibenden Miterben im Verhältnis ihrer bisherigen Anteile an.[88]

Zur Erfüllung einer Nachlassforderung muss der Schuldner die Leistung an die noch ungeteilte Erbengemeinschaft erbringen, es sei denn dieses Erfordernis verstoße gegen den Grundsatz von Treu und Glauben nach § 242 BGB, indem es purer Formalismus wäre. Dies ist etwa anzunehmen, wenn die Leistung an einen Miterben die Teilauseinandersetzung der Erbengemeinschaft nur vorwegnimmt.[89]

(Vgl. § 19 Rn 1 ff. zur Erbteilungsklage sowie § 12 Rn 1 ff. zur Erbengemeinschaft).

#### 2. Vertragsart

171 Inhaltlich gesehen ist der Auseinandersetzungsvertrag schuldrechtlicher Grund für den dinglichen Vollzug der Teilung.[90] Er begründet nur schuldrechtliche Ansprüche und keine dinglichen Rechte, wie z.B. das Recht an einem Grundstück im Sinne des § 2 Abs. 2 VermG.[91] Der obligatorische Auseinandersetzungsvertrag hebt die Erbengemeinschaft ganz oder teilweise auf, legt fest, wie die Nachlassgegenstände verteilt werden sollen und bildet somit den Rechtsgrund für die Übernahme der (geteilten) Nachlassgegenstände durch die Miterben und kann zugleich deren Pflichten bei der Abwicklung bestimmen. Soweit der

---

86  OLG Celle ZEV 2002, 363.
87  Vgl. BGHZ 40, 115.
88  BGH ZEV 2005, 22.
89  OLG Koblenz, Urt. v. 11.7.2005 – 12 U 64/04.
90  BGH NJW 1963, 345, 346.
91  BVerwG Buchholz 428 § 2 VermG Nr. 41.

Vertrag sich an die gesetzlichen Auseinandersetzungsregeln hält, hat er nur deklaratorische Bedeutung, soweit er von ihnen abweicht, kommt ihm konstitutive Wirkung zu.

### 3. Formelle Anforderungen an den Vertrag

Für den Auseinandersetzungsvertrag ist grundsätzlich keine besondere Form vorgeschrieben. Ein Formzwang kann sich jedoch aus dem Gegenstand der Auseinandersetzung ergeben. Soweit der Vertrag die Verteilung von Grundstücken regelt, ist die notarielle Beurkundung gem. § 311b Abs. 1 BGB erforderlich. Auch ein Auseinandersetzungsvertrag, der einen sich im Nachlass befindlichen GmbH-Anteil zum Vertragsgegenstand hat, muss gem. § 5 Abs. 3 und 4 GmbHG notariell beurkundet werden. Der Formzwang erstreckt sich in diesen Fällen auf den gesamten Auseinandersetzungsvertrag.

### 4. Minderjährige Erben

Minderjährige Miterben werden von ihren Eltern gesetzlich vertreten (§§ 1626 Abs. 1, 1629 Abs. 1 BGB). Ist ein Elternteil verstorben, vertritt der überlebende Elternteil das Kind allein (§ 1681 BGB). Die Eltern sind wegen Interessenkollision von der Vertretung ausgeschlossen, wenn einer von ihnen selbst als Miterbe beteiligt ist (§§ 1629 Abs. 2 S. 1, 1795, 181 BGB). Gemäß § 1909 BGB muss dann für den Abschluss des Erbauseinandersetzungsvertrages durch das Familiengericht ein Ergänzungspfleger bestellt werden. Sind mehrere Minderjährige am Vertrag beteiligt, so ist für jeden Einzelnen ein besonderer Pfleger erforderlich, da sie jeweils verschiedene Vertragsparteien repräsentieren (Verbot der Doppelvertretung). In bestimmten Fällen ist neben der Vertretung durch Eltern oder Ergänzungspfleger auch die Genehmigung des Familiengerichts erforderlich (§§ 1643 Abs. 1, 1821, 1822, 1915 BGB),[92] so z.B., wenn über Grundstücke oder Rechte an Grundstücken verfügt wird (§ 1821 Abs. 1 Nr. 1, 5 BGB).

## II. Erbauseinandersetzungsvertrag

### 1. Muster: Erbauseinandersetzungsvertrag (Vollständige Auseinandersetzung)

▬▬▬ (Notarielle Urkundenformalien)

Anwesend sind

1. A,

2. B,

alle ausgewiesen durch ihre amtlichen Personalausweise.

Nach Grundbucheinsicht beurkunde ich Folgendes:

§ 1 Vertragsgegenstand

(1) Die Urkunde betrifft den Nachlass von E, der am ▬▬▬ in ▬▬▬ verstarb. Laut Erbschein, Az. ▬▬▬ des Amtsgerichts ▬▬▬ vom ▬▬▬, sind A und B zu gleichen Teilen Erben des E.

(2) Der noch ungeteilte Nachlass des E umfasst folgende Posten:

Aktiva:

1. Bebautes Grundstück in ▬▬▬, eingetragen im Grundbuch

---

92 Vgl. oben Fn 14.

|   |   |   |
|---|---|---|
|   | von ____, Band ____, Blatt ____, mit der Flst. Nr. ____ | |
|   | Verkehrswert: | 500.000 EUR |
| 2. | Unbebautes Grundstück in ____, eingetragen im Grundbuch | |
|   | von ____, Band ____, Blatt ____, mit der Flst. Nr. ____ | |
|   | Verkehrswert: | 400.000 EUR |
| 3. | Wohnungseinrichtung im Hause auf zu Ziff. 1 benanntem Grundstück gemäß beiliegender Aufstellung | |
|   | in Höhe von: | 50.000 EUR |
| 4. | Ein Sparkonto bei der X – Bank, Kontonummer ____ | |
|   | mit einem Guthaben von: | 21.450 EUR |
| *Summe der Aktiva:* | | *971.450 EUR* |

Die vorstehenden jeweils angegebenen Verkehrswerte beruhen auf dem Gutachten des Sachverständigen ____ vom ____ und werden von den Erschienenen als richtig und im Rahmen des nachstehenden abzuschließenden Vertrages verbindlich anerkannt.

*Passiva:*

|   |   |   |
|---|---|---|
| 1. | Brieflose Grundschuld für die Y-Bank, 15 % Jahreszinsen, auf dem unter A.2. beschriebenen Grundstück, Grundbuch ____, Abteilung ____, Nr. ____ | |
|   | in Höhe von | 200.000 EUR |
| 2. | Verbindlichkeiten gegenüber der Bank ____ | |
|   | in Höhe von | 100.000 EUR |
| 3. | Beerdigungskosten, sowie Kosten der Grabanlage, ausgelegt von A, | |
|   | in Höhe von | 7.000 EUR |
| *Summe der Passiva:* | | *307.000 EUR* |
| Somit beträgt der Reinnachlass: | | |
| Aktiva | | 971.450 EUR |
| abzüglich Passiva | | 307.000 EUR |
| Reinnachlass = | | 664.450 EUR |

Aufgrund der Erbquoten von je ½ entfallen wertmäßig auf jeden Miterben 332.225 EUR.

**176** § 2 Auseinandersetzung, Zuteilung und Ausgleichung

Die Erschienenen heben die Erbengemeinschaft an den unter § 1 genannten Erbschaftsgegenständen auf und setzen sich wie folgt über sie auseinander:

(1) Der Erschienene zu 1) erhält das unter § 1 A. 1. beschriebene bebaute Grundstück, sowie die dazugehörige Wohnungseinrichtung

mit einem Gesamtwert von                                                                                                      550.000 EUR

Der Erschienene zu 1) verpflichtet sich zugleich, die auf diesem Hausgrundstück ruhende

Belastung von                                                                                                                                        200.000 EUR

abzulösen und bis dahin die laufende Verzinsung und Tilgung der Schuld mit

schuldbefreiender Wirkung für den Miterben zu tragen.

Ferner zahlt A dem B einen Betrag von 17.775 EUR, welcher bis zum ____ fällig ist.

Bis zu diesem Zeitpunkt ist er unverzinslich. A unterwirft sich wegen seiner Zahlungsverpflichtung der sofortigen Zwangsvollstreckung aus dieser Urkunde in sein gesamtes Vermögen.

(2) Der Erschienene zu 2) erhält das unter § 1 A. 2. beschriebene unbebaute Grundstück, sowie das Guthaben bei der X – Bank in Höhe von 21.450 EUR und

somit einen Gesamtwert von 421.450 EUR.

Der Erschienene zu 2) wird hiermit von dem Erschienenen zu 1) unwiderruflich bevollmächtigt, die zur Übertragung des Guthabens erforderlichen Erklärungen gegenüber der X – Bank abzugeben.

Der Erschienene zu 2) verpflichtet sich, die Verpflichtungen gegenüber der Y-Bank und die Beerdigungskosten

in Höhe von insgesamt 107.000 EUR

zu übernehmen.

(3) Die Beteiligten sind sich über den dinglichen Übergang sämtlicher veräußerter Rechte und Gegenstände einig und bewilligen die Auflassung im Grundbuch. Die Erwerber haben den Vollzug des Eigentumswechsels im Grundbuch zu beantragen.

§ 3 Übergabe

(1) Die Besitzübergabe hinsichtlich der einzelnen Nachlassgegenstände gilt mit Beurkundung dieses Vertrages als erfolgt.

(2) Mit diesem Tage (Verrechnungstag) gehen die Nutzungen und Lasten sowie Rechte und Pflichten auf die Erwerber über.

§ 4 Verzichtsklausel

(1) Mit der Erfüllung der durch diesen Vertrag begründeten Verpflichtungen sind alle gegenseitigen Ansprüche der Erschienenen bezüglich des Nachlasses erledigt. Auf alle darüber hinausgehenden Ansprüche wird ausdrücklich gegenseitig verzichtet.

(2) Weitere Nachlassverbindlichkeiten außer den oben Genannten bestehen nach Angaben der Beteiligten nicht. Ebenso ist kein weiterer ungeteilter Nachlass mehr vorhanden.

§ 5 Ausschluss der Sach- und Rechtsmängelhaftung

Hinsichtlich der einzelnen zugeteilten Nachlassgegenstände wird jegliche Haftung für Sach- und Rechtsmängel ausgeschlossen.

§ 6 Hinweise

(1) Die Beteiligten wurden vom beurkundenden Notar darauf hingewiesen, dass der Eigentumserwerb an den Grundstücken erst durch Eintragung im Grundbuch erfolgt und dies erst nach dem Vorliegen der Unbedenklichkeitsbescheinigung des Finanzamtes und Zahlung der Gebühren erfolgen kann.

(2) Die Beteiligten leben, soweit sie verheiratet sind, nach eigenen Angaben jeweils im gesetzlichen Güterstand der Zugewinngemeinschaft und verfügen nicht über ihr Vermögen im Ganzen oder Wesentlichen.

§ 7 Kosten

Die Kosten dieser Urkunde tragen die Beteiligten im Verhältnis ihrer Erbquoten, die Kosten des Grundbuchvollzuges trägt jeder für seinen Erwerb.

§ 8 Schluss

Beantragt werden:
1. Grunderwerbsteuerliche Unbedenklichkeitsbescheinigung des Finanzamts

2. Beglaubigte Abschrift an das Finanzamt – Erbschaftsteuerstelle
3. Je eine beglaubigte Abschrift an die Vertragspartner
4. Nach Vollzugsreife Ausfertigung an das Grundbuchamt ▓▓▓-Stadt zum Vollzug

gegen Vollzugsanzeige

**183** *Grundbucherklärungen*

Die Erbengemeinschaft ist darüber einig, dass das Eigentum
a) an dem Grundstück in ▓▓▓, Grundbuch von ▓▓▓, Blatt ▓▓▓ von der Erbengemeinschaft auf den Erschienenen zu 1)
b) an dem Grundstück in ▓▓▓, Grundbuch von ▓▓▓, Blatt ▓▓▓ von der Erbengemeinschaft auf den Erschienenen zu 2)

zu Alleineigentum übergeht.

Die Erbengemeinschaft bewilligt und A und B beantragen entsprechenden Grundbuchvollzug.

Diese Niederschrift wurde vom Notar den Anwesenden vorgelesen, von diesen genehmigt und von ihnen und dem Notar eigenhändig unterschrieben:

### 2. Hinweise zum Muster

#### ▪ Sachverhalt

**184** Das Muster geht davon aus, dass A und B zu gleichen Teilen Erben des E sind. Die zwischen ihnen bestehende Erbengemeinschaft soll aufgehoben und der Nachlass freiwillig und gütlich auseinander gesetzt werden. Dies geschieht durch Zuteilung der einzelnen Nachlassgegenstände an die Miterben und Ausgleichung ihrer Werte.

#### ▪ Gestaltung des Rechtsverhältnisses

**185** Die gesetzlichen Teilungsvorschriften der §§ 2042 ff. BGB, die in erster Linie Teilung in Natur vorsehen, sind ohne Ausnahme dispositiv. Sie greifen ein, wenn eine Einigung über eine Teilung nicht erzielt werden kann. Es steht den Miterben frei, sich vertraglich über Art und Umfang der Auseinandersetzung beliebig zu einigen, soweit der Erblasser keine Anordnungen getroffen hat, von denen die Erben allerdings auch einstimmig abweichen können. Insbesondere ist es nicht erforderlich, dass wie im Muster über alle Vermögenswerte ein Vertrag abgeschlossen wird. Die Auseinandersetzung ist vielmehr in beliebigen Teilen möglich. Mit der Auseinandersetzung über den gesamten noch vorhandenen Nachlass wird auch die Erbengemeinschaft beendet und endgültig abgewickelt.

**186** Die Erfüllung des Auseinandersetzungsvertrags geschieht nach allgemeinen Regeln. Wie im Muster müssen Grundstücke nach §§ 873, 925 BGB aufgelassen werden, ein Bankguthaben nach § 398 BGB abgetreten und einzelne Gegenstände nach § 929 BGB übereignet werden. Erst durch die dingliche Übertragung endet die gesamthänderische Bindung der einzelnen Nachlassgegenstände.[93]

**187** Die vertragliche Auseinandersetzung kann auch in der Umwandlung des Gesamthandseigentums an allen oder einzelnen Nachlassgegenständen in Bruchteilseigentum zu den Erbquoten entsprechenden Berechtigungsbruchteilen der Miterben bestehen.[94] Ausgehend vom Musterfall hätten A und B sich auch dahin gehend einigen können, dass A und B je zur Hälfte Eigentum an den beiden Grundstücken übertragen bekommen. Aus praktischer

---

93 MüKo-*Heldrich*, § 2042 BGB Rn 42.
94 BGHZ 21, 229, 232.

Sicht dürfte dieses Modell jedoch wenig zweckmäßig sein, da sich eine Bruchteilsgemeinschaft rein wirtschaftlich wenig von einer Gesamthandsgemeinschaft unterscheidet,[95] zudem dadurch die Grunderwerbsteuerfreiheit für den Erwerb durch einen Miterben gem. § 3 Nr. 3 GrEStG 1983 verbraucht wird. Zum wirtschaftlich gleichen Ergebnis würde die Einigung der Miterben führen, an dem oder den betreffenden Nachlassgegenständen die Gesamthandsgemeinschaft durch zeitlichen oder dauernden Ausschluss des Rechts auf Auseinandersetzung aufrecht zu erhalten (§§ 2042 Abs. 2, 749 Abs. 2 S. 3, 750, 751 BGB).

**Die Erbauseinandersetzung kann auch durch Übertragung sämtlicher Erbanteile auf einen Miterben evtl. gegen Abfindung erfolgen.**[96] Es ist strittig, ob dafür die Formfreiheit gem. § 2042 BGB gilt oder ob die Formvorschrift des § 2033 Abs. 1 S. 2 BGB Anwendung findet. Es empfiehlt sich daher in diesem Fall, die Form der notariellen Beurkundung nach § 2033 Abs. 1 S. 2 BGB zu wahren. Ist das Grundgeschäft der Erbteilsübertragung nichtig, kann die durch die Übertragung aller Erbteile aufgelöste Erbengemeinschaft nicht wiederhergestellt werden. Nur wenn die Nichtigkeit auch die dingliche Übertragung der Erbteile erfasst, gilt die Erbengemeinschaft als nicht wirksam aufgelöst.

188

Der gegenseitige Abrechnungsmodus sollte aus dem Vertrag hervorgehen. Die Ausgangswerte sollten deshalb von den Vertragsteilen offen gelegt werden. An dieser Stelle sind auch eventuell erhaltene, ausgleichspflichtige Vorausempfänge aufzuführen und zur Ausgleichung zu bringen, vgl. § 2050 BGB.

189

### ■ Verzichtsklausel

Die Verzichtsklausel stellt sich als Vergleich i.S.d. § 779 BGB dar. Für die Auslegung des Vergleichs gelten die allgemeinen Regeln der §§ 133, 157 BGB. Eine allgemeine Verzichtserklärung erstreckt sich somit nicht auf Ansprüche, die auf einem arglistig verschwiegenen strafbaren Handeln eines Vertragspartners beruhen und solche, die dem anderen unbekannt geblieben sind. Weiter führt ein Irrtum über die Vergleichsgrundlage (etwa Gültigkeit des Testaments) zur Unwirksamkeit, vgl. § 779 BGB.

190

### ■ Haftungsausschluss

Nach der gesetzlichen Regelung haben die Miterben dem begünstigten Erben bei Zuteilung eines Nachlassgegenstandes für Rechts- und Sachmängel wie ein Verkäufer zu haften, vgl. §§ 2042 Abs. 2, 757 BGB. Diese kaum zu rechtfertigende Haftungserweiterung der Miterben bedarf – wie im Muster – der vertraglichen Einschränkung.

191

### ■ Mitteilungspflicht

Nachdem der Auseinandersetzungsvertrag ein Veräußerungsvertrag ist, bestehen auch die allgemeinen Mitteilungspflichten des Notars gegenüber den Finanzbehörden, unabhängig davon, ob im Einzelfall Steuern anfallen oder nicht. Für Grundstücke besteht für die Erbauseinandersetzung Freiheit von der Grunderwerbsteuer gem. § 3 Nr. 3 GrEStG.

192

### ■ Kosten und Gebühren

Der Erbauseinandersetzungsvertrag ist ein zweiseitiges Rechtsgeschäft. Es fällt daher für seine Beurkundung eine doppelte Gebühr nach § 36 Abs. 2 KostO an. Geschäftswert des Auseinandersetzungsvertrages ist der Gesamtwert des auseinandergesetzten Vermögens

193

---

95 RGZ 57, 432, 434.
96 *Zunft*, JZ 1956, 550.

ohne Schuldabzug, vgl. §§ 39 Abs. 1 S. 1, 18 Abs. 3 KostO. Sind in dem Erbauseinandersetzungsvertrag zugleich dingliche Geschäfte (z.B. § 925 BGB) enthalten, entsteht keine zusätzliche Gebühr, weil es sich um den gleichen Gegenstand gem. § 44 KostO handelt. In dem Notarvertrag enthaltene Eintragungsanträge und -bewilligungen sind ebenfalls durch die Gebühr gem. § 36 Abs. 2 KostO abgegolten.

### 3. Muster: Erbauseinandersetzungs- und Erbteilsübertragungsvertrag bei angeordneter Vor- und Nacherbschaft sowie Testamentsvollstreckung

**508** *(Notarielle Urkundenformalien)*

**194** Erschienen sind
1) A, ▓▓▓ (Witwe), im Folgenden „Erschienene zu 1)" genannt,
2) B, ▓▓▓ (Tochter des Erblassers), im Folgenden „Erschienene zu 2)" genannt,
3) C, ▓▓▓ (Sohn des Erblassers), im Folgenden „Erschienener zu 3)" genannt,

alle ausgewiesen durch ihre amtlichen Personalausweise.

Nach Grundbucheinsicht beurkunde ich Folgendes:

**195** **§ 1 Vertragsgegenstand**

(1) Die Urkunde betrifft den Nachlass von E, der am ▓▓▓ in ▓▓▓ verstarb.

Laut Erbschein des Amtsgerichts ▓▓▓ vom ▓▓▓ wurde der verstorbene E beerbt von der Witwe, Erschienene zu 1), zu ½ Anteil, und den Kindern, den Erschienenen zu 2) und 3), zu je ¼ Anteil.

Bezüglich des Erbteils der Witwe sind die beiden Kinder des Erblassers als Nacherben eingesetzt.

Bezüglich des Erbteils der Kinder hat der Erblasser Testamentsvollstreckung angeordnet.

Als Testamentsvollstrecker ist in dem privatschriftlichen gemeinschaftlichen Testament des Erblassers und seiner Ehefrau vom ▓▓▓ der überlebende Ehegatte bestimmt.

(2) Der noch ungeteilte Nachlass des E umfasst folgende Posten:

*A. Aktiva:*
1. Bebautes Grundstück in ▓▓▓, eingetragen im Grundbuch von ▓▓▓, Band ▓▓▓, Blatt ▓▓▓, mit der Flst. Nr. ▓▓▓
Verkehrswert: 500.000 EUR
2. Unbebautes Grundstück in ▓▓▓, eingetragen im Grundbuch von ▓▓▓, Band ▓▓▓, Blatt ▓▓▓, mit der Flst. Nr. ▓▓▓
Verkehrswert: 400.000 EUR
3. Wohnungseinrichtung im Hause auf zu Ziff. 1 benanntem Grundstück gemäß beiliegender Aufstellung in Höhe von: 50.000 EUR

*B. Passiva:*
1. Brieflose Grundschuld für die Y – Bank, 15 % Jahreszinsen, auf dem unter A.2. beschriebenem Grundstück, Grundbuch ▓▓▓, Abteilung ▓▓▓, Nr. ▓▓▓ in Höhe von 200.000 EUR
2. Verbindlichkeiten gegenüber der Bank ▓▓▓ in Höhe von 100.000 EUR

Die vorstehenden jeweils angegebenen Verkehrswerte beruhen auf dem Gutachten des Sachverständigen ▓▓▓ vom ▓▓▓ und werden von den Erschienenen als richtig und im Rahmen des nachstehend abzuschließenden Vertrages verbindlich anerkannt.

*Burandt*

## § 2 Erbteilsübertragung und Auseinandersetzung

(1) Die Erschienene zu 1) überträgt die Hälfte ihres Erbteils, somit einen Anteil am Nachlass von ¼, mit sofortiger dinglicher Wirkung zu zwei gleichen Teilen an ihre beiden Kinder, die Erschienenen zu 2) und 3), welche die Übertragung annehmen. Dadurch betragen nunmehr die Erbteile der Kinder statt bisher je ¼, jeweils ¼ zuzüglich ⅛.

(2) Als Gegenleistung verzichten die Erwerber der Erschienenen zu 1) gegenüber auf alle Anwartschaftsrechte als Nacherben bezüglich des Nachlasses des E. Die Erschienene zu 1) nimmt diesen Verzicht an.

(3) Die Erschienenen sind sich darüber einig, dass keine Ersatzerben bestimmt sind. Die Erschienenen zu 2) und 3) verpflichten sich vorsorglich, für sich und ihre Rechtsnachfolger gegenüber der Erschienenen zu 1) sowie deren Rechtsnachfolgern, diese von allen etwaigen Nacherbenansprüchen freizustellen.

(4) Der Erschienene zu 3) überträgt seiner Schwester, der Erschienenen zu 2), mit sofortiger Wirkung seine Anteile von ¼ und ⅛ an dem Nachlass seines Vaters; die Erschienene zu 2) nimmt die Übertragung an.

(5) Alle Erschienenen verzichten gegenseitig auf alle Ansprüche, die aus der Verwaltung des Nachlasses und aus der Testamentsvollstreckung oder sonst im Zusammenhang mit dem Nachlass bis heute entstanden sind; sie nehmen die Verzichte gegenseitig an.

(6) Danach sind die Erschienenen darüber einig, dass
(a) der Nachlass samt sämtlich dazugehörigen Rechten und Pflichten, Aktiven und Passiven, der nunmehr aus der Erschienenen zu 1) und der Erschienenen zu 2) bestehenden Erbengemeinschaft zusteht,
(b) keinerlei Nacherbenvermerke und Nacherbenanwartschaften mehr bestehen, sondern die Erschienene zu 1) zu ¼ Anteil ohne jede Beschränkung und Beschwerung an der Erbengemeinschaft beteiligt ist und
(c) außer den Rechten und Pflichten der Erbengemeinschaft untereinander keinerlei mit dem Nachlass und insbesondere mit der Nachlassverwaltung oder Testamentsvollstreckung in Zusammenhang stehenden Ansprüche oder Verpflichtungen der Erschienenen gegeneinander mehr bestehen.

(7) Die Erschienenen zu 1) und 2) verpflichten sich als Gesamtschuldner dem Erschienenen zu 3) gegenüber, diesen von allen Nachlassverbindlichkeiten sowie von allen etwaigen Ansprüchen der Erbengemeinschaft selbst freizustellen.

## § 3 Ende der Testamentsvollstreckung

Die Beteiligten sind sich darüber einig, dass durch die vorstehend vollzogene Erbauseinandersetzung die Testamentsvollstreckung beendet worden ist.

## § 4 Zahlungspflichten

(1) Die Erschienenen zu 1) und 2) verpflichten sich, an den Erschienenen zu 3) einen Betrag in Höhe von _____ EUR zu zahlen.

(2) Dieser Betrag stellt die Gegenleistung für die in § 3 beurkundete Erbteilsübertragung dar.

## § 5 Kosten

Die Kosten dieser Urkunde und seines Vollzuges tragen die Beteiligten als Gesamtschuldner.

Diese Niederschrift wurde vom Notar den Anwesenden vorgelesen, von diesen genehmigt und von ihnen und dem Notar eigenhändig unterschrieben:

### 4. Hinweise zum Muster

In diesem Muster verteilt die Mutter einen Teil ihres Erbes auf ihre Kinder und verlangt dafür, von den Verfügungsbeschränkungen der angeordneten Nacherbschaft befreit zu werden (§§ 2112 ff. BGB). Zugleich scheidet der Sohn aus der Erbengemeinschaft aus und lässt sich sein Erbe „auszahlen".

*Burandt*

Jeder Miterbe kann durch notariellen Vertrag über seinen Anteil am Nachlass verfügen, vgl. § 2033 BGB. Dieses Verfügungsrecht besteht jedoch nur hinsichtlich des gesamten Erbteils. Über einzelne Nachlassgegenstände oder etwa einen Anteil an einem der Nachlassgrundstücke hätte der Sohn nicht allein verfügen können. Zur Verfügung und Belastung einzelner Nachlassgegenstände bedarf es immer der Mitwirkung sämtlicher Erben (§ 2040 BGB). Den Miterben steht bei Veräußerung eines Erbteils ein gesetzliches Vorkaufsrecht nach § 2034 BGB zu.

201 Durch die Übertragung der Hälfte des Witwenanteils an die beiden Kinder entsteht eine Bruchteilsgemeinschaft an diesem Erbteil, an der die Witwe zu ½ und die beiden Kinder zu je ¼ beteiligt sind.[97] Es tritt keine Vereinigung der beiden Erbteile ein.

202 Bei einer Erbauseinandersetzung zwischen den Erben, die hinsichtlich eines Gesamthandsanteils zugleich Nacherben sind, und dem Vorerben kann der Erwerb des Nachlassgegenstands durch den Vorerben mit Mitteln der Erbschaft im Sinne des § 2111 Abs. 1 BGB erfolgt sein.[98]

---

97 BayObLG DNotZ 1981, 292.
98 BGH ZEV 2001, 19.

## § 19 Erbteilungsklage

*Walter Krug*

## Literatur

**Kommentare, Handbücher:**

*Ann*, Die Erbengemeinschaft, Köln 2001; *Bonefeld/Kroiß/Tanck*, Der Erbprozess, 3. Auflage 2009; *Damrau*, Der Minderjährige im Erbrecht, 2002; *Dauner-Lieb/Heidel/Lepa/Ring* (Hrsg.), Das neue Schuldrecht in der anwaltlichen Praxis, 2002; *Dauner-Lieb/Heidel/Ring* (Ges.-Hrsg.), *Kroiß/Ann/Mayer* (Band-Hrsg.), AnwaltKommentar BGB, Band 5, Erbrecht, 2. Auflage 2007; *Dauner-Lieb/Heidel/Lepa/Ring* (Hrsg.), AnwaltKommentar BGB, Band 2, Schuldrecht, 2005; *Eberl-Borges*, Die Erbauseinandersetzung, Tübingen 2000; *Frieser*, Anwaltliche Strategien im Erbschaftsstreit, 2. Auflage 2004; *Kerscher/Krug*, Das erbrechtliche Mandat, 4. Auflage 2007; *Krug*, Erbrecht – Examenskurs für Rechtsreferendare, 4. Auflage 2009; *Krug*, Schuldrechtsmodernisierungsgesetz und Erbrecht, 2002; *Krug/Daragan*, Die Immobilie im Erbrecht, 2010; *Lange/Wulff/Lüdtke-Handjery*, Höfeordnung, 10. Auflage 2001; *Rißmann*, Die Erbengemeinschaft, 1. Auflage 2009; *Storz/Kiderlen*, Praxis der Teilungsversteigerung, 4. Auflage 2008.

**Aufsätze:**

*Bengel*, Zur Rechtsnatur des vom Erblasser verfügten Erbteilungsverbots, ZEV 1996, 178; *Bonefeld*, Gebührentipps für Erbrechtspraktiker, ZErb 2001, 37; *Bringer*, Auseinandersetzung einer Miterbengemeinschaft als Nachfolgerin eines einzelkaufmännischen Handelsgeschäfts, ZErb 2006, 39; *Brudermüller*, Das Familienheim in der Teilungsversteigerung, FamRZ 1996, 1516; *Damrau*, Die Abschichtung, ZEV 1996, 361; *Eberl-Borges*, Erbauseinandersetzung durch formloses Ausscheiden von Miterben aus der Erbengemeinschaft?, MittRhNotK 1998, 242; *Keller*, Ausscheiden eines Miterben aus der Erbengemeinschaft durch „Abschichtung"?, ZEV 1998, 281 ff.; *Keller*, Fortführung eines in ungeteilter Erbengemeinschaft betriebenen Handelsgeschäfts durch Erbteilserwerber?, ZEV 1999, 174; *Keller*, Die Problematik des § 2306 BGB bei der Sondererbfolge in Anteile an Personengesellschaften, ZEV 2001, 297; *Kerscher/Tanck*, Zuwendungen an Kinder zur Existenzgründung: Die „Ausstattung" als ausgleichspflichtiger Vorempfang, ZEV 1997, 354 ff.; *Klawikowski*, Die Grundstücksversteigerung bei Vor- und Nacherbschaft, Rpfleger 1998, 100; *Krebber*, Das Verhältnis von sachenrechtlicher Zuordnung kraft dinglicher Bezugs- und Mittelsurrogation und kraft originären Eigentumserwerbs, FamRZ 2000, 197; *Krenz*, Die Auseinandersetzung der Erbengemeinschaft – Dogmatische, rechtsvergleichende und rechtspolitische Aspekte –, AcP 1995, 362; *Krug*, Die dingliche Surrogation bei der Miterbengemeinschaft – ein Kunstgriff des Gesetzes zur Werterhaltung des Nachlasses, ZEV 1999, 381; *Krug*, Die Kaufkraftproblematik bei ausgleichspflichtigen Vorempfängen in der Erbteilung – eine Kritik an der BGH-Rechtsprechung, ZEV 2000, 41; *Krug*, Unternehmenserbrecht und Handelsregister, ZEV 2001, 51; *Krug*, Die Auswirkungen der ZPO-Reform 2002 auf den Erbprozess, ZEV 2002, 58; *Krug*, Die Erbteilungsklage, ErbR 2008, 62; *Krug*, Die Berücksichtigung lebzeitiger Leistungen einzelner Miterben in der Erbteilung – eine kritische Stellungnahme zur vorgesehenen Neuregelung in der bevorstehenden Erbrechtsreform, ZFE 2008, 324; *Kues*, Die Pflegevergütung naher Angehöriger, ZEV 2000, 434; *Mayer-Klenk*, Unternehmensbewertung im Erbrecht, ErbR 2008, 311; *Mayr*, Rechtsnachfolge bei Freiberufler-Gesellschaften, ZEV 1996, 321; *Muscheler*, Der Mehrheitsbeschluss in der Erbengemeinschaft, ZEV 1997, 169; *Petersen*, Die Beweislast bei der Ausgleichspflicht unter Miterben nach § 2057a BGB, ZEV 2000, 432; *Reimann*, Erbauseinandersetzung durch Abschichtung, ZEV 1998, 213 ff.; *Reimann*, Der Minderjährige in der Gesellschaft – Kautelarjuristische Überlegungen aus Anlass des Minderjährigenhaftungsbeschränkungsgesetzes, DNotZ 1999, 179; *Rieger*, Anmerkung zum BGH-Urteil vom 21.1.1998 über die „Abschichtung" eines Miterben, DNotZ 1999, 64; *Sarres*, Die Erbengemeinschaft und das Teilungskonzept des BGB, ZEV 1999, 377; *Schörnig*, Die Bedeutung des § 139 HGB bei der Gesellschafternachfolge, ZEV 2001, 129; *Schultz*, Der Wirksamkeitsvermerk als Gestaltungsalternative zu Rangvorbehalt und Rangrücktritt der Auflassungsvormerkung, RNotZ 2001, 541; *Siegmann*, „Überquotale" Teilungsanordnung und Teilungsversteigerung, ZEV 1996, 47; *Steiner*, Die Praxis der Klage auf Erbauseinandersetzung, ZEV 1997, 89; *Streuer*, Verfügungsbeschränkungen und Eigentumsvormerkung in der Zwangsversteigerung des Grundstücks, Rpfleger 2000, 357; *Wernecke*, Die Aufwendungs- und Schadensersatzansprüche bei der Notgeschäftsführung des Miterben – eine Zusammenschau, AcP 193 (1993), 240; *Werkmüller*, Die Mitwirkungsbefugnisse der Bruchteilsminderheit bei Beschlussfassungen in der ungeteilten Erbengemeinschaft, ZEV 1999, 218; *Winkler*, Verhältnis von Erbteilsübertragung und Erbauseinandersetzung, ZEV 2001, 435.

| | |
|---|---|
| A. **Typischer Sachverhalt** .................. 1 | b) Vorwegerfüllung der Nachlassverbindlichkeiten ................... 47 |
| B. **Anspruch auf Erbauseinandersetzung** .... 2 | c) Nicht fällige Nachlassverbindlichkeiten ................... 48 |
| I. Ausgangssituation .................. 2 | d) Noch offenes Gläubigeraufgebot .. 49 |
| II. Teilungsreife und Feststellungsklage .... 10 | e) Subsidiarität des Zwangsverkaufs .. 52 |
| 1. Teilungsreife .................. 10 | f) Keine Verjährung des Auseinandersetzungsanspruchs ................... 53 |
| a) Erfüllung der Nachlassverbindlichkeiten ................... 12 | 2. Auseinandersetzungsausschluss aufgrund letztwilliger Verfügung ....... 54 |
| aa) Vom Gesetz festgelegte Reihenfolge ................... 12 | a) Rechtsnatur des Auseinandersetzungsausschlusses ................... 55 |
| bb) Erfüllung von Nachlassverbindlichkeiten als Maßnahme der ordnungsmäßigen Verwaltung des Nachlasses ......... 13 | b) Keine Bindung für die Erben ..... 56 |
| b) Teilbarkeit des Restnachlasses .... 14 | c) Grenzen des Auseinandersetzungsausschlusses ................... 58 |
| aa) Erster Grundsatz: Teilung in Natur ................... 15 | aa) Zeitliche Grenze ......... 58 |
| bb) Zweiter Grundsatz: Zwangsverkauf ................... 16 | bb) Tod eines Miterben ......... 59 |
| | cc) Gläubiger ................... 60 |
| c) Erfordernis der Teilungsreife aus prozessrechtlichen Gründen ...... 17 | dd) Grenzen durch das Pflichtteilsrecht ................... 61 |
| 2. Feststellungsklage zur Vorbereitung der Erbteilung ................... 18 | ee) Außerordentliches Auseinandersetzungsverlangen nach dem Minderjährigenhaftungsbeschränkungsgesetz ......... 62 |
| 3. Teilungsanordnungen ................ 20 | |
| III. Prozessgegner ................... 21 | 3. Auseinandersetzungsausschluss durch Vereinbarung ................... 65 |
| IV. Klageziel ................... 24 | 4. Wiederverheiratung eines Elternteils .. 66 |
| V. Weitere Einzelfragen ................ 29 | 5. Sonderrechtsnachfolge in den Erbteil bei Vorhandensein eines Nachlassgrundstücks ................... 67 |
| 1. Gerichtsstand ................... 29 | |
| 2. Familiengerichtliche, betreuungsgerichtliche, Genehmigung ......... 30 | |
| 3. Hinterlegung des Erlöses nach Teilungsversteigerung ................... 32 | 6. Aufschub der Erbauseinandersetzung wegen nicht durchgeführten Gläubigeraufgebots ................... 69 |
| 4. Kostenrecht ................... 33 | III. Auseinandersetzungsregeln ................ 70 |
| a) Gebührenstreitwert ................ 33 | 1. Erstes Auseinandersetzungsprinzip: Teilung in Natur ................ 72 |
| b) Prozesskosten ................... 34 | a) Grundregel ................... 72 |
| C. **Materiellrechtliche Regeln der Nachlassauseinandersetzung** ................... 35 | b) Gleichartigkeit der Teile ......... 73 |
| I. Anspruchsgrundlage für die Erbteilung .. 35 | c) Realteilung im Verhältnis der Erbquoten ................... 74 |
| 1. Ausgangspunkt ................... 35 | d) Teilung ohne Wertminderung ..... 75 |
| 2. Begriffe ................... 36 | e) In Natur teilbare Gegenstände .... 76 |
| a) Nachlassauseinandersetzung – Erbteilung ................... 36 | f) Durchführung der Realteilung .... 78 |
| b) Hinweis: Haftungsgefahr ......... 37 | aa) Sachen ................... 78 |
| c) Vorsorge für unsichere Verbindlichkeiten ................... 38 | bb) Rechte ................... 79 |
| 3. Endziel der Erbauseinandersetzung .. 39 | cc) Kosten der Teilung ......... 80 |
| a) Aus Miteigentum wird Alleineigentum ................... 39 | dd) Zwangsweise Durchsetzung .. 81 |
| b) Vollzug des der Klage stattgebenden Urteils ................... 40 | g) Ausschluss der Realteilung wegen gemeinsamer Schulden ......... 82 |
| c) Inhalt des kausalen Rechtsverhältnisses ................... 41 | h) Unteilbare Gegenstände ......... 83 |
| 4. Anspruchsberechtigte ................ 42 | i) Auch Teilung in Natur bei bestehender Ausgleichungspflicht ...... 86 |
| a) Miterben als Anspruchsberechtigte ................... 42 | aa) Bewertung bei auszugleichenden Vorempfängen ......... 86 |
| b) Weitere Anspruchsberechtigte .... 43 | bb) Veränderung des Verteilerschlüssels und Teilungsregeln ................... 88 |
| II. Ausschluss und Aufschub der Auseinandersetzung ................... 44 | |
| 1. Gesetzliche Regelung ................ 44 | 2. Zweites Auseinandersetzungsprinzip: Zwangsverkauf ................... 89 |
| a) Unsicherheit über vorrangige Rechtsverhältnisse ................ 44 | 3. Versteigerung unter den Miterben, § 753 Abs. 1 S. 2 BGB ............. 91 |

4. Abweichende Teilung in Ausnahmefällen? .................. 94
5. Teilungsanordnungen .............. 95
   a) Zweck ........................ 95
   b) Rechtswirkung ................ 97
   c) „Überquotale" Teilungsanordnung ........................ 99
   d) Abgrenzung der Teilungsanordnung vom Vorausvermächtnis 101
   e) Bindungswirkung eines gemeinschaftlichen Testaments bei der Teilungsanordnung ............... 108
6. Übernahmerecht .................. 112
7. Ausgleichungsvorschriften mit Berechnungsbeispielen ................ 115
   a) Grundsatz der gleichen Teilhabe von Kindern am Nachlass ... 115
   b) Kreis der ausgleichungspflichtigen Miterben .................... 117
   c) Ausgleichungspflichtige Vorempfänge ....................... 119
      aa) Gesetzliche Regelung ...... 119
      bb) Begriff der Ausstattung .... 120
      cc) Ausstattung – Schenkung – Unbenannte Zuwendung an ein Kind? ................. 123
      dd) Übermaß an Berufsausbildungskosten ................ 124
      ee) Begriff der Schenkung ..... 125
      ff) Geldzuwendung von Eltern im Zweifel Ausstattung an eigenes Kind (§§ 1374, 1624 Abs. 1 BGB) ........................ 132
      gg) Übertragung „im Wege der vorweggenommenen Erbfolge" ...................... 135
      hh) Berührungspunkte mit § 2287 BGB .......................... 136
   d) Berechnung der Ausgleichung ... 137
   e) Maßgebender Wert ............. 138
   f) Keine Rückgabe des Mehrempfangs (§ 2056 BGB) ............ 141
   g) Berechnungsbeispiele .......... 142
   h) Indexierungsalternativen der Wertbeträge ausgleichungspflichtiger Vorempfänge .................... 144
      aa) Die Kaufkraftanpassung beeinflusst den Verteilerschlüssel ... 146
      bb) Berechnung bei Indexierung auf den Stichtag der Erbteilung ....................... 148
      cc) Indexierung nach der BGH-Rechtsprechung ............ 149
   i) Erweiterter Erblasserbegriff beim Berliner Testament ............. 151
   j) Auskunftsanspruch wegen ausgleichungspflichtiger Vorempfänge ... 152
      aa) Gläubiger und Schuldner des Auskunftsanspruchs ........ 153
      bb) Inhalt des Auskunftsanspruchs ..................... 154
      cc) Wertangaben .............. 156
      dd) Vorläufiger Rechtsschutz für das Auskunftsverlangen ..... 157
      ee) Prozessuales .............. 158
         (1) Urkundenvorlage durch Dritte ................. 158
         (2) Schlüssigkeit der Klage ... 159
      (3) Beweislast bei gemischter Schenkung .............. 160
      (4) Streitwert ............... 161
      (5) Eidesstattliche Versicherung ...................... 162
      (6) Nichterteilung von Auskünften als Einrede gegen den Erbauseinandersetzungsanspruch ........... 163
   k) Ausgleichungspflicht für besondere Leistungen ............... 164
      aa) Grundsätzliches ........... 164
      bb) Berechnungsbeispiel ...... 167
      cc) Keine Einkommensteuerpflicht für eine Pflegevergütung ...................... 170
   l) Keine Verjährung der Ausgleichungspflicht ................... 171
IV. Teilauseinandersetzung .............. 172
1. Grundsatz ........................ 172
2. Nachlassspaltung ................. 175
3. Nicht fällige oder unsichere Nachlassverbindlichkeiten ............... 176
V. Teilungsvertrag ..................... 177
1. Ausgangslage ..................... 177
2. Freie Vertragsgestaltung .......... 179
3. Erbauseinandersetzungsverträge als kaufähnliche Verträge ............. 180
   a) Leistungsstörungen bei Erbteilungsverträgen ................. 181
   b) Erbauseinandersetzungsvertrag als mehrseitiger Vertrag .......... 182
   c) Unmöglichkeit der Leistung ..... 183
      aa) Nicht zu vertretende Unmöglichkeit ..................... 183
      bb) Zu vertretende Unmöglichkeit ........................ 186
   d) Sachmängelhaftung ............ 189
      aa) Nacherfüllung ............ 190
      bb) Minderung ............... 191
      cc) Rücktritt ................. 192
   e) Mängelhaftung bei arglistigem Verschweigen eines Sachmangels ... 194
   f) Erbteilung nach Maßgabe von Teilungsanordnungen des Erblassers .. 195
   g) Ausgleichung bei der Erbteilung .. 196
   h) Rückabwicklung einer Erbteilung ........................... 197
   i) Erbauseinandersetzung durch Vereinigung aller Erbteile in einer Hand ......................... 198
4. Minderjährige Erben .............. 199
   a) Vertretung .................... 199
   b) Genehmigung des Familiengerichts (seit 1.7.1998) bzw. des Betreuungsgerichts (bis 31.8.2009: Vormundschaftsgericht) ................. 200
      aa) Bekanntgabe des Genehmigungsbeschlusses ........... 201
      bb) Wirksamwerden der familiengerichtlichen bzw. betreuungsgerichtlichen Genehmigung ... 202
      cc) Zweiwochenfrist § 1829 Abs. 2 BGB bzw. Vierwochenfrist § 1829 Abs. 2 BGB n.F. ..... 203
   c) Besonderheiten des Minderjährigenhaftungsbeschränkungsgesetzes (MHbeG) ..................... 205

5. Zustimmungserfordernisse nach §§ 1365, 1450 BGB ............... 208
   a) Güterrechtliche Zustimmungserfordernisse unter Ehegatten ...... 208
   b) Vermögensrechtliche Zustimmungserfordernisse unter eingetragenen Lebenspartnern ........... 210
VI. Auseinandersetzung durch Erbteilskauf .. 211
   1. Vereinigung aller Erbteile in einer Hand ............................ 211
   2. Keine Erbteile bei Alleinerbschaft .... 212
VII. Abschichtung einzelner Miterben ...... 213
   1. Begriff ............................ 213
   2. Abschichtung durch Erbteilsübertragung ............................. 214
   3. Abschichtung ohne Erbteilsübertragung ............................. 216
      a) Praktische Bedeutung ........... 216
      b) Rechtsnatur des Abschichtungsvertrags ......................... 217
      c) Form ......................... 221
      d) Berichtigung des Grundbuchs .... 222
   4. Muster: Klage auf Zustimmung zum Teilungsplan (mit Teilungsanordnung bezüglich Grundstück) ............ 223
   5. Checkliste: Erbteilungsklage ........ 224
   6. Muster: Feststellungsklage zur Vorbereitung der Teilung .............. 225
   7. Checkliste: Feststellungsklage zur Vorbereitung der Erbteilung ........ 226
VIII. „Dingliche Einigung" nach Verurteilung des Auflassungsschuldners ........... 227
IX. Muster: Auflassungserklärung des Klägers ................................ 231
X. Eintragung einer Eigentumsübertragungsvormerkung für den Erwerber im Grundbuch ........................... 232
   1. Sicherungsbedürfnis des Erwerbers ... 232
   2. Muster: Antrag auf Eintragung einer Eigentumsübertragungsvormerkung des Klägers aufgrund vorläufig vollstreckbaren Urteils ................ 233
XI. Gegenrechte der beklagten Miterben ... 234
   1. Verwendungen eines Miterben auf ein Nachlassgrundstück ................ 234
   2. Nichterteilung von Auskünften als Einrede gegen den Auseinandersetzungsanspruch .................... 235
   3. Muster: Klägererwiderungsschriftsatz gegen Erbteilungsklage (Geltendmachung von Verwendungen durch einen Miterben) .......................... 236
   4. Muster: Widerklage auf Auskunft gegen Erbteilungsklage .............. 237

5. Zurückbehaltungsrecht wegen Zugewinnausgleichsforderung .......... 238
XII. Vorläufiger Rechtsschutz ............. 239
   1. Allgemeines ....................... 239
   2. Möglichkeiten des vorläufigen Rechtsschutzes bei einem Anspruch auf Übertragung des Eigentums an einem Grundstück ....................... 240
XIII. Surrogate als auseinandersetzungsbedürftige Nachlassgegenstände .......... 241
   1. Allgemeines ....................... 241
   2. Zweck der dinglichen Surrogation: Werterhaltung der Sachgesamtheit Nachlass ......................... 243
   3. Drei Surrogationsarten des § 2041 BGB ............................. 244
D. Besonderheiten des Landwirtschaftserbrechts ............................... 246
   I. Bewertung bei Übernahme eines landwirtschaftlichen Betriebes ........... 246
   II. Landwirtschaftliches Sondererbrecht .... 248
      1. Gesetzeslage ...................... 248
      2. Höfeordnung ..................... 250
         a) Rechtsgrundlage ............... 250
         b) Gesetzliche Sondererbfolge ..... 254
         c) Wirtschaftsfähigkeit des Hoferben ......................... 258
         d) Abfindung der weichenden Erben ......................... 259
         e) Nachweis der Hoferbfolge ....... 263
         f) Sonderregeln in Baden-Württemberg ......................... 264
      3. Hofzuweisung aus der Erbengemeinschaft ........................... 265
         a) Voraussetzungen für ein Hofzuweisungsverfahren ........... 266
         b) Zuweisungsempfänger ......... 271
         c) Zuweisungsgegenstand ......... 273
         d) Rechtswirkungen der Zuweisung .. 275
         e) Nachlassverbindlichkeiten ....... 277
         f) Späterer Ausgleich für die weichenden Erben ................. 278
      4. Genehmigungspflicht bei Erbauseinandersetzungen unter Nichtlandwirten .. 280
E. Vorerbengemeinschaft ................. 281
F. Fälle mit Auslandsberührung ........... 283
   I. Kollisionsrecht ...................... 283
   II. Erbstatut nach Staatsangehörigkeit ..... 284
   III. Reichweite des Erbstatuts ............. 285
      1. Zusammensetzung des Nachlasses .... 285
      2. Erbfähigkeit ....................... 286
      3. Inhalt der erbrechtlichen Rechtsstellung ............................. 287

## A. Typischer Sachverhalt

1   Eine Erbengemeinschaft besteht nach dem Tode des Vaters, der keine Verfügung von Todes wegen hinterlassen hat, aus der Mutter und zwei Kindern. Über die Erbteilung konnten sich die Erben bisher nicht einig werden, weil unter den Kindern unklar und streitig ist, ob die Zuwendungen, die sie zu Lebzeiten vom Vater erhalten haben, in der Erbteilung auszugleichen sind oder nicht.

## B. Anspruch auf Erbauseinandersetzung

### I. Ausgangssituation

Die Mitglieder einer Erbengemeinschaft sind nicht aufgrund freien Willensentschlusses Teilhaber eines Sondervermögens, des Nachlasses, geworden; vielmehr hat das Gesetz in §§ 1922, 2032 BGB dies so angeordnet. Rechtsgrund des Vermögenserwerbs ist entweder die gesetzlich geregelte Verwandten- und Familienerbfolge oder eine Verfügung von Todes wegen; dieser Rechtsgrund ist vergleichbar mit der causa des Schuldrechts; in § 1944 Abs. 2 S. 1 BGB wird er „Grund der Berufung" genannt. Den dinglichen Vollzug des Rechtserwerbs ordnet das Gesetz in § 1922 BGB selbst an.

Dieser zwangsweisen Einbindung in eine „**Zufallsgemeinschaft**" ohne eigenes Zutun auf der einen Seite – wenn man von der Möglichkeit der Erbschaftsausschlagung absieht – steht andererseits das Recht jedes einzelnen Miterben gegenüber, zu **jeder Zeit die Auflösung** dieser Gemeinschaft verlangen zu können. Entscheidende Vorschrift ist § 2042 Abs. 1 BGB, wonach jeder Miterbe jederzeit die Auseinandersetzung des Nachlasses verlangen kann.

BGH in BGHZ 21, 229, 232:

> „Nach § 2042 Abs. 1 BGB kann allerdings – von Ausnahmefällen abgesehen – jeder Miterbe jederzeit die Auseinandersetzung verlangen. Der einzelne Miterbe erfüllt danach eine Verbindlichkeit, wenn er bei der Auseinandersetzung mitwirkt. Die Art, in der die Auseinandersetzung zu bewirken ist, hat das Gesetz in den §§ 2042 ff. BGB geregelt."

Eine gesetzliche Norm, aus der sich die Rechtsnatur der Erbengemeinschaft ablesen lassen könnte, kennt das BGB nicht. Allenfalls § 2033 Abs. 2 BGB, wonach der Miterbe über seinen Anteil am einzelnen Nachlassgegenstand nicht verfügen kann – entsprechend den Regeln bei der GbR und der Gütergemeinschaft in §§ 719 Abs. 1 und 1419 Abs. 1 BGB – kennzeichnet das Charakteristikum der Erbengemeinschaft als Gesamthandsgemeinschaft. Die seit dem Urteil des BGH vom 29.1.2001[1] (zur Rechtsfähigkeit der BGB-Gesellschaft) viel diskutierte Frage, ob auch die Erbengemeinschaft rechtsfähig sei, hat der BGH mit Urteil vom 11.9.2002[2] entschieden und im Beschluss vom 17.10.2006[3] bestätigt: Die Erbengemeinschaft ist weder rechts- noch parteifähig.

Im Urteil vom 11.9.2002 ging es um die Frage der Schriftform eines Mietvertrags gem. § 566 BGB a.F. Weil auf der Vermieterseite nicht die einzelnen Miterben genannt waren, sondern nur „die Erbengemeinschaft XY", sah der BGH die Schriftform als nicht gewahrt an.

Die Grundsätze zur Rechtsfähigkeit der Gesellschaft bürgerlichen Rechts (BGH, Urt. v. 29. Januar 2001 – II ZR 331/00, BGHZ 146, 341) und zur Rechtsfähigkeit der Gemeinschaft der Wohnungseigentümer (BGH, Beschl. v. 2. Juni 2005 – V ZB 32/05, BGHZ 163, 154) sind nicht auf die Erbengemeinschaft übertragbar.[4]

---

1 BGH NJW 2001, 1056 = BB 2001, 374.
2 BGH NJW 2002, 3389 = ZErb 2002, 352 m. Anm. *Zwißler*, S. 355 = FamRZ 2002, 1621; Anm. von *Marotzke*, ZEV 2002, 504; bestätigt im Beschluss v. 16.3.2004 – VIII ZB 114/03, ZEV 2004, 246 = Rpfleger 2004, 439 = ZErb 2004, 223 = NJW-RR 2004, 1006 = FamRZ 2004, 1193; dort auch zur Gebührenerhöhung gem. § 6 Abs. 1 S. 2 BRAGO bei Vertretung einer Erbengemeinschaft.
3 BGH NJW 2006, 3715 = BGHReport 2006, 1545 = FamRZ 2007, 41 = ZErb 2007, 1 = ZNotP 2007, 68 = Rpfleger 2007, 75 = DNotZ 2007, 134; Anm. *Häublein*, ZFIR 2007, 109.
4 BGH NJW 2006, 3715 = BGHReport 2006, 1545 = FamRZ 2007, 41 = ZErb 2007, 1 = ZNotP 2007, 68 = Rpfleger 2007, 75 = DNotZ 2007, 134; Anm. *Häublein*, ZFIR 2007, 109.

Erbengemeinschaften tendieren zur Auflösung, sie sind „geborene" Liquidationsgemeinschaften, weil § 2042 Abs. 1 BGB jedem Miterben – und sei sein Anteil noch so gering – das Recht gibt, jederzeit die Auseinandersetzung des Nachlasses zu verlangen.

Das bedeutet, dass ein Grundstück niemals an die Erbengemeinschaft aufgelassen werden darf, sondern bspw. an „A, B, C in Erbengemeinschaft."

Die Erbteilsquoten können nicht im Grundbuch eingetragen werden.[5]

5 Den Auseinandersetzungsanspruch, den das Gesetz jedem Miterben – auch demjenigen, der nur einen minimalen Anteil hat – zugesteht, kann er notfalls mit einer Klage auf Zustimmung zu einem **Aufteilungsvertrag (= Teilungsplan)** geltend machen.

6 Die in § 2042 Abs. 1 BGB normierte Anspruchsgrundlage geht demnach auf Abgabe einer Willenserklärung, nämlich auf Zustimmung zu einem Vertrag, dessen Inhalt im Einzelnen noch festzustellen ist. Das rechtskräftige Urteil ersetzt die Zustimmungserklärung nach § 894 ZPO (vgl. Muster für eine Klage auf Zustimmung zum Teilungsplan unten Rn 228). Der Teilungsplan zielt darauf ab, bei jedem Miterben im Ergebnis Einzeleigentum an den zum Nachlass gehörenden Gegenständen entstehen zu lassen, also die Überführung des Miteigentums in Einzeleigentum.

7 Aus Gründen des Minderheitenschutzes, aber auch des Gläubigerschutzes, können die Miterben den Nachlass im Grundsatz nur **gemeinschaftlich verwalten**, § 2038 Abs. 1 S. 1 BGB, und auch nur gemeinsam über einzelne Nachlassgegenstände verfügen, § 2040 Abs. 1 BGB.

8 ■ **Wege der Erbteilung**

Die Miterben können die Aufteilung des Nachlasses untereinander auf verschiedenen Wegen erreichen. In Betracht kommen:
- der **Erbteilungsvertrag** – wenn sich die Miterben über die Erbteilung einigen, § 2042 Abs. 2 i.V.m. § 757 BGB, Grundsatz der Vertragsfreiheit, Art. 2 GG, § 241 BGB, § 311 BGB,
- die **Übertragung aller Erbteile** auf einen Miterben gem. § 2033 BGB, so dass sich sämtliche Anteile in einer Hand vereinigen und keine Gemeinschaft mehr besteht,
- die **Abschichtung** – eine einvernehmliche personelle und gegenständliche Teilerbauseinandersetzung – ohne Übertragung von Erbteilen, von der Rechtsprechung anerkannt,[6]
- eine Einigung im Rahmen der **Vermittlung der Erbauseinandersetzung** durch das Nachlassgericht gem. §§ 363 ff. FamFG[7] („Teilungssachen") (bis 31.8.2009: §§ 86 ff. FGG),
- die Erbteilung mittels eines **Teilungsplans eines Testamentsvollstreckers** und dessen Vollziehung gem. § 2204 BGB,
- die **Erbteilungsklage**
  - vor dem ordentlichen Gericht,
  - vor dem Schiedsgericht.

9 Ist ein Testamentsvollstrecker nicht ernannt und kommt auch eine einvernehmliche Erbauseinandersetzung nicht zu Stande, so kann jeder Miterbe auf Zustimmung zur Erbteilung

---

5 Für die GbR entschieden: OLG München DNotIReport 2005, 117 = DB 2005, 1621 = NotBZ 2005, 265 = OLGR München 2005, 491 = Rpfleger 2005, 530 = NJW-RR 2005, 1609.
6 BGH BGHZ 138, 8, 11 = FamRZ 1998, 673 = ZEV 1998, 141 = DNotZ 1999, 60; wiederum bestätigt durch Urteil v. 27.10.2004 – IV ZR 174/03, BGH NJW 2005, 284.
7 FGG-ReformG v. 17.12.2008, BGBl I 2008, 2586.

klagen. Auf Teilerbauseinandersetzung besteht grundsätzlich – von seltenen Ausnahmefällen abgesehen – kein Anspruch; die Erbteilungsklage muss also den gesamten Nachlass erfassen.[8]

Das vorliegende Kapitel beschäftigt sich mit den gesetzlichen Anspruchsgrundlagen für eine Erbauseinandersetzung. In der Praxis macht es große Schwierigkeiten, eine zerstrittene Erbenmehrheit zu einer einvernehmlichen Lösung aller Fragen einer Erbauseinandersetzung zu bringen. Trotzdem gelingt es in der überwiegenden Zahl der Fälle. Die Möglichkeiten einer einvernehmlichen Erbteilung sind in § 18 „Die einvernehmliche Erbauseinandersetzung" im Einzelnen behandelt. Das vorliegende Kapitel beschäftigt sich mit den gesetzlichen Teilungsregeln und ihrer klage- und zwangsweisen Durchsetzung.

Können sich die Erben über die Aufteilung des Nachlasses nicht einigen, so bleibt nur die Klage auf Erbteilung. Die damit verbundenen prozessualen und materiellrechtlichen Schwierigkeiten dürften der wesentliche Grund dafür sein, warum Erbteilungsklagen selten erhoben werden und warum es dazu äußerst wenige Gerichtsentscheidungen gibt.

## II. Teilungsreife und Feststellungsklage

### 1. Teilungsreife

Umstritten ist, ob der Erbteilungsanspruch voraussetzt, dass der Nachlass teilungsreif ist. Der BGH[9] sieht in einem Urteil vom 24.1.1962 die Teilungsreife des Nachlasses wohl nicht als erforderlich an. Richtigerweise wird sie von anderen Gerichten aber verlangt.[10] Allerdings ist fraglich, ob der BGH in dem bezeichneten Urteil die Teilungsreife wirklich nicht als Anspruchsvoraussetzung angenommen hat. Er hat lediglich darauf hingewiesen, dass der Kläger allen sich bietenden verschiedenen Möglichkeiten der Erbteilung im Rahmen von Hilfsanträgen Rechnung tragen müsse. Dieser Aspekt ist aber keine Frage der Teilungsreife, sondern des § 308 ZPO („ne ultra petita"). Diesem Problem wird zwischenzeitlich durch Zulassung der der Erbteilungsklage vorgängigen Feststellungsklage Rechnung getragen (vgl. hierzu unten Rn 225).

10

### ■ Was bedeutet Teilungsreife?

Die Aufteilung des Nachlasses unter die Miterben beinhaltet im Grundsatz zwei materiellrechtliche Erfordernisse und ein prozessrechtliches:
– Die Nachlassverbindlichkeiten müssen erfüllt sein (§ 2046 BGB) und
– der dann noch vorhandene Rest des Nachlasses muss entsprechend den Erbquoten in gleichartige Teile ohne Wertverlust aufgeteilt werden können (§§ 2042 Abs. 2, 752 BGB),
– Bestimmtheit des Klageantrags gem. § 253 Abs. 2 Nr. 2 ZPO und damit Bestimmtheit des Urteilstenors, der die eingeklagten Willenserklärungen mit Rechtskraft ersetzt, § 894 ZPO.

11

Zulässigkeitsvoraussetzung für eine Erbteilungsklage ist aber nicht, dass das Vermittlungsverfahren nach §§ 363 ff. FamFG (bis 31.8.2009: §§ 86 ff. FGG) beim Nachlassgericht durchgeführt worden wäre.

---

8 BGH NJW-RR 1992, 771; OLG Köln NJW-RR 1996, 1352.
9 V ZR 6/61 – zitiert nach *Johannsen*, WM 1970, 743, 744.
10 KG NJW 1961, 733; OLG Koblenz FamRZ 2006, 40 m. Anm. *Bergschneider*, FamRZ 2006, 43.

### a) Erfüllung der Nachlassverbindlichkeiten

#### aa) Vom Gesetz festgelegte Reihenfolge

12  Dass vor der Erbteilung die Nachlassverbindlichkeiten zu erfüllen sind, schreibt § 2046 Abs. 1 S. 1 BGB insofern vor, als er eine Reihenfolge vorsieht: Zuerst werden die Nachlassverbindlichkeiten erfüllt und danach wird geteilt, was übrig bleibt (§ 2047 BGB). Und wer diese Reihenfolge nicht einhält, kann nach der Erbteilung für noch offene Nachlassverbindlichkeiten keine Haftungsbeschränkung durch Nachlassverwaltung (§ 1975 BGB) mehr erlangen, vgl. § 2062 Hs. 2 BGB, wonach ein Antrag auf Anordnung der Nachlassverwaltung nach Vornahme der Erbteilung nicht mehr gestellt werden kann.

Die Variante des § 2046 Abs. 1 S. 2 BGB, wonach für nicht fällige und streitige Verbindlichkeiten Rückstellungen zu machen sind, greift erst ein, wenn ein anderer Weg der Aufklärung von Nachlassverbindlichkeiten nicht besteht.

**Nota bene:** Zu den Nachlassverbindlichkeiten gehören auch Pflichtteils- und Vermächtnisansprüche, § 1967 Abs. 2 BGB.

Aber auch aus § 2045 BGB ergibt sich die Reihenfolge der vorrangig zu erfüllenden Nachlassverbindlichkeiten: Dem Erbteilungsanspruch kann die Einrede des nicht durchgeführten Gläubigeraufgebots entgegen gehalten werden. Damit sollen die Voraussetzungen für die Erfüllung der Nachlassverbindlichkeiten und damit letztlich für die Erbteilung geschaffen werden. Denn die Erben sind in einer misslichen Lage: Woher sollen sie die Nachlassverbindlichkeiten kennen? Deshalb geht das Gesetz von der Prämisse aus, die Erben würden das Aufgebot der Nachlassgläubiger betreiben (§§ 1970 ff. BGB), um alle Nachlassverbindlichkeiten in Erfahrung zu bringen und sie zu erfüllen. Außerdem steht hinter dieser Regelung die Verschärfung der Erbenhaftung nach der Teilung des Nachlasses gem. §§ 2058, 2059, 2062 Hs. 2 BGB. Und folgerichtig gibt das Gesetz jedem Miterben eine Einrede gegen den Erbteilungsanspruch, solange das Gläubigeraufgebot nicht durchgeführt ist.

Das 9. Buch der ZPO wurde mit Inkrafttreten des FamFG,[11] dem 1.9.2009, aufgehoben; für bis dahin beantragte Aufgebotsverfahren gilt altes Verfahrensrecht, für neu beantragte Verfahren gelten die neuen Aufgebotsvorschriften der §§ 433 ff. FamFG.[12]

Dementsprechend werden in § 2045 S. 2 BGB die Wörter „Ist das Aufgebot noch nicht beantragt" durch „Ist der Antrag auf Einleitung des Aufgebotsverfahrens noch nicht gestellt" ersetzt.

Es handelte sich um eine redaktionelle Folgeänderung aufgrund des Wegfalls des bisher gemäß § 952 Abs. 1 ZPO geregelten Erfordernisses, neben dem Antrag auf Einleitung des Verfahrens einen weiteren Antrag auf Erlass des Ausschließungsbeschlusses zu stellen.

Die Reihenfolge der Vorgehensweise der Miterben ist für diese klar vorgegeben:
(1) Durchführung des Gläubigeraufgebots (§ 2045 BGB),
(2) Erfüllung der jetzt bekannten Nachlassverbindlichkeiten (§ 2046 BGB) – evtl. Zurückbehaltung von Nachlassmitteln für nicht fällige und streitige Verbindlichkeiten,[13]
(3) Aufteilung des verbliebenen Rests unter den Miterben (§ 2047 BGB).

---

11 FGG-ReformG v. 17.12.2008, BGBl 2008 I, 2586.
12 Art. 29 Nr. 1 lit. n), Nr. 27 FamFG-ReformG vom 17.12.2008, BGBl I, 2586; Art. 111, 112 FamFG-ReformG.
13 Praktische Bedeutung gewinnt das Problem der Zurückbehaltung von Nachlassmitteln bei einer zu erwartenden steuerrechtlichen Nachveranlagung des Erblassers. Die zurückbehaltenen Mittel bleiben gemeinschaftlich auch nach der Teilung der übrigen Nachlassgegenstände. Insofern besteht unter diesem Aspekt ausnahmsweise kraft Gesetzes nur Anspruch auf eine teilweise Auseinandersetzung des Nachlasses.

**bb) Erfüllung von Nachlassverbindlichkeiten als Maßnahme der ordnungsmäßigen Verwaltung des Nachlasses**

Gleich **dreimal** verpflichtet das Gesetz die Erben zur Mitwirkung bei der Erfüllung der Nachlassverbindlichkeiten:

(1) Die Berichtigung von Nachlassverbindlichkeiten ist grundsätzlich eine **Maßnahme der ordnungsgemäßen Verwaltung** des Nachlasses,[14] deshalb sind alle Erben gem. § 2038 Abs. 1 S. 2 Hs. 1 BGB zur – notfalls klageweise geltend zu machenden – Mitwirkung verpflichtet.

(2) Zum zweiten hat jeder Miterbe gegenüber den anderen Miterben Anspruch auf Mitwirkung bei der Tilgung von Nachlassverbindlichkeiten mit Mitteln des Nachlasses auf der Grundlage von § 2042 Abs. 1 BGB, denn die Auseinandersetzung des Nachlasses beinhaltet die vorgängige Erfüllung der Nachlassverbindlichkeiten (vgl. die Begriffsklärung unten Rn 36). Allerdings hat diese Vorschrift nur Wirkung im Innenverhältnis zwischen den Miterben, nicht auch im Verhältnis zu den Nachlassgläubigern.[15]

(3) In dritter Linie hat jeder Miterbe gegenüber den anderen Anspruch auf Mitwirkung bei der Erfüllung von Nachlassverbindlichkeiten aus dem zwischen ihnen bestehenden **Gesamtschuldverhältnis**; insoweit begründen §§ 2058, 426 Abs. 1 S. 1 BGB Pflichten der einzelnen Gesamtschuldner untereinander.[16]

**b) Teilbarkeit des Restnachlasses**

Die gesetzlichen Teilungsregeln der §§ 752, 753 BGB sind über die Verweisung in § 2042 Abs. 2 BGB Inhalt des dem gesetzlichen Erbteilungsanspruch innewohnenden kausalen Rechtsverhältnisses, deshalb müssen ihre Voraussetzungen erfüllt sein, wenn die Erbteilungsklage begründet sein soll.

**aa) Erster Grundsatz: Teilung in Natur**

§ 752 S. 1 BGB, auf den § 2042 Abs. 2 BGB verweist, nennt die Grundregel der Erbteilung:

„Die Aufhebung der Gemeinschaft erfolgt durch Teilung in Natur, wenn der gemeinschaftliche Gegenstand oder, falls mehrere Gegenstände gemeinschaftlich sind, diese sich ohne Verminderung des Wertes in gleichartige, den Anteilen der Teilhaber entsprechende Teile zerlegen lassen."

**Drei Voraussetzungen** hat der Anspruch auf Teilung in Natur:
– Der gemeinschaftliche Gegenstand muss sich in gleichartige Teile zerlegen lassen.
– Eine Zerlegung muss gerade in solche gleichartige Teile möglich sein, die den Quoten der Miterben entsprechen.
– Eine Wertminderung darf durch die Zerlegung nicht eintreten.

---

14 OLG Celle FamRZ 2003, 1224 mit Anm. *Schindler*, FamRZ 2004, 139 = ZEV 2003, 203 = OLGR Celle 2003, 232; Soergel/*Wolf*, § 2038 BGB Rn 3.
15 BGHZ 57, 84, 93; RGZ 95, 325, 328; KG OLGE 9, 389, 391; MüKo-*Heldrich*, § 2046 BGB Rn 3; Soergel/*Wolf*, § 2046 BGB Rn 2; Staudinger/*Werner*, § 2046 BGB Rn 1; Palandt/*Edenhofer*, § 2046 Rn 1.
16 MüKo-*Heldrich*, § 2058 BGB Rn 30; Staudinger/*Marotzke*, § 2058 BGB Rn 78.

### bb) Zweiter Grundsatz: Zwangsverkauf

**16** § 753 Abs. 1 S. 1 BGB bestimmt:

> Ist die Teilung in Natur ausgeschlossen, so erfolgt die Aufhebung der Gemeinschaft durch Verkauf des gemeinschaftlichen Gegenstandes nach den Vorschriften über den Pfandverkauf, bei Grundstücken durch Zwangsversteigerung und durch Teilung des Erlöses.

Da Gebäudegrundstücke im Regelfall nicht in Natur teilbar sind, findet bei ihnen sehr häufig die Zwangsversteigerung – in der Variante der Teilungsversteigerung, §§ 180 ff. ZVG – zur Vorbereitung der Erbteilung statt, sofern sich die Erben nicht über einen freihändigen Verkauf einig werden.[17]

Vor dem (Zwangs-)Verkauf ist der Nachlass noch nicht teilungsreif. Deshalb muss **zuerst** der Pfandverkauf bei beweglichen Sachen (§§ 1233 ff. BGB) bzw. die Teilungsversteigerung bei Immobilien abgewickelt werden, bevor eine Teilungsklage erhoben wird.

Bemerkenswerterweise ist die Einleitung der Teilungsversteigerung verfahrensrechtlich einfacher als der Pfandverkauf. Die Teilungsversteigerung kann von jedem Miterben ohne Mitwirkung der anderen beantragt und betrieben werden; der Pfandverkauf setzt jedoch nach h.M. die notfalls im Klagewege erzwungene Zustimmung auf Einwilligung zum Pfandverkauf voraus.[18] Der Grund dürfte darin liegen, dass der Gerichtsvollzieher reines Vollstreckungsorgan ist und keinerlei materiell-rechtliche Prüfungskompetenz hat,[19] so dass die materiellrechtlichen Voraussetzungen eines Pfandverkaufs erst in einem Zivilprozess zu klären sind – im Gegensatz zum Teilungsversteigerungsverfahren, wo dem Rechtspfleger materiellrechtliche Prüfungskompetenz zukommt, natürlich mit der Möglichkeit einer richterlichen Überprüfung.

Teilweise verfährt die Praxis aber gem. § 1234 BGB: Der zu versteigernde Gegenstand wird von einem Erben dem Gerichtsvollzieher übergeben, der den Verkauf den anderen Miterben androht und nach Ablauf der einmonatigen Wartefrist versteigert (§ 1234 Abs. 2 BGB).[20]

Mit dem Pfandverkauf bzw. der Teilungsversteigerung wird aber die Gemeinschaft noch nicht aufgelöst. Vielmehr setzt sich die Erbengemeinschaft am Erlös fort;[21] der Erlös stellt ein dingliches Surrogat i.S.v. § 2041 BGB dar. Erst mit der Verteilung des Erlöses unter den Miterben ist die Erbengemeinschaft aufgelöst.

### c) Erfordernis der Teilungsreife aus prozessrechtlichen Gründen

**17** Der Klageantrag geht – neben der Herausgabe – auf Zustimmung zu einer Summe dinglicher Verträge = Teilungsplan. Mit Rechtskraft des Urteils gilt die Zustimmung der beklagten Miterben zu diesen dinglichen Verträgen gem. § 894 ZPO als abgegeben. Soweit rechtsgeschäftliche Erklärungen des/der Beklagten für die Erbteilung erforderlich sind, müssen demnach die materiellrechtlichen Voraussetzungen vor Urteilsverkündung vorliegen, damit nach Eintritt der Rechtskraft des der Klage statt gebenden Urteils nicht noch weitere

---

17 Die Teilungsversteigerung dient der Ersetzung eines unteilbaren Grundstücks durch einen teilbaren Gegenstand, BVerfGE 42, 64, 75 = NJW 1976, 1391, 1392.
18 Vgl. MüKo-*Schmidt*, BGB § 753 Rn 12 ff.
19 BGH DGVZ 2004, 167 = FamRZ 2004, 1960 = Rpfleger 2005, 36 = BGHReport 2005, 130 = NJW-RR 2005, 149 = JurBüro 2005, 46 = MDR 2005, 169 = WM 2005, 395 = ZVI 2004, 669 = InVo 2005, 101; bestätigt von BVerfG NJW-RR 2005, 365 = DGVZ 2005, 93.
20 Dagegen spricht RGZ 109, 167.
21 BGH WM 1966, 577.

Willenserklärungen der Beklagten zum Vollzug der Erbteilung erforderlich sind. Wäre dies der Fall, so hätte die Erbteilungsklage das mit ihr verfolgte Ziel gar nicht erreicht, denn der Teilungsplan könnte in einem solchen Falle vom klagenden Miterben nicht umgesetzt werden.

Das Bestimmtheitserfordernis des § 253 Abs. 2 Nr. 2 ZPO (bestimmter Klageantrag) und damit auch das Bestimmtheitserfordernis der Urteilstenorierung erzwingen eine Endentscheidung, die den Nachlass unter den Erben vollständig aufteilt und keine weiter zu klärenden Fragen offen lässt, auch nicht den erst nach oder während des Rechtsstreits durchzuführenden Zwangsverkauf bzw. die Abwicklung einer Teilungsversteigerung.[22] Denn solange der exakte Erlös und die mit den Verfahren verbundenen Kosten nicht feststehen, kann auch nicht gesagt werden, welche Beträge des Erlöses auf die einzelnen Miterben entfallen. Eine exakte Aussage darüber im Urteilstenor (und vorher im Klageantrag) ist aber gerade Sinn des Bestimmtheitserfordernisses des Prozessrechts.

Mangels Teilungsreife im Zeitpunkt der letzten mündlichen Tatsachenverhandlung wäre eine Erbteilungsklage als unbegründet abzuweisen, weil die materiellrechtlichen Tatbestandsvoraussetzungen für die Erbteilung nicht vorliegen.

### 2. Feststellungsklage zur Vorbereitung der Erbteilung

Ungeklärte den Nachlass betreffende Fragen können große Unsicherheit über den Inhalt des Teilungsplans mit sich bringen.

Solche Unklarheiten können sich bspw. beziehen auf
- den Umfang des Nachlasses (Beispiele: Es ist streitig, ob Nutzungsüberschüsse eines Nachlassgrundstücks zum Nachlass gehören; unklar ist, welche Gegenstände als dingliche Surrogate sich im Nachlass befinden),
- welche Herausgabeansprüche gegen einen den Nachlass verwaltenden Miterben bestehen,
- die Ausgleichungsverpflichtung bezüglich lebzeitiger Vorempfänge.

Zur Klärung solcher **Vorfragen**, die die Teilbarkeit des Nachlasses i.S.v. §§ 752, 753 BGB betreffen, ist die Feststellungsklage zulässig.[23]

Im Hinblick auf die Schwierigkeiten einer richtigen Antragstellung bei der Erbteilungsklage macht die Rechtsprechung hier eine Ausnahme von der grundsätzlichen Subsidiarität der Feststellungsklage.[24]

Ist ein Nachlass nicht teilungsreif, so ist die Erbteilungsklage unbegründet.[25]

Streiten die Miterben lediglich über einzelne Positionen des Nachlasses, so ist die Feststellungsklage als einfacherer und billigerer Weg gegenüber der Erbteilungsklage zulässig.[26] Im Hinblick auf die Schwierigkeiten einer ordnungsgemäßen Antragstellung bei der Erbteilungsklage wird hier eine Ausnahme von der grundsätzlichen Subsidiarität der Feststellungsklage gemacht.[27] Zur Klärung einzelner streitiger Positionen kann ein Miterbe gegen

---

22 OLG Koblenz OLGR 2006, 28 = FamRZ 2006, 40 m. Anm. *Bergschneider*, FamRZ 2006, 43.
23 BGH FamRZ 1984, 688; OLG Karlsruhe NJW 1974, 956; LG Erfurt ZEV 1998, 391.
24 BGH NJW-RR 1990, 1220.
25 BGH FamRZ 1984, 688; OLG Karlsruhe NJW 1974, 956; LG Erfurt ZEV 1998, 391.
26 OLG Düsseldorf ZEV 1996, 395.
27 BGH NJW-RR 1990, 1220.

die anderen eine Feststellungsklage erheben (vgl. Muster für eine Feststellungsklage zur Vorbereitung der Teilungsreife unten Rn 230).

■ **Kein Feststellungsinteresse über das Erbrecht vor dem Erbfall**

19 Das Erbrecht des BGB ist beherrscht von dem Grundsatz der **Testierfreiheit** (§ 2302 BGB). Dem gesetzlichen und auch dem durch Verfügung von Todes wegen eingesetzten Erben steht vor dem Erbfall keine rechtlich geschützte Anwartschaft zu.[28] Vielmehr hat der Erbe lediglich eine tatsächliche Aussicht auf Erwerb der Erbschaft. Mangels eines vor dem Tod des Erblassers zwischen diesem und dem potenziellen Erben bestehenden Rechtsverhältnisses wäre eine Feststellungsklage zu Lebzeiten des Erblassers unzulässig, § 256 Abs. 1 ZPO.[29]

BGH in BGHZ 37, 137, 145:

> „...Etwas anderes gilt aber dann, wenn die Feststellungsklage das Ziel verfolgt, das Erbrecht nach noch lebenden Personen festzustellen. Dann fehlt es an einem gegenwärtigen konkreten Rechtsverhältnis, und zwar auch dann, wenn die Erbaussicht einer Partei der Lebenserfahrung entspricht. Das hat das Reichsgericht u.a. in den in JW 1911, 186 Nr. 16 und in GRUR 1932, 1049 abgedruckten Entscheidungen ausgesprochen. In der Linie dieser Rechtsprechung hält sich auch das Urteil des Oberlandesgerichts Köln in JW 1930, 2064 Nr. 5. Auch das Schrifttum nimmt diesen Standpunkt ein: ...
> In den zuletzt angeführten Entscheidungen kommt zum Ausdruck, dass die Unsicherheit, ob die klagende oder die beklagte Partei Erbe eines noch lebenden Dritten werde, es verbietet, hierin ein Rechtsverhältnis der in § 256 ZPO genannten Art zu erblicken. Dieser Gesichtspunkt ist ausschlaggebend. Die künftige Entwicklung eines in der Gegenwart bestehenden Rechtsverhältnisses ist dem unsicheren Entstehen eines Rechtsverhältnisses in der Zukunft nicht gleichzustellen, weil in diesem Falle die Rechtskraftwirkung des Urteils von einer unvorhersehbaren Entwicklung der Lebensverhältnisse abhängt. ..."

### 3. Teilungsanordnungen

20 Der Erblasser kann vom Gesetz abweichende Teilungsanordnungen treffen (§ 2048 BGB). Mit der Teilungsanordnung ist kein unmittelbarer Rechtsübergang verbunden; vielmehr bedarf es des dinglichen Vollzugs durch die Miterben im Rahmen der Auseinandersetzung des Nachlasses. Da die **Teilungsanordnung nur schuldrechtlich** wirkt, ist der betreffende Nachlassgegenstand, auf den sich die Anordnung bezieht, bis zur Auseinandersetzung im gesamthänderischen Eigentum der Miterben. Der Inhalt des im Klagewege geltend zu machenden Erbteilungsanspruchs wird von der Teilungsanordnung bestimmt und ist deshalb in den Teilungsplan aufzunehmen.

Beschwerung des Pflichtteilsberechtigten mit einer Teilungsanordnung: Mit dem Gesetz zur Änderung des Erb- und Verjährungsrechts[30] wurde § 2306 Abs. 1 BGB mit Wirkung ab 1.1.2010 neu gefasst. Die Neuregelung gilt für alle Erbfälle, die seit dem 1.1.2010 eingetreten sind; für Erbfälle, die bis zum 31.12.2009 eingetreten sind, gilt bisheriges Recht, Art. 229 § 23 EGBGB. Der Rechtsanwender wird also noch jahrelang altes und neues Recht nebeneinander anzuwenden haben (zur Neuregelung vgl. § 15 Rn 48 ff.).

---

28 BVerfGE 67, 341.
29 BGHZ 37, 137, 145; OLG Karlsruhe FamRZ 1989, 1351.
30 Vom 24.9.2009, BGBl I, 3142.

## III. Prozessgegner

Die Erbteilungsklage ist zu richten gegen diejenigen Miterben, die materiellrechtlich dem Teilungsvertrag zustimmen müssen, dies aber bisher verweigert haben. Einer Klage gegen solche Erben, die zugestimmt haben, würde das Rechtsschutzinteresse fehlen.[31]

Die auf Zustimmung zu einem Erbteilungsplan verklagten mehreren Erben bilden keine notwendige Streitgenossenschaft.[32]

Begehrt ein Miterbe die Erbteilung oder aber eine unmittelbare Leistung aus dem Nachlass an sich, muss er auch im Klagewege sämtliche Miterben auf Zustimmung oder Leistung in Anspruch nehmen.[33] Hiervon abweichend kann er sich nur dann auf die Inanspruchnahme eines Miterben auf Zustimmung zur Auseinandersetzung bzw. Leistung – bspw. Auflassung von Grundstücken – verklagen, wenn die übrigen Miterben ihre Zustimmung zur Auseinandersetzung bzw. Leistung außergerichtlich bereits erklärt haben.[34]

In einem Streit zwischen Mitgliedern einer Erbengemeinschaft können Mitglieder, die einfache Streitgenossen sind, über alle Tatsachen als Zeuge vernommen werden, die ausschließlich andere Streitgenossen betreffen. Gegen die Vernehmung als Zeugen spricht auch nicht, dass sie als Mitglieder der Erbengemeinschaft mittelbar vom Ausgang des Verfahrens betroffen sind. Das mittelbare Interesse eines Streitgenossen am Ausgang des Rechtsstreits eines anderen Streitgenossen ist im Rahmen der Beweiswürdigung zu berücksichtigen, beseitigt jedoch nicht seine Fähigkeit, als Zeuge auszusagen.[35]

Ist ein Erbteil mit einem Nießbrauch belastet, so kommt auch der **Nießbraucher** als Gegner in Betracht (§ 1066 Abs. 2 BGB). Dasselbe gilt für einen Pfandgläubiger, wenn ein Erbteil gepfändet ist (§§ 857, 859, 804 Abs. 2 ZPO, 1258 BGB). Ebenso für einen Testamentsvollstrecker, der nur einen Erbteil verwaltet.

## IV. Klageziel

Da Ziel der Auseinandersetzungsvorschriften eine **vollständige Teilung des Nachlasses** ist, muss sich die Klage grundsätzlich auf den gesamten Nachlass, d.h. alle Nachlassgegenstände, beziehen.[36] Haben die Miterben einen Teil des Nachlasses einvernehmlich geteilt, so kann sich die Klage selbstverständlich nur noch auf den Rest beziehen.

Die Klage richtet sich auf Zustimmung zum Abschluss des dinglichen Auseinandersetzungsvertrags samt seinem Vollzug einschließlich etwa erforderlicher Grundbucherklärungen – und, sofern der Besitz mit einer zuzuteilenden Sache verbunden ist, auf Herausgabe dieser Sache.

Hierzu ist ein konkreter Teilungsplan vorzulegen, der die Auseinandersetzung zwischen allen Miterben und die Art der Durchführung vorsehen muss. Die Klage ist nur begründet, wenn der Teilungsplan den gesetzlichen Teilungsregeln, den Teilungsanordnungen des Erblassers und eventuellen Auseinandersetzungsvereinbarungen der Erben entspricht, weil mit der Klage die Zustimmung der übrigen, der Teilung widersprechenden Miterben nur zu

---

31 MüKo-*Heldrich*, § 2042 BGB Rn 64 m.w.N.
32 OLG Köln OLGR 2004, 245 = ZEV 2004, 428.
33 OLG Rostock ErbR 2009, 320 = NJW-Spezial 2009, 504 = ZEV 2009, 465; Palandt/*Edenhofer*, § 2042 BGB Rn 18.
34 OLG Rostock ErbR 2009, 320 = NJW-Spezial 2009, 504 = ZEV 2009, 465.
35 OLG Frankfurt/M., Urt. v. 1.8.2006 – 16 U 37/06.
36 OLG München NJW-RR 1991, 1097.

einer bestimmten, eben im Teilungsplan zum Ausdruck kommenden Vorstellung des Klägers erzwungen werden kann.

Dem mit der Klage vorgelegten Teilungsplan kommt deshalb entscheidende Bedeutung zu.

27 Eine Abweichung vom eingeklagten Plan ist prozessrechtlich als **aliud** anzusehen und nicht als **minus**. Der Kläger ist deshalb gut beraten, wenn er in Betracht kommende Hilfsanträge stellt oder entsprechende Klageänderungsanträge. Dies macht eine korrekte Antragstellung im Prozess so schwierig. Vor diesem Hintergrund ist die großzügige Zulassung der Feststellungsklage durch die Rechtsprechung zu sehen.

28 M.E. ist es nicht richtig, im Rahmen der Auseinandersetzungsklage die Schuldentilgung nach § 2046 BGB und einen evtl. Pfandverkauf bzw. eine Teilungsversteigerung mit abzuhandeln.[37] Diese Maßnahmen müssten vor Klageerhebung auf Zustimmung zum Teilungsplan abgeschlossen sein. Andernfalls wäre der Nachlass nicht teilungsreif. Das **Zwangsversteigerungsverfahren** nach §§ 180 ff. ZVG ist ein eigenes prozessrechtliches Verfahren, das nicht in den Zivilprozess über die Nachlassteilung „eingebaut" werden kann. Wenn man bedenkt, wie häufig in der Praxis einstweilige Einstellungen von Zwangsversteigerungsverfahren angeordnet werden, dann hieße dies, dass der Zivilprozess immer wieder für lange Zeiträume ausgesetzt werden müsste. Dies wäre mit dem der ZPO inne wohnenden Beschleunigungsgebot aller Zivilprozesse nicht zu vereinbaren.

## V. Weitere Einzelfragen

### 1. Gerichtsstand

29 Für die Klage besteht der **besondere Gerichtsstand** der Erbschaft nach § 27 ZPO, unabhängig von den allgemeinen Gerichtsständen der beklagten Erben.

### 2. Familiengerichtliche, betreuungsgerichtliche, Genehmigung

30 Ist für den eingeklagten Teilungsvertrag die vormundschaftsgerichtliche bzw. seit 1.9.2009 die betreuungsgerichtliche oder familiengerichtliche Genehmigung für einen **minderjährigen Miterben** erforderlich, so ist diese noch vor der Urteilsverkündung vom Kläger einzuholen. Auch andere behördliche Genehmigungen, insbesondere für landwirtschaftliche Grundstücke, sind vor der Entscheidung vom Kläger vorzulegen.[38]

31 Der **minderjährige Miterbe** bedarf dann keines Pflegers nach § 1909 BGB, wenn die Klage in allen Einzelheiten den Teilungsvorschriften entspricht, weil es sich dann um die Erfüllung bestehender Verpflichtungen handelt, für die § 181 BGB nicht gilt.[39] Sollte die Bestellung eines Ergänzungspflegers (§ 1909 BGB) erforderlich werden, so ist dafür das Vormundschaftsgericht und nicht das Familiengericht zuständig.[40]

BGH in BGHZ 21, 229, 232:

„Bei der Auseinandersetzung einer Erbengemeinschaft, an der mehrere Minderjährige und ihr gesetzlicher Vertreter beteiligt sind, muss bei der Umwandlung des Gesamthandeigentums an einem Grundstück in Bruchteilseigentum für jeden Minderjährigen ein

---

[37] *Steiner*, ZEV 1997, 89 ff.
[38] KG NJW 1961, 733; Soergel/*Wolf*, § 2042 Rn 20; AnwK-BGB/*Eberl-Borges*, vor § 2042 Rn 25.
[39] BGHZ 21, 229, 232; BGH FamRZ 1968, 245.
[40] OLG Karlsuhe FamRZ 2006, 1141 = Rpfleger 2006, 468 = OLGR Karlsruhe 2006, 624 entgegen OLG Zweibrücken FamRZ 2000, 243.

*Pfleger bestellt werden, sofern nicht einer der Ausnahmefälle des § 181 BGB vorliegt. ... Nach § 2042 Abs. 1 BGB kann allerdings – von Ausnahmefällen abgesehen – jeder Miterbe jederzeit die Auseinandersetzung verlangen. Der einzelne Miterbe erfüllt danach eine Verbindlichkeit, wenn er bei der Auseinandersetzung mitwirkt. Die Art, in der die Auseinandersetzung zu bewirken ist, hat das Gesetz in den §§ 2042 ff. BGB geregelt. Wie das Reichsgericht in seiner Entscheidung vom 3. Oktober 1918 (RGZ 93, 334 [336]) zutreffend ausgeführt hat, kann von der ausschließlichen Erfüllung einer Verbindlichkeit nur dann gesprochen werden, wenn die Auseinandersetzung nach Maßgabe der gesetzlichen Vorschriften vorgenommen wird; denn die Miterben sind nur zu der Art und Weise der Auseinandersetzung verpflichtet, die das Gesetz vorsieht. Es ist daher unerheblich, dass die diesbezüglichen gesetzlichen Vorschriften nicht zwingend sind und es den Miterben unbenommen ist, sich auch in einer anderen, ihnen genehmen Weise auseinander zu setzen. Wählen sie aber eine andere Form der Auseinandersetzung als die gesetzlich vorgesehene, so kann das nur aufgrund einer besonderen Vereinbarung unter ihnen geschehen, zu der kein Miterbe verpflichtet ist, so dass in diesen Fällen nicht lediglich die Erfüllung der Verbindlichkeit aus § 2042 BGB in Rede steht. In diesen Fällen wird vielmehr erst durch die Abmachung der Erben eine entsprechend neue Verbindlichkeit begründet."*

### 3. Hinterlegung des Erlöses nach Teilungsversteigerung

War die Zwangsversteigerung eines Nachlassgrundstücks durchgeführt worden und sind sich die Erben über die Verteilung des Erlöses nicht einig, so hinterlegt das Vollstreckungsgericht den Erlös bis zur Rechtskraft des Auseinandersetzungsurteils (§ 117 Abs. 2 S. 2 ZVG).

### 4. Kostenrecht

#### a) Gebührenstreitwert

Das Interesse des Klägers, also sein Auseinandersetzungsguthaben, ist für den Streitwert maßgebend und nicht etwa der ganze Nachlass – wie die frühere Rechtsprechung annahm.[41]

#### b) Prozesskosten

Prozesskosten für eine Erbauseinandersetzungsklage: Ein sofortiges Anerkenntnis nach hinhaltendem vorprozessualen Beklagtenverhalten führt zur Kostentragung durch den/die Beklagten.[42]

## C. Materiellrechtliche Regeln der Nachlassauseinandersetzung

### I. Anspruchsgrundlage für die Erbteilung

#### 1. Ausgangspunkt

Zentrale Vorschrift des Rechts über die Auseinandersetzung der Erbengemeinschaft ist § 2042 BGB. Nach dessen Abs. 1 kann jeder Miterbe – zu denen seit 1.4.1998 kraft Gesetzes

---

41 BGH NJW 1975, 1415; *Stein/Jonas*, § 3 ZPO, Stichwort „Erbauseinandersetzung".
42 OLG Koblenz OLGR 2009, 154.

auch nichteheliche Kinder am Nachlass des Vaters gehören – grundsätzlich **jederzeit** die Auseinandersetzung verlangen. Ausnahmen von diesem Grundsatz ergeben sich aus
- dem Gesetz,
- Vereinbarungen unter den Miterben,
- Anordnungen des Erblassers.

Erbengemeinschaften sind „geborene" Liquidationsgemeinschaften.[43]

Der einzelne Miterbe erfüllt demnach eine Verbindlichkeit, wenn er bei der Auseinandersetzung mitwirkt.[44]

### 2. Begriffe

#### a) Nachlassauseinandersetzung – Erbteilung

36 Von **Nachlassauseinandersetzung** spricht man, wenn der Nachlass abgewickelt und aufgeteilt wird. Dazu gehören die Bereinigung des Nachlasses von Nachlassverbindlichkeiten und die Verwertung von Nachlassgegenständen, um liquide Mittel für die Befriedigung von Nachlassgläubigern zu erhalten. Die **Erbteilung** beinhaltet die Aufteilung des reinen Aktivnachlasses unter den Miterben, § 2047 BGB.

So sieht das Gesetz eine strenge Reihenfolge vor: Zunächst sind die Nachlassverbindlichkeiten zu erfüllen, vgl. §§ 2046, 755, 756, 2042 Abs. 2 BGB. Erst **danach** ist der so bereinigte Nachlass unter den Miterben aufzuteilen.

**Grundpfandrechtlich gesichertes Festzinsdarlehen:** Ist für ein vom Erblasser aufgenommenes Darlehen eine feste Verzinsung vereinbart und besteht eine durch Grundpfandrecht gewährte Sicherheit, so können die Erben gem. § 490 Abs. 2 BGB das Darlehen kündigen, wenn sie ein berechtigtes Interesse für eine anderweitige Verwertung des beliehenen Grundstücks haben. Ein solches berechtigtes Interesse kann angenommen werden, wenn das Objekt zur Vorbereitung der Erbteilung veräußert werden soll. Die Erben schulden dann jedoch eine Vorfälligkeitsentschädigung.[45]

#### b) Hinweis: Haftungsgefahr

37 Werden die Nachlassverbindlichkeiten vor der Teilung des Nachlasses nicht erfüllt, so sieht das Gesetz dafür eine strenge Sanktion vor: Gemäß § 2062 Hs. 2 BGB kann **nach Vornahme der Erbteilung** keine Nachlassverwaltung mehr beantragt werden. Das bedeutet: Für einen **zulänglichen Nachlass** können die Miterben keine Haftungsbeschränkung mehr herbeiführen. Und das bedeutet wiederum, dass sie gem. § 2058 BGB in diesem Falle unbeschränkt und gesamtschuldnerisch haften. Für einen **unzulänglichen Nachlass** gilt dies nicht. Nachlassinsolvenz kann auch nach der Teilung noch beantragt werden, § 317 InsO. Nach § 2045 BGB kann jeder Miterbe zunächst die Klärung der Schulden mittels eines Gläubigeraufgebots verlangen, bevor geteilt wird.

---

43 BGH ZErb 2002, 352 = FamRZ 2002, 1621; Anm. von *Marotzke*, ZEV 2002, 504.
44 BGHZ 21, 229, 232.
45 Vgl. hierzu *Guttenberg*, Vorzeitige Darlehensablösung bei Festzinskredit – BGHZ 136, 161, JuS 1999, 1058; *von Heymann/Rösler*, Berechnung von Vorfälligkeits- und Nichtabnahmeentschädigung, ZIP 2001, 441; *Köndgen*, Die Entwicklung des Bankkreditrechts in den Jahren 1995 – 1999, NJW 2000, 468; *Köndgen*, Darlehen, Kredit und finanzierte Geschäfte nach neuem Schuldrecht – Fortschritt oder Rückschritt?, WM 2001, 1637.

## c) Vorsorge für unsichere Verbindlichkeiten

Bei **nicht fälligen oder streitigen** Verbindlichkeiten kann jeder Miterbe verlangen, dass das Erforderliche zurückbehalten wird, § 2046 Abs. 1 BGB. Besteht nur unter den Miterben Streit darüber, ob eine Verbindlichkeit besteht, so reicht dies aus, um entsprechende Mittel zurückzubehalten. Dasselbe gilt auch für Streitigkeiten über Ausgleichungspflichten nach §§ 2050 ff. BGB.[46]

Die zurückbehaltenen Mittel bleiben gemeinschaftlich auch nach der Teilung der übrigen Nachlassgegenstände. Insofern besteht nur Anspruch auf eine teilweise Auseinandersetzung des Nachlasses. Praktische Bedeutung gewinnt das Problem der Zurückbehaltung von Nachlassmitteln bei von den Erben zu erfüllenden nachehelichen Unterhaltsverbindlichkeiten (§ 1586b BGB), bei einer zu erwartenden **steuerrechtlichen Nachveranlagung** des Erblassers und bei einer als Vermächtnis ausgesetzten lebenslangen Rente. In letzterem Fall hat das OLG Koblenz einen Sicherungseinbehalt für eine maximal mögliche Lebenserwartung von 120 Jahren für gerechtfertigt angesehen.[47]

### 3. Endziel der Erbauseinandersetzung

#### a) Aus Miteigentum wird Alleineigentum

Da die gemeinschaftlichen Gegenstände am Ende der Auseinandersetzung nicht mehr im gemeinschaftlichen Eigentum, sondern im jeweiligen Alleineigentum bzw. in alleiniger Rechtsinhaberschaft des einzelnen Miterben stehen dürfen, ist eine dingliche Rechtsübertragung zur Erreichung dieses Ziels erforderlich.

Gelingt eine solche Übertragung nicht einvernehmlich unter den Miterben, so gibt § 2042 Abs. 1 BGB eine Anspruchsgrundlage für eine Klage, die auf Zustimmung zu den entsprechenden Einigungsverträgen und Vornahme der erforderlichen Rechtshandlungen (bspw. Herausgabe) gerichtet ist. Die Summe der dinglichen Verträge ist der geschuldete **Auseinandersetzungsvertrag = Teilungsplan.**

#### b) Vollzug des der Klage stattgebenden Urteils

Mit Rechtskraft des Urteils gilt die Zustimmung der beklagten Miterben gem. § 894 ZPO als ersetzt. Da die Einigung rechtlich ein Vertrag ist, muss die noch fehlende Erklärung des Klägers zur Komplettierung des Vertrags als zweiseitiges Rechtsgeschäft erfolgen – was in der Praxis in der Regel zumindest konkludent erfolgen wird. Für formbedürftige Rechtsgeschäfte wie bspw. die Auflassung (§ 925 BGB) muss die Erklärung des klagenden Miterben noch in der erforderlichen Form, also bspw. vor einem Notar, abgegeben werden (vgl. Muster für eine solche dingliche Übertragungserklärung unten Rn 236). Erst dann ist das dingliche Rechtsgeschäft vollständig und formgerecht zustande gekommen.

#### c) Inhalt des kausalen Rechtsverhältnisses

Die dem geschuldeten dinglichen Rechtsgeschäft zugrunde liegenden Einzelregelungen des kausalen Schuldverhältnisses ergeben sich, soweit sich die Miterben nicht geeinigt haben, aus den gesetzlichen Teilungsvorschriften.[48] Deshalb muss der eingeklagte Teilungsplan exakt diesen gesetzlichen Regeln entsprechen, weil auf eine andere Rechtsfolge kein An-

---

46 KG OLG 9, 389; Staudinger/*Werner*, § 2046 BGB Rn 15; Palandt/*Edenhofer*, § 2046 Rn 1, 2.
47 OLG Koblenz ZErb 2008, 358.
48 BGHZ 21, 229, 232.

spruch besteht. Der Richter hat deren Voraussetzungen zu prüfen und kann nur entweder der Klage stattgeben, wenn alle Auseinandersetzungserfordernisse erfüllt sind, oder aber die Klage abweisen, wenn sie nicht vollständig erfüllt sind. Würde er eine andere als die eingeklagte Aufteilung zusprechen, so wäre dies ein „aliud" – nicht ein „minus" –, was prozessrechtlich nicht zulässig wäre, § 308 ZPO („ne ultra petita").

### 4. Anspruchsberechtigte

#### a) Miterben als Anspruchsberechtigte

42 Jeder einzelne Miterbe – gleichgültig wie groß sein Erbteil ist – kann die Aufhebung der Erbengemeinschaft verlangen. Gerichtet ist der Anspruch gegen alle anderen Miterben. Er geht auf Mitwirkung bei der Auseinandersetzung, genauer: auf Zustimmung zu einem Auseinandersetzungsvertrag (= Teilungsplan).

Welche Mitwirkungshandlungen im Einzelnen geschuldet sind, hängt vom Einzelfall ab. Grundsätzlich geht es dabei um
- die **Einwilligung in die Verwertung von Nachlassgegenständen** zur Befriedigung der Nachlassgläubiger und
- die **Einwilligung in die Durchführung der Nachlassteilung** nach einem konkreten Teilungsplan.

#### b) Weitere Anspruchsberechtigte

43 Außer den originären Miterben selbst können noch weitere Personen den Anspruch auf Auseinandersetzung geltend machen:
- Jeder **Erbteilserwerber**, § 2033 Abs. 1 BGB;
- der **Pfandgläubiger eines Erbteils bei Pfandreife (Verkaufsreife)** nach den Vorschriften der §§ 1258 Abs. 2, 1228 Abs. 2, 1273 Abs. 2 BGB, § 363 Abs. 2 FamFG.[49] Vor der Pfandreife können nur der Inhaber des verpfändeten Erbteils und der Pfandgläubiger **gemeinsam** die Auseinandersetzung verlangen, §§ 1258 Abs. 2, 1273 Abs. 2 BGB;
- der **Pfändungspfandgläubiger** kann nach h.M. ebenfalls die Auseinandersetzung verlangen, weil ihm über §§ 857, 859 ZPO diese Rechte zukommen und über § 804 Abs. 2 ZPO auch § 1258 Abs. 1 BGB gilt, § 363 Abs. 2 FamFG[50] (bis 31.8.2009: § 86 Abs. 2 FGG).[51] Mindermeinung: Der Pfändungspfandgläubiger kann die Auseinandersetzung nur gemeinsam mit dem Miterben des gepfändeten Erbteils verlangen;
- der **Nießbraucher** nur in Gemeinschaft mit dem Erben, dessen Erbteil mit dem Nießbrauch belastet ist, § 1066 Abs. 2 BGB, § 363 Abs. 2 FamFG.

## II. Ausschluss und Aufschub der Auseinandersetzung

### 1. Gesetzliche Regelung

#### a) Unsicherheit über vorrangige Rechtsverhältnisse

44 Für verschiedene Fälle, die in der Praxis selten sind, ordnet das Gesetz in § 2043 BGB den **Aufschub der Auseinandersetzung** an: wenn die Erbteile wegen
- der zu erwartenden Geburt eines Miterben,

---

49 RGZ 60, 126; 84, 396.
50 FGG-ReformG v. 17.12.2008, BGBl I, 2586.
51 RGZ 95, 231; *Thomas/Putzo*, § 859 ZPO Rn 9.

- eines noch offenen Antrags über eine Annahme an Kindes statt oder
- der noch ausstehenden Genehmigung einer vom Erblasser errichteten Stiftung

noch unbestimmt sind.

**Tod des nichtehelichen Vaters vor der Vaterschaftsfeststellung:** War beim Tode des Vaters bereits eine Klage zur Feststellung der Vaterschaft rechtshängig, so tritt Erledigung des Rechtsstreits gem. §§ 640 Abs. 1, 619 ZPO ein; dies gilt für Verfahren, die bis 31.8.2009 eingeleitet wurden, für Verfahren, die seit 1.9.2009 eingeleitet wurden, gelten die §§ 169 ff., 181 FamFG[52] (neue Monatsfrist des § 181 FamFG beachten!).[53]

Nach dem Tode des Vaters kann die Feststellung auf Antrag des Kindes oder der Mutter beim Familiengericht im Verfahren der freiwilligen Gerichtsbarkeit erfolgen gem. § 181 FamFG (neues Recht seit 1.9.2009) bzw. §§ 1600e Abs. 2, 56c FGG (altes Recht bis 31.8.2009).

Ein Nachlassauseinandersetzungsverbot bezüglich des Nachlasses des Vaters ist in § 2043 BGB für den Fall der nicht abgeschlossenen Vaterschaftsfeststellung nicht vorgesehen. Ob eine analoge Anwendung in Betracht kommt, ist streitig. Allenfalls könnte im Rahmen von § 242 BGB die Geltendmachung des Auseinandersetzungsanspruchs aus § 2042 BGB für eine gewisse Zeit ausgeschlossen sein.

### b) Vorwegerfüllung der Nachlassverbindlichkeiten

Bevor der Nachlass geteilt wird, sind die Nachlassverbindlichkeiten (vgl. im Übrigen zu einzelnen Nachlassverbindlichkeiten § 11 Rn 55 ff.) zu tilgen.[54] Dies hat Bedeutung vor dem Hintergrund, dass nach der Erbteilung eine Nachlassverwaltung als Haftungsbeschränkungsmaßnahme gem. § 2062 Hs. 2 BGB nicht mehr angeordnet werden kann und jeder Miterbe somit nach § 2058 BGB gesamtschuldnerisch auch mit seinem Eigenvermögen (also unbeschränkt) haftet.

Lebte der Erblasser in Zugewinngemeinschaft, so kann im Zusammenhang mit der Vorwegerfüllung der Zugewinnausgleichsforderung als einer zu begleichenden Nachlassverbindlichkeit (§ 2046 BGB) der überlebende Ehegatte die Übertragung von Nachlassgegenständen nach § 1383 BGB, § 264 FamFG[55] (bis 31.8.2009: § 53a FGG) durch Entscheidung des Familiengerichts verlangen. Gleiches gilt für die eingetragene Lebenspartnerschaft, § 6 LPartG.[56]

Hat der Erblasser als Mitglied einer Personengesellschaft seinen künftigen Auseinandersetzungsanspruch abgetreten, so bindet diese Abtretung seine Erben.[57]

### c) Nicht fällige Nachlassverbindlichkeiten

**Bei nicht fälligen oder streitigen** Verbindlichkeiten kann jeder Miterbe verlangen, dass das Erforderliche zurückbehalten wird, § 2046 Abs. 1 BGB. Besteht nur unter den Miterben Streit darüber, ob eine Verbindlichkeit besteht, so reicht dies aus, um entsprechende Mittel

---

52 Nach der Neuregelung im FamFG ist das Abstammungsverfahren ein Verfahren der freiwilligen Gerichtsbarkeit.
53 Art. 111, 112 FGG-ReformG.
54 RGZ 95, 325; Palandt-*Edenhofer*, § 2046 Rn 1.
55 FGG-ReformG v. 17.12.2008, BGBl I, 2586.
56 Vgl. *Kerscher/Krug*, § 35 „Die eingetragene Lebenspartnerschaft".
57 BGH FamRZ 2001, 353.

zurückzubehalten. Dasselbe gilt auch für Streitigkeiten über Ausgleichungspflichten nach §§ 2050 ff. BGB.[58]

Die zurückbehaltenen Mittel bleiben gemeinschaftlich auch nach der Teilung der übrigen Nachlassgegenstände. Insofern besteht nur Anspruch auf eine teilweise Auseinandersetzung des Nachlasses. Praktische Bedeutung gewinnt das Problem der Zurückbehaltung von Nachlassmitteln bei einer zu erwartenden **steuerrechtlichen Nachveranlagung** des Erblassers.

### d) Noch offenes Gläubigeraufgebot

**49** Jeder Miterbe kann den **Aufschub der Auseinandersetzung** verlangen, bis ein Gläubigeraufgebotsverfahren abgeschlossen ist, § 2045 BGB. Dies ist konsequent, denn gem. § 2046 BGB sind vor der Erbteilung die Nachlassverbindlichkeiten zu erfüllen. Solange sie aber nicht zuverlässig bekannt sind, können die Erben dieser Verpflichtung nicht nachkommen. Verletzen die Erben die vorgängige Verpflichtung auf Erfüllung der Nachlassverbindlichkeiten, droht ihnen das Gesetz eine strenge Sanktion an: Nach erfolgter Erbteilung können sie die Haftungsbeschränkungsmaßnahme der Nachlassverwaltung (§§ 1975 ff. BGB) nicht mehr ergreifen; ein entsprechender Antrag kann danach nicht mehr gestellt werden, § 2062 Hs. 2 BGB.

Das 9. Buch der ZPO wurde mit Inkrafttreten des FamFG[59] zum 1.9.2009 aufgehoben; für bis dahin beantragte Aufgebotsverfahren gilt altes Verfahrensrecht, für neu beantragte Verfahren gelten die neuen Aufgebotsvorschriften der §§ 433 ff. FamFG.[60]

Dementsprechend werden in § 2045 S. 2 BGB die Wörter „Ist das Aufgebot noch nicht beantragt" durch „Ist der Antrag auf Einleitung des Aufgebotsverfahrens noch nicht gestellt" ersetzt.

Es handelt sich um eine redaktionelle Folgeänderung aufgrund des Wegfalls des bisher gemäß § 952 Abs. 1 ZPO geregelten Erfordernisses, neben dem Antrag auf Einleitung des Verfahrens einen weiteren Antrag auf Erlass des Ausschließungsbeschlusses zu stellen.

**50** **Hinweis**
Schon wegen der strengen Sanktion des § 2062 Hs. 2 BGB und einer evtl. Schadensersatzpflicht gegenüber den Nachlassgläubigern aus § 1980 Abs. 2 BGB bzw. den Erben aus § 2219 BGB sollte der Rechtsberater eines Miterben und/oder eines Testamentsvollstreckers/Nachlassverwalters die Möglichkeit des Gläubigeraufgebots in Erwägung ziehen. Haftungsschuldner für die Gerichtskosten ist der Antragsteller, § 49 S. 1 GKG. Die Kosten des Aufgebotsverfahrens sind Nachlassverbindlichkeiten[61] und Masseschulden im Insolvenzverfahren, § 324 Abs. 1 Nr. 4 InsO, und fallen deshalb im Innenverhältnis allen Erben zur Last.

**51** Unter dem Gesichtspunkt der Geschäftsführung ohne Auftrag könnten dem das Aufgebotsverfahren betreibenden Miterben die anderen Miterben zum Ersatz der entstehenden Anwalts- und Verfahrenskosten verpflichtet sein (§§ 683, 670 BGB), denn die Rechtswirkungen eines Ausschließungsbeschlusses (bis 31.8.2009: Ausschlussurteil) kommen auch ihnen zugute, § 460 FamFG (bis 31.8.2009: § 997 Abs. 1 S. 1 ZPO).

---

58 KG OLG 9, 389; Staudinger/*Werner*, § 2046 BGB Rn 15; Palandt-*Edenhofer*, § 2046 Rn 1, 2.
59 FGG-ReformG v. 17.12.2008, BGBl I 2008, 2586.
60 Art. 29 Ziff. 1 lit. n), Ziff. 27 FGG-ReformG vom 17.12.2008, BGBl I 2008, 2586; Art. 111, 112 FGG-ReformG.
61 Palandt/*Edenhofer*, § 1970 Rn 10.

## e) Subsidiarität des Zwangsverkaufs

Die Rangfolge zwischen dem ersten Auseinandersetzungsprinzip der Naturalteilung des § 752 BGB und dem zweiten Auseinandersetzungsprinzip des Zwangsverkaufs in § 753 BGB ist einzuhalten. Solange ein real teilbarer Gegenstand nicht realiter geteilt ist, kann nicht sein Zwangsverkauf verlangt werden.[62]

## f) Keine Verjährung des Auseinandersetzungsanspruchs

Der Anspruch auf Auseinandersetzung des Nachlasses und auf das für den einzelnen Miterben sich ergebende Auseinandersetzungsguthaben verjährt nicht, §§ 2042 Abs. 2, 758 BGB. Dasselbe gilt für die beendete Gütergemeinschaft und die beendete fortgesetzte Gütergemeinschaft, §§ 1477, 1498 BGB einschließlich der gegenseitigen Ansprüche, die das Auseinandersetzungsguthaben, das Teil des Auseinandersetzungsanspruchs ist, beeinflussen. Dies gilt auch nach dem seit 1.1.2010 geltenden neuen Verjährungsrecht erbrechtlicher Ansprüche nach dem Gesetz zur Änderung des Erb- und Verjährungsrechts vom 24.9.2009.[63]

## 2. Auseinandersetzungsausschluss aufgrund letztwilliger Verfügung

Die Fälle des vom Erblasser selbst angeordneten Ausschlusses der Auseinandersetzung sind von großer praktischer Bedeutung. Nach § 2044 Abs. 1 BGB kann der Erblasser die Auseinandersetzung des gesamten Nachlasses oder einzelner Nachlassgegenstände auf Dauer oder für einen bestimmten Zeitraum ausschließen. Möglich ist auch die Auseinandersetzung unter Einhaltung einer Kündigungsfrist.

## a) Rechtsnatur des Auseinandersetzungsausschlusses

So genannte **„Teilungsverbote"** können rechtlich qualifiziert werden als
- eine rechtlich nicht bindende Bitte,
- eine Anordnung nach § 2044 Abs. 1 BGB,
- eine Auflage (§§ 1940, 2194 ff. BGB),
- ein Vermächtnis (§§ 1939, 2147 ff. BGB),
- unter Umständen eine bedingte Erbeinsetzung.[64]

Je nach Qualifikation sind die Rechtsfolgen ganz unterschiedlich: Nur als Auflage oder Vermächtnis kommt eine Bindung in einem Erbvertrag oder einem gemeinschaftlichen Testament in Betracht. Nur das Vermächtnis oder die bedingte Erbeinsetzung könnte ausgeschlagen werden.

Der Wille des Erblassers ist notfalls durch Auslegung unter Zugrundelegung des Normzwecks zu ermitteln.

## b) Keine Bindung für die Erben

Die reine Anordnung des Erblassers nach § 2044 BGB wirkt **nur schuldrechtlich**. Für die Verfügungsbefugnis der Miterben über die Nachlassgegenstände bedeutet dies, dass ihre Verfügungsmacht nach § 2040 BGB nach außen nicht beschränkt ist, weil dem Gesetz ein dinglich wirkendes rechtsgeschäftliches Verfügungsverbot nach § 137 BGB fremd ist.

---

62 Palandt/*Sprau*, § 752 Rn 1.
63 BGBl I 2009, 3142.
64 Vgl. *Nieder*, Rn 757. Weitere Literatur: *Bengel*, ZEV 1995, 178 ff.

57 Die Erben können sich **einvernehmlich** über den Auseinandersetzungsausschluss des Erblassers hinwegsetzen und entgegen seiner Anordnung die sofortige Auseinandersetzung vornehmen.[65] Wollte der Erblasser eine solche Umgehung seines Willens verhindern, so müsste er Testamentsvollstreckung anordnen. Der Testamentsvollstrecker ist an das Auseinandersetzungsverbot des Erblassers gebunden, §§ 2204, 2044 BGB. Aber selbst in diesem Fall könnten sich Testamentsvollstrecker, alle Erben und die Vermächtnisnehmer bei entsprechender Einigung über das Verbot des Erblassers hinwegsetzen.[66]

### c) Grenzen des Auseinandersetzungsausschlusses

#### aa) Zeitliche Grenze

58 Nach § 2044 Abs. 2 BGB wird das Verbot nach Ablauf von 30 Jahren seit dem Erbfall wirkungslos (mit Ausnahmen in § 2044 Abs. 2 S. 2 BGB, wenn der Erblasser die Aufhebung des Ausschlusses vom Eintritt bestimmter Ereignisse abhängig macht).

#### bb) Tod eines Miterben

59 Eine zeitlich begrenzte Ausschlussanordnung tritt beim Tod eines Miterben außer Kraft (§§ 2044 Abs. 1 S. 2, 750 BGB), es sei denn, es wäre etwas anderes angeordnet (was natürlich auch durch Auslegung ermittelt werden kann).

#### cc) Gläubiger

60 Gegenüber Gläubigern der Erben ist das Auseinandersetzungsverbot bei Pfändung des Erbteils wirkungslos (§§ 2044 Abs. 1 S. 2, 751 S. 2 BGB), sobald der Erbteil aufgrund eines endgültig vollstreckbaren Titels gepfändet wurde. Das Auseinandersetzungsverbot ist auch wirkungslos in der Insolvenz des Miterben nach § 84 Abs. 2 InsO.

**Wichtiger Grund:** Die Anordnung wird bei Vorliegen eines wichtigen Grundes unwirksam, §§ 2044 Abs. 1 S. 2, 749 Abs. 2 BGB. Ein wichtiger Grund ist seit 1.1.1999 auch der Eintritt der Volljährigkeit eines minderjährigen Miterben, § 1629a Abs. 4 BGB (vgl. dazu die nachfolgenden Ausführungen unter Rn 62). In der Rechtsprechung wird zu klären sein, ob die seit 1.1.2002 mit dem Schuldrechtsmodernisierungsgesetz vom 26.11.2001 aufgenommene Vorschrift des § 314 BGB über das Kündigungsrecht bei Dauerschuldverhältnissen, die aber erst zum 1.1.2003 in Kraft getreten ist,[67] auch auf die Erbengemeinschaft anzuwenden ist.[68]

#### dd) Grenzen durch das Pflichtteilsrecht

61 ■ **Altes Recht – für Erbfälle, die bis 31.12.2009 eintreten**

Beträgt der einem pflichtteilsberechtigten Miterben hinterlassene Erbteil die Hälfte seines gesetzlichen Erbteils oder weniger, so gilt eine getroffene Teilungsanordnung gegenüber dem betreffenden Pflichtteilsberechtigten gem. § 2306 Abs. 1 S. 1 BGB nicht. Im Zweifels- und Streitfall könnte dies mit einer Feststellungsklage nach § 256 Abs. 1 ZPO geklärt werden.

Pflichtteilsberechtigte Miterben, deren Erbteil höher als die Hälfte des gesetzlichen Erbteils ist, können bei bestehender Teilungsanordnung die Erbschaft ausschlagen und den Pflicht-

---

65 BGHZ 40, 115, 118.
66 BGHZ 40, 115, 118; BGHZ 56, 275, 281.
67 Art. 229 § 5 S. 2 EGBGB.
68 Vgl. *Krug*, Schuldrechtsmodernisierungsgesetz und Erbrecht, 2002.

teil verlangen und sich auf diese Weise der Teilungsanordnung entledigen, § 2306 Abs. 1 S. 2 BGB.

■ **Neues Recht – für Erbfälle, die seit dem 1.1.2010 eingetreten sind**

Das Gesetz zur Änderung des Erb- und Verjährungsrechts vom 24.9.2009,[69] das am 1.1.2010 in Kraft getreten ist und für alle Erbfälle gilt, die seit dem 1.1.2010 eingetreten sind, sieht die Aufhebung der Differenzierung in § 2306 Abs. 1 BGB nach Satz 1 (hinterlassener Erbteil kleiner oder gleich groß wie Pflichtteil) einerseits und Satz 2 (hinterlassener Erbteil größer als Pflichtteil) andererseits vor.

Jeder pflichtteilsberechtigte Erbe, der Beschränkungen oder Beschwerungen unterliegt, kann das Erbe ohne Rücksicht auf dessen Höhe ausschlagen und statt seines Erbteils den Pflichtteil verlangen.

ee) Außerordentliches Auseinandersetzungsverlangen nach dem Minderjährigenhaftungsbeschränkungsgesetz

Die durch das am 1.1.1999 in Kraft getretene Minderjährigenhaftungsbeschränkungsgesetz[70] eingefügte Vorschrift des § 1629a BGB stellt die Verfassungsmäßigkeit der Vorschriften über die gesetzliche Vertretung minderjähriger Kinder durch ihre Eltern wieder her, nachdem das BVerfG die §§ 1629, 1643 Abs. 1 BGB teilweise für verfassungswidrig erklärt hatte.[71] Das Gesetz hat kein zusätzliches vormundschaftsgerichtliches Genehmigungserfordernis eingeführt – was verfassungsrechtlich möglich gewesen wäre –, sondern ist den Weg einer **Haftungsbeschränkung zugunsten des Kindes** gegangen. Die Interessen von Gläubigern und des Rechtsverkehrs wurden durch die Schaffung zweier Vermutungstatbestände gewahrt (§ 1629a Abs. 4 BGB) und durch die Einführung eines außerordentlichen Kündigungsrechts des Kindes, mit dem es seine Mitgliedschaft in einer Gesamthandsgemeinschaft (hier: Erbengemeinschaft) bzw. Personengesellschaft beenden kann.

62

Nach § 1629a Abs. 1 BGB hat das volljährig gewordene Kind die Möglichkeit, die Haftung für Verbindlichkeiten, die seine Eltern ihm gegenüber bei Ausübung der gesetzlichen Vertretung begründet haben, und für Verbindlichkeiten, die durch einen in der Zeit der Minderjährigkeit eingetretenen Erwerb von Todes wegen begründet wurden, auf den Bestand desjenigen Vermögens zu beschränken, das **im Zeitpunkt des Eintritts der Volljährigkeit** vorhanden ist. Um dieses Ziel zu erreichen, muss der volljährig gewordene Miterbe innerhalb von drei Monaten seit Eintritt der Volljährigkeit die Auseinandersetzung des Nachlasses verlangen.

63

Ist ein volljährig gewordener Minderjähriger Miterbe an einer Erbengemeinschaft, so wird in § 1629a Abs. 4 BGB vermutet, dass die Verbindlichkeit nach Vollendung des 18. Lebensjahres begründet wurde, sofern der jetzt volljährige Miterbe nicht **binnen drei Monaten nach Erreichen der Volljährigkeit** seine Miterbenstellung aufgegeben hat, d.h. er muss innerhalb dieses Zeitraumes das Auseinandersetzungsverlangen nach § 2042 BGB stellen, wobei der Eintritt der Volljährigkeit als **wichtiger Grund** i.S.v. §§ 749 Abs. 2 S. 1, 2042 Abs. 2 BGB angesehen wird.[72]

64

---

69 BGBl I 2009, 3142.
70 Vom 25.8.1998, BGBl I, 2487.
71 BVerfGE 72, 155 = NJW 1986, 1859 = FamRZ 1986, 769.
72 BT-Drucks 13/5624, 10.

### 3. Auseinandersetzungsausschluss durch Vereinbarung

65 Die Erben können unter sich den Ausschluss der Auseinandersetzung durch Vertrag vereinbaren. Eine solche Vereinbarung wird bei Vorliegen eines wichtigen Grundes unwirksam (§ 749 Abs. 2 BGB).

Wer sich auf ein Auseinandersetzungshindernis beruft, hat dies erforderlichenfalls zu beweisen.[73]

### 4. Wiederverheiratung eines Elternteils

66 Besteht zwischen dem das Kindesvermögen verwaltenden überlebenden Elternteil einerseits und einem minderjährigen Kind andererseits eine Vermögensgemeinschaft, so kann bei bevorstehender Wiederverheiratung des Elternteils trotz eines angeordneten oder vereinbarten Auseinandersetzungsausschlusses die Erbteilung verlangt werden, § 1683 S. 1, 2 BGB. Die Wiederverheiratung stellt einen wichtigen Grund i.S.v. § 749 Abs. 2 BGB dar, die dem Elternteil die Möglichkeit gibt, die Auseinandersetzung zu verlangen, §§ 2044 Abs. 1 und 2, 749 Abs. 2 BGB.[74] Der Wiederverheiratung wird die Begründung einer eingetragenen Lebenspartnerschaft gleichzusetzen sein.[75]

### 5. Sonderrechtsnachfolge in den Erbteil bei Vorhandensein eines Nachlassgrundstücks

67 § 2044 Abs. 1 S. 2 BGB verweist auf § 1010 BGB. Diese Vorschrift besagt, dass ein Auseinandersetzungsausschluss gegenüber Sonderrechtsnachfolgern nur gilt, wenn der Ausschluss im Grundbuch eingetragen ist. Soweit das Teilungsverbot auf einer Vereinbarung der Miterben beruht, ist die Eintragungsfähigkeit und ihre Wirkung unproblematisch. Unklar ist die Situation jedoch bei einem vom Erblasser angeordneten **Teilungsverbot**.

68 Die h.M. nimmt an, die Anwendung des § 1010 Abs. 1 BGB im Rahmen des § 2044 BGB setze voraus, dass der Erblasser die Umwandlung der Erbengemeinschaft in eine Bruchteilsgemeinschaft an dem Nachlassgrundstück gestattet hat, deren Auseinandersetzung aber ausgeschlossen wissen wollte. Nach dieser Meinung gilt § 1010 Abs. 1 BGB bei Gesamthandsgemeinschaften und damit auch bei einer Erbengemeinschaft nicht.[76]

### 6. Aufschub der Erbauseinandersetzung wegen nicht durchgeführten Gläubigeraufgebots

69 Solange ein Aufgebotsverfahren zur Gläubigerermittlung noch nicht abgeschlossen ist, kann jeder Miterbe den Aufschub der Auseinandersetzung verlangen, § 2045 S. 1 BGB. Hinter dieser Regelung steht die Verschärfung der Erbenhaftung nach der Teilung des Nachlasses nach §§ 2058, 2059, 2062 Hs. 2 BGB.

Dasselbe gilt, wenn die Einleitung des Gläubiger-Aufgebotsverfahrens unmittelbar bevorsteht, § 2045 S. 2 BGB. (Vgl. hierzu auch Rn 49.)

---

73 BGH NJW-RR 1991, 947.
74 Vgl. BayObLGZ 67, 230.
75 Vgl. *Kerscher/Krug*, § 35 Rn 159 ff.
76 KG DNotZ 1944, 15; Staudinger/*Lehmann*, § 2044 BGB Rn 8.

## III. Auseinandersetzungsregeln

Die gesetzlichen Auseinandersetzungsregeln der §§ 2042 ff. BGB gelten insofern nur **subsidiär**, als die Auseinandersetzungsanordnungen des Erblassers grundsätzlich Vorrang vor der gesetzlichen Regelung haben (Grundsatz der Testierfreiheit).

Auch die Erben selbst können vom Gesetz abweichende Auseinandersetzungsregeln vereinbaren (Grundsatz der Vertragsfreiheit, Art. 2 GG, §§ 241 BGB, 311 BGB, früher: § 305 BGB a.F.).

Ein solcher Auseinandersetzungsvertrag ist dann formbedürftig, wenn dies durch den Inhalt der vorgesehenen Verpflichtung notwendig ist (bei Grundstücken § 311b Abs. 1 BGB, bei GmbH-Anteilen § 15 GmbHG).

Die gesetzlichen Teilungsvorschriften sehen zwei Stufen vor:
- In **erster Linie** sind die gemeinschaftlichen Gegenstände in Natur – also real – aufzuteilen, § 752 BGB.
- In **zweiter Linie** sind sie – falls eine Realteilung nicht möglich ist – zu veräußern, notfalls durch Zwangsverkauf; der Erlös ist aufzuteilen. Bei Immobilien erfolgt der Zwangsverkauf im Wege der Teilungsversteigerung, § 753 BGB (vgl. zur Teilungsversteigerung § 20 Rn 1 ff.).

Das Gesetz stellt diese zweistufige strenge Rangfolge auf. Erst wenn feststeht, dass eine Realteilung nicht möglich ist, kommt ein Zwangsverkauf und damit eine Teilungsversteigerung in Betracht.

BGH in BGHZ 21, 229, 232:

*„Nach § 2042 Abs. 2 BGB in Verbindung mit §§ 752 ff. BGB sieht das Gesetz in erster Linie eine Teilung in Natur, d.h. in reale Teile vor. Falls eine solche nicht möglich ist, findet die gesetzliche Auseinandersetzung durch Verkauf des gemeinschaftlichen Gegenstands – bei Grundstücken durch Zwangsversteigerung – und Teilung des Erlöses statt."*

### 1. Erstes Auseinandersetzungsprinzip: Teilung in Natur

#### a) Grundregel

§ 752 S. 1 BGB, auf den § 2042 Abs. 2 BGB u.a. verweist, nennt die Grundregel der Auseinandersetzung:

*Die Aufhebung der Gemeinschaft erfolgt durch Teilung in Natur, wenn der gemeinschaftliche Gegenstand oder, falls mehrere Gegenstände gemeinschaftlich sind, diese sich ohne Verminderung des Wertes in gleichartige, den Anteilen der Teilhaber entsprechende Teile zerlegen lassen.*

Drei Voraussetzungen hat dieser Anspruch auf Teilung in Natur:
- Der gemeinschaftliche Gegenstand muss sich in **gleichartige Teile** zerlegen lassen.
- Eine Zerlegung muss gerade in solche gleichartige Teile möglich sein, die den **Quoten der Miterben** entsprechen.
- Eine Wertminderung darf durch diese Zerlegung nicht eintreten.

#### b) Gleichartigkeit der Teile

Das Gesetz verlangt nicht Gleichheit der entstehenden Teile, sondern **Gleichartigkeit**. Für deren Beurteilung kommt es auf die **Verkehrsanschauung** an. Gleichartigkeit bedeutet auch nicht Gleichwertigkeit, denn Bewertungsschwierigkeiten und -streitigkeiten sollen mittels der körperlichen Aufteilung – ohne Herstellung eines Bezugs zu einem Wertmaßstab – gerade vermieden werden. Sobald zur realen Aufteilung die Einholung eines Bewertungsgutachtens erforderlich werden würde, ist gerade keine Teilung in Natur möglich. Bewertungen werden allerdings erforderlich, wenn Vorempfänge auszugleichen sind (vgl. dazu Rn 115 ff.).

Da ein Nachlass so gut wie immer aus mehreren Gegenständen bestehen wird, wird ein Teil in Natur teilbar sein und ein anderer Teil nicht.

### c) Realteilung im Verhältnis der Erbquoten

74  Die durch die reale Aufteilung zu erzielenden Teile müssen so groß sein, dass sie den Erbquoten der Miterben am gesamten Nachlass entsprechen. Wenn also bei der Teilung „Reste" übrig bleiben würden, die durch Ausgleichszahlungen zu kompensieren wären, liegen die Voraussetzungen für eine Realteilung nicht vor.[77]

### d) Teilung ohne Wertminderung

75  Eine Wertminderung tritt dann nicht ein, wenn das Ganze nicht mehr wert ist als die Summe aller durch die Realteilung gewonnenen Einzelteile. Dabei kommt es auf den **Verkehrswert** an.

Fallen für die Aufteilung **Kosten** an, so sind sie bei der Bewertung unberücksichtigt zu lassen, bspw. Kosten der Aufteilung eines unbebauten Grundstücks, für die Vermessungs-, Notar- und Grundbuchkosten anfallen.[78] Selbst wenn die Kosten der Aufteilung höher sind als die Kosten einer Versteigerung – zur Erzielung eines Erlöses –, kann die Versteigerung nicht verlangt werden, nur weil sie kostengünstiger ist.

### e) In Natur teilbare Gegenstände

76  Am leichtesten teilbar ist **Geld** ohne Wertminderung, aber auch gleichartige Wertpapiere und Warenvorräte.

**Forderungen**, die auf eine teilbare Leistung gerichtet sind, können geteilt werden (einfachstes Beispiel: Bankguthaben).

Teilbar ist auch ein **Erbteil**. Ein Erbteil kann dann zum Nachlass gehören, wenn mehrere Erbfälle nacheinander stattgefunden haben und Miterben in Erbengemeinschaft ihrerseits an einer anderen Erbengemeinschaft beteiligt sind – „ineinander geschachtelte Erbengemeinschaften". Die Teilung dieses Erbteils erfolgt in der Weise, dass im Wege der Übertragung des Erbteils nach § 2033 Abs. 1 BGB auf jeden Miterben ein Bruchteil des Erbteils übertragen wird, der seiner Erbquote entspricht.[79] Bezüglich dieses Erbteils entsteht unter den Miterben nicht etwa eine Bruchteilsgemeinschaft nach §§ 741 ff. BGB, vielmehr hat jeder einen realen eigenen Anteil an dem Erbteil.[80]

77  Ob **unbebaute Grundstücke** in Natur teilbar sind, hängt vom Einzelfall ab. Nur selten wird eine gleichartige Aufteilung möglich sein, ohne dass eine Wertminderung entsteht.[81]

---

77 Staudinger/*Langhein*, § 752 BGB Rn 9; *Esser/Schmidt*, § 38 IV 2.d.
78 Staudinger/*Langhein*, § 752 BGB Rn 13.
79 BGH NJW 1963, 1610 m.w.N.
80 Staudinger/*Langhein*, § 752 BGB Rn 16.
81 OLG Hamm NJW-RR 1992, 666.

## f) Durchführung der Realteilung

### aa) Sachen

Die Teilung von Sachen geschieht in drei Schritten:
- **Zerlegung** des Gegenstandes in die den Erbquoten entsprechenden Anteile,
- **Zuweisung** der einzelnen so entstandenen Teile,
- **Übertragung** der einzelnen Teile auf den einzelnen Miterben.

Damit ist das oben genannte Ziel der Auseinandersetzung erreicht: Alleineigentum bei jedem Miterben.

### bb) Rechte

Die Teilung von Rechten, insbesondere Forderungen, ist einfacher: Die übrigen Miterben treten dem jeweiligen Teilhaber gem. § 398 BGB einen seiner Erbquote entsprechenden Teil der Forderung oder des Rechts ab.

### cc) Kosten der Teilung

Jeder Miterbe hat den Teil der Kosten zu tragen, der seinem Anteil entspricht, § 748 BGB.

### dd) Zwangsweise Durchsetzung

Wirken die übrigen Miterben bei der Realteilung nicht mit, so ist gegen sie Leistungsklage zu erheben mit dem Antrag, diejenigen Handlungen vorzunehmen (Zerlegung und Übergabe) und diejenigen Erklärungen abzugeben (Übereignung bzw. Abtretung), die zur Teilung erforderlich sind.

Die **Vollstreckung** des entsprechenden Urteils erfolgt
- soweit es um Zerlegung geht, nach § 887 ZPO,
- soweit es um rechtsgeschäftliche Erklärungen geht, nach § 894 ZPO,
- soweit es um die Herausgabe geht, nach §§ 883, 885 ZPO,
- soweit es um die Duldung vorbereitender Maßnahmen geht (Vermessung eines Grundstücks), nach § 890 ZPO.

## g) Ausschluss der Realteilung wegen gemeinsamer Schulden

Auch wenn ein Nachlassgegenstand real teilbar ist, so ist seine Teilung in Natur ausgeschlossen, soweit aus dem Gegenstand gemeinschaftliche Schulden erfüllt werden müssen, §§ 755, 756 BGB. Soweit zur Erfüllung dieser gemeinschaftlichen Schuld der Verkauf des Nachlassgegenstandes erforderlich ist, erfolgt der Verkauf, sofern sich die Erben nicht einig werden, nach § 753 BGB, also bei beweglichen Sachen im Wege des **Pfandverkaufs** und bei Grundstücken im Wege der **Teilungsversteigerung**.

## h) Unteilbare Gegenstände

Bei **Gebäuden** ist eine Teilung in Natur so gut wie immer ausgeschlossen. Der häufig gemachte Vorschlag, eine Aufteilung in Wohnungseigentum bzw. Teileigentum vorzunehmen, ist durch §§ 749 Abs. 1, 752 BGB nicht gedeckt, denn damit würde eine Wohnungseigentümergemeinschaft entstehen, die gem. § 11 WEG unauflöslich ist. Es würde also ein noch engerer Verband unter den Miterben entstehen als er mit der Erbengemeinschaft besteht.[82] Das Gesetz verfolgt aber das gegenteilige Ziel: An dem betreffenden Gegenstand darf keinerlei Gemeinschaft mehr bestehen.

84 Unteilbar sind insbesondere grundstücksgleiche Rechte (Erbbaurecht), Schiffe, Schiffsbauwerke, Luftfahrzeuge, Unternehmen und Kunstwerke.

85 In Bezug auf **Schriftstücke,** die sich auf die persönlichen Verhältnisse des Erblassers, auf dessen Familie oder auf den ganzen Nachlass beziehen, besteht kein Auseinandersetzungsanspruch, § 2047 Abs. 2 BGB. Eine Teilung ist aber gesetzlich nicht verboten; die Erben können sich einvernehmlich einigen über die Verteilung. Kommt eine Einigung nicht zustande, so bleiben die Schriftstücke im gesamthänderischen Eigentum aller Miterben, dessen Verwaltung sich nach §§ 2038, 745 BGB richtet.

i) Auch Teilung in Natur bei bestehender Ausgleichungspflicht

aa) Bewertung bei auszugleichenden Vorempfängen

86 Bewertungen der einzelnen Nachlassgegenstände werden erst erforderlich, wenn eine Teilung in Natur wegen der Beschaffenheit der Nachlassgegenstände nicht möglich ist oder wenn Vorempfänge auszugleichen sind.[83] Beim Vorhandensein ausgleichungspflichtiger Vorempfänge wird der **Verteilerschlüssel** für die Erbteilung, der sich primär nach den Erbquoten richtet, verändert. Zur Ermittlung der **neuen Aufteilungsquoten** ist eine Bewertung des Nachlasses vorzunehmen, weil sich anders die neuen Beteiligungsrelationen der Miterben nicht feststellen lassen.[84]

87 Der BGH führt dazu in BGHZ 96, 178, 179, 180 aus:

*„Hat der Erblasser keine Anordnungen gemäß § 2048 BGB getroffen, und vereinbaren auch die Beteiligten nichts anderes, dann ist der Nachlass unter die Miterben nach den Vorschriften der §§ 2042 ff. BGB auseinander zu setzen. Der um die Nachlassverbindlichkeiten verminderte Nachlass (§ 2046 Abs. 1 S. 1 BGB) gebührt den Miterben dabei gem. § 2047 Abs. 1 BGB grundsätzlich nach dem Verhältnis ihrer Erbteile.*
*Hat dagegen eine Ausgleichung von Vorempfängen gemäß §§ 2050, 2052 BGB stattzufinden, dann ist das Verfahren zur Berechnung dessen, was auf die Miterben bei der Teilung entfällt, durch §§ 2055, 2056 BGB modifiziert. In einem solchen Falle ist nicht der reale Nettonachlass nach dem Verhältnis der Erbteile aufzuteilen, sondern gem. § 2055 Abs. 1 S. 2 BGB ist der Nettonachlass, soweit er ausgleichungspflichtigen Miterben zukommt, zunächst rechnerisch um die auszugleichenden Zuwendungen zu vermehren. Da die Zuwendungen dem Nachlass aber nicht wirklich zugeführt werden, ergeben sich bei der Aufteilung des so erhöhten Nachlasses nach dem Verhältnis der Erbteile überhöhte Rechnungsgrößen, die bei den mit der Ausgleichung belasteten Miterben gemäß § 2055 Abs. 1 S. 1 BGB durch Kürzung um die auszugleichenden Zuwendungen (die sie ja schon erhalten haben) deshalb wieder zu vermindern sind. Diese Rechnung muss im Allgemeinen zu einer Teilungsquote (Teilungsverhältnis) führen, die von dem Quotienten der Erbteile (Erbschaftsquoten) abweicht und im Gegensatz zu diesen die davon verschiedene wirtschaftliche (finanzielle) Beteiligung der einzelnen Miterben am Nachlass genauer widerspiegelt. ...*
*Die nach diesen Grundsätzen ermittelte Teilungsquote ist demgemäß auch für die hier zu beurteilende Teilauseinandersetzung zugrunde zu legen. Dem steht nicht entgegen,*

---

82 OLG München JZ 1953, 148.
83 Vgl. *Mayer-Klenk,* Unternehmensbewertung im Erbrecht, ErbR 2008, 311.
84 So auch BGHZ 96, 174, 180 = FamRZ 1986, 156 = NJW 1986, 931.

*dass es sich um einen in Natur teilbaren Posten von Inhaberaktien handelt. Soweit im Schrifttum die Auffassung vertreten wird, die infolge der Ausgleichung verschobenen Teilungsquoten seien nur oder vorzugsweise bei der Verteilung von Geld zu berücksichtigen ..., vermag der Senat dem nicht zu folgen. Für sie findet sich im Gesetz keine hinreichende Grundlage.*

*Die §§ 2042 Abs. 2, 752 BGB schreiben für die Teilung des Nachlasses in erster Linie die Teilung in Natur vor. Diese Vorschrift lässt es nicht zu, zwischen verschiedenen Arten teilbarer Gegenstände zu differenzieren und Vorempfänge nur oder in erster Linie mit Geld auszugleichen. Einem derartigen Vorgehen steht auch entgegen, dass der Ausgleichungsberechtigte gerade keinen Geldanspruch auf Ausgleichung hat, sondern dass es sich lediglich um einen Rechnungsposten handelt ..., der der Teilung zugrunde zu legen ist. ..."*

### bb) Veränderung des Verteilerschlüssels und Teilungsregeln

Alle anderen Grundsätze der Erbteilung bleiben aber auch in einem solchen Fall erhalten:
– Zum einen, dass die Miterben nur den **im Zeitpunkt der Erbteilung** vorhandenen realen Nachlass unter Berücksichtigung aller vorgenommenen Verwaltungsmaßnahmen und Verfügungen untereinander aufteilen können und
– zum anderen, dass das Prinzip der **Teilung in Natur** unter Berücksichtigung neuer Teilungsquoten durchzuführen ist, sofern dies entsprechend der Zusammensetzung des Nachlasses möglich ist (vgl. hierzu das obige Zitat aus BGHZ 96, 178, 180, Rn 72; zur Berechnung der Ausgleichung und Ermittlung des neuen Verteilerschlüssels siehe unten Rn 138 ff.).

### 2. Zweites Auseinandersetzungsprinzip: Zwangsverkauf

§ 753 Abs. 1 S. 1 BGB bestimmt:

*Ist die Teilung in Natur ausgeschlossen, so erfolgt die Aufhebung der Gemeinschaft durch Verkauf des gemeinschaftlichen Gegenstandes, bei Grundstücken durch Zwangsversteigerung und durch Teilung des Erlöses.*

Da – wie oben bereits ausgeführt – Gebäudegrundstücke grundsätzlich nicht in Natur teilbar sind, findet bei ihnen sehr häufig die Zwangsversteigerung zur Vorbereitung der Nachlassauseinandersetzung statt, sofern sich die Erben nicht über einen freihändigen Verkauf einig werden.

Vor dem (Zwangs-)Verkauf ist der Nachlass noch nicht teilungsreif. Deshalb muss **zuerst** die **Teilungsversteigerung** abgewickelt werden, bevor eine etwaige Erbauseinandersetzungsklage erhoben wird.

BGH in BGHZ 21, 229, 232:

*„Nach § 2042 Abs. 2 BGB in Verbindung mit §§ 752 ff BGB sieht das Gesetz in erster Linie eine Teilung in Natur, d.h. in reale Teile vor. Falls eine solche nicht möglich ist, findet die gesetzliche Auseinandersetzung durch Verkauf des gemeinschaftlichen Gegenstands – bei Grundstücken durch Zwangsversteigerung – und Teilung des Erlöses statt. Wenn so verfahren wird, wie das Gesetz es vorsieht, wird das Ziel der Auseinandersetzung restlos erreicht; denn es besteht dann hinfort keinerlei Gemeinschaft mehr hinsichtlich des Nachlasses, und jeder Miterbe erhält das, was er füglich beanspruchen kann. Wird hingegen das bisher bestehende Gesamthandseigentum in Bruchteilseigentum umgewandelt, so besteht hinfort zwischen den Miterben immer noch eine Gemeinschaft nach Bruchteilen. Ein Anspruch auf Umwandlung des Gesamthandseigentums der Er-*

bengemeinschaft in Bruchteilseigentum steht nach den gesetzlichen Vorschriften keinem Erben zu (RGZ 67, 61 [64]; BGB RGRK 10. Aufl. § 2042 Anm 3 S. 195). Wollen die Erben eine Gemeinschaft nach Bruchteilen begründen, so bedarf es hierzu eines schuldrechtlichen Vertrages und der Auflassung."

90 Mit der Zwangsversteigerung (vgl. zu den Einzelheiten der Teilungsversteigerung § 20 Rn 1 ff.) wird aber die Gemeinschaft noch nicht aufgelöst. Vielmehr setzt sich die Erbengemeinschaft am Erlös fort;[85] der Erlös stellt ein dingliches Surrogat i.S.v. § 2041 BGB dar. Erst mit der Verteilung des Erlöses unter den Miterben ist die Erbengemeinschaft aufgelöst.

### 3. Versteigerung unter den Miterben, § 753 Abs. 1 S. 2 BGB

91 In drei Fällen kann die **Veräußerung** eines Nachlassgegenstandes **unstatthaft** sein, nämlich wenn
– die Miterben untereinander **vereinbart** haben, dass die Veräußerung an einen Dritten unstatthaft sein soll. Eine solche Vereinbarung hat schuldrechtliche Wirkung, die derjenige beweisen muss, der sich darauf beruft;[86]
– der Erblasser in der **Verfügung von Todes wegen** verboten hat, bei der Nachlassauseinandersetzung einen bestimmten Gegenstand an einen Dritten zu veräußern, § 2048 S. 1 BGB;
– ein im Nachlass befindliches Recht seinem Inhalt nach so ausgestaltet ist, dass es **an Dritte nicht veräußerbar** ist, bspw. ein im Nachlass befindlicher GmbH-Anteil ist vinkuliert (§ 15 Abs. 5 GmbHG), und die Genehmigung der Gesellschaft zur Veräußerung an einen Dritten oder zur Realteilung (§ 17 GmbHG) ist nicht zu erhalten. Oder bei einer Forderung wurde die Nichtabtretbarkeit gem. § 399 BGB vereinbart. Oder die nach GrdstVG erforderliche Genehmigung wird nicht erteilt.

92 Die Versteigerung erfolgt in der Weise, dass die Miterben sich auf einen Versteigerer – beim Grundstück auf einen Notar – einigen. Ist dies nicht der Fall, so findet eine Teilungsversteigerung statt, zu der aber nur die Miterben zuzulassen sind.[87]

93 Gemäß § 181 ZVG kann bei Grundstücken jeder Miterbe unter den zuvor bei Rn 86 genannten Voraussetzungen die Versteigerung unter den Miterben beantragen. Dazu muss er aber das Einverständnis der übrigen Miterben nachweisen. Erforderlichenfalls muss er die anderen Miterben auf Duldung der Zwangsversteigerung unter den Miterben verklagen. Beantragt ein Miterbe in einem solchen Fall gem. § 181 ZVG eine offene Teilungsversteigerung, so müssen die anderen Erben, die mit dieser Vorgehensweise nicht einverstanden sind, **Widerspruchsklage** analog § 771 ZPO erheben mit dem Ziel, nur die Miterben als Bieter zuzulassen.[88]

### 4. Abweichende Teilung in Ausnahmefällen?

94 Dass sich der einzelne Miterbe – und sei sein Anteil noch so klein – mit seinem Auseinandersetzungsanspruch nach § 2042 Abs. 1 BGB und der Möglichkeit, gem. § 753 BGB Grundvermögen in die Zwangsversteigerung zu bringen, gegenüber Familieninteressen an der Erhaltung langjährigen Familienbesitzes durchsetzen kann, ist immer wieder Gegenstand der Kritik an der gesetzlichen Regelung.

---

85 BGH WM 1966, 577.
86 Staudinger/*Langhein*, § 753 BGB Rn 39.
87 RGZ 52, 174, 177.
88 Staudinger/*Langhein*, § 753 BGB Rn 41.

Auch die Versteigerung des ehelichen Wohnhauses nach dem Tod eines Ehegatten kann für den Überlebenden eine **große Härte** bedeuten.[89] So führt das OLG Frankfurt in FamRZ 1998, 641 aus:

> „*Beantragt ein Ehemann nach der Scheidung die Teilungsversteigerung des ehemaligen Familienwohnhauses, in dem seine nunmehr querschnittsgelähmte frühere Ehefrau lebt, so kann dies rechtsmissbräuchlich sein. ...*
> *Das sich aus § 749 BGB ergebende Recht eines Miteigentümers, jederzeit die Aufhebung der Gemeinschaft verlangen zu dürfen, kann nur in besonderen Ausnahmefällen nach § 242 BGB wegen Verstoßes gegen Treu und Glauben als* **rechtsmissbräuchlich** *ausgeschlossen sein, wenn nämlich die Auswirkungen der Teilungsversteigerung für den anderen Miteigentümer schlechterdings unzumutbar sind, was in der Rspr. praktisch nur für geschiedene Eheleute diskutiert wird (BGHZ 68, 299 = FamRZ 1977, 458; FamRZ 1982, 246 = NJW 1982, 1093; OLG München NJW-RR 1989, 715).*"

### 5. Teilungsanordnungen

#### a) Zweck

Die Durchführung der gesetzlichen Teilungsregeln führt häufig zur Zerschlagung wirtschaftlicher Werte (siehe die Folgen von Erbteilungen bei Bauernhöfen über Jahrhunderte in Württemberg). Um solche Nachteile zu vermeiden, kann der Erblasser vom Gesetz abweichende Teilungsanordnungen treffen (§ 2048 BGB). Sie sind als solche weder bindend (im gemeinschaftlichen Testament) noch vertraglich (im Erbvertrag) denkbar. Lediglich wenn ihnen Vermächtnis- oder Auflagencharakter zukommt, ist auch eine Bindung möglich.

95

Der Erblasser kann auch anordnen, dass die Teilung nach dem billigen Ermessen eines Dritten – evtl. dem gleichzeitig eingesetzten Testamentsvollstrecker – erfolgen soll. Wäre ein von dem Dritten aufgestellter Teilungsplan unbillig, so könnte dies durch Urteil festgestellt werden. Anstelle des vom Dritten aufgestellten – unbilligen – Teilungsplans tritt dann der in den Urteilstenor aufgenommene Teilungsplan. Möglich ist auch eine Anordnung, wonach ein Wohngebäude in Wohnungseigentum aufgeteilt werden soll. Dessen Inhalt bestimmt sich dann nach den gesetzlichen Regeln.[90]

96

#### b) Rechtswirkung

Mit der Teilungsanordnung ist kein unmittelbarer Rechtsübergang verbunden; vielmehr bedarf es des dinglichen Vollzugs durch die Miterben im Rahmen der Auseinandersetzung des Nachlasses. Da die **Teilungsanordnung nur schuldrechtlich** wirkt, ist der betreffende Nachlassgegenstand, auf den sich die Anordnung bezieht, bis zur Auseinandersetzung im gesamthänderischen Eigentum der Miterben.

97

Wegen ihrer schuldrechtlichen Natur können sich die Erben einvernehmlich über sie hinwegsetzen.[91] Allerdings kann der Erblasser die Teilungsanordnung mit den Rechtswirkungen einer Auflage ausstatten – entweder ausdrücklich oder durch Auslegung zu ermitteln. Dann kann jeder Miterbe von den anderen den Vollzug der Teilungsanordnung verlangen (§§ 1940, 2194 BGB).

---

[89] Vgl. OLG Frankfurt FamRZ 1998, 641; LG Essen FamRZ 1981, 457.
[90] BGH ZEV 2002, 319 = FamRZ 2002, 1101 = NJW 2002, 2712 = MDR 2002, 1012 = Rpfleger 2002, 520 = ZErb 2002, 323 = DNotZ 2003, 56.
[91] MüKo-*Heldrich*, § 2048 BGB Rn 8; Staudinger/*Werner*, § 2048 BGB Rn 3.

Die Teilungsanordnung des Erblassers ist allein für die Nachlassauseinandersetzung von Bedeutung. Sie hat schuldrechtliche Wirkung wie eine Miterbenvereinbarung und ersetzt in ihrem Umfang die gesetzlichen Teilungsregeln.[92]

Zum sachenrechtlichen Bestimmtheitsgrundsatz in diesem Zusammenhang: Eine zur Übereignung anstehende bewegliche Sache muss durch einfache äußere Merkmale so bestimmt bezeichnet sein, dass jeder Kenner des Vertrages sie zu dem Zeitpunkt, in dem das Eigentum übergehen soll, unschwer von anderen unterscheiden kann.[93] Bloße Bestimmbarkeit aufgrund außervertraglicher Umstände reicht nicht aus.[94] Bei einer Sachgesamtheit genügt für die notwendige Einzelübertragung zwar eine Sammelbezeichnung. Eine solche muss aber die gemeinten Einzelsachen klar erkennen lassen.[95]

98  Die Teilungsanordnung hat nicht zur Folge, dass dem daraus Berechtigten bei der Auseinandersetzung mehr zukommen würde als ihm quotenmäßig und unter Berücksichtigung der Ausgleichungspflichten zustehen würde. Erhält der betreffende Miterbe in der Auseinandersetzung wertmäßig mehr als ihm eigentlich zukommen würde, so ist er den anderen Erben gegenüber ausgleichspflichtig (nicht zu verwechseln mit den Ausgleichungsvorschriften der §§ 2050 ff. BGB).

### c) „Überquotale" Teilungsanordnung

99  In den Fällen, in denen der Erblasser einzelnen Erben Nachlassgegenstände zuweist, deren Wert über dem Gesamtwert der von ihm für den jeweiligen Miterben bestimmten Zuteilungsquote am Gesamtnachlass liegt, ist die Frage zu beantworten, ob es sich dabei um ein **Vorausvermächtnis** oder eine Teilungsanordnung handelt. In erster Linie kommt es darauf an, ob der Erblasser dem Begünstigten den Mehrwert zusätzlich zu seinem Erbteil zuwenden wollte – dann handelt es sich bezüglich des Mehrwerts um ein Vorausvermächtnis – oder ob eine entsprechende Zuwendung ausgeschlossen sein sollte – dann spricht vieles für eine Teilungsanordnung.[96] Der „überquotal" Begünstigte hat bei einer Teilungsanordnung den ihm nicht gebührenden Mehrwert wieder auszugleichen. Ist er dazu nicht bereit, so ist die Teilungsanordnung unbeachtlich.[97]

Der Erblasser kann auch den Wert, der der Berechnung des Ausgleichsbetrags zugrunde gelegt werden soll, testamentarisch bestimmen.[98]

100  **Wertermittlungsanspruch bei „überquotaler" Teilungsanordnung:** Das Landgericht Nürnberg-Fürth hat in einem Urteil vom 25.1.2000[99] einen für die Praxis nicht unbedeutenden Wertermittlungsanspruch bei einer vom Erblasser verfügten sog. „überquotalen" Teilungsanordnung zugesprochen.

---

92 BGH NJW 1985, 51; 2002, 2712.
93 BGH WM 1983, 1409.
94 BGH NJW 1995, 2348.
95 BGH NJW 1992, 1161.
96 BGH NJW 1995, 721.
97 Zur Problematik *Siegmann*, ZEV 1996, 47 ff.
98 OLG Frankfurt/M. NJW-RR 2008, 532 = ZErb 2008, 166 = ZEV 2008, 328.
99 NJWE-FER 2000, 261 = ZErb 2001, 5 m. Anm. *Krug*; BayObLG FamRZ 1985, 312; BGH NJW-RR 1990, 391 = FamRZ 1990, 396; vgl. auch *Siegmann*, ZEV 1996, 47 ff.

#### d) Abgrenzung der Teilungsanordnung vom Vorausvermächtnis

Die Teilungsanordnung entfaltet ihre Wirkung erst bei der Nachlassteilung. Das Vermächtnis hingegen ist Nachlassverbindlichkeit (§ 1967 Abs. 2 BGB) und ist deshalb vor der Teilung zu erfüllen (§ 2046 BGB vgl. hierzu die Übersicht bei § 15 Rn 282 ff.).[100]

101

Im Einzelfall kann es schwierig sein, festzustellen, ob die Anordnung des Erblassers den Charakter einer Teilungsanordnung oder eines Vorausvermächtnisses nach § 2150 BGB hat. Hat der Erblasser keine insoweit eindeutige Erklärung abgegeben, so ist der Wille durch Auslegung zu ermitteln.

Während die Teilungsanordnung den Erbteil quasi konkretisiert, wird das Vorausvermächtnis **zusätzlich** zum Erbteil gewährt. Nach der neueren Rechtsprechung des BGH handelt es sich um eine Teilungsanordnung, wenn die Höhe des Erbteils durch die Besonderheit der Auseinandersetzung nicht verändert werden soll. Ein etwaiger höherer Wert des zugeteilten Nachlassgegenstandes als dem Auseinandersetzungsguthaben entspräche, ist unter den Erben auszugleichen.

102

Soll dagegen dem betreffenden Miterben ein nicht ausgleichungspflichtiger Mehrwert in Form eines besonderen Vermögensvorteils zufließen, so liegt ein Vorausvermächtnis vor.[101] Der BGH stellt darauf ab, ob der Erblasser dem Begünstigten einen Vermögensvorteil verschaffen wollte, ob er ihn also gegenüber den anderen Miterben begünstigen wollte – Stichwort: **Begünstigungswille**.[102] Oder anders ausgedrückt:

103

> *„Eine vom Erblasser in letztwilliger Verfügung getroffene Anordnung für die Auseinandersetzung unter den Miterben stellt dann eine Teilungsanordnung dar, wenn er die zuvor festgelegten Erbquoten durch seine Verfügung nicht verschieben, sondern unangetastet lassen wollte.*
> *Eine Teilungsanordnung – mit der Folge, dass der die Erbquote übersteigende Wert ausgeglichen werden muss – liegt auch dann vor, wenn dem Bedachten objektiv ein zusätzlicher Vermögensvorteil zugewendet worden ist, ohne dass der Erblasser ihn gegenüber den Miterben bevorzugen wollte. Ob eine solche Bevorzugung nicht gewollt war, ist im Wege der Auslegung der letztwilligen Verfügung zu ermitteln.“*[103]

Die wesentliche Unterscheidung nach Teilungsanordnung und Vorausvermächtnis anhand eines Vermögensvorteils und eines Begünstigungswillens ist aber nicht das einzige Abgrenzungskriterium. Im Urteil vom 7.12.1994[104] hat der BGH klargestellt, dass der Erblasser grundsätzlich auch einen von der Erbeinsetzung unabhängigen Grund haben kann, einem Miterben einen bestimmten Gegenstand zuzuwenden. Dies kann bspw. dann der Fall sein, wenn der Erbe seinen Erbteil ausschlägt, er nach dem Willen des Erblassers den Gegenstand aber dennoch erhalten soll. Die wertmäßige Begünstigung ist demnach nur ein wichtiges Indiz, nicht aber zwingende Voraussetzung für die Auslegung als Vorausvermächtnis.[105]

104

Der Miterbe kann nach Annahme der Erbschaft die Übernahme des ihm durch Teilungsanordnung zugedachten Gegenstandes grundsätzlich nicht verweigern. Demgegenüber kann ein Vorausvermächtnis ohne weiteres ausgeschlagen werden. Bei Ausschlagung der Erb-

105

---

100 OLG Saarbrücken NJW-RR 2007, 1659 = ZErb 2007, 418 = ZEV 2007, 579.
101 BGH NJW 1985, 51, 52; BGH FamRZ 1987, 475, 476; BGH NJW-RR 1990, 1220; OLG Frankfurt/M. NJW-RR 2008, 532 = ZErb 2008, 166 = ZEV 2008, 328.
102 BGH NJW-RR 1990, 1220.
103 OLG Braunschweig ZEV 1996, 69.
104 BGH ZEV 1995, 144.
105 *Skibbe*, ZEV 1995, 145.

schaft wird die mit einem Erbteil verbundene Teilungsanordnung eo ipso gegenstandslos, nicht dagegen ein Vorausvermächtnis, das grundsätzlich – soweit der Erblasser nichts anderes angeordnet hat – unabhängig vom Erbteil weiter besteht.

106 Ist eine Teilungsanordnung im gemeinschaftlichen Testament oder Erbvertrag enthalten, so ist sie jederzeit widerruflich, weil sie **nicht bindend** angeordnet werden kann. Anders dagegen das Vorausvermächtnis: Es kann mit Bindungswirkung angeordnet werden. Im Falle erbvertraglicher Anordnung genießt der durch Vorausvermächtnis Bedachte schon vor dem Erbfall den Schutz des § 2288 BGB gegen eine beeinträchtigende Verfügung unter Lebenden(vgl. hierzu § 21 Rn 1 ff.).

107 Legt der Erblasser für einen Nachlassgegenstand (häufig Grundstück) einen Übernahmepreis (in der Auseinandersetzung anzurechnenden Betrag) fest, so ist zu differenzieren:
- Ist der objektive Wert höher als der Übernahmepreis, so liegt in Höhe der Differenz ein Vorausvermächtnis für den begünstigten Miterben vor.
- Ist der objektive Wert niedriger als der Übernahmepreis, so ist ein Vorausvermächtnis zugunsten der anderen, nicht übernahmeberechtigten Miterben angeordnet.

Darlegungs- und Beweislast: Wer das Vorliegen eines Vorausvermächtnis (vgl. zur Erfüllung eines Vorausvermächtnisses § 15) zu seinen Gunsten behauptet, macht für sich einen rechtlichen Vorteil geltend und hat deshalb die Darlegungs- und Beweislast dafür, dass es sich um ein Vorausvermächtnis und nicht um eine Teilungsanordnung handle.

e) Bindungswirkung eines gemeinschaftlichen Testaments bei der Teilungsanordnung

108 Dazu folgendes **Fallbeispiel** (nach DNotI-Report 16/1999):

> **Beispiel**
> Die Eheleute M und F errichteten im Jahr 1966 ein privatschriftliches gemeinschaftliches Testament, in dem sie sich gegenseitig zu Alleinerben einsetzten und folgende Regelung auf den Schlusserbfall trafen: „Nach dem Tode des Längstlebenden soll der gesamte Nachlass unseren Kindern A, B und C anfallen und unter ihnen zu gleichen Teilen aufgeteilt werden. Dabei soll der Grundbesitz entsprechend dem Einheitswert in möglichst gleichwertige reale Teile aufgeteilt und verteilt werden. Überschießende Beträge sind nach dem Verkehrswert auszugleichen."
> Der Ehemann verstarb im Jahr 1966. Die überlebende Ehefrau will jetzt ein Testament errichten. Das Hausgrundstück (Verkehrswert ca. 500.000 EUR) soll ihren Kindern A und B zu je ½-Anteil zufallen, das weitere Grundstück (Bauplatz, Verkehrswert ca. 150.000 EUR) soll an C gehen. Der Wertunterschied soll ausgeglichen werden. Steht die Bindungswirkung des gemeinschaftlichen Testaments der beabsichtigten Testamentserrichtung entgegen?

109 **Lösung**
a) Von der erbrechtlichen Bindung werden beim gemeinschaftlichen Testament nur die wechselbezüglichen letztwilligen Verfügungen des überlebenden Ehegatten erfasst, §§ 2270, 2271 Abs. 2 BGB.[106]
Wechselbezüglich können nur Erbeinsetzungen, Vermächtnisse und Auflagen sein, § 2270 Abs. 3 BGB. Eine Teilungsanordnung kann aber nicht wechselbezüglich sein. Daraus folgt, dass der überlebende Ehegatte nicht gehindert ist, eine solche Teilungsan-

---

106 *Reimann/Bengel/J. Mayer*, Testament und Erbvertrag, § 2270 Rn 19.

ordnung nachträglich zu widerrufen, und insoweit keine erbrechtliche Bindung eingetreten ist.[107]

b) Eine andere Frage ist, ob der überlebende Ehegatte auch nachträglich erstmalig eine Teilungsanordnung treffen bzw. eine widerrufene Teilungsanordnung durch eine andere ersetzen kann. Nach der Rechtsprechung des BGH[108] ist dies möglich, wenn dem überlebenden Ehegatten diese Befugnis im gemeinschaftlichen Testament oder im Erbvertrag nicht vorbehalten worden ist. Danach ist die nachträgliche erstmalige Anordnung einer Teilungsanordnung bzw. ihre „Auswechslung" keine beeinträchtigende Verfügung i.S.v. § 2289 Abs. 1 BGB, sofern diese nicht zu einer Verschiebung der den bindend Bedachten zukommenden Erbquoten führt.[109] Der BGH begründet seine Meinung mit dem Wortlaut des § 2070 Abs. 3 BGB, wonach eine Teilungsanordnung nicht an der Bindungswirkung des gemeinschaftlichen Testaments bzw. des Erbvertrags teilnehme.[110]

Die BGH-Rechtsprechung wird von der Literatur zum Teil kritisiert mit dem Hinweis, eine Teilungsanordnung sei stets – auch bei vollem Wertausgleich – eine beeinträchtigende Verfügung.[111] Die wohl h.M. in der Literatur[112] und ein Teil der neueren Rechtsprechung[113] haben sich der BGH-Rechtsprechung angeschlossen.

110

Nach der h.M. kann F die von ihr beabsichtigte Teilungsanordnung verfügen, wenn ein etwaiger Wertunterschied ausgeglichen wird.

Eine andere Lösungsmöglichkeit bestünde im Abschluss eines Zuwendungsverzichtsvertrags nach § 2352 BGB zwischen F und den gemeinschaftlichen Kindern. Diese Lösung wäre sicherer als die einseitige Auswechslung der bestehenden Teilungsanordnung.

111

### 6. Übernahmerecht

Unter einem Übernahmerecht versteht man die Zuweisung eines bestimmten Nachlassgegenstandes an einen Miterben mit der Bestimmung, dass dieser das Recht haben solle, den betreffenden Gegenstand zu übernehmen, und zwar entweder zum **Verkehrswert** oder zu einem vom Erblasser festgesetzten **Übernahmepreis**.

112

Das Übernahmerecht unterscheidet sich von der reinen Teilungsanordnung dadurch, dass der Miterbe beim **Übernahmerecht** nicht verpflichtet ist, den zugewandten Gegenstand zu übernehmen, sondern frei über eine eventuelle Übernahme entscheiden kann.[114] Das Übernahmerecht ist ein **Gestaltungsrecht**; erst die Ausübung des Rechts begründet den Anspruch auf Übertragung des betreffenden Nachlassgegenstandes bei der Erbteilung.[115]

113

---

107 *Lehmann*, MittBayNot 1988, 158.
108 BGH NJW 1982, 441, 442.
109 BGHZ 82, 274, 279.
110 BGH NJW 1982, 441, 442.
111 *Lehmann*, MittBayNot 1988, 158; Staudinger/*Kanzleiter*, § 2289 BGB Rn 12; OLG Koblenz DNotZ 1998, 218, 219.
112 Palandt-*Edenhofer*, § 2271 BGB Rn 16; Soergel/*Wolf*, § 2271 BGB Rn 16; MüKo-*Musielak*, § 2217 BGB Rn 17.
113 OLG Braunschweig ZEV 1996, 69, 70.
114 *Langenfeld*, Rn 174.
115 Palandt/*Edenhofer*, § 2048 Rn 8.

Unterschied zum Vorausvermächtnis: Vgl. BGHZ 36, 115:

> „*Ein Übernahmerecht zugunsten eines Miterben in einer Verfügung von Todes wegen kann auch bei objektiv vollwertigem Übernahmepreis über eine Teilungsanordnung hinaus ein Vermächtnis sein.*
> *Ein Vermächtnis liegt immer dann vor, wenn nach dem Willen der an der Verfügung Beteiligten, insbesondere des Erblassers, der Übernahmeberechtigte durch das Übernahmerecht einen Vermögensvorteil gegenüber den übrigen Miterben bekommen soll; eine reine Teilungsanordnung ist dann gegeben, wenn ein solcher Begünstigungswille fehlt.*"

Ein Problem tritt dann auf, wenn sich die Differenz zwischen Verkehrswert und dem vom Erblasser festgelegten Übernahmepreis bis zum Eintritt des Erbfalls entscheidend ändert. Der BGH möchte dem über den Grundsatz von Treu und Glauben gem. § 242 BGB abhelfen.[116] Für seit dem 1.1.2002 eingetretene Erbfälle gilt § 313 BGB („Störung der Geschäftsgrundlage").[117]

114 Das einzige gesetzlich geregelte Übernahmerecht findet sich in § 2049 BGB.

### 7. Ausgleichungsvorschriften mit Berechnungsbeispielen

#### a) Grundsatz der gleichen Teilhabe von Kindern am Nachlass

115 Die Ausgleichung von lebzeitig erhaltenen Vorempfängen in der Erbteilung ist in der Praxis von großer Bedeutung. Grund für die in den §§ 2050 ff. BGB geregelten Ausgleichungspflichten ist – ausgehend vom Grundsatz der erbrechtlichen Gleichbehandlung von Kindern in § 1924 Abs. 4 BGB[118] – der vom Gesetz vermutete Wille des Erblassers, seine Kinder an der Rechtsnachfolge in sein Vermögen (zu Lebzeiten und nach seinem Tod, d.h. an seiner wirtschaftlichen Lebensleistung) gleichmäßig teilhaben lassen zu wollen. Vorempfänge einer bestimmten Art gelten daher grundsätzlich als auf den künftigen Erbteil erfolgt. Der Gleichbehandlungsgrundsatz des § 1924 Abs. 4 BGB setzt sich im Ausgleichungsrecht fort. Er wird allerdings bezüglich der Schul- und Berufsausbildungskosten in § 2050 Abs. 2 BGB durchbrochen, weil schon § 1610 Abs. 2 BGB keinen Gleichbehandlungsgrundsatz für die auszubildenden Kinder postuliert, sondern dem Grundsatz „Jedem nach seinen Fähigkeiten" verpflichtet ist und diesen Grundsatz insofern auch im Ausgleichungsrecht beibehält.

116 Ausgleichung bedeutet nur eine rechnerische Einbeziehung der zu Lebzeiten des Erblassers von diesem erhaltenen Vermögenswerte in die Erbteilung **unter den Abkömmlingen**, eine Modalität der Berechnung der endgültigen Anteile am effektiven Nachlass, d.h. am Auseinandersetzungsguthaben, und damit eine Veränderung des Verteilerschlüssels.

#### b) Kreis der ausgleichungspflichtigen Miterben

117 Nicht alle in der Erbengemeinschaft zusammen geschlossenen Miterben unterliegen der gesetzlichen Ausgleichungspflicht, sondern nur
– **Abkömmlinge**, und zwar
    – als gesetzliche Erben, § 2050 BGB,
    – als testamentarische Erben, wenn die Erbteile den gesetzlichen entsprechen oder doch in solchem Verhältnis zueinander stehen, § 2052 BGB,

---

116 BGH NJW 1960, 1759.
117 Vgl. *Krug*, Schuldrechtsmodernisierungsgesetz und Erbrecht, 2002.
118 „Kinder erben zu gleichen Teilen" und damit Verwirklichung des „Jedem das Gleiche" i.S.v. „suum cuique" – im Gegensatz zum Kindesunterhaltsrecht, wo gem. § 1610 Abs. 2 BGB eine Berufsausbildung nach der individuellen Fähigkeit des Kindes i.S.v. „Jedem nach seinen Fähigkeiten" geschuldet wird.

– **eintretende** oder durch Erhöhung bzw. Anwachsung begünstigte **Abkömmlinge** an Stelle ihrer Vormänner. Sie sollen insgesamt die „Stammportion" erhalten, § 2051 Abs. 1 BGB (Fortsetzung des Stammeserbrechts aus § 1924 Abs. 3 BGB),
– **Ersatzerben**, §§ 2052 Abs. 2, 2096 BGB.

Grundsätzlich sind nur diejenigen Vorempfänge auszugleichen, die der Abkömmling zu Lebzeiten vom Erblasser selbst erhalten hat. Anders aber, wenn die Eltern ein „Berliner Testament" (§ 2269 BGB) oder einen entsprechenden Erbvertrag gem. § 2280 BGB errichtet hatten: Hier ist im Sinne des Ausgleichungsrechts auch der vorverstorbene Elternteil als Erblasser anzusehen. Man spricht vom „erweiterten Erblasserbegriff" (vgl. dazu unten Rn 152).[119]

**Aber:** Dieser erweiterte Erblasserbegriff gilt nur bei der Erbteilung, nicht auch im Pflichtteilsrecht, weil andernfalls die Erblasser in das Pflichtteilsrecht eingreifen könnten.

c) Ausgleichungspflichtige Vorempfänge

aa) Gesetzliche Regelung

Nicht jede Art von lebzeitigen Zuwendungen von Seiten des Erblassers unterliegt der Ausgleichungspflicht, vielmehr sind es nur
– **Ausstattungen** ohne weiteres, Abweichendes müsste ausdrücklich bestimmt sein (§ 2050 Abs. 1 BGB).
– **Übermaß an Zuschüssen** zu den Einkünften zum Zweck der Bestreitung der laufenden Ausgaben (§ 2050 Abs. 2 BGB),
– Übermaß an **Berufsausbildungskosten** (§ 2050 Abs. 2 BGB),
– **Andere Zuwendungen, insbesondere Schenkungen**, falls die Ausgleichungspflicht bei der Zuwendung angeordnet wurde (§ 2050 Abs. 3 BGB). Die Anordnung muss für den Empfänger erkennbar sein – damit die Zuwendung zurückgewiesen werden könnte, falls er mit der Anordnung nicht einverstanden ist.

bb) Begriff der Ausstattung

Definiert ist die Ausstattung in § 1624 BGB. Wichtig ist zunächst die Feststellung, dass eine Ausstattung nicht dasselbe ist wie eine Schenkung.

Sie steht aber in einem inhaltlichen Zusammenhang mit dem gesetzlichen Unterhaltsrecht von Kindern. Eltern sind gegenüber ihren Kindern verpflichtet, zu deren Existenzgründung dadurch beizutragen, dass sie ihnen Unterhalt zur Erlangung einer Berufsausbildung gewähren (§ 1610 Abs. 2 BGB). Dieser Verpflichtung können sie sich nicht entziehen. Sie ist Inhalt des gesetzlichen Unterhaltsschuldverhältnisses.[120] Die Angemessenheit i.S.v. § 1610 Abs. 2 BGB wird durch **drei Faktoren** bestimmt:
(1) Fähigkeit des Kindes für das betreffende Ausbildungsfach,[121]
(2) Leistungswilligkeit des Kindes,[122]
(3) Einkommens- und Vermögensverhältnisse des(r) bar-unterhaltspflichtigen Eltern(teils).

---

119 BGHZ 88, 102 = NJW 1983, 2875.
120 Zum Inhalt dieses Berufsausbildungsanspruchs vgl. OLG Frankfurt/M. FamRZ 2001, 439 und OLG Naumburg FamRZ 2001, 440.
121 Das Kindesunterhaltsrecht entscheidet sich also nicht für die Gleichbehandlung der Kinder, sondern für die Variante „Jedem nach seinen Fähigkeiten" des „suum cuique".
122 Beides nachprüfbar durch (Zwischen-)Zeugnisse.

Über diese gesetzlich geschuldete Leistungspflicht hinaus können die Eltern den Kindern zur Erlangung ihrer wirtschaftlichen Selbstständigkeit weitere Zuwendungen gewähren, die nicht als Schenkung zu definieren sind.

Auf freiwilliger Basis können Eltern ihren Kindern also auch Vermögensgegenstände als zusätzliche Starthilfe übertragen.

Wenn Eltern oder ein Elternteil einem Kind eine größere Zuwendung gewähren
– anlässlich der Heirat des Kindes oder
– anlässlich seiner wirtschaftlichen Selbstständigmachung oder
– zur Aufrechterhaltung seiner wirtschaftlichen Selbstständigkeit,

so sieht das Gesetz darin eine Ausstattung, wenn die Zuwendung dazu dient, dem Kind wirtschaftlich „unter die Arme zu greifen."

Zuwendungszweck und damit Vertragsinhalt – als Geschäftsgrundlage – ist gem. § 1624 BGB die Begründung oder Erhaltung der Wirtschafts- und Lebensstellung. Rechtsgrund der Ausstattung ist gerade keine Schenkung, sondern der eigenständige Zuwendungszweck der **Existenzhilfe**.

Wenn die genannten Zwecke verfolgt werden, geht das Gesetz davon aus, eine solche Zuwendung sei später bei der Aufteilung des Nachlasses des zuwendenden Erblassers auszugleichen (§ 2050 Abs. 1 BGB).

121 Unterschied zur Schenkung: Die besonderen Regeln für die Ausstattung gelten nur insoweit, als die Zuwendung die Vermögensverhältnisse des Zuwendenden nicht übersteigen. Für das Übermaß gilt Schenkungsrecht (§ 1624 Abs. 1 BGB). Die Abgrenzung zwischen Ausstattungs- und Schenkungsteil ist in der Praxis häufig sehr schwierig. Deshalb empfiehlt sich eine entsprechende Vereinbarung im Vertrag.

**Beweislast:** Wer Übermaß behauptet, hat es zu beweisen.[123]

Die Ausstattung führt in der Praxis zwischenzeitlich ein stiefmütterliches Dasein; obwohl sie gegenüber der Schenkung wesentliche Vorteile haben kann, wie der nachfolgende Exkurs zeigen wird.

122 **Exkurs in das Recht der Ausstattung:**
– Sie ist keine Schenkung, sondern causa sui generis (Existenzhilfe) „Ausstattungs-causa".
– Da sie keine Schenkung ist, bedarf das Ausstattungsversprechen grundsätzlich keiner Form; insbesondere gilt nicht § 518 Abs. 1 BGB, sofern nicht nach anderen Vorschriften eine Form vorgesehen ist, bspw. § 311b BGB.
– Die Regeln über die Notbedarfseinrede, § 519 BGB, die Rückforderung wegen Notbedarfs, § 528 BGB, und den Widerruf, § 530 BGB, gelten nicht, weil keine Schenkung vorliegt.
– § 814 BGB gilt nicht.
– Es gibt keine Gläubigeranfechtung nach § 3 Abs. 1 Nr. 3 AnfG, §§ 39 Abs. 1 Nr. 4, 134 InsO, §§ 32 Nr. 1, 63 Nr. 4 KO.[124]
– Aus der Ausstattung kann es keinen Ergänzungspflichtteil nach §§ 2325 ff. BGB geben, sofern nicht wegen Übermaßes Schenkungsrecht gilt.
– Die Rechte des Erwerbers wegen Sach- und Rechtsmängeln richten sich nach Schenkungsrecht (vgl. §§ 1624 Abs. 2, 523, 524 BGB).

---

123 Zum Übermaß: *Schmid*, BWNotZ 1971, 29, 30.
124 So Palandt/*Diederichsen*, § 1624 BGB Rn 3; a.M. Staudinger/*Coester*, § 1624 BGB Rn 4.

- Die Ausstattungsgewährung ist grundsätzlich sittliche Pflicht i.S.v. § 1375 Abs. 2 Nr. 1 BGB.[125]
- Auslegungsregel des § 1625 BGB: Gewährt ein Elternteil einem Kind, dessen Vermögen kraft elterlicher Sorge, Vormundschaft oder Betreuung seiner Verwaltung unterliegt, eine Ausstattung, so ist im Zweifel anzunehmen, dass er sie aus dem Kindesvermögen gewährt hat, sie also letztlich keine Zuwendung des Elternteils an das Kind ist. Deshalb sollte in Ausstattungsverträge eine entsprechende Klarstellung aufgenommen werden.

cc) Ausstattung – Schenkung – Unbenannte Zuwendung an ein Kind?

Nach der Meinung des OLG Nürnberg[126] (ergangen zu § 1374 BGB) stellen unentgeltliche Zuwendungen von Eltern an ihre Kinder in der Regel eine ehebezogene Zuwendung wegen des eheförderndes Zwecks dar. Kritisch dazu *Schröder*,[127] der grundsätzlich eine Schenkung annimmt.

dd) Übermaß an Berufsausbildungskosten

Berufsausbildungskosten sind z.B. Studien-, Promotions- oder Fachschulkosten, nicht aber die Kosten für die allgemeine Schulbildung. Übermaß liegt nicht schon deshalb vor, weil die Aufwendungen für einen Abkömmling höher sind als die für die anderen. Für die Beurteilung der Frage, ob solche Aufwendungen das den Verhältnissen des Erblassers entsprechende Maß übersteigen, sind die gesamten Vermögensverhältnisse zur Zeit der Zuwendung maßgebend.[128]

ee) Begriff der Schenkung

Es gelten die §§ 516 ff. BGB, insbesondere ist die Einigung über die Unentgeltlichkeit erforderlich. Reine Schenkungen sind selten. I.d.R sind Gegenleistungen – und seien es nur Auflagen – mit der Schenkung verbunden.

Von **gemischter Schenkung** spricht man, wenn der Wert des geschenkten Gegenstandes objektiv höher ist als der der Gegenleistung. Es liegt eine teilweise Unentgeltlichkeitsabrede vor: Die Parteien kennen das objektive Missverhältnis von Leistung und Gegenleistung und sind sich darüber einig, dass der Mehrwert unentgeltlich zugewandt sein soll. Der BGH hat in einem Urteil vom 6.3.1996[129] noch einmal ausdrücklich darauf hingewiesen, dass eine gemischte Schenkung eine Einigung der Vertragsparteien über die teilweise Unentgeltlichkeit voraussetzt.[130]

Der unentgeltliche Teil der Zuwendung ist gem. § 2050 Abs. 3 BGB unter Abkömmlingen auszugleichen, wenn der Zuwendende dies bei der Zuwendung bestimmt. Die Anordnung der Ausgleichungspflicht gehört nicht zwingend zur Schenkung. Denkbar ist, dass der Schenker die Ausgleichung gerade nicht will, weil er einen bestimmten Erben bevorzugen will oder weil Zuwendungen an andere Erben erfolgt sind und dort die Anordnung der Ausgleichung – bewusst oder versehentlich – unterblieben ist.

---

125 Vgl. Soergel/*Strätz*, § 1624 BGB Rn 9.
126 OLG Nürnberg FamRZ 2006, 38.
127 *Schröder*, FamRZ 2006, 40.
128 Vgl. *Dieckmann*, FamRZ 1988, 712, 714.
129 BGH ZEV 1996, 197.
130 Vgl. auch BGHZ 82, 274, 281, 282.

127 **Berücksichtigung eines vorbehaltenen Nießbrauchs:**

Hat sich der Schenker – was in der Praxis häufig vorkommt – den Nießbrauch an dem geschenkten Gegenstand vorbehalten, so ist vom Wert des Gegenstandes der dem Schenker eingeräumte kapitalisierte Nießbrauch abzuziehen.[131] Nur dieser Rest ist der Wert der Schenkung.

Wie die **Kapitalisierung** des Nießbrauchs zu erfolgen hat, wird vom BGH nicht präzisiert. In Frage kommt eine Bewertung nach der Allgemeinen Sterbetafel, nach § 14 Abs. 1 BewG oder nach der konkreten Nießbrauchsdauer. Letztere kommt eher dann in Betracht, wenn der Nießbrauch durch ganze oder teilweise rechtsgeschäftliche Aufgabe erlischt.

128 Bei Gewährung des Nießbrauchs auf Lebensdauer ist eine abstrakte Berechnung vorzunehmen. Die BGH-Rechtsprechung spricht dafür, die Kapitalisierung nach der statistischen Lebenserwartung, also entsprechend der Sterbetafel, vorzunehmen unter Zugrundelegung des durchschnittlichen Reinertrags des konkreten Nießbrauchs unter Berücksichtigung einer evtl. Abzinsung.

Die Ermittlung des Jahreswerts des Nießbrauchs erfolgt nach § 15 Abs. 3 BewG:

> *Bei Nutzungen oder Leistungen, die in ihrem Betrag ungewiss sind oder schwanken, ist als Jahreswert der Betrag zugrunde zu legen, der in Zukunft im Durchschnitt der Jahre voraussichtlich erzielt werden wird.*

Die Finanzverwaltung nimmt i.d.R. für die Ermittlung der Erbschaftsteuer (Schenkungsteuer) einen Durchschnittswert aus 2–3 Jahren zur Zeit der Schenkung an.

Das hat in einem Urteil vom 17.3.1998[132] die **Kapitalisierungsmethode nach der Sterbetafel** angewandt.

129 **Bewertung eines Wohnungsrechts, §§ 528, 818, 2287 BGB, nach OLG Frankfurt/M.:**[133]

Zur Bewertung eines Wohnungsrechts und zur Abgrenzung eines Vertrages, durch den ein Erblasser sein Eigentum an einem Hausgrundstück gegen Rentenzahlungen und Einräumung eines Wohnungsrechts überträgt, von einem Schenkungsvertrag:

In dem vom OLG Frankfurt/M. entschiedenen Fall wurde ein Hausgrundstück gegen eine Rentenzahlungsverpflichtung und Einräumung eines Wohnungsrechts übertragen.

Das OLG hat bei der Kapitalisierung der Gegenleistungen eine ex-ante-Betrachtung angestellt und bewertet auf der Grundlage der Lebenserwartung nach der Sterbetafel.

> „Maßgeblich ist insoweit der Zeitpunkt des Rechtsgeschäfts – spätestens die Eigentumsumschreibung."

Bei monatlichen Rentenbeträgen von 400 DM wurde die Rente kapitalisiert:

400 DM x 12 Monate x 8,86 Kap.fakt. = 42.528 DM.

Das Wohnungsrecht wurde bewertet bei einem Mietwert von 7,35 DM/qm mit:

7,35 DM x 82 qm x 12 Monate x 8,86 = 64.079,06 DM.

130 Das OLG Celle hat im Urteil vom 13.6.2002 – 22 U 104/01 –[134] im Zusammenhang mit der Bewertung einer Schenkung für einen Pflichtteilsergänzungsanspruch im Grundsatz

---

131 BGH NJW-RR 1996, 705; BGHZ 118, 49; OLG Köln FamRZ 1997, 1437.
132 LG Bonn ZEV 1999, 154.
133 OLG Frankfurt/M. FamRZ 2000, 878.
134 OLG Celle RNotZ 2003, 55 = OLGR Celle 2002, 234 = NJW-RR 2002, 1448 = ZEV 2003, 83.

das Wohnungsrecht nach § 14 BewG ex ante bewertet, aber dennoch einen Vorbehalt bei kurzer Lebensdauer des Schenkers gemacht:

> „1. Bei der Bewertung einer Grundstücksschenkung mit Wohnrechtsvorbehalt gemäß § 2325 Abs. 2 S. 2 BGB ist der Jahresnutzwert des Wohnrechts als künftig wiederkehrende Gegenleistung auf den Zeitpunkt der Übertragung mit dem sich aus Anlage 9 zu § 14 BewG in der bei Vertragsschluss maßgeblichen Fassung zu kapitalisieren.
> 2. Wegen des einer Grundstücksübertragung gegen Einräumung eines Wohnrechts innewohnenden Risikos der künftigen Entwicklung bleibt der spätere tatsächliche Verkauf zwischen Vertragsschluss und Erbfall unberücksichtigt (abw. OLG Oldenburg NJW-RR 1999, 734). Ein angemessener Abschlag von dem sich aus Anlage 9 zu § 14 BewG ergebenden Kapitalisierungsfaktor ist ausnahmsweise dann vorzunehmen, wenn bereits bei Vertragsschluss mit dem baldigen Ableben des Erblassers gerechnet werden musste, dieser Umstand beiden Vertragsschließenden bekannt war, und der Erblasser auch tatsächlich kurze Zeit nach Vertragsschluss verstorben ist."

Der BGH ist im Urteil vom 17.4.2002 – IV ZR 259/01 – im Pflichtteilsergänzungsrecht in anderem Zusammenhang, nämlich bei der Bewertung eines vor der Wiedervereinigung Deutschlands verschenkten Grundstücks, hinsichtlich des Grundstückswerts von einer exante-Betrachtung ausgegangen:[135]

> „ ...Für die Frage, ob das Grundstück, das die Erblasserin der Beklagten übertragen hat, als eine zumindest gemischte Schenkung zum fiktiven, der Pflichtteilsergänzung unterliegenden Nachlass gehört, kommt es auf die Wertverhältnisse beim Vollzug des Vertrages an (BGHZ 147, 95, 98; Senatsbeschluss vom 14. Dezember 1994 – IV ZA 3/94 – ZEV 1995, 335 = FamRZ 1995, 420). Hierzu hat das Berufungsgericht festgestellt, dass die am 28. März 1985 vor dem Staatlichen Notariat beurkundete Übertragung des Grundstücks am 6. August 1985 durch Eintragung im Grundbuch vollzogen worden sei. ...
> Danach kommt es für das Vorliegen einer Schenkung auf die Wertverhältnisse im Jahre 1985 an. ... Lag damals ein entgeltliches Geschäft vor, kann daraus durch die Wertsteigerung des Grundstücks nach der deutschen Einigung kein auch nur teilweise unentgeltliches Geschäft geworden sein. ...
> Um dagegen eine ergänzungspflichtige Schenkung im Sinne von §§ 2325 ff. BGB annehmen zu können, bedarf es zunächst objektiv einer Bereicherung des einen Vertragspartners (zu übernehmenden Lasten und Gegenleistungen vgl. BGHZ 107, 156, 159 ff.; BGH, Urteil vom 19. Januar 1999 – X ZR 42/97 – NJW 1999, 1626 unter I 2b). Dabei sind sowohl das Grundstück als auch das Wohn-, Mitbenutzungs- und Pflegerecht der Erblasserin nach den Verhältnissen in der DDR im Jahre 1985 zu bewerten. ..."

**ff) Geldzuwendung von Eltern im Zweifel Ausstattung an eigenes Kind (§§ 1374, 1624 Abs. 1 BGB)**

Lassen sich Adressat und Zweck einer größeren Geldzuwendung durch die Eltern eines Ehegatten nicht mehr aufklären, kann es sich um eine Ausstattung handeln.

*Sachverhalt:*[136]

Die geschiedenen Ehegatten streiten um Zugewinnausgleich. Ehefrau = Klägerin, Ehemann = Beklagter. Im Jahre 1989 haben die Eltern der Klägerin einen Betrag von 100.000

---

135 BGH NJW 2002, 2469 = FamRZ 2002, 883 = ZEV 2002, 282 = MDR 2002, 1069 = ZErb 2002, 234.
136 AG Stuttgart NJW-RR 1999, 1449 = ZEV 2000, 73.

DM auf das Konto des Beklagten überwiesen und beide Eheleute als Empfänger angegeben. Streitig ist, an wen die Zuwendung erfolgt sein soll. Der Beklagte ist der Meinung, die Zuwendung sei an die Eheleute je hälftig erfolgt, die Klägerin meint, an sie alleine.

134 *Aus den Gründen:*

„*Wenn sich nicht eindeutig feststellen lässt, wem die Zuwendung der Eltern zugute kommen sollte – nur der eigenen Tochter oder der Tochter gemeinsam mit dem Schwiegersohn –, so ist der aus den Umständen rekonstruierbare oder der mutmaßliche Wille der Eltern zu ermitteln.*
*Aus der Tatsache, dass die Überweisung auf das Konto des Beklagten erfolgte, lässt sich nichts entnehmen; denn hierzu führt die Klägerin – unbestritten – aus, sie habe damals kein eigenes Konto gehabt ...*
*In derartigen (Zweifels-)Fällen ist, wie auch in der vom Beklagten zitierten Entscheidung des BGH vom 12.4.1995 (NJW 1995, 1889 = FamRZ 1995, 1060 ff.) geschehen, diejenige rechtliche Konstruktion zu ermitteln, die dem Willen und der Interessenlage der Eltern am ehesten gerecht wird. Vieles spricht dafür, Zuwendungen in der hier in Rede stehenden Größenordnung überhaupt nicht als Geschenk, sondern als Ausstattung (§ 1624 Abs. 1 BGB) zu behandeln. Nach der genannten Vorschrift ist dies eine Zuwendung der Eltern an ihr Kind „mit Rücksicht auf seine Verheiratung oder auf die Erlangung einer selbstständigen Lebensstellung zur Begründung oder zur Erhaltung der Wirtschaft oder Lebensstellung."*
*Ein derartiger ausdrücklicher Zweck lässt sich aus der Tatsache der Überweisung ebenso wenig entnehmen wie eine Schenkung, ein Darlehen oder irgendein anderer Zweck. Die sich aus dieser rechtlichen Bewertung ergebenden Rechtsfolgen sprechen aber dafür, dass in vielen derartigen Fällen Eltern, wenn ihnen die verschiedenen rechtlichen Konstruktionen ausdrücklich zur Wahl gestellt würden, die Ausstattung als die angemessene ansehen würden. ..."*

gg) Übertragung „im Wege der vorweggenommenen Erbfolge"

135 Nicht selten werden – auch vor Notaren – „Übertragungsverträge" geschlossen, ohne dass eindeutig gekennzeichnet würde, ob es sich um eine Ausstattung oder um eine Schenkung handelt. Erfolgt eine solche Übertragung „im Wege der vorweggenommenen Erbfolge", so ist durch Auslegung zu ermitteln, ob, falls eine entsprechende ausdrückliche Regelung fehlt, eine Ausgleichung stattzufinden hat oder nicht. Ergeben sich dafür keine Anhaltspunkte, so wird i.d.R. eine Ausgleichungspflicht anzunehmen sein, weil diese Teil der gesetzlichen Erbteilungsregeln ist.[137]

hh) Berührungspunkte mit § 2287 BGB

136 Für bereicherungsrechtliche Ansprüche eines Erbvertrags-Erben gem. § 2287 BGB – bzw. analog eines in einem gemeinschaftlichen Testament bindend eingesetzten Erben – gegen einen Beschenkten muss auch eine objektive Beeinträchtigung des Vertragserben zu bejahen sein. Sie ist u.a. zu verneinen bei einer zu Lasten des beschenkten vertraglichen Mit-Schlusserben vom Erblasser angeordneten **Ausgleichungspflicht in der Erbteilung** nach § 2050 Abs. 3 BGB.[138]

---

137 BGH FamRZ 1989, 175 mit Anm. *Musielak*; BGH NJW 1982, 43 = BGHZ 82, 274, 275; Letztere ist zur Problematik des § 2287 BGB ergangen.
138 BGH FamRZ 1989, 175 m. Anm. *Musielak*; BGH NJW 1982, 43 = BGHZ 82, 274, 275.

Dazu der BGH in BGHZ 82, 274:

> „a) Wer durch bindend gewordenes gemeinschaftliches Testament seine beiden Söhne zu gleichen Teilen zu Erben eingesetzt hat, darf sein Vermögen auch im Wege vorweggenommener Erbfolge auf die Söhne verteilen. Er verstößt auch dann nicht gegen seine erbrechtlichen Bindungen, wenn er die Hälfte seines Vermögens bei Lebzeiten auf den einen Sohn überträgt und den anderen wegen seines Anteils auf den Nachlass verweist, bei der Zuwendung aber durch Ausgleichsanordnung zugleich sicherstellt, dass der letztere nicht zu kurz kommt. Er ist auch nicht gehindert, einem Sohn durch Teilungsanordnung mehr Grundstücke zukommen zu lassen, als dem Wert des Erbteils entspricht; Voraussetzung dafür ist, dass er diesem auferlegt, dem anderen Sohn einen entsprechenden Ausgleich aus dem eigenen Vermögen zukommen zu lassen.
> b) Überträgt der Erblasser einem seiner beiden bindend zu Schlusserben eingesetzten Söhne Teile seines Vermögens im Wege „vorweggenommener Erbfolge", dann kann das als Ausgleichsanordnung im Sinn von §§ 2052, 2050 Abs. 3 BGB zu verstehen sein. Überträgt er diesem bei Lebzeiten mehr Grundstücke, als dem Wert des Erbteils entspricht, dann geht ein möglicher Anspruch des anderen Sohnes aus § 2287 BGB in der Regel nicht auf Herausgabe von Grundstücken oder eines Anteils daran, sondern auf Wertersatz."

### d) Berechnung der Ausgleichung

Die Art der Berechnung des Auseinandersetzungsguthabens bei ausgleichungspflichtigen Vorempfängen wird in § 2055 BGB vorgegeben:

**1. Schritt:** Die Erbteile der an der Ausgleichung nicht teilnehmenden Erben, insbesondere der Erbteil des überlebenden Ehegatten, werden berechnet und vorweg abgezogen. Der Rest verbleibt für die Abkömmlinge.

**2. Schritt:** Dem so ermittelten Nachlass werden sämtliche Ausgleichungspositionen zugerechnet. Dies ergibt die rechnerische Teilungsmasse.

**3. Schritt:** Die rechnerische Teilungsmasse wird nach Erbquoten – bezogen auf die Teilungsmasse – geteilt. **Nota bene:** Die **rechnerische Quote** ändert sich jetzt, weil jetzt nur noch der unter den Abkömmlingen aufzuteilende Nachlassteil betroffen ist.

**4. Schritt:** Beim betreffenden Erben wird der jeweilige Vorempfang auf das der Erbquote entsprechende vorläufige Auseinandersetzungsguthaben angerechnet.

### e) Maßgebender Wert

Maßgebend ist der Wert zur Zeit der Zuwendung. Spätere Wertänderungen und Erträge bleiben außer Ansatz. Allerdings ist der **Kaufkraftschwund** zu berücksichtigen.[139] Der ausgleichungspflichtige Wert errechnet sich nach folgender Formel:[140]

Wert im Zeitpunkt der Zuwendung x Lebenshaltungskostenindex im Zeitpunkt des Erbfalls / Lebenshaltungskostenindex im Zeitpunkt der Zuwendung

Quelle der Indexzahlen: Statistisches Jahrbuch, teilw. abgedr. in NJW, FamRZ und DNotZ und bei Palandt zu § 1376 BGB.

Das Statistische Bundesamt in Wiesbaden hat einen telefonischen Ansagedienst zur Auskunft über die Indexzahlen eingerichtet: Tel. 06 11/75 28 88; Internet-Adresse des Stat.

---

139 BGH NJW 1975, 1831; BGHZ 65, 75.
140 Nach BGH in BGHZ 65, 75.

Bundesamtes: http://*www.statistik-bund.de*; E-Mail: *stba-berlin.infodienst@t-online.de*, dort erhalten Sie die neuesten Index-Zahlen.

139 Nach der BGH-Rechtsprechung ist nicht der Index zum Zeitpunkt der Erbteilung maßgebend, sondern der **Index zum Zeitpunkt des Erbfalls**.[141] Gewichtige Gegenstimmen in der Literatur vertreten die Meinung, dass der Zeitpunkt der Teilung für die Indexierung maßgebend ist (zu Berechnungsalternativen für die Indexierung der Vorempfänge auf den Zeitpunkt des Erbfalls und auf den Zeitpunkt der Erbteilung bzw. im Prozess auf den Zeitpunkt der letzten mündlichen Tatsachenverhandlung siehe unten Rn 148 ff.).[142]

Der Erblasser kann bei der Zuwendung den bei der Erbteilung anzurechnenden Wert festsetzen; eine solche Anordnung kann sich auch aus den Umständen des Falles ergeben.[143]

140 Eindeutig ist die Rechtslage im Pflichtteilsrecht: Dort gilt das Stichtagsprinzip des Erbfalls, weil es lediglich um einen schuldrechtlichen Anspruch geht und § 2311 BGB dies anordnet. Bei Indexierungen ist dort der Index im Zeitpunkt des Todestages maßgebend. Und: Der Pflichtteilsberechtigte soll am Verwaltungsergebnis der/des Erben nicht mehr teilnehmen.

### f) Keine Rückgabe des Mehrempfangs (§ 2056 BGB)

141 Stellt sich bei der Berechnung des Auseinandersetzungsguthabens unter Einschluss aller ausgleichungspflichtiger Vorempfänge heraus, dass ein Miterbe zu Lebzeiten des Erblassers schon mehr erhalten hat als ihm bei der Erbauseinandersetzung zustehen würde, so ist der betreffende Miterbe zur Rückzahlung nicht verpflichtet. Darin zeigt sich die Rechtsnatur der Ausgleichung als bloße Veränderung des Verteilerschlüssels. Folge: Unter Wegfall des betreffenden Miterben wird neu gerechnet, § 2056 S. 2 BGB (vgl. dazu das Berechnungsbeispiel in Rn 144).

Was in der Praxis weitgehend unbekannt ist: § 2056 BGB ist disponibler Natur. Es kann also vertraglich zwischen dem Schenker bzw. Ausstattungsgeber als künftigem Erblasser und dem Zuwendungsempfänger für den Fall, dass bei der künftigen Erbteilung die Situation des § 2056 BGB eintreten sollte, eine Einschusspflicht in den Nachlass vereinbart werden (als aufschiebend bedingte Gegenleistung).

Mit § 2056 BGB gibt das Gesetz dem Vertrauensschutz für den Abkömmling, der eine ausgleichungspflichtige Zuwendung erhalten hat, den Vorzug gegenüber dem in § 1924 Abs. 4 BGB angesiedelten Grundsatz der Gleichbehandlung der Kinder (und ihrer Stämme, § 1924 Abs. 3 BGB).

### g) Berechnungsbeispiele

142 Die Ausgangszahlen sind gerundet.

(1) Der Erblasser stirbt im Jahr 2003 unter Hinterlassung der Witwe W, des Sohnes S und der Tochter T. Der reine Nachlasswert beträgt 200.000 EUR. Als ausgleichungspflichtige Vorempfänge haben erhalten: S im Jahr 1980 Aktien im Kurswert von 130.000 DM = 65.000 EUR, indexierter Wert: 136.000 EUR; T im Jahr 1990 ein Grundstück im Wert von 82.000 DM = 40.000 EUR, indexierter Wert: 52.000 EUR. Mit W hat der Erblasser im gesetzlichen Güterstand der Zugewinngemeinschaft gelebt.

---

[141] BGHZ 65, 75; und vor allem BGHZ 96, 174, 181.
[142] AnwK-BGB/*Eberl-Borges*, § 2055 Rn 10; *Müko-Heldrich*, § 2055 Rn 12; Staudinger/*Werner*, Rn 1; Soergel/*Wolf*, § 2055 Rn 1; *Peter*, BWNotZ 1986, 28, 30; *Eberl-Borges*, Die Erbauseinandersetzung, S. 235; vgl. die ausführliche Darstellung der Gegenmeinung bei *Krug*, ZEV 2000, 41.
[143] OLG Hamm MDR 1966, 330; *Werner*, DNotZ 1978, 66.

| | | |
|---|---|---|
| Reinnachlass | 200.000 EUR | (= effektiver Nachlass) |
| ./. gesetzl. Erbteil W ½ (§ 2055 Abs. 1 S. 2) | 100.000 EUR | |
| Unter den Abkömmlingen (bei gesetzl. Erbfolge) | | |
| aufzuteilender Nachlass: | 100.000 EUR | |
| + Vorempfang S, indexierter Wert | 136.000 EUR | (= fiktiver Nachlass) |
| + Vorempfang T, indexierter Wert | 52.000 EUR | (= fiktiver Nachlass) |
| | 288.000 EUR | |
| **Berechnung Anspruch S:** | | |
| Von diesem Restnachlass entfällt auf | | |
| S als gesetzl. Erbteil ½ = | 144.000 EUR | |
| (Die Erbquote von ¼ bezog sich auf den Gesamtnachlass; auf den halben Nachlass bezogen einschl. der Vorempfänge beträgt sie ½) | | |
| ./. Vorempfang S | 136.000 EUR | |
| Auseinandersetzungsguthaben S | 8.000 EUR | |
| **Berechnung Anspruch T:** | | |
| Von dem Restnachlass von | 288.000 EUR | (siehe oben) |
| entfällt auf T als gesetzl. Erbteil ½ = | 144.000 EUR | |
| ./. Vorempfang T | 52.000 EUR | |
| Auseinandersetzungsguthaben T | 92.000 EUR. | |
| **Proberechnung:** | | |
| Von dem effektiven Nachlass erhalten: | | |
| Witwe W | 100.000 EUR | |
| Sohn S | 8.000 EUR | |
| Tochter T | 92.000 EUR | |
| Ergibt Wert des effektiven Reinnachlasses | 200.000 EUR. | |

(2) Erblasser E hinterlässt die fünf Kinder A, B, C, D, E, die gesetzliche Erben werden. Der reine Nachlass beträgt 400.000 EUR. Als ausgleichungspflichtige Vorempfänge haben A 200.000 EUR (indexiert) und B 300.000 EUR (indexiert) erhalten. Wie ist der Nachlass aufzuteilen?

| | | | |
|---|---|---|---|
| Nachlasswert | | 400.000 EUR | (= effektiver Nachlass) |
| zzgl. Vorempfänge: | A | 200.000 EUR | (= fiktiver Nachlass) |
| | B | 300.000 EUR | (= fiktiver Nachlass) |
| Rechnerische Teilungsmasse | | 900.000 EUR, | |
| von der auf jedes Kind ⅕ entfällt = | | 180.000 EUR. | |

Es zeigt sich, dass sowohl A als auch B schon zu Lebzeiten mehr erhalten haben als ihnen zustehen würde. Sie scheiden deshalb bei der Erbteilung aus, ohne zur Rückzahlung des Mehrempfangs verpflichtet zu sein, § 2056 S. 1 BGB. Unter den verbleibenden Kindern C, D und E ist eine Neuberechnung vorzunehmen, § 2056 S. 2 BGB:

| | |
|---|---|
| Nachlasswert | 400.000,00 EUR, |
| wovon auf C, D und E je ⅓ entfällt = | 133.333,33 EUR. |

### h) Indexierungsalternativen der Wertbeträge ausgleichungspflichtiger Vorempfänge

**144** Oben unter Rn 139 wurde die Frage angesprochen, auf welchen Endzeitpunkt die Indexierung der Wertbeträge ausgleichungspflichtiger Vorempfänge zu erfolgen hat. Der BGH vertritt die Meinung, Endzeitpunkt sei der Erbfall, eine davon abweichende Literaturmeinung stellt auf den Zeitpunkt der Erbteilung bzw. im Falle des Prozesses auf den Zeitpunkt der letzten mündlichen Verhandlung ab. Die Erläuterung der Problematik soll anhand einfacher Beispiele erfolgen.

**145** **Beispiel**
Im Zeitpunkt des Erbfalls besteht der Nachlass aus Sparguthaben in Höhe von 20.000 EUR, 50 DaimlerChrysler-Aktien, 30 Siemens-Aktien und 100 Telekom-Aktien. Daneben gibt es einige Verbindlichkeiten.
Gesetzliche Erben sind geworden die Witwe zur Hälfte, Sohn und Tochter zu je einem Viertel.
Der Nachlass bleibt mehrere Jahre in ungeteilter Erbengemeinschaft. Im Laufe der Zeit werden alle Nachlassverbindlichkeiten beglichen (§ 2046 BGB), das Aktiendepot wird einvernehmlich so umgeschichtet, dass noch 160 Siemens-Aktien vorhanden sind (Verwaltungsmaßnahmen und Verfügungen nach §§ 2038, 2040 BGB). Weitere Nachlassgegenstände gibt es nicht mehr. Nunmehr soll der Nachlass geteilt werden (§ 2047 Abs. 1 BGB).
Nach dem Prinzip der Realteilung (Teilung in Natur) ist der vorhandene Rein-Nachlass entsprechend den Erbquoten aufzuteilen (§§ 2042 Abs. 2, 752, 2047 Abs. 1 BGB).
Demnach entfällt auf die Witwe die Hälfte = 80 Aktien, auf den Sohn $1/4$ = 40 und auf die Tochter $1/4$ = 40 Aktien, jeweils zu Alleineigentum.
Mit der Übereignung der jeweiligen Zahl von Aktien ist das Ziel der Erbteilung erreicht: Jeder Mitberechtigte am Nachlass hat Alleineigentum an einzelnen Nachlassgegenständen (Aktien) erworben. Nachlassgegenstände, die in gemeinsamem Eigentum stünden, sind nicht mehr vorhanden.

#### aa) Die Kaufkraftanpassung beeinflusst den Verteilerschlüssel

**146** Wie bereits ausgeführt, muss bei Vorhandensein ausgleichungspflichtiger Vorempfänge für die Erbteilung ein neuer Verteilerschlüssel gefunden werden. Weil die Vorempfänge aber nur noch als fiktive Nachlassposten dem Nachlass hinzu addiert werden, ist eine Wertangabe in EUR-Beträgen erforderlich. Deshalb müssen sowohl der Nachlass als auch die ausgleichungspflichtigen Vorempfänge **bewertet** werden.

Für die Indexierung von Vorempfängen für die Erbteilung bedeutet dies nach der hier vertretenen Meinung (anders der BGH!), vgl Rn 139: Die bei der Durchführung der Ausgleichung erforderliche Bewertung des Nachlasses erfolgt im Hinblick auf die dingliche Beteiligung der Erben und ihrer Teilnahme am Verwaltungsergebnis nicht auf den Zeitpunkt des Erbfalls, sondern auf den Zeitpunkt der Erbteilung. Ist eine Erbteilungsklage erhoben, so ist auf den Zeitpunkt der letzten mündlichen Tatsachenverhandlung zu bewerten (als Folge des Mündlichkeitsprinzips des § 128 Abs. 1 ZPO). Und weil der Kaufkraftstichtag für die Nachlassbewertung der Zeitpunkt der Erbteilung ist, sind die Wertbeträge der

Vorempfänge auch auf den **Kaufkraftstichtag der Erbteilung** zu indexieren. Nur so kann ein unverfälschter neuer Verteilerschlüssel für die Erbteilung ermittelt werden.[144]

> **Beispiel** 147
> Im Beispiel 1 hat der Sohn zu Lebzeiten des Erblassers eine ausgleichungspflichtige Zuwendung erhalten, die im Zeitpunkt der Zuwendung 20.000 DM = 10.000 EUR wert war. Mit der Indexierung auf den Zeitpunkt des Erbfalls errechnet sich ein Betrag von 20.000 EUR, die Indexierung auf den Zeitpunkt der Erbteilung ergibt einen Betrag von 40.000 EUR. Der reine Wert des Nachlasses beträgt im Zeitpunkt des Erbfalls 120.000 EUR, im Zeitpunkt der Erbteilung 160.000 EUR. Im Übrigen ist der Sachverhalt gleich wie in Beispiel 1.
> Die drei Miterben verwalten den Nachlass auch in diesem Fall unabhängig von der Ausgleichungspflicht des Sohnes. Die Ausgleichungspflicht interessiert vor der Erbteilung grundsätzlich nicht; vielmehr ist für die Mehrheitsverhältnisse bei der Beschlussfassung in der Erbengemeinschaft nach §§ 2038 Abs. 2, 745 BGB die nominale Erbquote maßgebend.[145] Erst bei der Erbteilung muss der neue, von der Erbquote abweichende Verteilerschlüssel festgestellt werden. Und aufgeteilt wird natürlich nur derjenige Nachlass, der im Zeitpunkt der Erbteilung vorhanden ist und nicht der, der beim Erbfall vorhanden war, denn dieser existiert so nicht mehr, weder in seinem Bestand noch in seinen Wertverhältnissen.

### bb) Berechnung bei Indexierung auf den Stichtag der Erbteilung

Nach der BGH-Rechtsprechung müsste der Nachlass auf den Zeitpunkt des Erbfalls bewertet und der Vorempfang auf diesen Zeitpunkt indexiert werden, obwohl die Miterben den Nachlass nicht per Erbfall aufteilen, sondern zum (heutigen) Tag der Erbteilung, und somit jeder Miterbe Nachlassgegenstände erhält, deren Geldwert sich nicht nach einem zurückliegenden Zeitpunkt bemisst, sondern nach dem Zeitpunkt der Erbteilung, weil der Erbe sie heute erhält und sie nicht zum Zeitpunkt des Erbfalls zu Alleineigentum erhalten hat. 148

Wenn aber die Aufteilung nach heutigem Bestand erfolgt, so muss auch die Bewertung des Nachlasses zum heutigen Zeitpunkt erfolgen, weil andernfalls der neue Verteilerschlüssel verfälscht würde. Eine Bewertung per heute gibt aber selbstredend die heutige Kaufkraft des in EUR ausgedrückten Wertes wieder. Die neu unter Berücksichtigung des Vorempfanges zu bestimmende Beteiligungsrelation (neuer Verteilerschlüssel) kann nur dann richtig gelingen, wenn alle Wertbestimmungen zum selben Kaufkraftstichtag erfolgen. Andernfalls verfälschen verschiedene Kaufkraftstichtage die Beteiligungsrelation.

Die Bestimmung des neuen Verteilerschlüssels führt in unserem Beispiel zu folgender Aufteilung:

| | |
|---|---:|
| Wert des bei Erbteilung effektiv vorhandenen Nachlasses: | 160.000 EUR |
| abzügl. hälftiger Erbteil der Witwe, weil sie an der Ausgleichung nicht teilnimmt (§ 2055 Abs. 1 S. 2 BGB) | 80.000 EUR |
| für die Kinder verbleibender Nachlass | 80.000 EUR |

---

144 Wie hier: MüKo-*Heldrich*, § 2055 BGB Rn 12; Staudinger/*Werner*, § 2055 BGB Rn 1; Soergel/*Wolf*, § 2055 BGB Rn 1; *Peter*, BWNotZ 1986, 28, 30; *Krug*, ZEV 2000, 41; *Eberl-Borges*, Die Erbauseinandersetzung, S. 235; a.M. und wie BGH: Palandt/*Edenhofer*, § 2055 BGB Rn 3; *Meincke*, AcP 178 (1978), 59 ff.; *Ebenroth/Bacher*, BB 1990, 2053; *Thubauville*, MittRhNotK 1992, 292, 301.
145 Palandt/*Edenhofer*, § 2055 Rn 4; Staudinger/*Werner*, § 2055 BGB Rn 13.

| | |
|---|---:|
| zuzügl. ausgl.pfl. Vorempfang des S, indexiert auf den Zeitpunkt der Erbteilung (fiktiver Nachlassteil) | 40.000 EUR |
| Rechnerische Teilungsmasse für die Kinder | 120.000 EUR |
| Davon entfällt auf T $1/2$ = | 60.000 EUR |
| auf S entfällt $1/2$ = | 60.000 EUR |
| abzügl. Vorempfang S | 40.000 EUR |
| | 20.000 EUR |

Der **neue Verteilerschlüssel** für alle Erben – unter Berücksichtigung des Vorempfangs des S – lautet:

W = 80.000/160.000 = $4/8$ (Erbquote $4/8$)
T = 60.000/160.000 = $3/8$ (Erbquote $2/8$)
S = 20.000/160.000 = $1/8$ (Erbquote $2/8$).

Demnach erhält W 80 Aktien, T 60 Aktien und S 20 Aktien.

### cc) Indexierung nach der BGH-Rechtsprechung

149 Nach der BGH-Rechtsprechung ergäbe sich folgende Berechnung:

| | |
|---|---:|
| Nachlasswert zum Zeitpunkt des Erbfalls | 120.000 EUR |
| abzüglich hälftiger Erbteil der Witwe | 60.000 EUR |
| für die Kinder verbleibender Nachlass | 60.000 EUR |
| zuzügl. ausgl.pfl. Vorempfang des S, indexiert auf den Zeitpunkt des Erbfalls (fiktiver Nachlassteil) | 20.000 EUR |
| Rechnerische Teilungsmasse für die Kinder | 80.000 EUR |
| Davon entfällt auf T $1/2$ = | 40.000 EUR |
| auf S entfällt $1/2$ = | 40.000 EUR |
| abzügl. Vorempfang S | 20.000 EUR |
| | 20.000 EUR |

Der **neue Verteilerschlüssel** – unter Berücksichtigung des Vorempfangs des S – lautet hier:

W = 60.000/120.000 = $3/6$
T = 40.000/120.000 = $2/6$
S = 20.000/120.000 = $1/6$.

150 Die Unterschiede, die anhand der beiden Beispiele dargestellt wurden, zeigen, dass es sich dabei bei größeren Nachlässen nicht um zu vernachlässigende Größen handelt. Je größer der zeitliche Abstand zwischen dem Erbfall und der Erbteilung ist, umso größer ist die Abweichung der Indexzahlen zum Zeitpunkt des Erbfalls einerseits und der Erbteilung andererseits. Da aus erbschaftsteuerlichen Gründen in Zukunft häufiger nach dem Modell der gesetzlichen Erbfolge mit Testamentsvollstreckung und Nießbrauch für den überlebenden Ehegatten samt Auseinandersetzungsausschluss bis zur Wiederverheiratung bzw. bis zum Tod des Überlebenden testiert werden wird, wird in einer großen Zahl von Fällen der Nachlass über Jahrzehnte hinweg in ungeteilter Erbengemeinschaft bleiben. In solchen Fällen ist es von einiger Bedeutung, ob auf den Zeitpunkt des Erbfalls oder der Erbteilung indexiert wird.

### i) Erweiterter Erblasserbegriff beim Berliner Testament

Haben gemeinschaftliche Abkömmlinge von ihren beiden Eltern ausgleichungspflichtige Zuwendungen erhalten und werden sie bei Vorhandensein eines Berliner Testaments (§ 2269 BGB) Schlusserben des überlebenden Elternteils, so sind auch die ausgleichungspflichtigen Zuwendungen des Erststerbenden auf den Tod des Überlebenden auszugleichen.[146] Dazu der BGH in BGHZ 88, 102 (108/109):

> „... *Zuzugeben ist ... allerdings, dass bei der Auseinandersetzung unter Miterben im Falle eines Berliner Testaments Zuwendungen des vorverstorbenen Ehegatten berücksichtigt worden sind. Das Reichsgericht hat diese Frage schon 1914 für einen Fall der Gütergemeinschaft bejaht (im Urteil vom 26. März 1914 – IV 686,13, veröffentlicht LZ 1914, 1362 Nr. 19) und dabei auf die Einheitlichkeit des Vermögens der Ehegatten abgestellt. Ganz allgemein hat es unter Bezugnahme auf diese Entscheidung später die Frage dahin beantwortet, dass im Falle eines gemeinschaftlichen Testamentes als Erblasser im Sinne des § 2052 BGB (und ebenso im Sinne der §§ 2066–2069, vgl. die Bezugnahme auf BGB-RGRK 8. Aufl. § 2052 Anm. 1a) auch der zuerst verstorbene Ehegatte gelte (RG WarnRspr 1938 Nr. 22 S. 52). Hiergegen hat sich im Schrifttum Widerspruch nicht erhoben ...* "

### j) Auskunftsanspruch wegen ausgleichungspflichtiger Vorempfänge

Damit die Auseinandersetzung ordnungsgemäß vorgenommen werden kann, gewährt § 2057 BGB einen Anspruch auf Auskunft über ausgleichungspflichtige Vorempfänge (Ausstattungen, §§ 2050 Abs. 1, 1624 BGB; Schenkungen, §§ 2050 Abs. 3, 516 BGB; Zuschüsse zum Einkommen, § 2050 Abs. 2 BGB; Aufwendungen für die Berufsausbildung, § 2050 Abs. 2 BGB). In der Praxis ist auch zu fragen nach **erlassenen Schulden** (Erlassvertrag = verfügendes Rechtsgeschäft, § 397 BGB), deren Kausalgeschäft ebenfalls eine ausgleichungspflichtige Zuwendung (Ausstattung oder Schenkung) sein kann (vgl. hierzu im Einzelnen § 9 Rn 242 ff.).

Neues Verfahren für die Abgabe der eidesstattlichen Versicherung: §§ 410 ff. FamFG.

#### aa) Gläubiger und Schuldner des Auskunftsanspruchs

**Gläubiger** ist jeder Miterbe. Aber auch der Testamentsvollstrecker, zu dessen Aufgabe die Auseinandersetzung des Nachlasses gehört, kann Auskunft verlangen, weil er andernfalls eine ordnungsgemäße Auseinandersetzung nicht vornehmen könnte.[147] **Schuldner** des Auskunftsanspruchs sind die nach §§ 2050 ff. BGB Ausgleichungsverpflichteten und auch ein nichterbender pflichtteilsberechtigter Abkömmling.[148]

#### bb) Inhalt des Auskunftsanspruchs

Nicht über jede Zuwendung ist Auskunft zu geben, sondern nur über solche, die auch der Ausgleichung nach §§ 2050 ff. BGB unterliegen. Anzugeben sind solche Zuwendungen, die nach ihren generellen Eigenschaften, also auch nur möglicherweise, von den Ausgleichungsvorschriften erfasst werden.[149] Die Wertung, ob eine Zuwendung **ausgleichungspflichtig**

---

146 BGHZ 88, 102 = FamRZ 1983, 1104 = MDR 1983, 916 = DB 1983, 2623 = NJW 1983, 2875 = JuS 1984, 63 = JZ 1984, 93 = JR 1984, 109 = MittBayNot 1984, 38 = DNotZ 1984, 497.
147 MüKo-*Heldrich*, § 2057 BGB Rn 4; Staudinger/*Werner*, § 2057 BGB Rn 3.
148 OLG Nürnberg NJW 1957, 1482.
149 RGZ 73, 372, 377.

ist oder nicht, kann nicht dem Empfänger allein überlassen bleiben. Deshalb hat er im Zweifel auch über solche Zuwendungen Auskunft zu erteilen, die er als nicht ausgleichungspflichtig ansieht (bspw. sog. Pflicht- und Anstandsschenkungen).

155 Nach h.M. ist – noch auf der Grundlage zweier RG-Entscheidungen[150] – eine zeitlich und gegenständlich unbeschränkte „**Totalaufklärung**" geschuldet.[151]

Über folgende lebzeitige Zuwendungen ist – entsprechend der Verweisung in § 2057 BGB auf die §§ 2050 ff. BGB – Auskunft zu erteilen:
- **Ausstattungen**, §§ 2050 Abs. 1, 1624 BGB,
- **Zuschüsse zum Einkommen**, § 2050 Abs. 2 BGB,
- **Aufwendungen für die Berufsausbildung**, § 2050 Abs. 2 BGB,
- **andere Zuwendungen**, vor allem **Schenkungen**, § 2050 Abs. 3 BGB.
- Wegen der Verpflichtung zur Abgabe einer **eidesstattlichen Versicherung** verweist § 2057 BGB auf § 260 BGB. Neues Verfahren für die Abgabe der eidesstattlichen Versicherung: §§ 410 ff. FamFG.

### cc) Wertangaben

156 Angaben zum Wert sind allenfalls auf der Grundlage von § 242 BGB zu machen, vor allem über wertbildende Faktoren eines zugewendeten Gegenstandes.[152] Ein Anspruch auf Erstellung und Vorlage eines (Sachverständigen-)Wertgutachtens besteht allenfalls unter dem Gesichtspunkt von Treu und Glauben.[153] Die Kosten dafür würde der an dem Gutachten interessierte Auskunftsgläubiger zu tragen haben.[154]

### dd) Vorläufiger Rechtsschutz für das Auskunftsverlangen

157 Eine einstweilige Verfügung auf Auskunft ist **grundsätzlich unzulässig**.[155] Dieser Grundsatz wird ausnahmsweise nur dann durchbrochen, wenn die Durchsetzung oder wenigstens die Sicherung des der Auskunft nachfolgenden Hauptanspruchs für den Antragsteller von existenzieller Bedeutung ist und dieser nicht ohne die sofortige Auskunftserteilung geltend gemacht werden kann.[156]

### ee) Prozessuales

(1) Urkundenvorlage durch Dritte

158 Nach § 142 ZPO kann das Gericht – ggf. unter Fristsetzung – von Amts wegen die Vorlage von Urkunden nicht nur durch die Parteien, sondern auch durch Dritte anordnen, sofern

---

150 RGZ 58, 88, 91, 93; RGZ 73, 372, 378.
151 MüKo-*Heldrich*, § 2057 BGB Rn 4; vgl. auch *Sarres*, ZEV 2000, 349.
152 BayObLG OLGE 40, 149 = FamRZ 1984, 825; OLG Hamm FamRZ 1983, 1279; Soergel/*Wolf*, § 2057 Rn 1; MüKo-*Heldrich*, § 2057 BGB Rn 6.
153 OLG Hamm FamRZ 1983, 1279.
154 BGZ 84, 31, 35 = NJW 1982, 1643; BGH NJW 1986, 127; Bamberger/Roth/*Lohmann*, § 2057 Rn 4.
155 Stein/Jonas/*Grunsky*, vor § 935 BGB Rn 53; *Baumbach/Lauterbach/Albers/Hartmann*, § 940 ZPO Rn 17 Stichwort „Auskunft, Rechnungslegung"; Zöller/*Vollkommer*, § 940 ZPO Rn 8 Stichwort „Auskunft"; a.M. MüKo-*Heinze*, vor § 935 ZPO Rn 31.
156 OLG Rostock WM 1998, 1530; Zöller/*Vollkommer*, § 940 ZPO Rn 8 Stichwort „Auskunft"; Stein/Jonas/*Grunsky*, vor § 935 ZPO Rn 53; *Baumbach/Lauterbach/Albers/Hartmann*, § 940 ZPO Rn 17 Stichwort „Auskunft, Rechnungslegung".

dem Dritten dies zumutbar ist und er kein Zeugnisverweigerungsrecht hat.[157] Zwangsmittel stehen gegenüber dem Dritten wie gegenüber einem Zeugen zur Verfügung. Bei **Erbteilungsklagen** ist die Kenntnis über ausgleichungspflichtige Vorempfänge von großer Wichtigkeit (§§ 2050 ff., 1624 BGB). Urkunden sind generell zuverlässigere Beweismittel als Zeugenaussagen. Deshalb ist es für eine beweispflichtige Partei von Vorteil, wenn ein Dritter schriftliche Unterlagen, bspw. einen Überweisungsbeleg, vorlegen kann. Dritter kann auch der zuständige Mitarbeiter einer Bank sein, die Kontounterlagen wenigstens in der Form von Mikrofilmen besitzt.

### (2) Schlüssigkeit der Klage

Der Klageantrag kann sich darauf beschränken, Auskunft über die auszugleichenden Zuwendungen zu erteilen.[158] Der klagende Miterbe braucht weder darzulegen noch zu beweisen, dass eine Zuwendung erfolgt ist.[159] Es reicht, wenn der Kläger darlegt und ggf. beweist, dass er und der beklagte Miterbe an einer nach dem Gesetz vorzunehmenden Ausgleichung gemäß den Vorschriften der §§ 2050 ff. BGB beteiligt sind.

### (3) Beweislast bei gemischter Schenkung

Behauptet der Kläger, ein entgeltliches Rechtsgeschäft beinhalte wegen seiner besonderen rechtlichen Ausgestaltung eine ausgleichungspflichtige Zuwendung, so trägt er dafür die Beweislast.[160]

### (4) Streitwert

Der Streitwert einer Auskunftsklage richtet sich nicht nach dem von einer Ausgleichung zu erwartenden Vorteil, sondern nach dem Interesse an der verlangten Auskunft in ihrer Eigenschaft als den Leistungsanspruch sichernde Hilfsleistung.[161]

### (5) Eidesstattliche Versicherung

Die Abgabe einer eidesstattlichen Versicherung ist nur für den Fall geschuldet, dass ein begründeter Verdacht besteht, die Auskunft sei nicht mit der gebotenen Sorgfalt erteilt worden, § 260 Abs. 2 BGB. Wurde die Auskunft erteilt, so kann wegen einer etwaigen Unvollständigkeit grundsätzlich nicht eine Ergänzung der Auskunft, sondern lediglich die Abgabe der eidesstattlichen Versicherung verlangt werden, es sei denn, die Auskunftspflicht könnte als nicht erfüllt angesehen werden.[162]

Die eidesstattliche Versicherung ist im FG-Verfahren – § 410 Nr. 1 FamFG[163] (bzw. früher: § 163 FGG) – abzugeben; funktionell zuständig dafür ist der Rechtspfleger, § 3 Nr. 1b RpflegerG.

Wurden in der Auskunft Wertangaben gemacht, so bezieht sich die eidesstattliche Versicherung auch darauf.[164]

---

157 Vgl. ausführlich *Frühauf/Kortge*, Das Zivilprozessreformgesetz, Beilage NJW 2000 Heft 40; *Krug*, ZEV 2002, 58.
158 BayObLG OLGE 37, 253.
159 Staudinger/*Werner*, § 2057 BGB Rn 7; MüKo-*Heldrich*, § 2057 BGB Rn 8.
160 Soergel/*Wolf*, § 2057 BGB Rn 4; MüKo-*Heldrich*, § 2057 BGB Rn 8.
161 OLG München BayZ 1934, 321; Soergel/*Wolf*, § 2057 BGB Rn 7.
162 MüKo-*Heldrich*, § 2057 BGB Rn 9.
163 FGG-ReformG v. 17.12.2008, BGBl I 2008, 2586.
164 BayObLG OLGE 37, 253.

(6) Nichterteilung von Auskünften als Einrede gegen den Erbauseinandersetzungsanspruch

163 Die Auseinandersetzung des Nachlasses kann so lange nicht erfolgen, so lange nicht Klarheit über die ausgleichungspflichtigen Vorempfänge herrscht. Deshalb können die in der Erbteilungsklage beklagten Miterben solange nicht zur Zustimmung zum Teilungsplan verurteilt werden, solange der Kläger nicht Auskunft darüber erteilt hat, ob und ggf. welche Zuwendungen er vom Erblasser erhalten hat, die nach den Vorschriften über die Ausgleichung nach §§ 2050 ff. BGB in der Erbteilung zu berücksichtigen sind.

So lange kann eine Erbteilung nicht durchgeführt werden. Die Auskunftspflicht des Klägers nach § 2057 BGB hat Vorrang vor seinem Anspruch auf Erbteilung nach § 2042 BGB (vgl. das Muster für eine Widerklage in § 9 Rn 253; vgl. zum **Abhilfeverfahren nach § 321a ZPO** § 9 Rn 205 ff.).[165]

k) Ausgleichungspflicht für besondere Leistungen

aa) Grundsätzliches

164 Hat ein Abkömmling für den Erblasser besondere Leistungen erbracht, bspw. durch Mitarbeit im elterlichen Haushalt oder durch Pflege des Erblassers, und wurden dadurch Aufwendungen erspart (Kausalität beachten!), so dass der Nachlass nicht oder weniger geschmälert wurde als bei Inanspruchnahme fremder Hilfe, so kann dieser Abkömmling von den anderen Abkömmlingen, die mit ihm zusammen Erben werden, einen Ausgleich bei der Nachlassauseinandersetzung verlangen, sofern er kein – angemessenes – Entgelt dafür erhalten hat, § 2057a BGB.[166]

Mit dem Gesetz zur Änderung des Erb- und Verjährungsrechts vom 24.9.2009[167] wurde § 2057a Abs. 1 BGB neu gefasst. Für erbrachte Pflegeleistungen gibt es nach bisheriger Regelung in § 2057a Abs. 1 BGB a.F. erbrechtliche Ausgleichungsansprüche nur für einen Abkömmling, der unter Verzicht auf berufliches Einkommen den Erblasser über längere Zeit gepflegt hat. Künftig – für Erbfälle ab 1.1.2010 – ist eine Ausgleichung für Pflegeleistungen unabhängig davon möglich, ob der Pflegende auf ein eigenes berufliches Einkommen verzichtet hat. Damit soll die nebenberufliche häusliche Pflege aufgewertet werden.

Die Neuregelung gilt für alle Erbfälle, die seit dem 1.1.2010 eingetreten sind; für Erbfälle, die bis zum 31.12.2009 eingetreten sind, gilt bisheriges Recht, Art. 229 § 23 EGBGB. Es kommt also nicht darauf an, wann die Pflegeleistungen erbracht wurden, sondern wann der Erbfall eingetreten ist.

> **Hinweis**
> Der Rechtsanwender wird noch jahrelang altes und neues Recht nebeneinander anzuwenden haben, je nachdem, wann der Erbfall eingetreten ist.

Dieser Anspruch beinhaltet aber keine Geldforderung – dieses Missverständnis ist weit verbreitet –, vielmehr kann er nur zur **Veränderung des Verteilerschlüssels** in der Erbteilung führen (vgl. das nachfolgende Berechnungsbeispiel Rn 167).

165 **Dauer und Umfang der Leistung** einerseits und der **Wert des Nachlasses** andererseits sind für die Höhe des Ausgleichungsbetrages entscheidend. Anhaltspunkte können Richt-

---

165 Vgl. OLG Stuttgart BWNotZ 1976, 89.
166 Zur Kritik an der Konstruktion als Ausgleichungsfall vgl. *Krug*, Die Berücksichtigung lebzeitiger Leistungen einzelner Miterben in der Erbteilung – eine kritische Stellungnahme zur vorgesehenen Neuregelung in der bevorstehenden Erbrechtsreform, ZFE 2008, 324.
167 BGBl I 2009, 3142.

sätze für mithelfende Familienangehörige sein; in der Landwirtschaft evtl. die Richtsätze der Wirtschaftsminister.[168]

Es handelt sich praktisch um eine Ausgleichung mit umgekehrten Vorzeichen. **Durchführung** der Ausgleichung (§ 2057a Abs. 4 BGB): Von der den ausgleichungspflichtigen Abkömmlingen verbleibenden Teilungsmasse ist der auszugleichende Betrag abzuziehen. Von dem verbleibenden Betrag sind die Erbteile der Abkömmlinge zu berechnen. Zu dem für den ausgleichungsberechtigten Abkömmling entsprechend seinem Erbteil errechneten Auseinandersetzungsguthaben ist der Ausgleichungsbetrag hinzuzurechnen.

bb) Berechnungsbeispiel

Der Erblasser hinterlässt eine Witwe, mit der er in Zugewinngemeinschaft gelebt hat, und die drei Kinder A, B, C. Der reine Nachlasswert beträgt 140.000 EUR. Das Kind C hat für den Erblasser besondere Leistungen erbracht, die mit einem Wert von 10.000 EUR auszugleichen sind. Die Auseinandersetzungsguthaben sind zu berechnen.

| Erbquoten: | W | $1/2$ (§§ 1931 Abs. 1 und 3, 1371 Abs. 1 BGB) |
|---|---|---|
| | A, B und C | je $1/6$ |

Eine Ausgleichung findet nur unter den Abkömmlingen statt (§§ 2050–2052 BGB), deshalb ist vorher der Wert des Erbteils der Witwe W abzuziehen (§ 2057a Abs. 4 S. 2 BGB).

| | |
|---|---|
| Reinnachlass: | 140.000 EUR |
| abzügl. $1/2$ Erbteil W | 70.000 EUR |
| Wert des unter den Abkömmlingen aufzuteilenden Nachlasses: | 70.000 EUR |
| abzügl. ausgleichungspflichtige Leistung von C | 10.000 EUR |
| verbleibende Teilungsmasse | 60.000 EUR |
| Erbteil A: $1/6$ des Gesamtnachlasses = $1/3$ aus dem halben Nachlass | 20.000 EUR |
| Erbteil B: $1/3$ | 20.000 EUR |
| Erbteil C: $1/3$ | 20.000 EUR |
| zuzügl. ausgleichungspflichtige Leistung | 10.000 EUR |
| Auseinandersetzungsguthaben C | 30.000 EUR. |

Da die Höhe des Ausgleichungsbetrages entscheidend von Billigkeitserwägungen bestimmt wird, ist daran zu denken, im Prozess insoweit (analog der Praxis in Schmerzensgeldprozessen) einen **unbezifferten Antrag** zu stellen. Erforderlichenfalls wird das Gericht gem. § 287 ZPO den Betrag schätzen.[169] Da die Ausgleichung aber nur im Rahmen der Erbteilung stattfindet und die Erbteilungsklage einen konkreten Teilungsplan beinhalten muss, käme ein solcher unbezifferter Antrag nur als Feststellungsklage zur Vorbereitung der Erbteilung in Betracht.[170]

Im Prozess erfordert die Berücksichtigung ausgleichungsfähiger Leistungen im Haushalt des Erblassers feststellbare **Anknüpfungstatsachen**, die nach Grad und Höhe eine Wertbe-

---

168 So LG Ravensburg BWNotZ 1989, 146, 147; vgl. auch *Kues*, ZEV 2000, 434; *Petersen*, ZEV 2000, 432.
169 So OLG Oldenburg FamRZ 1999, 1466.
170 MüKo-*Heldrich*, § 2057a BGB Rn 37; *Lange/Kuchinke*, § 15 III 5d.

rechnung zumindest als Schätzung nach § 287 ZPO ermöglichen. Auch wenn es sich bei der Wertberechnung von Ausgleichungsleistungen i.S.v. § 2057a BGB um eine **Billigkeitsentscheidung** mit verminderten Substantiierungspflichten handelt,[171] so müssen für eine Schätzung nach § 287 ZPO doch ausreichend feststellbare Anknüpfungstatsachen vorgetragen werden.[172]

cc) Keine Einkommenssteuerpflicht für eine Pflegevergütung

170 BFH, Urteil vom 14.9.1999 – IX R 88/95:[173]

*„Hat der Steuerpflichtige einen pflegebedürftigen Angehörigen in seinen Haushalt aufgenommen, um ihn dort zu pflegen und zu versorgen, und erhält er dafür aus dem Vermögen des Pflegebedürftigen Geldbeträge, so vollziehen sich diese Leistungen und die empfangenen Zahlungen im Regelfall im Rahmen der familiären Lebensgemeinschaft. Sie erfüllen grundsätzlich nicht die Voraussetzungen des Erzielens von Einkünften im Sinne des § 2 EStG (a.A. Schmidt-Liebig, Information 1995, 481, 483; Zugmaier, Deutsches Steuerrecht 1995, 872, 873; Kanzler, Finanz-Rundschau 1996, 189; Lang in Tipke/Lang, Steuerrecht, 16. Aufl. 1998, S. 264, 427). Für diese Beurteilung spricht, dass der Steuergesetzgeber durch das Jahressteuergesetz 1996 die – insoweit klarstellende – Regelung des § 3 Nr. 36 EStG eingeführt und sich dabei ausdrücklich auf das in diesem Rechtsstreit ergangene Urteil des FG berufen hat (BT-Drucks 13/1558, 152)."*

l) Keine Verjährung der Ausgleichungspflicht

171 Die Ausgleichungspflicht unterliegt keiner Verjährung, denn es handelt sich nicht um einen Anspruch, der geltend gemacht wird, sondern um das Finden eines neuen Verteilerschlüssels zur Ermittlung des Auseinandersetzungsguthabens des einzelnen Erben am Nachlass. Aus diesem Grund ist auch beim Auskunftsanspruch gem. § 2057 BGB eine zeitlich unbegrenzte Totalaufklärung geschuldet.

## IV. Teilauseinandersetzung

### 1. Grundsatz

172 Grundsätzlich bezieht sich der Anspruch auf Nachlassauseinandersetzung auf den **gesamten Nachlass**. Sind sich alle Miterben einig, so kann der Nachlass auch nur teilweise auseinander gesetzt werden. Ausnahmsweise kann ein Miterbe auch dann die teilweise Auseinandersetzung verlangen, wenn besondere Gründe vorliegen und die Belange der übrigen Erben nicht beeinträchtigt werden. Der BGH hat in einem Urteil vom 13.3.1963 die Voraussetzungen für eine Teilauseinandersetzung in einem Fall als erfüllt angesehen, in dem ein Miterbe den durch die Weiterführung eines zum Nachlass gehörenden Gewerbebetriebs entstandenen Gewinn für sich behielt und ein anderer Miterbe die Herausgabe des ihm bei der endgültigen Auseinandersetzung zufallenden Anteils am Gewinn verlangte.[174]

173 Auch eine Teilungsanordnung berechtigt nicht ohne weiteres dazu, eine Teilauseinandersetzung zu verlangen und diese unmittelbar gerichtlich durchzusetzen. Die Teilauseinandersetzung bleibt auch in diesem Fall die Ausnahme. Gegen den Willen eines Miterben kann eine

---

171 *Baumgärtel*, Handbuch der Beweislast im Privatrecht, § 2057a BGB Rn 2.
172 OLG Oldenburg FamRZ 1999, 1466.
173 BFH DStR 1999, 1807 = ZErb 2000, 33.
174 BGH BB 1963, 575.

gegenständlich beschränkte Teilauseinandersetzung nur verlangt werden, wenn besondere Gründe dies rechtfertigen und dadurch die Belange der Erbengemeinschaft und der anderen Miterben nicht beeinträchtigt werden.[175] In diesem Ausnahmefall kann eine teilweise Auseinandersetzung unter vorläufigem Ausscheiden bestimmter Nachlassteile durchgesetzt werden.[176]

Als besonderer Grund Sinne kommt etwa in Betracht, dass ein Miterbe einen Teil des Nachlasses begehrt, der ihm bei endgültiger Auseinandersetzung ohnehin zufallen würde. Dies kann etwa für den Gewinn eines von einem Miterben fortgeführten zum Nachlass gehörenden Betriebs der Fall sein.[177] Ebenso hat der BGH[178] es ausreichen lassen, wenn kein Streit mehr darüber besteht, dass dem Miterben der herausverlangte Teil auch zustehen wird. Das OLG Frankfurt[179] lässt es für die Annahme eines solchen besonderen Grundes auch ausreichen, wenn sich der herausverlangte Nachlassteil aus der Teilungsanordnung des Erblassers ergibt und der klägerische Anspruch nicht dadurch gehindert ist, dass zumindest Verbindlichkeiten bestehen, die aus dem verbleibenden Nachlass erfüllt werden müssen und sich im Falle einer Erfüllung vor der Teilauseinandersetzung auch der Erbteil des Klägers nicht verändern würde. Es ist also erforderlich, dass für eine solche Erfüllung der herausverlangte Nachlassteil nicht in Anspruch zu nehmen ist, denn auch im Rahmen der Teilauseinandersetzung verbleibt es bei dem Grundsatz, dass vor der Verteilung des Nachlasses zwischen den Erben aus dem Nachlass die Nachlassverbindlichkeiten zu bedienen sind (§ 2046 BGB).[180]

Ist nur noch Geld – in Form von Bankguthaben oder hinterlegtem Erlös nach einer Teilungsversteigerung – unter den Erben aufzuteilen, so kommt bei der Erbteilungsklage auch der Erlass eines Teilurteils nach § 301 ZPO in Betracht, sofern sicher ist, dass durch das Schlussurteil in diesen (dann rechtskräftig entschiedenen) Teil nicht mehr eingegriffen werden muss, denn in die Rechtskraft des ergehenden Teilurteils darf durch das Schlussurteil nicht mehr eingegriffen werden. Denkbar wäre eine Teilauseinandersetzung bei streitigen Ausgleichungspflichten nach §§ 2050 ff. BGB. Der auf jeden Miterben entfallende Mindestbetrag kann unter Einbeziehung eines „Sicherheitszuschlags" im Wege des Teilurteils – nach entsprechendem Hinweis gem. § 139 ZPO an die Prozessparteien – zugesprochen werden.

### 2. Nachlassspaltung

Tritt Nachlassspaltung ein, weil ein Teil des Nachlasses sich im Ausland befindet und dort ausländischem Erbrecht unterliegt, so wird jeder Teil nach den jeweils geltenden Auseinandersetzungsregeln des betreffenden Erbrechtsstatuts geteilt (vgl. dazu § 24 Rn 1 ff.). Dabei handelt es sich nicht um eine Teilauseinandersetzung, da die durch Aufspaltung entstandenen Nachlassteile grundsätzlich als jeweils selbstständiger Nachlass zu behandeln sind.[181]

---

175 BGH MDR 1963, 578.
176 Staudinger/Werner, § 2042 BGB Rn 30 m.w.N.
177 BGH MDR 1963, 578.
178 BGH NJW 1963, 1611 = MDR 1963, 832.
179 OLG Frankfurt NJW 1977, 253.
180 OLG Rostock ErbR 2009, 322 = ZEV 2009, 464.
181 BGHZ 24, 352, 355 = NJW 1957, 1316 = MDR 1957, 733 = DB 1957, 713 = WM 1957, 956.

### 3. Nicht fällige oder unsichere Nachlassverbindlichkeiten

176 Falls eine Nachlassverbindlichkeit, die grundsätzlich vor der Erbteilung zu erfüllen ist (§ 2046 BGB), noch nicht fällig oder streitig ist, so ist bei der Erbteilung das zu ihrer Erfüllung Erforderliche **zurückzuhalten**, vgl. § 2046 Abs. 1 S. 2 BGB. An dem zurückbehaltenen Nachlassteil bleibt die Erbengemeinschaft bestehen und muss zum gegebenen Zeitpunkt nach den allgemeinen Teilungsregeln auseinander gesetzt werden. Insofern besteht ausnahmsweise nur ein Anspruch auf teilweise Nachlassauseinandersetzung (zur personellen Teilauseinandersetzung durch „Abschichtung" einzelner Miterben siehe unten Rn 218 ff.)

## V. Teilungsvertrag

### 1. Ausgangslage

177 Die Auseinandersetzung des Nachlasses kann auf verschiedene Weise erfolgen:
- durch Erbteilungsvertrag zwischen den Miterben,
- durch den Testamentsvollstrecker, § 2204 BGB,
- durch Vermittlung des Nachlassgerichts, §§ 363 ff. FamFG – „Teilungssachen" (bis 31.8.2009: §§ 86 ff. FGG),
- im Wege der Erbteilungsklage durch das Prozessgericht bzw. im Falle einer Schiedsabrede oder einer Schiedsklausel im Testament durch das Schiedsgericht.

Nach Vorwegerfüllung der Nachlassverbindlichkeiten (§ 2046 BGB) ist der Überschuss nach den oben behandelten Teilungsvorschriften unter den Erben im Verhältnis ihrer Erbteile und unter Berücksichtigung der Ausgleichungspflichten aufzuteilen. Das bedeutet genauer ausgedrückt, dass einzelne Nachlassgegenstände in das Eigenvermögen des jeweiligen Miterben zu **übertragen** sind. Dabei ist die jeweilige für den einzelnen Nachlassgegenstand vorgesehene Form einzuhalten: bei beweglichen Sachen Einigung und Übergabe (§ 929 BGB), bei Grundstücken Auflassung und Eigentumseintragung im Grundbuch (§§ 925, 873 BGB), bei Forderungen Abtretung (§ 398 BGB), bei Verbindlichkeiten Schuldübernahme (§§ 414 ff. BGB).

178 Mit der Erfüllung der Nachlassverbindlichkeiten vor der Teilung ist es dem Gesetz ernst: Wird diese Verpflichtung verletzt, so knüpft das Gesetz daran strenge Haftungssanktionen:
- gesamtschuldnerische Haftung jedes Miterben (§§ 2058, 2059 BGB),
- Ausschluss der Nachlassverwaltung als Haftungsbeschränkungsmaßnahme (§ 2062 Hs. 2 BGB).

### 2. Freie Vertragsgestaltung

179 Es ist Aufgabe der Erben, sich über die konkrete Aufteilung des Nachlasses vertraglich zu einigen. Zu diesem Zweck schließen sie einen Teilungsvertrag. In der inhaltlichen Ausgestaltung dieses Vertrages sind die Erben nach den Regeln der Vertragsfreiheit und der §§ 241, 311 BGB (früher: § 305 BGB a.F.) frei. Sie können insbesondere von den gesetzlichen Auseinandersetzungsvorschriften der §§ 2042 ff. BGB abweichende Vereinbarungen treffen. Auch hier ist zu unterscheiden zwischen dem schuldrechtlichen Verpflichtungsgeschäft einerseits und dem dinglichen Erfüllungsgeschäft andererseits (vgl. im Einzelnen zum Erbauseinandersetzungsvertrag § 18).

## 3. Erbauseinandersetzungsverträge als kaufähnliche Verträge

Das Recht der Erbteilung richtet sich weitgehend nach Kaufrecht, §§ 2042 Abs. 2, 757 BGB.[182]

### a) Leistungsstörungen bei Erbteilungsverträgen

Bei der Erfüllung von Erbteilungsverträgen können Leistungsstörungen auftreten, bspw.
- wenn ein Nachlassgegenstand mangelhaft ist (**Sach- oder Rechtsmangel**),
- die Übertragung eines Nachlassgegenstandes von Anfang an **unmöglich** war oder unmöglich wird,
- ein Miterbe bei der Mitwirkung an der Übertragung eines Nachlassgegenstandes oder eines Rechts in **Verzug** gerät,
- ein Miterbe ein gesetzliches oder vereinbartes **Rücktrittsrecht** ausübt,
- der Nachlassauseinandersetzungsvertrag **aufgehoben** wird,
- die **Vergleichsgrundlage** nach § 779 BGB **fehlerhaft** ist,
- ein Beteiligter den Auseinandersetzungsvertrag **anficht**,
- die **Geschäftsgrundlage** für die Auseinandersetzung **wegfällt**.

### b) Erbauseinandersetzungsvertrag als mehrseitiger Vertrag

Die zentrale Vorschrift über die Nachlassauseinandersetzung, § 2042 BGB, verweist in Absatz 2 auf die Vorschriften des Gemeinschaftsrechts. § 757 BGB verweist seinerseits wegen eines Sach- oder Rechtsmangels auf das Kaufrecht. Der Nachlassauseinandersetzungsvertrag ist ein **mehrseitiger Vertrag,** bei dem kraft der gesamthänderischen Zuordnung der Nachlassgegenstände jeder Miterbe gemeinsam mit den anderen Miterben Rechte auf jeden Einzelnen überträgt.

Die im Rahmen des gegenseitigen Vertrags geschuldeten Leistungen bestehen im Hinblick auf den Auseinandersetzungsanspruch nach § 2042 Abs. 1 BGB in der Mitwirkungshandlung bzw. -willenserklärung des einzelnen Miterben an der dinglichen Übertragung jedes einzelnen Nachlassgegenstandes auf den jeweils empfangenden Miterben. Also: bei Grundstücken Erklärung der Auflassung (§ 925 BGB), Bewilligung der Eintragung im Grundbuch (§ 19 GBO) und Besitzeinräumung, bei beweglichen Sachen Einigung und Übergabe (§ 929 BGB), bei Forderungen Abtretungserklärung (§ 398 BGB).

### c) Unmöglichkeit der Leistung

#### aa) Nicht zu vertretende Unmöglichkeit

Anfängliche objektive und subjektive Unmöglichkeit werden mit der nachträglichen objektiven und subjektiven Unmöglichkeit zusammengefasst und in den Rechtsfolgen gleich behandelt: Der Schuldner wird von der Leistung frei, § 275 Abs. 1 BGB.

Im Gegenzug dazu wird auch der Vertragspartner von der Verpflichtung zur Erbringung der Gegenleistung frei, § 326 Abs. 1 S. 1 Hs. 1 BGB, und zwar unabhängig davon, ob der Schuldner die Unmöglichkeit zu vertreten hat oder nicht und weiter unabhängig davon, ob die Unmöglichkeit von Anfang an vorlag oder erst später eingetreten ist.

**Teilweise Unmöglichkeit:** Auch bei teilweiser Unmöglichkeit der Leistung (des Schuldners) wird der Gläubiger nach § 326 Abs. 1 S. 1 BGB teilweise von der Leistung frei. Nach Hs. 2

---

182 Vgl. *Eberl-Borges*, S. 472 ff.

der genannten Vorschrift berechnet sich die Höhe dessen, bezüglich der der Gläubiger die Gegenleistung nicht zu erbringen braucht, nach den Vorschriften über die Kaufpreisminderung, vgl. die Verweisung auf § 441 Abs. 3 BGB.

185 Der Gläubiger hat aber auch die Möglichkeit, nach § 326 Abs. 4 BGB vom Vertrag zurückzutreten.[183]

### bb) Zu vertretende Unmöglichkeit

186 Dem übernehmenden Miterben steht ein **Schadensersatzanspruch** zu, wenn die anderen Miterben oder einer von ihnen die **anfängliche Unmöglichkeit** zu vertreten haben, § 311a Abs. 2 BGB, wobei sich das Verschulden auf die Kenntnis bzw. die fahrlässige Unkenntnis von der anfänglichen Unmöglichkeit beziehen muss, § 311a Abs. 2 S. 2 BGB. Für den Schadensersatzanspruch haften die betreffenden Miterben unbeschränkt mit ihrem Privatvermögen, weil die Haftung aus einem schuldhaften Verhalten herrührt.

187 Der übernehmende Miterbe hat die Wahl, anstelle des Schadensersatzes seine Aufwendungen im Umfang des § 284 BGB ersetzt zu verlangen.

188 Haben einer der anderen Miterben oder alle anderen Miterben die **nachträgliche Unmöglichkeit zu vertreten,** so schulden sie Schadensersatz aus §§ 280 Abs. 1, 283 BGB, wiederum mit unbeschränkter persönlicher Haftung mit dem Privatvermögen.

### d) Sachmängelhaftung

189 Die Übertragung einer mangelfreien Sache gehört zum Inhalt des Erfüllungsanspruchs.

### aa) Nacherfüllung

190 Ein Miterbe kann nach §§ 2042 Abs. 2, 757, 437, 439 BGB **Nacherfüllung** verlangen, wenn ein ihm übertragener Nachlassgegenstand sich als mangelhaft heraus stellt. Der Nacherfüllungsanspruch hat Vorrang vor den anderen Gewährleistungsrechten des erwerbenden Miterben. Er kann entweder Nachbesserung oder Neulieferung verlangen, § 439 BGB. Eine Neulieferung dürfte aber nur in seltenen Fällen bei einer Nachlassauseinandersetzung möglich sein, weil sehr häufig kein gleichartiger Gegenstand sich im Nachlass befinden wird. Deshalb kommt eher der Anspruch auf Beseitigung des Mangels (Nachbesserung) in Betracht. Allerdings dürften unter Miterben Gewährleistungsansprüche wegen eines Sachmangels in aller Regel ausgeschlossen sein, weil der erwerbende Miterbe als bisheriger Miteigentümer des betreffenden Nachlassgegenstandes entweder den Mangel kannte oder infolge grober Fahrlässigkeit nicht kannte, § 442 BGB. Die Nachbesserung gilt nach **zwei erfolglosen Nachbesserungsversuchen** als gescheitert, § 440 S. 2 BGB.

Wird eine mangelfreie Sache nachgeliefert, so hat der Erwerber die mangelhafte Sache zurückzugewähren, § 439 Abs. 4 BGB. Sie wird damit wieder Gesamthandseigentum der Miterben aufgrund der Surrogationsvorschrift des § 2041 BGB.

### bb) Minderung

191 Scheitert die Nacherfüllung – nach i.d.R. zwei erfolglosen Versuchen (§ 440 S. 2 BGB) –, so kommt **Minderung** in Betracht. Verlangt der empfangende Miterbe Minderung der von ihm geschuldeten Gegenleistung nach §§ 2042 Abs. 2, 757, 433, 441 BGB, so ist auch hier zur Ermittlung des Minderungsbetrags der gesamte Nachlass wertmäßig zu schätzen. Bei

---

183 *Dauner-Lieb/Heidel/Lepa/Ring*, Das neue Schuldrecht in der anwaltlichen Praxis, § 2 Rn 82.

unerheblichen Mängeln kann nur gemindert werden, Rücktritt und Schadensersatz sind dann nicht möglich.

Besonders ist auf § 441 Abs. 2 BGB hinzuweisen.

cc) Rücktritt

Dem Rücktrittsverlangen hat eine Fristsetzung zur Nachbesserung vorauszugehen, §§ 437 Nr. 2, 323 BGB. Während der offenen Frist kann noch einmal ein Nachbesserungsversuch unternommen werden, weil andernfalls die Fristsetzung keinen Sinn gäbe. Das Rücktrittsrecht ist **unteilbar,** d.h. es kann, wenn mehrere Personen auf einer Seite eines Rechtsverhältnisses beteiligt sind, nur einheitlich und nicht etwa bezogen auf einzelne Personen ausgeübt werden, § 351 BGB. Für die Erbengemeinschaft bedeutet dies, dass der einzelne Miterbe nur gegenüber allen anderen den Rücktritt erklären kann und nicht etwa nur gegenüber einzelnen Miterben.

192

Die aus dem Rücktrittsrechtsverhältnis sich ergebenden Rückgewähransprüche gehören zum Nachlass als Rechts-Surrogate nach § 2041 BGB, so dass alle Nachlassgegenstände wieder gesamthänderisch in die Erbengemeinschaft fallen. Die Erbteilung hat wieder von vorne zu beginnen.

193

e) Mängelhaftung bei arglistigem Verschweigen eines Sachmangels

Bei **arglistigem Verschweigen** eines Sachmangels durch einen Miterben (bspw. hatte ein Miterbe einen Surrogatgegenstand – § 2041 BGB – seit längerem in Besitz, und nur er kannte dessen Zustand), so kann der empfangende Miterbe Schadensersatz wegen Nichterfüllung nach §§ 280, 311a Abs. 2 BGB verlangen. Schuldner dieses Schadensersatzanspruchs ist allein derjenige Miterbe, der den Mangel verschwiegen hat. Er haftet mit seinem Privatvermögen, der Nachlass haftet nicht.

194

Alternativ – anstelle des Schadensersatzes – kann der empfangende Miterbe den Minderwert der mangelhaften Sache, den diese im Verhältnis zu dem Wert in mangelfreiem Zustand hat, von den anderen Miterben im Verhältnis der Erbteile nach § 757 BGB verlangen.

Diese Regeln gelten auch, wenn ein Nachlassgegenstand nach §§ 2042 Abs. 2, 752 BGB in Natur geteilt wurde und der auf einen Erben entfallende reale Teil sich als mangelhaft erweist. Im Falle der Ausübung des Rücktrittsrechts beschränkt sich die Rückabwicklung der Erbteilung auf den realiter geteilten Nachlassgegenstand.

f) Erbteilung nach Maßgabe von Teilungsanordnungen des Erblassers

Nicht nur bei der Erbauseinandersetzung nach den gesetzlichen Teilungsregeln ist über die Verweisungen der §§ 2042 Abs. 2, 757 BGB auf §§ 323 ff., 459 ff. BGB Kaufrecht entsprechend anwendbar, sondern auch in den Fällen, in denen der Erblasser nach § 2048 BGB im Wege der Teilungsanordnung Vorgaben für die Erbteilung gemacht hat. Die vom Erblasser verfügte Teilungsanordnung begründet die schuldrechtliche Zuordnung des betreffenden Nachlassgegenstandes i.S.v. § 757 BGB, die lediglich noch der Erfüllung bedarf.

195

g) Ausgleichung bei der Erbteilung

Bei der Ausgleichung von Vorempfängen in der Erbteilung nach §§ 2050 ff. BGB handelt es sich nicht um schuldrechtliche Ansprüche, die der Verjährung unterliegen. Vielmehr geht es um die Ermittlung eines neuen Verteilerschlüssels, abweichend von den Erbquoten, unter Berücksichtigung des Werts der Vorempfänge einerseits und des Werts des effektiv

196

vorhandenen Nachlasses andererseits. Aufgrund der neuen Quoten wird das Auseinandersetzungsguthaben des einzelnen Miterben ermittelt.

### h) Rückabwicklung einer Erbteilung

**197** Muss infolge einer Leistungsstörung die Erbteilung nach Rücktritts- oder Bereicherungsrecht rückabgewickelt werden, so fallen die entsprechenden Ansprüche als Surrogate wiederum (nach § 2041 BGB als Ersatz für ein Recht) in den Nachlass mit der Konsequenz, dass alle zurückzugewährenden Nachlassgegenstände oder ihr Ersatz gesamthänderisches Eigentum aller Miterben werden und wiederum eine Nachlassauseinandersetzung vorzunehmen ist, und zwar entweder aufgrund einer erneuten Einigung der Erben oder nach den gesetzlichen Teilungsregeln, erforderlichenfalls im Wege der Klage (§§ 2042 ff. BGB, § 894 ZPO).

Hat aber ein Miterbe den Untergang eines von ihm zur Verfügung zu stellenden Nachlassgegenstandes verschuldet, so hat er nach §§ 347, 989 BGB Schadensersatz zu leisten, der in den Nachlass fällt.

Richten sich die Rückabwicklungsansprüche nach Bereicherungsrecht, so kommt auch eine Entreicherung nach § 818 Abs. 3 BGB in Betracht.

### i) Erbauseinandersetzung durch Vereinigung aller Erbteile in einer Hand

**198** Die Erbauseinandersetzung kann auch in der Weise erfolgen, dass ein Miterbe alle Erbteile der anderen Miterben erwirbt.[184] Dabei geht es um Erbteilskauf (vgl. zum Erbteilskauf § 18 Rn 1 ff.) und Erbteilsübertragung nach §§ 2371 ff., 2033 Abs. 1 BGB, deren Austauschleistungspflichten im Synallagma zueinander stehen. Treten Leistungsstörungen nur innerhalb eines Rechtsverhältnisses auf, so werden die anderen davon grundsätzlich nicht berührt, es sei denn, dass ausdrücklich oder stillschweigend etwas anderes vereinbart wurde. Grundsätzlich sind §§ 323 ff. BGB auf jedes einzelne Rechtsverhältnis anzuwenden.

## 4. Minderjährige Erben

### a) Vertretung

**199** Sind neben Eltern deren minderjährige Kinder an der Erbengemeinschaft beteiligt, so sind die Eltern im Hinblick auf §§ 1629, 1795, 181 BGB bei Vertragsabschluss von der Vertretung ihrer Kinder ausgeschlossen.[185] **Jedes Kind** bedarf eines **Ergänzungspflegers** nach § 1909 BGB, weil der Ergänzungspfleger seinerseits ebenfalls den Beschränkungen des § 181 BGB unterliegt.[186] Sollte die Bestellung eines Ergänzungspflegers (§ 1909 BGB) erforderlich werden, so ist dafür das Vormundschaftsgericht und nicht das Familiengericht zuständig, soweit noch das Verfahrensrecht bis zum Inkrafttreten des FamFG anzuwenden ist.[187]

---

184 Unter Kostengesichtspunkten kann dies günstiger sein als ein Erbauseinandersetzungsvertrag. Wenn sich Grundstücke im Nachlass befinden und der Erbauseinandersetzungsvertrag nach § 311b Abs. 1 BGB der notariellen Beurkundung bedarf, errechnet sich die Beurkundungsgebühr aus dem vollen Nachlasswert, während bei der Erbteilsübertragung sich der Geschäftswert nach dem Wert des übertragenen Erbteils bestimmt, vgl. *Winkler*, ZEV 2001, 435.
185 OLG Frankfurt/M. NJW-RR 2007, 1308 = ZEV 2007, 581 = MittBayNot 2008, 56.
186 BGHZ 21, 229; BGH FamRZ 1968, 245.
187 OLG Karlsuhe FamRZ 2006, 1141 = Rpfleger 2006, 468 = OLGR Karlsruhe 2006, 624 entgegen OLG Zweibrücken FamRZ 2000, 243.

Mit dem Inkrafttreten des FamFG,[188] dem 1.9.2009, gilt Folgendes:

Nach der Systematik des FamFG ist für die Pflegschaft für einen Minderjährigen oder eine Leibesfrucht das Familiengericht, für die weiteren Pflegschaften – mit Ausnahme der Nachlasspflegschaft (§§ 1960 ff. BGB) und der verfahrensrechtlichen Pflegschaft für abwesende Beteiligte (§ 364 FamFG) – das Betreuungsgericht zuständig. Die Zuständigkeit des Nachlassgerichts für die Nachlasspflegschaft ergibt sich auch weiterhin aus § 1962 BGB. Die Verteilung der weiteren Pflegschaften auf Familien- und Betreuungsgericht folgt aus der Abschaffung des Vormundschaftsgerichts. Es handelt sich insoweit um betreuungsgerichtliche Zuweisungssachen (§ 340 FamFG).

Die Voraussetzungen für die Anordnung einer Ergänzungspflegschaft liegen nicht vor, wenn der überlebende Elternteil und sein Kind nach dem Tod des erstverstorbenen Elternteils eine Erbengemeinschaft bilden und der Überlebende zwar den Verkauf eines in den Nachlass fallenden Grundstücks beabsichtigt, der Veräußerungserlös aber der Erbengemeinschaft zufließen soll, denn in diesem Fall handelt es sich nicht um eine Erbauseinandersetzung, vielmehr fließt der Verkaufserlös als dingliches Surrogat in den Nachlass (§ 2041 BGB).[189]

Ausnahmsweise kann ein Pfleger mehrere Kinder vertreten, wenn die gesetzlichen Auseinandersetzungsregeln der §§ 2042 ff. BGB ohne jede vertragliche Abweichung eingehalten werden. In diesem Falle handelt es sich lediglich um die Erfüllung einer nach Gesetz begründeten Verbindlichkeit, bei der § 181 BGB nicht gilt.

BGH in BGHZ 21, 229 (232):

*„...Die Auffassung der Rechtsbeschwerde, die Abgabe der Erklärungen durch nur einen Pfleger habe hier genügt, weil es sich lediglich um die Erfüllung einer Verbindlichkeit gehandelt habe, ist irrig. Nach § 2042 Abs. 1 BGB kann allerdings – von Ausnahmefällen abgesehen – jeder Miterbe jederzeit die Auseinandersetzung verlangen. Der einzelne Miterbe erfüllt danach eine Verbindlichkeit, wenn er bei der Auseinandersetzung mitwirkt. Die Art, in der die Auseinandersetzung zu bewirken ist, hat das Gesetz in den §§ 2042 ff. BGB geregelt. Wie das Reichsgericht in seiner Entscheidung vom 3. Oktober 1918 (RGZ 93, 334 [336]) zutreffend ausgeführt hat, kann von der ausschließlichen Erfüllung einer Verbindlichkeit nur dann gesprochen werden, wenn die Auseinandersetzung nach Maßgabe der gesetzlichen Vorschriften vorgenommen wird; denn die Miterben sind nur zu der Art und Weise der Auseinandersetzung verpflichtet, die das Gesetz vorsieht. Es ist daher unerheblich, dass die diesbezüglichen gesetzlichen Vorschriften nicht zwingend sind und es den Miterben unbenommen ist, sich auch in einer anderen, ihnen genehmen Weise auseinander zu setzen. Wählen sie aber eine andere Form der Auseinandersetzung als die gesetzlich vorgesehene, so kann das nur aufgrund einer besonderen Vereinbarung unter ihnen geschehen, zu der kein Miterbe verpflichtet ist, so dass in diesen Fällen nicht lediglich die Erfüllung der Verbindlichkeit aus § 2042 BGB in Rede steht. In diesen Fällen wird vielmehr erst durch die Abmachung der Erben eine entsprechend neue Verbindlichkeit begründet. ..."*

b) Genehmigung des Familiengerichts (seit 1.7.1998) bzw. des Betreuungsgerichts (bis 31.8.2009:Vormundschaftsgericht)

Soweit minderjährige oder unter Betreuung stehende Personen an der Nachlassauseinandersetzung beteiligt sind, ist eine Genehmigung des Familiengerichts für Minderjährige (§ 1643

---

188 Vom 17.12.2008, BGBl I 2008, 2586.
189 OLG Frankfurt/M. NJW-RR 2007, 1308 = ZEV 2007, 581 = MittBayNot 2008, 56.

BGB) bzw. des Betreuungsgerichts (bis 31.8.2009: des Vormundschaftsgerichts) für Pfleglinge (§ 1909 BGB – Ergänzungspflegschaft, siehe zuvor Rn 204) sowie für unter Betreuung Stehende solange nicht erforderlich, als die Auseinandersetzung in allen Einzelheiten den gesetzlichen Teilungsvorschriften entspricht. Etwas anderes gilt, wenn im Teilungsplan **besondere Vereinbarungen der Erben** enthalten sind, die weder den Anordnungen des Erblassers noch den gesetzlichen Teilungsvorschriften entsprechen.[190] Sollte die Bestellung eines Ergänzungspflegers (§ 1909 BGB) erforderlich werden, so ist dafür das Familiengericht (bis 31.8.2009: das Vormundschaftsgericht) zuständig;[191] vgl. zur Neuregelung durch das FamFG seit 1.9.2009 unten Rn 201 ff.

Für die Erteilung der vormundschafts-, betreuungs- bzw. familiengerichtlichen Genehmigung ist grundsätzlich der Rechtspfleger zuständig. Da der Rechtspfleger nicht Richter im verfassungsrechtlichen Sinne ist und deshalb als Beamter keine persönliche Unabhängigkeit genießt (sehr wohl aber sachliche Unabhängigkeit), hat er nach der Rechtsprechung des BVerfG im Beschluss vom 18.1.2000 – 1 BvR 321/96 –[192] vor der Erteilung einer Genehmigung einen Vorbescheid zu erlassen.[193] Diese Verfahrensweise gilt für alle Genehmigungsverfahren, die bis 31.8.2009 eingeleitet wurden.

Seit dem Inkrafttreten des FamFG[194] am 1.9.2009 gilt für alle Verfahren, die seit diesem Zeitpunkt eingeleitet wurden, Folgendes:

---

190 BGHZ 56, 275 = WM 1971, 1126; so auch BayObLG 2 Z 135/91.
191 OLG Karlsuhe FamRZ 2006, 1141 = Rpfleger 2006, 468 = OLGR Karlsruhe 2006, 624 entgegen OLG Zweibrücken FamRZ 2000, 243.
192 BVerfG BGBl I 2000, 444 = NJW 2000, 1709 = DNotZ 2000, 387 = JZ 2000, 783 m. Anm. *Heß/Vollkommer* = BWNotZ 2000, 91 m. Anm. *Kraiß* = MittBayNot 2000, 311 m. Anm. *Reiß*, MittBayNot 2000, 373 = Rpfleger 2000, 205 m. Anm. *Eickmann/Sonnenfeld/Dümig*, Rpfleger 2000, 245. Vgl. dazu auch Beschl. des OLG Hamm vom 14.8.2000 (RNotZ 2001, 221) und des Schleswig-Holsteinischen OLG vom 13.7.2000 (MittBayNot 2001, 80) m. Anm. *Reiß* in MittBayNot 2001, 81.
193 Vgl. auch *Bühler*, BWNotZ 2001, 17; *Eickmann*, Rpfleger 2000, 245; *Dümig*, Rpfleger 2000, 248. Trotz ihrer auf den ersten Blick verfahrensrechtlichen Einkleidung haben die Beschlüsse des BVerfG vom 18.1.2000, OLG Hamm vom 14.8.2000 und des Schleswig-Holsteinischen OLG vom 13.7.2000 nicht unerhebliche Bedeutung für die Rechtsbeständigkeit vormundschaftsgerichtlich (bzw. nachlassgerichtlich) genehmigter Verträge. Die drei Entscheidungen befassen sich mit §§ 1828, 1829 BGB und §§ 55, 62 FGG. Nach diesen Vorschriften kann eine nachträglich erteilte vormundschaftsgerichtliche (bzw. nachlassgerichtliche) Genehmigung nach Mitteilung der Genehmigung an den anderen Vertragsteil – und damit nach Wirksamwerden des Vertrages – weder vom Vormundschaftsgericht (bzw. Nachlassgericht) abgeändert werden, § 55 FGG als Ausnahme zu § 18 FGG, noch vom Beschwerdegericht aufgehoben werden, § 62 FGG als Ausnahme zu § 19 FGG. Ist die Genehmigung auf formellem Wege nach §§ 1828, 1829 BGB mitgeteilt worden, so ist eine Beschwerde unzulässig. Mit Beschluss vom 18.1.2000 hat das BVerfG im Falle einer Nachlasspflegschaft entschieden, §§ 55 und 62 FGG seien mit dem GG deswegen unvereinbar, weil sie dem Betroffenen nach der Mitteilung der Genehmigung an den Vertragspartner die Möglichkeit abschnitten, richterlichen Rechtsschutz gegen die Entscheidung des Rechtspflegers (in Ba.-Wü. des Notars im Landesdienst) einzuholen, Art. 19 Abs. 4 GG. Bis zu einer Korrektur durch den Gesetzgeber wurde angeordnet, dass vormundschaftsgerichtliche (bzw. nachlassgerichtliche) Genehmigungsentscheidungen durch einen Vorbescheid anzukündigen sind, gegen den dann die Beschwerde zulässig ist. Der Beschluss des OLG Hamm vom 14.8.2000 und der Beschluss des SchlHOLG vom 13.7.2000 behandeln beide die Frage, welche Auswirkungen des Beschluss des BVerfG vom 18.1.2000 für bereits erteilte vormundschaftsgerichtliche bzw. nachlassgerichtliche Genehmigungen und die Wirksamkeit der dadurch genehmigten Verträge hat. Das OLG Hamm neigt dazu, eine „Bestandskraft" erteilter Genehmigungen anzunehmen, das SchlHOLG verneint sie; vgl. Anm. von *Reiß* in MittBayNot 2001, 81; *Dörndorfer*, Abänderung gerichtlicher Entscheidungen im FG-Verfahren im Hinblick auf die Entscheidung des BVerfG v. 18.1.2000, FamRZ 2001, 1117.
194 FGG-ReformG v. 17.12.2008, BGBl I, 2586; Art. 111, 112.

## aa) Bekanntgabe des Genehmigungsbeschlusses

Als spezielle Regelung für das Genehmigungsverfahren gelten die §§ 1915, 1828 BGB, wonach der Genehmigungsbeschluss nur dem Pfleger gegenüber bekannt zu geben ist.

**§ 41 FamFG**
*Bekanntgabe des Beschlusses*
*(1) Der Beschluss ist den Beteiligten bekannt zu geben. Ein anfechtbarer Beschluss ist demjenigen zuzustellen, dessen erklärtem Willen er nicht entspricht.*
*(2) Anwesenden kann der Beschluss auch durch Verlesen der Beschlussformel bekannt gegeben werden. Dies ist in den Akten zu vermerken. In diesem Fall ist die Begründung des Beschlusses unverzüglich nachzuholen. Der Beschluss ist im Fall des Satzes 1 auch schriftlich bekannt zu geben.*
*(3) Ein Beschluss, der die Genehmigung eines Rechtsgeschäfts zum Gegenstand hat, ist auch demjenigen, für den das Rechtsgeschäft genehmigt wird, bekannt zu geben.*

## bb) Wirksamwerden der familiengerichtlichen bzw. betreuungsgerichtlichen Genehmigung

Der Genehmigungsbeschluss wird mit seiner Rechtskraft wirksam. Dies ist mit der Entscheidung auszusprechen, § 40 Abs. 2 FamFG.

Die Beschwerdefrist beträgt zwei Wochen, § 63 Abs. 2 Nr. 2 FamFG.

Die Frist beginnt mit der schriftlichen Bekanntgabe des Beschlusses, § 63 Abs. 3 FamFG

**§ 40 FamFG**
*Wirksamwerden*
*(1) Der Beschluss wird wirksam mit Bekanntgabe an den Beteiligten, für den er seinem wesentlichen Inhalt nach bestimmt ist.*
*(2) Ein Beschluss, der die Genehmigung eines Rechtsgeschäfts zum Gegenstand hat, wird erst mit Rechtskraft wirksam. Dies ist mit der Entscheidung auszusprechen.*
*(3) ...*

**§ 45 FamFG**
*Formelle Rechtskraft*
*Die Rechtskraft eines Beschlusses tritt nicht ein, bevor die Frist für die Einlegung des zulässigen Rechtsmittels oder des zulässigen Einspruchs, des Widerspruchs oder der Erinnerung abgelaufen ist. Der Eintritt der Rechtskraft wird dadurch gehemmt, dass das Rechtsmittel, der Einspruch, der Widerspruch oder die Erinnerung rechtzeitig eingelegt wird.*

**§ 46 FamFG**
*Rechtskraftzeugnis*
*Das Zeugnis über die Rechtskraft eines Beschlusses ist auf Grund der Verfahrensakten von der Geschäftsstelle des Gerichts des ersten Rechtszugs zu erteilen. Solange das Verfahren in einem höheren Rechtszug anhängig ist, erteilt die Geschäftsstelle des Gerichts dieses Rechtszugs das Zeugnis. In Ehe- und Abstammungssachen wird den Beteiligten von Amts wegen ein Rechtskraftzeugnis auf einer Ausfertigung ohne Begründung erteilt. Die Entscheidung der Geschäftsstelle ist mit der Erinnerung in entsprechender Anwendung des § 573 der Zivilprozessordnung anfechtbar.*

### § 47 FamFG
### Wirksam bleibende Rechtsgeschäfte
Ist ein Beschluss ungerechtfertigt, durch den jemand die Fähigkeit oder die Befugnis erlangt, ein Rechtsgeschäft vorzunehmen oder eine Willenserklärung entgegenzunehmen, hat die Aufhebung des Beschlusses auf die Wirksamkeit der inzwischen von ihm oder ihm gegenüber vorgenommenen Rechtsgeschäfte keinen Einfluss, soweit der Beschluss nicht von Anfang an unwirksam ist.

### § 48 FamFG
### Abänderung und Wiederaufnahme
(1) Das Gericht des ersten Rechtszugs kann eine rechtskräftige Endentscheidung mit Dauerwirkung aufheben oder ändern, wenn sich die zugrunde liegende Sach- oder Rechtslage nachträglich wesentlich geändert hat. In Verfahren, die nur auf Antrag eingeleitet werden, erfolgt die Aufhebung oder Abänderung nur auf Antrag.
(2) Ein rechtskräftig beendetes Verfahren kann in entsprechender Anwendung der Vorschriften des Buches 4 der Zivilprozessordnung wieder aufgenommen werden.
(3) Gegen einen Beschluss, durch den die Genehmigung für ein Rechtsgeschäft erteilt oder verweigert wird, findet eine Wiedereinsetzung in den vorigen Stand, eine Rüge nach § 44, eine Abänderung oder eine Wiederaufnahme nicht statt, wenn die Genehmigung oder deren Verweigerung einem Dritten gegenüber wirksam geworden ist.

cc) Zweiwochenfrist § 1829 Abs. 2 BGB bzw. Vierwochenfrist § 1829 Abs. 2 BGB n.F.

**203** **§ 1829 BGB wird wie folgt geändert:**[195]

a) In Absatz 1 Satz 1 wird das Wort „Vormundschaftsgerichts" durch das Wort „Familiengerichts" ersetzt.

b) In Absatz 2 wird die Angabe „zwei" durch die Angabe „vier" ersetzt.

c) In Absatz 3 wird das Wort „Vormundschaftsgerichts" durch das Wort „Familiengerichts" ersetzt.

Weder für die Erteilung der Genehmigung noch für die Mitteilung der Genehmigung an den anderen Vertragsteil durch den Pfleger sieht das Gesetz eine Frist vor.

Allerdings nimmt das Gesetz Rücksicht auf das Interesse des Vertragspartners, irgendwann Rechtssicherheit über die Wirksamkeit eines genehmigungspflichtigen Rechtsgeschäfts zu erhalten.

Deshalb sieht § 1829 Abs. 2 BGB in Verbindung mit § 1915 BGB die Möglichkeit vor, dass der Vertragspartner den Pfleger auffordern kann, ihm mitzuteilen, ob die Genehmigung erteilt sei. Wird der Pfleger aufgefordert, sich darüber zu erklären, so konnte die Genehmigung nur innerhalb von zwei Wochen erfolgen. Erfolgt sie nicht, so gilt sie als verweigert.

**Neues Recht durch FamFG:** Diese Frist ist jetzt seit 1.9.2009 auf vier Wochen verlängert, weil ein Vorbescheid mit einer Frist von zwei Wochen angefochten werden kann. Erst danach ist sicher, ob die Genehmigung auch rechtsverbindlich erteilt ist. Und erst jetzt kann die Frist von zwei Wochen für die Mitteilung beginnen.

Es handelt sich um eine Anpassung an §§ 38 Abs. 1, 40 Abs. 2 FamFG. Bisher konnte das Vormundschaftsgericht die Genehmigung zu einem Rechtsgeschäft auch mündlich durch Bekanntgabe an den Vormund erteilen, lediglich bei gegenüber einem anderen vorgenomme-

---

195 Durch das FGG-ReformG v. 17.12.2008, BGBl I 2008, 2586.

nen einseitigen Rechtsgeschäften ist der Vormund gehalten, die Genehmigung in schriftlicher Form vorzulegen. Andernfalls ist das Rechtsgeschäft unwirksam, wenn der andere es wegen Nichtvorlage der Genehmigung unverzüglich zurückweist, § 1831 S. 2 BGB. Da die Genehmigung nunmehr durch einen förmlichen Beschluss erteilt wird, ist der Hinweis auf die schriftliche Form nicht mehr erforderlich. Da in dem Beschluss auch ausgesprochen wird, dass dieser erst mit Rechtskraft wirksam ist, § 40 Abs. 2 S. 2 FamFG, und der Hinweis auf die Beschwerde binnen einer gesetzlichen Frist von zwei Wochen enthalten ist, §§ 39, 63 Abs. 2 Nr. 2 FamFG, kann der andere das Rechtsgeschäft auch dann noch unverzüglich zurückweisen, wenn nicht zusätzlich ein Rechtskraft- oder ein Notfristzeugnis, § 46 FamFG, vorgelegt wird. Denn nur in diesem Fall wird eine wirksame Genehmigung vorgelegt.

Wird die Auseinandersetzung durch den Teilungsplan eines Testamentsvollstreckers vorgenommen und ist der Testamentsvollstrecker als Elternteil gleichzeitig gesetzlicher Vertreter eines minderjährigen Miterben, so ist er bei der Teilung an der gesetzlichen Vertretung gehindert, die Bestellung eines Ergänzungspflegers nach § 1909 BGB ist also erforderlich.[196] Dies gilt auch, wenn der gesetzliche Vertreter nicht Allein-Testamentsvollstrecker ist, sondern Mit-Testamentsvollstrecker.[197] Sollte die Bestellung eines Ergänzungspflegers (§ 1909 BGB) erforderlich werden, so ist dafür das Vormundschaftsgericht und nicht das Familiengericht zuständig.[198] Mit dem Inkrafttreten des FamFG,[199] dem 1.9.2009, tritt an die Stelle des Vormundschaftsgerichts entweder das Familiengericht oder das Betreuungsgericht. Der Pfleger bedarf nicht der Genehmigung des Vormundschaftsgerichts, wenn sich der Teilungsplan im Rahmen der Anordnungen des Erblassers oder der gesetzlichen Teilungsvorschriften hält.

204

c) Besonderheiten des Minderjährigenhaftungsbeschränkungsgesetzes (MHbeG)

Die durch das am 1.1.1999 in Kraft getretene Minderjährigenhaftungsbeschränkungsgesetz vom 25.8.1998 (BGBl I 1998, 2487) eingefügte Vorschrift des **§ 1629a BGB** stellt die Verfassungsmäßigkeit der §§ 1629 Abs. 1, 1643 Abs. 1 BGB wieder her.[200]

205

Das Gesetz ist den Weg einer **Haftungsbeschränkung zugunsten des Kindes** gegangen. Die Interessen von Gläubigern und des Rechtsverkehrs wurden durch die Schaffung zweier Vermutungstatbestände gewahrt (§ 1629a Abs. 4 BGB) und durch die Einführung eines außerordentlichen Kündigungsrechts des Kindes, mit dem es seine Mitgliedschaft in einer Gesamthandsgemeinschaft (hier: Erbengemeinschaft) bzw. Personengesellschaft beenden kann.

Nach § 1629a Abs. 1 BGB hat das volljährig gewordene Kind die Möglichkeit, die Haftung für Verbindlichkeiten, die seine Eltern ihm gegenüber bei Ausübung der gesetzlichen Vertretung begründet haben, und für Verbindlichkeiten, die durch einen in der Zeit der Minderjährigkeit eingetretenen Erwerb von Todes wegen begründet wurden, auf den Bestand desjenigen Vermögens zu beschränken, das im Zeitpunkt des Eintritts der Volljährigkeit vorhanden ist.

206

---

196 OLG Hamm OLGZ 1993, 392 = MittRhNotK 1993, 119 = FamRZ 1993, 1122 = Rpfleger 1993, 340 = MittBayNot 1994, 53; *Damrau*, ZEV 1994, 1.
197 OLG Nürnberg DNotI-Report 2001 Nr. 24 = OLGR Nürnberg 2001, 293 = NJWE-FER 2001, 316 = MDR 2001, 1117 = FamRZ 2002, 272 = ZEV 2002, 158.
198 OLG Karlsuhe FamRZ 2006, 1141 = Rpfleger 2006, 468 = OLGR Karlsruhe 2006, 624 entgegen OLG Zweibrücken FamRZ 2000, 243.
199 FGG-ReformG v. 17.12.2008, BGBl I 2008, 2586.
200 BVerfGE 72, 155 = NJW 1986, 1859 = FamRZ 1986, 769.

207　Ist ein volljährig gewordener Minderjähriger Miterbe an einer Erbengemeinschaft, so wird in § 1629a Abs. 4 BGB vermutet, dass die Verbindlichkeit nach Vollendung des 18. Lebensjahres begründet wurde, sofern der jetzt volljährige Miterbe nicht binnen drei Monaten nach Erreichen der Volljährigkeit seine Miterbenstellung aufgegeben hat, d.h. er muss innerhalb dieses Zeitraumes das Auseinandersetzungsverlangen nach § 2042 BGB stellen, wobei der Eintritt der Volljährigkeit als wichtiger Grund i.S.v. §§ 749 Abs. 2 S. 1, 2042 Abs. 2 BGB angesehen wird.[201]

### 5. Zustimmungserfordernisse nach §§ 1365, 1450 BGB

#### a) Güterrechtliche Zustimmungserfordernisse unter Ehegatten

208　Nach § 1365 Abs. 1 BGB kann sich ein Ehegatte bei Bestehen der **Zugewinngemeinschaft** nur mit Zustimmung des anderen Ehegatten verpflichten, über sein Vermögen im Ganzen oder über sein wesentliches Vermögen zu verfügen. Das bedeutet für den Teilungsvertrag: Wenn der Erbteil des Ehepartners sein ganzes oder wesentliches Vermögen darstellt, ist die Zustimmung des anderen erforderlich.[202]

BGH in BGHZ 35, 135:

> „...Eine Verfügung des Ehegatten über sein Vermögen im Ganzen kann auch bei einer Verfügung über ein einzelnes Grundstück vorliegen, wenn dieses tatsächlich das ganze oder nahezu das ganze Vermögen des Ehegatten bildet.
> Auch ein Erbauseinandersetzungsvertrag kann eine Verfügung über das Vermögen eines Ehegatten im Ganzen enthalten."

209　Besteht zwischen einem Miterben und seinem Ehegatten **Gütergemeinschaft**, so bedarf es der Zustimmung des Ehegatten, wenn der Erbteil zum Gesamtgut der Gütergemeinschaft gehört, der Erbteil das ganze Vermögen des Miterben darstellt und dieser das Gesamtgut allein verwaltet, §§ 1423, 1424 BGB. Wird das Gesamtgut von beiden Ehegatten gemeinsam verwaltet – was in der Praxis eher die Regel ist –, dann können nur beide Ehegatten gemeinsam über das Gesamtgut verfügen, § 1450 Abs. 1 S. 1 BGB. Deshalb muss der Teilungsvertrag unter Mitwirkung beider Ehegatten geschlossen werden.

Bei bestehender **Gütertrennung** bedarf es keiner Zustimmung des Ehegatten.

#### b) Vermögensrechtliche Zustimmungserfordernisse unter eingetragenen Lebenspartnern

210　Nach § 8 Abs. 2 LPartG, § 1365 Abs. 1 BGB kann sich ein Lebenspartner nur mit Zustimmung des anderen Lebenspartners verpflichten, über sein Vermögen im Ganzen oder über sein wesentliches Vermögen zu verfügen.

Das bedeutet für den Erbteilungsvertrag: Wenn der Erbteil des Lebenspartners sein ganzes oder wesentliches Vermögen darstellt, ist die Zustimmung des anderen erforderlich.[203]

Dieses Zustimmungserfordernis besteht bei jedem Vermögensstand, in dem die Lebenspartner leben. Das heißt: Bei bestehender Vermögenstrennung bedarf es ebenfalls der Zustimmung des Lebenspartners.

---

201　BT-Drucks 13/5624, 10.
202　BGHZ 35, 135 = NJW 1961, 1301.
203　Vgl. für die Zugewinngemeinschaft BGHZ 35, 135 = NJW 1961, 1301.

## VI. Auseinandersetzung durch Erbteilskauf

### 1. Vereinigung aller Erbteile in einer Hand

Die Nachlassauseinandersetzung kann auch in der Weise vorgenommen werden, dass ein Miterbe die Erbteile der anderen Miterben aufkauft (vgl. im Einzelnen zum Erbteilskauf § 18). Auf diesem Weg wird das Gesamthandseigentum aller Miterben in das Alleineigentum des Erwerbers überführt. Das Kausalgeschäft – in der Regel ein Kaufvertrag – bedarf nach § 2371 BGB der notariellen Beurkundung, ebenso das Erfüllungsgeschäft, die Erbteilsübertragung nach § 2033 Abs. 1 BGB.

211

### 2. Keine Erbteile bei Alleinerbschaft

Mit der Vereinigung aller Miterbenanteile in einer Hand wird die zunächst zwischen den verschiedenen Miterben bestehende Erbengemeinschaft aufgehoben; die entsprechenden Erbanteile sind damit untergegangen. Infolgedessen ist dem Erwerber eine dingliche Verfügung über einen Anteil am Nachlass des Erblassers verwehrt. Durch die Vereinigung aller Erbanteile in der Hand eines Miterben tritt der gleiche Rechtszustand ein wie bei einem ursprünglichen Anfall der Erbschaft an einen Alleinerben, der ebenfalls über einen Bruchteil des Nachlasses nicht mit dinglicher Wirkung verfügen könnte.[204]

212

## VII. Abschichtung einzelner Miterben

### 1. Begriff

Unter der Abschichtung von Miterben oder eines einzelnen Miterben versteht man eine teilweise Auseinandersetzung des Nachlasses in personeller Hinsicht. Sie kommt in der Praxis häufig vor.[205] Der BGH hat die Möglichkeit einer Abschichtung in seinem Urteil vom 21.1.1998[206] ausdrücklich anerkannt.

213

Der Abzuschichtende erhält einzelne Nachlassgegenstände übertragen, die dem Wert seines Anteils entsprechen. Bleiben sie unter diesem Wert, so zahlen die verbleibenden Erben einen Ausgleich. Damit beinhaltet diese Art der **personellen Teilauseinandersetzung** gleichzeitig eine gegenständliche Teilauseinandersetzung.

### 2. Abschichtung durch Erbteilsübertragung

Das Ausscheiden des „weichenden" Miterben kann dadurch geschehen, dass er seinen Anteil den verbleibenden Erben nach § 2033 BGB überträgt (zur Berichtigung des Grundbuchs nach Erbteilsübertragung siehe § 10 Rn 171 ff.). Auf diese Weise wächst sein Erbteil den anderen Miterben analog §§ 1935, 2094 BGB an.[207] Die Erbengemeinschaft umfasst

214

---

204 BGH FamRZ 1992, 659 = NJW 1992, 1959; RGZ 88, 116, 118; Soergel/*Wolf*, § 2033 BGB Rn 14; Staudinger/*Werner*, § 2033 BGB Rn 6; *Haegele*, BWNotZ 1971, 129, 137; Palandt/*Edenhofer*, § 2033 Rn 3.
205 *Damrau*, ZEV 1996, 361 ff.
206 BGHZ 138, 8, 11 = FamRZ 1998, 673 = DNotZ 1999, 60 = ZEV 1998, 141; bestätigt durch Urteil v. 27.10.2004 – IV ZR 174/03 = ZEV 2005, 22 = NJW 2005, 284 = FamRZ 2005, 206 = ZErb 2005, 48 = Rpfleger 2005, 140 = MDR 2005, 338 = WM 2005, 1528. Beachtliche Kritik an der BGH-Rechtsprechung übt *Rieger*, in: DNotZ 1999, 64 ff.
207 BGHZ 21, 229.

damit nur noch die verbleibenden Miterben. Die Übertragung des Erbteils nach § 2033 BGB ist der entschieden sicherere Weg.

215 Dem steht allerdings die Meinung gegenüber, ein Ausscheiden eines Miterben könne auch ohne Erbteilsübertragung erfolgen; dies geschehe in der Weise, dass sich alle Erben über das Ausscheiden des Betroffenen einig sind und auf diesen Nachlassgegenstände übertragen. Das Kammergericht hat dies direkt dem Gesetz entnommen, heute wird § 738 BGB analog angewandt (vgl. dazu nachfolgend Rn 216 ff.).

### 3. Abschichtung ohne Erbteilsübertragung

#### a) Praktische Bedeutung

216 Die Abschichtung ohne Erbteilsübertragung ist die in der Praxis am häufigsten vorkommende Form. Die Miterben einigen sich darauf, dass der Abzuschichtende mit dem Erhalt bestimmter Nachlassgegenstände aus der Erbengemeinschaft ausscheidet und diese unter den verbleibenden Miterben weiter besteht. Dabei stellt sich die Frage, ob der Ausscheidende überhaupt ohne Erbteilsübertragung aus der Erbengemeinschaft ausscheidet.

#### b) Rechtsnatur des Abschichtungsvertrags

217 In der Literatur werden zwei Lösungsmöglichkeiten diskutiert:
– Das Ausscheiden nach gesellschaftsrechtlichen Grundsätzen und
– der **Verzicht** auf den Erbteil.[208]

Dabei wird der Verzicht neben der Veräußerung als eigenständiges Rechtsinstitut angesehen und wie eine Verfügung nach § 2033 BGB behandelt.

218 Der BGH hat schon in seinem Urteil vom 11.3.1968 – III ZR 223/65 –[209] eine andere Möglichkeit des Ausscheidens eines Miterben erörtert: Der abzuschichtende Miterbe erhält aus dem Nachlass bestimmte Nachlassgegenstände übertragen, mit denen er sich für abgefunden erklärt, und überträgt seinerseits den anderen Erben dasjenige, was ihm bei der Auseinandersetzung zukommen würde.

219 Diese Rechtsprechung hat der BGH nunmehr in einem Urteil vom 21.1.1998[210] bestätigt:

> „*Ein Miterbe kann auch aus einer Erbengemeinschaft, zu der ein Grundstück gehört, formfrei im Wege der Abschichtung ausscheiden. Ob seine Abfindung aus dem Nachlass oder aus dem Privatvermögen des (oder der) anderen Erben geleistet wird, ist für die Formbedürftigkeit des Ausscheidens nicht von Bedeutung.*
> *Wenn als Abfindung aber die Leistung eines Gegenstands vereinbart wird, der nur durch ein formbedürftiges Rechtsgeschäft übertragen werden kann (etwa ein Grundstück), ist die für dieses Rechtsgeschäft geltende Form zu beachten (§ 313 S. 1 BGB[211]).*"

---

208 Siehe *Damrau*, ZEV 1996, 361, 365.
209 Wiedergegeben bei *Bühler*, BWNotZ 1987, 73.
210 BGHZ 138, 8, 11 = FamRZ 1998, 673 = ZEV 1998, 141 = DNotZ 1999, 60; wiederum bestätigt durch Urteil v. 27.10.2004 – IV ZR 174/03 = ZEV 2005, 22 = NJW 2005, 284 = FamRZ 2005, 206 = ZErb 2005, 48 = Rpfleger 2005, 140 = MDR 2005, 338 = WM 2005, 1528.
211 Seit 1.1.2002 § 311b Abs. 1 S. 1 BGB n.F.

*Reimann* nennt dies den „dritten Weg" der Erbauseinandersetzung.[212] Der BGH[213] betrachtet den Abschichtungsvertrag als **formfrei** mögliche Erbauseinandersetzung gem. § 2042 BGB, deren dingliche Wirkung über die Anwachsung analog § 738 BGB eintritt. Damit wächst das nach Abschichtung verbleibende Nachlassvermögen den übrigen Miterben in Erbengemeinschaft an.

220

Häufig wird es sich bei der Abschichtung um eine personelle und gegenständliche Teilauseinandersetzung handeln. Verbleibt aber nur noch ein Miterbe, so ist der ganze Nachlass damit auseinander gesetzt.

Mit dem Abschichtungsvertrag wurde ein mehrseitiger Austauschvertrag geschlossen, für den über § 2042 Abs. 2 BGB die Mängelhaftungsvorschriften des Kaufrechts über §§ 757, 459 BGB a.F. Anwendung finden, die §§ 323 ff. BGB a.F. über §§ 757, 440 BGB a.F. für die bis 31.12.2001 abgeschlossenen Abschichtungsverträge. Für die seit 1.1.2002 geschlossenen Abschichtungsverträge gelten die neuen Kaufvorschriften §§ 433 i.V.m. §§ 323 ff. BGB.[214]

### c) Form

Da somit kein Fall einer Verfügung über den Erbteil vorliegt, gilt auch nicht die Formvorschrift des § 2033 Abs. 1 S. 2 BGB. Allerdings ist der Abschichtungsvertrag dann formbedürftig, wenn als Abfindung die Leistung eines Gegenstandes vereinbart wird, der nur durch ein formbedürftiges Rechtsgeschäft übertragen werden kann, bei Grundstücken gem. § 311b Abs. 1 BGB, bei Geschäftsanteilen einer GmbH gem. § 15 Abs. 4 GmbHG. *Reimann*[215] empfiehlt trotzdem aus Gründen der Rechtssicherheit und der Rechtsklarheit die Beurkundung des Abschichtungsvertrags (vgl. seinen Formulierungsvorschlag lit. aa). Dies dürfte insbesondere dann von Vorteil sein, wenn nur noch **ein Miterbe** übrig bleibt und damit der ganze Nachlass aufgeteilt ist (vgl. Muster in § 18 Rn 81).

221

### d) Berichtigung des Grundbuchs

Nach dem Vollzug des Abschichtungsvertrags erfolgt bezüglich der Nachlassgrundstücke, die in Erbengemeinschaft verbleiben, eine **Grundbuchberichtigung**, wonach der abgeschichtete Miterbe als Gesamthänder ausgeschieden ist (zur Berichtigung des Grundbuchs nach erfolgter „Abschichtung" eines Miterben siehe § 10 Rn 175 ff.). Dies gilt auch dann, wenn nur noch **ein Miterbe** übrig bleibt und dieser kraft Anwachsung Alleineigentümer wird. Die Unrichtigkeit des Grundbuchs (§ 22 GBO) muss entweder in der Form des § 29 GBO nachgewiesen werden, oder es bedarf der beglaubigten Bewilligung des ausgeschiedenen Miterben (§§ 22, 19 GBO).

222

---

212 *Reimann*, ZEV 1998, 213.
213 BGH BGHZ 138, 8, 11 = FamRZ 1998, 673 = DNotZ 1999, 60 = ZEV 1998, 141; bestätigt durch Urteil v. 27.10.2004 – IV ZR 174/03 = ZEV 2005, 22 = NJW 2005, 284 = FamRZ 2005, 206 = ZErb 2005, 48 = Rpfleger 2005, 140 = MDR 2005, 338 = WM 2005, 1528. Beachtliche Kritik an der BGH-Rechtsprechung übt *Rieger*, in: DNotZ 1999, 64 ff...
214 Vgl. im Einzelnen *Krug*, Schuldrechtsmodernisierungsgesetz und Erbrecht, Rn 314 ff.
215 *Reimann*, ZEV 1998, 213.

## 4. Muster: Klage auf Zustimmung zum Teilungsplan (mit Teilungsanordnung bezüglich Grundstück)

An das

Landgericht
– Zivilkammer –

Klage

des Herrn

– Klägers –

Prozessbevollmächtigter: Rechtsanwalt

gegen

Frau

– Beklagte –

wegen Zustimmung zu einem erbrechtlichen Teilungsplan

Namens und in Vollmacht des Klägers erhebe ich Klage gegen die Beklagte und werde in dem zu bestimmenden Termin beantragen, für Recht zu erkennen:

Die Beklagte wird verurteilt, folgendem Teilungsplan zur Auseinandersetzung des Nachlasses des am ▓▓▓ verstorbenen Herrn ▓▓▓, zuletzt wohnhaft in ▓▓▓, zuzustimmen:

1. Auf den Kläger wird das Alleineigentum an dem Hausgrundstück ▓▓▓, eingetragen im Grundbuch des Amtsgerichts ▓▓▓, Band ▓▓▓, BV Nr. ▓▓▓, Markung ▓▓▓ Flst. Nr. ▓▓▓ Größe: ▓▓▓ übertragen. Die Beklagte bewilligt die Eintragung des Klägers als Alleineigentümer im Grundbuch.
2. Dem Kläger wird der Alleinbesitz an dem zuvor Ziff. 1 bezeichneten Hausgrundstück eingeräumt.
3. Die 160 Siemens-Aktien zu je nominal ▓▓▓ EUR, verwahrt im Depot Nr. ▓▓▓ bei der ▓▓▓-Bank, lautend auf ▓▓▓, werden zwischen dem Kläger und der Beklagten je hälftig aufgeteilt. Die Beklagte stimmt der Übertragung von 80 Aktien auf sie selbst und von 80 Aktien auf den Kläger sowie der entsprechenden Umschreibung des bezeichneten Depots zu.

Falls die Voraussetzungen des § 331 Abs. 3 bzw. § 307 ZPO vorliegen, bitte ich um Erlass eines **Versäumnis- bzw. Anerkenntnisurteils**[216] ohne mündliche Verhandlung.

*Begründung:*

Die Parteien sind Geschwister. Sie wurden je hälftig Erben ihres am ▓▓▓ verstorbenen Vaters ▓▓▓, zuletzt wohnhaft in ▓▓▓.

*Beweis:* Beiliegende Ausfertigung des Erbscheins des Amtsgerichts – Nachlassgericht – ▓▓▓ Vom ▓▓▓, Az. ▓▓▓ – Anlage K 1 –

Der Erblasser hat durch notarielles Testament vom ▓▓▓, beurkundet von Notar ▓▓▓ in ▓▓▓ unter UR-Nr. ▓▓▓ zugunsten des Klägers eine Teilungsanordnung in der Weise verfügt, dass der Kläger das Alleineigentum an dem Hausgrundstück (s.o. Klageantrag Ziff. 1) erhalten soll. Darüber sind sich die Parteien einig.

*Beweis:* Begl. Abschrift des bezeichneten Testaments – Anlage K 2 –

---

216 Seit 1.1.2002 ist hinsichtlich des Anerkenntnisurteils ein Prozessantrag nicht mehr erforderlich, § 307 ZPO.

*Krug*

Der Erblasser hat angeordnet, dass die Übertragung des Hauses gegen Zahlung des Verkehrswertes, festgestellt vom Gutachterausschuss der Stadt ▒▒▒▒▒▒, erfolgen soll. Zur Ermittlung des Verkehrswertes hat der Kläger beim Gutachterausschuss der Stadt ▒▒▒▒▒▒ ein Wertgutachten erstellen lassen, das einen Verkehrswert von 600.000 EUR ermittelt hat.

*Beweis:* Mehrfertigung des Wertgutachtens des Gutachterausschusses der Stadt vom ▒▒▒▒▒▒ – Anlage K 3 –

Dieses Gutachten wird von der Beklagten nicht akzeptiert. Sie ist der Meinung, das Haus sei wesentlich mehr wert und verlangt die Einholung eines Schätzgutachtens durch einen freien, vereidigten Schätzer. Dieses Ansinnen findet im Testament des Erblassers keine Stütze.

Zu einer einvernehmlichen Erbauseinandersetzung war die Beklagte nicht bereit.

Der Nachlass ist bis auf das Haus und das im Klagantrag Ziff. 2 genannte Wertpapierdepot aufgeteilt. Weitere Nachlassgegenstände, die noch in Erbengemeinschaft stünden, sind nicht mehr vorhanden; alle Nachlassverbindlichkeiten sind getilgt (§ 2046 BGB). Unter den Parteien bestehen auch keine Ausgleichungspflichten im Sinne der §§ 2050 ff. BGB. Es bestehen weder vertragliche, testamentarische noch gesetzliche Teilungsverbote.

Um keinen Streit wegen der Bezahlung des Hauses aufkommen zu lassen, hat der Kläger die auf die Beklagte entfallende Hälfte des Übernahmepreises von 600.000 EUR, also 300.000 EUR, bei der Hinterlegungsstelle des Amtsgerichts ▒▒▒▒▒▒ hinterlegt.

*Beweis:* Hinterlegungsschein des Amtsgerichts ▒▒▒▒▒▒, Az. ▒▒▒▒▒▒ – Anlage K 4 –

Der Kläger stimmt der Auszahlung dieses hinterlegten Betrages an die Beklagte schon heute zu, so bald sie ihrerseits der Aufteilung des Nachlasses entsprechend dem hier vorgeschlagenen Teilungsplan zustimmt.

Der Kläger macht seinen Auseinandersetzungsanspruch aus §§ 2042, 752 BGB geltend. Bei dem vom Erblasser angeordneten Übernahmerecht handelt es sich um eine Teilungsanordnung nach § 2048 BGB. Darüber sind sich die Parteien einig, lediglich der Wert ist im Streit.

Das Haus ist auf den Namen des Erblassers im Grundbuch eingetragen.

*Beweis:* Begl. Abschrift des Grundbuchs – Anlage K 5 –

Einer Voreintragung der Erben (§ 39 GBO) bedarf es gem. § 40 GBO nicht.

Der Streitwert beträgt ▒▒▒▒▒▒ EUR. Dafür ist nicht der Wert des gesamten Nachlasses maßgebend, sondern lediglich das Interesse des Klägers, also der Wert seines Auseinandersetzungsguthabens (BGH NJW 1975, 1415; Stein/Jonas, § 3 ZPO, Stichwort „Erbauseinandersetzung").

(Rechtsanwalt)

### 5. Checkliste: Erbteilungsklage

– Kein Klageverzicht (pactum de non petendo)
– Keine Schiedsgerichtsklausel des Erblassers oder der Erben
– Keine Gerichtsstandsvereinbarung
– Sachliche Gerichtszuständigkeit (Amtsgericht/Landgericht)
– Örtliche Zuständigkeit: §§ 12, 13, 27 ZPO.
– Ist die Erbfolge zuverlässig festgestellt?
– Sind alle Erben ordnungsgemäß vertreten?
– Keine Teilungsverbote
  – durch Vereinbarung der Erben
  – durch letztwillige Anordnungen des Erblassers
  – kraft Gesetzes

- Alle Aktiv-Positionen des Nachlasses sind zu erfassen – grundsätzlich ist der gesamte Nachlass aufzuteilen – keine Teilauseinandersetzung
- Sind alle Verbindlichkeiten bereinigt (§ 2046 BGB)?
- Soweit Verbindlichkeiten noch nicht erfüllbar sind, Rückstellungen vorsehen (auch für Kosten etwaiger Rechtsstreitigkeiten)
- Sind einzelne Streitfragen durch Feststellungsurteil bereits geklärt?
- Behördliche Genehmigungserfordernisse klären, evtl. schon einholen
- Güterrechtliche Zustimmungserfordernisse prüfen, evtl. einholen.
- Auseinandersetzungsvereinbarung der Erben (hat Vorrang vor allen anderen Teilungsregeln)
- Teilungsanordnung des Erblassers (hat Vorrang vor gesetzl. Teilungsvorschriften)
- Ausgleichungspflichtige Vorempfänge?
  - Abkömmlinge sind zur Ausgleichung verpflichtet
  - Ausstattungen sind kraft Gesetzes auszugleichen, sofern nichts anderes angeordnet ist
  - Schenkungen sind nur auszugleichen, wenn dies angeordnet ist (evtl. durch Auslegung zu ermitteln)
  - Bei gemischten Schenkungen Bewertung der Gegenleistung bzw. der vorbehaltenen Rechte (Nießbrauch, Wohnungsrecht)
  - Ausgleichung übermäßiger Zuwendungen
  - Ausgleichung übermäßiger Ausbildungskosten
  - Indexierung der Wertbeträge ausgleichungspflichtiger Vorempfänge
  - Nach Lebenshaltungskostenindex, nicht nach anderen Indices
  - Streitig, ob auf den Erbfall oder auf den Zeitpunkt der Erbteilung (letzte mündliche Tatsachenverhandlung) zu indexieren ist
  - Nach Ausgleichungsberechnung unbedingt mit Proberechnung kontrollieren, dass insgesamt nicht mehr verteilt werden kann als dem effektiv vorhandenen Nachlass entspricht
- Gesetzliche Teilungsvorschriften
- Haben ausgleichungspflichtige Vorempfänge den Verteilerschlüssel verändert? Dann muss anstelle der Erbquoten der neue Verteilerschlüssel zugrunde gelegt werden.
- Soweit keine besonderen Teilungsregeln eingreifen: Sind die Nachlassgegenstände in Natur teilbar? Evtl. vorher Pfandverkauf bzw. Teilungsversteigerung durchführen
- Bei Grundstücken: Materiellrechtliche und formellrechtliche Erklärungen, §§ 873, 925 BGB, § 19 GBO; präzise grundbuchmäßige Bezeichnung, § 28 GBO.
- Hauptantrag und evtl. Hilfsanträge, letztere auch als Feststellungsantrag bezügl. einzelner Streitpunkte für den Fall, dass doch noch keine Teilungsreife bestehen sollte (bspw. Feststellung, ob eine bestimmte Anordnung im Testament eine Teilungsanordnung nach § 2048 BGB darstellt oder ein Vorausvermächtnis nach § 2150 BGB).

## 6. Muster: Feststellungsklage zur Vorbereitung der Teilung

An das

Landgericht
– Zivilkammer –
▓▓▓▓

**Klage**

des Herrn ▓▓▓▓

– Klägers –

Prozessbevollmächtigter: Rechtsanwalt ▓▓▓▓

gegen

Herrn ▓▓▓▓

– Beklagten –

wegen Feststellung

Namens und in Vollmacht des Klägers erhebe ich Klage gegen den Beklagten und werde in dem zu bestimmenden Termin beantragen, für Recht zu erkennen:

Es wird festgestellt, dass der Beklagte bei der Teilung des Nachlasses des am ▓▓▓▓ verstorbenen Herrn ▓▓▓▓, zuletzt wohnhaft gewesen in ▓▓▓▓, die ihm vom Erblasser am ▓▓▓▓ gemachte Geldzuwendung in Höhe von ▓▓▓▓ EUR **(indexierter Wert)** nach §§ 2050 ff. BGB auszugleichen hat.
– Falls die Voraussetzungen des § 331 Abs. 3 bzw. § 307 ZPO vorliegen, bitte ich um Erlass
– eines **Versäumnis-** bzw. **Anerkenntnisurteils**[217] ohne mündliche Verhandlung.

*Begründung:*

Die Parteien sind Brüder. Sie streiten um die Teilung des Nachlasses ihres am ▓▓▓▓ verstorbenen Vaters, Herrn ▓▓▓▓, zuletzt wohnhaft in ▓▓▓▓.
Beide wurden je zur Hälfte gesetzliche Erben.

*Beweis:* Beglaubigte Abschrift des Erbscheins vom ▓▓▓▓, erteilt vom Amtsgericht – Nachlassgericht – ▓▓▓▓. – Anlage K 1 –

Der Nachlass, der insgesamt mehrere hunderttausend EUR wert ist, wäre teilungsreif, wenn geklärt wäre, ob die vom Erblasser dem Beklagten am ▓▓▓▓ gewährte Zuwendung eines Geldbetrages in Höhe von seinerzeit 100.000 DM = 50.000 EUR unter den Erben i.S.d. §§ 2050 ff. BGB ausgleichungspflichtig ist oder nicht.

Der Beklagte ist selbstständiger Installateurmeister. Nach Grund- und Hauptschule hat er eine Lehre als Installateur im Bereich Gas und Wasser absolviert. Nach bestandener Gesellenprüfung vor der Handwerkskammer ▓▓▓▓ hat er einige Jahre in einem Installateurbetrieb gearbeitet, danach vor der Handwerkskammer die Meisterprüfung abgelegt und im Anschluss daran einen eigenen Betrieb eröffnet, den er heute noch führt.

Anlässlich der Eröffnung seines eigenen Betriebes erhielt er vom Vater der Parteien, dem Erblasser, einen Barbetrag von seinerzeit 100.000 DM zugewandt. Darüber haben der Beklagte und der Erblasser eine schriftliche Notiz gefertigt. Sie hat folgenden Wortlaut:

„Heute, am ▓▓▓▓, hat mein Sohn ▓▓▓▓ von mir 100.000 DM als Schenkung erhalten. Dies bestätigt mein Sohn mit seiner Unterschrift."

---

[217] Zu den Einzelheiten der ZPO-Reform 2002 vgl. *Krug*, ZEV 2002, 58.

Unter diesem Text befinden sich die Unterschriften des Erblassers und des Beklagten.

*Beweis:* Fotokopie des Schriftstücks vom ▬▬▬ – Anlage K 2 –, das in der mündlichen Verhandlung im Original vorgelegt werden wird.

Der Beklagte beruft sich darauf, dass diese „Schenkung" bei der Auseinandersetzung des Nachlasses in keiner Weise zu berücksichtigen sei, weil es sich um eine Schenkung gehandelt habe und keinerlei Vereinbarung über eine etwaige Ausgleichungspflicht bei der Erbauseinandersetzung getroffen worden sei. Deshalb sei die Schenkung nach § 2050 Abs. 3 BGB nicht auszugleichen.

Diese rechtliche Wertung ist jedoch nicht richtig. In Wahrheit handelt es sich bei der Zuwendung nicht um eine Schenkung i.S.d. §§ 516 ff. BGB, sondern um eine Ausstattung nach § 1624 BGB, die nach § 2050 Abs. 1 BGB bei der Erbauseinandersetzung kraft Gesetzes auszugleichen ist, auch wenn bei der Zuwendung der Ausstattung über eine Ausgleichungspflicht nichts vereinbart wurde. Der Beklagte hat den Geldbetrag als Starthilfe erhalten, als er sich mit einem eigenen Handwerksbetrieb selbstständig gemacht hat. Hierbei handelt es sich um einen typischen Fall der Ausstattung, die dazu dienen sollte, dem Beklagten den Schritt in die Selbstständigkeit zu ermöglichen (BGHZ 44, 91; vgl. auch AG Stuttgart NJW-RR 1999, 1449 = ZEV 2000,73). Ohne diese Zuwendung wäre es dem Beklagten gar nicht möglich gewesen, den eigenen Betrieb aufzubauen. Er hatte nämlich seinerzeit keinerlei nennenswerte eigene finanzielle Mittel.

*Beweis:* Parteivernehmung des Beklagten

Sowohl der Erblasser als auch der Beklagte sind bzw. waren juristische Laien. Ihnen war nicht bekannt, welche Rechtsfolgen eine Ausstattung einerseits und eine Schenkung andererseits bei der Nachlassauseinandersetzung haben. Der Begriff „Ausstattung" dürfte dem Erblasser gar nicht bekannt gewesen sein. Da es sich der Sache nach unter den damaligen Gegebenheiten um eine Ausstattung gehandelt hatte, schadet die vom Erblasser und dem Beklagten gewählte Bezeichnung „Schenkung" nicht. Was die Parteien dieses Zuwendungsvertrags wollten, ist aus Sicht des Klägers und des Gesetzes eindeutig.

Aber die Zuwendung ist noch aus einem anderen Grund auszugleichen:

Selbst wenn man die Zuwendung als Schenkung ansehen wollte, so wäre eine Ausgleichungspflicht nach § 2050 Abs. 3 BGB anzunehmen, weil dies der Erblasser bei der Hingabe des Geldbetrages so angeordnet hat. Zwar sagt das gefertigte Schriftstück hierüber nicht ausdrücklich etwas aus, darauf kommt es vorliegend aber nicht an. Der Erblasser hat nämlich immer wieder in Anwesenheit beider Söhne darauf hingewiesen, dass der Beklagte im Hinblick auf sein künftiges Erbrecht schon 100.000 DM erhalten habe. Dem Beklagten habe er, der Erblasser, auch von Anfang an gesagt, bei der Zuwendung handle es sich um ein „vorweggenommenes Erbe".

*Beweis:* Parteivernehmung des Klägers
Parteivernehmung des Beklagten

Das Schriftstück stellt damit eher eine Quittung als eine Vereinbarung dar. Einer bestimmten Form bedarf die Ausstattung nicht.

Ein „vorweggenommenes Erbe" ist in seiner rechtlichen Qualifikation aber nichts anderes als ein ausgleichungspflichtiger Vorempfang i.S.d. §§ 2050 ff. BGB, weil nach § 2055 BGB der ausgleichungspflichtige Betrag dem Nachlass hinzuzurechnen ist, rechnerisch also so behandelt wird, als befände er sich noch in der Teilungsmasse.

Die Ausstattung ist nicht mit ihrem Nominalwert im Zeitpunkt der Hingabe auszugleichen, sondern nach einer Indexierung entsprechend dem Lebenshaltungskostenindex mit ihrem heutigen Kaufkraftwert (vgl. BGHZ 65, 75; *Löbbecke*, NJW 1975, 2292).

Im Jahr der Zuwendung betrug der Index ▬▬▬ Punkte, heute beträgt er ▬▬▬ Punkte. Nach erfolgter Umrechnung (100.000 DM = 50.000 EUR X Index heute: Index im Zeitpunkt der Zuwendung) ist nach dem heutigen Geldwert ein Betrag von ▬▬▬ EUR auszugleichen. (Vgl. zur Problematik der Indexierung BGHZ 65, 75; BGH NJW 1975, 1831; BGHZ 96, 174, 181; MüKo-*Heldrich*, 4. Auflage 2004, § 2055 BGBRn 12;

Staudinger/*Werner*, 13. Auflage 1996, § 2055 BGB Rn 1; Soergel/*Wolf*, 13. Auflage 2001, Rn 1; *Peter*, BWNotZ 1986, 28, 30; die ausführliche Darstellung von *Krug*, ZEV 2000, 41; *Eberl-Borges*, Die Erbauseinandersetzung, Habil.schrift Tübingen, 2000, S. 235; a.M. und wie BGH (Indexierung auf den Zeitpunkt des Erbfalls): Palandt/*Edenhofer*, 65. Auflage 2006, § 2055 Rn 3; *Meincke*, AcP 178 (1978), 59 ff.; *Ebenroth/ Bacher*, BB 1990, 2053; *Thubauville*, MittRhNotK 1992, 292, 301).

Zur Zulässigkeit der Feststellungsklage:

Die Erben sind sich nur über die Ausgleichungspflicht uneinig. Solange dieser Punkt aber nicht geklärt ist, kann die Erbteilung nicht vorgenommen werden. Nach der Rechtsprechung ist in den Fällen, in denen lediglich einzelne Punkte einer vorzunehmenden Erbteilung streitig sind, die Feststellungsklage zur Klärung dieser strittigen Punkte zulässig (BGH NJW-RR 1990, 1220; NJW-RR 1992, 771; OLG Köln NJW-RR 1996, 1352; OLG Düsseldorf ZEV 1996, 395). In solchen Fällen braucht keine Klage auf Zustimmung zu einem Gesamt-Teilungsplan über den ganzen Nachlass erhoben zu werden. Das Prozesskostenrisiko stünde in keinem Verhältnis zu dem strittigen Punkt – wie auch der vorliegende Fall zeigt.

Nach rechtskräftiger Klärung der Ausgleichungspflicht wird der Nachlass unter den Parteien voraussichtlich einvernehmlich aufgeteilt werden können. Deshalb ist das Feststellungsinteresse des Klägers zu bejahen.

Der Streitwert wird mit ▬▬▬▬ EUR angegeben (20.000 EUR indexiert [50.000 EUR indexiert: 2 = 25.000 EUR indexiert, davon 80 % für die Feststellung], vgl. BGH NJW-RR 1988, 689 und *Thomas/Putzo*, § 3 ZPO Rn 65 Stichwort „Feststellungsklage").

(Rechtsanwalt)

### 7. Checkliste: Feststellungsklage zur Vorbereitung der Erbteilung

– Kein Klageverzicht (pactum de non petendo)
– Keine Schiedsgerichtsklausel des Erblassers oder der Erben
– Keine Gerichtsstandsvereinbarung
– Sachliche Gerichtszuständigkeit (Amtsgericht/Landgericht)
– Örtliche Zuständigkeit: §§ 12, 13, 27 ZPO.
– Ist die Erbfolge zuverlässig festgestellt?
– Sind alle Erben ordnungsgemäß vertreten?
– Sind einzelne Streitpunkte zu klären?
  – Zugehörigkeit bestimmter Gegenstände zum Nachlass, bspw. aufgrund dinglicher Surrogation
  – Auszugleichende Vorempfänge, in welcher Höhe?
  – Ersatzansprüche einzelner Miterben, die in der Erbteilung zu berücksichtigen sind, bspw. §§ 2042 Abs. 2, 748, 756 BGB; hier könnte aber auch eine Leistungsklage in Betracht kommen
– Wird nach Klärung der Streitpunkte eine Erbteilung möglich sein?
– Bei Grundstücken: genaue grundbuchmäßige Bezeichnung, § 28 GBO.

## VIII. „Dingliche Einigung" nach Verurteilung des Auflassungsschuldners

Sind die beklagten Miterben rechtskräftig zur Auflassung eines Grundstücks oder einer Eigentumswohnung verurteilt, so muss die Einigungserklärung des klagenden Miterben wegen des Formzwangs nach § 925 BGB gleichwohl noch **beurkundet** werden.[218] Eine reine Beglaubigung der Unterschrift des Erwerbers reicht nicht aus. Die gleichzeitige Anwe-

---

218 KG DNotZ 1936, 204.

senheit der Parteien, wie sie in § 925 BGB vorgesehen ist, ist hier nicht notwendig,[219] aber die Erklärung des Erwerbers ist nur dann formwirksam abgegeben, wenn im Zeitpunkt ihrer Abgabe das rechtskräftige Urteil vorliegt; eine Beurkundung der Erklärung des Erwerbers vor Vorliegen der rechtskräftigen Verurteilung zur Auflassung ist formunwirksam.[220]

228 **Hinweis**
Der klagende Miterbe muss mit einer Ausfertigung des rechtskräftigen Urteils einen Notar aufsuchen und dort die Auflassung beurkunden lassen, sonst wäre der Form des § 925 BGB nicht genügt. Eine Ausfertigung der Auflassung und die Ausfertigung des rechtskräftigen Urteils sind dem Grundbuchamt zur Eigentumsumschreibung vorzulegen. Der Eintragungsantrag des Erwerbers nach § 13 GBO bedarf lediglich der Schriftform. Der Anwalt des Erwerbers kann mit schriftlicher Vollmacht (§ 30 GBO) den Eintragungsantrag stellen (vgl. das nachfolgende Muster Rn 236).

229 Eine Vollstreckungsklausel und deren Zustellung an den Beklagten sind nicht erforderlich, weil das Urteil keiner weiteren Vollstreckung bedarf.

230 Nur für den Fall, dass die Auflassung von einer Zug-um-Zug-Zahlung aus irgendeinem Grunde abhängig wäre, muss eine vollstreckbare Ausfertigung im Zeitpunkt der Erklärung der Auflassung erteilt sein, §§ 894 Abs. 1, 726, 730 ZPO. Das Grundbuchamt hat jedoch nicht zu prüfen, ob bei einer Zug-um-Zug-Verurteilung die Gegenleistung erbracht ist, dies erfolgt vielmehr im Klauselerteilungsverfahren.[221]

## IX. Muster: Auflassungserklärung des Klägers

511 *(Notarielle Urkundenformalien)*

231 Anwesend ist Herr            und erklärt mit der Bitte um notarielle Beurkundung folgende

**Auflassung:**

*I. Vorwort*

Im Grundbuch des Amtsgerichts            für            Band            Heft            ist in Abt. I Nr. 1 Frau            als Alleineigentümerin des Grundstücks BV Nr.           , Gemarkung            Flst.Nr.            Größe:            eingetragen. Frau            ist am            gestorben.

Durch rechtskräftiges Urteil des            gerichts vom           , Az.           , wurden die Miterben            verurteilt, das Eigentum an dem zuvor bezeichneten Grundstück im Wege der Erbteilung auf mich, den Anwesenden, zu übertragen und die Eintragung der Eigentumsänderung im Grundbuch zu bewilligen. Mit der Rechtskraft des Urteils, die am            eingetreten ist, gelten die dingliche Eigentumsübertragungserklärung und die Eintragungsbewilligung nach § 894 ZPO als abgegeben.

Eine Ausfertigung des bezeichneten Urteils samt Rechtskraftvermerk übergebe ich hiermit.

Eine Ausfertigung des Erbscheins des Nachlassgerichts            vom            Az.           , nach dessen Inhalt die Beklagten in dem bezeichneten Rechtsstreit und ich Erben der eingetragenen Eigentümerin geworden sind, füge ich bei. Eine Voreintragung der Erben (§ 39 GBO) ist nach § 40 GBO nicht erforderlich.

---

219 Hier wird die Anwesenheit des verurteilten Auflassungsschuldners fingiert, vgl. BayObLGZ 1983, 181/185 = Rpfleger 1983, 390 und BayObLG DNotIReport 2005, 103 = ZNotP 2005, 277 = NotBZ 2005, 216 = Rpfleger 2005, 488 = RNotZ 2005, 362 = FGPrax 2005, 178.
220 BayObLG DNotZ 1984, 628.
221 BayObLG DNotZ 1985, 47 = Rpfleger 1983, 480.

*II. Einigungserklärung und Grundbuchantrag*

Hiermit erkläre ich die nach § 925 BGB erforderliche Einigung zur Übertragung des Eigentums an dem bezeichneten Grundstück auf mich. Ich nehme die Eigentumsübertragung hiermit an und beantrage die Eintragung der Eigentumsänderung im Grundbuch auf mich hiermit.

Gleichzeitig bewillige und beantrage ich die **Löschung** der zu meinen Gunsten bei dem bezeichneten Grundstück eingetragenen Eigentumsübertragungsvormerkung. Von dieser Löschungsbewilligung darf nur Gebrauch gemacht werden, wenn nach der Vormerkung keine Zwischeneintragungen erfolgt oder entsprechende Anträge beim Grundbuchamt eingegangen sind.

Der Wert des Grundstücks beträgt          EUR.

Diese Niederschrift wurde vom Notar dem Anwesenden vorgelesen, von diesem genehmigt und von ihm und dem Notar eigenhändig unterschrieben:

## X. Eintragung einer Eigentumsübertragungsvormerkung für den Erwerber im Grundbuch

### 1. Sicherungsbedürfnis des Erwerbers

Auch nach der Verurteilung der übrigen Miterben zur Eigentumsübertragung eines Grundstücks auf den klägerischen Miterben kann noch einige Zeit bis zur tatsächlichen Eigentumsumschreibung im Grundbuch verstreichen. Zum einen kann sich ein Berufungs- und/oder Revisionsverfahren anschließen,[222] so dass die Ersetzung der Zustimmung nach § 894 ZPO ohnehin noch lange Zeit in Anspruch nehmen könnte, zum anderen ist zur Eigentumsumschreibung auf einen Miterben die grunderwerbsteuerrechtliche Unbedenklichkeitsbescheinigung erforderlich. Inzwischen sind die Rechte des klägerischen Miterben zwar nicht durch Verfügungen gefährdet, weil dazu nach § 2040 BGB seine Zustimmung erforderlich wäre.

Aber ein Miterbe könnte über seinen Erbteil verfügen oder in seinen Erbteil könnte die Zwangsvollstreckung betrieben werden. Damit wenigstens bezüglich des zu übertragenden Grundstücks solche Maßnahmen dem Erwerber gegenüber unwirksam wären, § 883 Abs. 2 BGB, kommt die Eintragung einer Vormerkung auf der Grundlage der fingierten Eintragungsbewilligung nach § 895 ZPO nach Erlass des vorläufig vollstreckbaren Urteils in Betracht. Im Hinblick auf etwa drohende Zwangsvollstreckungsmaßnahmen in das zu übertragende Grundstück ist auf eine frühzeitige Sicherung des Anspruchs mit guter Rangstelle der Vormerkung im Grundbuch zu achten; es könnte andernfalls der Ausfall des Vormerkungsgläubigers in einer etwaigen Zwangsversteigerung drohen.[223] In letzter Zeit wurde zweifelhaft, ob eine Eigentumsübertragungsvormerkung rangfähig ist i.S.v. §§ 879 ff. BGB. Von der h.M. wird die Rangfähigkeit jedoch bejaht.[224]

---

[222] Allgemeine Zulassungsrevision ohne Wertgrenze, § 543 ZPO.
[223] Vgl. *Streuer*, Verfügungsbeschränkungen und Eigentumsvormerkung in der Zwangsversteigerung des Grundstücks, Rpfleger 2000, 357.
[224] BGH DNotZ 1999, 1000 = FGPrax 1999, 128 = Rpfleger 1999, 383; BGH NJW 2000, 805 = ZNotP 2000, 109 und die ausführliche Darstellung in DNotI-Report 2000, 89.

## 2. Muster: Antrag auf Eintragung einer Eigentumsübertragungsvormerkung des Klägers aufgrund vorläufig vollstreckbaren Urteils

An das

Amtsgericht
– Grundbuchamt –

▓▓▓▓▓

Eigentumswohnung, eingetragen im Wohnungs-Grundbuch des Amtsgerichts ▓▓▓ für ▓▓▓, Band ▓▓▓, Heft ▓▓▓ BV Nr. ▓▓▓.

hier: Eintragung einer Vormerkung auf Eigentumsübertragung

Namens meines Mandanten, Herrn ▓▓▓, dessen schriftliche Vollmacht ich in Anlage (Anlage 1) beifüge, beantrage ich hiermit,

bei der zuvor bezeichneten Eigentumswohnung eine Vormerkung auf Eigentumsübertragung zugunsten meines Mandanten im Grundbuch einzutragen.

Frau ▓▓▓ ist im Grundbuch als Eigentümerin der oben näher bezeichneten Eigentumswohnung eingetragen. Sie ist am ▓▓▓ gestorben und wurde nach dem Erbschein des Amtsgerichts – Nachlassgericht – ▓▓▓ vom ▓▓▓, Az. ▓▓▓, beerbt von 1. ▓▓▓, 2. ▓▓▓ und 3. ▓▓▓.

Aufgrund ihres privatschriftlichen Testaments vom ▓▓▓ war mein Mandant berechtigt, das Alleineigentum an der zuvor bezeichneten Eigentumswohnung zu übernehmen.

Gegen die beiden Miterben ▓▓▓ hat das ▓▓▓ gericht ▓▓▓ am ▓▓▓ unter Az. ▓▓▓ als Beklagte ein vorläufig vollstreckbares Urteil verkündet, wonach das Eigentum an der zuvor bezeichneten Wohnung auf meinen Mandanten zu übertragen, die Umschreibung auf ihn zu bewilligen und die Eigentumswohnung an ihn herauszugeben ist.

Beweis: Beiliegende Ausfertigung des zuvor näher bezeichneten Urteils – Anlage 2 –

Das Urteil ist noch nicht rechtskräftig, deshalb sind Auflassungserklärung und Eintragungsbewilligung nach § 894 ZPO noch nicht als ersetzt anzusehen. Nach § 895 ZPO gilt jedoch mit dem Erlass des vorläufig vollstreckbaren Urteils die Eintragung einer Vormerkung als bewilligt.

Diese Vormerkung soll mit dem vorliegenden Antrag eingetragen werden. Die im Urteil geforderte Sicherheitsleistung ist durch Vorlage einer Bankbürgschaft der X-Bank in Höhe von ▓▓▓ EUR erbracht.

Beweis: Bestätigung des ▓▓▓ gerichts vom ▓▓▓ – Anlage 3 –

Der vollständige grundbuchmäßige Beschrieb der Eigentumswohnung lautet: ▓▓▓.

Der Wert der Wohnung beträgt ca. ▓▓▓ EUR.

Die Kostenrechnung und die Eintragungsnachricht nach § 55 GBO können mir übersandt werden.

(Rechtsanwalt)

## XI. Gegenrechte der beklagten Miterben

### 1. Verwendungen eines Miterben auf ein Nachlassgrundstück

Hat ein Miterbe Verwendungen auf einen Nachlassgegenstand gemacht und hat er deshalb gegen die anderen Miterben Ersatzansprüche, bspw. nach §§ 2038, 748 BGB oder aus GoA, §§ 683, 670 BGB, so kann er nicht etwa deshalb mittels eines Zurückbehaltungsrechts die Zustimmung zur Erbteilung verweigern. Vielmehr ist nach § 756 BGB sein Ersatzanspruch im Rahmen der Erbteilung zu berücksichtigen (vgl. hierzu das nachfolgende Muster Rn 236).

*Krug*

## 2. Nichterteilung von Auskünften als Einrede gegen den Auseinandersetzungsanspruch

Die Auseinandersetzung des Nachlasses kann so lange nicht erfolgen, so lange nicht Klarheit über die ausgleichungspflichtigen Vorempfänge herrscht. Deshalb können die in der Erbteilungsklage beklagten Miterben solange nicht zur Zustimmung zum Teilungsplan verurteilt werden, solange der Kläger nicht Auskunft darüber erteilt hat, ob und ggf. welche Zuwendungen er vom Erblasser erhalten hat, die nach den Vorschriften über die Ausgleichung nach §§ 2050 ff. BGB in der Erbteilung zu berücksichtigen sind.

So lange kann eine Erbteilung nicht durchgeführt werden. Die **Auskunftspflicht** des Klägers nach § 2057 BGB hat Vorrang **vor** seinem Anspruch auf **Erbteilung** nach § 2042 BGB.[225]

## 3. Muster: Klageerwiderungsschriftsatz gegen Erbteilungsklage (Geltendmachung von Verwendungen durch einen Miterben)

An das

Landgericht

– Zivilkammer –

Az.

*Klageerwiderung*

*in der Rechtssache*

des Herrn

– Kläger –

Prozessbevollmächtigter: Rechtsanwalt

gegen

Frau

– Beklagte –

Prozessbevollmächtigter: Rechtsanwalt

wegen Zustimmung zur Erbteilung

Namens und in Vollmacht der Beklagten beantrage ich
1. in erster Linie Klageabweisung bezüglich der vom Kläger erhobenen Klage auf Zustimmung zur Erbteilung, insbesondere zur Grundstücksübertragung auf den Kläger.
2. in zweiter Linie hilfsweise wird der vom Kläger mit der Klageschrift vorgelegte Teilungsplan dahin gehend abgeändert, dass das Auseinandersetzungsguthaben der Beklagten um         EUR erhöht wird.

*Begründung:*

Zum Klageabweisungsantrag:

Zum Hilfsantrag auf Änderung des Teilungsplans:

Sollte die Klage zulässig und begründet sein, so kann eine Verurteilung auf Zustimmung zur Eigentumsübertragung nur erfolgen, wenn der vom Kläger vorgelegte Teilungsplan die Verwendungen, die die Beklagte

---

225 Vgl. OLG Stuttgart BWNotZ 1976, 89.

im Dezember 1999/Januar 2000 auf das im Nachlass befindliche Gebäudegrundstück in ▉▉▉, ▉▉▉-straße Nr. ▉▉▉ gemacht hat, berücksichtigt, §§ 2038, 748, 756 BGB.

Die Beklagte hat, nachdem am 26.12.1999 durch den Orkan „Lothar" das Dach des bezeichneten Gebäudes großflächig abgedeckt worden war, die Dachdeckerfirma ▉▉▉ mit der Reparatur des Daches beauftragt. Der Kläger befand sich im Weihnachtsurlaub und war für die Beklagte nicht erreichbar. Um weiteren Schaden von dem Gebäude abzuwenden, hat die Beklagte in Ausübung ihres Notgeschäftsführungsrechts nach § 2038 Abs. 1 S. 2 Hs. 2 BGB gehandelt.

Die Dachdeckerfirma hat die vorgenommenen Reparaturarbeiten mit Rechnung vom ▉▉▉ in Höhe von ▉▉▉ EUR abgerechnet. Der Rechnungsbetrag wurde von der Beklagten am ▉▉▉ überwiesen.

*Beweis:*   a)   Rechnung der Firma ▉▉▉ vom ▉▉▉ – Anlage B 1 –
   b)   Kopie des Kontoauszugs über die Belastung des Rechnungsbetrags auf dem Konto der Beklagten – Anlage B 2 –

Da beide Erben am Nachlass je hälftig beteiligt sind, haben sie diese Ausgaben im Innenverhältnis je hälftig zu tragen. Das heißt: Die Beklagte hat gegen den Kläger einen internen Erstattungsanspruch nach §§ 2038 Abs. 2, 748 BGB in Höhe der Hälfte des Rechnungsbetrags, also in Höhe von ▉▉▉ EUR. Dieser Erstattungsbetrag muss nach §§ 2042 Abs. 2, 756 BGB bei der Erbauseinandersetzung zugunsten der Beklagten berücksichtigt werden.

(Rechtsanwalt)

### 4. Muster: Widerklage auf Auskunft gegen Erbteilungsklage

An das

Landgericht
– Zivilkammer –

▉▉▉

Az. ▉▉▉

*Klageerwiderung*

*und*

*Widerklage*

*in der Rechtssache*

des Herrn ▉▉▉

– Kläger/Widerbeklagter –

Prozessbevollmächtigter: Rechtsanwalt ▉▉▉

gegen

Frau ▉▉▉

–Beklagte/Widerklägerin –

Prozessbevollmächtigter: Rechtsanwalt ▉▉▉

wegen Zustimmung zur Erbteilung, Auskunft und eidesstattlicher Versicherung.

Namens und in Vollmacht der Beklagten/Widerklägerin beantrage ich
1. Klageabweisung bezüglich der vom Kläger erhobenen Erbteilungsklage,
2. im Wege der hiermit von der Beklagten erhobenen **Widerklage** gegen den Kläger für Recht zu erkennen:
   a)   Der Kläger wird verurteilt, der Beklagten Auskunft zu erteilen

*Krug*

über die von seinem Vater, des am ▮▮▮ in ▮▮▮ verstorbenen Herrn ▮▮▮, zuletzt wohnhaft gewesen in ▮▮▮, zu dessen Lebzeiten dem Kläger gewährte unentgeltliche Zuwendungen i.S.v. § 2050 Abs. 1 und 3 BGB, Zuschüsse und Berufsausbildungskosten i.S.v. § 2050 Abs. 2 BGB, deren Ausgleichungspflicht nach §§ 2050 ff. BGB in Betracht kommt.

b) Für den Fall, dass die Auskunft nicht mit der erforderlichen Sorgfalt erteilt worden sein sollte, wird der Kläger weiter verurteilt, zu Protokoll an Eides statt zu versichern, dass er nach bestem Wissen die Angaben so richtig und vollständig gemacht hat, wie er dazu im Stande ist.

Falls die Voraussetzungen des § 331 Abs. 3 bzw. § 307 ZPO vorliegen, bitte ich um Erlass eines **Versäumnis- bzw. Anerkenntnisurteils**[226] ohne mündliche Verhandlung, zunächst bezüglich Ziff. 1 und Ziff. 2 lit. a als Teilurteil.

*Begründung:*

Mit der Klage macht der Kläger gegen die Beklagte seinen Erbteilungsanspruch nach § 2042 BGB geltend. Dieser Anspruch besteht zurzeit jedoch nicht, weil mangels Kenntnis der Beklagten über ausgleichungspflichtige Vorempfänge, die der Kläger vom Erblasser erhalten haben könnte, die Erbteilung nicht vorgenommen werden kann.

Die Parteien sind Geschwister und die einzigen Kinder des am ▮▮▮ in ▮▮▮ verstorbenen Herrn ▮▮▮, zuletzt wohnhaft gewesen in ▮▮▮, dem Vater der Parteien.

Der Erblasser hat keine Verfügung von Todes wegen hinterlassen, so dass gesetzliche Erbfolge eingetreten ist. Die Parteien sind je hälftig zur Erbfolge berufen.

*Beweis:* Begl. Abschrift des Erbscheins des Nachlassgerichts ▮▮▮ vom ▮▮▮ Az. ▮▮▮ – Anlage B 1 –

Die Auseinandersetzung des Nachlasses kann bislang nicht erfolgen, weil der Kläger der Beklagten gegenüber jede Auskunft darüber verweigert hat, ob und ggf. welche Zuwendungen er vom Erblasser erhalten hat, die nach den Vorschriften über die Ausgleichung (§§ 2050 ff. BGB) in der Erbteilung zu berücksichtigen sind.

Solange jedoch keine Klarheit über ausgleichungspflichtige Zuwendungen i.S.d. §§ 2050 ff. BGB besteht, kann eine Erbteilung nicht durchgeführt werden. Die Auskunftspflicht des Klägers nach § 2057 BGB hat Vorrang vor seinem Anspruch auf Erbteilung nach § 2042 BGB (vgl. OLG Stuttgart BWNotZ 1976, 89).

Der Kläger hat die schriftliche Anfrage der Beklagten nach ausgleichungspflichtigen Vorempfängen vom ▮▮▮ unbeantwortet gelassen. Er hat bisher keinerlei Auskunft zu etwaigen unentgeltlichen Zuwendungen von Seiten des Erblassers an ihn erteilt.

*Beweis:* a) Schreiben der Beklagten an den Kläger vom ▮▮▮ – Anlage B 2 –
b) Parteivernehmung des Klägers.

Deshalb ist die vom Kläger erhobene Klage auf Zustimmung zum Teilungsplan abzuweisen, der Widerklage bezüglich des Auskunftsanspruchs nach § 2057 BGB ist stattzugeben.

Streitwert der Widerklage: vorläufig 15.000 EUR. Der Wert des Nachlasses beläuft sich auf ca. 200.000 EUR. Da die Beklagte/Widerklägerin keine Vorstellung über die Höhe etwaiger ausgleichungspflichtiger Zuwendungen an den Kläger/Widerbeklagten hat, kann das Interesse ihres Auskunftsanspruchs nur vorläufig angegeben werden.

(Rechtsanwalt)

---

[226] Zu den Einzelheiten der ZPO-Reform 2002 vgl. *Krug*, ZEV 2002, 58.

### 5. Zurückbehaltungsrecht wegen Zugewinnausgleichsforderung

238 Gegenüber einem Anspruch auf (Teil-)Auskehrung des hinterlegten Versteigerungserlöses für einen früher gemeinschaftlichen Vermögensgegenstand geschiedener Ehegatten – bspw. des gemeinsamen Hauses nach der Teilungsversteigerung – kann wegen eines noch nicht titulierten Anspruchs auf Zugewinnausgleich ein Zurückbehaltungsrecht geltend gemacht werden.[227] Dies gilt auch, wenn auf einer der beiden Seiten des Rechtsverhältnisses eine Erbfolge stattgefunden hat.

## XII. Vorläufiger Rechtsschutz

### 1. Allgemeines

239 Der zur Erlangung der Eigentumsübertragungserklärung und Grundbucheintragungsbewilligung zu führende Prozess wird im Regelfall bei umfangreicher Beweisaufnahme eine nicht unerhebliche Zeitdauer in Anspruch nehmen, insbesondere vor dem Hintergrund häufig hoher Streitwerte bei Grundstücken, bei denen das Durchlaufen einer zweiten Instanz hochwahrscheinlich ist.

### 2. Möglichkeiten des vorläufigen Rechtsschutzes bei einem Anspruch auf Übertragung des Eigentums an einem Grundstück

240 Bei einem Anspruch auf Übereignung und Herausgabe eines Grundstücks sowie dessen klageweise Geltendmachung kommen je nach Verfahrensstadium folgende Möglichkeiten des vorläufigen Rechtsschutzes in Betracht:
– Sobald die anspruchsbegründenden Tatsachen glaubhaft gemacht werden können, **einstweilige Verfügung** auf Eintragung einer **Vormerkung** nach §§ 883, 885 BGB; wegen der nur einstimmigen Verfügungsbefugnis (§ 2040 BGB) aber kaum von praktischer Bedeutung.
– U.U. könnte in besonderen Fällen auch eine einstweilige Verfügung auf Eintragung eines **Veräußerungsverbots** in Betracht kommen; wegen der nur einstimmig möglichen Verfügungsbefugnis (§ 2040 BGB) aber kaum von praktischer Bedeutung.
– Nach Erlass des erstinstanzlichen vorläufig vollstreckbaren Urteils auf Eigentumsübertragung die Eintragung einer **Vormerkung** nach § 895 ZPO. Zu beachten ist aber die nach §§ 709, 711 ZPO zu leistende Sicherheit, die im Einzelfall sehr hoch sein kann (vgl. zur Eintragung einer Vormerkung nach Erlass eines vorläufig vollstreckbaren Urteils und zum Muster für einen entsprechenden Eintragungsantrag oben Rn 238).

## XIII. Surrogate als auseinandersetzungsbedürftige Nachlassgegenstände

### 1. Allgemeines

241 Die Erbengemeinschaft entsteht kraft Gesetzes ohne Zutun der Miterben als „Zufallsgemeinschaft". Rechtsgeschäftlich könnte eine Gesamthandsgemeinschaft mit der Organisationsstruktur der Erbengemeinschaft nicht begründet werden. Um vor allem den Nachlassgläubigern den Nachlass als Haftungssubstrat wertmäßig zu erhalten und zur Erhaltung

---

227 BGH FamRZ 2000, 355; vgl. dazu *Gruber*, FamRZ 2000, 399.

der Verwaltungseinheit und -zuständigkeit, ordnet das Gesetz Nachlasssurrogate kraft Gesetzes – unabhängig vom Willen der Handelnden – dem Sondervermögen Nachlass zu.[228]

Grundstücke als Surrogate für verkaufte Immobilien sind vor allem bei landwirtschaftlichen Betrieben und anderen Unternehmen von Bedeutung. Die als Surrogate erworbenen Grundstücke können in Erbengemeinschaft im Grundbuch eingetragen werden.

### 2. Zweck der dinglichen Surrogation: Werterhaltung der Sachgesamtheit Nachlass

Nachlässe in gesamthänderischer Bindung einer Erbengemeinschaft werden oft jahrzehntelang von den Miterben verwaltet. Ergreifen die Erben Haftungsbeschränkungsmaßnahmen, so steht den Nachlassgläubigern als Zugriffsobjekt nur der Nachlass zur Verfügung, nicht auch das jeweilige Eigenvermögen der Erben.

Im Interesse der Erben und der Nachlassgläubiger sichert die in § 2041 S. 1 BGB angeordnete **dingliche Surrogation** die Erhaltung des Sondervermögens Nachlass in seinem wirtschaftlichen Wert bis zur Auseinandersetzung. Unabhängig von der Willensrichtung des für den Nachlass Handelnden sollen bestimmte Erwerbsvorgänge dem Nachlass zugeordnet werden.

### 3. Drei Surrogationsarten des § 2041 BGB

In § 2041 BGB sind drei Arten der dinglichen Surrogation normiert:
– die Rechtssurrogation,
– die Ersatzsurrogation und
– die Beziehungs- bzw. Mittelsurrogation.

Dazu gehören auch Ansprüche nach § 985 BGB, beispielsweise bei der **Rückabwicklung eines Nachlassauseinandersetzungsvertrags:** Beim Rücktritt vom oder Anfechtung des Nachlassauseinandersetzungsvertrags gehört der Rückgewähranspruch nach § 346 bzw. § 812 Abs. 1 BGB zum Nachlass, so dass an den auseinander gesetzten Nachlassgegenständen, insbesondere an den Nachlassgrundstücken, wieder Gesamthandseigentum in Erbengemeinschaft entsteht, das erneut auseinander zu setzen ist (vgl. im Einzelnen zur dinglichen Surrogation in der Erbengemeinschaft § 10 Rn 146 ff.).

Gleichgültig ist, ob die originären Rechtspositionen dem Zivilrecht oder dem öffentlichen Recht entspringen.

Wurden noch zu Lebzeiten des Erblassers Ansprüche nach dem Vermögensgesetz (BGBl II 1990, 1159) begründet, so gehören die entsprechenden Leistungen zum Nachlass, und zwar kraft der Rechtssurrogation.[229]

Zur Klärung der Frage, ob ein bestimmter Gegenstand zum Nachlass und damit zur Teilungsmasse gehört, kommt eine Feststellungsklage zur Vorbereitung der Erbteilung in Betracht (vgl. zur Feststellungsklage oben Rn 10 ff., Rn 230 ff.).

---

228 Vgl. *Krug*, ZEV 1999, 381.
229 *Wasmuth*, DNotZ 1992, 3, 16.

## D. Besonderheiten des Landwirtschaftserbrechts

### I. Bewertung bei Übernahme eines landwirtschaftlichen Betriebes

246 Für die Bewertung eines landwirtschaftlichen Betriebs („Landgut") im Falle seiner Übernahme durch einen Miterben aus der Erbengemeinschaft sieht § 2049 BGB eine Sonderregelung vor: Als Übernahmewert ist der Ertragswert anzusetzen. Der Übernehmer soll sich durch die Auszahlung an die anderen Miterben nicht so hoch verschulden müssen, dass er den Hof gar nicht weiterführen könnte. **Landgut** ist eine Besitzung, die eine zum selbstständigen Betrieb der Land- oder Forstwirtschaft geeignete Wirtschaftseinheit darstellt, und die mit den erforderlichen Wohn- und Wirtschaftsgebäuden ausgestattet ist.[230]

§ 2049 BGB stellt jedoch nur eine **Auslegungsregel** dar für den Fall, dass der Erblasser einem Miterben ein Übernahmerecht eingeräumt hat. Der Erblasser kann auch eine abweichende Anordnung treffen.

Der Ertragswert wird nach § 2049 Abs. 2 BGB auf der Grundlage des Reinertrags ermittelt. Wie der Ertragswert aus dem Reinertrag zu errechnen ist, sagt § 2049 BGB nicht. Art. 137 EGBGB ermöglicht es den Ländern, hierzu nähere Bestimmungen zu treffen.

247 Je nach Bundesland wird teilweise das 25-fache, teilweise das 18-fache des jährlichen Reinertrags als Ertragswert angenommen.[231]

§ 48 Ba.-Wü. AGBGB bestimmt:

*(1) Bei der Berechnung des Ertragswerts wird der jährliche Reinertrag des Landgutes durch Schätzung ermittelt.*
*(2) Als Ertragswert gilt das 18-fache des jährlichen Reinertrags.*

Art. 68 BayAGBGB sieht ebenfalls den 18-fachen jährlichen Reinertrag als Ertragswert an.

### II. Landwirtschaftliches Sondererbrecht

#### 1. Gesetzeslage

248 Die meisten alten Bundesländer – nicht auch die neuen – haben Sonderregeln für die Vererbung land- und forstwirtschaftlicher Betriebe erlassen. Neben diesen Sondervorschriften auf Länderebene eröffnet § 13 GrdstVG die Möglichkeit der Zuweisung eines Hofes an einen Miterben als bundeseinheitliche Regelung, und damit gibt es auch in den neuen Bundesländern ein besonderes Landwirtschaftserbrecht. Ermächtigungsgrundlage für landesrechtliche Sonderregeln ist Art. 64 EGBGB. Die Sondervorschriften weichen zum Teil erheblich von den §§ 1922 ff. BGB ab.

249 Rechtspolitischer Hintergrund ist das agrarpolitische Interesse an der geschlossenen Vererbung landwirtschaftlich lebensfähiger Einheiten. Aus diesem Grund soll es **einem Hoferben – bei Ehegatten auch beiden – ermöglicht werden, die Rechtsnachfolge in einen Hof anzutreten.** Um dieses Ziel zu erreichen, sind insbesondere Bestimmungen über die Abfindung weichender Erben erforderlich. Wobei sich die Abfindungsleistungen nicht am Verkehrswert des Hofes orientieren können, weil der Übernehmer andernfalls finanziell überfordert wäre.

---

230 BGH NJW 1964, 1414, 1416.
231 Vgl. auch *Haegele*, BWNotZ 1979, 34.

## 2. Höfeordnung

### a) Rechtsgrundlage

Die Höfeordnung in der Fassung vom 26.7.1976 (BGBl I, 1933) gilt seit 1.7.1976 in den Ländern Hamburg, Niedersachsen, Nordrhein-Westfalen und Schleswig-Holstein, und zwar als partikuläres Bundesrecht gem. Art. 125, 72 Abs. 2, 74 Nr. 1 GG. Nur im Saarland, in Bayern, in Berlin und in den neuen Bundesländern gelten keine höferechtlichen Sonderregelungen. In Baden-Württemberg gilt unterschiedliches Recht (vgl. hierzu unten Rn 269). 250

Der HöfeO unterfallen alle land- und forstwirtschaftlichen Besitzungen mit einer zu ihrer Bewirtschaftung geeigneten Hofstelle, die sich im Alleineigentum einer natürlichen Person oder im gemeinschaftlichen Eigentum von Ehegatten befindet, sofern sie einen nach § 46 BewG bestimmten Wirtschaftswert von mindestens 10.000 EUR haben. 251

**Begriffsbestimmung: § 1 Abs. 2 HöfeO.** 252

Höfe mit einem Wirtschaftswert zwischen 10.000 EUR und 5.000 EUR erhalten die Hofeigenschaft durch entsprechende, öffentlich beglaubigte Erklärung gegenüber dem Landwirtschaftsgericht und mit der Eintragung des Hofvermerks im Grundbuch (§ 1 Abs. 1 HöfeO, §§ 2 ff. HöfeVfO v. 29.3.1976, BGBl I 1976, 885).

Ein Hof, dessen Wirtschaftswert weniger als 5.000 EUR beträgt und der im Eigentum von Ehegatten steht, wird gem. § 1 Abs. 2 HöfeO mit der Eintragung des Hofvermerks im Grundbuch zum Ehegattenhof.

Die Hofeigenschaft kann aufgegeben werden, indem der Hofeigentümer den Hofvermerk im Grundbuch löschen lässt, § 1 Abs. 4 HöfeO. Aber auch außerhalb des Grundbuchs kann die Hofeigenschaft entfallen. 253

Dazu der BGH, Beschluss vom 26.10.1999 – BLw 2/99:[232]

> „Ob die Hofeigenschaft ohne Löschung des Hofvermerks weggefallen ist, weil keine landwirtschaftliche Besitzung mehr besteht, hat in erster Linie der Tatrichter unter Würdigung aller Umstände des Falles zu beurteilen."

### b) Gesetzliche Sondererbfolge

Abweichend von der in § 1922 BGB angeordneten Gesamtrechtsnachfolge (Universalsukzession) sieht § 4 HöfeO eine **Sondererbfolge** vor: Der Hof geht mit dem Erbfall kraft Gesetzes auf einen einzigen Erben, den Hoferben, über. Der Rechtsübergang kraft Sondererbfolge erstreckt sich gem. §§ 2, 3 HöfeO auf das gesamte Zubehör, auf die Grundstücke, die vom Hof aus bewirtschaftet werden, und auf die dem Hof dienenden Rechte. Für die Hofzugehörigkeit eines Grundstücks ist maßgebend, ob die landwirtschaftliche oder nicht landwirtschaftliche Nutzung überwiegt, denn höferechtlich kann die Eigenschaft eines Grundstücks nur einheitlich beurteilt werden.[233] Nach BGH führt allein die langfristige Vermietung eines Landarbeiterhauses nicht dazu, dass ein Grundstück seine Hofzugehörigkeit verliert.[234] 254

Wer Hoferbe wird, bestimmt der Erblasser durch Verfügung von Todes wegen, § 7 HöfeO.

---

232 ZEV 2000, 72.
233 OLG Köln ZFE 2008, 38; OLG Hamm, Beschl. v. 5.12.2006 – 10 W 97/05; Quelle: beck-online.
234 BGH BGHZ 124, 217 = FamRZ 1994, 245 = NJW 1994, 733; OLG Schleswig OLGR Schleswig 2001, 377.

255 Ist dies nicht geschehen, so tritt gesetzliche Hoferbfolge ein: Gesetzliche **Hoferben der ersten Ordnung** sind die Kinder des Erblassers und deren Abkömmlinge, § 5 Nr. 1 HöfeO, und zwar seit 1.4.1998 auch die nichtehelichen Kinder und deren Abkömmlinge, die nach dem 30.6.1949 geboren sind, weil diese den ehelichen Kindern erbrechtlich jetzt gleichstehen. Für die Erbfolge der Geschwister des Erblassers und ihrer Abkömmlinge gelten auch bei der Bestimmung des Hoferben nach dem Ältesten- oder Jüngstenrecht die Grundsätze der Erbfolge nach Stämmen.[235]

Hoferbe der zweiten Ordnung ist der Ehegatte.

Die Eltern des Erblassers sind **Hoferben der dritten Ordnung**, sofern der Hof von ihnen oder aus ihren Familien stammt oder mit ihren Mitteln erworben wurde.

Geschwister des Erblassers und deren Abkömmlinge sind **Hoferben der vierten Ordnung**.

Ist weder ein Hoferbe wirksam bestimmt, noch ein gesetzlicher Hoferbe vorhanden, so vererbt sich der Hof nach den Vorschriften des allgemeinen Erbrechts.

Die Anordnung der Vorerbschaft und Nacherbschaft im Höferecht ist zulässig.[236]

256 Das Anliegen des Höferechts ist, den Hof nur auf **eine** natürliche Person übergehen zu lassen. Deshalb regelt § 6 HöfeO die Rangfolge unter mehreren Personen in der ersten Erbfolgeordnung: Derjenige ist in erster Linie zum Hoferben berufen, dem der Erblasser ohne ausdrücklichen Vorbehalt einer Hoferbenbestimmung die Bewirtschaftung des Hofes im Zeitpunkt des Erbfalls auf Dauer übertragen hatte, § 6 Abs. 1 S. 1 Nr. 1 HöfeO.

257 In zweiter Linie ist derjenige Hoferbe, bei dem der Erblasser durch die Ausbildung oder durch Art und Umfang der Beschäftigung auf dem Hof hat erkennen lassen, dass er den Hof übernehmen soll. Liegen diese Voraussetzungen bei mehreren Abkömmlingen vor, ohne dass ein Vorrecht eines Abkömmlings erkennbar wäre, so ist der Älteste, in Gegenden, in denen Jüngstenrecht Brauch ist, der Jüngste Hoferbe, § 6 Abs. 1 S. 1 Nr. 2 HöfeO.

### c) Wirtschaftsfähigkeit des Hoferben

258 Hoferbe kann nur derjenige werden, der im Zeitpunkt des Erbfalls wirtschaftsfähig ist. **Wirtschaftsfähig** ist derjenige, der nach seinen körperlichen und geistigen Fähigkeiten, nach seinen Kenntnissen und seiner Persönlichkeit in der Lage ist, den Hof selbstständig zu bewirtschaften, § 6 Abs. 7 HöfeO.

Scheidet der zunächst Berufene wegen fehlender Wirtschaftsfähigkeit aus, so fällt der Hof demjenigen zu, der berufen wäre, wenn der Ausscheidende im Zeitpunkt des Erbfalls nicht gelebt hätte, § 6 Abs. 6 HöfeO.

### d) Abfindung der weichenden Erben

259 Für diejenigen nach § 1922 BGB berufenen Miterben, die nicht Hoferben geworden sind (bei Erbfällen seit 1.4.1998 auch die nichtehelichen Kinder), tritt gem. § 4 S. 2 HöfeO an die Stelle des Hofes der **Hofwert**. Sofern der Erblasser durch Verfügung von Todes wegen oder Rechtsgeschäft unter Lebenden nichts anderes bestimmt hat, erhalten diese Erben als Abfindung einen Geldanspruch gegen den Hoferben, der sich nach § 12 HöfeO bestimmt.[237] Für die Abfindung weichender Erben wird von dem 1,5-fachen des zuletzt festgestellten

---

[235] BGH FamRZ 2007, 392 = ZEV 2007, 272.
[236] *Gehse*, RNotZ 2008, 339.
[237] Der Abfindungsanspruch ist vererblich; vgl. OLG Koblenz OLGR Koblenz 2006, 307.

*Krug*

Einheitswertes (nach BewG) ausgegangen, wobei in Sonderfällen Zu- oder Abschläge nach billigem Ermessen gemacht werden können, § 12 Abs. 2 HöfeO.

**Berechnung des Abfindungsbetrags:** Zunächst werden die Nachlassverbindlichkeiten vom so ermittelten Hofeswert abgezogen, die im Verhältnis der Erben untereinander den Hof betreffen und die der Hoferbe deshalb allein zu tragen hat. Die weichenden Erben erhalten entsprechend ihrer Erbquote einen Anteil von dem verbleibenden Betrag, mindestens jedoch von einem Drittel des Hofwertes. Gehört der Hoferbe ebenfalls zu den Miterben des Erblassers, so ist er auch bei der Berechnung der Erbquote zu berücksichtigen, § 12 Abs. 3 HöfeO.

Falls der Hoferbe innerhalb von 20 Jahren seit dem Erbfall den Hof oder wesentliche Teile des Hofzubehörs veräußert oder den Hof in anderer Weise als land- bzw. forstwirtschaftlich nutzt und auf diese Weise erhebliche Gewinne erzielt, können die weichenden Erben Ergänzungsansprüche geltend machen, § 13 Abs. 1, 4 HöfeO.

**Die Belastung eines Hofes mit Grundpfandrechten** kann Abfindungsansprüche auslösen. Dazu der BGH im Beschluss vom 22.11.2000:[238]

> „1. Die Belastung eines Hofes mit Grundpfandrechten außerhalb einer ordnungsgemäßen Bewirtschaftung des Hofes kann einen Abfindungsergänzungsanspruch nach § 13 HöfeO zur Folge haben.
> 2. Nachabfindungspflichtig ist nicht der Nominalbetrag des Grundpfandrechts oder der Betrag des gesicherten Darlehens, sondern der Gewinn, den der Hofeigentümer durch die landwirtschaftsfremden Zwecken dienende Belastung des Hofes erwirtschaftet."

### e) Nachweis der Hoferbfolge

Im Geltungsbereich der Höfeordnung reicht zum Nachweis des Erbrechts bei Nachlässen, in denen sich ein Hof befindet, die Vorlage eines vom Nachlassgericht ausgestellten Erbscheins nicht aus. Insoweit bestehen grundbuchrechtliche Besonderheiten im Hinblick auf § 35 Abs. 1 GBO. Nach § 18 Abs. 2 S. 2 HöfeO muss der Erbschein den Hoferben als solchen bezeichnen. Daneben kann der Nachweis der Hoferbfolge dem Grundbuchamt nach § 18 Abs. 2 S. 3 HöfeO durch die Vorlage eines **Hoffolgezeugnisses** erbracht werden, in dem allein die Erbfolge in den betreffenden Hof bezeugt wird.[239]

### f) Sonderregeln in Baden-Württemberg

Hier besteht ein Zustand der Rechtsvielfalt. Für Teile des ehemaligen Landes Baden gilt das badische Hofgüter-Gesetz in der Fassung vom 12.7.1949 (GVBl. S. 288), zuletzt geändert durch Gesetz vom 30.6.1970 (GBl S. 289), das württembergische Gesetz über das Anerbenrecht vom 14.2.1930 in der Fassung vom 30.7.1948 (RegBl Württ.Baden S. 165), zuletzt geändert durch Gesetz vom 30.6.1970 (GBl S. 289) gilt in Nordwürttemberg seit 24.4.1947 und seit 1.8.1948 in Nordbaden. In Südwürttemberg ist es in der Fassung vom 8.8.1950 (RegBl Württ.Hohenzollern S. 279), zuletzt geändert durch Gesetz vom 25.11.1985 (GBl Ba-Wü S. 385), anzuwenden.

---

238 ZErb 2001, 68.
239 OLG Köln NJWE-FER 2000, 62.

### 3. Hofzuweisung aus der Erbengemeinschaft

265 In all den Fällen, in denen das Höferecht nicht gilt – und damit in weiten Teilen Baden-Württembergs, in Bayern und in den neuen Bundesländern –, kann ein Miterbe, wenn **kraft gesetzlicher Erbfolge** eine Erbengemeinschaft entstanden ist, zu der ein landwirtschaftlicher Hof gehört, die Zuweisung des Hofes gem. § 13 GrdstVG beantragen. Zuständig ist das Landwirtschaftsgericht – Amtsgericht.

#### a) Voraussetzungen für ein Hofzuweisungsverfahren

266 Nur wenn nach dem Tod des Hofeigentümers **kraft Gesetzes eine Erbengemeinschaft** entstanden ist, der in den seit 1.4.1998 eingetretenen Erbfällen auch nichteheliche Kinder angehören können, ist ein Hofzuweisungsverfahren zulässig. Ist die Erbengemeinschaft auf der Grundlage einer Verfügung von Todes wegen entstanden, so findet das Zuweisungsverfahren nicht statt, § 13 Abs. 1 S. 1 GrdstVG.

267 Nur ein **landwirtschaftlicher Betrieb** kann zugewiesen werden. Bei rein forstwirtschaftlichen Betrieben gilt das Zuweisungsverfahren nach GrdstVG nicht.[240] Häufig handelt es sich um einen gemischt landwirtschaftlichen/forstwirtschaftlichen Betrieb. In solchen Fällen kommt es auf die Gewichtung an. Auch bei gewerblicher und industrieller Produktion kommt eine Zuweisung nicht in Betracht. Gerade im Hinblick auf die besonderen Abfindungsregeln für weichende Erben können die Sondervorschriften der §§ 13 ff. GrdstVG nicht auf andere Fälle als den des landwirtschaftlichen Betriebs ausgedehnt werden.

268 Eine Hofstelle muss vorhanden sein, die zur Bewirtschaftung geeignet ist, § 14 Abs. 1 GrdstVG.

269 Die Erträge des landwirtschaftlichen Betriebs müssen im Wesentlichen zum Unterhalt einer bäuerlichen Familie ausreichen, § 14 Abs. 1 GrdstVG. **Erträge** sind nachhaltig erzielbare Überschüsse. Erträge aus zugepachteten Grundstücken sind mit zu berücksichtigen, soweit gesichert ist, dass das Pachtland dem Zuweisungsempfänger zur Bewirtschaftung zustehen wird, § 14 Abs. 1 S. 2 GrdstVG.

270 **Verfahrensrechtliches:**

Förmlicher Antrag eines Miterben auf Zuweisung des landwirtschaftlichen Betriebs beim zuständigen Landwirtschaftsgericht, § 13 Abs. 1 S. 1 GrdstVG, §§ 1 Nr. 2; 10 LwVG, ist erforderlich, ebenso Erfolglosigkeit eines Einigungsversuchs, § 14 Abs. 2 GrdstVG. Ein gleichzeitig laufendes **Teilungsversteigerungsverfahren** kann für die Dauer des Zuweisungsverfahrens **eingestellt werden**, § 185 Abs. 1 ZVG.

#### b) Zuweisungsempfänger

271 Der landwirtschaftliche Betrieb ist demjenigen Miterben zuzuweisen, dem er nach dem wirklichen oder mutmaßlichen Willen des Erblassers zugedacht war, § 15 Abs. 1 S. 1 GrdstVG. Da Voraussetzung für ein gerichtliches Zuweisungsverfahren eine **kraft Gesetzes entstandene Miterbengemeinschaft** ist, wird in den meisten Fällen ein ausdrücklich in einer Verfügung von Todes wegen festgelegter Erblasserwille nicht feststellbar sein. Deshalb kommt es auf sonstige Umstände an, bspw. die bisherige Mitarbeit im Betrieb, Willensbekundungen, die erforderlichenfalls durch Zeugenaussagen oder Urkunden (Briefe) festgestellt werden können.

---

240 *Lange*, GrdstVG, 2. Auflage 1964, § 17 Anm. 3.

Nur ein **bewirtschaftungsbereiter und bewirtschaftungsfähiger** Miterbe (seit 1.4.1998 auch ein nichteheliches Kind) kann Zuweisungsempfänger sein. Ist dies weder der Ehegatte noch ein Abkömmling des Erblassers, so ist Voraussetzung, dass der Zuweisungsempfänger den Betrieb bewohnt und bewirtschaftet oder auch nur mitbewirtschaftet, § 15 Abs. 1 S. 2 GrdstVG.

c) Zuweisungsgegenstand

Zugewiesen werden kann nur der **ungeteilte Betrieb**, § 13 Abs. 1 S. 1 GrdstVG. Ist eine Aufteilung in mehrere Betriebe, deren einzelne Teile ausreichend Erträge sichern, möglich, so können einzelne Teile verschiedenen Miterben zugewiesen werden, § 13 Abs. 1 S. 1 GrdstVG. Von der Zuweisung ausgenommen werden sollen solche Grundstücke, die nach Lage und Beschaffenheit in absehbarer Zeit anderen als landwirtschaftlichen Zwecken dienen werden, wie bspw. Rohbauland, Bauland, gewerbliche Grundstücke, Sand- und Steinbrüche.

Von der Zuweisung mit umfasst werden können aber auch Zubehör, Nutzungsrechte sowie Kapital- und Geschäftsanteile, wenn diese zur ordnungsgemäßen Bewirtschaftung des Betriebes notwendig sind, § 13 Abs. 1 S. 3 GrdstVG.

d) Rechtswirkungen der Zuweisung

Mit Rechtskraft der Entscheidung des Landwirtschaftsgerichts geht das Eigentum an den zugewiesenen Sachen und Rechten auf den Zuweisungsempfänger über, § 13 Abs. 2 GrdstVG. Die weichenden Miterben erhalten statt ihres Erbteils am landwirtschaftlichen Betrieb einen Abfindungsanspruch in Geld, der wertmäßig ihrem Anteil am Betrieb entspricht, § 16 Abs. 1 S. 1 GrdstVG. Bewertungsbasis für diese Abfindungsansprüche ist der Ertragswert des Hofes, § 16 Abs. 1 S. 2 GrdstVG, § 2049 Abs. 2 BGB.

OLG Düsseldorf in FamRZ 1986, 168:

*„Der Ertragswert ist nach betriebswirtschaftlichen Grundsätzen ein bestimmtes Vielfaches des Reinertrags, der nicht nach dem Bewertungsgesetz ermittelt wird, sondern wegen der Besonderheit jedes Einzelfalls nach betriebswirtschaftlichen Jahresabschlüssen."*

Nach Art. 137 EGBGB kann § 2049 Abs. 2 BGB landesrechtlich ergänzt werden durch die Bestimmung eines Vervielfältigers des Reinertrags – meist das 25-fache, aber auch das 18-fache, wie bspw. in Bayern nach Art. 68 BayAGBGB, vgl. § 48 Ba.-Wü. AGBGB:

*(1) Bei der Berechnung des Ertragswerts wird der jährliche Reinertrag des Landgutes durch Schätzung ermittelt.*
*(2) Als Ertragswert gilt das 18-fache des jährlichen Reinertrags.*

Siehe auch *Haegele*, BWNotZ 1979, 34.

e) Nachlassverbindlichkeiten

Nachlassverbindlichkeiten, die auf einem Grundstück des landwirtschaftlichen Betriebs dinglich gesichert sind, kann das Landwirtschaftsgericht auf Antrag mit Zustimmung des betreffenden Gläubigers aus dem Haftungsverband der Erbengemeinschaft herausnehmen und die alleinige Haftung des Zuweisungsempfängers bestimmen.

Andere Nachlassverbindlichkeiten, die im Zeitpunkt des Eigentumserwerbs durch den Zuweisungsempfänger noch bestehen, sind aus dem außerhalb des Hofes vorhandenen Nachlass zu erfüllen, soweit dieser dafür ausreicht.

### f) Späterer Ausgleich für die weichenden Erben

278 Die Abfindung für die weichenden Erben auf Ertragswertbasis und die Haftung für Verbindlichkeiten mit dem hoffreien Nachlass sind für die weichenden Miterben gravierende Nachteile, die nur gerechtfertigt sind, wenn der Hof auch tatsächlich weitergeführt wird.

Deshalb bestimmt § 17 Abs. 1 S. 1 GrdstVG:

> *Zieht der Erwerber binnen fünfzehn Jahren nach dem Erwerb (§ 13 Abs. 2) aus dem Betrieb oder einzelnen zugewiesenen Gegenständen durch Veräußerung oder auf andere Weise, die den Zwecken der Zuweisung fremd ist, erhebliche Gewinne, so hat er, soweit es der Billigkeit entspricht, die Miterben auf Verlangen so zu stellen, wie wenn der in Betracht kommende Gegenstand im Zeitpunkt des Erwerbes verkauft und der Kaufpreis unter den Miterben entsprechend ihren Erbteilen verteilt worden wäre.*

279 Bemerkenswert ist, dass sich die Höhe der **Nachabfindungsansprüche** der weichenden Miterben nicht nach dem später tatsächlich erzielten Kaufpreis richtet, sondern nach dem Preis, der zum Zeitpunkt der Zuteilung erzielt worden wäre. Immerhin können zwischen Zuteilung und dem die Nachabfindungsansprüche auslösenden Verkauf bis zu 15 Jahre liegen.

Zur Reformbedürftigkeit des landwirtschaftlichen Sondererbrechts siehe *Haselhoff*, Neugestaltung der Hoferbfolgebestimmungen in der Bundesrepublik, RdL 1993, 225 ff.

### 4. Genehmigungspflicht bei Erbauseinandersetzungen unter Nichtlandwirten

280 Beschluss des OLG Stuttgart vom 13.4.1999 – 10 WLw 20/98:[241]

> „1. Unter Nichtlandwirten kann auch bei der Erbauseinandersetzung eine Teilung nur dann akzeptiert werden, wenn sie den Grundsätzen des GrdstVG § 9 Abs. 1 entspricht. Da diese Vorschrift im öffentlichen Interesse liegt, kann sie durch einen entgegengesetzten Willen der Vertragschließenden nicht überspielt werden.
> 2. Danach ist jede der Agrarstruktur widersprechende Aufteilung zu untersagen, insbesondere also dann, wenn die zugeteilten Grundstücke, die bisher einheitlich bewirtschaftet werden, kleiner als 1 ha werden.
> 3. Eine Ausnahme kommt in Betracht, wenn durch die Auseinandersetzung der Bestand eines kleinbäuerlichen Anwesens erhalten wird.
> 4. Es stellt keine besondere unzumutbare Härte dar, wenn dem Wunsch der einzelnen Erben, auch ein Grundstück des Erblassers zu erhalten, nicht entsprochen wird."

## E. Vorerbengemeinschaft

281 Hat der Erblasser **mehrere Personen zu Vorerben** eingesetzt, so entsteht zwischen ihnen eine **Vorerbengemeinschaft**.[242] Selbst wenn die Erbengemeinschaft nur aus Vorerben besteht, kann ein vom Erblasser betriebenes einzelkaufmännisches Unternehmen in Erbengemeinschaft von den Vorerben fortgeführt werden.[243]

---

241 OLG Stuttgart RdL 1999, 183–184; AgrarR 1999, 327; ZErb 2000, 41.
242 Zu deren Auseinandersetzung und zu Teilungsanordnungen in einem solchen Fall siehe Staudinger/Behrends/Avenarius, § 2110 BGB Rn 11.
243 KG ZEV 1999, 28.

Jeder Vorerbe kann jederzeit gem. § 2042 Abs. 1 BGB die Auseinandersetzung der Vorerbengemeinschaft verlangen (vgl. zur Erbauseinandersetzung durch ein Schiedsgericht § 23 Rn 1 ff.). Einer Mitwirkung des Nacherben bedarf es hierfür nur, wenn zum Vollzug der Auseinandersetzung Verfügungen notwendig sind, die unter die Vorschriften der §§ 2113, 2114 BGB fallen.[244]

Der Nacherbe kann nicht die Auseinandersetzung des Nachlasses unter den Vorerben verhindern. Grundsätzlich ist er verpflichtet, einer ordnungsgemäßen Auseinandersetzung des Nachlasses unter den Vorerben zuzustimmen.[245]

Denkbar ist auch, dass einzelne Miterben oder nur ein Miterbe Vorerbe sind/ist, während die anderen Miterben Vollerben sind.

## F. Fälle mit Auslandsberührung

### I. Kollisionsrecht

Die Auslandsberührung im Erbrecht kann den Erblasser, den Nachlass oder die Erben betreffen. Kollisionsnormen des deutschen IPR finden sich in Art. 25 und 26 EGBGB. Nach diesen Vorschriften ist zu bestimmen, welches sachliche Recht (Erbstatut) in einem konkreten Erbfall anzuwenden ist (vgl. im Einzelnen § 24 Rn 1 ff.).

### II. Erbstatut nach Staatsangehörigkeit

Das deutsche Kollisionsrecht hat sich bezüglich des Erbrechts (Sachrecht) für das Heimatrecht des Erblassers entschieden (**Staatsangehörigkeitsprinzip**).

Die Grundregel von Art. 25 Abs. 1 EGBGB bestimmt: Die Erbfolge einer Person richtet sich nach dem Recht des Staates, dem der Erblasser zum Zeitpunkt seines Todes angehörte.

Bei Personen mit deutscher und ausländischer Staatsangehörigkeit geht nach Art. 5 Abs. 1 S. 2 EGBGB die deutsche Staatsangehörigkeit vor. Im Falle von staatenlosen Personen wird nach Art. 12 des New Yorker Übereinkommens über die Rechtsstellung Staatenloser vom 28.9.1954 – in Kraft seit 24.1.1977, BGBl II 1976, 473, BGBl II 1977, 235 – an das Recht des Landes seines Wohnsitzes oder in Ermangelung eines solchen an das Land seines Aufenthaltes angeknüpft. Soweit dieses Übereinkommen nicht greift, gilt Art. 5 Abs. 2 EGBGB, wonach das Recht des Landes des gewöhnlichen Aufenthalts gilt. Fehlt es auch daran, so kommt es auf den schlichten Aufenthalt an.

### III. Reichweite des Erbstatuts

#### 1. Zusammensetzung des Nachlasses

Das Erbstatut bestimmt, welche **Aktiva und Passiva** zum Nachlass gehören. Aber der Inhalt des jeweiligen dinglichen oder schuldrechtlichen Rechts bestimmt sich nach dem Einzelstatut des betreffenden Gegenstandes. Bspw. gibt das Recht der belegenen Sache (lex rei sitae) Auskunft darüber, ob ein daran bestehendes dingliches Recht (bspw. Nießbrauch) überhaupt vererblich ist und welchen konkreten Inhalt es hat.

---

244 OLG Hamm ZEV 1995, 336; Staudinger/*Behrends*/*Avenarius*, § 2112 BGB Rn 15.
245 Soergel/*Harder*, § 2112 BGB Rn 6.

Das Erbstatut beantwortet auch die Frage, inwieweit nach Eintritt des Erbfalls einzelne Nachlassgegenstände durch Handlungen des Erben oder eines Testamentsvollstreckers wiederum zum Nachlass gehören (Probleme der Surrogation) und wie sich die Haftung für Schulden des Erblassers regelt.

### 2. Erbfähigkeit

286  Die Erbfähigkeit der Erben richtet sich nach dem Erbstatut.

### 3. Inhalt der erbrechtlichen Rechtsstellung

287  Die Frage, ob jemand zum Kreis der gesetzlichen Erben gehört, ob er Ehegatte, eheliches, nichteheliches oder adoptiertes Kind ist, ist grundsätzlich eine unabhängig vom Erbstatut selbstständig zu klärende Vorfrage.

Das Erbstatut regelt die Einordnung der Rechtsstellung als Erbe oder Vermächtnisnehmer und bei einer Personenmehrheit alle mit der **Erbengemeinschaft** zusammenhängenden Fragen. Die Organisationsform der Erbengemeinschaft als Gesamthand oder als Bruchteilsgemeinschaft – oder wie auch immer – sowie die Regeln über die Verwaltung des Nachlasses und dessen Auseinandersetzung bestimmen sich nach dem Erbstatut.

# § 20 Die Teilungsversteigerung

*Walter Krug*

## Literatur

**Kommentare:**

*Dauner-Lieb/Heidel/Ring* (Ges.-Hrsg.), *Kroiß/Ann/Mayer* (Band-Hrsg.), AnwaltKommentar BGB, Band 5, Erbrecht, 2. Auflage 2007; *Dassler/Schiffhauer/Gerhardt/Muth*, Gesetz über die Zwangsversteigerung und die Zwangsverwaltung, 13. Auflage 2008; *Schuschke/Walker*, Vollstreckung und Vorläufiger Rechtsschutz, 4. Auflage 2008; *Stöber*, Zwangsversteigerungsgesetz, 19. Auflage 2009.

**Handbücher:**

*Bengel/Reimann*, Handbuch der Testamentsvollstreckung, 3. Auflage 2001; *Bonefeld/Kroiß/Tanck*, Der Erbprozess, 3. Auflage 2009; *Frieser*, Anwaltliche Strategien im Erbschaftsstreit, 2. Auflage 2004; *Hamme*, Die Teilungsversteigerung. Voraussetzungen – Verfahren – Rechtsfolgen, 3. Auflage 2006; *Kerscher/Krug*, Das erbrechtliche Mandat, 4. Auflage 2007; *Krug/Daragan*, Die Immobilie im Erbrecht, 2010; *Rißmann*, Die Erbengemeinschaft, 2009; *Sarres*, Die Erbengemeinschaft, 2. Auflage 2006; *Storz/Kiderlen*, Praxis der Teilungsversteigerung, 4. Auflage 2008.

**Aufsätze:**

*Brudermüller*, Das Familienheim in der Teilungsversteigerung, FamRZ 1996, 1516; *Gruber*, Die „Gesamtbereinigung" nach dem BGH – Steine statt Brot für die Scheidungspraxis, FamRZ 2000, 399; *Hamme*, Das Zusammentreffen von Teilungs- und Forderungsversteigerung, Rpfleger 2002, 248; *Kiderlen/Roth*, Taktisches Verhalten des Miterben in der Teilungsversteigerung, NJW-Spezial 2008, 455; *Klawikowski*, Die Grundstücksversteigerung bei Vor- und Nacherbfolge, Rpfleger 1998, 100; *Klawikowski*, Schadensfälle in der Grundstücksversteigerung, Rpfleger 2005, 341; *Krenz*, Die Auseinandersetzung der Erbengemeinschaft – Dogmatische, rechtsvergleichende und rechtspolitische Aspekte –, AcP 1995, 362; *Krug*, Die dingliche Surrogation bei der Miterbengemeinschaft – ein Kunstgriff des Gesetzes zur Werterhaltung des Nachlasses, ZEV 1999, 381; *Krug*, Die Auswirkungen der ZPO-Reform 2002 auf den Erbprozess, ZEV 2002, 58; *Schultz*, Der Wirksamkeitsvermerk als Gestaltungsalternative zu Rangvorbehalt und Rangrücktritt der Auflassungsvormerkung, RNotZ 2001, 541; *Siegmann*, „Überquotale" Teilungsanordnung und Teilungsversteigerung, ZEV 1996, 47; *Streuer*, Verfügungsbeschränkungen und Eigentumsvormerkung in der Zwangsversteigerung des Grundstücks, Rpfleger 2000, 357.

| | |
|---|---|
| A. Typischer Sachverhalt ............ 1 | bb) Großes und kleines Antragsrecht ................. 17 |
| B. Überführung immobilen Nachlasses in mobilen Nachlass .............. 2 | d) Muster: Antrag auf Anordnung der Teilungsversteigerung ......... 20 |
|   I. Ausgangslage ................. 2 | e) Checkliste: Antrag auf Teilungsversteigerung ............... 21 |
|   II. Besonderheit Testamentsvollstreckung .... 3 | f) Zustimmungserfordernis entsprechend § 1365 BGB bzw. § 8 Abs. 2 LPartG, § 1365 BGB ........... 22 |
|   III. Ausschluss und Beschränkung der Auseinandersetzung ................. 4 | g) Muster: Klage auf Unzulässigerklärung der Teilungsversteigerung wegen fehlender Zustimmung nach § 1365 BGB ............... 30 |
|     1. Jederzeitige Fälligkeit des Auseinandersetzungsanspruchs .......... 5 | h) Muster: Antrag auf einstweilige Einstellung nach Erhebung der Widerspruchsklage ............... 32 |
|     2. Regelung des ZVG .............. 7 | i) Antragsrecht des Pfandgläubigers .. 33 |
|     3. Verfahrensgrundsätze ............ 9 |   aa) Pfändungspfandgläubiger ..... 33 |
|     4. Überblick über den Gang des Versteigerungsverfahrens ............... 11 |   bb) Gläubiger eines rechtsgeschäftlichen Pfandrechts .......... 36 |
|     5. Antrag ................... 12 | j) Nießbrauchsbelasteter Erbteil ..... 39 |
|       a) Antragsberechtigung ......... 13 | |
|       b) Formale Antragserfordernisse .... 14 | |
|       c) Voreintragung des Antragstellers im Grundbuch ................ 15 | |
|         aa) Prüfungspflicht des Versteigerungsgerichts ............. 16 | |

6. Verfahrensbeteiligte .................. 40
7. Entscheidung des Versteigerungsgerichts ........................... 41
   a) Gewährung rechtlichen Gehörs .... 41
   b) Beschlagnahmewirkung .......... 43
   c) Möglichkeiten der Verfahrenseinstellung ........................ 44
      aa) Allgemeines ................. 44
      bb) Einstweilige Einstellung auf Bewilligung des Antragstellers ... 45
      cc) Einstellung auf Antrag eines Miterben (Antragsgegner) .... 47
      dd) Antragsfrist ................. 48
      ee) Gründe für die Einstellung .... 50
      ff) Einstweilige Einstellung nach § 765a ZPO? ................. 52
      gg) Einstellungsmöglichkeit nach § 185 ZVG ................... 57
   d) Muster: Antrag auf einstweilige Einstellung ........................ 58
   e) Checkliste: Antrag auf einstweilige Einstellung ..................... 59
8. Dem Versteigerungsverfahren entgegenstehende Rechte .............. 60
   a) Teilung in Natur ................. 60
   b) Widerspruchsklage .............. 61
   c) Verstoß gegen § 242 BGB ........ 63
   d) Rechtsmissbrauch ............... 64
   e) Auseinandersetzungsausschluss ... 65
   f) Geltendmachung des Auseinandersetzungsausschlusses mit der Widerspruchsklage ................... 67
   g) Wirkungslosigkeit des Auseinandersetzungsverbots bei Vorliegen eines wichtigen Grundes .............. 68
   h) Sonderrechtsnachfolge in den Erbteil ............................ 70
   i) Grundbuchsichtliche Einwendungen ............................. 71
9. Unzulässigkeit der Teilungsversteigerung in Einzelfällen .............. 72
10. Kein Zurückbehaltungsrecht der anderen Miterben .................... 75
11. Rechtsbehelf gegen Anordnungsbeschluss ........................... 76
12. Beitritt zur Teilungsversteigerung ..... 79
    a) Jeder Miterbe kann dem Verfahren beitreten ........................ 79
    b) Muster: Beitritt zum Verfahren der Teilungsversteigerung ........... 80
    c) Checkliste: Antrag auf Zulassung des Beitritts zum Versteigerungsverfahren ........................... 81
13. Festsetzung des Verkehrswerts ....... 82
    a) Zweck der Wertfestsetzung ...... 82
    b) Methoden der Wertermittlung .... 83
    c) Verfahren der Wertfestsetzung ... 84
    d) Änderung der Wertfestsetzung ... 85
14. Fristen des Versteigerungsverfahrens .. 86
    a) Beschlusszustellungsfrist ........ 87
    b) Terminsfrist ................... 88
    c) Bekanntmachungsfrist .......... 89
    d) Ladungsfrist ................... 90
    e) Mitteilungsfrist ................ 91
15. Geringstes Gebot .................. 92
    a) Begriff ........................ 92
    b) Anwendung auf die Teilungsversteigerung ...................... 93
    c) Zwei Teile des geringsten Gebots .. 94
       aa) Barteil ..................... 95
       bb) Bestehen bleibende Rechte .... 96
    d) Feststellung des geringsten Gebots ............................ 97
16. Versteigerungstermin ............... 98
17. Vergleich .......................... 99
18. Zuschlag .......................... 100
    a) Zuschlagsbeschluss ............. 100
    b) Zuschlagsversagungsgründe ..... 101
    c) Rechtsbehelf gegen Zuschlagsbeschluss ......................... 102
    d) Schutz vor Grundstücksverschleuderung ........................ 104
       aa) Zwei Stufen des Schutzes vor Grundstücksverschleuderung .. 104
       bb) 7/10-Grenze ................ 105
       cc) Die 5/10-Grenze ............. 106
    e) Erlöschende Rechte ............. 107
    f) Bestehen bleibende Rechte ...... 108
    g) Miet- und Pachtrechte .......... 109
    h) Öffentlich-rechtliche Vorkaufsrechte .......................... 110
    i) Nießbrauch .................... 111
19. Erlösverteilung ..................... 112
    a) Grundsatz ..................... 112
    b) Ausgleich von Aufwendungen unter Ehegatten ..................... 113
    c) Zurückbehaltungsrecht wegen Zugewinnausgleichsforderung ..... 114
20. Vollzug des Zuschlags .............. 115
21. Rechtsanwaltsgebühren ............. 116
22. Teilungsversteigerung und Vollstreckungsversteigerung ................. 117
23. Testamentsvollstreckung ............ 118
    a) Testamentsvollstreckung am ganzen Grundstück ................... 118
    b) Testamentsvollstreckung an einem Erbteil ........................ 120
    c) Ausländischer Nachlassabwickler . 121
24. Vor- und Nacherbfolge .............. 122
    a) Grundsatz ..................... 122
    b) Nacherbenvermerk im Grundbuch und seine verfahrensmäßige Behandlung ...................... 127
25. Verteilung des Erlöses .............. 129
26. Fälle mit Auslandsberührung ........ 130

## A. Typischer Sachverhalt

1 In einer aus zwölf Personen bestehenden Erbengemeinschaft gibt es ganz unterschiedliche Interessen, was die Verwertung und Auseinandersetzung des Nachlasses anbelangt. Im Nachlass befinden sich mehrere unbebaute Grundstücke, darunter eines, das am Ortsrand

liegt und das in den nächsten Jahren eventuell Bauland werden könnte. Drei der Miterben, die bisher kaum Kontakt mit der übrigen Familie hatten, wollen, nachdem die Erbengemeinschaft schon seit fünf Jahren besteht, endlich eine Erbauseinandersetzung herbeiführen. Zu einer Einigung über den Verkauf der Grundstücke kommt es nicht, weil ein Teil der Erben die Grundstücke behalten, ein anderer Teil sie verkaufen will und wieder andere zwar verkaufen wollen, bisher aber keinen Käufer gefunden haben, der einen so hohen Preis bezahlen würde, wie sie es sich vorstellen.

Die drei teilungswilligen Miterben beantragen nunmehr die Versteigerung aller Grundstücke zum Zwecke der Aufhebung der Erbengemeinschaft daran.

## B. Überführung immobilen Nachlasses in mobilen Nachlass

### I. Ausgangslage

Ausgangspunkt für die Teilungsversteigerung ist § 2042 Abs. 1 BGB, wonach jeder Miterbe jederzeit die Auseinandersetzung des Nachlasses, der sich in Erbengemeinschaft befindet, verlangen kann, sofern weder der Erblasser etwas anderes angeordnet hat noch die Erben durch Vereinbarung einen ganzen oder teilweisen Auseinandersetzungsausschluss bezüglich des Nachlasses vereinbart haben (wie sich solche Anordnungen bzw. Vereinbarungen auf das Auseinandersetzungsverlangen auswirken, vgl. Rn 65 ff.). Auf die Größe des Erbteils dessen, der die Auseinandersetzung verlangt, kommt es nicht an.

Für die Art und Weise der Auseinandersetzung verweist § 2042 Abs. 2 BGB auf das Recht der Auseinandersetzung einer Gemeinschaft (§§ 749 Abs. 2 und 3, 750–758 BGB).

### II. Besonderheit Testamentsvollstreckung

Besteht Testamentsvollstreckung mit dem Aufgabenkreis der Verwaltung und Auseinandersetzung des Nachlasses (§ 2204 BGB), so ist den Erben die Aufteilung des Nachlasses entzogen. Vielmehr verfügt der Testamentsvollstrecker kraft der ihm verliehenen Rechtsmacht über die Nachlassgegenstände (§ 2205 BGB) und vollzieht die Teilung unter den Miterben in erster Linie nach den Anordnungen des Erblassers, den Vereinbarungen der Erben und in letzter Linie nach den gesetzlichen Vorschriften (zum Antragsrecht des Testamentsvollstreckers bezüglich eines Teilungsversteigerungsverfahrens siehe Rn 13, 118 ff.).

Bei bestehender Testamentsvollstreckung kann weder ein Miterbe noch ein Gläubiger eines gepfändeten Erbteils ein Teilungsversteigerungsverfahren betreiben.[1] Der Antrag eines Miterben, ein zum Nachlass gehörendes Grundstück zum Zwecke der Aufhebung der Gemeinschaft zu versteigern, § 180 Abs. 1 ZVG, bedeutet zwar keine Verfügung über das betroffene Grundstück. Er stellt jedoch die einzige Rechtshandlung dar, die zu dem Versteigerungsverfahren erforderlich ist. Wird dem Antrag stattgegeben, führt das Versteigerungsverfahren ohne weiteres Zutun zum Zuschlag an den Meistbietenden und damit zum Verlust des Eigentums der Miterben an dem Grundstück, zu dem es nach der Bestimmung des Erblassers während der Dauer der Testamentsvollsteckung ohne Mitwirkung des Testamentsvollstreckers nicht kommen soll. Das rechtfertigt es, den Versteigerungsantrag eines Miterben einer Verfügung über das betroffene Grundstück gleichzusetzen,[2] die nach § 2211 BGB unwirksam ist. Ist die Auseinandersetzung des Nachlasses einem Testamentsvollstrecker

---

[1] BGH WM 2009, 1436.
[2] BGH NJW 2007, 3124, 3126 zu § 1365 BGB.

übertragen, findet die Teilungsversteigerung auf Antrag eines Miterben daher nicht statt.[3] Dies gilt auch gegenüber Pfändungsgläubigern an dem Erbanteil eines Miterben. Das Pfändungspfandrecht an dem Erbanteil eines Miterben gewährt dem Pfandgläubiger keinen Anspruch auf Auseinandersetzung des Nachlasses durch Versteigerung des Grundstücks. Aus §§ 2204 Abs. 1, 2044 Abs. 1 S. 2, 751 S. 2 BGB folgt nichts Anderes.

## III. Ausschluss und Beschränkung der Auseinandersetzung

4 Das Auseinandersetzungsverlangen nach § 2042 Abs. 1 BGB kann durch Anordnungen des Erblassers oder durch Vereinbarungen unter den Erben ausgeschlossen oder eingeschränkt sein. Solche Anordnungen und Vereinbarungen wirken sich auf das Verfahren der Teilungsversteigerung aus.

### 1. Jederzeitige Fälligkeit des Auseinandersetzungsanspruchs

5 Nach den gesetzlichen Vorschriften – also ohne entsprechende letztwillige Anordnungen des Erblassers oder Vereinbarungen unter den Erben – kann die Aufhebung der Gemeinschaft **jederzeit** verlangt werden. Bewusst wurde keine Bestimmung aufgenommen, wonach die Aufhebung nicht **zur Unzeit verlangt werden dürfe**.[4] Im Gesetzgebungsverfahren hielt man es für ausreichend, dass der Erblasser durch Anordnungen bzw. die Teilhaber durch Vereinbarung gegen rücksichtslose Ausübung des Aufhebungsrechts Vorsorge treffen können.

Im Konfliktfall hat also das Interesse des einzelnen Miterben an einer sofortigen Verwertung Vorrang vor dem Interesse der übrigen Erben an der Erhaltung des gemeinschaftlichen Gegenstandes.[5] Abgemildert wird dieses Individualrecht durch die Vorschriften des ZVG über die **einstweilige Einstellung** des Versteigerungsverfahrens.

6 Allerdings kann in besonders schwerwiegenden Fällen die Geltendmachung des Auseinandersetzungsanspruchs treuwidrig sein.[6] Im Fall BGHZ 58, 146 ging es nicht um den Ausschluss des Aufhebungsrechts, sondern nur darum, dass sich die beklagte Teilhaberin nach § 242 BGB mit einer anderen Art der Aufhebung als gesetzlich vorgesehen abfinden musste. Ist ein Miterbe der Ansicht, den Gegenstand später günstiger verwerten zu können, so hat er grundsätzlich kein Recht darauf, die übrigen Miterben gegen ihren Willen an seiner Spekulation zu beteiligen. Allerdings kommen die im ZVG geregelten Möglichkeiten der vorläufigen Einstellung des Versteigerungsverfahrens dem Anliegen eines solchen Miterben ein Stück entgegen.

### 2. Regelung des ZVG

7 Das Zwangsversteigerungsgesetz kennt verschiedene Arten der Zwangsversteigerung, darunter ist die wichtigste die Vollstreckungsversteigerung nach §§ 1–171 ZVG. Die Teilungsversteigerung, geregelt in §§ 180–185 ZVG, dürfte von der Häufigkeit her an zweiter Stelle stehen. Man darf davon ausgehen, dass jedes sechste bis achte Versteigerungsverfahren eine Teilungsversteigerung ist.[7]

---

3 *Stöber*, ZVG, § 180 Rn 9.
4 BGH BB 1975, 296, 297.
5 Staudinger/*Langhein*, § 749 BGB Rn 45.
6 BGHZ 58, 146, 149; BGHZ 63, 348, 352 ff.
7 Vgl. *Schiffhauer*, ZIP 1982, 526.

Nach § 180 Abs. 1 ZVG finden die Vorschriften über die Vollstreckungsversteigerung (auch „Forderungsversteigerung" genannt) entsprechende Anwendung, sofern sich nicht aus den §§ 181–185 ZVG etwas anderes ergibt. Diese „entsprechende Anwendung" führt zu zahlreichen Zweifelsfragen. Objekte der Teilungsversteigerung können nicht nur Grundstücke sein, sondern auch grundstücksgleiche Rechte (Erbbaurecht), Eigentumswohnungen, Schiffe, Schiffsbauwerke und Luftfahrzeuge, vgl. §§ 162 ff. ZVG.

### 3. Verfahrensgrundsätze

Um eine Zwangsvollstreckung handelt es sich nicht; dies stellt § 181 Abs. 1 ZVG klar:

*„Ein vollstreckbarer Titel ist nicht erforderlich."*

Es mehren sich jedoch die Stimmen derer, die trotzdem die Meinung vertreten, die Teilungsversteigerung sei ein Akt der Zwangsvollstreckung.[8] Allerdings fehlt es an der für ein Vollstreckungsverfahren typischen Konstellation von Gläubiger- und Schuldnerposition. Weil aber die Vorschriften über die Vollstreckungsversteigerung entsprechend gelten, hat der Antragsteller im Verfahren der Teilungsversteigerung dieselbe Stellung wie der Gläubiger in der Vollstreckungsversteigerung, der Antragsgegner die des dortigen Schuldners.

Tritt der Antragsgegner, der ja auch Miterbe ist, und deshalb ebenfalls über §§ 2042, 753 BGB die Teilungsversteigerung betreiben kann, dem Verfahren bei, so wird er seinerseits ebenfalls zum Antragsteller und der bisherige Antragsteller zum Antragsgegner, beide haben damit eine Doppelrolle von (Erst-)Antragsteller/(Zweit-)Antragsgegner und (Erst-)Antragsgegner/(Zweit-)Antragsteller.

### 4. Überblick über den Gang des Versteigerungsverfahrens

Das Verfahren der Teilungsversteigerung gliedert sich in folgende Abschnitte:
– Antrag durch einen oder mehrere Miterben,
– Anordnungsbeschluss des Versteigerungsgerichts nach ordnungsgemäßem Antrag,
– Zustellung des Beschlusses an Antragsgegner = die anderen Miterben,
– Festsetzung des Grundstückswerts nach §§ 74a, 85a ZVG,
– Bestimmung des Versteigerungstermins,
– Ermittlung des geringsten Gebots,
– Ordnungsgemäße Veröffentlichung des Versteigerungstermins,
– Abhaltung des Versteigerungstermins,
– Erteilung des Zuschlags an den Ersteher,
– Erlösverteilung,
– Ersuchen des Versteigerungsgerichts an das Grundbuchamt um Eintragung des Erstehers als neuen Eigentümer im Grundbuch.

### 5. Antrag

Die materiellrechtliche Anspruchsgrundlage auf Durchführung der Teilungsversteigerung findet sich in §§ 2042, 753 BGB. Die Anordnung der Teilungsversteigerung erfolgt nur auf Antrag beim Versteigerungsgericht, dem Amtsgericht, in dessen Bezirk das Grundstück liegt, §§ 1, 15 ZVG. Allerdings hat nicht jedes Amtsgericht eine Versteigerungsabteilung, größere Amtsgerichte sind für die Zwangsversteigerungen mehrerer Amtsgerichtsbezirke zuständig.

---

8 *Stöber*, § 172 ZVG Rn 1.3; *Rosenberg/Gaul/Schilken*, Zwangsvollstreckungsrecht, § 1 Abs. 1 m.w.N.

### a) Antragsberechtigung

13  Antragsberechtigt sind:
- **Jeder Miterbe**, auch der Vorerbe, nicht aber der Nacherbe vor Eintritt des Nacherbfalls. Steht dem Miterben nur noch ein „hohler Erbteil" zu, weil er so viele ausgleichungspflichtige Vorempfänge erhalten hat, dass für ihn kein Auseinandersetzungsguthaben verbleibt, so kann er die Teilungsversteigerung nicht betreiben,[9] wohl aber die Erbauseinandersetzung nach § 2042 BGB, weil er aus dieser Gemeinschaft austreten können muss,
- der **Erbteilserwerber** nach dinglicher Übertragung des Erbteils,
- der **Pfändungspfandgläubiger** bzgl. eines Erbteils mit endgültig vollstreckbarem Titel,[10]
- der **Nießbraucher** gemeinsam mit dem Miterben, § 1066 Abs. 2 BGB,
- der **Testamentsvollstrecker**, dessen Rechte sich lediglich auf einen Erbteil beziehen.

**Nicht antragsberechtigt** sind Nachlassgläubiger und der Nachlasspfleger.

### b) Formale Antragserfordernisse

14  Aus dem Antrag müssen sich ergeben:
- die genaue Bezeichnung des zu versteigernden Grundstücks, § 16 ZVG,
- das Gemeinschaftsverhältnis, das aufgehoben werden soll – hier also die Angabe der Erbengemeinschaft nach einem bestimmten Erblasser –, sowie die Art der Beteiligung des Antragstellers,
- die Antragsgegner, also die anderen Miterben, mit ladungsfähiger Anschrift,
- das Ersuchen, die Zwangsversteigerung zum Zwecke der Aufhebung der Gemeinschaft anzuordnen.

### c) Voreintragung des Antragstellers im Grundbuch

15  Der Antragsteller muss entweder im Grundbuch als Miteigentümer eingetragen sein oder sein Erbrecht nach einem eingetragenen Miteigentümer entweder mittels eines Erbscheins oder beglaubigter Abschriften einer Verfügung von Todes wegen samt Eröffnungsprotokoll des Nachlassgerichts nachweisen, § 17 ZVG. Da § 17 Abs. 3 ZVG – im Gegensatz zu § 35 GBO – nicht von „öffentlichen Urkunden" spricht, reicht auch ein privatschriftliches Testament. Es ist Urkunde i.S.v. § 416 ZPO und damit Beweismittel. Seine Beurteilung, insbesondere im Hinblick auf die Gültigkeit, erfolgt im Rahmen der freien Beweiswürdigung des § 286 ZPO. Die Eigentumseintragung des Antragstellers oder des Erben muss dem Vollstreckungsgericht gegenüber durch Vorlage eines Zeugnisses nach § 17 ZVG oder durch beglaubigte Grundbuchabschrift nachgewiesen werden.

Wird der Antrag von einem **Sachwalter** (Insolvenzverwalter, Testamentsvollstrecker, Pfandgläubiger u.Ä.) gestellt, so hat dieser zunächst die Nachweise für die Eigentümer- bzw. Erbenposition dessen zu erbringen, dessen Recht er wahrnimmt, und hat dann die eigene Rechtsposition nachzuweisen durch Vorlage entsprechender Urkunden (Bestallungsurkunde, Pfändungsbeschluss u.Ä.).

---

9 OLG Celle HRR 1935 Nr. 353; MüKo-*Heldrich*, § 2042 BGB Rn 5.
10 BGH Rpfleger 1999, 140.

### aa) Prüfungspflicht des Versteigerungsgerichts

Ein formaler Nachweis des Auseinandersetzungsanspruchs durch Vorlage eines Vollstreckungstitels ist nach § 181 Abs. 1 ZVG entbehrlich, das Gericht hat jedoch zu prüfen, ob die Teilungsversteigerung von Grundstücken der in Rede stehenden Gemeinschaftsart grundsätzlich zulässig ist. Dies folgt aus § 28 ZVG: Wird dem Gericht ein aus dem Grundbuch ersichtliches Recht bekannt, das der Versteigerung entgegensteht, so ist das Verfahren sofort aufzuheben oder einstweilen einzustellen. Nicht grundbuchersichtliche Hinderungsgründe sind vom Versteigerungsgericht grundsätzlich nicht zu beachten, sondern außerhalb des Versteigerungsverfahrens im Wege der **Widerspruchsklage (analog § 771 ZPO)** geltend zu machen.

Erfüllen die Erben ein Übernahmerecht oder ein Grundstücksvermächtnis – auch in der Variante des Vorausvermächtnisses – nicht, und betreiben sie die Teilungsversteigerung des betreffenden Grundstücks, so kann der Vermächtnisnehmer auf der Grundlage von § 826 BGB eine Widerspruchsklage analog § 771 ZPO erheben.[11] Dasselbe gilt für eine auf ein Grundstück bezogene Teilungsanordnung.[12]

### bb) Großes und kleines Antragsrecht

Sind mehrere Grundstücksgemeinschaften „ineinander verschachtelt", so kann mit dem „kleinen Antrag" die Aufhebung einer der mehreren Gemeinschaften betrieben werden, mit dem „großen Antrag" die Aufhebung aller Gemeinschaften an dem Grundstück.

> **Beispiel**
> Im Grundbuch waren die Eheleute F und M je hälftig als Eigentümer eines Gebäudegrundstücks eingetragen. M ist gestorben, er wurde von F zu ½, von seinem Sohn S und seiner Tochter T zu je ¼ beerbt. Hier besteht zwischen F einerseits und der Erbengemeinschaft andererseits eine Bruchteilsgemeinschaft nach §§ 741 ff. BGB. Unter den Erben besteht bezüglich der von M stammenden Miteigentumshälfte eine Erbengemeinschaft als Gesamthand. Ein einzelner Miterbe kann mit dem „kleinen Antrag" die Aufhebung der Erbengemeinschaft, die an der Miteigentumshälfte besteht, verlangen oder aber mit dem „großen Antrag" die Aufhebung der beiden Gemeinschaften am ganzen Grundstück.

Zwei „ineinander geschachtelte" Gemeinschaften kann es auch geben, wenn Eheleute Eigentümer eines Grundstücks in Gütergemeinschaft waren. Dann gehörte das Grundstück zum Gesamtgut; die Gütergemeinschaft wurde – sofern sie nicht mit den Abkömmlingen fortgesetzt wurde, was nur sehr selten der Fall ist –, beendet, die Gesamthandsgemeinschaft besteht aber noch fort; sie bedarf lediglich noch der Auseinandersetzung. Der Anteil des verstorbenen Ehegatten am Gesamtgut gehört zu seinem Nachlass, § 1482 BGB. Damit bestehen an dem Grundstück zwei Gesamthandsgemeinschaften: die beendete Gütergemeinschaft und die Erbengemeinschaft. Mit der Teilungsversteigerung können beide Gesamthandsgemeinschaften bezüglich des betroffenen Grundstücks aufgehoben werden. Bis zur endgültigen Auseinandersetzung beider Gemeinschaften bestehen diese aber nach Durchführung des Versteigerungsverfahrens an dem Erlös fort.

---

11 BGH FamRZ 1966, 348.
12 *Stöber*, § 180 ZVG Rn 9.

### d) Muster: Antrag auf Anordnung der Teilungsversteigerung

An das

Amtsgericht
– Abteilung für Zwangsversteigerungssachen –

Namens des Herrn ▓▓▓, dessen Vollmacht ich anliegend vorlege, beantrage ich hiermit die

*Zwangsversteigerung*

des im Grundbuch von ▓▓▓, Amtsgericht ▓▓▓, Band ▓▓▓, Heft ▓▓▓ Bestandsverzeichnis Nr. ▓▓▓, eingetragenen Gebäudegrundstücks der Gemarkung ▓▓▓, Flst. Nr. ▓▓▓, Größe: ▓▓▓ zum Zwecke der Aufhebung der daran bestehenden Gemeinschaften nach §§ 180 ff. ZVG.

Im Grundbuch sind als Eigentümer eingetragen die Eheleute Karl und Ida Maier je zur Hälfte.

*Beweis:* Beglaubigte Grundbuchabschrift vom ▓▓▓ – Anlage 1 –

Herr Karl Maier ist am ▓▓▓ gestorben. Seine Erben wurden nach dem Erbschein des Amtsgerichts – Nachlassgericht – ▓▓▓ vom ▓▓▓, Az. ▓▓▓, die Witwe zur Hälfte, der Sohn S und die Tochter T zu je einem Viertel in Erbengemeinschaft.

*Beweis:* Ausfertigung des bezeichneten Erbscheins – Anlage 2 – mit der Bitte um Rückgabe. Eine unbeglaubigte Kopie ist beigefügt.

Namens meines Mandanten, des Sohnes S, beantrage ich

die Versteigerung des gesamten Grundstücks und nicht nur der Hälfte, die den Erben nach Karl Maier in Erbengemeinschaft zusteht.

Der Erbteil meines Mandanten am Nachlass seines Vaters Karl Maier stellt weder sein ganzes noch sein wesentliches Vermögen dar. Die Zustimmung seiner Ehefrau im Rahmen der zwischen ihnen bestehenden Zugewinngemeinschaft (§ 1365 BGB) ist also nicht erforderlich.

Weder der Erblasser hat einen Ausschluss der Auseinandersetzung der Gemeinschaft angeordnet noch haben die Erben einen solchen Auseinandersetzungsausschluss vereinbart. Auch gesetzliche Auseinandersetzungsverbote bestehen nicht.

Das Grundstück ist nach Abt. II des Grundbuchs nicht belastet. In Abt. III ist unter Nr. 1 eine Grundschuld über 100.000 EUR mit einem Jahreszinssatz von 15 % für die Landesbausparkasse XY eingetragen. Diese Grundschuld valutiert zum Ende des vergangenen Monats in Höhe von 35.555,55 EUR. Sie wurde von den Eheleuten Karl und Ida Maier zur Absicherung eines Renovierungsdarlehens bestellt.

Das Gebäude ist vermietet an die Eheleute ▓▓▓ zu einem monatlichen Mietpreis von ▓▓▓ EUR zuzüglich Nebenkosten von monatlich ▓▓▓ EUR.

*Beweis:* schriftlicher Mietvertrag vom ▓▓▓ in beglaubigter Kopie – Anlage 3 –

Öffentliche Abgaben, die das Grundstück selbst betreffen, wie Grundsteuern, Anliegerbeiträge u.Ä. sind nicht rückständig.

Die Miteigentümer versuchen schon seit drei Jahren, das Gebäudegrundstück einvernehmlich zu veräußern. Dies ist bisher nicht gelungen. Zur Vorbereitung der Nachlassteilung ist nunmehr die Versteigerung des Gebäudes zum Zwecke der Aufhebung der Gemeinschaft erforderlich.

Die ladungsfähigen Anschriften der Beteiligten:

Antragsteller: ▓▓▓   Prozessbevollmächtigter: ▓▓▓

Miteigentümerin Ida Maier ▓▓▓

*Krug*

Miteigentümerin T

Landesbausparkasse XY                zu Bausparvertrag-Nr.

Der Antragsteller hat zur Ermittlung des Verkehrswerts eine Kurz-Expertise des Maklers M erstellen lassen. Danach beträgt der Verkehrswert per         ca.         EUR.

*Beweis:* Kopie der Expertise – Anlage 4 –

(Rechtsanwalt)

e) Checkliste: Antrag auf Teilungsversteigerung
- Zuständigkeit: Amtsgericht – Zwangsversteigerungsabteilung – des belegenen Grundstücks; nicht jedes Amtsgericht hat eine Zwangsversteigerungsabteilung;
- Genaue Bezeichnung des zu versteigernden Grundstücks, § 16 ZVG;
- Erben oder Erblasser müssen als Eigentümer im Grundbuch eingetragen sein;
- Nachweis des Eigentums durch beglaubigte Grundbuchabschrift oder Zeugnis nach § 17 ZVG;
- Nachweis des Erbrechts durch Erbschein oder beglaubigte Abschriften von notariellem Testament und Eröffnungsniederschrift;
- Angabe des Gemeinschaftsverhältnisses, das aufgehoben werden soll – hier also die Angabe der Erbengemeinschaft nach einem bestimmten Erblasser –, sowie die Art der Beteiligung des Antragstellers;
- bei verschiedenen Gemeinschaften: Sollen alle Gemeinschaften aufgehoben werden oder nur eine – „kleines" und „großes" Antragsrecht;
- Angabe der Antragsgegner, also der anderen Miterben, mit ladungsfähiger Anschrift;
- das Ersuchen, die Zwangsversteigerung zum Zwecke der Aufhebung der Gemeinschaft anzuordnen;
- Gilt für die Erbengemeinschaft ausländisches Recht (Art. 25 Abs. 1 EGBGB)?
- Es darf kein Auseinandersetzungsverbot bestehen:
  - nicht durch Vereinbarung der Erben,
  - nicht durch Anordnung des Erblassers – evtl. durch Auslegung zu ermitteln –,
  - nicht aufgrund gesetzlicher Vorschrift,
  - nicht wegen Rechtsmissbrauchs oder Verstoßes gegen § 242 BGB,
  - Ist ein ursprüngliches Auseinandersetzungsverbot wirkungslos geworden?
- Besteht Testamentsvollstreckung?
- Besteht Vor- und Nacherbschaft?
- Ist güterrechtliche Zustimmung des Ehegatten des Antragstellers bzw. vermögensrechtliche Zustimmung des eingetragenen Lebenspartners erforderlich?
- Ist die Versteigerung unbeschränkt zulässig oder nur unter allen oder einzelnen Miterben?
- Rechtsschutzinteresse: Warum ist Teilungsversteigerung erforderlich?
- Weitere Angaben:
  - Ist das Objekt ganz oder teilweise vermietet?
  - Bestehen Belastungen?
  - Gibt es bereits eine Bewertung des Objekts?

f) Zustimmungserfordernis entsprechend § 1365 BGB bzw. § 8 Abs. 2 LPartG, § 1365 BGB

Stellt der Anteil des Antragstellers sein ganzes oder wesentliches Vermögen i.S.v. § 1365 BGB dar, so ist die Zustimmung seines Ehegatten erforderlich, wenn er im Güterstand der Zugewinngemeinschaft lebt, weil der Antrag auf Teilungsversteigerung auf die Veräußerung des Grundstücks gerichtet ist.[13] Die Zustimmung ist dem Antrag beizufügen.[14] Allerdings prüft das Vollstreckungsgericht von sich aus nicht ein etwaiges Zustimmungserfordernis.[15]

23 BGH in BGHZ 35, 135 (140):

*„Da das Zustimmungserfordernis jedoch eine Ausnahme von der freien Verfügungsbefugnis des Ehegatten (§ 1364 BGB) darstellt, kann das Grundbuchamt grundsätzlich davon ausgehen, dass ein Rechtsgeschäft über ein Grundstück auch bei den im gesetzlichen Güterstand lebenden Eheleuten nicht eine Verfügung über das Vermögen im Ganzen darstellt, dass also der Ausnahmefall des § 1365 Abs. 1 BGB nicht vorliegt."*

Diese Rechtsprechung ist hier entsprechend auf das Versteigerungsgericht anzuwenden, weil dieses im Falle der Teilungsversteigerung (anstelle des Grundbuchamts) ein etwaiges Zustimmungserfordernis zu prüfen hat.

24 Die fehlende Zustimmung kann vom Antragsgegner als materiellrechtliche Einwendung mit der Widerspruchsklage (analog § 771 ZPO) geltend gemacht werden.[16]

Hat das Versteigerungsgericht allerdings konkrete Anhaltspunkte für eine Zustimmungsbedürftigkeit nach § 1365 BGB – etwa weil sich dies bei der Anhörung des Antragsgegners ergeben hat –, dann trifft es eine Prüfungspflicht.[17]

Zuständig für die Widerspruchsklage ist das **Familiengericht** gem. §§ 111 Nr. 9, 261 FamFG (neuer Begriff „Güterrechtssachen")[18] (bis 31.8.2009: § 621 Abs. 1 Nr. 8 ZPO[19]).

25 Zum Zustimmungserfordernis nach § 1365 BGB führt das OLG Frankfurt a.M.[20] aus:

*„Der Antrag auf Durchführung der Zwangsversteigerung nach § 180 ZVG (ist zwar) noch keine Verfügung über das Grundstück. Er ist jedoch die unerlässliche Voraussetzung dafür, dass durch die Teilungsversteigerung später eine Rechtsänderung herbeigeführt werden kann. Auch der Zuschlag ist keine rechtsgeschäftliche Verfügung i.S.d. § 1365 BGB, sondern aufgrund des Zuschlags tritt der Eigentumsübergang kraft Gesetzes ein (§ 90 ZVG). Deshalb kommt in jedem Fall nur eine entsprechende Anwendung des § 1365 BGB in Betracht. Bei der Frage, ob die Wirksamkeit des Versteigerungsantrages oder erst die Wirksamkeit des Zuschlagsbeschlusses die Zustimmung des anderen Ehegatten erfordert, verdient die h.M. den Vorzug. Die (abweichende Auffassung) führt nämlich zu erheblichen Rechtsunsicherheiten im Zwangsversteigerungsverfahren. Liegt nämlich die Einwilligung des anderen Ehegatten nicht vor, muss diese bis spätestens zur Erteilung des Zuschlags beigebracht werden. Ob dies gelingt, ist bei Antragstellung nicht zuverlässig absehbar. Durch das wirksam eingeleitete Zwangsversteigerungsverfahren werden aber bereits Kosten ausgelöst, obwohl nicht zuverlässig absehbar ist, ob überhaupt wegen*

---

13 BGHZ 77, 293 = NJW 1980, 2350; BayObLG NJW-RR 1996, 962; OLG Stuttgart NJW 1983, 643; OLG Bremen FamRZ 1984, 272; OLG Düsseldorf NJW 1982, 1543; OLG Frankfurt a.M. NJW-RR 1999, 731; LG Lüneburg FamRZ 1996, 1489.
14 OLG Frankfurt a.M. NJW-RR 1999, 731; a.A.: OLG Frankfurt a.M. Rpfleger 1997, 490: Vorlage der Zustimmung im Zeitpunkt des Zuschlags reicht aus.
15 BGHZ 35, 135 (betr. die Nichtüberprüfungspflicht durch das Grundbuchamt).
16 OLG Koblenz Rpfleger 1979, 203; a.A. OLG Frankfurt a.M. Rpfleger 1997, 490; NJW-RR 1999, 731: Erinnerung nach § 766 Abs. 1 ZPO.
17 OLG Karlsruhe FamRZ 1970, 194; OLG Koblenz Rpfleger 1979, 203; OLG Hamburg MDR 1982, 330; OLG Bremen Rpfleger 1984, 156.
18 BGBl I 2008, 2586.
19 BGH NJW 1985, 3066; OLG München FamRZ 1979, 721; FamRZ 2000, 365; a.A. OLG Zweibrücken FamRZ 1979, 839.
20 OLG Frankfurt NJW-RR 1999, 731, 732.

*der fehlenden Zustimmung des anderen Ehegatten eine Zwangsversteigerung erfolgreich durchgeführt werden kann. Aus Gründen der Rechtssicherheit ist es daher zweckmäßig, dass bereits der Versteigerungsantrag nach § 180 ZVG nur wirksam ist, wenn bei Antragstellung die Einwilligung des Ehegatten oder eine diese Einwilligung ersetzende Entscheidung des VormG vorliegt. Damit wird bereits bei Antragstellung Klarheit darüber geschaffen, ob sich aufgrund der Verfügungsbeschränkung des Antragstellers nach § 1365 BGB ein Verfahrenshindernis ergibt oder nicht."*

Diese Zustimmungsbedürftigkeit besteht grundsätzlich auch nach Scheidung und vor Durchführung des Zugewinnausgleichs fort, sofern das Verfahren vor Scheidung eingeleitet wurde, weil andernfalls der Anspruch auf Zugewinnausgleich gefährdet sein könnte.[21] 26

Für einen ähnlich gelagerten Fall hat der BGH[22] das Zustimmungserfordernis bejaht: Für schwebend unwirksame Verträge, die ohne Zustimmung nach § 1365 BGB geschlossen wurden, entfalle das Zustimmungserfordernis nach rechtskräftiger Scheidung nicht, solange der damit verfolgte Schutzzweck noch nicht erreicht sei.

Diese Rechtsprechung dürfte auch hier gelten, weil der Antrag auf Teilungsversteigerung einer Verfügung gleichgestellt wird.

Streitig ist auch die Frage, ob die Zustimmung nach § 1365 BGB dann erforderlich ist, wenn ein Gläubiger den Anteil eines Ehegatten hat pfänden und sich überweisen lassen, um seinerseits den Versteigerungsantrag zu stellen. Von der h.M. wird das Zustimmungserfordernis verneint, weil Normadressat des § 1365 BGB der andere Ehegatte sei, nicht aber ein Gläubiger.[23] Dieser h.M. hat sich nunmehr der BGH angeschlossen:[24] 27

*„Die Verfügungsbeschränkung des § 1365 BGB betrifft nur rechtsgeschäftliche Verfügungen von Ehegatten, die im gesetzlichen Güterstand leben. Maßnahmen der Zwangsvollstreckung in einen wesentlichen Vermögensteil bedürfen keiner Zustimmung des anderen Ehegatten."*

**Zustimmungserfordernis bei eingetragener Lebenspartnerschaft:** Nach § 8 Abs. 2 LPartG, § 1365 Abs. 1 BGB kann sich ein Lebenspartner nur mit Zustimmung des anderen Lebenspartners verpflichten, über sein Vermögen im Ganzen oder über sein wesentliches Vermögen zu verfügen. 28

Das bedeutet für den Antrag auf Teilungsversteigerung: Wenn der Erbteil des Lebenspartners sein ganzes oder wesentliches Vermögen darstellt, ist die Zustimmung des anderen erforderlich.[25]

Für die Widerspruchsklage entsprechend § 771 ZPO ist ebenfalls das Familiengericht zuständig, § 269 Abs. 1 Nr. 10 FamFG (bis 31.8.2009: § 661 Abs. 2 ZPO i.V.m. § 621 Abs. 1 Nr. 8 ZPO).

---

21 BayObLG FamRZ 1981, 46; OLG Hamm Rpfleger 1984, 15; a.A. OLG Celle FamRZ 1983, 591; LG Braunschweig Rpfleger 1985, 76. Hat das Amtsgericht die Zustimmung eines Ehegatten zur Teilungsversteigerung nach § 1365 BGB ersetzt, erledigt sich die Hauptsache des Beschwerdeverfahrens mit der Rechtskraft der Scheidung (im Anschluss an OLG Celle FamRZ 1983, 591), OLG München NJW-RR 2006, 1518 = MDR 2007, 47 = Rpfleger 2006, 556.
22 BGH NJW 1978, 1380.
23 OLG Hamburg FamRZ 1970, 407; OLG Köln NJW-RR 1989, 325; KG Rpfleger 1992, 211.
24 BGH FamRZ 2006, 856; BGH NJW 2006, 849.
25 Vgl. für die Zugewinngemeinschaft BGHZ 35, 135 = NJW 1961, 1301.

29  OLG München[26] zur **Zuständigkeit des Familiengerichts** für die Widerspruchsklage bei Teilungsversteigerung:

> „Bei einer Drittwiderspruchsklage gegen eine Teilungsversteigerung handelt es sich um eine Familiensache i.S. des § 621 Abs. 1 Nr. 8 ZPO, wenn das geltend gemachte Drittrecht das Veräußerungsverbot nach § 1365 BGB ist."

g) Muster: Klage auf Unzulässigerklärung der Teilungsversteigerung wegen fehlender Zustimmung nach § 1365 BGB

An das

30  Amtsgericht
– Familiengericht –

Klage

des Herrn

– Klägers –

Prozessbevollmächtigter: Rechtsanwalt

gegen

Frau

– Beklagte –

wegen Unzulässigerklärung der Teilungsversteigerung

Namens und in Vollmacht des Klägers erhebe ich Klage gegen die Beklagte und werde in dem zu bestimmenden Termin beantragen, für Recht zu erkennen:

Die Teilungsversteigerung des Grundstücks , eingetragen im Grundbuch des Amtsgerichts , Band , BV Nr. , Markung Flst. Nr. , Größe: wird für unzulässig erklärt.

Falls die Voraussetzungen des § 331 Abs. 3 bzw. § 307 ZPO vorliegen, bitte ich um Erlass eines **Versäumnis- bzw. Anerkenntnisurteils ohne mündliche Verhandlung.**

*Begründung:*

Die Parteien sind Geschwister. Sie wurden je hälftig Erben ihres am verstorbenen Vaters , zuletzt wohnhaft in

*Beweis:* Beiliegende Ausfertigung des Erbscheins des Amtsgerichts – Nachlassgericht – vom , Az. , um deren Rückgabe gebeten wird – Anlage K 1 –

Zwischen den Parteien besteht eine Erbengemeinschaft nach ihrem Vater. Im Nachlass befindet sich u.a. das in obigem Klagantrag näher bezeichnete Grundstück.

Die Beklagte betreibt die Teilungsversteigerung dieses Grundstücks nach §§ 180 ff. ZVG zur Aufhebung der Erbengemeinschaft an diesem Grundstück beim Amtsgericht unter dem Az.

*Beweis:* Beglaubigte Abschrift des Beschlusses des Amtsgerichts vom , Az. , über die Anordnung der Zwangsversteigerung – Anlage K 2 –

Da der Anteil der Beklagten an der Erbengemeinschaft nahezu ihr ganzes Vermögen darstellt und außer dem Grundstück kein weiterer nennenswerter Nachlass vorhanden ist, bedarf sie für eine wirksame Beantra-

---

26  OLG München FamRZ 2000, 365.

gung des Versteigerungsverfahrens der Zustimmung ihres Ehemannes, mit dem sie im gesetzlichen Güterstand der Zugewinngemeinschaft lebt, nach § 1365 BGB, weil die Beantragung der Teilungsversteigerung einer Verfügung über das Grundstück gleichkommt (BGHZ 77, 293 = NJW 1980, 2350; BayObLG NJW-RR 1996, 962; OLG Stuttgart NJW 1983, 643; OLG Bremen FamRZ 1984, 272; OLG Düsseldorf NJW 1982, 1543; OLG Frankfurt a.M. NJW-RR 1999, 731; LG Lüneburg FamRZ 1996, 1489).

Die Zustimmung des Ehemannes der Beklagten liegt nicht vor und wird auch nicht erteilt werden.

Beweis:  a)  Zeugnis des Ehemanns der Beklagten, des Herrn
         b)  Parteivernehmung der Beklagten.

Für die Widerspruchsklage analog § 771 ZPO ist gem. §§ 111 Nr. 9, 261 FamFG das Familiengericht zuständig (BGH NJW 1985, 3066; OLG München FamRZ 1979, 721; FamRZ 2000, 365; Rechtsprechung zu § 621 Abs. 1 Nr. 8 ZPO a.F.).

Die Teilungsversteigerung ist aus den genannten Gründen antragsgemäß für unzulässig zu erklären.

(Rechtsanwalt)

Nach Erhebung der Widerspruchsklage ist zu empfehlen, die einstweilige Einstellung des Verfahrens gem. § 180 Abs. 2 S. 1 ZVG zu beantragen. Eine solche ist möglich, wenn sie bei Abwägung der widerstreitenden Interessen der Verfahrensbeteiligten angemessen erscheint (vgl. das Muster Rn 30 und die allgemeinen Ausführungen zur einstweiligen Einstellung des Verfahrens Rn 43 ff.).

h) Muster: Antrag auf einstweilige Einstellung nach Erhebung der Widerspruchsklage

An das

Amtsgericht
– Vollstreckungsgericht –

zu Az.

In dem Verfahren auf Versteigerung des Grundstücks        zum Zwecke der Aufhebung der daran bestehenden Gemeinschaft beantrage ich namens des Antragsgegners        , dessen Vollmacht ich vorlege,

**die einstweilige Einstellung des Verfahrens**

für die Dauer der gesetzlich längst möglichen Frist.

*Begründung:*

Die Durchführung der Teilungsversteigerung ist unzulässig, weil der Antragsteller die für den Antrag auf Anordnung der Teilungsversteigerung erforderliche Zustimmung seiner Ehefrau gem. § 1365 BGB nicht vorgelegt hat und diese auch nicht erteilt werden wird.

Der Anteil des Antragstellers an der Erbengemeinschaft und damit an dem gemeinschaftlichen Gebäudegrundstück        , dessen Teilungsversteigerung durchgeführt werden soll, stellt dessen wesentliches Vermögen i.S.v. § 1365 BGB dar.

Nach der Rechtsprechung ist für den Antrag auf Durchführung der Teilungsversteigerung die Zustimmung der Ehefrau erforderlich (BGHZ 77, 293 = NJW 1980, 2350; BayObLG NJW-RR 1996, 962; OLG Stuttgart NJW 1983, 643; OLG Bremen FamRZ 1984, 272; OLG Düsseldorf NJW 1982, 1543; OLG Frankfurt a.M. NJW-RR 1999, 731; LG Lüneburg FamRZ 1996, 1489).

Der Antragsgegner hat beim Amtsgericht – Familiengericht –        eine Widerspruchsklage entsprechend § 771 ZPO erhoben mit dem Ziel, die Teilungsversteigerung für unzulässig erklären zu lassen.

*Beweis:* Anliegende begl. Abschrift der Klageschrift vom ▬▬▬.

Die Klageschrift wurde dem Antragsteller als Beklagtem in jenem Rechtsstreit am ▬▬▬ zugestellt. Auf den Inhalt der Klageschrift und die dort gemachten Beweisangebote wird auch für den vorliegenden Einstellungsantrag Bezug genommen.

Da die Widerspruchsklage erfolgreich sein wird, ist, um für den Antragsgegner keine Rechtsnachteile eintreten zu lassen, das Versteigerungsverfahren einzustellen.

(Rechtsanwalt)

i) Antragsrecht des Pfandgläubigers

aa) Pfändungspfandgläubiger

33   Der Anteil eines Miterben am ungeteilten Nachlass kann gem. § 859 Abs. 2 ZPO gepfändet werden. Nach Pfändung und Überweisung hat der Gläubiger nach allgemeiner Auffassung gem. § 1258 BGB das Recht, die Teilungsversteigerung zu betreiben.[27] Pfändung allein reicht nicht aus; erst die Überweisung zur Einziehung oder an Zahlungs statt gewährt dem Gläubiger ein Recht auf Befriedigung, andernfalls nur auf Sicherung. Dieses Recht des Pfändungspfandgläubigers wird durch einen vereinbarten oder in einer Verfügung von Todes wegen angeordneten Teilungsausschluss/Beschränkung nicht ausgeschlossen, sofern der Vollstreckungstitel des Gläubigers nicht nur vorläufig vollstreckbar ist (§§ 2042 Abs. 2, 2044 Abs. 1 S. 2, 751 S. 2, 1258 Abs. 2 BGB). **Ein Auseinandersetzungsausschluss wirkt also nicht gegenüber dem Pfändungspfandgläubiger.**

34   Der Pfändungsgläubiger befindet sich in der Rolle des Versteigerungsgläubigers und übt die Rechte des Miterben in der Weise aus, wie sie diesem selbst zustehen. Der Miterbe (Schuldner des Pfändungsgläubigers) behält seine Beteiligtenstellung im Versteigerungsverfahren, § 9 Nr. 1 ZVG. Die Auseinandersetzung der Erbengemeinschaft kann der Pfändungspfandgläubiger betreiben und notfalls die Teilungsklage erheben. Sein Pfandrecht setzt sich dann am Auseinandersetzungsguthaben fort.[28]

35   Trotz der Rechte des Pfändungsgläubigers kann der Miterbe von sich aus und ohne dessen Zustimmung die Teilungsversteigerung beantragen.[29] Zurücknehmen kann der Pfändungsgläubiger den Versteigerungsantrag des Schuldner-Miterben nicht.[30]

Streitig ist, ob der Schuldner-Miterbe unabhängig vom Pfändungsgläubiger gem. § 180 Abs. 2 ZVG die einstweilige Einstellung der Teilungsversteigerung beantragen kann.[31] Der Versteigerungserlös steht aber den Miterben zu; die Pfändung besteht fort; mit der Teilungsversteigerung hat lediglich eine Umwandlung einer Immobilie in Geld stattgefunden.

bb) Gläubiger eines rechtsgeschäftlichen Pfandrechts

36   Der Erbteil eines Miterben kann gem. §§ 1273, 1274, 2033 Abs. 1 BGB verpfändet werden (bspw. als Sicherungsmittel für einen Realkredit). Formerfordernis: notarielle Beurkundung, § 2033 Abs. 1 BGB.

---

27  BGH Rpfleger 1999, 140.
28  BGH Rpfleger 1969, 750.
29  OLG Hamm Rpfleger 1958, 269; LG Wuppertal NJW 1961, 785; a.M. OLG Hamburg MDR 1958, 45.
30  LG Wuppertal NJW 1961, 785.
31  Für ein solches Antragsrecht: LG Kempten NJW 1976, 299.

**Vor Pfandreife** können Pfandgläubiger und Miterbe nur **gemeinsam** die Teilungsversteigerung beantragen. **Nach der Pfandreife** hat der Pfandgläubiger das alleinige Antragsrecht, § 1228 Abs. 2 BGB.

Eine zwischen den Miterben vereinbarte Auseinandersetzungsbeschränkung ist dem Pfandgläubiger gegenüber unwirksam, §§ 1273 Abs. 2, 1258 Abs. 2 S. 2 BGB. Hat dagegen der Erblasser die Auseinandersetzung ausgeschlossen oder erschwert (§ 2044 BGB), so wirkt dies auch gegenüber dem Pfandgläubiger.[32]

Das Pfandrecht erstreckt sich nach Durchführung des Versteigerungsverfahrens auf den Erlösanteil, § 1258 Abs. 3 BGB.

### j) Nießbrauchsbelasteter Erbteil

Die Rechte des Nießbrauchers dürfen durch die Teilungsversteigerung nicht beeinträchtigt werden. Deshalb ordnet § 1066 BGB an:
– Derjenige Miterbe, dessen Erbteil mit dem Nießbrauch belastet ist, kann die Teilungsversteigerung nur mit Zustimmung des Nießbrauchers betreiben, §§ 1066 Abs. 2, 1068 BGB. Folge dieser Regelung: Miterbe und Nießbraucher sind nur **gemeinsam antragsberechtigt**.
– Der auf den Erbteil entfallende Erlösanteil geht kraft dinglicher Surrogation auf den Nießbraucher über, §§ 1066 Abs. 3, 1068 BGB.[33]
– Entspricht die Aufhebung der Gemeinschaft einer „ordnungsmäßigen Wirtschaft", so ist der Nießbraucher zur Mitwirkung an der Aufhebung verpflichtet.[34]

### 6. Verfahrensbeteiligte

Die Vorschriften über die Vollstreckungsversteigerung finden entsprechende Anwendung. Der Antragsteller nimmt die Stellung des betreibenden Gläubigers ein, während die übrigen Grundstücksmiteigentümer als Antragsgegner sich in der Rolle des Schuldners befinden.

### 7. Entscheidung des Versteigerungsgerichts

#### a) Gewährung rechtlichen Gehörs

Ob dem Antragsgegner vor Anordnung der Teilungsversteigerung gem. Art. 103 Abs. 1 GG durch Zusendung einer Abschrift des Antrags **rechtliches Gehör** zu gewähren ist, ist umstritten.

Die Pflicht zur vorherigen Gewährung rechtlichen Gehörs kann nicht mit dem Argument verneint werden, durch die Verfahrensanordnung geschehe nichts Endgültiges, der Anordnungsbeschluss könne auf Erinnerung gem. § 766 ZPO aufgehoben werden und die Kosten seien dann dem Antragsteller aufzuerlegen. Dieser Einwand könnte bei jedem gerichtlichen Verfahren vorgebracht werden. Praktisch würde damit der Grundsatz des Art. 103 Abs. 1 GG unterlaufen. Bei der vorherigen Übersendung des Antrags an den Gegner werden nicht selten Rechte bekannt, die der Versteigerung entgegenstehen und die aus dem Grundbuch nicht ersichtlich sind.

---

32 MüKo-*Damrau*, § 1274 BGB Rn 26.
33 *Stöber*, § 180 ZVG Rn 7.17; *Dassler/Schiffhauer*, § 181 ZVG Rn 30 ff.
34 MüKo-*Petzoldt*, § 1066 BGB Rn 4; RGRK § 1066 BGB Rn 3.

### b) Beschlagnahmewirkung

**43** Ordnet das Gericht durch Beschluss die Zwangsversteigerung an, so liegt darin eine **Beschlagnahme des Grundstücks** (§ 20 ZVG). Sie hat aber bei der Teilungsversteigerung nicht dieselbe Wirkung wie bei der Vollstreckungsversteigerung. Das Grundstück wird von der Beschlagnahme nur insoweit ergriffen, als dies zur Durchführung des Verfahrens erforderlich ist.[35] Die Veräußerungsbeschränkung, wie sie in § 23 ZVG für die Vollstreckungsversteigerung vorgesehen ist, tritt nicht ein, weil bei der Erbengemeinschaft ohnehin alle Miterben bei einer Verfügung mitwirken müssen (§ 2040 BGB).

Der Anordnungsbeschluss ist den übrigen Miteigentümern von Amts wegen zuzustellen (§ 3 ZVG) mit dem Hinweis auf die Einstellungsmöglichkeit nach §§ 180 Abs. 2–4, 30b ZVG. Das Gericht ersucht gem. § 19 ZVG das Grundbuchamt um die Eintragung des Zwangsversteigerungsvermerks im Grundbuch (dort in Abt. II als Verfügungsbeschränkung). Die Beschlagnahme hat Bedeutung für die Frage, welchen Rang im Rahmen des § 10 Abs. 1 ZVG Zinsen genießen.

### c) Möglichkeiten der Verfahrenseinstellung

#### aa) Allgemeines

**44** Zum Schutz der Beteiligten und insbesondere als Korrektiv der streng gehandhabten Vorschriften der §§ 2042 Abs. 2, 753 BGB zum jederzeit fälligen Auseinandersetzungsverlangen sieht das ZVG verschiedene Möglichkeiten der zeitweiligen Verfahrenseinstellung vor.

#### bb) Einstweilige Einstellung auf Bewilligung des Antragstellers

**45** Nach § 30 ZVG ist das Verfahren einstweilen einzustellen, wenn der Gläubiger (= Antragsteller in der Teilungsversteigerung) die Einstellung bewilligt. Beantragt der Antragsteller die Aufhebung des Versteigerungstermins, so liegt darin die Bewilligung der Einstellung, § 30 Abs. 2 ZVG.

**46** **Hinweis**
Eine Fortsetzung des Verfahrens erfolgt nicht von Amts wegen, sondern nur auf **Antrag des Antragstellers**, § 31 Abs. 1 S. 1 ZVG. Dieser Antrag muss binnen **sechs Monaten** gestellt werden, andernfalls wird das Verfahren **aufgehoben,** § 31 Abs. 1 S. 2 ZVG. Auf den Fristlauf und die Rechtsfolgen hat das Gericht den Antragsteller hinzuweisen, § 31 Abs. 3 ZVG. Eine Einstellung kann nur zweimal erfolgen, § 30 Abs. 1 S. 2 ZVG. Die dritte Bewilligung der Verfahrenseinstellung gilt als **Rücknahme des Versteigerungsantrags** (§ 30 Abs. 1 S. 3 ZVG).

#### cc) Einstellung auf Antrag eines Miterben (Antragsgegner)

**47** Nach § 180 Abs. 2 ZVG kann auf Antrag eines Miteigentümers das Verfahren auf die Dauer von höchstens sechs Monaten eingestellt werden, wenn dies bei Abwägung der Interessen der mehreren Miteigentümer angemessen erscheint.

#### dd) Antragsfrist

**48** Der Einstellungsantrag muss innerhalb einer **Notfrist** von **zwei Wochen,** beginnend mit der Belehrungsverfügung (§ 30b Abs. 1 ZVG), gestellt werden.

---

[35] BGHZ 4, 84 = NJW 1952, 263.

> **Hinweis**
> Die Belehrungsfrist beginnt mit jedem Anordnungs- und Beitrittsbeschluss von neuem. Die Antragsfrist gilt sowohl für den ersten Antrag als auch für den zweiten des § 180 Abs. 2 S. 2 ZVG.[36]

### ee) Gründe für die Einstellung

Mit der Einstellung nach § 180 Abs. 2 ZVG soll ein **Aufschub** der Versteigerung erreicht werden, um vorübergehende ungünstige Umstände zu überbrücken, wie z.B.:
- bevorstehende Wertsteigerung wegen Ausweisung als Bauland,[37]
- Schwierigkeiten beim ernsthaften Bemühen um Ersatzwohnraum,[38]
- ernsthafte und Erfolg versprechende Vergleichsverhandlungen,[39]
- bevorstehende Werterhöhung durch Ausführung von Reparaturarbeiten oder Baumaßnahmen,[40]
- aber auch nach Erhebung der Widerspruchsklage entsprechend § 771 ZPO.

Die Einstellung darf bis zur Dauer von **sechs Monaten** angeordnet und **einmal wiederholt** werden, § 180 Abs. 2 S. 1 ZVG. Da jedes einzelne Verfahren nach einem Beitritt ein selbstständiges Verfahren ist, kann es zu mehrfachen Einstellungen kommen, weil jedes Einzelne bis zu zweimal eingestellt werden kann. Auch hier wird das Verfahren **nicht von Amts wegen, sondern nur auf Antrag** fortgesetzt, § 31 ZVG. Der Fortsetzungsantrag ist binnen sechs Monaten zu stellen.

Eine Einstellung zum Schutz gemeinschaftlicher Kinder nach § 180 Abs. 3 ZVG kommt nur in Betracht, wenn das Verfahren unter Ehegatten oder früheren Ehegatten geführt wird; nicht auch, wenn dritte Personen beteiligt sind.[41]

### ff) Einstweilige Einstellung nach § 765a ZPO?

> **Fall**
> Der 80-jährige Antragsteller wohnt Zeit seines Lebens in seinem ehemals elterlichen Haus, dessen Miteigentümer er ist. Er ist behindert und hat die von ihm bewohnten Räume behindertengerecht ausbauen lassen. Mit dem in der Versteigerung zu erwartenden Erlösanteil kann er nichts Gleichwertiges erwerben. Nach ärztlicher Prognose hätte ein Umzug schwere körperliche und psychische Schäden zur Folge.[42]

Ein Einstellungsantrag, dem dieser Sachverhalt zugrunde liegt, müsste nach § 180 Abs. 2 ZVG zurückgewiesen werden, weil die Umstände nicht behebbar, sondern von anhaltender Dauer sind. Nur die Anwendung von § 765a ZPO würde die Möglichkeit eröffnen, die Gründe zu prüfen.

Der Vollstreckungsschutz ist zu gewähren, wenn wegen ganz besonderer Umstände eine mit den guten Sitten nicht zu vereinbarende Härte eintreten würde. Allerdings ist auch bei einer nach § 765a ZPO vorzunehmenden Interessenabwägung zu berücksichtigen, dass nahezu jede Versteigerung für den Antragsgegner Härten mit sich bringen kann, wie Verlust

---

36 BGHZ 79, 249 = NJW 1981, 2065.
37 *Stöber*, § 180 ZVG Rn 12.3.
38 *Storz/Kiderlen*, S. 126.
39 LG Nürnberg-Fürth JurBüro 1980, 1906.
40 BGH Rpfleger 1981, 187.
41 *Stöber*, § 180 ZVG Rn 13.3.; *Storz/Kiderlen*, S. 134.
42 Nach *Eickmann*, Rn 211.

der Wohnung, des Eigentums und des bisherigen sozialen Umfelds. Diese Härten sind sachbedingt und können nicht zu einer Einstellung führen. Darüber hinaus müssen besondere Härten eintreten, wie bspw. ernsthafte Gesundheits- oder auch Lebensgefahr,[43] aber auch eine fortgeschrittene Schwangerschaft.[44]

Die h.M. lehnt die Anwendbarkeit von § 765a ZPO ab unter Hinweis darauf, dass es sich bei der Teilungsversteigerung nicht um einen Akt der Zwangsvollstreckung handle, und außerdem stelle § 180 Abs. 2 ZVG eine ausreichende Schutzvorschrift dar.[45]

Eine Mindermeinung wendet § 765a ZPO an, weil der Schutz von § 180 Abs. 2 ZVG nicht ausreiche und über die Verweisung in § 180 Abs. 1 ZVG und § 869 ZPO auch § 765a ZPO angewandt werden könne, gleichgültig, ob man die Teilungsversteigerung als Vollstreckung definiere oder nicht.[46]

55 Der Schutz vor **Grundstücksverschleuderungen** kann letztlich wirksam nur über § 765a ZPO gewährt werden. Wenn mit der Teilungsversteigerung versucht wird – evtl. mit Hilfe von Strohmännern – ein Grundstück möglichst billig zu erwerben, so bietet zwar § 85a ZVG einen gewissen Schutz. Dieser versagt jedoch, wenn ein zweiter Termin stattfinden muss, § 85a Abs. 2 S. 2 ZVG.

56 Der Bundesgerichtshof hat die Anwendbarkeit von § 765a ZPO mit Beschluss vom 22.3.2007[47] bejaht und zur Begründung ausgeführt:

„*§ 765a ZPO gehört zwar nicht zu den Vorschriften des Ersten und Zweiten Abschnitts des Gesetzes über die Zwangsversteigerung und die Zwangsverwaltung (Zwangsversteigerungsgesetz), auf welche § 180 Abs. 1 ZVG verweist. Dabei allein kann die Auslegung der Vorschrift jedoch nicht stehen bleiben. § 180 Abs. 1 ZVG enthält nicht nur diese Verweisung. Seine wesentliche Aussage besteht vielmehr darin, dass er das Zwangsversteigerungsverfahren als Verfahren zur Aufhebung einer Gemeinschaft bestimmt. Regelungen, die das Zwangsversteigerungsverfahren wesentlich bestimmen, sind deshalb auch dann anzuwenden, wenn sie in anderen Vorschriften als denen der genannten Abschnitte des Zwangsversteigerungsgesetzes enthalten sind. Zu diesen Regelungen gehört jedenfalls heute, im Lichte des Art. 14 GG, der Schuldnerschutz. Auf diesen Schutz muss der Antragsgegner eines Teilungsversteigerungsverfahrens ebenfalls zurückgreifen können. Denn auch er kann in die Lage geraten, einer Verschleuderung seines Vermögens entgegenzuwirken (BVerfGE 42, 64) oder andere wesentliche Interessen sichern zu müssen. Eine wesentliche Vorschrift des Schuldnerschutzes in der Zwangsversteigerung ist § 765a ZPO, der deshalb auch in der Teilungsversteigerung anzuwenden ist.*".

Aber § 765a ZPO stellt eine Ausnahmevorschrift dar, die trotz ihres scheinbaren Ermessensspielraums eng auszulegen ist.[48]

---

43 BVerfGE 52, 214, 219.
44 OLG Frankfurt a.M. Rpfleger 1981, 24.
45 OLG Koblenz NJW 1960, 828; OLG München NJW 1961, 787; OLG Hamm KTS 1973, 143; OLG Karlsruhe ZMR 1973, 89; LG Bielefeld Rpfleger 1983, 168; LG Berlin FamRZ 1987, 1067 = Rpfleger 1993, 297; *Schiffhauer*, ZIP 1982, 526, 535.
46 OLG Karlsruhe Rpfleger 1994, 223; *Stöber*, ZVG, Einl. Rn 52.6; *Eickmann*, Rn 152.
47 BGH FamRZ 2007, 1010.
48 BGH NJW 2005, 1859.

### gg) Einstellungsmöglichkeit nach § 185 ZVG

Wenn ein Zuteilungsverfahren betreffend einen landwirtschaftlichen Betrieb nach § 13 GrdstVG anhängig ist, kann bis zum Abschluss des Zuteilungsverfahrens ein Teilungsversteigerungsverfahren eingestellt werden.

### d) Muster: Antrag auf einstweilige Einstellung

An das

Amtsgericht
– Vollstreckungsgericht –

zu Az.

In dem Verfahren auf Versteigerung des Grundstücks ▮▮▮▮▮ zum Zwecke der Aufhebung der daran bestehenden Gemeinschaft beantrage ich namens des Antragstellers ▮▮▮▮▮, dessen Vollmacht ich vorlege,

**die einstweilige Einstellung des Verfahrens**

für die Dauer der gesetzlich längst möglichen Frist.

*Begründung:*

Die Durchführung der Teilungsversteigerung zum jetzigen Zeitpunkt bringt für alle Beteiligten und damit auch für meinen Mandanten erhebliche wirtschaftliche Nachteile. Zum einen ist der Grundstücksmarkt zur Zeit für die Verkäufer äußerst schlecht, zum anderen werden gerade in Zwangsversteigerungsverfahren erfahrungsgemäß erheblich niedrigere Erlöse erzielt als bei einem freihändigen Verkauf. Diese Umstände dürften gerichtsbekannt sein.

Mein Mandant will noch einmal versuchen, einen potenten Käufer zu finden bei einem Kaufpreis, der von allen Miterben akzeptiert werden kann. Diese Chance sollte noch einmal wahrgenommen werden.

Auf die Entscheidung des BGH in FamRZ 2007, 1010 wird hingewiesen.

(Rechtsanwalt)

### e) Checkliste: Antrag auf einstweilige Einstellung

- Frist: Notfrist von **zwei Wochen** ab Zustellung der Verfügung, die die Belehrung über die Einstellungsmöglichkeit enthält;
- Mit jeder Belehrungsverfügung wird **neue Frist** für Einstellungsantrag in Gang gesetzt;
- Auf Antrag des Antragsgegners ist die einstweilige Einstellung nur **zweimal** möglich;
  - Jedes einzelne Verfahren kann zweimal eingestellt werden;
  - Jeder Beitritt eines Miterben ist ein neues Verfahren, das wiederum die zweimalige Einstellung ermöglicht;
- Ist der Antragsteller des Versteigerungsverfahrens mit der Einstellung einverstanden?
  - Antrag des (Versteigerungs-)Antragstellers auf Aufhebung des Versteigerungstermins beinhaltet die Bewilligung der Verfahrenseinstellung, § 30 Abs. 2 ZVG;
  - Bewilligt der (Versteigerungs-)Antragsteller die Verfahrenseinstellung ein drittes Mal, so liegt darin die Zurücknahme des Versteigerungsantrags, § 30 Abs. 1 S. 3 ZVG;
- Einstellung für die Dauer von maximal sechs Monaten;
- Ausnahmsweise einstweilige Einstellung nach § 765a ZPO – streitig;
- Bei rechtsmissbräuchlicher Geltendmachung des Auseinandersetzungsverlangens oder bei Verstoß gegen § 242 BGB kommt Aufhebung des Versteigerungsverfahrens in Betracht – mit Klage nach § 771 ZPO;
- Einstellungsgründe:

- **Aufschub** der Versteigerung, um vorübergehende ungünstige Umstände zu überbrücken,
- besonderer Einstellungsgrund zum Schutz gemeinschaftlicher Kinder, § 180 Abs. 3 ZVG,
- besonderer Einstellungsgrund bei einem landwirtschaftlichen Hof, § 185 ZVG,
- Erhebung der Widerspruchsklage entsprechend § 771 ZPO.

### 8. Dem Versteigerungsverfahren entgegenstehende Rechte

#### a) Teilung in Natur

60  Nach dem ersten Auseinandersetzungsprinzip des § 752 BGB hat bei teilbaren Gegenständen die Teilung in Natur zu erfolgen. Für ein in dieser Weise teilbares Grundstück – was in der Praxis selten sein dürfte – darf die Teilungsversteigerung nicht angeordnet werden, weil ihre Voraussetzungen nicht vorliegen.[49] Ihre Anordnung wäre unzulässig. Das Versteigerungsgericht prüft dies jedoch nicht von Amts wegen.[50] Der Antragsgegner kann seine Rechte im Wege des § 771 ZPO geltend machen. Die Erinnerung nach § 766 ZPO ist nach allgemeiner Meinung nicht statthaft.[51]

Die Möglichkeit einer Realteilung wurde bei Bauland angenommen, wenn jede Teilparzelle selbstständig bebaubar und der vorhandene Verkehrsanschluss für alle Teile nutzbar ist.[52]

#### b) Widerspruchsklage

61  Rechte, die dem Versteigerungsverfahren entgegenstehen, werden vom Berechtigten mit einer Widerspruchsklage auf der Grundlage von § 771 ZPO geltend gemacht, d.h. mit der Klage muss beantragt werden, „die Teilungsversteigerung in das Grundstück ... für unzulässig zu erklären" (vgl. Muster Rn 30). Bei Erfolg versprechender Widerspruchsklage kann das Versteigerungsverfahren einstweilen eingestellt werden (vgl. Rn 32; Muster für Einstellungsantrag Rn 58).

62  Rechte, die dem Versteigerungsverfahren entgegenstehen, werden vom Berechtigten mit einer Widerspruchsklage auf der Grundlage von § 771 ZPO geltend gemacht, d.h. mit der Klage muss beantragt werden, „die Teilungsversteigerung in das Grundstück ... für unzulässig zu erklären."

Vgl. Muster Rn 30. Bei Erfolg versprechender Widerspruchsklage kann das Versteigerungsverfahren einstweilen eingestellt werden, vgl. Rn 31; Muster für Einstellungsantrag Rn 58.

#### c) Verstoß gegen § 242 BGB

63  Unter besonderen Umständen kann ein Miterbe, der die Teilungsversteigerung betreibt, nach Treu und Glauben gehalten sein, auf die Versteigerung zu verzichten und sich mit einem auch seinen Interessen gerecht werdenden und zumutbaren Realteilungsvorschlag der anderen Miterben zufrieden zu geben (vgl. auch Rn 54).[53]

---

49  OLG Hamm Rpfleger 1964, 341; OLG Stuttgart BWNotZ 1984, 172.
50  OLG Hamm Rpfleger 1964, 341.
51  OLG Hamm Rpfleger 1964, 341; OLG Schleswig Rpfleger 1979, 471; *Stöber*, § 180 ZVG Rn 9.15.
52  OLG Hamm NJW-RR 1992, 665.
53  BGHZ 58, 146 = NJW 1972, 818.

### d) Rechtsmissbrauch

Eine Teilungsversteigerung kann auch unzulässig sein, wenn der Antragsteller sein Recht rechtsmissbräuchlich ausübt (vgl. die Einzelfälle Rn 65 ff.).[54] Dies ist geltend zu machen mit der Widerspruchsklage analog § 771 ZPO (vgl. Muster Rn 30).[55]

BGH in BGHZ 58, 146, 147, 148:

> „Unter besonderen Umständen kann ein Teilhaber, der die Aufhebung der Gemeinschaft betreibt, nach Treu und Glauben gehalten sein, auf die Zwangsversteigerung des gemeinschaftlichen Grundbesitzes zu verzichten und sich mit einem auch seinen Interessen gerecht werdenden und zumutbaren Realteilungsvorschlag des anderen Teilhabers abzufinden. ... es [ist] zwar nicht möglich, dem Teilhaber, der die Aufhebung betreibt, aus bloßen Billigkeitserwägungen das Recht auf Zwangsversteigerung zugunsten einer anderen Teilungsart zu versagen, zumal in Versteigerungsfällen mehr oder weniger Härten und Unbilligkeiten fast immer unvermeidbar und vom Gesetzgeber offenbar in Kauf genommen worden sind. Das schließt aber nicht aus, dass sich im Einzelfall das allgemeine Rechtsprinzip von Treu und Glauben auch gegenüber der Vorschrift des § 753 Abs. 1 BGB durchsetzt, die Aufhebung der Gemeinschaft gerade durch Zwangsversteigerung als unzulässige Rechtsausübung erscheint und sich der betreibende Teilhaber auf eine vom anderen Teil vorgeschlagene und vom Richter gebilligte Realteilung verweisen lassen muss. Das kann in Betracht kommen, wenn einerseits die Versteigerung die widersprechende Partei wesentlich härter treffen würde, als das im Allgemeinen der Fall ist, und wenn außerdem dem betreibenden Teil – etwa aus Gründen der Entstehung der Gemeinschaft oder des ihr beiderseits zugrunde gelegten Zwecks – angesonnen werden kann, darauf Rücksicht zu nehmen. Liegen solche Umstände vor und macht der Teilhaber, der sich der Versteigerung widersetzt, vor oder im Widerspruchsprozess einen Vorschlag zur Realteilung in gleichwertige Teile, der die ihn treffenden Härten entscheidend mildern würde, der aber auch den berechtigten Interessen des Teilhabers, der die Aufhebung verlangt, gerecht wird und diesem zuzumuten ist, dann kann dieser gehalten sein, den Vorschlag anzunehmen oder ganz auf die Aufhebung der Gemeinschaft zu verzichten. ..."

### e) Auseinandersetzungsausschluss

Das Aufhebungsverlangen ist **unzulässig** und damit der Antrag auf Teilungsversteigerung unbegründet, wenn

– nach §§ 2042 Abs. 2, 751 BGB die **Auseinandersetzung für immer oder auf Zeit ausgeschlossen** ist (vgl. die Ausnahmefälle Rn 64 ff.). Soll die Veräußerung an einen Dritten nach § 753 Abs. 1 S. 2 BGB nicht gestattet sein, dann steht dies zwar der Einleitung des Verfahrens nicht entgegen, im Versteigerungstermin darf aber das Gebot eines Dritten nicht zugelassen werden, es wäre nach § 71 ZVG zurückzuweisen.

– der Erblasser **durch Verfügung von Todes wegen die Auseinandersetzung ausgeschlossen** hat nach § 2044 BGB. Die Anordnung des Auseinandersetzungsausschlusses ist möglich, auch wenn nicht gewillkürte, sondern gesetzliche Erbfolge eintritt.[56] Der Ausschluss kann sich entweder auf den gesamten Nachlass oder nur auf einzelne Gegenstände, insbesondere Grundstücke, beziehen. Aber auch Zwischenformen sind denkbar, wie etwa eine (qualifizierte) Mehrheit der Miterben für das Auseinandersetzungsverlan-

---

54 Vgl. OLG Frankfurt a.M. FamRZ 1998, 641; LG Essen FamRZ 1981, 457.
55 Vgl. auch OLG Köln Rpfleger 1998, 168.
56 BayObLG NJW 1967, 1136.

gen oder auch die Einhaltung einer Kündigungsfrist. Allerdings ist die 30-Jahres-Schranke des § 2044 Abs. 2 BGB zu beachten.
- ein Aufgebotsverfahren zur Gläubigerermittlung noch nicht abgeschlossen ist, kann jeder Miterbe den Aufschub der Auseinandersetzung verlangen, § 2045 S. 1 BGB. Hinter dieser Regelung steht die Verschärfung der Erbenhaftung nach der Teilung des Nachlasses nach §§ 2058, 2059, 2062 Hs. 2 BGB. Dasselbe gilt, wenn die Einleitung des Gläubiger-Aufgebotsverfahrens unmittelbar bevorsteht, § 2045 S. 2 BGB.

66 Der Auseinandersetzungsausschluss wirkt gem. § 751 BGB gegenüber einem Sonderrechtsnachfolger, der den Erbteil gem. § 2033 Abs. 1 BGB erworben hat, ausgenommen gegenüber dem Pfändungspfandgläubiger (vgl. Rn 33 ff.).

f) Geltendmachung des Auseinandersetzungsausschlusses mit der Widerspruchsklage

67 Da der Auseinandersetzungsausschluss keine dingliche Wirkung hat, sondern lediglich schuldrechtlicher Natur ist, und die Erben sich aus diesem Grund einstimmig darüber hinwegsetzen können, wird der Ausschluss nicht von Amts wegen beachtet, sondern nur, wenn ein Miterbe entsprechend § 771 ZPO den Einwand geltend macht (vgl. Muster für Widerspruchsklage Rn 30 und für Einstellungsantrag Rn 32).

g) Wirkungslosigkeit des Auseinandersetzungsverbots bei Vorliegen eines wichtigen Grundes

68 Bei Vorliegen eines wichtigen Grundes wird das Auseinandersetzungsverbot wirkungslos, §§ 2044 Abs. 1 S. 2, 749 Abs. 2 BGB; eine entgegenstehende Vereinbarung wäre nichtig, § 749 Abs. 3 BGB. Da es sich um eine Ausnahmeregelung handelt, ist ein strenger Maßstab anzulegen.[57] Unzumutbar ist die Fortsetzung der Gemeinschaft nicht schon bei Uneinigkeit oder gegenseitigen Schikanen. Derjenige Miterbe, der die Aufhebung der Gemeinschaft begehrt, darf den wichtigen Grund nicht allein oder überwiegend herbeigeführt haben.[58]

69 Das Gesetz sieht als wichtige Gründe an:
- den **Tod eines Miterben**, § 750 BGB,
- **Verfeindung** der Miterben,[59]
- **Verwertungs- bzw. Nutzungsbedarf** hinsichtlich des Nachlasses bei Verheiratung oder Vermögensverfall eines Miterben,[60]
- **Wiederverheiratung eines Elternteils**; besteht zwischen dem das Kindesvermögen verwaltenden überlebenden Elternteil einerseits und einem minderjährigen Kind andererseits eine Vermögensgemeinschaft, so kann bei bevorstehender Wiederverheiratung des Elternteils trotz eines angeordneten oder vereinbarten Auseinandersetzungsausschlusses die Erbteilung verlangt werden, § 1683 S. 1, 2 BGB. Die Wiederverheiratung stellt einen wichtigen Grund i.S.v. § 749 Abs. 2 BGB dar, die dem Elternteil die Möglichkeit gibt, die Auseinandersetzung zu verlangen, §§ 2044 Abs. 1, 2; 749 Abs. 2.[61] Die Begründung einer eingetragenen Lebenspartnerschaft dürfte i.d.R. einer Wiederverheiratung gleichzusetzen sein.[62]

---

57 BGH DB 1995, 317.
58 BGH ZIP 1995, 113.
59 LG Düsseldorf FamRZ 1955, 303.
60 Staudinger/*Werner*, § 2044 BGB Rn 12.
61 BayObLGZ 67, 230.
62 Vgl. *Kerscher/Krug*, § 35 Rn 159 ff.

### h) Sonderrechtsnachfolge in den Erbteil

§ 2044 Abs. 1 S. 2 BGB verweist auf § 1010 BGB. Diese Vorschrift besagt, dass ein Auseinandersetzungsausschluss gegenüber Sonderrechtsnachfolgern in Bezug auf Grundstücke nur gilt, wenn der Ausschluss im Grundbuch eingetragen ist. Soweit das Teilungsverbot auf einer Vereinbarung der Miterben beruht, sind die Eintragungsfähigkeit und ihre Wirkung unproblematisch. Unklar ist die Situation jedoch bei einem vom Erblasser angeordneten Teilungsverbot.

Die h.M. nimmt an, die Anwendung des § 1010 Abs. 1 BGB im Rahmen des § 2044 BGB setze voraus, dass der Erblasser die Umwandlung der Erbengemeinschaft in eine Bruchteilsgemeinschaft an dem Nachlassgrundstück gestattet hat, deren Auseinandersetzung aber ausgeschlossen wissen wollte. Nach dieser Meinung gilt § 1010 Abs. 1 BGB bei Gesamthandsgemeinschaften und damit auch bei einer Erbengemeinschaft nicht.[63]

### i) Grundbuchersichtliche Einwendungen

Sind die Einwendungen gegen die Zulässigkeit der Teilungsversteigerung aus dem Grundbuch ersichtlich, so sind sie vom Versteigerungsgericht von Amts wegen zu berücksichtigen.[64] Dies folgt aus § 28 ZVG. Der Antrag auf Teilungsversteigerung ist zurückzuweisen bzw., falls die Anordnung erfolgt ist, das Verfahren gem. § 28 ZVG aufzuheben. Behauptet der Antragsteller das Vorliegen eines wichtigen Grundes i.S.d. § 749 Abs. 2 S. 2 BGB, so kann ihm das Versteigerungsgericht eine Frist setzen, binnen derer er ein Urteil gegen die anderen Miterben über das Bestehen des wichtigen Grundes beizubringen hat.[65]

### 9. Unzulässigkeit der Teilungsversteigerung in Einzelfällen

■ **Problem: Ausschluss des Aufhebungsverlangens bei einer Bruchteilsgemeinschaft unter Ehegatten nach Scheidung der Ehe und Tod eines Ehegatten.**

> **Fall**
> Als je hälftige Miteigentümer eines Wohnhauses waren Ehegatten im Grundbuch eingetragen. Die Ehe wurde rechtskräftig geschieden. Der Ehemann EM bewohnt das Haus, das bisher als Familienheim gedient hat. Die Ehefrau stirbt, ihre Erben bilden eine Erbengemeinschaft. Mit dem „großen Antragsrecht" kann einer der Miterben die Versteigerung des ganzen Hauses betreiben.
> Kann der EM Einwendungen aus dem (nachwirkenden) eherechtlichen Verhältnis erheben, evtl. im Hinblick auf Zugewinnausgleichsforderungen, die ihm noch aus dem Scheidungsverfahren zustehen?

Zugewinnausgleichsrechtliche Aspekte: Hat ein Ehegatte Zugewinnausgleich zu beanspruchen, so kann das Familiengericht ihm auf Antrag unter Anrechnung auf die Ausgleichsforderung einen Anspruch auf Übertragung des Miteigentumsanteils zusprechen, wenn dies erforderlich ist, um eine „grobe Unbilligkeit" für den ausgleichsberechtigten Ehegatten zu vermeiden, und wenn dies dem anderen Ehegatten „zugemutet" werden kann, § 1383 BGB. Diese Möglichkeit dürfte durch den Tod des ausgleichsverpflichteten Ehegatten erst recht zur Anwendung kommen, weil der verpflichtete Ehegatte keines Schutzes mehr bedarf und seine Erben davon wohl kaum profitieren können. Im Versteigerungsverfahren wird dies

---

63 KG DNotZ 1944, 15; DR 1944, 191; *Kipp-Coing*, § 116, IV 1; Staudinger/*Lehmann*, § 2044 BGB Anm. 8.
64 OLG Bamberg JW 1927, 2473.
65 OLG Hamburg NJW 1961, 610.

durch Erhebung einer **Widerspruchsklage** analog § 771 ZPO geltend gemacht (vgl. Muster für Widerspruchsklage Rn 30). Zuständig ist das Familiengericht, § 264 FamFG (bis 31.8.2009: § 621 Abs. 1 Nr. 8 ZPO).

74 ■ **Zuweisung nach Treu und Glauben?**

Unter Berufung auf BGHZ 58, 146 hat der BGH in BGHZ 63, 348, 352 angenommen, die **Aufhebung der Miteigentumsgemeinschaft** zwischen Ehegatten bei Scheidung der Ehe sei nach **Treu und Glauben** ausgeschlossen, und der eine Ehegatte sei nach Treu und Glauben gegen angemessenen Ausgleich zur Übertragung seines Anteils an den anderen Ehegatten verpflichtet, wenn die Zwangsversteigerung des Grundstücks für den anderen Ehegatten „schlechthin unzumutbar" sei. Ob Unzumutbarkeit vorliege, sei Tatfrage des Einzelfalls. Allerdings müsse die von der gesetzlichen Regelung abweichende Lösung nach § 242 BGB auf Ausnahmefälle beschränkt bleiben. Der erforderliche Ausgleich könne dadurch geleistet werden, dass der vom Richter zu schätzende Gesamtwert des Grundstücks beim Zugewinnausgleich dem Endvermögen des übernehmenden Ehegatten zugerechnet werde; auf diese Weise nehme der weichende Ehegatte (in unserem Fall die weichende Erbengemeinschaft) gem. § 1378 Abs. 2 BGB an der Hälfte des Grundstückswerts teil (BGHZ 68, 299: Eheschließung im Jahr 1960; 1963 Erwerb eines Baugrundstücks mit Mitteln des EM, Eintragung der Eheleute im Grundbuch zu je hälftigem Eigentum; Errichtung eines Hauses mit zwei Wohnungen mit finanziellen Mitteln und mit Arbeitsleistungen des Mannes; Bestimmung des Hauses zu Wohnzwecken der Familie und zur gemeinsamen Alterssicherung; Trennung 1966; Auszug der Ehefrau EF 1969; Scheidung im Jahr 1969 und Wiederverheiratung der Ehefrau. Entscheidung: Unzulässigkeit der von der EF betriebenen Teilungsversteigerung und Verurteilung der EF, ihren Miteigentumsanteil gegen einen vom Berufungsgericht noch festzusetzenden Ausgleichsbetrag auf den Mann zu übertragen).[66]

### 10. Kein Zurückbehaltungsrecht der anderen Miterben

75 Die anderen Miterben, denen gegenüber das Aufhebungsverlangen geltend gemacht wird, können dem Antragsteller gegenüber kein Zurückbehaltungsrecht gem. § 273 BGB wegen Ansprüchen geltend machen, die ihnen aus dem Gemeinschaftsverhältnis gegen den Antragsteller zustehen.[67] Mit § 756 BGB steht eine Regelung zur Verfügung, die dem Anliegen der anderen Miterben gerecht wird. Danach ist der Anspruch aus dem Gemeinschaftsverhältnis bei der Teilung des Erlöses vorweg zu befriedigen. Deshalb bedarf es des Zurückbehaltungsrechts nicht. Es wäre widersprüchlich, wenn die Miterben die Auseinandersetzung verhindern könnten, die gerade zur Erfüllung ihrer Ansprüche aus der Erbengemeinschaft führt.

### 11. Rechtsbehelf gegen Anordnungsbeschluss

76 Eine befristete **Erinnerung** (entspr. §§ 567, 569 ZPO) gegen den Anordnungsbeschluss gem. § 766 ZPO ist nur dann zulässig, wenn eine vom Versteigerungsgericht von Amts wegen zu beachtende Anordnungsvoraussetzung fehlt. Die zulässige und begründete Erinnerung führt zur Aufhebung des Anordnungsbeschlusses oder – falls sie erst nach Abhaltung des Versteigerungstermins erhoben wurde – zur Versagung des Zuschlags, § 83 Nr. 6 ZVG. In allen anderen Fällen ist eine Widerspruchsklage analog § 771 ZPO zu erheben. Damit ist auch die Möglichkeit einer einstweiligen Einstellung gem. §§ 769 Abs. 1, 771

---

66 Vgl. auch Staudinger/*Langhein*, § 749 BGB Rn 41.
67 BGH NJW-RR 1990, 134; BGHZ 63, 348, entgegen RGZ 109, 167.

Abs. 3 ZPO eröffnet. In dringenden Fällen kann das Versteigerungsgericht die einstweilige Einstellung gem. § 769 Abs. 2 ZPO mit Fristbestimmung anordnen.

Auseinandersetzungsausschlussgründe oder -beschränkungen können von jedem anderen Miterben in jedem Stadium des Verfahrens im Wege der Widerspruchsklage analog § 771 ZPO geltend gemacht werden. Antrag und Tenorierung: „Die Anordnung der Teilungsversteigerung des Grundstücks ... ist unzulässig". Damit wird die Mitberechtigung der anderen Miterben wie ein „die Veräußerung hinderndes Recht" behandelt.

Wurden die Antragsgegner vor Erlass des Beschlusses über die Anordnung bzw. den Beitritt gehört, so findet sofortige Beschwerde gem. § 793 Abs. 1 ZPO statt, die dem Rechtsmittelgericht (Landgericht) vorzulegen ist. Der Beschwerde kann, obwohl sie fristgebunden ist, vom erlassenden Gericht abgeholfen werden (Selbstkorrektur), § 572 ZPO. Gegen die Entscheidung des Landgerichts ist die **Rechtsbeschwerde** statthaft, § 574 ZPO.

## 12. Beitritt zur Teilungsversteigerung

a) Jeder Miterbe kann dem Verfahren beitreten

Jeder Miterbe, der selbst einen Antrag auf Teilungsversteigerung stellen könnte, ist berechtigt, dem **Versteigerungsverfahren beizutreten,** §§ 180 Abs. 1, 27 ZVG. Mit dem erfolgten Beitritt wird dieser bisherige Antragsgegner zum weiteren Antragsteller. Sie finden sich damit in der Rolle von Gläubiger und Schuldner.[68] Damit kann der Beitretende mehr Verfahrensrechte wahrnehmen, als wenn er nur Antragsgegner wäre. Aus taktischen Gründen kann dies von Bedeutung sein. Aber nur jeder Aufhebungsberechtigte kann beitreten – also i.d.R. ein Miterbe –, nicht auch ein Gläubiger (zur verfahrensrechtlichen Situation, wenn ein Gläubiger nach angeordneter Teilungsversteigerung die Vollstreckungsversteigerung betreibt vgl. Rn 118 ff.).

Mit dem Beitritt entstehen mehrere rechtlich selbstständige Einzelverfahren, die zu einem gemeinsamen Verfahrensbetrieb zusammengefasst sind.[69]

b) Muster: Beitritt zum Verfahren der Teilungsversteigerung

An das

Amtsgericht
– Abteilung für Zwangsversteigerungssachen –

zu Az.

Namens des Herrn ▬▬▬, dessen Vollmacht ich anliegend vorlege, erkläre ich hiermit den

*Beitritt zum Verfahren der Teilungsversteigerung*

des im Grundbuch von ▬▬▬, Amtsgericht ▬▬▬, Band ▬▬▬, Heft ▬▬▬ Bestandsverzeichnis Nr. ▬▬▬, eingetragenen Gebäudegrundstücks der Gemarkung ▬▬▬, Flst. Nr. ▬▬▬, Größe: ▬▬▬

zum Zwecke der Aufhebung der Erbengemeinschaft und beantrage die Zulassung dieses Beitritts. Mit der Zulassung des Beitritts wird mein Mandant, der bisher zu den Antragsgegnern gehörte, auch die verfahrensrechtliche Position eines Antragstellers erlangen.

Im Grundbuch sind als Eigentümer eingetragen die Eheleute Karl und Ida Maier je zur Hälfte.

---

68 BGH NJW 1981, 3065.
69 *Eickmann,* § 2 I 3.

*Beweis:* beglaubigte Grundbuchabschrift, befindet sich bereits bei den Akten.

Herr Karl Maier ist am ░░░░░ gestorben. Seine Erben wurden nach dem Erbschein des Amtsgerichts – Nachlassgericht – ░░░░░ vom ░░░░░, Az. ░░░░░, 1. ░░░░░, 2. ░░░░░ und 3. ░░░░░.

*Beweis:* Ausfertigung des bezeichneten Erbscheins, befindet sich bereits bei den Akten.

Die im Antrag auf Anordnung der Teilungsversteigerung gemachten Angaben sind richtig.

Ich bitte, den Schriftwechsel mit mir zu führen.

(Rechtsanwalt)

c) Checkliste: Antrag auf Zulassung des Beitritts zum Versteigerungsverfahren

81  Wie Checkliste für Versteigerungsantrag (siehe Rn 21).

### 13. Festsetzung des Verkehrswerts

a) Zweck der Wertfestsetzung

82  Zum Schutz der Beteiligten vor der Verschleuderung von Grundvermögen in der Versteigerung hat das Versteigerungsgericht den Verkehrswert des Grundstücks von Amts wegen festzusetzen, §§ 74a, 85a ZVG. Der **Verkehrswert** ist nach der Definition in § 194 BauGB der

> *"Preis, der in dem Zeitpunkt, auf den sich die Ermittlung bezieht, im gewöhnlichen Geschäftsverkehr nach den rechtlichen Gegebenheiten und tatsächlichen Eigenschaften, der sonstigen Beschaffenheit und der Lage des Grundstücks ... ohne Rücksicht auf ungewöhnliche oder persönliche Verhältnisse zu erzielen wäre."*

b) Methoden der Wertermittlung

83  Die Wertermittlungsverordnung vom 6.12.1988 (BGBl I, 2209) mit Änderung vom 18.8.1997 (BGBl I, 2081) sieht drei Methoden vor:
- das **Vergleichswertverfahren** (§§ 13, 14 WertV),
- das **Ertragswertverfahren** (§§ 15–20 WertV),
- das **Sachwertverfahren** (§§ 21–25 WertV).

§ 1 WertV verpflichtet die Gutachterausschüsse, die WertV bei der Ermittlung von Grundstückswerten anzuwenden. Nach BGH[70] gelten die Vorschriften der Wertermittlungsverordnung nicht nur bei Wertermittlungen in Durchführung des Baugesetzbuchs, sondern sie enthalten für nahezu alle Bereiche anerkannte Grundsätze für die Ermittlung des Verkehrswerts von Grundstücken. Ihre Anwendbarkeit ist danach nicht auf die Wertermittlungen der Gutachterausschüsse (§§ 192, 193 BauGB) beschränkt. Zur näheren Ausführung sind Wertermittlungsrichtlinien erlassen (bundesministerielle Verwaltungsanweisung).[71] Auch sie finden über ihren unmittelbaren Geltungsbereich hinaus Anwendung.[72]

---

[70] BGH NJW-RR 2001, 732 = WM 2001, 997 = Rpfleger 2001, 311 = MDR 2001, 625 = NZBau 2001, 269 = KTS 2001, 512 = DB 2001, 1490 = BauR 2001, 1153.
[71] WertR vom 19.7.2002 BAnz Nr. 238a v. 20.12.2002.
[72] *Kleiber/Simon*, WertV 98, 6. Aufl. 2010, S. 124 Rn 179.

## c) Verfahren der Wertfestsetzung

Das Gericht setzt auf der Grundlage eines von ihm einzuholenden Wertgutachtens nach § 74a Abs. 5 ZVG den Wert des Grundstücks durch mit Gründen versehenen Beschluss fest.[73] Das eingeholte **Wertgutachten ist Beweismittel** und deshalb gem. § 286 ZPO frei zu würdigen. Zur Gewährung rechtlichen Gehörs ist den Verfahrensbeteiligten eine Mehrfertigung des Gutachtens zu übersenden.

Der Beschluss ist gem. § 74a Abs. 5 S. 3 ZVG mit der **sofortigen Beschwerde** anfechtbar und muss deshalb den Beteiligten förmlich zugestellt werden, § 329 Abs. 3 ZPO (Zustellungsrecht: §§ 166–190 ZPO). Der Lauf der Beschwerdefrist beginnt für jeden Beschwerdeberechtigten mit der Zustellung des Beschlusses an ihn. Eine weitere Beschwerde ist nicht statthaft, § 74a Abs. 5 S. 3 Hs. 2 ZVG. Der sofortigen Beschwerde kann abgeholfen werden, § 572 ZPO („Selbstkorrektur").

## d) Änderung der Wertfestsetzung

Eine **Änderung der Wertfestsetzung** ist zulässig, wenn sich nach der Festsetzung entscheidungserhebliche Faktoren geändert haben.[74] Darin liegt kein Verstoß gegen die Rechtskraft des Festsetzungsbeschlusses, denn es ist ein neuer Sachverhalt eingetreten, der der Ausgangsentscheidung nicht zugrunde lag. Die Höhe des festgesetzten Wertes hat Auswirkungen auf die Gebote und die Zuschlagsentscheidung.

Das Interesse eines der beteiligten Miterben, den Grundbesitz selbst zu einem möglichst niedrigen Gebot ersteigern zu können, ist als verfahrenszweckwidrig nicht schutzwürdig und aus diesem Grund auch nicht im Beschwerdeverfahren durchsetzbar.[75]

## 14. Fristen des Versteigerungsverfahrens

Das Versteigerungsverfahren ist streng formalisiert. Zum Schutz der Beteiligtenrechte sind bis zum Versteigerungstermin für die einzelnen Verfahrensstationen Fristen einzuhalten, deren Verletzung im Einzelfall einen Zuschlagsversagungs- bzw. -anfechtungsgrund darstellen kann.

## a) Beschlusszustellungsfrist

Der Anordnungs- bzw. Beitrittsbeschluss sowie der Verfahrensfortsetzungsbeschluss nach vorausgegangener Einstellung muss dem Schuldner (= Antragsgegner) mindestens vier Wochen vor dem Versteigerungstermin zugestellt worden sein. Bei mehreren Antragstellern bzw. Beitretenden ist wegen der Selbstständigkeit jedes einzelnen Verfahrens jeweils getrennt die vierwöchige Frist einzuhalten. Die Nichteinhaltung der Frist führt zur Versagung des Zuschlags, § 83 Nr. 1 ZVG. Aber Heilung nach § 84 ZVG ist möglich.

## b) Terminsfrist

Zwischen der Terminsbestimmung und dem Versteigerungstermin sollen nicht mehr als sechs Monate liegen, § 36 Abs. 2 ZVG.

---

73 BGH NJW 1963, 1492.
74 BGH NJW 1971, 1751.
75 LG Bonn ErbR 2006, 63 = ZEV 2006, 470 = ZFE 2007, 40.

## c) Bekanntmachungsfrist

89 Die Terminsbestimmung muss **sechs Wochen** – nach Einstellung zwei Wochen – vor dem Versteigerungstermin öffentlich bekannt gemacht werden, §§ 43 Abs. 1, 39 Abs. 1 ZVG. Der Verstoß gegen die Bekanntmachungsfrist stellt einen unheilbaren Zuschlagsversagungs- bzw. Aufhebungsgrund dar, §§ 83 Nr. 7, 84 Abs. 1, 100 Abs. 1, Abs. 3 ZVG. Die Bekanntmachung **muss** angeben, dass es sich nicht um eine Vollstreckungs-, sondern um eine **Teilungsversteigerung** handelt.

## d) Ladungsfrist

90 Zwischen der Ladung zum Termin und dem Versteigerungstermin selbst müssen mindestens **vier Wochen** liegen, §§ 43 Abs. 1 S. 2, 41 Abs. 1 ZVG. Ein Verstoß stellt einen Zuschlagsversagungsgrund nach § 83 Nr. 1 ZVG dar, der allerdings gem. § 84 ZVG geheilt werden kann.

## e) Mitteilungsfrist

91 Im **Laufe der vierten Woche** vor dem Versteigerungstermin soll den Beteiligten mitgeteilt werden, auf wessen Antrag und wegen welcher Ansprüche die Versteigerung durchgeführt wird, § 41 Abs. 2 ZVG. Dies dient der Vorbereitung der Berechnung des geringsten Gebots. Ein Verstoß dagegen stellt weder einen Zuschlagsversagungsgrund noch einen -anfechtungsgrund dar, kann aber Amtshaftungsansprüche auslösen.

### 15. Geringstes Gebot

#### a) Begriff

92 Dem ZVG liegt der Grundsatz zugrunde, dass der Zuschlag an den Ersteher nur erteilt werden darf, wenn alle im Grundbuch eingetragenen Rechte, die dem das Versteigerungsverfahren betreibenden Gläubiger im Rang vorgehen, gedeckt sind (**Deckungsgrundsatz**). Sie dürfen durch eine Versteigerung, die sie nicht selbst in die Wege geleitet haben, keinen Rechtsverlust erleiden, andernfalls wäre ihre dingliche Sicherung im Grundbuch nichts wert. Das Risiko einer Versteigerung soll derjenige tragen, der sie betreibt. Ein Nacherbenvermerk ist allerdings auch dann nicht in das geringste Gebot aufzunehmen, wenn das Anwartschaftsrecht des Nacherben verpfändet und die Verpfändung im Grundbuch gleichfalls eingetragen ist (vgl. im Übrigen zur Vor- und Nacherbfolge in der Zwangsversteigerung unten Rn 123 ff.).[76]

Nach § 44 Abs. 1 ZVG liegt der Versteigerung die Verfahrensbedingung zugrunde, dass die dem betreibenden Gläubiger im Rang vorgehenden Rechte auf jeden Fall gedeckt werden müssen. Sie sind in das geringste Gebot aufzunehmen. Nur ein solches Gebot kann im Versteigerungstermin zugelassen werden, durch das mindestens die Verfahrenskosten und die dinglichen Rechte in der Rangordnung des § 10 ZVG gedeckt sind, § 182 ZVG. **Rechtsverfolgungskosten** sind rechtzeitig anzumelden, §§ 37 Nr. 4, 110, 10 Abs. 2 ZVG.

#### b) Anwendung auf die Teilungsversteigerung

93 In der Teilungsversteigerung gibt es keinen Gläubiger, dem Rechte im Rang nach § 879 BGB vorgehen könnten. Infolge der Verweisung auf die Vorschriften der Vollstreckungsversteigerung wird der Antragsteller bei der Teilungsversteigerung wie ein Gläubiger behandelt.

---

76 BGH Rpfleger 2000, 403 = ZEV 2000, 322.

Die Interessenlage der dinglich Berechtigten ist aber bei der Teilungsversteigerung die gleiche wie bei der Vollstreckungsversteigerung. Diesem Interesse und dem Grundgedanken des § 44 ZVG kann nur dadurch Rechnung getragen werden, dass alle das Grundstück belastenden Rechte Vorrang haben vor dem Auseinandersetzungsanspruch des Antragstellers und deshalb in das geringste Gebot aufzunehmen sind.[77]

Die Rechtsfolge ist, dass Grundpfandrechte nach dem Zuschlag am Grundstück bestehen bleiben und vom Erwerber weiter verzinst und getilgt werden müssen, Belastungen nach Abt. II des Grundbuchs müssen vom Ersteher geduldet werden.

### c) Zwei Teile des geringsten Gebots

Das geringste Gebot besteht aus zwei Teilen:
– dem **Barteil,** der einen Zahlbetrag angibt,
– den **bestehen bleibenden Rechten.**

94

### aa) Barteil

Folgende vom Ersteher bar zu zahlenden Beträge werden gem. § 49 Abs. 1 ZVG in das geringste Gebot aufgenommen:
– die Gerichtskosten des Versteigerungsverfahrens, § 109 ZVG,
– Ansprüche aus den Rangklassen Nr. 1–3 des § 10 ZVG,
– die Kosten der Rechtsverfolgung und Ansprüche auf wiederkehrende Leistungen (Berechnung nach § 47 ZVG) aus dinglichen Rechten, die bestehen bleiben.

95

### bb) Bestehen bleibende Rechte

Nach dem **Deckungsgrundsatz** bleiben bei der Teilungsversteigerung alle dinglichen Rechte bestehen, weil sie als dem betreibenden Antragsteller im Rang vorgehend angesehen werden.

96

### d) Feststellung des geringsten Gebots

Nach Anhörung der im Versteigerungstermin anwesenden Verfahrensbeteiligten wird das geringste Gebot festgestellt, § 66 Abs. 1 ZVG. Die Feststellung erfolgt durch Beschluss, der unanfechtbar ist, weil es sich um eine unselbstständige, den Zuschlag vorbereitende Zwischenentscheidung nach § 95 ZVG handelt. Wurde das geringste Gebot jedoch unrichtig festgestellt, so ist dies ein Zuschlagsanfechtungsgrund nach § 83 Nr. 1 ZVG. Veränderungen in den rechtlichen Grundlagen der Feststellung des geringsten Gebots können auch zu einer Änderung des geringsten Gebots führen, § 44 Abs. 2 ZVG.

97

### 16. Versteigerungstermin

Im Versteigerungstermin werden Gebote von Interessenten abgegeben. Bieter können sich durch Bevollmächtigte vertreten lassen, die **Vollmacht** bedarf der **notariellen Beglaubigung,** § 71 Abs. 2 ZVG. Erforderlichenfalls kann vom Bieter eine **Sicherheitsleistung** in Höhe von 10 % des in der Terminsbestimmung genannten, andernfalls des festgesetzten Verkehrswerts verlangt werden, §§ 67, 68, 49 Abs. 1, 109 ZVG.[78]

98

---

77 BGH Rpfleger 1999, 140.
78 Zu den sich ergebenden Fragen, wenn im Zeitpunkt der Versteigerung das verfahrensgegenständliche Gebäude beschädigt oder sogar abgebrannt ist, vgl. *Klawikowski*, Rpfleger 2005, 341.

**Versteigerung nur unter den Miterben:** Haben die Miterben vereinbart oder hat der Erblasser angeordnet, dass das Grundstück nur innerhalb eines bestimmten Personenkreises versteigert werden darf, so dürfen Gebote Außenstehender nicht zugelassen werden, sie sind zurückzuweisen, § 71 ZVG. Ein etwa an einen Außenstehenden erteilter Zuschlag ist anfechtbar.[79]

Hat ein Gläubiger den Anteil eines Miterben oder den Erlösanteil gepfändet, so ist höchst problematisch, ob die unter den Erben vereinbarte oder vom Erblasser angeordnete Beschränkung des Bieterkreises dem Pfandgläubiger gegenüber wirksam ist.

### 17. Vergleich

99  Ein Auseinandersetzungsvergleich im Zwangsversteigerungsverfahren entspricht der Form des § 311b Abs. 1 BGB (vgl. § 127a BGB). Zuständig für die Beurkundung eines Vergleichs innerhalb des Teilungsversteigerungsverfahrens ist der Rechtspfleger.[80]

### 18. Zuschlag

#### a) Zuschlagsbeschluss

100  Die Entscheidung über den Zuschlag ergeht nach Anhörung aller Beteiligten durch Beschluss. Er ist dem **Meistbietenden** zu erteilen, wenn das geringste Gebot erreicht ist, § 81 ZVG. Nur unter bestimmten Voraussetzungen kann er versagt werden, §§ 33, 83, 85a ZVG.

#### b) Zuschlagsversagungsgründe

101  Die Zuschlagsversagungsgründe können in **zwei Gruppen** eingeteilt werden:
– Fehlerhafter Verfahrensbetrieb ist ein Zuschlagsversagungsgrund, § 83 ZVG. Teils sind die Fehler heilbar, teils wirken die Zuschlagsversagungsgründe absolut.
– Durch Verfahrensbeteiligte oder den Meistbieter können trotz verfahrensfehlerfreien Verfahrens Zuschlagsversagungsgründe entstehen, §§ 85, 85a ZVG.

#### c) Rechtsbehelf gegen Zuschlagsbeschluss

102  Gegen den Zuschlagsbeschluss ist die **sofortige Beschwerde** nach § 96 ZVG statthaft.

103  **Hinweise**
(1) Das Landgericht entscheidet über die Beschwerde. Die Beschwerdeberechtigung ist in § 97 ZVG geregelt. Beschwerdegründe sind in § 100 Abs. 1 ZVG abschließend aufgezählt.
(2) Auch bei der befristeten Beschwerde gibt es die Möglichkeit der Selbstkorrektur nach § 572 ZPO.

#### d) Schutz vor Grundstücksverschleuderung

##### aa) Zwei Stufen des Schutzes vor Grundstücksverschleuderung

104  Zum Schutz der Beteiligten vor einer Verschleuderung des zu versteigernden Grundstücks sieht das Gesetz zwei Stufen vor:

---

79 RGZ 52, 174, 177.
80 OLG München DNotZ 1971, 544 = MDR 1970, 928; OLG Nürnberg Rpfleger 1972, 305.

- **Auf Antrag eines Berechtigten** ist der Zuschlag zu versagen, wenn das Gebot nicht 70 % des Schätzwerts erreicht.
- **Von Amts wegen** ist der Zuschlag zu versagen, wenn das Gebot nicht 50 % des Schätzwerts erreicht.

bb) 7/10-Grenze

Nach § 74a ZVG kann ein Berechtigter die **Versagung des Zuschlages** beantragen, wenn das Meistgebot unter $^7/_{10}$ des festgesetzten Verkehrswertes bleibt. Dann muss ein neuer Versteigerungstermin abgehalten werden. Danach kann der Zuschlag wegen Nichterreichens der 70 %-Grenze nicht versagt werden, § 74a Abs. 4 ZVG. Der Antrag auf Versagung des Zuschlags kann nicht von einem Miterben gestellt werden, weil er keinen aus dem Grundstück zu befriedigenden Anspruch hat, antragsberechtigt ist lediglich ein dinglicher Gläubiger. Ein das Verfahren betreibender Miterbe kann die einstweilige Einstellung des Verfahrens gem. § 33 ZVG beantragen, um eine Verschleuderung unter Wert zu verhindern.[81] U.U. kommt auch eine Einstellung gem. § 765a ZPO in Betracht.

cc) Die 5/10-Grenze

Nach § 85a ZVG ist der Zuschlag **von Amts wegen** zu versagen, wenn das Meistgebot unter 50 % des festgesetzten Wertes bleibt. Ein neuer Versteigerungstermin ist abzuhalten. Danach kann der Zuschlag wegen Nichterreichens der 50 %-Grenze nicht versagt werden, § 85a Abs. 2 S. 2 ZVG. In Ausnahmefällen könnte bei Unterschreiten der 50 %-Grenze die Teilungsversteigerung wegen Verstoßes gegen Treu und Glauben insgesamt unzulässig sein.[82] Auch hier könnte eine Einstellung gem. § 765a ZPO in Betracht kommen.

e) Erlöschende Rechte

Diejenigen Rechte, die **nicht** in das **geringste Gebot** aufgenommen wurden, erlöschen, §§ 91 Abs. 1, 52 Abs. 1 ZVG.

f) Bestehen bleibende Rechte

Grundsätzlich bleiben **alle dinglichen Rechte** bestehen, weil sie kein Rangverhältnis gegenüber dem Antrag des betreibenden Miterben haben. Dies gilt auch, wenn nur ein Bruchteil des Grundstücks belastet ist.

g) Miet- und Pachtrechte

Der Ersteher tritt in die Miet- und Pachtrechte ein, § 57 ZVG. Allerdings steht ihm bei der Teilungsversteigerung kein Sonderkündigungsrecht nach §§ 57a, 57b ZVG zu, § 183 ZVG.

h) Öffentlich-rechtliche Vorkaufsrechte

Ob das Vorkaufsrecht nach BauGB bei der Teilungsversteigerung ausgeübt werden kann, ist streitig.[83]

---

81 Vgl. im Einzelnen *Grothues*, in: Bonefeld/Kroiß/Tanck, XIII. Rn 113 ff.
82 Vgl. BGHZ 58, 146; 63, 348.
83 Vgl. *Stöber*, § 81 Rn 10 ff.

i) Nießbrauch

**111** Besteht ein **Nießbrauch am ganzen Grundstück**, dann wird er durch die Teilungsversteigerung nicht berührt, sondern bleibt gem. § 182 ZVG bestehen. Der Nießbraucher ist als Grundbuchberechtigter Verfahrensbeteiligter nach § 9 Nr. 1 ZVG. Besteht der **Nießbrauch** dagegen **am Erbteil**, so kann der Miterbe nur mit dem Nießbraucher gemeinsam und umgekehrt die Teilungsversteigerung beantragen, § 1066 Abs. 2 BGB. Mit der Teilungsversteigerung überträgt sich der Nießbrauch auf den Erlösanteil.[84] Würde ein Nießbrauch durch die Teilungsversteigerung erlöschen, was kaum denkbar ist, so wäre Wertersatz nach § 92 Abs. 2 ZVG zu leisten.

### 19. Erlösverteilung

a) Grundsatz

**112** Die Erlösverteilung erfolgt in einem **besonderen Verteilungstermin** aufgrund eines Teilungsplans, §§ 105 ff. ZVG. Die Aufteilung auf die Miteigentümer nimmt das Vollstreckungsgericht allerdings nicht vor. Notfalls wird der Erlös nach Abzug der abzudeckenden Verbindlichkeiten hinterlegt, § 117 Abs. 2 ZVG. Ein gerichtlicher Vergleich unter den Beteiligten ist möglich; er kann vom Rechtspfleger protokolliert werden. Im Übrigen ist der Erlös als Surrogat nach § 2041 BGB gesamthänderisch gebunden und bedarf der Auseinandersetzung unter den Erben. Ist nur noch Geld – in Form von Bankguthaben oder hinterlegtem Erlös nach einer Teilungsversteigerung – unter den Erben aufzuteilen, so kommt bei der Erbteilungsklage auch der Erlass eines Teilurteils nach § 301 ZPO in Betracht, sofern sicher ist, dass durch das Schlussurteil in diesen Teil nicht mehr eingegriffen werden muss (vgl. zur Erbteilungsklage § 19 Rn 1 ff.).

b) Ausgleich von Aufwendungen unter Ehegatten

**113** Bei der Auseinandersetzung einer ursprünglichen Ehegattengrundstücksgemeinschaft ist zu fragen, wie höhere Aufwendungen eines Ehegatten für die Anschaffung, Bebauung und Unterhaltung des Grundstücks berücksichtigt werden können. Demjenigen Ehegatten, der Lasten und Kosten des gemeinschaftlichen Grundstücks allein getragen hat, steht nach § 748 BGB ein Ausgleichsanspruch gegen den anderen (bzw. dessen Erben) zu. Meistens wird hier jedoch eine Abgrenzung zu **Unterhaltsleistungen** nach § 1360b BGB zu finden sein. Sie können nämlich nicht zurück verlangt werden, auch wenn sie das geschuldete Maß überschritten haben.

Für eine Vereinbarung, dass sich ein Ehegatte gegenüber dem anderen verpflichtet hat, Aufwendungen für einen Hausbau anteilig zurückzuerstatten, dürfte es nur selten Anhaltspunkte geben. Bei einer Trennung der Ehegatten kommt allenfalls ein Anspruch aus **Zweckverfehlungskondiktion** nach § 812 Abs. 1 S. 2 Alt. 2 BGB in Betracht. Haben die Ehegatten im Güterstand der Zugewinngemeinschaft gelebt, so haben die Vorschriften über den Zugewinnausgleich Vorrang.[85]

Denkbar wäre auch eine **Innengesellschaft** unter den Ehegatten, die durch den Tod eines von ihnen aufgelöst wurde.[86]

---

[84] *Haegele*, DNotZ 1976, 5.
[85] BGH grundlegend in BGHZ 65, 320, bestätigt in BGHZ 68, 299, 302.
[86] Vgl. die Rechtsprechung des BGH zur Innengesellschaft und zu deren Abwicklung: BGH FamRZ 1999, 1580 und BGH FamRZ 2006, 607; OLG Frankfurt FamRZ 2004, 877.

## c) Zurückbehaltungsrecht wegen Zugewinnausgleichsforderung

Gegenüber einem Anspruch auf (Teil-)Auskehrung des hinterlegten Versteigerungserlöses für einen früher gemeinschaftlichen Vermögensgegenstand geschiedener Ehegatten – bspw. des gemeinsamen Hauses nach der Teilungsversteigerung – kann wegen eines noch nicht titulierten Anspruchs auf Zugewinnausgleich ein Zurückbehaltungsrecht geltend gemacht werden.[87] Dies gilt auch, wenn auf einer der beiden Seiten des Rechtsverhältnisses eine Erbfolge stattgefunden hat.

Zur Problematik, wenn ein Miteigentümer als Ersteher das Bargebot nicht entrichtet und zu der an der Forderung weiter bestehenden Gemeinschaft vgl. BGH FamRZ 2008, 767.

### 20. Vollzug des Zuschlags

Nach Rechtskraft des Zuschlagsbeschlusses und Ausführung des Teilungsplans ersucht das Vollstreckungsgericht das Grundbuchamt um Eintragung des Erstehers als neuen Eigentümer und Löschung des Zwangsversteigerungsvermerks, § 130 ZVG.[88]

### 21. Rechtsanwaltsgebühren

Bei Vertretung eines Beteiligten (§ 9 ZVG) erhält der Rechtsanwalt folgende Gebühren:
– Verfahrensgebühr: 0,4-Gebühr nach Nr. 3311 Nr. 1 RVG-VV,
– für die Wahrnehmung des Versteigerungstermins: 0,4-Gebühr nach Nr. 3312 RVG-VV,
– für die Mitwirkung am Verteilungsverfahren: 0,4-Gebühr nach Nr. 3311 Nr. 2 RVG-VV.

**Gegenstandswert:** § 26 RVG.

### 22. Teilungsversteigerung und Vollstreckungsversteigerung

Teilungsversteigerung und Vollstreckungsversteigerung sind verschiedene Verfahren, die nicht gem. § 18 ZVG miteinander verbunden werden können, vielmehr laufen sie unabhängig voneinander.[89] Wie ihr Verhältnis zueinander ist, regelt das Gesetz nicht. Weil es sich um getrennte Verfahren mit verschiedenen Strukturen handelt – gerade auch im Hinblick auf die unterschiedlichen Beschlagnahmewirkungen –, nimmt die Praxis an, dass im Grundbuch **zwei Versteigerungsvermerke** einzutragen sind.[90] Dies erscheint jedoch zweifelhaft, weil das Gesetz in § 27 ZVG nicht auf verschiedene Verfahren abstellt, sondern auf das Versteigerungsobjekt, also das Grundstück. *Hamme*[91] vertritt die Auffassung, Teilungs- und Vollstreckungsversteigerung (Letztere von ihm „Forderungsversteigerung" genannt) könnten unabhängig voneinander fortgeführt werden. Die Teilungsversteigerung sei weder aufzuheben noch einstweilen einzustellen, auszusetzen oder zum Ruhen zu bringen. Der Beitritt eines Vollstreckungsgläubigers zur Teilungsversteigerung und umgekehrt eines Antragstellers der Teilungsversteigerung zur Vollstreckungsversteigerung sei unzulässig. Das Gericht dürfe nicht von Amts wegen eine bestimmte Reihenfolge der Versteigerungstermine bestimmen.

---

87 BGH FamRZ 2000, 355; vgl. dazu *Gruber*, FamRZ 2000, 399.
88 Vor Eintragung des Erstehers als neuer Eigentümer im Grundbuch ist das Grundbuchamt gem. §§ 39 GBO, 130 Abs. 3 ZVG gehindert, durch den Ersteher bewilligte Grundpfandrechte im Grundbuch zu vollziehen, vgl. LG Gera, MittBayNot 2003, 130.
89 *Stöber*, § 180 ZVG Rn 14; *Steiner/Teufel*, § 180 ZVG Rn 95, 96.
90 *Schiffhauer*, ZIP 1982, 526, 533. Vgl. auch: *Hamme*, Rpfleger 2002, 248.
91 BGH Rpfleger 2002, 248 (254 r. Sp.).

Nach anderer Ansicht hat bei der Erbengemeinschaft die Vollstreckungsversteigerung im Hinblick auf § 2046 BGB Vorrang vor der Teilungsversteigerung.[92] Damit würde die **Teilungsversteigerung gegenstandslos.**

### 23. Testamentsvollstreckung

#### a) Testamentsvollstreckung am ganzen Grundstück

118 Der Testamentsvollstrecker hat das alleinige Verfügungs- und Auseinandersetzungsrecht, §§ 2204, 2205, 2211 BGB, sofern der Erblasser nichts Abweichendes angeordnet hat. Er ist deshalb auf die Teilungsversteigerung nicht angewiesen, weil er das real nicht teilbare Grundstück durch Veräußerung selbst in Erlös umwandeln kann. Er ist an § 753 BGB nicht gebunden.[93]

Handbücher für die Praxis empfehlen bei landwirtschaftlichen Grundstücken die Teilungsversteigerung, da der Ersteher keiner Genehmigung nach dem GrdstVG bedarf.[94]

119 Betreibt trotz bestehender Testamentsvollstreckung ein Miterbe die Versteigerung, so ist der Antrag als unzulässig zurückzuweisen, denn in aller Regel wird die Testamentsvollstreckung aus dem Grundbuch ersichtlich sein, § 52 GBO. Wird die Versteigerung trotzdem angeordnet, so kann der Testamentsvollstrecker mit der Erinnerung dagegen vorgehen, § 766 ZPO.

#### b) Testamentsvollstreckung an einem Erbteil

120 Sofern dem Testamentsvollstrecker die Verwaltung eines Erbteils zusteht, hat der mit der Testamentsvollstreckung belastete Miterbe kein Antragsrecht, dies wird vielmehr vom Testamentsvollstrecker ausgeübt. Da der Testamentsvollstrecker-Vermerk aus dem Grundbuch ersichtlich ist, § 52 GBO (oder aus dem Erbschein, § 2364 Abs. 1 BGB), ist der Antrag desjenigen Miterben, der mit der Testamentsvollstreckung belastet ist, zurückzuweisen. Wird das Antragsrecht des Testamentsvollstreckers vom Versteigerungsgericht nicht beachtet, so steht dem Testamentsvollstrecker die Erinnerung nach § 766 ZPO zu.[95]

#### c) Ausländischer Nachlassabwickler

121 Besteht eine Nachlassabwicklung nach ausländischem Recht, ist bspw. ein **executor** oder ein **administrator** nach angloamerikanischem Recht bestellt, so ist dies im Erbschein anzugeben, entsprechend dem Testamentsvollstreckervermerk, weil auch insofern Verfügungsbeschränkungen bestehen[96] und auch im Grundbuch einzutragen. Wie weit seine Rechte und Befugnisse im Einzelnen gehen, muss im konkreten Fall geprüft werden.

### 24. Vor- und Nacherbfolge

#### a) Grundsatz

122 Ein Nacherbenrecht hindert die Teilungsversteigerung auf Antrag eines – auch nicht befreiten – Vorerben nicht.[97] Eine Zwangsvollstreckung im Sinne des § 2115 BGB liegt hier nicht

---

92 OLG Schleswig, zit. nach *Schiffhauer*, ZIP 1982, 533 Fn 111; LG Essen FamRZ 1981, 457; LG Berlin MDR 1959, 47; *Eickmann*, Rn 141.
93 RGZ 108, 289.
94 *Haegele/Winkler*, Der Testamentsvollstrecker, Rn 512; *Klingenstein*, BWNotZ 1965, 25.
95 *Schneider*, Rpfleger 1976, 384.
96 *Gruber*, Rpfleger 2000, 250, 255 m.w.N.
97 BayObLG NJW 1965, 1966; OLG Celle NJW 1968, 801; OLG Hamm NJW 1969, 516.

vor, denn es geht nicht um die Geltendmachung einer Verbindlichkeit gegen den Vorerben, sondern um die Durchsetzung des auch dem Mitvorerben zustehenden Rechts auf Aufhebung der Erbengemeinschaft. Der Antrag auf Teilungsversteigerung ist keine Verfügung, trotzdem ist analog § 2113 BGB die Zustimmung der Nacherben erforderlich.

Eine Teilungsversteigerung ist auch trotz der Vereinigung aller Bruchteile zulässig, wenn (nur) ein Bruchteil einer Nacherbfolge unterliegt. Vereinigen sich die Bruchteile eines Erbbaurechts in der Hand eines Inhabers, ist die Teilungsversteigerung zulässig, wenn ein Bruchteil dem Inhaber als Vorerben zusteht.[98]

In dem vom BGH[99] entschiedenen Fall gehörte ein Erbbaurecht Ehegatten je zur Hälfte. Nach dem Tod des Ehemannes wurde die Ehefrau nicht befreite Vorerbin der ideellen Hälfte ihres Ehemannes. Sie wollte eine Teilungsversteigerung des Erbbaurechts nach § 180 ZVG durchführen lassen.

Der BGH hielt die Teilungsversteigerung für zulässig. Zunächst lag eine Gemeinschaft im Sinne des § 180 Abs. 1 ZVG vor. Zwar sei die Ehefrau durch den Erbfall Inhaberin des gesamten Erbbaurechts geworden. Hinsichtlich einer Hälfte sei sie aber lediglich nicht befreite Vorerbin. Damit setze sich die bisher geteilte Rechtszuordnung fort, weil die Verfügungsmacht hinsichtlich einzelner Bruchteile verschieden ausgestaltet sei.

Auch die Verfügungsbeschränkungen der Vorerbin nach §§ 2113, 2115 BGB ständen der Wirksamkeit der Teilungsversteigerung gegenüber dem Nacherben nicht entgegen – ebenso wenig sonstige schutzwürdige Interessen des Nacherben. Zwar werde der Nacherbe durch die Teilungsversteigerung beeinträchtigt. Würde man aber die Teilungsversteigerung versagen, so würde dem Miteigentümer hinsichtlich seines unbelasteten Anteils ein Recht genommen werden, das er zuvor hatte.

Falls die Auseinandersetzung ausnahmsweise ausgeschlossen sein sollte (§§ 2043–2045 BGB), hat das Gericht dies nur zu beachten, wenn es sich aus dem Grundbuch (§ 28 ZVG) oder den evtl. erforderlichen Antragsunterlagen ergibt oder wenn dies bei der Anhörung des Antragsgegners bekannt wird,[100] ansonsten ist der Ausschluss durch Widerspruchsklage entsprechend § 771 ZPO geltend zu machen (vgl. Muster zur Widerspruchsklage Rn 30).

Der Nacherbe hat vor Eintritt des Nacherbfalls ein Anwartschaftsrecht auf das Eigentum am Grundstück bzw. Grundstücksanteil, das als Verfügungsbeschränkung zu Lasten des Vorerben gem. § 2113 BGB wirkt. Dieses Recht des Nacherben ergibt sich entweder aus dem Grundbuch, denn der Nacherbenvermerk ist mit der Eintragung des Vorerben als (Mit-) Eigentümer von Amts wegen in Abt. II des Grundbuchs einzutragen (§ 51 GBO) oder aus dem Erbschein ersichtlich, wenn der Vorerbe noch nicht im Grundbuch eingetragen ist, § 2363 BGB.

Der Nacherbe ist damit gem. § 9 Nr. 1 ZVG von Amts wegen am Verfahren zu beteiligen. Ist die Person des Nacherben – noch – nicht bekannt, dürfte für eine Beteiligung am Verfahren die Bestellung eines Zustellungsvertreters nach § 6 ZVG nicht ausreichen, vielmehr bedarf es der Bestellung eines **Pflegers** nach § 1913 BGB (für unbekannte Beteiligte), die durch das Betreuungsgericht (bis 31.8.2009: Vormundschaftsgericht) erfolgt, nachdem es vom Versteigerungsgericht informiert worden ist (§ 22a FamFG; bis 31.8.2009: § 35a FGG).

---

98 BGH FamRZ 2004, 1719 = WM 2004, 1843 = Rpfleger 2004, 721 = NJW-RR 2004, 1513 = ZEV 2005, 28 = MDR 2005, 112 = DNotZ 2005, 123 = MittBayNot 2005, 157 m. Anm. *Wicke*, S. 158 = DB 2004, 2811.
99 BGH Rpfleger 2002, 248
100 *Klawikowski*, Rpfleger 1998, 100.

Der so bestellte Pfleger hat die Rechte des Nacherben wahrzunehmen. Zustellungen und Benachrichtigungen im Verfahren erfolgen an ihn.[101]

125 **Neuerungen durch das FamFG:** Seit dem Inkrafttreten des FamFG (BGBl I, 2586) am 1.9.2009, gilt Folgendes:

Nach der Systematik des FamFG ist für die Pflegschaft für einen Minderjährigen oder eine Leibesfrucht das Familiengericht, für die weiteren Pflegschaften – mit Ausnahme der Nachlasspflegschaft (§§ 1960 ff. BGB) und der verfahrensrechtlichen Pflegschaft für abwesende Beteiligte (§ 364 FamFG) – das Betreuungsgericht zuständig. Die Zuständigkeit des Nachlassgerichts für die Nachlasspflegschaft ergibt sich auch weiterhin aus § 1962 BGB. Die Verteilung der weiteren Pflegschaften auf Familien- und Betreuungsgericht folgt aus der Abschaffung des Vormundschaftsgerichts. Es handelt sich insoweit um betreuungsgerichtliche Zuweisungssachen (§ 340 FamFG).

126 Wichtig sind in diesem Zusammenhang die Vorschriften der §§ 2041, 2111 BGB über die dingliche Surrogation: Das Recht des/der Nacherben setzt sich am **Erlös als** einem **Surrogat** des Grundstücks fort.[102]

b) Nacherbenvermerk im Grundbuch und seine verfahrensmäßige Behandlung

127 Der Nacherbenvermerk war gem. § 51 GBO bei der Eintragung des Vorerben als Eigentümer in Abt. II des Grundbuchs von Amts wegen einzutragen. Er ist kein Recht am Grundstück i.S.d. §§ 44, 45 ZVG und ist deshalb auch nicht in das geringste Gebot einzustellen. Der Nacherbenvermerk ist auch dann nicht in das geringste Gebot aufzunehmen, wenn das Anwartschaftsrecht des Nacherben verpfändet und die Verpfändung im Grundbuch gleichfalls eingetragen ist; deshalb ist auch kein Zuzahlungsbetrag nach §§ 50, 51 ZVG festzusetzen.[103]

Da der Erwerb durch den Ersteher auch gegenüber dem/den Nacherben rechtswirksam ist, erwirbt der Ersteher das Eigentum ohne die Belastung mit der Nacherbschaft – **die Nacherbschaft setzt sich vielmehr am Erlös fort.** Deshalb ist gleichzeitig mit der Eintragung des Erstehers als neuer Eigentümer im Grundbuch der **Nacherbenvermerk** dort zu **löschen.** Das Versteigerungsgericht ersucht nach Rechtskraft des Zuschlagsbeschlusses das Grundbuchamt um Eintragung des Erstehers im Grundbuch als neuen Eigentümer, § 130 ZVG. Gleichzeitig ist das Ersuchen darauf zu richten, den Nacherbenvermerk zu löschen. Mit dem Zuschlag an den Ersteher erlischt die Verfügungsbeschränkung des § 2115 BGB.[104]

128 Der Nacherbenvermerk darf aber ausnahmsweise nicht gelöscht werden, wenn nach den Versteigerungsbedingungen Rechte bestehen bleiben, die dem Nacherben gegenüber gem. §§ 2113, 2115 BGB (absolut) unwirksam sind. Diese Rechte bestehen nur unter der Bedingung, dass der Nacherbfall nicht eintritt. Nach dem Eintritt des Nacherbfalls fallen sie weg. Ob solche Rechte auf Dauer Bestand haben werden oder nicht, ergibt sich aus den Eintragungen im Grundbuch, insbesondere aus ihrer Rangfolge. Erst nach Eintritt des Nacherbfalls oder nach Gewissheit darüber, dass er nicht eintreten wird, kann ihr rechtliches Schicksal endgültig beurteilt werden. Deshalb ist so lange der Nacherbenvermerk im Grundbuch erforderlich. Sein Zweck ist der Schutz der Nacherben vor Verfügungen, die der Vorerbe nach §§ 2113, 2115 BGB nicht treffen darf.

---

101 *Klawikowski*, Rpfleger 1998, 100.
102 BGHZ 52, 99.
103 BGH ZEV 2000, 322 = Rpfleger 2000, 403.
104 Vgl. *Streuer*, Rpfleger 2000, 357.

## 25. Verteilung des Erlöses

Der Versteigerungserlös ist an diejenigen auszuzahlen, die einen Anspruch gegen den Grundstückseigentümer haben, §§ 114 Abs. 1, 117 Abs. 1 ZVG. Sind Eigentümerrechte – insbesondere Eigentümergrundschulden – für den Vorerben bzw. den Erblasser eingetragen, so gilt § 2114 BGB. Danach haben der Vor- und Nacherbe nur gemeinschaftlich Anspruch auf das Kapital. Der Erlös kann deshalb nur ihnen gemeinsam zugeteilt werden, er ist erforderlichenfalls für beide zu hinterlegen, § 2114 S. 2 BGB. Ist der Vorerbe befreiter Vorerbe im Sinne des § 2136 BGB, so ist er auch allein zur Einziehung der Forderung berechtigt; die Auszahlung des Erlöses kann deshalb auch an ihn allein erfolgen. Die Auszahlung des Erlöses an Vorerbe und Nacherbe gemeinsam kann auch damit begründet werden, dass der Erlös Surrogat für das Grundstück ist, § 2111 BGB.

Dem Vorerben ist es nicht gestattet, zum Nachteil des Nacherben über den Erlös zu verfügen. Diese Rechte des Nacherben wurden bisher durch die Eintragung des Nacherbenvermerks im Grundbuch gesichert. Mit der Eintragung des Erstehers im Grundbuch und der gleichzeitigen Löschung des Nacherbenvermerks ist dieser Schutz entfallen. Die bisher dem Grundbuchamt zugefallene Aufgabe des Schutzes der Nacherbenrechte ist nunmehr vom Versteigerungsgericht wahrzunehmen. Zur Sicherung des Grundstücksersatzes, des Versteigerungserlöses, ist dieser nur beiden zu überlassen bzw. nur für beide gemeinsam zu hinterlegen. Für den befreiten Vorerben gilt auch hier: Ihm sind lediglich unentgeltliche Verfügungen über einzelne Nachlassgegenstände verwehrt. In der Entgegennahme des Versteigerungserlöses ist keine unentgeltliche Verfügung zu sehen. Deshalb kann dem befreiten Vorerben der Erlös allein überlassen werden.

## 26. Fälle mit Auslandsberührung

Das IPR bestimmt, welche Rechtsordnung auf Sachverhalte mit Auslandsbezug anzuwenden ist. Nach Art. 25 Abs. 1 EGBGB bestimmt sich das Erbrechtsstatut grundsätzlich nach der Staatsangehörigkeit des Erblassers. Deshalb kann auf einen Erbfall ausländisches Recht zur Anwendung kommen. Dieses Erbstatut regelt auch die Organisation einer Erbengemeinschaft als Gesamthands- oder Bruchteilsgemeinschaft und die Erbteilung.[105] Die Eigentümer eines Grundstücks, die in einer nach ausländischem Recht gebildeten Gemeinschaft verbunden sind, können unter Hinweis auf das maßgebliche Recht in das Grundbuch eingetragen werden.[106]

Für Verfahrensrecht, wozu insbesondere das Zwangsvollstreckungsrecht, hier in seiner Besonderheit des ZVG gehört, gilt grundsätzlich die lex fori, d.h. das deutsche Gericht wendet sein eigenes Verfahrensrecht an. Aber: Deutsches Verfahrensrecht ist selbstredend auf deutsches materielles Recht abgestimmt. Sind im deutschen Grundbuch die Eigentümer in einem ausländischen Gemeinschaftsverhältnis eingetragen, so stellt sich die Frage, ob zur Auseinandersetzung dieser Gemeinschaft der Antrag auf Anordnung der Zwangsversteigerung gestellt werden kann und welche Nachweise der Antragsteller beizubringen hat. Die Literatur zur Anwendung ausländischen materiellen Rechts im Rahmen der Teilungsversteigerung ist nur spärlich. Dort wird die Meinung vertreten, dass nur im Prozesswege auf Widerspruchsklage über die Beachtung ausländischen materiellen Rechts zu entscheiden

---

[105] Staudinger/*Dörner*, Art. 25 EGBGB Rn 214 ff.; MüKo-*Birk*, Art. 25 EGBGB Rn 244 ff.
[106] BayObLG Rpfleger 2001, 173; *Kuntze/Ertl/Herrmann/Eickmann*, Grundbuchrecht, 6. Auflage 2005, § 20 Rn 105.

sei, bspw. über ein Auseinandersetzungsverbot innerhalb einer ausländischen Erbengemeinschaft.[107]

132 Dem kann man so nicht folgen. Denn deutsche Gerichte haben im Hinblick auf materielles Recht ausländisches Recht genauso anzuwenden wie deutsches. Im Rahmen von § 28 ZVG müssen deshalb ausländische Normen berücksichtigt werden, die möglicherweise einer Teilungsversteigerung entgegenstehen.

Wird somit die Teilungsversteigerung eines Grundstücks beantragt, dessen Eigentümer im Grundbuch in einem Gemeinschaftsverhältnis nach ausländischem Recht eingetragen sind, so muss das Versteigerungsgericht prüfen, ob eine derartige Gemeinschaft nach der maßgeblichen ausländischen Rechtsordnung auf diesem Wege oder durch ein ähnliches, der deutschen Teilungsversteigerung entsprechendes Verfahren grundsätzlich auseinander gesetzt werden kann. Ist ein solches Verfahren im Ausland nicht vorgesehen, so hindert dies, weil durch die Eintragung der Gemeinschaftsform grundbuchersichtlich, das Verfahren auch in Deutschland.[108]

---

107 Nachweise bei *Rellermeyer*, Rpfleger 1997, 514 Fn 77.
108 *Rellermeyer*, Rpfleger 1997, 514.

*Krug*

# § 21 Die Ansprüche des Erbvertrags-Erben und des Erbvertrags-Vermächtnisnehmers nach §§ 2287, 2288 BGB

*Walter Krug*

## Literatur

### Kommentare und Handbücher:

*Bonefeld/Kroiß/Tanck*, Der Erbprozess, 3. Auflage 2009; *Dauner-Lieb/Heidel/Ring* (Ges.-Hrsg.), *Kroiß/Ann/Mayer* (Band-Hrsg.), AnwaltKommentar BGB, Band 5, Erbrecht, 2. Auflage 2007; *Dauner-Lieb/Heidel/Ring* (Ges.-Hrsg.), *Dauner-Lieb/Langen* (Band-Hrsg.), AnwaltKommentar BGB, Band 2, 2005; *Firsching/Graf*, Nachlassrecht, 9. Auflage 2008; *Frieser*, Anwaltliche Strategien im Erbschaftsstreit, 2. Auflage 2004; *Haußleiter/Schulz*, Vermögensauseinandersetzung bei Trennung und Scheidung, 4. Auflage 2004; *Kerscher/Krug*, Das erbrechtliche Mandat, 4. Auflage 2007; *Krug*, Erbrecht – Examenskurs für Rechtsreferendare, 4. Auflage 2009; *Krug*, Schuldrechtsmodernisierungsgesetz und Erbrecht, 2002; *Krug/Damrau*, Die Immobilie im Erbrecht, 2010; *Littig/Mayer*, Sozialhilferegress gegenüber Erben und Beschenkten, DVEV-Schriftenreihe Bd. 4, 1999; *Reimann/Bengel/J. Mayer*, Testament und Erbvertrag, 5. Auflage 2006; *Ritter*, Der Konflikt zwischen einer erbrechtlichen Bindung aus erster Ehe und einer Verfügung des überlebenden Ehegatten zugunsten eines neuen Lebenspartners, 1999.

### Aufsätze:

*Bornhorst*, Die einstweilige Verfügung zur Sicherung von Herausgabeansprüchen, WM 1998, 1668; *Bund*, Die Bindungswirkung des Erbvertrags, BGHZ 31, 13, JuS 1968, 268; *David*, Die drei eidesstattlichen Versicherungen vor dem Gerichtsvollzieher, MDR 2000, 195; *Dütz*, Vorläufiger Rechtsschutz im Arbeitskampf, BB 1980, 533; *Klingelhöffer*, Zuwendungen unter Ehegatten und Erbrecht, NJW 1993, 1097; *Kohler*, Feststellende einstweilige Verfügungen?, ZZP 103 (1990), 184; *Kollhosser*, Ehebezogene Zuwendungen und Schenkungen unter Ehegatten, NJW 1994, 2313; *Krug*, Die Auswirkungen der ZPO-Reform 2002 auf den Erbprozess, ZEV 2002, 58; *Remmele*, „Lebzeitiges Eigeninteresse" bei Schenkung zugunsten des zweiten Ehegatten?, NJW 1981, 2290; *Schindler*, Irrtum über die rechtliche Bindung und die Beeinträchtigungsabsicht nach § 2287 BGB, ZEV 2005, 334; *Schindler*, Schenkung unter Auflage, gemischte Schenkung und Herausgabe der Bereicherung nach § 2287 BGB, ZErb 2006, 16; *Schindler*, Objektive Beeinträchtigung i.S.v. § 2287 BGB, Pflichtteilsrecht und Herausgabe der Schenkung, ZErb 2007, 39; *Spanke*, Den Vertragserben beeinträchtigende Schenkungen in der Beratungspraxis, ZEV 2006, 485; *Spellenberg*, Verbotene Schenkungen gebundener Erblasser in der Rechtsprechung, NJW 1986, 2531; *Waltermann*, Benachteiligende Schenkungen des testamentarisch gebundenen Erblassers, OLG Frankfurt, NJW-RR 1991, 1157, JuS 1993, 276.

| | |
|---|---|
| A. Typischer Sachverhalt . . . . . . . . . . . . . . . . . . . 1 | f) Unbenannte Zuwendung unter Ehegatten . . . . . . . . . . . . . . . . . . . . . . . . . . . 33 |
| B. Ansprüche des Erbvertrags-Erben gegen den Beschenkten . . . . . . . . . . . . . . . . . . . . . . 2 | g) Prämienleistungen auf Lebensversicherung als Schenkungsgegenstand . . . . . . . . . . . . . . . . . . . . . . . . . . . . . . 34 |
| I. Schutzzweck des § 2287 BGB . . . . . . . . . . 2 | h) Zeitpunkt der Schenkung . . . . . . . . . 35 |
| II. Analoge Anwendung von § 2287 BGB auf das bindend gewordene gemeinschaftliche Testament . . . . . . . . . . . . . . . . . . . . . . . . . . . . 4 | i) Zuwendung gegen Erbverzicht (Abfindung des Verzichtenden) . . 36 |
| III. Anspruchsvoraussetzungen . . . . . . . . . . . . 5 | 2. Objektive Beeinträchtigung . . . . . . . . . 37 |
| 1. Verfügung durch Schenkung . . . . . . . . 7 | a) Grundsatz . . . . . . . . . . . . . . . . . . . . . . . . . 37 |
| a) Schenkungsbegriff . . . . . . . . . . . . . . . 7 | b) Fall: Schenkung mit Ausgleichungspflicht . . . . . . . . . . . . . . . . 39 |
| b) Gemischte Schenkung . . . . . . . . . . . 8 | |
| c) Bewertung der Gegenleistung . . . . 10 | c) Anfechtbarkeit der vertraglichen bzw. bindenden Verfügung . . . . . . 40 |
| aa) Subjektive Äquivalenz . . . . . . . 10 | |
| bb) Bewertung eines Nießbrauchs . . . . . . . . . . . . . . . . . . . . . . . . 21 | d) Zustimmung der potenziell beeinträchtigten Schlusserben . . . . . . . . 41 |
| cc) „Verschleierte Schenkung" . . 28 | e) Zustimmung eines Ersatzberufenen? . . . . . . . . . . . . . . . . . . . . . . . . . . . . . 43 |
| d) Schenkung unter Auflage . . . . . . . . 29 | |
| e) Ausstattung . . . . . . . . . . . . . . . . . . . . . . 32 | |

3. Beeinträchtigungsabsicht .......... 45
   a) Allgemeines ................. 45
   b) Übertragungsvertrag mit den Schlusserben ................. 46
4. Missbrauch der Verfügungsfreiheit .. 47
   a) Gesamtabwägung ............ 47
   b) Ausnahmetatbestände ........ 48
      aa) Entsprechende Anwendung von § 2330 BGB? ......... 49
      bb) Einzelfälle der Rechtsprechung ................. 50
5. In Betracht kommende Sittenwidrigkeit? ........................... 52
6. Inhalt des Bereicherungsanspruchs .. 53
   a) Rechtsfolgenverweisung ........ 53
   b) Kondiktionsgegenstand ........ 54
      aa) Leistungsgegenstand ..... 54
      bb) Nutzungen .............. 55
      cc) Surrogate ............... 57
      dd) Wertersatz .............. 58
7. Muster: Klage des Erbvertrags-Erben auf Grundstücksherausgabe ........ 59
8. Geltendmachung von Gegenrechten .......................... 60
   a) Zug-um-Zug-Verurteilung wegen Verwendungen ............... 60
   b) Muster: Klageerwiderung (Geltendmachung von Verwendungen) ........................ 61
   c) Zwangsvollstreckung bei Zug-um-Zug-Verurteilung ............. 62
9. Zug-um-Zug-Verurteilung bei Pflichtteilsansprüchen des Beschenkten ............................. 63
   a) Grundsatz .................... 63
   b) Fall aus der BGH-Rechtsprechung ...................... 65
   c) Zwangsvollstreckung bei Zug-um-Zug-Verurteilung ............. 66
10. Zug-um-Zug-Verurteilung bei Zugewinnausgleichsanspruch des Beschenkten ........................ 67
    a) Grundsatz .................... 67
    b) Zuständigkeit des Familiengerichts? ..................... 69
    c) Zwangsvollstreckung bei Zug-um-Zug-Verurteilung ............. 70
11. Beweislast ......................... 71
12. Muster: Antrag auf Erteilung einer Abschrift aus den Grundakten ...... 72
13. Muster: Antrag auf Erteilung einer Abschrift von einer notariellen Urkunde ............................ 73
14. Muster: Klage des Vertragserben auf Aufhebung und Löschung eines Nießbrauchsrechts sowie Herausgabe eines Gebäudegrundstücks Zug um Zug gegen Zahlung des Pflichtteils und des Zugewinnausgleichs ....... 74
IV. Auskunftsanspruch des Erben ........ 75
    1. Anspruchsgrundlage ............. 75
    2. Substanziierte Darlegung von Anhaltspunkten für eine unentgeltliche Verfügung ........................ 78
    3. Verjährung ..................... 79
    4. Muster: Auskunftsklage des Erbvertrags-Erben gegen Beschenkten ..... 80
    5. Muster: Stufenklage: Auskunfts- und Herausgabeklage ................. 81
V. Checkliste: Herausgabeklage nach § 2287 BGB ............................ 82
VI. Wertermittlungsanspruch? ............ 83
VII. Kein Feststellungsinteresse zu Lebzeiten des Erblassers ....................... 86
VIII. Bereicherungsanspruch gehört nicht zum Nachlass ............................. 87
    1. Keine gesamthänderische Forderungsinhaberschaft ............... 87
    2. Folgen der Teilgläubigerschaft ...... 88
    3. Muster: Klage auf Übertragung eines Grundstücksbruchteils ............ 90
    4. Haftung gegenüber Nachlassgläubigern ........................... 91
    5. Vor- und Nacherbfolge ........... 92
    6. Testamentsvollstreckung ......... 93
IX. Rechtsposition des Klägers nach Verurteilung des Auflassungsschuldners .... 94
    1. Vorläufig vollstreckbares Urteil .... 94
    2. Muster: Antrag auf Eintragung einer Eigentumsübertragungsvormerkung ............................ 98
    3. Formbedürftige Einigungserklärung des Klägers ..................... 99
    4. Besonderheit bei Zug-um-Zug-Verurteilung ........................ 103
    5. Muster: Auflassungserklärung des Klägers ........................ 104
X. Verjährung .......................... 105
XI. Verzicht auf Ansprüche aus § 2287 BGB vor dem Erbfall ..................... 108
XII. Unbenannte Zuwendung als erbrechtlich beeinträchtigende Schenkung .......... 110
    1. Grundsatz ..................... 110
    2. Fall ........................... 111
    3. Unbenannte Zuwendung und bereicherungsrechtlicher Durchgriff nach § 822 BGB ...................... 122
XIII. Vorläufiger Rechtsschutz ............ 135
    1. Allgemeines .................... 135
    2. Möglichkeiten des vorläufigen Rechtsschutzes bei einer Grundstücksübertragung ................ 136
    3. Vormerkung ................... 138
       a) Vormerkung nach Eintritt des Erbfalls ..................... 138
       b) Vormerkung vor Eintritt des Erbfalls ..................... 140
       c) Kosten ................... 141
    4. Einstweilige Verfügung zur Eintragung einer Vormerkung im Grundbuch auf Eigentumsübertragung .... 142
       a) Glaubhaftmachung der Anspruchsvoraussetzungen ........ 143
       b) Inhalt der Glaubhaftmachung .... 144
    5. Hauptprozess und Verfahren auf Erlass einer einstweiligen Verfügung ... 147
    6. Muster: Antrag einstweilige Verfügung (Vormerkung) ............... 148
    7. Muster: Antrag einstweilige Verfügung (Vormerkung Aufhebung einer Grundschuld) ..................... 149
    8. Muster: Antrag auf Erteilung einer Abschrift aus den Grundakten (Grundschuldbestellungsurkunde) ... 150

| | |
|---|---|
| 9. Checkliste: Antrag auf Erlass einer einstweiligen Verfügung zur Eintragung einer Vormerkung im Grundbuch ........................ 151 | I. Schutzzweck des § 2288 BGB ......... 161 |
| 10. Vorläufiger Rechtsschutz bei beweglichen Sachen ....................... 152 | 1. Erweiterung des Schutzes des Vermächtnisnehmers ............... 161 |
| 11. Muster: Antrag auf einstweilige Verfügung (Herausgabe beweglicher Sachen) .......................... 156 | 2. Lebzeitiges Eigeninteresse des Erblassers an einer Verfügung über den vermachten Gegenstand .......... 164 |
| XIV. Rechtswirkungen des ergehenden Urteils ............................. 157 | 3. Verhältnis zum Verschaffungsvermächtnis ........................ 165 |
| 1. Vorläufig vollstreckbares Urteil ..... 157 | II. Anspruchsgläubiger ................. 166 |
| 2. Rechtskräftiges Urteil ............ 158 | III. Anspruchsschuldner ................ 169 |
| XV. Beweissicherung ..................... 160 | IV. Anspruchsinhalt .................... 170 |
| C. Ansprüche des Erbvertrags-Vermächtnisnehmers nach § 2288 BGB ............. 161 | 1. Tatsächliche Beeinträchtigung ..... 171 |
| | 2. Rechtliche Beeinträchtigung ...... 172 |
| | V. Muster: Klage des Erbvertrags-Vermächtnisnehmers auf Beseitigung einer Grundschuld ........................... 173 |

## A. Typischer Sachverhalt

In einem gemeinschaftlichen „Berliner" Testament haben sich Eheleute gegenseitig zu Alleinerben und die beiden gemeinschaftlichen Kinder je hälftig zu Schlusserben eingesetzt. Nach dem Tod der Ehefrau nimmt der überlebende Ehemann die Alleinerbschaft an und heiratet mehrere Jahre später ein zweites Mal. Von dem Anfechtungsrecht analog §§ 2281, 2079 BGB macht er keinen Gebrauch. Weil die von ihm angeordnete Schlusserbeinsetzung der beiden erstehelichen Kinder nach § 2270 Abs. 2 BGB bindend geworden ist, kann er zugunsten seiner zweiten Ehefrau kein abweichendes neues Testament errichten, § 2271 Abs. 2 S. 1 BGB. Nach § 2286 BGB kann er aber frei unter Lebenden verfügen. Um seine zweite Ehefrau so zu stellen, als würde sie seine Alleinerbin werden, verschenkt der Ehemann nacheinander alle wesentlichen Vermögensgegenstände an sie. Nach dem Tode des Ehemannes ist kein nennenswerter Nachlass vorhanden. Seine erstehelichen Kinder fragen, welche Rechte ihnen als Erben in Bezug auf die an die zweite Ehefrau getätigten Schenkungen zustehen.

## B. Ansprüche des Erbvertrags-Erben gegen den Beschenkten

### I. Schutzzweck des § 2287 BGB

Die Bindungswirkung eines Erbvertrags gilt zunächst nur insofern, als der Erblasser keine abweichende Verfügung von Todes wegen mehr errichten kann, § 2289 BGB. Im Grundsatz bleibt der Erblasser aber trotz seiner Bindung an den Erbvertrag berechtigt, über sein Vermögen – und dereinstigen Nachlass – frei unter Lebenden zu verfügen. Geschützt werden muss der vertragsmäßig eingesetzte Erbe aber gegen missbräuchliche Verfügungen des Erblassers unter Lebenden unter Umgehung der erbvertraglichen Bindung.[1] Der durch Erbvertrag eingesetzte Erbe wird durch § 2287 BGB gegen beeinträchtigende Schenkungen des Erblassers geschützt. Allerdings sind die vorgenommenen Schenkungen wirksam; sie geben dem benachteiligten Erben lediglich **nach dem Tode des Erblassers** einen Anspruch auf Herausgabe des Geschenkes nach den Vorschriften über die Herausgabe einer ungerechtfertigten Bereicherung. Damit besteht für den vertragsmäßig Bedachten auch die Gefahr, dass die Bereicherung zwischenzeitlich weggefallen sein könnte, § 818 Abs. 3 BGB.

---

1 BGHZ 124, 35, 38.

Dem Erben soll der Wert des Nachlasses bewahrt werden, auf Erhaltung des Nachlasses in einer bestimmten gegenständlichen Zusammensetzung hat er keinen Anspruch.

Bei § 2287 BGB ist eine **Abwägung** zwischen den geschützten Interessen des Vertragserben einerseits und der grundsätzlich bestehenden Verfügungsfreiheit des Erblassers unter Lebenden, § 2286 BGB, andererseits vorzunehmen.

3 Eine Feststellungsklage zu Lebzeiten des Erblassers mit dem Ziel, festzustellen, dass die Tatbestandsvoraussetzungen des § 2287 BGB erfüllt seien, ist unzulässig.[2]

## II. Analoge Anwendung von § 2287 BGB auf das bindend gewordene gemeinschaftliche Testament

4 Die Vorschrift des § 2287 BGB findet analoge Anwendung auf die gem. §§ 2270, 2271 BGB nach dem Tod des erststerbenden Ehegatten bindend gewordene Erbeinsetzung des/der Schlusserben in einem gemeinschaftlichen Testament.[3]

Die **Wechselbezüglichkeit** ist für jede einzelne Verfügung gesondert zu ermitteln, wobei insoweit der Wortlaut und der Inhalt des gemeinschaftlichen Testaments maßgebend sind.[4] Lässt sich aus dem Inhalt der Urkunde keine klare Regelung hierzu entnehmen, ist die Wechselbezüglichkeit der getroffenen Verfügung durch Auslegung des gemeinschaftlichen Testaments zu ermitteln. Erst wenn auch die individuelle Auslegung kein eindeutiges Ergebnis gebracht hat, ist die Wechselbezüglichkeit unter Anwendung der Auslegungsregel des § 2270 Abs. 2 BGB festzustellen.[5]

Bei gemeinschaftlichen Testamenten, die nach dem ZGB-DDR errichtet worden sind, findet § 2287 BGB keine Anwendung, weil nach DDR-Recht der überlebende Ehegatte keiner Bindung i.S.v. §§ 2270, 2271 BGB unterlag.[6]

Bezüglich des Kreises der berechtigten Personen ist jedoch die **Änderung der BGH-Rechtsprechung zur gesetzlichen Ersatzerbfolge beim Berliner Testament** von Bedeutung: Die langjährige Rechtsprechung des BGH, dass auch die Auslegungsregel des § 2069 BGB, wonach bei Wegfall eines eingesetzten Abkömmlings im Zweifel dessen Abkömmlinge als Ersatzerben nachrücken, auch von der Wechselbezüglichkeit der ursprünglichen Erbeinsetzung mit umfasst werde, hat dieser in seinem Urteil vom 16.1.2002[7] aufgegeben:

> *„Fällt der in einem Ehegattentestament eingesetzte Schlusserbe weg, ist § 2270 Abs. 2 BGB auf Ersatzerben nur anwendbar, wenn sich Anhaltspunkte für einen auf deren Einsetzung gerichteten Willen der testierenden Eheleute feststellen lassen, die Ersatzerbeinsetzung also nicht allein auf § 2069 BGB beruht (Abweichung von BGH, Urteil vom 22.9.1982 – IVa ZR 26/81 – NJW 1983, 277 unter a).”*

Der gesetzliche Ersatzerbe gehört demnach nicht zum begünstigten Personenkreis.

---

2 BGH NJW 2003, 1609 = WM 2003, 986 = MDR 2003, 644 = FamRZ 2003, 1006; OLG München FamRZ 1996, 253.
3 BGHZ 82, 274, 276; BGH NJW 1982, 43; BGH NJW 1976, 749; Palandt/*Edenhofer*, § 2286 Rn 4, § 2287 Rn 3; *Reimann/Bengel/J. Mayer*, § 2287 Rn 15.
4 Palandt/*Edenhofer*, § 2270 Rn 4.
5 *Reimann/Bengel/J. Mayer*, § 2270 Rn 23; MüKo-*Musielak*, § 2270 BGB Rn 6.
6 BGHZ 128, 302, 306 = NJW 1995, 1087 = ZEV 1995, 221.
7 BGH ZEV 2002, 150 = BGHZ 149, 363 = NJW 2002, 1126 = ZNotP 2002, 155 = MDR 2002, 456 = Rpfleger 2002, 266 = WM 2002, 935 = ZErb 2002, 128 = FamRZ 2002, 747 = FGPrax 2002, 120 = FuR 2002, 269 = JZ 2002, 893 = JR 2002, 507.

## III. Anspruchsvoraussetzungen

Nach der BGH-Rechtsprechung geht es um eine **Missbrauchskorrektur**.[8] Dabei wird eine Abwägung vorgenommen zwischen den Erbaussichten des (Vertrags-) oder Testaments-Erben und den Interessen des Erblassers an einer gerechtfertigten Verfügung zu seinen Lebzeiten. Weiter muss eine objektive Beeinträchtigung der Position des Vertragserben hinzukommen.[9] Voraussetzungen für das Bestehen eines bereicherungsrechtlichen Herausgabeanspruchs nach § 2287 BGB sind:
– Verfügung durch Schenkung,
– objektive Beeinträchtigung,
– Beeinträchtigungsabsicht,
– Missbrauch der Verfügungsfreiheit.

Hatte der Erblasser ein **lebzeitiges Eigeninteresse** an der Verfügung unter Lebenden, so scheidet ein Anspruch nach § 2287 BGB aus (vgl. hierzu Rn 48 ff.). Nach ständiger Rechtsprechung besteht ein solches lebzeitiges Eigeninteresse des Erblassers,

> „wenn nach dem Urteil eines objektiven Beobachters die Beweggründe des Erblassers in Anbetracht der gegebenen Umstände so sind, dass der erbvertraglich Bedachte sie anerkennen und seine Benachteiligung durch die Verfügung des Erblassers hinnehmen muss".[10]

Das OLG Frankfurt/M.[11] schränkt aber ein:

> „Will der Erblasser die in einer bindend gewordenen Verfügung von Todes wegen enthaltene Vermögensverteilung nachträglich anders regeln, ohne dass sich die tatsächlichen Umstände seit Errichtung der Verfügung geändert haben, so fehlt in der Regel das eine Schenkung zum Nachteil des Bedachten rechtfertigende lebzeitige Eigeninteresse (BGHZ 59, 343 = NJW 1973, 240), wenn andere Motive des Erblassers nicht durchschlagen."

### 1. Verfügung durch Schenkung

#### a) Schenkungsbegriff

Der Erblasser muss durch Schenkung verfügt haben. Der Schenkungsbegriff ist derselbe wie bei § 516 BGB, d.h. objektive und subjektive Unentgeltlichkeit müssen vorliegen.[12] Bei Schenkungen, die einer sittlichen Pflicht oder einer Anstandspflicht entsprechen, § 534 BGB, wird man nicht von einem Missbrauch i.S.v. § 2287 BGB sprechen können; ebenso nicht bei Schenkungen aus persönlichen Rücksichten.

#### b) Gemischte Schenkung

Auch gemischte Schenkungen können Ansprüche nach § 2287 BGB auslösen.[13] Bei einer gemischten Schenkung müssen sich die Vertragsparteien (des Schenkungsvertrages) über die teilweise Unentgeltlichkeit einig gewesen sein.[14] Von praktischer Bedeutung sind in

---

8 BGHZ 82, 274; 83, 44, 46 = NJW 1982, 1110.
9 BGH FamRZ 1989, 175 = NJW-RR 1989, 259.
10 BGHZ 83, 44; OLG Düsseldorf ZEV 2001, 110.
11 OLG Frankfurt/M. NJW-RR 1991, 1157.
12 BGHZ 82, 274, 281; BGH NJW 1986, 1135.
13 BGH FamRZ 1961, 72, 73; BGH FamRZ 1964, 429; BGH WM 1996, 977 = NJW-RR 1996, 1135; OLG Köln ZEV 1996, 23, 24.
14 BGH FamRZ 1964, 429.

diesem Zusammenhang die Fälle der „belohnenden Schenkung". Davon spricht man, wenn der Beschenkte Vorleistungen erbracht hat, etwa durch Dienste im Haus/Geschäft oder durch Pflege des Schenkers. Das OLG Düsseldorf und auch der BGH nennen solche Vorleistungen „vorweggenommene Erfüllungshandlung".[15] Entscheidend für die subjektive Seite einer ganz oder teilweise unentgeltlichen Zuwendung ist der **Parteiwille**. Der Rechtsgestalter sollte sich deshalb intensiv mit der Problematik und dem zugrunde liegenden Sachverhalt auseinander setzen. Nach der BGH-Rechtsprechung kann der Erblasser ein zunächst als unentgeltlich definiertes Rechtsgeschäft durch **einseitige Erklärung** nachträglich in ein voll entgeltliches Rechtsgeschäft umwandeln. Dies ist sogar testamentarisch möglich.[16]

9 (Zur Bewertung eines Wohnungsrechts und zur Abgrenzung eines Vertrages, durch den ein Erblasser sein Eigentum an einem Hausgrundstück gegen Rentenzahlungen und Einräumung eines Wohnungsrechts überträgt, von einem Schenkungsvertrag vgl. Rn 25).

### c) Bewertung der Gegenleistung

#### aa) Subjektive Äquivalenz

10 Die Frage der Entgeltlichkeit oder Unentgeltlichkeit eines Rechtsgeschäfts hängt entscheidend von der Bewertung von Leistung und Gegenleistung ab. Ist die Gegenleistung in vollem Umfang werthaltig, so scheidet § 2287 BGB aus, weil es sich in einem solchen Falle um ein voll entgeltliches Rechtsgeschäft handelt. Nach dem von der h.M. und der BGH-Rechtsprechung vertretenen **Prinzip der subjektiven Äquivalenz** können die Parteien im Rahmen der ihnen zukommenden Privatautonomie den Wert von Leistung und Gegenleistung grundsätzlich selbst bestimmen.[17] Allerdings kann die Parteiautonomie nicht so weit gehen, dass eine vollkommen fehlende Gegenleistung ersetzt werden oder dass die Bewertung willkürlich sein könnte.[18] Der BGH hat in einem Urteil vom 6.3.1996[19] noch einmal ausdrücklich klar gestellt, dass eine gemischte Schenkung eine Einigung der Vertragsparteien über die teilweise Unentgeltlichkeit voraussetzt.[20]

11 Vertraglich begründete Pflegeverpflichtungen beziehen sich auf Sachleistungen (Dienstleistungen). Für die Bewertung der Leistungsverpflichtung kann – soweit sich kein anderer Anhaltspunkt aus dem Vertrag ergibt – auf die Werte nach dem Pflegeversicherungsgesetz abgestellt werden.[21]

12 Wegen der bekannten praktischen Schwierigkeiten jeder Bewertung im objektiven und subjektiven Sinne ist der BGH dem Problem mit einer **Beweislastregel** begegnet: Besteht zwischen Leistung und Gegenleistung ein „**auffallend grobes Missverhältnis**", so wird vermutet, den Parteien sei dies bekannt gewesen und sie seien sich über die teilweise Unentgeltlichkeit auch einig gewesen.[22]

---

15 OLG Düsseldorf DNotZ 1996, 652 und BGH NJW 1992, 2566, 2567.
16 BGH NJW-RR 1986, 164.
17 BGH NJW 1995, 1349 = DNotZ 1996, 640; BGHZ 59, 132; 82, 274; OLG Hamm AgrarR 1997, 441.
18 BGHZ 59, 132, 136; BGH FamRZ 1989, 732.
19 BGH ZEV 1996, 197.
20 Vgl. auch BGHZ 82, 274, 281, 282.
21 OFD Koblenz in DStR 1996, 786; OLG Stuttgart, Urt. v. 30.8.2007 – 19 U 27/07, hier nach „Juris" (Zeitschriftenveröffentlichung nicht feststellbar).
22 BGHZ 59, 132, 136; BGHZ 116, 178, 183; vgl. auch *J. Mayer*, DNotZ 1996, 613 und *Reimann/Bengel/ J. Mayer*, § 2287 BGB Rn 19 ff.

In einem vom BGH zu § 528 BGB[23] entschiedenen Fall, bei dem sich der Schenker den Nießbrauch an einem Gebäude vorbehalten hatte, das Objekt mit 150.000 DM und der Nießbrauch mit 121.000 DM bewertet worden waren – also bei ca. 80-prozentiger Gegenleistung –, hat der BGH die Beweiserleichterung für den Erben nicht bejaht, weil der neue Eigentümer und Beschenkte die laufenden Erhaltungskosten zu tragen hatte und mit erheblichen Kosten auf diesem Sektor zu rechnen war.[24]

Nur der überschießende unentgeltliche Teil einer gemischten Schenkung kann Gegenstand des Bereicherungsanspruchs nach § 2287 BGB sein.[25]

Am häufigsten werden **Sachwert- und Ertragswertmethode** angewandt. **Für eigengenutzte Einfamilienhäuser und Eigentumswohnungen** dürfte im Regelfall die Sachwertmethode zum richtigen Ergebnis führen, bei **Mietshäusern** die Ertragswertmethode, weil es dabei für einen Interessenten auf die Verzinsung seines Kapitaleinsatzes ankommt (BGH NJW 1970, 2018). Aber auch Mischwerte aus Ertrags- und Sachwert kommen in Betracht. Letztlich ist es im Prozess Aufgabe des Tatsachenrichters, die maßgebende Methode bzw. den verbindlichen Wert festzustellen. Wird ein Grundstück **zeitnah zum Erbfall** veräußert, so ist der **Verkaufserlös** maßgebend.[26]

**Novellierung der Wertermittlungsverordnung:** Die Bedingungen auf dem Grundstücksmarkt haben sich seit Erlass der geltenden Wertermittlungsverordnung am 6. Dezember 1988 (BGBl I 1988, S. 2209) tief greifend geändert (neue stadtentwicklungs- und allgemeinpolitische Rahmenbedingungen, wie z.B. Beitritt der neuen Länder, Stadtumbau, Soziale Stadt sowie demographischer und wirtschaftlicher Wandel, Internationalisierung der Immobilienwirtschaft, stärkere Kapitalmarktorientierung).

Vor diesem Hintergrund ist ein vom Bundesministerium für Verkehr, Bau und Stadtentwicklung eingesetztes Sachverständigengremium zur Überprüfung des Wertermittlungsrechts in seinem im April 2008 vorgelegten Bericht zu dem Ergebnis gelangt, dass die bisherige Wertermittlungsverordnung einer umfassenden Fortentwicklung bedarf. Dem festgestellten Fortentwicklungsbedarf soll mit einer neuen Verordnung, die die bisherige Verordnung ablöst, entsprochen werden. Es handelt sich um eine Verordnung der Bundesregierung, die der Zustimmung des Bundesrates bedarf (vgl. § 199 Abs. 1 BauGB).

Beim BMVBS konnten bis 31. Januar 2009 unter dem Betreff: „Verordnungsentwurf WertV" Vorschläge eingereicht werden. Neuester Stand ist zu erfragen unter www.ref-sw11@bmvbs.bund.de.

Zur Wertermittlung der BGH im Urteil vom 2.7.2004:[27]

*„Die Auswahl der geeigneten Wertermittlungsmethode steht nach der Rechtsprechung, wenn das Gesetz nicht, wie in § 1376 Abs. 4 BGB (Wert eines landwirtschaftlichen Betriebs im Zugewinnausgleich), die Anwendung eines bestimmten Verfahrens anordnet, im pflichtgemäßen Ermessen des Tatrichters (BGHZ 17, 236, 238; Urt. v. 26. April 1972 – IV ZR 114/70, WM 1972, 687, 688; Urt. v. 25. Oktober 1996 – V ZR 212/95, WM 1997, 33 = NJW 1997, 129). In den vom Berufungsgericht herangezogenen Entscheidungen hat der Senat die Anwendung der Ertragswertmethode auf die dort zu beurteilenden,*

---

23 Der ebenfalls auf die Bereicherungsvorschriften verweist.
24 BGH NJW-RR 1996, 754 = ZEV 1996, 197 zu § 528 BGB.
25 *Reimann/Bengel/J. Mayer*, § 2287 BGB Rn 22.
26 BGH NJW-RR 1991, 900; BGH FamRZ 1993, 698.
27 NJW 2004, 2671 = BGHReport 2004, 1402 = ZAP EN-Nr. 676/2004 = DNotI-Report 2004, 192 = BGHZ 160, 8.

*auf laufende Ertragserzielung eingerichteten Objekte für unbedenklich erachtet (Urt. v. 25.Oktober 1996 – V ZR 212/95, a.a.O.; Urt. v. 12. Januar 2001 – V ZR 420/99, WM 2001, 997 = NJW-RR 2001, 732, hier in Kombination mit dem Sachwertverfahren). Wie auch in anderen Fällen, in denen die Bemessung nach Vergleichswerten, Sachwerten oder dem Ertrag rechtlich zu keinen Beanstandungen geführt hat (Urt. v. 13. Juli 1970 – VII ZR 189/68, NJW 1970, 2018; Urt. v. 6. April 1995 – III ZR 27/94, NJW-RR 1995, 911, 912; Senat, Urt. v. 12. Januar 1996 – V ZR 289/94, NJW 1996, 1204), hat der Bundesgerichtshof die Tatsacheninstanzen aber nicht auf eine bestimmte, etwa die in den entschiedenen Fällen angewandte, Wertermittlungsmethode festgelegt. Der Senat ist in der Entscheidung vom 12. Januar 2001 davon ausgegangen, daß die Wertermittlungsverordnung 1988 (WertV 1988) über die Zwecke des Baugesetzbuches hinaus allgemein anerkannte Grundsätze der Ermittlung des Verkehrswertes von Grundstücken enthalte. Die von der Wertermittlungsverordnung aufgegriffenen Ermittlungsmethoden sind nach der Wertung des Verordnungsgebers grundsätzlich gleichrangig (Amtl. Begründung zu § 6 WertV 88, BR-Drucks 352/88, S. 43; Senat, Urt. v. 15. Juni 1965 – V ZR 24/63, BB 1965, 890; zum „Vorrang" des Vergleichswertverfahrens aufgrund seiner Plausibilität vgl. BVerwG, Entscheidungssammlung zum Grundstücksmarkt und Grundstückswert, EzGuG, 20.38; zum Vorzug bei der steuerlichen Bewertung BFH EzGuG, 20.99). Sie können unter Beachtung der Grundsätze eines ordnungsgemäßen Ermittlungsverfahrens (§§ 1 ff. WertV 88) bei fachgerechter Erhebung der erforderlichen Daten (§§ 8 ff. WertV 88) einzeln oder kombiniert angewandt werden (§ 7 Abs. 1 WertV 88). Keine der Schätzmethoden verdrängt bei bestimmten Bewertungsgegenständen, etwa bei Renditeobjekten die Ertragswertmethode, von vornherein die anderen Ermittlungsverfahren. Die Methodenwahl ist nach der Art des Gegenstandes unter Berücksichtigung der im gewöhnlichen Geschäftsverkehr bestehenden Gepflogenheiten und sonstiger Umstände des Einzelfalles zu treffen; sie ist zu begründen (§ 7 Abs. 2 WertV 88)."*

19 Ist der Verkehrswert eines Grundstücks[28] nur durch seine Veräußerung zu realisieren, so sind **latente Einkommensteuerbelastungen**, die bei einer Veräußerung anfallen, zu berücksichtigen (beispielsweise die auf den Veräußerungsgewinn entfallenden Steuern bei bilanzierten Immobilien).[29]

20 Handelsunternehmen, Gesellschaftsbeteiligungen und Praxen von Freiberuflern[30] sind mit ihrem wirklichen Wert unter Anwendung betriebswirtschaftlicher Bewertungsmethoden anzusetzen. Grundsätzlich ist nicht der aus der Bilanz ersichtliche Buchwert maßgebend.[31]

Ziel der Wertermittlung ist es, das Unternehmen mit seinem „vollen, wirklichen" Wert anzusetzen. Grundsätze darüber, nach welcher Methode dies im Einzelnen zu geschehen

---

28 BGH FamRZ 2009, 595; zu Bewertungsfragen siehe auch *Schröder*, „Bewertungen im Zugewinnausgleich", FamRZ-Buch 5, 4. Auflage 2007; *Kleinle*, FamRZ 1998, 347; zum „good will" eines Unternehmens BGH FamRZ 1980, 37, 39; BGH 1986, 1196, 1197. Arztpraxen: Empfehlungen der „Ständigen Konferenz der Rechtsberater der Landesärztekammern" in Dt. Ärzteblatt 1984, B-671. Anwaltspraxen: BRAK-Ausschuss „Bewertung von Anwaltspraxen" in BRAK-Mitteilungen 1992, 24 und BGH FamRZ 1991, 43; OLG Frankfurt FamRZ 1987, 485.
29 BGH NJW 1987, 1260; BGH FamRZ 1989, 1276, 1279; BGH FamRZ 1991, 43; *Haußleiter/Schulz*, Kap. 1 Rn 296; *Schröder*, Bewertungen im Zugewinnausgleich, 4. Aufl.., Rn 74.
30 Vgl. hierzu BGH, Urt. v. 8.9.2004 – XII ZR 194/01, n.v.; BGH FamRZ 1999, 361, 362; *Johannsen/Henrich/Jaeger*, Eherecht, 4. Aufl., § 1376 BGB Rn 19.
31 RGZ 106, 132; BGHZ 75, 195; BGH NJW 1973, 509; BGH NJW 1982, 575; BGH FamRZ 1982, 571; BRH NJW 1985, 192; BGH NJW 1987, 321; weitere Nachweise bei MüKo-*Lange* § 2311 Rn 25 oder *Eiselt*, NJW 1981, 2447.

hat, enthält das Gesetz für andere als landwirtschaftliche Betriebe (vgl. § 2312 BGB) nicht.[32] Diese Methode sachverhaltsspezifisch auszuwählen und anzuwenden, ist Sache des – sachverständig beratenen – Tatrichters. Seine Entscheidung kann vom Revisionsgericht nur daraufhin überprüft werden, ob sie gegen Denkgesetze und Erfahrungssätze verstößt oder sonst auf rechtsfehlerhaften Erwägungen beruht.[33]

### bb) Bewertung eines Nießbrauchs

Hat sich der Schenker – was in der Praxis häufig vorkommt – den Nießbrauch an dem geschenkten Gegenstand vorbehalten, so ist vom Wert des Gegenstandes der dem Schenker eingeräumte kapitalisierte Nießbrauch abzuziehen.[34] Nur dieser Rest ist der Wert der Schenkung. 21

Wie die **Kapitalisierung** des Nießbrauchs zu erfolgen hat, wird vom BGH nicht präzisiert. In Frage kommt eine Bewertung nach der Allgemeinen Sterbetafel, nach § 14 Abs. 1 BewG oder nach der konkreten Nießbrauchsdauer. Letztere kann in Betracht kommen, wenn der Nießbrauch durch ganze oder teilweise rechtsgeschäftliche Aufgabe erlischt.

Bei einer Gewährung des Nießbrauchs auf Lebensdauer ist mit der h.M. eine abstrakte Berechnung vorzunehmen. Die BGH-Rechtsprechung spricht dafür, die Kapitalisierung nach der statistischen Lebenserwartung, also entsprechend der Sterbetafel, vorzunehmen unter Zugrundelegung des durchschnittlichen Reinertrags des konkreten Nießbrauchs und unter Berücksichtigung einer evt. Abzinsung.

Die Ermittlung des Jahreswerts des Nießbrauchs erfolgt nach § 15 Abs. 3 BewG: 22

> *„Bei Nutzungen oder Leistungen, die in ihrem Betrag ungewiss sind oder schwanken, ist als Jahreswert der Betrag zugrunde zu legen, der in Zukunft im Durchschnitt der Jahre voraussichtlich erzielt werden wird."*

Die Finanzverwaltung nimmt i.d.R. für die Ermittlung der Erbschaftsteuer (Schenkungsteuer) einen Durchschnittswert aus zwei bis drei Jahren zur Zeit der Schenkung an. 23

Das LG Bonn hat in einem Urteil vom 17.3.1998[35] die **Kapitalisierungsmethode nach der Sterbetafel** angewandt. 24

Das **OLG Frankfurt**[36] hat sich mit der Bewertung eines Wohnungsrechts und der Abgrenzung eines Vertrages, durch den ein Erblasser sein Eigentum an einem Hausgrundstück gegen Rentenzahlungen und Einräumung eines Wohnungsrechts überträgt, von einem Schenkungsvertrag befasst. 25

Ein Hausgrundstück wurde übertragen gegen eine Rentenzahlungsverpflichtung und Einräumung eines Wohnungsrechts.

Das OLG Frankfurt hat bei der Kapitalisierung der Gegenleistungen eine ex-ante-Betrachtung angestellt und bewertet auf der Grundlage der Lebenserwartung nach der Sterbetafel.

> *„Maßgeblich ist insoweit der Zeitpunkt des Rechtsgeschäfts – spätestens die Eigentumsumschreibung."*

---

32 *Haußleiter/Schulz*, Kap. 1 Rn 89. Diese Grundsätze sind aber auch bei § 2311 BGB anzuwenden.
33 BGH, Urt. v. 8.9.2004 – XII ZR 194/01, n.v.; BGH FamRZ 1991, 43, 44, jeweils zu § 1376 BGB ergangen.
34 BGH NJW-RR 1996, 705; BGHZ 118, 49; OLG Köln FamRZ 1997, 1437.
35 LG Bonn ZEV 1999, 154.
36 OLG Frankfurt FamRZ 2000, 878.

Bei monatlichen Rentenbeträgen von 400 DM wurde die Rente kapitalisiert:

400 DM x 12 Monate x 8,86 Kap.fakt. = 42.528 DM.

Das Wohnungsrecht wurde bewertet bei einem Mietwert von 7,35 DM/qm mit:

7,35 DM x 82 qm x 12 Monate x 8,86 = 64.079,06 DM.

26 Das OLG Celle[37] hat im Grundsatz das Wohnungsrecht nach § 14 BewG ex ante bewertet, aber dennoch einen Vorbehalt bei kurzer Lebensdauer des Schenkers gemacht:

> *„1. Bei der Bewertung einer Grundstücksschenkung mit Wohnrechtsvorbehalt gem. § 2325 Abs. 2 S. 2 BGB ist der Jahresnutzwert des Wohnrechts als künftig wiederkehrende Gegenleistung auf den Zeitpunkt der Übertragung mit dem sich aus Anlage 9 zu § 14 BewG in der bei Vertragsschluss maßgeblichen Fassung zu kapitalisieren.*
> *2. Wegen des einer Grundstücksübertragung gegen Einräumung eines Wohnrechts innewohnenden Risikos der künftigen Entwicklung bleibt der spätere tatsächliche Verkauf zwischen Vertragsschluss und Erbfall unberücksichtigt (abw. OLG Oldenburg NJW-RR 1999, 734). Ein angemessener Abschlag von dem sich aus Anlage 9 zu § 14 BewG ergebenden Kapitalisierungsfaktor ist ausnahmsweise dann vorzunehmen, wenn bereits bei Vertragsschluss mit dem baldigen Ableben des Erblassers gerechnet werden musste, dieser Umstand beiden Vertragsschließenden bekannt war, und der Erblasser auch tatsächlich kurze Zeit nach Vertragsschluss verstorben ist."*

27 Der BGH ist in anderem Zusammenhang, nämlich bei der Bewertung eines vor der Wiedervereinigung Deutschlands verschenkten Grundstücks, hinsichtlich des Grundstückswerts von einer ex-ante-Betrachtung ausgegangen:[38]

> *„... Für die Frage, ob das Grundstück, das die Erblasserin der Beklagten übertragen hat, als eine zumindest gemischte Schenkung zum fiktiven, der Pflichtteilsergänzung unterliegenden Nachlass gehört, kommt es auf die Wertverhältnisse beim Vollzug des Vertrages an (BGHZ 147, 95, 98; Senatsbeschluss vom 14. Dezember 1994 – IV ZA 3/94 – ZEV 1995, 335 = FamRZ 1995, 420). Hierzu hat das Berufungsgericht festgestellt, dass die am 28. März 1985 vor dem Staatlichen Notariat beurkundete Übertragung des Grundstücks am 6. August 1985 durch Eintragung im Grundbuch vollzogen worden sei.*
> *...*
> *Danach kommt es für das Vorliegen einer Schenkung auf die Wertverhältnisse im Jahre 1985 an. ... Lag damals ein entgeltliches Geschäft vor, kann daraus durch die Wertsteigerung des Grundstücks nach der deutschen Einigung kein auch nur teilweise unentgeltliches Geschäft geworden sein. ...*
> *Um dagegen eine ergänzungspflichtige Schenkung im Sinne von §§ 2325 ff. BGB annehmen zu können, bedarf es zunächst objektiv einer Bereicherung des einen Vertragspartners (zu übernommenen Lasten und Gegenleistungen vgl. BGHZ 107, 156, 159 ff.; BGH, Urteil vom 19. Januar 1999 – X ZR 42/97 – NJW 1999, 1626 unter I 2b). Dabei sind sowohl das Grundstück als auch das Wohn-, Mitbenutzungs- und Pflegerecht der Erblasserin nach den Verhältnissen in der DDR im Jahre 1985 zu bewerten. ..."*

---

37 OLG Celle RNotZ 2003, 55.
38 BGH FamRZ 2002, 883.

### cc) „Verschleierte Schenkung"

Von einer verschleierten Schenkung spricht man, wenn die Parteien des Schenkungsvertrags den Anschein der Entgeltlichkeit erwecken, obwohl ein Leistungsaustausch in Wirklichkeit nicht gewollt war.[39] Sie ist wie eine echte Schenkung zu behandeln.

### d) Schenkung unter Auflage

Behält sich in einem Schenkungsvertrag der Schenker ein Wohnungsrecht oder den Nießbrauch vor, so werden diese vorbehaltenen Rechte vom BGH nicht als Gegenleistung bewertet, sondern als Schenkung unter Auflage angesehen.[40] Aber der Wert der vorbehaltenen Rechte mindert trotzdem den Wert der Schenkung.[41]

Die in ländlichen Gebieten häufig vorkommende **Hofübergabe** ist nach der BGH-Rechtsprechung i.d.R. Schenkung unter einer Auflage.[42] Als gemischte Schenkung wurde sie vom LG Passau angesehen.[43] Dagegen mahnt das BayObLG zur Zurückhaltung mit der Annahme einer auch nur gemischten Schenkung bei Leibgedingsverträgen.[44]

**Zuwendung gegen Erbverzicht:** Ein Erbverzicht ist grundsätzlich keine die Schenkung ausschließende Gegenleistung.[45]

### e) Ausstattung

Eine **Ausstattung** ist nach der Definition des § 1624 BGB keine Schenkung (vgl. zum Begriff der Ausstattung § 19 Rn 121 ff.). Lediglich bei übermäßiger Ausstattung ist deren nicht maßvoller Teil als Schenkung auch i.S.v. § 2287 BGB anzusehen. Die Abgrenzung zwischen maßvoller und übermäßiger Ausstattung ist schwierig, weil es auf die Vermögensverhältnisse des Zuwendenden zum Zeitpunkt der Gewährung der Ausstattung ankommt. Dies wird im Prozess, sofern keine konkreten Feststellungen zu den Vermögensverhältnissen getroffen werden können, im Einzelfall nach § 287 ZPO bestimmt werden müssen.

### f) Unbenannte Zuwendung unter Ehegatten

Die Rechtsprechung lässt u.U. auch eine unbenannte Zuwendung unter Ehegatten als Schenkung i.S.v. § 2287 BGB genügen,[46] insbesondere wenn sie unterhaltsrechtlich oder für Zwecke der Altersvorsorge nicht geboten ist (vgl. dazu Rn 75 ff.).[47]

---

39 RGZ 148, 236; BGH FamRZ 1961, 72; BGH FamRZ 1964, 429.
40 BGH NJW-RR 1996, 754 = ZEV 1996, 197; BGH ZEV 1996, 86.
41 BGH NJW-RR 1996, 754 = ZEV 1996, 197; BGH ZEV 1996, 86 zu Ansprüchen aus §§ 528, 2325 BGB; siehe auch *Reimann/Bengel/J. Mayer*, § 2287 BGB Rn 23.
42 BGHZ 3, 206, 211; BGH FamRZ 1967, 215; BGHZ 107, 156 = NJW 1989, 2122; OLG Bamberg NJW 1949, 788.
43 LG Passau RdL 1975, 70.
44 BayObLGZ 1995, 186; BayObLGZ 1996, 20 zu § 530 BGB; vgl. zu den einzelnen möglichen Gegenleistungen und ihrer Qualifizierung: *J. Mayer*, Der Übergabevertrag in der anwaltlichen und notariellen Praxis, 2. Auflage 2001, Rn 71 ff.
45 BGH NJW 1990, 2064.
46 BGHZ 116, 167, 170 ff.; BGH NJW-RR 1996, 133 = ZEV 1996, 25.
47 Zur erbrechtlichen Behandlung ehebedingter Zuwendungen siehe auch *Kollhosser*, NJW 1994, 2313; *Klingelhöffer*, NJW 1993, 1097; *Langenfeld*, NJW 1994, 2133; *Meincke*, ZEV 1995, 81; *Stehlin*, ZErb 1999, 52; *K. Schmidt*, JuS 2000, 186 (Rechtsprechungsübersicht); *Jost*, JR 2000, 503; *Krug*, ZErb 2000, 213; *Heinle*, FamRZ 2002, 206.

### g) Prämienleistungen auf Lebensversicherung als Schenkungsgegenstand

34 Dazu das OLG Köln mit Urteil vom 26.11.2008 – 2 U 8/08:[48]

> „Bei einer Lebensversicherung zugunsten eines Dritten kann ein Vertragserbe gemäß § 2287 Abs. 1 BGB nur die vom Erblasser aufgewandten Prämienleistungen erstattet verlangen, da nicht die Versicherungssumme, sondern die gezahlten Prämien als Gegenstand der Schenkung anzusehen sind. ... Nach der ständigen Rechtsprechung des Bundesgerichtshofs sind im Rahmen eines Pflichtteilsergänzungsanspruches (§§ 2325, 2329 BGB) in den Fällen, in denen im Wege eines Vertrages zugunsten Dritter eine Lebensversicherung zugewandt worden ist, lediglich die von dem Erblasser gezahlten Prämien als Gegenstand der Schenkung anzusehen.[49] Diese Rechtsprechung beruht maßgeblich auf der Überlegung, dass der Pflichtteilsberechtigte nur insoweit schutzbedürftig ist, als der Erblasser Beträge aus seinem Vermögen aufgewandt hat. Soweit es um eine Lebensversicherung geht, bezieht sich dies jedoch nur auf die von ihm zu Lebzeiten gezahlten Prämien. Diese Rechtsprechung besteht auch derzeit uneingeschränkt fort. Insbesondere gebietet die Rechtsprechung des IX. Zivilsenats des Bundesgerichtshofs,[50] die im Zusammenhang mit der Konkursordnung ergangen ist, keine abweichende Beurteilung. Diese Entscheidung beruht auf den Besonderheiten des Konkurs- bzw. Insolvenzverfahrens, lässt sich jedoch auf die Problematik im Rahmen eines Pflichtteilsergänzungsanspruches nicht übertragen. Der Senat schließt sich insoweit den überzeugenden Ausführungen des OLG Stuttgart an,[51] während die hiervon abweichende Entscheidung des OLG Düsseldorf[52] die unterschiedlichen Zwecke beider Rechtsgebiete nicht ausreichend berücksichtigt (in diesem Sinne auch Hilbig,[53] mit umfassenden Nachweisen des Streitstandes). ...
> Wenn aber im Rahmen eines Pflichtteilsergänzungsanspruches gemäß §§ 2325, 2329 BGB nicht auf die Versicherungssumme, sondern auf die Prämien abzustellen ist, muss konsequenterweise im Rahmen eines – wie hier – geltend gemachten Anspruches gemäß § 2287 Abs. 1 BGB das Gleiche gelten."

Das OLG Köln hat im Hinblick auf das beim BGH anhängige Revisionsverfahren zu § 2325 BGB (Az. IV ZR 73/08) ebenfalls die Revision zugelassen; die Revision wurde jedoch nicht eingelegt.

### h) Zeitpunkt der Schenkung

35 Nur eine Schenkung, die **nach Abschluss des Erbvertrags** vorgenommen wird, kann einen Anspruch nach § 2287 BGB auslösen. Dieser wiederum kann erst mit Anfall der Erbschaft entstehen. Beim gemeinschaftlichen Testament kommt eine beeinträchtigende Schenkung erst **nach dem Tod des erstsberbenden Ehegatten** und damit eingetretener Bindung des Überlebenden an seine eigene Verfügung von Todes wegen in Betracht (§ 2271 Abs. 2 BGB).[54] Mit dem Anfall der Erbschaft an den Schlusserben auf den Tod des Überlebenden kann frühestens der Anspruch aus § 2287 BGB entstehen.

---

48 OLG Köln NJW-Spezial 2009, 103.
49 BGHZ 7, 134, 143; BGH FamRZ 1976, 616; RGZ 128, 187, 190.
50 BGHZ 156, 350 = NJW 2004, 214.
51 OLG Stuttgart ZEV 2008, 145.
52 OLG Düsseldorf ZEV 2008, 292.
53 *Hilbig*, ZEV 2008, 262.
54 *Reimann/Bengel/J. Mayer*, § 2287 BGB Rn 32.

i) Zuwendung gegen Erbverzicht (Abfindung des Verzichtenden)

Dazu der BGH im Urteil vom 3.12.2008 – IV ZR 58/07 – unter Aufgabe der bisherigen Rechtsprechung:[55]

*„Danach kommt es im vorliegenden Fall nicht darauf an, ob die für den Erbverzicht gewährte Abfindung eine entgeltliche oder eine unentgeltliche Leistung war. In jedem Fall unterliegt der Pflichtteilsergänzung nach § 2325 Abs. 1 BGB nur, was über ein Entgelt bzw. über eine angemessene Abfindung hinausgeht. Dabei ist auf den Wert des Erbteils abzustellen, auf den verzichtet wird, nicht etwa auf den Wert des dem Verzichtenden zustehenden Pflichtteils. Soweit dem Urteil des Bundesgerichtshofs vom 8. Juli 1985 (NJW 1986, 127) eine andere Auffassung zu entnehmen ist, wird sie von dem für das Erbrecht zuständigen, erkennenden Senat aufgegeben."*

Der BGH begründet diese Auffassung damit, dass sich die Pflichtteilsquote der anderen Pflichtteilsberechtigten nach einem Erbverzicht gem. § 2310 S. 2 BGB erhöht. Weil der BGH in diesen Fällen keine Unentgeltlichkeit der Abfindung mehr annimmt, dürften damit auch keine Ansprüche nach § 2287 BGB bestehen.

## 2. Objektive Beeinträchtigung

### a) Grundsatz

Nur eine auch objektive Beeinträchtigung des Vertragserben ist entscheidend.

Als gleichsam ungeschriebenes Tatbestandsmerkmal setzt der Anspruch nach § 2287 BGB voraus, dass die berechtigten Erberwartungen des Vertragserben objektiv beeinträchtigt werden.[56] Ein Anspruch aus § 2287 BGB scheidet daher aus, wenn die Schenkung des gebundenen Erblassers nicht zu einer echten Wertverschiebung zu Lasten des bindend eingesetzten Erben führt. Auch eine bindend gewordene Verfügung von Todes wegen hindert daher den Erblasser nicht, durch nicht wertverschiebende Teilungsanordnung oder im Wege der vorweggenommenen Erbfolge einem Erben an bestimmten Nachlassgegenständen mehr zukommen zu lassen, als dem Wert des Erbteils entspricht.[57] Im Falle einer lebzeitigen Zuwendung ist die entsprechende Wertkompensation für den bindend eingesetzten Erben dann durch entsprechende Ausgleichsbestimmungen herbeizuführen.[58]

Eine objektive Beeinträchtigung ist zu **verneinen**,
– wenn der Erblasser die verschenkten Gegenstände dem Beschenkten auch trotz des bestehenden Erbvertrags bzw. gemeinschaftlichen Testaments hätte zukommen lassen können,[59] bspw. wenn für den Erblasser im Erbvertrag oder im gemeinschaftlichen Testament ein entsprechender **Vorbehalt** vorgesehen war,[60] oder wenn es dem Überlebenden ausdrücklich gestattet ist, unter Lebenden frei über den Nachlass zu verfügen;[61]

---

55 BGH FamRZ 2009, 418 = NJW 2009, 1143 = ZEV 2009, 77.
56 BGH FamRZ 1989, 175; *Reimann/Bengel/J. Mayer*, § 2287 Rn 33; *Keim*, ZEV 2002, 93, 94.
57 *Reimann/Bengel/J. Mayer*, § 2287 Rn 38; *Keim*, ZEV 2002, 93, 94.
58 BGHZ 82, 274; *Reimann/Bengel/J. Mayer*, § 2287 Rn 38; *Keim*, ZEV 2002, 93, 94.
59 BGHZ 82, 278 = BGH NJW 1982, 43; BGH FamRZ 1989, 175.
60 BGH NJW 1983, 2378; BGH WM 1986, 1222.
61 *Reimann/Bengel/J. Mayer*, § 2287 Rn 36.

- wenn **Zugewinnausgleich und Pflichtteilsansprüche** des Beschenkten zum gleichen Ergebnis geführt hätten;[62] beide Ansprüche wären ohnehin vom Vertragserben vorrangig zu erfüllen gewesen (vgl. dazu Rn 63 ff.);[63]
- bei einer zu Lasten des beschenkten vertraglichen Mit-Schlusserben vom Erblasser angeordneten **Ausgleichungspflicht in der Erbteilung** nach § 2050 Abs. 3 BGB (vgl. dazu Rn 39);[64]
- wenn dem beeinträchtigten Miterben das verschenkte Grundstück als **Vorausvermächtnis** zugewandt ist;[65]
- wenn der Erblasser die bindende Verfügung wirksam hätte anfechten können (vgl. dazu Rn 40);[66]

b) Fall: Schenkung mit Ausgleichungspflicht

39  Nach der BGH-Rechtsprechung beeinträchtigt eine Schenkung an einen Mit-Schlusserben die übrigen Schlusserben nicht, wenn die gewährte Schenkung in der Erbteilung nach § 2050 Abs. 3 BGB auszugleichen ist.

In seinem Urteil vom 23.9.1981[67] führt der BGH dazu aus:

„*1. Wer durch bindend gewordenes gemeinschaftliches Testament seine beiden Söhne zu gleichen Teilen zu Erben eingesetzt hat, darf sein Vermögen auch im Wege vorweggenommener Erbfolge auf die Söhne verteilen. Er verstößt auch dann nicht gegen seine erbrechtlichen Bindungen, wenn er die Hälfte seines Vermögens bei Lebzeiten auf den einen Sohn überträgt und den anderen wegen seines Anteils auf den Nachlass verweist, bei der Zuwendung aber durch Ausgleichungsanordnung zugleich sicherstellt, dass der letztere nicht zu kurz kommt. Er ist auch nicht gehindert, einem Sohn durch Teilungsanordnung mehr Grundstücke zukommen zu lassen, als dem Wert des Erbteils entspricht. Voraussetzung dafür ist, dass er diesem auferlegt, dem anderen Sohn einen entsprechenden Ausgleich aus dem eigenen Vermögen zukommen zu lassen.*

*2. Überträgt der Erblasser einem seiner beiden bindend zu Schlusserben eingesetzten Söhne Teile seines Vermögens im Wege „vorweggenommener Erbfolge", dann kann das als Ausgleichungsanordnung i.S.v. §§ 2052, 2050 Abs. 3 BGB zu verstehen sein. Überträgt er diesem bei Lebzeiten mehr Grundstücke, als dem Wert des Erbteils entspricht, dann geht ein möglicher Anspruch des anderen Sohnes aus § 2287 BGB in der Regel nicht auf Herausgabe von Grundstücken oder eines Anteils daran, sondern auf Wertersatz. ...*

*Nach § 2286 BGB kann und darf der Erblasser, der durch Erbvertrag oder bindend gewordenes Testament auf eine bestimmte Verfügung von Todes wegen festgelegt ist, über sein Vermögen trotz der eingegangenen erbrechtlichen Bindungen durch Rechtsgeschäfte unter Lebenden grundsätzlich frei verfügen. Missbraucht der Erblasser dieses ihm verbliebene Verfügungsrecht, indem er die berechtigte Erberwartung des Vertrags- oder Schlusserben durch nicht anzuerkennende Schenkungen schmälert, dann erlangt der Vertrags- oder Schlusserbe einen gewissen Ausgleich gem. § 2287 BGB. Diese Vorschrift greift aber nicht ein, wenn und soweit die lebzeitige Verfügung des Erblassers außerhalb*

---

[62] BGHZ 88, 269, 272; BGHZ 116, 175 = BGH ZEV 1996, 25 = NJW-RR 1996, 133.
[63] Staudinger/*Kanzleiter*, § 2287 Rn 3a.
[64] BGH FamRZ 1989, 175 m. Anm. *Musielak*; BGH NJW 1982, 43 = BGHZ 82, 275.
[65] OLG Köln ZEV 1997, 423 m. abl. Anm. *Skibbe*.
[66] BGH FamRZ 2006, 1186 = ZEV 2006, 505.
[67] BGH NJW 1982, 43 = BGHZ 82, 275.

des Schutzbereichs der von ihm eingegangenen Bindungen liegt und also die berechtigte Erberwartung des Vertragserben nicht geschmälert wird. ...
Der Erblasser war berechtigt, sein Vermögen unter die Parteien zu verteilen; das gemeinschaftliche Testament ermächtigte ihn dazu sogar ausdrücklich. Er durfte das im Wege testamentarischer Teilungsanordnungen oder auch bei Lebzeiten im Wege vorweggenommener Erbfolge tun. Hätte der Erblasser die Hälfte seines Vermögens bei Lebzeiten auf den Bekl. übertragen und den Kl. wegen der anderen Hälfte auf den Nachlass verwiesen, bei der Zuwendung aber zugleich durch Ausgleichsanordnung (§§ 2052, 2050 Abs. 3 BGB) sichergestellt, dass der letztere insoweit nicht zu kurz kommt, dann hätte auch darin kein Verstoß gegen die erbrechtlichen Bindungen des Erblassers gelegen. ...
Unter diesen Umständen kommt für § 2287 BGB von vornherein nur der Mehrbetrag in Betracht, um den der Wert der dem Bekl. übereigneten Grundstücke (berechnet nach den Wertverhältnissen zur Zeit der Zuwendung unter Berücksichtigung des Kaufkraftschwundes, vgl. BGHZ 65, 75, 77 = NJW 1975, 1831) den ihm zukommenden Anteil am Vermögen des Erblassers und also den für den Kl. verbleibenden Nachlass übersteigt. Nur diesem Mehrbetrag sind die Gegenleistungen des Bekl. gegenüberzustellen. Ob und gegebenenfalls welcher Betrag dabei als auszugleichende Schenkung i.S.v. § 2287 BGB noch übrig bleibt, bedarf weiterer Prüfung durch den Tatrichter. ...
Bereits jetzt lässt sich indessen übersehen, dass der Kl. keinen Anspruch auf einen Miteigentumsanteil an den dem Bekl. übereigneten Grundstücken hat. Das BerGer. billigt dem Kl. einen Anspruch auf Miteigentum zu, weil der unentgeltliche Charakter des Geschäfts überwiege. Damit befindet es sich im rechtlichen Ausgangspunkt in Übereinstimmung mit der Rechtsprechung des BGH (BGHZ 30, 120, 122 = NJW 1959, 1363; BGHZ 77, 264, 272 = NJW 1980, 2307), von der abzugehen kein Grund besteht. Dennoch dürfen die dort entwickelten Grundsätze nicht unbesehen hierher übertragen werden. Sie bedürfen für Fälle der vorliegenden Art vielmehr einer gewissen Modifizierung. Das BerGer. hat hier nicht berücksichtigt, dass der Erblasser das Recht hatte, dem Bekl. bestimmte Grundstücke durch Teilungsanordnung (§ 2048 S. 1 BGB) zuzuweisen. Infolge der eingetretenen erbrechtlichen Bindungen konnte der Erblasser dadurch allerdings keine Verschiebung der den Parteien zukommenden Erbquoten von je ½ erreichen. Trotzdem war der Erblasser nicht gehindert, dem Bekl. auch mehr Grundstücke zukommen zu lassen, als dem Wert seines Erbteils entsprach. Voraussetzung dafür war lediglich, dass er dem Bekl. gleichzeitig auferlegte, dem Kl. einen entsprechenden Ausgleich – etwa in Form von Geldzahlungen – zukommen zu lassen. Mit solchen Zahlungen aus dem Vermögen des Bekl. hätte der Kl. sich gegebenenfalls begnügen müssen. ...
Nun ist der Erblasser diesen Weg allerdings nicht gegangen. Er hat sich nicht mit einer entsprechenden Teilungsanordnung begnügt, sondern hat sein Vermögen schon zu Lebzeiten „geteilt" und hat dem Bekl. daraus zahlreiche Grundstücke zukommen lassen. Hierdurch ist nicht nur die Erbfolge, sondern auch die Auseinandersetzung unter den Miterben bereits teilweise vorweggenommen. Die Rechtsstellung des Bekl. ist wegen dieser Vorwegnahme aber keinesfalls schwächer, als wenn der Erblasser sich auf eine entsprechende Teilungsanordnung beschränkt hätte. § 2287 BGB bietet daher keine ausreichende Grundlage, dem Bekl. die Grundstücke gegen seinen Willen wieder zu entziehen. Unter diesen Umständen muss die Klage insoweit abgewiesen werden."

c) Anfechtbarkeit der vertraglichen bzw. bindenden Verfügung

Ist die betreffende Verfügung von Todes wegen für den Erblasser anfechtbar – am häufigsten dürfte hier der Fall des § 2079 i.V.m. § 2281 BGB in Betracht kommen –, dann kann insoweit, als die Anfechtung zur Unwirksamkeit der betreffenden Verfügung führen würde, auch

Nachlass verschenkt werden. Der Erblasser ist nicht gezwungen, erst anzufechten, um die Bindungswirkung zu beseitigen.[68] Allerdings darf die einjährige Anfechtungsfrist im Zeitpunkt der Schenkung noch nicht verstrichen sein; andernfalls könnte der Erblasser die eingetretene Bindungswirkung mit der Anfechtungserklärung nicht mehr beseitigen.

### d) Zustimmung der potenziell beeinträchtigten Schlusserben

41 § 2287 BGB gibt dem Bedachten einen schuldrechtlichen Anspruch gegen den Beschenkten. Dass das Einverständnis des Bedachten mit einer ihn beeinträchtigenden lebzeitigen Verfügung im Grundsatz geeignet ist, diesen Anspruch auszuschließen, ist unstreitig.[69] Nach der Rechtsprechung des BGH[70] sind die zu § 2289 BGB entwickelten Grundsätze auch im Rahmen des § 2287 BGB anzuwenden. Der Vertragserbe müsse zwar auf den Schutz dieser Vorschrift verzichten können.

Aber die Nähe eines solchen Verzichts zum Zuwendungsverzicht gebiete die Form des § 2348 BGB. Nur im Einzelfall könne ein formloser Verzicht den Arglisteinwand begründen.

Dazu der BGH:[71]

*„Die formlose Einwilligung des vertragsmäßig bedachten Vertragspartners eines Erbvertrages in eine seine Rechte beeinträchtigende Verfügung von Todes wegen ist nicht geeignet, eine solche wirksam werden zu lassen (Abweichung von RGZ 134, 325, 327). Eine derartige Einwilligung nimmt ihm auch nicht den Schutz des § 2287 BGB. Sie kann aber ausnahmsweise den Arglisteinwand begründen...*

*... Soweit darüber hinaus die Auffassung vertreten wird, auch die formlose Einwilligung des vertragsmäßig bedachten Vertragspartners in eine seine Rechte beeinträchtigende Verfügung von Todes wegen sei geeignet, den Erblasser von seiner Bindung zu befreien und weitere Verfügungen von Todes wegen – im Rahmen der Einwilligung – trotz § 2289 Abs. 1 BGB wirksam werden zu lassen, vermag der Senat dem nicht zu folgen. Die Frage ist umstritten. Während das Reichsgericht (RGZ 134, 325, 327; DJ 1938, 1368, 1369) und im Ergebnis im entschiedenen Falle auch der III. Zivilsenat des Bundesgerichtshofes – dieser unter Zuhilfenahme des Arglisteinwandes – (Urteil vom 28. April 1958 – III ZR 98/56, LM BGB § 2271 Nr. 7) eine formlose Zustimmung haben ausreichen lassen, hat der erkennende Senat die Frage im Anschluß an die Rechtsprechung des früheren IV. Zivilsenats des Bundesgerichtshofes (Urteil vom 7. Dezember 1977 – IV ZR 20/76, LM BGB § 1829 Nr. 5) ausdrücklich offengelassen (BGHZ 83, 44, 49). Er entscheidet die Frage nunmehr dahin, daß die formlose Zustimmung insoweit nicht ausreicht."*[72]

Diese Entscheidung hat in der Literatur Zustimmung,[73] aber auch Ablehnung erfahren.[74] Nach der Gegenansicht ist es nicht zu rechtfertigen, den Verzicht auf einen Bereicherungsanspruch, resultierend aus einer konkreten lebzeitigen Verfügung, einem Erb- oder Zuwendungsverzicht gleichzustellen; vielmehr genüge eine formlos erteilte Zustimmung.[75]

---

68 BGH FamRZ 2006, 1186 = ZEV 2006, 505; *Spellenberg*, NJW 1986, 2531 ff.
69 In Anlehnung an ein Gutachten des DNotI in DNotI-Report September 2004
70 BGHZ 108, 252 = DNotZ 1990, 803 = NJW 1989, 2618.
71 BGHZ 108, 252.
72 BGHZ 108, 254.
73 *Reimann/Bengel/J. Mayer*, § 2287 Rn 41; *Soergel/Damrau*, § 2352 Rn 3; *MüKo-Musielak*, § 2287 BGB Rn 24; *Nieder*, Rn 1188; vgl. auch *Ivo*, ZEV 2003, 101.
74 *Kanzleiter*, DNotZ 1990, 776, 777; *Soergel/Wolf*, § 2287 Rn 10; *Kornexl*, Der Zuwendungsverzicht, 1998, Rn 547 ff.; kritisch auch Palandt/*Edenhofer*, § 2287 Rn 8.
75 Vgl. insbesondere *Kanzleiter*, DNotZ 1990, 776, 778.

Für die Gestaltungspraxis ist die Formfrage mit Blick auf die Rechtsprechung des BGH dahin gehend entschieden, dass eine formlose Zustimmung zur Vermeidung eines Anspruchs aus §§ 2287, 2288 BGB nicht ausreicht.[76] Vielmehr wird man davon auszugehen haben, dass die Form des § 2348 BGB einzuhalten ist.

**Vertretung des Verzichtenden:** Im Gegensatz zum Erblasser (§ 2347 Abs. 2 S. 1 BGB) kann sich der Verzichtende beim Erbverzichtsvertrag ebenso vertreten lassen wie sonst bei Rechtsgeschäften unter Lebenden. Es ist also nicht erforderlich, dass der Verzichtende den Vertrag persönlich schließt.[77]

**Form der Genehmigung:** Hierbei kann der Vertreter für den Verzichtenden aufgrund einer Vollmacht (§ 164 BGB) oder als Vertreter ohne Vertretungsmacht (§ 177 BGB) handeln.[78] Weder für die Vollmacht (§ 167 Abs. 2 BGB) noch für die Genehmigung (§ 182 Abs. 2 BGB) seitens des Verzichtenden ist eine besondere Form erforderlich, es sei denn, eine unwiderrufliche Vollmacht des Verzichtenden zum Abschluss eines Verzichtsvertrages wird erteilt.[79]

### e) Zustimmung eines Ersatzberufenen?

Haben die ausscheidenden Schlusserben der Übertragung eines Nachlassgegenstandes auf einen von ihnen wirksam „zugestimmt", so können sie aus dieser Übertragung keine Ansprüche aus § 2287 BGB herleiten.

Fraglich ist allerdings, ob diese „Zustimmung" auch gegenüber etwaigen Ersatzberufenen wirkt. Diese Frage ist in der Rechtsprechung noch nicht geklärt. Da § 2352 S. 3 BGB nicht auf § 2349 BGB verweist, wird in der Literatur teilweise angenommen, dass auch die Zustimmung zu einer erbvertrags- bzw. testamentswidrigen lebzeitigen Verfügung des gebundenen Erblassers nicht zu Lasten der ersatzberufenen Abkömmlinge der Zustimmenden wirke.[80] Nach dieser Ansicht ist mit anderen Worten eine eigene „Zustimmung" auch sämtlicher Ersatzberufener erforderlich, um diesen Anspruch bei Eintritt des Ersatzerbfalls auszuschließen. Andere Stimmen in der Literatur stellen einen Systemvergleich zur Vor- und Nacherbschaft an. Dort ist anerkannt, dass zu Verfügungen des Vorerben nur die Zustimmung des Nacherben, nicht aber des Ersatznacherben erforderlich ist.[81] Hieraus wird die Schlussfolgerung gezogen, dass erst recht die Zustimmung des in erster Linie eingesetzten (Schluss-)Erben genüge, um auch gegenüber dem Ersatzerben einen Anspruch aus § 2287 BGB auszuschließen.[82]

Soweit also die Abkömmlinge der zu Schlusserben eingesetzten Kinder bindend zu Ersatzerben eingesetzt sind, kann sich bei Wegfall eines Kindes und Eintritt der Ersatzerbfolge die vorstehend dargestellte Problematik stellen. Soweit möglich, dürfte es sich daher empfehlen, vorsorglich auch auf entsprechende „Zustimmungserklärungen" etwa bindend berufener Ersatzschlusserben hinzuwirken und andernfalls auf diese Problematik hinzuweisen (§ 17 Abs. 1 BeurkG).

---

76 *Kanzleiter*, DNotZ 1990, 776, 781; *Ivo*, ZEV 2003, 101, 102.
77 Staudinger/*Schotten*, § 2347 Rn 6; MüKo-*Strobel*, § 2347 BGB Rn 3.
78 Staudinger/*Schotten*, § 2347 Rn 7; MüKo-*Strobel*, § 2347 BGB Rn 3.
79 Staudinger/*Schotten*, § 2348 Rn 9; MüKo-*Strobel*, § 2347 BGB Rn 3.
80 *Nieder*, Rn 1188; *ders.*, ZEV 1996, 241, 247; *Wübben*, Anwartschaftsrechte im Erbrecht, 2001, S. 348 ff., 352; *Ivo*, ZEV 2003, 101, 103.
81 BGHZ 40, 115; Palandt/*Edenhofer*, § 2113 Rn 7.
82 *Kanzleiter*, ZEV 1997, 261, 266; *Keim*, ZEV 2002, 93, 95; *Reimann/Bengel/J. Mayer*, § 2287 Rn 41; kritisch insoweit *Wübben*, Anwartschaftsrechte im Erbrecht, 2001, S. 352.

44  Bezüglich des Kreises der berechtigten Personen ist jedoch die Änderung der BGH-Rechtsprechung zur gesetzlichen Ersatzerbfolge beim Berliner Testament von Bedeutung:

Die langjährige Rechtsprechung des BGH, dass auch die Auslegungsregel des § 2069 BGB, wonach bei Wegfall eines eingesetzten Abkömmlings im Zweifel dessen Abkömmlinge als Ersatzerben nachrücken, auch von der Wechselbezüglichkeit der ursprünglichen Erbeinsetzung mit umfasst werde, hat dieser in seinem Urteil vom 16.1.2002[83] aufgegeben:

> „Fällt der in einem Ehegattentestament eingesetzte Schlusserbe weg, ist § 2270 Abs. 2 BGB auf Ersatzerben nur anwendbar, wenn sich Anhaltspunkte für einen auf deren Einsetzung gerichteten Willen der testierenden Eheleute feststellen lassen, die Ersatzerbeinsetzung also nicht allein auf § 2069 BGB beruht (Abweichung von BGH, Urteil vom 22.9.1982 – IVa ZR 26/81, NJW 1983, 277 unter a)."

### 3. Beeinträchtigungsabsicht

#### a) Allgemeines

45  Der Erblasser muss die objektive Beeinträchtigung des Vertragserben auch beabsichtigt haben (subjektive Beeinträchtigung). Es reicht aus, dass die Beeinträchtigung – neben möglicherweise anderen Motiven – gewollt war (so der BGH in seiner neueren Rechtsprechung unter Aufgabe der bisherigen „Aushöhlungsrechtsprechung").[84] Direkter Vorsatz ist erforderlich, bedingter reicht nicht aus. Der Beschenkte braucht die Beeinträchtigungsabsicht nicht zu kennen. Sie kann jedoch für § 819 BGB bedeutsam sein. Nicht jede geringfügige Verfügung reicht aus. Der Beschenkte muss quasi ganz oder zum Teil als Vermögensnachfolger des Erblassers angesehen werden können. Allerdings hat es der BGH ausdrücklich offen gelassen, ob es sich um eine wesentliche Vermögensminderung handeln muss.[85]

#### b) Übertragungsvertrag mit den Schlusserben

46  Dazu das OLG Düsseldorf:[86]

> „1. Ein berechtigtes Eigeninteresse, das die Beeinträchtigungsabsicht i.S.d. § 2287 Abs. 1 BGB entfallen lässt, kann bei einer Vermögensübertragung unter Lebenden darin bestehen, dass der erbvertraglich gebundene Erblasser im Interesse der Gleichbehandlung der Vertragserben und des Rechtsfriedens einen vermeintlichen Wertverlust bei anderen Vermögensgegenständen ausgleichen und somit dem Erbvertrag Genüge tun will.
> 2. Das kommt indessen nicht in Betracht, wenn sich der Erblasser gegenüber den Vertragserben anderweitig gebunden hat, Ausgleichungen wegen Wertänderung zu unterlassen."

---

83 BGH ZEV 2002, 150 = BGHZ 149, 363 = NJW 2002, 1126 = ZNotP 2002, 155 = MDR 2002, 456 = Rpfleger 2002, 266 = WM 2002, 935 = ZERB 2002, 128 = FamRZ 2002, 747 = FGPrax 2002, 120 = FuR 2002, 269 = JZ 2002, 893 = JR 2002, 507.
84 BGH NJW-RR 1986, 1135.
85 BGH WM 1979, 442, 444.
86 OLG Düsseldorf ZEV 2001, 110.

## 4. Missbrauch der Verfügungsfreiheit

### a) Gesamtabwägung

Zur Absicht, den Vertragserben zu beeinträchtigen, muss der Missbrauch der Verfügungsfreiheit des Erblassers unter Lebenden hinzukommen.[87] Ausschlaggebend ist, welche Gründe den Erblasser bewogen haben, wobei eine Gesamtabwägung zwischen den Interessen des Vertragserben einerseits und dem Nachteil des Erblassers, an den Vertrag bzw. an das gemeinschaftliche Testament gebunden zu sein andererseits, vorzunehmen ist.[88]

### b) Ausnahmetatbestände

Ob ein lebzeitiges Eigeninteresse oder andere Gründe vorliegen, die eine den Vertragserben beeinträchtigende lebzeitige Verfügung des späteren Erblassers trotz seiner erbvertraglichen Bindung billigenswert und gerechtfertigt erscheinen lassen, hat der Tatrichter aus der Sicht eines objektiven Beobachters in Anbetracht der gegebenen Umstände zu beurteilen, und dabei sind die persönlichen Verhältnisse und Vorstellungen zu berücksichtigen.[89] Ein lebzeitiges Eigeninteresse des Erblassers, das nicht zur Annahme eines Missbrauchs führt, ist bspw. Dann zu bejahen, wenn der Erblasser mit der Schenkung seine Pflege oder Versorgung im Alter sichern wollte (zu Einzelfällen der Rechtsprechung siehe Rn 50).[90]

Im Einzelnen handelt es sich beim lebzeitigen Eigeninteresse in vielen Fällen um die Wahrnehmung einer sittlichen Verpflichtung des Erblassers, die sich aus besonderen Leistungen des Beschenkten gegenüber dem Erblasser ergibt.[91]

Ein lebzeitiges Eigeninteresse fehlt dagegen, wenn die Verfügung allein darauf angelegt ist, dass ein anderer als der Vertrags- oder Schlusserbe wesentliche Vermögensteile nach dem Tod des Erblassers ohne angemessene in den Nachlass fließende Gegenleistung erhält.[92] Insbesondere ist der spezifische Anwendungsbereich des § 2287 BGB dann gegeben, wenn der Erblasser ohne Änderung der bei Vertragsschluss bzw. Testamentserrichtung gegebenen Umstände allein wegen eines auf eine Korrektur der Verfügung von Todes wegen gerichteten Sinneswandels anstelle der bedachten Person einer anderen wesentliche Vermögenswerte zuwendet, nur weil diese andere Person ihm – jetzt – genehmer ist.[93] Dies ist namentlich dann der Fall, wenn der Erblasser nachträglich meint, eine im Erbvertrag oder im gemeinschaftlichen Testament erwähnte Person zu gering bedacht zu haben, und dies durch eine Schenkung zugunsten dieser Person zu korrigieren sucht.[94]

#### aa) Entsprechende Anwendung von § 2330 BGB?

Zu fragen ist, ob in den Fällen des § 2287 BGB eine Parallele zu § 2330 BGB gezogen und angenommen werden kann, ein Missbrauch sei dann zu verneinen, wenn die Schenkung einer sittlichen Pflicht entsprochen hat, zumal das Gesetz an verschiedenen Stellen Schen-

---

87 BGH NJW-RR 1989, 259.
88 BGH NJW-RR 1989, 259; BGHZ 77, 264, 266.
89 BGH ZEV 2005, 479, 480 = FamRZ 2005, 1550 = ZErb 2005, 327; BGH NJW 1992, 2630; BGHZ 77, 264, 266.
90 BGH NJW 1984, 121.
91 BGH FamRZ 1992, 607.
92 BGHZ 59, 343, 350; BGHZ 66, 8, 16 f.; BGH WM 1977, 201, 202; 876, 877; OLG Celle FamRZ 2003, 1971 = ZEV 2003, 417 = OLGR Celle2003, 326.
93 BGHZ 66, 8, 16; BGHZ 77, 264, 267; BGHZ 83, 44, 46; WM 1977, 201, 202; 876, 877; OLG Düsseldorf NJW-RR 1986, 806, 807.
94 BGHZ 77, 264, 268; WM 1977, 201, 202; OLG Frankfurt NJW-RR 1991, 1157, 1158.

kungen, die einer sittlichen Pflicht entsprechen, bevorzugt behandelt: §§ 534, 814, 1375 Abs. 2 Nr. 1, 1425 Abs. 2, 2113 Abs. 2, 2205, 2207 BGB.

Als Orientierungshilfe wird die zu § 2330 BGB ergangene umfangreiche Rechtsprechung herangezogen werden können:

Anstandsschenkung: BGH NJW 1981, 111.

Schenkung aus sittlicher Pflicht: Die Schenkung muss geboten sein; ihr Unterlassen wäre dem Erblasser als Verletzung der für ihn bestehenden sittlichen Pflicht zur Last zu legen, BGH NJW 1984, 2939; BGHZ 88, 102.

Unter sittliche Pflicht können fallen:
- Übereignung des halben Familienwohnhauses an unversorgte Ehefrau nach langjähriger unbezahlter Mitarbeit im Geschäft;[95]
- Sicherung des Lebensunterhalts für den Partner einer nichtehelichen Lebensgemeinschaft;[96]
- Unterhaltszahlungen für nahe Verwandte;[97]
- auch Zuwendung eines Grundstücks für unbezahlte langjährige Dienste im Haushalt oder für unentgeltliche Pflege und Versorgung.[98]

Trotzdem ist im Einzelfall eine Abwägung vorzunehmen.[99] Bei dieser Abwägung ist zu berücksichtigen, dass in den Fällen des § 2330 BGB lediglich eine allgemeine gesetzliche Pflicht des Erblassers gegenüber dem Pflichtteilsberechtigten besteht, während im Rahmen des § 2287 BGB die über eine gesetzliche Pflicht hinausgehende besondere vertragliche Bindung gegenüber dem Vertragserben eingegangen wurde.

bb) Einzelfälle der Rechtsprechung

50 Im Einzelnen ist ein **lebzeitiges Eigeninteresse** in der Rechtsprechung bisher in folgenden Fällen **bejaht** worden:
- Wenn der Erblasser die Schenkung gegenüber einer jüngeren Ehefrau im Hinblick auf die spätere Betreuung und Pflege gemacht hat.[100]
- Zur Erfüllung einer Unterhaltsverpflichtung gegenüber dem zweiten Ehegatten durch Bestellung eines Nießbrauchs.[101]
- Wenn die Übertragung eines Geschäftsanteils auf einen Mitarbeiter erfolgte, um diesen aufgrund seiner besonderen Fähigkeiten im Betrieb zu halten.[102]
- Wenn die Schenkung aus ideellen Gründen als Belohnung für geleistete Dienste in angemessenem Umfang erfolgte, beispielsweise für eine Pflege, auch wenn der Erblasser damit den Dank für geleistete Dienste abstatten wollte.[103]
- Wenn die Schenkung der Sicherung der Versorgung eines pflegebedürftigen Sohnes gedient hat.[104]

---

95 OLG Karlsruhe OLGZ 90, 456.
96 BGH NJW 1983, 674.
97 MüKo-*Kolhosser*, § 534 BGB Rn 4.
98 BGH WM 1977, 1410; BGH WM 1978, 905.
99 BGHZ 83, 44.
100 BGH NJW 1992, 2630.
101 BGH ZEV 1996, 25.
102 BGHZ 97, 188, 193.
103 BGHZ 66, 8, 16; BGH NJW 2000, 3488 = ZEV 2000, 449; OLG Köln FamRZ 1992, 607; BGH FamRZ 1986, 1079.
104 BGH NJW-RR 1987, 2 = FamRZ 1986, 980.

- Wenn mit der Schenkung die Interessen des Vertragserben wahrgenommen wurden oder wenn der Vertragserbe sich schwerer Verfehlungen gegenüber dem Erblasser schuldig gemacht hat[105] oder wenn der Erblasser die Schenkung aus Gründen der Altersversorgung vorgenommen hat.[106]
- Wenn der Erblasser im Interesse der Gleichbehandlung der Vertragserben und des Rechtsfriedens einen vermeintlichen Wertverlust bei anderen Vermögensgegenständen ausgleichen und somit dem Erbvertrag Genüge tun will.[107]

Ein **lebzeitiges Eigeninteresse** des Erblassers wurde in der Rechtsprechung bisher **verneint**: 51
- Wenn der Erblasser nach Abschluss des Erbvertrags zum Beschenkten eine enge persönliche Beziehung entwickelte und durch die Schenkung seine Zuneigung bekunden wollte.[108]
- Wenn der Erblasser die Schenkung gemacht hat, weil er feststellen musste, dass er den Beschenkten im Rahmen der Verfügung von Todes wegen zu gering bedacht hatte.[109]
- Wenn die Schenkung darauf gerichtet war, die Verfügung von Todes wegen zu korrigieren.[110]
- Wenn sich der Erblasser gegenüber den Vertragserben anderweitig gebunden hat, Ausgleichungen wegen Wertänderung zu unterlassen.[111]
- Wenn der Erblasser durch lebzeitige Verfügung für eine Gleichbehandlung seiner Abkömmlinge sorgen wollte.[112]

### 5. In Betracht kommende Sittenwidrigkeit?

Streitig ist, ob in Fällen, in denen der Erblasser und der Beschenkte bewusst gemeinsam zu Lasten des eingesetzten Erben handeln („kollusives Zusammenwirken") und der Beschenkte Kenntnis von der Beeinträchtigungsabsicht hat, auch ein Schadensersatzanspruch aus § 826 BGB in Betracht kommen kann. Dies wurde bejaht durch das OLG Düsseldorf.[113] 52

Anders dagegen der BGH:[114]

> „Das Erbrecht regelt den Schutz des Vertragserben gegenüber einem Missbrauch der fortbestehenden Verfügungsgewalt des Erblassers über sein Vermögen durch die §§ 2286, 2287 BGB. Diese Regelung ist nach der Auffassung des Senats abschließend. Sie führt unter Umständen zu einem Bereicherungsanspruch gegen den Beschenkten und geht als Sonderregelung einem eigenen Anspruch der Erben aus § 826 BGB vor. Das gilt sogar dann, wenn der Erblasser mit dem Dritten kollusiv zusammengewirkt hat, um den Vertragserben zu schädigen. Auch in diesem Falle handelt es sich im Schwerpunkt um eine missbräuchliche Ausnutzung der dem Erblasser verbliebenen Verfügungsmacht durch diesen selbst i.S.v. §§ 2286, 2287 BGB. Der Bereicherungsausgleich nach dieser

---

105 BGH MDR 1981, 582.
106 BGHZ 77, 264.
107 OLG Düsseldorf ZEV 2001, 110.
108 BGH FamRZ 1992, 607.
109 BGHZ 77, 264.
110 BGHZ 66, 8; OLG Celle FamRZ 2003, 1971 = ZEV 2003, 417 = OLGR Celle 2003, 326.
111 OLG Düsseldorf ZEV 2001, 110.
112 BGH ZEV 2005, 479. Der BGH führt aus, eine Gleichbehandlung der Kinder könne über das Ausgleichungsrecht (§§ 2050 ff. BGB), eine entsprechende Anordnung in einer Verfügung von Todes wegen oder über das Recht der Anrechnung beim Pflichtteil (§ 2315 BGB) vom Erblasser herbeigeführt werden.
113 OLG Düsseldorf NJW-RR 1986, 806.
114 BGH NJW 1989, 2389; bekräftigt in NJW 1991, 1952.

*Regelung sichert den Vertragserben nach der Wertung des Gesetzes in ausreichendem Maße."*

### 6. Inhalt des Bereicherungsanspruchs

#### a) Rechtsfolgenverweisung

53 Zielrichtung des Anspruchs ist die Herausgabe des geschenkten Gegenstandes nach den Vorschriften über die ungerechtfertigte Bereicherung. Lediglich der Umfang des Anspruchs ist durch die Bereicherungsvorschriften gekennzeichnet, weil es sich um eine **Rechtsfolgenverweisung** handelt.[115] Kann der geschenkte Gegenstand selbst nicht mehr herausgegeben werden, so ist **Wertersatz** zu leisten, § 818 Abs. 2 BGB.

#### b) Kondiktionsgegenstand

##### aa) Leistungsgegenstand

54 Alles was der Erblasser dem Beschenkten geleistet hat, ist grundsätzlich **gegenständlich** an den Vertragserben herauszugeben, bspw. Eigentum, Besitz, Unterhalt, Gebrauchsvorteile an Gegenständen wie etwa Kraftfahrzeug oder Wohnung, Schuldübernahme.[116] Mit anderen Worten: Alles was Leistungsgegenstand sein kann, kann auch Gegenstand des Herausgabeanspruchs sein.

##### bb) Nutzungen

55 Nutzungen, deren Begriff in § 100 BGB definiert ist, sind nach § 818 Abs. 1 BGB ebenfalls an den Vertragserben herauszugeben. Da der Hauptanspruch erst mit dem Erbfall entsteht, können nur diejenigen Nutzungen herausverlangt werden, die ab diesem Zeitpunkt vom Beschenkten gezogen wurden. Darunter fallen
- Zinsen,
- Erträge eines Grundstücks,
- Erträge eines Betriebs,[117]
- Gebrauchsvorteile aus dem geschenkten Gegenstand.

56 Herauszugeben sind die **tatsächlich gezogenen Nutzungen**, nicht abstrakt mögliche Nutzungen.[118] Umstritten ist, wie der Wert von Gebrauchsvorteilen zu ermitteln ist. Nach BGH soll der Wertverzehr maßgebend sein.[119] Praktikabel erscheint, die übliche Vergütung, etwa eine ortsübliche Miete, anzunehmen. Dies entspräche der BGH-Rechtsprechung zu den „üblichen Zinsen".[120] Ersparte Zinsaufwendungen unterliegen ebenfalls dem Herausgabeanspruch.[121]

Die **Kosten der Nutzziehung** können nach § 102 BGB vom Beschenkten in dem dort genannten Rahmen geltend gemacht werden.

---

115 RGZ 139, 22.
116 BGHZ 110, 321.
117 BGH LM Nr. 7 zu § 818 Abs. 2 BGB.
118 BGH ZIP 1999, 528.
119 BGH NJW 1996, 252 ff.
120 BGH NJW 1997, 935; BGH ZIP 1997, 593.
121 BGH JZ 1998, 955.

### cc) Surrogate

Dem Herausgabeanspruch unterliegen nach § 818 Abs. 1 BGB auch alle Surrogate des Schenkungsgegenstandes, bspw. der Geldbetrag, der aufgrund der geschenkten Forderung eingezogen wurde, aber auch Schadensersatzansprüche, Versicherungsleistungen u.Ä. Auch die **Nutzungen aus dem Surrogat** sind herauszugeben.[122]

### dd) Wertersatz

Nach § 818 Abs. 2 BGB ist Wertersatz zu leisten, wenn der geschenkte Gegenstand, sein Surrogat und/oder Nutzungen daraus nicht herausgegeben werden können. Maßgebend ist der objektive Wert, der in aller Regel dem **Verkehrswert** entspricht.[123] Die **Beweislast** für den Wert trägt der Vertragserbe.[124]

## 7. Muster: Klage des Erbvertrags-Erben auf Grundstücksherausgabe

An das

Landgericht
- Zivilkammer -

*Klage*

des Herrn ▓▓▓▓▓▓

– Klägers –

Prozessbevollmächtigter: Rechtsanwalt ▓▓▓▓▓▓

gegen

Frau ▓▓▓▓▓▓

– Beklagte –

wegen Zustimmung zur Eigentumsübertragung und Herausgabe eines Gebäudegrundstücks.

Namens und in Vollmacht des Klägers erhebe ich Klage gegen die Beklagte und werde in dem zu bestimmenden Termin beantragen, für Recht zu erkennen:
1. Die Beklagte wird verurteilt, der Übertragung des Grundstücks ▓▓▓, eingetragen im Grundbuch des Amtsgerichts ▓▓▓ für ▓▓▓, Band ▓▓▓, Heft ▓▓▓, Gemarkung ▓▓▓, BV Nr. ▓▓▓, Flst.Nr. ▓▓▓, Größe: ▓▓▓, auf den Kläger zuzustimmen und die Eintragung des Klägers als Eigentümer im Grundbuch zu bewilligen.
2. Die Beklagte wird weiter verurteilt, das zuvor Ziff. 1 bezeichnete Grundstück in geräumtem Zustand an den Kläger herauszugeben.

Falls die Voraussetzungen des § 331 Abs. 3 bzw. § 307 ZPO vorliegen, bitte ich um Erlass eines **Versäumnis- bzw. Anerkenntnisurteils**[125] ohne mündliche Verhandlung.

*Begründung:*

Der Kläger ist der eheliche Sohn des Herrn ▓▓▓, der am ▓▓▓ in ▓▓▓ gestorben ist (nachfolgend „Erblasser" genannt); die Beklagte ist die langjährige Lebensgefährtin des Erblassers.

---

122 Jauernig/*Schlechtriem*, § 818 BGB Rn 10.
123 BGHZ 117, 31.
124 OLG Koblenz NJW-RR 1995, 156 m.w.N.
125 Zu den Einzelheiten der ZPO-Reform 2002 vgl. *Krug*, ZEV 2002, 58.

Der Erblasser war verheiratet gewesen mit Frau ▒, der Mutter des Klägers. Sie ist am ▒ gestorben. Mit ihr hatte der Erblasser einen Erbvertrag geschlossen, wonach sich die Eheleute gegenseitig zu Alleinerben und den einzigen gemeinsamen Sohn, den Kläger, zum alleinigen Erben des Überlebenden der beiden Ehegatten eingesetzt haben.

Aufgrund des erwähnten Erbvertrags, der am ▒ von Notar ▒ unter UR-Nr. ▒ beurkundet worden war, wurde der überlebende Ehemann und jetzige Erblasser ihr Alleinerbe. Der Erbvertrag wurde auf den Tod der Mutter des Klägers am ▒ vom Nachlassgericht ▒ unter Az. ▒ eröffnet.

*Beweis:* Je eine beglaubigte Abschrift

a) des Erbvertrags vom ▒ - Anlage K 1 -

b) des Erbvertragseröffnungsprotokolls vom ▒

- Anlage K 2 -

Der Kläger hat seinerzeit auf den Tod seiner Mutter den Pflichtteil nicht geltend gemacht, weil er auf den Tod des Überlebenden seiner Eltern erbvertraglich zum Alleinerben eingesetzt worden war und auf diese Erbeinsetzung vertraut hat.

Drei Jahre nach dem Tod seiner Ehefrau, der Mutter des Klägers, ist der Erblasser mit der Beklagten eine nichteheliche Partnerschaft eingegangen. Ein Jahr später hat der Erblasser der Beklagten das Hausgrundstück ▒ (im Klageantrag näher bezeichnet) geschenkt. Der Schenkungsvertrag wurde am ▒ von Notar ▒ unter UR-Nr. ▒ beurkundet. Die Eintragung der Beklagten als Eigentümerin im Grundbuch ist am ▒ erfolgt.

*Beweis:* a) Beglaubigte Abschrift des Schenkungsvertrags vom ▒ - Anlage K 3 -

b) Beglaubigte Grundbuchabschrift betr. das streitgegenständliche Grundstück

- Anlage K 4 -

Die Schenkung des Grundstücks an die Beklagte ist erfolgt, um den Kläger zu benachteiligen und zur Umgehung der erbvertraglich bindenden Erbeinsetzung des Klägers. Der Kläger wurde zwar aufgrund des Erbvertrags Alleinerbe seines Vaters, der Nachlass ist jedoch praktisch wertlos. Der Erbvertrag wurde bezüglich der Schlusserbeinsetzung des Klägers auf den Tod des Erblassers am ▒ vom Nachlassgericht ▒ erneut unter Az. ▒ eröffnet. Der Kläger hat die Alleinerbschaft angenommen.

*Beweis:* Beglaubigte Abschrift des Eröffnungsprotokolls des Nachlassgerichts ▒ vom ▒

- Anlage K 5 -

Dass der Erblasser den Kläger benachteiligen und die bindende Erbeinsetzung umgehen wollte, kann durch Zeugenaussagen bewiesen werden. Anlässlich einer Feier am ▒ hat der Erblasser gegenüber dem Zeugen ▒ geäußert, er habe das Haus seiner Partnerin schenken müssen, weil er sie testamentarisch nicht mehr habe bedenken können; der mit seiner vorverstorbenen Ehefrau geschlossene Erbvertrag habe dies unmöglich gemacht.

*Beweis:* Zeugnis des ▒

Der Erblasser hatte kein eigenes lebzeitiges Interesse an der Weggabe des Hausgrundstücks. Die Beklagte ist gut versorgt. Sie hat selbst drei Häuser, die allesamt vermietet sind und deren Mieterträge monatlich mindestens EUR ▒ brutto betragen.

*Beweis:* Parteivernehmung der Beklagten

Der Tatbestand des § 2287 BGB ist damit erfüllt; die Beklagte hat an den Kläger das geschenkte Hausgrundstück zurück zu übereignen (§ 925 BGB) und herauszugeben.

Der Klage ist demnach wie beantragt stattzugeben.

*Krug*

Streitwert: Der Grundstückswert beträgt ▓▓▓▓ EUR.

(Rechtsanwalt)

## 8. Geltendmachung von Gegenrechten

### a) Zug-um-Zug-Verurteilung wegen Verwendungen

Der Beschenkte kann auch geltend machen, er sei, für den Fall, dass der Herausgabeanspruch doch bestehe, schuldrechtlich nicht verpflichtet, zum jetzigen Zeitpunkt der Eigentumsübertragung und Herausgabe zuzustimmen, weil ihm ein Zurückbehaltungsrecht wegen erheblicher Verwendungen auf das Grundstück zustehe (vgl. zur Rückgewähr von Aufwendungen durch den Beschenkten das Muster Rn 61). Der BGH wendet die Vorschriften der §§ 987 ff. BGB auf die Rechtsstellung des Herausgabepflichtigen u.a. wegen der getätigten Verwendungen entsprechend an.[126]

BGH, Urteil vom 24.6.1963:[127]

*„Der Grundsatz, dass der bei der Nichtigkeit eines Vertrags entstehende Bereicherungsanspruch von vornherein auf Herausgabe des aus den beiderseits erbrachten Leistungen ermittelten Überschusses geht, gilt sinngemäß auch dann, wenn die Leistungen ungleichartig sind. In einem solchen Falle hat der Bereicherungskläger die ungleichartige Gegenleistung schon im Klageantrag derart zu berücksichtigen, dass er deren Rückgewähr Zug um Zug anbietet. Der Bereicherungsbeklagte ist nicht darauf angewiesen, insoweit ein Zurückbehaltungsrecht geltend zu machen."*

Zur Problematik der Schenkung eines unbebauten Grundstücks, das im Zeitpunkt der Rückgewähr bebaut ist, vgl. BGH NJW 1980, 1789.

### b) Muster: Klageerwiderung (Geltendmachung von Verwendungen)

An das

Landgericht
– Zivilkammer –

▓▓▓▓

zu Az. ▓▓▓▓

*Klageerwiderung*

in der Rechtssache

des Herrn ▓▓▓▓

– Kläger –

Prozessbevollmächtigter: Rechtsanwalt ▓▓▓▓

gegen

Frau ▓▓▓▓

– Beklagte –

Prozessbevollmächtigter: Rechtsanwalt ▓▓▓▓

---

126 BGHZ 41, 30, 35 ff.; BGH NJW 1963, 1870; BGH WM 1972, 564; BGH NJW 1980, 1789, 1790.
127 BGH NJW 1963, 1870.

wegen Übertragung eines Grundstücks.

Namens und in Vollmacht der Beklagten beantrage ich
1. in erster Linie Klageabweisung bezüglich der vom Kläger erhobenen Klage auf Zustimmung zur Grundstücksübertragung,
2. in zweiter Linie hilfsweise Zug-um-Zug-Verurteilung gegen Zahlung von ▮▮▮▮ EUR.[128]

*Begründung:*

Zum Klageabweisungsantrag: ▮▮▮

Zum Hilfsantrag auf Zug-um-Zug-Verurteilung:

Sollte die Klage zulässig und begründet sein, so kann eine Verurteilung auf Zustimmung zur Eigentumsübertragung nur erfolgen, wenn der Kläger Zug um Zug zur Erstattung der Verwendungen, die die Beklagte in den Jahren ▮▮▮ auf das streitgegenständliche Gebäudegrundstück gemacht hat, verurteilt wird, §§ 987 ff., 273 Abs. 2, 274 BGB.

Die Beklagte hat auf ihre Rechtsstellung als rechtmäßige Alleineigentümerin des ▮▮▮ vertraut und hat in der Annahme, auf Dauer Eigentümerin des Gebäudegrundstücks bleiben zu können, folgende Investitionen getätigt: ▮▮▮

*Beweis:* ▮▮▮

Nach der Rechtsprechung des BGH (NJW 1963, 1870; WM 1972, 564; NJW 1980, 1789) sind diese Verwendungen vom Kläger zu erstatten, falls er tatsächlich einen Herausgabeanspruch haben sollte. Eine Verurteilung der Beklagten zur Herausgabe und zur Abgabe der Auflassungserklärung samt Grundbucheintragungsbewilligung kann nur erfolgen, wenn sichergestellt ist, dass die Beklagte ihre Aufwendungen erstattet erhält.

(Rechtsanwalt)

### c) Zwangsvollstreckung bei Zug-um-Zug-Verurteilung

**62** Die Zwangsvollstreckung erfolgt, wenn Gegenansprüche wegen Verwendungen auf das Grundstück begründet sind, im Falle einer Zug-um-Zug-Verurteilung (§§ 273 Abs. 2, 274 BGB) nach § 726 Abs. 2 ZPO.

## 9. Zug-um-Zug-Verurteilung bei Pflichtteilsansprüchen des Beschenkten

### a) Grundsatz

**63** Eine Beeinträchtigung des Vertragserben ist schon dann zu verneinen, wenn die Zuwendung die Höhe des Pflichtteils und/oder der Zugewinnausgleichsforderung des Beschenkten erreicht und damit diese Ansprüche ohnehin als abgegolten angesehen werden können. **Übersteigt der Wert der Schenkung** Pflichtteil und/oder Zugewinnausgleichsforderung des Beschenkten, so kann der Vertragserbe den Herausgabeanspruch nur auf das beschränken, was nach Erfüllung des Pflichtteils und/oder des Zugewinnausgleichs dem Beschenkten verbleibt. Aus diesem Grunde kann der Vertragserbe nach der BGH-Rechtsprechung eine Herausgabe des geschenkten Gegenstandes nur Zug um Zug gegen Zahlung des Pflichtteils und/oder des Zugewinnausgleichs verlangen; **dies ist auch ohne Einrede zu berücksichtigen.**[129]

---

[128] Die Zwangsvollstreckung eines solchen Urteils erfolgt nach § 726 Abs. 2 ZPO.
[129] BGHZ 88, 269, 272 = NJW 1984, 121; BGH ZEV 1996, 25 = NJW-RR 1996, 133.

Ist lediglich Geld herauszugeben, bspw. als Wertersatz nach § 818 Abs. 2 BGB, so ist eine **Saldierung der gegenseitigen Ansprüche** vorzunehmen und damit nur der positive Saldo einzuklagen, so dass eine Zug-um-Zug-Leistung nicht erforderlich ist.

64

Die Frage, ob der Vertragserbe Herausgabe des geschenkten Gegenstandes Zug-um-Zug gegen Zahlung des Pflichtteils oder aber nur Zahlung des Betrages verlangen kann, um den der Wert des geschenkten Gegenstands den Pflichtteilsanspruch übersteigt, ist danach zu beantworten, ob der Wert des Geschenks überwiegend herausgegeben werden muss oder im Hinblick auf den Pflichtteil überwiegend dem/den Erben gebührt.[130] Dieser für die gemischte Schenkung entwickelte Grundsatz gilt gleichermaßen, wenn der vom Erblasser übertragene Gegenstand dem Empfänger nicht im Hinblick auf eine Gegenleistung, sondern auf seinen Pflichtteilsanspruch zum überwiegenden Teil endgültig zusteht.

Ist der Beschenkte ein neuer Ehegatte des Erblassers, ein eingetragener Lebenspartner oder ein Abkömmling, so kommt fast immer eine Pflichtteilsgegenforderung in Betracht, weil diese Personen nach § 2303 BGB, § 10 Abs. 6 LPartG zu den Pflichtteilsberechtigten gehören.

### b) Fall aus der BGH-Rechtsprechung

Der BGH führt zur Pflichtteilsforderung des Beschenkten gegen den Erbvertrags-Erben in seinem Urteil vom 28.9.1983[131] aus:

65

*„Der Bereicherungsanspruch aus § 2287 BGB ist auf das beschränkt, was nach Begleichung des Pflichtteils des Beschenkten übrig bleibt.*
***Zum Sachverhalt:***
*In dem 1955 errichteten gemeinschaftlichen Testament setzten die Eltern der Kl. sich gegenseitig zu Alleinerben und die Kl. als einzige Tochter zum Erben des Letztversterbenden ein. Danach erwarben sie zwei Eigentumswohnungen. Die Mutter verstarb 1970, der Vater am 29.12.1980. Er hatte am 2.6.1979 im Alter von 88 Jahren die Bekl. geheiratet, die seit dem 1.7.1970 seine Haushälterin gewesen war. Bereits am 8.4.1976 hatte er in notarieller Urkunde der Bekl. eine der beiden Eigentumswohnungen „geschenkt" (so heißt es in der Urkunde), sich jedoch den lebenslänglichen Nießbrauch vorbehalten. Die andere Eigentumswohnung hatte er am 10.6.1977 ebenfalls unter Vorbehalt des Nießbrauchs an den Sohn der Bekl. für 60.000 DM verkauft. Die Kl. verlangt Übereignung der auf die Bekl. übertragenen Eigentumswohnung.*
*Das LG hat der Klage stattgegeben. Das OLG hat die Berufung der Bekl. zurückgewiesen. Die Revision der Bekl. führte zur Aufhebung und Zurückverweisung.*
***Aus den Gründen:***
*Ohne Rechtsfehler wendet das BerGer. diese Bestimmung (§ 2287 BGB) entsprechend im Falle eines bindend gewordenen gemeinschaftlichen Testaments an und geht es davon aus, der Erblasser habe die Eigentumswohnung gemäß dem notariellen Vertrag vom 8.4.1976 schenkweise der Bekl. übertragen. Der Begriff der Schenkung wird in § 2287 BGB im gleichen Sinne wie in den §§ 516 ff. BGB gebraucht, so dass eine die Bekl. als Empfängerin bereichernde Zuwendung aus dem Vermögen des Erblassers und Einigkeit beider Vertragsparteien über die Unentgeltlichkeit gegeben sein müssen. Das Vorliegen dieser Voraussetzungen hat das BerGer. rechtsfehlerfrei nach dem Wortlaut des notariellen Vertrages mit näherer Begründung als eindeutig angesehen und die Zeugenaussage*

---

130 BGH FamRZ 2006, 1186 = ZEV 2006, 505; BGHZ 77, 264, 271; 88, 269, 272; MüKo-*Musielak*, § 2287 BGB Rn 22; Soergel/*M. Wolf*, § 2287 Rn 25; Staudinger/*Kanzleiter*, BGB § 2287 Rn 26.
131 BGH NJW 1984, 121 = BGHZ 88, 269.

*des Sohnes der Bekl. als dem nicht entgegenstehend bezeichnet. Da sich der Erblasser von Anfang an das Nießbrauchsrecht vorbehalten hat, kann dieses nicht Gegenleistung sein. ...*
*Aufgrund der vom LG durchgeführten Beweisaufnahme haben beide Vorinstanzen übereinstimmend festgestellt, der Erblasser habe bei dieser Schenkung in der Absicht gehandelt und diese Absicht auch geäußert, dass die Kl. von dem Vermögen ihrer Eltern nichts erhalten sollte. Nur auf diese Benachteiligungsabsicht hat das BerGer. seine Entscheidung gestützt, ohne auf die auch in der Berufungsbegründung angesprochene Änderung der Rechtsprechung im Jahre 1972 (BGHZ 59, 343 = NJW 1973, 240) und auf das danach entscheidende **lebzeitige Eigeninteresse des Erblassers** einzugehen. In der Tat ist der spezifische Anwendungsbereich des § 2287 BGB dann gegeben, wenn die Verfügung des Erblassers ihrem Gehalt nach auf eine Korrektur des Erbvertrages oder des gemeinschaftlichen Testaments angelegt war (BGHZ 66, 8, 16 = NJW 1976, 749). Demgemäß genügt ein solcher Wille immer dann, wenn er ausschließlich Beweggrund ist, um einen Anspruch aus § 2287 BGB zu bejahen.*
*Das BerGer. hat weiter aber ausdrücklich dahinstehen lassen, ob der Erblasser mit der Schenkung die damals noch nicht mit ihm verheiratete Bekl. auch habe an sich binden wollen. „Jedenfalls" müsse „davon ausgegangen" werden, dass der maßgebliche Grund seine Absicht gewesen sei, der Kl. nichts zukommen zu lassen. Auf diesen Umstand kommt es aber nach der neueren Rechtsprechung des BGH nicht mehr entscheidend an. Der IV. Zivilsenat hat 1972 entschieden, dass die Anwendung des § 2287 BGB gerade nicht davon abhängig ist, welche Absicht des Erblassers die überwiegende Motivationskraft hat (BGHZ 59, 343, 350 = NJW 1973, 240; vgl. auch BGHZ 66, 8, 15, 16 = NJW 1976, 749). An dieser Auffassung, die in Rechtsprechung und Schrifttum weithin gebilligt wird, hat der erkennende Senat in ständiger Rechtsprechung festgehalten (BGHZ 77, 264, 267 = NJW 1980, 2307; BGHZ 82, 274, 282 = NJW 1982, 43; BGHZ 83, 44, 45 = NJW 1982, 1100). Dem hat das BerGer. nicht Rechnung getragen. Seine knappen Erwägungen können den Anforderungen, die an die vom Tatrichter für jeden Einzelfall vorzunehmende umfassende Abwägung im Rahmen des § 2287 BGB zu stellen sind (dazu zuletzt BGHZ 83, 44, 45 ff. = NJW 1982, 1100), nicht genügen. Sie schließen zumindest die Möglichkeit nicht aus, dass das BerGer. das Bedürfnis des allein stehenden Erblassers nach Versorgung und Pflege im Alter von vornherein nicht hinreichend berücksichtigt hat. Der Tatrichter hat aber vor Beantwortung der Frage, ob die Schenkung trotz des notwendigen Schutzes des Vertragserben billigenswert und gerechtfertigt ist, sämtliche Umstände zu berücksichtigen und gegeneinander abzuwägen. ...*
*Kommt das BerGer. bei seiner Abwägung im Hinblick auf das Gewicht der Tatsachen, die die bereits vernommenen Zeugen bekundet haben, erneut zu dem gleichen Ergebnis, dann wird es entgegen seiner Ansicht das Pflichtteilsrecht der Bekl. als der Ehefrau des Erblassers zu berücksichtigen haben. Die Frage, welches Verhältnis zwischen dem Bereicherungsanspruch des Erben gegen den vom Erblasser Beschenkten aus § 2287 BGB und dem Pflichtteilsanspruch des Beschenkten gegen den Erben besteht, ist in den Vorinstanzen nur unter den Gesichtspunkten der Aufrechnung oder des Zurückbehaltungsrechts gesehen worden. Da aber der Anspruch aus § 2287 BGB nicht zum Nachlass gehört (BGHZ 78, 1, 3 = NJW 1980, 2461; vgl. auch Johannsen, DNotZ 1977, Sonderheft, S. 86), ist diese Sichtweise jedenfalls dann gegenstandslos, wenn Nachlass, aus dem ein Pflichtteilsanspruch zu berechnen und zu begleichen wäre, im Zeitpunkt des Erbfalles nicht mehr vorhanden ist.*
*Der Pflichtteil soll auch dem Ehegatten des Erblassers seine Beteiligung am Nachlass zumindest in Gestalt einer Geldforderung sichern. Das Gesetz stuft ihn als Schutz der nächsten Angehörigen hoch ein (Senat, NJW 1983, 2875, zur Veröffentlichung in BGHZ*

*bestimmt). Dementsprechend hat der Senat schon früher ausgesprochen, dass der mit § 2287 BGB gewährte Schutz Einschränkungen erfährt, wenn ihm das Recht auf den Pflichtteil gegenübersteht; er hat das sogar in einem Fall angenommen, in dem der Pflichtteilsberechtigte auf sein gesetzliches Erbrecht (einschließlich des Pflichtteils) verzichtet hatte (BGHZ 77, 264, 269 = NJW 1980, 2307). Vertragserbe und Schlusserbe müssen bei ihrer Erberwartung mit der Pflichtteilslast rechnen. Sie sind gegebenenfalls vor dem Beschenkten zur Ergänzung des Pflichtteils wegen Schenkungen verpflichtet. Demgemäß kann auch ihr Anspruch aus § 2287 BGB nur soweit reichen, wie sie in ihrer berechtigten Erberwartung beeinträchtigt werden (Staudinger-Kanzleiter, 12. Aufl., § 2287 BGB Rn 7; Soergel-Wolf, 11. Aufl., § 2287 BGB Rn 6). Da sie die Pflichtteilsansprüche vorab zu erfüllen haben oder ohne die beeinträchtigende Schenkung zu erfüllen hätten, sind sie von vornherein nicht i.S.v. § 2287 BGB beeinträchtigt, soweit ein Geschenk des Erblassers an den Pflichtteilsberechtigten dessen Pflichtteil zu decken geeignet ist. Der Bereicherungsanspruch aus § 2287 BGB ist auf das beschränkt, was nach Begleichung des Pflichtteils übrig bleibt. Deshalb muss die Kl., wenn sie die Herausgabe des Geschenkes beansprucht und verlangen kann, zugleich den fiktiven Pflichtteil der Bekl. an diese auskehren.*

*Der Bereicherungsanspruch aus § 2287 BGB ist gegebenenfalls nach Maßgabe der Grundsätze geltend zu machen und zu berechnen, wie sie zur gemischten Schenkung von der Rechtsprechung entwickelt worden sind. Auch das hat der Senat bereits ausgesprochen (BGHZ 77, 264, 272 = NJW 1980, 2307). Dabei kann der zu begleichende Pflichtteil höchstens von dem Betrage errechnet werden, der sich aus der Summe der Werte der noch vorhandenen, also grundsätzlich herauszugebenden Schenkung und des Nachlasses für den Zeitpunkt des Erbfalles ergibt. Der so berechnete Pflichtteil ist von vornherein dem Beschenkten als Pflichtteilsberechtigten zu belassen. Deshalb kann der aus § 2287 BGB Berechtigte seinen Herausgabeanspruch – wenn er einen solchen hat – nur Zug um Zug gegen Zahlung des Pflichtteilsbetrages geltend machen (vgl. auch die Regelung für den Ausgleich von Aufwendungen, die dem Bereicherungsschuldner zu erstatten sind, dazu BGH NJW 1963, 1870 = WM 1963, 834, 836; WM 1972, 564; NJW 1980, 1789, 1790; vgl. weiter Johannsen, DNotZ 1977 Sonderheft, S. 96); einer dahingehenden Einrede der Bekl. bedarf es insoweit nicht."*

c) Zwangsvollstreckung bei Zug-um-Zug-Verurteilung

Die Zwangsvollstreckung erfolgt im Falle einer Zug-um-Zug-Verurteilung (§§ 273 Abs. 2, 274 BGB) nach § 726 Abs. 2 ZPO.

## 10. Zug-um-Zug-Verurteilung bei Zugewinnausgleichsanspruch des Beschenkten

a) Grundsatz

Dieselben Grundsätze, die die Rechtsprechung für den Fall des Bestehens eines Pflichtteilsanspruchs des Beschenkten gegen den Erben entwickelt hat, gelten bei einer Zugewinnausgleichsforderung als Gegenanspruch des/der Beschenkten. D.h., dass es auch hier nur eine Zug-um-Zug-Verurteilung geben kann.

Zur Zugewinnausgleichsforderung des Beschenkten gegen den Erben führt der BGH im Urteil vom 27.9.1995[132] aus:

---

132 BGH NJW-RR 1996, 133 = ZEV 1996, 25.

> *"Neben der „Benachteiligungsabsicht (BGHZ 82, 274, 272 = NJW 1982, 43; BGHZ 108, 73, 77 = NJW 1989, 2389; BGHZ 116, 167, 176 = NJW 1992, 564 = LM H. 5/1992 § 2287 BGB Nr. 20)" ... muss „durch diese Schenkung" ... der Vertragserbe auch objektiv benachteiligt sein."*
>
> *„In seinem Urteil vom 27.11.1991 hat der Senat zum Umfang der insoweit erforderlichen Prüfung ausgeführt (BGHZ 116, 167, 175 = NJW 1992, 564 = LM H. 5/1992 § 2287 BGB Nr. 20):*
>
> *„Dazu gehört auch die Frage, ob und in welchem Umfang der Kl. durch die möglichen Zuwendungen des Erblassers trotz der Ansprüche der Bekl. auf Zugewinnausgleich und auf ihren Pflichtteil überhaupt benachteiligt ist und gegebenenfalls in welchem Umfang."*

Dieser Hinweis geht auf die Rechtsprechung des Senats zurück, wonach der Bereicherungsanspruch aus § 2287 BGB auf das beschränkt ist, was nach Begleichung des Pflichtteils des Beschenkten übrig bleibt (BGHZ 88, 269, 272 = LM § 2287 BGB Nr. 16). Demgemäß setzt eine rechtsfehlerfreie Feststellung der Beeinträchtigung des Kl. und ihres Umfangs voraus, dass die Zugewinn- und Pflichtteilsansprüche der Bekl. der Höhe nach festliegen.

68 Ist lediglich Geld herauszugeben, bspw. als Wertersatz nach § 818 Abs. 2 BGB, so ist eine **Saldierung der gegenseitigen Ansprüche** vorzunehmen und damit nur der positive Saldo einzuklagen, so dass eine Zug-um-Zug-Leistung nicht erforderlich ist.

Diese Grundsätze sind auf eine Ausgleichsforderung unter eingetragenen Lebenspartnern anzuwenden, wenn zwischen ihnen der Vermögensstand der Zugewinngemeinschaft (früher: Ausgleichsgemeinschaft) bestanden hat, § 6 LPartG.

### b) Zuständigkeit des Familiengerichts?

69 Für die Zugewinnausgleichsforderung ist nach § 621 Abs. 1 Nr. 8 ZPO das Familiengericht zuständig, während für den Herausgabeanspruch und den Pflichtteilsanspruch das allgemeine Zivilgericht zuständig ist. Hier geht es um eine Zug-um-Zug-Verurteilung, so dass eine Trennung des Prozesses nach Familiensache und Nicht-Familiensache nicht in Betracht kommen kann. In entsprechender Anwendung der Rechtsprechung des BGH[133] zur Aufrechnung im allgemeinen Zivilprozess mit einer Forderung, die zur Zuständigkeit des Familiengerichts gehört, kann auch in der Konstellation der Zug-um-Zug-Verurteilung das allgemeine Zivilgericht über die Zugewinnausgleichsforderung entscheiden. Auch für eine Ausgleichsforderung eines eingetragenen Lebenspartners ist das Familiengericht zuständig, §§ 111 Nr. 9, 112 Nr. 2, 261 Abs. 1, 269 Abs. 2 FamFG (bis 31.8.2009: § 661 Abs. 1 Nr. 6 ZPO).[134]

### c) Zwangsvollstreckung bei Zug-um-Zug-Verurteilung

70 Die Zwangsvollstreckung erfolgt im Falle einer Zug-um-Zug-Verurteilung (§§ 273 Abs. 2, 274 BGB) nach § 726 Abs. 2 ZPO.

### 11. Beweislast

71 Die Beweislast für Schenkung, Beeinträchtigung – objektiv und subjektiv – und für den Missbrauch trägt derjenige, der Rechte aus § 2287 BGB herleiten will.[135] Dafür ist es für

---

133 BGH FamRZ 1989, 166, 167; siehe auch *Thomas/Putzo*, § 621 ZPO Rn 7.
134 BGBl I 2008, S. 2586.
135 BGHZ 66, 8, 16; BGHZ 97, 188 = NJW 1986, 1755; OLG Koblenz ZEV 2005, 480 = FamRZ 2005, 1280.

den Erben von Bedeutung, Abschriften der betreffenden Urkunden zu erhalten. Soweit Nachlassgrundstücke belastet wurden, bspw. mit einem Nießbrauchsrecht, kann der Erbe beim Grundbuchamt die Erteilung einer beglaubigten Abschrift der Nießbrauchsbestellungsurkunde aus den Grundakten beantragen, § 12 Abs. 2 GBO (vgl. dazu das Muster Rn 72). Gegen die Versagung der Abschriftserteilung findet die Beschwerde nach §§ 71 ff. GBO statt.

Befindet sich die betreffende Urkunde nicht bei den Grundakten, so kann der Erbe die Erteilung einer Abschrift beim beurkundenden Notar beantragen, § 51 BeurkG (vgl. dazu das Muster Rn 73). Gegen die Versagung der Abschriftserteilung findet die Beschwerde nach § 54 BeurkG statt.

Der durch die lebzeitige Verfügung Begünstigte muss die Umstände darlegen, die den Erblasser zu seiner Verfügung bewogen haben.[136]

### 12. Muster: Antrag auf Erteilung einer Abschrift aus den Grundakten

An das

Amtsgericht
– Grundbuchamt –

*Grundbuch von* , Band , Heft , eingetragener Eigentümer:

Der zuvor genannte Eigentümer ist am in gestorben. Ausweislich der beigefügten beglaubigten Abschrift des Erbscheins des Amtsgerichts – Nachlassgericht – vom , Az. , wurde er allein beerbt von meinem Mandanten, Herrn .

In seinem Namen beantrage ich

die Erteilung einer beglaubigten Abschrift des Vertrags über die Bestellung des Nießbrauchs zugunsten von Frau an dem Grundstück .

Auf den Nießbrauchsbestellungsvertrag ist bei der Eintragung des Nießbrauchs im Grundbuch Bezug genommen worden.

Vollmacht meines Mandanten füge ich bei.

Entstehende Kosten können mir aufgegeben werden.

(Rechtsanwalt)

### 13. Muster: Antrag auf Erteilung einer Abschrift von einer notariellen Urkunde

Herrn

Notar

*Schenkungsvertrag zwischen Herrn* und Frau vom Ihre UR-Nr.

Der zuvor genannte Herr ist am in gestorben. Ausweislich der beigefügten beglaubigten Abschrift des Erbscheins des Amtsgerichts – Nachlassgericht – vom , Az. , wurde er allein beerbt von meinem Mandanten, Herrn .

---

136 BGHZ 66, 8, 16.

In seinem Namen beantrage ich gem. § 51 BeurkG die Erteilung einer beglaubigten Abschrift des unter Ihrer UR-Nr. ▮ beurkundeten Schenkungsvertrags vom ▮.

Vollmacht meines Mandanten füge ich bei.

Entstehende Kosten können mir aufgegeben werden.

(Rechtsanwalt)

## 14. Muster: Klage des Vertragserben auf Aufhebung und Löschung eines Nießbrauchsrechts sowie Herausgabe eines Gebäudegrundstücks Zug um Zug gegen Zahlung des Pflichtteils und des Zugewinnausgleichs[137]

An das

Landgericht[138]
– Zivilkammer –

Klage

des Herrn ▮

– Klägers –

Prozessbevollmächtigter: Rechtsanwalt ▮

gegen

Frau ▮

– Beklagte –

wegen Zustimmung zur Aufhebung und Löschung eines Grundstücksnießbrauchs sowie Herausgabe eines Gebäudegrundstücks Zug um Zug gegen Zahlung des Pflichtteils und des Zugewinnausgleichs.

Namens und in Vollmacht des Klägers erhebe ich Klage gegen die Beklagte und werde in dem zu bestimmenden Termin beantragen, für Recht zu erkennen:

Die Beklagte wird verurteilt,
a) der Aufhebung und Löschung des zu ihren Gunsten im Grundbuch des Amtsgerichts ▮ für ▮, Band ▮, Heft ▮, in Abt. II Nr. ▮ und zu Lasten des im selben Grundbuch BV Nr. ▮ eingetragenen Gebäudegrundstücks Gemarkung ▮, Flst.Nr. ▮, in ▮ Straße Nr. ▮, Größe: ▮, eingetragenen Nießbrauchsrechts zuzustimmen,
b) das zuvor bezeichnete Gebäudegrundstück in geräumtem Zustand an den Kläger herauszugeben, und zwar lit. a) und b) Zug um Zug gegen Zahlung von ▮ EUR als Pflichtteil und weiterer ▮ EUR als Zugewinnausgleich jeweils aus dem Nachlass des am ▮ verstorbenen Erblassers ▮, zuletzt wohnhaft in ▮.

Falls die Voraussetzungen des § 331 Abs. 3 bzw. § 307 ZPO vorliegen, bitte ich um Erlass eines *Versäumnis- bzw. Anerkenntnisurteils*[139] ohne mündliche Verhandlung.

---

137 BGH NJW-RR 1996, 133 = ZEV 1996, 25.
138 Für die Zugewinnausgleichsforderung ist nach § 621 Abs. 1 Nr. 8 ZPO (seit 1.9.2009 gem. §§ 111 Nr. 9, 112 Nr. 2, 261 Abs. 1, 269 Abs. 2 FamFG) das Familiengericht zuständig. Da sie hier aber im Rahmen einer Zug-um-Zug-Verurteilung vom Kläger „eingebracht" wird, kann das allgemeine Zivilgericht darüber entscheiden (BGH FamRZ 1989, 166, 167; siehe auch *Thomas/Putzo*, § 621 ZPO Rn 7).
139 Zu den Neuerungen durch die ZPO-Reform 2002 vgl. *Krug*, ZEV 2002, 58.

*Begründung:*

Mit der Klage macht der Kläger gegen die Beklagte bereicherungsrechtliche Herausgabeansprüche nach § 2287 BGB geltend.

*Sachverhalt:*

Der Kläger ist der einzige Sohn des am ▓▓▓ 1998 verstorbenen ▓▓▓, zuletzt wohnhaft gewesen in ▓▓▓. In einem am ▓▓▓ bei dem Notar ▓▓▓ in ▓▓▓, UR-Nr. ▓▓▓, errichteten Testament hat der Erblasser zusammen mit seiner vorverstorbenen Ehefrau ein sog. „Berliner Testament" errichtet, wonach die Eheleute sich gegenseitig zu Alleinerben und den gemeinschaftlichen Sohn, den Kläger, zum Schlusserben für das gesamte Vermögen des Überlebenden eingesetzt haben. Der Kläger hat die Erbschaft angenommen.

*Beweis:* Beglaubigte Abschriften

a) des notariellen gemeinschaftlichen Testaments vom ▓▓▓ – Anlage K 1 –

b) der Eröffnungsniederschrift des Nachlassgerichts ▓▓▓ auf den Tod des Überlebenden vom ▓▓▓, Az. ▓▓▓ – Anlage K 2 –

Die Beklagte war seit 1976 mit dem Erblasser in dessen zweiter Ehe verheiratet. Durch notariellen Vertrag vom 14.2.1985 – überschrieben mit „Nießbrauchsbestellungs- und Schenkungsvertrag" –, beurkundet von Notar ▓▓▓ in ▓▓▓ unter UR-Nr. ▓▓▓, schenkte der Erblasser der Beklagten sein gesamtes Mobiliar und belastete sein Wohnhausgrundstück in ▓▓▓ (vgl. nähere Bezeichnung im Klageantrag) mit einem lebenslangen unentgeltlichen Nießbrauch zugunsten der Beklagten.

*Beweis:* Beglaubigte Abschrift des notariellen Schenkungsvertrags vom 14.2.1985

– Anlage K 3 –

Kurze Zeit nach der Eheschließung des Erblassers mit der Beklagten war es zwischen dem Kläger einerseits und dem Erblasser und der Beklagten andererseits zu erheblichen Spannungen gekommen. Der Erblasser hat der Beklagten den Nießbrauch und das Mobiliar in der Absicht geschenkt, den Kläger zu benachteiligen. Der Erblasser hat zu Lebzeiten gegenüber verschiedenen Personen geäußert, er sei gezwungen gewesen, den Schenkungsvertrag zugunsten der Beklagten zu schließen, weil er kein anders lautendes Testament mehr habe machen können. Von einer Schenkung des Gebäudegrundstücks ▓▓▓ habe er Abstand genommen, weil seine Absicht, „es meinem Sohn zu zeigen", sonst zu deutlich gewesen wäre und er damit nur einen Prozess provozieren würde. Deshalb habe er die Variante mit dem Nießbrauch gewählt.

*Beweis:* Zeugnis des ▓▓▓

Demgegenüber beruft sich die Beklagte außergerichtlich auf Pflichtteils- und Zugewinnausgleichsansprüche und darauf, bei den Schenkungen habe es sich um ehebedingte, unbenannte Zuwendungen gehandelt.

Der Kläger wurde in seiner Eigenschaft als Alleinerbe des Erblassers im Wege der Grundbuchberichtigung als Alleineigentümer des zuvor näher bezeichneten Gebäudegrundstücks im Grundbuch eingetragen. Der Nießbrauch der Beklagten blieb bestehen, weil sie der Löschung bisher nicht zugestimmt hat, obwohl der Kläger sie dazu mehrfach aufgefordert hat.

*Beweis:* Beglaubigte Abschrift des Grundbuchs ▓▓▓ – Anlage K 4 –

Der Erblasser hat nach dem Tod seiner ersten Ehefrau die Alleinerbschaft angenommen und nach der Eheschließung mit der Beklagten die Schlusserbeinsetzung nach § 2079 BGB – wegen des Hinzutretens der Beklagten als Pflichtteilsberechtigter – nicht angefochten. Er hätte die Anfechtung des Erbvertrags zum Zeitpunkt des Abschlusses des Schenkungsvertrags auch nicht mehr erklären können, weil die einjährige Anfechtungsfrist nach §§ 2281, 2283 Abs. 1 BGB zu diesem Zeitpunkt bereits verstrichen war. Die Eheschließung war am ▓▓▓ 1976 erfolgt; damit hatte die einjährige Anfechtungsfrist zu laufen begonnen, § 2283 Abs. 2 BGB. Der Schenkungsvertrag datiert vom 14.2.1985.

*Rechtliche Beurteilung:*
1. Nach der Rechtsprechung des Bundesgerichtshofs (BGHZ 116, 167 ff. = NJW 1992, 564 = LM H. 5/ 1992 § 2287 BGB) sind unbenannte Zuwendungen unter Ehegatten im Erbrecht grundsätzlich wie eine Schenkung zu behandeln; deshalb braucht letztlich nicht entschieden zu werden, ob es sich um eine Schenkung oder um eine unbenannte Zuwendung gehandelt hat.
2. Die Nießbrauchsbestellung im Vertrag aus dem Jahre 1985 dürfte als eine unbenannte Zuwendung anzusehen sein, die im Rahmen des Anspruchs des Klägers aus § 2287 BGB als objektiv unentgeltlich und wie eine Schenkung zu behandeln ist. Die Beklagte selbst hat von Anfang an den Standpunkt vertreten, es handele sich um eine ehebedingte, unbenannte Zuwendung. Sie hat keine Tatsachen dafür vorgetragen, dass die danach anzunehmende objektive Unentgeltlichkeit hier ausnahmsweise verneint werden könnte.
3. Entgegenkommenderweise verzichtet der Kläger darauf, wegen des geschenkten Mobiliars Herausgabeansprüche geltend zu machen. Zur rechtlichen Beurteilung des gesamten Vorgangs ist jedoch auch diese Schenkung von Bedeutung und mit zu berücksichtigen.
4. Die Überschrift des notariellen Vertrages vom 14.2.1985 „Nießbrauchsbestellungs- und Schenkungsvertrag" ist zumindest ein bedeutsames Indiz für den Schenkungscharakter, wenn nicht sogar ein Beweis, zumal nach § 415 ZPO die notarielle Beurkundung den vollen Beweis für den Inhalt der dort abgegebenen Erklärungen erbringt. Und zum Inhalt der Urkunde gehört auch deren Überschrift, weil auch darin der gegenüber dem Notar geäußerte Wille dokumentiert wird.
5. Irgendeine Gegenleistung hat die Beklagte nicht erbracht.
6. Dass in der Vertragsurkunde vom 14.2.1985 niedergelegt ist, der Erblasser beabsichtige, die Beklagte „für die Zukunft abzusichern", ist nicht als entscheidend gegen eine Schenkung sprechender Umstand anzusehen. Unstreitig hat die Beklagte das mit dem Nießbrauch belastete Wohnhausgrundstück jedenfalls ab August 1999 für monatlich 1.200 DM, seit 1.1.2002: 600 EUR vermietet.
7. Auf diesen Betrag war und ist sie nicht angewiesen. Nach den Einkommens- und Vermögensverhältnissen der Ehegatten war die Nießbrauchseinräumung unterhaltsrechtlich nicht erforderlich. Unstreitig finanzierte der Erblasser zu seinen Lebzeiten den gesamten Unterhalt beider Ehegatten einschließlich der Fahrzeuge und Urlaubsreisen. Dies geschah mit der mietfreien Wohnung und aus seinen laufenden Einkünften von damals rund 2.800 DM; die Beklagte hat ihre eigene Rente von 800 DM, seit 1.1.2002: 400 EUR, für eigene Zwecke verwenden können. Dem hat die Beklagte in ihrem außergerichtlichen Schriftsatz vom ▬ nur entgegengesetzt, dass sie ihre Rente erstmals in Gestalt einer Nachzahlung von knapp 12.000 DM am 14.5.1995 und danach mit monatlich 813,93 DM bezogen habe. Konnte aber der großzügige Lebensstil der Ehegatten unstreitig mit dem mietfreien Wohnen und den Gesamteinkünften des Erblassers von „damals 2.800 DM" bestritten werden, dann ist erkennbar, dass die Bekl. auch für die Zukunft - also für die Zeit nach dem Tod des Erblassers - weitgehend abgesichert war. Unstreitig wohnt sie im eigenen Haus mietfrei und verfügt an Renten- und Mieteinkünften über mehr als 2.100 DM, seit 1.1.2002 ca. 1.000 EUR. Also kommt es auf die Erträge aus dem wegen ihres Pflichtteils und Zugewinnausgleichs ihr verbleibenden Teil des Erblasservermögens und auf die nicht unerheblichen Zinserträge hieraus nicht einmal an.
8. Der Kläger will sich auch mit etwaigen Gegenargumenten der Beklagten auseinander setzen: Die Pflicht des Erblassers, gegebenenfalls für eine angemessene Alterssicherung der Beklagten als seiner Ehefrau zu sorgen, könnte der Einordnung einer Zuwendung als unentgeltlich entgegenstehen (BGHZ 116, 167, 173 = NJW 1992, 564 = LM H. 5/1992 § 2287 BGB Nr. 20m.w.N.). Das ist jedoch nicht die Regel (BGHZ 116, 167, 174 = NJW 1992, 564 = LM H. 5/1992 § 2287 BGB Nr. 20).
9. Hier war die Absicht zur Zukunftssicherung nur vorgeschoben. Das ergibt die vom Zeugen ▬ zu bekundende Äußerung des Erblassers, dieser habe mit dem Wissen und der Billigung der Beklagten den Nießbrauch bei der Bestellung im Jahre 1985 ihr ausschließlich in der Absicht zukommen lassen, „es meinem Sohn zu zeigen, wer das letzte Wort in unseren Vermögensangelegenheiten hat" und damit den Schlusserben zu beeinträchtigen.
10. Der Erblasser (und die Beklagte) haben mit der Nießbrauchsbestellung - und der Schenkung des Mobiliars - ausschließlich die Absicht verfolgt, den Kläger als für den Erblasser bindend eingesetzten Schlusserben zu beeinträchtigen. Damit und weiter im Hinblick auf die aufgezeigte unterhaltsrechtliche

*Krug*

Seite ist ausgeschlossen, dass der Erblasser ein lebzeitiges Eigeninteresse an dieser Schenkung gehabt hat. Vielmehr ist auch das Vorliegen der Benachteiligungsabsicht zu bejahen (BGHZ 82, 274, 272 = NJW 1982, 43; BGHZ 108, 73, 77 = NJW 1989, 2389; BGHZ 116, 167, 176 = NJW 1992, 564 = LM H. 5/1992 § 2287 BGB Nr. 20).

11. Die den Beklagten gewährte Einräumung des Nießbrauchs an dem Gebäudegrundstück ist nach § 2287 BGB nach bereicherungsrechtlichen Vorschriften zurückzugewähren. Dies bedeutet, dass der Nießbrauch nach der materiellrechtlichen Vorschrift des § 875 BGB aufzuheben ist. Die Aufhebungserklärung ist eine einseitige Erklärung nach § 130 BGB und soll durch das begehrte Urteil nach § 894 ZPO ersetzt werden. Außerdem ist die nach § 19 GBO erforderliche Löschungsbewilligung der Beklagten als Nießbrauchsberechtigter durch das zu erlassende Urteil zu ersetzen.

12. Nach der Rechtsprechung des Bundesgerichtshofs ist der Bereicherungsanspruch aus § 2287 BGB auf das beschränkt, was nach Begleichung des Pflichtteils des Beschenkten übrig bleibt (BGHZ 88, 269, 272 = LM § 2287 BGB Nr. 16). Demgemäß setzt eine Feststellung der Beeinträchtigung des Klägers und ihres Umfangs voraus, dass die Zugewinn- und Pflichtteilsansprüche der Beklagten der Höhe nach festliegen. Dies ist hier der Fall.

13. Der Pflichtteilsanspruch der Beklagten errechnet sich wie folgt: ▓▓▓▓ In Höhe des so ermittelten Pflichtteilsanspruchs von ▓▓▓▓ EUR anerkennt der Kläger diese Pflichtteilsforderung der Beklagten, allerdings nur zur Leistung Zug um Zug gegen Abgabe der mit der Klage geltend gemachten Willenserklärungen von Seiten der Beklagten.

14. Der Zugewinnausgleichsanspruch der Beklagten errechnet sich wie folgt: ▓▓▓▓ In Höhe des so ermittelten Zugewinnausgleichsanspruchs von ▓▓▓▓ EUR anerkennt der Kläger diese Zugewinnausgleichsforderung der Beklagten, allerdings auch hier nur zur Leistung Zug um Zug gegen Abgabe der mit der Klage geltend gemachten Willenserklärungen von Seiten der Beklagten.

15. Nach der bereits zitierten BGH-Rechtsprechung (insbesondere NJW-RR 1996, 133) hat die Verurteilung zur Aufhebung und Löschung des Nießbrauchsrechts einerseits und zur Zahlung des Pflichtteils und Zugwinnausgleichs andererseits Zug um Zug zu erfolgen.

16. Zur Zuständigkeit des allgemeinen Prozessgerichts für die Zugewinnausgleichsforderung:
Für die Zugewinnausgleichsforderung ist gem. §§ 111 Nr. 9, 112 Nr. 2, 261 Abs. 1, 269 Abs. 2 FamFG (bis 31.8.2009: § 621 Abs. 1 Nr. 8 ZPO) das Familiengericht zuständig, während für den Herausgabeanspruch und den Pflichtteilsanspruch das allgemeine Zivilgericht zuständig ist. Im vorliegenden Fall geht es um eine Zug-um-Zug-Verurteilung, so dass eine Trennung des Prozesses nach Familiensache und Nicht-Familiensache nicht in Betracht kommen kann. In entsprechender Anwendung der Rechtsprechung des BGH (FamRZ 1989, 166, 167; siehe auch *Thomas/Putzo*, § 621 ZPO Rn 7) zur Aufrechnung im allgemeinen Zivilprozess mit einer Forderung, die zur Zuständigkeit des Familiengerichts gehört, kann auch in der Konstellation der Zug-um-Zug-Verurteilung das allgemeine Zivilgericht über die Zugewinnausgleichsforderung entscheiden.

Der Klage ist demnach im beantragten Umfang stattzugeben.

Zum Streitwert: Der Jahreswert des Nießbrauchs beträgt ▓▓▓▓ EUR; die Beklagte ist geboren am ▓▓▓▓.

(Rechtsanwalt)

## IV. Auskunftsanspruch des Erben

### 1. Anspruchsgrundlage

Im Falle des § 2287 BGB kann dem durch Erbvertrag eingesetzten Erben ein Auskunftsanspruch gegen den vom Erblasser Beschenkten über etwa gewährte Zuwendungen zustehen, wenn seine Rechte aus dem Erbvertrag beeinträchtigt sein können. Die Rechtsprechung gewährt auf der Grundlage von § 242 BGB einen solchen Auskunftsanspruch, wenn der Vertragserbe hinreichende Anhaltspunkte für eine unentgeltliche Verfügung des Erblassers

75

dartut.¹⁴⁰ Erforderlich ist, dass der Anspruchsinhaber den Hauptanspruch schlüssig darlegt und in substantiierter Weise Tatsachen vorträgt und gegebenenfalls beweist, die greifbare Anhaltspunkte für eine sein Recht beeinträchtigende Schenkung ergeben.¹⁴¹

Da der BGH im Zusammenhang mit den Ansprüchen aus § 2287 BGB sowohl die unbenannte Zuwendung unter Ehegatten¹⁴² als auch die Vereinbarung der Gütergemeinschaft¹⁴³ u.U. als unentgeltliche Zuwendung ansieht, dürfte sich der Auskunftsanspruch des Vertragserben auch auf den Abschluss solcher Rechtsgeschäfte beziehen.¹⁴⁴

76 Die Vorschrift findet analoge Anwendung auf die nach §§ 2270, 2271 BGB bindend gewordene Erbeinsetzung des Schlusserben in einem gemeinschaftlichen Testament.¹⁴⁵

77 Da sich der Herausgabeanspruch auch auf die gezogenen Nutzungen bezieht, besteht auch insoweit ein Auskunftsanspruch (siehe zum Auskunftsanspruch im Einzelnen § 9 Rn 154, 302 ff.).

### 2. Substanziierte Darlegung von Anhaltspunkten für eine unentgeltliche Verfügung

78 Die Rechtsprechung gewährt dem Vertragserben einen **Auskunftsanspruch** gegen den mutmaßlich vom Erblasser Beschenkten, wenn dieser hinreichende Anhaltspunkte für eine unentgeltliche Verfügung darlegt.¹⁴⁶ Es müssen triftige Anhaltspunkte für einen Anspruch nach § 2287 BGB gegen den Auskunftsverpflichteten bestehen. Dies muss substanziiert vorgetragen und ggf. auch bewiesen werden.¹⁴⁷

### 3. Verjährung

79 Der Hauptanspruch **verjährt** nach § 2287 Abs. 2 BGB innerhalb von drei Jahren seit dem Anfall der Erbschaft an den Vertragserben. Nach Eintritt der Verjährung des Hauptanspruchs kann grundsätzlich auch keine Auskunft mehr verlangt werden. Daran hat sich auch durch die Neuregelung des Verjährungsrechts im Schuldrechtsmodernisierungsgesetz vom 26.11.2001¹⁴⁸ nichts geändert.

---

140 BGHZ 97, 188 = NJW 1986, 1755 = FamRZ 1986, 569.
141 OLG Celle FamRZ 2003, 1971 = ZEV 2003, 417 = OLGR Celle 2003, 326.
142 BGH NJW 1992, 564.
143 BGH NJW 1992, 558.
144 Vgl. auch *Kuchinke*, JZ 1987, 253; *Klingelhöffer*, NJW 1993, 1097, 1102; BGHZ 97, 188 = NJW 1986, 1755 = FamRZ 1986, 569.
145 BGHZ 82, 274; BGH NJW 1982, 43; NJW 1976, 749.
146 BGHZ 97, 188 = NJW 1986, 1755 = FamRZ 1986, 569.
147 BGHZ 97, 193; *Kuchinke*, JZ 1987, 253; MüKo-*Musielak*, § 2287 BGB Rn 23.
148 BGBl I 2001, 3138.

## 4. Muster: Auskunftsklage des Erbvertrags-Erben gegen Beschenkten

An das
Landgericht
– Zivilkammer –

*Klage*

des Herrn

– Klägers –

Prozessbevollmächtigter: Rechtsanwalt

gegen

Frau

– Beklagte –

wegen Auskunft.

Namens und in Vollmacht des Klägers erhebe ich Klage gegen die Beklagte und werde in dem zu bestimmenden Termin beantragen, für Recht zu erkennen:

Die Beklagte wird verurteilt, dem Kläger Auskunft zu erteilen über alle voll oder teilweise unentgeltlichen Zuwendungen, die sie vom Erblasser          , zuletzt wohnhaft in          , gestorben am          , erhalten hat.

Falls die Voraussetzungen des § 331 Abs. 3 bzw. § 307 ZPO vorliegen, bitte ich um Erlass eines **Versäumnis- bzw. Anerkenntnisurteils**[149] ohne mündliche Verhandlung.

*Begründung:*

Der Kläger ist der eheliche Sohn des Herrn          , der am          gestorben ist. Die Beklagte ist die langjährige Lebensgefährtin des Erblassers, mit der dieser nach dem Tod seiner Ehefrau zusammen gelebt hat.

Der Erblasser war verheiratet gewesen mit Frau          , der Mutter des Klägers. Sie ist am          gestorben. Mit ihr hatte der Erblasser einen Erbvertrag geschlossen, wonach sich die Eheleute gegenseitig zu Alleinerben und den einzigen gemeinsamen Sohn, den Kläger, zum alleinigen Erben des Überlebenden der beiden Ehegatten eingesetzt haben.

Aufgrund des erwähnten Erbvertrags, der am          von Notar          unter UR-Nr.          beurkundet worden war, wurde der überlebende Ehemann und jetzige Erblasser ihr Alleinerbe. Der Erbvertrag wurde auf den Tod der Mutter des Klägers am          vom Nachlassgericht          unter Az.          eröffnet.

*Beweis:* Je eine beglaubigte Abschrift

a) des Erbvertrags vom          – Anlage K 1 –

b) des Erbvertragseröffnungsprotokolls vom          – Anlage K 2 –

Der Kläger hat seinerzeit auf den Tod seiner Mutter den Pflichtteil nicht geltend gemacht, weil er auf den Tod des Überlebenden seiner Eltern erbvertraglich zum Alleinerben eingesetzt worden war und auf diese Erbeinsetzung vertraut hat.

Drei Jahre nach dem Tod seiner Ehefrau, der Mutter des Klägers, ist der Erblasser mit der Beklagten eine nichteheliche Partnerschaft eingegangen.

---

149 Zu den Neuerungen der ZPO-Reform 2002 vgl. *Krug*, ZEV 2002, 58.

Ein Jahr später hat der Erblasser das Hausgrundstück ▒ an die Beklagte veräußert.

Es besteht der Verdacht, dass die Veräußerung im Wege der Schenkung, der gemischten Schenkung, evtl. auch einer „verschleierten Schenkung" erfolgt ist oder dass eine etwa vereinbarte Gegenleistung von der Beklagten nicht erbracht wurde (vgl. zur „verschleierten Schenkung" RGZ 148, 236; BGH FamRZ 1961, 72; FamRZ 1964, 429).

Die Übertragung des Grundstücks an die Beklagte ist erfolgt, um den Kläger zu benachteiligen und zur Umgehung der erbvertraglich bindenden Erbeinsetzung des Klägers. Der Kläger wurde zwar aufgrund des Erbvertrags Alleinerbe seines Vaters, der Nachlass ist jedoch praktisch wertlos. Deshalb hegt der Kläger auch den Verdacht, dass keinerlei Gegenleistung für die Grundstücksübertragung in den Nachlass geflossen ist.

Der Erbvertrag wurde bezüglich der Schlusserbeinsetzung des Klägers auf den Tod des Erblassers am ▒ vom Nachlassgericht ▒ erneut unter Az. ▒ eröffnet. Der Kläger hat die Alleinerbschaft angenommen.

*Beweis:* Beglaubigte Abschrift des Eröffnungsprotokolls des Nachlassgerichts ▒ vom ▒ – Anlage K 3 –

Dass der Erblasser den Kläger benachteiligen und die bindende Erbeinsetzung umgehen wollte, kann durch Zeugenaussagen bewiesen werden. Anlässlich einer Feier am ▒ hat der Erblasser gegenüber dem Zeugen ▒ geäußert, er habe das Haus auf seine Lebensgefährtin übertragen müssen, weil er sie testamentarisch nicht mehr habe bedenken können; der mit seiner vorverstorbenen Ehefrau geschlossene Erbvertrag habe dies unmöglich gemacht.

*Beweis:* Zeugnis des ▒

Der Erblasser hatte kein eigenes lebzeitiges Interesse an der Weggabe des Hausgrundstücks. Da der Erblasser mit der Beklagten nicht verheiratet war, hatte er ihr gegenüber auch keine Unterhaltsverpflichtung. Der Erblasser war bis zu seinem Tode auch immer gesund; Versorgungsleistungen hat die Beklagte für den Erblasser nicht erbracht.

Der Tatbestand des § 2287 BGB ist erfüllt; die Beklagte hat dem Kläger Auskunft über das auf sie übertragene Hausgrundstück zu erteilen (BGHZ 97, 193).

Der Klage ist demnach wie beantragt stattzugeben.

Zum Streitwert: Das Interesse des Klägers ist gem. § 3 ZPO zu beziffern mit ▒ EUR.

(Rechtsanwalt)

### 5. Muster: Stufenklage: Auskunfts- und Herausgabeklage

An das

Landgericht
– Zivilkammer –

▒

*Klage*

des Herrn ▒

– Klägers –

Prozessbevollmächtigter: Rechtsanwalt ▒

gegen

Frau ▒

– Beklagte –

*Krug*

wegen Auskunft und Herausgabe eines Grundstücks.

Namens und in Vollmacht des Klägers erhebe ich Klage gegen die Beklagte und werde in dem zu bestimmenden Termin beantragen, für Recht zu erkennen:

1. Die Beklagte wird verurteilt, dem Kläger Auskunft zu erteilen über alle voll oder teilweise unentgeltlichen Zuwendungen, die sie außer dem nachfolgend in Ziff. 2 bezeichneten Grundstück vom Erblasser ▉▉▉▉, zuletzt wohnhaft in ▉▉▉▉, gestorben am ▉▉▉▉, erhalten hat.
2. Die Beklagte wird verurteilt, der Übertragung des Grundstücks ▉▉▉▉, eingetragen im Grundbuch des Amtsgerichts ▉▉▉▉ für ▉▉▉▉, Band ▉▉▉▉, BV Nr. ▉▉▉▉, Gemarkung ▉▉▉▉, Flst.Nr. ▉▉▉▉, Größe: ▉▉▉▉, auf den Kläger zuzustimmen und die Eintragung des Klägers als Eigentümer im Grundbuch zu bewilligen.
3. Die Beklagte wird weiter verurteilt,
   a) das zuvor unter Ziff. 2 bezeichnete Grundstück und
   b) die weiter ihr vom Erblasser geschenkten Gegenstände
   an den Kläger herauszugeben.

Die weiteren herauszugebenden Gegenstände werden nach erfolgter Auskunftserteilung im Einzelnen bezeichnet werden.

Falls die Voraussetzungen des § 331 Abs. 3 bzw. § 307 ZPO vorliegen, bitte ich um Erlass eines **Versäumnis- bzw. Anerkenntnisurteils**[150] ohne mündliche Verhandlung, zunächst bezüglich Ziff. 1, Ziff. 2 und Ziff. 3 lit. a) des Klagantrags als Teilurteil.

*Begründung:*

Mit der Klage macht der Kläger gegen die Beklagte bereicherungsrechtliche Herausgabeansprüche nach § 2287 BGB geltend.

*Sachverhalt:*

▉▉▉▉ (wie im vorhergehenden Muster)

## V. Checkliste: Herausgabeklage nach § 2287 BGB

- Sachliche Zuständigkeit: Amts-/Landgericht
- Örtliche Zuständigkeit: §§ 12, 13 ZPO
- Kläger: Erbvertraglich oder durch bindend gewordenes gemeinschaftliches Testament eingesetzter Erbe
- Beklagter: vom Erblasser Beschenkter
- Anspruch kann erst nach Tod des Erblassers entstehen
- Kein Feststellungsinteresse zu Lebzeiten des Erblassers
- Kein Vorbehalt im Erbvertrag oder gemeinschaftlichen Testament für anders lautende Verfügung von Todes wegen („ohne Bindung kein Schutz" des Vertragserben)
- Schenkungszeitpunkt: Nach Abschluss des Erbvertrags bzw. nach Eintritt der Bindung beim gemeinschaftlichen Testament
- Keine geringfügige Schenkung
- Es bestand keine sittliche Pflicht für die Schenkung
- Unentgeltliche Zuwendungen – auch Schuldenerlass –
  - Schenkung – auch gemischte Schenkung und Schenkung unter Auflage – (§§ 516 ff. BGB)
  - Bewertung einer etwaigen Gegenleistung – nur überschießender Betrag kann Schenkung sein
  - U.U. Vereinbarung der Gütergemeinschaft unter Eheleuten

---

150 Zu den Neuerungen der ZPO-Reform 2002 vgl. *Krug*, ZEV 2002, 58.

- U.U. Unbenannte Zuwendung an Ehegatten
- Bei Ausstattung (§ 1624 BGB) nur der Übermaß-Anteil
- Etwaiger Durchgriff an Dritten nach §§ 818 Abs. 3, 822 BGB
- Beweislast für Entgeltlichkeit hat u.U. der Beschenkte
- Objektive Beeinträchtigung des Vertragserben
  - Das Ergebnis der Schenkung wäre nicht ohnehin wegen Zugewinnausgleichs- und/oder Pflichtteilsansprüchen des Beschenkten eingetreten
  - Beim beschenkten Miterben wurde keine Ausgleichungspflicht nach § 2050 Abs. 3 BGB bezüglich der Schenkung angeordnet
  - Dem beschenkten Mitschlusserben war der geschenkte Gegenstand nicht schon als Vorausvermächtnis zugewandt (streitig und zweifelhaft)
  - Erbvertrag oder bindendes Testament war nicht ohnehin anfechtbar (bspw. aus § 2079 BGB), so dass im Falle der Anfechtung die Bindung entfallen wäre
- Subjektive Beeinträchtigung des Vertragserben
- Missbrauch der Verfügungsfreiheit des Erblassers unter Lebenden
- Nur Zug-um-Zug-Verurteilung bei Gegenansprüchen des Beschenkten aus Zugewinn und/oder Pflichtteil – im Klageantrag schon zu berücksichtigen (häufig bei zweitem Ehegatten)
- Herauszugebender Gegenstand – genaue Bezeichnung wegen späterer Vollstreckung
- Bei einer Vertrags-Erbenmehrheit hat jeder Vertragsmiterbe nur entsprechend der Erbquote anteiligen Anspruch gegen den Beschenkten, bei herauszugebendem Grundstück nur auf Einräumung des Miteigentums und Mitbesitzes
- Beweislast für Missbrauch der Verfügungsfreiheit hat der Kläger
- Stufenklage
  - Auskunft
  - Herausgabe nach Bereicherungsgrundsätzen – schon bekannte herauszugebende Gegenstände bezeichnen wegen der Möglichkeit eines Teil-Versäumnisurteils; aber unbedingt als Teilanspruch kennzeichnen
- U.U. Erbenfeststellung

## VI. Wertermittlungsanspruch?

83 § 2287 BGB selbst sieht keinen Wertermittlungsanspruch des Erben gegen den Beschenkten vor. Ist der Erbe jedoch pflichtteilsberechtigt und steht ihm ein Pflichtteilsergänzungsanspruch nach § 2329 BGB gegen den Beschenkten zu, so können die von der Rechtsprechung dort entwickelten Grundsätze über einen Wertermittlungsanspruch in analoger Anwendung von § 2314 BGB zu Hilfe kommen, wenn der pflichtteilsberechtigte Vertragserbe den Wert einer Schenkung nicht kennen kann.[151] *Lange/Kuchinke* vertreten jedoch die Ansicht, dass dem Erbvertragserben immer ein Wertermittlungsanspruch zustehe, wenn die Auskunft erteilt worden sei.[152]

84 Im Rahmen einer objektiven Klagehäufung kann der pflichtteilsberechtigte Erbe im Wege der Stufenklage nach § 254 ZPO den Auskunftsanspruch (nach § 2287 BGB), Wertermittlungsanspruch (als Pflichtteilsberechtigter im Rahmen der zu § 2329 BGB von der Rechtsprechung entwickelten Grundsätze) und den Herausgabeanspruch (nach § 2287 BGB) geltend machen.

---

151 BGH NJW 1986, 127.
152 *Lange/Kuchinke*, § 25 Abs. 5 7 lit. b).

Nach der von *Lange/Kuchinke* vertretenen Ansicht wäre eine Stufenklage auf Auskunft und Wertermittlung nicht zulässig; vielmehr müsste zuerst die Auskunft erteilt sein und danach der Wertermittlungsanspruch geltend gemacht werden.

## VII. Kein Feststellungsinteresse zu Lebzeiten des Erblassers

Eine Feststellungsklage des Erbvertrags-Erben bzw. Schlusserben aus gemeinschaftlichem Testament auf Bestehen eines Anspruchs nach § 2287 BGB ist zu Lebzeiten des Erblassers mangels Feststellungsinteresse i.S.v. § 256 Abs. 1 ZPO grundsätzlich nicht zulässig.[153] Nur in äußerst seltenen Ausnahmefällen wird sie vom OLG München[154] für zulässig erachtet.

## VIII. Bereicherungsanspruch gehört nicht zum Nachlass

### 1. Keine gesamthänderische Forderungsinhaberschaft

Der Anspruch aus § 2287 BGB gehört nicht etwa zum Nachlass mit der Folge, dass mehrere Vertragserben gesamthänderische Forderungsinhaber wären und einer in Prozessstandschaft für die anderen nach § 2039 BGB den Anspruch geltend machen könnte, vielmehr steht der Anspruch jedem Erben anteilig entsprechend seiner Erbquote zu.[155]

Mangels Zugehörigkeit zum Nachlass unterliegt der Anspruch auch nicht der Verwaltungsbefugnis des Testamentsvollstreckers.

### 2. Folgen der Teilgläubigerschaft

Welche Rechtsfolgen ergeben sich für den einzelnen Miterben daraus, dass der Bereicherungsanspruch nicht zum Nachlass gehört? Die Bejahung eines Anspruchs nach § 2287 BGB für einen von mehreren Miterben kann nicht zur Verurteilung zur Herausgabe des ganzen Gegenstandes an einen einzelnen Miterben führen. Andererseits sagt das Gesetz nichts dazu aus, wenn mehrere Vertrags- oder Schlusserben Anspruchsinhaber sind. In § 2287 BGB heißt es lediglich, „der Vertragserbe" könne Herausgabe verlangen. Deshalb sind die allgemeinen Vorschriften über eine **Gläubigermehrheit** anzuwenden. Eine Gläubigergemeinschaft kommt – mangels Sonderregelung – allenfalls in der Form der Bruchteilsgemeinschaft in Betracht. Soweit die Herausgabeforderung auf einen teilbaren Gegenstand geht, bspw. bei Geld oder gleichen Wertpapieren, kann der auf den einzelnen Miterben entfallende Teil von diesem verlangt werden. Soweit der herauszugebende Gegenstand nicht in gleiche Teile teilbar ist, geht dies nur über die Begründung einer Bruchteilsgemeinschaft; dies kommt insbesondere bei Grundstücken in Betracht.

Der BGH löst die Frage in der Tat über die Bruchteilsgemeinschaft (vgl. hierzu das Muster Rn 90).[156] Dazu führt er aus:

„*In der höchstrichterlichen Rechtsprechung steht seit RGZ 77, 5 (vgl. auch BGHZ 78, 1 = NJW 1980, 2461 ... BGHZ 88, 269 ...) fest, dass der Anspruch aus § 2287 BGB nicht zum Nachlass gehört. An dieser Rechtsprechung, der im Schrifttum weitgehend zugestimmt wird, ist festzuhalten ... Der Anspruch aus § 2287 BGB dient nur dazu,*

---

153 BGH NJW 2003, 1609 = FamRZ 2003, 1006; OLG Schleswig OLGR Schleswig 2003, 89; OLG München FamRZ 1996, 253.
154 OLG München FamRZ 1996, 253.
155 BGH NJW 1989, 2389.
156 BGH NJW 1989, 2389, 2391.

> *Beeinträchtigungen des Vertragserben auszugleichen und also – ähnlich wie der Anspruch gem. § 2329 BGB – im Grundsatz nicht so weit gehen kann, dass dieser mehr erhält, als er ohne die Schenkung erhielte ... Nach dieser Rechtsprechung steht der Anspruch aus § 2287 BGB, wenn mehrere Vertragserben vorhanden sind, nicht den Erben gemeinschaftlich zu, sondern jedem Vertragserben persönlich, und zwar zu einem seiner Erbquote entsprechenden Bruchteil; bei einem Grundstück geht er auf Übereignung eines entsprechenden Miteigentumsanteils an jeden beteiligten Vertragserben (BGH NJW 1961, 120 = FamRZ 1961, 76 ...).*

Wie der Erbe dann seinen Miteigentumsanteil verwertet, ist eine andere Frage. Ihm steht aber die Möglichkeit der Teilungsversteigerung nach §§ 180 ff. ZVG offen.

### 3. Muster: Klage auf Übertragung eines Grundstücksbruchteils

An das

Landgericht
– Zivilkammer –

Klage

des Herrn

– Klägers –

Prozessbevollmächtigter: Rechtsanwalt

gegen

Frau

– Beklagte –

wegen Zustimmung zur Übertragung eines Grundstücksmiteigentumsbruchteils und Einräumung des Mitbesitzes.

Namens und in Vollmacht des Klägers erhebe ich Klage gegen die Beklagte und werde in dem zu bestimmenden Termin beantragen, für Recht zu erkennen:
1. Die Beklagte wird verurteilt, der Übertragung eines Miteigentumsbruchteils von einem Drittel an dem Grundstück      , eingetragen im Grundbuch des Amtsgerichts      für      , Band      , BV Nr.      , Gemarkung      , Flst.Nr.      , Größe:      , auf den Kläger zuzustimmen und die Eintragung des Klägers als Miteigentümer zu einem Drittel im Grundbuch zu bewilligen.
2. Die Beklagte wird weiter verurteilt, dem Kläger an dem zuvor Ziff. 1 bezeichneten Grundstück den Mitbesitz (zu einem Drittel) einzuräumen.

Falls die Voraussetzungen des § 331 Abs. 3 bzw. § 307 ZPO vorliegen, bitte ich um Erlass eines **Versäumnis- bzw. Anerkenntnisurteils**[157] ohne mündliche Verhandlung.

*Begründung:*

Der Kläger ist der eheliche Sohn des Herrn      , der am      gestorben ist (nachfolgend „Erblasser" genannt). Die Beklagte ist die langjährige Lebensgefährtin des Erblassers. Außer dem Kläger hat der Erblasser aus seiner Ehe noch einen weiteren Sohn, Herrn      , und eine Tochter, Frau      , insgesamt also drei Kinder, hinterlassen.

Der Erblasser war verheiratet gewesen mit Frau      , der Mutter des Klägers. Sie ist am      gestorben. Mit ihr hatte der Erblasser einen Erbvertrag geschlossen, wonach sich die Eheleute gegenseitig

---

157 Zu den Neuerungen der ZPO-Reform vgl. *Krug*, ZEV 2002, 58.

zu Alleinerben und die gemeinsamen Kinder, den Kläger und seine beiden Geschwister, Herrn ▓▓▓▓ sowie Frau ▓▓▓▓, zu je einem Drittel zu Erben des Überlebenden der beiden Ehegatten eingesetzt haben.

Aufgrund des erwähnten Erbvertrags, der am ▓▓▓▓ von Notar ▓▓▓▓ unter UR-Nr. ▓▓▓▓ beurkundet worden war, wurde der überlebende Ehemann und jetzige Erblasser ihr Alleinerbe. Der Erbvertrag wurde auf den Tod der Mutter des Klägers am ▓▓▓▓ vom Nachlassgericht ▓▓▓▓ unter Az. ▓▓▓▓ eröffnet.

*Beweis:* Je eine beglaubigte Abschrift

a) des Erbvertrags vom ▓▓▓▓ – Anlage K 1 –

b) des Erbvertragseröffnungsprotokolls vom ▓▓▓▓ – Anlage K 2 –

Der Kläger hat seinerzeit auf den Tod seiner Mutter den Pflichtteil nicht geltend gemacht, weil er auf den Tod des Überlebenden seiner Eltern erbvertraglich in Höhe eines Drittels zum Schlussmiterben eingesetzt worden war und auf diese Erbeinsetzung vertraut hat.

Drei Jahre nach dem Tod seiner Ehefrau, der Mutter des Klägers, ist der Erblasser mit der Beklagten eine nichteheliche Partnerschaft eingegangen. Ein Jahr danach hat der Erblasser der Beklagten das Hausgrundstück ▓▓▓▓ (im Klageantrag Ziff. 1 näher bezeichnet) geschenkt. Der Schenkungsvertrag samt Auflassung wurde am ▓▓▓▓ von Notar ▓▓▓▓ unter UR-Nr. ▓▓▓▓ beurkundet. Die Eintragung der Beklagten als Eigentümerin im Grundbuch ist am ▓▓▓▓ erfolgt.

*Beweis:* a) Beglaubigte Abschrift des Schenkungsvertrags vom ▓▓▓▓ – Anlage K 3 –

b) Beglaubigte Grundbuchabschrift betr. das streitgegenständliche Grundstück

– Anlage K 4 –

Die Schenkung des Grundstücks an die Beklagte ist erfolgt, um die Kinder des Erblassers zu benachteiligen und zur Umgehung von deren erbvertraglich bindenden Erbeinsetzung. Diese wurden zwar aufgrund des Erbvertrags Schlusserben ihres Vaters, der Nachlass ist jedoch praktisch wertlos.

Der Erbvertrag wurde bezüglich der Schlusserbeinsetzung der Kinder auf den Tod des Erblassers am ▓▓▓▓ vom Nachlassgericht ▓▓▓▓ erneut unter Az. ▓▓▓▓ eröffnet. Die Schlusserben haben die Erbschaft angenommen.

*Beweis:* Beglaubigte Abschrift des Eröffnungsprotokolls des Nachlassgerichts ▓▓▓▓ vom ▓▓▓▓ – Anlage K 5 –

Dass der Erblasser die Kinder benachteiligen und die bindende Erbeinsetzung umgehen wollte, kann durch Zeugenaussagen bewiesen werden. Anlässlich einer Feier am ▓▓▓▓ hat der Erblasser gegenüber dem Zeugen ▓▓▓▓ geäußert, er habe das Haus seiner Partnerin schenken müssen, weil er sie testamentarisch nicht mehr habe bedenken können; der mit seiner vorverstorbenen Ehefrau geschlossene Erbvertrag habe dies unmöglich gemacht.

*Beweis:* Zeugnis des ▓▓▓▓

Der Erblasser hatte kein eigenes lebzeitiges Interesse an der Weggabe des Hausgrundstücks. Er war bis zu seinem Tode gesund und wurde von der Beklagten nicht versorgt.

Die Beklagte ist finanziell bestens gesichert. Sie hat selbst drei Häuser, die alle vermietet sind; der Mietertrag beläuft sich auf monatlich brutto ca. ▓▓▓▓ EUR.

*Beweis:* Parteivernehmung der Beklagten

Der Tatbestand des § 2287 BGB ist damit erfüllt, aber der Bereicherungsanspruch gehört nicht zum Nachlass. Den Schlusserben steht der Bereicherungsanspruch nicht gesamthänderisch, sondern vielmehr jedem Miterben zu seinem erbrechtlichen Anteil (Bruchteil) zu.

Nach der BGH-Rechtsprechung kann dem Kläger nicht mehr zustehen, als ihm zustünde, wenn das Grundstück nicht verschenkt worden wäre. Dann könnte der Kläger nur einen Anteil von einem Drittel erlangen. Da aber zwischen der Beschenkten und dem Kläger keine Erbengemeinschaft begründet werden kann – dies ist nur kraft Gesetzes möglich –, kann der Kläger nur die Einräumung eines Bruchteilsmiteigentumsanteils in Höhe von einem Drittel verlangen (BGH NJW 1989, 2389, 2391). Mit der Erfüllung des Eigentumsübertragungsanspruchs des Klägers (§ 925 BGB) wird zwischen dem Kläger einerseits und der Beklagten andererseits eine Miteigentümergemeinschaft begründet, an der der Kläger zu einem Drittel und die Beklagte zu zwei Dritteln beteiligt sein werden. Entsprechend ist dem Kläger auch der Mitbesitz einzuräumen, § 866 BGB.

Demnach hat die Beklagte dem Kläger einen Miteigentumsanteil von einem Drittel – entsprechend seiner Erbquote am Nachlass des Erblassers – an dem geschenkten Hausgrundstück zurückzuübereignen und ihm insoweit den Mitbesitz einzuräumen.

Der Klage ist aus den genannten Gründen wie beantragt stattzugeben.

Zum Streitwert: Das gesamte Grundstück hat einen Verkehrswert von ▬▬▬▬ EUR, der Streitwert beträgt $1/3$ davon.

(Rechtsanwalt)

### 4. Haftung gegenüber Nachlassgläubigern

91   Der verschenkte Gegenstand ist nicht im Nachlass; deshalb können Nachlassgläubiger im Regelfall nicht darauf zugreifen. Auch der Herausgabeanspruch dient ihnen nicht als Haftungsgrundlage, weil er sich nicht im Nachlass befindet. Allenfalls wenn der Erbe unbeschränkt haftet, kann auf den Herausgabeanspruch wie auf jeden anderen Vermögensgegenstand des Erben zugegriffen werden.

Nachlassgläubigern steht u.U. ein Anfechtungsrecht bezüglich der vom Erblasser vorgenommenen Schenkung nach §§ 3 ff. AnfG bzw. §§ 129 ff. InsO zu, sofern die Fristen noch nicht verstrichen sind. Der Schutzzweck des § 2287 BGB kommt aber nur dem Vertragserben zu, nicht auch den Nachlassgläubigern.[158]

### 5. Vor- und Nacherbfolge

92   Sind sowohl Vorerbe als auch Nacherbe vertraglich eingesetzt, so steht jedem von ihnen der Anspruch aus § 2287 BGB zu, dem Nacherben allerdings erst ab dem Zeitpunkt des Eintritts des Nacherbfalls. Der Anspruch gehört zwar nicht zum Nachlass, geschützt ist jedoch der Erbe, gleichgültig, ob er Vorerbe oder Nacherbe ist. Ist nur der Vorerbe vertraglich eingesetzt, nicht aber der Nacherbe, so steht der Anspruch nur dem Vorerben zu; umgekehrt: Ist nur der Nacherbe vertraglich eingesetzt, nicht aber der Vorerbe, so hat nur der Nacherbe den Herausgabeanspruch, nicht aber der Vorerbe.[159]

### 6. Testamentsvollstreckung

93   Da der Anspruch nicht zum Nachlass gehört, kann ihn der Testamentsvollstrecker nicht geltend machen, auch nicht im Wege einer Einrede.[160]

---

158 *Muscheler*, FamRZ 1994, 1365.
159 *Reimann/Bengel/J. Mayer*, § 2287 BGB Rn 79 ff.
160 RGZ 77, 5; BGH NJW 1989, 2389; BGHZ 78, 1 = NJW 1980, 2461.

## IX. Rechtsposition des Klägers nach Verurteilung des Auflassungsschuldners

### 1. Vorläufig vollstreckbares Urteil

Mit dem auf Eigentumsübertragung gerichteten vorläufig vollstreckbaren Urteil kann eine Vormerkung im Grundbuch eingetragen werden (für einen Antrag auf Eintragung einer Vormerkung siehe das nachfolgende Muster Rn 98). 94

In § 895 ZPO sieht das Gesetz eine vorläufige Sicherung des Eigentumsübertragungsanspruchs vor, indem mittels einer Fiktion mit Erlass des **vorläufig vollstreckbaren Urteils** auf Abgabe der Auflassungserklärung und der Eintragungsbewilligung die Eintragung einer Vormerkung als bewilligt gilt. Die Vorlage einer vollstreckbaren Ausfertigung des Urteils beim Grundbuchamt ist für die Eintragung der Vormerkung nicht erforderlich,[161] ausgenommen bei einer Zug-um-Zug-Verurteilung (vgl. Rn 103).

Ist das Urteil nach § 709 ZPO nur gegen Sicherheitsleistung vorläufig vollstreckbar, was fast immer der Fall sein wird, so kann die Vormerkung erst nach Leistung der Sicherheit durch den Kläger eingetragen werden.[162] Diese kann im Einzelfall, weil sie nach dem klägerischen Interesse bzw. zur Sicherung eines etwaigen Schadensersatzanspruchs des Beklagten festzusetzen ist, sehr hoch sein. Außerdem ist die Eintragung der Vormerkung auch nur dann möglich, wenn die Zwangsvollstreckung nicht nach §§ 711, 712 ZPO abgewendet, beschränkt oder eingestellt ist. 95

Allerdings kann im Falle der Aufhebung des vorläufig vollstreckbaren Urteils eine **Schadensersatzpflicht** nach § 717 Abs. 2 und 3 ZPO entstehen. 96

**Kosten** der Eintragung einer Vormerkung: 97
- Bei der **Eintragung einer Vormerkung** fallen folgende Gebühren an:
  - Eintragungsgebühren bei der Begründung eines Rechts: §§ 66, 60, 62 KostO: 5/10 Gebühr; Gegenstandswert: Verkehrswert.
  - Eintragungsgebühren bei der Aufhebung eines Rechts: §§ 66, 68, 62 KostO: 2,5/10 Gebühr;
  - Gegenstandswert: Verkehrswert des aufzuhebenden Rechts.
- Bei der **Löschung einer Vormerkung** fallen folgende Gebühren an:
  - Die Hälfte der für die Eintragung der Vormerkung bestimmten Gebühr, § 68 KostO. Allerdings kann nicht mehr der Verkehrswert des begehrten Vollrechts zugrunde gelegt werden, wenn die Vormerkung gegenstandslos geworden ist.

### 2. Muster: Antrag auf Eintragung einer Eigentumsübertragungsvormerkung

An das

Amtsgericht
– Grundbuchamt – 98

▬▬▬▬

*Eigentumswohnung, eingetragen im Wohnungs-Grundbuch des Amtsgerichts* ▬▬▬ *für* ▬▬▬*, Band* ▬▬▬*, Heft* ▬▬▬*, BV Nr.* ▬▬▬

*hier: Eintragung einer Vormerkung auf Eigentumsübertragung*

---

161 BGH Rpfleger 1969, 425.
162 *Thomas/Putzo*, § 895 ZPO Rn 2.

Namens meines Mandanten, Herrn ▓▓▓, dessen schriftliche Vollmacht ich in Anlage 1 beifüge, beantrage ich hiermit,

bei der zuvor bezeichneten Eigentumswohnung eine *Vormerkung* auf Eigentumsübertragung zugunsten meines Mandanten im Grundbuch einzutragen.

Frau ▓▓▓ ist im Grundbuch als Eigentümerin der oben näher bezeichneten Eigentumswohnung eingetragen. Gegen sie hat das ▓▓▓ gericht am ▓▓▓ unter Az. ▓▓▓ als Beklagte ein vorläufig vollstreckbares Urteil verkündet, wonach das Eigentum an der zuvor bezeichneten Wohnung auf meinen Mandanten zu übertragen, die Eigentumswohnung an ihn herauszugeben und die Eintragung meines Mandanten als Eigentümer zu bewilligen ist.

*Beweis:* Beiliegende Ausfertigung des zuvor näher bezeichneten Urteils – Anlage 2 –

Das Urteil ist noch nicht rechtskräftig, deshalb sind Auflassungserklärung und Eintragungsbewilligung nach § 894 ZPO noch nicht als ersetzt anzusehen. Nach § 895 ZPO gilt jedoch mit dem Erlass des vorläufig vollstreckbaren Urteils die Eintragung einer Vormerkung als bewilligt.

Diese Vormerkung soll mit dem vorliegenden Antrag eingetragen werden. Die im Urteil geforderte Sicherheitsleistung ist durch Vorlage einer Bankbürgschaft der ▓▓▓ -Bank in Höhe von ▓▓▓ EUR erbracht.

*Beweis:* Bestätigung des ▓▓▓ gerichts vom ▓▓▓ – Anlage 3 –

Der vollständige grundbuchmäßige Beschrieb der Eigentumswohnung lautet: ▓▓▓.

Der Wert der Wohnung beträgt ▓▓▓ EUR.

Die Kostenrechnung und die Eintragungsnachricht nach § 55 GBO können mir übersandt werden.

(Rechtsanwalt)

### 3. Formbedürftige Einigungserklärung des Klägers

99 Ist der Beschenkte rechtskräftig zur Auflassung verurteilt, so muss die Einigungserklärung des Erben im Hinblick auf das Formerfordernis des § 925 BGB gleichwohl noch beurkundet werden.[163] Eine reine Beglaubigung der Unterschrift des Erben reicht nicht aus.[164] Die gleichzeitige Anwesenheit der Parteien, wie sie in § 925 BGB vorgesehen ist, ist hier nicht notwendig – denn hier wird die Anwesenheit des verurteilten Auflassungsschuldners fingiert[165] –, aber die Erklärung des Erben ist nur dann formwirksam abgegeben, wenn im Zeitpunkt ihrer Abgabe das rechtskräftige Urteil vorliegt; eine Beurkundung der Erklärung des Erwerbers vor Vorliegen der rechtskräftigen Verurteilung zur Auflassung ist formunwirksam.[166]

100 **Hinweis**
Der Erbe muss mit einer Ausfertigung des rechtskräftigen Urteils einen Notar aufsuchen und dort die Auflassung beurkunden lassen, sonst wäre der Form des § 925 BGB nicht genügt. Eine Ausfertigung der Auflassung und die Ausfertigung des rechtskräftigen Urteils sind dem Grundbuchamt zur Eigentumsumschreibung vorzulegen. Der Eintragungsantrag des Erben nach § 13 GBO bedarf lediglich der Schriftform. Der Anwalt des Erben kann mit schriftlicher Vollmacht (§ 30 GBO) den Eintragungsantrag stellen.

---

163 KG DNotZ 1936, 204.
164 OLG Celle DNotZ 1979, 308.
165 BayObLGZ 1983, 181, 185 = Rpfleger 1983, 390 und BayObLG ZNotP 2005, 277 = NotBZ 2005, 216 = Rpfleger 2005, 488 = RNotZ 2005, 362 = FGPrax 2005, 178.
166 BayObLG DNotZ 1984, 628.

*Krug*

Eine Vollstreckungsklausel und deren Zustellung an den Beklagten sind nicht erforderlich, weil das Urteil keiner weiteren Vollstreckung bedarf, ausgenommen bei einer Zug-um-Zug-Verurteilung (vgl. Rn 103). 101

- **Kosten** der Auflassungsbeurkundung: ⁵/₁₀ Gebühr, § 38 Abs. 2 Nr. 6a KostO; Gegenstandswert: Verkehrswert des Grundstücks. 102
- **Kosten** der Eigentumsumschreibung beim Grundbuchamt: ¹⁰/₁₀ Gebühr, § 60 KostO; Gegenstandswert: Verkehrswert des Grundstücks.
- **Kosten** der Löschung der Eigentumsübertragungsvormerkung: ²·⁵/₁₀ Gebühr, §§ 68, 66, 60 KostO; Gegenstandswert: Mindestwert, wenn Vormerkung gegenstandslos geworden ist.

### 4. Besonderheit bei Zug-um-Zug-Verurteilung

Nur für den Fall, dass die Auflassung von einer Zug-um-Zug-Zahlung aus irgendeinem Grunde abhängig wäre (bspw. bezüglich Pflichtteils- und/oder Zugewinnausgleichsforderungen), muss eine vollstreckbare Ausfertigung im Zeitpunkt der Erklärung der Auflassung erteilt sein (§§ 894 Abs. 1, 726, 730 ZPO). Das Grundbuchamt hat jedoch nicht zu prüfen, ob bei einer Zug-um-Zug-Verurteilung die Gegenleistung erbracht ist, dies erfolgt vielmehr im Klauselerteilungsverfahren.[167] 103

### 5. Muster: Auflassungserklärung des Klägers

*(Notarielle Urkundenformalien)*

Anwesend ist Herr ▬▬▬ und erklärt mit der Bitte um notarielle Beurkundung folgende 104

*Auflassung*

#### I. Vorwort

Im Grundbuch des Amtsgerichts ▬▬▬ für ▬▬▬, Band ▬▬▬, Heft ▬▬▬, ist in Abt. I Nr. 1 Frau ▬▬▬ als Alleineigentümerin des Grundstücks BV Nr. ▬▬▬, Gemarkung ▬▬▬, Flst.Nr. ▬▬▬, Größe: ▬▬▬, eingetragen.

Durch rechtskräftiges Urteil des ▬▬▬ gerichts ▬▬▬ vom ▬▬▬, Az. ▬▬▬, wurde Frau ▬▬▬ verurteilt, das Eigentum an dem zuvor bezeichneten Grundstück auf mich, den Anwesenden, zu übertragen und die Eintragung der Eigentumsänderung im Grundbuch zu bewilligen. Mit der Rechtskraft des Urteils, die am ▬▬▬ eingetreten ist, gelten die dingliche Eigentumsübertragungserklärung (§ 925 BGB) und die Eintragungsbewilligung (§ 19 GBO) nach § 894 ZPO von Seiten der Beklagten als abgegeben.

Eine Ausfertigung des bezeichneten Urteils samt Rechtskraftvermerk übergebe ich hiermit.[168]

#### II. Einigungserklärung und Grundbuchantrag

Hiermit erkläre ich die nach § 925 BGB erforderliche Einigung zur Übertragung des Eigentums an dem bezeichneten Grundstück auf mich. Ich nehme die Eigentumsübertragung hiermit an und beantrage die Eintragung der Eigentumsänderung im Grundbuch auf mich. Gleichzeitig bewillige und beantrage ich die Löschung der zu meinen Gunsten bei dem bezeichneten Grundstück eingetragenen Eigentumsübertragungsvormerkung.

---

167 BayObLG DNotZ 1985, 47.
168 Hier wird die Anwesenheit des verurteilten Auflassungsschuldners fingiert, vgl. BayObLGZ 1983, 181, 185 = Rpfleger 1983, 390 und BayObLG ZNotP 2005, 277 = NotBZ 2005, 216 = Rpfleger 2005, 488 = RNotZ 2005, 362 = FGPrax 2005, 178.

Von dieser Löschungsbewilligung darf nur Gebrauch gemacht werden, wenn im Rang nach dieser Vormerkung weder Eintragungen bei dem bezeichneten Grundstück im Grundbuch erfolgt noch entsprechende Anträge beim Grundbuchamt eingegangen sind.

Der Wert des Grundstücks beträgt             EUR.

Diese Niederschrift wurde vom Notar dem Anwesenden vorgelesen, von diesem genehmigt und von ihm und dem Notar eigenhändig unterschrieben:

## X. Verjährung

105 Die Ansprüche aus § 2287 BGB verjähren innerhalb von **drei Jahren** seit dem Anfall der Erbschaft, § 2287 Abs. 2 BGB. Der Zeitpunkt der Schenkung ist für den Beginn der Verjährungsfrist ohne Bedeutung. Daran hat sich auch durch die Neuregelung des Verjährungsrechts im Schuldrechtsmodernisierungsgesetz vom 26.11.2001[169] und auch durch das Gesetz zur Änderung des Erb- und Verjährungsrechts vom 24.9.2009[170] nichts geändert.

OLG Köln, Urteil vom 16.7.1999:[171]

> *„Die Vorschrift des § 2287 BGB, wonach der Vertragserbe von dem Beschenkten eine ihn beeinträchtigende Schenkung herausverlangen kann, stellt eine abschließende Regelung dar. Alle aus ihr resultierenden Ansprüche, auch solche auf Herausgabe gezogener Nutzungen, unterliegen der dreijährigen Verjährungsfrist des § 2287 Abs. 2 BGB."*

106 Rspr. des BGH zu § 2287 BGB:[172]

> *„Das Erbrecht regelt den Schutz des Vertragserben gegenüber einem Missbrauch der fortbestehenden Verfügungsgewalt des Erblassers über sein Vermögen durch die §§ 2286, 2287 BGB. Diese Regelung ist nach der Auffassung des Senats abschließend. Sie führt unter Umständen zu einem Bereicherungsanspruch gegen den Beschenkten und geht als Sonderregelung einem eigenen Anspruch der Erben aus § 826 BGB vor. Das gilt sogar dann, wenn der Erblasser mit dem Dritten kollusiv zusammengewirkt hat, um den Vertragserben zu schädigen."*

107 Gerade wegen der abschließenden Regelung des § 2287 BGB ist es sachgerecht, alle hieraus resultierenden Ansprüche, auch die auf Herausgabe gezogener Nutzungen gem. §§ 2287 Abs. 1, 818 BGB, der dreijährigen Verjährungsfrist des § 2287 Abs. 2 BGB zu unterwerfen; denn das Gesetz will rasch klare Verhältnisse schaffen, ohne Rücksicht auf die Kenntnis des Vertragserben von der Schenkung.

## XI. Verzicht auf Ansprüche aus § 2287 BGB vor dem Erbfall

108 Der Verzicht auf einen Herausgabeanspruch nach § 2287 BGB ist zu Lebzeiten des Erblassers in der Form eines teilweisen Erbverzichts (Zuwendungsverzicht) möglich.

109 **Beispiel**
Durch gegenseitigen Erbvertrag haben sich Ehegatten zu Alleinerben eingesetzt. Nach Abschluss des Erbvertrags wird das dem Ehemann gehörende Unternehmen auf den Sohn übertragen. Hier wäre aus Rechtssicherheitsgründen in der Form des teilweisen

---

169 BGBl I 2001, 3138.
170 BGBl I 2009, 3142.
171 OLG Köln BWNotZ 2000, 46.
172 BGH NJW 1989, 2389; bekräftigt in NJW 1991, 1952.

Zuwendungsverzichts der Verzicht auf den Herausgabeanspruch nach § 2287 BGB in Bezug auf das Unternehmen möglich, § 2352 BGB.

### XII. Unbenannte Zuwendung als erbrechtlich beeinträchtigende Schenkung

#### 1. Grundsatz

Mit seinem Urteil vom 27.11.1991[173] hat der BGH erstmals entschieden, unbenannte Zuwendungen seien im Rahmen von § 2287 BGB wie Schenkungen zu behandeln, sofern nicht ausnahmsweise andere Rechtsinstitute wie bspw. Unterhaltsrecht, Altersvorsorge o.Ä. in Betracht kämen.

#### 2. Fall[174]

Erblasser E ist am 16.2.1988 gestorben. Er war zweimal verheiratet und hinterlässt den Sohn S aus erster Ehe und die Witwe W, mit der er in zweiter Ehe seit 29.12.1966 verheiratet war. In dieser Ehe bestand der gesetzliche Güterstand der Zugewinngemeinschaft. Aufgrund Erbvertrags des E mit seiner ersten Ehefrau vom 27.12.1965 wurde der Sohn S Alleinerbe des E.

Der Erblasser E und die Witwe W waren Inhaber eines Kontos bei der C-Bank, auf dem 80.000 US-$ angelegt waren. Im Jahr 1986 lösten sie das Konto auf; von dem Gegenwert erhielten die Ehegatten je 72.000 DM. Außerdem unterhielten sie bei einer österreichischen Bank ein gemeinschaftliches Sparkonto, das im April/Mai 1987 aufgelöst wurde und von dem die Witwe W 50.000 DM erhielt. Der Erblasser war Eigentümer eines Hausgrundstücks, an dem er mit notariellem Vertrag vom 14.2.1975 zugunsten der W einen lebenslangen unentgeltlichen Nießbrauch bestellte. Gleichzeitig schenkte er ihr das gesamte Mobiliar, das sich in diesem Haus befand.

Der Sohn S begehrt als Kläger von der Witwe W als Beklagter die Zahlung von 152.000 DM, die Aufhebung und Löschung des Nießbrauchs sowie Räumung und Herausgabe des mit dem Nießbrauch belasteten Hausgrundstücks. Er macht im Rechtsstreit geltend, sein Vater (E) habe der Beklagten (W) die bezeichneten Beträge von 72.000 DM und 50.000 DM sowie weitere 30.000 DM aus einem Wertpapierdepot bei der C-Bank und den Nießbrauch an dem Hausgrundstück in der Absicht geschenkt, ihn, den Kläger, zu benachteiligen. In dem Depot hätten sich fest verzinsliche Wertpapiere befunden, zu deren Anschaffung die Beklagte (W) nichts beigetragen habe.

Der BGH hat der Klage des Sohnes S mit folgender Begründung stattgegeben: Anspruchsgrundlage ist § 2287 BGB. Bei dieser Bestimmung handelt es sich um eine Schutzvorschrift für den Vertragserben, sie bietet Schutz nicht nur vor den dort ausdrücklich genannten Schenkungen, sondern auch vor sog. unbenannten (auch „ehebedingten" oder „ehebezogenen") Zuwendungen unter Ehegatten. Dieselbe Schutzfunktion haben die §§ 2113, 2205, 2325 und 2288 BGB.

Der BGH versteht nach dem derzeitigen Stand seiner Rechtsprechung Zuwendungen unter Ehegatten in der Regel nicht als Schenkungen, sondern als unbenannte Zuwendungen.[175] Für eine Schenkung fehle es regelmäßig an der Einigkeit der Ehepartner darüber, dass die

---

173 BGH FamRZ 1992, 300 = NJW 1992, 564.
174 Nach BGH FamRZ 1992, 300 = NJW 1992, 564.
175 BGHZ 82, 227; 87, 145; BGH FamRZ 1988, 482, 485; BGH FamRZ 1989, 147, 149.

Zuwendung unentgeltlich sein soll. Sie diene zumeist der ehelichen Lebensgemeinschaft. Einer derartigen Zuwendung liege die Vorstellung oder auch die Erwartung zugrunde, dass die eheliche Lebensgemeinschaft Bestand haben werde. Sie erfolge „um der Ehe willen und als Beitrag zur Verwirklichung und Ausgestaltung, Erhaltung oder Sicherung der ehelichen Lebensgemeinschaft und habe darin ihre Geschäftsgrundlage".[176] Die ehebedingte Zuwendung wird als ein „ehebezogenes Rechtsgeschäft eigener Art" gedacht, das als ein nicht normiertes familienrechtliches Rechtsgeschäft qualifiziert wird und einen entsprechenden Rechtsgrund (Behaltensgrund) für die Zuwendung liefert.[177] Die unbenannte Zuwendung hat sich inzwischen zu einer eigenen Rechtsfigur verselbstständigt, mit deren Hilfe Streitigkeiten entschieden werden, in denen es um die Rückabwicklung von Vermögensverschiebungen unter Ehegatten geht, nachdem ihre Ehe gescheitert ist. Die unbenannte Zuwendung ist in der Regel objektiv unentgeltlich und im Erbrecht (in den Fällen der §§ 2287, 2288, 2325 BGB) grundsätzlich wie eine Schenkung zu behandeln.

114 Nach höchstrichterlicher Rechtsprechung und Rechtslehre ist der Erwerb eines zugewendeten Gegenstandes, auf den kein Rechtsanspruch besteht, unentgeltlich, wenn er nicht rechtlich abhängig ist von einer ausgleichenden Gegenleistung des Erwerbers. Entsprechende Gegenleistungen des Empfängers einer unbenannten Zuwendung liegen indessen bei einer unbenannten Zuwendung in der Ehe im Regelfall nicht vor. Die Ehe als solche gibt im Allgemeinen keinen Anspruch auf derartige Vermögensverschiebungen. Das gilt sowohl für den gesetzlichen Güterstand der Zugewinngemeinschaft, bei dem ein Ausgleich nur für den Fall der Beendigung des Güterstandes vorgesehen ist, als auch für die Fälle der vertraglichen Güterstände (Gütertrennung und Gütergemeinschaft).

115 Auch die Haushaltstätigkeit eines Ehegatten ist keine Gegenleistung für unbenannte Zuwendungen. Bei der Haushaltsführung durch den Ehegatten, der keiner Erwerbstätigkeit nachgeht, handelt es sich um den dem anderen Ehegatten geschuldeten Beitrag zum Familienunterhalt (§§ 1360 S. 1, 1606 Abs. 3 S. 2 BGB). Leistungen im Haushalt, die über das gebotene Maß hinausgehen, sind im Zweifel gem. § 1360b BGB nicht zu vergüten. In der Rechtsprechung des BGH wird nirgends zum Ausdruck gebracht, dass eine unbenannte Zuwendung an den Ehegatten dessen Leistungen und Dienste vergüte. In BGHZ 82, 231 heißt es, dass in einer unbenannten Zuwendung „regelmäßig die Anerkennung eines gleichwertigen Beitrages beider Ehepartner" liege. Es geht nicht um die Bezahlung von Leistungen, wie üblicherweise im Geschäftsverkehr, bei dem Leistung und Gegenleistung rechtlich miteinander verknüpft werden. Gemeint ist mit dem Ausdruck „Anerkennung" vielmehr die Haltung, die den Schenker einer belohnenden Schenkung kennzeichnet.

116 Auch bei Vorliegen aller Voraussetzungen einer unbenannten Zuwendung ist eine Schenkung im Sinne von § 516 BGB anzunehmen, wenn nur die dafür erforderliche (subjektive) Einigung über die Unentgeltlichkeit vorliegt. Da eine Schenkung nach allgemeiner Auffassung objektiv eine unentgeltliche Zuwendung voraussetzt, ist damit zugleich zum Ausdruck gebracht, dass die unbenannte Zuwendung, wenn keine besonderen Umstände hinzutreten, als solche objektiv unentgeltlich ist.

In dem Urteil vom 7.1.1972[178] hatte der BGH zu entscheiden, ob es sich um eine Schenkung handelt, wenn bei bestehender Gütertrennung ein Ehemann seine Ehefrau an einer Wertpapieranlage beteiligt, die er aus seinem Verdienst zum Zwecke der gemeinsamen Alterssicherung erwirbt.

---

176 BGH FamRZ 1990, 600.
177 BGHZ 84, 361, 364; *Jaeger*, DNotZ 1991, 431, 444; *Henrich*, FamRZ 1975, 533, 537.
178 BGH NJW 1972, 580.

Der BGH hat dies für den entschiedenen Fall verneint und dazu ausgeführt, die Zuwendung sei entgeltlich, wenn sie sich im Rahmen einer nach den konkreten Verhältnissen angemessenen Alterssicherung halte.

Er führt dann weiter aus:

*"Da Ehegatten einander nicht nur gem. § 1361 Abs. 1 S. 2 BGB und § 1578 Abs. 3 BGB bei Trennung und nach der Scheidung, sondern gem. § 1360 BGB auch bei intakter Ehe Vorsorgeunterhalt für den Fall des Alters schulden, kann es sein, dass eine unbenannte oder sogar ausdrücklich zur Alterssicherung bestimmte Zuwendung einem entsprechenden Anspruch objektiv entspricht.[179] Dass es sich in einem solchen Fall im Umfang des begründeten Unterhaltsanspruchs nicht um eine unentgeltliche Leistung und daher auch nicht um eine Schenkung handeln kann, liegt auf der Hand. Dementsprechend kann auch eine ehebedingte Zuwendung, durch die langjährige Dienste nachträglich vergütet werden, die ein Ehegatte dem anderen vor und nach der Eheschließung geleistet hat, im Rahmen des objektiv Angemessenen als entgeltlich anzusehen sein.[180] Das ist jedoch nicht die Regel.*

117

*Erweist sich die sog. unbenannte Zuwendung unter Ehegatten danach im Regelfall als objektiv unentgeltlich, dann stellt sich die Frage, ob die erbrechtlichen Schutzvorschriften vor ihr auch im Falle des § 2287 BGB Schutz bieten, in einem anderen Licht. Vor der Einführung dieser neuen Rechtsfigur (der unbenannten Zuwendung) war eine Zuwendung unter Ehegatten im Allgemeinen als Schenkung im Sinne des § 516 BGB anzusehen und fiel daher in den Anwendungsbereich des § 2287 BGB. Das entsprach dem Willen des historischen Gesetzgebers; ihm war die Vorstellung einer die Schenkung verdrängenden unbenannten Zuwendung nicht geläufig. Dementsprechend würde es den Regelungsplan des Gesetzgebers verfehlen, unbenannte Zuwendungen nur deshalb aus dem Anwendungsbereich der genannten Vorschrift auszunehmen, weil sie aus Gründen, die lediglich im Bereich der Ehegatten liegen, in deren (Innen-)Verhältnis zueinander nicht mehr als Schenkung behandelt werden. Vielmehr muss eine objektiv unentgeltliche unbenannte Zuwendung unter Ehegatten im Erbrecht regelmäßig wie eine Schenkung behandelt werden, auch dann, wenn die Ehegatten subjektiv nicht von einer Schenkung ausgegangen sind.*

118

*In der Rechtspraxis hat es sich gezeigt, dass versucht wird, die Grenzen zu verschieben, die das Pflichtteilsrecht zum Schutz von Ehe und Familie einerseits oder ein Erbvertrag andererseits der Testierfreiheit des Erblassers setzt. Nicht selten nutzen Erblasser die (wirkliche oder vermeintliche) Möglichkeit, erhebliche Teile ihres Vermögens zum Nachteil von Pflichtteilsberechtigten oder Vertragserben durch Rechtsgeschäft unter Lebenden am Nachlass vorbei an ihnen genehmere Personen weiterzuleiten. Auf diese Weise wurde und wird das Recht der Pflichtteilsberechtigten oder Vertragserben nach wie vor ernsthaft gefährdet. Die von der Rechtsprechung entwickelte Rechtsfigur der unbenannten Zuwendung wird zwischenzeitlich häufig als ein gangbarer Weg angesehen, um Vermögen zum Nachteil von Vertragserben oder Pflichtteilsberechtigten „am Nachlass vorbei" weiterzugeben. Diese Rechtsfolge ist von den berechtigten Interessen, zu deren Wahrung die unbenannte Zuwendung genutzt wird, nicht gedeckt. Das nötigt dazu, die Fälle der unbenannten Zuwendung im Erbrecht wie eine Schenkung zu behandeln."*

119

Das bedeutet, dass § 2287 BGB (und auch § 2325 BGB) nicht nur auf echte Schenkungen, sondern im Grundsatz auch auf unbenannte Zuwendungen anzuwenden ist. Für die Begrün-

120

---

179 BGHZ 32, 246, 248; BGHZ 74, 38, 46; BGH NJW 1987, 3121.
180 BGH FamRZ 1989, 732; NJW 1990, 703.

detheit der Zahlungsklage sind folgende Gesichtspunkte zu prüfen: Zunächst ist zu klären, ob es sich um einen unentgeltlichen Vorgang handelt. Dies läuft auf die Frage hinaus, ob die Leistung etwa unterhaltsrechtlich geschuldet war oder ob ihr eine durch sie ganz oder teilweise vergütete, konkrete Gegenleistung gegenübersteht oder nicht. Sollte danach die unbenannte Zuwendung wie eine Schenkung zu behandeln sein, dann sind die weiteren Voraussetzungen des § 2287 BGB zu prüfen. Dazu gehört die Frage, ob und in welchem Umfang der Sohn S durch die möglichen Zuwendungen des Erblassers trotz der Ansprüche der Witwe W auf Zugewinnausgleich und auf ihren Pflichtteil überhaupt benachteiligt ist und ggf. in welchem Umfang. Erst wenn das zu bejahen ist, kann es darauf ankommen, ob der erbvertraglich gebundene Erblasser das ihm verbliebene Recht zu Verfügungen unter Lebenden dadurch missbraucht hat, dass er Vermögen ohne anerkennenswertes Eigeninteresse zu Lebzeiten weggeschenkt hat.[181]

121 **Begründung der ehelichen Gütergemeinschaft:** Auch in der Begründung der ehelichen Gütergemeinschaft kann **ausnahmsweise** eine beeinträchtigende Schenkung im Sinne des § 2287 BGB gesehen werden, wenn ein Ehegatte kein Vermögen einbringt.[182]

### 3. Unbenannte Zuwendung und bereicherungsrechtlicher Durchgriff nach § 822 BGB

122 Für die Frage, ob ein Empfänger einer Schenkung das dadurch Erlangte seinem Ehegatten als Dritten unentgeltlich zugewendet hat, ist im Verhältnis zum Gläubiger nicht nach den Regeln des ehelichen Güterrechts zu beurteilen. Unbenannte Zuwendungen unter Ehegatten sind unentgeltliche Zuwendungen i.S.v. § 822 BGB.[183] Ein solcher nach Bereicherungsrecht zurück zu gewährender Anspruch kann in der Fallkonstellation des § 2287 BGB dem Erbvertrags-Erben zustehen.

123 Der BGH hat mit Urteil vom 23.9.1999[184] zur Problematik des bereicherungsrechtlichen Anspruchs aus § 528 BGB den nachstehend behandelten Fall entschieden. Diese Rechtsprechung dürfte auf den Bereicherungsanspruch des § 2287 BGB übertragbar sein.

Vereinfachter und abgewandelter Sachverhalt:

Die Erblasserin ist die Mutter des Beschenkten. Ihm hat sie im Jahr 1995 einen Geldbetrag von 200.000 DM geschenkt. Dieser gab das Geld an seine Ehefrau weiter, die damit ein Wohnhaus errichtete, in dem das Ehepaar wohnte. 1998 musste sich die Schenkerin in ein Altenheim begeben. Für die dort entstehenden Kosten waren ihre Ersparnisse in kurzer Zeit aufgebraucht. Sie erhielt daraufhin Sozialhilfeleistungen. Der Sozialhilfeträger ist nach dem Tod der Schenkerin an deren Erben wegen der Rückerstattung der Sozialhilfeleistungen herangetreten. Die Erben verlangen von der Schwiegertochter der schenkenden Erblasserin Rückzahlung der 200.000 DM.

124 Wenn ein Schenker nach vollzogener Schenkung in die Lage kommt, seinen eigenen Unterhalt nicht mehr bestreiten zu können, kann er das Geschenk nach § 528 Abs. 1 S. 1 BGB zurückverlangen. Diese Notlage des Schenkers muss innerhalb der Zehnjahresfrist des § 529 Abs. 1 BGB eingetreten sein.[185] § 528 Abs. 1 S. 1 BGB enthält eine **Rechtsfolgenverweisung**

---

181 BGHZ 108, 73, 77; BGHZ 116, 178 = NJW 1992, 558; BGH NJW-RR 1996, 133; anders aber BGHZ 127, 48 = NJW 1994, 2545; siehe auch *Meincke*, NJW 1995, 2769.
182 BGHZ 116, 178 = NJW 1992, 558.
183 BGH NJW 2000, 134.
184 BGH NJW 2000, 134.
185 BGHZ 143, 51 = NJW 2000, 728 = ZEV 2000, 111 = WM 2000, 837 = MittBayNot 2000, 226 = MDR 2000, 873 = DB 2000, 420.

auf das **Bereicherungsrecht**. Der beschenkte Sohn hatte den zugewandten Geldbetrag an seine Ehefrau weitergegeben und war deshalb zur Rückzahlung außerstande.

Fraglich war, ob die Erben der Schenkerin das Geld von der Ehefrau des Sohnes auf der Grundlage von § 822 BGB zurückverlangen konnten. Zunächst war zu prüfen, ob § 822 BGB überhaupt angewandt werden konnte. Denn § 528 Abs. 1 S. 1 BGB spricht nur von einem Rückforderungsanspruch **gegen den Beschenkten**, nicht aber von Ansprüchen gegen Dritte. Der BGH hält § 822 BGB gleichwohl für anwendbar.[186]

§ 528 BGB gibt der Unterhaltssicherung des Schenkers Vorrang vor dem Vertrauen des Beschenkten. Deshalb wird der Beschenkte so behandelt, als habe er das Geschenk rechtsgrundlos erhalten, und muss es nach §§ 818 ff. BGB wieder herausgeben. Unentgeltliche Zuwendungen genießen nicht denselben Vertrauensschutz in Bezug auf das Behaltendürfen wie entgeltliche Erwerbe. Deshalb ist der **Durchgriff** vom Schenker – bzw. dessen Erben – auf den nicht schutzwürdigen „Weiterbeschenkten" nach § 822 BGB zulässig.

125

Zwei Voraussetzungen müssen bei einem Anspruch nach § 822 BGB erfüllt sein:
– Der Anspruchsschuldner – hier die Schwiegertochter der Schenkerin – muss das Erlangte unentgeltlich erhalten haben.
– Derjenige, der dem Anspruchsschuldner (Schwiegertochter) das durch die Schenkung Erlangte zugewendet hat (der Sohn der Schenkerin), muss zur Herausgabe an den Gläubiger (Erben der Schenkerin) außerstande sein.

126

Zur **Unentgeltlichkeit** des Erwerbs der Schwiegertochter:

127

Zuwendungen unter Ehegatten sind nur ausnahmsweise als Schenkungen i.S.v. § 516 BGB zu qualifizieren, vielmehr liegt im Zweifel eine **unbenannte Zuwendung** vor. Von Letzterem ist hier auszugehen, weil das weitergegebene Geld zum Erwerb eines Familienheims gedient hat. Für eine rein freigiebige Leistung gibt es keine Anhaltspunkte. Die unbenannte Zuwendung ist zivilrechtlich keine unentgeltliche Leistung, weil sie im Hinblick auf die Erwartung des Fortbestandes der Ehe gewährt wird. Es werden also immaterielle Gegenleistungen gewährt.

Damit hat die Schwiegertochter der Schenkerin die 200.000 DM nicht durch eine unentgeltliche Zuwendung erlangt. Gleichwohl hat der BGH § 822 BGB angewandt:

„*Die güterrechtliche Behandlung und mithin auch die Einordnung als unbenannte Zuwendung im Verhältnis der Ehegatten zueinander ist für die Frage der Anwendbarkeit des § 822 BGB auf Ansprüche Dritter gegen den Ehegatten in Bezug auf Vermögensgegenstände, die diesem unentgeltlich vom anderen Ehegatten zugewendet werden, nicht ausschlaggebend. Ob der Empfänger das Erlangte seinem Ehegatten unentgeltlich zugewendet hat, ist im Verhältnis zum außerhalb der güterrechtlichen Beziehung stehenden Gläubiger nicht nach güterrechtlichen Gesichtspunkten zu beurteilen.*"

128

Der BGH unterscheidet also zwischen dem Innenverhältnis der Ehegatten zueinander und dem Außenverhältnis zu Dritten und beschränkt die Anwendung der Rechtsfigur der unbenannten Zuwendung auf das Innenverhältnis.[187]

129

„*Deshalb (sind) sowohl unentgeltliche Zuwendungen im Sinn des Schenkungsrechts als auch jedenfalls im Regelfall sonstige ohne eigentliche, vermögensrechtlich fassbare Ge-*

130

---

[186] BGHZ 106, 357 und so auch Palandt/*Heinrichs*, § 822 BGB Rn 1; Soergel/*Mühl*/*Teichmann*, § 528 BGB Rn 9.
[187] So schon BGHZ 116, 167 für die Anwendung der unbenannten Zuwendung auf § 2287 BGB.

*genleistung erfolgende, objektiv unentgeltliche unbenannte Zuwendungen als in diesem Sinne schwächere Erwerbsgründe erfasst."*

131 Damit können die Erben der Schenkerin von der Ehefrau des Beschenkten Rückzahlung der 200.000 DM nach § 822 BGB verlangen, weil sie gegen den beschenkten Sohn keinen Anspruch nach §§ 528 Abs. 1 S. 1, 818 BGB haben. Der beschenkte Sohn kann sich seinerseits auf Entreicherung nach § 818 Abs. 3 BGB berufen, weil er das Geld weggegeben hat, ohne dass eine wirtschaftlich messbare Gegenleistung in sein Vermögen geflossen wäre oder er sich anderweitig Aufwendungen erspart hat. Etwaige Ansprüche des Sohnes gegen seine Ehefrau aus Güterrecht entstehen erst mit der Beendigung der Ehe. Diese ist zzt. nicht in Sicht.

132 Im Falle eines Bereicherungsanspruchs aus § 2287 BGB ist die Konstellation insofern vergleichbar mit § 528 BGB, als es sich in beiden Fällen um eine Rechtsfolgenverweisung auf das Bereicherungsrecht handelt.

133 Nach dem Tod des Schenkers gehört im Falle des § 528 BGB der Bereicherungsanspruch zum Nachlass – im Einzelnen ist vieles streitig –, steht also mehreren Erben gesamthänderisch zu. Anders ist jedoch der Bereicherungsanspruch aus § 2287 BGB bei Vorhandensein mehrerer Erben zu behandeln. Dieser Anspruch und damit auch der Durchgriffsanspruch aus § 822 BGB steht mehreren Miterben lediglich anteilig zu (vgl. dazu im Einzelnen Rn 88 ff.).

134 **Wegfall der Bereicherung bei einem Geschäftsunfähigen:** Dazu der BGH:[188]

> *„a) Beruft sich ein Geschäftsunfähiger auf den Wegfall der Bereicherung, so obliegt ihm, nicht anders als einem Geschäftsfähigen, die Darlegungs- und Beweislast hinsichtlich der den Wegfall der Bereicherung begründenden Umstände.*
> *b) Der Verbrauch von Geld zur Bestreitung des allgemeinen Lebensbedarfs kann zum Wegfall der Bereicherung führen; Voraussetzung ist aber, dass das empfangene Geld restlos für die Lebensbedürfnisse aufgewendet wurde und nicht in anderer Form, etwa durch Bildung von Ersparnissen, durch Anschaffungen oder auch durch Tilgung von Schulden, noch im Vermögen vorhanden ist."*

## XIII. Vorläufiger Rechtsschutz

### 1. Allgemeines

135 Bei einem Anspruch auf Grundstücksherausgabe wird der zur Erlangung der Eigentumsübertragungserklärung (Auflassung, § 925 BGB) und Grundbucheintragungsbewilligung (§ 19 GBO) zu führende Prozess im Regelfall bei umfangreicher Beweisaufnahme eine nicht unerhebliche Zeitdauer in Anspruch nehmen, insbesondere vor dem Hintergrund häufig hoher Streitwerte bei Grundstücken, bei denen das Durchlaufen einer zweiten Instanz hochwahrscheinlich ist.

### 2. Möglichkeiten des vorläufigen Rechtsschutzes bei einer Grundstücksübertragung

136 Bei Ansprüchen auf Grundstücksübertragung (vom Gesetz „Herausgabe" genannt) kommen je nach Verfahrensstadium folgende Möglichkeiten des vorläufigen Rechtsschutzes in Betracht:

---

[188] BGH MDR 2003, 570 = WM 2003, 1488 = MittBayNot 2003, 290 = NJW 2003, 3271 = FamRZ 2003, 513.

- Sobald die anspruchsbegründenden Tatsachen glaubhaft gemacht werden können, **einstweilige Verfügung** auf Eintragung einer **Vormerkung** nach §§ 883, 885 BGB.
- U.U. könnte in besonderen Fällen auch eine einstweilige Verfügung auf Eintragung eines **Veräußerungsverbots** in Betracht kommen (§ 938 Abs. 2 ZPO).
- Nach Erlass des erstinstanzlichen vorläufig vollstreckbaren Urteils auf Eigentumsübertragung die Eintragung einer **Vormerkung** nach § 895 ZPO. Zu beachten ist aber die nach §§ 709, 711 ZPO zu leistende Sicherheit, die im Einzelfall sehr hoch sein kann (vgl. dazu im Einzelnen Rn 95 ff.).

### Kein Rechtshängigkeitsvermerk:

Bei der Geltendmachung eines schuldrechtlichen Anspruchs auf Übereignung eines Grundstücks – wie dies bei § 2287 BGB der Fall ist – wird nicht das Grundstück selbst streitbefangen, sondern lediglich das betreffende Forderungsrecht.[189] Deshalb können schuldrechtliche Übertragungsansprüche nicht mit dem Rechtshängigkeitsvermerk (siehe im Einzelnen § 10 Rn 78 ff.) gesichert werden, also insbesondere keine Vermächtnisansprüche und keine Ansprüche aus §§ 2287, 2288 BGB.[190]

Lediglich das OLG München[191] hat die Zulässigkeit eines Rechtshängigkeitsvermerks bejaht, wenn ein obligatorischer Anspruch auf Eigentumsübertragung im Streit ist. Dieser Einzelmeinung haben sich weder Literatur noch die übrige Rechtsprechung angeschlossen. Und auch das OLG München hat diese Rechtsmeinung zwischenzeitlich aufgegeben.[192]

### 3. Vormerkung

#### a) Vormerkung nach Eintritt des Erbfalls

Die Vormerkung soll einen Anspruch auf Einräumung oder Aufhebung eines Rechts an einem Grundstück sichern, § 883 Abs. 1 S. 1 BGB; dafür reicht ein künftiger oder bedingter Anspruch aus, § 883 Abs. 1 S. 2 BGB. Es soll also ein im Grundbuch verlautbarter Rechtszustand geändert werden; die Vormerkung bereitet diese Änderung vor und sichert ihre Durchführung. Ist auf der Grundlage des Herausgabeanspruchs nach § 2287 BGB ein Grundstück zu übertragen, so ist dieser Eigentumsübertragungsanspruch mit einer Vormerkung im Grundbuch sicherbar.

Die Vormerkung schützt nach § 883 Abs. 2 S. 1 BGB vor rechtsgeschäftlichen Verfügungen des Beschenkten, vor Zwangsvollstreckungsmaßnahmen in das herauszugebende Grundstück, § 883 Abs. 2 BGB und vor Haftungsbeschränkungsmaßnahmen des Erben des Be-

---

[189] Der BGH stellt in BGHZ 39, 21 fest, dass das Grundstück selbst in einem Prozess über einen durch Vormerkung gesicherten Anspruch gegen den persönlichen Schuldner nicht streitbefangen ist im Sinne des § 265 Abs. 1 ZPO. In gleichem Sinne führt das OLG Braunschweig (MDR 1992, 74, 75) aus: „Aus der Zulässigkeit des Rechtshängigkeitsvermerks folgt, dass er wegen seiner Grundlage in § 265 ZPO die Streitbefangenheit der Sache voraussetzt. Diese ist aber nur zu bejahen, wenn auf der rechtlichen Beziehung zu der Sache die Sachlegitimation des Kl. oder des Bekl. beruht, wenn also eine solche Berechtigung den unmittelbaren Gegenstand des Rechtsstreits bildet Das ist bei der Verfolgung eines schuldrechtlichen Anspruchs auf Auflassung nicht der Fall." So auch OLG Schleswig FamRZ 1996, 175; OLG Stuttgart RPfleger 1997, 15 = FGPrax 1996, 208; *Demharter*, GBO, Anh. zu § 13 Rn 22.

[190] So auch OLG Schleswig FamRZ 1996, 175; OLG Stuttgart RPfleger 1997, 15 = FGPrax 1996, 208; *Demharter*, GBO, Anh. zu § 13 Rn 22.

[191] OLG München NJW 1966, 1030.

[192] OLG München MittBayNot 2000, 40.

schenkten, § 884 BGB. Außerdem ist sie insolvenzfest, §§ 106, 254 Abs. 2 S. 1 InsO. In der Zwangsversteigerung ist der Vormerkungsberechtigte Beteiligter, § 9 Nr. 1 ZVG.

### b) Vormerkung vor Eintritt des Erbfalls

140 Umstritten ist die Frage, ob der künftige Anspruch des Vertragserben auf Rückübertragung eines Grundstücks schon vor dem Erbfall – und damit schon ab dem Zeitpunkt des Vollzugs der Schenkung – durch Vormerkung gesichert werden kann. Obwohl das Gesetz ausdrücklich die Vormerkbarkeit künftiger Ansprüche in § 883 Abs. 1 BGB vorsieht, wird dies überwiegend verneint, weil der Herausgabeanspruch erst mit dem Erbfall entstehe.[193] Vgl. auch Rn 3.

### c) Kosten

141 Bei der Eintragung einer Vormerkung fallen folgende Gebühren an:
- Eintragungsgebühren bei der Begründung eines Rechts: §§ 66, 60, 62 KostO: $^{5}/_{10}$ Gebühr; Gegenstandswert: Verkehrswert.
- Eintragungsgebühren bei der Aufhebung eines Rechts: §§ 66, 68, 62 KostO: $^{2,5}/_{10}$ Gebühr; Gegenstandswert: Verkehrswert des aufzuhebenden Rechts.

Bei der Löschung einer Vormerkung fallen folgende Gebühren an:

Die Hälfte der für die Eintragung der Vormerkung bestimmten Gebühr, § 68 KostO. Allerdings kann nicht mehr der Verkehrswert des begehrten Vollrechts zugrunde gelegt werden, wenn die Vormerkung gegenstandslos geworden ist.

## 4. Einstweilige Verfügung zur Eintragung einer Vormerkung im Grundbuch auf Eigentumsübertragung

142 Bewilligt der im Grundbuch eingetragene Beschenkte die Eintragung einer Vormerkung nicht, so hat der Erbe die Möglichkeit, eine einstweilige Verfügung nach §§ 935 ff. ZPO zur Eintragung einer Vormerkung im Grundbuch zu erwirken (zur fingierten Bewilligung einer Vormerkung nach § 895 ZPO siehe Rn 94 ff. und Muster Rn 98).

### a) Glaubhaftmachung der Anspruchsvoraussetzungen

143 Um eine einstweilige Verfügung nach § 935 ZPO vor Eintritt der Fiktion des § 895 ZPO zu erlangen, braucht der herausgabeberechtigte Erbe lediglich seinen materiellrechtlichen Übertragungsanspruch glaubhaft zu machen, §§ 936, 920 Abs. 2 ZPO. Nicht aber glaubhaft zu machen braucht er die Gefährdung seines Übertragungsanspruchs, also den Verfügungsgrund, weil sich die Dringlichkeit bereits aus der Möglichkeit eines Rechtsverlusts durch Eigentumsübertragung an einen Erwerber ergibt, §§ 883, 885 Abs. 1 S. 2 BGB. Der Beschenkte ist rechtmäßiger Eigentümer, er ist lediglich schuldrechtlich zur Eigentumsübertragung und Herausgabe an den Erben verpflichtet.

### b) Inhalt der Glaubhaftmachung

144 Mit welchen Beweismitteln die **Glaubhaftmachung** erfolgen kann, regelt § 294 ZPO. Zunächst unterscheidet sich die Glaubhaftmachung von der vollen Beweisführung nach § 286 ZPO dadurch, dass beim Richter keine volle Überzeugung bezüglich der anspruchsbegründenden Tatsachen herbeigeführt werden muss, es reicht vielmehr die überwiegende Wahr-

---

[193] OLG Düsseldorf OLG-Report 1994, 246; vgl. auch *Hohmann*, ZEV 1994, 137.

scheinlichkeit für einen bestimmten von mehreren in Betracht kommenden – streitigen – Sachverhalten. Unstreitiges braucht nicht glaubhaft gemacht zu werden, § 138 Abs. 3 ZPO.

Zur Glaubhaftmachung dienen alle Beweismittel der ZPO – sofern sie präsent sind, § 294 Abs. 1 und 2 ZPO – und zusätzlich die **eidesstattliche Versicherung** sowohl des Antragstellers im Verfügungsverfahren als auch all der Personen, die als Zeugen in Betracht kommen.

Ein gerichtliches Sachverständigengutachten wird, weil ein solches in den meisten Fällen nicht präsent sein dürfte, kaum als Mittel der Glaubhaftmachung dienen können. Allenfalls könnte ein Parteigutachten vorgelegt werden, das dann aber nicht die Beweisqualität eines Sachverständigengutachtens hätte, sondern die einer Urkunde bzw. des Parteivortrags. Denkbar wäre auch, dass aus einem früher oder parallel geführten Prozess bereits ein verwertbares Gutachten vorliegt.

### 5. Hauptprozess und Verfahren auf Erlass einer einstweiligen Verfügung

Das Verfahren auf Erlass einer einstweiligen Verfügung führt nicht zur Rechtshängigkeit des materiellrechtlichen Anspruchs, weil sein Streitgegenstand nicht der Anspruch selbst ist, sondern die Zulässigkeit seiner vorläufigen Sicherung.[194] Aus diesem Grund können Hauptprozess und Verfügungsverfahren parallel geführt werden. Wird im Hauptprozess ein Sachverständigengutachten eingeholt bzw. werden Zeugen vernommen, so können das Gutachten und das Protokoll über die Sachverständigen- bzw. eine Zeugenvernehmung im Verfügungsverfahren als Urkunden und damit als präsente Beweismittel i.S.v. § 294 ZPO vorgelegt werden.

### 6. Muster: Antrag einstweilige Verfügung (Vormerkung)

An das

Landgericht
– Zivilkammer –

Eilt sehr! Bitte sofort vorlegen!

*Antrag
auf Erlass einer einstweiligen Verfügung*

des Herrn

– Antragstellers –

Verfahrensbevollmächtigter: Rechtsanwalt

gegen

Frau

– Antragsgegnerin –

zur Eintragung einer Eigentumsübertragungsvormerkung.

Namens und im Auftrag des Antragstellers beantrage ich, folgende einstweilige Verfügung – wegen der Dringlichkeit ohne mündliche Verhandlung (§ 937 Abs. 2 ZPO) – zu erlassen:

Zu Lasten des im Grundbuch des Amtsgerichts          für          , Band          , Heft          , BV Nr.          eingetragenen Grundstücks Gemarkung          , Flst. Nr.          , Größe          , ist für den

---

194 OLG Stuttgart NJW 1969, 1721.

Antragsteller eine **Vormerkung** auf Übertragung des Eigentums an dem zuvor bezeichneten Grundstück auf den Antragsteller im Grundbuch einzutragen.

Das Gericht wird gebeten, nach Erlass der einstweiligen Verfügung das zuständige Grundbuchamt um die Eintragung der Vormerkung im Grundbuch zu ersuchen, § 941 ZPO.

*Begründung:*

Es geht um eine Erbrechtsstreitigkeit. Der Antragsteller macht gegen die Antragsgegnerin einen Eigentumsübertragungsanspruch nach § 2287 BGB geltend.

*I. Sachverhalt*

Am ▮ ist Herr ▮, zuletzt wohnhaft in ▮, gestorben (nachfolgend Erblasser genannt). Der Antragsteller ist der eheliche und einzige Sohn des Erblassers. Die Antragsgegnerin ist die langjährige Lebensgefährtin des Erblassers, mit der dieser nach dem Tod seiner Ehefrau zusammen gelebt hat.

Der Erblasser war verheiratet gewesen mit Frau ▮, der Mutter des Antragstellers. Sie ist am ▮ gestorben. Mit ihr hatte der Erblasser einen Erbvertrag geschlossen, wonach sich die Eheleute gegenseitig zu Alleinerben und den einzigen gemeinsamen Sohn, den Antragsteller, zum alleinigen Erben des überlebenden der beiden Ehegatten eingesetzt haben.

Aufgrund des erwähnten Erbvertrags, der am ▮ von Notar ▮ unter UR-Nr. ▮ beurkundet worden war, wurde der überlebende Ehemann und jetzige Erblasser ihr Alleinerbe. Der Erbvertrag wurde auf den Tod der Mutter des Antragstellers am ▮ vom Nachlassgericht ▮ unter Az. ▮ eröffnet.

*Glaubhaftmachung:* Je eine beglaubigte Abschrift

a) des Erbvertrags vom ▮ – Anlage K 1 –

b) des Erbvertragseröffnungsprotokolls vom ▮ – Anlage K 2 –

Der Antragsteller hat seinerzeit auf den Tod seiner Mutter den Pflichtteil nicht geltend gemacht, weil er auf den Tod des Überlebenden seiner Eltern erbvertraglich zum Alleinerben eingesetzt worden war und auf diese Erbeinsetzung vertraut hat.

Drei Jahre nach dem Tod seiner Ehefrau, der Mutter des Antragstellers, ist der Erblasser mit der Antragsgegnerin eine nichteheliche Partnerschaft eingegangen.

Ein Jahr später hat der Erblasser das Hausgrundstück ▮ an die Antragsgegnerin verschenkt. Der Schenkungsvertrag samt Auflassung wurde am ▮ von Notar ▮ in ▮ unter UR-Nr. ▮ beurkundet.

*Glaubhaftmachung:* Je eine beglaubigte Abschrift

a) des Schenkungsvertrags vom ▮ – Anlage K 3 –

b) des Grundbuchblattes ▮ – Anlage K 4 –

Der Erbvertrag wurde bezüglich der Schlusserbeinsetzung des Antragstellers auf den Tod des Erblassers am ▮ vom Nachlassgericht ▮ erneut unter Az. ▮ eröffnet. Der Antragsteller hat die Alleinerbschaft angenommen.

*Glaubhaftmachung:* Beglaubigte Abschrift des Erbvertragseröffnungsprotokolls des Nachlassgerichts ▮ vom ▮ – Anlage K 5 –

Es ist so gut wie kein Nachlass vorhanden.

*Glaubhaftmachung:* Eidesstattliche Versicherung des Antragstellers – Anlage K 6 –

*Krug*

## II. Verfügungsanspruch

Der Antragsteller hat gegen die Antragsgegnerin aus § 2287 BGB einen Anspruch auf Übertragung des ihr vom Erblasser geschenkten Hausgrundstücks, wie es im Antrag näher bezeichnet ist.

Die Schenkung an die Antragsgegnerin ist erfolgt, um den Antragsteller zu benachteiligen und zur Umgehung der erbvertraglich bindenden Erbeinsetzung des Antragstellers. Der Antragsteller wurde zwar aufgrund des Erbvertrags Alleinerbe seines Vaters, der Nachlass ist jedoch praktisch wertlos. Es ist keinerlei Gegenleistung für die Grundstücksübertragung in den Nachlass geflossen.

Dass der Erblasser den Antragsteller benachteiligen und die bindende Erbeinsetzung umgehen wollte, kann durch Vorlage einer eidesstattlichen Versicherung glaubhaft gemacht werden. Anlässlich einer Feier am ▆▆▆ hat der Erblasser gegenüber dem Zeugen ▆▆▆ geäußert, er habe das Haus auf seine Lebensgefährtin übertragen müssen, weil er sie testamentarisch nicht mehr habe bedenken können; der mit seiner vorverstorbenen Ehefrau geschlossene Erbvertrag habe dies unmöglich gemacht.

*Glaubhaftmachung:* Eidesstattliche Versicherung des Zeugen ▆▆▆ – Anlage K 7 –

Der Erblasser hatte kein eigenes lebzeitiges Interesse an der Weggabe des Hausgrundstücks. Der Erblasser wurde von der Antragsgegnerin in keiner Weise versorgt – im Gegenteil: den Aufwand für das gemeinsame Leben hat der Erblasser aus seinem Einkommen bestritten.

*Glaubhaftmachung:* Eidesstattliche Versicherung des Antragstellers – Anlage K 8 –

Die Antragsgegnerin ist gut versorgt. Sie hat selbst drei Eigentumswohnungen, aus denen sie Mieteinnahmen erzielt.

*Glaubhaftmachung:* Drei beglaubigte Abschriften betr. die Wohnungs-Grundbücher ▆▆▆ – Anlagen K 9 bis K 11 –

Der Tatbestand des § 2287 BGB ist erfüllt; die Antragsgegnerin hat dem Antragsteller bereits Auskunft über das auf sie übertragene Hausgrundstück gegeben.

## III. Verfügungsgrund

Einer Glaubhaftmachung der Gefährdung des Anspruchs des Antragstellers bedarf es nach § 885 Abs. 1 S. 2 BGB nicht.

Dem Antrag ist demnach wie beantragt stattzugeben.

Der Grundstückswert beträgt ▆▆▆ EUR; der Streitwert ist mit ⅓ davon anzunehmen (*Thomas/Putzo*, ZPO, § 3 Stichwort „Vormerkung").

(Rechtsanwalt)

## 7. Muster: Antrag einstweilige Verfügung (Vormerkung Aufhebung einer Grundschuld)

An das

Landgericht
– Zivilkammer –

▆▆▆

Eilt sehr! Bitte sofort vorlegen!

*Antrag*

*auf Erlass einer einstweiligen Verfügung*

des Herrn ▆▆▆

– Antragsteller –

Verfahrensbevollmächtigter: Rechtsanwalt

gegen

Frau

– Antragsgegnerin –

zur Eintragung einer **Vormerkung** im Grundbuch.

Namens und im Auftrag des Antragstellers beantrage ich, folgende einstweilige Verfügung – wegen der Dringlichkeit ohne mündliche Verhandlung (§ 937 Abs. 2 ZPO) – zu erlassen:

Zu Lasten der im Grundbuch des Amtsgerichts         für         , Band         , Heft         , Abt. III Nr.         zugunsten der Antragsgegnerin eingetragenen Grundschuld über         EUR ist für den Antragsteller eine **Vormerkung** auf Aufhebung dieser Grundschuld im Grundbuch einzutragen.

Das Gericht wird gebeten, nach Erlass der einstweiligen Verfügung das zuständige Grundbuchamt um die Eintragung der Vormerkung im Grundbuch zu ersuchen, § 941 ZPO.

*Begründung:*

Es geht um eine Erbrechtsstreitigkeit. Der Antragsteller macht einen Herausgabeanspruch nach § 2287 BGB bezüglich der im Antrag bezeichneten Grundschuld auf Aufhebung und Löschung geltend.

*I. Sachverhalt*

Am         ist Herr         , zuletzt wohnhaft in         , gestorben (nachfolgend Erblasser genannt).

Der Antragsteller ist der eheliche und einzige Sohn des Erblassers. Die Antragsgegnerin ist die langjährige Lebensgefährtin des Erblassers, mit der dieser nach dem Tod seiner Ehefrau zusammen gelebt hat.

Der Erblasser war verheiratet gewesen mit Frau         , der Mutter des Antragstellers. Sie ist am         gestorben. Mit ihr hatte der Erblasser ein notariell beurkundetes gemeinschaftliches Testament errichtet, wonach sich die Eheleute gegenseitig zu Alleinerben und den einzigen gemeinsamen Sohn, den Antragsteller, zum alleinigen Erben des überlebenden der beiden Ehegatten eingesetzt haben.

Aufgrund des genannten gemeinschaftlichen Testaments, das am         von Notar         unter UR-Nr.         beurkundet worden war, wurde der überlebende Ehemann und jetzige Erblasser ihr Alleinerbe. Das Testament wurde auf den Tod der Mutter des Antragstellers am         vom Nachlassgericht         unter Az.         eröffnet. Der Erblasser hat seinerzeit die Alleinerbschaft angenommen.

*Glaubhaftmachung:* Je eine beglaubigte Abschrift

a) des gemeinschaftlichen Testaments vom         – Anlage K 1 –

b) des Testamentseröffnungsprotokolls vom         – Anlage K 2 –

Der Antragsteller hat seinerzeit auf den Tod seiner Mutter den Pflichtteil nicht geltend gemacht, weil er auf den Tod des Überlebenden seiner Eltern testamentarisch bindend zum Alleinerben eingesetzt worden war und auf diese Erbeinsetzung vertraut hat.

Drei Jahre nach dem Tod seiner Ehefrau, der Mutter des Antragstellers, ist der Erblasser mit der Antragsgegnerin eine nichteheliche Partnerschaft eingegangen.

Ein Jahr später hat der Erblasser zugunsten der Antragsgegnerin die oben näher bezeichnete Grundschuld zu Lasten des Grundstücks         im Grundbuch eintragen lassen.

Die Grundschuldbestellung ist im Wege der Schenkung erfolgt; eine Gegenleistung wurde von der Antragsgegnerin nicht erbracht.

*Glaubhaftmachung:* Je eine beglaubigte Abschrift

a) der Grundschuldbestellungsurkunde vom         – Anlage K 3 –

b) des Grundbuchblattes ▓▓▓ – Anlage K 4 –

Der Antragsteller wurde zwar aufgrund des Testaments Alleinerbe seines Vaters, der Nachlass ist jedoch unter Berücksichtigung der Grundschuld wirtschaftlich praktisch wertlos. Deshalb ist auch davon auszugehen, dass keinerlei Gegenleistung für die Grundschuldbestellung in den Nachlass geflossen ist.

*Glaubhaftmachung:* Eidesstattliche Versicherung des Antragstellers – Anlage K 5 –

Das Testament wurde bezüglich der Schlusserbeinsetzung des Antragstellers auf den Tod des Erblassers am ▓▓▓ vom Nachlassgericht ▓▓▓ erneut unter Az. ▓▓▓ eröffnet. Der Antragsteller hat die Alleinerbschaft angenommen.

*Glaubhaftmachung:* Beglaubigte Abschrift des Testamentseröffnungsprotokolls des Nachlassgerichts ▓▓▓ vom ▓▓▓ – Anlage K 6 –

## II. Verfügungsanspruch

Dem Antragsteller steht auf der Grundlage von § 2287 BGB ein Anspruch auf Aufhebung und Löschung der Grundschuld zu. Das gemeinschaftliche Testament ist hinsichtlich der Schlusserbeinsetzung wechselbezüglich i.S.v. §§ 2270 Abs. 2, 2271 BGB. Für den Erblasser wurde die von ihm angeordnete Alleinerbeinsetzung des Antragstellers mit dem Tod seiner Ehefrau nach § 2271 Abs. 2 BGB bindend. Nach einhelliger Rechtsprechung findet § 2287 BGB analoge Anwendung auf das bindend gewordene gemeinschaftliche Testament (BGHZ 82, 274; BGH NJW 1982, 43; NJW 1976, 749).

Die Grundschuldbestellung zugunsten der Antragsgegnerin ist erfolgt, um den Antragsteller zu benachteiligen und zur Umgehung der testamentarisch bindenden Erbeinsetzung des Antragstellers.

Dass der Erblasser den Antragsteller benachteiligen und die bindende Erbeinsetzung umgehen wollte, kann durch eidesstattliche Versicherung glaubhaft gemacht werden. Anlässlich seiner Feier zum 80. Geburtstag am ▓▓▓ hat der Erblasser zu vorgerückter Stunde gegenüber dem Zeugen ▓▓▓ geäußert, er habe die Grundschuld zur wirtschaftlichen Aushöhlung des Grundstückswerts für seine Lebensgefährtin bestellen müssen, weil er sie testamentarisch nicht mehr habe bedenken können; das mit seiner vorverstorbenen Ehefrau errichtete gemeinschaftliche Testament habe dies unmöglich gemacht. Sein Rechtsberater habe ihn darauf hingewiesen, dass er ein anders lautendes Testament nicht mehr errichten könne.

*Glaubhaftmachung:* Eidesstattliche Versicherung des Zeugen ▓▓▓ – Anlage K 7 –

Der Erblasser hatte kein eigenes lebzeitiges Interesse an der Grundschuldbestellung. Die Antragsgegnerin hat dem Erblasser gegenüber keinerlei Betreuungsleistungen erbracht, der Erblasser war bis zu seinem Tode vollkommen gesund.

Die Antragsgegnerin ist gut versorgt. Sie verfügt über eine eigene Altersversorgung und über eine Witwenrente samt Betriebsrente von ihrem vorverstorbenen Ehemann. Sie hat etwa zwei Jahre vor dem Tode des Erblassers gegenüber dem Antragsteller geäußert, ihr monatliches Renteneinkommen betrage netto ▓▓▓ EUR. Außerdem besitze sie ein Wertpapierdepot im damaligen Wert von ▓▓▓ EUR, das ebenfalls Dividende in einer Größenordnung von monatlich ▓▓▓ EUR abwerfe.

*Glaubhaftmachung:* Eidesstattliche Versicherung des Antragstellers – Anlage K 8 –

Der Tatbestand des § 2287 BGB ist damit glaubhaft gemacht.

## III. Verfügungsgrund

Einer Glaubhaftmachung der Gefährdung des Anspruchs des Antragstellers bedarf es nach § 885 Abs. 1 S. 2 BGB nicht.

Streitwert: Aus dem Nominalbetrag der Grundschuld von ▓▓▓ EUR ist $^1/_3$ als Streitwert anzunehmen (*Thomas/Putzo*, ZPO, § 3 Stichwort „Vormerkung").

(Rechtsanwalt)

*Krug*

## 8. Muster: Antrag auf Erteilung einer Abschrift aus den Grundakten (Grundschuldbestellungsurkunde)

An das

Amtsgericht
– Grundbuchamt –

Grundbuch von ........., Band ........., Heft ........., eingetragener Eigentümer:

Der zuvor genannte Eigentümer ist am ......... in ......... gestorben. Ausweislich der beigefügten beglaubigten Abschrift des Erbscheins des Amtsgerichts ......... – Nachlassgericht – vom ......... Az. ......... wurde er allein beerbt von meinem Mandanten, Herrn .........

In seinem Namen beantrage ich

die Erteilung einer beglaubigten Abschrift der Bewilligung über die Bestellung und Eintragung der Grundschuld in Abt. III Nr. ......... über ......... EUR zugunsten von Frau ......... an dem Grundstück ..........

Auf die Eintragungsbewilligung ist bei der Eintragung der Grundschuld im Grundbuch Bezug genommen worden.

Als jetziger Eigentümer des mit der Grundschuld belasteten Grundstücks hat mein Mandant nicht nur ein berechtigtes Interesse i.S.v. § 12 GBO, sondern sogar ein rechtliches Interesse.

Vollmacht meines Mandanten füge ich bei.

Entstehende Kosten können mir aufgegeben werden.

(Rechtsanwalt)

## 9. Checkliste: Antrag auf Erlass einer einstweiligen Verfügung zur Eintragung einer Vormerkung im Grundbuch

- Sachliche Zuständigkeit: Amts-/Landgericht der Hauptsache
- Örtliche Zuständigkeit: §§ 12, 13; 27; 936, 919 ZPO
- Ist der Antragsgegner im Grundbuch als Berechtigter eingetragen?
- Ist der Antragsteller Inhaber des Grundstücksübertragungs- oder Aufhebungsanspruchs nach § 2287 BGB?
- Ist der Antragsteller alleiniger Inhaber des Anspruchs nach § 2287 BGB oder nur Teilgläubiger?
- Glaubhaftmachung aller anspruchsbegründenden Tatsachen (§ 294 ZPO)
  - Präsente Beweismittel der ZPO, insbesondere beglaubigte Abschriften der Verfügung von Todes wegen samt Eröffnungsprotokoll, der betr. Verträge, des Grundbuchs etc.
  - Eidesstattliche Versicherung des Antragstellers und/oder aller als Zeugen in Betracht kommenden Personen
  - Keine Glaubhaftmachung der Gefährdung der Durchsetzung des Anspruchs, § 885 Abs. 1 S. 2 BGB
- Nach Erlass der einstweiligen Verfügung: Antrag beim Grundbuchamt auf Eintragung der Vormerkung, sofern das Prozessgericht nicht um die Eintragung ersucht hat (Vollziehung, Vollziehungsfrist, § 929 ZPO)

*Krug*

## 10. Vorläufiger Rechtsschutz bei beweglichen Sachen

Eine Leistungs-(Befriedigungs-)Verfügung kommt unter äußersten Umständen in Bezug auf Bereicherungsansprüche gegen den Beschenkten in Betracht. An den Verfügungsgrund sind hohe Anforderungen zu stellen, weil in einem solchen Falle die Hauptsache zumindest zum Teil vorweggenommen wird. Nur wenn der Antragsteller auf eine Anspruchserfüllung dringend angewiesen ist und die reine Anspruchssicherung nicht ausreicht, können die Voraussetzungen für den Verfügungsgrund bejaht werden.[195]

Der Verfügungsgrund kann auch in einer Notlage des Anspruchsinhabers liegen.[196] Ein solcher Fall kommt in Betracht, wenn der Anspruchsinhaber das beanspruchte Geld zur Bestreitung seines Lebensunterhalts, zur Erhaltung seiner Gesundheit, zur Abwendung der Vernichtung seiner Existenz oder zur Vermeidung eines unverhältnismäßigen Vermögensschadens dringend benötigt. Es kommt nicht darauf an, ob der Anspruchsinhaber die Notlage evtl. selbst verschuldet hat.[197] Bei einer Geldleistungsverfügung kann er fehlen, wenn der Anspruchsinhaber längere Zeit bis zur Geltendmachung des Anspruchs zugewartet hat; man spricht in diesem Zusammenhang von „Selbstwiderlegung".[198]

Ob sich der Anspruchsinhaber auf die Möglichkeit des Bezugs von Sozialhilfe verweisen lassen muss, ist streitig.[199] Beispiel: Gesundheitserhaltende Operation beim Gläubiger, Rechtsverhältnisse sind klar, der Beschenkte zögert die Zahlung hinaus.

Ist der Erbe und Gläubiger des Anspruchs nach § 2287 BGB auch Pflichtteilsberechtigter, so käme als Grund für eine Leistungsverfügung in Betracht: Da der Pflichtteilsanspruch Unterhaltsersatzfunktion hat, müsste eine Leistungsverfügung in solchen Fällen möglich sein, in denen der pflichtteilsberechtigte Erbe keine eigenen Mittel zum Lebensunterhalt hat.

Soll sichergestellt werden, dass bestimmte Gegenstände herausgegeben werden – und damit der Gläubiger nicht nur auf einen Wertersatzanspruch verwiesen werden muss –, kommt eine Verwahrung der Gegenstände durch den Gerichtsvollzieher oder die Herausgabe an einen Sequester im Rahmen einer Anordnung nach § 938 Abs. 2 ZPO in Betracht.[200] Eine Sequestration kann allerdings nicht unerhebliche Kosten verursachen, weil der Sequester vergütet werden muss.

## 11. Muster: Antrag auf einstweilige Verfügung (Herausgabe beweglicher Sachen)

An das

Landgericht
– Zivilkammer –

Eilt sehr! Bitte sofort vorlegen!

---

195 OLG Köln NJW-RR 1995, 1088; OLG Frankfurt NJW 1975, 393; OLG Düsseldorf OLGZ 68, 172; LG München NJW-RR 1987, 958; Zöller/*Vollkommer*, § 940 ZPO Rn 6.
196 OLG Düsseldorf NJW-RR 1992, 198; *Walker*, Rn 248 m.w.N.
197 *Walker*, Rn 248, 251; Stein/Jonas/*Grunsky*, vor § 935 ZPO Rn 39.
198 OLG Hamm FamRZ 1988, 855; Zöller/*Vollkommer*, § 940 ZPO Rn 8 "Unterhaltsrecht".
199 Keine Verweisung auf Sozialhilfe: OLG Hamburg FamRZ 1988, 1181; OLG Koblenz FamRZ 1987, 395; LG Hamburg MDR 1966, 147; Verweisung auf Sozialhilfe: OLG Nürnberg NJW 1995, 264; OLG Karlsruhe FamRZ 1988, 87; OLG Koblenz FamRZ 1988, 1181 m.w.N.
200 Zöller/*Vollkommer*, § 938 ZPO Rn 7 ff.

*Antrag*

*auf Erlass einer einstweiligen Verfügung*

des Herrn

– Antragstellers –

Verfahrensbevollmächtigter: Rechtsanwalt

gegen

Frau

– Antragsgegnerin –

zur Herausgabe beweglicher Sachen.

Namens und im Auftrag des Antragstellers beantrage ich, folgende einstweilige Verfügung – wegen der Dringlichkeit ohne mündliche Verhandlung (§ 937 Abs. 2 ZPO) – zu erlassen:

Die Antragsgegnerin ist verpflichtet, an den Antragsteller folgende Gegenstände herauszugeben:
a) Den Oldtimer-Pkw            , amtliches Kennzeichen            , Baujahr
b) den Barock-Sekretär
c) den Konzertflügel Marke            , Baujahr            , Maße:

Hilfsweise wird beantragt, die Gegenstände durch den zuständigen Gerichtsvollzieher verwahren zu lassen, in zweiter Linie wird hilfsweise Herausgabe an einen vom Gericht zu bestellenden Sequester beantragt.

**Begründung:**

Es geht um eine Erbrechtsstreitigkeit. Der Antragsteller macht gegen die Antragsgegnerin Herausgabeansprüche nach § 2287 BGB geltend. Ein Rechtsstreit in der Hauptsache ist bereits beim Landgericht            unter Az.            rechtshängig.

*I. Sachverhalt*

Am            ist Herr            , zuletzt wohnhaft in            , gestorben (nachfolgend Erblasser genannt).

Der Antragsteller ist der eheliche und einzige Sohn des Erblassers. Die Antragsgegnerin ist die langjährige Lebensgefährtin des Erblassers, mit der dieser nach dem Tod seiner Ehefrau zusammen gelebt hat.

Der Erblasser war verheiratet gewesen mit Frau            , der Mutter des Antragstellers. Sie ist am            gestorben. Mit ihr hatte der Erblasser einen Erbvertrag geschlossen, wonach sich die Eheleute gegenseitig zu Alleinerben und den einzigen gemeinsamen Sohn, den Antragsteller, zum alleinigen Erben des überlebenden der beiden Ehegatten eingesetzt haben.

Aufgrund des erwähnten Erbvertrags, der am            von Notar            unter UR-Nr.            beurkundet worden war, wurde der überlebende Ehemann und jetzige Erblasser ihr Alleinerbe. Der Erbvertrag wurde auf den Tod der Mutter des Antragstellers am            vom Nachlassgericht            unter Az.            eröffnet.

**Glaubhaftmachung:** Je eine beglaubigte Abschrift

a) des Erbvertrags vom            – Anlage K 1 –
b) des Erbvertragseröffnungsprotokolls vom            – Anlage K 2 –

Der Antragsteller hat seinerzeit auf den Tod seiner Mutter den Pflichtteil nicht geltend gemacht, weil er auf den Tod des Überlebenden seiner Eltern erbvertraglich zum Alleinerben eingesetzt worden war und auf diese Erbeinsetzung vertraut hat.

Drei Jahre nach dem Tod seiner Ehefrau, der Mutter des Antragstellers, ist der Erblasser mit der Antragsgegnerin eine nichteheliche Partnerschaft eingegangen.

*Krug*

Ein Jahr später hat der Erblasser alle wertvollen Gegenstände, die er noch hatte, darunter die im obigen Antrag näher bezeichneten, an die Antragsgegnerin verschenkt. Dies hat die Antragsgegnerin auf Nachfrage von Seiten des Antragstellers nach dem Verbleib der Gegenstände in ihrem Schreiben vom ▬▬▬ selbst so dargestellt.

*Glaubhaftmachung:* Beglaubigte Kopie des Schreibens der Antragsgegnerin vom ▬▬▬ – Anlage K 3 –

Der Erbvertrag wurde bezüglich der Schlusserbeinsetzung des Antragstellers auf den Tod des Erblassers am ▬▬▬ vom Nachlassgericht ▬▬▬ erneut unter Az. ▬▬▬ eröffnet. Der Antragsteller hat die Alleinerbschaft angenommen.

*Glaubhaftmachung:* Beglaubigte Abschrift des Eröffnungsprotokolls des Nachlassgerichts ▬▬▬ vom ▬▬▬ – Anlage K 4 –

Es ist so gut wie kein Nachlass vorhanden.

*Glaubhaftmachung:* Eidesstattliche Versicherung des Antragstellers – Anlage K 5 –

*II. Verfügungsanspruch*

Der Antragsteller hat gegen die Antragsgegnerin aus § 2287 BGB einen Anspruch auf Übertragung der ihr vom Erblasser geschenkten Gegenstände, wie sie im Antrag näher bezeichnet sind.

Die Schenkung der wertvollen Sachen an die Antragsgegnerin ist erfolgt, um den Antragsteller zu benachteiligen und zur Umgehung der erbvertraglich bindenden Erbeinsetzung des Antragstellers. Der Antragsteller wurde zwar aufgrund des Erbvertrags Alleinerbe seines Vaters, der Nachlass ist jedoch praktisch wertlos. Es ist keinerlei Gegenleistung in den Nachlass geflossen.

Dass der Erblasser den Antragsteller benachteiligen und die bindende Erbeinsetzung umgehen wollte, kann durch Vorlage einer eidesstattlichen Versicherung glaubhaft gemacht werden. Anlässlich der Silvester-Feier zum Jahreswechsel ▬▬▬ hat der Erblasser gegenüber dem Zeugen ▬▬▬ geäußert, er habe die Gegenstände auf seine Lebensgefährtin übertragen müssen, weil er sie testamentarisch nicht mehr habe bedenken können; der mit seiner vorverstorbenen Ehefrau geschlossene Erbvertrag habe dies unmöglich gemacht.

*Glaubhaftmachung:* Eidesstattliche Versicherung des Zeugen ▬▬▬ – Anlage K 6 –

Der Erblasser hatte kein eigenes lebzeitiges Interesse an der Weggabe der Gegenstände – im Gegenteil: Bei dem Barock-Sekretär und dem Konzertflügel handelt es sich um alte Familienstücke aus der Familie des Erblassers. Der Erblasser war es selbst, der immer wieder betonte, diese Gegenstände müssten in der Familie bleiben, weil sie bereits von seinem Großvater her kämen. Den Oldtimer-Pkw hat der Erblasser schon seit dem Jahre ▬▬▬ besessen; der Antragsteller ist schon als Jugendlicher zusammen mit dem Erblasser mit dem Pkw gefahren; insofern handelt es sich um einen persönlichen Erinnerungsgegenstand.

Der Erblasser wurde von der Antragsgegnerin in keiner Weise versorgt; vielmehr wurde der Aufwand für das gemeinsame Leben vom Erblasser aus seinem Einkommen bestritten.

*Glaubhaftmachung:* Eidesstattliche Versicherung des Antragstellers – Anlage K 7 –

Die Antragsgegnerin hat es offenbar verstanden, den Erblasser zur Übertragung der bezeichneten Gegenstände an sie zu überreden. Die Antragsgegnerin ist gut versorgt. Sie verfügt über eine Witwenrente und eine eigene Rente, die zusammen monatlich mindestens ▬▬▬ EUR betragen. Dies hat sie anlässlich einer Unterredung am ▬▬▬ dem Antragsteller gegenüber selbst geäußert.

*Glaubhaftmachung:* Eidesstattliche Versicherung des Antragstellers – Anlage K 8 –

Der Tatbestand des § 2287 BGB ist erfüllt; die Antragsgegnerin hat dem Antragsteller bereits Auskunft über die auf sie übertragenen Gegenstände gegeben.

## III. Verfügungsgrund

Die Durchsetzung des Herausgabeanspruchs ist gefährdet. Die Antragsgegnerin führt Verkaufsverhandlungen mit dem Autohaus ▬▬▬ bezüglich des Oldtimers und mit dem Antiquitätenhändler ▬▬▬ bezüglich des Barock-Sekretärs und des Konzertflügels.

*Glaubhaftmachung:* Je eine eidesstattliche Versicherung

a) des Geschäftsführers des Autohauses ▬▬▬ – Anlage K 9 –

b) des Antiquitätenhändlers ▬▬▬ – Anlage K 10 –

Gerade weil es sich um Erinnerungsstücke an den Erblasser handelt, muss vermieden werden, dass eine Veräußerung erfolgt und der Antragsteller nur auf Ersatzansprüche angewiesen wäre.

Dem Antrag ist demnach wie beantragt stattzugeben. Sollte die Herausgabe an den Antragsteller selbst nicht angeordnet werden, so ist entsprechend dem ersten Hilfsantrag die Verwahrung der Gegenstände durch den zuständigen Gerichtsvollzieher anzuordnen. Sollte auch dies nicht in Betracht kommen, so ist nach dem zweiten Hilfsantrag die Herausgabe an einen Sequester anzuordnen (§ 938 Abs. 2 ZPO), um die Besitzübertragung auf einen potenziellen Erwerber auszuschließen.

Zum Streitwert: Der Verkehrswert der herausverlangten Gegenstände beträgt ▬▬▬ EUR; davon ist $1/3$ als Streitwert anzunehmen (*Thomas/Putzo*, ZPO, § 3 Stichwort „Einstweilige Verfügung").

(Rechtsanwalt)

## XIV. Rechtswirkungen des ergehenden Urteils

### 1. Vorläufig vollstreckbares Urteil

157 Mit dem vorläufig vollstreckbaren Urteil auf Eigentumsübertragung kann bei herauszugebenden Grundstücken nach § 895 ZPO eine Eigentumsübertragungsvormerkung im Grundbuch eingetragen werden (siehe hierzu Rn 94 ff.).

### 2. Rechtskräftiges Urteil

158 Das rechtskräftige Urteil ersetzt die Auflassungserklärung, soweit es den Beklagten betrifft (§ 925 BGB), und die Bewilligung der Eintragung der Eigentumsänderung auf den Kläger (§ 19 GBO). Die dingliche Übertragungserklärung (im Sinne eines Teils der Auflassung nach § 925 BGB) und die Eintragungsbewilligung gelten gem. § 894 ZPO erst mit Rechtskraft des ergehenden Urteils als abgegeben. Eine zuvor nach § 895 ZPO aufgrund des vorläufig vollstreckbaren Urteils eingetragene Vormerkung kann ohne Zustimmung des Gegners gelöscht werden, § 25 GBO. Letzteres ist u.a. für die Kosten bedeutsam, weil eine notariell beglaubigte Zustimmungserklärung (§ 29 GBO) nicht erforderlich ist.

159 Nach Rechtskraft des Urteils ist unter Vorlage einer Ausfertigung des Urteils die Auflassungserklärung des Klägers noch notariell zu beurkunden. Auf Antrag des Gläubigers ist unter Vorlage einer Ausfertigung des Urteils und der klägerischen Auflassungserklärung die Eintragung des Gläubigers im Grundbuch als Eigentümer vorzunehmen (vgl. hierzu Rn 99 ff.).

## XV. Beweissicherung

160 Da auf der Grundlage von § 2287 BGB der geschenkte Gegenstand selbst herauszugeben und auf den Vertragserben zu übertragen ist, kommt eine Beweissicherung im Wege des selbstständigen Beweisverfahrens nach §§ 485 ff. ZPO in Betracht. Wenn bspw. ein Haus

## C. Ansprüche des Erbvertrags-Vermächtnisnehmers nach § 2288 BGB

### I. Schutzzweck des § 2288 BGB

#### 1. Erweiterung des Schutzes des Vermächtnisnehmers

Derjenige, dem erbvertraglich ein Vermächtnis zugewandt wurde, soll über die Vorschriften der §§ 2165 (Beseitigung von Belastungen), 2169, 2170 BGB (Verschaffungsvermächtnis) hinaus geschützt werden. Insofern bestehen Ähnlichkeiten zur Schutzvorschrift des § 2287 BGB, die den Schutz der Erberwartung des Vertragserben zum Gegenstand hat. Allerdings reichen die Regelungen des § 2288 BGB in mehrerlei Hinsicht über die des § 2287 BGB hinaus: Nicht nur gegen beeinträchtigende Verfügungen, sondern auch gegen tatsächliche Einwirkungen von Seiten des Erblassers auf den Vermächtnisgegenstand wird der Vertrags-Vermächtnisnehmer geschützt (vgl. im Übrigen zum Vermächtnis § 15 Rn 1 ff.).

Wenn der Erblasser in der Absicht gehandelt hat, den Vermächtnisnehmer zu beeinträchtigen, so stehen diesem Ersatzansprüche gegen den Erben zu bei
– Zerstörung,
– Beiseiteschaffen,
– Beschädigung,
– entgeltlicher Veräußerung,
– unentgeltlicher Veräußerung,
– entgeltlicher Belastung,
– unentgeltlicher Belastung

des Vermächtnisgegenstandes.[201]

Auf das bindend gewordene gemeinschaftliche Testament ist § 2288 BGB ebenso entsprechend anwendbar wie § 2287 BGB.[202]

#### 2. Lebzeitiges Eigeninteresse des Erblassers an einer Verfügung über den vermachten Gegenstand

Der BGH zu der Frage, wann ein solches lebzeitiges Eigeninteresse nicht zu bejahen ist:[203]

> „Für eine Beeinträchtigungsabsicht des erbvertraglich gebundenen Erblassers spricht im Fall des § 2288 Abs. 2 S. 1 BGB bereits die Veräußerung des vermachten Gegenstandes in dem Bewusstsein, dass damit dem Vermächtnis der Boden entzogen wird und dass die Gegenleistung für die Veräußerung keinen Ersatz für den Vermächtnisnehmer darstellt. Ein lebzeitiges Eigeninteresse des Erblassers kann nur bejaht werden, wenn sich das Interesse des Erblassers gerade auf die Veräußerung des Vermächtnisgegenstands richtete und der erstrebte Zweck nicht auch durch andere wirtschaftliche Maßnahmen zu erreichen gewesen wäre (im Anschluss an BGH, NJW 1984, 731 = LM § 2288 BGB Nr. 4)."

---

201 OLG Koblenz ZEV 2005 480 = FamRZ 2005, 1280.
202 BGHZ 31, 13; Palandt/*Edenhofer*, § 2288 BGB Rn 1.
203 BGH NJW-RR 1998, 577.

## 3. Verhältnis zum Verschaffungsvermächtnis

165 Eine Vermächtnisanordnung ist unwirksam, wenn der vermachte Gegenstand beim Erbfall nicht mehr zum Nachlass gehört und wenn der Erblasser auch nicht wollte, dass der Gegenstand dem Bedachten verschafft werden solle, § 2169 Abs. 1 BGB. Die Vorschriften zum Verschaffungsvermächtnis, §§ 2169, 2170 BGB, gelten sowohl für das einseitig verfügte Vermächtnis als auch für das erbvertragliche. Nur für das erbvertraglich oder testamentarisch bindend angeordnete Vermächtnis gilt zusätzlich der Schutz des § 2288 BGB. Der Erblasser kann über den Vermächtnisgegenstand frei unter Lebenden verfügen, § 2286 BGB. Im Interesse des Vertrags-Vermächtnisnehmers beugt § 2288 BGB dem Fall vor, dass der Erblasser trotz des bestehenden bindenden Erbvertrags sich durch Zerstörung, Beschädigung oder Beiseiteschaffen des vermachten Gegenstandes seiner vertraglichen Bindung entzieht.

## II. Anspruchsgläubiger

166 Berechtigt ist derjenige, dem das Vermächtnis vertragsmäßig i.S.v. § 2278 Abs. 2 BGB zugewandt wurde, nicht auch der Erbvertrags-Partner, der lediglich die vertraglichen Erklärungen des Erblassers entgegennimmt, aber selbst gar nicht durch die Vermächtnisanordnung bedacht wurde. Einseitige Vermächtnisse, wie sie auch in Erbverträgen möglich sind (§ 2299 BGB), genießen den Schutz des § 2288 BGB nicht. Aber nicht nur Vermächtnisse auf Individualgegenstände fallen unter die Norm, sondern auch Geld- und sonstige Gattungsvermächtnisse.[204]

167 Auch Verschaffungsvermächtnisse unterliegen dem Schutz von § 2288 BGB.

Dazu der BGH:[205]

> *„Jedenfalls besteht kein Grund, Verschaffungsvermächtnisse von dem Schutz des § 2288 Abs. 2 S. 2 BGB von vornherein auszunehmen. Eine solche Ausnahme, die das (Normal-)Vermächtnis gegen Schenkungen des Erblassers durch diese Vorschrift schützen und das in seiner Ausgestaltung stärkere Verschaffungsvermächtnis (vgl. §§ 2169 Abs. 1 S. 1, 2170 BGB) schutzlos lassen wollte, wäre ungereimt.*
> 
> *Ebenso wenig lassen sich einleuchtende Gründe dafür finden, den gesetzlichen Schutzbereich des § 2288 BGB allgemein auf Stückvermächtnisse zu verengen und sowohl Geld- als auch (sonstige) Gattungsvermächtnisse bindender Art von dem gesetzlichen Schutz auszunehmen. Eine derartige Einschränkung des Schutzes vertraglich vereinbarter oder sonst bindender Vermächtnisse liefe vielmehr darauf hinaus, den Erbvertrag und das gemeinschaftliche Testament in Bezug auf die damit herbeigeführte Bindungen des Erblassers für Vermächtnisse in erheblichem Umfang zu entwerten."*

168 Selbst dem Erben, dem ein **Vorausvermächtnis** zugewandt ist, stehen die Ansprüche aus § 2288 BGB zu, erforderlichenfalls gegen den Beschenkten.[206]

---

204 BGHZ 111, 138.
205 BGHZ 111, 138, 140.
206 OLG Köln ZEV 1997, 423.

## III. Anspruchsschuldner

Schuldner des Ersatzanspruchs ist der Erbe, ausnahmsweise auch ein mit dem Vermächtnisgegenstand Beschenkter. Mehrere mit dem Vermächtnis beschwerte Erben haften, da es sich nach § 1967 Abs. 2 BGB um eine Nachlassverbindlichkeit handelt, als Gesamtschuldner.[207]

Wurde der Vermächtnisgegenstand verschenkt, so haftet kraft der in § 2288 Abs. 2 BGB enthaltenen Verweisung auf § 2287 BGB unter den dort genannten Voraussetzungen der Beschenkte nach den Vorschriften über die ungerechtfertigte Bereicherung; dabei handelt es sich, wie dort auch, um eine **Rechtsfolgenverweisung**. Eine Ersatzhaftung des Beschenkten kommt insbesondere in Betracht, wenn der Erbe beschränkt haftet und deshalb die Erfüllung verweigern kann.

## IV. Anspruchsinhalt

Zu unterscheiden ist nach der Art der Beeinträchtigung des Vermächtnisnehmers, also nach
- tatsächlicher Beeinträchtigung und
- rechtlicher Beeinträchtigung.

### 1. Tatsächliche Beeinträchtigung

Nach dem Wortlaut des § 2288 BGB können auch tatsächliche Handlungen, die den Vermächtnisnehmer beeinträchtigen, zu einem Anspruch auf Wertersatz führen. Dazu gehören insbesondere die Zerstörung bzw. Beschädigung des Vermächtnisgegenstandes. Der Wertersatzanspruch richtet sich gegen den/die Erben (gegen wen auch sonst?), obwohl der Erbe selbst gegen Zerstörungen und Beschädigungen durch den Erblasser seinerseits keinen Schutz erfährt. Er muss insofern den Nachlass in dem Zustand hinnehmen, wie ihn der Erblasser hinterlassen hat. Hierauf kann der Erbe nur mit Erbschaftsausschlagung oder mit Haftungsbeschränkungsmaßnahmen reagieren.

Mangelnde Instandhaltung des Vermächtnisgegenstandes durch den Erblasser ist aber kein Umstand, der einen Ersatzanspruch nach § 2288 BGB auslösen könnte.[208] Ist eine Beschaffung des Gegenstandes ausgeschlossen, so wandelt sich der originäre Vermächtnisanspruch um in einen Wertersatzvermächtnisanspruch.

### 2. Rechtliche Beeinträchtigung

Hat der Erblasser den Vermächtnisgegenstand belastet oder veräußert, so ist der Erbe im Grundsatz verpflichtet, die Belastung zu beseitigen bzw. den Gegenstand dem Vermächtnisnehmer zu beschaffen, § 2288 Abs. 2 S. 1 Hs. 1 BGB. Insofern trifft den Erben in erster Linie ein Erfüllungsanspruch des Vermächtnisnehmers. In zweiter Linie, wenn die Beschaffung bzw. Beseitigung der Belastung nicht möglich ist, ist Ersatz zu leisten. Erst in dritter Linie ist der Vermächtnisnehmer im Falle der schenkweisen Veräußerung des Vermächtnisgegenstandes auf einen Bereicherungsanspruch gegen den Beschenkten entsprechend den Vorschriften des § 2287 BGB angewiesen.

Der vertragsmäßig geschützte Vermächtnisnehmer hat nach Eintritt des Erbfalls seine Rechte gemäß § 2288 BGB gegen die Erben bzw. den Beschenkten zu verfolgen.

---

207 BGHZ 26, 280.
208 BGHZ 124, 35 = NJW 1994, 317.

Verfügung i.S.v. §§ 2287, 2288 BGB kann auch eine Ausstattung (§ 1624 BGB) sein.[209] Bei Weiterveräußerung eines Grundstücks durch den Zuwendungsempfänger ist dieser gem. §§ 2287 Abs. 1, 2288 Abs. 2 S. 2, 818 Abs. 2 BGB zum Wertersatz verpflichtet.[210]

Ein Anspruch nach § 2288 BGB ist ausgeschlossen, wenn der Erblasser ein lebzeitiges Eigeninteresse an der Verfügung über den Vermächtnisgegenstand hatte. Der Begriff des lebzeitigen Eigeninteresses ist hier gleichbedeutend wie bei § 2287 BGB.[211]

## V. Muster: Klage des Erbvertrags-Vermächtnisnehmers auf Beseitigung einer Grundschuld

An das

Landgericht
– Zivilkammer –

Klage

der Frau

– Klägerin –

Prozessbevollmächtigter: Rechtsanwalt

gegen

Herrn

– Beklagten –

wegen Beseitigung einer Grundschuld.

Namens und in Vollmacht der Klägerin erhebe ich Klage gegen den Beklagten und werde in dem zu bestimmenden Termin beantragen, für Recht zu erkennen:

Der Beklagte wird verurteilt, die zu Lasten des Grundstücks            , eingetragen im Grundbuch des Amtsgerichts           für        , Band          , Heft         , Gemarkung          , BV Nr.         , Flst.Nr.        , Größe:          in Abt. III Nr. 1 zugunsten der X-Bank eingetragene Grundschuld über            EUR von diesem Grundstück zu beseitigen.

Falls die Voraussetzungen des § 331 Abs. 3 bzw. § 307 ZPO vorliegen, bitte ich um Erlass eines **Versäumnis- bzw. Anerkenntnisurteils**[212] ohne mündliche Verhandlung.

*Begründung:*

Die Klägerin macht als Vermächtnisnehmerin gegen den Beklagten Ansprüche aus einem erbvertraglich angeordneten Vermächtnis nach § 2288 BGB geltend.

Der Beklagte ist der Neffe des Herrn          , der am          in          gestorben ist (nachfolgend „Erblasser" genannt); die Klägerin war die langjährige Lebensgefährtin des Erblassers, der Beklagte ist dessen Alleinerbe.

---

209 OLG Stuttgart, Urt. v. 30.8.2007 – 19 U 27/07, hier nach „Juris" (Zeitschriftenveröffentlichung nicht feststellbar).
210 OLG Stuttgart, Urt. v. 30.8.2007 – 19 U 27/07, hier nach „Juris" (Zeitschriftenveröffentlichung nicht feststellbar).
211 BGH NJW 1984, 731; *Remmele*, NJW 1981, 2290.
212 Zu den Neuerungen der ZPO-Reform 2002 vgl. *Krug*, ZEV 2002, 58.

Der Erblasser war verwitwet gewesen. Mit seiner vorverstorbenen Ehefrau hatte der Erblasser keine Verfügung von Todes wegen errichtet; die Ehe war kinderlos.

Zwei Jahre nach dem Tod seiner Ehefrau ist der Erblasser mit der Klägerin eine nichteheliche Partnerschaft eingegangen. Diese Partnerschaft bestand bis zum Tode des Erblassers, also ▇▇▇ Jahre lang. Die Klägerin hat während dieser ganzen Zeit den Erblasser versorgt und ihn auch, nachdem er wegen seines schweren Leidens pflegebedürftig geworden war, gepflegt.

Weil die Klägerin einerseits unversorgt war, der Erblasser ihr andererseits für die von ihr erbrachten Leistungen keine angemessene Entlohnung bezahlen konnte, hat der Erblasser mit der Klägerin einen Erbvertrag geschlossen, wonach sich diese zu Pflegeleistungen verpflichtete und der Erblasser ihr im Gegenzug in erbvertraglich bindender Form sein Einfamilienhaus in ▇▇▇ – das im Klagantrag näher bezeichnete Gebäudegrundstück – vermächtnisweise zugewandt hat.

Der Erbvertrag wurde von Notar ▇▇▇ in ▇▇▇ am ▇▇▇ unter UR-Nr. ▇▇▇ beurkundet; er wurde auf den Tod des Erblassers am ▇▇▇ vom Nachlassgericht ▇▇▇ unter Az. ▇▇▇ eröffnet. Die Klägerin hat das Vermächtnis angenommen. Außer der Vermächtnisanordnung enthält der Erbvertrag keine weiteren Bestimmungen.

*Beweis:* Je eine beglaubigte Abschrift

a) des Erbvertrags vom ▇▇▇ – Anlage K 1 –

b) des Eröffnungsprotokolls des Nachlassgerichts ▇▇▇ vom ▇▇▇ – Anlage K 2 –

Der Beklagte ist der alleinige Erbe des Erblassers.

*Beweis:* Beglaubigte Abschrift des Erbscheins des Nachlassgerichts ▇▇▇ vom ▇▇▇ Az. ▇▇▇ – Anlage K 3 –

Nach Ziff. ▇▇▇ des Erbvertrags ist das Grundstück lastenfrei auf die Vermächtnisnehmerin zu übertragen.

Die Klägerin hat nach der Erbvertragseröffnung zu ihrer Überraschung feststellen müssen, dass der Erblasser nach Abschluss des Erbvertrags zu Lasten des ihr vermachten Grundstücks für die X-Bank eine Grundschuld über ▇▇▇ EUR im Grundbuch eintragen ließ.

*Beweis:* Beglaubigte Abschrift des Grundbuchblattes ▇▇▇ – Anlage K 4 –

Die Klägerin hat nach § 2288 BGB einen Anspruch darauf, dass diese Belastung beseitigt wird. Ob der Beklagte die Grundschuld löschen lässt oder auf andere Weise beseitigt, bleibt ihm überlassen. Er hat die Beseitigung bisher mit der Begründung abgelehnt, ihm fehlten die finanziellen Mittel für die Ablösung der Grundschuld. Diesen Einwand kann der Beklagte der Klägerin nicht entgegenhalten. Er hat die Alleinerbschaft angenommen und ist damit zur Erfüllung des Vermächtnisses als einer Nachlassverbindlichkeit (§ 1967 Abs. 2 BGB) mit dem erbvertraglich begründeten Inhalt verpflichtet.

Erst nach der Beseitigung der Grundschuld wird die Klägerin die Übertragung des Grundstücks auf sie verlangen. Die grundbuchmäßige Abwicklung der Löschung der Grundschuld ist jedoch einfacher, solange noch der Alleinerbe Eigentümer des Grundstücks ist.

Der Klage ist demnach wie beantragt stattzugeben.

Streitwert: Der Streitwert ist gleich dem Nominalbetrag der Grundschuld von ▇▇▇ EUR.

(Rechtsanwalt)

# § 22 Handelsregister und Erbfolge

*Walter Krug*

## Literatur

### Kommentare, Handbücher:

*Dauner-Lieb/Heidel/Ring* (Ges.-Hrsg.), *Kroiß/Ann/Mayer* (Band-Hrsg.), AnwaltKommentar BGB, Band 5, Erbrecht, 2. Auflage 2007; *Gustavus*, Handelsregisteranmeldungen, 7. Auflage 2009; *Timmann*, Vor- und Nacherbschaft innerhalb der zweigliedrigen OHG oder KG, 2000.

### Aufsätze:

*Apfelbaum*, Wichtige Änderungen für Notare durch das EHUG jenseits der elektronischen Handelsregisteranmeldung, DNotZ 2007, 166; *Bart*, Antragsrecht für „Jedermann" beim Registergericht, Rpfleger 2001, 68; *Eckebrecht*, Praktische Folgen des Minderjährigenhaftungsbeschränkungsgesetzes, MDR 1999, 1248; *Edenfeld*, Der deutsche Erbschein nach ausländischem Erblasser, ZEV 2000, 482; *Gruber*, Ausländische Nachlassabwickler vor deutschen Gerichten, Rpfleger 2000, 250; *Heidinger*, Die Zeichnung zum Handelsregister nach dem neuen § 29 HGB, Rpfleger 1999, 118; *Hintzen*, Entwicklungen im Handels- und Registerrecht seit 2003, Rpfleger 2005, 344; *Keilbach*, Die Prüfungsaufgaben der Registergerichte, MittRhNotK 2000, 365; *Keller*, Fortführung eines in ungeteilter Erbengemeinschaft betriebenen Handelsgeschäfts durch Erbteilserwerber?, ZEV 1999, 174; *Krafka*, Das neue Handels- und Unternehmensregister, MittBayNot 2005, 290; *Krafka*, Gesellschaftsrechtliche Auswirkungen des Justizkommunikationsgesetzes, MittBayNot 2005, 293; *Krug*, Unternehmenserbrecht und Handelsregister, ZEV 2001, 51; *Müther*, Die Prüfungspflichten des Registergerichts im elektronischen Handelsregister, Rpfleger 2008, 233; *Petzold*, Nießbrauch an Kommanditanteilen und GmbH-Geschäftsanteilen, GmbHR 1987, 381; *Schaub*, Die Rechtsnachfolge von Todes wegen im Handelsregister bei Einzelunternehmen und Personenhandelsgesellschaften, ZEV 1994, 71; *Schaub*, Stellvertretung bei Handelsregisteranmeldungen, MittBayNot 1999, 539; *Schlotter/Reiser*, Ein Jahr EHUG – die ersten Praxiserfahrungen, BB 2008, 118; *Schmittmann/Böing*, Umgang mit dem elektronischen Handelsregister, VR 2008, 1; *Schön*, Der Nießbrauch am Gesellschaftsanteil, ZHR 158 (1994), 229; *Sikora/Schwab*, Das EHUG in der notariellen Praxis, MittBayNot 2007, 1; *Sistermann*, Steuerliche Behandlung der Rechtsnachfolge bei Freiberufler-Gesellschaften, ZEV 1998, 166.

| | |
|---|---|
| A. Typischer Sachverhalt | 1 |
| B. Universalsukzession | 3 |
|    I. Allgemeines | 3 |
|       1. Eintragungserfordernis bei Personalgesellschaften | 3 |
|       2. Gesellschafterwechsel bei GmbH und Aktiengesellschaft | 4 |
|    II. Anmeldung von Rechtsänderungen zum Handelsregister | 5 |
|    III. Formbedürftigkeit der Anmeldung und der Anmeldevollmacht | 7 |
|    IV. Erbnachweis | 8 |
|       1. Nachweis der Erbfolge durch öffentliche Urkunden | 8 |
|       2. Erbschein als Nachweis | 9 |
|       3. Notarielles Testament als Nachweis | 10 |
|       4. Ausländische Urkunden | 11 |
|          a) Freie Beweiswürdigung | 11 |
|          b) Ausländischer Erbschein | 12 |
|          c) Ausländisches notarielles Testament | 13 |
|    V. Erfordernis der Zwischeneintragung | 14 |
| C. Einzelkaufmännisches Unternehmen – eingetragener Kaufmann (e.K.) | 16 |
|    I. Alleinerbfolge | 16 |
|       1. Erbrechtlicher Von-Selbst-Erwerb | 16 |
|       2. Muster: Anmeldung der Unternehmensnachfolge durch Alleinerben | 18 |
|       3. Eintragung des Haftungsausschlusses bei Fortführung der bisherigen Firma | 19 |
|       4. Testamentsvollstreckung | 20 |
|       5. Nießbraucher | 21 |
|       6. Vor- und Nacherbfolge | 22 |
|    II. Erbenmehrheit | 23 |
|       1. Rechtsübergang in Erbengemeinschaft | 23 |
|       2. Muster: Anmeldung der Unternehmensnachfolge durch Erbenmehrheit | 25 |
|       3. Umwandlung des einzelkaufmännischen Unternehmens in eine Kommanditgesellschaft | 26 |
|       4. Rechtsübergang kraft Vermächtnisses, Teilungsanordnung, Erbauseinandersetzung | 31 |
|       5. Muster: Anmeldung der Unternehmensnachfolge durch einen Miterben nach Zuweisung des Unternehmens in der Erbteilung mit Haftungsausschluss | 32 |
| D. Offene Handelsgesellschaft | 33 |

| | |
|---|---|
| I. Fortsetzung der Gesellschaft mit den verbleibenden Gesellschaftern, allen oder einzelnen Erben ................. 33 | I. Erbfolge in den Anteil eines persönlich haftenden Gesellschafters ............... 42 |
| 1. Ausscheiden des Erblassers .......... 33 | II. Erbfolge nach einem Kommanditisten .... 43 |
| a) Fortsetzung der Gesellschaft unter den bisherigen Gesellschaftern ..... 33 | 1. Sondererbfolge in den Kommanditanteil .......................................... 43 |
| b) Muster: Anmeldung des Ausscheidens des verstorbenen Gesellschafters zum Handelsregister .......... 34 | 2. Muster: Anmeldung des Ausscheidens des verstorbenen Kommanditisten und Eintritt seiner Erben zum Handelsregister .......................................... 44 |
| 2. Nachfolgeklausel zugunsten des/der Erben .......................................... 35 | III. Rechtsübergang kraft Vermächtnisses ..... 45 |
| a) Übergang im Wege der Sondererbfolge .......................................... 35 | IV. Vor- und Nacherbfolge ................. 46 |
| | V. Testamentsvollstreckung in den Kommanditanteil ............................ 47 |
| b) Muster: Anmeldung des Eintritts der Miterben in die Gesellschaft zum Handelsregister .......................... 36 | VI. Nießbrauch an einem Kommanditanteil ... 48 |
| | F. Partnerschaftsgesellschaft ............. 49 |
| II. Wahlrecht nach § 139 HGB ............. 37 | G. Europäische wirtschaftliche Interessenvereinigung (EWIV) ...................... 50 |
| 1. Umwandlung der OHG in eine KG ... 37 | I. Rechtsgrundlage ........................ 50 |
| 2. Muster: Anmeldung des Ausscheidens des verstorbenen Gesellschafters und des Eintritts der Erben als Kommanditisten zum Handelsregister ................. 38 | II. Tod eines EWIV-Mitglieds ............. 51 |
| | 1. Grundsatz: keine Auflösung der EWIV .................................. 51 |
| III. Testamentsvollstreckung, minderjährige Erben .......................................... 39 | 2. Ausnahme: Auflösung der EWIV ...... 52 |
| IV. Beendigung der Gesellschaft durch Liquidation .................................. 40 | 3. Eintritt weiterer Personen in die EWIV .................................. 54 |
| | H. GmbH ................................ 55 |
| V. Beendigung der offenen Handelsgesellschaft ohne Liquidation ................. 41 | I. Rechtsbehelfe .......................... 57 |
| E. Kommanditgesellschaft ................ 42 | J. Handels- und Unternehmensregister seit 1.1.2007 ............................... 60 |

## A. Typischer Sachverhalt

1  Eine offene Handelsgesellschaft besteht aus drei Gesellschaftern. Im Gesellschaftsvertrag ist vereinbart, dass beim Tod eines Gesellschafters dessen Erben – entweder alle oder einzelne – oder ein oder mehrere Vermächtnisnehmer, die jeweils der Erblasser in einer Verfügung von Todes wegen bestimmen kann, nicht als persönlich haftende Gesellschafter eintreten, sondern unter Umwandlung der oHG in eine Kommanditgesellschaft als Kommanditisten den Gesellschaftsanteil des verstorbenen Gesellschafters erwerben sollen.

Ein Gesellschafter stirbt, in einem Testament hat er seinen gesetzlichen Erben das Recht eingeräumt, in die OHG als Kommanditisten einzutreten, was diese auch annehmen. Die eingetretene Rechtsänderung soll nunmehr im Handelsregister verlautbart werden.

2  **Hinweis**
Das Handels- und Unternehmensregisterverfahrensrecht ist seit 1.9.2009 in §§ 374 ff. FamFG[1] neu geregelt.

## B. Universalsukzession

### I. Allgemeines

#### 1. Eintragungserfordernis bei Personalgesellschaften

3  Mit dem Tod des Erblassers gehen grundsätzlich auch seine Handelsunternehmen und gesellschaftsrechtlichen Beteiligungen auf seinen bzw. seine Erben über. Je nach Rechtsform

---

1 FGG-ReformG v. 17.12.2008, BGBl I, 2586.

des betriebenen Handelsgeschäfts bzw. der gesellschaftsrechtlichen Beteiligung einerseits und der Ausgestaltung des Gesellschafts-Rechtsverhältnisses andererseits kann der Rechtsübergang ganz unterschiedlich, aber auch vollständig ausgeschlossen sein. Das am 1.7.1998 in Kraft getretene Handelsrechtsreformgesetz und das seit 1.1.1999 geltende Minderjährigenhaftungsbeschränkungsgesetz haben nicht nur Änderungen des materiellen, sondern auch des formellen Rechts mit sich gebracht. Bei **personalen Handelsunternehmen** sind die Inhaber bzw. Gesellschafter im Handelsregister selbst eingetragen. Deshalb sind auch diesbezügliche Veränderungen im Handelsregister zu verlautbaren.

### 2. Gesellschafterwechsel bei GmbH und Aktiengesellschaft

Bei **GmbH und Aktiengesellschaft** sind die Gesellschafter nicht im Handelsregister eingetragen; ein Wechsel der Rechtsinhaberschaft bei Gesellschaftsanteilen und Aktien wird deshalb dort auch nicht verlautbart. Lediglich bei der GmbH ist die nach § 40 GmbHG jährlich einzureichende Gesellschafterliste nach einem Gesellschafterwechsel von den Geschäftsführern in vertretungsberechtigter Zahl zu aktualisieren; das Ausscheiden eines Geschäftsführers durch Tod ist nicht von dessen Erben anzumelden, sondern von allen Geschäftsführern, §§ 78, 39 GmbHG.

## II. Anmeldung von Rechtsänderungen zum Handelsregister

Nach §§ 31 Abs. 1, 29 HGB ist jede Änderung des Inhabers des Unternehmens zum Handelsregister anzumelden. Für OHG und KG ist die Anmeldepflicht von Veränderungen bei der Rechtsinhaberschaft eines Gesellschaftsanteils in §§ 107, 143 Abs. 2, 161 Abs. 2, 162 HGB geregelt. Die Eintragungen haben, weil der Rechtsübergang außerhalb des Handelsregisters stattgefunden hat, **deklaratorischen** Charakter.

Es liegt nicht im Belieben der Beteiligten, ob eingetretene Veränderungen zum Handelsregister angemeldet werden sollen oder nicht. Bei eingetragenen Unternehmen **müssen die eintragungsfähigen Rechtsverhältnisse** bei ihrer Veränderung auch zur Eintragung angemeldet werden, §§ 31, 29 HGB. Ihre Anmeldung kann nach § 14 HGB, §§ 388 ff. FamFG[2] (bis 31.8.2009: §§ 132 ff. FGG), vom Registergericht erzwungen werden.

## III. Formbedürftigkeit der Anmeldung und der Anmeldevollmacht

Jede Handelsregisteranmeldung bedarf der notariellen Unterschriftsbeglaubigung, § 12 Abs. 1 HGB. Dieselbe Form ist vorgesehen für eine Vollmacht zur Anmeldung, § 12 Abs. 2 S. 1 HGB. Auch der Notar kann für den Anmeldepflichtigen handeln, § 378 FamFG (bis 31.8.2009: § 129 FGG) (gesetzliche Antragsermächtigung für den Notar).[3] Von der Anmeldung zu unterscheiden ist die **Zeichnung der Unterschrift** zur Aufbewahrung beim Gericht. Die Rechtsnachfolger haben gem. § 29 HGB ihre Unterschrift zur Aufbewahrung beim Handelsregistergericht ebenfalls in notariell beglaubigter Form zu zeichnen.[4]

---

2 FGG-ReformG v. 17.12.2008, BGBl I, 2586.
3 Vgl. zur Bevollmächtigung und gesetzlichen Vertretung bei Handelsregisteranmeldungen *Schaub*, MittBayNot 1999, 539.
4 Vgl. *Heidinger*, Rpfleger 1999, 118 ff.

## IV. Erbnachweis

### 1. Nachweis der Erbfolge durch öffentliche Urkunden

8　Die im Handels- und Personengesellschaftsrecht nach § 1922 BGB im Wege des Erbgangs – bei Personengesellschaften als Sondererbfolge – eingetretene Rechtsnachfolge ist für die Eintragung der Erben im Handelsregister förmlich nachzuweisen. Dieser Nachweis wird nach § 12 Abs. 2 S. 2 HGB durch **öffentliche Urkunden** geführt, „soweit tunlich". Gemeint sind öffentliche Urkunden i.S.v. § 415 ZPO. Ergibt sich der Nachweis aus bei demselben Gericht geführten Akten – bspw. Erbschein oder notariell beurkundete Verfügung von Todes wegen in den Nachlassakten –, so kann darauf Bezug genommen werden; die zusätzliche Vorlage öffentlicher Urkunden wäre untunlich i.S.v. § 12 Abs. 2 S. 2 HGB.[5]

### 2. Erbschein als Nachweis

9　Im Gegensatz zum Grundbuchrecht (dort § 35 GBO) wird der Erbschein als Beweismittel nicht ausdrücklich genannt. Trotzdem ist er die zum Nachweis des Erbrechts beim Registergericht am besten geeignete öffentliche Urkunde, selbst wenn ein Erbschein gebührenermäßigt nach § 107 Abs. 3 KostO nur für Grundbuchzwecke erteilt wurde.[6] Die für die Erteilung eines Erbscheins entstehenden Kosten führen im Grundsatz nicht dazu, dessen Vorlage als untunlich anzunehmen.[7]

Der Erbschein ist in **Ausfertigung** und nicht nur in beglaubigter Abschrift vorzulegen, weil nur die Ausfertigung die Urschrift ersetzt (§ 47 BeurkG, der allgemein auf Urkunden anzuwenden ist). Auch wenn ein Testamentsvollstreckerzeugnis erteilt ist und der Testamentsvollstrecker eine erbrechtliche Gesamtrechtsnachfolge zur Eintragung anmeldet, ist zum Nachweis des Erbrechts ein Erbschein erforderlich.[8] Sollte der Erblasser eine transmortale Vollmacht erteilt haben, so ist bei der Anmeldung des Ausscheidens des verstorbenen Kommanditisten und des Eintritts seiner Erben trotzdem die Vorlage eines Erbscheins erforderlich, wenn die Erbfolge auf einem privatschriftlichen Testament beruht.[9]

### 3. Notarielles Testament als Nachweis

10　Je eine beglaubigte Abschrift einer die Erbfolge eindeutig regelnden notariell beurkundeten Verfügung von Todes wegen samt eines nachlassgerichtlichen Eröffnungsprotokolls genügen in analoger Anwendung von § 35 Abs. 1 S. 2 GBO als Nachweis der Erbfolge.[10]

### 4. Ausländische Urkunden

#### a) Freie Beweiswürdigung

11　Der Beweiswert ausländischer Urkunden ist vom Registergericht im Rahmen seiner Befugnisse nach §§ 26, 29, 30 FamFG (bis 31.8.2009: §§ 12, 15 FGG), §§ 415, 286 ZPO zu würdigen (freie Beweiswürdigung). Sie sind ins Deutsche zu übersetzen, weil die Gerichtssprache Deutsch ist, § 184 GVG.

---

[5] BayObLG WM 1983, 1092; OLG Hamm Rpfleger 1986, 140.
[6] OLG Frankfurt/M. NJW-RR 1994, 10; BayObLG BayObLGZ 1983, 176.
[7] KG MittRhNotK 2000, 397 = ZEV 2001, 72.
[8] KG MittRhNotK 2000, 397 = ZEV 2001, 72.
[9] KG NJW-RR 2003, 255 = Rpfleger 2003, 773 = NJW 2003, 2676.
[10] OLG Hamburg NJW 1966, 986; KG MittRhNotK 2000, 397 = ZEV 2001, 72.

### b) Ausländischer Erbschein

Ausländische Erbscheine haben nur eine Beweiswirkung, nicht jedoch die Legitimationswirkung und Vermutungswirkung des § 2365 BGB;[11] sie können nach § 108 FamFG (bis 31.8.2009: § 16a FGG) anerkannt werden; darüber entscheidet das Registergericht im Amtsverfahren der §§ 26, 29, 30 FamFG (bis 31.8.2009: § 12 FGG). Auf der Grundlage des ausländischen Erbscheins kann aber auch das deutsche Nachlassgericht einen Fremdrechtserbschein nach § 2369 BGB erteilen.[12] Reicht dem Registergericht der ausländische Erbschein als Nachweis nicht aus, so kann es einen auf der Grundlage des ausländischen Erbscheins zu erteilenden deutschen Erbschein verlangen.

### c) Ausländisches notarielles Testament

Auch bei einem ausländischen notariellen Testament ist in entsprechender Anwendung von § 35 Abs. 1 GBO der Nachweis der Erbfolge durch die in öffentlicher Urkunde niedergelegte Verfügung von Todes wegen samt Eröffnungsniederschrift möglich. Ob eine öffentliche Urkunde vorliegt, hat das Registergericht in eigener Zuständigkeit zu prüfen, §§ 26, 29, 30 FamFG (bis 31.8.2009: §§ 12, 15 FGG), § 438 ZPO.

## V. Erfordernis der Zwischeneintragung

Nach einhelliger Meinung sind Zwischeneintragungen erforderlich, wenn mindestens zwei materiellrechtliche Veränderungen eingetreten sind, ohne dass die erste bisher im Handelsregister verlautbart wurde.

> **Beispiel**
> Der einzelkaufmännische Unternehmer U ist gestorben und wurde von drei Miterben beerbt. Nach kurzer Zeit einigen sich die drei Miterben darauf, dass einer von ihnen das Handelsgeschäft fortführt. Hier ist fraglich, ob der übernehmende Miterbe sofort als Rechtsnachfolger des Erblassers im Handelsregister eingetragen werden kann oder ob vorher noch alle drei Miterben einzutragen sind und dann erst der übernehmende Miterbe.
> Für die Rechtsnachfolge in einen Kommanditanteil hat das OLG Hamm entschieden, eine Zwischeneintragung sei erforderlich, weil es der mit der Führung des Handelsregisters verfolgte Zweck sei, den Rechtsverkehr zuverlässig und lückenlos über die eintragungsfähigen Tatsachen zu unterrichten,[13] gerade im Hinblick auf die lückenlos zu klärende Frage der Haftung. Danach wären im vorliegenden Beispielsfall zunächst die drei Miterben einzutragen und anschließend der übernehmende Miterbe.
> Eine Pflicht zur Voreintragung nehmen auch das OLG Frankfurt/M.[14] und das OLG Hamm an.[15] Dieser Meinung hat sich das Kammergericht angeschlossen bezüglich der Eintragung der Miterben bei Gesamtrechtsnachfolge in einen Kommanditanteil, der anschließend aufgrund Teilungsanordnung auf einen der Miterben übertragen wurde.[16] Hier waren also zunächst die Miterben und dann erst der übernehmende einzelne Miterbe bezüglich des Kommanditanteils des Erblassers im Handelsregister einzutragen.

---

11 BayObLG FamRZ 1991, 1337; Palandt/*Edenhofer*, § 2353 Rn 9.
12 Vgl. *Edenfeld*, ZEV 2000, 482.
13 OLG Hamm NJW-RR 1993, 807.
14 OLG Frankfurt/M.OLGZ 1973, 24.
15 OLG Hamm DB 1993, 1816.
16 KG MittRhNotK 2000, 397 = ZEV 2001, 72.

Die Ausnahmevorschrift des § 40 GBO findet keine analoge Anwendung, weil die Haftungsregeln des Handelsrechts dies nicht zulassen.

## C. Einzelkaufmännisches Unternehmen – eingetragener Kaufmann (e.K.)

### I. Alleinerbfolge

#### 1. Erbrechtlicher Von-Selbst-Erwerb

16 Das einzelkaufmännische Unternehmen geht auf die Erben des Inhabers nach § 1922 BGB über. Der Alleinerbe wird alleiniger Inhaber des Unternehmens.[17] Die Anmeldung der Änderung der Inhaberschaft erfolgt durch den Alleinerben unter Vorlage eines Erbnachweises. Der Alleinerbe hat seine Unterschrift zur Aufbewahrung bei den Handelsregisterakten zu zeichnen, § 29 HGB.

17 Handelsregisteranmeldungen und Vollmachten zu ihrer Vornahme sind notariell zu beglaubigen, § 12 HGB.

#### 2. Muster: Anmeldung der Unternehmensnachfolge durch Alleinerben

18 An das

Amtsgericht
– Handelsregister –

*Einzelkaufmännisches Unternehmen unter der Firma        , eingetragen im dortigen Handelsregister Abt. A Nr.*

Im Handelsregister ist Herr        , geboren am        , wohnhaft        , unter HR A Nr.        als Inhaber des einzelkaufmännischen Unternehmens unter der Firma        eingetragen. Herr        ist am        gestorben. Er wurde allein beerbt von dem Unterzeichner, Herrn        , geb. am        , wohnhaft        . Die Erbfolge ist nachgewiesen durch den Erbschein vom        , ausgestellt vom Amtsgericht – Nachlassgericht –        , Az.        , von dem eine Ausfertigung und eine unbeglaubigte Fotokopie beiliegen mit der Bitte, die Original-Ausfertigung dem Unterzeichner zurückzugeben.[18]

Zur Eintragung in das Handelsregister wird angemeldet:

Aufgrund der zuvor beschriebenen Erbfolge sind das Unternehmen und die Firma auf den zuvor genannten Alleinerben übergegangen, sie werden von diesem fortgeführt unter der Firma        .

Der Alleinerbe zeichnet seine Unterschrift wie folgt:        .

Die Geschäftsräume befinden sich unter folgender Adresse:        .

Der letzte Betriebseinheitswert beträgt gemäß Bescheid des Finanzamts        vom        per        EUR.

(Ort, Datum, Unterschrift des anmeldenden Alleinerben)

(Notarielle Beglaubigung der Zeichnung und der Unterschrift)

---

17 Vgl. zu dem seit 1.7.1998 geltenden Kaufmannsbegriff *Giehl*, MittBayNot 1998, 293 ff.
18 Beruht die Erbfolge auf einer notariell beurkundeten Verfügung von Todes wegen, so braucht i.d.R. ein Erbschein nicht vorgelegt zu werden, vielmehr reichen je eine beglaubigte Abschrift der notariellen Verfügung von Todes wegen und des nachlassgerichtlichen Eröffnungsprotokolls.

## 3. Eintragung des Haftungsausschlusses bei Fortführung der bisherigen Firma

Bei Fortführung der Firma – mit oder ohne Nachfolgezusatz – haftet der Erbe für die vom Erblasser herrührenden Geschäftsverbindlichkeiten nach §§ 25, 27 HGB. Ein Haftungsausschluss für diese Verbindlichkeiten ist nach h.M. möglich analog § 25 Abs. 2 HGB, indem der Alleinerbe die Ausschließung seiner Haftung in das Handelsregister eintragen und bekannt machen lässt,[19] oder durch Einstellung des Geschäfts, § 27 Abs. 2 HGB. Führt der Erbe das Handelsgeschäft nicht fort, so haftet er nach den allgemeinen Haftungsvorschriften des Erbrechts für die vom Erblasser und bisherigen Geschäftsinhaber begründeten Geschäftsverbindlichkeiten, also auf den Nachlass beschränkbar.[20] Dies muss auch für diejenigen vom Erblasser herrührenden Geschäftsverbindlichkeiten gelten, für die der handelsrechtliche Haftungsausschluss eintritt.

19

## 4. Testamentsvollstreckung

Hat der Erblasser Verwaltungstestamentsvollstreckung bezüglich des Unternehmens angeordnet, so kann diese **nicht im Handelsregister** eingetragen werden.[21]

20

Als Ersatzkonstruktionen anstelle der Rechtsfigur der Testamentsvollstreckung wurden von Literatur und Rechtsprechung verschiedene Möglichkeiten entwickelt:
- Der Testamentsvollstrecker führt das Unternehmen als **Bevollmächtigter der Erben**;[22] die Erben werden als Inhaber des Unternehmens im Handelsregister eingetragen. Sie trifft auch die Anmeldepflicht.
- Der Testamentsvollstrecker führt das Unternehmen als **Treuhänder** und damit im Außenverhältnis im eigenen Namen. Da in einem solchen Fall der Testamentsvollstrecker Inhaber des Handelsgeschäfts ist, ist er im Handelsregister einzutragen.[23] Die entsprechende Handelsregisteranmeldung ist vom Testamentsvollstrecker und allen Miterben unter Vorlage eines Erbnachweises vorzunehmen.
- Der Testamentsvollstrecker kann im Außenverhältnis das Handelsgeschäft aus seiner Verwaltung freigeben gem. § 2217 BGB. In diesem Fall sind ausschließlich die Erben Inhaber und nur sie einzutragen. Der Testamentsvollstrecker und die Erben haben unter Vorlage eines Erbnachweises die Anmeldung vorzunehmen.

## 5. Nießbraucher

Ist einem Vermächtnisnehmer der Nießbrauch an dem Handelsgeschäft eingeräumt und steht diesem auch das Unternehmensführungsrecht zu, so wird dieser mit der Erfüllung des Vermächtnisses neuer Geschäftsinhaber, der als solcher von den Erben und dem Vermächtnisnehmer zur Eintragung in das Handelsregister anzumelden ist, und zwar mit Voreintragung der Miterben, weil sie vor der Erfüllung des Vermächtnisses kraft des Rechtsübergangs nach § 1922 BGB Unternehmensinhaber geworden waren.

21

---

19 KG DR 1940, 2007 = JFG 22, 70; LG Koblenz MittRhNotK 1974, 263; Baumbach/*Hopt*, § 27 HGB Rn 8.
20 Baumbach/*Hopt*, § 27 HGB Rn 9.
21 RGZ 132, 138; BGHZ 12, 102.
22 BGHZ 12, 100; 30, 395; BGHZ 35, 16.
23 RGZ 132, 144; Baumbach/*Hopt*, § 27 HGB Rn 3.

### 6. Vor- und Nacherbfolge

22  Der Vorerbe ist als Rechtsnachfolger des Erblassers im Handelsregister einzutragen. Nach Eintritt des Nacherbfalls wird der Nacherbe Unternehmensinhaber. Seine Eintragung ist vom Vorerben, bzw. nach seinem Tod von den Erben des Vorerben und dem Nacherben, in letzterem Falle unter Vorlage eines Erbnachweises nach dem Vorerben, anzumelden.[24]

## II. Erbenmehrheit

### 1. Rechtsübergang in Erbengemeinschaft

23  Mehrere Miterben werden durch den Erbgang erbengemeinschaftlich und damit gesamthänderisch Inhaber des Unternehmens, ohne dass damit kraft Gesetzes eine Personenhandelsgesellschaft – etwa eine OHG – entstünde.[25] Deshalb ist es auch erforderlich, im Handelsregister zu vermerken, dass die Miterben Inhaber in Erbengemeinschaft sind und klarzustellen, dass das Unternehmen nicht in der Rechtsform einer Personenhandelsgesellschaft betrieben wird. Die Anmeldung der Änderung der Inhaberschaft erfolgt durch sämtliche Miterben.

Minderjährige Miterben, die als Mitinhaber einzutragen sind, können bei der Anmeldung von ihren Eltern vertreten werden, weil der Rechtsübergang kraft Gesetzes und nicht kraft Rechtsgeschäfts eingetreten ist. Bei Minderjährigen ist im Hinblick auf § 1629a BGB das Geburtsdatum einzutragen, § 24 HRV.[26] Unabhängig vom Rechtsübergang auch auf minderjährige Erben ist die Frage zu beantworten, inwieweit Eltern ihre Kinder als gesetzliche Vertreter im Hinblick auf § 1629a BGB bei der Fortführung des Handelsgeschäfts unbegrenzt verpflichten können.

24  Selbst eine Erbengemeinschaft, die nur aus Vorerben besteht, kann das Handelsgeschäft als Erbengemeinschaft fortführen, nicht aber eine Gemeinschaft, die nur aus Erbteilserwerbern besteht.[27] Vgl. zur Anmeldung bei Vor- und Nacherbfolge Rn 22.

### 2. Muster: Anmeldung der Unternehmensnachfolge durch Erbenmehrheit

An das

25  Amtsgericht
– Handelsregister –

*Einzelkaufmännisches Unternehmen unter der Firma            , eingetragen im dortigen Handelsregister Abt. A Nr.*

Im Handelsregister ist Herr            , geboren am            , wohnhaft            , unter HR A Nr.            als Inhaber des einzelkaufmännischen Unternehmens unter der Firma            eingetragen. Herr            ist am            gestorben. Er wurde beerbt von den drei unterzeichnenden Miterben:
a) Herrn            , geb. am            , wohnhaft            ,
b) Frau            , geb. am            , wohnhaft            ,
c) Herrn            , geb. am            , wohnhaft            .

---

24 KG HRR 134, 1041; KG BB 1991, 1283; Baumbach/*Hopt*, § 31 HGB Rn 5.
25 BGHZ 30, 391 = MDR 1960, 28 = DNotZ 1960, 434; vgl. auch *Keller*, ZEV 1999, 174.
26 Vgl. auch *Eckebrecht*, MDR 1999, 1248.
27 KG ZEV 1999, 28; vgl. auch *Keller*, ZEV 1999, 174.

Die Erbfolge ist nachgewiesen durch den Erbschein vom _____, ausgestellt vom Amtsgericht – Nachlassgericht – _____, Az. _____, von dem eine Ausfertigung und eine unbeglaubigte Fotokopie beiliegen mit der Bitte, die Original-Ausfertigung Herrn _____ zurückzugeben.[28]

Zur Eintragung in das Handelsregister wird angemeldet:

Aufgrund der zuvor beschriebenen Erbfolge sind das Unternehmen und die Firma auf die zuvor genannten Miterben übergegangen, sie werden von diesen in Erbengemeinschaft fortgeführt unter der Firma _____.

Sie zeichnen ihre jeweilige Unterschrift wie folgt: _____

Die Geschäftsräume befinden sich unter folgender Adresse: _____

Der letzte Betriebseinheitswert beträgt gemäß Bescheid des Finanzamts _____ vom _____ per _____ _____ EUR.

(Ort, Datum, Unterschrift der anmeldenden Miterben)

(Notarielle Beglaubigung der Zeichnung und der Unterschriften)

### 3. Umwandlung des einzelkaufmännischen Unternehmens in eine Kommanditgesellschaft

Selten wird ein einzelkaufmännisches Unternehmen über Jahre hinweg in Erbengemeinschaft fortgeführt werden. Entweder übernimmt im Wege der Erbauseinandersetzung ein Miterbe das Geschäft, das Geschäft wird liquidiert oder die Erbengemeinschaft wird bezüglich des Geschäfts in eine Kommanditgesellschaft umgewandelt (vgl. hierzu §§ 18, 22, 25 HGB). Die Zustimmung zur Fortführung der Firma ist von den Erben ausdrücklich zu erklären.[29]

**Minderjährige Miterben:** Sind minderjährige Erben beteiligt, so werden sie von ihren Eltern gesetzlich vertreten, §§ 1626 Abs. 1, 1629 Abs. 1 BGB. Die Eltern bedürfen zum Abschluss des KG-Gesellschaftsvertrags der familiengerichtlichen Genehmigung, §§ 1643 Abs. 1, 1822 Nr. 3 BGB. Die Genehmigung wird erst wirksam, wenn sie nach § 1829 Abs. 1 S. 2 BGB den anderen Vertragsschließenden mitgeteilt wurde. Sowohl die familiengerichtliche Genehmigung als auch deren Mitteilung samt Zugang an die übrigen Gesellschafter sind dem Registergericht nachzuweisen.[30]

Sind die Eltern an der Kommanditgesellschaft selbst beteiligt, so sind sie gem. § 181 BGB von der Vertretung ihrer Kinder bei Abschluss des Gesellschaftsvertrags ausgeschlossen. Für die Kinder ist gem. § 1909 BGB vom Vormundschaftsgericht ein Ergänzungspfleger zu bestellen – und zwar für jedes minderjährige Kind ein eigener Pfleger, weil für jeden Pfleger das Selbstkontrahierungsverbot des § 181 BGB gilt –, der zum Abschluss des Gesellschaftsvertrags gem. §§ 1915, 1822 Nr. 3 BGB der vormundschaftsgerichtlichen Genehmigung bedarf. Auch diese wird erst mit Zugang an die übrigen Vertragsschließenden wirksam, § 1829 Abs. 1 S. 2 BGB. Die Genehmigung und deren Mitteilung an die anderen Vertragsschließenden sind dem Registergericht ebenfalls nachzuweisen,[31] weil erst mit deren Zugang der Gesellschaftsvertrag wirksam wird.

---

28 Beruht die Erbfolge auf einer notariell beurkundeten Verfügung von Todes wegen, so braucht i.d.R. ein Erbschein nicht vorgelegt zu werden, vielmehr reichen je eine beglaubigte Abschrift der notariellen Verfügung von Todes wegen und des nachlassgerichtlichen Eröffnungsprotokolls.
29 BGH ZIP 1994, 942.
30 KG JFG 3, 206; Baumbach/*Hopt*, § 12 HGB Rn 4; vgl. auch *Damrau*, Der Minderjährige im Erbrecht, 2002.
31 Vgl. auch *Schaub*, MittBayNot 1999, 539.

29  Zur **Testamentsvollstreckung** siehe Rn 20. Ist der Testamentsvollstrecker in Personalunion zugleich gesetzlicher Vertreter minderjähriger Gesellschafter-Erben, so ist er auch dann von der gesetzlichen Vertretung ausgeschlossen, wenn er lediglich Mit-Testamentsvollstrecker ist.[32]

30  **Hinweis**
Da die Abgrenzung der Rechte des Erben einerseits und des Testamentsvollstreckers andererseits umstritten ist, wird empfohlen, sowohl den Testamentsvollstrecker als auch alle Miterben die Handelsregisteranmeldung unterzeichnen zu lassen.

### 4. Rechtsübergang kraft Vermächtnisses, Teilungsanordnung, Erbauseinandersetzung

31  Wird das Unternehmen aufgrund Vermächtnisses, Teilungsanordnung oder im Wege der Erbauseinandersetzung auf einen Dritten oder einen Miterben übertragen, so findet ein zweiter Rechtsübergang kraft Rechtsgeschäfts statt, nachdem zuvor ein gesetzlicher Rechtsübergang auf die Erben stattgefunden hatte. Beide Inhaberwechsel – der auf die Erben und der auf den endgültigen Inhaber – sind zur Eintragung in das Handelsregister anzumelden, und zwar von den Erben unter Vorlage eines Erbnachweises und von dem neuen Inhaber. Im Falle der Erbauseinandersetzung ist es gleichgültig, ob diese durch Teilungsvertrag, Erbteilsübertragung oder Abschichtung mit erfolgter Anwachsung vorgenommen wurde.

### 5. Muster: Anmeldung der Unternehmensnachfolge durch einen Miterben nach Zuweisung des Unternehmens in der Erbteilung mit Haftungsausschluss

32  An das
Amtsgericht
– Handelsregister –

*Einzelkaufmännisches Unternehmen unter der Firma ____, eingetragen im dortigen Handelsregister Abt. A Nr.*

Im Handelsregister ist Herr ____, geboren am ____, wohnhaft ____, unter HR A Nr. ____ als Inhaber des einzelkaufmännischen Unternehmens unter der Firma ____ eingetragen. Herr ____ ist am ____ gestorben. Er wurde beerbt von den drei unterzeichnenden Miterben:
a) Herrn ____, geb. am ____, wohnhaft ____,
b) Frau ____, geb. am ____, wohnhaft ____,
c) Herrn ____, geb. am ____, wohnhaft ____.

Die Erbfolge ist nachgewiesen durch den Erbschein vom ____, ausgestellt vom Amtsgericht – Nachlassgericht – ____, Az. ____, von dem eine Ausfertigung und eine unbeglaubigte Fotokopie beiliegen mit der Bitte, die Original-Ausfertigung Herrn ____ zurückzugeben.[33]

Zur Eintragung in das Handelsregister wird angemeldet:

Die Miterben haben die Erbauseinandersetzung vorgenommen und in deren Rahmen das Unternehmen und die Firma auf den Miterben ____, geb. am ____, wohnhaft ____ mit dem Recht der Fortführung

---

[32] OLG Nürnberg OLGR Nürnberg 2001, 293 = NJWE-FER 2001, 316 = MDR 2001, 1117 = FamRZ 2002, 272 = ZEV 2002, 158 = ZERB 2001, 219.
[33] Beruht die Erbfolge auf einer notariell beurkundeten Verfügung von Todes wegen, so braucht i.d.R. ein Erbschein nicht vorgelegt zu werden, vielmehr reichen je eine beglaubigte Abschrift der notariellen Verfügung von Todes wegen und des nachlassgerichtlichen Eröffnungsprotokolls.

der bisherigen Firma übertragen.[34] Unternehmen und Firma werden von diesem fortgeführt mit dem Zusatz ▓▓▓ , so dass die Firma nunmehr lautet: ▓▓▓

Der Übernehmer zeichnet seine Unterschrift wie folgt: ▓▓▓

Sowohl die Haftung des Übernehmers für die bisher entstandenen Geschäftsschulden als auch der Übergang der in dem Unternehmen begründeten Forderungen auf den Übernehmer sind ausgeschlossen. Dies wird ausdrücklich zur Eintragung in das Handelsregister angemeldet.

Die Geschäftsräume befinden sich unter folgender Adresse: ▓▓▓

Der letzte Betriebseinheitswert beträgt gemäß Bescheid des Finanzamts ▓▓▓ vom ▓▓▓ per ▓▓▓ ▓▓▓ EUR.

(Ort, Datum, Unterschriften der anmeldenden Miterben)

(Notarielle Beglaubigung der Zeichnung durch den Übernehmer und der Unterschriften der Miterben)

## D. Offene Handelsgesellschaft

### I. Fortsetzung der Gesellschaft mit den verbleibenden Gesellschaftern, allen oder einzelnen Erben

#### 1. Ausscheiden des Erblassers

a) Fortsetzung der Gesellschaft unter den bisherigen Gesellschaftern

Wird die Gesellschaft durch den Tod eines Gesellschafters nicht aufgelöst, sondern unter den verbleibenden Gesellschaftern fortgesetzt – so die gesetzliche Regel seit 1.7.1998 –, so scheidet der verstorbene Gesellschafter nach § 131 Abs. 3 Nr. 1 HGB aus; sein Anteil wächst den verbleibenden Gesellschaftern an. Dies ist von allen Gesellschaftern und den Erben des verstorbenen Gesellschafters unter Vorlage eines Erbnachweises anzumelden, denn nach § 143 Abs. 2 HGB ist das Ausscheiden eines Gesellschafters in das Handelsregister einzutragen.

b) Muster: Anmeldung des Ausscheidens des verstorbenen Gesellschafters zum Handelsregister

An das

Amtsgericht
– Handelsregister –

▓▓▓

*Offene Handelsgesellschaft unter der Firma* ▓▓▓ *, eingetragen im dortigen Handelsregister Abt. A Nr.* ▓▓▓

Im Handelsregister sind

a) ▓▓▓ , b) ▓▓▓ und c) ▓▓▓ unter HR A Nr. ▓▓▓ als Gesellschafter der offenen Handelsgesellschaft unter der Firma ▓▓▓ eingetragen. Der Mitgesellschafter Herr ▓▓▓ ist am ▓▓▓ gestorben. Er wurde beerbt von den drei unterzeichnenden Miterben:

---

[34] Wird das Unternehmen nicht in der Erbteilung einem Miterben zugewiesen, sondern bspw. auf einen Vermächtnisnehmer in Erfüllung der Vermächtnisverpflichtung übertragen (§ 2174 BGB), so ist die Formulierung in der Anmeldung entsprechend zu ändern.

*Krug*

a) Herrn         , geb. am         , wohnhaft         ,
b) Frau          , geb. am         , wohnhaft         ,
c) Herrn         , geb. am         , wohnhaft         ,

Die Erbfolge ist nachgewiesen durch den Erbschein vom         , ausgestellt vom Amtsgericht – Nachlassgericht –         , Az.         , von dem eine Ausfertigung und eine unbeglaubigte Fotokopie beiliegen mit der Bitte, die Original-Ausfertigung Herrn         zurückzugeben.³⁵

Zur Eintragung in das Handelsregister wird angemeldet:

Die Gesellschaft ist nicht aufgelöst, sie wird von den beiden verbliebenen Gesellschaftern a)         und b)         fortgeführt, an der Firma hat sich nichts geändert. Die drei Miterben stimmen der Fortführung der Firma zu.

Die Geschäftsräume befinden sich unter folgender Adresse:

Der letzte Betriebseinheitswert beträgt gemäß Bescheid des Finanzamts         vom         per         EUR.

(Ort, Datum, Unterschriften der verbliebenen beiden Gesellschafter und der drei Miterben)

(Notarielle Beglaubigung der Unterschriften)

### 2. Nachfolgeklausel zugunsten des/der Erben

#### a) Übergang im Wege der Sondererbfolge

35  Geht die gesellschaftsrechtliche Beteiligung des Erblassers auf alle oder einzelne Miterben über (einfache bzw. qualifizierte Nachfolgeklausel), so ist deren Eintritt von allen verbliebenden Gesellschaftern und den Erben des verstorbenen Gesellschafters unter Vorlage eines Erbnachweises anzumelden. Nach h.M. sind die Rechtsnachfolge durch Übertragung unter Lebenden und der Erwerb von Todes wegen einschließlich der danach erfolgenden etwaigen Übertragungen dem Ausscheiden gleichzustellen.³⁶

Kraft der von der Rechtsprechung entwickelten Sondererbfolge treten mehrere Erben nicht in Erbengemeinschaft in die Gesellschafterstellung über, sondern als Gesellschafter entsprechend ihrer Erbquote bezogen auf die gesellschaftsrechtliche Beteiligung des Erblassers.³⁷ Die eintretenden Miterben werden deshalb als an die Stelle des Erblassers getretene Gesellschafter eingetragen.

#### b) Muster: Anmeldung des Eintritts der Miterben in die Gesellschaft zum Handelsregister

An das

36  Amtsgericht
– Handelsregister –

*Offene Handelsgesellschaft unter der Firma         , eingetragen im dortigen Handelsregister Abt. A Nr.         *

---

35 Beruht die Erbfolge auf einer notariell beurkundeten Verfügung von Todes wegen, so braucht i.d.R. ein Erbschein nicht vorgelegt zu werden, vielmehr reichen je eine beglaubigte Abschrift der notariellen Verfügung von Todes wegen und des nachlassgerichtlichen Eröffnungsprotokolls.
36 *Röhricht/v. Westphalen* HGB, 3. Auflage 2008, § 173 Rn 3; *Schlegelberger/Schmidt*, HGB, 5. Auflage 1992, § 143 Rn 7.
37 Rechtsprechungsnachweise bei KG MittRhNotK 2000, 397 = ZEV 2001, 72.

Im Handelsregister sind

a) _____ , b) _____ und c) _____

unter HR A Nr. _____ als Gesellschafter der offenen Handelsgesellschaft unter der Firma _____ eingetragen. Der Mitgesellschafter Herr _____ ist am _____ gestorben. Er wurde beerbt von den drei unterzeichnenden Miterben:
a) Herrn _____ , geb. am _____ , wohnhaft _____ ,
b) Frau _____ , geb. am _____ , wohnhaft _____ ,
c) Herrn _____ , geb. am _____ , wohnhaft _____ .

Die Erbfolge ist nachgewiesen durch den Erbschein vom _____ , ausgestellt vom Amtsgericht – Nachlassgericht – _____ , Az. _____ , von dem eine Ausfertigung und eine unbeglaubigte Fotokopie beiliegen mit der Bitte, die Original-Ausfertigung Herrn _____ zurückzugeben.[38]

Zur Eintragung in das Handelsregister wird angemeldet:

Die Gesellschaft ist nicht aufgelöst, der verstorbene Gesellschafter _____ ist durch Tod aus der Gesellschaft ausgeschieden. An seiner Stelle sind die drei zuvor bezeichneten Miterben in die Gesellschaft als weitere persönlich haftende Gesellschafter eingetreten. Die Firma wird unverändert fortgeführt. Die drei Miterben stimmen der Fortführung der Firma zu.

Sie zeichnen ihre Namensunterschriften zur Aufbewahrung beim Gericht wie folgt: _____

Die Geschäftsräume befinden sich unter folgender Adresse: _____

Der letzte Betriebseinheitswert beträgt gemäß Bescheid des Finanzamts _____ vom _____ per _____ EUR.

(Ort, Datum, Unterschriften der verbliebenen beiden Gesellschafter und der drei Miterben)

(Notarielle Beglaubigung der Zeichnungen und der Unterschriften)

## II. Wahlrecht nach § 139 HGB

### 1. Umwandlung der OHG in eine KG

Wenn ein Erbe entsprechend der Wahlmöglichkeit des § 139 Abs. 1 HGB in die Stellung eines Kommanditisten überwechselt, so wandelt sich die OHG gleichzeitig in eine Kommanditgesellschaft um.[39] Diese Umwandlung ist von sämtlichen Gesellschaftern und den Erben des verstorbenen Gesellschafters unter Vorlage eines Erbnachweises zum Handelsregister anzumelden.

---

38 Beruht die Erbfolge auf einer notariell beurkundeten Verfügung von Todes wegen, so braucht i.d.R. ein Erbschein nicht vorgelegt zu werden, vielmehr reichen je eine beglaubigte Abschrift der notariellen Verfügung von Todes wegen und des nachlassgerichtlichen Eröffnungsprotokolls.

39 Vgl. *Sethe*, JZ 1997, 989.

## 2. Muster: Anmeldung des Ausscheidens des verstorbenen Gesellschafters und des Eintritts der Erben als Kommanditisten zum Handelsregister

An das

Amtsgericht
– Handelsregister –

█████

*Offene Handelsgesellschaft unter der Firma* █████, *eingetragen im dortigen Handelsregister Abt. A Nr.* █████

Im Handelsregister sind

a) █████, b) █████ und c) █████

unter HR A Nr. █████ als Gesellschafter der offenen Handelsgesellschaft unter der Firma █████ eingetragen. Der Mitgesellschafter Herr █████ ist am █████ gestorben. Er wurde beerbt von den drei unterzeichnenden Miterben:
a) Herrn █████, geb. am █████, wohnhaft █████,
b) Frau █████, geb. am █████, wohnhaft █████,
c) Herrn █████, geb. am █████, wohnhaft █████.

Die Erbfolge ist nachgewiesen durch den Erbschein vom █████, ausgestellt vom Amtsgericht – Nachlassgericht – █████, Az. █████, von dem eine Ausfertigung und eine unbeglaubigte Fotokopie beiliegen mit der Bitte, die Original-Ausfertigung Herrn █████ zurückzugeben.[40]

Zur Eintragung in das Handelsregister wird angemeldet:

Die Gesellschaft ist nicht aufgelöst, der verstorbene Gesellschafter ist durch seinen Tod aus der Gesellschaft ausgeschieden.

Die Gesellschaft ist umgewandelt in eine Kommanditgesellschaft mit den beiden verbliebenen Gesellschaftern a) █████ und b) █████ nunmehr als persönlich haftende Gesellschafter der Kommanditgesellschaft.

Die drei Miterben des ausgeschiedenen Gesellschafters sind als Kommanditisten in die Gesellschaft eingetreten, und zwar mit folgenden Kommanditeinlagen:
a) █████ EUR,
b) █████ EUR,
c) █████ EUR.

Die geänderte Firma lautet nunmehr: █████

Die drei Miterben stimmen der Fortführung der Firma zu.

Die Geschäftsräume befinden sich unter folgender Adresse: █████

Der letzte Betriebseinheitswert beträgt gemäß Bescheid des Finanzamts █████ vom █████ per █████ █████ EUR.

(Ort, Datum, Unterschriften der verbliebenen beiden Gesellschafter und der drei Miterben)

(Notarielle Beglaubigung der Unterschriften)

---

40 Beruht die Erbfolge auf einer notariell beurkundeten Verfügung von Todes wegen, so braucht i.d.R. ein Erbschein nicht vorgelegt zu werden, vielmehr reichen je eine beglaubigte Abschrift der notariellen Verfügung von Todes wegen und des nachlassgerichtlichen Eröffnungsprotokolls.

## III. Testamentsvollstreckung, minderjährige Erben

Ist ein Testamentsvollstrecker bestellt, so ist auch seine Mitwirkung bei der Handelsregisteranmeldung erforderlich. Bei minderjährigen Gesellschaftern ist im Hinblick auf § 1629a BGB das Geburtsdatum einzutragen, § 24 HRV.[41]

## IV. Beendigung der Gesellschaft durch Liquidation

Wurde die OHG durch den Tod eines Gesellschafters aufgelöst, so ist dies nicht nur durch die noch überlebenden Gesellschafter, sondern auch von allen Erben des verstorbenen Gesellschafters unter Vorlage eines Erbnachweises anzumelden, § 143 Abs. 1 S. 3 HGB. Dies gilt auch, wenn für die Liquidation eigene Liquidatoren bestellt werden, § 148 HGB. Nach Beendigung der Liquidation ist das Erlöschen der Gesellschaft durch die Liquidatoren anzumelden, § 157 Abs. 1 HGB.

Beschließen die Gesellschafter vor Abschluss der Liquidation die Fortsetzung der Gesellschaft, so ist dies von allen Gesellschaftern einschließlich der Erben unter Vorlage eines Erbnachweises anzumelden.

## V. Beendigung der offenen Handelsgesellschaft ohne Liquidation

Auch bei der Übertragung aller Gesellschaftsanteile auf einen Gesellschafter bzw. Erben oder Vermächtnisnehmer handelt es sich um Fälle der §§ 143 Abs. 1, 157 Abs. 1 HGB. Die Gesellschaft erlischt in einem solchen Fall, ohne dass eine Liquidation stattfände; vielmehr haben sich alle Gesellschaftsanteile in einer Hand vereinigt. Dies kann natürlich auch im Rahmen einer Erbauseinandersetzung geschehen. Die Anmeldung des Erlöschens hat durch alle Erben und den Übernehmer zu erfolgen.

# E. Kommanditgesellschaft

## I. Erbfolge in den Anteil eines persönlich haftenden Gesellschafters

Stirbt ein persönlich haftender Gesellschafter (Komplementär), so gelten dieselben Regeln wie für die OHG. Kraft des durch Richterrecht entwickelten Sondererbrechts treten mehrere Erben eines Komplementärs nicht in erbengemeinschaftlicher Gesamthand an seine Stelle, sondern ohne das Erfordernis einer Erbauseinandersetzung als Gesellschafter zu entsprechenden Anteilen nach Maßgabe ihrer Erbquoten in die Gesellschaft ein. Insoweit findet kraft Gesetzes (Richterrechts) im Rahmen des universalsukzessorischen Von-Selbst-Erwerbs eine dinglich wirkende Teil-Nachlassauseinandersetzung statt, die freilich das Auseinandersetzungsguthaben nicht auch von selbst umfasst.

Die Anmeldung zum Handelsregister erfolgt entsprechend den Mustern bei der offenen Handelsgesellschaft.

---

[41] Vgl. hierzu *Eckebrecht*, MDR 1999, 1248, insbesondere auch zur Frage der Rechtsfolgen bei unterbliebenem Eintrag des Geburtsdatums.

## II. Erbfolge nach einem Kommanditisten

### 1. Sondererbfolge in den Kommanditanteil

43 Der Tod eines Kommanditisten führt nicht zur Auflösung der Gesellschaft, § 177 HGB. Mehrere Erben des verstorbenen Kommanditisten treten nicht in Erbengemeinschaft, sondern kraft Sondererbfolge als Gesellschafter mit der ihrer Erbquote entsprechenden Beteiligungsquote bezogen auf den Anteil des Erblassers in die KG ein. Alle Gesellschafter und die Erben des verstorbenen Kommanditisten haben den Eintritt des bzw. der eingetretenen Erben zur Eintragung in das Handelsregister anzumelden, §§ 161 Abs. 2, 143 Abs. 2, 107 HGB. Das Besondere an der Kommandit-Beteiligung besteht darin, dass im Handelsregister die Höhe der Kommanditeinlage anzugeben ist, § 162 Abs. 1 HGB. Der bisherige Anteil des Erblassers ist deshalb auch betragsmäßig auf den/die eintretenden Erben aufzuteilen. War ein Erbe bisher schon Kommanditist, so erhöht sich seine Kommanditeinlage entsprechend, ohne dass damit zwei verschiedene Beteiligungen entstünden.

### 2. Muster: Anmeldung des Ausscheidens des verstorbenen Kommanditisten und Eintritt seiner Erben zum Handelsregister

44 An das
Amtsgericht
– Handelsregister –


Kommanditgesellschaft unter der Firma          , eingetragen im dortigen Handelsregister Abt. A Nr.

Im Handelsregister ist unter HR A Nr.          die Kommanditgesellschaft          eingetragen, an der Herr          als Kommanditist mit einer Einlage von          EUR beteiligt war. Der Kommanditist Herr          ist am          gestorben. Er wurde beerbt von den drei unterzeichnenden Miterben:
a) Herrn          , geb. am          , wohnhaft          ,
b) Frau          , geb. am          , wohnhaft          ,
c) Herrn          , geb. am          , wohnhaft          .

Die Erbfolge ist nachgewiesen durch den Erbschein vom          , ausgestellt vom Amtsgericht – Nachlassgericht –          , Az.          , von dem eine Ausfertigung und eine unbeglaubigte Fotokopie beiliegen mit der Bitte, die Original-Ausfertigung Herrn          zurückzugeben.[42]

Zur Eintragung in das Handelsregister wird angemeldet:

Die Gesellschaft ist nicht aufgelöst.

Die Kommanditbeteiligung des verstorbenen Kommanditisten          ist auf seine zuvor bezeichneten Miterben im Wege der Erbfolge übergegangen; sie sind in die Gesellschaft eingetreten und nunmehr als Kommanditisten mit folgenden Einlagen beteiligt:
a)          EUR,
b)          EUR,
c)          EUR.

Die Geschäftsräume befinden sich unter folgender Adresse:          

---

[42] Beruht die Erbfolge auf einer notariell beurkundeten Verfügung von Todes wegen, so braucht i.d.R. ein Erbschein nicht vorgelegt zu werden, vielmehr reichen je eine beglaubigte Abschrift der notariellen Verfügung von Todes wegen und des nachlassgerichtlichen Eröffnungsprotokolls (§ 35 GBO analog).

Der letzte Betriebseinheitswert beträgt gemäß Bescheid des Finanzamts ▭ vom ▭ per ▭ ▭ EUR.

(Ort, Datum, Unterschriften aller verbliebenen Gesellschafter und der drei Miterben)

(Notarielle Beglaubigung der Unterschriften)

### III. Rechtsübergang kraft Vermächtnisses

Wird der Kommanditanteil aufgrund Vermächtnisses auf einen Dritten übertragen, so findet ein zweiter Rechtsübergang kraft Rechtsgeschäfts statt, nachdem zuvor ein gesetzlicher Rechtsübergang auf die Erben stattgefunden hatte. Beide Kommanditistenwechsel – der auf die Erben und der auf den Vermächtnisnehmer – sind wegen der damit verbundenen Haftungsfragen zur Eintragung in das Handelsregister anzumelden, und zwar von den Erben unter Vorlage eines Erbnachweises und von dem Vermächtnisnehmer. Das Muster in Rn 44 ist in diesem Fall textlich entsprechend anzupassen. 45

### IV. Vor- und Nacherbfolge

Der Übergang des Kommanditanteils auf den Vorerben ist von allen Gesellschaftern und allen Erben des Erblassers unter Vorlage eines Erbnachweises anzumelden, der Übergang auf den Nacherben von den Gesellschaftern und, wenn der Nacherbfall mit dem Tod des Vorerben eingetreten ist, auch von den Erben des Vorerben unter Vorlage eines Erbnachweises betreffend die Erbfolge nach dem Vorerben. 46

### V. Testamentsvollstreckung in den Kommanditanteil

Nach heute h.M. ist die Verwaltungs-Testamentsvollstreckung für einen Kommanditanteil möglich.[43] Allerdings ist dazu die Zustimmung der übrigen Gesellschafter erforderlich; diese kann schon im Vorhinein im Gesellschaftsvertrag erteilt werden. Der Testamentsvollstrecker meldet auch den Rechtsübergang auf den Erben unter Vorlage eines Erbnachweises und eines Testamentsvollstreckerzeugnisses (§ 2368 BGB) an.[44] Der reine Abwicklungs-Testamentsvollstrecker kann die Anmeldung aber nicht vornehmen.[45] Streitig ist, ob die Testamentsvollstreckung im Handelsregister vermerkt werden kann.[46] Ist ein Nachlasspfleger bestellt, so trifft ihn die Anmeldepflicht.[47] 47

### VI. Nießbrauch an einem Kommanditanteil

Die Zulässigkeit der Nießbrauchseinräumung an einem Kommanditanteil – und überhaupt an einem Anteil an einer Personengesellschaft – wird vom BGH bejaht.[48] Der Gesellschaftsanteil kann als solcher nach sachenrechtlichen Grundsätzen mit einem Nießbrauch belastet 48

---

43 BGHZ 98, 55; 108, 195.
44 BGHZ 108, 187; KG MittRhNotK 2000, 397 = ZEV 2001, 72.
45 KG BB 1991, 1283.
46 Verneinend KG DNotZ 1996, 813 = Rpfleger 1996, 30; *Damrau*, BWNotZ 1990, 69; offen BGHZ 108, 187, 190; bejahend *Schlegelberger/Schmidt*, HGB, 5. Auflage 1992, § 177 HGB Rn 34 und *Schaub*, ZEV 1994, 71, 78.
47 LG Frankenthal Rpfleger 1995, 74.
48 BGHZ 58, 316.

werden.⁴⁹ Ungeklärt ist bisher, in welcher Weise die Bestellung des Nießbrauchs im Handelsregister verlautbart wird. In Anlehnung an die Rechtsprechung des BayObLG zur Nießbrauchsbestellung an einem einzelkaufmännischen Unternehmen wird es darauf ankommen, welche Rechte dem Nießbraucher innerhalb der Gesellschaft zustehen und wie die Haftung für Verbindlichkeiten geregelt ist.⁵⁰ Der Nießbraucher sollte schon deshalb zur Eintragung in das Handelsregister angemeldet werden, um ihm für den Fall seiner Haftung nach außen das Haftungsprivileg der §§ 171, 172 HGB zukommen zu lassen.⁵¹

## F. Partnerschaftsgesellschaft

49 Für Angehörige Freier Berufe ermöglicht das PartGG vom 25.7.1994 (letzte Änderung durch Gesetz vom 23.10.2008, BGBl I, 2026) den Zusammenschluss zur gemeinsamen Berufsausübung. Die Eintragung hat im Partnerschaftsregister zu erfolgen, §§ 2, 3, 4, 5 PartGG.

Grundsätzlich ist der Anteil eines Partners nicht vererblich, § 9 Abs. 4 S. 1 PartGG; der verstorbene Partner scheidet also aus der Partnerschaft aus. Der Partnerschaftsvertrag kann jedoch Ausnahmen vorsehen, § 9 Abs. 4 S. 2, 3 PartGG.⁵²

Sämtliche Partner und die Erben des Verstorbenen haben das Ausscheiden zum Partnerschaftsregister anzumelden, §§ 9 PartGG, 143 Abs. 2, Abs. 3 HGB. Ein Erbnachweis ist beizufügen, § 5 Abs. 2 PartGG, § 12 HGB.

## G. Europäische wirtschaftliche Interessenvereinigung (EWIV)

### I. Rechtsgrundlage

50 Rechtliche Grundlage für die Gründung der EWIV ist die auf der Basis von Art. 235 des EWG-Vertrages (1985) vom Rat der Europäischen Gemeinschaften beschlossene „**Verordnung über die Schaffung einer Europäischen wirtschaftlichen Interessenvereinigung (EWIV)**".⁵³ Einzelheiten bestimmt das Gesetz zur Ausführung der EWG-Verordnung über die Europäische wirtschaftliche Interessenvereinigung (**EWIV-Ausführungsgesetz**).⁵⁴ Zu ihrer Gründung ist der Abschluss eines Gesellschaftsvertrags zwischen mindestens zwei Gesellschaftern aus verschiedenen EG-Mitgliedstaaten und die Eintragung in das Handelsregister erforderlich, Art. 1 Abs. 1 EWG-VO.

---

49 BGHZ 58, 316, 318; BGH DNotZ 1975, 735; OLG Bremen DB 1970, 1436; OLG Hamm OLGZ 1977, 283 = DNotZ 1977, 376; OLG Karlsruhe MDR 1989, 160; BFH NJW 1995, 1918. Vgl. die ausführliche Darstellung mit historischer Entwicklung in DNotI-Report 1999, 194.
50 BayObLG BB 1973, 956.
51 Vgl. die Literaturnachweise in DNotI-Report 1999, 194.
52 Vgl. hierzu auch *Sistermann*, ZEV 1998, 166.
53 ABlEG Nr. L 199 v. 31.7.1985, S. 1.
54 Vom 14.4.1988, BGBl I, S. 514.

## II. Tod eines EWIV-Mitglieds

### 1. Grundsatz: keine Auflösung der EWIV

Der Tod eines Mitglieds führt regelmäßig **nicht zur Auflösung der EWIV**, Art. 28, 30 EWG-VO; sie wird vielmehr von den verbleibenden Mitgliedern fortgesetzt, Art. 28 EWG-VO.

Das Ausscheiden des verstorbenen Mitglieds kann ausnahmsweise jedes Mitglied der EWIV einzeln anmelden, Art. 29 S. 2, Art. 31 Abs. 4 S. 2 EWG-VO.

### 2. Ausnahme: Auflösung der EWIV

Wird die EWIV ausnahmsweise durch den Tod eines Mitglieds bei entsprechender Bestimmung des Gesellschaftsvertrags oder aufgrund Gesellschafterbeschlusses aufgelöst, so ist die Auflösung von den Abwicklern in vertretungsberechtigter Zahl zur Eintragung in das Handelsregister anzumelden, § 2 Abs. 3 Nr. 4, § 3 Abs. 1 EWIV-AusfG.

Zur Eintragung in das Handelsregister sind die Abwickler mit Familien- und Vornamen, Beruf und Wohnsitz unter Angabe ihrer Vertretungsbefugnis anzumelden, § 2 Abs. 3 Nr. 5 EWIV-AusfG.

Alle Abwickler haben zu versichern, dass keine Umstände vorliegen, die nach Art. 19 Abs. 1 EWG-VO ihrer Bestellung entgegen stehen, und dass sie über ihre unbeschränkte Auskunftspflicht gegenüber dem Gericht belehrt worden sind, §§ 10 Abs. 2; 3 Abs. 3 EWIV-AusfG. Die Abwickler haben darüber hinaus zur Aufbewahrung beim Handelsregister ihre Namensunterschrift zu zeichnen, § 10 Abs. 2 i.V.m. § 3 Abs. 4 EWIV-AusfG.

### 3. Eintritt weiterer Personen in die EWIV

Treten im Zusammenhang mit dem Tod eines Mitglieds andere Personen, bspw. dessen Erben, ein einzelner Erbe oder Vermächtnisnehmer, in die EWIV ein, so ist das neue Mitglied unter Angabe des Familien- und Vornamens sowie des Wohnsitzes zur Eintragung anzumelden, § 2 Abs. 2 Nr. 4, Abs. 3 Nr. 1 EWIV-AusfG. Die Anmeldung ist von den Geschäftsführern in vertretungsberechtigter Zahl vorzunehmen. Ein von den Mitgliedern gefasster, die Veränderung des Mitgliederbestandes betreffender Beschluss ist zu den Handelsregisterakten zu geben und damit bei der Anmeldung vorzulegen, Art. 7 Abs. 2e EWG-VO.

## H. GmbH

Der Rechtsübergang eines Gesellschaftsanteils ist nicht förmlich anzumelden, lediglich bei der Einreichung der jährlichen **Gesellschafterliste** nach § 40 GmbHG ist die Veränderung durch den Erbfall anzuzeigen. Die Rechtsnachfolger sind anstelle des Erblassers aufzuführen.

Im Übrigen ist jede Änderung in der Person des **Geschäftsführers** anzumelden (§§ 78, 39 GmbHG). Das Ausscheiden eines Geschäftsführers durch Tod ist nicht von dessen Erben anzumelden, sondern von allen Geschäftsführern.

## I. Rechtsbehelfe

57 Gegen die Zurückweisung der Anmeldung ist, auch wenn der Rechtspfleger entschieden hat, die **Beschwerde** zulässig.

58 **Neuerungen durch das FamFG:**[55] In den §§ 374 ff. FamFG ist das Verfahren in Registersachen und das unternehmensrechtliche Verfahren für die Zeit seit 1.9.2009 neu geregelt. Seit 1.9.2009 ist Beschwerdegericht das Oberlandesgericht, § 119 Abs. 1 Nr. 1b GVG n.F. Das Beschwerdeverfahren ist in §§ 58 ff. FamFG geregelt. Hervorzuheben ist die generelle Befristung der Beschwerde als sofortiger Beschwerde mit einer Frist von einem Monat, lediglich im Verfahren auf Erlass einer einstweiligen Anordnung beträgt die Beschwerdefrist zwei Wochen, § 63 FamFG. Die bisherige weitere Beschwerde zum Oberlandesgericht wird durch die zulassungsabhängige Rechtsbeschwerde zum Bundesgerichtshof ersetzt. Das Amtslöschungsverfahren ist in § 393 FamFG geregelt.

59 Wird eine Eintragung im Handelsregister vorgenommen, so ist dagegen die Beschwerde nicht statthaft, da wegen der Außenwirkung der Handelsregistereintragungen eine Änderung nicht mehr vorgenommen werden kann, § 11 Abs. 5 RPflG. Würde trotzdem eine Beschwerde eingelegt werden, so wäre sie umzudeuten in einen Antrag oder eine Anregung zur Einleitung eines **Amtslöschungsverfahrens**.

## J. Handels- und Unternehmensregister seit 1.1.2007

60 Zum 1.1.2007 ist das Registerrecht grundlegend novelliert worden. Das Gesetz über elektronische Handelsregister und Genossenschaftsregister sowie das Unternehmensregister (EHUG) ist am 1. Januar 2007 in Kraft getreten.[56] Damit wurde die 1. gesellschaftsrechtliche EU-Richtlinie (Registerpublizität) umgesetzt.[57] Das elektronische Handels- und Unternehmensregister soll die Handelsregistereintragungen beschleunigen sowie zu größerer Transparenz und zur Entbürokratisierung führen.

Das Handels- und Unternehmensregisterverfahrensrecht ist seit 1.9.2009 in §§ 374 ff. FamFG[58] neu geregelt.

---

55 FGG-ReformG v. 17.12.2008, BGBl I,S. 2586.
56 EHUG v. 10.11.2006, BGBl I, S. 2553.
57 EU-Ri 2003/58/EG v. 17.7.2003 AB1EG Nr. L 221/13 und 2004/109/EG v. 15.12.2004 AB1EG Nr. L 390/38.
58 FGG-ReformG v. 17.12.2008, BGBl I, S. 2586.

# § 23 Schiedsverfahren in Erbstreitigkeiten

*Walter Krug*

## Literatur

**Handbücher, Kommentare:**

*Dauner-Lieb/Heidel/Ring* (Ges.-Hrsg.), *Kroiß/Ann/Mayer* (Band-Hrsg.), AnwaltKommentar BGB, Band 5, Erbrecht, 2. Auflage 2007; *Böcker,* Das neue Recht der objektiven Schiedsfähigkeit, 1998; *Böckstiegel* (Hrsg.), Schiedsgerichtsbarkeit in gesellschaftsrechtlichen und erbrechtlichen Angelegenheiten, Schriftenreihe der Deutschen Institution für Schiedsgerichtsbarkeit, Band 11, 1996; *Bonefeld/ Kroiß/Tanck,* Der Erbprozess, 3. Auflage 2009; *Grziwotz,* Erfolgreiche Verhandlungsführung und Konfliktmanagement durch Notare, 2001; *Kerscher/Krug,* Das erbrechtliche Mandat, 4. Auflage 2007; *Nieder/Kössinger,* Handbuch der Testamentsgestaltung, 3. Auflage 2008; *Schütze,* Schiedsgericht und Schiedsverfahren, 4. Auflage 2007; *Schütze,* Ausgewählte Probleme des deutschen und internationalen Schiedsverfahrensrechts, 2006; *Schütze/Tscherning/Wais,* Handbuch des Schiedsverfahrens, 2. Auflage 1990; *Schwab/Walter,* Schiedsgerichtsbarkeit, 7. Auflage 2005; *Tanck/Krug/Daragan,* Testamente in der anwaltlichen und notariellen Praxis, 3. Auflage 2006; *Zöller,* Zivilprozessordnung, 27. Auflage 2009.

**Aufsätze:**

*Bandel,* Schiedsklauseln in Testamenten und Erbverträgen, NotBZ 2005, 381; *Borges,* Die Anerkennung und Vollstreckbarerklärung von Schiedssprüchen nach neuem Recht, ZZP 111 (1998), 487; *Dressler,* Der erbrechtliche Auslegungsvertrag – Gestaltungshilfe bei einvernehmlichen Nachlassregelungen, ZEV 1999, 289; *Duve,* Alternative Dispute Resolution (ADR) – die außergerichtliche Streitbeilegung in den USA, BB 1998 Beilage 10, S. 9 ff.; *Greger,* Modellversuch zur außergerichtlichen Streitbeilegung, DRiZ 2003, 117 – Internet: *www.jura.uni-erlangen.de/aber*; *Haas,* Letztwillige Schiedsverfügungen i.S.d. § 1066 ZPO, ZEV 2007, 49; *Kapfer,* Verhandlungen über eine Mehrzahl von Gegenständen, MittBayNot 2001, 373; *Kapfer,* Kooperationsgewinne und ihre Quellen, MittBayNot 2001, 558; *Krug,* Die Auswirkungen der ZPO-Reform 2002 auf den Erbprozess, ZEV 2002, 58; *Labes/Lörcher,* Das neue deutsche Recht der Schiedsgerichtsbarkeit – Zur bevorstehenden Neufassung des 10. Buchs der ZPO (§§ 1025 ff.), MDR 1997, 420; *Lachmann/Lachmann,* Schiedsvereinbarungen im Praxistest, BB 2000, 1633; *Leeb,* Entlastung der Justiz – Notwendigkeit, Gefahren, Chancen, BB 1998 Beilage 10, S. 3 ff.; *Otte,* Die Schiedsklausel im Erbvertrag des Hauses Hohenzollern, FamRZ 2006, 309; *Pawlytta,* Erbrechtliches Schiedsgericht und Pflichtteilsrecht, ZEV 2003, 89; *Ponschab/Kleinhenz,* Richter oder Schlichter? – Streitbeilegung innerhalb und außerhalb des Gerichts, DRiZ 2002, 430; *Schrader,* Die Anwendung der Sharia als materielles Recht im kanadischen Schiedsverfahrensrecht, IPRax 2006, 77; *Schulze,* Letztwillig eingesetzte Schiedsgerichte, MDR 2000, 314; *Schwarz,* Verhandlung und Mediation mit vielen Beteiligten, MittBayNot 2001, 294; *Schwarzmann,* Ethische Dilemmata: Verhandlung als Frage der Moral, MittBayNot 2001, 456; *Sorge,* Die Neutralität des Verhandlungsleiters, MittBayNot 2001, 50; *Theysohn-Wadle,* Die Anerkennung unwirksamer Testamente im Steuerrecht, ZEV 2002, 221; *Wegmann,* Die Schiedsgerichtsbarkeit in Nachlasssachen, ZEV 2003, 20; *Wrege,* Richter und Schlichter – Plädoyer für die Güteverhandlung im Zivilprozess, DRiZ 2003, 130.

| | |
|---|---|
| A. Typischer Sachverhalt ............... 1 | b) Mindermeinung: Erblasser-Schiedsgericht für Pflichtteilsstreitigkeiten .... 10 |
| B. Letztwillige Schiedsgerichtsanordnung .. 2 | aa) Allgemeines ................ 10 |
| C. Zulässigkeit und Umfang ............. 4 | bb) Rechtsnatur der Schiedsklausel ......................... 11 |
| I. Formelle Zulässigkeit ............... 4 | |
| II. Materielle Zulässigkeit ............. 5 | c) Schiedsfähigkeit von ehe- bzw. partnerschaftsgüterrechtlichen Streitigkeiten ....................... 19 |
| 1. Vom Erblasser eingesetztes Schiedsgericht ......................... 5 | |
| 2. Sonderproblem: Pflichtteilsansprüche .. 9 | 3. Von den Streitparteien eingesetztes Schiedsgericht ..................... 24 |
| a) Herrschende Meinung: Kein Erblasser-Schiedsgericht für Pflichtteilsansprüche ....................... 9 | |

4. Schiedsgericht kraft Universalsukzession .................. 25
5. Schiedsvereinbarung bei vorweggenommener Erbfolge .................. 26
6. International-prozessrechtliche Fragen .................. 27
D. Zweckmäßigkeit des Schiedsgerichts ..... 28
E. Person des Schiedsrichters ............. 31
F. Form der Schiedsklausel ............... 34
G. Probleme und Grenzbereiche der Schiedsgerichtsbarkeit im Erbrecht ............. 36
 I. Auslegungsbedürftige Verfügungen von Todes wegen .................. 36
 II. Sachliche Grenzen des Schiedsverfahrens .. 37
 III. Persönlichen Grenzen des Testamentsvollstreckers als Schiedsrichter .................. 38
H. Schiedsklauseln in gemeinschaftlichen Testamenten .................. 39
I. Mehrparteienschiedsgericht ............. 40
J. Mitwirkung Dritter bei der Abfassung des Schiedsspruchs .................. 52
K. Erbteilungsklage .................. 54
 I. Aufstellung des Teilungsplans durch das Schiedsgericht .................. 54
 II. Durchführung des schiedsgerichtlichen Teilungsplans .................. 56

L. Vereinbarte Schiedssprüche ............. 57
M. Vollstreckbarerklärung des Schiedsspruchs .................. 60
 I. Voraussetzungen für eine Vollstreckbarerklärung .................. 60
 II. Zuständigkeiten .................. 62
 III. Rechtsmittel .................. 63
N. Vorläufiger Rechtsschutz .................. 64
 I. Zuständigkeit des staatlichen Gerichts und des Schiedsgerichts .................. 64
 II. Schadensersatzpflicht bei ungerechtfertigter vorläufiger Maßnahme .................. 66
O. Bindung des Nachlassgerichts an Schiedssprüche .................. 67
 I. Erbenfeststellung .................. 67
 II. Klage auf Herausgabe eines unrichtigen Erbscheins .................. 70
P. Abänderungsklage .................. 72
Q. Anerkennung von Schiedssprüchen im Ausland .................. 73
R. Institutionalisiertes Schiedsgericht und ad-hoc-Schiedsgericht .................. 74
 I. Institutionalisierte Schiedsverfahren (in Erbstreitigkeiten) .................. 75
 II. Muster: Schiedsklausel der DSE e.V. ...... 76

## A. Typischer Sachverhalt

1   In einer Erbengemeinschaft, die aus fünf Kindern des letztverstorbenen Elternteils besteht, gibt es Meinungsverschiedenheiten über die Erbteilung, insbesondere über die Frage, welche Vorempfänge einzelner Miterben in der Erbteilung auszugleichen sind. Weil die Familienmitglieder eigentlich ein gutes Verhältnis untereinander haben und dieses auch auf Dauer erhalten wollen, wollen sie nicht mit einem in der Öffentlichkeit ausgetragenen Rechtsstreit die strittigen Rechtsfragen klären lassen.

Sie einigen sich deshalb auf ein Schiedsverfahren vor einem auf Erbrecht spezialisierten Fachmann, der erst- und letztinstanzlich über die Sache entscheiden, aber möglichst die Angelegenheit vergleichen soll.

## B. Letztwillige Schiedsgerichtsanordnung

2   Die Möglichkeit einer Schiedsgerichtsanordnung durch Verfügung von Todes wegen sieht § 1066 ZPO vor. In der Praxis findet man solche Schiedsklauseln nur selten. Das heißt aber nicht, dass hierfür kein Bedarf bestünde. Im Gegenteil, die Möglichkeit, gerade bei großen Vermögen den langwierigen und dadurch auch kostspieligen Weg der ordentlichen Gerichtsbarkeit mit ihrem Grundsatz öffentlicher Verhandlungen vermeiden zu können, müsste das Anliegen jedes Erblassers sein.

3   Darüber hinaus kann im Rahmen der Schiedsgerichtsbarkeit ein auf dem Gebiet des Erbrechts **spezialisierter** Fachmann als **Schiedsrichter** bestimmt werden, was zwangsläufig zur Reduzierung möglicher Fehlentscheidungen und somit auch zur Entbehrlichkeit weiterer Instanzen führt. Schiedsverfahren sind in der Regel auch nicht öffentlich, was für die Parteien von wesentlichem Interesse sein kann (**Vertraulichkeit der Familienverhältnisse**).

Der dem Schiedsverfahren zugrunde liegende Beschleunigungsgrundsatz (**Konzentrationsmaxime**) kann im Übrigen zu einer raschen Beilegung der Streitigkeit führen.[1]

## C. Zulässigkeit und Umfang

### I. Formelle Zulässigkeit

Der Erblasser kann nach § 1066 ZPO in Form einer letztwilligen Verfügung alle oder bestimmte Streitigkeiten,[2] die ihren Grund (Inhalt und Auslegung der Verfügung von Todes wegen) in dem Erbfall[3] haben, unter Ausschluss der ordentlichen Gerichtsbarkeit auf ein Schiedsgericht übertragen, soweit der Streitgegenstand vergleichsfähig ist.[4] Das Schiedsgericht kann im Rahmen seiner Bestellung entsprechend der dem Verfahren zugrunde gelegten Schiedsordnung und im Übrigen nach freiem Ermessen entscheiden. Die Grenze bilden der ordre public und die guten Sitten, §§ 1034, 1041 ZPO. Es wird lediglich ein wirksames Testament oder ein wirksamer Erbvertrag (dort in der Form einer einseitigen Anordnung nach § 2299 BGB) vorausgesetzt.

### II. Materielle Zulässigkeit

#### 1. Vom Erblasser eingesetztes Schiedsgericht

Das vom Erblasser in der letztwilligen Verfügung eingesetzte Schiedsgericht hat diejenigen Aufgaben, die ihm vom Erblasser zugewiesen werden, soweit gesetzliche Grenzen nicht überschritten sind. Es geht dabei um Rechtsanwendung und nicht um die Ersetzung des Erblasserwillens.

Dem Schiedsgericht kann der Erblasser Entscheidungskompetenz über folgende Regelungsmaterien zuweisen:
– die **Erbenfeststellung** im Falle eines Streites unter Erbprätendenten, gleichgültig, ob es sich um gesetzliche oder gewillkürte Erbfolge handelt; der Erblasser braucht keine Erbeinsetzung vorgenommen zu haben; es würde reichen, lediglich ein Schiedsgericht zur Feststellung der gesetzlichen Erbfolge einzusetzen, davon ausgenommen ist aber das Erbscheinsverfahren selbst und das sich daran anschließende Beschwerdeverfahren,[5]
– Feststellung des Eintritts oder des Ausfalls einer **Bedingung**,
– die **Erbauseinandersetzung**,[6]
– Fragen der **Ausgleichungspflicht** unter Abkömmlingen nach §§ 2050 ff. BGB,
– Feststellungsklage zur Vorbereitung der Erbteilung,[7]
– Streitigkeiten über ein Vorausvermächtnis oder eine Teilungsanordnung,
– Streitigkeiten zwischen Erben und Vermächtnisnehmern, die ihren Grund in der Verfügung von Todes wegen haben,

---

1 Böckstiegel/*Schiffer*, S. 69.
2 *Walter*, MittRhNotK 1984, 69.
3 *Schütze*, Rn 294.
4 *Kohler*, DNotZ 1962, 125.
5 BayObLG FamRZ 2001, 873 = ZEV 2001, 352.
6 BGH NJW 1959, 1493.
7 BGH FamRZ 1984, 688; OLG Karlsruhe NJW 1974, 956; OLG Düsseldorf ZEV 1996, 395 = FamRZ 1996, 1338 = NJWE-FER 1997, 113; LG Erfurt ZEV 1998, 391.

- **Auslegung** einer Verfügung von Todes wegen,[8]
- Wirksamkeit der **Anfechtung** einer letztwilligen Verfügung (streitig),[9]
- Streitigkeiten betr. die **Erbunwürdigkeit**,
- Streitigkeiten zwischen **Vorerben** und **Nacherben**,
- **Entlassung** eines Testamentsvollstreckers.[10]

6  Für das Schiedsgericht gilt auch die Grenze des § 2065 BGB.[11] Das Schiedsgericht kann also nicht an die Stelle des Erblassers treten und den Erben auswählen. Es hat vielmehr nur den Willen des Erblassers festzustellen. Insoweit darf ein Schiedsgericht auch nicht ein **formungültiges Testament** für gültig erklären.[12] Das Schiedsgericht kann z.B. auch nicht den Zeitpunkt des Eintritts des Nacherbfalls bestimmen.[13] Der ergehende Schiedsspruch wirkt – wie ein zivilgerichtliches Urteil – lediglich **inter partes**, § 1055 ZPO.

7  Nicht der Entscheidungskompetenz des Schiedsgerichts unterliegen:
- Verfahren der **freiwilligen Gerichtsbarkeit**, insbesondere also
  - **Erbscheinsverfahren**,
  - Verfahren betr. Erteilung oder Einziehung eines **Testamentsvollstreckerzeugnisses**,
  - Verfahren betr. die **Sicherung des Nachlasses**,
  - Verfahren betr. die **Bestellung eines Nachlasspflegers**,
  - Verfahren betr. die Herbeiführung der **Haftungsbeschränkung auf den Nachlass** durch Anordnung förmlicher Nachlassverfahren (Nachlassverwaltung, Nachlassinsolvenzverfahren – letzteres als besondere Form des Zwangsvollstreckungsrechts).
  - **Betreuungsangelegenheiten** (die vorgängig zu Nachlasssachen eine große Rolle spielen),
- **Ehesachen** – zur Klärung erbrechtlicher Vorfragen,
- **Kindschaftssachen** – ebenfalls zur Klärung erbrechtlicher Vorfragen,
- die Frage der Zugehörigkeit von Gegenständen zum Nachlass,
- Ansprüche von **Nachlassgläubigern**,[14] weil letztere den einseitigen Anordnungen des Erblassers nicht unterworfen werden können,
- Fälle, in denen sich eine Entscheidung auf Dritte erstrecken soll, insbesondere alle Fälle der **Streitverkündung** (§§ 72 ff. ZPO), sofern nicht der Dritte die Entscheidung des Schiedsgerichts für sich als verbindlich anerkennt,
- der **Nachlassinsolvenzverwalter** bedarf zum Abschluss einer Schiedsvereinbarung der Zustimmung der Gläubigerversammlung nach § 160 Abs. 2 Nr. 3 InsO.
- Nur mit **nachlassgerichtlicher Genehmigung** kann
  - ein **Nachlasspfleger** (§§ 1960, 1961, 1962, 1915, 1822 Nr. 12 BGB),
  - ein **Nachlassverwalter** (§§ 1975, 1960, 1962, 1915, 1822 Nr. 12 BGB)
  eine Schiedsvereinbarung schließen,
- Nur mit **vormundschaftsgerichtlicher Genehmigung** kann
  - ein **Vormund** für sein **Mündel** (§ 1822 Nr. 12 BGB),
  - ein **Pfleger** für den **Pflegebefohlenen** (§§ 1915, 1822 Nr. 12 BGB),
  - ein **Betreuer** für den **Betreuten** (§§ 1908i Abs. 1, 1822 Nr. 12 BGB)
  eine Schiedsvereinbarung schließen.

---

8  Zur Auslegung letztwilliger Verfügungen durch das Schiedsgericht vgl. *Kipp/Coing*, S. 136.
9  Verneinend *Lange/Kuchinke*, S. 520 und *Kipp/Coing*, S. 424; bejahend *Kohler*, DNotZ 1962, 125 und Palandt/*Edenhofer*, § 2065 BGB Rn 7.
10 *Schwab/Walter*, S. 284.
11 *Kohler*, DNotZ 1962, 125.
12 RGZ 100, 76; *Kohler*, DNotZ 1962, 125.
13 BGH NJW 1955, 100.
14 Böckstiegel/*Schiffer*, S. 77.

**Neuerungen durch das FamFG:** An die Stelle des Vormundschaftsgerichts ist seit 1.9.2009 das Familiengericht bzw. Betreuungsgericht getreten, Art. 50 Nr. 37 FGG-ReformG[15] i.V.m. §§ 1821, 1822 BGB n.F. Das Genehmigungsverfahren ist in §§ 38 ff., insbesondere § 47, § 299 FamFG, §§ 1828, 1829 BGB n.F. neu geregelt.

Streitig ist, ob das Schiedsgericht über die Frage der **Anfechtung** einer letztwilligen Verfügung entscheiden darf.[16]

### 2. Sonderproblem: Pflichtteilsansprüche

#### a) Herrschende Meinung: Kein Erblasser-Schiedsgericht für Pflichtteilsansprüche

Nach h.M. sind auch Pflichtteilsansprüche der Schiedsgerichtsbarkeit entzogen, sofern nicht der Pflichtteilsberechtigte sich dem Schiedsgericht unterwirft.

Da der Erblasser den Pflichtteil außerhalb der gesetzlichen Möglichkeiten nicht entziehen oder beschränken könne, könne eine Streitigkeit über Bestand und Höhe des **Pflichtteilsanspruchs** nur mit Zustimmung des den Pflichtteil Begehrenden vor ein Schiedsgericht gebracht werden. Grundsätzlich gilt: Dem Schiedsgericht können nur diejenigen Rechtsbeziehungen unterworfen werden, die der Entscheidungskompetenz des Erblassers selbst unterliegen bzw. über die er frei bestimmen kann. Etwas anderes gilt freilich, wenn Nachlassgläubiger – zu denen auch die Pflichtteilsberechtigten gehören – nach dem Erbfall eine Schiedsvereinbarung mit den Erben schließen.

#### b) Mindermeinung: Erblasser-Schiedsgericht für Pflichtteilsstreitigkeiten

##### aa) Allgemeines

Bezüglich der Zulässigkeit einer Schiedsanordnung durch den Erblasser für Pflichtteilsstreitigkeiten vertritt jedoch eine Mindermeinung die Ansicht, mit einer letztwilligen Verfügung könne der Erblasser auch Pflichtteilsstreitigkeiten einem Schiedsgericht unterstellen, weil § 1066 ZPO insofern keine Einschränkung enthalte. Der Umstand, dass der Erblasser über den Pflichtteilsanspruch nicht disponieren könne, stehe der Einsetzung eines Schiedsgerichts auch mit Wirkung für den Pflichtteilsberechtigten nicht entgegen. Hier handle es sich nicht um materiellrechtliche Fragen, sondern um reine Verfahrensfragen, die auch nicht dem Auflagenrecht zuzurechnen seien.[17]

##### bb) Rechtsnatur der Schiedsklausel

Die Bestimmung der Rechtsnatur der Schiedsklausel bereitet erhebliche Schwierigkeiten, weil das Gesetz dazu schweigt. Das Reichsgericht hat diese Frage in seiner Entscheidung offen gelassen und lediglich die Zulässigkeit einer solchen Schiedsklausel bejaht.[18] Nach Ansicht *Kohlers*[19] handelt es sich bei einer Schiedsklausel um eine Auflage, wenn der Erblasser dem Schiedsgericht die ausschließliche Zuständigkeit einräumt. *Walter*[20] geht da-

---

15 FGG-ReformG v. 17.12.2008, BGBl I, S. 2586, Art. 111, 112 FGG-RG.
16 Verneinend *Lange/Kuchinke*, S. 520 und *Kipp/Coing*, S. 424; bejahend *Kohler*, DNotZ 1962, 125 und Palandt/*Edenhofer*, § 2065 BGB Rn 7.
17 Vgl. Zöller/*Geimer*, § 1066 ZPO Rn 18; für die Zulässigkeit einer einseitigen Schiedsanordnung durch den Erblasser für Pflichtteilsstreitigkeiten vgl. auch *Pawlytta*, ZEV 2003, 89, 94.
18 RGZ 100, 76.
19 *Kohler*, DNotZ 1962, 125.
20 *Walter*, MittRhNotK 1984, 69.

gegen davon aus, dass es sich um eine Verfügung „sonstigen Inhalts" handele, die nicht unter eines der in den §§ 1937–1941 BGB ausdrücklich erwähnten Rechtsinstitute zu subsumieren sei. Er begründet dies damit, dass die Anordnung einer letztwilligen Schiedsklausel, z.B. der Benennung eines Vormundes nach § 1777 Abs. 3 BGB oder einer Pflichtteilsentziehung nach §§ 2333 ff. BGB, vergleichbar näher stehe.[21] Die Meinung, dass die Anordnung eines Schiedsgerichts in einem Testament keine Auflage sei, vertritt auch *Schulze*.[22]

12 Bedeutung erlangt das Problem der **Rechtsnatur** für die Frage, ob eine Schiedsklausel mit bindender Wirkung nach § 2278 Abs. 2 BGB angeordnet werden kann. Eine solche ist nur möglich, wenn die Schiedsklausel als Auflage gesehen wird. Andernfalls bleibt nur die Möglichkeit einer bedingten Erbeinsetzung.[23]

13 In der Tat dürfte es sich bei der letztwilligen Einsetzung eines Schiedsgerichts nicht um eine Auflagenanordnung handeln, sondern um eine Anordnung eigener Art, vergleichbar einer Vormundbenennung nach § 1777 BGB oder einer Verwaltungsanordnung nach § 1638 BGB. In letzterem Falle kann sich die Verwaltungsanordnung auch auf einen Pflichtteilsanspruch beziehen, ohne dass der Pflichtteilsberechtigte sich der Verwaltungsanordnung entziehen könnte.

14 Mit der Neuregelung des Schiedsverfahrensrechts per 1.1.1998 ist die Schiedsgerichtsbarkeit aufgewertet worden. Man spricht von einer **Gleichstellung mit der staatlichen Gerichtsbarkeit**.[24]

Wenn aber Schiedsgerichtsbarkeit und staatliche Gerichtsbarkeit gleichwertig sind, kann nicht davon gesprochen werden, die Anordnung eines Schiedsgerichts sei eine Belastung für die Betroffenen, zumal jeder Schiedsspruch durch ein staatliches Gericht überprüft werden kann und auch eine Vollstreckung erst nach Einschaltung eines staatlichen Gerichts möglich ist, §§ 1059, 1060, 1062, 1065, 1041 Abs. 3 ZPO.

15 Deshalb kann m.E. auch die Entscheidung des OLG Hamm,[25] wonach die nachträgliche Anordnung eines Schiedsgerichts in einem einseitigen Testament nach vorausgegangenem Erbvertrag gegen § 2289 Abs. 1 S. 2 BGB verstoße, seit der Geltung des neuen, am 1.1.1998 in Kraft getretenen Schiedsverfahrensrechts nicht mehr ohne weiteres auf die neue Rechtslage angewandt werden.

Handelt es sich aber nicht um eine Auflage, so kann sich ein pflichtteilsberechtigter Erbe auch nicht durch eine Ausschlagung nach § 2306 Abs. 1 S. 2 BGB dem Schiedsgericht entziehen, genauso wenig wie die Schiedsgerichtsanordnung im Falle des § 2306 Abs. 1 S. 1 BGB kraft Gesetzes wegfiele. Wäre man der Ansicht, gegenüber einem Pflichtteilsberechtigten könne der Erblasser nicht wirksam eine Schiedsanordnung treffen, so könnte letztlich ein Schiedsgericht auch nicht über die Frage entscheiden, welche Alternative von § 2306 Abs. 1 (ob Satz 1 oder Satz 2) BGB im Einzelfall greift, wenn man an die Fälle denkt, bei denen ein Erblasser eine Erbeinsetzung nicht nach Quoten, sondern nach einzelnen Nachlassgegenständen vornimmt. Erst die Bewertung der einzelnen Gegenstände führt zu entsprechenden Erbquoten und lässt damit die Beurteilung der Frage zu, ob der pflichtteilsberechtigte Erbe mit einer höheren Quote als seiner Pflichtteilsquote erbberechtigt ist – und ob die angeordneten Beschränkungen und Beschwerungen primär wirksam sind oder nicht.

---

21 Vgl. Zöller/*Geimer*, § 1066 ZPO, Rn 18.
22 MDR 2000, 314, 315 Fn 17.
23 *Walter*, MittRhNotK 1984, 69..
24 RegBegrE BT-Drucks 13/5274; kritisch *Voit*, JZ 1997, 121.
25 OLG Hamm NJW-RR 1991, 455.

Pflichtteilsansprüche entstehen grundsätzlich nur, wenn der Erblasser eine Verfügung von 16
Todes wegen hinterlassen hat. Nur ausnahmsweise entstehen in zwei Fällen Pflichtteilsansprüche ohne Verfügung von Todes wegen:
- Bei Ausschlagung der Erbschaft durch den überlebenden Ehegatten nach § 1371 Abs. 3 BGB bzw. den Lebenspartner nach § 6 LPartG i.V.m. § 1371 Abs. 3 BGB,
- wenn der pflichtteilsberechtigte Erbe im Hinblick auf Schenkungen des Erblassers über die Erbschaft hinaus **Pflichtteilsergänzungsansprüche** nach §§ 2325 ff. BGB geltend machen kann.

Qualifiziert man die Schiedsgerichtsanordnung nicht als Auflage und geht man von der 17
Gleichwertigkeit des Schiedsgerichts mit einem staatlichen Gericht aus, so gibt es keinen Grund, an der Zulässigkeit der Schiedsgerichtsanordnung auch zur Entscheidung über Pflichtteilsstreitigkeiten zu zweifeln – gleichgültig, ob die Pflichtteilsansprüche kraft Gesetzes oder kraft Verfügung von Todes wegen ausgelöst wurden.

Der Pflichtteilsberechtigte ist zwar Nachlassgläubiger, aber seine Anspruchsgrundlage ist 18
erbrechtlicher Natur und entsteht erst mit dem Erbfall – im Gegensatz zu Erblasserschulden, die auf der Grundlage von Rechtsgeschäften unter Lebenden begründet wurden. Für vermögensrechtliche Ansprüche erbrechtlicher Natur gelten die §§ 1066, 1030 Abs. 1 S. 1 ZPO.

### c) Schiedsfähigkeit von ehe- bzw. partnerschaftsgüterrechtlichen Streitigkeiten

Im Zusammenhang mit der Abwicklung von Nachlässen ist bei bestandener Zugewinnge- 19
meinschaft auch über die Zugewinnausgleichsforderung des überlebenden Ehegatten zu entscheiden, wenn die güterrechtliche Lösung zum Zuge kommt. Dafür ist nach § 621 Abs. 1 Nr. 8 ZPO das Familiengericht zuständig. Da es sich bei güterrechtlichen Streitigkeiten um ZPO-Familiensachen handelt (§ 621a ZPO), sind sie auch schiedsfähig. Wenn beide Ehegatten ein Schiedsgericht vereinbaren oder wenn in einer gemeinsamen letztwilligen Verfügung (gemeinschaftliches Testament oder Erbvertrag) eine Schiedsgerichtsanordnung auch für güterrechtliche Fragen von beiden getroffen wird, steht der Schiedsgerichtsbarkeit für güterrechtliche Streitigkeiten nichts im Wege.

Spätestens seit der Rechtsprechung des BGH[26] zur Wirksamkeits- und Ausübungskontrolle von Eheverträgen bietet sich die Schiedsgerichtsbarkeit in Familiensachen förmlich an.

Gleiches gilt bei bestandener Zugewinngemeinschaft (bisher „Ausgleichsgemeinschaft") un- 20
ter eingetragenen Lebenspartnern; für deren vermögensrechtliche Streitigkeiten ist das Familiengericht ebenfalls zuständig, §§ 661 Abs. 2, 621 Abs. 1 Nr. 8 ZPO. In einem von ihnen errichteten Lebenspartnerschaftsvertrag (§ 6 LPartG) bzw. in einem gemeinschaftlichen Testament (§ 10 LPartG) könnten sie eine Schiedsgerichtsanordnung für vermögensrechtliche (güterrechtliche) Streitigkeiten treffen.

Fraglich ist jedoch, ob der Erblasser in einer einseitigen Verfügung von Todes wegen auch 21
für güterrechtliche Fragen eine Schiedsgerichtsanordnung nach § 1066 ZPO treffen kann;

---

26 BGHZ 158, 81 = NJW 2004, 930 = FamRZ 2004, 601 m. Anm. *Borth* = ZNotP 2004, 157 = BGHReport 2004, 516 m. Anm. *Grziwotz* = FPR 2004, 209 = FuR 2004, 119 = FF 2004, 79 = RhNotZ 2004, 150 = NotBZ 2004, 152 = MDR 2004, 573 = JuS 2004, 539. BGH, Beschl. v. 6.10.2004 – XII ZB 110/99, FamRZ 2005, 26 = ZNotP 2005, 27 = NJW 2005, 137 = FamRB 2005, 8 = MDR 2005, 216 = FF 2005, 43 = NotBZ 2005, 73 = DNotI-Report 2004, 210. Zu den Überlegungen für die Praxis vgl. *Bergschneider*, FamRZ 2004, 1757. Bestätigung im Urteil des BGH v. 12.1.2005 – XII ZR 238/03, ZErb 2005, 33 = DNotI-Report 2005, 70 und in zwei Urteilen des BGH vom 25.5.2005, FamRZ 2005, 1444 (sehr lesenswert!) m. Anm. *Bergschneider* und FamRZ 2005, 1449.

zumal im Zusammenhang mit der Vorwegerfüllung der Zugewinnausgleichsforderung als einer zu begleichenden Nachlassverbindlichkeit (§ 2046 BGB) der überlebende Ehegatte die Übertragung von Nachlassgegenständen nach § 1383 BGB, § 53a FGG bzw. seit 1.9.2009 § 264 FamFG[27] durch Entscheidung des Familiengerichts vor der Durchführung der Erbteilung verlangen kann.

22   Wenn man die Schiedsfähigkeit von Pflichtteilsstreitigkeiten durch einseitige Erblasseranordnung bejaht, so wird man auch die Schiedsfähigkeit von Zugewinnausgleichsansprüchen durch einseitige Erblasseranordnung bejahen müssen; auch die Zugewinnausgleichsforderung entsteht erst mit dem Tode des Erblassers. Die vom Erblasser in einem Testament angeordnete Schiedsklausel müsste dann ausgedehnt werden auf Zugewinnausgleichsstreitigkeiten.

23   Entsprechendes gilt für Auseinandersetzungsansprüche in der Erbteilung bei bestandhabender **Gütergemeinschaft** und dem Entnahmerecht nach § 1477 Abs. 2 BGB sowie bei der Auseinandersetzung einer **fortgesetzten Gütergemeinschaft** (§§ 1483 ff. BGB).

Unter diesem Gesichtspunkt erscheint es überlegenswert, auch Schiedsklauseln in Eheverträge aufzunehmen.

### 3. Von den Streitparteien eingesetztes Schiedsgericht

24   Die Parteien können auch unabhängig von einer Schiedsklausel in einer letztwilligen Verfügung eine **Schiedsvereinbarung** treffen, wenn der Streitgegenstand der vergleichsmäßigen Disposition der Parteien unterliegt, § 1030 ZPO. Dazu sind die Formalien des § 1031 ZPO einzuhalten.

### 4. Schiedsgericht kraft Universalsukzession

25   Hatte der Erblasser bereits Schiedsvereinbarungen bei bestehenden Rechtsverhältnissen getroffen, so geht diese den Erblasser treffende Unterwerfung unter ein Schiedsgericht nach § 1922 BGB auf seine Erben über.[28] Zu nennen sind insbesondere Schiedsvereinbarungen in Gesellschaftsverträgen, in die nachfolgeberechtigte Erben kraft der von der Rechtsprechung entwickelten Sondererbfolge eintreten.[29]

### 5. Schiedsvereinbarung bei vorweggenommener Erbfolge

26   Werden bei Schenkungs-, Ausstattungs- und Übergabeverträgen Schiedsvereinbarungen für alle aus dem Vertragsverhältnis und seiner evtl. Rückabwicklung entstehenden Streitigkeiten getroffen, so unterliegen die Vertragsparteien nicht nur zu Lebzeiten des Schenkers der Schiedsabrede, sondern nach seinem Tod auch seine Erben, weil auf sie als Gesamtrechtsnachfolger auch alle Rechte und Pflichten aus der Schiedsabrede übergegangen sind.

Bei einem **Vertrag zugunsten Dritter** ist auch der Dritte an eine Schiedsvereinbarung gebunden, wenn diese getroffen wurde, bevor für ihn ein unwiderrufliches Recht entstanden ist.[30]

---

27  FGG-ReformG v. 17.12.2008, BGBl I, S. 2586.
28  *Schwab/Walter*, Kap. 7 Rn 30.
29  BGH NJW-RR 1991, 423 = MDR 1991, 737 = WM 1991, 384.
30  *Schwab/Walter*, Kap. 7 Rn 30; *Grziwotz*, Rn 418.

### 6. International-prozessrechtliche Fragen

Richtet sich das Erbstatut nach deutschem Recht (Art. 25 Abs. 1 EGBGB), so ist für die Frage, inwieweit Streitigkeiten einem vom Erblasser eingesetzten Schiedsgericht unterworfen sind, in jedem Falle deutsches Recht maßgebend. Aber auch bei Anwendung eines ausländischen Erbstatuts beurteilt sich die Befugnis zur Einsetzung eines Schiedsgerichts nach deutschem Recht, wenn das Schiedsgericht seinen Sitz in Deutschland hat.[31] Für prozessrechtliche Fragen gilt die **lex fori**, also das Verfahrensrecht am Gerichtssitz.

## D. Zweckmäßigkeit des Schiedsgerichts

Das Schiedsverfahren hat verschiedene Vorzüge:

Der Erblasser ist daran interessiert, dass seine Anordnungen nach seinem Tode sofort oder zumindest in angemessener Zeit erfüllt werden. Deshalb gilt es, möglicherweise langwierigen Erbstreitigkeiten vorzubeugen. Das Schiedsverfahren kommt dabei den Beteiligten in mehrerlei Hinsicht entgegen:

- Der Schiedsrichter kann – **ohne förmlichen Antrag** – nach freiem Ermessen entscheiden, er ist nur an die guten Sitten und den ordre public gebunden.
- Ist besondere **Sachkunde** und/oder **spezielle Rechtskenntnis** erforderlich, so können dafür qualifizierte Schiedsrichter eingesetzt werden. Angesichts der stark zurückgeführten Juristenausbildung auf den Gebieten des Familien-, Erb-, Gesellschafts- und Steuerrechts gibt es dafür schon heute ein unabweisbares Erfordernis. Gerade die besondere Kompetenz des/der Schiedsrichter macht es in den meisten Fällen hinnehmbar, auf eine zweite Instanz zu verzichten.
- Im Gegensatz zum ordentlichen Gericht kann das Schiedsgericht befreit von allen verzögerlichen Förmlichkeiten entscheiden. Die Gestaltung des Verfahrens kann damit zu einer schnellen Erledigung führen.[32]
- Die **örtliche Zuständigkeit** ist für die Parteien einfacher zu bestimmen als bei staatlichen Gerichten. Zur Konfliktverminderung können sogar **wechselnde Verhandlungsorte** vereinbart werden.
- Das Verfahren betreffend den **vorläufigen Rechtsschutz** ist ebenfalls weniger formalisiert als vor den ordentlichen Gerichten.
- **Verfahrensbeschleunigung:** Begnügt man sich mit einem Einzelschiedsrichter und verzichtet man auf einen Instanzenzug (**kein Oberschiedsgericht**), so wird das Schiedsgericht im Allgemeinen innerhalb kürzester Zeit entscheiden können. Dies dient sowohl dem Anliegen des Erblassers wie auch dem Familienfrieden und erspart den Angehörigen langwierige und kostspielige Prozesse. Allerdings kann sich durch die Notwendigkeit der Vollstreckbarerklärung des Schiedsspruchs durch ein staatliches Gericht wiederum eine Verzögerung ergeben.
- **Geheimhaltungsinteresse** der Parteien: Bereits der Umstand, dass überhaupt ein Rechtsstreit zwischen bestimmten Personen geführt wird, aber auch dessen Details sollen häufig einem interessierten Kreis der Öffentlichkeit unbekannt bleiben.

---

31 Zöller/*Geimer*, § 1066 ZPO Rn 19.
32 So auch *Schütze*, Schiedsgericht und Schiedsverfahren, Rn 15.

- Zum Schiedsrichter kann auch der Testamentsvollstrecker ernannt werden. Die Befugnisse des Testamentsvollstreckers lassen sich durch eine Personalunion mit dem Schiedsrichteramt verstärken. Eine solche Doppelbestellung ist nach h.M. zulässig.[33]
- In Fällen mit **Auslandsberührung**: Vereinbarung der **anwendbaren Rechtsordnung**.
- Verhandlungsführung in **nicht deutscher Gerichtssprache**, § 1045 ZPO.

**30** **Beispiel: Erbteilungsklage**
Bei der Erbteilungsklage vor dem ordentlichen Zivilgericht muss ein konkreter Teilungsplan (-vertrag) vorgelegt werden, zu dessen Abschluss die Zustimmung der anderen Miterben eingeklagt wird. **Entscheidender Unterschied**: Die Erbteilung vor dem ordentlichen Zivilgericht kann nur dadurch erreicht werden, dass ein konkreter Teilungsplan (Vertrag) vorgelegt wird, zu dessen Abschluss die Zustimmung der anderen Miterben eingeklagt wird.
Anders beim Schiedsgericht: Es kann, ohne dass der Kläger einen bestimmten Antrag zu stellen braucht, das Begehren der Parteien aus dem ihm unterbreiteten Sachverhalt ableiten und unter Berücksichtigung wirtschaftlicher, zweckmäßiger und praktischer Erwägungen entscheiden. Dies ist gerade im Hinblick auf die Schwierigkeit der richtigen Antragstellung im Zivilprozess ein wichtiger Aspekt.

## E. Person des Schiedsrichters

**31** Grundsätzlich kann ebenso wie bei einer Testamentsvollstreckung die Person des Schiedsrichters vom Erblasser frei gewählt werden. Der Testamentsvollstrecker kann zugleich auch als Schiedsrichter benannt werden. Allerdings kann dieser dann nicht über die Auslegung des Testaments hinsichtlich der Anordnung der Testamentsvollstreckung entscheiden.[34]

Ist der Erblasser bei der Errichtung seiner Verfügung von Todes wegen von einem Rechtsanwalt oder Notar beraten worden, dann sollte die Ernennung der beteiligten Berater zum Schiedsrichter nicht erfolgen bzw. von diesen nicht angenommen werden. Für den Rechtsanwalt ergeben sich berufsrechtliche Konsequenzen aus § 45 Abs. 2 Nr. 2 BRAO und für den Notar ergibt sich das Verbot aus § 3 Abs. 1 Nr. 1 BeurkG. Die Frage der Befangenheit regelt sich nach §§ 1032, 42 ZPO.

**32** Schiedsrichteramt und Testamentsvollstreckeramt in Personalunion können zu Interessenkollisionen und damit zu einem Ausschluss des Testamentsvollstreckers vom Schiedsrichteramt führen. Dies ist in erster Linie dann der Fall, wenn der Testamentsvollstrecker selbst Partei ist. Für ihn gilt der allgemeine Grundsatz, dass niemand Richter in eigener Sache sein kann.[35] Ein unter Verstoß gegen diese elementare Regel ergangener Schiedsspruch wäre aufzuheben.

**33** Wann ist der Testamentsvollstrecker selbst betroffen?
- Bei Streitigkeiten über die Rechtswirksamkeit des Testaments, von dessen Bestand auch die Bestellung zum Testamentsvollstrecker abhängt,
- bei Streitigkeiten über die Auslegung des Testaments, soweit diese den Bestand des Testamentsvollstreckeramts selbst betreffen,
- bei den von ihm geführten Aktivprozessen nach § 2212 BGB,
- bei den gegen ihn geführten Passivprozessen gem. § 2213 BGB,

---

33 *Kohler*, DNotZ 1962, 125.
34 Böckstiegel/*Happe*, S. 87.
35 RGZ 100, 76, 79; BGH DNotZ 1965, 98.

- Streitigkeiten über den von ihm nach § 2204 BGB vorgelegten Auseinandersetzungsplan, gleichgültig, ob er den Plan nach billigem Ermessen oder nach den Teilungsregeln des Gesetzes aufgestellt hat.

In all diesen Fällen kann der Testamentsvollstrecker nicht Schiedsrichter sein. Hier muss ein Ersatzmann oder mangels eines solchen das ordentliche Gericht entscheiden. Im Hinblick darauf, aber auch wegen eines möglichen Ausfalls des benannten Einzelschiedsrichters, sollte man sicherheitshalber grundsätzlich einen Ersatzschiedsrichter benennen.

## F. Form der Schiedsklausel

Die Anordnung der Schiedsklausel im Testament bedarf grundsätzlich nur der Form der letztwilligen Verfügung. Im Rahmen von Erbverträgen kann seit dem Inkrafttreten des Schiedsverfahrensgesetzes per 1.1.1998 nach § 1029 Abs. 2 ZPO eine Schiedsklausel in den Vertragstext mit aufgenommen werden.[36]

34

Will der Erblasser auf eine bestimmte Schiedsordnung Bezug nehmen und sie damit zum Inhalt der letztwilligen Verfügung machen, so empfiehlt es sich, eine solche Schiedsordnung notariell zu beurkunden, damit die Form gewahrt ist.[37]

Im Übrigen ist die Schiedsklausel bzw. Schiedsbestimmung, auf die die Vorschriften des Schiedsgerichtsverfahrens Anwendung finden, von einer rein **schiedsgutachterlichen** Tätigkeit nach §§ 315 ff. BGB, bei der etwa bestimmte Bewertungsgrundlagen festgelegt werden, abzugrenzen. In der Verfügung sollte eindeutig klargestellt werden, ob ein Schiedsrichter nur hinsichtlich einzelner Bewertungsfragen entscheiden soll, dann handelt es sich um eine reine Schiedsgutachterbestimmung oder ob für die gesamten Streitigkeiten der ordentliche Gerichtsweg ausgeschlossen sein soll und dem Verfahren über die Schiedsgerichtsbarkeit unterstellt ist.

35

## G. Probleme und Grenzbereiche der Schiedsgerichtsbarkeit im Erbrecht

### I. Auslegungsbedürftige Verfügungen von Todes wegen

Probleme können sich bei der Schiedsgerichtsbarkeit ergeben, wenn der Erblasser eine auslegungsbedürftige Verfügung von Todes wegen hinterlassen hat und der pflichtteilsberechtigte Kläger nicht weiß, gegen wen er seine Klage richten soll bzw. wenn die Beklagten im Prozess unter Bezugnahme auf die Schiedsordnung einwenden, dass für die Frage der Entscheidung über die Erbenstellung der ordentliche Gerichtsweg nicht zulässig ist. Dies gilt im Übrigen nicht nur für den Pflichtteilsberechtigten, sondern auch für alle übrigen Nachlassgläubiger.

36

Als Lösung könnte zum einen die Aussetzung des Verfahrens und die richterliche Anordnung, die Frage des Nachlassschuldners vor dem Schiedsgericht klären zu lassen, in Betracht kommen. Möglich wäre aber auch die Anordnung einer Klagepflegschaft nach §§ 1960 Abs. 1 S. 1, 1961 BGB, wenn die Erbfolge ungewiss ist.

---

36 Vgl. auch *Nieder/Kössinger*, Rn 1019.
37 *Lachmann/Lachmann*, BB 2000, 1633, 1636.

## II. Sachliche Grenzen des Schiedsverfahrens

37  Das Schiedsverfahren erfährt folgende Grenzen:
- Verstoß des Schiedsspruchs gegen wesentliche Grundsätze des deutschen Rechts,
- § 1042 ZPO: Einhaltung unverzichtbarer Verfahrensregeln:
  - Rechtliches Gehör,
  - Ermittlung des Sachverhalts,
  - Zulassung von Rechtsanwälten.
- § 2065 BGB: Nach dieser Vorschrift kann der Erblasser die Bestimmung des Erben nicht einem Dritten überlassen. Er kann auch nicht anordnen, dass ein anderer bestimmen soll, ob eine letztwillige Verfügung gelten solle oder nicht. Mit anderen Worten: Das Schiedsgericht kann nicht an die Stelle des Erblassers treten. Es kann den Erben nicht auswählen.

## III. Persönlichen Grenzen des Testamentsvollstreckers als Schiedsrichter

38  Eine Personalunion von Schiedsrichter und Testamentsvollstrecker kann zu Interessenkollisionen und damit zu einem Ausschluss des Testamentsvollstreckers vom Schiedsrichteramt führen (vgl. hierzu im Einzelnen Rn 31 ff.).

## H. Schiedsklauseln in gemeinschaftlichen Testamenten

39  Bei wechselbezüglichen Verfügungen zwischen Ehegatten oder eingetragenen Lebenspartnern gelten zu Lebzeiten beider die allgemeinen Regeln; jedoch ist eine nach dem Tod des erstversterbenden Ehepartners bzw. Lebenspartners angeordnete letztwillige Schiedsklausel nach bisher h.M. unwirksam, da dies die Rechte der Schlusserben – vergleichbar dem Fall einer nachträglich angeordneten Testamentsvollstreckung – beeinträchtigen würde (vgl. zu den neueren abweichenden Meinungen Rn 10 ff.).[38]

## I. Mehrparteienschiedsgericht

40  Die Mehrparteienschiedsgerichtsbarkeit ist eine Erscheinung, die sich erst innerhalb der letzten zwanzig Jahre entwickelt hat.

41  Setzt der Erblasser bereits ein Schiedsgericht ein, so dürften Probleme des Mehrparteienschiedsgerichts seltener auftreten. Anders ist es, wenn mehr als zwei Erben entstandene Streitigkeiten mit Hilfe eines Schiedsgerichts austragen wollen.

42  Die Konstituierung des Schiedsgerichts im Falle der Beteiligung mehrerer Personen an einem Verfahren und die Intervention eines Dritten stellen die zentralen Punkte dar, mit denen man sich hier zu befassen hat und die auch von einzelnen Schiedsordnungen geregelt sind. Insbesondere aber ist die Zahl der Schiedsrichter im Fall der Mehrparteienschiedsgerichtsbarkeit ein besonders gravierendes Problem, denn für dessen Lösung sind die dogmatischen Grundlagen des Rechts jeder Partei, ihren Schiedsrichter zu ernennen, zu berücksichtigen und zugleich die Anwendung des Gleichheitsgrundsatzes zu beachten; beides sind elementare Bedingungen jedes rechtsstaatlichen Schiedsverfahrens.

---

[38] Böckstiegel/*Happe*, S. 88; BGH NJW-RR 1991, 456.

*Schwab*[39] definiert den Begriff der Mehrparteienschiedsgerichtsbarkeit wie folgt: Mehrparteienschiedsgerichtsbarkeit im engeren Sinne liege vor, wenn auf der Kläger- oder Beklagtenseite mehrere Personen stehen, wobei es um ursprüngliche oder nachträgliche Streitgenossenschaft gehe. Mehrparteienschiedsgerichtsbarkeit sei anzunehmen, wenn ein Dritter in das Verfahren freiwillig oder aufgrund der Streitverkündung eintrete, wobei es sich aber nicht um eine echte Mehrparteienschiedsgerichtsbarkeit handle, denn der Nebenintervenient sei keine Hauptpartei, sondern nur Streithelfer der Partei.

Anders ausgedrückt:

Mehrparteienschiedsgerichtsbarkeit im engeren Sinne = zwischen den Streitgenossen liegen gemeinsame Interessen vor.

Mehrparteienschiedsgerichtsbarkeit im weiteren Sinne = zwischen den Streitgenossen liegen gegensätzliche Interessen vor.

Damit stellt sich die Frage, ob und unter welchen Voraussetzungen eine Streitgenossenschaft im Rahmen des Schiedsverfahrens überhaupt möglich ist. Dies ist dann der Fall, wenn jeder Streitgenosse von der Schiedsklausel gebunden wird und wenn das eingesetzte Schiedsgericht für jeden Streit der Streitgenossen zuständig ist. Nicht notwendig ist eine materiellrechtliche Beziehung zwischen den verbundenen Prozessen, vielmehr kann die bloße Gleichartigkeit des rechtlichen oder tatsächlichen Grundes ausreichen, um eine gemeinschaftliche Schiedsklage zu rechtfertigen.

Da aber im Erbrecht so gut wie immer materiellrechtliche Beziehungen unter den Streitgenossen bestehen, ist hier eine Mehrparteienschiedsgerichtsbarkeit grundsätzlich als möglich anzusehen.

Von zentraler Bedeutung ist dann die Frage, wer in welcher Weise die Schiedsrichter benennt. Dabei wird an das materielle Recht angeknüpft: Mehrere Personen benennen einen gemeinsamen Schiedsrichter, wenn diese mehreren Personen ein bestimmtes materielles Recht nur gemeinschaftlich ausüben dürfen. Falls nur durch das Mitwirken aller die materiellrechtliche Verfügung erlaubt ist, ist auch die gemeinsame prozessrechtliche Verfügung geboten, die sich gerade durch die Ernennung eines Schiedsrichters offenbart.

Am häufigsten dürfte § 2040 BGB betroffen sein, wonach nur alle Miterben gemeinsam über einen Nachlassgegenstand verfügen können. Dies hat Bedeutung bei der Erbauseinandersetzung, wo im Ergebnis alleinige Rechtsinhaberschaft des einzelnen Miterben an einem bisher gemeinschaftlichen Gegenstand erzielt werden muss.

Damit ist für den wichtigsten Fall des Streites über die Nachlassteilung die Konstituierung eines Mehrparteienschiedsgerichts möglich.

**Schiedsrichterlisten,** aus denen Schiedsrichter ausgewählt werden können, sind so lange nicht zu beanstanden, als ein **ausreichender Auswahlspielraum** bleibt und nicht ein Übergewicht einer Partei mittels der Schiedsrichterliste eingeführt wird.[40]

---

39 *Schwab*, in: FS Habscheid 1989, S. 285–294.
40 Zöller/*Geimer*, § 1034 ZPO Rn 11.

## J. Mitwirkung Dritter bei der Abfassung des Schiedsspruchs

52 Die Beiziehung eines Dritten mit Spezialkenntnissen bei der Beratung und Abfassung des Schiedsspruchs erachtet die h.M. als zulässig, sofern der Dritte nicht anstelle der Schiedsrichter richterliche Funktionen übernimmt.[41]

53 Dies bietet die Möglichkeit, in einem IPR-Fall einen ausländischen Rechtsanwalt oder Notar hinzuzuziehen oder in Fällen, bei denen spezielle steuerrechtliche Kenntnisse erforderlich sind, einen Steuerrechtsexperten. Dies kann im Einzelfall ein Motiv sein, statt eines Dreier-Schiedsgerichts einen Einzelschiedsrichter zu bestellen und sich darauf zu verständigen, als Berater eine Person mit Spezialkenntnissen hinzuzuziehen. Auch in diesem Punkt erweist sich das Schiedsverfahren als flexibler als die staatliche Gerichtsbarkeit.

## K. Erbteilungsklage

### I. Aufstellung des Teilungsplans durch das Schiedsgericht

54 Das Schiedsgericht entscheidet über eine Erbteilungsklage, die ein Erbe anstelle beim staatlichen Gericht beim Schiedsgericht erhebt. Nach § 1055 ZPO hat der Schiedsspruch zwischen den Parteien die Wirkung eines rechtskräftigen Urteils eines staatlichen Gerichts.

55 Hat der Erblasser dies angeordnet, so entscheidet das Schiedsgericht, wenn der von einem Testamentsvollstrecker aufgestellte und von ihm für verbindlich erklärte Teilungsplan nach Ansicht der Erben oder eines von ihnen nicht gesetzesgemäß ist. Aber auch dann, wenn ein Dritter nach § 2048 S. 2 BGB dazu berufen ist, nach billigem Ermessen die Auseinandersetzung vorzunehmen, entscheidet das Schiedsgericht, wenn nach Ansicht der Erben oder eines von ihnen die Teilung nicht der Billigkeit entspricht.

### II. Durchführung des schiedsgerichtlichen Teilungsplans

56 Der den Teilungsplan enthaltende Schiedsspruch ist für die Erben verbindlich. Die Miterben führen den Teilungsplan selbst durch. Verweigert ein Miterbe die Mitwirkung, so ist der Schiedsspruch vor dem Oberlandesgericht für vollstreckbar erklären zu lassen, §§ 1060 Abs. 1, 1062 Abs. 1 Nr. 4 ZPO. Die Zwangsvollstreckung hieraus erfolgt dann wie aus einem rechtskräftigen Urteil, das einen Teilungsplan zum Gegenstand hat.

## L. Vereinbarte Schiedssprüche

57 Auch im schiedsrichterlichen Verfahren können einvernehmliche Regelungen getroffen werden. Einigen sich die Parteien während eines Schiedsgerichtsverfahrens, so haben sie die Möglichkeit, den Vergleich in der Form eines Schiedsspruchs mit vereinbartem Wortlaut festzulegen, § 1053 ZPO. Schiedsgerichtsordnungen von institutionalisierten Schiedsgerichten können durch entsprechende Kostenermäßigungen solche Einigungen begünstigen und fördern. Der Vergleich setzt wie § 779 BGB ein gegenseitiges Nachgeben voraus. Auch verfahrensfremde Gegenstände können mit einbezogen werden.

---

41 BGHZ 110, 104 = NJW 1990, 2199 = IPRax 1991, 244; Zöller/*Geimer*, § 1034 ZPO Rn 12 m.w.N.

**Zum Testamentsauslegungsvertrag:** Der BGH[42] hat die Möglichkeit einer vergleichsweisen Einigung auch über die Erbenstellung anerkannt, wenn die Auslegung eines Testaments streitig ist.[43] Der **Auslegungsvertrag** – gerichtlich oder außergerichtlich geschlossen – hat zwar nur schuldrechtliche Wirkung (§§ 311 BGB, 2371, 2385 BGB), aber die Beteiligten haben sich so zu stellen, als entspräche ihre Einigung der wirklichen Rechtslage, selbst wenn diese sich nachträglich als unzutreffend herausstellen sollte. Um eine solche Einigung herbeizuführen, bedarf es der Mitwirkung aller, deren materielle Rechtsposition betroffen ist – vergleichbar dem Kreis der „materiell Beteiligten" im FG-Verfahren: Materiell Beteiligter ist jeder, dessen materielle Rechtsposition durch die begehrte (FG- oder Streit-)Entscheidung betroffen werden kann (vgl. §§ 7, 345 FamFG).

58

Der Auslegungsvertrag fällt unter § 2385 BGB (sog. „anderer Erbschaftsveräußerungsvertrag") und bedarf deshalb der notariellen Beurkundung (§§ 2033, 2371 BGB) oder des die notarielle Beurkundungsform ersetzenden gerichtlichen Vergleichs (§ 127a BGB). Die Einigung kann sich auf alle erbrechtlichen Positionen beziehen, wie Erbenstellung, Vermächtnisansprüche einschließlich deren Kürzung, Pflichtteilsrechte, Pflichtteilstragungslast u.Ä. Der Vergleich kann auch vor dem Schiedsgericht als Schiedsvergleich geschlossen werden.[44] Dass auch der Schiedsvergleich die notarielle Beurkundung i.S.v. § 127a BGB ersetzt, ist h.M.[45] Der Testamentsauslegungsvertrag in der Form des Erbschaftsvergleichs erlangt besondere Bedeutung bei der Anerkennung unwirksamer Testamente im Steuerrecht, insbesondere im Erbschaftsteuerrecht.[46]

59

**Neuerungen durch das FamFG:** Die Möglichkeit, vor dem FG-Gericht einen Vergleich zu schließen, ist nunmehr ausdrücklich in § 36 FamFG[47] geregelt, allerdings nur, soweit die Beteiligten über den Verfahrensgegenstand verfügen können.

## M. Vollstreckbarerklärung des Schiedsspruchs

### I. Voraussetzungen für eine Vollstreckbarerklärung

Aus Schiedssprüchen selbst kann keine Zwangsvollstreckung erfolgen, sondern nur aus den Entscheidungen, die Schiedssprüche – auch vereinbarte – für vollstreckbar erklären, § 794 Abs. 1 Nr. 4a ZPO.[48] In einem Rechtsgestaltungsakt wird dem Schiedsspruch durch das staatliche Gericht die Vollstreckbarkeit verliehen, § 1060 ZPO. Einem Antrag auf Vollstreckbarerklärung ist stattzugeben, wenn ein endgültiger Schiedsspruch nach § 1055 ZPO vorliegt, der das Schiedsverfahren abschließt und einen Anspruch zuerkennt.[49] Steht auf Seiten der Schiedskläger eine Erbengemeinschaft, so ist jeder Miterbe befugt, alleine die

60

---

42 BGH NJW 1986, 1812 = Rpfleger 1986, 181 = FamRZ 1986, 462 = BWNotZ 1986, 86 = MDR 1986, 653 = DNotZ 1987, 109.
43 Vgl. auch Anm. v. *Damrau*, JR 1986, 375, und *Cieslar*, DNotZ 1987, 113.
44 *Breetzke*, NJW 1971, 1685; MüKo-*Förschler*, § 127a BGB Rn 4.
45 So jetzt auch Zöller/*Geimer*, § 1053 ZPO Rn 7, der noch vor der 22. Auflage anderer Meinung war.
46 Vgl. hierzu *Theysohn-Wadle*, ZEV 2002, 221. Siehe zum Auslegungsvertrag *Dressler*, ZEV 1999, 289.
47 FGG-ReformG v. 17.12.2008, BGBl I 2008, S. 2586.
48 Vgl. zum Verfahren auf Vollstreckbarerklärung der Kostenentscheidung OLG Stuttgart Die Justiz 2003, 165 = BB Beilage 2002, Nr. 7, 44 = InVo 2003, 162 = NJW-RR 2003, 1439 = OLGR Stuttgart 2003, 11.
49 RGZ 51, 406; 114, 168; der Schiedsspruch, der die Kostengrundentscheidung enthält, ist im Verfahren über die Vollstreckbarerklärung des Ergänzungsschiedsspruchs, der die Kosten festsetzt, nicht nochmals zu überprüfen, weil insofern Bindung eingetreten ist, vgl. OLG Stuttgart, Die Justiz 2003, 165.

Vollstreckbarerklärung des Schiedsspruchs zu beantragen.[50] Lägen Gründe vor, die zu einer Aufhebung des Schiedsspruchs führen würden und die von Amts wegen zu berücksichtigen wären, so könnte der Schiedsspruch nicht für vollstreckbar erklärt werden. Wird der Antrag auf Vollstreckbarerklärung wegen des Vorliegens eines Aufhebungsgrundes zurückgewiesen, so muss das Gericht von Amts wegen und ohne besonderen Antrag den Schiedsspruch aufheben.[51]

61  Streitig ist, ob im Falle eines eine Willenserklärung ersetzenden Schiedsspruchs nach § 894 ZPO die Rechtswirkungen der Ersetzungsfiktion erst mit der Vollstreckbarkeitserklärung eintreten oder schon mit der Verbindlichkeit des Schiedsspruchs.[52]

Fälle des § 894 ZPO im Erbrecht:
– **Erbteilungsklage**,
– **Vermächtniserfüllungsklage**,
– **Auflagenerfüllungsklage**,
– **Bereicherungsklage** des Vertragserben nach § 2287 BGB,
– **Grundbuchberichtigungsklage** nach § 894 BGB gegen den Erbschaftsbesitzer,
– **Bereicherungsklage** des Schenkers nach Schenkungsrückforderung gem. § 528 BGB.

Die Eintragung einer **Vormerkung** bzw. eines **Widerspruchs** auf der Grundlage eines Schiedsspruchs entsprechend § 895 ZPO setzt auf jeden Fall die Vollstreckbarerklärung des Schiedsspruchs voraus, weil es sich um einen Akt der Zwangsvollstreckung handelt.

Die „dingliche Einigung" nach Verurteilung des Auflassungsschuldners beim Grundstücksvermächtnis: Ist der Erbe rechtskräftig zur Auflassung verurteilt, so muss die Einigungserklärung des Vermächtnisnehmers gleichwohl noch beurkundet werden.[53] Die gleichzeitige Anwesenheit der Parteien, wie sie in § 925 BGB vorgesehen ist, ist hier nicht notwendig.[54]

Der Vollständigkeit halber ist hier noch die Grundbuchberichtigungsklage nach § 894 BGB im Falle der Geltendmachung der Nichtigkeit einer Grundstücksübertragung zu Lebzeiten des Erblassers, bspw. wegen dessen Geschäftsunfähigkeit oder wegen Sittenwidrigkeit, zu erwähnen.

## II. Zuständigkeiten

62  Nach § 1062 Abs. 1 Nr. 4 ZPO ist das Oberlandesgericht, in dessen Bezirk der Ort des schiedsrichterlichen Verfahrens liegt, für die Vollstreckbarerklärung des Schiedsspruchs zuständig.

Die **internationale Zuständigkeit** der deutschen Gerichte für die Vollstreckbarerklärung inländischer Schiedssprüche beruht auf § 1062 Abs. 1 Nr. 4 ZPO. Das Kammergericht ist zuständig, wenn es an einer besonderen örtlichen Zuständigkeit fehlt, § 1062 Abs. 2 ZPO.

---

50 OLG Frankfurt/M., Beschl. v. 10.4.2008 – 26 Sch 42/07, hier nach „beck-online".
51 BGH BB 1958, 569.
52 Vgl. im Einzelnen m.w.N. Zöller/*Geimer*, § 1060 ZPO Rn 12.
53 KG DNotZ 1936, 204.
54 Hier wird die Anwesenheit des verurteilten Auflassungsschuldners fingiert, vgl. BayObLGZ 1983, 181/185 = Rpfleger 1983, 390 und BayObLG ZNotP 2005, 277 = NotBZ 2005, 216 = Rpfleger 2005, 488 = RNotZ 2005, 362 = FGPrax 2005, 178.

## III. Rechtsmittel

Mit der Neuregelung des Rechtsmittelrechts mit der ZPO-Reform von 2002 wurde auch die Rechtsbeschwerde im Schiedsverfahren den neuen Vorschriften angepasst. Nach § 1065 Abs. 1 S. 1 ZPO findet gegen die in § 1062 Abs. 1 Nr. 2 und 4 ZPO genannten Entscheidungen die **Rechtsbeschwerde zum Bundesgerichtshof** statt, wenn die Sache von grundsätzlicher Bedeutung ist, wenn die Fortbildung des Rechts dies erfordert oder zur Sicherung einer einheitlichen Rechtsprechung.

63

## N. Vorläufiger Rechtsschutz

### I. Zuständigkeit des staatlichen Gerichts und des Schiedsgerichts

Ist für die Hauptsache die Zuständigkeit des Schiedsgerichts vereinbart, so sind die staatlichen Gerichte trotzdem **neben dem Schiedsgericht** für Maßnahmen des vorläufigen Rechtsschutzes zuständig, § 1033 ZPO.

64

Auch das Schiedsgericht selbst kann auf Antrag einer Partei **vorläufige oder sichernde Maßnahmen** anordnen, soweit nichts anderes vereinbart ist, § 1041 Abs. 1 ZPO.

Für die Anordnung der Vollziehung einer vorläufigen Maßnahme ist das **staatliche Gericht** zuständig, § 1041 Abs. 2 ZPO. Das ist u.a. für den Vollzug vorläufiger Anordnungen im Grundbuch aus formalrechtlichen Gründen von Bedeutung. Soll im Grundbuch aufgrund einer vorläufigen Anordnung des Schiedsgerichts eine Vormerkung, ein Widerspruch oder ein Rechtshängigkeitsvermerk eingetragen werden, so sind alle Voraussetzungen entsprechend dem formellen Konsensprinzip des Grundbuchrechts – § 29 GBO – in öffentlich beglaubigter Form nachzuweisen. Dies wäre im Falle des Schiedsgerichts mit einem so großen Aufwand verbunden, dass der einstweilige Rechtsschutz erheblich verzögert würde. Mit der Vollziehbarkeitserklärung des staatlichen Gerichts nach § 1041 Abs. 2 ZPO liegt eine öffentliche Urkunde vor, die auch den Formalien des Grundbuchrechts gerecht wird.

65

Das staatliche Gericht kann eine vorläufige Anordnung des Schiedsgerichts abändern oder aufheben, § 1041 Abs. 3 ZPO.

### II. Schadensersatzpflicht bei ungerechtfertigter vorläufiger Maßnahme

Wenn sich eine vorläufige Anordnung, die das Schiedsgericht erlassen hat, als von Anfang an ungerechtfertigt erweist, so ist die Partei, die die Vollziehung erwirkt hat, verpflichtet, dem Gegner den Schaden zu ersetzen, der ihm aus der Vollziehung oder einer Sicherheitsleistung entstanden ist, § 1041 Abs. 4 ZPO.

66

## O. Bindung des Nachlassgerichts an Schiedssprüche

### I. Erbenfeststellung

In streitigen Fällen zwischen Erbprätendenten kann auch der Weg über eine Feststellungsklage im Zivilprozess gegangen werden, § 256 Abs. 1 ZPO. Das Erbrecht nach einer bestimmten Person ist ein Rechtsverhältnis, das zu klären ist. Ein Feststellungsinteresse ist deshalb grundsätzlich zu bejahen, auch wenn ein Erbscheinsverfahren bereits betrieben wird oder sogar schon abgeschlossen ist. In der Praxis geht es dabei am häufigsten um

67

die Problembereiche der Testierfreiheit, der Testierunfähigkeit, der Anfechtung oder der Sittenwidrigkeit einer Verfügung von Todes wegen, der Frage ihres wirksamen Widerrufs oder ihrer Auslegung, also materiellrechtliche Fragen, die grundsätzlich in die Kompetenz eines Schiedsgerichts fallen können.

Für eine Feststellungsklage besteht auch dann ein Rechtsschutzbedürfnis, wenn ein Erbscheinsverfahren anhängig gemacht werden könnte, während eines laufenden Erbscheinsverfahrens oder wenn ein Erbschein bereits erteilt wurde.[55] Das Schiedsverfahren über die Feststellung eines Erbrechts kann auch nicht wegen eines bereits anhängigen Erbscheinsverfahrens nach § 148 ZPO ausgesetzt werden.[56]

Sollte einer positiven Feststellungsklage stattgegeben werden, so steht im Verhältnis der beiden Prozessparteien fest, dass der Kläger Erbe geworden ist, denn der ergehende Schiedsspruch wirkt zwischen den Schiedsparteien wie ein rechtskräftiges Zivilurteil, § 1055 ZPO.

68 Der wesentlichste Unterschied zwischen einem Erbschein und einem Schiedsspruch im Feststellungsschiedsverfahren besteht darin, dass ein Erbschein weder in formelle noch in materielle Rechtskraft erwachsen kann – im Gegensatz zum Feststellungsschiedsspruch bzw. -urteil.

Der Erbschein erzeugt eine Gutglaubenswirkung nach §§ 2365 ff. BGB, erwächst aber nicht in Rechtskraft; er wirkt inter omnes. Der Schiedsspruch hingegen erwächst in formelle und materielle Rechtskraft, wirkt aber nur inter partes. Das Erbscheinsverfahren selbst und das sich daran anschließende Beschwerdeverfahren sind der Schiedsgerichtsbarkeit nicht zugänglich.[57]

69 Für das Erbscheinsverfahren gilt der **Amtsermittlungsgrundsatz** nach § 2358 BGB, § 26 FamFG[58] (bis 31.8.2009: § 12 FGG), während für den Feststellungsprozess der **Beibringungsgrundsatz** gilt.

Ausgangspunkt ist die vollkommen andere Situation der an einem Verfahren der freiwilligen Gerichtsbarkeit beteiligten Personen im Vergleich zum Schiedsverfahren bzw. zum Zivilprozess. Während im Schiedsverfahren aufgrund des dort – wie im allgemeinen Zivilprozess – geltenden formellen Parteibegriffs die Person des Klägers und des Beklagten und damit der jeweiligen Prozesspartei ohne weiteres aus der Klageschrift entnommen werden und damit die formale Rechtsstellung des Betroffenen festgestellt werden kann, stößt dies in der freiwilligen Gerichtsbarkeit auf erheblich größere Schwierigkeiten. Hier unterscheidet man den „formell Beteiligten" und den „materiell Beteiligten"; schon der Begriff der Partei passt nicht auf Verfahren der freiwilligen Gerichtsbarkeit. Andererseits verzichtet die ZPO – aus gutem Grunde – auf den materiellen Parteibegriff.

An einem Verfahren der freiwilligen Gerichtsbarkeit **formell beteiligt** ist der **Antragsteller**, soweit es sich um ein Antragsverfahren handelt. **Materiell beteiligt** ist jeder, dessen Rechtsstellung durch die begehrte Entscheidung des konkreten Verfahrensgegenstandes **betroffen werden kann**; ob sie wirklich betroffen wird, kann erst nach Erlass der Entscheidung gesagt werden. Die materielle Beteiligung ergibt also den Kreis der an der gerichtlichen Entscheidung Interessierten, interessiert deshalb, weil ihre Rechtsposition durch die Entscheidung berührt werden kann.

---

55 BGHZ 86, 41; NJW 1983, 277.
56 KG FamRZ 1968, 219.
57 BayObLG FamRZ 2001, 873 = ZEV 2001, 352 = BayObLGZ 2000, 279 = NJWE-FER 2001, 50.
58 FGG-ReformG v. 17.12.2008, BGBl I, S. 2586.

Aus diesen Gründen kann nur ausnahmsweise eine Bindung des Nachlassgerichts an Schiedssprüche angenommen werden.

Nach h.M. ist das Nachlassgericht im Erbscheinsverfahren dann an ein Urteil eines Zivilgerichts – und damit auch an einen Schiedsspruch – gebunden, wenn am Erbscheinsverfahren keine anderen Personen beteiligt sind als die Parteien des Zivilprozesses.[59] Aber auch dann, wenn am Zivilprozess andere Personen beteiligt waren, darf das Nachlassgericht nur insofern vom Zivilurteil bzw. Schiedsspruch abweichen, als es in dem Erbschein nur eine Person als Erbe nennen darf, die nicht Partei des Zivilprozesses bzw. Schiedsverfahrens war.[60]

### II. Klage auf Herausgabe eines unrichtigen Erbscheins

Im Falle des § 2362 BGB „begegnen" sich Erbscheinsverfahren und das Verfahren auf Klärung der Erbfolge im Zivilprozess und damit in einem etwaigen Schiedsgerichtsverfahren. Der wirkliche Erbe muss, wenn er der Ansicht ist, ein Erbschein sei unrichtig, nicht abwarten, bis das Nachlassgericht dessen Einziehung anordnet, vielmehr kann er von dem Besitzer des unrichtigen Erbscheins die Herausgabe an das Nachlassgericht verlangen. Zweckmäßigerweise wird eine solche Herausgabeklage im Wege der objektiven Klagehäufung nach § 260 ZPO mit einer Erbenfeststellungsklage verbunden, sofern sich der Erbscheinsbesitzer nach wie vor auf sein Erbrecht beruft. Im Herausgabeprozess gilt die Vermutung des § 2365 BGB nicht.[61]

Da das Herausgabeurteil und auch das Erbenfeststellungsurteil materielle Rechtskraft zwischen den Parteien erzeugen, dürfte zwischen ihnen im Erbscheinsverfahren ebenfalls die Erbfolge rechtskräftig feststehen, so dass kein anders lautender Erbschein erteilt werden dürfte, es sei denn, ein Dritter wäre beteiligt, dem gegenüber die Rechtskraft des Urteils nicht wirkt. Käme man nicht zu diesem Ergebnis, so würde die Rechtskraftwirkung eines Feststellungsurteils letztlich ins Leere gehen.[62]

## P. Abänderungsklage

Schiedssprüche (§ 1054 ZPO) und Schiedsvergleiche (§ 1053 ZPO) können nach § 323 ZPO bzw. § 238 FamFG abgeändert werden.[63]

## Q. Anerkennung von Schiedssprüchen im Ausland

§ 1061 Abs. 1 S. 1 ZPO erklärt das UN-Übereinkommen vom 10.6.1958 über die Anerkennung und Vollstreckung ausländischer Schiedssprüche für anwendbar.[64]

Die bilateralen Anerkennungs- und Vollstreckungsverträge, die Deutschland mit der Schweiz, mit Italien, Österreich, den Niederlanden, Griechenland, Israel und Norwegen

---

59 BayObLGZ 69, 184.
60 *Lange/Kuchinke*, § 39 III m.w.N.; Böckstiegel/*Schlosser*, S. 110.
61 Palandt/*Edenhofer*, § 2362 BGB Rn 1.
62 *Lange/Kuchinke*, § 39 III.
63 Zöller/*Vollkommer*, § 323 ZPO Rn 6, 7.
64 Abgedruckt bei Zöller/*Geimer*, Anhang zu § 1061 ZPO.

abgeschlossen hat, verweisen auf das genannte UN-Übereinkommen und enthalten keine eigenständige Regelung für die Wirkungserstreckung ausländischer Schiedssprüche.[65]

Darüber hinaus ist Deutschland allen wichtigen Konventionen auf dem Gebiet der internationalen Schiedsgerichtsbarkeit beigetreten.[66]

## R. Institutionalisiertes Schiedsgericht und ad-hoc-Schiedsgericht

74 Zu unterscheiden sind die ad-hoc-Schiedsgerichtsbarkeit und die institutionelle Schiedsgerichtsbarkeit. Während die Parteien in der ad-hoc-Schiedsgerichtsbarkeit das Schiedsverfahren eigenständig durchführen, werden die Parteien im anderen Fall bei Vorbereitung und Durchführung des Verfahrens durch eine Schiedsinstitution unterstützt.

### I. Institutionalisierte Schiedsverfahren (in Erbstreitigkeiten)

75 Neben der Unterwerfung unter die allgemeinen Regeln der Schiedsgerichtsbarkeit des 10. Buches der ZPO in seiner Neufassung vom 22.12.1997 (BGBl I, 3224), in Kraft seit 1.1.1998, oder einer ad-hoc-Schiedsbestimmung, kann der Erblasser, was sich aufgrund der Spezialmaterie anbietet, eine institutionalisierte Schiedsgerichtsbarkeit wählen. Im Bereich des Erbrechts bietet die DSE e.V.[67] eine speziell auf die Probleme des Erbrechts angepasste Schiedsordnung an.

Der Vorteil einer solchen speziellen Schiedsgerichtsbarkeit ist im Wesentlichen ein kurzes eininstanzliches und für die Parteien kostengünstigeres und durch spezialisierte Schiedsrichter zu führendes Schiedsverfahren.

### II. Muster: Schiedsklausel der DSE e.V.

**Konfliktsklausel**

76 (1) Wir ordnen an, dass sich alle Erben und Vermächtnisnehmer sowie der Testamentsvollstrecker für Streitigkeiten, die durch dieses Testament hervorgerufen sind und die ihren Grund in dem Erbfall haben, unter Ausschluss der ordentlichen Gerichte einem Schiedsgericht zu unterwerfen haben.

(2) Das Schiedsgericht sowie die anzuwendende Verfahrensordnung ist von der Deutschen Schiedsgerichtsbarkeit für Erbstreitigkeiten e.V. (DSE), Hauptstraße 18, Angelbachtal, mit verbindlicher Wirkung zu bestimmen.

(3) Sollte diese Bestimmung rechtlich nicht durchsetzbar sein, so verpflichten wir im Wege der Auflage den in (1) genannten Personenkreis zur Unterwerfung, wobei (2) entsprechende Anwendung findet. In Erweiterung von § 2194 BGB bestimmen wir alle in der Verfügung von Todes wegen Bedachten (Erben, Vermächtnisnehmer) sowie den Testamentsvollstrecker zu Vollziehungsberechtigten dieser Auflage.

---

65 Vgl. im Einzelnen *Schütze/Tscherning/Wais*, Rn 624 ff.
66 Vgl. im Einzelnen *Schütze*, Schiedsgericht und Schiedsverfahren, Rn 6.
67 Deutsche Schiedsstelle für Erbstreitigkeiten e.V., Hauptstr.18, 74918 Angelbachtal.

# § 24 Internationales Erbrecht

*Dr. Ludwig Kroiß*

## Literatur

**Lehrbücher, Handbücher, Kommentare:**

*Adomeit/Frühbeck*, Einführung in das spanische Recht, 3. Auflage 2007; *Bar v.*, Internationales Privatrecht, 1. Band Allgemeine Lehren 2. Auflage 2003; 2. Band Besonderer Teil 1991; *Bergmann/Ferid*, Internationales Ehe- und Kindschaftsrecht, Loseblatt; *Coester-Waltjen/Mäsch*, Übungen in Internationalem Privatrecht und Rechtsvergleichung, 3. Auflage 2008; *Dauner-Lieb/Heidel/Ring* (Ges.-Hrsg.), *Kroiß/Ann/Mayer* (Band-Hrsg.), AnwaltKommentar BGB, Band 5, Erbrecht, 2. Auflage 2007; *Ebenroth*, Erbrecht, 1992; *Eckert/Kroiß*, Formularbibliothek Vertragsgestaltung – Erbrecht, 2007; *Ferid*, Internationales Privatrecht, 3. Auflage 1986; *Ferid/Firsching/Dörner/Hausmann*, Internationales Erbrecht, Loseblattsammlung, 2009; *Firsching/Graf*, Nachlassrecht – Handbuch der Rechtspraxis –, 9. Auflage 2008; *Flick/Piltz*, Der internationale Erbfall, 2. Auflage 2008; *Gantzer*, Eintragung deutscher Erben im spanischen Eigentumsregister, ZEV 1999, 473; *Hay*, Internationales Privat- und Zivilverfahrensrecht, Prüfe dein Wissen, 3. Auflage 2007; *Hofmann v./Thorn*, Internationales Privatrecht, 9. Auflage 2007; *Hübner/Constantinesco*, Einführung in das französische Recht, 4. Auflage 2001; *Hüßtege*, Internationales Privatrecht, Examenskurs für Rechtsreferendare, 4. Auflage 2005; *Jayme/Hausmann*, Internationales Privat- und Verfahrensrecht, 14. Auflage 2009; *Junker*, Internationales Privatrecht, 1998; *Kegel/Schurig*, Internationales Privatrecht, 9. Auflage 2005; *Kersten/Bühling*, Formularbuch und Praxis der Freiwilligen Gerichtsbarkeit, 22. Auflage 2008; *Kindler*, Einführung in das italienische Recht, 2. Auflage 2008; *Kroiß*, Internationales Erbrecht, 1999; *Kropholler*, Internationales Privatrecht, 6. Auflage 2006; *Kropholler*, Außereuropäische IPR-Gesetze, 1999; *Koch/Magnus/Winkler/von Mohrenfels*, IPR und Rechtsvergleichung, 3. Auflage 2004; *Kunz*, Internationales Privatrecht, 4. Auflage 1998; *Looschelders*, Internationales Privatrecht, Art. 3–46 EGBGB, 2004; *Lüderitz*, Internationales Privatrecht, 2. Auflage 1992; *Mayer/Süß/Tanck/Bittler/Wälzholz*, Handbuch Pflichtteilsrecht, 2003; *Riering*, IPR-Gesetze in Europa, 1997; *Ring/Olsen-Ring*, Einführung in das skandinavische Recht, 1999; *Schack*, Internationales Zivilverfahrensrecht, 4. Auflage 2006; *Schloßhauer-Selbach*, Internationales Privatrecht, 1989; *Schömmer/Faßold/Bauer*, Internationales Erbrecht (Italien, Österreich, Türkei), 1997–2008; *Schotten/Schmellenkamp*, Das Internationale Privatrecht in der notariellen Praxis, 2. Auflage 2007; *Siehr*, Internationales Privatrecht, 2001; *Sonnenberger/Autexier*, Einführung in das französische Recht, 3. Auflage 2000; *Süß/Haas*, Erbrecht in Europa, 2. Auflage 2008.

**Aufsätze:**

*Blum*, Praxis der Erbrechtsgestaltung in internationalen Fällen, ErbR 2006, 6; *Döbereiner*, Die Rechtswahl nach Art. 25 Abs. 2 EGBGB bei ausländischem Güterrechtsstatut, MittBayNot 2001, 264; *Dörner*, Zur Anknüpfung von § 14 HeimG, IPRax 1999, 455; *Dörner*, Keine dingliche Wirkung ausländischer Vindikationslegate im Inland, IPRax 1996, 27; *Grötsch*, Immobilienerwerb in Österreich, MittBayNot 2001, 175; *Gruber*, Anwaltshaftung bei grenzüberschreitenden Sachverhalten, MDR 1998, 1399; *Hetger*, Sachverständige für ausländisches und internationales Privatrecht, DNotZ 2003, 310; *Klingelhöffer*, Kollisionsrechtliche Probleme des Pflichtteils, ZEV 1996, 258; *Kopp*, Immobilienerwerb und -vererbung in England, MittBayNot 2001, 287; *Kroiß*, Güterrecht und Nachlassspaltung bei Vermögen im Ausland, FPR 2006, 136; *Kroiß*, Einführung in das internationale Erbrecht, ErbR 2006, 2; *Krzywon*, Der Begriff des unbeweglichen Vermögens in Art. 25 Abs. 2 EGBGB, BWNotZ 1987, 4 ff.; *Lorenz*, Nachlassspaltung im geltenden österreichischen IPR?, IPRax 1990, 206; *Lucht*, Internationales Privatrecht in Nachlasssachen, Rpfleger 1997, 133 ff.; *Mankowski*, Privatgutachten über ausländisches Recht – Erstattungsfähigkeit der Kosten, MDR 2001, 194 *Mankowski/Osthaus*, Gestaltungsmöglichkeiten durch Rechtswahl im Erbrecht des überlebenden Ehegatten in internationalen Fällen, DNotZ 1997, 10; *Nishitani*, Ausländische Vindikationslegate und das deutsche Erbrecht, IPRax 1998, 74; *Oertzen v.*, Anwendbares Recht in deutsch-schweizerischen Erbfällen, ZEV 2000, 495; *Odersky*, Gestaltungsempfehlungen für Erbfälle mit anglo-amerikanischen Bezug, ZEV 2000, 492; *Pünder*, Internationales Erbrecht, MittRhNotK 1989, 1; *Riering*, Die Rechtswahl im internationalen

Erbrecht, ZEV 1995, 404; *Riering*, Internationales Nachlassverfahrensrecht, MittBayNot 1999, 519; *Riering/Bachler*, Erbvertrag und gemeinschaftliches Testament im deutsch-österreichischen Rechtsverkehr, DNotZ 1995, 580; *Rohlfing*, Einführung in Probleme des Internationalen Erbrechts, FF 2000, 6; *Rudolph*, Grundzüge des spanischen Ehe- und Erbrechts unter Berücksichtigung der Vorschriften des internationalen Privatrechts im Verhältnis zur Bundesrepublik Deutschland, MittRhNotK 1990, 93; *Süß*, Die Rückverweisung im Internationalen Erbrecht, ZEV 2000, 486; *Süß*, Die Wahl deutschen Erbrechts für inländische Grundstücke, ZNotP 2001, 173; *Ultsch*, Internationale Zuständigkeit in Nachlasssachen, MittBayNot 1995, 6; *Wachter*, Grundbesitz in der Schweiz, RNotZ 2001, 65.

### EDV-Produkte:

*Bar v.*, Ausländisches Privat- und Privatverfahrensrecht in deutscher Sprache, Buch und CD-ROM, 6. Auflage 2006; *Kunz*, Internationales Privatrecht, Diskette mit Prüfungsschemata, 4. Auflage 1998.

| | |
|---|---|
| **A. Grundlagen des Internationalen Privatrechts** ........................ 1 | 6. Ordre public, Art. 6 EGBGB ....... 58 |
| I. Sachverhalte mit Auslandsberührung .... 1 | **B. Bestimmung des Erbstatuts** ........... 60 |
| 1. Begriff des Internationalen Privatrechts ............................. 2 | I. Anwendbares Erbrecht ............... 61 |
| 2. Abgrenzung von anderen Rechtsgebieten ................................. 3 | 1. Anknüpfungsgrund ............... 61 |
| a) Internationales Einheitsrecht ..... 4 | a) Staatsvertragliche Regelungen ... 61 |
| b) Internationales Verfahrensrecht ... 5 | aa) Deutsch-iranisches Niederlassungsabkommen ........... 62 |
| c) Interlokales Recht .............. 6 | bb) Deutsch-türkischer Konsularvertrag ..................... 63 |
| d) Interpersonales Recht ........... 7 | cc) Deutsch-sowjetischer Konsularvertrag ..................... 64 |
| II. Gesetzliche Grundlagen .............. 8 | b) Art. 25 EGBGB ................ 65 |
| 1. Staatsverträge ..................... 9 | 2. Gesamtverweisung ............... 66 |
| 2. EGBGB .......................... 10 | 3. Nachlassspaltung ................. 67 |
| 3. Einzelbestimmungen .............. 11 | II. Rechtswahl ........................ 70 |
| 4. Gewohnheits- und Richterrecht .... 12 | 1. Zulässigkeitsschranken ............ 71 |
| 5. Struktur der Kollisionsnorm ....... 13 | 2. Form der Rechtswahl ............. 74 |
| III. Verweisung ........................ 18 | 3. Folgen einer zulässigen Rechtswahl ... 75 |
| 1. Qualifikation ..................... 19 | a) Sachnormverweisung ........... 75 |
| 2. Vorrang staatsvertraglicher Regeln ... 22 | b) Nachlassspaltung ............... 76 |
| 3. Prüfung des EGBGB ............... 25 | c) Teilrechtswahl .................. 77 |
| a) Zeitlicher Anwendungsbereich ... 25 | 4. Widerruflichkeit der Rechtswahl ..... 78 |
| b) Anwendbare Kollisionsnorm .... 27 | 5. Rechtswahl kraft ausländischen Kollisionsrechts ....................... 79 |
| c) Prüfung der Kollisionsnorm .... 28 | III. Umfang des Erbstatuts ............... 81 |
| IV. Anwendung ausländischen Rechts ...... 29 | 1. Reichweite ....................... 81 |
| 1. Ermittlung fremden Rechts ......... 29 | 2. Hypothetisches Erbstatut .......... 84 |
| a) Gerichtliche Prüfung ........... 29 | 3. Vorfragen ........................ 85 |
| b) Muster: Anregung auf Einholung eines Rechtsgutachtens im Erbscheinsverfahren ................ 30 | IV. Form der letztwilligen Verfügung ..... 86 |
| | 1. Allgemeines ..................... 86 |
| c) Muster: Antrag auf Anhörung eines ausländischen Gutachters (Sachverhalt nach BGH NJW-RR 1991, 1211) ........................... 32 | 2. Verhältnis Art. 26 EGBGB zum Haager Testamentsformübereinkommen .. 87 |
| | 3. Anwendungsbereich des Haager Testamentsformübereinkommens und des Art. 26 EGBGB .................. 88 |
| d) Kosten ........................ 34 | 4. Statutenwechsel .................. 90 |
| e) Haftung des Anwalts ........... 36 | a) Gültigkeit der Verfügung ....... 91 |
| aa) Mitwirkung zur Feststellung des ausländischen Rechts ..... 37 | b) Testierfähigkeit ................ 92 |
| bb) Auswahl und Überwachung eines ausländischen Anwalts .. 38 | V. Verhältnis zum Güterrecht ............ 93 |
| | 1. Rechtliche Grundlagen ............ 93 |
| cc) Anwendung ausländischen Rechts bei Inlandsfällen ...... 39 | 2. Muster: Rechtswahl betreffend das Güterrechtsstatut ................. 97 |
| 2. Ausländisches IPR ................ 40 | 3. Ermittlung des anwendbaren Güterrechts ........................... 99 |
| a) Gesamtverweisung .............. 40 | a) Eheschließung vor dem 1.4.1953 .. 100 |
| b) Rückverweisung ................ 41 | b) Eheschließung ab dem 1.9.1986 ... 101 |
| c) Weiterverweisung .............. 44 | c) Eheschließung zwischen dem 9.4.1983 und 31.8.1986 .......... 102 |
| d) Unteranknüpfung bei Mehrrechtsstaaten ........................... 47 | d) Eheschließung zwischen dem 1.4.1953 und dem 8.4.1983 ....... 103 |
| 3. Sonderstatut, Art. 3a Abs. 2 EGBGB (bislang Art. 3 Abs. 3 EGBGB) ...... 48 | 4. Qualifikation des § 1371 Abs. 1 BGB .............................. 104 |
| 4. Vorfragen ......................... 51 | |
| 5. Anpassung, Angleichung ........... 55 | |

*Kroiß*

VI. Pflichtteilsrecht .................... 106
  1. Kein Pflichtteilsrecht in der ausländischen Rechtsordnung .............. 107
  2. Nachlassspaltung ................. 108
     a) Kumulierung von Erb- und Pflichtteilsrecht .................... 109
     b) Kollisionsrechtliche Mangelfälle ... 110
  3. Geltendmachung des Pflichtteilsrechts ........................... 111
     a) Typischer Sachverhalt ........... 112
     b) Muster: Stufenklage eines Pflichtteilsberechtigten auf Auskunft und Zahlung gegen den Erben bei amerikanischer Staatsangehörigkeit der Erblasserin ................... 113
  4. Gestaltungsmöglichkeiten .......... 114
VII. Qualifikationsprobleme .............. 115
  1. Rechtsnachfolge bei Personengesellschaften ....................... 116
  2. Vorzeitiger Erbausgleich des nichtehelichen Kindes .................. 117
VIII. Verfahrensrechtliche Fragen .......... 118
  1. Internationale Zuständigkeit ....... 118
     a) Internationales Zivilprozessrecht .. 119
        aa) EG-Verordnung Nr. 44/2001 über die gerichtliche Zuständigkeit und die Anerkennung und Vollstreckung von Entscheidungen in Zivil- und Handelssachen (EuGVVO) und Brüsseler EWG-Übereinkommen über die gerichtliche Zuständigkeit und die Vollstreckung gerichtlicher Entscheidungen in Zivil- und Handelssachen (EuGVÜ) ................... 120
        bb) Örtliche Zuständigkeit ...... 121
     b) Internationales Nachlassverfahrensrecht ........................ 122
        aa) Gleichlaufgrundsatz/örtliche Zuständigkeit .............. 122
        bb) Neufassung des § 2369 BGB .. 125
        cc) Muster: Antrag auf einen gegenständlich beschränkten Erbschein, § 2369 BGB, bei italienischem Erblasser .......... 127
        dd) Muster: Gegenständlich beschränkter Erbschein, § 2369 BGB, bei spanischem Erblasser ..................... 129
        ee) Weitere Vorschriften für die internationale bzw. örtliche Zuständigkeit des Nachlassgerichts ................... 131
  2. Erbscheinsverfahren ............... 132
     a) Eigenrechtserbschein ............ 133
     b) Muster: Antrag auf Erteilung eines Eigenrechtserbscheins, § 2353 BGB, bei französischem Erblasser ...... 137
     c) Gegenständlich beschränkter Eigenrechtserbschein ............. 139
     d) Fremdrechtserbschein (= gegenständlich beschränkter Erbschein) ....................... 140
     e) Muster: Antrag auf Erteilung eines gegenständlich beschränkten Erbscheins (österreichisches Erbrecht) ........................ 144
     f) Gemischter Erbschein ........... 147
        aa) Typischer Sachverhalt ....... 148
        bb) Muster: Antrag auf Erteilung eines gemischten Erbscheins bei französischem Erblasser (teilweise Eigenrechtserbschein, teilweise gegenständlich beschränkter Erbschein) ..... 149
     g) Beschwerdeverfahren ........... 150
  3. Anerkennung und Vollstreckung ausländischer Entscheidungen .......... 151
     a) Zivilurteile .................... 151
        aa) Rechtliche Grundlagen ...... 151
        bb) Muster: Klage auf Feststellung der Anerkennung eines ausländischen Urteils ............. 152
     b) FamFG-Verfahren .............. 153
IX. Übersicht: Erbrechtliche Anknüpfungspunkte ausländischer Rechtsordnungen .. 160

## A. Grundlagen des Internationalen Privatrechts

### I. Sachverhalte mit Auslandsberührung

Nicht selten steht der Anwalt vor dem Problem, dass
- der Mandant **nicht** die **deutsche Staatsangehörigkeit** besitzt,
- **Nachlassgegenstände** sich **im Ausland** befinden oder
- **ausländisches Erbrecht** auf Gegenstände anwendbar ist, die sich im Inland befinden.

Bei derartigen Konstellationen bedarf es der Prüfung der Regeln des **Internationalen Privatrechts**, da ein Fall mit Auslandsberührung vorliegt.

## 1. Begriff des Internationalen Privatrechts

2   Eine Definition des Internationalen Privatrechts lässt sich wie folgt formulieren:

Das Internationale Privatrecht stellt den Inbegriff derjenigen Rechtsnormen dar, die bestimmen, welche von mehreren nebeneinander bestehenden Privatrechtsordnungen zur Anwendung kommen soll.

Die Bezeichnung „international" ist irreführend: Es handelt sich bei diesen Regeln um **nationales Recht**.[1] Jeder Staat besitzt ein eigenes „Internationales Privatrecht". Letztlich wird damit das anwendbare materielle Recht ermittelt. Unabhängig davon wendet jedes Gericht seine „eigenen" (nationalen) Verfahrensvorschriften an (**lex-fori Grundsatz**).

Man spricht in diesem Zusammenhang auch von **Verweisungs-** oder **Kollisionsrecht**, d.h., das Internationale Privatrecht soll klären, welche Privatrechtsordnung vorrangig ist.

## 2. Abgrenzung von anderen Rechtsgebieten

3   Bei Sachverhalten mit Auslandsberührung spielen regelmäßig auch noch andere Rechtsgebiete eine Rolle.

### a) Internationales Einheitsrecht

4   Das Internationale Einheitsrecht ersetzt innerstaatliches materielles Recht. Es ist gegenüber dem Internationalen Privatrecht vorrangig, da eine Prüfung des nationalen Rechts durch staatsvertragliche Regelungen ausgeschlossen wurde, z.B. das Wiener UN-Übereinkommen über Verträge über den internationalen Warenkauf vom 11.4.1980 (CISG).

Die Tendenzen, das materielle Recht, gerade auch im Zusammenhang mit der europäischen Einigung, zu vereinheitlichen, sind zwar unübersehbar; gleichwohl stellt das Einheitsrecht quantitativ die Ausnahme dar. Im Erbrecht existiert noch kein nennenswertes Einheitsrecht.

**Übersicht 1:**

| Internationales Einheitsrecht = auch materielles Recht |
|---|

⇓

vorrangig zu prüfen

⇓

| Internationales Privatrecht |
|---|

⇓
⇓

| anwendbares materielles Recht |
|---|

### b) Internationales Verfahrensrecht

5   Nachdem, wie oben bereits erwähnt, jedes Gericht nach seiner eigenen nationalen Prozessordnung vorgeht, beschränkt sich das „Internationale Prozessrecht" auf die Fragen der internationalen **Zuständigkeit** der Gerichte und der **Anerkennung** bzw. **Vollstreckung** von Entscheidungen. Auch hier sind vorrangig staatsvertragliche Regelungen zu beachten. Auf dem Gebiet des Zivilprozessrechts sind insbesondere die EG-Verordnung Nr. 44/2001 über die gerichtliche Zuständigkeit und die Anerkennung und Vollstreckung von Entschei-

---

1   Vgl. *Junker*, Rn 4.

dungen in Zivil- und Handelssachen (EuGVVO),² das „Brüsseler Übereinkommen über die gerichtliche Zuständigkeit und Vollstreckung gerichtlicher Entscheidungen in Zivil- und Handelssachen" (EuGVÜ) und das „Lugano-Übereinkommen" (LugÜ) von Bedeutung. Text und Erläuterungen zu diesen Übereinkommen sind in allen gängigen ZPO- Kommentaren, wie z.B. im *Thomas/Putzo*, enthalten.

### c) Interlokales Recht

Enge Bezüge zum Internationalen Privatrecht weist das sogenannte **„Interlokale Privatrecht"** auf.³ So kann es geschehen, dass auf das Recht eines fremden Staates verwiesen wird und in diesem Staat mehrere verschiedene Privatrechtsordnungen nebeneinander existieren, z.B. in den USA (50 Teilrechtsstaaten), Großbritannien, Kanada, Schweiz oder Spanien.⁴ Die jeweiligen Regeln des interlokalen Privatrechts bestimmen dann, welche Sachnormen zur Anwendung gelangen. Es handelt sich damit auch bei diesen Vorschriften um Kollisionsrecht. Man spricht insoweit von „Unteranknüpfung", **Art. 4 Abs. 3 EGBGB.**

6

### d) Interpersonales Recht

Bei einigen – vor allem islamischen Staaten (z.B. Ägypten, Indonesien und Pakistan) – findet auch eine **personale Rechtsspaltung** statt.⁵ Eine Unteranknüpfung bestimmt sich dann z.B. nach der Religion des Betroffenen.⁶

7

## II. Gesetzliche Grundlagen

**Übersicht 2: Quellen des deutschen Internationalen Privatrechts**

8

| Grundgesetz |
|---|
| Staatsverträge |
| EGBGB |
| Einzelbestimmungen, z.B. Art. 60 ff ScheckG |
| Gewohnheits- und Richterrecht |

### 1. Staatsverträge

**Staatsvertragliche Regelungen** gehen nationalen Rechtsvorschriften vor, **Art. 3 EGBGB.** Die wichtigsten Verträge sind in der Kommentierung des *Palandt* zu den entsprechenden EGBGB Bestimmungen abgedruckt. Praktisch bedeutsam sind z.B. das Haager Testamentsformübereinkommen⁷ oder das Haager Minderjährigenschutzabkommen.⁸ Bei der Prüfung

9

---

2 Abgedruckt bei *Jayme/Hausmann*, Nr. 160.
3 Vgl. dazu *Junker*, Rn 17.
4 Beispiele bei *Schotten/Schmellenkamp*, Rn 40.
5 Vgl. Palandt/*Thorn*, vor Art. 3 EGBGB Rn 4.
6 *Schotten/Schmellenkamp*, Rn 41.
7 Palandt/*Thorn*, Anh. zu Art. 26 EGBGB.
8 Palandt/*Thorn*, Anh. zu Art. 24 EGBGB.

des auf einen Sachverhalt anwendbaren Rechts muss also zunächst auf etwaige zweiseitige (bilaterale) oder mehrseitige (multilaterale) Staatsverträge geblickt werden. Wichtige bilaterale Abkommen auf dem Gebiete des Erbrechts existieren zwischen Deutschland und der Türkei,[9] Deutschland und den Nachfolgestaaten der Sowjetunion[10] und Deutschland und dem Iran (siehe Rn 60 ff.).

### 2. EGBGB

10  Ein wesentlicher Teil des Internationalen Privatrechts ist im **EGBGB** kodifiziert. Der **Aufbau** lässt sich wie folgt skizzieren:

Art. 3–6 EGBGB Allgemeine Grundsätze

Art. 7–10 EGBGB Allgemeine Vorschriften zum besonderen Teil

Art. 11 EGBGB Formstatut für Rechtsgeschäfte

Art. 12 EGBGB Verkehrsschutz bei Verträgen

Art. 13–24 EGBGB Familienrecht

Art. 17b, 25, 26 EGBGB Erbrecht

Art. 27–37 EGBGB Vertragliches Schuldrecht

Art. 38–42 EGBGB Außervertragliches Schuldrecht

Art. 43–46 EGBGB Sachenrecht

Art. 220 EGBGB Übergangsvorschriften

### 3. Einzelbestimmungen

11  Neben den Kollisionsnormen des EGBGB sind weitere Regelungen des deutschen internationalen Privatrechts in verschiedenen Gesetzen enthalten. Als Beispiele seien hier nur §§ 60 ff. ScheckG, Art. 91–98 WechselG oder §§ 335 ff. InsO genannt.

### 4. Gewohnheits- und Richterrecht

12  Für das **Gesellschaftsrecht** fehlen bislang kodifizierte Kollisionsnormen. Insoweit sind die von der Rechtsprechung und Lehre entwickelten Anknüpfungsregeln zu beachten.[11]

### 5. Struktur der Kollisionsnorm

13  Die einzelnen Regeln des Internationalen Privatrechts (= Kollisionsnormen) besagen, welches Recht auf einen im Tatbestand der Vorschrift abstrakt formulierten Sachverhalt angewendet wird.

---

9  AnwK-BGB/*Kroiß*, § 2369 BGB Rn 16 ff.
10 AnwK-BGB/*Kroiß*, § 2369 BGB Rn 21 ff.
11 Vgl. dazu die Kommentierung bei Palandt/*Thorn*, Anh. zu Art. 12 EGBGB.

Die Prüfung der Kollisionsnorm kann zu folgenden **Anwendungsergebnissen** führen:

eigene Rechtsordnung    fremde Rechtsordnung    Möglichkeit der Rechtswahl

Die **Verweisung** richtet sich dabei nach dem jeweiligen **Anknüpfungsmoment**. Insoweit ist nach dem
- Anknüpfungsgrund,
- Anknüpfungssubjekt und
- Anknüpfungszeitpunkt

zu differenzieren:

Als **Anknüpfungsgrund** kommen z.B. die Staatsangehörigkeit, der Wohnsitz, der gewöhnliche Aufenthalt, oder die Belegenheit einer Sache in Betracht.

Das **Anknüpfungssubjekt** ist vor allem bedeutsam, wenn es auf ein Rechtsverhältnis zwischen mehreren Personen ankommt, z.B. Art. 18, 22 EGBGB.

Der **Anknüpfungszeitpunkt** ist schließlich wichtig, wenn sich die tatsächlichen Umstände wandeln können.

> **Beispiel**
> Der Italiener Paolo Pisa stirbt in München. Anwendbares Erbrecht?
> Ausgangspunkt ist Art. 25 EGBGB:
> Anknüpfungssubjekt: Erblasser
> Anknüpfungszeitpunkt: Tod
> Anknüpfungsgrund: Staatsangehörigkeit
> → italienisches Recht.

## III. Verweisung

Die Anwendung der Kollisionsnormen führt zur Verweisung in ein bestimmtes Recht. Ein Problem dabei ist manchmal, die richtige Kollisionsnorm für eine Rechtsfrage zu finden. Man spricht insoweit von „**Qualifikation**".[12]

### 1. Qualifikation

Mag die Einordnung der Frage nach dem anwendbaren Erbrecht unter Art. 25 EGBGB noch einfach sein, so ergeben sich dann Probleme, wenn verschiedene deutsche Kollisionsnormen in Betracht kommen oder ein Rechtsinstitut dem deutschen Recht unbekannt ist.[13]

Problematisch ist oft
- die Bestimmung des Anwendungsbereichs der Kollisionsnorm[14] oder
- die Abgrenzung der Anknüpfungsgegenstände.

---

12 Vgl. *von Hofmann/Thorn*, § 6; *Junker*, Rn 150.
13 *Von Hofmann/Thorn*, § 6 Rn 8.
14 *Kunz*, Rn 154.

## Beispiele

**20** Umstritten ist, ob **§ 1357 BGB** schuldrechtlich oder familienrechtlich zu qualifizieren ist, d.h., ob Art. 14 EGBGB oder Art. 27 ff. EGBGB anwendbar sind. Die h.M.[15] bejaht ersteres, da die Vorschriften über die Schlüsselgewalt nach ihrem Standort sowie nach Sinn und Zweck familienrechtlicher Natur sind.

Haben Eheleute eine „**Morgengabe**" („Brautgeld") vereinbart, so ist ein derartiges Rechtsinstitut dem deutschen Recht unbekannt. Um eine „passende" Kollisionsnorm zu finden, bedarf es der Suche nach vergleichbaren deutschen Regelungen. Da die Morgengabe der Versorgung dient, ist dabei an das Unterhaltsstatut zu denken, Art. 18, 14 EGBGB.[16]

**21** Ausgangspunkt für die jeweilige Qualifikation ist nach h.M.[17] die **lex fori**, d.h. das Recht des Staates, dessen IPR geprüft wird. Es kann aber, wie beim gerade genannten Beispiel mit der Morgengabe, erforderlich sein, ausländische Sachnormen zu würdigen und mit deutschen Rechtsinstituten zu vergleichen.[18] Man spricht insoweit von **rechtsvergleichender** oder **autonomer Qualifikation**.

### 2. Vorrang staatsvertraglicher Regeln

**22** Führt die Qualifikation der Rechtsfrage sowohl zur Einordnung unter eine kodifizierte nationale als auch unter eine staatsvertraglich geregelte Kollisionsnorm, ist primär auf letztere abzustellen, Art. 3 **EGBGB**. Dabei muss zunächst geprüft werden, ob der
- räumliche,
- sachliche und
- persönliche

Anwendungsbereich des Abkommens eröffnet ist.

Gegebenenfalls ist auch danach zu fragen, ob das Übereinkommen abhängig von der Gegenseitigkeit ist und ob es auf jeden Staatsangehörigen angewendet werden kann.

Ein besonderes Problem bilden dabei die so genannten **inkorporierten Staatsverträge**.

## Beispiel

**23** Das Verhältnis zwischen dem „Haager Übereinkommen über das auf die Form letztwilliger Verfügungen anzuwendende Recht" vom 5.10.1961 zu Art. 26 EGBGB.

**24** Auch wenn die staatsvertragliche Regelung weitgehend mit dem Wortlaut der nationalen Kollisionsnorm übereinstimmt, ist sie nur dann vorrangig, wenn der Staat dem entsprechenden Abkommen beigetreten ist. Ein unmittelbarer Rückgriff auf den Staatsvertrag ist sonst nicht möglich; die Qualifikation und die Auslegung sind autonom durchzuführen.[19]

### 3. Prüfung des EGBGB

#### a) Zeitlicher Anwendungsbereich

**25** Vor der Frage, welche Kollisionsnorm des EGBGB zur Anwendung gelangt, ist gegebenenfalls zunächst der zeitliche Anwendungsbereich der aktuellen Fassung zu prüfen. Gerade

---

15 Palandt/*Thorn*, Art. 14 EGBGB Rn 18.
16 Vgl. BGH NJW 1987, 2161.
17 Palandt/*Thorn*, vor EGBGB Rn 27.
18 BGHZ 29, 139.
19 Palandt/*Thorn*, vor Art. 3 EGBGB Rn 27.

im Erbrecht kann es sein, dass Vorgänge, z.B. die Errichtung eines Testaments, in die Zeit vor dem 1.9.1986 – also des EGBGB a.F. – fallen.

**Art. 220 Abs. 1 EGBGB** liefert die Antwort. Dabei kommt es darauf an, wann ein Vorgang aus kollisionsrechtlicher Sicht beendet ist.

**Beispiel** 26
Ein Italiener hatte am 1.2.1986 ein Testament errichtet. Er verstarb am 23.4.2008 in München.
Das **Erbstatut** bestimmt sich nach Art. **25 EGBGB** (aktuelle Fassung). Wäre der Italiener vor dem 1.9.1986 verstorben, würde Art. 24 Abs. 1 EGBGB a.F. gelten, da die Rechtsnachfolge von Todes wegen mit dem Eintritt des Erbfalls als kollisionsrechtlich abgeschlossen anzusehen ist und dieser im vorliegenden Verfahren vor Inkrafttreten der Neuregelung des Internationalen Privatrechts am 1.9.1986 liegt.[20]
Die **Gültigkeit des Testaments** ist nach den Vorschriften, die zum Zeitpunkt der Errichtung galten, zu beurteilen. Insoweit sind Staatsverträge, die am 1.2.1986 galten bzw. das EGBGB in der Fassung, die bis zum 1.9.1986 anwendbar war, zu prüfen.

b) Anwendbare Kollisionsnorm

Ist der zeitliche Anwendungsbereich des EGBGB gegeben, so ist weiter zu prüfen, ob nicht 27
eine **zulässige Rechtswahl** getroffen worden ist. Diese wäre dann vorrangig.

Soweit für den Sachverhalt keine passenden Normen im EGBGB vorhanden sind, ist ein Rückgriff auf die **allgemeinen Lehren** erforderlich.[21]

c) Prüfung der Kollisionsnorm

Wird eine einschlägige Kollisionsnorm gefunden, z.B. bei einem Erbfall Art. 25 EGBGB, 28
sind die Anknüpfungstatbestände zu klären:
- **Staatsangehörigkeit:** Ist auf die Staatsangehörigkeit als Anknüpfungsgrund (z.B. nach dem EGBGB für die Rechts- und Geschäftsfähigkeit, die Ehevoraussetzungen, die Ehewirkungen, das Güterrecht, die Ehescheidung und die Rechtsnachfolge von Todes wegen) abzustellen, wird die Frage, ob jemand deutscher Staatsangehöriger war, nach dem **Staatsangehörigkeitsgesetz** (StAG vom 22.7.1913, letztmals geändert durch Gesetz zur Reform des Staatsangehörigkeitsrechts vom 15.7.1999, abgedr. bei Sartorius I Nr. 15) beantwortet. Der Erwerb der deutschen Staatsangehörigkeit richtet sich dabei nach § 3 StAG. Das deutsche Recht folgt dabei dem Abstammungsprinzip (ius sanguinis Grundsatz). Die deutsche Staatsangehörigkeit kann durch Geburt, Legitimation, Adoption oder Einbürgerung erlangt werden. Der Erwerb der deutschen Staatsangehörigkeit durch Einbürgerung richtet sich nach § 3 Nr. 5 i.V.m. §§ 8–16 StAG, der Verlust nach §§ 17, 18 und 25 StAG.
Probleme ergeben sich bei Doppel- und **Mehrstaatlern**. Gemäß Art. 5 **Abs. 1 S. 1 EGBGB** ist dann auf die **effektive Staatsangehörigkeit** abzustellen.[22] Dabei ist aber zu beachten, dass deutsches Recht immer dann zur Anwendung gelangt, wenn die Person „auch Deutscher" ist, **Art. 5 Abs. 1 S. 2 EGBGB**. Diese Regelung führt zu einem sogenannten „Heimwärtsstreben", was zur Konsequenz haben kann, dass international widersprechende Entscheidungen ergehen.

---

20 BayObLG FamRZ 1998, 514.
21 So z.B. im Gesellschaftsrecht, vgl. Palandt/*Thorn*, Anh. zu Art. 12 EGBGB.
22 BayObLG ZEV 2005, 165 = JuS 2006, 186.

- **Wohnsitz oder Domicile:** Vor allem im anglo-amerikanischen Rechtskreis wird häufig an das „domicile" angeknüpft, was vor allem bedeutsam für die Frage der Rück- und Weiterverweisung ist.[23]
- **Gewöhnlicher Aufenthalt:** Wird auf den gewöhnlichen Aufenthalt als Anknüpfungsgrund abgestellt, was vor allem bei neueren Staatsverträgen[24] der Fall ist, ist damit der Daseinsmittelpunkt einer Person gemeint.[25] Was die erforderliche Dauer des Aufenthalts anbelangt, wird bei Minderjährigen als „Faustregel" sechs Monate angenommen.[26] Im deutschen Kollisionsrecht spielt der gewöhnliche Aufenthalt für das Recht der Ehewirkungen, Art. 14 Abs. 1 Nr. 2 EGBGB, und das Formstatut letztwilliger Verfügungen, Art. 26 Abs. 1 Nr. 3 EGBGB bzw. Art. 1 Abs. 1 lit. d Haager Testamentsformübereinkommen eine wichtige Rolle. Weitere Anknüpfungspunkte sind z.B. der **Ort der Vornahme einer Handlung** im Deliktsrecht oder die **Belegenheit einer Sache** im Sachenrecht.

## IV. Anwendung ausländischen Rechts

### 1. Ermittlung fremden Rechts

#### a) Gerichtliche Prüfung

29  Führt die Anwendung der deutschen Kollisionsnorm zu einer Verweisung in eine fremde Rechtsordnung, so muss das ausländische Recht (das jeweilige IPR und gegebenenfalls das Sachrecht) ermittelt werden.[27]

Im FamFG-Verfahren, also insbesondere im Erbscheinsverfahren, gebietet **§ 26 FamFG** (bislang § 12 FGG: Amtsermittlungsgrundsatz) dem Gericht die Ermittlung des fremden Rechts.[28] Kommt in einem Verfahren der Freiwilligen Gerichtsbarkeit die Anwendung ausländischen Rechts in Betracht, steht die **Art und Weise** der Ermittlung seines Inhalts im pflichtgemäßen **Ermessen** des Gerichts.[29]

#### b) Muster: Anregung auf Einholung eines Rechtsgutachtens im Erbscheinsverfahren

An das

30  Amtsgericht Traunstein
– Nachlassgericht –
Herzog-Otto-Str. 1

83278 Traunstein

*Nachlasssache des am 17.12.2007 in Traunstein verstorbenen Herbert Geier*

*Antrag des Beteiligten Hubert Geier auf Erteilung eines Erbscheins*

Namens und im Auftrag meines Mandanten, dem Beteiligten Willi Adler, rege ich die Einholung eines Sachverständigengutachtens des Max-Planck-Instituts für Internationales Recht der Universität Hamburg bzw. des Instituts für Internationales Recht der Universität München an. Der Erblasser war zum Zeitpunkt

---

23 *Von Hofmann/Thorn*, § 5 Rn 63.
24 Vgl. dazu *Kropholler*, § 39.
25 BGHZ 78, 293.
26 Palandt/*Thorn*, Art. 5 EGBGB Rn 10.
27 BGH NJW 1992, 3102; BGH NJW 1988, 648.
28 BGH NJW 1995, 1032; *Bumiller/Winkler*, § 12 FGG Rn 45.
29 BayObLG BayObLGR 1998, 80.

seines Todes namibischer Staatsangehöriger. Das Gutachten soll klären, ob dem Beteiligten als nichtehelichem Kind des Erblassers ein Erbteil bzw. ein Erbersatzanspruch zusteht.

(Rechtsanwalt)

Im **Zivilprozess** darf dazu das Gericht gem. **§ 293 ZPO** Sachverständigengutachten in Auftrag geben. Erstellt werden diese in der Regel von Universitätsinstituten für Internationales Recht, wobei insbesondere das Max-Planck-Institut für Internationales Recht der Universität Hamburg über einen großen Fundus an einschlägiger Literatur verfügt. Eine Übersicht über Sachverständige, die Rechtsgutachten über ausländisches und internationales Privatrecht anfertigen, findet sich in der DNotZ 2003, 310 (zusammengestellt von *Hetger*). Was die Beratungspraxis anbelangt, ist es gegebenenfalls ratsam, einen Rechtsanwalt oder Notar des betreffenden Staates zu konsultieren, um eine umfassende Regelung treffen zu können.

Die Art und Weise der Ermittlung des Ausländischen Rechts steht zwar grundsätzlich im **Ermessen** des Gerichts.[30] Es müssen aber alle erreichbaren Erkenntnisquellen ausgeschöpft werden. Ein Gutachten eines wissenschaftlichen Instituts kann aber nicht immer ausreichend sein. Nach § 293 ZPO ist das Gericht nicht nur befugt, sondern verpflichtet, das ausländische Recht zu ermitteln und von den ihm zugänglichen Erkenntnisquellen Gebrauch zu machen. Der Richter hat dabei nicht nur auf die positiven Rechtsnormen abzuheben, sondern auch zu berücksichtigen, wie diese aufgrund der Rechtslehre und der Rechtsprechung in der Wirklichkeit gestaltet sind.[31]

c) Muster: Antrag auf Anhörung eines ausländischen Gutachters (Sachverhalt nach BGH NJW-RR 1991, 1211)

An das

Oberlandesgericht

*In Sachen Müller ./. Meier*

*Az. 5 U 2745/07*

Für den Kläger trage ich noch Folgendes vor:

Es wird nochmals beantragt, die Sachverständige Frau Prof. Dr. Marquez zum Inhalt des venezolanischen Rechts zu vernehmen.

Allein das Gutachten des Max-Planck-Instituts ist nicht ausreichend, um das venezolanische Recht zu ermitteln. Das Gericht genügt mit der im Regelfall zur Ermittlung ausländischen Rechts hinreichenden Einholung des Gutachtens eines mit dem fremden Recht vertrauten wissenschaftlichen Instituts dann nicht seiner aus § 293 ZPO folgenden Erforschungspflicht, wenn es entscheidend auf die ausländische Rechtspraxis ankommt und der Gutachter nicht über spezielle Kenntnisse derselben verfügt, vielmehr allein auf die Auswertung der ihm zugänglichen Literatur angewiesen ist. Auf das Gutachten des Max-Planck-Instituts kann es sich bei der Klärung dieser Frage nicht stützen. Der Verfasser desselben hat nämlich bei seiner Anhörung selbst angegeben, erstmals einen Fall aus dem venezolanischen Recht begutachtet zu haben und über keinerlei spezielle Kenntnisse dieses Rechts und vor allem der dort bestehenden Rechtspraxis zu verfügen. Danach hat er sich letztlich auf die Auswertung der ihm zugänglichen Literatur und die Auslegung der einschlägigen Gesetze beschränkt. Das reicht für die Ermittlung des ausländischen Rechts nicht aus. Denn das Gericht, das der Gutachter bei der Ermittlung des ausländischen Rechts unterstützen soll, darf sich nicht auf die naturgemäß an seinem eigenen Rechtsdenken orientierte Auslegung ausländischer

---

30 Vgl. BGH IPRax 1993, 87.
31 BGH NJW 1991, 1418.

Normen beschränken; es ist vielmehr gehalten, das Recht als Ganzes zu ermitteln, wie es sich in Rechtsprechung und Rechtslehre entwickelt hat und in der Praxis Anwendung findet (vgl. BGH, NJW-RR 1981, 1211; Stein/Jonas/*Leipold*, ZPO, § 293 Rn 58; Zöller/*Geimer*, ZPO, § 293 Rn 20). Hier gewinnt neben dem Schweigen des Gesetzes und dem Fehlen einschlägiger Rechtsprechung besondere Bedeutung, dass sich aus dem vom Kläger vorgelegten Privatgutachten von Frau Professor Dr. Marquez und der ihm beigefügten venezolanischen Literatur Hinweise darauf ergeben, dass selbst in der Rechtslehre und Rechtspraxis in Venezuela große Unsicherheit darüber bestehen hat, ob diese „prendas navales" internationale Anerkennung fänden und wie sie zu handhaben seien.

Das Gericht hat selbst eingeräumt, dass zu der Rangfrage bei mehrfacher Verpfändung in Venezuela Verwirrung und Unklarheit besteht und diese zu einer Konfusion der Registerbeamten geführt hat. Insoweit muss es die weiteren ihm aufgezeigten Erkenntnismöglichkeiten ausschöpfen. Es darf nicht seine abstrakte Auslegung des ausländischen Rechts durch die von ihm festgestellten Eintragungen in einzelnen Hafenregistern bestätigt sehen. Vielmehr ist es gehalten, der Frage nachzugehen, ob nicht diese Eintragungen gerade Folge der genannten Unsicherheit und Verwirrung der Registerbeamten waren und ob sie überhaupt in Venezuela rechtlich anerkannt wurden. Es liegt auf der Hand, dass z.B. die mit der venezolanischen Lehre und Rechtspraxis vertrauten Professoren der Zentraluniversität in Caracas eher als der Gutachter des Max-Planck-Instituts über die Spezialkenntnisse und Erkenntnisquellen verfügen, die erforderlich sind, um den Anwendungsbereich und die Tragweite eines der klaren positiv-rechtlichen Regelung entbehrenden venezolanischen Rechtsinstituts zu ermessen.

Bei sachgerechter Ausübung des ihm eingeräumten Ermessens muss das Gericht nach alledem im Hinblick auf die Besonderheiten des Falles nicht nur ein Obergutachten einholen, sondern auch die von dem Kläger zum Termin gestellte venezolanische Professorin Dr. Marquez vernehmen. Diese Vernehmung vermittelt dem Gericht zusätzliche Erkenntnisse über die einschlägige Rechtspraxis in Venezuela.

(Rechtsanwalt)

33 Eventuell sind Rechtsauskünfte ausländischer Behörden einzuholen. Eine Verpflichtung zur Auskunftserteilung ergibt sich gegebenenfalls aus dem **Londoner Europäischen Übereinkommen betreffend Auskünfte über ausländisches Recht** vom 7.6.1968.[32] Dieses Übereinkommen gilt z.B. im Verhältnis zu Österreich, Frankreich, Italien und Spanien. Kann das ausländische Recht nicht ermittelt werden, hat eine **Ersatzanknüpfung** zu erfolgen. Dabei ist zunächst auf „verwandte Rechtsordnungen" abzustellen. Führt auch dies zu keinem Ergebnis, ist nach h.M. als ultima ratio eigenes Recht anzuwenden.[33]

d) Kosten

34 Die Verfahrens- und die Terminsgebühr nach Nr. 3100 bzw. 3104 RVG-VV decken den Aufwand des Anwalts bei einer Beweisaufnahme zur Ermittlung des fremden Rechts sowohl in bürgerlichen Rechtsstreitigkeiten als auch in Verfahren der freiwilligen Gerichtsbarkeit ab.

35 Die Kosten eines von einer Partei eingeholten Rechtsgutachtens sind in der Regel nicht im Rahmen der §§ 91 ff. ZPO erstattungsfähig. Ausnahmen können bestehen, wenn es sich um fremdes Recht, § 293 ZPO, handelt.[34]

---

32 Abgedruckt bei *Jayme/Hausmann*, Nr. 200.
33 BGH NJW 1982, 1216.
34 OLG München AnwBl 1993, 289; Zöller/*Geimer*, § 293 ZPO Rn 7.

### e) Haftung des Anwalts

Pflichtverletzungen des Anwalts kommen in dreierlei Hinsicht in Betracht:

#### aa) Mitwirkung zur Feststellung des ausländischen Rechts

Soweit das ausländische Recht dem Gericht unbekannt ist, bedarf es nach § 293 ZPO des Beweises. Dabei ist fraglich, ob der Prozessbevollmächtigte zur **Beibringung des ausländischen Rechts** verpflichtet ist.[35] Nach der Rechtsprechung gilt aber insoweit ohne Rücksicht auf die Beweislast der Untersuchungsgrundsatz. Das deutsche internationale Privatrecht ist von Amts wegen zu beachten, wenn bei der Beurteilung eines Rechtsverhältnisses die Anwendung ausländischen Rechts in Betracht kommt.[36]

#### bb) Auswahl und Überwachung eines ausländischen Anwalts

Diesbezüglich fehlt es noch an Judikatur. Man wird wohl differenzieren müssen, ob der ausländische Anwalt als Prozessbevollmächtigter auftreten soll, oder in sonstiger Weise an der Rechtsberatung mitwirkt.[37] Im ersten Fall darf sich der Anwalt darauf verlassen, dass der Kollege seinen Pflichtenkreis vollständig und mit der notwendigen Sorgfalt übernehmen wird. Nur soweit sich Pflichtverstöße aufdrängen, ist ein Tätigwerden des deutschen Anwalts (z.B. Hinweis an Mandanten, Abhilfeverlangen etc.) nötig. Im zweiten Fall muss sich der Anwalt Fehler des ausländischen Kollegen gegebenenfalls über § 278 BGB zurechnen lassen.

#### cc) Anwendung ausländischen Rechts bei Inlandsfällen

Nach der Rechtsprechung[38] besteht die Pflicht des Anwalts, sich die für die Ausführung des ihm erteilten Auftrags erforderlichen Kenntnisse des ausländischen Rechts zu verschaffen. Der Anwalt kann einer Haftung aber mit einem Hinweis an den Mandanten, dass er die ausländische Materie nicht beherrsche, entgehen.[39] Soweit er sich bereit erklärt, sich die notwendigen Kenntnisse zu verschaffen, muss er dann aber alle objektiv vorhandenen Möglichkeiten (Universitätsbibliotheken etc.) ausnutzen.

## 2. Ausländisches IPR

### a) Gesamtverweisung

Wird auf das Recht eines anderen Staates verwiesen, so ist gem. **Art. 4 Abs. 1 EGBGB** auch dessen Internationales Privatrecht anzuwenden. Man spricht insoweit von einer **IPR-Verweisung** oder **Gesamtverweisung**.[40] Bevor ausländische Sachnormen angewendet werden, sind die fremden IPR-Vorschriften (inklusive Staatsverträge) zu prüfen. Eine **Ausnahme** besteht dann, wenn Kollisionsnormen des deutschen Rechts ausdrücklich auf „Sachvorschriften" verweisen, Art. 4 Abs. 1 S. 1 letzter Hs. EGBGB. Beispiele hierfür finden sich in den Art. 4 Abs. 2 EGBGB (bei der Rechtswahl), Art. 12 EGBGB (Verkehrsschutznorm), Art. 18 EGBGB (internationales Unterhaltsrecht) und Art. 35 Abs. 1 EGBGB (vertragliche

---

35 Vgl. dazu *Gruber*, MDR 1998, 1399.
36 BGH NJW 1998, 1321.
37 Vgl. *Gruber*, MDR 1998, 1400.
38 BGH NJW 1972, 1044; OLG Bamberg MDR 1989, 542.
39 OLG Hamm OLGR 1995, 250.
40 *Schotten/Schmellenkamp*, Rn 17.

Schuldverhältnisse). In diesen Fällen handelt es sich um **Sachnormverweisungen**. Im internationalen Erbrecht hat dieser Vorbehalt bislang keine Bedeutung.

Ausländische Rechtsordnungen folgen in ihrem IPR teilweise dem Grundsatz der Sachnormverweisung, so z.B. das liechtensteinische oder das ägyptische IPR.

### b) Rückverweisung

41 Das ausländische IPR kann möglicherweise wieder in das deutsche Recht zurückverweisen. Man spricht dann von einem „**renvoi**". In diesem Fall ist dann deutsches Sachrecht anzuwenden, Art. 4 Abs. 1 S. 2 EGBGB, d.h. die Rückverweisung wird angenommen. Zu einem „renvoi" kommt es vor allem, wenn das ausländische Recht ein anderes Anknüpfungsmoment als das deutsche Recht verwendet.

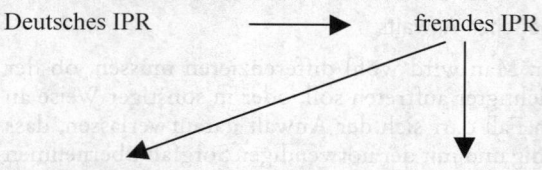

42 **Beispiel**
Der dänische Staatsangehörige Nielsen stirbt in München. Sein letzter Wohnsitz war Hamburg.
Art. 25 EGBGB verweist zunächst auf dänisches Recht (IPR-Verweisung). Das dänische IPR verweist auf das Recht des letzten Wohnsitzes des Erblassers, also auf deutsches Recht. Diese Rückverweisung wird angenommen, Art. 4 Abs. 1 S. 2 EGBGB, so dass deutsches materielles Erbrecht zur Anwendung gelangt.

43 Auch eine teilweise Rückverweisung ist denkbar.[41] Hinterlässt z.B. ein Franzose mit Wohnsitz in Paris Vermögen in Deutschland, so wird er hinsichtlich seines beweglichen Vermögens nach französischen, hinsichtlich seines unbeweglichen Vermögens nach deutschem Recht beerbt.[42]

### c) Weiterverweisung

44 Neben der Rückverweisung ist aber auch eine **Weiterverweisung** denkbar. Dies ist der Fall, wenn z.B. das Kollisionsrecht der fremden Rechtsordnung auf das Recht eines dritten Staates verweist.[43] Hätte im gerade genannten Beispiel Nielsen seinen letzten Wohnsitz in Österreich gehabt, würde das dänische IPR weiter auf das österreichische Recht verweisen. In diesem Fall ist umstritten, ob es sich um eine IPR- oder eine Sachnormverweisung handelt.

Diese Entscheidung will das deutsche IPR grundsätzlich der Rechtsordnung überlassen, welche die Verweisung vornimmt.[44]

---

[41] Vgl. *Schloßhauser-Selbach*, Rn 126.
[42] *Schotten/Schmellenkamp*, Rn 18.
[43] *Kegel/Schurig*, § 10 IV.
[44] *von Hofmann/Thorn*, § 6 Rn 97; Palandt/*Thorn*, Art. 4 Rn 3 EGBGB; MüKo-*Sonnenberger*, EGBGB Art. 4 Rn 36.

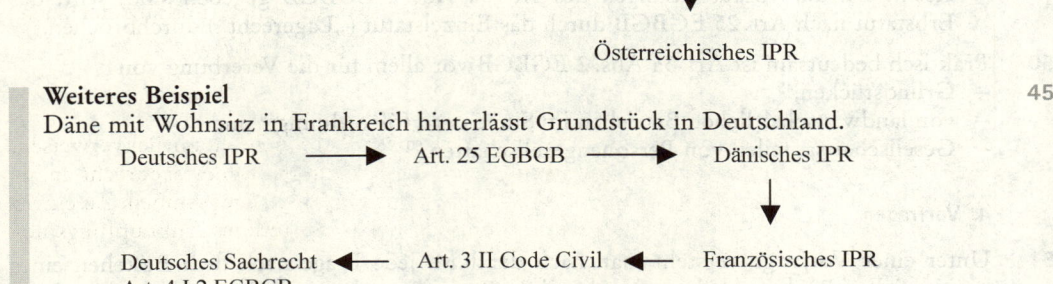

**Weiteres Beispiel**
Däne mit Wohnsitz in Frankreich hinterlässt Grundstück in Deutschland.

  Deutsches IPR ⟶ Art. 25 EGBGB ⟶ Dänisches IPR
                                                        ↓
  Deutsches Sachrecht ⟵ Art. 3 II Code Civil ⟵ Französisches IPR
  Art. 4 I 2 EGBGB

Auch eine teilweise Weiterverweisung ist möglich.

d) Unteranknüpfung bei Mehrrechtsstaaten

Wird auf das Recht eines Staates mit mehreren **Teilrechtsordnungen** verwiesen, so bestimmt gem. Art. 4 **Abs. 3 EGBGB** das Recht dieses Staates welche Teilrechtsordnung anzuwenden ist.

### 3. Sonderstatut, Art. 3a Abs. 2 EGBGB (bislang Art. 3 Abs. 3 EGBGB)[45]

Eine der schwierigsten Vorschriften des deutschen IPR stellt **Art. 3a Abs. 2 EGBGB** dar:

> „Soweit Verweisungen im Dritten und Vierten Abschnitt das Vermögen einer Person dem Recht eines Staates unterstellen, beziehen sie sich nicht auf Gegenstände, die sich nicht in diesem Staat befinden und nach dem Recht des Staates, in dem sie sich befinden, besonderen Vorschriften unterliegen."

Damit wird das Verhältnis von Gesamt- und Einzelstatut geregelt und der Umfang einer Verweisung eingeschränkt.[46]

Die Anwendung dieser Vorschrift hat drei Voraussetzungen:
- es muss sich um eine Verweisung im **Familien-** oder **Erbrecht** handeln (Art. 15, 17b, 19, 20, 21, 22, 24, 25, 26 EGBGB);
- das **Vermögen** einer Person muss betroffen sein (Sondervermögen);
- in dem Staat, wo sich das Vermögen befindet, muss es **besonderen Vorschriften** unterliegen (auch kollisionsrechtliche Vermögensspaltung).[47]

**Beispiel**
Der deutsche Staatsangehörige Fritz Deiml stirbt in Köln. Er hinterlässt neben beweglichem Vermögen in Deutschland auch ein Grundstück in Nizza. Anwendbares Erbrecht? Da sich ein Nachlassgegenstand im Ausland befindet, handelt es sich um einen Fall mit Auslandsberührung, Art. 3 EGBGB. Gemäß Art. 25 Abs. 1 EGBGB ist grundsätzlich deutsches Erbrecht anzuwenden. Allerdings ist hier Art. 3a Abs. 2 EGBGB einschlägig. Das französische Recht sieht eine Vermögensspaltung vor. Während nach französischen IPR für beweglichen Nachlass der letzte Wohnsitz des Erblassers maßgeblich ist, be-

---

45 Geändert durch das am 11.1.2009 in Kraft getretene AnpassungsG; vgl. dazu *Wagner*, IPRax 2008, 314.
46 *Kegel/Schurig*, § 12 II; *Schotten/Schmellenkamp*, Rn 21.
47 BGHZ 50, 63, 64–69.

*Kroiß*

stimmt sich die Vererbung von unbeweglichem Vermögen nach der **„lex rei sitae"**, d.h. nach dem Recht des Ortes der belegenen Sache. In diesem Fall wäre dies das französische Recht. Da die Voraussetzungen des Art. 3a Abs. 2 EGBGB gegeben sind, wird das Erbstatut nach Art. 25 EGBGB durch das Einzelstatut („Lagerecht") durchbrochen.

50 Praktisch bedeutsam ist Art. 3a Abs. 2 EGBGB vor allem für die Vererbung von
– Grundstücken,[48]
– von landwirtschaftlichen Betrieben im Sinne der Höfeordnung[49] und
– Gesellschaftsanteilen von Personengesellschaften.[50]

### 4. Vorfragen

51 Unter einer **Vorfrage** versteht man nach der h.M. jede Frage nach dem Bestehen eines präjudiziellen Rechtsverhältnisses oder einer Rechtslage, die im Tatbestand einer in- bzw. ausländischen Kollisions- oder Sachnorm vorausgesetzt wird.[51] Teilweise wird dabei noch zwischen Vor- und Teilfragen differenziert, was aber wenig praktische Bedeutung hat.[52]

52 **Beispiel (nach BGHZ 43, 213)**
Der griechische Staatsangehörige Stavros hatte mit der griechischen Staatsangehörigen Nina die Ehe nach griechisch orthodoxen Ritus vor dem Popen in Köln geschlossen, eine standesamtliche Trauung fand nicht statt und wurde auch nicht nachgeholt. Der Mann stirbt ohne Hinterlassung von Nachkömmlingen an dem letzten gemeinsamen Wohnort in Griechenland. Wer wurde zu welcher Quote Erbe?
Art. 25 Abs. 1 EGBGB verweist in das griechische IPR, das die Verweisung auch annimmt. Nach griechischem Erbrecht „erbt die Ehefrau allein". Es stellt sich hier die Vorfrage, ob eine wirksame Ehe vorliegt.

53 Umstritten ist nun, ob Vorfragen selbstständig, d.h. nach den Kollisionsnormen der lex fori oder unselbstständig, d.h. nach dem IPR der Hauptfrage anzuknüpfen sind. Die h.M.[53] bevorzugt vor dem Hintergrund einer „inneren Entscheidungsharmonie" grundsätzlich die **selbstständige Anknüpfung**. So ist nach Ansicht des BGH[54] die Vorfrage nach der Gültigkeit einer Ehe ist im deutschen internationalen Erbrecht grundsätzlich **selbstständig** anzuknüpfen. Das Scheidungsurteil eines deutschen Gerichts ist insoweit stets zu beachten.

Die Gegenansicht[55] verweist auf die **internationale Entscheidungsharmonie** und knüpft unselbstständig an. Bei staatsvertraglichen Kollisionsrecht konzediert auch die h.M.[56] die unselbstständige Anknüpfung.

54 Im Beispielsfall führt die selbstständige Anknüpfung zur Nichtehe über Art. 13 Abs. 3 S. 1 EGBGB. Würde man unselbstständig anknüpfen, käme man zum griechischen Recht und damit zu einer wirksamen Ehe. Man spricht in einer solchen Situation von einer **„hinkenden Ehe"**. Um diese missliche Lage zu lösen, nimmt eine vermittelnde Meinung eine Abwägung dahin gehend vor, dass geprüft wird, welches Interesse überwiegt.[57]

---

[48] BayObLGZ 97, 165 für den Fall eines in Rumänien belegenen Grundstücks; *Gruber*, ZEV 2001, 463.
[49] Beispiele bei *Schotten/Schmellenkamp*, Rn 21; *Kropholler*, § 26 II 2a.
[50] Palandt/*Thorn*, Art. 3a EGBGB Rn 5.
[51] *Kunz*, Rn 89 ff.; *Junker*, Rn 230 ff.; *Kegel/Schurig*, § 9.
[52] *Schotten/Schmellenkamp*, S. 41 a.E.; *Schloßhauser-Selbach*, Rn 131.
[53] Palandt/*Thorn*, vor Art. 3 EGBGB Rn 29.
[54] BGH NJW 1981, 1900.
[55] MüKo-*Sonnenberger*, Einl. zu Art. 3 EGBGB Rn 545 ff.
[56] Palandt/*Thorn*, vor Art. 3 EGBGB Rn 30.
[57] BVerfG NJW 1983, 511.

Übertragen auf unseren Beispielsfall hieße dies, dass sich die Vorfrage des Bestehens der Ehe nach griechischem Recht richtet, vor allem weil die Ehegatten zuletzt in Griechenland lebten.

## 5. Anpassung, Angleichung

Eine **Anpassung**[58] oder **Angleichung** ist dann erforderlich, wenn verschiedene nebeneinander anwendbare Rechtsordnungen zu einem Normenwiderspruch kommen. Dieser kann in einem Normenmangel[59] oder einer Normenhäufung[60] liegen.

> **Beispiel**
> Der Österreicher Felix ist mit der Deutschen Hermine verheiratet. Gemeinsamer Wohnsitz ist München. Felix stirbt. Das Ehepaar hat zwei Kinder. Ansprüche der Hermine? Güterrechtliche Ansprüche richten sich nach Art. 15 i.V.m. 14 Abs. 1 EGBGB nach deutschem Recht. Erbstatut ist nach Art. 25 Abs. 1 EGBGB österreichisches Recht. Da nun das österreichische Erbrecht einen güterrechtlichen Ausgleich (§§ 1931 Abs. 3, 1371 BGB) nicht kennt, ist eine Anpassung durch **Interessenabwägung** vorzunehmen.[61] Dies ist entweder möglich durch eine Einschränkung des Umfangs der Verweisung oder durch einen Ausgleich auf materiellrechtlicher Ebene.

Möglich ist auch die Umwandlung eines dem deutschen Recht unbekannten Rechtsinstituts in ein dem gleichen Zweck dienenden deutschen Rechtsinstituts. Man spricht dabei von **Transposition**.[62] So kann z.B. ein französisches Registerpfandrecht, das keinen Besitz voraussetzt, als Sicherungseigentum nach deutschem Recht behandelt werden.[63]

## 6. Ordre public, Art. 6 EGBGB

Führt die Verweisung in ausländisches Sachrecht, so ist dies nicht schrankenlos anwendbar.

**Art. 6 EGBGB**: Eine Rechtsnorm eines anderen Staates ist nicht anzuwenden, wenn ihre Anwendung zu einem Ergebnis führt, das mit wesentlichen Grundsätzen des deutschen Rechts offensichtlich unvereinbar ist. Sie ist insbesondere nicht anzuwenden, wenn die Anwendung mit den Grundrechten unvereinbar ist.

Art. 6 EGBGB will den „Kernbestand der inländischen Rechtsordnung" schützen.[64] Aus der Vorschrift selbst ergibt sich ihr **Ausnahmecharakter**.[65]

Voraussetzung für die Anwendung des ordre public ist:
- Ein „**eklatanter Verstoß**" gegen die deutschen Wertvorstellungen; abzustellen ist auf das „Maß des Widerspruchs".
- Das **Anwendungsergebnis** muss **im konkreten Fall** unerträglich sein (Entscheidungserheblichkeit).
- Der Sachverhalt muss eine **Binnenbeziehung** aufweisen („Maß der Inlandsbeziehung").[66]

---

58 Zum Begriff vgl. *von Hofmann/Thorn*, § 6 Rn 31.
59 Beispiel OLG Köln FamRZ 1995, 1200.
60 Fall bei *Kegel/Schurig*, S. 222.
61 A.A. für diese Fallgestaltung nun aber OLG Stuttgart NJW 2005, 2164.
62 *von Hofmann/Thorn*, § 6 Rn 39.
63 BGHZ 39, 173.
64 Vgl. Begr. RegE BT-Drucks 10/504, 42.
65 *Schotten/Schmellenkamp*, IPR, Rn 53; *Kunz*, Rn 278 ff.; *Junker*, Rn 270 ff.
66 OLG Hamm FamRZ 2005, 1705.

Grundlegende Ausführungen zum ordre public enthält die sog. Spanierentscheidung des Bundesverfassungsgerichts.[67]

Wird ein Verstoß gegen den ordre public bejaht, wird die Anwendung der ausländischen Rechtsnorm für den Einzelfall ausgeschlossen. Das übrige ausländische Recht bleibt dagegen anwendbar. Lücken müssen durch ein Ersatzrecht, wobei als letzte Möglichkeit deutsches Recht bleibt, geschlossen werden.

Ein ausländischer ordre public ist grundsätzlich nicht zu beachten.[68]

59 Im **Erbrecht** ist eine Anwendung des **Art. 6 EGBGB** vor allem bei folgenden Fällen denkbar:[69]
– schwerste Fälle der Erbunwürdigkeit,
– Erbunfähigkeit der Religiösen,
– Beschränkung der Testierfreiheit ausschließlich auf Zuwendungen an Organisationen der herrschenden Partei (in kommunistischen Erbgesetzen).

Auch die Diskriminierung weiblicher Erben in islamischen Rechtsordnungen kann zur Anwendung der Vorbehaltsklausel führen. So lässt es das deutsch-iranische Niederlassungsabkommen nach Art. 8 Abs. 3 S. 2 NA zu, erbrechtliche Verhältnisse an der Vorbehaltsklausel des Art. 6 GG zu messen.[70]

Das OLG Hamm[71] führt dazu aus:

> „... *Die Bevorzugung des Ehemannes nach iranischem Nachlassrecht verstößt vorliegend nicht gegen den ordre-public; es ist nicht abzustellen auf einen abstrakten Verstoß gegen das Verfassungsgebot der Gleichstellung von Mann und Frau, sondern darauf, ob im* **konkreten Fall** *das Ergebnis der Anwendung iranischen Rechts in untragbarem Widerspruch zu grundlegenden deutschen Gerechtigkeitsvorstellungen stehen würde. Unter anderem sind zu berücksichtigen die Sachgerechtigkeit der Kollisionsregelung und der Inhalt der danach berufenen ausländischen Sachnormen einerseits sowie der Umfang der Inlandsbeziehungen andererseits ...*"

Der ordre public kann auch in Fällen, wo z.B. ein Araber mit mehreren Frauen im Heimatstaat die Ehe wirksam geschlossen hat,[72] bedeutsam sein. Entscheidendes Kriterium für seine Anwendung ist vor allem der hinreichende **Inlandsbezug.** So wird regelmäßig die bloße Belegenheit von Vermögensgegenständen als einziges Merkmal für einen Binnensachverhalt nicht ausreichen, um zur Anwendung der Vorbehaltsklausel zu kommen. Hingegen stellt der Wohnsitz der Beteiligten in Deutschland eine entsprechend größere Inlandsbeziehung dar, die eher die Schrankenwirkung des Art. 6 EGBGB zulässt.

## B. Bestimmung des Erbstatuts

60 Liegt ein erbrechtlicher Fall mit Auslandsberührung vor, empfiehlt sich folgende Vorgangsweise:
– zunächst ist das **anwendbare Recht** zu ermitteln;

---

67 BVerfGE 31, 58.
68 Palandt/*Thorn*, Art. 6 EGBGB Rn 8.
69 *Ferid*, IPR, Rn 3–47.
70 OLG Hamm FamRZ 1993, 111.
71 OLG Hamm FamRZ 1993, 111.
72 Vgl. *Kunz*, Fall 31, Rn 278.

– dann ist dieses auf den konkreten Fall anzuwenden, wobei auch die **Formvorschriften** zu beachten sind;
– gegebenenfalls sind dann noch **Verfahrensfragen** (Zuständigkeit, Erbschein) zu klären.

## I. Anwendbares Erbrecht

### 1. Anknüpfungsgrund

#### a) Staatsvertragliche Regelungen

Sonderregeln betreffend das Erbrecht enthalten das deutsch-iranische Niederlassungsabkommen vom 17.2.1929,[73] der deutsch-türkische Konsularvertrag vom 28.5.1929[74] und der deutsch-sowjetische Konsularvertrag vom 25.4.1958.[75]

#### aa) Deutsch-iranisches Niederlassungsabkommen

Das deutsch-iranische Niederlassungsabkommen[76] stellt hinsichtlich des anwendbaren Rechts für die Rechtsnachfolge von Todes wegen auf die Staatsangehörigkeit als maßgebliches Anknüpfungskriterium ab, **Art. 8 Abs. 3 S. 1** des Abkommens. Dieser lautet:

> *„In Bezug auf das Personen-, Familien- und Erbrecht bleiben die Angehörigen jedes der vertragsschließenden Staaten im Gebiet des anderen Staates jedoch den Vorschriften ihrer heimischen Gesetze unterworfen. Die Anwendung dieser Gesetze kann von dem anderen vertragsschließenden Staat nur ausnahmsweise und nur insoweit ausgeschlossen werden, als ein solcher Ausschluss allgemein gegenüber jedem anderen fremden Staat erfolgt."*

Es entspricht insoweit der Regelung des Art. 25 Abs. 1 EGBGB. Zu beachten ist aber, dass es auf Personen, die **sowohl** die deutsche als auch die iranische Staatsangehörigkeit besitzen, nicht anwendbar ist.[77] Soweit sich die Bestimmung des Erbstatuts nach diesem Abkommen richtet, ist für iranische Staatsangehörige eine Rechtswahl nach Art. 25 Abs. 2 EGBGB ausgeschlossen.[78]

#### bb) Deutsch-türkischer Konsularvertrag[79]

Der deutsch-türkische Konsularvertrag enthält folgende erbrechtliche Kollisionsregel:

> **§ 14 der Anlage zu Art. 20 des Konsularvertrags (Nachlassabkommen)**
> *(1) Die erbrechtlichen Verhältnisse bestimmen sich in Ansehung des beweglichen Nachlasses nach den Gesetzen des Landes, dem der Erblasser zum Zeitpunkt seines Todes angehörte.*
> *(2) Die erbrechtlichen Verhältnisse in Ansehung des unbeweglichen Nachlasses bestimmen sich nach den Gesetzen des Landes, in dem dieser Nachlass liegt, und zwar in der*

---

73 Abgedruckt bei AnwK-BGB/*Kroiß*, Art. 25 EGBGB Rn 2.
74 Abgedruckt bei AnwK-BGB/*Kroiß*, Art. 25 EGBGB Rn 4 ff.
75 Abgedruckt bei AnwK-BGB/*Kroiß*, Art. 25 EGBGB Rn 11.
76 *Schotten/Wittkowski*, Das deutsch-iranische Niederlassungsabkommen im Familien- und Erbrecht, FamRZ 1995, 264.
77 *Schotten/Schmellenkamp*, Rn 264.
78 Erman/*Holoch*, Art. 25 EGBGB Rn 4.
79 *Dörner*, Das deutsch-türkische Nachlassabkommen, ZEV 1996, 90; *Kremer*, Die Bedeutung des deutsch-türkischen Konsularvertrags für Nachlassverfahren in der Bundesrepublik Deutschland, IPRax 1981, 205.

*gleichen Weise, wie wenn der Erblasser zur Zeit seines Todes Angehöriger dieses Landes gewesen wäre.*

Nachdem dieser Staatsvertrag hinsichtlich des beweglichen Nachlasses auf die Staatsangehörigkeit und hinsichtlich des unbeweglichen Nachlasses auf die Belegenheit („lex rei sitae") abstellt, kann **Nachlassspaltung** (siehe unten Rn 65 ff) eintreten, wenn ein Türke mit Grundbesitz in Deutschland oder ein Deutscher mit Grundbesitz in der Türkei verstirbt.

**Übersicht: anwendbares Erbrecht hinsichtlich eines**

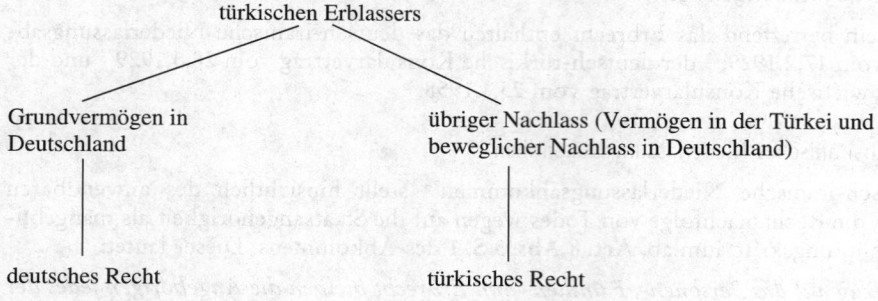

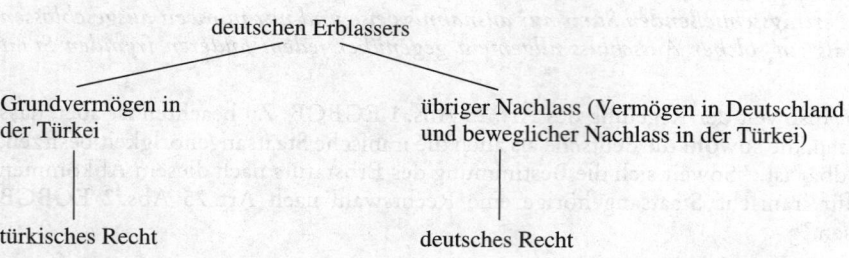

cc) Deutsch-sowjetischer Konsularvertrag

64  Der deutsch-sowjetische Konsularvertrag (BGBl II 1959, 233) enthält für das Erbrecht in Art. 28 Abs. 3 folgende Regelung:

> „*Hinsichtlich der unbeweglichen Nachlassgegenstände finden die Rechtsvorschriften des Staates Anwendung, in dessen Gebiet diese Gegenstände gelegen sind.*"

Dieses Abkommen gilt nunmehr zwischen Deutschland und Russland, sowie aufgrund der Erklärung von Alma Ata vom 23.12.1991 auch für die meisten GUS-Staaten.[80]

Eine **Nachlassspaltung** (siehe unten Rn 65 ff) ist auch hier möglich, wenn ein Russe mit Grundvermögen in Deutschland oder ein Deutscher mit Immobilieneigentum in den GUS-Staaten verstirbt.

---

[80] Vgl. *Schotten/Schmellenkamp*, Rn 265, also Armenien, Aserbaidschan, Georgien, Kasachstan, Kirgisistan, Moldawien, Tadschikistan, Ukraine, Usbekistan und Weißrussland; ausgenommen sind die drei baltischen Staaten und Turkmenistan, wo Art. 25 Abs. Abs. 1 EGBGB zur Anwendung gelangt.

### b) Art. 25 EGBGB

Soweit für die Frage, welches Erbrecht zur Anwendung gelangt, staatsvertragliche Regelungen fehlen, ist nach **Art. 25 EGBGB** vorzugehen. Das Haager Übereinkommen über das auf die Rechtsnachfolge von Todes wegen anzuwendende Recht vom 1.8.1989 ist noch nicht in Kraft getreten und von Deutschland noch nicht einmal gezeichnet worden.[81] Das anwendbare materielle Recht richtet sich nach der **Staatsangehörigkeit** des Erblassers. Das Personalstatut bestimmt sich nach Art. 5 Abs. 1 S. 1 und 2, Abs. 2 EGBGB. Insoweit erfolgt bei Ausländern eine Verweisung auf fremdes Recht. Probleme ergeben sich bei Doppel- und **Mehrstaatlern**. Gemäß **Art. 5 Abs. 1 S. 1 EGBGB** ist dann auf die **effektive Staatsangehörigkeit** abzustellen.[82] Dabei ist aber zu beachten, dass deutsches Recht immer dann zur Anwendung gelangt, wenn die Person „auch Deutscher" ist, **Art. 5 Abs. 1 S. 2 EGBGB**. Diese Regelung führt zu einem sogenannten „Heimwärtsstreben", was zur Konsequenz haben kann, dass international widersprechende Entscheidungen ergehen.

Für die Feststellung des **Todeszeitpunkts** enthält Art. 9 Abs. 1 S. 1 EGBGB eine eigene Kollisionsregel. Abgestellt wird auf das Recht des Staates, dem der Verschollene in dem letzten Zeitpunkt angehörte, in dem er nach den vorhandenen Nachrichten noch gelebt hat. Mit dem Gewaltschutzgesetz[83] wurde eine Kollisionsnorm für die Rechtsverhältnisse **eingetragener Lebenspartnerschaften** geschaffen. **Art. 17b EGBGB** bestimmt, dass die Begründung, die erbrechtlichen Wirkungen einer eingetragenen Lebenspartnerschaft dem Recht des Register führenden Staates unterliegen. Auf das gesetzliche Erbrecht der Lebenspartnerschaft ist das nach den allgemeinen Vorschriften[84] maßgebende Recht anzuwenden, Art. 17b Abs. 1 S. 2 EGBGB. Begründet die Lebenspartnerschaft danach kein gesetzliches Erbrecht, findet Art. 17b Abs. 1 S. 1 EGBGB entsprechende Anwendung, d.h. dann bemisst sich auch das Erbrecht nach dem Recht des Staates, wo die Lebenspartnerschaft registriert ist.

### 2. Gesamtverweisung

Dabei ist aber zu beachten, dass es sich bei der Verweisung nach Art. 25 Abs. 1 EGBGB um eine so genannte **Gesamtverweisung** handelt, Art. 4 Abs. 1 EGBGB. Es muss also geprüft werden, ob das Recht des Staates, auf das verwiesen wird, die Verweisung annimmt, oder ob aufgrund einer anderweitigen Anknüpfung eine **Rück- oder Weiterverweisung** stattfindet.[85] So ist z.B. nach dem dänischen oder norwegischen IPR der Wohnsitz des Erblassers für das anwendbare Recht maßgeblich,[86] d.h., wenn der Erblasser sich zuletzt in Deutschland aufgehalten hatte, gilt dann doch deutsches Erbrecht. Die Rückverweisung wird angenommen, **Art. 4 Abs. 1 S. 2 EGBGB**.

Eine Rückverweisung findet ferner in den Fällen statt, wenn eine Rechtsordnung bestimmt, dass unbeweglicher Nachlass sich nach dem Recht des Belegenheitsstaats vererbt. Handelt es sich z.B. um Grundvermögen in Deutschland, so kommt es bei Erblassern aus folgenden Staaten zu einer **Rückverweisung**:

---

81 *Junker*, Rn 575; PWW/*Freitag*, Art. 25 EGBGB Rn 2.
82 BayObLG ZEV 2005, 165 (Erblasser mit tschechischer und französischer Staatsangehörigkeit).
83 Gesetz zur Verbesserung des zivilrechtlichen Schutzes vor Gewalttaten und Nachstellungen sowie zur Erleichterung der Überlassung der Ehewohnung bei Trennung vom 11.12.2001, BGBl I 2001, 513.
84 Art. 18 EGBGB.
85 Vgl. Staudinger/*Dörner*, Art. 25 EGBGB Rn 615.
86 *Ring*/*Olsen-Ring*, Rn 945.

*Kroiß*

- **Frankreich** (BayObLG NJW-RR 1990, 1033): Besondere Vorschriften i.S.d. Art. 3a Abs. 2, Art. 25 Abs. 1 EGBGB bestehen nach französischem Recht nur für in Frankreich belegene Grundstücke; für die sonstigen Nachlassgegenstände bestehen nach französischem Recht keine besonderen, sondern allgemeine Vorschriften i.S.d. Art. 3a Abs. 2 EGBGB.
- **Belgien** (OLG Köln FamRZ 1992, 860): Bei einem Erblasser mit belgischer Staatsangehörigkeit und ständigem Aufenthalt in Deutschland verweist das belgische Recht für Mobilien auf das deutsche Recht zurück, für Immobilien auf das Recht des Belegenheitsstaates. Für Grundstücke in Frankreich ist danach französisches Recht Erbstatut. Die deutschen Nachlassgerichte sind in Bezug auf die in Frankreich belegenen Immobilien nicht zur Erbscheinserteilung zuständig. Die Geltungsbeschränkung muss aus dem Erbschein hervorgehen.
- **Südafrika** (OLG Zweibrücken FamRZ 1998, 263): Umfasst der Nachlass eines in Südafrika verstorbenen deutschen Erblassers dort gelegenen Grundbesitz, beurteilt sich die Erbfolge wegen des vorrangigen Belegenheitsstatuts insoweit nach südafrikanischem Recht, so dass für die Erteilung eines Erbscheins deutsche Nachlassgerichte nicht (international) zuständig sind. Für Grundbesitz in Deutschland und bewegliche Gegenstände in Südafrika ist hingegen die Zuständigkeit deutscher Nachlassgerichte gegeben, wobei für die Beurteilung, ob die Zuwendung eines einzelnen Nachlassgegenstandes bloß ein Vermächtnis darstellt, der südafrikanische Grundbesitz infolge der eingetretenen Nachlassspaltung außer Betracht bleiben muss.
- **Rumänien** (BayObLG FamRZ 1997, 318): Gehört ein in Rumänien belegenes Grundstück zum Nachlass eines deutschen Erblassers, so besteht insoweit keine internationale Zuständigkeit des deutschen Nachlassgerichts. Im Erbschein ist zu vermerken, dass er sich nicht auf den in Rumänien belegenen unbeweglichen Nachlass erstreckt.
- **England** (OLG Zweibrücken Rpfleger 1994, 466): hinterlässt ein britischer Erblasser Grundvermögen in Deutschland, richtet sich sowohl die gesetzliche als auch die gewillkürte Erbfolge nach deutschem Recht (lex rei sitae). Im Falle von beweglichem Vermögen gilt das Recht seines letzten Domizils.
- **Bundesstaaten der USA** (OLG Karlsruhe NJW 1990, 1420): Die im Wege der Gesamtverweisung angesprochenen erbrechtlichen Kollisionsnormen des Staates Texas (USA) bringen, soweit es den unbeweglichen in der Bundesrepublik Deutschland gelegenen Nachlass (immovables) betrifft, eine Rückverweisung auf die lex rei sitae, also auf deutsches Recht.
- **Kanada** (BGH NJW 1972, 1021):Grundstücke werden nach Lagerecht vererbt.

### 3. Nachlassspaltung

67 Der Grundsatz der **Nachlasseinheit,** der das deutsche Recht beherrscht, wird neben der Möglichkeit einer Rechtswahl nach Art. 25 Abs. 2 EGBGB (siehe unten Rn 68 ff.) noch ein weiteres Mal durchbrochen: wenn sich Nachlassgegenstände in einem anderen Staat befinden und nach dem Recht dieses Staates sie besonderen Vorschriften unterliegen, **Art. 3a Abs. 2 EGBGB.**

68 **Beispiel**
Ein Deutscher besitzt ein Grundstück in Frankreich. Anwendbares Erbrecht ist zwar grundsätzlich das Heimatrecht des Erblassers, also deutsches Recht. Da aber das französische Recht die Vererbung von Immobilien, die sich in Frankreich befinden, dem Recht des Lageortes unterwirft, kommt es zur **Nachlassspaltung,** d.h. ein Teil des Vermögens wird nach deutschem, der französische Grundbesitz nach französischem Recht vererbt.

Das **Einzelstatut** des Art. 3a Abs. 2 EGBGB „bricht" das **Gesamtstatut** des Art. 25 EGBGB. Praktisch bedeutsam sind neben den Fällen mit Grundbesitz in Frankreich auch Fälle im Zusammenhang mit Immobilien in Rumänien. Nach dem rumänischen IPR-Gesetz ist für unbewegliche Sachen eine Sonderanknüpfung, die sich nach dem Recht des Belegenheitsstaates richtet, vorzunehmen.

## II. Rechtswahl

Unter bestimmten Voraussetzungen ist nach **Art. 25 Abs. 2 EGBGB** nach deutschem Kollisionsrecht eine **beschränkte Rechtswahl** zulässig. Für den Rechtsberater handelt es sich um eine der wenigen Möglichkeiten, durch „vorsorgende" Tätigkeit das anwendbare Recht zu beeinflussen. Insoweit finden sich zu diesem Thema auch zahlreiche Abhandlungen vor allem in Zeitschriften der Notarkammern.

### 1. Zulässigkeitsschranken

Durch letztwillige Verfügung kann nur sehr wenig Einfluss auf das anwendbare Recht ausgeübt werden. Der Erblasser kann lediglich für
– im Inland belegenes
– unbewegliches Vermögen

deutsches Recht wählen, **Art. 25 Abs. 2 EGBGB**.

Dagegen ist die Wahl eines ausländischen Rechts generell ausgeschlossen. Wird gleichwohl eine Rechtswahl vorgenommen, ist diese unbeachtlich.[87] Für deutsche Erblasser kommt der Wahlmöglichkeit praktisch keine Bedeutung zu, da für sie ohnehin deutsches Erbstatut gilt.[88]

Wegen des sehr begrenzten Anwendungsbereichs kommt der Rechtswahl im deutschen Recht eine äußerst geringe praktische Bedeutung zu.[89]

> **Formulierungsbeispiel: Rechtswahl in letztwilligen Verfügungen**
> Für die Erbfolge in mein gesamtes im Inland belegenes unbewegliches Vermögen wähle ich das deutsche Recht.

Der Notar muss dabei darauf achten, dass er seiner Belehrungspflicht nach § 17 Abs. 1 BeurkG nachkommt.

### 2. Form der Rechtswahl

Die Form der Rechtswahl entspricht der einer Verfügung von Todes wegen, Art. 25 Abs. 2 EGBGB. Damit ist in Deutschland die Rechtswahl auch in einem **privatschriftlichen** Testament möglich. Voraussetzung ist, dass die Testierfähigkeit gegeben ist. Ferner müssen sich im Testament für die Rechtswahl hinreichende Anhaltspunkte ergeben.[90] Teilweise wird auch eine konkludente Rechtswahl für zulässig erachtet.[91] Voraussetzung dafür ist aber ein entsprechendes Erklärungsbewusstsein des Verfügenden.[92]

---

87 BayObLGZ 1994, 48.
88 Vgl. Soergel/*Schurig*, Art. 25 EGBGB Rn 3.
89 Formulierungsvorschläge für die Rechtswahl finden sich bei *Schotten/Schmellenkamp*, Rn 360 ff.
90 LG Hamburg ZEV 1999, 491.
91 OLG Zweibrücken FamRZ 2003, 1697; kritisch dazu *Süß*, MittBayNot 2003, 146.
92 *Looschelders*, Art. 25 EGBGB Rn 42; *von Hofmann/Thorn*, § 9 Rn 24.

## 3. Folgen einer zulässigen Rechtswahl

### a) Sachnormverweisung

**75** Durch eine wirksame Rechtswahl kommt es zu einer **Sachnormverweisung**, Art. 4 Abs. 2 EGBGB, d.h. die Rechtswahl zugunsten des deutschen Rechts bezieht sich auf das materielle Erbrecht.

### b) Nachlassspaltung

**76** Liegen die Voraussetzungen für eine zulässige Rechtswahl nach Art. 25 Abs. 2 EGBGB vor, so kann dies zu einer **Nachlassspaltung** führen, soweit der Erblasser im Übrigen nicht nach deutschem Recht beerbt wird, z.B. weil Art. 25 Abs. 1 EGBGB in ein fremdes Recht verweist und dieses die Verweisung annimmt oder auf das Recht eines Dritten Staates weiter verweist. Entscheidend ist dann, was unter den Begriff des „unbeweglichen Vermögens" von Art. 25 Abs. 2 EGBGB fällt.[93] Abzustellen ist dabei auf das deutsche Recht.[94] Darunter fallen:
- Grundstücke,
- deren Bestandteile gem. §§ 93, 94, 96 BGB,
- das Zubehör gem. §§ 97, 98 BGB,
- Wohnungseigentum,
- Erbbaurechte und
- beschränkt dingliche Rechte an Grundstücken (Grundpfandrechte,[95] Dienstbarkeiten, Reallast, dingliche Vorkaufsrechte).[96]

Dagegen **nicht**
- Gesellschaftsanteile,[97]
- Miterbenanteile (str.)[98] oder
- Ansprüche aus Grundstückskauf (str.).[99]

Nach *Pünder*[100] gilt folgende Faustregel: Alle im Grundbuch eintragbaren Rechte gehören zum unbeweglichen Vermögen.

Durch eine beschränkte Rechtswahl können aber auch „hinkende Rechtsverhältnisse" vermieden werden.[101]

### c) Teilrechtswahl

**77** Schließlich wird von der h.M. auch eine **Teilrechtswahl,** d.h. dass der Erblasser nur für einzelne Gegenstände seines inländischen unbeweglichen Vermögens deutsches Recht wählt, für zulässig erachtet.[102]

---

93 *Krzywon*, Der Begriff des unbeweglichen Vermögens in Art. 25 Abs. 2 EGBGB, BWNotZ 1986, 154.
94 Palandt/*Thorn*, Art. 25 EGBGB Rn 7.
95 Für die Grundschuld: LG Saarbrücken DNotI-Report 2000, 115; *Lange*, DNotZ 2000, 332, 338.
96 MüKo-*Birk*, Art. 25 EGBGB Rn 62 ff.
97 Soergel/*Schurig*, Art. 25 EGBGB Rn 4.
98 Nach BGH ZErb 2001, 93 ist die gesamthänderische Beteiligung an Immobilien im Rahmen einer Erbengemeinschaft bewegliches Vermögen; vgl. dazu auch *Süß*, ZErb 2001, 84; *Krzywon*, BWNotZ 1986, 154, 160.
99 Palandt/*Thorn*, Art. 25 EGBGB Rn 7; a.A. *Dörner*, DNotZ 1988, 96.
100 *Pünder*, MittRhNotK 1989, 1, 3.
101 Beispiel bei *Schotten/Schmellenkamp*, Rn 300: Franzose mit ständigem Aufenthalt in Deutschland wählt für sein in Deutschland belegenes Vermögen deutsches Erbrecht.
102 *Von Hofmann/Thorn*, § 9 Rn 20; Soergel/*Schurig*, Art. 25 EGBGB Rn 11.

## 4. Widerruflichkeit der Rechtswahl

Wählt ein Ausländer für im Inland belegenes Grundeigentum deutsches Erbrecht, so stellt sich die Frage nach welchem Recht sich der **Widerruf** dieser Rechtswahl bemisst. In Betracht kommt das nach dem Heimatrecht des Erblassers zu ermittelnde Erbstatut oder das gewählte deutsche materielle Recht. Die h.M. stellt für die Frage der Wirksamkeit der Rechtswahl entsprechend den Regeln im internationalen Vertragsrecht, Art. 27 Abs. 4, 31 Abs. 1 EGBGB, auf das gewählte Recht ab.[103] Damit richtet sich auch der Widerruf der Rechtswahl nach deutschem Recht und der Erblasser kann die Rechtswahl jederzeit in einer Form der Verfügung von Todes wegen widerrufen.[104]

78

## 5. Rechtswahl kraft ausländischen Kollisionsrechts[105]

Sofern ein ausländisches Kollisionsrecht, das nach einer Verweisung gem. Art. 25 Abs. 1 EGBGB maßgeblich ist, Parteiautonomie gewährt, wird eine entsprechende Rechtswahl vom deutschen IPR akzeptiert.[106]

79

So ermöglichen z.B. folgende Rechtsordnungen eine **Rechtswahl**:
- **Schweiz**: Wahl des Rechts der Staatsangehörigkeit bei objektiver Anknüpfung an den Wohnsitz, Art. 90 Abs. 2 IPRG:
  *„Ein Ausländer kann jedoch durch letztwillige Verfügung oder Erbvertrag den Nachlass einem seiner Heimatrechte unterstellen."*
- **Italien**: Wahl des Wohnsitzrechts, Art. 46 Abs. 2 S. 1 des Gesetzes vom 31.5.1995, Nr. 218:
  *„Der Erblasser kann durch eine ausdrückliche Erklärung in Testamentarischer Form die gesamte Rechtsnachfolge von Todes wegen dem Recht des Staates unterstellen, in dem er seinen gewöhnlichen Aufenthalt hat."*
- **Rumänien**: unbeschränkte Rechtswahlfreiheit, Art. 68 Abs. 1 IPRG:
  *„Der Erblasser kann die Erbüberlassung seiner Sachen einem anderen Recht unterwerfen als dem nach Art. 66 (Heimatrecht bzgl. beweglicher und lex rei sitae bzgl. unbeweglicher Sachen und Handelsgeschäfte), ohne zur Beseitigung von dessen zwingenden Vorschriften berechtigt zu sein."*
- **Niederlande**: in Deutschland lebende Niederländer können durch Rechtswahl die Rückverweisung des Heimatrechts auf das deutsche Erbrecht ausschließen.[107]

Auch im **Ehegüterrecht**, das, wie gezeigt, Auswirkungen auf das Erbstatut haben kann, ist in manchen Staaten wählbar:[108]
- **Österreich**, § 19 IPRG:
  *„Das Ehegüterrecht ist nach dem Recht zu bestimmen, das die Parteien ausdrücklich bestimmen ..."*
- **Frankreich**, Art. 3–6 des Haager Übereinkommens über das auf eheliche Güterstände anzuwendende Recht vom 15.3.1978 (entspricht der Rechtswahlmöglichkeit nach Art. 15 Abs. 2 EGBGB).

80

---

103 MüKo-*Birk*, Art. 25 EGBGB Rn 57; *von Hofmann/Thorn*, IPR, § 9 Rn 24.
104 Palandt/*Thorn*, Art. 25 EGBGB Rn 8.
105 AnwK-BGB/*Kroiß*, § 2369 BGB Rn 13 f.
106 Vgl. dazu eingehend: *Mankowski/Osthaus*, Gestaltungsmöglichkeiten durch Rechtswahl beim Erbrecht überlebender Ehegatten in internationalen Fällen, DNotZ 1997, 10.
107 *Mayer/Süß/Tanck/Bittler/Wälzholz*, § 15 Rn 108.
108 *Schotten/Schmellenkamp*, Rn 152 ff.; *Hüßtege*, S. 105.

- **Spanien:** Art. 9 Abs. 2 S. 1, Abs. 3 Codigo Civil.
- **Italien:** Art. 30 Abs. 1 S. 2 des Gesetzes vom 31.5.1995.

### III. Umfang des Erbstatuts

#### 1. Reichweite

81 Nach dem **Erbstatut** werden **alle** mit dem Erbfall zusammenhängenden Fragen beurteilt.[109] Lediglich die Form letztwilliger Verfügungen wird gesondert angeknüpft, Art. 26 EGBGB.

Vom Erbstatut umfasst sind demnach:
- der Kreis der gesetzlichen Erben
- die Erbquoten
- das Erbrecht des nichtehelichen Kindes
- das Pflichtteilsrecht[110]
- die Erbfähigkeit
- die Erbunwürdigkeit[111]
- die dingliche Wirkung des Erbfalls
- der Erwerb der Erbschaft
- Testamentsvollstreckung[112]
- die Haftung für Nachlassverbindlichkeiten
- Annahme und Ausschlagung der Erbschaft
- Verfügungen von Todes wegen
- Auslegung von Testamenten
- Zulässigkeit gemeinschaftlicher Testamente
- die Erbauseinandersetzung.[113]

82 Welche Gegenstände zum Nachlass gehören, bestimmt sich als selbstständige Vorfrage nach deutschem IPR.[114] Dabei ist für das Sachenrecht der Grundsatz der **lex rei sitae,** d.h. nach dem Recht des Belegenheitsstaates, maßgeblich.

Das Kammergericht führt dazu aus:[115]

*"... Das Erbstatut regelt jedoch nicht die Frage, welche Gegenstände überhaupt Nachlassbestandteil geworden sind. Diese **Vorfrage** ist einer gesonderten kollisionsrechtlichen Prüfung dahin zu unterziehen, ob für sie eine besondere Kollisionsnorm besteht, wobei von den Regeln des deutschen internationalen Privatrechts auszugehen ist (BGH, Der Betrieb 1969, 216; OLG Köln, OLGZ 1, 4; Palandt/Heldrich, Art 24 EGBGB Anm. 3 sowie vor Art 7 EGBGB Rn 6; Soergel/Siebert/Kegel, BGB, 10. Auflage, vor Art 24 EGBGB Rn 8). Für alle sachenrechtlichen Tatbestände gilt nach deutschem Kollisionsrecht die **lex rei sitae,** sie entscheidet darüber, welche Rechte an einer Sache erworben werden können (RG, HRR 30, 2066; Palandt/Heldrich, vor Art 13 EGBGB Rn 2, 3). Bei der Begründung von Treuhandeigentum handelt es sich um einen sachenrechtlichen Tatbestand, mögen diesem auch schuldrechtliche Vereinbarungen der Beteiligten zu-*

---

109 Palandt/*Thorn*, Art. 25 EGBGB Rn 10 ff.; *Schotten/Schmellenkamp*, Rn 307; MüKo-*Birk*, Art. 25 EGBGB Rn 188 ff.
110 Vgl. dazu *Klingelhöffer*, ZEV 1996, 258.
111 OLG Düsseldorf NJW 1963, 2230.
112 BayObLG IPrax 1991, 343.
113 BGH NJW 1959, 1317.
114 Palandt/*Thorn*, Art. 25 EGBGB Rn 17.
115 KG OLGZ 1977, 457.

*grunde liegen. Da es hier um die Begründung von Treuhandeigentum an einer Eigentumswohnung in Spanien geht, ist spanisches Recht anzuwenden. Dieses enthält keine Zurückverweisung auf deutsches Recht, denn auch nach spanischem Recht wurde seit jeher für das Recht der unbeweglichen Sachen an das Belegenheitsstatut angeknüpft (vgl. Bondzio, MDR 1973, 376). Inzwischen ist übrigens durch am 29.7.1974 in Kraft getretene neue international-privatrechtliche Bestimmungen nicht nur für unbewegliche, sondern auch für bewegliche Sachen die Anknüpfung an das Recht der belegen Sache vorgesehen ..."*

Für den Erwerb und Verlust von Mitgliedschaftsrechten in Gesellschaften ist das **Gesellschaftsstatut** zu ermitteln.

### 2. Hypothetisches Erbstatut

Die **Gültigkeit einer letztwilligen Verfügung** ist nach dem Recht zu beurteilen, das im Zeitpunkt der Verfügung auf die Rechtsnachfolge von Todes wegen anzuwenden wäre, so genanntes **Errichtungsstatut**.[116]

### 3. Vorfragen

Auch im Erbrecht kommen eine Vielzahl von **Vorfragen** (siehe oben Rn 51 ff.) in Betracht, die nach h.M. **selbstständig** anzuknüpfen sind:[117]
– Verwandtschaft
– Bestehen einer Ehe
– maßgeblicher Güterstand
– Frage der Ehelichkeit oder Nichtehelichkeit eines Kindes
– Todesvermutung, Art. 9 EGBGB
– Testierfähigkeit
– Rechtsfähigkeit des/der Erben
– Zugehörigkeit eines Gegenstandes zum Nachlass[118]
– sachenrechtlicher Eigentumsübergang
– Wirksamkeit der Adoption

Sehr umstritten ist die Frage, nach welchem Recht die Erbberechtigung des **Adoptivkindes** zu entscheiden ist.

Das Kammergericht[119] beurteilt den erbrechtlichen Einfluss einer Kindesannahme insbesondere auf gesetzliche Erbrechte grundsätzlich nicht nach dem Adoptionsstatut, sondern nach dem Heimatrecht des Erblassers **(Erbstatut)**. Wenn allerdings das Adoptionsstatut dem Adoptivkind ein gesetzliches Erbrecht versagt, hat es hierbei sein Bewenden, auch wenn ein solches Erbrecht nach dem Erbstatut besteht.

Hingegen stellt der **BGH**[120] auf das **Adoptionsstatut** ab:

*„Die Frage, ob das Erbrecht eines Adoptivkindes erbrechtlich oder adoptionsrechtlich zu qualifizieren ist, ist im international-privatrechtlichen Schrifttum außerordentlich umstritten und im vorliegenden Verfahren auch von den in erster Instanz hinzugezoge-*

---

116 Vgl. *Junker*, Rn 587, 589; *Schotten/Schmellenkamp*, Rn 308.
117 MüKo-*Birk*, Art. 25 EGBGB Rn 80; *Johnen*, MittRhNotK 1986, 57.
118 BGH BB 69, 197.
119 KG FamRZ 1988, 434.
120 BGH FamRZ 1989, 378.

*nen Gutachtern eingehend erörtert worden. Einen aufschlussreichen Überblick über den Streitstand und auch über die möglichen Lösungsmodelle bietet der Aufsatz von Klaus Müller, NJW 1985, 2056 ff. ... Der Senat vertritt hierzu folgenden Standpunkt: Ob ein Adoptivkind ein Erbrecht nach einem Verwandten seiner Adoptiveltern hat, kann nach der Auffassung des Senats weder allein danach beurteilt werden, wie das für den Erblasser maßgebende Erbstatut Adoptivkinder behandelt, noch ausschließlich danach, ob das Adoptivkind nach dem für die Adoptionsfolgen maßgebenden Recht ein Erbrecht nach einem solchen Verwandten seiner Adoptiveltern haben soll (vgl. aber KG FamRZ 1988, 434 m. Anm. von Gottwald und Lüderitz S. 436, 481). Sinnvollerweise kann dem **Adoptionsstatut** aber entnommen werden, ob es zwischen diesem Erblasser und dem Adoptivkind zu einer so starken rechtlichen Beziehung (Verwandtschaft) kommen soll, wie sie das für die Erbfolge maßgebende Recht für eine Beteiligung an der gesetzlichen Erbfolge voraussetzt. Ein verlässliches Anzeichen dafür, dass die durch die Adoption begründete Verwandtschaft hinreichend stark ist, ergibt sich dann, wenn man danach fragt, ob das für die Adoptionsfolgen maßgebende Recht das Adoptivkind am Nachlass des Erblassers beteiligen würde, wenn dieser nach dem Adoptionsstatut beerbt würde. Ist das nicht der Fall, etwa wenn das Adoptionsstatut das Adoptivkind zwar als Verwandten des Erblassers bezeichnet (und vielleicht teilweise auch so behandelt), es aber erbrechtlich hinter entsprechende Blutsverwandte zurücksetzt (so im deutschen Nichtehelichenrecht etwa die vor dem 1.7.1949 geborenen nichtehelichen Kinder im Verhältnis zu ihrem Vater und dessen Verwandten, vgl. Art. 12 § 1 NEG einerseits und Art. 12 § 10 Abs. 2 S. 1 NEG andererseits), dann spricht einiges dafür, die familienrechtliche Beziehung in dem für die Erbfolge maßgebenden Erbrecht nicht als (hinreichend starke) Verwandtschaft anzusehen ..."*

## IV. Form der letztwilligen Verfügung

### 1. Allgemeines

86  Liegt eine letztwillige Verfügung vor, ist die Form als **Teilfrage** gesondert anzuknüpfen:

**Art. 26 EGBGB** regelt die Frage, welche Formvorschriften für die Errichtung einer letztwilligen Verfügung maßgeblich sind. Dabei ist die Gültigkeit alternativ nach einer Reihe von Rechtsordnungen zu beurteilen, Art. 26 Abs. 1 Nr. 1–5 EGBGB. Durch diese „Anknüpfungshäufung" wird die Formgültigkeit der letztwilligen Verfügung begünstigt (**favor testamenti**).

### 2. Verhältnis Art. 26 EGBGB zum Haager Testamentsformübereinkommen

87  Umstritten ist dabei, ob Art. 26 EGBGB nicht vom **Haager Übereinkommen** über das auf die Form letztwilliger Verfügungen anzuwendende Recht vom 5.10.1961[121] verdrängt wird. Was Art. 26 Abs. 1–3 EGBGB anbelangt, kann dies offen bleiben, da diese Vorschriften inhaltsgleich mit der staatsvertraglichen Regelung sind. Allerdings enthalten Art. 26 Abs. 4 und 5 EGBGB darüber hinausgehende Regelungen.

Die Rechtsprechung geht im Hinblick auf Art. 3 EGBGB vom **Vorrang des Staatsvertrages** aus,[122] so dass nur Art. 26 Abs. 4 und 5 EGBGB unmittelbare Anwendung finden.

---

[121] Text abgedr. bei AnwK-BGB/*Kroiß*, Art. 26 EGBGB vor Rn 1 und bei *Palandt* im Anhang zu Art. 26 EGBGB.
[122] BGH WM 1984, 2124.

Die Verweisung nach Art. 26 Abs. 1 EGBGB bzw. Art. 1 Abs. 1 HTÜ stellt grundsätzlich eine **Sachnormverweisung** dar, so dass eine Rück- und Weiterverweisung nicht in Betracht kommt.[123] Eine Ausnahme gilt für Art. 26 Abs. 1 Nr. 5 EGBGB. Damit soll sichergestellt werden, dass auch die Erfüllung der Formerfordernisse eines durch Rück- bzw. Weiterverweisung berufenen Erbstatuts ausreichend ist.[124]

### 3. Anwendungsbereich des Haager Testamentsformübereinkommens und des Art. 26 EGBGB

Vom Haager Testamentsformübereinkommen bzw. Art. 26 EGBGB werden Verfügungen von Todes wegen aller Art erfasst:
- Testamente
- gemeinschaftliche Testamente
- Erbverträge, Art. 26 Abs. 4 EGBGB

88

Ob ein **gemeinschaftliches Testament** als solches zulässig ist, bestimmt sich aber nach dem Erbstatut. Auch die Form des Widerrufs letztwilliger Verfügungen bestimmt sich nach den vorgenannten Regeln, vgl. Art. 26 Abs. 2 EGBGB.

Nicht unter das Haager Testamentsformübereinkommen bzw. Art. 26 EGBGB fallen die Vorschriften über die **Testierfähigkeit**.[125] Soweit es sich dabei um eine Frage der Geschäftsfähigkeit handelt, muss **Art. 7 Abs. 1 EGBGB** geprüft werden. Soweit auf eine besondere, nur das Testieren betreffende Fähigkeit abgestellt wird, gilt das **Erbstatut**. Durch die alternativen Anknüpfungsmöglichkeiten des Haager Testamentsformübereinkommens und des Art. 26 EGBGB gelangt man regelmäßig zu einer formwirksamen letztwilligen Verfügung. Das Testament muss lediglich nach einer der bezeichneten Rechtsordnungen wirksam sein („**favor testamenti**").

89

Folgende Anknüpfungen sind möglich:
- Heimatrecht des Erblassers im Zeitpunkt der Verfügung **oder** im Zeitpunkt des Todes (bei Mehrstaatlern zählt jede einzelne Staatsangehörigkeit);
- Recht des Ortes der Errichtung der letztwilligen Verfügung;
- Recht am Wohnsitz **oder** gewöhnlichen Aufenthalts des Erblassers im Zeitpunkt der Verfügung **oder** im Zeitpunkt des Todes;
- das Recht des Lageortes hinsichtlich unbeweglichen Vermögens;
- das tatsächliche oder hypothetische Erbstatut im Zeitpunkt der Errichtung der letztwilligen Verfügung.

### 4. Statutenwechsel

Da zwischen der Errichtung der letztwilligen Verfügung und dem Eintritt des Erbfalls Jahre vergehen können, stellt sich nicht selten die Frage, welchen Einfluss dies auf die letztwillige Verfügung haben kann.[126]

90

#### a) Gültigkeit der Verfügung

Nach **Art. 26 Abs. 5 S. 1 EGBGB** unterliegen die Gültigkeit der Errichtung einer letztwilligen Verfügung und die Bindung an sie dem Recht, das anzuwenden wäre, wenn der Erbfall

91

---

123 Palandt/*Thorn*, Art. 26 EGBGB Rn 2.
124 BT-Drucks 10/5632, 44.
125 Palandt/*Thorn*, Art. 26 EGBGB Rn 6.
126 *Kersten/Bühling*, S. 1712.

im Zeitpunkt der Verfügung eingetreten wäre. Unter Gültigkeit sind sämtliche Wirksamkeitsvoraussetzungen zu verstehen, welche nach dem Erbstatut zu beurteilen sind,[127] z.B. die Zulässigkeit der Errichtung von gemeinschaftlichen Testamenten. Was die Formwirksamkeit anbelangt, so gelten die in Art. 26 EGBGB enthaltenen Anknüpfungspunkte.

Auch die Frage, ob ein wirksamer **Erbverzicht** anzunehmen ist, ist in entsprechender Anwendung von Art. 26 Abs. 5 S. 1 EGBGB nach dem Recht zu beurteilen, das im Zeitpunkt der Erklärung auf die – fiktive – Rechtsnachfolge von Todes wegen anzuwenden wäre.[128]

b) Testierfähigkeit

92  Nach **Art. 26 Abs. 5 S. 2 EGBGB** wird die einmal erlangte Testierfähigkeit durch den Erwerb oder Verlust der Rechtsstellung als Deutscher nicht beeinträchtigt. Diese Vorschrift schützt einerseits das Vertrauen des Erblassers in bereits errichtete letztwillige Verfügungen. Zum anderen erhält er ihm die Möglichkeit zur weiteren Abfassung von letztwilligen Verfügungen offen. Die einmal erlangte Testierfähigkeit bleibt bestehen.

### V. Verhältnis zum Güterrecht

#### 1. Rechtliche Grundlagen

93  Im deutschen Erbrecht spielt das **eheliche Güterrecht**[129] eine entscheidende Rolle für die **Erbquote,** § 1931 Abs. 3 und 4 BGB. Das Erb- und Güterrechtsstatut können aber auseinander fallen. Ursache dafür können gemischt-nationale Ehen,[130] ein Wechsel der Staatsangehörigkeit nach der Heirat oder eine Rechtswahl sein.

94  **Übersicht:**

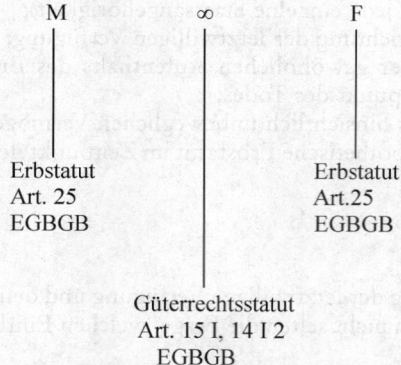

95  Bestehen – wie im deutschen Recht – Vorschriften, die bestimmen, dass die eheliche Gemeinschaft nach dem Tode eines Ehegatten güterrechtlich auseinander zu setzen ist, stellt sich die Frage, ob diese Regelungen erb- oder güterrechtlich zu qualifizieren sind. Erb- und Güterrechtsstatut können vor allem deshalb divergieren, weil bezüglich des anwendbaren

---

127 Palandt/*Thorn*, Art. 26 EGBGB Rn 8.
128 OLG Hamm NJW-RR 1996, 906; Palandt/*Thorn*, Art. 26 EGBGB Rn 7.
129 *Kroiß*, FPR 2006, 136.
130 *Junker*, Rn 584.

Güterrechts auf die gemeinsame Staatsangehörigkeit der Ehegatten oder deren gemeinsamen gewöhnlichen Aufenthalt zur Zeit der Eheschließung angeknüpft wird, Art. 15 Abs. 1, 14 Abs. 1 Nr. 1, 2 EGBGB.

Auch können die Ehegatten das Güterrechtsstatut durch **Rechtswahl** bestimmen, Art. 15 Abs. 2 EGBGB.[131] Die Rechtswahl muss notariell beurkundet werden, Art. 15 Abs. 3, 14 Abs. 4 EGBGB. Sie ist auch noch nach der Eheschließung möglich.

### 2. Muster: Rechtswahl betreffend das Güterrechtsstatut

_____ (*Notarielle Urkundenformalien*)

Es sind erschienen
1. Herr _____
2. Frau _____

Der Beteiligte zu 1) erklärt: Ich bin österreichischer Staatsangehöriger.

Die Beteiligte zu 2) erklärt: Ich bin deutsche Staatsangehörige.

Beide Beteiligte erklären:

Wir beabsichtigen, miteinander die Ehe zu schließen. Für die güterrechtlichen Wirkungen der Ehe wählen wir das Recht der Bundesrepublik Deutschland.

(Unterschriften)

Bei der Rechtswahl haben die Ehegatten folgende Möglichkeiten:
- Wahl des Rechts des Staates, dem einer von ihnen angehört,
- Wahl des Rechts des Staates, in dem einer von ihnen seinen gewöhnlichen Aufenthalt hat, oder
- für unbewegliches Vermögen das Recht des Lageortes.

Auch deutsche Ehegatten können damit für ihre güterrechtlichen Beziehungen eine ausländische Rechtsordnung wählen, wenn einer von ihnen in diesem Land seinen gewöhnlichen Aufenthalt genommen hat oder für unbewegliches Vermögen, wenn es einer der Ehegatten in dem Land seiner Wahl besitzt, Art. 15 Abs. 2 Nr. 2, 3 EGBGB.

### 3. Ermittlung des anwendbaren Güterrechts

Nachdem **Art. 15 EGBGB** in seiner aktuellen Fassung erst seit dem 1.9.1986 gilt, stellt sich die Frage, wie das anwendbare Güterrecht in den Fällen ermittelt wird, wo die Ehe schon früher geschlossen wurde.[132]

Die Antwort ist der intertemporalen Regel des **Art. 220 Abs. 1, 3 EGBGB** zu entnehmen. Soweit eine Ehe vor dem 1.9.1986 aufgelöst wurde, handelt es sich um einen abgeschlossenen güterrechtlichen Vorgang im Sinne des Art. 220 Abs. 1 EGBGB. Insoweit ist das bis zu diesem Zeitpunkt geltende Kollisionsrecht maßgeblich. Für am 1.9.1986 bestehende Ehen ist Art. 220 Abs. 3 EGBGB zu prüfen. Dabei handelt es sich um eine nicht ganz leicht zu durchschauende Vorschrift, die auf unterschiedliche Zeitpunkte abstellt.[133]

---

131 Vgl. dazu *Schotten/Schmellenkamp*, Rn 52; *von Hofmann/Thorn*, § 8 Rn 34 ff.
132 Übergangsrecht bei Altehen; vgl. dazu *Schotten/Schmellenkamp*, Rn 179 ff.; *MüKo-Siehr*, Art. 15 EGBGB Rn 142 ff.
133 Vgl. dazu *Kunz*, Rn 637 ff.; *Hüßtege*, S. 107 ff.

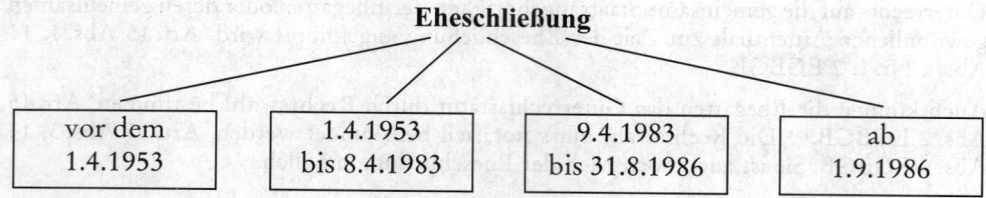

a) Eheschließung vor dem 1.4.1953

100 Für Ehen, die **vor dem 1.4.1953** geschlossen wurden, bleibt es bei der Anwendung des Art. 15 EGBGB a.F., wobei eine Rechtswahl möglich ist, Art. 220 Abs. 3 S. 6 EGBGB. Allerdings ist eine verfassungskonforme Auslegung geboten.

Grundlegend dazu BVerfG NJW 1983, 1968:

„...*Das in Art. 3 Abs. 2 GG ausgesprochene Gebot der Gleichberechtigung von Männern und Frauen konkretisiert den allgemeinen Gleichheitssatz und verbietet, dass der Geschlechtsunterschied einen beachtlichen Grund für Differenzierungen im Recht abgeben kann. Das schließt allerdings nach der ständigen Rechtsprechung des BVerfG Regelungen nicht aus, die im Hinblick auf die objektiven biologischen und funktionalen (arbeitsteiligen) Unterschiede nach der Natur des jeweiligen Lebensverhältnisses zwischen Männern und Frauen differenzieren (BVerfGE 52, 369, 374). Auf solche Merkmale lässt sich die in Art. 15 Abs. 1 und Abs. 2 Hs. 1. EGBGB erfolgte Anknüpfung an die Staatsangehörigkeit des Mannes nicht zurückführen.*

*1. Das BVerfG hat bereits in BVerfGE 31, 58 (73) entschieden, dass die Vorschriften des deutschen internationalen Privatrechts in vollem Umfang an den Grundrechten zu messen sind; denn der deutsche Gesetzgeber, der diese Kollisionsvorschriften erlässt oder in seinen Willen aufnimmt, ist hier ebenso wie bei seiner sonstigen Gesetzgebung an die Grundrechte gebunden (Art. 1 Abs. 3 GG). Die Kollisionsregelung des Art. 15 Abs. 1, Abs. 2 Hs. 1 EGBGB knüpft stets an die Staatsangehörigkeit des Mannes an. Das ist mit Art. 3 Abs. 2 GG unvereinbar. Dieser Verstoß gegen das Gleichberechtigungsgebot lässt sich auch nicht mit der Erwägung ausräumen, die Anwendung des Heimatrechts des Mannes könne für die Frau günstiger sein und habe daher nicht ohne weiteres ihre Benachteiligung zur Folge (so noch BGHZ 42, 7, 8). In seiner neueren Rechtsprechung hat der BGH zutreffend ausgeführt (NJW 1983, 1259), die kollisionsrechtliche Zurücksetzung der Frau reiche für die Annahme einer Verletzung des Art. 3 Abs. 2 GG bereits aus und führe unabhängig vom Inhalt des danach anzuwendenden materiellen Rechts zu ihrer Benachteiligung.*

*2. Die Weitergeltung der gegen Art. 3 Abs. 2 GG verstoßenden Anknüpfungsregelung in Art. 15 EGBGB ist auch nicht im Interesse einer klaren kollisionsrechtlichen Abgrenzung aus rechtsstaatlichen Gründen bis zu einer Reform des internationalen Privatrechts durch den Gesetzgeber geboten. In diesem Zusammenhang wird zwar die Ansicht vertreten, wegen eines zu erwartenden „Anknüpfungschaos" erscheine die vorläufige Beibehaltung der verfassungswidrigen Anknüpfung „als das kleinere Übel" (Henrich, FamRZ 1974, 107). Unabhängig davon, ob diese Befürchtung den Fortbestand einer gegen den Gleichheitsgrundsatz verstoßenden Regelung rechtfertigen könnte, bestätigt aber die Entscheidung des BGH, NJW 1983, 1259, dass sich auf dem Boden des geltenden Rechts anderweitige Anknüpfungsgesichtspunkte gewinnen lassen, die eine Ungleichbehandlung von Mann und Frau vermeiden und gleichzeitig dem Prinzip der Rechtssicherheit Rechnung tragen ...*"

## b) Eheschließung ab dem 1.9.1986

Bei Ehen, die ab dem 1.9.1986 geschlossen wurden, gilt Art. 15 EGBGB in seiner aktuellen Fassung.

## c) Eheschließung zwischen dem 9.4.1983 und 31.8.1986

Für den Zeitraum vom 9.4.1983 bis 31.8.1986 ist Art. 15 EGBGB ebenfalls – rückwirkend – anwendbar, Art. 220 Abs. 3 S. 5 EGBGB. Das Datum 8.4.1983 ergibt sich daraus, dass an diesem Tag die Entscheidung des Bundesverfassungsgerichts,[134] in der Art. 15 EGBGB a.F. mit Gesetzeskraft für nichtig erklärt wurde, bekannt wurde.

## d) Eheschließung zwischen dem 1.4.1953 und dem 8.4.1983

Problematisch ist der Zeitraum 1.4.1953 bis 8.4.1983. Hierfür stellt **Art. 220 Abs. 3 EGBGB** eine eigene Kollisionsnorm dar. Dabei ist eine „Anknüpfungsleiter" zu prüfen, Art. 220 Abs. 3 S. 1 Nr. 1–3 EGBGB. Problematisch ist in diesem Zusammenhang die Verfassungsmäßigkeit der Hilfsanknüpfung nach Art. 220 Abs. 3 S. 1 Nr. 3 EGBGB. Der BGH hält sie für verfassungskonform.[135] Auch die Rückwirkung in Art. 220 Abs. 3 S. 1 Nr. 2 EGBGB wird für unbedenklich erachtet.[136]

### 4. Qualifikation des § 1371 Abs. 1 BGB

An der Nahtstelle zwischen Güterrecht und Erbrecht befindet sich die praktisch bedeutsame Regelung des **§ 1371 Abs. 1 BGB**. In den Fällen, in denen das Erbstatut und das Güterrechtsstatut auseinander fallen, ist die Frage der Einordnung dieser Regelung entscheidend für die Erbquoten. Ist § 1371 Abs. 1 BGB auch anwendbar, wenn der Erblasser nach ausländischem Recht beerbt wird?[137] Dazu werden drei Meinungen vertreten:

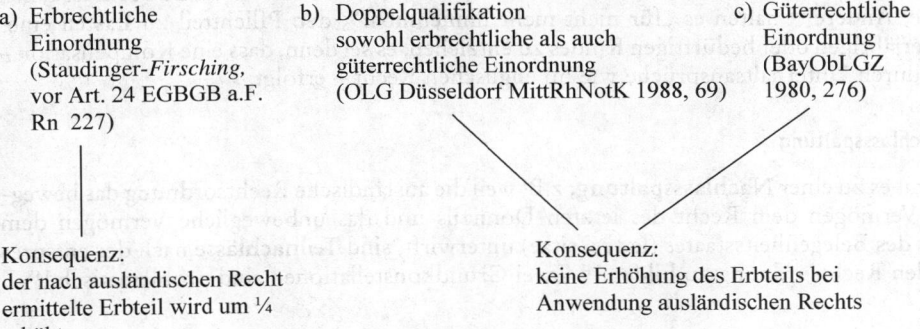

a) Erbrechtliche Einordnung (Staudinger-*Firsching*, vor Art. 24 EGBGB a.F. Rn 227)

b) Doppelqualifikation sowohl erbrechtliche als auch güterrechtliche Einordnung (OLG Düsseldorf MittRhNotK 1988, 69)

c) Güterrechtliche Einordnung (BayObLGZ 1980, 276)

Konsequenz: der nach ausländischen Recht ermittelte Erbteil wird um ¼ erhöht

Konsequenz: keine Erhöhung des Erbteils bei Anwendung ausländischen Rechts

Die wohl überwiegende Meinung – zumindest in der Rechtsprechung – qualifiziert § 1371 Abs. 1 BGB **güterrechtlich**. Demnach ist der Zugewinn nach dem Güterrechtsstatut zu beurteilen.[138] Dies gilt auch dann, wenn der Zugewinnausgleich pauschaliert durch eine

---

134 BVerfGE 63, 181.
135 BGH FamRZ 1986, 1200, 1202.
136 BGH FamRZ 1987, 793.
137 Grundlegend zum Meinungsstreit *Clausnitzer/Schotten*, MittRhNotK 1987, 15 ff.
138 OLG Karlsruhe NJW 1990, 1420; OLG Stuttgart NJW-RR 2005, 740.

Erhöhung des gesetzlichen Erbteils erfolgt, wie nach § 1371 BGB, jedenfalls dann, wenn deutsches Recht als Erbstatut maßgebend ist.[139]

In Fällen eines ausländischen Güterstatuts kann ein erbrechtlicher Zugewinnausgleich auch bei deutschem Erbstatut nicht stattfinden.

Soweit man dieser h.M. folgt und es bei Anwendung des deutschen Güterrechts und eines ausländischen Erbrechts zu Widersprüchen kommt, sind dieses gegebenenfalls im Wege der **Angleichung** (vgl. Rn 55 ff.) zu lösen.[140]

## VI. Pflichtteilsrecht

106 Im Zusammenhang mit dem **Pflichtteilsrecht**, das sich, wie festgestellt, nach dem Erbstatut richtet, können folgende Probleme auftreten:[141]

### 1. Kein Pflichtteilsrecht in der ausländischen Rechtsordnung

107 Viele Rechtsordnungen vor allem im anglo-amerikanischen Rechtskreis kennen kein Pflichtteilsrecht (Ausnahme Louisiana und Puerto Rico.)[142] Hinterlässt z.B. ein US-Amerikaner bewegliches Vermögen in Deutschland, stünde seinen Abkömmlingen kein Pflichtteilsanspruch zu. Hier stellt sich die Frage, ob diesem Ergebnis der **ordre public** (vgl. Rn 58 f.) entgegensteht. Der BGH hat dies offen gelassen.[143]

Ausdrücklich verneint wurde ein Verstoß gegen den ordre public vom OLG Köln[144] – allerdings in einem besonders gelagerten Fall – ohne nähere Begründung mit bloßem Hinweis auf RG JW 1912, 22.

In der Literatur wird teilweise[145] differenziert: Grundsätzlich ist die Versagung des Pflichtteilsrechts durch die ausländische Rechtsordnung zu respektieren, eine Ausnahme soll jedoch dann gelten, wenn der Pflichtteilsberechtigte der deutschen Sozialhilfe zur Last fallen würde. Andere[146] halten es „für nicht mehr hinnehmbar", den Pflichtteil zu Lasten eines minderjährigen oder bedürftigen Kindes zu entziehen, es sei denn, dass eine Kompensation – etwa durch Unterhaltsansprüche wie im englischen Recht – erfolgt.

### 2. Nachlassspaltung

108 Kommt es zu einer **Nachlassspaltung**, z.B. weil die ausländische Rechtsordnung das bewegliche Vermögen dem Recht des letzten Domizils und das unbewegliche Vermögen dem Recht des Belegenheitsstaates (lex rei sitae) unterwirft, sind **Teilnachlässe** nach der entsprechenden Rechtsordnung zu bilden.[147] Zwei Grundkonstellationen sind problematisch:[148]

---

139 A.A. OLG Stuttgart NJW-RR 2005, 740.
140 Vgl. dazu aber OLG Stuttgart Rpfleger 2005, 362.
141 Vgl. dazu insbesondere *Süß*, Handbuch Pflichtteilsrecht, § 15; *Klingelhöffer*, ZEV 1996, 258 ff.; Staudinger/*Dörner*, Art. 25 EGBGB Rn 184 ff., 741 ff.
142 Vgl. *Mayer/Süß/Tanck/Bittler/Wälzholz*, § 15 Rn 441.
143 BGH NJW 1993, 1920.
144 OLG Köln FamRZ 1976, 170.
145 MüKo-*Birk*, Art. 25 EGBGB Rn 113.
146 Staudinger/*Dörner*, Art. 25 EGBGB Rn 695.
147 Vgl. *Mayer/Süß/Tanck/Bittler/Wälzholz*, § 15 Rn 269.
148 Vgl. *Klingelhöffer*, ZEV 1996, 259.

#### a) Kumulierung von Erb- und Pflichtteilsrecht

> **Beispiel**
> Deutscher Erblasser vermacht einem Pflichtteilsberechtigten ein Grundstück in den USA und schließt ihn hinsichtlich des in Deutschland belegenen Nachlasses von der Erbfolge aus.
> Fraglich ist dabei, ob der Pflichtteilsberechtigte hier hinsichtlich des deutschen Nachlasses den Pflichtteil geltend machen kann. Entschieden wurde diese Problematik für österreichisches Recht[149] dahin gehend, dass „auch der Wert des dem Kläger zukommenden beweglichen Nachlasses der Erblasserin und dessen rechtliches Schicksal berücksichtigt werden" muss. Letztlich wird wohl eine Gesamtbetrachtungsweise vorzunehmen sein.

109

#### b) Kollisionsrechtliche Mangelfälle

> **Beispiel**
> Deutscher Erblasser hinterlässt umfangreichen Immobilienbesitz in den USA. Pflichtteilsanspruch des Abkömmlings?
> Diese Frage wird teilweise mit einer **entsprechenden Anwendung des § 2325 BGB** beantwortet.[150] Eine Klärung durch die Rechtsprechung ist noch nicht erfolgt.

110

### 3. Geltendmachung des Pflichtteilsrechts

Auch die Art und Weise der Geltendmachung des Pflichtteilsrechts richtet sich nach dem **Erbstatut**.[151] Auch die Verjährung des Anspruchs,[152] sein Erlass, sowie der Pflichtteilsverzicht[153] bestimmen sich nach dem Erbstatut.

111

#### a) Typischer Sachverhalt

Im Januar 2007 verstarb in Traunstein eine Amerikanerin unter Hinterlassung von beweglichem Vermögen in den USA und in Deutschland. In einem privatschriftlichen Testament aus dem Jahre 1997 hatte sie ihren Ehemann zum alleinigen Erben eingesetzt. Ihr letzter Wohnsitz in den USA lag in Los Angeles. Seit 1980 lebte sie in Traunstein. Das IPR Kaliforniens sieht vor, dass bewegliches Vermögen nach dem Recht des Staates vererbt wird, in dem der Erblasser sein letztes „domicile" hatte, unbewegliches Vermögen vererbt sich nach der lex rei sitae. Der Sohn als einziger Abkömmling klagt seinen Pflichtteilsanspruch ein.

112

---

149 OGH IPRax 1988, 37 ff.
150 Vgl. im Einzelnen *Klingelhöffer*, ZEV 1996, 260.
151 Staudinger/*Dörner*, Art. 25 EGBGB Rn 187.
152 BGH FamRZ 1996, 727.
153 BGH NJW 1997, 521.

**b) Muster: Stufenklage eines Pflichtteilsberechtigten auf Auskunft und Zahlung gegen den Erben bei amerikanischer Staatsangehörigkeit der Erblasserin**

An das

Landgericht Traunstein
Herzog-Otto-Str. 1

83278 Traunstein

*Klage*

des Frank Lukowski, Güterhallenstr. 11, 83278 Traunstein

– Klägers –

Prozessbevollmächtigter: Rechtsanwalt

gegen

Bill Lukowski, Hochbergweg 1, 83278 Traunstein,

– Beklagten –

wegen Auskunft und Zahlung

vorläufiger Streitwert: 200.000 EUR

Namens und im Auftrag des Klägers erhebe ich hiermit Klage zum Landgericht Traunstein und beantrage:
I. Der Beklagte wird verurteilt, Auskunft über den Bestand und den Verbleib des Vermögens des am 19.1.2007 verstorbenen Eva Lukowski, zuletzt wohnhaft in Traunstein zu erteilen. Dies hat durch Vorlage eines Bestandsverzeichnisses, welches folgende Punkte umfasst, zu geschehen:
alle beim Erbfall tatsächlich vorhandenen Gegenstände und Forderungen, alle Nachlassverbindlichkeiten, alle ergänzungspflichtigen Schenkungen, die der Erblasser zu Lebzeiten getätigt hat.
II. Der Beklagte wird verurteilt, an den Kläger ¼ des sich anhand der nach Ziff. 1 zu erteilenden Auskunft errechnenden Betrages nebst % Zinsen seit Zustellung der Klage zu zahlen.
III. Der Beklagte trägt die Kosten des Rechtsstreits.

*Begründung:*

Am 19.1.2007 verstarb in Traunstein die verheiratete Künstlerin Eva Lukowski, geborene Miller. Die Erblasserin, die amerikanische Staatsangehörige war, lebte bis zum Jahr 1980 an ihrem Geburtsort Los Angeles. Seit 1980 hatte sie ihren Wohnsitz in Traunstein. Sie hinterlässt bewegliches Vermögen in den USA und in Deutschland. In einem privatschriftlichen Testament aus dem Jahre 1997 hatte sie ihren Ehemann, den Beklagten, zum alleinigen Erben eingesetzt.

Der Kläger ist der einzige Abkömmling der Eheleute Lukowski. Weitere Kinder der Erblasserin sind nicht vorhanden. Die Erblasserin und der Beklagte, der die deutsche Staatsangehörigkeit besitzt, hatten am 11.11.1980 geheiratet und ihren gemeinsamen Wohnsitz in Traunstein begründet. Sie lebten im gesetzlichen Güterstand.

*Beweis:* Heiratsurkunde

Der Kläger hat den Beklagten mit Schreiben vom 16.10.2007 aufgefordert, ihm über den Umfang des Nachlasses und etwaiger Vorempfänge Auskunft zu erteilen, damit er seinen Pflichtteil bzw. Pflichtteilsergänzungsanspruch geltend machen kann. Der Beklagte hat mit Schreiben vom 10.11.2007 erklärt, dass er keine Auskünfte erteilen und keine Zahlungen leisten würde.

Auf den Erbfall und damit auch für Pflichtteilsansprüche ist deutsches Recht anwendbar. Zwar verweist Art. 25 Abs. 1 EGBGB auf US-amerikanisches Recht. Dabei handelt es sich um eine Gesamtverweisung, Art. 4 Abs. 1 S. 2 EGBGB, d.h., dass zunächst das US-amerikanische Kollisionsrecht zu beachten ist. Die USA haben aber weder ein einheitliches Internationales Privatrecht noch interlokale Kollisionsnormen.

*Kroiß*

Insoweit ist gem. Art. 4 Abs. 3 S. 2 EGBGB diejenige Teilrechtsordnung anzuwenden, mit welcher der Sachverhalt am engsten in den USA verbunden ist. Das ist hier Kalifornien.

Das IPR Kaliforniens sieht vor, dass bewegliches Vermögen nach dem Recht des Staates vererbt wird, in dem der Erblasser sein letztes „domicile" hatte, unbewegliches Vermögen vererbt sich nach der lex rei sitae. Da die Erblasserin ihr „domicile of choice" in Deutschland hatte, ist deutsches Erbrecht anwendbar.

(Rechtsanwalt)

### 4. Gestaltungsmöglichkeiten

Nachdem das Pflichtteilsrecht mit dem Erbstatut, nach deutscher Sichtweise mit der **Staatsangehörigkeit** (vgl. Rn 28), gekoppelt ist, kann durch Rechtswahl grundsätzlich keine Änderung herbeigeführt werden. Dem künftigen Erblasser hilft allenfalls ein Wechsel der Staatsangehörigkeit. Die Anwendung der so „gewählten" Rechtsordnung kann aber wiederum mit dem **ordre public** kollidieren.

## VII. Qualifikationsprobleme

Nicht selten ergeben sich in der Praxis Probleme bei der Beantwortung der Frage, welche Vorgänge unter den Begriff der „Rechtsnachfolge von Todes wegen" zu subsumieren sind (zur Qualifikation siehe oben Rn 19).

### 1. Rechtsnachfolge bei Personengesellschaften

Während sich die Vererbung von Anteilen bei **Kapitalgesellschaften** allein nach dem Erbstatut richtet,[154] sind bei **Personengesellschaften** wegen der persönlichen Bindungen des Gesellschafters an die Gesellschaft Sonderregelungen entwickelt worden.[155]

Es entspricht ständiger höchstrichterlicher Rechtsprechung, dass die Vererbung eines Anteils an einer Personengesellschaft sich abweichend vom Grundsatz der Universalsukzession im Wege der **Einzelrechtsnachfolge** vollzieht und damit außerhalb des gesamthänderisch gebundenen Nachlasses unmittelbar auf den – oder entsprechend geteilt auf – die Erben übergeht.[156] Diese in der Rechtsprechung entwickelte **Sondererbfolge** beruht darauf, dass eine Erbengemeinschaft aus spezifisch gesellschaftsrechtlichen Gründen nicht Mitglied einer Personengesellschaft sein kann, die uneingeschränkte Anwendung erbrechtlicher Regelungen daher zu dem nicht hinnehmbaren Ergebnis der generellen Unvererblichkeit eines solchen Anteils führen müsste.[157]

Letztlich entscheidet das **Gesellschaftsstatut** über das Fortbestehen der Gesellschaft; also über die:
- Vererblichkeit der Gesellschafterstellung und die
- mögliche Auflösung der Gesellschaft (z.B. im deutschen Recht §§ 131 Abs. 3 S. 1 Nr. 1, 139 HGB).

Wer tatsächlich **Erbe** geworden ist, entscheidet das **Erbstatut**.

---

154 MüKo-*Birk*, Art. 25 EGBGB Rn 180.
155 OLG Hamm NJW-RR 1991, 837.
156 BGHZ 22, 186; BGHZ 68, 225; BGHZ 108, 187 = NJW 1989, 3152.
157 BGHZ 22, 186.

## 2. Vorzeitiger Erbausgleich des nichtehelichen Kindes

117 Der § 1934d BGB in der Fassung bis zum Inkrafttreten des Erbrechtsgleichstellungsgesetzes am 1.4.1998 ermöglichte es dem nichtehelichen Kind, einen Anspruch auf **vorzeitigen Erbausgleich** geltend zu machen. Die Qualifikation dieses Anspruchs ist umstritten. Während teilweise für die Anwendbarkeit des Nichtehelichenstatuts gem. Art. 19, 20 EGBGB bzw. das Unterhaltsstatut plädiert wird, hält die h.M. das Erbstatut, Art. 25 EGBGB, für maßgeblich.

Der BGH[158] führt dazu aus:

„1. Auch nach der Reform des Nichtehelichenrechts ist es für das Erbrecht des nichtehelichen Kindes nach seinem Vater im Grundsatz bei den Kollisionsregeln geblieben, die aus Art. 24, 25 EGBGB entwickelt worden sind. Ob und in welchem Umfang es einer zusätzlichen Kollisionsregel für das Erbrecht eines deutschen nichtehelichen Kindes nach seinem ausländischen Vater bedarf, bleibt offen.
2. Der Anspruch auf vorzeitigen Erbausgleich ist nicht anders anzuknüpfen als das Erbrecht des nichtehelichen Kindes nach seinem Vater.
3. Der Ausgleichsbetrag muss eine angemessene Relation zu dem wahren, was das nichteheliche Kind nach dem Familienstand und den Vermögensverhältnissen des Vaters – bezogen auf die Zeit der letzten mündlichen Verhandlung vor dem Tatrichter – als Erbersatzanspruch oder wenigstens als Pflichtteil erwarten könnte."

Aus deutscher Sicht ist nach der **Übergangsvorschrift des Art. 225 EGBGB** das alte Recht noch in den Fällen zu beachten, in denen der vorzeitige Erbausgleich vor dem 1.4.1998 wirksam vereinbart oder rechtskräftig zugesprochen wurde.[159]

## VIII. Verfahrensrechtliche Fragen

### 1. Internationale Zuständigkeit

118 Wird in einem Fall mit Auslandsberührung die Entscheidung eines deutschen Gerichtes begehrt, sei es, dass eine Klage eingereicht wird, oder, dass bei einem Nachlassgericht ein Erbschein beantragt wird, stellt sich die Frage nach der **internationalen Zuständigkeit** der deutschen Gerichte. Dabei handelt es sich um eine Verfahrensvoraussetzung, die **von Amts wegen** zu prüfen ist, § 56 ZPO, § 26 FamFG (bis 31.8.2009: § 12 FGG).

#### a) Internationales Zivilprozessrecht

119 Grundsätzlich gilt im internationalen Verfahrensrecht, dass, soweit keine vorrangigen staatsvertraglichen Regelungen bestehen, **die örtliche Zuständigkeit die internationale Zuständigkeit indiziert**.

aa) EG-Verordnung Nr. 44/2001 über die gerichtliche Zuständigkeit und die Anerkennung und Vollstreckung von Entscheidungen in Zivil- und Handelssachen (EuGVVO) und Brüsseler EWG-Übereinkommen über die gerichtliche Zuständigkeit und die Vollstreckung gerichtlicher Entscheidungen in Zivil- und Handelssachen (EuGVÜ)

120 Die EG-Verordnung Nr. 44/2001 über die gerichtliche Zuständigkeit und die Anerkennung und Vollstreckung von Entscheidungen in Zivil- und Handelssachen (EuGVVO) und das

---

158 BGH NJW 1986, 2190.
159 Vgl. dazu eingehend *Rohlfing*, Erbrecht, § 2 Rn 17 ff.

EuGVÜ finden auf dem „Gebiet des Erbrechts einschließlich des Testamentsrechts" keine Anwendung, Art. 1 Abs. 2 lit. a EuGVVO, **Art. 1 Abs. 2 Nr. 1 EuGVÜ**. Damit sind alle Ansprüche des Erben auf und an den Nachlass, Klagen auf Feststellung des Erbrechts sowie die Herausgabeklage des Erben gegen einen Erbprätendenten nicht vom Anwendungsbereich des Übereinkommens erfasst.[160]

bb) Örtliche Zuständigkeit

Für erbrechtliche Streitigkeiten ergibt sich die **örtliche Zuständigkeit** und ihr folgend die internationale Zuständigkeit aus §§ 12, 13 ZPO bzw. dem besonderen Gerichtsstand des Vermögens, § 23 ZPO,[161] bzw. dem besonderen Gerichtsstand der Erbfolge nach §§ 27, 28 ZPO.

Für **Gestaltungsklagen**, wie sie in romanischen Rechtsordnungen z.B. auf Herabsetzung oder Teilung vorgesehen sind, ergibt sich die internationale Zuständigkeit der deutschen Gerichte aus einer **entsprechenden Anwendung** des § 27 Abs. 1 ZPO.[162]

b) Internationales Nachlassverfahrensrecht

aa) Gleichlaufgrundsatz/örtliche Zuständigkeit

Bislang gilt in Nachlasssachen der sogenannte **strenge Gleichlaufgrundsatz**, d.h. Voraussetzung für ein Tätigwerden der deutschen Nachlassgerichte ist, dass deutsches materielles Erbrecht zur Anwendung gelangt.

Eine **Einschränkung des strengen Gleichlaufgrundsatzes** ergibt sich aber für das Erbscheinsverfahren aus § 2369 BGB.[163] Diese Vorschrift setzt voraus, dass ein inländischer Gerichtsstand für die Erteilung eines Erbscheins fehlt. Insoweit wird damit zunächst das Prinzip des strengen Gleichlaufs bestätigt. Andererseits sieht § 2369 BGB gerade hierfür eine Ausnahme vor, wenn sich Nachlassgegenstände im Inland befinden.

Die internationale Zuständigkeit leitet sich seit 1.9.2009 von der örtlichen Zuständigkeit ab.[164]

> **§ 105 FamFG Andere Verfahren**[165]
> *In anderen Verfahren nach diesem Gesetz sind die deutschen Gerichte zuständig, wenn ein deutsches Gericht örtlich zuständig ist."*

Aus § 105 FamFG ergibt sich der neue Grundsatz, dass die **internationale Zuständigkeit** aus der **örtlichen Zuständigkeit** abgeleitet wird. Dazu heißt es in der Gesetzesbegründung:

> *„Damit wird der ungeschriebenen sog. Gleichlauftheorie, wonach die deutschen Gerichte für Nachlasssachen nur bei Anwendung deutschen Sachrechts zuständig seien, eine Absage erteilt."*[166]

Für die Beibehaltung des Gleichlaufgrundsatzes lässt sich aber anführen, dass das Recht für die praktische (schnelle, billige) Rechtsdurchsetzung gedacht ist und nicht zur Durchset-

---

160 Staudinger/*Dörner*, Art. 25 EGBGB Rn 774.
161 So auch BGH NJW 1996, 1096 für einen Anspruch auf vorzeitigen Erbausgleich.
162 Vgl. OLG Düsseldorf DNotZ 1964, 351; Staudinger/*Dörner*, Art. 25 EGBGB Rn 779.
163 AnwK-BGB/*Kroiß*, § 2369 BGB Rn 26.
164 *Zimmermann*, Die Nachlasssachen in der FGG-Reform, FGPrax 2006, 190.
165 Gemeint sind andere als die familiengerichtlichen Verfahren.
166 BT-Drucks 16/6308 S. 221.

zung allgemeiner Strukturen.¹⁶⁷ So wurden auch schon bisher Ausnahmen vom Gleichlaufprinzip zugelassen, wenn ein praktisches Bedürfnis bestand. Auch kann die Neuregelung zu einer Ausweitung der internationalen Zuständigkeit auch auf nicht im Inland befindliche Nachlassgegenstände führen.

### bb) Neufassung des § 2369 BGB

**125** § 2369 Abs. 1 BGB:

*(1) Gehören zu einer Erbschaft auch Gegenstände, die sich im Ausland befinden, kann der Antrag auf Erteilung eines Erbscheins auf die im Inland befindlichen Gegenstände beschränkt werden.*

**126** Das **örtlich zuständige Nachlassgericht** wird einen Erbschein in Zukunft grundsätzlich auch dann ausstellen, wenn die Rechtsnachfolge von Todes wegen einem **ausländischen Recht** unterliegt. Soweit § 2369 Abs. 1 BGB a.F. bislang so verstanden wurde, dass die Vorschrift als Ausnahme von der „Gleichlauftheorie" trotz Anwendung ausländischen Sachrechts die Ausstellung eines Erbscheins für im Inland belegene Nachlassgegenstände erlaubt, besteht folglich kein Bedürfnis mehr für die Vorschrift.¹⁶⁸ Der Erbschein beansprucht künftig, auch wenn fremdes Erbrecht zur Anwendung kommt, weltweite Geltung („Weltrechtserbschein"). Die Neufassung des § 2369 Abs. 1 BGB geht jedoch davon aus, dass auch nach der Ablösung der „Gleichlauftheorie" für den Erben eines Nachlasses, der im In- und Ausland belegen ist, ein Interesse daran bestehen kann, den Antrag auf Erbscheinserteilung auf den inländischen Nachlass zu beschränken.

Denkbar sind insbesondere Fälle von Nachlassspaltung, in denen die Ermittlung der Erbfolge für den im Ausland belegenen Nachlass nach dem anzuwendenden ausländischen Recht zeitaufwendig ist, während die Rechtslage bezüglich des im Inland befindlichen Nachlasses nach dem anzuwendenden deutschen Recht unproblematisch ist.

Die Beschränkung des Antrags ist künftig auch bei **Eigenrechtserbscheinen** möglich. Hinterlässt z.B. ein deutscher Erblasser Nachlassgegenstände im Ausland, kann der Erbscheinsantrag vor dem deutschen Nachlassgericht auf die im Inland befindlichen Gegenstände beschränkt werden, § 2369 Abs. 1 BGB.

### cc) Muster: Antrag auf einen gegenständlich beschränkten Erbschein, § 2369 BGB, bei italienischem Erblasser

**127** Sachverhalt: Italiener mit letztem Wohnsitz in Traunstein hinterlässt ein Grundstück am Gardasee, ein Mehrfamilienhaus und bewegliches Vermögen in Traunstein. Testamentarisch hat er seine Ehefrau zur Alleinerbin eingesetzt. Die Erbin will nur einen Erbschein, der auf die in Deutschland befindlichen Nachlassgegenstände beschränkt ist.

---

167 *Zimmermann*, Die Nachlasssachen in der FGG-Reform, FGPrax 2006, 189, 190.
168 BT-Drucks 16/6308 S. 349.

An das
Amtsgericht Traunstein
– Nachlassgericht –
Herzog-Otto-Str.1
83278 Traunstein

*Erbscheinsantrag*

Namens und im Auftrag meiner Mandantin beantrage ich, folgenden

*Erbschein*

zu erteilen:

Es wird bezeugt, dass der am 4.9.2002 in Traunstein verstorbene Gastwirt Mario Mercado, geb. 12.2.1933 in Florenz, zuletzt wohnhaft Höllgasse 7 in 83278 Traunstein, aufgrund privatschriftlichen Testaments vom 17.7.1991 unter Beschränkung auf die im Inland befindlichen Gegenstände von seiner Ehefrau Donatella Mercado, wohnhaft Höllgasse 9 in 83278 Traunstein, in Anwendung italienischen Rechts

*allein*

beerbt worden ist.

Ausweislich beiliegender Sterbeurkunde (Anlage 1) verstarb der Erblasser am 4.9.2002 in Traunstein. Der Erblasser war italienischer Staatsangehöriger. Aufgrund privatschriftlichen Testaments vom 17.7.1991 (Anlage 2) wurde meine Mandantin zur Alleinerben eingesetzt. Andere Verfügungen von Todes wegen sind nicht bekannt. Die Beerbung richtet sich gem. Art. 25 Abs. 1 EGBGB nach italienischem Recht. Der Erblasser hinterlässt in Traunstein ein Mehrfamilienhaus in der Höllgasse, sowie beweglichen Nachlass, insbesondere einen Pkw Audi 80, Baujahr 1998, Hausrat, Bargeld und Antiquitäten, die sich in seiner Wohnung in der Höllgasse befinden.

Das Grundstück ist im Grundbuch des Amtsgerichts Traunstein Band _____ Blatt _____ eingetragen. Es hat einen Einheitswert von _____ EUR. Der Verkehrswert beträgt ca. _____ EUR.

Ein Rechtsstreit über das Erbrecht ist nicht anhängig.

(Rechtsanwalt)

dd) Muster: Gegenständlich beschränkter Erbschein, § 2369 BGB, bei spanischem Erblasser

**Sachverhalt:** Spanier mit letztem Wohnsitz in Traunstein hinterlässt ein Grundstück und bewegliches Vermögen in Traunstein. Letztwillige Verfügungen wurden nicht getroffen. Der Erbe will nur einen Erbschein, der auf die in Deutschland befindlichen Nachlassgegenstände beschränkt ist.

An das
Amtsgericht Traunstein
– Nachlassgericht –
Herzog-Otto-Str.1
83278 Traunstein

*Erbscheinsantrag*

Namens und im Auftrag meiner Mandantin beantrage ich, folgenden

*Erbschein*

zu erteilen:

Es wird bezeugt, dass der am 13.11.2008 in Traunstein verstorbene Unternehmensberater Miguel Hernandez, geb. 20.8.1929 in Barcelona, zuletzt wohnhaft Haslacherstr.11 in 83278 Traunstein, aufgrund gesetzlicher

Erbfolge unter Beschränkung auf die im Inland befindlichen Gegenstände von seinen Kindern Octavio und Jose-Maria, beide wohnhaft Haslacherstr.11 in 83278 Traunstein, in Anwendung gemein spanischen Rechts

je zur Hälfte

beerbt worden ist. An einem Drittel des Nachlasses besteht ein dingliches Nießbrauchsrecht der Ehefrau des Erblassers, Carmen Hernandez, wohnhaft Haslacher Str. 11 in Traunstein.

Ausweislich beiliegender Sterbeurkunde (Anlage 1) verstarb der Erblasser am 13.11.2008 in Traunstein. Der Erblasser war spanischer Staatsangehöriger. Verfügungen von Todes wegen sind nicht bekannt. Die Beerbung richtet sich gem. Art. 25 Abs. 1 EGBGB nach spanischem Recht. Der Erblasser hinterlässt in Traunstein ein Mehrfamilienhaus in der Haslacher Straße, sowie beweglichen Nachlass, insbesondere einen Pkw Mercedes Baujahr 2006, Hausrat, Bargeld und Antiquitäten, die sich in der in dem genannten Mehrfamilienhaus befinden.

Das Grundstück ist im Grundbuch des Amtsgerichts Traunstein Band ▮▮▮ Blatt ▮▮▮ eingetragen. Es hat einen Einheitswert von ▮▮▮ EUR. Der Verkehrswert beträgt ca. ▮▮▮ EUR.

Ein Rechtsstreit über das Erbrecht ist nicht anhängig.

(Rechtsanwalt)

ee) Weitere Vorschriften für die internationale bzw. örtliche Zuständigkeit des Nachlassgerichts

131
- Zuständigkeit zur **Sicherung des Nachlasses**, § 344 Abs. 4 FamFG (bislang § 74 FGG: Testamentseröffnung;[169] Anordnung einer Nachlasspflegschaft[170]);
- **Annahme** oder **Ausschlagung** der Erbschaft, § 344 Abs. 7 FamFG
- wohl auch **Anfechtung** eines Testaments.[171]

Für die **örtliche Zuständigkeit** gilt auch in diesen Fällen die auch die Regelung des **§ 343 FamFG (bislang § 73 FGG)**:
- letzter Wohnsitz oder Aufenthalt des ausländischen Erblassers, § 343 Abs. 1 FamFG,
- hilfsweise besteht für deutsche Erblasser eine Zuständigkeit des Amtsgerichts Berlin-Schöneberg, § 343 Abs. 2 FamFG,
- ansonsten jedes Gericht, in dessen Bezirk sich Nachlassgegenstände befinden, § 343 Abs. 3 FamFG.

## 2. Erbscheinsverfahren

132
Der deutsche Nachlassrichter wendet stets deutsches Verfahrensrecht an (sog. **lex fori-Grundsatz**). Damit gelten die §§ 2353 ff. BGB und die §§ 1–110, 342 ff. FamFG (bislang §§ 1–34, 72 ff. FGG). Bei den zu erteilenden Erbscheinen ist wie folgt zu unterscheiden:

### a) Eigenrechtserbschein

133
Kommt materielles deutsches Erbrecht, sei es über Art. 25 Abs. 1 EGBGB bei deutscher Staatsangehörigkeit des Erblassers oder kraft Rückverweisung zur Anwendung, so wird ein sog. Eigenrechtserbschein erteilt.

---

169 BayObLG OLGE 40, 160.
170 BGH NJW 1968, 353.
171 MüKo-*Birk*, Art. 25 EGBGB Rn 320.

### Beispiel
Ein Däne mit Wohnsitz in Hamburg verstirbt. Das dänische Internationale Privatrecht verweist auf das deutsche Recht zurück.[172] Diese Rückverweisung wird gem. Art. 4 Abs. 1 S. 2 EGBGB angenommen, womit deutsches Erbrecht maßgeblich ist.

Was den Inhalt anbelangt, gelten die üblichen Voraussetzungen, § 2353 BGB.

Anzumerken ist lediglich, dass die Rückverweisung in den Erbschein aufgenommen wird.[173]

### Formulierungsbeispiel: Rückverweisung im Erbschein
Hiermit wird bezeugt, dass der A von der B kraft Rückverweisung des dänischen Rechts nach deutschem Recht allein beerbt worden ist.

b) Muster: Antrag auf Erteilung eines Eigenrechtserbscheins, § 2353 BGB, bei französischem Erblasser

Sachverhalt: Französischer Erblasser mit letztem Wohnsitz in Traunstein stirbt unter Hinterlassung seiner Ehefrau und drei gemeinsamen Kindern. Er besaß bewegliches und unbewegliches Vermögen in Deutschland. Sowohl hinsichtlich der Immobilien als auch hinsichtlich der beweglichen Sachen wird er nach deutschem Recht beerbt. Eine letztwillige Verfügung lag nicht vor.

An das

Amtsgericht Traunstein
– Nachlassgericht –
Herzog-Otto-Str.1

83278 Traunstein

*Erbscheinsantrag*

Namens und im Auftrag meiner Mandantin beantrage ich, folgenden

*Erbschein*

zu erteilen:

Es wird bezeugt, dass der am 14.9.2008 in Traunstein verstorbene Immobilienmakler Jean Leblanc, geb. 12.2.1933 in Paris, zuletzt wohnhaft Jahnstr. 38 in 83278 Traunstein

von seiner Ehefrau zur Hälfte und von seinen Kindern             je zu $^1/_6$ kraft Rückverweisung aus dem französischen Recht in Anwendung deutschen Rechts beerbt worden ist. Hinsichtlich des unbeweglichen Nachlasses gilt dieser Erbschein nur insoweit, als er im Inland belegen ist.

Ausweislich beiliegender Sterbeurkunde (Anlage 1) verstarb der Erblasser am 14.9.2008 in Traunstein. Der Erblasser war französischer Staatsangehöriger. Er hat keine letztwillige Verfügung getroffen. Der inländische Nachlass besteht aus Bankguthaben bei Münchener Bankhäusern und einem Ferienhaus in Seebruck am Chiemsee. Aus der Ehe des Erblassers mit der Antragstellerin sind drei Kinder hervorgegangen. Der bewegliche Nachlass wird nach französischem Recht, auf das Art. 25 Abs. 1 EGBGB verweist, nach dem Recht des Staates, wo der Erblasser seinen letzten Wohnsitz hatte vererbt.

Hinsichtlich des Grundstücks in Seebruck richtet sich die Vererbung nach dem Recht des Lageorts, also nach deutschem Erbrecht, da eine entsprechende Verweisung des französischen Rechts nach Art. 4 Abs. 1 S. 2 EGBGB angenommen wird.

---

172 *Ring/Olsen-Ring*, Rn 945.
173 Palandt/*Edenhofer*, § 2353 BGB Rn 5.

Das Grundstück ist im Grundbuch des Amtsgerichts Traunstein Band ▓▓▓▓▓ Blatt ▓▓▓▓▓ eingetragen. Es hat einen Einheitswert von ▓▓▓▓▓ EUR. Der Verkehrswert beträgt ca. ▓▓▓▓▓ EUR.

Ein Rechtsstreit über das Erbrecht ist nicht anhängig.

(Rechtsanwalt)

#### c) Gegenständlich beschränkter Eigenrechtserbschein

139 Für die Fallkonstellation des **Art. 3a Abs. 2 EGBGB** oder aufgrund einer **Nachlassspaltung** im ausländischen IPR kann ein gegenständlich beschränkter Eigenrechtserbschein notwendig sein. Deutsches Recht ist dann nur auf einen Teil des Nachlasses anzuwenden.[174] Es ist in diesem Fall möglich, aber nicht zwingend, in den Erbschein einen Vermerk über die gegenständliche Beschränkung mit aufzunehmen.[175]

#### d) Fremdrechtserbschein (= gegenständlich beschränkter Erbschein)

140 § 2369 BGB verlangt die Anwendung fremden materiellen Erbrechts.

141 **Beispiel**
Ein Österreicher mit letztem Wohnsitz in Traunstein hinterlässt bewegliches Vermögen in Deutschland und ein Grundstück in Österreich.
Die Erbfolge regelt sich nach österreichischem Recht, Art. 25 Abs. 1 EGBGB, da das österreichische IPR ebenfalls auf die Staatsangehörigkeit abstellt. Das deutsche Nachlassgericht ist nur für die Erteilung eines Erbscheins des im Inland belegenen Nachlasses zuständig, § 2369 BGB. Hingegen besteht für das in Österreich belegene Grundstück keine internationale Zuständigkeit.

142 Findet auf einen Erbfall österreichisches Recht Anwendung, so kann ein deutsches Nachlassgericht einen Fremdrechtserbschein grundsätzlich nur dann erteilen, wenn der Erbe eine „Erbserklärung" abgegeben hat und der Nachlass von einem österreichischen Verlassenschaftsgericht „eingeantwortet" ist.[176] Sofern eine so genannte „Verlassenschaftsabhandlung" nicht durchgeführt wird, kann das deutsche Nachlassgericht auf eine „Einantwortung" verzichten und eine Erklärung über die Annahme der Erbschaft entgegennehmen.

143 Inhalt des Fremdrechtserbscheins:[177]
– Bezeichnung des Erben;[178]
– falls ein Antrag nach § 2369 Abs. 1 BGB gestellt wird: territoriale und gegenständliche Beschränkung, ohne dass aber die im Inland befindlichen Gegenstände einzeln aufzuzählen sind (ein diesbezüglicher Verstoß macht den Erbschein aber nicht ungültig);
– das Recht, nachdem sich die Erbfolge richtet.

#### e) Muster: Antrag auf Erteilung eines gegenständlich beschränkten Erbscheins (österreichisches Erbrecht)

144 Sachverhalt: Österreicher mit letztem Wohnsitz in Deutschland verstirbt unter Hinterlassung von beweglichem Nachlass in Deutschland.

---

[174] *Hüßtege*, S. 126.
[175] Palandt/*Edenhofer*, § 2369 BGB Rn 4.
[176] BayObLG ZEV 1995, 416.
[177] Palandt/*Edenhofer*, § 2369 BGB Rn 10.
[178] *Kersten/Bühling*, § 126 II 4.

An das

Amtsgericht Traunstein
– Nachlassgericht –
Herzog-Otto-Str. 1

83278 Traunstein

*Erbscheinsantrag*

Namens und im Auftrag meiner Mandantin Ernestine Schleicher beantrage ich, folgenden

*Erbschein*

zu erteilen:

Es wird bezeugt, dass der am 14.9.2008 in Traunstein verstorbene Immobilienmakler Justus Schleicher, geb. 12.2.1933 in Wien, zuletzt wohnhaft Hadergasse 7 in 83278 Traunstein, aufgrund privatschriftlichen Testaments vom 17.7.1991 unter Beschränkung auf die im Inland befindlichen Gegenstände von seiner Ehefrau Ernestine Schleicher, wohnhaft Hadergasse 9 in 83278 Traunstein, in Anwendung österreichischen Rechts

*allein*

beerbt worden ist.

Ausweislich beiliegender Sterbeurkunde (Anlage 1) verstarb der Erblasser am 14.9.2008 in Traunstein. Der Erblasser war österreichischer Staatsangehöriger. Aufgrund privatschriftlichen Testaments vom 17.7.1991 (Anlage 2) wurde mein Mandant zum Alleinerben eingesetzt. Andere Verfügungen von Todes wegen sind nicht bekannt. Die Beerbung richtet sich gem. Art. 25 Abs. 1 EGBGB nach österreichischem Recht. Der Erblasser hinterlässt in Traunstein beweglichen Nachlass.

Der Wert des Nachlasses beträgt ca.           EUR.

Ein Rechtsstreit über das Erbrecht ist nicht anhängig.

(Rechtsanwalt)

Die Frage der Berücksichtigung ausländischer Rechtsbegriffe in deutschen Erbscheinen ist umstritten. Das BayObLG hatte es abgelehnt, ein nach ausländischem Recht dinglich wirkendes Vermächtnis in einen Erbschein aufzunehmen. *Kegel/Schurig*[179] empfehlen dagegen, wichtige Eigenheiten des ausländischen Erbstatuts, die sich auf die Verfügungsmacht des Erben auswirken, im Erbschein zu vermerken. Das OLG Köln[180] weist darauf hin, dass der Erbschein gem. § 2353 BGB dem Erben erteilt wird und dessen Erbrecht ausweist. Der Vermächtnisnehmer, dem lediglich einzelne Gegenstände zugewandt werden, sei kein Erbe. Seine Aufnahme in einen Erbschein widerspreche deshalb bereits dem klaren Gesetzeswortlaut. Dies gelte auch, wenn nach ausländischem Erbstatut das Vermächtnis dingliche Wirkung hat.

Eine nach ausländischem Recht angeordnete **Testamentsvollstreckung** ist ebenfalls zu vermerken.[181] Auch ist ein gegenständlich beschränktes Testamentsvollstreckerzeugnis möglich, **§§ 2368 Abs. 3, 2369 BGB.**

Verfahrensrechtlich bedeutsam ist noch, dass für die Vorlage von Nachweisen gem. § 2356 BGB ausländische öffentliche Urkunden und eidesstattliche Versicherungen ausreichen.[182]

---

179 *Kegel/Schurig*, IPR, 8. Auflage 2000, S. 875.
180 OLG Köln NJW 1983, 525.
181 BGH NJW 1963, 46.
182 *Kersten/Bühling*, § 119 IV.

## f) Gemischter Erbschein

**147** Wird der Erblasser teilweise nach **deutschem** und teilweise nach **ausländischem** Recht beerbt (z.B. ein Franzose mit Wohnsitz in Paris, der bewegliches und unbewegliches Vermögen in Deutschland hinterlässt), ist sowohl ein **Eigenrechtserbschein** nach § 2353 BGB als auch ein **Fremdrechtserbschein** nach § 2369 BGB zu erteilen. Diese können in einer Urkunde verbunden werden.[183]

### aa) Typischer Sachverhalt

**148** Der verwitwete französischer Erblasser mit letztem Wohnsitz in Paris stirbt unter Hinterlassung dreier Kinder. Er besaß bewegliches und unbewegliches Vermögen in Deutschland. Es kommt zur Nachlassspaltung. Hinsichtlich der Immobilien wird er nach deutschem, hinsichtlich der beweglichen Sachen nach französischem Recht beerbt. Eine letztwillige Verfügung lag nicht vor.

### bb) Muster: Antrag auf Erteilung eines gemischten Erbscheins bei französischem Erblasser
(teilweise Eigenrechtserbschein, teilweise gegenständlich beschränkter Erbschein)

**149** An das

Amtsgericht Traunstein
– Nachlassgericht –
Herzog-Otto-Str.1

83278 Traunstein

*Erbscheinsantrag*

Namens und im Auftrag meines Mandanten, ▇▇▇▇, beantrage ich, folgenden

*Erbschein*

zu erteilen:

Es wird bezeugt, dass der am 14.9.2008 in Metz verstorbene Immobilienmakler Jean Leblanc, geb. 12.2.1933 in Paris, zuletzt wohnhaft Rue St. Denis 23, Metz,
a) hinsichtlich seines im Inland belegenen beweglichen Nachlasses von seinen Kindern ▇▇▇▇ zu je $^1/_3$ nach französischen Recht beerbt worden ist.
b) Hinsichtlich seines in Deutschland belegenen unbeweglichen Nachlasses ist der Erblasser von seinen Kindern ▇▇▇▇ je zu $^1/_3$ kraft Rückverweisung aus dem französischen Recht in Anwendung deutschen Rechts beerbt worden.

Ausweislich beiliegender Sterbeurkunde (Anlage 1) verstarb der Erblasser am 14.9.2008 in Metz. Der Erblasser war französischer Staatsangehöriger. Er war verwitwet. Er hat keine letztwillige Verfügung getroffen. Der inländische Nachlass besteht aus Bankguthaben bei Münchener Bankhäusern und einem Ferienhaus in Seebruck am Chiemsee. Aus der Ehe des Erblassers mit der am ▇▇▇▇ verstorbenen ▇▇▇▇ sind drei Kinder ▇▇▇▇ hervorgegangen. Diese erhalten nach französischem Recht das Eigentum am beweglichen Nachlass zu gleichen Teilen.

Hinsichtlich des Grundstücks in Seebruck richtet sich die Vererbung nach dem Recht des Lageorts, also nach deutschem Erbrecht, da eine entsprechende Verweisung des französischen Rechts nach Art. 4 Abs. 1 S. 2 EGBGB angenommen wird.

---

183 BayObLG FamRZ 1971, 259.

Das Grundstück ist im Grundbuch des Amtsgerichts Traunstein Band ▒▒▒ Blatt ▒▒▒ eingetragen. Es hat einen Einheitswert von ▒▒▒ EUR. Der Verkehrswert beträgt ca. ▒▒▒ EUR.

Ein Rechtsstreit über das Erbrecht ist nicht anhängig.

(Rechtsanwalt)

g) Beschwerdeverfahren

Im Beschwerdeverfahren ist folgende Besonderheit zu beachten:[184] Die **Beschwerdeberechtigung** als Zulässigkeitsvoraussetzungen der Beschwerde ist in einem Erbfall mit Auslandsberührung nach dem deutschen Verfahrensrecht zu beurteilen. Nach dem Erbstatut ist demgegenüber zu beurteilen, ob ein Recht des Beschwerdeführers beeinträchtigt ist.

**3. Anerkennung und Vollstreckung ausländischer Entscheidungen**

a) Zivilurteile

aa) Rechtliche Grundlagen

Für Urteile in streitigen Zivilverfahren gilt insoweit **§ 328 ZPO**. Staatsvertragliche Regelungen gehen dem autonomen Recht vor. Zu beachten ist, dass die EuGVVO, das EuGVÜ und das Luganer Übereinkommen **nicht** auf das „Gebiet des Erbrechts einschließlich des Testamentsrechts", Art. 1 Abs. 2 lit. a EuGVVO, Art. 1 Abs. 2 Nr. 1 EuGVÜ, anzuwenden sind.

Folgende bilaterale Staatsverträge betreffen Entscheidungen in erbrechtlichen Streitigkeiten:
- deutsch-österreichischer Vertrag vom 6.6.1959 (BGBl II 1960, 1246;);
- deutsch-italienisches Abkommen vom 9.3.1936 (RGBl II 1937, 145)
- deutsch-spanischer Vertrag vom 14.11.1983 (BGBl II 1987, 35);
- deutsch-schweizerisches Abkommen vom 2.11.1929 (RGBl II 1930, 1066);
- deutsch-belgisches Abkommen vom 30.6.1958 (BGBl II 1959, 766);
- deutsch-britisches Abkommen vom 14.7.1960 (BGBl II 1961, 301);
- deutsch-griechischer Vertrag vom 4.11.1961 (BGBl II 1963, 109);
- deutsch-niederländischer Vertrag vom 30.8.1962 (BGBl II 1965, 27).

Soweit keiner der genannten Staatsverträge einschlägig ist, bestimmt sich die Anerkennung gerichtlicher Entscheidungen in Erbrechtsstreitigkeiten nach § 328 ZPO (siehe dazu unten die Übersicht bei § 109 FamFG/§ 16a FGG Rn 155). Die **Vollstreckung** richtet sich dann nach den **§§ 722, 723 ZPO**.

---

184 BayObLG NJW 1988, 2745.

### bb) Muster: Klage auf Feststellung der Anerkennung eines ausländischen Urteils

An das

Landgericht Traunstein
– Zivilkammer –
Herzog-Otto-Str.1

83278 Traunstein

*Klage*

in Sachen

Franziska Müller,

– Klägerin –

Prozessbevollmächtigter: Rechtsanwalt

gegen

Hans Hummel,

– Beklagten –

Prozessbevollmächtigter: Rechtsanwalt

wegen Feststellung der Anerkennung eines ausländischen Urteils

Streitwert: 200.000 EUR

Namens und im Auftrag der Klägerin erhebe ich hiermit Klage zum Landgericht Traunstein mit dem Antrag:
I. Es wird festgestellt, dass das Urteil des High Court Kapstadt vom , Az. , im Inland Wirkung entfaltet.
II. Die Kosten des Rechtsstreits trägt der Beklagte.
III. Das Urteil ist vorläufig (hinsichtlich der Kosten) vorläufig vollstreckbar.

*Begründung:*

Die Parteien streiten um das Erbe des am 18.8.2007 in Pretoria verstorbenen Gustav Botha. Der Erblasser war südafrikanischer Staatsangehöriger. Mit Urteil vom hat der High Court Kapstadt festgestellt, dass die Klägerin Alleinerbin des Erblassers geworden ist. Das Urteil ist rechtskräftig.

*Beweis:* Beiliegendes Urteil des High Courts Kapstadt

Die Voraussetzungen des § 328 ZPO sind erfüllt. Das südafrikanische Gericht war nach den deutschen Gesetzen zuständig. Der Beklagte hat sich auf das Verfahren eingelassen. Die Gegenseitigkeit im Verhältnis zu Südafrika ist verbürgt.

(Rechtsanwalt)

### b) FamFG-Verfahren

Die Anerkennung aller übrigen Entscheidungen und Akte im **Nachlassverfahren** (z.B. ausländische Erbscheine, Einantwortungsurkunden, Erbrechtszeugnisse, letters of administration etc.) richtet sich nach den Regeln über die Anerkennung ausländischer Akte der freiwilligen Gerichtsbarkeit.[185] Ob eine Entscheidung der freiwilligen Gerichtsbarkeit vorliegt, ist nach deutschen Rechtsvorstellungen zu beurteilen.[186]

---

185 MüKo-*Birk*, Art. 25 EGBGB Rn 359.
186 Zöller/*Geimer*, § 328 ZPO Rn 90.

Bei Erbscheinen richtet sich die Frage der Anerkennungsfähigkeit neben staatsvertraglichen Regelungen nach §§ 108, 109 FamFG (bislang § 16a FGG).[187] Die oben genannten bilateralen Anerkennungs- und Vollstreckungsabkommen finden auf im FamFG-Verfahren ergangenen Entscheidungen mit Fürsorgecharakter grundsätzlich keine Anwendung.[188]

Lediglich österreichische **Einantwortungsurkunden** können nach dem „Vertrag zwischen der Bundesrepublik Deutschland und der Republik Österreich über die gegenseitige Anerkennung und Vollstreckung von gerichtlichen Entscheidungen, Vergleichen und öffentlichen Urkunden in Zivil- und Handelssachen" vom 6.6.1959[189] anerkannt werden. An sich wäre zwar die EuGVVO bzw. das Luganer Übereinkommen vorrangig,[190] jedoch ist diesbezüglich der Anwendungsbereich nicht eröffnet, so dass in Erbschaftssachen der deutsch-österreichische Vertrag weiter gilt. Die Anerkennung darf aber nach Art. 3 Abs. 2 i.V.m. Art. 3 Abs. 1 des Abkommens versagt werden, wenn das Gericht nach den Regeln seines Internationalen Privatrechts andere Gesetze angewendet hat, als sie nach dem internationalen Privatrecht des Staates, in dem die Entscheidung geltend gemacht wird, anzuwenden gewesen wäre, „es sei denn, dass sie auch bei der Anwendung des internationalen Privatrechts des Staates, in dem sie geltend gemacht wird, gerechtfertigt wäre", Art. 3 Abs. 2 a.E.[191]

**§ 109 FamFG** bestimmt in Anlehnung an §§ 16a FGG und 328 ZPO die Voraussetzungen für einen Ausschluss der Anerkennung:
– § 109 Abs. 1 Nr. 1 FamFG/**§ 328 Abs. 1 Nr. 1 ZPO**/§ 16a Nr. 1 FGG

Die Kriterien, die für die Entscheidungszuständigkeit der deutschen Gerichte aufgestellt sind, bestimmen spiegelbildlich zugleich die internationale Zuständigkeit des ausländischen Gerichts (sog. **Spiegelbildtheorie**).

Das LG München[192] hat die Anerkennungsfähigkeit eines in Frankreich ergangenen Urteils, in dem ein Testament für gültig erklärt wird, ohne dass bestimmte Erbquoten festgelegt wurden, nach § 328 ZPO bejaht. Da die internationale Anerkennungszuständigkeit i.S.v. § 328 Abs. 1 Nr. 1 ZPO der französischen Gerichte gegeben und die Gegenseitigkeit zu Frankreich i.S.v. § 328 Abs. 1 Nr. 5 ZPO verbürgt sei, sei dieses Urteil im Inland anzuerkennen. Aufgrund dieses Urteils könne die Gültigkeit des Testamentes daher nicht mehr in Frage gestellt werden. Ein deutsches Nachlassgericht sei durch diese Anerkennung nicht an der Erteilung eines Erbscheins gehindert.
– § 109 Abs. 1 Nr. 2 FamFG **§ 328 Abs. 1 Nr. 2 ZPO**/§ 16a Nr. 2 FGG: fehlendes rechtliches Gehör
– § 109 Abs. 1 Nr. 3 FamFG **§ 328 Abs. 1 Nr. 3 ZPO**/§ 16a Nr. 3 FGG: entgegenstehende Rechtskraft und anderweitige Rechtshängigkeit
– § 109 Abs. 1 Nr. 4 FamFG **§ 328 Abs. 1 Nr. 4 ZPO**/§ 16a Nr. 4 FGG: ordre public
– **§ 328 Abs. 1 Nr. 5 ZPO**: Gegenseitigkeit

Die Anerkennung ausländischer Gerichtsentscheidungen auf dem Gebiet der freiwilligen Gerichtsbarkeit erfordert **kein besonderes Anerkennungsverfahren**.[193]

---

187 Umstr. dafür: *Kropholler*, IPR, § 51 V 2c; *Firsching*, DNotZ 1963, 333; dagegen: Zöller/*Geimer*, § 328 ZPO Rn 90a; differenzierend MüKo-*Birk*, Art. 25 EGBGB Rn 359 ff.
188 Vgl. Staudinger/*Dörner*, Art. 25 EGBGB Rn 868.
189 BGBl 1960 II, 1246; LG Hamburg IPRax 1992, 251.
190 Thomas/Putzo/*Hüßtege*, § 328 ZPO Rn 44.
191 MüKo-*Birk*, Art. 25 EGBGB Rn 367.
192 LG München IPRax 1998, 117.
193 BGH NJW 1989, 2197.

| | |
|---|---|
| 157 | **Hinweis**<br>Trotz Anerkennung eines im Ausland erteilten Erbscheins bzw. Testamentsvollstreckerzeugnisses ist das deutsche Nachlassgericht zur Entscheidung daran **nicht gebunden**. |
| 158 | So ist das international zuständige deutsche Nachlassgericht im Erbscheinsverfahren weder an die Feststellungen, die von einer schweizerischen Nachlassbehörde im Zusammenhang mit einer Testamentseröffnung getroffen wurden, noch an eine Erbbescheinigung gebunden.[194]<br><br>Kommt z.B. das deutsche Gericht zum Ergebnis, dass die ausländische Entscheidung falsch ist, ist es nicht gehindert, einen anders lautenden Erbschein zu erteilen.[195] |
| 159 | Auch im **Grundbuchverfahren**[196] gilt, dass selbst ein anerkennungsfähiger Erbschein nicht ausreichend sein kann, um eine Eigentumsübertragung zu bewirken.<br><br>Das Kammergericht[197] führt dazu aus:<br><br>*„Soweit nach § 35 Abs. 1 S. 1 GBO der Nachweis der Erbfolge nur durch einen Erbschein geführt werden kann, ist darunter vorbehaltlich zwischenstaatlicher Vereinbarungen, an denen es für Israel fehlt, nur ein inländischer Erbschein zu verstehen (Bestätigung von Senat, DNotZ 1953, 4066)."*<br><br>Neben der Frage der Anerkennung ausländischer Urkunden etc. können diese Zeugnisse aber als Beweismittel für die Entscheidung über einen deutschen Erbschein bzw. für die in **§ 2356 Abs. 1, 2 BGB** angesprochenen Angaben dienen.[198] |

## IX. Übersicht: Erbrechtliche Anknüpfungspunkte ausländischer Rechtsordnungen

160 Nachlasseinheit mit Staatsangehörigkeitsprinzip:

| | | |
|---|---|---|
| Afghanistan | Kroatien | Saudi-Arabien |
| Ägypten | Kuba | Schweden |
| Algerien | Kuweit | Senegal |
| Angola | Laos | Slowakei |
| Bahrain | Libanon | Slowenien |
| Bosnien-Herzegowina | Libyen | Somalia |
| Bulgarien | Litauen* | Spanien |
| Finnland | Marokko | Sudan |
| Griechenland | Mauretanien | Südkorea |
| Guinea-Bissau | Mazedonien | Syrien |
| Indonesien* | Mosambik | Tschad |
| Irak | Nationalchina | Tschechien |
| Italien | Niederlande** | Tunesien |
| Japan | Österreich*** | Ungarn |
| Jordanien | Philippinen | Vatikan |

---

194 BayObLG NJW-RR 1991, 1098.
195 Palandt/*Edenhofer*, § 2369 BGB Rn 5.
196 Vgl. dazu *Krzywon*, Ausländische Erbrechtszeugnisse im Grundbuchverfahren, BWNotZ 1989, 133.
197 KG NJW-RR 1997, 1094.
198 MüKo-*Birk*, Art. 25 EGBGB Rn 351; Staudinger/*Dörner*, Art. 25 EGBGB Rn 877.

Jugoslawien              Polen
Republik Korea           Portugal

\* inländische Immobilien nach Belegenheitsrecht

\*\* an sich gewöhnlicher Aufenthalt, soweit im Heimatstaat oder zumindest fünf Jahre ununterbrochen im Ausland; hilfsweise Heimatrecht

\*\*\* für Sterbefälle seit dem 1.1.1979

**Nachlasseinheit mit Wohnsitzprinzip** haben:

Brasilien                Israel
Dänemark                 Nicaragua
Island                   Norwegen

**Nachlassspaltung** mit **Staatsangehörigkeitsprinzip** (bzgl. der Mobilien) und **Lagerecht** der Immobilien (lex rei sitae):

Volksrepublik China      San Marino
Jordanien                Türkei
Liechtenstein            Bolivien
Rumänien                 Österreich (für Sterbefälle bis 31.12.1978)

**Nachlassspaltung** mit **Wohnsitz- bzw. Domizilprinzip** bzgl. der Mobilien und **Lagerecht** bzgl. der Immobilien:

Argentinien              Monaco
Australien               Neuseeland
Belgien                  Pakistan
Burma                    Südafrika
Frankreich               Thailand
Großbritannien           USA (mit Ausnahme von Mississippi, dort belegener
Irland                   beweglicher Nachlass wird bei gesetzlicher Erbfolge
Indien                   dem Recht von Mississippi unterstellt)
Kanada
Luxemburg

*Kroiß*

# § 25 Lebensversicherung im Erbfall

*Dieter Trimborn v. Landenberg*

## Literatur

**Kommentare:**

*Prölls/Martin*, VVG, 27. Auflage 2004; *Palandt*, BGB, 68. Auflage 2009.

**Lehrbücher/Handbücher:**

*van Bühren* (Hrsg.), Handbuch Versicherungsrecht, 4. Auflage 2008; *Eulberg/Ott-Eulberg/Halaczinsky*, Die Lebensversicherung im Erb- und Erbschaftssteuerrrecht, 2005 (zit. Eulberg u.a.); *Hasse*, Lebensversicherung und erbrechtliche Ausgleichsansprüche, 2005, *Kerscher/Riedel/Lenz*, Pflichtteilsrecht, 3. Auflage 2002; *Ott-Eulberg/Schebesta/Bartsch*, Erbrecht und Banken, 2. Auflage 2008; *Mayer/Süß/Tanck*, Handbuch Pflichtteilsrecht, 2003; *Meixner/Steinbeck*, Das neue Versicherungsvertragsrecht, 2008.

**Aufsätze:**

*Blum*, Die Lebensversicherung im Erbrecht, FF 2005, 245; *Dobmaier*, Lebensversicherung und letztwillige Verfügung, AnwBl. 1999, 692; *Mayer*, Ausgewählte erbrechtliche Fragen des Vertrags zugunsten Dritter auf den Todesfall, DNotZ 2000, 905; *Progl*, Die Reichweite des Pflichtteilsergänzungsanspruchs gem. § 2325 BGB bei Lebensversicherungszuwendungen, Zerb 2004, 187; *Schmalz-Brüggemann*, Die Rechtsstellung des Bezugsberechtigten aus einem Lebensversicherungsvertrages, ZEV 1996, 84; *Schindler*, Lebensversicherung und Pflichtteilsergänzung, ZErb 2008, 331; *Schulz*, Bezugsberechtigung bei Lebensversicherungsverträgen und Erbwiderruf, ZerB 2005, 280; *Vollkommer*, Die erbrechtliche Gestaltung des Valutaverhältnisses beim Vertrag zugunsten Dritter auf den Todesfall, ZEV 2000, 10.

| | |
|---|---|
| A. Einführung ............................. 1 | b) Vom Versicherungsnehmer bestimmte Bezugsberechtigung ............ 28 |
| B. Anspruch des Bezugsberechtigten gegen die Lebensversicherung ............. 2 | c) Muster: Anspruchschreiben an den Versicherer ..................... 36 |
| I. Typischer Sachverhalt ................. 2 | 6. Exkurs: Unauffindbarer Versicherungsschein ............................ 37 |
| II. Rechtliche Grundlagen ................ 3 | a) Muster: Mitteilung über den Verlust des Versicherungsscheins .......... 38 |
| 1. Grundsätzliches ................... 3 | b) Muster: Antrag auf Kraftloserklärung eines Versicherungsscheins ...... 39 |
| 2. Muster: Statusanfrage bei der Versicherung ............................ 7 | 7. Einwendungen gegen die Auszahlung ... 40 |
| 3. Bestehen eines Lebensversicherungsvertrags .......................... 8 | a) Fehlende Fälligkeit ............... 41 |
| 4. Eintreten des Leistungsfalls beim Tod der versicherten Person ................. 10 | b) Selbsttötung der versicherten Person .......................... 44 |
| a) Unverzügliche Anzeige ........... 10 | c) Abtretung/Verpfändung/Pfändung ... 46 |
| b) Vorlage von Unterlagen ........... 15 | d) Verjährung ...................... 47 |
| aa) Versicherungsschein ......... 16 | e) Checkliste: Geltendmachung des Zahlungsanspruchs/Anspruch gegen die Lebensversicherung ................ 48 |
| bb) Bankbelege ................. 18 | |
| cc) Sterbeurkunde .............. 20 | f) Muster: Zahlungsklage gegen die Lebensversicherung ................. 49 |
| dd) Ärztliches Attest/amtliches Zeugnis über die Todesursache ...... 22 | C. Rückforderung von Lebensversicherungsansprüchen durch den Erben ...... 50 |
| (1) Muster: Anforderung eines ärztlichen Attestes über die Todesursache .................. 23 | I. Typischer Sachverhalt .................. 50 |
| | II. Rechtliche Grundlagen ................ 51 |
| (2) Muster: Anforderung eines amtlichen Zeugnisses über die Todesursache ............. 24 | 1. Deckungsverhältnis zwischen Versicherungsnehmer und Versicherung ........ 52 |
| ee) Nachweis über die Stellung als Bezugsberechtigter ............ 25 | 2. Valutaverhältnis zwischen Versicherungsnehmer und Bezugsberechtigten ....... 54 |
| 5. Ermittlung der Bezugsberechtigung .... 26 | 3. Wegfall des Rechtsgrundes ............ 55 |
| a) Zugehörigkeit zum Nachlass ....... 27 | |

- a) Wegfall durch letztwillige Verfügung des Erblassers .................. 55
- b) Änderung der tatsächlichen Verhältnisse ...................... 56
4. Widerruf des Schenkungsangebotes durch den Erben ...................... 57
  - a) Widerruf des Auftrags zur Übermittlung des Schenkungsangebots gegenüber dem Versicherer ............. 58
  - b) Muster: Widerruf des Auftrags gegenüber der Lebensversicherung ............. 60
  - c) Widerruf des Schenkungsangebots gegenüber dem Bezugsberechtigten .... 61
  - d) Muster: Widerruf des Schenkungsangebots gegenüber dem Bezugsberechtigten ....................... 63
5. Geltendmachung des Rückforderungsanspruchs gegen den Bezugsberechtigten ........................ 64
  - a) Muster: Aufforderungsschreiben an den Bezugsberechtigten .......... 65
  - b) Muster: Klage auf Rückzahlung ..... 66
D. **Wirkungen von Lebensversicherungszuwendungen im Verhältnis zu Dritten** .... 67
  I. Beeinträchtigung des Vertragserben gem. § 2287 BGB ...................... 68
  1. Typischer Sachverhalt ................. 68
  2. Rechtliche Grundlagen ............... 69
  II. Rechte von Pflichtteilsberechtigten an der Lebensversicherung .................. 70
  1. Typischer Sachverhalt ................. 70
  2. Rechtliche Grundlagen ............... 71
    - a) Vorliegen einer Schenkung ......... 72
    - b) Bewertung des Schenkungsgegenstandes ....................... 73
    - c) Muster: Nachabfindungsklausel ..... 76
    - d) Checkliste: Lebensversicherung im Pflichtteilsrecht .................. 77

## A. Einführung

1  Nach groben Schätzungen bestehen in Deutschland mehr als 60 Millionen Lebensversicherungsverträge. Lebensversicherungen dienen wirtschaftlich in erster Linie der Absicherung von nahen Angehörigen, im Falle der Kapitallebensversicherung auch als Altersvorsorge. Je nach Vermögensstruktur trägt die Lebensversicherungssumme zur Vermeidung von Liquiditätsengpässen im Erbfall bei; auch aus erbschaftssteuerlichen Gründen kann sich der Abschluss einer Lebensversicherung empfehlen.[1]

Die Lebensversicherung ist rechtlich gesehen ein Vertrag zugunsten Dritter auf den Todesfall gem. §§ 328 ff. BGB, so dass die vertragsgegenständlichen Leistungen in aller Regel nicht in den Nachlass fallen. Dem Begünstigten steht unabhängig von jeder letztwilligen Verfügung ein direkter Leistungsanspruch gegen den Versicherer zu.

Neben Schwierigkeiten bei der Geltendmachung des Leistungsanspruchs treten in der Praxis oft Probleme bei der Rückabwicklung auf. In diesem Kapitel werden zudem die Auswirkungen einer Lebensversicherung auf den Pflichtteil und auf den Fall der Rückforderung einer beeinträchtigenden Schenkung gem. § 2287 BGB behandelt.

Es gehört zum Alltag des mit Erbrecht befassten Anwalts, Rechtsfragen rund um die Lebensversicherung zu klären. Zwar gibt es bei den meisten fälligen Versicherungsverträgen keine Abwicklungsprobleme, dennoch sollte in jedem Mandantengespräch das Thema angesprochen und eine Beratung angeboten werden. Für Laien scheinbar klare und unanfechtbare Rechtsverhältnisse bergen oft rechtliche und tatsächliche Probleme, die wirtschaftlich erhebliche Auswirkungen haben, wie z.B. die unterlassene Rückforderung wegen eines fehlerhaften Valutaverhältnisses.

Das zum 1.1.2008 in Kraft getretene Gesetz zur Reform des Versicherungsvertragsrechts hat das VVG besonders im Allgemeinen Teil grundlegend erneuert.[2] Insbesondere die Obliegenheiten im Versicherungsfall und der Wegfall der kurzen Verjährungsfrist sind in diesem Zusammenhang relevant.

---

1 Vgl. hierzu *Eulberg u.a.*, S. 172 ff.
2 Hierzu ist das Buch von *Meixner/Steinbeck* wegen der synoptischen Gegenüberstellung der Gesetzestext und der Beschränkung auf das Wesentliche besonders lesenswert.

Im Bereich der Lebensversicherung hat der Gesetzgeber in erster Linie die Überschussbeteiligung und die Berechnung des Rückkaufwertes neu geregelt. Darüber hinaus wurden neue Informationspflichten[3] und die Möglichkeit der Umwandlung einer laufenden Versicherung in eine pfändungsfreie Versicherung gem. § 851c BGB geschaffen. Für die hier gegenständlichen Fragen der Lebensversicherung im Erbfall haben sich, abgesehen von redaktionellen Umstellungen, dort kaum wesentliche Änderungen ergeben.[4]

## B. Anspruch des Bezugsberechtigten gegen die Lebensversicherung

### I. Typischer Sachverhalt

E verstirbt bei einem Verkehrsunfall. In seinem Lebensversicherungsvertrag mit einer Versicherungssumme von 50.000 EUR hatte er seine Lebensgefährtin L als Bezugsberechtigte eingesetzt. Der Sohn S des E hat seinen Vater allein beerbt und ist im Besitz des Versicherungsscheins. S ist der Ansicht, dass ihm die Versicherungssumme zusteht.

### II. Rechtliche Grundlagen

#### 1. Grundsätzliches

Bei der Lebensversicherung handelt es sich um eine Unterform der Personenversicherung, die es grundsätzlich in drei Erscheinungsformen gibt:
- Die **Risikolebensversicherung** ist eine reine Todesfallversicherung, bei der die Leistung nur fällig wird, wenn die versicherte Person innerhalb des versicherten Zeitraums verstirbt.
- Die **Kapitallebensversicherung** als weit verbreitete Sonderform der Erlebensversicherung wird fällig, wenn die versicherte Person verstirbt oder sie einen bestimmten Stichtag erlebt.
- Eine neuerdings als Altersvorsorge an Bedeutung zunehmende Form der Lebensversicherung ist die sog. **Rentenversicherung**, die allerdings mit Ausnahme einer eingeschränkten Beitragsrückgewähr keinen Todesfallschutz bietet.

Das Recht der Lebensversicherung ist in den §§ 150 ff. VVG[5] und in den Allgemeinen Bedingungen für die kapitalbildende Lebensversicherung (ALB 2008) geregelt.[6] Die ALB sind in der Lebensversicherungsbranche größtenteils identisch. In diesem Rahmen werden die Musterbedingungen des Gesamtverbandes der Deutschen Versicherungswirtschaft e.V. zugrundegelegt, die sich an die zuvor verbreiteten Allgemeinen Lebensversicherungsbedingungen (ALB 94) anschließen.

Der Berater sollte bei der Prüfung von Ansprüchen im Zweifel immer die für den Lebensversicherungsvertrag jeweils gültigen Versicherungsbedingungen heranziehen und diese notfalls bei der Versicherung anfordern bzw. im Internet abrufen.

---

[3] Gem. § 7 Abs. 2 VVG hat das BMJ die Verordnung über Informationspflichten bei Versicherungsverträgen (VVG-InfoV) erlassen, womit auch die europarechtlichen Vorgaben der Fernabsatzrichtlinie umgesetzt wurden.
[4] Zu Einzelfragen des neuen Rechts im Bereich der Lebensversicherung sei auf die gelungene Darstellung von *Teslau/Prang* in *van Bühren*, Versicherungsrecht, S. 1617 ff. verwiesen.
[5] Im Zuge der Neufassung des VVG wurde auch die Auslegungsregel des § 330 BGB in das neue VVG integriert.
[6] Stand 31. Juli 2008, die jeweils aktuelle Fassung ist unter www.gdv.de abrufbar.

5  Neben dem Versicherer sind immer drei weitere Beteiligte eines Lebensversicherungsvertrags zu unterscheiden:
– der **Versicherungsnehmer**, der Vertragspartner und Prämienzahler ist,
– die **versicherte Person**, deren Tod zur Fälligkeit der Leistung führt, und
– der **Bezugsberechtigte**, der die Leistung verlangen kann.

Meist sind Versicherungsnehmer und versicherte Person identisch, es kann aber auch völlige Identität oder Verschiedenheit sämtlicher Beteiligter vorliegen.

Dem Laien sind diese Unterschiede nicht ohne weiteres geläufig, vor jeder Beratung oder dem ersten Schreiben an die Versicherung hat der Rechtsanwalt anhand vorzulegender Unterlagen die Versicherungsverhältnisse zu klären. Hierbei ist zu beachten, dass der Vertragsinhalt einer Lebensversicherung ohne großen Aufwand durch einseitige Erklärung des Versicherungsnehmers geändert werden kann. Neben einer Änderung der Versicherungssumme und einer Vertragsverkürzung steht es dem Versicherungsnehmer insbesondere frei, die Bezugsberechtigung zu ändern. Man darf sich daher nicht allein auf die Informationen verlassen, die dem ursprünglichen Versicherungsantrag und dem Versicherungsschein zu entnehmen sind.

6  **Hinweis**
Falls ein Mandant im Rahmen der vorsorgenden Beratung nicht mehr eindeutig dokumentiert hat, welche Vertragsänderungen während der Laufzeit vollzogen wurden, empfiehlt sich eine Statusanfrage beim Versicherer. Die Antwort stellt Klarheit her und gibt Aufschluss darüber, ob sämtliche vom Versicherungsnehmer erklärten Vertragsänderungen beim Versicherer angekommen sind.

### 2. Muster: Statusanfrage bei der Versicherung

7  An die

_____-Lebensversicherung

Lebensversicherung Nr.

Versicherungsnehmer:

Mitteilung des derzeitigen Vertragsinhalts

Ausweislich beigefügter Vollmacht vertrete ich Herrn _____. Mein Mandant möchte durch mich vorsorglich seine versicherungsvertraglichen Verhältnisse klären lassen.

Herr _____ hat am _____ obige Risiko-Lebensversicherung abgeschlossen. Er hat bis heute mehrere Vertragsänderungen veranlasst, die in seinen Unterlagen nicht mehr lückenlos dokumentiert sind. Ich bitte Sie daher namens meines Mandanten um Mitteilung des derzeitigen Vertragsinhalts, insbesondere unter Angabe der Versicherungssumme, der Vertragslaufzeit und der Person des Berechtigten.

Für Ihre Mühewaltung bedanke ich mich im Voraus.

(Rechtsanwalt)

### 3. Bestehen eines Lebensversicherungsvertrags

8  Der Anspruch auf Leistung setzt zunächst einen wirksam geschlossenen Versicherungsvertrag voraus. Der Lebensversicherungsvertrag kommt nach den allgemeinen Regeln durch Annahme des vom Antragsteller an die Versicherung gerichteten Antrags zustande, §§ 145 f. BGB. Es gilt aber die Besonderheit, dass der Versicherungskunde sich für die Dauer von sechs Wochen vertraglich verpflichten muss, den Antrag aufrechtzuerhalten. Innerhalb die-

ser sechs Wochen muss seitens der Versicherung der Versicherungsschein ausgehändigt werden.

Für die Schwebezeit bis zum Zugang des Versicherungsscheins besteht nur ein vorläufiger Versicherungsschutz, der üblicherweise geringer ist als der volle Versicherungsschutz. Dieser beginnt frühestens mit dem im Versicherungsschein angegebenen Datum, spätestens mit der Zahlung des Einlösungsbetrags.

Der Versicherungsschein ist aufgrund der in den ALB festgelegten Inhaberklausel ein Legitimationspapier, das dem Versicherer grundsätzlich die Auszahlung an den Inhaber ohne weitere Prüfung der Bezugsberechtigung erlaubt.[7] Daher ist auf eine sorgfältige und sichere Aufbewahrung des Versicherungsscheins zu achten.

Es kann auch vorkommen, dass zwar die Existenz einer Lebensversicherung anzunehmen ist, z.B. weil der Erblasser darüber glaubhaft berichtet hat, sich im Nachlass aber keine Unterlagen befinden. Ursache kann mangelnder Ordnungssinn des Erblassers oder auch die Entwendung durch Nichtberechtigte sein. Nicht selten kommt es vor, dass ein Bezugsberechtigter nicht Erbe ist und keine Möglichkeit hat, an die Versicherungsunterlagen heranzukommen. Hier ist eine mühsame Recherche bei allen in Frage kommenden Lebensversicherern[8] zu erwägen. Sofern der Anwalt sich dieser Aufgabe annimmt, sollte hierfür ein gesondertes Honorar vereinbart werden.

**Muster: Anfrage über das Bestehen einer Lebensversicherung**

An die

Lebensversicherung

Anfrage: Bestehen einer Lebensversicherung

vermutlicher Versicherungsnehmer bzw. versicherte Person:

, verstorben am

Ausweislich beigefügter beglaubigter Vollmachtskopie vertrete ich .

Mein Mandant ist Alleinerbe nach Herrn , eine Kopie des Erbscheins habe ich beigefügt.

Mein Mandant weiß, dass der Verstorbene eine Lebensversicherung zu seinen Gunsten abgeschlossen hatte, allerdings konnten im Nachlass bislang keine Unterlagen und insbesondere kein Versicherungsschein aufgefunden werden.

Ich bitte daher um Auskunft, ob mit Ihrem Unternehmen ein Lebensversicherungsvertrag besteht, in dem o.g. Person Versicherungsnehmer oder versicherte Person ist.

Sollte dies der Fall sein, bitte ich um Mitteilung des Vertragsinhaltes.

In diesem Fall habe ich Sie namens meines Mandanten gleichzeitig aufzufordern, nicht gegen Vorlage des Versicherungsscheins zu leisten. Nach derzeitigem Kenntnisstand muss davon ausgegangen werden, dass

---

[7] Vgl. § 12 ALB 2008: „Den Inhaber des Versicherungsscheins können wir als berechtigt ansehen, über die Rechte aus dem Versicherungsvertrag zu verfügen, insbesondere Leistungen in Empfang zu nehmen. Wir können aber verlangen, dass der Inhaber seine Berechtigung nachweist."

[8] Eine aktuelle Liste der in Deutschland zugelassenen Lebensversicherungsunternehmen ist auf der Homepage des Bundesaufsichtsamtes für Finanzdienstleistungen abrufbar (*www.bafin.de*).

*Trimborn v. Landenberg*

der Versicherungsschein aus dem Nachlass entwendet wurde. Eine Auszahlung an den Nichtberechtigten wäre in Kenntnis dieser Tatsache grob fahrlässig.[9]

(Rechtsanwalt)

#### 4. Eintreten des Leistungsfalls beim Tod der versicherten Person

a) Unverzügliche Anzeige

10 Mit dem Tod der versicherten Person tritt der Leistungsfall ein. Der Bezugsberechtigte hat dann die Versicherung **unverzüglich** über den Tod und dessen Umstände zu unterrichten. Hier sind folgende Normen einschlägig:
- Nach § 30 Abs. 1 S. 2 VVG muss der Bezugsberechtigte unverzüglich nach Kenntnis des Todesfalls diesen dem Versicherer anzeigen..
- § 11 Abs. 1 ALB 2008 gibt ebenfalls auf, den Tod des Versicherten unverzüglich anzuzeigen.

11 Die in den ALB verallgemeinerte Anzeigepflicht, die auf § 121 BGB verweist, ist eine Ausgestaltung des Versicherungsverhältnisses, die auch der allgemeinen Obliegenheit zur Anzeige des § 30 VVG entspricht. Die Sonderregelung des § 171 Abs. 1 S. 2 VVG a.F., wonach die Anzeige binnen drei Tagen nach Eintritt des Versicherungsfalls angezeigt werden musste, gilt nicht mehr.

Ist die versicherte Person bei einem Unfall verstorben, wird teilweise verlangt, dass die Versicherung binnen 48 Stunden zu benachrichtigen sei, um die Veranlassung einer Obduktion zu ermöglichen.[10]

12 **Adressat** der Anzeige ist der Versicherer, gem. § 69 Abs. 1 VVG kann dies auch der Agent der Versicherung sein, der insoweit aufgrund einer gesetzlichen Vermutung als bevollmächtigt gilt.

Die meisten Versicherungsverträge sehen für die Anzeige die **Schriftform** vor.[11] Es kann aber nicht schaden, die Versicherung zuvor auch schon (fern-)mündlich vom Todesfall in Kenntnis zu setzen, insbesondere bei Umständen, die auf einen unnatürlichen Tod schließen lassen. Im Hinblick auf den im Streitfall erforderlichen Nachweis ist dringend zu empfehlen, die Anzeige per Einschreiben mit Rückschein zu versenden.

13 Bei einer **Verletzung der Anzeigepflicht** ist der Versicherer nach § 28 Abs. 2 S. 1 VVG nur dann von der Leistung frei, wenn dies einerseits vertraglich vereinbart wurde und andererseits die Obliegenheitsverletzung vorsätzlich erfolgte.

Dies ist in der Praxis selten der Fall. Der Versicherer kann aber gem. § 28 Abs. 2 S. 2 die Leistung bei grob fahrlässiger Verletzung der Anzeigepflicht kürzen, wobei die Beweislast für das Vorliegen einer Obliegenheitsverletzung beim Versicherer liegt. Außerdem muss der Versicherer den Kausalitätsbeweis führen und nachweisen, inwieweit sich die verspätete Anzeige auf seine Feststellungsmöglichkeiten und die damit verbundene Leistungspflicht auswirkt. Schließlich muss der Versicherer gem. § 28 Abs. 4 VVG den Versicherungsnehmer

---

9 Der letzte Satz spielt darauf an, dass die Lebensversicherung zwar grundsätzlich nach § 12 ALB 2008 an den Vorleger des Versicherungsscheins leisten darf. Dies gilt aber nicht, wenn sie dies in grob fahrlässiger Unkenntnis der mangelnden materiellen Berechtigung tut, vgl. *Prölls/Martin*, § 11 ALB 94, Rn 5. Eine unterschwellige Drohung mit Schadensersatzansprüchen bietet zugleich die Gewähr einer zügigen Sachbearbeitung.
10 So *Eulberg u.a.*, S. 20.
11 § 11 Abs. 2 ALB 2008 sieht allerdings keine Schriftform vor.

über die Rechtsfolgen einer Verletzung der Anzeigepflicht in der Textform des § 126b zuvor hingewiesen haben. Spätestens hier wird klar, dass das neue VVG die Rechtsfolge der Leistungsfreiheit bzw. -kürzung aufgrund einer Obliegenheitsverletzung erheblich eingeschränkt hat. Im Bereich der Lebensversicherung dürften diese Fälle nur ausnahmsweise eine Rolle spielen.

So ist es beispielsweise völlig unschädlich, wenn der Anspruchsberechtigte erst zwei Monate nach dem Tod beim Aufräumen in den Unterlagen einen Versicherungsschein entdeckt, dann aber sofort die Versicherung informiert.

**Muster: Todesanzeige an die Lebensversicherung**

*per Einschreiben mit Rückschein*

*vorab per Fax*

An die

▮▮▮▮-Lebensversicherung

Lebensversicherungsvertrag Nr. ▮▮▮▮

Versicherungsnehmer: ▮▮▮▮

Versicherte Person: ▮▮▮▮

Ausweislich beigefügter Vollmacht vertrete ich Herrn ▮▮▮▮. Mein Mandant ist Bezugsberechtigter aus o.g. Lebensversicherung. Namens und im Auftrag meines Mandanten teile ich hiermit auch schriftlich mit, dass die versicherte Person, Herr ▮▮▮▮, am gestrigen Dienstag, den ▮▮▮▮, gegen 21:00 Uhr im Klinikum ▮▮▮▮ verstorben ist. Herr ▮▮▮▮ ist nach längerer Krankheit verstorben.

Ein ärztliches Attest erhalten Sie mit gesonderter Post, ebenso alle anderen Unterlagen, die mein Mandant noch beizubringen hat.

In Erfüllung der Obliegenheit zur unverzüglichen Anmeldung hat mein Mandant heute Morgen bereits telefonisch Ihrer Agentur in ▮▮▮▮, namentlich Frau ▮▮▮▮, Mitteilung vom Todesfall gemacht.

(Rechtsanwalt)

**b) Vorlage von Unterlagen**

Der Anspruchsberechtigte hat neben der Anzeige an den Versicherer gem. § 11 ALB 2008 folgende Unterlagen einzureichen:

**aa) Versicherungsschein**

Der vorzulegende Versicherungsschein ist mehr als nur eine schriftliche Bestätigung des Versicherungsschutzes. Gemäß § 12 ALB 2008[12] handelt es sich um ein Legitimationspapier gem. § 4 Abs. 1 VVG, § 808 BGB, das den Versicherer zur befreienden Leistung an den Inhaber berechtigt.

> **Hinweis**
> Im Rahmen der vorsorgenden Beratung ist der Mandant unter Hinweis auf die Folgen, die ein Versicherungsschein in falschen Händen haben kann, zur sorgfältigen Aufbewahrung anzuhalten. Ist der Versicherungsschein nicht auffindbar, besteht sofortiger Hand-

---

12 § 12 Abs. 1 ALB 2008: „Den Inhaber des Versicherungsscheins können wir als berechtigt ansehen, über die Rechte aus dem Versicherungsvertrag zu verfügen, insbesondere Leistungen in Empfang zu nehmen. Wir können aber verlangen, dass der Inhaber seine Berechtigung nachweist."

lungsbedarf (siehe Rn 37), weil der Inhaber auch schon zu Lebzeiten der versicherten Person Rechtshandlungen vornehmen kann, wie z.B. die Kündigung und Annahme des Rückkaufwertes.[13]

### bb) Bankbelege

18 Ein **Nachweis der letzten Beitragszahlung** ist auf Verlangen vorzulegen. In der Praxis wird dieser Nachweis nur noch dann verlangt, wenn der Versicherer in seiner EDV-gestützten Buchhaltung eine Lücke erkennt. Diese Fälle sind in der Praxis selten, sie dienen der Wahrung des Aufrechnungsrechts gem. § 35 VVG

**Muster: Anforderung von Bankbelegen**

19 An die ▇▇▇▇▇-Bank

Ihr verstorbener Kunde ▇▇▇▇▇

Kontonummer: ▇▇▇▇▇

Ausweislich beigefügter Vollmacht vertrete ich ▇▇▇▇▇. Mein Mandant ist gemäß beigefügter Erbscheinskopie Alleinerbe nach Ihrem o.g. Kunden geworden.

Ich bin beauftragt, für meinen Mandanten die Rechte aus einer Lebensversicherung, die mangels Benennung eines Bezugsberechtigten in den Nachlass gefallen ist, geltend zu machen. Da die Versicherung den Eingang der letzten zwei Beiträge angeblich nicht verbuchen konnte, wird von dort gem. § 9 ALB ein Nachweis hierüber verlangt. Im Nachlass befinden sich keine Kontoauszüge mehr.

Ich bitte Sie daher um Zusendung der Kontoauszüge von o.g. Konto für den Zeitraum von ▇▇▇▇▇ bis ▇▇▇▇▇.

Für eine kurzfristige Erledigung bedanke ich mich im Voraus.

(Rechtsanwalt)

### cc) Sterbeurkunde

20 Eine amtliche Sterbeurkunde[14] wird gem. § 64 PersonenstandsG ausgestellt. Der Tod eines Menschen wird im Sterbebuch des Standesamtes, in dessen Bezirk er verstorben ist, eingetragen, nicht etwa beim Standesamt des Wohnortes, vgl. § 32 PersonenstandsG. Das Recht zur Anforderung einer Sterbeurkunde leitet sich aus § 61 PersonenstandsG ab. Neben Ehegatten, Vorfahren und Abkömmlingen sind Personen, die ein rechtliches Interesse glaubhaft machen, berechtigt.

---

13 Vgl. OLG Karlsruhe VersR 1979, 929.
14 Im Falle der Verschollenheit der versicherten Person tritt die nach dem VerschollenheitsG zu beantragende Todeserklärung an die Stelle der Sterbeurkunde. Hier ist bei Tod im Ausland (dem statistisch häufigsten Fall der Todeserklärung) Art. 4 § 3 VerschollenheitsG zu beachten: „*Wird ein Anspruch aus einem Lebensversicherungsvertrag erhoben, nachdem die Person, auf welche die Lebensversicherung genommen wurde, außerhalb des Geltungsbereichs dieses Gesetzes für tot erklärt worden ist, so kann der Versicherer die Leistungen insoweit verweigern, als der Anspruch den Betrag übersteigt, der sich ergeben würde, wenn der Zeitpunkt des Todes des Verschollenen nach den Vorschriften dieses Gesetzes festgestellt worden wäre.*"

**Muster: Anforderung einer Sterbeurkunde**

An das

Standesamt

▮▮▮▮

Verstorbener ▮▮▮▮, zuletzt wohnhaft ▮▮▮▮, gestorben am ▮▮▮▮ in ▮▮▮▮.

Ausweislich beigefügter Vollmacht vertrete ich ▮▮▮▮.

Ich bin beauftragt, für meinen Mandanten die Rechte aus einer Lebensversicherung, die auf das Leben der o.g. Person abgeschlossen wurde, geltend zu machen. Für diese Lebensversicherung ist mein Mandant gemäß beigefügter Kopie des Versicherungsscheins bezugsberechtigt. Somit besteht ein rechtliches Interesse, das § 61 Personenstandsgesetz für die Ausgabe einer Sterbeurkunde voraussetzt. Ich bitte daher um formlose Übersendung einer Sterbeurkunde zu meinen Händen.

Einen Verrechnungsscheck über ▮▮▮▮ EUR habe ich beigefügt.[15]

Für die kurzfristige Erledigung bedanke ich mich im Voraus.

(Rechtsanwalt)

**dd) Ärztliches Attest/amtliches Zeugnis über die Todesursache**

Auf Verlangen ist ein ärztliches oder amtliches Zeugnis über die Todesursache vorzulegen. Soweit die versicherte Person infolge einer Krankheit verstorben ist, sollte das ärztliche Attest Beginn und Verlauf der Krankheit umfassen.

**(1) Muster: Anforderung eines ärztlichen Attestes über die Todesursache**

An das Klinikum

▮▮▮▮

Patient ▮▮▮▮, zuletzt wohnhaft ▮▮▮▮, verstorben am ▮▮▮▮.

Ausweislich beigefügter Vollmacht vertrete ich ▮▮▮▮.

Ich bin beauftragt, für meinen Mandanten die Rechte aus einer Lebensversicherung, die auf das Leben des o.g. Patienten abgeschlossen wurde, geltend zu machen. Für diese Lebensversicherung ist mein Mandant gemäß beigefügter Kopie des Versicherungsscheins bezugsberechtigt. Außerdem ist er gemäß beigefügter Kopie des Erbscheins Alleinerbe geworden.

Herr ▮▮▮▮ war seit Jahren krebsleidend und ausschließlich in Ihrem Haus in Behandlung. Gemäß den Versicherungsbedingungen (§ 11 Abs. 2 ALB 2008) bedarf es der Vorlage eines ausführlichen ärztlichen Zeugnisses über die Todesursache, sowie über Beginn und Verlauf der Krankheit, die zum Tod geführt hat.

Ich darf Sie bitten, mir kurzfristig ein solches Attest zu meinen Händen auszustellen.

Weiterhin darf ich Sie bitten, in diesem Attest zu vermerken, ob Anhaltspunkte für eine Selbsttötung[16] vorliegen.

---

15 Die Kosten betragen 7 EUR pro Urkunde nach den Kostenvorschriften für die Standesbeamten. Es empfiehlt sich eine telefonische Voranfrage, ob Porto- und Versandkosten erhoben werden (regional unterschiedlich!). Manche Standesämter werden nur nach Vorkasse tätig, andere schreiben nur Rechnungen. Es handelt sich auf jeden Fall um einen Betrag, mit dem der Rechtsanwalt für seinen Mandant in Vorlage treten kann.

16 Bei Selbsttötung wird der Versicherer u.U. von der Leistung frei, vgl. § 5 ALB 2008; hat aber gem. § 161 Abs. 3 VVG den Rückkaufwert zu zahlen, siehe Rn 44.

*Trimborn v. Landenberg*

Hintergrund ist die telefonische Bemerkung eines Mitarbeiters der Versicherung gegenüber dem Unterzeichner, in der – diesseits nicht nachvollziehbare – Zweifel an dem krankheitsbedingten Ableben geäußert wurden. Rein vorsorglich erkläre ich namens meines Mandanten die Befreiung von der ärztlichen Schweigepflicht, soweit Ärzte und andere Mitarbeiter Ihres Hauses von der Versicherung angesprochen werden.[17]

(Rechtsanwalt)

(2) Muster: Anforderung eines amtlichen Zeugnisses über die Todesursache

An die Polizeistation

Az.:

Verkehrsunfall vom          in          um          Uhr

tödlich verunglückter Unfallbeteiligter          , zuletzt wohnhaft          .

Ausweislich beigefügter Vollmacht vertrete ich Herrn          .

Ich bin beauftragt, für meinen Mandanten die Rechte aus einer Lebensversicherung, die auf das Leben des o.g. Unfallbeteiligten abgeschlossen wurde, geltend zu machen. Für diese Lebensversicherung ist mein Mandant gemäß beigefügter Kopie des Versicherungsscheins bezugsberechtigt. Außerdem ist er gem. beigefügter Kopie des Erbscheins Alleinerbe geworden.

Gemäß den Versicherungsbedingungen bedarf es des amtlichen Nachweises über die Todesursache. Ich bitte daher um kurzfristige Übersendung der Unfallakte, in der der sofortige Unfalltod des o.g. Unfallbeteiligten dokumentiert ist. Kurzfristige Rückgabe und die Übernahme von Auslagen wird anwaltlich versichert.

(Rechtsanwalt)

ee) Nachweis über die Stellung als Bezugsberechtigter

Ein Nachweis über die Stellung als Bezugsberechtigter hat der Anspruchsteller ebenfalls beizubringen. Die Bezugsberechtigung ergibt sich entweder aus der Erbenstellung oder der ausdrücklichen Bestimmung des Versicherungsnehmers gegenüber der Versicherung. Der Erbe kann seine Bezugsberechtigung mit der Vorlage einer beglaubigten Abschrift des Erbscheins nachweisen, soweit die Versicherungssumme in den Nachlass gefallen ist.

### 5. Ermittlung der Bezugsberechtigung

Bei der Ermittlung der Bezugsberechtigung ist zunächst zu prüfen, ob diese widerruflich oder unwiderruflich festgelegt wurde. Den Regelfall bildet nach wie vor die widerrufliche Bezugsberechtigung, die dem Begünstigten nicht mehr als eine bloße Aussicht gibt. Sie erstarkt erst nach dem Tod der versicherten Person zum Vollrecht. Anders liegt der Fall bei der ausdrücklich als unwiderruflich bezeichneten Bezugsberechtigung. Nach § 159 Abs. 3 VVG ist damit der sofortige Erwerb eines vererblichen (!) Anwartschaftsrechts verbunden.

---

[17] Wenn der Versicherer Zweifel an einem natürlichen Tod hat, kann er gem. § 11 Abs. Abs. 3 ALB 2008 eigene Erhebungen anstellen. Neben der Befragung von Ärzten kann auch eine Obduktion oder eine Exhumierung in die Wege geleitet werden. Hierzu ist das Einverständnis des Totenfürsorgeberechtigten erforderlich, um das der Bezugsberechtigte sich zu kümmern hat, wenn er selbst nicht totenfürsorgeberechtigt ist. Ob das Verlangen einer Exhumierung, die in allgemeinen Versicherungsbedingungen vorsorglich vorgesehen ist, wirksam vereinbart werden kann, hat die Rspr. bisher offen gelassen (BGH VersR 1992, 861).

## a) Zugehörigkeit zum Nachlass

Die Bestimmung der Bezugsberechtigung gehört gem. § 159 VVG zu den Gestaltungsrechten des Versicherungsnehmers. Ihm steht es grundsätzlich frei, von der Benennung eines Bezugsberechtigten abzusehen. Dann fällt der Anspruch aus der Versicherungsleistung in den Nachlass.[18]

Daneben gibt es noch drei weitere Konstellationen, in denen die Versicherungsleistung dem Nachlass zugerechnet wird:

(1) Hat der Erblasser als Versicherungsnehmer eine Lebensversicherung auf sein Leben abgeschlossen, die er zur Kreditsicherung an den Darlehensgeber abgetreten hat, gilt Folgendes: Im Todesfall wird durch die Tilgung des Darlehens der Nachlass gemehrt. Der BGH[19] argumentiert, dass es aus Sicht eines Pflichtteilsberechtigten unangemessen wäre, die Darlehensforderung als Verbindlichkeit einzustellen, ohne dass die den Kredit mindernde Lebensversicherungssumme als Aktivposten behandelt würde.

(2) Es wird zuweilen übersehen, dass nur der Tod der versicherten Person, nicht aber der Tod des Versicherungsnehmers einen Zahlungsanspruch auslöst. Stirbt der Versicherungsnehmer vor der versicherten Person und ist kein Bezugsberechtigter benannt, fällt das Anwartschaftsrecht in den Nachlass.

(3) Schließlich führt der Fall des fehlerhaften bzw. fehlenden Valutaverhältnisses dazu, dass der formal bezugsberechtigte Dritte seinen Anspruch gegen die Versicherung ohne Rechtsgrund erlangt, so dass die Erben einen Kondiktionsanspruch gem. § 812 Abs. 1 S. 1 BGB haben. Vgl. Rn 50 ff.

## b) Vom Versicherungsnehmer bestimmte Bezugsberechtigung

Gemäß den ALB[20] hat der Versicherungsnehmer das Recht, der Versicherung einen Bezugsberechtigten zu nennen. Er kann die Bezugsberechtigung mit oder ohne **Widerrufsmöglichkeit**[21] erklärt haben. Ein nur mit dem Bezugsberechtigten vereinbarter Ausschluss des Widerrufs hat nur schuldrechtliche Wirkung und lässt das Rechtsverhältnis zur Versicherung unberührt.[22]

In der Praxis ist daher immer zu klären, ob eine nachträgliche Änderung der Bezugsberechtigung überhaupt möglich war. Der Widerruf muss gegenüber der Versicherung erklärt werden, vgl. § 13 Abs. 4 ALB 2008. Dies ist eine zulässige Abweichung von § 332 BGB, so dass ein Widerruf der Bezugsberechtigung in einer Verfügung von Todes wegen mangels

---

18 BGHZ 81, 95, 97.
19 BGH ZEV 1996, 63.
20 Vgl. § 13 ALB 2008: „*Wer erhält die Versicherungsleistung? (1) Die Leistung aus dem Versicherungsvertrag erbringen wir an Sie als unseren Versicherungsnehmer oder an Ihre Erben, falls Sie uns keine andere Person benannt haben, die bei Eintritt des Versicherungsfalls die Ansprüche aus dem Versicherungsfall erwerben soll (Bezugsberechtigter). Bis zum Eintritt des Versicherungsfalls können Sie das Bezugsrecht jederzeit widerrufen. (2) Sie können ausdrücklich bestimmen, dass der Bezugsberechtigte sofort und unwiderruflich die Ansprüche aus dem Versicherungsvertrag erwerben soll. Sobald wir Ihre Erklärung erhalten haben, kann dieses Bezugsrecht nur noch mit Zustimmung des von Ihnen Benannten aufgehoben werden. (...)*" In den ALB 86 § 13Abs. Abs. 2 bedurfte es noch der schriftlichen Bestätigung durch die Versicherung, dass eine unwiderrufliche Bezugsberechtigung wirksam werden sollte.
21 § 159 Abs. 1 VVG stellt die Vermutungsregel auf, dass im Zweifel ein widerrufliches Bezugsrecht anzunehmen ist.
22 BGH NJW 1975, 1360.

Zugang unwirksam ist.[23] Auch ist zu beachten, dass die Bestimmung der Bezugsberechtigung kein höchstpersönliches Recht ist, sondern auch gepfändet und abgetreten werden kann.[24]

Die Bestimmung des Bezugsrechts durch den Versicherungsnehmers ist eine einseitige Willenserklärung, für die gemäß §§ 133, 157 BGB gilt, dass der wirkliche Wille unter Ermittlung aller bei der Festlegung des Bezugsrechts vorhandener Umstände zu ermitteln ist.[25]

Folgende **Einzelfälle** der Bezugsberechtigung werfen regelmäßig Fragen auf:

29 Sind „**die Erben**" als Bezugsberechtigte benannt, könnte man zunächst annehmen, dass damit die Versicherungssumme in den Nachlass fällt. § 160 Abs. 2 VVG stellt aber klar, dass dies nicht der Fall ist. Außerdem bestimmt diese Auslegungsregel, dass im Zweifel diejenigen, welche zur Zeit des Todes als Erben berufen sind, nach dem Verhältnis ihrer Erbteile bezugsberechtigt sind.[26]

30 **Hinweis**
Es kann vorkommen, dass die Erbschaft überschuldet ist und nur die Lebensversicherung den Erben Geld bringt. In dieser Situation ist den Erben dringend zu raten, die Erbschaft auszuschlagen, weil dies auf die Bezugsberechtigung ohne Einfluss ist, dies stellt § 160 Abs. 2 S. 2 VVG ausdrücklich klar.

31 Wird „**die Ehefrau**"[27] als Bezugsberechtigte benannt, ist damit aus Sicht des Versicherers die im Zeitpunkt der Benennung (meist beim Abschluss des Vertrages) mit dem Versicherungsnehmer verheiratete Frau gemeint.[28] Ausnahmsweise kommt eine zweite Ehefrau als Begünstigte nur in Betracht, wenn die erste Ehefrau verstorben ist.[29]

Hat der Erblasser von einer Wiederverheiratung abgesehen, fällt indes nicht automatisch mit dem Tod der geschiedenen Ehefrau die Bezugsberechtigung weg. Insbesondere bei einer unwiderruflichen Bezugsberechtigung, der in der Regel eine Altersversorgung zugrunde liegt, bleibt die Eheauflösung ohne Wirkung. Aber auch sonst bleibt der Versicherungsvertrag in der Regel von einer Ehescheidung unberührt. Der BGH hat ausdrücklich eine Analogie zu § 2077 BGB, wonach von einer teilweisen Unwirksamkeit letztwilliger Verfügungen im Scheidungsfall auszugehen ist, abgelehnt.[30] Von dem vertraglichen Anspruch zu unterscheiden ist indes die Frage der Rückabwicklung durch die Erben im Valutaverhältnis (vgl. Rn 57). In neueren Verträgen ist immer öfter die Bezugsberechtigung ausdrücklich unter die auflösende Bedingung der Ehescheidung gestellt.

32 Werden „**die Kinder**" vom Versicherungsnehmer als Bezugsberechtigte eingesetzt, kann es Auslegungsprobleme geben, wenn der Versicherungsnehmer auch nichteheliche Kinder hatte.[31]

---

23 BGH NJW 1993, 3133. Zu den Auswirkungen im Valutaverhältnis siehe *Dobmeier*, AnwBl. 1999, 692 f.
24 Dies stellt § 13 Abs. 3 ALB 2008 neuerdings klar: *„Sie können Ihre Rechte aus dem Versicherungsvertrag auch abtreten oder verpfänden."*
25 BGH NJW 1987, 3131; OLG Köln, NVersZ 1999, 320.
26 Auch Vorerben erhalten ein volles Bezugsrecht, vgl. *Eulberg u.a.*, S. 33.
27 Diese Ausführungen gelten analog auch für „den Ehemann", der in der Praxis allerdings seltener vorkommt, weil er gemeinhin als nicht so absicherungsbedürftig angesehen wird.
28 BGH VersR 2007, 784 = NJW-RR 2007,976.
29 OLG Frankfurt/M. VersR 1997,1216.
30 BGH VersR 2007, 784 = NJW-RR 2007,976.
31 OLG Hamm NJW 1983, 1567 ging noch davon aus, dass die unehelichen Kinder im Zweifel nicht bedacht sein sollten. An der Verallgemeinerungsfähigkeit dieser Auslegung bestehen indes erhebliche Zweifel.

Wenn „**die Hinterbliebenen**" bedacht sind, werden zunächst die Kinder und der Ehegatte in Betracht kommen.³² In diesem Fall kann jeder Bezugsberechtigte sein Recht durch entsprechende Heirats- bzw. Abstammungsurkunden vom Standesamt nachweisen. Ohne weitere Anhaltspunkte hat jeder aus dem Personenkreis ein gleich anteiliges Recht an der Versicherungssumme.

Sind hingegen „**die Ehefrau oder die Kinder**" benannt, darf man daraus einen Vorrang der Ehefrau ableiten.³³

Der „**Inhaber des Versicherungsscheins**" kann ebenfalls als Bezugsberechtigter eingetragen werden, allerdings dürfte es unter normalen Umständen aus Sicherheitsgründen nicht ratsam sein, den Versicherungsschein zum reinen Inhaberpapier zu machen. Immerhin muss der Begünstigte mit Wissen und Willen des Versicherungsnehmers in den Besitz des Versicherungsscheins gekommen sein.³⁴

c) Muster: Anspruchschreiben an den Versicherer

*per Einschreiben mit Rückschein*

An die

▒▒▒▒-Lebensversicherung

Lebensversicherungsvertrag Nr. ▒▒▒▒

Versicherungsnehmer: ▒▒▒▒

Versicherte Person: ▒▒▒▒

Ausweislich beigefügter Vollmacht vertrete ich ▒▒▒▒. Nachdem mein Mandant Ihnen bereits am ▒▒▒▒ unverzüglich den Tod der versicherten Person mitgeteilt hat, konnten inzwischen folgende Unterlagen beigebracht werden, die sich in der Anlage befinden:
- der Versicherungsschein vom ▒▒▒▒
- eine amtliche Sterbeurkunde des Standesamts ▒▒▒▒
- ein Attest vom ▒▒▒▒, des Hausarztes Dr. ▒▒▒▒ der den Totenschein ausgefüllt hat, aus dem sich eine natürliche Todesursache ohne Fremdeinwirkung ergibt.
- ein Nachweis der letzten Beitragszahlung in Form eines Kontoauszuges der ▒▒▒▒ Bank zu Konto ▒▒▒▒ vom ▒▒▒▒.
- eine beglaubigte Abschrift des Erbscheins des AG ▒▒▒▒, Az. ▒▒▒▒ vom ▒▒▒▒, der meinen Mandanten als Alleinerben ausweist.

Die für den Nachweis des Bezugsrechts erforderlichen Unterlagen sind hiermit beigebracht. Nachdem Sie mir telefonisch mitgeteilt haben, dass Ihrerseits keine Veranlassung zu weiteren Erhebungen besteht und somit sämtliche Feststellungen gem. § 11 VVG getroffen sind. Ich bitte daher um Abrechnung und Überweisung der Versicherungssumme auf mein Konto ▒▒▒▒ bei der ▒▒▒▒ Bank bis zum ▒▒▒▒.

Meine Geldempfangsberechtigung ergibt sich aus der Vollmacht.

(Rechtsanwalt)

---

32 Vgl. *Prölls/Martin*, § 167 VVG Rn 4.
33 LG Saarbrücken NJW 1983, 180.
34 OLG Hamm NJW-RR, 1993, 296.

### 6. Exkurs: Unauffindbarer Versicherungsschein

**37** Es kann vorkommen, dass zwar das Bestehen einer Lebensversicherung unzweifelhaft und eindeutig dokumentiert ist, aber der Versicherungsschein im Nachlass unauffindbar ist.

Wenn der Versicherungsschein abhanden gekommen oder vernichtet ist, bestimmt § 3 Abs. 3 VVG, dass der Versicherungsnehmer von dem Versicherer eine **Ersatzurkunde** verlangen kann. Da es sich bei dem Lebensversicherungsschein um ein Legitimationspapier gem. § 808 BGB handelt, wäre es theoretisch denkbar, dass der ursprüngliche Versicherungsschein wieder auftaucht und dann zwei gleichberechtigte Inhaber nebeneinander bei Vorlage der Scheine das volle Recht geltend machen könnten. Um diese Situation zu vermeiden, bestimmt § 3 Abs. 3 S. 2 VVG, dass der Versicherer erst zur Ausstellung einer Ersatzurkunde verpflichtet ist, nachdem die ursprüngliche Urkunde für kraftlos erklärt worden ist.

Der Versicherungsnehmer bzw. sein Erbe als Rechtsnachfolger hat daher zunächst gem. §§ 945 ff., 1003 ZPO ein Aufgebotsverfahren zum Zwecke der Kraftloserklärung zu betreiben.[35]

Daneben ist die Versicherung über die Unauffindbarkeit des Versicherungsscheins zu unterrichten, um eine Leistung an den nicht berechtigten Inhaber zu verhindern.

### a) Muster: Mitteilung über den Verlust des Versicherungsscheins

An die

**38** ▇▇▇▇-Lebensversicherung

Lebensversicherungsvertrag Nr. ▇▇▇▇

Versicherungsnehmer und versicherte Person: ▇▇▇▇

Ausweislich beigefügter Vollmacht vertrete ich ▇▇▇▇. Nachdem mein Mandant Ihnen bereits am ▇▇▇▇ unverzüglich den Tod der versicherten Person mitgeteilt hat, setze ich Sie nun in Kenntnis darüber, dass der Versicherungsschein im Nachlass des Versicherungsnehmers unauffindbar ist.

Kurz nach dem Tod des Versicherungsnehmers wurde dessen Wohnung von einer oder mehreren Personen aufgesucht, die im Besitz eines Haustürschlüssels gewesen sein müssen. Verschiedene Unterlagen fehlen seither, u.a. auch der Ordner, in dem sich der Versicherungsschein befand.

Auszahlungen an den Inhaber sind daher nicht zu leisten.[36] Sofern Ihnen der Versicherungsschein vorgelegt wird, bitten wir um Bekanntgabe der Identität des Vorlegers, um weitere Schritte zu prüfen.

(Rechtsanwalt)

---

[35] Zum Ablauf eines Aufgebotsverfahrens vgl. Zöller/*Geimer*, vor § 946 ZPO Rn 2 ff.
[36] Vgl. Fn 9.

b) Muster: Antrag auf Kraftloserklärung eines Versicherungsscheins

An das
Amtsgericht[37] ▉

**Antrag auf Einleitung eines Aufgebotsverfahrens gem. §§ 946 ff., 1003 BGB**

des

▉

– Antragsteller –

Prozessbevollmächtigter: ▉

Wert:[38] 15.000 EUR

Unter Vollmachtsvorlage beantrage ich namens des Antragstellers,

den Versicherungsschein vom ▉ der ▉-Lebensversicherung zu Versicherungsnummer ▉ für kraftlos zu erklären.

Begründung:

Der Antragsteller ist Bezugsberechtigter aus dem vorgenannten Versicherungsvertrag. Seine Antragsberechtigung ergibt sich insoweit aus § 1004 Abs. 2 ZPO.

Der Versicherungsnehmer und vormalige Inhaber der Urkunde, Herr ▉, ist bei einem Wohnungsbrand am ▉ verstorben. Die gesamte Wohnungseinrichtung und auch der Ordner mit dem Versicherungsschein sind dabei zerstört worden.

Zur Glaubhaftmachung[39] sind dem Antrag folgende Unterlagen beigefügt:
a) eine eidesstattliche Versicherung des Antragstellers, in dem die Richtigkeit der antragsbegründenden Tatsachen versichert wird,[40]
b) eine beglaubigte Kopie des Versicherungsscheins aus dem Besitz des Antragstellers,[41]
c) eine beglaubigte Kopie des Schreibens der ▉-Lebensversicherung, in dem die Bezugsberechtigung des Antragstellers und eine Versicherungssumme i.H.v. 100.000 EUR bestätigt wird,
d) eine beglaubigte Kopie des Polizeiberichts über den Wohnungsbrand, bei dem der Versicherungsnehmer verstarb.

(Rechtsanwalt)

### 7. Einwendungen gegen die Auszahlung

Bei Vorliegen der Anspruchsvoraussetzungen ist der Versicherer zur Zahlung verpflichtet, es sei denn, es bestehen vorübergehende oder dauerhafte Einwendungen. Es ist Sache des Anwalts, diese Einwendungen zu prüfen und ihnen erforderlichenfalls entgegenzutreten.

---

37 Das Amtsgericht ist ausschließlich zuständig, § 946 Abs. 2 ZPO. Die örtliche Zuständigkeit regelt § 1005 ZPO, entscheidend ist der Erfüllungsort, also regelmäßig der Sitz der ausstellenden Versicherung.
38 Der Wert der Sache bestimmt sich gem. § 3 ZPO nach dem Interesse des Antragstellers, das bei 10 bis 20 % des Nennbetrages liegt, vgl. Zöller/*Herget*, § 3 ZPO Rn 16; LG Berlin RPfleger 1988, 548.
39 Die Tatsachen sind nicht unter Beweis zu stellen, sondern gem. § 1007 ZPO glaubhaft zu machen.
40 Gemäß § 1007 Nr. 3 ZPO hat der Antragsteller die Versicherung seiner Angaben an Eides statt anzubieten.
41 Sofern keine Kopie der Urkunde vorliegt, ist gem. § 1007 Nr. 1 ZPO alles anzugeben, was zur vollständigen Erkennbarkeit der Urkunde erforderlich ist. Dies ist zumindest die Versicherungsnummer.

## a) Fehlende Fälligkeit

**41** Es reicht für die Fälligkeit nicht aus, den Versicherungsschein und alle anderen erforderlichen Unterlagen einzureichen. § 14 Abs. 1 VVG bestimmt, dass Versicherungsleistungen mit Beendigung der Erhebungen, die zur Feststellung des Versicherungsfalls und des Umfangs der Leistungen erforderlich sind, fällig werden.

Während der Umfang der Leistungen bei Lebensversicherungsverträgen meist von vorneherein feststeht bzw. leicht zu errechnen ist, können Ermittlungen des Versicherers z.B. zur Todesursache der versicherten Person einigen Aufwand beinhalten.

Nötige Erhebungen beinhalten die Beschaffung der Informationen und Unterlagen, die ein durchschnittlich sorgfältiger Versicherer dieses Versicherungszweigs braucht, um den Versicherungsfall festzustellen und abschließend zu prüfen, ob und wem er gegenüber zur Leistung verpflichtet ist.[42]

Zu den Erhebungsquellen zählen insbesondere auch behördliche und gerichtliche Ermittlungen, die abzuwarten sind. Eigene Ermittlungen muss die Versicherung nach h.M. nicht anstellen. Die Fälligkeit ist daher solange nicht gegeben, wie die Versicherung keine Möglichkeit zur Akteneinsicht hatte.[43] Ebenso darf die Versicherung zur Klärung der Bezugsberechtigung die Erteilung des Erbscheins warten, bevor sie leistet.[44]

**42** **Hinweis**
Unabhängig von dem Akteneinsichtsgesuch der Lebensversicherung sollte bei Verdacht eines unnatürlichen Todes auch der Rechtsanwalt des Bezugsberechtigten um die Anforderung von Unterlagen bei der Polizei und Staatsanwaltschaft bemüht sein. Wenn er als erster Akteneinsicht erhält, kann er der Versicherung unmittelbar einen Auszug in Kopie zur Verfügung stellen. Erhält er nach der Versicherung die Akte, weiß er, seit wann die Versicherung Kenntnis vom Akteninhalt hat. Er kann dann bei positivem Befund den Leistungsanspruch nach entsprechender Wartefrist fällig stellen.

**43** Dem Versicherer wird eine gewisse Überlegungsfrist zugestanden, binnen derer er nach Auswertung der Unterlagen über seine Eintrittspflicht entscheiden muss. Die Spanne der Rechtsprechung reicht von einigen Tagen[45] bis zu einem Monat.[46] Hier mag es auch auf den Gegenstand der Prüfung ankommen. Nach Vorlage eines Erbscheins, der den bezugsberechtigten Erben bestimmt, kann man schneller eine Entscheidung erwarten als nach einer umfangreichen Unfallakte.

Hat der Versicherer hingegen erklärt, er werde nach Vorlage bestimmter Unterlagen zahlen und werden diese vorgelegt, hat der Versicherer damit das Ende seiner Ermittlungen zum Ausdruck gebracht. Dann ist nach kürzester Bearbeitungsfrist die Fälligkeit zu bejahen.

---

42 Vgl. *Prölls/Martin*, § 11 VVG Rn 3.
43 OLG Hamm VersR 1987, 1129.
44 OLG Karlsruhe VersR 1979, 564.
45 LG Münster VersR 1977, 658.
46 KG VersR 1951, 73.

### b) Selbsttötung der versicherten Person

Nach § 161 Abs. 1 VVG wird der Versicherer von der Leistung frei, wenn die versicherte Person (ohne Vorliegen einen krankhaften Störung) Selbstmord begangen hat. Die ALB[47] relativieren dies zugunsten des Bezugsberechtigten. Den Lebensversicherer trifft danach nur noch eine eingeschränkte Leistungspflicht im Falle der Selbsttötung der versicherten Person.

Entscheidend ist hier die Beweislastverteilung: Der Versicherer hat nach den Regeln des Strengbeweises den Tatbestand der Selbsttötung zu beweisen.[48]

Der Beweis durch Indizien reicht aus. Nach § 286 ZPO ist keine unumstößliche Gewissheit des Richters, sondern ein für das praktische Leben brauchbarer Grad an Gewissheit erforderlich, der Zweifeln Schweigen gebietet, ohne sie jedoch völlig auszuschließen.[49] Sache des Anspruchstellers ist es hingegen zu beweisen, dass der Verstorbene sich in einem Zustand krankhafter Störung befand, der eine freie Willensbestimmung ausschloss.[50]

**Checkliste: Selbsttötung der versicherten Person**
- wirksamer Versicherungsvertrag?
- Sonderregelung im Versicherungsvertrag (vgl. § 12 Abs. S. 3 ALB 94)?
- Tod der versicherten Person?
- Selbsttötung durch Versicherung beweisbar?
- krankhafter Zustand durch Bezugsberechtigten beweisbar?
- Ablauf der Dreijahresfrist seit Zahlung des Einlösungsbetrages?
- mögliche Rechtsfolgen:
  - völlige Leistungsfreiheit
  - eingeschränkter Leistungsanspruch (Deckungskapital)
  - vollumfänglicher Leistungsanspruch

### c) Abtretung/Verpfändung/Pfändung

Eine Bezugsberechtigung entfällt, wenn der Versicherungsnehmer seinen Anspruch aus der Lebensversicherung abgetreten oder verpfändet hat, § 13 Abs. 3 ALB 2008 lässt dies ausdrücklich zu.

Eine **Abtretung** der Versicherungsleistung setzt voraus, dass die Bezugsberechtigung widerruflich ist.[51] Dann kann der Versicherungsnehmer über den Anspruch verfügen, nachdem er vorher oder gleichzeitig die Bezugsberechtigung widerrufen hat.[52] Nach § 13 Abs. 4

---

47 Vgl. § 5 ALB 2008: „*Was gilt bei Selbsttötung des Versicherten? (1) Bei vorsätzlicher Selbsttötung leisten wir, wenn seit Abschluss des Versicherungsvertrages drei Jahre vergangen sind. vor Ablauf von drei Jahren seit Zahlung des Einlösungsbeitrags oder seit Wiederherstellung der Versicherung. (2) Bei vorsätzlicher Selbsttötung vor Ablauf der Dreijahresfrist besteht Versicherungsschutz nur dann, wenn uns nachgewiesen wird, dass die Tat in einem die freie Willensbestimmung ausschließenden Zustand krankhafter Störung der Geistestätigkeit begangen worden ist. Anderenfalls zahlen wir den für den Todestag berechneten Rückkaufswert Ihrer Versicherung (§ 9 Abs. Abs. 3 bis 5). (…)*".
48 BGH VersR 1987, 503.
49 BGH VersR 1989, 758.
50 BGH VersR 1994, 162.
51 BGHZ 45, 168.
52 In der Abtretungsanzeige an die Versicherung kann konkludent der Widerruf der Bezugsberechtigung gesehen werden. Soweit sich im Rahmen einer Sicherungsabtretung der Sicherungszweck im Todesfall teilweise oder gänzlich erledigt hat, bleibt die ursprüngliche Bezugsberechtigung bestehen, vgl. *Prölls/Martin*, ALB 86 Rn 54 ff.

ALB 2008 setzt die Wirksamkeit eine schriftliche Anzeige an den Versicherer voraus. Der Abtretungsvertrag (§ 398 BGB) selbst setzt keine besondere Form voraus.

Für die **Verpfändung** gelten keine Besonderheiten. Neben einem Vertrag zwischen Gläubiger und Versicherungsnehmer ergibt sich das Erfordernis der schriftlichen Anzeige an den Versicherer neben § 13 Abs. 4 ALB 2008 schon aus § 1280 BGB.

Eine **Pfändung** von Lebensversicherungen, deren Versicherungssumme unter 3.579 EUR liegt, ist nur unter den engen Voraussetzungen des § 850b Abs. 2 ZPO möglich. In diesen Fällen gilt auch das Abtretungsverbot des § 17 VVG.

Im Übrigen sind sämtliche Rechte des Versicherungsnehmers pfändbar, insbesondere das Recht der Kündigung und der Bestimmung eines Bezugsberechtigten. Nach § 836 Abs. 2 ZPO ist dem Pfändungsgläubiger auch der Versicherungsschein zu überlassen.

### d) Verjährung

47 Mit der Reform des VVG sind die speziellen Verjährungsfristen für den Versicherungsvertrag abgeschafft worden.

Nach § 12 Abs. 1 VVG a.F. verjährten Ansprüch aus einem Lebensversicherungsvertrag in fünf Jahren. Sämtliche Ansprüche aus Versicherungsverträgen unterliegen seit dem 01.01.2008 der **dreijährigen Verjährungsfrist** der §§ 194 ff. BGB. Auch die **sechsmonatige Klagefrist** des § 12 Abs. 3 VVG a.F. ist ersatzlos weggefallen. Allerdings gilt diese gem. Art. 1 Abs. 4 EGVVG für die Fälle, bei denen vor dem 01.01.2008 die Verjährungsfrist begonnen hat. Die Verjährung beginnt mit Schluss des Jahres, in dem die Leistung verlangt werden kann, also ab Fälligkeit.

Eine Sonderregelung zur Hemmung der Verjährung enthält nur noch der dem § 12 Abs. 2 VVG a.F. entsprechende § 15 VVG, wonach die Verjährung bis zum Eingang der schriftlichen Entscheidung des Versicherers in Textform[53] gehemmt ist.

### e) Checkliste: Geltendmachung des Zahlungsanspruchs/Anspruch gegen die Lebensversicherung

48
- unverzügliche Mitteilung des Todes an die Versicherung
- Unterlagen einreichen:
  - Versicherungsschein
  - Nachweis des letzten Beitrag
  - Sterbeurkunde
  - Zeugnis über die Todesursache
- Fälligkeit/Einredefreiheit
- Aufforderung zur Zahlung mit Fristsetzung

---

53 § 12 Abs. 2 VVG a.F. verlangte noch die Schriftform.

### f) Muster: Zahlungsklage gegen die Lebensversicherung

An das

Landgericht[54]

*Klage*

des Herrn ▮

– Kläger –

Prozessbevollmächtigter: Rechtsanwalt ▮

gegen

die ▮-Lebensversicherung-AG, Schadenstr. 1, 50667 Köln, vertreten durch den Vorstand, dieser Vertreten durch den Vorstandsvorsitzenden ▮,

– Beklagte –

wegen Versicherungsleistung aus Lebensversicherungsvertrag Nr. ▮ [55]

Streitwert: 40.000 EUR

Namens und in Vollmacht des Klägers erhebe ich Klage gegen den Beklagten und beantrage, für Recht zu erkennen:

1. Die Beklagte wird verurteilt an den Kläger 40.000 EUR nebst 5 % Zinsen über dem Basiszinssatz seit dem ▮ zu zahlen.
2. Dem Kläger wird nachgelassen, notfalls Sicherheit durch selbstschuldnerische Bürgschaft einer inländischen Großbank oder einer öffentlichen Sparkasse zu erbringen.
3. Für den Fall, dass die Beklagte nicht rechtzeitig Verteidigungsbereitschaft anzeigt, ergeht im schriftlichen Verfahren Versäumnisurteil.[56]

*Begründung:*

Mit vorliegender Klage begehrt der Kläger einen Leistungsanspruch aus einer bei der Beklagten bestehenden Lebensversicherung.

Die örtliche Zuständigkeit des angerufenen Landgerichts ergibt sich gem. § 19 ALB 94 aus dem Umstand, dass der streitgegenständliche Versicherungsvertrag durch einen Agenten vermittelt wurde, der seinen Sitz in ▮ hat.

Beweis: Zeugnis des Versicherungsagenten Herrn ▮.

Der Kläger ist alleiniger Erbe des am ▮ verstorbenen Erblassers Herrn ▮.

Beweis: Vorlage des Erbscheins des AG ▮, Az. ▮ vom ▮,

Der Erblasser hatte bei der Beklagten als Versicherungsnehmer und Versicherte Person den Lebensversicherungsvertrag Nr. ▮ abgeschlossen.

---

54 Zum Gerichtsstand vgl. § 19 ALB 94: *„Für Klagen aus dem Versicherungsvertrag bestimmt sich die Zuständigkeit nach unseren Sitz oder der für den Versicherungsvertrag zuständigen Niederlassung. Sind Sie eine natürliche Person, ist auch das Gericht örtlich zuständig, in dem Sie zur Zeit der Klageerhebung Ihnen Wohnsitz, oder in Ermangelung eines solchen, Ihren gewöhnlichen Aufenthalt haben.(...)".*

55 Um die Zuordnung durch die Versicherung zu erleichtern, sollte die Versicherungsvertragsnummer schon in das Rubrum aufgenommen werden.

56 Da Lebensversicherungen im Klageverfahren Ansprüche so gut wie nie anerkennen, bedarf es eines Antrags auf Anerkenntnisurteil in der Klageschrift nicht.

*Beweis:* Vorlage des Versicherungsscheines durch die Beklagte gem. § 142 ZPO, Kopie Anlage K 1.

Eine Bezugsberechtigung hat der Erblasser nicht bestimmt, so dass die Versicherungsleistung in den Nachlass fällt.

*Beweis:* wie vor.

Der Kläger hat der Beklagten am ▬▬▬, also einen Tag nach dem Ableben des Erblassers, den Todesfall mitgeteilt.

*Beweis:* 
1. Zeugnis der Frau ▬▬▬
2. Vorlage des Faxschreibens an die Beklagte vom ▬▬▬ nebst Sendebericht.

Vorgenannte Zeugin ist die Mitarbeiterin des Versicherungsagenten, bei dem die Versicherung abgeschlossen wurde. Gemäß § 43 VVG Nr. 2 konnte der Kläger durch einen Anruf dort seine Obliegenheit zur rechtzeitigen Benachrichtigung erfüllen.

Außerdem hat der Kläger am gleichen Tag die Beklagte durch ein Fax an die Hauptniederlassung vom Eintritt des Versicherungsfalls informiert.

Nach Erteilung des Erbscheins hat der Kläger unter Beifügung des Versicherungsscheins, der Sterbeurkunde, eines ärztlichen Attestes die Beklagte mit Fristsetzung zum ▬▬▬ zur Zahlung aufgefordert.

*Beweis:* Vorlage des Schreibens des Klägers vom ▬▬▬, s. Anlage K 2.

Die Beklagte hat in der vorprozessualen Korrespondenz die Zahlung der Versicherungssumme einzig mit der Begründung verweigert, dass die Erbfolge und damit die Bezugsberechtigung nicht endgültig geklärt seien.

Hintergrund ist ein Verfahren vor dem Nachlassgericht, in dem die Schwester des Klägers einen Antrag auf Einziehung des Erbscheins gestellt hat. Diese ist aufgrund eines Erbverzichtsvertrags von der gesetzlichen Erbfolge ausgeschlossen, behauptet aber, dass dieser Vertrag sittenwidrig gewesen sei. Nun begehrt sie einen Erbschein, der sie als hälftige Miterbin ausweist. Das Nachlassgericht hat bereits eine einstweilige Verfügung auf Einziehung des Erbscheins abgelehnt.

Im Wissen um das Bestehen der Lebensversicherung hat die Schwester bei der Beklagten interveniert und verlangt, die Auszahlung der Versicherungssumme möge bis zur Klärung der Angelegenheit ausgesetzt werden. Die Beklagte hat diesem Ansinnen in unzulässiger Weise Rechnung getragen und den Kläger hiervon unterrichtet.

*Beweis:* Schreiben der Beklagten vom ▬▬▬

In diesem Schreiben erklärt die Beklagte, dass eine Zahlung nur „aufgrundlage rechtskräftigen Erbscheins" geleistet werden könne, insoweit sollte sich der Kläger bis zum Abschluss des von seiner Schwester geführten Verfahrens gedulden.

In rechtlicher Hinsicht ist anzumerken, dass ein Erbschein nie in Rechtskraft erwachsen kann, sondern immer durch neue Tatsachen oder Rechtsverhältnisse (z.B. Anfechtung eines Testaments) aufgehoben werden kann. Die Beklagte verkennt völlig die öffentliche Gutglaubenswirkung des Erbscheins gem. § 2366 BGB. Nur weil ein scheinbar benachteiligtes Familienmitglied ein von vornherein aussichtsloses Verfahren betreibt, kann dies nicht zum Nachteil des Klägers gereichen.

Außerdem hätte die Beklagte schon aufgrund der Vorlage des Versicherungsscheins leisten können.

Mit Einschreiben vom ▬▬▬, bei der Beklagte eingegangen am ▬▬▬, hat der Kläger daher die Beklagte mit Fristsetzung zum ▬▬▬ zur Zahlung der Versicherungssumme aufgefordert.

*Beweis:* Vorlage des Einschreibens mit Rückschein vom ▬▬▬, s. Anlage K 3.

Da die Beklagte keine Zahlung geleistet hat, war Klage geboten. Der Zinsanspruch ergibt sich aus dem Gesichtspunkt des Verzugs.

(Rechtsanwalt)

*Trimborn v. Landenberg*

## C. Rückforderung von Lebensversicherungsansprüchen durch den Erben

### I. Typischer Sachverhalt

Der Erblasser E schloss 2000 eine Lebensversicherung ab und bestimmte seine Tochter T als Bezugsberechtigte in seinem Todesfall. Ohne die Bezugsberechtigung vorher zu widerrufen, errichtete er 2003 ein Testament, nach dem nunmehr S als Vermächtnisnehmer die Leistungen aus der Versicherung erhalten sollte. Als E stirbt, erfährt T erst durch die Testamentseröffnung von der Lebensversicherung. Auf Anforderung von T zahlt die Versicherung die Versicherungssumme aus. S will dies nicht hinnehmen.

### II. Rechtliche Grundlagen

Eine nach Abschluss des Versicherungsvertrags eingetretene Änderung rechtlicher oder tatsächlicher Verhältnisse kann dazu führen, dass die Bezugsberechtigung an der Lebensversicherung und die materielle Berechtigung an der Versicherungssumme auseinander fallen. Dann steht dem Erben ein Anspruch wegen ungerechtfertigter Bereicherung (§ 812 Abs. 1 S. 1 Alt. 1 BGB) zu.[57]

In einer viel beachteten Entscheidung hat der BGH[58] erst kürzlich klargestellt, dass sich die Frage, ob der Bezugsberechtigte die Versicherungsleistung behalten darf, allein aus dem Valutaverhältnis ergibt. Da dieses meist eine Schenkung ist, ist genau zu prüfen, ob eine Schenkung erfolgt bzw. noch zu verhindern ist.

#### 1. Deckungsverhältnis zwischen Versicherungsnehmer und Versicherung

Bei einem Vertrag zugunsten Dritter auf den Todesfall ist immer streng zwischen dem Deckungs- und dem Valutaverhältnis zu unterscheiden. Während das Deckungsverhältnis nur die Beziehung zwischen Versicherungsnehmer und Versicherung beinhaltet, bezieht sich das Valutaverhältnis auf den Grund für die Begünstigung des Bezugsberechtigten durch den Erblasser.

Kennzeichnend für die Fälle bereicherungsrechtlicher Rückabwicklung ist die fortgeltende Wirksamkeit des Deckungsverhältnisses. Die nach wie vor bestehende Bezugsberechtigung – und mit ihr die Möglichkeit zur befreienden Leistung durch den Versicherer – ist gerade das Problem, mit dem der Erbe zu kämpfen hat. So tritt beispielsweise die Bezugsberechtigung einer Ehefrau durch die Scheidung ihrer Ehe mit dem Versicherten nicht automatisch außer Kraft.[59]

Eine entsprechende Anwendung von § 2077 BGB hat die Rechtsprechung im Rahmen von Lebensversicherungsverträgen ausdrücklich abgelehnt.[60]

> **Hinweis**
> Ausnahmsweise kann es natürlich vorkommen, dass der Versicherer trotz wirksamer (!) Änderung der Bezugsberechtigung an die ursprünglich benannte Person auszahlt. In diesem Fall ist vorrangig der Erfüllungsanspruch gegen die Versicherung geltend zu machen.

---

57  BGH NJW 1987, 3131 = DNotZ 1987, 771.
58  BGH ZEV 2008, 392.
59  BGH NJW 1976, 290. Inzwischen wird aber häufig schon die Bezugsberechtigung unter die Bedingung gestellt, dass die Ehe im Zeitpunkt des Versicherungsfalls noch bestehen muss.
60  *Mayer*, DNotZ 2000, 907 m.w.N.

## 2. Valutaverhältnis zwischen Versicherungsnehmer und Bezugsberechtigten

54 Ein wirksames Deckungsverhältnis ist zwar notwendige, aber nicht hinreichende Bedingung dafür, dass der Bezugsberechtigte die Versicherungsleistung dauerhaft behalten darf. Hierfür ist weitere Voraussetzung ein Rechtsverhältnis zwischen dem Versicherungsnehmer (bzw. dessen Erben) und dem Bezugsberechtigten.

In den meisten Fällen kann man als Rechtsgrund für die Zuwendung eine Schenkung annehmen. Da ein Schenkungsvertrag in Ermangelung notarieller Form erst mit Bewirkung der Leistung zustande kommt, handelt es sich genau genommen um ein Schenkungsangebot, das der Bezugsberechtigte auch mit dem Leistungsverlangen an die Versicherung konkludent annehmen kann. Zur Möglichkeit des Widerrufs des Schenkungsangebots durch die Erben siehe Rn 57.

Als Rechtsgründe kommen weiter in Betracht:
- eine Pflichtschenkung,[61]
- die Vergütung von Diensten,
- eine Leistung von Unterhalt,[62]
- eine Altersabsicherung, oder eine
- unbenannte/ehebezogene Zuwendung.[63]

## 3. Wegfall des Rechtsgrundes

### a) Wegfall durch letztwillige Verfügung des Erblassers

55 Einen lebzeitigen Wechsel der Person des Bezugsberechtigten kann der Versicherungsnehmer grundsätzlich jederzeit vornehmen. Dann leistet die Versicherung an den neuen Bezugsberechtigten, die Frage einer Rückforderung stellt sich dann nicht. Eine Änderung der Bezugsberechtigung ist im Deckungsverhältnis zwingend dem Versicherer mitzuteilen.

Es kann aber vorkommen, dass der Versicherungsnehmer nur in seinem Testament die Bezugsberechtigung ändert. Die Vorschrift des § 332 BGB, der dies auch in Form einer letztwilligen Verfügung zulässt, wird durch § 13 Abs. 4 ALB 94 ausgeschlossen, im Deckungsverhältnis ändert sich daher nichts.[64]

Wenngleich die Versicherung weiterhin befreiend an den bisherigen Bezugsberechtigten leisten darf, ist dies im Valutaverhältnis nach h.M.[65] als konkludente Rücknahme der Schenkungsofferte des Erblassers zu werten. Dies hat zur Folge, dass der bisherige Bezugsberechtigte keinen Rechtsgrund für den Erwerb beanspruchen kann und evtl. schon erhaltene Leistungen herauszugeben hat. Soweit der Erblasser einen neuen Bezugsberechtigten testamentarisch benannt hat, erwirbt dieser den Anspruch, ansonsten fällt der Bereicherungsanspruch in den Nachlass.

---

61 BGH FamRZ 1982, 165.
62 BGH NJW 1979, 1822.
63 BGH NJW 1985, 1082: Durch die Annahme der Möglichkeit einer unbenannten Zuwendung gibt der BGH dem geschiedenen Ehegatten eine Beweislasterleichterung. Die Existenz und Reichweite von unbenannten Zuwendungen sind aber im Einzelnen sehr umstritten. Sie bieten daher reichlich Argumentationsstoff für den Rechtsanwalt, der den Bezugsberechtigten vertritt.
64 In diesem Fall hilft es auch nicht, der Versicherung das Testament vorzulegen, da § 130 Abs. 2 BGB nicht anwendbar ist, BGH VersR 1993, 1219: *Schmalz-Brüggemann*, ZEV 1996, 88.
65 OLG Düsseldorf VersR 1996, 591.

### b) Änderung der tatsächlichen Verhältnisse

Von praktischer Bedeutung sind Fälle, in denen sich nach der Benennung des Bezugsberechtigten das Verhältnis zum Versicherungsnehmer in einer Weise verändert, die den Wegfall des Rechtsgrundes nahe legt. Hier sind folgende Fallgruppen denkbar:

- Die **Ehescheidung** wird von der Rechtsprechung als Wegfall der Geschäftsgrundlage angesehen.[66] Bei einer frei widerruflichen Bezugsberechtigung wird dies regelmäßig zu bejahen sein.[67] Anders liegt der Fall, wenn die Bezugsberechtigung gerade im Hinblick auf die Altersversorgung unwiderruflich zugunsten des geschiedenen Ehegatten bestimmt wurde. Zwar wird hier von der Rechtsprechung[68] ein Wegfall der Geschäftsgrundlage nicht ausgeschlossen, allerdings dürften strengere Maßstäbe anzulegen sein. Kein Fall des Wegfalls der Geschäftsgrundlage sieht der BGH im Scheitern einer nichtehelichen Lebensgemeinschaft, weil hier „die Partner ihre persönlichen und wirtschaftlichen Leistungen nicht gegenseitig aufrechnen können".[69]
- Bei **grobem Undank** kann gem. § 530 BGB eine bereits vollzogene Schenkung widerrufen werden. Soweit der Versicherungsnehmer den Widerruf nicht erklärt hat, steht dieses Recht auch dem Erben zu, allerdings nur unter den engen Voraussetzungen des § 530 Abs. 2 BGB.
- Ein **Wechsel des Zuwendungsgegenstandes** kann auch den Rechtsgrund für eine Bezugsberechtigung entfallen lassen. Hat der Versicherungsnehmer z.B. in Anerkennung geleisteter Dienste seiner Lebensgefährtin ein Haus übertragen und stattdessen die Lebensversicherung seiner Enkelin im Testament vermacht, kann dies einen Bereicherungsanspruch auslösen. Wichtig ist aber, den Austausch des Zuwendungsgegenstandes beweisen zu können. Der Beschenkte wird sich ansonsten regelmäßig darauf berufen, dass ihm das andere zusätzlich zugewendet wurde.

Mit Blick auf die gesetzliche Normierung der Störung der Geschäftsgrundlage in § 313 BGB, die als Rechtsfolge auch eine Anpassung des Vertrags vorsieht, kann ein risikoscheuer Erbe auch vom Alles-oder-Nichts-Prinzip des Wegfalls der Geschäftsgrundlage abweichen und eine teilweise Rückforderung geltend machen. Voraussetzung für eine erfolgreiche Durchsetzung ist eine intensive Aufarbeitung des Sachverhalts.

### 4. Widerruf des Schenkungsangebotes durch den Erben

Liegt der Begünstigung aus einer Lebensversicherung eine Schenkungsabsicht zugrunde, ist es u.U. auch noch den Erben möglich, das Valutaverhältnis durch den Widerruf des Schenkungsangebotes zu beseitigen. Das schuldrechtliche Grundgeschäft kommt im Wege der „postmortalen Einigung" zustande: Die Rechtsprechung sieht schon in der Bestimmung eines Bezugsberechtigten ein Schenkungsangebot des Erblassers.[70] Dies beinhaltet gleichzeitig einen Auftrag an den Versicherer, dieses Schenkungsangebot dem Bezugsberechtigten nach dem Tod mitzuteilen. Der Bezugsberechtigte erklärt die Annahme des Schenkungsangebots konkludent durch Anforderung der Versicherungsleistung. Die Rechtsprechung ist

---

66 BGH NJW 1987, 3131.
67 Eine Regelvermutung besteht indes nicht. Der bezugsberechtigte (Ex-)Ehegatte kann sich insbesondere dann auf einen Fortbestand des Rechtsgrundes berufen, wenn die Lebensversicherungssumme auch vorhandenen Kindern zugute kommt oder mit der Lebensversicherung ein gemeinsamer Kredit abgesichert werden sollte, vgl. OLG Köln FamRZ 1998, 193.
68 BGHZ 84, 361, 368.
69 BGH NJW 1996, 2727.
70 BGH NJW 1993, 2171.

sowohl bei Angebot als auch bei Annahme der Schenkung sehr großzügig im Sinne des Bezugsberechtigten. So wird die fehlende notarielle Form gem. § 518 Abs. 1 BGB schon als geheilt angesehen, sobald der Bezugsberechtigte den Anspruch erworben hat, indem er erkennbar den Annahmewillen geäußert hat. Einer Erfüllung bedarf es noch nicht.

In dieser Situation sollte sich der Erbe sowohl gegenüber dem Versicherer als auch gegenüber dem Bezugsberechtigten erklären:[71]

### a) Widerruf des Auftrags zur Übermittlung des Schenkungsangebots gegenüber dem Versicherer

**58** Der Erbe als Rechtsnachfolger des Versicherungsnehmers ist an die vertraglichen Verhältnisse gebunden, ein Widerrufsrecht scheidet daher von vornherein aus, wenn die Bezugsberechtigung unwiderruflich eingeräumt wurde.[72] Ansonsten steht dem Erben das Widerrufsrecht des § 671 Abs. 1 BGB ungeschmälert zu.[73]

Das praktische Problem besteht oft darin, dass der Erbe nicht oder zu spät Kenntnis von dem Versicherungsverhältnis erhält. Dies führt zu einem Wettlauf zwischen Erben und Versicherung, wie er auch bei Bankverträgen zugunsten Dritter auf den Todesfall bekannt ist. Aus Sicherheitsgründen ist daher selbst für den Fall, dass sich aus den vorgefundenen Unterlagen keine Bezugsberechtigung ergibt, ein vorsorglicher Widerruf zu erwägen.

Klarzustellen ist, dass von den Erben nicht das Bezugsrecht als solches widerrufen werden kann, dieses Recht endet gem. § 13 Abs. 1 S. 2 ALB 2008 mit dem Tod des Versicherungsnehmers.

**59** > **Hinweis**
> Die Versicherer lehnen es in der Praxis oftmals ab, von der Benachrichtigung des Bezugsberechtigten abzusehen. Überdies weigern sich die Versicherer oft, die Namen der Bezugsberechtigten zu nennen. Die Frage, ob in diesem Verhalten eine Pflichtverletzung zu sehen ist, die einen Schadensersatzanspruch begründet, wurde von der Rechtsprechung bislang noch nicht entschieden. In der Literatur[74] wird dies gem. §§ 280, 276, 662, 665, 671, 249 BGB bejaht, teilweise wird darüber hinaus noch eine Rückfrage- und Wartepflicht konstruiert.[75] Die Ankündigung, im Weigerungsfalle Schadensersatz geltend zu machen, schadet jedenfalls nicht.

### b) Muster: Widerruf des Auftrags gegenüber der Lebensversicherung

 per Einschreiben mit Rückschein

**60** An die

_____-Lebensversicherung

Lebensversicherungsvertrag Nr. _____

Versicherungsnehmer: _____

Versicherte Person: _____

---

71 Auch der Rechtsanwalt sollte sicherheitshalber beide Wege einschlagen, soweit ihm entsprechende Informationen über die Adressaten vorliegen.
72 Da der Erbe dies oftmals nicht wissen kann, sollte keine Zeit mit langen Nachfragen vergeudet werden, sondern zur Not auch „auf gut Glück" widerrufen werden.
73 Vgl. *Schulz*, ZErb 2005, 281 m.w.N.
74 So *Schulz*, ZErb 2005, 281.
75 So *Erman/Ehmann*, § 672 BGB Rn 7; ablehnend wohl die Rechtsprechung, BGH ZEV 1995, 187 bezogen auf die postmortale Bankvollmacht.

Ausweislich beigefügter Vollmacht vertrete ich Herrn ▬▬▬. Mein Mandant ist ausweislich beigefügter beglaubigter Erbscheinskopie Alleinerbe des o.g. Versicherungsnehmers, der am ▬▬▬ verstorben ist. Nach den hier vorliegenden Informationen hat der Versicherungsnehmer Frau ▬▬▬, als Bezugsberechtigte für die o.g. Lebensversicherung bestimmt. Frau ▬▬▬, eine ehemalige Lebensgefährtin des Versicherungsnehmers, hat bislang weder Kenntnis vom Tod, noch von der Bestimmung als Bezugsberechtigte. Unabhängig davon, ob diese Bezugsberechtigung noch besteht, erkläre ich hiermit namens und im Auftrag meines Mandanten den Widerruf des Auftrags, das der Bezugsberechtigung zugrunde liegende Schenkungsangebot an den oder die Bezugsberechtigten – auch Ersatzbezugsberechtigten – zu übermitteln.

Klarstellend weise ich darauf hin, dass mein Mandant gem. § 1922 Abs. 1 BGB ungeschmälert Nachfolger der Vertragsrechte des Versicherungsnehmer als Auftraggeber gefolgt ist. Ihm steht insbesondere das Recht zum Widerruf und zur Kündigung des Auftrags gem. § 671 BGB zu.

Vorsorglich weise ich darauf hin, dass für den Fall nicht weisungsgemäßer Ausführung die Geltendmachung von Schadensersatz gem. §§ 280, 276, 662, 665, 671, 249 BGB vorbehalten bleibt. Von einer Auszahlung ist daher abzusehen.

Mit getrennter Post wird mein Mandant unter Vorlage der erforderlichen Unterlagen und Angaben die Versicherungsleistung geltend machen.

(Rechtsanwalt)

### c) Widerruf des Schenkungsangebots gegenüber dem Bezugsberechtigten

Soweit der Bezugsberechtigte bekannt ist und von seiner Begünstigung noch nichts weiß, kann der Erbe ihm gegenüber ohne Angabe von Gründen die Schenkungsofferte widerrufen. Da Deckungs- und Valutaverhältnis auseinander fallen, ist dies sogar grundsätzlich auch bei unwiderruflicher Bestimmung der Bezugsberechtigung durch den Erblasser möglich.[76]

> **Hinweis**
> Die Möglichkeit des Schenkungswiderrufs wird dem Interesse des Erblassers in aller Regel zuwiderlaufen. Bei Beratung eines Erblassers bieten sich neben der notariellen Beurkundung als Sicherungsmöglichkeit auch testamentarische Gestaltungen z.B. in Form von Auflagen oder bedingten Vermächtnissen an.[77]

### d) Muster: Widerruf des Schenkungsangebots gegenüber dem Bezugsberechtigten

*per Einschreiben*

Frau ▬▬▬

Ihre Bezugsberechtigung aus dem

Lebensversicherungsvertrag Nr. ▬▬▬ bei der ▬▬▬-Lebensversicherung

Versicherungsnehmer: ▬▬▬

Versicherte Person: ▬▬▬

Ausweislich beigefügter Vollmacht vertrete ich Herrn ▬▬▬. Mein Mandant ist ausweislich beigefügter beglaubigter Erbscheinskopie Alleinerbe des o.g. Versicherungsnehmers, der am ▬▬▬ verstorben ist. Nach den hier vorliegenden Informationen hat der Versicherungsnehmer Sie als Bezugsberechtigte für die o.g. Lebensversicherung bestimmt. Dieser Bezugsberechtigung lag ein Schenkungsangebot zugrunde, das

---

76 Bei einer unwiderruflichen Bezugsberechtigung ist allerdings eingehend zu überprüfen, ob es sich tatsächlich um eine Schenkung und nicht um einen anderen Rechtsgrund (Altersvorsorge, geleistete Dienste etc.) handelt.
77 Hierzu ausführlich *Mayer*, DNotZ 2000, 922.

Ihnen erst nach dem Tod unterbreitet werden sollte. Mein Mandant kann als Rechtsnachfolger des Versicherungsnehmers gem. § 1922 Abs. 1 BGB i.V.m. § 130 Abs. 1 S. 2 BGB dessen Erklärungen widerrufen.

Namens und in Vollmacht meines Mandanten erkläre ich hiermit in Ausübung dieses Rechts den

### Widerruf des Schenkungsangebots

Die Schenkung sollte Ihnen ursprünglich durch die ▮▮▮-Lebensversicherung übermittelt werden. Dort haben wir den entsprechenden Übermittlungsauftrag mit gleicher Post widerrufen. Sollte Ihnen von dort gleichzeitig oder nach Erhalt dieses Schreibens eine Zahlung in Aussicht gestellt werden, dürfen Sie diese nicht annehmen, da sie ohnehin an meinen Mandanten nach den Regeln der ungerechtfertigten Bereicherung herauszugeben wäre.

Vorsorglich darf ich Sie daher auffordern, mir beigefügte Abtretungserklärung, mit der Sie Ihre Ansprüche auf Auszahlung[78] an den Erben abtreten, bis zum ▮▮▮ unterschrieben zurück zu senden.[79]

(Rechtsanwalt)

#### 5. Geltendmachung des Rückforderungsanspruchs gegen den Bezugsberechtigten

64 In der Mehrzahl der Fälle wird der Bezugsberechtigte schon längst die Versicherungssumme erhalten haben, bevor der Erbe davon Kenntnis erlangt hat bzw. sich ordnungsgemäß gegenüber dem Bezugsberechtigten legitimieren kann.

Dann gilt es, dem rechtsgrundlos Bereicherten klar zu machen, dass er die Versicherungsleistung nicht behalten kann. Nachfolgenden Mustern liegt der unter Rn 50 dargelegte Sachverhalt[80] zugrunde.

a) Muster: Aufforderungsschreiben an den Bezugsberechtigten

*per Einschreiben*

65 Frau

Ihre Bezugsberechtigung aus dem

Lebensversicherungsvertrag Nr. ▮▮▮ bei der ▮▮▮-Lebensversicherung

Versicherungsnehmer: ▮▮▮

Versicherte Person: ▮▮▮

Ausweislich beigefügter Vollmacht vertrete ich Herrn ▮▮▮. Mein Mandant ist ausweislich beigefügter beglaubigter Erbscheinskopie Alleinerbe des o.g. Versicherungsnehmers, der am ▮▮▮ verstorben ist.

Nach einer hier vorliegenden Mitteilung des Versicherers hat der Versicherungsnehmer Sie als Bezugsberechtigte für die o.g. Lebensversicherung eingesetzt. Diese Bezugsberechtigung ist zu Lebzeiten des Erblassers auch nicht geändert worden, obwohl er in seinem Testament vom ▮▮▮ meinen Mandanten als Bezugsberechtigten vorgesehen hat. Das Testament wurde Ihnen mit Schreiben des Amtsgerichts ▮▮▮ vom ▮▮▮ in Kopie zugesendet. Eine Woche später haben Sie bei dem Versicherer den Leistungsanspruch geltend gemacht. Vorher haben Sie von der Lebensversicherung nichts gewusst.

---

78 Gegenstand der Bereicherung sind nicht etwa nur die vom Erblasser gezahlten Prämien, sondern die gesamte Versicherungsleistung, vgl. OLG Hamm VersR 2002, 1409 f.
79 Auch hier ist wieder streng zwischen Deckungs- und Valutaverhältnis zu unterscheiden: Im Verhältnis zur Versicherung kann der bislang Bezugsberechtigte nach wie vor die Leistung beanspruchen.
80 Vgl. hierzu *Dobmeier*, AnwBl. 1999, 692 f., der auch auf die Haftungsgefahren des Testamentsberaters hinweist.

Mit Gutschrift vom ▨ hat die ▨-Lebensversicherung Ihnen die Versicherungssumme i.H.v. ▨ EUR ausgezahlt. Ich habe Sie namens und im Auftrag meines Mandanten aufzufordern, diesen Betrag zuzüglich zwischenzeitlich daraus erzielter Zinsen bei Meidung einer ansonsten nötigen Zahlungsklage bis zum ▨ zurückzuzahlen.

Mein Mandant macht Ihnen gegenüber seinen Bereicherungsanspruch gem. § 812 Abs. 1, 1. Alt. BGB i.V.m. § 818 Abs. 1 BGB geltend. Auch, wenn die ▨-Lebensversicherung mit befreiender Wirkung an Sie auszahlen konnte, fehlt es an einem Rechtsgrund für ein Behaltendürfen. Im Zeitpunkt, als der Erblasser Ihnen die Bezugsberechtigung einräumte, waren Sie als Lebensgefährten – allerdings ohne gemeinsamen Hausstand – verbunden.

Anlass der Bezugsberechtigung kann daher nur eine Schenkung gewesen sein. Diese bedarf zur Wirksamkeit gem. § 518 Abs. 1 BGB der notariellen Beurkundung. Eine Heilung durch zwischenzeitliche Bewirkung der Leistung können Sie nicht einwenden, da in der Bekanntgabe des Testaments an Sie ein vorheriger Widerruf des Schenkungsangebots zu sehen ist, der gem. § 130 Abs. 2 BGB auch noch nach dem Tod wirksam erklärt werden kann. Es fehlt daher an einer wirksamen Schenkung, die erhaltenen Leistungen stehen damit meinem Mandanten als neuem Bezugsberechtigten zu.

Soweit Sie diese Rechtsfolge nicht nachvollziehen können, stelle ich anheim, sich anwaltlicher Beratung zu versichern. Ihrem Anwalt seien vorsorglich folgende Fundstellen, die die Rechtslage belegen, genannt: OLG Düsseldorf VersR 1996, 590, sowie Anwaltsblatt 1999, 693.

(Rechtsanwalt)

b) Muster: Klage auf Rückzahlung

An das

Landgericht

▨

**Klage**

des Herrn ▨

– Kläger –

Prozessbevollmächtigter: Rechtsanwalt ▨

gegen

die Frau ▨,

– Beklagte –

wegen ungerechtfertigter Bereicherung

Streitwert: ▨ EUR

Namens und in Vollmacht des Klägers erhebe ich Klage gegen die Beklagte und beantrage, für Recht zu erkennen:

1. Die Beklagte wird verurteilt, an den Kläger ▨ EUR nebst 5 % Zinsen über dem Basiszinssatz seit dem ▨ zu zahlen.
2. Dem Kläger wird nachgelassen, notfalls Sicherheit durch selbstschuldnerische Bürgschaft einer inländischen Großbank oder einer öffentlichen Sparkasse zu erbringen.
3. Für den Fall, dass die Beklagte nicht rechtzeitig Verteidigungsbereitschaft anzeigt, ergeht im schriftlichen Verfahren Versäumnisurteil. Für den Fall des Anerkenntnisses ergeht ein entsprechendes Anerkenntnisurteil.

Begründung:

Der Kläger begehrt als Erbe des ▓▓▓ von der Beklagten die Herausgabe einer rechtsgrundlos erlangten Lebensversicherungsleistung.

Folgender Sachverhalt liegt der Klage zugrunde:

Der am ▓▓▓ verstorbene Erblasser ▓▓▓ hatte am einen Lebensversicherungsvertrag unter Versicherungsnummer ▓▓▓ bei der ▓▓▓-Lebensversicherung abgeschlossen. In diesem Vertrag war der Erblasser Versicherungsnehmer und versicherte Person. Die Beklagte wurde vom Kläger als Bezugsberechtigte benannt.

Beweis: Vorlage des Versicherungsscheins Nr. ▓▓▓.

Grund der Bezugsberechtigung war mangels anderer Anhaltspunkte eine beabsichtigte Schenkung des Erblassers, der zu dieser Zeit mit der Beklagten als Lebensgefährte verbunden war. Gegenüber seinem Neffen N hatte der Erblasser im Vertrauen die Lebensversicherung einmal erwähnt, und gleichzeitig gesagt, dass die Beklagte davon nichts wissen sollte, weil er nicht wegen einer Lebensversicherung, sondern um seiner selbst geliebt werden wollte.

*Beweis:* Zeugnis ▓▓▓.

Als der Erblasser ein Jahr später am ▓▓▓ ein Testament errichtete, in dem er diese Bezugsberechtigung zugunsten des Klägers aufhob, bestand die Beziehung zu der Beklagten nicht mehr. Dies kommt im Testament klar zum Ausdruck, in dem es wörtlich heißt:

„Von ▓▓▓ bin ich sehr enttäuscht, sie soll nichts mehr erhalten, auch nichts von der Lebensversicherung, die ich zu ihren Gunsten bei der ▓▓▓-Lebensversicherung abgeschlossen habe. Alle Rechte aus der Versicherung soll mein Alleinerbe ▓▓▓ erhalten."

Beweis: Beiziehung der Nachlassakten AG ▓▓▓ Az. ▓▓▓, Kopie des Testaments anbei.

Gleichwohl wurde gegenüber der ▓▓▓-Lebensversicherung die Bezugsberechtigung zu Lebzeiten des Erblassers nicht geändert. Nur deshalb konnte die Beklagte, die vom Testament – und damit von der Lebensversicherung – mit Schreiben des Amtsgerichts ▓▓▓ vom ▓▓▓ Kenntnis erhielt, eine Zahlung der Leistung an sich verlangen.

*Beweis:*  1.  Beiziehung der Nachlassakte,
2.  Vorlage des Anforderungsschreibens an die ▓▓▓-Lebensversicherung vom ▓▓▓ durch Vorlage von dort gem. § 142 ZPO.

In vorgenanntem Anforderungsschreiben räumt die Beklagte ausdrücklich ein, von der Bezugsberechtigung erst durch das Testament erfahren zu haben.

Die ▓▓▓-Lebensversicherung leistete die streitgegenständliche Versicherungssumme an die Beklagte unter dem ▓▓▓. Vorsorglich sei darauf hingewiesen, dass ein Anspruch gegen den Versicherer ausscheidet. Dieser konnte an die Beklagte mit befreiender Wirkung zahlen, da eine die Bezugsberechtigung ändernde Anzeige des Erblassers an den Versicherer unterblieb. Eine grundsätzlich mögliche testamentarische Änderung der Bezugsberechtigung gem. § 332 BGB scheidet wegen der abweichenden Versicherungsbedingungen aus (vgl. § 13 Abs. 3 ALB 2008).

Der Herausgabeanspruch des Klägers beruht auf dem fehlenden Valutaverhältnis, das bei einem Vertrag zugunsten Dritter nach ständiger Rechtsprechung den Rechtsgrund für die Leistung im Deckungsverhältnis darstellt, vgl. BGH NJW 1995, 1082, 1084.

Der Kläger macht der Beklagten gegenüber einen Bereicherungsanspruch gem. § 812 Abs. 1, Alt. 1 BGB i.V.m. § 818 Abs. 1 BGB geltend. Denkbarer Rechtsgrund für die Bezugsberechtigung kann mangels anderer Anhaltspunkte nur eine Schenkung gewesen sein. Diese bedurfte zur Wirksamkeit gem. § 518 Abs. 1 BGB der notariellen Beurkundung. Eine Heilung durch zwischenzeitliche Bewirkung der Leistung erfolgte nicht, da in der Bekanntgabe des Testaments an die Beklagte ein rechtzeitiger konkludenter Widerruf des Schenkungsangebots zu sehen war. Dieser konnte gem. § 130 Abs. 2 BGB auch noch nach dem Tod wirksam erklärt werden. In Ermangelung einer wirksamen Schenkung stehen die erhaltenen Leistungen damit dem Kläger als neuem testamentarisch bestimmten Bezugsberechtigten zu.

Die Beklagte wurde mit Schreiben vom ▮▮▮▮▮ zum ▮▮▮▮▮ aufgefordert, die erhaltene Leistung einschließlich Zinsen herauszugeben. Da sie sich ohne Angabe rechtlich relevanter Gründe weigerte, dies zu tun, war Klage geboten.

(Rechtsanwalt)

## D. Wirkungen von Lebensversicherungszuwendungen im Verhältnis zu Dritten

Fällt die Leistung der Lebensversicherung in den Nachlass (vgl. Rn 27 ff.), handelt es sich um eine ganz normale Nachlassforderung, die keine Besonderheiten aufweist. Wird hingegen die Versicherungsleistung außerhalb des Nachlasses gezahlt, kann es zu Problemen mit Vertragserben und Pflichtteilsberechtigten kommen.

### I. Beeinträchtigung des Vertragserben gem. § 2287 BGB

#### 1. Typischer Sachverhalt

Die Eheleute M und F haben sich gegenseitig zu alleinigen Vertragserben eingesetzt. M hat zugunsten der gemeinsamen Tochter T eine Lebensversicherung abgeschlossen.

T erhält nach Tod des M daraus 200.000 EUR. Da kein nennenswerter Nachlass vorhanden ist, möchte F von T das Geld aus der Lebensversicherung haben.

#### 2. Rechtliche Grundlagen

Liegt in der Einräumung des Bezugsrechts eine Schenkung, kann darin eine beeinträchtigende Schenkung gem. § 2287 BGB zu sehen sein, wenn der Erblasser durch einen Erbvertrag oder ein gemeinschaftliches Testament (§§ 2270, 2271 BGB) gebunden war.[81]

Ein praktisches Problem besteht oft darin, dass dem Vertragserben das Bestehen eines Lebensversicherungsvertrags nicht bekannt sein wird. Falls der Vertrag schon abgewickelt, d.h. die Leistung schon erbracht wurde, stehen dem Erben regelmäßig keine Auskunftsrechte gegenüber der Versicherung zu. Gleichwohl hat er gegenüber dem Bezugsberechtigten ein Auskunftsrecht gem. § 242 BGB (vgl. § 21 Rn 75 ff.).

### II. Rechte von Pflichtteilsberechtigten an der Lebensversicherung

#### 1. Typischer Sachverhalt

Erblasser E wurde von seiner Tochter T als gesetzliche Alleinerbin beerbt. Der Nachlasswert beträgt netto 10.000 EUR. E hat seiner Lebensgefährtin L an seiner Lebensversicherung das Bezugsrecht eingeräumt. Sie erhält nach seinem Tod daraus 100.000 EUR. E hatte während der Vertragslaufzeit insgesamt 5.000 EUR an Prämien eingezahlt. T möchte wissen, ob und ggf. in welcher Höhe sie von L eine Zahlung verlangen kann.

---

81 Zur Geltendmachung des Anspruchs s. § 21.

## 2. Rechtliche Grundlagen

71 Zunächst ist klarzustellen, dass ein nicht in den Nachlass fallender Lebensversicherungsanspruch – ungeachtet der Höhe – grundsätzlich pflichtteilsneutral ist, also **keine Pflichtteilsansprüche** auslöst.[82]

Wird aber ein enterbter Pflichtteilsberechtigter vom Erblasser zum Bezugsberechtigten einer Lebensversicherung eingesetzt, stellt sich die Frage der Anrechenbarkeit dieser Schenkung. Eine Anrechnung gem. § 2315 BGB findet nur statt, wenn diese ausdrücklich vereinbart wurde, was regelmäßig nicht der Fall sein dürfte. Da es sich bei der Anrechnungsbestimmung um eine empfangsbedürftige Willenserklärung handelt, kann allein in der Benennung des Bezugsberechtigten keine konkludente Anrechnungsbestimmung gesehen werden. Eine Anrechnungsbestimmung im Testament ist ebenfalls unwirksam, da verspätet.[83]

Im seltenen Fall einer wirksamen Anrechnungsbestimmung ist bei Kapitallebensversicherungen der Wert der Zuwendung strittig. § 2315 Abs. 2 S. 2 BGB stellt auf den Wert im Zeitpunkt der Zuwendung ab. Alternativ zur Versicherungssumme kann auch der Rückkaufwert zum Zeitpunkt der Zuwendung als maßstäblich angesehen werden.[84]

Bei schenkweiser Zuwendung des Versicherungsanspruchs an einen bezugsberechtigten Dritten kommt ein **Pflichtteilsergänzungsanspruch** gem. § 2325 BGB in Betracht. Da die in diesem Zusammenhang typischen Fragestellungen anderweitig vertieft werden (vgl. § 17 Rn 164 ff.), soll es hier nur um zwei Fragen gehen, die typischerweise im Zusammenhang mit einer Schenkung in Form einer Lebensversicherung auftreten.

### a) Vorliegen einer Schenkung

72 In vielen Fällen wird die Bestimmung eines Bezugsberechtigten ohne weiteres als eine Schenkung anzusehen sein. Es gibt aber auch Lebensversicherungsverträge, bei denen keine Schenkung anzunehmen ist und die deshalb auch nicht der Pflichtteilsergänzung unterliegen. Dies gilt insbesondere, wenn die Lebensversicherung zur Altersversorgung des Bezugsberechtigten bestimmt ist,[85] wie dies bei Ehegatten häufig der Fall sein wird.

Eine Ergänzung kommt auch nicht in Betracht, wenn mit der Begünstigung durch die Lebensversicherung eine Vergütung von Diensten oder eine andere Gegenleistung verbunden war.[86]

### b) Bewertung des Schenkungsgegenstandes

73 Eine neue Entscheidung[87] des für das Insolvenzrecht zuständigen 9. Zivilsenats des BGH[88] stellt diese Rechtsprechung in Frage. In diesem Urteil ging es um den Umfang des Anfechtungsrechts des Nachlassinsolvenzverwalters gegen den Bezugsberechtigten einer Lebensversicherung. Unter ausdrücklicher Ablehnung der bisherigen Rechtsauffassung führt das

---

82 Zur Geltendmachung des Anspruchs siehe § 21.
83 Zu den Voraussetzungen einer wirksamen Anrechnungsbestimmung vgl. Palandt/*Edenhofer*, § 2315 BGB Rn 3.
84 Rechtsprechung hierzu fehlt, die wohl h.M. sieht zu Recht die ganze Versicherungssumme als Wert an. Je nach Fallkonstellation kann man sich aber auch der Argumente für den Rückkaufwert bedienen, zum Streitstand vgl. *Eulberg u.a.*, S. 85 f.
85 BGH NJW 1992, 566.
86 Vgl. *Langenfeld*, ZEV 1994, 129; NJW 1994, 2133.
87 Ausführlich zum Streitstand: *Mayer/Süß/Tanck*, S. 252 f.
88 BGH, Urteil v. 23.10.2003– IX ZR 252/01, NJW 2004, 214.

Gericht aus, dass nicht entscheidend sei, welche Mittel der Versicherungsnehmer erbracht, sondern welche Leistung der Versicherer bewirkt habe. Mittelbare Leistungen seien so zu behandeln als habe die Lebensversicherung an den Schuldner (= Erblasser/Versicherungsnehmer) geleistet und dieser dann an den Gläubiger.

Ob die Interessenlage des Insolvenzgläubigers indes vergleichbar ist mit der des Pflichtteilsergänzungsberechtigten, ist fraglich.

Seit dieser Entscheidung ist die Antwort auf die Frage „Prämienzahlung des Erblassers oder Versicherungssumme?" umstrittener denn je. Der unübersichtliche Streitstand[89] in der Literatur entspricht der uneinheitlichen Linie der Obergerichte.[90] Der BGH hat über die Revision gegen das Urteil des OLG Düsseldorf zu befinden,

> **Hinweis**
> Da bis zu einer Entscheidung des BGH unklar ist, ob die Lebensversicherung nicht nur am Nachlass, sondern wertmäßig auch weitgehend am Pflichtteilsergänzungsberechtigten vorbei übertragen werden kann, muss der Rechtsanwalt den Mandant auf diese Situation hinweisen. Nach den strengen Maßstäben der Anwaltshaftung hat der Rechtsanwalt nicht nur die aktuelle Rechtsprechung zu kennen, sondern er muss weiterhin Tendenzen einer Rechtsprechungsänderung in der Beratung berücksichtigen. Einschlägige Mandate sind daher mit Blick auf die Rechtsprechung und gut dokumentierter Mandantenaufklärung über Chancen und Risiken eines Vergleichs oder einer Klage zu führen.
> Vergleiche über Pflichtteilsansprüche sollten eine Klausel enthalten, die im Falle einer Änderung der Rechtsprechung eine Nachabfindung vorsehen.

### c) Muster: Nachabfindungsklausel

Der vorstehend vereinbarte Zahlungsbetrag legt für die vom Erben bezogene Lebensversicherung einen aufgrund der in den letzten zehn Jahren vor dem Tod gezahlten Beitragsprämien des Erblassers errechneten Bemessungswert von          EUR zugrunde.

Die Parteien wissen, dass im Hinblick auf das Urteil des BGH vom 23.10.2003, Az. IX ZR 252/01, unklar ist, ob statt der gezahlten Beiträge nicht die gesamte Versicherungssumme i.H.v.          EUR als Bemessungsgrundlage anzusetzen ist.

Insoweit verpflichtet sich der Erbe gegenüber dem Pflichtteilsberechtigten im Falle einer geänderten Rechtsprechung des Bundesgerichtshofs, die die gesamte Versicherungssumme als maßstäblich ansehen wird, dem Pflichtteilsberechtigten auf erstes Anfordern einen weiteren Betrag i.H.v.          EUR zu zahlen und insoweit auf die Einrede der Verjährung zu verzichten.[91]

### d) Checkliste: Lebensversicherung im Pflichtteilsrecht
- Nachlasszugehörigkeit oder Erwerb am Nachlass vorbei?
  - Benennung eines Bezugsberechtigten
  - Verwendung zur Kreditsicherung
- wirksame Schenkung im Valutaverhältnis?
  - notariell beurkundet bzw. Leistung angenommen

---

89 Einen guten Überblick bietet *Schindler*, ZErb 2008, 332.
90 OLG Stuttgart ZErb 2008, 57 = ZEV 2008, 145, KG Berlin AZ 16 U 35/07 v. 13.2.2008, n.v. (gezahlte Prämien entscheidend); OLG Düsseldorf ZEV 2008, 292 (Versicherungssumme entscheidend).
91 Eine solche Klausel sollte natürlich nur vom Berater des Pflichtteilsberechtigten gefordert werden. Der Vertreter des pflichtteilsverpflichteten Erben sollte hingegen einen zeitnahen und endgültigen Vergleich anstreben.

- kein Widerruf der Schenkung möglich
- keine Gegenleistung vereinbart (u.U. gemischte Schenkung)
- keine Anstandsschenkung
- keine Altersvorsorge
- keine ehebedingte Zuwendung
- Anrechnungsbestimmung gem. § 2315 BGB?
    - Anrechnungserklärung
    - Inhalt der Erklärung
    - Zugang der Erklärung
    - Zeitpunkt des Zugangs
- Bewertung der Schenkung?
    - Versicherungssumme
    - Rückkaufwert
    - eingezahlte Prämien

## Stichwortverzeichnis

Fette Zahlen = Kapitel, magere Zahlen = Randnummern; der Zusatz „M" vor einer Zahl kennzeichnet, dass unter dieser Randnummer ein Muster zu finden ist.

**Abfindungsvertrag**
- Erbverzicht **5** 4, 19 ff., 34, 40
- Form **5** 4, 22
- Rücktritts-/Widerrufsvorbehalt **5** 40
- Schenkung **5** 21 f.
- Steuern **5** 46 ff.
- Vertretung **5** 22

**Abhilfeverfahren**
- Gehörsrüge **9** 205, 207
- Kosten **9** 208

**Abschichtung 18** 87 ff., **19** 213 ff.
- Abfindung **18** 89
- Abschichtungsvertrag **19** 220 ff.
- Begriff **19** 213
- Einigung der Miterben **19** 215 ff.
- Erbenhaftung **18** 90
- Erbteilsanwachsung **18** 88
- Erbteilsübertragung **19** 214
- Form **18** 88 f., 91, **19** 219 ff.
- Nachlassauseinandersetzung **18** 170
- Nachlassverbindlichkeiten **18** 90
- Rechtsnatur **19** 217 ff.
- Vertrag **18** M 81

**Abstammung**
- Auskunftsanspruch **9** 117 ff.

**Abwesenheitspflegschaft**
- Abgrenzung Nachlasspflegschaft **6** 19

**Adoption**
- Adoptionsstatut **24** 85
- Erbstatut **24** 85

**AG**
- Gesellschafterwechsel **22** 4

**Akteneinsicht 9** 18
- Abschrift **9** 51
- Abschrift aus Nachlassakten **11** 19 ff., M 24
- berechtigtes Interesse **7** 43, **9** 7 ff., 18, 20 f., 23 ff., 30, 46
- Betreuungsakten **9** 47
- Bevollmächtigung **9** 53
- Datenschutz **9** 22 f.
- elektronisches Grundbuch **9** 29 ff.
- Familiengerichtsakten **9** 47
- Grundakten **9** 18, 20 ff., 23 ff., **11** 40 ff.
- Grundbuch **3** 30, **9** 18, 23 ff., **11** 37 ff., **15** 243
- Handelsregister **9** 37 ff.
- Kosten bei elektronischem Grundbuch **9** 28, 33, **11** 46
- Kosten bei Grundbuch/Grundakten **9** 35, **11** 48
- Kosten bei Handelsregister/Handelsregisterakten **9** 41
- Kosten bei Nachlassakten **7** 45, **9** 61, **11** 23
- Nachlassakten **7** M 47, **9** 7 ff., 45 f., 51, **11** 19 ff.
- Personenstandsbuch **9** 14 ff., **11** 27
- Personenstandsregister **9** 6
- Pflichtteilsberechtigter **9** 24 ff.
- rechtliches Interesse **9** 7, 14, 18, 51
- Rechtsmittel **7** 46, **9** 34, 56 ff., **11** 30 ff., M 36, 47
- Rechtsmittel bei Aktenabschriftsversagung **11** M 49
- Unterhaltspflichtiger **9** 23
- Vormundschaftsgerichtsakten **9** 47
- Zugewinnausgleich **9** 22

**Altenteilsvertrag 15** 213 siehe auch Leibgedingvertrag

**Amtliche Verwahrung**
- Anfechtung der Testamentsrücknahme **7** 122
- Hinterlegungsschein **7** 116, 118
- Kosten **7** 123
- Standesamtsbenachrichtigung **7** 115, 118
- Testamentseinreichung **7** M 112
- Testamentsrücknahme **7** 119 ff.
- Verwahrungsbuch **7** 117
- Zuständigkeit **7** 106 ff.

**Andeutungstheorie 16** 170

**Anwaltshaftung**
- Haftungsbeschränkung **17** 22 ff., M 24
- Interessenkollision **17** 26
- Kollisionsrechtsanwendung **24** 36 ff.
- Pflichtteilsrecht **17** 18 ff., 94 ff.

**Arbeitnehmerabfindung 12** 77

Ärztliche Schweigepflicht 4 27, M 30, M 55, 8 150 ff.
- Schweigepflichtentbindung 8 159

Aufenthalt 7 17

Aufgebotsverfahren 6 M 145, 155 ff., 11 143, 233 ff., 361
- Antrag 11 M 239
- Antrag auf Einstellung der Zwangsvollstreckung 11 M 154
- Antragsberechtigung 11 237 ff.
- Aufgebotseinrede 11 146 ff., M 150, M 153
- Aufgebotsfrist 11 235 f.
- Auflage 11 252
- Auseinandersetzungsaufschub 19 49, 69
- Ausschließungsbeschluss 11 236
- Ausschließungseinrede 11 308
- Ausschlussbeschluss 11 244 ff.
- Ausschlussurteil 11 235
- dingliche Sicherheiten 11 252
- Erbengemeinschaft 11 349
- Erbenhaftung 11 175, 246, 349
- Erbschaftserwerber 11 238
- Erbschaftsveräußerung 11 238
- Forderungsanmeldung 6 M 156, 11 240, 245
- Haftungsbeschränkung 11 175
- Kosten 11 243
- Nachlassauseinandersetzung 19 37
- Nachlassinsolvenz 11 241
- Nachlasspflegschaft 11 238
- Nachlassverbindlichkeiten 11 349, 19 12
- Pflichtteil 11 252
- privates Aufgebot 11 350
- Rechtsmittel 11 235 f.
- Teilhaftung 11 362 f.
- Teilungsversteigerung 20 65
- Testamentsvollstreckung 11 238, 13 8, 110
- Vermächtnis 11 252
- Verschweigungseinrede 11 248 ff., M 250, 308
- Vollstreckungsgegenklage 11 149, M 154, M 257
- Vor-/Nacherbfolge 11 238
- Vorbehaltsurteil 11 254 ff.
- Zuständigkeit 11 235

Auflage 3 185 ff.
- Anwartschaftsrecht 3 187
- Aufgebotsverfahren 11 252
- Bestattung 3 186, M 189
- Erbenhaftung 11 112
- Erbfallschuld 11 112
- gemeinschaftliches Testament 3 267
- Grabpflege 11 116
- Pflichtteilsanspruch 17 128, 214
- Schiedsklausel 3 195
- Stiftung 16 167, 194
- Testamentsvollstreckung 3 185, 13 7
- Tiere 3 186
- Überschwerungseinrede *siehe Erbenhaftung, Überschwerungseinrede*
- Vollziehungsberechtigung 3 185
- Wechselbezüglichkeit 3 99, 274, 8 16

Auflagenerfüllungsklage 23 61

Auflassung 19 M 231
- Form 21 99 ff.

Auseinandersetzungsausschluss 10 48, 13 208

Ausgleichung
- Erbvertrag 21 38 f.
- gemeinschaftliches Testament 21 38 f.
- lebzeitige Vorempfänge 19 18
- Schenkung 3 32 ff., 21 38 f.
- Vorempfang 3 32 ff.

Ausgleichungspflicht
- Pflichtteilsverzicht 5 65, 74 f.
- Verjährung 17 82 ff., 93

Auskunftsanspruch 9 2 ff., 14 196, 17 M 230, M 246
- Abstammung 9 117 ff., 120
- allgemeiner 17 243 ff.
- Auftragsrecht 9 63, 130, 147 f., 159, 264, 295
- Ausgleichungspflicht 19 152 ff., 158 ff.
- Auskunftserteilungsform 9 166
- Auskunftsform 9 310
- Ausstattung 19 152 ff.
- Bankvollmacht 9 148
- befreiter Vorerbe 14 218 ff.
- Behörden *siehe Akteneinsicht*
- Berufsausbildungskosten 19 152 ff.
- Besichtigungsrecht 9 64, 131, 152
- Besitzer von Nachlassgegenständen 9 272
- Bestandsverzeichnis 9 150, 162, M 273, 341, 13 131 f., M 157

- Bestimmtheit des Auskunftstitels 9 224
- Betreuer 9 125
- Bilanz 9 151, 159, 311 f., 325
- Ehegatten 9 121 ff.
- eidesstattliche Versicherung 9 163 f., 203, 219 f., 245, 252 ff., 278, 297, 313, 339, 341, **13** 81 f., 131 ff., **14** 141, 273, **17** 257 ff., M 261, **19** 152, 162
- Einkommenszuschuss **19** 152 ff.
- Einrede der erteilten Auskunft 9 222 f.
- Einwendungen 9 199
- Erbengemeinschaft 9 4, 63, 80 ff., 92, 114, 130, 165, 265, 293, 309, **14** 196, **17** 229 ff., **19** 152 ff., 235
- Erbenhaftung 9 88 f.
- erbersatzanspruchsberechtigtes nichteheliches Kind 9 90
- Erblasserschulden 9 70 ff.
- Erbschaftsausschlagung 9 121 ff.
- Erbschaftsbesitzer 8 214 ff., 9 75 ff., 112, 259 ff., 264 ff., 267 ff.
- Erbteilspfändung 9 128 ff., 266, 293, **13** 169
- Erbteilsveräußerung **13** 168
- Erbvertrag 9 302 ff., M 305, 306, **21** 75 ff., M 80, M 81
- Ergänzungsanspruch 9 203 f., 252, **17** 257
- Ergänzungsbetreuer **13** 170
- Ergänzungspfleger **13** 170
- Erteilungsfrist 9 167
- Familienrecht 9 64, 116 ff.
- gemeinschaftliches Testament **21** 76 ff.
- Gesamthandsgemeinschaft 9 92
- Gütergemeinschaft 9 302
- Güterstand 9 311
- Hausgenosse 9 79, 292 ff.
- Höferecht 9 110
- Inhalt 9 140 ff., 168
- Kindesvermögen 9 126
- klageweise Geltendmachung *siehe Auskunftsklage*
- Lebensversicherung 9 109
- Leistungs-/Erfüllungsort 9 167
- Miterbe 9 243
- Nachlassbestand 9 70 ff., 150, 260 ff., 307, 311, 334 ff., 336 ff., 341, **14** 190 ff., M 199, 266 f.
- Nachlassgläubiger 9 70 ff.
- Nachlasshöhe **15** 14
- Nachlassinsolvenz 9 63, 70, 265
- Nachlasspflegschaft 9 68 f., 73 f.
- Nachlassverbindlichkeiten 9 312
- Nachlassverwaltung 9 63, 67, 70, 74, 265
- Nachlassverzeichnis 9 312 ff., **14** 132 ff.
- Nießbrauch 9 64, 127
- Notgeschäftsführung 9 146
- Notverwaltung 9 80
- Nutzungen 9 262
- Pfandgläubiger 9 128, 266, 293
- Pfändungspfandgläubiger 9 129
- Pflichtteilsanerkenntnis 9 183 f.
- Pflichtteilsberechtigter 3 36 ff., 9 88 f., 98 ff., 307 ff., 311 ff., **13** 167, **17** M 9, 229 ff., 231 ff., 238 ff., 242 ff., M 246, M 261
- pflichtteilsberechtigter Erbe **17** 243 ff.
- Pflichtteilsergänzung 9 89
- Pflichtteilsergänzungsberechtigter **17** 165
- prozessuale Urkundenvorlagepflicht *siehe dort*
- Rechenschaft **14** 266 f.
- Rechenschaftslegung 9 66 ff., 146 ff., M 149, **13** 127, 134 ff., M 155, M 156, M 163, **14** 270 ff., M 271, 272 ff., 276, M 277
- Rechnungslegung 9 143 ff., 159 f., **13** 134 ff., M 155, M 156, M 163
- Scheinerbe 9 91
- Scheinvater 9 120
- Schenkung 3 36 ff., 9 89, 98 ff., 153 ff., 242, 245, 302 ff., M 305, 306, 309, 311 f., 338, 344 ff., **14** 323 ff., M 335, **17** 229 ff., M 230, 239, 244 ff., M 246, **19** 152 ff.
- Sonderrechtsverhältnis 9 65, 93 ff.
- Stufenklage 9 170 ff., 182, **13** 81
- Surrogate 9 262 f.
- Testamentsvollstreckernachfolger **13** 171
- Testamentsvollstreckung 3 38 ff., 9 63, 86 f., 111, 127 ff., 243, 265, 293, 309, 325, 339, **13** 81 f., M 99, M 101, 127, 131 ff., M 155, M 156, M 157, M 163, 165 ff., 203 ff., M 205, **15** 261, **17** 229 ff., 237, **19** 153

- Treu und Glauben 9 65, 93 ff., 153 ff., 168, 346
- Umfang 9 168
- Unterhalt 9 123 ff.
- Urkundeneinsichtsrecht 9 64, 132, 152, 159
- Vaterschaft 9 117 ff., 120
- Vererblichkeit der Auskunftspflicht 8 216, 9 112, 142, 268 ff.
- Verjährung 9 182 ff., 304, 13 131, 17 91 f., 93, 19 171
- Vermächtnis 9 115, 350, 13 167, 15 14
- Verwirkung 9 198
- Verzeichnis 9 162
- Vollstreckung 9 181
- Vollstreckungsgegenklage 9 222 f.
- Vor-/Nacherbfolge 9 82 ff., 107, 113, 266, 325, 328, 334 ff., 338 ff., 340 ff., 346, 13 166, 14 47, 132 ff., 135 ff., 139 ff., 187, 190 ff., M 199, 215, 218, 266 f., 270 ff., 272 ff., 276, 323 ff., M 335, 17 236
- Vorempfang 3 36 ff., 9 81, 98 ff., 242, 245, 17 229 ff., M 230, 239, 244 ff., M 246, 19 152 ff., 235
- Vorlage von Belegen 9 143, 150, 159 ff., 225, 312, 13 136, 17 242
- vorläufiger Erben 9 66
- vorläufiger Rechtsschutz 9 209, 234 f., 17 267, 19 157
- Vormund 13 170
- Wertermittlung 15 15 *siehe auch Wertermittlungsanspruch*
- Zugewinnausgleich 9 121 f.
- Zurückbehaltungsrecht 9 181
- Zuwendung 9 242, 245, 302 ff., 306, 309, 311 f., 17 229 ff., M 230, 239, 244 ff., M 246, 19 152 ff.
- Zwangsmittel 9 221, 224
- Zwangsmittelfestsetzungsantrag 9 M 257, M 291
- Zwangsvollstreckung 9 218 ff., 224, 255, 290 f., 301, 313
- Zwangsvollstreckungsantrag 9 M 257, M 291

**Auskunftsklage** 9 170 ff., M 251, M 280
- Abhilfeverfahren 9 205 ff., 207 ff.
- Auskunftsergänzung 13 133
- Berufung 9 200, 206, 285
- Berufungssumme 9 200
- Beschwerdewert 9 206, 285
- Bestandsverzeichnis 13 M 158, M 164
- Bestandsverzeichnisergänzung 13 M 159
- Bestimmtheit des Auskunftstitels 9 224
- eidesstattliche Versicherung 8 M 221, 9 M 251, M 253, 278, M 282, M 284, 285, 289, M 299, 319 ff., 321, 339, 13 M 102, 139, M 159, M 164, 14 197, M 216, M 278, M 280, M 336, 17 259 f., 264, 275 f., M 276, M 278, 19 162, M 237
- Erbengemeinschaft 14 196 ff., 17 M 278, 19 159
- Erbschaftsbesitzer 9 M 281, M 282
- Erledigung 9 211 ff., 215 ff.
- Gehörsrüge 9 205, 207
- Gerichtsstand 9 274, 17 265
- Hausgenosse 9 M 299, 300
- Klageantrag 9 247, 249, 324, 17 268 f.
- Kosten 17 271
- Kosten bei fehlendem Herausgabe-/Zahlungsanspruch 9 211 ff.
- Kosten bei Stufenklage 9 288
- Kosten der Zwangsvollstreckung 9 226
- Leistungsklage 9 170
- Nachlassverzeichnis 14 M 216
- Pflichtteilsberechtigter 17 263, 267 ff., M 272, 273 ff.
- Prozesskostenhilfe 9 176
- prozessuale Urkundenvorlagepflicht 19 158
- Rechenschaft 14 M 278
- Rechenschaftslegung 13 139, M 158, M 164
- Rechnungslegung 13 M 158, M 164
- Rechnungslegungsklage 9 170
- Säumnisurteil 9 178 ff.
- Schenkung 9 247, 249, M 251, M 253, 258, 14 M 336, 19 158 ff., M 237
- Schlüssigkeit 9 249, 19 159
- selbstständiges Beweisverfahren 8 338
- Streitwert 9 173 ff., 250, 320 f., 17 271, 19 161
- Stufenfeststellungsklage 9 171
- Stufenklage 8 M 221, 338, 9 170 ff., 176, 201, M 281, M 282, 283 ff., M 284, 285, 289, 319 f., 324, 339, 343, 13 81, M 102, 132, 139, M 164, 14 198, 275 f.,

M 278, M 280, M 336, **17** 259, 273 ff.,
M 276, M 278, **24** M 113
- Teilurteil **9** 202
- Testamentsvollstreckung **13** M 102,
M 104, 132 f., M 158, M 159, M 164,
M 206
- Verjährung **9** 324
- Verjährung des Herausgabeanspruchs
**9** 275 f.
- verspätetes Vorbringen **9** 210
- Vor-/Nacherbfolge **9** 339, **14** 196 ff.,
M 216, M 278, M 280, M 336
- Vorempfang **3** 40, **9** 247, 249, M 251,
M 253, 258, **19** 158 ff., M 237
- Wertermittlungsantrag **9** 216
- Widerklage **9** M 253, **19** M 237
- Zuständigkeit **9** 217
- Zuwendung **9** 247, 249, M 251, M 253,
258, **19** 158 ff., M 237
- Zwangsvollstreckung **9** 277, **13** 139,
**17** 270

**Auskunftspflicht**
- eidesstattliche Versicherung **7** 333
- Erbengemeinschaft **8** 138
- Testierfähigkeit **8** 138

**Auslandsberührung**
- Erbverzicht **5** 44

**Auslandsbezug**
- Teilungsversteigerung **20** 130 ff.

**Ausstattung 1** 116, **19** 132 ff.
- Abgrenzung zur Schenkung **1** 115,
**19** 120 f., 123
- Abgrenzung zur vorweggenommenen
Erbfolge **1** 140
- Ausgleichungspflicht **1** 114 ff.,
**17** 147 ff., 150 ff.
- Ausgleichungsregelung **1** M 123
- Auskunftsanspruch **19** 152 ff.
- Begriff **1** 70
- Definition **1** 115, 140, **19** 120
- Form **19** 122
- Gläubigeranfechtung **19** 122
- Notbedarfseinrede **1** 115, **19** 122
- Rückforderung bei Notbedarf **1** 115,
**19** 122
- Sozialhilferegress **1** 140
- Übermaß **1** 70, 115, 140, 177
- unbenannte Zuwendung **19** 123
- vertragliches Rückforderungsrecht
**1** M 123

- Widerruf **1** 115, **19** 122

**Beerdigungskosten 11** 115 ff.
- Erbenhaftung **11** 112, 115 ff.
- Erbfallschulden **11** 112, **13** 97
- Standesmäßigkeit **11** 115 ff.
- Testamentsvollstreckung **13** 80, 97

**Belgien**
- Erbstatut **24** 66
- Rückverweisung **24** 66

**Benachrichtigungspflicht**
- Testamentsvollstreckung **13** 127 ff.

**Bereicherungsklage 23** 61

**Berliner Testament 3** 264 ff., M 315
- Anwartschaftsrecht **11** 285
- Ausgleichung **3** 34
- Ausgleichungspflicht **19** 118, 151
- Bindungswirkung **8** 21
- Ersatzerbe **8** 21, **21** 4, 44
- Pflichtteilsverzicht **5** 71
- Wiederverheiratungsklausel **3** M 316

**Berufsausbildungskosten**
- Ausgleichungspflicht **1** 114, 116,
**17** 147 ff., 150 ff., **19** 119, 124
- Auskunftsanspruch **19** 152 ff.

**Beschränkung 5** 81

**Bestandsverzeichnis 9** Mk 273

**Bestattung**
- Angemessenheit der Kosten **6** 184
- Auflage **3** 186, M 189
- Bestattungsanordnung **6** 177
- Bestattungsvorsorgevertrag **6** M 168
- Körperspende **6** 164
- Kostentragung durch Sozialhilfeträger
**6** 190 f.
- Kostentragungspflicht **6** 181 ff., 187 ff.
- Kostenübernahmeklage gegen Erben
**6** M 186
- Kostenübernahmeklage gegen Sozialhilfeträger **6** M 191
- Pressen zu Diamanten **6** 165
- Regelung durch Erblasser **6** 164, 166,
M 167, M 168, M 169, M 170
- Sterbegeld **6** 180, 188 ff.
- Sterbegeldversicherung **6** 175
- Testament **3** 186, 188 f.
- Umbettung **6** 166

**Bestattungspflicht**
- Aufwendungsersatz **6** 181 ff., 190
- Begriff **6** 162

- Durchsetzung 6 178
- Friedhofszwang 6 162

**Bestattungsvorsorgevertrag 6 172 ff.**
- Anrechnungsfreiheit bei Sozialleistungen 6 M 171

**Betreuung**
- Anwaltskosten 2 203
- ärztliche Maßnahmen 2 144 ff., 181 f.
- Ausstattung 2 152
- Betreuerbefugnisse 2 161 ff.
- Dauerschuldverhältnis 2 150
- gerichtliche Genehmigung von Maßnahmen 2 139 ff., 181 f.
- gerichtliche Kontrolle des Betreuers 2 139 ff.
- Inhalt 2 158 ff.
- mehrere Betreuer 2 155 ff.
- Miet-/Pachtvertrag 2 149 ff.
- Patientenverfügung 2 147, 181 f.
- Schenkung 2 153
- Unterbringung 2 148
- Vergütung 2 204 ff.

**Betreuungsakten**
- Abschrift 9 M 50
- Akteneinsicht 9 47

**Betreuungsverfahren**
- Nachlasspflegschaft 6 85
- Vermögenshinterlegung 6 85

**Betreuungsverfügung 2 M 112, 115 ff., M 164**
- Anwaltskosten 2 196 ff.
- Aufbewahrung 2 207 ff., 217
- Beendigung der Betreuerstellung 2 138
- Betreuerwahl 2 116 ff., 125 ff., 155 ff.
- Betreuungsinhalt 2 158 ff.
- Bindungswirkung 2 123 ff.
- Form 2 118 ff.
- gerichtliche Genehmigung von Maßnahmen 2 139 ff.
- gerichtliche Kontrolle des Betreuers 2 139 ff.
- Geschäftsfähigkeit 2 119
- Hinterlegungspflicht 2 217
- Inhalt 2 154 ff.
- mehrere Betreuer 2 155 ff., M 165
- Patientenverfügung 2 131, 135, 147, M 164, 168, 181 f., M 193, M 194, 195
- Register 2 207 ff.
- Verstöße 2 136
- Widerruf 2 123

**Beweisverfahren**
- FamFG 4 32
- Testierfähigkeit 4 28

**Bruchteilsgemeinschaft**
- Pfändung des Aufhebungsanspruchs 11 299
- Teilungsversteigerungsantrag 11 M 300, 301

**Daragansche Freibetragsklausel 5 72**
**Darlehen 11 96 ff.**
- außerordentliche Kündigung 11 98 ff.
- ordentliche Kündigung 11 97

**Dauernde Last 1 285**
- Abgrenzung zur Leibrente 1 285

**Dauerwohnrecht 10 3, 61**
**Destinatär 16 8 f.**
**Deutsch-lranisches Niederlassungsabkommen 24 62**
**Deutsch-Sowjetischer Konsularvertrag 24 64**
**Deutsch-Spanische Konsularkonvention 10 343**
**Deutsch-Türkischer Konsularvertrag 24 63**
**Dienstbarkeit 10 3, 61**
**Dingliche Surrogation 10 148 ff., 12 63, 19 16, 18, 243 ff.**
- Arten 10 149
- Beziehungssurrogation 10 153 ff., 19 244
- Direkterwerb 10 159
- Durchgangserwerb 10 159
- Erbschaftsbesitzer 10 167
- Erbschaftsveräußerung 18 22
- Erbstatut 19 285
- Erbteilsveräußerung 18 37
- Ersatzsurrogation 10 152, 19 244
- gerichtliche Geltendmachung 10 162
- Grundbuchberichtigung 10 169
- Kaufvertrag als Surrogationserwerb 10 M 170
- Kettensurrogation 10 160 ff., 168 ff.
- Mittelsurrogation 19 244
- Nießbrauch 20 39
- Rechtssurrogation 10 150 f., 19 244
- Rechtswirkung 10 157 ff.
- Teilungsversteigerung 19 90
- Testamentsvollstreckung 10 163 ff.
- Vermächtnis 3 151

- Versteigerung 10 168
- Vor-/Nacherbfolge 3 140, 10 166, 14 37, 97 f., 105, 242, 260, 317, 20 126 ff.
- Zwangsverkauf 19 90

**Dreißigster**
- Erbenhaftung 11 112
- Erbfallschuld 11 112

**Dürftigkeit** 11 214 ff.
- Dürftigkeitseinrede *siehe Erbenhaftung, Dürftigkeitseinrede*

**Ehebedingte Zuwendung** *siehe Unbenannte Zuwendung*

**Ehegatten**
- Bruchteilsgemeinschaft 11 299

**Ehegattenerbvertrag**
- Rücktritt 8 193
- Selbstanfechtung nach Scheidung 8 193

**Ehegatteninnengesellschaft**
- Abgrenzung unbenannte Zuwendung 11 75 ff.
- Auflösung 11 81
- Erbenhaftung 11 74 ff.

**Ehegattentestament** 8 253 ff. *siehe auch Gemeinschaftliches Testament*
- Anfechtung 8 210
- Anfechtungsfrist 8 210, 213
- getrennte Urkunden 8 254, 256 f.
- getrennte Verfügungen 8 256 f.
- Selbstanfechtung durch den Überlebenden 8 214 ff.
- Verfügungsgegenstand 8 255
- Vor-/Nacherbfolge 14 12 ff.

**Ehegattenvoraus**
- Erbenhaftung 11 112
- Erbfallschuld 11 112

**Ehegüterrechtsstatut**
- Haager Ehegüterstandsrechtsübereinkommen 24 80
- Italien 24 80
- Österreich 24 80
- Rechtswahl 24 80
- Spanien 24 80

**Ehescheidung**
- Erbvertrag 4 13

**Ehevertrag**
- Ausübungskontrolle 8 252
- Erbvertrag 4 15, 63 ff., 92 ff., M 93, 181, 195 ff.
- Feststellungsklage 4 69 ff.
- gerichtliche Inhaltskontrolle 8 252
- Inhaltskontrolle 4 64 ff., 76 ff.
- Inhaltskontrolle bei Ausländern 4 73
- Rechtswahlvereinbarung 4 72 ff.
- Sittenwidrigkeit 8 252
- Unwirksamkeit 4 67 ff.
- Wirksamkeitskontrolle 8 252

**Einkommenszuschuss**
- Ausgleichungspflicht 1 114, 116, 17 147 ff., 150 ff., 19 119
- Auskunftsanspruch 19 152 ff.

**Einwohnermeldeamtsanfrage** 9 6

**Einzelkaufmann**
- Erbauseinandersetzung 22 26
- Handelsregisterberichtigung 22 16 ff., M 18, 26
- Nachlass 12 92 ff.
- Umwandlung in KG 22 26
- Umwandlung in OHG 12 93 ff.

**Einzelstatut**
- Verhältnis zu Gesamtstatut 24 48, 69

**England**
- Erbstatut 24 66

**Enterbung** 3 228 ff.
- Ausgleichung von Zuwendungen 17 149
- Eintrittsrecht der Abkömmlinge 3 231
- Erbeinsetzung auf den Pflichtteil 3 235 ff.
- Ersatzerbeneinsetzung 3 232
- Fiskus 3 231
- gemeinschaftliches Testament 3 291, 293
- konkludente 3 230
- Pflichtteilsanspruch 17 111
- Pflichtteilsberechtigter 3 232
- Vor-/Nacherbfolge 3 234
- Wechselbezüglichkeit 3 274

**Erb-/Pflichtteilsunwürdigkeit** 17 37 ff.
- gerichtliche Durchsetzung 17 39 f.
- Gründe 17 38

**Erbauseinandersetzung**
- Einzelkaufmann 22 26
- Handelsregisterberichtigung 22 31, M 32

**Erbausschlagung** 12 2
- Ausschlagungsfrist 15 60

- Ausschlagungsverzicht **5** 118
- Pflichtteilsberechtigter **15** 52, 56 ff.

**Erbe**
- Aktivlegitimation **13** 175 ff.
- Erblasserprozessaufnahme **13** M 188, M 189
- Hauptintervention **13** 176
- Nebenintervention **13** 176
- Passivlegitimation **13** 184, M 189
- Prozessführungsbefugnis **13** 175 ff., M 188
- Stiftung **16** 177 ff., 185

**Erbeinsetzung**
- Alleinerbe **3** M 122, M 126
- (befreite) Vor-/Nacherbfolge **3** M 142
- Bestimmbarkeit des Erben **3** 117
- Erbengemeinschaft **3** M 307, M 308, M 309, M 312, M 313, M 314, M 319
- Ersatzerbe **3** 127 ff., M 130
- Potestativbedingung **3** 118
- Vor-/Nacherbfolge **3** M 309, M 310, M 311
- Wechselbezüglichkeit **3** 99, 274, **8** 16

**Erbenanfechtungsklage**
- Erb-/Pflichtteilsunwürdigkeit **17** 39 f.

**Erbenermittlung 3** 7, **6** 62 ff.
- Anschreiben an Erben **6** M 80
- Einwohnermeldeamtsauskunft **6** M 64
- Heimatortskarteien **6** M 78
- Krankenbuchlager **6** M 74
- Kriegsgefallenenverzeichnis **6** 69 f., M 70, M 72
- KZ-Insassen **6** M 68
- Notarsanfrage **6** M 79
- Personenstandsurkundsanforderung **6** M 66
- Suchdienst des Deutschen Roten Kreuzes **6** M 76
- Wehrmachtsauskunftsstelle **6** M 72
- Zentralarchive der Kirchen **6** 65

**Erbenfeststellungsklage 8** 3 ff., M 47, M 72, 258, **23** 67
- ärztliche Schweigepflicht **8** 69, 144
- befreiter Vorerbe **14** M 45
- Beibringungsgrundsatz **8** 8
- Beiseiteschaffen des Testaments **8** 162, M 163
- Berufungszuständigkeit bei Anwendung ausländischen Rechts **8** 71
- Beschränkung der Testierfreiheit **8** M 47
- Beweisaufnahme **8** 69 f.
- Beweiskraft des notariellen Testaments **8** 122
- Beweiswürdigung **8** 143 ff., 149 ff.
- Erbschein **8** 4, 7
- Erbscheinsherausgabeklage **8** 9 f.
- Feststellungsinteresse **8** 3 ff.
- Feststellungswiderklage **8** 6, M 222
- gemeinschaftliches Testament **8** M 163
- Gerichtsstand **8** 11, **17** 265
- Herausgabe des Erbscheins **23** 70
- Kosten **14** 22
- Rechtswegerschöpfung **8** 5
- Schriftsachverständigengutachten **8** 67
- Schweigepflichtentbindungsantrag **8** M 157
- selbstständiges Beweisverfahren **8** 282
- Streitwert **8** 12
- Stufenklage **8** M 221
- Testamentsanfechtung **8** M 220
- Testamentsauslegungsvertrag **8** M 274 *siehe auch dort*
- Testamentsfälschung **8** M 72
- Testamentsinhalt **8** 161 f., M 163
- Testierfähigkeit **8** 137 ff., 142 ff.
- Urkundenvorlageanordnung **8** 69
- Urteilswirkung **8** 6
- Verfassungsbeschwerde **8** 5
- Vergleich **8** 272 ff.
- Verhältnis zu Erbscheinsverfahren **8** 4, 7 ff.
- Vollerbschaft des Vorerben **14** M 35
- Vor-/Nacherbfolge **14** 22, M 23, M 35, M 45
- vorläufiger Rechtsschutz **8** 277 ff.
- Wirksamkeit der Güterrechtswahl **8** 252
- Wirksamkeit einer Güterstandsvereinbarung **8** 13
- Zuständigkeit **8** 11

**Erbenfeststellungsurteil**
- Grundbuchberichtigung **8** 7
- Handelsregisterberichtigung **8** 7
- Rechtsscheinwirkung **8** 7
- Wirkung **8** 6

**Erbengemeinschaft 3** 123 ff., **14** 196
- Abfindung nach Höferecht **19** 259 ff.

- Abfindungsanspruch bei Hofzuweisung **19** 275 f., 278 f.
- Abschichtung **18** 87 ff., **19** 213 ff.
- Abschichtung von Miterben **10** 175 ff., 178 ff.
- Abschichtungsvertrag **18** M 81
- Anwachsung **3** 127
- Aufgebotsverfahren **11** 349, **19** 49 ff., 69
- Auflage **3** 187
- Aufrechnung **11** 380, **12** 61
- Aufteilungsvertrag **18** 171 ff., M 174, 185 ff., M 194, 200 ff., **19** 5 ff., 25 ff., 39, 42, 70, 177, 179 ff.
- Aufteilungsvertragsform **18** 172
- Aufwendungsersatz **12** 37 ff., M 45, 46, 52, 85 f., **19** 234, M 236
- Auseinandersetzung **9** 242 ff., **10** 175 ff., 178 ff., 183, 238, **11** 296, 352, 354, 356, 360, 476, **13** 5, 9, **17** 207, 209 ff. *siehe auch Nachlassauseinandersetzung*
- Auseinandersetzungsanspruch **3** 138, **15** 187, **18** 170, **19** 2, 10 ff., 35, 42 ff., 63, 163, 234 ff., 238 ff., 282
- Auseinandersetzungsanspruch-Verjährung **19** 53
- Auseinandersetzungsaufschub **19** 44 f., 49, 69
- Auseinandersetzungsausschluss **3** 148, **10** 48, **13** 208, 211, **18** 170, **19** 54 ff., 65 ff., 94
- Auseinandersetzungsklage **19** 5 ff., 8 f., 16 ff., 21 ff., 29 ff., 39 ff., 81, 177, M 223, 224, 227 ff.
- Auseinandersetzungsklageerwiderung **19** M 236, M 237
- Auseinandersetzungsplan **19** 5 ff., 17, 26, 39, 42
- Auseinandersetzungsvereinbarung **13** 209, 213 ff., M 222
- Ausgleich bei überquotaler Teilungsanordnung **19** 98 ff., 102
- Ausgleichsanspruch **11** 332
- Ausgleichung von Vorempfängen **19** 86 f.
- Ausgleichungspflicht **15** 275 f., **19** 117 ff., 124 ff., 141, 164 ff.
- Ausgleichungspflicht von Vorempfängen **19** 196
- Ausgleichungspflicht-Verjährung **19** 171
- Auskunftsanspruch **9** 4, 63, 80 ff., 92, 114, 130, 165, 242 ff., 265, 293, 309, **12** 7 ff., 75, **13** 131, 138, **17** 229 ff., **19** 152 ff., 235
- Auskunftsklage **14** 196 ff., **19** 159
- Auskunftspflicht **8** 138
- Außenverhältnis **12** 50 ff.
- Besitz **12** 2
- Besitzschutz **12** 88 ff.
- Besitzschutz gegen Dritte **12** 89
- Besitzschutz gegen Miterben **12** 90 ff.
- Darlehenskündigung **12** 76
- dingliche Surrogation **19** 16, 90 *siehe auch dort*
- Dürftigkeitseinrede **11** 277, 355, 358 f.
- Einrede des ungeteilten Nachlasses **11** 12, 279 ff., M 280, M 281, 310
- Einrede gegen Auseinandersetzung **19** 12, 163, 235
- Einzelkaufmann **12** 92 ff.
- Erbenhaftung **11** 272 ff., 277 ff., 311 ff., 345 ff.
- Erbeninsolvenz **19** 60
- Erbschein **7** 246 ff., 252 f.
- Erbscheinsantrag **7** M 247, M 251, M 253
- Erbstatut **19** 287
- Erbteilserbe **19** 76
- Erbteilspfändung **11** 286, M 287, 288, 296, **19** 23, 43, 60
- Erbteilsveräußerung **18** 5 ff., M 27, 35 ff., **19** 43
- Erbteilsverpfändung **12** 72 f., M 73, **18** 9 f., M 53, 58 ff.
- Erbteilungsklage **19** M 223, 224 *siehe auch dort, siehe auch Nachlassauseinandersetzung, Auseinandersetzungsklage*
- Erlösverteilung **19** 16, 90
- Ersatzerbe **3** 127 ff.
- Feststellungsklage **12** 79
- Forderung **12** 74 ff.
- GbR **12** 114
- gerichtliche Auseinandersetzungsvermittlung **19** 8, 177
- Gesamthand **12** 2 ff.
- Gesamthandsgemeinschaft **19** 3
- Gesamthandsklage **12** 80 *siehe auch dort*

- Gesamtschuldklage *siehe dort*
- Gesamtschuldnerausgleich **11** 368 ff., M 376
- Girokonto des Erblassers **12** 56
- GmbH **12** 123
- Grundbuchberichtigung **10** 9, M 17, M 18, 139 ff., 142 ff., 175 ff., M 176, 178 ff., 238, **12** 66 ff., M 84, **19** 4
- Grundbuchberichtigungsklage **10** M 141
- Grundstückskaufvertrag **10** M 170
- Gütersonderung **11** 278
- Haftung **12** 20, 42 ff., 52, 54, 94, 97 ff.
- Haftungsbeschränkung **11** 170, 277 ff., 353 ff., 356 ff., 370
- Haftungsbeschränkungsantrag **11** M 280
- Haftungsbeschränkungsvorbehalt **11** 354
- Handelsregisterberichtigung **12** 93, 99 ff., **22** 23, M 25
- Herausgabeanspruch **19** 18
- Herausgabeanspruch bei verbotener Eigenmacht **12** 89, 91
- Höferecht **19** 254 ff.
- Hofzuweisung **19** 265 ff.
- KG **12** 115 ff.
- Kindesvermögen **9** 126
- Konfusion **11** 381
- Kostenverteilung **12** 47
- Landgut **19** 246 ff.
- Leistungsklage **12** 79, M 83
- Minderjährige **12** 101, 104 ff., **18** 50, 173, **19** 30 f., 62 ff., 199, 205 ff.
- Mitteilung über Erbteilsveräußerung **18** M 94
- Mitteilungspflicht bei Erbteilsveräußerung **18** 95, 112
- Mitwirkungsanspruch **12** 22, 27, M 29, 30, 32, 60, 62, **19** 13, 42, 81, 93
- Mitwirkungspflicht **11** 272, 276
- Nachlassauseinandersetzung **12** 3, **13** 208 ff.
- Nachlassforderung **13** 260, **18** 170
- Nachlassfrüchte **12** 48
- Nachlassinsolvenz **11** 351, 359
- Nachlassnutzung **12** 16
- Nachlassteilung **11** 347 f.
- Nachlassverbindlichkeiten **11** 312 ff., **12** 30, 46, 52, 62, **19** 12 ff., 277

- Nachlassverfügung **12** 55, 57 ff., **19** 7
- Nachlassverwaltung **11** 271 ff., 306, 309 f., 357 ff., **19** 7
- Nießbrauch **3** 270, **10** 195, **12** 68 ff., **15** 187, **18** 9, M 69, **19** 23, 43
- Notgeschäftsführung **12** 33 ff., 54 ff., 59
- Nutzungsentschädigung **12** 49
- OHG **12** 115 ff.
- Organisation **12** 17 ff.
- Parteifähigkeit **12** 3, **19** 3
- Partnerschaftsgesellschaft **12** 124
- Personengesellschaft **12** 114 ff.
- Pfändung **10** 193 ff.
- privates Aufgebot **11** 350
- Prokura **12** 96
- Prozessführungsbefugnis **12** 79 ff., M 83, M 84
- Prozesskostenhilfe **12** 87
- Prozessstandschaft **9** 165, **10** 139 ff., M 141, **14** 196
- Rechtsfähigkeit **10** 2, **12** 3, **19** 3
- Rechtsnatur **19** 3
- Rückstellungen für Nachlassverbindlichkeiten **19** 12, 38, 48, 176
- Schadenersatzansprüche **13** 260
- Schadenersatzklage **13** M 268
- Schadenersatzpflicht **12** 28, 32
- Sondererbfolge **12** 92, 120, **19** 254 ff.
- Sondervermögen **11** 12, **19** 2
- Stiftung **16** 185 f.
- Stimmenanteil **12** 24, 26
- Stimmrechtsauschluss von Miterben **12** 25
- Streitgenossenschaft **12** 80, 82, **15** 109, **19** 21 ff.
- Streitverkündung **11** 374 ff., M 377
- Surrogationserwerb **10** M 170
- Teilauseinandersetzung **1** M 351, 366, **11** 348, 352, 356, **18** 170, **19** 9, 172 ff., 176
- Teilungsanordnung **3** 143 ff.
- Teilungsplan *siehe Erbengemeinschaft, Auseinandersetzungsplan*
- Teilungsquote **19** 86 ff., 164, 196
- Teilungsreife **19** 16, 28
- Teilungsversteigerung **19** 16, 32
- Testamentsvollstreckung **13** 5, 9, 53, 260
- Testamentsvollstreckungskosten **3** 218

- Übernahmerecht 3 147
- Überschwerungseinrede 11 277, 355
- Übertragung nach Vorkaufsrechtsausübung 18 106 ff., M 113, 118 ff.
- Universalsukzession 12 2
- Unzulänglichkeitseinrede *siehe Erbengemeinschaft, Dürftigkeitseinrede und Erbengemeinschaft, Überschwerungseinrede*
- Veräußerungsverbot 19 91
- Verfügung 11 347, 12 76
- Verfügung über Nachlassgegenstände 12 18 ff.
- Verfügungsbefugnis 11 334, 18 200, 19 7, 56
- Vermächtisannahmefristsetzung 15 80
- Vermächtnis 15 6, 61
- Versteigerung unter Miterben 19 91 ff.
- Vertretungsbefugnis 12 96
- Vertretungsmacht 12 18, 44, 54, 59 ff.
- Verwaltung des Nachlasses 12 13 ff., 18, 52 ff., 61
- Verwaltungsbefugnis 19 7
- Verwaltungsbesitz 12 88
- Vollmachtswiderruf 12 127, 129, 131
- Vollstreckungsgegenklage 11 M 281, M 289
- Vor-/Nacherbfolge 3 138, 10 215, 14 69, 134, 196, 210, 19 281 f.
- Vor-/Nacherbschaft 12 102
- Vorausvermächtnis 3 143 ff., 12 62
- Vorbehaltsurteil 11 354
- Vorbehaltsurteilsantrag 11 M 280
- Vorempfang 9 242
- Vorerbengemeinschaft 19 281 f.
- Vorkaufsrecht bei Weiterveräußerung 18 111 f.
- Vorkaufsrecht der Miterben 18 38, 51, 92 ff.
- Vorkaufsrechtsausübung der Miterben 18 M 98, 99 ff., M 105, 106 ff.
- Vorkaufsrechtsfrist 18 103 f., 112
- Vorkaufsrechtverzicht der Miterben 18 M 96, 97, 118
- vorläufiger Rechtsschutz bei Besitzstörung 12 90
- Wertermittlungsanspruch 17 254
- Zugewinnausgleich 19 238
- Zurückbehaltungsrecht 12 61, 81
- Zwangsvollstreckung 12 79

**Erbengeschäftsführung**
- Aufwendungsersatz 11 209 ff.
- Nachlassinsolvenz 11 208 ff.
- Nachlassverwaltung 11 208 ff.

**Erbenhaftung** 11 2 ff., 12 20, 26, 52, 54, 94, 13 96
- Abänderungsklage 11 60 ff.
- Abschichtung 18 90
- Anfechtung der Erbschaftsannahme 7 175, 8 259 ff., 11 155 ff.
- Aufgebotseinrede 11 146 ff., M 150, M 153, 328
- Aufgebotsverfahren 11 143, 175, 233 ff., 246, 251, 254, 349
- Auflage 11 112
- Aufrechnung 11 201 ff., 380, 449
- Auseinandersetzung 11 354
- Auskunftsanspruch 9 70 ff., 88 f., 121 ff., 309, 11 65, 69, 83 ff., 17 238 ff.
- Ausschließungseinrede 11 308
- Beerdigungskosten 11 112, 115 ff.
- Beginn 11 139 ff.
- Bereicherungsansprüche des Enterbten 11 110
- Beschränkung 11 9
- Beschränkung bei Minderjährigen 12 104 ff.
- Betreuervergütung 11 170
- Betreuungskosten 11 95
- Darlehen 11 96 ff., 19 36
- Dreimonatseinrede 11 142 ff., M 145, 151, 328
- Dreißigster 11 112
- Drittwiderspruchsklage *siehe Erbenhaftung, Widerspruchsklage*
- Dürftigkeitseinrede 9 71, 11 174, 212, 214 ff., M 221, M 222, M 223, M 224, 227 f., 277, 355, 358 f., 370, 471, 17 202
- Ehegatteninnengesellschaft 11 74 ff.
- Ehegattenvoraus 11 112
- Eigenverbindlichkeiten 11 8
- Einkommensteuer 11 126 f.
- Einrede des ungeteilten Nachlasses 11 12, 279 ff., M 280, M 281, 17 205
- Einzelkaufmann 12 97, 22 19
- Erbengemeinschaft 11 170 f., 272 ff., 277 ff., 311 ff.
- Erbeninsolvenz 14 250 ff.
- Erbenprozess 11 399 ff.

- Erbenschulden **11** 3, 5, 8, 122 ff., 164, 196, 260, 268, 380, 449, **14** 238 ff.
- „Erbensucher"-Vergütung **11** 93
- Erbfallschuld *siehe dort*
- Erblasserprozess **11** 388 ff., M 408, 409, **13** M 188, M 189, 248
- Erblasserschulden **11** 3 ff., 8, 13, 55 ff., 71 ff., 74 ff., 82, 89, 96 ff., 116, 181, 191 ff., 196, 260, 368 ff., 394 ff., 436, **15** 84
- Erbschaftsausschlagung **7** 150, 152 ff., **11** 11, 159 f., 162
- Erbschaftserwerber *siehe dort*
- Erbschaftsschenkung **18** 131
- Erbschaftsteuer **11** 128, **13** 197 ff.
- Erbschaftsveräußerung **18** 3, 23
- Erbschaftsvergleich **18** 139
- Erbscheinskosten **11** 101
- Erbteilsveräußerung **18** 119
- Erbteilsvollstreckung **13** 300
- Ersatzerbanspruch nichtehelicher Kinder **11** 112
- Firmenfortführung **12** 97 ff.
- Forderungsrangfolge **11** 166
- Gesamthandshaftung **11** 345 f.
- Gesamthandsklage *siehe dort*
- Gesamtschuldklage *siehe dort*
- Gesamtschuldnerausgleich **11** 368 ff., M 376
- Gesamtschuldshaftung **11** 346 ff.
- Girokonto **11** 94
- Gläubigermiterbe **11** 364 ff.
- Grabpflege **11** 116
- Grundpfandrecht **3** 155, **15** 92
- Gütersonderung **11** 5, 439
- Haftungsbegrenzung **11** 57 ff., 61 ff.
- Haftungsbeschränkung **5** 26, **6** 146, **10** 148, **11** 5, 14, 58, 67, 89 ff., 121 ff., 124, 127, 131 ff., 159, 167 ff., 173 ff., 199 ff., 213, 246 f., 251, 254 ff., 277 ff., 304 ff., 339 ff., 353 ff., 356 ff., 362 ff., 370, 386 f., 395, 401 ff., 412 ff., 443, 471, 483, 511 ff., **12** 42 ff., 97, **13** 118, **15** 103 f., 142 ff., **17** 221 ff., **19** 12, 37, 47, 62 ff., **22** 19, 48
- Haftungsbeschränkungsantrag **11** 144 ff., M 145, 149 ff., M 150, 186 ff., M 187, M 221, M 250, 279 ff., M 280, M 320, M 408, 424 ff., 435 ff.
- Haftungsbeschränkungsverlust **11** 258 f., 309 ff.
- Haftungsbeschränkungsverzicht **11** 14, **15** 104
- Haftungsbeschränkungsvorbehalt **5** 26, **11** 58, 67, 89 ff., 122, 144 ff., 149 ff., 182 ff., 196 ff., 218, 254 ff., 279 ff., 314, 326 f., 333 f., 354, 389 ff., 401 ff., 412 ff., 424 ff., 435 ff., 471
- Haftungsmasse **11** 7, 9
- Herausgabeanspruch **11** 85
- Insolvenz des Erben **11** 199 f., 260, 268, **17** 223
- Konfusion **11** 204 ff., 381
- Kosten der Testamentsvollstreckung **13** 300
- Lastenausgleichsrückforderung **11** 111
- Lebenspartner **11** 70 f.
- Leistungsverweigerungsrecht **17** 202, 215 ff., 221 ff.
- Minderjährige **11** 171, 339 ff., **19** 205 ff.
- nach Auseinandersetzung **11** 345 ff., 353 ff.
- Nachlassauseinandersetzung **18** 191, **19** 181 ff., 194, 197
- Nachlasserbenschulden **11** 92, 118, 120 ff., 125, 402
- Nachlassinsolvenz **11** 173, 178, 184, 199 f., 202 f., 213, 307, 351, 354, 370, 480, 483, 498, **19** 37
- Nachlassinsolvenzverfahren **11** 157
- Nachlassinventar **11** 175, 251, 500, 511 ff.
- Nachlasskostenschuld **11** 113
- Nachlasspflegschaft **11** 181, 480
- Nachlassüberschuldung **8** 259 ff., 263 ff., **11** 156 ff., 229, 231, **15** 103, **17** 222
- Nachlassverbindlichkeiten **3** 155, **11** 3, 8 ff., 71 ff., 82, 89 ff., 95, 116, 119, 122 ff., 129 ff., 260, 312 ff., **15** 92, **18** 119, **19** 47
- Nachlassverwaltung **11** 173, 178, 184, 199, 202, 213, 226, 261 ff., 306, 370, 383 ff., 443, 471, **19** 37
- Nachlassverwaltungsschuld **11** 114
- Pflichtteil **11** 63 ff., 112
- Pflichtteilsanspruch **15** 84, **17** 203 ff., 209 ff.

- Pflichtteilsergänzung **11** 63 ff.
- Pflichtteilsergänzungsanspruch **17** 217 ff., 221 ff.
- Präklusion bzgl. Haftungsbeschränkungsvorbehalt **11** 152, 183, 189, 412
- privates Aufgebot **11** 350
- Prozess **11** 410
- Prozesskosten **11** 125, 185, 390, 402 ff., 435
- Rangfolge der Verbindlichkeiten **15** 84
- Schadenersatzansprüche **11** 386 f.
- Schadenersatzpflicht bei verspätetem Nachlassinsolvenzantrag **11** 212
- Schenkung **11** 84
- Schenkungsrückforderung **11** 102 ff.
- Sonderkündigungsrecht **11** 343 ff.
- Sozialhilferegress **11** 95, 105, 109, 170
- Steuerforderungen **11** 126 ff.
- Steuern **13** 201
- Steuerschuldner **13** 201 f.
- Stiftung **16** 185
- Streitverkündung **11** 374 ff., M 377
- Teilhaftung **11** 362 ff.
- Testamentsvollstreckung **11** 163 ff., 268, **13** 96
- Titelumschreibung **11** 59, 398, 436, **18** 23
- Überschwerungseinrede **9** 72, **11** 174, 212, 229 ff., 277, 355, **15** 12, 16, 52, 58, 142 ff.
- Umschreibung des Urteils gegen Erblasser **11** 192 ff., M 194
- unbenannte Zuwendung **11** 75 ff.
- Unterhalt **9** 123 ff.
- Unterhaltsforderungen **5** 25 ff., **11** 56 ff., 68 ff., **19** 38
- Unterlassungspflicht **11** 515
- Unzulänglichkeitseinrede *siehe Erbenhaftung, Dürftigkeitseinrede und Erbenhaftung, Überschwerungseinrede*
- Urteil gegen Erblasser **11** 191 ff.
- Urteilsergänzung bzgl. Haftungsbeschränkung **11** 189
- Urteilsergänzung bzgl. Vorbehalt **11** 189
- Urteilsergänzungsantrag bzgl. Haftungsbeschränkung **11** M 188, 393
- Urteilsergänzungsantrag bzgl. Vorbehalt **11** M 188, 393
- Verfügungsbeschränkung **13** 96
- Vermächtnis **3** 149, **11** 112, **15** 6 f., 12, 33 ff., 39 ff., 84, 126 ff., 141 ff.
- Vermögenstrennung **11** 202 f.
- Vermögensverschmelzung **11** 4
- Verschaffungsvermächtnis **3** 160, **15** 267
- Verschweigungseinrede **11** 248 ff., M 250, 308
- Verzug **11** 141, 181
- Vollstreckungsgegenklage **11** 144, 149, M 154, 186, 196 ff., M 197, M 198, M 223, M 224, 225, 256 ff., M 257, M 281, 282, M 289, 395 ff., 424 ff., 429 ff., **15** 150
- Vollstreckungsvertreter **11** 437
- Vollstreckungsvertreterantrag **11** M 438
- vor Erbschaftsannahme **11** 140, 147, M 172, 181, 195 f., 304, 384, 399
- Vor-/Nacherbfolge **11** 130 ff., **14** 65, 238 ff.
- Vorbehaltsurteil **5** 26, **11** 67, 144 ff., 149 ff., 182, 185 ff., 196 ff., 218, 254 ff., 279 ff., 314, 326 f., 333 f., 354, 389 ff., 401 ff., 412 ff., 424 ff., 435 ff., 471, **15** 63, 150 ff., **17** 205
- Vorbehaltsurteilsantrag **11** M 145, M 150, M 153, M 187, M 221, M 250, M 280, M 320, M 408
- Vorkaufsrechtsausübung der Miterben **18** 119
- vorläufiger Erbe **11** 139 f.
- Vormerkung **11** 14, **15** 157
- Weiterveräußerung nach Erbschaftsveräußerung **18** 126 f.
- Widerspruchsklage **11** 398, 419, 425, 428 ff.
- Wohnungseigentum **11** 82
- Zugewinnausgleich **9** 121
- Zwangsvollstreckung **11** 149 ff., 196, 199 ff., 227 f., 246, 256, 394 ff., 398 ff., 436, **15** 63
- Zwangsvollstreckungsbeschränkung **11** 144 ff., M 145, 149 ff., M 153, 186 ff., 191 ff., 196 ff., M 197, M 198, 256 ff., M 257, 424 ff.

**Erbeninsolvenz**
- Nachlassauseinandersetzungsausschluss **19** 60

**Erbfähigkeit**
- Erbstatut **19** 286

**Erbfall 12** 2
- Anwartschaft **12** 4 ff.
- Dauerwohnrecht **10** 3, 61
- Dienstbarkeit **10** 3, 61
- höchstpersönliche Rechte **10** 3, 61 ff.
- Nießbrauch **10** 3, 61
- Rechtsstreit **11** 388 ff.
- Tod eines GbR-Gesellschafters **10** 184 ff.
- Wohnrecht **10** 3, 61
- Wohnungsreallast **10** 3, 61

**Erbfallschuld 11** 112 ff.
- Auflage **11** 112
- Beerdigungskosten **11** 112, 115 ff., **13** 97
- Dreißigster **11** 112
- Ehegattenvoraus **11** 112
- Erbschaftsteuer **11** 128
- Ersatzerbanspruch nichtehelicher Kinder **11** 112
- Nachlasskostenschuld **11** 113
- Nachlassverwaltungsschuld **11** 114
- Pflichtteil **11** 112
- Vermächtnis **11** 112
- Zugewinnausgleich **11** 71 ff.

**Erblasserprozess**
- Kostentragung **11** 89 ff.
- Prozesskostenhilfe **11** 91

**Erblasserschulden 13** 96

**Erblasservollmacht**
- Widerruf **12** 15

**Erbnachweis 8** 2 ff., **22** 8 ff.
- ausländische Urkunden **22** 11 ff.
- Erbenfeststellungsklage *siehe dort*
- Erbschein **22** 9 *siehe auch dort*
- notariell beurkundete Verfügung von Todes wegen **8** 2
- notarielle Verfügung von Todes wegen **22** 10

**Erbprozess**
- selbstständiges Beweisverfahren **8** 296

**Erbquote**
- Berechnung **17** 121 ff.
- Güterstand **3** 8 f.
- Zugewinngemeinschaft **3** 67, **8** 252, **17** 122 f.

**Erbrecht**
- Feststellungsinteresse **12** 4 ff.

**Erbrechtsstreitigkeit**
- ausländische Urteile **24** 151 f.
- Klage auf Auslandsurteilsanerkennung **24** M 152
- Zwangsvollstreckung aus ausländischen Urteilen **24** 151

**Erbschaft**
- Abgrenzung Vermächtnis **15** 282 ff.
- Auflage **3** 187
- Feststellungsklage bzgl. Anwartschaft **19** 19
- Gesellschaftsanteil **3** 19 ff.

**Erbschaftsannahme 7** 151
- Anfechtung **3** 28, **7** 172 ff., **8** 259 ff., **11** 127, 155 ff., **15** 66
- Anfechtung der Anfechtung **8** 269
- Anfechtungsfolgen **8** 267
- Anfechtungsfrist **7** 176, **8** 268
- Anfechtungsgründe **7** 177 ff., **8** 263 ff., 270
- Ausschlagung eines Vorausvermächtnisses **19** 105
- Ausschlagungsfristablauf **7** 163
- Dreimonatseinrede **11** 142 ff.
- Erbschaftsausschlagung *siehe dort*
- Kosten der Anfechtung **7** 181
- Teilungsanordnung **19** 105
- „Widerspruch" gegen Anfechtung **7** M 175

**Erbschaftsanwartschaft 19** 19

**Erbschaftsausschlagung 7** 150, 152 ff., M 154, M 155, M 168, **11** 11, **17** M 79
- Adressat **7** 156 ff.
- Anfechtung **7** 172 ff., M 174, **8** 269, **11** 159, 162, **15** 64, 85, **17** 80
- Anfechtung der Erbschaftsannahme **8** 267, **11** 159 f., **17** 81
- Anfechtung der Fristversäumung **7** 179 ff., M 180
- Anfechtungsfrist **7** 176
- Anfechtungsgründe **7** 177 ff., **8** 271
- Ausgleichung von Zuwendungen **17** 149
- Auskunftsanspruch **9** 121 ff.
- bedingte **17** 74
- Ehegatte **17** 67 ff.
- Einsichtsrecht **9** 51
- Erbeserbe **7** 167, M 170
- Ersatzerbfolge **8** 267
- Form **7** 165 ff., **17** 78 f.

- Frist **3** 27, **7** 163 f., **17** 71 ff.
- Fristhemmung **7** 164
- Gleichlaufgrundsatz **7** 158
- innerdeutsche Nachlassspaltung bei DDR-Nachlass **7** 162
- Kosten **7** 181
- Kosten der Anfechtung **7** 181
- Kosten der Anfechtung der Fristversäumung **7** 181
- Minderjährige/gesetzliche Vertretung **7** 165 ff., M 168, M 169
- Pflichtteilsanspruch **17** 111 f.
- Pflichtteilsberechtigter **3** 29, 58, 60 f., 69, **15** 65, 67, 138, **17** 55 ff., 62 ff., 67 ff.
- Teilungsanordnung **15** 278
- Vor-/Nacherbfolge **3** 139, **14** 25, **17** 73, M 79
- Vorausvermächtnis **3** 146, **15** 278, **19** 105
- Wirkung **7** 171

**Erbschaftsbesitzer**
- Auskunftsanspruch **8** 214 ff., **9** 259 ff., 264 ff., 267 ff.
- Begriff **9** 267
- dingliche Surrogation **10** 167

**Erbschaftserwerber**
- Aufgebotsverfahren **11** 238
- Haftung **11** 133 ff.
- Haftungsbeschränkung **11** 135 ff.
- vertraglicher Haftungsausschluss **11** 134

**Erbschaftskauf** *siehe Erbteilsveräußerung*

**Erbschaftsschenkung 18** M 128, 131
- Erbenhaftung **18** 131
- Form **18** 131
- Minderjährige **18** 131
- Weiterveräußerung **18** 122

**Erbschaftstausch**
- Weiterveräußerung **18** 122

**Erbschaftsteuer**
- Haftungsbescheid **13** 198
- Nachlassverbindlichkeiten **18** 80
- Nießbrauch **18** 80
- Rechtsmittelbefugnis **13** 199
- Steuererklärung **13** 197 ff.
- Steuererstattungsanspruch **13** 200
- Steuerschuldner **13** 197 f., **18** 80
- Testamentsvollstreckung **13** 98, 193 f., 197 ff.
- Wertermittlung **21** 23
- Zugewinnausgleich **11** 71

**Erbschaftsveräußerung 18** 2 ff., M 11, 20 ff. *siehe auch Erbteilsveräußerung*
- Anzeige an das Nachlassgericht **18** 8, 25 f.
- Aufgebotsverfahren **11** 238
- Bruchteilsveräußerung **18** 4
- Darlehen **18** 101
- dingliche Surrogation **18** 22
- Erbenhaftung **18** 3, 23
- Erbschaftsteuer **18** 23
- Erbschein **18** 23
- Form **18** 2, 7 f.
- Haftung für Nachlassverbindlichkeiten **11** 133 ff.
- Haftungsbeschränkung **11** 135 ff.
- Nacherbenanwartschaftsrecht **3** 139, **14** 87
- vertraglicher Haftungsausschluss **11** 134
- Vor-/Nacherbfolge **3** 139, **14** 87 ff., M 91, M 94
- Vorausvermächtnis **3** 146
- Vorkaufsrecht des Mitnacherben **14** 88 ff.
- Vorkaufsrecht des Vorerben **14** 88 ff., M 91
- Vorkaufsrechtsklage des Vorerben **14** 92 ff., M 94
- Weiterveräußerung **18** 121 ff.

**Erbschaftsvergleich 8** 272 ff., **18** M 132, 138 ff., M 162, 166 ff.
- Erbenhaftung **18** 139
- Erbteilsveräußerung **18** 168
- formunwirksames privatschriftliches Testament **8** 68
- Grundbuchberichtigung **18** 168 f.
- Schweigepflichtentbindungsantrag **8** M 158
- Testamentsauslegungsvertrag *siehe dort*
- Umdeutung aus Erbvertrag **18** 161
- Umdeutung in Erbverzichtsvertrag **18** 156, 160
- Weiterveräußerung **18** 123
- Wirkung **18** 166
- zu Lebzeiten des Erblassers **18** 156 ff., 167

**Erbschaftsvertrag** *siehe Erbschaftsvergleich*
**Erbschein 8** 2, **10** 11 ff.
- Alleinerbschein **7** 244 f.
- Alleinerbscheinsantrag **7** M 245
- Antrag **7** 57 f., M 58, 214 ff., 222 ff., M 224, M 225, M 245
- Antrag auf Eigenrechtserbschein **24** M 138
- Antrag auf Einziehung **7** M 268, M 274, M 278
- Antrag auf Fremdrechtserbschein (Österreich) **24** M 145
- Antrag auf gemeinschaftlichen **7** M 247
- Antrag auf gemeinschaftlichen Teilerbschein **7** M 253
- Antrag auf gemischten Erbschein (Frankreich) **24** M 149
- Antrag auf Kraftloserklärung **7** M 284, **13** M 62
- Antrag bei Erbengemeinschaft **7** M 247, M 251, M 253
- Antragsberechtigung **7** 218, **9** 13, **11** 17, 21
- Arten **7** 244 ff.
- ausländische Rechtsbegriffe **24** 146
- ausländischer **10** 15 f., 47, **24** 153
- Begriff **7** 209
- Eigenerbschein **24** 139
- Eigenrechtserbschein **24** 133, 147 ff.
- Einziehung **10** 51 ff., **13** 54 *siehe auch Erbscheineinziehung*
- Einziehungsbeschluss **7** 280
- Erbenfeststellungsklage **8** 4
- Erbengemeinschaft **7** 246 ff., 252 f.
- Erbeserbe **7** 254, M 255
- Erbschaftsveräußerung **18** 23
- Erteilungsanordnung **7** 240 f.
- Erteilungsvoraussetzungen **7** 212 ff.
- Fremdrechtserbschein **10** 285, **24** 140 ff., 147 ff.
- gegenständliche Beschränkung **7** 13, 210, 212, **24** 139 ff., M 145, 147 ff., M 149
- gemeinschaftlicher **7** 246 f., 252 f.
- gemeinschaftlicher Teilerbschein **7** 252 ff.
- gemischter **24** 147 ff.
- Gläubigerantrag **7** 218 f., M 220, 256, **9** 13, **11** 17, M 26, 193
- Gläubigerausfertigung **7** 219, M 221, 256, **9** 11 f., M 12, **11** 16, M 25, 193
- Gutglaubenswirkung **8** 7
- Herausgabeklage **23** 70
- Hilfsantrag **7** 226
- Höferecht **19** 263
- Inhalt **7** 242
- internationale Zuständigkeit **10** 15 f.
- Kosten **11** 23, **22** 9
- Kraftloserklärung **7** 281 ff., 314, 335, 338, 340, **10** 52
- mehrere Erbfälle *siehe Erbschein, Sammelerbschein*
- Mindestteilerbschein **7** 250 f.
- Mindestteilerbscheinsantrag **7** M 251
- Nachlassspaltung **24** 139
- Neuerteilung **10** 52
- öffentlicher Glaube **7** 211, 285, 292
- Österreich **10** 285
- Rechtskraft **8** 7
- Rechtsscheinwirkung **8** 7
- Richtigkeitsfiktion **7** 211, 285, 292
- Richtigkeitsvermutung **10** 13
- Rückverweisung **24** 134 ff., M 136
- Sammelerbschein **7** 254 f., M 255
- Teilerbschein **7** 248 ff.
- Teilerbscheinsantrag **7** M 251, M 253
- Testamentsvollstreckung **13** 37, 51 ff., **24** 146
- Unrichtigkeit **7** 266 ff., 280 ff., **13** 54
- Vermächtnis **24** 146
- Vermutungswirkung **7** 210, 292
- Vorbescheid **7** 236 ff.
- Weltrechtserbschein **24** 125
- widersprechende Erbscheine **7** 266, 277 f.

**Erbscheineinziehung 7** 54, 262 ff., **8** 9
- Ablehnungsbeschluss **7** 279
- Amtsermittlungsgrundsatz **7** 341
- Antrag **7** M 55, M 268, M 274, M 278, **13** M 62
- Beschwerde **7** 295 ff., 337 ff., M 339
- Beschwerde gegen Ablehnung **7** 335 ff., M 336
- Beschwerde gegen Einziehungsablehnung **7** 289
- Beschwerdeerwiderung **7** M 342
- Beweislast **7** 276

- Einstellung durch Aktenvermerk **7** 279
- Einziehungsbeschluss **7** 280
- Gegenstandswert **7** 294
- Kosten **7** 294
- Rechtsmittel **7** 295 ff., 337 ff., M 339
- Rechtsmittel gegen Ablehnung **7** 335 ff., M 336
- Rechtsmittelerwiderung **7** M 342
- Testamentsvollstreckung **13** 250
- Verweisungsantrag **7** M 264
- Voraussetzungen **7** 265 ff.
- Vorbescheid **7** 280
- vorläufiger Rechtsschutz **7** 285 ff., M 288, 289 ff., M 291, 292 ff., M 293
- widersprechende Erbscheine **7** 266, 277 f.
- Zuständigkeit **7** 263 f.

**Erbscheinserteilungsverfahren**
- Antragsberechtigung **9** 13
- Gläubigerantrag **9** 13

**Erbscheinsherausgabeklage 8** 9 f.
- Erbenfeststellungsklage **8** 9 f.

**Erbscheinsverfahren 10** 89, 92, 103, **24** 132 ff.
- Abgrenzung Schiedsverfahren **23** 67 ff.
- Akteneinsicht **9** 7 ff.
- Akteneinsichtsantrag **7** M 47
- Amtsermittlungsgrundsatz **7** 227, M 228, M 229, M 304, 341, **8** 8, 145 ff.
- Antrag **7** 214 ff., 222 ff., M 224, M 225
- Antragsberechtigung **7** 218, **11** 17, 21
- ausländisches Recht **7** 13
- Aussetzung bei Erbenfeststellungsklage **8** 4
- Beschränkung auf inländischen Nachlass **24** 125 ff., M 128, M 130
- Beschwer **7** 323 ff., M 326, 327 ff.
- Beschwerde **7** 259 f., 295 ff., M 297, 298 ff., M 299, 307 ff., M 313, 314 ff., M 318, 319 ff., M 330, 335 ff., **24** 150
- Beschwerde gegen Gegenstandswertfestsetzung **7** M 260
- Beschwerde wegen Amtsermittlungspflichtverletzung **7** M 228, M 229
- Beschwerderecht **15** 45
- Beschwerderücknahme **7** 334
- Beteiligte **7** 35, 40
- Beweisaufnahme **8** 8
- Beweislast **7** 230, **8** 145 ff.
- eingeschränkte Amtsermittlung **7** 59

- Entscheidungsform **7** 234 ff.
- Erbeserbe **7** 254 f., M 255
- Erbscheinseinziehung *siehe dort*
- Erinnerung **7** 300 ff.
- Erteilungsanordnung **7** 240 f.
- Feststellungsbeschluss **7** 240 f.
- Freibeweis **7** 227
- Gegenstandswert **7** 258 f., 261, **11** 119
- Gläubigerantrag **7** 218 f., M 220, 256, **11** 17, M 26
- Gläubigerausfertigung **7** 256
- Gleichlaufgrundsatz **24** 122 ff.
- Grundbuchberichtigung **10** 4
- Herausgabeklage **23** 70
- Hilfsantrag **7** 226
- Kosten **7** 257 ff., **11** 23, 101
- Kosten bei Erbeserbe **7** 254
- Kosten bei Sammelerbschein **7** 254
- mehrere Erbfälle *siehe Erbschein, Sammelerbschein*
- Parteivernehmung **8** 8
- rechtliches Gehör **7** 41, 231
- Rechtsbeschwerde **7** M 306, 343 ff., M 346
- Rechtsbeschwerde wegen Amtsermittlungspflichtverletzung **7** M 304
- Rechtsmittel **7** M 228, M 229, 259 f., M 260, 295 ff., M 297, 298 ff., M 299, 300 ff., 303 ff., M 304, M 305, M 306, 307 ff., M 313, 315 ff., M 318, 319 ff., 328 ff., M 330, 334 ff., 343 ff., M 346
- Rechtsmitteladressat **7** 315 f.
- Rechtsmittelausschluss **7** 314
- Rechtsmittelbefugnis **15** 45
- Rechtsmittelform **7** 317
- Rechtsmittelfrist **7** 319 f.
- Rechtsmittelrücknahme **7** 334
- Rechtsmittelstatthaftigkeit **7** 309 ff., 344 ff.
- Rechtsmittelzuständigkeit **7** 307 f.
- Rechtswegerschöpfung **8** 5
- Strengbeweis **7** 227, **8** 8
- Testamentsauslegungsvertrag **8** 272 f.
- Testierfähigkeit **8** 142 ff., 145 ff., 145 ff.
- Verfahrensvergleich **7** 96 f., 232 f.
- Verfassungsbeschwerde **8** 5
- Verhältnis zu Erbenfeststellungsklage **8** 7 ff.
- Vermächtnis **15** 45
- Vorbescheid **7** 236 ff.

- weitere Beschwerde 7 303 ff.
- „Widerspruch" gegen Testamentsanfechtung 7 M 190
- Zuständigkeit 7 13 ff., 212
- Zwischenverfügung 7 235

**Erbstatut** 4 77 ff., 19 283 ff.
- Adoption 24 85
- anderes Güterrechtsstatut 4 102 ff.
- Belegenheitsrecht 24 160
- Belgien 24 66
- Berufungszuständigkeit bei Anwendung ausländischen Rechts 8 71
- Bestimmung 24 60 ff.
- Deutschland 19 284
- EGBGB 24 26
- Einzelstatut 24 48, 69
- England 24 66
- Erbvertrag 4 7
- Erbverzicht 5 44
- Errichtungsstatut 24 84
- Form der letztwilligen Verfügung 24 86 ff.
- Frankreich 10 251, 254, 24 66, 68
- gemeinschaftliches Testament 3 263, 24 88
- Gesamtstatut 24 48, 69
- Gesellschaftsstatut 24 116
- Grundstück 24 50
- Güterrechtsstatut 3 8, 24 93 ff., 104 ff.
- Höferecht 3 18, 24 50
- hypothetisches 24 84
- Iran 24 62
- Kanada 24 66
- Kapitalgesellschaftsanteil 24 116
- Kollisionsrecht 24 26
- letztwillige Verfügung 24 90 ff.
- Mehrstaatler 24 65
- Nachlassspaltung 4 85 ff., 24 108 ff.
- Nichtehelichenstatut 24 117
- Österreich 10 283 ff., 288
- Personalstatut 24 65
- Personengesellschaftsanteil 24 50, 116
- Pflichtteilsrecht 24 106 ff., 109 ff., 114
- privatschriftliches Testament 8 56
- Rechtswahl 4 79 ff., 91 ff., M 93, 24 27, 70 ff., M 72, 114
- Rechtswahl (Schweiz) 10 313
- Renvoi 4 78, 86
- Rückverweisung 24 43, 66
- Rumänien 24 66, 69
- Russland 24 64
- Sachnormverweisung 24 40
- Schiedsverfahren 23 27
- Schweiz 10 312
- Sonderstatut 24 48
- Spanien 10 331, 341
- Staatenlose 19 284
- Staatsangehörigkeitsprinzip 24 160
- Südafrika 24 66
- Testament 24 89, 90 ff.
- Testamentsform 24 86 ff.
- Testierfähigkeit 24 89, 92
- Türkei 24 63
- Umfang 24 81 ff.
- USA 24 66
- Vermächtnis 15 44
- Wechsel 4 103 ff., 24 90 ff.
- Weiterverweisung 24 66
- Wohnsitzprinzip 24 160

**Erbteil**
- Abgrenzung Nachlass 11 283 f.
- Nießbrauch 10 195, 12 64 ff., M 70, 15 185, 18 9, M 69, 20 39
- Nießbrauchseinräumung 15 M 191
- Pfändung 10 193 ff.
- Pfändungsvermerk 10 M 196
- Sicherungsübereignung 18 9, M 64, 68
- Verpfändung 12 72 f., M 73, 20 36
- Wertermittlung 17 59 ff.

**Erbteilserwerber**
- Grundbuchberichtigung 10 171 ff., M 172

**Erbteilspfändung** 11 285 ff., M 287
- Aufhebung 11 288 ff., M 289
- Auseinandersetzung 11 296
- Auseinandersetzungsausschluss 3 148
- Auskunftsanspruch 9 128 ff., 266, 293, 13 169
- Bruchteilsgemeinschaft 11 299
- Drittschuldner 11 294
- Gläubigerrechte 11 291 ff., 296
- Grundbucheintrag 11 293, M 295
- Teilungsversteigerungsantrag 11 M 300, 301
- Testamentsvollstreckung 11 294, 13 169
- Vollstreckungsgegenklage 11 M 289
- Vor-/Nacherbfolge 11 286

**Erbteilsübertragung**
- Erbteilsveräußerung 10 179 ff.

- Grundbuchberichtigung 10 171 ff., M 172, 178 ff.

**Erbteilsveräußerung** 10 179 ff., 18 M 27, 35 ff., 19 211 f. *siehe auch Erbschaftsveräußerung*
- Abschrift 9 M 55
- Anzeige an das Nachlassgericht 18 26
- Auskunftsanspruch 13 168
- bedingte Übertragung 18 41
- Bruchteilsveräußerung 18 5, 35, 201
- dingliche Surrogation 18 37
- Einsichtsrecht 9 51
- Erbenhaftung 18 119
- Erbschaftsvergleich 18 168
- Form 13 168, 18 7 f.
- Grundbuchberichtigung 18 41 ff.
- Hinweispflicht 18 51, 103
- Minderjährige 18 50
- Mitteilung an Miterben 18 M 94
- Mitteilungspflicht an Miterben 18 95, 112
- Mitteilungspflicht des Notars an das Finanzamt 18 192
- Nacherbenanwartschaftsrecht 3 139, 14 87
- Sicherung des Käufers 18 37 ff.
- Sicherung des Verkäufers 18 37 ff.
- Steuern 18 52
- Testamentsvollstreckung 13 168
- Übertragung nach Vorkaufsrechtsausübung 18 106 ff., M 113, 118 ff.
- Vor-/Nacherbfolge 3 139, 14 87 ff., M 91, M 94
- Vorkaufsrecht bei Weiterveräußerung 18 111 f.
- Vorkaufsrecht der Miterben 18 38, 51, 92 ff., 200
- Vorkaufsrecht des Mitnacherben 14 88 ff.
- Vorkaufsrecht des Vorerben 14 88 ff., M 91
- Vorkaufsrechtsausübung der Miterben 18 M 98, 99 ff., M 105, 106 ff.
- Vorkaufsrechtsfrist 18 103 f., 112
- Vorkaufsrechtsklage des Vorerben 14 92 ff., M 94
- Vorkaufsrechtsverzicht der Miterben 18 M 96, 97, 118

**Erbteilsverpfändung** 18 9, M 53, 58 ff.
- dinglicher Duldungstitel 18 62
- Form 18 58
- Gläubigerbefriedigung 18 62
- Grundbuchberichtigung 18 61
- Nachlassauseinandersetzung 18 62 f.
- Pfandgläubigerrechte 18 59 f.
- Verpfänderrechte 18 59 f.
- Zwangsvollstreckung 18 62

**Erbteilung** 19 227 *siehe auch Nachlass, Auseinandersetzung, siehe auch Erbengemeinschaft, Auseinandersetzung*
- Aufwendungsersatz 19 234
- dingliche Übertragung 19 M 233
- Nachlassauseinandersetzung 19 227
- Teilungsquote 19 234
- Teilungsversteigerung *siehe dort*
- Vorbemerkung 19 M 233
- Zurückbehaltungsrecht 19 234

**Erbteilungsklage** 10 162, 23 61 *siehe auch Nachlassauseinandersetzung, Auseinandersetzungsklage,*
- Abgrenzung Schiedsverfahren 23 30
- Einrede der nichterteilten Auskunft über Vorempfänger 19 235
- Schiedsverfahren 23 54 ff.
- Teilungsversteigerung 20 112
- Vorempfang 9 134
- Widerklage 9 M 253

**Erbunwürdigkeitserklärung**
- Vor-/Nacherbfolge 14 25

**Erbvertrag** 4 M 55, M 56, M 57, M 58, M 59
- Abgrenzung zum gemeinschaftlichen Testament 4 60 ff.
- amtliche Verwahrung *siehe dort*
- Änderungsbefugnis 3 102 f.
- Änderungsvorbehalt 3 43, 4 132 ff., 8 42 f.
- Anfechtung 3 301, 4 131, 143 ff., 160 ff., 167, 169, 198, 7 197 ff., M 198, M 200, 8 198, 200 ff., 208 ff., 21 38, 40
- Anfechtungsberechtigung 8 184, 209
- Anfechtungsfolgen 7 207
- Anfechtungsform 7 202, 8 188
- Anfechtungsformalien 4 153 ff., 160 ff.
- Anfechtungsfrist 7 204
- Anfechtungsgründe 4 149 ff.
- Anfechtungskosten 7 208
- Anordnung der Testamentsvollstreckung 13 25
- Anwartschaft 4 43 f.

- Anwartschaftsrecht 11 285
- Aufhebung 3 43, 105, 4 188 ff.
- Aufhebung/Abänderung 4 115 ff., 118 ff., 123 ff., 131 ff.
- Aufhebungstestament 4 M 122, 128 ff., M 129, M 130
- Aufhebungstestamtentszustimmung 4 M 121
- Aufhebungsvertrag 4 126 ff., M 127, 5 98
- Aufhebungswirkung 8 23 f.
- Auflage 8 22
- auflösende Bedingung 4 198
- Ausgleichung 21 38 f.
- Ausgleichungspflicht 19 118
- Auskunftsanspruch 9 302 ff., 306, 21 75 ff., M 80, M 81
- Auslegung 4 18 ff., 142 ff., 15 4 f.
- Bedachtenzustimmung zu Verfügung 3 107, 8 27 f., 39
- beeinträchtigende Schenkung 1 65, 9 154, 302 ff., 306, 19 136, 21 2 ff., 5 ff., 37 ff., 45 ff., 110 ff., 25 69
- beeinträchtigende Verfügung 15 265, 268
- Beeinträchtigungsschutz 4 51 ff., 117 ff., 123, 8 26 f.
- Begriff 4 2
- Beschwerde wegen Amtsermittlungspflichtverletzung 7 M 228
- Bestätigung bei Anfechtbarkeit 8 197 f., 205
- Bestätigung bei Anfechtungsrecht 4 157 ff., 165 ff.
- beteiligte Personen 4 5 f.
- Beweissicherungsverfahren bei Schenkung 21 160
- Bindung 4 42 ff.
- Bindungswirkung 8 18, 22 ff., 37 ff., 42 f., 21 2, 40
- Doppelnatur 4 3
- Drittanfechtung 4 170
- Ehegattenzuwendung 21 33
- Ehescheidung 4 13
- Ehevertrag 4 15, 63 ff., 92 ff., M 93, 181, 195 ff.
- einseitige Verfügung 4 25
- einseitiger 4 9, M 12, 148 ff., 169, 186
- Erbeinsetzung 8 22
- Erbenfeststellungsklage 8 M 47
- Erblasseranfechtung siehe Erbvertrag, Selbstanfechtung
- Erbstatut 4 7
- Erbverzicht 5 5, 19 siehe auch Erbvertrag, Zuwendungsverzicht
- Eröffnung 7 331
- Errichtung 4 26 ff.
- Ersatzerbe 8 250, 21 43 f.
- Feststellungsinteresse 21 3, 86
- Form 4 35 ff.
- Geschäftsfähigkeit 8 127
- getrennte Beurkundung 7 126
- Herausgabeanspruch bei beeinträchtigender Schenkung 9 304
- Herausgabeanspruch bei Schenkung 19 136, 21 2 ff., 5 ff., 14 ff., 35 ff., 53 ff., M 59, 62, 66, 70, 87 ff., 92, 105 ff.
- Herausgabeanspruch bei unbenannter Zuwendung 21 122 ff.
- Herausgabeklage bei Schenkung 21 M 74, M 90, 147, 157 ff.
- Herausgabeklage nach Schenkung 21 M 81, 82
- Hinterlegungsschein 7 116, 118
- Inhalt 4 17 ff.
- juristische Person 4 22
- Kosten 7 126
- mehrere 8 24
- mehrseitiger 4 13, 160 ff., 167, 187 f.
- Minderjährige 3 94, 8 128
- Nachlassauseinandersetzungsausschluss 19 54 ff., 67 ff.
- Niederschriftsgenehmigung 8 86, 100 f.
- notarielle Verwahrung siehe dort
- Pflegeverpflichtung 4 9, M 12
- Pflichtteil 21 63 ff., 83
- Pflichtteilsverzicht 5 62, M 86
- rechtskräftiges Urteil 21 158 f.
- Rechtsnatur 4 10
- Rücknahme aus Verwahrung 4 16, 41, 61 f., 126, 131, 201
- Rücktritt 3 106, 4 131, 193 ff., 8 37 f., 44
- Rücktritt des Erblassers 4 173 ff., M 182
- Rücktritt des Vertragspartners 4 171 f.
- Rücktritt durch Testament 4 M 191
- Rücktritt nach dem Tod des Vertragspartners 4 184 ff.
- Rücktrittsform 4 180 ff.

- Rücktrittsvoraussetzungen 4 197
- Schenkung 21 40 ff.
- Selbstanfechtung 3 44, 106, 4 145 ff., M 168, 8 38, 191 ff., 200
- Selbstanfechtung nach Scheidung 8 193
- Selbstanfechtungsadressat 8 194 f., 201
- Selbstanfechtungsausschluss 8 205 f.
- Selbstanfechtungsform 8 194
- Selbstanfechtungsfrist 8 194, 202
- Selbstanfechtungsgründe 8 193
- Selbstanfechtungsrecht 8 192, 201
- Selbstanfechtungsverzicht 8 199, 207
- Selbstanfechtungswirkung 8 196, 203 f.
- Stellung des Bedachten 4 43 ff.
- Stellung des Erblassers 4 46 ff.
- Stiftung 16 167
- Stufenklage nach Schenkung 21 M 81, 84 f.
- Teilungsanordnung 15 279, 19 95 ff., 106, 21 37 f.
- Teilunwirksamkeit 8 77
- Testamentsaufhebung 8 23
- Testamentsvollstreckung 3 200, 8 26
- Testierfreiheit 8 27 f.
- Testierfreiheitsbeschränkung 3 98 ff., 8 14 f., 18 f., 22 ff.
- Umdeutung in Erbschaftsvergleich 18 161
- unbenannte Zuwendung 21 110 ff.
- unentgeltlicher 4 11
- Unwirksamkeit 4 23, 124 ff., 193 f., 8 24 f.
- Verfügungsunterlassungsvertrag 4 47 f., M 49
- Vermächtnis 8 22, 15 3, 265, 268, 21 161 ff.
- Vermächtnisnehmerklage 21 M 173
- Verschaffungsvermächtnis 21 165, 167
- Vertretung 4 34
- Verwahrung 4 40
- Vor-/Nacherbfolge 21 92
- Vorausvermächtnis 19 106
- vorherige Verfügungen von Todes wegen 4 113 ff.
- vorläufig vollstreckbares Urteil 21 94 ff., 157 ff.
- vorläufiger Rechtsschutz 4 M 50, 21 M 148, M 149, 151

- vorläufiger Rechtsschutz bei Schenkung 21 136 ff., 142 ff., 147, 152 ff., M 156
- Vorversterben des Bedachten 4 124 ff., 8 45 f.
- vorweggenommene Erbfolge 21 37
- Wechselbezüglichkeit 4 21 ff., 167, 192 ff., 8 203
- Wechselbezüglichkeitsvermutung 7 207
- Wertermittlung *siehe dort*
- Wertermittlungsanspruch bei Schenkung 21 83 ff.
- Widerruf 3 102, 4 4, 25, 146, 169, 190, 8 208
- Widerrufsfiktion 7 129 ff.
- Zugewinnausgleich 21 63 ff., 67 ff.
- Zurückbehaltungsrecht bei Schenkung 21 60 ff., M 61
- Zuwendungsverbot 8 249
- Zuwendungsverbot nach Heimgesetz 8 245
- Zuwendungsverzicht 5 93, 97 ff., 8 250, 21 108 ff.

**Erbvertragsverzeichnis**
- Vermerk bei Rücknahme aus notarieller Verwahrung 7 132 f., M 133

**Erbverzicht** 3 66, 5 1, 18, 24, M 54, 55, 17 54 *siehe auch Zuwendungsverzicht*
- Abfindungsvertrag 5 19 ff., 34, 40 *siehe auch dort*
- Abkömmlinge des Verzichtenden 5 13, 19, 42, 45
- abstraktes Verfügungsgeschäft 5 4
- Anfechtung 5 22, 36
- Aufhebungsvertrag 5 34, 38 ff.
- Ausgleichung von Zuwendungen 17 149
- Auslegung 5 6, 43, 57
- Bedingung 5 7, 19, 40
- Beschränkung 5 45
- Ehegattenzustimmung 5 10
- entgeltlicher 5 19
- Erbstatut 5 44
- Erbvertrag 5 5, 19
- Fiskus 5 17
- Folgen 5 12, 24, 125
- Form 5 4, 22, 44
- Gegenleistung 5 19
- gegenständliche Beschränkung 5 7, 18

- gemeinschaftliches Testament 5 5
- gerichtliche Genehmigung 5 10 f.
- Geschäftsunfähigkeit 5 10
- Gestaltungsmöglichkeiten 5 18
- güterrechtliche und unterhaltsrechtliche Folgen 5 24
- Höferecht 5 18, 45
- internationales Erbrecht 5 44
- Kausalgeschäft 5 4, 22
- konkludenter Abschluss 5 5
- Kosten 5 51
- Leistungsstörungen 5 34
- Minderjährige 5 39
- Nachlassspaltung 5 44
- notarielle Anzeige- und Benachrichtigungspflicht 5 50
- Pflichtteilsanspruch 17 111
- Pflichtteilsergänzung 5 12, 21 36
- Pflichtteilsrecht 5 12
- Pflichtteilsverzicht *siehe dort*
- Pflichtteilsvorbehalt 5 12
- Prozessvergleich 5 4
- Rücktritt 5 34
- Rücktritts-/Widerrufsvorbehalt 5 40
- Rücktrittsvorbehalt 5 7, 40
- Schenkung 5 21, 21 31, 36
- Sittenwidrigkeit 5 4
- Steuer 5 46
- Teilverzicht 5 18
- Umdeutung 5 7
- Umdeutung aus Erbschaftsvergleich 18 156, 160
- Umdeutung in Erlassvertrag 5 43
- unentgeltlicher 5 17
- Unterhaltsforderungen 5 25 ff.
- Unwirksamkeit 5 4
- Vertragsparteien 5 17
- Vertretung 5 9 ff., 21 42
- Verzichtsberechtigte 5 17
- Verzichtsberechtigung 5 6
- Vor-/Nacherbfolge 14 25, 129
- Wegfall der Geschäftsgrundlage 5 35, 37, 40
- Willensmängel 5 36
- Wirkung 5 12 ff., 18, 24, 42, 125
- zeitliche Beschränkung 5 33
- Zugewinnausgleich 5 15, 24
- Zuwendungen 5 16
- Zuwendungsverzicht 5 101

**Erbverzichtsvertrag 5 54**

**Ergänzungsbetreuer**
- Auskunftsanspruch 13 170

**Ergänzungspfleger**
- Auskunftsanspruch 13 170

**Erlassvertrag**
- Umdeutung aus Erbverzicht 5 43

**Errungenschaftsgemeinschaft**
- Frankreich 10 264

**Ersatzbanspruch nichtehelicher Kinder**
- Erbenhaftung 11 112
- Erbfallschuld 11 112

**Ersatzerbe 3 51, 15 65**

**Ersatzerbschaft**
- Abgrenzung zur Vor-/Nacherbfolge 14 18

**EWIV 22 50 ff.**
- Auflösung 22 52 ff.
- Gesellschafterwechsel 22 54

**Familienbuch** *siehe Personenstandsbuch*

**Familiengerichtsakten**
- Akteneinsicht 9 47

**Familienstatut**
- Einzelstatut 24 48
- Gesamtstatut 24 48
- Sonderstatut 24 48

**Frankreich 10 239 ff.**
- acte de notoriété 10 270
- ascendants et collatéraux privilégiés 10 261
- Besitzergreifung 10 257
- bureau de la conservation des hypothèques 10 240 ff.
- communauté des aquêts 10 264
- copropriété 10 249
- descendants 10 259
- Ehegattenerbrecht 10 262 ff.
- Ehegattenwohnungsrecht 10 263
- Ehegüterrechtsstatut 24 80
- Eigentümerkartei 10 243
- Eigentumsarten 10 249
- Eigentumsnachweis 10 248
- Erbberechtigungsnachweis 10 270
- Erbengemeinschaft 10 264 f.
- Erbfolge 10 257 ff.
- Erbschaftserwerb 10 250
- Erbschein 10 270
- Erbstatut 10 251, 254, 24 66, 68
- Erbvorbehalt 10 266 ff.

- Errungenschaftsgemeinschaft 10 264
- fente 10 261
- fiches d'immeuble 10 243
- fiches parcellaires 10 243
- fiches personnelles 10 243
- Freiteil 10 266
- Gesamthand 10 249
- Grundakten 10 242 ff.
- Grundbuch 10 240 ff.
- Grundbuchberichtigung 10 250
- Grundbucheinsicht 10 245
- Grundbucheintragswirkung 10 246 ff.
- Grundbuchregistrierung 10 244
- Grunderwerb 10 246
- Grundstückskartei 10 243
- Grundstücksübertragungsvertrag 10 247
- Güterrecht 10 249, 256
- Güterrechtsauseinandersetzung 10 264
- Güterstand 10 264
- Haager Ehegüterstandsrechtsübereinkommen 24 80
- Haager Testamentsformübereinkommen 10 251, 255
- Herabsetzungsklage 10 267
- Hypothekenregister 10 242
- indivision 10 249
- indivision postcommunautaire 10 264 f.
- la quotité disponible 10 266
- la réserve 10 266 ff.
- livre foncier 10 240
- Nachlassgericht 10 270
- Nachlassspaltung 10 261, 24 66, 68
- Noterbrecht 10 266 ff.
- Parzellenkartei 10 243
- Pfändungsregister 10 242
- Pflichtteil 10 262
- Pflichtteilsberechtigte 10 268
- Pflichtteilsquoten 10 269
- Pflichtteilsrecht 10 266 ff.
- propriété 10 249
- Rechtsquellen 10 239
- Rechtswahl 24 80
- registre des inscriptions 10 242
- registre des publications 10 242
- registre des saisies immobilières 10 242
- Rückverweisung 24 66
- saisine 10 257
- Transkriptionsregister 10 242

- Universalsukzession 10 257
- Verwandtenerbrecht 10 262 ff.

**Freiwillige Gerichtsbarkeit 7** 1 ff.
- Aktenabschrift 7 49 ff.
- Akteneinsicht 7 43 ff.
- Amtsermittlungsgrundsatz 7 59 ff., 341
- Antrag auf mündliche Verhandlung 7 M 70
- Augenscheinsbeweis 7 82
- Befangenheit 7 25 ff.
- Befangenheitsantrag 7 M 29, M 30, M 32
- Beschwer 7 323 ff., M 326, 327 ff.
- Beschwerde 7 3 ff., 46, M 48, 52, 61, M 63, 91 f., M 92, 146 ff., M 147, M 149, M 228, M 229, 259 f., M 260, 295 ff., M 297, 298 ff., M 299, 307 ff., M 313, 314 ff., M 318, 319 ff., M 330, 335 ff., M 336, M 339
- Beschwerdeerwiderung 7 M 342
- Beschwerderücknahme 7 334
- Beteiligte 7 33 ff.
- Beteiligtenöffentlichkeit 7 49, 68
- Beteiligtenvernehmung 7 85 f.
- Beteiligtenvernehmungsantrag 7 M 86
- Beweisaufnahme 7 64 ff., 71 ff.
- Beweislast 7 88 f.
- Beweismittel 7 78 ff.
- Beweiswürdigung 7 87
- Entscheidungsform 7 98 ff.
- Erinnerung 7 91, 300 ff.
- FamFG-Verfahren 7 1 ff.
- Freibeweis 7 65, 73 ff.
- Kosten 7 102 ff.
- Kosten bei Rechtsmittelrücknahme 7 334
- Kostenvorschussbeschwerde 7 M 92
- Kostenvorschusspflicht 7 90 ff.
- Mündlichkeitsgrundsatz 7 69 f.
- Nachlasszustandsfeststellungsverfahren 14 61 f., 149
- rechtliches Gehör 7 41 ff.
- Rechtsbeschwerde 7 8, 10, 62, M 304, M 306, 343 ff., M 346
- Rechtsmittel 7 3 ff., 46, M 48, 52, 61 ff., M 63, 91 f., M 92, 102, 146 ff., M 147, M 149, M 228, M 229, 259 f., M 260, 295 ff., M 297, 298 ff., M 299, 300 ff., 303 ff., M 304, M 305, M 306, 307 ff., M 313, 315 ff., M 318, 319 ff.,

M 330, 334 ff., M 336, 337 ff., M 339, 343 ff., M 346
- Rechtsmitteladressat 7 315 f.
- Rechtsmittelausschluss 7 314
- Rechtsmittelerwiderung 7 M 342
- Rechtsmittelform 7 317
- Rechtsmittelfrist 7 319 f.
- Rechtsmittelrücknahme 7 334
- Rechtsmittelstatthaftigkeit 7 309 ff., 344 ff.
- Rechtsmittelzuständigkeit 7 307 f.
- Richter-/Rechtspfleger-/Dolmetscherausschluss 7 25 ff., M 29, M 30, M 32
- Ruhen des Verfahrens 7 95
- Sachverständigenbeweis 7 80 f.
- Sachverständigenbeweisantrag 7 M 81
- Säumnis 7 93
- selbstständiges Beweisverfahren 7 94, 8 303
- Strengbeweis 7 66, 71 ff.
- Urkundenbeweis 7 83
- Verfahren auf Antrag 7 56 ff.
- Verfahren von Amts wegen 7 53 ff.
- Verfahrensvergleich 7 96 f.
- Verhältnis zum streitigen Verfahren 7 24
- Verweisung bei Unzuständigkeit 7 19 ff.
- Verweisungsantrag bei Unzuständigkeit 7 M 23
- weitere Beschwerde 7 5 ff., 9, 52, 303 ff.
- Zeugenbeweis 7 74 f., 78 f.
- Zeugenbeweisantrag 7 M 79
- Zuständigkeit 7 3 ff., 11 ff.
- Zuständigkeitsbestimmungsantrag 7 M 18

**GbR**
- Erbengemeinschaft 12 114
- Vererblichkeit des Gesellschaftsanteils 3 20

**Gegenseitiges Testament**
- Anfechtung 3 301
- Anfechtungsverzicht 3 300 ff.
- Bindungswirkung 3 300
- Selbstanfechtung 3 300 ff.

**Gehörsrüge**
- Abhilfeverfahren 9 205, 207

**Gemeinnützige Stiftung**
- Steuerbefreiung 16 4

**Gemeinschaftliches Testament** 3 73, 259 ff., 4 62 ff., 8 253 ff.
- Abgrenzung zum Erbvertrag 4 60 ff.
- Änderungsbefugnis 3 102 f., 108, 262, 277, 8 19
- Änderungsklausel 3 M 315, M 317
- Änderungsvorbehalt 3 43, 8 40 f.
- Anfechtung 7 205 ff., M 206, 8 210 ff., 217 ff., 21 38, 40
- Anfechtungsausschluss 8 217 ff.
- Anfechtungsberechtigung 8 184
- Anfechtungsfolgen 7 207
- Anfechtungsform 8 188
- Anfechtungsfrist 8 210, 213
- Anfechtungskosten 7 208
- Anfechtungsverzicht 3 M 315, M 316, M 317, M 318
- Anordnung der Testamentsvollstreckung 13 25
- Aufhebung 3 42 ff.
- Auflage 3 267
- Auseinandersetzungsausschluss 3 M 318
- Ausgleichung 21 39
- Auskunftsanspruch 21 76 ff.
- Auslegung 3 266, 275 ff., 304 ff.
- beeinträchtigende Schenkung 9 154 *siehe auch Erbvertrag, beeinträchtigende Schenkung*
- Berliner Testament 3 264, M 315, M 316, 8 21
- Bindungswirkung 3 72, 99 ff., 260 ff., 274 ff., 290, 8 16 ff., 19 f., 31, 34 ff., 40 f., 19 108 ff., 21 4, 39 f.
- Ehegattentestament 8 16
- Ehescheidung 3 304 ff.
- Eigenhändigkeit 3 90 f., 8 57
- Enterbung 3 291, 293
- Erbenfeststellungsklage 8 M 72, M 163
- Erbengemeinschaft 3 M 318
- Erbschaftsteuer 3 268
- Erbstatut 3 263, 24 88
- Erbverzicht 5 5
- Ernennung des Testamentsvollstreckers 13 27 ff.
- Ersatzerbe 3 271 f., 8 21, 250, 21 4, 43 f.
- Erstellung 3 259

- Feststellungsklage bei Beeinträchtigung **8** 36
- Feststellungsklage bei Selbstanfechtung **8** 36
- Freistellungsklausel **8** 41
- getrennte Urkunden **8** 254, 256 f.
- getrennte Verfügungen **8** 256 f.
- gleichzeitiger Tod beider Erblasser **3** 273
- Hausratsvermächtnis **3** M 318
- Herausgabeanspruch bei Schenkung **21** 4, 35 ff., 53 ff., 62, 66, 70
- Katastrophenklausel **3** 273, M 315, M 316, M 317
- Nießbrauch **3** 270, 289
- Nießbrauchsvermächtnis **3** M 318
- Pflichtteilsanspruch **3** 291
- Pflichtteilsklausel **3** 291 ff., M 297, M 298, M 315, M 316, M 317, M 318
- Pflichtteilsstrafklausel **3** M 299
- Pflichtteilsverzicht **5** 62
- privatschriftliches Testament **3** 90 f., **8** 57
- Rücknahme aus amtlicher Verwahrung **3** 92, **8** 59
- Scheidungsklausel **3** M 317
- Schenkung **21** 40 ff.
- Schiedsklausel **3** M 316, **23** 39
- Schlusserbe **3** 271 f.
- Schweigepflichtentbindung **3** M 315
- Selbstanfechtung **3** 44, **8** 35 ff., 191 ff.
- Selbstanfechtung durch den Überlebenden **8** 214 ff.
- Teilungsanordnung **3** M 315, **15** 279, **19** 95 ff., 106, 108 ff., **21** 39
- Testamentsvollstreckungsanordnung **3** M 318
- Testierfähigkeit **8** 132
- Testierfreiheitsbeschränkung **3** 98 ff., **8** 14 ff.
- Verfügungsgegenstand **8** 255
- Verjährungsverzicht **15** 258
- Vermächtnis **3** 267 f., M 316, **15** 3, **21** 163
- Vermächtnis bei Wiederverheiratung **3** 282 f., M 283
- Vermächtnis im ersten Todesfall **3** M 315
- Vernichtung **3** 105, **8** 30
- Vor-/Nacherbfolge **3** 264, 269, 272, 277, 280 f., M 281, 285 ff., M 286, M 317, **14** 12 ff.
- Vorausvermächtnis **19** 106
- vorweggenommene Erbfolge **21** 39
- Wechselbezüglichkeit **3** 99 ff., 260 ff., 274 ff., **8** 16 ff., 210 ff., **19** 109, **21** 4
- Widerruf **3** 42 ff., 102, 104 f., M 110, M 111, **8** 15, 19, 29 ff., 250
- Wiederverheiratungsklausel **3** 278 ff., M 281, M 283, 285 ff., M 286, 289 ff., M 316, M 317, M 318
- Zurückbehaltungsrecht bei Schenkung **21** 60 ff., M 61
- Zuwendungsverzicht **5** 93, **8** 20, 35, 250

**Gerichtsstand**
- internationaler *siehe dort*

**Gesamthandsgemeinschaft**
- Erbengemeinschaft **12** 2 ff.

**Gesamthandsklage 10** 139, 142 f., **11** 316 ff., M 319, 346, 364 ff., **12** 80
- Abgrenzung Gesamtschuldklage **11** 335 ff.
- Aufgebotseinrede **11** 328
- Dreimonatseinrede **11** 328
- Haftungsbeschränkungsantrag **11** M 320
- Haftungsbeschränkungsvorbehalt **11** 326 f.
- Klageantrag **11** 321
- Klagefrist **11** 336
- Streitgenossenschaft **11** 317 f.
- Vorbehaltsurteil **11** 326 f.
- Vorbehaltsurteilsantrag **11** M 320
- Zwangsvollstreckung **11** 329

**Gesamtrechtsnachfolge 6** 16 *siehe auch* Universalsukzession

**Gesamtschuldklage 10** 142, **11** 316, 330 ff., 364 ff.
- Abgrenzung Gesamthandsklage **11** 335 ff.
- Haftungsbeschränkungsvorbehalt **11** 333 f.
- Klageantrag **11** 333 f.
- Streitgenossenschaft **11** 331
- Vorbehaltsurteil **11** 333 f.

**Gesamtstatut**
- Verhältnis zu Einzelstatut **24** 48, 69

**Geschäftsfähigkeit**
- notarielle Feststellung 2 15

**Geschäftsunfähigkeit** 10 68 ff.
- Beweis 10 69 ff., 74 ff.
- Nervenarzt-Vorbehalt 10 70 f.
- Verschwiegenheitspflichten 10 74 ff.

**Gesellschafterwechsel**
- AG 22 4
- EWIV 22 54
- GmbH 22 4
- KG 12 115 ff., 22 42 ff., M 44, 46
- OHG 12 115 ff., 22 35 ff., M 36
- Partnerschaftsgesellschaft 22 49
- Personalgesellschaft 22 3

**Gesellschaftsanteil**
- Nachfolgeklausel 3 22
- Vererblichkeit 3 19 ff.

**Gesellschaftsstatut** 24 83
- Erbstatut 24 116

**Gesetzliche Erbfolge**
- unwirksamer Ehevertrag 4 67 ff.

**GmbH** 22 55 f.
- Erbengemeinschaft 12 123
- Gesellschafterwechsel 22 4
- Nießbrauch an Gesellschaftsanteil 15 196

**Grabpflegekosten** 11 116

**Grundakten**
- Abschrift 9 18 ff., M 26, 11 M 43
- Akteneinsicht 9 18, 20 ff., 23 ff., 11 40 ff.
- Rechtsmittel bei Aktenabschriftsversagung 9 M 36, 11 M 49
- Rechtsmittel bei Akteneinsichtsversagung 9 34, 11 47

**Grundbuch** 9 18
- Abschrift 3 30 f., M 31, 9 18 f., M 19, 11 38 ff., M 39, 15 243
- Abschrift der Grundakten 21 71 f., M 72, M 150
- Abschrift der Notarurkunde 21 71, M 73
- Akteneinsicht 3 30, 9 23 ff., 11 37 ff., 15 243
- automatisiertes Abrufverfahren 9 29 ff.
- elektronisches 9 27 ff., 11 44 ff.
- Rechtsmittel bei Akteneinsichtsversagung 9 34, 11 47

**Grundbuchamt** 10 5 f.

**Grundbuchberichtigung** 10 2 ff.
- Abschichtung 19 222
- Abschichtung von Miterben 10 175 ff., M 176, 178 ff.
- Amtslöschungsverfahren 10 63, M 65, 66
- Anfechtung der Verfügung von Todes wegen 10 29
- Anspruch 10 139 ff.
- Anspruchsdurchsetzung 10 90 ff.
- Anspruchsgrundlage 10 87 ff.
- Antrag 10 7 ff., M 17, M 18, M 36, 39, M 46, M 64, 66, M 102, M 176, M 190, M 220, M 233
- Antragsbefugnis 10 206, 236
- Antragsberechtigung 11 50, 436
- Anwartschaftsrechtspfändung 11 302
- Auflassung 10 40 ff., 15 M 119, M 129, 19 M 231
- Auflassungserklärung 21 M 104
- Auseinandersetzungsausschluss 10 48
- Auslagenersatzanspruch 10 58 f.
- ausländische Entscheidung/Urkunde 24 159
- ausländische Urkunden 10 47
- ausländischer Güterstand 10 9, 47
- Auslandsbezug 10 47 ff.
- Belastungsvorbehaltsvormerkung 1 284
- beschränkt dingliche Rechte 10 56 ff.
- Bewilligungsgrundsatz 10 90
- Brandvormerkung 1 243
- DDR-Altfälle 10 29
- Dienstbarkeit 10 61
- dingliche Surrogation *siehe dort*
- Eintragungsbewilligung 10 40 ff.
- Erbenfeststellungsurteil 8 7
- Erbengemeinschaft 10 9, M 17, M 18, 48, 139 ff., M 141, 142 ff., 175 ff., M 176, 178 ff., 12 3, 66 ff., 75, M 84, 15 101, 19 4
- Erbfolgenachweis 10 11 ff., 19 ff., 25 ff., 47
- Erbnachweis 15 89
- Erbschaftsvergleich 18 168 f.
- Erbscheinseinziehung 10 51 ff., 54 ff., M 55
- Erbscheinsverfahren 10 4
- Erbteilserwerber 10 171 ff., M 172
- Erbteilspfändung 11 293, M 295

- Erbteilsübertragung **10** 171 ff., M 172, 178 ff., **19** 222
- Erbteilsveräußerung **18** 41 ff.
- Erbteilsverpfändung **12** 72 f., M 73, **18** 61
- Euro-Umstellung **10** 198
- Form **10** 191
- formalisiertes Verfahren **10** 4
- Frankreich *siehe dort*
- GbR **10** 185
- Gegenrechte **10** 94, 96, M 100
- Gegenstandswert **12** 71
- gemeinschaftliches Testament **10** 30 f.
- Genehmigungserfordernis **15** 154
- gerichtliche Verwaltung **14** 228, M 234
- Geschäftsunfähigkeit *siehe dort*
- Gläubigerantrag **11** 50 ff., M 52, 53 ff., M 54, 436
- Grundbuchberichtigungsklage **10** 4, 52, 67 ff., 73 ff., 92 ff., 97 ff., 111 ff., 129, M 141, 142 ff., 145, 162
- Grundschuld **10** 56 f., M 57
- höchstpersönliche Rechte **10** 61 ff., M 64
- Höferecht **10** 34, **19** 263
- Hofvermerk **19** 252 f.
- Hypothek **10** 56
- Klage **23** 61
- Klage auf Zustimmung **15** 109 ff., M 110, M 125, M 140
- Klageerwiderung **10** M 100
- Kosten **10** 37 ff., 58 f., 95, 174, **15** 91, 116, 163, 175, **21** 97, 141
- Kostenerstattungsanspruch **10** 144
- Leibgeding **1** 344
- Leibgedingleistung **1** 48
- mehrfache **10** 49 ff.
- Minderjährige **10** 60, **15** 90, 186
- Nachlassauseinandersetzung **10** 183
- Nachlassinsolvenz **10** 237, **11** 483
- Nachlasspflegschaft **10** 235
- Nachlassverwaltung **10** 236, **11** 451, 454 ff., M 456
- Nießbrauch **3** 173 ff., **10** 61, M 64, 195, M 197, **12** 66 ff., M 70, **15** 177 ff., M 181, M 182, 186 ff., **18** 79
- Nießbrauch an Gesellschaftsanteil **15** 196
- Nießbrauchspfändungsvermerk **1** 211
- öffentliches Testament **10** 32, 35
- Pfändungsvermerk **10** 193 ff., M 196
- Pflegereallast **1** 255
- privatschriftliches Testament **10** 32
- Prozessstandschaft **10** 139 ff., M 141
- Prüfkompetenz des Grundbuchamts **10** 13 ff., 24 ff., 209 ff., **13** 115, **15** 117
- Quotennießbrauch **15** 177
- Reallast **15** 233
- Reallast (Rentenzahlung) **3** 182
- Reallast (Wohnungsrecht) **3** 184
- Rechtshängigkeitsbestätigung **10** M 134
- Rechtshängigkeitsvermerk **10** 78 ff., 81 ff., 119 ff., 130 ff., M 134, M 135, 136, **14** 21, **15** 159 f., **21** 137
- rechtskräftiges Urteil **21** 158 f.
- Rechtsmittel **10** 199 ff.
- Rentenreallast **1** 288
- Schadenersatzpflicht **10** 131 ff.
- Streitgenossenschaft **10** 142 f.
- Teilungsversteigerung **20** 43, 115
- Testament eines Ausländers **10** 23
- Testamentsvollstreckervermerk **10** 189
- Testamentsvollstreckung **10** 188 ff., 203 ff., M 207, M 208, 213, 219, **13** 37, 55 ff., M 63, 84, 115, 250
- Tod eines GbR-Gesellschafters **10** 184 ff., 186 ff., M 190
- transmortale Vollmacht **10** 33
- universaler Rechtsübergang **10** 56
- Unrichtigkeitsnachweis **10** 10 ff.
- Veräußerung der streitbefangenen Sache **10** 112 ff.
- Veräußerungsverbot **15** 158, **18** 107, **19** 240
- Verfügungsbeschränkung **10** 193 ff., **18** 41 ff.
- Vermächtnis **3** 152, 173 ff., **15** 89, 100 ff., 113 ff., 177 ff., M 181, M 182, 200
- Versteigerungsvermerk **10** 238
- Versterben vor Eintragung **10** 40 ff.
- von Amts wegen **10** 7, 63, M 65, 66, 130, 198, 205, 217
- Vor-/Nacherbfolge **10** 214 ff., M 220, 229 ff., 231 ff., M 233, 234, **14** 66 f., 211, 228, M 234, 256, **20** 123, 127 f.
- Voraussetzungen **10** 171 ff., 175 ff.
- Vorkaufsrecht **15** 247, 254

- vorläufig vollstreckbares Urteil 21 94 ff., 157 ff.
- vorläufiger Rechtsschutz 10 76 ff., 80 ff., 108 ff., 111, 129, M 137, 138, 15 164 ff., M 170, 171, 21 136 ff., 142 ff., M 148, M 149, 151
- Vormerkung 3 152, 10 107, 129, 15 100 ff., M 107, M 108, 111 f., 156 ff., 161 ff., 172 ff., 210, 248, 256, 19 M 233, 240, 21 M 98, 138 ff., M 148, M 149, 151, 23 61
- Vormerkungsantrag 15 M 176
- Vorsorgevollmacht 10 33
- Widerspruch gegen Eigentümerstellung 10 54, 76 f., 81 ff., 97, M 101, 103, 105 ff., 129, 132 f., M 137, 138, 14 21, 18 48, 23 61
- Wohnungsreallast 10 61
- Wohnungsrecht 10 61, 15 200, 204 ff., 210
- Wohnungsrechtreallast 1 243
- Zeugnis nach §§ 36, 37 GBO 10 34
- Zug-um-Zug-Verurteilung 15 117 f., M 125, M 140
- Zustimmung der Erben 10 42
- Zwangsberichtigung 10 7, 192
- Zwangshypothek 11 M 54
- Zwangsvollstreckung 11 436
- Zwischeneintragung 15 89, 111, 158, 178, 186, 200
- Zwischeneintragung der Erben 10 42
- Zwischeneintragung des Erblassers 10 44

**Grundbucheintragung**
- Vormerkung 19 232 ff.

**Grundschuld**
- Grundbuchberichtigung 10 56 f., M 57

**Grundschuldlöschung**
- Vermächtnis 21 M 173

**Gütergemeinschaft**
- Auskunftsanspruch 9 302
- Pflichtteil 11 66
- Pflichtteilsergänzung 11 66
- Schenkung 9 302, 21 121

**Güterrecht** 4 15, 24 93 ff.
- anderes Erbstatut 4 102 ff.
- DDR 4 111
- Feststellungsklage 4 69 ff.
- Güterrechtsspaltung 4 99
- Güterrechtsstatut siehe dort

- Inhaltskontrolle von Ehe-/Scheidungsverträgen 8 252
- Pflichtteilsverzicht 5 79 ff.
- Rechtswahl 4 92 ff., M 93, 95 ff.
- Rechtswahlvereinbarung 4 72 ff.
- Übergangsrecht 4 108 ff.
- Vertragsinhaltskontrolle 4 66 ff.
- Vertragsinhaltskontrolle bei Ausländern 4 73
- Zugewinnausgleich 4 105 ff.

**Güterrechtsstatut** 3 8, 24 99 ff.
- Erbstatut 24 93 ff., 104 ff.
- Kollisionsrecht 24 99 ff.
- Rechtswahl 24 96 ff., M 97
- Zugewinn 24 105

**Gütersonderung** 11 5, 439
- Nachlassinsolvenzverfahren 6 21
- Nachlassverwaltung 6 16, 146

**Güterstand**
- Arten 3 12
- ausländischer 10 9, 47
- Erbquote 3 8
- Errungenschaftsgemeinschaft 3 11
- gesetzlicher 3 9 f.
- Güterrechtsregister 3 9
- Güterrechtsstatut 3 8

**Haager Ehegüterstandsrechtsübereinkommen** 24 80
- Frankreich 24 80

**Haager Minderjährigenschutzabkommen** 24 9

**Haager Testamentsformübereinkommen** 24 9, 23, 28, 87 ff.
- Anwendungsbereich 24 88 ff.
- Frankreich 10 251, 255
- Schweiz 10 314
- Spanien 10 343

**Handelsregister**
- Abschrift 9 M 43, M 44
- Aktenabschrift 9 37 ff.
- Akteneinsicht 9 37 ff.
- Beschwerderecht Dritter 9 42

**Handelsregisterberichtigung**
- Einzelkaufmann 12 93, 99 ff., 22 16 ff., M 18, 26
- Erbauseinandersetzung 22 M 32
- Erbenfeststellungsurteil 8 7
- Erbengemeinschaft 12 93, 99 ff., 22 23, M 25

- Erbnachweis **22** 8 ff.
- Erlöschen der OHG **22** 40 ff.
- EWIV **22** 50 ff.
- Form **22** 7, 17
- GmbH **22** 55 f.
- Haftungsausschlusseintragung **12** 97, **22** 19
- Inhaberwechsel **22** 5
- KG **22** 26, 42 ff., M 44, 45 ff.
- Liquidation **22** 40
- mehrfache Inhaberwechsel **22** 31
- Minderjährige **22** 23, 27 ff., 39
- Nießbrauch **22** 21, 48
- OHG **22** 33 ff., M 34, M 36
- Partnerschaftsgesellschaft *siehe dort*
- Personalgesellschaften **22** 3
- Rechtsänderung **22** 5
- Rechtsmittel **22** 57 ff.
- Testamentsvollstreckung **3** 225, **13** 37, 58, M 64, 84, **22** 20, 29 f., 39, 47
- Umwandlung **22** 26, 37 f., M 38
- Vermächtnis **22** 45
- Vor-/Nacherbfolge **22** 22, 46
- zwangsweise **22** 5
- Zwischenberichtigung **22** 14, 31, 45, 46

**Hausgenosse**
- Begriff **9** 294

**Heimgesetz**
- Anwendbarkeit auf Betreuer **3** 115, **8** 246
- Anwendbarkeit auf Pflegedienst im Privathaus **8** 244
- Belehrungspflicht des Notars **8** 247
- geschützte Personen **8** 235
- Heimbegriff **8** 232
- Zuwendungsbegriff **8** 245
- Zuwendungserlaubnisvorbehalt **3** 113, **8** 231
- Zuwendungskenntnis **8** 243
- Zuwendungsverbot **3** 113 ff., **8** 228 ff., 233
- Zuwendungsverbot an Mitarbeiterfamilienangehörige **3** 113, **8** 237, 239 ff.
- Zuwendungsverbot auch nach Verlegung **8** 238
- Zuwendungsverbotsumgehung **8** 237, 239 ff.

**Herausgabeanspruch**
- Erbschaftsbesitzer **9** M 281, M 282

- Stufenklage **9** M 281, M 282, 283, 286 ff., M 287, 289

**Herausgabeklage 9** M 287
- Teilurteil **9** 180

**Höchstpersönliche Rechte 10** 3, 61 ff.

**Höferecht 4** 88, 116, **10** 12, 34, **19** 250 ff., **24** 50
- Abfindungsanspruch **19** 259 ff.
- Auskunftsanspruch **9** 110
- Baden-Württemberg **19** 264
- Erbverzicht **5** 18, 45
- Hoffolgezeugnis **19** 263
- Hofvermerk **19** 252 f.
- Hofzuweisungsverfahren **19** 265 ff.
- Nachlassspaltung **3** 18, 121
- Sondererbfolge **19** 254 ff.
- Übergabevertrag **1** 4, 69
- Vor-/Nacherbfolge **19** 255
- Wirtschaftsfähigkeit **19** 258

**Hofübergabe 21** 30

**Hofzuweisung 19** 265 ff.
- Abfindungsanspruch **19** 275, 278
- Nachlassverbindlichkeiten **19** 277

**Hypothek**
- Grundbuchberichtigung **10** 56

**Interlokales Recht 24** 6
- Kollisionsrecht **24** 47 *siehe auch dort*

**Internationaler Gerichtsstand 24** 118 ff.
- EuGVÜ **24** 119
- EuGVVO **24** 119
- Nachlassverfahren **7** 158, **24** 122 ff., 131 ff.
- örtliche Zuständigkeit **24** 121

**Internationales Einheitsrecht 24** 4

**Internationales Erbrecht**
- Erbverzicht **5** 44

**Internationales Privatrecht**
- Definition **24** 2
- Gesamtverweisung **24** 40, 66
- Kollisionrecht *siehe dort*
- kollisionsrechtliche Vermögensspaltung **24** 48 ff.
- Rückverweisung **24** 41 ff., 66
- Verweisung **24** 2, 13 ff.
- Weiterverweisung **24** 44 ff., 66

**Internationales Verfahrensrecht 24** 5

**Interpersonales Recht 24** 7

**Inventaruntreue 6** 146

**Iran**
- Deutsch-Iranisches Niederlassungsabkommen 24 62
- Erbstatut 24 62
- Mehrstaatler 24 62

**Italien**
- Ehegüterrechtsstatut 24 80
- Rechtswahl 24 79 f.

**Kanada**
- Erbstatut 24 66
- interlokales Recht 24 6

**Kapitallebensversicherung 25** 3

**KG**
- Erbengemeinschaft 12 115 ff.
- Gesellschafterwechsel 12 115 ff., 22 42 ff., M 44
- Handelsregisterberichtigung 22 26, 42 ff., M 44
- Nachfolgeklausel 12 115 ff.
- Nießbrauch 22 48
- Testamentsvollstreckung 22 47
- Tod eines Kommanditisten 12 115 ff., 22 43 ff., M 44, 45 ff.
- Tod eines Komplementärs 12 115 ff., 22 42
- Umwandlung aus Einzelkaufmann 22 26
- Umwandlung aus OHG 22 37 f., M 38

**Klagepflegschaft 23** 36

**Kollisionsrecht**
- Anpassung/Angleichung 24 55 ff.
- Antrag auf Gutachteranhörung 24 M 32
- Anwaltshaftung 24 36 ff.
- EGBGB 24 25 ff., 65 ff.
- Einzelstatut 24 48, 69
- Erbstatut 24 26
- Ersatzanknüpfung 24 33
- Gesamtstatut 24 48, 69
- Gesamtverweisung 24 40, 66
- Güterrechtsstatut 24 99 ff.
- Haager Testamentsformübereinkommen 24 23, 28
- inkorporierte Staatsverträge 24 22
- interlokales Recht 24 6, 47
- Internationales Privatrecht 24 2
- IPR-Verweisung 24 40
- kollisionsrechtliche Vermögensspaltung 24 48 ff.
- Kosten der Statutermittlung 24 34 f.
- Mehrrechtsstaaten 24 47
- Mehrstaatler 24 28
- Nachlassspaltung *siehe dort*
- Normenwiderspruch 24 55 ff.
- Pflichtteilsklage 24 M 113
- Qualifikation 24 18 ff.
- Rechtsgutachten Erbscheinsverfahren 24 M 30
- Rechtswahl 24 76, 79
- Rückverweisung 24 41 ff., 66
- Sachnormverweisung 24 40
- Sonderstatut 24 48
- Transposition 24 57
- Verweisung 24 13 ff., 29, 48, 76, 79
- Verweisungsgrenzen 24 58 ff.
- Weiterverweisung 24 44 ff., 66

**Konfusion 11** 381
- Erbenhaftung 11 204 ff.
- Nachlassinsolvenz 11 204 ff.
- Pflichtteil 11 207

**Kosten**
- Erbverzicht 5 51

**Landgut**
- Vermächtnis 15 78
- Wertermittlung 1 119, 15 78

**Lebenspartner**
- Unterhaltsforderungen 11 70
- Zugewinnausgleich 11 71

**Lebensversicherung**
- Abtretung 25 46
- Anspruchschreiben 25 M 36
- Anzeigepflicht 25 10 ff.
- Arztattest 25 22 f.
- Arztattestanforderung 25 M 23
- Auskunftsanspruch 9 109
- Beitragsnachweis 25 18 f., M 19
- Bestehensanfrage 25 M 9
- Bezugsberechtigung 25 25 ff., 52 ff.
- Bezugsberechtigungsänderung 25 5, 55 ff.
- Bezugsberechtigungswiderruf durch Erben 25 56 ff., M 60, 61 ff., M 63
- Deckungsverhältnis 25 52, 61
- Einwendungen des Versicherers 25 40 ff.
- Fälligkeit 25 41
- Nachabfindungsvergleich 25 M 76
- Pfändung 25 46

- Pflichtteilsanspruch **17** M 7, **25** 71 ff.
- Pflichtteilsergänzungsanspruch **17** M 7
- Rechtsnormen **25** 4
- Rückforderungsanspruch des Erben **25** 51 ff., 64 ff., M 65, M 66
- Schenkung **25** 54 ff., 72 ff.
- Schenkungswiderruf durch Erben **25** 57 ff., M 60, 61 ff., M 63
- Selbstmord **25** 44
- Statusanfrage **25** 5 ff., M 7
- Sterbeurkunde/Todeserklärung **25** 20 f.
- Sterbeurkundenantrag **25** M 21
- Todesanzeige **25** M 14
- Todesursachenzeugnisanforderung **25** M 24
- Typen **25** 3
- Valutaverhältnis **25** 52 ff., 61
- Verjährung **25** 47
- Verpfändung **25** 46
- Versicherungsschein **25** 8, 16, 35
- Versicherungsschein-Aufgebotsverfahren **25** M 39
- Versicherungsscheinverlust **25** 37 ff.
- Versicherungsscheinverlustmitteilung **25** M 38
- Vertragsänderung **25** 5 f.
- Vertragsbeteiligte **25** 5
- Vertragsschluss **25** 8
- Zahlungsklage **25** M 49

**Leibesfruchtpflegschaft 6** 17

**Leibgedingvertrag 1** 42 ff., M 316, 339 ff., **21** 30
- Abgrenzung zur Schenkung **1** 341
- Beerdigungskosten **1** 344
- Begriff **1** 241
- Ehegattenzustimmung **1** 282
- Einkommensteuer **1** 349
- Gleichstellungszahlung **1** 347
- Grundbucheintragung **1** 47 ff., 344
- Leistungsstörung **1** 50 ff.
- Pfändung des Altenteils **1** 49
- Pflegeleistung **1** 344
- Rentenvorbehalt **1** 344
- Schenkungssteuer **1** 349
- Schenkungswiderruf **1** 51
- vertragliches Rückforderungsrecht **1** 54
- vertragliches Rücktrittsrecht **1** 54
- Vollstreckungsschutz **1** 49
- Wohnungsrecht **1** 344

- Zwangsversteigerung **1** 49

**Leibrente 1** 286 f., **15** 214 ff.
- Abgrenzung zur dauernden Last **1** 285
- Bestellungsform **1** 286
- Wertsicherungsklausel **1** 286

**Letztwillige Verfügung**
- Anfechtung **7** 182 ff., M 185, M 187, M 189, M 192, M 194, 205 ff., M 206
- Anfechtungsberechtigung **7** 195 ff.
- Anfechtungsfolgen **7** 207
- Anfechtungsform **7** 201 ff.
- Anfechtungsfrist **7** 203 f.
- Anfechtungsgründe **7** 183 ff.
- Anfechtungskosten **7** 208
- Erbstatut **24** 90 ff.
- Eröffnung **7** 135, 139 ff., 331
- Form **24** 86 ff.
- Widerruf **24** 88
- „Widerspruch" gegen Anfechtung **7** M 190
- Zuwendungsverbot **8** 249

**Liechtenstein**
- Stiftung **16** 144

**Mehrfach Behinderte 4** 36 ff.

**Mehrstaatler**
- Iran **24** 62
- Kollisionsrecht **24** 28
- Spanien **10** 341

**Mietverhältnis 11** 87 f.
- Tod des Mieters **11** 87
- Tod des Vermieters **11** 88

**Minderjährige 22** 27 ff., 39
- Aufteilungsvertrag **18** 173
- Erbengemeinschaft **12** 101, 104 ff., **18** 173, **19** 62 ff., 199
- Erbschaftsschenkung **18** 131
- Erbteilsveräußerung **18** 50
- Erbverzicht **5** 39
- Ergänzungspfleger **14** 74, **15** 90, **18** 173, **19** 31, 199
- gerichtliche Genehmigung **14** 74, **19** 30 f., 200 ff.
- Grundbuchberichtigung **10** 60, **15** 90, 186
- Grundstücksvermächtnis **15** 90
- Haftungsbeschränkung **11** 339 ff., **12** 104 ff., **19** 62 ff., 205 ff.
- Nießbrauch **15** 186
- Sonderkündigungsrecht **11** 343 ff.

- Testamentsvollstreckung **15** 90
- Vermächtnis **15** 24
- Vertretung **18** 173, **19** 199
- Vor-/Nacherbfolge **14** 74
- Zuwendungsverzicht **5** 94

**Nacherbenpflegschaft**
- Abgrenzung Nachlasspflegschaft **6** 20

**Nacherbenverzicht**
- Weiterveräußerung **18** 122

**Nachlass**
- Abgrenzung Erbteil **11** 283 f.
- Anrechnungsnachlass **17** 159
- Arbeitnehmerabfindung **12** 77
- Aufrechnung **11** 449, **12** 61
- Auseinandersetzung **9** 242 ff., **10** 150, 165, 175, 178, 183, 238
- Auskunftsanspruch **11** 69, 83 ff., **12** 7 ff.
- Ausscheiden einzelner Gegenstände **10** 234
- Bergwerk **14** 82, 154
- Besitz **12** 2, **13** 78, 81 ff., **14** 100
- Besitzrecht **11** 86 ff.
- Bestandsermittlung **17** 125 ff., M 140
- Darlehen **12** 76, M 83, **19** 36
- dingliche Surrogation **12** 63, **19** 16, 18, 241 ff. *siehe auch dort*
- Dürftigkeit **11** 214
- Dürftigkeitseinrede **11** 214 ff.
- Einzelkaufmann **12** 92 ff.
- Erbenhaftung **12** 94
- Erbstatut **19** 285
- Ergänzungsnachlass **17** 166
- Erträge **13** 109 ff.
- fiktiver **17** 108, 166, 197
- Forderung **12** 74 ff.
- GbR **12** 114
- Gesamthand **10** 146 ff.
- Gesamthandsklage *siehe dort*
- Gesamtschuldklage *siehe dort*
- Gesellschaftsanteil **3** 121
- Girokonto **11** 94, **12** 56
- GmbH **12** 123
- Grundstücksnutzungen **10** 96
- Gütersonderung **11** 5, 439
- Haftung **12** 63
- Haftungsbeschränkung **10** 148
- Inventar **11** 363
- Kapitalgesellschaftsanteil **24** 116
- KG **12** 115 ff.
- Konstituierung **13** 78 ff.
- Leihe **11** 86
- Miete **11** 87 f.
- Nachlasspflegschaft *siehe dort*
- Nießbrauch **20** 39
- Nutzung **12** 16, **13** 109 ff.
- Nutzungsentschädigung **12** 49
- OHG **12** 115 ff.
- Partnerschaftsgesellschaft **12** 124
- Personengesellschaft **11** 452, **12** 114 ff., 120
- Personengesellschaftsanteil **24** 116
- Pfändung **20** 33 ff.
- realer **17** 108
- Schenkungsrückforderung **11** 102 ff.
- Schulden **11** 2 ff., 55 ff., 82, **12** 30, 52, 98, **19** 12 ff., 38
- Schuldensicherung **11** 14
- Sondervermögen **10** 146 ff., 164, **11** 12, 452, **13** 1, **19** 2
- Steuererstattungsanspruch **13** 194
- Steuern **13** 202
- Surrogate **9** 325, **19** 241
- Testamentsvollstreckung *siehe dort*
- Titelumschreibung bei Forderungen **11** 59
- Übernahmerecht **15** 120 ff.
- Überschuldung **3** 27 ff., **15** 103, 141 ff., **17** 222
- Überschwerung **11** 230
- Überschwerungseinrede **11** 229 ff., **15** 12, 16
- Umfang **12** 6 ff., **19** 18, **24** 82
- Universalsukzession **3** 121
- Unterhaltsforderungen *siehe dort*
- Unterlassungspflicht **11** 515
- Unzulänglichkeitseinrede *siehe Erbenhaftung, Dürftigkeitseinrede, siehe Erbenhaftung, Überschwerungseinrede*
- Veränderung **12** 32
- Verbindlichkeit **12** 62
- Verfügung **11** 347, **12** 55, 57 ff., 66 ff., 72, 76
- Verfügungsbefugnis **11** 334, 443, 446
- Verfügungsbeschränkung **12** 66 ff.
- Vermögenstrennung **11** 202 f.
- Vermögensverschmelzung **11** 4
- Verwaltungsbefugnis **11** 443, 446
- Vorausvermächtnis **12** 62

- Vormerkung 11 14
- Wald 14 82, 154
- Wertermittlung 3 64 ff., 17 120, 129 ff., 144, 19 86
- Zurückbehaltungsrecht des Testamentsvollstreckers 13 298
- Zwangsvollstreckung 13 182, M 190, 196, 15 63
- Zwangsvollstreckungsbeschränkung 11 191 ff.

**Nachlassakten**
- Abschrift 7 M 51, 9 7 ff., 51, M 52, M 55, 11 19 ff.
- Aktenabschrift 11 M 24
- Akteneinsicht 7 43 ff., 9 7 ff., 45 f., 51, 11 19 ff.
- Rechtsmittel bei Aktenabschriftsversagung 9 56 ff., M 62, 11 30 ff., M 36
- Rechtsmittel bei Akteneinsichtsversagung 7 46, M 48, 9 56 ff., 11 30 ff.

**Nachlassauseinandersetzung** 17 207, 19 2, 35 ff.
- Abfindung nach Höferecht 19 259 ff.
- Abschichtung 18 M 81, 87 ff., 170, 19 8, 177, 213 ff.
- Anhörung zum Auseinandersetzungsplan 13 212, M 221
- Anspruch 12 3, 20 2, 4 ff.
- Antragsberechtigung 18 79
- Aufgebotsverfahren 19 12, 37, 49 ff., 69
- Auflassung 19 M 231
- Aufteilungsvertrag 18 171 ff., M 174, 185 ff., M 194, 200 ff., 19 8, 25 ff., 39, 42, 70, 177, 179 ff.
- Aufteilungsvertragsform 18 172
- Aufteilungsvertragsstörungen 19 181 ff.
- Aufwendungsersatz 19 234
- Auseinandersetzungsanspruch 15 187, 18 79, 170, 19 42 ff.
- Auseinandersetzungsaufschub 19 44 f., 49, 69
- Auseinandersetzungsausschluss 3 148, M 311, M 318, 18 170, 19 54 ff., 65 ff., 94
- Auseinandersetzungsklage 13 M 224, 19 5 ff., 8 f., 16 ff., 21 ff., 29 ff., 39 ff., 81, 177, M 223, 224
- Auseinandersetzungsklageerwiderung 19 M 236
- Auseinandersetzungsplan 13 209 ff., 218 ff., M 220, 19 5 ff., 8, 17, 20, 26, 39, 42, 177
- Auseinandersetzungsvereinbarung 13 209, 213 ff., M 222
- Ausgleichung von Vorempfängen 1 114 ff., 117 ff., 12 48, 17 29, 19 73, 86 f., 115 ff., 119 ff., 124 ff.
- Ausgleichungspflicht 15 275 f., 19 135
- Ausgleichungspflicht bei besonderen Leistungen 19 164 ff.
- Ausgleichungspflicht bei Mehrempfang 19 141
- Ausgleichungspflicht bei Vorempfang 19 137 ff., 142 ff.
- Ausgleichungspflicht von Vorempfängen 19 196
- Ausgleichungspflicht-Verjährung 19 171
- Auskunftsanspruch 19 152 ff.
- Ausschluss 12 48, 20 2, 4 f., 33, 65 ff., 68 ff.
- Begriff 19 36
- Berechnung 19 137 ff., 142 ff.
- Beschränkung 20 38
- Beweislast für Ausgleichungspflicht 19 160
- dingliche Surrogation 19 90
- dingliche Übertragung 19 39 ff., 227 ff., M 231, 232 ff., M 233
- Ehegattenzustimmung zum Aufteilungsvertrag 19 208 ff.
- Einrede der nichterteilten Auskunft über Vorempfänge 19 163, 235
- Erbengemeinschaft 13 208 ff., 19 282
- Erbenhaftung 18 191
- Erbteilspfändung 19 23, 43
- Erbteilsübertragung auf Miterben 18 188
- Erbteilsveräußerung 18 6, 19 43
- Erbteilsveräußerung an einen Erben 19 8, 198, 211 f.
- Erbteilsverpfändung 18 62 f.
- Erbteilungsklage 19 M 223, 224
- Erlösverteilung 19 16, 90
- Feststellungsklage zur Vorbereitung 19 18, M 225, 226
- Früchteverteilung 12 48

- Gebäude **19** 83, 89 f.
- gerichtliche Auseinandersetzungsvermittlung **19** 8, 177
- gerichtliche Vermittlung **18** 63
- Höferecht **3** 18, **19** 259 ff.
- Hofteilung **19** 280
- Hofzuweisung **19** 265 ff.
- Klage gegen Auseinandersetzungsplan **13** M 223
- Kosten **19** 33 ff., 75, 80
- Kosten bei Aufteilungsvertrag **18** 193
- Landgut **3** 18, **19** 246 ff.
- Minderjährige **19** 63 f.
- Mitteilungspflicht des Notars an das Finanzamt **18** 192
- Mitwirkungsanspruch **19** 42
- Mitwirkungsklage **13** M 225
- Nachlassspaltung **19** 175
- Nachlassverbindlichkeiten **19** 12 ff., 47
- Nießbrauch **3** 270, **12** 69, **15** 187, **18** 79, **19** 23, 43, 127 ff.
- Pflichtteilsanspruch **17** 209 ff.
- Realteilung *siehe Nachlassauseinandersetzung, Teilung in Natur*
- Rückabwicklung **19** 189, 192, 197, 244
- Rückstellungen für Nachlassverbindlichkeiten **19** 12, 38, 48, 176
- Stiftung **16** 186
- Streitwert **19** 33
- Teilauseinandersetzung **1** M 351, 366, **18** 87, 170, **19** 9, 172 ff., 176, 213 ff.
- Teilerbschein **7** 248
- Teilnachlasspflegschaft **7** 248
- Teilung in Natur **19** 15, 52, 71 ff.
- Teilungsanordnung **3** 143 ff., M 307, M 315, **15** 120, 274 ff., **16** 186, **19** 20, 26, 95 ff., 173, 195
- Teilungsquote **19** 86 ff., 116, 164, 196, 234
- Teilungsregeln **19** 14 ff., 52, 70 ff.
- Teilungsreife **19** 10 ff., 16, 28, 89
- Teilungsversteigerung **19** 16, 32, 89 f., 92 f., 270 *siehe auch dort*
- Testamentsvollstreckung **13** 5 ff., 208 ff., **19** 8, 23, 177, **20** 3
- Übernahmerecht **3** 143, 147 *siehe auch dort*
- überquotale Teilungsanordnung **3** M 308, **19** 98 ff., 102
- unteilbare Gegenstände **19** 83 ff.
- Veräußerungsverbot **19** 91
- Vereinbarung **20** 2, 4 f.
- Vergleich **20** 99
- Vermächtnis **15** 6
- Versteigerung unter Miterben **19** 91 ff.
- Vor-/Nacherbfolge **14** 69, 242, **19** 282
- Vorausvermächtnis **3** 143 ff.
- Vorerbengemeinschaft **19** 282
- vorläufiger Rechtsschutz **19** 240
- Vormerkung **19** 232 ff., M 233
- vorweggenommene Erbfolge **19** 135
- Wertermittlung **19** 137 ff., 144 ff.
- Widerklage auf Auskunft **19** M 237
- Widerspruchsklage **19** 93
- Zugewinnausgleich **19** 238
- Zurückbehaltungsrecht **12** 81, **19** 234, 238
- Zwangsverkauf **19** 16, 52, 71, 82, 89 ff.
- Zwangsvollstreckung **19** 81, 227 ff.

**Nachlassbesitz 13** 81 ff.

**Nachlasserbenschulden 11** 120 ff.
- Prozesskosten **11** 125

**Nachlassforderung**
- Aufrechnung **11** 202 f.
- Auseinandersetzungsguthaben der Ehegatteninnengesellschaft **11** 81
- Erbengemeinschaft **13** 260, **18** 170
- Steuererstattungsanspruch **13** 194
- Testamentsvollstreckung **13** 260

**Nachlassgefährdung**
- Vor-/Nacherbfolge **9** 334, **14** 187 ff., 202 ff.

**Nachlassgericht**
- Befugnisse bei Testamentsvollstreckung **13** 22
- Gleichlauftheorie **10** 16
- internationale Zuständigkeit **10** 15 f.
- Zuständigkeit **6** 14

**Nachlassgerichtsanfrage 9** 6

**Nachlassinsolvenz 11** 264, 473 ff., **12** 30
- Antragsberechtigung **11** 264, 307, 378, 478 ff.
- Antragsfrist **11** 309 f.
- Antragspflicht **11** 478, 480 ff.
- Aufgaben **11** 491
- Aufgebotsverfahren **11** 241
- Aufrechnung **11** 202
- Auseinandersetzung **11** 354, 359
- Auskunftsanspruch **9** 63, 70, 265
- Beschlagnahmewirkung **11** 483

- Einzelzwangsvollstreckung 11 264
- Erbengemeinschaft 11 351, 359, 476
- Erbengeschäftsführung 11 208 ff.
- Erbenhaftung 11 173, 178, 184, 199 f., 202, 351, 483, 498
- Erblasserprozess 11 409
- Eröffnungsantrag 11 M 484
- Forderungsanmeldung zur Tabelle 11 485 ff., M 488
- Forderungsrangfolge 11 166
- Gegenstand 11 476
- Gerichtsstand 11 475
- Gläubigerantrag 11 478 f.
- Grundbuchberichtigung 10 237, 11 483
- Haftung des Testamentsvollstreckers 13 85
- Haftungsbeschränkung 11 173, 178, 199, 213, 213
- Insolvenz des Erben 11 199 f.
- Insolvenzanfechtung 11 492
- Insolvenzgrund 11 477
- Insolvenzplan 11 474, 493
- Insolvenzverwalterbestellung 11 490
- Klage 11 485 f.
- Konfusion 11 204 ff.
- Masseansprüche 11 486
- Nachlassauseinandersetzung 19 37
- Nachlassüberschuldung 11 231
- Nachlassverwaltung 11 465
- Prozesskostenhilfe 11 482
- Restschuldbefreiung 11 474, 494 ff.
- Rückschlagsperre 11 483
- Schadenersatzpflicht bei verspätetem Antrag 11 212
- Teilhaftung 11 362
- Testamentsvollstreckung 11 267, 13 8, 85, 110, 309
- Überschuldung 11 477, 480 f.
- Überschwerungseinrede *siehe Erbenhaftung, Überschwerungseinrede*
- Verfügungsbefugnis 11 483
- Verwaltungsbefugnis 11 483
- Verwaltungsvergütung 11 463
- Vormerkung 11 483
- Zwangsvollstreckung 11 483, 485

**Nachlassinsolvenzverfahren 6 58, 146**
- Abgrenzung Nachlasspflegschaft 6 21
- Antrag 6 M 59
- Dürftigkeitseinrede 11 214 f.
- Gütersonderung 6 21
- Insolvenzgründe 6 22
- Nachlassüberschuldung 11 157
- Vermögensübersicht 6 60 f., M 61

**Nachlassinventar 11 499 ff.**
- amtliche Aufnahme 11 504 ff., M 509
- Einsichtsrecht 9 51
- Erbenhaftung 11 175
- Form 11 501 ff.
- Gläubigerantrag 11 499, 502, M 503
- Haftungsbeschränkung 11 175, 511 ff.
- Inventarfrist 11 514
- Inventaruntreue 11 511 f.
- Inventarversäumung 11 511, 513
- Kosten 11 508
- Nachlassverzeichnis 13 95
- Testamentsvollstreckung 13 79, 95, M 104
- Wertermittlungsanspruch 13 95, M 104
- Wirkung 11 510

**Nachlassspaltung 24 108 ff.**

**Nachlasspflegschaft 6 1, 12 ff., 31 ff., 10 235, 11 400**
- Abgrenzung Abwesenheitspflegschaft 6 19
- Abgrenzung Leibesfruchtpflegschaft 6 17
- Abgrenzung Nacherbenpflegschaft 6 20
- Abgrenzung Nachlassinsolvenzverfahren 6 21
- Abgrenzung Nachlasssicherung 6 2, 11
- Abgrenzung Testamentsvollstreckung 6 18
- Akteneinsicht 9 15
- Anschreiben an Banken 6 M 49
- Antragsberechtigung 11 18, 400
- Anweisung des Pflegers 6 131 f., M 132
- Aufgaben des Pflegers 6 16, 31
- Aufgebotsverfahren 11 238
- Auskunftsanspruch 9 68 f., 73 f.
- Auslagenersatz 6 87 ff., M 88, M 95
- Bestellungsbeschluss 11 142
- Betreuungsverfahren 6 85
- Dauer 6 129
- Dreimonatseinrede 11 142 ff.
- Erbenermittlung *siehe dort*
- Erbenhaftung 11 141
- Erinnerung gegen Anordnung 6 M 130

- Geschäftsführerbestellung 6 124 f., M 125
- Gläubigerantrag 6 121, M 123, 11 18, 181
- Herausnahme bei Vermögenshinterlegung 6 85, 86
- Jahresbericht 6 83 f., M 84
- Klage-/Prozesspflegschaft 6 10, M 123, 126 f., M 127, 141 ff., M 143
- Klagepflegschaft 11 18
- Kontenermittlung 6 51 f., M 52
- Kontrolle des Pflegers 6 128 ff.
- Kosten 11 114
- Nachlassinsolvenzverfahren 6 58 f., M 59
- Nachlassverwaltung 11 439, 446 ff. *siehe auch dort*
- Personenstandsurkundenerteilung 9 15, 11 28
- Pflichtteilsansprüche 6 141 ff.
- Rechnungslegungsaufforderung 6 M 56
- Schulden 6 98 ff., 121 ff., M 123
- Schuldenanfrage 6 M 100
- Stellung des Nachlasspflegers 6 81, 87
- Steuern 6 31, M 101, 101 ff., M 104
- Stiftung 16 172
- Teilnachlasspflegschaft 7 248
- Testamentsvollstreckung 13 72, 227
- Titelumschreibung 6 46 f., M 47
- Übergabequittung 6 M 97
- Vergütung 6 87 ff., M 88, M 94
- Vergütungseinwendungen 6 M 133, M 135, M 137, M 139
- Vermächtnis 15 242 f.
- Vollmachtswiderruf 6 M 54
- Vollstreckungsvertreter 11 437
- Vollstreckungsvertreterantrag 11 M 438

**Nachlassplanung 3** 1 ff.
- Steuerstatus 3 23 ff.
- Vermögensverzeichnis 3 14 ff.

**Nachlasssachen** *siehe Nachlassverfahren*

**Nachlasssicherung 6** 1 ff.
- Abgrenzung Nachlasspflegschaft 6 2, 11
- amtliche Inverwahrnahme 6 5, M 26
- Geschäftsführerbestellung 6 124 f., M 125
- Hauswächterbestellung 6 8

- Klage-/Prozesspflegschaft 6 10, M 123, 126 f., M 127
- Kontensperrung 6 6, 27 f., M 28
- Nachlassverzeichnis 6 2, 7, 33 ff., M 34, M 43
- Räumungsverkaufsanordnung 6 9
- Sicherungsmittel 6 3 ff., 29
- Siegelung 6 3, 24 f., M 25

**Nachlassspaltung 3** 17 f., **4** 85 ff., 99, **19** 175, **24** 67 ff.
- Erbverzicht 5 44
- Frankreich 10 261, 24 66, 68, 148 f.
- gegenständlich beschränkter Erbschein 24 139 ff., M 145, M 149
- gemischter Erbschein 24 147 ff.
- Grundsatz der Nachlasseinheit 24 67
- Höferecht 3 18, 121, 4 88
- innerdeutsche Nachlassspaltung bei DDR-Nachlass 7 162
- Personengesellschaftsrecht 4 89
- Pflichtteilsrecht 24 109
- Rechtsfolgen 4 90
- Rechtswahl 24 76 f.
- Rückverweisung 24 66
- Rumänien 24 66, 69
- Russland 24 64
- Südafrika 24 66
- Teilrechtswahl 24 77
- Türkei 24 63

**Nachlassüberschuldung**
- Anfechtung der Erbschaftsannahme 7 178, 8 259 ff., 263 ff., 11 156 ff.
- Dürftigkeitseinrede *siehe Erbenhaftung, Dürftigkeitseinrede*
- Nachlassinsolvenz 11 231
- Nachlassinsolvenzverfahren 11 157
- Überschwerungseinrede *siehe Erbenhaftung, Überschwerungseinrede*
- „Widerspruch" gegen Anfechtung der Erbschaftsannahme 7 M 175

**Nachlassverbindlichkeiten 11** 8 ff., 13, 17 132 ff.
- Abgrenzung Erbeneigenschulden 11 122 ff.
- Abschichtung 18 90
- Aufgebotseinrede 11 146 ff., M 153
- Aufgebotsverfahren 11 349, 19 12, 49 ff., 69
- Auflage 11 231
- Aufrechnung 11 202 f.

- Auseinandersetzung **11** 356 ff.
- Auseinandersetzungsguthaben der Ehegatteninnengesellschaft **11** 81
- Auskunftsanspruch **9** 312
- Auskunftspflicht **9** 268 ff.
- Beerdigungskosten **6** 184 f., **13** 97, **17** 138
- Dreimonatseinrede **11** 142 ff., M 145
- Ehegatteninnengesellschaft **11** 74 ff.
- Erbengemeinschaft **11** 312 ff., 356 ff.
- Erbenhaftung **11** 129 ff., 312 ff.
- „Erbensucher"-Vergütung **11** 93
- Erbfallschulden **17** 138 ff.
- Erblasserschulden **17** 133 ff.
- Erbschaftsteuer **11** 128, **18** 80
- Erbschaftsveräußerung **11** 133 ff.
- Erbscheinskosten **11** 101
- Fälligkeit **11** 348
- Gesamtschuldnerausgleich **11** 368 ff.
- Grabpflege **11** 116
- Grabpflegekosten **6** 185
- Haftung **18** 79
- Haftungsbeschränkung **11** 135 ff.
- Haftungsmasse **11** 202
- Herausgabeanspruch **11** 85
- Hofzuweisung **19** 277
- Klagepflegschaft **11** 400
- Konfusion **11** 381
- Kosten des Nachlassverzeichnisses **9** 331
- Nachlasspflegschaft **11** 181
- Nachlassverwaltung **11** 276, **19** 37, 47
- Nachlassverwaltungskosten **11** 445
- Nachlassverzeichnis **9** 325, **13** 91
- Nießbrauch **18** 79
- Pflichtteil **11** 361
- Pflichtteilsanspruch **19** 12
- Pflichtteilsergänzungsanspruch **17** 217 ff.
- privates Aufgebot **11** 350
- Prozesskosten **11** 89 ff.
- Rangfolge **11** 166, **15** 84, 145
- Rückstellungen **19** 12, 38, 48, 176
- Schenkungsrückforderung **11** 102 ff.
- Sozialhilferegress **17** 136
- Steuerschulden **13** 194 ff., **17** 134 ff.
- Testamentsvollstreckung **11** 165, **13** 8, 79 f., 96 ff., 113 ff., 210, 297, **17** 139
- Überschuldung **11** 156 ff.
- Unterhaltsansprüche **17** 137
- Unterhaltsforderungen **5** 25
- Vermächtnis **11** 230 ff., 361, **15** 6, 126, 141, **19** 12
- vertraglicher Haftungsausschluss **11** 134
- Verzug **11** 141
- Vorausvermächtnis **15** 120
- Wertermittlungskosten **17** 138, 250
- Wohngeldschulden **11** 82
- Zugewinnausgleich **11** 71 ff., **17** 138, **19** 47

**Nachlassverfahren**
- Akteneinsicht *siehe Nachlassakten*
- Amtsermittlungsgrundsatz **7** 59 ff., 341
- Antrag auf mündliche Verhandlung **7** M 70
- Augenscheinsbeweis **7** 82
- ausländische Entscheidungen/Urkunden **24** 153 ff.
- Befangenheit **7** 25 ff.
- Befangenheitsantrag **7** M 29, M 30, M 32
- Beschwer **7** 323 ff., M 326, 327 ff.
- Beschwerde **7** 3 ff., 6, 46, M 48, 52, 61, M 63, 91 f., M 92, 146 f., M 147, 148 f., M 149, M 228, M 229, 259 f., M 260, 295 ff., M 297, 298 ff., M 299, 307 ff., M 313, 314 ff., M 318, 319 ff., M 330, 335 ff., M 336, M 339
- Beschwerdeerwiderung **7** M 342
- Beschwerderücknahme **7** 334
- Beteiligtenvernehmung **7** 85 f.
- Beteiligtenvernehmungsantrag **7** M 86
- Beweisaufnahme **7** 64 ff., 71 ff.
- Beweislast **7** 88 f.
- Beweismittel **7** 78 ff.
- Beweiswürdigung **7** 87
- Einantwortungsurkunde **24** 154
- Entscheidungsform **7** 98 ff.
- Erbscheinsverfahren *siehe dort*
- Erinnerung **7** 91, 300 ff.
- Freibeweis **7** 65
- Freiwillige Gerichtsbarkeit *siehe dort*
- Gleichlaufgrundsatz **7** 158, **24** 122 ff.
- Gleichlaufprinzip **13** 43
- internationale Zuständigkeit **7** 158, **24** 122 ff., 131 ff.
- Kosten **7** 102 ff.
- Kosten bei Rechtsmittelrücknahme **7** 334

- Kostenvorschussbeschwerde 7 M 92
- Kostenvorschusspflicht 7 90 ff.
- Nachlassgericht 7 3 ff.
- rechtliches Gehör 7 41 ff.
- Rechtsbeschwerde 7 8, 10, 62, M 304, M 306, 343 ff., M 346
- Rechtsmittel 7 3 ff., 46, M 48, 52, 61 ff., M 63, 91 f., M 92, 102, 146 ff., M 147, M 149, M 228, M 229, 259 f., M 260, 295 ff., M 297, 298 ff., M 299, 300 ff., 303 ff., M 304, M 305, M 306, 307 ff., M 313, 315 ff., M 318, 319 ff., M 330, 334 ff., M 336, 337 ff., M 339, 343 ff., M 346
- Rechtsmitteladressat 7 315 f.
- Rechtsmittelausschluss 7 314
- Rechtsmittelerwiderung 7 M 342
- Rechtsmittelform 7 317
- Rechtsmittelfrist 7 319 f.
- Rechtsmittelrücknahme 7 334
- Rechtsmittelstatthaftigkeit 7 309 ff., 344 ff.
- Rechtsmittelzuständigkeit 7 307 f.
- Ruhen des Verfahrens 7 95
- Sachverständigenbeweis 7 80 f.
- Sachverständigenbeweisantrag 7 M 81
- Säumnis 7 93
- selbstständiges Beweisverfahren 7 94
- Strengbeweis 7 66
- Urkundenbeweis 7 83
- Verfahrensvergleich 7 96 f.
- Verweisung bei Unzuständigkeit 7 19 ff.
- Verweisungsantrag bei Unzuständigkeit 7 M 23
- weitere Beschwerde 7 5 ff., 9, 52, 303 ff.
- Zeugenbeweis 7 78 f.
- Zeugenbeweisantrag 7 M 79
- Zuständigkeit 7 13 ff.
- Zuständigkeitsbestimmungsantrag 7 M 18

**Nachlassverwaltung 6** 1, 146 ff., **11** 261 ff., 439 ff.
- Abschlussbericht 6 M 112
- Anordnungsantrag 6 M 148, 148 f., M 157
- Antrag 11 M 444
- Antrag auf Aufhebung 6 152 ff., M 153
- Antrag auf Verwalterentlassung 6 M 154, M 158
- Antragsberechtigung 11 261 ff., 306, 378, 442
- Antragsfrist 11 309 f., 379
- Aufgaben 6 106, 113, 116, 11 447
- Aufgaben des Verwalters 6 16
- Aufgebotsverfahren siehe dort
- Aufhebung 11 465
- Aufrechnung 11 202, 263
- Aufwendungsersatz 6 146, 147, 11 458
- Auseinandersetzung 11 447
- Auskunftsanspruch 9 63, 67, 70, 74, 265
- Auslagenersatzanspruch 10 58 f.
- außerordentliche 11 274
- Begriff 6 16
- Berichtspflicht 6 110 ff.
- Beschwerde gegen Aufhebung 6 M 161
- Erbengemeinschaft 11 271 ff., 357 ff., 19 7
- Erbengeschäftsführung 11 208 ff.
- Erbenhaftung 11 173, 178, 184, 199, 202, 226, 383 ff., 471
- Erblasserprozess 11 409
- Erbteilpfändung 11 288
- Geldanlage 14 177 ff., M 185
- Geldanlageklage 14 183, M 186
- gerichtliche Entziehung 14 224, 236 f.
- Grundbuchberichtigung 10 58 f., 236, 11 451, 454 ff., M 456
- Grundbucheintrag 6 107 f., M 108
- Gütersonderung 6 16, 146, 11 439
- Haftungsbeschränkung 6 146, 11 173, 178, 199, 213, 443, 19 12, 37, 47
- Herausgabeanspruch 6 113 ff., M 114, M 115
- höchstpersönliche Rechte 11 451
- Insolvenz des Erben 11 199 f.
- Inventaruntreue 6 146
- Jahresbericht 6 M 111
- Konfusion 11 204 ff.
- Kosten 6 159, 10 58 f., 11 114, 445 ff., 457 ff., 14 230
- Kostenvereinbarung 6 M 150, M 160
- Mitteilungspflicht 11 472
- Mitwirkungsanspruch 19 13
- Nachlassforderungen 13 110
- nachlassgerichtliche Genehmigung 11 450

- Nachlassinsolvenz **11** 463, 465
- Nachlassverbindlichkeiten **19** 37
- Nachlassverbindlichkeitenerfüllung **11** 276
- Nachlassverzeichnis **6** 113 ff., M 114, M 115
- Notgeschäftsführung **11** 275
- ordnungsmäßige **19** 13
- Ordnungsmäßigkeit **13** 106 ff.
- Personengesellschaft **11** 452
- Rechtsmittel **11** 466 ff.
- Schadenersatz **11** 263
- Schadenersatzansprüche **11** 386 f.
- Schulden **6** 106, 147, 155
- Schuldenanfrage **6** M 109
- sofortige Beschwerde gegen Anordnung **6** M 151
- Sondervermögen **11** 452
- Stellung des Verwalters **6** 110, 113
- Steuern **6** 146
- Testamentsvollstreckung **13** 4, 8, 10, 85, 105 ff.
- Vergütung **6** 117 ff., **14** 230
- Vergütungsfestsetzungsantrag **6** M 118, **11** M 464
- Vergütungsfestsetzungsverfahren **11** 457, 459 ff.
- Verwalterhaftung **11** 470
- Verwalterstellung **11** 446, 449
- Verwaltervergütung **11** 457 ff.
- Verwaltungsgegenstand **11** 451
- Vollstreckungsgegenklage **11** 262, M 289
- vor Erbschaftsannahme **11** 384
- Vor-/Nacherbfolge **9** 334, **14** 47, 64 ff., 71 ff., 76, 80, 82 ff., 154 ff., 224 ff., 281 ff.
- vorläufiger Zwangsverwaltungsantrag **14** M 237
- Zuständigkeit **11** 440 ff.
- Zwangsverwaltung **14** 224 ff.
- Zwangsverwaltungsantrag **14** M 232, M 233
- Zwangsverwaltungsaufhebung **14** M 235

**Nachlassverzeichnis 3** 26 ff., **6** 2, 7, 31, 33 ff., M 34, M 43, 106, 113 ff., **9** 312 ff., **11** 447, **13** 86 ff., **17** M 140
- Aktualisierung/Ergänzung **9** 328
- amtliche Aufnahme **9** 326
- amtliches **13** 89
- Anspruch des Pflichtteilsberechtigten **17** 231 ff., 242
- Auskunftsklage **17** 268
- Beweiswert **9** 328
- Bilanz **9** 325
- eidesstattliche Versicherung **9** 329, **13** 94, **14** 141
- Ergänzung **14** 139
- Erstellungsanspruch **13** 87 ff.
- Form **9** 326, **13** 89
- Inhalt **13** 90 ff.
- Klage **14** 141 f., 144
- Kosten **9** 331, **13** 93 f., **14** 143
- Nachlassinsolvenzverfahren **6** 60 f., M 61
- Nachlassinventar **13** 95
- Nachlass-Surrogate **9** 325
- Nachlassverbindlichkeiten **9** 325, **13** 91, 96, **14** 138
- notarielles **9** 314 ff.
- Schenkung **13** 91
- Surrogate **14** 138
- Testamentsvollstreckung **9** 325, **13** 79 f., M 103
- Vor-/Nacherbfolge **9** 325, 328, **14** 37, 132 ff., 139 ff., 144 ff., M 145, M 146, 266
- Wertangaben **14** 138
- Wertermittlungsanspruch **13** 90 f.
- Zwangsvollstreckung **9** 330

**Nichtehelichenstatut**
- Erbstatut **24** 117

**Niederlande**
- Rechtswahl **24** 79
- Rückverweisung **24** 79

**Niederstwertprinzip 17** 187 ff.

**Nießbrauch 1** 208 f., **10** 3, 61
- Abgrenzung zum Wohnungsrecht **1** 243
- Auskunftsanspruch **9** 64, 127
- Ausübungsüberlassung **1** 209
- Bruchteilsnießbrauch **1** 209, **15** 185
- Bruttonießbrauch **1** 209
- dingliche Surrogation **20** 39
- Einkommensteuer **1** 218
- Einräumung **3** M 174, **15** M 179, 180, 186 ff., M 191, 192 ff., 195
- Einräumungsklage **15** 183 f., M 184, 188, 193 f., M 194

- Erbengemeinschaft **3** 270
- Erbschaftsteuer **18** 80
- Erbteil **12** 64 ff., M 70, **15** 185 ff., M 191, **18** 9, M 69, 77
- Erlöschen **15** 185
- Form **10** 195
- Form der Bestellung **18** 78
- Formen **15** 185
- gemeinschaftliches Testament **3** 270, 289
- gerichtlicher Vergleich **15** 189 f.
- Gesamtberechtigte **1** 210
- Gesellschaftsanteile **15** 195 f.
- Grundbuchberichtigung **3** 173 ff., **12** 66 ff., **15** 177 ff., M 181, M 182, 186 ff., 196, **18** 79
- Grundbuchberichtigungsantrag **10** M 64
- Haftung **18** 79
- Herausgabeklage **15** 183 f., M 184
- juristische Person **15** 185
- KG **22** 48
- Lastentragung **3** 176, 270
- mehrere Berechtigte **1** 210, **15** 185
- Minderjährige **15** 186
- Nachlass **18** 77
- Nachlassauseinandersetzung **3** 270, **18** 79
- Nutzungen **1** 209
- Pfändung **1** 211
- Quotennießbrauch **1** 209, **15** 177, 185
- Rechte des Bestellers **18** 79
- Rechte des Nießbrauchers **18** 79
- Schenkung **19** 127 ff., **21** 21 ff., 29
- Schenkungssteuer **1** 219
- Teilungsversteigerung **20** 111
- Übertragbarkeit **1** 209, **15** 185
- Vermächtnis **3** 171 ff., **12** 64 ff., **15** 9, 177 ff.
- Vermächtniskürzung **15** 197
- Vorbehaltsnießbrauch **1** 209
- vorläufiger Rechtsschutz **15** 198
- Vormerkung **15** 198
- Wertermittlung **15** 133, 180, 192, **19** 127 ff., **21** 21 ff.
- Wohnungseigentum **1** 212
- Zug-um-Zug-Einräumung **15** 197
- Zuwendungsnießbrauch **1** 209
- Zwangsversteigerung **1** 209, 211

**Notarielle Schweigepflicht 8** 153 ff.
- Schweigepflichtentbindung **8** 153 ff.
- Schweigepflichtentbindungsantrag **8** M 157, M 158

**Notarielle Verwahrung**
- Erbvertrag **7** 125 ff.
- Erbvertragsrücknahme **7** 125 ff., 129 ff.
- Erbvertragsverzeichnis **7** 132 f., M 133
- Kosten bei Erbvertragsrücknahme **7** 134
- Rücknahmevermerk **7** M 131
- Rücknahmevermerk im Erbvertragsverzeichnis **7** 132 f., M 133
- Widerrufsfiktion bei Rücknahme **7** 129 ff.

**Notarielles Testament 8** 73 ff.
- ausländischer Erblasser **8** 85
- Behinderte **8** 106 ff.
- Belehrungspflicht des Notars **8** 247
- Beurkundungsunwirksamkeit **8** 74
- Beweiskraft im Prozess **8** 122
- Blinde **8** 120
- Dolmetscher **8** 92 f.
- Errichtungsform **8** 82
- Form **8** 73 ff.
- Formnichtigkeit **8** 74
- gemeinschaftliches Testament **8** 82
- mehrfach Behinderte **8** 106 ff., 118 ff.
- Minderjährige **8** 89
- Niederschriftsgenehmigung **8** 86, 100 f.
- Notarsausschließung **8** 74 ff.
- Richtigkeitsbeweis **8** 82
- Rücknahme aus amtlicher Verwahrung **3** 92, **8** 59, 165, 170
- Taube **8** 120 f.
- Teilunwirksamkeit **8** 77
- Testier-/Geschäftsfähigkeitsfeststellung **8** 83 f., 149
- Verständigungsperson **8** 120 f.
- Vorbefassung des Notars **8** 77 ff.
- Widerruf **3** 92, **8** 59
- Zeugenzuziehung **8** 85

**OHG**
- Erbengemeinschaft **12** 115 ff.
- Erlöschen **22** 40 ff.
- Gesellschafterwechsel **12** 115 ff., **22** 35 ff., M 36
- Handelsregisterberichtigung **22** 33 ff., M 34, M 36

- Liquidation **22** 40
- Nachfolgeklausel **12** 115 ff., **22** 35
- Sondererbfolge **12** 115 ff., **22** 35 ff.
- Umwandlung aus Einzelkaufmann **12** 93 ff.
- Umwandlung in KG **22** 37 f., M 38
- Vererblichkeit des Gesellschaftsanteils **3** 21

**Österreich**
- Abhandlungsverfahren **10** 294
- Ehegüterrechtsstatut **24** 80
- Eigentumsarten **10** 278
- Einantwortung **10** 276, 282, 287 ff., 290 ff., 294, **24** 142
- Einantwortungsurkunde **24** 154
- Erbengemeinschaft **10** 292
- Erbrecht **10** 283 ff.
- Erbrechtsnachweis **10** 294
- erbschaftlicher Immobilienerwerb **10** 280 ff.
- Erbschaftsanfall **10** 287 ff.
- Erbschaftsantretung **10** 287 ff., 290 f.
- Erbschaftserwerb **10** 287 ff.
- Erbschein **24** 142
- Erbserklärung **10** 290 f., 294, **24** 142
- Erbstatut **10** 283 ff., 288
- Fremdrechtserbschein **10** 285, **24** 144 f.
- Grundbuch **10** 272 ff.
- Grundbuchberichtigung **10** 280
- Grundbucheinsicht **10** 275
- Grundbucheintragswirkung **10** 276
- Grundbuchverfahren **10** 277
- Nachlass **10** 288
- Nachlassspaltung **10** 288
- Noterben **10** 293
- Pflichtteilsrecht **10** 293
- Rechtsquellen **10** 271
- Rechtswahl **24** 80
- Stiftung **16** 144
- Universalsukzession **10** 286
- Verlassenschaft **10** 288 f.
- Verlassenschaftsabhandlung **24** 142
- Verlassenschaftskurator **10** 289
- Verlassenschaftsverfahren **10** 291
- Verwandtenerbrecht **10** 286
- Wohnungseigentum **10** 279

**Partnerschaftsgesellschaft 22** 49
- Erbengemeinschaft **12** 124
- Gesellschafterwechsel **22** 49

**Patientenverfügung 2** 166 ff., M 193, M 194
- Aufbewahrung **2** 175 f., 214 ff.
- Auslegung **2** 179 f.
- Betreuungsverfügung **2** M 193, M 194, 195
- Beweislast **2** 184
- Bindungswirkung **2** 177 ff., 186 ff.
- Form **2** 174
- gerichtliche Genehmigung von Maßnahmen **2** 181 f.
- Inhalt **2** 169 ff., 185 ff.
- Notarkosten **2** 201
- Register **2** 214 ff.
- Sterbehilfe **2** 170 ff., 188 ff.
- Voraussetzung **2** 173
- Vorsorgevollmacht **2** 195
- Widerruf **2** 183

**Personalgesellschaft**
- Gesellschafterwechsel **22** 3
- Handelsregisterberichtigung **22** 3

**Personalstatut 24** 65
- Spanien **10** 341

**Personengesellschaft**
- Erbengemeinschaft **12** 114 ff.
- Nachfolgeklausel **3** 22
- Nachlassverwaltung **11** 452
- Nießbrauch an Gesellschaftsanteil **15** 195 f.
- Sondererbfolge **24** 116

**Personenstandsbuch**
- Akteneinsicht **9** 14 ff.
- Einsichtsrecht **11** 27 f.
- Richtigkeitsvermutung **11** 27
- Urkundenerteilung **9** 15 f., M 17, **11** 28 f., M 29

**Pflegeleistungen**
- Einkommensteuerpflicht bzgl. Vergütung **19** 170

**Pflegeverpflichtung 4** 9, M 12
**Pflichtteil 6** 141 ff.
- Anspruchsentstehung **23** 16, 18
- Aufgebotsverfahren **11** 252
- Auskunftsanspruch **11** 69
- außerordentlicher siehe *Pflichtteilsergänzungsanspruch*
- Beerdigungskosten **11** 119
- Beratungsschreiben für Erben **17** M 2
- Berechtigter **6** 159
- Erbenhaftung **11** 112

- Erbfallschuld 11 112
- Erbvertrag 21 63 ff., 83
- fiktiver 11 63
- großer 17 69
- Gütergemeinschaft 11 66
- kleiner 17 68 f.
- Konfusion 11 207
- Nachlasspflegschaft 11 181
- Nachlassverbindlichkeiten 11 361
- Pfändung 11 516 ff.
- Pflichtteilsergänzungsanspruch 17 M 6
- Schenkung 9 153, 11 63 ff., 21 38, 63 ff.
- Schiedsverfahren 23 9 ff.
- unbenannte Zuwendung 11 63 ff.
- Wertermittlung 19 140
- Zugewinnausgleich 11 71 ff.
- Zwangsvollstreckung 11 518

**Pflichtteilsanspruch** 3 52 ff., 57 ff., 17 107 ff.
- Anerkenntnis 9 183 f.
- Anrechnung von Lebensversicherungsleistungen 17 M 7 ff., 25 71 ff.
- Anrechnung von Schenkungen 17 M 5, 25 71 ff.
- Anrechnung von Vorempfängen 17 107
- Auflage 17 128
- Ausgleichung von Vorempfängen 17 107
- Ausgleichung von Zuwendungen 17 146 ff.
- Begriff 17 M 4
- Berechnung 17 M 4, 119 ff., 153 ff.
- Duldungstitel gegen den Testamentsvollstrecker 13 182
- Erbschaftsausschlagung 17 111 f.
- Erbverzicht 3 66, 17 54, 111
- Erlöschen 17 36 ff., 114
- gemeinschaftliches Testament 3 291
- Höhe 3 63 ff.
- Lebenspartner 17 124
- Leistungsverweigerungsrecht 17 215 ff.
- Nachabfindungsvergleich 25 M 76
- ordentlicher 17 M 4, 108 ff.
- Pfändung 17 97 ff., M 105, M 106
- Pflichtteilsergänzungsanspruch 3 53, 25 71 ff.
- Pflichtteilsklausel 3 M 315, M 316, M 317, M 318

- Pflichtteilsrestanspruch 17 141 ff., 144 ff.
- Schenkung 17 107
- Schenkungsanrechnung 5 74 f.
- Schiedsklausel 3 198
- Schuldner 17 203 ff., 209 ff., 214
- Stundung 17 290 ff.
- Stundungsantrag 17 M 293
- Testamentsvollstreckung 13 182
- Vergleich 17 295 ff., M 297
- Verjährung 17 M 8, 82 ff., 93
- Verjährungsverlängerungsvertrag 15 M 262
- Vermächtnis 3 156, 15 127 ff., 17 128
- Voraussetzungen 17 111 ff.
- Vorempfang 3 32 ff.
- Zinsanspruch 17 294 ff.
- Zugewinngemeinschaft 3 67
- Zusatzpflichtteil 17 141 ff., 144 ff.

**Pflichtteilsberechtigter** 3 55 ff., 59 ff., 5 14, 17 M 4, 109 ff., 115 ff., 118
- Anfechtung der letztwilligen Verfügung wegen Übergehung 7 193 f., M 194
- Anrechnung von Zuwendungen 1 121, 17 28, 107, 157 ff.
- Ausgleichungspflicht 1 120 f.
- Auskunftsanspruch 3 36 ff., 9 88 f., 13 167, 17 M 9, 229 ff., 238 ff., 242 ff., M 246, M 261
- Auskunftsklage 17 263, 267 ff., M 272, 273 ff.
- Enterbung 3 232
- Erbausschlagung 15 56 ff.
- Erbausschlagungsfrist 15 60
- Erbschaftsausschlagung 3 29, 58, 60 f., 69, 15 65, 67, 138, 17 55 ff., 62 ff., 67 ff.
- Erbschaftsausschlagungsfrist 7 163
- Erbverzicht 5 12, 24
- Nachlassverzeichnisanspruch 17 231 ff., 242
- Pflichtteilsbeschränkung 3 249, 17 50
- Pflichtteilsergänzungsanspruch 17 164 ff., 167 ff., 197 ff.
- Stiftung 16 13
- Stufenklage 17 274, M 276, M 278
- Testamentsanfechtung 8 181 ff.
- Testamentsanfechtung wegen Übergehung 7 193 f., M 194

- Testamentsvollstreckung 13 167
- Umgehung der Teilungsanordnung 19 61
- Vermächtnis 15 51 ff., 56 ff., 82, 134 ff., 149
- Vermächtnisanrechnung 15 78
- Vermächtnisausschlagung 17 65 f.
- Wahlrecht bei Vermächtnis 15 79
- Wertermittlung bzgl. Schenkung 17 M 256
- Wertermittlungsanspruch 9 317 ff., 17 231 ff., 247 ff.
- Wertermittlungsanspruchschreiben 17 M 253
- Zusatzpflichtteil 15 67, 78, 79, 138

**Pflichtteilsbeschränkung 3** 248 ff., **17** 50 ff., M 53
- Dauertestamentsvollstreckung 3 250, 17 51, M 53
- Form 3 255, 17 52
- Grund 3 248, 254, 17 50
- Pflichtteilsberechtigter 3 249, 17 50
- Testamentsvollstreckung 13 10
- Unwirksamkeit 3 258
- Vor-/Nacherbfolge 3 250 ff., 17 51, M 53
- Vor-/Nachvermächtnis 3 251 f.
- Wirkung 3 255 f., 17 52

**Pflichtteilsentziehung 3** 240 ff., **17** 42 ff., 46 ff., M 49
- Ehegatten 3 244, 17 44 f.
- Eltern 3 244
- Form 3 245
- Unterhaltspflichtverletzung 3 242, 17 43
- Unwirksamkeit 3 247, 17 42
- Verbrechen/schweres Vergehen 3 241, 17 43
- versuchte Tötung 3 240, 17 43
- vorsätzliche Straftat 3 243, 17 43
- Wechselbezüglichkeit 3 99, 274

**Pflichtteilsergänzung**
- Auskunftsanspruch 11 69
- Erbverzicht 5 12, 21 36
- fiktive 11 63
- Gütergemeinschaft 11 66
- Lebensversicherung 21 34
- Pfändung 11 516 ff.
- Schenkung 1 64, 11 63 ff., 21 83
- unbenannte Zuwendung 1 64, 11 63 ff.

**Pflichtteilsergänzungsanspruch 3** 53, **17** M 6, 107 f., 164 ff., **25** 71 ff.
- Berechnung 17 197 ff.
- Berechtigter 17 167 ff., 228
- Dürftigkeitseinrede 17 202
- Erbteilsanrechnung 17 200
- Frist 17 226
- Haftungsreihenfolge 17 217, 225 ff.
- Insolvenz des Erben 17 223
- Lebensversicherung 17 M 7
- Leistungsverweigerungsrecht 17 202, 215 ff.
- Nachlassüberschuldung 17 222
- Schuldner 17 217 ff., 220 ff., 225 ff.
- Untergang 17 228
- Unzulänglichkeitseinrede 17 284
- Verjährung 17 M 8, 82 ff., 93
- Wertermittlungsanspruchschreiben 17 M 256
- Zehnjahresfrist 17 190 ff.

**Pflichtteilsergänzungsklage 17** 284 ff.
- gegen Beschenkten 17 286 ff., M 287, M 288
- gegen Erben 17 284 f.
- Gerichtsstand 17 265
- Klageantrag 17 284 f., 286 f., M 287, M 288
- Prozesskostenhilfe 9 176
- Schenkung 17 286, M 287, M 288
- Stufenklage 9 177

**Pflichtteilsergänzungsverzicht 1** M 221, M 264, 291

**Pflichtteilsforderungsverzicht**
- Vertrag 5 78

**Pflichtteilsklage 17** 262 ff.
- Auskunftsklage 17 263, 267 ff., M 272
- Beweislast 17 289
- eidesstattliche Versicherung 17 264
- Erbengemeinschaft 17 M 278
- Erledigung 17 279 ff.
- Gerichtsstand 17 265 f.
- Kosten 17 281 ff.
- Prozesskostenhilfe 9 176
- selbstständiges Beweisverfahren 8 295
- Streitwert 17 283 ff.
- Stufenklage 9 177, 319 ff., 17 262 f., 273 ff., M 276, M 278, 24 M 113
- Teilklage 17 275
- Vorempfang 9 134
- Zahlungsklage 17 262, 273

**Pflichtteilslast** 15 65
**Pflichtteilsrecht**
– Erbstatut 24 106 ff., 109 ff., 114
– Geltendmachung 24 111, M 113
– Nachlassspaltung 24 109
– Rechtswahl 24 114
– Unwirksamer Ehevertrag 4 67 ff.
– Verjährung 24 111
– Verzicht 24 111
**Pflichtteilsverzicht** 5 14, 56, 81, M 86, 90, 125
– Abfindung 5 60
– Abkömmlinge des Verzichtenden 17 116
– Aufhebungsvertrag 5 61
– Ausgleichung 5 65
– Ausgleichung von Zuwendungen 17 149
– Ausgleichungspflicht 5 74 f.
– Auslegung 5 57
– Bedingung 5 8
– Berliner Testament 5 71
– Beschränkung 5 68 ff., 73 ff.
– Bruchteilsbeschränkung 5 69
– Checkliste 5 90
– Daragansche Freibetragsklausel 5 72
– entgeltlicher siehe *Erbverzicht*
– Erbvertrag 5 62
– gegenständliche Beschränkung 5 68
– gemeinschaftliches Testament 5 62
– gerichtliche Inhaltskontrolle 5 81
– Gestaltungsmöglichkeiten 5 67
– Güterrecht 5 79 ff.
– Pflichtteilsanspruch 5 58, 63 ff.
– Pflichtteilsforderungsverzicht 5 76 ff., M 78
– Pflichtteilsrecht 5 58
– relativer 5 71
– Schenkung 5 60, 74
– Steuer 5 72, 83
– stillschweigender 5 62
– Stundung 5 72
– Teilverzicht 5 58
– Umfang 5 66
– unentgeltlicher 5 60
– Unterhaltsforderungen 5 29
– Unternehmensnachfolge 5 63
– Vertrag 5 86
– Vorteile 5 63
– vorweggenommene Erbfolge 5 81

– Wirkung 5 57 ff., 125
– zeitliche Beschränkung 5 72
– Zugewinnausgleich 5 63, 79 ff.
– Zugewinngemeinschaft 5 79
– Zuwendung 5 74
– Zuwendungsverzicht 5 101
**Pflichtteilsverzichtsvertrag** 1 121, M 123, 152, M 159, 179, M 189, 215 f., 257, 291, M 296, M 316, 348, M 351, 5 86
– Form 1 179
**Pflichtteilsvorbehalt** 5 18
**Pflichttteilsergänzungsanspruch**
– Eigengeschenksanrechnung 17 201
**Postmortale Vollmacht** 1 M 296, 2 6, 49 ff., 62 ff., M 114, 3 208 siehe auch *Vorsorgevollmacht*
– Kontovollmacht 2 51 ff.
– Missbrauch 2 83
– Schenkung 2 62 ff.
– Testament 3 M 177, 184
– Übergabevertrag 1 310
– Vermächtnis 3 152, 175, 15 90, 96 ff.
– Widerruf 2 90 ff., 104
**Privatschriftliches Testament**
– amtliche Verwahrung 3 92, 8 59
– Beweislast 8 62 ff.
– Blinde 3 75, 8 49, 58, 98
– Eigenhändigkeit 3 74 ff., 8 48 ff., 62 f.
– Erbschaftsvergleich 8 68
– Erbstatut 8 56
– Form 3 74 ff., 8 48 ff.
– gemeinschaftliches Testament 3 90 f., 8 57
– nachträgliche Änderung 3 87, 8 54
– Nichtigkeit 3 74
– Rücknahme aus amtlicher Verwahrung 3 92
– Schriftsachverständigengutachten 8 67
– schuldrechtliche Anerkennung bei Formunwirksamkeit 8 68
– Testamentsniederschrift 3 74 ff., 8 48 ff.
– Testierwille 3 74, 82, 89, 8 64, 69
– Unleserlichkeit (teilweise) 8 60
– Unterschrift 3 81 ff., 8 51 ff.
– Verlust 8 160 ff.
– Vernichtung 8 65, 160 ff.
– Widerruf 3 92, 8 59
– Zeit-/Ortsangabe 3 88, 8 55 f., 66

**Prozessstandschaft**
- Erbengemeinschaft 10 139 ff.
- Grundbuchberichtigung 10 139 ff., M 141

**Prozessuale Urkundenvorlagepflicht** 9 64 ff., 133 ff., 161, 248, 19 158
- Arztunterlagen 9 134
- Bankunterlagen 9 134
- Ehevertrag 9 135
- Quittung 9 135
- Schuldschein 9 135
- Zuwendungsvertrag 9 135

**Ratschreiber** 10 6
**Rechnungslegung**
- eidesstattliche Versicherung 9 163 f.

**Rechnungslegungsanspruch** *siehe Auskunftsanspruch, Rechenschaftslegung, siehe Auskunftsanspruch, Rechnungslegung*

**Rechtshängigkeitsvermerk** 10 78 ff., 81 ff., 119 ff.
- Antrag 10 M 135, 136
- formale Eintragungsvoraussetzungen 10 120, 125
- Kosten 10 128
- Löschung 10 130
- Rechtscharakter 10 121
- Rechtshängigkeitsbestätigung 10 M 134
- Rechtsmittel 10 127
- Schadenersatzpflicht 10 131 f.
- Streitgegenstand 10 122 f.

**Rechtsschutzversicherung** 17 11 ff.
- Anschreiben 17 M 17

**Rechtswahl** 24 70 ff.
- Belehrungspflicht 24 73
- Ehegüterrechtsstatut 24 80
- Erbstatut 24 70 ff., M 72, 114
- Folgen 24 75 ff.
- Form 24 74
- Güterrechtsstatut 24 96 ff., M 97
- hinkendes Rechtsverhältnis 24 76
- Italien 24 79, 80
- konkludente 24 74
- Nachlassspaltung 24 76 f.
- Niederlande 24 79
- Österreich 24 80
- Pflichtteilsrecht 24 114
- Rumänien 24 79

- Sachnormverweisung 24 75
- Schweiz 10 313, 24 79
- Spanien 24 80
- Teilrechtswahl 24 77
- Testament 24 M 72
- Widerruf 24 78
- Zulässigkeit 24 71

**Rentenversicherung** 25 3
**Renvoi** 4 78, 86, 24 41 *siehe auch Rückverweisung*
**Risikolebensversicherung** 25 3
**Rücktrittsvorbehalt**
- Erbverzicht 5 7

**Rückverweisung**
- Erbschein 24 134 ff., M 136
- Internationales Privatrecht 24 41 ff., 66
- Kollisionsrecht 24 41 ff., 66
- teilweise 24 43

**Rückwirkung**
- Anwendung des ErbStG auf Altfälle 1 3

**Rumänien**
- Erbstatut 24 66, 69
- Nachlassspaltung 24 66, 69
- Rechtswahl 24 79

**Russland**
- deutsch-sowjetischer Konsularvertrag 24 64
- Erbstatut 24 64
- Nachlassspaltung 24 64

**Scheidungsvereinbarung** 4 M 59
**Schenkung** 1 M 159, M 189, 2 62
- Abfindungsvertrag 5 21 f.
- Abgrenzung zum Leibgedingvertrag 1 341
- Abgrenzung zur Ausstattung 1 115, 19 120 f., 123
- Anfechtung durch Nachlassgläubiger 21 91
- Anrechnung auf Pflichtteil 5 74 f.
- Anstandsschenkung 1 71 f., 17 M 6, 172 f.
- auf den Tod befristete 1 310
- Auflage 1 22 ff.
- Auflagenschenkung 1 101, 17 181 ff.
- Ausgleichung 3 32 ff., 19 18, 86 f., 21 38 f.
- Ausgleichungsausschluss 1 113, M 221, M 316, M 351

- Ausgleichungspflicht **1** 112 ff., 178, **17** M 6, 29, M 31, M 33, 107, 146 ff., 150 ff., **19** 115 ff., 119, 126 ff.
- Auskunftsanspruch **3** 36 ff., **9** 89, 98 ff., 153 ff., 242, 245, 302 ff., 306, 309, 311 f., 338, 344 ff., **11** 69, **14** 323 ff., M 335, **17** 229 ff., 239, 244 ff., **19** 152 ff.
- Auskunftsklage **14** M 336
- Ausstattung **1** 70, **21** 32
- beeinträchtigende **21** 37 ff., 110 ff., **25** 69
- Beeinträchtigungsabsicht **21** 45 ff.
- Begriff **1** 18 ff., **17** M 6, 170 ff., **19** 125, **21** 7 f.
- belohnende **1** 36, 95
- Beweislast **11** 84, **12** 9, **17** 289
- Beweissicherungsverfahren **21** 160
- Ehegattenzuwendung **21** 33
- Erbvertrag **1** 65, **21** 37 ff., 40 ff. *siehe auch dort*
- Erbverzicht **5** 21, **21** 31, 36
- Form **1** 21, 96 f.
- Gegenleistung **21** 10, 31, 36
- gemeinschaftliches Testament **21** 4, 40 ff.
- gemischte **1** 26 ff., **10** 224, 226 ff., **11** 14, **14** 292, **17** 174 ff., **19** 126 ff., **21** 8 ff., 30
- Grunderwerbsteuer **1** 86 f.
- Gütergemeinschaft **9** 302, **11** 66, **21** 121
- Haftung ggü. Nachlassgläubigern **21** 91
- Handschenkung **1** 96 f.
- Herausgabeanspruch des Schenkers **1** 23 f.
- Hofübergabe **21** 30
- Kettenschenkung **1** 187
- Lebensversicherung **25** 54 ff., 72 ff.
- Lebensversicherungsprämien **21** 34
- lebzeitiges Eigeninteresse **21** 48 ff., 164 ff.
- Leibgedingsvertrag **21** 30
- missbräuchliche **21** 47 ff., 51 ff.
- mittelbare Grundstücksschenkung **1** 95
- Nachlassverzeichnis **13** 91
- nachträgliche Umwandlung in entgeltliches Geschäft **1** 37
- Niederstwertprinzip **17** 187 ff.
- Nießbrauch **19** 127 ff., **21** 21 ff., 29
- Nießbrauchserlass **17** 189
- Pflichtteil **9** 153, **11** 63 ff., **21** 38, 63 ff.
- Pflichtteilsanrechnung **1** M 221, 256, **17** M 5, **25** 71 ff.
- Pflichtteilsanspruch **17** 107
- Pflichtteilsergänzung **1** 64, **11** 63 ff., **21** 83
- Pflichtteilsergänzungsanspruch **3** 53, **17** M 6, 107 f., 164 ff., 217 ff., 225 ff.
- Pflichtteilsergänzungsklage **17** 286, M 287, M 288
- Pflichtteilsverzicht **5** 60, 74
- remuneratorische **1** 36, 95
- Rückforderung **11** 102 ff., **21** 123 ff.
- Rückforderungsrecht **1** 105 ff.
- Schenkungssteuer **1** 82 ff.
- Schuldenerlass **17** 187
- Sozialhilferegress **1** 55 ff., 71
- Steuern **1** 73 ff., 187, 310
- subjektive Äquivalenz **1** 28, **17** 175
- Testamentsverwaltung **13** 108
- Testamentsvollstreckung **13** 203
- transmortale Vollmacht **2** 62 ff.
- Übergabevertrag **1** 17 ff., 38, 68 f.
- überlebensbedingte **1** 310
- unbenannte Zuwendung **1** 64, 180 ff., **9** 302, **17** 186, **21** 110 ff.
- Unentgeltlichkeit **1** 19, 30 ff., 35 ff., 95
- unter Auflage **21** 29 f.
- Vermächtnis **1** 65
- verschleierte **1** 20, **21** 28
- vertragliches Rückerwerbsrecht **1** 24
- vertragliches Rückforderungsrecht **1** 101 ff.
- vertragliches Rücktrittsrecht **1** 104
- Vor-/Nacherbfolge **14** 64, 66, 289, 322 ff.
- Vorsorgevollmacht **2** 62 ff.
- vorweggenommene Erbfolge **1** 95
- Weiterschenkungsklausel **1** 106
- Wertermittlung **17** 187 ff. *siehe auch dort*
- Wertermittlungsanspruch **9** 153 ff., **17** 254 ff.
- Wertermittlungsanspruch bei Erbvertrag **21** 83 ff.
- Wertermittlungsanspruchschreiben **17** M 256

- Widerruf **1** 27, 51, 64, 71
- Widerruf durch Erben **25** 57 ff., 61 ff., M 63
- Widerrufsvorbehalt **1** 105
- Wohnungsrecht **19** 129 ff., **21** 29
- Zehnjahresfrist **17** 190 ff.
- Zugewinnausgleich **21** 63 ff., 67 ff.
- Zweckschenkung **1** 34, 99, 101

**Schenkung von Todes wegen**
- Zuwendungsverbot **8** 249

**Schenkungsanfechtung**
- Vormerkung **11** 14

**Schenkungsrückforderung 23** 61

**Schenkungsteuer**
- Wertermittlung **21** 23

**Schiedsklausel 3** 194 ff.
- Form **3** 197
- gemeinschaftliches Testament **23** 39
- Pflichtteilsanspruch **3** 198
- Rechtsnatur **3** 195
- Schiedsrichter **3** 196

**Schiedsverfahren**
- Abänderungsklage **23** 72
- Abgrenzung Erbscheinsverfahren **23** 67 ff.
- Abgrenzung Erbteilungsklage **23** 30
- Abgrenzung Schiedsgutachten **23** 35
- ad-hoc-Schiedsgericht **23** 74
- Anerkennung im Ausland **23** 73
- anwendbares Recht **23** 28
- Aufgaben/Grenzen **23** 5 ff., 37 ff.
- Aufhebung des Schiedsspruchs **23** 60
- Beteiligte **23** 69
- Bindung des Nachlassgerichts **23** 69
- Entscheidungskompetenz **23** 5 ff.
- Erbenfeststellung **23** 67 ff.
- Erbstatut **23** 27
- Erbteilungsklage **23** 54 ff.
- Expertenhinzuziehung **23** 52 f.
- gemeinschaftliches Testament **23** 39
- Güterrechtsstreit **23** 19 ff.
- institutionalisiertes Schiedsgericht **23** 74 ff.
- Konzentrationsmaxime **23** 3
- letztwillige Anordnung **23** 2, 34 ff., 39, M 76 *siehe auch Schiedsverfahren, Schiedsklausel*
- Mehrparteienschiedsgericht **23** 40 ff.
- Pflichtteilsansprüche **23** 9 ff.
- Rechtsmittel **23** 63

- Schiedsklausel **23** 11 ff., 34, M 76
- Schiedsordnung **23** 34, 75
- Schiedsrichter **23** 28, 31 ff., 38 ff., 48, 51 f.
- Schiedsvereinbarung **23** 24
- Streitgenossenschaft **23** 46 ff.
- Testamentsauslegungsvertrag **23** 58 f.
- Testamentsvollstrecker **23** 31 ff., 38 ff.
- Universalsukzession **23** 25
- Vereinbarung nach Erbfall **23** 9
- Verfahrensgestaltung **23** 28
- Vergleich **23** 57 ff.
- Vollstreckung **23** 56, 60 ff.
- vorläufiger Rechtsschutz **23** 64 ff.
- Vorteile **23** 28 ff.
- vorweggenommene Erbfolge **23** 26
- Wirkung **23** 6, 54 f., 61, 67 ff.
- Zulässigkeit **23** 4 ff., 9 ff., 19 ff.
- Zuständigkeit **23** 28

**Schuldbuch**
- Sperrvermerk bei Vor-/Nacherbfolge **14** 172 ff., M 175

**Schulden 6** 16, 98 ff., 106, M 109, 121 ff., M 123, 147, 155, **11** 2 ff., 55 ff., 82, **12** 30, **19** 12 ff., 38
- Anfechtung von Schenkungen **21** 91
- Sicherung **11** 14
- Unterhaltsforderungen *siehe dort*

**Schweiz**
- Ehegattenerbrecht **10** 317
- Eigentumsarten **10** 304
- Erbbescheinigung **10** 325
- Erbengemeinschaft **10** 305, 319
- Erbrecht **10** 310 ff.
- Erbrechtsnachweis **10** 325
- erbschaftlicher Immobilienerwerb **10** 305
- Erbschein **10** 325
- Erbstatut **10** 312
- Errungenschaftsbeteiligung **10** 318
- Gesamthandsgemeinschaft **10** 305, 319
- gesetzliche Erbfolge **10** 316 ff.
- Grundbuch **10** 296 ff.
- Grundbuchberichtigung **10** 301, 305 ff., 325
- Grundbucheinsicht **10** 302
- Grundbucheintragswirkung **10** 303
- Grunderwerb durch Ausländer **10** 307
- Güterrecht **10** 311, 318

- Haager Testamentsformübereinkommen 10 314
- Herabsetzungsklage 10 320, 323 ff.
- interlokales Recht 24 6
- Noterbe 10 320, 323
- Pflichtteilsberechtigte 10 321
- Pflichtteilsquote 10 322
- Pflichtteilsrecht 10 320 ff.
- Rechtsquellen 10 295
- Rechtswahl 10 313, 24 79
- Universalsukzession 10 305, 315
- Verwandtenerbfolge 10 315

**Selbstständiges Beweisverfahren 8 282 ff.**
- Abstammungsprozess 8 297
- Antrag 8 301, 311
- Anwaltszwang 8 312
- Baden-Württemberg 8 304
- Beweisbeschluss 8 318
- Beweisthema 8 290, 295
- drohender Beweisverlust 8 294, 336
- Einwendungen 8 319
- Erbprozess 8 296
- Ergebnisverwertung im Hauptsacheprozess 8 302
- Erörterungstermin 8 315 ff.
- freiwillige Gerichtsbarkeit 8 303
- Geschäftsfähigkeitsfeststellung 8 282, 296 ff., 337
- Hauptsacheklagefrist 8 320
- Hauptsacheverfahrensaussetzung 8 317
- Hessen 8 305 f.
- isoliertes 8 285 ff., 327
- Kosten 8 320, 322 f.
- Kosten bei isoliertem Beweisverfahren 8 327 ff.
- Kostenentscheidung 8 327 ff.
- Niedersachsen 8 307 f.
- Pflichtteilsklage 8 295
- Prozesskostenhilfe 8 326
- rechtliches Interesse 8 287 f., 334 f.
- Rechtsmittel 8 332
- Sachverständigenauswahl 8 314
- Streitverkündung 8 321
- Streitwert 8 323
- Stufenklage 8 338
- Testierfähigkeit 8 141
- Testierfähigkeitsfeststellung 8 282, 296 ff., 334 f.
- Unkenntnis vom Gegner 8 333

- Vergleich 8 315
- während eines Rechtsstreits 8 291 ff.
- Wertermittlung 8 295 ff., 299
- zulässige Beweismittel 8 287, 292
- Zulässigkeit 8 287 ff., 293 ff.
- Zustand einer Person 8 296 ff.
- Zustand einer Sache 8 296, 298
- Zuständigkeit 8 310
- Zweck 8 284

**Sondererbfolge 12 120 ff., 22 35 ff.**
- Höferecht 19 254 ff.
- KG 12 120 ff., 22 42 ff.
- OHG 12 120 ff., 22 35 ff.
- Personengesellschaftsanteil 24 116

**Sonderstatut 24 48**

**Sondervermögen**
- Nachlass 10 146 ff., 19 2

**Sozialhilferegress 1 55 ff.**
- Ausschluss 1 60
- Ausstattung 1 140
- Geldersatzrente 1 56 ff.
- Schenkung 1 71
- vertragliches Rückforderungsrecht 1 61
- Wohnungsrecht 1 246

**Spanien**
- Deutsch-Spanische Konsularkonvention 10 343
- Ehegattenerbrecht 10 345
- Ehegüterrechtsstatut 24 80
- Eigentumsarten 10 335
- Eigentumsregister 10 327 ff.
- Eigentumsregisterberichtigung 10 331 ff., 352
- Eigentumsregistereinsicht 10 329
- Eigentumsregistereintragswirkung 10 330
- Erbengemeinschaft 10 347
- Erbnachweis 10 352
- Erbrecht 10 340 ff., 344 ff.
- erbschaftlicher Immobilienerwerb 10 336
- Erbschein 10 352
- Erbstatut 10 331, 341
- Errungenschaftsgesellschaft 10 346
- Foralrecht 10 326, 340
- Gesamthandsgemeinschaft 10 347
- gesetzliche Erbfolge 10 345
- Grundbuch 10 327 ff.
- Grundbuchberichtigung 10 331 ff., 352

- Grundbucheinsicht 10 329
- Grundbucheintragswirkung 10 330
- Güterrecht 10 346
- Haager Testamentsformübereinkommen 10 343
- Herabsetzungsklage 10 351
- interlokales Recht 24 6
- Mehrstaatler 10 341
- Nachlassregister 10 334, 352
- Noterbe 10 348
- Personalstatut 10 341
- Pflichtteilsberechtigte 10 349
- Pflichtteilsquote 10 350
- Pflichtteilsrecht 10 348 ff.
- Rechtsquellen 10 326
- Rechtsverweisung 10 342
- Rechtswahl 24 80
- Sachnormverweisung 10 342
- Sociedad de Gananciales 10 346
- Testamentsregister 10 334, 352
- Testamentsregistrierungsübereinkommen 10 343
- Universalsukzession 10 336, 344
- Verwandtenerbrecht 10 344 ff.

**Staatliches Notariat** 10 6

**Standesamt**
- amtliche Testamentsverwahrung 7 115, 118

**Standesamtsanfrage** 9 6

**Stiftung**
- als Dotationsquelle 16 86
- als Familientreuhänder 16 87
- Anerkennung 16 21, 23, 150, 173
- Anstalts-/Trägerstiftung 16 103
- Aufhebung 16 33, 88
- Auflage 16 194
- ausländische 16 143 ff.
- Begriff 16 8 ff.
- Bestandsschutz 16 12, 14
- Beteiligung an Gesellschaft 16 85 ff., 92
- Beteiligungsträgerstiftung 16 85 ff.
- Bundesrechtsvorrang 16 22, 25, 70
- Bürgerstiftung 16 140 ff.
- Destinatär 16 8 f., 81
- Doppelstiftung 16 94 f.
- Entstehung 16 23
- Erbe 16 177 ff., 185
- Erbengemeinschaft 16 185 f.
- Erbenhaftung 16 185
- Erbersatzsteuer 16 87
- Erbschaftsteuer 16 180, 196 ff.
- Errichtung 16 36, 156, 207 ff.
- Errichtung mit Testament 16 M 212
- Errichtung von Todes wegen 16 167 ff.
- Ersatzerbschaftsteuer 16 145
- Ersatzformen 16 160 ff.
- Europarecht 16 133 ff.
- Familienstiftung 16 80 ff., 94, 109, 124 ff., 145 ff., 175 f., M 224
- Firma 16 31
- Förderstiftung 16 103
- gemeinnützige 16 94, 102 ff., 124 f., 143, 154 ff., 176, 184, 198
- Gemeinnützigkeit 16 11 f.
- Gemeinnützigkeitsentzug 16 47, 108
- Geschäftsleitungsort 16 146 ff.
- GmbH 16 160 ff.
- Haftung 16 50 ff., 56 f., 89
- Haftung der Aufsichtsbehörde 16 68
- Haftung von Organmitgliedern 16 49 ff., 53 ff., 56 ff.
- Haftungsbegrenzung der Mitglieder 16 70 ff.
- Haftungsbegrenzung ehrenamtlicher Vorstände 16 51 f., 70
- Haftungsbegrenzung per Satzung 16 74 ff.
- Haftungsfreistellung für Mitglieder 16 77 f.
- Insolvenz 16 33
- Kapitalmarktzugang 16 101
- kirchliche 16 103
- Kuratorium 16 35
- Liechtenstein 16 144
- mildtätige 16 103, 107, 126 ff., 154 ff., 176
- Mitbestimmung 16 90
- Mustersatzung nach AO 16 217 ff., M 219
- Nachlasspflegschaft 16 172
- Name 16 30 f., 153
- Organe 16 35
- Organisationsvertrag 16 152, M 225
- Österreich 16 144
- Pflichtteilsanspruch 16 13
- Pflichtteilsergänzungsanspruch 17 173
- Prüfung 16 44 ff.
- Publizität 16 91
- RA-Vergütung 16 201 ff.

- Rechnungslegung 16 44 ff., 66
- Satzung 16 26, 168 ff., M 216, M 219, M 222, M 224, M 225
- Satzungsänderung 16 33, 43, 88, 99, 210
- Satzungsergänzung 16 169 ff.
- Satzungsinhalt 16 21, 34 ff., 74, 100, 188
- selbstständige 16 79, 92, 156
- Sitz 16 32, 146
- Spendenrecht 16 113 ff., 116 ff., 136 ff.
- staatliche Aufsicht 16 41 ff., 66 ff., 83, 88, 99, 151
- Steuerbefreiung 16 103 ff., 108 ff., 124 ff., 140, 154 ff., 166, 174 f., 184, 198 ff.
- steuerbegünstigte Zwecke 16 120
- Steuerpflicht 16 11, 87, 92, 103 ff., 145 ff., 196 ff.
- Steuerprüfung 16 47
- Stifter 16 26
- Stiftung & Co. KG 16 87 ff., 100, M 224
- Stiftungsrat 16 35
- Stiftungsreife 16 12, 14
- strafrechtliche Haftung von Organmitgliedern 16 64
- testamentarische Erbeinsetzung 16 M 213
- Testamentsvollstreckung 16 168, 171, 195
- Treuhänder 16 149, 151 ff.
- Umwandlung 16 101
- unselbstständige 16 149 ff., 179 ff., M 225
- Unternehmensträgerstiftung 16 85
- unternehmensverbundene 16 84 ff., 94, 96 ff., M 224
- Unterstiftung 16 26
- Verbandsbußgeld 16 64
- Verbrauchsstiftung 16 149
- Verein 16 160 ff.
- Vererbung von Verlusten 16 199
- Vermächtnis 16 193, M 214
- Vermögensausstattung 16 21, 38
- Vermögenserhaltungsgrundsatz 16 10, 37 ff.
- Vermögensumschichtung 16 38
- Vermögensverwaltung 16 39
- Versicherung der Mitglieder 16 78
- Vor-/Nacherbfolge 16 189 ff., M 215
- Vorstand 16 35
- Zustiftung 16 38, 121, 174 f., 187 f.
- Zweck 16 19 f.
- Zweckzuwendung 16 180 ff.

**Stiftungsgeschäft 16** 23 f., 26 ff., M 211
- Anfechtung 16 33
- Form 16 21, 29, 167
- Nichtigkeit 16 33
- Verfügung von Todes wegen 16 167 ff.
- Widerruf 16 33

**Streitgenossenschaft**
- Erbengemeinschaft 12 80, 82
- Gesamthandklage 10 142 f.
- Gesamtschuldklage 10 142
- Grundbuchberichtigung 10 142 f.
- Schiedsverfahren 23 46 ff.

**Südafrika**
- Erbstatut 24 66
- Nachlassspaltung 24 66

**Teilungsanordnung**
- Erbvertrag 21 37 f.
- gemeinschaftliches Testament 21 39
- Testamentsvollstreckung 13 7
- Wechselbezüglichkeit 3 99, 8 17

**Teilungsreife 19** 11 ff., 16, 28, 89

**Teilungsversteigerung 20** 2 ff.
- Abgrenzung Vollstreckungsversteigerung 20 7 ff., 9, 117
- Ablauf 20 11
- Antrag 20 M 20, 21
- Antragsberechtigung 20 2 ff., 13, 15, 17 ff., 33, 35, 37, 39, 120
- Antragsinhalt 20 14
- Aufgebotsverfahren 20 65
- Auseinandersetzungsausschluss 20 65 ff., 68 ff.
- Auseinandersetzungsvergleich 20 99
- Auslandsbezug 20 130 ff.
- Beitritt von Miterben 20 79 f., M 80
- Beschlagnahmewirkung 20 43
- dingliche Surrogation 10 168
- Ehegattenausgleichsanspruch 20 113
- einstweilige Einstellung 20 5 f., 31 f., M 32, 35, 45 ff., M 58, 59, 61, 76, 105
- einstweilige Einstellung bei Landwirtschaftsbetrieb 20 57
- Erlösverteilung 20 112 ff., 129
- geringstes Gebot 20 92 ff., 127

- Grundbuchberichtigung 20 115
- Grundbuchvermerk 20 43
- Grundstücksverschleuderung 20 104 ff.
- Kosten 20 116
- mehrere Gemeinschaften 20 17 ff.
- Nießbrauch 20 111
- Objekt 20 8
- Personenkreis 20 98
- Pfandgläubiger 20 33 ff., 37 ff.
- Rechte Dritter 20 107 ff.
- rechtliches Gehör 20 41
- rechtsmissbräuchliche 20 64
- Rechtsmittel 20 41, 76 ff., 102
- Rechtsmittel gegen Wertfestsetzung 20 84 f.
- Terminsablauf 20 98
- Testamentsvollstreckung 20 3, 13, 118 ff.
- Unzulässigkeit 20 60 ff., 63 ff., 72 ff., 119
- Verfahrensfristen 20 86 ff.
- Verfahrensparteien 20 9, 34, 40, 124
- Vollstreckungsschutz wegen besonderer Härte 20 53 ff.
- Vor-/Nacherbfolge 20 122 ff.
- Wertfestsetzung 20 82 ff.
- Widerspruchsklage 20 16, 24, 28 ff., M 30, 61, 64, 67, 73, 76 ff.
- Zurückbehaltungsrecht 20 114
- Zurückbehaltungsrecht der Miterben 20 75
- Zuschlag 20 100 ff.
- Zuschlagsversagung 20 100 ff., 104 ff.
- Zuständigkeit 20 12
- Zustimmung des Ehegatten/Lebenspartners 20 22 ff.
- Zustimmung des Nießbrauchsberechtigten 20 39

**Testament**
- Ablieferung beim Nachlassgericht 7 M 137
- Ablieferungsanordnung 7 142 ff.
- Ablieferungsanordnungsbeschwerde 7 146 f., M 147
- Ablieferungspflicht 7 136 f., 142 ff., M 145, 9 137 ff., M 139
- amtliche Verwahrung 3 92, 7 M 112, 8 59 siehe auch dort
- Andeutungstheorie 16 170
- Anfechtung 4 167, 7 182 ff., M 185, M 187, M 189, M 192, M 194, 205 ff., 8 176 ff.
- Anfechtungsaddressat 8 187
- Anfechtungsberechtigung 7 195 ff., 8 184
- Anfechtungsfolgen 7 207
- Anfechtungsform 7 201, 8 188
- Anfechtungsfrist 7 203, 8 185
- Anfechtungsgründe 7 183 ff., 8 177 ff.
- Anfechtungskosten 7 208
- Anfechtungswirkung 8 189 f.
- Anordnung der Testamentsvollstreckung 13 25
- Aufhebung 3 45
- Aufhebung durch Erbvertrag 8 23
- Aufhebung eines Erbvertrags 4 M 122, 128 ff., M 129, M 130
- Auflage 3 185 ff., M 189
- Auseinandersetzungsausschluss 3 148, M 311
- Auslegung 3 51, 129, 137, 151, 235 ff., 266, 275 ff., 8 166, 169, 176, 15 4 f., 143
- Behinderte 8 90 ff., 94 ff., 102 ff., 133 ff.
- Beschwerde wegen unterbliebener Ablieferungsanordnung 7 148 f., M 149
- Bestattung 3 186, 188 f.
- Bestimmbarkeit des Erben 3 117
- Bestimmung des Ergänzungspflegers 3 191, M 193
- Bestimmung des Vormunds 3 191
- Beweiskraft 15 238 ff.
- Blinde 8 98, 102, 120, 135
- Dieterle-Klausel 3 118
- dingliche Einigung des Erblassers 15 157, 173, 206 f., M 207
- Dolmetscher 8 92 f.
- Ehegattentestament siehe Gemeinschaftliches Testament
- Ehescheidung 3 306
- eigenhändiges siehe Privatschriftliches Testament
- Einsichtsrecht 9 51
- Enterbung 8 251 siehe auch dort
- Erbeinsetzung 3 116 ff., M 122, M 126, M 142, M 307, M 308, M 309, M 310, M 311, M 312, M 313, M 314, M 319

- Erbeinsetzung auf den Pflichtteil 3 235 ff.
- Erbeinsetzung einer Stiftung 16 M 213
- Erbengemeinschaft 3 M 307, M 308, M 309, M 310, M 311
- Erbstatut 24 89 ff.
- Ernennung des Testamentsvollstreckers 13 26 ff.
- Eröffnung 7 135, 139 ff., 331
- Eröffnungsantrag 7 M 138
- Ersatzerbe 3 127 ff.
- Ersatzerbeinsetzung 3 M 130
- Ersatzvermächtnisnehmer 3 146, 158
- familienrechtliche Anordnung 3 190 ff., M 193
- Form 24 86 ff.
- Geliebtentestament 8 223 f.
- gemeinschaftliches 4 128 ff., M 129, 167, 10 30 f., 25 69
- geschiedener Ehepartner 3 M 319
- Herausgabevermächtnis 3 M 319
- Hinterlegungsschein 7 116, 118
- Kollision mit Erbvertrag 4 113, 115, 123 ff., 128 ff., 184 ff.
- Lastentragung 3 176, 184
- mehrere 3 45
- mehrfach Behinderte 3 97, 8 90 ff., 94 ff., 102 ff., 118 ff., 133 ff.
- Minderjährige 3 94, 8 89, 94
- Nacherbschaft durch Stiftung 16 M 215
- Nachlassauseinandersetzungsausschluss 19 54 ff., 67 ff.
- Nachlassplanung 3 1 ff.
- Nießbrauchseinräumung 3 M 174
- Nießbrauchsvermächtnis 3 M 177
- Nottestament 7 104, 110
- öffentliches 10 32
- persönliche Errichtung 3 116 f., 8 82
- Pflegevermächtnis 3 M 169
- Pflichtteilsberechtigtenanfechtung 8 181 ff.
- Pflichtteilsentziehung 17 M 49
- Pflichtteilsklausel 8 251
- Pflichtteilslastregelung 3 M 311, M 312
- postmortale Vollmacht 3 M 177, 184
- Potestativbedingung 3 118
- privatschriftliches 10 32 siehe auch Privatschriftliches Testament
- Quotenvermächtnisbestellung 3 M 312
- Rechtswahl 24 M 72
- Rentenvermächtnisbestellung 3 M 313, M 314
- Richtigkeitsbeweis 8 82
- Rücknahme aus amtlicher Verwahrung 3 92, 7 119 ff., 8 59, 165, 170
- Rücknahme aus Verwahrung 4 62
- Rücktritt vom Erbvertrag 4 M 191
- Schiedsklausel 3 194 ff.
- Schreibunfähige 8 87 f., 91, 94, 99, 102, 134
- Schreibzeuge 8 88, 91, 101, 113
- Schweigepflichtentbindung 3 M 307
- Selbstanfechtung 3 44
- Sittenwidrigkeit 8 223 ff., 246
- Sprachunkundige 8 92 f.
- Stiftung 16 167
- Stiftungserrichtung 16 M 212
- Stumme 8 94 f., 102 f., 133
- Taube 8 97, 120 f., 136
- Taubstumme 8 96
- Teilungsanordnung 3 143 ff., M 307, 15 120, 274 ff., 279, 19 20, 61, 95 ff., 99, 101 ff., 106, 195
- Teilunwirksamkeit 8 77
- Testamentsvollstreckung siehe dort
- Testamentsvollstreckungsanordnung 3 M 309, M 310, M 313
- Tiere 3 186
- Totenfürsorgerecht 3 188
- Übernahmerecht 3 143, 147, 15 120 ff.
- überquotale Teilungsanordnung 3 M 308, 19 98 ff., 102
- Unwirksamkeit 8 25
- Veränderung 8 165, 167 ff.
- Verlust 8 160 ff.
- Vermächtnis 3 149 ff., M 312, 15 3, 274 ff.
- Vermächtnis/ Ersatzvermächtnisnehmer 3 M 159
- Vermächtnis für Stiftung 16 M 214
- Vermögensverwaltungsverbot 3 M 319
- Vernichtung 8 160 ff., 165, 167 ff.
- Verständigungsperson 8 120 f.
- Vertrauensperson 8 91, 113, 116
- Verwirkungsklausel 3 M 130
- Vor-/Nacherbfolge 3 131 ff., M 309, M 310
- Vorausvermächtnis 3 143 ff., M 309, M 311, M 314, 19 99, 101 ff., 106

- Wahlvermächtnisbestellung **3** M 312
- Wechselbezüglichkeit **4** 167
- Widerruf **3** 44, 92, **7** 119 f., **8** 59, 164 ff., **24** 88
- Widerrufsanfechtung **8** 167, 173 ff.
- Widerrufstestament **8** 165 f., 173 f.
- Widerrufswillen **8** 166 f.
- widersprechende letztwillige Verfügung **8** 165, 171
- „Widerspruch" gegen Anfechtung **7** M 190
- Wohnungsrechtsbestellung **3** M 312
- Zeugenzuziehung **8** 99
- Zustimmung zur Aufhebung eines Erbvertrags **4** M 121
- Zuwendungsverbot **8** 249
- Zuwendungsverzicht **5** 96
- Zweckvermächtnis **3** M 164

**Testamentsanfechtung**
- Einsichtsrecht **9** 51

**Testamentsauslegungsvertrag 8** 272 ff., M 274, **23** 58 f.
- Erbscheinserteilung **8** 272
- Form **8** 273

**Testamentseröffnung 7** 105

**Testamentskartei 11** 15

**Testamentskarteianfrage 9** 6

**Testamentsregistrierungsübereinkommen**
- Spanien **10** 343

**Testamentsverwaltung**
- Schenkung **13** 108
- unentgeltliche Verfügung **13** 108

**Testamentsvollstrecker**
- Schiedsrichter **23** 31 ff., 38 ff.

**Testamentsvollstreckernachfolger**
- Auskunftsanspruch **13** 171

**Testamentsvollstreckerzeugnis 13** 13, 37 ff., 70
- Amtsbeendigung **13** 49
- Anhörung bzgl. Erteilung **13** M 60
- Antrag **13** 44 ff., M 59
- Antragsberechtigung **13** 44
- Arten **13** 42
- Berichtigung **13** 38, 48
- Beschränkungen des Testamentsvollstreckers **13** 41
- Beschwer **13** 50
- Beschwerde **13** 50
- Dauertestamentsvollstreckung **13** 41
- Einziehung **13** 38, 43, 48 f.
- Einziehungsantrag **13** M 61
- Erbscheinseinziehungsantrag **13** M 62
- Erteilung **13** 22, 43
- gegenständliche Beschränkung **13** 42
- Inhalt **13** 40 ff.
- Kraftloserklärung **13** 43, 49
- Kraftloserklärungsantrag **13** M 61
- Mitvollstreckerzeugnis **13** 42
- öffentlicher Glaube **13** 38
- Rechtsmittel **13** 50
- Richtigkeitsvermutung **13** 38
- Teilvollstreckerzeugnis **13** 42
- Unrichtigkeit **13** 38, 41, 48 f.
- Unwirksamkeit **13** 250
- Vermächtnisvollstreckung **13** 41
- Verwaltungsvollstreckung **13** 41
- Vor-/Nacherbfolge **13** 41
- Vorbescheid **13** 47, 50
- Wirkung **13** 39
- Zuständigkeit **13** 43

**Testamentsvollstreckung 3** 199 ff., **9** 339, **13** 1 ff., 10, 81, 208
- Abänderung **13** 24
- Abgrenzung Nachlasspflegschaft **6** 18
- Abwicklungsvergütung **13** 277 ff.
- Abwicklungsvollstreckung **3** 201, **13** 4 ff., 241, 245
- Aktivlegitimation **13** 175 ff., M 187, M 188
- Amtsannahme **13** 65 ff., 69 ff., M 74
- Amtsannahmefrist **13** 71
- Amtsausschlagung **13** M 75
- Amtsunfähigkeit **13** 228
- Anhörung bzgl. Testamentsvollstreckerernennung **13** M 35
- Anhörung bzgl. Testamentsvollstreckerzeugniserteilung **13** M 60
- Anhörung zum Auseinandersetzungsplan **13** 212, M 221
- Anordnung **3** M 227, M 309, M 310, M 313, M 318, **13** 23 ff.
- Anordnungen des Erblassers **13** 105 ff., 111 ff., M 121
- Anordnungswiderruf **13** 25
- Antrag auf Amtsannahmefrist **13** M 76, M 77
- Arten **3** 201 ff.
- Aufgaben **13** 4 ff.
- Aufgabenbeschränkung **13** 14

- Aufgebotsverfahren 11 238, 13 8, 110
- Aufhebung 13 24
- Auflage 3 185, 13 7
- Aufteilungsvertrag 18 M 194
- Auftragsrecht 13 124, 128
- Aufwendungsersatz 13 154, 269
- Auseinandersetzungsausschluss 3 148, 13 211, 19 57
- Auseinandersetzungsgebühr 13 281, 290
- Auseinandersetzungsklage 13 M 224
- Auseinandersetzungsplan 13 209 ff., 218 ff., M 220, 19 8, 177
- Auseinandersetzungsvereinbarung 13 209, 213 ff., M 222
- Auseinandersetzungsvollstreckung 13 5 ff.
- ausführende 13 5 ff.
- Auskunftsanspruch 3 38 ff., 9 63, 86 f., 111, 127 ff., 243, 265, 293, 309, 325, 339, 13 81 f., M 99, M 101, 127, 131 ff., M 155, M 156, M 157, M 163, 165 ff., 203 ff., M 205, 17 229 ff., 237, 19 153
- Auskunftsklage 13 M 102, 132 f., M 158, M 159, M 164, M 206
- Auskunftsklage bzgl. Inventar 13 M 104
- Auslagenersatz 13 19, 292 ff.
- Bankkonto 13 83, M 101
- Bankvollmacht 13 83
- beaufsichtigende 13 14
- Beendigung 10 213, 13 49, 226 ff., 240 ff., 244 ff., 247 ff., 18 M 194
- Beendigungsklage 13 M 251
- Beerdigungskosten 13 80, 97
- Befugnisse des Nachlassgerichts 13 22
- Beginn 10 210, 13 65 ff.
- Begriff 6 18
- Benachrichtigungspflicht 13 127 ff.
- berufsspezifische Tätigkeiten 13 294
- Beschränkung 13 41
- Bestandsverzeichnis 13 131 f., M 157, M 158, M 164
- Bestandsverzeichnisergänzung 13 M 159
- Dauertestamentsvollstreckung 3 250, 253, 13 1, 11, 41, 17 51
- dingliche Surrogation 10 163 ff., 11 269, 12 63

- Duldungstitel gegen den Testamentsvollstrecker 13 182, M 190
- Dürftigkeitseinrede 11 270
- Einkommensteuer 13 201
- Einkommensteuerpflichtigkeit 13 303
- Einsichtsrecht 9 51
- Einzelkaufmann 12 103
- Entlassung des Testamentsvollstreckers 13 22, 29, 49, 87, 112, 232 ff., 243, M 253
- Entlastungsanspruch 13 140
- Entnahmerecht 13 297
- Erbengemeinschaft 13 5, 9, 53, 260
- Erbenhaftung 11 141, 163 ff., 13 300
- Erbenhaftungsbeschränkung 11 165
- Erbenschulden 11 268
- Erbfallschulden 13 97
- Erblasserprozessaufnahme 13 M 187, M 188, M 189
- Erblasserschulden 13 96
- Erblassersteuererklärung 13 194 ff.
- Erbschaftsteuer 13 98, 193 f., 197 ff., 203
- Erbschein 13 37, 51 ff., 24 146
- Erbscheineinziehung 13 250
- Erbteilspfändung 11 294, 13 169
- Erbteilsveräußerung 13 168
- Erbteilsvollstreckung 13 300
- Erbvertrag 3 200, 8 26
- Ergänzungsbetreuer 13 170
- Ergänzungspfleger 13 21, 170
- Erledigung 13 240 ff.
- Ernennung des Testamentsvollstreckers 8 76, 13 23, 26 ff., M 32, M 33, M 34, M 36
- Gebührenhöhe 3 219 ff., 13 283 ff.
- gerichtliche Anordnungsaußerkraftsetzung 13 107, 112, M 119
- gerichtliche Kontrolle 13 21
- Geschäfte vor Amtsannahme 13 73
- Gesellschaftsanteil 3 224 f.
- Gewerbesteuer 13 201
- Grenzen 3 224
- Grundbuchberichtigung 10 203 ff., M 207, M 208, 219, 13 37, 55 ff., M 63, 84, 250
- Haftung 13 15, 85, 117, 147, 167, 180, 195, 198, 204, 230, 254 ff., 265, 15 261
- Haftungsbefreiung 13 255
- Haftungsklage 13 M 268

- Haftungsverzicht **13** 255
- Handelsregisterberichtigung **3** 225, **13** 37, 58, M 64, 84, **22** 47
- Herausgabeanspruch **13** 141 ff., 152 ff., M 160, M 161
- Herausgabeanspruch bei Schenkung **21** 87, 93
- Herausgabeanspruch gegen Erben **13** 81 f., M 100
- Herausgabeklage **13** M 102, 143, 147, M 162, M 164
- Informationspflicht **13** 127 ff.
- Insolvenz des Erben **11** 268
- KG **22** 47
- Klage gegen Auseinandersetzungsplan **13** M 223
- kollusives Zusammenwirken **13** 115
- Konstituierungsgebühr **3** 211 f., **13** 279
- Kosten **3** 209 ff., **11** 114, **13** 154
- Kostenschuldner **3** 218
- Kündigung des Testamentsvollstreckers **13** 29, M 34, 49, 67, 230 f., M 252
- Minderjährige **15** 90
- Mittestamentsvollstrecker **13** 266, 304
- Mittestamentsvollstreckung **13** 177
- Mitvollstrecker **13** 27, M 33
- Mitwirkungsklage **13** M 225
- Möhringsche Tabelle **3** 221, **13** 286
- Nacherbentestamentsvollstreckung **14** 131, 133, 196
- Nacherbenvollstreckung **13** 12
- Nachfolgeregelung **13** 29, M 34, 171, 227, 231, 246 f.
- Nachlassauseinandersetzung **13** 5 ff., 208 ff., **19** 8, 23, 177, **20** 3
- Nachlassbesitz **13** 78
- Nachlasserträge **13** 109 ff.
- Nachlassforderung **13** 82, 110, 260
- Nachlassfreigabe **13** 141 ff., M 160, M 161
- Nachlassfreigabeklage **13** 143, 147, M 162
- Nachlassinsolvenz **11** 267, **13** 8, 85, 110, 309
- Nachlassinventar **13** 79, 95, M 104
- Nachlasskonstituierung **13** 78 ff.
- Nachlasspflegschaft **13** 72, 227
- Nachlasssonderung **11** 266
- Nachlassverbindlichkeiten **11** 119, 165, **13** 8, 79 f., 96 ff., 113 ff., 210, 297, **17** 139
- Nachlassverwaltung **11** 439, **13** 4, 8, 10, 85, 105 ff., M 120
- Nachlassverzeichnis **9** 325, **13** 79 f., 86 ff., M 103
- Partei kraft Amtes **13** 15, 175 ff.
- Passivlegitimation **13** 182 ff., M 189
- Pflichtteilsanspruch **13** 182
- Pflichtteilsberechtigter **13** 167
- Pflichtteilsbeschränkung **13** 10
- Pflichtverletzung **13** 254, 261 ff.
- Prozessführungsbefugnis **13** 15, 174 ff., M 187, M 188
- Prozesskosten **13** 180
- Rechenschaftslegung **13** 127, 134 ff., M 155, M 156, M 158, M 163, M 164, 249
- Rechnungslegung **13** 134 ff., M 155, M 156, M 158, M 163, M 164
- Rechnungslegungsanspruch **15** 261
- Rechtsstellung des Testamentsvollstreckers **13** 15 ff.
- Regelvergütung **13** 277 ff.
- Rheinische Tabelle **3** 219, **13** 283 ff.
- RVG-Gebühren **13** 294
- Schenkung **13** 203
- Schiedsklausel **3** 196
- Selbstkontrahierungsverbot **3** 207
- Sondervermögen **13** 1
- Sorgfaltspflicht **13** 261 ff.
- Steuererstattungsanspruch **13** 194, 200
- Steuerhinterziehung **13** 195
- Steuern **13** 98, 193 ff.
- Steuerschulden **13** 194 ff.
- Steuerschuldner **13** 201 f.
- Stiftung **16** 168, 171, 195
- Teilungsanordnung **13** 7, 211
- Teilungsversteigerung **20** 3, 13, 118 ff.
- Testamentsvollstrecker **3** 200 *siehe auch dort*
- Testamentsvollstreckerzeugnis *siehe dort*
- Titelumschreibung **13** 181, 186, M 191, M 192
- Tod des Testamentsvollstreckers **13** 227
- Tod eines GbR-Gesellschafters **10** 188 ff.

- Überschwerungseinrede **11** 270
- Übertragung auf Dritte **13** 126
- Umsatzsteuer **13** 201
- Umsatzsteuerpflichtigkeit **13** 301
- Unternehmen **22** 20, **29** f., 39
- Vererblichkeit **13** 227
- Verfügungen **10** 209, 212
- Verfügungsbefugnis **3** 200, **13** 1, **14** f., 18, 37, 96, 113 ff.
- Vergütung **3** 210 ff., **13** 19, 269 ff., 295 ff., 304 ff.
- Vergütung von Hilfspersonen **3** 216 ff.
- Vergütungsempfehlung des Deutschen Notarvereins **3** 220
- Vergütungsklage **13** 307 ff., M 310
- Vergütungsvorschuss **13** 296
- Verjährung **15** 261
- Verjährungsverkürzungsvertrag **15** 259, 261
- Verkehrssicherungspflicht **13** 110
- Vermächtnis **3** 152, 184, **13** 7, 13, 167, 271, **15** 86
- Vermächtnisvollstreckung **13** 13, 41
- vermeintlicher Testamentsvollstrecker **13** 306
- Verpflichtungsbefugnis **13** 113 ff., M 122, M 123
- Verwaltungsbefugnis **13** 1, 15, 37, **21** 87, 93
- Verwaltungsgebühr **3** 211, 213, **13** 280, 289
- Verwaltungsvollstreckung **3** 202, **13** 41, 109 ff., 116, 245
- Vollmachtswiderruf **13** 83, M 101
- Vollstreckungsgebühr **13** 278
- Vor-/Nacherbfolge **3** 287, M 310, **9** 325, **10** 219, **13** 12, 41, 53, 166, 242, 259, **14** 38, 131, 133, 196
- Vorbefassung bei Testamentserrichtung **8** 76
- vorläufiger Rechtsschutz **13** M 123
- Vormund **13** 170
- Vorsorgevollmacht **2** 57 ff., **12** 126, 130 ff., **13** 83
- Wechselbezüglichkeit **3** 99, 274, **8** 17
- Weisungsgebundenheit **3** 200
- Widerruf durch Erben **13** 1
- Willensvollstreckung **13** 5 ff.
- Zurückbehaltungsrecht **13** 154, 298

- Zwangsvollstreckung **11** 518, **13** 181 f., 186, M 190, 196

**Testierfähigkeit 3** 93 ff., **24** 92
- Abgrenzung Testierfreiheit **8** 248
- ärztliche Schweigepflicht **3** 96, **8** 69, 144, 150 ff.
- Arztunterlagen **9** 134
- Betreuung **8** 126, 129
- Beweis **3** 95 f.
- Beweisaufnahme **8** 84
- Beweislast **8** 137 ff.
- Beweisverfahren **4** 28
- Beweiswürdigung **8** 143 ff., 149 ff.
- Darlegungslast **8** 137 ff.
- Definition **8** 124, 248
- Demenz **8** 131
- Entmündigung **8** 126
- Erbstatut **24** 89, 92
- Geschäftsfähigkeit **4** 26 ff., 31 ff.
- Geschäftsunfähigkeit **8** 126
- mehrfach Behinderte **8** 106 ff.
- Minderjährige **3** 94, **8** 89, 128
- notarielle Schweigepflicht **8** 153 ff.
- notarielles Testament **8** 83 f., 149
- Psychopathie **8** 130
- Sachverständigengutachten **8** 142 ff., 150 ff.
- Schreibunfähige **8** 87 f.
- Schweigepflicht **9** 134
- Schweigepflichtentbindung **8** 151, 153 ff.
- Schweigepflichtentbindungsantrag **8** M 157, M 158
- selbstständiges Beweisverfahren **8** 141
- Sucht **8** 130
- Testierunfähigkeit **8** 125 ff.

**Testierfreiheit 3** 98 ff., **4** 2, 18, 112, 117 ff., **8** 14 ff., **19** 19
- Abgrenzung Testierfähigkeit **8** 248
- Änderungsvorbehalt **8** 40 ff.
- Auseinandersetzungsanordnung **19** 70
- Beschränkung **3** 41 ff., 98 ff., **8** 14 ff.
- erbrechtlicher Typenzwang **3** 112
- Erbvertrag **3** 98 ff., **8** 14 f., 18 f., **22** ff., 27 f.
- gemeinschaftliches Testament **3** 98 ff., **8** 14 ff.
- Grenzen **3** 112 ff., **8** 223 ff., 228 ff.
- Pflichtteilsrecht **3** 52
- Rücktritt vom Erbvertrag **8** 44

- Sittenwidrigkeit **8** 223 ff.
- Zuwendungsverbot nach Heimgesetz **3** 113 ff., **8** 228 ff.

**Testiermöglichkeit**
- Behinderte **8** 90 ff., 94 ff., 102 ff., 106 ff., 133 ff.
- Blinde **8** 98, 102, 120, 135
- mehrfach Behinderte **3** 97, **8** 90 ff., 94 ff., 102 ff., 118 ff., 133 ff.
- Minderjährige **8** 94
- Schreibunfähige **8** 91, 94, 99, 102, 134
- Sprachunkundige **8** 92 f.
- Stumme **8** 94 f., 102 f., 133
- Taube **8** 97, 120 f., 136
- Taubstumme **8** 96
- Verständigungsperson **8** 120 f.

**Testierwille 3** 74, 82, 89

**Totenfürsorge**
- Änderung der Berechtigung **6** 164
- Begriff **6** 162
- Berechtigung **6** 178

**Totenfürsorgerecht 3** 188

**Transmortale Vollmacht 2** 6, 18, 49 ff., M 113, **3** 208, **10** 33, **22** 9 *siehe auch Vorsorgevollmacht*
- Ehegatten **2** 54
- Kontovollmacht **2** 51 ff., M 113
- Schenkung **2** 62 ff., M 113
- Widerruf **2** 90 ff., 104

**Transposition 24** 57

**Türkei**
- Deutsch-Türkischer Konsularvertrag **24** 63
- Erbstatut **24** 63
- Nachlassspaltung **24** 63

**Übergabevertrag 5** 81
- Altenteilsvertrag *siehe Leibgedingvertrag*
- anlassbedingte Zuwendung **1** 14
- Anrechnung auf den Pflichtteil **17** 28, M 30, M 33
- Anstandsschenkung **1** 71 f.
- Arten **1** 9 ff.
- aufgeschobene Erfüllung **1** M 296
- Auflagenschenkung **1** 38
- Ausgleichung von Vorempfängen **17** M 31, M 33
- Ausgleichungsausschluss **1** M 159, M 221, M 316, M 351
- Ausgleichungspflicht **1** 178
- Ausgleichungsregelung **1** M 123, 153, 348
- Ausstattung **1** 12, 70, M 123, 177
- Beerdigungskosten **1** M 316
- Begriff **1** 4
- Belastungsvollmacht **1** M 264, 284
- Betriebsübergabe **1** 10
- Betriebsverpachtung **1** 15
- dauernde Last **1** M 264, 285
- Ehegattenzustimmung **1** M 159, M 189, 206, M 264, 282, M 316
- einfache Zuwendung **1** 13
- Einkommensteuer **1** 74 ff., 156, 218, 262, 293, 349
- Entgeltlichkeit **1** 30 ff., 35 ff.
- Existenzgründung **1** 12
- gemischte Schenkung **1** 38
- Gleichstellungszahlung **1** 151 f., M 296, 313, M 316, 347, M 351, 369
- Grunderwerbsteuer **1** 86 f., 157
- Grundstücksübergabe gegen Versorgung/Pflegeleistung **1** 11, 25, M 221, 241, 250 ff., M 296, M 316
- Hofübergabe **1** 10, 69
- Hofverpachtung **1** 15
- Konkurrenz zu Sozialhilfeansprüchen **1** 251
- Kürzung sozialrechtlicher Bezüge **1** 63
- Landgut **1** M 316, 339 ff.
- Leibgedingvertrag **1** 42 ff., 241, M 316, 339 ff.
- Leibrente **1** M 264, 286 f.
- mehrere Übergeber/-nehmer **1** 106, 111, 143, 146, 148, M 159, M 189, 210, 249, 316, M 351
- mittelbare Grundstücksschenkung **1** 95
- Nießbrauchsvorbehalt **1** M 189, 208 f., M 351, 368
- Pfändung des Rückforderungsrechts **1** 147
- Pflegereallast **1** 255
- Pflichtteilsanrechnung **1** M 221, 256
- Pflichtteilsergänzungsverzicht **1** M 221, M 264, 291
- Pflichtteilsverzicht **1** M 123, 152, M 159, 179, M 189, 215 f., 257, 291, M 296, M 316, 348, M 351, **5** 81
- postmortale Vollmacht **1** 310

- Rentenreallastbestellung 1 M 264, 288
- Rentenvorbehalt 1 M 264, 285 ff., M 316
- Rentenwahlrecht 1 211
- Rentenwertsicherungsklausel 1 M 264
- Rückauflassungsvormerkung 1 148 f., 185
- Schenkung 1 17 ff., 68 f., 95, M 159, 177, M 189, M 296, 310, M 351
- Schenkungssteuer 1 82 ff., 155, 219, 261, 294, 349
- Sozialhilferegress 1 55 ff., 251 f.
- Steuern 1 73 ff., 187, 260 ff.
- vertraglicher Rückforderungsanspruch 1 182 ff.
- vertragliches Rückforderungsrecht 1 M 123, 142 ff., M 159, M 221, M 264, 289
- Verwendungsersatz bei Rückforderung 1 144, 184
- Vorempfang 1 12
- vorweggenommene Erbfolge 1 40
- Wertermittlung 1 66 ff.
- Wohnungsrecht 1 M 221
- Wohnungsrechtsbestellung 1 242 ff., M 316
- Zweckschenkung 1 12, M 89

Übernahmerecht 15 120 ff.
- Abgrenzung zum Vorausvermächtnis 19 113
- Abgrenzung zur Teilungsanordnung 19 113
- Begriff 15 120, 19 112
- gesetzliches 19 114
- Grundstücksübertragung 15 M 124
- Vormerkung 15 123
- Wertänderung 15 121
- Zug-um-Zug-Leistung 15 122 ff.

Überschwerung 11 230
Überschwerungseinrede 15 12, 16 siehe auch Erbenhaftung, Überschwerungseinrede
- Vermächtnis 15 52, 58, 142 ff.

Umwandlung
- Handelsregisterberichtigung 22 26, 37 f., M 38

Unbenannte Zuwendung 1 180 ff., 10 225, 14 293
- Abgrenzung Ehegatteninnengesellschaft 11 75 ff.

- Auskunftsanspruch 11 69
- Erbvertrag 21 110 ff.
- Gegenleistung 21 114 ff.
- Grunderwerbsteuer 1 86 f.
- Pflichtteil 11 63 ff.
- Pflichtteilsergänzung 1 64, 11 63 ff.
- Rückforderung 21 123 ff.
- Schenkung 1 64
- Schenkungssteuer 1 83
- Steuern 1 187

Unbewegliches Vermögen
- Definition 24 76

Unentgeltliche Verfügung 10 223 ff., 14 291 ff.
- Vor-/Nacherbfolge 14 322 ff.

Universalsukzession 3 121, 10 2, 12 2, 22 3 ff., 42
- Gütersonderung 11 5 ff.
- Schiedsvereinbarung 23 25 f.
- Schulden 11 7
- Vermögensverschmelzung 11 4 ff.

Unterhaltsforderungen 5 25 ff., 11 56 ff., 68 ff.
- Abänderungsklage 11 58, 60 ff.
- Erbenhaftung 5 25 ff.
- Erbverzicht 5 25 ff.
- Haftungsbegrenzung 11 57 ff., 61 ff.
- Haftungsbeschränkung 5 26
- Pflichtteilsverzicht 5 29
- Titelumschreibung 11 58 ff.

Unternehmensnachfolge
- Steuern 3 24

USA
- Erbstatut 24 66
- interlokales Recht 24 6
- Pflichtteilsklage 24 M 113
- Rückverweisung 24 66

Vaterschaft
- Anfechtung 9 119 f.
- Auskunftsanspruch 9 117 ff.
- Scheinvater 9 120
- Statusverfahren 9 119
- Wiederaufnahme des Feststellungsverfahrens 9 119

Vaterschaftsfeststellung 3 56, 19 45
Verfügung von Todes wegen
- Andeutungstheorie 16 170
- Sittenwidrigkeit 8 223 ff.
- Stiftung 16 167 ff.

- Widerruf **8** 164 ff.
**Verfügungsunterlassungsvertrag**
**4** 47 f., M 49
- vorläufiger Rechtsschutz **4** 48, M 50
**Verjährung des Herausgabeanspruchs**
- Auskunftsklage **9** 275 f.
- Stufenklage **9** 275 f.
**Vermächtnis 3** 149 ff., **15** 2 ff.
- Abfindungsrecht **15** 148 ff.
- Abgrenzung Erbschaft **15** 282 ff.
- Abgrenzung Teilungsanordnung **15** 274 ff., 287 ff.
- Akteneinsichtsrecht **15** 243
- Altenteilsvertrag **15** 213
- Anfechtung der Annahmefristversäumung **15** 80
- Anfechtung der Ausschlagung **15** 85
- Ankaufsrechtsvermächtnis **15** 256
- Annahme **15** 74 f., M 75, 79, 82
- Annahmefrist **17** 75
- Annahmefristsetzung **15** 80 f., M 81
- Anordnung **15** 3, 46 ff.
- Anrechnung auf Pflichtteil **15** 78
- Anspruchsentstehung **15** 11
- Anwartschaft **15** 100
- Anwartschaftsrecht **3** 149, **15** 3
- Arten **15** 10, 263 ff.
- Aufgebotsverfahren **11** 252
- Auflage **3** 187
- Auflassung bei Grundstücksvermächtnis **15** M 95, M 99
- Aufwendungsersatz **15** 16
- Auskunftsanspruch **9** 115, 350, **13** 167, **15** 14
- Ausschlagung **3** 146, 154, **15** 76 f., M 77, 278, **17** 65 f., 75 ff., M 77
- Ausschlagung durch Pflichtteilsberechtigten **15** 79 f.
- Bedingung **3** 149 f., 152
- beeinträchtigende Schenkung **1** 65
- beeinträchtigende Verfügung **21** 161 ff., 170 ff.
- beeinträchtigende Verfügung, Klage **21** M 173
- Befristung **3** 149 f., 152
- Begriff **3** 149, **15** 2
- Bereicherungsansprüche bei Enterbung **15** 281
- Bestimmung des Vermächtnisnehmers **3** 119 f.
- Bestimmungsvermächtnis **3** 165 ff.
- Bevollmächtigung des Vermächtnisnehmers **15** 96 ff.
- Bindungswirkung **15** 279
- dauernde Last **3** 178 ff., M 314, **15** 215 f.
- dingliche Einigung des Erblassers **15** 157, 173, 206 f., M 207
- dingliche Surrogation **3** 151
- Erbenhaftung **3** 160, **11** 112, **15** 16, 267
- Erbfallschuld **11** 112
- Erblasserschulden **15** 84
- Erbschein **24** 146
- Erbscheinsverfahren **15** 45
- Erbstatut **15** 44
- Erbvertrag **15** 265, 268, **21** 161 ff.
- Erfüllung **15** 13, 96 ff.
- Erfüllungsklage **15** 109 ff., M 110, 111 ff., M 125, 131, 150 ff., 169, 172 ff., 183 f., M 184, 188, 193 f., M 194, 203 ff.
- Erfüllungsklage im Urkundenprozess **15** 238 ff.
- Erfüllungsklageerwiderung **15** M 140
- Erfüllungskosten **3** 156
- Erfüllungsvergleich **15** 155
- Erfüllungsvertrag **15** M 179, M 191, M 201, M 270
- Ersatzanspruch gegen Beschenkte **21** 168 ff., 172
- Ersatzanspruch gegen Erben **21** 161 ff., 166 ff.
- Ersatzvermächtnis **15** 10
- Ersatzvermächtnisnehmer **3** 158
- Ersatzvermächtnisnehmereinsetzung **3** M 159
- Fälligkeit **3** 150, 152
- Früchte **15** 94
- Gattungsvermächtnis **3** 161, **15** 10, 39 f., 93, 271
- Gegenleistung **15** 16
- Gegenrechte **15** 16, 120
- Geldvermächtnis **3** 50, **15** 9, 238, 242
- gemeinschaftliches Testament **3** 267 f., M 315, M 316, **21** 163
- Grabpflege **11** 116
- Grundbuchberichtigung **3** 152, **15** 89, 100 ff.
- Grundpfandrecht **3** 155, **15** 92
- Grundstücksvermächtnis **15** 87 ff., 109 ff., 120, 158

- Haftung **15** 2, 6 f., 12, 33 ff., 39 ff., 153, 174
- Hausratsvermächtnis **3** 146, M 318
- Kürzung **17** 204
- Landgut **15** 78
- Lastentragung **3** 176, 184, **15** 211
- Leibrente **3** 178, 180 ff.
- Leihe **15** 212
- Leistungsvorbehalt **15** 221
- Minderjährige **15** 24, 90
- Nachlassauseinandersetzung **15** 6
- Nachlasspflegschaft **11** 181, **15** 242 f.
- Nachlassverbindlichkeiten **3** 155, **11** 361, **15** 92
- Nachvermächtnis **15** 10
- Nießbrauch **3** 171 ff., M 177, **12** 64 ff., **15** 9, 177 ff., M 179, 197 ff.
- Nießbrauchsbestellung **3** M 318
- Nießbrauchseinräumung **15** M 191
- Nutzungen **15** 94
- Pflegevermächtnis **3** 168, M 169
- Pflichtteilsanspruch **3** 156, **15** 84, 127 ff., **17** 128, 214
- Pflichtteilsberechtigter **15** 78, 134 ff., **17** 65 f.
- Pflichtteilsrecht **15** 51 ff., 56 ff.
- Pflichtteilsrestanspruch **15** 82
- Pflichtverletzung **15** 42
- postmortale Vollmacht **3** 152, 175, **15** 90, 96 ff.
- Quotentheorie **15** 56
- Quotenvermächtnis **3** 50, **15** 4
- Quotenvermächtnisbestellung **3** M 312
- Ratenzahlung **15** 219
- Rechtshängigkeitsvermerk **15** 159 f.
- Rechtsmangel **15** 33 ff., 93
- Rentensicherung durch Reallast **15** 233
- Rentenvermächtnis **3** 178 ff., **15** 214 ff., 218 ff.
- Rentenvermächtnisbestellung **3** M 313, M 314
- Sachmangel **15** 39 ff., 93
- Sachvermächtnis **15** 9
- Schuldner **15** 2, 6
- selbstständiges Beweisverfahren **15** 244
- Stiftung **16** 167, 193, M 214
- Störung der Geschäftsgrundlage **15** 217
- Stückvermächtnis **3** 162, **15** 39, 93 f., 149
- tatsächliche Beeinträchtigung **21** 161, 170 ff.
- Testamentsvollstreckung **3** 152, 184, **13** 7, 167, **15** 86
- Testamentsvollstreckungsanordnung **3** M 313
- Übernahmerecht **3** 147, **15** 120 ff., M 124
- Überschwerungseinrede **15** 12, 16, 52, 58, 142 ff. *siehe auch Erbenhaftung, Überschwerungseinrede*
- Umwandlung in Geldvermächtnis **3** 160, **15** 149, 213, 265
- Universalvermächtnis **15** 4
- Unmöglichkeit **15** 31 ff.
- Untervermächtnis **15** 10, 130, 153, 267, 272
- Unwirksamkeit **3** 158, 160, **15** 51, 56 ff., 63, 137, 266, 268
- Unwirksamkeitsanerkennung **15** M 55
- Veräußerungsverbot **15** 158
- Verjährung **15** 17 ff.
- Verjährungsverlängerung **15** 27
- Verjährungsvertragsvermächtnis **15** 257 ff.
- Vermächtniserfüllung durch Vermächtnisnehmer als Bevollmächtigten **15** M 99
- Vermächtniserfüllungsvertrag **15** M 95, M 124, M 129
- Vermächtniskürzung **15** 65, 149, 197, 208
- Vermächtniskürzungsrecht **15** 16, 127 ff., M 129, 130 ff., 134 ff., M 140
- Vermächtnisnehmer **3** 149, **6** 159
- Verschaffungsvermächtnis **3** 160, **15** 10, 93, 209, 263 ff., M 269 *siehe auch dort*
- Verzug **15** 28 ff.
- Vindikationslegat **15** 44
- Vollstreckung **15** 172 ff.
- Vor-/Nachvermächtnis **3** 251 f.
- Vorausvermächtnis **3** 146, M 309, **15** 10, 87, 120, 273 *siehe auch dort*
- Vorbehaltsurteil **15** 153
- Vorkaufsrechtsvermächtnis **15** 245 ff., 254 ff.
- vorläufiger Rechtsschutz **15** 156 ff., 161 ff., 169, M 170, 171, 198, 210, 235 ff., M 237

- Vormerkung **3** 152, **15** 100 ff., M 107, M 108, 111 f., 156 ff., 161 ff., 198, 210, 248
- Vormerkungsantrag **15** M 176
- Wahlrecht für Pflichtteilsberechtigten **15** 79
- Wahlvermächtnis **3** 170, **15** 10, 263
- Wahlvermächtnisbestellung **3** M 312
- Wechselbezüglichkeit **3** 99, 274, **8** 16
- Wegfall/Störung der Geschäftsgrundlage **15** 43
- Wertermittlung **15** 15, 78, 82, 133, 180, 192, 202, 244
- Wertersatzanspruch **21** 171 ff.
- Wertsicherung **3** 50, **15** 218 ff.
- Wertsicherungsklauselgenehmigung **15** 222 ff.
- Werttheorie **15** 56
- Wohnungsrecht **3** 160, 183 f., M 312, **15** 9, 199 ff., M 207, 208 ff., 211 ff., 212 ff., M 269
- Wohnungsrechtseinräumung **15** M 201, M 270
- Wohnungsrechtsklage **15** 203 ff.
- Zug-um-Zug-Leistung **15** 131, 149, 197, 208
- Zusatzpflichtteil **15** 79
- Zuwendung des Pflichtteils **3** 236 ff.
- Zweckvermächtnis **3** 163 f., M 164, **15** 10

**Vermächtniserfüllungsklage 23** 61
**Verschaffungsvermächtnis**
- Erbvertrag **21** 165, 167

**Verwaltung des Nachlasses**
- Aufrechnung **12** 61
- Aufwendungsersatz **12** 37 ff., M 45, 46, 52, 85 f.
- außerordentliche **12** 31 ff., 53
- Begriff **12** 14 ff.
- Darlehenskündigung **12** 76
- Einzelkaufmann **12** 92 ff.
- Erbengemeinschaft **12** 13 ff., 18
- Erbscheinsverfahrenskosten **12** 46
- Feststellungsklage **12** 79
- Forderungen **12** 74 ff.
- Früchteverteilung **12** 48
- Gegenstandswert **12** 85
- Girokonto **12** 56
- Kostenverteilung **12** 47
- Leistungsklage **12** 79, M 83
- Mitwirkungsanspruch **12** 22, 27, M 29, 32, 60, 62
- Nachlassverbindlichkeiten **12** 30, 46, 52, 62
- Nießbrauch **12** 69
- Notverwaltung **12** 33 ff., 54, 59
- Nutzung **12** 16
- Nutzungsentschädigung **12** 49
- ordnungsmäßige **12** 22 ff., 52, 60
- Prokura **12** 96
- Prozesskostenhilfe **12** 87
- Schadenersatzpflicht **12** 28, 32
- Stimmenanteil **12** 24, 26
- Stimmrechtsausschluss von Miterben **12** 25
- Testamentsvollstreckung *siehe dort*
- Verfügung **12** 55, 57 ff., 61 f., 66 ff., 72, 76
- Vertretungsmacht **12** 18, 44, 54, 59 ff.
- Verwaltungsbefugnis **12** 13
- Vollmachtswiderruf **12** 127, 129, 131
- Zurückbehaltungsrecht **12** 61
- Zwangsvollstreckung **12** 79

**Verwaltungsvollstreckung 13** 10
**Verzeichnis**
- Auskunftsanspruch **9** 162
- eidesstattliche Versicherung **9** 163 f.

**Vollstreckungsversteigerung**
- Abgrenzung Teilungsversteigerung **20** 7 ff., 117

**Vor-/Nacherbfolge 3** 131 ff., **9** 339, **14** 1 ff.
- Abgrenzung zur Ersatzerbschaft **14** 18
- Anwachsung **14** 28
- Anwartschaftsrecht **3** 139, **11** 302, **14** 30, 87, 127 ff., **18** 145, **20** 123
- arglistige Nachlassminderung **14** 289, 301 ff.
- Aufgebotsverfahren **11** 238
- auflösende Bedingung **3** 118
- Aufrechnung **11** 203
- Aufrechnungsverbot **14** 253
- Aufteilungsvertrag **18** M 194
- Aufwendungsersatz **14** 107 ff., 113 ff., 119 ff., 122 ff., M 125
- Aufwendungsersatzklage **14** M 126
- Auseinandersetzungsanspruch **3** 138
- Auskunftsanspruch **9** 82 ff., 107, 113, 266, 325, 328, 334 ff., 338 ff., 340 ff., 346, **13** 166, **14** 47, 132 ff., 135 ff.,

139 ff., 187, 190 ff., M 199, 215, 218, 266 f., 276, M 277, M 279, 323 ff., M 335, 17 236
- Auskunftsklage 9 339, 14 196 ff., M 216, M 278, M 280, M 336
- Auslegung der Verfügung 14 10 ff., 16 ff.
- Ausscheiden einzelner Gegenstände 10 234
- außergewöhnliche Erhaltungskosten 14 110, 113 ff.
- außergewöhnliche Lasten 14 113 ff.
- Bedingung 14 3
- Bedingungseintritt 18 146
- beeinträchtigende Schenkung 9 338, 344 ff.
- befreiter Vorerbe 3 140, 9 335, 337, 340 ff., 14 36 ff., 47, 50, 66 ff., 80, 122, 132, 147, 155, 161, 184, 189, 192, 201, 215, 218 ff., 259, 264, 272, 276, 281, 290 ff., 301, 303, 310, 316
- Befristung 14 3
- Behindertentestament 14 5
- Bergwerk 14 82, 154
- Bindungswirkung eines Urteils 14 52 ff.
- Darlehen 14 72
- dingliche Surrogation 3 140, 10 166, 14 37, 97 f., 105, 242, 260, 317, 20 126 ff.
- Drittwiderspruchsklage 14 245 f., M 248, 252
- Ehegattentestament 14 12 ff.
- Einrichtungswegnahme des Vorerben 14 96 ff., M 104, 105 f., M 106
- Einsetzung auf den Überrest 14 40
- Einsichtsrecht 9 51
- Enterbung 3 234
- Erbenfeststellungsklage 14 22, M 23, M 35, M 45
- Erbengemeinschaft 3 138, 10 215, 14 69, 134, 196, 210
- Erbenhaftung 11 130 ff., 14 65
- Erbschaftsausschlagung 3 139, 14 25, 17 73, M 79
- Erbschaftsherausgabeklage 14 M 278, M 280
- Erbschaftssubstanzverlust 14 315 ff.
- Erbscheinseintragung 7 210
- Erbteilspfändung 11 286

- Erbunwürdigkeitserklärung 14 25
- Erbverzicht 14 25, 129
- Ersatzanspruch 9 332 ff.
- Ersatzerbe 14 26 ff., 30, 129, 133, 210
- Fristablauf 18 146
- Früchte 14 263, 308 ff.
- Geldanlage 9 346, 14 160, 177 ff., M 185, 283
- Geldanlageklage 14 183, M 186
- gemeinschaftliches Testament 3 264, 269, 272, 277, 285 ff., M 286, M 317, 14 12 ff.
- gemischte Schenkung 14 292, 299, 333
- gerichtliche Verwaltung 14 187, 215, 224 ff., M 232, M 233
- gerichtliche Verwaltungsaufhebung 14 M 235
- gewöhnliche Erhaltungskosten 14 107 ff., 264
- gewöhnliche Lasten 14 107 ff., 264
- Grundbuchberichtigung 10 214 ff., M 220, 229 ff., 231 ff., M 233, 234, 14 66 f., 211, 228, M 234, 256, 20 123, 127 f.
- Gutglaubenserwerb bei Schenkung 14 326 ff.
- Haftung 14 37, 188, 238 ff., 281 ff., 289 ff., 301 ff.
- Haftungsbeschränkung 11 131 ff.
- Haftungsklage 14 M 287, 305
- Handelsregisterberichtigung 22 22, 46
- Herausgabeanspruch bei Schenkung 21 92
- Herausgabeanspruch des Nacherben 14 95 ff., 255 ff., 276, M 277, M 279, 326 ff., M 335
- Herausgabeklage des Nacherben 14 M 336
- Höferecht 19 255
- Insolvenz des Vorerben 14 250 ff.
- mehrere Vorerben 14 69
- mehrfache Nacherbfolge 14 6
- Minderjährige 14 74
- Nacherbenanwartschaft 14 127
- Nacherbenstellung 14 127 ff.
- Nacherbentestamentsvollstreckung 14 131, 133, 196
- Nacherbenverzicht 18 122, M 194
- Nachlassauseinandersetzung 14 69, 242

- Nachlassbesitz **14** 100
- Nachlassgefährdung **9** 334, **14** 187 ff., 202 ff.
- Nachlassnutzung **14** 46
- Nachlassverwaltung **9** 334, **14** 47, 64 ff., 71 ff., 76, 80, 82 ff., 154 ff., 224 ff., 281 ff.
- Nachlassverzeichnis **9** 325, 328, **14** 37, 132 ff., 139 ff., M 145, M 146, 205 f., 266
- Nachlassverzeichnisklage **14** 144
- Nachlasszustandsfeststellung **9** 332 ff., **14** 37, 60 ff., M 63, 147 ff., M 152
- Nachlasszustandsfeststellungsklage **14** 149 f., M 153
- Nutzungen **14** 261 f.
- Pfändung des Anwartschaftsrechts **11** 302 ff., M 303
- Pflichtteilsanspruch **14** 17, 27
- Pflichtteilsbeschränkung **3** 250 ff.
- Pflichtverletzungsfeststellungsklage **14** M 223, 305
- Prozessführungsbefugnis **14** 48 ff.
- Rechenschaftsanspruch **14** 270 ff.
- Rechenschaftsklage **14** 276, M 278
- Rechenschaftslegung **14** M 271, M 277
- Rechenschaftspflicht des Vorerben **9** 340 ff.
- Schenkung **14** 37, 64, 66, 283, 289 ff., 322 ff., 323 ff.
- Sicherheitsleistung **9** 334, **14** 102, 137, 187, 200 ff., 210 ff., M 212, 215, 314
- Sicherheitsleistungsklage **14** 213 f., M 216
- Sicherheitsleistungsverfügung **14** M 222
- Sperrung von Buchforderungen gegen Bund/Länder **14** 172 ff., M 175
- Stiftung **16** 189 ff., M 215
- Stufenklage **9** 339
- Teilungsversteigerung **14** 242, **20** 122 ff.
- Testament **3** M 309, M 310
- Testamentsvollstreckerzeugnis **13** 41
- Testamentsvollstreckung **3** 287, **10** 219, **13** 12, 41, 53, 166, 242, 259, **14** 38, 131, 133, 196
- Testamtensvollstreckung **9** 325, 339
- Überlassung zur freien Verfügung **14** 40
- Übertragbarkeit des Anwartschaftsrechts **3** 139, **14** 128
- Übertragung der Nacherbenanwartschaft **18** M 140, 147 ff.
- ungünstige Vermögenslage des Vorerben **14** 209
- Unterhaltsanspruch der Mutter des ungeborenen Nacherben **14** 337 ff.
- Veräußerung des Anwartschaftsrechts **3** 139, **14** 87 ff.
- Verbot unentgeltlicher Verfügung **14** 289 ff., 322 ff.
- Vererblichkeit des Anwartschaftsrechts **3** 139, **14** 30, 128
- Verfügungen zwischen Vor- und Nacherbe **10** 234
- Verfügungsbefugnis **3** 15, 140, **14** 46, 64 ff., 80 ff., 164, 172, 226
- Verfügungsbeschränkung **10** 215 ff., 221 ff., 229 ff., **20** 123
- Verfügungszustimmung **14** 64, 66 ff., 73 ff., 76 ff., M 77, 80 ff.
- Verfügungszustimmungsklage **14** M 79, M 81
- Vollerbschaft des Vorerben **14** 7, 25, 29, 31 f., 129
- Vollstreckungsklausel **14** 56 ff., M 58, M 59
- Vorausvermächtnis **3** 146
- Vorerbengemeinschaft **19** 281 f.
- Vorerbenschulden **14** 238 ff.
- Vorerbenstellung **14** 46 ff., 60 ff., 95
- Vorkaufsrecht des Mitnacherben **14** 88 ff.
- Vorkaufsrecht des Vorerben **14** 88 ff., M 91
- Vorkaufsrechtsklage des Vorerben **14** 92 ff., M 94
- vorläufige gerichtliche Verwaltung **14** M 237
- vorläufiger Nachlassverwaltungsentzug **14** 236 f.
- vorläufiger Rechtsschutz **14** 19 ff.
- vorläufiger Rechtsschutz bei Nachlassgefährdung **14** 217 ff., M 222, 236 f.
- vorläufiger Rechtsschutz wegen Schadenersatzanspruchs **14** M 307
- Vorsorgevollmacht **2** 66
- Vorversterben **14** 25
- Wald **14** 82, 154

- Wegfall des Nacherben **14** 24 ff.
- Weiterveräußerung **18** 122
- Wertpapierhinterlegung **14** 80 ff., 160 ff., M 170, M 171, 283
- Wiederverheiratungsklausel **14** 5, 40
- Wirtschaftsplan **14** 82 ff., 154 ff.
- Wirtschaftsplanaufforderung **14** M 158
- Wirtschaftsplanzustimmung **14** 83 ff., M 85
- Wirtschaftsplanzustimmungsklage **14** 83, M 86, 156, M 159
- zeitliche Grenze **14** 7 ff.
- Zuwendungsverzicht **8** 250
- Zwangsvollstreckung **14** 56 ff., M 58, M 59
- Zwangsvollstreckung in den Nachlass **14** 238 ff., 246

**Vor-/Nacherbschaft**
- Einzelkaufmann **12** 102

**Vorausvermächtnis 12** 62
- Abgrenzung Teilungsanordnung **19** 99, 101 ff.
- Bindungswirkung **19** 106
- Erbschaftsausschlagung **19** 105

**Vorempfang 3** 32 ff.
- Anrechnung **3** 54
- Anrechnung auf den Pflichtteil **1** 121, **17** 28, M 30, M 33, 107, 157 ff.
- Ausgleichung **3** 32 ff., 54
- Ausgleichungsausschluss **1** 117, M 159, M 221, M 316, M 351
- Ausgleichungspflicht **1** 112 ff., 114 ff., 117 ff., 178, **17** 29, M 31, M 33, 107, 146 ff., 150 ff., **19** 115 ff., 119
- Ausgleichungsregelung **1** M 123
- Auskunft **9** 243
- Auskunftsanspruch **3** 36 ff., **9** 242, 245, **17** 229 ff., 239, 244 ff., **19** 152 ff.
- Auskunftsklage **3** 40
- Ausstattung **1** 70 *siehe auch dort*
- Pflichtteilsanrechnung **1** M 221, 256
- Pflichtteilsergänzungsanspruch **17** 164 ff., 217 ff.

**Vorläufiger Erbe**
- Auskunftsanspruch **9** 66

**Vorläufiger Rechtsschutz 9** 227 ff.
- Auskunftsanspruch **9** 234 f.
- Feststellungsbegehren **9** 229 ff.
- Herausgabeanspruch **9** 236 ff.
- Schiedsverfahren **23** 64 ff.
- Zahlungsanspruch **9** 241

**Vormerkung 10** 107, **15** 161 ff., **21** 138 ff.
- Kosten **15** 163, 175
- Rückübereignungsanspruch **11** 14
- Schenkungsrückforderung **11** 14
- Vollstreckung **15** 172 ff.
- vorläufiger Rechtsschutz **15** 164 ff., M 170, 171, **21** 142 ff., M 148, M 149, 151

**Vormund**
- Auskunftsanspruch **13** 170

**Vormundschaftsgerichtsakten**
- Abschrift **9** M 50
- Akteneinsicht **9** 47

**Vorsorgevollmacht 2** 1 ff., **10** 33, **12** 7 ff., 90, 125 ff., **13** 1
- Anwaltskosten **2** 196 ff., 202
- Aufbewahrung **2** 207 ff., 217
- Aufenthalts-/Umgangsbestimmung **2** 79
- Bedingung **2** 16
- Beglaubigung **2** 13, 15
- Begriff **2** 1
- Beschränkung **2** 99 f.
- Betreuungsverfügung *siehe dort*
- Bevollmächtigtenauswahl **2** 29 ff., 35 ff.
- Doppelbevollmächtigung **2** M 112
- Doppelvollmacht **2** 41 ff.
- Ehegatten **2** 48, 54, M 112
- Ersatzbevollmächtigung **2** 46 f.
- Form **2** 10 ff., 22, 24
- Geltungsbereich **2** 2
- Generalvollmacht **2** 40
- gerichtliche Betreuungsanordnung **2** 20, 26 f., 29 ff., 37, 97 f., 103, 105, 115 ff.
- gerichtliche Genehmigung von Maßnahmen **2** 70, 72 ff., 76 ff.
- Geschäftsfähigkeit **2** 15, 23
- Gesundheitsbehandlung **2** 24 ff., 70 ff., 105, M 111, M 112
- Grenzen **2** 103 ff.
- Haftung **2** 106 ff.
- Heimangehörige **2** 31 ff.
- Hinterlegungspflicht **2** 217
- Innenverhältnis **2** 85 ff., M 89
- Kontovollmacht **2** M 113
- Kontrollbetreuer **2** 97 f.

- Kontrollbevollmächtigter **2** M 111, M 112
- Kontrollbevollmächtigung **2** 101 ff., M 102
- lebenserhaltende Maßnahmen **2** 71 ff.
- Missbrauch **2** 37, 81 ff., **12** 133
- Nichtigkeit **2** 34
- Notarkosten **2** 201
- Patientenverfügung **2** 24, 70, 74, 166 f., 175, 195
- persönliche Angelegenheiten **2** 7 ff., 22 ff., 67 ff., 105, M 111, M 112
- postmortale *siehe Postmortale Vollmacht*
- Rechtsanwalt **2** M 112
- Rechtsanwalt als Bevollmächtigter **2** 38, M 89, M 111, 202
- Rechtsanwalt als Kontrollbevollmächtigter **2** M 102, M 111
- Rechtsscheinswirkung **2** 19, 95
- Register **2** 207 ff.
- Schenkung **2** 62 ff.
- Schweigepflichtentbindung **2** M 111, M 112
- Spezialvollmacht **2** 40
- Testamentsvollstreckung **2** 57 ff., **12** 126, 130 ff., **13** 83
- transmortale *siehe Transmortale Vollmacht*
- Umfang **2** 25 ff., 39 ff., 70 ff., 110, **12** 126, 128 ff.
- Unterbevollmächtigung **2** 46
- Unterbringung **2** 24 ff., 76 ff., M 111, M 112
- Unwirksamkeit **2** 20, 26
- Vermögensangelegenheiten **2** 6, 10, M 111, M 112
- Vor-/Nacherbfolge **2** 66
- Widerruf **2** 84, 90 ff., 104
- Widerruf durch Erben **12** 127, 129, 131
- Wirksamkeit **2** 16 ff., 23

**Vorweggenommene Erbfolge**
- Abgrenzung zur Ausstattung **1** 140
- Altenteilsvertrag *siehe Leibgedingvertrag*
- Anrechnung auf den Pflichtteil **1** 121, **17** 28, M 30, M 33, 157 ff.
- auf den Tod befristete Schenkung **1** M 296, 310
- Ausgleichung von Vorempfängen **17** M 31, M 33
- Ausgleichungsausschluss **1** M 89, 113, 117, M 316
- Ausgleichungspflicht **17** 146 ff., **19** 135
- Begriff **1** 40
- Ehegattenzustimmung **1** 206, 282
- Einkommensteuer **1** 74 ff., 218, 293, 349
- Erbvertrag **21** 37
- gemeinschaftliches Testament **21** 39
- Grunderwerbsteuer **1** 86 f.
- Kürzung sozialrechtlicher Bezüge **1** 63
- Landgut **1** M 316, 339 ff.
- Leibgedingvertrag **1** 42 ff., M 316, 339 ff. *siehe auch Leibgedingvertrag*
- mittelbare Grundstücksschenkung **1** 95
- Pflichtteilsverzicht **5** 81
- Rentenwahlrecht **1** 211
- Schenkung **1** 64 ff., 95, 177, M 351
- Schenkungssteuer **1** 82 ff., 219, 294, 349
- Schenkungsvertrag **1** M 89
- Sozialhilferegress **1** 55 ff., 251 f.
- Steuern **1** 41, 73 ff., 187
- Übergabevertrag *siehe dort*
- Ziele **1** 5 ff.

**Wechselbezüglichkeit 8** 16 ff.
- Auflage **3** 99, 274, **8** 16
- Auseinandersetzungsverbot **3** 99
- Auslegung **3** 100
- Bindungswirkung **8** 34
- Enterbung **3** 274
- Erbeinsetzung **3** 99, 274, **8** 16
- Ersatzerbeinsetzung **8** 21
- familienrechtliche Anordnung **3** 99, **8** 17
- gemeinschaftliches Testament **3** 260 ff., 274 ff., **8** 210 ff.
- Pflichtteilsentziehung **3** 99, 274
- Stiftungserrichtung **3** 99
- Teilungsanordnung **3** 99, 274, **8** 17, **19** 109
- Testamentsvollstreckung **3** 99, 274, **8** 17
- Vermächtnis **3** 99, 274, **8** 16
- Vermutung **3** 100, **8** 17, 203

**Weiterverweisung**
- Internationales Privatrecht **24** 44 ff., 66
- Kollisionsrecht **24** 44 ff.
- teilweise **24** 46

**Wertermittlung 21** 15 ff.
- Anspruch **21** 83 ff. *siehe auch Wertermittlungsanspruch*
- Anspruch des Pflichtteilsberechtigten **17** 231 ff., 247 ff., 254 ff.
- Anspruchschreiben des Pflichtteilsberechtigten **17** M 253
- Anspruchschreiben des Pflichtteilsergänzungsberechtigten **17** M 256
- Ausgleichung von Vorempfängen **1** 119
- Berücksichtigung des Kaufkraftschwunds **19** 138 ff., 144 ff.
- Erbteil **17** 59 ff.
- Ertragswertverfahren **1** 2
- gemischte Schenkung **17** 178 f.
- Grundstück **1** 2
- Gutachten **17** 248 f., 252
- Immobilien **21** 15 ff.
- Kosten **9** 153 ff., **15** 15, **17** 138
- Kostentragung **17** 250, 255
- Landgut **1** 119, **15** 78, **19** 246 ff.
- Nachlass **3** 64 ff., **17** 120, 129 ff., 144
- Niederstwertprinzip **17** 187 ff.
- Nießbrauch **15** 133, 180, 192, **19** 127 ff., **21** 21 ff.
- Pflegeleistung **21** 11
- Quotentheorie **17** 59 f.
- Sachwertverfahren **1** 2
- Schenkung **17** 187 ff., **21** 29
- Steuern **21** 23
- Stichtagsprinzip **17** 129
- Stufenklage **17** 275 f., M 276, M 278
- Übergabevertrag **1** 66 ff.
- Unternehmen **21** 20
- Vergleichswertverfahren **1** 2
- Vermächtnis **15** 15, 78, 82, 133, 180, 192, 202, 244
- Wertermittlungsverordnung **21** 16
- Werttheorie **17** 61
- Wohnungsrecht **15** 133, 202, **19** 129 ff., **21** 25 ff.
- Zuwendung **17** 155

**Wertermittlungsanspruch 9** 99, 106, 114, 143, 151, 153 ff., 159, 246, 303, 307, 317 ff.
- Ausgleichung von Vorempfängen **19** 86 f.
- Auskunftsklage **9** 216
- Bilanz **9** 317
- Kosten **9** 317 f.
- Kostentragung **8** 330
- Nachlassinventar **13** 95, M 104
- Nachlassverzeichnis **13** 90 f.
- Pflichtteilsberechtigter **9** 153, 155, 317 ff.
- Pflichtteilsrecht **8** 330
- Quotenvermächtnis **8** 330
- Schenkung **9** 153 ff.
- selbstständiges Beweisverfahren **8** 295
- Streitwert **9** 320
- Stufenklage **9** 319 f.
- Testamentsvollstreckung **13** 95
- Treu und Glauben **9** 153 ff., 318
- überquotale Teilungsanordnung **8** 330, **9** 156, 347 f., **19** 100
- Vermächtnis **9** 157
- Vorausempfang **19** 156
- Zuwendungen **19** 156

**Widerruf**
- Erbvertrag **4** 4, 25

**Widerrufstestament 8** 165 f.
- Auslegung **8** 173 f.
- Widerruf **8** 173 f.

**Wohnrecht 10** 3, 61

**Wohnsitz 7** 16

**Wohnungsreallast 10** 3, 61

**Wohnungsrecht 1** 242 ff.
- Abgrenzung zum Nießbrauch **1** 243
- Altenteilsvertrag **15** 213
- Betriebskosten **1** 247
- dingliche Einigung des Erblassers **15** M 207
- dingliches **3** 184
- Einkommensteuer **1** 262
- Einräumung **15** M 201
- Einräumungsklage **15** 203 ff.
- Einräumungsvertrag **15** M 270
- Erlöschen **1** 243, 246, 248
- Gesamtberechtigte **1** 249
- Grundbuchberichtigung **15** 200, 204 ff.
- Lastentragung **3** 184, **15** 211
- Leihe **15** 212

- mehrere Berechtigte **1** 249
- Mitbenutzungsrecht **1** 245
- Pfändung **1** 248, **15** 213
- Reallast **1** 243, **3** 184
- Schenkung **19** 129 ff.
- Schenkungssteuer **1** 261
- Sozialhilferegress **1** 246
- Steuern **1** 260 ff.
- Überleitung auf Sozialhilfeträger **15** 213
- Übertragbarkeit **15** 213
- Übertragung **1** 248
- Umwandlung in Geldanspruch **1** 246, **15** 213
- Unterhaltungspflicht **1** 247
- Vermächtnis **3** 160, 183 f., **15** 9, 199 ff., M 269
- Vermächtniskürzung **15** 208
- Vermietung **15** 213
- Verschaffungsvermächtnis **3** 160, **15** 209, M 269
- vorläufiger Rechtsschutz **15** 210
- Vormerkung **15** 210
- Wertermittlung **15** 133, 202, **19** 129 ff.
- Zug-um-Zug-Einräumung **15** 208
- Zwangsversteigerung **1** 248

**Zahlungsklage**
- Teilurteil **9** 180

**Zugewinn**
- Güterrechtsstatut **24** 105

**Zugewinnausgleich 11** 71 ff., **17** 68 f.
- Akteneinsicht **9** 22
- Erbvertrag **21** 63 ff., 67 ff.
- Erbverzicht **5** 15, 24
- Nachlassverbindlichkeiten **19** 47
- Pflichtteilsverzicht **5** 63, 79 ff.
- rechtliche Einordnung **4** 105 ff.
- Schenkung **21** 38, 63 ff., 67 ff.

**Zugewinngemeinschaft**
- Erbquote **8** 252, **17** 122 f.
- Pflichtteilsanspruch **3** 67
- Pflichtteilsverzicht **5** 79

**Zuwendung 3** 32 ff.
- Anrechnung auf den Pflichtteil **1** 121, **17** 28, M 30, M 33, 107, 157 ff.
- Ausgleichung **19** 18, 86 f.
- Ausgleichungsausschluss **1** 117, M 159, M 221, M 316, M 351
- Ausgleichungspflicht **1** 112 ff., 117 ff., 178, **17** 29, M 31, M 33, 107, 146 ff., 150 ff., **19** 115 ff., 119 ff.
- Ausgleichungsregelung **1** M 123
- Auskunftsanspruch **3** 36 ff., **9** 242, 245, 302 ff., 306, 309, 311 f., **17** 229 ff., 239, 244 ff., **19** 152 ff.
- Ausstattung **1** 70 *siehe auch dort*
- Begriff **17** 151
- geborene **17** 151
- gekorene **17** 151
- Pflichtteilsanrechnung **1** M 221, 256
- Pflichtteilsergänzungsanspruch **17** 164 ff., 217 ff.
- Pflichtteilsverzicht **5** 74
- unbenannte **17** 186, **19** 123
- Wertermittlung **17** 155

**Zuwendungsverzicht 5** 91, 109, 120, M 120, 124, **8** 20, 35
- Abkömmlinge des Verzichtenden **5** 93, 105, 107, 112 ff.
- Aufhebung **5** 118, **8** 250
- Aufhebungsvertrag **5** 111
- Ausschlagungsverzicht **5** 118
- Bedingung **5** 103
- Beschränkungen **5** 110
- Bruchteilsverzicht **5** 111
- Erbvertrag **5** 93, **8** 250, **21** 108 ff.
- erbvertragliche Zuwendungen **5** 97
- Erbverzicht **5** 101
- Ersatzberufung **5** 115 ff.
- Folgen **5** 104, 125
- Form **5** 99
- gegenständliche Beschränkung **5** 111
- gemeinschaftliches Testament **5** 93, **8** 250
- gerichtliche Genehmigung **5** 94
- Minderjährige **5** 94
- Pflichtteilsverzicht **5** 101
- relativer **5** 103
- Rückabwicklung **5** 105
- Steuer **5** 119
- testamentarische Zuwendungen **5** 96
- Umfang **5** 106
- Vertretung **5** 100
- Verzichtsberechtigung **5** 106
- Wirkung **5** 104 ff., 112 ff., 125
- Wirkung für Abkömmlinge **8** 250
- zukünftiger **5** 108

**Zuwendungsverzichtsvertrag 5** 120

## Benutzerhinweise zur CD-ROM

Auf der dem Werk beiliegenden CD-ROM sind sämtliche abgedruckten Formulare als Datei enthalten. Im Druckwerk sind zu jedem Formular Referenznummern vergeben, die Sie aus dem jeweils neben dem Formular angeordneten CD-ROM-Symbol entnehmen können.

Sollten Sie die **Textverarbeitung Microsoft Word** verwenden, haben Sie die Möglichkeit, nach der Ausführung der unten beschriebenen Installationsroutine, die Formulare direkt zu übernehmen und wie gewohnt zu bearbeiten.

Falls Sie eine **andere Textverarbeitung als Microsoft Word** (z.B. OpenOffice) verwenden, so können Sie die Formularmuster direkt über das Menü „Datei, Datei öffnen" Ihrer Textverarbeitung laden. Dazu stehen Ihnen alle Formulare zusätzlich in folgenden Formaten zur Verfügung:
- als RTF-Dateien im Verzeichnis \rtf,
- als MS-DOS-(ASCII-)Textdateien im Verzeichnis \txt und
- als WINDOWS-(ANSI-)Textdateien im Verzeichnis \ansi.

Die Textdateien beinhalten den reinen Text ohne Formatierungen.

Sollten Sie auf eine Installation auf der Festplatte verzichten wollen, können Sie auch als Microsoft Word-Benutzer die Formulardateien direkt von der CD über „Datei, Öffnen" laden oder über „Einfügen, Datei" in Ihre eigenen Dokumente einfließen lassen. Dieser Weg steht Ihnen auch dann zur Verfügung, wenn sich, was in seltenen Fällen vorkommen kann, das Formularsystem nicht installieren oder betreiben läßt.

### Installation unter Microsoft Word

Es sind folgende **EDV-Voraussetzungen** zu beachten:
- Windows 9x, 2000, XP oder Vista
- Microsoft 2000, XP, 2003 oder 2007 deutsch
- 50 MB freier Platz auf einer Festplatte.

Um die Installation zu starten, wählen Sie unter Windows die Funktion „Ausführen" im Startmenü (bei Vista unter „Alle Programme/Zubehör"). Wählen Sie über „Durchsuchen" Ihr CD-ROM-Laufwerk aus und starten Sie dann das Programm Setup.exe von der CD-ROM. Folgen Sie danach bitte den weiteren Anweisungen am Bildschirm. Falls Sie die Betriebssysteme **Windows 2000, XP oder Vista** verwenden, müssen Sie über **Administrator-Rechte** verfügen.

Während der Installation wird, falls nicht bereits vorhanden, eine eigene Programmgruppe „zerb verlag" für die Anwendung eingerichtet. **Zum Öffnen der Schriftsätze unter Word genügt ein Doppelklick auf das Icon „AnwaltFormulare Erbrecht" in der Programmgruppe zerb verlag.**

Bei Nutzern von **Word ab der Version 2000** kann der Hinweis auf dem Bildschirm erscheinen, dass die Makros aktiviert werden müssen. Dies wird in Word ab der Version 2000 über das Menü „Extras, Makro, Sicherheit" eingestellt. Wählen Sie mindestens die Sicherheitsstufe „Mittel", besser „Niedrig", aus und starten Sie Word erneut. Beachten Sie jedoch, dass die Einstellungen für alle Word-Dokumente gelten. Im Einzelfall kann es demnach sinnvoll sein, vor dem Öffnen eines „unsicheren" Word-Dokumentes die Sicherheitsstufe wieder auf „Hoch" zu setzen.

**Wichtig:** Sofern sich die Dokumente bei Ihnen nicht öffnen oder bearbeiten lassen, überprüfen Sie bitte über das Menü „Extras, Makro, Sicherheit", ob die Sicherheitsstufe auf „Mittel" oder „Niedrig" steht. Nach erfolgter Korrektur der Einstellung starten Sie die Schriftsätze erneut über die Programmgruppe „zerb verlag".

### Makroeinstellungen bei Office 2007

In Office 2007 finden Sie die Einstellungen zur Makrosicherheit an anderer Stelle. Klicken Sie zunächst auf das Startsymbol ganz links oben in Word und klicken dann links unten auf „Word Optionen" und als nächstes in der linken Spalte auf das „Vertrauenscenter". Rechts unten finden Sie die Einstellungen zum Vertrauenscenter in denen Sie die Makros aktivieren müssen. Nun starten Sie die Formulare neu.

Zur **Auswahl des gewünschten Formulars** nutzen Sie die Inhaltsübersicht, indem Sie auf das entsprechende Formular-Icon () doppelklicken. Durch die Inhaltsübersicht bewegen Sie sich mit den bekannten Cursortasten bzw. mit der Maus.

Für die **Word-Versionen 2000 bis 2003** stehen Ihnen über eine zusätzliche **Symbolleiste**

folgende Funktionen zur Verfügung:
- **Schließen** des aktuellen Dokuments (erstes Icon).
- Wenn Sie ein Formular verändern wollen, so müssen Sie zunächst **den Schreibschutz aufheben** – dazu gibt es ein Icon (zweites von links) in der Symbolleiste.
- Sollten Sie den **Originalzustand eines Dokumentes wiederherstellen** wollen, legen Sie die CD-ROM in das entsprechende Laufwerk und benutzen das Icon „Dokument-Wiederherstellen" (drittes von links).
- Das gewünschte Formular durch Eingabe der **Dokument-Nr. öffnen**. Klicken Sie dafür auf das Icon „Öffne Dokument Nr." (viertes von links) und geben Sie die Nummer des Formulars ein.
- Sie können innerhalb des Dokumentes mit dem Icon „Nächstes Feld" (zweites von rechts) **von Feld zu Feld** springen.
- Für die Bedienung der einzelnen Programmfunktionen beachten Sie bitte auch die **Hinweise im Hilfetext**, den Sie über das Icon „Hilfe zur Formularsammlung" erhalten.

Unter **Word 2007** stehen Ihnen unter dem zusätzlichen Menü „Formulare"

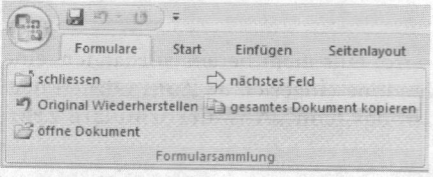

folgende Funktionen zur Verfügung:
- **Schließen des aktuellen Dokuments**
- Sollten Sie den **Originalzustand eines Dokumentes wiederherstellen** wollen, legen Sie die CD-ROM in das entsprechende Laufwerk und benutzen den Menüpunkt „Original wiederherstellen".
- Das gewünschte Formular durch Eingabe der Dokument-Nr. öffnen. Klicken Sie dafür auf das Icon „**Öffne Dokument**" und geben Sie die Nummer des Formulars ein.
- Sie können innerhalb des Dokumentes mit der Funktion „nächstes Feld" **von Feld zu Feld** springen.

- Mit Hilfe des Menüpunkts „gesamtes Dokument kopieren" stellen Sie den gesamten Text eines Dokuments in die Zwischenablage. Anschließend kann dieser Text in anderen Anwendungen (meist per Bearbeiten|Einfügen bzw. Strg + v) verwendet werden.

**Updates und Support**

Auf der Homepage unseres Partnerverlages Deutscher Anwaltverlag finden Sie unter www.anwaltverlag.de in der Rubrik Technik-Support Informationen zu Updates und Problemlösungen.